春の風

おんぷう［温風］。
はるあれ［春荒］。
はるいちばん［春一番］。
はるはやて［春疾風］。

近代

くゎしんふう［花信風］。
しゅんぷうたいたう［春風駘蕩］。
はなあらし［花嵐］。
はるあらし［春嵐］。

近世

けいふう［恵風］。
風光る。

中古

くゎうふう［光風］。
くゎふう［和風／華風］。
こち［東風］。
しゅんぷう［春風］。
はなかぜ［花風］。

上代

はるか
わふう

夏の風

りょくふう［緑風］。

近代

いきれかぜ［熱風］。
ながし［流］。

近世

くろはえ［黒南風］。
くゎうじゃくふう［黄雀風］。
しらはえ［白南風］。
すずかぜ［涼風］。
ゆうふう［雄風］。
れいふう［冷風］。
をんぷう［温風］。

中世

あをあらし［青嵐］。
ねっぷう［熱風］。
風薫る。

中古

がいふう［凱風］。
せいらん［青嵐］。
葉分の風。

上代

くんぷう［薫風］。
りゃうふう［涼風］。

秋の風

近代

たいふう［台風］。

近世

このはおとし［木葉落］。
しうりゃう［秋涼］。
はっさく［八朔］。
神送りの風。

中世

はつあらし［初嵐］。
はつかぜ［初風］。

中古

かみわたし［神渡］。
こがらし［木枯］。
のわき［野分］。
のわけ［野分］。
のわきだつ［野分立］。
のわきのかぜ［野分風］。

上代

あきかぜ［秋風］。
きんぷう［金風］。
しうせい［秋声］。
しうふう［秋風］。
せうしつ［蕭瑟］。

冬の風

近代

くゎいせつ［回雪］。

近世

おほにし［大西］。
しもかぜ［霜風］。
ならひ［風］。
ならひかぜ［風］。
ゆきおろし［雪下］。
ゆきかぜ［雪風］。

中古

かんぷう［寒風］。
こがらし［木枯］。
しまき［風巻］。
ふうせつ［風雪］。

上代

さむかぜ［寒風］。

現代語古語類語辞典

いま【今】
げんじてん［現時点］。
近代 たうせつ［当節］。
中世 げんざい［現在］。
中古 こんにち［今日］。
上代 いま［今］。
まさか［目前］。

むかし【昔】
近代 ありしひ［在日］。
近世 なうせき［曩昔］。
中世 こしかた［来方］。
中古 そのかみ［其上］。
上代 いにしへ［古］。
むかし［昔］。

あい・する【愛】
中世 このむ［好］。
中古 あいす［愛］。
いつくしむ［慈／愛］。
おもふ［思］。こがる［焦］。
ときめかす［時］。
上代 こふ［恋］。めづ［愛］。

つる【鶴】
近世 ちとせどり［千歳鳥］。
中世 せんかく［仙客］。
せんきん［仙禽］。
中古 つる［鶴］。
上代 あしたづ［葦田鶴］。
たづ［田鶴］。

きく【菊】
近世 ちよぐさ［千代草］。
はくとうげ［白頭花］。
中世 あきのはな［秋花］。
中古 おきなぐさ［翁草］。
上代 きく［菊］。
ももよぐさ［百夜草］。

くも【雲】
中古 うんき［雲気］。
上代 あまくも［天雲］。
くも［雲］。くもゐ［雲居］。
《枕》
中古 ささがにの［細蟹］。
上代 ひさかたの［久方］。

なみ【波】
近代 ウエーブ(wave)。
中世 はらう［波浪］。
中古 はたう［波濤］。
上代 なみ［波／浪／濤］。
《枕》
中古 しろたへの［白妙］。

たけ【竹】
バンブー(bamboo)。
近世 ちくじゅ［竹樹］。
中世 かはたまぐさ［川玉草］。
中古 このきみ［此君］。
上代 たけ［竹］。

芹生公男 編

三省堂

[装丁・本文デザイン] 坂野公一 (welle design)
[校正協力] 田平知子　吉岡幸子 ／ 穂満玲子
[データ作成] 三省堂データ編集室

まえがき

『現代語から古語を引く辞典』の旧版『古語類語辞典』を出版したのは平成七年です。その出版直後から改訂・増補を思い立ち、それを出発点として今日まで二十年間作業を続けてきました。初めは五年ほどと思っていたのに、次第に改訂の域を越えて大掛かりな再構築・再編集の作業となり、予想外の長年月を要しました。結果、旧版の改訂版ということではなく、約二万一千三百の見出し語によって延べ三十二万四千の類語が検索できる大きな総合類語辞典となりました。

類語として収録された言葉は、古事記・万葉集の時代から近・現代に至るまで全ての時代にわたっており、さらに「上代」「中古」などの記号を付けて時代順に並んでいます。数十万の類語を集めた類語辞典は今までにあったかも知れません。しかし、現代語だけでなく古い大和言葉まで、しかも時代別に調べることができるという辞典はかつて刊行されたことがありません。その意味でこの辞典は、日本語文化の新たな時代を拓く画期的な辞典であり、日本の国語辞典の歴史に名を留める辞典であると自負しています。

この辞典は、古語・現代語を幅広く（どちらかと言えば古語に重点を置いて）、また、大和言葉・漢語・カタカナ語を偏りなく、できるだけ多くの類語を集めることを目標に編集しました。類語総数延べ三十数万も他に誇れる多さだと思いますが、それよりも基本的な言葉について関連語を多数集めていることも自慢です。表紙の見返しに「雨」「風」の類語を列挙していますが、これは本文の約三分の一程度を抜き出したものです。本文には、「雨」に三五七語、「風」には四九八語の類語・関連語が収録されています。それらを見ると、自然の風物に対する日本人の豊かな情操を知ることができます。また、一番多いのは「死ぬ」で、約六六〇語あります。「月」などにも多くの類語が集まっていますが、これら類語・関連語の多い基本的な言葉から、日本民族が古来何に強く興味・関心を持ち続けてきたかを読み取ることができます。

歌人窪田空穂は『短歌雑誌』（大正八年六月号）に、「如何なる古語であっても又如何なる性質の詞でも、作者が自分の実感を現す（ママ）に適当な詞だとして用ゐたもの」は「現代語と云はるべきもの」と書いています。この辞典の半分以上を占める古語は決して死語ではありません。民族の歴史の中に生きてきたこれら多くの言葉は、必ずや現代語として人々の言語生活を豊かにするはずです。また、古代から現代までの三十数万の言葉が時代順に並んでいるこの辞典は、日本語の歴史を俯瞰するものでもあります。広々と広がる豊かな日本語の世界を眺望しながら、この辞典が好評を以て世に迎えられることを期待しています。

芹生公男

出版に際して三省堂 国語辞書第一編集室の吉村三恵子さん、木下朗さんのお二人には一方ならぬお世話になりました。記して深く感謝の意を表します。

平成二十七年五月

凡　例

一、**編集方針と特色**

この辞典は、現代語の見出しによって同意語・類義語・関連語等を探し出すため、またその手掛かりを提供するため、次のような特色を持つ類語辞典として編集した。

①古事記・万葉集の時代から現代まで、かつて日本語として使われた古語、また今も使われている現代語を、偏りなく収録した。

②和語・漢語・外来語・格言・俚諺・動植物の異名等、各種の言葉を、幅広く収録した。

③収録された言葉には、それぞれその使われた時代を注記した。

収録語数をできるだけ多くするため、収録された類語の説明は最小限にとどめた。一般の国語辞典・古語辞典を傍らに置いて、必要に応じて参照しながら利用することを想定している。

二、**見出し語**

見出し語は約二万一千三百語。五十音順で配列した。

子見出しは約四万九千三百。親見出しと共通する部分を「—」で示した。配列は、「—」が一字目にあるものを先にし、二字目以降にある子見出しは後にして、それぞれ五十音順とした。但し、具体例を示す「—のいろいろ〈例〉」の項は後へまわした。

子見出しのうち、関連語は約千五百。「▼」を以て示し、「—」を含む子見出しの後へ五十音順で続けた。

なお、子見出しのうち、日付や数量など、数を含むものが続くところでは、数による配列としたところがある。また、春夏秋冬など、特別な順序で配列したところもある。さらに、〈**古語の願望表現**〉のように特別な子見出しを作ったり、一覧表化したりして、具体例を集めた項目もある。

編集のために利用した文献は後にすべてを挙げるが、基礎作業のために主として用いたのは次の辞典である。

①『福武古語辞典』初版　井上宗雄ほか編　福武書店　一九八八年刊　三万七千語

②『大辞林』第二版　松村明編　三省堂　一九九五年刊　二十三万三千語

編集作業はすべてパソコンで行った。使用したソフトは、次の二つである。

データベース　Microsoft Office Access

日本語ワープロソフト「一太郎2012 承」　JustSystems Corporation

但し、以下の説明は、パソコンを使わずに手作業で行ったような書き方になっている。

1 **見出し語の作成**

①カード作成

右の二辞典の見出し語を一枚一枚カードにした。但し、次の語は原則として省いた。

(a)固有名詞（人名・地名等）

(b)科学・芸術・スポーツなどの専門用語

(c)助詞・助動詞

(d)「楽しげ」「楽しさ」などの派生語

②キーワードの書き込み

一枚一枚のカードに、そのカードを検索できるキーワードを書き込んだ。例えば、「しらかべ【白壁】」のキーワードは、「しろい【白】」と「かべ【壁】」。それらはのち、「―・い壁」「白い―」などの子見出しとなって、「しらかべ【白壁】」を類語として取り入れることになる。また、「うまい【旨／甘／美味】」のように複数の意味がある場合、その数だけカードを増やした。

③見出し語の作成

カードをキーワードによって五十音順に並べ替え、さらに他の参考文献（歳時記・ことわざ辞典など）でカードを増補しながら、親見出し・子見出し・関連語などに仕分けて立項した。

以上のように、この辞典は一般の辞典の見出し語と語釈を逆転させて作ったものである。「しろい【白】」というキーワードのカードが二十枚集まれば、「**しろ・い【白】**」という見出しに二十の類語が集まったということである。逆に言えば、それらの類語は他の辞典では見出し語であり、その語釈に「白い」という言葉が使ってあるということである。「**がっき【楽器】**」の子見出しに「**その他弦楽器のいろいろ**」という子見出しがあって、多くの弦楽器が例として挙がっている。それらの楽器は編者が思いついたものを列挙したのではなく、他の辞典で見出し語になっている楽器という意味である。「剛毅」と「剛気」のように似たような言葉には似たような類語が集まるが、その集まり方に多少のずれがあるのは国語辞典の語釈のずれと見てよい。編者が意図的に調整した部分もあるが、それはごく一部である。

2　見出し語の表記

(a)平仮名で見出し語を示し、【　】の中に漢字表記を示した。

(b)見出しの漢字表記は原則一つとした。例えば、「ちえ【知恵／智慧】」は、「ちえ【知恵】」とし、同じ語を類語本文のなかに再掲しているので、そちらを「ちゑ〔知恵／智慧〕」とした。

(c)欧米からの外来語は片仮名で示し、もととなった語のスペリングをローマ字で付記した。英語以外からのものには、原語名も記した（外来語の表記については、後記する類語についての解説も参照のこと）。

(d)活用語は終止形で示し、語幹と語尾の間に「・」を入れた。語幹と語尾が区別できない語は、最初の一文字の下に「・」を入れた。形容動詞は語幹のみ示したが、子見出しでは「・」を入れた。

(e)名詞から派生したサ変動詞で二字以上の漢語は「する」を付けない。一字の場合、「あい・する【愛】」「おく・する【臆】」のように「する」を付けた。

(f)見出し語に複数の意味がある場合、❶❷❸…で区別し、それぞれに〈　〉を付けて意味の区別を記した上で類語を集めた。

(g)子見出しは「―」を以て示した。「―」は親見出しの共通する部分を示す。活用語は語幹を示しているが、語幹と語尾を分けられない語は最初の一字を「―」とした。従って、一般の辞典では、

にる【似】

似たりよったり

似て非なり

のように書くが、この辞典では

に・る【似】

―・させる

―・た性質

のように、他の見出し語と形が同じになるように揃えた。親見出しが活用語であること、子見出しが子見出しであることを分かりやすくするためである。

(h)親見出しと共通部分を持たない子見出しは、関連語として「▼」を以て示した。

(i)子見出しに複数の意味がある場合、①②③…で区別し、それぞれに「―」を付けて意味の区別を記した上で類語を集めた。

(j)子見出しに、常用漢字表外の漢字や音訓が使われた場合には、適宜振り仮名を二行割りの平仮名で示した。

三、類　語

収録類語総数は、延べ約三十二万四千語。連語や句による表現は、それぞれひとまとまりで一語と数えている。

1 類語の配列

見出し語の後に、時代ごとに五十音順で単語をまず配列し、連語や句の形による表現がある場合には、その後に続けて五十音順で配列した。時代は、現代→上代の順とした。

さらに枕詞や敬語、ことわざなどがある場合には、それぞれ《尊》《謙》《枕》《句》などの略号の後に、時代ごとに五十音順で配列した（略号については後記）。

2 類語の時代区分

この辞典の大きな特色として、収録された類語すべてにその使われた時代を注記している。その時代区分と記号は次のとおりである。

現代（1945〜）＝（無記号）
近代（1868〜1944）＝近代
近世（1603〜1867）＝近世
中世（1192〜1602）＝中世
中古（794〜1191）＝中古
上代（〜793）＝上代

3 時代特定の経緯と問題点

①時代の調査

時代を調べるのに主として利用したのは次の辞典である。

古語

『福武古語辞典』初版　福武書店（前掲）
『高校基礎古語辞典』古田東朔監修　旺文社　一九八二年刊

現代語

『大辞林』第二版　三省堂（前掲）
『日本国語大辞典』第二版　小学館　二〇〇一年刊
（但し、JapanKnowledge Personalによる）

古語辞典はほとんどの見出し語に例文が載っているので、古語についてはカードを作った段階で時代特定はできていた。国語辞典は、小・中型辞典では時代の分かる例文がほとんどない。小学館の『日本国語大辞典』は現代語にも例文を載せているが、全二十巻の紙の辞典で約

三十万の単語を一つひとつ調べるのは、個人の仕事としては不可能と諦め、現代語については多くの語を「不明」のまま放置していた。現代語の調査を始めたのは、インターネットの『日本国語大辞典』が利用できるようになったからである。平成二十年代になってJapanKnowledgeのサービスを利用するようになり、足踏みしていた作業が動き出した。

②時代の意味

例文が複数ある場合、最も古いものをその時代とした。その意味では、この辞典の表す時代は「この言葉はこの時代から使われ始めた」ということを表していると言える。しかし、初出が例文としてあがっているとは限らないし、とくに古語は小型辞典で調べたので初出は少ないと思われる。ゆえに、この辞典の時代表示は「少なくともその時代には使われていた」ということを表しているとしか言えない。それもおおよその推定に過ぎない。

次の二書は同じ年に成立している。

『三教指帰』(797年成立)

『続日本紀』(797年成立)

ゆえに、ここに出てくる言葉は、時代区分で機械的に分ければ中古となる。しかし、四十巻の『続日本紀』は、平安時代が始まる前から数年（十数年？）かけて書かれたであろうことを考えると、上代とする方が実際に近いように思われる。典籍の成立年代そのものが推定ということもある。

③古語と現代語

時代は、おおよその目安に過ぎない。

「古語」とは、古典の言葉で現在その意味で使われていない言葉のことである。「雨」や「風」は、万葉の時代から使われているけれども「古語」とは言わない。

この辞典では、まず古語の時代を調べ、続いて現代語の時代を調べ、古語・現代語を区別せずに時代ごとに並べたため、類語の中に古語と現代語が混在している。例えば、次の例のように、「満足」という現代語が平安時代の言葉としていきなり出てくる。

じゅうぶん【十分】‥中世じゅうそく[充足]。じゅんたく[潤沢]。たんぬ[足]。まったし[全]。みちたる[—たりる][満足]。至れり尽くせり。中古いっぱい[一杯]。ことたる[—たりる][事足]。じふぶん[十分]。たらふ[足]。はかばかし[果果]。まほ[真面／真秀]。まんぞく[満足]。‥

そのため、これらの類語を他の辞典で調べる場合、古語辞典で引くのか、国語辞典で引くのか、迷うこともあり得る。

④見出し語の時代

一般に、類語辞典で見出し語が類語の中に再掲されることはない。「渡し守」という言葉の類語に「渡し守」がある、などとは言わない。しかし、この辞典では見出し語を類語として再掲している。次のように「わたしもり【渡守】」の項では、上代の言葉として「わたしもり[渡守]」が記載されている。これは、「わたしもり【渡守】」という見出し語の時代を示すものである。この再掲がなければ、その時代をすぐに知ることができない。見出し語の時代を改めて調べ直す手間を省いたもので、これもこの

辞典の大きな特色である。なお、再掲しているのは近代以前の語で、見出し語が現代語の場合、再掲していない。

> **わたしもり【渡守】** 中古 かはもり［川守］。かはをさ［川長］。上代 わたしもり［渡守］。わたりもり［渡守］。

⑤時代特定ができない言葉

(a)時代の分かる例文がない。

(b)ことわざや格言などで漢籍等の出典は分かっても、日本でどう使われたかの例文がない。

(c)表現があいまいで時代が分からない。例えば、鳥の異名について、国語辞典では次のような説明がある。

つつなわせどり＝せきれいの古名
かわらすずめ【川原雀】＝かわせみの和名
ももちどり【百千鳥】＝うぐいすの別名
とどめどり【禁鳥】＝うぐいすの異名

「別名」「異名」「和名」はどう使い分けているのか分からない。もちろん時代も分からない。

(d)語釈に「…に同じ」とよくある。例えば、次のように書いてある場合、意味だけが同じなのか、使われた時代も同じなのか、判断できない。

なみだがね【涙金】→なみだきん（涙金）
まどわか・す【惑―】「まどわす【惑】」に同じ。

以上のような場合、原則として、(a)は現代、または削除。(b)(c)は近代、または削除。(d)は「…に同じ」とされた言葉の時代とした。特に(a)は、歳時記やことわざ辞典などから採集した言葉で、他の辞典では例文どころか見出し語にもなっていない言葉があって、それらはすべて削除した。歳時記やことわざ辞典には、残しておきたい魅力ある単語や句が多くあったが、『大辞林』や『日本国語大辞典』、あるいは古語辞典などで確認できない言葉は残念ながら削除せざるを得なかった。

4 類語の表記等

①清濁の異なりなど音韻上の変化や、省略、派生などによって、語形は異なるが、近似のものと考えられるときは、次のように「／」を挟んで併記した。

> あだこと／あだごと［徒言／仇言］。
> ミス／ミステーク(mistake)。

②類語の漢字表記は、類語と確定するのに用いた資料で採用されている表記を取り入れた。複数ある場合には「／」を挟んで併記した。それぞれ資料により、また用例により採用している漢字が異なることがあるため、同じ語でも、項目によって掲げている漢字表記が異なることがある。

③連語や句の形で取り上げている類語に常用漢字表外の漢字や音訓が使われているときには、適宜振り仮名を二行割りの平仮名で示した。近世以前の類語では振り仮名は歴史的仮名遣いで示している。また、部分的に表記が複数ある場合には、（ ）内に異なる表記を示した。

> 腕（かひな）に余る。
> 手車（輦（てぐるま））に乗す［―乗せる］。

④仮名遣いと用言の活用は、原則として次のように書き分けた。

現代＝ 現代仮名遣い　口語の終止形
近代＝ 歴史的仮名遣い　口語の終止形
（カタカナ語は現代仮名遣い）
近世以前＝ 歴史的仮名遣い　文語の終止形

仮名遣いは原則通りにしたが、活用に関しては、辞典の例文に従ったため、近世や中世の語でも口語の活用になっている語もある。

⑤二段活用の文語の動詞を終止形で記載した場合、意味が分かりにくくなる。例えば、「痛める」の終止形は「痛む」である。「心が痛む」も「心を痛める」も「痛む」となる。「いたむ［痛］」だけではマ行五（四）段か、マ行下二段か区別がつかない。そこで、次の例の傍線部のように［　］内に口語の一段活用を付記した。

> **く・ちる【朽】**…中古 おとろふ［―ろえる］［衰］。くつ［朽］。上代 かる［かれる］［枯］。くつ［くちる］［朽］。くゆ［崩］。→**くさ・る**

なお、その表記は次のようにした。

(a)［　］内は現代仮名遣いとした。一般の辞典で、比較のために書くとすれば、

おとろふ［―ろへる］［衰］
すう［すゑる］［据］

のように活用行を変えないだろうし、そのほうが形の変化が分かりやすいが、この辞典ではあえて、

おとろふ［―ろえる］［衰］
すう［すえる］［据］

のように現代仮名遣いにした。この辞典は、収録されている類語を国語辞典で調べることがあるので、その場合、国語辞典の仮名遣いのほうが好都合だと考えたからである。例えば、前の例の「おとろふ」は古語辞典で調べるが、「おとろえる」は国語辞典で調べるので現代仮名遣いとした。

(b)「―」は二段活用の語と共通する部分を示し、表示を簡略化するために使った記号である。［　］内の平仮名が5文字以上にならないように機械的に処理した。一般の辞典がこのようなことを書くとすれば、言葉の成り立ちを考えて、

につむ［―つめる］［煮詰］
さまかふ［―かえる］［様変］
おとろふ［おとろえる］［衰］

のように書き分けるのがふつうだが、この辞典は、

おとろふ［―ろえる］［衰］
はづかしむ［―しめる］［辱］

のように、言葉の文法的な切れ目は考えないで、他の言葉と形が同じになるように揃えた。「―」によって語末3文字が目立ちやすいと考えたからである。フレーズの場合もこれに準じ、「―」を使って語末を数文字に抑えた。

(c)二段活用の語が四段にも活用する場合、四段活用の語には次のように注を付記した。

> **た・える【絶】**…中古…ほろぶ［滅／亡］（四段活用）。めつばう［滅亡］。やむ［止／罷］。上代…つく［つきる］［尽］。ほろぶ［ほろびる］［滅／亡］。

(d)「お・いる【老】」の項に「すっかりー・いる」という子見出しがあり、その中に「ふりはつ［旧果］」「おいはつ［老果］」という動詞がある。

> **お・いる【老】**…
> **すっかりー・いる**　おいさらばえる［老］。近世 おいくつ［ーくちる］［老朽］。中世 おいさらぼふ［老］。ふりはつ［旧果］。上代 おいはつ［ーはてる］［老果］。

「ふりはつ」も下二段活用なので、［ーはてる］のように付記するところであるが、この語には一段化した用例がなく、現代語の辞書にも立項されていないので付記しない。このように、現代に残っていない語、あるいは現代に残っていても見出し語と同様の意味では使われていない語には、口語の一段活用の形を示していない。

5 **外来語**

外来語はスペリングを付記した。但しローマ字のみ。原語名は、英語は無表記、他はスペリングの前に二行割りの片仮名で付記した。近代以降に中国語や朝鮮語から入ってきた言葉には、（中国語）（朝鮮語）のように記し、漢字表記がある場合には、それも記した。梵語（＝サンスクリット語）には「梵」と記した。

欧米語を組み合わせて作った外来語風の日本の言葉は「和製」として、次のように示した。

> ハローワーク（和製Hello Work）。

6 **品詞**

本来、類語の品詞は見出し語と合わせるべきである。特に子見出しの場合、例えば、

ー・する
ー・すること
ー・するさま

のような見出しであれば、それぞれ、動詞・名詞・形容詞など、その表現にあった品詞を揃えるべきである。しかし、

> **おそなえ【御供】**…
> **ー・する**　中世 えいぐ［影供］。ぐしん［供進］。中古 たむく［たむける］［手向］。まひなふ［賄］。…

のように、そうなっていない項もある。類語が少なくて分けられなかったということもあるが、同意語・類語だけでなく、関連語・周辺語を形にとらわれず幅広く集めようとした結果ということもある。

四、略号・記号

《尊》　尊敬語
《謙》　謙譲語
《丁》　丁寧語
《卑》　卑語
《枕》　枕詞（「⇩」は掛かる言葉を示す）
《序》　序詞（一例のみ）
《句》　ことわざ、格言等
→　参照先の見出しを示す。

空見出しでなく、ある程度類語が集まっているのに「→」で参照項を示しているのは、次のいずれかの場合である。

(a)参照先にはそれ以上に類語がある。

(b)意味のずれによって別の視点での類語が広がる。

(c)参照先の方に子見出しが多く、関連語をより多く知ることができる。

参照先に同音・同訓の語が多い、子見出しが多いなど、参照先を見つけにくい場合には、参照先の見出し語の漢字表記や子見出しなども示した。

五、参考文献

『福武古語辞典』井上宗雄ほか編　福武書店　一九八八年

『高校基礎古語辞典』古田東朔監修　旺文社　一九八二年

『角川古語大辞典』（全五巻）中村幸彦ほか編　角川書店　一九八一年

『大辞林』第二版 松村明編 三省堂 一九九五年

『日本国語大辞典』（全二十巻）小学館 日本大辞典刊行会編 一九七六年

『日本国語大辞典』第二版（全十四巻）小学館 二〇〇一年（但し、JapanKnowledge Personalによる）

『大言海』大槻文彦著 冨山房 一九三五年

『大日本国語辞典』上田万年著 冨山房 一九四〇年

『現代語から古語を引く辞典』芹生公男編 三省堂 二〇〇七年

『日本類語大辞典』志田義秀ほか編 講談社 一九七四年

『デジタル類語辞典』第七版 株式会社ジャングル

『類語大辞典』三刷　柴田武ほか編　講談社　二〇〇二年

『類語選びの辞典』新装版 武部良明編 三省堂 二〇〇一年

『類語辞典』広田栄太郎ほか編 東京堂出版 一九七四年

『類語連想辞典』米谷春彦編 ぎょうせい 二〇〇四年

『角川類語新辞典』四刷 浜西正人著 角川書店 一九八一年

『大歳時記』大岡信ほか編 集英社　一九八九年

『俳句歳時記』飯田蛇笏ほか編 平凡社 一九七〇年

『植物表現辞典 歳時記版』大野信監修 遊子館 二〇〇二年

『動物表現辞典 歳時記版』大野信監修 遊子館 二〇〇二年

『例解 短歌用語辞典』窪田空穂ほか編　創拓社　一九九〇年

『ことわざ辞典』長谷川鑛平ほか編 高橋書店　一九九一年

『暮らしの中のことわざ辞典』折井英治編 集英社 一九八八年

本辞典には現代では不適切と思われる用語や表現がありますが、資料引用という観点から、そのままに掲載しています。

あ

ああ【嗚呼】 あ。おお。近代あらまあ。ありゃりゃ。あれえ。おやまあ。近世ありゃありゃ。おや。おやおや。中世ああら。近代あっぱれ[天晴]。ありゃ。あれ。はれ。まこと[真／誠]。やれやれ。中古あなや。あはれ。あら。あらあら。いで。いでや。や。上代ああ[嗚呼／噫]。あな。あなに。はしきやし。はしきよし。はしけやし。はら。やあ。→**かんどう【感動】**

アース(earth) せっち[接地]。ちらく[地絡]。

アーチ(arch) せりもち[迫持]。

―状の構造物 きょうこう[拱構]。

―状の屋根を支える部材 リブ(rib)。

アーチェリー(archery) ようきゅう[洋弓]。

アート(art) げいじゅつ[芸術]。びじゅつ[美術]。

アーモンド(almond) はたんきょう[巴旦杏]。へんとう[扁桃]。

あい【愛】 アムール(フランス amour)。エロス(ギリシャ Erōs)。近代ラブ(love)。中世あいちょう[愛寵]。おんあい[恩愛]。こころざし[志]。中古あいこ[愛顧]。あはれ[憐]。おもひ[思]。じあい[慈愛]。ちょう[寵]。ちょうあい[寵愛]。上代あい[愛]。じんあい[仁愛]。→**あい・する** →**こい・する**

―が冷める 中世秋の契り。中古あきかぜ[秋風]。すみはなる[住離]。とこはなる[床離]。とだえ[途絶]。よがれ[夜離]。よよ[世世]。秋風が立つ。上代おもひすぐ[思過]。

―が募る 中古こりつむ[樵積]。

―に溺れる 中古まどふ[惑]。上代さどふ[惑]。たはる[戯]。

―に染まる 中世あいぜん[愛染]。

―の手紙 →**こいぶみ**

―の場面 近代ラブシーン(love scene)。

―の深さのたとえ 近世屋烏(をく)の愛。中世枝を連ぬ[―連ねる]。中古しょうら[松蘿]。枝を交(かは)す。

―のふれあい 近代ネッキング(necking)。

―を誓う 中古ちぎる[契]。

―を貫き通すこと 近世しんぢゅうだて[心中立]。しんぢゅうづく[心中尽]。

―を寄せる 中世たいせつ[大切]。中古こころよせ[心寄]。

異性間の― 近代れんあい[恋愛]。上代こひ[恋]。→**あい・する** →**こい・する**

神の― アガペー(ギリシャ agapē)。せいちょう[聖寵]。中古おんちょう[恩寵]。

この上ない― 中世しあい[至愛]。

子への― 近世こぼんなう[子煩悩]。

私心を離れた純粋な― 近代むがあい[無我愛]。

邪心のないひたむきな― 近代じゅんあい[純愛]。

精神的な― 近代プラトニックラブ(Platonic love)。

性的な― エロス(ギリシャ Erōs)。近代せいあい[性愛]。にくよく[肉欲]。

妻の― 中古ないちょう[内寵]。

同性間の― 近代どうせいあい[同性愛]。

友の― 近代いうじゃう[友情]。中世いうあい[友愛]。

憎しみと― 中古ぞうあい[憎愛]。上代あいぞう[愛憎]。

母の― 近代ぼせいあい[母性愛]。

ひそかな― 近世しあい[私愛]。

夫婦の― じょうあい[情愛]。近代きんしつさうわ[琴瑟相和]。中世さうふれん[想夫恋／想夫憐／相府蓮]。

身近な人への― りんじんあい[隣人愛]。

最も―・していること 中古さいあい[最愛]。

あい【藍】 ほんあい[本藍]。中古たであゐ[蓼藍]。上代あゐ[藍]。

―で染めること 中世こうかき／こんかき[紺搔]。中古あゐぞめ[藍染]。

あいいろ【藍色】 近代らんしょく[藍色]。中古かち[褐]。からあゐ[韓藍]。中世かちいろ／かちんいろ[褐色]。

鮮やかな― プルシャンブルー(prussian blue)。近世せいらん[青藍]。上代こんじゃう[紺青／金青]。

薄い― 近世かめのぞき[瓶覗]。のぞきいろ[覗色]。中世うすはないろ[薄花色]。はないろ[花色]。はなだいろ[縹色]。中古あをにび／あをにぶ[青鈍]。そらいろ[空色]。上代みはなだ[水縹]。

くすんだ― 近代おなんど／おなんどいろ[御納戸色]。近世なんどいろ[納戸色]。

濃い― 近代ブルーブラック(blue black)。近世こん[紺]。こんいろ[紺色]。中世こあゐ[濃藍]。

あいうち【相打】 近世あひうち[相打／相討]。あひこ。中世ひきわけ[引分]。

あいか【哀歌】 近代エレジー(elegy)。中世あいか[哀歌]。中古あいしゃうか[哀傷歌]。

〔上代〕ばんか[挽歌]。ひか[悲歌]。

あいかわらず【相変】 依然として。今まで通り。変わりなく。〔近代〕なほかつ[猶且]。やはり。旧態依然として。従前通り。〔近世〕相も変はらず。〔中世〕あひかはらず[相変]。〔中古〕なほ[尚/猶]。

あいかん【哀歓】 ひきこもごも[悲喜交交]。〔近世〕あいくゎん[哀歓]。〔中古〕きどあいらく[喜怒哀楽]。ひき[悲喜]。

あいがん【哀願】 袖に絓る。泣きを入れる。〔近代〕あいぐゎん[哀願]。あいそ[哀訴]。こんぐゎん[懇願]。せつぐゎん[切願]。せつばう[切望]。〔近世〕こんまう[懇望]。たんぐゎん[嘆願]。なきつく[泣付]。〔中世〕こんぼん[懇望]。〔中古〕こんばう[懇望]。しうそ[愁訴]。

あいがん【愛玩】 〔近代〕あいよう[愛用]。〔中古〕あいぐゎん[愛玩/愛翫]。

—・するもの 〔近代〕マスコット(mascot)。〔中世〕ちんぐゎん[珍玩]。

—・する動物 ペット(pet)。

あいきょう【愛嬌】 〔近世〕いろけ[色気]。しほ[潮/汐]。にべ[鰾膠]。ゑしゃく[会釈]。〔中世〕あいきゃう[愛敬]。あいけう[愛嬌]。〔中古〕あいぎゃう[愛敬]。あいそ[愛想]。

—があってふっくらしているさま(人) 〔近世〕ぼっとり。ぼっとりもの。

—がある 〔近世〕かはいらし[可愛]。会釈こぼす。会釈こぼる。〔中世〕あいあいし[愛愛]。〔中古〕あいづかはし。

—がない 〔近世〕鰾膠(にべ)もしゃしゃりもない。鰾膠(にべ)もない。〔中世〕あいなし。すげなし[素気無]。〔中古〕あいだちなし。あいだてなし。けにくし[気憎]。すくすくし/すくずくし/すぐすぐし[直直]。すくよか[健]。すげなし[素気無]。そばそばし[稜稜]。→**れいたん**

—がないさま 〔近世〕けんけん。つんつん。

—に乏しく生真面目なさま 〔中古〕すくやか/すくよか[健]。

あいこ【愛顧】 〔近世〕ひいき[贔屓]。〔中古〕あいこ[愛顧]。おんこ[恩顧]。

あいことば【合言葉】 アイディー(ID; identification)。あんしょうばんごう[暗証番号]。パスワード(password)。ユーアールエル(URL; uniform resource locator)。〔近代〕スローガン(slogan)。〔近世〕ふちゃう[符丁]。

あいさつ【挨拶】 〔近代〕テーブルスピーチ(和製 table speech)。〔近世〕こうじゃう[口上/口状]。こたへ[答]。じぎ[時宜/時儀]。しきれい[式礼]。すみつき[墨付]。ゑしゃく[会釈]。〔中世〕あいさつ[挨拶]。〔中古〕あへしらひ。しきたい/しきだい[色体/色代/式体]。

—がない 〔近代〕けつれい[欠礼]。ぶさた[無沙汰/不沙汰]。〔中古〕ぶいん[無音]。

—・する 〔近世〕こたふ[こたえる][答]。〔中世〕いふす[揖]。〔中古〕あへしらふ。

時候の— 〔近代〕じぎ[時宜]。寒暑を叙す。寒暑を述ぶ[—述べる]。〔中世〕寒暄(かんけん)を叙す。→**じこう**

出会いの—(例) アロハ(aloha)。おはよう[早]。こんにちは[今日]。グーテンターク((ドイツ)Guten Tag)。こんばんは[今晩]。シーハイル((ドイツ)Schi Heil)(スキーヤーの挨拶)。チャオ((イタリア)ciao)。ニーハオ[(中国語)你好]。ようこそ。〔近代〕ウエルカム(welcome)。グッドモーニング(good morning)。グッドナイト(good night)。ハロー/ヘロー(hello)。ボンジュール((フランス)bonjour)。ボンソワール((フランス)bonsoir)。

年賀の— →**ねんが**

別れの—(例) アロハ(aloha)。ごきげんよう[御機嫌]。さよなら/さようなら。ツァイチェン[(中国語)再見]。ではまた。〔近代〕アデュー((フランス)adieu)。いざさらば。ずいぶん[随分]。〔近世〕あばよ。えいじつ[永日]。おさらば。グッドバイ(good-bye)。すんなら。〔中古〕さらば。→**さようなら**

あいじ【愛児】 〔近代〕あいじ[愛児]。ひざうっこ[秘蔵子]。〔近世〕いとしご[愛子]。〔中古〕あいそく[愛息]。〔上代〕まなご[愛子]。まなむすめ[愛娘]。→**こども**

あいしゅう【哀愁】 〔近代〕あいせつ[哀切]。ペーソス(pathos)。〔中世〕あいしう[哀愁]。うれひ[憂/愁/患]。かなしみ[悲]。〔上代〕あいかん[哀感]。あいしゃう[哀傷]。うれへ[憂/愁]。かんしゃう[感傷]。→**うれい** →**かなしみ**

そこはかとなく感じる— 〔中古〕あんしう[暗愁]。

春に感じる— 〔近代〕しゅんしう[春愁]。

あいしょう【愛称】 〔近代〕あいしょう[愛称]。ペットネーム(pet name)。こんめい[渾名/諢名]。ニックネーム(nickname)。〔近世〕あだな[渾名/綽名]。

▼接尾語 こ[子]。〔中古〕き。

あいじょう【愛情】 〔近世〕じゃうあい[情愛]。〔中世〕あはれ[哀]。おんあい[恩愛]。こころ

あ

ざし［志］。中古おもひ［思］。上代あいじゃう［愛情］。こひ［恋］。→じょう【情】

ーが薄れること　つめたい［冷］。中世はくじゃう［薄情］。ひえきる［冷切］。中古すみはなる［住離］。

ーがつのる　中古おもひまさる［思増］。

ーが深いこと　近世屋烏(をくう)の愛。

異性間のーが深いこと　→こい【恋】

親のーが深いこと　近世よづる［夜鶴］。中古やかく［夜鶴］。《句》近代焼け野の雉(きぎす)夜の鶴。中世梁(うつばり)の燕(つばめ)。子を思ふ鶴。

かたよったー　近世しあい［私愛］。中世へんあい［偏愛］。

あいじるし【合印】　近世あひいん［合印］。あひはん［合判／相判］。中世あひじるし［合印］。

あいじん【愛人】　ダーリン(darling)。近代アミ(フランス ami; amie)。いろをんな［色女］。モナミ(フランス mon ami; mon amie)。ラバー(lover)。ラブ(love)。リーベ(ドイツ Liebe)。近世あいじん［愛人］。いいひと［好人］。いろ［色］。おきせん［置銭］。きみさま［君様］。じゃうじん／じゃうにん［情人］。ちいん［知音］。ぬれ［濡］。小指を立てる。中世おもひびと［思人］。おもひもの［思者］。中古うたかたびと［泡沫人］。こひびと［恋人］。しるひと［知人］。→こいびと

《尊》中古おもほしびと［思人］。

ーである男　かれ［彼］。かれし［彼氏］。近代いろをとこ［色男］。じゃうふ［情夫］。をとこ［男］。近世がつ。中世かくしをとこ［隠男］。

ーである女　かのじょ［彼女］。近代いろをんな［色女］。じゃうふ［情婦］。をんな［女］。近世かくしをんな［隠女］。

ー同伴で旅館などに行く　つれこむ［連込］。

ーと情を交わすこと　近世ちいん［知音］。

ーとする　中世とりおく［取置］。

ーや妻の住んでいる所　中古かよひどころ［通所］。

恋い慕うー　上代こころづま［心妻］。こひづま［恋妻］。

年上の女のーである男　近世若い燕(つばめ)。

あいず【合図】　近代サイン(sign)。シグナル(signal)。しんがう［信号］。中世あひづ［合図］。中古しるし［徴］。

ー・する　中古てかく［手掻］。手を掻(か)く。

ーで知らせ合う　近世しめしあはす［示合］。

ーで知らせる　中古くはす［交］。

ーとしての板　近世ばんぎ［板木］。

ーとしての鉄砲　近代がうはう［号砲］。

ーとしての旗　近代はたふり［旗振］。

ーの音を出すもの　近代ゴング(gong)。なるこ［鳴子］。ベル(bell)。近世かね［鐘］。すず［鈴］。たいこ［太鼓］。ぢんだいこ［陣太鼓］。ひゃうしぎ［拍子木］。ふえ［笛］。ふれだいこ［触太鼓］。やぐらだいこ［櫓太鼓］。上代しゃうこ［鉦鼓］。→たいこ【太鼓】→ふえ

ーのしぐさ　上代そでふる［袖振］。

ーの火　近世がうくゎ［号火］。中世のろし［狼煙／烽火］。ひ［火］。ほうくゎ［烽火］。らうえん［狼煙］。上代とぶひ［飛火］。

ーのベル　よれい［予鈴］。

時間のー　じほう［時報］。

目のー　近代ウインク(wink)。近世めくばせ［目配］。中古くはす［食］。中世めくはせ［眴］。目を食はす。

呼び寄せるー　中世てまねき［手招］。

あい・する【愛】　中世いとほしむ［愛］。このむ［好］。をしむ［惜］。したこがる［下焦］。たいせつ［大切］。中古あいす［愛］。あはれぶ／あはれむ［憐／哀］。いつくしぶ／いつくしむ［慈／愛］。うつくしがる［愛］。うつくしむ［慈］。おもひはつ［思果］。おもふ［思］。かなしうす／かなしがる／かなしぶ／かなしむ［愛］。くゆる［燻］。こがる［焦］。ときめかす［時］。にくからず［憎］。めでくつがへる［愛覆］。もえこがる［燃焦］。らうたがる。わきばむ。上代こふ［恋］。めづ〔めでる〕［愛］。→あい【愛】→かわいが・る→こい・する

《尊》中古おぼしめす［思召］。おぼす［思］。

《句》近世痘痕(あばた)もゑくぼ。

ー・されている人　中古さいはひびと［幸人］。

ー・される　中古ときめく［時］。

ー・しあう　近世さうあい［相愛］。中古あひおもひ［相思］。おもひあふ［思合］。おもひかはす［思交］。もろごひ［諸恋］。

ー・しあうさま　あつあつ［熱熱］。

ー・しあう仲　近世こひなか［恋仲］。中古おもふなか［思仲］。上代おもふどち［思同士］。

ー・し敬うこと　あいけい［愛敬］。中世あいぎゃう［愛敬］。

ー・し好むこと　近世ものずく［物好］。中世あいげう［愛楽］。

ー・し慕うこと　近世あいぼ［愛慕］。あいれん［愛恋］。

ー・すべきだ　上代はし［愛］。めだし［愛］。

—・する夫 〔上代〕いとこせ[愛子夫]。→**おっと**

—・する気持ち 〔近世〕じゃうあい[情愛]。〔中古〕あいねん[愛念]。〔上代〕あいじゃう[愛情]。

—・する妻 〔上代〕いとこめ[愛子女]。→**つま**

—・する人 →**あいじん**→**こいびと**

異性を—・する 〔上代〕こふ[恋]。つまごひ[妻恋／夫恋]。

国を—・する 〔近代〕あいこく[愛国]。

故郷を—・する 〔近代〕あいきゃう[愛郷]。

心から—・する 〔近代〕ねつあい[熱愛]。

すべてのものを—・する 〔近世〕いっしどうじん[一視同仁]。どうじん[同仁]。〔中古〕はくあい[博愛]。〔上代〕はんあい[汎愛]。

ひろく—・する 〔中古〕はくあい[博愛]。

深く—・する 〔近代〕あいぶ[愛撫]。せつあい[切愛]。ぜつあい[絶愛]。〔中世〕しんあい[深愛]。ちゅうあい[忠愛]。〔中古〕しょうあい[鍾愛]。

▼接頭語 〔中古〕まな。

あいせき【相席】 どうせき[同席]。〔近世〕あひきゃく[相客]。〔中古〕どうざ[同座]。

あいせき【哀惜】 〔近代〕あいせつ[哀切]。〔近世〕あいせき[哀惜]。いたむ[悼]。〔中世〕あいたう[哀悼]。ついたう[追悼]。ついてう[追弔]。つうしゃく／つうせき[痛惜]。〔上代〕あいしゃう[哀傷]。

あいせき【愛惜】 〔近代〕あいちゃく[愛着]。みれん[未練]。〔近世〕あいかう[愛好]。あいせき[愛惜]。〔中世〕あいじゃく[愛惜]。〔中古〕をしむ[惜]。

あいそ【愛想】 〔近世〕あい[愛]。にべ[鰾膠]。〔中世〕あいさう／あいそ[愛想]。→**あいきょう**

—がない(さま) →**ぶあいそう**

—がよい 〔近代〕如才(じょさい)ない。〔近世〕しなっこらし。

—笑い あいきょうわらい[愛嬌笑]。〔近代〕せじわらひ[世辞笑]。てんせう[諂笑]。〔近世〕ついしょうわらひ[追従笑]。

—を尽かす あきれはてる[呆果]。〔近世〕あいそづかし[愛想尽]。愛想を尽かす。〔中古〕おもひはなつ[思放]。おもひはなる[思離]。みはなす[見放]。

あいだ【間】 かん[間]。かんかく[間隔]。かんげき[間隙]。きかん[期間]。ちゅうかん[中間]。ま[間]。〔近世〕まあひ[間合]。〔中世〕あひま[合間]。くうげき[空隙]。〔中古〕あはひ／あひ[間]。すきま[透間／隙間]。たえま[絶間]。ちゅうげん[中間]。なかあひ[中間]。はさま／はざま[狭間]。ひま[暇]。ひまひま[隙隙／暇暇]。へだたり[隔]。〔上代〕あひだ[間]。はし[端]。ほど[程]。ま[間]。

—が大きい 〔中古〕まどほ／まどほし[間遠]。

—が透いている 〔近代〕がらあき[空]。そ[疎]。〔中世〕あひどほ[相遠]。〔中古〕まどほ[間遠]。

—がない 〔近代〕ちょくせつ[直接]。〔中古〕そのまま[其儘]。ところなし[所無]。上げず。

—で双方の悪口を言う 〔近代〕なかぐち[中口]。〔上代〕なかごと[中言]。

—にある 〔近代〕かいざい[介在]。かいりふ[介立]。〔中世〕かいりつ[介立]。

—をとりもつこと 〔近世〕なかで[中手]。はしわたし[橋渡]。〔中世〕ちゅうにん[仲人]。〔上代〕なかだち[仲立]。

—を隔てる 〔中世〕あひだむ[間]。あらける[粗]。ひきはなす[引離]。〔上代〕へだつ[へだてる][隔]。わく[わける][分]。

▼…の間ずっとの意の接尾語 〔中古〕すがら。

あいたい・する【相対】 〔近代〕たいち[対置]。〔近世〕たいりつ[対立]。面と向かふ。〔中世〕さうたい[相対]。たいたう[対当]。むかひあふ[向合]。むきあふ[向合]。〔中古〕あひたいす[相対]。あふ[会／逢]。

あいだがら【間柄】 〔近代〕くゎんけい[関係]。〔近世〕あひだがら[間柄]。つづきあひ[続合／続間]。なかあひ[中間]。〔中古〕あはひ[間]。あひだ[間]。なか[仲]。なからひ[中]。

親子(夫婦)などの— 〔近代〕えん[縁]。→**かんけい【関係】**

ちょっと会った程度の— 〔近代〕はんめんしき[半面識]。

仲のよい— 〔近代〕あひなか[相仲]。

長屋に住む者同士の— 〔近世〕あひながや[相長屋]。

あいちゃく【愛着】 しゅうちゃく[執着]。〔近代〕あいちゃく[愛着]。あいよう[愛用]。〔近世〕あいかう[愛好]。いとほしむ[愛]。心を留む[—留める]。〔中世〕あいしふ[愛執]。あいぢゃく[愛着／愛著]。おぼしよる[思寄]。おもはし[思]。しふしん[執心]。〔中古〕あいじゃく[愛惜]。こころづき[心付]。しふぢゃく[執着]。〔上代〕うるはし[麗]。

—を捨て去ること 〔中世〕かつあい[割愛]。

激しい— 〔近代〕かつあい[渇愛]。

あいつ【彼奴】 〔近世〕あいつ[彼奴]。きゃつ[彼

あ

奴］。きゃつめ［彼奴］。しゃつめ［奴］。中世 あやつ［彼奴］。中古 かやつ［彼奴］。
→かれ

—ら 近世 きゃつばら［彼奴輩］。きゃつら［彼奴等］。しゃつら［奴等］。中世 しゃつばら［奴輩］。れんちゅう／れんぢゅう［連中］。

あいづち【相槌】 近代 さんい［賛意］。近世 あひづち［相槌］。中世 あど［迎合］。中古 あひ［相］。うなづく［頷］。どうい［同意］。

—のことば（例） 近世 あいさ。中古 そよ。それよ。上代 しか［然／爾］。

—をうつ 近世 太鼓を叩く。太鼓を持つ。中古 あどうつ［打］。あどを打つ。

あいて【相手】 むこうがわ［向側］。近代 せんぱう［先方］。たいてき［対敵］。ライバル（rival）。近世 あひ［相］。あひかた［相方］。中古 かたき［敵］。上代 もこ［婿］。中世 あひて［相手］。てきじん［敵人］。

—構わず 近世 だれかれなしに。

—として恐れるにたりない 中世 くみしやすし［与易］。

—と自分 上代 ひが［彼我］。

—にしない 近代 せうさつ［笑殺］。背を向ける。取り合わない。洟もひっかけない。横を向く。近世 あいそづかし［愛想尽］。おあひだ［御間］。そっちのけ［其方退］。つきはなす［突放］。中世 けんもほろろ。もてはなる［離］。中古 さしはなつ［差放］。

—に（と）する 向こうにまわす。胸を貸す。近代 おあひ［御相］。かまひつける［構付］。たいしゅ［対手］。近世 あひてどる［相手取］。であふ［出合］。中世 おうせつ［応接］。おうたい［応対］。とりあふ［取合］。

—を選ばない ひきうく［—うける］［引受］。中古 あひしらふ／あへしらふ。

—によって態度が変わる 三舎を避く［—避ける］。近代 鬼にもなれば仏にもなる。人を見て法を説け。人我に辛ければ我また人に辛し。近世 魚心あれば水心。鐘も撞木の当たりやう。

—に利益を与える りてき［利敵］。近代 敵に塩を送る。花を持たせる。

—の意のまま 近世 にんい［任意］。俎上の魚。俎板の鯉。中世 ぎょにく［魚肉］。

—のいる場所に行く 近世 どなりこむ［怒鳴込］。ふみこむ［踏込］。

—の機嫌を取る 近世 げいがふ［迎合］。てんとり［点取］。鼻息を仰ぐ（窺ふ）。

—のためにしたように言う 近世 恩に掛く［—掛ける］。中世 恩に着せる。

—の出方を待つ 近代 だしん［打診］。近世 にらみあひ［睨合］。中古 腹を探る。

囲碁の— 中世 ごがたき［碁敵］。

恨みに思う— 近代 きうてき［仇敵］。中古 あたかたき［仇敵］。かたき［敵／仇］。しうてき［讐敵／讎敵］。

恋しく思う— →こいびと

試合などの— 近代 たいしゅ［対手］。てき［敵］。近世 かうてきしゅ［好敵手］。てきしゅ［敵手］。ひっちう［匹儔］。

商売の— 近世 あきなひぐち［商口］。うりくち［売口］。

手強い— なんてき［難敵］。近世 きゃうてき［強敵］。中世 がうてき［強敵／剛敵／豪敵］。

二人で物を担ぐときの— 近世 あひかた［相肩］。あひぼう［相棒］。

よい— 近世 かうてきしゅ［好敵手］。てあひ［手合］。

アイディア（idea） あん［案］。かんがえ［考］。はっそう［発想］。近代 アイディア。かうあん［考案］。さうあん［創案］。ちゃくさう［着想］。はつい［発意］。ひらめき［閃］。めいあん［名案］。近世 おもひつき［思付］。さうい［創意］。めうあん［妙案］。めうけい［妙計］。めうさく［妙策］。中世 くふう［工夫／功夫］。ちゃくがん［着眼／著眼］。中古 あん［案］。

—をよく出す人 アイディアマン（idea man）。

あいて・いる【空】 近代 がらあき［空］。

—・いる時間 すき［隙］。中古 すきま［隙間／透間］。

—・いる所 くうかん［空間］。近世 あきしょ［空所／明所］。中世 あきど／あきどころ［明所／空所］。くうしょ／くうじょ［空所／空処］。→あきち

間隔が—・いる 中世 あひどほ［間遠］。中古 まどほ［間遠］。

あいとう【哀悼】 近世 あいせき［哀惜］。中世 あいたう［哀悼］。しうしゃう［愁傷］。

—歌 近代 エレジー（elegy）。中世 あいか［哀歌］。中古 あいしゃうか［哀傷歌］。上代 ばんか［挽歌］。ひか［悲歌］。

あいなめ【鮎魚女】 近世 あいなめ［鮎魚女］。中世 あぶらこ［油子］。あぶらめ［油女］。

あいにく【生憎】 近世 間が悪い。中世 あいにく［生憎］。びんあし［便悪］。中古 あやにくし［生憎／可憎］。あやにくし［生憎］。びなし／びんなし［便無］。をりあし［折悪］。

—・なことになる 中古 あやにくだつ［生憎］。

あいのり【相乗】 〈近代〉あひのり[相乗]。びんじょう[便乗]。

駕籠や輿に―・すること 〈近世〉あひあひかご[相合駕籠]。あひかご[相駕籠]。あひごし[相輿]。

アイバンク(eye bank) かくまくぎんこう[角膜銀行]。がんきゅうぎんこう[眼球銀行]。

あいはん・する【相反】 〈近代〉あひはんする[相反]。はいはん[背反]。〈中世〉はいち[背馳]。

―・する感情が同時に存在すること アンビバレンス(ambivalence)。りょうかせい[両価性]。りょうめんかち[両面価値]。

あいびき【逢引】 〈近代〉デート(date)。ランデブー(フランス rendez-vous)。〈近世〉あひびき[逢引]。しのびあひ[忍会]。〈中古〉あふせ[逢瀬]。

あいぼう【相棒】 あいて[相手]。どうりょう[同僚]。〈近代〉コンビ(combinationの略)。パートナー(partner)。半肩(はんかた)(を)担ぐ。〈近世〉あひかた[相方]。あひぼう[相棒]。ぐる。〈中世〉あひどり[相取]。つれ[連]。→**なかま**

《句》〈近代〉一本の薪は燃えぬ。片手で錐(きり)は揉(も)めぬ。孤掌(こしゃう)鳴り難し。単糸線を成さず。

物を担ぐときの― 〈近世〉あひかた[相肩]。

あいま【合間】 〈近代〉インターバル(interval)。〈中世〉あひま[合間]。〈近世〉かたてま[片手間]。〈中古〉たえま[絶間]。

あいまい【曖昧】 ファジー(fuzzy)。ふめいろう[不明朗]。煮え切らない。〈近代〉いゐ[依違]。ふめいれう[不明瞭]。〈近世〉あやふや。うやむや[有耶無耶]。どじぐじ。どっちつかず[何方付]。ぼかす[暈]。言を左右にする。〈中世〉ふめい[不明]。筑羅(ちくら)が沖。〈中古〉あいまい[曖昧]。おぼおぼし。おぼつかなし[覚束無]。こころもとなし[心許無]。たどたどし。〈上代〉おほほし/おぼほし[鬱]。

―・でないさま →**あきらか** →**はっきり**

あいよう【愛用】 〈近代〉あいよう[愛用]。〈近世〉あいかう[愛好]。〈中世〉しゅたく[手沢]。〈中古〉つかひつく[―つける][使付]。

―・している機械など あいき[愛機]。

あいよく【愛欲】 〈近代〉エロチシズム(eroticism)。〈中古〉あいしふ[愛執]。あいよく[愛欲]。よくかい[欲海]。よくしん[欲心]。

あいらし・い【愛】 かわいらしい[可愛]。愛嬌がある。〈近代〉かはゆい。めごい。〈近世〉かれん[可憐]。〈中世〉あいらし[愛]。〈中古〉うつくし。→**かわい・い**

あいろ【隘路】 なんかん[難関]。〈近代〉あいろ[隘路]。ネック(neck)。ボトルネック(bottleneck)。〈近世〉ししゃう[支障]。〈中世〉しゃうがい[障害]。

アイロン(iron) スチームアイロン(steam iron)。でんきアイロン[電気iron]。〈中世〉ひのし[火熨斗]。

―台 まんじゅう[万十]。

―をかけること 〈近代〉プレス(press)。

―をかけるとき当てる布 あてぬの[当布]。

あ・う【会】 かおあわせ[顔合]。〈近代〉しゃうけん[相見]。めんせつ[面接]。〈近世〉ごげん/ごげんもじ[御見文字]。さうぐう[遭遇]。めんくゎい[面会]。〈中世〉あひあふ[相会]。しゃうかん[相看]。であふ[出会/出合]。〈中古〉あひみる[相見]。あふ[会/逢]。ありあふ[在合]。いきあふ[行逢]。いであふ[出逢]。くゎいす[会]。たいめ[対面]。まかりあふ[罷逢]。みゆ[みえる][見]。みる[見]。みるめ[見目]。〈上代〉たいめん[対面]。

《謙》まみえる[見]。お目にかかる。〈近世〉めもじ/おめもじ[御目文字]。ごげんもじ[御見文字]。〈中世〉見参(げんざん)に入る。〈中古〉まみゆ[見]。

《枕》〈中世〉かたいとの[片糸]。〈上代〉あはしまの[粟島][⇩あはじ]。さなかづら/さねかづら[真葛/実葛]。たまかつま[玉勝間]。わぎもこに[吾妹子]。をとめらに[少女等]。

―・いたい 〈中古〉みまほし[見欲]。〈上代〉みまくほし[見欲]。

―・う機会 〈中古〉あふせ[逢瀬]。みるめ[見目]。

―・う機会が少なくなる 〈中古〉めかる[目離]。

―・った感じ 〈中世〉ひとあたり[人当]。

―・ったことのない 〈中世〉見ず知らず。

―・ったり離れたり 〈近世〉あふさきるさ。

―・って訴えること 〈近世〉めんそ[面訴]。

―・って心を晴らす 〈上代〉みさく[見放]。

―・って酒を飲むこと 〈中古〉くゎいいん[会飲]。

―・って話をすること 〈中世〉くゎいだん[会談]。めんご[面語/面晤]。〈中古〉めんだん[面談]。

―・わずに追い返す 〈近代〉げんくゎんばらひ[玄関払]。もんぜんばらひ[門前払]。

ある場所で―・う 〈近世〉おちあふ[落合]。

一度―・う 〈近世〉いっくゎい[一会]。〈中世〉いちゑ[一会]。

貴人と―・う 〈近代〉御意を得る。謦咳(けいがい)に接す。〈近世〉おめどほり[御目通]。はいがん

［拝顔］。中世えつ［謁］。えっけん［謁見］。げんざん［見参］。中古いんけん［引見］。えっす［謁］。せっけん［接見］。上代さんえつ［参謁］。

貴人に—・わせる 中世見参(げんざん)に入る。

偶然に—・う めぐりあう［巡会］。近代はちあはせる［鉢合］。近世きぐう［奇遇］。中世かいこう［邂逅］。ゆきあふ［行逢］。

牽牛星と織女星が—・う 中古ほしあひ［星合］。

こっそり—・う 中世びっくゎい／みっくゎい［密会］。

出かけて行って—・う 近代わうはう［往訪］。

長い間—・っていない 中世きうくゎつ［久闊］。

日時を決めて—・う 近代デート(date)。中世まちあはす〔—あわせる〕［待合］。

初めて—・う かおあわせ［顔合］。近世おめみえ［御目見／御目見得］。中世しょくゎい［初会］。しょたいめん［初対面］。

再び—・う 中世さいくゎい［再会］。

呼び寄せて—・う 中世えんけん［延見］。

あ・う【合】 がっち［合致］。かみあう［噛合］。てきとう［適当］。ぴったり。符節を合わせたよう。近代あてはまる［当嵌］。がふいつ［合一］。せいがふ［整合］。近世てきぎ［適宜］。ふがふ［符合］。中世がっす［合］。けいがふ［契合］。はまる［塡／嵌］。中古いっち［一致］。上代あふ［合］。かなふ［適］。

—・う性格 近世あひしゃう［相性／合性］。

—・うようにする 近代せいがふ［整合］。

考えに—・う 近世きめこむ［決込／極込］。

切り口がぴったり—・う 近代そふ［沿／添／副］。近世ふんがふ［吻合］。

心が—・う 近代いきとうがふ［意気投合］。近世あいえん［合縁／相縁］。あひえん［合縁／相縁］。あひえんきえん［合縁奇縁／相縁機縁］。もくけい［黙契］。上代たまあふ［魂合］。

仕事や任務に—・う 近代てきにん［適任］。

条件に—・う 中古がふかく［合格］。

ぴったりと—・うさま 近世ぴたり。ひったり。ぴったり。

アウトサイダー(outsider) いっぴきおおかみ［一匹狼］。近代アウトサイダー。いはうじん［異邦人］。きょくぐゎいしゃ［局外者］。もんぐゎいかん［門外漢］。

アウトライン(outline) →**がいよう【概要】**

あえ・ぐ【喘】 近代あへぎ［喘］。息が切れる。近世いきぎれ［息切］。中世あへぐ［喘］。いきだはし［息］。すだく。上代あはく／あへく［喘］。いきづく［息衝］。

あえて【敢】 おして［押］。近代すすんで［進］。中世わざわざ。中古しひて［強］。上代あへて［敢］。なましひ／なまじひ［生強／憖］。

あえもの【和物】 近世よごし［汚］。中世あをあへ［青韲］。中古あへづくり［和作／韲作］。

あ・える【和】 近世よごす［汚］。中古あふ〔あえる〕［和／韲］。

あお【青】 →**あお・い**

—と緑色 近代せいすい［青翠］。

—と紫色 中古せいし［青紫］。

藍色を帯びた— 近代らんせいしょく［藍青色］。

薄い— 中世しらあを［白青］。

黒味がかった— 近代さうこく［蒼黒］。ささべに［笹紅］。たいせい［黛青］。近世ささいろ［笹色］。のろま／のろまいろ［鈍間色／野呂松色］。中世うるびいろ／うるみいろ［潤色］。中古たいしょく［黛色］。

黒味を帯びた— 中世つちいろ［土色］。

緑がかった— 近世てついろ［鉄色］。中世あさぎ／あさぎいろ［浅葱色］。

紫がかった— 中古るり／るりいろ［瑠璃色］。

紫がかった濃い— 近代こん／こんいろ［紺色］。パンジー(pansy)。

わずかに緑がかった— マリンブルー(marine blue)。中古はなあさぎ［花浅葱］。

あおい【葵】 中世かたみぐさ［形見草］。中古ひかげぐさ［日蔭草］。上代あふひ／あほひ［葵］。→**ふたばあおい**

あお・い【青】 セルリアンブルー(cerulean blue)。ターコイズブルー(turquoise blue)。ライトブルー(light blue)。近代ぐんじゃういろ［群青色］。コバルトブルー(cobalt blue)。さうさう［青青／蒼蒼］。さうしょく［蒼色］。さうぜん［蒼然］。せいしょく［青色］。せいたい［青黛］。ブルー(blue)。ブルーブラック(blue black)。プルシャンブルー(prussian blue)。近世こんぺき［紺碧］。中世ひたあを［直青］。みづいろ［水色］。もえぎ［萌黄］。中古あさぎ［浅葱］。あをあをし［青青］。あをやか［青］。そらいろ［空色］。はなだ［縹］。へきしょく［碧色］。まさを／まっさを［真青］。わかなへいろ［若苗色］。上代あを［青］。あをし［青］。かあを［青］。こんじゃう［紺青／金青］。さあを／さを［青］。

《枕》上代そにどりの［翠鳥］［⇩あをき］。ひとだまの［人魂］［⇩さを］。

—・い空 →**あおぞら**

—・い波 中世さうは［蒼波］。中古さうらう

［蒼浪／滄浪］。

―・い松 近代 せいしょう［青松］。中古 すいしょう［翠松］。

―・い瑠璃(るり) 中古 へきるり［碧瑠璃］。

―・く生い茂った草 近代 せいさう［青草］。中古 りょくぶ［緑蕪］。

―・く草木が生い茂ったさま 中古 さうさう［蒼蒼］。

―・く澄んだ色のたとえ 中古 へきるり［碧瑠璃］。

―・くなる →あおざ・める
―・く広い海 中世 さうめいかい［滄溟海／蒼溟海］。上代 さうめい［滄溟／蒼溟］。
▼青々としたさま 近代 せいせい［青青］。中古 あをやか［青］。
あおうみがめ【青海亀】 うみぼうず［海坊主］。近世 しゃうがくばう［正覚坊］。をしゃういを／をしゃううを［和尚魚］。
あおぎ・みる【仰見】 中世 ぎゃうし［仰視］。ぎゃうばう［仰望］。せんぎゃう［瞻仰］。中古 うちみあぐ［打見上］。さしあふぐ［差仰］。せんがう［瞻仰］。みあぐ［―あげる］［見上］。上代 あふぎみる［仰見］。あふぐ［仰］。せんばう［瞻望］。ふりさく［振放］。
―・みて慕うこと 中古 きんぎゃう［欽仰］。
―・みるもののたとえ 近世 さんと［山斗］。
多くの人が―・みる 中世 ぐせん［具瞻］。しゅうもく［衆目］。
遠くを―・みる 中世 ふりさけあふぐ［振放仰］。上代 ふりさけみる［振放見］。
あおぎり【梧桐】 中世 へきご［碧梧］。中古 あやぎり［文桐］。さうご［蒼梧］。じゃうど［青桐］。上代 ごとう［梧桐］。
―の葉 近代 ごえふ［梧葉］。
あお・ぐ【扇】 中世 あふつ［煽］。中古 うちはす［団扇］。上代 あふぐ［扇］。
むやみに―・ぐ 中世 あふぎたつ［―たてる］［扇立］。
あお・ぐ【仰】 →あおぎ・みる
あおざ・める【青】 近代 あをっぽい［青］。さうぜん［蒼然］。さうはく［蒼白］。近世 あをずむ［青］。中世 あをざむ［―ざめる］［青］。あをじろし［青白］。あをびる［青］。（顔の）色を失ふ。中古 あをばむ［青］。あをむ［青］。
あおじゃしん【青写真】 あおやき［青焼］。近代 ブループリント(blueprint)。
あおぞら【青空】 近代 さうくう［蒼空］。近世 あをそら／あをぞら［青空］。あをてんじゃう［青天井］。中世 碧羅(へきら)の天。中古 さうかう［蒼昊］。さうきゅう［蒼穹］。せいてん［青天］。せいてん［晴天］。へきせう［碧霄］。へきらく［碧落］。空の海。上代 あをくも／あをぐも［青雲］。さうてん［蒼天］。せいうん［青雲］。へきくう［碧空］。へきてん［碧天］。
雲の切れ目の― 中古 はれま［晴間］。
あおだいしょう【青大将】 ねずみとり［鼠捕］。近世 あをだいしゃう［青大将］。おなびそ。
あおたがり【青田刈】 あおがり［青刈］。あおたがい［青田買］。あおたばいばい［青田売買］。
―をして飼料とするもの あおがりしりょう［青刈飼料］。あおがりだいず［青刈大豆］。
あおだけ【青竹】 中世 なまだけ［生竹］。中古 あをだけ［青竹］。しんちく［新竹］。すいちく［翠竹］。わかたけ［若竹］。
―の簾 近世 あをすだれ［青簾］。
あおにさい【青二才】 近代 くゎうこうじ［黄口児］。白面の書生。近世 あをにさい［青二才］。にゅうしうじ［乳臭児］。上代 じゅし［豎子／孺子］。
あおば【青葉】 近代 みどりば［緑葉］。中古 りょくえふ［緑葉］。上代 あをば［青葉］。
《枕》中古 みづとりの［水鳥］。
―にふりそそぐ雨 りょくう［緑雨］。近代 すいう［翠雨］。
―の茂った木 中古 りょくじゅ［緑樹］。
―の下の日蔭 中古 りょくいん［緑陰／緑蔭］。
―の中の一輪の花 近代 いってんこう［一点紅］。
―を吹き渡る風 近世 あをあらし［青嵐］。中古 せいらん［青嵐］。
あおびょうたん【青瓢簞】 近世 あをひさご［青瓢］。あをふくべ［青瓢／青瓠］。あをべうたん［青瓢簞］。
あおみどろ【青味泥】 近世 あをみどろ［青味泥］。中世 あをみどり［青味泥］。上代 みしぶ［水渋］。
あおむけ【仰向】 近世 あふのけざま［仰様］。あふむけ［仰向］。のっけに［仰］。中世 あふのけ［仰］。のけに［仰］。
―にする 中世 あふのく［仰］。あふむく［仰向］。
―になる 近世 あふむく［仰向］。のっけに［仰］。中古 のけざま［仰様］。中世 のけぞる［仰反］。上代 あふぐ［仰］。
あおもの【青物】 近代 あをざかな［青魚］。中世 あをもの［青物］。やさい［野菜］。中古

くさびら［草片／茸］。

あお・る【煽】 たきつける［焚付］。近代アジテーション(agitation)。アジる。せんどう［扇動］。てうはつ［挑発］。近世おだつ［おだてる］［煽］。しゃくる。そそる。中世けしかく［―かける］［嗾］。中古あふつ［煽］。あふる［煽］。そそのかす［唆］。

風が―・る 近世あふち［煽］。

激しく―・る 近世あふりたつ［―たてる］［煽立］。そそりたつ［―たてる］［立］。中世すかす［賺］。そそりあぐ［―あげる］［上］。

あか【赤】 →**あか・い**

―と青 近世たんぺき［丹碧］。中古たんせい［丹青］。

―と白 中世こうはく［紅白］。

―味がかった褐色 近代しゃしょく［赭色］。近世せきかっしょく［赤褐色］。

―味がかった鼠色 近世ぶだうねずみ［葡萄鼠］。

―味が感じられるさま ぽうっと。ほうと。

―味を帯びているので 上代あからけみ［赤］。

―味を帯びる 中古あかばむ［赤］。上代あから［赤］。あからけし［赤］。あからぶ／あからむ［赤］。いろづく［色付］。

黄味を帯びた― コーラル(coral)。近世あらひしゅ／あらひじゅ［洗朱］。

黒味を帯びた― 近代あんせきしょく［暗赤色］。えびちゃ［葡萄茶］。近世あづきいろ［小豆色］。中世しぶいろ［渋色］。しぶがみいろ［渋紙色］。しゃうじゃうひ［猩猩緋］。どうしょく［銅色］。

純粋な― まあか［真赤］。中古ひたくれなゐ［直紅］。みなくれなゐ［皆紅］。

茶色味がかった― あかちゃいろ［赤茶色］。中世さびいろ［錆色］。

葡萄のような― ぶどういろ［葡萄色］。ワインカラー(wine color)。ワインレッド(wine red)。

紫がかった― 近代パープル(purple)。ぼたんいろ［牡丹色］。中古あかね［茜］。

桃の花に似た― 中世ももいろ［桃色］。

あか【垢】 近代をこう［汚垢］。中古くそ［糞］。上代あか［垢］。

―だらけの顔 近代こうめん［垢面］。

―と汗 近代こうぢ［垢膩］。

―と脂 中古くに［垢膩］。

―まみれになる あかじみる［垢染］。中世あかじむ［垢染］。

―を落とすこと(道具) 中古あかすり［垢擦］。

頭の― ふけ［頭垢／雲脂］。中古いろこ［鱗］。

襟についた― 近世えりあか［襟垢］。

爪の間の― 近世爪の垢。中世つめくそ［爪糞］。

手の― 近世てあか［手垢］。

人や衣服の― 近世ひとあか［人垢］。

水に生ずる― 近世みあか／みづあか［水垢］。中古みさび［水錆］。みしぶ［水渋］。みづごけ［水苔］。

耳の穴にたまる― じこう［耳垢］。みみあか［耳垢］。みみくそ［耳糞］。

あか【閼伽】 中古あか［閼伽］。あかみづ［閼伽水］。かうずい［香水］。

―の水を墓に注ぐこと 中古くゎんぢゃう［灌頂］。

あか・い【赤】 近代けっこうしょく［血紅色］。たんこう［丹紅］。レッド(red)。近世けっしょく［血色］。しゅ［朱］。しゅいろ［朱色］。せきしょく［赤色］。べにいろ［紅色］。中世あかし［赤］。中古あか［赤／紅／朱］。あかに［赤丹］。あからか［赤］。おもひのいろ［思色］。にいろ［丹色］。ひ［緋］。ひいろ／ひしょく［緋色］。ますほ／まそほ［真赭］。上代あからけし［赤］。あけ［赤／朱／緋］。まそさに／に［丹］。まそほのいろ［真赭色］。

―・い顔 近代しゅがん［朱顔］。近世あかつら［赤面］。あからがほ［赤顔］。しゃがん［赭顔］。

―・い敵役の顔 近世あかつら［赤面］。あかぬり［赤塗］。

―・い髪 近世こうもう［紅毛］。

―・い土 →**あかつち**

―・く輝くさま 中古あからか［赤］。

―・くする 中古あかむ〔あかめる〕［赤］。上代あからむ〔あからめる〕［赤］。

―・くなる 近世あかばる［赤張］。中古あかむ［赤］。上代あかる［赤］。

顔を―・くする 近代紅(こう)をさす。近世あからむ〔あからめる〕［赤］。中世きたん［愧赧］。こうてう［紅潮］。中古あかむ〔あかめる〕［赤］。おもほてる［面火照／面熱］。

酒で顔が―・くなること 近代さかやけ［酒焼］。上代あかにのほ［赤丹秀］。

鮭の肉のように―・い色 サーモンピンク(salmon pink)。

はねずの花のように―・い色 上代はねず／はねずいろ［唐棣色］。

目立って―・い(色) 近世まっか／まっかい［真赤］。上代くれなゐいろ［紅色］。にのほ［丹穂］。

▼赤茶ける 近世あかばる[赤張]。

あかがい【赤貝】 近代ちがひ。ほんあか[本赤]。中世あかがひ[赤貝]。中古きさ／きさと[蚶]。上代きさがひ[蚶貝]。

あかがし【赤樫】 かたぎ[堅木]。近世あかがし[赤樫]。おほばがし[大葉樫]。

あかぎれ【皸】 近世あかぎれ[皸]。ひびり[皹／皸]。中古しもくち[霜朽]。ひび[皹／皸]。上代あかがり[皹]。

—になる 中世かがまる[屈]。上代かかる／かがる[皹]。

—の治療をする 近世そくふ。

あが・く【足掻】 じたばたする。みもだえる[身悶]。近世のたうつ。中世いらだつ[苛立]。中古あがく[足掻]。あせる[焦]。もだゆ〔もだえる〕[悶]。

甲斐のない—き 近世わるあがき[悪足掻]。

あかご【赤子】→**あかんぼう**

あかし【証】 近代しんしょう[信証]。近世あかし[証]。さしょう[左証]。ちょうひょう[徴憑]。中世ししょう[支証]。中古しょうけん／しょうげん[証験]。上代しょうこ／しょうご[証拠]。

あかし【灯】→**あかり**

あかじ【赤字】 近代あかじ[赤字]。けっそん[欠損]。さいさんわれ[採算割]。中世そんしつ[損失]。

あかして【赤四手】 こそね。近世しでのき[四手木]。

あかしょうびん【赤翡翠】 近世みやましょうびん[深山翡翠]。中古みづこひどり[水恋鳥]。

あかつき【暁】 しらしらあけ[白白明]。中世げうじつ[暁日]。ふけう[払暁]。中古ふつげう[払暁]。上代あかつき[暁]。あかとき[暁]。あかときくたち[暁降]。→**あけがた**

月のない— 上代あかつきやみ／あかときやみ[暁闇]。

あかつち【赤土】 近代しゃど[赭土]。近世たん／に[丹]。中世せきど[赤土]。上代あかつち[赤土]。はに／はにつち[埴土]。ますほ／まそほ[真赭]。

—の色 あんしゃしょく[暗赭色]。

あがったり 近世あがったり。おじゃん。ふしん[不振]。近代はたん[破綻]。中古ふてう[不調]。

あがったりさがったり【上下】 近世あがりおり[上下]。あがりさがり[上下]。いちじゃういちげ[一上一下]。

あかとんぼ【赤蜻蛉】 近代あかあきつ[赤蜻蛉]。あかね／あかねとんぼ[茜蜻蛉]。あきあかね[秋茜]。近世あかとんぼ[赤蜻蛉]。いなげんざ[稲]。おこりとんぼ[瘧蜻蛉]。中古あかゑんば[赤卒]。

あがな・う【購】→**か・う【買】**

あがな・う【贖】→**つぐな・う**

あかにし【赤螺】 中古あかにし[赤螺]。おほにし[大螺]。

—の蓋 中古かひかう[貝香／甲香]。

あかぬけ【垢抜】 ドレッシー(dressy)。近代あくぬけ[灰汁抜]。けいめう[軽妙]。シック(フランス chic)。しゃだつ[洒脱]。スマート(smart)。せんれん[洗練]。近世あかぬけ[垢抜]。いき[粋]。すい[粋]。中古せうしゃ[瀟洒]。

—・していないこと もっそり。近世つち[土／地]。どろくさし[泥臭]。やぼ[野暮]。

—・する 近世しゃれる[洒落]。渋が抜く[—抜ける]。渋皮が剝むく[—剝ける]。渋気が抜く[—抜ける]。

あかまつ【赤松】 近世あかまつ[赤松]。中世めまつ[女松／雌松]。をんなまつ[女松]。

あかみ【赤味】→**あか【赤】**

あかめがしわ【赤芽柏】 あかめ[赤芽]。あからがしわ[赤柏]。近世あかがしは[赤柏]。あかめがしは[赤芽柏]。ごさいば[御菜葉]。上代ひさぎ[楸]。

あが・める【崇】 近世あがまふ[崇]。たっとぶ[尊]。中世そうきゃう[崇敬]。上代あがむ〔あがめる〕[崇]。うやまふ[敬]。かたつ[崇]。たふとぶ／たふとむ[尊]。

—・めて奉る 上代まつる[祭／祀]。

あからさま あきらか[明]。近代せきらら[赤裸裸]。近世あからさま。むきだし[剝出]。中古めいはく[明白]。ろこつ[露骨]。

—・に ありありと。近世あけすけ。あらはに[露]。さしつけて[差付]。中世ありてい[有体]。しらしら[白白]。

—・にする 近代あばきたてる[暴立]。すっぱぬく[素破抜]。ゑぐりだす[抉出]。近世しらく〔しらける〕[白]。しらばけ[白化]。中古ひきいづ[引出]。

—・になる 近代ろてい[露呈]。近世しらく〔しらける〕[白]。

あかり【明】 けいこうとう[蛍光灯]。近代アークライト(arc light)。アセチレンとう[acetylene灯]。けいとう[檠灯]。しょくくゎう[燭光]。シャンデリア(chandelier)。でんとう[電灯]。やうとう[洋灯]。ライト

(light)。ランプ(lamp)。近世 カンテラ(オランダ kandelaar)。しゅしょく／てしょく[手燭]。しょく[燭]。ちゃうちん[提灯]。てとうだい[手灯台]。中世 あんどん[行灯]。ししょく／しそく[紙燭]。とうくゎ[灯火]。とうくゎう[灯光]。とうみゃう[灯明]。とぼし[点火／灯]。ぼんぼり[雪洞]。らふしょく／らふそく／らんそく[蠟燭]。中古 あかし[灯／灯火]。あかり[明]。おほきとなぶら／おほとなぶら／おほとのあぶら[大殿油]。おんとのあぶら[御殿油]。かがりび[篝火]。たいまつ[松明]。とうしょく／とうそく[灯燭]。とうだい[灯台](昔の室内照明具)。とうろう[灯籠]。とのあぶら[殿油]。ともし[灯]。まつ[松明]。らんとう[蘭灯]。上代 かげ[影]。ともしび[灯火／灯／燭]。ひ[灯]。→**とうか【灯火】**

—がつく 中世 てんとう[点灯]。とぼる／ともる[点／灯]。

—を消すこと 中古 せうとう[消灯]。

—をつける 近代 つける。中世 さす[点]。てんくゎ[点火]。てんずる[点]。てんとう[点灯]。中古 とぼす／ともす[点]。

漁船の— しゅうぎょとう[集魚灯]。近代 げんとう[舷灯]。中世 ぎょとう[漁灯]。よぶり[夜振]。中古 ぎょくゎ[漁火]。上代 いさりび[漁火]。

戸外の— おくがいとう[屋外灯]。近代 がいとう[街灯]。ぐゎいとう[外灯]。

一晩中つけておく— 近世 じゃうとうみゃう[常灯明]。じゃうやとう[常夜灯]。有明の灯。中古 じゃうとう[常灯]。

あが・る【上】 近代 アップ(up)。しょうとう[昇騰]。中世 うちあがる[打上]。じゃうとう[上騰]。中古 じゃうしょう[上昇]。上代 あがる[上]。のぼる[上]。

—・ったり下がったり とうこう[登降]。近代 しゃうか[上下]。のぼりおり[上下]。近世 あがりおり[上下]。あがりさがり[上下]。中古 じゃうげ[上下]。上代 のぼりくだり[上下]。

—・りぐち 近代 けこみ[蹴込]。上代 さかもと[坂本／坂下]。

勢いよく—・る 中世 うちあがる[打上]。

意気が—・る 中世 けんかう[軒昂]。中古 ややうやう[揚揚]。

技術(腕前)が—・る ステップアップ(step up)。近代 腕が上がる。手が上がる。近世 かうじゃう[向上]。しふじゅく[習熟]。じゅくたつ[熟達]。中世 じゃうたつ[上達]。じゅくれん[熟練]。中古 すすむ[進]。

煙などが—・る 中古 たちのぼる[立上]。

少しずつ—・る 近代 ずりあがる[上]。せりあがる[迫上]。

地位(勢力)が—・る 中世 いちやく[一躍]。上代 のぼる[上]。のす[伸]。

等級(給与)が—・る 近代 しょうきふ[昇級／昇給]。しょうとう[昇等]。

物価などが—・る きゅうしん[急伸]。きゅうとう[急騰]。はねあがる[跳上]。近代 かうとう[高騰／昂騰]。とうき[騰貴]。ふっとう[沸騰]。ぼうとう[暴騰]。近世 うなぎのぼり[鰻上]。中世 ほんとう[奔騰]。

まっすぐに—・る 近代 ちょくじゃう[直上]。

わずかに—・る びとう[微騰]。

あかる・い【明】 ライト(light)。近代 めいめい[明明]。近世 あかるし[明]。中世 かうぜん[耿然]。けいぜん[炯然]。しろし[白]。はれやか[晴]。ほがらか[朗]。中古 あかあか[明明]。あきらか[明]。あきらけし[明]。かうかう[耿耿]。かうかう[皓皓／皎皎]。けうけう[皎皎]。さやか[清／明]。上代 あかし[明]。はなやか[華]。

《枕》上代 あがこころ[吾心][⇩明石]。ゐまちづき[居待月][⇩明石]。

—・いことと暗いこと 中古 めいあん[明暗]。めいめつ[明滅]。

—・いたとえ 昼間を欺(あざむ)く。近世 昼を欺く。

—・く 中古 うららに[麗]。

—・く清いさま 近代 りうりう[瀏瀏／嚠嚠]。

—・くする 上代 あかす[明]。あきらむ[—らめる][明]。

—・くなる あからむ[明]。からり。近世 あかるむ[明]。中世 あかる[明]。しらむ[白]。上代 あく[あける][明]。

心が—・さを失う 近代 こづむ[偏]。

心を—・くする 上代 あきらむ[あきらめる][明]。

性格が—・い からり。ねあか。近代 くゎいはつ[快発]。めいちゃう[明暢／明鬯]。めいらう[明朗]。近世 やうき[陽気]。中世 くゎいくゎつ[快活]。

月などが—・いさま 中古 ほがらか[朗]。

灯火などを—・くする 中世 かきあぐ[—あげる][掻上]。かきたつ[—たてる][掻立]。中古 かかぐ[かかげる][掲]。

光のさす—・いところ 近世 あかるみ[明]。中世 あかりさき[明先]。

ぼんやりと—・い 中世 ろうろう[朧朧]。

闇でも見える花の—・さ 近代 はなあかり[花

明]。
夕暮れの川の―・いさま 〔近代〕かはあかり[川明]。
夜があけて―・くなるさま 〔近代〕しらしら／しらじら[白白]。〔中世〕しらむ[白]。〔中古〕あさあけ[朝明]。ほがらほがら。〔上代〕あからむ[明]。かぎろひ[陽炎]。
▼明るさに慣れて見えてくること めいじゅんのう[明順応]。
▼薄明かり →うすあかり

あかんべい あかめ[赤目]。〔近代〕べかかう／べかっかう。べかこ。〔近世〕あかんべい。〔中世〕あかすかべい。〔中古〕めかかう。

あかんぼう【赤坊】 にゅうようじ[乳幼児]。ほにゅうじ[哺乳児]。〔近代〕がいえい[孩嬰]。しょせいじ[初生児]。しんさんじ[新産児]。しんせいじ[新生児]。せいじ[生児]。にゅうじ[乳児]。ベイビー／ベビー(baby)。〔近世〕あかちゃん[赤]。あかっこ[赤子]。あかんぼ[赤坊]。きゃうほう[襁褓]。さんじ[産児]。ちのみ／ちのみご[乳飲児]。ねね。ねねさま[様]。ねんね／ねんねい／ねんねえ。ひよひよ。ふところご[懐子]。〔中世〕うぶご[産子]。えうじ[幼児]。えうがい[幼孩]。がいし[孩子]。がいじ[孩児]。かたこ[片子]。せうじ[小児]。せきし[赤子]。やや／ややこ[稚児]。〔中古〕あかご[赤子]。えいがい[嬰孩]。えいじ[嬰児]。がいてい[孩提]。みづこ／みづご[水子／稚子／若子]。ちご[稚児]。〔上代〕せうに[小児／少児]。たわらは[手童]。てこ／てご[手児]。みどりこ／みどりご[緑児／嬰児]。わかこ／わかご／わくご[若子]。

―が授乳から幼児食へ移行すること 〔近代〕りにゅう[離乳]。〔近世〕ちちばなれ／ちばなれ[乳離]。

―のしぐさ おつむてんてん。〔近世〕かいぐりかいぐりとっとの目。

―の世話をする人 ベビーシッター(baby sitter)。〔近世〕こもり[子守]。

―の泣き声(泣くさま) おぎゃあ。火のついたよう。〔近世〕ここ[呱呱]。〔中古〕いかいか。

―のひよめき せんもん[泉門]。〔中世〕をどり[踊／躍]。

―を入れておく籠 〔近代〕えうらん[揺籃]。ゆりかご[揺籠／揺籃]。〔近世〕いじこ。いづみ／いづめ[飯詰／箍]。

這うようになった― 〔近世〕はふこ[這子]。
▼産着 さんい[産衣]。マタニティードレス(maternity dress)。〔近世〕ひよひよ。〔中世〕かにとり／かにとりこそで[蟹取小袖]。きゃうほう[襁褓]。〔中古〕うぶぎぬ[産衣]。むつき[襁褓]。
▼新生児を入浴させること 〔中古〕うぶゆ[産湯]。
▼生後七日目の祝 〔近代〕おしちや[御七夜]。
▼生後三日目の祝 〔近世〕みっかいはひ[三日祝]。
▼生誕百日目 〔中古〕ももか[百日]。

あき【秋】 あきば[秋場]。〔近代〕きんしう[錦秋]。きんしう[金秋]。しゃうしう[商秋]。はくしう[白秋]。馬肥ゆ[―肥える]。〔近世〕けいしう[桂秋]。しうき[秋季]。わたあき[綿秋]。〔中古〕あきざま[秋様]。あきつかた／あきつがた[秋方]。きうしう[九秋]。しうじつ[秋日]。〔上代〕あき[秋]。

《枕》〔上代〕つゆじもの[露霜][⇩秋]。一葉落ちて天下の秋を知る。

《句》〔近代〕秋高く馬肥ゆ。天高く馬肥ゆ。

―が終わる 〔中古〕秋暮る。秋果つ。

―が深まる 〔中世〕秋闌く(長く)。〔中古〕秋深し。

―に草木が枯れる 〔中古〕しゅくさつ[粛殺]。

―になる 〔中古〕りっしう[立秋]。〔上代〕あきづく[秋付]。秋片設く。秋さる。秋立つ。

―の雨 →あめ
―の思い 〔近代〕ひしう[悲秋]。〔中古〕しうし[秋思]。

―の終わり頃 〔近代〕おそあき[晩秋]。くれのあき[暮秋]。〔近世〕秋の湊。〔中古〕ざんしう[残秋]。ばんしう[晩秋]。ぼしう[暮秋]。ゆくあき[行秋]。秋の暮れ。秋の果て。〔上代〕きしう[季秋]。→ばんしゅう
―の終わる日 〔中世〕くぐゎつじん[九月尽]。

―の風 →かぜ【風】

―の雲 〔中古〕しういん[秋陰]。しううん[秋雲]。

―の気配 〔近代〕さうしう[爽秋]。天高く馬肥ゆ。〔近世〕しうりゃう[秋涼]。今朝の秋。〔中世〕きんき[金気]。〔中古〕あささむ[朝寒]。しうい[秋意]。しうれい[秋冷]。せいしう[清秋]。〔上代〕しうき[秋気]。しうせい[秋声]。

―の盛り 〔近代〕せいしう[盛秋]。

―の三か月 〔中古〕さんしう[三秋]。

―の霜 〔中古〕しうさう[秋霜]。

―の収穫 〔近代〕しうくゎく[秋穫]。〔中古〕あきをさめ／しうしう[秋収]。

―の蝉(ツクツクボウシ／ヒグラシ) 〔近世〕あき

ぜみ［秋蟬］。上代しうせん［秋蟬］。

—の空　近世びんてん［旻天］。秋高し。天高し。中古しういん［秋陰］(曇り空)。上代しうせい［秋晴］。しうてん［秋天］。

—のはじめ　近世あきぐち［秋口］。中古しょしう／はつあき［初秋］。しんしう［新秋］。まうしう［孟秋］。上代さうしう［早秋］。

—の日　中世しうじつ［秋日］。しうやう［秋陽］。《句》近世秋の日は釣瓶(つるべ)落とし。

—の水　近世しうすい［秋水］。

—の山　近世山粧(よそほ)ふ。

—の宵　中古しうせう［秋宵］。しうや［秋夜］。

—らしくなる　中古あきさぶ［—さびる］［秋］。あきめく［秋］。

暮れやすい—の日　中世つるべおとし［釣瓶落］。

今年の—　中古こんしう［今秋］。

昨年の—　近代さくしう［昨秋］。

あき【空】　くうはく［空白］。近代から［空］。くうげき［空隙］。すき［隙／透］。ブランク(blank)。近世あき［空］。からっぽ［空］。かんげき［間隙］。よはく［余白］。中世くうかん［空間］。中古すきま［透間］。上代げき［隙］。

席などの—　近代くうせき［空席］。けつゐん［欠員／闕員］。

あきぐみ【秋茱萸】　まめぐみ［豆胡頽子］。近代しろぐみ［白胡頽子］。近世あきぐみ［秋茱萸／秋胡頽子］。かはらぐみ［河原胡頽子］。だいづぐみ［大豆胡頽子］。やまぐみ［山茱萸］。

あきち【空地】　オープンスペース(open space)。きゅうかんち［休閑地］。ゆうかんち［遊閑地］。近世さらち［更地／新地］。中世あきち［空地／明地］。らいち／らいぢ［畾地］。中古かんち［閑地］。上代くうち／くうぢ［空地］。よち［余地］。くうかんち［空閑地］。

馬をつなぎとめておく—　近世うまだまり［馬溜］。

火事のとき避難のための—　近世ひよけち［火除地］。

あきな・う【商】　しょう［商］。しょうぎょう［商業］。近代しゃうじ［商事］。中世うりかひ／ばいばい［売買］。しゃうばい［商売］。ひさく／ひさぐ［鬻／販］。上代あきなふ［商］。ぼうえき［貿易］。→**しょうばい**

—・う人　近代しこ［市賈］。中古あきうど／あきびと／あきんど［商人］。→**しょうにん【商人】**

新年はじめての—・い　近代はつあきなひ［初商］。近世はつうり［初売］。はつがひ［初買］。

あきなす【秋茄子】　なごりなす［名残茄子］。近世あきなす／あきなすび［秋茄子］。中世たねなす／たねなすび［種茄子］。

あきにれ【秋楡】　近世あきにれ［秋楡］。いたちはぜこ［鼬］。いぬけやき［犬欅］。

あきのきりんそう【秋麒麟草】　近世あきのきりんさう［秋麒麟草］。あわだちさう［泡立草］。中世きんくゎ［金花］。

あきのななくさ【秋七草】　→**ななくさ**

あきや【空家】　近世あきだな［空店］。くうをく［空屋］。中世あきや［空家］。からいへ［空家／虚家］。くうしつ［空室］。→**かしや**

あきらか【明】　近代いちもくれうぜん［一目瞭然］。クリア(clear)。けん［顕］。はくはく［白白］。ぶんげう［分暁］。へうこ［炳乎］。れうぜん［了然］。自明の理。近世あからさま［明］。くっきり。しゃうしゃう［章章／彰彰］。せうせう［昭昭／照照］。はんぜん［判然］。ぶんみゃう／ぶんめい［分明］。へうへう［表表］。まのあたり［目当］。りゃうぜん［亮然］。中世あからか［明］。あらは［露］。ありあり。がんぜん［眼前］。けんぜん［顕然］。さんぜん［燦然／粲然］。はっきり。ふんみゃう［分明］。まざまざ。めいけい［明鏡］。めいせき［明晰］。めいてつ［明徹］。めいりゃう［明亮］。めいれう［明瞭］。れうれう［了了］。れきぜん［歴然］。れきれき［歴歴］。わきわきし［分分］。中古あきらけし［明］。あざあざ／あざあざし［鮮鮮］。あざやか／あざやぐ／あざやけし［鮮］。あらた［灼］。いちしるし／いちじるし［著］。うららか［麗］。かうかう［皓皓／皎皎］。きはやか［際］。きよし［清］。けざけざ。けざやか。けしょう／けせう／けそう／けんしょう／けんそう［顕証］。けちえん［掲焉］。さはやか／さはらか［爽］。さや／さやか／さやけし［清／明］。しゃくねん［灼然］。しるし／しろし［著］。せうぜん［昭然］。せんめい［鮮明］。はかばかし［果果］。へい［炳］。へいぜん［炳然］。ほがらか［朗］。まがふかたなし［紛方無］。めいはく［明白］。上代あきらか［明］。うつし［現］。さだか［定］。しゃくぜん［灼然］。たしか［確］。つばひらか／つまびらか［詳］。まさやか［正］。→**あざやか**

—・でないこと　釈然としない。近世ふたしか［不確］。中世ふめい［不明］。

—・に悟ること　中世ぶんげう［分暁］。

—・に示すこと　近代けいじ［啓示］。

—・にする 〈近代〉かいめい［解明］。しうめい［修明］。〈近世〉せいかく［精覈］。〈中古〉あきらむ〔あきらめる〕［聞明］。ききあきらむ〔—あきらめる〕［明］。〈上代〉あかす［明］。

—・になる わかる［分／解］。われる［割］。〈近代〉はんめい［判明］。

隠れていたものを—・にする 〈近代〉あぶりだす［炙出］。〈中古〉ひきいづ［引出］。

細かいところまで—・にする 〈近代〉しゃうめい［詳明］。

調べ考えて—・にする 〈中世〉けんきう［研究］。

真理（真相）を—・にする 〈近代〉きうめい［究明］。

すべてを—・にすること 〈中世〉そうまくり［総捲］。

世間に広く—・にする 〈近世〉へうけん［表顕］。

問いただして—・にする 〈上代〉きうさつ［糾察］。

あきらめ【諦】 〈近代〉ぜつねん［絶念］。〈近世〉あきらめ［諦］。きれはなれ［切離］。くゎんねん［観念］。だんねん［断念］。わうじゃう［往生］。〈中世〉かくご［覚悟］。如何にせん。〈中古〉おもひきり［思切］。いかがはせん。

《句》〈近代〉諦めが肝心。諦めは心の養生。

—が悪い 〈近代〉みれんがましい［未練］。みれんくさい［未練臭］。

—の心 〈近代〉ていねん［諦念］。〈中世〉ていくゎん［諦観］。

あきら・める【諦】 ギブアップ(give up)。〈近代〉くゎんずる［観］。〈近世〉あきらむ〔—らめる〕［諦］。おもひながす［思流］。くひきり［食切］。ほっき［発起／発企］。みきり／みきる［見切］。匙を投げる。〈中世〉おもひかぎる［思限］。〈中古〉おもひきる［思切］。おもひけつ［思消］。おもひすつ〔—すてる〕［思捨］。おもひとぢむ［思閉］。おもひとどむ［思止］。おもひとまる［思止］。おもひはつ〔—はてる〕［思果］。おもひはなつ／おもひはなる〔—はなれる〕［思放］。みかぎる［見限］。みはなす［見放／見離］。〈上代〉おもひたゆ〔—たえる〕［思絶］。おもひやむ［思止］。

《尊》〈中世〉おぼしめしきる［思召切］。〈中古〉おぼしすつ［思捨］。おぼしたゆ［思絶］。おぼしはつ［思果］。おぼしはなつ［思放］。

—・めきれない 〈中古〉みれん［未練］。

—・めさせる 〈近世〉因果を含む〔—含める〕。引導を渡す。

—・めない心 〈近代〉しふねん［執念］。〈近世〉七転び八起き。

懲りて—・める 〈近世〉うんじゃう。

不満を残して—・める 〈近世〉なきねいり［泣寝入］。《句》〈近世〉殿の犬には食はれ損。

あ・きる【飽】 うんざりする。みちたりる［満足］。〈近世〉あきる［飽／厭］。あぐねる［倦］。しょくしゃう［食傷］。〈中世〉あぐむ［倦］。くんず［屈］。さしのく［差退］。たいくつ［退屈］。たんのう［堪能］。心の秋。〈中古〉うんず［倦］。ふるす［古／旧］。〈上代〉あく［飽／厭］。うむ［倦］。

《枕》〈中古〉あくたびの［芥火］。やまのゐの［山井］［⇩あかず］。〈上代〉あかぼしの［明星］。くれなゐの［紅］。てるつきの［照月］［⇩あかず］。

《句》〈近代〉熱し易く冷め易し。早好きの早飽き。〈近世〉近惚(ちかぼ)れの早飽き。

—・きたりない 〈中古〉ほいなし［本意無］。〈上代〉あかなくに［飽］。

—・きっぽい 〈中古〉こころみじかし［心短］。

—・きて嫌になる 〈近代〉けんえん［倦厭］。うんざり。げんなり。〈近世〉あきあき［飽飽］。〈中世〉けんたい［倦怠］。〈中古〉えんけん［厭倦］。

—・きてうとんずる 〈中古〉ふるす［古／旧］。

—・きて疲れること 〈近代〉けんぱい［倦憊］。〈近世〉ひけん［疲倦］。けんらう［倦労］。

—・きないで 〈中古〉あかず［飽］。

—・きないで続ける 〈近世〉ししきふきふ［孜孜汲汲］。〈中世〉らうこ［狼虎］。〈上代〉たんらん／どんらん［貪婪］。むさぼる［貪］。

—・きないもののたとえ 米の飯。

—・きやすい 〈近代〉あきしゃう［飽性］。〈近世〉あきっぽい［飽］。〈中古〉こころみじかし［心短］。

—・きられた女性 〈中古〉秋の扇(あふぎ)。団雪の扇(あふぎ)。

—・きること 〈中古〉ものうじ／ものうんじ［物倦］。

—・きるほど十分食べること 〈中世〉はうしょく［飽食］。

男女が互いに—・きる 〈近代〉けんたいき［倦怠期］。〈中古〉秋の契り。心の秋。

あき・れる【呆】 〈近世〉あきれかへる［呆返］。すさまじ［凄／荒］。あっけに取られる。舌を吐く。〈中世〉あきる〔あきれる〕［呆］。あさむ［浅］。うはぐむ［上］。〈中古〉あさまし［浅］。めざまし［目覚］。

《句》〈近代〉呆れが礼に来る。〈近世〉呆れが宙返りする。

—・れた言いざま 〈近代〉あいさつ［挨拶］。

—・れたさま あらあら。あれあれ。いやもう。とんだ。やれ。〈近世〉いっきょう［一興］。したり。よくも。〈中世〉いかなこと。ぶっきゃう［物狂］。

あ

―・れてものが言えないさま 近代あぜん［唖然］。そこぬけ［底抜］。ばうぜん［茫然／呆然］。ばうぜんじしつ［茫然自失］。世話がない。何をか言はんや。二の句が継げない。近世おそれいる［恐入］。まうぜん［惘然］。中世呆れもせぬ。中古くちふさがる［口塞］。ばうぜん［惘然］。めざましがる［目覚］。

―・れて笑う 中古あざみわらふ［嘲笑］。

あきんど【商人】→しょうにん【商人】

あ・く【開】→ひら・く【開】

あく【灰汁】 近代くわいじふ［灰汁］。中古あく［灰汁］。

―を抜くこと 近代あくぬき／あくぬけ［灰汁抜］。

あく【悪】 近代ひかう［非行］。ふせい［不正］。ふりん［不倫］。近世あくとく［悪徳］。中世あくぎゃくぶたう／あくぎゃくむだう［悪逆無道］。ぎゃくあく［逆悪］。中古あく［悪］。じゃあく［邪悪］。上代はいとく［背徳］。ひだう［非道］。ふぎ［不義］。ふとく［不徳］。

―の心 →あくい

―を懲らしめること 中世ちょうあく［懲悪］。

―を滅ぼす 中古きゃうさい［匡済］。てうぶく［調伏］。《句》近代毒を以て毒を制する。近世天定まってまた能く人に勝つ。天網恢恢疎にして漏らさず。

大きな― 中世しあく［至悪］。中古きょあく［巨悪］。

わざと―を装うこと 近代ぎあく［偽悪］。

あくい【悪意】 近代あくかんじゃう［悪感情］。がいい［害意］。近世わるぎ［悪気］。中世あくい［悪意］。いんあく［陰悪／隠悪］。じゃねん［邪念］。どくき／どくけ［毒気］。中古あくしん［悪心］。あくねん［悪念］。じゃしん［邪心］。どくしん［毒心］。上代かんしん［奸心］。かんけい［奸計］。じゃあく［邪悪］。ざけ／じゃき［邪気］。

―があること 近代どくどくしい［毒毒］。近世言葉の針。針を含む。中世こらう［狐狼］。わだかまり［蟠］。

―をもって悪く言う 近代どくひつ［毒筆］。近世あくごん［悪言］。くさす［腐］。

老人が―に解釈すること 中古老いの僻耳

あくうん【悪運】→うん

あくえん【悪縁】 近世くさりえん／くされえん［腐縁］。中世あくいんえん［悪因縁］。中古あくえん［悪縁］。

あくぎょう【悪行】→あくじ(次項)

あくじ【悪事】 きょくあく［曲悪］。近代あくげふ［悪業］。ひかう［非行］。近世あくかう［悪行］。あくとく［悪徳］。あくみゃう［悪名］。きょくじ［曲事］。中世いんあく［陰悪］。くせごと［曲事］。ひがごと［僻事］。わるじり［悪尻］。中古あくごふ［悪業］。あくじ［悪事］。けうあく［梟悪］。ざいあく［罪悪］。らんあく［乱悪／濫悪］。上代あくぎゃう［悪行］。《句》近代卵を盗む者は牛を盗む。耳を掩うて鐘を盗む。近世毒は早く回る。中世悪事千里を走る。好事門を出でず。

―が盛んに行われること 中世わうかう／わうぎゃう［横行］。

―がばれること 近代尻尾をつかまれる。中古ろけん［露見／露顕］。

―のし放題 中世むあくふざう［無悪不造］。

―の手助け 《句》近世盗人に追銭。盗人に糧。盗人に鍵を預ける。盗人の提灯持ち。

―の報い 近代くげふ［苦業］。年貢の納め時。罰は目の前。中世ごふくゎ［業火］。

―のやり方 近代てぐち［手口］。

―は必ず人に知られる 《句》近世うしろの目、壁に耳。四知。神は見通し。天知る地知る我知る人知る。天道様は見通し。天網恢恢疎にして漏らさず。闇夜に目あり。

―を暴いて公にする 近世てきはつ［摘発］。

―を暴いて名誉を傷つけること 近世ひき［誹毀／非毀］。

―を行う人 近世ごくだうもの［極道者／獄道者］。はたらき［働］。中世ごふにん［業人］。→あくにん →わるもの

―を行った中心人物 近世しゅぼう［首謀／主謀］。しゅぼうしゃ［首謀者／主謀者］。

―を隠して知らぬ顔をする 近世猫糞をきめこむ。

―を企むこと 中世ざうい［造意］。中古はかりごと［謀／籌］。

―をともに企むこと 近代きょうぼう［共謀］。近世ひとつあな［一穴］。一つ穴の狢。

―を恥じない 近世盗人猛猛しい。中古むぎ［無愧］。

―を働く女 近代かんぷ［姦婦／奸婦］。どくふ［毒婦］。近世あくふ［悪婦］。

―を見抜くこと 近代尻尾を摑む。

―をもって悪事に当たる 《句》近代毒をもって毒を制する。中世血で血を洗ふ。

最悪の— ごくあくひどう[極悪非道]。〔近代〕ごくあく[極悪]。〔近世〕ごくだう[極道/獄道]。〔中世〕だいあく[大悪]。
ちょっとした— 〔近世〕ねこばば[猫糞]。〔上代〕かすむ[掠]。
積もった— 〔近世〕しゃくあく/せきあく[積悪]。
昔の— 〔近代〕きうを[旧悪]。〔中世〕ふるきず[古傷/古疵]。〔中古〕しゅくあく[宿悪]。〔上代〕きうあく[旧悪]。

あくしつ【悪質】 〔近代〕あくしつ[悪質]。あくせい[悪性]。〔中世〕あくしゃう[悪性]。あくらつ[悪辣]。

あくしつ【悪疾】 あくせいしっかん[悪性疾患]。〔近代〕あくやみ[悪病]。〔近世〕あくしゃう[悪症]。〔中古〕あくびゃう[悪病]。〔上代〕あくしつ[悪疾]。

アクシデント(accident) じこ[事故]。〔近代〕アクシデント。できごと[出来事]。〔中世〕ことゆゑ[事故]。〔中古〕さいなん[災難]。

あくしゅう【悪習】 〔近世〕あくぞく[悪俗]。あくふうぎ[悪風儀]。あくふうぞく[悪風俗]。あくへい[悪弊]。へいふう[弊風]。をぞく[汚俗]。〔中世〕あくしう[悪習]。ろうしふ[陋習]。〔中古〕あくふう[悪風]。あくへき[悪癖]。ぞくへい[俗弊]。
《句》〔近世〕乞食(こじき)も三日すれば忘られぬ。
—に染まる 〔中世〕やみつく[病付]。
時代の— 〔中世〕じへい[時弊]。

あくしゅう【悪臭】 〔近代〕をしう[汚臭]。〔近世〕くさみ[臭]。〔中世〕あくしう[悪臭]。〔中古〕しうき[臭気]。
—のたとえ 鼻が曲がる。
—を抜く機器 しゅうきぬき[臭気抜]。

食べ物が腐って—を発する 〔近世〕ねまる。

あくしん【悪心】 →あくい

あくせい【悪政】 あっせい[圧政]。きょうあつせいじ[強圧政治]。きょうふせいじ[恐怖政治]。〔近代〕あっせい[圧制]。せんせいせいぢ[専制政治]。どくさい[独裁]。〔近世〕しっせい[失政]。〔中世〕ぎゃくせい[虐政]。〔上代〕ぼうせい[暴政]。〔中古〕かせい[苛政]。〔上代〕あくせい[悪政]。

あくせく【齷齪】 〔近世〕あくせく[齷齪]。きふきふ[汲汲]。〔中世〕あくさく[齷齪]。こせこせ。せかせか。〔中古〕えいえい[営営]。せいせい[棲棲/栖栖]。
《句》〔近代〕がしがし貧乏ぶらぶら果報。せかせか貧乏ゆっくり長者。
—・する 〔近世〕あがく[足掻]。こせつく。〔中世〕みゃうもんぐるし[名聞苦]。わしる[走]。

アクセサリー(accessory) そうしんぐ[装身具]。〔近代〕こもの[小物]。〔中世〕こまもの[小間物]。

アクセス(access) アプローチ(approach)。こうつうしゅだん[交通手段]。せっきん[接近]。せっしょく[接触]。せつぞく[接続]。ちかよる[近寄]。

アクセント(accent) きょうちょうてん[強調点]。〔近代〕アクセント。イントネーション(intonation)。おんてう[音調]。ごてう[語調]。〔近世〕めりはり[減張/乙張]。よくやう[抑揚]。

あくてんこう【悪天候】 あくてん[悪天]。あれもよう[荒模様]。こうてん[荒天]。〔近代〕あくてんこう[悪天候]。

あくど・い →あくらつ

あくとう【悪党】 →あくにん →わるもの

あくどう【悪童】 〔近代〕あくたらう[悪太郎]。〔近世〕あくたれ[悪]。あくどう[悪童]。いたづらこぞう[悪戯小僧]。がきだいしゃう[餓鬼大将]。やんちゃ。わるさ[悪]。わるさご[悪子]。わんぱく[腕白]。

あくにん【悪人】 〔近代〕あくかん[悪漢]。かんぶつ[奸物/姦物]。きょうかん[凶漢/兇漢]。ぼうと[暴徒]。〔近世〕あくだま[悪玉]。いけず。おほすっぱ[大素破]。かんと[奸徒/姦徒]。くせもの[曲者]。ごくぢゅうあくにん[極重悪人]。はっつけ[磔]。はっつけやらう[磔野郎]。ふてい[不逞]。わる[悪]。わるもの[悪者]。〔中世〕あぶれもの[溢者]。かんぞく[奸族/姦族]。かんねい[奸佞]。きょうたう[凶党/兇党]。げいげい[鯨鯢]。だいあく[大悪]。〔中古〕あくにん[悪人]。かんじん[奸人]。きょあく[巨悪]。きょうじん[凶人/兇人]。〔上代〕あくたう[悪党]。あくと[悪徒]。かんあく[奸悪/姦悪]。きょうぞく[凶族]。きょうと[凶徒/兇徒]。
—が好き放題に振る舞うこと →わるもの 〔近代〕てうりゃうばっこ[跳梁跋扈]。〔中古〕てうりゃう[跳梁]。
—に扮する歌舞伎役者 →あくやく
—の一味 〔近世〕かんと[奸徒/姦徒]。
—の上をゆく悪人 盗人の上前を取る。
—の親玉 〔中古〕しゅあく[首悪]。〔中世〕しゅりゃう[首領]。〔上代〕げんきょう[元凶]。
—を切る 滅ぼす。〔近代〕ざんかん[斬奸]。ちゅうじょ[誅鋤]。
上辺は優しそうな— 〔近世〕ひるぬすびと[昼

盗人]。鬼に衣。狼に衣。
国(君主)を害するー 近代 はんぎゃくしゃ[反逆者／叛逆者]。中世 こくぞく[国賊]。上代 ぎゃくぞく[逆賊]。
大ー 近代 だいきょう[大凶]。中世 ごくあくにん[極悪人]。だいあく[大悪]。

あくび【欠伸】 中古 あくび[欠伸]。
ー・する 中古 あくぶ[欠伸]。うちあくぶ[打欠伸]。
ーを我慢する 近代 かみつぶす[噛潰]。のみこむ[飲込]。
十分でないー 近代 なまあくび[生欠伸]。

あくひつ【悪筆】 近代 かなくぎりう[金釘流]。らんぴつ[乱筆]。近世 せっぴつ[拙筆]。中世 あくひつ[悪筆]。→へた

あくひょう【悪評】 近代 あくめい[悪名]。しうぶん[醜聞]。しうめい[醜名]。スキャンダル(scandal)。ふひゃう[不評]。近世 あくひゃう[悪評]。なさか／なさが。ふだつき[札付]。をめい[汚名]。中世 あくせい[悪声]。あくみゃう[悪名]。

あくふう【悪風】 →あくしゅう

あくぶん【悪文】 近代 だぶん[駄文]。ふぶん[不文]。近世 あくぶん[悪文]。せっさく[拙作]。中古 せつぶん[拙文]。

あくま【悪魔】 近代 サタン(Satan)。デーモン／デモン(demon)。デビル(devil)。まもの[魔物]。近世 えうま[妖魔]。げだう[外道]。だてんし[堕天使](キリスト教で)。まじん[魔神]。ルシフェル(ポルトガル Lucifer)。中古 あくき[悪鬼]。あくま[悪魔]。あくりゃう[悪霊]。はじゅん[波旬]。をんりゃう[怨霊]。上代 てんま[天魔]。ま[魔]。
→おに
ーにとりつかれたさま 近代 デモーニッシュ(ドイツ dämonisch)。
ーの王 中古 まわう[魔王]。
ーの住んでいるところ 近代 ふくまでん[伏魔殿]。まくつ[魔窟]。中世 まきゃう[魔境]。ましょ[魔所]。まだう[魔道]。中古 まかい[魔界]。
ーの力 近代 まりょく[魔力]。中世 まりき[魔力]。
ーの手 近代 ましゅ[魔手]。
ーを打ち倒す祈禱師(きとうし) エクソシスト(exorcist)。ふつまし[払魔師]。
ーを打ち倒すこと 中世 がま[降魔]。中古 がうぶく[降伏]。はま[破魔]。てうぶく[調伏]。
女のー 近代 まぢょ[魔女]。
学問の邪魔をするー 中世 まえん[魔縁]。中古 じゃま[邪魔]。上代 てんま[天魔]。
夢に現れるー 近代 むま[夢魔]。

あくまで てっていてきに[徹底的]。とことん。果ての果てまで。近代 だんこ[断固]。近世 …やまない。中世 いつまでも。どこまでも。中古 あくまで。

あくめい【悪名】 →あくひょう →おめい

あぐ・む【倦】 →あ・きる

あくやく【悪役】 近世 あをくげ[青公家]。あかつら[赤面]。あくがた[悪形]。あくにんかた[悪人方]。かたきやく[敵役]。にくまれやく[憎役]。

あぐら【胡座】 近代 あんざ[安座／安坐]。こざ[胡座／胡坐]。近世 あぐら[胡座]。ぢゃうろく／ぢょら[丈六]。へいざ[平座]。上代 あぐみ／あぐみゐ[足組居]。あぐらゐ[胡座居]。うちあぐみ[打足組]。
ーをかく 中世 近世 ゐしかる[居敷]。膝を組む。おたびらかく。中世 あぐむ[足組]。中古 あぐまふ[足組]。座を組む。陸(くろ)(碌)に居る。
ーをかくさま 近世 おほひざ[大膝]。たひら[平]。
ずうずうしくーをかくこと 近世 おほあぐら[大胡床／大胡坐]。たかあぐら[高胡座]。

あくらつ【悪辣】 近代 あくしつ[悪質]。近世 あくどし。あざとし。どくどくし[毒毒]。中世 あくらつ[悪辣]。いろこし[色濃]。
ー・な企て 近世 どくが／どくげ[毒牙]。どくしゅ[毒手]。

あくるひ【明日】 中世 あけのひ[明日]。あした[明日]。中古 あくるひ[明日]。上代 あす[明日]。→あす →よくじつ
ーの朝 近代 よくたん[翌旦]。近世 あくるあさ[明朝]。中世 こうてう[後朝]。たんじつ[旦日]。中古 あした[朝]。つとめて。みゃうてう[明朝]。又のあした。上代 あくるあした[明朝]。

あけがた【明方】 近代 たんめい[旦明]。はくめい[薄明]。モーニング(morning)。近世 ひきあけ[引明]。げうじつ[暁日]。しんめい[晨明]。ぶんげう[分暁]。へいめい[平明]。中世 いなのめ[黎明]。おしあけ[押明]。おしあけがた[押明方]。けいしん[鶏晨]。けいたん[鶏旦]。けいめい[鶏鳴]。げうたん[暁旦]。さうげう[早暁]。さうしん[早晨]。さうてん[早天]。ざんや[残夜]。びめい[微明]。ふけう[払暁]。へいたん[平旦]。ほのぼの[仄仄]。ほのぼのあ

け[仄仄明]。みめい[未明]。りめい／れいめい[黎明]。中古あかつきがた[暁方]。あけ[明]。あけぐれ[明暗]。あけはなれ[明放／明離]。あさぼらけ[朝朗]。あさまだき[朝未来]。ありあけがた[有明方]。あれはたれとき[彼誰時]。おしあけがた[押明方]。がいろう[艾漏]。げうかう[暁更]。げうてん[暁天]。さうたん[早旦]。さうてう[早朝]。ざんかう[残更]。しののめ／とううん[東雲]。しょてん[曙天]。しらしらあけ[白白明]。しんてう[晨朝]。ちめい[遅明]。つとめて。てんめい[天明]。びめい[未明]。ふつげう[払暁]。まいたん[昧旦]。よあけ[夜明]。よあけがた[夜明方]。上代あかつき[暁]。あかつきどき／あかとき[暁時]。あけがた[明方]。あけぼの[曙]。あさ[朝]。あさと[朝]。あした[朝]。ありあけ[有明]。かはたれどき[彼誰時]。ほどろ。まいさう[昧爽]。

《枕》上代ゆふづくよ[夕月夜]（⇨あかつきやみ）。

—と夕暮れ 近世しんせき[晨夕]。中古あさゆふ[朝夕]。てうぼ[朝暮]。

—に鳴く烏 近代あけがらす[明烏]。よあけがらす[夜明烏]。

—に鳴らす鐘 中古げうしょう[暁鐘]。

—に残る月 中古ありあけ[有明]。有明の月。上代あさづきよ／あさづくよ[朝月夜]。

—の霧 近代げうむ[暁霧]。

—の雲 中古げううん[暁雲]。

—の寒さ 中古あささむ[朝寒]。

—の空 近代とうてん[東天]。中世さうてん[早天]。中古げうてん[暁天]。しょてん[曙天]。

—の空の色 近代げうしょく[暁色]。

—の光 近代げうあん[暁闇]。げうこう[暁紅]。近世げうくゎう[暁光]。げうしょく[暁色]。しょくゎう[曙光]。ときあかり[時明]。中古あかつきやみ[暁闇]。上代かぎろひ[陽炎]。

—の星 近代暁天の星。中世ざんせい[残星]。中古げうせい[暁星]。しんせい[晨星]。

—を告げる鶏 中古げうけい[暁鶏]。しんけい[晨鶏]。

昨日の— 近代さくげう[昨暁]。

今日の— 中古こんげう[今暁]。

月のない— 中世あかつきやみ[暁闇]。上代あかときやみ[暁闇]。

月の残る— 中古ありあけ[有明]。有明の月。上代あさづきよ／あさづくよ[朝月夜]。

春の— 中古しゅんげう[春暁]。

夜の明けきらない— 近代あけやらぬ[明]。中世あけのこる[明残]。みめい[未明]。中古あさまだき[朝未]。びめい[未明]。

▼早朝から あさっぱら[朝腹]。近世あさはら[朝腹]。中古あさまだき[朝未来]。つとめて。上代つとに。

あげく【挙句】 中世あげく[挙句]。中古さいご[最後]。をはり[終／畢]。

—の果て 近世けく／けっく[結句]。中世けちく[結句]。けっきょく[結局]。中古ありありて[在在]。すゑ[末]。たか[高]。はてはて[果果]。

あけくれ【明暮】 近世あさばん[朝晩]。しんせき[晨夕]。中古あけくれ[明暮]。あさなけに[朝日]。あさゆふ[朝夕]。おきふし[起伏／起臥]。しくや[夙夜]。てうぼ[朝暮]。上代あさなゆふな[朝夕]。あさにけに[朝日]。あさよひ[朝宵]。あしたゆふべ[朝夕]。しゅくや[夙夜]。てうせき[朝夕]。よるひる[夜昼]。

あけっぴろげ【開広】 かいほうてき[開放的]。近代あけっぴろげ[開広／明広]。あけはなし[開放／明放]。オープン(open)。近世あけすけ[明透]。ありてい[有体]。ざっくばらん。→**おおっぴら**

わざと—に言うこと 近世しらばけ[白化]。

あけのみょうじょう【明明星】 近代あけのみゃうじゃう[明明星]。中世かはたれぼし[彼誰星]。けいめい[啓明]。中古あかぼし[明星／赤星]。げうせい[暁星]。→**きんせい【金星】**

あけはな・す【開放】 かいほう[開放]。ぜんかい[全開]。近代あけっぴろげ[開広／明広]。あけはなす[開放／明放]。あけはなつ[開放]。あけはらふ[開払]。中古かいはなつ[掻放]。はなつ[放]。ひきはなつ[引放]。

戸や障子などを取り払って—・す 近世とりはなす[取放／取離]。

あけび【木通】 近世あけぶ[通草]。中世もくつう[木通]。中古あけび[木通／通草／山女]。あけびかづら[通草葛／木通葛]。あさうち／あさうつ。やまのおうな[山嫗]。やまのをんな[山女]。やまひめ[山女]。

あけぼの【曙】 中古あさぼらけ[朝朗]。しののめ[東雲]。上代あけぼの[曙]。→**あけがた**

—の雲 中古しょうん[曙雲]。

あげもの【揚物】 近世あげもの[揚物]。中古あぶらもの[油物]。

あ

各種の― 近代 カツレツ(cutlet)。からあげ[空揚]。しゃうじんあげ[精進揚]。すあげ[素揚]。フライ(fry)。近世 あげだし[揚出]。テンプラ[ポルトガル tempero／天麩羅]。

あ・ける【開】 中世 はだく／はたぐ[開]。中古 あく[あける][開]。はなつ[放]。上代 ひらく[開]。

穴を―・ける 上代 うがつ[穿]。

勢いよく―・ける 中世 うちあく[―あける][打開]。

《枕》上代 たまくしげ[玉櫛笥]。

包みなどを―・ける 中古 ひろぐ[ひろげる][広]。

無理に―・ける 近世 こじあく[―あける][抉開]。

あ・ける【明】 中古 しらむ[白]。上代 あく[あける][明]。あけさる[明去]。あけたつ[明立]。

《枕》中古 あけごろも[明衣]。からくしげ[唐櫛笥]。しののめの[東雲]。はこどりの[箱鳥]。上代 あかぼしの[明星]。いなのめの。たまくしげ[玉櫛笥]。

すっかり―・ける 近世 あけはなす[明放]。あけはらふ[明払]。中古 あけはなる[明放]。あけひろぐ[明広]。あけわたる[明渡]。

年が―・ける 中古 あく[明]。

夜が―・ける →**よ【夜】**

あ・げる【上】 近代 アップ(up)。中世 もてあぐ[持上]。中古 さしあぐ[―あげる][差上]。もたぐ[もたげる][擡]。上代 あぐ[あげる][上]。

《枕》上代 いもがかみ[妹髪][⇩あぐ]。

勢いよく―・げる 中世 つきあぐ[―あげる][突上]。はねあぐ[―あげる][跳上]。上代 はねる[撥]。

押して―・げる 中古 おしあぐ[―あげる][押上]。

階級などを―・げる かくあげ[格上]。中古 かきふ[加級]。

声を―・げる 中古 こゑたつ[声立]。上代 ささく。

順に上に―・げる 中世 くりあぐ[―あげる][繰上]。

高く―・げる 中世 さしあぐ[―あげる][差上]。中古 ささぐ[ささげる][捧]。上代 うちあぐ[―あげる][打上]。

食べたものを―・げる(吐く) →**おうと**

ねじって―・げる 中世 ねぢあぐ[―あげる][捩上]。

人に物を―・げる →**けんじょう【献上】**

あご【顎】 近世 あご[顎]。したあご[下顎]。中世 あぎ／あぎと[顎／腮]。中古 おとがひ[頤]。がく[顎／腭]。

―で人を使うこと 中世 いし[頤指／頤使]。

―の上 近世 うはあご[上顎]。中世 うはあぎ[上顎]。

―の関節 中世 かけがね[掛金]。

―の下 がっか[顎下]。がんか[頷下]。チン(chin)(ボクシング用語)。

―の上下の骨 近世 えらぼね[鰓骨]。つらがまち[面框]。

―をつきだすように上げる 中世 しゃくる[決／抉／刳]。

上の― 近世 うはあご／じゃうがく[上顎]。中世 うはあぎ[上顎]。

二重に見える― 近代 くくりあご[括顎]。にぢゅうあご[二重顎]。

アコーディオン(accordion) 近代 てふうきん[手風琴]。ふうきん[風琴]。

―のように伸縮するもの アコーディオンプリーツ(accordion pleats)。近世 じゃばら[蛇腹]。

あこがれ【憧】 あまけ[甘気]。近代 あこがれ[憧]。かつがう／かつぎゃう[渇仰]。しょうけい／どうけい[憧憬]。ぼじゃう[慕情]。近世 けいぼ[傾慕]。中古 れんぼ[恋慕]。上代 しぼ[思慕]。

―の対象 近代 アイドル(idol)。ぐうざう[偶像]。近世 きんてき[金的]。にんきもの[人気者]。

―の対象となること 近代 ぐうざうくゎ[偶像化]。

―の対象と見ること ぐうぞうし[偶像視]。

―の地 近代 メッカ(Mecca)。

あこが・れる【憧】 近代 ゆめむ[夢]。中世 あこがる[あこがれる][憧]。中古 あくがる[あくがれる][憧]。おもひこがる[―こがれる][思焦]。こがる[こがれる][焦]。ゆめみる[夢見]。上代 したふ[慕]。→**おもいこが・れる**

―れ慕うこと 中古 かつがう／かつぎゃう[渇仰]。

あごひげ【顎髭】 近代 あごひげ[顎髭／顎鬚]。しゅぜん[鬚髯]。近世 しゅし[鬚髭]。

あこやがい【阿古屋貝】 近代 てふがひ[蝶貝]。近世 あこやがひ[阿古屋貝]。しんじゅがひ[真珠貝]。中古 そでがひ[袖貝]。たまがひ[玉貝／珠貝]。

あさ【麻】 たいま[大麻]。近代 ヘンプ(hemp)。中世 あらそ[荒麻]。まそ[真麻]。中古 あさを[麻苧]。からむし[苧]。上代 あさ[麻]。あさて[麻手]。さを[真麻]。そ

［麻］。を［麻／苧］。
《枕》上代 にはにたつ［庭立］［⇩あさ］。
ーの糸 中古 みづひき［水引］。
ーの糸を巻いた玉 中古 をだまき［苧環］。
ーの茎 中古 をがら［麻幹／苧殻］。
ーの衣 近代 まい［麻衣］。上代 あさぎぬ／あさごろも［麻衣］。
夏に刈るー 中古 なつそ［夏麻］。
柔らかくしたー 上代 うちそ［打麻］。

あさ【朝】 →あけがた
《枕》上代 あかぼしの［赤星］［⇩あくるあした］。あからひく。あさとりの［朝鳥］［⇩あさだち］。
《句》近代 朝雨に傘いらず。朝起きは三文の徳。朝起きは千両夜(よ)起きは百両。朝曇り昼日照り。朝寝は八石(はちこく)の損。朝靄(もや)の昼日和。宵寝(よひね)朝起き長者の基(もと)。
ーからずっと 中古 てうらい［朝来］。
ーから晩まで 近世 ひがないちにち／ひがないちんち［日一日］。中世 しゅくや［夙夜］。ひめむす［終日］。中古 いちにち［一日］。しんや［晨夜］。たんぼ［旦暮］。ひぐらし［日暮］。ひすがら［終日］。ひねむす［終日］。上代 しゅうじつ［終日］。ひねもす［終日］。
ーごと 近代 まいたん［毎旦］。近世 まいあさ［毎朝］。中世 まいてう［毎朝］。中古 あさなあさな［朝朝］。あさなけに［朝日］。上代 あさなさな［朝朝］。
ーごと日ごと 中古 あさなけに［朝日］。上代 あさにけに［朝日］。
ーごはん →あさごはん
ー外に出かける 中世 さうかう［早行］。上代 あさとで［朝戸出］。
ーと夕（晩）→あさばん
ーの風 上代 あさけのかぜ［朝風］。あさごち［朝東風］。
ーの集会 中世 てうれい［朝礼］。
ーの早いうち 星を戴(いただ)く。中世 さうしん［早晨］。さうてん［早天］。中古 あさまだき［朝未来］。さうたん［早旦］。さうてう［早朝］。しんてう／じんてう／じんでう［晨朝］。上代 つとめて。
昨日のー 中古 さくてう［昨朝］。
今日のー 中世 きんてう［今朝］。上代 けさ［今朝］。
今日のーがた 近世 けさがた［今朝方］。
男女の別れのー 中古 かへるあした［帰朝］。きぬぎぬ［衣衣／後朝］。
次の日のー 近代 よくあさ［翌朝］。近世 あくるあさ［明朝］。みゃうあさ［明朝］。中世 よくてう［翌朝］。中古 みゃうてう［明朝］。

あざ【痣】 くろあざ［黒痣］。けっぱん［血斑］。中古 あざ［痣］。ふすべ［贅］。
ーになる 中古 うるむ［潤］。
乳幼児の尻のー じはん［児斑］。しょうにはん［小児斑］。もうこはん［蒙古斑］。
火にやけたようなー 上代 ほやけ［火焼］。

あさ・い【浅】 近世 あさあさ［浅浅］。中世 あさあさし［浅浅］。上代 あさし［浅］。
ー・いことと深いこと 中古 せんしん［浅深］。
ー・いところ あさば［浅］。中古 あさみ［浅］。あさり［浅］。
ー・くなる 中古 あさぶ／あさむ［浅］。上代 あす［あせる］［浅］。
海岸で遠くまでー・い 中世 とほあさ［遠浅］。
考えがー・く知恵がないこと 近代 けいてうふくゎ［軽佻浮華］。中世 せんさい［浅才］。ぐちむち［愚痴無知］。中古 せうち［小知］。
見聞がー・い せんぶん［浅聞］。中世 せんろう［浅陋］。
→あさはか

あさがお【朝顔】 あさなぐさ［草］。近代 けんごくゎ［牽牛花］。近世 きんくゎ［槿花］。ゆふかげぐさ［夕影草］。中世 うしひくはな［牽牛花］。かがみぐさ［鏡草］。けんぎうくゎ［牽牛花］。しののめぐさ［東雲草］。中古 あさがほ［朝顔］。上代 かほばな［顔花／貌花］。
ーの種子 中世 けにごし／けんごし［牽牛子］。

あさぎ【浅葱】 近世 みづあさぎ［水浅葱］。中古 あさぎ［浅葱］。ちぐさ／ちぐさいろ［千草色］。上代 はなだ／はなだいろ［縹／縹色］。

あざけ・る【嘲】 鼻であしらう。鼻で笑う。近代 きせう［譏笑］。てうせう［嘲笑］。近世 せせらわらふ［笑］。たうぎゃく／てうぎゃく［嘲謔］。てうす［嘲］。てうば［嘲罵］。中世 あさむ［浅］。あざむく［欺］。てうろ［嘲弄］。れいせう［冷笑］。中古 てうろう［嘲弄／嘲哢］。ろうず［弄］。上代 あざける［嘲］。あざわらふ［嘲笑］。しせう［嗤笑］。
田舎者をー・る語 近世 いもすけ［芋助］。
公家や僧侶をー・る語 近世 ちゃうしう［長袖］。
自分をー・る 近代 じてう［自嘲］。
世間に疎い人をー・る語 近世 芋の煮えたも御存じない。
僧をー・る語 ぼうず［坊主］。近世 いもほり［芋掘］。いもほりばうず［芋掘坊主］。
人をー・る語 近世 いも［芋］。べらぼう［箆棒］。やまざる［山猿］。馬の骨。中世 かうしそうにく［行尸走肉］。中古 やまがつ［山

あ

賤］。▼接頭語 近世 くさり／くされ［腐］。

あさごはん【朝御飯】 近代 あさしょく［朝食］。ブレックファースト／ブレックファスト（breakfast）。近世 あさいひ／あさはん［朝飯］。あさげ［朝食／朝餉］。てうしょく［朝食］。中世 あさごはん［朝御飯］。あさめし［朝飯］。中古 あさがれひ［朝餉］。あさけ［朝食／朝餉］。てうさん［朝餐］。→**しょくじ**

―どき 上代 あさもよひ［朝催］。

あさざ【莕菜】 はなじゅんさい［花蓴菜］。いもなぎ。きんれんげ［金蓮花］。中世 あさざ［莕菜］。上代 あざさ［莕菜］。

あさせ【浅瀬】 中古 あさせ［浅瀬］。あさみ［浅］。たかせ［高瀬］。上代 かはせ［川瀬］。せ［瀬］。

いくつかの― 中古 いくせ［幾瀬］。

石の多い― 上代 くせ［曲瀬］。

あさって【明後日】 近代 よくよくじつ［翌翌日］。中世 あさって［明後日］。みゃうごにち［明後日］。中古 あさて。

―の翌日 近世 やなあさって／やのあさって［彌明後日］。中世 しあさって［明明後日］。

―の翌翌日 近世 やなあさって／やのあさって［彌明後日］。中世 しあさって［明明後日］。

あざな・う【糾】 中世 あざなふ［糾］。中古 あざふ［糾／叉］。なふ［綯］。よりあはす［―あわせる］［縒合／撚合］。よる［縒／撚］。

あさね【朝寝】 近世 あさねばう［朝寝坊］。あんき［晏起］。中世 あさね［朝寝］。上代 あさい［朝寝］。

《句》近代 朝寝坊の宵っ張り。宵っ張りの朝寝坊。

―の人 ねぼすけ［寝坊助］。

夜更かしして―・する《句》近代 宵っ張りの朝寝坊。

あさはか【浅】 近世 あざとし。けいはく［軽薄］。せんぱく［浅薄］。ふつつか［不束］。中世 あさあさし［浅浅］。あさま［浅］。うかうかし。こけ［虚仮］。ふせん［膚浅］。中古 あさし［浅］。あさはか［浅］。あさふ［浅］。うらなし［心無／裏無］。こころあさし［心浅］。せんきん［浅近］。せんぷ［浅膚］。はかなし［儚／果敢無］。はしぢか［端近］。ほとりばむ／ほとりめく［辺］。みじかし［短］。上代 あさし［浅］。あさらかに［浅］。うすし［薄］。

―・で考えがたりない 近代 あんちょく［安直］。のどもとしあん［喉元思案］。近世 あさぢゑ［浅知恵］。うすっぺら［薄］。けいさう［軽躁］。こくう［虚空］。さるぢゑ［猿知恵］。せんけん［浅見］。はなのさき［鼻先］。はなのさきぢゑ［鼻先知恵］。はなもとじあん［鼻元思案］。ぶねん［無念／不念］。むさん［無算］。中世 おもひぐまなし［思隈無］。けいそつ［軽率］。さうけい［早計］。せんりゃく［浅略］。せんりょ［浅慮］。はしりぢゑ［走知恵］。中古 すずろごころ［漫心］。せんしき［浅識］。せんち［浅知／浅智］。たんりょ［短慮］。むしん／むじん［無心］。

―・でまずいこと 中世 せんれつ［浅劣］。

―・で未熟なさま 近代 せんたん［浅短］。

―・な人 近代 けいはくじ［軽薄児］。近世 さるまつ［猿松］。

―・に大騒ぎする 中古 浅瀬にあだ波。

―・に使用する 近代 ばうよう／まうよう［妄用］。

あさばん【朝晩】 近代 にっせき［日夕］。近世 あさばん［朝晩］。しんせき［晨夕］。しんや［晨夜］。中世 たんぼ［旦暮］。中古 あけくれ［明暮］。あさゆふ［朝夕］。たんせき［旦夕］。てうじゃく［朝夕］。てうぼ［朝暮］。上代 あさなゆふな［朝夕］。あさにけに［朝日］。あさよひ［朝宵］。あしたゆふべ［朝夕］。さうばん［早晩］。しんこん［晨昏］。てうせき［朝夕］。にちや［日夜］。

あさひ【朝日】 近世 こうじつ［紅日］。中世 きょくじつ［旭日］。げうじつ［暁日］。てうとん［朝暾］。中古 あさづくひ。しょやう［初陽］。てうじつ［朝日］。てうやう［朝陽］。上代 あさひ［朝日／旭］。あさひこ［朝日子］。

《枕》中古 ひさかたや［久方］。上代 あかねさす［茜］。

―のきらめくさま 近代 とうとう［曈曈］。

―の光 近代 きょくくゎう［旭光］。てうき［朝暉］。中古 あさかげ［朝影］。上代 あさひかげ［朝日影］。

真っ赤な― 近世 こうじつ［紅日］。

あさひがに【旭蟹】 しゃうじゃうがに［猩猩蟹］。べにがに［紅蟹］。近世 あさひがに［旭蟹］。

あさぼらけ【朝朗】 上代 あさびらき［朝開］。中古 あさぼらけ［朝朗］。

あさまし・い【浅】 近世 いまはし［忌］。いやらし［卑］。さもし。ひすかし［姦］。中古 あさまし［浅］。こころきたなし［心汚］。

《枕》上代 やまがはの［山川］。

あざみ【薊】 近代 いたいたのき［痛痛木］。しさう［刺草］。まゆはき／まゆはけ／まゆばけ［眉

刷毛]。中古あざみ[薊]。

あざむ・く【欺】 近代きばう／きまう[欺罔]。近世まやかす。中世ぎまん[欺瞞]。くはす[くわせる][食]。たぶろかす[誑]。だまし／だます[騙]。中古いつはる[偽]。たぶらかす[誑]。はかりごつ[謀]。上代あざむく[欺]。かすむ[掠]。わかつる[機]。→**だま・す**

自分を—・く 中世じき[自欺]。

人を—・く手段 かくれみの[隠蓑]。近世さじゅつ[詐術]。のせごと[乗事／載事]。

人を—・くための芝居 近代さるしばゐ[猿芝居]。近世きゃうげん[狂言]。

あさめし【朝飯】→**あさごはん**→**しょくじ**

あさめしまえ【朝飯前】 近世あさがけ[朝駆／朝駈]。あさめしまへ[朝飯前]。中世あさはら[朝腹]。

あざやか【鮮】 あきらか[明]。せんえい[鮮鋭]。近代クリア(clear)。せんれつ[鮮烈]。中世けやけし。せいさい[精彩／生彩]。せんれい[鮮麗]。めいれう[明瞭]。中古あざあざと[鮮鮮]。あざやか[鮮]。あざらか／あざらけし[鮮]。きらきらし[煌煌]。けざけざ[鮮鮮]。けざやか。さはやか[爽]。さやけし[清／明]。せんめい[鮮明]。そそ[楚楚]。ものあざやか[物鮮]。上代けや／けやか。さや。れいろう[玲瓏]。→**はっきり**

—・でなくなる うるむ[潤]。中世くすむ。

—・な色 せんしょく[鮮色]。中世ごくさいしき[極彩色]。

—・なさま ありあり。はっきり。近世くっきり。はんぜん[判然]。中古けんぜん[顕然]。

—・な光 上代くゎうさい[光彩]。

—・に輝くさま 近世さん[燦]。さんさん[燦燦]。さんぜん[粲然／燦然]。中古さんらん[燦爛]。

—・に咲く 上代さきにほふ[咲匂]。

—・にする 中古あざやぐ[鮮]。

—・に見える 近代そぜん[楚然]。はゆ[はえる][映]。中古あざやぐ[鮮]。

色つやがよくて—・なさま 近世ほっこり。

技術などが— 近代さえる[冴]。

光や音が— 中世さえかへる[冴返]。

あさゆう【朝夕】→**あさばん**→**いつも**

あざらし【海豹】 シール(seal)。近世かいたつ／かいだつ[海獺]。中古あざらし[海豹]。すいへう[水豹]。

—の皮 シールスキン(seal skin)。

あさ・る【漁】 ハント(hunt)。近代ぎょする[漁]。中世れふす[猟]。中古あさる[漁]。→**さが・す**

異常なものを—・り求める 近代れふき[猟奇]。

磯辺で獲物を—・る 中世いそぜせり[磯拼]。

あざわら・う【嘲笑】→**あざけ・る**

あし【葦】 近代ひとはぐさ[一葉草]。近世たまえぐさ[玉江草]。よし[葦／蘆／葭]。中世さざれぐさ[細草]。なにはぐさ[浪花草]。ひむろぐさ[氷室草]。中古はまをぎ[浜荻]。上代あし[葦]。はなぐはし[花細]。

《枕》中古あしづの[葦牙][⇨あしのめ]。なつかりの[夏刈]。上代あしかび[葦牙][⇨あしのめ]

—のある水辺 上代あしべ[葦辺]。

—の生い茂っている原 中世よしはら[葦原]。上代あしはら[葦原]。

—の茎の内側の薄皮 なかご[中子／中心]。ひより[莩]。

—の芽 近世よしご[葦子／葭子]。中古あしづの[葦芽]。上代あしかび[葦芽]。

群がって生えている— 中古むらあし[叢葦]。

あし【足】 レッグ(leg)。近代かし[下肢]。かたい[下腿]。きゃく[脚]。きゃくぶ[脚部]。そくぶ[足部]。フット(foot)。近世あんよ(幼児語)。上代あ[足]。あし[足]。

《尊》近世おみあし[御御足](女性語)。中世ぎょくし[玉趾]。

《枕》上代にほどりの[鳰鳥][⇨あしぬらし]。

—がしびれる しびれを切らす。

—が丈夫で長く歩ける 近世けんきゃく[健脚]。

—が立たない 中世腰が抜く[—抜ける]。腰を抜かす。

—が地につかないで落ち着かない 近代浮き足立つ。中古空を歩む。

—が速い馬 近代いうしゅん[優駿]。じゅんそく[俊足／駿足]。上代しゅんそく[俊足／駿足]。

—が速いこと(人) くゎいそく[快足]。近世いっそく[逸足]。はやみち[早道]。ゐだてん[韋駄天]。ゐだてんあし[韋駄天足]。

—で踏んだ跡 中古あしあと[足跡]。中世そくせき[足跡]。ふみあと[踏跡]。

—で踏んでこすりつぶす 中世ふみあらす[踏荒]。中古ふみしだく[踏拉]。ふみにじる[踏躙]。

—で踏んで立つところ →**あしば**

—に力を入れる ふみきる[踏切]。中世ちからあし[力足]。ふみはる[踏張]。ふんばる[踏張]。

あ

―につける鰭 あしひれ［足鰭］。フィン(fin)。フリッパー(flipper)。

―に何もつけていないこと 近世すはだし［素裸足］。中世しゃくきゃく／せききゃく［赤脚］。せんそく［跣足］。中古はだし［裸足］。上代すあし［素足］。

―の裏 近代そくせき［足蹠］。上代あうら／あなうら［足裏／蹠／趺］。

―の裏にくぼみのない足 へんぺいそく［扁平足］。

―の裏の後ろ 近世かかと［踵］。中古きびす［踵］。

―の裏のくぼみ 近世つちつかず［土付］。つちふまず［土踏］。

―の音→あしおと
―の甲 近世そくはい［足背］。

―の甲が高いこと こうだか［甲高］。

―のすね 中世すねっぱぎ／すねはぎ［臑脛］。

―のすねの後ろ側 近世ふくらはぎ［脹脛］。中古こむら［腓］。

―の疲れ ぼう［棒］。近世しどろあし［足］。中古あしたゆし［足懈］。なへぐ［蹇］。みだりあし／みだれあし［乱足］。上代あしなへ［足萎］。

―の爪の化粧 ペディキュア(pedicure)。

―の長さ 近代コンパス(オランダ kompas)。

―の運びの小さいこと 近世こまた［小股］。

―の速さ(動かし方) あしさばき［足捌］。近代フットワーク(footwork)。ほてう［歩調］。近世あしつき［足付］。あしもと［足下］。中世あしなみ［足並］。あしぶみ［足踏］。はこび［運］。

―の病気(症状) がいはんぼし［外反母趾］。中世かくしつ［鶴膝］。こひあし［尰足］。こひずね［尰臑］。やみあし［病足］。中古おめあし［尰／瘇］。

―の不自由な人 近代はしゃ［跛者］。へきしゃ［躄者］。近世ゐざり［膝行／躄］。

―の細いところ そっけい［足頸］。中古あしくび［足首／足頸］。

―の向くまま 近世あしまかせ［足任］。中世足に任す(―任せる)。

―の指の先 中古つまさき［爪先］。上代あなすゑ［足末］。

―の輪郭 近代きゃくせん［脚線］。

―を洗う 中古せんそく［洗足］。

―を洗う水 中世すすぎ［濯］。

―を激しく踏みしめること 中世みだれあし［乱足］。

―を湯に浸すこと あしゆ［足湯］。近代きゃくたう［脚湯］。

足首から先の部分の― 近代フット(foot)。近世くはびら［鍬平］。

歩いた―の跡→あしあと
一本の― 近代せききゃく［隻脚］。

丈夫な― けんきゃく［健脚］。近代せいしょうのぐ［済勝具］。

力の出せる方の― ききあし［利足］。

胴から―の分かれるところ 近代そけい［鼠蹊／鼠径］。近世こかん［股間］。中世またぐら［股座／胯座］。中古また［股／胯］。

動作の支えとなる― じくあし［軸足］。

泥の付いた― 近世どそく［土足］。

長い― あしなが［足長］。ちょうそく［長足］。中世あしだか［足高／脚高］。

膝からくるぶしまでの― 近代かたい［下腿］。中世すねはぎ［臑脛］。中古すね［臑／脛］。

膝より上の― 近代じゃうたい［上腿］。だいたい［大腿］。中世ふともも［太股］。中古もも［股／腿］。

剝き出しの― 中世しゃくきゃく／せききゃく［赤脚］。

両方の― りょうあし／りょうそく［両足］。中古りゃうきゃく［両脚］。


あじ【味】 みかく［味覚］。近代くちあたり。中世あぢ［味］。あんばい［塩梅／安排／按排］。ふうみ［風味］。上代あぢはひ［味］。→あじわい →あじわ・う
―が甘すぎる 近世あまったるい［甘］。

―が薄い うすあじ［薄味］。近世みづっぽい［水］。中世あぢなし［味無］。

―が変わってまずくなる へんみ［変味］。近世愚に返る。

―加減 中世あんばい［塩梅／按配／按排］。えんばい［塩梅］。上代あぢはひ［味］。

―が濃い(コーヒーなど) 近代ストロング(strong)。

―がない むみかんそう［無味乾燥］。近世そっぺいがない。中世あぢなし［味無］。むみ［無味］。

―がよい 近代はうみ［芳味］。近世おいしい［美味／旨味］。かみ［佳味／嘉味］。顎(あご)が落ちる。中世うまうまし［旨旨］。かうみ［好味］。しみ［至味］。中古かんび［甘美］。ちんみ［珍味］。びみ［美味］。むまし［旨／甘］。上代うまし［旨／甘］。

―が悪い ふみ［不味］。近世まづし［不味］。

―と香り 中世きゃうみ［香味］。中古かうみ

〔香味〕。
ーに慣れる くちなれる〔口慣〕。
ーの薄い酒 近代 はくはくのさけ〔薄薄酒〕。
ーの微妙な違い ひとあじ〔一味〕。近世 さじかげん〔匙加減〕。
ーのよい果実 中古 びくゎ〔美果〕。
ーを知る感覚 みかく〔味覚〕。
ーを楽しむ →あじわ・う
ーを付け加えること 中世 かみ〔加味〕。
ーを調える材料 近代 てうみれう〔調味料〕。
ーをみること あじみ〔味見〕。近世 かげんみ〔加減見〕。どくみ〔毒味／毒見〕。中世 きく〔聞／利〕(酒など)。
あっさり薄いー うすあじ〔薄味〕。近代 プレーン(plain)。
塩辛いー しおあじ〔塩味〕。中世 からみ〔辛味〕。かんみ〔鹹味〕。しほはゆし〔鹹〕。
食べ物のー 中世 しょくみ〔食味〕。
ものの本来のー 近代 もちあぢ〔持味〕。

あしあと【足跡】 中世 じゅうせき〔蹤跡／蹤迹〕。そくせき〔足跡〕。ひとあと〔人跡〕。中古 あしあと〔足跡〕。あしがた〔足形／足型〕。しょうせき〔蹤跡／蹤迹〕。じんせき〔人跡／人迹〕。上代 あと〔跡／迹〕。
馬などのー 中世 うまざくり〔馬決〕。さくり〔決／刳〕。

あしおと【足音】 近世 きょういん／きょうおん〔跫音〕。くつおと〔靴音／沓音〕。中古 あしおと〔足音〕。上代 あおと／あのと〔足音〕。
ーが荒々しいさま 近代 どしどし。どたどた。近世 どたばた。
ーが響くさま 近代 からから。
ーのするさま 中世 きょうぜん〔跫然〕。
大勢が一時に来るー 近代 どかどか。
下駄のー 中世 からころ。
人のー 中世 ひとあし〔人足〕。上代 ひとおと〔人音〕。

あしか【海驢】 近世 うみおそ〔海獺〕。うみかぶろ〔海禿〕。かいたつ／かいだつ〔海獺〕。中世 かいろ〔海驢〕。中古 あしか〔海驢／葦鹿〕。うみうそ〔海獺〕。上代 みち〔海獺〕。

あしがかり【足掛】 →あしば

あじけな・い【味気無】 近代 あぢきない／あぢけない〔味気無〕。近世 あぢなし〔味無〕。中古 あいなし。しらじらし〔白白〕。

あじさい【紫陽花】 おおでまり〔大手毬〕。近代 しちへんげ／ななへんげ〔七変化〕。てまりばな〔手鞠花〕。はっせんくゎ〔八仙花〕。中世 よひらのはな〔四片花〕。中古 あづさゐ〔紫陽花〕。上代 あぢさゐ〔紫陽花〕。

アシスタント(assistant) 近代 じょしゅ〔助手〕。中世 てつだひ〔手伝〕。中古 ほさ〔補佐〕。

あしずり【足摺】 近世 あがき〔足掻〕。中世 ぢだんだ〔地団駄〕。上代 あしずり〔足摺〕。

あした【明日】 →あす

あしたば【明日葉】 近世 あしたぐさ〔明日草〕。あしたば〔明日葉／鹹草〕。とうだいにんじん〔燈台人参〕。はちぢゃうさう〔八丈草〕。

あしでまとい【足手纏】 近代 けいるい〔係累〕。にやくかい〔荷厄介〕。近世 あしてがらみ〔足手搦〕。じゃま〔邪魔〕。中世 あしてまとひ／あしでまとひ〔足手纏〕。あしまとひ〔足纏〕。かせ〔枷〕。中古 ほだし〔絆〕。
ーがない 近代 みがる〔身軽〕。一糸挂ゖけず。

あしどり【足取】 近代 ステップ(step)。ほてう〔歩調〕。ほぶ〔歩武〕。近世 あしつき〔足付〕。あしどり〔足取〕。中世 あしなみ〔足並〕。そくせき〔足跡〕。中古 あしあと〔足跡〕。あしもと〔足下／足元／足許〕。上代 あゆみ〔歩〕。ゆくへ〔行方〕。
ーがおぼつかない 近代 さうらう〔蹌踉〕。さんきゃく〔酸脚〕。近世 えごえご。たどたど。みだれあし〔乱足〕。よろつく。中世 よろくろける〕〔蹌踉／蹣跚〕。中古 ふたふた。
ーが分かる 近世 足がつく。
ーのおぼつかない人 近世 かざふきがらす〔風吹烏〕。
落ち着かないー 近世 うきあし〔浮足〕。近代 いそぎあし〔急足〕。

あしば【足場】 あぶみいた〔足踏板〕。近代 かだい〔架台〕。けうとうほ〔橋頭堡〕。近世 さんばし〔桟橋〕。たちど〔立処〕。中世 あしがかり〔足掛〕。あしだまり〔足溜〕。あしば〔足場〕。ふまへどころ〔踏所〕。ふみど〔踏所／踏処〕。中古 あししろ／あしじろ〔足代〕。あななひ。ふみどころ〔踏所／踏処〕。上代 あぐら〔呉床／胡床〕。
ーとして利用するもの 近代 こんきょ〔根拠〕。近世 ふみだい〔踏台〕。
活動のためのー 近代 きょてん〔拠点〕。中世 ぢばん〔地盤〕。
水上のー うきあしば〔浮足場〕。

あしび【馬酔木】 →あせび

あじみ【味見】 →あじ(ーをみること)

あしもと【足下】 あしまわり〔足回〕。近世 あした〔足下〕。すそ〔裾〕。中世 きゃくか〔脚下〕。そくか〔足下〕。中古 あしもと〔足下／足許／足元〕。上代 たちど〔立所／立処〕。

あしらい【配】 近世 あしらひ〔配〕。中世 とりあ

はせ[取合]。はいち[配置]。はいれつ[配列/排列]。

あしらい【遇】 中世 あしらひ[遇]。たいぐう[待遇]。とりもち[取持]。中古 もてなし[持成]。上代 せつぐう[接遇]。

—が悪いこと 中世 ぶあしらひ。

子供に対するような— こどもあつかい[子供扱]。

あじわい【味】 はざわり[歯触]。近代 したざはり[舌触]。もちあぢ[持味]。近世 うまみ[旨味]。おもむき[趣]。くちあたり[口当]。しな[品]。しゅみ[趣味]。そっぱい/そっぺい。ふうかく[風格]。ふうしゅ[風趣]。中世 あぢ[味]。かんみ[甘味]。きび/きみ[気味]。だいごみ[醍醐味]。はごたへ[歯応]。ふうち[風致]。ふうみ[風味]。中古 あはれ[哀]。じみ[滋味]。ふぜい[風情]。めうみ[妙味]。上代 あぢはひ[味]。しんみ[真味]。

—がある 中世 けしきおぼゆ[気色覚]。中古 けしきあり[気色有]。

—がない むみかんそう[無味乾燥]。近代 かんさう[乾燥]。かんさうむみ[乾燥無味]。近世 そっぺいがない。中世 あぢなし[味無]。むみ[無味]。

—が深いこと 近世 こんみり。いうげん[幽玄]。

—の違いを調べる 近代 あぢきき[味利]。近世 かみわく[—わける][噛分]。中世 きく[聞/利](酒など)。

—を楽しむこと 近代 かんしゃう[鑑賞]。ぐゎんしゃう[翫賞]。しゃうぐゎん[賞翫/賞玩]。みたう[味到]。近世 しゃうくゎん[賞翫/賞玩]。中世 しゃうび[賞美]。

新しい— 中古 しんみ[新味]。

あっさりした— 近代 さんぶんてき[散文的]。近世 たんみ[淡味/澹味]。

軽妙な— 近代 はいみ[俳味]。

こくのある— 近代 じゅんみ[醇味](よい酒の味わい)。

心あたたまる— 中世 じゃうみ[情味]。

山水などの自然の— 中古 けいち[景致]。

品物の— ひんち[品致]。

食べ物の素晴らしい— 中世 だいごみ[醍醐味]。

本来のもともとの— 近代 もちあぢ[持味]。

あじわ・う【味】 近代 かみしめる。かんしゃう[鑑賞]。ぐゎんしゃう[翫賞]。しゃうぐゎん[賞翫/賞玩]。はんすう[反芻]。近世 がんみ[含味]。ぐゎんみ[玩味/翫味]。中世 ぎんみ[吟味]。しゃうみ[賞味]。中古 あぢはふ[味]。上代 なむ[なめる][舐]。

《句》近代 甘草(かんざう)の丸呑(の)み。

—・って理解すること 近代 みとく[味得]。

詩歌などを吟じて—・う 中世 ぎんみ[吟味]。くちすすぐ[漱/嗽]。

あす【明日】 つぎのひ[次日]。中世 あした[明日]。中古 あくるけふ[明今日]。あくるひ[明日]。またのひ[又日]。よくじつ[翌日]。上代 あす[明日]。みゃうにち[明日]。

《句》近代 明日(あした)は明日(あした)の風が吹く。明日(あす)の事は明日(あす)案じよ。

—の朝 近代 よくげう[翌暁]。近世 あくるあさ[明朝]。みゃうあさ[明朝]。めいたん[明旦]。中古 あくるつとめて[翌朝]。あした[朝]。こうてう[後朝]。つとめて。またのあした[又朝]。みゃうてう[明朝]。上代 みゃうたん[明旦]。

—の晩 近代 あくるよ(る)[明夜]。近世 あくるばん[明晩]。中世 みゃうばん[明晩]。みゃうや[明夜]。

—の夕方 みょうゆう[明夕]。中世 みゃうせき[明夕]。

あずか・る【預】 近代 じゅたく[受託]。ほくゎん[保管]。もらふ[貰]。中古 あづかる[預]。

質屋などの—・り証 近世 しちふだ[質札]。中古 しちけん[質券]。

勝負などを—・ること 近世 もらひ[貰]。

あずか・る【与】 近代 かかはりあふ[関合/係合]。さんくゎく[参画]。近世 くゎんよ[関与/干与]。中世 くゎんけい[関係]。中古 あづかる[与]。かかはる[関/係]。

—・って力がある 近代 じんりょく[尽力]。中世 じんりき[尽力]。

—・り知らない 近世 権輿(けんによ)もなし。

—・り知る 近世 くゎんち[関知]。

相談(計画)に—・る 近代 さんぐゎく[参画]。近世 さんよ[参与]。上代 さんぎ[参議]。

あず・ける【預】 きょうたく[供託]。近代 よたく[預託]。近世 ゐたく[委託]。中世 いたく[依託]。ゐにん[委任]。中古 あづく[あずける][預]。きたく[寄託]。たくす[託]。上代 ふたく[付託]。

銀行などに金を—・ける 近代 よきん[預金]。

質屋に—・ける 近世 しちいれ[質入]。質に置く。

無理に—・ける 中古 おしあづく[押預]。

あすなろ【翌檜】 近代 おにひのき[鬼檜]。らかんはく[羅漢柏]。近世 あすなろ[翌檜]。中世 ひば[檜葉]。中古 明日は檜(ひのき)。

アスパラガス(ラテン Asparagus) まつばうど[松葉独活]。近代 アスパラガス。オランダきじかくし[ポルトガル Olanda 雑隠]。せいやうど[西洋独活]。

アスファルト(asphalt) 近代 アスファルト。ちれきせい/ぢれきせい[地瀝青]。どれきせい[土瀝青]。近世 チャン(「青」の中国語音から)。

あずまや【東屋】 近代 ガーデンハウス(garden house)。キオスク(kiosk)。近世 ていしゃ[亭榭]。中世 ちん/てい[亭]。中古 あづまや[東屋/四阿]。あばらや[荒屋]。しあ[四阿]。ていし[亭子]。

水上の― 中古 すいてい[水亭]。

竹林のそばの― 中古 ちくてい[竹亭]。

庭の― パビリオン(pavilion)。

納涼のための― 近代 りゃうてい[涼亭]。

野にある― 中古 やてい[野亭]。

あせ【汗】 中世 あせしづく[汗滴]。中古 あせ[汗]。あせみづ[汗水]。

―が出る 近代 あせばむ[汗]。近世 はっかん[発汗]。ひとあせ[一汗]。中世 あせぐむ[汗含]。あせす[汗]。あえす/あやす[零]。汗になる。中古 あゆ[零]。りうかん[流汗]。上代 かく[掻]。

―と血 中世 かんけつ[汗血]。

―や血がしたたる(さま) 近世 だくだく。中世 りんり[淋漓]。中古 あゆ[零]。

―や涙が出るさま 近世 玉なす。

―を大いにかくさま 近代 あせだく[汗]。あせだくだく[汗]。近世 あせみづく[汗水漬]。あせみどろ[汗]。汗びっしょり。玉の汗。中世 おほあせ[大汗]。中古 ばうだ[滂沱]。

―をかく人 近世 あせかき/あせっかき[汗掻]。

―をひっこめる 近世 汗を入れる。

苦しいときの― 近代 あぶらあせ[油汗/脂汗]。

濃い― 近世 こんづ[漿/濃漿]。

睡眠中の― 近世 たうかん[盗汗]。中世 ねあせ[寝汗/盗汗]。

血のような― 中世 かんけつ[汗血]。けっかん[血汗]。

手に―を握る 中世 手を握る。

恥じて―が出る 中世 ざんかん[慚汗]。

鼻の頭の― 近代 はなあせ[鼻汗]。

ひやっとしたときの― 近世 ひやあせ[冷汗]。

あぜ【畦】 近代 けいはん[畦畔]。中古 あぜ[畦/畔]。くろ[畔]。たぐろ[田畔]。でんちう[田疇]。なはて[畷/縄手]。をぐろ[小畔]。上代 あ[畦/畔]。

―の道 中世 あぜみち[畦道/畔道]。なはてみち[畷道]。中古 なはて[畷/縄手]。なはてぢ[畷路/縄手路]。

―を土で塗ること 近世 あぜぬり/くろぬり[畔塗]。

あせび【馬酔木】 近代 あしぶ[馬酔木]。うまくはず[馬食]。しかくはず[鹿食]。ひささき[柃]。むぎばな[麦花]。むぎめしばな[麦飯花]。近世 あせも[馬酔木]。いはもち[岩黐]。どくしば[毒柴]。ばすいぼく[馬酔木]。中世 あせび[馬酔木]。あせぶ[馬酔木]。あせぼ[馬酔木]。中古 あせみ[馬酔木]。上代 あしび[馬酔木]。

あぜみち【畦道】 →**あぜ**

あせも【汗疹】 かんしん[汗疹]。かんそう[汗瘡]。中世 あせぼ[汗疹/熱沸瘡]。中古 あせも[汗疹/熱沸瘡]。

あせ・る【焦】 近代 せうさう[焦燥]。せうしん[焦心]。こころせく[心急]。近世 あがく[足掻]。せうりょ[焦慮]。せききる[急切]。気がせく。気をもむ。中世 いらだつ[苛立]。いらつ[苛]。せく[急]。わしる[走/奔]。中古 あせる[焦]。いそぐ[急]。おもひいらる[思苛]。すみやく[速]。はやる[逸/早]。またぐ[急]。上代 こころすすむ[心進]。

―・って苦しむ 近世 うちなやむ[打悩]。

―・らずのんびりしている 近世 きなが[気長]。

あ・せる【褪】 近代 いろあせる[色褪]。たいしょく[退色/褪色]。へんしょく[変色]。中世 うすろぐ[薄]。中古 あす〔あせる〕[褪]。うつる[移]。さむ〔さめる〕[褪]。さる[曝/晒]。上代 うすらぐ[薄]。うする〔うすれる〕[薄]。うつろふ[移]。

あぜん【唖然】 →**あき・れる**

あそこ【彼処】 →**あちら**

あそび【遊】❶〈娯楽/遊戯〉 ごらく[娯楽]。近代 アミューズメント(amusement)。いうき[遊嬉]。いうぎ/いうげ[遊戯]。ゲーム(game)。プレー(play)。近世 たはむれ[戯]。中世 きぎ[嬉戯]。てすさび/てすさみ[手慰]。中古 あそびごと[遊事]。すさび/すさみ[遊]。たはぶれ[戯]。たはぶれごと[戯事]。なぐさみ[慰]。ゆげ[遊戯]。わらはあそび[童遊]。上代 あそび[遊]。

―に使う道具 ゆうぎぐ[遊戯具]。中古 いうぐ[遊具](管弦に用いる楽器)。→**おもちゃ**

―としての技 近代 いうぎ[遊技]。

子供の― 近代 じげ[児戯]。中世 じぎ[児

あ

戯]。中古わらはあそび[童遊]。
道中のー 近世ばうずもち[坊主持]。
風雅なー 近代がいう[雅遊]。くゎてうふうげつ[花鳥風月]。せいいう[清遊/清游]。ふうりうゐんじ[風流韻事]。近世きんき[琴棋/琴碁]。
迷惑になるー いたずら[悪戯]。わるあそび[悪遊]。

▼合わせもの 近世むしあはせ[虫合]。中世かひおほひ[貝覆]。中古あふぎあはせ[扇合]。いしあはせ[石合]。えんしょあはせ[艶書合]。かひあはせ[貝合]。とりあはせ[鶏合/鳥合/闘鶏]。はなあはせ[花合]。ゑあはせ[絵合]。ゑがひ[絵貝]。

▼石の遊び あてっこ[当]。いしけり[石蹴]。いしづみ[石積]。いしなげ[石投]。近代いしがっせん[石合戦]。いしなご[石子]。近世いんぢうち[印地打]。中古いしなどり[石取]。

▼扇の遊び 中古あふぎあはせ[扇合]。あふぎずまふ[扇相撲]。あふぎひき[扇引]。近世あふぎながし[扇流]。とうせん/とうせんきょう[投扇興]。

▼鬼ごっこ 近代おにあそび[鬼遊]。おにかひな[鬼]。おにごとあそび[鬼事遊]。かがみおに[屈鬼]。近世おにごこ/おにごっこ[鬼]。おにふくろ[鬼袋]。おにわたし[鬼渡]。中世おひこくら[追]。

▼カードの遊び いろはカルタ[伊呂波carta(ポルトガル)]。近代おいちょかぶ/かぶ。トランプ(trump)。はなふだ[花札]。近世ひゃくにんいっしゅ[百人一首]。

▼隠れん坊 かくれおに[隠鬼]。かくれぼう[隠坊]。近世かくれごと[隠事]。かくれんばう/かくれんぼ[隠坊]。こうぢがくれ[小路隠]。中世かくれご[隠子]。中古かくれあそび[隠遊]。

▼気晴らしに出歩く 近代いうくゎん[遊観]。近世いうらく[遊楽]。しょういう[縦遊]。のがけ[野駆/野掛]。中世ゆぎゃう[遊行]。ゆさん[遊山]。中古かうらく[行楽]。せうえう[逍遥/逍揺]。

▼競馬 近世きそひうま[競馬]。中世きほひうま[競馬]。けいば[競馬]。中古くらべうま[競馬]。こまくらべ[駒競]。

▼言葉の遊び アナグラム(anagram)。クイズ(quiz)。なぞかけ[謎掛]。はやくちことば[早口言葉]。近代あてもの[当物/中物]。かへうた[替歌]。クロスワードパズル(crossword puzzle)。ごろあはせ[語呂合/語路合]。したもぢり[舌捩]。しりとり[尻取]。パズル(puzzle)。パロディー(parody)。近世あとつけ[後付/跡付]。くちあひ[口合]。くゎいぶん[回文]。さかさことば[逆言葉]。しゃれ[洒落]。ぢぐち[地口]。はやくち[早口]。はやくちそそり[早口]。はやこと[早言]。まはしぶみ[回文]。もぢり[捩]。わりく[割句]。をりく[折句]。中世くつかうぶり/くつかぶり/くつかむり[沓冠]。中古かくしだい[隠題]。なぞなぞ[謎謎]。もののな[物名]。

▼自然相手の遊び かえるつり[蛙釣]。すなあそび[砂遊]。たからさがし[宝探]。近代かいすいよく[海水浴]。ゆきつり[雪釣]。近世かまくら。中世いそあそび[磯遊]。うらあそび[浦遊]。

▼自然の物を求めて楽しむ なしがり[梨狩]。ぶどうがり[葡萄狩]。近代いちごがり[苺狩]。近世きのこがり[茸狩]。しほひがり[潮干狩]。ほたるがり[蛍狩]。中世はなみ[花見]。もみぢがり[紅葉狩]。中古さくらがり[桜狩]。

▼室内の遊び 近世あやとり[綾取]。いととり[糸取]。おてだま[御手玉]。おはじき[御弾]。

▼にらめっこ 近代にらめっこ。近世にらめくら。中世めくらべ[目競]。

▼羽根つき 近世おひはご[追羽子]。おひばね[追羽根]。はねつき[羽根突]。

▼盤上の遊び(局戯) オセロ(Othello)。チェッカー(checkers; chequers)。モノポリー(monopoly)。近代ごならべ[五並]。ごもくならべ[五目並]。コリントゲーム(Corinth game)。たまつき[玉突/撞球]。チェス(chess)。どうきう[撞球]。バックギャモン(back gammon)。ビリヤード(billiards)。マージャン[(中国語)麻雀]。近世きんき[琴棋/琴碁]。とびしゃうぎ[飛将棋]。はさみしゃうぎ[挟将棋]。ばんじゃう[盤上]。まはりしゃうぎ[回将棋]。中古ご[碁]。しゃうぎ[将棋]。すごろく[双六]。ゐご[囲碁]。

▼雛遊び 近世ひなあそび[雛遊]。

▼船遊び 近代クルーズ(cruise)。近世ふなせうえう[船逍遥]。中世ふなゆさん[船遊山]。中古ふなあそび[船遊]。

▼ぶらんこ 近世ふらここ/ぶらここ。ぶらんこ[鞦韆]。中世びしゃご[鞦韆]。ふっさご[鞦韆]。中古しうせん[鞦韆]。ゆさはり/

ゆさばり。
▼**べいごま** 近代べいごま[貝独楽]。近世ばいうち[貝打]。ばいごま[貝独楽]。ばいまはし[貝回]。中世ばい[貝]。
▼**ままごと遊び** ままごと[飯事]。近代あねさまごっこ[姉様]。近世おとなりごっこ／おとなりごと[御隣事]。
▼**鞠(まり)(毬)の遊び** 近代まりつき[鞠突／毬突]。近世いたまり[板毬]。中古けまり[蹴鞠]。てまり[手鞠／手毬]。まり[鞠]。まりうち[毬打]。上代だきう[打毬]。(野球や卓球などの球技は省略)
▼**水遊び** 近代すいよく[水浴]。近世みづあび[水浴]。みづなぶり[水嬲]。中世すいえい[水泳]。みづあそび[水遊]。
▼**野外の遊戯** うまのり／うまのりきょうそう[馬乗競争]。かげふみ[影踏]。かんけり[缶蹴]。きばせん[騎馬戦]。なわとび[縄跳]。はないちもんめ[花一匁]。めかくしおに[目隠鬼]。近代いしけり[石蹴]。おしくらまんぢゅう[押競饅頭]。かごめかごめ。近世けんけん。ことろことろ[子捕子捕]。ひふくめ[比比丘女]。めじろおし[目白押]。めんないちどり[目無千鳥]。中古たけうま[竹馬]。
▼**遊具施設** かいせんとう[回旋塔]。ジャングルジム(jungle gym)。近代いうどうゑんぼく[遊動円木]。うんてい[雲梯]。シーソー(seesaw)。すべりだい[滑台]。てつぼう[鉄棒]。近世ぶらんこ[鞦韆]。

あそび【遊】❷〈遊興／放蕩〉 近代いんたう[淫蕩]。くゎうばう[荒亡]。たいいう[大遊]。だうらく[道楽]。たんめん[耽湎]。たんらく[耽楽]。りうれんくゎうばう[流連荒亡]。酒色に溺れる。いうたう[遊蕩]。近世あくしゃう[悪性]。あそび[遊]。いうや[遊冶]。いんしゅ[淫酒／婬酒]。がういう[豪遊]。さんくゎい[参会]。だだらあそび[駄駄羅遊]。ちゃやがよひ[茶屋通]。ちゃやこやばひり[茶屋小屋這入]。はうたう[放蕩]。中古いうきょう[遊興]。えんあん[宴安]。しゅしょく[酒食]。

《句》近代歓楽極まりて哀情多し。近世坐して食らへば山も空し。粋(すい)が身を食ふ。

—心 中古たはれごころ[戯心]。

—には限度がない 近世たかなし[高無]。

—人 ごぜんさま[午前様]。プレーボーイ(playboy)。近代あそびて／いうしゅ[遊手]。いうかく[遊客]。いうたうじ[遊蕩児]。いうやらう[遊冶郎]。近世あくしょぐるひ[悪所狂]。うかれがらす[浮烏]。うきすけ[浮助]。さんじゃくおび[三尺帯]。だうらくもの[道楽者]。どさまはり。とほりもの[通者]。どらむすこ[息子]。のらがらす[烏]。のんこ。はうたうもの[放蕩者]。ひとさかり[一盛]。ぶらぶら。中古あそびびと[遊人]。くらひだふれ[食倒]。上代うかれびと[浮人]。

—人の生活 近代朝風呂丹前長火鉢。

—の仲間 近世あくいう[悪友]。のらともだち[友達]。中世どういう[同友]。

—は身の毒 近代宴安(えんあん)は酖毒(ちんどく)。

—をさせる家 近世いろちゃや[色茶屋]。ちゃやこや[茶屋小屋]。ひきてちゃや[引手茶屋]。

豪勢な—をする 近世花をやる。

あそび【遊】❸〈怠惰／無為〉 近代いうだ[遊惰]。としょく[徒食]。近世たかやうじ[高楊枝]。のうらく[能楽]。中世いついう[逸遊／佚遊]。中古いつらく[逸楽／佚楽]。はんらく[般楽／盤楽]。
あそ・ぶ【遊】 近世うかれありく[浮歩]。ごろつく。中世うかれあるく[浮歩]。たはぶる〔たわぶれる〕[戯]。たはむる〔たわむれる〕[戯]。中古たはる[戯／狂]。ぬめる[滑]。上代あそぶ[遊]。いそばふ[戯]。
あだ【仇】 近代共に天を戴(いただ)かず。不倶戴天(ふぐたいてん)の仇(あだ)。中古かたき[敵]。上代あた／あだ[仇]。→**かたき** →**てき**
—討ち 近代しかへし[仕返]。近世あだうち[仇討]。いしがへし／いしゅがへし[意趣返]。いしゅばらし[意趣晴]。はらいせ[腹癒]。ふくきう[復仇]。ほうふく[報復]。中世かたきうち[敵討]。ふくしう[復讐／復讎]。へんぽう[返報]。
—討ちのために苦労すること 近代ぐゎしんしゃうたん[臥薪嘗胆]。
—を返すこと 近代ほうきう[報仇]。ほうしう[報讐]。近世しかへし[仕返]。ほうふく[報復]。→**しかえし**
肉親を殺された— けっさい[血債]。
あたい【値】 近代かかく[価格]。かち[価値]。だいか[代価]。近世ねうち[値打]。中世ていか[定価]。ねだん[値段／直段]。ぶっか[物価]。中古あたひ[値]。
掛け値なしの— 近世じっか[実価]。
あだうち【仇討】→**あだ**
あた・える【与】 あげる[上]。きゅうふ[給付]。きょうよ[供与]。近代しきふ[支給]。しん

てい[進呈]。ぞうてい[贈呈]。ぞうよ[贈与]。近世かうふ[交付]。こます。ふよ[付与／附与]。もらかす[貰]。中世かいやる[播遣]。かづく〔かずける〕[被]。しんじゃう[進上]。つたふ〔つたえる〕[伝]。ひく[引]。中古あたゆ[与]。あてがふ[宛／充]。えさす〔えさせる〕[得]。おくる[贈]。ていす[呈]。とらす[取]。なげいづ[投出]。ぶんよ[分与]。ほどこす[施]。わたす[渡]。上代あたふ〔あたえる〕[与]。くる〔くれる〕[呉]。めぐむ[恵]。やる[遣]。ゆづる[譲]。《尊》近代さげわたし[下渡]。しよ[賜与]。近世くださる[下]。さぐ〔さげる〕[下]。中世おます。おまらす。くだす[下]。たばす[賜]。中古かづく[被]。けいし[恵賜]。じゅよ[授与]。たうぶ／たまはす／たまふ[賜／給]。つかはす[遣]。上代さづく〔さずける〕[授]。とらす〔とらせる〕[取]。《謙》あげる[上]。きんてい[謹呈]。けんてい[献呈]。近世ほうてい[奉呈]。中世けんじゃう[献上]。さしあぐ〔―あげる〕[差上]。しんず[進]。ていじゃう[呈上]。はいてい[拝呈]。みつぐ[貢]。もてまゐる[持参]。中古きこえさす[聞]。たてまつる[奉]。まだす[遣]。まゐらす／まゐる[参]。上代けんず[献]。ささぐ〔ささげる〕[捧]。たてまつる[奉]。

―・えられたもの 近代しょよ[所与]。よけん[与件]。近世おしきせ[仕着]。中世あてがひ[宛／充]。

―・えられる 中世かうむる[被／蒙]。さづかる[授]。

―・えること 中古きふよ[給与]。だんな[旦那／檀那]。

―・えることと受け取ること 近世やりとり[遣取]。

―・えることと奪うこと 中古よだつ[与奪]。

惜しまず―・える 中世ふりまく[振]。

適当に―・える 中古あてがふ[宛／充]。

天皇が―・える 中古かし[下賜]。

必要に応じて―・える 近代きょうきふ[供給]。

物品などを―・える きょうよ[供与]。

褒めて―・える 中世しゃうよ[賞与]。

分けて―・える 中古ぶんよ[分与]。上代はんきふ[班給]。

▼卑しめた言い方 くれてやる[呉遣]。くれる[呉]。

あたかも

近世まるで。ゐんとして[宛]。中世さながら[然]。ちゃうど[丁度]。なほ／なほし[猶]。上代あたかも。

あたたか・い【暖／温】

だん[暖]。近代うんねつ／をんねつ[温熱]。なまあたたかい[生暖]。ぬくい[温]。近世あたたかし[暖／温]。ぬくとし[温]。をんだん[温暖]。をんわ[温和／穏和]。中世うんだん[温暖]。中古あたたか[暖／温]。ぬるし[温]。をんくゎ[温和／穏和]。をんじう[温柔]。上代あたたけし[暖]。

―・い風 近世をんぷう[温風]。中世うんぷう[温風]。

―・い気候 近代だんわ[暖和]。中世をんだん[温暖]。中古だんき[暖気／煖気]。

―・いさま 近代くく[煦煦]。ぽかぽか。近世ぬっくり。中世ぬくぬく。ほかほか。ほこほこし。ほっかり。ほやほや。中古ぽっかり。

―・い湯 近世うんたう[温湯]。中世をんたう[温湯]。

少し―・い 近代びをん[微温]。中世なまぬるし[生温]。

▼暖かくなる 近代さんかんしをん[三寒四温]。水ぬるむ。

▼暖かさ 近代をんき[温気]。近世ぬくもり[温]。中世だんき[暖気]。中古うんき[温気]。ぬくみ[温]。

▼暖かさと寒さ 中世かんだん[寒暖]。

▼暖まる 近代ぬくまる[温]。中世ぬくもる[温]。中古ぬるむ[温]。

▼温める（暖める） かねつ[加熱]。近代だんばう[暖房]。中世ぬくむ〔ぬくめる〕[温／暖]。ねっす[熱]。

▼暖めるもの ウォーマー(warmer)。近代ストーブ(stove)。だんばう[暖房／煖房]。中古だんろ[暖炉／煖炉]。

▼熱くなる→あつ・い【熱】

▼春の暖かさ 近代水ぬるむ。中世わく[和煦]。中古しゅんだん[春暖]。

あだな【渾名】

あざな[字]。いめい[異名]。近代あいしょう[愛称]。こんめい[渾名]。しゃくがう[綽号]。ニックネーム(nick-name)。近世あだな[渾名]。中世いみゃう[異名]。中古しこな[醜名]。

あたま【頭】

近代つむ[頭]。ヘッド(head)。近世おつむ[御頭]。かぶり[頭]。かみかしら[髪頭]。づ[頭]。てんてん[天天]。なうてん[脳天]。びんた。笠の台。中世あたま[頭]。かうべ[頭／首]。かぶ[頭]。くしげ[串]。ちゃうもん[頂門]。つぶり／つむり

［頭］。とう［頭］。中古 いただき［頂］。くび［首／頸］。なづき［脳／髄］。上代 かしら［頭］。

《尊》上代 みぐし［御首］。

—があらわであること 中世 ひたがしら［直頭］。

—が正常でなくなる 近代 ふれる［狂］。気がふれる。中古 ほる［ほれる］［惚／恍］。

—と頭がぶつかること 近世 はちあはせ［鉢合］。

—と身体 近代 とうしん［頭身］。

—にいただく 上代 かうぶる［被／蒙］。

—に被る 中古 かづく［被］。上代 かがふる［被］。

—に熱があること 中世 づねつ［頭熱］。

—の痛み 中古 づつう［頭痛］。づふう［頭風］。

—の後ろ 近代 こうとうぶ［後頭部］。こうなう［後脳］。中世 こうとう［後頭］。わたがみ［綿上／肩上／綿噛］。

—の後ろから首筋にかけてのくぼみ 近世 ぼんのくぼ［盆窪］。

—の大きい人 近代 あたまでっかち［頭］。ふくすけ［福助］。近世 あたまがち［頭勝］。うはかぶき［上傾］。おほあたま［大頭］。

—の飾り 上代 かつら［鬘］。

—の格好 近世 あたまつき［頭付］。あたまなり［頭形］。中世 かぶし。中古 かしらつき［頭付］。

—の格好のいろいろ(例) 近代 ぢざうがしら［地蔵頭］。ビリケンあたま［billiken 頭］。近世 すりこぎあたま［擂粉木頭］。ほふねんあたま［法然頭］。中世 さいづちあたま［才槌頭］。ゑんちゃう［円頂］。中古 せんとう［尖頭］。

—のつむじ 近代 せんもう［旋毛］。近世 ぎりぎり。中世 つじ［旋毛］。

—のてっぺん とうちょう［頭頂］。近代 ろちゃう［顱頂］。近世 かみかしら［髪頭］。なうてん［脳天／脳巓］。なうとう［脳頭］。中世 ちゃうじゃう［頂上］。づちゃう［頭頂］。

—の中 近代 なうり［脳裏／脳裡］。近世 なうちゅう［脳中］。中世 ねんとう［念頭］。

—の働きが鈍い 近代 たりない［足］。近世 どんさい［鈍才］。どんぶつ［鈍物］。ぼんくら［盆暗］。

—の働きのよい者 近世 かんじゃ［勘者］。中世 きれもの［切者］。

—のふけ 中古 いろこ［鱗］。

—の骨 近代 づがいこつ［頭蓋骨］。→**いこつ**

—を覆うこと(さま) 中古 かがふり［冠］。

—を下げる 近代 ぺこぺこ。ぺこん。近世 さんぱいきうはい［三拝九拝］。ぴょこぴょこ。中古 ていとう［低頭］。腰を折る。

白髪混じりの— 近世 いさは［斑葉］。ごましほあたま［胡麻塩頭］。

剃そった— 近代 ゑんろ［円顱］。近世 あをばうず［青坊主］。くりくりばうず［坊主］。ばうず［坊主］。まるばうず［丸坊主］。中古 かぶろ［禿］。ゑんとう［円頭］。

▼罵った言い方 近代 てんぽうせん［天保銭］。近世 すかうべ［素頭］。すこたん。どたま。

▼坊主頭にする 近代 ていとう［剃頭］。近世 ていはつ［剃髪］。まるめる／まろめる［丸］。中古 ていづ［剃頭］。

あたらし・い【新】

せいしん［生新］。ナウ(now)。ネオ(neo)。まっさら［真新］。近代 さいしん［最新］。しんい［新異］。しんき［新規］。せいしん［清新］。ニュー(new)。フレッシュ(fresh)。めあたらしい［目新］。近世 さら［新］。はつ［初］。みのとき［巳時］。みみあたらし［耳新］。よつすぎ［四過］。中世 いまさら［今更］。ことあたらし［事新］。ざんしん［斬新］。しんせん［新鮮］。まあたらし［真新］。中古 あたらし［新］。上代 あらた［新］。あらたし［新］。にひし［新］。

—いことと古いこと 中世 しんこ［新古］。中古 しんきう［新旧］。

—いことを企てること 近代 くゎくきてき［画期的］。しんきぢく［新機軸］。近世 のりだす［乗出］。手が付く。中世 手を付く［—付ける］。中古 ことはじめ［事始］。旗を揚ぐ［—揚げる］。ほっき［発起］。

—い事物(時代)の到来 近代 エポック(epoch)。エポックメーキング(epoch making)。かいくゎ［開化］。たいどう［胎動］。中古 げうしょう［暁鐘］。

—い出発 上代 かどで［門出／首途］。

—い姿 いちせいめん［一生面］。近代 しんせいめん［新生面］。しんめんぼく／しんめんもく［新面目］。中古 しんみ［新味］。

—いものが古いものにとってかわること 近代 しんちんたいしゃ［新陳代謝］。中古 たいしゃ／だいしゃ［代謝］。

—いものを好む人 近代 はつものぐひ［初物食］。モダニズム(modernism)。

—く興ること 近代 しんこう［新興］。中世 はたあげ［旗揚］。

―・くこしらえること かいはつ［開発］。しんちょう［新調］。近代しんしゅつ［新出］。しんせつ［新設］。中世たんじゃう［誕生］。つくりたて［作立］。上代しんざう［新造］。

日々―・くなること 中世じっしん［日新］。中古にっしん［日新］。

古きを改め―・くすること 近代いっしん［一新］。さっしん［刷新］。上代かいしん［改新］。

▼新たに 上代いまさら［今更］。さらに［更］。

▼接頭語 しん［新］。近世あら［新］。中古いま［今］。上代にひ［新］。

あたり【辺】 このあたり／このへん［此辺］。ちかば［近場］。へん［辺］。まわり［周］。近代ちかま［近間］。ふきん［付近］。近世あたりとなり［辺隣］。かいわい［界隈］。きんざい［近在］。しうへん［周辺］。そばあたり［側辺］。中世きんじょ［近所］。きんばう［近傍］。しへん［四辺］。ほど［程］。中古かた［方］。きは［際］。きんりん［近隣］。しりん［四隣］。つら［面］。はうめん［方面］。ばかり。ほど［程］。ほとり［辺］。めぐり［回／巡］。わたり［辺］。近き境。近き世界。上代あたり［辺］。うへ［上］。へ［辺／方］。へろ［辺］。も［面］。

―一帯 近世せじゃう［世上］。中世いちめん［一面］。中古せかい［世界］。

―に気を配ること 近世こばう［顧望］。中古こめん［顧眄］。上代こべん［顧眄］。

▼接尾語 上代べ［辺］。

あたりさわり【当障】 近代さしさはり［差障］。近世あたりさはり［当障］。中古さしあひ［差合／指合］。

―がある 中古さしあふ［差合］。

―がない 中世ぶなん［無難］。

あたりまえ【当前】 にちじょうさはん［日常茶飯］。近代じゅんたう［順当］。近世あたぼう。あたりき。あたりまへ［当前］。かじゃうさはん［家常茶飯］。したう［至当］。中世じんじゃう［尋常］。たうぜん［当然］。もっとも［尤］。中古ただ［只／徒］。ただごと［只事／徒事／唯事］。ふつう［普通］。ほんたい［本体］。よろし［宜］。れい［例］。

あた・る【当】 近代しょくげき［触激］。たんたう［担当］。ぶつかる。近世しょうとつ［衝突］。てきちゅう［的中／適中］。めいちゅう［命中］。中古あたる［当］。あひあたる［相当］。

―・ったさま どんぴしゃり。

全員で―・る そうぐるみ［総］。近代そうどうゐん［総動員］。

正しく―・る 近世てきちゅう［的中／適中］。中世せいちゅう［正中］。

食べ物などに―・る しょくちゅうどく［食中毒］。ちゅうどく［中毒］。近世しょくあたり［食当］。しょくしゃう［食傷］。

抽籤(ちゅうせん)などに―・る 近代たうせん［当籤］。近世あたりくじ［当籤／当鬮］。

直接―・る ちょくげき［直撃］。

あちこち【彼方此方】 近世あちらこちら［彼方此方］。あっちこっち［彼方此方］。かくしょ［各所］。そちこち［其方此方］。中世あちこち［彼方此方］。しはうはっぱう［四方八方］。ずいしょ［随所／随処］。ところどころ［所所／処処］。はづれはづれ［外外］。中古あたりあたり［辺辺］。あなたこなた［彼方此方］。かたがた［方方／旁］。かなたこなた［彼方此方］。かのもこのも［彼面此面］。ここかしこ［此処彼処］。こなたかなた［此方彼方］。このもかのも［此面彼面］。しょはう［諸方］。はうばう［方方］。はしばし［端端］。上代こちごち［此方此方］。しょしょ［所所／処処／諸所］。そこここ［其処此処］。ところどころ［所所］。よも［四方］。よもやま［四方山］。をちこち［彼方此方］。をてもこのも［彼面此面］。

《枕》上代またまつく［真玉付］［⇩をち］。

―歩き回る 近世まんいう［漫遊］。中世へめぐる［経回／経巡］。

―駆け回る 近世とびまはる［飛回］。ほんそ［奔走］。中世はしりまはる［走回］。中古ほんそう／ほんぞう［奔走］。

―と移る 中世わたりあるく［渡歩］。中古ありく［歩］。

―に散見される(さま) 近代てんざい［点在］。近世ぽつぽつ(と)。らんてん［乱点］。中古さんざい［散在］。

―に立つ 上代たちたつ［立立］。

―に吹き荒れる風 中古よものあらし［四方嵐］。

―に分けて置く 中古ぶんぷ［分布］。

―の隅 上代くまぐま［隈隈］。

―の人 中古をちこちびと［遠近人］。

―の道 中古みちみち［道道］。

―を見る 近代とみかうみ［左見右見］。

中央から離れた― 近世はしばし［端端］。

あちら【彼方】 近世あすこ［彼所］。中世あそこ［彼処］。あちら［彼方］。あっち［彼方］。かなた［彼方］。をちかた［遠方／彼方］。中古あしこもと［彼処許］。あち［彼方］。

あなた[彼方]。かしこ[彼処]。かのも[彼面]。そなた[其方]。

―側 近代むかふ[向]。近世よそよそ[余所余所]。むかひがは[向側]。中古あなたおもて[彼方面]。あなたがた[彼方方]。あなたざま[彼方様]。かのも[彼面]。

あちらこちら【彼方此方】→**あちこち**
あつ・い【厚】 近代ぶあつい[分厚/部厚]。近世ぢゅうこう[重厚]。をんこうとくじつ[温厚篤実]。中古あつし[厚/篤]。こんとく[懇篤]。ねんごろ[懇]。

―・いことと薄いこと 上代こうはく[厚薄]。

―・い信心のたとえ《句》近代伊勢へ七度熊野へ三度。

―・い情け 近世こうじゃう[厚情]。

―・い布地 あつぢ[厚地]。

―・くふくれているさま ぶあつい[分厚/部厚]。近世あつぼったい[厚]。ぼってり。中古あつらか[厚]。

―・さの程度 近世あつみ[厚]。

―・みをつけること 近代にくづけ[肉付]。

芸の―・み 中世かさ[嵩]。

あつ・い【暑】 ねっしょ[熱暑]。近代くんかく[薫赫]。しょき[暑気]。じんしょ[甚暑]。だいねつ[大熱]。甑(こしき)に座するが如し。近世あつくろし[暑苦/熱苦]。中世ごくしょ[極暑]。さんぷく[三伏]。しょねつ[暑熱]。せうねつ[焦熱]。たいしょ[大暑]。中古あつかはし[暑]。あつくるし[暑苦]。あつけ[暑]。あつし[暑]。

―・い間 中世しょちゅう[暑中]。中古しょげつ[暑月]。

―・い盛り 近代かんしょ[旱暑]。中古ひざかり[日盛]。

―・い天気 中古しょてん[暑天]。

―・いときと寒いとき 近世しょかん[暑寒]。中古かんしょ/かんじょ[寒暑]。

―・い夏 近世えんか[炎夏]。

―・さをしのぐ あつさしのぎ[暑凌]。たいしょ[耐暑]。ぼうしょ[防暑]。近世せうか[消夏]。しょきはらひ[暑気払]。なふりゃう[納涼]。中古だふりゃう[納涼]。ひしょ[避暑]。ゆふすずみ[夕涼]。上代すずむ[涼]。

秋に残る―・さ 近代ざんえん[残炎]。中世ざんしょ[残暑]。

うっすら汗ばむほど―・い 近世うすしょ/はくしょ[薄暑]。

厳しい―・さ げきしょ[激暑/劇暑]。近代まうしょ[猛暑]。近世げんしょ[厳暑]。こくねつ[酷熱]。中世えんゐ[炎威]。こくしょ[酷暑]。ごくしょ[極暑]。たいしょ[大暑]。中古えんしょ/えんじょ[炎暑]。えんてん[炎天]。えんねつ[炎熱]。

日増しに―・くなること 近代かうしょ[向暑]。

蒸されるように―・い 近世むしあつし[蒸暑]。
▼暑苦しい 近世あつくろし[暑苦]。中古あつかはし[暑]。あつる[熱]。
▼暑苦しい夜 ねったいや[熱帯夜]。
▼雨が降らず蒸し暑いこと 近世からむし[空蒸/乾蒸]。
あつ・い【熱】 近代しゃくねつ[灼熱]。ホット(hot)。中世ほほめく。中古あつし[熱]。
―・い悲鳴 中世あたあた[熱熱]。
―・くなる(する) かねつ[加熱]。近世ほとぼる[熱]。中世ねす/ねっす[熱]。ほめく[熱]。中古いきる[熱]。ほてる[火照]。ほとほる[熱]。ほとる[熱]。
―・さが不十分 上代ぬるし[温]。
非常に―・いこと 近世ごくあつ[極熱]。中古ごくねち/ごくねつ[極熱]。
非常に―・いさま 中世あつあつ[熱熱]。
あっか【悪化】 あんてん[暗転]。ていか[低下]。れっか[劣化]。近代あくくゎ[悪化]。
あつかい【扱】❶〈応対〉 近代しょぐう[処遇]。中世たいぐう[待遇]。中古あつかひ[扱]。上代おうたい[応対]。
―がひどいこと かぎゃく[加虐]。近代ぎゃくたい[虐待]。こくぐう[酷遇]。れいぐう[冷遇]。近世しうち[仕打]。
手厚い― 近代いうぐう[優遇]。いうたい[優待]。こうぐう[厚遇]。
やさしい― 中古いたはり[労]。
あつかい【扱】❷〈処置〉 近代しょり[処理]。そち[措置]。ふりかた[振方]。近世うんよう[運用]。くゎつよう[活用]。しょち[処置]。中世あつかひ[扱]。しやう[仕様]。はからひ[計]。中古しょぶん[処分]。
あつか・う【扱】 近代もちあつかふ[持扱]。近世ぐうす[遇]。とりさばく[取捌]。とりしきる[取仕切]。中世いろふ[弄]。さばくる[捌]。てがく[―がける][手掛]。とりあつかふ[取扱]。中古あつかふ[扱]。とりなす[取成]。上代とる[取]。
―・いにくい 近世きむづかし[気難]。中古くらべぐるし[比苦]。ところせし[所狭]。
―・いやすい 中世くみしやすし[与易]。
うまく―・う 近代あやなす[綾/彩]。中世さばくる[捌/裁]。中古さばく[捌]。とりしきる[取仕切]。

思い通りにー・う 近代とうぎょ[統御/統馭]。
軽くー・うさま 近世ありなし[有無]。
大切なものとしてー・う 中古さしわく[差分]。上代うづなふ。
巧みにー・う 中世あやどる[操/綾取]。
ひとまとめでー・う 近代いっくゎつ[一括]。

あつかまし・い【厚】 心臓が強い。心臓に毛が生えている。近代えげつない。こうがんむち[厚顔無恥]。はれんち[破廉恥]。押しが強い。面の皮が厚い。面の皮千枚張り。近世あくどし。あこぎ[阿漕]。あつかは[厚皮]。あつかはづら[厚皮面]。あつかまし[厚]。あつし[厚]。いげちなし。しゃあしゃあ。せんまいばり[千枚張]。づうづうし[図図]。づぶとし[図太]。てつめん/てつめんぴ[鉄面皮]。てんぜん[靦然]。ぬけぬけ[抜抜]。ぬっくり。のづら[野面]。ふてぶてし[太太]。ほてくろし。顔厚し。中世おもてつれなし[面]。つれなし[強顔/強面]。はぢしらず[恥知]。中古おもなし[面無]。こうがん[厚顔]。はぢなし[恥無]。
ー・い人 中世でもの[出者]。

あっけな・い あきたりない[飽足]。ものたりない[物足]。近世あっけなし。中古あへなし[敢無]。もろし[脆]。
ー・いこと 近代木(こ)っ端(ぱ)の火。近世河童の屁。中世ちょろり。

あっけにとら・れる 近代ばうぜん[茫然]。ばうぜんじしつ[茫然自失]。鳩が豆鉄砲を食らったやう。近世あっけにとられる。中古あきる[あきれる][呆]。あさまし[浅]。

あっこう【悪口】 ばりぞうごん[罵詈雑言]。近代あくたれぐち[悪口]。あくば[悪罵]。近世あくたい[悪態]。たなおろし[棚卸/店卸]。にくまれぐち[憎口]。中世あくこう[悪口]。どくぜつ[毒舌]。わるくち/わるぐち[悪口]。中古ざふごん[雑言]。↓そしり

あっさり 近代フランク(frank)。プレーン(plain)。近世あさぎ[浅気]。さっくり。すっきり。たんじょ[淡如]。へいたん[平淡]。中世あさあさ[浅浅]。あっさり。あはし[淡]。たんたん[淡淡/澹澹]。たんぱく[淡泊/淡薄/澹泊]。わっさり。中古おいらか。おほなおほな。さっぱり。すがすがと[清清]。すがやか[清]。なほざり[等閑]。ぬるし[温]。上代あさらか[浅]。すがすがし[清清]。てんたん[恬淡/恬澹/恬惔]。
ー・していない 近代ねちねち。
ーとした味わい 中世こたん[枯淡]。たんみ[淡味/澹味]。

あっしゅく【圧縮】 のうしゅく[濃縮]。近代ぎょうしゅく[凝縮]。さくげん[削減]。しゅくせう[縮小/縮少]。近世あっさく[圧搾]。あっしゅく[圧縮]。しうしゅく[収縮]。中世ちぢむ[縮]。

あっしょう【圧勝】 かんしょう[完勝]。らくしょう[楽勝]。近代くゎいしょう[快勝]。たいしょう[大勝]。だいしょうり[大勝利]。中世あっしょう[圧勝]。

あっ・する【圧】 プレッシャー(pressure)。近代あっぱく[圧迫]。あつりき/あつりょく[圧力]。かうあつ[高圧]。きゃうあつ[強圧]。きゃうえう[強要]。ぢゅうあつ[重圧]。よくあつ[抑圧]。ゐあつ[威圧]。近世せいあつ[制圧]。ふうじこむ[ーこめる][封込]。おしつく[ーつける][押付]。しめつく[ーつける][締付]。中古だんあつ[弾圧]。上代おす[押/圧]。中世あっす[圧]。あったう[圧倒]。ゐりき[威力]。

あっせい【圧政】 →あくせい

あっせん【斡旋】 近代くちきき[口利]。くちぞへ[口添]。しうせん[周旋]。せわ[世話]。ちゅうかい[仲介]。肝を煎る。口を利く。近世あっせん[斡旋]。はしわたし[橋渡]。中世きもいり[肝煎/肝入]。とりなし[取]。とりもち[取持]。ひけい[秘計]。中古せうかい[紹介]。とりつぎ[取次]。ばいかい[媒介]。上代なかだち[仲立/中立/媒]。→せわ
ー・する人 近世なかづかひ[中使]。
ー料 ちゅうかいてすうりょう[仲介手数料]。近代てすうれう[手数料]。
金銭のー 中古くちいれ[口入]。

あっとう【圧倒】 近代おしまくる[押捲]。ゐあつ[威圧]。中世あっす[圧]。あったう[圧倒]。おしすう[ーすえる][押据]。嵩(さか)に回る。気を呑(の)む。中古おしけつ[押消]。けつ[消]。へす[圧]。上代おす[押/圧]。しのぐ[凌]。
ー・される たぢたぢ。のまる[のまれる][呑/飲]。中世顔色なし。中古けおさる[ーおされる][気圧]。ひるむ[怯/痿]。まく[まける][負]。

あっぱく【圧迫】 しめつけ[締付]。プレッシャー(pressure)。近代あっせい[圧制]。あっぱく[圧迫]。あつりき/あつりょく[圧力]。きゃうあつ[強圧]。だんあつ[弾圧]。ぢゅ

うあつ[重圧]。はくさく[迫窄]。よくあつ[抑圧]。〖近世〗せいあつ[制圧]。→おさえつ・ける

あつまり【集】❶〈集団〉 どうこうかい[同好会]。はばつ[派閥]。〖近代〗クラブ(club)。グループ(group)。サークル(circle)。しふだん[集団]。たうは[党派]。だん[団]。だんたい[団体]。チーム(team)。とたう[徒党]。パーティー(party)。マス(mass)。〖近世〗なかま[仲間]。〖中世〗あつまり[集]。きふぜん[翕然]。くみ[組]。ぐん[群]。くんじゅ[群衆／群集]。たうさん[当参]。とんしふ[屯集]。とんしゅう[屯聚]。むれ[群]。〖中古〗くゎい[会]。だんらん[団欒]。まどゐ[円居]。

統一のないー 〖中古〗うがふ[烏合]。うしふ[烏集]。烏合の衆。《句》〖近世〗藁千本あっても柱にはならぬ。

あつまり【集】❷〈集会〉 〖近代〗あつまり[集]。くゎいしふ[会集]。くゎいどう[会同]。サロン(salon)。さわくゎい[茶話会]。しふがふ[集合]。しふくゎい[集会]。そうがふ[湊合]。パーティー(party)。まどゐ[団居／円居]。ミーティング(meeting)。〖中世〗いちゑ[一会]。よりあひ[寄合]。〖中古〗くゎい[会]。くゎいがふ[会合]。しふゑ[集会]。ゑ[会]。〖上代〗つどひ[集]。

ーが成立しない 〖近代〗りうくゎい[流会]。〖近世〗おながれ[御流]。

ーに参加する 〖中古〗さんくゎい[参会]。

ーの終わり へいかい[閉会]。〖近代〗さんくゎい[散会]。しゅうくゎい[終会]。〖近世〗おひらき[御開]。かいさん[解散]。

ーを楽しくすること 〖近世〗ざもち[座持]。

いつものー 〖近代〗れいくゎい[例会]。

大きなー 〖中古〗たいくゎい／だいくゎい[大会]。

神々のー 〖上代〗かむつどひ[神集]。

慶事のー 〖中古〗かくゎい[嘉会]。

盛大なー 〖近代〗せいくゎい[盛会]。

全体のー 〖近代〗そうくゎい[総会]。そうしふくゎい[総集会]。

あつま・る【集】 一堂に会する。〖近代〗がっしゅう[合衆]。しふけつ[集結]。しふちゅう[集中]。そうせい[湊成]。たむろする[屯]。みっしふ[密集]。〖近世〗ぎょうしふ[凝集]。ぎょうしゅう[凝聚]。ゐしふ[蝟集]。〖中世〗くゎいす[会]。こぞる[挙]。しぐらふ／しぐらむ。そろふ[揃]。よりあつまる[寄集]。よりあはす[寄合]。〖中古〗おしこる[押凝]。こりあつまる[凝集]。さしつどふ[差集]。〖上代〗あつまる[集]。いはむ[聚／満]。いむる[群]。うごなはる[集]。うちむる[ーむれる][打群]。かよりあふ[寄合]。こる[凝]。すだく[集]。たかる[集／蝟集]。つどふ[集]。むらがる[群]。むる[むれる][群]。よりあふ[寄合]。よる[寄]。

ー・ってすぐに 〖近世〗寄ると触ると。

ー・ることで多くなる 《句》〖近代〗一文銭も小判の端。滴りつもりて淵となる。積羽舟を沈む。塵も積もれば山となる。

ー・ることと散ること 〖中古〗しふさん[集散]。しゅうさん[聚散]。

蟻のようにー・る 〖近代〗ぎしふ[蟻集]。〖近世〗ぎふ[蟻付]。

急いでー・る 〖近世〗はせあつまる[馳集]。

一時にー・る 〖中世〗うんがふむしふ[雲合霧集]。

規律も統一もなくー・る 〖中古〗うがふ[烏合]。うしふ[烏集]。

雲のようにたくさんー・る 〖中古〗うんしふ[雲集]。

軍勢がー・る 〖中世〗せいぞろへ[勢揃]。〖中古〗うんとん[雲屯]。

食べるためにー・る 〖近世〗くひより[食寄]。

人がたくさん出てー・る 市を為す。〖近代〗ひとで[人出]。〖近世〗くゎいしふ[会集]。

類をもってー・る 《句》〖近代〗馬は馬連れ牛は牛連れ。同声相応じる。同病相憐れむ。欲を同じうする者は相憎み憂ひを同じうするものは相親しむ。類は友を呼ぶ。〖近世〗同気相求む。光ある物は光ある物を友とす。一つ穴の狢。簑のそばへ笠が寄る。〖中世〗似るを友。

類をもって悪い者がー・る 《句》臭い物に蠅がたかる。〖近代〗鬼の女房に鬼神がなる。蛇の道は蛇。低くぼき所に水溜まる。き所に水たまる。

あつ・める【集】 〖近代〗コレクト(collect)。しふがふ[集合]。しゅうがふ[聚合]。ちょうぼ[徴募]。〖近世〗さいしふ[採集]。さいしゅう[採聚]。すぶ[すべる][統]。まつぶ[まつべる][集／纏]。〖中古〗かきよす[ーよせる][搔寄]。たむ[ためる][溜]。とりあつむ[ーあつめる][取集]。もよほす[催]。〖上代〗あつむ[あつめる][集]。しうしふ[収集／蒐集]。たくはふ[ーわえる][貯／蓄]。つかぬ[つかねる][束]。つどふ[集]。つむ[集]。とる[取／採／捕／獲]。

ー・めてきちんとする 〖中古〗そろふ[そろえる][揃]。

―・めて記録する 近世しふろく［集録］。

―・めて自分のものとする 近代しうらん［収攬］。近世しゅうれん［聚斂］。

―・めてためておく 近代しふせき［集積］。しゅうせき［聚積］。近世こじきぶくろ［乞食袋］。上代たむ〔ためる〕［溜／貯］。

―・めて取り戻す 近代くゎいしう［回収］。

―・めて編集する 近世しうしふ［蒐輯］。しふしふ［集輯／緝集］。

―・めてまとめる しゅうやく［集約］。とりまとめる［取纏］。中世しふたいせい［集大成］。中古ひきまとふ［引纏］。

―・めることと散らすこと 中古しふさん［集散］。しゅうさん［聚散］。

急いで―・める 中古かりあつむ〔―あつめる〕［駆集］。

一か所に―・める 近代しふけつ［集結］。しふちゅう［集中］。しふちゅう［集注］。そうせい［湊成］。中古そろふ〔そろえる〕［揃］。上代よす〔よせる〕［寄］。

金を―・める 近代しふきん［集金］。

記事などを―・める 近代しゅざい［取材］。

すべてを―・める 近世まうら［網羅］。中世そうしふ［総集／湊集］。中古こぞる［挙］。そろふ〔そろえる〕［揃］。とりあつむ〔―あつめる〕［取集］。

人を呼び―・める 近代きうがふ［糾合／鳩合］。こしふ［呼集］。せうしふ［召集］。どうゐん［動員］。近世かほよせ［顔寄］。くゎいしふ［会集］。ぼしふ［募集］。中古かりもよほす［駆催］。せうしふ［招集］。

類に従って―・める 近世るいじゅ／るいじゅう［類従］。中世るいしふ［類集］。

あつら・える【誂】 はっちゅう［発注］。近代オーダーメード（和製order made）。ようめい［用命］。中古あつらゆ［誂］。ちゅうもん［注文／註文］。上代あつらふ〔あつらえる〕［誂］。あとらふ［誂］。たのむ［頼］。

あつりょく【圧力】 おし［押］。プレッシャー（pressure）。近代あつ［圧］。あっす［圧］。あつりょく［圧力］。近世あっぱく［圧迫］。おもみ［重］。せいあつ［制圧］。中世ゐりょく［威力］。

―に耐えること たいあつ［耐圧］。

―の単位（例） バール（bar）。ヘクトパスカル（hectopascal）。ミリバール（millibar）。

―の低いこと ていあつ［低圧］。

―を加えること かあつ［加圧］。プッシュ（push）。近代あつにふ［圧入］。

―を下げること げんあつ［減圧］。

高い― 近代かうあつ［高圧］。ぢゅうあつ［重圧］。

▼計器 えきたいあつりょくけい［液体圧力計］。えきちゅうけい［液柱計］。マノメーター（manometer）。

あつれき【軋轢】 きんちょう［緊張］。まさつ［摩擦］。近代あつれき［軋轢］。近世きしみ［軋］。たいりつ［対立］。中世ふわ［不和］。上代あらそひ［争］。

あて【当】 近代かはざんよう［皮算用］。近世きたい［期待］。けんたう［見当］。こころだのみ［心頼］。みこみ［見込］。めあて［目当］。中世あて［当］。中古たよてがかり［手掛］。たより［頼］。上代たのみ［頼］。

―がない 近世むへんほふかい［無辺法界］。中古あはあはし［淡淡］。たのみなし［頼無］。上代ゆくへなし［行方無］。

―がないことを待つたとえ《句》百年河清を俟（ま）つ。

―が外れること →あてはずれ

―にさせる 中古たのめ［頼］。上代たのむ［頼］。

―にする あてこむ［当込］。近世あてはむ〔―はめる〕［当嵌］。みこむ［見込］。中古かたかく［片掛］。上代おもひたのむ［思頼］。たのむ［頼］。

―にならない 近代てうれいぼかい［朝令暮改］。中世あとなし［跡無］。うろん［胡乱］。こくう［虚空］。中古あやふし［危］。たよりなし［頼無］。はかなし［儚／果無］。《句》近代能書の読めぬ所に効き目あり。売薬の効能書。

―にならない人 近世かざふきがらす［風吹烏］。

―のない頼み 近世そらだのみ／そらだのめ［空頼］。紺屋（こうや）の明後日（みやうごにち）。中古あいなだのみ［頼］。

―もなく出かける（さま） ひょうひょう［飄飄］。ふらふら。ふらり。近代へうらう［漂浪］。近世いうかう［遊行］。うかれたつ［浮立］。へうりう［漂流］。瓢箪の川流れ。中世うかれでる［浮出］。中古すずろ［漫］。すずろありき［漫歩］。らうらう［浪浪］。るらう［流浪］。いづこともなく。ただよふ［漂］。上代さまよふ［彷徨／徘徊］。→さまよ・う

他人を―にする 近代たにんまかせ［他人任］。近世あまゆ〔あまえる〕［甘］。ひとだのみ［人頼］。

あてが・う【宛】 中世あつ〔あてる〕［当］。中古

あておこなふ[宛行]。あてがふ[宛]。→わりあ・てる

あてこすり【当擦】 近代 アイロニー(irony)。いやみ[嫌]。近世 あてつけ[当付]。いやがらせ[嫌]。あてこすり[当擦]。あてこと[当言]。かべそしょう[壁訴訟]。こする[擦]。つらうち[面打]。ねすりごと[言]。ねする。ひにく[皮肉]。みみこすり[耳擦]。言葉の針。中世 つらあて[面当]。ふうし[諷刺]。

あてさき【宛先】 →**あてな**

あてじ【当字】 近代 かりじ[借字]。近世 せわじ[世話字]。中世 あてじ[当字]。

あてずいりょう【当推量】 近代 しまおくそく[揣摩憶測/揣摩臆測]。やまかん[山勘]。暗闇の鉄砲。近世 あてずいりゃう[当推量]。しま[揣摩]。すいあて[推当]。ちゅうづもり[中積]。中世 おしごと[推言]。中古 おしあて[押当]。こころあて[心当]。

あてな【宛名】 おくりさき[送先]。じゅうしょ[住所]。そうふさき[送付先]。近代 あて[宛]。あてさき[宛先]。アドレス(address)。とどけさき[届先]。近世 あてどころ[宛所/当所]。あてな[宛名/当名]。なあて[名宛]。中古 あげどころ[上所]。

あてはずれ【当外】 きたいはずれ[期待外]。近代 あてはづれ[当外]。ごさん[誤算]。よさうぐゎい[予想外]。ゐさん[違算]。近世 すか。すかたん。すこたん。すまた。すや[素矢]。はまり[塡/嵌]。みこみちがひ[見込違]。中世 ぐりはま。

《句》近代 頼みがたきは人心。頼みの綱も切れはてる。近世 顎(あご)が食ひ違ふ。三五の十八。素矢を食ふ。中世 頼む木の下に雨漏る。

あてはま・る【当嵌】 近代 あてはまる[当嵌]。いんたう[允当]。がいせつ[剴切]。がいたう[該当]。そくす[即]。だたう[妥当]。近世 てきおう[適応]。てきがふ[適合]。てきせつ[適切]。中世 てきす[適]。はまる[嵌/塡]。中古 さうたう[相当]。上代 かなふ[適/叶]。

―・るさま 近世 ぴったり。

―・る例 近代 かうれい[好例]。近世 てきれい[適例]。

すべてに―・る 近代 きょうつう[共通]。中古 いっぱん[一般]。ふへん[普遍]。

あては・める【当嵌】 近代 あてはめる[当嵌]。じゅうたう[充当]。てきがふ[適合]。てきよう[適用]。ひきなほす[引直]。近世 ひきあつ[―あてる][引当]。中世 じゅんよう[準用]。中古 かなふ[かなえる][叶/適]。上代 ぎす[擬]。

あでやか【艶】 近代 いろっぽい[色]。近世 あでやか[艶]。びらしゃら。中世 けん[妍]。せんけん/せんげん[嬋娟/嬋妍]。たんれい[端麗]。中古 あてやか[貴]。えん[艶]。せいえん[清艶]。せいゑん[清婉]。つややか[艶]。なまめかし[艶]。にほひやか[匂]。上代 はなやか[華]。

―・で美しい姿(女性の) あですがた[艶姿]。近代 けんれい[娟麗/妍麗]。近世 えんび[艶美]。えんよう[艶容]。中世 えんえん[艶艶]。えんし[艶姿]。中古 いうえん[幽艶]。いうゑん[幽婉]。いろか[色香]。えうえん[妖艶]。えんしょく[艶色]。えんれい[艶麗]。けんし[妍姿]。せんえん[嬋娟/嬋妍]。つやつや[艶艶]。のうえん[濃艶]。

―・な女 近世 つやをんな[艶女]。中世 えんぢょ[艶女]。

―・にっこり笑うさま 近代 えんせう[艶笑]。近世 えんぜん[嫣然/艶然]。

―・に振る舞う 中古 えんだつ[艶立]。

あ・てる【当】 近代 ぶちつける/ぶっつける[打付]。ぶつける。中古 あつ[あてる][当]。あてがふ[宛/充]。うちあつ[―あてる][打当]。おしあつ[―あてる][押当]。

―・てるところ 中世 あてど[当所]。

籤(じく)などを―・てる 中古 ひきあつ[―あてる][引当]。

人や金などを―・てる 近代 じゅうたう[充当]。

あと【後】 のち[後]。近世 のちかた[後方]。中古 あと[後]。しり[後/尻]。上代 ゆり[後]。

《枕》上代 さなかづら/さぬかづら/さねかづら[実葛][⇩のちもあはむ]。さゆりばな[小百合花][⇩後(ゆり)]。はふくずの[這葛][⇩のちもあはむ]。

―から出てくること こうはつ[後発]。中古 のちおひ[後生]。

―からの人 近代 こうしゃ[後者]。中世 こうはい[後輩]。ござ[後座]。中古 のちおひ[後生]。上代 こうしん[後進]。こうせい[後生]。

―に下がること 体(いた)を引く。近世 たいかう[退行]。→**あとずさり** →**あともどり**

―に続くこと 近代 こうぞく[後続]。近世 ぞくぞく[続続]。中古 したがふ[従]。すがひすがひ[次次]。上代 しきりに[頻]。

―に続くものがない たんぱつ[単発]。

―になること おそい[遅]。近代おくれ[遅]。

―に残る思い 近代こういう[後憂]。こうこ[後顧]。

―のこと 近代いご[以後/已後]。こうしゃ[後者]。中世いか[以下/已下]。こうじ[後事]。中古いかう[以降/已降]。

―を追う 近代ついかう[追行]。ついせき[追跡]。ついび[追尾]。びかう[尾行]。跡をつける。近世つけねらふ[付狙]。つけまはす[付回]。中世じゅんず[殉]。あとを追ふ。中古つく[つける][付]。

あと【跡】 ざんこん[残痕]。近代こんせき[痕跡]。中世あとかた[跡形]。近世しょうせき[蹤跡/蹤迹]。中世そうせき[踪跡]。そくせき[足跡]。じせき[事跡]。中古かた/かたち[形]。けいせき[形跡]。しょうせき/しょうぜき[証跡/証蹟]。上代あと[跡]。となごり[名残/余波]。

《枕》中古はまちどり[浜千鳥]。

―が付く 近世いんす/いんず[印]。

―が残らない 中世こうさう[鴻爪]。雪泥(せつでい)の鴻爪(こうさう)。中古あとはかなし。たうぜん[蕩然]。なごりなし[名残無]。上代あとなし[跡無]。

―を追うこと 近代しょうせき[蹤跡]。

―を継ぐこと 近世ねつぎ[根継/根接]。↓あとつぎ

―を残す 近世いんす/いんず[印]。中古とむ[とめる][止/留]。

通った― きせき[軌跡]。こうせき[航跡]。中世わだち[轍]。中古じんせき[人跡/人迹]。

犯罪の― はんせき[犯跡]。中世ざいせき[罪跡]。しょうきょ[証拠]。上代しょうこ[証拠]。

被害の― 近代さうこん/つめあと[爪痕]。だんこん[弾痕]。中世やけあと[焼跡]。

負傷の― 近代けっこん[血痕]。さうこん[瘡痕/創痕]。しゃうこん[傷痕]。きずあと[傷痕/疵痕]。近世かたなきず[刀疵/刀傷]。はがた[歯形]。中古たうこん[刀痕]。

あとがき【後書】 近代しきご[識語]。近世おくしょ[奥書]。こうじょ[後序]。ばつご[跋語]。ばつぶん[跋文]。中世おくがき[奥書]。こうき[後記]。だいばつ[題跋]。ばつ[跋]。

あとかた【跡形】 →あと【跡】

あとかたづけ【後片付】 じごしょり[事後処理]。じごそち[事後措置]。近代あとかたづけ[後片付]。あとしまつ[後始末]。あとしまひ[後仕舞]。しりぬぐひ[尻拭]。尻を拭ふ。近世しらち[為埒/仕埒]。しりしまひ[仕舞]。中世しまひ[仕舞]。

―の手段 近代ぜんごさく[善後策]。

―をしないこと 近世ふしまつ[不始末]。

―を迫る 近代尻を持ち込む。

あとくされ【後腐】 近世あとくされ[後腐]。中世こうなん/ごなん[後難]。るい[累]。

あどけな・い 近代むじゃき[無邪気]。近世あだなし。あどけなし。ぐゎんぜない[頑是無]。中世あどなし。しどもなし。中古いときなし/いとけなし[幼/稚]。いはく[稚]。いはけなし[稚]。ここし[子子]。こめかし/こめく[子]。わかし[若]。をさなし[幼]。

―・く見える 中古こめく[子]。わらはぐ[童]。をさなぶ[幼]。

あとさき【後先】 中世あとさき[後先]。せんご/せんこう[先後]。中古こうせん[後先]。しりくち[後口]。しりさき[後前]。上代じゅんじょ[順序]。

―の状況 中古ぜんご[前後]。

―を考えない行動 近代むやみやたら[無闇矢鱈]。近世むやみ[無闇]。中古むふんべつ[無分別]。

あとざん【後産】 こうざん[後産]。近世あとざん/のちざん[後産]。中世いや[胞衣]。上代えな[胞衣]。

あとしまつ【後始末】 →あとかたづけ

あとずさり【後退】 こうたい[後退]。近代うしろさがり[後下]。きゃくかう[却行]。たいかう[退行]。近世あとじさり/あとずさり/あとびさり[後退]。あともどり[後戻]。うしろあゆみ[後歩]。しりさがり[尻下]。中世しりごみ[後込]。→あともどり

―・する 近世あとじさる[後退]。中世しさる/しざる[退]。中古しぞく[退]。後足(しりあし)を踏む。上代しりぞく[退]。

あとつぎ【跡継】 近代けいしょうしゃ[継承者]。こうけいしゃ[後継者]。せいちゃく[世嫡]。近世あととり[跡取]。あとめ[跡目]。いへつぎ[家継]。かかりご[掛子]。かかりむすこ[掛息子]。こうし[後嗣]。さうぞくにん[相続人]。じんろく[甚六]。ねつぎ[根継]。しし[嗣子]。みゃうせき[名跡]。よとり[世取]。中世あとつぎ[跡継/後継]。かとく[家督]。そうりゃう[総領/惣領]。つぎ/つぎめ[継目]。よつぎ[世継]。中古するゑ[末]。ちゃくなん[嫡男]。

つぎ[継]。上代いんし[胤子／胤嗣]。けいし[継嗣]。ちゃくし[嫡子]。ちゃくし[嫡嗣]。

ーがない男 近世いちだいをとこ[一代男]。

ーがなく家が絶える 近代ぜっか／ぜっけ[絶家]。

ーの争い 近世あとしきさうろん[跡式争論]。

ーの位(皇太子) 中古ちょし[儲嗣]。ちょゐ[儲位]。とうぐう[東宮／春宮]。まうけのきみ[儲君]。→**こうたいし**

ーの権利をなくすこと 近代はいちゃく[廃嫡]。

ーの子 中世かちゃく／けちゃく[家嫡]。中古ちうし[冑子]。上代ちゃうし[長子]。ちゃくし[嫡子]。

ーの孫 上代ちゃくそん[嫡孫]。

諸侯のー 近世せいし[世嗣／世子]。

本家のー 中世そうしゅ[宗主]。

▼跡目 あと[跡]。近世かとく[家督]。中世あとしき[跡式／跡職]。かめい[家名]。

▼家督を継ぐ 近世いへつぎ[家継]。よとり[世取]。おそふ[襲]。中世よつぎ[世継]。中古さうぞく[相続]。

▼皇位を継ぐこと 中古けいたい[継体]。

▼先代の名跡を継ぐ 近世しふめい[襲名]。

あととり【跡取】 →**あとつぎ**

アドバイス(advice) かんこく[勧告]。ちゅうい[注意]。近代アドバイス。近世じょげん[助言]。ちゅうこく[忠告]。中世くげん[苦言]。

ー・する人 カウンセラー(counselor)。コンサルタント(consultant)。じょげんしゃ[助言者]。そうだんあいて[相談相手]。近代アドバイザー(adviser)。こもん[顧問]。ちゅうこくしゃ[忠告者]。

あとまわし【後回】 近代あとまはし[後回]。近世ずらす。にのつぎ[二次]。上代のこす[残]。

あともどり【後戻】 こうたい[後退]。近代きゃくかう[却行]。きゃくたい[却退]。たいかう[退行]。近世あともどり[後戻]。踵(きびす)を返す。中世こもどり[小戻]。たいほ[退歩]。踵を回(めぐ)らす。中古さらがへる[更返]。たいきゃく[退却]。たいてん[退転]。→**あとずさり**

アトリエ(フランス atelier) 近代アトリエ。ぐゎしつ[画室]。ぐゎばう[画房]。こうばう[工房]。スタジオ(studio)。

あな【穴】 あなぼこ[穴]。近代がん[眼]。けつげき[穴隙]。どうくつ[洞窟]。ホール(hole)。近世くけつ／こうけつ[孔穴]。たてあな[縦穴]。どうけつ[洞穴]。ほらあな[洞穴]。よこあな[横穴]。中古うつほ／うつぼ[空]。うつろ[虚／空]。かん[坎]。けっしょ[欠所／闕所]。ほら[洞]。上代あな[穴]。

ーがあく せんこう[穿孔]。近世ゑぐる[えぐれる][抉]。中世うげのく[穿除]。かけうぐ[欠穿]。ほぐ[ほげる]。ほる[ほれる][掘]。中古あく[空／明]。うぐ[穿]。

ーがぽっかりあいたさま 中世とうぜん／どうぜん[洞然]。

ーぐら ごうしゃ[壕舎]。たいひごう[待避壕]。ぼうくうごう[防空壕]。近世ちかう[地窖]。中古つちむろ[土室]。

ーに隠れる 中世ちっす[蟄]。

ーの生活 中世けっきょ[穴居]。近代さんこう[鑽孔]。

ーをあける せんさく[穿鑿]。パンチ(punch)。ぶっこぬく[打抜]。ボーリング(boring)。近世ゑぐる[抉／剔／刳]。中世くりぬく[刳抜]。ほがす。中古あく[あける][空／開／明]。うちぬく[打抜]。上代うかつ／うがつ[穿]。ぬく[抜]。

ーをあける道具(機械) パンチ(punch)。ボーリングマシン(boring machine)。近代さくがんき[鑿岩機]。上代きり[錐]。

ーをふさぐ 中古ふたぐ[塞]。

ーを掘るようにする 近世かっぽじる。ほじくる[穿]。ほじる[穿]。中世くる[刳]。

岩壁にあるー 近世いしむろ[石室]。中世いはあな[岩穴]。中古がんくつ[岩窟／巌窟]。がんけつ[岩穴／巌穴]。上代いはむろ[岩室]。いはや[石屋／岩屋／磐屋]。

錐(きり)でーをあけること 中世きりもみ[錐揉]。

暗いー 中世あんけつ[暗穴]。

通風や換気のためのー かんきこう[換気口]。近代かざぬき[風抜]。近世いきだし[息出]。かざあな[風穴]。

ねじを受け入れるねじー 近代ねぢあな[螺子穴／螺旋穴]。めねぢ[雌螺子／雌捩子]。

人や哺乳動物にあるー 近世きうけう[九竅]。きうけつ[九穴]。中世しちけう[七竅]。しちけつ[七穴]。中古けあな[毛穴／毛孔]。

塀などの犬の出入りするー 近世いぬくぐり[犬潜]。

その他ーのいろいろ(例) アイレット(eyelet)。ありあな[蟻穴]。ピンホール(pin-

hole)。近代トンネル(tunnel)。マンホール(manhole)。やれあな[破穴]。近世すひこみ[吸込]。ぬけあな[抜穴]。はとめ[鳩目]。はりあな[針穴]。ふしあな[節穴]。中世のぞきあな[覗穴]。やざま[矢狭間]。やま[矢間]。上代かぎあな[鍵穴]。

あながち【強】 近代がういん[強引]。近世けっして[決]。まんざら[満更]。むやみ[無闇／無暗]。むりやり[無理矢理]。中世いちがいに[一概]。かならずしも[必]。上代あながち[強]。

あなぐま【穴熊】 近代あなくま／あなぐま[穴熊]。近世ささぐま[笹熊]。中世まみ[猯]。まみだぬき。上代むじな／もじな[狢／貉]。

あなた【貴方】 近代ごけい[吾兄]。ユー(you)。わい[私]。近世あがみ／わがみ[我身]。あのこ[彼子]。ありさま／わりさま[我様]。あなた／あんた[貴方]。おたく[御宅]。おまい／おまへ[御前]。おみ[御身]。おめえ／おめえっち。きこう[貴公]。きさま[貴様]。きしょ[貴所]。こう[公]。ごし[吾子]。こちのひと[此方人]。こなさま[此方様]。こなさん／こなはん[此方]。こなひと[此人]。こなん。ごぶん[御分]。これ[此／是]。これさま[此様]。こんた[此方]。さま[様]。せうし[小子]。そこもと[其処許]。そさま[其様]。そざま[其様]。そちら[其方]。そっか[足下]。そなたさま[其方様]。そのもと[其許]。そもじ[其文字]。それ[其]。それさま[其様]。てきさん[敵様／的様]。てめえ[手前]。なんぢ[汝]。にし[主]。のし[主]。わがたう[我党]。わごれ。わぢゃう[我丈／和丈]。わもじ[和文字]。われら[我等]。わろ[和郎]。中世あれに。うれ。おこと[御事]。おてまへ[御手前]。おのし[御主]。おのれ[己]。おんみ[御身]。こちのひと[此方人]。ごぶん[御分]。ごへん[御辺]。これ[此]。しゃ[汝]。そち[其方]。そなた[其方]。そのはう[其方]。やおれ。わがみ[我身]。わごぜ[我御前]。わごりょ／わごれう[我御寮／和御寮]。わせんじゃう[我先生／吾先生]。わたう[我党／吾党]。わぬし[吾主]。わひと[吾人]。われさま[我様]。わをとこ[我男／吾男]。中古あがきみ[吾君]。あがほとけ[吾仏]。あなた[貴方]。あれ[彼]。おぬし[御主]。おまへ[御前]。おんこと[御事]。かふか[閤下]。かれ[彼]。きでん[貴殿]。きむぢ／きんぢ[君]。くそ。そこ[其処]。ぬし[主]。ふうし[夫子]。まうと／まひと[真人]。みまし[汝]。みもと[御許]。わおもと／わがおもと[我御許]。わがぬし[吾主]。わぎみ[吾君／我君]。わどの[吾殿]。わみこと[我尊／吾尊]。上代あぎ／あぎみ[吾君]。あこ[吾子]。い／いまし[汝]。おれ[己／爾]。きみ[君]。し[汝／其]。な[汝]。なね[汝]。なひと／なびと[汝人]。なむぢ／なんち[汝]。なれ[汝]。まし[汝]。わけ[戯奴]。

▼子供に対して 中世あこまる[阿子丸]。あこめ[吾子女]。

▼女性に対して 中世わごぜ[吾御前]。わごぢょ[我御女]。わじゃうらふ[我上臈／我上臘]。わぢょ[和女]。わぢょらう[我女郎]。上代こ[子／児]。なにも[汝妹]。わぎも[我妹／吾妹]。わぎもこ[我妹子／吾妹子]。

▼男性に対して 近世そんけい[尊兄]。中世そんこう[尊公]。たいけい[大兄]。上代あぎ[吾君]。あせ[吾兄]。あそ。なせ[汝兄]。

▼老人に対して 近代わらう[吾老]。

▼敬った言い方 近世おたく[御宅]。おてまへ[御手前]。おまはん／おまへさま／おまへさん／おめえさま／おめえさん[御前様]。おみさま[御身様]。きか[貴家]。きけい[貴兄]。ごじぶん／ごじぶんさま[御自分様]。こなたさま[此方様]。じんけい[仁兄]。中世おんあたり[御辺]。おんかた[御方]。おうち／みうち[御内／御家]。きしょ[貴所]。きでん[貴殿]。きはう[貴方]。きへん[貴辺]。こなた[此方]。中古おまへ[御前]。おんこと[御事]。おんみ[御身]。ぬし[主]。わがきみ[我君]。上代あがぬし[吾主]。おほぬし[大主]。

▼貴人に対する敬った言い方 近代きゃう[卿]。近世きみさま[君様]。

▼女性に対する敬った言い方 近代きし[貴姉]。きぢゃう[貴嬢]。きぢょ[貴女]。中世ごぜ／ごぜん[御前]。中古おもと[御許]。わおもと[我御許]。

▼臣下の主に対する敬った言い方 中古あがきみ[吾君]。

▼僧に対する敬った言い方 中世きそう[貴僧]。わそう[我僧／吾僧]。わにふだう[吾入道]。わほふし[吾法師]。中古わごばう[我御房]。わゐん[和院]。

▼男性に対する敬った言い方 近世おかたさ

ま[御方様]。おのさま／おのさん[己]。かたさま[方様]。きぢゃう[貴丈]。こなはん[此方]。こなん。とのご[殿御]。中世 との[殿]。ぬし[主]。中古 せうと[兄人]。上代 あせ[吾兄]。せこ[背子／兄子]。わがせこ[我背子]。

▼老人に対する敬った言い方 近世 きらう[貴老]。

▼手紙文の中での敬った言い方 近代 かうだい[高台]。きだい[貴台]。けんけい[賢兄]。けんだい[賢台]。そんだい[尊台]。けいそんだう[尊堂]。近世 きくん[貴君]。たいけい[大兄]。中世 きしょ[貴所]。中古 きか[貴下]。

▼ののしり卑しめる語 近世 うな／うぬ／うぬら[汝等]。おのれ[己]。おのればら[己儕]。われ[我／吾]。中世 おどれ[己]。おのれめ／おのれら／おれら[己]。しゃ。わせんじゃう[和先生]。わぞく[和俗]。わたう[和党／我党]。わひとども[吾人]。わをんな[和女]。中古 くやつ[此奴]。上代 い[汝]。おれ[己／爾]。

▼僧に対して卑しめる言い方 中世 わそう[我僧／吾僧]。わにふだう[和入道]。わばうず[和坊主]。わほふし[和法師]。

▼複数の人に呼び掛ける語 おまえたち[御前達]。きみたち[君達]。みなさま[皆様]。近代 きみがた[君方]。こうら[公等]。近世 いづれも。おのおのがた[各各方]。おまへがた[御前方]。こなたがた[此方方]。こんたしゅう[此方衆]。そちたち[其方達]。そちとら[其方等]。そなたしゅう[其方衆]。わいら[汝等]。われら[我等]。われわれ[我我]。中世 おのおの[各各]。おのら[己等]。おのれら[己等]。そちしゅう[其方衆]。なんだち[汝等]。ものども[者共]。中古 かたがた[方方]。なむだち[汝等]。

あなど・る【侮】 ひとのみ[一呑]。ばかにする。近代 けいし[軽視]。しのぐ[凌]。ぶべつ[侮蔑]。近世 けいぶ[軽侮]。たかぐくり[高括]。ぶまん[侮慢]。べっし[蔑視]。みくびる[見縊]。みこなす[見]。みたつ〔―たてる〕[見立]。みたふす[見倒]。やすんず[安]。虚仮にす。虚仮に踏む。虚仮に回す。高を括る。高を積もる。中世 あざむく[欺]。あなづり[侮]。かろんず[軽]。きゃうまん[軽慢]。こっしょ[忽諸]。さぐ〔さげる〕[下]。さげすむ[蔑／貶]。なみす[蔑／無]。なむ〔なめる〕[舐／無礼]。ひとあなづり[人侮]。まんず[慢]。みおとす[見貶]。中古 あさぶ／あさむ[浅]。あなづる／あなどる[侮]。あはむ[淡]。いやしむ[卑]。おとしむ〔―しめる〕[貶]。おとす[落]。おもひあなづる[思侮]。おもひおとす[思落]。おもひくたす[思腐]。おもひくだす[思下]。おもひけつ[思消]。かるむ／かろしむ／かろむ[軽]。さみす[狭]。しのぐ[凌]。みくだす[見下]。りょうぶ[凌侮／陵侮]。ろうず[弄]。ないがしろにす。上代 けいべつ[軽蔑]。中古 そしる[誹／謗／譏]。

―って言う 近世 ぶげん[侮言]。

―りがたい 近世 隅に置けぬ。中世 こころにくし[心憎]。中古 あなづらはし[侮]。《句》近代 小さくとも針は呑まれぬ。近世 山椒は小粒でもぴりりと辛い。中世 餓鬼も人数。

―り罵ること 近代 まんば[慢罵]。

―るさま 中古 あなづらはし[侮]。

表面は丁寧で―った姿勢 近世 いんぎんぶれい[慇懃無礼]。

あに【兄】 近代 あにい[兄]。近世 あにき[兄貴]。けい[兄]。中古 あけい[阿兄]。あに[兄]。かみつえ／かみつえだ[上枝]。このかみ[兄]。せうと[兄人]。上代 いろえ。いろせ。いろね。え[兄]。

《尊》近代 おにいさん[兄]。にいさん[兄]。れいけい[令兄]。近世 あにうへ[兄上]。中世 あにごぜ[兄御前]。あにぢゃひと[兄人]。中古 あにぎみ[兄君]。

《謙》近世 かきゃう[家兄]。中世 かけい[家兄]。中古 ぐけい[愚兄]。

―と妹 近世 けいまい[兄妹]。中古 いもせ[妹背／妹兄]。

―と弟 中世 けいてい[兄弟]。上代 きゃうだい[兄弟]。はくしゅく[伯叔]。

―の妻 近代 ぎし[義姉]。中古 おほよめ[大嫁]。

相手の―(敬った言い方) 近代 おにいさん[兄]。けんけい[賢兄]。そんけい[尊兄]。たいけい[大兄]。にいさま[兄様]。れいけい[令兄]。近世 あにうへ[兄上]。あにさん[兄]。あにぢゃ[兄]。中世 あにご[兄御]。あにごぜ[兄御前]。あにぢゃひと[兄人]。中古 あにぎみ[兄君]。

一番上の― 中世 たいけい[大兄]。はくけい[伯兄]。はくし[伯氏]。中古 このかみ[兄]。ちゃうけい[長兄]。上代 え[兄]。おほえ[大兄]。おひね[大兄]。

あ

実のー 近代じっけい[実兄]。近世しんきゃう[新兄]。中世しゃきゃう/しゃけい[舎兄]。

年取ったー 中世らうけい[老兄]。

亡くなったー 近世ばうけい[亡兄]。

二番目のー 近代じけい[次兄]。近世ちゅうけい[仲兄]。

腹違いのー 中古ままあに[継兄/庶兄]。上代まませ[継兄]。

妾の子のー 中古しょけい[庶兄]。

▼女性が男兄弟を呼ぶ語 近世せな[夫/兄]。中古せうと[兄人]。上代せなな[夫]。

あね【姉】 近世あねぢゃ[姉]。あねぢゃひと[姉人]。近世せなぢょ[姉女]。中古あね[姉]。あねおもと[姉御許]。いもうと[妹]。かみつえ/かみつえだ[上枝]。このかみ[兄]。上代いろえ。いろね。いろも。え[兄]。

《尊》近世あねご[姉御前]。あねぢゃひと[姉人]。中世あねごぜ[姉御前]。たいし[大姉]。中古おほいぎみ[大君]。おほいこ[大子]。おほひめ[大姫]。おほひめぎみ[大姫君]。おほひめごぜん[大姫御前]。

《謙》中古ぐし[愚姉]。

ーと弟 中古いもせ[妹背]。

相手のー(敬った言い方) あねさま/あねさん/ねえさま[姉様]。おねえさん[姉]。近代きし[貴姉]。けんし[賢姉]。そんし[尊姉]。れいし[令姉]。近世あねご[姉御前]。あねぢゃひと[姉人]。中世あねごぜ[姉御前]。たいし[大姉]。中古あねぎみ[姉君]。おほいぎみ[大君]。おほいこ[大子]。おほひめ[大姫]。おほひめぎみ[大姫君]。おほひめごぜん[大姫御前]。

一番上のー 近代ちゃうし[長姉]。中古おほあね[大姉]。上代え[兄]。えひめ[兄姫]。

義理のー 近代ぎし[義姉]。

実のー 近代じっし[実姉]。

亡くなったー 近世ばうし[亡姉]。

▼姉さん女房 近代かへるにょうぼう[蛙女房]。近世かはづにょうばう[蛙女房]。

あの【彼】 れいの[例]。中古あの[彼]。上代かの[彼]。

ーこと 近代あれやこれや[彼此]。中世けんけん[件件]。中古かれこれ[彼此]。

ー程度 近世あれっきり。中世あれてい[彼体]。さばかり[然許]。

ー人 近代あちら[彼方]。かれし[彼氏]。そやつ[其奴]。近世あなた[貴方]。あのさん。おまへ[御前](敬う言い方)。ぬし[主]。中古あたり/わたり[辺]。かれ[彼]。

あのよ【彼世】 近代いうめいかい[幽冥界]。ハデス(ギリシャ Hadēs)。めいかい[冥界]。れいかい[霊界]。近世かくりよ[隠世]。さいたらばたけ[才太郎畑]。ちか[地下]。ちふ[地府]。ひしょ[秘所]。またのよ[又世]。中世いうかい[幽界]。がき/がきだう[餓鬼道]。きうげん[九原]。きうせん[九泉]。くさのかげ/くさばのかげ[草葉陰]。くゎうじゃう[黄壌]。くゎうせん[黄泉]。こけのした[苔下]。ごしゃう[後生]。ごせ/のちのよ[後世]。このよのほか[世外]。さんづのやみ[三途闇]。じゃくくゎうど[寂光土]。たかい[他界]。たしゃう[他生]。ぶつど[仏土]。まつだい[末代]。みゃうかい[冥界]。めいふ[冥府]。めいろ[冥路]。やみぢ[闇路]。よみぢ[黄泉]。よみのくに[黄泉国]。帰らぬ宿。十王の庁。知らぬ世。中古あのよ[彼世]。あらぬよ[有世]。うしろ[後]。かのよ[彼世]。くらきみち[冥土]。こむよ[来世]。さきのよ[先世]。じゃうど[浄土]。たうう[当有]。たうらい[当来]。ちゃうや/ぢゃうや[長夜]。ぶっかい[仏界]。みゃうだう/めいだう[冥道]。みらい[未来]。みらいせ[未来世]。めいど[冥土]。ゆくすゑ[行末]。らいせ[来世]。黄なる泉。上代いうみゃう/いうめい[幽冥]。おきつくに[沖国]。かたすくに[堅洲国]。しししくしろ[肉串]。したつくに[下国]。したへ[下辺]。しほひのやま[潮干山]。せんか[泉下]。せんかい[泉界]。せんもん[泉門]。とこつくに[常国]。とこよのくに[常世国]。とほつくに[遠国]。ねのかたすくに[根堅洲国]。ねのくに[根国]。まかりぢ[罷路]。よみ[黄泉]。よみど[黄泉門]。よもつくに[黄泉国]。

ーとこの世 近代いうめい[幽明]。中世みゃうげん[冥顕]。

ーに居る鬼 近代めいき[冥鬼]。

ーの山 中世しでのやま[死出山]。しでのやまぢ[死出山路]。

ーへの入り口 上代よみど[黄泉門]。

ーへの旅(道) 中世つひのみち[終道]。やみぢ[闇路]。中古かぎりのたび[限旅]。ちゅううのたび[中有旅]。よみぢ[黄泉/黄泉路]。わかれぢ[別路]。

▼三途の川 近世さうづがは[三途川/葬頭川]。さんづがは[三途川]。中世さんづ[三途]。わかれぢのふちせ[別途淵瀬]。中古みつせがは[三瀬川]。わたりがは[渡川]。

あば・く【暴】 こくはつ[告発]。てきしゅつ[剔

出］。ばらす。近代あらひたてる［洗立］。てきけつ／てっけつ［剔抉］。てきし［摘示］。てきしゅつ［摘出］。ばくろ［暴露］。ほじくる［穿］。面皮を剝ぐ。近世うがつ［穿］。さらけだす［出］。すっぱぬく［素破抜］。てきはつ［摘発］。穴を穿(がう)つ。面の皮を剝ぐ。上代あばく［暴／発］。

他人の欠点を追求し―・くこと《句》 中古毛を吹いて疵を求む。

▼社会や人間の裏面を暴き出すもの 近世せうまきゃう［照魔鏡］。

あばた【痘痕】 近代とうこん［痘痕］。近世あばた［痘痕］。いもくし［疱瘡］。じゃんこ。みっち。中世いもがさ［疱瘡］。

―づら とうめん［痘面］。近世じゃんこづら［面］。

薄い― 近世うすいも［薄痘痕］。

あばらぼね【肋骨】 近世ろくこつ［肋骨］。中世あばらぼね［肋骨］。どうぼね［胴骨］。むなすだれ［胸簾］。

―の間 近世ろっかん［肋間］。

あばらや【荒屋】 はいか／はいけ［廃家］。近代はいきょ［廃墟］。近世はいたく［廃宅］。中世あれや［荒屋］。はいをく［廃屋／敗屋］。中古あさぢがやど［浅茅宿］。あさぢふのやど［浅茅生宿］。あばらや［荒屋］。かはらのまつ［瓦松］。そをく［疎屋］。つゆのやど［露宿］。むぐらのかど［葎門］。むぐらのやど［葎宿］。よもぎがやど［蓬宿］。よもぎのかど［蓬門］。→**いえ**

あば・れる【暴】 近代きゃうぼう［狂暴］。きょうぼう［凶暴／兇暴］。ぼうどう［暴動］。ぼうりょく［暴力］。りくりゃう［陸梁］。近世あたける。ぼうかう／ぼうぎゃう［暴行］。らんぼう［乱暴］。中世あばる〔あばれる〕［暴］。らうぜき［狼藉］。中古あらだくるふ［狂］。あらだつ［荒立］。上代あらぶ［荒］。ある〔あれる〕［荒］。たけぶ［猛］。

―・れ馬 近代かんば［悍馬／駻馬］。

―・れ者 近代あばれんばう［暴坊］。らうぜきもの［狼藉者］。中世あらもの［荒者］。

―・れるさま 近世どたどた。どたばた。中古ふたふた。

いらだって―・れる 中古あせる［焦］。

気が狂ったように―・れる 近代あれくるふ［荒狂］。きゃうぼう［狂暴］。

酒に酔って―・れる 中世ゑひくるふ［酔狂］。

刃物を振り回して―・れる 近世はものざんまい［刃物三昧］。

アピール(appeal) 近代アッピール(appeal)。えうせい［要請］。かうぎ［抗議］。カンパニア(ロシア kampaniya)。まうしたて［中立］。近世うりこみ［売込］。中世うったへ［訴］。

あび・せる【浴】 近世ぶっかける。中世あびす〔あびせる〕［浴］。あみす［浴］。かぶす〔かぶせる〕［被］。中古あぶす〔あぶせる〕／あむす［浴］。いかく〔―かける〕［沃懸］。いる［沃］。しかく〔―かける〕［仕掛］。

上から―・せる 中世あたまくだし［頭下］。

あひる【家鴨】 あいがも［間鴨／合鴨］。中世あをくび／あをくびあひる［青首家鴨］。

あ・びる【浴】 近世かぶる［被］。中世よくす［浴］。中古あぶ〔あびる〕［浴］。上代あむ［浴］。あみす／あむす［浴］。

▼水浴び 近代すいよく［水浴］。近世もくよく［沐浴］。中世みそぎ［禊］。

あぶな・い【危】 近代ききいっぱつ［危機一髪］。やばい。近世あぶなっかしい［危］。きうし［九死］。けんのん［剣呑／険難／険呑］。ぶっそ［物騒］。中世あぶなし［危］。きき［危機］。きたい［危殆］。ひあい［非愛］。中古あやふし［危］。き［危］。さがし［険／嶮］。ぶっさう［物騒］。ほとほとし［殆］。上代きけん［危険］。→**きけん**

―・いさま 近代きふきふ［岌岌］。つなわたり［綱渡］。一髪(いっぱつ)千鈞(せんきん)を引く。危ない橋を渡る。虎狼(こらう)の牙。薄氷を履(ふ)む。近世びくびく。ひやひや。鰐(わに)の口。中世燕(つばめ)の幕上(ばくじやう)に巣くふが如し。毒蛇の口。虎の尾を履(ふ)む。焼け野の雉(きぎす)(雉(きじ))。累卵(るいらん)の危うき。中古風前の灯。上代たづたづし。

―・いと思う 上代あやぶむ［危］。

―・いもの きけんぶつ［危険物］。近世あぶなもの［危物］。

―・く すんでのところ。近代九死に一生を得る。近世あやふく［危］。かんいっぱつ［間一髪］。すんでに［既／已］。中世すでに。中古あはや。からうじて［辛］。上代からくも［辛］。

―・くする 中世あやぶむ［危］。中古おびやかす［脅］。

―・くなる 近代危殆(きたい)に瀕(ひん)する。

あぶら【油】 近代ゆし［油脂］。近世しばう［脂肪］。上代あぶら［油／脂／膏］。

―の圧力 ゆあつ［油圧］。

―のしずく ゆてき［油滴］。

―のような性質 ゆじょう［油状］。ゆせい［油性］。

ーのように光っているさま あぶらぎっている。近代ぎたぎた。ゆうゆう［油油］。
ーをしぼること さくゆ［搾油］。近世せむ［せめる］［責］。
ーをしぼる道具 近世せめぎ［責木］。
ーをつくること せいゆ［製油］。
ーを塗ること 近世あぶらひき［脂引］。
髪につけるー かみあぶら［髪油］。近世くろあぶら［黒油］。びんつけ／びんつけあぶら［鬢付油］。
小鼻のー 近世はなあぶら［鼻脂］。
使い古されたー はいゆ［廃油］。
人のーと血液 中世かうけつ［膏血］。
▼機械油・灯火用の油 きかいあぶら［機械油］。じゅんかつゆ［潤滑油］。近代オイル(oil)。近世くぢらあぶら／げいゆ［鯨油］。とぼしあぶら［灯油］。中古とうゆ［灯油］。上代かうゆ［膏油］。くさうづ［臭水］(石油のこと)。
▼原料などとする油 アニスゆ［anise油］。あまにゆ［亜麻仁油］。いわしあぶら／いわしゆ［鰯油］。かせいゆ［花精油］。かんせいゆ［乾性油］。こつゆ［骨油］。とうかゆ［橙油］。
▼食用の油 あげあぶら［揚油］。オイスターソース(oyster sauce)。くろしぼり［黒絞］。しらしぼり［白絞］。近代オリーブゆ［olive油］。サラダオイル(salad oil)。ラード(lard)。中古そゆ［酥油／蘇油］。

あぶらぎく【油菊】 しまかんぎく［島寒菊］。はまかんぎく［浜寒菊］。

あぶらな【油菜】 近代まな［真菜］。近世くきたち／くくたち［茎立］。なたねな［菜種菜］。なのはな［菜花］。中世あぶらな［油菜］。中古うんだい［芸薹／蕓薹］。なたね［菜種］。をち／をちな。上代くきたちな［茎立菜］。
ーの種 近世なたね［菜種］。
ーの花 近世なのはな［菜花］。

あぶ・る【炙】 中世いびる。ひどる［火取］。中古あぶる［炙／焙］。いる［煎／炒］。

あふ・れる【溢】 オーバーフロー(overflow)。近代わういつ［横溢／旺溢］。中世ゐこぼる［居零］。中古こぼる［零］。こぼれいづ［零出］。はんらん［氾濫］。みなぎる［漲］。上代あふる［あふれる］［溢］。あぶる［あぶれる］［溢］。あまる［余］。はふる／はぶる［溢］。
ー・れさせる 中世あます［余］。
ー・れて尽きない 近代しんしん［津津］。近世うなる［唸］。
ー・れる気力 中世よせい［余勢］。
美しさがー・れる 中古にほひいづ［匂出］。
天に達するほどー・れる 中世たうてん［滔天］。
水がー・れる 近代あぶれみづ［溢水］。いっすい［溢水］。近世いつりう［溢流］。

アプローチ(approach) 近代せっきん［接近］。近世きんせつ［近接］。せっしょく［接触］。せまる［迫］。だうにふ［導入］。

あべこべ 近世あっちゃこっちゃ。あべこべ。ありゃこりゃ。はんたい［反対］。もんち［門地］。寺から里へ。中世うらはら［裏腹］。ぎゃく［逆］。中古うらうへ［裏表］。かへさま［返様］。さかさま［逆様］。そむきざま［背様］。ひきかふ［ーかえる］［引替］。上代さかしま［逆］。→**ぎゃく**
《句》近代石が流れて木の葉が沈む。近世土用に布子(ぬのこ)寒(かん)に帷子(かたびら)。
ーに 近世寺から里。中古おしかへし［押返］。

あほう【阿呆】 近代ほうすけ［呆助］。近世あんだら。あんぽんたん［安本丹］。うんのろ。じふのしま［十島］。べらばう［便乱坊］。べらぼう［箆棒］。中世あはう［阿呆／阿房］。ほうけ［惚／耄］。

あほうどり【信天翁】 アルバトロス(albatross)。近世あはうどり［信天翁／阿房鳥］。おきのたいふ［沖太夫］。しんてんをう［信天翁］。とうくらう［藤九郎］。ばかどり［馬鹿鳥］。

あま【海女】 中古はまひめ［浜姫］。上代あま［海女］。あま［海人］。あまをとめ［海女乙女］。かづきめ［潜女］。

あま【尼】 近代にょそう［女僧］。近世あんしゅ／あんじゅ［庵主］。中世あまほふし［尼法師］。おれう［御寮］。に［尼］。にそう［尼僧］。中古をみなかみなが［女髪長］。上代あま［尼］。びく［比丘］。びくに［比丘尼］。
ーになる 中古おろす［下］。さまかはる［様変］。
ーの敬称 近世おれうにん［御寮人］。中世あまごぜ［尼御前］。あまぜ［尼前］。にこう［尼公］。
ーの住居 中古おあん［御庵］。
ーの住む寺 近世をんなでら［女寺］。中世あまでら［尼寺］。びくにでら［比丘尼寺］。上代あまや［尼屋］。
髪を剃(そ)らないー 近世そぎあま［削尼］。中世さげあま［下尼］。
皇族出身のー 中古あまみや［尼宮］。
世俗で生活するー 中古さみに／しゃみに［沙弥尼］。
年老いたー 中世らうに［老尼］。中古おほあ

まぎみ[大尼君]。

あまあい【雨間】 近代 あまやみ[雨止]。近世 あまあひ[雨間]。にはかびより[俄日和]。中古 はれま[晴間]。をやみ[小止]。上代 あまま[雨間]。くもま[雲間]。

あまあし【雨脚】 中古 うきゃく[雨脚]。雨の脚。

―の太い雨 近世 しゃぢく[車軸]。

斜めの― 中世 しゃきゃく[斜脚]。

あま・い【甘】 あまっちょろい[甘]。近代 かんみ[甘]。スイート(sweet)。近世 あまくち[甘口]。あまみ[甘]。中世 てぬるし[手緩]。なまぬるし[生温]。上代 あまし[甘]。

―・い柿 きざがき[柿]。中世 きざはし／こざはし[木醂／木淡]。

―・い口 うまくち[甘口]。中世 かうげんれいしょく[巧言令色]。上代 かうげん[巧言]。

―・いことと にがいこと 中世 かんく[甘苦]。

―・いもの好き 近代 あまたう[甘党]。

―・く感じる(味が) 近世 だるい[怠／懈]。

―・くて味がよいこと 中古 かんび[甘美]。上代 かんろ[甘露]。

―・さ 近世 あまけ[甘気]。あまみ[甘]。中世 かんみ[甘味]。

―・みと辛みの混じった味 あまからい[甘辛]。

―・みと酸っぱい味 近代 あまずっぱい[甘酸]。中世 かんさん[甘酸]。

かすかに―・い 中世 うそあまい[甘]。

あまえ【甘】 いぞんしん[依存心]。近代 あまえ[甘]。いらいしん[依頼心]。

あま・える【甘】 近代 あまったれる[甘]。近世 そばゆ[戯]。ほたゆ[ほたえる]。もたる[もたれる][凭／靠]。中古 あいだる。あまゆ[あまえる][甘]。そばふ[そばえる][戯]。

―・えた声 したたるい[舌]。中世 はなごゑ[鼻声]。

―・えた様子 近世 あまちこい[甘]。あまったるし[甘]。鼻を鳴らす。

―・えてまつわりつく 近代 じゃれつく[戯付]。

―・える子 あまえっこ[甘子]。近代 あまえんぼう[甘坊]。あまったれ[甘]。

―・えること 中古 そばへ[戯]。

あまがえる【雨蛙】 近代 こずゑのかはづ[梢蛙]。つちがも[土鴨]。つゆがへる[梅雨蛙]。近世 あまごひ[雨乞]。あまごひき[雨乞蟇]。あまごひむし[雨乞虫]。えだ(の)かはづ[枝蛙]。中古 あまがへる[雨蛙]。あをがへる[青蛙]。

あまぎ【雨着】 ポンチョ(スペイン poncho)。近代 うい[雨衣]。ばうすいぎ[防水着]。レーンコート(raincoat)。近世 あまガッパ[雨合羽]。あまさうぞく[雨装束]。あまどうぶく[雨胴服]。あまばおり[雨羽織]。あまばかま[雨袴]。カッパ(ポルトガル capa)[合羽]。ばうずガッパ[坊主合羽]。みの[蓑]。中世 あまかは[雨皮]。中古 あまぎぬ／あまごろも[雨衣]。

あまぐも【雨雲】 らんそううん[乱層雲]。中古 あまぐも[雨雲]。

―の起こるさま 中世 せいせい[凄凄]。

あまごい【雨乞】 おみずかり[御水借]。近世 しゃうう[請雨]。中古 あまごひ[雨乞／雨請]。きう[祈雨]。上代 あまひき[雩]。

―の歌 近代 あまごひうた[雨乞歌]。

あまざけ【甘酒】 中世 ひとよざけ[一夜酒／醴酒]。上代 あまざけ[甘酒]。こざけ[濃酒／醴酒]。

あま・す【余】 中古 あぶす[溢]。上代 あます[余]。のこす[残]。

―・すところがない 近世 ところせきなし[所狭無]。ぜんぜん[全然]。中古 くまなし[隈無]。

あまた【数多】→おお・い

あまだれ【雨垂】 近代 あまだれおち[雨垂落]。中世 あまおち[雨落]。あましただり[雨滴]。あましづく／あめしづく[雨雫]。あまたり／あまだり[雨垂]。あまだれ[雨垂]。えんてき[簷滴／檐滴]。てんてき[点滴]。中古 あましだり[雨滴]。あまそそき／あまそそぎ[雨注]。うてき[雨滴]。たまみづ[玉水]。軒の糸水。軒の玉水。

―の落ちる所 あまうけ／あめうけ[雨受]。中世 あまうち[雨打]。あまおち[雨落]。あまだり[雨垂]。あまだれおち[雨垂落]。あまどひ[雨樋]。せいか[砌下]。とひ[樋]。のきどひ[軒樋]。みぎり[砌]。

―の落ちる所の石 あまおちいし[雨落石]。

―の水たまり 近世 かうらう[行潦]。ぬかりみ／ぬかるみ[泥濘]。中世 ぬかり[泥濘]。上代 にはたづみ[潦]。

あまどころ【甘野老】 いずい[萎蕤]。近世 あまどころ[甘野老]。中古 あまな[甘菜]。ゑみぐさ[笑草]。

あまねく【普】 いっぱんに[一般]。すべてに。ひろく[広]。もれなく[漏]。すみずみまで。中世 つらり／つらりっと。中古 あまねく[普／遍]。おしなべて[押並]。

―照らすこと 近世 へんぜう[遍照]。

―見ること 中世 しうらん[周覧]。

あ

あまのがわ【天川】 ぎんが［銀河］。近代 かんかん［漢］。近世 うんかん［雲漢］。中世 せいかん［星漢］。てんが［天河］。中古 あめのおしで［天印］。かかん［河漢］。ぎんかん［銀漢］。せいが［星河］。てんかん［天漢］。上代 あまのがは［天川］。あまのやすのかは［天安川］。みなしがは［水無川］。やすのかは［安川］。

―と月 近代 かんげつ［漢月］。

―に渡す橋 中世 もみぢのはし［紅葉橋］。

―の見える空 中世 かんてん［漢天］。

あまのり【甘海苔】 近代 いはのり［岩海苔］。近世 しさい／むらさきな［紫菜］。中世 ゆきのり［雪海苔］。中古 あまのり［甘海苔］。むらさきのり［紫海苔］。

あまみず【雨水】 あまつぶ［雨粒］。近代 うてき［雨滴］。かうすい［降水］。中世 あまうづ［雨水］。あめしづく［雨滴］。うすい［雨水］。中古 あまみづ［雨水］。てんすい［天水］。上代 あまつみづ［天水］。あめ［雨］。

→**あまだれ**

―が流れること あまばき／あまはけ［雨捌］。

地上にたまっている― 上代 にはたづみ［行潦／庭潦］。近世 かうらう［行潦］。

あまやか・す【甘】 あまえさす［甘］。ちやほやする。近代 ねこかはいがり［猫可愛］。中世 あまやかす［甘］。→**あま・える**

《句》近代 親の甘いは子に毒薬。可愛い子には旅させよ。勾張(こうばり)(甲張)強くして家倒す。

あまやどり【雨宿】 近代 あまやみ［雨止］。あまよけ［雨避／雨除］。中世 かさやどり［笠宿］。中古 あまがくれ［雨隠］。上代 あまやどり［雨宿］。

あまり【余】❶〈副詞〉 それほど。近世 あんまり。たいして［大］。中古 あまり［余］。いと。さほど。上代 ことに［殊］。

あまり【余】❷〈名詞〉 ようけ／ようけい［余計］。近代 くゎじょう［過剰］。ざん［残］。ざんよ［残余］。じょうよ［剰余］。よ［余］。近世 えいよ［贏余］。よけい［余計］。中世 いうよ［有余］。よじょう［余剰］。よゆう［余裕］。中古 あまりもの［余物］。よぶん［余分］。上代 あまり［余］。のこり［残］。

―が出る うく［浮］。上代 あまる［余］。

―が出るようにする うかす［浮］。

―物 近代 おこぼれ［零］。のこりもの［残物］。近世 おちこぼれ［落零］。ざんぶつ［残物］。

▼接尾語 中古 まり［余］。

あま・る【余】 近世 ありあまる［有余］。上代 あまる［余］。のこる［残］。

―・った水 あまりみず［余水］。近代 よすい［余水］。

―・っている金 近代 あそびがね［遊金］。金が唸る。

―・っている切れ はじゃく［端尺］。

―・っている力 中古 よりょく［余力］。

あまん・じる【甘】 →**あまん・ずる**(次項)

あまん・ずる【甘】 たれり［足］。近代 あまんじる［甘］。やすんず［安］。近世 あきらむ〔あきらめる〕［諦］。がまん［我慢］。中古 あまんず［甘］。

あみ【網】 近代 ネット(net)。中世 かなあみ［金網］。ぎょまう［魚網／漁網］。上代 あ／あみ［網］。

―で魚をとる 近世 あみうち［網打］。上代 あびき［網引］。

―を編むこと 中古 すく［結］。

―を編む人 近世 あみだいく［網大工］。中古 あみすき［網結］。

―をしかける 中古 あみす［網］。

―をしかける場所 中世 あみば［網場］。

罪人を捕捉する― 近世 ほそびきあみ［細引網］。中古 てんまう［天網］。

▼魚を捕る網 うきはえなわ［浮延縄］。うけあみ［受網］。かぶせあみ［被網］。そこさしあみ［底刺網］。そこしきあみ［底敷網］。そこはえなわ［底延縄］。だしあみ［出網］。ていちあみ［定置網］。近代 さしあみ［刺網］。そこびきあみ［底曳網／底引網］。トロール(trawl)。はりあみ［張網］。近世 あふぎあみ［扇網］。うちあみ［打網］。おひまはし［追回］。ぢごくあみ［地獄網］。ぢびきあみ［地曳網／地引網］。ながしあみ［流網］。はへなは［延縄］。ふくろあみ［袋網］。まあみ［真網］。まきあみ［巻網］。よつで／よつであみ［四手網］。中世 しきあみ［敷網］。すくひあみ［掬網］。たてあみ［建網／立網］。とあみ／とうあみ［投網］。なげあみ［投網］。中古 ひきあみ［引網／曳網］。上代 さで／さであみ［叉手網］。

▼鳥獣などを捕る網 近代 ほちゅうあみ［捕虫網］。近世 うさぎあみ［兎網］。おとしあみ［落網］。かすみ／かすみあみ［霞網］。たかあみ［高網］。中世 とりあみ［鳥網］。中古 じゃくら［雀羅］。上代 となみ［鳥網］。らまう［羅網］。

▼料理(焼き物)に使う網 グリル(grill)。近代 ひあみ［火網］。もちあみ［餅網］。近世 あぶりこ［焙籠／炙子］。

あみがさ【編笠】 近世 いちもんじがさ［一文字笠］。てんがい［天蓋］。中世 あみがさ［編笠］。

あみだぶつ【阿弥陀仏】 近世 むたいくゎうぶつ［無対光仏］。中世 むしょうくゎうぶつ［無称光仏］。むりゃうじゅ［無量寿］。中古 しゃうじゃうくゎうぶつ［清浄光仏］。じゃうどのあるじ［浄土主］。みだぶつ［弥陀仏］。むへんくゎうぶつ［無辺光仏］。むりゃうくゎうぶつ［無量光仏］。むりゃうじゅぶつ［無量寿仏］。上代 あみだぶつ［阿弥陀仏］。

あ・む【編】 上代 あむ［編］。かく［掛／懸／構］。

▼編み出す 近代 さうあん［創案］。近世 かんがへだす［考出］。かんがへつく［考付］。中世 あんじいだす［案出］。あんしゅつ［案出］。

▼編み物関係の語 うらあみ［裏編］。おもてあみ［表編］。ガーターあみ［gater 編］。かのこあみ［鹿子編］。ニット(knit)。ピコット(ﾌﾗﾝｽpicot)。もようあみ［模様編］。レース(lace)。

あめ【雨】 近代 かうすい［降水］。レイン(rain)。中世 うすい［雨水］。中古 あまみづ［雨水］。上代 あまつみづ［天水］。あめ［雨］。てんすい［天水］。→**ふ・る【降】**

《枕》上代 ひさかたの［久方］［⇩あめ］。

《句》近代 朝雨馬に鞍(くら)置け。朝雨に傘要らず。朝雨は女の腕まくり。朝曇りは晴れ。雨蛙(あまがへる)が鳴くと雨。雨降って地固まる。蟻(あり)の堂参りは雨の兆し。雷三日。燕(つばめ)が低く飛ぶと雨。夏の夕立三日も続く。近世 雨晴れて笠(かさ)を忘る。

—が小降りになる 近世 をだやむ／をだゆむ［小弛］。

—が降ったり止んだりする 近世 ぐづつく［愚図付］。中古 降りみ降らずみ。

—が降りそうな様子 うき［雨気］。乞食の嫁入り。泣き出しそうな空模様。近代 あめもやう［雨模様］。うい［雨意］。近世 あまぞら［雨空］。あまもやひ／あまもよひ［雨催］。中古 あまけ［雨気］。

—が降る 近世 そそぐ［注／灌］。中世 くだる［下／降］。ふりそそく／ふりそそぐ［降注］。中古 うちそそぐ［打注］。かきたる［掻垂］。しぐる(しぐれる)［時雨］。そそく［注／灌］。そほつ／そぼつ［濡］。ふりしこる［降凝］。上代 おつ(おちる)［落］。しきふる［頻降］。そほふる／そぼふる［降］。ながらふ(ながらえる)［流］。ふりしきる［降頻］。ふりしく［降敷］。

—が降ること 近代 かうすい［降水］。近世 しめり［湿］。ほんぶり［本降］。中世 あめふり［雨降］。うてん［雨天］。中古 かうう［降雨］。

—が止む 近代 あめあがり［雨上］。ばんせい［晩晴］。近世 にじりあがり［躙上］。にはかびより［俄日和］。中古 うご［雨後］。上代 はる(はれる)［晴］。

—でずぶぬれになること 近代 しとど。しょぼたれる。びしょびしょ。もくう［沐雨］。近世 ずっぷり。中世 しょぼぬる(—ぬれる)［濡］。中古 ふりそぼつ［降濡］。

—と風 中古 あめかぜ［雨風］。ふうう［風雨］。

—と雲 中古 うんう［雲雨］。

—と露 中世 あめつゆ［雨露］。うろ［雨露］。

—と雪 近代 うせつ［雨雪］。近世 かざばな［風花］。上代 みぞれ［霙］。

—に曝(さら)す 中古 あまざらし［雨曝／雨晒］。

—に降り籠められる 近代 ふりこむ［降籠］。上代 あまごもり［雨籠］。あまさはり［雨障］。あまつつみ［雨障］。

—の多いこと(期間) 近代 うき［雨期／雨季］。たう［多雨］。近世 うこう［雨候］。

—の音 あまおと［雨音］。うせい［雨声］。

—の少ないこと(期間) かっすいき［渇水期］。近代 かんき［乾期／乾季］。

—のないこと 中世 おほひでり［大旱］。中古 かん［旱］。上代 たいかん［大旱］。ひでり［日照／旱］。

—のなか 近代 うか［雨下］。中世 うてん［雨天］。中古 うちゅう［雨中］。

—の降った量 こうすいりょう［降水量］。近代 うりゃう［雨量］。

—の降るさま 近代 ざあざあ。ざあっと。しのつく［篠突］。しょぼつく。びしょびしょ。ぱらつく。ぽっつり。ぽつぽつ。近世 しとしと。そぼそぼ。ばらつく。中世 さっと。しっとり。しょぼしょぼ。中古 しめじめ(と)。上代 ひひ［霏霏］。

青葉に降りそそぐ— 近代 すいう［翠雨］。

明るいのに降る— 近代 びゃくう［白雨］。中古 はくう［白雨］。

朝の— 近世 うのこくあめ／うのときあめ［卯刻雨］。上代 あさあめ［朝雨］。

一日中—が降る 中古 ふりくらす［降暮］。

一方が晴れていて—(時雨)が降ること 近世 かたしぐれ［片時雨］。中世 そばへ［戯］。

帰ろうとする人を引き止める— 近代 遣らずの雨。

急に降り出す— きちがいあめ［気違雨］。しばあめ［屡雨］。スコール(squall)。近世 しらさめ［白雨］。そぞろあめ［漫雨］。とほり

あ

あめ[通雨]。ゆだち/よだち[夕立]。中世きふう[急雨]。にはかあめ[俄雨]。ゆふだち[夕立]。中古はくう[白雨]。ひぢかさあめ[肘笠雨]。わたくしあめ[私雨]。上代しうう[驟雨]。はやさめ[速雨/暴雨]。むらさめ[群雨/叢雨/村雨]。

雲がないのに降るー 近代てんきふ[天泣]。

細かいー 近代いとあめ/しう[糸雨]。れいう[零雨]。近世きりしぐれ[霧時雨]。こぬかあめ/ぬかあめ[小糠雨]。こまあめ[細雨]。中世えんう[煙雨]。きりさめ[霧雨]。中古さいう[細雨]。上代あまぎり[雨霧]。

静かにーが降る 中古そほつ/そぼつ[濡]。上代そほふる/そほぶる/そぼふる[降]。

少しのー 近世いちぢん[一陣]。おしめり[御湿]。けいう[軽雨]。そでがさあめ[袖笠雨]。なみだあめ[涙雨]。ぱらつく。ひとあめ[一雨]。中世こあめ[小雨]。こぶり[小降]。せうう[小雨]。れいう[零雨]。中古びう[微雨]。上代こさめ[小雨]。

冷たいー れいう[冷雨]。近世ひう[氷雨]。上代ひさめ[氷雨]。

長いー 近代ぢあめ[地雨]。なたねづゆ[菜種梅雨]。近世うのはなくたし[卯花腐]。中古いんう[淫雨/陰雨]。いんりん[陰霖/淫霖]。しゅくう[宿雨]。ながあめ/ながめ[長雨]。れんう[連雨]。をやみなし[小止無]。上代りんう[霖雨]。

なかなかやまないー 近世七つ下がりの雨。

激しいー ごうう[豪雨]。こうてん[荒天]。ぼんう[盆雨]。近代こくう[黒雨]。こくふうはくう[黒風白雨]。ストーム(storm)。ちょくしゃ[直瀉]。どしゃぶり[土砂降]。よこなぐり[横殴]。近世おほぶり[大降]。しだらでん。しゃぢく[車軸]。てっぱうあめ[鉄砲雨]。はいう[沛雨]。ひう[飛雨]。ふきぶり[吹降]。ゆだち/よだち[夕立]。中世ぼうふうう[暴風雨]。ゆふだち[夕立]。中古おほあめ[大雨]。しまき[風巻]。じんう[甚雨]。たいう[大雨]。はいぜん[沛然/霈然]。ばうだ[滂沱]。ぼうう[暴雨]。上代はやさめ[暴雨/速雨]。ひさめ[大雨]。

激しくーが降る 近世なぐる[殴/擲]。ふりしこる[降]。篠を乱す。盆を傾く[ー傾ける]。盆を覆す。盆を翻す。中世かきたる[掻垂]。しぶく[重吹/繁吹]。篠を束つかぬ[ー束ねる]。篠を突く。車軸を流す。中古ふぶく[吹雪/乱吹]。ふりまさる[降増]。上代そそぐ[灌/注]。ふりしきる[降頻]。ふりしく[降敷]。

日が照りながら降るー てりあめ[照雨]。てんきあめ[天気雨]。近代ひなたあめ[日向雨]。近世狐の嫁入り。中世ひでりあめ[日照雨]。

ひとしきり降っては止むー しばあめ[屢雨]。近世いちぢん[一陣]。とほりあめ[通雨]。中世そばへ[戯]。ひとあめ[一雨]。ひとしぼり[一絞]。中古くゎう[過雨]。むらしぐれ[村時雨]。上代しうう[驟雨]。むらさめ[村雨]。

身の上を知り顔に降るー 中古身を知る雨。

恵みのー 干天の慈雨。近代くゎいう[快雨]。けいう[恵雨]。じう[慈雨]。ずいう[瑞雨]。近世おしめり[御湿]。きう[喜雨]。ほふう[法雨]。中世うるひ[潤]。中古かうう[膏雨]。かんう[甘雨]。れいう[霊雨]。

夜降るー 近世七つ下がりの雨。中世さよしぐれ[小夜時雨]。よさめ[夜雨]。中古ぼう[暮雨]。やう[夜雨]。

連日のー 中古しゅくう[宿雨]。れんう[連雨]。

▼季節の雨

春の雨 はるしぐれ[春時雨]。近代さいくゎう[催花雨]。はるしうう[春驟雨]。近世くゎうばいう[黄梅雨]。しゅんりん[春霖]。中古くゎう[花雨]。こうう[紅雨]。しゅんう[春雨]。だんう[暖雨]。上代はるさめ[春雨]。

春の長いー 近世しゅんりん[春霖]。

夏の雨 りょくう[緑雨]。近代かう[夏雨]。すいう[翠雨]。ばくう[麦雨]。近世おくりづゆ[送梅雨]。さみだれ[五月雨]。中世つゆ[梅雨]。→**つゆ【梅雨】**

秋の雨 近世あきしぐれ[秋時雨]。中世あきさめ[秋雨]。あきついり[秋入梅]。えきう[液雨]。しうう[秋雨]。中古しうりん[秋霖]。

秋の長いー 中古しうりん[秋霖]。

冬の雨 近世かざばな[風花]。かんのあめ[寒雨]。中世とうう[凍雨]。中古かんう[寒雨]。上代しぐれ[時雨]。ひさめ[氷雨]。

五月頃の長いー 近代うのはなくたし[卯花腐]。

五月二十八日に降るー 近世曾我そがの雨。虎が雨。虎が涙。

七月二日頃に降るー 近代はんげあめ[半夏

雨］。

菜の花の頃の長い— 近代 なたねづゆ［菜種梅雨］。

▼時雨に関わる言葉 じう［時雨］。はるしぐれ［春時雨］。ゆきしぐれ［雪時雨］。近世 あきしぐれ［秋時雨］。きたやましぐれ［北山時雨］。きりしぐれ［霧時雨］。中世 えきう［液雨］。かたしぐれ［片時雨］。さよしぐれ［小夜時雨］。つゆしぐれ［露時雨］。ゆふしぐれ［夕時雨］。時知る雨。中古 うちしぐる［打時雨］。かきしぐる［掻時雨］。しぐる［しぐれる］［時雨］。はつしぐれ［初時雨］。むらしぐれ［村時雨／叢時雨］。よこしぐれ［横時雨］。→しぐれ

▼梅雨に関わる言葉 かえりづゆ［返梅雨］。つゆいり［梅雨入］。つゆざむ［梅雨寒］。つゆびえ［梅雨冷］。てりつゆ［照梅雨］。はしりづゆ［走梅雨］。梅雨の走り。近代 つゆあがり［梅雨上］。つゆどき［梅雨時］。なたねづゆ［菜種梅雨］。もどりづゆ［戻梅雨］。近世 あきついり［秋梅雨入］。うめのあめ［梅雨］。おくりづゆ［送梅雨］。からつゆ［空梅雨］。しゅつばい［出梅］。しらばえ／しろばえ［白映］。ついりばれ［梅雨入晴／入梅晴］。つゆあけ［梅雨明］。つゆぞら［梅雨空］。つゆばれ［梅雨晴］。にふばい［入梅］。中世 うのはなくたし［卯花腐］。さつきあめ［五月雨］。ついり［梅雨入／入梅／墜栗花］。中古 さみだる［五月雨］。ながめ［長雨］。ばいう［梅雨／黴雨］。ばいてん［梅天］。ばいりん［梅霖］。黄梅(くわうばい)の雨。→つゆ【梅雨】

▼雨でない雨 近代 うひ［雨飛］（弾丸）。だんう［弾雨］（弾丸）。むししぐれ［虫時雨］（虫の音）。近世 おちばしぐれ［落葉時雨］（落ち葉）。きりしぐれ［霧時雨］（深くたちこめた霧）。せみしぐれ［蟬時雨］（蟬の声）。つゆしぐれ［露時雨］（一面の露）。中世 そでしぐれ［袖時雨］（涙）。中古 このはしぐれ［木葉時雨］（落ち葉）。しぐれごこち［時雨心地］（涙）。袖の時雨（涙）。空知らぬ雨（涙）。涙の雨（涙）。身を知る雨（涙）。

▼雨水→あまだれ→あまみず

あめんぼ【水黽】 近代 みづぐも［水蜘蛛］。近世 あしたか。あめんぼ／あめんぼう［水黽／水馬／飴坊］。かっぱむし。かはぐも［河蜘蛛］。

あやう・い【危】→あぶな・い

あやか・る【肖】 中世 あやかる［肖］。上代 あゆ［肖］。→ま・ねる

ー・りもの 中古 あえもの［肖物］。

ー・るように心がける 爪の垢(あか)を煎じて飲む。

あやし・い【怪】 げせない［解］。近世 いかがはし［如何］。うさんくさい［胡散臭］。きなくさし［臭］。くさし［臭］。けぶさい。なまぐさし［生臭］。中世 いぶせし［鬱悒］。うさんらし［胡散］。けしからず［怪］。けしかる［怪］。こころにくし［心憎］。なまばむ［生］。ものくさし／ものぐさし［物臭］。中古 あやしげ［怪］。いぶかし［訝］。うたがはし［疑］。おぼつかなし［覚束無］。けし［怪］。けしきあり［気色］。けしきおぼゆ［気色覚］。をかし［奇怪］。上代 あやし［怪］。《枕》中古 さざなみの［小波］。

ー・いこと ふくざつかいき［複雑怪奇］。近代 きげん［奇幻］。くゎいくゎい［怪怪］。ぬえてき［鵺的］。ふかかい［不可解］。近世 あやかし。ぎもん［疑問］。くゎいき［怪奇］。ぶきみ［不気味］。ふしん［不審］。中世 うさん［胡散］。うろん［胡乱］。きくゎい［奇怪］。ぎねん［疑念］。け［怪］。しんぴ［神秘］。ふしぎ［不思議］。へん［変］。中古 き［奇］。きい［奇異］。きくゎい［奇怪］。ぎわく［疑惑］。くゎい［怪］。くゎいい［怪異］。くゎいじ［怪事］。

ー・い言葉 近世 えうわく［妖惑］。上代 えうげん［妖言］。およづれこと［妖言］。

ー・い者 近代 くゎいかん［怪漢］。くゎいじん［怪人］。近世 うさんもの［胡散者］。うろんもの［胡乱者］。中世 くせびと［曲人］。くせもの［曲者］。

ー・いもの 中世 あやかり。いぶつ［異物］。けい［怪異］。中古 いぎゃう［異形］。

ー・く美しい女性 近代 えうくゎ［妖花］。中古 えうき［妖姫］。

ー・く思う→あやし・む（次項）

あやし・む【怪】 近代 不審を抱く。近世 ふしぎ［不思議］。不思議を打つ。不思議を立つ。中世 あやしばむ［怪］。うたぐる［疑］。おぼつかなし［覚束無］。きたい［希代／稀代］。ひきょう［比興］。ふしん［不審］。不審が立つ。中古 あやしぶ／あやしむ／あやむ［怪］。いぶかる［訝］。うたがふ［疑］。きょうがる［興］。

ー・むこと 近代 くゎいが［怪訝］。近世 けげん［怪訝］。上代 うたがひ［疑］。

ー・むときの語 近世 はてな。

ー・んで問いただす 上代 とがむ〔とがめる〕［咎］。みとがむ〔―とがめる〕［見咎］。

あやつ・る【操】 近代ぎうじる[牛耳]。まるめこむ[丸込]。近世あやなす[綾/彩]。うんよう[運用]。からくる[絡繰]。こなす[熟]。中世あつかふ[扱]。あやどる[操/綾取]。ぎょす[御]。さばく[捌]。ろうらく[籠絡]。中古あやつる[操]。つかふ[使/遣]。らうろう[牢籠]。上代くし[駆使]。わかつる[機]。

ー・られている 近世虚器(ききょ)を擁(よう)す。

ー・り芝居 近世あやつりきゃうげん[操狂言]。あやつりじゃうるり[操浄瑠璃]。

ー・り人形 ギニョール(フランスguignol)。ロボット(robot)。近世いとあやつり[糸操]。でく[木偶]。でくのばう[木偶坊]。でくるばう[出狂坊]。ぼくぐう/もくぐう[木偶]。中古くゎいらい[傀儡]。てくぐつ[手傀儡]。

馬などをー・る 中世のりこなす[乗]。ぎょす[御]。

陰でー・る(人) リモートコントロール(remote control)。手の内に丸め込む。近代くろまく[黒幕]。近世かけのめす。くろこ/くろご[黒子/黒衣]。さしがね[差金]。糸を引く。

あやぶ・む【危】 近代きぎ[危疑]。きぐ[危惧/危懼]。近世しんぱい[心配]。中世あやしむ[怪]。ぎぎ[擬議]。中古うたがふ[疑]。おそる[おそれる][恐]。けねん/けんねん[懸念/繫念/係念/掛念]。上代あやぶむ[危]。きく[危懼]。くゎいぎ[懐疑]。

ー・まれる 近世きづかはし[気遣]。中世あやふし[危]。

ー・むようす 近世あぶあぶ。

あやまち【過】 近代エラー(error)。くゎご[過誤]。くゎびう[過謬]。しったい[失態/失体]。しっぱい[失敗]。ておち[手落]。てぬかり[手抜]。びうさく[謬錯]。ふちゅうい[不注意]。ぶてうはう[不調法]。ふゆきとどき[不行届]。ミス(miss)。ミステーク(mistake)。近世かし[瑕疵]。けが[怪我]。ごびう[誤謬]。しか/しが[疵瑕]。しくじり。しそんじ[仕損]。しっさく[失策]。しっつい[失墜]。すかまた。そこつ[粗忽]。そさう[粗相/疎相/麁相]。ちがひ[違]。てちがひ[手違]。どぢ。ふしまつ[不始末]。へま。まちがひ[間違]。中世ゐしつ[違失]。くゎたい[過怠]。くゎんたい[緩怠]。しつ[失]。てあやまり[手誤]。とが[咎/科]。ひ[非]。ふかく[不覚]。ゐろう[遺漏]。をちど/をつど[越度]。中古あやまり[誤/謬]。おこたり[怠]。くゎ[過]。くゎしつ[過失]。くゎたい[過怠]。くゎたい[科怠]。ことあやまり[事誤]。ざいくゎ[罪過]。しつご[失誤]。ひがごと[僻事]。ひびう[紕繆/紕謬]。ふかく[不覚]。上代あやまち[過]。さくご[錯誤]。さくびう[錯謬/錯繆]。つみ[罪]。とが[咎/科]。まがひ[紛]。→**しっぱい**

《句》近代過ちては改むるに憚(はばか)ること勿(なか)れ。怪我の功名。近世過ちの功名。尤(とが)めて之(これ)に効(なら)ふ。

ーに気付くこと 近代かくせい[覚醒]。せいかく[醒覚]。

ーのないさま かたい[固/堅/硬]。シュア(sure)。近代かくじつ[確実]。せいかく[精確]。せいかく[正確]。中世うるはし[麗]。きっと[急度/屹度]。ていと/ていど。中古かならず[必]。たしか[確]。まぎれなし[紛無]。

ーをおかす 中古おこたる[怠]。→**まちが・う**

大きなー 中世たいくゎ[大過]。

過去のー 中世せんぴ[先非]。中古ぜんぴ[前非]。

言葉のー 中世いひそこなひ[言損]。しつげん[失言]。

小さなー 近代さいきん[細瑾]。近世せうし[小疵]。そさう[粗相/疎相/麁相]。中古せうくゎ[小過]。

あやまり【誤】 近代エラー(error)。かんちがひ[勘違]。くゎご[過誤]。ミス(miss)。ミステーク(mistake)。近世ごびう[誤謬]。まちがひ[間違]。中古あやまり[誤/謬]。上代あやまち[過]。さくご[錯誤]。さくびう[錯謬/錯繆]。

ーのないこと むびゅう[無謬]。

ーを直すこと 近代しうせい[修正]。せいご[正誤]。近世ぜせい[是正]。ていせい[訂正]。上代ただす[正]。なほす[直/治]。

コンピューターのプログラムのー バグ(bug)。

著作にーの多いこと 近世づさん[杜撰]。

文字のー 上代ごき[誤記]。ごじ[誤字]。

▼見込み違い 近代ごさん[誤算]。

あやま・る【誤】 中古あやまる[誤/謬]。たがふ[違]。とりはづす[取外]。→**まちが・う**

あやま・る【謝】 近代わびいる[詫入]。近世頭を下ぐ[―下げる]。手を下ぐ[―下げる]。中世あやまる[謝]。しゃす[謝]。中古つみさる[罪去]。わぶ[わびる][詫]。上代うべ

なふ［宜］。

—・りの手紙 近代 わびじゃう［詫状］。近世 たいじゃう［怠状］。中世 くゎじゃう［過状］。中古 おこたりぶみ［怠文］。

—・ること 近代 しゃざい［謝罪］。ひたあやまり［直誤］。ひらあやまり［平誤］。へいしんていとう［平身低頭］。わび［詫］。近世 いひわけ［言訳／言分］。中世 あやまり［謝］。たいじゃう［怠状］。中古 おこたり［怠］。ちんしゃ［陳謝］。

深く—・ること 近代 しんしゃ［深謝］。たしゃ［多謝］。ばんしゃ［万謝］。

あゆ【鮎】 近世 かうぎょ［香魚］。中古 ねんぎょ［年魚］。上代 あゆ［鮎］。

—が珪藻類(けいそうるい)を食べた跡 はみ［食］。はみあと［食跡］。

—の内臓（食べ物） あいきょう［鰀鯽］。中世 うるか［潤香／鱁鮧］。

—の幼魚 近世 ひうを［氷魚］。中世 さくらうを［桜魚］。中古 こあゆ［子鮎］。上代 あゆこ［鮎子］。ひを［氷魚］。

越年した— 近世 ふるせ［古瀬］。

産卵期の— 近代 しぶあゆ［渋鮎］。近世 くだりあゆ［下鮎］。さびあゆ［錆鮎］。中世 おちあゆ［落鮎］。

塩漬けの— 中古 おしあゆ［推鮎］。

若くて威勢のよい— 近世 のぼりあゆ［上鮎］。中世 わかあゆ［若鮎］。上代 わかゆ［若鮎］。

あゆみ【歩】 近代 しんかう［進行］。ほてう［歩調］。近世 あよみ［歩］。かち［徒歩］。中世 あしなみ［足並］。とほ［徒歩］。ほかう［歩行］。中古 あゆまひ［歩］。上代 あゆみ［歩］。

あゆ・む【歩】→ある・く

あらあらし・い【荒荒】 近代 かんぜん［悍然］。きょうぼう［凶暴］。きょうまう［凶猛］。ざっかけない。そ［粗］。そがう［粗豪／粗剛］。だうあく［獰悪］。だうまう［獰猛］。ぼうわう［暴横］。ぼうゐ［暴威］。ラフ(rough)。ワイルド(wild)。近世 あらくれし［荒］。あらっぽい［荒］。がうかん［剛悍／豪悍］。そぼう［粗暴］。たける［猛］。ばらがき。ぼう［暴］。らんぼう［乱暴］。中世 あらくまし／あらくもし［荒］。あらけなし［荒］。きゃうぼう［強暴／彊暴］。けんどん［慳貪／倹飩］。こはらか［強］。すさぶ／すさむ［荒］。たけだけし［猛猛］。てあら［手荒］。中古 あらあらし［荒荒］。あらまし［荒］。あららか［荒］。いかし［厳］。おにし［鬼］。くゎげき［過激］。けはし［険］。なまあらあらし［生荒荒］。はげし［激］。ぼうあく［暴悪］。ぼうれい［暴戻］。むくつけし。上代 あらし［荒］。いかる［怒］。たけし［猛］。ちはやぶる［千早振］。

—・い気分になる 近代 あらくれる［荒］。さっきだつ［殺気立］。血に飢ゑる。近世 げきす［激］。中世 さっき［殺気］。

—・い人 近代 あらくれ［荒］。あらくれもの［荒者］。かんば［悍馬／駻馬］（特に女性）。近世 もさ［猛者］。中世 えびす［夷／戎］。むくつけをとこ［男］。上代 あらを［荒男／荒雄］。

—・い武者 中古 あらむしゃ［荒武者］。

—・く愚かである 近代 そろ［粗魯］。

—・く残酷なこと 近世 ざんぼう［残暴］。中世 いぶり。

—・く…する 近世 たくる。中古 ちらす［散］。

—・くなる 近代 あらくれる［荒］。中古 あらたつ／あらだつ［荒立］。

—・く振る舞う 近代 あらくれる［荒］。でんぼふ［伝法］。近世 あららぐ［—らげる］［荒］。厳(かい)つを出す。中古 あらだつ［荒立］。あらぶ［あらびる］［荒］。

あら・い【荒】 近代 あらくれ［荒］。ラフ(rough)。近世 あらっぽい［荒］。てあらし［手荒］。中古 あらあらし［荒荒］。はげし［激］。上代 あらし［荒］。→あらあらし・い

—・い呼吸をする 中世 いきづく［息衝］。

—・い波 近代 きゃうらんどたう［狂瀾怒濤］。中古 いそふり［磯振／磯触］。上代 あらなみ［荒波］。

—・い波の寄せる海岸 中古 あらいそ［荒磯］。ありそうみ［荒磯海］。上代 ありそ［荒磯］。ありそみ［荒磯廻］。ありそも［荒磯面］。

あら・い【粗】 近代 がさつ。そざつ［粗雑］。ラフ(rough)。近世 おほざっぱ［大雑把］。ざつ［雑］。ざっぱく［雑駁］。そほん［粗笨］。中世 あらけづり［荒削］。そはう［粗放／疎放］。そや［粗野］。中古 あらし［粗］。ぶこつ［無骨／武骨］。まばら［疎／疏］。上代 そりゃく［疎略／粗略／麁略］。

—・いことと細かいこと 中古 そさい［粗細／麁細］。

—・くおおまか 近代 そだい［粗大／疎大／麁大］。

—・くざらつくさま ざらざら。近代 そめん［粗面］。

あら・う【洗】 ウオッシュ(wash)。すいせん［水洗］。てきじょう［滌浄］。近代 いっせん［一洗］。クリーニング(cleaning)。てきたう［滌

あ

蕩]。近世せんじゃう[洗浄]。ながす[流]。中世あらひながす[洗流]。きよむ[きよめる][清]。せんたく[洗濯]。中古そそぐ[濯]。すます[清/澄]。せんでき[洗滌]。上代あらひすすぐ[洗濯]。あらふ[洗]。すすぐ[濯]。

十分に—う あらいあげる[洗上]。あらいたてる[洗立]。

身体を—い清めること かんすいよく[灌水浴]。近世もくゆ[沐湯]。中世あか[垢]。さうやく/さうよく[澡浴]。みそぎ[禊]。中古もくよく[沐浴]。

▼洗い張り 近世いこくばり[異国張]。いたばり[板張]。しんしばり[伸子張]。ときあらひ[解洗]。はりかへ[張替]。

▼川の洗い場 上代かはづ[川津]。

あらが・う【抗】 →さから・う

あらかじめ【予】 近代まへもって[前以]。近世さきだって[先立]。中世かつ[且]。けんじつ[兼日]。まへかた[前方]。中古かねがね[予予/兼兼]。まへかど[前廉]。上代あらかじめ[予]。かねて。

—思い浮かべる 中古おもひかく[思懸]。

—考えておくこと 近世こころづもり[心積]。

—決めてあること 近代よてい[予定]。近世けいくゎく[計画]。

—する計算 近世つもり[積]。

—話を通じておくこと アポ/アポイント/アポイントメント(appointment)。近世ないつう[内通]。

—引いておくこと 近代てんびき[天引]。近世てんびけ[天引]。

—見ておくこと 近世したけんぶん[下検分/下見分]。中世したみ[下見]。

あらかた【粗方】 ほとんど[殆]。近世あらまし。がいりゃく[概略]。中世あらかた[粗方]。だいたい[大体]。たいてい[大抵/大底]。中古おほかた[大方]。おほよそ[凡/大凡]。たいがい[大概]。たいりゃく[大略]。ほぼ[略/粗]。

あらけずり【荒削】 →あら・い【粗】

あらさがし【粗探】 難癖を付ける。近代あらさがし[粗探/粗捜]。中世すいもう[吹毛]。中古瑕(きず)を求む。

あらし【嵐】 こうてん[荒天]。近代ストーム(storm)。たいふう[台風/颱風]。ハリケーン(hurricane)。近世しけ[時化]。中世あれ[荒]。ぼうふうう[暴風雨]。中古そらのみだれ[空乱]。のわき/のわけ[野分]。みだれ[乱]。上代あからしまかぜ[暴風]。あらし[嵐]。ぼうふう[暴風]。

—の目 中古さがなめ。

夏の— 中世せいらん[青嵐/晴嵐]。

夜の— 近世さよあらし[小夜嵐]。中古夜半(よは)の嵐。

▼秋の初めの強い風 はつあらし[初嵐]。

あらすじ【粗筋】 ダイジェスト(digest)。近代アウトライン(outline)。えうてん[要点]。がいえう[概要]。シノプシス(synopsis)。すぢがき[筋書]。プロット(plot)。近世あらすぢ[粗筋]。あらまし。おほすぢ[大筋]。がいりゃく[概略]。りんくゎく[輪郭/輪廓]。中世えうやく[要約]。中古かうがい[梗概]。たいえう[大要]。たいりゃく[大略]。上代たいい[大意]。

あらそい【争】 まさつ[摩擦]。もめごと[揉事]。近代あつれき[軋轢]。かうさう[抗争]。かくしつ[確執]。かくちく[角逐]。きしり[軋]。けいさう[係争]。ごたごた。さうぎ[争議]。しょうとつ[衝突]。たいかう[対抗]。たいりつ[対立]。トラブル(trouble)。近世いがみあひ[啀合]。いざこざ。かくしふ[確執]。きしみ[軋]。さうらん[争乱]。さしもつる[差縺]。さやあて[鞘当]。じゃうらん[諍乱]。せりあひ[競合]。せんさう[戦争]。なみだつ[波立]。ふうは[風波]。ふんきう[紛糾]。もつれ[縺]。ものあらそひ[物争]。もめ[揉]。中世かっとう[葛藤]。きゃうさう[競争]。さうこく[相剋]。さうとう[争闘]。しゅら/すら[修羅]。せんとう[戦闘]。どうらん[動乱]。なみかぜ[波風]。はりあふ[張合]。ふんさう[紛争]。もんちゃく/もんぢゃく[悶着]。中古あらがひ[争/諍]。いさかひ[諍/闘諍]。いどみ[挑]。いどみわざ[挑業]。けんくゎ[喧嘩/諠譁]。さうどう[騒動]。たたかひ[戦]。てきたい[敵対]。とうさう[闘争]。とうじゃう[闘諍]。ふわ[不和]。ものあらがひ[物争]。上代あらそひ[争/諍]。

—で死傷者が出る 近代にんじゃうざた[刃傷沙汰]。近世切った張った。血を見る。中世きりあふ[切合/斬合]。

—の原因 近代さうてん[争点]。近世ひだね[火種]。中世さうたん[争端]。

—の心 せんとうてき[戦闘的]。とうそうしん[闘争心]。事を好む。中世さうしん[争心]。

—のはじめ 近世きんたん[釁端]。中世さうたん[争端]。

—を収める人 近世ひけしやく[火消役]。

相いれないもの同士の― 近代 食ふか食はれるか。水火(すいくわ)の争ひ。火水(ひみづ)の争ひ。
相手の弱みを言い合う― 近世 どろじあひ［泥仕合］。
表立たない― 近代 あんとう［暗闘］。
親や兄弟の― 近代 骨肉相(あひ)食(は)む。近世 血で血を洗ふ。
愚かな― 中世 蝸角(くわかく)の争ひ。蝸牛(くわぎう)角(つの)(角上(かくじやう))の争ひ。
個人的な恨みによる― 中世 しとう［私闘］。
政治上の― 近代 せいさう［政争］。
組織内の― うちゲバ［内 (ドイツ)Gewalt］。ないそう［内争］。ないふん［内紛］。はばつあらそい［派閥争］。近代 うちわもめ［内輪揉］。こうさう［訌争］。ないこう［内訌］。近世 おいへさうどう［御家騒動］。
ちょっとした― 近世 こぜりあひ［小競合］。
強い者同士の― りゅうじょうこはく［竜攘虎搏］。
似た者同士の― 中世 せりあふ［競合］。せる［競］。
▼いざこざ 近世 いでいり［出入］。
▼奪い合い 中世 さうだつ［争奪］。
▼海戦 上代 ふないくさ［船戦］。
▼口喧嘩 中世 いひごと［言事］。中古 いひしろふ［言］。こうろん［口論］。ものあらがひ［物争］。→くちげんか
▼戦場 中世 修羅の巷(ちまた)。→せんじょう【戦場】
▼戦乱 中世 えき［役］。中古 さわぎ［騒］。→せんらん
▼歩兵戦 中世 かちだち［徒立］。

あらそ・う【争】 不協和音を奏でる。近代 あひはむ［相食］。かくす［角］。せめぎあふ［鬩合］。ぶつかる。やりあふ［遣合］。角突き合わせる。近世 いろふ［弄/綺］。ぎしみあふ［軋合］。すれあふ［摩合/擦合］。せちがふ。もむ［もめる］［揉］。わたりあふ［渡合］。鎬(しのぎ)を削る。中世 あらがふ［抗/争/諍］。いがみあふ［啀合］。からかふ。ねぢあふ［捩合］。もみあふ［揉合］。中古 いさかふ［諍］。うちあふ［打合］。きそふ［競］。すまふ［争］。せめく/せめぐ［鬩］。たたかふ［戦］。ろんず［論］。上代 あらそふ［争/諍］。いそふ［争/競］。きしろふ［軋］。きほふ［競］。さかふ［逆］。
《枕》上代 ゆくとりの［行鳥］。
―・って…する 中古 しらがふ。
相手になって―・う 中古 わたりあふ［渡合］。
恨み―・う 中古 せめぐ［鬩］。
組み合って―・う 近代 くみうち［組打/組討］。近世 かくとう［格闘］。とっくみあふ［取組合］。中世 くみあふ［組合］。
先を―・う 中古 きほふ［競］。上代 いそふ［競/争］。
政権を―・う 近代 せいさう［政争］。近世 鹿を逐(お)ふ。中原に鹿を逐(お)ふ。
体面のために―・う 近世 かほだて［顔立］。
他人の意にそむき―・う 中古 かくろん［確論］。
ねばり強く―・う 近代 くひさがる［食下］。
▼競い合う 中古 いどみかはす［挑交］。
▼競う 上代 いどむ［挑］。→きそ・う
▼くってかかる 中世 いがむ。
▼逆らう 中世 うちそむく［打背］。そむく［背］。中古 もどく［擬］。→さから・う
▼勝負する 中世 たちあふ［立合］。→しょうぶ【勝負】
▼徒競走 近代 かけくらべ［駆競/駈競］。かけっこ［駆］。近世 かけくら［駆競/駈競］。
▼張り合う 中古 いどみかはす［挑交］。いどむ［挑］。

あらたか【灼】 近代 かうくゎ［効果］。近世 あらたか［灼］。中世 あらた［新］。中古 かうのう［効能］。上代 いやちこ［灼然］。

あらだ・てる【荒立】 事を構える。近世 波を立つ［―立てる］。中古 あらだつ［―だてる］［荒立］。しだく。角を立つ［―立てる］。上代 あだす。あらす［荒］。

あらたま・る【改】 かしこまる［畏］。中古 なほる［直］。上代 あらたまる［改］。かうしん［更新］。かはる［変］。
―・った感じ ドレッシー(dressy)。
―・って言う 中世 こわづくろひ［声作］。
―・り始まる 中世 かうし［更始］。
全面的に―・る 上代 くつがへる［覆］。
年が―・る 中古 かいねん［改年］。かへる［返］。
年月などが―・る 上代 ゆきかへる［行返/往帰］。

あらためて【改】 あたらしく［新］。近世 あらためて［改］。中世 はじめて［初］。中古 とりかへし［取返］。上代 さらさら［更更］。さらに［更］。
―出かける 近世 でなほす［出直］。
―始める 中世 かうし［更始］。

あらた・める【改】 近代 かいかう［改更］。かいしん［改進］。かいぜん［改善］。かいりゃう［改良］。かうかい［更改］。かうたい［更代］。かくしん［革新］。けうせい［矯正］。さっしん［刷新］。しうせい［修正］。やりな

ほし［遺直］。近世かうせい［更正］。ぜせい［是正］。ていせい［訂正］。へんかく［変革］。りかく［釐革］。中世かいかく［改革］。かいへん［改変］。きりかへ［切替］。とりなほす［取直］。なほす［直］。中古さしなほす［差直］。なほしたつ［直立］。へんがい［変改］。上代あらたむ〔あらためる〕［改］。かいえき［改易］。かいしん［改新］。かいせい［改正］。かうしん［更新］。かふ〔かえる〕［変］。へんかう［変更］。

ー・め補うこと 中古かいほ［改補］。

ー・め変えること 近世ふんかう［紛更］。

ー・めて定めること 近代かいてい［改定］。

ー・めることと廃止すること 近代かいはい［改廃］。

新しいものにー・める あらたにする［新］。近代かくしん［革新］。さっしん［刷新］。上代かうしん［更新］。

書物などをー・めなおすこと 近代かいてい［改訂］。

字句をー・める 近世かいざん［改竄］。

制度などをー・める 近代かうかく［更革］。

全面的にー・める くつがえす［覆］。

組織をー・める 近代かいそ［改組］。

正しくー・める ただす［正］。近世かうせい［更正］。中古なほしたつ［直立］。りせい［釐正］。上代かいせい［改正］。

年号をー・める 上代かいげん［改元］。

名称などをー・める 近代かいしょう［改称］。中世かいみゃう［改名］。上代かいせい［改姓］。かいめい［改名］。

元のようにー・める 中古ひきなほす［引直］。

装いをー・める 近代かいさう［改装］。

悪いところをー・める 近代かいご［改悟］。かいぜん［改善］。かいりゃう［改良］。けうふう［矯風］。けうへい［矯弊］。近世しうかい［修改］。ぜせい［是正］。中世かいかく［改革］。くゎせい［化成］。上代しゅんかい［悛改］。《句》近代君子は豹変す。

あらっぽ・い【荒】→**あらあらし・い**

あらまし 近代アウトライン(outline)。えうかう［要綱］。がいえう［概要］。がいくゎん［概観］。たいせい［大勢］。だいぶぶん［大部分］。むりょ［無慮］。わくぐみ［枠組］。近世がいりゃく［概略］。たいかう［大綱］。中世あらまし。おほすぢ［大筋］。おほよそ［凡］。たいすう［大数］。だいたい［大体］。中古えうりゃく［要略］。おほかた［大方］。おほよそ［大凡］。かうがい［梗概］。たいい［大意］。たいえう［大要］。たいがい［大概］。たいりゃく［大略］。ほぼ［略／粗］。上代おほむね［概］。→**おおよそ**

ーをとらえること 近世かいつまむ［掻摘］。

ーを述べること 近世りゃくげん［略言］。

あらゆる【所有】 近世じじぶつぶつ［事事物物］。中世ありとある。ぜんぶ［全部］。ばんしゃう［万象］。中古あらゆる［所有］。すべて［総／全］。のこらず［残］。上代ばんじ［万事］。→**すべて**

ー境遇 上代ばんきゃう［万境］。

ー国 中古ばんぱう［万邦］。上代ばんこく［万国］。

ー法則 近代ばんぱふ［万法］。

ー方面 中世しかくはっぽう［四角八方］。しはうはっぱう［四方八方］。ぜんめん［全面］。はっぽう［八方］。中古すみずみ［隅隅］。はちめん［八面］。よもやも［四面八面／四方八方］。上代じっぱう［十方］。ひゃくはう［百方］。

ー物 近代しんらばんざう［森羅万象］。近世しんらばんしゃう［森羅万象］。ばんいう［万有］。ばんもつ［万物］。中世しんらまんざう［森羅万象］。ばんしゃう［万象］。ばんぶつ［万物］。中古まんぼふ［万法］。

あられ【霰】 上代あられ［霰］。ひさめ［氷雨］。

ーと雨 近代うせん［雨霰］。

ーの美称 中古たまあられ［玉霰］。

その年初めてのー 近世はつあられ［初霰］。

俄（にわか）に降るー 近代きふさん［急霰］。

《枕》上代あられうつ［霰打］。ひさかたの［久方］。

あらわ【露】 近代まるだし［丸出］。むきだし［剝出］。ろこつ［露骨］。近世あからさま。中世あさま［浅］。うちつけ［打付］。中古けしょう／けせう／けそう／けんそう［顕証］。けちえん［掲焉］。ひたおもて［直面］。上代あらは［露／顕］。

ー・になること ろしゅつ［露出］。近代ろてい［露呈］。近世むきだす［剝出］。

あらわ・す【表】 近代けん［顕］。しゃうげん［彰顕］。ばくろ［暴露］。はっぺう［発表］。へうげん［表現］。へうしゃう［表象］。へうはく［表白］。ろてい［露呈］。近世はっき［発揮］。中世けんじ［顕示］。はつげん［発現／発見］。へうしゅつ［表出］。へうす［表］。中古だす［出］。へうじ［表示］。穂に出す。上代あらはす［表／現／顕］。しめす［示］。

ー・し示すこと 近代けいじ［啓示］。けんしゃ

う［顕正］。中古へうじ［表示］。中世げんしゅつ［現出］。

ー・し出すこと 近代ぐげん［具現］。中古いづ［出］。

ある状態をー・す 中古ていす［呈］。ものがたる［物語］。

隠れていたものをー・す 中古ていろ［呈露］。

決意や思いなどをー・す 近代へうめい［表明］。中世とろ［吐露］。

象徴してー・すこと 近代シンボライズ(symbolize)。

表面にー・す 近代うかべる／うく［浮］。

もう一度ー・す 近代さいげん［再現］。

あらわ・す【著】 近代さうさく［創作］。へんしう［編修］。近世へんさん［編纂］。中世あらはす［著］。ちょさく［著作］。中古ちょじゅつ［著述］。

あらわ・れる【現】 ひょうめんか［表面化］。ふじょう［浮上］。近代うかびあがる［浮上］。けんしゅつ［顕出］。りうろ［流露］。ろしゅつ［露出］。ろてい［露呈］。近世はっき［発揮］。ばる〔ばれる〕。中世げんしゅつ［現出］。はつげん［発現］。はつろ［発露］。もる〔もれる〕［漏］。中古あらはる〔あらわれる〕［現／顕］。けんげん［顕現］。げんず［現］。こぼれいづ［零出］。しゅつげん［出現］。でる［出］。ぬきいづ［抜出］。上代いでく［出来］。なる［生］。

ー・れたしるし 近代へうちょう［表徴／標徴］。

ー・れたり隠れたり 中世しゅつぼつ［出没］。

あきらかにー・れる 近代しゃうげん［彰顕］。中古けんしょう［顕証］。

あざやかにー・れる 近世らんぱつ［爛発］。

あらたな人物がー・れる はつとうじょう［初登場］。近代デビュー(フランスdébut)。とうじゃう［登場］。近世はつぶたい［初舞台］。

いきいきとー・れる 近代くゎつげん［活現］。

輝くようにー・れる 近代くゎんぱつ［渙発］。

隠れていたものがー・れる 近世せりだす［迫出］。中古ていろ［呈露］。

形をとってー・れる 近代げんざう［現像］。たいげん［体現］。中世ぐげん［具現］。中古けんげん［顕現］。

しきりにー・れる 近代ひんしゅつ［頻出］。

自然にー・れ出る 近代りうろ［流露］。中世はつろ［発露］。中古ほつろ［発露］。

大量に急にー・れる 中世わきづ〔わきでる〕［湧出］。

続いてー・れる 近代ぞくしゅつ［続出］。中古おひすがふ［追次］。

どこからともなくー・れる 中世しゅつぼつ［出没］。

突然にー・れる 中世降ってわく。

内部のものがー・れる うく［浮］。近代かほだし［顔出］。中世はっす［発］。

初めてー・れる 近代しょしゅつ［初出］。産声(うぶごえ)を上げる。

秘密などがー・れること 近代ろてい［露呈］。近世ばる〔ばれる〕。中世ばくろ［暴露］。はつろ［発露］。中古はっかく［発覚］。ろけん［露顕］。上代あらはる〔―われる〕［現／顕］。ほっかく［発覚］。

再びー・れる 近代さいげん［再現］。中世さいらい［再来］。

細長いものが次々とー・れる 近世にょきにょき。

幻のようにー・れる 中世げんしゅつ［幻出］。

ややユーモラスにー・れる 近代ぬうっと。近世のこのこ。ぴょこぴょこ。中世ふらり。

ありあけ【有明】 →あけがた

ありあり 近世くっきり。はっきり。中世ありあり。まざまざ。れきぜん［歴然］。

ありあわせ【有合】 そのばしのぎ［其場凌］。近世あたりあひ［当合］。ありあはせ［有合］。かけあひ［掛合／懸合］。まにあはせ［間合］。中古ありあひ［有合］。ありもの［有物］。

ありか【在処】 近代ゐばしょ［居場所］。中世しょざい［所在］。中古ありか［在処／在所］。ありど／ありどころ［有処］。ゐどころ［居所］。

ありがた・い【有難】 近代しんしゃ［深謝］。徳とする。近世ありがたい［有難］。ありがたやま［有難山］。たしゃ［多謝］。ばんしゃ［万謝］。もったいなし［勿体無］。冥加(みやうが)尽く〔―尽きる〕。冥加なし。冥加に余る。中世ありがたし［有難］。かんしゃ［感謝］。くゎぶん［過分］。中古かうじん［幸甚］。かたじけなし［忝］。しゃす［謝］。ずいき［随喜］。はいしゃ［拝謝］。上代うれし［嬉］。よろこぶ［喜］。

ー・いお告げ 中古おんじ［恩示］。

ー・い霊験 中世ずいけん［瑞験］。

ー・くもったいない 上代かしこくも［畏］。

ー・さを忘れやすい 《句》近代暑さ忘れて陰忘る。

ー・迷惑 《句》近代悪女の深情け。近世上戸に餅下戸に酒。袖引き煙草に押し付け茶。

受けた恩を—・く思う 中世 恩に着る。

ありがとう【有難】 グラチェ(イタリア grazie)。ごっつあん(相撲界の言葉)。ダンケ(ドイツ danke)。どうも(ありがとう)。ありがとうございます。御礼の申し上げようもございません。感謝至極に存じます。近代 おほきに［大］。サンキュー(thank you)。シエシエ［(中国語)謝謝］。メルシー(フランス merci)。近世 ありがたう［有難］。おかげさま［御陰様］。ごちそうさま［御馳走様］。だんだん［段段］。冥加(みやうが)に余る。中世 かたじけなし［忝／辱］。かんしゃ［感謝］。くゎぶん［過分］。冥加なし。

ありきたり【在来】 近代 おきまり［御決］。コンベンショナル(conventional)。じゃうたう［常套］。つきなみてう［月並調］。近世 ありきたり［在来］。ありふれた。おしもの［押物］。ちんたう［陳套］。ちんぷ［陳腐］。ひさし［久］。ようぞく［庸俗］。何の変哲もない。中世 おぼろけ［朧］。つねしき［常式］。中古 ただ［只］。なほ［直］。なほなほし［直直］。ふつう［普通］。→ありふれた

—の儀式 近世 きうたう［旧套］。

—の言葉 近代 たうげん［套言］。ちんげん［陳言］。

ありさま【有様】 →ようす

ありじごく【蟻地獄】 あとじさり［後退］。近代 ありぢごく［蟻地獄］。近世 あとびさり［後］。うしこむし［虫］。うしころ。うしむし［牛虫］。すりばちむし［擂鉢虫］。

ありったけ【有丈】 限りをつくす。近代 あらんかぎり［有限］。ありったけ［有丈］。ぜんぷく［全幅］。近世 ありきり／ありっきり。中世 ありたけ［有丈］。ありとあらゆる［有］。中古 あらゆる［所有］。ありとある［有］。あるかぎり［有限］。上代 ありのことごと［有尽］。

▼接尾語 近世 いっぱい［一杯］。

ありのす【蟻巣】 ありづか［蟻塚］。近代 ぎてつ［蟻垤］。近世 ありのたふ［蟻塔］。中古 ぎほう［蟻封］。

ありのまま【有儘】 ありあり。しぜんたい［自然体］。近代 あけっぴろげ［開広／明広］。あけはなし［開放／明放］。せきら［赤裸］。せきらら［赤裸裸］。リアリスティック(realistic)。近世 ありてい［有体］。そっちょく［率直］。中世 ありやう［有様］。すぐ［直］。中古 ありありし［有有／在在］。ありのまま［有儘］。じねん［自然］。そのまま［其儘］。ただあり［徒有］。上代 まさでに［正］。

—で飾り気がないさま 近代 じゅん［純］。

—に言う(書く) 近代 あけはなす［明放／開放］。しゃじつ［写実］。へいじょ［平叙］。

—に写すこと 近代 しんしゃ［真写］。ちょくしゃ［直写］。中世 しゃせい［写生］。

—の姿 近代 しんにょ［真如］。近世 しんめんぼく／しんめんもく［真面目］。中世 すがほ［素顔］。中古 じちさう／じっさう［実相］。ほふに［法爾］。ほふねん［法然］。

—の様子 近世 じっきゃう［実況］。

—振る舞う 地(じ)で行く。

—をあらわす 近世 あからさま。

わざと—に言ったりしたりすること 近世 しらばけ［白化］。すぐばけ［直化］。

▼接頭語 近世 す［素］。

ありふれた いっぱんてき［一般的］。近代 ありきたり［在来］。いちやう［一様］。コンベンショナル(conventional)。じゃうたう［常套］。つきなみ［月並／月次］。にちじゃうさはんじ［日常茶飯事］。へいぼん［平凡］。るいけいてき［類型的］。近世 ありてい［有体］。ありふれた。くちぢかし［口近］。ざら。しゃうふうてい［正風体］。ぞく［俗］。たいがい［大概］。ちんぷ［陳腐］。ふるて［古手］。何の変哲もない。中世 うちあり［打有］。かじゃう［家常］。かじゃうさはん［家常茶飯］。さはん［茶飯］。中古 かきまぜ［掻混］。じんじゃう［尋常］。ただこと／ただごと［只事／徒事］。上代 つね［常］。

—言葉 近世 たうご［套語］。

—生活 近世 かうしそうねう［行屎送尿］。

—つまらない本 ぼんしょ［凡書］。

—物 近世 かずもの［数物］。

—やり方 近代 じゃうたう［常套］。

▼接頭語 近世 かず［数］。

あ・る【有】 ないざい［内在］。近代 きそん［既存］。じつざい［実在］。じつぞん［実存］。中世 ある［有］。そんざい［存在］。中古 そんす／ぞんす［存］。上代 あり［有］。げんそん／げんぞん［現存］。

《尊／丁》近代 ございます。ざあます。近世 あります。おざいす。おざいます。おざりいす。おざる。ごあります。ござある。ございす。ござえす。ございやす。ござす。ござなさる。ござなる。ござりまうす。ござります。ござりやす。ござりんす。ござる。ござんやす。ごぜえす。ごぜえます。ごっす。ごんす。中世 おじゃる。おりゃある。おりゃらします。おりゃる。わたる［渡］。いますがり／いまそがり。うちあり。中古 おはします［在］。お

はす。ござさうらふ。さうらふ／さぶらふ［候／侍］。はべる／はんべる［侍］。まします。みまそがり［在／座］。ものす。〔上代〕なけなくに。ます。
《卑》〔近世〕げえす。げす。けつかる。
《枕》〔中古〕かげろふの［陽炎］［⇩あるかなきか］。〔上代〕ありきぬの［衣］。ありそなみ［荒磯波］。ありちがた［在千潟］。ありますげ［有馬菅］。

—・って困るもの よけいもの［余計物］。〔近代〕滅相もない。〔中古〕あらぬ。あるまじき。

—・ってはならない あろうことか。

—・ってもなくてもよいもの 〔近世〕ありなしもの［有無物］。

—・り余るさま 〔近世〕ふんだん。〔中世〕よゆう［余裕］。

—・り得ないこと ↓ **—・るはずがない(こと)**

—・りそうだ 〔中古〕あなり／あんなり。あべかめり。

—・りそうにない 〔近世〕まさか。〔中世〕ありがたし。〔中古〕さならず［然］。

—・りそうに見える げんかく［幻覚］。〔近代〕げんしゃう［幻像］。〔中世〕げんえい［幻影／幻翳］。〔中古〕げんざう［幻像］。まぼろし［幻］。

—・りたい 〔上代〕あらな。〔中世〕あらまし。ありがほし。〔中古〕あらまほし。

—・るかないか 〔中世〕ありやなしや［有無］。〔中古〕ありなし［有無］。

—・ることとないこと 〔近代〕いうむ［有無］。〔中世〕うむ［有無］。〔中古〕ありなし［有無］。

—・るそうだ 〔中世〕あんなり。〔中古〕あなり。

—・るだろう 〔中世〕ござろ［御座］。〔中古〕あんべい。あんべし。〔上代〕らむ。

—・るにちがいない 〔中古〕あべし／あんべし。ありなむ。

—・るのだ 〔中古〕あるぞかし。

—・るのだから 〔上代〕なけなくに。

—・るのに 〔上代〕なけなくに。

—・るはずがない(こと) 〔中世〕しろがらす［白烏］。きもうとかく［亀毛兎角］。とかく［兎角］。千に一つ。《句》〔近代〕烏(からす)を百度洗っても鷺にはならぬ。豆腐で歯を傷める。冷や飯から湯気が立つ。男猫が子を生む。〔近世〕霞に千鳥。卵の四角と女郎の誠。〔中世〕烏の頭白く馬角(まうのつの)を生ず。擂粉木(すりこぎ)に羽生ゆ［—生える］。〔中古〕石に花咲く。枯れ木に花。木に餅がなる。鼈(すっぽん)が時をつくる。雪中(せっちゅう)の筍(たけのこ)。瓢箪(へうたん)から駒が出る。晦日(みそか)に月が出る。〔中古〕水母(くらげ)(海月)の骨。枯木(こぼく)に花開く。

—・るはずだ 〔中古〕あべかめり。あべし／あんべし。

—・るはずのないことを待つ 〔近代〕百年河清を俟(ま)つ。〔中世〕烏(からす)の頭(かしら)が白くなるまで。

—・るらしい 〔近世〕ござめり。〔中古〕あべかめり。あめり／あんめり。ありげ。あんなり。〔上代〕あらし。

いつも—・る 〔中世〕じゃうざい［常在］。

中に—・ること ざいちゅう［在中］。〔近代〕ないざい［内在］。〔近世〕せんざい［潜在］。

まさに今—・る 〔近代〕とうゐ［当為］。〔上代〕げんそん／げんぞん［現存／見存］。

ある【或】 〔中世〕さる［然］。とある。〔上代〕ある［或］。

—朝 〔中古〕いってう［一朝］。

—女性 〔近世〕ぼうぢょ［某女］。

—所 〔近代〕ぼうしょ［某所］。〔中世〕とある。

—年 いちねん［一年］。〔中古〕ひととせ［一年］。

—日 〔近代〕いちにち［一日］。〔中古〕ひとひ［一日］。ぼうじつ［某日］。

—人 〔近世〕ぼう［某］。ぼうし［某氏］。〔中古〕かがし／くれ／くれがし［某］。

—物 なにか［何］。〔近代〕エトワス(ドイツ etwas)。サムシング(something)。

—ものは 〔中古〕あるは［或］。

—夜 〔近世〕いっせき［一夕］。〔中世〕いちや［一夜］。〔中古〕ひとよ［一夜］。

あるいは【或】 〔近代〕もしかして［若］。〔近世〕ただし／ただしは［但］。〔中世〕いや［否］。はたまた［将又］。〔中古〕あるいは［或］。さては［扨］。ないし／ないしは［乃至］。また／または［又］。もしくは［若］。

あるかぎり【有限】 ↓**ありったけ**

ある・く【歩】 〔近代〕かうほ［行歩］。てくシー(てくは「てくてく」の略で、「タクシー」をもじった語)。ほす［歩］。ひろふ［拾］。〔近世〕あいぶ［歩］。うんぽ［運歩］。〔中世〕あゆぐ［歩］。あよぶ［歩］。あるく［歩］。かちだち［徒立］。ぎゃうほ［行歩］。とほ［徒歩］。ほかう［歩行］。〔中古〕あゆぶ［歩］。あゆまひ［歩］。ありく［歩］。かちありき［徒歩］。かちより［徒歩］。ぎゃうぶ［行歩］。さしあゆむ［差歩］。はひわたる［這渡］。ふむ［踏］。〔上代〕あゆむ［歩］。かち［徒／徒歩］。

—・いて疲れたさま 〔近代〕足を擂粉木(すりこぎ)にする。足を棒にする。

—・き方 〔近代〕あしくせ［足癖］。ほてう［歩調］。〔近世〕あしつき［足］。あしどり［足取］。〔中世〕あしづかひ［足使／足遣］。あしなみ［足

並］。中古あしもと［足許／足下］。

—・き方（例）①［**普通の／元気な**］のしあるく［伸歩］。大手を振る。近代おしあるく［押歩］。きざみあし［刻足］。くゎんぽ［緩歩／寛歩］。てくてく。どしどし。近世くゎっぽ［闊歩］。たかあし［高足］。とことこ。のっしのっし。肩で風を切る。中世すたすた。のしのし。はやあし［早足／速歩］。中古じょほ［徐歩］。

—・き方（例）②［**弱々しい／歩きにくい**］うほ［禹歩］。おそあし［遅足］。近代よちよち。よぼよぼしい。近世えっちらおっちら。ひきずりげた［引下駄］。ぼくぼく。よぼよぼ。よろめく［蹌踉］。中世ちどりあし［千鳥足］。はふはふ［這這］。ひきあし［引足］。よたよた。よろぼふ［蹌踉／蹣跚］。中古じょほ［徐歩］。上代たづたづし。

—・き方（例）③［**その他の**］うちまた［内股］。うちわに［内鰐］。そとまた［外股］。そとわに［外鰐］。近代ちょこちょこあるき［歩］。近世さぐりあし［探足］。しのびあし［忍足］。すりあし［摺足］。ちゅうびねり［中捻］。ちょこちょこ。ちょこちょこありき［歩］。ぬきあしさしあし［抜足差足］。ねこあし［猫足／猫脚］。中世わにあし［鰐足］。中古ねる［練］。上代ぬきあし［抜足］。

—・き通す 近世あるきづめ［歩詰］。中世足に任す［—任せる］。上代たうは［蹈破］。たふは［踏破］。ゆきくらす／ゆきくる［—くれる］［行暮］（日暮れまで）。

—・き回る（例）①［**散歩／散策**］トレッキング（trekking）。近代ウオーキング（walking）。ハイキング／ハイク（hiking）。ひろひあるき［拾歩］。へんいう［遍遊］。まんぽ［漫歩］。ゆぎゃう［遊行］。近世いうかう［遊行］。中世さんさく［散策］。さんぽ［散歩］。すきありく［好歩］。へめぐる［経回］。中古ありく［歩］。しありく［為歩］。すずろありき／そぞろあるき［漫歩］。ただずみありく［佇歩］。めぐる［巡］。上代うかる［浮］。せうえう［逍遥］。たちもとほる／たもとほる［徘徊］。ばんくゎん［盤桓］。もとほる／もとほろふ［回］。

—・き回る（例）②［**うろつく**］ふらつく。近代ぶらぶらあるき［歩］。うろうろする。近世うろたふ［—たえる］［狼狽］。うろつく［彷徨］。ごろつく。はうくゎう［彷徨］。ぶらぶら。ほつきあるく／ほっつきあるく［歩］。中世うかれあるく［浮歩］。さそらふ［流離］。ぶらりぶらり。わうかう［横行］。中古さすらふ［流離］。さまよふ［彷徨］。上代たちもとほる［徘徊］。はいくゎい［徘徊］。

—・き回る（例）③［**その他**］股にかける。近代しゃうやう［倡佯］。近世ねりあるく［練歩］。中世あんぎゃ［行脚］。うりあるく［売歩］。うりまはる［売回］。ぎんかう［吟行］。けいくゎい［経回］。しありく［為歩］。たちまはる［立回］。ねりまはる［練回］。中古ゆるぎありく［揺歩］。ばっせう［跋渉］。上代ゆきめぐる［行巡］。

—・くことと小走りに走ること 近世ほすう［歩趨］。

—・く人 中古かちびと［徒人］。

—・く道 中古かちぢ［徒路］。

小股で—・くこと（さま） 近代いっすんあし［一寸足］。きざみあし［刻足］。ちょこちょこあるき［歩］。近世ちょこちょこ。ちょこちょこありき［歩］。とことこ。

取り乱して—・く 上代あざる。

人目を忍んで—・く 中古まぎれありく［紛歩］。

夫婦が一緒に—・くこと 近世いかけ［鋳掛］。

横に—・く 近世かいかう［蟹行］。上代よこさらふ［横去］。

夜道を—・く 中世やかう［夜行］。中古やぎゃう［夜行］。上代よみち［夜道／夜路］。

▼歩み →**あゆみ**

あれ【彼】（指示代名詞） 近世かの［彼］。中世あれ［彼］。か［彼］。なこ［那箇］。中古あ［彼］。上代かれ［彼］。

あれこれ【彼此】 どうこう。近代あれやこれや［彼此］。いさくさ。かくはん［各般］。なんだかだ／なんだかんだ。近世あれこれ［彼此／彼是］。おれそれ。さうかう［然斯］。だんだん［段段］。なにかと［何］。中世いくいく。とやかう／とやかく。なにやらかやら［何彼］。なんのかの［何彼］。中古かずかず［数数］。かたがた［方方］。かれこれ［彼此］。ことごと［事事］。これかれ［此彼］。とかう／とかく［左右／兎角］。とにかくに［兎角］。とやかくや。はしばし［端端］。ひだりみぎ［左右］。ふしぶし［節節］。なにくれ（と）［何］。なにやかや［何彼］。上代いろいろ［色色］。かにかくに。こちごち［此方］。こなたかなた［此方彼方］。とざまかうざま。

—言う 近世じごんじ［自言辞／二言辞］。どうのかうの。中世こぬ［こねる］［捏］。さう［左右］。中古さわぐ［騒］。

—言うことはない 中世子細に及ばず。

—する 中世あふさきるさ。中古しありく。

ーと思う 中古 おもひまはす[思回]。中古 あんず[案]。おぼしみだる[思乱]。おもひあつむ[思集]。おもひありく[思歩]。上代 おもひまどふ[思惑]。

あれとこれ【彼此】 近代 ひし[彼此]。中世 じた[自他]。

あれやこれや【彼此】 近代 あれやこれや[彼此]。近世 やれこれ。酢の蒟蒻(こんにゃく)の。中古 ちぢわくに[千千分]。とかく[兎角]。とやかくや。なにくれ[何]。なにやかや[何彼]。

ーと 中古 かたがた[方方]。なにくれと[何]。

あ・れる【荒】 近代 くゎうばく[荒漠]。近世 さびる[さびれる][寂/荒]。たいはい[頽廃/退廃]。れうらく[寥落/荒]。中古 あし[悪]。あばら。あらぶ[荒]。あらまし[荒]。あれまどふ[荒惑]。くゎうはい[荒廃]。くゎうりゃう[荒涼]。しだく[蹂]。すさむ[荒]。ぶあい[蕪穢]。上代 ある[あれる][荒]。すさぶ[荒]。

ー・れた家 はいか/はいけ[廃家]。近代 はいきょ[廃墟]。近世 はいたく[廃宅]。中世 そをく[疎屋/疏屋/麁屋]。はいをく[廃屋/敗屋]。中古 あさぢがやど[浅茅宿]。あさぢふのやど[浅茅生宿]。あばらや[荒屋]。かはらのまつ[瓦松]。つゆのやど[露宿]。むぐらのかど[葎門]。むぐらのやど[葎宿]。よもぎがやど[蓬宿]。よもぎのかど[蓬門]。→**いえ**

ー・れた海 近代 おほしけ[大時化]。きゃうたう[狂濤]。きゃうらんどたう[狂瀾怒濤]。しっぷうどたう[疾風怒濤]。近世 どてう[怒潮]。中世 きゃうらん[狂瀾]。

ー・れた天候 こうてん[荒天]。近代 あくてんこう[悪天候]。あれくるふ[荒狂]。きゃうへう[狂飆/狂飈]。近世 たけりくるふ[猛狂/哮狂]。ふぶく[吹雪]。中世 ふきすさぶ/ふきすさむ[吹荒]。中古 あらし[嵐]。きゃうふう[狂風]。

ー・れた野原(土地) 近代 あれば[荒場]。くゎうち[荒地]。くゎうど[荒土]。近世 さうらい[草萊]。中世 あれち[荒地]。あれの[荒野]。中古 かうかく/げうかく[磽确/墝埆]。くゎうげん[荒原]。くゎうぶ[荒蕪]。くゎうや[荒野]。けいきょく/けいぎょく[荊棘]。よもぎふ[蓬生]。上代 あさぢがはら[浅茅原]。あらの[荒野/曠野]。あらのら[荒野]。やぶはら[藪原]。

ー・れた町 ゴーストタウン(ghost town)。近代 あれむら[荒村]。くゎうじゃう[荒城]。はいきょ[廃墟]。中古 くゎうそん[荒村]。上代 くゎうと[荒都]。

会議などがー・れること 近代 ふんきう[紛糾]。中世 こんらん[混乱]。上代 ふんらん[紛乱]。

気持ちがー・れる 近代 ささくれる。近世 ささける。中古 すさむ[荒]。上代 すさぶ[荒]。

あわ【泡】 バブル(bubble)。近代 きはう[気泡]。ひまつ[飛沫]。近世 あぶく[泡]。中世 あわぶく[泡]。うたかた[泡沫]。すいまつ[水沫]。中古 すいはう[水泡]。みなつぼ[水粒]。上代 あわ[泡/沫]。はうまつ[泡沫]。みつぼ[水粒]。みなわ[水泡/水沫]。

ーができる 近代 はっぽう[発泡]。中世 あわだつ[泡立]。

ーの音 近代 ぶつぶつ。近世 ぶくぶく。

ーをつくる あわだてる[泡立]。ホイップ(whip)。

海水のー 近世 しほあわ/しほなわ[潮泡/潮沫]。中古 波の花。

スクリュー後部の水蒸気のー キャビテーション(cavitation)。

石鹸(せっけん)のー シャボンだま[(ポルトガル)sabão玉]。

流れる水のー 近代 りうまつ[流沫]。

湯が煮えるときのー 近代 ゆばな[湯花]。中世 ゆだま[湯玉]。

あわ・い【淡】 うすい[薄]。中世 ぼんやり。中古 あはし[淡]。かすか[幽]。上代 かそけし[幽]。→**うす・い**

ー・くなる 中世 うすろぐ[薄]。上代 うすらぐ[薄]。

ー・くほのかだ 中世 あはあはし[淡淡]。

あわさ・る【合】 ドッキング(docking)。一緒になる。近代 せつがふ[接合]。とうがふ[統合]。近世 がふいつ[合一]。けつがふ[結合]。中古 がったい[合体]。上代 くははる[加]。

ー・るさま ぴったり。近世 ぴっしゃり。

あわ・せる【合】 一つにする。近代 がっぺい[合併]。がふけい[合計]。とうがふ[統合]。近世 がふどう[合同]。けつがふ[結合]。中世 がっす[合]。こんがふ[混合]。こんぜん[渾然/混然]。まとむ[まとめる][纏]。中古 あはす[あわせる][合]。がったい[合体]。くはす[交]。さしあはす[差合]。上代 へいがふ[併合]。

ー・せて 中世 かつがつ[且且]。

ー・せて計算すること 近代 がっさん[合算]。がふけい[合計]。

あ

―・せて作ること 中古 がふじゃう［合成］。

―・せて勤めること へいにん［併任］。中世 かぬ［かねる］［兼］。

―・せて唱えること 近代 がっしゃう［合唱］。上代 しゃうわ［唱和］。しょうわ［称和］。

―・せて祭る 近世 がふし［合祀］。

―・せて持つ 近代 けんいう［兼有］。はういう［包有］。近世 へいいう［併有］。

外部の変化などに―・せる 中世 おうず［応］。

楽器の音などを―・せる 中古 ととのふ［―のえる］［調］。

あわただし・い【慌】 そそくさい。近代 めまぐるしい［目］。近世 あわただし［慌］。けはし［険］。せはしなし［忙］。せはせはし［忙忙］。へうこつ［飄忽／剽忽］。中世 きぜはし［気忙］。さうくゎう［倉皇／蒼惶］。さうさう［草草］。そうげき［怱劇］。中古 あわたたし［慌］。いそがし［忙］。いそがはし［忙］。くゎうくゎう［遑遑］。さうそつ［倉卒／草卒］。そうそう［匆匆／怱怱］。そうそつ［怱卒］。そうばう［怱忙］。そつぜん［卒然］。上代 いとまなし［暇無］。

―・いさま 近世 そそくさ。てんてこまひ［天手古舞］。とっぱかは／とはかは。とっぱくさ。とっぱさっぱ。→**いそがし・い**

―・く急ぐ 近代 きふきょ［急遽］。近世 ばたくさ。中世 足許から鳥が立つ。

―・く落ち着かない 中世 足をそら。中古 そぞばしる［遽走］。

―・く騒がしい 近代 がうさう［囂躁］。近世 がたくさ。

―・く呼ぶ 近世 しっこ［疾呼］。

あわてふため・く【慌】 →**あわ・てる**

あわてもの【慌者】 近代 うっかりもの［者］。中世 うろたへもの［狼狽者］。そこつもの［粗忽者］。上代 おほをそどり［鳥］。

―だ そそかしい／そそっかしい。

あわ・てる【慌】 近代 うきごし［浮腰］。きょうくゎう［恐慌］。さわうさわう［左往右往］。しうしゃう／しうしゃうらうばい［周章狼狽］。ひとあわ［一泡］。近世 うろたふ〔うろたえる〕［狼狽］。うろたへまはる［狼狽回］。てんたう［転倒／顛倒］。てんどう［転動／顛動］。どうてん［動転］。とちめんぼう［栃面棒］。まごつく。中世 あわてふためく［慌］。いそぎふためく［急］。うわうさわう［右往左往］。くるめく［眩］。とちめく。とばつく。ふためく。まどふ［惑］。中古 あわつ〔あわてる〕［慌／周章］。いそぎまどふ［急惑］。けいえい／けいめい［経営］。てまどはし／てまどひ［手惑］。どうず［動］。まどふ［惑］。らうばい［狼狽］。上代 いすすく。

《句》近代 慌てる蟹は穴へ這入れぬ。慌てる乞食は貰ひが少ない。

―・させる 近世 一泡吹かせる。泡を吹かす。

―・ず落ち着いている 近代 じじゃく［自若］。ゆうゆう［裕裕］。中世 いういう［悠悠］。いういうかんかん［悠悠閑閑／優優簡簡］。いういうくゎんくゎん［悠悠緩緩／優優寛寛］。ゆったり。中古 こころしづか［心静］。のどか［長閑］。

―・てて来る 中古 まどひく［惑来］。

―・てて出る 中古 まどひいづ［惑出］。

―・てるさま 近代 きりきりまひ［舞］。じたばた。どたばた。近世 あたふた。とばとば。泡を食ふ。蟹の穴這入り。倒けつ転びつ。中世 うろうろ。足をそら。手の舞ひ足の踏む所を知らず。中古 はふはふ［這這］。

▼気ぜわしい 中世 せはしなし［忙］。

あわび【鮑】 近代 いそがひ［磯貝］。中世 あふび［鮑］。中古 かひあふび［貝鮑］。せきけつめい［石決明］。上代 あはび［鮑］。

▼助数詞 まい［枚］。こ［個］。

あわれ【哀】 近代 あいぜつ［哀絶］。パセティック(pathetic)。近世 あはれし［哀］。みじめ［惨］。みそぼらしい。中世 いたまし［痛／傷］。かなしみ［悲］。さんぜん［惨然］。びんぜん［憫然／愍然］。みすぼらし。中古 あいあい［哀哀］。あはれ［哀］。ふびん［不便／不憫／不愍］。

―・な様子になる 中古 しほたる〔―たれる〕［潮垂］。

あわれみ【憐】 近代 あいびん［愛憫］。きうじゅつ［救恤］。じゅっきう［恤救］。しょくしょく／そくそく［惻惻］。びんさつ［憫察］。びんりゃう［憫諒］。れんじゃう［憐情］。れんびん［憐憫／憐愍］。近世 あいじゅつ［愛恤］。じぜん［慈善］。中世 あはれみ［憐］。いつくしみ［慈］。すいれん［垂憐］。中古 あいびん／あいみん［哀愍／哀憫］。あいれん［哀憐］。あはれぶ［哀］。いたはり［労］。おもひやり［思遣］。じんじょ［仁恕］。どうじゃう［同情］。なさけ［情］。れんみん［憐憫／憐愍］。上代 いたぶ［傷］。おんじゅつ［恩恤］。きょうじゅつ［矜恤］。じひ［慈悲］。そくいん［惻隠］。そんじゅつ［存恤］。

無益な― 近代 宋襄の仁。

あん【案】 あおじゃしん［青写真］。しあん［試

案]。そあん[素案]。たたきだい[叩台]。近代アイディア(idea)。きくゎく[企画]。げんあん[原案]。しあん[私案]。たいあん[対案]。プラン(plan)。近世かんがへ[考]。けいくゎく[計画]。ふくあん[腹案]。中世くはだて[企]。さうあん[草案]。もくろみ[目論見／目論]。中古あん[案]。はからひ[計／図]。はかりごと[謀]。上代さく[策]。

《謙》中古ぐあん[愚案]。

―を改めること かいあん[改案]。

―を作ること きあん[起案]。プランニング(planning)。近代あんしゅつ[案出]。きくゎく[企画／企劃]。さうあん[創案]。はつあん[発案]。近世りつあん[立案]。中世あんじいだす／あんじだす[案出]。

あらかじめ考えていた― 近世ふくあん[腹案]。

仮の― しあん[試案]。

代わりの― 近代だいあん[代案]。

手段(方法)の備わった― ぐあん[具案]。

優れた― りょうあん[良案]。近代めいあん[名案]。近世めうあん[妙案]。

一つの― 近代いちあん[一案]。

未解決の― 近代けんあん[懸案]。

▼思った通り 近世案の定(ぢやう)。中古はたして[果]。さればこそ。さればよ。

▼思った通りでない 中古あんぐゎい[案外]。ぞんぐゎい[存外]。案の外(ほか)。

あん【餡】 近代あんこ[餡]。中世あん[餡]。

―のいろいろ(例) いもあん[芋餡]。くりあん[栗餡]。さらしあん[晒餡]。しろあん[白餡]。つぶあん[粒餡]。つぶしあん[潰餡]。ねりあん[練餡／煉餡]。ねりきり[練切／煉切]。

▼あんころ餅 近世あんも[餡餅]。中世あづきもち[小豆餅]。あんぴん[餡餅]。あんもち[餡餅]。

あん【庵】 中古さうあん[草庵]。中世あん[庵]。上代いほり[庵]。→**いえ**

あんい【安易】 近代あんちょく[安直]。イージー(easy)。けいべん[軽便]。のんびり。むしんけい[無神経]。近世かるゆき[軽行]。かんたん[簡単]。かんべん[簡便]。きがる[気軽]。きらく[気楽]。こやすい[小安]。てがる[手軽]。中世あんい[安易]。あんいつ[安逸]。かんい[簡易]。のんき[呑気／暢気／暖気]。ようい[容易]。中古あさはか[浅]。上代たやすし[容易]。

―な解決策 デウスエクスマキナ(ラテン deus ex machina)。

―な予測 近世高を括る。

考えが― あまっちょろい[甘]。近世あましい[甘]。ちょろい。

あんか【安価】 近代あんか[安価]。ていれん[低廉]。やすね[安値]。近世れんか[廉価]。→**やす・い【安】**

あんがい【案外】 →**いがい【意外】**

あんき【暗記】 ぼうあんき[棒暗記]。まるあんき[丸暗記]。近代あんしき[諳識]。頭に入れる。近世あんき[暗記]。おぼえこむ[覚込]。しょうどく[誦読]。そらおぼえ[空覚]。そらんず[諳]。ちう[宙]。中古うかぶ[うかべる]／うかむ[浮]。ききうかぶ[聞浮]。そらにす[空]。そらよみ[空読]。

あんぎゃ【行脚】 上代あんじゅ／あんしょう[暗誦／諳誦]。中世あんぎゃ[行脚]。いっしょふぢゅう[一所不住]。しゅぎゃう／すぎゃう[修行]。とそう[抖擻／斗擻]。中古づだ[頭陀]。ゆぎゃう[遊行]。錫(しゃく)を飛ばす。

―僧 近世うんすい[雲水]。中世かくり[客裡／客裏]。すいうん[水雲]。中古うんなふ[雲衲]。きゃくそう[客僧]。

あんきょ【暗渠】 あんこう[暗溝]。はいすいろ[排水路]。近代あんきょ[暗渠]。はいすいこう[排水溝]。近世げすいだう[下水道]。こうきょ[溝渠]。中古うづみひ[埋樋]。上代したび[下樋]。

あんぐう【行宮】 近世あんぐう[行宮]。中世あんきゅう[行宮]。中古かうきゅう[行宮]。上代あんざいしょ[行在所]。いでましのみや[出座宮]。かりみや[仮宮]。

アングル(angle) 近代アングル。かくど[角度]。中古かど[角]。上代すみ[隅]。

アンケート(フランス enquête) しつもん[質問]。せろんちょうさ／よろんちょうさ[世論調査]。

あんけん【案件】 しんぎじこう[審議事項]。近代あんけん[案件]。ぎあん[議案]。けんじけん[件]。じけん[事件]。

あんごう【暗号】 近代サイン(sign)。近世ふがう[符号]。中世あひづ[合図]。あんがう[暗号]。きがう[記号]。

あんこく【暗黒】 近代ぜつばう[絶望]。近世しっこく[漆黒]。あんたん[暗澹]。いんうつ[陰鬱]。中世あんこく[暗黒]。まっくら[真暗]。まっくらやみ[真暗闇]。中古くらやみ[暗闇]。こくあん[黒暗]。上代くらし[暗]。やみ[闇]。→**やみ**

―政治 きょうふせいじ[恐怖政治]。

―面 近代あんめん[暗面]。ダークサイド

(dark side)。

あんさつしゃ【暗殺者】 アサシン(Assassin)。ころしや[殺屋]。近代 さつじんしゃ[殺人者]。テロリスト(terrorist)。近世 せきかく[刺客]。中世 しかく／しきゃく[刺客]。

あんざん【暗算】 近代 あんざん[暗算]。近世 むなざんよう／むねざんよう[胸算用]。めのこ[目子]。めのこかんぢゃう[目子勘定]。めのこざん[目子算]。めのこざんよう[目子算用]。中世 もくさん[目算]。

あんざん【安産】 近世 こやす[子安]。中世 あんざん[安産]。

―の神 こやすがみ[子安神]。

あんじ【暗示】 近代 あんじ[暗示]。サジェスチョン(suggestion)。しさ[示唆]。ヒント(hint)。ふうじ[諷示]。もくじ[黙示]。中古 おぼめかす。にほはす[―わせる][匂]。ほのめかす[仄]。

あんじゅう【安住】 中世 あんど[安堵]。ぢゅうす[住]。中古 ありつく[在付]。あんぢゅう[安住]。まんぞく[満足]。

―の地がない 中古 さんがいむあん[三界無安]。三界さんがいに家無し。

あんしょう【暗礁】 リーフ(reef)。近代 かくれいは[隠岩]。デッドロック(deadlock)。近世 あんせう[暗礁]。上代 いくり[海石]。

―に船が乗り上げる 近代 ざせう[座礁／坐礁]。

あんしょう【暗誦】 →**あんき**

あんしん【安心】 胸を撫なで下ろす。近代 きうしん[休心]。こころぢゃうぶ[心丈夫]。やすんずる[安]。堵とに安んずる。近世 おちつく[落着]。中世 あんしん[安心]。あんぜん[安全]。あんど[安堵]。あんりょ[安慮]。こころながし[心長]。とりのぶ[取延]。帯を解く。中古 あんのん／あんをん[安穏]。うしろやすし[後安]。おちゐる[落居]。おもひなし[思無]。くつろぐ[寛]。こころやすし[心安]。したやすし[下安]。たる[足]。やすむ[休]。事にもあらず。愁眉しゅうびを開く。上代 あんねい[安寧]。あんらく[安楽]。とく[解]。やすらか[安]。

―・して眠る 近世 たかまくら[高枕]。中世 たかいびき[高鼾]。

―・して発する語 中世 やれやれ。

―できる所がない 中古 手足しゅそくを措おく所なし。

―の表情 近代 眉を伸べる。中古 眉を開く。

少し― 近代 せうあん[小安／少安]。

その場だけの― 近世 きやすめ[気休]。

頼れる人(物)があって― 大船に乗ったよう。親船に乗ったよう。近世 きぢゃうぶ[気丈夫]。きづよい[気強]。中古 こころづよし[心強]。

あん・じる【案】 →**しんぱい**

あんず【杏】 アプリコット(apricot)。近代 さきゃう[沙杏]。近世 えどもも[江戸桃]。じゅせいたう[寿星桃]。はたんきゃう[巴旦杏]。中世 あんず[杏／杏子]。中古 からもも[唐桃]。

―の花 中古 きゃうくゎ[杏花]。

―の林 きょうりん[杏林]。

あん・ずる【案】 →**しんぱい**

あんぜん【安全】 セーフティー(safety)。セキュリティー(security)。近世 あんかう[安康]。あんぺい[安平]。まったい[全]。中世 あんぜん[安全]。あんたい[安泰]。へいわ[平和]。へいをん[平穏]。足許の明るいうち。中古 あんのん／あんをん[安穏]。おだやか[穏]。上代 あんねい[安寧]。そくさい[息災]。ぶじ[無事]。へいあん[平安]。やすらか[安]。

《句》近代 降らぬ(濡ぬれぬ)先の傘。近世 石橋を叩たたいて渡る。転ばぬ先の杖つえ。念には念を入れよ。

―か危険か 中古 あんき[安危]。

―地帯(鳥獣保護区／安全な隠れ家) サンクチュアリ(sanctuary)。

―保障 セキュリティー(security)。

―を保つこと 近代 ほうぜん[保全]。中世 ほぜん[保全]。中古 ちあん[治安]。

あんそく【安息】 →**くつろ・ぐ**

あんたい【安泰】 →**あんぜん**

あんたん【暗澹】 近代 ぜつばうてき[絶望的]。近世 あんたん[暗澹]。中世 あんこく[暗黒]。中古 あんぜん[暗然]。

あんちょく【安直】 近代 あんちょく[安直]。イージー(easy)。きがる／きがるい[気軽]。けいべん[軽便]。近世 かるゆき[軽行]。かんたん[簡単]。かんべん[簡便]。きらく[気楽]。てがる[手軽]。中世 あんい[安易]。かんい[簡易]。かんりゃく[簡略]。→**あんい**

あんてい【安定】 近代 あんてい[安定]。スタビリティー(stability)。ていちゃく[定着]。むふう[無風]。家給し人足る。根を張る。近世 いってい[一定]。おとしつく[落着]。こてい[固定]。すわり[座／坐]。をさまり[収／治／納]。中世 おちつき[落着]。さだ

む〔さだめる〕［定］。ふどう［不動］。中古さだまる［定］。ぢゅうす［住］。上代とのほる［調］。ばんじゃく［盤石／磐石］。

—・させる 近世かため［固］。けいざい［経済］。中世あんぐゎ［安臥］。へいきん／へいぎん［平均］。泰山（太山／岱山）の安きに置く。

—・していない 腰が砕ける。近代ぐらぐら。ふあんてい［不安定］。ふらふら。近世ぐれりぐれり。ゆれる［揺］。中世ただよふ［漂］。

騒ぎがしばらく—・すること 近世せうかう［小康］。

豊かで—・している 近世ねづよし［根強］。

あんどん【行灯】 中世あんどん 近世しとう［紙灯］。ぼんぼり［雪洞］。中世あんどん［行灯］。

—のいろいろ(例) 近代あみあんどん［網行灯］。ゑあんどん［絵行灯］。近世ありあけ［有明］。ありあけあんどん［有明行灯］。おきなあんどん［翁行灯］。かくあんどん［角行灯］。がくあんどん［額行灯］。がくどうろう［額灯籠］。かけあんどん［掛行灯］。かごあんどん［籠行灯］。かどあんどん［門行灯］。かなあんどん［金行灯］。つりあんどん［釣行灯／吊行灯］。まるあんどん［丸行灯］。をりかけどうろう［折掛灯籠］。

あんない【案内】❶〈導き知らせる〉 ガイド(guide)。リード(lead)。近代ししん［指針］。だうへう［道標］。近世いうだう［誘導］。しだう［指導］。しらせ［知］。せんてい［筌蹄］。てほどき［手解］。みちあんない［道案内］。道の枝折（しをり）。中世じんしょ［尋所］。じんじょう［尋承］。てびき［手引］。みちしるべ［道標／道導／路導］。中古あないんだう［引導］。きゃうだう［嚮導］。しなん［指南］。しをり［枝折］。せうそこ［消息］。みちびく［導］。上代しるべ［導］。

—者 近代ガイド(guide)。せんだうしゃ［先導者］。リーダー(leader)。せんだう［先導］。じんじょう［尋承］。中世じんしょ［尋所］。せんだち／せんだつ［先達］。つゆはらひ［露払］。ひきて［引手］。

—書 しなんしょ［指南書］。てびき［手引］。てびきしょ［手引書］。にゅうもんしょ［入門書］。プライマー(primer)。マニュアル(manual)。近代ガイドブック(guidebook)。ハンドブック(handbook)。びんらん／べんらん［便覧］。近世しほり［栞］。しをり［枝折］。そでかがみ［袖鑑］。わうらいもの［往来物］。↓

てびき

—所 インフォメーション(information)。近代ビューロー(bureau)。

海上の— けいとうふひょう［挂灯浮標］。けいとうりゅうひょう［挂灯立標］。ちゅうひょう［昼標］。とうかん［灯竿］。とうだい［灯台］。とうひょう［灯標］。とうふひょう［灯浮標］。りっぴょう［立標］。近代ブイ(buoy)。ふへう［浮標］。

登山者の— 近世がうりき［強力／剛力］。

水先— 近代パイロット(pilot)。みづさきにん［水先人］。上代みをひき／みをびき［澪引／水脈引］。

水先—の船 パイロットボート(pilot boat)。近代みづさきせん［水先船］。

道の— ガイドポスト(guidepost)。近代だうへう［道標］。ろへう［路標］。近世みちあんない［道案内］。みちしるべ［道標］。

あんない【案内】❷〈受け付け〉 インフォメーション(information)。近代うけつけ［受付］。中古せうかい［紹介］。とりつぎ［取次］。

—を請う 中世たのむ［頼］。ものまうす／ものまうす／ものまをす［物申］。中古せうそこ［消息］。扇を鳴らす。

あんに【暗】 さりげなく。ひそかに［秘］。ひみつり［秘密裏／秘密裡］。それとなく。それとなしに。近代あんあんり［暗暗裏］。あんもく［暗黙］。あんもくり［暗黙裏／暗黙裡］。シークレット(secret)。近世こっそり。ないみつ［内密］。ゑんきょく［婉曲］。言はず語らず。中世ないない［内内］。中古あんに［暗］。

あんねい【安寧】 近代ピース(peace)。中世へいわ［平和］。中古ちあん［治安］。上代あんねい［安寧］。たいへい［太平］。てんかたいへい［天下太平／天下泰平］。やすらか［安］。↓**あんしん**

あんのん【安穏】 近代せいをん［静穏］。近世あんかう［安康］。中世へいをん［平穏］。中古あんのん／あんをん［安穏］。つつがなし［恙無］。上代あんらく［安楽］。のどか［長閑］。ぶじ［無事］。事もなし。↓**あんしん**

あんばい【塩梅】 あじかげん［味加減］。けんこうじょうたい［健康状態］。たいちょう［体調］。近代じゃうきゃう［状況］。てうし［調子］。近世かげん［加減］。ぐあひ［具合］。中世あんばい［塩梅／按配／按排］。やうす［様子］。ようす［容子］。

アンパイア(umpire) 近代アンパイア。ジャッジ(judge)。しんぱん[審判]。レフェリー(referee)。

あんぴ【安否】 近代きんきゃう[近況]。近世いなせ[否諾]。中世あんぴ／あんぷ[安否]。中古きげん[機嫌／譏嫌]。せうそく[消息]。そんぴ[存否]。

ーを尋ねる 機嫌を伺う。近代そんぶん[存問]。中世とむらふ[訪]。もんあん[問安]。中古おとづる[おとずれる][訪]。そんもん[存問]。

あんま【按摩】 近世けんぺき[痃癖／肩癖]。だういん[導引]。もみれうぢ[揉療治]。上代あんま[按摩]。

あんみん【安眠】 近代かうみん[高眠]。くゎいみん[快眠]。しらかはよぶね[白川夜舟／白川夜船]。中世あんみん[安眠]。たかまくら[高枕]。やすい[安寝]。上代うまい[熟睡]。

あんもく【暗黙】 近代あんもく[暗黙]。ちんもく[沈黙]。むげん[無言]。中古むごん[無言]。→**あんに**

ーに意思を通じ合う 近代もくし／もくじ[黙示]。近世もくけい[黙契]。阿吽(あうん)の呼吸。言はず語らず。中世いしんでんしん[以心伝心]。

ーのうちに認める 近代もくにん[黙認]。

あんらく【安楽】 ゆうゆう[悠悠]。近代こうあん[苟安]。のんびり。やすらぎ[安]。近世あんいつ[安逸]。いっきょ[逸居／佚居]。きらく[気楽]。たいへいらく[太平楽]。のえふす[偃]。ひだりあふぎ[左扇]。ひだりうちは[左団扇]。やすやす[安安]。中世あんかん[安閑]。のんき[暢気]。中古あんのん／あんをん[安穏]。ちうあん／とうあん[偸安]。上代あんらく[安楽]。

《句》近世左団扇に長煙管(ながぎせる)。

ー死 オイタナジー(ドイツ Euthanasie)。ユーサネイジア(euthanasia)。

老後のー 近世おいらく[老]。

い

い【胃】 近代ゐぶ[胃部]。近世ゐぶくろ[胃袋]。中世ゐのふ[胃腑]。中古ゐ[胃]。

ーが丈夫なこと 近代けんゐ[健胃]。

ーが慢性的に弱いこと 近代ゐじゃく[胃弱]。

ーの入口 近代ふんもん[噴門]。

ーの出口 近代いうもん[幽門]。

ーの病気(異状) いアトニー[胃(ドイツ)Atonie]。いかいよう[胃潰瘍]。いかくちょう[胃拡張]。いカタル[胃(オランダ)catarre]。いがん[胃癌]。いさんかたしょう[胃酸過多症]。いさんけつぼうしょう[胃酸欠乏症]。いさんげんしょうしょう[胃酸減少症]。いせんこう[胃穿孔]。かさんしょう[過酸症]。もたれる[凭／靠]。ゆうもんきょうさく[幽門狭窄]。近代ゐえん[胃炎]。ゐかすい[胃下垂]。ゐけいれん[胃痙攣]。ゐつう[胃痛]。ゐびゃう[胃病]。近世かく[膈]。

牛や羊などのー 上代みげ[肱]。

い【藺】→**いぐさ**

いあつ【威圧】 おし[押]。こうしせい[高姿勢]。だいじょうだん[大上段]。にらみ[睨]。辺りを払う。馬を鹿。嵩(かさ)にかかる。肩を怒(いか)らす。近代あっせいてき[圧制的]。かうあつてき[高圧的]。きゃうせいてき[強制的]。けんせい[牽制]。ゐあつ[威圧]。近世あたまごなし[頭]。あっす[圧]。あっぱく[圧迫]。こはおもて[強面]。けんぺい[権柄]。たかびしゃ[高飛車]。むりあふじゃう[無理圧状]。むりわうじゃう[無理往生]。中世わうへい[横柄]。ゐたけだか[居丈高]。中古ひかり[光]。ゐせい[威勢]。上代いからす[怒]。→**あっとう**

いあん【慰安】 レジャー(leisure)。近代アミューズメント(amusement)。レクリエーション(recreation)。だんらん[団欒]。近世ごらく[娯楽]。ゐあん[慰安]。中世くつろぎ[寛]。ゐぶ[慰撫]。中古なぐさみ[慰]。ゐらう[慰労]。→**ごらく**

い・い【良】→**よ・い**

いいあやまり【言誤】→**いいそこない**

いいあらそい【言争】 いいあい[言合]。近代いひあらそひ[言争]。くちあらそひ[口争]。くちげんくゎ[口喧嘩]。ことばたがへ[言葉違]。牛の角突き合ひ。口舌(こうぜつ)の争ひ。近世おしあひ[押合]。おしもんだふ[押問答]。くぜつ[口舌]。ぜっせん[舌戦]。ものいひ[物言]。ろっぱん[論判]。中世あらがひ[争／諍]。くうろん[口論]。ろんぱん[論判]。中古いさかひ[諍]。いろひ[綺／弄]。くぜち[口舌／口説]。こうろん[口論]。上代さうろん[争論]。

ーが起こる 近世もむ〔もめる〕[揉]。

いいあらそ・う【言争】 近世おしあふ[押合]。ねぢあふ[捩合]。中世あらがふ[抗／争／諍]。くぜる／ぐぜる[口舌／口説]。さしあ

ふ［差合］。〈中古〉いさかふ［諍］。いひあらそふ［言争］。いひしろふ［言］。いひむかふ［言迎］。ろんず［論］。〈近世〉いひしらく［―しらける］［言白］。〈上代〉あげつらふ［論］。

―って負ける 〈中世〉いひまく［―まける］［言負］。

負けずに―・う 〈中世〉いひかつ［言勝］。〈中古〉くちごはし［口強］。

いいえ 〈近代〉ナイン（ドイツ nein）。ノン（フランス non）。ノー（no）。〈近世〉いいえ。いえ。いやさ。〈中世〉いいや。いや。〈中古〉あらず［非］。いで。いでや。なにか［何］。〈上代〉いな／いなや［否］。

いいかえ・す【言返】 〈近代〉はんげん［反言］。やりかへす［返］。〈近世〉おうしう［応酬］。かひことば［買言葉］。ことばがへし［言葉返］。さかねぢ［逆捩］。〈中世〉くちごたへ［口答］。言葉を返す。〈中古〉いひかへす［言返］。《謙》〈中古〉きこえかへす［聞返］。まうしかへす［申返］。

いいか・える【言換】 〈近代〉くゎんげん［換言］。〈近世〉せつい［切意］。やくす［訳］。〈中古〉いひかふ［―かえる］［言換／言替／言易］。

―・えれば 〈近代〉換言すれば。別言すれば。〈近世〉つまり。とりもなほさず。〈中古〉すなはち［即／則／乃］。

いいがかり【言掛】 いちゃもん。〈近代〉いんねん［因縁］。うりことば［売言葉］。くじゃう［苦情］。〈近世〉いひかけ［言掛］。いひぐさ［言種／言草］。いひぶん［言分］。ぐづり［愚図］。なんくせ［難癖］。ねだりごと／ねだれごと［強請言］。ふし［節］。むりなんだい［無理難題］。もがり［強請／虎落］。糸屋の地震。〈中世〉いひがかり［言掛］。〈中古〉ざふげん／ざふごん［雑言］。

―をつける あげ足を取る。〈近代〉因縁をつける。〈近世〉いひかく［―かける］［言掛］。ぐづる［愚図］。つっかかる［突掛］。ねだる［強請］。〈中世〉からみつく［絡付］。からむ［絡／搦］。〈中古〉もがる［強請／虎落］。〈上代〉からまる［絡］。

いいかげん【好加減】 〈近代〉あんい［安易］。いいかげん［好加減］。イージー（easy）。ちゃらんぽらん。はうまん［放漫／放慢］。ふまじめ［不真面目］。むせきにん［無責任］。ゆるふん［緩褌］。ルーズ（loose）。等閑（とうかん）に付す。〈近世〉あてずっぽう。うやむや［有耶無耶］。おざなり［御座形］。おほざっぱ［大雑把］。おほぞら［大空］。けりゃう［仮令］。ざつ［雑］。しらくら［白黒］。ぞんざい。たいがい［大概］。ちゅうぐくり［中括］。づさん［杜撰］。づろう［杜漏］。ついした。とほりいっぺん［通一遍］。なからはんじゃく［半半尺］。なまはんじゃく［生半尺］。めった［滅多］。よた［与太］。〈中世〉およそ［凡］。くゎうりゃう［荒涼／広量］。そまん［疎慢／粗慢］。なかぞら［中空］。なげやり［投遣］。ゆるがせ［忽］。れうじ［聊爾］。〈中古〉あいまい［曖昧］。あだおろそか／あだやおろそか［徒疎］。うく［浮］。うはのそら［上空］。おほざう／おほぞう。おろそか［疎］。かるがるし／かろがろし［軽軽］。じょさい／にょざい［如才／如在］。そら［空］。そろう［疎漏／粗漏／麁漏］。たいだいし［怠怠］。とうかん［等閑］。なのめ［斜］。なほざり［等閑］。ゆる［緩］。〈上代〉おほ［凡］。おほろか／おぼろか。そりゃく［粗略］。

―・な聞き方 空吹く風と聞き流す。〈中世〉なまぎき［生聞］。

―・な気持ちで行う 〈近代〉あそびはんぶん［遊半分］。〈中古〉なほざりごと［等閑事］。

―・なでたらめ 〈近代〉ちげん［痴言］。でまかせ［出任］。まうだん［妄談］。〈近世〉あてずいりゃう［当推量］。あてずっぽう。ちゃらくら。〈中世〉ばうだん［妄談］。〈中古〉みだりごと／みだれごと［乱言］。

―・な人 〈近世〉おほはずもの［大筈者］。〈中世〉えせかたうど［似非方人］。

―・に 〈近世〉そこそこに。〈中古〉おろおろ。

―・にしておくこと 〈近代〉かんきゃく［閑却］。はうまん［放漫］。〈近世〉ろくづき［六突］。袖にす。〈中古〉おこたる［怠］。

―・にして怠けること けまん［懈慢］。手を抜く。

―・にする 〈近世〉袖にす。袖になす。〈中古〉おこたる［怠］。

扱いが― 〈近世〉ちゅうぐくり［中括］。〈中世〉あざむく［欺］。あしらふ。〈上代〉そりゃく［粗略］。

調子がよくて― うわちょうし［上調子］。〈近世〉うはすべり［上滑］。おざなり［御座成］。ざなり［座成］。〈中世〉なかぞら［中空］。〈中古〉なほざりごと［等閑事］。

いいかた【言方】 あや［綾］。エクスプレッション（expression）。〈近代〉いひかた［言方］。ごき［語気］。いひまへ［言前］。こうふん［口吻］。はなしかた［話方］。〈近世〉いひぐさ［言種／言草］。いひざま［言様］。いひまはし［言回］。くちまへ［口前］。くてう［口調］。こうき［口気］。ことばのあや［言葉綾］。はなしぶり［話振］。〈中世〉いひやう［言様］。くちぶり［口振／口吻］。こうじゃう［口上］。

ことばつき［言葉付］。こわさき［声先］。こわざし［声差］。じき［辞気］。中古 くちつき［口付］。ことばづかひ［言葉遣］。したぶり［舌振］。べんぜつ［弁舌］。ものいひ［物言］。

—が甘ったるい 近世 したたるし［舌］。したるし［舌］。

—が軽々しい 中世 くちがろし［口軽］。中古 くちがるし［口軽］。

—が下品 中世 くちぎたなし［口汚］。

—がはっきりしない 近世 したたらず［舌足］。中古 したつき［舌］。

—が早い 近代 しつげん［疾言］。立て板に水。近世 したばや［舌速］。中古 くちとし［口疾］。

—が下手 近代 くちべた［口下手］。中古 くちづつ［口］。くちてづつ［口手］。横板に雨垂れ。

—が立派 中古 くちぎよし［口清］。

—を罵る語 近世 いけくち［口］。

歌舞伎役者の— 近世 こうせき［口跡］。

決まった— 近代 せいく［成句］。

誤解されやすい— 近代 ごへい［語弊］。

巧みな— 近世 べんかう［弁巧］。中世 きょうげんりこう［興言利口］。中古 めうく［妙句］。

▼口調 中世 こわさき［声先］。

▼早口 近代 くちど［口疾］。中古 くちとし［口疾］。したど／したどし［舌疾］。

いいか・ねる【言兼】 近代 いひしぶる［言渋］。いひそびれる［言］。いひよどむ［言淀］。中世 いひかぬ［—かねる］［言兼］。くちごもる［口籠］。中古 いひにくし［言］。ことこむ［言籠］。

いいかわ・す【言交】 近代 くちやくそく［口約束］。近世 はなしあふ［話合］。中古 あひしる［相知］。いひあはす［—あわせる］［言合］。いひかはす［言交］。うちかたらふ［打語］。ことかたらふ［言語］。

《謙》中古 きこえかはす［聞交］。まうしかはす［申交］。

いいきか・せる【言聞】 近代 くどく［口説］。せつゆ［説諭］。ときこむ［説込］。ときふせる［説伏］。ゆし［諭旨］。近世 くくむ［くくめる］［銜／哺］。せつゆ［説諭］。ときさとす［説諭］。わる［割］。因果を含む［—含める］。中世 かたらひ［語］。こしらふ［こしらえる］［慰／喩］。せっけう［説教］。つめふす［—ふせる］［詰伏］。ふくむ［ふくめる］［含］。宣命(せみやう)を含む［—含める］。中古 いひきかす［—きかせる］［言聞］。いひくくむ［言含］。いひふくむ［—ふくめる］［言含］。とく［説］。上代 さとす［諭］。せっぽふ［説法］。

いいき・る【言切】 →だんてい

いいぐさ【言種】 近代 せりふ［台詞／科白］。もんく［文句］。近世 いひぐさ［言種／言草］。中世 いひぶん［言分］。中古 こうじつ［口実］。ことぐさ［言種／言草］。

いいくる・める【言包】 いいまるめる［言丸］。近代 いひつくろふ［言繕］。まるめこむ［丸込］。近世 いひくるむ［—くるめる］［言包］。いひくろむ［—くろめる］［言包］。ごまかす［誤魔化］。ちょぼくる。とりつくろふ［取繕］。まるむ［まるめる］［丸］。中世 いひすくむ［—すくめる］［言竦］。中古 いひのがる［—のがれる］［言逃］。かたらひなびかす［語靡］。

《句》近代 鹿を馬。白を黒。近世 鷺(さぎ)を烏(からす)。

いいしぶ・る【言渋】 →いいか・ねる

いいす・ぎる【言過】 近代 いつげん［逸言］。いひすぎる［言過］。大風呂敷を広げる。言葉が過ぎる。近世 くゎげん［過言］。したなが［舌長］。鰓(えら)（腮／顋）が過ぐ［—過ぎる］。中世 くゎうげん［広言／荒言］。口が過ぐ［—過ぎる］。中古 いひすごす［言過］。いひそす［言過］。くゎごん［過言］。

—・ぎることによる災い ぜっか［舌禍］。

いいそこな・い【言損】 いいまちがい［言間違］。近代 いひおとす［言落］。いひもらす［言漏］。近世 いひあやまり［言誤］。中世 いひそこなひ［言損］。ごんしつ［言失］。中古 ことあやまり［言誤］。

いいそび・れる【言】 近代 いひそびれる［言］。近世 いひそそくる［—そそくれる］［言］。だしおくる［—おくれる］［出遅］。中世 いひはぐる［—はぐれる］［言逸］。中古 いひあやまる［言誤］。いひそこなふ［言損］。→いいちが・える

いいたいほうだい【言放題】 近代 はうだん［放談］。勝手な熱を吹く。近世 たいへい／たいへいらく［太平楽］。へらずぐち［減口］。中世 はうげん［放言］。口を叩く。中古 いひたて［言立］。はうごん［放言］。

▼言いたいことが言えない 中古 腹が膨る［—膨れる］。

いいだこ【飯蛸】 こもちだこ［子持蛸］。ばうちょうぎょ［望潮魚］。中世 いひだこ［飯蛸］。

いいだ・す【言出】 近代 かいこう［開口］。中世 いひだす［言出］。口を切る。中古 いひいだす［言出］。いひそむ［—そめる］［言初］。いひたつ［—たてる］［言立］。いひはじむ［—はじめる］［言始］。こといづ［言出］。

《尊》中世 おほせいだす［仰出］。

—・した人 近代いひだしっぺ［言出］。いひだしべゑ［言出兵衛］。近世いひだしべ［言出屁］。

—・す言葉 近世ほつご［発語］。中古はつご［発語］。

計画などを—・す 近代はつあん［発案］。

話を—・す きりだす［切出］。中世しゅしゃう［首唱］。

いいた・てる【言立】 うたいあげる［歌上］。まくしたてる［捲立］。近世こがう［呼号］。べんじつく〔—つける〕［弁付］。まくしかく〔—かける〕［捲掛］。中世けんくゎ［喧嘩］。けんでん［喧伝］。せむ〔せめる〕［責］。中古いきまく［息巻］。いひたつ〔—たてる〕［言立］。いひなす［言做］。いひののしる［言罵］。くどきたつ〔—たてる〕［口説立］。上代あげつらふ［論］。ことあげ［言挙］。ことなす［言成］。ことよす〔—よせる〕［言寄］。

—・てるさま 近代がくがく［諤諤／愕愕］。かんかんがくがく［侃侃諤諤］。

不平や不満を—・てる ごねる。近代くひつく［食付］。

いいちが・う【言違】 →**いいちが・える**（次項）

いいちが・える【言違】 いいちがう［言違］。しつご［失語］。近世いひそんじる［言損］。くゎげん［過言］。中世いひちがふ〔—ちがえる〕［言違］。しつげん［失言］。中古いひあやまる［言過］。いひあやまつ［言誤］。いひそこなふ［言損］。いひたがふ［言違］。ことあやまり［言誤］。

いいつく・す【言尽】 近代じんげん［尽言］。近世きょくじん［曲尽］。中古いひつくす［言尽］。

—・せない 近代いひそびれる［言］。いひもらす［言漏］。中世いふばかりなし［言許無］。中古いひのこす［言残］。言葉に余る。

いいつたえ【言伝】 くちづたえ［口伝］。近代こうしょう［口承］。トラディション(tradition)。近世こうひ［口碑］。中世いひつたへ［言伝］。かたりつたへ［語伝］。でん［伝］。でんせつ［伝説］。ならひ［習］。中古かたりつたふ［語伝］。くでん［口伝］。でんしょう［伝承］。でんせつ［伝説］。ふるごと［古言］。上代いひつぎ［言継］。かたらひつぐ［語継］。かたりつぐ［語継］。つたへ［伝］。

寺社などについての— 上代えんぎ［縁起］。

世間の— ぞくしん［俗信］。みんかんでんしょう［民間伝承］。

天気についての— てんきりげん［天気俚諺］。

話としての— しんわ［神話］。近代みんわ［民話］。近世むかしばなし［昔話］。中世せつわ［説話］。

昔からの— 中世こでん［古伝］。

いいとお・す【言通】 中世いひきる［言切］。いひとほす［言通］。中古いひやる［言遣］。

いいなずけ【許婚】 きょこん［許婚］。こんやくしゃ［婚約者］。近代フィアンセ(フランス 男性は fiancé 女性は fiancée)。近世なづけ［名付］。中世いひなづけ［許婚／許嫁／言名付］。中古きょか［許嫁］。むこがね［婿］。

いいにく・い【言】 近代いひしぶる［言渋］。近世口が重し。中世いひかぬ〔—かねる〕［言兼］。中古いひなやむ［言悩］。いひにくし［言］。ことこむ［言籠］。

《謙》もうしかねる［申兼］。

いいのがれ【言逃】 近代いひつくろふ［言繕］。いひにげ［言逃］。こうじつ［口実］。近世いひぬけ［言抜］。いひのがれ［言逃］。いひまぎらす［言紛］。いひわけ［言訳］。きゃうべん［強弁］。とんじ［遁辞］。にげこうじゃう［逃口上］。ぬけく［抜句］。まにあひ［間合］。まにあひことば［間合言葉］。中世箆(へら)を使ふ。→**いいくる・める** →**いいわけ**

いいはじ・める【言始】 →**いいだ・す**

いいは・る【言張】 近代きゃうべん［強弁］。つきとほす［吐通］。近世つっぱる［突張］。中世いひきる［言切］。いひつのる［言募］。いひはる［言張］。中古くちがたし［口固］。くちごはし［口強］。

互いに—・る おしもんどう［押問答］。

いいひろ・める【言広】 →**いいふら・す**（次項）

いいふら・す【言触】 近代ふれこむ［触込］。ふれちらす［触散］。近世いひふる［言触］。せいげん［声言］。中世いひひろむ〔—ひろめる〕［言広］。いひふらす［言触］。いひまはす［言回］。がうす［号］。けんでん［喧伝］。ふいちゃう［吹聴］。ふれちらかす［触散］。ふれまはる［触回］。中古いひちらす［言散］。いひながす［言流］。いひはやす［言囃］。いひわたる［言渡］。ちらす［散］。とりなす［取成／執成］。ふきちらす［吹散］。ふらす［触］。上代せんでん［宣伝］。

世間に—・す 近世ふうちゃう［風聴］。中世けんでん［喧伝］。

悪口を—・す 中古くちさがなし［口］。

いいぶん【言分】 近代もんく［文句］。近世いひぐさ［言種／言草］。いひでう［言条］。中世いちり［一理］。いひぶん［言分］。しゅちゃう［主張］。中古いひごと［言事］。上代

い

いけん［意見］。
ーを強く主張する 近代 きゃうかう［強硬］。
一方のー 中世 かたくち［片口］。中古 へんげん［片言］。

いいまか・す【言負】 近代 いひまかす［言負］。近世 いひこむ［―こめる］［言籠］。やりこむ［―こめる］［遣込］。ろんぱ［論破］。中世 いひかつ［言勝］。いひのく［―のける］［言退］。いひやぶる［言破］。せっぱ［説破］。

いいまちがい【言間違】→**いいそこない**

いいまわし【言回】→**いいかた**

いいよう【言様】→**いいかた**
ーがない 近世 言語に絶す。中世 言ふばかりなし。量りなし。中古 言はん方なし。言ひ知らず。言ふ方なし。言ふにも余る。言ふばかりなし。言ふべき方なし。言ふべくもあらず。言ふ由なし。やらむかたなし。やるかたなし。上代 あやに［奇］。

いいよ・る【言寄】 近代 ちょっかい。中古 いひかかづらふ［言］。いひかかる［言掛］。いひつく［言付］。いひふる［言触］。いひよる［言寄］。いふ［言］。よばふ［呼］。
異性にー・る 近世 くどく［口説］。中古 いどむ［挑］。いひわたる［言渡］。よばふ［呼］。
初めてー・る 中古 いひそむ［―そめる］［言初］。

いいわけ【言訳】 べんずる［弁］。近代 いひのがれ［言逃］。いひまへ［言前］。こうじつ［口実］。じへい［辞柄］。しゃくめい［釈明］。たしゃこう［藉口］。そめい［疎明／疏明］。たくげん［託言］。ちんべん［陳弁］。べんかい［弁解］。べんそ［弁疏］。べんめい［弁明］。近世 いひぐさ［言種／言草］。いひたて［言立］。いひひらき［言開］。かこつけ［託］。じごんじ［自言辞／二言辞］。だし［出］。とんじ［遁辞］。な［名］。にげこうじゃう［逃口上］。まうしひらき［申開］。よせごと［寄事］。篦を使ふ。中世 いひぶん［言分］。いひわけ［言訳］。がうけ［豪家］。かこちぐさ［託種］。かづけごと［託言］。まうしわけ［申訳］。よせ［寄］。ゑしゃく［会釈］。中古 かこつ［託］。かごと［託言］。ことわり［理／断］。上代 よし［由］。
《句》近世 乞食の断食。非を飾る。
ーにする 出しにする。出しに使う。近代 とっこに取る。名を借りる。近世 こじつく［こじつける］。小楯に取る。楯(盾)に取る。中世 かこつく［かこつける］［託］。中古 かこつ［託］。ことづく［―づける］［言付／託］。ことづけやる［言付遣］。ことよす［―よせる］［言寄］。よす［よせる］［寄］。
ーをうまくする 近世 ぬける［抜］。
体裁のよいー 近代 びめい［美名］。
やましくないー たいぎめいぶん［大義名分］。

い・う【言】 こうえん［口演］。ひょうめい［表明］。コメント(comment)。近代 げんめい［言明］。こうじゅつ［口述］。こうちん［口陳］。だべる［駄弁］。だんげん［断言］。べんずる［弁］。口にする。近世 くち［口］。げんきふ［言及］。げんせつ［言説］。ごんぜつ［言舌］。した［舌］。ちんじゅつ［陳述］。ほげた［頬桁］。口に出す。口を衝っいて出る。歯節へ出す。中世 うちいふ［打言］。しゃべる［喋］。とろ［吐露］。はつげん［発言］。はなす［話］。べんぜつ［弁舌］。言葉を掛く［―掛ける］。中古 いひあらはす［言表］。うちいだす［打出］。かく［かける］［掛／懸］。はく［吐］。はつご［発語］。口の端に掛く［―掛ける］。口を利く。上代 いふ［言］。かたる［語］。こちづ／ことづ［言出］。ことにいづ／ことにづ［言出］。のぶ［のべる］［述］。のる［宣］。まこととふ［真事問］。ものいふ［物言］。→**はな・す【話】**
《尊》仰せになる。お話しになる。近世 いやる［言］。おっしゃる［仰］。おむしゃる／おもしゃる。中世 おしゃる。おほせかく［仰掛］。中古 おぼしのたまふ［思宣］。おほす［仰］。おほせらる［仰］。のたうぶ／のたぶ［宣］。のたまはす［宣］。のたまふ［宣］。上代 かたらひのる［語詔］。きこす［聞］。
《謙》お耳に入れる。お耳を汚す。近代 ぐしん［具申］。ぐちん［具陳］。中世 けいじゃう［啓上］。中古 きこえいづ［聞出］。きこえごつ［聞］。きこえさす［聞］。きこゆ［聞］。ごんじゃう［言上］。まうしいづ［申出］。まうす／ます［申］。ものきこゆ［物聞］。ものまうす［物申］。上代 まうしあぐ［―あげる］［申上］。まをす［申］。ものまをす［物申］。
《句》近代 口が動けば手が止ゃむ。口から出れば世間。口自慢の仕事下手。口と財布は緊しめるが得。口に甘いは腹に毒。口に税(年貢)はかからない。口に蜜あり腹に剣あり。口は口心は心。口は禍わざはひのもと。口は閉ぢておけ目は開けておけ。食ふことは今日食ひ言ふことは明日言へ。今日考へて明日語れ。賢者は長い耳と短い舌を持つ。多言は身を害す。理屈上手の行ひ下手。近世 蛙は口から蛇に呑のまる。雉きじも鳴かずば打たれまい。口から高野かうやは出ぬ。口に年貢は要らぬ。三寸地代いぢだは出ぬ。

の舌に五尺の身を亡ぼす。目で見て口で言へ。物言へば唇寒し秋の風。中世口は禍(わざはひ)の門。舌の剣は命を絶つ。舌は禍(わざはひ)の根。

—・うこと 中世いひたて[言立]。いふならく[言]。中古いはく[曰]。いひけらく[言]。上代いはまくも[言]。《尊》中古おほせ[仰]。のたまはく[宣]。

—・うだけの価値 近世いひがひ[言甲斐]。

—・うとすぐ いいざま[言様]。げんか[言下]。言うや否や。口の下から。舌の根も乾かぬうち。近世舌も引かぬ。

—・うに堪えない(価値がない) 中世だうだん[道断]。中古いふかひなし[言甲斐無]。

—・えない 中世いひかぬ[—かねる][言兼]。中古いひかかづらふ[言]。いふかたなし[言方無]。いへばえに[言得]。

—・ったこと 中古いひごと[言事]。上代いへらく[言]。

—・ったことを実行しない 中古しょくげん[食言]。

—・ったりしたり 中古うんゐ[云為]。

—・って聞かせる 近代せっぷく[説伏／説服]。ときふせる[説伏]。近世いひくるむ[—くるめる][言包]。中古いひととのふ[言調]。いひふくむ[言含]。

—・ってみれば →**いわば**

—・わせない 口を封ずる。近代かんこう[箝口]。

—・わない くちがたい[口堅／口固]。ノーコメント(no comment)。言わぬは言うにまさる。近世言はずもがな。言はでもの事。言はぬが花。中世くちおもし[口重]。ふご[不語]。口を噤(つぐ)む。中古くちなし[口無]。→**だま・る**

あえて—・う 中古いひなす[言做]。

あれこれ—・う うんぬんする[云云]。とやかく言う。中古いひたつ[—たてる][言立]。さう[左右]。上代あげつらふ[論]。

威勢のいいことを—・う 近代啖呵を切る。

一方的に言いたいことを—・う 近代まくしたてる[捲立]。近世たくしかく[—かける]。たくりかく[—かける]。

内幕などを—・い回る人 近世すずめ[雀]。

うっかり—・う 近代いひすぎる[言過]。近世いひすべらす[言滑]。くゎげん[過言]。ぜいす[贅]。口が滑る。口を過ごす。中世いひすつ[—すてる][言捨]。しつげん[失言]。語るに落つ[—落ちる]。口が過ぐ[—過ぎる]。中古くちがるし[口軽]。くちばしる[口走]。くゎごん[過言]。もらす[漏]。《句》近世問ふに落ちず語るに落つ[—落ちる]。

うまく—・う 近代いひつくろふ[言繕]。中世いひかなふ[言叶]。中古いひなす[言做]。いひのがる[—のがれる][言逃]。いひやる[言遣]。

大きく—・う 大口を叩く。下駄を履かせる。らっぱを吹く。近代がうご[豪語]。こしゃう[誇唱]。こしょう[誇称]。しんせうぼうだい[針小棒大]。大風呂敷を広げる。鯖を読む。近世かけね[掛値]。こちゃう[誇張]。たいげんさうご[大言壮語]。口幅ったいことを言ふ。抜かぬ太刀の高名(かうみやう)。中世かうげん／かうごん[高言]。くゎうげん[広言]。こだい[誇大]。たいげん[大言]。法螺(ほら)を吹く。尾鰭(をひれ)を付く[—付ける]。

大勢が同じことを—・う 中世いっくどうおん[一口同音]。ひとつくち[一口]。口を揃ふ。声を揃ふ。中古いくどうおん[異口同音]。

大勢の人が—・う 近世くちょうぐちょう。わいわい。中古いひののしる[言罵]。さざめく／ざざめく。ののしる[罵]。上代くちぐち[口口]。

くどくど—・う 口が酸っぱくなる。近代御託を並べる。近世うだつく。つべこべ。とやかく。中世かきくどく[掻口説]。くどく[口説]。くりごと[繰言]。とやかう。中古くどきたつ[—たてる][口説立]。

公然と—・う 近代げんめい[言明]。やうげん[揚言]。中世こうげん[公言]。めいげん[明言]。

再度繰り返し—・う いいかえす[言返]。近代さいげん[再言]。中古いひなほす[言直]。

少しずつ—・う 中古くづしいづ[崩出]。つづしる[嘰]。

すべてを—・ってしまう 近世ぶちまく[—まける][打]。中古いひつくす[言尽]。いひやる[言遣]。

そっけなく—・う 近代嚙(か)んで吐き出すやう。

それとなく—・う 中古ほのめかす／ほのめく[仄]。

それらしく—・う 中古いひなす[言做]。

互いに—・う 中古いひあはす[—あわせる][言合]。いひかはす[言交]。いひしろふ[言]。

小さな声で—・う 中古いきのした[息下]。うちささめく。ささめく。ささやく[囁／私語／耳語]。つつめく／つつやく[囁]。

強くー・う　なげつける[投付]。近代 りきせつ[力説]。中世 声を励ます。中古 いきまく[息巻]。

出任せをー・う　近世 でまかせ[出任]。減らず口をたたく。中世 くちまかせ[口任]。

遠回しにー・う　えんきょくひょうげん[婉曲表現]。近世 持って回る。中世 いひまはす[言回]。中古 うちほのめかす[打仄]。ほのめく[仄]。

とりたててー・う　中古 いひたつ[―たてる][言立]。

とりたててー・うこともない　中世 そのこととなし。中古 そのものとなし。

はっきりとはー・わない　奥歯に物がはさまる。口を濁す。言を左右にする。近世 奥歯に衣(ぬき)着す[―着せる]。

はっきりと容赦もなくー・う　近世 ぎしぎし。ずけずけ／づけづけ。ずっけり。つかつか／つけつけ。中世 めいげん[明言]。歯に衣(ぬき)着せぬ。中古 いひきる[言切]。いひちらす[言散]。いひはなつ[言放]。いひわく[言分]。さくさく。上代 ことだつ[言立]。

人の会話に割り込んでー・う　近代 ようし[容喙]。口を挟む。横槍を入れる。近世 さしいでぐち／さしでぐち[差出口]。ようかい[容喙]。嘴(くちばし)を容(い)れる。口を出す。中古 まず[まぜる][混／交／雑]。

秘密にすべきことをー・う　近世 すべる[滑]。中古 もらす[漏]。

ふくれっ面でぶつぶつー・う　中古 はちぶく[蜂吹]。

ますます激しくー・う　中世 いひつのる[言募]。

無理をー・う　中世 いひかかる／いひがかる[言掛]。中古 しひごと[強言]。

悪くー・う　中古 しひごと[誣言]。中世 さしもどく。ざん[讒]。ざんげん[讒言]。中古 くちさがなし[口]。ざんこう[讒口]。ざんぜつ[讒舌]。上代 しこづ。しふ[誣]。よこす[横]。

▼**後に伝える**　近世 いひのこす[言残]。中古 まうしおくる[申送]。

▼**言い方**　→**いいかた**

▼**しゃべりまくる**　中世 さへづる[囀]。中古 たげん／たごん[多言]。ひひらく。

▼**罵る言い方**　うそぶく[嘯]。近世 こく[放]。ほざく。中世 ぬかす[抜]。

▼**独り言**　近代 どくげん[独言]。どくはく[独白]。蟹の念仏。近世 どくご[独語]。中世 つぶめく[呟]。中古 つぶやく[呟]。ひとりごつ[―ごちる][独言]。つぶつぶ言ふ。

▼**接尾語**　中世 ごつ。

いうまでもな・い【言】　近代 言はずもがな。言ふを俟(ま)たない。言(げん)を俟たない。論を俟たない。近世 あたりまへ[当前]。言はずと知れた。おんでもない。知れたこと。中世 ぜひなし[是非無]。たうぜん[当然]。にょほふ[如法]。まうさんや[申]。まして。もちろん[勿論]。如何に況んや。言ふに及ばず。言ふまでもない。言(こと)も疎(おろ)か。言(こと)も愚か。なかなかのこと。中古 ことはり[理]。さら[更]。もとより[元／固／素]。ろんなし[論]。言ふべきにもあらず。言ふも愚か。言ふもさらなり。言へば愚か。言へばさらなり。更にもあらず。更にも言はず。然(さ)る事。然(さ)る物にて。

いえ【家】❶〈家屋〉　ねぐら[塒]。やしき[屋敷]。パオ[(中国語)包]。近代 ハウス(house)。メゾン(フランス maison)。レジデンス(residence)。近世 きょくゎん[居館]。きょをく[居屋]。ぢゅうか[住家]。しっか[室家]。たみや[民屋]。ぢゅうか[住家]。ぼん[盆]。中世 いへやしき[家屋敷]。うち[内]。おてい[御亭]。かたく[家宅]。かど[門]。かまへ[構]。じんをく[人屋]。ぢゅうきょ[住居]。ぢゅうをく[住屋]。てい[亭]。ゐや[居屋]。をくう[屋宇]。をくたく[屋宅]。中古 いへゐ[家居]。かしつ[家室]。かをく[家屋]。こ[戸]。しゃ[舎]。しゃたく[舎宅]。じんか[人家]。すまひ[住]。たく[宅]。ぢゅうたく[住宅]。ていたく[邸宅]。ところ[所]。ばうをく[房屋]。みんか[民家]。みんをく[民屋]。もんこ[門戸]。や[屋／家]。やか[宅]。をくしゃ[屋舎]。上代 いへ[家]。きょたく[居宅]。すみか[住処／栖／住家／棲家]。ばうしゃ[房舎]。へ[家]。やかす／やかず[舎屋／宇]。やけ[宅]。やど[宿]。→**たてもの**

ー毎に　ここごと[戸毎]。のきなみ[軒並]。近代 ここ[戸戸]。近世 いへなみ[家並]。かどなみ[門並]。

ーの外　近代 アウトドア(outdoor)。をくぐゎい[屋外]。近世 おもて[表]。中古 こぐゎい[戸外]。やぐゎい[野外]。

ーの造り　近代 いへがまへ[家構]。上代 かど[門]。中世 かさく[家作]。かまへ[構]。ざうさく[造作]。

ーの造りの例　中古 やづくり[家作／屋作]。

ツーバイフォーこうほう[two by four工法]。てっきんコンクリートこうぞう[鉄筋concrete構造]。てっこつこう

ぞう[鉄骨構造]。にかいだて[二階建]。プレハブ(prefab; prefabricated house)。ログハウス(log house)。近代 いらかづくり[甍造]。いりもやづくり[入母屋造]。きりづまづくり[切妻造]。ひらやづくり[平屋造]。もくざう[木造]。近世 くらづくり[倉作/蔵作]。しらかべづくり[白壁造]。すきやづくり[数寄屋造]。どざうづくり[土蔵造]。れんぐゎづくり[煉瓦造]。中世 しょゐんづくり[書院造]。つのや[角屋]。つのやづくり[角屋造]。ひらや[平屋]。中古 くろきづくり[黒木造]。ひはだや[檜皮屋]。上代 かはらや/ぐゎをく[瓦屋]。

—の中(奥) インドア(indoor)。近代 をくない[屋内]。近世 おくむき[奥向]。かない[家内]。中世 かちゅう[家中]。こない[戸内]。しつない[室内]。やうち[家内]。やない[屋内]。をくろう[屋漏]。中古 うちうち[内内]。しんさう[深窓]。まどのうち[窓中]。上代 やぬち[家内]。

—の普請 リノベーション(renovation)。近代 かいさう[改装]。かいざう[改造]。かいしう[改修]。けんざう[建造]。けんせつ[建設]。たてかへ[建替]。たてなほし[建直]。ほしう[補修]。リフォーム(reform)。近世 けんちく[建築]。さいけん[再建]。ざうちく[造築]。ちくざう[築造]。やぶしん[家普請]。中世 いへぶしん[家普請]。かいちく[改築]。ふしん[普請]。中古 きづく[築]。ざうさく[造作]。さくじ[作事]。やづくり[家造/屋造]。上代 かまふ[かまへる][構]。ざふさく[雑作]。しうちく[修築]。たつ[たてる][建]。

—軒の— ひとむね[一棟]。近世 いっけんや[一軒家]。ひとかまへ[一構]。ひとつや[一屋]。中古 いちう[一宇]。いっこ[一戸]。

田舎の— 中世 ざいけ[在家]。そんか[村家]。そんしゃ[村舎]。でんしゃ[田舎]。中古 くさがくれ[草隠]。上代 たぶせ[田伏]。

生まれた— 近代 じっか[実家]。せいか[生家]。近世 さと[里]。

敬って言う—(貴人の家を含む) ごうてい[豪邸]。近代 かうか[高廈]。きだい[貴台]。そんだう[尊堂]。そんたく[尊宅]。てい[邸]。れいだう[令堂]。近世 うちかた[内方]。おたく[御宅]。きか[貴家]。きたく[貴宅]。たまどの[玉殿]。中世 おいへ[御家]。かうだう[高堂]。かうをく[高屋]。きでん[貴殿]。ごてい[御亭]。ろう[楼]。ろうかく[楼閣]。中古 かうけ[高家]。ぎょくだう[玉堂]。そんかく[尊閣]。たまのうてな[玉台]。ていたく[邸宅]。との[殿]。みむろ/みもろ[御室]。上代 たいか[大廈]。

大きくて立派な— ごうてい[豪邸]。やしき[屋敷]。近代 きょてい[居邸]。きんでんぎょくろう[金殿玉楼]。たいかかうろう[大廈高楼]。近世 おかみけ[御上家]。ていだい[邸第]。中世 かうだう[高堂]。やかた[屋形/館]。中古 おとど[大殿]。おほどころ[大所]。かうろう[高楼]。ぎょくけつ[玉闕]。ごてん[御殿]。たいか[大家]。ていたく[邸宅/第宅]。上代 かうかく[高閣]。たいか[大廈]。たかどの[高殿]。みあらか[御殿/御舎]。→**ごてん**

多くの— →**複数の—**

仮の— プレハブ(prefab; prefabricated house)。近代 かりずみ[仮住]。バラック(barrack)。近世 かぐう[仮寓]。かりずまひ[仮住]。かりたく[仮宅]。中世 かりや[仮屋]。ぐうきょ[寓居]。けうきょ[僑居]。さうあん[草庵]。中古 いほ/いほり[庵]。かりのやど/かりのやどり[仮宿]。くさのいほり[草庵]。やかた[屋形]。上代 かりいほ/かりほ[仮庵]。

壊れた—(へりくだった言い方を含む) はいか/はいけ[廃家]。近代 くゎいをく[壊屋]。近世 はいたく[廃宅]。はをく[破屋]。やぶれいへ[破家]。中世 あれや[荒屋]。はいをく[廃屋]。中古 あさぢがやど[浅茅宿]。あさぢふのやど[浅茅生宿]。あばら[荒/疎]。あばらや[荒屋]。へいろ[弊廬/敝廬]。

山中の— 近代 コッテージ/コテージ(cottage)。近世 かたやまが[片山家]。さんきょ[山居]。中世 やまが[山家]。中古 さんさう/さんざう[山荘/山庄]。上代 さんか[山家]。

粗末な(小さな)—(へりくだった言い方を含む) うだつごや[梲小屋]。近代 ぶたごや[豚小屋]。へいか[弊家]。ほったてごや[掘建小屋/掘立小屋]。ぼろや[襤褸屋]。ろ[廬]。ろうたく[陋宅]。ろうをく[陋屋]。近世 くさのや[草屋]。くしゃくにけん[九尺二間]。さんじゃくだな[三尺店]。せうてい[小亭]。せっか/せっけ[拙家]。せったく[拙宅]。ばうしゃ[茅舎]。はにふのやど[埴生宿]。ひうちばこ[火打箱/燧箱]。まばらや[疎屋]。やどごや[宿小屋]。中世 あん[庵]。おどろがのき[棘軒]。きうろ[旧廬]。ぐうきょ[寓居/偶居]。くろきのや

［黒木屋］。けうきょ［僑居］。こけのいほり［苔庵］。さいてん［采椽］。さうだう［草堂］。さうてい［草亭］。さうをく［草屋］。ささのや［笹屋］。ささぶき［笹葺］。しばのとぼそ［柴枢］。しばや［柴屋］。しへき［四壁］。せうこ［小戸］。せうをく［小屋］。そをく［疎屋］。たけや［竹屋］。はくをく［白屋］。はにふ［埴生］。ふせや［伏屋］。へいをく［弊屋］。よもぎがそま［蓬杣］。よもぎふのやど［蓬生宿］。ろうきょ［陋居］。ゐや［居屋］。中古あしのまろや［葦丸屋］。あしのや／あしや［葦屋］。あばらや［荒屋］。かたいほ［片庵］。かはらのまつ［瓦松］。くさのいほり［草庵］。くさのと［草戸］。くさのやどり［草宿］。くゎしゃ［蝸舎］。くゎろ［蝸廬］。こへ［小家］。さうろ［草廬］。しづがや／しづのや［賤屋］。しばのいほり［柴庵］。しばのと［柴戸］。しへき［四壁］。とまや［苫屋］。ばうし［茅茨］。ばうをく［茅屋］。へいたく［弊宅］。へいろ［弊廬］。ほうさう［蓬窓］。ほうをく［蓬屋］。まろや［丸屋］。むぐらのかど［葎門］。むぐらのやど［葎宿］。やまがつ［山賤］。上代いほり［庵］。くさや［草屋］。しこや［醜屋］。はにふのをや［埴生小屋］。ふせいほ［伏庵］。ふせや［伏屋］。まげいほ［曲庵］。をや［小屋］。

庭園などにある小さなー 近代キオスク(kiosk)。中世あづまやづくり［四阿造／四阿屋造］。ちん／てい［亭］。上代あづまや［東屋／四阿］。

複数のー じゅうたくだんち［住宅団地］。ならびや［並屋］。ニュータウン(new town)。ベッドタウン(和製bed town)。近代いへつづき［家続］。近世いへなみ［家並］。たてこむ［建込］。となる［隣］。のきなみ［軒並］。のきならび［軒並］。ばんこ［万戸］。中世やなみ［家並／屋並］。甍(いらか)を並ぶ［ー並べる］。軒を並ぶ［ー並べる］。中古せんもんばんこ［千門万戸］。軒を争ふ。

古いー 近世きうか［旧家］。こか［故家］。中世きうろ［旧廬］。こたく［故宅］。ふるいへ［古家］。上代ふるへ［古家］。ふるや［古屋／古家］。

町中のー（商家） ちゃうか［町家］。中古まちや［町家／町屋］。

もとのー 近世きうか［旧家］。中世きうせい［旧棲／旧栖］。こたく［故宅］。中古きうきょ［旧居］。上代きうたく［旧宅］。ふるへ［古家／旧家］。

▼空き家 近世くうをく［空屋］。

▼小屋 けいしゃ［鶏舎］。ちくしゃ［畜舎］。とんしゃ［豚舎］。近代いぬごや［犬小屋］。かけごや［掛小屋］。きうしゃ［厩舎］。きうしゃ［鳩舎］。ぎうしゃ［牛舎］。コッテージ／コテージ(cottage)。とりごや［鳥小屋］。のうしゃ［農舎］。バラック(barrack)。バンガロー(bungalow)。ヒュッテ(ドイツHütte)。ぶたごや［豚小屋］。ぼくしゃ［牧舎］。ほったてごや［掘建小屋／掘立小屋］。近世うしごや［牛小屋］。かどや［門屋］。かまぼこごや［蒲鉾小屋］。きごや［木小屋］。こもばり［薦張］。さうあん［草庵］。そまごや［杣小屋］。ぢゃうごや［定小屋］。ばんごや［番小屋］。ふなごや［船小屋／舟小屋］。やまごや［山小屋］。よしずばり［葦簀張］。中世あん［庵］。しばや［柴屋］。はにふのこや［埴生小屋］。ひたきや［火焚屋］。中古あしのや／あしや［葦屋］。たや［田屋］。まろや［丸屋］。上代いほ／いほり［庵］。うまや／むまや［馬屋］。かひや／かびや［鹿火屋／蚊火屋］。かりいほ／かりほ［仮庵］。きや［木屋／樹屋］。くさや［草屋］。たぶせ［田伏／田廬］。まや［馬屋／厩］。はにふのをや［埴生小屋］。

▼自宅 マイホーム(和製my home)。近代じてい［自邸］。たく［宅］。近世うち［内］。おいらが。じか／じけ［自家］。わがいへ／わがや［我家］。中世ぐうきょ［寓居／偶居］。やどもと［宿元］。中古ふるさと［故郷／古里／故里］。わいへ［我家］。上代やど［宿］。わぎへ［我家］。《謙》せうたく［小宅／少宅］。せったく［拙宅］。へいたく［弊宅］。中古いほ［庵／廬］。上代いほり［庵／廬］。しか［私家］。したく［私宅］。

▼借家 近代しゃくやずまひ［借家住］。近世かりだな［借店］。かりやずまひ［借家住／借屋住］。しゃくたく［借宅］。たながり［店借］。中世かりずまひ［借住］。かりや［借家］。やどかり［宿借］。

▼借家代 ちんりょう［賃料］。近世たなちん［店賃］。中世やどちん［宿賃］。中古やちん［家賃］。

▼借家人 近代テナント(tenant)。近世たなこ［店子］。

▼集合住宅 きょうどうじゅうたく［共同住宅］。コーポ／コーポラス(和製corporate house)。タウンハウス(town house)。テラスハウス(terrace house)。マンション(mansion)。メゾネット(maisonette)。近代ア

パート／アパートメントハウス(apartment house)。アパルトマン(フランス appartement)。コンドミニアム(condominium)。フラット(flat)。上代 ながや[長屋／長家]。
▼集合住宅の名によく使われる語 カーサ(スペイン casa)。コーポ／コーポラス(和製 corporate house)。ハイツ(heights)。ハイム(ドイツ Heim)。メゾン(フランス maison)。レジデンス(residence)。
▼新築 しんきょ[新居]。近代 しんてい[新邸]。しんや[新屋]。近世 あたらしや[新屋]。あらや[新屋]。にひや[新屋]。中世 甍(いらか)を改む[―改める]。中古 しんたく[新宅]。上代 かまふ[かまえる][構]。にひむろ[新室]。
▼別荘(別館) アネックス(annex)。セカンドハウス(和製 second house)。リゾートハウス(resort house)。近代 ビラ(フランス villa)。近世 べってい[別邸／別第]。中世 さんざう[山荘]。べつげふ[別業]。べったく[別宅]。中古 べっしょ[別墅]。
▼持ち家 マイホーム(和製 my home)。近代 もちいへ[持家]。もちや[持家]。
▼助数詞 とう／むね[棟]。近世 けん[軒]。中古 こ[戸]。

いえ【家】❷〈家庭〉 マイホーム(和製 my home)。近代 かしょく／かぞく[家族]。かてい[家庭]。ファミリー(family)。ホーム(home)。近世 うち[内]。かない[家内]。しょたい[所帯／世帯]。せたい[世帯]。中世 いっけ[一家]。けない[家内]。けんぞく[眷族]。中古 いっか[一家]。かもん[家門]。けご[家子]。こ[戸]。上代 いへ[家]。いへびと[家人]。

―に代々伝わるもの 中世 かでん[家伝]。さうでん／しゃうでん[相伝]。

―の教え →かくん
―のしきたり 中古 かふう[家風]。

―の職業 近世 かげふ[家業]。

由緒ある― 中古 めいか[名家]。めいもん[名門]。→いえがら
▼実家 近代 せいか[生家]。近世 さと[里]。さとかた[里方]。じつかた[実方]。

いえがら【家柄】 けなみ[毛並]。近代 うまれ[生]。近世 いへがら[家柄]。いへすぢ[家筋]。かかく[家格]。けいとう[系統]。すぢめ[筋目]。中世 あしもとすじゃう[足下素性]。あもと[足下／足元]。うぢ[氏]。うぢけいづ[氏系図]。かけい[家系]。しなかたち[品形]。じゅくこん[塾根]。ぞくしゃう[俗姓]。もんち[門地]。もんばつ[門閥]。中古 いへ[家]。かど[門]。きは[際]。しな[品]。すじゃう[素性]。すぢ[筋]。ねざし[根差]。ほど[程]。

―が高く権勢がある 中世 けもん[権門]。中古 けんもん[権門]。

―がよい 近世 じゃうしゃう[上姓]。歴とした。中世 くわちう[華冑]。中古 いへたかし[家高]。せいりう[清流]。めいか[名家]。

―がよい家 近代 もんばつか[門閥家]。りゃうけ[良家]。近世 たいけ[大家]。めいぞく[名族]。中世 きぞく[貴族]。中古 たいか[大家]。めいか[名家]。めいもん[名門]。りゃうか[良家]。

―がよく声望がある 近世 ぞくばう[族望]。

いえじ【家路】 →かえ・る【帰】❶

いえで【家出】 しっせき[失跡]。じょうはつ[蒸発]。近代 しっそう[失踪]。たうばう[逃亡]。近世 かけおち[駆落]。跡を隠す。中世 いへで[家出]。しゅっぽん[出奔]。ちくでん[逐電]。てうばう／てうまう[逃亡]。よにげ[夜逃]。よぬけ[夜脱]。跡を暗ます。中古 くもがくれ[雲隠]。身を隠す。
―人 近世 はしりもの[走者]。

いえなみ【家並】 近世 のきなみ[軒並]。中世 いへなみ[家並]。まちなみ[町並]。やなみ[家並／屋並]。甍(いらか)を争ふ。甍を並ぶ[―並べる]。軒を争ふ。

い・える【癒】 →なお・る

いおり【庵】 近代 ろ[廬]。中世 あん[庵]。さうだう[草堂]。中古 あんじち／あんしつ[庵室]。さうあん[草庵]。さうろ[草廬]。上代 いほ／いほり[庵]。

―に住む 上代 いほる[庵]。

―を構えている人 中世 あんじゅ[庵主]。

―を作る 中古 いほりさす[庵]。


いか【烏賊】 近代 うぞくぎょ[烏賊魚]。近世 いもじ[文字](女房詞)。ぼくぎょ[墨魚]。上代 いか[烏賊]。

―の足 げそ。

―の刺身 いかさし[烏賊刺]。いかそうめん[烏賊素麺]。

―の塩辛 烏賊の黒作り。
▼助数詞 ほん[本]。まい[枚]。近世 はい[杯]。

いか【以下】 近代 いない[以内]。中世 いか[以下]。いげ[以下]。いしいし[以次以次／已次已次]。中古 いかう[以降／已降]。

いかい【位階】 上代 かうぶり[冠]。かがふり

［冠］。くゎんゐ［冠位］。ゐかい［位階］。

—が進むこと 中古 かかい［加階］。かかいたまはり［加階賜］。

—を持たない 近世 むほん／むぼん［無品］。

官職と— 上代 くゎんざく／くゎんしゃく［官爵］。くゎんゐ［官位］。

いがい【以外】 近代 いぐゎい［以外］。中世 そのた［其他］。そのほか［其外］。よ［余］。中古 じよ［自余／爾余］。上代 ほか［外／他］。

—に 中古 ならで。

いがい【意外】 近代 あてはづれ［当外］。いさうぐゎい［意想外］。いへうぐゎい［意表外］。よさうぐゎい［予想外］。しんぐゎい［心外］。近世 おもひがけなし［思掛］。ぞんのほか［存外］。てのほか［手外］。とっぴゃうし［突拍子］。とんだ。ばんぐらはせ／ばんくるはし／ばんくるはせ［番狂］。ふそく［不測］。権興(けんによ)もなし。図らずも。中世 いぐゎい［意外］。いへう［意表］。おもはずげ／おもはずなり［思］。ことのほか［殊外／事外］。しょぞんのほか［所存外］。ぞんぐゎい［存外］。ぞんじのほか［存外］。とんでもない。ねんなし［念無］。ばうぐゎい［望外］。ひょんな。ふしぎ［不思議］。ふりょ［不慮］。中古 あさまし［浅］。あらぬ。あんぐゎい［案外］。あんのほか［案外］。おもはざるほか［思外］。おもひがけず［思掛］。おもひのほか［思外］。こころのほか／こころよりほか［心外］。ふい［不意］。ふりょ［不慮］。ふりょのほか［不慮外］。めざまし［目覚］。思ひも掛けず。思ひも寄らず。上代 りょぐゎい［慮外］。↓

おもいがけな・い

《句》盗人を捕らえてみれば我が子なり。灰吹きから蛇が出る。瓢簞(ひょうたん)から駒が出る。

—な幸運 →こううん【幸運】

—なこと ハプニング(happening)。中世 けう［希有］。近世 もっけ［勿怪／物怪］。ふぢゃう［不定］。

—なことに困惑する 近代 あっけらかん。中古 あきる［あきれる］［呆］。

—な時の声 近代 あらまあ。おやまあ。近世 あれよあれよ。したり。中世 ここな。中古 いなや［否］。

—にも 近世 おもひがけず［思掛］。中世 おもひきや［思］。中古 あんぐゎい［案外］。うたた［転］。おぼえず［覚］。おもほえず［思］。豈図(あにはか)らんや。

いがい【遺骸】 →したい

いかがわし・い 近代 まゆつば［眉唾］。近世 いかがし。いかがはし。うさんくさし［胡散臭］。中世 いぶかし［訝］。上代 あやし［怪］。うたがはし［疑］。

—・い物 近代 いかもの［如何物］。近世 ばくもの［物］。

—・い者 中古 えせもの［似非者］。

いかく【威嚇】 →おどか・す

いかさま【如何様】 近代 いんちき。ごまかし［誤魔化］。ぺてん。こと［糊塗］。近世 したぬき［下貫］。ちょぼいち［樗蒲一］。てみそ［手味噌］。てめ［手目］。まがひ［紛］。まやかし。中世 いかさま［如何様］。にせ［偽／贋］。中古 さぎ［詐欺］。

—の証拠をつかむ 近代 尻尾を摑(つか)む。近世 手目を上ぐ［—上げる］。

—をする者 近代 いかさまもの［如何様者］。近世 いかさまし［如何様師］。さぎし［詐欺師］。くはせもの［食者］。くらもの［暗者／闇者］。しかけもの［仕掛者］。ぺてんし［師］。まやし［師］。

いか・せる【行】 近代 はけん［派遣］。近世 だす［出］。中世 くだす［下／降］。さしむく［—むける］［差向］。中古 おもぶく／おもむく［赴］。さしつかはす［差遣］。つかはす［遣］。上代 おくる［送］。やる［遣］。

後から来た者を先に—・せる 中古 やりすごす［遣過］。

急いで—・せる はしらせる［走］。

船を向こう岸へ—・せる 中世 さしわたす［差渡］。

嫁または婿に—・せる 近世 えんづく［—づける］［縁付］。

いかだ【筏】 中古 うきき［浮木］。そまくだし［杣下］。上代 いかだ［筏／桴］。

—と舟 中古 しうばつ［舟筏］。

—の中央に乗る人 中世 なかのり［中乗］。

救命用の— 近代 きうめいいかだ［救命筏］。

▼助数詞 まい［枚］。

いかなご【玉筋魚】 こうなご［小女子］。近世 いかなご［玉筋魚／鮊子］。かますご［叺子／梭子］。

いかにも【如何】❶〈そのとおり〉 近世 さいな。中世 いかさま［如何様］。いかにも［如何］。げにも。なかなか［中中］。なにさま［何様］。もっとも。よにも［世］。然(さ)もさうず。中中の事。中古 むべ［宣］。上代 うべ［宣］。うべなうべな［宣宣］。しかり［然］。

いかにも【如何】❷〈それらしい〉 中世 いかにも［如何］。さぞな［然］。中古 さも［然］。さもさも［然然］。さもこそ［然］。ものめか

す[物]。然(さ)もありぬべし。上代よろしなへ[宜]。

いかめし・い【厳】 近代げんこ[儼乎]。さうごん[荘厳]。さうちょう[荘重]。しうさう[秋霜]。しうさうれつじつ[秋霜烈日]。しゅんげん[峻厳]。しゅんせう[峻峭]。しんぜん[森然]。近世いかつし[厳]。げん[厳]。げんかく[厳格]。げんしゅん[厳峻]。こはらかす[強]。たんげん[端厳]。ぢゅうこう[重厚]。中世いかし[厳]。いかいかし[厳]。げんしゅく[厳粛]。げんせい[厳正]。げんゐ[厳威]。しんげん[森厳]。すずし[涼]。そんげん[尊厳]。まう[猛]。りんこ[凛乎]。りんぜん[凛然]。ゐげん[威厳]。中古いかめし[厳]。おごそか[厳]。おもおもし[重重]。かうがうし[神神]。ぎぎ[巍巍/魏魏]。きはだけし[際猛]。きびし[厳]。けたかし/けだかし[気高]。げんぜん[厳然]。げんぢゅう[厳重]。しゅくぜん[粛然]。したたか[強]。ものものし[物物]。よそほし[装]。上代いかし[厳]。いつくし[厳]。おここし。おごし[厳]。たたはし。たんしゅく[端粛]。を[雄](接頭語的に)。

—・い様子をしている 近代しゃっちょこばる[鯱張]。近世しゃちばりかへる[鯱張返]。しゃちばる[鯱張]。しゃちほこばる[鯱張]。中世しゃちこばる[鯱張]。

—・く重々しい 近代さうちょう[荘重]。

—・く簡潔なこと 中世かんげん[簡厳]。

—・く清らかなこと 中世ごんじゃう[厳浄]。

—・くする 近世厳(いかつ)を出す。威儀を繕ふ。中世威儀を正す。

いかもの【如何物】 →にせもの

いかり【錨】 ちんし[沈子]。近代アンカー(anchor)。近世かないかり[鉄碇/鉄錨]。てつべう[鉄錨]。上代いかり[錨/碇]。

—をおろして停泊すること びょうはく[錨泊]。

—をおろすこと 近代とうべう[投錨]。中世錨を打つ。

石の— 中世いは[錘/沈子]。

いかり【怒】 鶏冠(とさか)に来る。近代かんしゃくだま[癇癪玉]。げきふん[激憤]。ふんがい[憤慨]。むかっぱら[向腹]。近世かくど[赫怒/嚇怒]。かんしゃく[癇癪]。ぎゃくじゃう[逆上]。げきりん[逆鱗]。しんね[瞋恚]。ぼうど[暴怒]。業を煮やす。中世げきかう[激昂/激高]。はらだち[腹立]。ふんい[忿恚/憤恚]。ふんげき[憤激/忿激]。ふんこん[憤恨/忿恨]。りっぷく[立腹]。中古げきど[激怒]。しんい/しんに[瞋恚]。ふんど/ふんぬ[憤怒/忿怒]。ふんゑん[憤怨/忿怨]。上代いかり[怒]。いきどほり[憤]。→おこ・る【怒】

—がこみ上げるさま 近代にえくりかへる[煮返]。地踏鞴(ぢたたら)を踏む。近世どくゎ[怒火]。にえかへる[煮返]。ねっちゃう[熱腸]。中世たぎる[滾/激]。にやす[煮]。ふんぜん[憤然]。獅子(しし)の歯噛(はが)み。瞋恚(しんい)の炎(ほむら)。地団駄を踏む。中古しんくゎ[心火]。

—で顔色が変わる 近代しきぜん/しょくぜん[色然]。ぼつぜん[勃然]。色を作(な)す。満面朱を濺(そそ)ぐ。中古けしきばむ[気色]。

—で逆立つ髪 中古どはつ[怒髪]。怒髪天を衝(つ)く。

—で見境のないことをする 近世やつあたり[八当]。腹立ち紛れ。中世ちまどふ[血惑]。ちまよふ[血迷]。

—の言葉 近世うぬ。おのれ。

—のさま →おこ・る【怒】

—をこらえるさま 近代唇を噛(か)む。

—を鎮める(が鎮まる) 近代いる[癒]。虫が落ち着く。虫が納まる。中世腹を据う[—据える]。

—を発散するさま 近代箸に当たり棒に当たり。近世あたりちらす[当散]。やつあたり[八当]。

後々残る— 近代よど[余怒]。よふん[余憤]。

個人的な— 近代しふん[私憤]。

社会に対する正義感からの— 近代こうふん[公憤]。

ちょっとした— 中世せうふん[小憤/小忿]。

積もり積もった— 近世せきど[積怒]。中古うっぷん[鬱憤]。

帝王の— 中古げきりん[逆鱗]。しんど[震怒]。

道理に外れたことに対する— 近代ぎふん[義憤]。

いかりがた【怒肩】 近世いかりがた[怒肩]。肩が怒る。中古さしかた[差肩]。

いかりそう【碇草】 いんようかく[淫羊藿]。うむき。うむきな[菜]。

いかる【斑鳩】 近代あをすずめ[青雀]。さんくゎうてう[三光鳥]。まめわり[豆割]。近世いかる[斑鳩/鵤]。さんくゎうどり[三光鳥]。まめどり[豆鳥]。まめまはし[豆回]。中世まめうまし[豆甘実]。上代いか

るが［斑鳩／鵤］。

いか・る【怒】→いかり【怒】→おこ・る【怒】

いかん【遺憾】 近世 こころのこり［心残］。中世 のこりをし［残惜］。ぶねん／むねん［無念］。ふまん［不満］。みれん［未練］。ゐかん［遺憾］。中古 くちをし［口惜］。上代 くやし［悔］。→ざんねん

いかん【如何】 ようす［様子］。どういうふうに。どういうように。どういったふうに。どういったように。どうか。どのように。どんなふうに。中世 いかやうに［如何様］。しだい［次第］。中古 いかが［如何］。いかん［如何］。上代 いかに［如何］。

いき【息】 近代 きふき［吸気］。こき［呼気］。ブレス(breath)。近世 いきあひ［息合］。いきつぎ［息継］。いきね［息根］。息の根。中世 いきづかひ［息遣］。いきづき［息衝］。き［気］。息の緒。中古 いきざし［息差］。いぶき［息吹］。こきふ［呼吸］。上代 いき［息］。おきそ［息嘯］。きそく［気息］。

—が荒い(さま) 近代 ぜいぜい(と)。はあはあ。はづます［弾／勢］。ふうふう。近世 せいせい(と)。ほっほっ。中世 さかいき［逆息］。息が弾む。

—が絶えた後 近世 ぜつご［絶後］。

—がつまって死ぬ ちっし［窒死］。近代 ぜっそく［絶息］。ちっそくし［窒息死］。近世 とどめ［止］。ひきとる［引取］。中世 いっそくせつだん［一息切断］。おちいる［陥／落入］。息が切れる。中古 きえいる［消入］。たえいる［絶入］。たえはつ［—はてる］［絶果］。ひきいる［引入］。

—苦しい 近代 いきせききる［息急切］。近世 いきぎれ［息切］。いきだうし［息］。おもくるし［重苦］。そくはく［促迫］。肩で息をする。中古 胸に手を置く。上代 あへぐ［喘］。

—たえだえのさま しにいき［死息］。近世 えんえん［奄奄］。きそくえんえん［気息奄奄］。中世 いきのした［息下］。かたいき［片息］。虫の息。中古 よぜん［余喘］。

—の仕方 中世 いきづかひ［息遣］。

—を回復する 近世 ふきかへす［吹返］。

—を殺す 近世 息を凝らす。中世 固唾(かたづ)を呑(の)む。

—をする 中世 いきづかひ［息遣］。中古 つく［吐］。息が通ふ。上代 いきづく［息衝］。いぶく［息吹］。

—を吹く 近代 かする［呵］。こき［呼気］。中世 ふきかく［—かける］［吹掛］。ふく［吹］。中古 すいきょ［吹嘘］。上代 いふき／いぶき［息吹］。

一回の— いっき［一気］。中世 いっそく［一息］。ひといき［一息］。

大きな— 中世 ふといき［太息］。中古 いきづき［息衝］。

苦しそうな— 近世 いきぎれ［息切］。いきだうし［息］。かじくろし／かぢくろし。すだく。中世 いきだはし［息］。すめく。たんそく［短息］。中古 ぜんそく［喘息］。上代 あへく／あへぐ［喘］。

寝ているときの— 近世 すやすや。ねいき［寝息］。

▼人工呼吸器 レスピレーター(respirator)。

▼擬音語 近代 ぜいぜい(と)。はあはあ。ふうふう。近世 せいせい(と)。ほっほっ。中世 すうすう。

いき【粋】 近世 あかぬけ［垢抜］。いき［粋］。いきちょん［意気／粋］。いたりふう［至風］。いなせ［鯔背］。しゃら／しゃれ［洒落］。すい［粋］。すし。だて［伊達］。つう［通］。てんぼ／てんぽ。わけらし［訳／分］。中古 せうしゃ［瀟洒／蕭洒／瀟灑］。

—で威勢がよい 近世 いなせ［鯔背］。

—で上品 近代 シック(フランス chic)。

—な男 近世 だてをとこ［伊達男］。

—な女 近世 だてをんな［伊達女］。小股が切れ上がる。

—な客 近代 つうきゃく［通客］。つうじん／つうにん［通人］。近世 つうかく［通客］。

いき【意気】 モラール(morale)。近代 スピリッツ／スピリット(spirit)。きおひ［気負］。きっぷ［気風］。近世 いきごみ［意気込］。いきぢ［意気地］。いぢ［意地］。えいき［鋭気］。きしゃう［気性］。きじゃう／きせい［気勢］。げんき［元気］。こころいき［心意気］。中世 きあひ［気合］。きえん［気炎／気焔］。きがい［気概］。きこつ［気骨］。きせつ［気節］。けっき［血気］。こんじゃう［根性］。しき［志気］。はき［覇気］。中古 きりょく［気力］。上代 いき［意気］。こころばへ［心延］。

—揚がる出発 そうと［壮途］。

—が揚がらない 近代 いきそさう［意気阻喪／意気沮喪］。うちしづむ［打沈］。うちひしぐ［打拉］。ちんたい［沈滞］。ひっこみがち［引込勝］。近世 しょげる［悄気］。上代 おもひたわむ［思撓］。

—が揚がること 近代 いきけんかう［意気軒昂］。いきしょうてん［意気衝天］。うつぼつ［鬱勃］。きえんばんぢゃう［気炎万丈］。

意気に燃える。気勢を上げる。気は世を蓋ふ。近世せいえん［勢炎／勢焔］。血気盛ん。中世かうぜん［昂然／高然］。中古いきやうやう［意気揚揚］。
ーを示す 近代デモ／デモンストレーション(demonstration)。中世じゐ［示威］。中古ひぢばる［肘張］。

いぎ【意義】→いみ

いぎ【異議】 はんろん［反論］。近代いぎ［異議］。いぞん［異存］。近世いけんだて［異見立］。ものいひ［物言］。中世いぎ［異義］。いけん［異見］。いせつ［異説］。いろん［異論］。
▼**反論する** 異を唱える。近代かうぎ［抗議］。ばくろん［駁論］。はんたい［反対］。異を立てる。近世さからふ［逆］。ばくす［駁］。ものいひ［物言］。

いきあ・う【行合】→ゆきあ・う

いきあたりばったり【行当】→ゆきあたりばったり

いきあた・る【行当】→ゆきあた・る

いきいき【生生】 かっきょう［活況］。せいさい［精彩／生彩］。せいしん［生新］。近代せいせん［生鮮］。ダイナミック(dynamic)。なまなましい［生生］。はつらつ［潑剌／潑溂］。ビビッド(vivid)。フレッシュ(fresh)。やくじょ［躍如］。やくどう［躍動］。水を得た魚。近世きびきび。くゎつ［活］。くゎっき［活気］。くゎっぱつ［活発］。せいい［生意］。せいどう［生動］。みづみづし［瑞瑞］。やくぜん［躍然］。中世あたらし［新］。いきいき［生生／活活］。いきやか［生］。くゎっぱつはっち［活発発地］。くゎつはつはつ［活発発］。しんせん［新鮮］。せいき［生気］。中古あざやか［鮮］。あざらか［鮮］。せいしん［清新］。わかだつ［若立］。上代あざらけし［鮮］。
▼**擬音語** 近世ひちひち。びちびち。ぴちぴち。中世ひんひん。ぴんぴん。

いきおい【勢】 ボルテージ(voltage)。近代くゎつどうりょく［活動力］。はくりょく［迫力］。フォース(force)。ゐりょく［威力］。近世くゎつりょく［活力］。せいゐ［勢威］。なりゆき［成行］。はづみ［弾］。はぶり［羽振］。ひかり［光］。やくどう［躍動］。中世きえん［気炎／気焔］。せいき［生気］。せいき［精気］。せいりょく［勢力］。中古せい［勢］。せいりき［勢力］。たけ［丈］。ゐ［威］。ゐせい［威勢］。ゐりき［威力］。上代いきほひ［勢］。
ーが盛ん 近代くんかく［薫赫］。せいさう［盛壮］。りゅうしゃう［隆昌］。りゅうじゃう［竜驤］。りんり［淋漓］。わうぜん［旺然］。気炎を吐く。近世きょうわう／こうわう［興旺］。くゎつ［活］。くゎっぱつ［活発］。しんてん［震天］。せいえん［勢焔／勢炎］。せいしゃう［盛昌］。どんど。ひので［日出］。りゅうせい［隆盛］。口を利く。水の出端。中世くゎつはつはつ［活発発］。しょうてん［衝天］。たうてん［滔天］。どうてん［動天］。所を得［―得る］。中古いきほふ［勢］。こうりゅう［興隆］。さうさう／しゃうしゃう［鏘鏘］。ちゅうてん［沖天／冲天］。ののしる［罵］。ひかり［光］。草木も靡く。上代ちはやぶる［千早振］。はし［疾］。《句》近代空飛ぶ鳥も落ちる。飛ぶ鳥も落とす勢ひ。
ーが強く荒々しい 飛ぶ鳥を落とす。火の玉。近代きゃうせい［強勢］。しれつ［熾烈］。すいくゎ［水火］。ばうゐ［暴威］。ゐれつ［威烈］。決河の勢い。近世こゐ［虎威］。じんきふ［迅急］。まうぜん［猛然］。中世がうせい［強勢］。するど［鋭］。たけし［猛］。まう［猛］。まうゐ［猛威］。ゆうぶ［勇武］。中古いちはやし［逸速］。まうこ［猛虎］。まうれつ［猛烈］。れつれつ［烈烈］。上代いつ［厳／稜威］。とし［利／鋭］。
ーがますます強まる ぞうせい［増勢］。のぼりちょうし［上調子］。近代けいきづく［景気付］。てうしづく［調子付］。中世かひがひし［甲斐甲斐］。たくましうす［逞］。つのる［募］。はづむ［弾］。勝ちに乗る。中古さかる［盛］。のる［乗］。《句》近代勝ちに乗ずる。堰を切る。雪崩を打つ。波に乗る。弾みが付く。火に油を注ぐ。日の出の勢ひ。吠える犬にけしかける。燎原の火。円石を千仞の山に転ず。近世風に順ひて呼ぶ。騎虎の勢ひ。薪に油を添ふ［―添える］。中古破竹の勢ひ。
ーが弱まりなくなる 近代がっくりおち／がったりおち［落］。こじゃうらくじつ［孤城落日］。さがりめ［下目］。しうふうさくばく［秋風索寞］。したび［下火］。すいせい［衰勢］。すいばう［衰亡］。たいせい［退勢／頽勢］。たいてう［退潮］。にぶる［鈍］。ひへい［疲弊］。近世がっくり。がったり。くじく／くじける［挫］。すいたい［衰退］。そさう［沮喪／阻喪］。中世しろむ［白］。すさぶ／すさむ［荒／遊］。たゆむ［弛］。てうれい［凋零］。ぬかす［抜］。ひるむ［怯］。中古かた

ぶき[傾]。てうらく[凋落]。をさまる[納/収]。上代しづまる[静/鎮]。

—の空回り 近代かたすかし[肩透]。ちゃうらく[張落]。

—の盛衰 近代きふく[起伏]。

—のよいさま ぐいっと。じゃかすか。じゃんじゃん。近代堰(せき)を切る。近世ぐいぐい。すくすく。ずんと。どうと。ばりばり。ぴちぴち。ぼかぼか。中世ざっと。づんど。ひしと[犇/緊]。

—をくじく 近代そぐ[削/殺]。ひしぐ[拉]。中世しゃす[謝]。しらまかす/しらます[白]。中古おしひしぐ[押拉]。

—を示すこと 近代デモンストレーション(demonstration)。中世かがやかす[輝/耀]。

—を強める 近世こぶ[鼓舞]。ちゃうくゎう[張皇]。中世おこす[興]。けしかく[—かける][嗾]。すさむ[荒]。つよる[強]。はうはい[澎湃/彭湃]。上代すさぶ[荒/遊]。《句》近世薪(たきぎ)に油を添ふ[—添える]。

後の— 中世よせい[余勢]。よゐ[余威]。

ことの— もののはづみ[物弾]。踏鞴(たたら)を踏む。余勢を駆る。近世はづみ[弾]。

みせかけの— しりすぼまり/しりすぼみ[尻窄]。近代せんかうはなび[線香花火]。近世きょせい[虚勢]。水の出端(でばな)。中世ぎせい[擬勢/儀勢]。りゅうとうだび/りょうとうだび[竜頭蛇尾]。中古しりび[尻干/後干]。

向かっていく— ちょとつもうしん[猪突猛進]。近代いきほひこむ[勢込]。きあひ[気合]。こうせい[攻勢]。はなっぱしら[鼻柱]。ふるひたつ[奮立]。ふんしん[奮進]。

むかふいき[向意気]。近世いきる[熱]。いさみたつ[勇立]。きじゃう/きせい[気勢]。きほひかかる[競掛]。はなっぱり[鼻張]。中世きほう[機鋒]。中古いきまく[息巻]。いさまし[勇]。きほひ[競]。はゆ[逸]。上代いき[意気]。おもひたけぶ[思猛]。→いきごみ

その他いろいろなものの—(例) 近代たうせい[党勢]。近世くゎせい[火勢]。中世ごせい[語勢]。ぶんせい[文勢]。中古こくせい[国勢]。すいせい[水勢]。

▼接頭語 いち[逸]。かっ。ぐい。ふっ。

▼接尾語 がかり[掛]。

いきか・う【行交】 →ゆきか・う

いきかえり【行帰】 →ゆきき

いきかえ・る【生返】 近代くゎんこん[還魂]。さいき[再起]。ふくくゎつ[復活]。リバイバル(revival)。近世きしくゎいせい[起死回生]。さいせい[再生]。息を吹き返す。中世いきあがる[生上]。かうせい[更生]。くゎいせい[回生]。さいしゃう[再生]。そす[蘇/甦]。刀下(たう)の鳥林藪(りんそう)に交はる。中古いきいづ[生出]。いきかへる[生返]。ひととなる[人成]。上代いのちいく[命生]。しにかへる[死返]。そせい[蘇生]。よみがへる[蘇]。

—・らない 中世破鏡再び照らさず。落花枝に帰らず。

—・らないようにする 中世とどめを刺す。

いきがかり【行掛】 →ゆきがかり

いきがけ【行】 →ゆきがけ

いきかた【行方】 →ゆきかた

いきき【行来】 →ゆきき

いきごみ【意気込】 近代いきぐみ[意気組]。近世いきごみ[意気込]。きぐみ/きごみ/きごむ[気組]。きせい[気勢]。はないき[鼻息]。中世はき[覇気]。

—がくじけること 近代いきせうちん[意気消沈]。いきそさう[意気阻喪/意気沮喪]。上代おもひたわむ[思撓]。

—が盛んなこと 意気が揚がる。近代いきけんかう[意気軒昂]。いきしょうてん[意気衝天]。かうがい[慷慨/忼慨]。意気天を衝く。中世かうぜん[昂然]。けんかう[軒昂]。

激しい— 近世えいき[鋭気]。鼻息が荒い。近代きはく[気迫/気魄]。中世きえい[気鋭]。

いきご・む【意気込】 気合いを入れる。近代いきごむ[意気込]。いきほひこむ[勢込]。きおひこむ[気負込]。きおひたつ[気負立]。近世いきせいはる[息精張]。いさみたつ[勇立]。はりきる[張切]。ふるひたつ[奮立]。りきむ[力]。中古おもひおこす[思起]。おもひたつ[思立]。きほひかかる[競掛]。はやる[逸/早]。手を舐(ねぶ)る。上代きほふ[競/勢]。→いき【意気】

いきさき【行先】 →ゆくさき

いきさつ【経緯】 近代いちごいちぢふ[一伍一什]。くゎてい[過程]。けいくゎ[経過]。けいゐ[経緯]。プロセス(process)。近世いきさつ[経緯]。うつり[移]。しだら。なりゆき[成行]。みちゆき[道行]。ゆくたて[行立]。わけ[訳]。中世いちぶしじゅう[一部始終]。しだい[次第]。しゅび[首尾]。てんまつ[顛末]。なりたち[成立]。中古じ

じゃう[事情]。だうてい[道程]。
内輪の— 近代 ないじゃう[内情]。
複雑な— うよきょくせつ[紆余曲折]。近代 いはくつき[曰付]。

いきじ【意気地】 →**いじ**

いきすぎ【行過】 →**ゆきすぎ**

いきだおれ【行倒】 →**ゆきだおれ**

いきちがい【行違】❶〈食い違い〉→**くいちがい**

いきちがい【行違】❷〈すれ違い〉→**ゆきちがい**

いきちが・う【行違】 →**ゆきちが・う**

いきつ・く【行着】 →**ゆきつ・く**

いきづまり【行詰】 →**ゆきづまり**

いきづま・る【行詰】 →**ゆきづま・る**

いき・る【生】 近代 せいそく[生息/棲息]。近世 けんざい[健在]。せいくゎつ[生活]。中世 せいぞん[生存]。ぞんじゃう[存生]。ぞんせい[存生]。ぞんめい[存命]。中古 ありふ[存経]。いける[生]。ざいせ/ざいせい[在世]。ぞんず[存]。なまなまし[生生]。息が通ふ。上代 ありわたる[有渡]。いきづく[息衝]。

《尊》中古 おはします[御座]。

—・いる間 近代 せいぜん[生前]。ぞんめいちゅう[存命中]。中世 しゃうぜん[生前]。

—・いる限り 中世 よのかぎり[世限]。上代 うちのかぎり[現限]。

—・いることができる 中古 あらる[有]。上代 ありかつ[有]。

—・いるもの →**いきもの**

いきどおり【憤】 →**いかり【怒】** →**おこ・る**

いきとど・く【行届】 →**ゆきとど・く**

いきどまり【行止】 →**ゆきづまり**

いきながら・える【生長】 近代 サバイバル(survival)。近世 しにおくる[—おくれる][死後/死遅]。露命を繋ぐ。中世 いきながらふ[—ながらえる][生長/生永/生存]。いきのこる[生残]。いきのびる[生延]。せいぞん[生存]。ばんぜい[万歳]。中古 ありすぐす[有過]。ありはつ[有果]。ありふ[有経]。ありめぐる[有巡]。いきめぐる[生巡]。えんめい[延命]。おくる[おくれる][後/遅]。おちとまる[落留]。きえのこる[消残]。そんす/ぞんず[存]。とまる[留/止]。とむ[とめる][留/停]。のこる[残]。またたく/まだたく[瞬]。みづはぐむ[瑞歯]。みづはさす[瑞歯]。めぐる[巡]。上代 ありさる[有]。いのちいく[命生]。ぞんめい[存命]。ながらふ[—らえる][長/永]。命を繋ぐ。→**ながいき**

老いてむなしく—・える 中古 らうざん[老残]。

何もしないで—・える 近代 ぐゎぜん[瓦全]。せんぜん[甎全]。

▼生き残った人 ざんぞんしゃ[残存者]。せいかんしゃ[生還者]。せいぞんしゃ[生存者]。

▼戦争に負けて生き残った人 近代 はいざん[敗残]。はいざんしゃ[敗残者]。はいざんへい[敗残兵]。

いきなや・む【行悩】 →**ゆきなや・む**

いきなり →**とつぜん**

いきのこ・る【生残】 →**いきながら・える**

いきま・く【息巻】 近代 いきりたつ[熱立]。かうふん[昂奮]。こうふん[興奮]。近世 いきる[熱]。ぎしむ/ぎしめく[軋]。ぎゃくじゃう[逆上]。たけりたつ[猛立/哮立]。つのめだつ[角目立]。中世 げきかう[激高]。げきす[激]。たける[猛/哮]。中古 いかる[怒]。いきまく[息巻]。

いき・む【息】 近世 いきばる[息張]。いきむ/いけむ[息]。中世 いきまふ[息]。きばる[気張]。→**りき・む**

いきもの【生物】 せいめいたい[生命体]。近代 いうきたい[有機体]。いうきぶつ[有機物]。せいるい[生類]。どうしょくぶつ[動植物]。近世 くゎいせい[懐生]。くゎつぶつ[活物]。せいぶつ[生物]。中世 いうせい/うしゃう[有生]。しゃう[生]。しゃうじゃ[生者]。中古 いきもの[生物]。うじゃう[有情]。上代 しゃうるい[生類]。

《句》近代 生き物は死に物。生ある者は死あり。

意識を持つ—(人間)。上代 がんしき/ごんしき[含識]。

すべての— 中世 ぐんるい[群類]。しゅじゃう[衆生]。中古 いっさいしゅじゃう[一切衆生]。うじゃう[有情]。生きとし生けるもの。上代 ぐんじゃう[群生]。

人間以外の—(動物) 中古 ちくしゃう[畜生]。

いきょう【異境】 近代 いきゃう[異境]。かくきゃう[客郷]。中世 いきゃう[異郷]。中古 いこく[異国]。せかい[世界]。上代 いはう[異邦]。ぐゎいこく[外国]。ことくに[異国]。→**がいこく**

—で暮らす人 近代 いきゃく[異客]。

—の空 近世 ごてん[呉天]。

いきょう【異教】 ヘテロドキシー(heterodoxy)。中世 いけう[異教]。じゃけう[邪教]。じゃしゅう[邪宗]。じゃはふ[邪法]。中古 いた

ん[異端]。げだう[外道]。

い・きる【生】❶〈生存〉近代せいそく[生息]。近世くゎつ[活]。せいくゎつ[生活]。中世いく[いきる][生]。しゃう[生]。しゃうくゎつ[生活]。上代いく[生](四段活用)。→いきて・いる

《句》近代生は寄なり死は帰なり。生は死の始め。生を偸(ぬす)む。

―・きた心地がしない 中古あるにもあらず。

―・きるか死ぬか 中世しくゎつ[死活]。しゃうじ[生死]。中古いきしに[生死]。

―・きるか死ぬかの境目 近代しせん[死線]。せいめいせん[生命線]。中世ぞんめいふぢゃう[存命不定]。

い・きる【生】❷〈有用〉功を奏する。近代いうかう[有効]。いきる[生]。くゎつよう[活用]。そうこう[奏功]。近世いうえき／うえき[有益]。いうよう／うよう[有用]。はたらく[働]。やくだつ[役立]。中古きく[効／利]。くけん／くこん[貢献]。上代こうけん[貢献]。

いきわた・る【行渡】→ゆきわた・る

い・く【行】→ゆ・く

い・く【逝】→し・ぬ

いくえ【幾重】→いくたび

いくさ【戦】→たたかい

いぐさ【藺草】 牛の髭(ひげ)。近世あかりも[明藻]。とうしんぐさ／とうしんさう[灯心草／燈心草]。ゐ[藺]。ゐぐさ[藺草]。中古こもくさ[薦草]。鷺(さぎ)の尻刺し。上代しりくさ[尻草]。

いくさき【行先】→ゆくさき

いくじ【意気地】→いじ

―がない(者) めめしい[女女]。近代がしんたれ(上方で使う)。よわごし[弱腰]。近世かひしゃうなし／かひしょなし[甲斐性無]。かひなし[甲斐無]。こしぬけ[腰抜]。しりよわ[尻弱]。だじゃくもの[惰弱者]。だふ[懦夫]。ふぬけ[腑抜]。へげたれ。尻腰(しっこし)がなし。中世ふがひなし[腑甲斐無]。中古だじゃく[惰弱／懦弱／堕弱]。つたなし[拙]。ひけふ[卑怯]。をぢなし[怯]。

―がない言葉 近代よわね[弱音]。

外では―なし 近代うちべんけい[内弁慶]。近世かげべんけい[陰弁慶]。こたつべんけい[炬燵弁慶]。《句》近代旅の犬は尾をすぼめる。

いくせい【育成】 ひとづくり[人作]。近代いくせい[育成]。ふいく[扶育]。やうせい[養成]。近世けういく[教育]。そだてあぐ[―あげる][育上]。中世かんやう[涵養]。くんたう[薫陶]。さいばい[栽培]。しつけ[躾／仕付]。そだつ[そだてる][育]。中古したつ[したてる][仕立]。たうや[陶冶]。つちかふ[培]。やういく[養育]。上代つくる[作]。

いくたび【幾度】 いくへん[幾遍]。近代いくくゎい[幾回]。なんくゎい[何回]。近世いくど[幾度]。くりかへし[繰返]。ぢゅうそう[重層]。中世たぢゅう[多重]。つみかさね[積重]。とへはたへ[十重二十重]。なんど[何度]。中古いくかへり[幾返]。いくそたび[幾十度]。いくたび[幾度]。いくへ[幾重]。かさね[重]。上代そこらく。

いくつか【幾】 近代なんこ[何個]。中古いくつ[幾]。上代そくばく／そこばく[若干／幾許]。そこば[若干]。

いくとし【幾年】 近代いくねん[幾年]。近世なんねん[何年]。中世いくとし[幾年]。中古いくとせ[幾年]。

―かの間 近代としごろ[年頃]。

―もの昔 中世いくむかし[幾昔]。

いくにち【幾日】 なんにち[何日]。近代いくにち[幾日]。中古いくか[幾日]。

―か前の夜 中世せんや[先夜]。

いくぶん【幾分】 近代いくぶん[幾分]。たせう[多少]。近世こころなし[心做／心成]。こころもち[心持]。中世いくらか[幾]。中古じゃくかん[若干]。やや[稍／漸]。わづか[僅／纔]。上代すこし[少]。

いくら【幾】 なんこ[何個]。中古いくら[幾]。上代いくだ[幾許]。

―か 近代いくぶん[幾分]。たせう[多少]。にさん[二三]。近世こころもち[心持]。なにぶん[何分]。なんらか[何等]。中世いくらか[幾]。なんぞ。中古いくほど[幾程]。じゃくかん[若干]。そこばく[若干／幾許]。上代いささか[聊／些]。そこば[若干]。

―か加えること プラスアルファ(和製plus alpha)。

―かでも 近代多かれ少なかれ。

―かの人数 近代いくにん[幾人]。中古いくたり[幾人]。

―…でも 中世さこそ。なんぼ／なんぼう。

いくらなんでも 近代たいてい[大抵]。いくらなんでも。なんぼなんでも。近世まさか。なんぼ。中世よもや。中古さりとも。

いけ【池】 中世つきのかがみ[月鏡]。上代いけ[池]。

—のほとり 近世ちてい［池汀］。中古ちじゃう［池上］。ちとう［池頭］。ちはん［池畔］。ちへん［池辺］。
禁中の— 中世ほうち［鳳池］。
極楽の— 近代くどくち［功徳池］。
地獄の— 中世ちのいけ［血池］。
人工の—（例）ゆうすいち［遊水池］。近代じゃうすいち［浄水池］。ダム(dam)。ちょすいち［貯水池］。ちんでんち［沈殿池］。ようすいいけ［用水池］。近世ためいけ［溜池］。つりぼり［釣堀］。中古つつみ［堤］。
庭の— 近世しんじいけ［心字池］。ちせん［池泉］。ぼんち［盆池］。中古せんすい［泉水］。上代りんせん［林泉］。
蓮の咲く— 中世はちすのいけ［蓮池］。れんち［蓮池］。
ヒマラヤにある想像上の— 近世あのくだっち［阿耨達池］。
養魚の— 近代アクアリウム(aquarium)。やうぎょち［養魚池］。

いけい【畏敬】 おそれうやまう［畏敬］。近代けいい［敬意］。けいぼ［敬慕］。すうけい［崇敬］。ゐけい［畏敬］。近世けいふく［敬服］。中世しんぷく［心服］。そんけい［尊敬］。中古そんきゃう［尊敬］。

いけどり【生捕】 近代りょくゎく［虜獲］。中古ざんくゎく［斬獲］。てどり［手取／手捕］。上代いけどり［生捕］。

—にする仕掛け 上代わな［罠／羂］。

—になった人 近代ふりょ［俘虜］。中古とりこ［虜／擒／俘虜］。中世ほりょ［捕虜］。

いけにえ【生贄】 スケープゴート(scapegoat)。近代ぎせい［犠牲］。きょうぎ／くぎ［供犠］。すていし［捨石］。ビクティム(victim)。近世ひとみごくう［人身御供］。中世ひとばしら［人柱］。中古いけにへ［生贄］。

いけばな【生花】 おきいけ［置生］。おはな［御花］。はな［花］。近代もりばな［盛花］。近世いけもの［生物／活物］。くゎだう［華道］。さしばな／さふくゎ［挿花］。せいくゎ［生花］。中世いけばな［生花／活花］。
—の花材 えだもの［枝物］。つるもの［蔓物］。近代くさもの［草物］。

いけん【意見】 こえ［声］。しょけん［所見］。せつ［説］。近代オピニオン(opinion)。ていけん［定見］。はうくゎい［抱懐］。近世かんがへ［考］。けんかい［見解］。しゅい［趣意］。しょしん［所信］。ぞんぶん［存分］。中世ぎ［議］。けんげ［見解］。ぞんじより［存寄］。中古しょぞん［所存］。上代いけん［意見］。

《謙》近世ぐろん［愚論］。しけん［私見］。せんけん［浅見］。ひけん［卑見／鄙見］。ろうけん［陋見］。中世がけん［我見］。ぐけん［愚見］。ぐせつ［愚説］。しぎ［私議］。じせつ［自説］。しろん［私論］。中古ぐあん［愚案］。ぐい［愚意］。どくけん［独見］。

—が一致しない へいこうせん［平行線］。議論が嚙み合わない。近代けつれつ［決裂］。近世ものわかれ［物別］。

—の一致 コンセンサス(consensus)。近代まんぢゃういっち［満場一致］。十指の指す所。近世がふい［合意］。中世おちあふ［落合］。

—の違いで揉める そうぎ［争議］。まさつ［摩擦］。近代かくしつ［確執］。すったもんだ［擦揉］。中古かくしふ［確執］。

—のやりとり 近代たうぎ［討議］。はつろん［発論］。ろんさう［論争］。ろんせん［論戦］。近世おうしう［応酬］。ろん［論］。中古たうろん［討論］。だんぎ［談義／談議／談儀］。べんろん［弁論］。ろんぎ［論議］。上代あげつらふ［論］。

—を述べる こうじゅつ［公述］。近代こうきょう［口供］。しゅしゃう［主唱］。しょうじゅつ［称述］。はつぎ／ほつぎ［発議］。べんずる［弁］。近世えんじゅつ［演述］。ちんじゅつ［陳述］。ろんじゅつ［論述］。中世かいちん［開陳］。はつげん［発言］。ゆうべん［雄弁］。

—を申し上げる ないちん［内陳］。ふくしん［副申］。もうしたてる［申立］。近代ぐしん［具申］。けんぱく［建白］。しんげん［進言］。たふしん［答申］。近世けんげん［献言］。じゃうつう［上通］。ひろう［披露］。中世じゃうしん［上申］。中古けんげん［建言］。じゃうへう［上表］。上代けんぎ［建議］。じゃうそう［上奏］。

相手の—（敬った言い方）そんけん［尊見］。近代かうせつ［高説］。近世かうけん［高見］。中世かうろん［高論］。きい［貴意］。

いろいろな— 中古しょせつ［諸説］。もろくち［諸口］。

偏った— 近代きろん［奇論］。へきけん［僻見］。近世ちんせつ［珍説／椿説］。

異なる— 近代いぞん［異存］。近世いけんだて［異見立］。中世いぎ［異議／異儀／異義］。いけん［異見］。いろん［異論］。

異なる—で反論する はんろん［反論］。異を

唱える。異を挟む。近代かうぎ［抗議］。ばくろん［駁論］。異を立てる。近世さからふ［逆］。ばくす［駁］。ものいひ［物言］。

自分の―にこだわる こしつ［固執］。近代へんしつ［偏執］。近世しつえう［執拗］。中世こしふ［固執］。しつい［執意］。ぞんぶんだて［存分立］。へんしふ／へんじふ［偏執］。

優れた― 近世いっかげん［一家言］。たくけん［卓見］。めいろん［名論］。中世たくしき［卓識］。

世間の多くの人の― かい［下意］。せろん／よろん［世論］。声なき声。近代オピニオン(opinion)。近世こくろん［国論］。しゅうせつ［衆説］。ぞくけん［俗見］。十指の指す所。中世こうろん［公論］。しゅうろん［衆論］。ぞくろん［俗論］。よろん［輿論］。中古せいろん［世論］。もろくち［諸口］。

他の―を受け入れる 意を受ける。近代だいどうだんけつ［大同団結］。だけふ［妥協］。ちゃうじゅう［聴従］。中世意見に付く。

広く人の―を取り入れる くみあげる［汲上］。さいよう［採用］。とりあげる［取上］。中古くわうちゃう［広聴］。はうよう［包容］。上代もちゐる［用］。《句》中世河海(かかい)は細流を択(えら)ばず。

皆の― 近代そうい［総意］。

いげん【威厳】 近代おもみ［重］。くゎんろく［貫禄］。ディグニティー(dignity)。ゐふうだうだう［威風堂堂］。近世ゐぎ［威儀］。中世いつくし［厳］。かさ［嵩］。そんげん［尊厳］。もったい［勿体／物体］。ゐ［威］。ゐげん［威厳］。ゐしん［威信］。ゐふう［威風］。中古いかめし［厳］。おもおもし［重重］。きらきらし。しうとく［宿徳］。たたはし。

―があっておごそか 中古ぎぎ［巍巍／魏魏］。ゐくゎう［威光］。

―があってきちんとしている 近世たんげん［端厳］。中古たんごん［端厳］。

―と信頼感 中世ゐしん［威信］。

―と徳望 中古ゐとく［威徳］。

―を感じさせる様子 近代ゐよう［威容／偉容］。

おごそかな―のたとえ 近代しうさう［秋霜］。しうさうれつじつ［秋霜烈日］。

ことさら―をつける 近世勿体(もったい)を付く［―付ける］。

身に備わっている― 近代くゎんろく［貫禄］。中世かさ［嵩］。

いご【以後】 近代かうご／きゃうご［向後／嚮後］。ごじつ［後日］。このさき［此先］。こんご［今後］。そのご［其後］。近世あと［後］。あとあと［後後］。じご［事後］。まへさき［前先］。中世いらい［以来／已来］。きゃうこう［向後／嚮後］。こうじつ［後日］。ごこく［後刻］。じご［爾後］。じこん／じごん［自今／爾今］。じらい［爾来］。をちつかた［遠方］。中古いかう［以降／已降］。いくゎん［以還／已還］。いご［以後／已後］。いわう［以往］。こうらい［後来］。じこんいご［自今以後］。のちのち［後後］。上代をち［彼方／遠］。

いご【囲碁】 近代うろ［烏鷺］。きだう［棋道］。ご［碁］。烏鷺(うろ)の争ひ。中世しゅだん［手談］。上代ゐご［囲碁］。《句》近代橘中(きっちゅう)の楽しみ。碁打ちに時なし。碁将棋は親の死に目にも会へぬ。下手の長碁。

―(将棋)に関係している人々 きかい［棋界］。近代ごかい［碁界］。

―(将棋)の腕前 近代きりょく［棋力］。近世ごりょく［碁力］。

―のプロ 近代きし［棋士］。中古ごし［碁師］。

―を打つ人 近代ごかく［碁客］。

技量の似た者同士の― 近世あひご［相碁］。

下手な― 近世ざるご［笊碁］。

▼碁石 きせき［棋石／碁石］。中古きし［棋子］。ごいし［碁石］。ごし［碁子］。

▼碁石を入れる容器 ごき［碁器］。ごし［碁子］。中世ごけ［碁笥］。

▼碁石を使った遊び やくしざん［薬師算］。近世ままこざん［継子算］。ままこだて［継子立］。

▼碁盤 いきょく［囲局］。中世ごきょく［棋局］。上代ききょく［棋局／棊局］。

▼接尾語 し［子］(碁石の数)。

いこう【威光】 近代ゐりょう［威稜］。中古にほひ［匂］。ひかり［光］。ゐくゎう［威光］。→いげん

―と恩恵 近世おんゐ［恩威］。

―と人望 中世ゐばう［威望］。

―と武力 中世ゐぶ［威武］。

―を示す 中古かがやかす［輝］。上代ひかる［光］。

親の― 親の光は七光。近世おやがひ［親甲斐］。

国の― 近代こくゎう［国光］。中世国の光。

朝廷の― 近世てうゐ［朝威］。

天子の― 中古てんゐ［天威］。

いこう【意向】 〔近代〕いかう[意向／意嚮]。いと[意図]。〔近世〕いし[意志]。かんがへ[考]。しかう[志向]。〔中世〕きしょく／きそく[気色]。〔中古〕い[意]。いし[意思]。いしゅ[意趣]。おきて[掟]。おもむけ[趣]。けしき[気色]。こころ[心]。こころおきて[心掟]。こころざし[志]。こころむけ[心向]。〔上代〕おもはく[思]。

—に背く 〔中古〕もてたがふ[持違]。

—を伺う 〔中古〕けしきたまはる[気色給]。けしきどる[気色取]。

相手の—（敬った言い方） 〔中古〕がし[雅旨]。

天子の— 〔中古〕えいし[叡旨]。

いこ・う【憩】 〔中古〕いこのふ[憩]。いこふ[憩]。
→くつろ・ぐ

—・う場 〔近世〕オアシス(oasis)。

いこく【異国】 →がいこく

—趣味 〔近代〕エキゾチシズム(exoticism)。オリエンタリズム(orientalism)。

—情緒 〔近代〕エキゾチシズム(exoticism)。

—人 エイリアン(alien)。〔近代〕いはうじん[異邦人]。ぐゎいじん[外人]。ぐゎいはうじん[外邦人]。ストレンジャー(stranger)。〔近世〕いこくびと[異国人]。いじん[異人]。たうじん[唐人]。〔上代〕からひと[唐人]。
→がいこくじん

いこじ【意固地】 →いじ →かたくな

いこつ【遺骨】 〔近代〕ゐこつ[遺骨]。〔近世〕こつぼとけ[骨仏]。〔中世〕こつ[骨]。ゆいこつ[遺骨]。

—を納める 〔近世〕なふこつ[納骨]。

—を納める石室 〔中世〕からうと[屍櫃]。

—を納める建物 〔近世〕なふこつだう[納骨堂]。〔中世〕こつだう[骨堂]。

—を納める容器 〔近代〕こつつぼ[骨壺]。〔近世〕こつがめ[骨瓶]。こつばこ[骨箱]。

仏(聖人)の— 〔中古〕さり／しゃり[舎利]。

▼頭蓋骨 〔近世〕のざらし[野晒]。〔中世〕されかうべ／しゃりかうべ／しゃれかうべ[髑髏]。〔中古〕どくろ[髑髏]。はち[鉢]。

いこん【遺恨】 ざんこん[残恨]。〔近世〕しゅくこん[宿恨]。〔中世〕いしゅ[意趣]。しゅくい[宿意]。ぞんぶん[存分]。〔中古〕ねた[妬]。ゐこん[遺恨]。〔上代〕ちゃうこん[長恨]。

いさい【委細】 〔近代〕しゃうさい[詳細]。〔近世〕めいさい[明細]。〔中世〕きょさい[巨細]。ゐしつ[委悉]。〔中古〕こさい[巨細]。しさい[子細／仔細]。ゐきょく[委曲]。ゐさい[委細]。

—を心得ている人 〔中世〕こさいのもの[巨細者]。

いさい【偉才】 →えいさい

いさかい【諍】 →あらそい →いざこざ

いざかや【居酒屋】 パブ(pub)。〔近代〕さかば[酒場]。スタンド(stand)。なはのれん[縄暖簾]。のみや[飲屋]。バー(bar)。〔近世〕なはすだれ[縄簾]。なはのうれん[縄暖簾]。やたいち[弥太一]。やだいじん[矢大臣／矢大神]。ゐざかや／ゐざけや[居酒屋]。ゐざけ[居酒]。

—で飲む酒 〔近世〕ゐざけ[居酒]。

▼酒の調合をする人 〔近代〕バーテン／バーテンダー(bartender)。

いさぎよ・い【潔】 〔近代〕こきみよい[小気味好]。さつさつ[察察]。〔近世〕きよう[器用]。きれいさっぱり[綺麗]。じんじゃう[尋常]。すずし[涼]。〔中世〕きよし[清]。せいせつ[清節]。〔中古〕いさぎよし[潔／清]。けっぱく[潔白]。さはやか[爽]。じゃうけつ[浄潔]。せいれん[清廉]。れんち[廉恥]。〔上代〕さやけし[清／明]。すがすがし[清清]。
《句》〔近世〕花は桜木人は武士。

—・く力強い 〔上代〕ををし[雄雄／男男]。

—・く恥を知る心 〔近代〕れんちしん[廉恥心]。

いざこざ しょうふん[小紛]。もめごと[揉事]。〔近代〕ごたごた。トラブル(trouble)。ぶつぎ[物議]。〔近世〕いさくさ。いざこざ。いでいり[出入]。もつれ[縺]。〔中世〕いりくみ[入組]。〔中古〕いさかひ[諍]。〔上代〕あらそひ[争]。なみ[波]。
《句》〔近世〕雨降って地固まる。

—のないこと 〔近世〕うやなや。

いさごむし【沙虫】 〔近世〕ごみかつぎ[塵潜]。いはむし[岩虫]。〔中世〕いさごむし[沙虫]。

いささか【些】 〔近世〕いちがふ[一合]。しもん[四文]。〔中世〕ちっと／ちと[些]。つゆばかり[露許]。〔中古〕いささか[些／聊]。すこし[少]。すこぶる[頗]。ちり[塵]。〔上代〕はつはつ。

—も これっぽっちも。〔近世〕ゆめいささか[夢聊]。〔中世〕つゆばかり[露許]。〔中古〕ゆめに[夢]。ゆめばかり[夢許]。

▼接頭語 こっ。〔中世〕いささ[細小／細／小]。

いざな・う【誘】 →さそ・う

いさまし・い【勇】 〔近代〕さう[壮]。さうぜつ[壮絶]。さうれつ[壮烈]。せいかん[精悍]。ヒロイック(heroic)。ゆうがう[勇剛]。ゆうたん[勇胆]。〔近世〕がうゆう[剛勇／豪勇]。きほひ[競／勢]。きゃうゆう[強勇／彊勇]。くゎだん[果断]。ばんぷふたう[万夫不当]。まうゆう[猛勇]。ゆうき[雄毅

／勇毅］。ゆうさう［勇壮］。ゆうれつ［勇烈］。りりし［凛凛］。りんぜん［凛然］。鬼とも組む。鬼をあざむく。中世 かひがひし［甲斐甲斐］。くゎかん［果敢］。けなげ／けなりげ［健気］。だいたん［大胆］。たけだけし［猛猛］。はやりか［逸］。ぶ［武］。へうかん［剽悍／慓悍］。ゆうかん［勇敢］。ゆうぶ［勇武］。ゆうまう［勇猛］。ゆゆし［由由］。ゐぶ［威武］。命知らず。中古 いさまし［勇］。いさをし［勲／功］。げうゆう［驍勇］。さかし［賢］。ゆう［勇］。ゆうかん［勇悍］。ゆうみゃう［勇猛］。上代 たけし［猛］。たけぶ［猛］。ゆうけん［勇健］。ようかん［勇敢／勇悍］。ををし［雄雄／男男］。

―・い男 中世 ゆうしゃ［勇者］。中古 ゆうし［勇士］。上代 ますら［益荒］。

―・い門出 ゆうと［雄途］。

―・い神 上代 ますら［益荒］。

―・い企て 近世 ゆうと［雄図］。

―・い決断 近世 ゆうだん［勇断］。

―・い心 近代 ゆうしん［雄心］。近世 さうし［壮志］。中世 ゆうき［勇気］。上代 をごころ［雄心］。

―・い心が盛んに起こるさま 近代 ゆうしんぼつぼつ［雄心勃勃］。

―・いことを言う そうげん［壮言］。中世 さうご［壮語］。

―・い姿 近世 えいし［英姿］。中古 ゆうし［雄姿］。

―・い手柄話 近代 ぶゆうでん［武勇伝］。

―・いという評判 近世 ゆうめい［勇名］。

―・い人 近代 さうかん［壮漢］。ゆうがう［勇剛］。中世 したたかもの［強者］。ゆうしゃ［勇者］。中古 さうし［壮士］。ゆうし［勇士］。上代 たけを［猛夫］。ますらたけを［益荒猛男］。

―・く颯爽（さっそう）としていること 近代 ゆうさう［雄爽］。

―・く前進すること 近代 ゆうしん［勇進］。ゆうわうまいしん［勇往邁進］。中世 いさみすすむ［勇進］。

―・く戦うこと かんとう［敢闘］。近代 ゆうせん［勇戦］。

―・く強いこと 近代 ゆうがう［雄剛］。ゆうまい［雄邁］。中世 ゆうきゃう［雄強／雄彊／勇強］。ゆうゐ［雄偉］。

―・そうな様子をする 近世 ぶばる［武張］。

悲しくも―・い 近代 ひさう［悲壮］。

いさみた・つ【勇立】 はりきる［張切］。近代 いきごむ［意気込］。いれこむ［入込］。きおひこむ［気負込］。きおひたつ［気負立］。きほひたつ［競建］。ふるひたつ［奮立］。近世 いさみたつ［勇立］。はやりぎ［逸気］。ふんやく［奮躍］。中世 きばる［気張］。きほふ［競］。やたけ［弥猛］。中古 いきほふ［勢］。うちはやる［打逸］。すすむ［進］。はっぷん［発奮］。はやりか／はやる［逸］。ふるふ［振／奮／揮］。

―って焦る 中世 弥猛（やたけ）に思ふ。

―ってする 近世 得手に帆を揚ぐ［―揚げる］。

―つ若者 中世 はやりを［逸雄］。

いさみはだ【勇肌】 近代 でんぼふ［伝法］。はだあひ［肌合］。近世 いさみはだ［勇肌］。いなせ［鯔背］。ぎけふ［義侠］。きほひはだ［競肌］。きゃん［侠］。をとこだて［男伊達／男達］。

いさ・める【諫】 つうかん［痛諫］。近代 くかん［苦諫］。近世 きょくかん［極諫］。ちゅうこく［忠告］。中世 かんげん［諫言］。きかん［幾諫］。中古 せっかん［切諫］。ちゅうげん［忠言］。ちょくかん［直諫］。上代 いさむ［いさめる］［諫］。

―・めてくれる友 上代 さういう［争友］。

―・めてやめさせること 近代 かんし［諫止］。

主君や天子を―・める 近代 かんぎ［諫議］。近世 ちゅうこく［忠告］。中世 ちゅうかん［忠諫］。中古 かんさう［諫争］。

身命を捨てて―・める 近代 かんし［諫死］。中古 しかん［屍諫／尸諫／屍諫］。

遠回しに―・める 中古 ふうかん［諷諫］。

いざよい【十六夜】 →つき【月】❶

いさりび【漁火】 しゅうぎょとう［集魚灯］。近代 げんとう［舷灯］。近世 よぶり［夜振］。中世 ぎょくゎ［漁火］。ぎょとう［漁灯］。上代 いさりび／いざりひ［漁火］。

―を灯して魚を獲ること 中世 ひぶり［火振］。よぶり［夜振］。

いさん【遺産】 近代 ゐさん［遺産］。近世 かとく［家督］。中世 あとしき［跡式／跡職］。いっせき［一跡］。中古 そうぶん［処分］。

―争い 近世 あとしきさうろん［跡式争論］。

―の土地 中世 ゆいせき［遺跡］。

―の分配 中世 そぶん［処分］。

いし【石】 近代 ストーン（stone）。ちこつ［地骨］。近世 いしこ［石子］。中世 いっけん［一拳］。上代 いし［石］。

―が転がっているさま 近代 ろくろく［碌碌］。

―作りの職人 近世 いしく［石工］。いしや［石屋］。せきこう［石工］。せきしゃう［石匠］。

中世いしきり[石切]。中古いしづくり[石作]。

ーと砂 させき[砂石]。近代しゃれき[砂礫]。中世されき[砂礫]。

ーのかたまり せっかい[石塊]。れきかい[礫塊]。

ーの作り物 ちょうせき[彫石]。近代せきこく[石刻]。せきじん[石人]。中世いしひと[石人]。いしぼとけ[石仏]。せきば[石馬]。せきぶつ[石仏]。中古せきざう[石像]。

ーの積み重なっているさま 近代らいらく[磊落]。近世らいらい[磊磊]。

ーの積み方 おとしづみ[落積]。らんづみ[乱積]。わらいづみ[笑積]。

大きなー 中古がんせき[岩石/巌石]。ばんじゃく[磐石]。上代いは[岩/巌/磐]。いほひきのいは[五百引石]。おほいし[大石]。→**いわ**

多くのー 上代いしむら[石群]。

人造のー ぎせき[擬石]。テラゾ/テラゾー(イタリア terrazzo)。

砂まじりの小さなー しゃれき[砂礫]。近世ざり/じゃり[砂利]。中世されき[砂礫/沙礫]。

性器に似たー 近世いんやうせき[陰陽石]。中世やうせき[陽石]。

小さなー 近代せきへん[石片]。れき[礫]。れきせき[礫石]。近世いしくれ[石塊]。いしこ/いしなご[石子]。いしころ[石塊]。中古じゃり[砂利]。中世くりいし[栗石]。中古たびいし[礫]。上代こいし[小石]。さざれいし/さざれし[細石]。たぶて[礫]。

小さなーと土くれ れきかい[礫塊]。

庭園のー →**ていえん**

道標のー みちいし[道石]。みちわけいし[道分石]。近世たていし[立石]。

土台にかかわるー きせき[基石]。じふくいし[地覆石]。ぬのいし[布石]。近代くついし[沓石]。はしらいし[柱石]。近世だいいし[台石]。ねこいし[猫石]。中古いしずゑ[礎]。ねいし[根石]。

投げつけるー 近代とうせき[投石]。中古つぶて[礫]。なげし[投石]。

丸いー 近代たまいし[玉石]。近世ごろた/ごろたいし[石]。中世ゑんせき[円石]。上代つぶれいし/つむれいし[円石]。

▼**アーチ頂点の楔形(くさびがた)の石** けんいし[剣石]。近代キーストーン(keystone)。くさびいし[楔石]。近世かなめいし[要石]。

▼**石垣** 近代きりいしづみ[切石積]。近世じゃうへき[城壁]。中世いしがけ[石崖]。いしかべ[石壁]。いしざし[石]。いしついぢ[石築地]。いはかべ[岩壁/石壁]。せきへき[石壁]。中古いはかき[岩垣]。

▼**石組み** いしくばり[石配]。近世いはぐみ[岩組]。中古いしたて[石立]。

▼**石段** 近代いしざか[石坂]。近世せききふ[石級]。中世いしのきざはし/いしのきだはし/いしのはし[石階]。中古いしだたみ[石畳/甃]。いしばし/せきかい[石階]。せきとう[石磴]。

▼**石弓** クロスボー(crossbow)。ボウガン(bow gun)。近世ど[弩]。どきゅう[弩弓]。

▼**石綿** おんじゃくめん[温石綿]。近代せきじゅう[石絨]。せきめん[石綿]。近世アスベスト(オランダ asbest)。

▼**敷石** あまおちいし[雨落石]。あられこぼし[霰零]。いしじき[石敷]。うろこいし[鱗石]。おとしいし[落石]。のべだん[延段]。近世まえいし[前石]。近代ほせき[舗石]。いしざか[石坂]。きりいし[切石]。くつぬぎいし[沓脱石]。ふみいし[踏石]。まきいし[蒔石]。中世いははし[石橋/岩橋]。おほみぎり[大砌]。みぎり[砌]。中古いしだたみ[石畳]。せきしう[石甃]。

▼**石材** あらいし[荒石]。たんざくいし[短冊石]。近代かくいし[角石]。わりいし[割石]。中世きりいし[切石]。

▼**砂(砂利)** 近代バラス/バラスト(ballast)。上代いさご[砂/沙/砂子]。→**すな**

▼**砥石** →**といし**

▼**火打ち石** 近代フリント(flint)。近世すいせき[燧石]。すりびうち[擦火打]。

いし【医師】→**いしゃ【医者】**

いし【意思】 近代いかう[意向/意嚮]。近世かんがへ[考]。きょうちゅう[胸中]。中世きもち[気持]。しょし[所思]。ねん[念]。中古いし[意思]。おもひ[思]。しねん[思念]。しんじゃう[心情]。上代おもはく[思]。しんちゅう/しんぢゅう[心中]。

ーが一致する 近世がふい[合意]。

ーの暗黙の理解 近代もくじ[黙示]。中世いしんでんしん[以心伝心]。

ーを示す へうめい[表明]。意を尽くす。

全員のー 近代そうい[総意]。

いし【意志】 近代いかう[意向/意嚮]。いと[意図]。いよく[意欲]。けつい[決意]。しんこころづもり[心積]。しかう[志向]。しんさん[心算]。近世いし[意志]。かんがへ

[考]。けっしん[決心]。むき[向]。〔中世〕オンターデ(ポルトガル vontade)。きしょく[気色]。しい[志意]。しねん[志念]。しんし[心志]。〔中古〕こころざし[志]。しょぞん[所存]。
《句》〔近代〕疾風に勁草(けいさう)を知る。断じて行へば鬼神もこれを避く(—避ける)。匹夫(ひっぷ)も志を奪ふべからず。〔近世〕蟻の思ひも天にのぼる。

—がある(しようとする) 乗り気になる。〔中世〕気が向く。〔近世〕でかける[出掛]。〔中古〕ほっす[欲](「…むとほっす」などの形で)。

—が強い しそう[志操]。押しがきく。押しの一手。〔近代〕かうこつ[硬骨]。かくこふばつ[確乎不抜/確固不抜]。きゃうき[強毅/彊毅]。ふくつふたう[不屈不撓]。ふたうふくつ[不撓不屈]。ふばつ[不抜]。〔近世〕おしづよい[押強]。せきちゃう[石腸]。てっしんせきちゃう[鉄心石腸]。てっせきしんちゃう[鉄石心腸]。てっちゃう[鉄腸]。ふくつ[不屈]。〔中世〕いしふ[意執]。がうき[剛気]。きぜん[毅然]。きゃうがう[強剛]。ほい/ほんい[本意]。〔中古〕けんご[堅固]。しせつ[志節]。

—がない(しようとしない) 〔中古〕かへにす[肯]。がへんず[肯]。べからず。

—が弱い 〔近代〕いしはくじゃく[意志薄弱]。じゃくし[弱志]。はくし[薄志]。はくしじゃくかう[薄志弱行]。〔中古〕こころよわし[心弱]。

—のあること 〔近代〕いうい[有意]。

—の強い人 〔近代〕かうこつかん[硬骨漢]。

—を押し通すこと 〔中世〕いちがい[一概]。

相手の—(敬った言い方) 〔中世〕そんい[尊意]。

故人の— 〔近代〕ゐし[遺志]。〔中世〕ゐい[遺意]。

自分の—で 〔近代〕じゆういし[自由意志]。〔中古〕こころから/こころづから[心]。

前々からの— 〔中世〕しゅくい[宿意]。

〈意志を表す助動詞・文末表現〉 う。よう。〔近世〕べい。〔中世〕うず。でうず(「てむず」の転)。ばや。〔中古〕べう。む。むず。むとす。〔上代〕な。べし。

いじ【意地】 おし[押]。〔近代〕きあひ[気合]。〔近世〕いきごみ[意気込]。いきぢ[意気地]。いくぢ[意気地]。いこぢ[意固地/依怙地]。いしゅ[意趣]。いちぶん[一分]。えこぢ[依怙地]。が[我]。がよく[我欲]。きじゃう[気情]。きせい[気勢]。こころいき[心意気]。こん[根]。たていれ[立入/達入]。たてひき[立引]。はり[張]。我(が)を張る。〔中世〕がい[我意]。がうじゃう[強情/剛情]。がしふ[我執]。かたいぢ[片意地]。きがい[気概]。きこつ[気骨]。きせつ[気節]。こんじゃう[根性]。〔中古〕いぢ[意地]。きりょく[気力]。〔上代〕いき[意気]。
《句》〔近代〕蛞蝓(なめくぢ)にも角。痩せ腕にも骨。〔近世〕一寸の虫にも五分の魂。匹夫(ひっぷ)も志を奪ふべからず。

—が悪い →**いじわる**

—っ張り もっこす(熊本地方で)。〔近代〕いぢばり[意地張]。いぢしゃ[意地者]。〔近世〕たていれ[立入]。たてひき[立引]。たてひきづく[立引尽]。つっぱり[突張]。どうばり[胴張]。〔中世〕がうじゃう[強情]。たてたてし[立立]。

—を通す 〔近世〕たてひく[立引]。情を張る。〔中世〕こっちゃう[骨頂/骨張]。〔中古〕おしはる[押張]。つなひく[綱引]。

▼意固地になる 〔近代〕意地になる。冠を曲げる。〔近世〕意地にかかる。→**かたくな**

いしき【意識】 〔近代〕かんかく[感覚]。しかう[志向]。しかう[思考]。じかく[自覚]。ないかい[内界]。〔近世〕いしき[意識]。いねん[意念]。しゃうき[正気]。じんじ[人事]。〔中世〕ほんしん[本心]。〔中古〕くゎんねん[観念]。こころたましひ[心魂]。〔上代〕こころ[心]。せいしん[精神]。

—が薄れゆく 〔近代〕ぼうっと。もうろう[朦朧]。〔近世〕うかさる(—される)[浮]。〔中世〕とろとろ。はんせい[半醒]。もうもう[朦朦/濛濛]。気が遠くなる。〔中古〕ふかく[不覚]。ゆめうつつ[夢現]。我か人か。〔上代〕そら[空]。

—がはっきりする 〔中世〕きつけ[気付]。〔中古〕さゆ(さえる)[冴/冱]。

—障害 アダムストークスしょうこうぐん[Adams Stokes症候群]。アメンチア(ラテン amentia)。けいみん[傾眠]。こんみん[昏眠]。せんぼう/せんもう[譫妄]。もうろうじょうたい[朦朧状態]。〔近代〕さくらん[錯乱]。〔中世〕こんすい[昏睡]。〔中古〕こんもう[昏蒙/昏濛]。

—的 いとてき[意図的]。こいに[故意]。さくいてき[作為的]。〔中古〕わざと。

—の及ぶ範囲 〔近代〕がんちゅう[眼中]。〔近世〕もくちゅう[目中]。

—を失う →**きぜつ**

—を取り戻す 〔近世〕きづく[気付]。しゃうきづく[正気付]。我に返る。〔中古〕こころづく

[心付]。さむ〔さめる〕[醒/覚]。そせい[蘇生]。人と成る。

帰属ー きぎょういしき[企業意識]。しゃかいいしき[社会意識]。しゅうだんいしき[集団意識]。みんぞくいしき[民族意識]。

自己に対するー 近代 じいしき[自意識]。じこいしき[自己意識]。

無ー 思わず知らず。近代 ゐきか[閾下]。近世 しらずしらず[知知]。われしらず[我知]。中世 おぼえず/おぼえずして[覚]。覚えず知らず。中古 おもはず[思]。

無ーですること 近代 てまさぐる[手弄]。近世 うはごと/せんげん[譫言]。びんばふゆすり[貧乏揺]。中古 くちばしる[口走]。

いじきたな・い【意地汚】 →いやし・い

いしずえ【礎】 ❶〈土台〉近代 きそ[基礎]。はしらいし[柱石]。近世 どだい[土台]。中世 ちゅうそ[柱礎]。中古 いしずゑ[礎]。そせき[礎石]。つみいし/つめいし[積石]。もとゐ[基]。

几帳や幡などのー 中古 つちゐ[土居]。

古いー 近代 こし[古址/故址]。近世 ゐし[遺址]。中世 きうし[旧址]。

いしずえ【礎】 ❷〈根本〉ベース(base)。近代 おほもと[大本]。きそ[基礎]。きてい[基底]。こんかん[根幹]。ほんげん[本源]。近世 いしずゑ[礎]。きほん[基本]。こんき[根基]。しゃうね[性根]。中世 こんてい[根底]。ねもと[根元]。中古 こんげん[根源]。こんぽん[根本]。したぢ[下地]。もとゐ[基]。

いしつ【異質】 →いじょう【異常】

いしつぶつ【遺失物】 いひん[遺品]。いぶつ[遺物]。いりゅうひん[遺留品]。ふんしつぶつ[紛失物]。近代 ふんしつもの[紛失物]。わすれもの[忘物]。ゐしつぶつ[遺失物]。近世 おとしもの[落物]。

いじ・める【苛】 かぎゃく[加虐]。かわいがる[可愛](反語的に)。こづきまわす[小突回]。こづく[小突]。つるしあげる[吊上]。近代 いやがらせ[嫌]。ぎゃくたい[虐待]。はくがい[迫害]。近世 いためつく〔ーつける〕[痛付]。いぢめる[苛/虐]。いぢる[弄]。いびる。えじめる。きたふ[鍛]。くすべる[燻]。せごす[瀬越]。せこむ。せこめまはす[回]。せたぐ[虐]。せちがふ。せびらかす。せびる。せぶる。たたむ[畳]。中世 いたむ〔いためる〕[傷/痛]。しひたぐ〔しいたげる〕[虐]。せたむ[責]。せっかん[折檻]。せめさいなむ[責苛]。ぼうぎゃく[暴虐/暴逆]。中古 うちひく。がうもん[拷問]。きざむ[刻]。こなす[熟]。さいなむ[苛/嘖]。せむ〔せめる〕[責]。てうず[調]。なぶる[嬲]。りょうず[陵/淩]。上代 がうじん[拷訊]。かうりゃう/がうりゃう[拷掠]。くるしむ〔くるしめる〕[苦]。しへたく[虐]。

ー・められる状況 針の筵(むしろ)。

いしもち【石首魚】 ぐち。しろぐち[白口]。中古 いしもち[石首魚/石持]。

いしゃ【医者】 近代 いし[医師/医士]。たうけいか[刀圭家]。ドクター(doctor)。ドクトル(ドイツ Doctor)。近世 いさ[医者]。いしゃばう/いしゃばうず[医者坊主]。いしゃぼん[医者坊]。きゃうりん[杏林]。げい[外医](外科医)。中世 いしゃ[医者]。中古 いか/いけ[医家]。上代 くすし/くすりし[薬師]。

《句》近代 上医は国を医す。百人殺さねば良医になれぬ。近世 医は仁術。人の命は医者の手習ひ。

ーにかからず治す 近世 てまへれうじ[手前療治]。てれうじ[手療治]。

お抱えのー 近世 おていしゃ[御手医者]。おてまへいしゃ[御手前医者]。ていし[手医師]。ていしゃ[手医者]。上代 じい[侍医]。

かかりつけのー しゅじい[主治医]。ファミリードクター(family doctor)。ホームドクター(和製home doctor)。近世 ていし[手医師]。ていしゃ[手医者]。ふだんいしゃ[普段医者]。

患者の機嫌とりのうまいー 近世 たいこいしゃ[太鼓医者]。

優れた良いー 近世 いきやくし[生薬師]。いせい[医聖]。こくしゅ[国手]。中世 ぎばへんじゃく[耆婆扁鵲]。じゃうい[上医]。中古 めいい[名医]。りゃうい[良医]。

はやっているー 近世 のりものいしゃ[乗物医者]。

はやらないー 近世 ゑまいしゃ/ゑんまいしゃ[絵馬医者]。

下手なー 近世 えせぐすし[似非薬師]。でもいしゃ[医者]。やぶ/やぶい[藪医]。やぶいしゃ[藪医者]。やぶくすし[藪薬師]。やぶゐちくあん[藪井竹庵]。

目のー がんかい[眼科医]。めいしゃ[目医者]。近代 めくすし[目薬師]。

遊里でのー 近世 げん[玄]。

▼医術 アスクレピオス(ギリシャ Asklēpios)。近代 たうけい[刀圭]。中古 い[医]。いれう

[医療]。ちれう[治療]。上代いはう[医方]。中世いこつ[医骨]。
▼医術の心得 近世いごころ[医心]。
いしゃ【慰藉】近代ゐあん[慰安]。中世ゐしゃ[慰藉／慰謝]。中古いたはり[労]。ゐらう[慰労]。

いしや【石屋】→いし【石】

いしゅ【異種】いしつ[異質]。へんしゅ[変種]。近代かはりだね[変種]。近世いしゅ[異種]。べっしゅ[別種]。

いしゅ【意趣】❶〈恨み〉ルサンチマン(フランス ressentiment)。近代しゅっこん[宿根]。腹に持つ。近世しゅくゑん[宿怨]。中世いしゅ[意趣]。をんねん[怨念]。上代うらみ[恨／怨／憾]。

いしゅ【意趣】❷〈考え〉近代いかう[意向／意嚮]。いと[意図]。こころづもり[心積]。中古しかう[志向]。近世しゅかう[趣向]。いしゅ[意趣]。しょぞん[所存]。

いじゅう【移住】近代こす[越]。てんきょ[転居]。てんち[転地]。近世たちのく[立退]。たながへ[店替]。てんたく[転宅]。てんぢゅう[転住]。ところがへ[所替]。ひっこす[引越]。やごし[家越]。中世いてん[移転]。さとうつり[里移]。やどかへ[宿替]。中古いぢゅう[移住]。いへうつり[家移]。うつろふ[移]。ひきうつる[引移]。《尊》中世わたまし[渡座]。中古とのうつり[殿移]。

海外への— 近代いみん[移民]。しょくみん[植民]。にふしょく[入植]。

いじゅつ【医術】→ちりょう
いしょ【遺書】近世おきぶみ[置文]。かきおき[書置]。ゐしょ[遺書]。

いしょう【意匠】えがら[絵柄]。デザイン(design)。近代づあん[図案]。近世しかう[趣向]。もやう[模様]。中世いしゃう[意匠]。しゅかう[趣向]。

—をこらしているさま ファンシー(fancy)。中世ふうりう[風流]。

室内などの— インテリアデザイン(interior design)。

書物の— そうほん[装本]。近代さうてい[装丁／装釘／装訂／装幀]。

いしょう【衣装】→きもの
いじょう【以上】うえ[上]。…からうえ[上]。きょう[強]。ちょう[超]。よ[余]。近代じゃうらい[上来]。上代いじゃう[以上]。

—のとおり 件くだんの如し。

いじょう【異常】いしつ[異質]。近代アブノーマル(abnormal)。いじゃう[異常]。グロテスク(フランス grotesque)。べつじゃう[別状]。へんたい[変態]。近世へんじゃう[変状]。中世へん[変]。中古あやし[怪]。いじゃう[異状]。いやう[異様]。いれい[異例]。けし[怪／異]。ねぢけがまし[拗]。ゐれい[違例]。をかし。

—なし 近世ぶい[無異]。中世ささいなし。

—な性格の者 へんしつしゃ[変質者]。

—な出来事 中世け[怪]。上代へんじ[変事]。

—な能力を持つ者 エスパー(和製esper)。

身体の— 中古け[気]。

精神の— 中古あやまり[誤／謬]。

動植物の形の— 近代きけい[奇形／畸形／畸型]。

いしょく【委嘱】→いたく
いしょく【衣食】近代くらし[暮]。しょせい[処世]。近世せいくゎつ[生活]。みすぎ[身過]。よすぎ[世過]。中世いしょく[衣食]。ねおき[寝起]。中古えじき[衣食]。しんしょく[寝食]。上代ききょ[起居]。

—に不自由のない生活 近代だんいはうしょく[暖衣飽食]。近世はうしょくだんい／ばうしょくだんい[飽食暖衣]。

いじらし・い 近世いぢらし。かれん[可憐]。しほらし。中世いたいけ[幼気]。

いじ・る【弄】近世いぢる[弄]。せせりさがす[挵探]。せせる[挵]。中世いらふ／いろふ[綺／弄]。中古かいまさぐる[掻弄]。そそくる。まさぐる[弄]。

—・り回す 近世こねかへす[捏返]。こねまはす[捏回]。ひねくる[捻]。中世せせかむ。

いじわる【意地悪】近代じゃけん[邪険／邪慳]。とげとげしい[刺刺]。ふしんせつ[不親切]。れいこく[冷酷]。近世いかず。いけず。いぢわるし[意地悪]。いびる。こころあし[心悪]。へんねし。むじひ[無慈悲]。中世いぢわる[意地悪]。はくじゃう[薄情]。はらあし[腹悪]。はらぐろし[腹黒]。中古あやにく[生憎]。あやにくごころ[生憎心]。くせぐせし[癖癖]。さがなし[性無]。さがにくし[性憎]。はらぎたなし[腹汚]。

—・な女 近世あくふ[悪婦]。

—・な目つき 近世じゃのめ[蛇目]。中古さがなめ。

—・な老女 近世あくば[悪婆]。

いしん【威信】近代おもみ[重]。くゎんろく[貫

禄」。〔近世〕ゐぎ「威儀」。ゐしん「威信」。〔中世〕ゐげん「威厳」。〔中古〕ゐくゎう「威光」。〔上代〕けんゐ「権威」。

いじん【偉人】 きょせい「巨星」。〔近代〕きょじん「巨人」。けつぶつ「傑物」。てうじん「超人」。ゐじん「偉人」。〔中世〕えいけつ「英傑」。〔中古〕えいゆう「英雄」。

いす【椅子】 〔近代〕チェア(chair)。〔中世〕いす「椅子」。くらかけ「鞍掛／鞍懸」。こしかけ「腰掛」。こしゃう「胡床／胡牀」。しゃうたふ「床榻／牀榻」。〔中古〕あぐら「胡座／胡床」。さうじ／しゃうじ「床子」。

ーの肘かけ 〔近世〕かうらん「高欄」。

天皇など貴人のー 〔中古〕ごいす「御倚子」。〔上代〕いし「倚子」。

バーなどのカウンター前のー とまりぎ「止木」。

歩行が困難な人のー くるまいす「車椅子」。

その他ーのいろいろ(例) 〔近代〕アームチェア(armchair)。あんらくいす「安楽椅子」。えんだい「縁台」。オットマン(ottoman)。くゎいてんいす「回転椅子」。ざいす「座椅子」。スツール(stool)。ソファー(sofa)。たたみいす「畳椅子」。デッキチェア(deck chair)。といす／とういす「籐椅子」。とん「榻」。ながいす「長椅子」。ねいす「寝椅子」。ひぢかけいす「肘掛椅子」。ベンチ(bench)。ゆりいす「揺椅子」。ロッキングチェア(rocking chair)。〔近世〕たけしゃうぎ「竹床几」。〔中世〕しゃうぎ「床几」。〔中古〕ごっし「兀子」。〔上代〕たふ「榻」。

いずこ【何処】→**どこ**

▼助数詞 きゃく「脚」。こ「個」。

いすのき【蚊母樹】 くしのき「櫛木」。〔近世〕いすのき「蚊母樹／柞」。きひょん「木瓢」。ひょんのき「瓢樹」。〔中古〕ゆし「柞」。

いずみ【泉】 でみず「出水」。〔近世〕れいせん「冷泉」。〔中世〕すいせん「水泉」。〔中古〕いしゐ「石井」。いはしみづ「岩清水」。せんすい「泉水」。わきみづ「湧水／涌水」。〔上代〕いづみ「泉」。しみづ「清水」。やまのゐ／やまゐ「山井」。ゆうせん／ようせん「湧泉／涌泉」。ゐ「井」。→**ちか【地下】**(ーの水)

《枕》 〔上代〕たたなめて「楯並」。

ーの湧き出るもと 〔近代〕げんせん「源泉」。〔上代〕せんげん「泉源」。

うまい水の湧くー 〔中世〕かんせん「甘泉」。

清らかなー 〔中古〕ぎょくせん「玉泉」。せいせん「清泉」。〔上代〕ましみづ「真清水」。

谷間のー 〔中古〕けいせん「渓泉」。

激しく湧き出るー 〔近代〕ふんすい「噴水」。ふんせん「噴泉」。〔近世〕ふきみづ「噴水」。〔中古〕ひせん「飛泉」。〔上代〕はしりゐ「走井」。

いずれ【何】 〔近代〕やがての事。〔近世〕いづれ「何／孰」。そのうち「其内」。遅かれ早かれ。遅かれ疾かれ。〔中世〕おっつけ「追付」。ちかぢか「近近」。やがて。かたがた以て。やがての内。〔中古〕おって「追」。〔上代〕さうばん「早晩」。

ーにしても 〔近代〕どっちみち。〔近世〕どうせ。どのみち。〔中世〕とにかく。とまれ。ともあれ。〔中古〕とかく。とかくに。とにかくに。とまれかくまれ。

いせい【威勢】 〔近世〕えいき「鋭気」。きじゃう／きせい「気勢」。せいゐ「勢威」。はば「幅／巾」。〔中世〕きえん「気炎／気焰」。せいりょく「勢力」。〔中古〕ゐせい「威勢」。〔上代〕いきほひ「勢」。→**いきおい**

ーがよいこと 〔近代〕いきけんかう「意気軒昂」。けいき「景気」。はだあひ「肌合」。草木もなびく。猪牙掛かる。飛ぶ鳥を落とす。〔近世〕いさみ「勇」。いさみはだ「勇肌」。きほひ「競／勢」。てっくゎ「鉄火」。りゅうじゃうこし／りょうじゃうこし「竜驤虎視」。騎虎の勢ひ。〔中世〕ゐまう「威猛」。鋼を鳴らす。

ーがよく男らしい 〔近世〕いなせ「鯔背」。

ーがよくなるようにする 〔近代〕けいきづけ「景気付」。

ーのある態度 〔近代〕肩を張る。〔近世〕肩で風切る。肩を怒らす。幅を利かす。〔中世〕威を振るう。

ーのよい気性 〔近代〕てっくゎはだ「鉄火肌」。

ーのよいことを言うこと 〔近代〕気炎を揚げる。〔近世〕たいげんさうご「大言壮語」。たんか「啖呵」。気を吐く。〔中世〕きえん「気炎／気焰」。

ーのよい連中 〔近世〕きほひぐみ「競組」。

ーよく言うこと べらんめえ口調。〔近世〕啖呵を切る。

ーを敬って言う語 〔近代〕みいつ「御稜威」。

外見だけのー 〔近代〕きょゐ「虚威」。〔近世〕きょせい「虚勢」。

いせい【異性】 〔近代〕いせい「異性」。

ーとの関係 →**けっこん** →**だんじょ**

ーに関わる態度 なんぱ「軟派」。〔近代〕べたつく。〔近世〕じゃらつく。たはれ「戯／狂」。ちゃらくら。びろつく。びろびろ。のろし「鈍」。

ーへの思い →**あい【愛】** →**こい【恋】**

ーへの働きかけ ハント(hunt)。ラブコール

(love call)。モーションをかける。[近代]ウインク(wink)。セックスアピール(sex appeal)。ちょっかいを出す。[近世]あだつく[徒付]。たらしこむ[誑込]。ながしめ[流目]。はすは[蓮葉]。色目を使ふ。秋波を送る。袖褄(そでつま)を引く。[中古]いどむ[挑]。くどく[口説]。たらす[誑]。[上代]つまどふ[妻問]。

いせいしゃ【為政者】 せいふとうきょく[政府当局]。[近代]しはいしゃ[支配者]。せいかく[政客]。せいぢか[政治家]。せいぢや[政治屋]。だいぎし[代議士]。ゐせいしゃ[為政者]。
《句》[近代]天下の憂ひに先立ちて憂へ、天下の楽しみに後(おく)れて楽しむ。

いせえび【伊勢海老】 [近世]いせえび[伊勢海老]。かまくらえび[鎌倉海老]。しまえび[志摩海老]。[中世]えびがに[海老蟹／蝦蟹]。

いせき【遺跡】 アリニュマン(フランス alignement)。[近代]きうそう[旧踪]。こし[古址／故址]。しせき[史蹟／史跡]。はいきょ[廃墟]。ゐこう[遺構]。[近世]ゐし[遺址]。[中世]きうし[旧址]。ゆいせき[遺跡]。[中古]あとところ[跡所]。きうせき[旧跡／旧蹟]。ふるあと[古跡／旧跡]。ゐせき[遺跡]。[上代]こせき[古跡／古蹟]。
古代の砦のー さくし[柵址]。
住居址がまとまってあるー しゅうらくいせき[集落遺跡]。
神聖なー [中世]せいせき[聖跡／聖蹟]。[中古]しゃうしゃく[聖跡／聖迹]。
建物(城)のー [近代]こし[古址]。じゃうし[城址]。[近世]ゐし[遺址]。[中世]きうし[旧址]。
建物の一部が残るー [近代]ゐこう[遺構]。
廃墟の村落が何層も重なったー いきゅう[遺丘]。
▼古代人の食べた貝の堆積 かいづか[貝塚]。

いせき【井堰】 [近代]ダム(dam)。[近世]せき[関／堰]。[中古]えんてい[堰堤]。ゐ[堰]。ゐせき[井堰]。[上代]ゐで[井手]。

いぜん【以前】 [近代]かつて[嘗／曾]。くゎこ[過去]。せきさい[昔歳]。わうじ[往事]。[近世]あと[後]。あとへん[足偏]。このさき[此先]。なうせき[曩昔]。ひところ[一頃]。[中世]いわう[以往]。いんじ[往]。さき[前／先]。じゅうぜん[従前]。まへかた[前方]。まへかど[前廉]。まへまへ[前前]。[中古]かねて[予]。かみ[上]。きわう[既往]。こなた[此方]。さきざき[先先]。せんぜん／ぜんぜん[前前]。そのかみ[其上]。はじめ[初／始]。まへ[前]。もと[許／元／本]。をち[彼方／遠]。[上代]いぜん[以前／已前]。いにしへ[古]。むかし[昔]。
ーから せんから[先]。かねてから。[近世]さきにから[先]。したぢ[下地]。とうから[疾]。[中古]かねがね[予予／兼兼]。かねて[予]。きゃうらい[向来]。しゅくせき[宿昔]。つとに[夙]。もとより[元／固／素]。
ーに さきに[先]。[近代]せんに[先]。つとに[夙]。[中古]とく[疾]。はじめ[始／初]。はやう／はやく[早]。ふるく[古]。もと[許／元／本]。[上代]すでに[既／已]。
ーにあったこと [中世]ぜんじ[前事]。[中古]ためし[例]。
ーの [近世]さる[去]。ひところ[一頃]。[中世]ありし[有]。[中古]ひととせ[一年]。

いぜんとして【依然】 →**あいかわらず**

いそ【磯】 [中古]さしでのいそ[差出磯]。[上代]ありそ[荒磯]。いそ[磯／礒]。いそま[磯間]。そ[磯]。→**かいがん**
《枕》[中古]あづさゆみ[梓弓]。こゆるぎの[小余綾]。[上代]みづつたふ[水伝]。
ーに沿って回る [中古]いそづたひ[磯伝]。[上代]いそみ[磯廻]。
ーのほとり [中世]いそぎは[磯際]。いそね[磯根]。いそばた[磯端]。[中古]いそま[磯間]。[上代]いそへ／いそべ[磯辺]。
入り江のー [上代]うらいそ[浦磯]。
海上に突き出たー [上代]はなれそ[離磯]。
岩石の多いー [中古]あらいそ[荒磯]。[上代]ありそ[荒磯]。
湾曲したー [中古]いそわ[磯回]。[上代]いそみ[磯廻]。

いそいで【急】 おおいそぎで[大急]。さっさと。取るものも取り敢(あ)えず。[近代]きふきょ[急遽]。さうきふ[早急]。とりいそぎ[取急]。[近世]いきせき[息急]。さっきふ[早急]。しきふ[至急]。そそくさと。とっとと。はやばや[早早]。[中世]そこそこ(に)。とく[疾]。ひたひた。[中古]さうさう[早早]。
ー歩く [近代]すたこら。
ー行かせる はしらせる[走]。[近代]きふは[急派]。
ー書く [近世]はしりがき[走書]。
ーする [近代]いきせききる[息急切]。いきせきたつ[息急立]。[中古]そそきたつ。[上代]あわつ〔あわてる〕[慌／周章]。かつがつ[且且]。
ー遠くから来るさま [中世]かけつく〔ーつける〕[駆付]。[中古]きとく[来来]。

―走る 〔近代〕いっさんばしり［一散走／逸散走］。よこっとび［横飛］。〔中世〕いっさん［一散／逸散］。

―間に合わせること 〔近代〕にはかじたて［俄仕立］。

いそう【位相】 トポロジー（topology）。フェーズ（phase）（物理学の用語）。〔近代〕ゐさう［位相］。

いそうろう【居候】 〔近代〕がくぼく［学僕］。きかく［寄客］。ききょ［寄居］。しょせい［書生］。やくかい［厄介］。やくかいもの［厄介者］。厄介になる。〔近世〕かかりうど／かかりびと［掛人］。きしょく［寄食］。ごんぱち［権八］。しょくかく／しょくきゃく［食客］。ひやめし［冷飯］。ひやめしぐひ［冷飯食］。へやご［部屋子］。ほいと［陪堂／乞児／乞食］。やどかり［宿借］。ゐさうらふ［居候］。他人の飯を食ふ。冷や飯を食ふ。〔中世〕きぐう［寄寓］。もんかく［門客］。〔中古〕かく［客］。〔上代〕きぢゅう［寄住］。

いそがし・い【忙】 〔近代〕さうさう［草草］。さうそつ［草卒／倉卒］。そうそう［忽忽／匆匆］。たじたたん［多事多端］。たてこむ［立込］。たばう［多忙］。はんげき［繁劇］。〔近世〕あうしゃう［鞅掌］。きぜはし［気忙］。けはし［険］。せはし［忙］。せいせい［棲棲／栖栖］。たよう［多用］。とちめんぼう［栃麺棒］。ばうさつ［忙殺］。〔中世〕いそがはし［忙］。おほいそがし［大忙］。けいくゎい［計会］。こうそう［倥偬］。ことしげし［事繁］。せはしなし［忙］。せはせはし［忙忙］。そうげき［怱劇／悤劇］。たじ［多事］。はんたはんた［繁多／煩多］。〔中古〕あわたたし／あわただし［慌／遽］。いそがし［忙／急］。いとなし［暇無］。いとまなし［暇無］。さわがし［騒］。そうばう［怱忙／悤忙］。たたん［多端］。まぎらはし［紛］。〔上代〕さわぎ［騒］。はんばう［繁忙／煩忙］。

―・いさなか 〔近代〕ばうり［忙裡／忙裏］。〔近世〕ばうちゅう［忙中］。

―・いさま てんてこまい［舞］。てんやわんや。盆と正月が一緒に来た。席暖まるに暇(いとま)あらず。〔近代〕きりきりまひ［舞］。〔近世〕あくせく［齷齪／偓促］。ばたばた。ほつほつ。猫の手も借りたい。引くの山の。目が回る。目面(めづら)を摑む。目っ張(ぱ)を回す。目面(めづら)も明かぬ。目面を回す。〔中世〕あくさく［齷齪］。せかせか（と）。〔中古〕ふたふた。竈(かまど)に豆をくぶ［―くべる］。

―・いたとえ 〔近代〕節季女に盆坊主。

―・く 〔上代〕手もすまに。

―・く動く 〔近代〕とうほんさいそう／とうほんせいそう［東奔西走］。とびまはる［飛回］。〔近世〕かけずりまはる［駆回／駈回］。きっきょ／けっきょ［拮据］。ちょびかは。とっぱかは。とっぱさっぱ。〔中世〕かけまはる［駆回／翔回］。くるめく［眩／転］。ほんそう［奔走］。〔中古〕くるべく［眩／転］。さわぐ［騒］。そそく。とびあるく［飛歩］。〔上代〕ほんめい［奔命］。

ことさら―・そうにする 〔近世〕せっくばたらき［節句働］。〔中世〕いそがはしがる［忙］。いそめく［急］。〔中古〕いとまなげ［暇無］。そそばしる［遽走］。

いそぎ【急】 〔近代〕さうきふ［早急］。だいしきふ［大至急］。とくきふ［特急］。とつかは。〔近世〕きふきょ［急遽］。さっきふ［早急］。しきふ［至急］。〔中世〕きふ［急］。きんきふ［緊急］。〔中古〕くゎきふ［火急］。けいえい／けいめい［経営］。ちくでん［逐電］。〔上代〕いそぎ［急］。

―の知らせ 〔近代〕きふほう［急報］。〔近世〕ひほう［飛報］。

いそぎく【磯菊】 いわぎく［岩菊］。しおかぜぎく［塩風菊］。はないそぎく［花磯菊］。

いそぎんちゃく【磯巾着】 〔近代〕いしぼたん［石牡丹］。いそぎんちゃく［磯巾着］。

いそ・ぐ【急】 〔中世〕せく［急］。とりいそぐ［取急］。〔中古〕いそぐ［急］。すみやく［速］。

《枕》〔中古〕こゆるぎの［小余綾］。

《句》〔近代〕近道は遠道。遠道は近道。走れば躓(つまづ)く。〔近世〕急がば回れ。急(せ)いては事をし損ずる。待てば海路の日和あり。

―・いで →**いそいで**

―・がせる 〔近代〕おひまくる［追］。おひたつ［―たてる］［追立］。せる［迫］。〔近世〕せきたつ［―たてる］［急立］。せく［急］。せつく／せっつく。〔中世〕せかす［せかせる］［急］。〔中古〕うちはやむ［打速］。かる［駆］。はやむ［はやめる］［速］。

―・がないさま 〔近世〕ゆっくらり。〔中世〕いういうかんかん［悠悠閑閑／悠悠簡簡］。いういうくゎんくゎん［悠悠緩緩／優優寛寛］。ゆっくら／ゆっくり。

―・ぎ焦る心 〔近世〕せきごころ［急心］。

―・ぎに急ぐさま 〔中世〕きふきふ［急急］。

―・ぐこと →**いそぎ**

ちょっと―・ぐこと 〔近代〕こいそぎ［小急］。

いそべ【磯辺】 〔中世〕いそばた［磯端］。〔中古〕い

い

そま［磯間］。上代 いそへ／いそべ［磯辺］。→いそ

いそん【依存】→いぞん(次項)

いぞん【依存】 近代 いきょ［依拠］。いそん／いぞん［依存］。中世 いらい［依頼］。もたれかかる［凭掛］。中古 たよる［頼］。よりかかる［寄掛／倚懸／凭掛］。→たよ・る

▼接尾語 がかり［掛］。

いた【板】 近代 パネル(panel)。プレート(plate)。ボード(board)。上代 いた［板］。

―の張り方 はがかり［羽掛］。はがさね［羽重］。近代 がらりいた［板］。しころいた［錏板］。はいた［羽板］。よろひいた［鎧板］。

―の間(ま) 近世 いたま［板間］。中世 いたつき［板付］。中古 いた［板］。上代 いたじき［板敷］。

―を張った壁 上代 はめ［羽目］。

薄い― 中世 きゃうぎ［経木］。くれ［榑］。へぎ／へぎいた［折板］。

掲示などのための― けいじばん［掲示板］。はくばん［白板］。プラカード(placard)。ホワイトボード(white board)。近代 こくばん［黒板］。

建材として利用する― あえんてっぱん［亜鉛鉄板］。スレート(slate)。トタン(ポルトガル tutanaga)板］。なみいた［波板］。ハードボード(hardboard)。のべいた［延板］。近代 なまこ／なまこいた［海鼠板］。パネル(panel)。ボード(board)。

建造物の― のきいた［軒板］。ひうちいた［火打板］。近代 かさいた［笠板］。近世 えんいた［縁板］。かがみいた［鏡板］。こしいた［腰板］。とこいた［床板］。ゆかいた［床板］。

座るときに使う― 中古 かべいた［壁板］。近世 ざいた［座板］。中世 うちいた［打板］。

人の踏み渡る― わたりいた［渡板］。近世 うちいた［打板］。中世 ふみいた［踏板］。中古 あゆみいた［歩板］。うちはし［打橋］。

物を載せたり掛けたりする― 近代 うすいた［薄板］。近世 たな［棚］。たないた［棚板］。中世 かけいた［掛板］。

▼鉋(かんな)掛けの有無 あらいた［粗板］。けしょういた［化粧板］。近世 ぬぐひいた［拭板］。

▼材質等による呼び名 アクリルばん(ドイツ Acryl板］。アルミばん［aluminium板］。ごうはん［合板］。せっこうボード［石膏board］。テックス(textureから)。てっぱん［鉄板］。プライウッド(plywood)。プラスチックばん［plastics板］。ベニヤいた［veneer板］。近代 かうはん［鋼板］。プレート(plate)。中世 いたがね［板金］。

▼木目にかかわる語 いとまさめ［糸柾目］。近世 たていた［立板］。よこいた［横板］。中世 いたまさ［板柾］。いため［板目］。まさめ［柾目］。

いた・い【痛】 近代 どんつう［鈍痛］。近世 げきつう［激痛／劇痛］。ひりつく。中世 うづく［疼］。中古 いたし［痛］。しむ〔しみる〕［沁］。ひひく［疼］。上代 いたむ［痛］。とうつう［疼痛］。→いたみ →いた・む【痛】

―・いところ 近代 じゃくてん［弱点］。

―・い目にあわせる 中世 いたむ〔いためる〕［痛／傷］。中古 てうず［調］。

いたい【遺体】→したい

いだい【偉大】 えらい［偉］。近代 ゐだい［偉大］。偉とするに足る。中世 ぎぜん［巍然］。上代 おほし［大］。とほしろし［遠白］。

―過ぎて利用しにくいたとえ《句》近代 材大なれば用を為(な)し難し。杓子は耳掻きにならず。

―・な おおいなる［大］。

―・な学者 中古 こうじゅ［鴻儒／洪儒］。

―・な事業 近代 ゐげふ［偉業］。

―・な人 きょせい［巨星］。近代 きょじん［巨人］。てうじん［超人］。ゐじん［偉人］。中世 えいけつ［英傑］。中古 えいゆう［英雄］。けつぶつ［傑物］。

▼接頭語 おおき［大］。

いたいた・い【痛痛】→いたまし・い

いたく【委託】 いしょく［委嘱］。きょうたく［供託］。近代 いしょく／いぞく［依嘱］。しんたく［信託］。よたく［預託］。ゐぞく［委嘱］。近世 しょくす［嘱］。ゐたく［委託／委托］。中世 いたく［依託／依托］。いちにん［一任］。いらい［依頼］。たくす［託］。ゐにん［委任］。中古 あづく〔あずける〕［預］。きたく［寄託］。たのむ［頼］。上代 ふたく［付託］。まかす〔まかせる〕［任］。ゆだぬ〔ゆだねる〕［委］。

いだ・く【抱】→だ・く

いだしぎぬ【出衣】 中古 いだしあこめ［出衵］。いだしうちき［出袿］。いだしぎぬ［出衣］。うちいだす［打出］。うちいで［打出］。うちいでのきぬ［打出衣］。うちで［打出］。おしいだし［押出］。のりこぼる［乗溢］。

いたずら【悪戯】 近代 あくぎ［悪戯］。近世 たはむれ［戯］。てんがう。わざくれ。わやく(「枉惑(わうわく)」の転)。わるあがき［悪足掻］。わ

るがう［悪］。わるさ［悪］。わるてんがう［悪］。わるふざけ［悪巫山戯］。中世いたづら［悪戯］。さがなし。ざれごと［戯事］。たはれ［戯］。まさなごと［正無事］。

―好き ちゃき［茶気］。近代ちゃめ［茶目］。ちゃめっけ［茶目気］。近世やんちゃ。やんちゃん。中世しれる［痴］。

―者 近世あくたらう［悪太郎］。あくどう［悪童］。いたづらっこ［悪戯児］。いたづらばうず［悪戯坊主］。ごんた［権太］。さるまつ［猿松］。ずだいばう［坊］。わやくざかり。わるさ［悪］。わんぱく［腕白］。中古さがなもの［者］。

子供の―を大人が言う語 おいた。

▼落書き 近代ざれかき／たはむれがき［戯書］。近世てんがうがき［書］。

いたずらに【徒】→むだ

いただき【頂】 近代ちゃうてん［頂点］。近世てっぺい／てっぺん／てへん［天辺］。中古いただき［頂／戴］。ぜっちゃう［絶頂］。ちゃうじゃう［頂上］。上代いなだき［頂］。

山の― 近世つじ［辻／旋毛］。やまのつかさ［山司］。中世ぜんぢゃう［禅定］。中古さんちゃう［山頂］。さんてん［山巓／山顚］。さんとう［山頭］。ちゃうじゃう［頂上］。上代すゑへ［末辺／末方］。たけ［岳］。ね／みね［峰］。をのへ［尾上］。

いただ・く【頂】 近代御恵贈(ごけいぞう)にあづかる。御恵投(ごけいとう)を賜る（恵投は「ゑとう」とも）。御恵与(ごけいよ)に接する。近世はいす［拝］。はいたい［拝戴］。中世あづかる［与］。おしいただく［押頂／押戴］。かうむる［被］。さづかる［授］。ちゃうだい［頂戴］。はいじゅ［拝受］。中古うけたまはる［承］。かうぶる［被］。かづく［被］。たまはる［賜／給］。はいりゃう［拝領］。まうしうく［―うける］［申受］。上代いただく［頂／戴］。たばる［賜］。

いたちごっこ【鼬】 あくじゅんかん［悪循環］。近代あだまろび［徒転／空転］。いたちごっこ［鼬］。からまはり［空回］。くうてん［空転］。近世だうだうめぐり［堂堂巡］。埒(らち)があかぬ。

いたで【痛手】 近代さうい［創痍］。ショック(shock)。だげき［打撃］。ダメージ(damage)。ちめいしゃう［致命傷］。ぢゅうしゃう［重傷］。ふしゃう［負傷］。近世けが［怪我］。中世いたで［痛手］。おもで［重手／重傷］。ふかで［深手／深傷］。中古そんがい［損害］。そんしゃう［損傷］。上代いたて［痛手］。きず［傷］。

―を受ける きずつく［傷付］。

精神的な― 近代さうい［創痍］。

いたどり【虎杖】 近代すいば［酸葉］。近世いぬさど。さいたづま。すかんぽ／すかんぽう［酸模］。ふたばもみぢ［二葉紅葉］。中古いたどり［虎杖］。上代たぢひ［多遅］。

いたまえ【板前】→りょうりにん

いたまし・い【痛】 近代さん［惨］。近世さんたん［惨憺／惨澹］。さんつう［惨痛］。むごたらし［惨／酷］。むざうらしげ［無惨／無慙］。中世いたいたし［痛痛］。いたはし［痛］。いたまし［痛／傷］。ひさん［悲惨／悲酸］。むごし［惨／酷］。中古あはれ［哀］。さんび［惨鼻］。むざう［無惨／無慙］。上代あからし［愍］。いたし［痛］。せいさう［悽愴／凄愴］。めぐし［愛］。

―・い噂 さんぶん［惨聞］。

―・い災難 近代さんがい［惨害］。さんくゎ［惨禍］。さんじ［惨事］。

―・く思う せいそく［凄惻／悽惻］。中古あからしぶ［愍］。

―・く悲しいさま 近代ひさう［悲愴］。

―・く寂しいさま 近代せいぜん［凄然］。

いたみ【痛】 つうかく［痛覚］。ペイン(pain)。近代ぜっつう［絶痛］。どんつう［鈍痛］。近世げきつう［激痛］。しゅむ［染］。ひりつく。中世うづき［疼］。さしこむ［差込］。つうそ［痛楚］。中古いたみ［痛］。くつう［苦痛］。しむ［しみる］［沁］。とうつう［疼痛］。ひひらぐ［疼］。上代つうく［痛苦］。

―が増す 近世切り目に塩。

―とかゆみ 中世つうやう［痛痒］。

―を感じない 川向こうの火事。

―をなくす ちらす［散］。近世ちんつう［鎮痛］。

頭の― とうつう［頭痛］。われる［割］。近世頭(かしら)が打つ。中世づふう［頭風］。中古づつう［頭痛］。

頭の片方の― へんずつう／へんとうつう［片頭痛／偏頭痛］。近代かたづつう［片頭痛］。

腕や肩などの― かたこり［肩凝］。しじゅううで［四十腕］。しじゅうかた［四十肩］。ごじゅうかた［五十肩］。

心の― 近代しゃうさう［傷愴］。つうしん［痛心］。近世さんぜん［惨然］。さんつう［惨痛］。中世うづく［疼］。しんつう［心痛］。

腰の― こしいた［腰痛］。中世えうつう［腰痛］。

子供の― 中世むしけ［虫気］。

出産後の― じちんつう[児枕痛]。じふくつう[児腹痛]。〈近世〉あとはら[後腹]。後腹病む。
出産の― 産みの苦しみ。〈近代〉ぢんつう[陣痛]。〈近世〉いきみ[息]。
神経の― しんけいつう[神経痛]。
歯の― 〈近代〉はいた[歯痛]。〈近世〉しつう[歯痛]。
腹の― 〈近代〉せんびゃう[疝病]。ゐけいれん[胃痙攣]。ゐつう[胃痛]。〈近世〉せんしゃく[疝癪]。虫が囓(かじ)る。〈中世〉さしこみ[差込]。しゃく[癪]。しゃくじゅ[積聚]。せん[疝]。せんき[疝気]。はらいた[腹痛]。ふくつう[腹痛]。むしばら[虫腹]。〈中古〉あたはら／あたばら／あだばら。
身近な― 〈近世〉遠くの火事より背中の炎。
胸の― むなやけ／むねやけ[胸焼]。〈近代〉きょうつう[胸痛]。〈近世〉きやきや。きやり。〈中世〉しんつう[心痛]。
リウマチ(痛風)などの― 〈近世〉ふうしつ[風湿／風疾]。ふうどく[風毒]。
▼生理痛 げっけいつう[月経痛]。

いた・む【痛】 〈近世〉おこづく。どよむ[響]。ひりつく。〈中世〉うづく[疼]。さしこむ[差込]。〈中古〉しむ[しみる][沁]。ひひらぐ[疼]。〈上代〉いたむ[痛]。ひひく[疼]。
《枕》〈上代〉いゆししの[射猪]。
―・むさま ちかちか。ひりっと。ひりりと。〈近代〉がんがん。ぎんぎん。ずきんずきん。〈近世〉ちくっと／ちくと。ちくり。ぴりぴり。きやきや。きやり。きりきり。ずきずき／づきづき。ちくちく。ひりひり。びりびり。〈中世〉しくしく。
腹がしくしく―・む 〈中世〉かぶる[囓]。

いた・む【悼】 →とむら・う
いた・む【傷】 →くさ・る
いためつ・ける【痛付】 〈近代〉しごく[扱]。〈近世〉いためつく[―つける][痛付]。いぢめちらす[苛散]。おっかじめる。きりさいなむ[切苛]。〈中世〉いたむ[いためる][痛／傷]。きしゃう[毀傷]。しをる[萎／撓]。とどく[荼毒]。やます[病]。りょうず[陵／凌]。〈上代〉ざんがい[残害]。
自分を―・ける じぎゃく[自虐]。
いた・める【炒】 →ちょうり
―・めた御飯 〈近代〉ピラフ(フランス pilaf)。
―・めてから煮る いりに[炒煮]。
―・め物 あぶらもの[油物]。いりもの[炒物／煎物]。
いたやかえで【板屋楓】 〈近世〉いたやかへで[板屋楓]。ときはかへで[常磐楓]。〈中世〉つたもみぢ[蔦紅葉]。
―の一変種 えんこうかえで[猿猴楓]。
いた・る【至】 〈近代〉くる[来]。たっする[達]。〈中世〉つく[着]。〈近世〉ゆきとどく[行届]。〈中世〉つうず[通]。とどく[届]。〈中古〉およぶ[及]。とづく[届]。〈上代〉いたる[至／到]。
《謙》〈上代〉まうゐたる[参至]。
その時期(時間)に―・る かかる[掛／懸]。
いたるところ【至所】 どこでも。どこも。行く先先。〈近代〉かくしょ[各所]。〈中世〉いたるところ[至所]。じゅうわう[縦横]。ずいしょ[随所]。つつうらうら／つづうらうら[津津浦浦]。どこもかしこも。どこもかも。〈中古〉よも[四方]。
いたれりつくせり【至尽】 〈近世〉ばんぜん[万全]。〈中世〉いたれりつくせり[至尽]。ていちょう[丁重／鄭重]。〈中古〉ていぢゅう[鄭重]。

いたわし・い【労】 〈近世〉あはれし[哀]。かはいい[可愛]。びんなし[便無]。〈中世〉いたまし[痛]。かはいさう[可哀想]。きのどく[気毒]。〈中古〉こころぐるし[心苦]。ふびん[不憫]。〈上代〉いたはし[労]。めぐし[愛]。↓

いたまし・い
―・いさま 〈近世〉いとしぼなげ。

いたわ・る【労】 〈近代〉ゐする[慰]。〈近世〉いとふ[厭]。かだむ。なだむ[なだめる][宥]。〈中世〉いたはる[労]。はごくむ[労]。ぶす[撫]。ゐしゃ[慰藉／慰謝]。ゐぶ[慰撫]。〈中古〉いたつく[労]。なぐさむ[なぐさめる][慰]。ゐらう[慰労]。〈上代〉ねぎらふ／ねぐ[労／犒]。はぐくむ／はぐくもる[育]。

いたん【異端】 〈中世〉げだう[外道]。じゃぎ[邪義]。じゃけう[邪教]。じゃしゅう[邪宗]。じゃはふ[邪法]。〈中古〉じゃだう[邪道]。〈上代〉いたん[異端]。

―者 〈近代〉いぶんし[異分子]。〈近世〉なかまはづれ[仲間外]。〈中世〉ゼンチョ(ポルトガル gentio)。

―の道 〈中世〉まだう[魔道]。

いち【位置】 〈近代〉シチュエーション(situation)。ちてん[地点]。ちほ[地歩]。ばしょ[場所]。ポジション(position)。ポスト(post)。ロケ／ロケーション(location)。〈近世〉くらゐ[位]。ゐち[位置]。〈中世〉たちば[立場]。ちゐ[地位]。りっち[立地]。〈中古〉ざ[座]。〈上代〉しょざい[所在]。ところ[所]。

―の移動 シフト(shift)。〈近代〉すべる[滑／

辷]。へんゐ[変位]。中世 てんゐ[転位]。中古 のぞく

—**を占める** 中世 くらゐす[位]。中古 のぞく[臨]。

いち【一】 近世 シングル(single)。ひ/ひい[一]。ひと[一]。ピン(ポルトガル pinta)。ファースト(first)。ワン(one)。上代 いち[一/壱]。ひとつ[一]。

いち【市】→**いちば**

いちい【一位】 近代 かふしゅ[甲種]。トップ(top)。上代 いちゐ[一位]。→**いちばん**

いちい【一位】(イチイ科の常緑高木) あららぎ[蘭]。すだおのき。近代 いちゐ[一位]。近世 おんこ。中世 しゃくのき[笏木]。

いちいち【一一】 ひとつずつ[一一]。近代 かくこ[各個]。はしから[端]。虱潰(しらみつぶ)しに。近世 ばんいち[万一]。つどつど。中世 ここ[個個]。ちくいち[逐一]。中古 いちいち[一一]。ひとつひとつ[一一]。

いちおう【一応】 近代 まづまづ[先先]。近世 ひとわたり[一渡/一渉]。まづ[先]。中世 いちおう[一応]。ひととほり[一通]。ひとまづ[一先]。ひとまど。中古 いちわう[一往]。

—**そのとおりだが** 中世 さるものにて。

いちがつ【一月】(陰暦) 近代 いちげつ[一月]。じふさんぐゎつ[十三月]。しょげつ[初月]。ねのひづき[子日月]。やうしゅん[陽春]。近世 いはひづき[祝月/斎月]。しょしゅん[初春]。すうげつ[陬月]。むつみづき[睦月]。中世 あらたまづき[新玉月/璞月]。いちぐゎつ[一月]。いんげつ[寅月]。かすみそめづき/かすみぞめづき[霞初月]。くれしづき[暮新月]。さみどりづき[早緑月]。しょやう[初陽]。たいそう/たいぞく[大簇/太簇]。たらうづき[太郎月]。たんげつ[端月]。てうさい/でうさい[肇歳]。としはづき[年端月]。とらのつき[寅月]。はつそらづき[初空月]。はつづき[初月]。はつはるづき[初春月]。はつみづき[初見月]。中古 しゃうぐゎち[正月]。しゃうぐゎつ/しゃうげつ[正月]。じゃうしゅん[上春]。しんしゅん[新春]。せいやう[青陽]。はる[春]。まうしゅん[孟春]。まうすう[孟陬]。まうやう[孟陽]。むつび(の)つき[睦月]。わうげつ[王月]。わうしゅん[王春]。わうしゅんげつ[王春月]。上代 はつはる[初春]。むつき[睦月]。→**しんねん【新年】**

▼**一月一日** 近世 ぐゎんたん[元旦]。としのあした[年朝]。中世 ぐゎんじつ[元日]。ぐゎんにち[元日]。げんたん[元旦]。せいさく[正朔]。中古 ぐゎんざん[元三]。ついたち[一日/朔日/朔]。

▼**一月一日の朝** 近世 ぐゎんたん[元旦]。中古 ぐゎんてう[元朝]。

▼**一月一日〜三日** 中世 ぐゎんざん[元三]。ぐゎんざんにち[元三日]。さんがにち[三箇日]。

▼**一月五日ごろ** 近世 寒の入り。

▼**一月六日** 近世 わかなむかへ[若菜迎]。

▼**一月七日** 近世 なぬかしゃうぐゎつ[七日正月]。

▼**一月七日まで** 近世 おほしゃうぐゎつ[大正月]。ほんしゃうぐゎつ[本正月]。松の内。

▼**一月七日以降** 近世 まつすぎ[松過]。

▼**一月十五日** 近世 じゃうげん[上元]。

▼**一月十五日ごろの数日** 近世 かへりしゃうぐゎつ[返正月]。こしゃうぐゎつ[小正月]。

いちかばちか【一か八か】 かけ[賭]。こちゅういってき[孤注一擲]。近世 いちかばちか[一か八]。中世 思ひ切って。《句》近代 当たって砕けろ。危ない橋を渡る。一擲(いってき)乾坤(けんこん)を賭(と)す。伸(の)るか反(そ)るか。近世 長者の娘も乞(こ)うて見よ。

いちぐう【一隅】 いっかく[一画]。コーナー(corner)。へり[縁]。近代 ゾーン(zone)。近世 すはし[端]。はしっこ/はじっこ[端]。すみ[隅]。すみっこ[隅]。中世 いっかく[一角]。中古 いちぐう[一隅]。

いちぐん【一群】 むらがり[群]。近代 グループ(group)。しふだん[集団]。近世 いちぐん[一群]。ひとだかり[人集]。中世 あつまり[集]。ぐんしふ[群集]。ぐんしゅう[群衆]。むらがり[群/叢/簇]。ひとむら/ひとむれ[一叢/一群]。中古 いちだん[一団]。くんじゅ[群集/群衆/群聚]。

いちご【一期】 中世 いちご[一期]。まつご[末期]。中古 いっしゃう[一生]。しゃうがい[生涯]。りんじゅ[臨終]。上代 りんじゅう[臨終]。

いちご【苺】 中古 いちご[苺]。くさくだもの[草果物]。

いちごんいっく【一言一句】 いちごんせっく[一言隻句]。近代 げんげんくく[言言句句]。へんげんせきく[片言隻句]。近世 いちごんいっく[一言一句]。いちごんはんく[一言半句]。いちごんはんじ[一言半辞]。いっといちげん[一吐一言]。

いちじ【一時】 近代 いちじき[一時期]。近世 たうざ[当座]。中世 ざんじ[暫時]。しばらく[暫]。ひところ[一頃]。中古 いちじ[一

時]。りんじ[臨時]。上代 いささめに。
━預かり コインロッカー(coin operated locker)。近代 クロークルーム(cloakroom)。近世 くらやど[蔵宿]。
━帰休 いちじかいこ[一時解雇]。レイオフ(layoff)。
━的な いっかせい[一過性]。きゅうばしのぎ[急場凌]。ざんていてき[暫定的]。そのばかぎり[其場限]。近代 おうきふ[応急]。近世 いっくゎ[一花]。中古 あからさま。あだ[徒]。かりそめ[仮初]。りんじ[臨時]。
→ **いちじしのぎ**
━的な安心 近世 きやすめ[気休]。
━的な仕事 こしかけ[腰掛]。

いちじく【無花果】 うどんげ[優曇華]。えいじつか[映日果]。とうびわ[唐枇杷]。近世 いちじく[無花果/映日果]。たうがき[唐柿]。むくゎくゎ[無花果]。

いちじしのぎ【一時凌】 きゅうばしのぎ[急場凌]。ごつごうしゅぎ[御都合主義]。そのばかぎり[其場限]。そのばしのぎ[其場凌]。そのばのがれ[其場逃]。ばあたり[場当]。近代 いちじしのぎ[一時凌]。いっくゎしのぎ[一過凌/一花凌]。おうきふ[応急]。オポチュニズム(opportunism)。ことと[糊塗]。ことさく[糊塗策]。べんぱふ[便法]。膏薬張り。近世 いちじのがれ/いっときのがれ[一時逃]。いちやづけ[一夜漬]。いっすんのがれ[一寸逃]。いんじゅんこそく[因循姑息]。おざなり[御座形/御座成]。こそく[姑息]。ことかき/ことかけ[事欠]。たうざさばき[当座捌]。たうざまかなひ[当座賄]。つけやきば[付焼刃]。まにあはせ[間合]。茶腹も一時(いっとき)。中世 こうしょ[苟且]。とりつくろひ[取繕]。中古 びほう[弥縫]。
《句》近代 湯腹も一時、松の木柱も三年。付け焼き刃はなまり易い。近世 唾(つば)で矢を矧(は)ぐ。

いちじるし・い【著】 近世 めだつ[目立]。中世 きはだつ[際立]。けんぢゃく/けんちょ[顕著]。ちょめい[著明]。めだたし[目立]。中古 いちしるし/いちじるし[著]。かぎりなし[限無]。きはきはし[際際]。きはやか[際]。しるし[著]。はなはだし[甚]。上代 いちしろし[著]。→**あきらか**
《枕》上代 しらなみの[白波] [⇩いちしろし]。
神仏などの霊験が━・い 上代 いやちこ[灼然]。

いちず【一途】 近代 きいっぽん[生一本]。じゅんすい[純粋]。ひたむき[直向]。ひとつら[一連/一行]。近世 いちずい[一随]。いっぽんぎ[一本気/一本生]。ひとすぢぎ[一筋気]。むにむさん[無二無三]。中世 いちづ[一途]。いっしき[一色/一式]。おもひづめ[思詰]。せんねん[専念]。ちんちゃく[沈着]。ひたそら[只管/一向]。中古 あながち[強]。いちねん[一念]。いっしん[一心]。いっしんふらん[一心不乱]。かたおもむき[片趣]。せち/せつ[切]。せんいち/せんいつ[専一]。せんしん[専心]。ひたおもむき[直趣]。ひたごころ[直心]。ひたぶる[頓]。ひたぶるこころ[一向心]。ひたみち[直路]。ひとすぢ[一筋/一条]。ひとへごころ[偏心]。上代 ひたすら[只管/一向]。ひとみち[一道]。
《句》近代 一念(念力)岩をも通す。虚仮(こけ)も一心。志ある者は事竟(つひ)に成る。精神一到何事か成らざらん。近世 石に立つ矢。一念天に通ず。中世 雨垂れ(点滴)石を穿(うが)つ。
━・に 近代 いちい[一意]。近世 かきやぶり[垣破]。ひたと[直]。むしゃうに[無性]。中世 いちでう[一条]。いっかう[一向]。たった[唯]。たりふし[垂伏]。ひたすら[只管]。もっぱら[専]。中古 うちたえ[打絶]。さんまい[三昧]。せちに[切]。たてて[立]。ひときは[一際]。ひとへに[偏]。もはら[専]。上代 うったへに。
━・に事を進める 近世 ひたおし[直押]。中世 いっぺん[一偏]。ほかほか。
▼**接頭語** 中世 ひた[直]。

いちぞく【一族】 ぞくしん[族親]。近代 けいるい[係累]。どうたう[同党]。もんぞく[門族]。るいえん[類縁]。近世 いちまき[一巻]。かけん[家眷]。中世 いちもん[一門]。いちりう[一流]。いちるい[一類]。いっけ[一家]。うつろ[洞]。きうぞく[九族]。ぞう[族]。ひとつら[一連/一行]。みうち[身内]。もんえふ[門葉]。中古 いちぞく[一族]。いへ[家]。いへかど[家門]。えだ[枝]。かど[門]。かもん[家門]。けんぞく[眷属/眷族]。ぞうるい[族類]。なからひ[仲]。ひとすぢ[一筋]。ひとぞう[一族]。るい[類]。るいはん[類伴]。上代 うから[族]。うからやから[親族]。しんぞく[親族]。どうぞく[同族]。やから[族]。
━が繁栄している 中古 門(かど)広し。
━と郎党 近世 ぞくたう[族党]。中世 家の子郎党。

―の長 近代ぞくちゃう[族長]。中世ちゃうじゃ[長者]。中古うぢのかみ[氏上]。上代このかみ[氏上]。

血縁関係にある― 近世しんるい[親類]。上代しんぞく[親族]。

いちだん【一段】 いちまい[一枚]。近代ワンステップ(one step)。近世いちまき[一巻]。中古いちだん[一段]。ひときざみ[一刻]。

―と 近世いっそう[一層]。なほかし[猶／尚]。ひたもの[直物]。中世とっと。ひとかすみ[一霞]。中古さらに[更]。なほさら[尚更]。ひときは[一際]。ひとしほ[一入]。ひとへ[一重]。上代いやまし[弥増]。さらさら[更更]。→**いっそう【一層】**

いちだんらく【一段落】 近代いちだんらく[一段落]。ひとくぎり[一区切／一句切]。一山(ひとやま)越す。近世いちらく[一落]。中世あがり[上]。きれめ[切目]。ひときり[一切]。

―をつける 近代休止符を打つ。近世きりあぐ[―あげる][切上]。

いちど【一度】 中世いちじ[一時]。いったん[一旦]。中古いちど[一度]。いっくゎい[一回]。いっぺん[一遍／一反]。ひとかへり[一返]。ひとたび[一度]。ひとわたり[一渡]。

―行うこと 中世いちおう[一応]。いちわう[一往]。

―だけ いっぺんこっきり。近世かけながし[掛流]。

―だけの苦痛 近世ひとおもひ[一思]。

―に いっきょに[一挙]。いっせいに[一斉]。ひといきに[一息]。近代いっきに[一気]。中世いちじに[一時]。いっぺんに[一遍]。

いちにち【一日】 近世いっちうや[一昼夜]。中世いちじつ[一日]。中古いちにち[一日]。上代ひとひ[一日]。

―おき 中世かくじつ／かくにち[隔日]。ひとひまぜ[一日交]。中古ひまぜ[日交]。

―または二日 中世いちりゃうじつ[一両日]。中古いちりゃうにち[一両日]。

暦の― 中古れきじつ[暦日]。

▼一日一日 近代ひいちにち[日一日]。近世そのひそのひ[其日其日]。上代ひごと[日毎]。ひにひに[日日]。ひび[日日]。

いちにちじゅう【一日中】 ぜんじつ[全日]。まるいちにち[丸一日]。朝から晩まで。近代しろくじちゅう[四六時中]。近世あさばん[朝晩]。いちにちさんがい[一日三界]。いっちうや[一昼夜]。にろくじちゅう[二六時中]。ひがないちにち[日一日]。ひねもす[終日]。中古あけくれ[明暮]。いちにち[一日]。おきふし[起伏／起臥]。しくや[夙夜]。じんじつ[尽日]。ひすがら／ひもすがら[終日]。ひひとひ[日一日]。日一日(ひひとひ)夜一夜(よひとよ)。上代あさにけに[朝日]。しみらに／しめらに[終]。しゅうじつ[終日]。しゅくや[夙夜]。ひぐらし[日暮]。ひとひ[一日]。ひめもす[終日]。

いちにんまえ【一人前】 いっちょうまえ[一丁前]。せいじん[成人]。せいねん[成年]。近代さうてい[壮丁]。ひとかど[一角／一廉]。近世いちにんまへ[一人前]。いっぱし[一端]。ひとりまへ[一人前]。をとこいっぴき[男一匹]。中世おとなしやか[大人]。中古おとな[大人]。ひとかず[人数]。ひとがまし[人]。ひとなみ[人並]。ひとびとし[人人]。ひとめかし／ひとめく[人]。

―でないこと 尻が青い。近代みせいねん[未成年]。近世ちょん。つぼみ[蕾／莟]。はんにんまへ[半人前]。中古じゃくねん[弱年／若年]。ひとげなし[人気無]。

―にする 近世こがひ[子飼]。中世そだてあぐ[―あげる][育上]。そだつ[そだてる][育]。

―になる 中世すばなれ[巣離]。ひとなる[人成]。中古すだち[巣立]。せいちゃう[成長]。そだつ[育]。なりたつ[成立]。ひとだつ[人立]。男になる。上代人と成る。

▼一人前でない意の接頭語 こ[小]。なま[生]。

いちねん【一年】 ねんかん[年間]。ねんど[年度]。近代きうかつ[裘葛]。近世むかはり。くゎいれき[回暦]。裘葛(きうかつ)を易(か)ふ。りゅうしふ／りょうしふ[竜集]。中古いちねん[一年]。しゅんかしうとう[春夏秋冬]。ひととせ[一年]。上代さいじ[歳次]。

―余り ねんよ[年余]。近代さいよ[歳余]。

―おき 近代かくさい[隔歳]。中古かくねん[隔年]。

―交代の勤め 近代としばん[年番]。近世ねんばん[年番]。中世ねんぎゃうじ[年行事]。

―中(じゅう) つうねん[通年]。近代年が年中。近世しゅうさい[終歳]。年が年百。中古しゅうねん[終年]。ねんぢゅう[年中]。よつのとき[四時]。

―の終わり 近代さいぼ[歳暮]。近世くれ[暮]。としずゑ[年末／歳末]。としのくれ[年暮]。としのせ[年瀬]。ねんまつ[年末]。中世さいまち[歳末]。中古さいまつ[歳末]。せいぼ[歳暮]。

―の半ば ねんおう[年央]。中古としなか[年半／年中]。

ーのはじめ ニューイヤー(new year)。近世ねんかいれき[改暦]。としがしら[年頭]。ねんしょ[年初]。中世としあけ[年明]。ねんし[年始]。ねんとう[年頭]。中古かいねん[改年]。かいねん[開年]。さいしゅ[歳首]。ねんしゅ[年首]。上代しんねん[新年]。↓

いちがつ→しんねん【新年】

ーの半分 近代はんき[半期]。近世はんき[半季]。はんさい[半歳]。はんとし[半年]。中古はんねん[半年]。

ーの四分の一 近代しはんき[四半期]。

まるまるのー 中世しうねん[周年]。

いちば【市場】 スーク(アラビア sūq)。とりひきじょ[取引所]。プラザ(plaza)。マート(mart)。近代しぢゃう[市場]。しふさんち[集散地]。バザール(フランス bazar)。マーケット(market)。近世かし[河岸]。ざこば[雑魚場／雑喉場]。中世いちば[市場／市庭]。中古まち[町／街]。上代いち[市]。

魚貝類のー 近世うをいちば[魚市場]。うをがし[魚河岸]。かし[河岸]。

製品をーに出すこと 近世くらだし[蔵出]。

野菜や果物などのー 近代やっちゃば[場]。近世あをものいち[青物市]。あをものいちば[青物市場]。

いちはつ【一八】 あらせいとう[紫羅欄花]。中世いちはつ[一八／鳶尾]。中古こやすぐさ[子安草]。

いちばん【一番】 いっせき[一席]。エース(ace)。さいじょうい[最上位]。近代さいじゃうきふ[最上級]。しゅせき[首席]。だいいちにんしゃ[第一人者]。チャンピオン(champion)。トップ(top)。ナンバーワン(No. 1; number one)。ぴかいち[光一]。ベスト(best)。いの一番。冠(くゎん)たる。近世いっち[一]。くゎんべん[冠冕]。さいかう[最高]。しゅざ[首座]。しゅゐ[首位]。すてっぺん[素天辺]。せんとう[先頭]。ひっとう[筆頭]。中世いちざ[一座]。いちのかしら[一頭]。いっとう[一等]。ずいいち[随一]。そういち[総一]。まっさき[真先]。中古いちばん[一番]。さいじゃう[最上]。だいいち[第一]。上代いちゐ[一位]。

ー先 近代いっちゃく[一着]。せんべん[先鞭]。いの一番。近世いちはな[一端]。いちはながけ[一端駆]。せんとう[先頭]。ばうばな[棒鼻／棒端]。中世さきがけ[先駆／魁]。せんぢん[先陣]。まっさき[真先]。中古さいしょ[最初]。せんとう[先登]。ぜんとう[前頭]。

ー高いところ 近代ちゃうてん[頂点]。中世てんちゃう[天頂]。中古かしら[頭]。ちゃうじゃう[頂上]。

ー目 ひとつめ[一目]。近代いちじ[一次]。ファースト(first)。近世とりつき[取付]。

二番以下に大差をつけるー だんとつ。ぶっちぎり[打千切]。

いちび【莔麻】 きりあさ[桐麻]。ごさいば[御菜葉]。

ーの茎 いちびがら[莔麻稈]。

いちぶしじゅう【一部始終】 近代いちごいちじふ[一伍一什]。近世いくたて。いちまき[一巻]。中世いちぶしじゅう[一部始終]。いっぺん[一遍]。こさい[巨細]。てんまつ[顛末]。中古しさい[子細]。

いちぶぶん【一部分】 はぎれ[端切]。近代いちぶ[一部]。いちぶぶん[一部分]。いっくゎん[一環]。きょくぶ[局部]。だんぺん[断片]。近世いっぱん[一斑]。かたっぱし[片端]。そしりはしり。中世いちめん[一面]。いっかく[一角]。かたわれ[片割]。ひとふし[一節]。ぶぶん[部分]。中古いったん[一端]。いっぱん[一半]。かたそば[片側／片傍]。かたはし[片端]。かたへ[片方]。

ーから全体を推測する 近代一斑(いっぱん)を見て全豹(ぜんぺう)を卜(ぼく)す。氷山の一角。近世かきのぞき[垣覗]。

いちべつ【一瞥】 近代いちもく[一目]。いっし[一視]。近世いちべつ[一瞥]。べっけん[瞥見]。中世いっけん[一見]。中古かいまみる[垣間見]。

いちぼう【一望】 近代いちぼう[一眸]。いちもく[一目]。てんばう[展望]。近世いちばう[一望]。中古いちらん[一覧]。てうばう[眺望]。上代のぞむ[望]。ひとめ[一目]。みわたす[見渡]。

いちまつ【一抹】 しょうしょう[少少]。近代いくぶん[幾分]。近世ちょっと。中世いくらか[幾]。たせう[多少]。中古いちまつ[一抹]。じゃくかん[若干]。わづか[僅／纔]。上代いくばくか[幾許／幾何]。すこし[少]。

いちみ【一味】 近世なかま[仲間]。中世いちみ[一味]。中古いったう[一党]。どうし[同志／同士]。みかた[味方]。

いちめん【一面】 ❶〈一つの面〉近代いちぶ[一部]。いちぶぶん[一部分]。かためん[片面]。そくめん[側面]。はんめん[半面]。ぶぶん[部分]。近世かたがは[片側]。中世いちめん[一面]。中古いっぽう[一方]。か

たそば[片傍/片側]。かたへ[片方]。

―しかものを見ない者 中世 たんぱんかん[担板漢]。


いちめん【一面】❷〈あたり一帯〉 近代 いったい[一帯]。近世 かいわい[界隈]。中世 いちめん[一面]。いちゑん[一円]。ぜんめん[全面]。ひともの[一物]。中古 なべて/なめて[並]。

―に 近代 いったいに[一帯]。中古 ひとへに[偏]。ひともの[一物]。るいるい[累累]。

―に覆う(霧や雲など) 中古 たちこむ(―こめる)[立籠]。上代 たちわたる[立渡]。

―に紅色であること 中古 ひたくれなゐ[直紅]。

―に黒色であること 中古 ひたぐろ[直黒]。

―に咲く 上代 さきわたる[咲渡]。

―に白いこと 近代 いっぱく[一白]。中古 ひたしろ[直白]。

―に…する 中古 わたる[渡]。

―に付いている 近世 まぶる[塗]。中世 だらけ。まぶす[塗]。まめる[塗]。中古 まみる〔まみれる〕[塗]。

―に張る 中世 はりつむ(―つめる)[張詰]。上代 さしわたす[刺渡]。

―に広がっているたとえ 中古 うみ[海]。

―に満ちる 近代 たてこめる[立籠]。

―の緑 近代 ばんりょく[万緑]。

いちもくさん【一目散】 脇目も振らず。近世 いちもくさん[一目散]。いちもんじ[一文字]。ばくしん[驀進]。まいちもんじ[真一文字]。中世 いっさん[一散/逸散]。ましくら/まっしぐら[驀地]。面(おもて)も振らず。雲を霞(かすみ)。

いちもん【一門】 →いちぞく

いちもんなし【一文無】 きんけつ[金欠]。きんけつびょう[金欠病]。としゅくうけん[徒手空拳]。にぎりこぶし[握拳]。着の身着のまま。近代 おけら[螻蛄]。はだかいっくゎん[裸一貫]。むいちぶつ[無一物]。むいちもん[無一文]。赤貧洗ふが如し。いちもんなし[一文無]。近世 あがりなまづ[上鯰]。おてちん。からけつ/からっけつ[空穴]。すかんぴん[素寒貧]。すってんてん。すりきり[擦切/摩切]。てぶり[手振]。はだかひゃくくゎん[裸百貫]。ひってん。まるはだか[丸裸]。みがら[身空]。むせん[無銭]。もんなし[文無]。編み笠一蓋(いっかい)。中世 するすみ[匹如身/単己]。むいちもつ[無一物]。手と身に成る。《句》近代 腕一本脛(すね)一本。裸で物を落とす例(ためし)なし。近世 箸も持たぬ乞食。
―になる 近世 すりきり[擦切/摩切]。手と身になる。

いちゃつ・く たわむれる[戯]。近代 ふざける[巫山戯]。近世 あだつく[徒付]。いちゃつく。せせくる。ちゃちゃくる。ちわる[痴話]。びりつく。もたつく。上代 たはる[戯/狂]。
―・くさま 近世 いちゃいちゃ。ちんちん。ちんちんかもかも。

いちゅう【意中】 近代 とひ[肚皮]。中世 きょうおく[胸臆]。しんちゅう[心中]。ちゅうしん[衷心]。中古 いちゅう[意中/意衷]。しんくゎい[心懐]。はら[腹]。上代 おもはく[思]。したごころ[下心]。→きょうちゅう

―の人 →こいびと

いちょう【胃腸】 近世 いちゃう[胃腸]。中古 くそわた[糞腸]。ちゃうゐ[腸胃]。上代 はら[腹]。

―の調子 近代 はらぐあひ[腹具合]。

―をこわすこと 中世 ないそん[内損]。

いちょう【銀杏】 ぎんきょうじゅ[銀杏樹]。こうそんじゅ[公孫樹]。近世 あふきゃく[鴨脚]。あふきゃくし[鴨脚子]。ちちのき[乳木]。中世 いちゃう[銀杏/公孫樹]。
―の実 近代 ちちのみ[乳実]。中世 ぎんなん[銀杏]。

いちよう【一様】 いっしょ[一緒]。かくいつ[画一]。近代 軌(き)を一(いつ)にする。軌(き)を同じくする。近世 いちぶん[一分]。いちりつ[一律]。へらへいとう[平等平等/平平等]。中世 いちやう[一様]。おしなめて[押並/押靡]。中古 どうやう[同様]。きんいつ[均一]。せいいつ[斉一]。ひとすぢ[一筋]。上代 おしなべて[押並/押靡]。
―でなく入り交じっていること 近代 しんしさくらく[参差錯落]。

いちらんひょう【一覧表】 いちらん[一覧]。テーブル(table)。近代 メニュー(フランス menu)。リスト(list)。
要注意人物の― 近代 ブラックリスト(black-list)。

いちりづか【一里塚】 →りてい

いちりゅう【一流】 いっきゅう[一級]。エークラス(A class)。だいいっきゅう[第一級]。ぴかいち[光一]。近代 いっとう[一等]。かうきふ[高級]。メジャー(major)。近世 さいかう[最高]。じゃうとう[上等]。じゃう

ほん[上品]。中世いちりう[一流]。ずいいち[随一]。中古かみのまち[上町]。さいじゃう[最上]。

―の芸人 近世おほかんばん[大看板]。

いちりんそう【一輪草】 いっかそう[一夏草]。うらべにいちげ[浦紅一華]。近世いちげさう[一花草/一華草]。いちりんさう[一輪草]。

いつ【何時】 近世いつじぶん[何時時分]。いつぞ[何時]。中世なんどき[何時]。中古いつごろ[何時頃]。上代いつ[何時]。

―か 近代いつかしら[何時]。近世いつぞ[何時]。遅かれ早かれ。中世さうばん[早晩]。たじつ[他日]。中古いつしか[何時]。→**いつのまにか**→**そのうち**

―だったか 近代くゎはん[過般]。近世くゎじつ[過日]。さきごろ[先頃]。中古いつぞや[何時]。さきに[先/曩]。せんじつ[先日]。せんぱん[先般]。

いっか【一家】 近代かてい[家庭]。こ[戸]。ファミリー(family)。近世かぞく[家族]。いっけ[一家]。うちわ[内輪]。中古いちぞく[一族]。いっか[一家]。→**いちぞく**

(みうち[身内]。中世いちぞう[一族]。)

―眷族(けんぞく) 近世かけん[家眷]。

―離散 近世お釜が割れる。

―を構える 近代どくりつ[独立]。門戸を張る。近世しょたいもち/せたいもち[所帯持]。中古かまど[竈]。

いっかい【一回】 いちじ[一時]。中世いちおう[一応]。いちわう[一往]。中古いちど[一度]。いっくゎい[一回]。いっぺん[一遍/一反]。ひとかへり[一返]。ひとたび[一度]。ひとわたり[一渡]。

いっかくせんきん【一攫千金】 ぼろもうけ[儲]。濡(ぬ)れ手で粟(あわ)。近代いっくゎくせんきん[一攫千金]。近世一山当てる。

いっかげつ【一箇月】 つき[月]。近代いっかげつ[一箇月/一ヶ月/一か月]。中世いちげつ[一月]。きげつ[期月]。くゎいさく[晦朔]。中古じゅんげつ[旬月]。

―余り 近世げつよ[月余]。

―間 げっかん[月間]。

いっかつ【一括】 近代いっくゎつ[一括]。がいくゎつ[概括]。近世そうくゎつ[総括]。とうがふ[統合]。とうくゎつ[統括]。ひとまとめ[一纏]。中世しふたいせい[集大成]。はうくゎつ[包括]。ひとくくり[一括]。

いっかん【一貫】 近代とうてつ[透徹]。ユニティー(unity)。近世てっとうてつび[徹頭徹尾]。中世いっくゎん[一貫]。中古てってい[徹底]。

―していないこと 近代ぜんごどうちゃく[前後撞着]。

いっき【一揆】 近代ちくさうせきき[竹槍蓆旗]。どこう[土冦]。中世いっき[一揆]。がうそ[強訴/嗷訴]。

いっきに【一気】 堰(きせ)を切ったよう。近代いっきに[一気]。いっしゃせんり[一瀉千里]。きふてんちょくか[急転直下]。とっくゎん[突貫]。近世いっきかせい[一気呵成]。中古いっきょに[一挙]。

―するさま 近世ぐい。中世くっと。ぐっと。

―飲むこと 近代あふぐ[仰]。近世ぐいのみ[飲]。あふる[煽/呷]。

いっきょく【一曲】 近世ひとふし[一節]。中世ひとさし[一指/一差]。中古いっきょく[一曲]。

いっきょに【一挙】 →**いっきに**

いつくしみ【慈】 近世じんゑ[仁恵]。ぶじゅつ[撫恤]。中世あいじゃう[愛情]。あいれん[愛憐]。いつくしみ[慈]。おんあい[恩愛]。じけい[慈恵]。中古おもひやり[思遣]。おん[恩]。おんじゃう[恩情]。じあい[慈愛]。じひ[慈悲]。じん[仁]。じんけい[仁恵]。じんじ[仁慈]。上代あい[愛]。

いつくし・む【慈】 中世いつくしむ[慈]。中古あいす[愛]。あはれむ[哀/憐]。わきばむ[脇/腋]。上代あがむ[崇]。うつくしぶ[慈/愛]。なづ[なでる][撫]。はぐくむ/はぐくもる[育]。をしむ[惜]。

いっけん【一軒】 いっとう/ひとむね[一棟]。中世いっけん[一軒]。中古いちう[一宇]。いっこ[一戸]。

―家 近世ひとつや[一屋]。→**いえ❶**(一軒の―)

いっけん【一件】 近世いちでう[一条]。いちらく[一落]。いちらち/いちらつ[一埒]。ひと 中世いちぎ[一儀]。いっけん[一件]。ひとふし[一節]。

いっけん【一見】 近代いちもく[一目]。近世いちばう[一望]。いちべつ[一瞥]。中世いっけん[一見]。中古かいばみる/かいまみる[垣間見]。かいばむ/かいまむ[垣間]。上代ひとめ[一目]。

―するさま 近代ちらっと。近世ちらと。ちらり。

いっこう【一行】 →**つれ**

いっこうに【一向】 →**すこしも**

いっこく【一刻】 〈近代〉すんこく［寸刻］。〈中世〉いっこく［一刻］。すんじ［寸時］。〈中古〉かたとき［片時］。〈上代〉つかのま［束間］。

いっさい【一歳】 ひとつ［一］。〈近代〉せいし［生歯］。〈中世〉いっさい［一歳／一才］。たうさい［当歳］。たうねん［当年］。

—未満の子 〈近世〉かたこ［片子］。〈中世〉たうさいご［当歳子］。たうねご／たうねっこ／たうねんご［当年子］。ひとつご［一子］。

いっさい【一切】 →**すべて**

いつざい【逸材】 〈近代〉ゐさい［偉才］。ゐじん［偉人］。けつぶつ［傑物］。〈近世〉いつざい［逸材］。しうさい［秀才］。〈中世〉えいけつ［英傑］。きさい［鬼才］。しゅんしう［俊秀］。たいき［大器］。ゐざい［偉材］。〈中古〉てんさい［天才］。→**けつぶつ**

いっしゅう【一蹴】 〈近代〉きょひ［拒否］。〈近世〉がいしういっしょく［鎧袖一触］。きょぜつ［拒絶］。けとばす［蹴飛］。ことわる［断］。はねつく〔—つける〕［撥付］。〈中世〉いっしう［一蹴］。しりぞく〔しりぞける〕［退／斥］。→**ことわ・る**

いっしゅうき【一周忌】 いちねんき［一年忌］。〈近世〉むかはり［迎］。〈中世〉せうしゃうき［小祥忌］。ひとめぐり［一周］。果ての事。果ての業(わざ)。〈中古〉いっくゎいき［一回忌］。いっしうき［一周忌］。

いっしゅるい【一種類】 〈近世〉いっしょく［一色］。〈中世〉どうしゅ［同種］。たんいつ［単一］。〈中古〉いっしき／ひといろ［一色］。ひとくさ［一種］。

いっしゅん【一瞬】 〈近代〉いっしゅんかん［一瞬間］。かんいっぱつ［間一髪］。しゅんこく［瞬刻］。しゅんじ［瞬時］。すんこく［寸刻］。てんしゅん［転瞬］。てんぱいざうじ［顛沛造次］。モーメント(moment)。あっと言ふ間。間髪を入れず。〈近世〉しばらく［暫］。しゅんかん［瞬間］。ちょんのま［間］。とっさ［咄嗟］。今の間(ま)。切り火縄一寸。梭(さ)を投ぐる間。瞬(また)く間。〈中世〉いちじ［一時］。いちだんし／いったんじ［一弾指］。いちねん［一念］。いっしゅん［一瞬］。いっせつな［一刹那］。いったん［一旦］。しゅんそく［瞬息］。しゅんぼく／しゅんもく［瞬目］。すんいん［寸陰］。すんじ［寸時］。せきくゎ［石火］。たまゆら［玉響］。だんしきゃう［弾指頃］。だんしのかん［弾指間］。でんくゎうせきくゎ［電光石火］。ときのほど［時程］。ねん［念］。ねんねん［念念］。へんし［片時］。ほどなし［程無］。葦の節の間。石の火。〈中古〉かたとき［片時］。踵(くびす)を回らすべからず。石火(せきくわ)の光。ざうじてんぱい［造次顛沛］。しゅくこつ［倏忽／倐忽／儵忽］。しゅゆ［須臾］。せつな［刹那］。つゆのま［露間］。てんぱい［顛沛］。ときのま［時間］。とばかり。ひととき［一時］。めぢかし［目近］。〈上代〉たちまち［忽］。つかのあひだ／つかのま［束間］。ふしのま［節間］。

—一瞬 〈上代〉ねんねん［念念］。

—であるさま 〈近代〉しゅんかんてき［瞬間的］。〈中世〉きっと［屹度／急度］。〈中古〉さと［颯］。

いっしょ【一緒】 〈近代〉いっしょ［一所］。いっせい［一斉］。どういつ［同一］。〈近世〉いっしょ［一緒］。がふどう［合同］。〈中世〉いちどう［一同］。いちやう［一様］。どうじに［同時］。〈中古〉いちどに［一度］。おなじ［同］。もろとも［諸共］。〈上代〉ともに［共］。

—に行かせる 〈近代〉かいかう［偕行］。〈中古〉たぐふ［類／比］。

—に行く 〈近代〉たいどう［帯同］。つれだす［連出］。〈中世〉あひともなふ［相伴］。どうかう／どうぎゃう［同行］。ゆきつる［行連］。〈中古〉つれだつ［連立］。ともなふ［伴］。みちづれ［道連］。〈上代〉おくる［送］。たぐふ［類／比］。つる〔つれる〕［連］。どうはん［同伴］。

—に行く人 〈近代〉どうはんしゃ［同伴者］。〈中世〉つれ［連］。

—にいる 〈中世〉いちぐ［一具］。よりそふ［寄添］。〈上代〉そふ［添］。たぐふ［類／比］。

—にいるたとえ 〈近代〉影の形に随ふ(添ふ)が如し。形影(けいえい)相伴ふ。

—にする①［共にする］ 〈近代〉れんけい［連携］。〈近世〉あひあひ［相相］。さそひあはす〔—あわせる〕［誘合］。ひっぱり［引張］。

—にする②［一つにする］ あわせる［合］。からませる［絡］。〈近世〉まぜあはす〔—あわせる〕［交合／混合］。〈中古〉うちそふ［打添］。かきまず〔—まぜる〕［搔混／搔雑］。つがふ［番］。〈上代〉まず〔まぜる〕［混／交］。

—に生活する しゅうだんせいかつ［集団生活］。同じ釜の飯を食う。寝食を共にする。〈近代〉どうせい［同棲］。〈上代〉どうきょ［同居］。

—になる いったいか［一体化］。いっぽんか［一本化］。ごうりゅう［合流］。〈近代〉いったい［一体］。がっぱい／がっぺい［合併］。とうがふ［統合］。とけこむ［溶込／融込］。一

丸となる。近世おちあふ[落合]。がふいつ[合一]。けつがふ[結合]。中古がったい[合体]。ならぶ[並/双]。

―に乗る 中古どうじょう[同乗]。のりぐす[乗具]。

▼接尾語 ごと。づれ[連]。

いっしょう【一生】 ライフサイクル(life cycle)。近代しゅうねん[終年]。ライフ(life)。近世いちだい[一代]。いっせい[一世]。いのち[命]。ひっせい[畢生]。中世いちご[一期]。いっしゃうがい[一生涯]。いっせ[一世]。生ける限り。中古いっしゃう[一生]。しゃうがい[生涯]。しゅうしん[終身]。しゅうせい[終生/終世]。じんせい[人生]。上代ひとよ[一世]。ひゃくねん[百年]。よ[世]。

《句》近代善も一生悪も一生。

―に一度 近世いっせいちだい[一世一代]。いっせいちど[一世一度]。

―の終わり 近代まつろ[末路]。中世いちご[一期]。まつご[末期]。

―の記録 近代ひゃうでん[評伝]。りっしでん[立志伝]。近世いちだいき[一代記]。じんこくき[人国記]。中世じじょでん[自叙伝]。じでん[自伝]。中古でんき[伝記]。

―をかけた仕事 近代ライフワーク(life-work)。近世畢生の大事業。

個人としての― 近代ししゃうがい[私生涯]。

夢のような― 近代むし[夢死]。蜻蛉(かげろふ)(蜉蝣)の命。長夜(ちゃうや)の眠り。近世すいせいぼうし/すいせいむし[酔生夢死]。

いっしょうけんめい【一生懸命】 せっせと。近代いちいせんしん[一意専心]。きごみ[気込]。せいぜい[精精]。とりくむ[取組]。ねっちゅう[熱中]。ひたむき[直向]。ひっし[必死]。ふんとう[奮闘/憤闘]。肝脳を絞る。身が入る。近世いっしんいちい[専心一意]。ふみんふきう[不眠不休]。いっしゃうけんめい[一生懸命]。いっしょけんめい[一所懸命]。いのちがけ[命懸]。えいい[鋭意]。えきえき[役役]。ししきふきふ[孜孜汲汲]。しにものぐるひ[死物狂]。しゃりん[車輪]。せいいっぱい[精一杯]。やくき[躍起]。息精(いきせい)張る。虚仮(こけ)も一心。額に汗す。身を入れる。中世いちづ[一途]。かまく[かまける][感]。けんめい[懸命]。いっしんふらん[一心不乱]。たじゃういっぺん[打成一片]。ふんこつさいしん[粉骨砕身]。身骨を砕く。精を出す。身を粉にす。中古いっしんに[一心]。えいえい[営営]。しし[孜孜]。せち[切]。ふんこつ[粉骨]。肝胆を砕く。上代ひたすら[只管/一向]。

《句》近代人事を尽くして天命を待つ。天は自ら助くる者を助く。

いっしょく【一色】 たんさい[単彩]。近代たんしょく[単色]。モノトーン(monotone)。近世いっしょく[一色]。むぢ[無地]。中古いっしき[一色]。ひといろ[一色]。

いっしん【一心】 近代きごみ[気込]。近世虚仮(こけ)の一心。中古いっしん[一心]。

―に考えること 近代きつきつ[拮拮]。近世せんしん[潜心]。

―にする きふきふこ[汲汲乎]。しんし[真摯]。中世きふきふ[汲汲]。すます[澄]。中古とりす[執]。

ひらに[平]。

―に念仏などを唱える 近世せむ(せめる)[責]。→**いっしょうけんめい**

いっしん【一新】 近代かくしん[革新]。さっしん[刷新]。しんめんぼく/しんめんもく[新面目]。近世へんかく[変革]。中世いっしん[一新]。いっぺん[一変]。中古ゐしん[維新/惟新]。上代かいしん[改新]。

いっしんふらん【一心不乱】 →**いっしょうけんめい**

いっ・する【逸】 →**のが・す**

いっせい【一斉】 近世いちじ/いちどき[一時]。いちりつ[一律]。いっせい[一斉]。こぞって[挙]。中世どうじ[同時]。上代こぞりて[挙]。

―に言うこと 近代いくどうおん[異口同音]。どうおん[同音]。中世声を揃ふ〔―揃える〕。

―に動くさま 中世はらり。

―に行動を起こすこと 中世ほうき[蜂起]。

笑い声などが―に起こるさま 中古さと[颯]。

いっそ 近世いかじ[如]。いっかう[一向]。いっそのくされ。いっそのこと。どうせ。とてものことに。中世いっそ。思ひ切って。中古なかなかに。

いっそう【一層】 近代いっそう[一層]。もっと。ますます以て。近世いよし。きいちばいいち[帰一倍一]。なほかし[尚/猶]。中世いちばい[一倍]。うたた[転]。なほもって[猶以]。ひとかすみ[一霞]。中古いちだん(と)[一段]。いとど。いよいよ[愈/愈愈/弥弥]。けに[異]。ことさら[殊更]。なほし[尚/猶]。ひときは[一際]。ひとしほ[一入]。ひとへ/ひとへに[偏]。まして。今一

返り。今一際。上代いよよ[愈/弥]。さらに[更]。ますます[益益/増増]。

—甚だしくする 輪に輪を掛ける。

いっそう【一掃】 かたづける[片付]。近代クリアランス(clearance)。てっきょ[撤去]。はいぢょ[排除]。ふっしき[払拭]。近世はいせき[排斥]。中世いっさう[一掃]。ほっしき[払拭]。さうたう[掃蕩/掃討]。中古とりはらふ[取払]。上代のぞく[除]。ふっしょく[払拭]。→とりの・ぞく

いっそのこと →いっそ

いったい【一帯】 近代いったい[一帯]。ぜんゐき[全域]。ふきん[付近]。近世かいわい[界隈]。中世いちめん[一面]。ぜんめん[全面]。中古いちゑん[一円]。きんぺん[近辺]。上代あたり[辺]。

いったい【一体】❶〈一つのもの〉 近代いっと[一途]。けつがふたい[結合体]。中世いちにょ[一如]。かんがい[函蓋]。こんぜん[渾然]。中古いったい[一体]。どうたい[同体]。

—となること いちげんか[一元化]。いっぽんか[一本化]。近代どうくゎ[同化]。とけこむ[溶込]。近世がふいつ[合一]。中世がってい[合体]。とけあふ[解合]。中古がったい[合体]。

団体との—感 きぞくいしき[帰属意識]。れんたいかん[連帯感]。


いったい【一体】❷〈副詞〉 近代いったいぜんたい[一体全体]。近世いったい[一体]。ぜんたい[全体]。ひらさら[平更]。そもやそも。中世およそ[凡]。そもや。それ[夫]。中古そもそも[抑]。ぐゎんらい[元来]。そも[抑]。


—誰 上代たれのひと[誰人]。たれやしひと[誰人]。

—どういうわけで 中古なにしに[何為]。

—どんなものか 中古如何(かい)にや如何に。

いったん【一端】 近代いちぶ[一部]。いちぶぶん[一部分]。へんりん[片鱗]。近世いっぱん[一斑]。中古いったん[一端]。かたそば[片傍/片側]。上代かたはし[片端]。

いったん【一旦】 近代いちじてき[一時的]。近世たうざ[当座]。中世いちじ[一時]。ちょっと[一寸/鳥渡]。ひとまづ[一先/一旦]。中古いちど[一度]。いったん[一旦]。ひとたび[一度]。上代しばらく/しまらく[暫]。

いっち【一致】 近代あひとうず[相投]。がっち[合致]。かみあふ[噛合]。とうず[投]。シンクロナイズ(synchronize)。マッチ(match)。ユニティー(unity)。符節を合はすが如し。近世あひもん[合文/合紋]。がふいつ[合一]。とうがふ[投合]。ふがふ[符合]。ふんがふ[吻合]。中世いっと[一途]。おちあふ[落合]。はまる[塡/嵌]。中古あふ[合]。いっち[一致]。うちあふ[打合]。身を合はす。
—・しない 近代あひはんする[相反]。中世くひちがふ[食違]。たがふ/ちがふ[違/交]。中古くひたがふ[食違]。
考えが—・する コンセンサス(consensus)。近代いきとうがふ[意気投合]。とうがふ[投合]。近世おもひあふ[思合]。阿吽(あうん)の呼吸。
偶然に—・する 中世あんがふ[暗合]。ぐうがふ[偶合]。

いっつい【一対】 近代カップル(couple)。ペア(pair)。中世いっさう[一双]。いっつい[一対]。上代つがひ[番]。ひとそろひ[一揃]。
—の人や物 近世おみきどくり[御神酒徳利]。

いつづ・ける【居続】 近世いりびたる[入浸]。ゐつづく[—つづける][居続]。ゐびたれる[居浸]。中世ゐすわる[居座]。

いってい【一定】 かくいつ[画一]。ワンパターン(和製one pattern)。近代あんてい[安定]。こうじゃう[恒常]。こてい[固定]。コンスタント(constant)。ていじゃう[定常]。近世いちりつ[一律]。いってい[一定]。ぢゃうぎ[定規/定木]。中世いちやう[一様]。中古ふどう[不動]。ふへん[不変]。

—・しない 近代ふてい[不定]。近世てんてん[転転]。中世常ならず。中古ふぢゃう[不定]。定めなし。

—の温度 ていおん[定温]。

—の額 近世ていがく[定額]。中古ぢゃうがく[定額]。

—の型 近代いがた[鋳型]。ていけい[定形/定型]。

—の期間 近世ていき[定期]。

—の規則 中世じゃうはふ[常法]。

—の時刻 近代ていこく[定刻]。ていじ[定時]。

—の量 近代ていりゃう[定量]。

—の割合 近代ていりつ[定率]。

いってみれば【言】 →いわば

いつでも【何時】 ことごとに[事毎]。ずいじ[随時]。近代きまって[決]。近世いつでも[何時]。中世ちゃうじ[長時]。褻(け)にも晴れ

い

にも。中古何時とも分かず。時を分かず。上代ときなし[時無]。

いってん【一転】 近代きふてん[急転]。きふへん[急変]。近世げきへん[激変／劇変]。中世いってん[一転]。いっぺん[一変]。

いっとき【一時】 近世いっくゎ[一花]。中世いちじ[一時]。いっこく[一刻]。いっしゅん[一瞬]。いっとき[一時]。かたとき[片時]。たうざ[当座]。ひととき[一時]。上代しばらく／しまらく[暫]。へんし／へんじ[片時]。

いつのまにか【何時間】 いつか[何時]。何時とは知らず。何時とはなしに。知らず知らず。知らぬ間に。近代いつかしら[何時知]。近世何時となく。我知らず。中世おぼえず[覚]。何時の間にか。中古いつしか[何時]。おのづから。

いっぱ【一派】 近世なかま[仲間]。中世いちみ[一味]。いちりう[一流]。いっぱ[一派]。中古いったう[一党]。どうし[同志]。

―を立てる 近代一家を機杼(きちょ)す。一家を成す。門戸を張る。

―を開いた人 中世かいそ[開祖]。

いっぱい【一杯】 近代はうわ[飽和]。フル(full)。まんぱい[満杯]。近世ところせきなし[所狭]。ぱいいち[杯一]。ひたもの[直物]。ほうふ[豊富]。やまもり[山盛]。よっぱら。中世じゅまん[充満]。たくさん[沢山]。ところせし[所狭]。ひとつ[一]。ひとはた[一杯]。中古いっぱい[一杯]。じゅうまん[充満]。ひともの[一物]。まんえい[満盈]。上代ゆたか[豊]。→**おお・い**

―・でこぼれる 中古みちあふる[―あふれる][満溢]。

―・なさま 近世ぎっしり。中世たっぷり。なみなみ。

―・に 中世しきりに[頻]。上代しじに／しみに／しみみに／しみらに／しめらに[繁]。

―・にする 近世つめこむ[詰込]。中世はばかる[憚]。ふたぐ[塞]。まんず[満]。みたす[満]。みつ[みてる][満／充]。中古たたふ[たたえる][湛]。つむ[つめる][詰]。上代うむ[うめる][埋／塡]。

―・になる 近代はうわ[飽和]。まんぱい[満杯]。中世うまる[埋]。ふさがる[塞]。みつ[みちる][満／充／盈]。中古じゅうまん[充満]。たたふ[湛]。みちあふる[―あふれる][満溢]。みなぎる[漲]。

一面に―・なさま 中世べったり。

果実などが―・になっている 近世すずなり[鈴生]。中世ふさふさ。中古たわわ[撓]。ふさやか[総]。

気体などで―・になる 近代こもる[籠]。

国中― 上代くにもせに[国狭]。

席が― まんせき[満席]。近代まんゐん[満員]。中古まんざ[満座]。

荷物で― 近代まんさい[満載]。

野原― 中古のもせ[野狭]。

▼接尾語 中世だらけ。

いっぱん【一般】 ひょうじゅん[標準]。近代いっぱん[一般]。オーソドックス(orthodox)。ジェネラル／ゼネラル(general)。近世つうじゃう[通常]。中世じんじゃう[尋常]。中古ちゅうよう[中庸]。つうれい[通例]。ふつう[普通]。れい[例]。上代なみ[並]。

―的 ありふれた[有触]。へいきんてき[平均的]。近代せけんてき[世間的]。つうぞく[通俗]。へいぼん[平凡]。ポピュラー(popular)。ユニバーサル(universal)。近世たいがい[大概]。

―に 近代そうたい[総体]。中世そうじて[総]。打ち任せては。中古あまねく[普]。おほよそ[凡／大凡]。なべて／なめて[並]。上代おしなべて[押並]。おしなみに[押並]。

―に用いられている 近代つうしき[通式]。上代つうよう[通用]。

―の考え つうねん[通念]。中世ぞくろん[俗論]。

―の傾向 近世そうなみ[総並]。

―の人(公的な地位のない) シビリアン(civilian)。たいしゅう[大衆]。みんかんじん[民間人]。近代しょにん[庶人]。ふつうじん[普通人]。みんしゅう[民衆]。在野の人。近世ぼんじん[凡人]。やじん[野人]。中世せけん[世間]。せぞく[世俗]。せにん[世人]。ぢげ[地下]。ぢげにん[地下人]。ぼんぞく[凡俗]。中古しょみん[庶民]。じんみん[人民]。せじん[世人]。はんじん[凡人]。ぼんぶ／ぼんぷ[凡夫]。ぼんよう[凡庸]。上代しょじん[庶人]。

―の人(僧でない) 中世ぞくぎゃう[俗形]。ぞくじん[俗人]。上代しろきぬ[白衣]。

―の人の組織 くさのね[草根]。

―の人向き 近代ぞくうけ[俗受]。たいしゅうてき[大衆的]。たいしゅうむけ[大衆向]。つうぞく[通俗]。ポピュラー(popular)。

いっぴん【逸品】 近代いっぴん[一品]。いっぴん[逸品]。かひん[佳品]。ごくじゃうひん[極上品]。近世ごくひん[極品]。めいひん

[名品]。中世ぜっぴん[絶品]。中古いうぶつ[尤物]。

いっぷく【一服】 ちゃどき[茶時]。近世いっぷく[一服]。きうけい[休憩]。タバコやすみ[煙草休]。→**ひとやすみ**

いっぺん【一変】 様変わり。近代きふてん[急転]。きふへん[急変]。近世げきへん[激変/劇変]。中世いってん[一転]。いっぺん[一変]。→**いっしん【一新】**→**いってん**

いっぽ【一歩】 ワンステップ(one step)。中世いっぽ[一歩]。中古ひとあし[一足]。

《句》近代千里の行も足下に始まる。百里の道も一歩から。

―先んじる 一日の長。

―譲る 一目置く。近代後塵を拝する。

▼一歩一歩 近代ステップバイステップ(step by step)。ほいっぽ[歩一歩]。中世ちゃくちゃく[着着]。中古ほほ[歩歩]。

いっぽう【一報】 近代れんらく[連絡]。近世いっさう[一左右]。しらせ[知]。ほうこく[報告]。中世つうほう[通報]。

いっぽう【一方】 近世かたがは[片側]。かたはう[片方]。中世かたいっぱう/かたいっぽ[片一方]。かたかた[片方]。たはう[他方]。ひとかた[一方]。ひとつ[一]。中古いっぱう[一方]。かたつかた[片方]。かたへ[傍/片方]。

―しかうまくいかない 《句》近代あちら立てればこちらが立たぬ。両方立てれば身が立たぬ。両方よいのは頰被り。

―的 おしきせ[仕着]。近世あたまごなし。おしつけ[押付]。おしつけがまし[押付]。有無を言はさず。上代あながち[強]。

―では 近代ためん[他面]。はんめん[反面]。中世かたへ[片方]。かつ[且]。中古かつがつ[且且]。かつは[且]。

―の側 近代サイド(side)。近世かたがは[片側]。

―の端 中古かたすみ[片隅]。かたはし[片端]。

―の面 近代かためん[片面]。近世かたそで[片袖]。中世いちめん[一面]。中古かたおもて[片面]。

いっぽん【一本】 たんせん[単線]。中古いっぽん[一本]。ひとすぢ[一筋/一条]。

―化 いちげんか[一元化]。いったいか[一体化]。近世とういつ[統一]。

―調子 近代たんてう[単調]。へいばん[平板]。モノトーン(monotone)。モノトナス(monotonous)。

―の松 上代ひとつまつ[一松]。

草木の― 中古ひともと[一本]。

いっぽんぎ【一本気】 近代いっぽんぎ[一本気]。近世きをり[気折]。ひとすぢぎ[一筋気]。中古すがすがし[清清]。

―・な人 いっこくもの[一刻者]。

いつまでも【何時】 行く末永く。近世じんみらい[尽未来]。中世いつまでも[何時]。じんみらいさい[尽未来際]。すゑながく[末長]。中古とこしなへ[永久]。上代いやつぎつぎに[弥継継]。ときじくに[時]。とこしへ[永久]。→**えいえん**

―生きること 中世ばんぜい[万歳]。

―思う 中古おもひつづく[―つづける][思続]。おもひわたる[思渡]。

―続くさま 近世いくひさし[幾久]。中世ちゃうをん[長遠]。中古ときはかきはに[常磐堅磐]。上代とほながし[遠長]。《句》近代百年河清を俟つ。中世烏の頭が白くなるまで。

いつも【何時】 寝ても覚めても。のべつ幕なし。近代じゃうじ[常時]。じゃうぢゅうざぐわ[常住坐臥]。しろくじちゅう[四六時中]。ねんがらねんぢゅう[年年]。のべつ。昼夜を舎かず。近世じゃうぢゅう[常住]。じゃうふだん[常不断]。しょっちゅう。つねひごろ[常日頃]。ねんがねんびゃく[年年百]。ねんびゃくねんぢゅう[年百年中]。中世あさゆふ[朝夕]。しゅうし[終始]。たんせき[旦夕]。にろくじちゅう[二六時中]。ねんぢゅう[年中]。ひごろ[日頃]。ふだん[不断]。まいど[毎度]。明けても暮れても。中古あけくれ[明暮]。あさなゆふな[朝夕]。おきふし[起伏/起臥]。たんぼ[旦暮]。つねづね[常常]。にちや[日夜]。ふしおき[臥起]。へいきょ[平居]。へいじ[平時]。片時去らず。上代あさにけに[朝日]。いつも[何時]。たえず[絶]。つねに[常]。てうせき[朝夕]。時となく。時無し。

―ある 上代ときじ[時]。とこし[常]。

―そうだ 中世何時となし。中古何時とも分かず。

―と違う 中古いじゃう[異状]。常ならず。例ならず。

―の 中世くだんの[件]。中古れいの[例]。

―の事 近代きまり[決]。中世くだん[件]。中古じゃうじ[常事]。

―の通り 近代おきまり[御決]。おさだまり[御定]。つうじゃう[通常]。近世ふだん[不

断]。中古 こうれい/ごうれい[恒例]。つうれい[通例]。へいじゃう[平常]。れいざま[例様]。れいの[例]。

ーのやり方 近世 ぢゃうはふ[定法]。

いつらく【逸楽】 近代 きゃうらく[享楽]。近世 えつらく[悦楽]。中世 くゎいらく[快楽]。中古 いうきょう[遊興]。いつらく[逸楽/佚楽]。上代 くゎんらく[歓楽/懽楽]。

いつわ【逸話】 うらばなし[裏話]。こぼればなし[零話]。近代 アネクドート(anecdote)。いつぶん[逸聞]。いつわ[逸話]。エピソード(episode)。きぶん[奇聞]。さふわ[挿話]。ちんぶん[珍聞]。ひわ[秘話]。よぶん[余聞]。よわ[余話]。近世 きだん[奇談]。よだん[余談]。よろく[余録]。中世 いつじ[逸事/軼事]。ちんだん[珍談/椿談]。

いつわり【偽】 →**うそ**

いつわ・る【偽】 近世 かたる[騙/衒]。ごまかす[誤魔化]。たむ[ためる][矯/揉]。中世 じゃぎ[邪偽]。だます[騙]。中古 いつはる[偽/詐]。上代 あざむく[欺]。ぬすまふ[盗]。→**うそ**(ーをつく)

ー・って訴える 上代 ぶこく[誣告]。

ー・って伝える 近代 わいきょく[歪曲]。

数をー・る 近世 さばよみ[鯖読]。鯖を読む。

氏名などをー・る 近代 さしょう[詐称]。近世 かたる[騙]。中世 ぎしょう[偽称]。

いでたち【出立】❶〈出発〉 近代 はっと/ほっと[発途]。中古 いでたち[出立]。→**かどで**

いでたち【出立】❷〈服装〉 →**みなり**

いてつ・く【凍付】 近世 いてつく[凍付]。こほりつく[凍付]。中古 しむ[しみる][凍]。→**こお・る**

い・てる【凍】 中世 いつ[いてる][凍]。→**こお・る**

いてん【移転】 トランスファー(transfer)。近代 いどう[移動]。近世 おたくがへ[御宅替]。中世 いてん[移転]。てんい[転移]。てんゐ[転位]。上代 いし[移徙]。うつす[移/遷]。うつる[移/遷]。うつろふ[移]。

いでんし【遺伝子】 かくがいいでんし[核外遺伝子]。ゲン(ドイツ Gen)。さいぼうしついでんし[細胞質遺伝子]。ジーン(gene)。ディーエヌエー(DNA; deoxyribonucleic acid)。プラズマジーン(plasmagene)。近代 ゐでんし[遺伝子]。

住居のー →**ひっこし**

いと【糸】 近代 ストリング(string)。ヤーン(yarn)。中世 かな[縢]。中古 いとすぢ[糸筋]。を[緒]。を[麻/苧]。上代 いと[糸]。《枕》中古 なつびきの[夏引]。上代 あをやぎの[青柳]。

同じ色のー 近世 ともいと[共糸]。

弦楽器のー 近代 ストリング(string)。

琴のー 近代 きんせん[琴線]。

三味線のー 近世 いろいと[色糸]。つる[弦/絃]。

細いー 近代 せんでう[繊条]。中世 いとめ[糸目]。ほそいと[細糸]。

弓のー 中世 げん[弦]。中古 つる[弦]。

▼麻糸 たいまし[大麻糸]。まし[麻糸]。めんし[麻綿糸]。中世 あさを[麻苧]。中古 あさいと[麻糸]。

▼糸巻き スプール(spool)。ボビン(bobbin)(ミシンの部品)。リール(reel)(釣り具)。近代 いとわく[糸枠]。こま[駒]。すい[錘]。ぼうしゃ[紡車]。ばうすい[紡錘]。近世 いとくりぐるま[糸繰車]。いとぐるま[糸車]。いとよりぐるま[糸縒車/糸撚車]。しらく[糸絡]。つむ[錘/紡錘]。中世 つみ[錘]。をがせ[麻桛/苧桛/纑]。上代 かせ[桛/綛]。

▼色糸 げんじいと[源氏糸]。近代 あやいと[綾糸]。そめいと[染糸]。近世 くろいと[黒糸]。中世 きんる[金縷]。ぎんる[銀縷]。上代 しらいと/しろいと[白糸]。

▼生糸(絹糸) かさんし[家蚕糸]。きいと[生糸]。きぬいと/けんし[絹糸]。つむぎいと[紬糸]。近代 シルク(silk)。ふしいと[節糸]。近世 しらいと[白糸]。ふといと[太糸]。中世 からいと[唐糸]。てんさんし[天蚕糸]。中古 ねりいと[練糸]。

▼毛糸 じゅんもう[純毛]。ぼうもうし[紡毛糸]。

▼釣り糸 うるしいと[漆糸]。はりす[鉤素]。みきいと[幹糸]。みちいと[道糸]。近代 てぐす/てぐすいと/てんぐす[天蚕糸]。

▼木綿糸 じゅんめん[純綿]。近代 カタンいと[cotton 糸]。近世 もめん[木綿]。もめんいと[木綿糸]。

▼助数詞 かせ[綛/桛]。すじ[筋]。ほん[本]。まき[巻]。わ[把]。

いと【意図】 近代 いかう[意向]。いと[意図]。かんがへ[考]。もくてき[目的]。近世 いし[意志]。きと[企図]。しい[旨意]。中古 いし[意思]。つもり[積]。上代 おもはく[思]。→**いこう【意向】**

ー・せずそうなるさま 近代 てんねんしぜん[天然自然]。中古 てんねん[天然]。

相手の―が分からない　気が知れない。

いど【井戸】 近世 せいせん［井泉］。ほりぬきゐど［掘抜井戸］。ほりゐど［掘井戸］。中世 せい［井］。つつゐ［筒井］。わくゐ［枠井］。中古 いしゐ［石井］。いたゐ［板井］。上代 つつみゐ［包井］。ぬなゐ［渟名井］。ゐ［井］。ゐど［井戸］。

《枕》上代 はるがすみ［春霞］。

―の掃除 近世 かいぼり［掻掘］。さらしゐ［晒井／曝井］。ゐどがへ［井戸替］。ゐどさらへ［井戸浚］。

―の美称 中世 たまのゐ［玉井］。上代 みゐ［御井］。

―の水 近世 せいすい［井水］。せいせん［井泉］。ゐどみづ［井戸水］。

―を掘ること さくせい［鑿井］。近世 ゐどほり［井戸掘］。

閼伽（あか）の水を汲（く）む― 中古 あかゐ［閼伽井］。

産湯の水を汲む― 近代 うぶゐ［産井］。

うまい水の出る― 中古 かんせい［甘井］。

深い― ふかい［深井］。ふかいど［深井戸］。

古い― 近世 ふるゐ［古井］。ふるゐど［古井戸］。中世 うもれゐ［埋井］。

水の涸（か）れた― 近世 からゐ［空井］。からゐど［空井戸］。

水の涸（か）れることがない― 中世 いくゐ［生井］。

水の絶えず噴き出る― 近世 ふきゐ／ふきゐど［吹井戸／噴井戸］。

山の中の― 上代 やまのゐ／やまゐ［山井］。

若水を汲（く）む― 近代 わかゐ［若井］。

▼井桁 中世 ゐげた［井桁］。ゐどがは［井戸側］。中古 ゐづつ［井筒］。つつ［筒］。

いと・う【厭】 →きら・う

いどう【移動】 近代 いどう［移動］。近世 いてん［移転］。中世 うつろふ［移］。中古 つたはる［伝］。はこぶ［運］。上代 いし［移徙］。うつる［移／遷］。ながる〔ながれる〕［流］。わたる［渡／渉／亙］。

―・させる 中世 いごかす［動］。ひきわたす［引渡］。中古 しんたい／しんだい［進退］。上代 うごかす／おごかす［動］。うつす［移／遷］。やる［遣］。

あちこちと―・する 中古 ありく［歩］。

一気に―・する 近世 いっそくとび［一足飛］。

上へ―・させる 上代 あぐ〔あげる〕［上／揚／挙］。

上へ―・する 近代 せりあがる［迫上］。せる［迫］。中世 うかびあがる［浮上］。上代 あがる［上／揚／挙］。のぼる［昇／登／上］。

大勢が一度に―・する 近代 雪崩（なだれ）を打つ。

回転しながら―・する 中古 ころがる／ころげる［転］。まろぶ［転］。

風や水に乗って―・する 上代 ながる〔ながれる〕［流］。

座ったまま―・する 中古 ゐざる［躄／膝行］。

太陽や月が―・する 中古 わたる［渡］。

立って―・する 上代 たちわたる［立渡］。

いどう【異動】 はいちてんかん［配置転換］。近代 いどう［異動］。かうてつ［更迭］。てんきん［転勤］。てんぞく［転属］。にんめん［任免］。中古 てんにん［転任］。

いどう【異同】 近代 ギャップ(gap)。近世 くひちがひ［食違］。ずれ。そぎょ［齟齬／鉏鋙］。ちがひ［違］。中世 いどう［異同］。さい［差異］。さゐ［差違］。そご［齟齬／鉏鋙］。中古 さうい［相異］。さうゐ［相違］。たがひ［違］。へだたり［隔］。

いとおし・い【愛】 →かわい・い

いとおし・む【愛】 →あい・する

いとかけがい【糸掛貝】 近代 いとかけがひ［糸掛貝］。いとかけぼら［糸掛鰡］。いとがひ［糸貝］。

いとぐち【糸口】 近代 あしがかり［足掛］。たん［端］。ちょ［緒］。近世 いとぐち［糸口］。きっかけ［切掛］。きんたん［釁端／舋端］。しょくち［初口］。こぐち［小口］。じたん［事端］。たんしょ［端緒］。てづる［手蔓］。中世 しょ［緒］。てがかり［手掛］。はったん／ほたん／ほったん［発端］。中古 つま［端／妻］。

いとけな・い【幼】 →あどけな・い

いとこ【従兄弟／従姉妹】 近世 じゅうしまい［従姉妹］。中世 じゅうけいてい［従兄弟］。上代 いとこ［従兄弟／従姉妹］。

親が― さんじゅけい［三従兄］（年上）。はとこ［再従兄弟／再従姉妹］。ふたいとこ［二従兄弟／二従姉妹］。またいとこ［又従兄弟／又従姉妹］。

父方の― 中世 じゅうふけいてい［従父兄弟］。上代 じゅうふけい［従父兄］。じゅうふてい［従父弟］。

年上の男の― 中古 じゅうけい［従兄］。

年上の女の― じゅうし［従姉］。

年下の男の― 中世 じゅうてい［従弟］。

年下の女の― 近代 じゅうまい［従妹］。

父母の― じゅうそふ［従祖父］。

いどころ【居所】 ところ［所］。近代 アドレス(address)。きょぢゅうち［居住地］。げんぢゅうしょ［現住所］。しょざいち［所在地］。ぢゅうしょち［住所地］。ゐばしょ［居場所］。

場所]。近世すみか[住処／栖]。中世ざしき[座敷]。中古ありか[在所／在処]。きょしょ[居所]。ざいしょ[在所]。しょざい[所在]。すみどころ[住所]。もと[本／元／許]。ゐどこ[居所]。ゐどころ[居所／居処]。上代ぢゅうしょ[住所]。

ーを分からなくする 近世まく[撒]。

貴人のー 中世おんかた[御方]。中古おはしどころ／おはしましどころ[御座所]。

すぐれた人のー 近代うんかん[雲間]。

いとし・い【愛】→かわい・い

ー・く思う 中古かなしぶ／かなしむ[悲]。上代にくからず[憎]。

いとしが・る【愛】→かわいが・る

いとしご【愛子】→こども❷（愛するー）

いととんぼ【糸蜻蛉】 おつねんとんぼ[越年蜻蛉]。近代とうしみとんぼ／とうしんとんぼ／とうすみとんぼ[灯心蜻蛉]。近世いととんぼ[糸蜻蛉]。かとんぼ[蚊蜻蛉]。

いとな・む【営】 うんえい[運営]。えいぎょう[営業]。けいえい[経営]。近代えいゐ[営為]。中古いとなぶ[営]。いとなむ[営]。ただはる[携]。上代おこなふ[行]。たづさはる[携]。

いとま【暇】→ひま

《枕》中古なつひきの[夏引]。

いとまごい【暇乞】 別れを告げる。近代じべつ[辞別]。近世じけつ[辞訣]。中世いとまごひ[暇乞]。けつべつ[決別／訣別]。こくべつ[告別]。暇(いとま)申す。中古じきょ[辞去]。まかり[罷]。まかりまうし[罷申]。

《謙》中古はいじ[拝辞]。

ー・して別れること 近代じべつ[辞別]。

ーの書類 中古いとまぶみ[暇文]。かぶん／けぶみ／けもん[暇文／仮文]。

いど・む【挑】 近代アタック(attack)。チャレンジ(challenge)。近世しかく[ーかける][仕掛]。中世てうせん[挑戦]。はりあふ[張合]。中古きそふ[競]。上代いどむ[挑]。

いとゆう【糸遊】 ゴッサマー(gossamer)。ひこうぐも[飛行蜘蛛]。ゆきむかえ[雪迎]。中古あそぶいと[遊糸]。いうし[遊糸]。いとという／いとゆふ[糸遊]。

いとよ【糸魚】 とげうお[棘魚]。はりうお[針魚]。近世いとうを[糸魚]。

いとよりだい【糸縒鯛】 いとひき[糸引]。いとめうお[糸目魚]。近代いとくりうを[糸繰魚]。中世いとよりだひ[糸縒鯛／糸撚鯛]。いとだひ[糸鯛]。

いとわし・い【厭】 近代ふゆくゎい[不愉快]。けうとなげ[気疎]。近世いまはし[忌]。いやらし[嫌]。にくらし[憎]。にくたらし[憎]。ふくゎい[不快]。中世いやまし[否]。うたて[転]。きらはし[嫌]。中古いとはし[厭]。うとし[疎]。うとまし[疎]。かはむしくさし[皮虫臭]。けがらはし[汚／穢]。ものむつかし[物難]。

ー・くなる 中古あく[あきる][飽]。

いなお・る【居直】 近代尻(けつ)を捲る。盗人猛猛しい。近世ひらきなほる[開直]。ゐなほる[居直]。

いなか【田舎】 近代さうらい[草莱]。さんそんすいくゎく[山村水郭]。すうゐん／そうゐん[陬遠]。そんかう[村郊]。へんぺき[偏僻]。りんそう[林藪]。近世がう[郷]。かたざと[片里]。くゎうへき[荒僻]。ざい[在]。ざいがう[在郷]。ざいかた[在方]。さうばう／さうまう[草莽]。はしばし[端端]。へきそん[僻村]。へきち[僻地]。へんきゃう[偏境]。ろうほ[壟畝／隴畝]。中世あがた[県]。いなしき[稲敷]。かたへんど[片辺土]。かたほとり[片辺／偏辺]。かたやまざと[片山里]。かたわき[片脇]。かたゐなか[片田舎]。きゃうきょく[郷曲]。きゃうり[郷里]。けんぽ[畎畝]。ざいしょ[在所]。さかひ[境]。さとむら[里村]。そんらく[村落]。でんかん[田間]。でんしゃ／でんじゃ[田舎]。でんや[田野]。へんいふ[辺邑]。へんぢ[辺地]。へんど[辺土]。中古がうそん[郷村]。くに[国／邦]。くま[隈]。たゐなか[田田舎]。ひとばなる[人離]。へんきゃう[辺境／辺疆]。へんち[辺地]。むらざと[村里]。ゐなかせかい[田舎世界]。上代きゃういふ[郷邑]。たゐ[田居]。でんゑん[田園／田苑]。ひな[鄙]。ひなさかる[鄙離]。ひなべ[鄙辺]。ゐなか[田舎]。

《枕》上代あまざかる[天離][⇩ひな]。

ー侍(さむらい) 近世あさぎ／あさぎうら[浅葱裏]。おくにもの[御国者]。くにざむらひ[国侍]。ぶざ[武左]。ゐなかむしゃ[田舎武者]。

ーに隠棲する 中古きかう[帰耕]。きでん[帰田]。鄙の別れ。

ーの家 中世ざいか／ざいけ[在家]。そんしゃ[村舎]。でんしゃ／でんじゃ[田舎]。中古くさがくれ[草隠]。ゐなかや[田舎家]。上代たふせ[田伏]。

ーの歌 近世さとびうた[俚歌]。ひなうた[鄙歌]。ゐなかうた[田舎歌]。中世りえう[里

謡／俚謡］。→みんよう
―の女 近世 そんぷ［村婦］。中世 そんぢょ［村女］。上代 ひなつめ［鄙女］。

―の学者 近世 そんがくきう［村学究］。そんじゅ［村儒］。そんふうし［村夫子］。

―の暮らし 近代 野人暦日（やじんれきじつ）なし。中古 さとずみ［里住］。さとゐ［里居］。

―の言葉 近世 さとことば［里言葉］。さとびごと［俗言／俚言］。さとびことば［俚言葉］。ひご［鄙語］。りげん［俚言］。ゐなかことば［田舎言葉］。

―の子供 中古 さとわらは／さとわらはべ／さとわらべ［里童］。

―の酒 近世 そんぢゃう［村醸］。中世 ゐなかざけ［田舎酒］。

―の紳士 近代 でんしん［田紳］。

―の僧 近世 やだふ／やなふ［野衲］。中世 やそう［野僧］。

―の土地 中世 ざいち［在地］。

―の人 中世 ぢげ［地下］。

―の風情 近代 やち［野致］。中世 やしゅ［野趣］。中古 やじゃう［野情］。

―の老女 近代 そんあう［村媼］。

―の老人 近世 やをう［野翁］。中古 そんらう［村老］。そんをう［村翁］。やそう［野叟］。やらう［野老］。

―まわりの芝居 近代 たんからしばゐ［芝居］。ゐなかまはり［田舎回］。近世 ゐなかしばゐ［田舎芝居］。

多くの― 中古 ちさと［千里］。

不便な―のたとえ《句》近世 酒屋へ三里豆腐屋へ二里。
▼行商 近代 ゐなかかせぎ［田舎稼］。ゐなかくだり［田舎下］。中古 ゐなかわたらひ［田舎渡］。

いなかじ・みる【田舎染】 どろくさい［泥臭］。近代 でんしう［田臭］。近世 くさぶかし［草深］。つちくさし［土臭］。つちけ［土気］。でんぷ［田夫］。ひなたくさし［日向臭］。ぶざめく。やぼ［野暮］。りぞく［俚俗］。ゐなかじみる［田舎染］。ゐなかめく［田舎］。中世 ひや［鄙野］。中古 さとぶ［―びる］［里］。ひぞく［卑俗／鄙俗］。ひなぶ［―びる］［鄙］。やまざとぶ［―びる］［山里］。ゐなかだつ［田舎立］。ゐなかぶ［―びる］［田舎］。上代 ひり［鄙俚／卑俚］。

いなかもの【田舎者】 かっぺ。近代 おのぼりさん［御上］。ざいごべゑ［在郷兵衛］。さうらいし［草莱子］。たごさく［田吾作／田五作］。でんかん［田漢］。でんしゃかん［田舎漢］。でんしん［田紳］。ゐなかっぺ［田舎兵衛］。近世 いもすけ［芋助］。おくにもの［御国者］。くにもの［国者］。ごんべゑ［権兵衛］。ざいがうもの／ざいごもの［在郷者］。ざいしょもの［在所者］。せいとうやじん［斉東野人］。せなあ［兄］。つち［土／地］。ぽっとで［出］。むくどり［椋鳥］。やまざる［山猿］。やまだし［山出］。ゐなかえびす［田舎夷］。ゐなかだいじん［田舎大尽］。中世 さとびと［里人］。そんぷ［村夫］。でんぷやじん［田夫野人］。はひで［這出］。ひなびと［鄙人］。やまがつ［山賤］。やまがらす［山烏］。ゐなかもの［田舎者］。中古 あらえびす［荒夷］。でんぶ／でんぷ［田夫］。ひじん［鄙人／卑人］。やじん［野人］。やそう［野叟］。やふ／やぶ［野夫］。ゐなかうど［田舎人］。上代 あづまびと［東人］。

いなご【稲子】 近代 しゅうし［螽斯］。近世 いなむし／いねむし［稲虫］。さねもり［実盛］。さねもりむし［実盛虫］。中古 いなご［稲子／蝗］。いなごまろ［稲子麿］。くゎうちゅう［蝗虫］。

いなずま【稲妻】 近代 ぎんじょう［銀縄］。でんてい［電霆］。近世 いねのとの［稲殿］。中世 いなだま［稲魂］。せんでん［閃電］。でんせん［電閃］。らいくゎう［雷光］。中古 いなづま［稲妻］。いなびかり［稲光］。でんえい［電影］。でんくゎ［電火］。でんくゎう［電光］。ひでん［飛電］。らいくゎ［雷火］。りうでん［流電］。上代 いなつるき／いなつるび／いなつるみ［稲］。

いなせ【鯔背】 →いき【粋】

いなな・く【嘶】 中世 いばふ［嘶］。中古 いなく［嘶］。いななく［嘶］。ひひらく［嘶／噂］。
―・くさま 近世 ろくろく［轆轤］。

いなびかり【稲光】 →いなずま

いなほ【稲穂】 上代 あきのほ［秋穂］。いなほ［稲穂］。かひ／かび［牙／穎］。ほだち［穂立］。みづほ［瑞穂］。やつかほ［八束穂］。
―が出揃って並んでいること 中世 ほなみ［穂並］。
―が出る しゅっすい／でほ［出穂］。中古 穂に出づ。上代 ひづ［秀］。
―が実り垂れ下がるさま 中古 りり［離離］。
―の出た刈り頃の田 上代 ほだ［穂田］。
刈り取った― 中世 かりほ［刈穂］。
刈り取った後落ち散った― おちぼ［落穂］。
波立つ― 黄金（こがね）の波。中古 ほなみ［穂波］。

いなら・ぶ【居並】 →すわ・る（並んで―る）

いなりずし【稲荷鮨】 いなり[稲荷]。〔近代〕きつねずし[狐鮨]。しのだずし[信太鮨]。〔近世〕いなりずし[稲荷鮨]。

イニシアチブ(initiative) しどうけん[指導権]。しゅどうけん[主導権]。そっせん[率先]。せんどうけん[先導権]。リーダーシップ(leadership)。〔近代〕イニシアチブ。〔中世〕さきんず[先]。

いにしえ【古】→**むかし**

いにん【委任】→**まか・せる**

いぬ【犬】 ドッグ(dog)。わんわん(幼児語)。〔中古〕ゑぬ[狗]。〔上代〕いぬ[犬/狗]。

—の子 いんのこ[犬子]。こいぬ[子犬]。ちんころ。〔近世〕ゑのころ[狗児/犬子]。〔中世〕ゑのこ/ゑんのこ[狗]。

—の鳴く声 わんわん。〔近代〕けんばい[犬吠]。〔中世〕けいけい。べうべう。〔中古〕きんきん/ぎんぎん。くはい/くべい[狗吠]。

—の肉 〔中世〕くにく[狗肉]。

—のように 〔上代〕いぬじもの[犬]。

外国の— 〔中世〕からのいぬ[唐犬]。〔中古〕こまいぬ[狛犬]。

人家で飼われている— あいけん[愛犬]。かいいぬ[飼犬]。ちゅうけん[忠犬]。〔近世〕さといぬ[里犬]。ちくけん[畜犬]。まうけん[猛犬]。〔中世〕らうく[老狗]。らうけん[老犬]。

人間生活に役立たない— きょうけん[狂犬]。だけん[駄犬]。〔近世〕のいぬ[野犬]。のらいぬ[野良犬]。〔中世〕やけん[野犬]。〔中古〕やまいぬ[山犬]。

人間生活に役立つ— ぐんようけん[軍用犬]。けいさつけん[警察犬]。さいがいきゅうじょけん[災害救助犬]。しゅりょうけん[狩猟犬]。とうけん[闘犬]。ばんけん[番犬]。そりいぬ[橇犬]。もうどうけん[盲導犬]。りょうけん[猟犬]。

いぬがや【犬榧】 〔近世〕いぬがや[犬榧]。おにがや[鬼榧]。へぼがや[榧]。

いぬたで【犬蓼】 〔近代〕あかのまんま/あかまんま[赤飯]。〔近世〕おにたで[鬼蓼]。〔中世〕いぬたで[犬蓼]。

いぬつげ【犬黄楊】 〔近世〕いぬつげ[犬黄楊/柞木]。がにのす[蟹巣]。

いぬなずな【犬薺】 〔近代〕いぬよもぎ[犬蓬]。〔近世〕いぬなづな[犬薺]。〔中世〕いはよもぎ[岩蓬]。

いぬびえ【犬稗】 さるびえ[猿稗]。〔近世〕いぬびえ[犬稗]。のびえ[野稗]。

いぬびわ【犬枇杷】 やまいちじく[山無花果]。〔近代〕こいちじく[小無花果]。やまびわ[山枇杷]。ちちのみ[乳実]。〔近世〕いぬたうがき[犬唐柿]。いぬびは[犬枇杷/天仙果]。〔中古〕いたび/いたぶ[木蓮子]。うしのひたひ[牛額]。

いぬふぐり【犬陰嚢】 〔近代〕はたけくはがた[畑鍬形]。〔近世〕てんじんからくさ/てんにんからくさ[天人唐草]。

いぬほおずき【犬酸漿】 うしおほおずき[潮酸漿]。くろほおずき[黒酸漿]。やまほおずき[山酸漿]。〔近世〕いぬごしょう[犬]。いぬほほづき[犬酸漿/龍葵]。うしほほづき[牛酸漿]。〔中古〕こなすび[小茄子]。

いね【稲】 〔近代〕みつぶしぐさ[三節草]。〔近世〕をしね[小稲]。〔中世〕あきまつぐさ[秋待草]。みづかげぐさ[水影草/水陰草]。〔中古〕あきのたのみ[秋田実]。そでのこ[袖子]。たのみ/たのむ[田実]。ながひこ[長彦]。〔上代〕いな/しね[稲](他の語と複合して用いられる)。いね[稲]。おきつみとし/おくつみとし[奥御年]。たなつもの[水田種子]。とし[年/歳]。とみくさ/とみぐさ[富草]。みしね[御稲]。みづほ[瑞穂]。みとし[御年]。

—が実ったさま こじゅく[糊熟]。〔近代〕くゎううん[黄雲]。くゎうじゅく/わうじゅく[黄熟]。〔近世〕いなむしろ[稲筵]。穂に穂が咲く。〔中古〕黄金(こがね)の波。

—の刈り跡 〔中世〕いなくき[稲茎]。

—の茎(藁) 〔近世〕いなわら[稲藁]。わらしべ/わらすべ[藁]。〔中世〕しべ。〔中古〕いなくさ/いなぐさ[稲草]。わらすぢ[藁筋]。〔上代〕いなから/いながら[稲幹/稲茎]。

—の種類 もちいね[糯稲]。〔近代〕すいたう[水稲]。〔近世〕りくたう[陸稲]。をかぼ[陸稲]。〔中古〕なかて[中手/中稲]。わせ[早稲]。〔上代〕おくて[奥手/晩稲/晩生]。

—の苗 ちびょう[稚苗](機械用の苗)。〔近世〕しんあう[新秧]。〔中古〕さなへ[早苗]。

—の穂→**いなほ**

—を刈ること 〔近世〕いねかり[稲刈]。かりいれ[刈入]。

—を干すところ 〔近代〕はさ/はせ[稲架]。〔中世〕いなかけ/いねかけ[稲掛]。いなば[稲場]。〔中古〕いなぎ[稲木/稲機]。いなばた[稲機]。

▼晩稲(おくて)(晩生) 〔近代〕おくいね[晩稲]。ばんたう[晩稲]。〔中世〕おしね[晩稲]。〔中古〕ひね[晩稲/陳]。〔上代〕おくて[奥手/晩稲/

晩生］。
▼**刈ったあとの株からのびる稲** 中古 ひつぢ／ひつぢばえ［穭生］。
▼**取り入れ** 中世 あきをさめ［秋収］。→**しゅうかく❶**
▼**籾のついたままの米** 上代 あらしね［荒稲］。
▼**籾を除いた米** 上代 にきしね／にこしね［和稲］。
▼**陸稲** 近世 はたいね／はたけいね／はたしね［畑稲］。りくたう［陸稲］。をかぼ［陸稲］。
▼**早稲(早生)** わせいね［早稲］。近世 わさごめ［早稲米］。わせよね［早稲米］。上代 わせ［早稲／早生］。

いねむり【居眠】 近代 かしん［仮寝］。近世 こぐ［漕］。ころびね［転寝］。舟を漕ぐ。中世 かりそめね［仮初寝］。かりぶし［仮臥］。かりまくら［仮枕］。ざすい［座睡］。ゐねむり［居眠］。中古 うたたね［転寝］。かりそめぶし［仮初臥］。かりね［仮寝］。→**うたたね**
―・するさま 近代 こくり。こっくり。こっくりこっくり。夢路をたどる。近世 うつらうつら。うとうと。こくこく。こくりこくり。ぽくぽく。舟を漕ぐ。

いのこずち【牛膝】（ヒユ科の多年草） 近世 いとろべ。とりつきむし［取付虫］。ふしだか［節高］。ゐのこづち［牛膝］。中世 ごしつ［牛膝］。こまのひざ［駒膝］。中古 ゐのくづち／ゐのこづち［牛膝］。

いのしし【猪】 近世 のあらし［野荒］。中世 かのしし［鹿］。中古 くさゐ／くさゐなぎ［野猪］。のじし／やちょ［野猪］。ふすゐ［臥猪］。上代 さゐ［猪］。ゐ［猪／豬］。ゐ［亥］。ゐのこ［猪子／豕］。ゐのしし［猪］。《枕》中古 かるもかく［枯草掻］。上代 しながどり［息長鳥］［⇩猪ゐ］。

―と豚の交配種 いのぶた［猪豚］。

―の子 近世 うりばう／うりんばう［瓜坊］。中古 ゐのこ［豕／猪子］。

―の肉 近世 ふゆぼたん［冬牡丹］。ぼたん［牡丹］。やまくぢら［山鯨］。上代 しし［肉／宍］。

―の寝床 中世 ふすゐのとこ［臥猪床］。中古 ぬた［沼田］。

―や鹿などの獣 近世 ももんじ／ももんじい。上代 しし［獣／猪／鹿］。

―や鹿などの肉 近世 ももんじ／ももんじい。ろく［鹿］。上代 しし［肉／宍］。

―や鹿などの肉を売る店 近代 ももんじいや［屋］。


いのち【命】 バイオ(bio)。近代 ライフ(life)。レーベン(ドイツ Leben)。近世 いきのね［息根］。ことぶき［寿］。しゃう［生］。せい［生］。中世 いちめい［一命］。しんめい［身命］。しゃうがい［生涯］。しんめい［身命］。せいみゃう／せいめい［生命］。みゃうこん／めいこん［命根］。めいみゃく［命脈］。めい［命］。じんめい［人命］。中古 しんみゃう［身命］。たまのを［玉緒］。上代 いきのを［息緒］。いのち［命］。を［緒］。《枕》中古 ささがにの［蜘蛛］。上代 あさつゆの［朝露］。うつせみの［空蟬］。たまきはる［魂極］。なつそひく［夏麻引］。《句》近代 命あっての物種、畠あっての芋種。命は鴻毛より軽し。命より名を惜しむ。死しての千年より生きての一日。死ぬ者貧乏。死んでの長者より生きての貧乏。死んで花実が咲くものか。生命あるところ希望あり。人の命は万宝の第一。近世 命に過ぎたる宝なし。中世 身ありての奉公。

―がある(もの) 近世 いのちかぎり［命限］。近代 うしゃう［有生］。くゎいせい［懐生］。中世 けっき［血気］。しゃう［生］。せいぞん［生存］。

―の源泉としての元気 エンテレケイア(ギリシャ entelekheia)。近代 せいくゎつりょく［生活力］。せいめいりょく［生命力］。バイタリティー(vitality)。近世 くゎつりょく［活力］。中世 けっき［血気］。しゃうき／せいき［生気］。せいき［精気］。せいりき／せいりょく［精力］。

―のはかなさ 近世 てっぷ［轍鮒］。中世 無常の風。中古 てつぎょ［轍魚］。上代 ろめい［露命］。《句》命は風前の灯火の如し。末の露。生あるものは必ず死あり。

―は予測しがたい 中世 らうせうふぢゃう［老少不定］。

―拾い 命をとりとめる。近世 いのちみゃうが［命冥加］。上代 命生く。《句》中世 刀下の鳥林藪に交はる。

―を終える →**し・ぬ**
―を捧げる 近代 しゃしんじゃうだう［捨身成道］。じゅんけう［殉教］。じゅんだう［殉道］。すてみ［捨身］。近世 しゃしんくやう［捨身供養］。しゃしんわうじゃう［捨身往生］。じゅんこく［殉国］。上代 じゅんし［殉死］。

―を取り留める 上代 命生く〔―生きる〕。

辛うじて―のあること 上代 余喘を保つ。
▼**寿命** 中世 ぢゃうみゃう／ぢゃうめい［定命］。てん

めい［天命］。れきすう［暦数］。松の齢。中古 よはひ［齢］。上代 てんじゅ［天寿］。てんねん［天年］。よ［世］。

▼少ない余命 中世 ざんれい［残齢］。ざんれき［残暦］。せうすいのうを［少水魚］。中古 ざんぜん［残喘］。よぢかし［世近］。

▼余命 近世 おいいれ／おいれ［老入］。おいさき［老先／老前］。老いの入り前。老いの行く末。老いの行方。中世 よさん［余算］。中古 ざんせい［残生］。ざんめい［残命］。ゆくすゑ［行末］。よせい［余生］。よねん［余年］。らうご［老後］。老いの積もり。

いのちがけ【命懸】 近代 けっし［決死］。命を懸ける。命を捧げる。命を捨てる。命を投げ出す。首を賭ける。死を軽くす。死を賭す。身命を賭す。近世 いっしゃうけんめい［一生懸命］。いのちかぎり［命限］。いのちがけ［命懸］。いのちぎり［命限］。しにぢから［死力］。しにものぐるひ［死物狂］。命限り根限り。命の限り。中世 いっしょけんめい［一所懸命］。かんし［敢死］。けんめい［懸命］。しにぐるひ［死狂］。じゅんず［殉］。しりょく［死力］。ひっし［必死］。中古 生ける限り。命に替ふ［―替える］。

《句》近代 命は鴻毛より軽し。命は義に縁りて軽し。糧を捨て船を沈む。川を渡りて舟を焼く。背水の陣。船を沈め釜を破る。舟を焼く。近世 身を捨ててこそ浮かぶ瀬もあれ。

いのちしらず【命知】 かみかぜ［神風］。中世 いのちしらず［命知］。ぼうこひょうが［暴虎馮河］。→むこうみず

イノベーション(innovation) ぎじゅつかくしん［技術革新］。しんきじく［新機軸］。→かくしん【革新】

いのり【祈】 近代 アンジェラス(Angelus)。かみだのみ［神頼］。近世 かみだたき［神叩］。ぐゎんかけ［願掛］。ぐゎんだて［願立］。きばう［祈望］。きせい［祈誓］。くっしゃう［屈請］。中世 オラショ(ポルトガル oratio)。たんき［丹祈］。れいはい［礼拝］。ロザリオ(ポルトガル rosário)。中古 いのり［祈／禱］。きぐゎん［祈願］。きしゃう／きせい［祈請］。きたう［祈禱］。きねん［祈念］。ごま［護摩］。ごんぎゃう［勤行］。さんろう［参籠］。ぢねん［持念］。上代 らいはい［礼拝］。

―の形(例) おひゃくど［御百度］。御百度を踏む。近代 だんこく［断穀］。近世 かんごうり／かんごり［寒垢離］。だうだうめぐり［堂回／堂堂巡］。ひゃくどまゐり［百度参］。へんろ［遍路］。中世 ひゃくやまゐり［百夜参］。中古 かぢ［加持］。じゅんれい［巡礼／順礼］。つうや／つや［通夜］。

―の言葉 中古 よごと［寿詞］。

呪いの― 近世 うしのこくまゐり［丑刻参］。うしまゐり［丑参］。

▼加持祈禱 中古 しゅほふ／すほふ／ずほふ［修法］。

いの・る【祈】 近世 きせい［祈請］。願を懸く［―懸ける］。願を立つ［―立てる］。中世 まじなふ［呪］。もくたう［黙禱］。れいはい［礼拝］。願を起こす。中古 いりもむ［入揉］。おもひねんず［思念］。きぐゎん［祈願］。きたう［祈禱］。きねん［祈念］。くどく［口説］。ぐゎん［願］。さんぱい［参拝］。さんろう［参籠］。せいぐゎん［誓願］。ねぐ［祈］。ねんじいる［念入］。ねんず［念］。まゐる［参］。うけふ［祈／誓］。こひのむ［請祈］。こふ［請／乞］。ねがふ［願］。のむ［祈］。らいはい［礼拝］。をがむ［拝］。上代 あがふ［贖］。いのる［祈／禱］。

神仏に―・る人 近世 ぐゎんにん［願人］。

いはい【位牌】 近世 れいはい［霊牌］。中世 ぼくはい／もくはい［木牌］。もくしゅ［木主］。れいゐ［霊位］。ゐはい［位牌］。

▼助数詞 はしら［柱］。

いばら【茨】 近代 ばら［荊棘］。中世 いどろ［茨］。いばら［茨／荊／棘］。けいきょく［荊棘］。中古 おどろ［棘／荊棘］。しゃうび［薔薇］。むばら［茨／荊］。上代 うばら／うまら［茨／荊棘］。

―と槐 近代 くゎいきょく［槐棘］。

―と枳 近代 ききょく［枳棘］。

―の道 きょくろ［棘路］。苦難の境遇。

いば・る【威張】 近代 えばる［威張］。近世 かさどる［嵩取］。ぎしむ／ぎしめく［軋］。のさばる。はたばる［端張］。ゐばる［威張］。中古 おもひあがる［思上］。上代 おごる［驕／奢］。

《句》近代 鼬無き間の貂誇り。お山の大将。鷹のない国では雀が鷹をする。貂無き森の鼬。鳥なき里の蝙蝠。鮒の仲間には鮒が王。近世 我が門で吠えぬ犬なし。

―・って歩く のしあるく［伸歩］。大手を振る。近代 わうかうくゎっぽ［横行闊歩］。近世 くゎっぽ［闊歩］。肩で風切る。肩肘張る。

―・るさま かんぱく［関白］。近代 そりみ［反身］。近世 おたかい［高］。おほふう［大風］。

がうがん［傲岸］。そりかへる［反返］。のさばる。ふんぞりかへる［踏反返］。肩肘張る。中世 かうまん［高慢］。がうまん［傲慢］。そんだい［尊大］。わうへい［横柄］。肘を張る。中古 けうまん［驕慢／憍慢］。ふそん［不遜］。
家の中で—・る 近代 うちべんけい［内弁慶］。内(ちう)広がりの外すぼまり。近世 かげべんけい［陰弁慶］。
親が子に—・る 近世 おやかぜ［親風］。
自分の力を知らずに—・ること 近代 やらうじだい［夜郎自大］。
人の威を借りて—・る 近代 虎の威を借る狐。近世 甲(かふ)に着る。権に借る。中世 笠に着る。
みせかけだけ—・る 近代 からゐばり［空威張］。→きょせい【虚勢】

いはん【違反】 ふれる［触］。近代 はんする［反］。はんそく［反則］。ファウル(foul)。近世 きょくじ［曲事］。ゐはふ［違法］。ゐれい［違令］。ていそく［抵触］。中世 ていしょく［抵触／觝触／牴触］。ふはふ［不法］。ぼんす［犯］。ゐはん［違反］。中古 ゐはい［違背］。ゐりゃう［違令］。をかす［犯／侵／冒］。上代 そむく［背］。
法に—・して罪を犯すこと ゐはん［違犯］。

いびき【鼾】 近世 かんせい［鼾声］。中古 いびき［鼾］。くつち［鼾］。
—をかいて寝る 近代 かんすい［鼾睡］。中古 くつちふす［鼾臥］。
—をかいて寝るさま ぐうぐう。中古 くつくつ。
—をかいて寝る人のたとえ 近世 ふか［鱶］。
—をかく 中古 くつつ［鼾］。
大きな— 中世 たかいびき［高鼾］。
寝たふりをしてかく嘘の— 中世 そらいびき［空鼾］。

いひょう【意表】 →いがい【意外】
—を突く 近世 きしゅ［奇手］。きばつ［奇抜］。けいばつ［警抜］。ゑぐり［剔／抉］。裏の裏行く。裏の裏を食はす。裏を食はす。中世 裏をかく。中古 たうとつ［唐突］。

いび・る →いじ・める

いひん【遺品】 近代 レリック(relic)。ゐひん［遺品］。近世 しにかは［死皮］。中世 ゆいもつ［遺物］。ゐぶつ［遺物］。上代 かたみ［形見］。
▼故人の大切にしていた品 近世 ゐあい［遺愛］。

いぶかし・い【訝】 →あやし・い

いふく【衣服】 アパレル(apparel)。ウエア(wear)。近代 コスチューム(costume)。スーツ(suit)。ちゃくれう［着料］。ひふく［被服］。やうふく［洋服］。わふく［和服］。近世 きいしゃう［着衣装／着衣裳］。きるい［着類］。ちゃくい［着衣／著衣］。みのかは［身皮］。中世 いるい［衣類］。いれう［衣料］。きれう［着料］。中古 いしゃう［衣装／衣裳］。さうぞく［装束］。上代 いふく［衣服］。きぬ［衣］。きもの［着物］。ころも［衣］。さごろも［狭衣］。ふく［服］。よそひ／よそほひ［装］。→きもの
《尊》近代 おめしもの［御召物］。
—で贅沢をする 近代 きだうらく［着道楽］。近世 きだふれ［着倒］。京の着倒れ。綺羅(きら)を飾る。
—と食物 中世 いしょく［衣食］。中古 えじき［衣食］。
—などを着古したさま 近代 よれよれ。近世 したたるし。中古 なえばむ［萎］。なる〔なれる〕［慣／馴］。なればむ［萎］。
—を着る 近世 ちゃくい［着衣／著衣］。
—を脱ぐ だつい［脱衣］。
新しく着る— おはつ［御初］。きおろし［着下］。近世 しんぷく［新服］。袖を通す。近代 きぞめ［着初］。
雨のときの— 近代 レインコート／レーンコート(raincoat)。近世 あまガッパ［雨(ポルトガル)capa／雨合羽］。カッパ［(ポルトガル)capa／合羽］。中古 みの［蓑／簑］。
美しい— 中古 あやにしき［綾錦］。びふく［美服］。
上着とスカートが一続きの— 近代 ワンピース(one piece)。
外出の時に着る— まちぎ［町着／街着］。近代 オーバーコート(overcoat)。ぐゎいしゅつぎ［外出着］。ケープ(cape)。コート(coat)。近世 ぐゎいたう［外套］。よそいき／よそゆき［余所行］。
くつろぐ時に着る— リゾートウエア(resort wear)。近代 ガウン(gown)。へやぎ［部屋着］。マント(フランス manteau)。マントル(mantle)。近世 じにべ／じんべ／じんべゑ［甚兵衛］。
組み合わせて着る一揃いの— 近代 アンサンブル(フランス ensemble)。
毛皮の— 近世 きう［裘］。中世 けごろも［毛衣］。中古 かはぎぬ［皮衣］。上代 かはごろも［皮衣］。
白い— 上代 そふく［素服］。
水中で着る— ウエットスーツ(wet suit)。せんすいふく［潜水服］。

粗末な— 近代ぼろぎ[襤褸着]。ぼろぎもの[襤褸着物]。ぼろとぢ[襤褸綴]。らんい[襤衣]。近世こうい[垢衣]。つづれごろも[綴衣]。ぼろ[襤褸]。やれぎぬ[破衣]。中世あくい[悪衣]。そい[粗衣]。そふく[粗服／麁服]。へいい[弊衣／敝衣]。やぶれごろも／やれごろも[破衣]。中古くえ[垢衣]。たんかつ[短褐]。つづり／つづれ[綴]。つづりころも[綴衣]。へいふく[弊服]。らんる[襤褸]。

大事な一枚の— 近世いっちゃうら／いっちゃうらい[一張羅]。

戦いの時に着る— 近代ぐんぷく[軍服]。せんとうふく[戦闘服]。中世じゅうい[戎衣]。せんぱう[戦袍]。

春や秋の— 近代あひぎ[間着／合着]。あひふく[間服／合服]。

古い— 近世あかつき[垢付]。ふるて[古手]。中世ふるぎ[古着]。

民族の—(例) カフタン(caftan)。チョゴリ[(朝鮮語)赤古里／襦]。ポンチョ(スペイン poncho)。ムームー(muumuu)。わふく[和服]。

▼衣類全部 近世きるいきそげ[着類着]。

▼上着 →**うわぎ**

▼仕事着 さむえ[作務衣]。つなぎ[繋]。ユニホーム(uniform)。近代じむふく[事務服]。近世のらぎ[野良着]。中古せいふく[制服]。

▼正装 近代しきふく[式服]。せいふく[正服]。中世れいふく[礼服]。中古せいふく[制服]。

▼普段着 カジュアルウエア(casual wear)。近代じゃうい[常衣]。せつい[褻衣]。近世けいふく[軽服]。じゃうふく[常服]。中世けぎぬ[褻衣]。中古けぎ[褻着]。けごろも[褻衣]。→**ふだんぎ**

いぶ・す【燻】 近世いぶす[燻]。くすぶ〔くすべる〕[燻]。くんじょう[燻蒸]。中世ふすぶ〔ふすべる〕[燻]。

いぶつ【遺物】 →**いひん**

いぶ・る【燻】 近世いぶる[燻]。中古くすぶる[燻／薫]。くゆらかす／くゆらす[燻／薫]。くんず[燻]。けぶる／けむる[煙／烟]。

いへん【異変】 いじょうじたい[異常事態]。かわり／かわりごと[変事]。ひじょうじたい[非常事態]。近世いへん[異変]。中世きょうへん[凶変／兇変]。じへん[事変]。中古へんい[変異]。へんじ[変事]。もっけ[勿怪／物怪]。

地上の— 近代ちい[地異]。ちへん[地変]。中古ちえう[地妖／地夭]。

天上の— 中古てんぺん[天変]。上代てんさい[天災]。

いぼ【疣】 中世いうぜい[疣贅]。中古あまじし[余肉]。いひぼ[飯粒]。上代いぼ[疣]。こくみ[瘜肉]。

いほう【違法】 近代ゐはふ[違法]。中世ふはふ[不法]。中古ひはふ[非法]。むはふ[無法]。上代ひゐ[非違]。

いほう【異邦】 →**がいこく**

—人 エトランジェ／エトランゼ(フランス étranger)。近代アウトサイダー(outsider)。ストレンジャー(stranger)。→**がいこくじん**

いま【居間】 じょい／じょうい[常居]。リビング／リビングルーム(living room)。近代シッティングルーム(sitting room)。近世ゐま[居間]。中世いでゐ[出居]。きょしつ[居室]。けゐ[褻居／家居]。じゃうきょ[常居]。ちゃのま[茶間]。中古ざしき[座敷]。

女性の— 近世おうへ[御上]。中古けいかふ[閨閤]。けいばう[閨房]。

僧の— 中世ぢゅうばう[住房]。

いま【今】 げんじてん[現時点]。近代げんか[現下]。げんじ[現時]。じか[時下]。たうせつ[当節]。もくか[目下]。今が今。中世いまごろ[今頃]。いまじぶん[今時分]。いまどき[今時]。げんこん[現今]。げんざい[現在]。こくか[刻下]。こんじ[今時]。こんらい[今来]。たうじ[当時]。中古いまいま[今今]。げんに[現]。このたび[度]。こんにち[今日]。たうこん[当今]。たうせい[当世]。ただいま[只今／唯今]。たちまちに[忽]。なかいま[中今]。むま[今]。今の程。上代いま[今]。このごろ[頃]。まさか[目前]。をつつ[現]。今の現(をつつ)。《枕》中古ささがにの[細小蟹]。

—行われている 中世げんかう[現行]。

—からのち 近代むかふ[向]。中世じこん[自今／爾今]。

—存在する 近代ザイン(ドイツ Sein)。上代げんぜん[現前]。げんそん／げんぞん[現存]。

—と昔 近代きんせき／こんじゃく[今昔]。中世きんこ[今古]。こきん／ここん[古今]。こんせき[今昔]。

—の げん[現]。近代カレント(current)。近世たう[当]。

—のありさま 近代げんきゃう[現況]。げんじゃう[現状]。

—の額 ありだか[有高]。げんざいだか[現

在高]。げんだか[現高]。

―の時点 げんじてん[現時点]。

―の瞬間 近代 今が今。

―のところ 近代 さしむき[差向]。中世 さしあたって／さしあたり[差当]。しばらく[暫]。たうぶん[当分]。今の間(ま)。

―の人数 げんいん[現員]。げんざいいん[現在員]。

中古 げんせ[現世]。

―の世 近代 げんだい[現代]。中世 いっせ[一世]。たうせい[当世]。たうだい[当代]。

―の世と未来の世 中世 げんみ[現未]。

上代 をちこち[遠近／彼方此方]。

―もまた 中世 いまはた[今将]。

過去の世と―の世 近世 くゎげん[過現]。

ちょうど― 中古 いましも[今]。いまもかも[今]。いまや[今]。上代 いまし[今]。はうこん[方今]。

いまいまし・い【忌忌】 けったくそわるい[掛体糞悪]。癪(しゃく)に障る。胸糞(むなくそ)が悪い。近世 こしゃく[小癪]。ごふばら[業腹]。むやくし[無益]。卦体(けたい)が悪い。小癪に障る。中世 まがまがし[禍禍／曲曲]。中古 いまいまし[忌忌]。うればし[憂]。ねたがる／ねたげ／ねたし／ねたまし[妬]。のろのろし[呪呪]。はらたたし／はらだたし[腹立]。上代 うれたし。くやし[悔]。

いまさら【今更】 中世 はじめて[初／始]。中古 いまさら[今更]。上代 さらさら[更更]。
―めいている 中世 いまめかし[今]。

いましがた【今方】 近世 いまがた[今方]。いましがた[今方]。さっき[先]。中世 さいぜん[最前]。さきほど[先程]。せんこく[先刻]。たったいま[只今]。中古 今の程。

いましめ【戒】 近代 かいこく[戒告]。きかい[規戒]。きかん[規諫]。きしん[規箴]。くんかい[訓戒／訓誡]。くんこく[訓告]。けいこく[警告]。しんけい[箴警]。しんげん[箴言]。しんち／しんぢ[心地]。せっけう[説教]。せっぱふ[説法]。せつゆ[説諭]。ちゅうこく[注告]。ちょうかい[懲戒]。頂門の一針。近世 かいちょく[戒飭]。かげん[諫言]。きんかい[訓戒]。ちゅうい[注意]。ちゅうこく[忠告]。中世 かい[戒]。かんげん[諫言]。しん[箴]。へいかい[炳誡]。中古 いましめ[戒]。かんかい[鑑戒／鑒戒]。かんほつ／かんぽつ[勘発]。ちゅうげん[忠言]。上代 いさめごと[諫言]。
《句》近代 神は見通し。天道(てんとう)様は見通し。近世 天知る地知る我知る人知る。
―の言葉 近代 しんげん[箴言]。せいし[制詞]。
厳しい― 近代 頂門の一針。近世 せっかん[折檻]。
子孫に残す― 中世 ゐかい[遺戒／遺誡]。中古 ゆいかい[遺戒／遺誡]。
自分への― 近代 きんかい[謹戒／謹誡]。中世 じかい[自戒]。
遠回しの― 近代 ふうかい[諷戒／諷誡]。ふうげん[諷言]。
昔の人の― 近代 こくん[古訓]。

いまし・める【戒】 小言を言う。近世 しめす[示]。中世 ならはす[習／慣]。中古 いましむ[―しめる][戒]。しかる[叱]。たしなむ[―なめる][窘]。はしたなむ[端]。上代 いさむ[いさめる][諫]。さとす[諭]。をしふ[おしえる][教]。

―・め禁ずること 近代 かいきん[戒禁]。

―・め注意すること 近代 かいこく[戒告]。

―・め慎むこと 中世 かいしん[戒慎]。

いますぐ【今】 中世 おっつけ。たったいま[今]。中古 いまいま[今今]。ただいま[只今]。

いまだかつて…(ない) 近世 つひしか[終]。つひぞ[終]。つひに[終／遂／竟]。みぞう[未曾有]。中古 いまだかつて…(ぬ)。いまに[今]。ぜんだいみもん[前代未聞]。上代 みぞうう[未曾有]。

いまに【今】 そのうち。そろそろ。とおからず[遠]。まもなく[間無]。今もなお。近世 いづれ[何／孰]。いまに[今]。ぢきに[直]。中古 やがて[軈]。中世 きんきん／ちかぢか[近近]。
―も すぐにも。近世 あぶなく[危]。あやふく[危]。いまにも[今]。中古 あはや。いまや[今]。上代 まさに[将]。

いまふう【今風】 げんだいてき[現代的]。こんにちてき[今日的]。近世 いまふう[今風]。たうせい[当世]。たうせいふう[当世風]。たうりう[当流]。中世 いまめかし[今]。このごろやう[此頃様]。たうふう[当風]。中古 いまめく[今]。いまやう[今様]。

―で洒落(しゃれ)ている 近世 きんきん[金金]。

―に装った男 近世 たうせいをとこ[当世男]。

―に装った女 近世 たうせいをんな[当世女]。

―の様式 中世 たうせいやう[当世様]。

いままで【今迄】 いぜんから[以前]。これまで[此迄／是迄]。まえから[前]。近世 きうらい[旧来]。中世 こんらい[今来]。ざいらい[在来]。じゅうぜん[従前]。じゅうらい[従

来]。中古いままで[今迄]。

—一度も 近世つひぞ[終]。中古いまだかつて。上代かつて[嘗/曾]。

—通り 近世あひかはらず[相変]。ありきたり[在来]。

—と違った 近代ニュー(new)。上代あらた[新]。→あたらし・い

いまわ【今際】→し・ぬ

いみ【意味】 近代ごぎ[語義]。しゅし[趣旨]。ロゴス(ギリシャ logos)。近世い[意]。いぎ[意義]。いみ[意味]。いみあひ[意味合]。がんちく[含蓄]。じゃう[情]。わけあひ[訳合]。中世おもむき[趣]。ごい[語意]。中古いひ[謂]。ぎ[義]。ぎり[義理]。こころ[心]。こころばへ[心延]。こと[事]。上代いきゃう[意況]。

—ありげ 近代わざとらしい。中古けしきばむ[気色]。わざとがまし[態]。

—ありげな言い方 近世奥歯に衣(きぬ)着せる。奥歯に物がはさまる。

—がある 近代いうい[有意]。いういみ[有意味]。中世こころあり[心有]。

—がない 近代ナンセンス/ノンセンス(nonsense)。むいぎ[無意義]。むいみ[無意味]。中古あだごと[徒事]。あやなし[文無]。えうなし[要無]。すずろごと/そぞろごと[漫事]。

—が深い 近代いみしん[意味深]。近世いみしんちゃう[意味深長]。いんやく[隠約]。中古おくふかし[奥深]。じんじん[甚深]。

—の取り違え 近世はきちがふ[—ちがえる][履違]。

—を強める きょうい[強意]。

歌や文の— うたごころ[歌心]。ぶんい[文意]。中古こころ[心]。

奥の— ないがん[内含]。行間を読む。近代がんい[含意]。しはい[紙背]。ニュアンス(nuance)。近世がんちく[含蓄]。中世げんぎ[玄義]。しんぴ/じんひ/じんぴ[深秘]。中古しんい[深意]。

言葉の— 近代ごぎ[語義]。中世ぎ[義]。ごい[語意]。

正しい— 近世せいぎ[正義]。中世しゃうい[正意]。

本当の— 近代げんぎ[原義]。しんい[真意]。中世ほんい[本意]。

分かりにくい— 中世なんく[難句]。中古なんぎ[難義]。

いみあけ【忌明】 近代きあけ/きめい[忌明]。近世いみあけ[忌明]。中世ぢょぶく[除服]。

いみきら・う【忌嫌】 近代えんき[厭忌]。だかつし[蛇蝎視]。近世きゐ[忌諱]。けんき[嫌忌]。中世いみきらふ[忌嫌]。中古うとんず[疎]。きひ[忌避]。上代きき[忌諱]。

—って人を寄せ付けない しちりけっかい[七里結界]。

イミテーション(imitation) フェイク/フェーク(fake)。近代イミテーション。もざうひん[模造品]。もはう[模倣]。近世コピー(copy)。まがひもの[紛物]。中世にせもの[贋物/偽物/似物]。中古まね[真似]。

完璧な— デッドコピー(dead copy)。

いみん【移民】 にゅうしょくしゃ[入植者]。近代いぢゅうしゃ[移住者]。いぢゅうみん[移住民]。イミグレーション(immigration)。いみん[移民]。きょりうみん[居留民]。しょくみん[植民]。

いみんぞく【異民族】 中世こてき[胡狄]。こりょ[胡虜]。しい[四夷]。せいじゅう[西戎]。とうい[東夷]。中古なんばん[南蛮]。ほくてき[北狄]。上代い/えびす[夷]。

中国西方の— 近世しぜんりょくがん[紫髯緑眼]。

いめい【異名】 いちめい[一名]。近代いしょう[異称]。いめい[異名]。こんめい[渾名/諢名]。しゃくがう[綽号]。べつめい[別名]。近世あだな[綽名/渾名]。中世いみゃう[異名]。べつみゃう[別名]。中古あざな[字]。

イメージ(image) 近代イマージュ(フランス image)。イメージ。えいざう[映像]。がいねん[概念]。しんしゃう[心象]。中古けいしゃう[形象]。

実際と違う— きょぞう[虚像]。

いもうと【妹】 近代シスター(sister)。近世いもとご[妹子]。中世いもと[妹]。おとごぜ[乙御前]。おとひめ[弟姫/乙姫]。中古いもうと[妹]。いもひと[妹人]。おといもと[弟妹]。おとうと/おとと[弟]。おとむすめ[弟娘]。上代おと[弟/乙]。

《謙》近代ぐまい[愚妹]。中古せうまい[小妹/少妹]。

《枕》(但し「妹」は「いも」とよみ、多く恋人の意) 上代さにつらふ。たまづさの[玉梓]。わかくさの[若草]。

相手の—(敬った言い方) 近代いもうとぎみ[妹君]。いもうとご[妹御]。けんまい[賢妹]。れいまい[令妹]。

義理の— 近代ぎまい[義妹]。

実の— 近代じつまい[実妹]。
同母の— 上代いろと。いろも。
腹違いの— 上代ままいも[継妹／庶妹]。

いものし【鋳物師】 ちゅうきんこう[鋳金工]。近世やこう[冶工]。中世いものし[鋳物師]。中古いもじ[鋳物師]。

いもん【慰問】 近代そんぶん[存問]。中古そんもん[存問]。とぶらふ[訪]。上代ゐもん[慰問]。
兵士への— 近代じゅっぺい[恤兵]。ぢんちゅうみまひ[陣中見舞]。

いや【否】 いえ。近代ナイン(ドイツ nein)。ノン(フランス non)。近世いやさ。ノー(no)。中世いいや。いや[否]。中古あらず[非]。いで。いでや。いなや[否]。なにか[何]。上代いな[否]。

いや【嫌】 おぞましい[悍]。すかない／すかぬ[好]。気に入らない。近代けんえん[嫌厭]。けんを[嫌悪]。近世いけすかぬ[好]。おぞまし[鈍]。おとまし[疎]。まっぴら[真平]。気に食はぬ。中世いまはし[忌]。いや[嫌／厭]。うたて／うたてし。きらはし[嫌]。くるし[苦]。たいくつ[退屈]。にがにがし[苦苦]。にくさげ[憎]。中古あいなし[愛無]。あさまし[浅]。いとはし[厭]。うし[憂]。うたてあり[転]。うとまし[疎]。うんず[倦]。からし[辛]。けうとし[気疎]。けにくし[気憎]。こころうし[心憂]。すさむ[荒／遊]。にくげ／にくし[憎]。まばゆし[目映／眩]。むくつけし。ものうし[物憂]。ものし[物]。ものむつかし[物難]。わづらはし[煩]。

—と言う 中世いなむ[否／辞]。中古いなぶ[否／辞]。

—・な 中世あらぬ。

—・な顔をする 近世ふくる〈ふくれる〉[膨／張]。ふしゃうがほ[不請顔]。中世いやがる[嫌]。にがる[苦]。中古にがむ[苦]。

—・な感じを起こさせるさま 近世きざ[気障]。中古うたた[転]。

—・な客 近世おたんちん。

—・なこと 近代まっぴらごめん[真平御免]。中世わざはひ[災／禍]。中古うさ[憂]。

—・なさま 近世あきあき[飽飽]。うんざり。げんなり。こりごり[懲懲]。ほとほと[殆]。

—・なもの 近世ぶす[付子／附子]。中世きんもつ[禁物]。

—・になって離れること 近代おんり[厭離]。

—・にならない 中世あかず[飽]。

—・になる 近代嫌気が差す。近世あきる[飽／厭]。あぐねる。うむ[倦]。愛想(あいそ)も尽き果つ〈—果てる〉。気に食はぬ。鼻につく。中世あぐむ。いやまし[否]。うみつかる[倦疲]。くさる[腐]。けんたい[倦怠]。たいくつ[退屈]。気が尽く〈—尽きる〉。中古あきたし[飽]。うず／うんず[倦]。えんけん[厭倦]。おもひうんず[思倦]。ものうんじ[物倦]。上代あく[飽／厭]。

—・になるようにする 近世くさらす[腐]。中世くさらかす[腐]。

自分が—・になる じこけんお[自己嫌悪]。

いやいや【否否】 どうして。近代とてもとても。とんでもない。近世いなとよ。いやとよ。いやはや。頭(かぶり)を振る。中世いやいや[否否]。中古いなや[否]。

いやいや【嫌嫌】 仕方なしに。渋りながら。不本意ながら。心ならずも。近代嫌嫌ながら。ふしゃう[不請]。近世いやいや[嫌嫌]。ふしょうぶしょう[不承不承]。中世ふしょう[不承]。中古しぶしぶ[渋渋]。なまじひ[憖]。

いやおうなく【否応無】 どうしても。無理にでも。近代がういん[強引]。近世いやおうなし[否応無]。有無を言はせず。上代あへて[敢／肯]。

いやがらせ【嫌】 近代あてつけ[当付]。いやがらせ[嫌]。近世あてこすり[当擦]。いやみ[嫌／厭味]。中世つらあて[面当]。つらうち[面打]。
—を言う 近代あくたれる[悪]。→**いやみ**

いやが・る【嫌】 近代けんを[嫌悪]。近世かみがる[神]（遊里語）。中世いみきらふ[忌嫌]。いやがる[嫌]。いやむ[否]。中古いむ[忌]。うとむ[疎]。おもひあく[思飽]。おもひうとむ[思疎]。しぶる[渋]。ひんしゅく[顰蹙]。むつかる[憤]。上代いとふ[厭]。きらふ[嫌]。

—・ること 近代けんえん[嫌厭]。近世えんく[厭苦]。けんき[嫌忌]。中世えんを[厭悪]。きらひ[嫌]。

—・ることをする 近世けちを付く〈—付ける〉。中古あやにくだつ[生憎]。

いやけがさ・す【嫌気差】 →**いや**（—・になる）

いやし・い【卑】 近世あさまし[浅]。いぢきたなし[意地汚]。すぢなし[筋無]。中世あやし[怪／卑]。いひがひなし／いふかひなし[言甲斐無]。きたなし[汚]。げびる[下卑]。さもし。ひきょう[比興]。むげ[無下]。中古あさし[浅]。あし[悪]。いやし[卑／

賤]。くちをし[口惜]。げすげすし[下種下種]。つたなし[拙]。はかなし[儚／果敢無]。はしたなし。ほどなし[程無]。《枕》上代しづたまき[倭文手纏]。

―・い男 近代せんぢゃうふ[賤丈夫]。近世せんぷ[賤夫]。中世ひふ[鄙夫／卑夫]。中古しづのを[賤男]。ひっぷ[匹夫]。上代しづを[賤男]。

―・い女 近代せんぢょ[賤女]。せんぷ[賤婦]。ひふ[鄙婦／卑婦]。近世ひっぷ[匹婦]。中古しづのめ[賤女]。

―・い言動をする 近世げすばる[下種張／下衆張]。

―・い心 近代れつじゃう[劣情]。近世さもし。中世ぞくねん[俗念]。中古こころきたなし[心汚]。上代ぞくじゃう[俗情]。

―・いこと 近代せんろう[賤陋]。ろうれつ[陋劣]。近世げひん[下品]。せんれつ[賤劣]。ぞくあく[俗悪]。中世げせつ[下拙]。ぞく[俗]。ひを[卑汚]。中古ぐわんろう[頑陋]。げせん[下賤]。げれつ[下劣]。しづ[賤]。ひせん[卑賤／鄙賤]。びせん[微賤]。ひぞく[卑俗／鄙俗]。ひれつ[卑劣／鄙劣]。上代ひろう[卑陋／鄙陋]。

―・い言葉 近代げらうことば[下郎言葉]。ひご[鄙語／卑語]。中古ひげん[鄙言]。

―・い根性 近代こじきこんじゃう[乞食根性]。中世げこん[下根]。

―・い身分 近世せうぶん[小分／少分]。中世けいせん[軽賤]。中古みじかし[短]。

―・い者 近代かつくゎんぱく[褐寛博]。近世ひっぷげらう[匹夫下郎]。中世しづ[賤]。すうげう／すうぜう[芻蕘]。すご[素子]。中古えせもの[似非者]。たびしかはら[礫瓦]。

▼罵る意の接頭語 くそ[糞]。しゃっ。近世いき[生]。けち。

いやしくも【苟】 近世たとへ[仮令／縦]。中世まんいち[万一]。中古いやしくも[苟]。かりそめにも[仮初]。かりにも[仮]。

いやし・める【卑】 近代せんべつ[賤蔑]。中世けいせん[軽賤]。さげすむ[蔑／貶]。中古あさぶ／あさむ[浅]。いやしむ[―しめる][卑／賤]。しのぐ[凌]。上代けいべつ[軽蔑]。

―・めて人を言う語 近代どはい[奴輩]。近世うじむし／うずむし[蛆虫]。さるたうじん[猿唐人]。中世やつら[奴等]。中古やつばら[奴原]。

いやみ【嫌】 近代あてつけ[当付]。いやがらせ[嫌]。近世あてこすり[当擦]。あてこと[当言]。いやみ[嫌／厭味]。すし。にが[苦]。ねすりごと[言]。ねつ。ひにく[皮肉]。難癖を付く[―付ける]。

―・なさま 近世いやみったらしい[嫌／厭味]。ふけいき[不景気]。中世うるさい[煩]。

―・な性格 いやみたらしい[嫌／厭味]。鼻持ちならない。

―を言う 乙に搦(から)む。近代あくたれる[悪]。近世ねする。

いやらし・い【嫌】 近代えげつない。ひわい[卑猥]。近世あくどし。あさまし[浅]。いやらし[嫌／厭]。しみしたたるし[舌]。すかんたらしい[好]。どぎつい。みだら[淫／猥]。中世きらはし[嫌]。中古いとはし[厭]。うとまし[疎]。かはむしくさし[皮虫臭]。けがらはし[汚]。むくつけし。

下品で―・いこと 近代はすは[蓮葉]。

いよいよ【愈】 ❶〈ますます〉そのうえ[上]。近代いよ[弥]。どんどん。近世いっそう[一層]。いよし(も)[弥]。中世いちだんと[一段]。すでに[既／已]。なほ[尚／猶]。なほなほ[尚尚／猶猶]。中古いとど／いとどし。いよいよ[愈／愈愈／弥弥]。うたた[転]。さらにさらに[更更]。なほさら[尚更]。ひとしほ[一入]。上代いとのきて。いや／や[弥]。いやまし[弥増]。いよよ[愈／弥]。さらに[更]。ますます[益益／増増]。

いよいよ【愈】 ❷〈ついに〉→ついに

いよう【威容】 近代えいし[英姿]。ゆうし[勇姿／雄姿]。ゐよう[威容／偉容]。中世ゐふう[威風]。

―がある 中古きらきらし[煌煌]。

軍隊の― 上代ぐんよう[軍容]。

いよう【異様】 近代いじゃう[異常]。いしつ[異質]。グロテスク(grotesque)。近世おどろし[驚]。ふがはり[風変]。中世あやし[怪]。いふう[異風]。けしからず[怪]。ひとくせ[一癖]。ふうがはり[風変]。ふかしぎ[不可思議]。中古いさい[異彩]。いやう[異様]。きい[奇異]。けしきあり[気色有]。けしきおぼゆ[気色覚]。けやけし。

―・な 上代け／けし[異／怪]。中世けしかる[異／怪]。

―・な姿 中世いぎゃう[異形]。ひぎゃう[非形]。

いよく【意欲】 こんじょう[根性]。じはつせい[自発性]。せっきょくせい[積極性]。モラール(morale)。じゃうねつ[情熱]。とうし[闘志]。近代いよく[意欲]。近世いし[意

志］。しき［志気］。やるき［気］。〔中古〕きりょく［気力］。
—がない　アパシー(apathy)。むきりょく［無気力］。〔近世〕かうぼくしくゎい［槁木死灰］。
—がわく　のる［乗］。ハッスル(hustle)。
—的　やしんてき［野心的］。〔近代〕アンビシャス(ambitious)。

いらい【以来】→いご

いらい【依頼】→たの・む

いらいら・する【苛苛】→いらだ・つ

いらくさ【刺草】　〔近世〕いたいたぐさ［痛痛草］。いら／いらら。いらいら［苛苛／刺刺］。じんま［蕁麻］。〔中世〕いらくさ［刺草］。

いらだたし・い【苛立】　〔近代〕まだるっこい／まだるっこしい［間怠］。〔近世〕いらいら［苛苛］。じれったし。はがゆし［歯痒］。やきもき。やきやき。心気が湧く。〔中世〕いらだたし［苛立］。肝を煎る。〔中古〕いらる［焦］。いりもむ［入揉］。こころやまし［心疚］。

いらだ・つ【苛立】　とげだつ［刺立］。〔近代〕いらふ［苛］。かん［癇］。かんだつ［癇立］。せうさう［焦燥］。せうしん［焦心］。せうりょ［焦慮］。〔近世〕いらいらす［苛苛／刺刺］。いらだつ［苛立］。いらつく［苛］。いる／いれる［炒／煎］。こじれったい［小焦］。じれこむ［焦込］。さうきふ［躁急］。じれる［焦］。たぎつ／たぎる［滾］。ふんもん［憤悶／憤懣］。やきもきす。癇(かん)に障(はさ)る。業(ごふ)を煮やす。心気(辛気)を燃やす。〔中世〕業(ごふ)が煮ゆ(—煮える)。〔中古〕あせる［焦］。いらつ［苛］。いらる［苛］。いりもむ［入揉］。おもひいらる［思苛］。こころいらる［心苛］。こころもとなし［心許無］。すみやく［速］。はやる［逸］。ふんまん［忿懣／憤懣］。もどかし［擬］。《尊》おぼしいらる［思苛］。おぼしむつかる［思憤］。
—・つさま　〔近代〕しれじれ。〔近世〕いらいら［苛苛］。じりじり。やきもき。やきやき。〔中古〕ひききり［引切／挽切］。

いりえ【入江】　〔近代〕うちうら［内浦］。かいわん［海湾］。きょくかう［曲江］。ないかい［内海］。〔近世〕うちうみ［内海］。ないやう［内洋］。まがりえ［曲江］。わん［湾］。〔中世〕えがは［江川］。〔中古〕いそわ［磯回］。〔上代〕いそみ［磯回］。いりうみ［入海］。いりえ［入江］。うら［浦］。うらみ［浦回／浦廻］。え［江］。かた［潟］。わだ［曲］。
—に沿った村　〔近世〕かうそん［江村］。
—に船が入る(風を避けて)　〔上代〕うらがくる［浦隠］。
—の岸　〔近代〕わんがん［湾岸］。
—のほとり　〔近世〕かうしゃう［江上］。
大きな—　〔上代〕おほわだ［大曲］。
木などで隠れている—　〔上代〕こもりえ［籠江］。
小さな—　〔上代〕をえ［小江］。
水の濁った—　〔中古〕にごりえ［濁江］。
港のある—　〔中世〕みなとえ［港江］。
陸地に入り込んだ—　りかい［裏海］。

いりぐち【入口】　エントランス(entrance)。こぐち［戸口］。〔近代〕ゲート(gate)。〔近世〕かどぐち［門口］。げんくゎん［玄関］。さしくち［差口／指口］。でいりぐち［出入口］。とぼぐち［口］。はひりぐち［入口］。〔中世〕いりくち／いりぐち［入口］。げんくゎん［玄関］。もんしゃう［門墻］。〔中古〕くち［口］。くちもと［口許／口元］。とぐち［戸口］。はひいり／はひり［這入］。もん［門］。もんこ［門戸］。やりどぐち［遣戸口］。〔上代〕かど［門］。くち［口］。と［戸／門］。をかなと［小金門］。→でいりぐち
—に立つこと　〔近代〕いりょ［倚閭］。〔中世〕いもん［倚門］。
海や川の—　〔中古〕みと［水門］。〔上代〕みなと［水門］。
風の吹き込む—　〔中世〕かざくち／かざぐち［風口］。かざと［風戸］。
興行場の—　きど［木戸］。きどぐち［木戸口］。
高速道路に乗り入れる—　インターチェンジ(interchange)。オンランプ(on ramp)。ランプ(ramp)。

いりく・む【入組】→いりまじ・る

いりひ【入日】→ゆうひ【夕日】

いりまじ・る【入交】　〔近代〕かうざつ［交雑］。こんざい［混在］。しんしさくらく［参差錯落］。さくかう［錯交］。りくり［陸離］。〔近世〕いりごみ［入込］。からみあふ［絡合］。きょくきょく［曲曲］。ふんざつ［紛雑］。〔中世〕いりくむ［入組］。こみいる［込入］。さくざつ［錯雑］。さくそう［錯綜］。さんご［参伍］。ふんぜん［紛然］。まじはる［交］。もつる(もつれる)［縺］。〔中古〕いりまじる［入交／入雑］。かうさく［交錯］。かふ［交］。こむ［込］。こんがふ［混合］。さしこむ［差込］。しんし［参差］。まぎる(まぎれる)［紛］。まがふ［紛］。〔上代〕いりみだる(—みだれる)［入乱］。
—・って分からなくなる　〔中古〕かきまぎる［搔紛］。

―・るさま 近代 ごちゃまぜ。ざった［雑多］。ふん［紛］。近世 こざこざ。ごちゃごちゃ。こんこん［渾渾／混混］。こんこんとんとん［渾渾沌沌］。こんこんりんりん［渾渾淪淪］。じょうじょう［冗冗］。中世 ごっちゃ。ひんぷん［繽紛］。ふんうん／ふんぬん［紛紜］。中古 ふんぷん［紛紛］。

玉と石が―・る 近代 ぎょくせきこんかう［玉石混淆］。

いりみだ・れる【入乱】 近代 さしもつれる［差縺］。近世 こねかへす［捏返］。中世 たうま［稲麻］。たうまちくゐ［稲麻竹葦］。ほうらん［蓬乱］。中古 いりまじる［入交］。うちまがふ［打紛］。こんざつ［混雑］。こんらん［混乱］。ばうご［旁午］。ゆきまじる［行交／行雑］。らんざつ［乱雑］。りょうらん［凌乱］。れうらん［繚乱／撩乱］。上代 いりみだる［―みだれる］［入乱］。さくらん［錯乱］。まゆふ［迷］。

―・れて踊る 中世 らっぷ／らんぶ［乱舞］。

―・れて戦うこと 近代 こんせん［混戦］。らんせん［乱戦］。らんとう［乱闘］。近世 らんぐん［乱軍］。中世 うちこみ［打込］。

―・れて飛ぶ 中古 とびかふ［飛交］。

―・れるさま →**いりまじ・る（―・るさま）**

イリュージョン（illusion） 近代 イリュージョン。げんかく［幻覚］。げんさう［幻想］。げんしゃう［幻像］。さくかく［錯覚］。ファンタジー（fantasy）。中世 げんえい［幻影／幻翳］。中古 げんざう［幻像］。まぼろし［幻］。むげん［夢幻］。

いりょう【医療】 →**ちりょう**

いりよう【入用】 →**ひつよう**

いりょく【威力】 →**いきおい**

い・る【居】 ざい［在］。中世 きょす［居］。中古 あり［在］。ものす［物］。上代 ゐる［居］。をり［居］。

《尊》いられる。おられる。近代 おいでになる。近世 あらっしゃる。いらっしゃる。ござす［御座］。ござなさる［御座］。ござなる［御座］。ござます［御座］。ござらっしゃる［御座］。ござります［御座］。ござりやす［御座］。ござんす［御座］。中世 いらせられる。おぢゃる。ござある［御座］。ござる［御座］。わす［坐］。わたる［渡］。中古 いますがり／いまそがり［在］。おはさうず［御座］。おはさふ［御座］。おはします［御座］。まさふ［坐］。まします［坐］。みまそかり／みまそがり［在］。ゐたまふ［居給］。上代 いでます［出座］。います［在／座］。おほまします［大座］。ます［坐］。

《謙》近世 まかりあり［罷在］。中世 さうらふ［候］。さむらふ［候／侍］。中古 さぶらふ［候／侍］。はべり／はんべり［侍］。上代 さもらふ［候］。

《丁》ござる［御座］。近世 おます。

―・るかいないか ざいふざい［在不在］。近代 ざいひ［在否］。

―・るのが辛い 近代 ゐづらい［居辛］。近世 ゐたたまれぬ。

いつも―・る 近代 じゃうちゅう［常駐］。中世 じゃうざい［常在］。

都合よく―・る 近世 ありあはす［有合］。中世 ゐあはす［居合］。

長く―・る 近世 いりびたる［入浸］。中古 ながゐ［長居］。

複数の人が―・る（いらっしゃる） 中古 いまさうず［坐］。おはしまさふ［御座］。上代 いまさふ［坐］。

い・る【入】 →**はい・る**

い・る【要】 →**ひつよう**

い・る【射】 近代 しゃしゅつ［射出］。はっしゃ［発射］。近世 しゃげき［射撃］。中世 うつ［撃］。中古 はなつ［放］。上代 いいづ［射出］。いる［射］。

《枕》上代 あづさゆみ［梓弓］。しらまゆみ［白真弓／白檀弓］。

次々と―・る 中世 いたつ［―たてる］［射立］。

差し取り引き詰め。

敵に向かって―・る 中古 いかく［―かける］［射掛］。

徒歩で弓を―・る 中古 かちゆみ［徒弓］。ぶしゃ［歩射］。

馬上から―・る 中世 おひものい／おものい［追物射］。中古 おんものいる［追物射］。やぶさめ［流鏑馬］。

標的を突き抜けるように―・る 中世 いいだす［射出］。上代 いとほす［射通］。

い・る【鋳】 ちゅうてつ［鋳鉄］。近代 いこむ［鋳込］。いてつ［鋳鉄］。ちうきん［鋳金］。ちうや［鋳冶］。やちう［冶鋳］。中世 とらかす／とろかす［蕩／盪］。中古 いる［鋳］。ちうざう［鋳造］。

いるい【衣類】 →**いふく**

いるす【居留守】 近代 ゐるす［居留守］。中世 ぬりごめたぎゃう［塗籠他行］。留守を使ふ。中古 そらがくれ［空隠］。

いれい【異例】 近代 いじゃう［異常］。とくれい［特例］。はかく［破格］。へんそく［変則］。

れいぐゎい[例外]。中古いれい[異例]。ゐれい[違例]。

いれか・える【入替】 →**か・える【替】**

いれかわ・る【入替】 →**かわ・る【代】**

イレギュラー(irregular) きそくはずれ[規則外]。近代イレギュラー。ばんぐらはせ[番狂]。へんそく[変則]。近世ばんくるはせ[番狂]。ふきそく[不規則]。中世かくぐゎい[格外]。

いれずみ【入墨】 タトゥー(tattoo)。近代げい[黥]。さっせい[箚青]。しせい[刺青]。近世いればくろ[入黒子]。たふせい[箚青]。ぶんしん[文身]。ほりもの[彫物]。中世いれずみ[入墨／刺青]。

—をする 近代ほる[彫]。近世げいす[黥]。上代きざむ[刻]。もどろく[斑／文]。

いれぢえ【入知恵】 近代知恵を付ける。近世いれぢゑ[入知恵／入智慧]。さしこむ[差込]。藁(わら)を焚(た)く。《句》近世知恵ない神に知恵付く[—付ける]。寝ている子を起こす。

いれちが・える【入違】 近世でちがふ[—ちがえる][出違]。中世いれちがふ[—ちがえる][入違]。中古さしちがふ[—ちがえる][差違]。ひきちがふ[—ちがえる][引違]。

いれもの【入物】 ケース(case)。近代ようき[容器]。近世うつは[器]。中世きぶつ[器物]。中古いれもの[入物／容物]。うつはもの[器物]。→**うつわ**

—のいろいろ(例) コンテナ(container)。バッグ(bag)。近代カップ(cup)。かばん[鞄]。カン[can／缶／罐／鑵]。てさげ[手提]。てさげかばん[手提鞄]。バケツ／バケット(bucket)。中世かご[籠]。こ[壺]。じふき[什器]。たる[樽]。ちゃづつ[茶筒]。中古はち[鉢]。をけ[桶]。上代かめ[瓶／甕]。つぼ[壺]。はこ[箱／函／筐]。ひつ[櫃]。ふくろ[袋／嚢]。

い・れる【入】 そうてん[装塡]。近代くゎんにふ[貫入]。しうなふ[収納]。しうよう[収容]。だうにふ[導入]。ちゅうにふ[注入]。ふうにふ[封入]。近世こんにふ[混入]。さふにふ[挿入]。しまふ[仕舞]。中世こきいる[—いれる][扱入]。中古いる[いれる][入]。こむ[こめる][込／籠]。さしいる[—いれる][差入／挿入]。上代をさむ[おさめる][収／納]。

いろいろと—・れる 近代もりこむ[盛込]。

液体のなかに—・れる 中古ひづ[漬]。上代つく[つける][漬／浸]。ひたす[浸／漬]。

液体を—・れる そそぎこむ[注込]。近代そそぎいれる[注入]。近世つぎいる[—いれる][注入]。中世そそく／そそぐ[注／灌]。

追い立てて—・れる おいいれる[追入]。近世おっこむ[込]。中世おひこむ[追込]。

大勢を次々と—・れる 近代くりこむ[繰込]。

客を—・れる あげる[上]。とおす[通]。

口に—・れる 中世ふくむ[含]。

無造作に—・れる 近代つきこむ／つっこむ[突込]。近世ぶちこむ／ぶっこむ[打込]。

無理に—・れる おしいれる[押入]。おしこむ／おしこめる[押込]。つっこむ[突込]。近代いれこむ[入込]。近世ねぢこむ[捩込]。はふりこむ／ひりこむ／ほりこむ[放込]。中世おっこむ[込]。中古かきいる[—いれる][掻入]。

いろ【色】 近代カラー(color)。しきさい[色彩]。しきてう[色調]。中古いろあひ[色合]。いろどり[色取／彩]。さいしき／さいしょく[彩色]。上代いろ[色]。《枕》上代くれなゐの[紅]。さにつらふ。

—があせる →**いろあ・せる**

—が美しく映える 中古いろふ[色／彩]。上代にほふ[匂]。

—が変わる 色が落ちる。色が剝げる。近代いろあせる[色褪]。いろがはり[色変]。たいしょく[退色／褪色]。へんしょく[変色]。近世やける[焼]。中世しゃる[曝]。色が褪(さ)む[—褪める]。中古あす[あせる][褪]。うつる[移]。うつろひわたる[移渡]。うつろふ[移]。かへる[返]。さむ[さめる][褪]。さる[曝]。

—が濃いさま 近代のうこう[濃厚]。中世てこらけし／てごらけし。中古こまやか[細／濃]。

—がさめる →**いろあ・せる**

—がつく →**いろづ・く**

—が濁っている どんしょく[曇色]。近代どんより。中世どんみり／どんめり。

—と艶 中世しきたく[色沢]。中古いろつや[色艶]。

—の取り合わせ こんしょく[混色]。ツートンカラー(和製two-tone color)。近代はいしょく[配色]。中古そめわけ[染分]。

—をつける①[彩色] はく[掃]。ペインティング(painting)。近代いろづけ[色付]。近世ゑどる[絵取]。中世あやどる。あやなす。だむ[彩]。ちゃくしき／ぢゃくしき[着色]。中古いろふ[色／彩]。さいしき／さい

しょく［彩色］。上代いろどる［彩／色取］。しむ［染／沁］。そむ〔そめる〕［染］。

—をつける②［おまけ］ かみ［加味］。けいひん［景品］。プラスアルファ（和製plus alpha）。近代つけたし［付足］。中世つけたり［付］。近世おまけ［御負］。ふろく［付録］。

いろいろな—に変わること（例） 近代あかちゃける［赤茶］。くろずむ［黒］。こくへん［黒変］。ひやけ［日焼］。みどりがかる［緑掛］。やける［焼］。わうへん［黄変］。近世しらちゃける［白茶］。中世あをざむ〔—ざめる〕［青］。しらむ［白］。中古きばむ［黄］。むらさきだつ［紫立］。くすむ。くろばむ［黒］。上代あかむ［赤］。あからむ［赤］。

同じ— どうしょく［同色］。近代ともいろ［共色］。

果実が熟して—が変わる 中世うるむ［潤］。

生物が身を守るための— いんぺいしょく［隠蔽色］。ほごしょく［保護色］。

染色の— →**せんしょく**

▼三原色①［光］ 中古あか［赤］。上代あを［青］。みどり［緑］。

▼三原色②［絵の具など］ シアン（オランダcyaan）（青緑）。マゼンタ（magenta）（赤紫）。近代イエロー（yellow）（黄）。

▼三要素 さいど［彩度］。しきそう［色相］。めいど［明度］。

いろあい【色合】 しきそう［色相］。近代しきてう［色調］。ティント（tint）。トーン（tone）。近世うつり［映］。中世いろざし［色差］。いろめ［色目］。中古あや［文／綾］。あやめ［文目］。いろあひ［色合］。

いろあ・せる【色褪】 いろおち［色落］。近代いろあせる［色褪］。いろがはり［色変］。たいしょく［退色／褪色］。へんしょく［変色］。ぼける［惚／暈］。近世ほく〔ほける〕［惚／呆］。中世へぐ［剝］。中古あす〔あせる〕［褪］。うはぐもる［上曇］。さる［晒／曝］。しらく〔しらける〕［白］。はぐ〔はげる〕［剝］。

—・せて白くなる 近世しらちゃける［白茶］。中古うはじらむ［上白］。

—・せて古びたさま 近代こしょくさうぜん［古色蒼然］。中古さぶ〔さびる〕［寂／荒］。

いろいろ【色色】 近代あれやこれや。かくしゅ［各種］。かくやう［各様］。たやう［多様］。なんだかんだ［何］。なんやかや。ぼんぴゃく［凡百］。近世いろんな［色］。しゅじゅざった［種種雑多］。せんばん［千万］。とやかう／とやかく［兎角］。まちまち［区区］。よもやま［四方山］。中世あれこれ［彼此］。しゅじゅ［種種］。ことこと／ことごと［事事］。しょはん［諸般］。せんぱん［千般］。だんだん［段段］。なんのかの［何］。ばんたい［万態］。やうやう［様様］。中古いろいろ［色色］。かずかず［数数］。かたがた［方方／旁］。ことこと［異異］。さまざま［様様］。しょしゅ［諸種］。ちくさ／ちぐさ［千種］。ちぢ［千千］。とかう。とざまかうざま。とりどり［取取］。なにくれ（と）［何］。なにやかや［何彼］。ふさに［多］。よろづ［万］。上代かれこれ［彼此］。くさぐさ［種種］。もくさ［百種］。もろもろ［諸諸］。やちくさ／やちぐさ［八千種］。

—と 何かにつけ。中古とかく／とかくに［兎角／左右］。上代かにかくに。

—と思う 近代せんし［千思］。せんしばんかう［千思万考］。たきばうやう［多岐亡羊］。ばんかう［万考］。万感交（こも）こも到る。中古おもひあつむ［思集］。こころごころ［心心］。ばんかん［万感］。

—と混ぜ合わせる 近代しゅじゅざった［種種雑多］。近世なひまぜ［綯混］。

—・な色 近代ごさい［五彩］。はんじょく［繁縟］。

—・な嘘（そう） 近世うそはっぴゃく［嘘八百］。

—・な形 近代しゅじゅさう［種種相］。近世しんらばんざう／しんらばんしゃう［森羅万象］。中世しんらまんざう［森羅万象］。せんしばんたい［千姿万態］。

—・な技術 近代ばんのう［万能］。近世まんのう［万能］。

—・な区別 近世せんさばんべつ／せんさまんべつ／せんしゃばんべつ［千差万別］。せんしゅばんやう［千種万様］。

—・な穀物 中古ひゃくこく［百穀］。

—・なこと 近世そんなこんな。ばんじゃう［万状］。ばんる［万縷］。中世しょぶつ［諸物／庶物］。中古かみしも［上下］。しょじ［諸事］。せんしょばんたん［千緒万端］。なにくれ［何］。ばんたん［万端］。ひゃくじ［百事］。

—・な種類 近代かくしゅ［各種］。たしゅたやう［多種多様］。近世ごしき［五色］。中古しなじな［品品］。しょしゅ［諸種］。

—・な障害 中世ばんしゃう［万障］。

—・な状態 近世せんじゃうばんたい［千状万態］。中世せんたいばんじゃう［千態万状］。

—・な花 中古ひゃくくゎ［百花］。

—・な花が咲き乱れるさま せんこうばんし

［千紅万紫］。〔中世〕せんしばんこう［千紫万紅］。ひゃくくゎれうらん［百花繚乱］。

—・な弊害 〔近代〕ひゃくへい［百弊］。

—・な方面 たかくてき［多角的］。〔近代〕はんよう［汎用］。〔近世〕むきむき［向向］。〔中古〕しはう［四方］。はうばう［方方］。みちみち［道道］。よもやま［四方山］。

—・に変わること 〔近代〕せんじゃう［千状］。バラエティー(variety)。ひゃくたい［百態］。〔近世〕ひゃくはん［百般］。〔中世〕せんたい［千態］。せんぺん［千変］。ひゃくやう［百様］。〔中古〕せんぺんばんくゎ［千変万化］。ばんぱん［万般］。

人は— 〔近世〕じふにんといろ［十人十色］。

いろう【遺漏】 〔近代〕しっぱい［失敗］。ておち［手落］。ミス(miss)。ミステーク(mistake)。〔近世〕そつ。てぬかり［手抜］。どぢ。〔中世〕ぬかる［抜］。ゐろう［遺漏］。をちど［落度］。→**あやまち**

いろう【慰労】 →**いたわ・る**

いろけ【色気】 エロチック(erotic)。せいてきみりょく［性的魅力］。〔近代〕しゅんし［春思］。こわく［蠱惑］。しきじゃう［色情］。〔近世〕いろけ［色気］。しゅんじゃう［春情］。しゅんしん［春心］。ぢょしき／ぢょしょく［女色］。ぬらし［濡］。はるごころ［春心］。〔中世〕いろか［色香］。いろざし［色差］。はなが［花香］。〔中古〕なまごころ［生心］。よごころ［世心］。

—がある →**いろっぽ・い**

—づく 〔近代〕くゎいしゅん［懐春］。はつじゃう［発情］。〔中古〕よづく［世付］。

いろごと【色事】 ピンク(pink)。〔近代〕じゃうじ［情事］。つやごと［艶事］。れんあい［恋愛］。〔近世〕いきごと［粋事］。いろごと［色事］。いろこひ［色恋］。こいろ［小色］。ちわ［痴話］。なさけ［情］。ぬれ／ぬれごと［濡事］。りくつ［理屈］。〔中古〕あだごと［徒事］。すきごと［好事］。

—師 ドンファン(スペイン Don Juan)。〔近代〕かうしょくかん［好色漢］。ぎょしょくか［漁色家］。〔近世〕いろごとし［色事師］。いろをとこ［色男］。すきびと［好人／数寄人］。すけべ／すけべゑ［助兵衛］。すけべい［助平］。ぬれもの［濡者］。〔中世〕あだしをとこ［徒男］。〔中古〕すきもの［好者］。

—にふける 〔近世〕ちわぐるひ［痴話狂］。ちわる［痴話／千話］。

—をする ぬれる［濡］。

いろごのみ【色好】 どすけべい［助平］。〔近代〕たじゃう［多情］。びかちゃう［鼻下長］。鼻の下が長い。〔近世〕いろがまし［色］。しつぶかい［湿深］。すけべ／すけべゑ［助兵衛］。すけべい［助平］。すそびんぼふ［裾貧乏］。たんいん［貪淫／貪婬］。たはけし［戯］。やにこし。その道。〔中世〕いろ［色］。いろいろし［色色］。かうしょく［好色］。〔中古〕あだけ［徒］。いろ［色］。いろごのみ［色好］。いろめかし［色］。このまし［好］。このみごころ［好心］。すきごころ［好心］。すきごと［好事］。すきずきし［好好］。すく［好］。〔上代〕たはし［戯］。

—・ですぐ人になびく 〔中古〕すきたわむ［好撓］。

—・で精力旺盛な人 〔近世〕じんすけ［腎助］。じんばり［腎張］。すそっぱり［裾張］。〔中古〕たいん［多淫／多婬］。

—・な女 〔近世〕いたづらむすめ［悪戯娘］。〔中世〕いたづらもの［徒者／悪戯者］。

—・な僧 〔近世〕ぬればうず［濡坊主］。

—・な人(男) どすけべい［助平］。ドンファン(スペイン Don Juan)。プレーボーイ(playboy)。〔近代〕かうしょくか［好色家］。かうしょくかん［好色漢］。ぎょしょくか［漁色家］。でれすけ［助］。ひひ［狒狒］。ひひぢぢい［狒狒爺］。〔近世〕いろごとし［色事師］。いろをとこ［色男］。しつぶか［湿深］。すきしゃ／すきもの［好者］。すきびと［好人／数寄人］。すけべ／すけべゑ［助兵衛］。すけべい［助平］。すそびんぼふ［裾貧乏］。たはれを［戯男］。ぬれもの［濡者］。をんなたらし［女誑］。〔中世〕まめをとこ［忠実男］。〔中古〕たはれびと［戯人］。

—めいている エロチシズム(eroticism)。しきじょうてき［色情的］。すけべえったらしい［助兵衛］。〔中世〕いろいろし［色色］。〔中古〕いろめかし［色］。いろめく［色］。かけかけし［懸懸］。かるがるし／かろがろし［軽軽］。このまし［好］。すきがまし［好］。すきずきし［好好］。みだりがはし／みだれがはし［濫／猥］。

—らしいさま 〔近代〕目尻(眥)を下げる。

寡黙で—・な人 むっつりすけべえ［助兵衛］。

小柄で—・な人 〔近世〕まめゑもん［豆右衛門］。まめをとこ［豆男］。

▼浮気心 〔近代〕すけべゑこんじゃう［助兵衛根性］。〔中古〕すきごこち［好心地］。はなごころ［花心］。

▼浮気っぽい 〔中古〕すきがまし［好］。

いろづ・く【色付】 〔近代〕いろづく［—づける］［色

付]。中世さす[差]。中古いろづく[色付](四段活用)。いろめく[色]。うつろふ[移]。上代そまる[染]。

ー・いているさま 中古にほひやか／にほやか[匂]。

草木がー・く 中古そむ[染]。もみづ[紅葉]。上代したふ／したぶ。にほす[匂]。にほふ[匂]。

いろっぽ・い【色】 セクシー(sexy)。色気がある。近代いろっぽい[色]。エロチック(erotic)。くゎんのうてき[官能的]。コケティッシュ(coquettish)。つやっぽい[艶]。なやましい[悩]。近世あだ[婀娜]。あだっぽい[艶]。あでやか[艶]。いろけっぽい[色気]。したたるし。なまめかし[艶]。びたい[媚態]。中古いろめかし[色]。えうえん[妖艶]。えん[艶]。けうたい[嬌態]。ざる[戯]。なまめかし[艶]。

ー・い様子をする 中古えんだつ[艶立]。

いろど・る【彩】 →いろ(ーをつける①)

いろめ【色目】 →いせい【異性】(ーへの働きかけ)

いろり【囲炉裏】 近世ろ[炉]。中世ゐろり[囲炉裏]。中古すびつ[炭櫃]。ちくゎろ／ぢくゎろ[地火炉]。ちろ／ぢろ[地炉]。ひをけ[火桶]。ゆるり。

ーのそば 近代ろばた[炉端]。近世ゐろりばた[囲炉裏端]。中古ろへん[炉辺]。

火の盛んに燃えているー こうろ[紅炉]。

いろん【異論】 →いぎ【異議】

いわ【岩】 がんばん[岩盤]。ロック(rock)。近世ばんじゃく[磐石]。中世いはかべ[岩壁]。がんぺき[岩壁]。中古がんせき／がんぜき[岩石／巌石]。せきがん[石巌]。上代いは[岩]。いはがね[岩根]。いはね[岩根]。いはほ[巌]。おほいし[大石]。

《枕》上代つぬさはふ／つのさはふ[角障]。

ー穴 あめあと[雨跡]。ようがんトンネル[溶岩tunnel]。近代さんくつ[山窟]。しゃうどう[晶洞]。どうくつ[洞窟]。近世いしむろ[石室]。中世いはあな[岩穴]。中古がんくつ[岩窟／巌窟]。がんけつ[岩穴／巌穴]。上代いはき[岩城／石城]。いはつぼ[岩壺]。いはや[岩屋]。いはむろ[岩室／石室]。せきくつ[石窟]。

ーが垣のようになっている 中古いはがき[岩垣]。

ー陰 中古いはがくれ[岩隠]。

ーがごろごろしている 近代がれ。

ーの多い磯 中古あらいそ[荒磯]。上代ありそ[荒磯]。

ーの崖 フェース(face)。近代ひし[菱／芰]。ひしね[菱根]。中世いはかべ[岩壁]。近世びゃうぶいは[屏風岩]。がんぺき[岸壁]。中古いはがき[岩垣]。いはぎし[岩岸]。かべ[壁]。

ーの崖の道 中古いはのかけみち[岩懸道]。

ーの崩れ いわくずれ[岩崩]。がけくずれ[崖崩]。デブリ(フランス débris)。近代がれ。らくばん[落盤／落磐]。上代いはくえ[岩崩]。

ーの配置 近代いはぐみ[岩組]。

ーの部屋 近世いしむろ[石室]。中古むろ[室]。上代いはき[石城／岩城]。いはむろ[岩室／石室]。いはや[岩屋]。

ー登り ロッククライミング(rock climbing)。

ーの割れやすい方向 いしめ[石目]。

ーを砕く機械 はさいき[破砕機]。

大きなー 近世きょがん[巨岩／巨巌]。だいばんじゃく[大盤石／大磐石]。ばんじゃく[盤石／磐石]。上代いはね[岩根]。いはほ[巌]。千引(ちびき)の岩。

多くのー 上代いはむら[岩群]。

固いー 中古たまがしは[玉堅磐]。上代かたしは／かきは[堅磐]。

変わらないー 上代ときは[常磐]。

平らなー 中世いはだな[岩棚]。上代いはただみ[岩畳]。いはとこ[岩床]。

小さなー がんせつ[岩屑]。近代さいせき[砕石]。れき[礫]。近世ざれ[礫]。

突き出たー 中世いはさき[岩崎]。がんとう[岩頭／巌頭]。とっこつ[突兀]。中古いははな[岩鼻]。

氷河で運ばれたー すてごいし[捨子石]。まいごいし[迷子石]。近代へうせき[漂石]。

水際のー 上代いそ[磯／礒]。

珍しいー 中世くゎいがん[怪岩]。中古きがん[奇岩／奇巌]。

山のー ニードル(needle)。近代ざんがん[巉巌]。近世がんりょう[岩稜／巌稜]。中世いしやま[石山]。うんこん[雲根]。さんこつ[山骨]。中古いはやま[岩山]。

▼岩礁 近代かくれいは[隠岩]。近世あんせう[暗礁]。上代いくり。おきついくり[沖]。

▼溶岩 近代ラバ(イタリア lava)。

いわい【祝】 近代けいしゅく[慶祝]。しゅくふく[祝福]。近世しゅくが[祝賀]。中古いはひ[祝]。が[賀]。けいが[慶賀／慶嘉]。ほかひ／ほがひ[祝／寿]。よろこび[喜／慶]。

《謙》近代きょうが[恭賀]。きんが[謹賀]。

ほうしゅく[奉祝]。中世けいじ[慶事]。よろこびごと[慶事/喜事]。上代きちじ[吉事]。

—事 近代おめでた。近世がぎ[賀儀]。中世けいじ[慶事]。よろこびごと[慶事/喜事]。上代きちじ[吉事]。

—の儀式 しゅうぎ[祝儀]。しゅくてん[祝典]。近代がぎ[賀儀]。

—の金品 近世おいはひ[御祝]。中世しうぎ[祝儀]。中古ひきでもの[引出物]。ほうが[奉加]。

—の言葉 中世しうし/しゅくし[祝詞]。しゅくじ[祝辞]。中古いはひごと[祝言/斎言]。がし[賀詞]。ことぶき[寿]。しうげん[祝言]。ぜんざい[善哉]。よろこび[喜/慶]。

—の言葉を述べる 近代ほうが[奉賀]。近世ことぶく[寿]。上代ほく[祝/寿]。ほさく[祝]。

—の便り がしょ[賀書]。がじょう[賀状]。

勝利の— しゅくしょう[祝勝]。

長寿の— 近代がじゅ[賀寿]。さんが[算賀]。→**ねんれい**

病気全快の— 近世くわいきいはひ[快気祝]。とこあげ[床上]。

▼年賀→**ねんが**

いわ・う【祝】 近代しゅくふく[祝福]。近世ことぶく[寿]。中世がす[賀]。しゅくす[祝]。中古いはふ[祝]。ほかふ[祝]。上代ことほく[寿/言祝]。ほく[祝/寿]。ほむ[ほめる][褒/誉]。よろこぶ[喜/慶]。

—・って酒を飲み干すこと 中古かんぱい[乾杯/乾盃]。

—・ってすること 近代どうあげ[胴上]。中世ばんざい[万歳]。中古かんぱい[乾杯]。

—・って褒め称える 近代とよほぐ[豊祝/豊寿]。上代とよほく[豊祝/豊寿]。

いわく【曰】 近代りいう[理由]。近世いはく[曰]。わけ[訳]。中世いはれ[謂]。中古じじゃう[事情]。よし[由]。

—ありげ 近代ふかい[深]。わけありげ[訳有気]。中世よしありげ[由有気]。

いわし【鰯】 近代いわしこ[鰯子]。うんぎょ[鰮魚]。サーディン(sardine)。じゃくぎょ[鰯魚]。中世むらさき[紫](女房詞)。上代いわし[鰯/鰮]。

—の加工食品 ほおざし[頬刺]。中世めざし[目刺]。

—の素干し 近世たづくり[田作]。中世ごまめ[鱓]。

いわずもがな【言】 近世いはずもがな[言]。むろん[無論]。言はずと知れた。論を俟(ま)たぬ。中世たうぜん[当然]。もちろん[勿論]。言ふに及ばず。言ふまでもない。中古もとより[元]。言ふも愚か。

いわば【言】 言うなれば。言ってみれば。近代さしむき[差向]。近世つまり[詰]。中世たとへば[例]。中古いはば[言]。

いわひば【岩檜葉】 近代くさひば[草檜葉]。近世いはまつ[岩松]。けんぱく[巻柏]。こけまつ[苔松]。中世いはひば[岩檜葉]。中古いはごけ[岩苔]。

いわむし【岩虫】 いわいそめ[岩磯蚯蚓]。いわめ[岩目]。

いわれ【謂】 近世いんねん[因縁]。こじらいれき[故事来歴/古事来歴]。たてわけ[立分]。ゆゑん[所以]。中世はび[把鼻/巴鼻]。よせ[寄]。らいいう[来由]。らいれき[来歴]。中古いはれ[謂]。いひ[謂]。ゆいしょ[由緒]。よし[由/因]。らいゆ[来由]。上代いはく[曰]。ゆゑ[故]。ゆゑよし[故由]。

—がありそう 近世わけらし[訳/分]。中古ゆゑだつ[故立]。ゆゑづく[故付]。

—がない 中古ゆゑなし[故無]。上代よしなし[由無]。

いわんや【況】→**まして**

いん【印】 近代いんくゎ[印顆]。いんげい[印契]。いんしん[印信]。しゃう[章]。スタンプ(stamp)。はんいん[判印]。はんこ[判子]。近世あひいん[合印]。いんかん[印鑑]。いんぎゃう[印形]。いんしゃう[印章]。こくいん[刻印]。はん[判]。中世あひじるし[合印]。あひはん[合判]。いんばん[印判]。こくい[刻印]。上代いん[印]。しるし[印]。

—の代わりの手書きの署名 中世かきはん[書判]。くゎあふ[花押/華押]。くゎしょ[花書]。中古じしょ[自署]。

—の偽造 近代ぎいん[偽印]。ぼういん[謀印]。近世にせいん[偽印/贋印]。にせいんばん[贋印判/偽印判]。

—の文字 中古いんじ[印字]。上代いんぶん/いんもん[印文]。

—を押すこと おういん[押印]。つく[突]。近代あふなつ[押捺]。しょういん[証印]。近世いんす[印]。すわる[据]。中古さす[差]。なついん[捺印]。

—を押すときの定規 近代いんく[印矩]。

—を押すときの台 近世いんじょく[印褥]。

—を変えること 近世かいいん[改印]。

ーをしまっておく箱 中古いんかふ[印匣]。

ーを作ること 近代はんほり[版彫]。近世いんこく[印刻]。こくいん[刻印]。てんこく[篆刻]。中世こくい[刻印]。

ーを作る材料 中世いんざい[印材]。

ーのいろいろ(例) こういん[公印]。すていん[捨印]。近代いういん[遊印]。がいん[雅印]。きはめいん[極印]。けいいん[契印]。けんいん[検印]。ざうしょいん[蔵書印]。しょくいん[職印]。にんいん[認印]。みとめいん[認印]。やくいん[役印]。近世いんしゅいん[引首印]。うらいん[裏印]。おくいん[奥印]。おして[押手]。かないん[金印]。くゎんばう[関防]。ごくい/ごくいん[極印]。さんもんばん[三文判]。しいん[私印]。わりいん[割印]。わりはん[割判]。関防の印。中世いといん[糸印]。しゅいん[朱印]。中古うらはん[裏判]。きんいん[金印]。きんしゃう[金章]。しきいん[職印]。上代くゎんいん[官印]。

親指の先でするーの代わり 近代ぼいん[拇印]。近世つめいん[爪印]。つめばん[爪判]。

木の印材で作ったー 中古もくいん[木印]。

太鼓のように大きいー たいこばん[太鼓判]。

天皇のー 近代おほみじるし[御璽]。ぎょじ[御璽]。中世れいじ[霊璽]。

当事者の承認を示すー 近代みとめ[認]。みとめいん[認印]。

中をよく見ないでーを押すこと 近代くうあふ[空押]。めくらばん[盲判]。

捺印されたーの形 近代いんえい[印影]。近世いんぎゃう[印形]。

連帯責任を負ってーを押すこと 近代がふはん[合判]。近世れんばん[連判]。中世かはん[加判]。

いんうつ【陰鬱】 ブルー(blue)。近代あんうつ[暗鬱]。いんさん[陰惨]。いんしつ[陰湿]。メランコリー(melancholy)。近世あんたん[暗澹]。いううつ[憂鬱]。いんうつ[陰鬱]。おもくるし[重苦]。ちんうつ[沈鬱]。中世いんき[陰気]。うったうし[鬱陶]。中古あんしう[暗愁]。あんぜん[暗然/闇然]。うつうつ[鬱鬱]。上代せいさう[悽愴/凄愴]。

いんえい【陰影】→**かげ**

いんが【因果】→**むくい**

いんかく【陰核】 クリトリス(clitoris)。近代いんかく[陰核]。中古ひなさき[雛尖/雛頭]。上代さね[実/核]。

いんがし【印画紙】 近代いんぐゎし[印画紙]。かんくゎうし[感光紙]。

ーの大きさ 近代キャビネ(フランス cabinet)。

ーのいろいろ(例) あおじゃしん[青写真]。あおやき[青焼]。ガスライトし[gaslight紙]。グロッシー(glossy)。クロロブロマイドし[chlorobromide紙]。ブループリント(blueprint)。ブロマイドし[bromide紙]。

いんかん【印鑑】→**いん**

いんき【陰気】 陰に籠もる。近代あいたい[靉靆]。いんいんめつめつ[陰陰滅滅]。いんきくさい[陰気臭]。いんこく[陰刻]。いんしつ[陰湿]。くらい[暗]。グルーミー(gloomy)。じめじめ。しめっぽい[湿]。近世いんうつ[陰鬱]。ふけいき[不景気]。中世いんき[陰気]。

ー・になる 近代じめつく。近世しむ[染]。しゅむ[染]。

いんきょ【隠居】 近代らうたい[老退]。近世しりぞく[退]。たいいん[退隠]。へいきょ[屏居]。中世いんたい[隠退]。きいん[帰隠]。中古いんとん[隠遁]。ぐゎうん[臥雲]。上代いんきょ[隠居]。→**いんせい**

ー・させる(強制的に) 近世おしこめいんきょ[押込隠居]。

ー・して跡目を譲る 近世世を渡す。

年を取ってー・する 近代らうたい[老退]。

いんけい【陰茎】 エム/M(学生の隠語)。さお[棹/竿](俗語)。ちんこ/ちんぽ/ちんぽこ(幼児語)。ファルス(ラテン phallus)。ペニス(ラテン penis)。近代だんこん[男根]。リンガ(梵 linga)。をはせ[男茎]。近世いちもつ[一物](隠語)。いんきゃう/いんけい[陰茎]。さくぞう[作蔵]。せがれ[倅]。たまぐき[玉茎]。なんこん[男根]。ぬきみ[抜身]。はせ/はぜ。ほぞ[枘]。ほぼしら[帆柱/檣]。むすこ[息子]。やうぶつ[陽物]。中世ぎょくけい[玉茎]。ら[羅]。中古なんこん[男根]。まら[魔羅/摩羅]。

ーが勃起する 近世おへる[生]。おやける。

ーが勃起しない いんい[陰萎]。インポテンツ(ドイツ Impotenz)。

ーの先 近世かりくび[雁首]。きとう[亀頭]。すずぐち[鈴口]。

ーの幼児語 ちんこ。ちんちん。ちんぽ。ちんぽこ。

小児のー 近世しじ[指似]。しひのみ[椎実]。

勃起したー 近世さかほこ[逆鉾]。

剝き出しのー 近世ぬきみ[抜身]。

老人のー 近世ちゃうちん[提灯]。

いんけん【引見】 近世せうけん[召見]。ひきみる[引見]。中世いんせつ[引接]。えっけん[謁見]。えんけん[延見]。げんざん[見参]。中古いんけん[引見]。せっけん[接見]。

自ら—・する 近代しんけん[親見]。

いんげんまめ【隠元豆】 さんどまめ[三度豆]。近世いんげんまめ[隠元豆]。えどささげ[江戸豇豆]。ごがつささげ[五月豇豆]。さんどささげ[三度豇豆]。たうささげ[唐豇豆]。にどなり[二度成]。はっしょうまめ[八升豆]。

いんご【隠語】 しょくぎょうご[職業語]。スラング(slang)。近代とほりことば[通言葉]。ひご[秘語]。近世あひことば[合言葉]。あひもん[合文/合紋]。いれことば[入詞]。いれこことば[入子詞]。かくしことば[隠詞/隠言葉]。とほりごと[痛言]。中世いんご[隠語]。

—を遣う 近世とぐる。

インサイド(inside)インコース(和製in course)(野球・トラック競技などで)。近代インサイド。うちがは[内側]。近世ないぶ[内部]。

いんさつ【印刷】 とうしゃ[謄写]。近代いんさつ[印刷]。プリント(print)。プレス(press)。近世する[刷/摺]。

—機の種類①[一般] シリアルプリンター(serial printer)。近代プリンター(printer)。プレス(press)。りんてんき[輪転機]。

—機の種類②[パソコン] インクジェットプリンター(ink jet printer)。ドットプリンター(dot matrix printer)。ページプリンター(page printer)。レーザープリンター(laser printer)。

—の種類①[方法] シルクスクリーンいんさつ[silk screen印刷]。スクリーンいんさつ[screen印刷]。リトグラフ(lithograph)。近代オフセット(offset)。グラビアいんさつ[gravure印刷]。くゎっぱんいんさつ[活版印刷]。てずり[手刷]。とうしゃずり[謄写刷]。はいいん[排印]。近世もくはんいんさつ[木版印刷]。

—の種類②[目的] えいいん[影印](古書などの複製に)。かさねずり[重刷]。かりずり[仮刷]。したずり[下刷]。たしょくずり[多色刷]。ためしずり[試刷]。ぬきずり[抜刷]。べつずり[別刷]。ほんずり[本刷]。近代かうせいずり[校正刷/校正摺]。ゲラずり[刷]。しゅくさつ[縮刷]。しょずり/はつずり[初刷]。ぞうさつ[増刷]。みほんずり[見本刷]。近世おひずり[追刷]。

—の種類③[版式] かきはん[描版]。コールドタイプ(cold type)。コンピューターくみはん[computer組版](computerized type setting)。でんたいばん[電胎版]。でんちゅうばん[電鋳版]。へいおうはん[平凹版]。ホットタイプ(hot type)。近代あえんとっぱん[亜鉛凸版]。あふはん[凹版]。あみはん[網版]。エッチング(etching)。えんばん[鉛版]。こんにゃくはん[蒟蒻版]。せきばん[石版]。とうしゃばん[謄写版](ガリ版)。とっぱん[凸版]。近世かっぱん[活版/活板]。中世もくはん[木版]。

いんし【因子】 近代いん[因]。いんし[因子]。えういん[要因]。えうそ[要素]。げんいん[原因]。そいん[素因]。ファクター(factor)。近世きいん[起因]。中世しんいん[真因]。

いんじゃ【隠者】 近代がんけつのし[巌穴士]。近世だうじん/だうにん[道人]。中世いういん[幽隠/幽陰]。いんとんじゃ[隠遁者]。中古いんくんし[隠君子]。いんし[隠士]。いんじゃ[隠者]。よすてびと[世捨人]。瓦の窓。上代たいいん[大隠]。

—の住む所 近代さうしう[滄州]。中古きうがく[丘壑]。瓦の窓。

いんしゅ【飲酒】→さけ【酒】

いんしゅう【因習】→しきたり

いんしょう【印章】→いん

いんしょう【印象】 近代イメージ(image)。いんしゃう[印象]。インプレッション(impression)。かんじ[感]。しんしょう[心証]。近世かんめい[感銘]。

—がよくなること イメージアップ(和製image up)。

—が弱い 影が薄い。

—が悪くなること イメージダウン(和製image down)。

—に残る とまる[止]。

—を変えること イメージチェンジ(和製image change)。

—を強く与える いんしょうづける[印象付]。いんしょうてき[印象的]。インパクト(impact)。やきつく[焼付]。

いんしょく【飲食】 近世くち[口]。のみくひ[飲食]。中世いんし[飲食]。いんしい[飲食]。いんしょく[飲食]。さん[餐]。中古おんじき[御食/飲食]。しょくじ[食事]。《尊》上代おし[食]。上代みおし[御食]。

い

三食以外の― →かんしょく【間食】

いんしょくてん【飲食店】 しょくどう［食堂］。はんてん［(中国語)飯店］。ビストロ(フランス bistro)。りょうりてん［料理店］。りょうりや［料理屋］。近代 いんしょくてん［飲食店］。カフェテリア(cafeteria)。きてい［旗亭］。グリル(grill)。ビアホール／ビヤホール(beer hall)。やうしょくや［洋食屋］。レストラン(restaurant)。→たべものや

いんしょくぶつ【飲食物】 近代 いんしょくぶつ［飲食物］。しょくれうひん［食料品］。近世 しょくじ［食餌］。しょくひん［食品］。しょくれう［食料］。中世 うけ［食］。しょくぶつ［食物］。中古 おんじき［飲食］。じき［食］。しょくじ［食事］。上代 け［食］。しょくりゃう［食糧］。つくえしろのもの［机代物］。→たべもの

インスピレーション(inspiration) 近代 インスピレーション。けいじ［啓示］。ちゃくさう［着想］。はっさう［発想］。ひらめき［閃］。近世 かん［勘］。中古 れいかん［霊感］。

いんせい【隠棲】 近代 いんいつ［隠逸］。がんせい［巌棲／巌栖］。さんせい［山棲］。近世 いんせい［隠棲／隠栖］。しりぞく［退］。ひく［引］。中世 いういん［幽陰／幽隠］。おうめい［鷗盟］。かうぐゎ［高臥］。とんせい［遁世／遯世］。ひきこもる［引籠］。跡を隠す。雲に臥す。中古 いんとん［隠遁］。いんりん［隠淪］。ぐゎうん［臥雲］。跡を絶ゆ［―絶える］。世を捨つ［―捨てる］。世を背く。世を離る［―離れる］。上代 かくる［かくれる］［隠］。

《句》近世 山中に暦日なし。

―している人 →いんじゃ

官職を辞して―すること 近代 ゆうたいかうたふ［勇退高踏］。近世 たいいん［退隠］。ちっす［蟄］。中古 ときう［菟裘］。上代 ちし［致仕／致事］。

いんせき【隕石】 近代 ゐんせき［隕石］。近世 ほしいし［星石］。ほしくそ［星屎］。ゐんせい［隕星］。

インターナショナル(international) 近代 インターナショナル。こくさいてき［国際的］。せかいてき［世界的］。ばんこくの［万国］。

インターバル(interval) 近代 インターバル。きゅうけいじかん［休憩時間］。近世 かんかく［間隔］。中世 あひま［合間］。まあひ［間合］。中古 へだたり［隔］。上代 あひだ［間］。

いんたい【引退】 たいじん［退陣］。りしょく［離職］。りにん［離任］。身を引く。近代 げや［下野］。じにん［辞任］。たいくゎん［退官］。たいにん［退任］。リタイア(retire)。近世 ひく［引］。中世 いんたい［引退］。じしょく［辞職］。たいしょく［退職］。ゆうたい［勇退］。中古 いとま［暇／遑］。おる［おりる］［下／降］。じす［辞］。しりぞく［退］。上代 じゃうゐ［譲位］。→いんきょ

いんたい【隠退】 近世 いんせい［隠棲］。たいいん［退隠］。ちっす［蟄］。ひきこむ［引込］。中世 いんたい［隠退］。とんせい［遁世／遯世］。ひきこもる［引籠］。中古 いんきょ［隠居］。いんとん［隠遁］。ときう［菟裘］。→いんせい

いんちき →いかさま

インデックス(index) キーワード(key word)。しすう［指数］。近代 インデックス。さくいん／そくいん［索引］。さくいん［索隠］。しへう［指標］。近世 みだし［見出］。中古 もくろく［目録］。

いんとく【隠匿】 →かく・す

インド【India／印度】 近代 インディア(India)。中世 インド［印度］。さいてん［西天］。さいてんぢく［西天竺］。せいど［西土］。上代 てんぢく［天竺］。

―へ渡ること 中世 とてん［渡天］。

イントネーション(intonation) 近代 アクセント(accent)。イントネーション。おんてう［音調］。ごき［語気］。ごてう［語調］。めりはり［減張／乙張］。よくやう［抑揚］。中世 ごせい［語勢］。

イントロダクション(introduction) じょそう［序奏］。どうにゅうぶ［導入部］。近代 イントロダクション。しょろん［緒論］。じょろん［序論］。たんしょ／たんちょ［端緒］。近世 ちょろん［緒論］。上代 じょせつ［序説］。

いんとん【隠遁】 →いんせい

いんねん【因縁】 近代 やくそくごと［約束事］。中世 ジンクス(jinx)。ちなみ［因］。中古 いんえん［因縁］。

浅からぬ―があるたとえ 中世 同じ流れを掬(むす)ぶ。

この世はすべて― 近代 えんじゃう［縁成］。中世 えんぎ［縁起］。中古 えんしゃう［縁生］。

前世からの― 近世 しゅくせ［宿世］。中世 しくえん／しゅくえん［宿縁］。しくせ［宿世］。しゅくしふ［宿執］。ちぎり［契］。一河の流れを汲む。一樹の陰一河の流れも他生の縁。中古 しくいん／しゅくいん［宿因］。すくせ［宿世］。

不思議なー 近世きえん［奇縁］。

インパクト(impact) 近代しげき［刺激］。しょうげき［衝撃］。ショック(shock)。つうげき［痛撃］。中世どうえう［動揺］。

いんぶ【陰部】→**せいき【性器】**

インフォメーション(information) あんないしょ［案内所］。うけつけ［受付］。近代インフォメーション。じゃうほう［情報］。近世しらせ［知］。つうち［通知］。ほうだう［報道］。

いんぶん【韻文】 バース(verse)。近代しきく［詞曲］。ポエム(poem)。りつご［律語］。中世しりつぶん［律文］。ゐんぶん［韻文］。中古しいか／しか［詩歌］。ふ［賦］。上代しふ［詩賦］。

いんぺい【隠蔽】→**かく・す**

いんぼう【陰謀】 近代かんさく［奸策／姦策］。みつたくらみ［企］。近世みっけい［密計］。みつぼう［密謀］。わるだくみ［悪巧］。中世さくぼう［策謀］。ひさく［秘策］。中古はかりごと［謀］。ひけい［秘計］。ぼうりゃく［謀略］。上代いんぼう［陰謀／隠謀］。

いんよう【引用】 近代いんれい［引例］。じつれい［実例］。てきれい［適例］。りっしょう［立証］。引き合ひに出す。近世いんしょう［引証］。中世いんよう［引用］。れいしょう［例証］。

いんれい【引例】→**いんよう**(前項)

う

う【鵜】 近代みづがらす［水烏］。中世うのとり［鵜鳥］。みづのからす［水烏］。上代う［鵜］。しまつとり［島鳥］。まとり［真鳥］。《枕》上代しまつとり［島鳥］。

慣れていないー 中世あらう［荒鵜］。

ウイークポイント(weak point) アキレスけん［ラテ Achilles 腱］。近代じゃくてん［弱点］。近世よわみ［弱味］。中世きふしょ［急所］。

ういうい・し・い【初初】 おぼこい。近世うぶ［初／産／生］。はなはづかし［花恥］。みじゅく［未熟］。中世じゅんしん［純真］。世付かず。中古うひうひし［初初］。うらわかし［若］。わかやか［若］。

ういきょう【茴香】 中世ういきゃう［茴香／懐香］。中古くれのおも［呉母／懐香］。

ウイスキー(whisky) スコッチウイスキー(Scotch whisky)。バーボン(bourbon)。近代ウイスキー／ホイスキー。

ーの原酒 近代モルト(malt)。

ウイット(wit) 近代ウイット。きち［機知］。ジョーク(joke)。ユーモア(humor)。近世しゃれ［洒落］。とんち［頓知／頓智］。

うえ【上】 中世うはて［上手］。じゃうぶ［上部］。中古かみ［上］。じゃうはう［上方］。上代うへ［上］。へ［上］。

ーから下へ伝える 中世かたつ［下達］。しったつ［執達］。

ーの部分 中世じゃうぶ［上部］。じゃうぶん［上分］。

ーの方 中世かみざま［上様］。そらさま／そらざま［空様］。中古かみ［上］。かみつかた［上方］。上代かみべ［上辺］。

ーを向く 近世あふむく［仰向］。中世あふのく［仰］。上代あふぐ［仰］。

書物や荷物のー てん［天］。

うえき【植木】 中古うゑき［植木］。せんざい［前栽］。ていじゅ［庭樹］。にはき［庭木］。

ーの手入れなどをする職人 うえきしょくにん［植木職人］。ぞうえんし［造園師］。近代にはし［庭師］。にはつくり［庭作］。近世うゑきや［植木屋］。きづくり［木作］。たくだ［橐駝］。ゑんてい［園丁］。

ーの掘り起こした根の部分 はち［鉢］。

▼庭の植え込み 中世せんざい［前栽］。中古きりたて［切立］。

▼助数詞 かぶ［株］。ほん［本］。

う・える【飢】 近代ハングリー(hungry)。近世ともし［乏／羨］。ひもじ。中世うゆ［飢／餓］。かつう〔かつえる〕［餓］。きが［飢餓］。くうふく［空腹］。ひだるし［饑］。中古きかつ［飢渇／饑渇］。やわし［飢］。上代うう〔うえる〕［飢／餓］。

ー・えさせる 近代ほしあげる［干上／乾上］。中世うやかす［飢］。

ー・えている人 中世がき［餓鬼］。中古きみん［飢民／饑民］。

ー・えて死ぬこと 近世かつゑじに［飢死／餓死］。中世うゑじに［飢死］。中古がし［餓死］。

ー・えて痩せ衰える 中世ひぼし［干乾］。

▼空腹 近代腹が空く。腹を空かす。腹を減らす。近世からっぱら／からはら［空腹］。腹が減る。中世くうふく［空腹］。すきはら／すきばら［空腹］。中古くふく［空腹］。→**くうふく**

う・える【植】 近代しょくりん［植林］。近世しょくじゅ［植樹］。中世うゆ［植］。さいばい［栽

培］。上代うう［うゑる］［植］。

移し—・える 中古いしょく［移植］。近世うゑかへ［植替／植換］。

手で自ら—・える 近代てうゑ［手植］。

苗を—・える 中世うゑつく［—つける］［植付］。

根をしっかりと—・える 中古うゑこむ［植込］。

根を分けて—・える ぶんこん［分根］。近世わけね［分根］。

間に合わせに—・える かしょく／かりうえ［仮植］。

▼植え付け 近代さくづけ［作付］。ふしょく［扶植］。近世けづけ［毛付］。しつけ［仕付］。しつける［仕付］。じゅげい［樹芸］。中古しゅげい［種芸］。

▼ワクチンなどの植え付け せっしゅ［接種］。

うお【魚】 →さかな【魚】

うおいちば【魚市場】 近世うをいちば［魚市場］。うをがし［魚河岸］。かし［河岸］。ざこば［雑魚場］。中世うをだな［魚店］。

うおのめ【魚目】 けいがん［鶏眼］。近世いれほ［肬目］。うをのめ［魚目］。中世ぎょがん［魚眼］。

うかい【迂回】 バイパス(bypass)。近代うろ［迂路］。とほまはり［遠回］。近世うきょく［迂曲／紆曲］。うゑん［迂遠］。中世うくゎい［迂回］。まはりみち［回道／回路／廻道］。

うがい【嗽】 近代がんそう［含嗽／含漱］。くちそそぐ［嗽／含嗽］。中世うがひ［嗽／含嗽］。くちすすぐ［嗽／漱］。中古うがふ［嗽／漱］。

うかうか →うっかり

うかが・う【伺】 近世はいちゃう［拝聴］。中世うかがふ［伺］。さむらふ［候］。しこう［伺候／祗候］。はうもん［訪問］。中古さぶらふ［候］。さんじゃう［参上］。まうづ［詣］。まゐる［参］。まうでく［詣来］。まうのぼる［参上］。上代うけたまはる［承］。きく［聞／聴］。たづぬ［たずねる］［尋／訊／訪］。とふ［問／訪］。

—・いをたてること 近代けいし［経伺］。

お考えを—・う 中世御意(ぎょい)を得(う)［—得(え)る］。

うかが・う【窺】 近世たんさく［探索］。中古かいばむ／かいまむ［垣間］。かいばみる／かいまみる［垣間見］。のぞく［覗／覘／臨］。上代うかかふ／うかがふ［窺］。さぐる［探］。みる［見］。

—・い狙うこと 近代きゆ［窺窬］。

相手の様子を—・う 探りを入れる。近代鼻息をうかがふ。近世糸脈(いとみやく)を引く。顔色を見る。中世腹を探る。

機会を—・う 近世こしたんたん［虎視眈眈］。

形勢などを—・う 中古くゎんばう［観望］。

うかつ【迂闊】 近代ふちゅうい［不注意］。近世うつけ［空／虚］。はうしん［放心］。まんえん［漫焉］。中世うくゎつ［迂闊］。ふようい／ぶようい［不用意］。まんぜん［漫然］。

—・なさま 近代ぼんやり。知らず知らず。近世うっかり。おもはず［思］。つい。ついつい。思はず知らず。中世うかうか。おぼえず［覚］。なまじひ［憖］。ふはと。

うが・つ【穿】 近代くっさく［掘削／掘鑿］。穴をあける。近世ほじる［穿］。中世さくくう［鑿空］。中古くじる［抉］。せんさく［穿鑿］。上代うがつ［穿］。うぐ［穿］(穴があく)。ほる［掘］。

うか・ぶ【浮】 ふじょう［浮上］。近代ふやう［浮揚］。へうめんくゎ［表面化］。近世うかむ［浮］。中世うかびあがる／うかみあがる［浮上］。中古あらはる［現／著／顕］。ふいう［浮遊／浮游］。上代うかぶ［浮］。うく［浮］。なづさふ。

《枕》上代たまもなす［玉藻］。とりじもの［鳥物］。みづとりの［水鳥］。をしどりの［鴛鴦］。近世てっぱうだま［鉄砲玉］。《句》近代金槌の川流れ。

—・ばれない かなづち［金槌／鉄槌］。

—・び上がる ふじょう［浮上］。浮き彫りになる。近代ふやう［浮揚］。へうめんくゎ［表面化］。頭を擡(もた)げる。

—・び出る 近代うきでる［浮出］。うかびでる［浮出］。中世うかびあがる／うかみあがる［浮上］。

—・ぼうとする力 ようりょく［揚力］。近代ふりょく［浮力］。

—・んだり沈んだり 中世うきしづみ［浮沈］。上代ふちん［浮沈］。中古浮きつ沈みつ。浮きぬ沈みぬ。《句》近代浮き沈み七度。沈む瀬あれば浮かぶ瀬あり。上り坂あれば下り坂あり。上り三里に下り三里。近世七転び八起き。七下がり七上がり。

—・んでいるさま 近代ふかふか／ぶかぶか／ぷかぷか。近世どんぶらこ／どんぶりこ。ふはふは。

—・んで揺れる 中世ふどう［浮動］。中古ただよふ［漂］。ふいう［浮遊／浮游］。上代なづさふ。

思いが—・んだり消えたり 近代わうらい［往来］。上代きょらい［去来］。

雲が—・ぶ 中古うきぐも／ふうん［浮雲］。た

ちぬる［立居］。

支えなしでー・び漂う 宙に浮く。中古ふいう［浮遊／浮游］。

うか・べる【浮】 近代うかす／うかせる［浮］。近世うかむ［浮］。上代うかぶ［うかべる］［浮］。うく［うける］［浮］。

完成した船をー・べる 近代しんすい［進水］。

うか・れる【浮】 近代心が弾む。近世うかつく［浮］。うはつく［浮］。そそりたつ。そそる。ぬめる［滑］。やうき［陽気］。中世あこがる［あこがれる］［憧］。うきたつ［浮立］。かぶく［傾］。ぞめく［騒］。中古あくがる［あくがれる］［憧］。うく［浮］。すずろはし／そぞろはし［漫］。上代うかる［うかれる］［浮］。うらぐ。

ー・れた心 近世はなごころ［花心］。

ー・れて歩く 近世いうかう［遊行］。ぬめる［滑］。中古あくがれありく［憧歩］。

ー・れて騒ぐひと 近世そそりもの［者］。とびすけ［飛助／飛介］。

ー・れ出る 中世あこがる［あこがれる］［憧］。中古あくがる［あくがれる］［憧／憬］。

ー・れるさま 近世瓢簞(へうたん)の川流れ。中世うきうき［浮浮］。わさわさ。

酒に酔ってー・れる 近世おみききげん［御神酒機嫌］。

うき【雨季】 近代うき［雨季／雨期］。近世うこう［雨候］。→**あめ**

うき【浮】 近代ブイ(buoy)。ふへう［浮標］。フロート(float)。近世うき［浮／浮子］。

漁網に付けるー 近世あば［浮子］。うけ［浮／浮子］。

釣り糸に付けるー 近代ふし［浮子］。近世うき［浮／浮子］。上代うけ［浮／浮子］。

うきうき・する【浮浮】 →**うか・れる**

うきくさ【浮草】 近代かがみぐさ［鏡草］。近世ひるもぐさ［蛭藻草］。中古うきくさ［浮草／萍］。なきものぐさ［無者草］。ねなしぐさ［根無草］。

ーと水 近世ひゃうすい／へいすい［萍水］。

うきぐも【浮雲】 近代りううん［流雲］。中古うきぐも［浮雲］。かううん［行雲］。ひうん［飛雲］。ふうん［浮雲］。へんうん［片雲］。

うきな【浮名】 近代えんぶん［艶聞］。近世あだしな［徒名］。中古あだな［徒名／虚名］。うきな［浮名／憂名］。

ーが立つ 中古なだて［名立］。上代名が立つ。名を立つ［ー立てる］。

うきぶくろ【浮袋】 近代うき［浮／浮子／泛子／浮標］。うきぶくろ［浮袋／浮嚢］。うきわ［浮輪］。ブイ(buoy)。

魚のー ぎょひょう［魚鰾］。ふのう［浮嚢］。近代きはう［気胞］。中古いをのふえ［魚鰾］。

うきぼり【浮彫】 うきあげぼり［浮上彫］。エンボス(emboss)。すきだしぼり［鋤出彫］。近代うきぼり［浮彫］。ほりあげ［彫上］。リリーフ／レリーフ(relief)。近世すきぼり［鋤彫］。中世うけぼり［浮彫］。

ーになる 明らかになる。はっきりする。近代ひきたつ［引立］。近世きはだつ［際立］。めだつ［目立］。

ーのような写真 レリーフしゃしん［relief写真］。

貝殻などを素材としたー カメオ(cameo)。

うきよ【浮世】 近世うろぢ［有漏路］。うゐのよ［有為世］。よせかい［世世界］。中世あだしよ［徒世］。くゎたく［火宅］。中古うきよ［浮世／憂世］。かりのよ［仮世］。このよ［此世］。しゃば［娑婆］。つゆのよ［露世］。ふせい［浮世／浮生］。まぼろしのよ［幻世］。ゆめのよ［夢世］。上代せけん［世間］。よのなか［世中／世間］。

ーの外 上代はうぐゎい［方外］。

ーの塵 中世くれなゐのちり［紅塵］。

ー離れ ぞくばなれ［俗離］。

うきよえ【浮世絵】 近世うきよゑ［浮世絵］。

ーのいろいろ(例) 近世あづまにしきゑ［吾妻錦絵／東錦絵］。あひばん［相判／間判／合判］。あぶなゑ［危絵］。あゐずり［藍摺］。あゐゑ［藍絵］。いちまいゑ［一枚絵］。

う・く【浮】 →**うか・ぶ**

ー・き沈み 中世うきしづみ［浮沈］。→**うか・ぶ(ー・んだり沈んだり)**

うぐい【鯎】 あかっぱら／あかはら［赤腹］。せきはんぎょ［石斑魚］。中古うぐひ［鯎／石斑魚］。上代いぐい［鯎／石斑魚］。

うぐいす【鶯】 近世うたよみどり［歌詠鳥］。きなこどり［黄粉鳥］。きゃうよみ／きゃうよみどり／きゃうよむとり［経読鳥］。とどめどり［禁鳥］。にほひどり［匂鳥］。ひとくどり［人来鳥］。中世きんいこうし／きんいのこうし［金衣公子］。くゎうてう［黄鳥］。ささえことり［小鳥］。はなみどり［花見鳥］。はるつげどり［春告鳥］。はるのつかひ［春使］。みみめどり［耳目鳥］。ももちどり［百千鳥］。わうてう［黄鳥］。中古くゎうあう［黄鶯］。しゅんてう［春鳥］。やどかしどり［宿貸鳥］。上代うぐひす［鶯］。

ーの子 ささこ［笹子／鶯子］。

ーのつがい 上代 ともうぐひす［友鶯］。
ーの鳴き声 近世 ほうほけきょ。つきほしひ［月星日］。中古 あうご［鶯語］。あうぜつ［鶯舌］。
山中のー 近代 やまうぐひす［山鶯］。中古 さんあう［山鶯］。
新春に初めてなくー 中古 はつうぐひす［初鶯］。はつね［初音］。
新春のー 中古 しんあう［新鶯］。
谷にいるー 近代 あうこく［鶯谷］。
谷を飛ぶー 近世 たにわたり［谷渡］。鶯の谷渡り。
夏に鳴くー 近代 なつうぐひす［夏鶯］。近世 おいうぐひす［老鶯］。中古 ざんあう［残鶯］。ばんあう［晩鶯］。むしくひ［虫食／虫喰］。らうあう［老鶯］。

うけあ・う【請合】 近代 しょうする［証］。太鼓判を捺おす。近世 うけおひ［請負］。うけひく［承引］。中世 うけあふ［請合／受合］。ことうけ［言承］。ひきうく〔ーうける〕［引受］。中古 しょういん［承引］。上代 うく〔うける〕［受／請］。ほしょう［保証］。ほす［保］。

うけい・れる【受入】 みとめる［認］。近代 いれる［入／容］。うけいれる［受入／受容］。うけをさめる［受納］。くゎいだく［快諾］。じゅだく［受諾］。ないだく［内諾］。近世 うけがふ［肯］。うけこむ［受込／請込］。せうじゅ［消受］。りゃうかい［諒解］。れうかい［了解］。中世 うけつく〔ーつける〕［受付］。うけとる［受取／請取］。おうず［応］。かんじゅ［甘受］。こころう〔こころえる〕［心得］。がへんず［肯］。じゅよう［受容］。ひきうく〔ーうける〕［引受］。ようじゅ［容受］。りゃうしょう［領承／諒承］。れうしょう［了承］。中古 うけひく［承引］。うく〔うける〕［受／承／請］。ききいる〔ーいれる〕［聞入］。じゅなふ［受納］。しょういん［承引］。しょうだく［承諾］。しょうち［承知］。とりいる〔ーいれる〕［取入］。ひきとる［引取］。上代 きょだく［許諾］。
《謙》中世 まうしうく〔ーうける〕［申受］。上代 うけたまはる［承］。
ー・れ先 うけざら［受皿］。
ー・れて用いること 近代 きゃうよう［享用］。中世 しうよう［受用］。中古 じゅよう［受用］。
ー・れないこと 中世 ふじゅ［不受］。
互いにー・れないこと 中古 かんかく［扞格／捍格］。
不満を持ちながらー・れる のむ［飲／呑］。
無条件ですべてをー・れる まるのみ［丸呑］。

うけうり【受売】 近世 うけうり［受売］。こうじしすん［口耳四寸］。口耳の学。

うけこたえ【受答】 近世 おうしう［応酬］。おうたふ［応答］。中世 あしらふ。あひしらふ。うけこたへ［受答］。ことうけ［言承］。さしいらへ［差答］。中古 あへしらふ。上代 おうたい［応対］。→こたえ
ーが早い 中古 くちとし［口疾］。
ーを真面目にしない 近世 茶にする。

うけおい【請負】 じゅちゅう［受注］。もとうけ［元請］。近代 コントラクト(contract)。じゅたく［受託］。近世 うけあふ［請合／受合］。うけおひ［請負］。したうけ［下請］。中世 うけおふ［請負］。ひきうく〔ーうける〕［引受］。

うけたまわ・る【承】 けいしょう［敬承］。近代 きんしょう［謹承］。ほうずる［奉］。近世 はいちゃう［拝聴］。中世 うかがふ［伺］。中古 しょうけたまはる［承］。かしこまる［畏］。しょうち［承知］。上代 かがふる［被］。かしこむ［畏］。

うけつ・ぐ【受継】 こうけい［後継］。近代 おそふ［襲］。けいしふ［継襲］。けいじゅ［継受］。けいしょう［継承］。ひきつぐ［引継］。近世 けいぞく［継続］。中世 うく〔うける〕［受／承］。うけつぐ［受継］。ひきうく〔ーうける〕［引受］。しゃうでん［相伝］。しょうたう［承当］。中古 あひつぐ［相継／相次］。つぐ［継］。ひきとる［引取］。上代 さうでん［相伝］。
ー・いだ事業 中古 せげふ［世業］。
ー・いだ事業をさらに発展させる 中古 せうりゅう［紹隆］。
ー・いで伝えてゆくこと 近代 でんしょう［伝承］。中世 さうしょう／さうじょう［相承］。中古 しょうでん［承伝］。
ー・いで伝えられる文化 近代 でんとう［伝統］。
ー・いで人から人へ渡す 近世 ていそう［逓送］。
ー・がれ一続きのもの 中世 とう［統］。
家のあとをー・ぐ 近代 さうぞく［相続］。近世 あととり［跡取］。こうし［後嗣］。しょうし［承嗣］。中世 あとつぎ［跡継／後継］。よつぎ［世継／世嗣］。
親からー・ぐ 近世 おやゆづり［親譲］。
業績などをー・ぐ 近世 あとを垂る。
先人のやり方などをー・ぐ 近世 たふしふ［踏襲］。
代々ー・ぐ 近世 でんせい［伝世］。中世 しゃうでん［相伝］。てつぎ［手次／手継］。上代 さうでん［相伝］。せしふ［世襲］。

う

地位や業務などを―・ぐ　こうけい［後継］。近代しょうけい［承継］。
中間で―・いで次におくる　近代ちゅうけい［中継］。
うけつけ【受付】❶〈案内〉あんない［案内］。インフォメーション(information)。せったいがかり［接待係］。とりつぎ［取次］。まどぐち［窓口］。
うけつけ【受付】❷〈書類等の受理〉まどぐち［窓口］。近代うけつけ［受付］。中古じゅり［受理］。
うけと・る【受取】さしゅう［査収］。近代うけいれる［受入］。しうなふ［収納］。せつじゅ［接受］。りゃうしう［領収］。りゃうしゅ［領取］。手にする。近世じゅりゃう［受領］。らくしゃう［落掌］。らくしゅ［落手］。中世しうりゃう［受領］。にふしゅ［入手］。もらふ［貰］。中古じゅなふ［受納］。じゅり［受理］。とりいる［―いれる］［取入］。ひきとる［引取］。上代うく［うける］［受］。うけとる［受取］。
《謙》→う・ける
―・っておさめる　近世しうじゅ［収受］。
―・ってもらうへりくだった言い方　近世せうなふ［笑納］。せうりう［笑留］。
金品を不正に―・る　近代しうじゅ［収受］。
書類等を調べて―・る　さしゅう［査収］。
代金などの一部を―・る　近代うちどり［内取］。
手紙や便りを―・る　近代じゅしん［受信］。
喜んで―・る　近代かなふ［嘉納］。
うけみ【受身】近代しゅせい［守勢］。じゅどう［受動］。パッシブ(passive)。近世うけだち［受太刀］。うけみ［受身］。
―の助動詞　中古らる［られる］。る［れる］。上代ゆ。
うけも・つ【受持】衝(しょう)に当たる。近代うけもつ［受持］。たんたう［担当］。たんにん［担任］。近世うけとり［受取］。中古ぶんしゃう［分掌］。中世ひきうく［―うける］［引受］。
―・つ仕事　かかり［係］。近代パート(part)。近世しょくぶん［職分］。もちくち［持口］。もちば［持場］。やくめ［役目］。中世ぶしょ［部署］。やく［役］。上代しょくしゃう［職掌］。
何人かで―・つこと　近代ぶんたん［分担］。近世てわけ［手分］。中古ぶんしゃう［分掌］。
う・ける【受】近代あびる［浴］。きっする［喫］。じゅそう／じゅぞう［受贈］。じゅだく［受諾］。近世くらふ［食］。せうじゅ［消受］。中世あづかる［与］。うけつく［―つける］［受付］。かうむる［蒙／被］。ひきうく［―うける］［引受］。めぐまる［めぐまれる］［恵］。もらふ［貰］。をさむ［おさめる］［収］。中古かうぶる［被］。かづく［被］。かぶる［被］。しょうだく／じょうだく［承諾］。上代うく［うける］［受］。うけいる［―いれる］［受入］。うけとる［受取］。かがふる［被］。
《謙》近代はいする［拝］。御恵贈にあづかる。御恵投を賜る。御恵与に接する。近世おしいただく［押頂］。くださる［下］。はいたい［拝戴］。中世あづかる［与］。いただく［頂］。かうむる［被］。さづかる［授］。ちゃうだいす［頂戴］。はいじゅ［拝受］。中古うけたまはる［承］。かうぶる［被］。かづく［被］。たまはる［賜／給］。はいりゃう［拝領］。まうしうく［―うける］［申受］。上代たばる［賜］。
―・けられない　中世さかふ［逆］。
苦しみを―・ける　上代じゅく［受苦］。
光栄などを身に―・ける　近代あびる［浴］。中世よくす［浴］。
言葉(非難や賞賛)を―・ける　近代あびる［浴］。
細かいものや光線などを―・ける　近代あびる［浴］。
電波や電信を―・ける　近代じゅしん［受信］。
飛んできたものを―・ける　中世うけとむ［―とめる］［受止］。
配給や支給などを―・ける　じゅきゅう［受給］。
配給や配達などを―・ける　じゅはい［受配］。
評価などを―・ける　中古あづかる［与］。
よくないことを―・ける　近代きっする［喫］。じゅなん［受難］。近世くらふ［食］。中古う［える］［得］。
うごか・す【動】近代いどう［移動］。ぎうじる［牛耳］。くどう［駆動］。さうさ／さうさく［操作］。近世うんよう［運用］。さうじゅう［操縦］。中世いてん［移転］。うんかう［運行］。ぎょす［御］。どうず［動］。とりあつかふ［取扱］。はたらかす［働］。中古あやつる［操］。あゆかす／あゆがす［揺］。すべらかす［滑］。ゆるがす［揺］。上代うごかす［動］。うつす［移］。
―・しがたい　近代牢(ろう)として。近世梃子(こて)(梃)でも動かぬ。船が座る。中古げんぜん／げんねん［厳然／儼然］。
―・すことができる　近代かどう［可動］。
思いのままに―・す　近代ふりまはす［振回］。近世さうじゅう［操縦］。をどらす［踊／躍］。

中古あやつる［操］。
感情に―・される 近代かられる［駆］。
機械を―・す かける［懸／掛］。かどう［稼働］。近代さうじゅう［操縦］。
他の力に―・される ながされる［流］。中古けいどう［傾動］。

うごき【動】 さどう［作動］。近代けいくゎ［経過］。どうかう［動向］。どうたい［動態］。もやう［模様］。身のこなし。近世やうす［様子］。中世うつりかはり［移変］。きざし［兆］。くゎつどう［活動］。ぜんてう［前兆］。どうさ［動作］。どうせい［動静］。はたらき［働］。中古うごき［動］。しんたい／しんだい［進退］。へんくゎ［変化］。上代ふるまひ［振舞］。

―が遅い 中世のろのろ［鈍鈍］。中古にぶし［鈍］。ぬるし［暖］。

―が規則正しく反復する 近代りつどう［律動］。近世みゃくどう［脈動］。

―がとれない →うご・く（―・けない）

―が速いさま 近代めまぐるしい［目紛］。中世でんくゎうせきくゎ［電光石火］。

―のある感じ どうかん［動感］。

―の型 フォルム（フランス forme; ドイツ Form）。近代フォーム（form）。

―を示す線 近代どうせん［動線］。

微かな― 近代せんどう［顫動］。びどう［微動］。

微かな―を計測する計器 ダイヤルゲージ（dial gauge）。

身体の― 近代こなし［熟］。身のこなし。近世みうごき［身動］。びんばふゆすり［貧乏揺］。

内面の― ていりゅう［底流］。中世たいどう［胎動］。

激しい― 近世げきどう［激動］。

うごきまわ・る【動回】 中世うごきまはる［動回］。くるめく［眩］。とびあるく［飛歩］。ばたつく。まふ［舞］。中古とびありく［飛歩］。
あちこち―・るさま うろちょろ。こまねずみ［独楽鼠／高麗鼠］。近代ちょこまか。近世ちょこちょこ。びらりしゃらり。中世ちょろちょろ。
あわてて―・る 近世うろたへまはる［狼狽回］。
うねうねと―・る 近世うねどる。

うご・く【動】 近代いどう［移動］。くどう［駆動］。ゆらぐ［揺］。近世うごつく［蠢］。かうどう［行動］。ゆる〔ゆれる〕［揺］。中世いごく［動］。いてん［移転］。うんどう［運動］。くゎつどう［活動］。中古あゆく／あゆぐ［揺］。しんたい／しんだい［進退］。すべる［滑］。どうえう［動揺］。はたらく［働］。ゆるぐ［揺］。上代うごく［動］。うつる［移］。

―・かずにいるさま いすわる［居座］。びくともしない。近代くゎせき［化石］。せいし［静止］。近世かうちゃく［膠着］。こてい［固定］。ゐなり［居成］。中世ぎょうぜん［凝然］。さびつく［錆付］。じっと。ちんたい［沈滞］。ふどう［不動］。中古つと。上代しづか［静／閑］。

―・かないようにする 近代おさへこむ［押込］。がんじがらめ［雁字搦］。けんせい［牽制］。ふうさつ［封殺］。よくし［抑止］。首根っ子を押さえる。近世おさへつく〔―つける〕［押付］。こてい［固定］。中世くぎづけ［釘付］。中古じゅばく［呪縛］。とどむ〔とどめる〕［止／留／停］。上代おさふ〔おさへる〕［押］。

―・きはじめる しどう［始動］。近代きどう［起動］。めざめる［目覚］。目を覚ます。中世たちあがる［立上］。はつどう［発動］。

―・き乱れること 近代どうぜう［動擾］。

―・く仕掛けになっていること 近代かどう［可動］。

―・く方向 近代どうかう［動向］。

―・く物体 近世どうたい［動体］。

―・けない 動きが取れない。近代足掻きが取れない。暗礁（あんせう）に乗り上げる。進退（しんたい）維谷（これきは）まる。にっちもさっちもいかない。八方塞がり。近世たちわうじゃう［立往生］。のっぴきならぬ。中世いきづまる／ゆきづまる［行詰］。石で手を詰む〔―詰める〕。中古たちすくむ［立竦］。

―・けない状態 ありじごく［蟻地獄］。近代どろぬま［泥沼］。

荒々しく―・く 中古いかる［怒］。

生き生きと―・く 近代やくどう［躍動］。近世せいどう［生動］。

打ちのめして―・けなくする のす。ノックアウト（knockout）。中世のばす［伸］。

微（かす）かに―・くさま ぴくっと。近代びくっと。近世ひこひこ。ぴっくり。

関連して―・く れんどう［連動］。

機械が―・く かかる［掛／懸］。かどう［稼働］。さどう［作動］。

決まった後―・かないこと 中世けつぢゃう［決定］。

心が―・く 中古かんどう［感動］。

三者が―・けない状況 近代さんすくみ［三竦］。

座ったまま―・かないこと 近世きょぜん[居然]。ゐびたれる[居浸]。
勢力を張って―・かないこと 近代ばんきょ[盤踞/蟠踞]。
力強く―・く 近代りきどう[力動]。
内面の活力で―・き出す 中世こどう[鼓動]。
速くよどみなく―・く 中古わしる[走]。上代はしる[走]。
ひくひくと―・く 中古おこづく。
ぴくぴくと―・く 中世おごめく[蠢]。
ひらひらと―・く 近世ひらつく。
びらびらと―・く 中世びらつく/ぴらつく。
船が―・けなくなる状況 ざす[座州/坐洲]。近代ざせう[座礁/坐礁]。
ゆるやかにうねりながら―・く 近世ゑんてん[宛転]。
弱々しく―・くさま ひよひよ。
わずかに―・く しろぐ。近代ずれる。

うごめ・く【蠢】 中世うごつく[躁]。うごめく[蠢]。中古おこづく。おごめく/をごめく[蠢]。しゅんどう[蠢動]。ぜんどう[蠕動]。むくめく[蠢]。
―・くさま もぐもぐ。もごもご。近代もそもそ。もぞもぞ。近世うごうご[蠢蠢]。うざうざ。うじゃうじゃ。うやうや。うようよ。ぞよぞよ。ぞろぞろ。むくむく。中世しゅんしゅん[蠢蠢]。

うさぎ【兎】 近代ラビット(rabbit)。近世しめこ[占子]。つゆぬすみ[露盗]。中世う[兎]。上代うさぎ[兎]。
―の目 あかめ[赤目]。
家で飼っている― かと[家兎]。
山の― やまうさぎ[山兎]。
その他―のいろいろ(例) あなうさぎ[穴兎]。あまみのくろうさぎ[奄美黒兎]。アンゴラうさぎ[angora兎]。かいうさぎ[飼兎]。
▼助数詞 ひき[匹]。近代は[羽]。

うさばらし【憂晴】 リラクゼーション(relaxation)。リラックス(relax)。近代うっぷんばらし[鬱憤晴]。きぶんてんくゎん[気分転換]。近世いきぬき[息抜]。うさはらし/うさばらし[憂晴]。きのばし[気延]。きはうじ[気放]。きほやう[気保養]。こころゆかし[心行]。しわのばし[皺伸]。むしこなし[虫熟]。思ひを晴らす。中世うっさん[鬱散]。きぐすり[気薬]。きさんじ[気散]。きなぐさみ[気慰]。きばらし[気晴]。こころなぐさみ[心慰]。せうけん[消遣/銷遣]。のんき[暢気/呑気/暖気]。てすさび/てすさみ[手遊]。中古さんうつ[散鬱]。なぐさみ[慰]。まぎらはし[紛]。無(な)げの遊(すさ)み。上代こころなぐさ[心慰]。こころやり[心遣]。心を遣る。

―にすること 中世てあそび[手遊]。なぐさみごと[慰事]。

―に出歩く 中世ゆさん[遊山]。

―をする 中古すさぶ[荒/遊]。上代心を遣る。

―をする所 中古こころやりどころ[心遣所]。なぐさめどころ[慰所]。はるけどころ[晴所]。

老人の― 近世しわのばし[皺伸]。
▼憂さを吹き払うもの 中古わすれぐさ[忘種]。

うさんくさ・い【胡散臭】 近世うさんくさい[胡散臭]。うさんらし[胡散]。きなくさし[臭]。くさし[臭]。なまぐさし[生臭/腥]。ものぐさし[物臭/懶]。中世うろん[胡乱]。なまばむ[生]。上代あやし[怪]。うたがはし[疑]。
―・い事業 近代きょげふ[虚業]。

うし【牛】 近世いのじ[字]。中世くろぼたん/こくぼたん[黒牡丹]。こっとひ[特牛]。中古ことひ[特牛/特負]。たうりん[桃林]。上代うし[牛]。ことひのうし[特牛]。

―同士の戦い 近世うしあはせ[牛合]。牛の角突き合ひ。中世とうぎう[闘牛]。

―の怪物 近世ぎうき[牛鬼]。中世ごづ[牛頭]。中古うしおに[牛鬼]。

―の肉の部位(例) オックステール(oxtail)。サーロイン(sirloin)。タン(tongue)。テール(tail)。ばら/ばらにく[肋肉]。ヒレ(フランス filet)。ブリスケ(brisket)。リブロース(rib roast)。

―の鼻輪 はなかん[鼻環]。近世はながい[鼻繫]。中世はなぐり[鼻刳]。はなづる[鼻蔓]。中古はなぎ[鼻木]。

―の鼻輪の綱 中世はなづな[鼻綱]。上代はななは[鼻縄]。

―を飼う人 近代カウボーイ(cowboy)。ぼくじん[牧人]。ぼくふ[牧夫]。近世うしおひ[牛追]。うしかた[牛方]。うしや[牛屋]。中世うしばくらう[牛博労/牛馬喰]。やりて[遣手]。上代うしかひ[牛飼]。

―を世話する人 中世うしこでい[牛健児]。中古うしかひわらは/うしかひわらはべ[牛飼童]。ぼくどう[牧童]。

雄の― 中世ぼぎう[牡牛]。をうし[雄牛]。

子供の― カーフ(calf)。こうし[仔牛]。べ

べ。近世べこ。
強い― 近世ことひうし[特牛]。中世こっとひ[特牛]。てつぎう[鉄牛]。
雌の― 近代ひんぎう[牝牛]。中古めうし[雌牛]。
その他―のいろいろ(例) エアシャー(Ayrshire)。たねうし[種牛]。ちちうし[乳牛]。にくぎゅう[肉牛]。にゅうぎゅう[乳牛]。にゅうようしゅ[乳用種]。

うじ【氏】 中世せいし[姓氏]。中古みゃうじ[名字]。めうじ[苗字]。上代うぢ[氏]。かばね[姓]。

うじ【蛆】 近代そちゅう[蛆虫]。ちゅうそ[虫蛆]。近世うじむし[蛆虫]。中古さし[蠁子]。はへのこ[蠅子]。上代うじ[蛆/蜡]。

うしお【潮】→**しお【潮】**

うしな・う【失】 近代いっする[逸/佚]。さうばう[喪亡]。しつばう[失亡]。近世しっつい[失墜]。なくす[無]。なくなす[無]。中世さうしつ[喪失]。さんいつ[散逸/散佚]。しっきゃく[失却]。しっす[失]。せうしつ[消失]。のがす[逃]。ばうしつ[亡失]。中古おとす[落]。きゆ[きえる][消]。そんず[損]。ふんしつ/ふんじつ[紛失]。ゐしつ[遺失]。上代うしなふ[失]。
―った物 ふんしつぶつ[紛失物]。近代ふんしつもの[紛失物]。ゐしつぶつ[遺失物]。近世おとしもの[落物]。中世うせもの[失物]。わすれもの[忘物]。
―・われた土地 しっち[失地]。
―・われる 近世うさる[失]。
命を―・う →**し・ぬ**
火事などで―・う 中世灰燼(くわいじん)と化す。灰燼に帰す。中古せうしつ/ぜうしつ[焼失]。ぜうばう/ぜうまう[焼亡]。やきうしなふ[焼失]。やけうす[―うせる][焼失]。灰に(と)なる。
器官の感覚を―・う 中世しひる[癈]。上代しふ[癈]。
気を―・う →**きぜつ**
権力を―・う 近代しっけん[失権]。
洪水などで―・う 中古ながれうす[流失]。りうしつ[流失]。
財産を―・う 近代たうさん[倒産]。近世くひつぶす[食潰]。はざい[破財]。中古はさん[破産]。
時期を―・う 中古さたすぐ/さだすぐ。
自分を―・う 近代ばうぜんじしつ[茫然自失]。
職を―・う りしょく[離職]。近代しつげふ[失業]。しっしょく[失職]。
視力を―・う 中世しつめい[失明]。中古めしふ[めしいる][盲]。
望みを―・う 近代しつい[失意]。しつばう[失望]。
名誉(面目)を―・う 近代まるつぶれ[丸潰]。近世しったい[失態/失体]。中世しっつい[失墜]。

うしろ【後】 リア(rear)。近代うらがは[裏側]。こうはい[後背]。こうはう[後方]。こうび[後尾]。バック(back)。近世あとべ[後方]。うらて[裏手]。こうぶ[後部]。しんがり[殿]。せなか[背中]。はいご[背後]。中世そむき[背]。はいめん[背面]。中古あと/のち[後]。うしろ[後]。うら[裏]。しりへ[後方]。上代せ[背]。そがひ[背向/背面]。そびら[背]。

―の足 こうし[後肢]。近代こうきゃく[後脚]。中世あとあし[後足/後脚]。中古しりあし[後足]。

―の側 近世せなか[背中]。中世はいめん[背面]。中古うしろで[後手]。うら[裏]。上代そとも[背面]。

―の端 近世こうたん[後端]。

―の方 近代こうはう[後方]。こうび[後尾]。はいぶ[背部]。近世あとべ[後方]。こうぶ[後部]。中古うしろざま[後様]。しりへ[後/尻]。しりへざま[後方様]。上代うしろで[後手]。

―へ下がる 近代あとすさる/あとすざる/あとずさる[後退]。こうたい[後退]。バック(back)。近世あとさがり[後下]。あとじさり/あとじっさり/あとずざり/あとずさり[後退]。しりごみ[尻込/後込]。中世すさる[退]。上代しりぞく[退]。

―向き しょうきょくてき[消極的]。中世うしろざま[後様]。上代そがひ[背向]。

―を向く 近代背を向ける。中古うしろす[後]。そむく[背]。上代頭(かうべ)(首)を回(めぐ)らす。

うしろぐら・い【後暗】→**うしろめた・い**

うしろすがた【後姿】 中世うしろかげ[後影]。うしろすがた[後姿]。うしろつき[後付]。中古うしろ[後]。上代うしろで[後手]。しりぶり[後振]。
―だけが美しい女性 近代うしろせんりゃう[後千両]。バックシャン(和製back＋(ドイツ)schön)。近世うしろべんてん[後弁天]。

うしろだて【後楯】 近代こうゑん[後援]。近世しりもち[尻持]。中世うしろだて[後

楯／後盾］。こうけん［後見］。中古うしろみ／うしろみる／うしろむ［後見］。よせ［寄］。上代たすく〔たすける〕［助］。

うしろめた・い【後】 近代気が差す。気が咎（とが）める。近世やまし［疾／疚］。気がひける。脛（すね）に疵持つ。中世うしろぐらし［後暗］。中古うしろめたし［後］。うしろめたなし［後］。

—い気持ちになる 近代こころとがめ［心咎］。ひけめ［引目］。気が差す。気が咎（とが）める。

—・いところ 近代じゃくてん［弱点］。近世よわみ［弱］。

—・いところがない 中世せいてんはくじつ［青天白日］。せいれんけっぱく［清廉潔白］。中古はくじつ［白日］。上代いさぎよし［潔］。

《句》近代仰いで天に愧（は）ぢず、俯して地に怍（は）ぢず。俯仰（ふぎやう）天地に愧ぢず。

うす【臼】 上代うす［臼／碓］。

—で穀物などを搗（つ）く 中古うすづく［臼搗／舂］。

—でひいた米 近世ひきごめ［碾米］。

—のいろいろ（例） 近代どうす［土臼］。近世すりうす／するす［磨臼］。つきうす［搗臼／舂臼］。つちうす［土臼］。ひきうす［碾臼／挽臼］。ふみうす［踏臼］。中世いしうす［石臼］。たちうす［立臼］。上代からうす［唐臼］。

▼**臼歌** 近代うすつきうた［臼搗歌］。近世うすひきうた［臼挽歌］。こなひきうた［粉挽歌］。中世きねうた［杵歌］。

うず【渦】 すいは［水巴］。ともえ［巴］。近代くゎせん［渦旋］。くゎりう［渦流］。近世うづわ［渦輪］。らせん［螺旋］。中古うづまき［渦巻］。上代うづ［渦］。

—になって回る 中古うづまく［渦巻］。

—のただ中 近代くゎちゅう［渦中］。

—を巻く運動 近代くゎどう［渦動］。

—を巻く水の模様 らせん［螺旋］。近代くゎじゃう［渦状］。くゎもん［渦紋］。近世うづわ［渦輪］。くゎんぜみづ［観世水］。

海水の— うずしお［渦潮］。

うすあかり【薄明】 近代トワイライト(twilight)。ほのあかり［仄明］。近世うすあかり［薄明］。中世いうくゎう［幽光］。びめい［微明］。中古びくゎう［微光］。

—のさま 近代しらしら［白白］。

月のない夜空の— やてんこう［夜天光］。中世ほしあかり［星明］。

積もった雪の— 近世ゆきあかり［雪明］。

日の出前または日没後の空の— 近代はくめい［薄明］。

うす・い【薄】 近代うすっぺらい［薄片］。うすべったい［薄］。近世きはく［希薄］。中世たんぱく／たんばく［淡泊］。中古あさし［浅］。あはし［淡］。うすらか［薄］。かるし／かろし［軽］。上代あそそに／あぞそに。うすし［薄］。

《枕》中古なつごろも［夏衣］。

—・い氷 中世はくひょう［薄氷］。中古うすごほり［薄氷］。上代うすらひ［薄氷］。

—・いたとえ 中世さんずん［三寸］。

—・い物 近代ひらひら。中古ひら［片／枚］。

—・い様子 近代べらべら。近世うすっぺら。ぺらぺら。中世うっすら。

—・く削る スライス(slice)。中古けづる［削］。

—・くする 近代うすめる［薄］。近世きしゃく［希釈］。

—・くなる 近代うすまる［薄］。うすろぐ［薄］。中古へがる［剝］。上代うすらぐ［薄］。うする〔うすれる〕［薄］。

—・く広げる 近世のばす［延／伸］。

色が—・い 近世たんさい［淡彩］。中古あさし［浅］。

色が—・くなる 近代いろあせる［色褪］。中古あす〔あせる〕［褪］。

液体濃度を—・くする 近代うすめる［薄］。わる［割］。近世きしゃく［希釈／稀釈］。

情が—・い 近代ふしんせつ［不親切］。近世ふにんじゃう［不人情］。むじゃう［無情］。むじひ［無慈悲］。中世あはし［淡］。はくじゃう［薄情］。中古あさし［浅］。れいたん［冷淡］。

野菜などを—・く削る スライス(slice)。近世ささがす。

うすうす【薄薄】 近世ぼんやり。中世うすうす［薄薄］。中古かすか［微］。ほのぼの。上代ほのか［仄］。

うすきみわる・い【薄気味悪】 →**きみわる・い**

うず・く【疼】 近代ずきんずきん。近世ずきずき。どよむ［響］。中世ひびらく［疼］。中古うづく［疼］。とうつう［疼痛］。

うずくま・る【蹲】 近代きょざ［踞座］。つくなむ［蹲／躊］。近世こごなる。しゃがむ。しょっつくばふ［蹲］。ちょちょこなる。つくばる［蹲］。中世そんきょ／そんこ［蹲踞／蹲居］。つくばふ［蹲／踞］。中古うずくまる［蹲／踞］。

うすぐら・い【薄暗】 近代さうさう［蒼蒼］。さうぜん［蒼然］。ばくばく［漠漠］。近世いん

あん［陰暗］。中世 うすぐらし［薄暗］。中古 こぐらし［小暗］。なまくらし［生暗］。ほのぐらし［仄暗］。ものぐらし［物暗］。をぐらし［小暗］。

―・い気配 近代 めいふん［瞑氛］。

―・い時刻 中古 くらぐら［暗暗］。

―・くさびしいさま 中世 いんいん［陰陰］。中古 いんしん［陰森］。

―・く凄みを感じるさま 近世 あんたん［暗澹］。

―・くぼんやりしているさま 中世 めいもう［溟濛］。

朝夕の―・い時　まずめ。近代 たれどき［誰時］。上代 かはたれ［彼誰］。かはたれどき［彼誰時］。

霧や雨で―・い　中世 もうまい［濛昧］。もうもう［朦朦］。

夕方―・くなる　中古 かげる［陰／翳］。

うすま・る【薄】→うす・い（―・くなる）

うずま・る【埋】 近世 ぼっす［没］。中世 うづまる［埋］。うまる［埋］。まいぼつ［埋没］。中古 うづもる［うずもれる］［埋］。上代 うもる［うもれる］［埋］。

―・っていること 中世 まいざう［埋蔵］。

―・って隠れること 近世 まいふく［埋伏］。

うす・める【薄】→うす・い（―・くする）

うず・める【埋】 近代 まいせつ［埋設］。中世 うづむ［うずめる］［埋］。上代 うむ［うめる］［埋］。

うずも・れる【埋】❶〈埋まる〉→うずま・る

うずも・れる【埋】❷〈落魄〉しゃよう［斜陽］。近代 くすぶる／ふすぶる［燻］。近世 身を落とす。中世 おちめ［落目］。なりさがる［成下］。ぼつらく［没落］。まいぼつ［埋没］。れいらく［零落］。中古 うづもる［うずもれる］［埋］。おちぶる［おちぶれる］［零落／落魄］。ふぐう［不遇］。らくはく［落魄］。

うすら・ぐ【薄】 近代 いろあせる［色褪］。たいしょく［退色／褪色］。へんしょく［変色］。中古 あす［あせる］［褪］。さむ［さめる］［褪］。はぐ［はげる］［剝］。上代 うすらぐ［薄］。うする［うすれる］［薄］。→あ・せる

うせもの【失物】→うしな・う

う・せる【失】→なくな・る

うそ【嘘】 がせ。からうそ［空嘘］。びゅうげん［謬言］。真っ赤な嘘。近代 あざむき［欺］。うそぱち［嘘八］。かんきつ／かんけつ［奸譎／姦譎］。きっさ／けっさ［譎詐］。きょこう［虚構］。きょばう［虚妄］。くうご［空語］。けっき［譎詭］。じじつむこん［事実無根］。でっちあげ［捏上］。ねつざう［捏造］。フィクション（fiction）。ふげん［誣言］。近世 あかうそ［赤嘘］。うそっぱし／うそっぱち［嘘］。うそはっぴゃく［嘘八百］。ウニコール（ポルトガル unicorne）。かたり［騙／衒］。きさ［詭詐］。ぎさ［偽詐］。きゃうげん［狂言］。きょ［虚］。こしらへごと［拵言］。ざうげん［造言］。さばう／さまう［詐妄］。すっぱ［素破／透波］。そら［空］。そらうそ［空嘘］。そらね［空音］。てっぱうばなし［鉄砲話］。ねなしごと［根無言］。のでっぱう［野鉄砲］。まやかし。まんぱち［万八］。やすけ［弥助］。上の空なる言。中世 あだごと［徒言］。うそ［嘘］。きぎょ［綺語］。きょご［虚語］。きょだん［虚談］。きょまう［虚妄］。くうげん／すらごと［空言］。こぎ［虚偽］。こけ［虚仮］。こまう［虚妄］。まいす［売僧］。ゑそらごと［絵空事］。嘘の皮。中古 ぎげん［偽言］。きご［綺語］。きょげん［虚言］。きょたん［虚誕］。さげん［詐言］。そらごと［空言］。つくりごと［作事］。はかなしごと［果無言］。ひがごと［僻言］。ばうご／まうご［妄語］。上代 いつはり［偽］。いつはりごと［偽言／偽事］。およづれ［妖］。およづれごと［妖言］。きょぎ［虚偽］。むなこと［空言／虚言］。

《句》近代 嘘つきは泥棒の始まり。嘘と坊主の頭はゆったことがない。大嘘は吐っくとも小嘘は吐っくな。上手な嘘より下手な実意。近世 嘘から出た実。嘘も方便。冗談から駒。根がなくても花は咲く。灰吹きから蛇が出る。

―か本当か 近世 しんぴ［真否］。中世 しんがん［真贋］。中古 きょじつ［虚実］。しんぎ［真偽］。

―であることが見え透いている 近世 しらじらし［白白］。そらぞらし［空空］。

―泣き つくりなき［作泣］。近世 そらなみだ［空涙］。中古 そらなき［空泣］。

―寝 近世 たぬき［狸］。たぬきね［狸寝］。たぬきねいり［狸寝入］。たぬきねぶり／たぬきねむり［狸眠］。中世 そらねいり［空寝入］。そらぶし［空臥］。中古 そらね［空寝］。そらねぶり［空眠］。

―の心 中世 きょしん［虚心］。中古 そらごころ［空心］。

―の知らせ 近代 きょほう［虚報］。デマ／デマゴギー（ドイツ Demagogie）。

―の手紙 近世 たばかりじゃう［謀状］。

―のない心 近代 せきせい［赤誠］。中世 じゃうじつ［情実］。しんじゃう［真情］。せいし

ん[誠心]。中古せいい[誠意]。せいじつ[誠実]。せきしん[赤心]。たんせい[丹誠]。ほんしん[本心]。まごころ[真心]。上代あかきこころ[明心]。たんしん[丹心]。まこと[誠/真/実]。

—のないこと 近代しんせい[真誠/真成]。ましゃうぢき[真正直]。思ひ邪(よこしま)なし。近世しゃうしんしゃうめい[正真正銘]。ほんぼ/ほんぼう[本本]。中世じっしゃう[実正]。せいちょく[正直]。中古しゃうぢき[正直]。しんじち/しんじつ[真実]。上代あかし[明]。なほ[直]。まこと[誠/真/実]。まなほ[真直]。

—の約束 からしょうもん[空証文]。近世からせいもん[空誓文]。からてがた[空手形]。そらぎしゃう[空起請]。そらせいもん/そらぜいもん[空誓文]。中世そらしょうもん[空証文]。

—も大勢が言えば本当となる 近代一犬(いっけん)虚(きょ)に吠ゆれば万犬(ばんけん)実(じつ)を伝ふ[—伝える]。

—をつく つく[吐]。近代にまいじた[二枚舌]。言(げん)を構へる。近世かたる[騙/衒]。ごまかす[誤魔化]。ちんず[陳]。へうり[表裏]。言を食(は)む。空を使ふ。鉄砲放つ。中世しひごと[誣言]。じゃぎ[邪偽]。だます[騙]。中古いつはる[偽]。しょくげん[食言]。たぶらかす/たぶろかす[誑]。上代あざむく[欺]。しふ[しいる][誣]。ぬすまふ[盗]。

—をつく人 近代からくりや[絡繰屋]。きゃうげんし[狂言師]。ひゃくいち[百一]。近世いつはりもの[偽者]。すっぱ[素破/透波]。せんみつ[千三]。なんくゎ[南華]。へうりもの[表裏者]。まんぱち[万八]。よたらう[与太郎]。中世うそつき[嘘吐]。中古そらごとびと[空言人]。

多くの— 近世うそはっぴゃく[嘘八百]。嘘でかためる。

奇怪な— 中世くゎいたん[怪誕]。

つまらない大きな— 近代だぼら[駄法螺]。

とんでもない— 真っ赤な嘘。近代おほうそ[大嘘]。近世だいうそ[大嘘]。

▼病気のふり 近代さびゃう[詐病]。近世けびゃう[仮病]。中世さくびゃう[作病]。つくりやまひ[作病]。

うそぶ・く【嘯】 中古あざける[嘲]。うそぶ[嘯]。うそむく[嘯]。上代うそぶく[嘯]。うそむ[嘯]。

うた【歌】 ❶〈歌唱〉ポピュラーソング(popular song)。メロス(ギリシャ melos)。リート(ドイツ Lied)。近代おんど[音頭]。かえうきょく[歌謡曲]。ソング(song)。りうかううた/りうかうか[流行歌]。近世えんか[演歌/艶歌]。かえう[歌謡]。しきょく[詞曲]。中世かきょく[歌曲]。はやうた[早歌]。中古えいきょく[郢曲]。かしゃう[歌唱]。しゃうか[唱歌]。みんえう[民謡]。上代うた[歌/唄]。

—が下手なこと 近代おんち[音痴]。近世糠味噌が腐る。味噌が腐る。

—と舞い かぶ[歌舞]。上代うたまひ[歌舞]。

—の声が美しいたとえ 近代梁(うつばり)の塵(ちり)を動かす。梁塵(りゃうぢん)を動かす。

—を歌う人 近代かしゅ[歌手]。シンガー(singer)。せいがくか[声楽家]。近世うたひめ[歌女]。中世うたひて[歌手]。うたひめ[歌姫]。中古うたうたひ[歌歌]。うため[歌女]。しゃうぢょ[娼女/倡女]。上代うたびと[歌人]。

遊びの— 近代あそびうた[遊歌/遊唄]。かぞへうた[数歌]。かへうた[替歌]。コミックソング(comic song)。ぼんをどりうた[盆踊唄]。近世おどけうた[戯歌]。中世むしづくし[虫尽]。

祝いの— キャロル(carol)。中古いはひうた[祝歌/祝唄]。

宴席などで歌う— 近代さかもりうた[酒盛唄]。ろくめい[鹿鳴]。中古いはひうた[祝歌/祝唄]。

凱旋(がいせん)の— 中古がいか[凱歌]。

神を称える— さんか[賛歌/讃歌]。近代さんびか[賛美歌/讃美歌]。せいか[聖歌]。近世しょうか[頌歌]。中古いはひうた[祝歌]。

公的集団の— しゃか[社歌]。近代おうゑんか[応援歌]。かうか[校歌]。ぐんか[軍歌]。こくか[国歌]。しか[市歌]。ちゃうか[町歌]。れうか[寮歌]。

子供のための— ララバイ(lullaby)。近代あそびうた[遊歌/遊唄]。えうらんか[揺籃歌]。もりうた[守歌]。近世こもりうた[子守唄]。てまりうた[手鞠歌]。どうえう[童謡]。わらべうた[童歌]。

好んで歌う— あいしょうか[愛唱歌]。

仕事の— ろうどうか[労働歌]。

仕事の—(例) 近代いとひきうた[糸引歌]。こまひきうた[駒牽唄]。ぼくか[牧歌]。近世いしひきうた[石引唄]。いとくりうた[糸繰唄]。いとりうた[糸取歌]。うま

かたぶし［馬方節］。きやりうた［木遣唄］。きやりおんど［木遣音頭］。きやりぶし［木遣節］。ちゃつみうた［茶摘歌］。まごうた［馬子唄］。中世さをうた［棹歌／棹唄］。中古たうか［棹歌／櫂歌］。ふなうた［舟唄］。

世間で流行っているー 近代りうかうた／りうかうか［流行歌］。近世ぞくか［俗歌］。はやりうた［流行歌］。りか［俚歌］。中世えいきょく［郢曲］。中古いまやううた［今様歌］。さいばら［催馬楽］。《句》近代歌は世につれ世は歌につれ。

地方で歌われるー 近代ぞくえう［俗謡］。近世ゐなかうた［田舎歌］。中世りえう［里謡／俚謡］。中古えびすうた［夷歌］。みんえう［民謡］。

風刺のー 近世らくしゅ［落首］。上代わざうた［童謡／謡歌］。

うた【歌】❷〈詩歌〉中世しいか［詩歌］。中古やまとうた［大和歌／倭歌］。上代うた［歌／詩］。たんか［短歌］。わか［和歌］。→わか

人の死を悼むー 近代エレジー(elegy)。中世あいしゃうか［哀傷歌］。ばんし［挽詩／輓詩］。ひか［悲歌］。上代ばんか［挽歌／輓歌］。

うたいもんく【謳文句】コピー(copy)。じゃっく［惹句］。せんでんもんく［宣伝文句］。近代キャッチフレーズ(catchphrase)。スローガン(slogan)。へうご［標語］。

うた・う【歌】せいがく［声楽］。中古いだしたつ［出立］。うたふ［歌／謡／唄］。かしゃう［歌唱］。くちずさぶ／くちずさむ［口遊／口吟］。しゃうか［唱歌］。

声高くー・う 近代らうしゃう［朗唱］。中世かうぎん［高吟］。かうしゃう［高唱］。中古うちいづ［打出］。かうか［高歌］。はうか［放歌］。はうぎん［放吟］。

声を揃えてー・う 近代がっしゃう［合唱］。コーラス(chorus)。せいしゃう［斉唱］。中世おうか［謳歌］。

詩歌などをー・う 近代ていぎん［低吟］。くぎん／こうぎん［口吟］。近世ぎんず［吟］。中世こうしょう［口誦］。中古うそぶく［嘯］。うちずす［打誦］。えい［詠／咏］。ぎん［吟］。ぎんえい［吟詠］。くちあそび［口遊］。くちずさぶ／くちずさむ［口遊／口吟］。じゅす／ずうず／ずず／ずんず［誦］。ながむ［詠］。びぎん［微吟］。らうえい［朗詠］。

情熱をこめてー・う ねっしょう［熱唱］。中世ぜっしゃう［絶唱］。

好きな歌をー・う 近代あいぎん［愛吟］。あいしゃう［愛唱］。

伴奏なしでー・う 中古せいか［清歌］。

一人でー・う 近代どくしゃう［独唱］。

▼合唱 しじゅうしょう［四重唱］。じゅうしょう［重唱］。にじゅうしょう［二重唱］。りんしょう［輪唱］。れんしょう［連唱］。近代カルテット(イタリア quartetto)。デュエット(duet)。

うたがい【疑】ようぎ［容疑］。近代ぎうん［疑雲］。ぎしんあんき［疑心暗鬼］。近世ぎぎ［疑義］。ぎもん［疑問］。さいぎ［猜疑］。中世ぎねん［疑念］。じゃすい［邪推］。中古ぎわく［疑惑］。けんぎ［嫌疑］。こぎ［狐疑］。ふしん［不審］。心の鬼。上代うたがひ［疑］。ぎしん［疑心］。くゎいぎ［懐疑］。

ーがなくなること 近代くゎつねん［豁然］。せいてんはくじつ［青天白日］。近世くゎつぜん［豁然］。しゃくぜん／せきぜん［釈然］。にほんばれ［日本晴］。ひょうかい［氷解］。垢が抜く［ー抜ける］。明かりが立つ。目串が抜く［ー抜ける］。中世しゃくねん［釈然］。はる［はれる］［晴］。中古とく［とける］［解］。

ー半分 近世はんしんはんぎ［半信半疑］。

ー深い 近世じゃすいぶかい［邪推深］。

ーをかけられる 痛くもない腹を探られる。

ーを晴らす 近世めんぱれ［面晴］。垢を抜く。

うたが・う【疑】首を傾げる。首を捻る。小首を傾げる。不審を抱く。近代疑ひを挟む。不審を打つ。不審を立てる。近世いぶかしむ［訝］。うたぐる［疑］。かんぐる［勘繰］。中世あやしむ［怪］。中古あやしがる／あやしぶ［怪］。いふかる／いぶかる［訝］。上代うたがふ［疑］。とがむ［とがめる］［咎］。《句》近代幽霊の正体見たり枯尾花。芋頭が敵に見える。疑ひは言葉でとけぬ。疑心暗鬼を生ず。瓜田に履を納れず。瓜田の履。七度尋ねて人を疑へ。杯中の蛇影。李下に冠を整さず。李下の冠。

ー・い危ぶむこと 中世ぎたい［疑殆］。

ー・い恐れること 近代ぎく［疑懼／疑惧］。

ー・いない 火を見るよりも明らか。近代けつぢゃう［決定］。近世ぢゃうせつ［定説］。上代うつなし。

ー・うような目つき 中古まかげ［目陰／目蔭］。

ー・ったり妬んだり 近代さいぎ［猜疑］。

ー・って迷いためらうこと 近代ちぎ［遅疑］。

ひそかにー・う 中古おもひうたがふ［思疑］。

うたかた【泡沫】→あわ

うたがわし・い【疑】 近代ふたしか[不確]。近世いかがし[如何]。いかがはし[如何]。うさんくさい[胡散臭]。くさし[臭]。けぶさい。中世うしろぐらし[後暗]。中古あやし[怪]。いぶかし[訝]。いぶせし[鬱悒]。うたがはし[疑]。おぼつかなし[覚束無]。

—いこと 近代クエスチョン(question)。まゆつばもの[眉唾物]。近世うさん[胡散]。ぎぎ[疑義]。ぎじ[疑事]。きぶさい[気塞]。ぎもん[疑問]。中世うろん[胡乱]。ふしん[不審]。

—い点 近代ぎてん[疑点]。ぎもんてん[疑問点]。近世くもりかかり[曇掛]。くもりかすみ[曇霞]。

—く思う 近世いぶかしむ[訝]。くゎいが/けげん[怪訝]。中古おもひうたがふ[思疑]。

うたげ【宴】 →**えんかい【宴会】**

うたたね【転寝】 近代かしん[仮寝]。かすい[仮睡]。かたねむり[片眠]。かみん[仮眠]。しらかはよふね[白川夜船]。ナップ(nap)。近世ころびね[転寝]。まろびね[転寝]。中世いっすい[一睡]。うたたねむり[転眠]。かりそめね[仮初寝]。かりぶし[仮臥]。かりまくら[仮枕]。ごすい[午睡]。ごろね[転寝]。ゐねむり[居眠]。中古うたたね[転寝]。うちまどろむ[打微睡]。かたねぶり[片眠]。かりそめぶし[仮初臥]。かりね[仮寝]。とろめく[蕩]。ひるね[昼寝]。まどろむ[微睡]。まろぶし[丸臥]。ゐねぶり[居眠]。上代まるね/まろね[丸寝]。→**いねむり**

—するさま 近代こっくり。こっくりこっくり。近世うつらうつら。うとうと。こくこく。こくりこくり。ほくほく。ぼくぼく。ぽくぽく。舟を漕ぐ。中世うつうつ。とろとろ。とろり。

うち【内】 近代うちがは[内側]。近世ないぶ[内部]。ないめん[内面]。上代うち[内]。なか[中]。→**うちがわ**

《枕》上代たまきはる。

—と外 近世うちそと[内外]。中世うちと[内外]。ないぐゎい[内外]。ないげ[内外]。中古ちゅうぐゎい[中外]。

うちあ・ける【打明】 近代こくはく[告白]。懐襟(くゎいきん)を開く。肺肝を出(だ)だす。腹を割る。腹心を布(し)く。近世うちあかす[打明]。うちあく[—あける][打明]。うちわる[打割]。さんげ/ざんげ[懺悔]。しらく[しらける][白]。ひれき[披瀝]。ぶちまく[—まける][打]。胸襟(きょうきん)を開く。中世かいきん[開襟/開衿]。中古あかす[明]。あらはす[表/現]。いひあらはす[言表]。かたらふ[語]。肝胆(かんたん)を傾ける。

—けてする話 近代ひわ[秘話]。近世ざんげばなし[懺悔話]。しんていばなし[心底話]。

いきなり思慕の情を—けること 中古うちつけげさう[打付懸想]。

隠していたことを—ける 近代こくはく[告白]。近世しらく[しらける][白]。

うちあわせ【打合】 コンタクト(contact)。コンファレンス(conference)。近代うちあはせ[打合]。かうせふ[交渉]。けふぎ[協議]。したさうだん[下相談]。ミーティング(meeting)。近世くゎいぎ[会議]。はなしあひ[話合]。中古だんがふ[談合]。ひゃうぎ[評議]。上代はからふ[計]。→**そう**

うちがわ【内側】 近代いない[以内]。インサイド(inside)。うちがは[内側]。なかがは[中側]。近世ないぶ[内部]。ないへん[内辺]。ないめん[内面]。ふところ[懐]。中古ないはう[内方]。上代うち[内]。なか[中]。

—の寸法 近世うちのり[内法]。

衣服などの— 近代うら[裏]。

神社や寺院の— 中古けいだい[境内]。

うちき【内気】 ないこうてき[内向的]。はずかしがり[恥]。近代うちば[内端]。きよわ[気弱]。シャイ(shy)。近世うちき[内気]。ひかへめ[控目]。ひっこみじあん[引込思案]。よわき[弱気]。ゑんりょがち[遠慮勝]。中世いりめ[入目]。中古おくまる[奥]。

—過ぎる 中古うもれいたし/むもれいたし[埋甚]。

—でおどおどする 中古おびる。

—で優しい女性の心 近世をなごぎ/をんなぎ[女気]。をんなごころ[女心]。

うちき・る【打切】 幕を引く。近代うちきる[打切]。しゅうけつ[終結]。しゅうれう[終了]。とりやめる[取止]。近世うちどめ[打止]。おひらき[御開]。きりあぐ[—あげる][切上]。すます[済]。ちゅうし[中止]。ちゅうだん[中断]。まくひき[幕引]。幕を下ろす。幕を切る。中古ちゅうぜつ[中絶]。上代たつ[絶/断]。やむ[やめる][止]。をはる[終]。をふ[おえる][終]。

うちくび【打首】 近代ふんけい[刎頸]。近世うちくび[打首]。きりくび[切首/斬首]。首になる。中世せいばい[成敗]。だんとう

う

［断頭］。中古ざんざい［斬罪］。上代ざん
［斬］。ざんけい［斬刑］。ざんしゅ［斬首］。
首を刎はぬ［―刎ねる］。
うちけし【打消】 近代うちけし［打消］。てっ
くゎい［撤回］。とりけし［取消］。ひてい［否
定］。ひにん［否認］。近世けす［消］。中古
いなむ［否］。うちけつ［打消］。
―の言葉 いえ。近代ナイン（ドイツnein）。ノ
ン（フランスnon）。近世いいえ。いやさ。ノー
（no）。中世いいや。いや。中古あらず
［非］。いで。いでや。なにか［何］。上代い
な／いなや［否］。
―の助動詞等 ない。ぬ。ません（連語）。
中古あらず（連語）。じ。ず。まじ。
▼接頭語 中世ひ［非］。中古ふ［不］。ぶ［無］。
〈打消の意を含む古語の表現〉
ありはしない 中世あらばこそ。上代あらず。
あるはずがない 中古あるまじ。
…しなかっただろう 中古ざらまし。ざりけ
む。まじ。
そうではない 中古さならず［然］。
…できそうにない 中世べくもあらず。中古
まじ。
…でないならば 近世ずば。中世ずんば。
中古ずは。
…でないのだから 中古ならなくに。
…でないものかなあ 上代ぬかも。
…でなくて 中古ならで。
…ではない 中世ならず。上代あらず。
…ではないから 中古ならなくに。
…ではないのに 上代ならなくに。
…ではなくて 中古あらで。ならで。
…ないから 上代なみ［無］。
…ないことだから 上代なくに。
…ないそうだ 中古ざなり。ざんなり。
…ないために 上代なみ。
…ないだろう 中古ざらむ。ざるべし。じ。
上代ましじ。
…ないだろうか（反語） 中世ざらむや。
…ないで 中世いで。ずと。ずとも。ずに。
中古ずして。で。上代ずて。ずは。に。
…ないでほしい 上代そね。
…ないでも 近世ずと。中古ずとも。
…ないならば 中世ずんば。中古ずは。
…ないのだから 上代あらなくに。
…ないのだなあ 上代なくに。ぬかも。
…ないのに 上代あらなくに。なくに。ねば。
…ないほうがよい 近代あらずもがな。中古な
くもがな。
…ないままで 中古ずして。上代ずて。
…ない様子だ 中古ざめり。ざんめり。
…ないようだ 中古ざなり。ざめり。ざんな
り。ざんめり。なかめり。まじげなり。
…なかった 中古ざりき。ざりけり。ざりつ。
…なかったとすれば 中古なかりせば。
…なかったならば 中古なかりせば。
…なかったらよいのになあ 中古なくもがな。
…なくて 中古ずして。で。上代ずて。
…なくても 上代ずとも。
…はずがない 上代ましじ。
うちこ・む【打込】 近代とりくむ［取組］。ねっ
ちゅう［熱中］。ぼっとう／もっとう［没頭］。
ぼつにふ／もつにふ［没入］。むちゅう［夢
中］。近世なづむ［泥］。ぼっこむ。身を塡は
む。中世うちこむ［打込］。せんいち［専
一］。はげむ［励］。中古せんいつ［専一］。
とりす［執］。身を投ぐ［―投げる］。→いち
ず
うちこわ・す【打壊】 →こわ・す
うちす・てる【打捨】 ほっぽる。近世はふりだ
す［抛出／放出］。中世はうか／はうげ［放
下］。はうてき［放擲／抛擲］。中古うちす
つ［―すてる］［打捨／打棄］。はうきゃく［放
却］。はふらかす［放］。はふらす［放］。
上代うつつ［打棄］。
うちと・ける【打解】 ラポール（フランスrapport）。
近代とけあふ［解合］。ファミリア（famil-
iar）。肝胆かんたん相照あひてらす。近世くだく［く
だける］［砕／摧］。せふかふ［浹洽］。気を
許す。他事なし。中世くつろぐ［寛］。ゆる
［ゆりる］［許］。中古あざる［戯／狂］。うち
おほどく。うちとく［―とける］［打解］。け
ぢかし［気近］。こころとく［―とける］［心
解］。したしむ［親］。しどけなし。ないがし
ろ［蔑］。なる［なれる］［馴／慣］。みだる［み
だれる］［乱］。上代とく［とける］［解］。やは
らぐ［和］。心を開く。心を許す。
―・けた様子 中古なれかほ［馴顔］。
―・けて格式張っていない様子 近世世話に
砕ける。
―・けて語ること 近代かいご［諧語］。くゎ
んだん［歓談］。こんだん［懇談］。こんわ［懇
話］。ゆうわ［融和］。中古だんせう［談
笑］。膝を交ふ［―交える］。
―・けて親しくすること 近世こんしん［懇
親］。中古かうくゎん［交歓］。
―・けて楽しむこと 近代えんらく［宴楽／燕
楽］。
―・けない顔つき 中古へだてがほ［隔顔］。

―・けないで格式張っている 近代上下(かみしも)を着る。

―・けやすい 気が置けない。近世気が軽い。

心底から―・ける 近代わちゅう[和衷]。

うちどめ【打止】 近代うちきり[打切]。近世うちだし[打出]。うちどめ[打止]。しゃぎる。せんしうらく[千秋楽]。まくひき[幕引]。中古をはり[終]。→**うちき・る**

うちと・る【討取】 近世しとむ[―とめる][仕留]。中世とる[取]。まかす[負]。中古うちとる[討取/打取]。上代ころす[殺]。

うちのめ・す【打】 近世うちのめす[打]。たたきつぶす[叩潰]。たたきのめす[叩]。中世のばす[伸/延]。

うちべんけい【内弁慶】 近代うちべんけい[内弁慶]。近世かげべんけい[陰弁慶]。こたつべんけい[炬燵弁慶]。

《句》近代旅の犬は尾をすぼめる。近世家の前の痩せ犬。内閻魔(うちえんま)の外恵比寿。内広がりの外すぼまり。内弁慶の外地蔵。相撲に負けて妻の面(つら)張る。外愛嬌の内そんぶり。

うちほろぼ・す【討滅】 近代ざんばつ[斬伐]。近世せんめつ[殲滅]。中世さうたう[掃蕩/掃討]。たうばつ[討伐]。中古たいぢ[退治]。たうめつ[討滅]。ほろぼす[滅/亡/泯]。上代うちほろぼす[討滅]。

うちまか・す【打負】 近代うちまかす[打負]。はくげき[搏撃]。近世こうりゃく[攻略]。だたう[打倒]。やっつける[遣付]。

かたっぱしから―・す 近世なでぎり[撫切]。

簡単に―・す 近世ひとつまみ[一撮]。

うちまく【内幕】 うちぶところ[内懐]。ないぶ[内部]。ぶたいうら[舞台裏]。近代うちまく[内幕]。がくやうら[楽屋裏]。ないまく[内幕]。りめん[裏面]。近世ないじゃう[内情]。ないしょ/ないしょう[内証]。中世うちわ[内輪]。中古うちうち[内内]。ないじつ[内実]。

―を題材にした小説 インサイドストーリー(inside story)。

うちみず【打水】 さんすい[散水/撒水]。みずまき[水撒]。近世うちみづ[打水]。きりみづ[切水]。だすい[打水]。

うちやぶ・る【打破】 近代せいは[制覇]。ふんさい[粉砕]。近世げきは[撃破]。しつく[―つける][仕付]。だたう[打倒]。やっつける[遣付]。中世うちやぶる[打破/撃破]。くだく[砕]。だは[打破]。やぶる[破]。中古しへたぐ[―たげる][虐]。へす[圧]。上代うちたふす[打倒]。ほふる[屠]。

敵の囲みを―・る 中世きりやぶる[切破]。

内外の悪を―・る 中古てうず[調]。

論などを―・る 近世ろんぱ[論破]。中世はす[破]。

うちゅう【宇宙】 スペース(space)。近代うない[宇内]。コスモス(ギリシャkosmos)。近世ばんいう[万有]。中世ざうくゎ[造化]。さんぜんせかい[三千世界]。せかい[世界]。ちう[宙]。てんか[天下]。てんじゃう[天壌]。中古うだい[宇内]。ふうさい[覆載]。上代あめつち[天地]。うちう[宇宙]。けんこん[乾坤]。てんち[天地]。はっくゎう[八紘]。ほふかい[法界]。

―人 エイリアン(alien)。

―的 近代ユニバーサル(universal)。

―の根源 中世あじ[阿字](仏教語)。

―の物質 うちゅううん[宇宙雲]。せいかんうん[星間雲]。せいかんぶっしつ[星間物質]。

大きな― だいうちゅう[大宇宙]。マクロコスモス(ドイツMakrokosmos)。

小さな― しょううちゅう[小宇宙]。ミクロコスモス(ドイツMikrokosmos)。

うちょうてん【有頂天】 →**とくい**

うちよ・せる【打寄】 中古うちよす[―よせる][打寄]。たちよる[立寄]。上代よそる[寄]。

波が岸に―・せる 近代かむ[噛/嚼/咬]。中古あらふ[洗]。ほんぱ[奔波]。

うちわ【団扇】 近世あじろうちは[網代団扇]。からうちは[唐団扇]。中古うちは[団扇]。だんせん[団扇]。上代あふぎ[扇]。

―を使う 中古うちはす[団扇]。

柿渋を塗った― 近代しぶせん[渋扇]。中世かきうち/かきうちは[柿団扇]。しぶうちは[渋団扇]。

軍配や行司の― 近世ぐんせん[軍扇]。たううちは[唐団扇]。

棕櫚(しゅろ)の葉で作った― 近代しゅろせん[棕櫚扇]。中世しゅろうちは[棕櫚団扇]。

鳥の羽で作った― 中世はうちわ[羽団扇]。

うちわ【内輪】 近世なかま[仲間]。なかまうち[仲間内]。中世うちわ[内輪]。かない[家内]。みうち[身内]。やうち[家内]。中古うちうち[内内]。せうしゃう[蕭牆]。

―の喧嘩(けんか) ないそう[内争]。近代うちわげんくゎ[内輪喧嘩]。うちわもめ[内輪揉]。こうさう[訌争]。だいこう/ないこう[内訌]。どうしうち[同士討/同志討]。ない

ふん[内紛]。近世ないへん[内変]。中世げきしゃう[鬩牆]。どしうち[同士討/同士打]。蕭牆(せうしやう)の患(うれ)へ。上代ないらん[内乱]。

—のこと 近世うちむき[内向]。中古ないじ[内事]。

—の話 うらばなし[裏話]。近世がくやばなし[楽屋話]。

他人を交えない— 近世みづいらず[水入]。

うちわけ【内訳】 近代うちわけ[内訳]。さいもく[細目]。近世めいさい[明細]。中世こわけ[小分]。

う・つ【打】 一発食らわす。近代おうだ[殴打]。だげき[打撃]。なぐりつける[殴付]。なぐりとばす[殴飛]。はたく[叩/砕]。パンチ(punch)。近世きす[きせる][着]。だぼく[打撲]。どやす。ぶちたたく[打叩]。ぶつ[打/撲/撃]。ぶんなぐる[打殴/打擲]。中世しらぐ。ちゃうちゃく[打擲]。なぐる[殴/擲]。はる[張/撲]。上代うつ[打]。たたく[叩/敲]。

《枕》中古しらなみの[白波][⇩うちさわぐ/うちしきり]。上代ころもでを[衣手][⇩うち]。とこじもの[床物][⇩うちふす]。

—・つさま 近代ぴしっと。ぽかぽか。ぽかん。近世がん/ぐゎん。ちゃうちゃう[打打/丁丁]。ぴしゃり(と)。ぽかり(と)。ぽん(と)。中世ひしと[犇]。ひしひし[犇犇]。中古しとと。はたと。

—・った傷 近代ざしゃう[挫傷]。だぼくしゃう[打撲傷]。近世うちみ[打身]。

軽く—・つ 近代こづく[小突]。

続けて—・つ 近世つづけばり[続撲]。れんだ[連打]。中世つづけうち[続打]。

強く—・つ 近代きゃうだ[強打]。つうだ[痛打]。中世どうづく/どつく/どづく[突]。上代うちつく[—つける][打付]。

同時に二人が互いを—・つ 中世あひうち[相打/相撃]。

むやみにやたらに—・つ 近代らんだ[乱打]。近世めったうち[滅多打]。

う・つ【撃】 近代ショット(shot)。はっしゃ[発射]。はっぽう[発砲]。近世がうはつ[轟発]。こうげき[攻撃]。しゃげき[射撃]。そげき[狙撃]。ぶっぱなす[打放]。らんしゃ[乱射]。中世いる[射]。うつ[撃]。

接近して—・つ 近代はくげき[迫撃]。

戦艦を—・ち沈める 近代げきちん[撃沈]。

続けて—・つ 近世つるぶ[連]。

続けて—・つこと 近世つるべうち[連打/釣瓶打]。れんだ[連打]。

狙い—・つ 近世そげき[狙撃]。

狙いを定めずやたらに—・つ 近代まうしゃ/めくらうち[盲射]。

挟んで—・つ 近代はさみうち[挟撃]。

飛行機を—・ち落とす 近代げきつい[撃墜]。

見下ろして—・つ 近代かんしゃ[瞰射]。

迎え—・つ 近代げいげき[迎撃]。

う・つ【討】 中世しとむ[—とめる][仕留]。せめほろぼす[攻滅]。たうず[討]。たうばつ[討伐]。中古せいたう[征討]。たいぢ[退治]。ほろぼす[滅/亡/泯]。上代うちほろぼす[討滅]。うつ[討/伐]。おひはらふ[追払]。せいばつ[征伐]。たひらぐ[たいらげる][平]。

—・つために出発する 近代しゅっせん[出戦]。中世しゅつぢん[出陣]。上代しゅっせい[出征]。

罪ある者を—・つ 中世ちゅうばつ[誅伐]。上代ちゅうす[誅]。

うっかり 近代むいしきに[無意識]。近世うかりひょん/うっかりひょん[浮]。つい。ついつい。ほかほか。ほっかり。むさと/むざと。知らず知らず。我知らず。中世うかうか。うかと。うくゎつ[迂闊/迂濶]。うっかり。おぼえず[覚]。ふようい[不用意]。れうじ[聊爾]。いつのまにか。覚えず知らず。思はず知らず。中古おほなおほな。おる[愚/痴]。くゎうりゃう[広量]。こころおくる[心後]。上代こころおそし[心遅]。

—・した人 とぼけもの[惚者]。近世うっそり。うっそりかん。うっそりどの[殿]。

—・していること 中世うつけ[空/虚]。

—・しているさま 近世ふかふか。中古あはつか[淡]。

—しゃべる 口が滑る。口を滑らす。中古くちばしる[口走]。上代もらす[漏]。《句》近世問ふに落ちず語るに落つ[—落ちる]。

—・すると 下手(へた)をすると。

—ミス ちょんぼ。近代とりおとす[取落]。近世ふかくご[不覚悟]。

うつぎ【卯木】 近世うつげ。かきみぐさ[垣見草]。たうゑばな[田植花]。中世しほみぐさ[潮見草]。なつゆきさう[夏雪草]。はつみぐさ[初見草]。ゆきみぐさ[雪見草]。中古うつぎ[卯木/空木]。上代うのはな[卯花]。

—の咲いている月夜 上代うのはなづくよ[卯花月夜]。

—の実 近世くんせんし[君仙子]。

うつくし・い【美】 近代シャン(ドイツschön)。びめう／みめう[美妙]。ビューティー(beauty)。近世あはれげ[哀]。うっつい[美]。きらやか[煌]。ぜつび[絶美]。たへ[妙]。れいれい[麗麗]。中世いつくし／うつくし[美]。か[佳]。かうばし／かぐはし[芳／香]。きらびやか／きららか[煌]。きれい[綺麗]。しらく[至楽]。せんけん／せんげん[嬋娟／嬋妍]。なまやか[生]。にほやか[匂]。中古あはれ[哀]。いう[優]。えん／えんがる／えんだつ[艶]。きよげ／きよし[清]。きよら[清]。きらきらし。けうら[清]。こまか[細]。さやか。すごし[凄]。つややか[艶]。なまめかし／なまめく[艶]。にほはし／にほひやか[匂]。はなやか[華]。はゆ[映]。び[美]。びびし[美美]。まばゆし[目映]。みめう[微妙]。めざまし[目覚]。めでたし[愛]。やさし[優]。よし[良]。よそほし[装]。らうらうじ[労労]。りゃうりゃうじ。をかし。目も及ばず。上代うまし[旨／味]。うるはし[麗／美]。くはし[美]。さや／さやに。さやけし。しなふ[撓]。にほふ[匂]。まぐはし[目細]。《枕》上代なみくもの[波雲]。

—・い色つや 近代せんしょく[鮮色]。近代たさい[多彩]。近世びしょく[美色]。中世せいさい[精彩／生彩]。

—・い顔 近代ぎょくよう[玉容]。きれいくび[綺麗首]。近世きりゃうよし[器量好]。びがん[美顔]。びぎゃう／びけい[美形]。中古しうび[秀眉]。びさう[美相]。上代かほよし[顔良]。びばう[美貌]。

—・い声 近代玉を転がすやう。中世めうおん[妙音]。中古びせい[美声]。

—・いこと 中世きら[綺羅]。中古にほひ[匂]。上代うづ[珍]。

—・いことと醜いこと 近代びしう[美醜]。中世けんしう[妍醜]。

—・い女性 →**びじん**

—・い姿 れいし[麗姿]。近代けいし[瓊姿]。中世いうたい[尤態]。風の姿。中古れいよう[麗容]。

—・い建物 中世ぎょくろう[玉楼]。ぎんかく[銀閣]。きんでん[金殿]。

—・い男性 →**びなん**

—・い妻 上代はなつつま／はなつま[花妻]。

—・い所 中世たましき[玉敷]。

—・い筆跡 近代れいひつ[麗筆]。

—・い服 中世きら[綺羅]。中古りょうら[綾羅]。

—・い眉 中古しうび[秀眉]。すいたい[翠黛]。上代柳の眉。

—・いもの(たとえ) 近世梅と桜。中世くゎてうふうげつ[花鳥風月]。中古しゅぎょく[珠玉]。たま[玉]。

—・いものを重ねる 中世錦上に花を敷く。錦上に花を添ふ[—添える]。

—・い山 近代しうほう[秀峰]。

—・くあでやかなさま 近世えんび[艶美]。ぼっとり。中古せんえん／せんけん[嬋娟]。

—・く奥ゆかしい 近代らふたし[臈]。中古いうえん[優艶]。いうゑん[優婉]。

—・くかよわげ 中古あえか。せんれい[繊麗]。

—・く清らか 近代せいび[清美]。中世すみやか[澄]。中古きよげ[清]。そそ[楚楚]。

—・くしとやか 近世ゐんぜん[婉然]。ゑんび[婉美]。中古えうてう[窈窕]。

—・くしなやか 近世せんさい[繊細]。中古せんれい[繊麗]。

—・く純粋なこと 近世すいび[粋美]。

—・く上品なこと 近世せいそ[清楚]。中世いう[優]。中古あてやか[貴]。いうび[優美]。かんれい[閑麗]。

—・く作る 中古いろふ[色]。

—・くつやがあるさま 近世つやつやし[艶艶]。中世てこらけし。中古つやつや[艶艶]。つややか[艶]。上代にほふ[匂]。

—・く照り輝くさま 近世けんらん[絢爛]。さんさん[燦燦／粲粲]。中世てごらさ。中古ひかりか[光]。れいろう[玲瓏]。上代さかはえ[栄映]。にほふ[匂]。にほゆ[匂]。

—・くない 中古わろし[悪]。

—・くなまめかしい 近代つやっぽい。近世えうや[妖冶]。れいえん[麗艶]。中世びえん[美艶]。中古えうえん[妖艶]。えうゑん[妖婉]。

—・く華やか 近世けんらん[絢爛]。中古きら[綺羅]。くゎび[華美／花美]。くゎれい[華麗]。さんらん[燦爛]。びびし[美美]。

—・く華やかなたとえ 中世くゎりう[花柳]。

—・く見える 中古かをる[薫]。けぶる[煙／烟]。つやめく[艶]。上代にほふ[匂]。《句》近世鬼も十八番茶も出花。

—・く見せる 中世ぜんび[善美]。中古びれい[美麗]。もてはやす[持囃]。

—・く立派 中世めんかうふはい[面向不背]。中古さうれい[壮麗]。

う

—・く立派な徳 近代いとく［懿徳］。

—・さ 中世きら［綺羅］。中古えきえき［奕奕］。にほひ［匂］。

ああ—・い 上代あなにやし。あなにゑや。

哀れでしとやかで—・い 中古あいゑん［哀婉］。

くっきりと—・い 中古あざやか［鮮］。

景色の—・いこと 近世さんしすいめい［山紫水明］。びくゎん［美観］。中古びけい［美景］。

声が—・い 中古こゑあり［声有］。

純粋に—・い 近代じゅんび［純美］。

女性の容姿の—・さ 近世えうれい［妖麗］。中世えいえい［盈盈］。けん［妍］。中古めいぼう［明眸］。めいぼうかうし［明眸皓歯］。

成長して—・くなる 中古おひまさる［生優］。ねびまさる［優］。

整っていて—・い 上代かれい［佳麗］。

まぶしいほど—・い 中古目もあや。

むさくるしいものの中の—・いもの 芥溜（ごみた）めに鶴。塵塚（ちりづか）に鶴。掃きだめに鶴。

最も—・い 近代さいび［最美］。中世しらく［至楽］。

優しく—・い 中古いうび［優美］。

容色が—・い 近世びしょく［美色］。中世いろよし［色良］。中古かうしょく［好色］。ぎょくばう［玉貌］。

▼接頭語 上代たま［玉］。み［御／深］。

うっくつ【鬱屈】 近代うっくつ［鬱屈］。ふさぎこむ［塞込／鬱込］。ゐんくつ［冤屈］。近世いううつ［憂鬱］。めいる［滅入］。

うつし【写】 とうほん［謄本］。近代えいしゃぼん［影写本］。えいせうぼん［影鈔本］。コピー(copy)。ひかへ［控］。ふく［副］。ふくしょ［副書］。ふくせい［複製／覆製］。近世てびかへ［手控］。ふくほん［副本］。中世しゃほん［写本］。中古うつし［写］。

—の写し 近代ふくしゃ［複写］。近世またうつし［復写］。中古てんしゃ［転写］。

うつ・す【移】 いこう［移行］。近代いどう［移動］。せんし［遷徙］。てんぷ［転附］。中世いてん［移転］。中古わたす［渡］。上代いそう［移送］。うつす［移／遷］。

—・して入れる 近代いにふ［移入］。

—・して植える 中古いしょく［移植／移殖］。

—・して譲ること いじょう［移譲］。

《枕》上代くれなゐの［紅］。つきくさの［月草］。

囚人を他の監獄に—・す 近代いかん［移監］。

神社を—・す 近世せんぐう［遷宮］。

神木や神輿などを—・す 中世どうざ［動座］。

少しずつ他へ—・す 近世はしける［艀］。

住む所を—・す いせき［移籍］。近代てんきょ［転居］。てんせき［転籍］。てんち［転地］。近世てんたく［転宅］。ひっこし［引越］。中世いてん［移転］。やどがへ［宿替］。中古いぢゅう［移住］。

別の所へ—・す 中古まはす［回］。

都を—・す せんと［遷都］。

うつ・す【写】 近代ひっしゃ［筆写］。ふくしゃ［複写］。近世とうしゃ［謄写］。中世しゃしゅつ［写出］。中古うつしとる［写取］。かきうつす［書写］。しょしゃ［書写］。てんしゃ［転写］。もしゃ［模写／摸写］。上代うつす［写］。

誤りなどを直して—・す 中古ぜんしゃ［繕写］。

ありのまま—・す 近代くゎっしゃ［活写］。しんしゃ［真写］。ちょくしゃ［直写］。

薄い紙をあてて—・す 近世しきうつし［敷写］。すきうつし［透写］。中世とうしゃ［透写］。

写真を—・す 近代さつえい［撮影］。とる［撮］。

すばやく—・す 近代そくしゃ［速写］。

その場で見て—・す 近代じっしゃ［実写］。近世りんしゃ［臨写］。中世しゃせい［写生］。中古りんしょ［臨書］。

そのままそっくり—・す まるうつし［丸写］。

抜き—・す 中古せうしゃ［抄写／鈔写］。せうしゅつ［抄出／鈔出］。

文字の輪郭を—・す（中抜きの文字） 近世かごうつし［籠写］。かごぬき［籠抜］。

うつ・す【映】 近代えいしゃ［映写］。とうえい［投影］。はんえい［反映］。中古うつす［映］。えいず［映］。

鏡や水に—・す 近代かんする［鑑］。中古しづく［沈］。

スライドなどを—・す 近代とうしゃ［投写］。

うっすら【薄】 近世うっすり［薄］。中世あさあさ［浅浅］。うすうす［薄薄］。うっすら［薄］。中古うすらか［薄］。ほのぼの。

うった・える【訴】 ❶〈告発〉こくはつ［告発］。ていそ［提訴］。出る所へ出る。近代きそ［起訴］。こうそ［公訴］。そぐゎん［訴願］。表沙汰にする。近世くじ［公事］。しゅっそ［出訴］。中世うたふ／うったふ〔うったえる〕［訴］。しょうそ［訟訴］。中古こくそ［告訴／告愬］。さうしょう［争訟／諍訟］。上代うたへ［訴］。そしょう［訴訟］。

—・え出た人 上代そにん［訴人］。

後から加えて—・える 中世ついそ［追訴］。

手続きなしで直接—・える 中世ぢきそ［直訴］。

内々で—・える 中世ないそ［内訴］。
被害者が自ら—・える しんこく［親告］。中古じそ［自訴］。
密かに—・える 近代みっこく［密告］。みっそ［密訴］。

うった・える【訴】❷〈嘆願〉近代あいきう［哀求］。あいぐゎん［哀願］。あいそ［哀訴］。たんぐゎん［嘆願／歎願］。めんそ［面訴］。近世なきつく［泣付］。中世うたふ／うったふ［うったえる］［訴］。上代しうそ［愁訴］。つぐ［告］。
—・えるような顔つき 中古うれへがほ［憂顔］。
集団などの圧力で—・える 中古がうそ［強訴／嗷訴］。
世論に—・える 近代アピール(appeal)。

うってかわ・る【打変】近世うってかはる［打変］。中古うちかはる［打変］。なごりなし［名残無］。ひきかへ／ひきかへし［引返］。

うってつけ【打付】さいてき［最適］。ぴたり。ぴったし。ぴったり。近代かうつがふ［好都合］。マッチ(match)。近世あつらへむき［誂向］。うってつけ［打付］。てきせつ［適切］。もってこい［持来］。中世かくかう［格好］。かっかう［恰好］。ぜっかう［絶好］。中古にあふ［似合］。ふさはし。

うっとうし・い【鬱陶】近代あんうつ［暗鬱］。うつあう［鬱快］。じめじめ。ちんうつ［沈鬱］。わだかまる［蟠］。近世いううつ［憂鬱］。いふいふ［悒悒］。いんうつ［陰鬱］。うちくもる［打曇］。うついう［鬱憂］。うっき［鬱気］。うったい［鬱滞］。うったう［鬱陶］。うるさ［煩］。くもる［曇］。しんき［辛気］。どんより。むさくさ。むしゃくしゃ。もやくる。もやつく。よくうつ［抑鬱］。気が塞ぐ。中世あうあう［快快／鞅鞅］。いんき［陰気］。うつ［鬱］。うったうし［鬱陶］。うつねん［鬱念］。きうつ［気鬱］。くったく［屈託］。むさむさ。めいる［滅入］。もうき［濛気／朦気］。ものうし［物憂］。中古いぶせし［鬱悒］。うつうつ［鬱鬱］。うっけつ［鬱結］。うつねん［鬱念］。うもれいたし／むもれいたし［埋甚］。おぼおぼし。ところせし［所狭］。むすぼる［結］。むつかし［難］。ものむつかし［物難］。やらむかたなし［遣方無］。上代いきどほろし［憤］。いぶせむ。おほほし［鬱］。くれ［暗］。こころぐし［心鬱］。さぶし［淋］。むすぼほる［結］。
—・い思い 中世うっくゎい［鬱懐］。中古うさ［憂］。うつじゃう［鬱情］。
—・い顔 浮かぬ顔。
天気が—・い 中世せきうつ［積鬱］。

うっとり 近代エクスタシー(ecstasy)。くゎうこ［恍乎］。たうすい［陶酔］。ほふえつ［法悦］。ゆめみごこち［夢見心地］。魂を天外に飛ばす。法悦の境。近世くゎう［恍］。くゎうぜん［恍然］。こつこつ［惚惚］。中世うっとり。ほれぼれ［惚惚］。中古くゎうこつ［恍惚］。たうぜん［陶然］。ゆめごこち［夢心地］。ゆめごころ［夢心地］。
—・させる 近世とろかす［蕩／盪］。中世とらかす［蕩／盪］。とろめかす［蕩］。
—・した気分になる 中世とろく［とろける］［蕩／盪］。
—・する 中古ゑふ［酔］。
—・として聞く 近代ききほれる［聞惚］。
酒に酔って—・する 近代よひしれる［酔痴］。中世ゑひほる［酔惚］。

うつぶせ【俯】近代ふさる［臥／伏］。近世うっぷす。中世うつぶせ［俯］。中古うつぶし［俯］。うつぶす［うつぶせる］［俯］。

うっぷん【鬱憤】→いかり【怒】

うつぼぐさ【靫草】近世うつぼぐさ［靫草／空穂草］。かこさう／かごさう［夏枯草］。しびとばな［死人花］。狐の枕。

うつむ・く【俯】中世うつぶく［俯］。うつむく［俯］。うなだる［—だれる］［項垂］。ふす［臥／伏］。中古うちふす［打臥］。うつぶしふす［俯臥］。うつぶす［俯］。上代うなかぶす［項傾］。かぶす［傾］。
—・くこと 近世ふふく［俯伏］。
—・ける 中世うつぶく［うつむける］［俯］。中古うつぶす［うつぶせる］［俯］。ふす［ふせる］［伏］。
恐れ入って—・く 近世べんぷく［俛伏］。
恥じて—・く 中古おもてぶせ［面伏］。

うつらうつら 眠気を催す。近代ねむけざす［眠気］。近世うつらうつら。うとうと。中世うちまどろむ［微睡］。うつうつ。おろねぶる［疎眠］。とろとろ。とろめく［蕩］。まどろむ［微睡］。ゐねぶる／ゐねむる［居眠］。

うつりうご・く【移動】中古めぐる［巡／回］。わたり［渡］。上代たちわたる［立渡］。

うつりが【移香】近代ゐかう［遺香］。ゐくん［遺薫］。中古うつりが［移香］。ざんかう［残香］。ひとが［人香］。よかう［余香］。

うつりかわり【移変】いこう［移行］。うごき［動］。近代てんい［転移］。ながれ［流］。るてん［流転］。近世あゆみ［歩］。てんせん［転遷］。なりゆき［成行］。へんい［変移］。

中世 うつり[移]。うつりかはり[移変]。うつろひかはる[移変]。きょくせつ[曲折]。せんい[遷移]。へん[変]。へんせん[変遷]。りうどう[流動]。中古 うつろひ[移]。けぢめ。すいい[推移]。てんぺん[転変]。へんてん[変転]。

ーの時期 かとき[過渡期]。中世 かはりめ[変目／替目]。

ーの激しいこと 近代 さうかいさうでん[滄海桑田／蒼海桑田]。近世 さうかい[桑海]。さうさう[滄桑]。さうでんへきかい[桑田碧海]。《句》近代 昨日の錦今日の襤褸(ぼろ)。昨日の花は今日の夢。滄海(さうかい)変じて桑田(さうでん)となる。桑田変じて滄海となる。世の中は三日見ぬ間の桜かな。中古 昨日の淵(ふち)は今日の瀬。

物事のー 中古 えんかく[沿革]。

悪い方へのー 近代 たいてん[退転]。

うつりぎ【移気】 近代 ほれっぽい[惚]。近世 気が多い。中世 うかれごころ[浮心]。うつりぎ[移気]。かうしょく[好色]。中古 あだごころ[徒心]。こころみじかし[心短]。たじゃう[多情]。はなごころ[花心]。上代 うつしごころ[移心]。ほかごころ[外心]。

うつ・る【移】 いこう[移行]。てんい[転移]。近代 いどう[移動]。せんし[遷徙]。上代 うつる[移／遷]。うつろふ[移]。ゆつる[移]。→**うつ・す【移】**

《枕》上代 あきはぎの[秋萩]。さくはなの[咲花]［⇩うつろふ］。つきくさの[月草]［⇩うつろふ］。はるはなの[春花]［⇩うつろふ］。もみぢばの[紅葉／黄葉]。

液体や匂いがー・る 中古 しむ[染]。

自由自在にー・る 近代 ゑんてん[円転]。

順を追ってー・る 中古 ずんながる[順流]。

他の場所にー・る 近世 たしょいき／たしょゆき[他所行]。中世 てんい[転移]。中古 たしょ[他所]。ひきうつる[引移]。

次々とー・る 中古 てんてん[転転]。

鳥が枝から枝へー・る 中古 えだうつり[枝移]。上代 こづたふ[木伝]。

年月がー・る 中古 くだる[下]。ながる[流]。ゆきかふ[行交]。上代 すぐ[過]。

うつ・る【映】❶〈映ずる〉 近代 えいしゃ[映写]。中古 うつる[映]。えいず[映]。

《枕》上代 ますかがみ[真澄鏡／十寸鏡]。

ー・って見える 中古 うつろふ[映]。

水面にー・る 中古 しづく[沈]。

うつ・る【映】❷〈似合う〉 近世 うつる[映]。中世 にあはし[似合]。中古 てうくゎ／てうわ[調和]。にあふ[似合]。につかはし[似付]。

うつろ【空】 近代 から／からっぽ[空／虚]。すっからかん。すっからぴん。とうとう[洞洞]。中世 うちほら[空虚]。うつろ[空／虚／洞]。うろ[虚／空／洞]。とうぜん／どうぜん[洞然]。中古 うつほ[空／虚／洞]。くうきょ[空虚]。くうどう[空洞]。そら[空]。上代 あな[穴]。ほらほら[洞洞]。

ー・な目 近世 そらめづかひ[空目遣]。

ーのたとえ 中世 ぬけがら[抜殻]。

心がー きょだつ[虚脱]。近代 ぼんやり。中世 こつこつ[忽忽]。ぬけがら[抜殻]。中古 うはのそら[上空]。くうきょ[空虚]。

うつわ【器】 近代 カップ(cup)。キャパシティー(capacity)。じふぶつ[什物]。ようき[容器]。近世 うつは[器]。ぢゃうき[定器]。めんつ／めんつう[面桶]。もっさう[盛相／物相]。ゆとう[湯桶]。中世 きざい[器財]。きべい[器皿]。さかづき[杯／盃]。じふき[什器]。じふもつ[什物]。つぼざら[壺皿]。まがり[鋺]。中古 いれもの[入物]。うつはもの[器物]。かなまり[金椀]。きぶつ[器物]。けこ／けご[笥子]。ごき[御器]。しゅかい[酒海]。たいばん／だいばん[大盤]。ちゃわん[茶碗]。つき[杯／坏]。ばん[盤]。わん[椀／碗／盌]。をけ[桶]。上代 け[笥]。さら[皿]。まり[椀／鋺]。もたひ[瓮／甕]。もひ[盌]。→**ようき【容器】**

ーに食べ物を入れる 近世 もりつく[ー・つける][盛付]。中世 つぐ[注]。中古 よそふ[装]。上代 もる[盛]。

美しいー 上代 たまもひ／たもひ[玉盌]。

液体を入れるー 近代 カップ(cup)。中世 ふね[船／舟]。上代 さかづき[盃／杯]。もひ[盌]。

餌を入れるー 中世 ゑげ[餌器／餌笥]。

菓子を入れるー 近代 くゎしき[菓子器]。

神に供えるためのー 上代 いはひべ[斎瓮／忌瓮]。

金属製のー 中古 かなまり[金椀]。

御飯を入れるー いづめ[飯詰]。近世 つぐら。中古 いひけ[飯笥]。上代 ひつ[櫃]。

酒を入れるー 近世 はい[盃／杯]。上代 さかづき[盃／杯]。さかふね／さかぶね[酒槽]。

食べ物を持ち運ぶー 近世 べんたうばこ[弁当箱]。をりばこ[折箱]。中世 ぢゅうばこ[重箱]。中古 ほかゐ[外居／行器]。

中国の― 近代れき［鬲］。上代かなへ／てい［鼎］。

花を活ける― 近世すいばん［水盤］。中世はないれ［花入］。

埴(はに)で作った― 上代はにべ［埴瓮／埴瓫］。

手蓋付きの― 中世がふし［合子］。中古ごき［御器］。

仏壇に供える― 近世けそく［華足］。じゃうき［常器］。ぢゃうき［定器］。

仏壇に水を供える― 中古あか／あかつき［閼伽杯］。

湯を冷ますための― ゆざまし［湯冷］。

量をはかる― 近世もっさう［物相／盛相］。中世こくき［斛器］。中古ます［枡／升／桝／斗］。

▼人物 近代じんかく［人格］。近世のうりょく［能力］。中古さいのう［才能］。上代きりゃう［器量］。→**きりょう❷**

▼竹製の入れ物 近世じきろう［食籠］。たん［箪］。

▼藁(わら)製の入れ物 近代つぐら。

▼接尾語(数詞) もり［盛］。中世はた［杯］。

うで【腕】 じょうわん［上腕］。近代アーム(arm)。じゃうはく［上膊］。近世うでぼね［腕骨］。じゃうし［上肢］。てぶし［手節］。中世にのうで［二腕］。中古うで［腕］。たぶさ［手房］。上代かひな［腕］。たくふら／たこむら［手腓／臂］。ただむき／ただむぎ［腕／臂］。て［手］。

―の毛 近世かひなげ［腕毛］。

―の力 近代ひりょく［臂力］。近世うでっぷし／うでぶし［腕節］。わんりょく［腕力］。中世うでぢから［腕力］。わんりき［腕力］。中古りょりょく［膂力］。上代たぢから［手力］。

―の骨 近世うでぼね［腕骨］。

―を組む こまねく［拱］。近代きょうしゅ／こうしゅ［拱手］。近世うでぐみ［腕組］。手を組む。中世こまぬく［拱］。中古さしゅ［叉手］。上代たむだく［拱］。

―を枕とする 上代たまくら［手枕］。

片方の― かたうで［片腕］。中世せきしゅ［隻手］。せきわん［隻腕］。

か弱い― 近世こうで［小腕］。

しなやかな― 上代たわやかひな［手弱腕］。

強い― ごうわん［剛腕／豪腕］。近代てつわん［鉄腕］。

力の強い方の― 近世ききうで［利腕］。中世ききて［利手］。

左の― 近代さわん［左腕］。ひだりうで［左腕］。近世いんで［弓手］。さで［左手］。中世おして［押手］。中古ゆんで［弓手／左手］。上代さしゅ／ひだりて［左手］。

武器などを持たず―だけ 近世あかで［赤手］。てぶら［手］。てぶらこ［手］。中世からて［空手］。くうけん［空拳］。すで［素手］。せきしゅ［赤手］。中古くうしゅ［空手］。としゅ［徒手］。

右の― 近代うわん［右腕］。みぎうで［右腕］。みぎて［右手］。中世かって［勝手］。中古めて［馬手／右手］。

痩せた― 近世ほそうで［細腕］。やせうで［痩腕］。

両方の― 上代まて／まで［全手／真手］。

▼肩から手首まで 上代かひな［腕／肱］。

▼肩から肘まで じょうわん［上腕］。近代じゃうはく［上膊］。近世たかて［高手］。中世いちのうで［一腕］。にのうで［二腕］。上代かひな［腕／肱］。たもと［袂］。

▼手首 中古たぶさ［手房］。

▼肘から手首まで 近代ぜんわん［前腕］。中世にのうで［二腕］。上代ただむき／ただむぎ［腕／臂］。

うでき【腕利】 腕が立つ。近代うできき［腕利］。くゎいわん［怪腕］。さいわん［才腕］。すごうで［凄腕］。びんわん［敏腕］。らつわん［辣腕］。近世しゅれん［手練］。中世てだり／てだれ［手足］。中古てきき［手利］。

―の者 近代しゅわんか［手腕家］。びんわんか［敏腕家］。らつわんか［辣腕家］。やりて［遣手］。めいしゅ［名手］。近世ききもの［利者］。中世てひと［手人］。

うでくらべ【腕比】 近代きゃうぎ［競技］。コンクール(フランス concours)。コンテスト(contest)。中世うでくらべ［腕比／腕競］。きゃうさう［競争］。中古きそふ［競］。上代きほふ［競］。ちからくらべ［力比］。

うでずもう【腕相撲】 アームレスリング(arm wrestling)。近世うでずまふ［腕相撲］。てずまふ［手相撲］。中世うでおし［腕押］。

うでぬき【腕貫】 近代うでぶくろ［腕袋］。たぬき［手貫］。近世うでぬき［腕貫］。

うでまえ【腕前】 近代ぎのう［技能］。さいわん［才腕］。しゅわん［手腕］。テクニック(technic)。わざなみ［業並］。近世うでぼね［腕骨］。うでまへ［腕前］。てのした［手下］。てぶし［手節］。のうりょく［能力］。わざまへ［業前］。中世ぎげい［技芸］。ぎじゅつ［技術］。ぎりゃう［技量／伎倆／技

倆］。て［手］。てがら［手柄］。てぎは［手際］。てなみ［手並］。てまへ［手前］。てもと［手元］。りきりゃう［力量］。〔中古〕うで［腕］。さいのう［才能］。てじな［手品］。てつき［手付］。〔上代〕さいかん［才幹／材幹］。わざ［技］。

ーの劣ること　たんぴ［短臂］。どんわん［鈍腕］。〔中世〕ぼんしゅ［凡手］。

ーの優れた人　→**うでき**

すごいー　〔近代〕すごうで［凄腕］。らつわん［辣腕］。〔近世〕しゅれん［手練］。→**うでき**

人に見せるー　おてなみはいけん［御手並拝見］。〔近世〕てみせ［手見］。

昔の衰えないー　〔近世〕きねづか［杵柄］。

料理のー　〔中世〕はうちゃう［包丁／庖丁］。

うでまくり【腕捲】　〔中世〕うでまくり［腕捲］。そでまくり［袖捲］。〔中古〕まくりで［捲手］。

うでわ【腕輪】　オーナメント(ornament)。ブレスレット(bracelet)。〔近代〕うでかざり［腕飾］。うでぬき［腕貫］。うでわ［腕輪］。〔中古〕ひぢまき［肘巻］。〔上代〕くしろ［釧］。たまき［手纏／環／鐶］。ひぢたま［玔］。

うど【独活】　〔近代〕とりのあし［鳥足／鳥脚］。〔中古〕うど［独活］。つちたら［独活］。

ーの若芽　うどめ［独活芽］。

うと・い【疎】　〔近代〕どんかん［鈍感］。むくゎんしん［無関心］。むとんちゃく／むとんぢゃく［無頓着］。〔近世〕ぼうまい［蒙昧］。〔中世〕ぶあんない［不案内］。よそがまし［余所］。〔中古〕うとし［疎］。かれがれ［離離］。けどほし［気遠］。そばそばし。そゑん［疎遠］。もうまい［蒙昧］。ものとほし／ものどほし［物遠］。〔上代〕むち［無知］。

うとうと　→**うつらうつら**

うとまし・い【疎】　〔近世〕いまはし［忌］。いやらし［嫌］。きみあし［気味悪］。ぶきみ［不気味］。〔中古〕いとはし［厭］。うとまし［疎］。けうとし［気疎］。けうとまし［気疎］。→**いや【嫌】**

うと・む【疎】

世の中をー・く思う　〔近代〕えんせい［厭世］。→**うとん・じる**

うどん【饂飩】　〔中世〕うどん／うんどん［饂飩］。〔中古〕むぎなは［麦縄／麦索］。→**めん【麺】**

ーなどの盛り切りの食べ物　〔近世〕けんどん［倹飩］。

ーのいろいろ(例)　いもかわうどん［芋川饂飩］。かけうどん［掛饂飩］。たぬきうどん［狸饂飩］。ちからうどん［力饂飩］。つきみうどん［月見饂飩］。てうちうどん［手打饂飩］。ひらうちうどん［平打饂飩］。〔近代〕おかめうどん［御亀饂飩］。かまあげうどん［釜揚饂飩］。きつねうどん［狐饂飩］。すうどん［素饂飩］。なべやきうどん［鍋焼饂飩］。〔近世〕あんかけうどん［餡掛饂飩］。うんめん［温麺］。かもなんばん［鴨南蛮］。ひやしむぎ［冷麦］。ひらうどん［平饂飩］。〔中世〕あつむぎ［熱麦］。きしめん［棊子麺／碁子麺］。きりむぎ［切麦］。きりめん［切麺］。にうめん［煮麺］。にふめん［入麺］。ひもかはうどん［紐皮饂飩］。ひやむぎ［冷麦］。

▼麺類　〔近世〕めんす［麺子］。

▼干した麺類　かんめん［乾麺］。〔近世〕ほしうどん［干饂飩／乾饂飩］。

うとん・じる【疎】　〔近代〕そせき［疎斥］。〔中世〕そらく［疎略／粗略］。〔中古〕あくがる［憧］。あはづ［淡／貶］。いみきらふ［忌嫌］。うとむ［疎］。うとまし［疎］。うとんず［疎］。おもひうとむ［思疎］。すさむ［荒］。そぐゎい［疎外／疏外］。そりゃく［疎略／粗略／麁略］。とほざく［一ざける］［遠］。はなつ［放］。へだつ［へだてる］［隔］。〔上代〕あらぶ［荒］。うとぶ［疎］。きらふ［嫌］。

うなが・す【促】　とくする［督］。〔近代〕さいこく［催告］。そくしん［促進］。〔近世〕せかす［せかせる］［急］。せきたつ［一たてる］［急立］。せっつく［責付］。そそなかす［唆］。とくそく［督促］。〔中世〕かりたつ［一たてる］［駆立］。せめかく［一かける］［責掛］。とくせき［督責］。〔中古〕いそがす［急］。かる［駆］。さいそく［催促］。さそふ［誘］。すすむ［すすめる］［勧／薦／奨］。せむ［せめる］［責］。そそくる。そそのかす［唆］。はやむ［はやめる］［早］。もよほす［催］。〔上代〕うながす［促］。さすふ［誘］。はたる［徴］。

ー・して出す　〔中古〕いだしたつ［一たてる］［出立］。

ー・す時の言葉　さあ。どうぞ。まあ。〔中古〕いざ。そそや。

ー・す様子　〔中古〕もよほしがほ［催顔］。

うなぎ【鰻】　めそ。〔近世〕うな［鰻］。〔中世〕うぢまる［宇治丸］。うなぎ［鰻］。〔上代〕むなぎ［鰻］。

ーの蒲焼き　いかだ［筏／桴］。〔中世〕うぢまる［宇治丸］。

ーの小形を関東地方で　めそ。めそうなぎ［鰻］。

ーの鮨(すし)　〔近世〕うぢまろ［宇治麿］。うなぎずし［鰻鮓］。〔中世〕うぢまる［宇治丸］。宇治の丸。

ーの稚魚　しらす［白子］。しらすうなぎ［白子鰻］。

―の養殖　ようまん［養鰻］。
川を下る―　おちうなぎ［落鰻］。くだりうなぎ［下鰻］。

うなじ【項】 近代 うな［項］。近世 えりあし［襟足］。えりがう［襟項］。えりくび［襟首／領頸］。中世 たてくび［項］。中古 くびすぢ［首筋］。上代 うなじ［項］。

うなず・く【頷】 こうてい［肯定］。近世 がってん／がてん［合点］。しゅこう［首肯］。相槌を打つ。中世 うけがふ［肯］。てんとう［点頭］。なっとく［納得］。りゃうしょう［諒承／領承］。れうしょう［了承］。中古 うなづく［頷］。うべなふ［肯／諾］。しょうだく／じょうだく［承諾］。しょうち［承知］。とくしん［得心］。上代 うめなふ［諾］。
―・くさま　こくり／こっくり。ふふん。ふんふん。近世 ほくほく。
強く―・く意を表す言葉　なるほどなるほど。ほんとにほんとに。まったくまったく。上代 うべなうべな［宜宜］。

うなだ・れる【項垂】 下を向く。中世 うつぶく／うつむく［俯］。うなだる［―だれる］［項垂］。中古 うなたる［項垂］。上代 うなかぶす［項傾］。かぶす［傾］。しなゆ［撓／萎］。→うつむ・く

うな・る【唸】 →うめ・く

うぬぼ・れる【自惚】 しょってる［背負］。どくぜん［独善］。ナルシシズム(narcissism)。はなたかだか［鼻高高］。近代 じじ［自恃］。じそん［自尊］。じにん［自任］。バニティー(vanity)。ひとりよがり［独善］。近世 いちぶじまん［一分自慢］。うぬぼる［―ぼれる］［自惚］。おのぼれる［己惚］。じぐゎじさん［自画自賛］。てまへみそ［手前味噌］。てみそ［手味噌］。みそ［味噌］。天狗(てんぐ)になる。じふ［自負］。中世 かうまん［高慢］。がまん［我慢］。じゃまん［邪慢］。しょうとく［証得］。まんき［慢気］。まんしん［慢心］。ゆいがどくそん［唯我独尊］。中古 おごる［驕］。おもひあがる［思上］。おもひおごる［思驕］。おもひのぼる［思上］。→おもい あが・る
《尊》中世 おぼしおごる［思驕］。
《句》近代 手加減の一人舌打ち。手前味噌で塩が鹹(から)い。中古 遼東(れうとう)の豕(ゐのこ)。
―・れている人　ナルシスト(narcissist)。近世 えんじらう［艶二郎］。しほや［潮屋］。中世 ぐひん［狗賓／狗品／倶品］。

うね【畝】 近代 うねどこ［畝床］。中世 さくり［決／剳］。中古 うね［畝／畦］。
―と畦(あぜ)　近代 ろうほ［壟畝／隴畝］。
―をつくる　近代 うねたて［畝立］。さくでう［作条］。さくを切る。

うね・る 近世 くねる。中世 うねる。中古 なみうつ［波打］。
―・って動く　近世 のたる。上代 とう。
―・るさま　近世 のたりのたり。
―・るように行列が進む　ねりあるく［練歩］。

うのはな【卯花】 中世 はつみぐさ［初見草］。中古 うつぎ［卯木］。はなうつぎ［花卯木］。上代 うのはな［卯花］。→うつぎ

うば【乳母】 近代 ナース(nurse)。近世 おんば［御乳母］。ちうば［乳母］。ちおや／ちのおや［乳親］。中世 うば［乳母］。にゅうぼ［乳母］。ねね。中古 ちのひと［乳人］。めのと［乳母］。上代 おも［母／阿母］。ちおも［乳母］。
―が世話した子　中世 やしなひぎみ［養君］。中古 やしなひご［養子］。
―の子　中古 めのとご［乳母子／傅子］。
授乳だけをする―　近世 さしうば［差乳母］。ちおや［乳親］。ほんうば［本乳母］。
▼儀礼的に実母より先に授乳する親　近世 ちおや［乳親］。ちしろ［乳代］。ちづけおや［乳付親］。ちのみおや［乳飲親］。

うば・う【奪】 近代 あふしう［押収］。かっさらふ［掻攫］。しうだつ［収奪］。だつりゃく［奪略／奪掠］。りゃくだつ［略奪／掠奪］。わうりゃう［横領］。近世 かすめとる［掠取］。かすりとる［掠取］。かする［掠］。がんだう［強盗］。さらふ［掠／攫］。せしめる。たくる。とりあぐ［―あげる］［取上］。はぐ［剝］。はくだつ［剝奪］。ひぢる。ぶちあぐ［―あげる］［打上］。ぶったくる［打手繰］。ぶっちめる［打締］。ふんだくる。ぶんどる［分捕］。ぼっしう［没収］。まきあぐ［―あげる］［巻上］。もぎとる［捥取］。りゃくしゅ［略取／掠取］。わうだつ［横奪］。わだかまる［蟠］。中世 おしとる／おっとる［押取］。がうだつ［強奪／豪奪］。ごふたう［劫盗］。ごふりゃく［劫掠／劫略］。だっしゅ［奪取］。ついぶ／ついふく／ついほ［追捕］。ひったくる［引取］。ぼうりゃく［暴掠］。中古 うばひとる［奪取］。がうたう［強盗］。けふだつ／ごふだつ［劫奪］。とりもつ［取持］。とる［取／盗］。ぬすみとる［盗取］。はぎとる［剝取］。ばひとる［奪取］。ばふ［奪］。ひきとる［引取］。よこどる［横取］。上代 うばふ［奪］。かすぶ［求］。かすむ／かそふ［掠］。

―・い合う 中世ばひあふ[奪合]。中古とりあふ[取合]。
―・い返す 近代くゎいしう[回収]。だっくゎい[奪回]。近世だっくゎん[奪還]。ばひかへす[奪返]。中世とりもどす[取戻]。中古とりかへす[取返]。
―・って支配権を握る 中世のっとる／のりとる[乗取]。
争って―・う 中世さうだつ[争奪]。
賭け事や詐欺で―・う 近代かもる[鴨]。
攻めて―・う 近代こうだつ[攻奪]。ぶんどる[分捕]。近世こうりゃく[攻略／攻掠]。中世おひおとす[追落]。中古うちとる[討取／打取]。こうりゃく[寇掠]。さんしょく[蚕食]。上代きりとる[切取]。
攻め滅ぼして領土を―・う 近世しんりゃく[侵略／侵掠]。どんぜい[呑噬]。
地位などを―・う 中世おひおとす[追落]。
通行人や旅人の持ち物を―・う 中世おひはぐ[追剥]。
帝王の位を―・う 近世さんだつ[簒奪]。さんりつ[簒立]。さんゐ[簒位]。
人の土地を―・う 近世けんぺい[兼併／兼幷]。
人を―・い連れ去る 近代らちする[拉致]。近世さらふ[掠／攫]。中古とりもつ[取持]。
人を殺して―・う 中古さつりゃく[殺略]。
▼一部を貸して全部を奪われる 近世庇(ひさし)(廂)を貸して母屋(おもや)を取られる。
▼借りた物をそのまま返さない 近代ふみたふし[踏倒]。近世かりどり[借取]。

うばぐるま【乳母車】 バギー(buggy)。ベビーカー(和製baby car)。ベビーバギー(baby buggy)。近代うばぐるま[乳母車]。

うばめがし【姥目樫】 近代うばめのき[姥目木]。うまめがし[姥目樫]。うばめがし[姥目樫]。近世いまめがし[今目樫]。

うぶ【初】 近代ナイーブ(naive)。近世うぶ[初]。おむく[御無垢]。ぶえん[無塩]。中世おぼこ。しょしん[初心]。中古うひうひし[初初]。

―・な男 近世きむすこ[生息子]。

―・な人 近世きざう[木蔵]。しょしんもの[初心者]。

―・な娘 近世おぼこむすめ[娘]。おむく[無垢]。きむすめ[生娘]。中世おぼこ。

―らしく振る舞うこと 近世かまとと[蒲魚]。

うぶぎ【産着】 近世ひよひよ。中世うぶぎ[産着／産衣]。かにとり／かにとりこそで[蟹取小袖]。きゃうほう[襁褓]。中古うぶぎぬ[産衣]。さんい／さんえ[産衣]。むつき[襁褓]。

うぶゆ【産湯】 中世はつゆ[初湯]。中古うぶゆ[産湯]。むかへゆ[迎湯]。

うま【馬】 近代ばひつ[馬匹]。ひつば[匹馬]。ホース(horse)。上代うま／むま[馬]。中古こま[駒]。ま[馬]。

―が荒々しく御しにくい 近世かんづよし[駻強]。中世くちごはし[口強]。

―が一直線に並ぶ 中世轡(くつわ)を並ぶ[―並べる]。

―が躍り上がる 近世さをだち[棹立／竿立]。中古あがりうま[騰馬／上馬]。はいがい[沛艾]。

―が地面を掻く 上代あがく[足掻]。

―が鳴く 中世いなく[嘶]。いばふ[嘶]。中古いななく[嘶]。いばゆ[嘶]。

―が鳴くさま 近代ひひん。近世ひんひん。ろくろく[轆轆]。

―から落ちる 中古らくば[落馬]。

―小屋 近代きうしゃ[厩舎]。さうれき[槽櫪]。ぼくしゃ[牧舎]。近世らう[牢]。ろう[籠]。中世まや[馬屋]。上代うまや[厩／馬屋]。

―で駆け付ける 中世はせさんず[馳参]。中古はせつく[馳着]。

―で遠くまで行く 近世ちゃうく[長駆]。とほのり[遠乗]。中世とほがけ[遠駆／遠懸]。ながばせ[長馳]。

―で運ぶ荷物 だに[駄荷]。にだ[荷駄]。近世こにだ[小荷駄]。

―で走り回る 中世はせまはる／はせめぐる[馳回／馳廻]。

―と犬 中古くば[狗馬]。けんば[犬馬]。

―と車 上代しゃば[車馬]。

―に餌をやる 中世くさかひ[草飼]。

―に乗った兵 中古きへい[騎兵]。上代きし[騎士]。

―に乗って行くこと 近代きかう[騎行]。中世みちうち[道打]。

―に乗って戦う 近代きせん[騎戦]。中世かけあはす[駆合]。上代うまいくさ[馬戦]。

―に乗る腕前 近代たづなさばき[手綱捌]。

―に乗ること 近代きじょう[騎乗]。きする[騎]。近世じょうめ[乗馬]。中世ばじゃう[馬上]。中古うまのり[馬乗]。きば[騎馬]。じょうば[乗馬]。のりうま[乗馬]。

―に乗るのがうまいさま 近代鞍上(あんじゃう)人無く鞍下(あんか)馬無し。

―に乗るのがうまい人 近代ばじゅつし[馬

術師]。中世のりじり[乗尻]。

ーに乗るのが下手 中世ももじり[桃尻]。

ーに乗る人 近代き[騎]。きしゅ[騎手]。ジョッキー(jockey)。中世ぎょしゃ[御者]。のりて[乗手]。ばじゃう[馬上]。中古きば[騎馬]。のりじり[乗尻]。

ーの足跡 中世うまざくり[馬决]。さくり[决/刳]。

ーの足音 ぱかぱか。中世だくだく。中古つまおと[爪音]。

ーの医者 近代じうい[獣医]。近世うまいしゃ[馬医者]。ばい[馬医]。中世はくらく[伯楽]。ばくらう[博労/馬喰/伯楽]。

ーの餌 近世かひば[飼葉]。中世まぜ[雑/交]。中古ばれう[馬料]。上代まぐさ[秣/馬草]。

ーの餌を入れる桶 まぐさおけ[馬草桶]。近代かひばをけ[飼葉桶]。さうれき[槽櫪]。ばれき[馬櫪]。中古うまぶね[馬槽]。

ーの神 中世ばれきじん[馬櫪神]。

ーの口につける縄 近世くちとりなは[口取縄]。くちなは[口縄]。中世てなは[手縄]。はづな[端綱]。中古かけなは[掛縄]。さしなは[差縄/指縄/緡縄]。

ーの首 中世ばしゅ[馬首]。

ーの首の側面 中世ひらくび[平首/平頸]。

ーの毛色を表す言葉の例 うすあおげ[薄青毛]。ふたつしろ[二白]。近世あしげひばり[葦毛雲雀]。あしじろ[足白]。かすふ[糟斑]。はくく[白駒]。よつじろ[四白]。中世あをげ[青毛]。いっぱく[一白]。かげかすげ[鹿毛糟毛]。かすげ[糟毛]。中古あかかげ[赤鹿毛]。あかくりげ[赤栗毛]。あけ[朱/緋]。あしげ[葦毛]。あを[青]。かげ[鹿毛]。すい[騅]。はくば[白馬]。上代あをうま[青馬/白馬]。ぶちげ[斑毛/駁毛]。

ーの種類 ミュール(mule)。近代ドンキー(donkey)。ポニー(pony)。らば[騾馬]。中世ろば[驢馬]。

ーの背にかける布 中世あかとり[赤鳥/垢取]。中古うまぎぬ[馬衣]。

ーの世話など馬にかかわる人 近代ばしゅ/ばぬし[馬主]。ぼくしゃ[牧者]。ぼくじん/まきびと[牧人]。ぼくふ[牧夫]。近世うまもち[馬持]。ばそつ[馬卒]。ばてい[馬丁]。ばふ[馬夫]。べったう[別当]。ろくざう[六蔵]。中世うまおひ[馬追]。うまかた[馬方]。うまばくらう[馬博労/馬伯楽]。うまひき[馬引]。くちつき[口付]。てうばし[調馬師]。ばくらう[博労/馬喰/伯楽]。ばしゃく[馬借]。ぼくどう[牧童]。中古うまびと[馬人]。くちとり[口取]。とねり[舎人]。まご[馬子]。上代うまかひ[馬飼]。

ーの肉(食用の) 近代けとばし[蹴飛]。さくら/さくらにく[桜肉]。近世ばにく[馬肉]。

ーの耳に念仏《句》兎に祭文聞き流し。近代のれんに腕押し。馬耳(馬耳に)東風。近世犬に論語。蛙の面に水。糠に釘。中世牛に対して琴を弾ず。

ーをかたどった玩具(遊具) みはるごま[三春駒]。近代メリーゴーラウンド(merry-go-round)。近世かざりうま[飾馬]。ちくば[竹馬]。中世ぼくば/もくば[木馬]。中古ちまきうま[粽馬]。

ーを御する声 し。どうどう。はい。はいはい。ほいほい。近世うまおひごゑ[馬追声]。

ーをつなぐ所 近代うまとめ[馬留]。近世うまだまり[馬溜]。こまつなぎ[駒繋]。こまどめ[駒留]。中古うまとどめ[馬留/馬駐]。

ーを乗り慣らす 近世のりいれ[乗入]。中世せむ[責]。てうば[調馬]。のりいれる[乗入]。

ーを速く走らせる 近代しっく[疾駆]。近世ちく[馳駆]。はやみち[早道]。中世あふる[煽]。かく〔かける〕[駆]。くち[駆馳]。はせさんず[馳参]。はやうち[早打]。諸鐙を合はす。もむ[揉]。揉みに揉む。中古はす〔はせる〕[馳]。

足の速い優れたー 近代いうしゅん[優駿]。てってい[鉄蹄]。りゃうき[良驥]。近世かんけつば[汗血馬]。きりん[騏驎]。じゃうそく[上足]。てんば/てんま[天馬]。りゅうば[竜馬]。中世き[驥]。さいば[細馬]。しゅんば/しゅんめ[駿馬]。どりゅう[土竜]。ひづめ[蹄]。ひば[飛馬]。めいば[名馬]。りゅうてい/りょうてい[竜蹄]。千里の馬。中古きき[騏驥]。じゃうば[上馬]。しゅんいつ[駿逸]。しゅんそく[駿足/駿速/俊足]。りゃうば[良馬]。上代たつのうま[竜馬]。りゅうめ/りょうめ[竜馬]。

牡のー ぼば[牡馬]。中古をうま[牡馬/雄馬]。

架空のー 近代ペガサス(Pegasus; ギリシャ Pegasos)。中世てんば[天馬]。めづ[馬頭]。上代あまのふちごま[天斑駒]。

かわいがっているー 近代あいば[愛馬]。

鞍(らく)を置いた━ 中世 あんば［鞍馬］。くらおきうま［鞍置馬］。
鞍を置いていない━ 中世 はだせうま［肌背馬／裸背馬］。中世 はだかうま［裸馬］。
軍用の━ 近代 ぐんば［軍馬］。へいば［兵馬］。
小さい子供の━ こうま［子馬／仔馬］。
野に遊ぶ━ 近代 のうま／のま［野馬］。近世 はなしうま［放馬］。中世 やば［野馬］。中古 はるごま［春駒］。
牧場で所有している━ 上代 ぼくば［牧馬］。
牝(すめ)の━ 中世 ひんば［牝馬］。上代 めうま［牝馬／雌馬］。
▼荒馬 近代 あばれうま［暴馬］。あらごま［荒駒］。かんば［悍馬／駻馬］。ほんば［奔馬］。近世 じゃじゃうま［馬］。ひとくひうま［人食馬］。やじうま［野次馬／弥次馬］。中古 あがりうま［騰馬／上馬］。あくば［悪馬］。おどろきうま［驚馬］。はねうま［跳馬／駻馬］。
▼轡(くつわ) 近世 くくみ［銜］。はみ／はめ［馬銜］。
→**くつわ**
▼競馬 近代 けいが［繋駕］。近世 きそひうま［競馬］。中世 きほひうま［競馬］。中古 くらべうま［競馬］。こまくらべ［駒競］。
▼乗馬の回数 近世 くらかず［鞍数］。
▼たてがみ 近代 とりかみ［取髪］。中古 たちがみ［鬣］。須弥の髪。
▼たてがみと尾 中世 をかみ［尾髪］。
▼種馬 しゅば［種馬］。しゅぼば［種牡馬］。スタリオン(stallion)。
▼駄馬 近代 えきば［役馬］。だうま［駄馬］。ばしゃうま［馬車馬］。近世 こにだうま／こんだうま［小荷駄馬］。中古 くさかりうま［草刈馬］。げば［下馬］。だ［駄］。だば［駄馬］。上代 どば［駑馬］。
▼馬車 →**ばしゃ**
▼馬術の歩き方 カンター／キャンター(canter)。はやあし［早足］。近代 ギャロップ(gallop)。じゃうほ［常歩］。トロット(trot)。なみあし［並足］。近世 かけ［駆／駈］。ぢのり［地乗］。わのり［輪乗］。中世 はやうち［早打］。
▼放牧 中古 のがひ［野飼］。
▼放牧する所 ぼくじょう［牧場］。まきば［牧場］。
▼助数詞 き［騎］。とう［頭］。近代 てい［蹄］。中古 ひき［匹／疋］。

うま・い【旨】❶〈美味〉 →**おいしい**

うま・い【旨】❷〈上手〉 近代 ナイス(nice)。ブラボー(フランス bravo)。近世 てぎは［手際］。まぶい(近世江戸語)。中古 いし［美］。じゃうず［上手］。上代 うまし［旨／上手／巧］。たくみ［巧］。
━く事をさばく 近世 味をやる。
━くない 近世 まづし［拙］。中世 へた［下手］。
▼うま味 近代 けいめう［軽妙］。中古 めうみ［妙味］。

うま・い【旨】❸〈好都合だ〉 近代 かうつがふ［好都合］。ナイス(nice)。都合がよい。近世 うまし［旨］。
━い話 近世 木に餅がなる。中世 かんげん［甘言］。
━いやり方 近代 きりゃく［機略］。きりゃくじゅうわう［機略縦横］。とくさく［得策］。
━く 近代 都合良く。近世 あんぢょう。あたかも好し。具合よく。手をよく。中世 うまうま(と)。まんまと。首尾良く。上代 えも。よろしなへ／よろしなべ［宜］。
━くいかない 近代 やばい。近世 あかん［明］。できそこなふ［出来損］。まづし［拙］。けちが付く。虎の皮の褌(ふんどし)。中世 やぶれ［破］。中古 ふてう／ふでう［不調］。
━くいく 近代 フロック(fluke)。近世 あたり［当］。がっこ［合期］。きまる［決］。しめこむ［締込］。じゃうしゅび［上首尾］。味をやる。言ふ目が出る。中古 あたる［当］。いうり［有利］。ことゆく［事行］。せいかう［成効］。せいこう［成功］。はかばかし［捗捗／果果］。上代 ことなる［事成］。
━くいくかどうか 近世 伸るか反るか。
━くいった してやったり。セーフ(safe)。近代 しおほす［━おおせる］［為果］。近世 しすます。しめた。でかした。でかす。中世 えたり。したり。得たり賢(かしこ)し。中古 えたりおう。えたりやおう。しそす。
━くいったら 近世 あはよくば。
━くいってくれ 中世 よかれ。よかれかし。
▼うま味 近世 おもしろみ［面白味］。やくとく［役得］。中世 まうけ［儲］。りえき［利益］。味を占む［━占める］。

うまおいむし【馬追虫】 近代 すいっちょ。すいと。近世 うまおひ［馬追］。うまおひむし［馬追虫］。

うまごやし【馬肥】 近世 からくさ［唐草］。こっとひごやし［特牛肥］。ゑんざづる［円座蔓］。中世 うまごやし［馬肥／苜蓿］。中古 おほひ／おほひのみ［苜蓿］。

うまのあしがた【馬足形】 近世 うまぜり［馬芹］。うまのあしがた［馬足形］。おにぜり［鬼

芹」。こまのあしがた「駒足形」。〔中世〕きんぽうげ「金鳳花／毛茛」。

うまのすずくさ【馬鈴草】〔近代〕おほぐろばな。じゃかうさう「麝香草」。〔近世〕うまのすずかけ「馬鈴懸」。うまのすず「馬鈴」。うまのすずくさ「馬鈴草」。おはぐろばな「御歯黒花」。ばとうれい「馬兜鈴」。

うま・る【埋】 →**うずま・る**

うまれ【生】〔近代〕せいち「生地」。ちがね「地金」。〔近世〕おさと「御里」。しゅつじ「出自」。しょしゅつ「所出」。はたけ「畑／畠」。〔中世〕うまれ「生」。じゅくこん「熟根」。しゅこん「種根」。〔中古〕ねざし「根差」。

―や家柄 〔近代〕うぢすじゃう「氏素性」。

―や育ち 〔中世〕すじゃう「素性／素姓」。

うまれかわ・る【生変】 へんせい「変生」。〔近代〕てんしゃう「転生」。〔近世〕さいせい「再生」。〔近代〕てんせい「転生」。〔中世〕かうせい「更生／甦生」。さいらい「再来」。へんじゃう「変生」。〔中古〕生（しゃう）変はる。生（しゃう）を隔つ「―隔てる」。うまれかはる／むまれかはる「生変」。

―・った身 こうしん「後身」。

極楽に―・る 〔中古〕わうじゃう「往生」。

執念によって―・る 〔近世〕いちねんけしゃう「一念化生」。

何度も―・る 〔中世〕たしゃう「多生」。

うまれそだ・つ【生育】〔近代〕せいいく「生育」。せいせい「生生」。〔中古〕せいちゃう「生長」。

―・った所 〔中古〕きゃうり「郷里」。きゃうりょ「郷閭」。こきゃう「故郷」。〔上代〕ふるさと「古里／故郷」。

その土地で―・つ 〔近世〕ぢばえ「地生」。ところそだち「所育」。ねおひ「根生」。はえぬき「生抜」。

うまれつき【生付】 持って生まれた。〔近代〕アプリオリ（ラテン a priori）。せいじゅ「生受」。うまれだち「生立」。〔近世〕うまれじゃう「生性」。せいらい「生来」。ずだい。せいらい「性来」。せんてん「先天」。ねおひ「根生」。ねから／ねっから「根」。みじゃう「身状／身性」。もちまへ「持前」。もちれう「持料」。〔中世〕うまれつき「生付」。しゃうとく／せいとく「生得」。しゃうらい「生来」。てんこつ「天骨」。てんじゅ「天授」。とく「徳」。〔中古〕うまれながら「生乍」。てんせい「天生」。

―の運命 〔近代〕ずいしゃう「随性」。〔中古〕てんうん「天運」。てんめい「天命」。

―の声 〔近世〕ぢごゑ「地声」。

―の才能 〔近代〕てんりん「天稟」。てんぷ「天賦」。〔中世〕しゃうこつ「性骨」。てんぶん「天分」。〔中古〕たましひ「魂」。てんぴん「天稟」。

―の性質 〔近代〕し「資」。てんき「天機」。ほんのう「本能」。〔近世〕きぢ「生地／素地」。きひん「気稟」。しひん「資稟」。すじゃう「素性」。ぢ「地」。ひんぷ「稟賦」。〔中世〕きぶん「機分」。じしゃう「自性」。しゃうぶん「性分」。ふせい「賦性」。〔中古〕さが「性」。しゃう「性」。しゃうこつ／せいこつ「性骨」。しんせい「真性」。せい「性」。てんせい／てんぜい「天性」。てんぴん「天稟」。ひんしつ「稟質」。ほんしゃう「本性」。〔上代〕てんし「天質」。ひととなり「人／為人」。ひんせい「稟性」。

うまれながら【生乍】 →**うまれつき**（前項）

―に知ること 〔中世〕しゃうち「生知」。〔中古〕せいち「生知」。

―に備えているさま ほんいうてき「本有的」。〔近世〕きゃういう「享有」。〔中世〕しゃうとく／せいとく「生得」。

―の性質 →**うまれつき**（―の性質）

―の性質と運命 〔上代〕せいめい「性命」。

―の美人 〔中古〕れいしつ「麗質」。

うま・れる【生】〔近代〕さんする「産」。せいしゅつ「生出」。せいせい「生生」。せいたん「生誕」。産声（うぶごゑ）をあげる。呱呱（ここ）の声をあげる。世に出る。〔近世〕しゃうらい「生来」。すべりいづ「滑出」。せいさん「生産」。〔中世〕しゃうさん「生産」。しゃうじゃう「生生」。しゅっせ「出世」。しんせい「新生」。〔中古〕いづ「出」。いでく「出来」。おひいづ「生出」。さしいづ「差出」。さんしゃう／さんせい「産生」。しゅっしゃう／しゅっせい「出生」。たんじゃう「誕生」。むまる「生」。ものす「物」。〔上代〕うまる「うまれる」「生／産」。なりいづ「成出」。なる「成」。むす「生／産」。

―・れた家 〔近代〕せいか「生家」。〔近世〕じっか「実家」。

―・れた所 しょうち「生地」。〔近代〕うまれどころ「生所」。しゅっしゃうち「出生地」。しょしゅつ「所出」。せいち「生地」。〔近世〕しゅっしょ「出所」。〔中世〕しゃうしょ／しゃうじょ「生所」。〔上代〕うぶすな「産土」。うまれ「生」。

―・れた月日 〔近世〕たいじゃうにち「誕生日」。たんじゃうび「誕生日」。〔中世〕たんじゃうにち「誕生日」。

―・れた年 〔近代〕うまれどし「生年」。せいねん「生年」。

―・れた年と死んだ年 せいぼつねん「生没年」。

―・れた年月日 〔近代〕せいねんぐゎっぴ「生年月日」。

ー・れたばかりの子 近代さんじ［産児］。しんせいじ［新生児］。

ー・れた日 近世せいじつ［生日］。せいしん［生辰］。

ー・れたままであること 近世うぶ［生／産］。

ー・れてからの年数 近代せいねん［生年］。

ー・れてこのかた 近代せいご［生後］。せいらい［生来］。

ー・れて増える はんしょく［繁殖］。上代うまはる［殖］。

ー・れて間がないこと しょせい［初生］。

ー・れる予定の月 中世うみづき［産月］。上代うみがつき／うむがつき［産月］。

後からー・れた人 中古のちおひ［後生］。らいしゃ［来者］。上代こうせい［後生］。

或る考えがー・れる 近世めぐむ［恵／芽］。

同じ時代にー・れる 中世うまれあはす［—あわせる］［生合／生会］。中古うまれあふ［生合／生会］。

形を変えてー・れる 近代くゎしゃう／くゎせい［化生］。

子供がー・れそうになる 中世さんけづく［産気付］。

子供がー・れる 近世しゅっさん［出産］。中古しゅっしゃう／しゅっせい［出生］。

神仏や君主がー・れる 中世かうしゃう［降生］。中古かうたん［降誕］。

夫婦間に子供がー・れる 近代ちゃくしゅつ［嫡出］。

再びー・れる 近代さいせい［再生］。中古さいたん［再誕］。

▼神聖なものや天皇などの出現 上代ある［生］。あれます［生］。

うみ【海】 マリーン／マリン(marine)。近代かいやう［海洋］。近世あをだたみ［青畳］。中世うみには［海庭］。中古え［江］。しほうみ［潮海］。わたつうみ。わたのはら［海原］。上代あをうなばら［青海原］。うなはら／うなばら［海原］。うのはら。うみ［海］。さうめい［滄溟／蒼溟］。み［海］。わた［海］。わたつみ［海神／綿津見］。

《枕》上代いさなとり［鯨取］。つなでひく［綱手引］。

ーが荒れる 近代おほしけ［大時化］。近世しけ［時化］。上代しく［時化］。

ーと川 中世かいが［海河］。上代かうかい［江海］。

ーと空 近代すいてんいっしき［水天一色］。すいてんいっぺき［水天一碧］。近世すいてんはうふつ［水天髣髴／水天彷彿］。中世てんすい［天水］。中古すいてん［水天］。

ーと山 中古かいがく［海岳］。さんかい［山海］。上代うみやま［海山］。

ーに関すること 近代かいじ［海事］。

ーの上→かいじょう【海上】

ーの音 かいめい［海鳴］。近代うみなり［海鳴］。しほなり［潮鳴］。どうなり［胴鳴］。中世ばうばう［茫茫］。上代しほさゐ／しほざゐ［潮騒］。なみと／なみのと［波音］。

ーの風 かいりくふう［海陸風］。かざしお［風潮］。りくかぜ［陸風］。近代かいなんぷう［海軟風］。りくなんぷう［陸軟風］。りくふう［陸風］。近世うみかぜ［海風］。かいふう［海風］。中世うらやまかぜ［浦山風］。しほかぜ［潮風／汐風］。ぢあらし［地嵐］。中古うらかぜ［浦風］。はまつかぜ［浜風］。上代おきつかぜ［沖風］。ときつかぜ［時津風］。はまかぜ［浜風］。へつかぜ［辺風］。

ーの神 ネレウス(ギリシャNēreus)。中世かいじゃく［海若］。かいじん［海神］。かいりゅう［海龍］。中古かいりゅうわう［海龍王］。りゅうじん［龍神］。上代わたつみ／わだつみ［海神］。わたつみの神。

ーの神をまつる猟師の祭り せまつり［瀬祭］。りゅうぐうまつり［龍宮祭］。りゅうじんさい［龍神祭］。近代うらまつり［浦祭］。

ーの幸 近代かいさんぶつ［海産物］。シーフード(seafood)。すいさんぶつ［水産物］。上代うみさち［海幸］。

ーの地図 近代かうかいづ［航海図］。チャート(chart)。近世かいづ［海図］。

ーのほとり→うみべ

ーの道 シーレーン(sea lane)。近世かうろ［航路］。中世うら［浦］。しほぢ［潮路／汐路］。ふなて［船手］。中古うみづら［海面］。かいだう［海道］。かいろ［海路］。すいろ［水路］。なみぢ［波路］。上代うなぢ／うみぢ［海路］。うみつぢ［海路］。みを［水脈］。やしほぢ［八潮路］。

ーを渡る 近代とやう［渡洋］。上代とかい［渡海］。とわたる［門渡］。→こうかい【航海】

青いー 中古あをうみ［青海］。へきかい［碧海］。上代あをうなばら［青海原］。さうかい［蒼海／滄海］。さうめい［滄溟／蒼溟］。

浅いー せんかい［浅海］。中世とほあさ［遠浅］。

荒々しいー 中古あらうみ［荒海］。上代なだ［灘／洋］。

大きなー 中世たいやう[大洋]。中古おほうみのはら[大海原]。きょかい/こかい[巨海]。たいかい[大海]。上代おほうなばら[大海原]。おほうみ[大海]。

川がーに注ぐところ →**かこう【河口】**

川の水がーに注ぐ 中古てうす[朝]。てうそう[朝宗]。

極地方のー きょくよう[極洋]。きょっかい[極海]。なんきょくかい[南極海]。なんぴょうよう[南氷洋]。ほっきょくかい[北極海]。ほっぴょうよう[北氷洋]。

氷の張りつめたー 近世ひょうかい[氷海]。

静かなー あぶらなぎ[油凪]。べたなぎ[凪]。近世には[日和]。中古なぎ[凪]。上代あさなぎ[朝凪]。ゆふなぎ[夕凪]。

四方のー 中世よつのうみ[四海]。中古しかい[四海]。よものうみ[四方海]。

世界のー ななつのうみ[七海]。

近いー きんかい[近海]。近世えんかい[沿海]。

遠いー 近代とほうみ[遠海]。とほなだ[遠灘]。近世ぐわいかい[外海]。ぐわいやう[外洋]。ぜっかい[絶海]。そとうみ[外海]。ゑんやう[遠洋]。中世ゑんかい[遠海]。上代おき[沖]。おきへ[沖方]。かいひ[海彼]。

南方のー 近世なんやう[南洋]。中古なんかい[南海]。なんめい[南溟/南冥]。

北方のー 近代ほくやう[北洋]。中古ほくかい[北海]。ほくめい[北溟/北冥]。

陸地に入り込んだー ちゅうかい/なかうみ[中海]。近代うちうら[内浦]。かいわん[海湾]。ないかい[内海]。近世ないやう[内洋]。中世うちうみ[内海]。えがは[江川]。中古いそわ[磯回]。上代いそみ[磯回]。いりうみ[入海]。いりえ[入江]。うら[浦]。うらみ[浦回/浦廻]。え[江]。おほわた[大曲]。かた[潟]。わだ[曲]。→**いりえ**

うみだ・す【生出】 近代さんする[産]。せいしゅつ[生出]。近世うみだす[生出/産出]。中世しゃうず[生]。中古さんしゃう/さんせい[産生]。上代つくる[作/造]。

ー・された物 近世さんぶつ[産物]。しょさん[所産]。

ー・した所 中古しょせい[所生]。

うみべ【海辺】 りんかい[臨海]。中世うみばた[海端]。中古うみづら[海面]。上代うみが[海処]。うみべ[海辺]。うみへた[海辺]。かいへん[海辺]。かた[潟]。へ/へた[辺/端]。へつ[辺]。→**いそ** →**かいがん**

ーで生活する人 近世かいじん[海人]。中古うらびと[浦人]。

ーの遊び 近代かいすいよく[海水浴]。近世しほひがり[潮干狩/汐干狩]。中世いそあそび[磯遊]。

ーの荒磯 中古ありそうみ[荒磯海]。

ーの御殿 近世かいろう[海楼]。

うむ【有無】 近代ざいひ[在否]。中世うむ[有無]。中古ありなし[有無]。そんぴ[存否]。有りや無しや。有るか無きか。

ーを言わさず 近代きゃうせい[強制]。近世むりじひ[無理強]。頭ごなしに。否応なしに。

う・む【倦】 近世あきる[飽/厭]。あぐねる[倦]。中世あぐむ[倦]。けんたい[倦怠]。たいくつ[退屈]。上代あく[飽/厭]。うむ[倦]。きらふ[嫌]。

う・む【膿】 近世くゎのう[化膿]。膿(うみ)を持つ。中古うむ[膿]。上代ただる(ただれる)[爛]。

う・む【生】 近代おさん[御産]。きょし[挙子]。さうざう[創造]。さんする[産]。しゃうじる[生]。腹を痛める。近世しゅっさん[出産]。ぶんべん[分娩]。よろこぶ[喜/慶/悦]。中世うみだす[生出]。しゃうず[生]。つくりだす[作出]。身二つになる。中古うみおとす[産落]。まうく(もうける)[儲]。みみ[身身]。身身(みみ)と成る。上代うまふ[生]。うむ[生/産]。おこる[起/興/発/熾]。こむ[子産/卵産]。つくる[作/造]。なす[生]。

多くの子をー・む 中古うみひろぐ[生広]。

卵をー・む 近代さんらん[産卵]。

▼安産 近世こやす[子安]。

▼流産 近世せうさん[小産/消産]。

うめ【梅】 近代せっちゅうくんし[雪中君子]。せんし[仙姿]。はつはなぐさ[初花草]。ひゃくくゎくゎい[百花魁]。中世あに[兄]。あんかう/あんきゃう[暗香]。かうぶんぼく[好文木]。かざみぐさ[風見草]。かぜまちぐさ[風待草]。かはえぐさ[香栄草]。くゎけい/はなのあに[花兄]。せいいう[清友]。せいかく[清客]。そえい[疎影/疏影]。つげぐさ[告草]。にほひぐさ[匂草]。はつなぐさ[初名草]。はるつげぐさ[春告草]。もくぼ[木母]。中古むめ[梅]。上代うめ[梅]。はな[花]。

ーの枝 上代うめがえ[梅枝]。

―の香 中古 うめがか[梅香]。

―の花 近世 ばいれき[梅暦]。中世 うめごよみ[梅暦]。このはな[木花/此花]。百花の魁(さきがけ)。上代 ばいくゎ[梅花]。

―の花見 近代 くゎんばい[観梅]。近世 うめみ[梅見]。中世 たんばい[探梅]。

―の林 近代 うめばやし[梅林]。中古 ばいりん[梅林]。

―の実 近代 みうめ[実梅]。中世 あをうめ[青梅]。ばいし[梅子]。中古 くゎうばい[黄梅]。

―干し 中世 うめづけ[梅漬]。うめぼし[梅干]。

―干しの核(さね) 近代 てんじん[天神]。

赤い― 中古 こうばい[紅梅]。

白い― 近代 かうせつ[香雪]。近世 しらうめ[白梅]。中世 はくばい[白梅]。

野に咲く― 中世 やばい[野梅]。

早咲きの― 近世 とうじうめ/とうじばい[冬至梅]。中古 かんばい[寒梅]。さうばい[早梅]。

早咲きの―を山野に探す 中世 たんばい[探梅]。

盆栽に仕立てた― 近代 ぼんばい[盆梅]。
▼老梅の幹 近代 てっかん[鉄幹]。

うめあわ・せる【埋合】 近代 てんぽ[塡補]。ほしょう[補償]。近世 あがなふ[購]。いれあはす[入合]。いれかへ[入替/入換]。うづむ[うずめる][埋]。ほてん[補塡]。中世 うめあはす[―あわせる][埋合]。おぎなふ/おぎのふ[補]。つぐなふ[償]。中古 おぎぬふ[補]。つぐのふ[償]。上代 あがふ[購]。うむ[うめる][埋]。

うめ・く【呻】 近世 うなる[唸/呻]。中世 しんぎん[呻吟]。にえぶ[呻吟]。中古 あめく。うめく[呻]。によふ[呻吟]。上代 さまよふ[吟]。のどよふ。
《枕》上代 ぬえどりの[鵼鳥][⇩のどよふ]。

う・める【埋】 近代 いけこむ[埋込]。中世 いく[いける][埋]。うめたつ[―たてる][埋立]。まいぼつ[埋没]。中古 うづむ[うずめる][埋]。上代 うむ[うめる][埋]。

―・めて隠す 中世 まいざう[埋蔵]。

―・めて設備すること 近代 まいせつ[埋設]。

―・めて葬る 中古 まいさう[埋葬]。

うもう【羽毛】 ダウン(down)。近代 フェザー(feather)。中世 うもう[羽毛]。上代 は[羽]。
―の抜け替わること かんう[換羽]。
一片の― うへん[羽片]。
鵝鳥(がちょう)の― 中世 がもう[鵝毛]。

うも・れる【埋】 中古 むもる[埋]。上代 うもる[うもれる][埋]。
世に―・れる 近代 うもれる[埋]。中世 まいぼつ/まいもつ[埋没]。

うやうやし・い【恭】 いんぎん[慇懃]。きょうけい[恭敬]。きょうけん[恭虔]。ていちょう[丁重]。中世 うやうやし[恭]。中古 ゐやゐやし[礼礼]。

―・い振る舞い 上代 うや[礼]。

―・く 近代 きょうけん[恭謙]。中世 つつしんで[謹]。

―・く仕えること 中古 ほうず[奉]。

―・過ぎる 近世 いんぎんびろう[慇懃尾籠]。いんぎんぶれい[慇懃無礼]。ばかていねい[馬鹿丁寧]。中世 しゅきょう/すうきょう[足恭]。


うやま・う【敬】 近代 きんす[欽]。けいい[敬意]。けいぎゃう[景仰]。けいれい[敬礼]。しんすい[心酔]。すうけい[崇敬]。すうはい[崇拝]。ゐけい[畏敬]。近世 けいはい[敬拝]。けいふく[敬服]。すいそん[推尊]。そんすう[尊崇]。中世 あいけい[愛敬]。あがまふ[崇]。けいす[敬]。さんぎゃう[鑽仰/賛仰]。しんぶく/しんぷく[心服]。そんけい[尊敬]。そんそう[尊崇]。たっとぶ/たっとむ[尊/貴]。みあぐ[―あげる][見上]。中古 あふぐ[仰]。おそる[おそれる][畏]。そんぢゅう/そんちょう/そんぢょう[尊重]。たふとむ[尊]。ゐやぶ[礼]。上代 あがむ[あがめる][崇]。うやぶ[礼]。うやまふ[敬]。おもんず[重]。たふとぶ[尊]。ゐやまふ/ゐやむ[礼]。

―・い拝む 中古 らいす[礼]。

―・い畏れるさま 中世 けいゐ[敬畏]。

―・い慕うさま 近代 けいぼ[敬慕]。せんぎゃう[瞻仰]。近世 きんぼ[欽慕]。ししゅく[私淑]。中世 わけい[和敬]。

―・い親しむさま 近代 ゐあい[畏愛]。

―・い尊ぶこと 近代 けいちょう[敬重]。中古 きんぎゃう[欽仰]。

―・いへりくだるさま 中世 けいじゃう[敬譲]。

神を―・う 中古 けいしん[敬神]。

神仏を―・い拝むこと 中古 きゃうらい[敬礼]。

神仏を―・い謹むさま 近代 けいけん[敬虔]。

老人を―・う 近代 けいらう[敬老]。

うやむや【有耶無耶】 近世 うやむや[有耶無耶]。中古 あいまい[曖昧]。まぎらはす[紛]。

うようよ →うごめ・く

うら【浦】 →いりえ

うら【裏】 すいめんか［水面下］。リバース(reverse)。近代うらがは［裏側］。ないぶ［内部］。はいぶ［背部］。はいめん［背面］。バック(back)。近世うちまく［内幕］。ないじゃう［内情］。はいご［背後］。中世りめん［裏面］。中古うしろ［後］。ないじつ［内実］。なか［中］。上代うち［内］。うら［裏］。した［下］。せ［背］。
《枕》中古くずのはの［葛葉］。上代はたすすき／はだすすき。
━で 中世あんに［暗］。中古ひそかに［秘／密］。

うらおもて【裏表】 近世しらくら［白黒］。中世うらおもて［裏表］。かげひなた［陰日向］。上代へうり［表裏］。
━がある者 近世へうりもの［表裏者］。
━がない 近世うらなし［心無／裏無］。中世ふたおもて［両面］。中古しゃうぢき［正直］。
━を見て判断せよ 楯(たて)の両面を見よ。

うらがえし【裏返】 近世あべこべ。うらがへし［裏返］。うらはら［裏腹］。はんたい［反対］。ひっくりかへし［引繰返］。中世うらおもて［裏表］。ぎゃく［逆］。中古うらうへ［裏表］。かへさま［返様］。せなかあはせ［背中合］。

うらがえ・す【裏返】 近世ひっくりかへす［引繰返］。中古うらがへす［裏返］。かへす［返］。ひきかへす［引返］。上代かへさふ［返］。

うらがえ・る【裏返】 近世ひっくりかへる［引繰返］。中古うらがへる［裏返］。なりかへる［成返］。ひるがへる［翻］。上代かへる［返］。

うらぎ・る【裏切】 近代うらぎる［裏切］。つうぼう［通謀］。はいしん［背信］。へんせつ［変節］。近世うる［売］。てがはり［手替／手代］。てがへし［手返］。ねがへる［寝返］。はんそく［反側］。はんぷく［反覆］。裾を搔く。中世かへりちゅう［返忠］。ないつう［内通］。矛を倒(さかしま)にす。中古うらがへる［裏返］。ないおう［内応］。へんしん［変心］。
━られてひどい目にあう 煮え湯を飲まされる。
━る心 中世ふたごころ［二心］。中古いしん［異心］。上代たい［他意］。
武士が━る 近世二張(にちやう)の弓。
身内から━る者が出ること 中世獅子身中の虫。

うらぐち【裏口】 近世うらぐち［裏口］。うらせど［裏背戸］。うらもん［裏門］。中世せど［背戸］。せどぐち［背戸口］。したぐち［下口］。中古しもぐち［下口］。

うらこうさく【裏工作】 ちかこうさく［地下工作］。ねまわし［根回］。ねわざ［寝技／寝業］。
━が得意な人 ねわざし［寝業師］。

うらごえ【裏声】 近代ファルセット(イタリア falsetto)。近世うらごゑ［裏声］。かせい［仮声］。

うらじろ【裏白】 うらじろわらび［裏白蕨］。近世ふなが／ほなが［穂長］。やまくさ［山草］。中世うらじろ［裏白］。おやこぐさ［親子草］。上代しだ［羊歯／歯朶］。もろむき［諸向／双向］。

うらづけ【裏付】 うら［裏］。裏を取る。近代うらうち［裏打］。しょうする［証］。中世うらづけ［裏付］。中古しょうめい［証明］。上代しょうこ［証拠］。ほしょう［保証］。

うらどおり【裏通】 →うらみち
━の家 近世うらだな［裏店］。うらや［裏屋／裏家］。

うらない【占】 ホロスコープ(horoscope)。近代えきせん［易占］。えきだん［易断］。せんぼく［占卜］。近世うらやさん［占屋算］。うらわざ［占術／占法］。くゎんしゃう［観象］。めど［蓍］。中世うらかた［占形／占象］。うらなひ［占］。うらなひさん［占算］。えき［易］。おんやうだう［陰陽道］。はっくゎ／はっけ［八卦］。中古しんゐ［讖緯］。上代うら［占］。うらごと［占事／卜事］。うらへ［占］。せんじゅつ［占術］。ぼくせん［卜占］。
《句》近代当たるも八卦当たらぬも八卦。八卦の八つ当たり。中世合ふも不思議合はぬも不思議。
━の学問 えきがく［易学］。
━の結果 近世けたい［卦体］。中世うらて［占手］。だいきょう［大凶／大兇］。中古せんてう［占兆］。だいきち［大吉］。上代かた［形／型］。
━の結果を記した紙 中世うらぶみ［占文］。せんもん［占文］。
━の道具(例) タロット(tarot)。近代ぜいちく［筮竹］。中世さんぎ［算木］。めどぎ［筮／蓍］。中古うらぐし［卜串］。めど［蓍］。
━を仕事とする人 えきせんか［易占家］。近代うらなひし［占師］。くゎんさうか［観相家］。せんしゃ［占者］。近世うらなひしゃ［占者］。うらやさん［占屋算］。さんおき［算置］。てさうみ［手相見］。はっけおき［八卦置］。はっけみ［八卦見］。えきしゃ［易者］。中世うらかた［占形／占象］。さうじゃ［相者］。中古おんやうじ［陰陽師］。さうにん［相人］。すくえうし［宿曜師］。ばいぼくしゃ［売卜者］。上代おんみゃうじ［陰陽師］。

ぼくしゃ[卜者]。ぼくじん[卜人]。

石を用いた— 上代 いしうら[石占]。

多くの— 上代 やうら[八占/弥占]。

釜の鳴り具合で判断する— 近代 かまなり[釜鳴/竈鳴]。

亀の甲や骨でする— 近代 かめうら[亀卜]。きたく[亀坼]。しゃくこつ[灼骨]。ぼくこつ[卜骨]。亀のうら。亀の甲のうら。中古 きぼく[亀卜]。上代 きぜい[亀筮]。ぼくぜい[卜筮]。

瓦を投げて判断する— 近代 かはらうら[瓦占]。

簪(かんざし)を投げて判断する— 近世 かんざしうら[簪占]。

九星によってする— 近代 きうせいじゅつ[九星術]。

米による— 近世 こめうら/よねうら[米占]。

算木による— えきせん[易占]。近世 なげざん[投算]。中世 うらさん[占算]。

算木による—の結果 近世 くゎ/け[卦]。

筮竹(ぜいちく)による— 近代 ぜいぼく[筮卜]。中世 ぜいはふ[筮法]。中古 えきぜい[易筮]。せんぜい[占筮]。ぼくぜい[卜筮]。

生年月日でする— かんしじゅつ[幹枝術]。近世 ほんけ[本卦]。

銭を用いてする— 近代 ぜにうら[銭占/銭卜]。近世 なげざん[投算]。

相を見てする— 近代 くゎんさうがく[観相学]。近世 さうじゅつ[相術]。さうはふ[相法]。にんさうみ[人相見]。中世 てうら[手占/手卜]。

その年を占う— 近世 かぜさだめ[風定]。かゆうら[粥占]。としうら[年占]。まめうら[豆占]。まめやき[豆焼]。粥占の神事。中世 ねんぜい[年筮]。

そろばんを使った— 近代 さんえき[算易]。そろばんうらなひ[算盤占]。

トランプによる— トランプうらない[trump占]。

鳥の様子を見て判断する— 近代 てうせんじゅつ[鳥占術]。てうぼく[鳥卜]。とりうら[鳥占]。

鶏の勝負で判断する— 近代 とりうら[鶏占]。

火桶の灰でする— 中古 はひうら[灰占]。

星による— せいせんじゅつ[星占術]。ほしうらない[星占]。せんせいじゅつ[占星術]。近代 ほしみ[星見]。

豆を用いてする— 近世 まめうら[豆占]。まめやき[豆焼]。

水を用いてする— 上代 みづうら[水占]。みなうら[水占]。

道で往来の人の会話を聞いて判断する— 近世 くしうら[櫛占]。つじうら[辻占]。中古 はしうら[橋占/橋卜]。上代 みちうら[道占]。みちゆきうら[道行占]。ゆふうら/ゆふけ[夕占]。

雪の残った形でする— 近代 ゆきうら/ゆきうらなひ[雪占]。

夢の— 近代 むせん[夢占]。ゆめはんだん[夢判断]。近世 はつゆめあはせ[初夢合]。ゆめうら/ゆめうらなひ[夢占]。ゆめはんじ[夢判]。中世 せんむ[占夢]。ゆめあはせ[夢合]。夢を合はす。中古 ゆめとき[夢解]。

湯を沸かしてする— 近世 ゆだち/ゆだて[湯立]。近代 とひゆ[問湯]。

その他—のいろいろ(例) 近代 せいめいはんだん[姓名判断]。近世 おみくじ[御御籤/御神鬮/御神籤]。くゎんおんくじ[観音籤]。中古 うたうら[歌占]。おびうら[帯占]。上代 あしうら[足占]。うけひ[祈/誓]。

うらな・う【占】 近世 算を置く。中世 さうす[相]。中古 ぼくす[卜]。ものとふ[物問]。上代 うけふ[祈/誓]。うらとふ[占問]。うらなふ[占]。うらぶ[占]。

—・わせる 中古 みす[みせる][見]。

うらぶ・れる →おちぶ・れる

うらぼん【盂蘭盆】 近世 うらんぼん[盂蘭盆]。おくりぎゃう[送経]。おくりぼん[送盆]。おぼん[御盆]。くゎんぎゑ[歓喜会]。しゃうりゃうおくり/しゃうろおくり[精霊送]。しゃうりゃうまつり[精霊祭]。しゃうりゃうゑ[精霊会]。ぼん[盆]。ぼんゑ[盆会]。ぼんまつり[盆祭]。むかへぼん[迎盆]。中古 うらぼん[盂蘭盆]。うらぼんゑ[盂蘭盆会]。ぼに[盆]。

—で先祖の霊に供える団子 みやげだんご[土産団子]。

—で先祖の霊を安置する所 近世 しゃうりゃうだな[精霊棚]。たまだな[霊棚]。

—で先祖の霊を送る火 中世 おくりび[送火]。中古 かどび[門火]。

—で先祖の霊を迎える火 中世 むかへび[迎火]。中古 かどび[門火]。

—と暮れ 近世 にき[二季]。

—に精霊を迎えるための路作り 近代 ついたちみち[朔日路]。ぼんみち[盆路]。みちかり[路刈]。みちなぎ[路薙]。

—の終わり 近代 うらぼん[裏盆]。

死者の初めての— 近世 はつぼん[初盆]。

父母への—の贈り物 いきみたま[生御霊／生御魂]。

うらみ【恨】 近代きうゑん[仇怨]。つうこん[痛恨]。近世しんゑん[深怨]。にくしみ[憎]。ゑんさ[怨嗟]。中世しうこん[愁恨]。ぞんぶん[存分]。をんしう[怨讐]。をんしん／をんじん[怨心]。をんねん[怨念]。睚眦(がいさい)の怨み。中古あた／あだ[仇]。いしゅ[意趣]。うっぷん[鬱憤]。しんい／しんに[瞋恚／嗔恚]。ものうらみ[物恨]。ものゑんじ[物怨]。ゐこん[遺恨]。ゑんしん[怨心]。上代うらみ[恨／怨]。ゑんこん／をんこん[怨恨]。

—がなくなること 近代ひょうかい[氷解]。

—と苦しみ 中古ゑんく[怨苦]。

—のある敵 中世ゑんしう[怨讐]。をんしう[怨讐／怨讎]。

—の言葉 近世いしゅぶし[意趣節]。うらみくち[恨口]。ぐち[愚痴]。中世くりごと[繰言]。ゑんげん[怨言]。ゑんご[怨語]。ゑんせい[怨声]。をんせい[怨声]。中古うらみごと[恨言]。かごと[託言]。くぜち／くぜつ[口舌／口説]。わびごと[侘言]。

—の種 近世かこちぐさ[託種]。

—の種になる 近世根葉(ねは)になる。

—を言う 近世じっくゎい[述懐]。中世かこつ[託]。じゅっくゎい[述懐]。中古うちゑんず[打怨]。うらむ[恨]。くねる[曲／拗]。ゑんず[怨]。

—を抱く 含むところがある。中世ゑんばう[怨望]。中古仇をなす。

—を晴らす 思いを晴らす。近代そそぐ[雪／濯]。近世いしがへし／いしゅがへし[意趣返]。いしゅばらし[意趣晴]。すすく／すすぐ[雪／濯]。はらいせ[腹癒]。中世うらむ[怨／恨]。中古たふ[答]。ほうず[報]。

《句》近代徳を以て怨みに報(むく)ゆ(—報いる)。

—を晴らすため殺す 近世いしゅうち[意趣討]。いしゅぎり[意趣斬]。

—を晴らそうとする 近代てきがい[敵愾]。

—を表情に出さない 恨みを飲む。

—を忘れない 近世根に持つ。

多くの— 近代ばんこん[万恨]。近世うらみつらみ[恨辛]。中世たこん[多恨]。

多くの人の— 近代しゅうゑん[衆怨]。

かねてからの— 近世きうゑん[旧怨]。しゅくこん[宿恨]。しゅくゑん[宿怨]。中世しゅくい[宿意]。しゅくしふ[宿執]。中古ゐこん[遺恨]。

個人的な— 近世しゑん[私怨]。中世ししう[私讐]。

心中のひそかな— 近世しこん[私恨]。

積もり重なる— 中世せきゑん[積怨]。

不公平が招いた— 中世かたみうらみ[片身恨]。

うらみち【裏道】 うらかいどう[裏街道]。近世うらどほり[裏通]。うらみち[裏道]。ぬけみち[抜道]。中世ちかみち[近道]。中古かんだう[間道]。

うら・む【恨】 含むところがある。近代のろふ[呪]。ふぐたいてん[不倶戴天]。恨み骨髄に徹す。近世うらみる[恨]。妬(ねた)に籠(こ)む。根葉(ねは)に持つ。中世ふんこん[憤恨／忿恨]。ゑんばう[怨望]。中古うちゑんず[打怨]。くねる[曲／拗]。こころやむ[心病]。せめぐ[鬩]。そばむ[側]。ねたむ[妬]。ふんゑん[憤怨／忿怨]。ゑず／ゑんず[怨]。上代あたむ[仇]。うらむ[恨／怨]。うれたむ[慨]。

《枕》中古くずのはの[葛葉]。

—・み争う 中古せめぐ[鬩]。

—・みがましいさま 中世かこちがほ[託顔]。かごとがまし[託言]。

—・み続ける 中古うらみわたる[恨渡]。

—・み嘆く 近代ゑんさ[怨嗟]。近世かこちなき[託泣]。ちゃうぜん[悵然]。中古うらみわぶ[恨侘]。ちうちゃう[惆悵]。

—・み憎む 近世ゑんぞう[怨憎]。中世をんぞう[怨憎]。

—・む相手 中世ゑんしう／をんしう[怨讐／怨讎]。中古しうてき[讐敵／讎敵]。

—・んでいる点 中古うらみどころ[恨所]。

—・んで害をなす 中世をんがい[怨害]。

—・んで死ぬ 中世うらみじに[恨死]。

—・んで恥じて怒る 近代ざんい[慚恚／慙恚]。

好意を曲解して—・む 近世さかうらみ[逆恨]。

人に—・まれる 近代恨みを買ふ。

独り寝を—・む 近世けいゑん[閨怨]。

うらめし・い【恨】 中古のろのろし[呪呪]。ものうらめし[物恨]。上代うらめし[恨／怨]。

—・いこと 近代こんじ[恨事]。

—・い様子 近代うらみたらしい[恨]。近世うらみがまし[恨]。中世かごとがまし[託言]。中古うらみがほ[恨顔]。ねたげ[妬]。

—・そうに見やること 中古ちゃうばう[悵望]。

ちょっと—・い 中古なまうらめし[生恨]。

うらもん【裏門】→**うらぐち**

城の— 近世からめてもん[搦手門]。中世か

らめて[掬手]。

うらやまし・い【羨】 近世 けなるがる。中世 けなりい。けなりがる。けなるし。ねたまし[妬]。中古 うらやまし[羨]。上代 ともし[羨]。

ー・いと思わせる 中古 ねたます[妬]。上代 ともしむ[乏]。

うらやましが・る【羨】 →うらや・む(次項)

うらや・む【羨】 近代 けんせん[健羨]。ジェラシー(jealousy)。しっし[嫉視]。せんばう[羨望]。垂涎(すいぜん)の的。指を咥(くは)へる。近世 やく[焼/妬]。やっかむ。りうぜん[流涎]。喉が渇く。中世 きんせん[欽羨]。中古 うらやましがる[羨]。しっと[嫉妬]。にくむ[憎]。ねたむ[妬]。上代 うらやむ[羨]。そねむ[嫉/妬/猜]。ともしぶ/ともしむ[羨]。

《句》近代 内の鯛より隣の鰯。隣(となり)の糂粏(じんだ)味噌。隣の花は赤い。近世 隣の宝を数ふ[ー数える]。人の宝を数ふ[ー数える]。

うららか【麗】 近世 せいらう[晴朗]。たいたう[駘蕩]。中世 うらやか[麗]。中古 うらうら。うらら/うららか/うららに[麗]。おだやか[穏]。のどか/のどけし/のどやか[長閑]。のんびり。

ー・な春の日 上代 しゅんじつちち[春日遅遅]。

ー・な日 中古 れいじつ[麗日]。

うり【瓜】 近世 ふり[瓜]。中古 ごしき[五色]。上代 うり[瓜]。

ーなどの内部の種のある部分 近代 はらわた[腸]。近世 なかご[中子]。

ーの種 中世 さなご[核子]。中古 うりざね[瓜種/瓜核]。

ーの仲間 近代 らくゎるい[蓏果類]。中古 くさくだもの[草果物]。

ーの畑 中古 うりふ[瓜生]。くゎでん[瓜田]。

うりあげ【売上】 近代 うりあげ[売上]。近世 うりしろ[売代]。中古 あきなひ[商]。

ー高 あげだか[上高]。げっしょう[月商]。にっしょう[日商]。ねんしょう[年商]。みずあげ[水揚]。近代 あがりだか[上高]。近世 うりだか[売高]。

うりある・く【売歩】 近代 ぢまはり[地回/地廻]。近世 ふり[振]。ふりうり[振売]。中世 うりあるく[売歩]。

ー・く人 近代 かつぎ/かつぎや[担屋]。中世 うりこ[売子]。

うりきれ【売切】 うりはたく[売叩]。かんばい[完売]。ざいこぎれ[在庫切]。さばく[捌]。近代 うりきれ[売切]。近世 しなぎれ[品切]。しまひ[仕舞]。中世 うりあぐ[ーあげる][売上]。うりきる[売切]。中古 うりつくす[売尽]。

うりこみ【売込】 キャッチコピー(和製 catch copy)。ダイレクトメール(DM; direct mail)。ピーアール(PR; public relations)。近代 せんでん[宣伝]。近世 うりこみ[売込]。中世 うりつく[ーつける][売付]。

ーのポイント セールスポイント(和製 sales point)。

強引なー 中世 おしうり[押売]。

自分のー じこけんじ[自己顕示]。近代 アピール(appeal)。じこせんでん[自己宣伝]。じせん[自薦]。

うりだし【売出】 スーク(アラビア sūq)。近代 うりだし[売出]。おほうりだし[大売出]。セール(sale)。バザー/バザール(フランス bazar)。

在庫一掃のー 近代 クリアランスセール(clearance sale)。近世 くらだし[蔵出]。

うりつく・す【売尽】 →うりきれ

うりて【売手】 近代 うりかた[売方]。中世 うりて[売手]。うりぬし[売主]。ばいにん[売人]。

うりとば・す【売飛】 近代 うりとばす[売飛]。たたきうる[叩売]。近世 うりこかす[売]。ばらす。

うりね【売値】 オープンかかく[open 価格]。はんばいかかく[販売価格]。近代 かかく[価格]。ばいか[売価]。近世 かけね[掛値]。こけん[沽券]。しゃうふだ[正札]。ねだん[値段]。中世 うりね[売値]。ていか[定価]。

ーが元値よりも安くなる 近世 元が切れる。元値が切れる。

ーと買値の差 近代 さあひ[差合]。近世 さや[鞘]。

ーと買値の差があること ねびらき[値開]。

ーと買値の中間の値段 近世 なかね[中値]。

ーを相場より高く言う 近代 ふく[吹/噴]。

ーの一区画 コーナー(corner)。

うりば【売場】 はんばいコーナー[販売 corner]。中世 うりば[売場]。

街路や駅などのー 近代 スタンド(stand)。

デパートなどのー フロア(floor)。

うりもの【売物】 ばいか[売貨]。近代 しゃうひん[商品]。でもの[出物]。ばいひん[売品]。中世 うりもの[売物]。

う・る【売】 近代 セール(sale)。てばなす[手放]。はつばい[発売]。はらひさげる[払下]。売り代(しろ)なす。中世 ひさく/ひさぐ[鬻/販]。ぶんじゃう[分譲]。中古 うる[売]。

ばいきゃく［売却］。上代あきなふ［商］。はんばい［販売］。

ー・って金にかえる 近世しろがふ［代替］。中世しろなす［代為］。

ー・って始末をつける 近世うりさばく［売捌］。さばく［捌］。

ー・ってその日その日の生活費とする 近世うりぐひ［売食］。

ー・って手放す 中世うりわたす［売渡］。

ー・り方の例 かっぷはんばい［割賦販売］。ガレージセール(garage sale)。つうしんはんばい［通信販売］。ネットはんばい［net販売］。ほうもんはんばい［訪問販売］。近代ゐたくはんばい［委託販売］。

ー・り払う 中古はなつ［放］。

ー・る数などを広げる かくはん［拡販］。

ー・るの婉曲表現 ゆずる［譲］。わける［分］。

ー・るのを躊躇(ちゅうちょ)すること うりしぶる［売渋］。近代うりをしむ［売惜］。

ー・る約束 近代ばいやく［売約］。

一種の商品を大量にー・る りょうはん［量販］。

一般消費者にー・る 近世こうり［小売］。

大声を出したり物を叩いてー・る 近代たたきうり［叩売］。よびうり［呼売］。

買った物をそのまま他にー・る 中世またうり［又売］。上代てんばい［転売］。

公共物を民間にー・る 近代うりさげる［売下］。はらひさげる［払下］。

採算抜きにー・る 近代うりとばす［売飛］。たたきうり［叩売］。らんばい［乱売／濫売］。近世うりくずす［売崩］。すてうり［捨売］。なげうり［投売］。

社外を回ってー・る人 近代ぐゎいかうはんばいゐん［外交販売員］。ぐゎいかうゐん［外交員］。セールス(sales)。セールスマン(salesman)。

生産者が直接消費者にー・ること ダイレクトセール(direct sale)。ちょくばい［直売］。ちょくはん［直販］。

展示品をその場でー・る 近代そくばい［即売］。

独占的にー・ること せんばい［専売］。近代いってはんばい［一手販売］。

販売員などなしで自動でー・る機器 けんばいき［券売機］。じどうはんばいき［自動販売機］。じはんき［自販機］。

安くー・る 近代ディスカウント(discount)。バーゲンセール(bargain sale)。近世やすうり［安売］。→やすうり

闇のルートでー・る やみながし［闇流］。よこながし［横流］。近世みつばい［密売］。

分けてー・る ばらうり［売］。わけうり［分売］。近代ぶんばい［分売］。近世きりうり［切売］。中世ぶんじゃう［分譲］。

うるおい【潤】 近代うるみ［潤］。中世うるひ［潤］。中古しめり［湿］。上代うるほひ［潤］。かうたく［膏沢］。

ーがあること 近代じゅんたく［潤沢］。ほうたく［豊沢］。中世じゅんくゎつ［潤滑］。ほうじゅん［豊潤］。

ーがないさま 中世かさかさ。がさがさ。

ーがなくなる 中世ひからぶ［―からびる］［干涸／乾涸］。上代かる［枯］。

ーのある土地 中世かうたく［膏沢］。

うるお・う【潤】 近代うるむ［潤］。中世うるふ［潤］。中古しめる［湿］。そぼつ［濡］。ほとぶ［ほとびる］［潤］。上代うるほふ［潤］。しほる［霑／湿］。ぬる［ぬれる］［濡］。

ー・っている 中古つややか［艶］。

利益に等しくー・う 近世きんてん［均霑／均沾］。

うるお・す【潤】 近世しめす［湿］。中古うるふ［潤］。うるほす［潤］。ぬらす［濡］。

うるさ・い【煩】 ❶〈騒がしい〉 近代けんさう［喧噪／喧騒／諠譟］。近世けたたし／けたたまし。さうがまし［騒］。さうざうし［騒騒］。そうぞうし［忩忩］。みみかしまし［耳喧／耳囂］。やかまし。中世ののめく。らうがはし［乱］。わわし。中古うるさし［煩／五月蠅］。おどろおどろし。おびたたし［夥］。かかしかまし／かしがまし／かしまし［囂］。かまびすし［喧／囂］。さわがし［騒］。なりたかし［鳴高］。ののしる［罵］。みみかしがまし［耳囂］。ものさわがし［物騒］。上代かまし［囂］。けんたう［喧閙／諠閙］。さうぜん［騒然］。

ー・い音 近代さうおん［騒音］。中古なり［鳴］。

ー・い声 近世われごゑ［破声］。中古なり［鳴］。

ー・いこと 近代あめいせんさう［蛙鳴蟬噪］。中世けんくゎ［喧嘩］。しんどうらいでん［震動雷電］。ざめき［騒］。中古どよみ［響］。上代さわぎ［騒］。

ー・いさま 近代がうがう［囂囂］。けんけん［喧喧］。近世がちゃがちゃ。きょうきょう［洶洶］。中世がうがう［嗷嗷］。せきせき［藉藉／籍籍］。ぶっさう［物騒］。上代さばへなす［五月蠅］。

ー・く言う 中古さへづる［囀］。ののしる［罵］。

ー・く言うさま 近世けちけち。つべこべ。ぶ

う

いぶい。べちゃくちゃ。ぺちゃくちゃ。

—・くて耳に障る 中古 みみだつ［耳立］。

—・く鳴く 上代 なきとよむ［鳴響］。

犬や虫の声の—・いさま 中古 ぎんぎん。
▼うるさがる 近世 かみがる［神］。
▼騒がしいのを制する語 中古 あなかま［囂］。かま［囂］。上代 なりたかし［鳴高］。

うるさ・い【煩】❷〈煩わしい〉 近代 はんさ［煩瑣］。めんだう［面倒］。めんだうくさい［面倒臭］。やくかい［厄介］。近世 うったうし［鬱陶］。おくくふ／おくこふ［億劫］。はんざつ［煩雑／繁雑］。中世 うたてし。くどし。しつこし。中古 あつかはし［暑］。いとはし［厭］。うし［憂］。うるさし［煩］。くだくだし。むつかし［難］。わづらはし［煩］。上代 こちたし［言痛］。しげし［繁］。
人の口が—・い 近代 くちうるさい［口煩］。近世 くちやかまし［口］。中古 くちさがなし［口］。さがなし［性無］。わづらはし［煩］。上代 こちたし［言痛］。こととし［言疾］。
▼口うるさい人 近代 いちげんこじ／いちごんこじ［一言居士］。うるさがた［煩型］。近世 めくちかわき［目口乾］。やかましや［屋］。中古 さがなもの［者］。
▼小うるさい 近世 こやかまし［小喧］。めくちかわき［目口乾］。中世 とがとがし。とげとげし。中古 なまむつかし［生難］。

うるし【漆】 上代 うるし［漆］。

—で描いた絵 近代 うるしゑ［漆絵］。しつぐゎ［漆画］。

—にかぶれること うるしかせ［漆感］。うるしくい［漆喰］。近世 しっさう［漆瘡］。中世 うるしまけ［漆負］。中古 うるしかぶれ［漆瘡］。

—塗りの技法 近代 いしぢぬり［石地塗］。いそくさぬり［磯草塗］。いぢぬり［塗］。うるみぬり［潤塗］。かきあはせぬり［柿合塗］。かごめぬり［籠目塗］。ぬのめ［布目］。ひびぬり［罅塗］。びゃくだんぬり［白檀塗］。ひらもん［平文］。よざくらぬり［夜桜塗］。らんかくぬり［卵殻塗］。近世 しんぬり［真塗］。ろいろぬり［蠟色塗］。中世 かいしゅ［皆朱］。はなぬり［花塗］。へいもん［平文］。中古 ひゃうもん［平文／評文／狂文］。もくめぬり［木目塗］。らでん［螺鈿］。

—塗りの職人 しっしょう［漆匠］。近世 しっこう［漆工］。中世 ぬし／ぬっし［塗師］。ぬしや［塗師屋］。ぬりし［塗師］。ぬりものし［塗物師］。

—の原液 近世 いしうるし［石漆］。せしめうるし［瀬〆漆］。

—の採集 中世 うるしかき［漆掻］。

その他—のいろいろ(例) 近代 さかりうるし［盛漆］。たんしつ［丹漆］。つぎうるし［継漆］。ぬりたてうるし［塗立漆］。はなぬりうるし［花塗漆］。ろいろうるし［蠟色漆／呂色漆］。近世 さいしつ［彩漆］。だみうるし［彩漆／溜漆］。ゑうるし［絵漆］。中世 いろうるし［色漆／彩漆］。かんしつ［乾漆］。こくしつ［黒漆］。中古 きんしつ［金漆］。くろうるし［黒漆］。

うるわし・い【麗】 →うつくし・い

うれい【憂】 近代 しんぱい［心配］。近世 いうりょ［憂慮］。中世 あいしう［哀愁］。いうしう［憂思］。いうしう［幽愁］。かなしみ［悲／哀］。しうしゃう［愁傷］。中古 いうしう［憂愁］。いうしん［憂心］。うれひ［憂／愁／患］。くゎん［患］。しうし［愁思］。しうそ［愁訴］。ものおもひ［物思］。上代 うれへ［憂／愁／患］。しううん［愁雲］。なげき［嘆／歎］。

—が雲のように湧くこと 中世 愁への雲。

—と悲しみ 中古 ひしう［悲愁］。

—と喜び 近代 きいう［喜憂］。

—にしかめた眉 中古 しうび［愁眉］。

—に沈んだ顔 近世 しうよう［愁容］。中世 しうしょく［愁色］。愁への眉。

—に沈んでいるさま 近世 しうぜん［愁然／愀然］。中世 しうねん［愁然／愀然］。中古 あんぜん［暗然／黯然／闇然］。

—の大きさのたとえ 中世 白髪三千丈。

—をぬぐい去るもの《句》 近世 酒は憂ひの玉箒（たまばはき）。

暗い影を帯びた— 中古 あんしう［暗愁］。

うれえ【憂】 →うれい(前項)

うれ・える【憂】 近代 がいする［慨］。中古 うれふ［うれえる］［憂／愁／患］。

—・え憤ること 中古 いうふん［憂憤］。いふふん［悒憤］。

—・えかこつこと 中古 しうぎん［愁吟］。

—・え悲しむ 近世 せきぜん［戚然］。中世 しうぜつ［愁絶］。

—・え悲しむ心 中古 しうちゃう［愁腸］。上代 しうしょ［愁緒］。しうしん［愁心］。

—・え悲しんで死ぬ 中世 しうし［愁死］。

—・え苦しむこと 近代 いうく［憂苦］。近世 うきく［憂苦］。中世 うく［憂苦］。中古 きゅうしう［窮愁］。しうく［愁苦］。

—・えて思い煩うさま 中世 せきせき［戚戚／慼慼］。

―・え嘆くさま 中古しうしう［啾啾］。
―・え悶(だも)えること 近世いうもん［憂悶］。中古いうしう［憂愁］。しうもん［愁悶］。
国を―・える 中世いうこく［憂国］。
世を嘆き―・える 近代がいせい［慨世］。
患って―・える 近世しっつう［疾痛］。

うれし・い【嬉】 きんかい［欣快］。近代ゆえつ［愉悦］。中世ありがたし［有難］。きんき［欣喜／忻喜］。こころうれしい［心嬉］。中古きえつ［喜悦］。くゎんき［歓喜］。こころよし［心良］。上代うむがし／おむがし／むがし。うれし［嬉］。こころよし［快］。たのし［楽］。よろこばし［喜］。↓**よろこばし・い**
―・い気持ち きんかい［欣懐］。近代うれしごころ［嬉心］。中世くゎんしん［歓心］。

―・いさま 近代いそいそ。魂を天外に飛ばす。手の舞ひ足の踏む所を知らず。近世ほくほく。中世ほたほた。天にも昇る心地。飛び立つばかり。

―・い知らせ 近代きっぽう［吉報］。中世きっさう［吉左右］。

―・いと思う 中古うちよろこぶ［打喜］。うむがしむ。上代うれしぶ／うれしむ［嬉］。よろこぶ［喜／悦］。

―・くて落ち着かない 中世うきたつ［浮立］。

―・くて興奮する 近世目を細む［―細める］。

―・くて叫ぶ大声 中世くゎんせい［歓声］。

―・くて泣く 近世うれしなみだ［嬉涙］。中世うれしなき［嬉泣］。中古かんるい［感涙］。

―・そうな顔つき いそいそがお［顔］。ほくほくがお［顔］。近代きしょくまんめん［喜色満面］。にこにこがほ［顔］。ゆしょく［愉色］。中世えびすがほ［夷顔］。きしょく［喜色］。ゑびすがほ［恵比寿顔］。中古うれしがほ［嬉顔］。

―・そうに笑う 近世ほいやり。ゑみかたまく［笑傾］。中古笑(ゑ)みの眉開く。

期待通りで―・い 中古ほいあり［本意有］。

なんとなく―・い 中世そらよろこび［空喜／空悦］。

うれしが・る【嬉】 近世えつ［悦］。中世よがる［善／良］。中古うむがしむ。うれしがる［嬉］。きんえつ［欣悦］。よろこぶ［喜／悦／歓／慶］。上代うれしぶ／うれしむ［嬉］。↓**よろこ・ぶ**
―・らせる 近世よろこばす［喜／悦］。

うれのこ・る【売残】 デッドストック(dead stock)。ねかしもの［寝物］。近世うれのこる［売残］。しまひもの［仕舞物］。たなざらし［店晒／棚晒］。なぐれる。

うれゆき【売行】 近代うれゆき［売行］。近世うれ［売］。さばけ［捌］。

―が早いこと 足が早い。近代羽根が生えたやう。

―が悪いこと しけ［時化］。

う・れる【売】 近世うる［うれる］［売］。さばく［さばける］［捌］。はく［はける］［捌］。↓**う・る**
―・れる先 うれさき［売先］。近世うれくち［売口］。
―・れる早さ うれあし［売足］。
よく―・れる 足が早い。近代羽根が生えたやう。近世さばく［さばける］［捌］。

う・れる【熟】 じゅくする［熟］。じゅくせい［熟成］。せいじゅく［成熟］。みのる［実］。中世うる［うれる］［熟］。中古うむ［熟］。

うろうろ・する ふらつく。近代ほっつきまはる［回］。ほっつく。近世うろうろす。うろたふ［―たえる］［狼狽］。うろつく。ていくゎい［低回／低徊］。ほっつきあるく［歩］。ほっつく。犬の川端歩き。中世うろめく。うわうさわう［右往左往］。中古たたずみありく［佇歩］。たたずむ［佇／彳］。たちさまよふ［立彷徨］。たちやすらふ［立休］。たどりありく［辿歩］。らうばい［狼狽］。上代つたよふ［漂／蕩］。はいくゎい［徘徊］。↓**さまよ・う**
―・するさま うろちょろ。近代おたおた。近世うそうそ。おろおろ。まごまご。中世うろうろ。
あっちこっちへ―・する 中世うわうさわう［右往左往］。
▼うろうろと行ったり来たりする 近世ゆとる。
▼うろついている人 近世かざふきがらす［風吹烏］。からす［烏］。たびがらす［旅烏］。

うろおぼえ【空覚】 そらおぼえ［空覚］。近世うろおぼえ［空覚］。おろおぼえ［疎覚］。中古なまおぼえ［生覚］。

うろこ【鱗】 中世うろこ［鱗］。こけら［鱗］。中古いろくづ／うろくづ［鱗］。ぎょりん［魚鱗］。上代いろこ［鱗］。
―のある動物 中世いろくづ［鱗］。りんちゅう［鱗虫］。中古りんぞく［鱗属／鱗族］。

うろた・える【狼狽】 近代しうしゃうらうばい［周章狼狽］。うろが来る。近世てんたう［転倒／顛倒］。どぎまぎす。とっちる。どまくれる／どまぐれる。まごつく。栃麺棒(とちめんぼう)を振る。栃麺棒を食ふ。中世うろたふ［うろ

たえる[狼狽]。うわうさわう[右往左往]。とちめく。はいまう[敗亡]。ふためく。まどひふためく[惑]。〔中古〕うすすく。てまどはし[手惑]。まどふ[惑]。らうばい[狼狽]。度を失ふ。〔上代〕あざる[狂/戯]。あわつ[あわてる][慌/周章]。いすすく。

―・えること 〔中古〕てまどはし/てまどひ[手惑]。

―・えるさま うろちょろ。〔近代〕おたおた。〔近世〕うそうそ。おろおろ。どぎどぎ。どぎまぎ。まごまご。〔中世〕うろうろ。

うろつ・く【彷徨】 〔近世〕うろつく[彷徨]。はうくゎう[彷徨]。〔上代〕はいくゎい[徘徊]。↓

うろうろ・する →さまよ・う

うわがき【上書】 〔中世〕おもてがき[表書]。へうしょ[表書]。〔中古〕うはがき[上書]。うはぶみ[上文]。

うわき【浮気】 〔近代〕いんいつ[淫逸/婬泆]。たじゃう[多情]。〔近世〕うはき[浮気]。しゃうわる[性悪]。わきごころ[脇心]。〔中世〕うつりぎ[移気]。〔中古〕あからめ[目]。あだ/あだけ[徒]。あだごころ/あだしごころ[徒心]。あだごと[徒事]。あだわざ[徒業]。うつしごころ[移心]。こころみじかし[心短]。ことごころ[異心]。このみごころ[好心]。すきごこち[好心地]。すきごころ[好心]。はなごころ[花心]。ふたごころ[二心]。ほかごころ[外心]。

―からの恋 〔近世〕あだぼれ[徒惚]。

―・する よろめく[蹌踉]。〔上代〕あだしたまくら[他手枕]。

―・な男 〔中世〕あだしをとこ[徒男]。たはれを[戯男]。

―・な女 〔近代〕しりがる[尻軽]。〔近世〕はすは[蓮葉]。はりまなべ[播磨鍋]。〔中世〕あだしをんな[徒女]。いんぷ[淫婦/婬婦]。たはれめ[戯女/遊女]。

―・な性質 〔近代〕うはきしゃう[浮気性]。〔近世〕あくしゃう[悪性]。しりくせ[尻癖]。〔中古〕あだあだし[徒徒]。すきがまし[好]。

―・な人 〔近世〕あくしゃうもの[悪性者]。たはれびと[戯人]。〔近世〕はうき[帚/箒]。浮気の蒲焼(かばや)き。〔中古〕あだびと[徒人]。いたづらもの[徒者]。おほぞらもの[大空者]。たはぶれびと[戯人]。

―・な振る舞いをする 〔中古〕あだく[徒]。

▼人妻が間男をする 〔近世〕つまがさね[夫重]。

うわぎ【上着】 アノラック(anorak)。カーディガン(cardigan)。スペンサージャケット(spencer jacket)。スモッキング(smocking)。スモック(smock)。タンクトップ(tank top)。ボレロ(スペイン bolero)。ヤッケ(ドイツ Jacke)。ヨットパーカ(和製yacht parka)。〔近代〕うはがけ[上掛]。うはっぱり[上張]。オーバー/オーバーコート(overcoat)。オーバーオール(overall)。オーバーセーター(和製oversweater)。ぐゎいい[外衣]。コート(coat)。ジャケツ/ジャケット(jacket)。ジャンパー(jumper)。セーター(sweater)。〔近世〕うはばり[上張]。ぐゎいたう[外套]。チョッキ(ポルトガル jaqueta)。はおり[羽織]。はっぴ[法被/半被]。はんてん[半纏/袢纏/半天]。〔中世〕あを[襖]。じゅうい/じゃうえ[上衣]。〔中古〕うはおそひ[上襲]。うはぎ[上着]。うへのきぬ/うへのころも[上衣]。おそひ[襲]。へうい[表衣]。〔上代〕おそき[襲着/襲衣]。かたぎぬ[肩衣]。

―だけで下に何も着ない 〔近世〕ふきぬき[吹貫/吹抜]。〔中古〕うつほ[空]。

うわぐすり【釉】 いしこ[石粉]。いすばい[柞灰]。グレーズ(glaze)。つやぐすり[艶薬]。はいぐすり[灰釉]。やきものぐすり[焼物薬]。ゆう[釉]。ゆうやく[釉薬]。〔中世〕うはぐすり[釉/上薬]。

うわごと【譫言】 〔近代〕せんげん[譫言]。〔近世〕うはごと[譫言]。せんご[譫語]。〔上代〕たはこと[戯言]。

うわさ【噂】 〔近代〕ゴシップ(gossip)。ぞくげん[俗言]。ひゃうせつ[評説]。よびごゑ[呼声]。ライムライト(limelight)。〔近世〕うけ[承/請]。おもひいれ[思入]。かうぎ[巷議]。かうだん[巷談]。せいひゃう/せひゃう[世評]。せけんぐち[世間口]。となへ[唱/称]。ひゃうばん[評判]。ふうちゃう[風聴]。ふうひゃう[風評]。わにぐち[鰐口]。〔中世〕うはさ[噂]。おうか[謳歌]。おとなひ[音]。おぼえ[覚]。おもひなし[思]。きき[聞]。きこえ[聞]。くち[口]。くちすさび/くちずさみ[口遊]。ぐゎいぶん[外聞]。さた[沙汰]。さんだん[賛嘆/讃談]。じんこう[人口]。せせつ[世説]。せつ[説]。でんせつ[伝説]。とりさた/とりざた[取沙汰]。ふうせつ[風説]。ふせつ[浮説]。みゃうもん[名聞]。〔中古〕おとぎき[音聞]。かうせつ[巷説]。くちのは[口端]。な[名]。ひとぎき[人聞]。ひびき[響]。ふうしん[風信]。ふうせい[風声]。ふうぶん[風聞]。ものいひ[物言]。もろくち[諸口]。よがたり[世語]。よのなか[世中]。風の聞き耳。風の聞こえ。風の便り。事の聞こえ。人

の口。物の聞こえ。世の覚え。世の聞こえ。上代おと[音]。こと[言]。つてこと[伝言]。とほな[遠名]。ひとごと[人言]。みみ[耳]。⇒ひょうばん
《句》近代囁き千里。火のない所に煙は立たぬ。近世一犬影(形)に吠ゆれば百犬声に吠ゆ[—吠える]。一犬虚に吠ゆれば万犬実を伝ふ[—伝える]。噂をすれば影(がさす)。好事門を出でず悪事千里を走る。衆口金を鑠かす。世間の口に戸は立てられぬ。内緒話は江戸まで聞こえる。始めの囁きは後のどよみ。人事言はば筵敷け。人事言へば影がさす。人の噂も七十五日。人の口には戸がたてられぬ。中世市に三虎を致す。市に虎あり。三人虎を成す。民の口を防ぐは水を防ぐよりも甚だし。

—が立つ →—になる

—が広まる ひびきわたる[響渡]。近代なりわたる[鳴渡]。近世なりひびく[鳴響]。中古ちる[散]。ひびかす/ひびく[響]。ひろごる[広]。

—がやかましい 上代こととし[言疾]。

—が煩わしい 上代こちたし[言痛/事痛]。

—・される 近代口の端に上る。中古きこゆ[きこえる][聞]。ののしる[罵]。口の端に掛かる。

—・する 中世とりざた[取沙汰]。中古あつかふ[扱]。いひあつかふ[言扱]。いひはやす[言囃]。くちずさぶ/くちずさむ[口遊]。ささめく。さわぐ[騒]。ひびかす[響]。ひびく[響]。口の端に掛く[—掛ける]。上代ことなす[言成]。ささやく[囁]。

—で聞く つたえぎき[伝聞]。近世そくぶん[仄聞]。中世かへりきく[還聞]。中古ききおよぶ[聞及]。音に聞く。名に聞く。耳を聞く。

—になりそう 近世なだたし[名立]。

—になる 近代名が通る。中世いひたつ[言立]。きこゆ[きこえる][聞]。ならす[鳴]。中古きこえいづ[聞出]。さわぐ[騒]。たつ[立]。ののしる[罵]。ひびく[響]。音に聞こゆ[—聞こえる]。口に乗る。口の端に掛かる。名に立つ。名を立つ[—立てる]。名を流す。世に聞こゆ[—聞こえる]。世を響かす。上代名が立つ。

—の種 中世くちずさみ[口遊]。もてあつかひぐさ[持扱草/持扱種]。中古あつかひぐさ[扱草/扱種]。ことぐさ[言草/言種]。

—の出どころ 近代しんげんち[震源地]。ひもと[火元]。

—を過って伝える 近代ごでん[誤伝]。びゅうでん[謬伝]。

—を聞いて他人に言う 中古ききもらす[聞漏]。

—を早く聞きつける みみざとい[耳聡]。中世耳早し。

—を広める 中古ながす[流]。

いろいろな— 近代しょせつ[諸説]。近世ざっせつ[雑説]。たてよこざた[縦横沙汰]。中世ざふせつ[雑説]。上代ちな[千名]。

色恋の— 近代えんぶん[艶聞]。中古あだな[徒名]。うきな[浮名]。たはれな[戯名]。

変わった— 近代きぶん[奇聞]。近世いもん[異聞]。中世いぶん[異聞]。

興味本位の—話 近代ゴシップ(gossip)。

根拠のない— としでんせつ[都市伝説]。ひげん[飛言]。ふひょう[浮評]。近代きょせい[虚声]。くうせつ[空説]。デマ/デマゴーグ/デマゴギー(ドイツ Demagogie)。りうげんひご[流言飛語/流言蜚語]。りうせつ/るせつ[流説]。近世ざうげん[造言]。ねなしごと[根無言]。中世きょせつ/きょぜつ[虚説]。きょでん[虚伝]。くうげん[空言]。ざうせつ[造説]。ふうせつ[風説]。ふげん[浮言]。ふせつ[浮説]。中古あだな[徒名]。きょみゃう/きょめい[虚名]。きょぶん[虚聞]。くうめい[空名]。くゎげん[訛言]。そらな[空名]。なきな[無名]。ぬれぎぬ[濡衣]。ひご[飛語/蜚語]。りうげん[流言]。空しき名。上代およづれ/およづれごと[妖言]。《句》近代名有りて実なし。

他人についての— 中古人の上。

他人の— 上代まひとごと[真人言]。

遠くの— 中世ゑんぶん[遠聞]。上代とほと[遠音]。

どこからともない— 中世風の便り。

内緒の— 近世かげざた[陰沙汰]。

無関係な人がする— 近代げばひゃう[下馬評]。

悪い— 近代あくめい[悪名]。しうぶん[醜聞]。しうめい[醜名]。スキャンダル(scandal)。ふひゃう[不評]。近世あくひゃう[悪評]。あだしな[徒名]。きょめい[虚名]。をめなさか[名]。ふひゃうばん[不評判]。あくせい[汚名]。中世あくこう[悪口]。あくせい[悪声]。中古あくみゃう[悪名]。あだな[徒

名]。うきな[浮名/憂名]。

▼陰口 中古しりうごと[後言]。

▼大評判 近世これざた[此沙汰]。

▼反響 中古ひびき[響]。

▼評判が高い 中世かめい[佳名]。めいよ[名誉]。中古かうみゃう[高名]。たかし[高]。なだたり[名立]。ののしる[罵]。みゃうもん[名聞]。音に聞く。名に負ふ。名にし負ふ。名に聞く。名を取る。

うわすべり【上滑】 近代うはってうし[上調子]。おっちょこちょい。けいてうふはく[軽佻浮薄]。近世うはすべり[上滑]。うはつく[浮/上]。かるはづみ[軽]。けいてう[軽佻]。中世けいそつ[軽率]。上代かるがるし[軽軽]。

うわつ・く【浮】 近代きょふ[虚浮]。近世あだつく[徒付]。うはつく[浮/上]。中世うかむ[浮]。中古あだく[徒]。あだめく[徒/婀娜]。うかぶ[浮]。

―・いた好色者 近世かぶきもの[歌舞伎者]。

―・いた心 中古すずろごころ/そぞろごころ[漫心]。

―・いたこと 近世いたづらごと[徒事]。

―・いている 近代けいてうふはく[軽佻浮薄]。けいへう[軽剽]。近世けいふ[軽浮]。つやらし[艶]。ふはん[浮泛]。中古あだ[徒]。あだあだし[徒徒]。あはあはし[淡淡]。こころかるし/こころかろし[心軽]。そらめく[空]。

―・いているさま ちゃらちゃら。近世うかうか。うはうは。うぽうぽ/うぽっぽ。おぽっぽ。きそん。そはそは。中世ふはふは。中古うきうき[浮浮]。

―・いて下品なさま 近世はすっぱ[蓮葉](特に女性について言う)。

―・いて派手なさま 近代はすは[蓮葉](特に女性)。近世うはかぶき[上傾]。

うわのそら【上空】 中世物も覚えず。中古うはのそら[上空]。おほぞら[大空]。そら[空]。なかぞら[中空]。目は空。上代あまつそら[天空]。こころそら[心空]。

―・になる 中世あこがる[憧]。中古あくがる[憧]。

うわばみ【蟒蛇】 近世おほなめそ。やまかがち[蟒蛇]。中世うはばみ[蟒蛇]。

うわべ【上辺】 近代うはっつら[上面]。ぐゎいくゎん[外観]。ぐゎいけい[外形]。ぐゎいめん[外面]。ひさう[皮相]。へうそう[表層]。近世うはむき[上向]。おもてむき[表向]。ひとかは[一皮]。ひにく[皮肉]。みば[見場]。中世うはつら[上面]。おもて[表]。げさう[外相]。げめん[外面]。へうめん[表面]。へんぷく[辺幅]。みかけ[見掛]。中古うはべ[上辺]。うへ[上]。ぐゎいけん[外見]。

―だけで実質がない 近代けいてうふはく[軽佻浮薄]。近世とほりいっぺん[通一遍]。

―だけの威勢 近代からげんき[空元気]。からゐばり[空威張]。→**きょせい【虚勢】**

―だけの学問 中世げだいがくもん[外題学問]。

―だけの敬意 近世きょれい[虚礼]。そらをがみ[空拝]。

―だけの言葉 近世くちさき[口先]。中世かんげん[甘言]。

―だけ華やか 中古ふくゎ[浮花/浮華]。上代はな[花/華]。

―だけ立派 かんばんだおれ[看板倒]。近世みかけだふし[見掛倒]。やうとうくにく[羊頭狗肉]。《句》近代牛頭を掲げて馬肉を売る。近世看板に偽りあり。羊頭(やうとう)を懸けて狗肉(くにく)を売る。

―の同情 中古無げの哀れ。無げの情け。→**みかけ**

―は従い内心は逆らう めんじゅうふくはい[面従腹背]。近代めんじゅうふくひ[面従腹誹]。

―は優しい悪人 近代猫を被る。近世鬼に衣。狼に衣。

―を飾る 近世きれいごと[綺麗事]。ふんしょく[粉飾/扮飾]。みえ[見栄/見得]。中世きょしょく[虚飾]。中古けうしょく[矯飾]。

下心を隠して―だけとりつくろう 近代ねこかぶり[猫被]。近世そらだまり[空騙]。中世そらだるみ[空]。

うわまえ【上前】 うわしる[上汁]。近世うはまい/うはまへ[上米]。かすり[掠/擦]。ピン(ポルトガル pinta)。

―を撥(は)ねられる 近世掠(かす)りを食ふ。

―を撥ねる 近代ピンはね[撥]。頭を撥ねる。頭を張る。ピンを撥ねる。棒先を切る。棒先を撥ねる。近世かすりとり[掠取]。かする[掠/擦]。上米(うはまい)を取る。上汁(うはじる)を吸ふ。上米(うはまい)を撥ぬ[―撥ねる]。

―を撥ねること 近代ピンはね[撥]。近世かすり[掠/擦]。かすりとり[掠取]。

うわまわ・る【上回】 ふくれあがる[膨上]。近代うはまはる[上回]。中世こす[越/超]。上代あま

る［余］。

うわやく【上役】 →じょうし【上司】

うん【運】 近代 ほしまはり［星回］。めぐりあはせ［巡合］。近世 うんせい［運勢］。まん［間］。中世 ふ［符］。ほし［星］。まはりあはせ［回合］。りうん［利運／理運］。中古 うん［運］。うんめい［運命］。すくせ［宿世］。→うんめい

ーが尽きること 近世 ひがしふさがり［東塞］。ひゃくねんめ［百年目］。因果の塊（かたまり）。運の尽き。

ーが強いこと きょううん［強運］。近世 いのちみゃうが［命冥加］。

ーが開ける 近世 かいうん［開運］。有卦（うけ）に入る。中世 いちやうらいふく［一陽来復］。

ーが良い時 近世 せいじ［盛時］。中世 をどき［男時］。中古 だいきち［大吉］。

ーが良い人 中世 かううんじ［幸運児］。くゎほうもの［果報者］。しあはせもの［幸者］。

ーが悪い 近代 あくうん［悪運］。間が悪い。近世 ひうん［非運／否運］。肩が悪い。中世 きょう［凶］。だいきょう［大凶／大兇］。びうん［微運］。ふしゃう［不祥］。中古 はくめい［薄命］。ふうん［不運］。

ーが悪い時 近世 むけ［無卦／無気］。中世 めどき［女時］。

ーを天にまかせる 近代 うんだめし［運試］。うんまかせ［運任］。けんこんいってき［乾坤一擲］。近世 うんしだい［運次第］。うんづく［運尽］。うんぷてんぷ［運否天賦］。てんたうまかせ［天道任］。てんぽ。ふたつものがけ［二物掛／二物賭］。一か八か。一か六か。伸（の）るか反（そ）るか。

異性に関するー おとこうん［男運］。おんなうん［女運］。

自然現象に現れるー 中世 うんき［運気］。

良いー 近代 いいめ［好目］。ふくうん［福運］。ラッキー(lucky)。近世 くゎほう［果報］。肩が良い。間がいい。中世 あはよし。かううん［幸運］。かううん［高運］。しあはせ［幸］。

うんえい【運営】 プロモート(promote)。近代 かぢとり［舵取］。けいえい［経営］。コントロール(control)。近世 うんよう［運用］。えいげふ［営業］。くゎんり［管理］。中古 いとなむ［営］。

うんか【浮塵子】 近代 ぬかばへ［糠蝿］。よこばひ［横這］。近世 うんか［浮塵子］。ふぢんし［浮塵子］。稲の虫。中世 こぬかむし［小糠虫］。

うんが【運河】 こうもんしきうんが［閘門式運河］。すいへいしきうんが［水平式運河］。すいもんしきうんが［水門式運河］。近代 クリーク(creek)。近世 ほりわり［掘割］。中世 うんが［運河］。中古 ほりかは［堀川］。上代 ほりえ［堀江］。

うんこう【運行】 近代 うんかう［運航］。しんかう［進行］。近世 うんかう［運行］。かうつう［交通］。

うんこう【運航】 近代 うんかう［運航］。かうかう［航行］。かうくう［航空］。しうかう［就航］。つうかう［通航］。近世 うんかう［運行］。かうかい［航海］。中世 ひかう［飛行］。

うんざり・する 近世 あきる［飽／厭］。あぐねる［倦］。うんざりす。くさる［腐］。へきえき［辟易］。中世 あぐむ［倦］。たいくつ［退屈］。気を尽くす。中古 あきたし［飽／厭］。うず／うんず［鬱］。わづらはし［煩］。上代 あく［飽／厭］。

うんすい【雲水】 中世 あんぎゃそう［行脚僧］。うんすい［雲水］。かくり［客裡／客裏］。すいうん［水雲］。中古 うんなふ［雲衲］。きゃくそう［客僧］。

うんせい【運勢】 →うん

うんそう【運送】 近代 うんぱん［運搬］。うんゆ［運輸］。つううん［通運］。トラフィック(traffic)。はんそう［搬送］。ゆそう［輸送］。中世 もちはこぶ［持運］。中古 はこぶ［運］。上代 うんそう［運送］。おくる［送］。

ー・される品 カーゴ(cargo)。近代 うんそうひん［運送品］。近世 つみに［積荷］。中世 にもつ［荷物］。中古 くゎもつ［貨物］。

ーにかかわる人 近代 うんそうぐゎいしゃ［運送会社］。うんそうげふ［運送業］。うんそうてん［運送店］。うんそうにん［運送人］。ポーター(porter)。

ーの費用 近代 あしだい［足代］。うんそうちん［運送賃］。うんそうれう［運送料］。うんぱんひ［運搬費］。中古 うんちん［運賃］。だちん［駄賃］。

飛行機でのー くううん［空運］。近代 くうちゅうゆそう［空中輸送］。くうゆ［空輸］。

船でのー 近代 かいじゃううんそう［海上運送］。すいうん［水運］。近世 かいうん［海運］。くゎいさう［廻漕／回漕］。

陸でのー 近代 りくうん［陸運］。りくじゃううんそう［陸上運送］。近世 りくそう［陸送］。

▼馬で運ぶ人 近世 うまおひ［馬追］。中世 う

まかた［馬方］。
▼不法に運ぶ人　はこびや［運屋］。

うんでい【雲泥】→**ちがい**

うんてん【運転】❶〈乗物などの〉かどう［稼働］。さどう［作動］。そうだ［操舵］。近代 ドライブ(drive)。さうさ［操作］。さくどう［作動］。さうじゅう［操縦］。上代 かぢとり［舵取／楫取］。

―開始　しどう［始動］。近代 きどう［起動］。

―・する人　じょうむいん［乗務員］。そうだしゅ［操舵手］。近代 うんてんし［運転士］。うんてんしゅ［運転手］。きくゎんし［機関士］。さうじゅうし［操縦士］。ドライバー(driver)。のりくみゐん［乗組員］。パイロット(pilot)。

うんてん【運転】❷〈資金などの〉近世 うんよう［運用］。くゎつよう［活用］。中世 うごかす［動］。うんてん［運転］。

―在庫　ランニングストック(running stock)。

―資金　かいてんしきん［回転資金］。ランニングコスト(running cost)。

うんどう【運動】❶〈物体の〉かげんうんどう［仮現運動］。しゅうきうんどう［周期運動］。だせい［惰性］。ちょくせんうんどう［直線運動］。とうかそくどうんどう［等加速度運動］。ほうぶつうんどう［放物運動］。りつどう［律動］。近代 ゑんうんどう［円運動］。中世 うんどう［運動］。

うんどう【運動】❷〈身体の〉きゅうぎ［球技］。フィットネス(fitness)。近代 アスレチックス(athletics)。いうぎ［遊技］。うんどうきゃうぎ［運動競技］。きゃうぎ［競技］。スポーツ(sport)。たいさう［体操］。モーション(motion)。近世 うんどう［運動］。

うんどう【運動】❸〈訴える〉がくせいうんどう［学生運動］。じゅうみんうんどう［住民運動］。近代 うんどう［運動］。カンパニア(ロシア kampaniya)。くゎつどう［活動］。ムーブメント(movement)。

―に熱心な人　近代 うんどうか［運動家］。くゎつどうか［活動家］。

うんぱん【運搬】→**うんそう**

うんぴつ【運筆】ふでさばき［筆捌］。ふでづかい［筆遣］。ふでつき［筆付］。ふではこび［筆運］。近代 しふじ［習字］。タッチ(touch)。かきかた［書方］。しょふう［書風］。ふでさき［筆致］。近世 うんぴつ［運筆］。ひっち［筆致］。中世 ひっぱふ［筆先］。ようひつ［用筆］。中古 しょはふ［書法］。ふでやう［筆様］。ひっせい［筆勢］。ひったん［筆端］。ひっぽう［筆鋒］。

―がのびのびしているさま　近世 うんえん［雲煙／雲烟］。うんえんひどう［雲煙飛動］。→**しょほう【書法】**

うんめい【運命】デスティニー(destiny)。近代 いんぐゎ［因果］。ごふ［業］。ずいしゃう［随性］。すう［数］。ほしまはり［星回］。めいすう［命数］。めぐりあはせ［巡合］。近世 うまれしゃう［生性］。うんせい［運勢］。さが［性］。さだまりごと［定事］。しあはせ［幸／仕合］。てん［天］。てんめい［天命］。めいうん［命運］。人の上。中世 いのち［命］。さだめ［定］。じうん［時運］。まはりあはせ［回合］。めい［命］。れきすう［歴数］。時の運。中古 いんえん［因縁］。うんうん［運］。うんめい［運命］。すくせ［宿世］。てんうん［天運］。よのなか［世中］。→**うん**

《句》近世 沈む瀬あれば浮かぶ瀬あり。沈めば浮かぶ。時に遇ぁへば鼠みねずも虎になる。中世 勝負は時の運。

―が波乱に満ちていること　近代 さくき／すうき［数奇］。

―的　近代 フェータル(fatal)。

―の窮まること　近世 きゅうめい［窮命］。ひゃくねんめ［百年目］。運の尽き。

―の分かれ道　近代 きろ［岐路］。岐路に立つ。近世 せとぎは［瀬戸際］。

―を自分の手に握る　近代 死命を制す。

―をともにすること　近世 いちれん［一蓮］。中世 いちれんたくしゃう［一蓮托生］。しんぢゅう［心中］。

国家の―　近世 こくうん［国運］。こくほ［国歩］。

栄えてゆく―　近代 しゃううん［昌運］。せいうん［盛運］。りゅううん［隆運］。

前世からの―　近代 しゅくめい［宿命］。中世 しゅくうん［宿運］。しゅくしふ［宿執］。しゅくみゃう［宿命］。ちぎり［契］。やくそく［約束］。中古 すくせ［宿世］。

武人(軍人)としての―　中世 ぶうん［武運］。

良い―　→**うん**

悪い―　近代 あくうん［悪運］。ぎゃくうん［逆運］。ひうん［否運］。近世 すいうん［衰運］。ひうん［悲運］。中世 いんぐゎ［因果］。

うんも【雲母】近代 マイカ(mica)。近世 うんも［雲母］。中世 うんぼ［雲母］。中古 きらら［雲母］。

うんゆ【運輸】→**うんそう**

え

え【絵】→かいが

え【柄】 近代ノブ(knob)。はしゅ[把手]。ハンドル(handle)。中世つまみ[摘/撮/抓]。とって[取手]。にぎり[握]。中古え[柄]。

え【餌】→えさ

えいえん【永遠】 近代えいきう[永久]。えいゑん[永遠]。エタニティ(eternity)。こうきう[恒久]。せんこふえき[千古不易]。みらいえいごふ[未来永劫]。むげん[無限]。近世いうゑん[悠遠]。おくまんごふ[億万劫]。くていこふ[倶胝劫]。ごひゃくぢんでんごふ[五百塵点劫]。しゅうこ[終古]。じんみらい[尽未来]。せんしうばんぜい[千秋万歳]。ぢんこふ/ぢんごふ[塵劫]。ぢんでんごふ[塵点劫]。はくたい[百代]。ばんこふえき[万古不易]。ばんせ[万世]。ばんせいふえき[万世不易]。ばんだいふえき[万代不易]。まんざい[万歳]。むりゃうごふ[無量劫]。中世いうきう[悠久]。いくちよ[幾千代]。いつまでも。えいたい[永代]。くゎうごふ[曠劫/広劫]。くをん[久遠]。こふ[劫]。しゃうじゃうぜぜ[生生世世]。じんみらいさい[尽未来際]。たしゃうくゎうごふ[他生曠劫/他生広劫]。ばんぜい[万歳]。ひゃくせ/ひゃくせい[百世]。むしむじゅう[無始無終]。中古えいごふ/やうごふ[永劫]。えいせい[永世]。おくこふ[億劫]。せんこ[千古]。せんざい[千載/千歳]。ちゃうきう[長久]。つね[常]。ばんせい[万世]。ひゃくだい[百代]。ふきう[不朽]。まんごふ[万劫]。むご[無期]。やちよ[八千代]。上代せんしう[千秋]。ちいほあき[千五百秋]。ちとせ[千歳]。とこしへ[常/永久]。とこよ[常世]。とほながし[遠長]。ながいほあき[長五百秋]。ばんこ[万古]。ばんだい[万代]。ひさし[久]。むきゅう[無窮]。ももとせ[百年]。ももよ[百世]。ももよ[百夜]。やちとせ[八千歳]。よろづよ[万代]。

—に 近代いついつまでも。中世じんみらいさい[尽未来際]。中古えいえい[永永]。上代ときじくに[時]。とこしくに[常]。とことはに/とことばに[常]。とこなつに[常夏]。

—の後 近世まんごふまつだい[万劫末代]。

—の別れ 近世永ながの別れ。中世えいけつ[永訣]。

▼永久不変 近代えいぞん[永存]。せんこふえき[千古不易]。てんじゃうむきゅう[天壌無窮]。近世ばんこふえき[万古不易]。ばんせいふえき[万世不易]。中世とこしなへ[常]。ふめつ[不滅]。中古じゃうぢゅう[常住]。てんちゃうちきう[天長地久]。ときはかきはに[常磐堅磐]。とは[永遠]。ふきう[不朽]。上代ちよとことは[千代常]。ときは[常磐]。とこしへ[永久/常]。とことは[常/永久]。ふえき[不易]。

▼長い年月 いくせいそう[幾星霜]。近代ながねん[永年]。近世おくまんごふ[億万劫]。せきねん[積年]。中世十返とかへりの松。中古あまたとし[数多年]。ちよ[千代/千世]。やちよ[八千代]。ほどほどし[程程]。上代うちはへ[打延]。えいねん[永年]。けながし[日長]。たねん[多年]。ちとせ[千歳/千年]。としごろ[年頃]。としつき[年月]。ながいほあき[長五百秋]。ひさし[久]。まけながし[真日長]。ももよ[百世]。やほか[八百日]。

えいが【映画】 キノ(kino)。でんえい[(中国語)電影]。どうが[動画]。近代えいぐゎ[映画]。エクラン(フランス écran)。キネマトグラフ(kinematograph)。ぎんまく[銀幕]。くゎつどうしゃしん[活動写真]。シネ/シネマ/シネマトグラフ(フランス cinématographe)。スクリーン(screen)。フィルム(film)。ムービー(movie)。モーションピクチャー(motion picture)。

—の字幕 キャプション(caption)。クレジットタイトル(credit title)。じまくスーパー/スーパー[字幕super]。スーパーインポーズ(superimpose)。スポークンタイトル(spoken title)。タイトル(title)。メーンタイトル(main title)。

—の世界 近代スクリーン(screen)。

—を映すこと えいしゃ[映写]。じょうえい[上映]。

—を初めて上映すること ふうぎり[封切]。

その他—のいろいろ(例) アニメ/アニメーション(animation)。ウエスタン(western)。オムニバス(omnibus)。きろくえいが[記録映画]。げきえいが[劇映画]。じだいげき[時代劇]。シネラマ(Cinerama)(商標名)。スペクタクルえいが[spectacle映画]。せいぶげき[西部劇]。トーキー(talkie)。ドキュメンタリー(documentary)。フィーチャー(feature)。ほうが[邦画]。マカロニウエス

タン(和製macaroni western)。むせいえいが[無声映画]。ようが[洋画]。
▼映写幕など シネスコ/シネマスコープ(Cinema Scope)(商標名)。シネラマ(Cinerama)(商標名)。マルチスクリーン(multiscreen)。ワイドスクリーン(wide screen)。近代 えいしゃまく[映写幕]。エクラン(フランス écran)。ぎんまく[銀幕]。スクリーン(screen)。

えいが【栄華】 近代 えいくゎう[栄光]。近世 えいえう[栄耀]。りゅうせい[隆盛]。中世 ええう[栄耀]。きら[綺羅]。ぜんせい[全盛]。はんえい[繁栄]。中古 えいぐゎ[栄華/栄花]。せいぐゎ[清華]。にほひ[匂]。はな[花]。上代 さかえ[栄]。
《句》近代 祖父(ぢぢ)は辛労(しんらう)、子は楽(らく)、孫は乞食(こじき)。中世 栄華の夢。亢竜(かうりよう)の悔いあり。
ーを得て栄える 近世 花実が咲く。
ーを極めること 中世 よざかり[世盛]。
いっときのー 中古 ひとはな[一花]。

えいがかん【映画館】 アートシアター(art theater)。いちばんかん[一番館]。キノ(kino)。シアター(theater)。シネコン/シネマコンプレックス(cinema complex)。にばんかん[二番館]。ふうぎりかん[封切館]。近代 えいぐゎくゎん[映画館]。

えいかん【栄冠】 →えいこう

えいきゅう【永久】 →えいえん

えいきょう【影響】 近代 あふり[煽]。えいきゃう[影響]。さしひびき[差響]。とびひ[飛火]。はもん[波紋]。はんえい[反映]。近世 あたりさはり[当障]。かんくゎ[感化]。そばづゑ[側杖/傍杖]。はきふ[波及]。はんきゃう[反響]。中古 ひびき[響]。よは[余波]。
《句》近代 皮を引けば身が上がる。此処(ここ)を踏んだら彼所(あち)らが上がる。中世 風吹けば木安からず。
ーが及んでいって戻ってくること はねかえり[跳返]。近代 はねっかへり[跳返]。
ーがない 痛くも痒くもない。近代 むふう[無風]。《句》近代 川向かふの喧嘩(けんくゎ)。山門から喧嘩見る。対岸の火災。高見の見物。
ーがのちのちまで及ぶこと こういしょう[後遺症]。近代 尾を引く。中世 しりびき[尻引/後引]。中古 よじん[余燼]。
ー・される 近代 つられる[釣]。ひきずる[引摺]。近世 かぶる[かぶれる][気触]。中世 そまる[染]。
ー・し合う 近代 あひまって[相俟]。さうくゎん[相関]。
ーを受けて染まる 近代 かんせん[感染]。
先人の残したー 中古 よぢん[余塵]。
他に及ぼすー 近世 かんくゎ[感化]。中世 さよう[作用]。
悪いー しわよせ[皺寄]。近代 あくえいきゃう[悪影響]。ひづみ[歪]。中世 るい[累]。

えいぎょう【営業】 えいりじぎょう[営利事業]。近代 けいえい[経営]。じげふ[事業]。近世 えいげふ[営業]。とりひき[取引]。中世 しゃうげふ[商業]。中古 しゃうばい[商売]。上代 ばいばい[売買]。
ー案内 近代 カタログ(catalog; catalogue)。
ーの状態 近代 げふたい[業態]。近世 げふてい[業体]。
ー販売権 フランチャイズ(franchise)。
ーを始める 近世 かいげふ[開業]。かいてん[開店]。
ーを止める へいぎょう[閉業]。みせじまい[店仕舞]。看板を下ろす。暖簾(のれん)を下ろす。近代 しめる[閉]。へいてん[閉店]。近世 はいげふ[廃業]。
その日のーを終わる へいぎょう[閉業]。みせじまい[店仕舞]。看板にする。暖簾(のれん)を下ろす。近代 しめる[閉]。へいてん[閉店]。
その日のーを始める 近世 あく[あける][開]。かいてん[開店]。ひらく[開]。

えいけつ【英傑】 →えいゆう

えいこう【栄光】 近代 えいくゎう[栄光]。えいくゎん[栄冠]。えいよ[栄誉]。近世 みめ[見目]。中世 かうみゃう[高名]。きぼ[規模]。くゎうき[光輝]。びもく[眉目]。めいよ[名誉]。中古 いろふし[色節]。おもておこし[面起]。くゎうえい[光栄]。ほまれ[誉]。
ーのしるし げっけいかん[月桂冠]。
死後のー 近世 しにばな[死花]。しにびかり[死光]。

えいこせいすい【栄枯盛衰】 近代 えいこせいすい[栄枯盛衰]。きふく[起伏]。こうはい[興敗]。はやりすたり[流行廃]。近世 邯鄲(かんたん)の枕。邯鄲の夢。中世 うきしづみ[浮沈]。えいき[盈虧]。えいきょ[盈虚]。こうばう[興亡]。せいすい[盛衰]。せうちゃう[消長]。そんまう[存亡]。一炊(いっすい)の夢。盧生(ろせい)の夢。中古 いちえいいちらく[一栄一落]。じゃうすい[盛衰]。そんばう[存亡]。ふちん[浮沈]。上代 こうはい[興廃]。
《句》近世 昨日の錦今日の襤褸(ぼろ)。昨日は人

の身今日は我が身。七転び八起き。〔中世〕昨日の花は今日の夢。

えいさい【英才】〔近代〕いうゐ［有為］。いさい［異才］。えいまい［英邁］。しゅんえい［俊英］。ゐさい［偉才］。〔近世〕いつざい［逸材］。えいめい［英明］。〔中世〕いっさい［逸材／軼材］。きさい［奇才］。きさい［鬼才］。しうさい［秀才］。しゅんしう［俊秀］。〔中古〕えいさい［英才／穎才］。えいれい［英霊］。しゅんさい［俊才／儁才／駿才］。てんさい［天才］。〔上代〕さいし［才子］。さいじん［才人］。

ーを教育する楽しみ〔近代〕せいが［菁莪］。

集まったー しゅうえい［集英］。

▼女性〔近代〕さいゐん［才媛］。〔近世〕さいぢょ［才女］。〔中古〕けんぢょ／けんにょ［賢女］。

えいざんすみれ【叡山菫】〔近世〕えいざんすみれ［叡山菫］。えぞすみれ［蝦夷菫］。おほすみれ［大菫］。かくれがさ［隠笠］。

えいしん【栄進】→**しゅっせ**

えいせい【衛星】サテライト(satellite)。ばいせい［陪星］。〔近世〕そへぼし［添星］。ゑいせい［衛星］。

ーの例 イオ(Io)。エウロパ(Europa)。ガニメデ(Ganymede)。カリスト(Callisto)。じんこうえいせい［人工衛星］。タイタン(Titan)。つき［月］。

えいせい【衛生】けんこうゐじ［健康維持］。こうせい［厚生］。びょうきよぼう［病気予防］。〔近代〕ばうえき［防疫］。ほけん［保健］。〔近世〕せっせい［摂生］。ほうやう［保養］。ゑいせい［衛生］。〔中世〕ほやう［保養］。〔中古〕やうじゃう［養生］。

ー的でない〔近代〕ふゑいせい［不衛生］。

ー的な サニタリー(sanitary)。

えいぞう【映像】がめん［画面］。〔近代〕イメージ(image)。えいざう［映像］。ざう［像］。〔中古〕ぐわざう［画像］。

えいぞく【永続】→**けいぞく** →**つづ・く**

えいたつ【栄達】→**しゅっせ**

えいたん【詠嘆】〔近代〕エモーション(emotion)。〔近世〕えいたん［詠嘆／詠歎］。〔中世〕かんがい［感慨］。〔中古〕かん［感］。かんげき［感激］。かんたん［感嘆］。かんどう［感動］。

〈古語の詠嘆表現〉

ああ〔中世〕いでや。〔中古〕あな。あなや。あはや。あはれ。いで。〔上代〕はしきやし／はしきよし／はしけやし。

…ことだなあ〔上代〕かや。ものを。

…だったか〔中世〕とよ。

…だったなあ〔中古〕けり。なりけり。〔上代〕けらし。

…だなあ〔中世〕とよ。やな。をや。〔中古〕かな。なれや。〔上代〕かも。

…であることよ〔中古〕かな。なれや。

…てしまったなあ〔上代〕にけり。

…なあ〔中古〕ものか。ものかは。〔上代〕はも。も。もや。や。を。

…ないことだなあ〔上代〕なくに。ぬかも。

なんという〔中古〕なぞの。なんでふ。

なんとまあ〔近世〕さりとは。〔中世〕さて。さてさて。〔中古〕さても。さも。はやう。はやく。

…のになあ〔上代〕ものを。

…ものだなあ〔中世〕ものかな。

よくもまあ〔上代〕えも。

えいだん【英断】〔近代〕けつい［決意］。ふみきる［踏切］。意を決する。心を決する。〔近世〕えいだん［英断］。くゎだん［果断］。けっしん［決心］。ふんぎり／ふんぎる［踏切］。ゆうだん［勇断］。〔中世〕おもひきる［思切］。〔中古〕けつだん［決断］。

えいち【英知】〔近代〕インテリジェンス(intelligence)。ちしゃう／ちせい［知性／智性］。りち［理知／理智］。〔中世〕さいかく［才覚］。ちりき／ちりょく［知力］。ちゑ［知恵／智慧／智恵］。〔中古〕えいち［英知／叡知］。

えいてん【栄転】〔近代〕えいてん［栄転］。→**てんきん**

えいてん【栄典】〔近代〕えいてん［栄典］。くんしゃう［勲章］。ゐかい［位階］。〔中古〕しゃくゐ［爵位］。ほうしゃう［褒賞］。

えいねん【永年】〔近代〕ながねん［永年］。〔近世〕せきねん［積年］。〔中古〕あまたとし［数多年］。うちはへ［打延］。ほどほどし［程程］。〔上代〕うちはへて［打延］。えいねん［永年］。けながし［日長］。たねん［多年］。としごろ［年頃］。としつき［年月］。ひさし［久］。まけながし［真日長］。

えいびん【鋭敏】〔近代〕えいびん［鋭敏］。くゎびん［過敏］。シャープ(sharp)。するどい［鋭］。センシティブ(sensitive)。デリカシー(delicacy)。デリケート(delicate)。びんかん［敏感］。〔近世〕えいびん［穎敏］。〔中古〕とし［敏／聆］。めいびん［明敏］。

ー・にする〔中世〕とぎすます［研澄］。

えいべつ【永別】〔近代〕えいべつ［永別］。〔近世〕今生(こんじやう)の別れ。永(なが)の別れ。〔中世〕えいけつ［永訣］。しにわかれ［死別］。しべつ［死別］。〔中古〕わかれぢ［別路］。避(さ)らぬ別れ。終(つひ)の別れ。

えいまい【英邁】→えいさい

えいみん【永眠】→し・ぬ(ー・ぬこと)

えいめい【英明】→えいさい

えいゆう【英雄】 近代ヒーロー(hero)。ゐじん[偉人]。中世えいけつ[英傑]。中古えいゆう[英雄]。がうけつ[豪傑]。こうこく[鴻鵠]。ゆうし／ゆうじ[勇士]。上代たいき[大器]。

《句》近代英雄は色を好む。両雄並び立たず。

ー活躍の時 近代うんじょうりゅうへん[雲蒸竜変]。蛟竜(かうりょう)雲雨(うんう)を得(う)[ー得る]。近世ふううん[風雲]。飛竜雲に乗る。

ー詩 近代エピック(epic)。

ー的 近代ヒロイック(heroic)。

ーの気概 近代ばつざんがいせい[抜山蓋世]。

ーを賛美する考え方 近代ヒロイズム(heroism)。

多くのーが覇を争う 近代ぐんゆうかっきょ[群雄割拠]。

時機を得ないー 中世かうりゅう／かうりょう[蛟竜]。ちつりゅう／ちつりょう[蟄竜]。

時代を代表するー 近代一世(いっせい)の雄。

事変に乗じて活躍するー 近代ふううんじ[風雲児]。

二人のー 近代りゅうこ／りょうこ[竜虎]。中世りゃうゆう[両雄]。中古りゃうこ[両虎]。

えいよ【栄誉】→えいこう

えいよう【栄養】 びりょうようそ[微量要素／微量養素]。近代えいやうそ[栄養素]。えいやうぶん[栄養分]。カロリー(フランス calorie)。じやうぶん[滋養分]。ミネラル(mineral)。やうぶん[養分]。近世えいやう[栄養]。こやし[肥]。じやう[滋養]。

ー強化食品 エンリッチ(enrich)。きょうかしょく[強化食]。きょうかしょくひん[強化食品]。

ー不足(不良) えいようしっちょう[栄養失調]。近代えいようふりょう[栄養不良]。

えいよう【栄耀】→えいが

えいり【営利】 近世えいり[営利]。えいり[贏利]。かねまうけ[金儲]。

ー主義 近代コマーシャリズム(commercialism)。しゃうげふしゅぎ[商業主義]。

えいり【鋭利】 近代シャープ(sharp)。するどい[鋭]。中世えいり[鋭利]。上代とし[利]。

ー・な刀剣 中世秋の霜。中古りたう[利刀]。

ええと さあ。さて。近代かう[斯]。近世ええと。かうと[斯]。中世いさとよ。中古いさや。上代いさ。

エープリルフール(April fool) ばんぐせつ[万愚節]。近代エープリルフール。しぐゎつばか[四月馬鹿]。

えがお【笑顔】 近代きしょくまんめん[喜色満面]。近世せうがん[笑顔]。白い歯を見せる。中世はがん[破顔]。わらひがほ[笑顔]。ゑがほ[笑顔]。中古ゑみがほ[笑顔]。

えかき【絵描】→がか

えが・く【描】 近代うつしだす[写出]。へうげん[表現]。べうしゃ[描写]。べうしゅつ[描出]。ゑがきだす[描出]。近世もしゃ[模写]。中世しゃせい[写生]。ぼしゃ[模写]。中古うつす[写]。上代かく[書／描]。かたどる[象]。ゑがく[描／画]。

ー・き方 近世べうはふ[描法]。

組み合わせてー・く 中世おりなす[織成]。

えがた・い【得難】 入手し難い。中世西王母が桃。中古きちょう[貴重]。ちんぢゅう／ちんちょう[珍重]。上代えがたし[得難]。

えき【液】→えきたい

えき【駅】 ターミナル(terminal)。バスストップ(bus stop)。近代ステーション／ステンション(station)。ていしゃぢゃう／ていしゃば[停車場]。ていりうしょ[停留所]。近世しゅくば[宿場]。上代うまや[駅]。えき[駅]。

ーのあたり 近代えきとう[駅頭]。

ーの従業員 近代えきゐん[駅員]。上代えきし[駅子]。

ーの建物 えきビル[駅building]。ステーションビル(station building)。ターミナルビル(和製terminal building)。中世えきしゃ[駅舎]。上代えきか[駅家]。えきくゎん[駅館]。えきてい[駅亭]。

ーの長 近代えきちょう[駅長](鉄道の)。上代うまやのをさ／えきちゃう[駅長]。

列車が最初に出発するー しはつえき[始発駅]。

列車が停車しないー 近代つうくゎえき[通過駅]。

列車が到着するー ちゃくえき[着駅]。

列車が発車するー はつえき[発駅]。

列車の最終到着ー しゅうちゃくえき[終着駅]。

えきしゃ【易者】→うらない(ーを仕事とする人)

エキシビション(exhibition) てんじ[展示]。もはんえんぎ[模範演技]。近代エキシビション／エキジビション。こうかい[公開]。近世てんらん[展覧]。中古ちんれつ[陳列]。

エキスパート(expert) ベテラン(veteran)。じゅくれんしゃ［熟練者］。近代エキスパート。せんもんか［専門家］。らうれんか［老練家］。らうれんしゃ［老練者］。近世くろうと［玄人／黒人］。

エキゾチシズム(exoticism) いこくじょうしょ／いこくじょうちょ［異国情緒］。近代いこくしゅみ［異国趣味］。エキゾチシズム。オリエンタリズム(orientalism)。

えきたい【液体】 近代えき［液］。えきたい［液体］。すいぶん［水分］。つゆ［汁／液］。ようばい［溶媒］。近世えきじふ［液汁］。ようえき［溶液］。りうたい［流体］。りうどうたい［流動体］。上代しる［汁］。

—が流れ動くさま だぼだぼ。近代がぼがぼ。こぼこぼ。近世どくどく。中世たぶたぶ。どぶどぶ。

—が跳ねるさま ちゃっぷん。近代ぴしゃぴしゃ。ぴちゃぴちゃ。近世ちゃぷちゃぷ。

—に粘り気のあるさま 中世とろとろ。とろり。

—の体積を量る道具 えきりょうけい［液量計］。けいりょうカップ［計量cup］。メスシリンダー(ドイツ Messzylinder)。

たっぷり入った**—が動くさま** だぼだぼ。中世たぶつく／たぶづく／だぶつく。どぶつく。

えきびょう【疫病】 →**びょうき**(流行性の—)

えぐ・る【抉】 近世ゑぐる［抉／刳／剔］。中世ゑくりぬく［刳抜］。中古くじる［抉／挑］。ゑる［彫／鐫］。

—・り出す てきしゅつ［剔出］。近代けってき［抉摘］。てきけつ［剔抉］。中世けっしゅつ［抉出］。ほりくじる［剔抉］。

—・りとられる 中世うげのく［穿除］。

エゴ(ラテン ego) じがいしき［自我意識］。中世じが［自我］。

エゴイスティック(egoistic) りこてき［利己的］。近代じぶんほんゐ［自分本位］。じぶんかって［自分勝手］。近世がよく［我欲］。中世がしふ［我執］。わがまま［我儘］。↓**じぶん**(—勝手)

エコー(echo) ざんきょう［残響］。近代エコー。近世はんきゃう［反響］。中古こだま［木霊］。ひびき［響］。やまびこ［山彦］。

えこじ【依怙地】 →**いじ** →**かたくな**

えごのき いっさいえご。やまぎり［山桐］。ろくろぎ［轆轤木］。近代えごのき。近世ちさのき／ちしゃのき［萵苣木］。

えこひいき【依怙贔屓】 近世えこひいき［依怙贔屓］。中世えこ［依怙］。かたおち［片落］。とりたつ［—たてる］［取立］。ひいき［贔屓］。ひいきへんぱ［贔屓偏頗］。ひきたつ［—たてる］［引立］。へんし［偏私］。へんぱ［偏頗］。目を入れる。中古かたひく［片引／方引］。こころよす［心寄］。ひく［引］。

—・する人 中古かたうど［方人］。とくい［得意］。

えさ【餌】 近世しれう［飼料］。ゑさ［餌］。ゑばみ［餌食］。中世うちがひ［打飼］。かひれう［飼料］。はみもの［食物］。ゑば［餌］。上代ゑ［餌］。→**しりょう【飼料】**

—として与える草 かいぐさ［飼草］。近世かひば［飼葉］。上代まぐさ［秣／馬草］。

—にされる生き物 近世ゑば［餌］。中世かうじ［好餌］。ゑじき［餌食］。

—の袋 中世うちがひ／うちがへ［打飼］。

—を与えて飼う 中世しやう［飼養］。ゑがふ［餌飼］。

—を与える きゅうじ［給餌］。

—を入れる容器 近代ゑつぼ［餌壺］。

—を食べる 近世ゑばむ［餌食］。

—を食べるようになる 近世ゑづく［餌付］。

馬の— かいぐさ［飼草］。近世かひば［飼葉］。中世まぜ［雑／交］。中古ばれう［馬料］。上代まぐさ［秣／馬草］。

釣りの— ぎじ［擬餌］。すりえ［擂餌］。ねりえ［練餌］。まきえ［撒餌／播餌］。近代いきゑ［生餌／活餌］。中世なまゑ［生餌］。

えしゃく【会釈】 →**あいさつ**

えせ【似非】 →**ぎさく**

えぞぎく【蝦夷菊】 えどぎく［江戸菊］。近代アスター(aster)。えぞぎく［蝦夷菊］。さつまぎく［薩摩菊］。近世てうせんぎく［朝鮮菊］。

えそらごと【絵空事】 近代かこう［仮構］。きょこう［虚構］。でつざう［捏造］。でっちあげ。フィクション(fiction)。近世でたらめ［出鱈目］。ねつざう［捏造］。中世ゑそらごと［絵空事］。中古そらごと［空事］。つくりごと［作事］。

えだ【枝】 じょうし［条枝］。近代ブランチ(branch)。中世じゅし［樹枝］。中古しでう［枝条］。上代え［枝］。えだ［枝］。このえ［木枝］。

—が絡み合っているさま 中世さが［槎枒／槎牙］。

—が垂れる 中古たわわ。上代こだる［木垂］。ををる［撓］。

—の枝 上代ひこえ［孫枝］。

—の格好 えだはり［枝張］。近世えだつき［枝

付]。えだぶり[枝振]。中古えだざし[枝差]。
—の先　中世えずゑ[枝末]。しとう[枝頭]。中古こずゑ[梢]。すゑ[末]。上代うら／うれ[末]。こぬれ[木末]。このうれ[木末]。とぶさ[鳥総]。はつえ／ほつえ／ほづえ[上枝]。
—のない木　中古もぎき[捥木]。をだまき[苧環]。
—の繁った木　中古しげき[繁木]。
—の様子　近世きぶり[木振]。
—や幹が傾いて伸びる　中古そなる[磯馴]。
—を適当に切る　せんし[剪枝]。せんてい[剪定／翦定]。近代えだうち[枝打]。中世せんばつ[剪伐／翦伐]。
多くの—　中古ちえ[千枝]。上代いほえ[五百枝]。ももえ[百枝]。
多くの花のついた—　中古ばんだ[万朶]。
切り取った—　近世そだ[粗朶／麁朶]。
下の方の—　上代しづえ[下枝]。しもつえ[下枝]。
高い—　中古たちえ[立枝]。
小さい—　近世ずはえ[楚／楉／杪]。中古しもと[細枝]。すはえ[楚／楉／杪]。上代こしば[小柴]。こやで[小枝]。さえだ[小枝]。つまぎ[爪木]。
花の付いた—　中古いちだ[一朶]。
葉の茂った—のたとえ　中古すいがい[翠蓋]。
みずみずしい—　上代みづえ[瑞枝]。
柳の—　中古緑の糸。柳の髪。上代柳の糸。
若く伸びた—　中世すはい／すはえ／すばえ[楚]。中古しもと[細枝]。ひこばえ[蘖]。

えたい【得体】　近代じっしつ[実質]。近世えたい[得体]。中世じったい[実体]。すじゃう[素性]。ほんしつ[本質]。中古そせい[素性]。ほんしゃう[本性]。ほんたい[本体]。上代しゃうたい[正体]。

—が知れない　中世けしかる[怪]。

—が知れないもの　近世あやかり。くせもの[曲者]。中古ぬえ[鵺／鵼]。

—の知れないものが我が物顔に振る舞う　近世鬼が住むか蛇が住むか。中古ひゃくきやぎゃう[百鬼夜行]。やぎゃう[夜行]。

エチケット（フランス étiquette）→さほう

エチュード（フランス étude）近代エチュード。しさく[試作]。しふさく[習作]。れんしふきょく[練習曲]。

えっけん【越権】→せんえつ　→でしゃば・る

えっけん【謁見】→あ・う【会】（貴人と—・う）

エッセー（essay）→ずいひつ

えて【得手】→とくい【得意】❷

えてかって【得手勝手】→わがまま

えど【江戸】　近世かうと[江都]。とうと[東都]。とうぶ[東武]。ぶふ[武府]。中古えど[江戸]。

—近海　近世えどまへ[江戸前]。

—育ち　近世あづまそだち[東育]。あづまっこ[東子]。えどっこ[江戸子]。

—特有の　近世えどまへ[江戸前]。

—の広さ　近世はっぴゃくやちゃう[八百八町]。

上方(かみがた)から見ての—　近世あづま[東]。

地方から見ての—　近世えどおもて[江戸表]。

えとく【会得】　かいがん[開眼]。マスター(master)。りかい[理解]。近代かいする[解]。近世かんとく[感得]。のみこみ[飲込]。中世かみこなす[噛熟]。けんとく[見得]。しふじゅく[習熟]。たいとく[体得]。ゑしゃく[会釈]。ゑとく[会得]。中古かいげん[開眼]。こころう[—える][心得]。しょとく[所得]。とくしん[得心]。上代さとる[悟]。
その人独り—・する　近世どくとく[独得]。
自ら—・する　中世れいだんじち[冷暖自知／冷煖自知]。中古じとく[自得]。

エネルギー（ドイツ Energie）ダイナミズム(dynamism)。近代エナージー／エナジー(energy)。エネルギー。くゎつどうりょく[活動力]。くゎつりょく[活力]。どうりょくしげん[動力資源]。バイタリティー(vitality)。パワー(power)。近世どうりょく[動力]。中世せいりき／せいりょく[精力]。上代ちから[力]。
—の節約　しょうエネ[省Energie]。
—の単位　エルグ(erg)。エレクトロンボルト(electron volt)。でんしボルト[電子volt]。メガエレクトロンボルト(megaelectron volt)。メガワットにち[megawatt日]。
資源としての—　げんしりょくエネルギー[原子力Energie]。すいりょくエネルギー[水力Energie]。たいようこうエネルギー[太陽光Energie]。ちねつエネルギー[地熱Energie]。ちょうりゅうエネルギー[潮流Energie]。ふうりょくエネルギー[風力Energie]。
反応などを起こさせる—の最小値　いきち[閾値]。
物理的—　いちエネルギー[位置Energie]。うんどうエネルギー[運動Energie]。かがくエネルギー[化学Energie]。げんしかくエネルギー[原子核Energie]。しつりょうエネルギー[質量Energie]。

Energie]。でんきエネルギー[電気(ドイツ) Energie]。でんじばエネルギー[電磁場(ドイツ) Energie]。ねつエネルギー[熱(ドイツ) Energie]。はどうエネルギー[波動(ドイツ) Energie]。ひかりエネルギー[光(ドイツ) Energie]。

えのき【榎】 えのみのき[榎実木]。中古 えのき[榎]。

えのぐ【絵具】 近代 カラー(color)。がんれう[顔料]。近世 たんせい[丹青]。中世 ゑのぐ[絵具]。

—を混ぜ合わせる道具 近代 パレット(palette)。ゑざら[絵皿]。

光沢のない— マットカラー(mat color)。

日本の— いわえのぐ[岩絵具]。いわぐんじょう[岩群青]。いわもの[岩物]。どうでい[銅泥]。近代 あかつち[赤土/赭土]。しゃど[赭土]。どろゑのぐ[泥絵具]。中世 あゐらふ[藍蠟]。いはろくしゃう[岩緑青]。

その他—のいろいろ(例) アクリルえのぐ[(ドイツ) Acryl絵具]。オイル(oil)。オイルカラー(oil color)。クレパス(商標名)。ポスターカラー(poster color)。近代 ガッシュ(フランス gouache)。クレヨン(フランス crayon)。すいさいゑのぐ[水彩絵具]。テンペラ(tempera)。パステル(pastel)。みづゑのぐ[水絵具]。近世 あぶらゑのぐ[油絵具]。

えのころぐさ【狗尾草】 いぬこぐさ[犬児草]。えのこのあわ[狗児粟]。ねこばな[猫花]。近世 いぬぐさ[犬草]。かにくさ[蟹草]。ねこぐさ[猫草]。ねこじゃらし[猫]。ねこのしっぽ[猫尻尾]。中世 ゑのこぐさ[犬子草]。ゑのころぐさ[狗尾草/狗児草]。中古 ゑぬのこぐさ[狗尾草]。

えび【海老】 近世 ひのころも[緋衣](僧の隠語)。中世 かいらう[海老]。中古 うみのおきな[海翁]。えび[海老/蝦]。

—の加工食品 むきえび[剝海老]。ゆでえび[茹海老]。近世 ほしえび[干海老/乾海老]。

—のいろいろ(例) あかえび[赤]。アメリカざりがに[America 蝲蛄]。オマールえび[(フランス) homard 海老]。シュリンプ(shrimp)。ロブスター(lobster)。近世 いせえび[伊勢海老]。うちはえび[団扇海老]。かはえび[川海老/川蝦]。中世 えびじゃこ[海老雑魚]。

エピソード(episode) うらばなし[裏話]。こぼればなし[零話]。近代 アネクドート(anecdote)。いつぶん[逸聞]。いつわ[逸話]。エピソード。さふわ[挿話]。ひわ[秘話]。よわ[余話]。近世 よだん[余談]。よろく[余録]。

えびづる【蝦蔓】 近世 いぬえび。いぬぶだう[犬葡萄]。いぼおとし[疣落]。えびすいばら[夷茨]。えびぞろ。えびづる[蝦蔓/蘡薁]。のぶだう[野葡萄/蛇葡萄]。中古 えびかづら[海老葛]。

えふで【絵筆】 近代 ぐゎひつ[画筆]。さいくゎん[彩管]。ブラシ/ブラッシュ[brush/刷子]。中世 ゑふで[絵筆]。

えぼし【烏帽子】 えぼうし[烏帽子]。中世 えぼし[烏帽子]。中古

—のいろいろ(例) 近世 うちかけえぼし[打掛烏帽子]。かけえぼし[掛烏帽子]。へりぬり/へりぬりえぼし[縁塗烏帽子]。もみえぼし[揉烏帽子]。中世 うやえぼし[礼烏帽子]。かざをり/かざをりえぼし[風折烏帽子]。ほそえぼし[細烏帽子]。ほそたてえぼし[細立烏帽子]。中古 たてえぼし[立烏帽子]。

えみ【笑】 →**わらい**

エメラルド(emerald) すいぎょく[翠玉]。すいりょくぎょく[翠緑玉]。近代 エメラルド。りょくぎょくせき[緑玉石]。りょくちゅうぎょく[緑柱玉]。近世 りょくぎょく[緑玉]。

えもの【獲物】 しゅうかくぶつ[収穫物]。近代 ぎょくゎくぶつ[漁獲物]。近世 かも[鴨/鳧]。中世 えもの[獲物]。上代 うみさち[海幸]。さち[幸]。やまさち[山幸]。

—がたくさん 近世 たいれふ[大漁/大猟]。

—がない あふれる/あぶれる[溢]。ふれふ[不漁/不猟]。

—にする 近代 かもる[鴨]。

—を狙うさま 近世 こしたんたん[虎視眈眈]。たんたん[眈眈]。爪を研ぐ。

えら【鰓】 中世 あぎと[顎門/顎/鰓]。えら[鰓/腮/顋]。上代 あぎ[顎/腭]。

▼魚の鰓ぶた みずはき[水吐]。近代 さいがい[鰓蓋]。

エラー(error) →**あやまち**

えら・い【偉】 すぐれた[優]。近代 いうしう[優秀]。ゐだい[偉大]。近世 えらい[偉]。りっぱ[立派]。中世 いうとく[有徳]。しうさい[秀才]。しうばつ[秀抜]。中古 かしこし[賢]。けっしゅつ[傑出]。上代 うとく[有徳]。

—・い人 中世 けん[賢]。じゃうち[上知]。たいざい[大才]。中古 ちさ/ちしゃ[知者/智者]。上代 けんじん[賢人]。さかしびと[賢人]。

―・い人が並んでいる 〈中世〉おれきれき［御歴歴］。きらぼし［綺羅星］。綺羅星の如し。

―・そうな勇ましい言葉 そうげん［壮言］。〈近代〉さうご［壮語］。

―・そうな勝手な言葉 〈近世〉ごたく［御託］。

―・そうなことを言う 大きな口をきく。〈近世〉くちはばったい［口幅］。したなが／したながし［舌長］。〈中世〉おほぐち／おほぐち［大口］。かうげん／かうごん［高言］。くちひろし［口広］。

―・そうな態度 大きな顔。大きな面（つら）。お山の大将。〈近代〉えばる［威張］。えらがる［偉／豪］。えらぶる［偉］。そっくりかへる［反返］。〈近世〉いしこらしい。おほたば［大束］。おほふう［大風］。かさたかし［嵩高］。はばったい［幅］。ゐばる［威張］。蛸の糞（くそ）で頭に上がる。〈中世〉そんだい［尊大］。たかぶる［高／昂］。わうふう［横風］。わうへい［横柄］。〈中古〉がうぜん［傲然］。われたけし［我猛］。

▼感動詞 〈中世〉あっぱれ［天晴］。

えらびだ・す【選出】 リストアップ（和製list up）。〈近代〉かんばつ［簡抜］。しゅしゃせんたく［取捨選択］。たくばつ［択抜］。ピックアップ（pickup）。篩（ふるひ）に掛ける。〈近世〉えりだす［選出］。えりぬく／よりぬく［選抜］。すぐりぬく［選抜］。すぐる［選］。せんしゅつ［選出／撰出］。せんてい［選定／撰定］。せんばつ［選抜］。ぬきだす［抜出］。よりすぐる［選選］。よりだす［選出］。〈中世〉えらびだす［選出］。えりわく［―わける］［選分］。すぐりいだす［選出］。ぬきんづ［―でる］［抜出／擢］。よる［選／撰／択］。〈中古〉えらびすぐる／えらみすぐる［選選］。えりいづ［選出］。えりすぐる［選選］。さいたく［採択］。せうす［抄／鈔］。せんかう［選考／銓衡］。せんたく［選択／撰択］。とりいづ［取出］。とる［取］。

―・されたもの →えりぬき

―・して不要なものを捨てる 〈近代〉しゅしゃせんたく［取捨選択］。

―・す役の人 しんさいん［審査員］。せんじゃ［選者］。

詩歌や文章を―・す 〈近世〉せんてい［撰定］。

自分で―・す 〈近代〉じせん［自選／自撰］。

揺すって―・す 〈中世〉そそる。

えら・ぶ【選】 〈近代〉オプション（option）。セレクション（selection）。セレクト（select）。せんべつ［選別］。チョイス（choice）。〈近世〉このむ［好］。せんばつ［選抜］。〈中世〉えらむ［選］。えりわく［―わける］［選分］。せんす［選］。よる［選／撰／択］。〈中古〉えりすぐる［選選］。かんえつ［簡閲］。せんたく［選択／撰択］。ひろひあぐ［―あげる］［拾上］。ひろふ［拾］。〈上代〉えらぶ［選／撰／択］。える［選／撰／択］。ふるふ［篩］。

―・ばれた人 エリート（フランス élite）。〈近代〉せんりゃう［選良］。だいへう［代表］。

―・ばれたもの →えりぬき

―・ばれること 〈近代〉たうせん［当選］。〈近世〉白羽の矢が立つ。〈中古〉せん［選］。

―・んで決める 〈中世〉けったく［決択］。せんてい［選定］。〈中古〉えらびさだむ［選定］。

―・んで薦める せんしょう［選奨］。〈近代〉すいせん［推薦］。

―・んで除く 〈近代〉はねる［撥］。〈近世〉はねのく［―のける］［撥除］。

―・んで用いる 〈近代〉さいしゅ［採取］。たくよう［擢用］。〈近世〉せんよう［選用］。てきよう［擢用］。よりとる／よりどる［選取］。〈中古〉さいたく［採択］。さいよう［採用］。

悪を取り去り善を―・ぶこと 〈中古〉せんぢゃく［選択］。

多くの中から好き勝手に―・び取る 〈近世〉よりどりみどり［選取見取］。

厳重な審査で―・ぶ 〈近代〉げんせん［厳選］。

個人的に―・ぶ しせん［私選］。

再度―・ばれること 〈近代〉さいせん［再選］。

政府などが―・ぶ 〈近代〉くゎんせん［官選］。

互いに選挙などで―・ぶ 〈近代〉ごせん［互選］。

特に―・ばれること べっせん［別選］。〈近代〉てうばつ［超抜］。〈中世〉ひとえらび［人選］。〈中古〉ひとえり［人選］。

人を―・ぶ 〈近代〉じんせん／にんせん［人選］。せんしゅつ［選出］。〈中古〉せんきょ［選挙］。〈上代〉せんかう［選考／銓衡］。

見て―・ぶ みどり［見取］。〈中古〉みたつ［―みたてる］［見立］。

えり【襟】 〈近代〉カラー（collar）。きん［襟］。ネック（neck）。〈中古〉えり［襟／衿／領］。〈上代〉くび［首／頸／襟］。

―のあたり えりまわり［襟回／襟周］。〈近世〉えりもと［襟元］。

―の形のいろいろ（例） タートルネック（turtle neck）。ハイネック（high necked）。フラットカラー（flat collar）。ボタンダウン（button down）。まるくび［丸首］。ロールカラー（roll collar）。〈近代〉ステンカラー（和製フランス soutien ＋ collar）。セーラーカラー（sailor collar）。つめ

えり［詰襟］。ハイカラ(high collar)。ブイネック(V neck)。をりえり［折襟］。近世 かくえり［角襟］。まるえり［丸襟］。ゑんりゃう［円領］。

—の汚れを防ぐための覆い 近代 はんかけ［半欠］。近世 かけえり［掛襟／掛衿］。そぎえり［削襟］。中世 はんえり［半襟］。

えりくび【襟首】 近世 えりあし［襟足］。えりくび［襟首／領頸］。ちりけもと［身柱元］。中世 かう［項］。たてくび［項］。中古 くびすぢ［首筋］。上代 うなじ［項／脰］。

—のあたり 近世 えりがみ［襟髪／領髪］。

—のあたりの髪 近世 えりがみ［襟髪／領髪］。

えりごのみ【選好】 近代 えりきらひ／えりぎらひ［選嫌］。えりこのみ／えりごのみ［選好］。よりごのみ［選好］。近世 さりぎらひ［去嫌］。すききらひ［好嫌］。中古 ものごのみ［物好］。

女が男を—・する 近世 をとこのぞみ［男望］。

人を—・する 中世 ひとえらび［人選］。中古 ひとえり［人選］。

えりぬき【選抜】 近代 つぶえり／つぶより［粒選］。よりぬき［選抜］。近世 せいえい［精鋭］。中世 せいせん［精選］。

えりまき【襟巻】 ストール(stole)。チョーカー(choker)。近代 かたかけ［肩掛］。ショール(shawl)。スカーフ(scarf)。ネッカチーフ(neckerchief)。ボア(boa)。マフラー(muffler)。近世 えりまき［襟巻］。中世 くびまき［首巻／頸巻］。

え・る【得】 近代 しうとく［収得］。しゅとく［取得］。手に入れる。近世 しうなふ［収納］。らくしゃう［落掌］。らくしゅはくす［博］。中世 くゎくとく［獲得］。さづかる［授］。にふしゅ［入手］。もらふ［貰／曜／餬］。中古 しょとく［所得］。つかむ［摑／攫／抓］。をさむ〔おさめる〕［収／納］。上代 う〔える〕［得］。うけとる［受取］。とる［取］。

《謙》中世 いただく［頂／戴］。はいじゅ［拝受］。中古 はいりゃう［拝領］。上代 たばる［賜／給］。たまはる［賜／給］。→**う・ける**

—・られない 近代 木によって魚を求む。畑に蛤。中古 ふかとく［不可得］。

—・ることと失うこと 近世 とくしつ［得失］。

戦って—・る 近世 ぶんどる［分捕］。中世 かちとる［勝取］。上代 うばふ［奪］。

努力して—・る 中世 かちとる［勝取］。

まんまと—・る 近世 せしめる。

求めていたものを—・る あてる［当］。近代 いとめる［射止］。とりつける［取付］。近世 物にす。

利益を—・ること 近世 えいとく［贏得］。

エレガント(elegant) ドレッシー(dressy)。近代 エレガント。シック(フランス chic)。ノーブル(noble)。近世 いうが［優雅］。じゃうひん［上品］。中古 いうび［優美］。

エレキ(オランダ elektriciteit から) 近世 エレキ／エレキテル。近代 でんき［電気］。

—ギター ソリッドギター(solid guitar)。でんきギター［電気guitar］。

エレジー(elegy) 近代 あいし［哀詩］。エレジー。中世 あいか［哀歌］。ひか［悲歌］。中古 あいしゃうか［哀傷歌］。

えん【縁】 コネ／コネクション(connection)。近代 えんこ［縁故］。近世 あいさつ［挨拶］。あひえんきえん［合縁奇縁］。ちなみ［因］。中世 きづな［絆／紲］。よせ［寄］。一樹の陰。一樹の陰に宿る。中古 いんえん［因縁］。えに／えにし［縁］。えん［縁］。きえん［機縁］。たより［便］。つな［綱］。ゆかり［縁］。よし［由］。よすが［縁］。草の便り。草のゆかり。紫のゆかり。→**えんこ**

《句》近代 袖すり合ふも他生の縁。近世 牛にひかれて善光寺参り。縁は異なもの味なもの。躓く石も縁。中世 一樹の蔭一河の流れも他生の縁。思ふに別れ思はぬに添ふ。成るは厭なり思ふは成らず。一村雨の雨やどり。

—が切れる 中古 うちたゆ〔—たえる〕［打絶］。かれはつ〔—はてる〕［離果］。たゆ〔たえる〕［絶］。のく［退］。はなる［離］。

—ができる 近世 むすばる［結］。中世 ちなむ［因］。ゆかる［縁］。

—がない 近代 むくゎんけい［無関係］。ゆゑない［故無］。近世 むえん［無縁］。むえんほふかい［無縁法界］。中古 あまつそら［天空］。よしなし［由無］。

—が深い 中古 ものふかし［物深］。

—が深くない 中古 ゆきずり［行擦］。

—づける(嫁がせる) 中古 あづく［預］。

—遠い 中古 うとうとし［疎疎］。うとし［疎］。

—のある人 上代 しるべ［導／知辺］。

—もない 上代 つれもなし。

—を切る だんこう［断交］。近代 ぜつえん［絶縁］。近世 えんきり［縁切］。おさらば。つきだす［突出］。ねんごろきる［懇切］。挨拶切る。手を切る。中古 ぎぜつ［義絶］。ぜっかう［絶交］。りえん［離縁］。わかつ［分／別］。

—を結ぶ 近世 えんぐみ［縁組］。ちなむ

［因］。中世ゆかる［縁］。中古まうく［もうける］［儲］。

多くのー 中世しゅえん［衆縁］。しょえん［所縁］。

親兄弟のーを切る 近世久離(きうり)（旧離）を切る。中世かんだう［勘当］。中古ぎぜつ［義絶］。

親子夫婦のーを切る 近代りこん［離婚］。近世ふえん［不縁］。中世いとまを取る。中古はきゃう［破鏡］。りえん［離縁］。

親分子分のーを切る 近代盃を返す。

前世からのー 中世しゅくいん／しゅくえん［宿縁］。中古すくせ［宿世］。ちぎり［契］。

男女のーを結ぶ 近世えんむすび［縁結］。

肉親のー 近代けつえん［血縁］。中古けちえん［血縁］。

不思議なー 近世きえん［奇縁］。

仏道へ入るー 中世じゅんえん［順縁］。

悪いー 近世くさりえん／くされえん［腐縁］。中古あくえん［悪縁］。

えん【円】 近代きうけい［球形］。くゎんじゃう［環状］。サークル(circle)。まるがた［円形］。ゑん［円］。近世まる［丸］。中古わ［輪］。ゑんけい［円形］。

ーの内側 近代ないりん［内輪］。

ーの外側 がいしゅう［外周］。近世そとまはり［外周］。

完全でないー 近代へんゑん［扁円］。

完全なー 中古せいゑん［正円］。

えん【宴】→えんかい

えんいん【延引】→えんき

えんかい【宴会】 近代コンパ(company)。せいえん［盛宴］。せいえん［清宴］。パーティー(party)。バンケット(banquet)。ばんさんくゎい［晩餐会］。レセプション(reception)。近世いん［飲］。いんしゃく［飲酌］。さえ［冴／冱］。さかごと／さけごと［酒事］。さかづきごと［杯事］。ささごと［酒事］。たて［立］。中世いんえん［飲宴］。えんいん［宴飲／讌飲／燕飲］。えんす［宴］。くゎいしょく［会食］。こんこん［献献］。羽觴(うしゃう)を飛ばす。中古え／えん［宴］。えんくゎい［宴会］。えんしふ［宴集］。かはらけ［土器］。きゃうえん［饗宴］。きょうえん［供宴］。きょうえん［興宴］。くゎえん［花筵／華筵］。さかづき［盃／杯］。さかもり／さけもり［酒盛］。さけのみ［酒飲］。しゅえん［酒宴］。そんそ［樽俎］。はいしゃく［杯酌／盃酌］。上代うたげ［宴／讌］。さかほかひ／さかほがひ［酒祝／酒寿］。ちしゅ［置酒］。はいしゅ［杯酒／盃酒］。

ーが終わること 近世おひらき［御開］。なふはい［納盃／納杯］。

ーで客の機嫌をとり座をにぎやかにする男 近世はうかん［幇間／幫間］。をとこげいしゃ［男芸者］。中世たいこもち［太鼓持］。

ーで興を添える舞い 近世かげまひ［陰舞］。中世さかなまひ［肴舞］。

ーで杯の応酬をしないで飲むこと 中世かくさん［各盞］。

ーで杯を洗う水 近代すまし［澄／清］。

ーで酒の世話をする人 中世さかぶぎゃう［酒奉行］。

ーで酒を飲まず食べてばかりいる人 近世下戸の肴荒らし。

ーで楽しむこと 上代いうえん［遊宴］。えんいう［宴遊］。えんらく［宴楽／燕楽］。

ーでの杯のやりとり 近代おうしう［応酬］。けんしう［献酬］。

ーで舞踊などをして興を添える女 中世ぢょがく［女楽］。

ーに遅れた者への罰 近世かけつけさんばい［駆付三杯］。

ーに女性がいないこと 近世いろぬき［色抜］。

ーの後の散乱 中世はいばんらうぜき［杯盤狼藉］。

ーの最後に出す肴 近世おさへ［押／抑］。おさへもの［押物］。

ーの最後の酌 近世おつもり／つもり［積］。

ーの騒ぎ 近世ざざんざ。さんざさわぎ［騒］。

ーの席 近代しゅせき［酒席］。中世しゅざ［酒座］。中古えん［筵］。上代えんせき［宴席／燕席／讌席］。

ーの道具類 中古はいばん［杯盤／盃盤］。

ーの途中で立ち去ること 近世のみにげ［飲逃］。

ーをする 上代えんす［宴］。さかみづく［酒］。ちしゅ［置酒］。

忌み明けにーを行うこと だんあげ［壇上］。

祝いのー 近代しゅくえん［祝宴］。しゅくがかい［祝賀会］。近世がえん［賀宴］。じゅえん［寿宴］。

大きなー 近世おほあへ［大饗］。中世ちしゅかうくゎい［置酒高会］。中古たいきゃう／だいきゃう［大饗］。上代とよのあかり［豊明］。

大きなーの後の小宴 近代にじくゎい［二次会］。中古こうえん／ごえん［後宴］。

客をもてなすー 近代きゃうえん［饗筵］。中古きゃうえん［饗宴／享宴］。

宮中の― 上代 とよのあかり［豊明］。
九月九日の― 中古 菊花の宴。菊の宴。菊の節会（せちゑ）。
豪華極まる― 近代 にくざんほりん［肉山脯林］。近世 しゅちじりん［酒池肉林］。
戸外で催す― 近代 ガーデンパーティー(garden party)。ゑんいうくゎい［園遊会］。
祭事などの後の― うちあげ［打上］。中世 きゃうえん［竟宴］。
酒の出ない― 近代 さわくゎい／ちゃわくゎい［茶話会］。近世 ちゃさかもり［茶酒盛］。
三月三日の― 中古 きょくえん［曲宴］。きょくすい［曲水］。曲水の宴。曲水（ごくすい）の豊の明かり。
楽しい― 中世 かえん［佳宴］。
旅立ちを見送った後の― 近世 あとにぎはし［後賑］。
小さな― 近代 せうしゃく［小酌］。中世 いっこん［一献］。中古 いっしゅいっぺい［一種一瓶］。きょくえん［曲宴］。くゎいいん［会飲］。せういん［小飲］。せうえん［小宴］。せんしゃく［浅酌］。
年忘れの― 近世 ばうねんくゎい［忘年会］。中世 としわすれ［年忘］。
馬鹿騒ぎの― オージー(orgy)。きょうえん［狂宴］。中世 飲めや歌へ。
賓客をもてなす― 近代 ろくめい［鹿鳴］。鹿鳴の宴。
紅葉の頃の― 中古 もみぢのが［紅葉賀］。
嫁に出した後の― 近世 あとにぎはし［後賑］。
礼儀抜きの― 近世 みだれさかもり［乱酒盛］。みだれざけ［乱酒］。中世 ぶれいかう［無礼講／不礼講］。
別れの― かんそうかい［歓送会］。名残の宴。近代 そうべつくゎい［送別会］。中世 りえん［離宴／離筵］。中古 べつえん［別宴／別筵］。

えんかい【沿海】 りんかい［臨海］。近代 うみぎし［海岸］。うみぞひ［海沿］。えんがん［沿岸］。きんかい［近海］。近世 えんかい［沿海］。中古 いそべ［磯辺］。かいがん［海岸］。かいひん［海浜］。上代 うみべ［海辺］。→かいがん

えんかい【遠海】 近代 おきあひ［沖合］。ゑんやう［遠洋］。近世 ぐゎいかい［外海］。ぐゎいやう［外洋］。中世 ゑんかい［遠海］。

えんかつ【円滑】 近代 じゅんてう［順調］。スムーズ(smooth)。よどみなく［澱無］。ゑんまん［円満］。近世 ゑんくゎつ［円滑］。中世 ぐすと。じゅんくゎつ［潤滑］。中古 なだらか。なめらか［滑］。
―に事が進まないこと 近世 うったい［鬱滞］。上代 とどこほる［滞］。

えんがわ【縁側】 近世 えん［縁／椽］。えんがは［縁側］。
―に出ること 近世 はしゐ［端居］。
―の庭に近い方 近世 えんさき［縁先］。
―のふち えんげた［縁桁］。近世 けたえん［桁縁］。
雨戸の外に張り出した― 中世 ぬれえん［濡縁］。
雨戸の外の一段低い― 中世 おちえん［落縁］。
蔀（しとみ）を倒してつくる― 近世 あげえん［揚縁］。あげみせ［揚店］。したみせ［下店／下見世］。
竹や板を透き間をあけて張った― 上代 すのこ／すのこえん［簀子縁］。
竹を張った― 近世 たけえん／ちくえん［竹縁］。中世 からたけえん［幹竹縁］。
幅の広い― 中世 ひろえん［広縁］。
よく拭き込んだなめらかな― 近世 ぬぐひえん［拭縁］。
▼縁の下 近世 したや［下家／下屋］。ゆかした［床下］。

えんき【延期】 近代 えんき［延期］。おくらす［遅］。くりのべる［繰延］。近世 ひのべ［日延］。中世 ちいん［遅引］。ちたい［遅滞］。のばす［延］。中古 えんいん［延引］。えんちゃう［延長］。おくる〔おくれる〕［遅］。ちえん［遅延］。のどむ［和］。のぶ〔のびる〕［延］。のぶ〔のべる〕［延／伸］。をりはふ［折延］。
―を認めること 近世 いうよ［猶予／猶与］。
計画や約束などの― 近世 おあづけ［預］。
順次―・する 近世 じゅんえん［順延］。
少しずつ―・する 近代 すんのび［寸延］。
何度も―・する 近世 のびのび［延延］。

えんぎ【演技】 近代 アクション(action)。パフォーマンス(performance)。プレー(play)。近世 えんぎ［演技］。えんぎ［演戯］。えんず［演］。こなし［熟］。しばゐ［芝居］。中世 げい［芸］。しょさ［所作］。わざ［業／態］。
―・する者 えんぎしゃ［演技者］。プレーヤー(player)。近代 アクター(actor)。アクトレス(actress)。えんしゃ／えんじゃ［演者］。だんいう［男優］。ぢょいう［女優］。中世 はいいう［俳優］。やくしゃ［役者］。
優れた― こうえん［好演］。しゅうえん［秀演］。めいえん［名演］。近代 めいぎ［名

技]。近世おほぶたい[大舞台]。

即興の— アドリブ(ad lib)。

拙い— 近代せつぎ[拙技]。

内面的な静的な— 近代はらげい[腹芸]。

役者一人の— 近代ひとりぶたい[独舞台]。

えんぎ【縁起】 ジンクス(jinx)。近世えんぎ[縁起]。げん[験]。けんとく[見徳]。中世さいさき[幸先]。

—が良い 近世じゃうじゃうきち[上上吉]。じゃうじゃうきちきち[上上吉吉]。吉凶良し。中世きち[吉]。だいきち[大吉]。上代きつ[吉]。

—が悪い 近世けち。縁起でもない。吉凶悪しき。卦体(けたい)が悪い。中世いまいまし[忌忌]。きょう[凶／兇]。中古ふきつ[不吉]。ふしゃう[不祥]。ゆゆし[忌忌／由由]。

—直し げんなおし[験直]。近世まんなほし[間直]。よなほし[世直]。中世いはひなほす[祝直]。

—の良い日 近世きったん[吉旦]。中世きちにち[吉日]。中古きちえう[吉曜]。きちじつ／きつじつ[吉日]。

—の良い方角 中古きっぱう[吉方]。ゑはう[恵方]。

—の良い夢 中世ずいむ[瑞夢]。中古きちむ／きつむ[吉夢]。

—の良し悪し 上代きっきょう[吉凶]。

—の悪い日 近世きょうじつ[凶日]。中世くろび[黒日]。

—の悪い人 近世ふきつもの[不吉者]。

—の悪い夢 中世あくむ[悪夢]。中古きょうむ[凶夢]。

—を担ぐ 近世御幣(ごへい)を担ぐ。御幣(ごへい)を担ぐ。

—をひどく気にする人 近代かつぎや[担屋]。ごへいかつぎ[御幣担]。

えんきり【縁切】 →えん【縁】(—を切る)

えんぐみ【縁組】 近代やうしえんぐみ[養子縁組]。近世えんぐみ[縁組]。えんぺん[縁辺]。えんむすび[縁結]。中世こんこう[婚媾]。縁を結ぶ。上代けっこん[結婚]。→けっこん

—が成立しない 近世ふえん[不縁]。

望ましい— 中古りゃうえん[良縁]。

えんぐん【援軍】 近代ゑんぐん[援軍]。近世じょせい[助勢]。じょりき／じょりょく[助力]。中世かせい[加勢]。ゑんぺい[援兵]。中古きうゑん[救援]。

後方の— こうえん[後援]。

えんげい【演芸】 げいのう[芸能]。近代えんげい[演芸]。エンターテインメント(entertainment)。近世げい[芸／藝]。げいたう[芸当]。中世さるがく[猿楽／申楽]。

街頭で演ずる— だいどうげい[大道芸]。

近代パフォーマンス(performance)。

三味線を使う— 近代いともの[糸物]。

えんげき【演劇】 近代ショー(show)。ドラマ(drama)。プレイ／プレー(play)。近世えんげき[演劇]。げき[劇]。しばゐ[芝居]。

—界 近代げきだん[劇壇]。近世りゑん[梨園]。

—で長い幕のこと 近世ながちゃうば[長丁場]。

—で幕と幕の間 近世まくあひ[幕間]。中世まくのうち[幕内]。

—で最も興味をそそる場面 近代クライマックス(climax)。ハイライト(highlight)。

—で恋愛や情事の場面 ぬれまく[濡幕]。ラブシーン(love scene)。近世ぬれば[濡場]。

—の題目 えんもく[演目]。中世へうだい[標題／表題]。

—を各地で演ずる じゅんえん[巡演]。

—を演ずる 近代じゃうえん[上演]。

—のいろいろ①[時代] 近代きうげき[旧劇]。しんげき[新劇]。しんこくげき[新国劇]。しんぱ[新派]。近世かぶき[歌舞伎]。中世きゃうげん[狂言]。のう[能]。中古かぐら[神楽]。でんがく[田楽]。

—のいろいろ②[内容] しゅうきょうげき[宗教劇]。ぜんえいげき[前衛劇]。ひきげき[悲喜劇]。まげもの[髷物]。近代あちゃらか。うんめいげき[運命劇]。きげき[喜劇]。くゎつげき[活劇]。けいえんげき[軽演劇]。けんげき[剣劇]。げんだいげき[現代劇]。コメディー(comedy)。じだいげき[時代劇]。ひげき[悲劇]。近世じだいもの[時代物]。

—のいろいろ③[表現形式] かはくげき[科白劇]。ギニョール(フランス guignol)。たまくもの[多幕物]。もくげき[黙劇]。近代オペラ(イタリア opera)。かげき[歌劇]。かめんげき[仮面劇]。にんぎゃうげき[人形劇]。パントマイム(pantomime)。ひとまくもの[一幕物]。ひとりしばゐ[一人芝居]。ぶんらく[文楽]。ミュージカル(musical)。マリオネット(フランス marionnette)。やぐゎいげき[野外劇]。近世にんぎゃうじゃうるり[人形浄瑠璃]。

えんこ【縁故】 コネ／コネクション(connection)。

近代えんつづき[縁続]。けつえん[血縁]。じゃうじつ[情実]。近世えんこ[縁故]。すうき[枢機]。つて[伝]。てづる[手蔓]。中世きづな[絆/紲]。ゆゑ[故]。よしみ[好/誼]。よせ[寄]。中古いんえん[因縁]。えに/えにし[縁]。えん[縁]。しょえん[所縁]。たより[便]。ひき[引]。ゆかり[縁]。よし[由]。よすが[縁]。→えん
—があること 近世えんびき[縁引]。

—がない 上代つれもなし。

—採用 ネポティズム(nepotism)。

世俗の— 中世ぞくえん[俗縁]。

古い— こえん[故縁]。中世きうえん[旧縁]。

えんこん【怨恨】→うらみ

えんざい【冤罪】 無実の罪。近代ゑんざい[冤罪]。近世あだな[徒名/仇名]。ゑん[冤/寃]。中世ぬれぎぬ[濡衣]。中古なきこと[無事]。なきな[無名]。ぬれごろも[濡衣]。上代ゑんわう[冤枉]。

《句》中世食はぬ飯が髭(げひ)に付く。

—で死ぬこと 近世べんし/ゑんし[冤死]。

—で死んだ人の魂 近世べんこん[冤魂]。中世ゑんこん[冤魂]。

—で投獄されること 近世ゑんごく[冤獄]。

—に陥れられる 濡(ぬ)れ衣(ぎぬ)を着る。近代ゑんくつ[冤屈]。

—に陥れる 濡れ衣を着せる。

—の恨み 近代ゑんこん[冤恨]。
▼無実が証明される 近代せつゑん[雪冤]。近世あかりが立つ。

えんじゅ【槐】 ぎょくじゅ[玉樹]。くぜまめ。近世きふじ[木藤]。くゎい[槐]。中世くゎいじゅ[槐樹]。中古ゑにす[槐]。ゑんじゅ[槐]。

—とばら 中古くゎいきょく[槐棘]。

—のつぼみ 中古くゎいくゎ[槐花]。

えんしゅう【演習】 セミナー(seminar)。トレーニング(training)。近代エクササイズ(exercise)。くんれん[訓練]。ゼミ/ゼミナール(ドィツ Seminar)。リハーサル(rehearsal)。近世えんしふ[演習]。中世けいこ[稽古]。中古れんしう[練習]。
軍事— 近代ぎせん[擬戦]。

えんじゅく【円熟】 近代じゅくたつ[熟達]。らうせいじゅく[成熟]。らうかう[老巧]。らうじゅく[老熟]。近世ゑんじゅく[円熟]。らうれん[老練]。中世しふじゅく[習熟]。じゅくれん[熟練]。たく[たける][長/闌]。中古かる[かれる][涸/枯/嗄]。らうせい[老成]。

えんしょ【炎暑】 近世げんしょ[厳暑]。しょねつ[暑熱]。中世ごくしょ[極暑]。こくねつ[酷熱]。だいねつ[大熱]。中古えんしょ[炎暑]。えんねつ[炎熱]。ごくねち/ごくねつ[極熱]。→あつ・い【暑】

えんじょ【援助】 えんご[援護]。近代アシスト(assist)。えんご[掩護]。こうけん[後見]。こうゑん[後援]。ささへる[支]。しぢ[支持]。じょりょく[助力]。しゑん[支援]。すくひ[救]。すくひのて[救手]。すくひぶね[救船]。ちからぞへ[力添]。てこいれ[梃子入]。バックアップ(backup)。一肩(ひとかた)脱ぐ。近世おうゑん[応援]。じょせい[助勢]。じょりき[助力]。はうじょ[幇助]。ほじょ[補助/輔助]。みつぎ[見継]。片肌脱ぐ。手を貸す。一肩(ひとかた)入る[—入れる]。一肌脱ぐ。中世うしろだて[後盾]。かせい[加勢]。かたいれ[肩入]。かふりょく[合力]。たすけぶね[助船]。てつだひ[手伝]。ふじょ[扶助]。中古うしろみる/うしろむ[後見]。おかげ[御蔭/御陰]。ゑんじょ[援助]。上代たすけ[助/扶/佐]。→たす・ける
—する人 近代パトロン(patron)。
—に赴くこと 近代ふゑん[赴援]。
—にやってくる 近世らいゑん[来援]。
—を求めること 近代エスオーエス(SOS)。
神仏の— 中古かご[加護]。
少しの— 中世いっぴ[一臂]。
互いに—し合うこと そうごふじょ[相互扶助]。近代ごじょ[互助]。近世さていいうけつ[左提右挈]。
何かと—する 近世かげひなた[陰日向]。

えん・じる【演】→えん・ずる

エンジン(engine) おうふくきかん[往復機関]。こうそくきかん[高速機関]。近代げんどうき[原動機]。でんどうき[電動機]。ないねんきくゎん[内燃機関]。はつどうき[発動機]。

—キー イグニッションキー(ignition key)。

—の効率を高める補助装置 ターボチャージャー(turbocharger)。

—を動かす さどう[作動]。

—のいろいろ(例) オイルエンジン(oil engine)。ガスエンジン(gas engine)。ジェットエンジン(jet engine)。タービンエンジン(turbine engine)。ターボジェット(turbojet)。ディーゼルエンジン(diesel engine)。

ピストンエンジン(piston engine)。モーター(motor)。レシプロエンジン(reciprocating engine)。ロータリーエンジン(rotary engine)。

えん・ずる【演】 えんじる[演]。近代 しゅつえん[出演]。じょうえん[上演]。近世 えんぎ[演技]。えんず[演]。→**えんぎ【演技】**

えんせいか【厭世家】 近代 えんせいか[厭世家]。ペシミスト(pessimist)。ミザントロープ(フランス misanthrope)。

▼厭世主義 近代 ペシミズム(pessimism)。

えんせき【宴席】 近代 しゅくえん[祝筵]。しゅせき[酒席]。そんそ[樽俎]。中世 ざしき[座敷]。中古 さかもり[酒盛]。しゅえん[酒宴/酒讌]。上代 うたげ[宴/讌]。えんせき[宴席/燕席/讌席]。→**えんかい**

―を設ける 宴を張る。

えんぜつ【演説】 近代 かうえん[講演]。かうわ[講話]。げんろん[言論]。スピーチ(speech)。中古 えんぜつ[演説/演舌]。べんぜつ[弁舌/辯舌]。べんろん[弁論/辯論]。

―・する 近代 ぶつ[打]。

―・する壇 ステージ(stage)。近代 えんだん[演壇]。ろんだん[論壇]。

各地を―・して回る 近世 いうぜい/いうぜつ[遊説]。

力の入った― 近代 くゎうちゃうぜつ[広長舌]。ねつべん[熱弁]。近世 のうべん[能弁/能辯]。中世 ゆうべん[雄弁/雄辯]。

えんそう【演奏】 ストリングス(strings)。だんしすいちく[弾糸吹竹]。プレイ/プレー(play)。近代 えんそう[演奏]。すいそう[吹奏]。だんそう[弾奏]。パフォーマンス(performance)。近世 くすい[鼓吹]。すいだん[吹弾]。中世 くゎんげん[管弦/管絃]。こすい[鼓吹]。たんず/だんず[弾]。中古 かいしらぶ[―しらべる][搔調]。かいひく[搔引]。かきたつ[―たてる][搔立]。かきならす[搔鳴]。かく[搔]。かなづ[かなでる][奏]。しらぶ/しらむ[しらべる][調]。そうがく[奏楽]。そうす[奏]。て[手]。ひきすさぶ[弾遊]。ひきすます[弾澄]。ひきならす[弾鳴]。ひく[弾]。ふきすさぶ[吹遊]。ふきすます[吹澄]。上代 かきなす[搔鳴]。だんし[弾糸]。つまびく[爪弾]。

―会 コンセール(フランス concert)。近代 アーベント(ドイツ Abend)。おんがくくゎい[音楽会]。コンサート(concert)。リサイタル(recital)。

―・し続ける 中古 かきわたす[搔渡]。

即興で行う― アドリブ(ad lib)。インプロビゼーション(improvisation)。

大規模な― 中古 おほがく[大楽]。

拍手に応えて追加の― 近代 アンコール(encore)。

二つ以上の楽器で― →**がっそう**

▼生演奏 ライブ(live)。

えんそうか【演奏家】 アーチスト/アーティスト(artist)。プレーヤー(player)。近代 えんそうか[演奏家]。えんそうしゃ[演奏者]。ミュージシャン(musician)。近世 そうしゃ[奏者]。ひきて[弾手]。

―の集まり →**がくだん**

▼接尾語 -ist(例:ピアニスト pianist/ギタリスト guitarist)。-er(例:ドラマー drummer)。

えんそく【遠足】 とおで[遠出]。トレッキング(trekking)。近代 キャンピング(camping)。ハイキング(hiking)。ピクニック(picnic)。ワンゲル/ワンダーフォーゲル(ドイツ Wandervogel)。近世 ひざくりげ[膝栗毛]。ゑんそく[遠足]。中世 のがけ[野掛/野駆]。上代 のあそび[野遊]。

えんたい【延滞】 近代 えんなふ[延納]。たいなふ[滞納]。中世 ちたい[遅滞]。中古 えんたい[延滞/淹滞]。ちえん[遅延]。とどこほる[滞]。

えんちょう【延長】 近代 エクステンション(extension)。えんき[延期]。えんしん[延伸]。中世 のばす[延/伸]。中古 えんご[延期]。えんちゃう[延長]。のぶ[のびる][延/伸]。をりはふ[折延]。

えんとう【円筒】 近代 シリンダー(cylinder)。ずんど/ずんどう[寸胴]。ゑんちゅう[円柱]。ゑんとう[円筒]。

―に巻いたもの 近代 コイル(coil)。

―の機械部品 ドラム(drum)。

えんどう【豌豆】 さんがつまめ[三月豆]。つるまめ[蔓豆]。にどまめ[二度豆]。ぶんどう[文豆]。みどりまめ[緑豆]。近世 ことう[胡豆]。さるまめ[猿豆]。ゆきわりまめ[雪割豆]。中世 あをまめ[青豆]。中古 のらまめ[野良豆]。ゑんどう[豌豆]。

―の実 あおえんどう[青豌豆]。グリンピース(green peas)。近世 ゑんどうまめ[豌豆豆]。

えんとつ【煙突】 近代 えんとつ[煙突/烟突]。チムニー(chimney)。近世 えんとう[煙筒/烟筒]。けむだし/けむりだし[煙出]。

えんばく【燕麦】 うしむぎ[牛麦]。うまむぎ

[馬麦]。からすむぎ[烏麦]。つばくらむぎ／つばめむぎ[燕麦]。中世えんばく[燕麦]。

えんぴつ【鉛筆】 近代えんぴつ[鉛筆]。シャープペンシル(和製sharp pencil)。ペンシル(pencil)。ぼくひつ／もくひつ[木筆]。近世かうひつ[硬筆]。

えんぶん【艶聞】 近代えんぶん[艶聞]。近世あだしな[徒名]。中古あだな[徒名]。うきな[憂名／浮名]。

えんぼう【遠望】 近世てんばう[展望]。中世とほめ[遠目]。のぞみみる[望見]。ばうけん[望見]。ゑんけい[遠景]。中古てうばう[眺望]。みはらす[見晴]。めもはるに[目遥]。ゑんばう[遠望]。上代くゎんばう[観望]。みはるかす[見霽]。みわたす[見渡]。

えんぽう【遠方】 近代かくち[隔地]。ゑんかくち[遠隔地]。中世ちさと[千里]。ちゃうと[長途]。とほぢ[遠路]。ゑんぱう[遠方]。をちかた[遠方]。中古てんぢく[天竺]。ゑんろ[遠路]。をち[彼方／遠]。上代そき[退]。そきへ[退方]。ながち／ながぢ[長路]。ながて[長手]。をと[彼方／遠]。

えんま【閻魔】 近世だいわう[大王]。びゃうどうわう[平等王]。中世えんま[閻魔]。えんわう[閻王]。中古えんらわう[閻羅王]。しわう[死王]。

えんまん【円満】 角がない。近代いちわ／いっくゎ[一和]。だんゑん[団円]。ゑんかつ[円滑]。ゑんじゅく[円熟]。ゑんまん[円満]。近世うやなや。をんこう[温厚]。をんじゅん[温順]。をんわ[温和／穏和]。中世おだやか[穏]。まるし[円／丸]。をんりゃう[温良]。中古なだらか。上代をんが[温雅]。

—・で誰とも交際するさま 近代はちめんれいろう[八面玲瓏]。

—・になる ねれる[練]。圭角(けいかく)がとれる。

えんむすび【縁結】 近代えんむすび[縁結]。けちえん[結縁]。近世あかなは[赤縄]。いもせむすび[妹背結]。えんぐみ[縁組]。くさむすび[草結]。上代けっこん[結婚]。

えんりょ【遠慮】 近代こころおき[心置]。じしゅく[自粛]。近世きがね[気兼]。さしひかふ〔—ひかえる〕[差控]。つつしみぶかし[慎深]。ひかへめ[控目]。ようしゃ[容赦]。中世じぎ[辞儀／辞宜]。しほらし。ようしゃ[用捨]。ゑんりょ[遠慮]。中古いみ[忌／斎]。かしこまり[畏]。きたん[忌憚]。けんじゃう[謙譲]。つつしみ／つつみ[慎]。はばかり[憚]。ものづつみ[物慎]。

《尊》中古おぼしつつむ[思慎]。おぼしはばかる[思憚]。

《句》近代猫の魚(うを)辞退。猫の魚を食はぬふり。

—がない 近代あつがほ[厚顔]。がういん[強引]。近世あつかまし[厚]。あつづら[厚面／厚顔]。うちつけ[打付]。づうづうし[図図]。ひあい[非愛]。ひっしょなし。ふさふさし。ぶゑんりょ[無遠慮／不遠慮]。へいぐゎい[平懐]。臆面もなし。大手を振って歩く。遠慮会釈もなし。中世うらなし／うらもなし[心無]。こころやすだて[心安立]。なれなれし[馴馴]。ひあい[非愛]。ぶしつけ[不躾／無躾／不仕付]。むさと。わうちゃく[横着]。面皮(めんぴ)厚し。中古あいだちなし／あひだちなし。おもなし[面無]。こうがん[厚顔]。こころやすし[心安]。ばうぞく。はればれし[晴晴]。上代ゐやなし[礼無]。

—がないさま 近代ぶっつけ[打付]。近世ざっくばらん。ずかずか。どしどし。中世ずいと。むずと。むずむずと。中古ゆくゆく／ゆくゆくと。

—・される 中古つつまし／つつましげ[慎]。はばからし[憚]。はばからはし[憚]。はばし[憚]。ものつつまし[物慎]。わづらはし[煩]。

—・して行動するさま 近世ひかへめ[控目]。もじもじ。中古おづおづ。はばかりがほ[憚顔]。

—・する 近世はづす[外]。気を兼ぬ〔—兼ねる〕。小さくなる。中世かぬ〔かねる〕[兼]。しんしゃく[斟酌]。ひかふ〔ひかえる〕[控]。中古おぢはばかる[怖憚]。おもひはばかる[思憚]。おもひつつむ[思包／思慎]。かたさる[片去]。こころおく[心置]。じたい[辞退]。つつまし／つつむ[慎]。ところおく[所置]。はづ〔はじる〕[恥]。はばかる[憚]。ひきいる[引入]。わづらはし[煩]。世を憚る。

—なくものを言うさま 近代ずばずば。近世ずけずけ。ずっけり。つかつか。つけつけ。中世ずばっと。歯に衣(きぬ)着せぬ。

—はいらない 気がおけない。近代こころおきなく[心置無]。近世忌憚(きたん)なく。中古あなづらはし[侮]。こころやすし[心安]。はづかしげなし[恥無]。

—深い 近世うちき[内気]。つつしみぶかし[慎深]。つつましやか[慎]。よわき[弱気]。中古つつまし／つつましげ[慎]。ものづつみ[物慎]。

―もほどほどに 近代 わるぶんりょ［悪遠慮］。湯の辞儀は水になる。

口先だけの― 近世 そらじぎ［空辞宜］。

互いに―・し合う 近世 かねあふ［兼合］。

人前で―・すべき言葉 近世 さしあひ［差合］。

えんろ【遠路】 →えんぽう

お

お【尾】 近代 テール(tail)。近世 をっぽ［尾］。上代 をしっぽ［尻尾］。しりを［尻尾］。［尾］。をろ［尾］。

《枕》中世 やまどりの［山鳥］。

馬の― 中世 をかみ［尾髪］。

垂れ下がった― 上代 たりを［垂尾］。

鳥類の―と羽 近代 をばね［尾羽］。上代 をは［尾羽］。

お【緒】 上代 さを［緒］。を［緒］。をろ［緒］。

《枕》中世 かたいとの［片糸］。

もつれた― みだれお［乱緒］。

おい(感動詞) 近世 おい。かう［斯］。中世 あいや。いかに［如何］。やいやい。よや。中古 やや。

おい【甥】 中古 いうし／いうじ［猶子］。上代 じゅうし［従子］。をひ［甥］。

―の子 おいまご［甥孫］。またおい［又甥］。

相手の―(敬った言い方) 中世 をひご［甥御］。

おい【老】 →お・いる(―・いること)

おいうち【追討】 近世 おひうち［追討／追打／追撃］。ついげき［追撃］。上代 ついたう［追討］。

おいおい【追追】 じゅんに［順］。すこしずつ［少］。近代 おひおひ［追追］。ちくじ［逐次］。順を追って。中世 かつがつ［且且］。じゅんじ［順次］。だんだん［段段］。ちくいち／ちくいつ［逐一］。中古 しだいに［次第］。ぜんじ［漸次］。

おいおと・す【追落】 近世 けおとす［蹴落］。中世 おっぱらふ［追払］。おひおとす［追落］。上代 おひはらふ［追払］。

上位のものを力で―・す 近世 げこくじゃう［下克上／下剋上］。中古 ひきこす［引越］。

おいかえ・す【追返】 近代 げきたい［撃退］。中古 おひたつ〔―たてる〕［追立］。上代 おひかへす［追返］。おひはらふ［追払］。かへす［返］。

―・す言葉 近世 をととひ来い。

会わずに―・す 近世 もんぜんばらひ［門前払］。

矢で敵を―・す 上代 いかへす［射返］。

おいか・ける【追掛】 近代 ついせき［追跡］。ついそう［追走］。ついび［追尾］。近世 ついでふ［追躡］。ぼふ［追］。ぼっかく〔―かける〕［追掛］。中世 おひかく〔―かける〕［追掛／追懸］。ついちく［追逐］。上代 おふ［追／逐］。

―・けて捜す 中古 ついじん［追尋］。

―・けて迫る おいあげる［追上］。近代 おひせまる［追迫］。ついはく［追迫］。中世 おひつむ〔―つめる〕［追詰］。

しつこく―・ける 中世 おひまはす［追回／追廻］。ながおひ［長追］。

車馬で―・ける 近世 くちく［駆逐］。

激しく―・ける もうつい［猛追］。近代 きふつい［急追］。

▼かけっこ 中世 おひこくら［追］。→かけっこ

おいかぜ【追風】 ついふう［追風］。近世 まともꝏ［真舳／真艫］。中世 おひて［追風］。びんぷう／べんぷう［便風］。じゅんぷう［順風］。上代 おひかぜ［追風］。ときつかぜ［時津風］。

おいかわ【追河】(コイ科の淡水魚) はや［鮠］。近世 おひかは［追河／追川］。はい［鮠］。やまべ。中古 はえ［鮠］。

おいこ・す【追越】 のりこえる［乗越］。近代 おひこす［追越］。近世 ぬく［抜］。りょうか／りょうが［凌駕／陵駕］。中世 おひぬく［追抜］。

―・して先に進む 近世 のりこす［乗越］。

競争で数人を―・す ごぼうぬき［牛蒡抜］。

後輩が先輩を―・す 近世 後の雁が先になる。

乗物に乗って―・す 近世 のりこす［乗越］。

おいこ・む【追込】 中世 おひこむ［追込］。おひこむ〔―こめる〕［追籠］。おひつむ〔―つめる〕［追詰］。つむ〔つめる〕［詰］。→おいつ・める

逃げられない所に―・む 近世 せっちんづめ［雪隠詰］。

おいこ・む【老込】 ふけこむ［老込］。近世 おいこむ［老込］。中古 おいすぐ［老過］。ふく〔ふける〕［更／老］。上代 おいぼる〔―ぼれる〕［老耄］。おゆ〔おいる〕［老］。らうすい［老衰］。

おいさき【老先】 近世 おいさき［老先／老前］。中世 ざんねん［残年］。中古 おひさき［生先］。おいする［老末］。ざんせい［残生］。よせい［余生］。よねん［余年］。よめい［余命］。らうご［老後］。

おいし・い【美味】 味がよい。頰が落ちる。ほっぺたが落ちる。近代 はうみ［芳味］。近世 お

いしい[美味／旨味]。かみ[佳味／嘉味]。顎(あご)が落つ[—落ちる]。頤(おとがひ)が離る[—離れる]。中世 いし[美]。うまうまし[旨旨]。かうみ[好味]。ふうみ[風味]。舌鼓(したつづみ)を打つ。中古 かんび[甘美]。じみ[滋味]。ちんみ[珍味]。びみ[美味]。頤(おとがひ)が落つ[—落ちる]。上代 うまし[旨／甘／美味]。

—・い御飯 上代 うまいひ[味飯]。

—・い酒のさかな 近世 びかう[美肴]。

—・いさま 上代 うまらに[美]。

—・い物 近世 ちんみかかう[珍味佳肴]。山海の珍味。中世 かかう[佳肴／嘉肴]。かんろ[甘露]。上代 ためつもの。

—・い物ばかり食べる 中古 びしょく[美食]。

—・い物を味わうさま 中世 したつづみ[舌鼓]。中古 したうち[舌打]。

—・い物を食べて満足するさま 中世 舌鼓を打つ。中古 舌を鳴らす。

—・い物を食べる前のさま 近代 したねぶり[舌舐]。中古 したなめづり[舌舐]。

—・くない 近代 ふみ[不味]。近世 まづい[不味]。もみない／もむない(近世上方語)。中世 むみ[無味]。

おいしげ・る【生茂】 近世 はんせい[繁生]。中古 うつうつ[鬱鬱]。中世 ちゃうも[暢茂]。うつも[鬱茂]。おひこる[生凝]。おひしげる[生茂]。おへしげる[生茂]。しげりわたる[繁渡]。上代 おひをゐる[生撓]。はんも[繁茂／蕃茂]。

—・っているさま 近世 うっさう[鬱蒼]。うつぜん[鬱然／蔚然]。うっそう[鬱葱]。上代 しげしげし[繁]。

—・っている所 上代 ふ[生]。

—・らせる 中世 おやす[生]。

おいだ・す【追出】 →おいはら・う

苛(じい)めて—・す 近代 いぢめだす[苛出]。

巣穴などから—・す 中世 かりいだす／かりだす[駆出／狩出]。

摑(かっ)んで—・す 近世 つかみだす[摑出]。つまみだす[撮出／摘出]。

仲間から—・す 近代 はじきだす[弾出]。

おいたち【生立】 せいいくれき[生育歴]。ぜんれき[前歴]。近代 うまれ[生]。近世 おひたち[生立]。そだち[育]。りれき[履歴]。をさなそだち[幼育]。中世 すじゃう[素姓／素性／素生]。らいれき[来歴]。をさなおひ[幼生]。中古 わらはおひ[童生]。をさなだち[幼立]。

おいた・てる【追立】 近世 ぼったつ[—たてる][追立]。中世 おったつ[—たてる][追立]。おひこむ[追込]。おひちらす[追散]。かりたつ[—たてる][駆立／狩立]。けちらす[蹴散]。中古 おひたつ[—たてる][追立]。かる[駆／駈]。上代 おひかへす[追返]。おひはらふ[追払]。

—・てて上に上げる 中古 まくりあぐ[—あげる][捲上]。

—・てて落とす 中世 まくりおとす[捲落]。

激しく—・てる 中世 まくりたつ[—たてる][捲立]。

おいちら・す【追散】 中世 おひちらす[追散]。けちらす[蹴散]。まくる[捲]。上代 うちはらふ[打払]。

敵を攻めて—・す 中世 うちちらす[打散／討散]。

おいつ・く【追付】 おっつく[追付]。キャッチアップ(catch up)。近代 たっする[達]。中古 おひつく[追付／追着]。およぶ[及]。すがふ。ゆきつく[行着]。上代 いしく[及]。おひしく[追及]。しく[及]。

後から—・く 近代 ついきふ[追及]。

努力して—・く 近代 ききふ[企及／跂及]。

おいつ・める【追詰】 近代 きゅうつい[窮追]。近世 おっこむ[追込]。中世 おっつむ[—つめる][追詰]。おひこむ[追込]。おひつむ[—つめる][追詰]。さしつむ[—つめる][差詰]。つむ[つめる][詰]。わうて[王手]。中古 おしつむ[—つめる][押詰]。

—・めて戦う 中世 つめいくさ[詰戦]。

—・められたさま けんがみね[剣峰]。進退窮まる。近代 窮地に陥る。近世 ぜったいぜつめい[絶体絶命]。はめ[羽目]。わうじゃうぎは[往生際]。切羽詰まる。袋の(中の)鼠。中古 きゅうてう[窮鳥]。《句》近代 窮すれば通ず。逃ぐる者道を択(えら)ばず。窮鼠(きゅうそ)猫を嚙(か)む。近世 杖(つゑ)の下に回る犬は打たれぬ。中世 窮鳥懐に入れば猟師も殺さず。

—・められたもののたとえ 中世 きゅうそ[窮鼠]。

—・められて最後のあがき 近世 さいごっぺ／さいごべ[最後屁]。

—・められること 近代 てづめ[手詰]。

逃げられない所に—・める 近世 せっちんづめ[雪隠詰]。

おいでにな・る【御出】 近代 おいでになる[御出]。近世 いらっしゃる。中世 わす[座／坐]。中古 おはさうず[御坐]。おはしまさふ[御座]。上代 おほまします[大座]。

お

おいぬ・く【追抜】→おいこ・す

おいはぎ【追剝】 近代つじがうたう[辻強盗]。へうぞく[剽賊]。へうたう[剽盗]。やたう[野盗]。近世おひおとし[追落]。中世おひはぎ[追剝]。ひきはぎ／ひはぎ[引剝]。

ーをする 中世おひおとす[追落]。

おいはら・う【追払】 おっぱらう[追払]。近代げきたい[撃退]。はいぢょ[排除]。近世おひやらふ[追遣]。たたきだす[叩出]。ぼひだす[追出]。ぼひまくる[追捲]。まくしだす[捲出]。まくりだす[捲出]。中世いなす[往]。おひおとす[追落]。おひだす[追出]。おひちらす[追散]。おんだす[追出]。けちらす[蹴散]。さうたう[掃蕩／掃討]。しりぞく[—ぞける][退／斥]。ついしゅつ[追出]。中古おひいづ[追出]。おひすつ[追捨]。おひたつ[—たてる][追立]。おひのく[—のける][追除]。おひやる[追遣]。かりたつ[—たてる][駆立]。かる[駆]。くちく[駆逐]。ついはう[追放]。てうず[調]。はうちく[放逐]。はなつ[放]。はらふ[払]。やらふ[遣]。上代うちはらふ[打払]。おひいだす[追出]。おひかへす[追返]。おひはらふ[追払]。くぢょ[駆除]。

ー・う声 中世しっしっ。

憂いなどを一気にー・う 近代ふきとばす[吹飛]。

鉄砲などでー・う うちはらう[撃払]。

鳥などを足でー・う 上代ふみたつ[踏立]。

おいぼ・れる【老耄】 おいさらばえる[老]。ふけこむ[老込]。近代おいほうける[老耄]。すいもう[衰耄]。近世おいくつ[—くちる][老朽]。おいこむ[老込]。すいまい[衰邁]。どうもう／らうもん[老耄]。もうろく[耄碌]。よぼける。らうすい[老悴]。中世おいさらぼふ[老]。おいしらむ[老白]。ふりはつ[旧果]。中古おいおとろふ[—おとろえる][老衰]。おいかがまる[老屈]。おいくづほる[老頽]。おいしらふ[老痴]。おいしる[—しれる][老痴]。おいほく[老耄]。ほけしる[—しれる][惚痴]。ほる[ほれる][惚／恍／耄]。ほれぼれし[惚惚]。らうもう[老耄]。上代おいはつ[—はてる][老果]。おいぼる[—ぼれる][老耄]。すいばう[衰耄]。よよむ。らうすい[老衰]。

ー・れるさま 近世よぼよぼ。中世らうらう[老老]。中古らうじゃく[老弱]。

おいまわ・す【追回】 中世おひかく[—かける][追掛]。おひまはす[追回／追廻]。つきまとふ[付纏]。

おいめ【負目】 かり[借]。さい[債]。中世おひめ[負目]。おひもの[負物]。

ーがある 頭が上がらない。

おいもと・める【追求】 あいじゃく[愛着]。ついきゅう[追求]。フォロー(follow)。ついく[追求]。近代おひもとめる[追求]。

ー・めて手にする 近代れふする[猟]。

ー・める心 とん[貪]。

お・いる【老】 近世おいこむ[老込]。としとる[年取]。中世おいぐむ[老]。おいす[老]。すごす[過]。ちゃうず[長]。としたく[—たける][年長]。へあがる[経上]。みつわぐむ[三輪組]。らうす[老]。年が行く。中古あうよる[奥寄]。うちすぐす[打過]。うちねぶ。おいつむ[老積]。おいなる[老成]。おいゆく[老行]。おきなさぶ[翁進]。おきなぶ[翁]。さだすぐ[過]。すぐす[過]。としおゆ[年老]。としよる[年寄]。ねびる／ねぶ[老成]。ふく[ふける][更／老]。ふりまさる[旧増]。ふる[古／旧]。ふるめく[古／旧]。みづはぐむ[瑞歯含]。みづはさす[瑞歯]。上代おいづく。おゆ[おいる][老]。かむぶ[神]。ふりゆく[旧行]。

《尊》近代めす[召]。

《句》年には勝てない。年は争えない。年は寄れども心は寄らぬ。近代白髪は冥土への使ひ。近世少年老い易く学成り難し。中世日暮れて道遠し。

ー・いず死なないこと 近代ふらうふし[不老不死]。

ー・いた後 近世おいいれ／おいれ[老入]。中世らうきゃう[老境]。中古ばんさい[晩歳]。ばんねん[晩年]。らうご[老後]。らうねん[老年]。

ー・いた親 中古らうしん[老親]。らうふ／らうぶ[老父]。らうぼ[老母]。

ー・いた身体 近世らうく[老軀]。中世らうたい[老体]。中古らうこつ[老骨]。らうしん[老身]。

ー・いた年齢 近代かうじゅ[高寿]。シルバー(silver)。らうれい[老齢]。近世かうれい[高齢]。中世としかさ[年嵩]。としより[年寄]。中古ちゃうじゅ[長寿]。ちゃうせい[長生]。ちゃうめい[長命]。ちゃうれい[長齢]。としたかし[年高]。らうねん[老年]。上代かうねん[高年]。

ー・いた人 →**ろうじん**

ー・いた様子だ としよりくさい[年寄臭]。ふけこむ[老込]。近代ぢぢむさい[爺]。と

しよりじみる［年寄染］。近世ひねくさし［陳臭］。中古おいおいし［老老］。おいばむ［老］。おきなぶ［翁］。こたい［古体］。ふく［ふける］［更／老］。ふるめかし［古］。

―・いて生き長らえること 中古らうざん［老残］。

―・いている（こと） 近代としだか［年高］。ねんちゃう［年長］。近世としばへ［年延］。としゆき［年行］。ひねくろし［陳］。中世としかさ［年嵩］。としばい［年配／年輩］。らう［老］。らうらう［老老］。老いの春。中古としたかし［年高］。としふかし［年深］。ねぶ。ふるぶるし［旧旧］。

―・いて衰える→**おいぼ・れる**

―・いて髪が白くなる 中世おいしらむ［老白］。

―・いてから 近代ららい［老来］。

―・いてから学問を始めること 近代六十の手習ひ。中世ばんがく［晩学］。

―・いてくどくど言う 近世老いの繰り言。

―・いて経験が豊かな人 中古ねびびと［人］。

―・いて経験が豊かになること 近代かふら［甲羅］。近世しくろ／しくらう／しゅくろ［宿老］。年は薬。中世としのこう［年功］。中古しうとく［宿徳］。しゅくらう［宿老］。ねびまさる［勝］。《句》近代烏賊の甲より年の劫。

―・いて元気なこと 近代ぴんしゃん。中世たっしゃ［達者］。中古くわくしゃく［矍鑠］。《句》近代老いてはますます壮なるべし。

―・いて腰が曲がる 近世こしをれまつ［腰折松］。中世こしをれ［腰折］。中古おいかがまる［老屈］。おいゆがむ［老歪］。

―・いて嗄れ声になる 中古おいかる［―かれる］［老嗄］。かればむ［嗄］。からぶ［嗄］。かる［かれる］［嗄］。

―・いて皺が寄る 近代おいしわむ［老皺］。

―・いて近くが見えにくくなった目 近世らうがん［老眼］。らうし［老視］。

―・いて一花咲かせる 中世老いの入り舞。

―・いて病気になること 上代らうしつ［老疾］。

―・いて見方が偏る 中古おいひがむ［老僻］。

―・いて醜くなる 中古おいゆがむ［老歪］。

―・いて見間違いが多いこと 老いの僻目。

―・いて耳が遠く聞き違いの多いこと 老いの僻耳。

―・いて迎える春 中世老いの春。

―・いて昔を偲ぶ心境 近世鬢糸茶烟の感。

―・いても志を失わないたとえ《句》中世老驥千里を思ふ。老驥（老騏）櫪に伏すとも志千里に在り。

―・いて役立たなくなること 近代らうきう［老朽］。近世おいくつ［―くちる］［老朽］。中世おいくち［老朽］。

―・いてゆくたとえ 中世おいなみ［老波］。中古老いの坂。老いの波。

―・いて弱ったさま 近世よぼよぼ。中世らうらう［老老］。中古らうじゃく［老弱］。《句》年には勝てない。

―・いること かれい［加齢］。ろうか［老化］。近世おいいれ［老入］。かねん［加年］。もうろく［耄碌］。中世おいなみ［老波］。中古おい［老］。おいかれ［老嗄］。おいらく［老］。みづは［瑞歯］。老いの坂。老いの波。上代おゆらく［老］。

―・いる早さのたとえ《句》中世嫁が姑に成り上がる。

すっかり―・いる おいさらばえる［老］。近世おいくつ［―くちる］［老朽］。中世おいさらぼふ［老］。ふりはつ［旧果］。上代おいはつ［―はてる］［老果］。→**おいぼ・れる**

ひどく―・いる 中古みづはぐむ［瑞歯含］。みづはさす［瑞歯］。

やや―・いている 中古なまおゆ［生老］。

おう【王】 近代エンペラー（emperor）。キング（king）。中世くんしゅ［君主］。中古こくわう［国王］。ていわう［帝王］。てんし［天子］。わう［王］。上代くゎうてい［皇帝］。わうしゃ／わうじゃ［王者］。

―の ロイヤル（royal）。

―の位 近代わうざ［王座］。近世かなへ［鼎］。中世くらゐのやま［位山］。中古ていゐ［帝位］。上代わうゐ［王位］。

―の子供 →**おうじ** →**おうじょ**

―の子孫 中世わういん［王胤］。中古わうそん［王孫／皇孫］。

―の政治 中世わうせい［王政］。

古代エジプトの― 近代ファラオ（Pharaoh）。

先代の― 中古せんわう［先王］。

おう【翁】→**ろうじん**

お・う【追】 近代ついかう［追行］。ついせき［追跡］。びかう［尾行］。近世あとおひ［後追／跡追］。つけまはす［付回］。ぼふ［追］。中世おひかく［―かける］［追掛］。上代おふ［追／逐］。

―・い続ける 中世おはふ［追］。

―・って相手を見失う 中古おひまどはす［追惑］。

―・って行くこと 近代ついしょう［追蹤］。

―・って上へ行かせる 中世 おひあぐ〔―あげる〕〔追上〕。
―・って遠ざける 中世 おひはなす〔追放〕。中古 おひはなつ〔追放〕。上代 おひはらふ〔追払〕。
遠くまで―・い過ぎること 中世 ふかおひ〔深追〕。
遠くまで―・うこと 近世 ちゃうく〔長駆〕。
激しく―・う 中世 おひまくる〔追捲〕。

おう【負】 近代 ふたん〔負担〕。近世 おぶふ〔負〕。おんぶ〔負〕。中世 せおふ〔背負〕。ひきうく〔―うける〕〔引受〕。中古 ふか〔負荷〕。上代 うく〔うける〕〔受〕。おふ〔負〕。になふ〔担／荷〕。
―・わせる 近世 おっかぶす〔―かぶせる〕〔押被〕。中世 きす〔帰〕。きす〔きせる〕〔着〕。
重荷になりそうなものを―・う 近世 しょひこむ〔背負込〕。
背に―・わせる 上代 おほす〔負／課〕。

おういん【押印】 近代 あふなつ〔押捺〕。中古 だついん／なついん〔捺印〕。

おうえん【応援】 エール(yell)。近代 こうゑん〔後援〕。さんじょ〔賛助〕。じょりょく〔助力〕。しゑん〔支援〕。ちからぞへ〔力添〕。ちからづけ〔力付〕。バック／バックアップ(backup)。近世 おうゑん〔応援〕。じょせい〔助勢〕。じょりき〔助力〕。せいゑん〔声援〕。中世 かせい〔加勢〕。げきれい〔激励〕。すけだち〔助太刀〕。ちからづく〔―づける〕〔力付〕。中古 ひきたつ〔―たてる〕〔引立〕。ゑんじょ〔援助〕。
▼女子応援団員 チアガール(和製cheer girl)。チアリーダー(cheerleader)。

おうぎ【奥義】 おくでん〔奥伝〕。近代 えうたい／えうてい〔要諦〕。おくゆるし〔奥許／奥免許〕。しんずい〔神髄／真髄〕。近世 えうけつ〔要訣〕。おくぎ〔奥義〕。中世 あうし〔奥旨〕。いはつ／えはつ〔衣鉢〕。うんあう〔蘊奥〕。おくい〔奥意〕。おくので〔奥手〕。くけつ〔口訣〕。ごくい〔極意〕。こつ〔骨〕。こっぱふ〔骨法〕。しんあう／じんあう〔深奥〕。ずい〔髄〕。だうあう〔堂奥〕。ひ〔秘〕。ひえう〔秘要〕。ひぎ〔秘義〕。ひざう〔秘蔵〕。ひじゅつ／ひずつ〔秘術〕。ひでん〔秘伝〕。中古 あうぎ〔奥義〕。くでん〔口伝〕。そこ〔底〕。ひけつ〔秘訣〕。上代 おくか〔奥処〕。

―の書 近世 とらのまき〔虎巻〕。中世 おくがき〔奥書〕。ずいなう〔髄脳〕。

―を極めること 中世 とくほふ〔得法〕。

―を口伝えに伝える 近代 こうけつ〔口訣〕。中世 くけつ〔口訣／口決〕。中古 くでん〔口伝〕。

―を自分の子にだけ伝える 近世 いっしさうでん〔一子相伝〕。

―を伝授されること おくでん〔奥伝〕。近代 おくゆるし〔奥許／奥免許〕。かいでん〔皆伝〕。

―を伝授したことを証する許し状 近代 めんきょしょ〔免許書〕。めんきょしょう〔免許証〕。近世 めんきょじゃう〔免許状〕。中古 めんきょ〔免許〕。

学問や芸術の―に達すること 中古 にふしつ〔入室〕。

特定の人にだけ伝える― 近世 ひけん〔秘鍵〕。ひやく〔秘鑰〕。中世 ひでん〔秘伝〕。

おうぎ【扇】 中世 じんぷう〔仁風〕。すゑひろ／すゑひろがり〔末広〕。せんす〔扇子〕。中古 あふぎ〔扇〕。ごめい〔五明〕。
―のかなめ 近世 せんがん〔扇眼〕。
―の地紙 中世 せんめん〔扇面〕。
―の両端の太い骨 近世 おやぼね〔親骨〕。
秋になって不用となった― 近代 すてあふぎ〔捨扇〕。わすれあふぎ〔忘扇〕。中世 あきのあふぎ〔秋扇〕。しうせん〔秋扇〕。
薄板で作った― 近代 いたあふぎ〔板扇〕。中古 いつへ／いつへのあふぎ〔五重扇〕。ひあふぎ〔檜扇〕。よこめあふぎ〔横目扇〕。
絵のある― 近世 あこめあふぎ〔衵扇〕。いうぜんあふぎ〔友禅扇〕。おほかざし〔大翳〕。ゑあふぎ〔絵扇〕。中古 ひあふぎ〔檜扇〕。
軍勢を指揮する― 近世 ぐんせん〔軍扇〕。たううちは〔唐団扇〕。ぢんせん〔陣扇〕。
講釈師の― 近世 はりあふぎ〔張扇／貼扇〕。
書画の書かれていない― 近代 とむらひあふぎ〔弔扇〕。はくせん〔白扇〕。
男女の― 近代 をとこあふぎ〔男扇〕。をんなあふぎ〔女扇〕。
鉄の― 近世 てっせん〔鉄扇〕。
鳥の羽で作った― 中世 うせん〔羽扇〕。
年始の祝いに用いる― 近世 ゑびすあふぎ〔恵比須扇〕。
舞を舞うときの― 近世 まひあふぎ〔舞扇〕。
▼助数詞 へい〔柄〕。

おうきゅう【王宮】 近代 きゅうてい〔宮廷〕。パレス(palace)。近世 わうきゅう〔王宮〕。中古 わうぐう〔王宮〕。わうじゃう〔王城／皇城〕。上代 おほとの〔大殿〕。きゅうでん〔宮殿〕。→きゅうちゅう

おうきゅう【応急】 きゅうばしのぎ[急場凌]。〔近代〕おうきふ[応急]。〔近世〕きんきふ[緊急]。まにあはせ[間合]。〔中世〕そくざ[即座]。そくせき[即席]。たうざ[当座]。りんき[臨機]。〔上代〕きうきふ[救急]。→**いちじしのぎ**

おうこう【横行】 〔近代〕てうりゃうばっこ[跳梁跋扈]。〔近世〕しゃうけつ[猖獗]。てうりゃう[跳梁]。〔中世〕はびこる[蔓延]。わうぎゃう[横行]。〔中古〕まんえん[蔓延]。〔上代〕わうかう[横行]。→**のさば・る**

おうごん【黄金】 〔近代〕きんくゎい[金塊]。ゴールド(gold)。〔中世〕こがね[黄金]。やまぶきいろ[山吹色]。〔中古〕きん[金]。さきん[砂金]。〔上代〕くがね[黄金]。わうごん[黄金]。
―の色 〔近世〕こがねいろ[黄金色]。〔中世〕こんじき[金色]。やまぶきいろ[山吹色]。
混じり物のない― 〔近世〕きんむく[金無垢]。〔中古〕じゅんきん[純金]。
▼金銀 〔近世〕くゎうはく[黄白]。ひかりもの[光物]。

おうざ【王座】 〔近代〕わうざ[王座]。〔近世〕かなへ[鼎]。〔中世〕くらゐのやま[位山]。〔中古〕ていゐ[帝位]。わうゐ[王位]。
▼競技の優勝 →**おうじゃ**

おうじ【往時】 〔近代〕わうこ[往古]。〔近世〕せきじつ[昔日]。〔中世〕いぜん[以前]。くゎこ[過去]。〔中古〕きうじ[旧時]。なうじ[曩時]。なうじつ[曩日]。むかし[昔]。わうじ[往時]。わうねん[往年]。〔上代〕ざいせき[在昔]。→**おうねん**

おうじ【王子】 〔近代〕プリンス(prince)。〔中古〕きさいばら／きさきばら[后腹]。みこ[皇子／御子／皇女／親王]。わうじ[王子]。をとこみこ／をのこみこ[男御子]。をとこみや[男宮]。をんなみこ[女御子]。をんなみや[女宮]。〔上代〕おほえ[大兄]。かみのみこ[神御子]。しんわう[親王]。ていし[帝子]。ひこみこ[彦御子]。ひのみこ[日御子]。わうじ[皇子]。
新たに生まれた― 〔中古〕いまみや[今宮]。
幼い― 〔中古〕いとみや[幼宮]。ちごみや[稚児宮]。わかみや[若宮]。
最初に生まれた― 〔中古〕いちのみこ[一御子]。いちのみや[一宮]。
二番目の― 〔中古〕なかのみや[中宮]。

おうしざ【牡牛座】
―の顔の部分の七星 あめふりぼし[雨降星／畢宿]。
―のヒヤデス星団 つりがねぼし[釣鐘星]。

おうじゃ【王者】 〔近代〕キング(king)。〔中古〕わう[王]。ていわう[帝王]。〔上代〕わうしゃ／わうじゃ[王者]。
―と覇者 〔中世〕わうは[王覇]。
武力で天下を取った― 〔中世〕はわう[覇王]。
▼第一人者 せんしゅけんほじしゃ[選手権保持者]。だいいちゐ[第一位]。〔近代〕いうしょうしゃ[優勝者]。しゅゐ[首位]。チャンピオン(champion)。〔近世〕しゅざ[首座]。ひっとう[筆頭]。〔中世〕はしゃ[覇者]。

おうしゅう【応酬】 〔近世〕おうしう[応酬]。〔近代〕やりとり[遣取]。〔中世〕うけこたへ[受答]。〔中古〕かへし[返]。→**おうとう**

おうしゅう【押収】 さしおさえ[差押]。〔近代〕あふしう[押収]。せっしう[接収]。はくだつ[剝奪]。ぼっしう[没収]。〔上代〕うばふ[奪]。

おうじょ【王女】 〔近代〕プリンセス(princess)。〔中世〕くゎうぢょ[皇女]。わうにょ[王女]。〔中古〕うちのみこ[内御子]。うちのひめみこ[内姫御子]。ないしんわう[内親王]。わうぢょ[王女／皇女]。〔上代〕ひめみこ[姫御子]。ひめみや[姫宮]。
一番目の― 〔中古〕をんないちのみや[女一宮]。
二番目の― 〔中古〕をんなにのみや[女二宮]。
三番目の― 〔中古〕をんなさんのみや[女三宮]。

おうじょう【往生】 →**し・ぬ**（**―・ぬこと**）

おうじょう【王城】 →**きゅうちゅう**

おう・じる【応】 →**おう・ずる**（次項）

おう・ずる【応】 〔近世〕おうじる[応]。じゅんおう[順応]。〔中世〕おうず[応]。てきおう[適応]。〔上代〕こたふ[こたえる][答／応]。
すぐに―・ずる 〔近代〕そくおう[即応]。
呼び出しに―・ずる 〔近代〕おうせう[応召]。

おうせい【旺盛】 〔近代〕いきけんかう[意気軒昂]。はつらつ[潑剌／潑溂]。わうせい[旺盛]。〔近世〕くゎっき[活気]。げんき[元気]。

おうせつ【応接】 →**おうたい**（次項）

おうたい【応対】 せっきゃく[接客]。〔近代〕せっぱん[接伴]。〔近世〕あしらひ。おうたふ[応答]。ざはい[坐配]。つめひらき[詰開]。ゐや[礼]。〔中世〕あいさう／あいそ[愛想]。あいさつ[挨拶]。おうせつ[応接]。せっす[接]。せったい[接待]。〔中古〕あひしらふ／あへしらふ。もてなし[持成]。〔上代〕おうたい[応対]。
―が巧みなこと 座を取り持つ。〔近代〕ゑんてんくゎつだつ[円転滑脱]。
―の仕方 〔近世〕くちあたり[口当]。〔中世〕あい

そ[愛想]。
喜んでー・する 近代くゎんせつ[歓接/款接]。
礼儀にかなったー 中世ゐしゃく[会釈]。
冷淡なー 鼻(の)先であしらう。鼻であしらう。中世あいさうなし[愛想無]。
▼応接室 近代おうせつま[応接間]。かくしつ/きゃくしつ[客室]。きゃくま[客間]。サロン(フランス salon)。近世きゃくざしき[客座敷]。中世ざしき[座敷]。中古きゃくでん[客殿]。きゃくばう[客房]。

おうだく【応諾】 中世おうだく[応諾]。しょうち[承知]。中古ききいる[—いれる][聞入]。しょうだく[承諾]。

おうちゃく【横着】 近代ずぶとい[図太]。ルーズ(loose)。近世あつかまし[厚]。かだ。ずるし[狡]。づうづうし[図図]。のふず/のふうぞく[野風俗]。のぶとし[野太]。ふとし[太]。ぶゑんりょ[無遠慮/不遠慮]。中世たいだ[怠惰]。だいたん[大胆]。ぶしゃう[不精/無精/無性]。ものぐさ[懶/物臭]。わうちゃく[横着]。中古たいまん[怠慢]。
ー者 近世おほはずもの[大筈者]。かだもの[者]。そげもの[削者]。中世なまけもの[怠者/懶者]。のさもの[者]。

おうと【嘔吐】 近世あぐ[あげる][上]。とす[吐]。もどす[戻]。中世ゑづく[嘔吐]。つく[吐]。中古おうと[嘔吐]。かへす[返]。つく[吐]。はく[吐]。上代たぐる[吐]。→**は・く**
ーと下痢 近代としゃ[吐瀉]。
▼胃内容物が少し口腔内に逆流すること 中世とぎゃく[吐逆]。

おうとう【応答】 近代たいおう[対応]。おうしう[応酬]。おうたふ[応答]。中世うけこたへ[受答]。たふわ[答和]。中古あひしらひ/あへしらひ。いらへ[応/答]。おと[音]。へんたふ[返答]。上代こたへ[答]。
ーの言葉 はあ。はい。はいはい。近世ねい。へい。へいへい。へえ。ほい。中世さんざうらふ。やあ。やあやあ。やっ。よ。中古いざかし。さかし。をを。

おうとつ【凹凸】 近代でこぼこ[凸凹]。とつあふ[凸凹]。近世あふとつ[凹凸]。だくぼく/だくぼくり。
ーのないこと 近世うんともすんとも。
ーがある 中世つばくむ[凸]。
ーがない 近代ずんべらぼう。近世ずんべらばうず[坊主]。のっぺらぼう。→**へいたん**

おうなつ【押捺】 おういん[押印]。近代あふなつ[押捺]。けんす[鈐]。しょういん[証印]。近世いんする[印]。すわる[据]。中古さす[差]。なついん[捺印]。

おうねん【往年】 中世くわこ[過去]。さいつとし[先年]。せきねん[昔年]。中古むかし[昔]。わうじ[往時]。わうねん[往年]。上代せんねん[先年]。→**おうじ**

おうのう【懊悩】 →**なやみ**

おうばい【黄梅】(モクセイ科の落葉小低木) げいしゅんか[迎春花]。近世きんばい[金梅]。中世わうばい[黄梅]。

おうふく【往復】 近世いきかへり[行帰/行返]。中世いきき[行来]。わうらい[往来]。中古ゆきき[行来/往来]。わうくゎん[往還]。わうばん[往反]。わうふく[往復]。わうへん[往返]。上代ゆきかへり[行帰/行還]。
ー・する 上代きかよふ[来通]。
都と地方のー 中世おりのぼる[下上]。

おうぶん【応分】 近代おうぶん[応分]。近世ぶんさうおう[分相応]。中古さうおう[相応]。ふさはし[相応]。
ーでない ふさうおう[不相応]。中古くゎぶん[過分]。
ーの行動をするたとえ 《句》近世蟹は甲羅に似せて穴を掘る。

おうへい【横柄】 近世おほふう[大風]。がうがん[傲岸]。なまいき[生意気]。頭(ず)が高い。中世あふへい[押柄]。おごり[驕]。かうまん[高慢]。がうまん[傲慢]。けんぺい[権柄]。そんだい[尊大]。わうへい[横柄]。腰が高い。中古けうまん[驕慢/憍慢]。ふそん[不遜]。→**いば・る**
ー・な態度 態度が大きい。近世おほひれ[大鰭]。かさどる[嵩取]。のさばる。のはうづ[野方図/野放図/野放途]。中世かさだか[嵩高]。のさのさ。上代たかぶ[高]。
ー・な態度で歩く のしあるく[伸歩]。

おうぼ【応募】 近代おうせう[応召]。おうぼ[応募]。しゅつぐゎん[出願]。

おうほう【応報】 近世しかへし[仕返]。中世おうほう[応報]。こたへ[答]。よあう[余殃]。中古ほう[報]。むくい[報]。

おうぼう【横暴】 近代ぼうわう[暴横]。わうぼう[横暴]。近世えてかって[得手勝手]。きまま[気儘]。せんし[専恣/擅恣]。せんわう[専横]。てまへがって[手前勝手]。らんぼう[乱暴]。中世かって[勝手]。わがま

ま［我儘］。中古むはふ［無法］。

—・な人 近代タイラント(tyrant)。ぼうくん［暴君］。

おうむ【鸚鵡】 中世ことまなび［言学］。上代あうむ［鸚鵡］。

おうむがい【鸚鵡貝】 近世あうむがひ［鸚鵡貝］。うけつ。

おうよう【応用】 近代アプリケーション(application)。てきよう［適用］。ゑんよう［援用］。近世うんよう［運用］。くゎつよう［活用］。てんよう［転用］。中世おうゆう［応用］。おうよう［応用］。りうよう［流用］。

おうよう【鷹揚】 近代おっとり。おほらか［大］。近世おほまか［大］。きなが［気長］。中世おうやう［鷹揚］。くゎんくゎん［寛寛］。ゆったり。中古おいらか。おほどか。ここし［子子］。こめく［子］。ひろし［広］。

—・で世事にうとい人 おだいみょう［御大名］。とのさま［殿様］。

—・で利益にこだわらない商売 とのさましょうばい［殿様商売］。

おうらい【往来】❶〈行き来〉 近代そらい［徂徠］。中世いきき［行来］。じんせき［人跡］。ひとあし［人足］。ひとどほり［人通］。ひとめ［人目］。中古かうつう［交通］。かよひ［通］。つうかう［通行］。みちかひ［道交］。ゆきかひ［行交］。ゆきき［行来］。らいわう［来往］。わうくゎん［往還］。わうふく［往復］。上代きょらい［去来］。わうらい［往来］。

—がなくなる 中古なかたえ［仲絶／中絶］。あとを絶ゆ。

—が激しい 近代きき［熙熙］。近世こくげき［轂撃］。けんまこくげき［肩摩轂撃］。中古ばうご［旁午］。ひとしげし［人繁］。

—・する 中世うちかよふ［打通］。ゆきかよふ［行通］。中古かよふ［通］。つうかう［通行］。とほる［通］。ゆきかふ［行交］。上代かうつう［交通］。ゆきかへる［行返］。ゆきく［行来］。

—の際 中世ゆくさきるさ［行来］。上代ゆくさくさ［行来］。

舟が—・する 中古さしかへる［差返／差帰］。

おうらい【往来】❷〈道〉 近世でんど［出所］。わうらい［往来］。中世とほり［通］。中古だうろ［道路］。上代みち［道］。→**みち【道】❶**

▼行き来の道 中古ゆきかひぢ［行交路］。

おうりょう【横領】 近代わうりゃう［横領］。近世ねこばば［猫糞］。わうだつ［横奪］。わだかまる［蟠］。中世ちゃくふく／ちゃくぶく［着服］。よこどり［横取］。中古うばひとる［奪取］。ぬすみ［盗］。上代うばふ［奪］。→**うば・う**

おえつ【嗚咽】 近代むせびなき［噎泣］。近世すすりなき［啜泣］。中古をえつ［嗚咽］。→**な・く【泣】**

おおあめ【大雨】 →**あめ**〈激しい—〉

おおい【覆】 近代えんがい［掩蓋］。カバー(cover)。シーツ(sheet)。しきふ［敷布］。ひふく［被覆］。ほろ［幌］。近世うはばり［上張］。中古おそひ［襲］。おほひ［覆／蔽／被］。つつみ［包］。とばり［帳／帷］。ゆた／ゆたん［油単］。

—がない 中世むがい［無蓋］。

屋内を隠す— 近代ブラインド(blind)。めかくし［目隠］。

書物を保護する— 近代へんちつ［篇帙］。

おお・い【多】 がっぽり。ごそっと。たいりょう［大量］。どかっと。マルチ(multi)。数え切れない。少なくない。近代かうだい［浩大］。きょおく［巨億］。くゎた［夥多］。ごまんと。さんせき［山積］。すくなからず［少］。とっぴゃくまん［十百万］。マジョリティー(majority)。もりだくさん［盛沢山］。やまづみ［山積］。わんさ。数知れず。近世あそうぎ［阿僧祇］。あたふた。いくた［幾多］。うんと。おくてう［億兆］。おびただし［夥］。おほあり［大有］。ぎゃうさん［仰山］。ごっそり。しこたま／しこだめ。しっかり［確／聢］。すうた／すた［数多］。せんひゃく［千百］。せんばんむりゃう／せんまんむりゃう［千万無量］。だいぶん［大分］。たくさん［沢山］。たりゃう［多量］。たんまり。でっちり。とちまん［十千万］。どっさり。なんなん。はうはう［彭彭］。ふんだん。まんと［万］。むさん［無算］。むすう［無数］。やっと。やまやま［山山］。腐るほど。枚挙に遑(いとま)なし。中世いかし［厳］。えいえい［盈盈］。おびたたし［夥］。ごうがしゃ［恒河沙］。したたか［強／健］。せんくゎばんくゎ［千顆万顆］。せんばん［千万］。たいすう［大数］。たた［多多］。ただい［多大］。たっぷり。たぶたぶ。たぶやか。たんと。どうと。ばくだい［莫大］。ばんこく［万斛］。ふかし［深］。むじんざう［無尽蔵］。もののかず［物数］。数限りなし。中古あまた［数多／許多］。いくそ［幾十］。いくそばく［幾十許］。いっぱい［一杯］。おくこふ［億劫］。

おくまん[億万]。おほかり[多]。おほらか[大/多]。かずかず[数数]。かずなし[数無]。きょた/こた[巨多/許多]。きょまん[巨万/鉅万]。ここら[幾許]。しげし[繁]。しゅうた[衆多]。そくばく/そこばく[若干/幾許]。そこら。たすう[多数]。たせう[多少]。ちぢ[千千]。ちづか[千束]。ばんばん[万万]。ひともの[一物]。ひろし[広]。ふさ。ふさやか。むりゃう[無量]。もす[無数]。ももち[百千]。やよし。数知らず。浜の真砂。上代あはに。いほち/いほつ[五百個]。いほよろづ[五百万]。おほし[多]。こきし[幾許]。こきだ/こきだく[幾許]。ここだ/ここだく[幾許]。こちたし[言甚/事甚]。さは/さはだ[多]。さまねし。しじに[繁]。ち[千]。ちよろづ[千万]。ふすさに。まねし。むじん[無尽]。もも[百]。やそ[八十]。やち[八千]。やほよろづ[八百万]。やよろづ[八万]。よろづ[万]。

━・いか少ないか 中世たくゎ[多寡]。たせう[多少]。

━・いたとえ 近代こうずい[洪水/鴻水]。近世牛の寝た程。中世きうざん[丘山]。やまほど[山程]。中古やま[山]。上代はやし[林]。

━・く 近世ぎゃうさん[仰山]。しっかり。中世すこぶる[頗]。たた[多多]。やまほど[山程]。中古いくそ/いくそばく[幾十許]。ふさに[多]。数知らず。上代あはに。こきし/こきだ/こきだく/ここだ/ここだく/ここば/ここばく/ここら[幾許]。さは/さはだ[多]。しじに[繁]。そきだく/そくばく/そこばく/そこら[許多]。そこらくに[許多]。

━・く重なっている 中古いくへ[幾重]。

━・くする 近世ふやす[増/殖]。中古かずそふ[数添]。上代ます[増/益]。

━・く貯える 近世しこたむ[━ためる]。

━・くてありふれているさま 転がっている。近代ごろごろ。掃いて捨てるほど。

━・くて重いさま 近世ずっしり。

━・くて盛んなさま さいさい[済済]。中古せいせい/せいぜい[済済]。

━・く手に入れるさま がっぽがっぽ。がばがば。中世濡(ぬ)れ手に粟(あは)。

━・くなる 中世ふゆ〔ふえる〕[増/殖]。中古いやます[弥増]。上代いやまさる[弥増]。まさる/ます[増]。

━・くの家 近世ばんこ[万戸]。中古せんもんばんこ[千門万戸]。↓**いえ**(複数の━)

━・くの石 上代いしむら[石群]。

━・くの枝 中世ちえ[千枝]。上代いほえ[五百枝]。

━・くの男(武士) 中世ばんぷ[万夫]。

━・くの回数 近代いくど[幾度]。中世いくたび[幾度]。中古いくそたび[幾度]。上代ななたび[七度]。

━・くの川 近世やそかは[八十川]。中古ばんすい[万水]。ひゃくせん[百川]。

━・くの考え 近世せんしばんかう[千思万考]。せんしばんりょ[千思万慮]。中古ばんりょ[万慮]。

━・くの草 中古ちくさ/ちぐさ[千草]。ひゃくさう[百草]。ももくさ[百草]。上代やちくさ/やちぐさ[八千草]。

━・くの芸を持つ マルチタレント(和製multi talent)。中古たげい[多芸]。たさい[多才]。たのう[多能]。

━・くの言葉 近代おくひゃくまんげん[億百万言]。せんげんばんく[千言万句]。せんげんまんご[千言万語]。ひゃくまんげん[百万言]。近世せんげんばんご[千言万語]。中世せんげんばんげん[千言万言]。まんげん[万言]。中古せんげん[千言]。

━・くの幸せ 近代まんぷく[万福]。中古ばんぷく[万福]。

━・くの島 上代ももつしま[百島]。やそしま[八十島]。

━・くの種類 上代やちくさ/やちぐさ[八十種]。

━・くの書物 近代ばんくゎん[万巻]。上代まんぐゎん[万巻]。かんぎうじゅうとう[汗牛充棟]。牛に汗し棟に充つ。

━・くの鳥 中古ももちどり[百千鳥]。上代ちどり[千鳥]。ももとり[百鳥]。

━・くの匂いのよい花 中世ぐんぱう[群芳]。中古しゅうはう[衆芳]。

━・くの年月 近代いくねん[幾年]。近世いくとしつき[幾年月]。中世いくとし[幾年]。中古いくとせ[幾年]。上代ももとせ[百年/百歳]。ももよ[百世/百代]。やつよ[弥世]。

━・くの日 近代いくにち[幾日]。中世たじつ[多日]。ももか[百日]。やそか[八十日]。中古せきじつ[積日]。せんにち[千日]。ちゃうじつ[長日]。ひごろ[日頃]。上代いくか[幾日]。けながし[日長]。やほか[八百日]。

ー・くの方法 中古ひゃくけい［百計］。
ー・くの方面 近代たはうめん［多方面］。ためん［多面］。中世たはう［多方］。
ー・くの方面に渡るさま たかくてき［多角的］。ためんてき［多面的］。
ー・くの宝物 近代ばんぽう［万宝］。中世しっちんまんぽう［七珍万宝］。中古まんぽう［万宝］。
ー・くの星 近世ぐんせい［群星］。中古しゅうせい［衆星］。
ー・くの本数 中世ちもと［千本］。
ー・くの曲がり角 上代やそくま［八十隈］。
ー・くの村里 中世ちさと［千里］。
ー・くの物 中世ものかず［物数］。中古ひゃくぶつ［百物］。上代ものさは［物多］。もろもろ［諸諸］。
ー・くの山 中世せんざんばんがく［千山万岳］。ばんがく［万岳］。中古せんざん［千山］。上代むらやま［群山］。やつを［八峰］。
ー・くの夜 中世せんや［千夜］。中古ちよ［千夜］。上代いくよ［幾夜］。ももよ［百夜］。
ー・ければ多いほどよい 多多ますます弁ず。
ー・過ぎる 近代くゎじょう［過剰］。数え切れない。近世くゎた［過多］。枚挙に遑なし。中世あふる［あふれる］［溢］。中古くゎぶん［過分］。よぶん［余分］。
一定の数量よりー・くある うわまわる［上回］。近世うはめ［上目］。よけい［余計］。
回数がー・い 近世せんど［千度］。中古ももたび［百度］。上代たびまねし［度遍］。ちたび［千度］。ななたび［七度］。まねし。
数ー・く並び連なること 近代しんら［森羅］。中古るいるい［累累］。

数えられないほどー・いこと 近世むすう［無数］。中古あそうぎ［阿僧祇］。むしゅ／もす［無数］。上代浜の真砂。
金などがー・くあるさま きょがく［巨額］。近代ざくざく。ざっくざっく。たがく［多額］。
客がー・く入ること 近代せんかく／せんきゃく［千客］。せんかくばんらい／せんきゃくばんらい［千客万来］。ばんきゃく［万客］。近世おほいり［大入］。
事がー・い 中世ことしげし［事繁］。
雑な作り方でー・く作ること 近代そせいらんぞう［粗製濫造／粗製乱造］。
生活の手段はー・い 《句》近世身過ぎは草の種。身過ぎは八百八品。身過ぎ世過ぎは草の種。

おおいに【大】 近世おほいに［大］。ずいぶん［随分］。中世じふぶん［十分］。たくさん［沢山］。中古おほく［多］。したたか［強／健］。そこら。→おお・い

おお・う【覆】 近代カバー(cover)。しゃへい［遮蔽］。近世いきわたる［行渡］。へいしゃ［蔽遮］。中世かぶす［かぶせる］［被］。かぶる［被／蒙／冠］。ふたぐ［塞］。中古かざす［翳］。さしかざす［差翳］。つつみかくす［包隠］。ひきかく［—かける］［引掛］。ふさぐ［塞］。上代おふ［覆］。おほふ［覆／被／掩／蓋／蔽］。つつむ［包／裹／慎］。《枕》中古たまくしげ［玉櫛笥］。
ー・い隠す 近代しゃうへい［障蔽］。しゃうへい［障屏］。中世いんぺい［隠蔽］。えんぺい［掩蔽］。中古うづむ［埋］。おほひかくす［覆隠］。とざす［閉／鎖］。上代さしかくす［差隠］。
ー・いかぶさる 近代おほひかぶさる［覆被／蔽被］。近世のしかかる［伸掛］。おひかぶさる［覆被／蔽被］。中世さしかかる［差掛］。ひふく［被覆］。上代かかる［掛／懸］。
ー・いかぶさるさま 近代べきぜん［冪然］。近世すっぽり。ふはり。
ー・われる 上代うもる／むもる［埋］。
雲や霧が一面にー・う 中古たちこむ［—こめる］［立籠］。上代たちわたる［立渡］。
屋根をー・う ふく［葺］。

おおうつし【大写】 クローズアップ(close-up)。ズームアップ(zoom up)。ズームイン(zoom in)。近代おほうつし［大写］。

おおおとこ【大男】 近代きょかん［巨漢］。きょじん［巨人］。ジャイアント(giant)。ゐぢゃうふ／ゐぢゃうぶ［偉丈夫］。近世だいだううす［大道臼］。だいひゃう［大兵］。中世おほをとこ［大男］。くゎいゐ［魁偉］。→きょじん❶
《句》近代大男総身に知恵が回りかね。
坊主頭のー 近代おほにふどう［大入道］。
▼大柄 近代きょく［巨軀］。きょたい［巨体］。近世おほがら［大柄］。おほぐれ［大塊／大体］。

おおがかり【大掛】 近代だいきぼ［大規模］。だいだいてき［大大的］。近世おほがかり［大掛／大懸］。おほぎゃう［大仰／大形］。おほげふ［大業］。おほじかけ［大仕掛］。中世たいさう［大相］。たいそう［大層］。中古おほき［大］。
ー・な催し 近世たいぎ［大儀］。

おおかた【大方】 近代じっちゅうはっく［十中八九］。たいはう［大方］。だいぶぶん［大部

分］。近世 およそ［凡］。中世 あらまし。おほやう［大様］。だいたい［大体］。たいりゃく［大略］。たぶん［多分］。ほとんど［殆／幾］。中古 おそらく(は)［恐］。おほかた［大方／大抵／凡］。おほく［多］。おほよそ［大凡］。たいがい［大概］。たいてい［大体／大抵／大底］。たいと［大都］。なかば［半］。ほぼ［略／粗］。上代 たいはん［大半］。ほとど［殆］。ほとほと。

おおがた【大形】 おおづくり［大作］。キングサイズ(king size)。クイーンサイズ(和製queen size)。ジャンボ(jumbo)。マクロ(macro)。マンモス(mammoth)。メガ(mega)(接頭語的に)。近代 おほばん［大判］。グランド(grand)。だいきぼ［大規模］。てうどきふ［超弩級］。ビッグ(big)。メジャー(major)。ワイド(wide)。近世 おほがかり［大掛／大懸］。おほがた［大形／大型］。おほじかけ［大仕掛］。おほぶり［大振］。中世 おほきい［大］。

▼接頭語 おに［鬼］。

おおかみ【狼】 中世 おほかめ［狼］。上代 おほかみ［狼］。まかみ［真神］。

―と狐 中世 こらう［狐狼］。

―と虎 中世 らうこ［狼虎］。中古 こらう［虎狼］。

―と山犬 中古 さいらう［豺狼／犲狼］。

―の子 中古 らうし［狼子］。

白い― 近世 はくらう［白狼］。

群(む)れをなす― ぐんろう［群狼］。

▼下心があって女性に親切にする男 近世 おくりおほかみ［送狼］。

おおがら【大柄】 →**おおおとこ**

おおき・い【大】 キング(king)。ごっつい。ジャンボ(jumbo)。どでかい。マクロ(macro)。マンモス(mammoth)。メガ(mega)(接頭語的に)。近代 きょくだい［極大］。グランド(grand)。ごつい。そだい［粗大］。ばうだい［厖大／尨大］。ばかでかい。ビッグ(big)。メジャー(major)。ワイド(wide)。近世 いっかい。きょだい［巨大］。ちょだい［著大］。でかい。でかばちなし。でっかい。でっかちなし。中世 いかし［厳］。おほきい［大］。こうだい［鴻大／洪大］。じんだい［甚大］。たいくゎ［大過］。だいだい［大大］。中古 いかめし［厳］。おほい［大］。おほき［大］。おほのか。まか［摩訶］。上代 あらし［粗］。おほ［大］。おほし［大］。とほしろし［遠白］。やた［八咫］。

《句》近代 杓子(しゃくし)は耳掻きにならず。針を以て地を刺す。近世 大は小を兼ぬ(―兼ねる)。中世 大行(たいかう)は細謹(さいきん)を顧みず。大事の中に小事なし。大事の前の小事。

―・いことと小さいこと 近代 こうせん［洪繊］。近世 大なり小なり。中世 きょさい［巨細］。さいだい［細大］。中古 こさい［巨細］。上代 だいせう［大小］。

―・いさま 近代 くゎいくゎい［恢恢］。近世 やまほど［山程］。中古 おほきやか／おほやか［大］。

―・くする 近代 クローズアップ(close-up)。くゎうくゎい［広恢／宏恢］。くわくちゃう［拡張］。近世 くゎくだい［拡大］。のばす［伸］。中世 ふとむ［太］。ひろぐ［ひろげる］［広／拡］。中古 くゎいくゎう［恢宏］。くゎいこう［恢弘］。

―・く強いこと 中世 きゃうだい［強大／彊大］。

―・くて扱いにくい 近代 かさばる［嵩張］。

―・くて粗いこと 近代 そだい［粗大／疎大／麁大］。

―・くて奥深いこと 上代 くゎうゑん［宏遠／広遠］。

―・くて重いさま 近代 ぢゅうだい［重大］。

―・くて高いこと 近代 ぎこ［巍乎］。中古 ぎぎ［巍巍／魏魏］。上代 かうだい［高大］。

―・くて長いこと 上代 ちゃうだい［長大］。

―・くても良くないもの 近世 らくだ［駱駝］。中世 いしうす［石臼］。《句》近代 長持ち枕にならず。

―・くて立派なこと 近世 くゎうれい［宏麗／広麗／閎麗］。中世 さうだい［壮大］。中古 さうれい［壮麗］。

―・くなる 近代 くゎくだい［拡大／廓大］。ばうだい［膨大］。ばうちゃう［膨張］。中世 せいちゃう［生長］。ぞうちゃう［増長］。はたばる［端張］。ひろがる［広］。ふとむ［太］。中古 せいちゃう［成長］。ひだい［肥大］。ひろごる［広］。ふくらむ［膨／張］。ふくる［ふくれる］［膨／張］。ふとる［太／肥］。

―・くなるたとえ ゆきだるましき［雪達磨式］。中世 いちりふまんばい［一粒万倍］。

―・くのびのびしている 近世 たいたう［駘蕩］。てったう［跌宕／跌蕩］。

―・く広いこと 近代 かうだい［浩大］。くゎうだい［広大／宏大］。こうだい［弘大］。中古 たうたう［蕩蕩／湯湯］。

―・く見えるさま 中古 おほきやか［大］。

―・く見過ぎる かだいひょうか［過大評価］。近代 くゎだいし［過大視］。

━・な顔をする 中世はばかる[憚]。

━・な規模 近代だいきぼ[大規模]。てうどきふ[超弩級]。近世おほがかり[大掛]。おほじかけ[大仕掛]。

━・なことを言う うそぶく[嘯]。喇叭(らっぱ)を吹く。近世くちはばったい[口幅]。したなが[舌長]。せんしゃう/せんじゃう[僭上]。ぶちあぐ[━あげる][打上]。骨箱(こつばこ)を叩く。中世くちひろ[口広]。たいげん[大言]。ほふら[法螺]。

━・な魚 上代はたのひろもの[鰭広物]。

━・な身体 近世おほがら[大柄]。おほぐれ[大塊/大体]。きょく[巨軀]。きょたい[巨体]。→きょじん

━・な寺 だいじ[大寺]。近世きょさつ[巨刹]。中世だいがらん[大伽藍]。たいさつ/たいせつ[大刹]。

心の中である思いが━・くなる 中世うんぢゃう[醞醸]。

この上なく━・い 近代きょくだい[極大]。しだい[至大]。ぜつだい[絶大]。中古さいだい[最大]。

サイズが━・い エルエル(LL)。キングサイズ(king size)。クイーンサイズ(queen size)。ジャンボサイズ(jumbo size)。とくだい[特大]。

数量が━・くなる 近世はる[張]。中世かさむ[嵩]。上代あがる[上]。

面積が━・い 近代くゎくだい[郭大/廓大]。近世たいくゎく[大郭/大廓]。中古くゎうだい[広大/宏大]。上代ひろし[広]。

豊かで━・い 近代ばうぜん[厖然/尨然]。

おおきさ【大】 近代スケール(scale)。せき[積]。たいせき[体積]。近世ころ[頃/比]。中古おほきさ[大]。かさ[嵩]。ゐ[囲]。上代きぼ[規模]。

━が同じ 近世どうだい[同大]。

━が実物と同じ 近代じつぶつだい[実物大]。

衣類などの━の表示(例) エス/エスばん[S判]。エム/エムばん[M判]。エル/エルばん[L判]。

おおぐい【大食】 近代ぎういんばしょく[牛飲馬食]。ばしょく[馬食]。近世けんたん[健啖]。中世おほぐらひ[大食]。中古おほぐひ[大食]。たいしょく[大食]。

《句》近世むげいたいしょく[無芸大食]。

━・する人 近代けんたんか[健啖家]。たいしょくかん[大食漢]。

おおげさ【大袈裟】 オーバー(over)。近世おっかない。おどろし[驚]。おほぎゃう[大仰/大形]。おほげさ[大袈裟]。おほげふ[大業]。おほぶろしき[大風呂敷]。ぎゃうぎゃうし[仰仰]。げいげいし。ごたいそう[御大層]。たいそうらし[大層]。てふてふし[喋喋]。ところせきなし[所狭]。ものがまし[物]。中世いらなし[苛/苛甚]。おびたたし[夥]。おほのか[大]。ぎゃうさん[仰山]。くゎ[過]。けたたまし。ことがまし[事]。ものものし[物物]。中古おどろおどろし。こちたし[言痛/事痛]。ことごとし[事事]。したたか[強/健]。ところせし[所狭]。よだけし[弥猛]。

《句》近代大根を正宗で切る。近世乞食が米を零(こぼ)したやう。

━・でくだらない言葉 近代だぼら[駄法螺]。

━・ででたらめなこと 近世くゎうたん[荒誕]。

━・な動作 近代しばゐがかる[芝居]。大見得を切る。

━・に言う 近代しんせうぼうだい[針小棒大]。せんでん[宣伝]。はったり。ふきまくる[吹捲]。ふっかける[吹掛]。ぼうだい[棒大]。大風呂敷を広げる。尾に尾を付ける。近世くゎげん[誇言]。たいげんさうご[大言壮語]。ふきたつ[━たてる][吹立]。法螺(ほら)を吹く。中世こだい[誇大]。こちゃう[誇張]。尾鰭(をひれ)を付く[━付ける]。

《句》近世乞食が米を零(こぼ)したやう。虱(しらみ)の皮を鉈(なた)で剝(は)ぐ。虱の皮を槍で剝ぐ。

━・にする 近世大束に出る。中世さわぎたつ[━たてる][騒立]。中古ことくはふ[━くわえる][事加]。

━・になる 近世もっちょうず。

ありもしない━・なこと 中世ゐそらごと[絵空事]。

おおけたで【大毛蓼】 近世おほけたで[大毛蓼]。てうせんタバコ[朝鮮煙草]。ほたるたで[蛍蓼]。中世おほたで[大蓼]。

おおごえ【大声】 近代かうせい[高声]。どうはりごゑ[胴張声]。どうまごゑ[胴間声/胴満声]。近世かみなりごゑ[雷声]。たいせい[大声]。中世だいおん[大音]。とき[鬨/鯨波]。われがね[破鐘/割鐘]。中古おほごゑ[大声]。こわだか[声高]。だいおんじゃう[大音声]。上代かうしゃう[高声]。→こえ

━で言う 近世おがる。がなる。こゑやまだつ[声山立]。たいこ[大呼]。とっかん[吶喊]。どなりちらす[怒鳴散]。どなる[怒鳴]。中世いひののしる[言罵]。よばはる

[呼]。わっぱ。わっぱさっぱ。わめく[喚]。わわる。中古あざける[嘲]。ののしる[罵]。ひしる。をめく[喚]。上代さけぶ[叫/号]。

—で言うさま 中古たかだか[高高]。

—で歌う 中世かうしゃう[高唱]。中古かうか[高歌]。はうか[放歌]。はうぎん[放吟]。

—で脅かす 中世ゐかつ[威喝]。

—で騒ぐ 近世どしめく。中世さざめく。さわぎののしる[騒罵]。ののしる[罵]。

—で叱ること 近代しった[叱咤/叱吒]。近世いっかつ[一喝]。中世かっす[喝]。→しか・る
—で泣く 近世がうけう[号叫]。中世がうきふ[号泣]。中古ふりいづ[振出]。上代とよむ[響]。

—で話す 中世かうだん[高談]。

—で吼える 中世たける[哮]。

下品な— 近代ばんせい[蛮声]。

ことさらに—を出す 中古うちあげる[打上]。

喜んで—を上げる 中世くゎんこ[歓呼/讙呼]。


おおさか【大阪】 近世うめのみやこ[梅都]。おほさか[大阪/大坂]。

—と京都 近世けいはん[京阪]。

—と京都神戸 近代けいはんしん[京阪神]。

—へ地方から行くこと 近代じゃうはん[上阪]。

—へ東京から行くこと 近代げはん[下阪]。

—湾 上代ちぬのうみ[茅渟海]。


おおざっぱ【大雑把】 おおあじ[大味]。近代そざつ[粗雑]。そそう[粗鬆/疎鬆]。そだい[粗大]。だいたい[大体]。ラフ(rough)。近世あらけづり[粗削]。あらまし。いいかげん[好加減]。おほざっぱ[大雑把]。おほたば[大束]。おほまか[大]。ざつ[雑]。ざっぱく[雑駁]。さらりと。そ[疎]。ひとわたり[一渡/一渉]。むりょ[無慮]。中世あららか[粗]。おほやう[大様]。おろおろ。くゎうりゃう[荒涼]。ざっと。そはう[粗放/疎放]。ひととほり[一通]。中古あらあら/あらあらし[粗粗]。あらし[粗]。おほかた[大方/大抵/凡]。おほざう/おほぞう。おほぞら[大空]。おほなおほな。おほのか。おほよそ[凡/大凡]。そ[粗/麁]。はしるはしる[走走]。ふつつか[不束]。上代あら[粗]。

—・で趣がない おおあじ[大味]。

—・でしまりがない 近代そまん[疎慢/粗慢/粗漫]。

—・に扱うこと 近世ちうろくてん[宙六天]。

—・に考えること 近世ちゅうぐくり[中括]。

—・につくったさま 中世ざっと。中古あらづくり[粗造/荒造]。

—・にとらえること 近世おほづかみ[大掴]。

—・にまとめること 近代がいくゎつ[概括]。

—・に見ること 近代がいくゎん[概観]。

—・に読む 近世よみながす[読流]。

おおさわぎ【大騒】 ごったがえし[返]。近代おまつりさわぎ[御祭騒]。そこぬけさわぎ[底抜騒]。どんちゃんさわぎ[騒]。ばかさわぎ[馬鹿騒]。ひとさわがせ[人騒]。蜂の巣をつついたやう。近世からさわぎ[空騒]。てんやわんや。どさくさ。どたばた。やっさもっさ。らんちき/らんちきさわぎ[乱痴気騒]。中世おびたたし[夥]。おほさうどう[大騒動]。中古おほさわぎ[大騒]。さうどう[騒動]。浅瀬に仇波(あだなみ)。
《句》近世大山鳴動して鼠一匹。近世蛇(じゃ)が出そうで蚊も出ぬ。
—・する 近世にえかへる[煮返]。中世ぎぎめく。中古たちさわぐ[立騒]。ゆする[揺]。
準備に—・する 中古いそぎさわぐ[急騒]。

おおすじ【大筋】 わくぐみ[枠組]。近代がいえう[概要]。かうゐ[綱維]。近世あらすぢ[粗筋]。がいりゃく[概略]。りんくゎく[輪郭]。中世おほすぢ[大筋]。中古かうがい[梗概]。たいらく/たいりゃく[大略]。
—の一致 近代小異を捨てて大同につく。

おおせ【仰】 →めいれい

おおぜい【大勢】 たにんずう[多人数]。近代おほにんじゅ/おほにんずう[大人数]。たしゅう[多衆]。近世たしゅ[多衆]。たにんず[多人数]。ところせきなし[所狭]。中世おほぜい[大勢]。くんしふ/ぐんしふ[群集]。ぐんしゅう[群衆/群聚]。しゅ/しゅう[衆]。しょじん/しょにん[諸人]。すじん[数人]。たいぜい[大勢]。たぜい[多勢]。たにんじゅ[多人数]。ところせし[所狭]。にんじゅ[人数]。中古あまたところ[数多所]。くんじゅ/ぐんしゅ/ぐんじゅ[群集/群衆/群聚]。せんにん[千人]。たいしゅう[大衆]。たすう[多数]。ちうじん[稠人]。ちひと[千人]。ばんにん[万人]。ひとがち[人]。ひとびと[人人]。まんにん[万人]。上代しゅうじん[衆人]。もろひと[諸人]。もろもろ[諸諸]。
《句》近代子供でも数の中(うち)。多勢を頼む群鴉(むらがらす)。近世餓鬼も人数(にんじゅ)。寡は衆に敵せず。多勢に無勢。人衆(ひとおお)ければ天に勝つ。藁(わら)千本あっても柱にはならぬ。中古

烏合(うごう)の衆。

—が一斉に行動する 束になって掛かる。近世たいきょ[大挙]。中古びぜん[靡然]。ほうき[蜂起]。

—が一斉に行動するさま わっと。近世どかどか。どさどさ。どやどや。どろどろ。中世ぞろぞろ。どっと。

—がいる(集まっている) わんさ。近代ひとやま[人山]。近世おほいちざ[大一座]。ひとだかり[人集/人簇]。堵(と)の如し。中世ひとごみ[人込/人混]。中古はんくゎ[繁華/繁花]。ひとしげし[人繁]。上代にぎはふ[賑]。

—が浮かれて騒ぐさま 近代おまつりさわぎ[御祭騒]。

—が動くさま 近代ひとなみ[人波]。

—が押し合う 近代芋(の子)を洗ふやう。近世ひとぜり[人競]。中古ひしめく[犇]。もむ[揉]。

—が折り重なって倒れる 中世ひとなだれ[人雪崩]。

—が口々に言う 近代わあわあ。近世がやがや。やっさもっさ。わいわい。中世かやかや。ざわざわ。わやわや。

—が口を揃えて言う 中古いくどうおん[異口同音]。いっくどうおん[一口同音]。

—が来る(入る) おしかける[押掛]。近代なだれこむ[雪崩込]。ばんらい[万来]。わんさわんさ。中世つめかく[—かける][詰掛]。踵(くびす)を接す。踵(くびす)を接っぐ。

—が心を一つにする 近代衆心(しゅうしん)城を成す。

—がごった返すさま 近代やっさもっさ。

—がしっかり固まること 近代スクラム(scrum)。

—がそろうさま 近世はらり。

—が立ち並んでいるさま 近代ぞろっと。近世めじろおし[目白押]。中世ぞろり。沓(くつ)の子打つ。

—が詰めて座る 中古ゐこむ[居込/居籠]。

—で作業を進める じんかいせんじゅつ[人海戦術]。

—の意見 近世ごたぶん[御多分]。

—の意見が一致する 近代十目の視(み)る所十指の指す所。

—の善人 中世しゅうぜん[衆善]。

—の俗人 近代しゅうぞく[衆俗]。

—の知恵 中古しゅうち[衆智/衆知]。

—の人の心 近世しゅうしん[衆心]。

—の人の骨 近代ばんこつ[万骨]。

—の目 近代しゅうじんくゎんし[衆人環視]。近世じふぼく/じふもく[十目]。中世ばなか[場中]。ひとまへ[人前]。中古しゅうもく[衆目]。

おおぞら【大空】 まるてんじょう[丸天井/円天井]。近代きゅうさう[穹蒼]。くうかい[空界]。さうくう[蒼空]。スカイ(sky)。てんかい[天界]。てんきゅう/てんぐ[天宮]。てんくう[天空]。近世きゅうりゅう[穹窿]。中世あまつくもゐ[天雲居]。いってん[一天]。かうてん[昊天]。きうせう[九霄]。しせう[紫霄]。せいかん[青漢]。たいくう[太空/大空]。たかまのはら[高天原]。ちう[宙]。へきらく[碧落]。中古あまつそら[天空]。こくう[虚空]。さうきゅう[蒼穹]。せうかん[霄漢]。てん[天]。空(むな)しき空。上代あまつみそら[天御空]。あまのはら[天原]。うんかん[雲漢]。おほぞら[大空/大虚]。こくうかい[虚空界]。さうてん[蒼天]。そら[空]。たいきょ[太虚/大虚]。
—を行く 上代あまかける[天翔]。あまづたふ[天伝]。

おおだてもの【大立者】→おおもの

おおづかみ【大掴】→おおざっぱ

おおっぴら【大】 近代あけっぴろげ[開広/明広]。オープン(open)。おほっぴら[大]。人目を憚(はばか)らない。近世あけすけ[明透]。おほびら[大]。こうぜん[公然]。はれて[晴]。世間晴れて。天下晴れて。中世おもてむき[表向]。中古あらは[露/顕]。
—に言う 近世やうげん[揚言]。

おおづめ【大詰】 近代けつまつ[結末]。しゅうきょく[終局]。しゅうけつ[終結]。近世おほづめ[大詰]。けっきょく[結局]。とどのつまり。中世きうきょく/きうごく[究極]。きゅうきょく[窮極]。さいご[最後]。→おわり
演劇等の— エンディング(ending)。近代カタストロフィ(catastrophe)。しゅうきょく[終曲]。しゅうまく[終幕]。フィナーレ(イタリア finale)。近世おほぎり[大切/大喜利]。だいだんゑん[大団円]。

おおどおり【大通】 近代アベニュー(avenue)。たいき[大逵]。ブールバール(フランス boulevard)。メーンストリート(main street)。近世おほどほり[大通]。おもてどほり[表通]。とほりちゃう[通町]。ほんどほり[本通]。中世おほち/おほぢ[大路]。かいだう[街道]。だいだう[大道]。→みち【道】❶

オートバイ（和製 auto bicycle） スクーター(scooter)。たんしゃ［単車］。トレールバイク(trail bike)。近代オートバイ。
—レース スクランブルレース(scramble race)。モトクロス(motocross)。
おおとり【鳳】 中古たいほう［大鵬］。ほう［鳳］。ほう［鵬］。ほうわう［鳳凰］。上代おほとり［鳳／大鳥／鵬］。
オーナー(owner) 近代しょいうしゃ［所有者］。中世もちぬし［持主］。
オーバー(over) うわまわる［上回］。近代オーバー。中世くわど［過度］。てうくわ［超過］。
オーバーコート(overcoat) オーバー(over)。シューバ(ロシア shuba)。近世ぐわいたう［外套］。
オーバーラップ(overlap) ディゾルブ(dissolve)。にじゅううつし［二重写］。近代オーバーラップ。
おおばこ【車前草】 まるば［丸葉／円葉］。近世おんばこ［車前草／大葉子］。かへるっぱ／かへるば［蛙葉］。中世おばこ［車前草］。しゃぜんさう［車前草］。中古おほばこ［車前草／大葉子］。
おおばんこばん【大判小判】 近世いびつ／いひびつ［歪／飯櫃］。いびつなり／いひびつなり［飯櫃形］。おほばんこばん［大判小判］。きり［桐］。やまぶきいろ［山吹色］。わうごん［黄金］。桐の薹(たう)。
—の枚数 近世みみ［耳］。
オービー(OB: old boy) せんぱい［先輩］。そつぎょうせい［卒業生］。近代オービー。
おおぶり【大振】 近代おほきめ［大］。近世おほがた［大形／大型］。おほがら［大柄］。おほぶり［大振］。
おおぶり【大降】 →**あめ**（激しい—）
おおぶろしき【大風呂敷】 →**おおげさ**
オープン(open) ❶〈開く〉 近代オープン。かいし［開始］。かいまく［開幕］。上代ひらく［開］。
オープン(open) ❷〈隠しだてがない〉 かいほうてき［開放的］。近代あけっぱなし［開放］。あけっぴろげ［開広／明広］。オープン。ガラスばり［オランダ glas 張］。こうかい［公開］。こうこうぜん［公公然］。近世あけすけ［明透］。中古あらは［露］。こうぜん［公然］。
おおまか【大】 →**おおざっぱ**
おおみず【大水】 近代しゅっすい［出水］。ぞうすい［増水］。中世たいすい［大水］。でみづ［出水］。中古おほみづ［大水］。はんらん［氾濫／汎濫］。ましみづ［増水］。上代こうずい［洪水／鴻水］。→**こうずい**
—で水を被ること かんすい［冠水］。
▼水の被害 すいか［水禍］。中世すいさい［水災］。すいなん［水難］。中古すいがい［水害］。
おおみそか【大晦日】 近世おほぐれ［大暮］。おほせっき［大節季］。おほみそか［大晦日／大三十日］。くれ［暮］。としずゑ［年末／歳末］。ねんまつ［年末］。らふじつ［臘日］。中世おほつごもり［大晦日］。おほどし［大年／太歳］。さいまつ［歳末］。中古じんじつ［尽日］。
—の支払い 近世おほはらひ［大払］。
—の前日 近世こつごもり［小晦日］。
—の夜 近世ぢょせき［除夕］。よひのとし［宵年］。中世としのよ［年夜］。中古ぢょや［除夜］。としこし［年越］。
—の夜鳴らす鐘 近世除夜の鐘。
おおみやびと【大宮人】 中世ここのへびと［九重人］。中古おほやけびと［公人］。上代おほみやびと［大宮人］。かみのみやひと［神宮人］。ひのみやひと［日宮人］。
おおむかし【大昔】 →**むかし**
おおむぎ【大麦】 うしむぎ［牛麦］。うまむぎ［馬麦］。中古おほむぎ［大麦］。かちがた。ふとむぎ［太麦］。
—を炒って粉にしたもの 近代むぎこがし［麦焦］。
—を押しつぶしたもの おしわり［押割］。おしわりむぎ［押割麦］。
おおむね【概】 →**おおよそ**
おおめ【大目】 →**かんだい**
おおもと【大本】 近代おほもと［大本］。きかん［基幹］。きそ［基礎］。げんぽん［原本］。たいし［太始］。近世きほん［基本］。たいそう［太宗］。中世おほづな［大綱］。おほね［大根］。げんし［原始］。中古げんげん［元元］。こんげん［根源／根元］。そう［宗］。たいかう［大綱］。たいほん［大本］。ほんげん［本源］。
おおもの【大物】 おえらがた［御偉方］。じつりょくしゃ［実力者］。じゅうちん［重鎮］。じゅうようじんぶつ［重要人物］。たてやくしゃ［立役者］。ブイアイピー(VIP)。近代いうりょくしゃ［有力者］。おんたい［御大］。きょとう［巨頭］。けつぶつ［傑物］。だいいちにんしゃ［第一人者］。だいじんぶつ［大人物］。ちゅうしんじんぶつ［中心人物］。ボス(boss)。ゆうちん［雄鎮］。近世えらぶつ

［偉物］。おほだてもの［大立者］。かほやく［顔役］。中世おほごしょ［大御所］。おほもの［大物］。しゅりゃう［首領］。呑舟(どんしう)の魚(うを)。中古えうじん［要人］。たいじん［大人］。上代たいき［大器］。りゃうしう［領袖］。《句》近世大魚は小水(せうすい)に棲(す)まず。大魚は小池(せうち)に棲まず。鶴は枯木(かれき)に巣をくはず。

—が死ぬ 巨星墜(お)つ。

—は遅く大成する 中古たいきばんせい［大器晩成］。《句》近代大きな薬缶は沸きが遅い。

おおや【大家】 やぬし［家主］。近世おほや［大家／大屋］。たなぬし［店主］。

おおやけ【公】 近代こう［公］。こくか［国家］。せいふ［政府］。パブリック(public)。近世あかるみ［明］。おかみ［御上］。こうきょう［公共］。こうぜん［公然］。こうへん［公辺］。中世くがい［公界］。くがい［公廨］。くげ［公家］。くばう［公方］。こうぎ［公儀］。はれ［晴］。中古くゎんぷ［官府］。こうか［公家］。上代おほやけ［公］。

—と私 中古くし／こうし［公私］。

—にかかわりあるさま 近代こうてき［公的］。

—に関する事 中世くうじ／くじ［公事］。こうぎ［公儀／公義］。中古おほやけごと［公事］。こうじ［公事］。

—にする 近代表沙汰にする。白日の下に晒(さら)す。世に問ふ。中古ひろう［披露］。

—になる 表沙汰になる。日の目を見る。

—に認める 近代こうにん［公認］。

—の会議 近世こうくゎい［公会］。

—の許可 近代こうきょ［公許］。

—の仕事 近代こうしょく［公職］。上代こうむ［公務］。こうよう［公用］。

—の秩序 近代こうじょ［公序］。

—の場 近世でんど［出所］。中世おもてむき［表向］。くがい［公界］。

—の文書 近代こうぶんしょ［公文書］。

—のもの 中古おほやけもの［公物］。くがい［公廨］。くもつ［公物］。

おおよう【大様】 →**おおらか**

おおよそ【大凡】 おしなべて［押並／押靡］。近代がいえう［概要］。がいして［概］。近世がいりゃく［概略］。がいてい［概定］。やく［約］。そうじて［総］。そちこち［其方此方］。たいえう［大要］。だいたい［大体］。たいやく［大約］。中世あらかた［粗方］。あらまし。おほすぢ［大筋］。おほやう［大様］。およそ［凡／大約］。かれこれ［彼此］。けりゃう［仮令］。ざっと。そうべつ［総別／惣別］。たいすう［大数］。たいてい［大抵］。よっぽど。りゃく［略］。中古あらあら［粗粗］。おほかた［大方／大抵／凡］。おほし［凡］。おほよそ［大凡／凡］。たいがい［大概］。たいてい［大体／大抵／大底］。たいと［大都］。たいらく／たいりゃく［大略］。なのめに［斜］。なべて。ほぼ。上代おほ［凡］。おほむね［概／大旨］。→**あらまし**

—のありさま 近代がいきゃう［概況］。がいくゎん［概観］。

—の数 近代がいすう［概数］。中世たいすう［大数］。

—の計算 近代がいけい［概計］。がいさん［概算］。近世おほづもり［大積］。

—の見当を付ける 近世ちゅうづもり［中積］。

—の程度 中古ばかり。ほどばかり［程］。

—のまとめ 近代がいくゎつ［概括］。

—を述べる 近代がいせつ［概説］。近世がいろん［概論］。

▼接尾語 どおり［通］。

おおらか【大】 近代おっとり。おほらか［大］。近世いうちゃう［悠長／優長］。くゎんくゎつ［寛闊］。ゆるし［緩］。中世おうやう［鷹揚］。ゆたか［豊］。中古おいらか。おほどか。おほのか。おほやう［大様］。ゆるぶ［弛／緩］。

—・でこせこせしない 近世おほふう［大風］。

—・でこだわらないこと 上代はうくゎう［放曠］。

—・で度量が大きい 中古がりゃう［雅量］。

オールマイティー(almighty) エース(ace) 近代オールマイティー。きりふだ［切札］。ぜんのう［全能］。ばんのう［万能］。

オーロラ(aurora) 近代オーロラ。きょくくゎう［極光］。近世ほくくゎう［北光］。

おおわらい【大笑】 たいしょう［大笑］。近代かうせう［高笑］。ぜっせう［絶笑］。はうせう［放笑］。はうふくぜったう［抱腹絶倒］。ばかわらひ［馬鹿笑］。ばくせう［爆笑］。わらひくづれる［笑崩］。頤(あご)を外す。相好(さうがう)を崩す。近世こうせう［哄笑］。腹の皮が捩(よぢ)れる。腹の皮を縒(よ)る。腹を抱へる。中世おほわらひ［大笑］。かかたいせう［呵呵大笑］。たかわらひ［高笑］。はうふく［抱腹］。ほうふく［捧腹］。ゑみこだる［笑］。頤(おとがひ)を落とす。頤を解く。頤を外す。頤を放つ。中古あざわらふ［嘲笑］。かいい［解頤］。たかゑ［高笑］。ゑみまぐ［笑曲］。腸(はらわた)を断つ。腹を切る。

ーのさま　近代こうぜん[哄然]。中古かか[呵呵]。

おか【岡】　近代かうち[高地]。きうかう[丘岡]。だいち[台地]。だんきう[段丘]。ヒル(hill)。りょうきう[陵丘]。近世たかだい[高台]。中古かうげん[高原]。きうりょう[丘陵]。つむれ[培塿]。はなは[塙]。上代こやま[小山]。つかさ[阜]。のづかさ[野阜]。を[丘/岡]。をか[岡/丘]。をろ[峰/丘]。

《枕》上代つゆじもの[露霜][⇩をかべ]。みづくきの[水茎]。

ーと谷　中世きうがく[丘壑]。

ーの辺り　中古をかのべ[岡辺]。上代をかびをかへ/をかべ[岡辺]。

ーの上の田　上代をろた[峰田]。

ーの端　上代をかさき[岡岬]。

一方の傾斜が緩やかなー　中古かたをか[片岡]。

火山の火砕物でできたー　かさいきゅう[火砕丘]。かざんさいせつきゅう[火山砕屑丘]。きゅうじょうかざん[臼状火山]。ホマーテ(ドイツ Homate)。

砂が堆積したー　近世さきう[砂丘]。

おか【陸】　近世りくじゃう[陸上]。中世りく[陸]。をか[陸]。中古りくち[陸地]。

おかえし【御返】　中世かへし[返]。かへしもの[返物]。へんれい[返礼]。中古かへりごと[返事]。

贈り物のー　(以下京阪の言葉)近代うつりがみ[移紙]。おため[御為]。おためがみ[御為紙]。

香典のー　近代かうでんがへし[香典返]。

茶代のー　近代ちゃだいがへし[茶代返]。

おがくず【大鋸屑】　近代きょせつ[鋸屑]。のこくづ[鋸屑]。中世おがくづ[大鋸屑]。のこぎりくづ[鋸屑]。ひきくづ[挽屑]。

おかげ【御陰】　中古おかげ[御陰/御蔭]。

ーでうまく事が運ぶ　近世ごはうべん[御方便]。

ーを被る　おう[負]。中古かぶる[被/冠]。

おかし・い❶〈滑稽〉　こっけい[滑稽]。腹の皮が捩(ぢょ)れる。近代ユーモラス(humorous)。近世せうし[笑止]。ちゃんちゃらをかしい。はらすぢ[腹筋]。はらのかは[腹皮]。ほてっぱら[腹]。腹筋(はらすぢ)を切る。腹筋を縒ょる。臍(へそ)が西国す。臍が茶を沸かす。臍が入唐渡天す。臍が宿替へす。臍が笑ふ。臍で茶を沸かす。ほてがくぬ[ーくねる]。中世しっせう[失笑]。ひきょう[比興]。わらはし[笑]。中古かたはらいたし[片腹痛/傍痛]。をかし[可笑]。上代おもしろし[面白]。

ー・いこと　近代せうし[笑止]。近世せうしせんばん[笑止千万]。へそちゃ[臍茶]。中世わらひごと[笑事]。

ー・く思う　中古をかしむ。

ー・くて鼻がむずむずする　中世うそやぐ。

ー・くて風刺を持たせた作品　近代きゃうたい[狂態/狂体]。

ー・くないのに笑うこと　中世そらわらひ[空笑]。つくりわらひ[作笑]。

ー・そうな顔　近世せうしがほ[笑止顔]。

ー・な言葉　中世かいぎゃく[諧謔]。くゎいぎゃく[詼諧]。

ー・な所作　中世きゃうげん[狂言]。

風変わりでー・い　中世ちんめう[珍妙]。筋が立たない。筋が通らない。近代いじゃう[異常]。近世辻褄(つじつま)が合はぬ。中世へん[変]。めう[妙]。中古いぶかし[訝]。いやう[異様]。きい[奇異]。きめう[奇妙]。けし[怪/異]。ふしん[不審]。をかし。上代あやし[怪/妖/奇]。うたがはし[疑]。→**きみょう**

▼変な　近世いな[異]。

おか・す【侵】　しんこう[侵攻]。近代かんぱん[干犯]。くひこむ[食込]。しんしょく[侵食/侵蝕/浸食/浸蝕]。しんにふ[侵入]。しんぱん[侵犯]。近世しんりゃく[侵略/侵掠]。せきけん[席巻/席捲]。中世あふはう[押妨]。しんだつ[侵奪]。しんりょう[侵凌/侵陵]。中古さんしょく[蚕食]。じうりん[蹂躙/蹂躪]。しんがい[侵害]。をかす[侵]。上代しんぎょ[侵漁]。

ー・し広がるさま　上代ぜんぜん[冉冉/苒苒]。

次第にー・す　触手を伸ばす。近代むしばむ[蝕/虫食]。

おか・す【犯】　中世ぼんす/ぼんず[犯]。中古がいす[害]。上代けがす[汚/穢]。やぶる[破]。をかす[犯]。

女性をー・す　りょうじょく[凌辱/陵辱]。近代うばふ[奪]。かんする[姦]。ぼうかう[暴行]。近世かんいん[姦淫/奸淫]。とぼす/ともす[点/灯]。中古がうかん[強姦]。

罪をー・す　近代はんかう[犯行]。はんそく[反則/犯則]。近世ゐはん[違犯]。上代はんざい[犯罪]。

おか・す【冒】　近代ぼうけん[冒険]。中世そこぬ[そこねる][損]。ぼうとく[冒瀆]。中古

がいす［害］。そこなふ［損／害］。上代をかす［冒］。

おかず【御数】 ふくしょく［副食］。近代そへ［添／副］。ふくしょくぶつ［副食物］。近世あはせもの［合物］。おさい［御菜］。そうざい［総菜／惣菜］。中世おかず［御数／御菜］。おまはり／おめぐり［御廻／御回／御巡］（女房詞）。中古あはせ［合］。さい［菜］。上代な［肴／菜］。

ーの少ないこと 中世ぶさい［無菜］。

精進料理のー 近世てうさい［調菜］。

朝食のー 上代あさな［朝菜］。

夕食のー 上代ゆふな［夕菜］。

おが・む【拝】 近世けいはい［詣拝］。中世ちゃうらい［頂礼］。はい［拝］。はいす［拝］。ものまゐり［物参］。らいさん［礼賛／礼讃］。れいはい［礼拝］。手を合はす［ー合わせる］。中古がっしゃう［合掌］。きぐゎん［祈願］。さんけい［参詣］。さんぱい［参拝］。ぬかづく［額突］。はいれい［拝礼］。ほうはい［奉拝］。まゐる［参］。ものまうで［物詣］。らいす［礼］。上代まうづ［もうでる］［詣］。らいはい［礼拝］。をがむ［拝］。をろがむ［拝］。

心の中でー・む もくとう［黙禱］。近代もくはい［黙拝］。

しきりにー・む 中古いりもむ［揉］。

遠くからー・む 中古えうはい［遥拝］。

何度もー・む 近世さんぱいきうはい［三拝九拝］。

跪(ひざまず)いてー・む 中世はいき［拝跪］。上代きはい［跪拝］。

ひれ伏してー・む 近世はいふく［拝伏］。中世ふくはい［伏拝］。ふしをがむ［伏拝］。

おから【雪花菜】 近世おから［雪花菜／御殻］。きらず［雪花菜／豆渣］。中世うのはな［卯花］。

おがわ【小川】 近世いささがは［細川］。いさらがは［川］。中世いさらをがは［小川］。けんすい［涓水］。こながれ［小流］。せうりう［小流］。せせらき／せせらぎ／せぜらき／せせなぎ［細流／小流］。中古いささをがは［細小川］。けんりう［涓流］。さいりう［細流］。ささみづ／さざれみづ［細水］。やりみづ［遣水］。上代をがは［小川］。

ーの流れるさま 中世けんけん［涓涓］。ちょろちょろ。中古さらさら。

おかん【悪寒】 近世ぞくぞくす。をかん［悪寒］。中世さむけ［寒気］。

ーがする 近世さむけだつ［寒気立］。

ーと発熱 中世かんねつ［寒熱］。

おき【沖】 近代おきあひ［沖合］。とほうみ［遠海］。近世ぐゎいかい［外海］。ぐゎいやう［外洋］。上代おき［沖／澳］。おきへ［沖方］。《枕》上代たまもかる［玉藻刈］。わたのそこ［海底］。中世にほてる［鳰照］。

ーから吹く風 上代おきつかぜ［沖風］。

ーに立つ波 中世おきつしらなみ［沖白波］。上代おきつなみ［沖波］。

ーの方 中古うみなか［海中］。わたなか［海中］。上代おきへ［沖辺］。

ーの方へ離れる 上代おきさく［沖放］。

漁獲物をーで直接売る 近世おきうり［沖売］。

船がーで入港を待つ おきまち［沖待］。

おぎ【荻】 近代うみがや［海萱］。近世ねからぐさ。めざましぐさ［目覚草］。中世かぜききぐさ［風聴草］。かぜぐさ［風草］。かぜもちぐさ［風持草］。とはれぐさ［被問草］。ねざめぐさ［寝覚草］。ふみみぐさ［文見草］。をぎ［荻］。をとこぐさ［男草］。

ーの花 てきか［荻花］。

おきあが・る【起上】 近代おきかへる［起返］。中古おきあがる［起上］。たちあがる［立上］。上代おきたつ［起立］。

ー・るさま 近代むくり。近世けつぜん［蹶然］。むくむく。中世がばと。むくと。むっくと。むっくり。

急にー・る 近世とびおく［ーおきる］［飛起］。中世はねおく［ーおきる］［跳起］。

▼起き上がりこぼし ふとうおう［不倒翁］。中世おきかへりこぼし／おきゃがりこぼし［起返小法師］。

おきか・える【置換】 近代いどう［移動］。おきかへる［置換／置替］。かうくゎん［交換］。くゎんち［換置］。ちくゎん［置換］。近世いてん［移転］。かいち［改置］。中世いれかへ［入替／入代／入換］。上代うつす［移／遷］。かうたい［交替／交代］。

おきざり【置去】 梯子が外される。近代おいてきぼり［置堀］。近世おいてけぼり［置堀］。おきさり／おきざり［置去］。おきずて［置捨］。はうち［放置］。中古うちすつ［ーすてる］［打捨］。おくらかす［遅／後］。おくらす［遅／後］。ふりすつ［ーすてる］［振捨］。

寝ている間にーにする 近世ねこかす［寝転］。

おきて【掟】 近代きてい［規程］。きやく［規約］。でうき［条規］。ないき［内規］。はふくゎ［法科］。はふてん［法典］。りっかく［律格］。ルール（rule）。れいき［例規］。近世きてい［規定］。きまり［決］。きめ［決］。き

りつ[規律/紀律]。とりきめ[取決]。中世 きそく[規則]。ぎはふ[儀法]。せいれい[制令]。たて[立]。ならひ[習/慣]。はっと[法度]。中古 いさめ[諫/禁]。きんかい[禁戒]。さだめ[定]。せい[制]。せいはふ[制法]。はふせい[法制]。はふそく[法則]。はふでう[法条]。上代 おきて[掟]。けんしゃう[憲章]。せいど[制度]。のり[法/則]。はふ[法]。みのり[御法]。りつ[律]。↓**きそく【規則】**↓**きてい【規定】**

家の— ↓**かくん**

各種団体等の— 近代 かうそく[校則]。がくそく[学則]。くゎいそく[会則]。ぐんき[軍規]。しゃそく[社則]。近世 ぎぢゃう[議定/義定/規定]。

箇条書きの— 中古 りつでう[律条]。

厳しい— 近世 げんぱふ[厳法]。中古 かはふ[苛法]。

国の— 近代 はふりつ[法律]。中世 こくはふ[国法]。中古 かうき[綱紀]。かうゐ[綱維]。上代 きかう[紀綱]。けんしゃう[憲章]。けんぱふ[憲法]。はふれい[法令]。

宗教の— 近代 ほふくゎ[法科]。中世 りっぽふ[律法]。中古 かいりち/かいりつ[戒律]。

天の定めた— 中古 あめのおきて[天掟]。

古くからの— 中世 こてん/こでん[古典/故典]。上代 きうしゃう[旧章]。

おきな【翁】 近世 をぢ[小父]。中世 そう[叟]。上代 おきな[翁]。↓**ろうじん**

おぎな・う【補】 カバー(cover)。ついほ[追補]。近代 あなうめ[穴埋]。じゅうてん[充填]。つぎたし[継足]。てんか[添加]。てんぽ[填補]。ふか[付加/附加]。ほえつ[補閲]。ほきふ[補給]。ほくゎん[補完]。ほそく[補足]。近世 うめくさ[埋草]。ぞうほ[増補]。たしまへ[足前]。ほてん[補填]。中世 うめあはす[〔—あわせる〕][埋合]。おぎなふ/おぎのふ[補]。たそく[多足]。ほゐ[補遺]。中古 あななふ。おきぬふ/おぎぬふ[補]。ほけつ[補欠/補闕]。ほじゅう[補充]。上代 じゅうほ[充補]。たす[足]。↓**うめあわ・せる**

—・い合わせる 近世 ほてつ[補綴]。中古 びほう[弥縫]。ほてい[補綴]。

—・い助ける フォロー(follow)。近世 ほじょ[補助]。中世 ほえき[補益]。

—・って正しくする 近代 ほてい[補訂]。近世 しうほ[修補]。ほせい[補正]。中世 きゃうほ[匡輔]。中古 きゃうひつ[匡弼]。

—・って強くする 近代 ほきゃう[補強]。

—・って整える 近代 ほせい[補整]。

書物で後から—・う ついほ[追補]。ほかん[補巻]。中世 ほゐ[補遺]。

互いに—・い合う そうほ[相補]。両両相俟って。近代 あひまって[相俟]。

わずかに—・う 近世 せうほ[小補/少補]。

おきなぐさ【翁草】 近世 うばがしら[姥頭]。おばがしら[媼頭]。けいせいさう[傾城草]。けいしんばな/けいせんくゎ[桂仙花]。しゃぐまさう[赤熊草]。ねこぐさ[猫草]。上代 おきなぐさ[翁草]。

—の根を乾かしたもの(漢方薬) 近世 はくとうをう[白頭翁]。

おきふし【起伏】 近代 ききょどうさ[起居動作]。近世 にちじゃう[日常]。中世 きぐゎ[起臥]。ぎゃうぢゅうざぐゎ[行住坐臥]。じゃうぢゅうざぐゎ[常住坐臥]。たちふるまひ[立振舞]。たちゐふるまひ[立居振舞]。ねおき[寝起]。中古 あけくれ[明暮]。おきふし[起伏/起臥]。ざぐゎ[坐臥]。しんしょく[寝食]。ふしおき[臥起]。上代 ききょ[起居]。ふぎゃう[俯仰]。

おきゃん【御俠】 近代 おきゃん[御俠]。近世 おちゃっぴい。おてんば[御転婆]。はすっぱ/はすは[蓮葉]。

お・きる【起】❶〈目覚める〉 りしょう[離床]。近代 きしゃう[起床]。近世 とこばなれ[床離]。とびおきる[飛起]。中世 はねおく[〔—おきる〕][跳起]。中古 ねおく[寝起]。めざむ[〔—ざめる〕][目覚]。目を覚ます。上代 おく[〔おきる〕][起]。

《尊》中世 おひる[御昼]。

《枕》上代 なよたけの[弱竹][⇩おきふし]。

—・きてすぐ おきがけ[起掛]。起きたばかり。近代 おきぬけ[起抜]。近世 おきおき[起起]。おきしな[起]。

—・きてすぐのはれぼったい顔 ねばれ[寝腫]。

—・きるのが遅い 近代 ねすぎ[寝過]。近世 あさねばう[朝寝坊]。中古 ねすぐす/ねすごす[寝過]。

—・きるのがつらいと思う 中世 おきわぶ[起侘]。

朝寝して遅く—・きる 近代 あんき[晏起]。

早朝に—・きる 近代 げうき[暁起]。

▼起き出す とこばなれ[床離]。中古 床離る。

▼病気回復 近代 とこあげ[床上]。とこばらひ[床払]。近世 とこばなれ[床離]。

お・きる【起】❷〈立つ〉 中古 おきあがる[起上]。おく[〔おきる〕][起]。たちあがる[立

上」。→おきあが・る

お・きる【起】 ❸〈起こる〉 近代 おきる[起]。中世 しゃうず[生]。はっせい[発生]。→**おこ・る【起】**

おきわす・れる【置忘】 いりゅう[遺留]。近世 おきわする[―わすれる][置忘]。

―・れた物 なくしもの[無物]。ふんしつぶつ[紛失物]。近代 ふんしつもの[紛失物]。わすれもの[忘物]。ゐりうひん[遺留品]。近世 わせもの[忘物]。中世 うせもの[失物]。ふんしつぶつ[紛失物]。

―・れて見失う 中古 おきまどはす[置惑]。

おく【奥】 近世 おくのゐん[奥院]。中世 おくそこ[奥底]。しんあう/じんあう[深奥]。はて[果]。中古 おく[奥]。くま[隈]。そこ[底]。ふかみ[深]。上代 おくか[奥処]。

《枕》上代 しらつゆの[白露]。たまくしげ[玉櫛笥]。わたのそこ[海底]。

―に寄る 中古 あうよる[奥寄]。

―の手 きめて[決手/極手]。近代 きりふだ[切札]。近世 ひみつ[秘密]。伝家の宝刀。中世 ごくい[極意]。ひじゅつ[秘術]。中古 あうぎ[奥義]。ひけつ[秘訣]。

―の方 中古 おくざま[奥様]。おくつかた[奥方]。

―の間 近世 かみのま[上間]。中世 おくざしき[奥座敷]。しんけい[深閨]。

―へ行く 近世 はひる[入/這入]。中世 ひきこむ[引込]。中古 あうゆく[奥行]。あうよる[奥寄]。

家の― 近世 うちかた[内方]。おくむき[奥向]。

お・く【置】 近代 せっち[設置]。近世 きける。さしおく[差置/差措]。中世 くはふ[くわえる][加]。中古 つきすう[―すえる][突据]。とどむ[とどめる][留]。とりすう[―すえる][取据]。上代 おく[置/措/擱]。きせる[着]。すう[すえる][据]。まうく[もうける][設]。まく[設]。

《枕》上代 あさつゆの[朝露]。しほぶねの[潮船]。しらつゆの[白露]。つゆじもの[露霜]。

―・いた場所を忘れる 近世 おきわする[―わすれる][置忘]。中古 おきまどはす[置惑]。

―・いたまま放っておく 近代 おきっぱなし[置放]。近世 おきずて[置棄]。

―・いて持ち帰るのを忘れる 近世 おきわする[―わすれる][置忘]。

―・き間違える 中世 おきまよふ[置迷]。

―・く場所 プール(pool)。近代 おきばしょ[置場所]。近世 おきば[置場]。中古 おきどころ[置所]。上代 くら[座]。

―・く場所を変える 近代 てんち[転置]。

あちこちに―・く 近代 さんち[散置]。

ある物に近づけて―・く 近世 かたどる[方取]。

安定した状態に―・く 中世 おちつく[―つける][落着]。中古 あんち/あんぢ[安置]。

一面に―・く 中古 おきわたす[置渡]。上代 しく[敷/布]。

一定の場所に―・いておく 近代 ていち[定置]。上代 すう[すえる][据]。すゑおく[据置]。

一杯に―・く 中古 おきみつ[置満]。

うしろの方に―・く こうち[後置]。

うつむけにして―・く 上代 ふす[ふせる][伏]。

車の―・く場所に困る 中古 たちわづらふ[立煩]。

順序よく―・く 中世 はいち[配置]。中古 はいす[配]。上代 ならぶ[ならべる][並]。

常に―・いてある 近代 じゃうせつ[常設]。じゃうち[常置]。じゃうび[常備]。せっち[設置]。せつび[設備]。中世 はいち[配置]。

備品として―・く 中古 そなふ[そなえる][具/備]。

屛風(びょうぶ)などを―・く 近世 はしらかす[走]。

ほかの物と紛らわしいように―・く 中古 おきまどはす[置惑]。

無造作に―・く 上代 うちおく[打置]。

おくがい【屋外】 オープンエア(open air)。近代 アウトドア(outdoor)。のてん[野天]。ろてん[露天]。をくぐゎい[屋外]。近世 あをてんじゃう[青天井]。おもて[表]。中古 こぐゎい[戸外]。そと[外]。やぐゎい[野外]。上代 かぐゎい[家外]。

―で客引きすること 近世 のびき[野引]。

―でビールを飲ませる店 ビヤガーデン(beer garden)。

―に物を積んで置くこと のづみ[野積]。近代 ろし/ろせき[露積]。

おくがた【奥方】 近世 うちかた[内方]。うちぎみ[内君]。うらかた[裏方]。中世 おくがた[奥方]。中古 をんなぎみ[女君]。

元の― 中古 もとのうへ[本上]。

おくぎ【奥義】→**おうぎ【奥義】**

おくさま【奥様】 近代 おかかさま[御母様]。セニョーラ(スペイン señora)。近世 ふじん[夫人]。中世 おくさん[奥]。おくさま[奥様]。おくがた[奥方]。→**つま**

おく・する【臆】 近代 おぢけづく[怖気付]。近世 おぢける[怖気]。びくつく。中世 きお

くれ[気後/気遅]。こはがる[怖]。中古 おくす[臆]。おくびゃう[臆病]。おそる[おそれる][恐/怖]。すくむ[竦]。ひるむ[怯/痿]。へる[減]。上代 おびゆ[おびえる][怯]。→**おそ·れる【恐】❶**

—·するさま 近世 おそるおそる[恐恐]。おどおど。こはごは[怖怖]。びくびく。中世 おぢおぢ[怖怖]。中古 おづおづ[怖怖]。

おくせつ【憶説】 近代 かてい[仮定]。すいてい[推定]。すいろん[推論]。近世 かせつ[仮説]。中世 おくせつ[憶説/臆説]。おしごと[推言]。

おくそく【憶測】 近代 おくそく[憶測/臆測]。おくたく[憶度/臆度]。近世 あてずいりやう[当推量]。おくけん[臆見]。かんぐる[勘繰]。

—が乱れ飛ぶ 近代 しょせつふんぷん[諸説紛紛]。

間違った— 中世 じゃすい[邪推]。

おくそこ【奥底】 近代 あうてい[奥底]。中世 おくそこ[奥底]。しんあう[深奥]。中古 ひあう[秘奥]。

—が知れない 中世 こころにくし[心憎]。

おくち【奥地】 近代 おくち[奥地]。ばんち[蛮地]。へきすう[僻陬]。みかいち[未開地]。近世 へきち[僻地]。中古 へんち[辺地]。上代 へんきゃう[辺境/辺疆]。

おくない【屋内】 インドア(indoor)。近代 をくない[屋内]。中世 うち[内]。こない[戸内]。しつない[室内]。やうち[家内]。やない[屋内]。中古 かない[家内]。ばうない[房内]。上代 やぬち[家内/屋内]。

おくびょう【臆病】 近代 けふおく[怯臆]。けふじゃく[怯弱]。臆病風が立つ。臆病風に吹かれる。臆病風を起こす。臆病風を引く。近世 きぼそし[気細]。こしぬけ[腰抜]。こみち[小道/小路]。せうたん[小胆]。気が小さし。尻の穴が小さし。中世 きおくれ[気後/気遅]。きよわし[気弱]。けふだ[怯懦]。せうしん[小心]。ひけふ[卑怯]。中古 おくだかし[臆高]。おくびゃう[臆病]。ものおぢ[物怖]。をぢなし[怯]。

《句》近代 臆病の神降ろし。中世 臆病の自火に責めらる[—責められる]。

—·で気が弱い 近世 じうだ[柔懦]。

—と剛勇 中世 がうおく[剛臆]。

—者 おくびょうむし[臆病虫]。こわがり[怖]。近代 せうしんもの[小心者]。近世 こちゅう[壺中]。だふ[懦夫]。よわむし[弱虫]。中世 おくびゃうにん[臆病人]。ひけふもの[卑怯者]。ふかくじん[不覚人]。ふかくもの[不覚者]。

—者の群れ(むれ) 中古 やうぐん[羊群]。

おくふか·い【奥深】 しんそう[深層]。奥行きがある。深みがある。近代 しんあう[深奥]。ひあう[秘奥]。廬山(ろざん)の真面目(しんめんもく)。近世 こぶかし[小深]。しんちゃう[深長]。中世 げん[玄]。げんあう[玄奥]。ふかしい[深]。中古 いうげん[幽玄]。おくふかし/おくぶかし[奥深]。おくまる[奥]。おくゆかし[奥床]。しんえん[深淵]。ものふかし[物深]。上代 おぎろなし。ねふかし/ねぶかし[根深]。ふかし[深]。

—·いこと 近世 げんげん[玄玄]。中世 しんこう[深厚]。上代 くゎうえん[広遠/宏遠]。

—·い小道 中古 いうけい[幽径]。

—·いさま 近代 えうしん[窈深]。しんげん[深玄]。近世 えうぜん[窈然]。中古 げんめう[玄妙]。

—·いところ おくしょ[奥所]。奥まった所。近代 あうてい[奥底]。さいあう[最奥]。ないあう[内奥]。ひ[秘]。近世 えんてい[淵底]。おくど[奥所]。ないしょ/ないしょう[内証]。ひうん[秘蘊]。中世 うんあう[蘊奥]。中古 ひあう[秘奥]。上代 おくか[奥処/奥所]。

—·く静かな部屋 中古 いうしつ[幽室]。

—·く優れていること 近世 あうめう[奥妙]。いうめう[幽妙]。中世 しんめう[深妙]。

—·くて暗い 近代 とうとう[洞洞]。中世 いういう[幽幽]。中古 いうあん[幽暗]。めいめい[冥冥/瞑瞑]。

—·くて先が見えない 中世 いうゑん[幽遠]。上代 しんゑん/じんゑん[深遠]。

—·くて静か 近代 いういん[幽陰/幽隠]。いうすい[幽邃]。しんすい[深邃]。近世 いう[幽]。しんしん[深深/沈沈]。中世 いうせい[幽静]。中古 いうかん[幽閑/幽間]。いうしん[幽深]。上代 いうじゃく[幽寂]。いうしゅ[幽趣]。

—·くて上品 中古 いうえん[幽艶]。いうゑん[幽婉]。

—·くない 中古 あさはか[浅]。ほとりばむ[辺]。

—·く秘められている 中世 しんぴ[深秘]。

話の内容が—·い 中古 げんし[玄旨]。げんだん[玄談]。ひさく[秘賾]。

おくま·る【奥】 中古 おくふかし/おくぶかし[奥深]。おくまる[奥]。ものふかし[物深]。

ー・った隅のところ 上代 くま［隈／曲／阿］。
ー・ったところ 近世 おくど［奥所］。ないしょ／ないしょう［内証］。中古 うちのへ［内重］。上代 おくか［奥処／奥所］。→**おくふか・い**（ー・いところ）

おくめ【奥目】 近代 おくめ［奥目］。くぼめ［窪目／凹目］。中世 めくぼ［目凹］。
ーの人 中世 めくぼ［目凹］。

おくめん【臆面】 近世 おくめん［臆面］。きおくれ［気後／気遅］。
ーもなく 遠慮なく。気後れした様子なく。ずうずうしく。恥知らずな様子で。平然と。

おくやま【奥山】 近世 やまおく［山奥］。中古 みしんざん［深山］。上代 おくやま［奥山］。みやま［深山］。

おくゆかし・い【奥床】 近代 しをらしい。近世 こころゆかし［心床］。ゆかし［床］。中古 おくふかし／おくぶかし［奥深］。おくまる［奥］。おくゆかし［奥床］。こころにくし［心憎］。よしづく［由付］。
ー・い香り 中世 いうかう［幽香］。
ー・い風情 中世 よしあり［由有］。上代 いうしゅ［幽趣］。
ー・く美しい 中古 いうえん［幽艶］。いうゑん［幽婉］。
ー・くする 中古 ゆゑづく［故付］。
ー・くないこと 中古 はしぢか［端近］。

おくゆき【奥行】 近代 ふかみ［深］。近世 うらゆき［裏行］。おくゆき［奥行］。中古 ふかさ［深］。
ーがある 中古 おくふかし／おくぶかし［奥深］。→**おくふか・い**

オクラ（okra） アメリカねり。おかれんこん［陸蓮根］。ガムボ（gumbo）。

おくら・す【遅】 おくらせる［遅］。近代 おくらす［遅］。近世 ずらす。ひきのばす［引伸／引延］。中古 えんいん［延引］。

おくりがな【送仮名】 近代 しりがな［尻仮名］。近世 すてがな［捨仮名］。中世 おくりがな［送仮名］。
ーをつける おくる［送］。

おくりもの【贈物】 近代 ギフト（gift）。ぞうたふひん［贈答品］。ちゃうだいもの［頂戴物］。プレゼント（present）。近世 あげもの［上物］。いんしん［音信］。いんもつ［音物］。おつかひもの［御遣物］。おひき［御引］。こころづけ［心付］。たうらいもの［到来物］。つかひもの［使物／遣物］。つけとどけ［付届］。ひきで［引出］。みつぎもの［貢物］。中世 いんぶつ［音物／引物］。おもたせ［御持］。しんじゃうもの［進上物］。ひきもの［引物］。へいはく［幣帛］。へいもつ［聘物］。へいもつ［幣物］。みあげ／みやげ［土産］。みやげもの［土産物］。もたせ［持］。れいぶつ／れいもつ［礼物］。中古 いんぶつ［音物／引物］。かづけもの［被物］。こころざし［志］。とぶらひ［訪］。にへ［贄／牲］。ぬさ［幣］。ひきでもの［引出物］。上代 おくりもの［贈物／送物］。しんもつ［進物］。まひなひ［賄］。
《謙》すんし［寸志］。そしな［粗品］。近代 けんきん［献芹］。近世 けんじゃうひん［献上品］。まつのは［松葉］。
《句》近代 明珠（めいしゅ）を闇に投ず。中世 塵（ちり）を結んでも志。
ーが届くこと 近世 たうらい［到来］。
ーとして贈る 中古 ひきいづ［引出］。ひく［引／曳］。
ーとしての菓子 近世 ひきぐゎし［引菓子］。
ーとしての菜 近世 ひきざい［引菜］。
ーにした生もの 近世 あらもの［荒物／新物］。
ーのお返し 近世 うつり［移］。中世 かへりひきでもの［返引出物］。
ーの返礼 近世 うつりがみ［移紙］。
ー用の酒肴 近世 たるざかな［樽魚］。
ーを売る店 ギフトショップ（gift shop）。
ーを持って訪問する 上代 へいもん［聘問］。
盂蘭盆会（うらぼんえ）の頃のー 近代 ちゅうげん［中元］。
お祝いとしてのー 近世 いはひもの［祝物］。中世 いはひ［祝］。
お祝いの記念としてのー 近世 うちいはひ［内祝］。
お見舞いのー 近代 みまひひん［見舞品］。近世 びゃうきみまひ［病気見舞］。みまひもの［見舞物］。中古 とぶらひ［訪］。
お礼のー 近世 つけとどけ［付届］。中世 しゃぎ［謝儀］。しゃもつ［謝物］。へんれい［返礼］。れいがへし［礼返］。れいぶつ／れいもつ［礼物］。上代 まひ［幣］。
門出のー 中古 うまのはなむけ［馬鼻向／馬餞／馬贐］。せんべつ［餞別］。はなむけ［餞／贐］。
婚約成立のしるしのー 近世 ゆひなふ［結納］。中世 へいれい［聘礼］。
歳末のー 近代 せいぼ［歳暮］。
ささやかなーをする 中世 塵（ちり）を結ぶ。
宗教的なー 近世 かうれう［香料］。中世 かうでん［香典／香奠］。さいせん［賽銭］。さん

せん［散銭］。中古 きしん［寄進］。きふ［寄付／寄附］。
新年の祝儀としての― 中世 としだま［年玉／歳贄］。
天からの― 中世 てんし［天賜］。
人目を憚(はば)る― 近世 ぞうわい［贈賄］。中世 そでのした［袖下］。中古 わいろ［賄賂］。
人を招くときの― 近世 ひき［引］。ひきで［引出］。中世 へいれい［聘礼］。中古 ひきでもの［引出物］。
武家の― 近世 いっそくいっぽん［一束一本］。
▼土産 近世 おきみやげ［置土産］。てみやげ［手土産］。わらづと［藁苞］。中世 とさん／どさん［土産］。上代 つと［苞／苞苴］。↓みやげ

おく・る【送】 近代 そうふ［送付］。はっそう［発送］。中世 とどく［とどける］［届］。上代 おくる［送］。
―・って行って危害を加える 近世 おくりおほかみ［送狼］。
―・られたものを次に送る 近代 くゎいそう［回送］。近世 たらひまはし［盥回］。てんそう［転送］。
―・り返す 近代 ぎゃくそう［逆送］。くゎんそう［還送］。へんそう［返送］。近世 そうくゎん［送還］。
―・り込む 近代 ちゅうにふ［注入］。中世 おくりとどく［―とどける］［送届］。中古 おくりつく［―つける］［送付］。はなつ［放］。
―・り先 おくりさき［送先］。近代 あてさき［宛先］。しむけち［仕向地］。
―・り出す 近代 いしゅつ［移出］。くりだす［繰出］。さしたてる［差立］。だす［出］。はっそう［発送］。中世 はつ［発］。
―・り届ける 近代 そうたつ［送達］。そうふ［送付］。近世 おくりこむ［送込］。そうち［送致］。中世 おくりとどく［―とどける］［送届］。中古 おくりおく［送置］。おくりつく［―つける］［送付］。
後から―・る べっそう［別送］。近代 こうそう［後送］。中世 ついそう［追送］。
金を―・る そうきん［送金］。近世 しおくり［仕送］。中古 さしつかはす［差遣］。
こちらへ―・ってくる 近世 おくりこす［送越］。中世 くす。さしこす［差越］。よこす［寄越］。上代 おこす［遣／致］。
宿駅を取り次いで―・る 近代 ていでん［逓伝］。
書類などを―・り届ける 近代 くゎいふ［回付］。
直接―・る 中古 ちょくそう［直送］。
付き添って―・る 中世 ごそう［護送］。
積んで―・り出す しゅっか［出荷］。つみだす［積出］。
荷物などを―・る →**うんそう**
▼送り状 近代 おくり［送］。近世 しきりじゃう［仕切状］。中古 おくりぶみ［送文］。
▼送り迎え 中古 そうげい［送迎］。

おく・る【贈】 そうてい［送呈］。近代 きそう／きぞう［寄贈］。ぞうてい［贈呈］。ぞうよ［贈与］。プレゼント(present)。中世 きよ［寄与］。ぞうしん［贈進］。ていしゃう／ていじゃう［呈上］。まひなふ［賄］。中古 ていす［呈］。とうずる［投］。ひきいづ［引出］。上代 おくる［贈］。ぞうたう［贈答］。
《尊》近代 けいぞう［恵贈］。近世 けいとう［恵投］。けいよ［恵与］。
《謙》きんてい［謹呈］。けんてい［献呈］。近代 あげる［上］。しんてい［進呈］。中世 けんきん［献芹］。しんじゃう［進上］。しんず／しんぜる［進］。はいぞう［拝贈］。はいてい［拝呈］。みつぐ［貢］。中古 けんじゃう［献上］。けんず［献］。こころざす［志］。さしあぐ［―あげる］［差上］。ほうず［奉］。上代 ささぐ［ささげる］［捧］。
金品を―・る 近代 きそう／きぞう［寄贈］。ぞうゐ［贈遺］。中古 きふ［寄付／寄附］。
著書を―・る けんぽん［献本］。デディケート(dedicate)。
著書を―・る宛名の脇付 けいぞん［恵存］。
著書を―・るときの言葉 けんし［献詞］。けんじ［献辞］。けんだい［献題］。デディケート(dedicate)。
▼受け取ってもらいたい 近世 せうなふ［笑納］。

おぐるま【小車】(キク科の多年草) 近世 きつねのたばこ［狐煙草］。きんせんくゎ［金銭花］。のぐるま［野車］。中世 をぐるま［小車］。中古 すまひぐさ［相撲草］。

おくれ【後】 近代 しっぱい［失敗］。ひけめ［引目］。近世 おくれ［後／遅］。ひけ［引］。中世 きおくれ［気後／気遅］。

―を取る 近代 だつらく［脱落］。のりおくれる［乗遅］。ゆづる［譲］。らくご［落伍／落後］。後塵を拝する。後手に回る。取り残される。近世 ひけ［引］。中古 たちおくる［―おくれる］［立遅］。上代 おとる［劣／減］。まく［まける］［負］。

―を取るまいとする 我先に。中世 先を争ふ。中古 我も我も。

おく・れる【遅】 近代じふたい［渋滞］。近世てまどる［手間取］。中世ちいん［遅引］。ちたい［遅滞］。ちち［遅遅］。ひきさがる［引下］。中古えんいん［延引］。えんたい［延滞／淹滞］。おそなはる［遅］。ちえん［遅延］。ながびく［長引］。のりおくる［―おくれる］［乗遅］。上代おくる［おくれる］［遅／後］。とどこほる［滞］。

―・れて駆け付ける 中世おくれあし［後足／遅足］。おくれがけ［後駆］。おくればせ［後馳］。

―・れて形になる 中古ばんせい［晩成］。

―・れて支払う ちばらい［遅払］。近代えんなふ［延納］。

―・れて成熟する 中古ばんせい［晩成］。上代おくて［晩稲／晩生／奥手］。

―・れて到着する 近世えんちゃく［延着］。

―・れて間に合わない どろなわ［泥縄］。遅きに失する。近世あとのまつり［後祭］。ておくれ［手遅］。遅かりし由良之助。《句》近代泥棒を捕らへて縄を綯（な）ふ。近世屁を放（ひ）って尻窄（すぼ）め。

―・れないようにする 近世まにあはす［―あわせる］［間合］。

―・れるようにする →**おくら・す**

怠って―・れる 中古ちたい［遅怠］。

決意が―・れる 中古おもひおくる［思後］。

時間に―・れる 近代ちこく［遅刻］。中古ちさん［遅参］。

出発が―・れる ちはつ［遅発］。

同伴者に―・れる 近世小便一町糞一里。小便一町飯一里。

配達が―・れる ちはい［遅配］。

風潮や時代に―・れる 近世じだいおくれ［時代遅／時代後］。

返済が―・れる 近代えんたい［延滞／淹滞］。えんなふ［延納］。たいなふ［滞納］。

列車などが全面的に―・れる べたおくれ［遅］。

おけ【桶】 近代タブ(tub)。中世かいげ［掻笥］。かひげ［匙笥］。たご［担桶］。たごをけ［担桶］。たんご［担桶］。中古きつ。上代をけ［桶／麻笥］。

―の胴の輪 近世たが［箍］。

海人（あま）が海に持ってゆく― 近代あまをけ［海人桶］。いそをけ［磯桶］。つづをけ［桶］。ふなをけ［舟桶／船桶］。

漆塗りの― 近世ぬりをけ［塗桶］。

飼い葉を入れる― まぐさおけ［秣桶］。近代かひばをけ［飼葉桶］。中古うまぶね［馬槽］。

肥（えこ）を溜（た）めておく― 近世ためをけ［溜桶］。

肥（えこ）を運ぶ― 近代こえをけ［肥桶］。近世くそたご［糞桶］。くそをけ［糞桶］。こえたご［肥担桶］。せうべんたご［小便担桶］。

酒を入れる― 中世さかをけ［酒桶］。

醸造のための― 近代しこみをけ［仕込桶］。

消防用水を入れておく― 近世てんすいをけ［天水桶］。ようすいをけ［用水桶］。

染め物をする― 近代そめぶろ［染風呂］。

盥（たらい）状の浅くて広い― 半切りの桶。中世はんぎり［半切］。

漬け物を漬ける― 近代しこみをけ［仕込桶］。

鉄の― 近代てっとう［鉄桶］。

天秤棒（てんびんぼう）で担ぐ― 近世になひをけ［担桶］。中世になひ［担］。

陶製の― 近代たうよう［陶俑］。

取っ手があって手で持つ― 中世てをけ［手桶］。

取っ手が片方にある― 近世かたてをけ［片手桶］。

入浴のときの― 近代ふろをけ［風呂桶］。中世ゆをけ［湯桶］。中古ゆぶね［湯船／湯槽］。よくさう［浴槽］。

墓参りに花や水を入れる― 近代はなをけ［花桶］。

花を入れる― 中世はなをけ［花桶］。

水や肥を運ぶ― 中世たご［担桶］。たごをけ［担桶］。たんご［担桶］。

浴場の小さな― あらいおけ［洗桶］。近代ふろをけ［風呂桶］。

料理を運ぶ平たい― 近世をかもち［岡持］。

おけら【螻蛄】（直翅目ケラ科の昆虫） おけれ［螻蛄］。近代おけら［螻蛄］。中古けら［螻蛄］。せきそ［石鼠／碩鼠］。

おけら【朮】（キク科の多年草） 近世えやみぐさ［疫病草］。上代うけら［朮］。おけら［朮／白朮］。

―の根茎 とそさん［屠蘇散］。中世さうじゅつ［蒼朮］。びゃくじゅつ［白朮］。

おこがまし・い【痴】 近代なまいき［生意気］。身の程知らず。近世でしゃばる［出］。ですぎ［出過］。ばかばかし［馬鹿馬鹿］。ぶんふさうおう［分不相応］。中世さしでがまし［差出］。中古おこがまし［痴／烏滸］。→**でしゃば・る**

おこじょ アーミン(ermine)。えぞいたち［蝦夷鼬］。エルミン(フランス hermine)。やまいたち［山鼬］。近世くだぎつね［管狐］。

おこ・す【起】 ❶〈寝ているのを〉 近代かくせい

［覚醒］。目覚めさせる。中古おこす［起］。おどろかす［驚］。
抱くようにして—・す 中古かきおこす［掻起］。
無理矢理—・す たたきおこす［叩起］。

おこ・す【起】❷〈始める〉 近代かいはつ［開発］。きどう［起動］。中世はっせい［発生］。はつどう［発動］。上代おこす［起］。はじむ［はじめる］［始］。
新たに—・す 近代一旗揚げる。
一斉に—・す 中古ほうき［蜂起］。
事を—・す 近代けっき［決起／蹶起］。近世はたあげ［旗揚］。中古ひきいづ［引出］。
事業を—・す 近代きげふ［起業］。
▼引き起こす 近代いうはつ［誘発］。じゃくき［惹起］。上代まねく［招］。
▼呼び起こす 中世くゎんき［喚起］。

おこ・す【興】 近代しんこう［振興］。中世こうき［興起］。しんき［振起］。はつやう［発揚］。中古おこす［興］。こうりゅう［興隆］。ひらく［開／拓］。
国を—・す 近代こうこく［興国］。
事業を—・す 近代こうげふ［興業］。しんこう［新興］。
再び—・す 近代さいき［再起］。ふくこう［復興］。近世さいきょ［再挙］。中世さいこう［再興］。

おごそか【厳】 中古おごそか［厳］。→**いかめしい**
—で威厳のあるさま 中古ぎぎ［巍巍／魏魏］。

—で重々しい 近世さうちょう［荘重］。

—できちんとしている 近世たんさう／たんしゃう［端荘］。たんげん［端厳］。上代たんしゅく［端粛］。

—で厳しい 近代げんしゅん［厳峻］。しうさうれつじつ［秋霜烈日］。近世しゅんせう［峻峭］。中世げんゐ［厳威］。しんげん［森厳］。中古しんぜん［森然］。

—で清らかなこと 中世ごんじゃう［厳浄］。

—・なさま 近代しゅくぜん［粛然］。


おこた・る【怠】 近代かいたい［懈怠］。だれる。らいだ［懶惰］。近世けまん［懈慢］。だらける。中世かだ。けだい［懈怠］。たいだ［怠惰］。なまく［なまける］［怠］。ぶしゃう［不精／無精／無性］。ゆだん［油断］。らんだ［懶惰／嬾惰］。わうちゃく［横着］。中古おくらかす［遅／後］。くゎたい［過怠］。たいまん［怠慢］。たゆむ［弛］。上代おこたる［怠／惰］。くゎんたい［緩怠］。けたい［懈怠］。ゆるふ／ゆるぶ［緩］。

—・らない 中古たゆみなし［弛無］。

—・りなくやる 上代いそしむ［勤］。

—・る心 近世だき［惰気］。

—・るさま 近世ぐうたら。中世だらける。中古ゆる［緩］。

倦んで—・る 中世うみおこたる［倦怠］。けんたい［倦怠］。

おこつ【御骨】 近代ゐこつ［遺骨］。中古こつ［骨］。上代しゃり［舎利］。

おこない【行】 近代かうゐ［行為］。きょ［挙］。しこなし［為熟］。近世かうどう［行動］。ぎゃうさ［行作］。さた［沙汰］。しなせ［為成］。たちゐ［立居］。中世かうせき［行跡］。ぎゃうぎ［行儀］。しなし［為成／為做］。しょざい［所在］。たちゐふるまひ［立居振舞］。中古きょそ［挙措］。きょどう［挙動］。しょげふ［所業］。しょさ［所作］。しょゐ［所為］。しわざ［仕業］。上代おこなひ［行］。しょぎゃう［所行］。ふるまひ［振舞］。わざ［業／態］。→**ふるまい❶**
《句》近代極楽願はんよりは地獄を作るな。
—がきちんとして正しい 近代ひんかうはうせい［品行方正］。近世行儀強い。
—が口ほどではない 中古きゃうかん［狂簡］。
—や心が立派なこと 中世たいくゎい［大魁］。
—を常に慎む 近代君子は独りを慎む。屋漏に愧ぢず。
愚かな— ぐこう［愚行］。近代ぐきょ［愚挙］。
勝手な— 近代せんかう［専行］。どくだんせんかう［独断専行］。
軽はずみな— 近代ばうどう［妄動］。中古けいきょ［軽挙］。まうどう［妄動／盲動］。
奇抜な— 近世きかう［奇行］。
言葉と— 近代げんどう［言動］。中世げんかう［言行］。
壮大な— 近代さうきょ［壮挙］。
痛快な— 近代くゎいきょ［快挙］。
日頃の— 近代そかう［素行］。近世ぎゃうせき［行跡］。ひんかう［品行］。みもち［身持］。中世ぎゃうじゃう［行状］。中古さうかう［操行］。上代じゃうぎゃう［常行］。
骨の折れる辛い— 中古くぎゃう［苦行］。なんぎゃう［難行］。
善い— 近代びきょ［美挙］。中世かうぎ［高義］。ぜんかう［善行］。中古ぜんこん［善根］。上代とくかう／とくぎゃう［徳行］。
乱暴な— 近代ばんかう［蛮行］。ぼうきょ［暴挙］。近世ぼうかう［暴行］。ぼうぎゃう［暴行］。中古らんかう［乱行／濫行］。上代ら

んぎゃう［乱行／濫行］。

悪いー 近代あくかう［悪行］。はんかう［犯行］。ひかう［非行］。近世しっかう［失行］。中世あくぎゃくむだう［悪逆無道］。ざいあく［罪悪］。中古あくぎゃく［悪逆／悪虐］。あくじ［悪事］。上代あくぎゃう［悪行］。ざいごふ［罪業］。ひだう［非道］。

おこな・う【行】 えんじる［演］。近代きょかう［挙行］。すいかう［遂行］。ふくかう［服行］。中世こうぎゃう［興行］。しっかう［執行］。しゅす［修］。しょす［処］。つかふ［遣／使］。とりあつかふ［取扱］。ほどこす［施／播］。もよほす［催］。中古いたす［致］。いとなむ［営］。ぎゃうず［行］。たづさはる［携］。とりおこなふ［執行］。なす［為／成］。ふるまふ［振舞］。上代おこなふ［行］。す［為］。つくる［作］。

《尊》近世なさる［為］。上代あそばす［遊］。きこしめす［聞］。

《謙》中世まうしおこなふ［申行］。まうす［申］。中古いたす［致］。つかうまつる／つかまつる［仕］。上代つかへまつる［仕］。まをす［申］。

思い切ってー・う 近代かんかう［敢行］。きゃうかう［強行］。けっかう［決行］。だんかう［断行］。近世くゎだん［果断］。中古おしたつ［押立］。

代わりにー・う 近代だいかう［代行］。

行事などをー・う 近代あげる［上／挙］。かいさい［開催］。きょかう［挙行］。中古もよほす［催］。

現にー・う 中世げんかう［現行］。

工事などをー・う せこう［施行］。近代しかう［施行］。

公然とー・われる 近世こうかう［公行］。

盛んにー・われる 中世こうぎゃう［興行］。

実際にー・う 近代じっし［実施］。じっせん［実践］。りかう［履行］。近世きゅうかう［躬行］。じっかう［実行］。せんかう［践行］。ふむ［踏］。中世しっかう［執行］。中古おりたつ［降立／下立］。

芝居や相撲がー・われる 近代かかる［掛］。近世こうぎゃう［興行］。

同時にー・う 近代へいかう［並行／併行］。中世けんかう［兼行］。

前もってー・う よこう［予行］。

容赦なくー・う 中古ちゃうぎゃう［張行］。

容赦なくー・うさま 近代みしみし。みっしり。みっちり。びしびし。ぴしぴし。

おこり【瘧】 近代みっかねつ［三日熱］。近世おこりやまひ［瘧病］。かんけつねつ［間歇熱／間欠熱］。中世おこり［瘧］。ぎゃくしつ［瘧疾］。中古おこりやみ［瘧病］。ぎゃく［瘧］。わらはやみ［瘧］。上代えやみ［瘧］。

ーで発作のおこる日 きてい［起程］。中世おこりび［瘧日］。

おこり【起】 はっしょう［発祥］。ルーツ(roots)。近代いん［因］。くちび［口火］。げんいん［原因］。へきとう［劈頭］。めばえ［芽生］。近世かうし［嚆矢］。きいん［起因／基因］。きげん［起源／起原］。きたん［起端］。きっかけ。けんにょ／けんにょう／けんよう［権輿］。さうし［創始］。しょはつ／しょほつ［初発］。そもそも［抑］。ぞもと。らんしゃう［濫觴］。中世きしゅ［起首］。げんし［元始］。こんぽん［根本］。はじまり［始］。はじめ［始／初］。はったん／ほたん／ほったん［発端］。中古えんげん［淵源］。おこり［起］。けんよ［権輿］。げんりう［源流］。こんげん［根源／根原／根元］。さいしょ［最初］。ほんげん［本源／本原］。みなもと［源］。もと［元／本／基／下］。ゆいしょ［由緒］。ゆらい［由来］。

おごり【奢】 しゃた［奢汰］。近世ええう［栄耀］。けん［権］。しゃひ／しゃび［奢靡］。ぜい［贅］。ぜいたく［贅沢］。せんしゃう［僭上］。中世くゎしゃ［華奢］。中古けうし［驕侈］。けうしゃ［驕奢］。しゃし［奢侈］。上代えいぐゎ［栄華］。おごり［奢］。

非常なー 中世がうしゃ［豪奢］。

身分不相応なー 中古くゎさ［過差］。しび［侈靡］。せんしゃう／せんじゃう［僭上］。

おごり【驕】 近世せんしゃう／せんじゃう／せんじゃう［僭上］。中世おごり［驕］。かうまん［高慢］。けうまん［驕慢］。ぞうちゃう［増長］。そんだい［尊大］。まんしん［慢心］。わうへい［横柄］。中古たかぶ［高］。ふそん［不遜］。

おこ・る【起】 はっしょう［発祥］。近代おきる［起］。せいき［生起］。近世端(たん)を発す。中世こうき［興起］。しゃうき［生起］。しゃうず［生］。しゅったい［出来］。しゅつらい［出来］。はっす［発］。はっせい［発生］。中古いでく［出来］。はじまる［始］。はっき［発起］。ほっき［発起／発企］。もよほす［催］。上代おこる［起］。

ー・り始める 近代めばえる［芽生］。

ー・りやすい 近代ありがち［有勝］。

ー・ろうとする 中古きざす［兆］。めざす［芽差］。

多くー・る たはつ［多発］。

風などが—る 中古 たつ［立］。上代 たちく［立来］。

きっかけがあって—る 近世 しょくはつ［触発］。

偶然に—る 近代 ぐうはつ［偶発］。

しばしば—る 近代 ひんしゅつ［頻出］。ひんぱつ［頻発］。近世 あるづ［有図］。中世 ひんぴん［頻頻］。

続いて—る 近代 けいき［継起］。ぞくしゅつ［続出］。ぞくはつ［続発］。れんぱつ［連発］。踵（くびす）を接する。中古 うちすがふ［打次］。

同時に—る 近代 ともなふ［伴］。へいはつ［併発］。

時々—る さんぱつ［散発］。

突然—る 近代 とっぱつ［突発］。ぼうはつ［暴発］。ほっさ［発作］。ぼっぱつ［勃発］。もちあがる［持上］。わきあがる［涌上／湧上］。近世 ぼつぼつ［勃勃］。わきおこる［涌起／湧起］。中世 わきでる［涌出／湧出］。降って湧く。中古 うちす［打］。ぼつぜん［勃然］。

何度も—る 近代 ひんしゅつ［頻出］。ひんぱつ［頻発］。中古 たびかさなる［度重］。

再び—る さいはつ［再発］。近代 ぶりかへす［返］。近世 さいねん［再燃］。死灰（しくわい）復（ま）た燃（も）ゆ（—燃える）。

再び—る（地震や風、波など） 中古 かへし［返／反］。

まだ—・らない 近世 みはつ［未発］。中古 みぜん［未然］。

おこ・る【興】 近代 しんこう［振興］。たいとう［擡頭／台頭］。たかまる［高］。ふるひたつ［奮立］。近世 ぼっこう［勃興］。りゅうせい［隆盛］。中世 たちあがる［立上］。はつやう［発揚］。中古 おこる［興］。こうりゅう［興隆］。ひらく（ひらける）［開］。

—・ることと廃れること 中世 こうすい［興衰］。こうばう［興亡］。上代 こうはい［興廃］。

—・ることと敗れること 近代 こうはい［興敗］。

新たに—・る 近代 しんこう［新興］。

勢いよく—・るさま 近世 ぼっこう［勃興］。中世 はうはい［澎湃／彭湃／滂湃］。

おこ・る【怒】 かちんと来る。近代 げきふん［激憤］。にえくりかへる［煮繰返］。ふんがい［憤慨］。頭に来る。癇癪（かんしゃく）を起こす。近世 おこる［怒］。かくど［赫怒］。ちゅうっぱら［中腹］。にえかへる［煮返］。にゆ（にえる）［煮］。ひぞり［干反／乾反］。ふんもん［憤悶／憤懣］。ぼうど［暴怒］。むかつく。中世 いかる［怒］。いきどほる［憤］。いきまく［息巻］。げきかう［激昂／激高］。ふしくる［恚］。ふんい［忿恚／憤恚］。ふんげき［憤激／忿激］。ふんこん［憤恨／忿恨］。りっぷく［立腹］。腹が立つ。腹を立つ（—立てる）。中古 いららぐ［苛］。げきど［激怒］。こころやむ［心病］。しんい［瞋恚／嗔恚］。はらだつ／ふくりふ［腹立］。はんえん／へんえん［攀縁］。ふしこる［恚］。ふんど／ふんぬ［憤怒／忿怒］。ふんまん［忿懣／憤懣］。ほとほる［熱］。上代 ふつく［憤／恚］。→いかり【怒】

—・っているさま かりかり。ぶすっと。ぶすり。むくれる［剝］。むすっと。頭から湯気を立てる。頭に血が上る。近代 おかんむり［御冠］。かちん。かっと／くゎっと。かんかん。むかっと。怒り心頭に発する。竹屋の火事。満面朱を濺（そそ）ぐ。烈火の如く。目口を立てる。目を三角にする。近世 かっか。くらくら。けんまく［剣幕／権幕］。ふくる（ふくれる）［膨］。ふくれっつら［膨面］。ぼつぜん［勃然］。むかむか。むっと。むやむや。わやわや。青筋を立つ（—立てる）。色を変ふ（—変える）。腹の虫が納まらぬ。腸（はらわた）が煮えくり返る（燃え返る）。額に筋を立つ（—立てる）。目角に立つ（—立てる）。目くじらを立つ（—立てる）。めくじを立つ（—立てる）。めくじりを立つ（—立てる）。中世 かくぜん［赫然］。どき［怒気］。ふつぜん［怫然］。ふんぜん［憤然／忿然］。むかむか。わなわな。眉をつり上ぐ（—上げる）。目角を入る（—入れる）。目角を立つ（—立てる）。中古 色を作（な）す。瞋恚（しんい）（嗔恚）の炎（火炎）。怒髪（どはつ）冠（天）を衝（つ）く。

—・りたくなる気分だ 中古 はらだたし［腹立］。

—・りっぽい（気質） おこりじょうご［怒上戸］。かんしょう［癇性／疳性］。しゅんかんゆわかしき［瞬間湯沸器］。近代 おこりんばう［怒坊］。かんぺき［癇癖］。けんくゎばやい［喧嘩早］。たんじふしつ［胆汁質］。近世 かんしゃくもち［癇癪持］。かんてき。かんもち［癇持］。きみじか［気短］。きむづかし［気難］。しゃくもち［癪持］。気短し。中世 たてはら［立腹］。たんき［短気］。はらあし［腹悪］。ひすかし［姦］。中古 たちばら［立腹］。→たんき

—・り嘆く 近世 かうたん［慷嘆／慷歎］。中世 がいたん［慨嘆／慨歎］。上代 うれたむ［慨］。かうがい［慷慨／忼慨］。

―・り嘆くさま 中古がいぜん［慨然］。

―・り憎む 中世ねむ［ねめる］［睨］。

―・り妬む 近代ふんしつ［憤嫉／忿嫉］。

―・る声 近代かんごゑ［癇声］。かんしゃくごゑ［癇癪声］。どせい［怒声］。中世いかりごゑ［怒声］。

公憤を感じて―・る 中古おほやけはらだつ［公腹立］。

恥じて恨み―・る 近代ざんい［慚恚／慙恚］。

美人が―・る 近代けうしん［嬌嗔］。近世柳眉を逆立つ［―立てる］。
▼お叱り 中古かんき［勘気］。
▼ふくれっ面でぶつぶつ言う 中古はちぶく［蜂吹］。

おご・る【驕】 近代おもひあがる［思上］。近世がうがん［傲岸］。きょがう［倨傲］。けうがう［驕傲］。中世がうまん［傲慢］。中古がうぜん［傲然／慠然／謷然］。たかぶ［高］。上代おごる［驕］。→**いば・る**
《句》近代驕る者は心嘗(つね)に貧し。中世驕る平家は久しからず。

―・り高ぶった人 近代けうじ［驕児］。

―・り高ぶって勝手なことをする 中世けういつ［驕佚／驕逸］。

―・り高ぶる 近代がうきょ［傲倨］。けうきょう［驕矜］。近世きょがう［倨傲］。けうがう［驕傲］。せんしゃうばる［僭上］。中世あたまがち［頭］。上見ぬ鷲(わし)。

―・り高ぶる心 中世まんき［慢気］。

実力もないのに―・る 中古ぞうじゃうまん［増上慢］。

おご・る【奢】 中古おごる［奢］。→**おごり**
自分は金を出さずに人に―・らせる 近代もずかんぢゃう［百舌勘定］。
食事などを人に―・る 近世きばる［気張］。もめる［揉］。中世ごちそう［御馳走］。ふるまふ［振舞］。

おさえつ・ける【押付】 近代あつよく［圧抑］。おさへこむ［押込］。やくする［扼］。よくあつ［抑圧］。よくあつ［抑遏］。近世おさへつく［―つける］［押付／抑付］。へしつく［―つける］［圧付］。中世くみしく［組敷］。くみふす［―ふせる］［組伏］。しく［敷］。ねぢふす［―ふせる］［捩伏］。ふす［ふせる］［臥／伏］。中古おしひしぐ［押拉］。おしへす［押圧］。おそふ［襲］。けつ［消］。上代しのぐ［凌］。とどむ［とどめる］［留／止］。
―・けて屈服させる 近代あっぷく［圧服］。
―・けられて息苦しい 近世おもくるし［重苦］。
相手の勢いを―・ける 上代くじく［挫］。
頭ごなしに―・ける 近代てんぺんおし［天辺押］。近世てっぺいおし［天辺押］。
思いを無理に―・ける 中古おもひせく［思塞］。
権力や武力で―・ける 近代あっさつ［圧殺］。あっせい［圧制］。あっぱく［圧迫］。だんあつ［弾圧］。ぼうあつ［暴圧］。ゐあつする［威圧］。近世あっす［圧］。せいあつ［制圧］。中古うちふす［―ふせる］［打臥／打伏］。ちんあつ［鎮圧］。
強いて―・ける 中世しきつむ［―つめる］［敷詰］。
征服して―・ける せいあつ［征圧］。
強い力で―・ける 近代ぢゅうあつ［重圧］。中世あったう［圧倒］。
道理を曲げて―・ける 中世わうくつ［枉屈］。

おさ・える【押】 セーブ(save)。近世あっさく［圧搾］。あっしゅく［圧縮］。おさへつく［―つける］［押付］。よくせい［抑制］。中世おさゆ［おさえる］［押／抑］。せいす［制］。ふまゆ［ふまえる］［踏］。へす［圧］。中古おさふ［おさえる］［押］。しづむ［しずめる］［鎮］。ひかふ［ひかえる］［控／扣］。ふせく／ふせぐ［防／禦］。ふまふ［ふまえる］［踏］。上代おさふ［おさえる］［押／抑］。おす［押］。

《句》近代いいこうい［以夷攻夷］。いいせいい［以夷制夷］。夷を以て夷を制す。

―・えがたい感情 近世うずうず。中世いばしんゑん［意馬心猿］。心の馬。心の駒。中古いば［意馬］。あらぬ思ひ。

―・えきれない恋心 近代やりきれない［遣切］。近世恋の奴(やっこ)。上代おもひかぬ［―かねる］［思兼］。

―・えて我慢する 中世こらふ［こらえる］［怺／堪］。中古せきあふ［塞敢］。

―・えてせきとめる 近代よくそく［抑塞］。

―・えてとどめる 近代さしおさへる［差押］。よくあつ［抑遏］。よくし［抑止］。中世せいす［制］。とりとむ［―とめる］［取留］。中古せきやる［堰遣］。よくりう［抑留］。

―・えて控え目にする 中世よくそん［抑損／抑遜］。

―・えてふさぐ 近代よくそく［抑塞］。

勢いなどを―・える 近代せいよく［制抑］。中古せきとむ［―とめる］［塞止／堰止］。

思いを―・える 近代うちころす［打殺］。中世こらふ［こらえる］［怺／堪］。中古おもひしづむ［思静／思鎮］。おもひせく［思塞］。せきとどむ［―とどめる］［塞止／堰止］。

重要地点を―・える 近代咽喉(いんこう)を扼(やく)する。

涙を―・える 中古 せきとどむ［―とどめる］［堰止］。せきとむ［―とめる］［塞止／堰止］。

欲望を自分で―・える じしゅく［自粛］。じりつ［自律］。近代 こくき［克己］。セルフコントロール(self control)。中世 せっせい［節制］。近世 じせい［自制］。中古 かつ［克］。

笑いやあくびを―・える 近代 かみころす［嚙殺］。かみつぶす［嚙潰／咬潰］。

おさがり【御下】 近代 おさがり［御下］。近世 あがりぜん［上膳］。おすべり［御滑］。おながれ［御流］。中世 おした［御下］。おふる［御古］。中古 おろし［下］。おろしもの［下物］。

―の米 中世 おろしごめ［下米］。

おさな・い【幼】 近代 えうちゅう［幼沖］。ちゅうえう［沖幼／冲幼］。ねんね。むじゃき［無邪気］。近世 あどけなし。ぐゎんぜなし［頑是無］。ねんねえ。裄丈(ゆきたけ)もなし。中世 をさあい［幼］。中古 いわく［稚］。いわけなし［稚］。えうせう［幼少］。かたなり［片生］。きびは。しどけなし。ちひさし［小］。ねんせう［年少］。わか［若］。わかわかし［若若］。をさなし［幼］。上代 えうち［幼稚］。

―・い男の子 近世 ばうや［坊］。

―・い女の子 近世 えうぢょ［幼女］。中世 くゎんぢょ［丱女］。めのこご［女子児］。中古 めのわらは［女童］。

―・い子供 →おさなご →こども

―・い時 近代 をさなどき［幼時］。近世 えうじ［幼時］。中世 せうじ［少時］。中古 ちくば［竹馬］。ふたば［双葉／嫩／二葉］。

―・い時の成長の様子 近代 をさなだち［幼立］。

―・い姫 近世 ひめご［姫児］。

―・くていじらしい 中世 いたいけ［幼気］。

―・くて思慮がたりない 近世 たわいなし。ちくさし［乳臭］。ちちくさし［乳臭］。みじゅく［未熟］。中古 えうち［幼稚］。どうもう［童蒙］。にゅうしう［乳臭］。

―・くて弱々しい 中世 いうじゃく［幼弱］。中古 えうじゃく［幼弱］。きびは［稚］。

―・く見える 中古 をさなぶ［―なびる］［幼］。

おさなご【幼子】 近代 えうしゃ［幼者］。がいえい［孩嬰］。ねんせうしゃ［年少者］。近世 いと［幼］。がいどう［孩童］。ちし［稚子］。ちひさ［小］。ちもう［稚蒙］。どうえう［童幼］。ふところご［懐子］。わかばえ［若生］。をさあい［幼／幼児］。中世 えうがい［幼孩］。えうじ［幼児］。がいじ［孩児］。せうじん／せうにん［小人］。わか［若］。わらべ［童］。をさなご［幼子／幼児］。中古 うなゐこ［髫髪児］。えいがい［嬰孩］。えうどう［幼童］。がいてい［孩提］。こども［子供］。こわらは［小童］。ちご［稚児／児］。はつくさ［初草］。ふたば［二葉／双葉］。わらはべ［童部］。をさなもの［幼者］。上代 えうねん［幼年］。じゅし［豎子／孺子／竪子］。せうに［小児］。てこ／てご［手児］(東国語)。どうじ［童子／童児］。みどりご［緑児／嬰児］。わかご／わくご［若子］。→あかんぼう →こども

―が泣くさま 中古 いかいか。

―を歩かせるときの言葉 近世 あいやのほほろ／あいやのほらほら／あいやのほろほろ。あいやぼろぼろ。あんよは上手。

跡継ぎの― 近代 わかばえ［若生］。

親のない― 中世 おやなしご［親無子］。ちちなしご［父無子］。ててなしご［父無子］。ははなしご［母無子］。中古 こし［孤子］。こじ［孤児］。みなしご［孤児］。

おさなごころ【幼心】 どうしん［童心］。近世 こどもごころ［子供心］。中世 こごころ［子心］。中古 をさなごこち［幼心地］。をさなごころ［幼心］。

おさなともだち【幼友達】 近代 ちくばのとも［竹馬友］。をさなともだち［幼友達］。中世 わらはともだち［童友達］。をさななじみ［幼馴染］。

―の男女 中古 つつゐづつ［筒井筒］。

おさななじみ【幼馴染】 →むかしなじみ

おざなり【御座形】 近代 その場限り。その場逃れ。場当たり。近世 いいかげん［好加減］。おざなり［御座形／御座成］。ざなり［座形／座成］。とほりいっぺん［通一遍］。候(そろ)べく候(さう)ふ。

おさま・る【治】 しゅうそく［収束］。近代 あんてい［安定］。しゅうけつ［終結］。近世 かたづく［片付］。片が付く。中世 おちつく［落着］。けっちゃく［決着］。らくちゃく／らくぢゃく［落着／落著］。雨降って地固まる。中古 きちゃく［帰着／帰著］。さだまる［定］。しうしふ［収拾］。したたまる［認］。たひらぐ［たいらげる］［平］。上代 しづまる［鎮／静］。をさまる［治／収／修］。

―・った世 中世 じゅゐき［寿域］。せうだい［昭代］。

―・った世を騒いでもつれさせる 寝た子を起こす。

―・って平穏であるさま 近世 しち［至治］。

せいへい［清平］。中世 ごふうじふう［五風十雨］。せいねい［静寧／靖寧／清寧］。ち［治］。へいわ［平和］。中古 せいひつ［静謐］。ちあん［治安］。ちせい［治世］。へいあん［平安］。上代 あんねい［安寧］。こふく［鼓腹］。たいへい［泰平／太平］。

―・りにくいこと 中世 なんぢ［難治］。

怒りや悲しみが―・る 近世 いえる［癒］。

一定の形に―・る 近世 はまる［塡／嵌］。

おさ・める【治】 かんり［管理］。近代 とうせい［統制］。へいてい［平定］。近世 ちんてい［鎮定］。とうかつ［統轄］。中世 おちつく［―つける］［落着］。けいせい［経世］。したたむ［認］。せいぎょ［制御］。ちす／ぢす［治］。中古 しはい［支配］。たひらぐ［たいらげる］［平］。まつりごつ［政］。りす［理］。世を知る。上代 うしはく［領］。さだむ［さだめる］［定］。しきなぶ［敷並］。しく［敷／布］。しづむ［しずめる］［鎮／静］。しる［領／治］。ふとしく［太敷］。をさむ［おさめる］［治］。

《尊》中古 しろしめす［知食］。上代 きこしめす［聞召］。きこしをす［聞食］。しきます［敷座］。しらしめす／しらす／しろしめす／しろす［知／領］。めす［見／看］。

―・め取り締まる 中世 くゎんりゃう［管領］。

国を―・める 近代 ぢてい［治定］。とうち／とうぢ［統治］。中世 ちせい／ぢせい［治世］。世を行ふ。中古 けいこく［経国］。けいりん［経綸］。すぶ［すべる］［統／総］。世の重し。世の固め。上代 すべをさむ［統治］。をす［食］。

国を―・めるもと 中古 かうき［綱紀］。

国を―・める者 とうちしゃ［統治者］。近代 ちしゃ［治者］。

民を―・める 近代 ぼくみん［牧民］。上代 ちみん［治民］。

敵地を平定して―・める 上代 けいりゃく［経略］。

天下を―・める 中世 ぢてん［治天］。中古 せうりん［照臨］。上代 あまてらす［天照］。

独断で―・める 近代 どくさい［独裁］。

立派に―・める 上代 たかしく／たかしる［高敷／高知］。

おさ・める【納】 しょしゅう［所収］。近代 うけをさめる［受納］。かくなふ［格納］。しうじゅ［収受］。しうよう［収容］。なふにふ［納入］。なふふ［納付］。近世 しまふ［仕舞／終／了］。中世 しうなふ［収納］。せっす［摂］。中古 こむ［こめる］［籠／込］。じゅなふ［受納］。とりいる［―いれる］［取入］。上代 うく［うける］［受／請］。うけとる［受取］。しうくゎく［収穫］。しゅなふ［収納］。をさむ［おさめる］［納／収］。

―・めて記録する 近世 しうろく［収録］。

―・めない 近代 たいなふ［滞納］。たいなふ［怠納］。中世 みさい［未済］。上代 みなふ［未納］。

新たに―・め入れる 近代 しんしう［新収］。

上の団体に―・める 近世 じゃうなふ［上納］。

奥深く―・める 近世 しまひこむ［仕舞込］。

遅れて―・める 近代 えんなふ［延納］。

金を―・める 近代 なふきん［納金］。

蔵などに―・める 近代 かくなふ［格納］。近世 くらいり／くらいれ［蔵入］。中古 しうざう［収蔵］。

品物を―・める 近代 なふひん［納品］。ぶつなふ［物納］。

書物などに―・めてある しょしゅう［所収］。

神仏に―・める 中世 ほうだふ／ほうなふ［奉納］。

すぐに―・める 近代 そくなふ［即納］。

税金を―・める 近代 なふぜい［納税］。

全部―・める ぜんのう［全納］。近代 くゎんなふ［完納］。中世 かいなふ［皆納］。

人や物を―・め入れる 近代 しうよう［収容］。

前もって―・める 近代 よなふ［予納］。近世 ぜんなふ［前納］。中世 せんなふ［先納］。

分けて―・める 近代 ぶんなふ［分納］。

▼お納めください 近代 せうなふ［笑納］。近世 せうりう［笑留］。

おさ・める【修】 身に付ける。近代 しうがく［修学］。しうげふ／しゅげふ［修業］。しうする［修］。べんきゃう［勉強］。まなぶ［学］。近世 しうやう［修養］。中世 しうとく［修得］。しゅぎゃう［修行］。しゅす［修］。中古 をさむ［おさめる］［修］。おぼゆ［おぼえる］［覚］。がくしふ［学習］。しゅがく［修学］。ならふ［習］。

―・め終える 近代 しうれう［修了］。

専門に―・める 近代 せんしう［専修］。

身を―・める 近代 れんせい［錬成／練成］。近世 しうやう［修養］。中世 しうしん［修身］。たんれん［鍛錬／鍛練／鍛煉］。

おし【啞】 近代 あ［啞］。あしゃ［啞者］。中古 おし［啞］。上代 おふし［啞］。

おし【押】 近代 づうづうしさ［図図］。つよき［強気］。近世 おし［押／圧］。おして［押手］。中古 がい［我意］。

《句》近代 一押し二金(かね)三男(をとこ)。

お

ーの強い性格　近代つよき［強気］。中古おしから／おしがら［押柄］。

ーの強い性格を持つ　中世おしからだつ／おしがらだつ［押柄立］。

強引なー　一押し二押し。

おじ【伯父】　中世をぢき［伯父貴／叔父貴］。をぢご［伯父御／叔父御］。をぢぢゃひと［伯父者人／叔父者人］。をぢやひと［伯父人／叔父人］。上代をぢ［伯父／叔父］。

多くのー　中世しょふ［諸父］。

▼伯父と叔父　上代はくしゅく［伯叔］。

▼父の兄　中世をうぢ［伯父］。中古えをぢ［伯父］。上代はくふ［伯父］。をぢ［伯父］。

▼父の弟　中世しゅくふ［叔父］。をうぢ［叔父］。中古おとをぢ［叔父］。上代をぢ［叔父］。

▼母方の伯叔父　近代きうふ［舅父］。近世きうし［舅氏］。

おしあ・う【押合】　近世へしあふ［圧合］。中世せきあふ［塞合］。ひしめきあふ［犇合］。ひしめく［犇］。中古いりもむ［入揉］。おしあふ［押合］。もむ［揉］。

ーう遊び　近代おしくら／おしくらべ［押競］。おしくらまんぢゅう［押競饅頭］。

おしあ・てる【押当】　中古おしあつ［ーあてる］［押当］。おしつく［ーつける］［押付］。さしあつ［ーあてる］［差当］。さしつく［ーつける］［差付］。

ーてて切る　中世おしきる［押切］。

おしい【惜】　惜しんでも余りある。近世こころのこり［心残］。中世あったら［可惜］。ざんねん［残念］。むねん［不念／無念］。もったいな／もったいなし［勿体］。ゐかん［遺憾］。中古あたら／あたらし［可惜］。くちをし［口惜］。みれん［未練］。をしけし［惜／愛］。上代くやし［悔／口惜］。をし［惜／愛］。

《枕》上代たまのをの［玉緒］。をしどりの［鴛鴦］。

ーいことに　近代をしむらくは［惜］。中古あたら［可惜］。上代をしけく［惜］。

ーい人物　中古あたらみ［可惜身］。

ーがること　近世けち［吝嗇］。中世りんしょく［吝嗇］。中古ものをしみ［物惜］。

ーく思う　上代をしむ［惜］。

ーげもなく　近世むさと／むざと。

ーげもなく売る　近代うりとばす［売飛］。

ーげもなく金などを使う　金に糸目をつけぬ。近世金に飽かす。湯水のやうに使ふ。金片を切る。

ーそうにするさま　けちけち。

▼心残り　中古あかず［飽］。をしげ［惜］。

おしい・る【押入】　近代はいたつ［排闥］。近世おしこむ［押込］。中世おしかく［ーかける］［押掛］。中古おしいる［押入］。らんにふ［乱入／濫入］。

ーって乱暴する　近代なぐりこむ［殴込］。

大勢でーる　中世こみいる［込入］。中古らんにふ［乱入／濫入］。

騒ぎながらーる　近世どなりこむ［怒鳴込］。なりこむ［鳴込］。

おしうり【押売】　近世さしうり［緡売］。中世おしうり［押売］。

おしえ【教】　上代をしへ［教］。→**おし・える**

ーが奥深く理解し難いこと　中世しんみつ／じんみつ［深密］。

ーに背く　近代はいけう［背教］。

ーを受ける　近代じゅけう［受教］。近世じゅげふ［受業］。をそはる［教］。

ーを受けるため弟子になる　中世にふもん［入門］。中古にふがく［入学］。

ーを受ける人　でし［弟子］。近代てい［弟］。近世をしへご［教子］。中世ていし［弟子］。もんてい［門弟］。中古もんじん［門人］。

宗教のー　中世けうぎ［教義］。しゅう［宗］。中古ぎ［義］。上代のり［法］。ほふ［法］。みち［道］。

優れたー　近世かうけう［高教］。めいけう［明教］。中世だいほふ［大法］。中古だいだう［大道］。めいくん［明訓］。

正しいー　近世せいけう［正教］。中世しゃうげう［正教］。しゃうぼふ［正法］。中古めうほふ［妙法］。

人についてーを受ける　近代しじ［師事］。中古つく［就］。

仏教以外のー　中古げけう［外教］。

おし・える【教】　教壇に立つ。教鞭を執る。近代くんいく［薫育］。くんゆ［訓諭／訓喩］。コーチ(coach)。近世けういく［教育］。中世くんたう［薫陶］。けいはつ［啓発］。けいもう［啓蒙］。けうくゎ［教化］。けうくゎい［教誨］。けうくん［教訓］。をしゆ［教］。中古けうじゅ［教授］。けうだう［教導］。さづく［さずける］［授］。すいくん［垂訓］。つたふ［つたえる］［伝］。ほだう［補導／輔導］。上代いましむ［ーしめる］［戒／誡］。さとし［諭］。しめす［示］。をしふ［おしえる］［教］。

《句》近代教ふるは学ぶの半ば。河童に水練。猿に木登り。近世孔子に論語。釈迦

に説法。〈中世〉負うた子に教へられて浅瀬を渡る。三つ子に習って浅瀬を渡る。

—・え戒める 〈中古〉けうかい［教戒／教誡］。〈近代〉くんかい［訓戒／訓誡］。

—・え込む 〈近代〉インドクトリネーション（indoctrination）。たたきこむ［叩込］。〈近世〉しいれる［仕入］。しこむ［仕込］。〈中世〉しつくる〔—つける〕［仕付／躾］。〈中古〉したつ〔—たてる〕［仕立］。

—・え諭す 〈近代〉くんゆ［訓諭］。〈近世〉いひきかす／いひきかせる［言聞］。くゎいゆ［誨諭］。くんくゎい［訓誨］。くんもう［訓蒙］。〈中世〉けうくゎい［教誨］。けうくん［教訓］。〈上代〉けうゆ［教諭／教喩］。

—・え諭す言葉 〈近代〉くんじ［訓辞］。くんわ［訓話］。〈近世〉くんげん［訓言］。

—・え示す 〈近代〉くんじ［訓示］。〈近世〉けうじ［教示］。しけう［指教］。〈中古〉すいけう［垂教］。〈上代〉しけう［示教］。しめす［示］。

—・え育てる 〈近代〉くんいく［訓育］。けうやう［教養］。

—・え慣らす 〈近代〉けうれん［教練］。

—・え習わせる 〈中古〉けうしふ［教習］。

—・え導く 〈近世〉しだう［指導］。〈中世〉てびき［手引］。〈中古〉くんだう［訓導］。けす［化］。しなん［指南］。ぜんだう［善導／善道］。たうくゎ［陶化］。たうや［陶冶］。みちびく［導］。

—・える計画 カリキュラム（curriculum）。〈近代〉けういくくゎてい［教育課程］。

—・える内容（コース） 〈近代〉けうくゎ［教科］。けうてい［教程］。レッスン（lesson）。〈近世〉くゎてい［課程］。

神が—・え示す 〈近代〉けいし／けいじ［啓示］。

師匠が出向いて—・える 〈近代〉でけうじゅ［出教授］。〈近世〉でげいこ［出稽古］。

諸方に出かけて人々を—・え導く 〈中古〉ゆけ［遊化］。

初歩の人に—・える書物 あんないしょ［案内書］。てびきしょ［手引書］。にゅうもんしょ［入門書］。プライマー（primer）。〈近代〉くんもう［訓蒙］。→てびき

初歩を—・える 〈近代〉にふもん［入門］。〈近世〉てほどき［手解］。

人々を—・え導く 〈近代〉たけ［他化］。〈中世〉けいもう［啓蒙］。〈中古〉けうだう［教導］。〈上代〉けた［化他］。

前もって—・え込む 〈近世〉ふきこむ［吹込］。

礼儀作法を—・える 〈中世〉しつく〔—つける〕［仕付／躾］。

▼家庭教育 →かくん

▼先人の残した教え 〈中世〉ゐかい［遺戒／遺誡］。ゐくん［遺訓］。〈中古〉ゐふう［遺風］。

おじか【牡鹿】 〈中世〉かせぎ［鹿］。〈上代〉さをしか［小雄鹿］。しし［獣］。をしか／をじか［牡鹿］。

おしか・ける【押掛】 おそう［襲］。〈近世〉ふりこむ［振込］。〈中世〉おしよす〔—よせる〕［押寄］。すいさん［推参］。つめかく〔—かける〕［詰掛］。〈中古〉おしいる［押入］。おしかく〔—かける〕［押掛］。

文句を言いに—・ける 〈近世〉ねぢこむ［捩込／捻込］。

おじぎ【御辞儀】 〈近代〉へいしんていとう［平身低頭］。挙手の礼。〈近世〉みつゆび［三指］。ゑしゃく［会釈］。頭を下ぐ〔—下げる〕。〈中世〉いっす／いふす［揖］。おじぎ［御辞儀］。たふれい［答礼］。もくれい［黙礼］。れい［礼］。〈中古〉けいれい［敬礼］。ひれふす［平伏］。へいふく［平伏］。〈上代〉こうとう［叩頭］。

—を何度もする 〈近世〉さんぱいきうはい［三拝九拝］。

軽く—・する 〈中世〉いちいふ［一揖］。

おじぎそう【含羞草】 おじぎぐさ［御辞儀草］。がんしゅうそう［含羞草］。〈近代〉ねむりぐさ［含羞草／眠草］。〈近世〉おじぎさう［含羞草／御辞儀草］。

おしこ・む【押込】 →おしこ・める（次項）

おしこ・める【押込】 〈近世〉つめこむ［詰込］。ねぢこむ［捩込／捻込］。〈中世〉おしこむ［押込／押籠］。おっこむ［込］。つむ〔つめる〕［詰］。とりこむ〔—こめる〕［取籠］。ふみくくむ［踏含］。〈中古〉いれこむ〔—こめる〕［入込／入籠］。うちはむ［打塡／打嵌］。おしこむ〔—こめる〕［押込／押籠］。おしつむ〔—つめる〕［押詰］。

—・めるさま 〈近代〉きゅうきゅう。ぎゅうぎゅう。

圧力をかけて—・める 〈近代〉あつにふ［圧入］。

叩いて—・める 〈中世〉うちこむ［打込］。

人を—・める 〈近代〉かんきん［監禁］。〈近世〉きんこ［禁固／禁錮］。〈中世〉いうしう［幽囚］。いうへい［幽閉］。へいもん［閉門］。〈中古〉いうす［幽］。とじこむ〔—こめる〕［閉込］。

おしすす・める【推進】 〈近代〉おしすすめる［推進］。すいしん［推進］。

—・めて行き着くところ 〈中世〉きうきょく／きうごく［究極］。きゅうきょく［窮極］。

—・める力 すいしんりょく［推進力］。

一気に—・める 〈中世〉はこぶ［運］。〈中世〉たたみかく〔—かける〕［畳

掛]。ひらおし[平押]。

考えなどを最後までー・める　つめきる[詰切]。近世せんじつむ[ーつめる][煎詰]。

おしせま・る【押迫】→**おしつま・る**

おしたお・す【押倒】中古おしたふす[押倒]。上代おしふ ついたふす／つきたふす[突倒]。す[ーふせる][押伏]。

順々に折り重なってー・す　中世しゃうぎだふし[将棋倒]。

相撲でー・す　近代よりたふす[寄倒]。

おしだ・す【押出】近代あっしゅつ[圧出]。くりだす[繰出]。プッシュ(push)。近世せりだす[迫出]。中世おしだす[押出]。中古おしいだす[押出]。おしいづ[押出]。

おしつ・ける【押付】近世あっす[圧]。おっつく[ーつける][押付]。こすりつく[ーつける][擦付]。たたきつく[ーつける][叩付]。むりおし[無理押]。むりじひ[無理強]。中世へしつく[ーつける][圧付]。へす[圧]。中古おさふ[おさえる][抑/押]。おしあつ[ーあてる][押当]。おしつく[ーつける][押付]。さしつく[ーつける][差付]。しふ[しいる][強]。もむ[揉]。

ー・けがましく言う　近世おっかぶす[ーかぶせる][押被]。たたきつく[ーつける][叩付]。

ー・けて売る　近世うりつく[ーつける][売付]。

ー・けて折る　近世おっぺしょる[押圧折]。

ー・けて砕く　近代あっさい[圧砕]。

強制的にー・ける　近代あまくだり[天降]。近世有無を言はせず。

責任を他にー・ける　近代てんか[転嫁]。近世おっかぶす[ーかぶせる][押被]。

不都合を他にー・ける　しわよせ[皺寄]。

おしつぶ・す【押潰】近世おしつぶす[押潰/圧潰]。ひしゃぐ[拉]。みしゃぐ。中古おしひしぐ[押拉]。おしへす[押圧]。とりひしぐ[取拉]。ひさぐ/ひしぐ[拉]。上代つく[搗]。

ー・される　近代ぺしゃんこ。ぺちゃんこ。ぺったんこ。近世ひしゃげる[拉]。中古ひしぐ[ひしげる][拉]。

一度にー・すこと　近世ひとひしぎ[一拉]。

摘み取ってー・す　とりひしぐ[取拉]。

おしつま・る【押詰】近代おしせまる[押迫]。おしつまる[押詰]。さしせまる[差迫]。どたんば[土壇場/土断場]。近世きふはく[急迫]。せっぱづまる[切羽詰]。中世せっぱく[切迫]。中古ひっぱく[逼迫]。上代せまる[迫/逼]。

おしとお・す【押通】ごりおし[ごり押]。やりぬく[抜]。近代きゃうかう[強行]。だんかう[断行]。つらぬく[貫]。むりおし[無理押]。近世おしきる[押切]。かきやぶり[垣破]。ごりがん。よこがみやぶり[横紙破]。中世おしとほす[押通]。

ー・すさま　近代ごりごり。

意志をー・す　がんばる[頑張]。中世とほす[通/徹]。いちがい[一概]。

我意をー・す　近代意地を通す。近世意地を張る。我を通す。我を張る。

一つのことをー・す　近世いってんばり[一点張]。いっぽんやり[一本槍]。

おしとど・める【押止】近世さしかまふ[差構]。中世おしとむ[ーとめる][押止]。中古せいす[制]。上代おしとどむ[ーとどめる][押止]。

おしどり【鴛鴦】近世ゑんあう[鴛鴦]。中古をしかも[鴛鴦鴨]。上代をし[鴛鴦]。をしどり[鴛鴦]。

ーなどの羽　いちょうば[銀杏羽]。

▼仲睦まじい夫婦　→**ふうふ**

おしなべて【押並】近代いっぱんてき[一般的]。がいして[概]。中世いちやう[一様]。いっとう[一統]。すべて[統]。中古あまねく[普/遍]。うちわたし[打渡]。おほかた[大方/大抵/凡]。おほよそ[大凡/凡]。おなべて/なめて[並]。上代おしなべて[押並/押靡]。

おしの・ける【押退】近代はいぢょ[排除]。近世どける[退]。はいせき[排斥]。はねのく[ーのける][撥除]。中世そばむ[そばめる][側]。のく[のける][退]。はいす[排]。はらひのく[ーのける][払退]。中古おしのく[ーのける][押退]。おしやる[押遣]。かいやる[掻遣]。さしやる[差遣]。

ー・けて棄てる　近世はいき[排棄]。

ー・ける力　近代すいりょく[推力]。

左右にー・ける　上代かきわく[ーわける][掻分]。

おしのび【御忍】中世おしのび[御忍]。中古しのびありき/しのびあるき[忍歩]。やつす[窶/俏]。やつれ[窶]。

おしはか・る【推量】おす[推]。近代すいそく[推測]。すいてい[推定]。すいり[推理]。すいろん[推論]。見当をつける。近世おくたく/おくど[臆度]。けいくゎく[経画]。さげすみ[下墨]。るいすい[類推]。中世くみとる[酌取]。けうりゃう[校量/較量]。じゅんど[忖度]。すいす[推]。そくたく[測度]。たんげい[端倪]。どりゃう[度量]。

はかりしる[計知]。はかる[計/測]。みぬく[見抜]。中古くむ[酌]。さっす[察]。すいさつ[推察]。すいす[推]。すいりゃう[推量/推諒]。そくりゃう[測量]。そんたく[忖度]。はからふ[計]。みさだむ[―さだめる][見定]。上代おしはかる[推量/推測]。

《尊》近代おさっし[御察]。中世けんさつ[賢察]。りんさつ[憐察]。中古かうさつ[高察]。上代めいさつ[明察]。

《謙》近代はいさつ[拝察]。近世ぐさつ[愚察]。

ー・って判断する 上代すいだん[推断]。

ー・り考える 近世すいかう[推考]。

暦によってー・る 中古れきしゃう[暦象]。

根拠なくー・る 近代おくそく[憶測/臆測]。近世あてずいりゃう[当推量]。あてずっぽう。

先のことをー・る 近代よさう[予想]。

事情などをー・る 中古しんしゃく[斟酌]。

背後のものをー・る 近代よみとる[読取]。

悪くー・る 近世かんぐる[勘繰]。中世じゃすい[邪推]。

おしひろ・げる【押広】 近代えんえき[演繹]。中古くゎいくゎう[恢宏]。くゎいこう[恢弘]。中世おしひろぐ[―ひろげる][押広]。上代ふえん[敷衍/布衍/敷延]。

おしまい【御仕舞】 ジエンド(the end)。近代エンド(end)。ちょん。近世おしまひ[御仕舞/御終]。おじゃん。おてちん。ぐゎんしくどく[願以此功徳]。中世さいご[最後]。をさめ[納/収]。中古をはり[終]。

→**おわり**

おし・む【惜】 近代あいちゃく[愛着]。近世あいせき[愛惜]。けちけちする。中世かだむ。をしがる[惜]。中古あいぜん[愛染]。あいぢゃく[愛着/愛著]。あはれむ[哀/憐]。ものをしみ[物惜]。上代あたらしぶ[可惜]。をしむ[惜/愛]。

ー・み憐(あわ)れむこと 近代れんせき[憐惜]。

ー・むべき身 中古あたらみ[可惜身]。

ー・むべき物 中古あたらもの[可惜物]。

ー・む様子 中古をしみがほ[惜顔]。

ー・んで少しずつ使う 中世をしみづかひ[惜使]。

人の死をー・む 近世あいせき[哀惜]。

別れをー・む 近世あいべつ[哀別]。中世せきべつ[惜別]。

おしめ【襁褓】 近代おしめ[襁褓/御湿]。おむつ[御襁褓]。きゃうほ[襁褓]。中古きゃうほう[襁褓]。しめし[湿]。むつき[襁褓]。

おしもんどう【押問答】 近代牛の角突合ひ。近世おしあふ[押合]。おしもんだふ[押問答]。

物の値段についてのー 近代おしひき[押引]。

おしゃべり【御喋】 トーク(talk)。近代ちゃうくゎうぜつ[長広舌]。ちゃうぜつ[長舌]。口がうまい。口がうるさい。近世あご[顎/頤]。おしゃべり[御喋]。てふてふしい[喋喋]。べらつく。口が軽い。中世くぜつ[口説/口舌]。くちきき[口利]。たべん[多弁/多辯]。ねうぜつ[饒舌]。口が減らない。中古くちさがなし[口]。ぜうぜつ[饒舌]。たげん[多言]。ひひらく[囀/嘶]。ものいひ[物言]。→**くち❷**

《句》近代口自慢(話上手)の仕事下手。多弁能なし。鳴かない猫は鼠とる。鳴き猫鼠とらず。能なし犬の高吠え。女(をんな)三人寄れば姦(かしま)しい。近世海鼠(なまこ)の油揚(あぶらげ)を食ふ。話し上手の聞き下手。話し上手の口下手。

ー・な人 近代うすくちびる[薄唇]。近世まめざう[豆蔵]。

ーのさま 近代ぺちゃぺちゃ。わいわい。近世がやがや。じゃらじゃら。ちゃらちゃら。ぺちゃくちゃ。べらべら。ぺらぺら。中古かやかや。

無駄なー 近代ざつだん[雑談]。近世だべん[駄弁/駄辯]。

おしや・る【押遣】 →**おしの・ける**

おしゃれ【御洒落】 近代おめかし[御粧]。メーキャップ/メークアップ(makeup)。めかし[粧]。めかしこむ[粧込]。近世おしゃらく[御洒落]。おしゃれ[御洒落]。しだし[仕出]。たしなみ[嗜]。みじまひ[身仕舞]。中世みごしらへ[身拵]。中古きかざる[着飾]。けさう[化粧]。みづくろひ[身繕]。上代よそほひ[装/粧]。→**けしょう**

ー・な人 スタイリスト(stylist)。近代しゃれもの[洒落者]。ダンディー(dandy)。めかしや[粧屋]。近世だてしゃ/だてもの[伊達者]。

ーばかりで遊んでいる女 近世おひきずり/ひきずり[御引摺]。

ーをする 近代しゃれこむ[洒落込]。めかしこむ[粧込]。近世しだす[仕出]。めかす[粧]。中古きかざる[着飾]。けさうず[化粧]。

おしょく【汚職】 近代しうわい[収賄]。とくしょく[瀆職]。近世ぞうわい[贈賄]。

おしよ・せる【押寄】 近代なだれこむ[雪崩込

／傾込]。近世 きほひかかる[競掛]。さったう[殺到]。しかく[—かける][仕掛]。中世 おしかく[—かける][押掛]。おしよす[—よせる][押寄]。つめかく[—かける][詰]。つめよす[—よせる][詰寄]。なだれる[雪崩／傾]。よせかく[—かける][寄掛]。よせく[寄来]。中古 うちよす[—よせる][打寄]。

—・せて敵勢を崩す 中古 おしくづす[押崩]。

—・せるさま 近世 ひたひた。中世 どっと／どど。

敵勢に—・せる 中古 せめよす[—よせる][攻寄]。

おしろい【白粉】 近代 かうふん[香粉]。はくふん[白粉]。近世 えんくゎ[鉛華]。中世 おしろい[白粉]。中古 しろきもの[白物]。はふに[白粉]。顔(ほか)の衣(ぬき)。上代 えんぷん[鉛粉]。

—で化粧すること 近代 ふんしょく[扮飾／粉飾]。

—と紅 中世 こうふん[紅粉]。

—と黛(まゆずみ) 中古 ふんたい[粉黛]。ふんぼく[粉墨]。

—を白く塗った顔 中古 ふんめん[粉面]。

伊勢特産の— 近世 けいふん[軽粉]。ごしょおしろい[御所白粉]。はらや[水銀粉]。水銀(みづかね)の滓(かす)。中世 いせおしろい[伊勢白粉]。

襟から肩への— 近世 えりおしろい[襟白粉]。

粉の— パウダー(powder)。プードル(フランス poudre)。近代 こなおしろい[粉白粉]。

寝る前につける— 近代 ねおしろい[寝白粉]。

俳優が顔に塗る— 近代 ドーラン(ドイツ Dohran)。

おしろいばな【白粉花】 えんしか[燕脂花]。ゆうげしょう[夕化粧]。近世 おしろいばな[白粉花]。

おしわ・ける【押分】 中世 わる[割]。上代 おしわく[—わける][押分]。

—・けて進む 上代 さぐくむ。

おす【雄】 近世 をす[雄／牡]。をん[雄／牡]。上代 を[雄／牡]。

—の馬 ぼば[牡馬]。中古 をうま[牡馬]。

—の大きな牛 オックス(ox)。ブル(bull)。中世 ことひ／ことひうし[特牛]。

お・す【押】 近代 プッシュ(push)。プレス(press)。近世 あっす[圧]。おさへつく[—つける][押付／抑付]。中古 おしつく[—つける][押付]。へす[圧]。上代 おさふ[おさえる][押／抑]。おす[押／圧]。

—・し合う遊び →**おしあ・う**

—・し切ってするさま 中世 むずと／むんずと。

—・し切られる 土俵を割る。

—・し切る意気 中世 たんき[胆気]。

—・し揺るがす 上代 おそぶる[押]。

—・す力 おし[押]。すいりょく[推力]。

—・すとへこむさま 近代 ぺこぺこ。近世 へこへこ。

—・すに押されぬ 近世 押しも押されもしない。

印を—・す(捺す) 近代 あふなつ[押捺]。中世 すう[すえる][据]。すゆ[据]。中古 だついん／なついん[捺印]。

後ろから—・す あとおし[後押]。近世 しりおし[尻押]。

腕での—・し合い 中世 うでおし[腕押]。うでずまふ[腕相撲]。

しゃにむに—・す 近代 おしまくる[押捲]。近世 ひたおし[直押]。中古 おしたつ[—たてる][押立]。

じりじりと少しずつ—・す じりおし[押]。

互いに—・す 中古 おしあふ[押合]。おしかへす[押返]。

手のひらや指で—・す 近代 しあつ[指圧]。

お・す【推】 中古 あぐ[あげる][挙]。おす[推]。すいきょ[推挙]。すいきょ[吹嘘]。すいせん[推薦]。上代 すすむ[すすめる][薦]。

おすい【汚水】 近世 をすい[汚水]。中世 げすい[下水]。どろみづ[泥水]。中古 でいすい[泥水]。にごりみづ[濁水]。

—などを排水する水路 はいすいろ[排水路]。

おずおず【怖怖】 近代 きょうきょう[恟恟]。近世 おそるおそる[恐恐]。おっかなびっくり。おどおど。こはごは[怖怖]。びくびく。中世 おぢおぢ。中古 おづおづ[怖怖]。きょうきょう[兢兢]。上代 せんせんきょうきょう[戦戦兢兢／戦戦恐恐]。→**おそるおそる**

—・するさま 近代 おどつく。近世 いぢける。中世 およびごし[及腰]。中古 おびる。わるびる[—びれる][悪怯]。《句》近代 足を重ねて立ち目を側(そば)だてて視(み)る。

おせじ【御世辞】 リップサービス(lip service)。近代 おせじ[御世辞]。おべんちゃら。ぐゎいかうじれい[外交辞令]。げいがふ[迎合]。ごますり[胡麻擂]。よいしょ。近世 あぶら[油／脂／膏]。うれしがらせ[嬉]。おはむき／はむき[御歯向]。おべっか。けいあんぐち[桂庵口]。けいはく[軽薄]。けいはくぐち[軽薄口]。しゃうぐゎつことば[正月言葉]。じゃうず[上手]。せじ[世事／世辞]。つや[艶]。言葉の玉。中世 あゆ

[阿諛]。かんげん[甘言]。しきたい／しきだい[色体／色代／式体]。へつらひ[諂]。中古 ついしょう／ついそう[追従]。ゆげん[諛言]。

—で人をまるめこむ 《句》近代 世辞で丸めて浮気で捏(こ)ねる。

—ばかり言う人 近代 おせじつかひ[御世辞遣]。たいこたたき[太鼓叩]。近世 けいあん[桂庵／慶庵]。じゃうずもの[上手者]。せじもの[世辞者]。

—を言う おべっかを使う。近代 御土砂(おどしゃ)をかける。近世 おひゃる／おひゃらかす。はむく[歯向／歯剝／羽向]。油を乗せる。胡麻(ごま)を擂(す)る。《句》近代 お鬚(ひげ)の塵(ちり)を払ふ。

そらぞらしい— 近代 からせじ[空世辞]。そらせじ[空世辞]。近世 そらけいはく[空軽薄]。

おせっかい【御節介】 かいにふ[介入]。近代 おせっかい[御節介]。かんせふ[干渉]。口を挟む。嘴(くちばし)を容(い)れる。首を突っ込む。ちょっかいをかける。余計なお世話。近世 おせせ。くちだし[口出]。さしこむ[差込]。さしでぐち[差出口]。せわやき[世話焼]。でしゃばる[出]。てだし[手出]。ようかい[容喙]。大きなお世話。四文(しもん)と出る。中世 ちょっかいを出す。横槍(よこやり)を入れる。かまひ[構]。くにふ[口入]。さしで[差出]。中古 いろふ[弄／綺]。くちいれ[口入]。ことくはふ[言加]。

《句》近代 自分の部屋から先に掃け。智恵ない神に智恵つける。寝た子を起こす。他人事言ふより我が癖直せ。人の蠅(はへ)を追ふより己の蠅を追へ。日向(ひなた)で埃(ほこり)を立てる。平地に波瀾。近世 要らぬお世話の焼き豆腐。おせせの蒲焼(かばやき)。泣かぬ子を泣かす。

おせん【汚染】 ポリューション(pollution)。近代 せんを[染汚]。をそん[汚損]。をだく／をぢょく[汚濁]。中古 けがる[けがれる][汚／穢]。よごす[汚]。よごる[よごれる][汚]。をせん[汚染]。上代 けがす[汚／穢]。

おぜんだて【御膳立】 近代 えんしゅつ[演出]。近世 おぜんだて[御膳立]。じゅんび[準備]。中古 したく[支度]。ようい[用意]。

おそ・い【遅】❶〈動きが〉 近代 スロー(slow)。ちまん[遅慢]。まどろかしい／まどろっこしい。ゆっくり。中世 ぐづぐづ[愚図愚図]。そろそろ。そろり。のろし[鈍]。のろのろ。中古 くゎんまん[緩慢／寛慢]。上代 おそし[遅／鈍]。ちくゎん[遅緩]。ちち[遅遅]。

—・いことと速いこと 中古 くゎんきふ[緩急]。ちそく[遅速]。

—・いたとえ ぎゅうほ[牛歩]。近代 蝸牛の歩み。中世 牛の歩み。

文章を書くのが—・い 中世 ちひつ[遅筆]。

おそ・い【遅】❷〈時期／時間が〉 上代 おそし[遅]。

—・くする 近代 えんき[延期]。おくらす／おくらせる[遅／後]。くりさげる[繰下]。中世 のばす[延／伸]。

—・くなる 中古 おそなはる[遅]。のぶ[のびる][延]。おくる[おくれる][遅]。

夜が—・い 近世 よふけ[夜更／夜深]。中古 しんかう[深更]。しんや[深夜]。上代 ふく[ふける][更]。

開花時期が—・い 近代 おそざき[遅咲]。

開花時期が—・い品種 近代 おそざき[遅咲]。ばんせい[晩生]。上代 おくて[晩生／奥手]。

▼遅かれ早かれ 近世 いつかは。そのうち。とほからず[遠]。中世 いづれ。おっつけ。中古 さうばん[早晩]。

▼時間や時機に遅れる 間に合わない。遅きに失する。近代 ちこく[遅刻]。近世 ておくれ[手遅]。遅かりし由良之助。

▼時期遅れに咲く桜 中古 おそざくら[遅桜]。よくゎ[余花]。

おそ・う【襲】 近代 おそひかかる[襲掛]。近世 こうげき[攻撃]。しふげき[襲撃]。中世 うちいり[討入]。中古 おしかかる[押掛]。おしかく[—かける][押掛]。かかる[掛／懸]。とびかかる[飛掛]。上代 おそふ[襲／圧]。

—・って来ること 近世 らいしふ[来襲]。中世 しふらい[襲来]。

次々と—・う 近代 一難去ってまた一難。

激しく—・う 近代 きゃうしふ[強襲]。

不意をついて—・う ふいうち[不意打]。近代 きしふ[奇襲]。きふしふ[急襲]。中世 ぬきうち[抜打／抜撃]。中古 やみうち[闇討]。

夜間に—・う 近代 やしふ[夜襲]。中世 よがけ[夜駆]。中古 ようち[夜討]。

おそなえ【御供】 近代 さいもつ[賽物]。近世 あげごと[上事]。おそなへ[御供]。中世 ごく／ごくう[御供]。さいぐ[祭供]。さいもつ[祭物]。さんもつ[散物]。じんく／じんぐ／じんぐう[神供]。はらへ[祓]。中古 くぐ[供具]。くもつ／こうもつ[供物]。さいてん[祭奠]。しんもつ[神物]。せん[饌]。

たむけ［手向］。てん［奠］。にへ［贄］。ぬさ［幣］。はつほ［初穂／早穂／最花］。みてぐら［幣］。ゆかもの［斎甕物／由加物］。れいてん［礼奠］。上代おきもの［置物］。たむけぐさ［手向草］。はらへつもの［祓物］。ひぼろき／ひぼろけ／ひもろき／ひもろけ［胙］。

ー・する 中世えいぐ［影供］。ぐしん［供進］。中古たむく［たむける］［手向］。まひなふ［賄］。上代そなふ［そなえる］［供］。

ーの米 中古うちまき［打撒］。くまい／くましね［供米］。しゃうぐ［聖供］。はつほ［初穂／早穂／最花］。

ーの酒 中古おほみき［大御酒］。みき［御酒］。上代みわ［神酒］。

ーの食べ物 中世くご［供御］。上代おほみけ［大御食］。みけ［御食］。

ーの花 きょうか［供花］。近世たむけばな［手向花］。中世くうげ／くげ［供花］。

ーの花と水 中世はなみづ［花水］。

ーの水 近代ごくうすい［御供水］。近世たむけみづ［手向水］。中世じんすい［神水］。中古あか［閼伽］。寄る辺の水。

ーを入れる器 中古ぶっき［仏器］。ゆかもの［斎甕物／由加物］。

生きているー 中古いけにへ［生贄］。

盂蘭盆(うらぼん)に蓮の葉で包んだー 近世はすのは［蓮葉］。はすのはもの［蓮葉物］。

神前のーを下げること 近代てっせん［撤饌］。

神前や仏前から下げたー 近世あがりもの［上物］。

僧侶へのー 中古そうぐ［僧供］。

初物のー 上代はやにへ［速贄］。

仏事の際などのー 近世おぶく［御仏供］。ちゃのこ［茶子］。ぶっく［仏供］。

毎日のー 近代にちぐ／にっく［日供］。

▼寄進 近世ほうが［奉賀］。中世ほうなふ［奉納］。ゑかう［回向］。

▼寄進した物 近世あがりもの［上物］。

▼賽銭 近世さんせん［散銭］。中世さんもつ［散物］。

おぞまし・い【悍】 近世いまはし［忌］。中古うとまし［疎］。おずまし／おぞまし［悍］。

おそらく【恐】 近世さだめし［定］。よもや。中世いかさま［如何様］。おそらく［恐］。中古うたがふらくは［疑］。おほかた［大方／大抵／凡］。おほよそ［大凡／凡］。たいてい［大体／大抵／大底］。たぶん［多分］。上代うたがた。けだし［蓋／盖］。けだしく／けだしくも［蓋］。はた［将］。

おそるおそる【恐恐】 恐がりながら。近代たぢたぢ。近世おそるおそる［恐恐］。おっかなびっくり。おどおど。こはごは［怖怖］。どきどき。どぎまぎ。びくびく。中世あぶなあぶな［危危］。おそれおそれ［恐恐］。おぢおぢ。中古おづおづ［怖怖］。きょうきょう［恐恐］。→**おずおず**

ー行動するたとえ 中世天に跼(せくぐま)り地に蹐(ぬきあし)す。

おそれ【恐】 近代おびえ［怯］。けふおく［怯臆］。けふゐ［脅威］。スリル(thrill)。近世あんじ［案］。いふ［畏怖］。おぢけ［怖気］。きづかひ［気遣］。しんぱい［心配］。中世きおくれ［気遅／気後］。けふだ［怯懦］。ふあん［不安］。中古おそれ［恐／畏／虞］。きょうふ［恐怖］。せんりつ［戦慄／戦栗］。ものおぢ［物怖］。

心中のひそかに抱くー 近代きたい［鬼胎／奇胎］。

不安や妄想によるー 近代あんき［暗鬼］。

おそれい・る【恐入】❶〈畏まる〉 近代きょうしゅく［恐縮］。近世くゎうく［惶懼］。中世おそれいる［恐入／畏入］。上代かしこまる［畏／恐］。きょうく［恐懼］。

おそれい・る【恐入】❷〈感服／感謝〉 近世あやまる［謝］。おそる［おそれる］［恐］。かたじけあり［忝有］。けいふく［敬服］。はばかりさま［憚様］。中世いたみいる［痛入］。おそれいる［恐入／畏入］。かんぷく［感服／感伏］。中古はばかり［憚］。上代かたじけなし［忝／辱］。かんたん［感嘆／感歎］。

ー・ったさま 近世おそろ［恐］。《句》恐れ入谷(いりや)の鬼子母神(きしもじん)。

おそれおお・い【畏多】 近世やごとなし［止事無］。中世おそれおほし［畏多／恐多］。もったいなし［勿体無］。中古あなかしこ［畏］。おほけなし。やむごとなし／やんごとなし［止事無］。上代かしこし［畏／賢］。かたじけなし［忝／辱］。ゆゆし［由由／忌忌］。

《枕》上代いはくだす［岩］［⇩かしこし］。

ー・いこと 中古はばかり［憚］。

ー・いことですが 中世おおそれながら／おそれながら［恐乍］。はばかりながら［憚乍］。上代かしこくも［畏］。

ー・いことですが…していただく 中古かたじけなくす［忝］。

ー・い所 近代かしこきあたり［畏辺］。

ー・いようだ 中世おそれがまし［恐］。

口にするだけでもー・い 上代懸けまくも畏き。

おそ・れる【恐】❶〈恐怖〉 近代おぢけづく［怖

気付]。おどつく。近世おぞむ。おぢけだつ[怖気立]。おぢける[怖]。そそけだつ[立]。びくつく。びくびく(する)。ひやひや(する)[冷冷]。ふるひあがる/ふるへあがる[震上]。怖気を震ふ。ぞぞ髪立つ。中世おそる[恐]。おそれをののく[恐戦]。おむ[怖]。こころおくれ[心後]。こはがる[怖]。そうけだつ[総毛立]。たぢろく/たぢろぐ。たまぎる[魂消]。ひるむ[怯]。色を失ふ。恐れをなす。肝を冷やす。身の毛がよだつ。身の毛立つ。身の毛を詰める。中古おくす[臆]。おくびゃう[臆病]。おそる[おそれる][恐/怖/懼]。おぢおそれる[怖恐]。おづ[おじる][怖]。ずいずい[惴惴]。どうず[動]。ものおぢ[物怖]。をののく[戦/戦慄]。肝消ゆ(—消える)。上代おびゆ[おびえる][怯]。せんきょう[戦兢]。せんせんきょうきょう[戦戦恐恐/戦戦兢兢]。《句》近代足を重ねて立ち目を側だてて視る。疑心暗鬼。脛に疵持てば笹原走る。盃中の蛇影。風声鶴唳。中世落ち武者は芒の穂にも怯づ(—怯じる)。

—・れさせる 近代荒肝を拉ぐ。肝胆を寒からしめる。心胆を寒からしめる。中世おどす[脅]。中古おびやかす[脅]。

—・れさせる気配 近代すごむ[凄]。どすゐあつ[威圧]。近世きこくしうしう[鬼哭啾啾]。すごみ[凄]。

—・れて顔色が変わる 近世いろちがひ/いろちがへ[色違]。中世がんしょくなし[顔色無]。色を失ふ。

—・れて騒ぐ 近代きょうぜん[恟然]。中古おびえさわぐ[怯騒]。

—・れて立ちすくむ(さま) 近代きょうしゅく[恐縮]。しょうどう[竦動]。りつぜん[慄然]。蛭に塩。近世しょうぜん[悚然/竦然]。しょうぜん[聳然]。すくみあがる[竦上]。ちぢみあがる[縮上]。ちぢみこむ[縮込]。ちりちり。へいそく[屏息/閉息]。中世すくみかへる[竦返]。ちぢむ[縮]。中古すくまる/すくむ[竦]。《句》蛇に見込まれた蛙。

—・れて戸惑う 近世おそれまどふ[恐惑]。中古おぢこうず[怖困]。おぢまどふ[怖惑]。おびえまどふ[怯惑]。くゎうわく[惶惑]。

—・れて震える(さま) 歯の根が合わない。近代きょうきょう[恟恟]。きょうきょう[洶洶/匈匈]。しんく[震懼]。しんぷ[震怖/振怖]。せふぜん[慴然]。せんりつ[戦慄/戦栗]。りつぜん[慄然]。近世うぞふるふ[怖震]。おそれわななく[恐戦]。こりつ[股慄/股栗]。しんがい[震駭]。しんせふ[震慴/震懾]。しんりつ[震慄]。せんせん[戦戦]。ぶるぶる。わぢわぢ。中世しんきょう[震恐]。しんしょう[震悚]。ふるゐ[怖畏]。わなわな。中古おぢをののく[怖戦/怖慄]。わななかす[戦慄]。わななく[戦慄]。をののく[戦/慄/戦慄]。

—・れて胸がどきどきする 近代きゃうき[驚悸]。

—・れない へいちゃら/へっちゃら。近世胆がすわる。中世だいたん[大胆]。だいたんふてき[大胆不敵]。上見ぬ鷲。中古ふてき[不敵]。《句》中世鬼を酢にして食ふ。

—・れる心 近代おぞけ[怖気]。きょうふしん[恐怖心]。近世おぢけ[怖気]。

—・れるさま 近世おそるおそる[恐恐]。おどおど。こくそく[觳觫]。こはごは。びくびく。中世おぢおぢ[怖怖]。中古おづおづ[怖怖]。

驚き—・れる 中世おぢあさむ[怖浅]。きゃうふ[驚怖]。しょうどう[聳動]。上代きゃうがい[驚駭]。

ささいなことでも—・れる 近代ふうせいかくれい[風声鶴唳]。近世萱にも心を置く。草木にも心を置く。

幼児が知らない人をみて—・れる 近代ひとおぢ[人怖]。近世ひとおめ[人怖]。ひとみしり[人見知]。

おそ・れる【恐】❷〈心配〉近代せうしんよくよく[小心翼翼]。近世いうりょ[憂慮]。しんぱい[心配]。中世きおくれ[気後]。きづかふ[気遣]。中古おそる[おそれる][恐/怖/懼]。上代あやぶむ[危]。

—・れ危ぶむ 中世じゅってき[怵惕]。

—・れるに足りない 中世くみしやすし[与易]。

おそ・れる【畏】 近代きき/きゐ[忌諱]。ゐたん[畏憚]。近世ゐふ[畏怖]。三舎を避く(—避ける)。中古おそる[おそれる][畏/恐/怖/懼]。上代かしこむ[畏]。

—・れ敬う 近代ゐけい[畏敬]。風を望む。

—・れ畏まる 近代きょくてんせきち[跼天蹐地]。近世ゐしゅく[畏縮]。中世ゐく[畏懼]。中古きょうきょう[恐恐]。きょうく[恐懼]。きょうくゎう[恐惶]。

—・れ慎む 近代しゅくぜん[蹴然]。近世きくきゅうじょ[鞠躬如]。中世せいきょう[誠

恐]。中古おぢつつむ[怖慎]。おぢはばかる[怖憚]。かしこまり[畏]。きょくせき[跼蹐/局蹐]。上代はばかる[憚]。

―・れて従う　近世ゐふく[畏服/畏伏]。

―・れてひれ伏す　中世せふふく[慴伏/慴服/慴伏]。

驚き―・れる　上代きゃうくゎう[驚惶]。

おそろし・い【恐】❶〈恐怖〉鬼気(きき)迫る。ぞっとする。近代おにおにしい[鬼鬼]。りつぜん[慄然]。生きた空もない。身の毛がよだつ。近世おっかない。おとまし[疎]。おどろし[驚]。きみわるし[気味悪]。きょとい。すくみあがる[竦上]。ぶきみ[不気味/無気味]。生きた心地もせず。ぞぞ髪立つ。中世えずし。おぞけだつ[怖気立]。けうとし[気疎]。こはし[恐/怖]。そうけだつ[総毛立]。つべつべし。ものすごし[物凄]。鳥肌が立つ。中古いかし[厳]。うとまし[疎]。おぞし/おぞまし[悍]。おそろし[恐]。おどろおどろし。きょうふ[恐怖]。けうとげ[気疎]。けおそろし[気恐]。けむつかし[気難]。こころすごし[心凄]。すごし/すごげ[凄]。せんりつ[戦慄/戦栗]。つべたまし[冷]。むくつけし。むくむくし。むつかし/むつかしげ[難]。ゆゆし[由由]。上代かしこし[畏]。

《尊》中古おぼしおづ[思怖]。

―・い男　中世むくつけをとこ[男]。

―・い顔つき　中世けんさう[険相]。

―・いこと　近代びくびくもの。中古虎の尾を踏む。

―・い言葉のたとえ　近世わにぐち[鰐口]。

―・いと思う気持ち　近代おぞけ[怖気]。近世おそれげ[恐気]。こはげ[恐気]。中世おくびゃうかぜ[臆病風]。おくびゃうげ[臆病]。

―・い所　近世鬼が住むか蛇が住むか。地獄の一丁目。

―・いもの　近代地震雷火事親父。泣く子も黙る。近世おに[鬼]。おほかみ[狼]。むくりこくり[蒙古高句麗]。中世こはもの[恐物]。

―・いものをなんとも思わない《句》中世鬼を酢にして食ふ。

―・く荒々しい　近世にょやしゃ[女夜叉/如夜叉]。中古おにし[鬼]。

―・くて慌てふためく　近代きょうくゎう[恐慌]。中世しょうどう[聳動]。ちまよふ[血迷]。

―・くてぞっとする　はださむい[肌寒]。背筋が寒くなる。近代かんりつ[寒慄]。近世おぞけだつ[怖気立]。中世あはだつ[粟立]。そうけだつ[総毛立]。鳥肌が立つ。中古すごし[凄]。

―・くて出る汗　れいかんさんと[冷汗三斗]。近世ひやあせ[冷汗]。

―・くて出る声　近世ひめい[悲鳴]。

―・くてびくびくする　近世びくつく。上代おびゆ〔おびえる〕[怯/脅]。

―・くなる　中世おそれいる[恐入]。

―・そう　近世こはらしい[怖]。中世いかめ[厳]。

上辺は優しいが―・いもの　近世鬼に衣。狼に衣。

なんとなく―・い　近世きみわるし[気味悪]。こきみわるし[小気味悪]。ぶきみ[無気味/不気味]。中古けおそろし[気恐]。けむつかし[気難]。そらおそろし[空恐]。ものおそろし[物恐]。ものむつかし[物難]。

おそろし・い【恐】❷〈甚だしい〉近代すごい[凄]。近世すさまじ[凄]。たいした[大]。ひどし[酷/非道]。中世おそろし[恐]。上代はなはだし[甚]。

おたがい【御互】→たがいに

おたく【御宅】→いえ❶(敬って言う―)

おだ・てる【煽】近代かんご[甘語]。かんじ[甘辞]。せんどう[煽動/扇動]。近世あぶら[油/脂]。あふりたつ〔―たてる〕[煽立]。あふりつく〔―つける〕[煽付]。あふる[煽]。うちはやす[打囃]。おだつ〔おだてる〕[煽]。おひゃる。けしかく〔―かける〕[嗾]。しゃくる[決/剔/渫]。そくら。そそりたつ〔―たてる〕[立]。そそる。そだつ〔そだてる〕[育]。そやす。たきつく〔―つける〕[焚付]。のす〔のせる〕[乗]。のせかく〔―かける〕[乗掛]。のぼす〔のぼせる〕[上]。もちあぐ〔―あげる〕[持上]。やく[焼]。そくらを買ふ。中世あせらかす。かんげん[甘言]。すかす[賺]。そそりあぐ〔―あげる〕[上]。中古いひはやす[言囃]。そそのかす[唆]。油を乗す〔―乗せる〕。

―・てたり機嫌を取ったり　近代なだめすかす[宥賺]。

―・てて上に押し上げる　近代かつぎあげる[担上]。まつりあげる[祭上]。神輿(御輿)を担ぐ。

―・てて誘う　近世かきのめす。そそなかす/そそのかす/そそのはかす[唆]。たてごかし。

―・てて惑わす　近代せんあく[煽惑]。近世せんわく[煽惑]。

―・てに乗る 〔近世〕口車に乗る。

おたふく【阿多福】 〔近世〕おかめ[阿亀]。おたふく[阿多福]。おふく[御福]。〔中世〕おとごぜ[乙御前]。

おだまき【苧環】（キンポウゲ科の多年草）〔近世〕いとくり[糸繰]。いとくりさう[糸繰草]。をだまき[苧環]。

おたまじゃくし【御玉杓子】（カエルの幼生）じゅずこ[数珠子]。〔近世〕おたまじゃくし[御玉杓子]。がひるごろ[蝌蚪]。くゎと[蝌蚪/科斗]。〔中世〕かひるこ[蛙子/蝌蚪]。〔中古〕かへるご[蛙子]。

おためごかし【御為倒】 〔近世〕おためごかし[御為倒]。じゃうずごかし[上手倒]。しんせつごかし[親切倒]。

おだやか【穏】 まろやか[円]。〔近代〕せいあん[静安]。せいへい[静平]。せいをん[静穏]。たひら[平]。へいせい[平静]。やんわり。をんせい[穏静]。〔近世〕あたたか[暖/温]。あんぺい[安平]。たいたう[駘蕩]。てんあん[恬安]。などやか。へいをん[平穏]。ゆるがし[揺]。をんと[穏当]。〔中世〕あいぜん[靄然/藹然]。あんたい[安泰]。なごはし[和]。のどやか[長閑]。へい[平]。へいきん[平均]。まどか[円]。やはらか[柔]。ゆるゆる[緩緩]。わきあいぜん[和気靄然/和気藹然]。をんたう[穏当]。〔中古〕あんのん/あんをん[安穏]。うらら/うららか[麗]。おだし[穏]。おだひし[穏]。おだやか[穏]。おちゐる[落居]。しづか[静/閑]。せいせい[清静]。たうたう[蕩蕩/湯湯]。なごし/なごやか[和]。なだらか。のどか/のどけし[長閑]。のびらか[伸]。へいたん[平坦]。ものしづか[静]。やすらけし[安]。ゆほびか[寛]。ゆる[緩]。〔上代〕うらうら。おだひか[穏]。ことなし[事無]。しづけし[静]。たひらか[平]。たひらけし[平]。にこし[和/柔]。のど[長閑]。ぶじ[無事]。やすらか[安]。やすらけし[安]。をんびん[穏便]。

―・で飾り気がない 〔近世〕をんすい[温粋]。

―・で角張らないさま 〔中世〕むっくり。

―・で寛大なこと 〔近代〕をんしゃ[温藉]。

―・で上品 おんが[温雅]。

―・で辛抱強い 〔中世〕にうわにんにく[柔和忍辱]。

―・で慎み深い 〔近世〕をんきょう[温恭]。をんりゃうきょうけんじゃう[温良恭倹譲]。〔中世〕わけい[和敬]。〔中古〕きんこう[謹厚]。

―・でない 〔近代〕かどばる[角張]。つのだつ[角立]。とげとげしい。ふをん[不穏]。ふをんたう[不穏当]。〔中世〕ものさわがし[物騒]。角(かど)が立つ。〔中古〕あざやぐ[鮮]。けあし[気悪]。さわがし[騒]。つきなし[付無]。ぶっさう[物騒]。ぶっそう[物忽]。〔上代〕あらし[荒]。

―・な威光 〔近世〕くゎくゎう/わくゎう[和光]。

―・な顔つき 〔近代〕をんしょく[温色]。をんよう[温容]。〔中古〕をんがん[温顔]。愛敬(あいぎやう)の相。

―・な性格 〔近代〕じゅうじゅん[従順]。ソフト(soft)。たひら[平]。やんわり。ゑんまん[円満]。をんけん[穏健]。〔近世〕ものやはらか[物柔]。やはらかし[柔/和/軟]。をんくゎ/をんわ[穏和/温和]。をんこう[温厚]。をんじゅん[温順]。をんじゅん[温純]。〔中世〕おとなしやか[大人]。じうじゅん[柔順]。をんりゃう[温良]。〔中古〕おいらか。おとなし[大人]。くゎじゅん/わじゅん[和順]。すなほ[素直]。にうわ[柔和]。ものしづか[静]。をんじう[温柔]。

―・な優しい言葉 〔近世〕あまくち[甘言]。〔中古〕をんげん[温言]。

―・にする 〔近代〕ほぐす[解]。〔中世〕なごす[和]。〔中古〕おもひのどむ[思和]。なごむ[和]。なだむ(なだめる)[宥]。なだらむ。のどむ[和]。

―・になる 〔近代〕なんくゎ[軟化]。〔近世〕ほぐる(ほぐれる)[解]。ほごる(ほごれる)[解]。角が取れる。〔中世〕おちつく[落着]。やすらぐ[安]。ゆるまる[緩/弛]。をさまる[治]。〔中古〕うちゆるぶ[打緩]。たひらぐ[平]。たをやぐ[嫋]。なごむ[和]。のどまる。やはらぐ[柔]。わす[和]。〔上代〕しづまる[鎮/静]。なぐ(なぎる)[凪/和]。

海が― 〔近代〕海波を揚げず。〔中世〕には[日和]。〔中古〕なぎ[凪]。

気候が― 〔中古〕わへい[和平]。

世の中が― 〔近世〕せいへい[清平]。ねいひつ[寧謐]。〔中世〕あんねい[安寧]。くゎへい[和平]。ごふうじふう[五風十雨]。しち[至治]。せいねい[静寧/靖寧/清寧]。ち[治]。ちせ[治世]。へいわ[平和]。〔中古〕せいひつ[静謐]。ちあん[治安]。ちせい/ぢせい[治世]。わへい[和平]。〔上代〕こふく[鼓腹]。たいへい[泰平/太平]。へいあん[平安]。

▼接頭語 〔上代〕にき/にぎ[和]。

おちあ・う【落合】 〔近代〕がふりう[合流]。ラン

デブー（フランス rendez vous）。近世あひびき［逢引］。おちあふ［落合］。上代あふ［会／逢／遭］。

▼合流点　であい［出会］。近代ぶんきてん［分岐点］。中世かはあひ［川合］。上代かはまた［川股］。

おちい・る【陥】 のめりこむ［込］。計略にかかる。近代おちこむ［落込］。かんにふ［陥入］。かんらく［陥落］。ぼつにふ［没入］。めりこむ［減込］。近世はまりこむ［嵌込］。中世はまる［嵌］。中古おちいる［陥／落入］。しづむ［沈］。上代おちる［陥］。ぼっす［没］。

おちこ・む【落込】 近代おちこむ［落込］。おちる［落／堕］。かんぼつ［陥没］。かんらく［陥落］。ちんたい［沈滞］。ていか［低下］。ふさぎこむ［塞込］。近世きおち［気落］。くえこむ［崩込］。のめずりこむ［込］。ふさぐ［塞］。中世はまる［嵌／填］。ふみかぶる［踏被］。ふみこむ［踏込］。めいる［滅入］。中古おちいる［陥／落入］。くぼむ［窪］。上代しづむ［沈］。

おちつ・く【落着】 決着がつく。近代あんてい［安定］。きけつ［帰結］。近世あんちゃく［安着］。中世いっちゃく［一着］。すむ［澄／清］。すわる［据］。ぢぢゃう［治定］。ぢゅうす［住］。ひそまる［潜］。らくちゃく［落着／落著］。をさまる［治］。中古ありつく［有付］。うちしめる［打湿］。おちつく［落着／落付］。おちゐる［落居］。おもひしづまる［思鎮］。きす［帰］。きちゃく［帰着］。さだまる［定］。しづまる［鎮／静］。せいせい［清静］。のどまる［和］。やすらか［安］。

―・いた味わい 近代うるおひ［潤］。しぶみ［渋味］。近世しんみり。中世しっとり。中古なまめく［艶］。

―・いた顔 中古ありつきがほ［有付顔］。

―・いたさま 近代ちんぜん［沈然］。近世あんじょ［晏如］。じっくり。しっとり。中世おとなしやか［大人］。おほどか。しっとり。しめやか。しづやか［閑／静］。中古あんぜん［安然／晏然］。

―・いた状態にする 近世ちんてい［鎮定］。中世もてしづむ［鎮］。中古おししづむ［―しずめる］［押鎮］。おもひしづむ［思鎮］。おもひのどむ［思和］。のどむ［和］。上代しづむ［しずめる］［鎮／静］。

―・いた生活 中古あんきょ［安居／晏居］。あんぢゅう［安住］。

―・いた態度 ちんちゃく［沈着］。近代いうやう［悠揚］。おもみ［重］。たいぜんじじゃく［泰然自若］。ちょうこう［重厚］。ちんちょう［沈重］。よゆうしゃくしゃく［余裕綽綽］。近世しんしょくじじゃく［神色自若］。ちんき［沈毅］。ちんせい［沈静］。ちんぜん［沈然］。どっしり。ものしづか［物静］。中世おだやか［穏］。おとなし［大人］。おもやか［重］。おもらか［重］。じじゃく［自若］。じょじょ［徐徐］。たいぜん［泰然］。中古おとなおとなし［大人大人］。おもりか［重］。しゅうとく［宿徳］。しょうよう［従容／縦容／松容］。しんちょう［慎重］。ぢゅうこう［重厚］。

―・いて ちんちゃくに［沈着］。近代れいせいに［冷静］。近世じっくり。ゆったりと。腰を据ゑて。中古おもむろに。

―・いていて威厳がある 近代れいげん［冷厳］。近世おもみ［重］。中世おもおも［重重］。

―・いていて上品 中世しっとり。しとやか［淑］。

―・いている 近代あんてい［安定］。近世あんじょ［晏如］。中世おほやう［大様］。しづか［静］。しんちん［深沈］。だいばんじゃく［大盤石］。へい［平］。中古おもおもし［重重］。おもし［重］。おもひしづまる［思鎮］。かみさぶ／かんさぶ［神］。しづまる［鎮］。しづやか［静］。しめる［湿］。づしやか。なまめく［艶］。ふかし［深］。上代しづけし［静］。

―・いて考える 中世ちんしん［沈深］。中古おもひすむ［思澄］。

―・いてゆったりしている 近代おっとり。かんかん［閑閑］。近世いうちゃう［悠長／優長］。中世いうぜん［悠然］。中古いういう［悠悠］。いうぜん［優然］。のどか［長閑］。

―・かない心 居ても立っても居られない。近代きぜはしない［気忙］。こころぜはしい［心忙］。近世あだつく［徒付］（恋心で）。うきごし［浮腰］。おもひうかる［思浮］。きぜはし［気忙］。きまづし［気不味］。わくせき。気が気でない。尻がこそばゆし。瓢簞の川流れ。居る空なし。中世いらだつ［苛立］。せはしなし［忙］。中古あわただし［慌／遽］。しづごころなし［静心無］。すずろごころ［漫心］。せはし［忙］。そぞろごころ［慢心］。そらなし［空無／虚無］。なかぞら［中空］。空を歩む。安き空なし。上代あまつそら［天空］。おもひみだる［―みだれる］［思乱］（恋心で）。浦州（うらす）の鳥。《尊》中古おぼしさわぐ［思騒］。おぼしただよふ［思漂］。

ー・かないさま ちゃかちゃか。もそもそ。近代そはそはしい。ちょこまか。もぞもぞ。わさわさ。足が地に着かない。近世うそうそ。おどおど。きょときょと。きょろきょろ。きょろつく。さうそつ［倉卒］。さわさわ。せりせり。そそくさ。そはそは。ちょか。ちょかちょか。ちょこちょこ。びこしゃこ。ひらつく。ふいふい(と)。まじくじ。もぢかは。もぢつく。もぢもぢ。ももじり［桃尻］。わくわく。中世いらいら［苛苛／刺刺］。うかうか。うろうろ。こせこせ。さうくゎう［倉皇／蒼惶］。せかせか。せはせは［忙忙］。ばたつく。中古きろきろ。くゎうくゎう［遑遑］。はやりか［早／逸］。上代ゆくゆく(と)。

ー・きがない うきあしだつ［浮足立］。うわちょうし［上調子］。うわつく［浮］。せっかち。そうぞうしい［騒騒］。そそっかしい。ふあんてい［不安定］。足が地につかない。近代おったてじり［追立尻］。しつげんきょしょく［疾言遽色］。そはつく。ふさう［浮躁］。近世きょろきょろ。そぞろ［漫］。そそる。ばたばた。中世こころあわただし［心慌］。せはしなし［忙］。そそめく。そぞろはし［漫］。ぶっさう［物騒］。わわし。中古あくがる／あこがる［憧］。あはし［淡］。ありもつかず［有付］。うかぶ／うかむ［浮］。うかる［うかれる］［浮］。さだめなし［定無］。さわがし［騒］。すずろぐ／すずろぶ［漫］。すずろはし［漫］。せはし［忙］。そそかし。そそめく。ただよはし／ただよふ［漂］。ちる［散］。なかぞら［中空］。やすげなし［安無］。ゐたつ［居立］。上代いたぶらし［甚振］。たゆたふ［揺蕩］。

ー・きがなく動き回る 家を外にする。近代うきくさ／うきぐさ［浮草／萍］。近世けいふ［軽浮］。中世さまよふ［彷徨］。わたりあるく［渡歩］。

ー・きがなく粗雑 近代おっちょこちょい。がさつく。がらつく。がらっぱち。近世がさつ。

ー・きを失う 中世うそそく。中古うすすく。上代あわつ［あわてる］［慌／周章］。

ー・くべき場所にいる 近代ていちゃく［定着］。錨(いかり)を下ろす。近世腰を据う［ー据える］。尻が暖まる。御輿(みこし)を据う［ー据える］。中世おちゐる［落居］。ぢゅうす［住］。をさまりかへる［納返］。中古すみつく［住着］。ゐつく［居付／居着］。

一時的にー・く しょうこうじょうたい［小康状態］。

おとなびてー・いている 中古おとなおとなし［大人大人］。

心がー・いているさま 近代へいせい［平静］。へいぜん［平然］。やすらぎ［安］。れいせい［冷静］。をんせい［温静／穏静］。近世おちおち［落落］。中世いうぜん［優然］。おだやか［穏］。しんちん［深沈］。へい［平］。中古いういう［悠悠］。いうぜん［悠然］。おもひしづまる［思鎮］。こころしづか［心静／心閑］。しづごころ［静心］。しづまる［静／鎮］。しめる［湿］。しょうよう［従容］。たひらか［平］。へいき［平気］。へいしん［平心］。やすまる［安／休］。上代なぐ［なぎる］［凪／和］。《尊》中古おぼししづまる［思静／思鎮］。

心をー・かせる 近世おしさぐ［ーさげる］［押下］。おとしつく［ーつける］［落着］。中世おちつく［ーつける］［落着］。中古おもひしづむ［ーしずめる］［思鎮］。おもひのどむ［思和］。となふ［調／整］。をさむ［おさめる］［治］。しづむ［しずめる］［静／鎮］。《尊》中古おぼしのどむ［思和］。

最後にー・く所 近代けつまつ［結末］。しゅうきょく［終局］。近世ありつき［有付］。中古とまり［止／留］。

すっかりー・く 近世おちつきはらふ［落着払］。中古あんぢゅう［安住］。

話にー・きがない 近代しつげんきょしょく［疾言遽色］。近世さうばう［躁妄］。中古はやりか［早／逸］。

おちど【落度】 近代しっぱい［失敗］。近世あら［粗］。おちど［落度］。こみづ。しくじり。てぬかり［手抜］。中世あくめ［悪目］。をちど／をつど［越度］。上代あやまち［過／誤］。

おちば【落葉】 近世こくば［扱葉］。中古からは／かれは［枯葉］。くちば［朽葉］。上代おちば［落葉］。

ーの音 近世おちばしぐれ［落葉時雨］。このはしぐれ［木葉時雨］。

ーや落ちた小枝 近世おちぼ［落穂］。

ーをかき集める道具 近世こくばかき［扱葉掻］。まつばかき［松葉掻］。中古くまで［熊手］。

水に流れるー 近世おちばぶね［落葉舟］。

おちぶ・れる【落】 しゃよう［斜陽］。てんらく［転落／顛落］。近代うらぶれる。くすぶる［燻／薫］。すいれい［衰零］。たくらくしつろ［拓落失路］。身を落とす。近世くひつむ［ーつめる］［食詰］。すいたい［衰頽／衰退］。なぐる。ひっそく［逼塞］。びろく［微禄］。

ぼろける［襤褸］。尾羽(はを)打ち枯らす。中世おちめ［落目］。けいくゎい［計会］。さだ［蹉跎］。なりさがる［成下］。なりはつ〔―はてる〕［成果］。ぼつらく［没落］。らくはく［落魄］。身を持ち崩す。中古あふる〔あふれる〕［溢］。あぶる〔あぶれる〕［溢］。おちあぶる〔―あぶれる〕［落］。おちぶる〔―ぶれる〕［落／零落／落魄］。おちゆく［落行］。おつ〔おちる〕［落］。おとろふ〔―ろえる〕［衰］。くだる［下］。くぼむ［凹／窪］。しづまる［鎮］。しづむ［沈］。だらく［堕落］。ちんりん［沈淪］。てうらく［凋落］。はふる／はぶる［放］。ほろぶ〔ほろびる〕［滅／亡］。やつる〔やつれる〕［窶］。りんらく［淪落］。れいらく［零落］。わぶ〔わびる〕［侘］。時を失ふ。身を沈む。

《句》近世芸が身を助けるほどの不仕合はせ。人は落ち目が大事。正宗(まさむね)も焼き落つれば釘(くぎ)の値(あたひ)。

―・れさせる 中古しづむ〔しずめる〕［沈］。身を沈む〔―沈める〕。

―・れさまよふ 近世へうれい［漂零／飄零］。中古ちりぼふ［散］。

―・れた人 しゃようぞく［斜陽族］。近世ひかげもの［日陰者］。中世いたづらもの［徒者］。よになしもの［世無者］。中古いたづらびと［徒人］。わびびと［侘人］。

―・れた人の集まる所 近世ふきだまり［吹溜］。

―・れてみすぼらしくなる 近世しもげる［霜］。

―・れても 近世痩せても枯れても。

―・れ果てた結果 中世なれのはて［成果］。

―・れることと栄えること 中世きゅうたつ／きゅうだつ［窮達］。中古きゅうつう［窮通］。ちょうじょく［寵辱］。

急に―・れた人 いちやこじき［一夜乞食］。

おちめ【落目】 →おちぶ・れる

お・ちる【落】❶〈落下〉 近代ついらく［墜落］。らくか［落下］。近世おっこちる［落］。かうか［降下］。中古こぼる〔こぼれる〕［零］。だつらく［脱落］。上代あゆ［落／零］。おつ〔おちる〕［落］。ちる［散］。

―・ちるさま 近代どかり。ぽたぽた。ぽとぽと。ぼとり。ぽとり。近世どかっと。ぱらぱら。ぼったり。ぼとぼと。中世ちらちら。はらはら。ばらばら。はらり。ぱらり。ぼたぼた。ぼちぼち。らくらく［落落］。

雨(花)が静かに―・ちる 上代ながらふ［流］。

崩れ―・ちる 中世ほうらく［崩落］。

転がり―・ちる 近代てんらく［転落／顛落］。

雫が―・ちる 近世そそぐ［注／灌］。中古そそく［注／灌］。

頭上に―・ちる 中古おちかかる［落掛］。

涙が―・ちるさま 中世はらはら。

花が―・ちるころ 中世おちかた［落方］。

花(果実)が―・ちる 上代あゆ［零］。

花(花弁)が―・ちる 近世はらはら。へうれい［漂零／飄零］。上代ちる［散］。

お・ちる【落】❷〈欠ける〉 ドロップ(drop)。近代とぶ［飛／跳］。近世だっす［脱］。中世けつらく［欠落］。ゐろう［遺漏］。中古けつじょ［欠如／闕如］。だつらく［脱落］。とる〔とれる〕［取］。ぬく〔ぬける〕［抜］。上代おつ〔おちる〕［落］。かく〔かける〕［欠／缺／闕］。もる〔もれる〕［漏／洩／泄］。

お・ちる【落】❸〈劣る〉 近代がたおち［落］。ついらく［墜落］。ていか［低下］。ていらく［低落］。らくご［落伍／落後］。らくだい［落第］。人後に落ちる。中世かたむく［傾］。さがる［下］。しっつい［失墜］。すたる［廃］。だす［堕］。だつらく［脱落］。だらく［堕落］。ぼつらく［没落］。中古おつ〔おちる〕［落］。おとろふ〔―ろえる〕［衰］。上代かたぶく［傾］。すいび［衰微］。

地位やランクが―・ちる 近代かんらく［陥落］。

試験に―・ちる すべる［滑］。中古らくだい［落第］。

おつかえ・する【仕】 中古つかうまつる／つかまつる［仕］。はべり［侍］。上代さもらふ［侍］。つかへまつる［仕］。

おつき【御付】 そっきん［側近］。近世おつき［御付］。つきそひ［付添］。中世おとも［御供］。きんじ［近侍／近仕］。きんじゅ［近習］。中古さぶらひ［侍］。じしゃ［侍者］。

おっくう【億劫】 たいぎい［大儀］。近代けだるい［気怠］。めんだう［面倒］。めんだうくさい／めんどくさい［面倒臭］。近世おくくふ／おくこふ［億劫］。きむづかし［気難］。めんどしい［面倒］。ものぐさし［物臭／懶］。やくかい［厄介］。中世たいぎ［大儀］。だるし［怠／懶］。ぶしゃう［無精／不精／無性］。ものうし［物憂］。中古ものうげ［物憂］。ものぐさし［物臭／懶］。よだけし［弥猛］。

―がらない てまめ［手］。まめ［忠実］。

おつげ【御告】 近代おふでさき［御筆先］。オラクル(oracle)。せんたく［宣託］。中世おつげ［御告］。しんたく［神託］。しんちょく［神勅］。ゆめまくら［夢枕］。中古さとし［諭］。むさう［夢想］。物の諭し。夢の徴

しる。上代 かむごと［神言］。たくせん［託宣］。

おっしゃ・る【仰】→**い・う**

おっちょこちょい 近代 おっちょこちょい。おてうしもの［御調子者］。近世 かるはづみ［軽］。てうさいばう［嘲斎坊］。てうさいばうず［嘲斎坊主］。とびすけ［飛助／飛介］。

おっつけ【追付】 近世 そのうち。遅かれ早かれ。中世 おっつけ［追付／押付］。中古 さうばん［早晩］。やがて［軈／頓］。

おって【追】 まもなく［間無］。とほからず［遠］。中古 おって［追］。やがて［軈／頓］。

―書き 近代 ついしん［追伸］。にしん［二伸／二申］。近世 そへがき［添書］。にはく［二白］。中世 そでがき［袖書］。

おっと【夫】 しゅじん［主人］。近代 ハズバンド(husband)。近世 おやぢ［親父／親爺／親仁］。つれあひ［連合］。ていし／ていしゅ［亭主］。とと［父］。やどろく［宿六］。中世 りゃうじん［良人］。をっと［夫／良人／所天］。中古 あるじ［主］。ぬし［主］。をうと［夫］。をとこ［男］。をひと［夫］。上代 つま［夫］。せのきみ［背君／兄君／夫君］。ひこぢ［夫］。を［夫／男］。

《謙》近代 たく［宅］。中世 うちのひと［内人］。中古 ぐぶ［愚夫］。上代 おのづま［己夫］。

《枕》上代 わかくさの［若草］。

―が威張っていること 近世 ていしゅくゎんぱく［亭主関白］。

―に妻として仕える 近代 せいび［斉眉］。中世 まみゆ［まみえる］［見］。

―の妹 近代 しゅくまい［叔妹］。

―不在で妻の独り寝 近世 すもり［巣守］。中古 こけい［孤閨］。

―をなくした女性 近代 みばうじん［未亡人］。中世 ごけい［後家］。中古 ごけ［後家］。びばうじん［未亡人］。やまめ／やむめ［寡婦／鰥］。上代 くわふ［寡婦］。やもめ［寡婦／寡／孀／鰥］。→**みぼうじん**

―を待つ 中古 をとこす［男］。

愛する― 中世 おもひづま［思夫］。上代 いとこせ。うつくしづま［愛夫］。

相手の―（敬った言い方） おたく［御宅］。ごふくん［夫君］。

乳母の― 近世 おてて。

心の中だけの― 上代 こころつま／こころづま［心夫］。

ただ一人の― 近世 一期（いちご）の男（をとこ）。

他人の― 上代 ひとづま［他夫］。

妻（女性）が―を呼ぶ語 近代 あなた［彼方／貴方］。近世 おまへさん［御前様］。こちのひと［此方人］。だんな［檀那／旦那］。らう［郎］。りゃうじん［良人］。中世 これのひと［此人／是人］。中古 との［殿］。上代 せ［夫／背／兄］。せこ［背子／夫子／兄子］。せな／せなな［夫／兄］。つまのこ［夫児］。つまのみこと［夫命］。わがせ／わがせこ［我夫／我背子］。

妻の尻に敷かれる― きょうさい［恐妻］。近代 かかあでんか［嬶天下］。《句》近代 雌鳥（めんどり）歌へば家滅ぶ。雌鳥勧（すす）めて雄鳥（をんどり）時をつくる。

遠く離れている― 中世 とほづま［遠夫］。

人に隠して持つ― 中世 かくれづま［隠夫］。

一晩だけの― 近代 ひとよづま［一夜夫］。

前の― 近代 せんぷ［先夫］。中世 ぜんぷ［前夫］。

昔の― 中世 いにしへびと［古人］。

▼配偶者 近世 まくらぞひ［枕添］。

オットセイ【膃肭臍】 近世 ウニウ／ウネウ［膃肭獣／宇仁宇］（アイヌ語）。オットセイ［膃肭臍］。かいく［海狗］。かいくじん［海狗腎］。

おっとり 近代 おっとり。おほらか［大］。のんびり。近世 なんどり。ぼんじゃり。ゆったり。中世 じゃうだい［上代］。中古 うちおほどく。おいらか。おびる。おほどか／おほどく。こごし［子子］。こめかし／こめく［子］。

―した長男 近世 総領の甚六。

おてあげ【御手上】 ばんざい［万歳］。へいこうとんしゅ［閉口頓首］。近世 あきらめ［諦］。かうさん［降参］。だんねん［断念］。

おてあらい【御手洗】→**べんじょ**

おでい【汚泥】 スラッジ(sludge)。近代 へどろ。中世 おでい［淤泥］。おり［澱］。をでい［汚泥］。

おでき【御出来】 近世 おでき［御出来］。しゅもの［腫物］。しゅやう［腫瘍］。ふきでもの［吹出物］。中世 できもの［出来物］。でもの［出物］。中古 しゅもつ［腫物］。はれもの［腫物］。上代 かさ［瘡］。→**できもの**

おてん【汚点】 近代 けってん［欠点／闕点］。ふめいよ［不名誉］。をてん［汚点］。近世 けがれ［汚／穢］。しみ［染］。よごれ［汚］。中世 きず［疵／傷］。

おてんば【御転婆】 はねあがり［跳上］。近代 おきゃん［御侠］。おはね［御跳］。フラッパー(flapper)。近世 おちゃっぴい。おてんば［御転婆］。きゃん［侠］。きんぴら［金平／公平］。きんぴらむすめ［金平娘］。じゃじゃ

うま［馬］。はっさいもの［発才者］。中世はっさい［発才］。

おと【音】 オーディオ(audio)。近代サウンド(sound)。近世ものおと［物音］。中世おん［音］。おんきゃう［音響］。中古おとなひ［音］。おんゐん［音韻］。ね［音］。もののね［物音］。上代おと［音］。と［音］。ひびき［響］。

《枕》中古あまびこの［天彦］。やまがはの［山川］。上代あづさゆみ［梓弓］。なるかみの［鳴神］。はるかぜの［春風］。

―が辺りに満ちる 中古なりみつ［鳴満］。

―がかすか 中世ほそし［細］。ほのか［仄］。

―がかすかに聞こえる 中世ほのきこゆ［仄聞］。中古ほのきく［仄聞］。

―が冴える 中世さゆ（さえる）［冴］。中古すむ［澄］。りゃうりゃう［喨喨］。れうれう［嘹喨］。上代さやか［明／清］。さやけし［明／清］。れいれい［冷冷］。

―がする 近世がさつく。ごそつく。ざわめく。中世がらつく。からめかす／がらめかす。さめく。さやめく／ざやめく。どどめく［轟］。どやめく／どよめく［響動］。ひさめく。ひびきわたる［響渡］。ふためく。中古うちそよめく／そよめく。きしめく［軋］。きしる［軋／轢］。こほめく／こぼめく。さらめく。さゐさゐし［騒騒］。そそめく。なる［鳴］。ののしる［罵］。ひしめく［犇］。ひびく［響］。ほとめく。ゆすりみつ［揺満］。上代さやぐ。さわぐ［騒］。しばたつ［屡立］。

―が高い 中世かうおん［高音］。中古たからか［高］。上代たつ［立］。

―がない（を消す） きゅうおん［吸音］。しゃおん［遮音］。しょうおん［消音］。ぼうおん［防音］。近世ぶせい／むしゃう／むせい［無声］。中世こそろ。中古おとなし［音無］。

―が響き渡る 中古いんいん［殷殷］。いんいん［隠隠］。上代とどろく［轟］。

―が細々と絶えないさま 近代よいんでうでう［余音嫋嫋］。よゐんでうでう［余韻嫋嫋］。中世せつせつ［切切］。でうでう［嫋嫋／裊裊］。

―に対する感覚 中世おんかん［音感］。

―の大きさ（単位） デシベル(decibel)。フォン／ホン(phon)。近代おんりゃう［音量］。

―の記録 ろくおん［録音］。

―の高低 ひょうじゅんおん［標準音］。近代おんてい［音程］。おんてう［音調］。おんゐき［音域］。ユニゾン(unison)。近世めりはり［減張／乙張］。

―の調子（協和） 近代おんてう［音調］。ハーモニー(harmony)。中世おんりつ［音律］。わおん［和音］。中古くゎおん［和音］。

―の波動 近代おんぱ［音波］。

―よりも早い速度 スーパーソニック(supersonic)。ちょうおんそく［超音速］。

―を聴く ちょうおん［聴音］。耳につく。→き・く

―を立てる 近代がちゃつく／ぐちゃつく。ごとつく。近世がたつく。ごそめく。ごろつく。じゃらつく。ばさつく。めりつく。中世からめかす。からめく。ぎぎめく。きします［きしませる］［軋］。ぎしめく［軋］。きしりあふ［軋合］。ざざめく。ざやめく。じじめく。中古おとづる［おとずれる］［訪］。きしむ［軋］。きしめく［軋］。きしる［軋／轢］。こそめく。こほめかす。さらめく。さゐさゐし［騒騒］。たたく［叩／敲］。とどろかす［轟］。はためく。はらめく。ふためく。ほとめく。上代おとなふ［訪］。さやぐ。さわぐ［騒］。とよむ［響］。とよもす［響］。なす［鳴］。ならす［鳴］。ゆらかす［揺］。

足― 近世げきせい［屐声］（下駄の足音）。中古あおと［足音］。りせい［履声］。上代あのおと［足音］。

雨の― →あめ

霰の― 近代きふさん［急霰］。

美しい― 近代きふじょ［翕如］。近世ぎょくいん／ぎょくおん［玉音］。びおん［美音］。

海の― 近代うみなり［海鳴］。かいめい［海鳴］。しほなり［潮鳴］。近世どうなり［胴鳴］。中世ばうばう［茫茫／芒芒］。上代しほさゐ／しほざゐ［潮騒］。なみと／なみのと［波音］。

うるさい― 近代けんさう［喧噪／喧騒／諠譟］。さうおん［騒音］。ざつおん［雑音］。

演出効果を高める― エフェクト／サウンドエフェクト(sound effects)。おんきょうこうか［音響効果］。ぎおん［擬音］。

大きな― 近代ばくおん［爆音］。近世がうおん［轟音］。中世だいおん［大音］。だいおんじゃう［大音声］。ばんらい［万雷］。

風の― エオルスおん［〔ギリシャ〕Aiolos音］。近代さんらい［山籟］。近世せきせき［淅淅］。もがりぶえ［虎落笛］。中世しょうたう［松濤］。しょうらい［松籟］。しょうゐん［松韻］。ばうばう［茫茫］。れきれき［瀝瀝］。中古さくさく［索索］。さつさつ［颯颯］。しゅうらい［衆籟］。ばんらい［万籟］。上代

ふうせい［風声］。

堅い物が触れる― 近代かつかつ［戛戛］。かつぜん［戛然］。

鐘（鉦）の― 近代じしょう／ときがね［時鐘］。中世げいおん［鯨音］。中古かうさう［鏗鏘］。かね［鐘／鉦］。しょうせい［鐘声］。ばんしょう［晩鐘］。

雷の― 中古へきれき［霹靂］。らいこ［雷鼓］。らいめい［雷鳴］。

川の― 近代せおと［瀬音］。せんくゎん［潺湲］。中世せせなぎ［溝］。中古ささらぐ。せせらぎ［細流／小流］。上代かはおと／かはと［川音］。せんゑん［潺湲］。

着物の擦れ合う― 近代きぬずれ［衣擦／衣摺］。

金属などの澄んだ―のさま 近代きうさう［璆鏘］。近世かうぜん［鏗然］。さうさう［錚錚］。中古さうさう／じゃうじゃう［鏘鏘］。

金属の― きんぞくおん［金属音］。近代きんせい［金声］。

草木の葉の― 近代はずれ［葉擦］。中世はおと［葉音］。

建築の― 中世つちおと［槌音］。

呼吸の― 近代ぜんめい［喘鳴］。

琴の― 中古かうさう／かうしゃう［鏗鏘］。つまおと［爪音］。

舌打ちする― 近世とつ［咄］。

実際にはないのに聞こえる― 近代げんちゃう［幻聴］。中古そらね［空音］。そらみみ［空耳］。

銃や大砲の― 近代じゅうせい［銃声］。近世つつおと［筒音／砲音］。はうせい［砲声］。

高い― 近代たかなり［高鳴］。中世かうおん［高音］。たかね［高音］。

滝の― 近世ばくせい［瀑声］。

太刀の― 近世たちおと［太刀音］。つばなり［鍔鳴］。中世つばおと［鍔音］。

玉の― 近代きうさう［璆鏘］。しゃうぜん［鏘然］。りんらう［琳瑯／琳琅］。近世さうぜん［鏘然］。中世れいれい［玲玲］。中古かうさう／かうしゃう［鏗鏘］。れいろう［玲瓏］。上代ぬなと［瓊音］。ゆら／ゆらく［揺］。ゆらら。

小さい― 近代ていおん［低音］。らいらい［籟籟］。中世さなり［細鳴］。中古びおん［微音］。

地の― 近世ぢなり［地鳴］。ぢひびき［地響］。中古ちらい［地籟］。

遠くの― 中世とほなり［遠鳴］。とほね［遠音］。上代とほと［遠音］。

鳥や虫などの羽根の― 中古はねおと［羽音］。ほろほろ／ほろろ。上代はおと［羽音］。

波の― 中世ばうばう［茫茫］。上代しほざゐ［潮騒］。なみおと／なみと［波音］。

似た― 近代ぎおん［擬音］。ぎせい［擬声］。るいおん［類音］。

歯の― 近世はぎしり［歯軋］。はぎり［歯切］。中世はぎしみ［歯軋］。中古かみならす［噛鳴］。はがみ［歯噛］。

低い― 近代ていおん［低音］。

飛行機の飛ぶ― 近代ばくおん［爆音］。

人の出す― 近代おんと［音吐］。ボイス（voice）。近世おんせい［音声］。中世いんせい［音声］。こわね［声音］。中古おんじゃう［音声］。上代こゑ［声］。

響き鳴る― 上代とど。とどろ。

平手で打つ― 中世ふたり。中古ふたと。

舟を漕ぐ― 近代ろごゑ［櫓声］。中世かぢおと［楫音］。中古ろせい［櫓声］。

ほのかに―がする 中古ほのめく［仄］。

水の― 中世みづおと［水音］。らうらう［浪浪］。れきれき［瀝瀝］。中古すいせい［水声］。

物が裂ける― 近代けきぜん［砉然］。れっぱく［裂帛］。

山の― 近代さんらい［山籟］。近世どうなり［胴鳴］。中世あまびこ［天彦］。てんぐだふし［天狗倒］。中古こたま／こだま［木霊／木魂／谺］。やまびこ［山彦］。

弓矢の― ゆみおと［弓音］。中世やおと［矢音］。中古つるおと［弦音］。

▼擬音語（多く「と」を伴う）

泡の― 近代こぼこぼ。ぷくぷく。近世ぶくぶく。

忙しく動く― 中古ふたふた。

多くの物が触れ合う― 近代ざくざく。じゃらじゃら／ぢゃらぢゃら。近世がちゃがちゃ。中世ざっくざっく。じゃりじゃり。

重い物がぶつかる― 近代ずしっと。ずしん。どかん。どさっと。どさん。どしり。どすん。どたん。どてん。ばたっと。ぱたっと。ばたり。ぱたり。ばたん。ぱたん。近世ずしり／づしり。ずっしり。ずどん。どさり。どしん。どたり。どっさり。どん。ばさり。中古どうと。

折れる― 近代ぽきっと。ぽきん。近世ぼきぼき。ぽきぽき。ぽきり。

掻く― 近代ぼりぼり。ぽりぽり。

風の―（風がならす音を含む） 近代ぱたぱた。ぴゅひゅう。びゅう。ぴゅう。びゅうびゅう。

うぴゅう。近世そより。ばたばた。ひゅうひゅう。中世さくさく。中古さっさつ［颯颯］。そよろ。

堅い物が当たる— かんから。こちん。近代がしゃがしゃ。かたん。がたん。かちっと。がちっと。かちゃかちゃ。がちゃり。かちゃん。がちゃん。かちり。がちん。がらん。からんからん。ごつり。こつん。ごつん。ことり。ことん。ごとん。ちゃりん。ぱちん。近世かたり。がちがち。かちん。がらがら／ぐゎらぐゎら。からんころん。こつこつ。こつり。ごとり。ごん。ちゃんちゃん。ちんからり。とん。ぱちり。ぽん。中世かたかた。がたがた。がたり。かちかち。かっし。からころ。からり。がらり。がん／ぐゎん。かんかん。ことこと。ごとごと。こん。こんこん。ごんごん。てい。中古からから。上代かわら。

刀で斬り合う— 近世ちゃんちゃん。近代ちゃんちゃんばらばら。

楽器の— ぶかぶか。ぽろろん。近代ぷかぷか。近世ぶうぶう。ぺんぺん。

鐘(鉦)の— かーん。かんかん。ごーん。近代じゃんじゃん。ちんちん。近世ごん。ちゃんちき。中世ちりりん。ちん。

雷の— 近世ごろごろ。

噛む— 近代しゃきしゃき。ぽりぽり。近世くちゃくちゃ。ぱりぱり。中世かりかり／くゎりくゎり。がりがり／ぐゎりぐゎり。さくさく。ばりばり。ぼりぼり。中古こりこり。ほろほろ。

軽く大きな物が当たる— 近世ばさばさ。ばたばた。中世はたり。

軽く触れ合う— 中世さらり。中古さらさら。そよそよ。そより。そよろ。はらはら。上代さや。さやさや。そよ。

切る— ざくざく。ざっくざっく。近代ぶっつり。ぷっつり。ぶつり。ぷつり。近世ぶっつり。中世さくさく。ふつと。中古ふつふつ。

砕け散る— 近世ぱらぱら。中古はらはら。

繰り返し当たる— びしびし。近世ぱちぱち。中世ぽんぽん。中古ふたふた。ほとほと。

こすれる— びしびし。近代ぎい。ぎいぎい。ぎゅうぎゅう。きゅっと。こくこく。ごりごり。しゃらしゃら。近世ぎしり。きちきち。ぐすぐす。ごそり。中世かっぱと。きいきい。ぎしぎし。きしり。きりり。ぎりり。ざらざら。さらり。ざらり。しゃりしゃり。中古きしきし。きりきり。ごそごそ。ささ。さらさら。そよそよ。はらはら。ひしひし［犇犇］。みしみし。上代さやさや。さわさわ。さゐさゐ［騒騒］。さゑさゑ［騒騒］。ゆら。

裂ける— ぱりっと。びりっと。近代ぱりっと。ぴりっと。びりびり。近世ぱりぱり。ぴりぴり。みりみり。中世ばりばり。めきめき。めりめり。

銃や大砲の— 近代どかん。近世ずどん。どどん。どん。

鈴などの— 近世しゃんしゃん。りんりん。中世ころころ。ちりりん。ちりん。ちりんちりん。

太鼓や鼓の— 近代ぽんぽこ。近世すってんてれつく。どん。どんちゃん。どんつく。中世ていとう。どんどん。

叩く— ぴしっと。ぽこぽこ。近代がんがらがん。がんがん。ぴちゃぴちゃ。ぴちゃん。近世じゃんじゃか。たうたう［丁丁］。ぴたぴた。ぽかぽか。ぽくぽく。ぽとぽと。ぽん。中世とんとん。ぽんぽん。

突き刺す— ぶすぶす。近代ぶすり。ぶつり。ぷつり。近世ぐっすり。中世ぶつぶつ。ほっしり。

つぶれる— 近代ぐちゃぐちゃ。ぐちゃり。ぺちゃん。ぺちゃんこ。

時計の— 近代こちこち。チクタク(ticktack)。

戸の開け閉めの— 近代ばたり。ぱたり。ばたん。ぱたん。ぴちゃん。近世ぴっしゃり。中世からり／くゎらり。

煮る— くたくた。ことこと。ごとごと。近世ぐつぐつ。中世くつくつ。つぶつぶ。

飲み食いの— ずうずう。つるつる。近代ちゅうちゅう。近世くちゃくちゃ。ごくごく。ごくり。ごっくり。ずるずる。ぴちゃぴちゃ。

鋏（はさみ）の— ちょきん。近代ちょっきん。近世ちょきちょき。ちょきり。ちょん。

はまる— 近代すぽっと。近世すっぽり。すぽん。

ひげ剃（そ）りの— 近世じょりじょり。ぞりぞり。

拍子木の— 近世かちかち。ちょん。ちょんちょん。

ベルの— 近代じりじり。

水の— じゃあじゃあ。ぴちゃん。ぼちゃん。ぽちゃん。近代こくこく。こぼこぼ。ざあざあ。さぶさぶ。ざぶん。しゃあしゃあ。じゃぶじゃぶ。じゃぶん。じゃぼじゃぼ。じゃぼん。どぶん。とぼん。ぴちゃぴちゃ。ぽとぽと。近世どんぶりこ。ひたひた。ぶくぶく。ぶくり。ぽたり。ぼちゃぼちゃ。ぽちゃぽちゃ。ぼとぼと。中世さくさく。さぶり。ざぶり。つぶと。どうどう。とくとく。

中古ざぶざぶ。つぶつぶ。
虫の― 近世ちんちろり。ちんちろりん。中世ちんちりりん。りんりん。
焼いたり炒めたりする― 近代じいじい。近世じゅうじゅう。中世じりじり。はらはら。
湯を沸かす― 近世ちんちん。中世りんりん。

おとうと【弟】 近世てい［弟］。中世おとと［弟］。中古おとうと［弟］。上代いろせ。いろと。おと［弟／乙］。おとひと［弟人］。中世せうてい［小弟／少弟］。
《謙》近代ぐてい［愚弟］。近世かてい［家弟］。
《枕》はしむかふ［愛向］［⇩おと］。
―と妹 中世ていまい［弟妹］。
―の嫁 おとうとよめ［弟嫁］。中世おととよめ［弟嫁］。上代おとよめ［弟嫁／乙嫁］。
―または妹 上代おとひ［弟日］。
―を親しく呼ぶ語 近代あてい［阿弟］。上代なおと［汝弟］。
相手の―（敬った言い方） 近代おとうとぎみ［弟君］。きてい［貴弟］。近世おとうとご［弟御］。けんてい［賢弟］。れいてい［令弟］。中世おとときみ［弟君］。
一番下の― 中世ばってい／まってい［末弟］。
一の弟(おと)（弟(おと)）。
義兄弟の約束による― 近代おとうとぶん［弟分］。
義理の― 近代ぎてい［義弟］。
実の― 近代じってい［実弟］。中世しゃてい［舎弟］。
すぐ下の― 近代ぢきてい［直弟］。ちゃうてい［長弟］。中古さしつぎ［差次］。
配偶者の― 近代ぐゎいてい［外弟］。
▼異母弟 近代ぐゎいてい［外弟］。

おどおど →おずおず

おとがい【頤】 近世あご［顎／腮］。中世あぎ／あぎと［顎／腮］。中古おとがひ［頤］。

おどか・す【脅】 近代おどしつける［脅付／嚇付］。きゃうはく［強迫］。けふゐ［脅威］。すごむ［凄］。どうかく［恫嚇］。ゐかく［威嚇］。近世おどかす［脅／嚇］。どうかつ［恫喝］。中古おどす［脅／威／嚇］。おびやかす［脅］。上代けふはく［脅迫］。
―・して金品を巻きあげる 近代たかり［集］。上代きょうかつ［恐喝］。けふかつ［脅喝］。
虚勢を張って―・す 近代からおどし［空脅］。近世きょかつ［虚喝］。

おとぎばなし【御伽話】 近代おとぎばなし［御伽話／御伽噺］。どうわ［童話］。フェアリーテール(fairy tale)。みんわ［民話］。メルヘン(ドイツMärchen)。近世むかしばなし［昔話］。→**どうわ** →**むかしばなし**
―の国 ワンダーランド(wonderland)。

おとぎりそう【弟切草】 あぜむらさき［畔紫］。近世せうれんげう［小連翹］。中世あをぐすり［青薬］。おとぎりさう［弟切草］。かつをぐさ［草］。

おとくい【御得意】 近代くゎかく［花客］。こきゃく［顧客］。近世おとくい［御得意］。中古じゃうきゃく［上客］。

おどけ【戯】 近代ジョーク(joke)。近世おどけ［戯］。くゎいかい［詼諧］。しゃれ［洒落］。じょうだん［冗談］。だうけ［道化］。たはむれ［戯］。ちゃり［茶利］。ふざけ［巫山戯］。へうきん［剽軽］。へうひゃく。中世かいぎゃく［諧謔］。くゎいぎゃく［詼謔］。ざれごと［戯事］。はいかい［俳諧］。中古さるがふ［猿楽／申楽］。上代ぎせう［戯笑／戯咲］。こっけい［滑稽］。

おど・ける【戯】 近世だうける［道化］。ちゃる［茶］。中世おどける［戯］。中古うちさるがふ［打猿楽］。おほどく。ざる［戯］。さるがふ［猿楽／申楽］。へうげる［剽／剽化／剽気］。

―・けた感じ 近代コミカル(comical)。

―・けた人 近代ピエロ(フランスpierrot)。近世だうけもの［道化者］。中世おどけもの［戯者］。中古たはぶれびと［戯人］。

―・けて気軽なこと 近世へうけい［剽軽］。


おとこ【男】 近代エム(M)。ガイ(guy)。ジェントルマン(gentleman)。しんし［紳士］。だんせい［男性］。近世をす［雄／牡］。中世し［士］。なん［男］。ゆう［雄］。中古だんし［男子］。だんじ［男児］。とのがた［殿方］。なんし［男子］。をのこご［男子］。上代せ［兄／背］。を［男／雄／夫］。をとこ［男］。をのこ［男子］。

《尊》中世おほとの［大殿］。とのばら［殿原］。上代いらつこ［郎子］。

《枕》上代もののふの［武士］。

《句》中古士(をとこ)は己(おのれ)を知る者の為に死す。

―がいる気配 近代をとこっけ［男気］。近世をとこげ［男気］。

―が女を呼ぶ語 きみ［君］。上代いも［妹］。

―が少ないこと 近世をとこひでり［男早／男日照］。

―でないかのよう アニマ(ラテンanima)。近代をとこをんな［男女］。近世をのこじもの［男］。中古めめし［女女］。上代をとこじもの［男］。

―と女 近代だんぢょ[男女]。中古しぢょ[士女]。をとこをんな[男女]。上代なんにょ[男女]。→だんじょ
―としての人柄 中世をとこがら[男柄]。

―に生まれた甲斐があること 近世をとこみやうが[男冥加]。をとこみやうり[男冥利]。

―に夢中になること 近世をとこぐるひ[男狂]。

―の格好をすること 近代だんさう[男装]。をとこづくり[男作]。近世をとこすがた[男姿]。

―の敬称 近代ミスター(Mister; Mr.)。

―の子 →こども
―の中の女性一人 近代万緑叢中紅一点。

―の道 中世けんだう[乾道]。

―の面目をかける 近世をとこづく[男尽]。

―ばかりが暮らしていること 中古をとこずみ[男住]。

―二人が一人の女性を争う 近代さんかくくわんけい[三角関係]。近世さやあて[鞘当]。

―を上げる 近世をとこす[男]。

―を罵る言葉 近世ひょっとこ。やらう[野郎]。中古げらう[下郎]。

一夜だけ関係のあった― 上代ひとよづま[一夜夫]。

大きな― →おおおとこ
女が―を呼ぶ語 あなた[貴男]。近世とのがた[殿方]。中世とのご[殿御]。上代いろせ。きみ[君]。せ[背]。せな/せなな[夫/兄]。せのきみ[背君/兄君/夫君]。せろ[夫/兄]。なせ[汝兄]。わがせこ[我背子]。

女が持つ―的な傾向 アニムス(ラテン animus)。
女にたかって生活する― 近代ジゴロ(フランス gigolo)。つばめ[燕]。ひも。近世をとこけいせい[男傾城]。をとこめかけ[男妾]。
女にでれでれする― 近代でれすけ[助]。近世のびすけ[伸助]。
女にもてる― 近代えんぷくか[艶福家]。レディーキラー(lady killer)。近世いろをとこ[色男]。をんなごろし[女殺]。
女を知らない― 近代どうてい[童貞]。近世きむすこ[生息子]。
女を大事にする― 近代ナイト(knight)。フェミニスト(feminist)。
女をもてあそぶ― プレーボーイ(playboy)。ドンファン(スペイン Don Juan)。近世いろあく[色悪]。いろごとし[色事師]。ぬれごとし[濡事師/濡事仕]。をんなたらし[女誑]。
教養のある立派な― 近代ジェントルマン/ゼントルマン(gentleman)。しんし[紳士]。中世だいぢゃうぶ[大丈夫]。ぢゃうふ[丈夫]。中古し[士]。てっぷ[哲夫]。上代ますらを[益荒男/丈夫]。
経験の足りない― 近世あをにさい[青二才]。
結婚したばかりの― 近代しんらう[新郎]。中世はなむこ[花婿/花聟]。
三歳以下の―の子 上代みどりご[緑児/嬰児]。りょくじ[緑児]。
節操固く逞しい― 近代れっぷ[烈夫]。近世れつぢゃうふ[烈丈夫]。中世れっし[烈士]。
中年の― 近代をっさん。近世をぢ/をぢさん[小父]。

妻のいない― 近世をとこやもめ[鰥男]。中古やもめ[鰥/鰥夫]。上代やもを[鰥夫/寡男]。
妻を寝取られた― 近代コキュ(フランス cocu)。
強く元気な― タフガイ(tough guy)。てつじん[鉄人]。近代さうかん[壮漢]。近世けんじ[健児]。中世もさ[猛者]。上代あらを[荒男/荒雄]。いさを[勇男]。たけを[猛夫]。ますらたけを[益荒猛男]。ますらを[益荒男]。
年老いた― 近世おぢいさん[爺]。ぢい/ぢぢい[爺]。らうふ[老夫]。をう[翁]。中古らうや[老爺]。上代おきな[翁]。およしを[老男]。らうをう[老翁]。をぢ[老爺]。
→ろうじん
風雅を愛する― 上代みやびを[雅男]。
風采のすぐれた― ハンサム(handsome)。にまいめ[二枚目]。近代きこうし[貴公子]。びだんし/びなんし[美男子]。をとこまへ[男前]。近世かうだんし[好男子]。かつらをとこ[桂男]。ひなをとこ[雛男]。中世びだん/びなん[美男]。びぢゃうふ[美丈夫]。
仏教に帰依する― 中世ぜんなんし[善男子]。中古うばそく[優婆塞]。ぜんなん[善男]。
醜い― 近代しこを[醜男]。中世ぶをとこ[醜男]。
身持ちの悪い― いかれぽんち。近世うかれを[浮男]。
良家の―の子 近世わこ[和子/若子]。中世わこさま[和子様/若子様]。
若い―を言う語 近代せいせうねん[青少

年］。ヤングマン(young man)。ユース(youth)。わかざう［若造］。わかぞう［若僧］。近世せいねん［青年］。中世わかいしゅ［若衆］。わかて［若手］。わかもの［若者］。中古じゃくねん［若年／弱年］。せうさう［少壮］。わかうど［若人］。上代いらつこ［郎子］。わくご［若子／若児］。

▼**侠気**（**男気**おとこぎ） 近代ぎけふしん［義侠心］。むかふいき［向意気］。近世いさみはだ［勇肌］。いなせ［鯔背］。けふき［侠気］。こころいき［心意気］。じんけふ［任侠／仁侠］。でんぼふはだ［伝法肌／伝法膚］。をとこだて［男伊達］。中世にんけふ［任侠／仁侠］。

▼**男盛り** 近世りふねん［立年］。上代をざかり［男盛］。

▼**男伊達** 近代ぎけふ［義侠］。近世きゃんとこ［侠客］。けふしゃ［侠者］。すいはう［粋方］。だてしゅう［伊達衆］。だてをとこ［伊達男］。中古けふかく［侠客］。

▼**男ぶり** 近代とのごぶり［殿御振］。とのぶり［殿振］。をとこっぷり［男振］。をとこまへ［男前］。近世をとこ［男］。をとこつき［男付］。

▼**男勝り** 近世かかあざゑもん［嚊左衛門］。《句》牝鶏晨す。牝鶏時をつくる。

▼**好男子** かいかん［快漢］。近代かうこつかん［硬骨漢］。くゎいだんし［快男子］。ねっけつかん［熱血漢］。近世いなせ［鯔背］。中世かうかん［好漢］。上代えをとこ［好男］。

▼**接尾語** 近代し［子］。上代ひこ［彦］。

おとこえし【男郎花】 近代おほつち。おほどち。をとこめし［男郎花］。近世はいしゃう［敗醤］。をとこへし［男郎花］。

おとこよもぎ【男艾】 はまな［浜菜］。近世をとこよもぎ［男艾］。中古からよもぎ［唐艾］。

おとこらし・い【男】 たのもしい［頼］。近世いさまし［勇］。をとこくさし［男臭］。をとこし［男］。をとこだつ［男立］。中世をとこらし［男］。上代ををし［雄雄／男男］。

―・い心 中古をとこごころ［男心］。

―・く振る舞う 近世をとこす［男］。上代をとこさぶ［男］。

―・さを誇示する 近代かうは［硬派］。

おとさた【音沙汰】 近代おんしん［音信］。近世おとさた［音沙汰］。中古いんしん［音信］。たより［便］。上代せうそく［消息］。

→たより

―がない 近代おんしんふつう［音信不通］。中古かきたゆ［掻絶］。ぶいん［無音］。

おどし【脅】❶〈脅迫〉→おど・す

おどし【脅】❷〈田畑の〉 からすおどし［烏威］。近世あんざんし／かかし／かがし［案山子／鹿驚］。がったり。ししおどし［鹿威］。とりおどし［鳥威］。中世いぬおどし［犬脅］。とりおひ［鳥追］。ひきいた［引板］。おうどし［威］。おどし［脅／威／嚇］。かかせ［案山子］。そふづ［添水］。中古おどろかし［驚］。そほづ［案山子］。なるこ［鳴子］。ひた［引板］。上代くえびこ［久延毘古］。そほど［案山子］。

おとしあな【落穴】 近代せいかん［穽陥］。近世おとし［落］。かんせい［陥穽］。だうぐおとし［道具落］。中世おちあな［落穴］。おとしあな［落穴］。ふみかぶり［踏被］。中古けいりゃく［計略］。上代わな［罠／羂／輪奈／絹］。

おとしい・れる【陥】 近代かんがい［陥害］。近世かんせい［陥穽］。はいせい［排擠］。はむ（はめる）［填／嵌］。寝首をかく。ざん［讒］。中世おとしいる（―いれる）［陥／落入］。たばかる［謀］。だます［騙］。はかる［謀］。上代あざむく［欺］。

―・れようとする心 近代くゎしん［禍心］。

―・れられること（冤罪に） 近世ゑんくつ［冤屈］。

―・れる手段 近代はめて［填手］。中世おとしあな［落穴］。上代わな［罠／羂／輪奈／絹］。→**おとしあな**

―・れるための偽りの訴え 上代ぶこく［誣告］。

おとし・める【貶】 中世さげすむ［蔑／貶］。中古あはむ［淡］。おとしむ（―しめる）［貶］。かたぶく［傾］。みくだす［見下］。

おとしもの【落物】 近代ゐしつぶつ［遺失物］。ゐひん［遺品］。近世おとしもの［落物］。中世うせもの［失物］。ゐぶつ［遺物］。→**わすれもの**

―を拾うこと しゅうとく［拾得］。

おと・す【落】❶〈落下〉 近代らくか［落下］。中世ちらす［散］。とりおとす［取落］。ふるひおとす［振落］。中古うちおとす［打落］。うちこぼす［打零］。おとす［落］。つきおとす［突落］。上代こぼす［零／溢／翻］。

果実などを―・す 中古あやす［零］。

切りたった崖から―・す 近世さかおとし［逆落］。

位を―・す かくさげ［格下］。こうかく［降格］。中古させん［左遷］。

しずく状に―・す 近代てきか［滴下］。近世

てんてき［点滴］。

高い所からー・す 近代とうか［投下］。

たたきー・す 中世かちおとす［搗落］。

涙をー・す 中古そそぐ［注／灌］。上代こぼす［零／溢／翻］。

ぽろりとー・す 中古うちおとす［打落］。

弓でー・す 上代いおとす［射落］。

おと・す【落】❷〈失う〉 近世いっす［逸／佚］。おっことす［落］。なくす［無］。中世しっつい［失墜］。中古おとす［落］。ゐしつ［遺失］。とりはづす［取外］。もらす［漏］。もる〔もれる〕［漏／洩／泄］。上代うしなふ［失］。

おと・す【落】❸〈攻め落とす〉 近代かんらく［陥落］。近世おとしいる〔―いれる〕［落入／陥］。中世おひおとす［追落］。けおとす［蹴落］。せめとる［攻取］。中古せめおとす［攻落］。上代おとす［落］。

おど・す【脅】 近代おどし［脅／威／嚇］。おどしつける［脅付］。かくす［嚇］。きゃうはく［強迫］。けふかく［脅嚇］。けふゐ［脅威］。すごむ［凄］。どうかく［恫嚇］。ゐあつ［威圧］。ゐかく［威嚇］。近世おどかす［脅／嚇］。どうかつ［恫喝］。中世ゆすりかく〔―かける〕［強請掛］。中古おどす［脅／威／嚇］。おびやかす［脅］。上代きょうかつ［恐喝］。けふかつ［脅喝］。けふはく［脅迫］。

ー・して金品を奪う 近代けふだつ［劫奪］。近世はったり。ゆすり［強請］。たかり［集］。ゆすりとる［強請取］。中世ごふりゃく［劫略／劫掠］。中古ごふだつ［劫奪］。

ー・して服従させる 近世けふしょう［脅従］。

ー・す言葉や態度 近代おどしもんく［脅文句／威文句／嚇文句］。近世すごみ［凄］。

通行人をー・して金品を奪う 近世おひはぐ［追剝］。中世ゐかつ［威喝］。

おとずれ【訪】 近代おんしん［音信］。近世いんしん［音信］。てがみ［手紙］。中世とむらひ［訪］。みまひ［見舞］。中古おと／おとなひ［音］。おとづれ［訪］。せうそく／せうそこ［消息］。たより［便］。つうしん［通信］。

《枕》中古あまひこの［天彦］。

おとず・れる【訪】 近代わうはう［往訪］。敷居を跨ぐ。中世はうもん［訪問］。みまふ［見舞／見廻］。中古おとづる〔―ずれる〕［訪］。さおとなふ［訪］。こととふ［言問／事問］。たづぬ〔たずねる〕［訪］。たちよる［立寄］。たづぬしのぞく［差覗］。ゆきとぶらふ［行訪］。らいはう［来訪］。上代く〔くる〕［来］。とふ［訪］。とぶらふ／とむらふ［訪］。よぎる［過］。

《尊》ごじゅらい／ごにゅうらい［御入来］。らいが［来駕］。

《謙》近代うかがふ［伺］。中世しこう［伺候／祗候］。中古さんじゃう［参上］。はいすう［拝趨］。

ー・れないこと 中世ぶさた［無沙汰］。

ー・れる人がいない 近代門前雀羅(じゃくら)を張る。近世閑古鳥が鳴く。門前雀羅を設く。中世ひとま［人間］。中古ひとめなし［人目無］。

ー・れる人がいなくなる 中古あとたゆ［跡絶］。

以前にー・れたことがある(所) 中世そういう［曾遊］。中古ふるさと［故郷／古里］。上代きういう［旧遊］。

大勢の人がー・れる 中世門前市をなす。

次々とー・れる 上代れきはう［歴訪］。

日本をー・れる ほうにち［訪日］。らいにち［来日］。中古にふてう［入朝］。らいてう［来朝］。

再びー・れる さいほう［再訪］。

毎日のようにー・れる 中世にっさん［日参］。

おととい【一昨日】 近代ぜんぜんじつ［前前日］。中世いっさくじつ［一昨日］。上代をとつひ［一昨日］。中古をととひ［一昨日］。

ーの前の日 いっさくさくじつ［一昨昨日］。近世さきをってひ／さきをとつひ［一昨昨日］。中世さをとつひ／さをととひ［一昨昨日］。

ーの夜 近世いっさくゆふ［一昨夕］。いっさくや［一昨夜］。中世いっさくばん［一昨晩］。中古いっさくせき［一昨夕］。

おととし【一昨年】 ぜんぜんねん［前前年］。近代いっさくねん［一昨年］。中世きょきょねん［去去年］。上代をととし［一昨年］。

おとな【大人】 アダルト(adult)。近代せいねん［成年］。だいにん［大人］。近世おほども［大供］。さうてい［壮丁］。さうふ［壮夫］。中世たいじん［大人］。中古せいじん［成人］。上代おとな［大人／乙名］。さうねん［壮年］。

ーとしての分別 近代おとなげ［大人気］。

ーになる 中世としたく［年長］。中古おとなぶ〔―なびる〕［大人］。せいちゃう［成長］。ねぶ［老成］。ひとだつ［人立］。→**おとな・びる**

ーのように振る舞う 中世おとなぶる［大人］。

まだーになっていない 近代みせいねん［未成年］。

おとなげな・い【大人気無】 近世おほづけなし［大］。年甲斐もなし。中世おとなげなし［大］。

人気無］。中古わかわかし［若若］。をさなし［幼］。

おとなし・い【大人】

《句》近世子供の喧嘩に親が出る。

近代おっとり。近世じゅんちょく［純直］。をんこう［温厚］。をんじゅん［温順］。をんわ［温和／穏和］。中世おだやか［穏］。おとなし［大人］。じうじゅん［柔順］。しほらし。じゅうじゅん［従順］。じゅんじゅう［順従］。じんじゅん［順］。じんじゃう［尋常］。中古おいらか。すなほ［素直］。にうわ［柔和］。

ー・い性格 近世うちき［内気］。

ー・そうで実は恐ろしいもの 近世鬼に衣。狼に衣。

気勢をそがれてー・くなる 近世毒気を抜かれる。

ふだんと違ってー・い 《句》借りてきた猫のよう。旅の犬が尾をすぼめる。近世猫を被る。

おとな・びる【大人】 近代おしゃま。おとなっぽい［大人］。おとなじみる［大人染］。おませ。こまちゃくれる。さうせい［早成］。近世おとなはづかし［大人恥］。こましゃくれる。こませる。こまっしゃくれる。しゅくせい［夙成］。中世おとなしやか［大人］。こぶ［こびる］。さうじゅく［早熟］。中古うちおとなぶ［打大人］。うちねぶ。おとなおとなし［大人大人］。おとなし［大人］。おとなだつ［大人立］。おとなぶ［ーなびる］［大人］。およすく／およすぐ。ねびととのふ［老成整］。ねびまさる［老成勝］。ひとめく［人］。ませる］。らうせい［老成］。をさをさし［長長］。

おとめ【乙女】 近代あんこ［姉］。ガール(girl)。ギャル(gal)。どうぢょ［童女］。バージン(virgin)。マドモアゼル(フランス mademoiselle)。メーチェン／メッチェン(ドイツ Mädchen)。りょくぢょ［緑女］。近世いと［幼］。うしろおび［後帯］。おぼこむすめ［娘］。きむすめ［生娘］。こぢょらう［小女郎］。こひめ［小姫］。たぼ［髱］。にょぞく［女賊］。びらびら。ぴらぴら。めなご［女子／女児］。をんなのこ［女子］。中世おぼこ。こむすめ［小娘］。さをとめ［早乙女］。なまにょうばう［生女房］。にょし［女子］。ひめごぜ［姫御前］。めならは／めらは［女童］。めらう［女郎］。をなご［女子／女］。中古じぢょ［児女］。しょぢょ［処女］。せうぢょ［少女］。ぢょじ［女児］。どうにょ［童女］。むすめ［娘］。めこ／めのこ［女子］。めのわらは［女童］。わらはめ［童］。をなご［女］。をみなご／をみなご／をんなご［女子］。をんなわらは／をんなわらべ［女童］。上代いらつめ［郎女］。こ［子／児］。ぢゃうし［娘子／嬢子］。てご［手児］。てこな［手児名］。をとめ［乙女／少女］。をとめご［乙女子／少女子］。↓しょうじょ

《尊》近代いとさん／いとはん［愛様／幼様］(関西地方で)。近世おぢゃうさん［御嬢様］。れいぢゃう［令嬢］。

《枕》上代さにづらふ［丹］。たまもかる［玉藻刈］。

永遠のー 上代とこをとめ［常乙女］。

きかん気でお転婆なー 近代フラッパー(flapper)。近世じゃじゃうま［馬］。

紅顔の美しいー 上代あからをとめ［赤良乙女］。

好色なー 近世いたづらむすめ［悪戯娘］。

腰の細いー 上代すがるをとめ［蜾蠃乙女］。

田植えをするー 中古さをとめ［早乙女／早少女］。

天のー 中世あまつをとめ［天津少女］。中古あまびと［天人］。てんにょ［天女］。てんにん［天人］。上代あまをとめ［天乙女］。

店などで人を引き付けるー 近代かんばんむすめ［看板娘］。

娘盛りの美しいー 近世はつはな［初花］。上代さかえをとめ［栄乙女］。

▼箱入り娘 近代ふところご［懐子］。

おとも【御供】 近世おつき［御付］。ずいはん［随伴］。つきそひ［付添］。中世おとも［御供／御伴］。じゅうさ［従者］。ずいかう［随行］。中古じゅうしゃ［従者］。

おとり【囮】 中世さそひ［誘］。中古をとり［囮／媒鳥］。

ーの鳥 ゆうちょう［遊鳥］。

おどり【踊】 近代ダンス(dance)。ぶたふ［舞踏］。ぶよう［舞踊］。中世かなで［奏］。しまひ［仕舞］。をどり［踊］。中古たふぶ［踏舞］。まひ［舞］。

ーと音楽 中世ぶきょく［舞曲］。

ーの仕草 中世ふり［振］。

ーをする人 バレリーナ(イタリア ballerina)。近代ダンサー(dancer)。近世かぶきもの［歌舞伎者］。まひこ［舞子／舞妓］。をどりこ［踊子］。をどりて［踊手］。中古まひひめ［舞姫］。

歌舞伎のー 近世しょさごと［所作事］。

滑稽な座興のー 近世にはかをどり［俄踊］。

二人の― 近代しゃかうダンス［社交dance］。デュエット(duet)。

その他―のいろいろ(例)①［日本］ かみがたまい［上方舞］。ぐんぶ［群舞］。じうたまい［地唄舞］。にちぶ［日舞］。ねりおどり［練踊］。近代あしべをどり［蘆辺踊］。てをどり［手踊］。ほうねんをどり［豊年踊］。やうぶ［洋舞］。近世あやこまひ［綾子舞］。かけをどり［掛踊］。かさをどり［笠踊／傘踊］。くみをどり［組踊］。けんばい［剣舞］(東北地方の民俗芸能)。けんぶ［剣舞］。しまひ［仕舞］。はだかをどり［裸踊］。ぼんをどり［盆踊］。中世あまごひをどり［雨乞踊］。ししまひ［獅子舞］。

その他―のいろいろ(例)②［外国］ カレドニアン(caledonian)。コールドバレエ(フランス corps de ballet)。サンバ(ポルトガル samba)。ファランドール(フランス farandole)。ブレークダンス(break dance)。ルンバ(スペイン rumba)。近代カドリール(フランス quadrille)。タンゴ(tango)。バレエ(フランス ballet)。フォークダンス(folk dance)。ポルカ(polka)。ポロネーズ(フランス polonaise)。マズルカ(ポーランド mazurka)。モダンダンス(modern dance)。ワルツ(waltz)。

▼助数詞 きょく［曲］。さし［差］。て［手］。

おどりあが・る【躍上】 近代てうりゃう［跳踉］。ゆうやく［勇躍］。近世てうやく［跳躍］。ひやく［飛躍］。ようやく［踊躍］。中世とびはぬ［―はねる］［飛跳］。はねあがる［跳上］。中古てうりゃう［跳梁］。をどりあがる［躍上］。上代とびあがる［飛上］。はぬ［はねる］［跳／撥］。ほとばしる［迸］。

喜んで―・る 近代きんきじゃくやく［欣喜雀躍］。やくやく［躍躍］。近世こをどりす［小躍］。

おどりかか・る【躍掛】 中世をどりかかる［躍掛／躍懸］。中古とびかかる［飛掛］。

おどりこそう【踊子草】 近世をどりぐさ／をどりさう［踊草］。をどりこさう［踊子草］。をどりばな［踊花］。

おと・る【劣】 近代コンマいか［comma以下］。そんしょく［遜色］。ていれつ［低劣］。ゆする［輸］。れっとう［劣等］。及びもつかない。人後に落ちる。近世したため［下目］。せつれつ［拙劣］。せんれつ［賤劣］。ようれつ［庸劣］。引けをとる。中世おくる［おくれる］［後］。およばず［及］。おろか［愚／疎］。くぼし［窪／凹］。さがる［下］。そまつ［粗末］。つぎざま［次様］。つたなし［拙］。ていげ［底下］。ひはく［菲薄］。めで。よわし［弱］。わろし［悪］。足下へも及ばず。後れを取る。中古あし［悪］。えせ［似非］。おとり［劣］。おとりざま［劣様］。くだる［下］。けおとる［気劣］。こよなし。たちおくる［―おくれる］［立後］。たちくだる［立下］。たぢろく。なほなほし［直直］。はづ(はじる)［恥／羞］。みじかし［短］。むげ［無下］。上代まく［まける］［負］。をぢなし［怯］。をとる［劣／減］。

―・っていて悪い 近代れつあく［劣悪］。

―・っている点 近代けってん［欠点］。中世たんしょ［短所］。よわみ［弱］。

―・っている点が目立つ 中古おとりまさる［劣優］。

―・っていると思う 中古おもひおとす［思貶］。おもひおとる［思劣］。

―・って見える みおとり［見劣］。中世こころおとり［心劣］。中古わるぶ／わろぶ［悪］。

―・らない 中古はぢなし［恥無］。

勢いが―・る 近代れっせい［劣勢］。

才能が―・る ちからおとり［力劣］。近代どさい［駑才］。れっさい［劣才］。

自分を―・っていると思う 近代ひけめ［引目］。れっとうかん［劣等感］。中世きおくれ［気後］。

地位などが―・る れつい［劣位］。中世した［下］。

ちょっと―・る 近代一籌(いっちう)を輸する。

品質などが―・ったもの 近代ありう［亜流］。かとう［下等］。さんりう［三流］。にりう［二流］。近世おち［落］。中古かす［滓］。そまつ［粗末］。

父祖よりも子孫が―・る 中古えだおとり［枝劣］。

おど・る【踊】 ダンス(dance)。中世をどる［踊］。中古まふ［舞］。

―・り狂うこと 中古らんぶ［乱舞］。

―・る場所 近世をどりば［踊場］。

数人が組んで―・る 近世くみをどり［組踊］。

おとろ・える【衰】 らくじつ［落日］。近代げんたい［減退］。こてう［枯凋］。すいせい［衰勢］。すいもう［衰耗］。すいれい［衰零］。たいくゎ［退化］。たいてう［退潮］。たそがれ［黄昏］。にぶる［鈍］。よわまる［弱］。近世さびる［さびれる］［寂／荒］。しきび［式微］。すいたい［衰頽／衰退］。すがる［すがれる］［末枯］。すぼける。すぼる［窄］。める［減］。よわりきる［弱切］。中世あす［あ

せる〕[褪]。うらがる〔—がれる〕[末枯]。おちめ[落目]。かたぶく／かたむく[傾]。くだりゆく[下行]。さぶ〔さびる〕[寂／荒]。しなぶ〔しなびる〕[萎]。しらむ[白]。すいかう[衰耗]。すいじゃく[衰弱]。すいはい[衰廃]。すたる〔すたれる〕[廃]。たく〔たける〕[長／闌]。らうろう[牢籠]。〈中古〉おゆ〔おいる〕[老]。くちす[朽]。くつ〔くちる〕[朽]。くづほる〔くずおれる〕[頽]。けいたい[傾頽]。さらぼふ。すいへい[衰弊／衰敝]。すたる〔すたれる〕[廃]。たゆむ[弛]。つひゆ〔ついえる〕[弊]。てうらく[凋落]。やせおとろふ〔—おとろえる〕[痩衰]。やつる〔やつれる〕[窶]。よわりはつ〔—はてる〕[弱果]。よわる[弱]。地に落つ〔—落ちる〕。〈上代〉うつろふ[移]。おとろふ〔おとろえる〕[衰]。くたつ[降]。すいび[衰微]。

—·え色あせる 〈近代〉いろあせる[色褪]。〈中世〉めっしき[滅色]。

—·えかかったもの 〈近世〉すがり／すがれ[末枯]。

—·えさせる 〈中世〉かたぶく[傾]。かたむく〔かたむける〕[傾]。しらまかす／しらます[白]。

—·え死ぬこと 〈近代〉すいし[衰死]。〈中古〉てうらく[凋落]。

—·えたさま すいしょく[衰色]。

—·えた末 〈近代〉ばつろ／まつろ[末路]。〈中世〉なれのはて[成果]。

—·え疲れること 〈近世〉すいはい[衰憊]。〈中古〉てうへい[凋弊／彫弊]。

—·え始める 〈近代〉したむき[下向]。らくてう[落潮]。峠を越す。

—·え滅びること 〈近代〉すいばう[衰亡]。りんぼつ[淪没]。〈中世〉けいはい[傾廃／傾敗]。すいめつ[衰滅]。〈中古〉すいもつ[衰没]。

—·える運命 〈近世〉すいうん[衰運]。

勢いが—·える 〈近代〉すいせい[衰勢]。〈中古〉しづまる[鎮]。

勢いを—·えさせる 〈上代〉くじく[挫]。

火勢や風雨などが—·える 〈中古〉しめる[湿]。

急に—·えるさま 〈近代〉がったり。ついらく[墜落]。〈近世〉がくり。がっくり。

栄えることと—·えること →えいこせいすい

盛りを過ぎて—·えてゆく じばんちんか[地盤沈下]。しゃよう[斜陽]。〈近代〉したび[下火]。〈近世〉すがる〔すがれる〕[末枯]。〈中世〉くだりざか[下坂]。りょうち[陵遅]。〈上代〉くたつ[降]。

先へ行くほど—·える さきぼそり[先細]。しりすぼまり／しりすぼみ[尻窄]。

体力が—·える 〈近世〉顎で蠅を追ふ。〈中世〉きょらう[虚労]。くづほる〔くずおれる〕[頽]。

年を経て—·える おいさらばえる[老]。ふけこむ[老込]。すりへる[磨滅]。ろうか[老化]。ろうはい[老廃]。〈近代〉すいもう[衰耄]。らうきう[老朽]。〈近世〉おいくつ〔—くちる〕[老朽]。おいこむ[老込]。〈中世〉おいさらぼふ[老]。〈上代〉すいぼう[衰耄]。すいらう[衰老]。らうすい[老衰]。

なんとなく—·える ものさぶ〔—さびる〕[物寂]。

風雨などの勢いを—·えさせる 〈中古〉すさむ[荒]。

おどろか·す【驚】 びっくりさせる。〈近代〉あっと言はせる。生き肝を抜く。〈近世〉おどかす[脅／嚇]。荒肝を取る。気を抜く。度肝（どぎも）を抜く。一泡吹かす〔—吹かせる〕。〈中世〉おどす[脅]。きゃうは[驚破]。〈中古〉おどろかす[驚]。

—·される 〈近世〉一驚（いっきゃう）を喫す。

世間を—·す 〈近代〉きゃうてんどうち[驚天動地]。どうち[動地]。センセーション(sensation)を巻き起こす。〈中古〉耳目を驚かす。

油断につけ込んで—·す 〈近世〉尻毛を抜く。

おどろ·く【驚】 はっとする。びっくりする。目を疑う。〈近代〉おったまげる[魂消]。がいはく[駭魄]。きゃうてんどうち[驚天動地]。ぶったまげる[打魂消]。心胆（しんたん）を奪ふ。青天の霹靂（へきれき）。耳を疑ふ。目玉が飛び出る。目を白黒させる。〈近世〉いっきゃう[一驚]。がいぜん[駭然]。きっきゃう[喫驚／吃驚]。たまげる[魂消]。びっくりぎゃうてん[仰天]。あっけにとられる。肝を飛ばす。肝を減らす。魂を消す。と胸を突く。目を剝き出す。目を剝く。〈中世〉あさむ。おぞむ。おどろきいる[驚入]。きゃうい[驚異]。きゃうがく[驚愕]。きゃうたう[驚倒]。ぎゃうてん[仰天]。けでん[怪顚／怪転]。しんきゃう[震驚]。だうもく[瞠目]。たまぎる[魂消]。どうてん[動転／動顚]。ものおどろき[物驚]。息を吞む。色を失ふ。顔色（がんしょく）なし。肝を消す。肝を冷やす。腰を抜かす。声を吞む。舌を振るふ。舌を巻く。魂（たま）を冷やす。〈中古〉あさまし／あさましがる[浅]。うちおどろく[打驚]。がくぜん[愕然]。むねつぶらはし／むねつぶる[胸潰]。むねひしぐ[胸拉]。肝消ゆ。肝を潰す。

目を見張る。上代おどろく[驚/愕/駭]。一腰を抜かす。《尊》中古おぼしおどろく[思驚]。中世

―・いて動けない 近代ぼうだち[棒立]。

―・いて顔色が変わる 近代しょくぜん[色然]。中世色を失ふ。顔色(がんしょく)なし。

―・いて声(言葉)が出ない 中世息を呑む。声をのむ。何をか言はんや。中古口塞がる。

―・いて嘆声を発するさま 中世とつとつ[咄咄]。

―・いて発する語 ぎょぎょっ。へえー。近代あらまあ。おやまあ。ぎょっ。なんたる。なんといふ。驚き桃の木山椒の木。近世あれよあれよ。あんぐり。いかなこと[如何事]。いやあ。いやはや。いやもう。おやおや。きゃあ。ぎゃあ。きゃっ。ぎゃっ。こはそも。これはこれは。これはしたり。さてこそ。したり。はてさて。はてはて。ひゃあ。まあ。やれこれ。中世あはや。あれあれ。おっ。こはいかに。さりとては。すは。なむさん[南無三]。なむさんぼう[南無三宝]。はれ。ほう。やっ。やらやら。わあ。わっ。中古あら。あらあら。おいや。さてさて。そそや。なんと。まあまあ。やや。

―・いて胸騒ぎするさま 近代きき[悸悸]。

―・いて目を開く 近代だうじゃく[瞠若]。目玉が飛び出る。近世目を皿にす。目を剝く。中古目を見張る。上代くぜん[瞿然]。

―・きあきれてぼんやりする 近代あっけ[呆気]。近世あっけにとられる。

―・きあきれる 近世泡を食ふ。中古あきれいたし[呆甚]。あさましがる[浅]。あさむ/あざむ。みあさむ[見]。目口はだかる。

―・き慌てさせる 近世ひとあわ[一泡]。一泡吹かす[―吹かせる]。

―・き慌てる 近代めんくらふ[面食]。近世さくがく[錯愕]。はいまう[敗亡/廃忘]。中古おくびゃう[臆病]。どうず[動]。上代いわく[驚駭/喘息]。

―・き慌てる顔 近世うろたへまなこ[狼狽眼]。おろおろがほ[顔]。

―・き恐れる 近代きゃうき[驚悸]。しんがい[震駭]。中世おびえあがる[怯上]。きゃうふ[驚怖]。しんきゃう[震驚]。魂(たましひ)を冷やす。上代きゃうがい[驚駭]。

―・き感心する きょうたん[驚嘆]。舌を巻く。近代だうもく[瞠目]。

―・き騒ぐ 近世栃麺棒(とちめんぼう)を食ふ。中古うすすく/うそそく。上代いすすく。

―・くさま ぎょぎょ。ぎょっと。近代ぎくり。きょとん。どきっ。どきん。びくっ。はとまめ[鳩豆]。鳩に豆鉄砲。近世がいぜん[駭然]。ぎっくり。目を白黒。中古がくぜん[愕然]。きよきよ。ぶぜん[憮然]。目を見張る。

―・くほどだ 近世おそろし[恐]。おどろし[驚]。中世きゃうい[驚異]。けう[希有/稀有]。

―・くようなこと 中世きゃうい[驚異]。

聞いて―・く 近世寝耳に水。中世みみおどろく[耳驚]。

出し抜けで―・く 近世寝耳に水。

値段が高くて―・く 近代目玉が飛び出る。

おなじ【同】 近代イコール(equal)。いっしょ[一緒]。たいとう[対等]。どういつ[同一]。近世選ぶところがない。そっくりそのまま。あひこ[相子]。いちりつ[一律]。おんなじ[同]。ごぶごぶ[五分五分]。一事が万事。中世いちにょ[一如]。いちやう[一様]。おなじい[同]。きんとう[均等]。どうぜん[同然]。どうぜん[同前]。どうやう[同様]。ひってき[匹敵]。ひとつ[一]。びゃうどう[平等]。中古どうとう[同等]。ひとし[等]。ひとしなみ[等]。甲乙付け難し。甲乙無し。上代おなじ[同]。おやじ[同]。ごとし[如]。

―一族 近世るいえふ[類葉]。中世どうしゃう/どうせい[同姓]。中古どうみゃう[同名]。どうめう[同苗]。上代どうぞく[同族]。

―意味 中世どうい[同意]。どうぎ[同義]。

―河 中世いちが[一河]。

―考え 近代いっしんどうたい[一心同体]。近世どうあん[同案]。どうせつ[同説]。どうふく[同腹]。どうふくちゅう[同腹中]。中古どうい[同意]。もろごころ[諸心]。

―言葉を言い返す 中古あうむがへし[鸚鵡返]。

―ことを何度も言う 馬鹿の一つ覚え。近世ひゃくまんだら[百万陀羅]。

―ことを何度もする くりかえす[繰返]。判で押したよう。上代かへる[返/反]。

―失敗を繰り返す 近代轍(てつ)を踏む。二の舞を演ずる。二の舞を踏む。中世前車の轍を踏む。

―手段 近代軌(き)を一(いつ)にする。軌を同じくする。

―性質 とうしつ[等質]。近代どうしつ[同質]。

―席 あいせき[相席/合席]。中世どうせき

[同席]。

―たぐいの人間 近代どうるいかう[同類項]。近世一つ穴の狢。中世いちれつ[一列]。どうるい[同類]。同じ穴の狢(狐/狸)。

―地位 近代どうれつ[同列]。近世どうかく[同格]。中世どうゐ[同位]。

―調子 近代せんぺんいちりつ[千篇一律]。近世いちりつ[一律]。どうてう[同調]。中古ひとやう[一様]。

―でない 近代ふいち/ふいつ[不一/不乙]。中世あひたがふ/あひちがふ[相違]。ちがふ[違]。べつ[別]。中古さうゐ[相違]。ふどう[不同]。べち[別]。上代たがふ[違]。
→ちがい →ちが・う
―時 リアルタイム(real time)。近代シンクロナイズ(synchronize)。中世どうじ[同時]。

―にする 近代どうくゎ[同化]。同じうする。同じくする。中古さしあはす[差合]。

―になる 近代がっち[合致]。近世がふいつ[合一]。中世そろふ[揃]。中古いっち[一致]。

―にみなす 近代どういつし[同一視]。どうし[同視]。中古おもひなずらふ[思準]。

―年齢 近代どうかふ[同甲]。どうし[同歯]。どうねんぱい[同年配]。近世あひどし[相年]。中世おないどし[同年]。どうねん[同年]。どうれい[同齢]。上代よち。

―年齢の子 上代よちこ[子]。

―民族 近代どうはう[同胞]。はらから[同胞]。

―もの 近代どういつぶつ[同一物]。中古ひとつもの[一物]。

―ものでも現れ方が違うたとえ 中世水波の隔て。
―ものとする 中古なぞらふ[―らえる][準/准/擬]。上代なずらふ[―らえる][準/准/擬]。ひとしむ[等/斉]。
―ようなさま 近代いちれついったい[一列一体]。上代もころ[如/若]。
―ようなもの ふくせい[複製]。レプリカ(replica)。中世ひとつもの[一物]。
衣服などが― おそろい[御揃]。ペアルック(和製pair look)。
大勢が―ことを言う 中古いくどうおん[異口同音]。いっくどうおん[一口同音]。
志が― 近世どうふく[同腹]。どうふくちゅう[同腹中]。中古どうし[同志]。
だいたい― 近代ちょぼちょぼ。どうこういきょく[同工異曲]。近世おつかつ。おっつかっつ。ごじっぽひゃくほ[五十歩百歩]。似たり寄ったり。中世だいどう[大同]。だいどうせうい[大同小異]。中古いづれとなし。上代ちかし[近]。るいす[類]。
互いに― 近代あひひとしい[相等]。
力が―くらい 肩を並べる。兄たり難く弟たり難し。近世きっかう[拮抗/頡頏]。中古甲乙付け難し。甲乙なし。
得点などが― タイ(tie)。タイスコア(和製tie score)。近代どうてん[同点]。
人の真似をして―ことをする 近代顰みに倣ふ。
皆―料金 きんいつりょうきん[均一料金]。
元は― どうそ[同素]。近代どうげん[同源]。《句》近代下駄も仏も同じ木のきれ。
やり方が― 近代軌を一にする。軌を同じくする。

おなじく【同】 どうように[同様]。ならびに[並]。御多分に漏れず。中世おなじく[同]。中古なほ[猶/尚]。上代また[又/亦/復]。

おに【鬼】 近代きふけつき[吸血鬼]。近世あまのじゃき/あまのじゃく/あまのじゃこ[天邪鬼]。中世あかおに[赤鬼]。あをおに[青鬼]。おんぎゃうき[隠形鬼]。きちく[鬼畜]。くはんだ[鳩槃茶]。ぐゎごうじ/ぐゎごじ[元興寺]。せっき[刹鬼/殺鬼]。中古あくき[悪鬼]。おに[鬼]。おにがみ[鬼神]。がき[餓鬼]。きじん[鬼神]。きみ[鬼魅]。ここめ。じゃき[邪鬼]。やしゃ[夜叉]。らせち/らせつ[羅刹]。上代あしゅら[阿修羅]。→あくま
―の子 中世おにわらは[鬼童]。
―の姿 近世きぎゃう[鬼形]。
―の面 近世きめん[鬼面]。しかみ[顰]。
―のようである 近世おにおにし[鬼鬼]。中古おにし[鬼]。
―のように勇敢で強い 近代鬼を欺く。
女の― 近代おにばば[鬼婆]。近世くゎしゃばば[火車婆]。中世きぢょ[鬼女]。だつえば[奪衣婆]。はんにゃ[般若]。上代しこめ[醜女]。
暗がりにいる― 近代あんき[暗鬼]。
地獄にいる― 中世ごくそつ[獄卒]。ごづめづ[牛頭馬頭]。こんじゃうき[紺青鬼]。めっきしゃくき[滅鬼積鬼]。
冥土にいる― 中世めいき[冥鬼]。
霊魂の― 中世れいき[霊鬼]。

おにがわら【鬼瓦】 近代しゃちがはら[鯱瓦]。

近世 しゃちほこ［鯱］。中世 おにがはら［鬼瓦］。しふん［鴟吻］。中古 くつがた［鴟尾／沓形］。しび［鴟尾／鵄尾］。上代 とびのを［鵄尾］。

おにごっこ【鬼】 近代 おにあそび［鬼遊］。おにかひな［鬼甲斐無］。おにごとあそび［鬼事遊］。おにっこ［鬼］。かがみおに［屈鬼］。近世 おにご［鬼子］。おにごこ［鬼］。おにごっこ［鬼］。おにふくろ［鬼袋］。おにわたし［鬼渡］。中世 おひこくら［追］。

目隠しの━ 中世 めなしおに［目無鬼］。めなしどち［目無］。

おにばす【鬼蓮】 いばらぶき［茨蕗］。近世 いばらばす［茨蓮］。おにばす［鬼蓮］。中世 みづぶき［水蕗］。

おにび【鬼火】 近代 いうれいび［幽霊火］。近世 あをび［青火］。いんくゎ［陰火］。ひのたま［火玉］。やくゎ［野火］。中世 きつねび［狐火］。ひだま［火玉］。りんくゎ［燐火］。上代 おにび［鬼火］。

おにゆり【鬼百合】 いぬゆり［犬百合］。けんたん［巻丹］。近世 てんがいゆり［天蓋百合］。中世 おにゆり［鬼百合］。

おね【尾根】 さんりょう［山稜］。リッジ(ridge)。山の背。近代 せ［背］。ぶんすいれい［分水嶺］。りょうせん［稜線］。近世 をね［尾根］。上代 やまのは［山端］。を［峰／丘］。をみね［尾峰］。

━伝いの道 近世 うまのせ［馬背］。うまのせごえ［馬背越］。

━のくぼんだところ 近代 あんぶ［鞍部］。

両側の斜面が切りたった━ ナイフリッジ(knife ridge)。近代 かまをね［鎌尾根］。

おの【斧】 中世 ふきん［斧斤］。中古 たつぎ［鐇］。上代 をの［斧］。

━と鑿（のみ） 近世 ふさく［斧鑿］。

━とまさかり 中世 せきやう［戚揚］。上代 ふゑつ［斧鉞］。

━の美称 中世 ぎょくふ［玉斧］。

大型の━ 上代 まさかり［鉞］。

小型の━ 中世 よき［斧］。

おのおの【各各】 近代 かく［各］。かくこ［各個］。かくじん［各人］。こべつ［個別］。近世 かくじ［各自］。われわれ［我我］。中世 おのれおのれ［己己］。ここ［個個／箇箇］。それぞれ［其其／夫夫］。てんでに［手手］。とりどり。めいめい［銘銘］。めんめん［面面］。中古 いちいち［一一］。おのおの［各各／各］。おのがじし［己］。おのもおのも。おもておもて［面面］。おもひおもひ［思思］。こころごころ［心心］。しなじな［品品］。上代 おのがむきむき［己向向］。むきむき［向向］。

━の人 近代 かくゐん［各員］。

おのずから【自】 近代 しぜんに［自然］。近世 ひとりでに［独］。中世 おのづと［自］。われと［我］。中古 おのれ［己］。じねんに［自然］。上代 おのづから［自］。

《枕》中世 やまどりの［山鳥］。

おのの・く【戦】 →**おそ・れる【恐】❶**

おのれ【己】 →**じぶん**

おば【伯母】 中世 をばご［伯母御／叔母御］。中古 をばうへ［伯母上／叔母上］。をばぎみ［伯母君／叔母君］。上代 をば［伯母／叔母］。

▼父の姉 近代 こし［姑姉］。

▼父の妹 近代 こまい［姑妹］。しゅくこ［叔姑］。

▼母の姉 中世 はくぼ［伯母］。上代 をば［伯母］。

▼母の妹 中世 しゅくぼ［叔母］。上代 をば［叔母］。

おばけ【御化】 →**かいぶつ** →**ばけもの**

おはこ【十八番】 とくいげい［得意芸］。近代 おいへげい［御家芸］。近世 おてのもの［御手物］。おはこ［十八番／御箱］。じふはちばん［十八番］。中世 えて［得手］。とくい［得意］。

おばすてやま【姨捨山】 近代 おやすてやま［親捨山］。きらう［棄老］。中古 をばすてやま［姨捨山］。

おび【帯】 近代 ベルト(belt)。近世 バンド(band)。上代 おび［帯］。たらし［帯］。

《枕》上代 しろたへの［白妙］。

━の結び方(例) ひきむすび［引結］。近代 ふくらすずめ［脹雀］。近世 おたいこ［御太鼓］。おたいこむすび［御太鼓結］。かかへおび［抱帯］。ちからおび［力帯］。まきおび［巻帯］。まへおび［前帯］。まへむすび［前結］。むなだか［胸高］。中世 うしろおび［後帯］。

━を締める 中古 さす［差］。

厚地で芯や裏をつけない━ 近世 ひとへおび［単帯／一重帯］。

裏表を別の布地で仕立てた━ 近世 くぢらおび［鯨帯］。ちうやおび［昼夜帯］。はらあはせおび［腹合帯］。ふくさおび［袱紗帯］。

襟と━ 中古 きんたい［襟帯／衿帯］。

狩衣（かりぎぬ）の上に締める━ 近代 あておび［宛帯

／当帯]。
着物の最も外側に締めるー 中世 うはおび[上帯／表帯]。
剣をつるすためのー 近代 けんたい[剣帯]。
柔道などの有段者が締めるー くろおび[黒帯]。
芯を入れない男のー 近代 ひらぐけおび[平絎帯]。
男性(子供)が布地をそのまま締めるー 近代 へこおび[兵児帯]。 近世 さんじゃくおび[三尺帯]。しごきおび[扱帯]。ろくしゃくおび[六尺帯]。
妊婦が腹部に締めるー 近世 ゆはたおび[結肌帯]。 中世 いはたおび[岩田帯]。 中古 はらおび／ふくたい[腹帯]。
皮革製のー 近世 かはおび[革帯]。 中世 はいけん[佩剣]。 上代 かくたい[革帯]。
その他ーのいろいろ(例) カマーバンド(cummerbund)。クロスベルト(crossbelt)。ふくろおび[袋帯]。 近代 かくおび[角帯]。だてまき[伊達巻]。 近世 かのこおび[鹿子帯]。こしおび[腰帯]。たたみおび[畳帯]。ちゅうはばおび[中幅帯]。なごやおび[名古屋帯]。まるおび[丸帯]。をとこおび[男帯]。をんなおび[女帯]。

おび・える【怯】→おそ・れる【恐】❶

おびきだ・す【誘出】 近世 いうしゅつ[誘出]。そびきだす[誘出]。 中世 おびきいだす／おびきだす[誘出]。つりだす[釣出／吊出]。→さそいだ・す

おびきよ・せる【誘寄】 中世 おびきよす[ーよせる][誘寄]。おびく[誘]。→さそ・う

おひしば【雄日芝】 近代 をひしば[雄日芝]。をひじわ[雄陽皺]。 近世 ちからぐさ[力草]。 中古 すまひぐさ[相撲草]。すまふとりぐさ[相撲取草]。ひじは。

おびただし・い【夥】→おお・い

おひとよし【御人好】 近代 おひとよし[御人好]。 近世 あまくち[甘口]。かうじんぶつ[好人物]。けっこうじん[結構人]。ごぶじ[御無事]。ぬくすけ[温助]。ぬるま[微温]。世間知らず。 中世 ぐちょく[愚直]。けっこう[結構]。ぜんじん[善人]。 中古 ぜんにん[善人]。
ーである 近代 おめでたい。 近世 おもなが[面長]。めでたい。 中古 こころよし[心良]。
ー・な人 近世 どうじがうし[童子格子]。
ーの顔つき 近世 十三月なる顔つき。

おびやか・す【脅】→おど・す

お・びる【帯】 近代 はいす[佩]。はいよう[佩用]。 近世 身に着く[ー着ける]。 中世 はいたい[佩帯]。 中古 おぶ[おびる][帯／佩]。たいす[帯]。はく[佩]。 上代 おぶ[帯](四段活用)。
ー・びさせる 上代 はく[佩]。

オフィシャル(official) こうしき[公式]。しょくむじょう[職務上]。 近代 オフィシャル。こうてき[公的]。こうにん[公認]。

オフィス(office) じむしょ[事務所]。ビューロー(bureau)。 近代 オフィス。

おふだ【御札】→おまもり

オプチミスト(optimist) らくてんか[楽天家]。らっかんろんしゃ[楽観論者]。 近代 オプチミスト。

オプチミズム(optimism) らくてんしゅぎ[楽天主義]。らっかんろん[楽観論]。 近代 オプチミズム。

おべっか →おせじ

オペレーション(operation) うんてん[運転]。しゅじゅつ[手術]。そうさ[操作]。 近代 オペレーション。

おぼえ【覚】 近代 じかく[自覚]。じしん[自信]。 中世 きおく[記憶]。 中古 おぼえ[覚]。ものおぼえ[物覚]。
ー書き 近代 ノート(note)。ばうびろく[忘備録]。ひかえ[控]。びばうろく[備忘録]。メモ(memo)。メモランダム(memorandum)。 近世 こころおぼえ[心覚]。しゅき[手記]。
▼飲食店などで客に示す覚え書き 近代 かんぢゃうしょ[勘定書]。 近世 こうじゃう[口上]。こうじゃうがき[口上書]。しただい／ぜつだい[舌代]。

おぼ・える【覚】 近代 きする[記]。めいき[銘記]。らうき[牢記]。 近世 おぼえこむ[覚込]。 中世 かくご[覚悟]。きおく[記憶]。 中古 おぼえいる[覚入]。おぼゆ[おぼえる][覚]。
聞いてー・える 近代 ききおぼえ[聞覚]。
自然にー・える《句》 近代 門前の小僧習はぬ経を読む。 近世 勧学院の雀は蒙求(もうぎゅう)を囀(さえず)る。
しっかりとー・えさせる 中世 たたきこむ[叩込]。
そらでー・える ぼうあんき[棒暗記]。まるあんき[丸暗記]。 近世 あんき[暗記]。 中古 そらおぼえ[空覚]。→あんき
習いー・える 近世 身に着く[ー着ける]。 中世 しうとく[修得]。 中古 おもひならふ[思習]。

はっきりとは―・えていない 中古 なまおぼえ[生覚]。
ひとつだけ―・えている ひとつおぼえ[一覚]。
ぼんやり―・えている 近世 うろおぼえ[覚]。

おぼつかな・い【覚束無】 近世 こてこて。中世 おぼおぼし。中古 たどたどし。上代 おぼつかなし[覚束無]。たづたづし。
―・く思う 上代 いふかる[訝]。

おぼ・れる【溺】 すいか[水禍]。近代 できぼつ[溺没]。近世 かんでき[陥溺]。ちんでき[沈溺]。中世 ちんじゃく[沈溺]。中古 おぼほる／おもほる[溺]。上代 おぼる[おぼれる][溺]。
―・れさせる 上代 おぼほす[溺]。
―・れているさま 近世 あっぷあっぷ。中世 あぷあぷ。
―・れて死ぬ 近世 かはながれ[川流]。中世 おぼれしぬ[溺死]。すいし[水死]。できし[溺死]。中古 かはいれ[川入]。
愛に―・れる 近世 いろぐるひ[色狂]。中世 たはる[戯]。上代 さどはす／さどふ[惑]。
趣味などに―・れる 心を奪われる。近代 ねっちゅう[熱中]。近世 たんでき[耽溺]。わくでき[惑溺]。中古 ふける[耽]。
悪いことに―・れて抜けられない 近世 おはまり[御填]。かんでき[陥溺]。中世 いんす[淫／婬]。くるふ[狂]。

おぼろげ【朧】 近世 うっすり[薄]。ほんのり。ぼんやり。もうろう[朦朧]。ろうろう[朧朧]。中世 うっすら[薄]。中古 おぼおぼし。おぼろげ[朧]。かすか[微／幽]。ゆめうつつ[夢現]。上代 おぼほし。ほのか[仄]。

おぼろづき【朧月】 近世 うすづき[薄月]。中世 おぼろづき[朧月]。たんげつ[澹月／淡月]。中古 ろうげつ[朧月]。
―夜 近代 ろうや[朧夜]。近世 うすづきよ[薄月夜]。おぼろよ[朧夜]。

おまえ【御前】 →あなた

おまけ【御負】 近代 いろづけ[色付]。けいひん[景品]。そへもの[添物]。ねびき[値引]。プレミアム(premium)。近世 あいきゃう[愛敬]。あいけう[愛嬌]。おまけ[御負]。けいぶつ[景物]。そへ[添]。ふろく[付録]。中世 つけたり[付]。色を付く(―付ける)。

おまけに【御負】 近世 おまけに[御負]。かつまた[且又]。中世 あまつさへ／あまりさへ[剰]。中古 あまさへ[剰]。しかのみならず[加之]。そのうへ[其上]。

おませ →おとな・びる

おまもり【御守】 近代 ごまふだ[護摩札]。じゅふ[呪符]。タリズマン(talisman)。近世 いんもん[印文]。おふだ[御札]。ごしんぷ[護身符]。ふだいた[札板]。ふもん[符文]。まもりふだ[守札]。まよけ[魔除]。中世 おまもり[御守]。ごふ[護符]。ひふ[秘符]。ふ[符]。ふだ[札]。中古 おうご[擁護]。しんぷ[神符]。まもり[守／護]。
―の札を入れて置く箱 近世 ふだばこ[札筥]。
安産等の― 近世 いぬはりこ[犬張子]。おとぎいぬ[御伽犬]。中古 こやすがひ[子安貝]。
腕輪などに入れて着けた― 近世 うでまもり[腕守]。
火災除けの― 近世 ひのふだ[火札]。
子供の― 近世 おとぎばふこ[御伽這子／御伽婢子]。はふこ[這子／婢子]。
神社などが出す厄除けの― 中世 おはらひ[御祓]。
肌に着けて持った― 近代 はだまもり[肌守]。
胸にかける筒形の― 中世 かけまもり[懸守]。
その他―のいろいろ(例) 近世 かみなりよけ[雷除]。むしよけ[虫除]。

おまる【御虎子】 近代 ねうき[尿器]。近世 おかは[御厠]。おまる[御虎子／御丸]。こし[虎子]。こしのはこ[虎子箱]。中世 しのはこ[清器／尿器]。はこ[箱／筥]。中古 ひ[楲]。べんき[便器]。

オミット(omit) 近代 オミット。さくぢょ[削除]。しっかく[失格]。しゃうりゃく[省略]。ぢょぐゎい[除外]。とりのぞく[取除]。近世 はいぢょ[排除]。中世 ぢょきょ[除去]。とりさる[取去]。中古 けづる[削]。はづす[外]。はぶく[省]。上代 のぞく[除]。

おみなえし【女郎花】 あわばな[粟花]。こごめばな[小米花]。じょろうばな[女郎花]。ほとけぐさ[仏草]。近世 はいしゃう[敗醬]。をんなへし[女郎花]。中世 ぢょらうくゎ[女郎花]。をみなめし[女郎花]。中古 おもひぐさ[思草]。ちめぐさ[血眼草]。上代 をみなへし／をみなべし[女郎花]。

おむつ【御襁褓】 近代 おしめ[襁褓／御湿]。おむつ[御襁褓]。中古 きゃうほう[襁褓]。しめし[湿]。むつき[襁褓]。

おめい【汚名】 近代 あくめい[悪名]。しうぶん[醜聞]。しうめい[醜名]。スキャンダル(scandal)。ふめいよ[不名誉]。らくいん[烙印]。近世 あくひゃう[悪評]。なさか。をめい[汚名]。中世 なをれ[名折]。中古 あくみゃう[悪名]。
―が晴れる 近世 垢が抜く(―抜ける)。

ーを晴らす 近世きよむ[きよめる][清/浄]。垢を抜く。中古すすく/すすぐ[雪/濯]。

おめおめ 近世のめのめ。中世おめおめ。のさのさ。

おめかし【御粧】 近代おめかし[御粧]。近世おしゃらく[御洒落]。おしゃれ[御洒落]。しだし[仕出]。しゃれる[洒落]。

おめしもの【御召物】→**きもの**

おめでた 近代おめでた。中世いはひごと[祝事]。けいじ[慶事]。よろこびごと[喜事]。中古きちじ[吉事]。

おめでとう コングラチュレーション(congratulation)。中世おめでたう。

クリスマス(Christmas)ー メリークリスマス(Merry Christmas)。

おめもじ【御目文字】 近代はいし[拝芝]。近世おめどほり[御目通]。おめもじ[御目文字]。ごけん/ごげん[御見]。ごげんもじ[御見文字]。をがむ[拝]。中世おめみえ[御目見/御目見得]。えっけん[謁見]。はいがん[拝顔]。お目にかかる。中古えっす[謁]。げざん/げんざう/げんざん[見参]。はいえつ[拝謁]。はいび[拝眉]。

おも【主】 近代しゅえう[主要]。ぢゅうえう[重要]。メイン/メーン(main)。近世おも[主/重]。おもだつ[主立]。中世かしらだつ[頭立]。しゅ[主]。

おも・い【重】 中古おもげ[重]。おもたし[重]。上代おもし[重]。

ー・い様子 近代おもおもしい[重重]。ぢゅうりゃうかん[重量感]。近世おもおも[重重]。ずしり。ずっしり。どっしり。中世おもらか[重]。づしやか。中古おもたげ[重]。おもりか[重]。

ー・くする 近代かぢゅう[加重]。

ー・くなる 中古おもる[重]。

ー・く見る 近代ぢゅうえうし[重要視]。ぢゅうし[重視]。重きを置く。

非常にー・い 中古千鈞の重み。

病気がー・い 近世あつし[篤]。上代あつしる[篤]。中古あつゆ[篤]。おもる[重]。

▼重さ 近代ウエート(weight)。りゃうもく[量目]。近世かけめ[掛目]。くゎんめ[貫目]。ぢゅうりゃう[重量]。めかた[目方]。中世おもみ[重]。きんめ[斤目]。りゃうめ[量目]。→**おもさ**

▼重過ぎる 近代くゎぢゅう[過重]。

▼重み 近代あつりょく[圧力]。ウエート(weight)。くゎんろく[貫禄]。中世おもみ[重]。中古おもさ[重]。けんゐ[権威]。

おもい【思】 近代しゐ[思惟]。近世いさう[意想]。いねん[意念]。かんがへ[考]。きょうちゅう[胸中]。きょうり[胸裏/胸裡]。しふねん[執念]。じゃうい[情意]。しょしん[所信]。しんし[心思]。しんりょ[心慮]。てのうち[手内]。中世きもち[気持]。さうねん[想念]。しふしん[執心]。じゃうくゎい[情懐]。じゃうし[情思]。じゃうねん[情念]。しょくゎい[所懐]。しょし[所思]。ねん[念]。ねんとう[念頭]。中古いし[意思]。しぎ[思議]。しゆい[思惟]。しんじゃう[心情]。上代おもはく[思]。おもひ[思]。こころ[心]。むね[胸]。→**きもち**

《句》近世鳴く蟬よりも鳴かぬ蛍が身を焦がす。

ーが及ばない 中古おもひあへず[思敢]。

ーが顔に出る 近世おもひこぼる[思零]。上代色に出づ。

ーが生ずる 中古きざす[兆/萌]。

ーが募る 近世おもひつのる[思募]。胸に迫る。中古おもひつもる[思積]。こりつむ[樵積]。上代おもひつむ[思積]。《尊》中古おぼしまさる[思勝]。

ーが乱れる 近世おもひくづる[ーくずれる][思崩]。

ーにふける 中世ものおもふ[物思]。

ーの端々 上代しんしょ/しんちょ[心緒]。

ーのほか 近代いへう[意表]。いへうぐゎい[意表外]。存じ掛けない。近世こころのほか[心外]。はからずも[図/計]。気もなし。とっけない/とっけもない。なかなかでもなし。中世ことのほか[事外]。ぞんぐゎい[存外]。ぞんじのほか/ぞんのほか[存外]。ぶんぐゎい[分外]。中古りょぐゎい[慮外]。思はざる外。思ひ掛けもなし。思ひの外。図らざるに。不慮の外。→**いがい【意外】**→**おもいがけない**

ーのまま 近世すき[好]。中世しんだい[進退]。ずいい[随意]。ほしいまま/ほしきまま[恣/縦]。上代まにまに。→**おもいどおり**

ーを懸ける 近世ほる[ほれる][惚]。中古おもひいどむ[思挑]。おもひしむ[思染]。けさう/けしゃう[懸想]。こころよす[心寄]。

ーを焦がす 上代やく[焼]。

ーを述べる 近世じゅっくゎい[述懐]。中世しゅっくゎい[述懐]。中古かたらふ[語]。

ーを晴らす 近代はいもん[排悶]。近世ねんばらし[念晴]。

ーを寄せる 近世おもひいれ／おもひれ[思入]。こころづく[心付]。中古けさう[懸想]。ほる[ほれる][惚]。上代おもひつく[思付]。したふ[慕]。つく[付]。

一途なー 中世しふしん[執心]。せつ[切]。中古いちねん[一念]。いっしん[一心]。しふねん[執念]。せち[切]。

いろいろなー 近代せんし[千思]。せんしばんかう[千思万考]。せんしばんりょ[千思万慮]。中古ばんかん[万感]。

最初のー 中世しょいちねん[初一念]。しょねん[初念]。

絶えないーのたとえ 中古おもひがは[思川]。

旅先のー 近世たびごころ[旅心]。中古かくしん[客心]。りょじゃう[旅情]。

断片的なー 近代だんさう[断想]。

遠くにーを馳せる 中古おもひやる[思遣]。上代しのぶ[偲]。

激しいーのたとえ 中古むねのひ[胸火]。

日頃のー 近代そくゎい[素懐]。

深いーのたとえ 中世おもひのふち[思淵]。

深くーに沈む 近代ちんさう[沈想]。中古ちんし[沈思]。

凡夫の浅いー 中世ねんりょ[念慮]。

まことのー 中世しんじゃう[真情]。

よこしまなー 中世じゃねん[邪念]。中古あくねん[悪念]。

おもいあがり【思上】 近代おもひあがり[思上]。やらうじだい[夜郎自大]。近世うぬぼれ[自惚]。おのぼれ[己惚]。ゆいがどくそん[唯我独尊]。中世かうまん[高慢]。くゎしょく[華飾／過飾]。くゎぶん[過分]。中古おごり[驕]。がまん[我慢]。けうまん[驕慢]。こころおごり[心驕]。ぞうちゃう[増長]。ふそん[不遜]。

《句》中古遼東(れうとう)の豕(ゐのこ)。

おもいあが・る【思上】 近世うぬぼる[ーぼれる][自惚]。おのぼれる[己惚]。かさどる[嵩取]。つけあがる[付上]。中古おもひあがる[思上]。おもひおごる[思驕]。おもひのぼる[思上]。→うぬぼ・れる

《尊》中古おぼしあがる[思上]。おぼしおごる[思驕]。

おもいあた・る【思当】 覚えがある。記憶にある。膝を打つ。近代見当がつく。近世おもひだす[思出]。こころあたり[心当]。心に応ふ。中世おもひあたる[思当]。おもひうかぶ[ーうかべる][思浮]。胸に当たる。中古おもひあはす[思合]。おもひしる[思知]。おもひつく[思付]。おもひよる[思寄]。かんご[感悟／感寤]。

《尊》中古おぼしあはす[思合]。おぼしよる／おもほしよる[思寄]。

ー・った時の動作 近世膝を打つ。

おもいあま・る【思余】 近世思案に尽きる。中古おもひなやむ[思悩]。上代おもひあまる[思余]。

おもいいた・る【思至】 近代さうたう[想到]。近世きづく[気付]。中古おもひいたる[思至]。おもひおよぶ[思及]。

おもいうか・べる【思浮】 近代イメージ(image)。おもひゑがく[思描]。近世おもひだす[思出]。さうき[想起]。さうけん[想見]。さうばう[想望]。中世おもひあたる[思当]。おもひうかぶ[ーうかべる][思浮]。おもひおこす[思起]。面影に立つ。中古うかぶ／うかむ[浮]。おぼゆ[覚]。おもひつく[思付]。おもひながす[思流]。さうざう[想像]。

あらかじめー・べる 中古おもひかく[思懸]。

過去のことをー・べる 近代ついしょう[追蹤]。中世おもひかへす[思返]。

関連あるものをー・べる 近代れんさう[連想]。

遠くの人をー・べる 中古おもひやる[思遣]。上代しのぶ[偲]。

似たものをー・べる 中古おもひよそふ[思寄]。

おもいおもい【思思】 近世かくじ[各自]。中世てんでに[手手]。中古おのおの[各各]。おもひおもひ[思思]。こころごころ[心心]。ひきひき／ひきびき[引引]。上代おのがむきむき[己向向]。むきむき[向向]。

ーに行動するさま 近代てんでんばらばら。

おもいかえ・す【思返】 かんがえなおす[考直]。中古おもひかへす[思返]。おもひなほす[思直]。かへさふ[返]。

おもいがけな・い【思掛無】 近代しんぐゎい[心外]。よさうぐゎい[予想外]。近世おもひがけなし[思掛無]。てんこちない[天骨無]。とんだ。はからずも[図]。気(け)もなし。権輿(けんよ)もなし。中世いぐゎい[意外]。すぞろ[漫]。とつぜん[突然]。とんでもない。ねんなし[念無]。不慮の外。以ての外。中古あさまし[浅]。あらぬ。おぼえず[覚]。おぼえなし[覚無]。おもはず[思]。すずろ[漫]。ふい[不意]。ふしぎ[不思議]。ふぢゃう[不定]。ふと。ふりょ[不慮]。まさなし[正無]。ゆくりか／ゆくりなし。りょぐゎい[慮外]。思ひの外。思ひも掛けず。思

ひも寄らず。心より外。上代 たけそか。たまさか［偶］。

—・いさま 近代 ひょくり。ひょっくら。近世 ひょっくり。ひょっこり。ふとした。中世 ひょんな。降って湧く。中古 ふと。ふりわく［降湧］。《句》近代 化け物に面撫でられる。

—・く 期せずして。不意を食う。近代 ふじ［不時］。近世 はしなく［端無］。中世 はしなくも［端無］。図らざるに。中古 おもほえず［思］。上代 たちまち［忽］。

—・くうまくいく フロック(fluke)。近代 げうかう［僥倖］。近世 ひらふ／ひろふ［拾］。めっけもの。中世 かんとく［感得］。《句》近世 棚から牡丹餅。

—・く出会うこと めぐりあひ［巡合／巡逢／回合］。中世 かいこう［邂逅］。

おもいきって【思切】 一思いに。決心して。近世 いちかばちか［一八］。いちばん［一番］。いっそのこと。出たとこ勝負。手をよく。のるかそるか。中世 いっそう［一層］。いっそ。運を天に任せて。思ひ切って。上代 あへて［敢］。

—行う 鉈を振るう。近代 かんかう［敢行］。かんゐ［敢為］。きゃうかう［強行］。けっかう［決行］。だんかう［断行］。近世 くゎだん［果断］。のっきる［乗切］。

—行うさま 近代 かんぜん［敢然］。近世 ふつふつ。中世 くゎかん［果敢］。《句》近世 清水の舞台から飛び降りるやう。

—金を出す 近代 ふんぱつ［奮発］。

—危険なことをする 近世 おほばくち［大博打］。

おもいきり【思切】 近代 ぜつねん［絶念］。近世 あきらめ［諦］。おもひきり［思切］。きればなれ［切離］。くひきり［食切］。だんねん［断念］。わうじゃうぎは［往生際］。

—がよい 中世 いさぎよし［潔］。中古 すがやか［清］。

—よく 中古 すがすがと［清清］。

▼思う存分 →おも・う（—・う存分）

おもいき・る【思切】❶〈決心〉 近代 けっしん［決心］。ふみきる［踏切］。近世 ふみこむ［踏込］。ふんぎる［踏切］。中世 おもひきる［思切］。かくご［覚悟］。中古 おもひあふ［思敢］。けつだん［決断］。→けっしん

—・った変革 近代 かくめい［革命］。近世 あられうぢ［荒療治］。

おもいき・る【思切】❷〈諦める〉 近世 おもひながす［思流］。中世 きればなる［—はなれる］［切離］。さしきる［差切］。中古 おもひかぎる［思限］。おもひきる［思切］。おもひはなつ［思放］。おもひはなる［—はなれる］［思離］。上代 おもひたゆ［—たえる］［思絶］。おもひやむ［—やめる］［思止］。→あきら・める

おもいくら・べる【思比】 中古 おもひくらぶ［—くらべる］［思比］。おもひよす［—よせる］［思寄］。おもひよそふ［思寄］。よす［よせる］［寄］。《尊》中古 おぼしあはす［思合］。

おもいこが・れる【思焦】 近代 かつがう／かつぎゃう［渇仰］。しょうけい／どうけい［憧憬］。近世 なづむ［泥］。中世 あこがる［あこがれる］［憧］。こがる［こがれる］［焦］。したこがる［—こがれる］［下焦］。中古 あくがる［あくがれる］［憧］。おもひこがる［—こがれる］［思焦］。くゆる［燻／薫］。もえこがる［—こがれる］［燃焦］。上代 こころやく［心焼］。したふ［慕］。しぼ［思慕］。やく［焼］。

人知れず—・れる 中古 したこがる［—こがれる］［下焦］。したもゆ［—もえる］［下燃］。

おもいこ・む【思込】 近代 きめこむ［決込］。しんじこむ［信込］。中世 おもひこむ［思込］。つきつむ［—つめる］［突詰］。中古 いだく［抱］。おもひいる［思入］。おもひしむ［思染］。おもひつむ［—つめる］［思詰］。おもひなす［思］。おもひはつ［思果］。こる［凝］。そむ［染］。心に入る。心に染む。《尊》中古 おぼしいる［思入］。おぼしなす［思］。

—・み せんにゅうけん［先入観］。近代 せんにふくゎん［先入観］。せんにふくゎんねん［先入観念］。せんにふしゅ［先入主］。

—・んで忘れない 近世 いってつ［一徹］。しふねんぶかし［執念深］。

勝手に—・む 中古 おもひおきつ［思掟］。おもひとどむ［思止／思留］。

自分ひとりで—・む 近代 ひとりぎめ［独決］。上代 どくだん［独断］。

間違って—・む 中古 おもひまがふ［思紛］。

おもいさだ・める【思定】 中世 あんじさだむ［案定］。中古 おもひさだむ［—さだめる］［思定］。

おもいしず・む【思沈】 中古 おもひきゆ［思消］。おもひしづむ［思沈］。上代 わぶ［わびる］［侘］。

おもいした・う【思慕】 近世 おもひしたふ［思慕］。中古 うちしのぶ［打偲］。けんれん［眷恋］。しぬぶ／しのぶ［偲／慕］。上代 こふ［恋］。つまごひ［妻恋／夫恋］。

—・う種となるもの 中古 しのびぐさ［忍草］。

一方だけが—・う 近代 へんし［片思］。近世 をかぼれ［岡惚／傍惚］。上代 かたおもひ／

かたもひ[片思]。

おもいすごし【思過】 かんがえすぎ[考過]。近代きいう[杞憂]。近世おもひすごし[思過]。くゎりょ[過慮]。とりこしくらう[取越苦労]。中世じゃすい[邪推]。《句》近代杞人の憂ひ。呉牛月に喘(あへ)ぐ。近世蚯蚓(みみず)が土を食ひ尽くす。

おもいださ・れる【思出】 中古おぼえうかぶ[覚浮]。おぼゆ[覚]。上代しのばゆ[偲]。

おもいだ・す【思出】 近代よびおこす[呼起]。記憶を呼び起こす。よびさます[呼覚]。近世さうき[想起]。ついさう[追想]。中世おもひあたる[思当]。おもひいだす[思出]。おもひうかぶ[―うかべる][思浮]。おもひおこす[思起]。おもひかへす[思返]。おもひだす[思出]。心に浮かぶ。中古おぼゆ[覚]。おもひいづ[思出]。

《尊》中世おぼしいづ[思出]。中古おもほしいづ[思出]。

―・すきっかけとなるもの 近代おもひでぐさ[思出草/思出種]。

―・せない 中古しつねん[失念]。

昔を―・す 近代おもひまはす[思回]。中古しのぶ[偲/慕]。→**おもいで**

目の前にいるかのように―・す 近世ありあり。中世面影に立つ。

おもいた・つ【思立】 近代はうふつ[彷彿]。近代けっしん[決心]。近世くはたつ/くはだつ[くわだてる][企]。ほっしん[発心]。めざす[目指]。中古おもひたつ[思立]。志を立つ[―立てる]。こころざす[志]。ほっき[発起/発企]。

《謙》中世ぞんじたつ[存立]。

急に―・つ心 中古うちつけごころ[打付心]。

おもいちがい【思違】 近代おもひあやまり[思誤]。おもひちがへ[思違]。かんがへちがひ[考違]。かんちがひ[勘違]。ごかい[誤解]。ごさう[誤想]。さくかく[錯覚]。こころえちがひ[心得違]。近世おもひちがひ[思違]。中世おもひたがふ[思違]。はきちがへ[履違]。りゃうげちがひ[領解違]。→ごかい

おもいつき【思付】 はっそう[発想]。近代アイディア(idea)。かうあん[考案]。ちゃくい[着意]。ちゃくさう[着想]。はつい/ほつい[発意]。近世おもひつき[思付]。しかう[趣向]。みたて[見立]。中世あんしゅつ[案出]。くふう[工夫]。しゅかう[趣向]。ぞんじつき[存付]。上代はかりこと[謀/策]。

《謙》中世ぞんじつき[存付]。

新しい― そういくふう[創意工夫]。近代さうあん[創案]。しんあん[新案]。

優れた― 近代めいあん[名案]。近世めうあん[妙案]。めうさく[妙策]。

その場限りの― 近代ばあたり[場当]。近世きまぐれ[気紛]。

おもいつ・く【思付】 近代ひらめく[閃]。近世おもひだす[思出]。かんがへつく[考付]。中世おもひあたる[思当]。こころづく[心付]。ぞんじつく[存付]。中古おもひあつ[―あてる][思当]。おもひあはす[思合]。おもひう[思得]。おもひつく[思付]。おもひよる[思寄]。

《尊》中世おぼしよる[思寄]。中古おぼしきざす[思萌]。おもほしよる[思寄]。

《謙》近代ぞんじよる[存寄]。中世ぞんじつく[存付]。

おもいつづ・ける【思続】 中古おもひあかす[思明]。おもひおもふ[思思]。おもひつづく[―つづける][思続]。おもひわたる[思渡]。上代はふ[延]。

《尊》中古おぼしわたる[思渡]。

あれこれと―・ける 中古おもひありく[思歩]。おもひつらぬ[思連]。

おもいつ・める【思詰】 中世おもひこむ[思込]。さしつむ[差詰]。中古おもひいる[思入]。おもひつむ[―つめる][思詰]。おもひなやむ[思悩]。おもひはつ[思果]。上代おもひあまる[思余]。おもひわづらふ[思煩]。

死ぬほど―・める 中古きえかへる[消返]。

おもいで【思出】 近代くゎいし[回思]。くゎんさう[喚想]。メモリー(memory)。近世くゎいこ[懐古]。くゎいさう[回想]。ついさう[追想]。中世ついくゎい[追懐]。中古おもひで[思出]。くゎいきう[懐旧]。くゎいこ[回顧]。ついおく[追憶]。ついし[追思]。

―として残るもの 近代おもひでぐさ[思出草/思出種]。近世きねん[記念]。中古なごり[名残/余波]。上代かたみ[形見]。

―の話 中古ふること[古言]。ふるものがたり[古物語]。

おもいとお・す【思通】 中古おもひとほす[思通]。おもひはつ[思果]。

おもいどおり【思通】 希望どおり。近代おもひどほり[思通]。じんい[任意]。すきかって[好勝手]。意のまま。勝手気まま。近世すき[好]。とぼつく。願ったりかなったり。遠慮会釈なく。中世じいう[自由]。じいうじざい[自由自在]。ずいい[随意]。

ぞんぶん[存分]。中古おもふさま[思様]。じざい[自在]。にょい[如意]。にんい[任意]。

—・にあやつる 近代手の内に丸め込む。近世かけのめす。中世もてあそぶ[弄/玩]。

—・にさせてくれる棒 にょいぼう[如意棒]。

—・にさせる 中世のす[のせる][乗]。中古かなふ[かなえる][叶/適]。にんい[任意]。

—・にする 近代さいう[左右]。じし[自恣]。てきい[適意]。とうぎょ[統御/統馭]。近世かみこなす[噛熟]。中世しゃうあく[掌握]。ぞんぶん[存分]。たくましうす[逞]。ていっぱい[手一杯]。ふるふ[振]。掌(たなごころ)の中。中古しんたい/しんだい[進退]。心を遣る。手に掛く[—掛ける]。

—・にならない →**おも・う**(—・うようにならない)

—・になる てのうち[手内]。意のまま。思うたり叶うたり。近代じざい[自在]。にょい[如意]。まこさうやう[麻姑掻痒]。我が意を得たり。近世手に入る。中古かなふ[叶/適]。しるし[著]。案に落つ。

—・にはかどる 近世おもひばか[思量]。中古ことゆく[事行]。はかばかし[捗捗]。手に掛く[—掛ける]。

—・に振る舞うこと 近代じいうかって[自由勝手]。すきかって[好勝手]。ちょくじゃうけいかう[直情径行]。どくせん[独擅]。ひとりてんか[一人天下/独天下]。わうかうくゎっぽ[横行闊歩]。近世かってしだい[勝手次第]。かってづく[勝手尽]。みまま[身随]。中世きずい[気随]。ほんぱう[奔放]。むぐう[無窮]。むぐうじざい[無窮自在]。上代じゅうわう[縦横]。

相手を—・にする 近代かっさつじざい[活殺自在]。ひっぱりまはす[引張回]。股掌(こしゃう)の上に玩(もてあそ)ぶ。生殺与奪の権を握る。近世がぎょ[駕御/駕馭]。ぎょす[御/馭]。まはす[回/廻]。手に乗る。中古くゎいじう[懐柔]。

相手を—・にする技巧 近世てれん[手練]。てれんてくだ[手練手管]。

一人—・に心静かに生活する 近代いういうじてき[悠悠自適]。

一人—・にする 近代ひとりぶたい[独舞台]。

▼接尾語 近世さんぼう[三宝]。

おもいとどま・る【思止】 近世ふみとどまる[踏止]。やけとまる[焼止]。中世おもひとどまる[思止/思留]。中古おもひとまる[思止]。上代おもひやむ[思止]。→**あきら・める**

おもいなお・す【思直】 近世みかへる[見返]。中古おもひなほす[思直]。かへさふ[反]。ききなほす[聞直]。

おもいなし【思做】 中古おもひなし[思做]。こころなし[心做]。

おもいなや・む【思悩】 近代せうしん[焦心]。近世とりつむ[—つめる][取詰]。中古うれふ[うれえる][憂/愁]。おもひあつかふ[思扱]。おもひなやむ[思悩]。くんず[屈]。ものおもひ[物思]。上代おもひわづらふ[思煩]。→**なや・む**

《尊》中世おぼしあまる[思余]。おぼしわぶ[思侘]。

—・むことになれている 中古おもひならふ[思習]。

—・むさま 近世きなきな。くよくよ。もやくや。中世くやくや。くゆくゆ。

—・んで心が乱れること 中古おもひみだる 中古なうらん[悩乱]。

—・んで夜を明かす 中古おもひあかす[思明]。

あれこれと—・む 中古おもひみだる[—みだれる][思乱]。

表面にでないで—・む 中古くゆる[燻/薫]。

おもいのこ・す【思残】 近代みれんがましい[未練]。思い切れない。未練を残す。近世こころのこり[心残]。ざんくゎい[残懐]。後ろ髪を引かる[—引かれる]。中世おもひおく[思置]。中古おもひのこす[思残]。こころおく[心置]。

おもいはか・る【思量】 中古おもひはかる[思量/思計]。かうがふ/かんがふ[考/勘]。

おもいまど・う【思惑】 中古くる[くれる][眩/暗]。上代おもひまとふ/おもひまどふ[思惑]。→**おもいまよ・う** →**なや・む**

《枕》上代あさぎりの[朝霧]。

おもいまよ・う【思迷】 近代たきばうやう[多岐亡羊]。亡羊(ばうやう)の嘆(たん)。中古おもひたゆたふ[思揺蕩]。さまよふ[彷徨]。上代おもひまとふ/おもひまどふ[思惑]。→**なや・む**

おもいみだ・れる【思乱】 中世したみだれ[下乱]。中古おもひくだく[思砕]。おもひなやむ[思悩]。おもひわづらふ[思煩]。くもで[蜘蛛手]。こころさわぐ[心騒]。こころまどふ[心惑]。心の闇。上代おもひみだる[—みだれる][思乱]。くだく[砕]。わる[割]。

《尊》中古おぼしくだく[思砕]。

《枕》上代あしかきの/あしがきの[葦垣]。かるかやの[刈萱]。ときぎぬの[解衣]。

ー・れるさま 近世もだくだ。もだもだ。中古かくなわ［香泡／結果］。

あれこれとー・れる 中古肝を砕く。

おもいめぐら・す【思巡】 近代せんしばんかう［千思万考］。近世じゅくりょ［熟慮］。中世めぐらす［巡／回］。中古おもひつづく［ーつづける］［思続］。おもひながす［思流］。おもひはかる［思量／思計］。おもひまはす［思回］。おもひめぐらす［思巡］。おもひやる［思遣］。おもんぱかる［慮］。おもんみる［惟］。上代おもひみる［思見］。

行動の前にー・す 近代かうりょ［考慮］。

おもいもよらな・い【思寄】 →**おもいがけな・い**

おもいやり【思遣】 近代どうじゃう［同情］。れんびん［憐憫／憐愍］。近世くゎんにん［寛仁］。じゃうあひ［情合］。じょ［恕］。はいりょ［配慮］。中世あはれみ［哀／憐］。いつくしみ［慈］。くゎんじん［寛仁］。くゎんだい［寛大］。こうい［厚意］。をんじゃう［温情］。中古いたはり［労］。おもひぐま［思隈］。おもひやり［思遣］。くゎんじょ［寛恕］。こころばへ［心延］。しんしゃく［斟酌］。なさけ［情］。上代じんあい［仁愛］。

→**どうじょう【同情】** →**なさけ**

ーがある 近代あたたかい［温／暖］。中世やさし［優］。中古あいぎゃう［愛敬］。なさけなさけし［情情］。上代こころあり［心有］。

ーがない 近代すげない［素気無］。せっしゃう［殺生］。ふにんじゃう［不人情］。むしんけい［無神経］。近世ぞんき。むいき［無意気］。むじひ［無慈悲］。むじゃう［無情］。情け知らず。中世おやげなし［親無］。そっけなし［素気無］。はくじゃう［薄情］。むげなし。中古おもひぐまなし［思隈無］。つらし［辛］。つれなし。なさけなし［情無］。上代こころなし［心無］。

ーがなくむごい 近代れいこく［冷酷］。近世むごし［惨］。中世ざんこく［残酷］。

ーが深い 中世なさけふかし［情深］。中古なさけなさけし［情情］。

ーと厳しさ 近世おんゐ［恩威］。中古くゎんまう［寛猛］。

相手のー（敬った言い方） 近代びんさつ［憫察］。

親のようなー 中古おやごころ［親心］。

おもいや・る【思遣】 情けを掛ける。近代さうさつ［想察］。近世くみとる［酌取］。さっしる［察］。身につまされる。中世すいす［推］。中古くみはかる［汲量］。くむ［汲／酌］。さっす［察］。ゑさく／ゑしゃく［会釈］。心を遣る。上代おもひやる［思遣］。《尊》中古おぼしやる［思遣］。

神々や君主などが人々をー・る 上代めぐむ［恵／恤］。

おもいわずら・う【思煩】 近世せうし［焦思］。中古おもひなやむ［思悩］。くんじいる［屈入］。はんりょ［煩慮］。ややむ。胸を焦がす。上代おもひわづらふ［思煩］。→**なや・む**

ー・うさま 中世せきせき［戚戚］。

おも・う【思】 近代しかう［思考］。中古かんがふ［かんがえる］［考］。かんず［感］。上代おもふ［思］。もふ［思］。《尊》中世ぞんず［存］。中古おぼしめす［思召］。おぼす［思］。おもほす［思］。《謙》中古ぞんず［存］。近世存じます。近世存じ上ぐ［ー上げる］。

ー・うこと 近代しゐ［思惟］。中世しょくゎい［所懐］。ないぞん［内存］。しょぞん［所存］。中古しねん［思念］。上代おもはく［思］。かけまく［懸］。

ー・うことには 上代おもへらく［思／以為］。

ー・う存分 近代おもひどほり［思通］。近世おもひきり［思切］。おもひいれ［思入］。こころいっぱい［心一杯］。さんざ。さんざっぱら。さんざはら。さんざん。さんざんぱら。はらいっぱい［腹一杯］。はらさんざん［腹散散］。中世あくまで［飽迄］。じゅうわうむじん［縦横無尽］。ぞんぶん［存分］。中古おもひのまま／おもふまま［思儘］。おもふさま［思様］。心の限り。

ー・う壺 ねらいどころ［狙所］。近世きふしょ［急所］。づ［図］。つぼ［壺］。づぼし［図星］。

ー・う壺に嵌る 中古案に落つ［ー落ちる］。

ー・うようにならない 近代ふずいい［不随意］。思ふに任せない。さうは問屋が卸さない。近世ままならぬ。中世さだ［蹉跎］。ふにょい［不如意］。ふべん［不弁］。らうろう［牢籠］。中古芹摘む。《句》近代塗り箸で素麺を食ふ。近世頤の雫。提灯で餅を搗く。戸板に豆。中世思ふに別れ思はぬに添ふ。来る者は善からず善き者は来らず。騅逝かず。成るは厭なり思ふは成らず。

ー・ったとおり 近代はたせるかな［果］。やはり。近世あんのぢゃう［案定］。あやまたず［過］。くゎぜん［果然］。されぱよ。案の内。中古うべもなし。さればこそ。はた

〔将〕。はたして〔果〕。案の如く。→**おもいどおり**

―・ったとおり言ったりしたりする 近代 ちょくじゃうけいかう〔直情径行〕。

―・ったとおりに言う 中世 はうげん〔放言〕。歯に衣着せぬ。

―・ったとおりになる 中世 意を得う〔―得える〕。

―・ったよりすぐれている 中古 こころまさり〔心勝〕。

―・っていること 近代 しんじゃう〔心情〕。ぞんじ〔存〕。近世 きょうちゅう〔胸中〕。ぞんぶん〔存分〕。中世 しょし〔所思〕。中古 いちゅう〔意中／意衷〕。おもふやう〔思様〕。しんじ〔心事〕。上代 おもへらく〔思／以為〕。しんちゅう／しんぢゅう〔心中〕。

―・っているさま 近世 おもひのいろ〔思色〕。中世 おもたげ〔思〕。中古 おもひげ〔思〕。

―・っても甲斐のないたとえ 中古 空に標を結ふ。

―・わないで 上代 おもはずは〔思〕。

―・われないで 中古 おもほえで〔思〕。

―・われる 中世 みゆ〔見〕。中古 おぼゆ〔覚〕。上代 おもはゆ／おもほゆ〔思〕。

あれこれと―・う 中古 おもひあつむ〔思集〕。

折々―・うこと 近代 ずいさう〔随想〕。

消え入るほど深く―・う 中古 おもひきゆ〔思消〕。きえかへる〔消返〕。

心に―・う 近世 ふくむ〔含〕。中古 かく〔かける〕〔懸／掛〕。

自分で―・うようにする 中古 おもひなす〔思做〕。

常にそう―・う 中古 おもひならふ〔思習〕。

激しく―・う 上代 おもひたらはす〔思足〕。

深く―・う 中古 おもひこむ〔思籠〕。おもひそむ〔思染〕。ふかむ〔深〕。

深く―・うこと 中世 おもひいれ〔思入〕。中古 おもひおもふ〔思思〕。しんし〔深思〕。

おもうに【思】 考えてみると。近世 おもへば〔思〕。中世 あんずるに〔案〕。中古 おもふに〔思〕。上代 けだし〔蓋〕。

おもおもし・い【重重】 近代 ちょうこう〔重厚〕。ちんちょう〔沈重〕。近世 さうげん／さうごん〔荘厳〕。さうちょう〔荘重〕。しゃうごん〔荘厳〕。ずっしり。ぢゅうこう〔重厚〕。ておもし〔手重〕。ところせきなし〔所狭〕。どっしり。重みがある。中世 あつし〔厚〕。いつくし〔厳〕。おもおも〔重重〕。おもやか〔重〕。おもらか〔重〕。げんしゅく〔厳粛〕。ところせし〔所狭〕。中古 いかめし〔厳〕。おごそか〔厳〕。おもおもし〔重重〕。おもし〔重〕。げんぜん〔厳然〕。だうだう〔堂堂〕。ぢゅうこう〔重厚〕。つしやか／づしやか。ふつつか〔不束〕。もののし〔物物〕。

―・い態度をとる 近世 もったいぶる〔勿体〕。ようだいぶる〔容体〕。勿体を付く〔―付ける〕。

―・い人柄 近代 くゎんろく〔貫禄〕。近世 くゎんめ〔貫目〕。

―・く腰を下ろすさま 近世 どっかと。どっかり。

おもかげ【面影】 中世 あしてかげ〔足手影〕。おもざし〔面差〕。中古 おもかげ〔面影〕。かげ〔影〕。けはひ。上代 おも〔面〕。→**おもざし**

《枕》上代 ますかがみ／まそかがみ〔真澄鏡〕。

亡き人の― 中古 なきかげ〔亡影〕。

おもくるし・い【重苦】 おもったるい〔重〕。近代 いきぐるしい〔息苦〕。おもくろしい〔重苦〕。ぢゅうあつ〔重圧〕。近世 おもおもし〔重重〕。おもくるし〔重苦〕。おもし〔重〕。むなぐるし／むねぐるし〔胸苦〕。中世 うったうし〔鬱陶〕。中古 あつかはし〔暑〕。

おもさ【重】 近代 ウエート(weight)。近世 くゎんめ〔貫目〕。ぢゅうりゃう〔重量〕。めかた〔目方〕。中世 おもみ〔重〕。きんめ〔斤目〕。中古 おもさ〔重〕。→**めかた**

―の単位 近代 おほめ〔大目〕。オンス(ounce)。きん〔斤〕。グラム〔gram;フランス gramme／瓦〕。くゎん〔貫〕。近世 くゎんめ〔貫目〕。ピクル／ピコル(picul)。まる〔丸〕。

―を量ること てばかり〔手秤〕。近代 ひゃうりゃう〔秤量〕。近世 けいりゃう〔計量〕。中世 しょうりゃう〔称量／秤量〕。中古 秤に掛ける。

構造物自体の― しかじゅう〔死荷重〕。

積荷の― 近代 かぢゅう〔荷重〕。

中身の― 近世 しゃうみ〔正味〕。

おもざし【面差】 近世 かほだち〔顔立〕。めはなだち〔目鼻立〕。中世 おもざし〔面差〕。おもだち〔面立〕。かんばせ〔顔〕。めんてい〔面体〕。めんばう〔面貌〕。中古 おもかげ〔面影〕。おももち〔面持〕。おもやう〔面様〕。かほかたち〔顔貌／顔形〕。かほつき〔顔〕。がんよう〔顔容〕。みめかたち〔眉目形／見目形〕。めんめう〔面貌〕。上代 おもわ〔面輪〕。ようばう〔容貌〕。

おもし【重】 ぶんちん〔文鎮〕。ペーパーウエート(paper weight)。近代 かざおさへ〔風押〕。ちん〔鎮〕。ちんし／ちんす〔鎮子〕。

近世おもり[錘/重]。けいさん/けさん[卦算/圭算]。しづ[鎮]。中世おもし[重/重石]。へし[圧]。

おもしろ・い【面白】 きょうみしんしん[興味津津]。興味深い。近世おもくろい[面黒]。き[奇]。たぬし[楽]。つうくゎい[痛快]。中世おもしろをかし[面白可笑]。きょうあり[興]。けしかる[怪]。たのし[楽]。ひきょう[比興]。やうがり[様]。ゆくゎい[愉快]。中古かなし[愛]。けしきあり[気色有]。こころをかし[心]。せち/せつ[切]。をかし[可笑]。上代おもしろし[面白]。たのし[楽]。

—・いこと 近世気の薬。中世いっきょう[一興]。おもしろ[面白]。きょう[興]。ひきょう[比興]。

—・い言葉 近世きご[綺語]。中世きご[奇語]。

—・いと思う 中世けしきおぼゆ[気色覚]。中古かんきょう[感興]。

—・い話 近世きだん[綺談]。ひとつばなし[一話]。

—・い場面 中古かきやう[佳境]。

—・くおかしいこと ユーモラス(humorous)。近世おどけ[戯]。中世かいぎゃく[諧謔]。ざれごと[戯言/戯事]。中古こっけい[滑稽]。

—・くない 近世つまらぬ。ほこしもなし/ほこしゅもなし。中世いぶせし[鬱悒]。にがにがし[苦苦]。ふきょう/ぶきょう[不興]。わびし[侘]。中古あいなし/あひなし。あぢきなし[味気無]。けすさまじ[気凄]。こころやまし[心疚]。すさまじ[凄/荒]。にがし[苦]。上代あづきなし[味気無]。

—・くなさそうな顔 中世ふきょうがほ[不興顔]。

—・そうだ 中古をかしばむ。をかしやか。

おもしろが・る【面白】 近世きょうがる[興]。中世きょうず[興]。このむ[好]。じゅきょう[入興]。もてきょうず[興]。興に入る。中古おもしろがる[面白]。をかしむ。

おもしろみ【面白味】 インタレスト(interest)。近代きょうち[興致]。だいごみ[醍醐味]。つや[艶]。近世いっけい[一景]。おもしろみ[面白味]。きょうしゅ[興趣]。しゅかう[趣向]。そっぺい。中世あぢ[味]。いっきょう[一興]。かんみ[甘味]。きょう[興]。きょく[曲]。中古あぢはひ[味]。かんきょう[感興]。きょう[興]。くさはひ[種]。めうみ[妙味]。

—がない 近代かんさうむみ[乾燥無味]。つやけし[艶消]。むみかんさう[無味乾燥]。味も素っ気もない。近世そっぱい(そっぺい)もない。中世きょうなし[興無]。きょくなし[曲無]。さくぜん[索然]。さっぷうけい[殺風景]。むみ[無味]。中古あいなし/あひなし。こころづきなし[心付無]。わびし[侘]。

—がなくなる 中古興醒む(—醒める)。

—を出す工夫 近世しかう[趣向]。中世しゅかう[趣向]。

—をなくす 近世きょうざまし[興醒]。

詩文に—がない 近代蠟(ふら)を嚙むやう。

おもだか【沢瀉】 近代はなぐわゐ[花慈姑]。中古おもだか[沢瀉/面高]。上代かほばな[貌花/顔花]。

おもだ・つ【主立】 近代しゅえうな[主要]。しゅたる[主]。メイン/メーン(main)。近世おもだつ[主立/重立]。しゅとして[主]。中古おとなし[大人]。おとなぶ(—なびる)[大人]。おもおもし[重重]。むねむねし[胸胸]。

—・った人 近代あたまかぶ[頭株]。おほどころ[大所]。近世おほどこ[大所]。かしらぶん[頭分]。しゅ[主]。中世むねと[宗徒]。上代つかさ[首/長]。

おもちゃ【玩具】 近代おんぶつ[恩物]。ぐゎんぐ[玩具]。ぐゎんろうぶつ[玩弄物]。近世おもちゃ[玩具/弄/翫]。ぎぐ[戯具]。もちあそび[玩/弄/翫]。中世あそびだうぐ[遊道具]。てあそび[手遊]。てなぐさみ[手慰]。もてあそび[玩/弄/翫]。中古あそびもの[遊物]。ぐ[具]。ぐゎんぶつ[玩物]。てすさび/てすさみ[手遊]。てまもり[手玩]。もちあそびもの/もてあそびもの[玩物/弄物/翫物]。上代たぐさ[手草]。もてあそびぐさ[玩種/弄種/翫種]。→**あそび❶**

—にする 近世慰みものにす。上代もてあそぶ[弄]。

—の鉄砲 →**てっぽう**

おもて【表】 近代うはっつら[上面]。おもてがは[表側]。ぐゎいめん[外面]。ぐゎいぶ[外部]。ぐゎいくゎん[外観]。をくぐゎい[屋外]。近世ひにく[皮肉]。中世おも[面]。おもてむき[表向/面向]。しゃうめん[正面]。ぜんめん[前面]。そと[外]。へうめん[表面]。中古うはべ[上辺]。おほやけ[公]。おもて[表]。こぐゎい[戸外]。つら

[面]。上代ほか[外]。も[面]。もて[面]。

—と裏 中世かげひなた[陰日向]。ふたおもて[両面]。上代へうり[表裏]。

—と裏両面が使える リバーシブル(reversible)。近世むさう[無双/夢想]。

—に出さない 中古おしつつむ[押包]。をさむ[おさめる][収/納]。

—に出す 近代さらける[曝]。近世さらけだす[曝出]。中古もていづ[持出]。

—に出る 近代のぼる[上]。中古たちいづ[—いでる][立出]。上代穂に出づ。

—の入り口 近世おもてぐち[表口]。上代まへつと[前戸]。

海の— 近世うなづら[海面]。かいめん[海面]。中古かいしゃう/かいじゃう[海上]。

田の— 上代たのも[田面]。

水の— 近代みなも[水面]。中古すいじゃう[水上]。すいめん[水面]。みのも[水面]。

おもて【面】 中世めんもく[面目]。中古かほ[顔]。かほかたち[顔形]。めんぼく[面目]。上代おもて[面]。

—に現わす 近代てうする[潮](多く顔が赤らむ意)。

おもてがき【表書】 近代へうき[表記]。中世おもてがき[表書]。へうしょ[表書]。中古うはがき[上書]。うはづけ[上付]。

おもてざた【表沙汰】 おおやけざた[公沙汰]。近代おもてざた[表沙汰]。近世こうへん[公辺]。でんどざた[出所沙汰]。中世くじ[公事]。こうぎ[公儀]。中古おほやけざま[公様]。→**おもてむき**
—にしない 近代ないみつ[内密]。近世ないぶん[内分]。中世さたなし[沙汰無]。

—にしないで行う 近世ないさい[内済]。中世おんみつ[隠密]。

おもてだ・つ【表立】 ひょうめんか[表面化]。近代公(おほやけ)になる。近世おほやけだつ[公立]。中世おもてだつ[表立]。中古たちいづ[—いでる][立出]。穂に出づ。

—・った所 近世あかるみ[明]。とざま[外様]。

—・っている 近代おほっぴら/おほっぺら。近世こうぜん[公然]。中世はれがまし[晴]。はればれし[晴晴]。中古おほやけおほやけし[公公]。おほやけし[公]。はかばかし[果果]。

おもてどおり【表通】 アベニュー(avenue)。メーンストリート(main street)。近世おほぢ[大路]。おほどほり[大通]。おもてどほり[表通]。とほりすぢ[通筋]。ひろこうぢ[広小路]。上代おほち[大路]。

—にある町 近世おもてまち[表町]。

—に面していない所 近代ろぢうら[路地裏]。

おもてむき【表向】 うわべら[上辺]。こうしき[公式]。はれ[晴]。近代うはっつら[上面]。たいめん[体面]。近世こうぜん[公然]。たてまへ[建前/立前]。中世おもてむき[表向/面向]。くがい[公界]。中古うはべ[上辺]。おほやけ[公]。→**おもてざた**
—でない 近代ひこうしき[非公式]。中古うちうち[内内]。

—でない所 近世ないしょ[内証/内所/内緒]。ないしょう[内証]。

—の名称 近代こうしょう[公称]。

おもに【主】 近代しょくとして[職]。近世おもに[主]。しゅとして[主]。中世おもだって[主立]。

おもに【重荷】 近代おにもつ[御荷物]。ぢゅうせき[重責]。ハンデ/ハンディキャップ(handicap)。ふたん[負担]。中世おひに[負荷]。おもに[重荷]。中古ふか[負荷]。

精神的— ストレス(stress)。プレッシャー(pressure)。

おもね・る【阿】 →**へつら・う**
おもはゆ・い【面映】 近代てれくさい[照]。きまりが悪い。中世はれがまし[晴]。面(おも)て熱(ほ)てる。中古おもなし[面無]。おもはゆし[面映]。かかやかし/かがやかし[輝/赫]。かはゆし。かはゆし。上代はづかし[恥]。

おもみ【重】 →**おも・い**
おもむき【趣】 フレーバー(flavor)。近代うるほひ[潤]。かみ[佳味]。がみ[雅味]。じゃうしゅ[情趣]。じゃうち[情致]。じゃうてう[情調]。しゅち[趣致]。ふんゐき[雰囲気]。ムード(mood)。近世おつ[乙]。おもしろみ[面白味]。きみあひ[気味合]。きょうしゅ[興趣]。さび[寂]。しかう/しゅかう[趣向]。しな[品]。しゅみ[趣味]。ふうしゅ[風趣]。ふうち[風致]。ふうてう[風調]。中世あぢ[味]。かかり[掛]。きび/きみ[気味]。けしき[気色]。しいしゅ/ししゅ[旨趣]。じゃうみ[情味]。ふうみ[風味]。ふうりう[風流]。ふうゐん[風韻]。ふぜい[風情]。よそほひ[装]。中古あぢはひ[味]。あはれ[哀]。いろ[色]。おもぶき/おもむき[趣]。きぶん[気分]。きょうみ[興味]。くさはひ[種]。けいしゅ[景趣]。こころ[心]。こころばへ[心延]。さま[様]。すぢ[筋]。なさけ[情]。めうしゅ[妙趣]。

お

めうみ［妙味］。もののあはれ［物哀］。もののこころ［物心］。ゆゑ［故］。ゆゑよし［故由］。よし［由］。上代 にほひ［匂］。

—があってすぐれている 中古 めうしゅ［妙趣］。ゆゑゆゑし［故故］。

—がありげ 中古 ゆゑづく［故付］。よしよしし［由由］。をかしばむ。

—がある 中世 けしきおぼゆ［気色覚］。ふうゐん［風韻］。ものさぶ［物寂］。中古 あいづかはし。あはれ。おもしろし［面白］。かど［才］。かなし［愛／悲］。きょうあり［興有］。けしきあり［気色有］。こころあり［心有］。こころばせあり［心馳有］。こころふかし［心深］。ことこもる［事籠］。さる／ざる［戯］。やさし［優］。ゆゑづく［故付］。よしあり［由有］。よしづく［由付］。よしよし［由由］。をかし／をかしげ／をかしやか。至り深し。

—があるさま 近世 ふう［風］。中世 やさばむ［優］。中古 ゆゑよし［故由］。をかしやか。

—が変わっていること 近世 てがはり［手替／手代］。

—がない（さま） 近代 むみかんさう［無味乾燥］。近世 ぶすい［無粋／不粋］。ふつつか［不束］。むみ［無味］。砂を嚙むやう。中世 さっぷうけい［殺風景］。中古 あさし［浅］。おほあぢ［大味］。すさまじ［凄］。なさけなし［情無］。ものすさまじ［物凄］。ゆゑなし［故無］。

—に富む 近代 たしゅ［多趣］。

—深い げんしゅ［玄趣］。近世 びめう［微妙］。中世 けしきおぼゆ［気色覚］。中古 こころふかし［心深］。こまやか［細］。もののあはれ［物哀］。ものふかし［物深］。至り深し。

—深く優雅 中世 いうが［幽雅］。

—を解さない 中古 えびすごころ［夷心］。こころなし［心無］。むしん［無心］。

—を解する（心） 中世 うしん［有心］。すく［好］。情けの道。中古 こころあり［心有］。こころしる［心知］。こころなさけあり［心情有］。こころばせ［心馳］。ゆゑよし［故由］。

—を解する人 近世 なさけびと［情人］。中古 知る人。

—を変える 中古 さまかふ［様変］。

—を添える 中古 ゆゑづく［故付］。ゆゑぶ［故］。

新しい— 中古 しんみ［新味］。

あっさりした— 中世 こたん［枯淡］。

後に残る— 近世 よゐん［余韻］。中世 よじゃう［余情］。中古 よせい［余情］。

ある種の— 近世 いちみ［一味］。

色や音などの微妙な— 近代 いんえい［陰影／陰翳］。

枯れた—がある 中世 からぶ［乾］。

技巧は同じで—は違う 近代 どうこういきょく［同工異曲］。

言外の— 中世 よじゃう［余情］。中古 よせい［余情］。

静かな— 近代 かんが［閑雅］。中世 かんじゃく［閑寂］。

自然のままの— 中世 やしゅ［野趣］。

しっとりした—がある 近代 うるほひ［潤］。中世 なまめかし［艶］。

詩的な— ポエジー（poesy; フランス poésie）。近世 ししゅ［詩趣］。中古 しじゃう［詩情］。上代 しきょう［詩興］。

じみで深みのある— いぶしぎん［燻銀］。近代 しぶみ［渋／渋味］。

すぐれた— げんしゅ［玄趣］。近代 きび［機微］。しんき［神気］。近世 めうち［妙致］。中古 げんめう［玄妙］。めうしゅ［妙趣］。めうみ［妙味］。

古びて—がある 近世 さび［寂］。中世 ものさぶ［—さびる］［物寂］。

おもむ・く【赴】 中世 しゅっちゃう［出張］。近代 でむく［出向］。中古 おもむく［赴］。上代 いく［行］。

—・くままにする 上代 まかす［まかせる］［委／任］。

任地に—・く 中古 ふにん［赴任］。

おもむろに【徐】 おちついて［落着］。ゆっくり。ゆったりと。ゆるやかに［緩］。中世 おもむろに［徐］。やはら。中古 しづかに［静］。やうやう／やうやく［漸］。やをら。上代 おもふるに［徐］。

—歩み出る 中世 ねりいづ［—いでる］［練出］。

—行く 上代 ねる［練］。

—動くさま 近世 ようよ［容与］。

おももち【面持】 近代 へうじゃう［表情］。近世 かんばせ［顔］。中世 おもぶり［面振］。かほいろ［顔色］。中古 おももち［面持］。かほつき［顔付］。かほばせ［顔］。かほもち［顔持］。上代 おもへり。

おもや【母屋】 中世 おほや［大家／大屋］。おもや［母屋／母家／主屋］。

《句》近世 廂を貸して母屋を取らる［—取られる］。

—が張り出した部分 近代 さしだし［差出］。近世 げや［下屋］。中世 さしかけ［差掛］。

━とは別棟の建物 近代はなれ[離]。中世はなれや[離家]。近世べつをく[別屋]。中世べったく[別宅]。中古べつゐん[別院]。

━のそばの建物 中世かたや[片屋]。

おもゆ【重湯】 おまじり[御混/御交]。近世おねば[御粘]。とりゆ[取湯]。にぬき[煮抜]。にぬきめし[煮抜飯]。中古おもゆ[重湯]。こんづ[漿/濃漿]。上代しゃうすい[漿水]。

おもり【錘】 近代すい[錘]。近世おもせ[重]。おもり[錘/重]。中世おもし[重/重石]。

網など漁具の━ ちんし[沈子]。中世いは[錘/沈子]。

掛軸の両下端に下げる━ 近世ふうちん[風鎮]。

重量挙げの━ バーベル(barbell)。

釣りに使う━ かみつぶしおもり[噛潰錘]。近代びし。近世しづ[鎮]。

鉛の━ 近世えんすい[鉛錘]。

船を留めておく━ 近代アンカー(anchor)。上代いかり[錨/碇]。

目方を量るときの━ すいし[錘子]。近代すい[錘]。ぶんどう/ぶんどう[分銅]。中古おもし[重/重石]。

おもわく【思】 近代いかう[意向]。いと[意図]。近世おむひ[思]。おもひいれ[思入]。かんがへ[考]。ねざし[根差]。中世きげん[機嫌]。こころ[心]。しょぞん[所存]。上代おもはく[思/思惑]。おもひ[思]。おもへらく[思/以為]。

━が外れること 近世ゐかく/ゐきゃく[違格]。中古おもひかへす[思返]。

━どおりになること ちゅうと[中図]。

おもわず【思】 思わず知らず。近世うっかり。おもひがけなし[思掛無]。つい。われしらず[我知]。中世いぐゎい[意外]。おぼえず[覚]。おもはず[思]。中古おもひのほか[思外]。こころならず[心]。ふかく[不覚]。

おもわせぶり【思振】 近代ジェスチャー(gesture)。近世おもはせぶり[思振]。みせかけ[見]。もたせかく[━かける][凭掛]。もたせぶり[持振]。気を持たす[━持たせる]。中古えん[艶]。

━ではっきりしない 近世奥歯に衣(ぬき)着す[━着せる]。

おもわれる【思】 近代おもへる[思]。近世おもはる[おもわれる][思]。中古うちおぼゆ[打覚]。うちみゆ[打見]。おぼし[思]。おぼゆ[おぼえる][覚]。上代おもほゆ[思]。

ますます━・れる 中古おぼえまさる[覚勝]。

おもん・じる【重】 →おもん・ずる(次項)

おもん・ずる【重】 大事にする。大切にする。近代おもんじる[重]。けいちょう[敬重]。ぢゅうえうし[重要視]。ぢゅうし[重視]。大切にかける。近世そんすう[尊崇]。中世おもくす[重]。しゃうくゎん/しゃうぐゎん[賞翫]。そんぢゅう[尊重]。たっとぶ/たっとむ[尊/貴]。中古そんちょう/そんぢょう[尊重]。たふとぶ[尊/貴]。ものめかす[物]。上代うやまふ[敬]。おもんず[重]。きちょう[貴重]。たふとむ[尊/貴]。

━・ずるべきである 中古やんごとなし[止事無]。

━方だけを━・ずる へんぢゅう[偏重]。近世かたよる[偏/片寄]。へんす[偏]。へんちょう[偏重]。

おもんぱかり【慮】 近世かんがへ[考]。中世しょくゎい[所懐]。中古おもんぱかり[慮/思量]。しりょ[思慮]。

おや【親】 りょうおや[両親]。近世おやびと[親人]。たねはら[種腹/胤腹]。近世りゃうしん[両親]。中世おやぢゃひと[親者人]。おやぢゃもの[親者者]。たらちね[垂乳根]。ぶも[父母]。もろおや[両親/諸親]。中古かぞいろ[父母]。さうしん[双親]。しん[親]。ふたおや[二親]。上代おもちち[母父]。おや[親]。かそいろ/かぞいろは[父母]。ふぼ[父母]。

《枕》上代たらちねの[垂乳根][⇩はは/おや]。

《句》近代親の甘さが毒となる。親は木綿着る、子は錦着る。他人の飯を食はねば親の恩は知れぬ。祖父(ぢぢ)は苦労子は楽孫乞食。近世親の因果が子に報ゆ[━報いる]。親の光は七光る。蛙(かへる)の子は蛙。子を持って知る親の恩。中世瓜の蔓(つる)に茄子(なすび)はならぬ。親子は三界の首枷(くびかせ)。親の心子知らず。親の欲目。竹の子の親勝り。鳶(とび)が鷹(たか)(孔雀(くじゃく))を生む。中古子養はんと欲すれども親待たず。

━から受け継ぐ 近世おやゆづり[親譲]。ゐでん[遺伝]。

━から離れる おやばなれ[親離]。てばなれ[手離]。近世みづばなれ[水離/水放]。

━に似ない子 近世おにっこ[鬼子]。中古おにご[鬼子]。

━の安否を尋ねる 近代せいしん[省親]。せいする[省]。

━のいない子 おやなし[親無]。中古こじ[孤子]。こじ[孤児]。上代みなしご[孤児]。

ーの教え 〔中世〕にはのをしへ［庭訓］。《句》〔近代〕親の意見と茄子の花は千に一つもあだはない。親の意見と冷や酒は後できく。冷や酒と親の意見は後薬(のちぐすり)。

ーの恩 〔近代〕生みの恩。《句》〔近世〕子を持って知る親の恩。〔中世〕父の恩は山よりも高く母の恩は海よりも深し。

ーの恩に報いること 〔中古〕はんぽ［反哺］。

ーの子への愛情のたとえ 《句》〔中世〕梁(うつばり)の燕(つばめ)。棄てる子も軒の下。焼け野の雉(きぎす)夜の鶴。

ーの子への過ぎた愛情 親に目なし。〔近世〕おやばか［親馬鹿］。親の欲目。

ーの扶養を受ける 〔近世〕すねかじり［臑囓］。

ーの喪 〔近世〕たいいう［大憂］。

ー不孝 〔中世〕ふかう［不孝］。〔中古〕ふけう［不孝］。

ーよりも子が先に死ぬ さかさわかれ［逆別］。逆さまの別れ。〔近世〕ぎゃくえん［逆縁］。さかさごと［逆事］。〔中世〕さかさまごと［逆様事］。

ーよりも子がすぐれている 〔近世〕おやまさり［親勝］。《句》〔近代〕竹の子の親勝り。〔中世〕鳶(とび)が鷹(たか)(孔雀(くじゃく))を生む。

ーらしくする 〔中古〕おやがる［親］。おやめく［親］。

相手のー(敬った言い方) ごふぼさま［御父母様］。〔近代〕おふたかた［御二方］。ごりゃうしょ［御両所］。ごりゃうしんさま［御両親様］。〔近世〕おやごぜ［親御前］。〔中世〕おやご［親御］。〔中古〕おやぎみ［親君］。

仮のー 〔近代〕おびおや［帯親］。かりおや［仮親］。〔近世〕おやぶん［親分］。なづけおや［名付親］。〔中世〕おやしろ［親代］。おやかた［親方］。〔中古〕えぼしおや［烏帽子親］。おやざま［親様］。けぬきおや［毛抜親］。げんぷくおや［元服親］。

血縁関係のないー 〔中世〕ままおや［継親］。

実のー 〔近世〕うみのおや［生親／産親］。じつおや［実親］。たねはら［種腹／胤腹］。

年老いたー 〔中古〕らうしん［老親］。

どちらか一方のーがいないこと 〔中世〕かたおや［片親］。

トランプなどのー ディーラー(dealer)。

亡くなったーへの思い 〔中古〕ふうじゅ［風樹］。風樹の嘆(たん)。風木の嘆。《句》〔中古〕子養はんと欲すれども親待たず。

▼養父母 〔近代〕やうしん［養親］。育ての親。〔近世〕かりおや［仮親］。さとおや［里親］。〔中世〕とりおや［取親］。やしなひおや［養親］。〔中古〕のちのおや［後親］。

おやかた【親方】 キャプテン(captain)。ドン(スペイン don)。ボースン(boatswain)。マイスター(ドイツ Meister)。〔近代〕しゅくゎい［首魁］。とうもく［頭目］。とうりゃう［棟梁／頭領］。ヘッド(head)。ボス(boss)。マスター(master)。〔近世〕おかしら［御頭］。おやだま［親玉］。おやぶん［親分］。おやゆび［親指］。かしらぶん［頭分］。かほやく［顔役］。しゅちゃう［首長］。もとじめ［元締］。〔中世〕おやかた［親方］。しうちゃう［酋長］。しゅりゃう［首領］。〔中古〕かしら［頭］。りゃうしう［領袖］。

女性のー 〔近世〕あねご［姉御／姐御］。

賭博場のー 〔近世〕かしもと［貸元］。もとじめ［元締］。

おやこ【親子】 〔中世〕しんし［親子］。ぼし［母子］。〔中古〕おやこ［親子］。〔上代〕ふし［父子］。《句》〔近代〕子ほど喜ばせにくいものはなく親ほど喜ばせやすいものはない。銭金(ぜにかね)に親子がない。銭金は親子でも他人。〔近世〕親思ふ心にまさる親心。親子の中でも金銭は他人。〔中世〕親の心子知らず。

ーなどの親族の関係を絶つ 〔近世〕かんだう／かんど［勘当］。勘当切る。〔中古〕りえん［離縁］。久離(きうり)(旧離)を切る。

ーの縁 〔近世〕いっせのえん［一世縁］。〔中世〕親子は一世。

ーの別れ 〔中世〕四鳥(してう)の別れ。

血のつながったー じつしんし［実親子］。

血のつながらないー 〔近世〕まま［継］。〔中世〕生(な)さぬ仲。

法律上のーとなる ようしえんぐみ［養子縁組］。

両親の一方とのみ実のー けいしんし［継親子］。

おやこうこう【親孝行】 〔近世〕おやかうかう［親孝行］。おやかうしん［親孝心］。〔中古〕かう／けう［孝］。かうしん［孝心］。けうやう［孝養］。しかう［至孝］。〔上代〕かうじゅん［孝順］。かうやう［孝養］。《句》〔近代〕石に布団は着せられず。孝行をしたい時分に親はなし。木静かならんと欲すれども風止まず。〔中古〕子養はんと欲すれども親待たず。

ー・する 〔中古〕けうず［孝］。

ーと年長者に仕えること 〔近代〕かうてい［孝悌／孝弟］。

ーの喜び 近世 菽水(しゅくすい)の歓。

▼親不孝 中世 ふかう[不孝]。中古 ふけう[不孝]。

おやごころ【親心】 近世 おやばか[親馬鹿]。親の闇。中古 おやごころ[親心]。

《句》近世 親思ふ心にまさる親心。立てば歩めの親心。中世 親の心子知らず。

おやじ【親父】 近世 おやぢ[親父]。やぢ[親父]。→ちち

田舎のー 近代 さうふ[傖父]。近世 やをう[野翁]。中古 やそう[野叟]。やらう[野老]。

おやつ【御八】 おさんじ[御三時]。さんじ[三時]。近世 おやつ[御八]。こびり。こひる/こびる[小昼]。こびるめし[小昼飯]。→かんしょく

おやぶん【親分】 →おやかた

おやもと【親元】 近代 せいか[生家]。近世 おやもと[親元/親許]。さとかた[里方]。中古 じっか[実家]。中世 おやざと[親里]。中古 さと[里]。

ーに奉公人が帰ること 近代 さとさがり[里下]。近世 さとがへり[里帰]。さとくだり[里下]。やどいり[宿入]。やどおり[宿下]。やどさがり[宿下]。やぶ[藪]。やぶいり[藪入]。中世 さとおり[里下]。

ーへ帰りたいという気持ち 近世 さとごころ[里心]。

奉公人のー 近世 やど[宿]。

嫁や養子のー 近世 さとかた[里方]。

おやゆび【親指】 近代 きょし[巨指]。きょへき[巨擘]。へきし[擘指]。ぼし[拇指]。中世 おほゆび[大指]。おやゆび[親指]。おゆび[拇]。きょはく[巨擘/鉅擘]。

ーの先でする印の代わり 近代 ぼいん[拇印]。近世 つめいん[爪印]。つめがた[爪形]。つめばん[爪判]。

およ・ぐ【泳】 近代 スイミング(swimming)。みづあび[水浴]。近世 すいえい[水泳]。中世 すいれん[水練]。中古 いうえい[遊泳/游泳]。およぐ[泳/游]。

ー・ぎ方 近世 えいはふ[泳法]。

ー・ぎの達者な人 中世 すいれんじゃ[水練者]。

ー・ぐ速さを競う 近代 きゃうえい[競泳]。

ー・げない人 いしうす[石臼]。とくり[徳利]。近代 かなづち[金槌/鉄鎚]。近世 てっぱうだま[鉄砲玉]。

海でー・ぐ かいすいよく[海水浴]。

海で遠距離をー・ぐ 近代 えんえい[遠泳]。

群でー・ぐ ぐんえい[群泳]。近代 ぐんいう[群游/群遊]。

▼泳法のいろいろ いなとび[鯔飛]。いぬかき[犬搔]。かたぬきて[片抜手]。がっしょうおよぎ[合掌泳]。のし[伸]。はいえい[背泳]。バタフライ(butterfly)。ひらおよぎ[平泳]。よこおよぎ[横泳]。近代 かへるおよぎ[蛙泳]。クロール(crawl)。よこのし[横伸]。よこのしおよぎ[横伸泳]。中世 いぬおよぎ[犬泳]。中古 たちおよぎ[立泳]。

およそ【凡】 →おおよそ

および【及】 中世 おなじく[同]。かつ[且]。中古 および[及]。ならびに[並]。また[又/亦]。

およびごし【及腰】 近代 なまはんか[生半可]。にげごし[逃腰]。よわごし[弱腰]。近世 さるまひごし[猿舞腰]。へごし[屁腰]。へっぴりごし[屁放腰]。中世 およびごし[及腰]。

およ・ぶ【及】 近代 おひつく[追付]。たっする[達]。ひったう[匹当]。ふきふ[普及]。近世 とどく[届]。はきふ[波及]。中世 とづく[届]。ひってき[匹敵]。中古 およぶ[及]。わたる[渡]。上代 いしく[及]。いたる[至]。かなふ[適/叶]。しく[及/如/若]。

ー・ばない 中世 あまる[余]。おくる[後]。しかず[及/如/若]。中古 おとる[劣]。およびなし[及無]。はづる[外]。上代 しかめやも[及/如](反語表現)。

ー・ぶものはない 中古 如(し)くはなし。

すべてにー・ぶ 近世 いきわたる/ゆきわたる[行渡]。

災難などがー・ぶ 近代 みまふ[見舞]。

オランダ(ポルトガル Olanda) 近世 オランダ[阿蘭陀/和蘭陀/和蘭]。らん[蘭](阿蘭陀/和蘭陀/和蘭などの略)。

ーから伝来した西洋医術 近世 らんぱう[蘭方]。

ーの学問 近世 らんがく[蘭学]。

ーの船 近世 こうもうせん[紅毛船]。

南部アフリカのー系住民 アフリカーナ(Afrikaner)。ボーア(Boer)。

おり【折】 近代 じき[時期]。近世 きうん[機運]。しゅび[首尾]。せつ[節]。ばあひ[場合]。中世 あはひ[間]。き[機]。きくゎい[機会]。さい[際]。じせつ[時節]。みぎり/みぎん[砌]。よ[世]。をり[折]。をりから[折柄]。をりふし[折節]。中古 きえん[機縁]。きざみ[刻]。きはめ[際目]。ご[期]。たび[度]。ついで[序]。ふし[節]。

ほど［程］。上代とき［時］。ひ［日］。をり［折］。

―が悪い →おりあしく

―も折り 中世ころしも［頃］。折りこそあれ。中古時しもあれ。折りしもあれ。

おりあい【折合】 近代にんげんくゎんけい［人間関係］。をりあひ［折合］。近世かうぎ［交誼］。つきあひ［付合］。ひとづきあひ［人付合］。中世まじはり［交］。上代かうじゃう［交情］。

―が悪いこと 近代ふじゅく［不熟］。近世きまづし［気不味］。中世てもちわるし［手持悪］。

―をつける 近代あゆみよる［歩寄］。じゃうほ［譲歩］。だけふ［妥協］。てうせい［調整］。中世ゆづりあふ［譲合］。

おりあしく【折悪】 近世間（ま）が悪い。中世あいにく［生憎］。びんあし［便悪］。中古あやにく［生憎／可憎］。びなし／びんなし［便無］。をりあし［折悪］。時しもあれ。

おりいって【折入】 近代とくに［特］。とくべつに［特別］。近世をりいって［折入］。中世ぜひ［是非］。ぜひとも［是非］。なんとしても［何］。べっして［別］。

オリエンテーション(orientation) ガイダンス(guidance)。近代ししん［指針］。しへう［指標］。てきおう［適応］。はうかうづけ［方向付］。近世じゅんおう［順応］。

おりおり【折折】 近世ちょくちょく。ときをり［時折］。まま［間間］。中世せつせつ［節節／折折］。中古せぜ［瀬瀬］。ふしぶし［節節］。わうわう［往往］。をりふし［折節］。をりをり［折折］。上代ときどき［時時］。よりより。

オリオンざ【ラテン Orion座】 しそうのほし［四三星］。近代オリオン。

―のアルファ星 へいけぼし［平家星］。ベテルギウス(Betelgeuse)。

―のベータ星 げんじぼし［源氏星］。リゲル(Rigel)。

―の三ツ星 さんしゅく／しんしゅく［参宿］。とろきぼし［星］。近世おやになひぼし［親荷星／親担星］。しん［参］。しんせい［参星］。みつぼし［三星］。中世からすきぼし［唐鋤星／犂星］。

おりかえし【折返】 近代こうはん［後半］。近世とんぼがへり［蜻蛉返］。をりかへし［折返］。をれかへす［折返］。中世おしかへす［押返］。たちかへる［立返］。中古きろ［帰路］。たちかへり［立返］。ひきかへす［引返］。

―点 ちゅうかんてん［中間点］。近代ターニングポイント(turning point)。

―のないズボン シングル(single)。

水泳などの― ターン(turn)。

波が―寄せる 中世をりかく［折懸］。

おりがみ【折紙】 おりがみざいく［折紙細工］。近代をりがみ［折紙］。近世をりかた［折形］。をりすゑ［折据］。

食物を盛るときの― 近世かうだて［紙立］。かふだて［甲立］。中世きゃうだて［饗立］。

おりがみつき【折紙付】 近代きはめつき［極付］。ていひゃう［定評］。ほしょうつき［保証付］。近世をりがみつき［折紙付］。

おりから【折柄】 →おりしも

おりこ・む【織込】 近代おりこむ［織込］。くみいれる［組入］。ふくめる［含］。中世くみこむ［組込］。中古おりまず［―まぜる］［織交］。

オリジナリティー(originality) 近代オリジナリティー。どくさうせい［独創性］。近世さうい［創意］。

オリジナル(original) 近代オリジナル。げんけい［原型］。げんさく［原作］。げんづ［原図］。げんぽん［原本］。どくさうてき［独創的］。どくじ［独自］。

おりしも【折】 ちょうどその時。近世をりふし［折節］。をりもをり［折折］。中世ころしも［頃］。ときしも［時］。をりから［折柄］。折りこそあれ。中古をりしも［折］。

おりばこ【折箱】 近代へぎをり［折折］。近世ささをり［笹折］。すぎをり［杉折］。をりばこ［折箱］。中世へぎ［折］。をり［折］。中古わりご［破子／破籠］。

―に食物をつめたもの 近世ささをり［笹折］。をりづめ［折詰］。

菓子を入れた― 中世くゎしをり［菓子折］。

おりひめ【織姫】 近代いとひめ［糸姫］。しょくこう［織工］。ぢょこう［女工］。近世こうぢょ［工女］。中世おりこ［織子］。おりひめ［織姫］。おりめ［織女］。中古しょくぢょ［織女］。上代たなばた［棚機／織女／七夕］。

―星 →たなばた

おりふし【折節】 →おりおり

おりもの【織物】 いともの［糸物］。せんいせいひん［繊維製品］。テキスタイル(textile)。ファブリック(fabric)。近代きぢ［素地／生地］。きぬおりもの［絹織物］。きれぢ［切地／布地］。テックス(texture)。はうきん［方巾］。めんおりもの［綿織物］。近世きぬの［生布］。けおりもの［毛織物］。ぬのぢ［布

地］。ふはく［布帛］。ふへん［布片］。中世きれ［切／布／裂］。中古くれはとり［呉織］。しょくふ［織布］。ふ［布］。上代おりもの［織物］。たへ［栲］。ぬの［布］。はたもの［機物］。→ぬの

―の糸（例）アクリルせんい［（ドイツ）Acryl 繊維］。アセテート(acetate)。あまいと［亜麻糸］。かがくせんい［化学繊維］。かせん［化繊］。かべいと［壁糸］。からいと［可良糸］。キュプラ(cupra)。じゅんめん［純綿］。じゅんもう［純毛］。タッサー(tussah)。たまいと［玉糸］。テトロン(Tetoron)（商標名）。どうアンモニアレーヨン［銅ammonia rayon］。ファイバー(fiber)。ふしいと［節糸］。ベンベルグ（（ドイツ）Bemberg）（商標名）。ポリノジック(polynosic)。モールいと［（ポルトガル）mogol糸］。やさんぎぬ［野蚕絹］。ラメいと［（フランス）lam 糸］。レーヨン(rayon)。近代ウール(wool)。ガスいと［（オランダ）gas糸］。しゃうけん［正絹］。たていと［経糸／経］。みみいと［耳糸］。よこいと［横糸／緯］。リネン／リンネル／リンネン(linen)。近世ふといと［太糸］。中世からいと［唐糸］。ぬき／ぬきいと［緯糸］。中古しけいと［絓糸／屑糸］。ねりいと［練糸］。

―のいろいろ（例）①**［厚地］**　いしぞこ［石底］。おりぞこ［織底］。たてざし［立刺］。ダンガリー(dungaree)。チノクロス（和製chino cloth）。デニム(denim)。はんぷ／ほぬの［帆布］。やまとおり［大和織］。近代カンバス／キャンバス(canvas)。ぐゎふ［画布］。さしこおり［刺子織］。近世うんさいおり［雲斎織］。ひしおり［菱織］。ふとおり［太織］。ふともの［太物］。ほもめん［帆木綿］。ラシャ［（ポルトガル）raxa／羅紗］。中世あついた［厚板］。どんす［緞子］。

―のいろいろ（例）②**［壁掛けや敷物］**　しゃしんおり［写真織］。近代カーペット(carpet)。ゴブランおり［（フランス）Gobelin織］。じゅうたん［絨緞／絨毯］。タペストリー(tapestry)。ダマスク(damask)。近世どんちょう［緞帳］。中世もうせん［毛氈］。上代おりかも［氈］。

―のいろいろ（例）③**［色や模様］**　あじろおり［網代織］。たまごちぢみ［卵縮］。バティック（（マレー）batik）。やみがすり［闇絣］。近代たてがすり［経絣］。近世いろもの［色物］。おりえび［織葡萄］。かすり［絣／飛白］。こんがすり［紺絣／紺飛白］。ジャワサラサ［（ポルトガル）Java saraça／更紗］。たまごちりめん［卵縮緬］。中世うきおり［浮織］。おりこうばい［織紅梅］。しょうじょうひ［猩猩緋］。中古うきおりもの［浮織物］。うんげんにしき［繧繝錦］。ぢずり［地摺］。ひごんき［緋金錦］。へきら［碧羅］。上代おほあや［大綾］。にしき［錦］。

―のいろいろ（例）④**［薄地］**　オーガンディー(organdie)。ゴース(gauze)。しゃおり［紗織］。ゼファー(zephyr)。チュール（（フランス）tulle）。トロピカル(tropical)。ブロード(broadcloth)。よころ［横絽］。近代キャラコ(calico)。こうばいおり［紅梅織／勾配織］。シフォン（（フランス）chiffon）。すきあや［透綾］。セル(serge)。たてろ［竪絽］。モスリン（（フランス）mousseline）。近世うすいた［薄板］。カナキン［（ポルトガル）canequim］。じゅうふ［上布］。すきや［透綾］。中世うすぎぬ［薄絹］。ろ［絽／羅］。中古うすはた［薄機］。うすもの［薄物］。しゃ［紗］。へきら［碧羅］。ら［羅］。

―のいろいろ（例）⑤**［草木の繊維］**　近代リネン／リンネル／リンネン(linen)。中世ふとぬの［太布］。中古たふ［太布］。

―のいろいろ（例）⑥**［縞模様］**　えんしゅうじま［遠州縞］。タータンチェック（和製tartan check）。よろけじま［蹣跚縞／蹌踉縞］。近代ガスじま［（オランダ）gas縞］。しまもの［縞物］。ふたごじま［双子縞］。近世あをめじま［青梅縞］。いとり／いとりじま［糸入縞］。カピタン［（ポルトガル）capitão／甲比丹］。かめあやじま［亀綾縞］。かめやじま［亀綾縞／亀屋縞］。ジャガタラじま［（オランダ）Jacatra縞］。セーラス（（オランダ）zelas）。たんごじま［丹後縞］。ちゃうじま［茶宇縞］。つむぎじま［紬縞］。ベンガラじま［（オランダ）Bengala縞／弁柄縞］。べんけいじま［弁慶縞］。ゆふきじま［結城縞］。中世しまおり／しまおりもの［縞織物］。上代あやぬの［綾布／文布］。しづ／しどり［倭文］。しづおり［倭文織］。

―のいろいろ（例）⑦**［立派で美しい］**　近代きんしう［錦繡］。ブロケード(brocade)。近世ぎんらん［銀襴］。きんらんどんす［金襴緞子］。中世どんす［緞子］。上代にしきあや［錦綾］。

―のいろいろ（例）⑧**［和服用］**　近代きじゃくぢ［着尺地］。きじゃくもの［着尺物］。近世ごふく［呉服］。

▼織り方の基本　しゃもんおり［斜文織］。しゅすおり［繻子織］。ひらおり［平織］。

中古あやおり[綾織]。

▼**織り方のいろいろ** あみめおり[網目織]。かさねおりもの[重織物]。からみおり[搦織]。カルゼおり[kersey 織]。ギャバ(gabardine)。コードレーン(cordlane)(商標名)。すかしおり／すきおり[透織]。せいごうおり[精好織]。たまむしおり[玉虫織]。だんおり[段織]。ちぢみ／ちぢみおり[縮織]。チノクロス(和製chino cloth)。テリークロス(terry cloth)。てんもうおりもの[添毛織物]。ドスキン(doeskin)。パイルおり[pile 織]。ひらじ[平地]。ブッチャー(butcher linen)。モアレ(フランス moiré)。もじりおり[綟織]。近代オットマン(ottoman)。かべいとおり[壁糸織]。かめあや[亀綾]。ギャバジン(gabardine)。クレープ(crepe)。サージ(serge)。ジョーゼット(georgette)。つづれおり[綴織]。プラッシュ(plush)。ベルベット(velvet)。ボイル(voile)。ポプリン(poplin)。近世あぜおり[畦織]。うねおり[畝織]。かめやおり[亀屋織]。こはくおり[琥珀織]。ちりめん[縮緬]。つづれにしき[綴錦]。てぬぐひぢ[手拭地]。てんがじゅう[天鵞絨]。ななこおり[魚子織／斜子織]。にぢゅうおり[二重織]。はぶたへ[羽二重]。ビロード(ポルトガル veludo)。ふくろおり[袋織]。メリヤス(スペイン medias; ポルトガル meias／莫大小／目利安]。中世しじら[縬]。しゅす[繻子／朱子]。中古ふたへおりもの[二重織物]。

▼**麻の織物** ドンゴロス(dungaree)。近代あさおり／あさおりもの[麻織物]。まふ[麻布]。近世あさふ[麻布]。じゃうふ[上布]。中世さいみ[細布／貲布]。中古あさぬの[麻布]。上代さいふ[細布]。

▼**絹織物** きおりもの[生織物]。しゃ[紗]。すきや[透綾]。せいごうおり[精好織]。そうかべ[総壁]。タフタ(taffeta)。チュール(フランス tulle)。ドスキン(doeskin)。ねりおりもの[練織物]。ブロケード(brocade)。近代いちらくおり[一楽織]。近世いとおり[糸織]。きぎぬ[生絹]。こはくおり[琥珀織]。こめおり[穀織]。さや[紗綾]。ちりめん[縮緬]。にしぢんおり[西陣織]。はかたおり[博多織]。はぶたへ[羽二重]。ふとおり[太織]。めいせん[銘仙]。りんず[綸子／綾子]。中世あついた[厚板]。うすぎぬ[薄絹]。うすもの[薄物]。からおり[唐織]。からおりもの[唐織物]。きぬもの[絹物]。つむぎ[紬]。どんす[緞子]。ろ[絽／羅]。中古からぎぬ[唐絹]。き[綺]。すずし[生絹]。ねりぬき[練貫／練緯]。はちぢゃう[八丈]。ら[羅]。上代ふとぎぬ[太絹]。

▼**毛織物** ウーステッド(worsted)。カルゼ[kersey]。シャギー(shaggy)。スコッチツイード(Scotch tweed)。ゼファー(zephyr)。そもうおりもの[梳毛織物]。トロピカル(tropical)。ビクーニャ(スペイン vicuña)。ブロード(broadcloth)。ポーラ(poral)。モケット(フランス moquette)。近代アストラカン(astrakhan)。ウール(wool)。サージ(serge)。じゅんもう[純毛]。セル(serge)。ツイード(tweed)。ネル／フラノ／フランネル(flannel)。ベロア(フランス velours)。ホームスパン(homespun)。メリンス(スペイン merinos)。モス／モスリン(フランス mousseline)。メルトン(melton)。近世もうふ[毛布]。ラシャ(ポルトガル raxa／羅紗)。ラセイタ(ポルトガル raxeta／羅背板／羅世板)。中世しゃうじゃうひ[猩猩緋]。上代おりかも[氈]。

▼**綿織物** オーガンディー(organdie)。シャンブレー(chambray)。じゅんめん[純綿]。タッサー(tussah)。ダンガリー(dungaree)。デニム(denim)。テリークロス(terry cloth)。ブロード／ブロードクロス(broadcloth)。めんきんらん[綿金襴]。近代ガスおり(オランダ gas織]。キャラコ(calico)。めんじゅす[綿繻子]。めんめんじゅす[綿綿繻子]。近世あらぬの[粗布]。てぬぐひぢ[手拭地]。めくらじま[盲縞]。めんぷ[綿布]。もぐさじま[艾縞]。もめんおり[木綿織]。中古そふ[粗布／麁布]。たふ[太布]。

▼**交ぜ織り** こうしょく[交織]。ぼうせきつむぎ[紡績紬]。近世いといり[糸入]。

▼**助数詞** たん[反]。ひき[疋]。

おりもの【下物】 近代おりもの[下物]。たいげ[帯下]。中世こしけ[腰気／帯下]。

おりよく【折好】 時機よく。近世つがふよく[都合良]。中世ちゃうど[丁度]。てきじ[適時]。中古さいはひ[幸]。をりよく[折好／折良]。

お・りる【下】 近世かうか[降下]。中古かかう[下降]。くだる[下]。さがる[下]。上代おる〔おりる〕[下／降]。

勢いよくー・りる 中世とびおる〔―おりる〕[飛降]。はせくだる[馳下]。

車などからー・りる 近代かうしゃ[降車]。中世おりゐ[下居]。げしゃ[下車]。中古

のりすつ[―すてる][乗捨]。

天など高い所から—・りる 中古げかう[下向]。上代あまくだる[天下／天降]。あもる[天降]。

乗ることと—・りること 近代じょうかう[乗降]。中世のりおり[乗降]。

真下に—・りる 近代ちょくか[直下]。中世まくだり[真下]。

お・る【折】 上代まぐ[まげる][曲／枉]。をる[折]。

—・って入れる 近世をりこむ[折込]。

手で—・り取る 上代たをる[手折]。

半分に—・る 近世ふたつをり[二折]。中古なかをり[中折]。

二つ折りをもう一度—・る 近世よつをり[四折]。

お・る【居】→**い・る**

お・る【織】 上代おる[織]。→**おりもの**

《尊》上代おろす[織]。

《枕》中古からにしき[唐錦]。

—・り続ける 中世おりはふ[織延]。上代おりつぐ[織次]。

オルガン(organ) 近代ふうきん[風琴]。中世オルガン。

—のいろいろ(例) でんしオルガン[電子organ]。パイプオルガン(pipe organ)。ハモンドオルガン(Hammond organ)。リードオルガン(reed organ)。

おれあ・う【折合】 近代じゃうほ[譲歩]。だけふ[妥協]。をれあふ[折合]。中世ゆづりあふ[譲合]。

おれい【御礼】 近代しゃれい[謝礼]。みゃうが[冥加]。中世おれい[御礼]。かんしゃ[感謝]。へんれい[返礼]。れいもつ[礼物]。中古かしこまり[畏]。こころざし[志]。よろこび[喜]。

《謙》はくし[薄志]。近代はくしゃ[薄謝]。近世はくぎ[薄儀]。中世すんし[寸志]。

—の金品 しゃれいきん[謝礼金]。近代しゃきん[謝金]。近世れいきん[礼金]。中古ほうしう[報酬]。

—の言葉 中世しゃじ[謝辞]。

—の言葉(例) →**ありがとう**

—の手紙 中世れいじゃう[礼状]。

▼社寺への御礼参り 近世かへりまうで[返詣]。くゎいれい[回礼]。ぐゎんほどき[願解]。さいす[賽]。中古かへりまうし[返申]。ほうさい[報賽／報祭]。

おれまが・る【折曲】 近代をれまがる[折曲]。近世てんせつ[転折]。中世くっせつ[屈折]。くねる。中古きょくせつ[曲折]。くっきょく[屈曲]。をる[おれる][折]。

—・った所 上代くま[隈／曲／阿]。み[曲／回]。

身体がしなしなと—・る 中世をれこだる[折]。

何度も—・る くねる。まがりくねる[曲]。

道などが—・ったさま ヘアピンカーブ(和製hairpin curve)。近代ジグザグ(zigzag)。中古つづらをり[葛折／九十九折]。やうちゃう[羊腸]。

道などが—・る たおる[撓]。

お・れる【折】 中古をる[おれる][折]。→**まが・る**

—・れて壊れる せっそん[折損]。

—・れて倒れる 中古をれふす[折伏]。

風などで—・れる 中古かざをれ[風折]。

硬いものが—・れるさま 近代ぽきん。近世ぽきり。ぽっきり。

草木の枝などが—・れて垂れる 中古したをる[下折]。

手応えなく—・れるさま くにゃっと。

おろか【愚】 たらぬ／たりない[足]。ひだりまき[左巻]。近代ぐがい[愚駭]。たうまい[檮昧]。ちほう[痴呆]。ていなう[低脳]。ひじゃうしき[非常識]。むちもうまい[無知蒙昧]。近世あまくち[甘口]。あんがう[暗向]。あんじゃく[闇弱／暗弱]。うぐ[迂愚]。うせつ[迂拙]。くらがり[暗]。こけ[虚仮]。こんぐ[昏愚]。ふつつか[不束]。中世あやかり。おろかし[愚]。かたくな[頑]。くらし[暗]。こころおくれ[心後]。こんまい[昏昧]。しれごと[痴事]。ちぐ[痴愚]。つたなし[拙]。ばか[馬鹿]。ふち[不知／不智]。むがく[無学]。むふんべつ[無分別]。もうまい[蒙昧]。菽麦(しゅくばく)を弁ぜず。中古あさはか[浅]。あんぐ[暗愚]。おれおれし[愚愚]。おろか[愚／痴]。かたくなし[頑]。ぐ[愚]。ぐあん[愚闇／愚暗]。ぐせつ[愚拙]。ぐどん[愚鈍]。ぐまい[愚昧]。ぐまう[愚盲]。ぐもう[愚蒙]。しれがまし[痴]。しれじれし[痴痴]。つたなし[拙]。はかなし[儚／果敢無]。ふかく[不覚]。ふびん[不敏]。ふめい[不明]。をこ[痴]。をさなし[幼]。上代おほほし[鬱]。ぐち[愚痴]。ぬるし[暖]。むち[無知／無智]。

—・で荒々しい 近代そろ[粗魯]。

—・で卑しいこと 中世ぐろう[愚陋]。

—・で嫌な感じ 近世おぞまし[鈍]。

━・でかたくななこと 中古くなたぶる〔━ぶれる〕。ぐゎんぐ［頑愚］。
━・でかたくなな子供 近世ぐゎんどう［頑童］。
━・で鈍い 近世ちちょう［痴重］。どんつく［鈍付］。のろし［鈍／温］。中世ちどん［遅鈍］。とろし。中古おそし［遅／鈍］。ろどん［魯鈍］。上代おそ［鈍］。
━と思う 中世ばからし［馬鹿］。をこがる［痴］。
━・なことと賢いこと 中世どんり［鈍利］。中古けんぐ［賢愚］。
━・な君主 中世あんくん［暗君］。
━・な行い ぐこう［愚行］。近世たはけ［戯］。
━・なことをする 中世たはく〔たわける〕［戯］。
━・なさま 近世よた［与太］。中世こんこん［昏昏］。ぬけぬけ［抜抜］。中古しれ［痴］。をこ［痴／烏滸／尾籠］。
━・なのを罵る語 あほたれ［阿呆垂］。近世あほ［阿呆］。あんだら。あんぽんたん［安本丹］。くひゃく［九百］。へうたくれ［剽］。中世あはう［阿呆／阿房］。
━・な人（自分をへりくだって言う語も含む） ちしゃ［痴者］。近代ぐぶつ［愚物］。フール（fool）。ふせう［不肖］。ぼんさい［凡才］。まいしゃ［昧者］。近世あんかう［鮟鱇］。あんがう［暗向］。うつけ／うつけもの［空者］。うてんつ。うんてれがん。おろかもの［愚者］。きみゐでら［紀三井寺］。ぐじん／ぐにん［愚人］。くらがりなかま［暗仲間］。けっこうじん［結構人］。さんたらう［三太郎］。じんろく［甚六］。そろま［曾呂間］。たはけ／たはけもの［戯者］。ちじん［痴人］。でく［木偶］。どさい［駑才］。どんさい［鈍才］。どんたくれ。どんつく［鈍付］。どんぶつ［鈍物］。なんぴん［難平］。ぬるま。はうやく［方薬］。はなげ［鼻毛］。ほうしんたん［豊心丹］。ぼうだら［棒鱈］。ぼんくら［盆暗］。めうが［茗荷］。中世あやかし。おどけもの［戯者］。ぐさい［愚才］。しれびと［痴人］。たくらだ［田蔵田］。のうなし［能無］。ばかもの［馬鹿者］。ほうけもの［惚者］。中古おれもの［愚者］。ぐどん［愚鈍］。しれもの［痴者］。ひさい［非才／菲才］。むのう［無能］。上代おろかひと［愚人］。醜（しこ）の大夫（ますらを）。《句》近代海老の鯛（たひ）交じり。雑魚（ざこ）の魚（とと）交じり。目高も魚（とと）のうち。近世虚仮（こけ）の一心。尺も短き所あり寸も長き所あり。中世愚者も千慮に一得あり。
━・な人々 近世しゅうぐ／しゅぐ［衆愚］。
━・な若者 近世にばん［二番］。にばんばえ［二番生］。
━・になる 中古おる［愚／痴］。しる／しれる［痴］。ほけしる［惚痴］。上代おろく。
━・に見える 間が抜ける。中古しればむ［痴］。をこづく［痴］。をこめく［痴］。
━・に見えるほど正直なこと ばかしょうじき［馬鹿正直］。
きわめて━ 近代しどん［至鈍］。近世しぐ［至愚］。たいぐ［大愚］。中世あんどん［暗鈍／闇鈍］。かぐ［下愚］。たいち［大痴］。上代いやをこ［弥痴］。
師や親に似ず━ 中世ふせう［不肖］。
常軌を逸して━ 中世きゃうぐ［狂愚］。
少し━ こばか［小馬鹿］。
年を取って━・になる 近世愚に返る。
▼へりくだって言う語（考えなど） 近代ぐかう［愚考］。ぐかう［愚行］。ぐきょ［愚挙］。ぐけい［愚計］。ぐたふ［愚答］。近世ぐさく［愚策］。ぐろん［愚論］。中世ぐしん［愚心］。中古ぐりょ［愚慮］。

おろそか【疎】 ネグる。近代いいかげん［好加減］。こつりゃく［忽略］。近世ぞんざい。ぶさた［無沙汰］。ゆるがせ［緩］。中世こっしょ［忽諸］。そさう［粗相］。そまん［疎慢／粗慢］。そらく［疎略］。とうかん［等閑］。余所（よそ）にす。中古あだ［徒］。おくらかす［後］。おろか［疎］。おろそか［疎／踈／麁］。そりゃく［粗略／疎略］。たいだいし。なのめ［斜］。なほざり［等閑］。ゆる［緩］。ゆるかせ［緩］。こともおろか。上代おほ［凡］。おほろか。
━・にしない 近世ぢちょう［持重］。
━・にする 粗末にする。近世袖にす。袖になす。中世かく［欠］。中古うとんず［疎］。おくらかす［後／遅］。

おわり【終】 エンディング（ending）。クローズ（close）。ジエンド（the end）。しゅうきょく［終局］。しゅうし［終止］。しゅうばん［終盤］。近代エピローグ（epilogue）。エンド（end）。おほぎり［大切］。くゎんけつ［完結］。くゎんれう［完了］。けつまつ［結末］。けつれう［結了］。けり。しゅうきょく［終極］。しゅうけつ［終結］。しゅうそく［終息／終熄］。しゅうび［終尾］。しゅうまつ［終末］。しゅうれう［終了］。たうび／てうび［掉尾］。ちょん。とことん。フィナーレ（イタリア finale）。まくぎれ［幕切］。まつび［末尾］。らく［楽］。ラスト（last）。近世あげく［揚句］。うちだし［打

出］。うちどめ［打止］。おしまひ［御仕舞］。きれめ［切目］。けつび［結尾］。これきり／これっきり。さいしゅう［最終］。せんしうらく［千秋楽］。だんゑん［団円］。つもり［積］。とど［止］。とめ［止／留］。ならく／ならくのそこ［奈落底］。はね［跳］。ぼんてんこく［梵天国］。中世 あがり［上］。いりまひ［入舞］。きは［極］。きり［切］。ご［期］。けちく／けっく［結句］。さいご［最後］。しじゅう［始終］。しまひ［仕舞］。しゅうえん［終焉］。じんご［尽期］。せんど［先途］。つき［尽］。つまり［詰］。なごり［名残／余波］。をさめ［収／納］。中古 いまはかぎり［今限］。おく［奥］。かぎり［限］。きはめ［極］。さいはて［最果］。すゑ［末］。すゑつかた［末方］。つひ／つひに［終］。とぢめ［閉目］。とまり［止／留］。はて［果］。はてはて［果果］。をはり［終／畢］。上代 きはみ［極］。

《句》近代 終はり良ければすべて良し。中古 始め有る者は必ず終はりあり。

ーがない エンドレス(endless)。中世 環(たまき)の端無きが如し。

ーにする お終いにする。終止符を打つ。ピリオド(period)を打つ。ほこを収める。幕を下ろす。近代 しめくくる［締括］。しゅうれう［終了］。近世 おじゃん。じゃんじゃん。きりあぐ〔ーあげる〕［切上］。中世 しやる［為遣］。をさむ〔おさめる〕［収／納］。をはんぬ［畢／了］。中古 きる［切］。上代 ことをはる［事終］。やむ〔やめる〕［止］。→**おわ・る**（**ー・らせる**）

ーに近づく 中世 かたぶく［傾］。中古 くれゆく［暮行］。上代 くたつ［降］。

ーになる とじる［閉］。終わりを告げる。中世 やむ［止／已／罷］。中古 ことき る〔ーきれる〕［事切］。

ーになる頃 しゅうばん［終盤］。ばんき［晩期］。近代 たうび／てうび［掉尾］。まっき［末期］。近世 しまひぎは［仕舞際］。しまひぐち［仕舞口］。中世 をはりつかた［終方］。

ーの記号 しゅうしふ［終止符］。近代 ピリオド(period)。フルストップ(full stop)。

ーの言葉 近代 エピローグ(epilogue)。近世 らくく［落句］。中世 けつ［結］。

宴会などのーの酌 近世 おつもり［御積］。つもり［積］。

演劇や映画などのー かん［完］。フィン(fin)。へいまく［閉幕］。近代 エンド(end)。ジエンド(the end)。しゅうえん［終演］。しゅうまく［終幕］。近世 まくぎり／まくぎれ［幕切］。

演劇や映画などのーの一幕 エンディング(ending)。しゅうまく［終幕］。近代 カタストロフィ(catastrophe)。フィナーレ(イタリア finale)。近世 おほぎり［大切］。おほづめ［大詰］。だいだんゑん［大団円］。

演劇や相撲興行のー 近世 うちだし［打出］。うちどめ［打止／打留］。

演劇や相撲興行のーの日 らくび［楽日］。近代 らく［楽］。近世 けちぐゎん／けつぐゎん［結願］。せんざいらく［千歳楽］。せんしうらく［千秋楽］。

楽曲のー 近代 コーダ(イタリア coda)。フィナーレ(イタリア finale)。

この世のー ハルマゲドン(ギリシャ Harmagedōn)。中世 ごふまつ［劫末］。

小説などのー かん［完］。近代 むすび［結］。近世 だいだんゑん［大団円］。

書物のー 近代 くゎんび［巻尾］。くゎんまつ［巻末］。

人生のーが近い 中古 よぢかし［世近］。

年(季節)のー 近世 くれ［暮］。中世 くれつかた［暮方］。中古 おゆ〔おいる〕［老］。くれがた［暮方］。

なにもかもー 近世 万事休す。

おわ・る【終】 終止符を打つ。ちょんになる。ピリオド(period)を打つ。幕を下ろす。幕を閉じる。幕を引く。近代 うちあげる［打上］。うちきる［打切］。しあがる［仕上／為上］。やまる［止］。れうする［了］。近世 あがる［上］。しゃぎる。中世 うちやむ［打止］。きはまる［極／窮］。しまふ［仕舞／終］。すむ［済］。やむ［止］。中古 あぐ〔あげる〕［上］。おほす［果］。すぐ〔すぎる〕［過］。とぢむ［閉］。はつ〔はてる〕［果］。上代 つく〔つきる〕［尽］。をはる［終／了／卒／畢］。をふ〔おえる〕［終／畢］。

ー・った 中世 をはんぬ［畢］。

ー・った後 近世 あけ［明］。じご［事後］。

ー・っていること きすい［既遂］。すみ／ずみ［済］。

ー・らせる 近代 うちきる［打切］。近世 すます［済］。中世 しまふ［仕舞／終］。中古 きはむ〔きわめる〕［極］。すぐす／すごす［過］。たつ［断／絶］。上代 をふ〔おえる〕［終／畢］。つくす［尽］。→**おわり**（**ーにする**）

ー・らない 近代 みくゎん［未完］。中世 みれう［未了］。

お

ー・ろうとする　ひけぎわ[引際／退際]。(近世)すがる[すがれる][末枯]。

囲碁一局がー・る　(中世)けっきょく[結局]。

映画や演劇などがー・ること　→**おわり**

宴会などがー・る　(近世)おひらき[御開]。つもり[積]。ひらき[開]。

大方ー・る　がいりょう[概了]。

会議や集会がー・る　(近代)ぎれう[議了]。へいくゎい[閉会]。

完全にー・る　(近代)くゎんれう[完了]。

期間がー・る　(近代)まんれう[満了]。(中世)みつ[みちる][満]。(上代)あく[あける][明]。

行事や興行がー・る　(中世)けちぐゎん[結願]。

興行をー・らせる　うちとめる／うちどめる[打止]。

事がー・る　(近代)しゅうけつ[終結]。しゅうまく[終幕]。(近世)かたが付く。(中世)こときる[ーきれる][事切]。すむ[済]。をさまる[収／納]。(中古)なりはつ[ーはてる][成果]。

事のー・るところ　(中古)がいさい[涯際]。

試合などがー・る　ゲームセット(和製game set)。

仕事がー・る　(近代)ひける[引]。(中世)あがる[上]。

審理がー・る　(近代)けっしん[結審]。

すべてー・る　(近代)くゎんけつ[完結]。けつれう[結了]。そうじまひ[総仕舞]。一巻の終はり。

戦争がー・る　しゅうせん[終戦]。(中古)えんぶ[偃武]。

その状況をー・らせる　(近世)局を結ぶ。

その日の興行がー・る　(近世)うちだし[打出]。はねる[跳]。

年(季節)がー・る　(中世)くる[くれる][暮]。くれはつ[ーはてる][暮果]。

店がー・る　クローズ(close)。へいぎょう[閉業]。みせじまい[店仕舞]。暖簾(のれん)を下ろす。(近代)かんばん[看板]。へいてん[閉店]。(近世)しまる[閉]。

おん【音】→**おと**

おん【恩】　(近代)おんてん[恩典]。(中世)いつくしみ[慈]。おかげ[御陰／御蔭]。おんあい[恩愛]。かげ[蔭／陰]。よけい[余慶]。(中古)いたはり[労]。おんぎ[恩義]。おんけい[恩恵]。おんこ[恩顧]。おんちょう[恩寵]。おんとく[恩徳]。けんこ[眷顧]。じんおん[仁恩]。せいとく[勢徳]。ちから[力]。とく[徳]。(上代)うるほひ[潤]。おん[恩]。おんたく[恩沢]。みたま[御霊]。めぐみ[恵]。

《尊》(中世)かうおん[高恩]。(中古)だいおん[大恩]。はうおん[芳恩]。(上代)こうおん[厚恩]。

《句》(近代)木陰に臥(ふ)す者は枝を手折(たを)らず。大徳(たいとく)は小怨(せうえん)を滅ぼす。喉元過ぎれば熱さを忘れる。(近世)暑さ忘れて陰忘る[ー忘れる]。雨晴れて笠を忘る[ー忘れる]。大恩(たいおん)は報ぜず。病治りて医師(くすし)忘る[ー忘れる]。

ー返し　(近代)しゃおん[謝恩]。(近世)おんしゃう[恩賞]。草を結ぶ。(中古)ほうおん[報恩]。ほうしゃ[報謝]。

ーを仇(あだ)で返す　(近代)ふしん[負心]。(近世)おんしらず[恩知]。おんぬすびと[恩盗人]。(中世)ばうおん[忘恩]。《句》(近代)借家栄えて母屋倒る[ー倒れる]。(近世)鉈(なた)を貸して山を伐らる[ー伐られる]。[ー掛ける]。軒を貸して母屋を取らる[ー取られる]。庇(ひさし)(廂)を貸して母屋を取らる[ー取られる]。(中世)愛犬に手を嚙(か)まる[ー嚙まれる]。陰に居て枝を折る。酒買って尻切らる[ー切られる]。

ーを受けた人　(近代)おんじん[恩人]。

ーを売り物にする態度　おんきせがましい[恩着]。(近世)おんがまし[恩]。

ーを忘れる　(近世)しりくらひくゎんおん／しりくらへくゎんおん[尻食観音]。しりくらへ[尻食]。(中世)ばうおん[忘恩]。《句》(近世)暑さ忘れて陰忘る[ー忘れる]。雨晴れて笠を忘る[ー忘れる]。

相手のー(敬った言い方)　(中古)ごおん[御恩]。はうおん[芳恩]。

以前受けたー　(中古)きうおん[旧恩]。

大きなー　(中世)かいがく[海岳]。かうおん[高恩]。ぢゅうおん／ちょうおん[重恩]。(中古)しゅおん[殊恩]。だいおん[大恩]。(上代)こうおん[厚恩]。こうおん[鴻恩／洪恩]。

親のー　《句》(近代)他人の飯を食はねば親の恩は知れぬ。(近世)子を持って知る親の恩。

故人から受けるー　(中世)よたく[余沢]。ゐおん[遺恩]。

師匠のー　(中世)しおん[師恩]。(中古)いちじせんきん[一字千金]。

自分が得するためにーを施す　恩を売る。

主君などのー　時雨(じう)の化。(中世)さうおん[相恩]。しゅおん[主恩]。

神仏のー　(近世)みゃうり[冥利]。(中世)ごりしゃう[御利生]。(中古)かご[加護]。ごりやく[御利益]。しるし[験／標]。りやく[利益]。

少しばかりの― 中世 せうおん［小恩／少恩］。一飯の徳。

他者からの― 近代 たまもの［賜／賜物］。中古 おんゐん［音韻］。近世 せいゐん［声韻］。

おんいん【音韻】 →**おと**

日本語の―の基本単位 はく［拍］。

おんかい【音階】 スケール(scale)。モード(mode)。近代 おんかい［音階］。

おんがく【音楽】 イージーリスニング(easy listening)。クラシックおんがく［classic 音楽］。ポップス(pops)。ポピュラーミュージック(popular music)。近代 おんりつ［音律］。がくきょく［楽曲］。けいおんがく［軽音楽］。ミュージック(music)。近世 いとたけ［糸竹］。中世 おん［音］。おんぎょく［音曲］。がく［楽］。くゎんげん［管弦］。しちく［糸竹］。中古 ことふえのみち［琴笛道］。もののね［物音］。上代 おんがく［音楽］。きょく［曲］。

―劇 オペラ(イタリア opera)。オラトリオ(イタリア oratorio)。かげき［歌劇］。パストラル(pastoral)。ミュージカル(musical)。ミュージカルショー(musical show)。

―の速度 テンポ(イタリア tempo)。はく［拍］。モーラ(ラテン mora)。リズム(rhythm)。

―の速度標語 アダージョ(イタリア adagio)。アッチェレランド(イタリア accelerando)。アンダンテ(イタリア andante)。アンダンティーノ(イタリア andantino)。ストリンジェンド(イタリア stringendo)。モデラート(イタリア moderato)。ラルゲット(イタリア larghetto)。ラルゴ(イタリア largo)。ラレンタンド(イタリア rallentando)。リタルダンド(イタリア ritardando)。レント(イタリア lento)。

―の節 近代 せんりつ［旋律］。中世 きょくてう［曲調］。中古 しらべ［調］。

―表現の標語 カンタービレ(イタリア cantabile)。パルランド(イタリア parlando)。ピアニッシモ(イタリア pianissimo)。ピアノ(イタリア piano)。フォルテ(イタリア forte)。フォルティッシモ(イタリア fortissimo)。

―を奏する場所 おんがくどう［音楽堂］。がくどう［楽堂］。コンサートホール(concert hall)。中古 がくしょ／がくそ［楽所］。

美しい― 中古 あつうん［遏雲］。がいん［雅音］。せんがく［仙楽］。めうおん［妙音］。りゃうぢん［梁塵］。《句》中古 梁(うつばり)の塵(ちり)を動かす。雲を遏(とど)む。

雰囲気を出すための― かんきょうおんがく［環境音楽］。ビージーエム(BGM; background music)。ふずいおんがく［付随音楽］。ムードミュージック(mood music)。

みだらな― 近代 亡国の音(おん)。中世 いんせい［淫声］。

その他―のいろいろ(例)①［楽器］ かんがく［管楽］。げんがく［弦楽］。近代 オーケストラ(orchestra)。きがく［器楽］。くゎんげんがく［管弦楽／管絃楽］。すいそうがく［吹奏楽］。せいがく［声楽］。

その他―のいろいろ(例)②［国／地方］ アルスノバ(ラテン ars nova)。ウエスタン(western)。カントリーアンドウエスタン(Country and Western)。カントリーロック(country rock)。サンバ(ポルトガル samba)。チャチャチャ(スペイン cha cha chá)。フォルクローレ(スペイン folklore)。ボサノバ(ポルトガル bossa nova)。マンボ(スペイン mambo)。ラテンおんがく［Latin 音楽］。ルンバ(スペイン rumba)。レゲエ(reggae)。ロック／ロックンロール(rock 'n' roll)。近代 かえうきょく［歌謡曲］。ジャズ(jazz)。シャンソン(フランス chanson)。タンゴ(tango)。はうがく［邦楽］。やうがく［洋楽］。リート(ドイツ Lied)。わがく［和楽］。中古 ががく［雅楽］。みんえう［民謡］。

その他―のいろいろ(例)③［形式／内容］ きそうきょく［奇想曲］。フュージョン(fusion)。近代 アラベスク(フランス arabesque)。ウエディングマーチ(wedding march)。かうきゃうがく［交響楽］。かうきゃうきょく［交響曲］。カプリッチオ(イタリア capriccio)。カンタータ(イタリア cantata)。きゃうさうきょく［狂想曲］。くみきょく［組曲］。けふそうきょく［協奏曲］。コンチェルト／コンツェルト(イタリア concerto)。さよきょく［小夜曲］。シンフォニー(symphony)。セレナーデ／セレナード(serenade)。マーチ(march)。やきょく［夜曲］。ワルツ(waltz)。

その他―のいろいろ(例)④［人の声］ たせいおんがく［多声音楽］。たんせんりつ［単旋律］。モノフォニー(monophony)。ホモフォニー(homophony)。ポリフォニー(polyphony)。近代 せいがく［声楽］。中世 せいきょく［声曲］。

▼音調 キー(key)。トーン(tone)。

▼合唱／合奏 オクテット(イタリア octet)。じゅうそう［重奏］。にじゅうしょう［二重唱］。にじゅうそう［二重奏］。近代 オーケストラ(orchestra)。カルテット(イタリア quartetto)。クインテット(イタリア quintetto)。せいそう［斉

お

奏]。トリオ(イタリア trio)。れんそう[連奏]。〔近世〕つれぶき[連吹]。〔中古〕かきあはす[掻合]。しらべあはす[調合]。

おんがくか【音楽家】〔近代〕おんがくか[音楽家]。がくじん[楽人]。ミュージシャン(musician)。〔近世〕がくし[楽師/楽士]。〔中古〕れいじん[伶人]。

—の団体 がくだん[楽団]。シンフォニーオーケストラ(symphony orchestra)。〔近代〕かうきゃうがくだん[交響楽団]。がくかい[楽界]。がくだん[楽壇]。くゎんげんがくだん[管弦楽団/管絃楽団]。バンド(band)。

→えんそう

偉大な— がくしょう[楽匠]。〔近代〕がくせい[楽聖]。

おんがくかい【音楽会】〔近代〕えんそうくゎい[演奏会]。おんがくくゎい[音楽会]。コンサート(concert)。レコードコンサート(record concert)。

夕方から開く— 〔近代〕アーベント(ドイツ Abend)。

おんぎ【恩義】→**おん【恩】**

おんきょう【音響】→**おと**

おんけい【恩恵】〔近代〕おんてん[恩典]。とくてん[特典]。〔近世〕たく[沢]。みゃうり[冥利]。〔中世〕おかげ[御陰/御蔭]。おんあい[恩愛]。かげ[陰/蔭]。ひけい[庇恵]。よけい[余慶]。〔中古〕いたはり[労]。おんけい[恩恵]。おんとく[恩徳]。かうたく[膏沢]。けいたく[恵沢]。せいとく[勢徳]。ちから[力]。とく[徳]。とくたく[徳沢]。なさけ[情]。〔上代〕うるほひ[潤]。おん[恩]。おんたく[恩沢]。みたま[御霊]。めぐみ[恵]。→**おん【恩】**

—がゆきわたること(さま) 〔中古〕うろ[雨露]。おんぱ[恩波]。

—と威光 〔近世〕おんゐ[恩威]。

—に礼をもって報いる 〔中世〕ほうれい[報礼]。

—を受ける いただく[頂/戴]。〔近代〕もくする[沐]。〔中古〕にほふ[匂]。

—を互いに与え合う ごけい[互恵]。

—を施す 〔中世〕かおん[加恩]。〔中古〕うるほす[潤]。

後まで残る— 〔中古〕よたく[余沢]。よとく[余徳]。

大きな— 〔中世〕かいがく[海岳]。かうおん[高恩]。ぢゅうおん/ちょうおん[重恩]。〔中古〕しおん[至恩]。しゅおん[殊恩]。だいおん[大恩]。〔上代〕こうおん[厚恩]。こうおん[鴻恩/洪恩]。だいとく[大徳]。

神仏の— 〔近世〕みゃうり[冥利]。〔中世〕ごりしゃう[御利生]。〔中古〕かご[加護]。ごりやく[御利益]。しるし[験/標]。りやく[利益]。

少しばかりの— 〔中世〕せうおん[小恩/少恩]。一飯の徳。

先人の遺した— 〔中世〕よたく[余沢]。ゐおん[遺恩]。

互いに—を与え合う ごけい[互恵]。

他者からの— 〔近代〕たまもの[賜/賜物]。

他人に与えた— 〔中世〕かし[貸]。

特別の— とっけい[特恵]。〔近代〕いすう[異数]。とくてん[特典]。

おんけん【穏健】〔近代〕をんけん[穏健]。〔中世〕おだやか[穏]。をんたう[穏当]。

—派 はとは[鳩派]。

おんこ【恩顧】〔中世〕ひいき[贔屓]。〔中古〕あいこ[愛顧]。おん[恩]。おんこ[恩顧]。ひきたて[引立]。

おんこう【温厚】〔近代〕ゑんまん[円満]。をんじうとんこう[温柔敦厚]。〔近世〕をんこう[温厚]。をんじゅん[温順]。〔中世〕おだやか[穏]。にょほふ[如法]。〔中古〕をんじう[温柔]。

—・で寛大なこと 〔中世〕くゎんこう[寛厚]。

おんし【恩師】〔近代〕おんし[恩師]。きうし[旧師]。〔中世〕せんせい[先生]。〔中古〕し[師]。ししゃう[師匠]。〔上代〕せんじゃう[先生]。

おんしつ【温室】〔近代〕うゑきむろ[植木室]。だんしつ[暖室/煖室]。をんしつ[温室]。

→おんしょう

おんしゃ【恩赦】〔近代〕とくしゃ[特赦]。〔中古〕おんきょ[恩許]。おんしゃ[恩赦]。たいしゃ[大赦]。

おんじゅん【温順】〔近世〕をんじゅん[温順]。〔中世〕じゅうじゅん[従順]。〔中古〕すなほ[素直]。→**おんこう**

おんしょう【恩賞】〔近代〕ろんこうかうしゃう[論功行賞]。〔中古〕ほうしゃう[褒賞]。ほうび[褒美]。〔上代〕おんしゃう[恩賞]。くんこう[勲功]。

おんしょう【温床】〔近代〕フレーム(frame)。をんしゃう[温床]。をんどこ[温床]。→**おんしつ**

悪を育てる— 〔近代〕ねじろ[根城]。〔近世〕さうくつ[巣窟]。〔中世〕びゃうこん[病根]。

おんじょう【恩情】〔近代〕やさしさ[優]。〔近世〕あたたか[暖/温]。こうじゃう[厚情]。〔中世〕をんじゃう[温情]。〔中古〕おもひやり[思遣]。おんじゃう[恩情]。なさけ[情]。

おんしょく【音色】 近代 おんしょく[音色]。トーン(tone)。中世 ねいろ[音色]。

おんしん【音信】 近代 おんしん[音信]。近世 いっさそく[声息]。れんらく[連絡]。おとさた[音沙汰]。てがみ[手紙]。びんぎ[便宜]。中世 いんしん[音信]。おとづれ[訪]。さう[左右]。さた[沙汰]。中古 おと[音]。おとなひ[音]。がんぱく[雁帛]。しょしん[書信]。せうそく／せうそこ[消息]。せうそこぶみ[消息文]。たまづさ[玉梓／玉章]。たより[便]。たよりごと[便事]。つうしん[通信]。ふみ[文]。雁(かり)の玉章(たまづさ)。雁の便り。雁の使ひ。上代 かぜくも[風雲]。こと[言]。つたへ[伝]。→てがみ

—が途絶える 近世 いたちの道切り。

—が届く 中古 言(こと)通ふ。

おんせい【音声】 近代 おんと[音吐]。近世 おんせい[音声]。中世 いんしゃう／いんせい[音声]。せいいん[声音]。にくせい[肉声]。中古 おと[音]。せいおん[声音]。はっせい[発声]。上代 こゑ[声]。

—が遠くまで届くさま とおり[通]。

—が低いさま 中世 ひきやか[低]。ひきらか[低]。

—が低く不快に聞こえる 近世 にごり[濁]。

—の大きさ(量) 近代 せいりゃう[声量]。

—の信号レベルのメーター ブイユーメーター(VU meter)。

言語の— おんそ[音素]。けいぞくおん[継続音]。ようちょうおん[拗長音]。近代 えうおん[拗音]。おんせつ[音節]。おんゐん[音韻]。しいん[子音]。シラブル(syllable)。そくおん[促音]。たんおん[短音]。はつおん[撥音]。ちゃういん／ちゃうおん[長音]。びだくおん[鼻濁音]。びおん[鼻音]。ぼいん[母音]。近世 せいおん[清音]。はんだくおん[半濁音]。中世 だくおん[濁音]。

おんせん【温泉】 中古 いでゆ[出湯]。はしりゆ[走湯]。上代 くすりゆ[薬湯]。ゆ[湯]。をんせん[温泉]。

—で保養すること 近世 にふたう[入湯]。

—の客 近代 よくきゃく[浴客]。近世 よくかく[浴客]。

—の沈殿物 おんせんか[温泉華]。ゆのはな／ゆばな[湯花／湯華]。

—の出るところ 中世 ゆぐち[湯口]。ゆもと[湯元]。

—の美称 上代 みゆ[御湯]。

—の町 せんと[泉都]。湯の町。近代 をんせんぢゃう[温泉場]。をんせんば[温泉場]。近世 ゆば[湯場]。

—の湯をたたえてある所 近世 ゆつぼ[湯壺]。中古 ゆぶね[湯船／湯槽]。

—場などの屋外の浴場 のてんぶろ[野天風呂]。ろてんぶろ[露天風呂]。近世 そとゆ[外湯]。

—場などの屋内の浴場 近世 うちゆ[内湯]。

不思議な効き目のある— れいとう[霊湯]。近世 めいたう[名湯]。れいせん[霊泉]。

その他—のいろいろ(例) アルカリせん[オランダ alkali泉]。いおうせん[硫黄泉]。近代 かんけつせん[間欠泉／間歇泉]。しほぶろ[塩風呂／潮風呂]。れいせん[冷泉]。中古 しほゆ[塩湯]。

▼温泉利用施設 クアハウス(ドイツ Kurhaus)。近代 ゆのやど[湯宿]。ゆやど[湯宿]。近世 たうぢば[湯治場]。

おんぞん【温存】 大事にする。大切にする。近代 かくほ[確保]。ほうぞん／ほぞん[保存]。近世 ゐぢ[維持]。をんぞん[温存]。中世 ほうぢ／ほぢ[保持]。

おんち【御地】 近代 おんち[御地]。近世 きち[貴地]。ごたうしょ[御当所]。ごたうち[御当地]。中世 きしょ[貴所]。きんち[錦地]。

おんど【温度】 おんい[温位]。かしおんど[華氏温度]。ケルビンおんど[kelvin温度]。せっしおんど[摂氏温度]。ぜったいおんど[絶対温度]。ポテンシャルおんど[potential温度]。近代 をんど[温度]。

—が下がる 中古 さむ[さめる][冷]。

—が高くなりすぎ 近代 くゎねつ[過熱]。

—の低い所 中世 れいしょ／れいじょ[冷所／冷処]。

—を一定に保つ装置 近代 サーモスタット(thermostat)。

—を下げる 近世 ぬるむ[ぬるめる][温／微温]。中古 さます[冷]。

—を測定する計器のいろいろ(例) アルコールおんどけい[オランダ alcohol温度計]。えきたいおんどけい[液体温度計]。さいこうおんどけい[最高温度計]。さいていおんどけい[最低温度計]。ていこうおんどけい[抵抗温度計]。てんとうおんどけい[転倒温度計]。ねつでんおんどけい[熱電温度計]。パイロメーター(pyrometer)。近代 かうをんけい[高温計]。サーモメータ(thermometer)。たいをんけい[体温計]。をんどけい

［温度計］。近世かんだんけい［寒暖計］。

―を保つ 近代ほをん［保温］。

一定の― こうおん［恒温］。ていおん［定温］。近世じゃうをん［常温］。

身体が感じる― たいかんおんど［体感温度］。

身体の― たいおん［体温］。近代へいねつ［平熱］。

水蒸気が凝結し始める― ろてん［露点］。

地表や地中の― 近代ちをん［地温］。

適度の― てきおん［適温］。

平常の― 近代へいをん［平温］。近世じゃうをん［常温］。

水が凍る― れいど［零度］（摂氏）。

水が沸騰し始める― ふってん［沸点］。

融解が起こり始まる― ゆうてん［融点］。

おんど【音頭】 中世おんど［音頭］。

―を取ること はたふり［旗振］。近代はっせい［発声］。

―を取る人 近代かんじ［幹事］。しゅさいしゃ［主催者］。しゅしゃうしゃ［主唱者］。ほっきにん［発起人］。リーダー（leader）。近世せわやく［世話役］。とうどり［頭取］。

おんとう【穏当】 近代だたう［妥当］。をんけん［穏健］。中世おだやか［穏］。をんたう［穏当］。

―・でない 中古つきなし［付無］。

おんな【女】 近代ウーマン（woman）。ガール（girl）。ぢょし［女子］。ぢょじん［女人］。ぢょせい［女性］。レディー（lady）。近世あしよわ［足弱］。かみなが［髪長］。ぢょらう／ぢょろ［女郎］。ぢょらふ［女臈］。ぢょりう［女流］。ふぢょし［婦女子］。をうなご［女子］。をなごし［女子衆］。をなごしゅう［女衆］。をんなし／をんなしゅう［女衆］。中世けいかふ［閨閤］。にょうばう［女房］。にょし［女子］。にょしゃう［女性］。にょたい［女体］。わごぜ［吾御前］。をなご［女子］。中古しゅくぢょ［淑女］。にょにん［女人］。ふぢょ［婦女］。むすめ［娘］。めこ／めのこ［女子］。をうな／をんな［女］。をんなご［女子］。上代いも［妹］。こな［古奈／子奈］。さいぢょ［妻女］。ぢゃうし［娘子／嬢子］。なにも［汝妹］。ふ［婦］。ふじん［婦人］。め［妻／女］。わぎも［吾妹］。わぎもこ［吾妹子］。をみな［女］。をみなご［女子］。→**じょせい**

《尊》近世ぢょし［女史］。ぢょちゅう［女中］。中古ごたち［御達］。とうじ／とじ［刀自］。

《枕》ぬえくさの［奴延草］［⇩め］。

《句》近代大蛇を見るとも女を見るな。哲夫城を成し哲婦城を傾く。近世色の白いは七難隠す。立てば芍薬座れば牡丹歩く姿は百合の花。夜目遠目笠の内。女賢しうして牛売り損なふ。女三界に家なし。女三人寄れば姦しい。中世氏無くして玉の輿。女の足駄にて造れる笛には秋の鹿寄る。

―主人 マダム（madam; madame）。ママ（mama; mamma）。近代おかみ［御上／女将］。ぢょしゃう／にょしゃう［女将］。近世おかみさん［御上／御内儀］。おっかあ。くゎしゃ［花車］。中古おとど［大殿／大臣］。

―主人公 近代ヒロイン（heroine）。

―道楽 近代かくれあそび［隠遊］。ぎょしょく／れふしょく［漁色］。れふしょく［猟色］。をんなあさり［女漁］。をんなあそび［女遊］。近世いうぢょぐるひ［遊女狂］。いろぐるひ［色狂］。ぢょしき［女色］。わるぐるひ［悪狂］。中世ぢょしょく／にょしき／にょしょく［女色］。にょうばうぐるひ［女房狂］。をんなぐるひ［女狂］。→**こうしょく【好色】**

―の子 →**しょうじょ**

おんねん【怨念】 中世をんねん［怨念］。中古のろひ［呪／詛］。ゐこん［遺恨］。上代うらみ［怨／恨］。じゅそ［呪詛／呪咀／咒詛］。

おんぱ【音波】 ウエーブ（wave）。近代おんぱ［音波］。→**おと**

人間の耳に聞こえない― ちょうおんぱ［超音波］。

おんびん【穏便】 →**おだやか**

おんみつ【隠密】 →**かんじゃ【間者】**

―行動 近代あんやく［暗躍］。せんかう［潜行］。中世おしのび［忍］。

おんりょう【音量】 ボリューム（volume）。近代おんりゃう［音量］。

おんりょう【怨霊】 近代まもの［魔物］。中世あくれい［悪霊］。まうりゃう／まうれい［亡霊］。中古あくりゃう［悪霊］。ばうれい［亡霊］。をんりゃう［怨霊］。

生きている人の― 近世いきたま［生霊／生魂］。中古いきすだま［生霊／窮鬼］。いきりゃう［生霊］。

死人の― 中古しりゃう［死霊］。

おんわ【温和】 近代ソフト（soft）。近世にょほふ［如法］。やさし［優］。をんわ［温和／穏和］。中世うだやか／おだやか［穏］。おとなし／おとなしやか［大人］。中古なだらか。のどか［長閑］。→**おだやか**

か

か【蚊】 〔中古〕か［蚊］。

―が群をなしてうなる 〔中世〕ぶんらい［蚊雷］。

―が群をなして飛ぶ 〔近世〕蚊が餅をつく。藪蚊(やぶか)の餅つき。〔中世〕かばしら［蚊柱］。

―の幼虫 →**ぼうふら**
―を大きくしたような昆虫 〔近代〕ががんぼ［大蚊］。かのうば／かのおば［蚊姥］。〔近世〕かとんぼ［蚊蜻蛉］。

―をふせぐもの かよけ［蚊除］。〔近代〕かとりせんかう［蚊取線香］。かやりせんかう［蚊遣線香］。〔近世〕かふすべ［蚊燻］。かやりかう［蚊遣香］。〔中世〕かやり［蚊遣］。〔中古〕かやりび［蚊遣火］。〔上代〕かや［蚊帳］。

秋に生き残っている― 〔近世〕あきのか［秋蚊］。おくれか［後蚊］。のこるか［残蚊］。わかれか［別蚊］。八月のあぶれ蚊。

その他―のいろいろ(例) いえか［家蚊］。はまだらか［羽斑蚊］。〔近世〕やぶか［藪蚊］。


が【我】 〔中世〕いぢ［意地］。〔近代〕がり［我利］。〔近世〕がよく［我欲］。情］。がしふ［我執］。かたいぢ［片意地］。が［我］。がうじゃう［強情］。がしふ［我執］。かたいぢ［片意地］。じが［自我］。じゃう［情］。わがまま［我儘］。〔中古〕がい［我意］。

―が強い がまんづよい［我慢強］。〔近世〕がせい［我勢／我精］。がづよい［我強］。〔中古〕おしからだつ［押柄］。おずし／おぞし［悍］。おずまし／おぞまし［悍］。

―を折る 〔中世〕角(つの)を折る。〔中古〕おもひよわる［思弱］。たふる［倒］。


―を通す がんばる［頑張］。〔近世〕かたじゃうはり［片情張］。じゃじゃばる。つっぱる［突張］。横紙を裂く。横車を押す。横紙を破ゃる。〔中世〕我を立つ［―立てる］。〔中古〕おしたつ［押立］。心を立つ。

―を通す人 〔近代〕けうじ［驕児］。〔近世〕がにはりもの［我張者］。〔中古〕おしから［押柄］。

が【画】 →**かいが**
が【蛾】 〔近代〕とうが［灯蛾］。〔近世〕しょくが［燭蛾］。〔中世〕が［蛾］。ひが［火蛾／灯蛾］。ひとりむし［火取虫］。〔上代〕ひひる［蛾］。ひむし［火虫］。

カーテン(curtain) 〔近代〕カーテン。まどかけ［窓掛］。〔近世〕どんちゃう［緞帳］。まく［幕］。〔中古〕ちゃう［帳］。とばり［帳／帷］。

カード(card) 〔近代〕カード。〔中古〕ふだ［札］。↓**ふだ**
―のいろいろ(例) アイシーカード(IC card)。エーティーエムカード(ATM card)。キャッシュカード(cash card)。グリーティングカード(greeting card)。クレジットカード(credit card)。テレホンカード(和製 telephone card)。パンチカード(punch card)。プリペイドカード(prepaid card)。〔近代〕クリスマスカード(Christmas card)。トランプ(trump)。〔中世〕カルタ(ポルトガル carta)。めいし［名刺］。

カーネーション(carnation) オランダなでしこ［ポルトガル Olanda 撫子］。コロネーション(coronation)。じゃこうなでしこ［麝香撫子］。〔近代〕アンジャベル(オランダ anjelier から)。カーネーション。〔近世〕オランダせきちく［ポルトガル Olanda 石竹］。

かい【会】 →**あつまり**
―が終わって別れる 〔近代〕さんくゎい［散会］。〔上代〕かいさん［解散］。

―が終わる 〔近代〕へいくゎい［閉会］。

―が中止となる 〔近代〕おながれ［御流］。りうくゎい［流会］。〔近世〕おじゃん。

―から退くこと 〔近代〕たいくゎい［退会］。だっくゎい［脱会］。だったい［脱退］。りだつ［離脱］。

―に出席する 〔中古〕さんくゎい［参会］。

―に入る なかまいり［仲間入］。〔近代〕にふくゎい［入会］。〔近世〕かにふ［加入］。

―の期間(時期) 〔近代〕くゎいき［会期］。

―のきまり かいき［会規］。〔近代〕くゎいそく［会則］。

―の進行を司ること(人) 〔近代〕ぎちゃう［議長］。ざちゃう［座長］。しくゎい［司会］。

―の代表 〔近代〕くゎいちゃう［会長］。〔近世〕くゎいとう［会頭］。

―の費用を会員等が負担する金 〔近代〕くゎいひ［会費］。

―の報告書 〔近代〕くゎいほう［会報］。

―を構成する人 〔近代〕くゎいゐん［会員］。こうせいゐん［構成員］。メンバー(member)。

―を開く 〔近代〕かいくゎい［開会］。かいさい［開催］。

新たに発足する― 〔近世〕はっくゎい［発会］。

定期的に開く― 〔近代〕れいくゎい［例会］。〔近世〕じゃうくゎい［常会］。ぢゃうくゎい［定会］。

かい【界】 かっかい［各界］。〔近代〕しかい［斯界］。〔近世〕かい［界］。
かい【回】 かいすう［回数］。〔近代〕くゎい［回］。

―を重ねる　たびたび[度度]。
最終の―　しゅうかい[終回]。
最初の―　しょかい[初回]。
次の―　じかい[次回]。

かい【甲斐】　近代 かうくゎ[効果]。かち[価値]。近世 ききめ[効目]。きぼ[規模]。ねうち[値打]。はりあひ[張合]。中世 せん[詮]。中古 やう[益]。上代 かひ[甲斐/詮]。しるし[標/験/徴]。
―がない　中世 あぢきなし[味気]。せんなし[詮無]。へんなし[偏無]。中古 あえなし/あへなし[敢無]。あだ[徒]。あやなし[文無]。やくなし[益無]。夜の錦。上代 あづきなし[味気無]。
―のない努力　近代 とらう[徒労]。近世 むだぼね[無駄骨]。陰(かげ)の舞ひ。骨折り損の草臥(くたびれ)儲け。
出かけた―のない　近世 むだあし[無駄足]。

かい【下位】　れつい[劣位]。近代 かきふ[下級]。かそう[下層]。かとう[下等]。じせき[次席]。まつゐ[末位]。中世 かゐ[下位]。

―にある　上代 つぐ[次]。

―が上位をしのぐ　近世 げこくじゃう[下剋上/下克上]。中古 ひきこす[引越]。

かい【貝】　いちまいがい[一枚貝]。にまいがい[二枚貝]。まきがい[巻貝]。中世 にし[螺/辛螺]。上代 かひ[貝]。ら[螺]。
―殻　いそがい[磯貝]。中古 うつせ[虚]。上代 うつせがひ[虚貝]。
―で作る玩具　近世 うみほほづき[海酸漿]。
―の中の肉　近世 ぬきみ[抜身]。むきみ[剝身]。
恋を忘れさせる―　上代 こひわすれがひ[恋忘貝]。わすれがひ[忘貝]。
小さな―　近代 をがひ[小貝]。中古 こがひ[小貝]。
浜で―を取る遊び　近世 しほひがり[潮干狩/汐干狩]。
螺鈿(らでん)に用いる―　中世 あをがひ[青貝]。

かい【櫂】　オール(oar)。パドル(paddle)。中世 うちがい[打櫂]。上代 かい[櫂/棹]。
沖ゆく船の―　上代 おきつかい[沖櫂]。
岸近くを漕ぐ船の―　上代 へつかい[辺櫂]。

がい【害】　近代 がいあく[害悪]。がいどく[害毒]。きがい[危害]。さしさはり[差障]。とどく[蠹毒]。近世 へいがい[弊害]。中世 しゃうがい[障害/障碍]。どく[毒]。へい[弊]。やくがい[厄害]。中古 がい[害]。くゎがい[禍害]。さまたげ[妨]。そんがい[損害]。ばうがい[妨害/妨碍]。上代 さいがい[災害]。さはり[障]。わざわひ[禍/災/殃]。

―がある　近代 いうがい[有害]。

―がない　むがい[無害]。

―もあれば利益もある　近代 いちりいちがい[一利一害]。いっしついっとく[一失一得]。中世 いっとくいっしつ[一得一失]。

―を与えた者　近代 かがいしゃ[加害者]。

―を与えようとする心　近代 てきい[敵意]。近世 わるぎ[悪気]。わるごころ[悪心]。中世 あくい[悪意]。ぞくしん[賊心]。中古 がいしん[害心]。

―を与える(こと)　近代 かがい[加害]。とどく[蠹毒]。中世 ぞくす[賊]。中古 そこなふ[損]。

―を受ける者　ひがいしゃ[被害者]。

―をなすもの　うみ[膿]。近代 がん[癌]。ましゅ[魔手]。近世 家に鼠、国に盗人。中世 獅子身中の虫。上代 あだ[仇]。

―を除き去ること　上代 さうぢ/さうぢょ[掃除]。

―を除くつもりがひどくなる　近世 薪を抱(いだ)きて火を救ふ。

大きな―　中世 とがい[蠹害]。中古 たいがい[大害]。

多くの―　近代 ひゃくがい[百害]。

実質的な―　近代 じつがい[実害]。

ひどい―　近代 さんがい[惨害]。近世 どくあく[毒悪]。

亡霊などが―を与える　中古 たたる[祟]。

その他―のいろいろ(例)　えんがい[塩害]。えんぷうがい[塩風害]。こうがい[鉱害]。じゅうがい[獣害]。せつがい[雪害]。ちゅうがい[虫害]。ちょうがい[鳥害]。とうがい[凍害]。とうそうがい[凍霜害]。ひょうがい[雹害]。近代 えんがい[煙害]。かんがい[干害/旱害]。こうがい[公害]。そがい[鼠害]。びょうがい[病害]。びょうちゅうがい[病虫害]。ふうがい[風害]。ふうすいがい[風水害]。れいがい[冷害]。近世 やくがい[薬害]。中世 とがい[蠹害]。上代 すいがい[水害]。

がい【我意】　→**が【我】**

かいい【魁偉】　近代 ゐぢゃうぶ[偉丈夫]。中世 くゎいゐ[魁偉]。中古 たくまし[逞]。

かいい【怪異】　中世 け[怪]。ばけもの[化物]。中古 くゎいい[怪異]。上代 あやし[怪]。

がいい【害意】　近代 がいい[害意]。さつい[殺意]。てきい[敵意]。近世 はり[針]。中世

あくい[悪意]。ぞくしん[賊心]。中古がいしん[害心]。→がい【害】

—を含む 近代針を含む。近世心に剣(つるぎ)を含む。

かいいれ【買入】 近代こうにふ[購入]。こうばい[購買]。近世かひいれ[買入]。かひだし[買出]。しいれ[仕入]。中世かひつけ[買付]。→か・う【買】

かいいん【会員】 近代くゎいゐん[会員]。こうせいゐん[構成員]。メンバー(member)。近世なかま[仲間]。

—でない参加者 近代ビジター(visitor)。

—に準ずる人 じゅんかいいん[準会員]。近代くゎいいう[会友]。

かいうん【海運】 近代かいじゃううんそう[海上運送]。近世かいうん[海運]。→うんそう

—業者 オペレーター(operator)。近世くゎいせんどんや[廻船問屋]。ひがきどひや[菱垣問屋]。

かいが【絵画】 オイル(oil)。イラスト/イラストレーション(illustration)。近代カット(cut)。くゎいぐゎ[絵画]。スケッチ(sketch)。タブロー(フランス tableau)。ピクチャー(picture)。ゑづめん[絵図面]。無韻の詩。近世いたゑ[板絵]。ぐゎ[画]。くゎいじ[絵事]。たんせい/たんぜい[丹青]。無声の詩。中世いろゑ[色絵/彩絵]。づぐゎ[図画]。ゑづ[絵図]。中古くゎいそ[絵素]。こうそ[後素]。づ[図]。づゑ[図絵]。上代ゑ[絵]。

—に添える文 近代づかい[図解]。中世ゑとき[絵解]。中古ぐゎさん[画賛/画讃]。

—に秀でた人 近代ぐゎせい[画聖]。ぐゎせん[画仙]。ぐゎはく[画伯]。

—の趣 近代ぐゎきゃう[画境]。ぐゎふう[画風]。近世ぐゎしゅ[画趣]。

—の下書き(習作) 近代エチュード(フランス étude)。そべう[素描]。デッサン(フランス dessin)。近世ふんぽん[粉本]。中世ぐゎかう[画稿]。

—の題材 がのう[画嚢]。ちょうしゅんふき[長春富貴](牡丹に薔薇)。ふきちょうしゅん[富貴長春]。近代ぐゎざい[画材]。くゎてう[花鳥]。せいぶつ[静物]。ゑがら[絵柄]。近世らんちく[蘭竹]。

—の手本 近世ゑでほん[絵手本/画手本]。中世ゑほん[絵本]。

—の売買をする人 がしょう[画商]。

—の非難ばかりする人 中世ゑなんばう[絵難坊]。

—への関心 近世ゑごころ[絵心]。

—を描くこと ペインティング(painting)。近代さくぐゎ[作画]。ゑごと[絵事]。近世くゎいじ[絵事]。べうぐゎ[描画]。中古たんせい/たんぜい[丹青]。

—を描くことを職業とする人 →がか

—を描く布 近代カンバス/キャンバス(canvas)。ぐゎふ[画布]。近世ゑぎぬ[絵絹]。

—の技法のいろいろ(例) アクションペインティング(action painting)。アンフォルメル(フランス informel)。エンカウスティック(ドイツ Enkaustik)。かきおこし[書起]。かげばり[陰張]。かんぼく[乾墨]。キアロスクーロ(イタリア chiaroscuro)。スフマート(イタリア sfumato)。ほりぬり[彫塗]。モデリング(modeling)。もりあげざいしき[盛上彩色]。ゆうしょく/ゆしょく[油色]。近代かいぐゎ[界画]。こうろく[勾勒/鉤勒]。ぼかし[暈]。ぼっせんべうはふ[没線描法]。べいてん[米点]。ぼっこつ/もっこつ[没骨]。近世らふぐゎ[蠟画]。

壁などに書かれた— しょうへきが[障壁画]。ふすまえ[襖絵]。近代フレスコ(イタリア fresco)。へきぐゎ[壁画]。

寓意をこめた— エンブレム(emblem)。近代ポンチゑ[punch 絵]。近世さとりゑ[悟絵]。

細密な— さいみつが[細密画]。トロンプルイユ(フランス trompe l'oeil)。近代かいぐゎ[界画]。ミニアチュア(miniature)。ミニアチュール(フランス miniature)。近世みつぐゎ[密画]。

書籍などの— そうが[装画]。近代カット(cut)。さふぐゎ[挿画]。とびらゑ[扉絵]。ミニアチュール(フランス miniature)。近世さしゑ[挿絵]。

優れた— 中世めいぐゎ[名画]。

単色の— キアロスクーロ(イタリア chiaroscuro)。近代すいぼくぐゎ[水墨画]。たんさいぐゎ[淡彩画]。たんしょくぐゎ[単色画]。モノクローム(monochrome)。中世すみゑ[墨絵]。ぼくぐゎ[墨画]。

人を描いた— 近代じぐゎざう[自画像]。じんぶつぐゎ[人物画]。せうざうぐゎ[肖像画]。にがほゑ[似顔絵]。びじんぐゎ[美人画]。らざう[裸像]。らたいざう[裸体像]。近世おほくびゑ[大首絵]。すがたゑ[姿絵]。近世だうしゃくぐゎ[道釈画]。中世

むしゃゑ[武者絵]。
昔の— 近世こぐゎ[古画]。
模写して描いた— 近代りんぐゎ[臨画]。
立体的な— スリーディーアート(three-dimensional art)。近代おこしゑ[起絵]。中世おしゑ[押絵]。
輪郭だけの— しろぬきえ[白抜絵]。せんがき[線描]。ほねがき[骨書]。近代いうしべう[遊糸描]。せんぐゎ[線画]。せんべう[線描]。近世しらゑ[白絵]。中世しろゑ[白絵]。はくぐゎ[白画]。はくべうぐゎ[白描画]。中古すみがき[墨書/墨描]。上代そぐゎ[素画]。
輪郭だけの簡単な— クロッキー(フランス croquis)。近代りゃくぐゎ[略画]。
猥褻な— ひが[秘画]。わいが[猥画]。近代まくらぞうし[枕草子]。近世しゅんぐゎ[春画]。まくらゑ[枕絵]。わらひゑ[笑絵]。
遊びの—のいろいろ(例) コミック(comic)。さがしえ[探絵/捜絵]。だましえ[騙絵]。どうが[童画]。ぬりえ[塗絵]。はんじえ[判絵]。近代うつしゑ[移絵]。カリカチュア(caricature)。ぎぐゎ[戯画]。きゃうぐゎ[狂画]。にがほゑ[似顔絵]。ひとふでがき[一筆書]。ふうしぐゎ[風刺画/諷刺画]。ポンチゑ[punch絵]。めがねゑ[眼鏡絵]。ゑさがし[絵探/絵捜]。近世おどけゑ[戯絵]。かくしゑ[隠絵]。かげゑ[影絵]。とばゑ[鳥羽絵]。ひとふでゑ[一筆絵]。まんぐゎ[漫画]。もじゑ[文字絵]。わらひゑ[笑絵]。中世うつしゑ[映絵]。ざれゑ[戯絵]。中古あしで[葦手]。をこゑ[痴絵/烏滸絵]。
その他—のいろいろ(例)①**[地域]** せいようが[西洋画]。近代とうやうぐゎ[東洋画]。にほんぐゎ[日本画]。やうぐゎ[洋画]。
その他—のいろいろ(例)②**[日本画]** すいぼくが[水墨画]。ふすまえ[襖絵]。近代なんぐゎ[南画]。近世うきよゑ[浮世絵]。おほつゑ[大津絵]。ぐゎさんすい[画山水]。にしきゑ[錦絵]。はいぐゎ[俳画]。ぶんじんぐゎ[文人画]。ほんゑ[本絵]。中世すみゑ[墨絵]。やきゑ[焼絵]。中古うたゑ[歌絵]。やまとゑ[大和絵]。ゑことば[絵詞]。ゑまき/ゑまきもの[絵巻物]。をとこゑ[男絵]。をんなゑ[女絵]。上代うるしゑ[漆絵]。さんすいぐゎ[山水画]。
その他—のいろいろ(例)③**[用具や絵の具]** ウォッシュ(wash)。コラージュ(フランス collage)。コンピューターグラフィックス(computer graphics)。はけえ[刷毛絵]。近代あぶらゑ[油絵]。さびゑ[錆絵]。しとうぐゎ[指頭画]。すいさいぐゎ[水彩画]。どろゑ[泥絵]。パステルぐゎ[pastel画]。はんぐゎ[版画]。フレスコ(イタリア fresco)。ペンぐゎ[pen画]。もうひつぐゎ[毛筆画]。もくたんぐゎ[木炭画]。近世ガラスゑ(オランダ glas絵)。すながき[砂書]。すなゑ[砂絵]。中古でいゑ[泥絵]。
その他—のいろいろ(例)④**[対象]** 近代くゎてうぐゎ[花鳥画]。しゃせいぐゎ[写生画]。せいぶつぐゎ[静物画]。せうざうぐゎ[肖像画]。ふうけいぐゎ[風景画]。ふうぞくぐゎ[風俗画]。近世ぶつぐゎ[仏画]。
▼**助数詞** てん[点]。

がいか【凱歌】 中世かちどき[勝鬨]。げいは[鯨波]。とき/ときのこゑ[鬨声]。中古がいか[凱歌]。

かいがい【海外】 中古ぐゎいこく[外国]。上代かいぐゎい[海外]。→**がいこく**
—に渡る 近代とかい[渡海]。とかう[渡航]。

がいかい【外界】 近代ぐゎいかい[外界]。ぐゎいぶ[外部]。しうゐ[周囲]。近世そとがは[外側]。

がいかい【外海】 近代ゑんやう[遠洋]。近世ぐゎいかい[外海]。ぐゎいやう[外洋]。そとうみ[外海]。中世ゑんかい[遠海]。

かいがいし・い【甲斐甲斐】 近代まめまめしい。近世いそいそ。きびきび。こまめ。中世かひがひし[甲斐甲斐]。けなげ[健気]。

かいかく【改革】 近代かくしん[革新]。さっしん[刷新]。近世へんかく[変革]。中世いっしん[一新]。中古あらたむ[—ためる][改]。上代かいかく[改革]。かいしん[改新]。かうしん[更新]。→**あらた・める**

がいかく【外郭】 近代そとがこひ[外囲]。近世そとがは[外側]。中世ぐゎいくゎく[外郭]。そとぐるわ/とぐるわ[外郭]。そとじろ[外城]。

かいかつ【快活】 近代はつらつ[潑剌/潑溂]。めいらう[明朗]。やうき[陽気]。近世くゎいくゎつ[快活]。くゎっき[活気]。くゎっぱつ[活発]。中世げんき[元気]。ほがら[朗]。中古あきらか[明]。ほがらか[朗]。

がいかつ【概括】 いっぱんか[一般化]。まとめ[纏]。近代がいくゎつ[概括]。

かいかぶ・る【買被】 かだいひょうか[過大評価]。近世かひかづく[買被]。かひかぶる[買被]。

かいがら【貝殻】 かい［貝］。近代かいかく［介殻］。シェル(shell)。中世かひがら［貝殻］。中古うつせ［虚］。上代うつせがひ［虚貝］。

ーで作った道具 中世ばいき［貝器］。

ー枚だけのー かたつがい［片貝］。中古かたしがひ／かたせがひ［片貝］。

牡蠣のー 中世かきがら［牡蠣殻／蠣殻］。

かいかん【会館】 ホール(hall)。近代くゎいくゎん［会館］。くゎいだう［会堂］。こうくゎいだう［公会堂］。しふくゎいじょ［集会所］。しふくゎいぢゃう［集会場］。近世かうだう［講堂］。

かいかん【快感】 きんかい［欣快］。会心の笑みを浮かべる。気持ちよい。こたえられない。たまらない。近代くゎいかん［快感］。たうすいかん［陶酔感］。近世くゎいさい［快哉］。さうくゎい［壮快］。快哉(くゎいさい)を叫ぶ。中世つうくゎい［痛快］。ゆくゎい［愉快］。

ーを声や表情で表す 近世よがる［善／良］。

性的なー せいかん［性感］。

かいがん【海岸】 うなばた［海端］。シーサイド(seaside)。近代うみぎし［海岸］。うみぞひ［海沿］。ビーチ(beach)。近世いそばた［磯端］。うなべ／うなべた［海辺］。中世いそね［磯根］。うみばた［海端］。うら［浦］。なみうちぎは［波打際］。中古いそべ［磯辺］。うみぎは［海際］。うみづら［海面］。うらべ［浦辺］。かいひん／かいへん［海浜］。上代いそ［磯］。うなかみ［海上］。うなび［海辺］。うみが［海処］。うみべ［海辺］。うみへた／うみべた［海辺］。かいがん［海岸］。なぎさ［汀］。はま［浜］。はまべ［浜辺］。へ／へた［辺／端］。へつ［辺方］。→**きし【岸】**

ー沿いに行く 中古うらづたふ［浦伝］。

ー通り 近代バンド(bund)。

ーの空気 近世かいき［海気］。

ーを吹く風 上代へつかぜ［辺風］。

荒波の寄せる岩石の多いー 中古あらいそ［荒磯］。上代ありそ［荒磯］。いそ［磯］。

沖まで潮の引いたー 中世とほひがた［遠干潟］。

屈曲に富むー ちんこうかいがん［沈降海岸］。ちんすいかいがん［沈水海岸］。フィヨルドかいがん［(ノルウェー)fjord 海岸］。リアスしきかいがん［rias 式海岸］。

砂地のー 近世すなはま［砂浜］。

曲がったー 中古うらわ［浦廻／浦回］。上代うらみ［浦廻／浦回］。きょくほ［曲浦］。

曲がった長いー 近世ちゃうていきょくほ［長汀曲浦］。

がいかん【外観】→**がいけん**

がいかん【概観】→**がいきょう**

かいき【回忌】 近代きじつ［忌日］。近世しゃうつき［祥月］。中世くゎいき［回忌］。ねんき［年忌］。中古き［忌］。きにち［忌日］。しうき［周忌］。

かいき【回帰】 近代いちじゅん［一巡／一順］。くゎいき［回帰］。近世もどる［戻］。中世ふくき［復帰］。上代かへる［帰］。

かいき【会規】 近代くゎいそく［会則］。

かいき【快気】 かんじ／かんち［完治］。近代こんち／こんぢ［根治］。ぜんち／ぜんぢ［全治］。ちゆ［治癒］。近世くゎいふく［快復／回復］。ぜんくゎい［全快］。とこばなれ［床離］。中世くゎいき［快気］。くゎいゆ［快癒］。へいゆう［平癒］。ほんぶく／ほんぷく［本復］。上代いゆ［いえる］［癒］。へいゆ［平癒］。

かいき【怪奇】 まかふしぎ［摩訶不思議］。近代グロテスク(フランス grotesque)。くゎいが［怪訝］。めんえう［面妖］。近世くゎいき［怪奇］。けげん［怪訝］。ぶきみ［不気味／無気味］。ふしぎ［不思議］。中世ききくゎいくゎい［奇奇怪怪］。しんぴ［神秘］。中古きい［奇異］。きめう［奇妙］。くゎいい［怪異］。上代あやし［怪］。

ーでエロチックなこと 近代エログロ。

ーで幻想的な物語 近代でんき［伝奇］。

ーなものを漁り求めること 近代れふき［猟奇］。

かいぎ【会議】 カンファレンス／コンファレンス(conference)。コンベンション(convention)。近代あつまり［集］。カウンシル(council)。がふぎ［合議］。きうしゅ［鳩首］。くゎいがふ［会合］。けふぎ［協議］。しんぎ［審議］。セッション(session)。たうぎ［討議］。ミーティング(meeting)。近世くゎいぎ［会議］。はなしあひ［話合］。中世しふくゎい［集会］。より［寄］。よりあひ［寄合］。中古しゅうぎ［衆議］。だんがふ［談合］。はかる［諮］。ひゃうぎ［評議］。ろんぎ［論議］。

ーが成り立つ出席員数 ていそくすう［定足数］。

ーにかけること じょうてい［上程］。ふぎ［付議／附議］。

ーの期間(時期) かいき［会期］。

ーの記録 ぎじろく［議事録］。

ーの題材 ぎだい［議題］。

ーの場所 かいぎじょう[会議場]。近代くゎいぎしつ[会議室]。ぎぢゃう[議場]。チェンバー(chamber)。
ーのまとめ役 チェアマン(chairman)。近代ぎちゃう[議長]。
ーをせずに関係者に案件を回す 近代ひんぎ／りんぎ[稟議]。
案を関係者に持ち回るー もちまわりかいぎ[持回会議]。近代くゎいぎ[回議]。
神々のー 上代かむはかる[神議]。
席次なくテーブルを囲んでするー えんたくかいぎ[円卓会議]。
組織の代表者などのー サミット(summit)。近代コングレス(congress)。
かいぎ【懐疑】 近代疑ひをはさむ。首を傾(かし)げる。近世ぎぎ[疑義]。さいぎ[猜疑]。中世ぎねん[疑念]。ぎもん[疑問]。首を捻(ひね)る。中古あやしむ[怪]。いぶかし／いぶかる[訝]。ぎしん[疑心]。ぎわく[疑惑]。ふしん[不審]。上代うたがひ[疑]。くゎいぎ[懐疑]。→**うたがい**
かいぎゃく【諧謔】 近代ユーモア(humor)。近世おどけ[戯]。おもしろみ[面白味]。しゃれ[洒落]。だうけ[道化]。中世かいぎゃく[諧謔]。中古たはむれ[戯]。上代こっけい[滑稽]。
かいきゅう【階級】 かいそう[階層]。グレード(grade)。ステータス(status)。近代かいゐ[階位]。クラス(class)。だんかい[段階]。とう[等]。とうゐ[等位]。中世かく[格]。しなかたち[品形]。中古きざみ[刻]。ひときは[一際]。ほど[程]。まち[町]。上代かいきふ[階級]。しな[品]。とうきふ[等級]。
ーが上がる かくあげ[格上]。近代しょうかく[昇格]。
ーが下がる かくさげ[格下]。こうかく[降格]。
ーが同じ どうきゅう[同級]。
上のー 近代じょうそう[上層]。じゃうりう[上流]。近世めいりう[名流]。
支配力や権力を持つー エスタブリッシュメント(establishment)。
かいきゅう【懐旧】 近代レトロ(フランス rétro)。近世きうくゎい[旧懐]。くゎいこ[懐古]。くゎいさう[回想]。ついさう[追想]。中世ついくゎい[追懐]。中古おもひで[思出]。ついくゎいきう[懐旧]。くゎいこ[回顧]。ついおく[追憶]。
かいきょう【海峡】 すいどう[水道]。チャンネル(channel)。近世かいけふ[海峡]。中世かいもん[海門]。上代せと[瀬戸]。と[門／戸]。
ーの入り口 近世せとぐち[瀬戸口]。
大きなー 上代おほと[大門]。
小さな狭いー 上代せと[瀬戸]。
かいぎょう【開業】 えいぎょうかいし[営業開始]。近代オープン(open)。かいせつ[開設]。きげふ[起業]。こうげふ[興業]。近世かいげふ[開業]。かいてん[開店]。みせびらき[店開]。中世さうげふ[創業]。
院や園などのー かいいん[開院]。近代かいゑん[開園]。
がいきょう【概況】 がいよう[概容]。近代がいえう[概要]。がいきゃう[概況]。がいくゎん[概観]。たいせい[大勢]。近世がいりゃく[概略]。たいえう／だいえう[大要]。
中世あらまし。おほすぢ[大筋]。だいたい[大体]。中古たいりゃく[大略]。→**あらまし**
かいきん【解禁】 近代かいきん[解禁]。かいぢょ[解除]。かいはう[開放]。
山林や漁場で産物をとることのー いそあけ[磯明]。いそびらき[磯開]。かわあき[川明]。くちあけ[口開／口明]。
かいきん【皆勤】 せいきん[精勤]。むけっきん[無欠勤]。近世かいきん[皆勤]。
がいきん【外勤】 がいむ[外務]。そとあるき[外歩]。近代ぐゎいきん[外勤]。そとまはり[外回]。
ーの者 がいこういん[外交員]。がいむいん[外務員]。近代そとまはり[外回]。
かいぐん【海軍】 近代すいし[水師]。ネービー(navy)。近世かいぐん[海軍]。中世しうぐん[舟軍]。ふなて[船手]。中古すいぐん[水軍]。上代ふないくさ[船戦]。
ーの兵 近代かいへい[海兵]。中世すいへい[水兵]。
かいけい【会計】 近代けいり[経理]。けいり[計理]。ざいせい[財政]。ざいむ[財務]。しはらひ[支払]。すいたふ[出納]。近世くゎいけい[会計]。中世しうし[収支]。中古かけい[家計]。かんぢゃう[勘定]。せいけい[生計]。
ーの権限を握る 財布尻を握る。財布の紐(ひも)を握る。
ーの担当 近代しゅけい[主計]。近世かってがた[勝手方]。かんぢゃうがた[勘定方]。
芝居興行のー担当 近世おほふだ[大札]。
がいけい【外形】 近代ぐゎいけい[外形]。けい

がい[形骸]。りんくゎく[輪郭]。中世みかけ[見掛]。→がいけん

かいけつ【解決】 のりきる[乗切]。決まりがつく。結末を付ける。近代かいけつ[解決]。しゅうけつ[終結]。しょり[処理]。ぜんしょ[善処]。まとまる[纏]。近世おとしつく[落着]。かたづく[片付](四段活用)。かたづく[—づける][片付]。しうしふ[収拾]。しまふ[仕舞/終/了]。をさまる[治/収]。訳(わけ)を立つ(—立てる)。中世けっちゃく/けつぢゃく[決着]。しまつ[始末]。すむ[済]。せいり[整理]。だかい[打開]。らくちゃく[落着]。

—・していない 近代みかいけつ[未解決]。

—・してくれる人 近世時の氏神。

—に当たる人 ひけしやく[火消役]。

—に向けて状況が動く きゅうてんちょっか[急転直下]。だかい[打開]。

—の困難な事柄 なんてん[難点]。近代ばんさく[盤錯]。中世なんじ[難事]。ばんこんさくせつ[盤根錯節]。

—のための安易な策 デウスエクスマキナ(ラテン deus ex machina)。

—の手掛かり キー(key)。キーポイント(和製key point)。てがかり[手掛]。とっぱこう[突破口]。道が開ける。

—の見通しがない 泥沼状態。万策尽きる。近代暗礁に乗り上げる。迷宮に入る。近世ておくれ[手遅]。

手際よく—・するたとえ 近代快刀乱麻を断つ。

かいけん【会見】 かおあわせ[顔合]。近代くゎいわ[会話]。近世くゎいけん[会見]。中世くゎいだん[会談]。たいだん[対談]。めんくゎい[面会]。中古くゎいす[会]。たいめ[対面]。まかりあふ[罷逢]。みゆ(みえる)[見]。めんだん[面談]。上代あふ[会]。たいめん[対面]。

かいけん【懐剣】 近世くゎいちゅうがたな[懐中刀]。中世くゎいけん[懐剣]。ふところがたな[懐刀]。

がいけん【外見】 せかっこう[背格好]。近代うはっつら/うはづら[上面]。ぐゎいくゎん[外観]。ぐゎいけい[外形]。ぐゎいよう[外容]。けいたい[形態]。そとづら[外面]。そとみ/そとめ[外見]。はな[花/華]。ひさう[皮相]。みづら[見面]。りんくゎく[輪郭]。近世けんぶん[検分/見分]。ふうたい[風袋]。ふうてい[風体]。みえ[見]。みせかけ[見掛]。みため[見目]。みつき[見付]。みてくれ[見]。みば[見場/見端]。みぶり[身振]。中世うちみ[打見]。おもてむき[表向]。かくかう[格好]。かっかう[恰好]。ぐゎいばう[外貌]。ぐゎいめん[外面]。けいじゃう[形状]。げさう[外相]。げめん[外面]。ていさい[体裁]。なりふり[形振]。へうめん[表面]。へんぷく[辺幅]。みいれ[見入]。みかけ[見掛]。みこみ[見込]。みざま[見様]。中古うはべ[上辺]。おもて[表]。ぐゎいけん[外見]。そばつき[側付]。なり[形/態]。みめ[見目]。みるめ[見目]。よそめ[余所目]。上代すがた[姿]。ふうさい[風采]。みなり[身形]。《句》中世尊(たっと)い寺は門から。

—が変わる へんよう[変様]。近代へんよう[変容]。

—がよくて目立つ 近世みばえ[見栄/見映]。中世みだて[見立]。

—が悪い 近代ふていさい[不体裁]。近世ぶざま[無様]。中世ぶかくかう[不格好]。ぶかっかう[不恰好]。中古さまあし[様悪]。

—だけ飾る 近代玄関を張る。見栄を張る。近世とりつくろふ[取繕]。よせい[余情]。中世こけ[虚仮]。だて[伊達]。もてなす[持成]。

—だけよくて実際は違う 近世からだふし[体倒]。ぎんながし[銀流]。くはせもの[食者/食物]。そらざや[空鞘]。たうけんぐゎけい[陶犬瓦鶏]。みかけだふし[見掛倒]。やうとうくにく[羊頭狗肉]。化けの皮。《句》近代牛首を掲げて馬肉を売る。玉を衒(てら)ひて石を売る。近世看板に偽りあり。

↓みかけ ↓みかけだおし

—で人を選り好みする 近代きりゃうごのみ[器量好]。にんぎゃうくひ[人形食]。めんくひ[面食]。

—で人を判断できない 人は見かけによらぬもの。

—と実質が一致(調和)している 中世ぶんしつひんぴん[文質彬彬]。《句》近世看板に偽りなし。

—の大きさ 中世がかい。

—は強そうで実際は柔弱 がいごうないじゅう[外剛内柔]。近代ないじうぐゎいがう[内柔外剛]。

—は似ているが中は違う 近代似て非なり。

—は柔らかで中はしっかりしている 近代ぐゎいじうないがう[外柔内剛]。ないがうぐゎいじう[内剛外柔]。

ーを気にして無理をするたとえ 近世伊達の薄着。

体格や態度を含めたー 近代おしだし[押出]。近世かっぷく/かっぽく/かっぽこ[恰幅]。中世ひととなり[人/為人]。

かいこ【回顧】 ふりかえる[振返]。近代おもひまはす[思回]。こうこ[後顧]。近世くゎいさう[回想]。さうき[想起]。ついさう[追想]。中世おもひかへす[思返]。中古かへりみる[顧]。くゎいこ[回顧]。ついおく[追憶]。→かいこ【懐古】

ー録 近代くゎいさうき[回想記]。くゎいさうろく[回想録]。たいけんだん[体験談]。メモワール(フランスmémoires)。近世しゅき[手記]。

かいこ【解雇】 じんいんせいり[人員整理]。リストラ(和製、もとrestructuring企業再構築の意)。首が飛ぶ。職を解く。任を解く。近代かいこ[解雇]。かいにん[解任]。かいよう[解傭]。かくしゅ[馘首]。くび[馘]。くびきり[首切]。ひめん[罷免]。べんしょく/めんしょく[免職]。めんくゎん[免官]。めんず[免]。近世おはらひばこ[御払箱]。くゎくす[馘]。ひとべらし[人減]。めしはなち[召放]。めんちゅつ[免黜]。首にす。首を切る。中世かいしょく[解職]。げくゎん[解官]。げす[解]。暇(ひま)を出す。中古いとま[暇]。とく[解]。はなつ[放]。

再雇用を条件に一時ー レイオフ(layoff)。

かいこ【懐古】 近代くゎいし[回視]。しゃうこ[尚古]。レトロ(フランスrétro)。近世くゎいこ[懐古]。くゎいさう[回想]。ついさう[追想]。中世ついくゎい[追懐]。中古おもひで[思出]。くゎいきう[懐旧]。ついおく[追憶]。

かいこ【蚕】 かさん[家蚕]。近代さんじ[蚕児]。やさん[野蚕]。近世おこ[御蚕]。中世さうちゅう[桑虫]。上代かひこ[蚕]。くはこ[桑子]。こ[蚕/桑子]。ひめこ[姫児]。

ーの蛾 さんが[蚕蛾]。上代ひむし[蛾]。

ーのさなぎ 近世さんよう[蚕蛹]。

ーの脱皮前に眠る性質 みんせい[眠性]。

ーの棚 近世かひこだな/こだな[蚕棚]。

ーの卵 近世さんらん[蚕卵]。

ーの眠り ねむり[眠]。みん[眠]。やすみ[休]。

ーを飼うこと ようさん[養蚕]。中古こがひ[蚕飼]。さんさう[蚕桑]。

秋(春/夏)に孵化するー 近代あきご[秋蚕(春蚕(はるご)/夏蚕(なつご))]。

飼っているー かさん[家蚕]。

卵から孵化したばかりのー ありご/ぎさん[蟻蚕]。けご[毛蚕]。

野生のー やさん[野蚕]。

▼繭 上代まよ[繭]。→まゆ【繭】

▼養蚕の時期 上代こどき[蚕時]。

かいご【介護】 かいじょ[介助]。ケア(care)。面倒を見る。近代ひご[庇護]。ほご[保護]。ようご[擁護]。近世かいびゃう[介病]。かんご[看護]。つきそひ[付添]。なぐさむ[慰]。中世かいしゃく[介錯]。かいぞへ[介添]。かいはう[介抱]。中古あつかふ[扱]。いたはる[労]。かんびゃう[看病]。みる[見/看]。上代とりみる[取見/執見]。

ーの専門家 かいごし[介護士]。かいごふくしし[介護福祉士]。ケアワーカー(care worker)。ケースワーカー(caseworker)。

昼間のみのー デイケア(day care)。

末期患者へのー しゅうまつケア[終末care]。ターミナルケア(terminal care)。

かいこう【開口】 近代いひだし[言出]。きりだす[切出]。口を切る。口を開く。中世かいこう[開口]。中古いひはじむ[—はじめる][言始]。

かいこう【邂逅】 近世きぐう[奇遇]。しゅっくゎい[出会]。であひ[出会]。めぐりあひ[巡会]。中世かいこう[邂逅]。くゎいがふ[回合]。

かいごう【会合】 かおあわせ[顔合]。近代あつまり[集]。くゎいする[会]。しふがふ[集合]。パーティー(party)。ミーティング(meeting)。近世かほよせ[顔寄]。くゎいぎ[会議]。であひ[出会]。中世さんくゎい[参会]。しふくゎい[集会]。よりあひ[寄合]。中古くゎい[会]。くゎいがふ[会合]。くゎいしふ[会集]。しふゑ/しゅゑ[集会]。ゑ[会]。上代つどひ[集]。

ーが成立しない 近代おながれ[御流]。りうくゎい[流会]。

ーに参加 中古さんくゎい[参会]。

ーの後の会 にじかい[二次会]。

ーの終わり 近代さんくゎい[散会]。しゅうくゎい[終会]。へいくゎい[閉会]。近世おひらき[御開]。中古かいさん[解散]。

いつものー 近代れいくゎい[例会]。近世じゃうくゎい[常会]。

うち解けて話し合うー 近代こんだんくゎい

〔懇談会〕。
詩人などの━の席 近代しえん〔詞筵〕。
衆徒の━ 中古しゅゑ〔衆会〕。
盛大な━ 近代せいくゎい〔盛会〕。
全体の━ 近代そうくゎい〔総会〕。
楽しい━ 中古くゎんくゎい〔歓会〕。
年一度の━ 近代ねんくゎい〔年回〕。
初めての━ 近世はっくゎい〔発会〕。中世しょくゎい〔初会〕。
一つの━ 中世いちゑ〔一会〕。
風雅な━ 近代せいくゎい〔清会〕。中古かくゎい〔嘉会／佳会〕。中世がくゎい〔雅会〕。
めでたい━ 近代しゅくがくゎい〔祝賀会〕。中古かくゎい〔嘉会〕。

がいこう【外交】 近代かうせふ〔交渉〕。こくかう〔国交〕。しうかう〔修好／修交〕。せふぐゎい〔渉外〕。近世ぐゎいかう〔外交〕。つきあひ〔付合〕。中古かうさい〔交際〕。
━員 えいぎょうマン〔営業man〕。がいきんしゃ〔外勤者〕。がいこうはんばいいん〔外交販売員〕。がいむいん〔外務員〕。セールスマン(salesman)。
━家 近代ぐゎいかうか〔外交家〕。しゃかうか〔社交家〕。
━官 がいこうしせつ〔外交使節〕。近代ぐゎいかうくゎん〔外交官〕。たいし〔大使〕。こうし〔公使〕。そうりゃうじ〔総領事〕。りゃうじ〔領事〕。
━交渉の文書 近代ぐゎいかうぶんしょ〔外交文書〕。中古こくしょ〔国書〕。
━施策 ぜんりんがいこう〔善隣外交〕。ゆうわせいさく〔宥和政策〕。中世ゑんかうきんこう〔遠交近攻〕。
━辞令 しゃこうじれい〔社交辞令〕。リップサービス(lip service)。近代おせじ〔御世辞〕。
━の談判 近代そんそせっしょう〔樽俎折衝〕。
国民に秘密の━ ひみつがいこう〔秘密外交〕。
民間人による━ みんかんがいこう〔民間外交〕。

がいこう【外向】
━的 かいほうてき〔開放的〕。近代くゎつどうてき〔活動的〕。しゃかうてき〔社交的〕。やうせい〔陽性〕。

がいこく【外国】 近代いきゃう〔異境〕。こくぐゎい〔国外〕。こくさい〔国際〕。はうぐゎい〔方外〕。近世かいと〔海外〕。ごてん〔呉天〕。たこく〔他国〕。ばんこく〔蕃国／蛮国〕。中世いきゃう〔異郷〕。いてう〔異朝〕。から〔唐／韓／漢〕。しゅゐき〔殊域〕。たはう〔他邦〕。よこく〔余国〕。中古いこく〔異国〕。いど〔異土〕。いはう〔異邦〕。かいぐゎい〔海外〕。ぐゎいこく〔外国〕。ことくに〔異国〕。ことどころ〔異所／異処〕。たしう〔他州〕。とつくに〔外国〕。ひと(の)くに〔人国／他国〕。上代あだしくに〔他国〕。いゐき〔異域〕。かいひ〔海彼〕。ぐゎいはう〔外邦〕。たきゃう〔他郷〕。
━から帰る 中世きこく〔帰国〕。上代きてう〔帰朝〕。
━から来た人 とらいじん〔渡来人〕。近代きくゎじん〔帰化人〕。よそもの〔余所者〕。近世たこくもの〔他国者〕。
━から来た物 近代はくらいひん〔舶来品〕。やうくゎ〔洋貨〕。やうひん〔洋品〕。近世ゆにふひん〔輸入品〕。わたりもの〔渡物〕。中古からもの／たうぶつ／たうもつ〔唐物〕。
━から敵が襲来する 近代ぐゎいてき〔外敵〕。近世ぐゎいこう〔外冦〕。中世にふこう〔入冦〕。
━からの圧力 がいあつ〔外圧〕。ないせいかんしょう〔内政干渉〕。
━からの援助 がいえん〔外援〕。
━からの客 近代ぐゎいひん〔外賓〕。
━からの災い 近代ぐゎいいう〔外憂〕。ぐゎいく〔外懼〕。近世ぐゎいくゎん〔外患〕。
━から人が来る ほうにち〔訪日〕。らいにち〔来日〕。近世らいかう〔来航〕。中世ぐゎいらい〔外来〕。上代らいてう〔来朝〕。
━から貢ぎ物を持って来る 中世にふこう〔入貢〕。
━から昔渡来したもの 近世こわたり〔古渡〕。むかしわたり〔昔渡〕。もとわたり〔本渡〕。
━から物が来る 近世はくさい〔舶載〕。はくせい〔舶齎〕。はくらい〔舶来〕。中古でんらい〔伝来〕。とらい〔渡来〕。ゆにふ〔輸入〕。
━趣味 近代いこくしゅみ〔異国趣味〕。エキゾチシズム(exoticism)。オリエンタリズム(orientalism)。
━で死ぬ 中世かくし／きゃくし〔客死〕。
━で死んだ人 近代異郷の鬼。
━との交際 近代こくかう〔国交〕。しうかう〔修好／修交〕。せふぐゎい〔渉外〕。
━との商業取引 近世からものあきなひ〔唐物商〕。上代かうえき〔交易〕。つうしゃう〔通商〕。ぼうえき〔貿易〕。
━にある(いる) 中古ざいぐゎい〔在外〕。
━にいて勉強する 近代ぐゎいいう〔外遊〕。上代りうがく〔留学〕。

―に関すること 近世ぐゎいじ[外事]。

―に関する事務 近代ぐゎいむ[外務]。

―に国禁を犯して出かける 近代みっかう[密航]。中世ばはん[八幡]。

―に出てしまう 近代りうしゅつ[流出]。

―に出てゆく 近代とかう[渡航]。中世しゅっこく[出国]。

―に派遣されて滞在すること 近代ちゅうざい[駐在]。ちゅうさつ[駐箚]。

―に略奪に出かける海賊の船 中世ばはんせん[八幡船]。

―に略奪に出かける盗賊 中世ばはんじん[八幡人]。

―の犬 近世からいぬ[唐犬]。

―のお金 近代ぐゎいくゎ[外貨]。

―の資本 近代ぐゎいし[外資]。

―の資本と共同する 近代がふべん[合弁]。

―の土地 近代ぐゎいち[外地]。

―の鳥 近世からとり[唐鳥]。

―の船 がいこくせん[外国船]。近代ぐゎいせん[外船]。近世こうもうせん[紅毛船]。ばんせん[蛮船]。ばんぱく[蛮舶/蕃舶]。中古もろこしぶね[唐土船]。

―の様子 かいがいじじょう[海外事情]。近代ぐゎいじゃう[外情]。

―の領土をおかすこと 近代しんぱん[侵犯]。近世しんりゃく[侵略]。

―風である いこくじょうちょ[異国情緒]。近代いこくてき[異国的]。エキゾチック(exotic)。近世なんばん[南蛮]。中古からめく[唐]。

―へ軍隊を派遣すること 近代ぐゎいせい[外征]。

―への旅行 近代ぐゎいいう[外遊]。

―への旅行許可証 近代パスポート(passport)。りょけん[旅券]。

―を卑しんで言う語 近代いはう[夷邦]。ぐゎいい[外異]。近世ぐゎいい[外夷]。中世えびす[戎/夷]。せいじゅう[西戎]。とうい[東夷]。中古なんばん[南蛮]。ほくてき[北狄]。上代ばんい[蛮夷/蕃夷]。

いろいろの― 上代しょばん[諸蕃]。

遠い― 近世いちまんさんぜんり[一万三千里]。


がいこくご【外国語】 がいご[外語]。近代いこくご[異国語]。かにもじ[蟹文字]。ぐゎいこくご[外国語]。近世からこと[唐言]。ばんご[蛮語]。中世からことば[唐語/韓語]。

―でしゃべること 近世からさへづり[唐囀/韓囀]。

―を卑しんで言う語 近世ばんご[蛮語]。

―を学習する教室 エルエル(LL)。ランゲージラボラトリー(language laboratory)。

―を日本語に解釈すること 近代わやく[和訳]。近世わげ[和解]。中世わす[和]。

がいこくじん【外国人】 エイリアン(alien)。近代エトランジェ/エトランゼ(フランス étranger)。ぐゎいじん[外人]。ぐゎいはうじん[外邦人]。ストレンジャー(stranger)。いこくびと[異国人]。近世あっちもの[彼方者]。いじん[異人]。いはうじん[異邦人]。ぐゎいこくじん[外国人]。たうじん[唐人]。たこくもの[他国者]。中世たこくじん[他国人]。中古いこくじん[異国人]。上代からひと[唐人]。
―を卑しんで言う語 近世いてき[夷狄]。ぐゎいい[外夷]。ぐゎいはん[外蕃]。けたう/けたうじん[毛唐人]。中世えびす[夷]。

かいこん【開墾】 かいはた[開畑]。近代しんこん[新墾]。たくち[拓地]。にふしょく[入植]。近世かいたく[開拓]。かいち[開地]。中世かいはつ[開発]。しんかい[新開]。中古あらきはり[新墾治]。かいさく[開作]。ひらく[開/拓]。上代あらき[新墾]。かいこん[開墾]。かいでん[開田]。はる[墾]。→**かいたく**
―・されていないところ 近代しょぢょち[処女地]。みかいち[未開地]。みこんち[未墾地]。
新たに―・された地 近代かいち[開地]。中世しんかいち[新開地]。上代あらき[新墾]。あらきだ[新墾田]。こんでん[墾田]。ちでん[治田]。にひはり[新治]。はりた[墾田]。

かいこん【悔恨】 近代くゎいご[悔悟]。くゎいこん[悔恨]。中世くやむ[悔]。歯軋(はぎし)りする。中古くやしがる[悔]。こうくゎい[後悔]。ざんき[慚愧]。上代くゆ[くいる][悔]。

かいさい【開催】 近代かいさい[開催]。きょかう[挙行]。ひらく[開]。中古もよほす[催]。
他と共同して― きょうさい[共催]。

かいさい【快哉】 近代くゎいじ[快事]。近世くゎいさい[快哉]。つうくゎい[痛快]。中世ゆくゎい[愉快]。

かいざい【介在】 かいにゅう[介入]。近代かいざい[介在]。かいする[介]。ちゅうかい[仲介]。はさまる/はざまる[挟]。上代なかだち[仲立/媒]。

かいさく【改作】 つくりなおし[作直]。近代つ

くりかへ[作替]。近世やきなほし[焼直]。中古中世くゎんこつだったい[換骨奪胎]。中世ほんあん[翻案]。かいさく[改作]。

原作を生かしー・する

かいさん【解散】 さんかい[散会]。かいたい[解体]。中古くづる[くづれる][崩]。しさん[四散]。上代かいさん[解散]。

かいさん【海産】 近世かいさん[海産]。すいさん[水産]。上代うみさち/うみのさち[海幸]。

ー物 近代ぎょかいるい[魚介類]。ぎょかひるい[魚貝類]。すいさんぶつ[水産物]。中世りんかい[鱗介]。中古ぎょえん[魚塩]。上代うみさち[海幸]。

かいさん【開山】 中世かいき[開基]。かいさん[開山]。かいそ[開祖]。ぐゎんそ[元祖]。

かいざん【改竄】 かきかえ[書換]。近代かきなほし[書直]。ざんする[竄]。へんざう[変造]。近世かいざん[改竄]。中世かいへん[改変]。かひつ[加筆]。中古へんがい[変改]。

詩文のー 近代てんさん/てんざん[添竄/添刪]。近世ふせい[斧正]。中世てんさく[添削]。てんざん[点竄]。上代しわう[雌黄]。→**てんさく**

がいさん【概算】 しさん[試算]。近代がいけい[概計]。がいさん[概算]。近世みつもり[見積]。中世めのこざん[目子算]。

かいし【開始】 オープニング(opening)。スターティング(starting)。近代かいし[開始]。かいまく[開幕]。スタート(start)。ちゃくしゅ[着手]。近世ふたあけ[蓋明]。中世はじまり[始]。上代はじむ[はじめる][始]。

→**はじ・める**

ー数秒前 びょうよみ[秒読]。

ーと終了の合図 近代げきたく[撃柝]。

ーのセレモニー テープカット(和製tape cut)。

映画撮影のー クランクイン(crank in)。

かいし【懐紙】 近世こぎく[小菊]。中古くゎいし[懐紙]。たたうがみ/たたんがみ[畳紙]。ふところがみ[懐紙]。

かいじ【快事】 近代くゎいきょ[快挙]。近世くゎいさい[快哉]。くゎいじ[快事]。つうくゎい[痛快]。中世ゆくゎい[愉快]。

がいして【概】 近代いっぱんてきに[一般的]。がいえう[概要]。がいして[概]。近世がいりゃく[概略]。ざっと。そうじて[総]。中世あらかた[粗方]。あらまし[粗]。いちがいに[一概]。おほやう[大様]。おほよそ[大凡]。かれこれ[彼此]。けりゃう[仮令]。だいたい[大体]。たいてい[大抵]。たいりゃく[大略]。中古あらあら[粗粗]。おしなべて[押並]。おほむね[概]。おほよそ[大凡]。たいえう[大要]。たいがい[大概]。なべて[並]。ほぼ[略/粗]。上代おほ[凡]。おほかた[大方]。

かいしめ【買占】 近代かひきり[買切]。かひだめ[買溜]。ばいしう[買収]。近世かひしめ[買占]。しめがひ[占買/締買]。

かいしゃ【会社】 カンパニー(company)。コーポレーション(corporation)。コンス[(中国語)公司]。近代きげふ[企業]。くゎいしゃ[会社]。

ーから退出する 近代たいしゃ[退社]。

ー勤めの人 ブルーカラー(blue-collar)。ホワイトカラー(white-collar)。近代きんらうしゃ[勤労者]。くゎいしゃゐん[会社員]。げっきふとり[月給取]。サラリーマン(salaried man)。しゃゐん[社員]。つとめにん[勤人]。ビジネスマン(businessman)。

ーで地位の上の人 近代じゃうし[上司]。

ーに居る 近代ざいしゃ[在社]。

ーに出勤する 近代しゅっしゃ[出社]。

ーに入る 近代にふしゃ[入社]。

ーの格式 しゃかく[社格]。

ーの規則 しゃき[社規]。近代しゃそく[社則]。

ーの経営方針 しゃくん[社訓]。しゃぜ[社是]。

ーの事業 近代しゃげふ[社業]。

ーの整理 かいさん[解散]。近代せいさん[清算]。たうさん[倒産]。

ーの外で働く がいこうはんばい[外交販売]。セールス(sales)。近代ぐゎいきん[外勤]。→**がいきん**

ーの建物 近代しゃをく[社屋]。

ーの長 近代しゃちゃう[社長]。

ーの内部 近代しゃちゅう[社中]。しゃない[社内]。

ーの命運 近代しゃうん[社運]。

ーの用事 近代しゃよう[社用]。

ーを辞める 近代たいしゃ[退社]。

相手の(勤める)ー おんしゃ[御社]。きしゃ[貴社]。

大きなー おおてきぎょう[大手企業]。近代おほてすぢ[大手筋]。だいきげふ[大企業]。

関係のー おやがいしゃ[親会社]。かんれんがいしゃ[関連会社]。けいれつがいしゃ[系列会社]。こがいしゃ[子会社]。どうぞく

がいしゃ［同族会社］。ぼうけいがいしゃ［傍系会社］。

自分の（勤める）―　じしゃ［自社］。しょうしゃ［小社］。とうしゃ［当社］。わがしゃ［我社］。近代へいしゃ［弊社］。

不法な―　ダミーがいしゃ［dummy会社］。トンネルがいしゃ［tunnel会社］。ゆうれいがいしゃ［幽霊会社］。

よその―　たしゃ［他社］。

その他―のいろいろ（例）　ぼうえきがいしゃ［貿易会社］。近代いうげんぐゎいしゃ［有限会社］。かぶしきぐゎいしゃ［株式会社］。がふしぐゎいしゃ［合資会社］。がふめいぐゎいしゃ［合名会社］。しゃうじぐゎいしゃ［商事会社］。しゃうしゃ［商社］。

かいしゃく【解釈】　やくする［訳］。近代かいぎ［解義］。かいする［解］。しゃくぎ［釈義］。しゃっかい［釈解］。せつめい［説明］。やくぎ［訳義］。りかい［理解］。近世かうしゃく［講釈］。くんかい［訓解］。しゃくす／せきす［釈］。せつい［切意］。わげ［和解］。中世うけとる［受取］。かい［解］。かいしゃく［解釈］。せつ［説］。中古かいせつ［解説］。とく［解／説］。

―をいろいろ集めること　中世しふげ［集解］。

新しい―　近代しんしゃく［新釈］。

一般にわかりやすい―　近世ぞくかい［俗解］。

詳しく―　近代しゃうじゅつ［詳述］。せいかい［精解］。近世しゃうかい［詳解］。しゃうせつ［詳説］。しゃうろん［詳論］。中世さいせつ［細説］。

語句の―　近代ごしゃく［語釈］。

全体を通して―　近代つうかい［通解］。近世つうしゃく［通釈］。

正しい―　中古せいぎ［正義］。

正しくない―　近代きょくかい［曲解］。ごかい［誤解］。中古わうはふ［枉法］。

批評を交えた―　近代ひゃうしゃく［評釈］。

古い時代の―　近世こぎ［古義］。

要点だけの―　近代りゃくかい／りゃくげ［略解］。近世りゃくせつ［略説］。

かいしゅう【回収】　近代くゎいしう［回収］。よせあつめる［寄集］。中世とりもどす［取戻］。上代あつむ〔あつめる〕［集］。

―が不能になる　近代かしだふれ［貸倒］。近世こげつく［焦付］。

かいしゅう【改修】　リニューアル（renewal）。リノベーション（renovation）。近代かいしう［改修］。かいぜん［改善］。かいさう［改装］。かいざう［改造］。かいりゃう［改良］。しうふく［修復］。しうり［修理］。しゅぜん［修繕］。しんさう［新装］。ほしう［補修］。もやうがへ［模様替］。リフォーム（reform）。中世かいちく［改築］。しゅふく［修復］。中古ざうさく［造作］。上代えいぜん［営繕］。しうぜん［修繕］。しうちく［修築］。

河川の―　近世かはぶしん［川普請］。

かいじゅう【懐柔】　近代てなづける［手懐］。にこぽん。近世いひくるむ〔―くるめる〕［言］。だきこむ［抱込］。中世こまづく〔―ずける〕。ろうらく［籠絡］。中古くゎいじう［懐柔］。

がいしゅう【外周】　近代ぐゎいえん［外縁］。ぐゎいしう［外周］。近世そとまはり［外回］。中世しうゐ［周囲］。

がいしゅつ【外出】　そとあるき［外歩］。近代ぐゎいしゅつ［外出］。そとで［外出］。近世しゅつもん［出門］。であるく［出歩］。でかく〔―かける〕［出掛］。よそいき／よそゆき［余所行］。中世たぎゃう［他行］。たしゅつ［他出］。中古ありき／ありく［歩］。いへで［家出］。さしいづ［差出］。ほかありき［外歩］。わたり［渡］。

《尊》近世おはれ［御晴］。中世おなり［御成］。ぎょしゅつ［御出］。ごかう［御幸］。しゅつぎょ［出御］。とぎょ［渡御］。なる［成／為］。中古いますかり。ぎゃうかう［行幸］。ぎゃうけい［行啓］。みゆき［御幸／行幸］。上代います［在／坐］。

―がちである　家を外にする。外を家にする。近代でぐせ［出癖］。近世外が内。

―嫌い　近世そとぎらひ［外嫌］。でぎらひ［出嫌］。でぶしゃう［出無精／出不精］。

―禁止　なんきん［軟禁］。近世あしどめ［足止］。中世きんそく［禁足］。

―禁止の刑　近世おしこめ［押込／押籠］。ちっきょ［蟄居］。中世きんそく［禁足］。

―したがる人　うちぎらい［内嫌］。近世でずき［出好］。

―した先　近世でさき［出先］。

―した人と入れ違い　近世でちがふ［出違］。

―して家にいないこと　中世るす［留守］。

―しないこと　近世ざいしゅく［在宿］。中世ちっきょ［蟄居］。ふしゅつ［不出］。

―のとき着るもの　カントリーウエア（country wear）。タウンウエア（townwear）。近代ぐゎいしゅつぎ［外出着］。よそぎ［余所着］。よそゆき［余所行］。近世よそいき［余所行］。

朝の―　上代あさとで［朝戸出］。

貴人が車で— 中世 しゅつが［出駕］。
貴人が身分を隠した— 中世 おしのび［御忍］。中古 しのびあるき／しのびありく［忍歩］。
天皇の— 中世 かうす［幸］。ぎゃうかう／ぎゃうがう［行幸］。じゅんかう［巡幸］。みゆき［行幸／御幸］。上代 おほみゆき［大御行］。
天皇のお忍びの— 近代 えんしゅつ［燕出］。
訪問者を避けて— 近代 内を出いで違ふ。
夜の— 上代 よとで［夜戸出］。

かいしゅん【改悛】 近代 かいご［改悟］。かいしゅん［改悛］。くいあらためる［悔改］。くゎいしゅん［悔悛］。近世 かいしん［改心］。中世 かいくゎい［改悔］。かいげ［改悔］。上代 しゅんかい［悛改］。

かいしょ【楷書】 近代 かくじ［角字］（草書に対して）。せいしょ［正書］。近世 からやう［唐様］。しゃうじ［正字］。中世 かいしょ［楷書］。しんじ［真字］。中古 しん［真］。せいじ［正字］。
—で書くこと 上代 しんしょ［真書］。
—と草書 中世 しんさう［真草］。
—の字体 しんたい［真体］。

かいじょ【介助】 →**かいご**

かいじょ【解除】 近代 かいきん［解禁］。かいせう［解消］。かいぢょ［解除］。かいはう［解放］。
契約— キャンセル(cancel)。クーリングオフ(cooling off)。やくそくはき［約束破棄］。前言を翻す。白紙に戻す。近代 かいやく［解約］。はき［破棄］。はやく［破約］。近世 はだん［破談］。

かいしょう【解消】 近代 かいせう［解消］。かいぢょ［解除］。とりけし［取消］。とりやめ［取止］。おながれ［御流］。はいし［廃止］。
契約を—・する →**かいじょ**

かいしょう【快勝】 かんしょう［完勝］。近代 だいしょうり［大勝利］。中世 あっしょう［圧勝］。くゎいしょう［快勝］。

かいしょう【改称】 近代 かいがう［改号］。かいしょう［改称］。かいだい［改題］。中世 かいしゃう［改姓］。かいみゃう／がいみゃう［改名］。上代 かいせい［改姓］。かいめい［改名］。

かいしょう【甲斐性】 近世 かひしゃう／かひしょ［甲斐性］。中世 けなげさ［健気］。はたらき［働］。中古 たのもしさ［頼］。
—なし 近代 いくぢなし［意気地無］。近世 かひしょなし［甲斐性無］。

かいじょう【回状】 かいしょ［回書］。かいほう［回報］。近世 くゎいらん［回覧］。中世 くゎいしゃう［回章／廻章］。くゎいじゃう［回状／廻状］。てふじゃう［牒状］。中古 うつしぶみ［移文］。くゎいぶん［回文］。めぐらしぶみ［廻文］。
—を回す 中世 てふず［牒］。

かいじょう【海上】 近代 やうじゃう［洋上］。近世 うなづら［海面］。かいめん［海面］。中古 うみづら［海面］。かいしゃう／かいじゃう［海上］。しほぢ［潮路／汐路］。はしゃう／はじゃう［波上］。はとう［波頭］。上代 には［庭］。わたなか［海中］。→**かいめん**
—の磯 上代 はなりそ／はなれそ［離磯］。
—の通路 →**うみ**（—の道）
—の輸送 近代 かいじゃううんそう［海上運送］。すいうん［水運］。近世 かいうん［海運］。

がいしょう【外傷】 →**きず❶**

かいしょく【解職】 →**かいこ【解雇】**

かいしょく【会食】 近代 せいさん［正餐］。ディナー(dinner)。ばんさんくゎい［晩餐会］。中世 くゎいしょく［会食］。中古 えんくゎい［宴会］。上代 うたげ／えん［宴］。

かいしん【改心】 近代 かいご［改悟］。かいしゅん［改悛］。くいあらためる［悔改］。くゎいしゅん［悔悛］。近世 かいしん［改心］。
《句》近代 鯛も一人ではうまからず。

かいしん【会心】 近代 じしん［自信］。近世 くゎいしん［会心］。中古 まんぞく［満足］。

がいじん【外人】 →**がいこくじん**

かいず【海図】 近代 かうかいづ［航海図］。チャート(chart)。近世 かいづ［海図］。

かいすい【海水】 近世 かんすい［鹹水］。中世 てうすい［潮水］。中古 うしほ［潮］。上代 かいすい［海水］。からしほ［鹹塩］。しほ［潮／汐］。しほみづ［潮水］。
—の泡 上代 しほなわ［潮泡／塩沫］。
—の異常な上昇 中世 つなみ［津波］。中古 たかしほ［高潮］。
—の満ち干 近代 てうせき［潮汐］。上代 しほ［潮／汐］。
—浴 近代 しほあび／しほあみ［潮浴］。近世 しほたうぢ［潮湯治］。中古 しほゆあみ［潮浴］。
渦を巻く— 上代 うづしほ［渦潮］。

かいすう【回数】 近代 くゎいすう［回数］。じ［次］。近世 たんび［度］。どすう［度数］。中古 かへり［返］。ど［度］。
—が多い 中世 しげし［繁］。上代 たびまねし［度遍］。ちたび［千度］。やたび［八度］。
—の多いたとえ 中古 ももはがき［百羽掻］。

―を重ねるさま 近世ちょいちょい。ちょくちょく。ちょこちょこ。

いくつかの― 近代すうくゎい［数回］。すうど［数度］。中世すたび［数度］。中古すど［数度］。

馬に乗った― 中世くらかず［鞍数］。

がいすう【概数】 近代がいすう［概数］。中世たいすう［大数］。

かい・する【介】 近代かいざい［介在］。かいする［介］。ちゅうかい［仲介］。近世はしわたし［橋渡］。中世とりなし［取成／執成］。とりもち［取持］。中古なかうど［仲人／媒人］。ばいかい［媒介］。上代なかだち［仲立］。

かい・する【会】 中世くゎいす［会］。であふ［出会］。上代あつまる［集］。よりあふ［寄合］。→あつま・る

かい・する【解】 近代かいする［解］。りかい［理解］。中世かいしゃく［解釈］。

がい・する【害】 近代スポイル(spoil)。むしばむ［蝕］。中世きずつく［―つける］［傷付］。はむ［食］。やぶる［破］。中古がいす［害］。そこなふ［損／害］。どくす［毒］。上代ころす［殺］。をかす［犯／冒］。

かいせい【改正】 近代かいぜん［改善］。かいりゃう［改良］。近世かうせい［更正］。りせい［釐正］。上代あらたむ［―ためる］［改］。かいせい［改正］。

―と廃止 近代かいはい［改廃］。

かいせい【快晴】 こうてん［好天］。近代かうせい［好晴］。じゃうてんき［上天気］。にっぽんばれ／にほんばれ［日本晴］。中古くゎいせい［快晴］。せいてん［晴天］。はれ［晴］。ひより［日和］。《句》近代天高く馬肥ゆ。

かいせき【解析】 近代アナリシス(analysis)。近世かいせき［解析］。ぶんかい［分解］。ぶんせき［分析］。中世かいしゃく［解釈］。

がいせき【外戚】 近世ぐゎいぞく［外族／外属］。中古ぐゎいえん［外縁］。ぐゎいか［外家］。上代ぐゎいけ［外家］。ぐゎいせき［外戚］。

かいせつ【開設】 近代かいせつ［開設］。さうせつ［創設］。しんせつ［新設］。せっち［設置］。せつりつ［設立］。中世さうりつ［創立］。

かいせつ【解説】 コメンタリー(commentary)。コメント(comment)。近代いひわけ［言訳／言分］。かいめい［解明］。せつめい［説明］。ナレーション(narration)。パラフレーズ(paraphrase)。レクチャー(lecture)。中世かいしゃく［解釈］。かうず［講］。ことわる［理］。ときあかす［説明］。中古かいせつ［解説］。ちゅうかい［注解／註解］。とく［解］。上代ちゅうしゃく［注釈／註釈］。

―・する人 コメンテーター(commentator)。

音楽の―文 ライナーノート(liner note)。

簡単な― 近代りゃくかい［略解］。

詳しい― 近代せいかい［精解］。

書物の― 近代かいだい［解題］。

要点の― 近代えうかい［要解］。えうせつ［要説］。

がいせつ【概説】 近代がいせつ［概説］。レジュメ(フランス résumé)。近世がいろん［概論］。そうせつ［総説］。

かいぜん【改善】 近代かいぜん［改善］。かいりゃう［改良］。しうせい［修正］。しうふく［修復］。近世ぜせい［是正］。上代あらたむ［―ためる］［改］。かいせい［改正］。

がいぜんせい【蓋然性】 たしからしさ［確］。近代がいぜんせい［蓋然性］。かくじつせい［確実性］。かくりつ［確率］。かのうせい［可能性］。こうさん［公算］。プロバビリティー(probability)。

かいそ【改組】 きこうかいかく［機構改革］。くみかえ［組替］。さいへんせい［再編成］。そしきかいかく［組織改革］。そしきがえ［組織替］。へんせいがえ［変成替］。近代かいそ［改組］。かいへん［改編］。中世かいかく［改革］。

かいそ【開祖】 中世かいき［開基］。かいさん［開山］。かいそ［開祖］。がんそ［元祖］。

かいそう【回想】 →かいこ【回顧】【懐古】

かいそう【改装】 リニューアル(renewal)。リノベーション(renovation)。近代かいさう［改装］。かいざう［改造］。かいしう［改修］。もやうがへ［模様替］。リフォーム(reform)。中世かいちく［改築］。中古ざうさく［造作］。→かいしゅう【改修】

かいそう【海藻】 うみも［海藻］。中世いそもの［磯物］。うみくさ／かいさう［海草］。中古いそな［磯菜］。もしほぐさ［藻汐草］。たまも［玉藻］。め［海布／海藻］。も［藻］。もは［藻葉］。上代かいさう［海藻］。

浮いている― 中古うきめ［浮海布］。

沖にある― 上代おきつもは［沖藻葉］。

長い― 中古ながめ［長海布］。

干潟に残る― 上代なごり［余波］。

深い海底の― 上代ふかみる［深海松］。

干していない生の― 中古なまめ［生海布］。

柔らかな― 上代にきめ［和布］。

かいそう【潰走】 近代 はいたい［敗退］。近世 くゎいそう［潰走］。中世 はいそう［敗走］。

かいぞう【改造】 つくりなおし［作直］。リノベーション(renovation)。近代 かいざう［改造］。たてなほし［建直／立直］。中古 かいさく［改作］。→**かいしゅう【改修】**

がいそう【外装】 近代 ぐゎいさう［外装］。はうさう［包装］。

乗用車の― チューンナップ(tune up)。

―を新しくする しんそう［新装］。

―を変える 近代 かいさう［改装］。

かいぞえ【介添】 かいご［介護］。かいじょ［介助］。近代 つきそひ［付添］。近世 じょせい［助勢］。せわ［世話］。中世 かいしゃく［介錯］。かいぞへ［介添／介副］。かいはう［介抱］。

―人 近代 かいぞへにん［介添人］。中世 こうけんにん［後見人］。中古 かしづき［傅］。

かいそく【会則】 かいき［会規］。近代 くゎいそく［会則］。

かいそく【快速】 近代 かうそく［高速］。かうそくど［高速度］。くゎいそく［快速］。

―列車 ライナー(liner)。

かいぞく【海賊】 中世 かいこう［海寇］。ばはんじん［八幡人］。上代 かいぞく［海賊］。

―船 近世 ばはん／ばはんせん［八幡船］。

―版 パイレートエディション(pirated edition)。

かいたい【解体】 近代 かいさん［解散］。ぶんかい［分解］。近世 かいぼう［解剖］。ぶんれつ［分裂］。中古 かいたい［解体］。

魚などを―・する さばく［捌］。

かいたい【懐胎】 近代 じゅたい［受胎］。近世 くゎいぶく［懐腹］。にんしん［妊娠］。にんよう［妊孕］。中世 くゎいたい［懐胎］。上代 くゎいにん［懐妊］。くゎいよう［懐孕］。→**にんしん**

かいだい【海内】 こくない［国内］。近代 かいう［海宇］。中古 てんか［天下］。上代 かいだい［海内］。しかい［四海］。

かいたく【開拓】 近世 かいたく［開拓］。くさわけ［草分］。中世 かいはつ［開発］。きりひらく［切開］。しんかい［新開］。中古 ひらく［開／拓］。上代 かいこん［開墾］。→**かいこん**

―・し移り住むこと 近代 たくしょく［拓植／拓殖］。にふしょく［入植］。近世 しょくみん［植民／殖民］。

―者 近代 せんかくしゃ［先覚者］。せんくしゃ［先駆者］。さうししゃ［創始者］。パイオニア(pioneer)。近世 くさわけ［草分］。

―者精神 フロンティアスピリット(frontier spirit)。

―地 かんたくち［干拓地］。ぞうせいち［造成地］。つきじ［築地］。近代 しんこんち［新墾地］。近世 うめたてち［埋立地］。中世 しんかいち［新開地］。しんでん［新田］。

まだ―・されていない フロンティア(frontier)。みかいたく［未開拓］。近世 みかい［未開］。

かいだく【快諾】 きんだく［欣諾］。そくだく［即諾］。近代 くゎいだく［快諾］。二つ返事。中古 しょうだく／じょうだく［承諾］。しょうち［承知］。

かいだし【買出】 近代 こうにふ［購入］。こうばい［購買］。近世 かひいれ［買入］。かひだし［買出］。しいれ［仕入］。中世 かひつけ［買付］。→**か・う【買】**

かいだめ【買溜】 近代 かひきり［買切］。かひしめ［買占］。かひだめ［買溜］。中世 かひおき［買置］。

かいだん【階段】 近代 かいてい［階梯］。はしごだん［梯子段］。近世 あがりだん［上段］。かいだん［階段］。きざみばし［刻橋］。はしご［梯子］。はしのこ［梯子］。ふみだん［踏段］。中世 かい［階］。だん［段］。だんだん［段段］。中古 かけはし［懸橋／梯］。きざはし／きだはし［階］。きざみ［刻］。しな［品／科］。上代 くれはし［榑階］。はし［階／梯］。

―状の滝 みずかいだん［水階段］。近代 カスケード(cascade)。

―途中の平らな所 近代 をどりば［踊場］。

―の一段の高さ けあげ［蹴上］。

―の上下 中世 かいか［階下］。かいじゃう［階上］。

―の垂直部分 けこみ［蹴込］。

―の段 だんいた［段板］。近世 ふみだん［踏段］。中世 ふみいた［踏板］。

―の前 上代 かいぜん［階前］。

―の欄干 近世 のぼりこうらん［登勾欄］。

―を覆う庇(ひさし)（神社などの） 近代 かうはい［向拝］。はしかくし［階隠］。中世 ひがくし［日隠］。

石の― 近世 せききふ［石級］。中世 いしだん［石段］。中古 せきかい［石階］。せきとう［石磴］。

簡単な― 近世 うちつけばしご［打付梯子］。

宮殿の― 中世 かささぎのはし［鵲橋］。

宮殿や神社などの― 中古 みはし［御階］。

蹴込みのない― 近代 だんばしご［段梯子］。

箱や引き出しを重ねたー 近世 だんばこ［段箱］。はこばしご［箱梯子］。
船や飛行機のー 近代 タラップ(オランダ trap)。
屋根や欄干のあるー 中古 くれはし［呉階］。
螺旋状のー さざえばしご［栄螺梯子］。まわりかいだん［回階段］。まわりばしご［回梯子］。近代 らせんかいだん［螺旋階段］。
列車やバスのー 近代 ステップ(step)。

かいだん【会談】 近代 くゎいわ［会話］。けふぎ［協議］。めんぎ［面議］。近世 くゎいけん［会見］。はなしあひ［話合］。中世 くゎいだん［会談］。たいだん［対談］。たいわ［対話］。めんご［面語］。めんご［面晤］。めんわ［面話］。中古 さうだん［相談］。だんがふ［談合］。めんだん［面談］。
三者ー ていだん［鼎談］。

がいたん【慨嘆】 近代 ひふん［悲憤］。中世 がいたん［慨嘆／慨歎］。上代 かうがい［慷慨］。なげき［嘆］。

かいだんし【快男子】 かいかん［快漢］。近代 くゎいだんし［快男子］。くゎいだんじ［快男児］。近世 かうだんし［好男子］。中世 かうかん［好漢］。

ガイダンス(guidance) オリエンテーション(orientation)。近世 しだう［指導］。

がいち【外地】 中古 ぐゎいこく［外国］。上代 かいぐゎい［海外］。→**がいこく**

かいちく【改築】 リノベーション(renovation)。リフォーム(reform)。近代 かいさう［改装］。かいざう［改造］。かいしう［改修］。たてかへ［建替］。たてなほし［建直］。ちくざう［築造］。ほしう［補修］。近世 ざうちく［造築］。中世 いへぶしん／やぶしん［家普請］。かいちく［改築］。中古 ざうさく［造作］。さくじ［作事］。上代 えいぜん［営繕］。しうちく［修築］。

かいちゅう【懐中】 近代 なうちゅう［嚢中］。近世 うちぶところ［内懐］。ほほ［懐］(幼児語)。中古 くゎいちゅう［懐中］。上代 ふところ［懐］。

がいちゅう【害虫】 えいせいがいちゅう［衛生害虫］。びょうがいちゅう［病害虫］。近代 がいちゅう［害虫］。中世 どくむし［毒虫］。
ーの被害 ちゅうがい［虫害］。近世 とどく［蠹毒］。
ーを集め殺す火 むしかがり［虫篝］。
ーを追い払う くちゅう［駆虫］。近代 ぢょちゅう［除虫］。上代 くぢょ［駆除］。
ーを殺す 近世 さっちゅう［殺虫］。
稲のー 中世 いなむし［稲虫］。

かいちょう【快調】 こうちょう［好調］。近代 くゎいてき［快適］。じゅんてう［順調］。

かいちん【開陳】 近世 かいちん［開陳］。ちんじゅつ［陳述］。ひれき［披瀝］。

かいつう【開通】 みちびらき［道開］。近代 かいつう［開通］。近世 みちあけ［道開］。中世 さくくう［鑿空］。
全線がー 近代 ぜんつう［全通］。

かいつけ【買付】 近代 こうにふ［購入］。こうばい［購買］。近世 かひいれ［買入］。かひだし［買出］。しいれ［仕入］。中世 かひつけ［買付］。

かいつぶり【鸊鷉】 近代 はっちゃうむぐり［八丁潜］。むぐり［潜］。近世 いっちゃうむぐり［一丁潜］。いよめ。中世 かいつぶり［鸊鷉］。中古 うきすどり［浮巣鳥］。にほ［鳰］。上代 しながどり［息長鳥］。にほどり［鳰鳥］。みほどり［鳰鳥］。

かいて【買手】 こうにゅうしゃ［購入者］。近代 うりさき［売先］。かひかた［買方］。こきゃく［顧客］。バイヤー(buyer)。近世 うりくち［売口］。中世 かひて［買手］。かひぬし［買主］。
《尊》おとくいさま［御得意様］。おきゃくさま［御客様］。
ーに働きかける こうこく［広告］。せんでん［宣伝］。近代 そきう［訴求］。

かいてい【改訂】 リビジョン(revision)。近代 かいてい［改訂］。かいはん［改版］。
コンピュータプログラムのー バージョンアップ(和製 version up)。
内容の増補を伴うー 近代 ぞうてい［増訂］。ほてい［補訂］。
二度以上のー さいてい［再訂］。さんてい［三訂］。

かいてい【改定】 近代 かいぜん［改善］。かいてい［改定］。かいりゃう［改良］。中世 かいへん［改変］。中古 あらたむ［ーためる］［改］。へんがい［変改］。上代 かいしん［改新］。かいせい［改正］。へんかう［変更］。

かいてい【海底】 中古 かいてい［海底］。
ーの窪み かいきょ［海渠］。かいこく［海谷］。かいぼん［海盆］。トラフ(trough)。近代 かいこう［海溝］。
ーの生物 ていせいせいぶつ［底生生物］。ベントス(benthos)。
ーの高み かいざん［海山］。しょう［礁］。たい［堆］。かいれい［海嶺］。

かいてき【快適】 アメニティー(amenity)。か

いちょう[快調]。近代くゎいてき[快適]。近世さうくゎい[壮快]。さうくゎい[爽快]。上代あんらく[安楽]。

—・な生活環境　アメニティー(amenity)。

がいてき【外敵】　近代ぐゎいてき[外敵]。近世ぐゎいこう[外寇]。

がいてき【外的】　近代ぐゎいてき[外的]。ぐゎいめんてき[外面的]。

《句》中世兄弟(けいてい)牆(かき)に鬩(せめ)げども外その務(あなどり)を禦(ふせ)ぐ。

—を防ぐ要地　中古さやく[鎖鑰]。

かいてん【回転】　グラインド(grind)。スピン(spin)。ターン(turn)。ピボット(pivot)。ローテーション(rotation)。近代ローリング(rolling)。近世くゎいてん[回転]。らせん[螺旋]。中世くるめく[眩/転]。てんくゎい[転回]。めぐる[巡]。中古くるべく[眩/転]。ころがる[転]。じゅんくゎん[循環]。てんてん[展転/輾転]。まはる[回/廻]。

—運動と往復運動を相互変換する機構　クランクきこう[crank 機構]。

—運動を利用する装置　せんばん[旋盤]。レース(lathe)。近代グラインダー(grinder)。ダライばん[(オランダ)draaibank盤]。ろくろだい[轆轤台]。中世ろくろ[轆轤]。

—・させる　中世くるめかす[眩]。まはす[回/廻]。めぐらす[巡/回/廻]。中古くるべかす[眩]。

—・して動く　近代ころがる[転]。

—・するさま　ごろっと。近代ぐるっと。ころっと。ごろんごろん。ぶんぶん。近世ぐるり。中世ぐるぐる。ぐるりぐるり。ころころ。ごろごろ。中古きりきり。くるくる。くるり。

—・するもの　ローター(rotor)。近代ローラー(roller)。ロール(roll)。

—の中心軸　近代くゎいてんぢく[回転軸]。しんぼう[心棒]。中古ぢく[軸]。

—むら(音響機器の)　ワウフラッター(wow flutter)。

—木馬　近代メリーゴーラウンド(merry go round)。

打った球の—　近代ドライブ(drive)。

逆の—　近代ぎゃくてん[逆転]。

自分で—　中世じてん[自転]。

前方に—　ぜんてん[前転]。

動力を伝える—軸　近代シャフト(shaft)。

かいてん【開店】　近代オープン(open)。きげふ[起業]。近世かいげふ[開業]。かいてん[開店]。みせびらき[店開]。中世さうげふ[創業]。

—披露　近世なびろめ[名広/名披露目]。中世なびらき[名開]。

ガイド(guide)　近代あんないしょ[案内書]。ガイド。中世あない/あんない[案内]。てびき[手引]。中古あんないしゃ[案内者]。

→**てびき**

—ライン(guideline)　近代ししん[指針]。もくへう[目標]。

かいとう【回答】　近代たふしん[答申]。近世おうたふ[応答]。へんじ[返事]。中世くゎいたふ[回答]。中古へんたふ[返答]。

かいとう【解答】　アンサー(answer)。近代かいたふ[解答]。かいめい[解明]。こたへ[答]。たふあん[答案]。中世かいしゃく[解釈]。かい[解]。

正しい—　近世せいかい[正解]。

かいどう【街道】　うらかいどう[裏街道]。おもてかいどう[表街道]。中世かいだう[街道]。かいだう[海道]。だいだう[大道]。わうらい[往来]。中古うまやぢ[駅路]。わうくゎん[往還]。上代はゆまぢ[駅路]。

かいどう【海棠】　近代ねむりばな[眠花]。花中の神仙。近世かいこう[海紅]。くゎせん[花仙]。中世かいだう[海棠]。

がいとう【外套】　ダスターコート(duster coat)。近代オーバー/オーバーコート(overcoat)。ぐゎいい[外衣]。ケープ(cape)。コート(coat)。ハーフコート[和製half coat]。マント[(フランス)manteau]。近世ぐゎいたう[外套]。

イスラム教徒の用いる—　アバ(aba)。

春(秋)に着る—　スプリング/スプリングコート[和製spring coat]。

がいとう【街頭】　近代まちかど[街角/町角]。近世がいじゃう[街上]。ちまた[巷]。中世まちなか[町中]。みちばた[道端]。中古がいとう[街頭]。つじ[辻]。ろじゃう[路上]。ろとう[路頭]。上代がいろ[街路]。ろばう[路傍]。

—芸人　近世つじはうかし[辻放下師]。はうかし/はうげし[放下師]。中世はうかぞう[放下僧]。

—芸の一　近代ほふかいや[法界屋]。

がいとう【外灯】　おくがいとう[屋外灯]。近代がいとう[街灯]。がいろとう[街路灯]。ぐゎいとう[外灯]。もんとう[門灯]。近世じゃうやとう[常夜灯]。中古とうみゃう[灯明]。

がいとう【該当】 近代 がいたう［該当］。てきがふ［適合］。中古 あたる［当］。さうたう［相当］。

かいどく【解読】 近代 はんどく［判読］。上代 かいどく［解読］。

符号をー・する装置 かいどくき［解読器］。ふくごうき［復号器］。デコーダー(decoder)。

がいどく【害毒】 近代 がいあく［害悪］。中世 どく［毒］。がいどく［害毒］。とどく［蠹毒］。中古 がい［害］。→**がい【害】**

ーを与えること 近代 とどく［蠹毒］。上代 とどく［荼毒］。

後まで残るー 近世 よどく［余毒］。

かいと・る【買取】 近世 ばいしう［買収］。近世 かひいれ［買入］。かひうけ［買受］。かひきる［買切］。中古 かひとる［買取］。

強引にー・る 中世 おしがひ［押買］。

手放したものをー・る 中世 かひもどす［買戻］。

かいなら・す【飼慣】 中世 かひならす［飼慣］。中古 かひつく［ーつける］［飼付］。たなれ［手慣］。てならす［手慣／手馴］。

かいにゅう【介入】 近代 おせっかい［御節介］。かいざい［介在］。かんせふ［干渉］。ちゅうかい［仲介］。嘴(くちばし)を挟む。近世 くちだし［口出］。くゎんよ［関与］。さしでぐち［差出口］。せわやき［世話焼］。てだし［手出］。嘴(くちばし)を容(い)る［ー容れる］。中世 さしでがまし［差出］。

かいにん【解任】 任を解く。近代 かいこ［解雇］。かいにん［解任］。かくしゅ［馘首］。ひめん［罷免］。めんくゎん［免官］。めんしょく［免職］。めんず［免］。職を解く。近世 めしはなち［召放］。めんちゅつ［免黜］。首にす。中世 かいしょく［解職］。げくゎん［解官］。げす［解］。はいちゅつ［廃黜］。中古 けづる［削］。とく［解］。はなつ［放］。→**かいこ**

公務員を意に反してー・すること ひめん［罷免］。

かいにん【懐妊】 近代 こごもり［子籠］。じゅたい［受胎］。近世 くゎいぶく［懐腹］。そこだめ［底溜］。にんしん［妊娠］。にんよう［妊孕］。中世 くゎいたい［懐胎］。上代 くゎいにん［懐妊／懐姙］。くゎいよう［懐孕］。→**にんしん**

かいぬし【買主】 こうにゅうしゃ［購入者］。近代 うりさき［売先］。かひかた［買方］。こきゃく［顧客］。バイヤー(buyer)。近世 うりくち［売口］。中世 かひて［買手］。かひぬし［買主］。

かいね【買値】 かいとりかかく［買取価格］。しいれね［仕入値］。近代 げんか［原価／元価］。だいか［代価］。もとね［元値］。近世 だいきん［代金］。中世 かひね［買値］。

がいねん【概念】 イメージ(image)。コンセプト(concept)。近代 がいねん［概念］。くゎんねん［観念］。コンセプション(conception)。りねん［理念］。

既成ー 近代 せんにふくゎん［先入観］。

かいば【飼葉】 かいぐさ［飼草］。近世 かひば［飼葉］。中世 くさわら［草藁］。上代 くさ［草］。まぐさ［秣／馬草］。→**えさ**

ー桶 近代 かひをけ［飼桶］。さうれき［槽櫪］。中世 ばれき［馬櫪］。中古 うまぶね［馬槽］。

がいはく【該博】 近世 がいはく［該博］。はくしき［博識］。上代 はくがく［博学］。→**はくしき**

かいはつ【開発】 近世 かいたく［開拓］。中世 かいはつ［開発］。けいはつ［啓発］。けいもう［啓蒙］。しがい／しんかい／しんがい［新開］。中古 ひらく［開／拓］。上代 かいこん［開墾］。

土地ー業者 ディベロッパー／デベロッパー(developer)。

かいばつ【海抜】 近代 かいばつ［海抜］。へうかう［標高］。

かいひ【回避】 近代 きき／きゐ［忌諱］。けいゑん［敬遠］。たうひ［逃避］。中古 きひ［忌避］。のがる［のがれる］［逃］。よく［よける］［避／除］。上代 くゎいひ［回避］。さく［さける］［避］。

かいびゃく【開闢】 中世 げんし［原始］。さうせい［創世］。上代 かいびゃく［開闢］。らんしゃう［濫觴］。

がいひょう【概評】 近代 がいひゃう［概評］。ひゃうか［評価］。近世 そうひゃう［総評］。

かいひん【海浜】 →**いそ** →**かいがん**

がいぶ【外部】 ぶがい［部外］。近代 アウトサイド(outside)。アウトドア(outdoor)。きょくぐゎい［局外］。ぐゎいかい［外界］。ぐゎいぶ［外部］。近世 そとがは［外側］。中世 ぐゎいくゎく［外郭］。ぐゎいはう［外方］。そと［外］。そとも［外面］。中古 おもて［表］。もんぐゎい［門外］。上代 ほか［外］。

ーから来る 中世 ぐゎいらい［外来］。

ーからの圧迫 がいあつ［外圧］。

ーからの面倒 近代 ぐゎいいう［外憂］。ぐゎいく［外懼］。ぐゎいくゎん［外患］。ぐゎい

てき［外敵］。

―との交渉　しょうがい［渉外］。近代 ぐゎいかう［外交］。しうかう［修好／修交］。

―に関わるさま　近代 ぐゎいてき［外的］。ぐゎいぶてき［外部的］。ぐゎいめんてき［外面的］。

―に関すること　近世 ぐゎいじ［外事］。

―に対する　近代 たいぐゎい［対外］。

―の事情　近代 ぐゎいじゃう［外情］。

―を拒絶する姿勢　へいさてき［閉鎖的］。

かいふく【回復】（復元）ふくちょう［復調］。リカバリー（recovery）。近代 さいき［再起］。ふくきう［復旧］。ふくくゎつ［復活］。ふくげん［復原／復元］。ふくこう［復興］。リバイバル（revival）。息を吹き返す。旧に復する。近世 さいせい［再生］。ふくこ［復古］。元の鞘に納まる。中世 くゎいふく［回復］。さいこう［再興］。さいしゃう［再生］。とりもどす［取戻］。ばんくゎい［挽回］。ふくき［復帰］。みなほす［見直］。もちなほす［持直］。もりかへす［盛返］。中古 ことなほる［事直］。たちなほる［立直］。たてなほし［立直］。なほる［直］。上代 こうふく［興復］。たひらぐ［平］。よみがへる［蘇／甦］。

《句》近代 埋もれ木に花。老い木に花。枯れ木に花。近世 狂瀾を既倒に反す。狂瀾を既倒に廻らす。

かいふく【快復】（治癒）かんじ／かんち［完治］。近代 こんち／こんぢ［根治］。ぜんち／ぜんぢ［全治］。ちゆ［治癒］。ヒーリング（healing）。リハビリ／リハビリテーション（rehabilitation）。くゎいしゅん［回春］。近世 くゎいはう［快方］。くゎいふく［快復］。ぜんくゎい［全快］。ひだつ［肥立］。中世 くゎいゆ［快癒］。へいゆう［平癒］。ほんぶく／ほんぷく［本復］。中古 なほる［治／直］。上代 いゆ［いえる］［癒］。へいゆ［平癒］。

―に向かう　近代 濡れ紙を剝がすやう。中古 おこたる［怠］。おろいゆ［疎癒］。げんき［減気／験気］。やみがた［止方］。

かいぶつ【怪物】　はんじゅう［半獣］。フリーク（freak）。ベム（BEM）。近代 おばけ［化］。きふけつき［吸血鬼］。ゴースト（ghost）。サタン（Satan）。バンパイア（vampire）。まもの［魔物］。モンスター（monster）。近世 あくま［悪魔］。しょけ［所化］。中世 あやかし。くせもの［曲者］。くゎいぶつ［怪物］。けしゃう［化生］。さかがみ［逆髪］。じゃけ［邪気］。せっき［殺鬼／刹鬼］。ちみまうりゃう［魑魅魍魎］。つきもの［憑物］。ぬえ［鵺／鵼］。ばけもの［化物］。まうりゃう［魍魎］。まみ［魔魅］。中古 あくき［悪鬼］。あくらう／あくりゃう［悪霊］。あしなが［足長］。いうれい［幽霊］。おに［鬼］。かりのもの［仮物］。きじん［鬼神］。きみ［鬼魅］。くゎいい［怪異］。け［怪］。ここめ［醜女］。じゃき［邪鬼］。てなが［手長］。ひゃくきやぎゃう［百鬼夜行］。ひれん［蜚廉／飛廉］。へんげ［変化］。まえん［魔縁］。もの［物］。もののけ［物怪／物化］。上代 えうくゎい［妖怪］。みづち［蛟／虬／虯］。→**そうぞう**

女の―　近世 やまをんな［山女］。中世 やまうば／やまんば［山姥］。中古 ここめ［醜女］。

ギリシャ神話中の―　ゴルゴーン／ゴルゴン（Gorgōn）。シラ／スキュラ（Skylla）。メドゥーサ（Medūsa）。

航海中に現れる―　中世 すいき［水鬼］。中古 すだま［魑魅］。

山の―　近世 やまをとこ［山男］。

▼生き霊　中世 いきりゃう［生霊］。をんりゃう［怨霊］。中古 いきすだま［生霊］。

▼亡霊　中世 ばうこん［亡魂］。はくれい［魄霊］。

▼霊魂　中古 せい［精］。

がいぶん【外聞】　メンツ［（中国語）面子］。近代 ていさい［体裁］。めいよ［名誉］。近世 こけん［沽券］。ひゃうばん［評判］。みえ［見栄／見得］。めんもく［面目］。中世 よそぎき［余所聞］。中古 おとぎき［音聞］。ききみみ［聞耳］。きこえ［聞］。ぐゎいぶん［外聞］。せけんてい［世間体］。ひとぎき［人聞］。めいぼく／めんぼく［面目］。上代 ひとめ［人目］。

―が悪い　近代 ふていさい／ぶていさい［不体裁］。中古 はぢがまし［恥］。ひとぐるし［人苦］。ひとわろし［人悪］。

かいへん【改変】　近代 かうかい［更改］。かくしん［革新］。さっしん［刷新］。へんくゎん［変換］。近世 へんかく［変革］。みなほし［見直］。中世 かいかく［改革］。かいへん［改変］。中古 あらたむ［―ためる］［改］。へんがい［変改］。上代 かいしん［改新］。かうしん［更新］。へんかう［変更］。→**あらた・める**

目的や方針のない―　近代 いぢくる［弄］。近世 いぢる［弄］。

かいほう【介抱】→**かいご**

かいほう【快方】→**かいふく【快復】**

かいほう【解放】じゆうか［自由化］。近代 か

いきん［解禁］。かいぢょ［解除］。かいはう［解放］。ときはなす／ときはなつ［解放］。とく［解］。リバティー(liberty)。中世はうにん［放任］。中古はうめん［放免］。はなつ［放］。上代しゃくはう［釈放］。

かいほう【開放】 近代あけはなつ［開放］。オープン(open)。かいはう［開放］。こうかい［公開］。フリー(free)。近世こうぜん［公然］。中古あけひろぐ［—ひろげる］［開広］。上代あく［あける］［開］。

—的 近代あけっぴろげ［開広］。あけはなし［開放］。近世あけすけ。あけっぱなし［開放］。

かいほう【会報】 ぶかいほう［部会報］。近代きくゎんし［機関誌／機関紙］。くゎいほう［会報］。

かいぼう【解剖】 近代ぶんかい［分解］。ぶんせき［分析］。近世かいたい［解体］。かいぼう［解剖］。ふわけ［腑分］。

—・して調べること 近代ぼうけん［剖検］。

がいぼう【外貌】 近代ぐゎいくゎん［外観］。りんくゎく［輪郭］。近世ぐゎいけん［外見］。中世ぐゎいばう［外貌］。みかけ［見掛］。中古うはべ［上辺］。

かいまく【開幕】 オープニング(opening)。近代かいくゎい［開会］。かいし［開始］。かいまく［開幕］。近世まくあき／まくあけ［幕開］。柝(き)が入る。中世かいえん［開演］。

—のときすでに俳優がいること 近世いたつき［板付］。

—までの時間 近代いれこみ［入込］。

かいま・みる【垣間見】 近世いちべつ［一瞥］。中世いっけん［一見］。中古かいばみる／かいまみる［垣間見］。かいばむ／かいまむ［垣間］。のぞきみる［覗見］。のぞく［覗］。上代うかがふ［窺］。

かいみょう【戒名】 近代きがう［鬼号］。中世おくりがう［贈号］。おくりな［諡］。かいみゃう［戒名］。中古いみな［諡］。ほふがう［法号］。上代ほふみゃう［法名］。

—の種類 近世よがう［誉号］。ゐんがう［院号］。中世あんがう［庵号］。けんがう［軒号］。だうがう［道号］。上代ゐがう［位号］。

▼位号の例 近代がいじ［孩児］。がいぢょ［孩女］。こじ［居士］。しんじ［信士］。しんにょ［信女］。だいこじ［大居士］。だいし［大師］。どうじ［童子］。どうぢょ／どうにょ［童女］。

かいみん【快眠】 近代うまいね［熟寝］。うまね［熟寝］。くゎいみん［快眠］。中世あんみん［安眠］。じゅくすい［熟睡］。上代うまい［熟寝／熟睡］。

かいむ【皆無】 近代ゼロ(zero)。ナッシング(nothing)。むいちぶつ／むいちもつ［無一物］。近世かいむ［皆無］。ぜつむ［絶無］。中世む［無］。中古ぜつめつ［絶滅］。

がいむ【外務】 近代ぐゎいきん［外勤］。ぐゎいむ［外務］。近世ぐゎいじ［外事］。

かいめい【解明】 近代かいめい［解明］。きうめい［究明］。せつめい［説明］。ときあかす［解明］。ときほぐす［解］。中世かいしゃく［解釈］。けんきう［研究］。謎を解く。中古かいせつ［解説］。

古語や難解な語を—・する 近代やくする［訳］。

かいめい【改名】 近代かいしゃう［改姓］。かいしょう［改称］。中世かいみゃう／がいみゃう［改名］。上代かいせい［改姓］。かいめい［改名］。

かいめつ【壊滅】 近代ぜんくゎい［全壊］。ぜんめつ［全滅］。中世くゎいめつ［壊滅／潰滅］。はくゎい［破壊］。ほうくゎい［崩壊］。ぼつらく［没落］。中古はめつ［破滅］。めつばう［滅亡］。

かいめん【海面】 近代やうじゃう［洋上］。近世あをだたみ［青畳］。うなづら［海面］。かいめん［海面］。中古うみづら［海面］。かいじゃう［海上］。はしゃう／はじゃう［波上］。上代には［庭］。わたなか［海中］。

—が小魚で盛り上がる 近代ゐとこ［餌床］。

—の高さ ちょうい［潮位］。

穏やかな— 油を流したよう。近代あをだたみ［青畳］。近世には［日和］。

魚群で—が泡立つ わき［涌／湧］。

台風で—の水位が上がる かざしお［風潮］。

広い— 上代には［庭］。

かいめん【海綿】 かいじゅう［海絨］。近代うみわた［海綿］。近世かいめん［海綿］。

—の骨格 近代スポンジ(sponge)。

がいめん【外面】 近代うはっつら［上面］。ぐゎいくゎん［外観］。そとづら［外面］。近世うはべ［上辺］。ぐゎいへん［外辺］。中世うはつら［上面］。ぐゎいめん［外面］。へうめん［表面］。へんぷく［辺幅］。みかけ［見掛］。中古おもて［表］。ぐゎいけん［外見］。じゃうめん［上面］。

建物の— 近代エクステリア(exterior)。

かいもく【皆目】 ぜんぜん［全然］。まったく［全］。中世かいもく［皆目］。→**ぜんぜん**

かいもと・める【買求】 近代あがなひもとめる

[購求]。こうきう[購求]。中世かひもとむ[—もとめる][買求]。中古つのる[贖]。

かいもの【買物】 中世かひもの[買物]。近代ショッピング(shopping)。

がいや【外野】 中世ぶがいしゃ[部外者]。近代きょくぐゎいしゃ[局外者]。だいさんしゃ[第三者]。近世やじうま[野次馬]。

かいやく【解約】 →**かいじょ**(契約—)

かいゆ【快癒】 →**かいふく【快復】**

かいゆう【回遊】 近代くゎいいう[回遊]。近世まんいう[漫遊]。れきいう[歴遊]。中世ゆさん[遊山]。中古いうらん[遊覧]。りょかう[旅行]。上代しういう[周遊]。

がいゆう【外遊】 かいがいりょこう[海外旅行]。がいこくりょこう[外国旅行]。近代かいぐゎいしさつ[海外視察]。ぐゎいいう[外遊]。やうかう[洋行]。近世りうがく[留学]。上代いうがく[遊学]。

かいよう【海洋】 近世かいやう[海洋]。中世たいやう[大洋]。中古たいかい[大海]。上代おほうみ[大海]。→**うみ**

がいよう【外洋】 近世ぐゎいかい[外海]。ぐゎいやう[外洋]。そとうみ[外海]。ゑんやう[遠洋]。中世たいやう[大洋]。ゑんかい[遠海]。

がいよう【概要】 がいよう[概容]。ダイジェスト(digest)。近代アウトライン(outline)。えうかう[要綱]。えうてん[要点]。えうりゃう[要領]。がいえう[概要]。がいくゎん[概観]。サマリー(summary)。シノプシス(synopsis)。しゅし[主旨]。ていえう[提要]。りんくゎく[輪郭]。レジュメ(フランス résumé)。近世あらすぢ[粗筋]。がいりゃく[概略]。中世あらまし。えうし[要旨]。えうやく[要約]。おほすぢ[大筋]。たいやく[大約]。中古おほむね[概]。おほよそ[大凡/凡]。かうがい[梗概]。たいえう[大要]。たいかう[大綱]。たいらく/たいりゃく[大略]。

がいよう【概容】 →**がいよう**(前項)

かいらい【傀儡】 近代ロボット(robot)。近世あやつりにんぎゃう[操人形]。かざりもの[飾物]。からくりにんぎゃう[絡繰人形]。中古くゎいらい[傀儡]。

—師 近代くろまく[黒幕]。さくし[策士]。近世にんぎゃうつかひ[人形使]。にんぎゃうまはし[人形回]。

がいらい【外来】 近代ぐゎいらい[外来]。近世はくらい[舶来]。中古でんらい[伝来]。とらい[渡来]。

かいらく【快楽】 近代きゃうらく[享楽]。近世えつらく[悦楽]。中世くゎいらく[快楽]。中古いつらく[逸楽]。けらく[快楽]。上代くゎんらく[歓楽]。《句》近代栄耀(ええ)の隠し食ひ。近世河豚(ふぐ)は食ひたし命は惜しし。

—主義 近代エピキュリアン(epicurean)。ヘドニズム(hedonism)。

—の誘い 近代禁断の果実。禁断の木(こ)の実。

かいらん【回覧】 きょうらん[供覧]。まわしよみ[回読]。近世くゎいらん[回覧/廻覧]。中世くゎいじゃう[回状]。くゎいぶん[回文]。さんじゃう[散状]。ふれじゃう[触状]。

—・すること 近代くゎいじ[回示]。

—・する書状 かいしょ[回書]。近代まはしぶみ[回文]。近世くゎいぶん/くゎいもん[回文]。中世くゎいしゃう[回章]。中古めぐらしぶみ[回文]。

かいり【乖離】 近代くゎいり[乖離]。はいり[背離]。りはん[離反]。近世くひちがひ[食違]。中世そご[齟齬]。中古さうい[相異]。さうゐ[相違]。

かいりつ【戒律】 近代かいきん[戒禁]。きまり[決]。近世きてい[規定]。きりつ[規律]。はっと[法度]。中世きそく[規則]。りつぎ[律儀/律義]。中古おきて[掟]。せいかい[制戒]。ゐぎ[威儀]。上代かいりつ[戒律]。きんせい[禁制]。きんれい[禁令]。

僧の守るべき— 中世そうかい[僧戒]。中古そうりつ[僧律]。

がいりゃく【概略】 ラフ/ラフスケッチ(rough sketch)。近代がいえう[概要]。がいきゃう[概況]。がいせつ[概説]。サマリー(summary)。レジュメ(フランス résumé)。近世あらすぢ[粗筋]。がいりゃく[概略]。中世あらかた[粗方]。あらまし。おほすぢ[大筋]。おほよそ[大凡]。およそ[凡]。中古えうりゃく[要略]。おほむね[概]。かうがい[梗概]。たいがい[大概]。たいりゃく[大略]。上代たいい[大意]。

—を述べること 近世がいげん[概言]。

—を知ること 近代がいち[概知]。

かいりゅう【海流】 近代かいりう[海流]。てうりう[潮流]。上代しほ[潮/汐]。しほせ[潮瀬]。しほぢ[潮路/汐路]。

—を調べる瓶 かいりゅうびん[海流瓶]。ひょうりゅうびん[漂流瓶]。

風によって生じた— すいそうりゅう[吹送流]。ふうせいかいりゅう[風成海流]。

かいりょう【改良】 近代 かいぜん［改善］。かいりゃう［改良］。しうせい［修正］。近世 かうせい［更正］。中古 あらたむ［―ためる］［改］。上代 かいせい［改正］。

かいろ【回路】 近代 くゎいせん［回線］。サーキット(circuit)。

かいろ【海路】 シーレーン(sea lane)。近代 せんろ［船路］。近世 かうろ［航路］。中世 うら［浦］。しほぢ［潮路／汐路］。ふなたび［船旅］。ふなて［船手］。中古 うみづら［海面］。かいだう［海道］。かいろ［海路］。すいろ［水路］。なみぢ［波路］。ふなぢ［船路］。上代 うなぢ／うみぢ［海路］。うみつぢ［海路］。かいろ［海路］。みを［水脈］。やしほぢ［八潮路］。

多くの― 上代 やしほぢ［八潮路］。

長い― 中古 やへのしほぢ［八重潮路］。

がいろ【街路】 近代 アベニュー(avenue)。ストリート(street)。ほだう［舗道／鋪道］。中世 ちまた［巷］。とほり［通］。中古 がいとう［街頭］。上代 がいろ［街路］。みち［道］。

かいろう【回廊】 近代 アーケード(arcade)。近世 わたりらうか［渡廊下］。中古 くゎいらう［回廊／廻廊］。ほらう［歩廊］。

国と国を結ぶ細い― コリドー(corridor)。

列柱のある― コロネード(colonnade)。ちゅうろう［柱廊］。

がいろん【概論】 近代 がいせつ［概説］。はんろん［汎論］。近世 がいろん［概論］。そうろん［総論］。つうろん［通論］。

かいわ【会話】 かたりあい［語合］。近代 かたらひ［語］。カンバセーション(conversation)。くゎいわ［会話］。コミュニケーション(communication)。こんだん［懇談］。ざつだん［雑談］。ダイアローグ(dialogue)。近世 はなしあひ［話合］。中世 くゎいだん［会談］。たいだん［対談］。たいわ［対話］。中古 だんくゎい［談話］。だんわ［談話］。めんだん［面談］。上代 ぐうご［偶語］。

―が途切れる 間が持てない。近代 天使が通る。

心静かな― 中古 かんわ［閑話］。

楽しい― 近代 かんだん［歓談］。

パソコンのネットワークでの軽い― チャット(chat)。

かいわい【界隈】 →**きんじょ**

か・う【買】 近代 かひあげる［買上］。こうにふ［購入］。こうばい［購買］。ショッピング(shopping)。ばいしう［買収］。近世 あがなふ［購］。かひつく［―つける］［買付］。しいる［―いれる］［仕入］。中世 かひいる［―いれる］［買入］。かひもとむ［―もとめる］［買求］。ととのふ［―のえる］［整］。もとむ［もとめる］［求］。中古 あがふ［購］。上代 かふ［買］。

《尊》 近代 かひあげ［買上］。中古 めす［召］。

―うのを拒絶する 近代 ボイコット(boycott)。

―って仕舞っておく 近代 かひだめ［買溜］。中世 かひおき［買置］。

―って備える 近代 かひそろへる［買揃］。中古 かひととのふ［―ととのえる］［買整］。

―って得をする物 かいもの［買物］。近世 かひどく［買得］。

―って引き取る 中世 かひうく［―うける］［買受］。中古 かひとる［買取］。

―って増やし補う 中世 かひたす［買足］。

市場で値段を呼び立てて―・う こばい［呼買］。

いつもその店から―・う とりつける［取付］。

盛んに―・う かいあさる［買漁］。近代 かひあふる［買煽］。近世 かひこむ［買込］。

実際より高く―・う 近世 かひかづく［買被］。

商品を問屋や市場で―・う 近世 かひだし［買出］。

その場の気分で―・う しょうどうがい［衝動買］。

代金後払いで―・う 近世 かけがひ［掛買］。

展示会などでその場で―・う そくばい［即買］。

盗品を盗品と知って―・う 近世 けいずかひ［窩主買］。上代 こばい［故買］。

残らず―・う かいきる［買切］。近世 かひあぐ［―あげる］［買上］。かひしむ［―しめる］［買占］。

安く―・う かいたたく［買叩］。

か・う【飼】 ひいく［肥育］。近代 かひやしなふ［飼養］。しいく［飼育］。中世 ちくやう［畜養］。中古 とりかふ［取飼］。上代 かふ［飼］。しやう［飼養］。

―・い慣らす 中世 かひつく［飼付］。

自分で―・う 中古 てがひ［手飼］。

放し―・いする 中古 のがふ［野飼］。はうぼく［放牧］。

牧場で―・う 近代 ぼくする［牧］。ぼくちく［牧畜］。近世 ぼくやう［牧養］。

▼牧童 ガウチョ(スペイン gaucho)。カウボーイ(cowboy)。

カウント(count) 近代 カウント。さんしゅつ［算出］。算盤をはじく。近世 さんてい［算定］。

中世けいさん[計算]。さんよう[算用]。中古かんぢゃう[勘定]。上代かぞふ[かぞえる][数]。

かえ・す【返】 近代くゎんげん[還元]。へんくゎん[返還]。中世へんさい[返済]。もどす[戻]。中古かへさふ[返]。かへす[返]。かやす[返]。ひきかへす[引返]。へんきゃく[返却]。へんじゃう[返上]。へんなふ[返納]。

《枕》中古あらをだを[荒小田]。上代からころも[唐衣]。

恩や仇を―・す 中世むくふ[報]。中古むくゆ[むくいる][報]。

買った物を―・す 近代へんぴん[返品]。

金を―・す はらいもどす[払戻]。近世へんきん[返金]。

借金を―・す 近代しゃうくゎん[償還]。中世べんさい[弁済]。

借金を全部―・す 近代かいさい/かんざい[皆済]。中世くゎんさい[完済]。

かえすがえす【返返】 中古かへるがへる[返返]。くれぐれ[呉呉]。上代かへすがへす[返返]。

かえだま【替玉】 スタンドイン(stand in)。ダミー(dummy)。近代だいやく[代役]。近世かげむしゃ[影武者]。かへだま[替玉]。ふきかへ[吹替]。中古みがはり[身代]。

かえって【却】 ぎゃくに[逆]。はんたいに[反対]。近代なまなか。近世いっそのこと。けく[結句]。中世いっそ。けっく[結句]。中古なかなか。むしろ[寧]。上代かへって[却]。かへらばに/かへらまに。かへりて[却]。

かえで【楓】 近代メープル(maple)。近世もみぢ[紅葉]。中世いろみぐさ[色見草]。にしきぐさ[錦草]。ふうじゅ[楓樹]。中古かへで[楓]。上代かひるて/かへるて[蛙手/蝦手]。

―の花 はなかえで[花楓]。

―の林 ふうりん[楓林]。

霜で紅葉した― 近世さうふう[霜楓]。

かえりざき【返咲】 カムバック(comeback)。にどざき[二度咲]。近代さいき[再起]。ふくゎつ[復活]。埋もれ木に花。老い木に花。枯れ木に花。近世かへりざき[返咲]。中世ふくき[復帰]。

―の花 中世かへりばな[返花/帰花]。

かえりみち【帰道】 近代かへりぎは[帰際]。ふくろ[復路]。近世かへりがけ[帰]。かへりしな[帰]。かへりみち[帰道/帰路]。きと[帰途]。もどりあし[戻足]。もどりみち[戻道]。をりかへし[折返]。中世かへりあし[帰足]。もどり[戻]。中古かへさ[帰]。かへりぢ/きろ[帰路]。かへるさま[帰様]。上代いへぢ[家路]。かへり/かへるさ[帰]。

かえり・みる【顧】 ふりかえる[振返]。近代くゎいさう[回想]。近世ついさう[追想]。中世くゎいこ[回顧]。ついくゎい[追懐]。中古こめん[顧眄]。ついおく[追憶]。上代かへりみる[顧]。こべん[顧眄]。

目上が目下を―・みる 近世さこ[左顧]。

もう一度―・みる 中古さいこ[再顧]。

指さして―・みる 近代しこ[指顧]。

かえり・みる【省】 近代じせい[自省]。ないせい[内省]。はんせい[反省]。近世しゃうさつ[省察]。しんせい[深省]。中世せいさつ[省察]。中古かへりみる[省]。

《句》近代他山の石以て玉を攻むべし。人を怨むより身を怨め。近世人こそ人の鏡なれ。人の上見て我が身を思へ。人のふり見て我がふり直せ。人を以て鏡となす。

強く―・みる 中世まうせい[猛省]。

かえる【蛙】 近世おんびき[蟇]。中古かはきす[川雉子]。かはづ[蛙]。かへら[蛙]。上代かへる[蛙]。

―の鳴き声 近世あせい[蛙声]。

―の幼生 近世おたがじゃくし[御多賀杓子]。おたまじゃくし[御玉杓子]。くゎと[蝌蚪]。中古かへるこ[蛙子/蝌蚪]。

井の中の― 中古せいあ[井蛙]。

▼ひきがえるなど 中古ひき[蟇]。上代たにぐく[谷蟇]。

か・える【変】 近代かうかい[更改]。チェンジ(change)。へんかく[変革]。近世てんくゎん[転換]。へんくゎん[変換]。中世いっしん[一新]。かゆ[かえる][変]。てんくゎ[転化]。へんえき/へんにゃく/へんやく[変易]。中古かふ[かえる][変]。くゎす[化]。さまかふ[―かえる][様変]。てんず[転]。とりなほす[取直]。へんがい[変改]。へんず[変]。上代あらたむ[―ためる][改]。かうしん[更新]。へんかう[変更]。

―・えない 近代こしつ[固執]。中世いしふ[意執]。こしふ[固執]。

―・えることができる 近代かへん[可変]。

外見などを―・える イメージチェンジ(和製image change)。

形や性質を―・える 中古くゎす[化]。

行を―・える かいぎょう[改行]。

すっかり―・える 近代ぬりかへる[塗替]。

中世いっぺん[一変]。中古ひきたがふ[引違]。

態度を急に―・える 近世ゐなほる[居直]。中古ひるがへす[翻]。

場所を―・える 上代うつす[移/遷]。

古びて形を―・える 近代こふらふ[劫臈/劫臘]。

目立たないように形を―・える 近代カムフラージュ/カモフラージュ(フランス camouflage)。ぎさう[偽装/擬装]。めいさい[迷彩]。中世いでたつ[出立]。中古しのびやつす[忍寠]。やつす[寠]。

か・える【替】 シフト(shift)。近代かうくゎん[交換]。だいたい[代替]。チェンジ(change)。近世くりかふ[―かえる][繰替]。ふる[振]。中世いれかふ[―かえる][入替]。かゆ[かえる][替/代/換]。でがはり[出代/出替]。ふりかふ[―かえる][振替]。中古かはす[代]。けうたい[交代/交替]。さしかふ[―かえる][差替]。ひきかふ[―かえる][引替]。上代かうえき[交易]。かうたい[交代/交替]。かふ[かえる][替/代/易]。とりかふ[―かえる][取替]。

次々と―・える 近代入れ替はり立ち替はり。中古かはるがはる[代代]。たちかはり[立替]。

部屋の空気を―・える 近代くゎんき[換気]。

かえ・る【帰】❶〈元の場所へ〉 近代くゎいき[回帰]。ひきあげる[引揚]。リターン(return)。近世とんぼがへり[蜻蛉返/筋斗返]。まひもどる[舞戻]。中世きくゎん[帰還]。きちゃく[帰着]。とってかへす[取返]。ふくき[復帰]。中古かへりきたる[帰来]。かへりつく[帰着]。かへりわたる[帰渡]。きさん[帰参]。きらい[帰来]。もどる[戻]。をちかへる[復返]。上代いがへる[帰]。かへる[帰]。をつ[復]。

《尊》中世きぎょ[帰御]。くゎんかう[還幸]。くゎんぎょ[還御]。くゎんけい[還啓]。

《枕》上代あづさゆみ[梓弓]。ころもでの[衣手]。ふなあまり[船余]。

―らない 近代てっぽうだま[鉄砲玉]。鉄砲玉の使ひ。近世さつまびきゃく[薩摩飛脚]。ゐびたれる[居浸]。上代ふき[不帰]。雉子(きぎし)の頓使(ひたづか)ひ。

―りがけ →かえりみち

―りにくい 中古かへりがて[帰]。

―りの航路 近代きかう[帰航]。

―るついでに 中世かへりあし[帰足]。かへりざま[帰様]。

生きて―・ること 中世せいくゎん[生還]。

田舎へ―・る 近代きのう[帰農]。中古きかう[帰耕]。上代きでん[帰田]。

京都へ―・る 中古ききゃう[帰京]。きらく[帰洛]。

自国に―・る 中世きこく[帰国]。上代きてう[帰朝]。

仕事場などに―・る きせん[帰船]。きたい[帰隊]。きふ[帰府]。近代きかう[帰校]。きしゃ[帰社]。きちゃう[帰庁]。きにん[帰任]。中古きさん[帰参]。

自宅へ―・りたい気持ち 近世帰心矢の如し。

自宅へ―・る ダモイ(ロシア domoi)。家路につく。家路を急ぐ。家路をたどる。近代きぐう[帰寓]。中世きか[帰家]。きたく[帰宅]。

自分の里に―・る 近世きそん[帰村]。中世ききゃう[帰郷]。きせい[帰省]。さとがへり[里帰]。

出世して故郷に―・る 近代錦衣(いきん)故郷に帰る。近世故郷へ錦を飾る。

戦闘から―・る 近世きぢん[帰陣]。

戦いに勝って―・る 上代がいせん[凱旋]。

船が港に―・る 近世きかう[帰港]。

行くことと―・ること 近世ゆきつもどりつ[行戻]。中古ゆきき[行来]。わうふく[往復]。わうへん[往返]。上代いゆきかへる[行帰]。ゆきかへり[行帰]。わうくゎん[往還]。

かえ・る【帰】❷〈その場から〉 近代腰を浮かす。尻を上げる。近世おいとま[御暇]。中世かへる[帰]。じす[辞]。しりぞく[退]。中古じきょ[辞去]。たいしゅつ[退出]。上代たちさる[立去]。まかる[罷]。

―・らせる 中古おひかへす[追返]。まく[罷]。

学校から―・る 近代げかう[下校]。たいかう[退校]。

仕事場などから―・る たいしゃ[退社]。たいしょ[退所]。近代たいゐん[退院]。

かお【顔】❶〈顔形〉 フィーチャー(feature)。マスク(mask)。ルックス(looks)。近代ふうばう[風貌]。フェース(face)。ようしき[容色]。近世かほだち[顔立]。かんばせ[顔]。がんめん[顔面]。くび[首/頸]。つらがまへ[面構]。むかふづら[向面]。めはなだち[目鼻立]。中世かほだて[顔立]。きりゃう[器量]。さうがう[相好]。つら[面]。にんさう[人相]。びもく[眉目]。めん[面]。めんさう[面相]。めんてい[面体]。めんばう[面貌]。中古おもやう[面様]。かたち[形]。かほかたち[顔形]。か

ほつき［顔付］。かほばせ［顔］。ぎゃうさう［形相］。さうばう［相貌］。つらつき［面付］。みめ［見目］。みめかたち［見目形］。めんよう［面容］。ようがん［容顔］。ようし［容姿］。ようしょく［容色］。【上代】おも／おもて［面］。おもがた［面形］。おもわ［面環］。かほ［顔／貌］。ようばう［容貌］。《尊》【近世】たいがん［台顔］。【中古】そんがん［尊顔］。そんよう［尊容］。はうがん［芳顔］。

ーが美しい（人） 【近代】うつくしびと［美人］。ぎょくよう［玉容］。【近世】うりざねがほ［瓜実顔］。かほよびと［顔佳人／美人］。くゎがん［花顔］。びがん［美顔］。びけい［美形］。まぶ。芙蓉(ふよう)の顔(かんばせ)。【中世】ぎょくがん［玉顔］。みめよし［見目良］。【中古】かたちびと［容人］。しうび［秀眉］。はうがん［芳顔］。はなのかほ［花顔］。びじん［美人］。【上代】かほよし［顔良］。びばう［美貌］。

ーが美しくない（人） 【近代】しこを［醜男］。ぶをんな［醜女］。【近世】しこめ［醜女］。【中世】ぶきりゃう［不器量／無器量］。ぶをとこ［醜男］。【中古】しうぢょ／しゅにょ［醜女］。【上代】しこめ［醜女］。しこを［醜男］。

ーが窶(やつ)れて見える 【中世】おもやつれ［面窶］。【中古】おもやす［ーやせる］［面瘦］。

ー全体 【近世】かほぢゅう［顔中］。【中世】まんめん［満面］。

ーのつくり 【近代】ざうさく［造作］。だうぐだて［道具立］。【近世】かほだち［顔立］。【中世】かほだて［顔立］。

赤みを帯びたー 【近代】あかつら／あかづら［赤面／赭面］。しゅがん［朱顔］。【近世】あからがほ［赤顔］。しゃがん［赭顔］。

色白のー 【近代】はくめん［白面］。

化粧しないー すっぴん［素］。【近代】そがん［素顔］。【近世】ぢがほ［地顔］。【中世】すがほ［素顔］。すめん［素面］。【中古】ただがほ［唯顔］。

心に浮かぶー 【上代】おもかげ［面影］。

子供のー 【近世】わらべがほ［童顔］。をさながほ［幼顔］。【中古】どうがん［童顔］。

酒を飲んで赤くなったー 【近代】さけやけ［酒焼］。【近世】さかつら［酒面］。ゆでだこ［茹蛸］。【上代】赤丹(あかに)の秀(ほ)。豊(よと)の明かり。

酒を飲んでいないー 【近世】しらふ［素面／白面］。

写真に撮ったときのー カメラうつり［camera 写］。カメラフェース（和製 camera face）。

天子のー 【近世】りゅうがん［竜顔］。【上代】りょうがん［竜顔］。

長めのー 【近世】うりざねがほ［瓜実顔］。ほそおもて［細面］。【中世】おもなが［面長］。

ひげを生やしたー 【近世】ひげづら［髭面］。

丸いー 【近世】まるがほ［丸顔］。

やさしいー 【近代】をんよう［温容］。【中古】じがん［慈顔］。をんがん［温顔］。

若い男のー 【近代】はくめん［白面］。【上代】こうがん［紅顔］。

かお【顔】❷〈表情〉 プロフィール（profile）。【近代】けっさう［血相］。よこがほ［横顔］。【近世】かんばせ［顔］。きっさう［気相／吃相］。けしょく［気色］。つらがまち［面框］。つらがまへ［面構］。【中古】おももち［面持］。かほ［顔］。かほげしき［顔気色］。かほざま［顔様］。かほつき［顔付］。かほばせ［顔］。かほもち［顔持］。きしょく／けしき［気色］。ぎゃうさう［形相］。【上代】おもへり［面］。↓**かおいろ**

ーを赤める（恥じて／興奮して） 【近代】そめる［染］。たんがん［赧顔］。火の出るやう。満面朱を注(そそ)ぐ。【近世】うでだこ／ゆでだこ［茹蛸］。こうてう［紅潮］。ほてり［火照］。【中世】きたん［愧赧］。じゃうき［上気］。朱(しゅ)を注(そそ)ぐ。【中古】あかむ［あかめる］［赤］。おもてる［面照］。しゃめん［赭面］。せきめん［赤面］。【上代】おもほてり［面火照］。

ーをしかめる 【近代】しかめっつら／しかめつら［顰面］。八の字を寄せる。八を寄せる。【近世】しぶっつら／しぶつら／しぶづら／しぶめん［渋面］。にがむ［にがめる］［苦］。苦虫を噛み潰したやう。【中世】じふめん［渋面］。眉をしかむ［ーしかめる］。眉をしわむ［ーしわめる］。【中古】ひそむ［顰］。ひんしゅく［顰蹙］。眉を顰(ひそ)む［ー顰める］。

ーを罵(のの)しる（からかう）語 こづら［小面］。【近代】御平(おひら)の長芋。【近世】しゃっつら［面］。なまづら［生面］。

愛しているようなー 【中古】おもひがほ［思顔］。

うれしそうなー 【中世】うれしがほ［嬉顔］。きしょく［喜色］。

落ち着いたー 【近世】をさめがほ［納顔］。【中古】ありつきがほ［有付顔］。

気迫のこもったー 【中世】つらだましひ［面魂］。

恐いー 【近代】はんにゃづら／はんにゃめん［般若面］。【近世】おにがはら［鬼瓦］。こはもて［強面］。【中世】あくさう［悪相］。えんまがほ［閻魔顔］。眉を上ぐ［ー上げる］。眉を吊り上ぐ［ー上げる］。

得意そうなー 【近代】とくいがほ［得意顔］。

中古したりがほ［顔］。ところえがほ［所得顔］。まさりがほ［優顔／勝顔］。

嘆いている― 近代なきべそ［泣］。近世なきっつら［泣面］。なみだがほ［涙顔］。中世いうしょく［憂色］。しうしょく［愁色］。なきつら［泣面］。ほえづら［吠面］。中古うれへがほ［憂顔］。かこちがほ［託顔］。しうび［愁眉］。なきがほ［泣顔］。

不服そうな― 近世ふくれがほ［脹顔］。ふくれっつら［膨面］。ぶっちゃうづら［仏頂面］。

真面目な― 近世をさめがほ［納顔］。中世まがほ［真顔］。

訳ありそうな― 近世しさいがほ［子細顔］。中古ことありがほ［事有顔］。

笑っている― 近代はがんいっせう［破顔一笑］。中世ゑがほ［笑顔］。わらひがほ［笑顔］。中古はがん［破顔］。

かお【顔】❸〈面目〉メンツ［（中国語）面子］。近代かほ［顔］。こけん［沽券］。たいめん［体面］。近世せけんてい［世間体］。みえ［見栄］。めんもく［面目］。中世かんばせ［顔］。中古ぐゎいぶん［外聞］。ていさい［体裁］。ひとぎき［人聞］。めんぼく［面目］。

かお【顔】❹〈権威〉→**ゆうめい**

―が利く 近世かほづく［顔尽］。きる［きれる］［切］。

かおあわせ【顔合】 はつたいめん［初対面］。近世くゎいけん［会見］。中世しょたいめん［初対面］。めんくゎい［面会］。中古たいめん［対面］。上代あふ［会］。

かおいろ【顔色】 近代けっさう［血相］。ちのけ［血色］。近世かんばせ［顔］。きっさう［気相／吃相］。きづま［気褄］。けっしょく［血色］。すみつき［墨付］。中世いろざし［色差］。いろつや［色艶］。かほさき［顔先］。きしょく［気色］。中古いろ［色］。いろあひ［色合］。おももち［面持］。かほいろ［顔色］。かほげしき［顔気色］。かほつき［顔付］。かほばせ［顔］。きそく／けしき［気色］。しんしょく［神色］。上代がんしょく［顔色］。→**かお**

―が青い 近代さうぜん［蒼然］。さうはく［蒼白］。中世あをざむ［―ざめる］［青］。

―が変わる 近代血相を変へる。中世いろだつ［色立］。中古色を作す。

―が悪い 近代さうぜん［蒼然］。さうはく［蒼白］。近世つちいろ［土色］。つちけいろ［土気色］。中世あをざむ［―ざめる］［青］。顔色無し。中古あをばむ［青］。

―が悪い人 近世あをべうたん［青瓢箪］。

―を和らげる 中世くゎんけふ［緩頬］。色を直す。

生き生きとした― 近代せいしょく［生色］。

うれしそうな― 近代ゆしょく［愉色］。中世きしょく［喜色］。

かおかたち【顔形】→**かお❶**

かおく【家屋】→**いえ❶**

カオス（ギリシャkhaos）近代カオス。中世こんぜん［混然／渾然］。こんらん［混乱］。中古こんとん［混沌］。さうまい［草昧］。

かおだし【顔出】 近世かほだし［顔出］。つらだし［面出］。つらみせ［面見世］。でづら［出面／出頬］。中世しゅっせき［出席］。はうもん［訪問］。

―をしておく 顔を繋ぐ。

かおだち【顔立】 近代りんくゎく［輪郭］。近世かほだち［顔立］。めはなだち［目鼻立］。ようぎ［容儀］。中世おもざし［面差］。おもだち［面立］。かほだて［顔立］。かようがん［容顔］。中古おもやう［面様］。かたち［形］。かほつき［顔付］。めはな［目鼻］。→**かお**

―がよい男 ハンサム（handsome）。近代にまいめ［二枚目］。近世かうだん［好男］。かうだんし［好男子］。びだんし／びなんし［美男子］。をとこまへ［男前］。

―がよい人 近世きりゃうよし［器量良］。鼻筋が通る。中世なかだか［中高］。中古かたちあり［形有］。かたちびと［容人］。びけい［美形］。

―と姿 中古みめかたち［見目形］。

―のよい人を選り好みする 近代きりゃうごのみ［器量好］。きりゃうのぞみ［器量望］。めんくひ［面食］。

骨張って鼻が高い― 中古おもだか［面高］。

魅力ある― ファニーフェース（和製funny face）。

かおつき【顔付】 近世かほだち［顔立］。きっさう［気相／吃相］。つらがまち［面框］。中世おもだち［面立］。おもぶり［面振］。かほいろ［顔色］。さうぎゃう［相形］。めんさう［面相］。めんてい［面体］。めんばう／めんめう［面貌］。ようがん［容顔］。中古おももち［面持］。かほつき［顔付］。かほもち［顔持］。がんしょく［顔色］。つらつき［面付］。ほほつき［頬付］。上代おも［面］。おもかた［面形］。→**かお**

―が変わること 上代おもがはり［面変］。近世かほちがひ［顔違］。

意外なー 近世もっけがほ［物怪顔］。

威張ったー 大きな顔。

うち解けたー 中古うちとけがほ［打解顔］。

うれしそうなー 近代ゆしょく［愉色］。

驚き慌てたー 近世おろおろがほ［顔］。

思いが表れているー 中古おもひがほ［思顔］。

気後れしたー 近世おくめん［臆面］。

気の進まないー 近世ふしゃうがほ［不請顔］。ふしょうがほ［不承顔］。

思案している心配げなー 近世あんじがほ［案顔］。しあんがほ［思案顔］。ものあんじがほ［物案顔］。中古うれへがほ［愁顔］。

事情をよく知っているー 中古こころえがほ［心得顔］。ことしりがほ［事知顔］。

知っていて知らないー 何食わぬ顔。近代しらんぷり［知振］。涼しい顔。そ知らぬ顔。

知っているようなー 中古みしりがほ［見知顔］。

渋味のあるー（男） 近世にがみばしる［苦走］。

心配事のあるー 近世くったくがほ［屈託顔］。しうび［愁眉］。中古ことしもありがほ［事有顔］。

繕い飾ったー 近世れいしょく［令色］。

強く激しそうなー 近代せいかん［精悍］。近世こはおもて［強面］。つらがまへ［面構］。中世けんさう［険相］。つらだましひ［面魂］。

得意げなー 近代とくいがほ［得意顔］。中古したりがほ［顔］。ところえがほ［所得顔］。まさりがほ［優顔／勝顔］。

取り乱したー 中古みだりがほ［乱顔］。

泣きそうな（泣いた）ー →**かお❷**（嘆いているー）

何かありそうなー 中古ことありがほ［事有顔］。ことしもありがほ［事有顔］。

人を慰めるようなー 中世なぐさめがほ［慰顔］。

人を待っているようなー 中古ひとまちがほ［人待顔］。

非難がましいー 中世もどきがほ［抵牾顔］。

不愉快そうなー 近代しかめっつら／しかめつら［顰面］。近世しぶっつら／しぶつら［渋面］。苦虫を噛み潰したやう。中世じふめん［渋面］。中古ひんしゅく［顰蹙］。→**かお❷**（ーをしかめる）

身内に見せるー 近代うちづら［内面］。

無関係を装おうー 近代ポーカーフェース(poker face)。近世とぼけがお［惚顔］。とぼけづら［恍面］。涼しい顔。

もったいぶったー 近世もったいがほ［勿体顔］。もったいづら［勿体面］。

かおなじみ【顔馴染】 →**かおみしり**

かおぶれ【顔触】 さんかしゃ［参加者］。じんよう［陣容］。ふじん［布陣］。ラインアップ(line up)。近代スタッフ(staff)。どうかうしゃ／どうぎゃうしゃ［同行者］。どうはんしゃ［同伴者］。メンバー(member)。近世かほぶれ［顔触］。なかま［仲間］。中世つれ［連］。

かおまけ【顔負】 顔色なし。近代かほまけ［顔負］。たじたじ。

かおみしり【顔見知】 近代かほなじみ［顔馴染］。かほみしり［顔見知］。しりあひ［知合］。近世めんしき［面識］。中世しると／ちじん［知人］。中古きうち［旧知］。しるひと［知人］。上代ちき［知己］。

ーになる 中古おもなる［面慣／面馴］。

かおみせ【顔見】 近世かほみせ［顔見／顔見世］。中古せうかい［紹介］。上代ひろう［披露］。

かおむけ【顔向】 近世かほむけ［顔向］。めんもく［面目］。中古めんぼく［面目］。

ーできない 中古おもていたし［面痛］。はづかし［恥］。

かおやく【顔役】 ゆうりょくしゃ［有力者］。近代ボス(boss)。ゆうちん［雄鎮］。近世おやぶん［親分］。かほやく［顔役］。中世おほもの［大物］。おやかた［親方］。

かおり【香】 フレーバー(flavor)。中世かざ［香］。にほひ［匂］。中古かう［香］。かうき［香気］。かをり［香／薫］。にほひが［匂香］。上代か［香］。

ーが穏やか マイルド(mild)。

ーが染みこむ 近世くんせん［薫染］。中古しみふかし［染深／沁深］。

ーが強い 中世いくいく［郁郁］。はうれつ［芳烈］。ふくいく［馥郁］。中古はやし［速／早］。

ーがよい ふくよか［膨／脹］。近代ふくやか［膨／脹］。中世ふくいく［馥郁］。中古かんばし［芳／香］。ふん［芬］。上代かうばし［芳／香］。かぐはし［芳］。

ーと味 中世きみ［気味］。中古かうみ［香味］。きび［気味］。

ーの成分 エッセンス(essence)。

ーのよい木 中古かうぼく［香木］。

ーのよい草木 近代くん［薫］。

ーのよい墨 中世はうぼく［芳墨］。

ーのよい水 中世かうすい［香水］。

後に残るー 近代ゐくん［遺薫］。中世よくん［余薫］。中古うつりが［移香］。ざんかう［残香］。よかう［余香］。ゐはう［遺芳］。

梅の— ばいこう［梅香］。近世うめか［梅香］。中古うめがか［梅香］。

かぐわしいよい— フレグランス(fragrance)。近世いかう［異香］。はうかう［芳香］。中世いうかう［幽香］。かうけ［香気］。けいきゃう［馨香］。せいかう／せいきゃう［清香］。かはうふん［芳芬］。中古いきゃう［異香］。かうき［香気］。けいかう［馨香］。はうき［芳気］。ふんぱう［芬芳］。

かすかな— 中世うすにほひ［薄匂］。

茶の— 中世いき［息］。

どこからともなく漂う— 中古うちかほる［打薫］。そらだき［空薫］。そらだきもの［空薫物］。

不思議なよい— 中世れいかう／れいきゃう［霊香］。

かお・る【香】 中世きこゆ〔きこえる〕［聞］。中古うちかをる［打薫］。かをる［香／薫］。くんず［薫］。上代にほふ［匂］。

がか【画家】 イラストレーター(illustrator)。まんがか［漫画家］。近代ぐゎしゃう［画匠］。近世ぐゎか［画家］。ぐゎじん［画人］。中世ぐゎし［画師］。ゑぶっし［絵仏師］。中古ぐゎく／ぐゎぐ［画工］。ぐゎこう［画工］。ぼくかく［墨客］。ゑし［絵師／画師］。上代ゑかき［絵書／絵描］。ゑだくみ［絵工］。

—たちの世界 近代ぐゎだん［画壇］。

色彩表現を重視し巧みな— カラリスト(colorist)。しきさいがか［色彩画家］。

▼絵の巨匠 がせん［画仙］。近代ぐゎせい［画聖］。ぐゎはく［画伯］。

かがい【加害】 近代かがい［加害］。中古しゃうがい［傷害］。しんがい［侵害］。

がかい【瓦解】 近代けっくゎい［決壊］。近世こはる〔こわれる〕［壊］。ぐゎかい［瓦解］。中世くづる〔くずれる〕［崩］。ほうくゎい［崩壊］。中古つひゆ〔ついえる〕［潰］。

ががいも【蘿藦】 くさパンヤ［草(ポルトガル)panha］。近世ががいも［蘿藦］。ががらい。かしき。かとりぐさ［香取草］。かがみ［蘿藦］。ごがみ。ちぐさ／ちちぐさ［乳草］。

かか・える【抱】 近代はうよう［抱擁］。中世かかゆ［抱］。だきかかふ〔—かかえる〕［抱抱］。たばさむ［手挟］。ひきうく〔—うける〕［引受］。中古いだかふ／いだく［抱］。かかふ〔かかえる〕［抱］。だく［抱］。

—・え持つ 中世はうぢ［抱持］。上代いだきおほふ［抱覆］。

両手で—・え込む ほうい［抱囲］。

脇の下に—・える 上代わきばさむ［脇挟］。

かかく【価格】 はんか［頒価］。はんか［販価］。はんばいかかく［販売価格］。近代かかく［価格］。かがく［価額］。きんがく［金額］。コスト(cost)。ねうち［値打］。ばいばいかかく［売買価格］。プライス(price)。近世ねだん［値段］。中世ね［値］。上代あたひ［値／価］。

—が上がる 近代とうき［騰貴］。ブーム(boom)。

—が下がる ねくずれ［値崩］。近代げらく［下落］。ていらく［低落］。

—を不当に下げる ダンピング(dumping)。近代みきりうり［見切売］。ふとうれんばい［不当廉売］。近世なげうり［投売］。中世すてうり［捨売］。

市場の— 近代しか［市価］。しぢゃうかかく［市場価格］。上代じか［時価］。

消費者が買う商品の— しょうひしゃかかく［消費者価格］。まったんかかく［末端価格］。

商品一つに二種の— にじゅうかかく［二重価格］。

生産者が売る品物の— せいさんしゃかかく［生産者価格］。

適当な— てきせいかかく［適正価格］。

同業者や国際間で協定した— きょうていかかく［協定価格］。

独占企業がつける— 近代どくせんかかく［独占価格］。

土地の— 近代ちか［地価］。

かがく【科学】 ヴィッセンシャフト(ドイツ Wissenschaft)。がくもん［学問］。近代くゎがく［科学］。サイエンス(science)。

—技術 近代テクノロジー(technology)。

—的 サイエンティフィック(scientific)。

高度な—技術 せんたんぎじゅつ［先端技術］。ハイテク(high tech)。

かがく【化学】 近代ケミストリー(chemistry)。近世くゎがく［化学］。セイミ(オランダ chemie)。

—的 ケミカル(chemical)。

かか・げる【掲】 近代けいさい［掲載］。はりだす［張出］。近世けいじ［掲示］。中古かきあぐ〔—あげる〕［掻上／掻揚］。かかぐ〔かかげる〕［掲］。

高く—・げる けいよう［掲揚］。近代じゃうけい［上掲］。中古あぐ〔あげる〕［揚］。かく〔かける〕［掛／懸］。

かかし【案山子】 近世あんざんし［案山子］。中世おどし［威／脅／嚇］。かかし［案山子

／鹿驚］。そうづ［僧都／添水］。〔中古〕そほづ［僧都／添水］。〔上代〕くえびこ［久延毘古］。そほど［僧都／添水］。→おどし❷

植えた種を鳥から守るー 〔近世〕たねかかし［種案山子］。

かかずら・う【拘】 〔近代〕こうでい［拘泥］。こだはる［拘］。〔中世〕かまく［かまける］［感］。ぢゅうす［住］。〔中古〕かかづらふ［拘／係］。かかはる［関／拘／係］。しふちゃく／しふぢゃく［執着］。はんえん［攀縁］。〔上代〕なづむ［泥／滞］。

かかと【踵】 〔近世〕あくつ［踵］。〔中世〕あくと／あぐと［踵］。かかと［踵］。〔中古〕きびす［踵］。〔上代〕くびす［踵］。

かがみ【鏡】 ミラー(mirror)。〔近代〕ぎんきゃう［銀鏡］。〔近世〕女の魂。〔中世〕すがたみ［姿見］。〔上代〕かがみ［鏡］。

ーの美称 〔近代〕ほうかん［宝鑑］。〔中古〕たまかがみ［玉鏡］。〔上代〕まふつのかがみ［真経津鏡］。

ーを立て置くもの かがみだい［鏡台］。〔近世〕かがみたて［鏡立］。〔中古〕かがみかけ［鏡懸］。〔上代〕きゃうだい［鏡台］。

合わせー 〔近世〕ともかがみ［共鏡／友鏡］。

柄の付いたー 〔近代〕てかがみ［手鏡］。〔中世〕えかがみ［柄鏡］。

ガラスのー(金属の鏡に対して) 〔近代〕はりきゃう［玻璃鏡］。〔近世〕うぬぼれかがみ／おのぼれかがみ［自惚鏡］。ビードロかがみ［ポルトガル vidro鏡］。

携帯用のー 〔近世〕くゎいちゅうかがみ［懐中鏡］。のべかがみ［延鏡］。ふところかがみ［懐鏡］。

古代に作られたー かんしききょう［漢式鏡］。どうはんきゃう［同笵鏡］。〔近世〕はうきゃう［方鏡］。

自動車等のー サイドミラー(和製side mirror)。ドアミラー(door mirror)。バックミラー(和製back mirror)。フェンダーミラー(和製fender mirror)。ぼうげんミラー［防眩mirror］(glare proof mirror)。ルームミラー(和製room mirror)。

神霊のー 〔中世〕しんきゃう／しんけい［神鏡］。

神霊のーを奉安してある所 〔中世〕かしこどころ［賢所］。

澄んだー 〔中世〕めいきゃう［明鏡］。〔中古〕ますかがみ［真澄鏡］。みゃうきゃう［明鏡］。めいかん［明鑑］。〔上代〕ますみのかがみ／まそかがみ［真澄鏡］。めいけい［明鏡］。

立ち姿を見るー 〔近世〕えもんかがみ［衣紋鏡］。〔中世〕すがたみ［姿見］。

手で持って見るー 〔近代〕てかがみ［手鏡］。

何度も磨きをかけたー 〔近世〕百錬の鏡。

人の善悪を映し出すー 〔近世〕せうまきゃう［照魔鏡］。〔中世〕浄玻璃の鏡。玻璃の鏡。

紐の付いたー 〔上代〕ひもかがみ［紐鏡］。

破れたー 〔中世〕はきゃう［破鏡］。

その他ーのいろいろ(例) おうめんきょう［凹面鏡］。カーブミラー(和製curve mirror)。とつめんきょう［凸面鏡］。ハーフミラー(half mirror)。はんしゃきょう［反射鏡］。へいめんきょう［平面鏡］。マジックミラー(和製magic mirror)。

▼助数詞 めん［面］。

かがみ【鑑】 〔近代〕はん［範］。ぼはん／もはん［模範］。〔中世〕ききゃう／きけい［亀鏡］。きはん［規範／軌範］。てほん［手本］。〔中古〕きかん［亀鑑］。きく［規矩］。〔上代〕かがみ［鑑］。

かがみもち【鏡餅】 〔近代〕まるかがみ［丸鏡／円鏡］。〔近世〕おかざり［御飾］。おそなへ［御供］。おそなへびらき［御供開］。おそなへもち［御供餅］。もちひかがみ［餅鏡］。〔中世〕かがみもち［鏡餅］。ゑんきゃう［円鏡］。

ーを砕いたもの 〔近世〕かきもち［欠餅］。

▼助数詞 かさね［重］。

かが・む【屈】 〔近代〕しゃがみこむ［込］。〔近世〕くったう［屈撓］。こごなる。こごまる［屈］。しゃがむ。つくばふ／つくばる［蹲／踞］。とどす［座］。のる［伸／反］。〔中世〕かがむ［屈］。くぐまる［屈］。くっしん［屈身］。くっす［屈］。こごむ［こごめる］［屈］。つづまる［約］。わうくつ［枉屈］。腰を折る。〔中古〕うずくまる［蹲］。かがまる［屈］。くぐむ［屈］。くっきょく［屈曲］。くんず［屈］。しじまる［蹙］。ひざまづく［跪］。〔上代〕せくくまる／せくぐまる／せくぐむ［跼］。ふくす［伏］。

ー・むような姿勢 〔中世〕およびごし［及腰］。

ー・むようにする 〔中世〕こごむ［こごめる］［屈］。〔中古〕かがむ［かがめる］［屈］。

かがやかし・い【輝】 〔近世〕けんらん［絢爛］。〔中世〕かくかく［赫赫］。きらびやか［煌］。しろし［白］。はなばなし［華華］。まぶし［眩］。〔中古〕かかやかし／かがやかし［輝／耀］。きらきらし。さんらん［燦爛］。はえばえし［映映］。まばゆし［目映／眩］。

かがやき【輝】 〔近世〕かがやき［輝／耀］。くゎうたく［光沢］。げんえう［眩耀］。〔中世〕きら［綺羅］。きらめき［煌］。くゎうき［光輝］。くゎうみゃう［光明］。〔上代〕くゎうくゎ［光

華]。ひかり[光]。

滅亡寸前の― 中世 灯(ともしび)消えんとして光を増す。

夕方の― 近世 ゆふばえ[夕映]。ゆふひかげ[夕日影]。中古 はんせう[反照]。

かがや・く【輝】 近世 かがやく[輝/耀]。中世 ひかめく。中古 かかやく[輝/耀]。きらめく[煌]。はゆ[はえる][映/栄]。上代 かがよふ[耀]。ひかる[光]。

―・き出る 中古 さしいづ[差出/射出]。

―・くさま 近代 きらっと。くゎんぜん[煥然]。しゃくぜん[灼然]。たくたく[沢沢]。ブリリアント(brilliant)。近世 かくぜん[赫然]。さんさん[燦燦]。さんさん[珊珊]。ぴかぴか。らんぜん[爛然]。りくり[陸離]。中世 ぎらぎら。中古 えきえき[奕奕]。きらきら。くゎうくゎう[煌煌]。上代 さんぜん[燦然/粲然]。れいろう[玲瓏]。

―・くように美しい 中世 きらびやか。中古 うるはし[麗]。

かかり【係】 たんとうしゃ[担当者]。近代 かかりくゎん[係官]。かかりゐん[係員]。たんたう[担当]。近世 あたりばん[当番]。うけもち[受持]。やくわり[役割]。中世 かかり[係]。中古 たうばん[当番]。やく[役]。

かがりび【篝火】 中古 かがりび[篝火]。きょくゎ[炬火]。上代 かがり[篝]。れうくゎ[燎火]。

―に焚(た)く折った松 中古 うちまつ[打松]。をりまつ[折松]。

―を焚く係の役人 上代 ひたき[火焚]。

―を焚く籠 近代 かがりかご[篝籠]。

鵜飼いの― 中世 うかひび[鵜飼火]。

宮中で神事が行われる際の庭の― 中古 にはび[庭火]。

魚を誘う― あさりひ[漁火]。中古 ぎょくゎ[漁火]。いさりび[漁火]。

神仏の前で焚く― 中古 さいとう[柴灯/斎灯]。

敵陣に対抗して焚く― 中世 むかひび[向火]。

夜桜に風趣を添える― 近代 はなかがり[花篝]。

かかる【斯】 このような。近世 かういふ[斯言]。かやうな[斯様]。こんな。かくの如き。中世 かかる[斯]。

かか・る【掛】❶〈費用が〉 近代 かかる[掛]。くふ[食]。近世 いりめ[入目]。けいひ[経費]。しっぴ[失費]。しゅっぴ[出費]。にふよう[入用]。中世 いりよう[入用]。中古 つひへ[費]。ひよう[費用]。

かか・る【掛】❷〈取り掛かる〉 近代 ちゃくしゅ[着手]。近世 かかる[掛]。中世 とりつく[取付]。手を付く[―付ける]。中古 かかはる[関/係]。とりかかる[取掛]。

かか・る【罹】 りかん[罹患]。病魔が忍び寄る。病の床に就く。近代 はっしゃう[発症]。近世 はつびゃう[発病]。中世 やみつく[病付]。わづらふ[患/煩]。病に冒(をか)さる[―冒される]。中古 かかる[罹]。上代 しづむ[沈]。やむ[病]。

かかわり【関】 コミットメント(commitment)。近代 いきがかり[行掛]。かかわり[関/係/拘]。くゎんれん[関連]。つながり[繋]。れんくゎん[連関]。近世 かんよ[干与]。くゎんせふ[関渉]。くゎんよ[関与]。さんよ[参与]。しょえん[諸縁]。ひっかかり[引掛]。中世 かかり[係]。くゎんけい[関係]。

《句》近世 触(さは)らぬ神に祟(たた)りなし。触り三百。遠くて近きは男女の仲。

―が薄くなる 上代 はなる[はなれる][離]。

―のない人 近代 路傍の人。近世 退(の)いた仲。

―を深くすること 中世 たちいる[立入]。ふかいり[深入]。

好ましくない― 中世 るい[累]。

かかわ・る【関】 コミット(commit)。タッチ(touch)。近代 からむ[絡/搦]。くゎんする[関]。さんする[参]。ひっかかる[引掛]。頭を突っ込む。手を染める。近世 かかりあふ[掛合/係合]。てだし[手出]。手を出す。中世 あづかりしる[与知]。あづかる[与]。かからふ[関]。かまふ[構]。さはる[触]。たづさふ[携]。ふる[ふれる][触]。まじはる[交]。中古 いろふ[弄/綺]。かかづらふ[拘]。かかはる[関/係]。かかる[掛/係]。たづさはる[携]。

―・っていない 近代 一糸(いっし)挂(か)けず。近世 与(あづか)り知らず。掛けも構ひも無し。中古 よしなし[由無]。

―・り合う どうざ[同座]。近代 かうせふ[交渉]。むすびつき[結付]。近世 かかりあふ[掛合/係合]。かけかまひ[掛構]。くひあひ[食合]。中世 たづさはる[携]。とりあふ[取合]。中古 ふればふ[触]。

―・り合って変化する 近代 さうくゎんくゎんけい[相関関係]。

少し―・る 近代 一指(いっし)を染める。

かかん【果敢】 近代 かんぜん[敢然]。近世 いさましい[勇]。くゎだん[果断]。ゆうだん[勇断]。中世 おもひきって[思切]。くゎか

ん［果敢］。ゆうかん［勇敢］。ゆうまう［勇猛］。中古 ゆうみゃう［勇猛］。

ががんぼ【大蚊】 近代 ががんぼ［大蚊］。かのうば／かのおば［蚊姥］。近世 かとんぼ［蚊蜻蛉］。

かき【垣】 近代 しきり［仕切］。フェンス(fence)。へいしゃう［屏牆］。近世 しゃうへき［障壁］。中世 くね［垣］。はんぺい［藩屏］。中古 かきほ［垣穂］。かこひ［囲］。さく［柵］。すいがい／すいがき［透垣］。なかがき［中垣］。はんり［藩籬］。へい［塀］。めぐり［巡］。上代 かき［垣／牆］。かきね［垣根］。き［城／柵］。くへ［柵／垣］。くへがき［柵］。と［堵］。

《枕》中古 あきぎりの［秋霧］［⇩まがき］。上代 たたなづく［畳］［⇩あをがき］。

ーの穴 近代 いぬくぐり［犬潜］。

ーの上に釘などを植え込むこと 近世 やぎり［矢切］。中世 しのびがへし［忍返］。

ーの下 中古 しゃうか［牆下］。りか［籬下］。上代 かきね［垣根］。

ーの中 上代 かきつ［垣内］。

ーの補強のための壁 バットレス(buttress)。ひかえかべ［控壁］。近代 きょうしゃう［胸牆］。きょうへき［胸壁］。パラペット(parapet)。ふへき［扶壁］。

ーのように繁っている草 中世 くさがき［草垣］。

ーのように人が並んでいるさま 近代 ひとがき［人垣］。

葦(あし)で結ったー 上代 あしがき［葦垣］。

石でつくったー 近世 いしべい［石塀］。中世 いしがき［石垣］。いしざし［石］。中古 いはかき［岩垣／石垣］。

猪などを防ぐー 中世 しがき［鹿垣］。ししがき［猪垣／鹿垣］。

植木を植え並べたー 近代 かなめがき［要垣］。はながき［花垣］。近世 いけがき［生垣／生籬］。きこくがき［枳殻垣］。すぎがき［杉垣］。中世 うのはながき［卯花垣］。

大きなー 中古 おほがき［大垣］。

韓風や唐風のー 上代 からかき［唐墻／韓垣］。

木や竹などのー 近代 あぼしがき［網干垣］。うぐひすがき［鶯垣］。くゎとうがき［火灯垣］。ささほがき［笹穂垣］。たけほがき［竹穂垣］。ちゃせんそでがき［茶筅袖垣］。てっぱうそでがき［鉄砲袖垣］。めせきがき［目塞垣］。やまとべい［大和塀］。近世 いたべい［板塀］。すがき［簀垣］。たけやらい［竹矢来］。ひしがき［菱垣］。よつめがき［四目垣］。中世 きりもがり［切虎落］。ししがき［鹿垣］。をりかけがき［折掛垣］。中古 あやひがき［綾檜垣］。いたがき［板垣］。たけがき［竹垣］。ひがき［檜垣／菱垣］。ませ［籬］。ませがき［籬垣］。上代 くみかき／くみがき［組垣］。たかがき［竹垣］。まがき［籬］。

櫛形窓(くしがたまど)のついたー 近代 くしがたべい［櫛形塀］。

葛(くず)のつるで編んだー 中世 くずがき［葛垣］。

鹿を飼っておくためのー 近世 ろくさい［鹿柴／鹿砦］。

柴(しば)で編んだー 中世 もがり［虎落］。中古 こしばがき［小柴垣］。りらく［籬落］。上代 しばがき［柴垣］。

柴でつくったー 近世 ふしがき［柴垣］。上代 あをふしがき［青柴垣］。しばがき［柴垣］。まがき［籬］。

芝を植えた土のー 中世 しばついぢ［芝築地］。

白壁のー 中世 からかき［韓垣／唐墻］。

神域を区切るー 近代 かみがき［神垣］。

神社のー あらがき［荒垣］。中古 いがき［斎垣］。上代 いみがき［忌垣／斎籬］。たまがき［玉垣］。みづがき［瑞垣／瑞籬］。

神社や皇居のー 上代 みかき［御垣］。

土などでつくったー 近代 かはらべい［瓦塀］。ついぢべい［築地塀］。つちべい［土塀］。近世 ねりべい［練塀／煉塀］。中世 しゃうへき［牆壁／墻壁］。つちゐ［土居］。どべい［土塀］。どゐ［土居］。はうじ［牓示／牓爾／榜示］。わきつぢ［脇築地］。中古 ついかき／ついがき［築墻］。ついぢ［築地／築墻］。ついひぢ［築泥］。つきがき［築垣／築墻］。

敵を防ぐー 中世 さかもがり［逆虎落］。さかもぎ［逆茂木］。ろくさい［鹿砦／鹿柴］。

何重ものー 上代 やへがき［八重垣］。

馬場のー 中古 らち［埒］。

東のー 中世 とうり［東籬］。

低いー 中世 こしがき［腰垣］。上代 ひめがき［姫垣］。

古い船板で作ったー 近代 ふないたべい［船板塀］。

牧場のー 上代 うませ［馬柵］。

目の粗いー 近世 すがき［簀垣］。中世 あばらまがき［疎籬］。上代 あらがき［粗垣／荒籬］。

門や建物の脇に設けられた低いー 近世 そでべい［袖塀］。

葭(よし)や萩で編んで上に透かしをいれたー の

ぞきがき[覗垣]。

臨時の━ 近世いたがこひ[板囲]。中世やらい[矢来]。

煉瓦を積み重ねてつくった━ 近代れんぐゎべい[煉瓦塀]。

かき【牡蠣】 近代オイスター(oyster)。近世ぼれい[牡蠣]。中世せきくゎ[石花]。中古かき[牡蠣]。

かき【柿】 上代かき[柿]。

━の渋を抜く あわせる[合]。しぶぬき[渋抜]。だつじゅう[脱渋]。近世さはす[醂]。

渋抜きをした━ 近代たるがき[樽柿]。近世さはし[醂]。中世あはせがき[淡柿/合柿]。きざはし[木醂/木淡]。さはしがき[醂柿]。ねりがき[練柿]。中古あはしがき[淡柿/合柿]。

熟した━ きざがき[木醂柿]。近世きざらし。中世こねり[木練]。こねりがき[木練柿]。じくし/じゅくし[熟柿]。中古うみがき[熟柿]。

干した━ 近世つるし[吊]。つるしがき[吊柿]。中世あまぼし[甘干]。くしがき[串柿]。つりがき[吊柿/釣柿]。上代ほしがき[干柿]。

かき【花器】 近代いちりんざし[一輪挿]。はなさし[花挿]。近世くゎき[花器]。中世ぐんぢ[軍持]。けびゃう[華瓶]。はないけ[花生/花活]。はないれ[花入]。はなたて[花立]。中古くゎびん[花瓶]。くゎへい[花瓶]。はながめ[花瓶]。

━の下に敷く薄板 近世まるかうだい[丸香台/丸高台]。

その他━のいろいろ(例)あくびがた[欠形]。あんこうがた[鮟鱇形]。いかだがた[筏形]。いちじゅうぎり[一重切]。おきつつ/おきづつ[置筒]。かけづつ[掛筒]。かつらかご[桂籠]。くつぶね[沓船]。近代コンポート(compote)。近世すいばん[水盤]。すなばち[砂鉢]。つりはないけ[釣花生]。ひろくち[広口]。中世うすばた[薄端]。えこく[衣裓]。かぶらなし[蕪無]。ずんぎり[寸切]。つりくゎびん[釣花瓶]。つりぶね[釣船/釣舟]。

かき【火気】 近世くゎせい[火勢]。ひだね[火種]。中世くゎき[火気]。ひのもと[火元]。中古ひのけ[火気]。

かき【火器】 じゅうかき[銃火器]。近代ガン(gun)。じゅうき[銃器]。じゅうはう[銃砲]。近世くゎき[火器]。たいはう[大砲]。中世おほづつ[大砲]。てっぱう[鉄砲]。

かぎ【鍵】❶〈錠〉 キー(key)。ロック(lock)。近世くゎんやく[関鑰/関鎰]。じゃうまへ[錠前]。中世あひかぎ[合鍵]。かんぬき[閂]。中古かきがね/かけがね[掛金]。さやく[鎖鑰]。ぢゃう[錠]。とざし[鎖]。上代かぎ[鍵]。

━をいくつか束ねておく道具 キーホルダー(和製key holder)。

━をかける おろす[下]。せじょう[施錠]。ロック(lock)。近世けんす[鈐]。

━のいろいろ →**じょう【錠】**

自動車の━ イグニッションキー(ignition key)。

同種の多くの錠を開けられる━ おやかぎ[親鍵]。マスターキー(master key)。

かぎ【鍵】❷〈手掛かり〉 キー(key)。キーポイント(和製key point)。近代えうてん[要点]。かぎ[鍵]。ヒント(hint)。近世いとぐち[糸口]。てがかり[手掛]。

かぎ【鉤】 フック(hook)。上代かぎ[鉤]。

━状のもの つめ[爪]。近代かぎなり[鉤状]。中古かぎのて[鉤手]。

━を付けた縄 近世かぎなは[鉤縄]。

柄をつけた━ 近代てかぎ[手鉤]。

かきあ・げる【書上】 かきおえる[書終]。かきおわる[書終]。近代かきあぐ[━あげる][書上]。筆を擱ぉく。近世だっかう[脱稿]。中世かくひつ[擱筆]。中古かきとぢむ[書閉]。

一気に━・げる 近世いっきかせい[一気呵成]。

念入りに━・げる 中世かきすます[書澄]。

かきあ・げる【掻上】 中古かきあぐ[━あげる][掻上/掻揚]。上代かかぐ[かかげる][掲]。

髪などを━・げる 中世さくりあぐ[━あげる][噦上]。たく[綰]。

かきあつ・める【掻集】 近世かきたくる/かきたぐる[書手繰]。中古かきあつむ[━あつめる][掻集]。かきつむ[掻集]。上代かきよす[━よせる][掻寄]。

かぎあ・てる【嗅当】 近世かぎあつ[━あてる][嗅当]。中古さぐりあつ[━あてる][探当]。

かきあやま・る【書誤】 →**かきそこな・う**

かきあらわ・す【書表】 かきしるす[書記]。ひょうげん[表現]。中古うちいづ[打出]。かきあらはす[書表]。かきいだす[書出]。かきいづ[書出]。じょす[序]。

絵や図で━・す えがきだす[描出]。

文章に━・す 近代めいぶんくゎ[明文化]。

かきあらわ・す【書著】 ぶんぴつかつどう[文筆

活動]。近代 じゅつさく[述作]。中世 かきあらはす[書著]。ちょさく[著作]。筆を執る。中古 ちょじゅつ[著述]。

かきい・れる【書入】 近代 かきこむ[書込]。きにふ[記入]。近世 てんず[点]。中世 かきたす[書足]。中古 かきいる[―いれる][書入]。かきくはふ[―くわえる][書加]。かきそふ[―そえる][書添]。→かきた・す

朱墨を―・れる 近世 朱を入れる。中古 しゅひつ[朱筆]。

かきいろ【柿色】 中世 かきいろ[柿色]。

薄い― 近世 あらひがき[洗柿]。うすかうじ[薄柑子]。うすがき/うすがきいろ[薄柿色]。

かきうつ・す【書写】 トランスクリプション(transcription)。近代 しゅしゃ[手写]。てんき[転記]。ひっしゃ[筆写]。ふくしゃ[複写]。ろくしゃ[録写]。近世 とうしゃ[謄写]。ひきうつし[引写]。中世 うつしもの[写物]。中古 うつし[写/映]。うつしとる[写取]。かきうつす[書写]。しょしゃ[書写]。上代 かきとる[書取]。てんしゃ[転写]。

急いで―・す 中世 とんしゃ[頓写]。

お経を―・す 上代 しゃきゃう[写経]。

清書として―・す 近世 じゃうしゃ[浄写]。

文の一部を―・す 中古 せうしゃ[抄写]。

本を―・す 中世 うつしぼん[写本]。しゃほん[写本]。

文字を―・す 中世 しゃじ[写字]。

かきお・える【書終】 →かきあ・げる

かきおき【書置】 近代 おきてがみ[置手紙]。近世 ゆいげんじゃう[遺言状]。ゐしょ[遺書]。中世 おきぶみ[置文]。かきおき[書置]。ゆいごんじゃう[遺言状]。

かきおと・す【書落】 →かきわす・れる

かきかた【書方】 近代 しふじ[習字]。近世 うんぴつ[運筆]。かきかた[書方]。中古 しょしき[書式]。しょだう[書道]。しょはふ[書法]。→うんぴつ →しょほう【書法】

かきくわ・える【書加】 →かきた・す

かきけ・す【搔消】 中世 かきけす[搔消]。中古 かいけつ/かきけつ[搔消]。

かきこ・む【書込】 →かきい・れる

かきしる・す【書記】 近代 きじゅつ[記述]。さいろく[載録]。ノート(note)。ひかへる[控]。ろくしゅつ[録出]。近世 しうろく[収録]。したたむ[―ためる][認]。ひっき[筆記]。中世 あらはす[表]。かきとむ[―とめる][書留]。きす[記]。しょす[書]。ひっす[筆]。ろくす[勒]。中古 かきしるす[書記]。かきとどむ[―とどめる][書留]。きろく[記録]。ちゅうす[注/註]。上代 かきつく[―つける][書付]。きさい[記載]。しょき[書記]。しるす[記]。

併せて―・す 近世 へいき[併記]。

いろいろと―・す 近世 ざつろく[雑録]。中世 ざっき[雑記]。

会の出席者などが名を―・すこと 近代 きちゃう[記帳]。近世 しょす[署]。中古 しょ[署]。しょめい[署名]。

聞いてその場で―・す 上代 かきとる[書取]。

事実を―・すこと 近代 きじつ[記実]。近世 きじ[記事]。中古 ちょくひつ[直筆]。

全部を―・す 近代 ぜんろく[全録]。

並べて―・す へいき[並記/併記]。れっしょ[列書]。近代 れっき[列記]。近世 れつじょ[列叙]。

下手な字で―・す 近世 ぬたくる。

細々と―・す 中世 さいひつ[細筆]。

要点を簡単に―・す 近代 りゃくき[略記]。

かきす・てる【書捨】 たわむれがき[戯書]。近代 ざれがき[戯書]。近世 かきなぐる[書殴]。なぐりがき[殴書]。中世 かきすさぶ[書遊]。かきすつ[―すてる][書捨]。中古 かきながす[書流]。

かきそ・える【書添】 →かきた・す

かきそこな・う【書損】 かきまちがい[書間違]。かきもらし[書漏]。近代 かきあやまり[書誤]。しょそん[書損]。近世 かきくづす[書崩]。かきそんじ[書損]。中世 かきあやまる[書誤]。上代 ごき[誤記]。

かきぞめ【書初】 近世 いちのふで[一筆]。きっしょ[吉書]。きっしょはじめ[吉書始]。はつすずり[初硯]。ふではじめ[筆始]。中世 かきぞめ[書初]。しがう[試毫]。しひつ[始筆/試筆]。

かきだし【書出】 かきおこし[書起]。きひつ[起筆]。ぎょうとう[行頭]。とうしょ[頭書]。ぶんとう[文頭]。近代 ぼうとう[冒頭]。近世 かいくゎん[開巻]。中世 かきだし[書出]。かきはじめ[書始]。くゎんとう[巻頭]。

連名の― 近世 ひっとう[筆頭]。

かきた・す【書足】 ほき[補記]。ほひつ[補筆]。筆を加える。近代 おひがき[追書]。ついき[追記]。ついしん[追伸]。ついちん[追陳]。ついはく[追白]。ついろく[追録]。にしん[二伸]。近世 いれふで[入筆]。ふき[付記]。中世 おってがき[追書]。かきたす[書足]。かひつ[加筆]。しょ[署]。なほなほがき[尚尚書]。中古 かきくはふ[―く

わえる［書加］。かきそふ〔—そえる〕［書添］。ついけい［追啓］。

注などの—・し 《近代》こがき［小書］。《近世》わきがき［脇書］。

かきだ・す【書出】 かきはじめる［書始］。きひつ［起筆］。《近代》かきおこす［書起］。きかう［起稿］。ちゃくひつ［着筆］。《近世》かきだす［書出］。きさう［起草］。《中世》筆を下ろす。筆を染める。《中古》筆を下(くだ)す。

新たに—・す かきおこす［書起］。

かきた・てる【掻立】 《近代》かきおこす［掻起］。《中古》もよほす［催］。《近世》かきたつ〔—たてる〕［掻立］。

かきちら・す【書散】 《近代》さんろく［散録］。まんろく［漫録］。らんぴつ［乱筆］。《近世》なぐりがき［殴書］。みだりがき／みだれがき［乱書］。《中古》かきちらす［書散］。かきみだす［書乱］。

かきつけ【書付】 《近代》ビル(bill)。《近世》おぼえがき［覚書］。しょるい［書類］。《中世》じゃう［状］。しょさつ［書札］。しょし［書紙］。《中古》かきたて［書立］。かきつけ［書付］。ちゅうもん［注文／註文］。もんじょ／もんぞ／もんぞ［文書］。

裏に書く証明や注記などの— 《中世》うらがき［裏書］。

褒める言葉をしるした— 《近代》しゃうじゃう［賞状］。ほうじゃう［褒状］。

かきつ・ける【書付】 →かきしる・す

かきつばた【杜若】 《近世》えんしか［燕子花］。やまめうが［山茗荷］。《中世》かほよぐさ／かほよしぐさ［顔佳草］。はなのきみ［花君］。《中古》かほよばな［顔佳花］。《上代》かきつばた［杜若／燕子花］。かほばな［顔花］。

かきて【書手】 ぶんぴつか［文筆家］。《近代》さくか［作家］。ちょしゃ［著者］。ちょじゅつか［著述家］。ライター(writer)。《近世》かきやく［書役］。しょき［書記］。《中世》かきて［書手］。きしゃ［記者］。しょか［書家］。ふでてかき［手書］。《中古》ひっしゃ［筆者］。ふでとり［筆執］。《上代》さくしゃ［作者］。→ぶんぴつか

かきと・める【書留】 《近代》ノート(note)。ひかへる［控／扣］。《近世》てびかへ［手控］。《中世》かきとむ〔—とめる〕［書留］。きす［記］。とめおく［留置］。《中古》かきとどむ〔—とどめる〕［書留］。→かきしる・す

外国語を聞いて—・めること(その試験) 《近代》ディクテーション(dictation)。

忘れたときのため—・めるもの ひかえがき［控書］。《近代》ばうびろく［忘備録］。ひかへ［控］。びばうろく［備忘録］。メモ(memo)。メモランダム(memorandum)。《近世》おぼえがき［覚書］。てびかへ［手控］。《中古》かきつけ［書付］。

かきなお・す【書直】 リライト(rewrite)。《近代》うつしかへる［写替］。筆硯(ひっけん)(筆研)を新たにする。《近世》かいざん［改竄］。じゃうしょ［浄書］。《中世》かいへん［改変］。かきあらたむ〔—あらためる〕［書改］。かきなほす［書直］。きよがき［清書］。《中古》かいさく［改作］。かきかふ〔—かえる〕［書換］。せいしょ［清書］。へんがい［変改］。

かきな・でる【掻撫】 《中世》さする［摩／擦］。はだく［刷］。《上代》かきなづ〔—なでる〕［掻撫］。なづ〔なでる〕［撫］。

かきなら・べる【書並】 かじょうがき［箇条書］。《中古》かきならぶ〔—ならべる〕［書並］。《近代》かきたつ〔—たてる〕［書立］。

かきぬき【書抜】 しょうき［抄記／鈔記］。てきえう［摘要］。《近代》えうろく［要録］。てききき［摘記］。てきろく［摘録］。《近世》かきだす［書出］。せうしょ［抄書／鈔書］。せうろく［抄録／鈔録］。てきさい［摘載］。ばっすい［抜粋］。《中世》かきぬき［書抜］。ぬきがき［抜書］。《中古》せうしゅつ［抄出／鈔出］。せうす［抄／鈔］。

かきね【垣根】 →かき

かきはじ・める【書始】 →かきだ・す

かきぶり【書振】❶〈文字〉 ふであと［筆跡］。《近代》かきぶり［書振］。ひっち［筆致］。ふでつき［筆付］。《近世》しょたい［書体］。しょふう［書風］。《中世》じたい［字体］。《中古》かきざま［書様］。ひっせき［筆跡／筆蹟］。

かきぶり【書振】❷〈文章〉 《近代》スタイル(style)。《近世》かきぶり［書振］。《中世》ぶんたい［文体］。

かきま・ぜる【掻混】 《近代》かうはん［攪拌］。《近世》かくはん［攪拌］。ひっかきまはす［引掻回］。ほだてる［攪］。《中世》かきまはす［掻回］。《中古》かきすさむ［掻遊］。かきみだす［掻乱］。かきまず〔—まぜる〕［掻混］。《上代》まず〔まぜる〕［交／混］。

—・ぜたさま 《近代》ごちゃまぜ。

穴などを棒で—・ぜる 《中古》くじる［抉］。

幾度も—・ぜる まぜくりかえす［雑返］。《近代》まぜっかへす［混返］。《近世》まぜかへす［混返］。

かきまわ・す【掻回】 →かきま・ぜる

かきみだ・す【掻乱】 混乱させる。近代 かくらん/かくらん[攪乱]。ひっかきまはす[引掻回]。中古 かきまず[―まぜる][掻混]。かきみだす[掻乱]。

かきむし・る【掻毟】 近世 かきしゃなぐる[掻]。かきたくる[掻]。しゃなぐる。中世 かきむしる[掻毟]。中古 かなぐる。

―・し破ること 近代 かくは[攪破]。

かきもち【掻餅】 近代 おかき[御欠/御掻]。近世 かきもち[掻餅/欠餅]。へぎもち[折餅]。

かきもの【書物】 ペーパー(paper)。近代 ドキュメント(document)。近世 しょめん[書面]。中世 かきもの[書物]。ぶんしょ[文書]。中古 かきつけ[書付]。きろく[記録]。

かきもら・す【書漏】 →**かきわす・れる**

かきゅう【下級】 ていい[低位]。近代 かきふ[下級]。かとう[下等]。しょきふ[初級]。しょとう[初等]。ていきふ[低級]。近世 かりう[下流]。中世 かゐ[下位]。

かきゅう【火急】 近代 さうきふ[早急]。しきふ[至急]。近世 さっきふ[早急]。中世 きんきふ[緊急]。中古 くゎきふ[火急]。上代 いそぎ[急]。

かきゅうてき【可及的】 あたうかぎり[能限]。近代 かきふてき[可及的]。きょくりょく[極力]。できるだけ。なるべく。

かきょう【佳境】 近代 クライマックス(climax)。さいかうてう[最高潮]。しゃきゃう[蔗境]。しょきゃう[庶境]。中古 かきゃう[佳境]。

かぎょう【家業】 近代 げふたい[業体]。近世 かげふ[家業]。げふてい[業体]。中世 かしょく[家職]。すぎはひ[生業]。中古 なりはひ[生業]。上代 せいげふ[生業]。

―に精を出す 近世 世を稼ぐ。

世襲の― 中古 ききふ[箕裘]。上代 せげふ[世業]。

かぎょう【稼業】 ジョブ(job)。近代 かげふ[稼業]。つとめ[勤/務]。とせい[渡世]。近世 しょくげふ[職業]。中世 しごと[仕事]。中古 しゃうばい[商売]。なりはひ[生業]。上代 せいげふ[生業]。

かぎょう【課業】 ノルマ(ロシア norma)。中世 くゎげふ[課業]。しごと[仕事]。

かきょく【歌曲】 せいがくきょく[声楽曲]。ポップス(pops)。ポピュラーソング(popular song)。近代 アリア(イタリア aria)。リート/リード(ドイツ Lied)。中世 かえう[歌謡]。中古 かきょく[歌曲]。きょく[曲]。上代 うた[歌]。

かぎり【限】 近代 きょくげん[極限]。げんかい[限界]。げんど[限度]。さいがい[際涯]。リミット(limit)。近世 いきたけ/ゆきたけ[裄丈]。たか[高]。つもり[積]。とめど[止処]。はうづ[方図]。中世 きり[切]。さいげん[際限]。はうりゃう[方量]。はかり[計/量]。ぶんざい[分際]。へんさい[辺際]。中古 かぎり[限]。きは[際]。きはまり[極]。きはめ[極]。ご[期]。上代 きはみ[極]。そこ[底]。はたて[端]。はて[果]。

▼接尾語 きり。近世 こきり/こっきり。

▼形式名詞 中世 たけ[丈]。

かぎりな・い【限無】 エンドレス(endless)。のほうず[野放図/野放途]。近代 えいえん[永遠]。そこなし[底無]。むげん[無限]。むせいげん[無制限]。ゆきぬけ[行抜]。切りがない。底知れない。止めどがない。近世 たかなし[高無]。ばうやう[茫洋]。べうぜん[渺然]。むすう[無数]。天井抜け。中世 ぶきゅう[無窮]。むじんざう[無尽蔵]。中古 きはなし[際無]。きはまりなし[極無]。そこひなし[底方無]。はかりなし[計無/量無]。はてしなし[果無]。むきゃう[無疆]。むす[無数]。むへん[無辺]。むへんざい[無辺際]。底方(そこひ)も知らず。上代 かぎりなし[限無]。むきゅう/むぐう[無窮]。むじん[無尽]。むりゃう[無量]。

―・い世 上代 えいせい[永世]。まんだい[万代]。

―・く →**えいえん**

―・く多い数 近世 おくてう[億兆]。

―・く水が広がるさま 近世 やうやう[漾漾]。中世 やうやうこ[洋洋乎]。中古 やうやう[洋洋]。

広々として―・いさま 近代 くうくうばくばく[空空漠漠]。近世 ばうやう[望洋]。ばうやう[茫洋/芒洋]。

かぎ・る【限】 近代 アドホック(ラテン ad hoc)。きょくげん[局限]。きょくする[局]。くぎる[区切]。げんてい[限定]。中世 くゎくす[画]。しきる[仕切]。中古 せいげん[制限]。上代 かぎる[限]。

かきわす・れる【書忘】 中古 かきおとす[書落]。かきもらす[書漏]。

かきん【瑕瑾】 →**けってん**

かく【角】❶〈かど〉 近代 アングル(angle)。中世 とがり[尖]。中古 かど[角]。

かく【角】❷〈角度〉 →**かくど**

かく【格】 近代 ひんかく[品格]。近世 みぶん[身

分]。中世かく[格]。かくしき[格式]。かくてう[格調]。とうきふ[等級]。ひんゐ[品位]。ふうかく[風格]。中古くらゐ[位]。

かく【核】 コア(core)。近代かくしん[核心]。ちゅうかく[中核]。ちゅうすう[中枢]。ちゅうぢく[中軸]。近世しん[心]。中世かなめ[要]。中古かく[核]。ちゅうしん[中心]。上代さね[核/実]。

▼核兵器 →**かくへいき**

かく【確】 シュア(sure)。しっかりした。近代かくじつ[確実]。かくたる[確]。近世しっかり[確]。中世かく[確]。中古かっこ[確固/確乎]。上代たしか[確]。らうこ[牢固]。

か・く【書】 エクリチュール(フランス écriture)。メモ(す)る(memo)。近代きじゅつ[記述]。しっぴつ[執筆]。ひかへる[控]。近世ひっき[筆記]。中世きす[記]。しょす[書]。つづる[綴]。中古きろく[記録]。したたむ[―ためる][認]。しるす[記]。ものす[物]。筆を執る。上代かきしるす/しょき[書記]。かく[書/描]。

―・いては消す 中古かきけつ[書消]。

―・くのを面倒がらない人 近世ふでまめ[筆忠実]。

―・くのを面倒がる人 近代ふでぶしゃう[筆無精]。

―・くのをやめる 近代筆を擱(お)く。筆を折(を)る。近世筆を拭ふ。中世かくひつ[擱筆]。ぜっぴつ[絶筆]。筆を投ぐ[―投げる]。

―・く人 →**かきて**

新たに―・く 中古かきおろす[書下/書降]。

急いで速く―・く 近代そくひつ[速筆]。そくき[速記]。近世はしりがき[走書]。

代わって―・く 中世だいしょ[代書]。だいひつ[代筆]。

簡単に―・く 近代りゃくじゅつ[略述]。りゃくき[略記]。りゃくひつ[略筆]。近世りゃくじょ[略叙]。

興に任せて慰みに―・く 近世ふでなぐさみ[筆慰]。まんぴつ[漫筆]。中世かきすさぶ[書遊]。中古ふですさび/ふですさみ[筆荒]。

きれいに―・く 近世じゃうしょ[浄書]。中世きよがき[清書]。中古かきすます[書澄]。せいしょ/せいじょ[清書]。

区別して―・く 中世かきわく[―わける][書分]。中古かきわかつ[書分]。

詳しく―・く 近代しゃうじゅつ[詳述]。しゃうじょ[詳叙]。

事実を曲げて―・く 近世きょくひつ[曲筆]。

書画などを―・く 近世らくひつ[落筆]。中世きがう[揮毫]。じゅんぴつ[潤筆]。中古せんぴつ[染筆]。

書物を―・く 近代しっぴつ[執筆]。世に問ふ。中世あらはす[著]。ちょさく[著作]。中古ちょじゅつ[著述]。

すらすら―・く 近代筆を舞はす。近世いひくだす[言下]。中古かきやる[書遣]。筆を走らす[―走らせる]。筆を馳す。

ちょっと―・く いっぴつ[一筆]。中世ひとふで[一筆]。

特別に―・く とっき[特記]。近世たいしょ[大書]。とくひつ[特筆]。

並べて―・く へいき[並記/併記]。れっしょ[列書]。近代れっき[列記]。れんき[連記]。近世れつじょ[列叙]。中世かでうがき[個条書/箇条書]。

名を―・く 近代きめい[記名]。サイン(sign)。じしょ[自署]。中古しょめい[署名]。

はっきりと―・く 近世めいき[明記]。

一人で全部―・く 中世いっぴつ[一筆]。

筆で―・く ふでがき[筆書]。中世ひっけん[筆硯]。中古ふで[筆]。

本人自身が―・く 近代じしょ[自署]。近世しゅき[手記]。にくひつ[肉筆]。中世ぢきひつ[直筆]。しんしょ[親書]。中古じしょ[自書]。じひち/じひつ[自筆]。上代しゅしょ[手書]。

混ぜて―・く 中古かきまず[書交]。

文字を巧みに―・く 中世けんぴつ[健筆]。たっぴつ[達筆]。中古のうひつ[能筆]。上代のうしょ/のうじょ[能書]。

文字を下手に―・く 近代かなくぎりう[金釘流]。近世せっぴつ[拙筆]。中世あくひつ[悪筆]。

乱暴に―・く 近代らんぴつ[乱筆/濫筆]。近世かきなぐる[書殴]。なぐりがき[殴書]。中古かきちらす[書散]。かきみだす[書乱]。かきみだる[書乱]。

か・く【掻】 近世ひっかく[引掻]。中世かきむしる[掻毟]。上代かく[掻]。

か・く【欠】❶〈足りない〉 →**か・ける【欠】❶**

―・かすことができない 近世ふかけつ[不可欠]。

礼を―・く 近代けつれい[欠礼/闕礼]。近世しっけい[失敬]。ぶれい[無礼]。中世ぶしつけ[不躾]。中古ひれい[非礼]。りょぐゎい[慮外]。

か・く【欠】❷〈壊れる〉 →**か・ける【欠】❷**

か・ぐ【嗅】 近世 かぎわく[―わける][嗅分]。かぐ[嗅]。かざむ。ききわく[―わける][聞分]。中世 きく[聞]。

かぐ【家具】 インテリア(interior)。ちょうどひん[調度品]。近代 きぐ[器具]。きじふ[器什]。ファーニチャー(furniture)。近世 かざいだうぐ[家財道具]。かじふ[家什]。さしもの[指物]。じふぐ[什具]。中世 うつはもの[器物]。かざい[家財]。ぐそく[具足]。じふき[什器]。じふもつ[什物]。しょたいだうぐ/せたいだうぐ[所帯道具]。中古 いへのぐ[家具]。うちのぐ[内具]。かぐ[家具]。ぐ[具]。上代 てうど[調度]。

―を作る 近世 さす[差]。

―を作る職人 近世 さしものし[指物師]。

家宝として秘蔵する伝来の― 近世 じふほう[什宝]。

壁面を―として利用できるように作る 中古 つくりつけ[作付]。

がく【額】❶〈額縁〉 近代 うんぱん[雲版]。がくぶち[額縁]。中古 がく[額]。

―を掲げること 中世 がくうち[額打]。

詩や文を書いた― 近世 がくめん[額面]。中古 だいがく[題額]。

横に長い― 近世 へんがく[扁額]。

▼助数詞 か[架]。めん[面]。

がく【額】❷〈数量〉 近代 かかく[価格]。かがく[価額]。きんがく[金額]。だいか[代価]。プライス(price)。近世 かねだか/きんだか[金高]。たか[高]。ねだん[値段]。中世 ね[値]。中古 あたひ[価/値]。上代 がく[額]。

―が大きいこと 近代 かうがく[高額]。

―が小さいこと ていがく[低額]。

一年あたりの― 近代 ねんがく[年額]。

定まった― 近世 ていがく[定額]。

かくあげ【格上】 グレードアップ(和製grade up)。近代 えいしん[栄進]。しょうかく[昇格]。しょうきふ[昇給]。しょうだん[昇段]。しょうにん[昇任/陞任]。中世 えいたつ[栄達]。中古 しょうしん/しょうじん[昇進/陞進]。

かくいつ【画一】 近世 いってい[一定]。くゎくいつ[画一]。しゃくしぢゃうぎ[杓子定規]。中世 いちやう[一様]。中古 きんいつ[均一]。

かくいん【各員】 近代 かっこ[各個]。かくじん[各人]。かくゐん[各員]。近世 かくじ[各自]。中世 めいめい[銘銘]。

がくいん【学院】 →がっこう

かくう【架空】 近代 かくう[架空]。かこう[仮構]。きょくう[虚空]。きょこう[虚構]。くうさう[空想]。さうさく[創作]。フィクション(fiction)。近世 こしらへごと[拵事]。中世 きょ[虚]。こくう[虚空]。ゑそらごと[絵空事]。中古 そらごと[空事]。つくりごと[作事]。むさう[夢想]。

―の人物のこと 近代 うゆうせんせい[烏有先生]。

かぐう【仮寓】 →かりずまい【仮住】

がくえん【学園】 →がっこう

かくかい【各界】 かくそう[各層]。近代 かくはうめん[各方面]。

かくがい【格外】 きかくがい[規格外]。近代 とうぐゎい[等外]。はかく[破格]。へんそく[変則]。れいぐゎい[例外]。近世 へんかく[変格]。中世 かくぐゎい[格外]。

がくぎょう【学業】 近代 けんしう[研修]。しうがく[修学]。べんきゃう[勉強]。近世 がくきう[学究]。べんがく[勉学]。中世 がくもん[学問]。けんきう[研究]。中古 がくしふ[学習]。しゅがく[修学]。上代 がくげふ[学業]。

がくげい【学芸】 近代 げいがく[芸学]。ぶんくゎ[文化]。中世 がくげい[学芸]。ぶんげい[文芸]。上代 がくじゅつ[学術]。げいじゅつ[芸術]。

―に優れた人 中古 せんせい[先生]。上代 さいじん[才人]。

―の世界 近世 げいゑん[芸苑]。

かくげん【格言】 すんげん[寸言]。近代 アフォリズム(aphorism)。エピグラム(epigram)。けいいく[警句]。げんご[諺語]。マキシム(maxim)。モットー(motto)。近世 しんげん[箴言]。めいごん[名言]。座右の銘。中世 きんく[金句]。しげん[至言]。しん[箴]。中古 きんげん[金言]。めいく[名句]。めいげん[名言]。上代 かくげん[格言]。ことわざ[諺]。

かくご【覚悟】 はらがまえ[腹構]。近代 けっしん[決心]。中世 くゎんねん[観念]。ぞんち/ぞんぢ[存知]。中古 かくご[覚悟]。こころおきて[心掟]。こころがまへ[心構]。じかく[自覚]。ほい/ほんい[本意]。上代 けつだん[決断]。

―ができていない 中世 ふかく[不覚]。ふかくご[不覚悟]。

―ができる 腹ができる。

―が鈍る 中古 おもひとどこほる[思滞]。

―・していたこと 中世 覚悟の前。

ーを決める 近代けっき[決起]。意を決する。性根を据ゑる。腹を固める。腹を決める。腹を括くる。近世ごす[期]。しょけつ[処決]。清水の舞台から飛び降る[ー降りる]。胴据わる。胴を据う[ー据える]。腸はらわたを据う[ー据える]。踏ん切りを付く[ー付ける]。褌ふんどしを締めてかかる。中世おもひきる[思切]。腹を据う[ー据える]。臍ほぞを固うす。中古おもひかたむ[ーかためる][思固]。おもひさだむ[ーさだめる][思定]。おもひとる[思取]。《尊》中古おぼしたつ[思立]。おもほしなる[思成]。

決死のーをする 死を決する。近代すてみ[捨身]。近世いのちがけ[命懸]。けっし[決死]。しにみ[死身]。中世首を賭ける。

死ぬー 観念の臍ほぞを固める。中世今はこれまで。

死ぬーでその準備 近世しにごしらへ[死拵]。しにじたく[死支度]。中古しにまうけ[死設]。

処分等をーで座に着く 近代首の座に直る。

常に油断しないー じょうざいせんじょう[常在戦場]。

かくさ【格差】 らくさ[落差]。近代かくさ[格差]。ギャップ(gap)。さ[差]。中世さい[差異]。さゐ[差違]。ちがひ[違]。中古へだたり[隔]。

かくざい【角材】 近世かくざい[角材]。もくざい[木材]。中古ざいもく[材木]。上代つまで[柧手]。

ーを作ること 中古そまどり[杣取]。

学生運動で使うー ゲバぼう[ドイツGewalt棒]。

壁に建具を取り付けるー 近代はうだてばしら[方立柱]。中古はうだて[方立]。はしらよせ[柱寄]。ほこだち[棖]。

山から切り出したー そまかく[杣角]。

がくさい【学才】→**がくしき**

かくさく【画策】 策を弄する。近代くゎくさく[画策]。近世さくりゃく[策略]。もくろみ[目論見]。手を回す。中世くはだて[企]。さくす[策]。中古けいりゃく[計略]。はかる[謀]。ぼうりゃく[謀略]。上代いんぼう[陰謀/隠謀]。

かくさげ【格下】 こうしょく[降職]。こうにん[降任]。中世おとす[落]。上代させん[左遷]。

かくさん【拡散】 近代かくだい[拡大]。近世ちらばる[散]。中世さんぷ[散布]。ひろがる[拡/広]。中古しさん[四散]。上代ぶんさん[分散]。

かくじ【各自】 ここじん[個個人]。ひとりひとり[一人一人]。近代かくじん[各人]。ここべつべつ[個個別別]。こべつ[個別]。近世かくじ[各自]。中世それぞれ[夫夫/其其]。めいめい[銘銘]。めんめん[面面]。中古おのおの[各各]。おもひおもひ[思思]。

がくし【学士】 近世がくし[学士]。がくせい[学生]。上代がくと[学徒]。

がくし【学資】 近代がくし[学資]。けういくひ[教育費]。じゅげふれう[授業料]。近世がくひ[学費]。

がくし【楽士】 近代おんがくか[音楽家]。がくじん[楽人]。近世がくし[楽士/楽師]。中古がくにん[楽人]。

かくしき【格式】 中世かく[格]。かくしき[格式]。

ーが上がる 近代しょうかく[昇格]。

ーが下がる こうかく[降格]。

ーに外れていること 近世へんかく[変格]。中世しゅっかく[出格]。ゐきゃく[違格]。

ーばる 近代ぎしきばる[儀式張]。上下かみしもを着る。近世しかくばる[四角張]。中古うべうべし/むべむべし[宜宜]。

ーを守る 近世ぢゃうかく[定格]。

家のー 近世かかく[家格]。

決まったー 近世ていかく[定格]。

特別のー 中世べっかく[別格]。

昔からのー 近世こかく[古格]。

がくしき【学識】 近代うんちく[蘊蓄]。近世がくさい[学才]。がくしき[学識]。がくしょく[学殖]。中世いうそく[有識/有職]。がくりょく[学力]。けんしき[見識]。さいかく/さいがく[才学]。ざうけい[造詣]。しきけん[識見]。中古がくしゃう[学生]。ざえ[才]。《謙》近代せんがくひさい[浅学非才]。

ーがありそう 中古ざえざえし[才才]。

ーがありそうに振る舞う 中古ざえがる[才]。

ーがある 近代ふせん[富贍]。近世がいはく[該博]。中世こぶ[こびる]。せきさい[碩才]。中古とくがく[篤学]。上代こうがく[鴻学/洪学]。

ーのある人 がくしきけいけんしゃ[学識経験者]。ハイブロー(highbrow)。ブレーン(brain)。ブレーントラスト(brain trust)。近代いうしきしゃ[有識者]。近世たいはう[大方]。中世けいこ[稽古]。てつじん[哲人/哲仁]。ものしり[物知]。中古いうそ

く[有職／有識]。上代けんじん[賢人]。こうがく[鴻学／洪学]。しきしゃ[識者]。

—の進歩がない人 中世呉下の阿蒙(あもう)。

—をひけらかす ペダンチック(pedantic)。近代げんがく[衒学]。

かくしごと【隠事】 かげごと[陰事]。ないしょごと[内証事]。近代かくれごと[隠事]。シークレット(secret)。ないみつ[内密]。近世かくしごと[隠事]。ないしょ[内緒]。ないしょう[内証]。ひめごと[秘事]。中世さたなし[沙汰無]。ないない[内内]。ひじ[秘事]。中古かくろへごと[隠事]。くま[隈]。しのび／しのびごと[忍事]。ひみつ[秘密]。みごもり[水籠]。みそかこと[秘事]。わたくしごと[私事]。→**ひみつ**

《句》近世頭隠して尻隠さず。天に口あり、壁に耳あり。秘事は睫(まつげ)。中世天知る、地知る、我知る、人知る。天に口なし、人を以て言はしむ。天に眼(まなこ)。藪に目。

—があらわれること 中世ろけん[露見]。

—がありそうだ 中古くまぐまし[隈隈]。

—があること 近世脛(すね)に疵(きず)持つ。

—がないこと 近代あけはなす[明放／開放]。オープン(open)。ガラスばり[(オランダ)glas張]。近世あけすけ[明透]。こうめい[公明]。はだか[裸]。中世かいきん[開襟]。

—がばれる 近代足が出る。底が割れる。

—をしない 近代底を割る。

—を見破る 近世内兜を見透かす。

かくしだて【隠立】→**かく・す**

かくしつ【確執】 近代かっとう[葛藤]。ふけふわ[不協和]。近世いがみあひ[啀合]。ふなか[不仲]。中世かくしつ[確執]。かくしふ[確執]。ふくわ[不和]。罅(ひび)が入る。中古ふわ[不和]。上代あらそひ[争／諍]。

かくじつ【隔日】 近代いちにちおき[一日置]。中世かくじつ[隔日]。ひとひまぜ[一日交]。中古ひまぜ[日交]。

かくじつ【確実】 シュア(sure)。近代がいぜん[蓋然]。かくじつ[確実]。せいかく[正確]。近世ぢゃうぶ[丈夫]。ちゃくじつ[着実]。まのあたり[目当／眼当]。石に錠(ぢゃう)。石に判。照り降りなし。照れ降れなし。中世いちぢゃう[一定]。けんじつ[堅実]。たしやか[確]。ぢぢゃう[治定]。てがたし[手堅]。まさし[正]。中古かくこ[確固]。さだか[定]。ひつぜん[必然]。上代たしか[確]。

《句》近世大地に槌。

—であることの保証 たいこばん[太鼓判]。太鼓のような判を捺す。近世をりがみつき[折紙付]。

—な承諾 中世きんだく[金諾]。

—な返事 近代かくたふ[確答]。

—に 上代たしだしに。

—にする だめおし[駄目押]。近代うらづける[裏付]。念を押す。近世かたむ[かためる][固]。念のため。

—の割合 かくど[確度]。近代がいぜんせい[蓋然性]。かくりつ[確率]。こうさん[公算]。プロバビリティー(probability)。

聞いた内容が— かくぶん[確聞]。

ほぼ— くぶくりん[九分九厘]。

がくしゃ【学者】 アカデミシャン(academician)。近代いうしきしゃ[有識者]。くゎがくしゃ[科学者]。けんきうしゃ[研究者]。近世がくきう[学究]。ろんごよみ[論語読]。中世もんじゃ[文者]。中古いうそく[有職／有識]。がくしゃ[学者]。せきがく[碩学]。はかせ[博士]。上代がくと[学徒]。ふみよみ[文読／書読]。ふみよみびと[書読人]。

《尊》近代しそう[詞宗]。近世たいじん[大人]。上代うし[大人]。

《謙》近代がくきゅう[学窮]。せんがくひさい[浅学非才]。中世まつがく[末学]。

—の社会 近代がくくゎい[学会]。

—の仲間 近世かんりん[翰林]。

—ぶること ペダンチズム(pedantism)。近代げんがく[衒学]。ペダントリー(pedantry)。

田舎の— 近世そんがくきう[村学究]。そんじゅ[村儒]。そんぷうし[村夫子]。

多くの— 中世はくか[百家]。上代ひゃくか[百家]。

見識の低い— 近世うじゅ[迂儒]。中世ぞくじゅ[俗儒]。

権力者に迎合する— 近代ごようがくしゃ[御用学者]。

後進の— 中古まつがく[末学]。上代こうがく[後学]。

優れた大— 近世きょじゅ[巨儒]。中世がくしゃう[学匠]。たいか[大家]。中古こうじゅ[鴻儒]。せきじゅ[碩儒]。たいじゅ[大儒]。めいしゃう[名匠]。

年老いた— 中古きじゅ[耆儒]。

貧乏な— 近世きゅうそだい[窮措大]。

昔の— 上代せんてつ[先哲]。

融通のきかない— 近代くじゅ／こうじゅ[拘

儒］。
有名なー 中世けんがく［顕学］。

かくしゃく【矍鑠】 タフ(tough)。近代けんかう［健康］。近世けんしょう［健勝］。中世げんき［元気］。さうけん［壮健］。すこやか［健］。たっしゃ［達者］。ぢゃうぶ［丈夫］。中古かくしゃく［矍鑠］。

かくしゅ【馘首】 じんいんせいり［人員整理］。近代かいこ［解雇］。かいにん［解任］。かくしゅ［馘首］。くび［首］。くびきり［首切］。ひめん［罷免］。めんしょく［免職］。近世おはらひばこ［御払箱］。首にす。中世暇を出だす。→かいこ【解雇】

かくしゅ【各種】 近代かくしゅ［各種］。近世いろんな［色］。たさい［多彩］。たやう［多様］。中古いろいろ［色色］。さまざま［様様］。しなじな［品品］。たしゅ［多種］。上代くさぐさ／しゅじゅ［種種］。もろもろ［諸諸］。

かくじゅう【拡充】 近代くゎくちゃう［拡張］。しんちゃう［伸張］。しんてん［伸展］。しんてん［進展］。はってん［発展］。近世くゎくじゅう［拡充］。中世じゅうじつ［充実］。

がくしゅう【学習】 近代くんれん［訓練］。スタディー(study)。べんきゃう［勉強］。近世けんきう［研究］。べんがく［勉学］。中世けいこ［稽古］。ならひおぼゆ［―おぼえる］［習覚］。ならふ［習／慣］。まなぶ／まねぶ［学］。れんしふ［練習］。上代がくげふ［学業］。がくしふ［学習］。
《句》中古枝の雪を馴らす。
ー・させる 中古ならはす［習／慣］。
ー済みのこと きしゅう［既習］。
ー成績が横ばいまたは下降気味の状態 プラトー(plateau)。近代スランプ(slump)。
ー帳 ワークブック(workbook)。
ーの順序 近代シークエンス(sequence)。
自分一人でー・する 近代じしふ［自習］。
習う前にー・すること 近代よしふ［予習］。
習ったことを再度ー・する 近代さらひ［復習］。近世おさらひ［御浚］。中世ふくしふ［復習］。
反復のー ドリル(drill)。
まだー・していないこと みしゅう［未習］。

がくしゅう【学修】 近代がくしう［学修］。しうがく［修学］。しうげふ［修業］。マスター(master)。近世べんがく［勉学］。中世しうとく［修得］。しふとく［習得］。たいとく［体得］。中古しゅがく［修学］。

がくじゅつ【学術】 中世がくげい［学芸］。中古がくもん［学問］。上代がくじゅつ［学術］。
ー的 サイエンティフィック(scientific)。近代テクニカル(technical)。

かくしょ【各所】 →かくち

かくしょう【確証】 近代かくしょう［確証］。てきしょう［的証］。近世こんきょ［根拠］。中世じっしょう［実証］。

かくしん【核心】 コア(core)。近代かく［核］。かくしん［核心］。きふしょ［急所］。こんかん［根幹］。しんずい［心髄］。ちゅうかく［中核］。ちゅうすう［中枢］。近世しゃうね［性根］。しん［心］。ほね［骨］。中世かなめ［要］。ずい［髄］。中古ちゅうしん［中心］。

かくしん【確信】 近代かくしん［確信］。近世じしん［自信］。しんねん［信念］。
ー・する 中世けちぢゃう／けつぢゃう［決定］。中古うちかたむ［―かためる］［打固］。

かくしん【革新】 イノベーション(innovation)。リノベーション(renovation)。近代かいしん［改進］。かいぜん［改善］。かいりゃう［改良］。かくしん［革新］。かくめい［革命］。へんかく［変革］。中世かいかく［改革］。中古かふ［かえる］［変］。ゐしん［維新］。上代あらたむ［―ためる］［改］。かいしん［改新］。なほす［直／治］。

かくじん【各人】 近代かくこ［各個］。かくじん［各人］。かくゐん［各員］。近世かくじ［各自］。中世ここ［個個］。それぞれ［其其／夫夫］。にんにん［人人］。めいめい［銘銘］。中古おのおの［各各］。ひとりひとり［一人一人］。みみ［身身］。

かく・す【隠】 ふせる［伏］。煙幕を張る。近代いんとく［隠匿］。ひとく［秘匿］。腹(胸)に納める。闇に葬る。近世かくしだて［隠立］。かくまふ［匿］。こかす［倒／転］。ひそむ［潜］。ふけらす。蓋をす。胸に畳む。中世いんぷく［隠伏］。いんぺい［隠蔽］。おほふ［覆］。くらます［晦／暗］。ひす［秘］。中古おしつつむ［押包］。おほひかくす［覆隠］。しなぶ［匿］。しのぶ［忍］。つつみかくす［包隠］。とりかくす［取隠］。ひきこむ［―こめる］［引込］。ひそむ［ひそめる］［潜］。ひみつ［秘密］。ひむ［ひめる］［秘］。まぎらはす［紛］。もてかくす［持隠］。上代かくす［隠］。きすむ［蔵］。くらむ［暗］。しなむ［匿］。つつむ［包］。
《句》近代柿を盗んで核(さね)隠さず。近世頭隠して尻隠さず。臭いものに蓋。暗がりの犬

の糞。中世 雉(じき)の草隠れ。
—・しきれない 中世 しのびあへず[忍敢]。
—・し通す 中古 しのびすぐす[忍過]。
—・すさま 近世 こっそり。中古 しのびやか[忍]。ひそか[秘]。ひそやか[密]。上代 ひとしれず[人知]。
—・す場所 中世 かくしどころ[隠所]。
顔を—・す 中古 さしかくす[差隠]。上代 おもがくし[面隠]。
雲や霞が—・す 中世 たちかくす[立隠]。
姿を—・す 姿を消す。近世 ふける。中世 跡を暗ます。中古 あとたゆ[跡絶]。かいひそむ[掻潜]。身を隠す。
包み—・す 近世 えんぺい[掩蔽]。おほふ[覆]。中古 おしつつむ[押包]。おほひかくす[覆隠]。こむ[込/籠]。
手をかざして—・す 中古 さしかくす[差隠]。
ひたすら—・す 近代 ひたかくし[直隠]。近世 ひしかくす[秘隠]。中古 おしかくす[押隠]。
表面を—・す 中古 おもがくし[面隠]。
不都合なものを一時的に—・す 近世 臭い物に蓋をする。
胸のなかに—・す 中古 みごもる[水籠]。

かく・する【画】❶〈区分〉 くぎる[区切]。近代 くゎくする[画]。中古 くぶん[区分]。わく[わける][分]。上代 かぎる[限]。

かく・する【画】❷〈計画〉 近代 きくゎく[企画]。きと[企図]。くゎくさく[画策]。くゎくする[画]。せっけい[設計]。プロジェクト(project)。りつあん[立案]。近世 けいくゎく[計画]。中世 さくす[策]。中古 くはだつ[—だてる][企]。はかる[図/計/謀]。

かくせい【覚醒】 近代 かくせい[覚醒]。めざめ[目覚]。中古 さむ[さめる][醒/覚]。じかく[自覚]。上代 さとる[悟]。

がくせい【学生】 近代 がくし[学士]。きんボタン[金(ポルトガル) botão]。スチューデント(student)。だいがくせい[大学生]。近世 がくせい[学生]。中古 がくしゃう[学生]。しょせい[書生]。せいきん[青襟/青衿]。上代 がくと[学徒]。
《句》中世 後生(こうせい)畏(おそ)るべし。
—の懇親会 近代 コンパ(company)。
—のどんちゃん騒ぎ 近代 ストーム(storm)。
—服 近代 きんボタン[金(ポルトガル) botão]。
—帽 近代 かくぼう[角帽]。がくぼう[学帽]。
—寮 ドーミトリー(dormitory)。近代 きしゅくしゃ[寄宿舎]。近世 がくれう[学寮]。
在学している— 近代 ざいがくせい[在学生]。しんにふせい[新入生]。にふがくせい[入学生]。
女性の— 近代 えびちゃばかま[葡萄茶袴/海老茶袴]。ぢょがくせい[女学生]。をんながくせい[女学生]。
優れた— 中世 そだい[措大]。
未熟な— 近代 あをしょせい[青書生]。中古 なまがくしゃう[生学生]。
寮に寄宿する— 近代 きしゅくせい[寄宿生]。れうせい[寮生]。
▼小学生 がくどう[学童]。じどう[児童]。
▼中学生/高校生 せいと[生徒]。

かくせいき【拡声器】 スピーカー(speaker)。メガフォン/メガホン(megaphone)。ラウドスピーカー(loudspeaker)。らっぱ[喇叭]。近代 くゎくせいき[拡声器]。

かくぜつ【隔絶】 近代 ギャップ(gap)。ぼつかうせふ[没交渉]。中世 かくぜつ[隔絶]。けんかく[懸隔]。さゐ[差違]。中古 ぶんり[分離]。上代 へだたる[隔]。

がくせつ【学説】 近代 がくせつ[学説]。セオリー(theory)。近世 ろん[論]。中古 せつ[説]。りろん[理論]。
新しい— 近世 しんせつ[新説]。
一個人の— 中古 しせつ[私説]。
いろいろな— 中古 しょせつ[諸説]。
世間の人気取りを狙う— 近世 きょくがくあせい[曲学阿世]。
正しい— 中古 しんせつ[真説]。

がくぜん【愕然】 近代 肝を拉(ひし)ぐ。近世 がいぜん[駭然]。きっきゃう[喫驚/吃驚]。肝を飛ばす。肝を減らす。度肝を抜かる[—抜かれる]。中世 きゃうがく[驚愕]。きゃうたう[驚倒]。息を呑む。肝を消す。中古 がくぜん[愕然]。肝を潰す。上代 おどろく[驚]。→おどろ・く

かくそう【各層】 かくかい[各階]。近代 かくはうめん[各方面]。

がくそう【学窓】 近代 がくゑん[学園]。キャンパス(campus)。スクール(school)。まなびや[学舎]。近世 がくかう[学校]。中古 がくさう[学窓]。がくふ[学府]。

かくだい【拡大】 エスカレート(escalate)。かくさん[拡散]。近代 くゎくだい[拡大]。くゎくちゃう[拡張]。しんちゃう[伸張]。てんかい[展開]。近世 くゎくだい[郭大/廓大]。中世 ばうちゃう[膨張]。ひろがる[拡]。
—充実 近世 くゎくじゅう[拡充]。
都市の無計画な— スプロール(sprawl)。

話の中身が次第に—・すること　ぞうふく[増幅]。近世 尾鰭(をひれ)が付く。

販売部数の—　かくはん[拡販]。

被写体の—や縮小　ズーム(zoom)。

被写体を—・して撮影すること　クローズアップ(close-up)。ズームアップ(zoom up)。

かくだいきょう【拡大鏡】　近代 あふめんきゃう[凹面鏡]。くゎくだいきゃう[拡大鏡]。てんがんきゃう[天眼鏡]。とつレンズ[凸lens]。ルーペ(ドイツ Lupe)。近世 むしめがね[虫眼鏡]。

かくたる【確】→**かく【確】**

かくだん【格段】　とくだん[特段]。近代 とくべつ[特別]。近世 かくだん[格段]。中世 かくべつ[格別]。とりわけ[取分]。ふかしい[深]。べっかく[別格]。中古 ことさら[殊更]。とりわき[取分]。

がくだん【楽団】　こてきたい[鼓笛隊]。シンフォニーオーケストラ(symphony orchestra)。すいそうがくだん[吹奏楽団]。ストリングス(strings)。バンド(band)。ビッグバンド(big band)。近代 オーケストラ(orchestra)。おんがくたい[音楽隊]。かうきゃうがくだん[交響楽団]。がくたい[楽隊]。くゎんげんがくだん[管弦楽団]。ブラスバンド(brass band)。

—の団員　がくいん[楽員]。がくだんいん[楽団員]。

▼四重奏団　カルテット(イタリア quartetto)。

▼五重奏団　クインテット(イタリア quintetto)。

▼八重奏団　オクテット(イタリア octet)。

がくだん【楽壇】　がくかい[楽界]。近代 おんがくかい[音楽界]。がくだん[楽壇]。バンドマン(bandsman)。

かくち【各地】　近代 かくしょ[各所]。かくち[各地]。近世 あちらこちら。そこここ[其処此処]。はうばう[方方]。中世 あちこち。いたるところ[至所]。中古 かたがた[方方]。しょしょ[諸処/諸所]。

かくちく【角逐】　きそいあう[競合]。つばぜりあい[鍔迫合]。近代 かくちく[角逐]。きっかう[拮抗/頡頏]。角突き合はせる。中世 きゃうさう[競争]。せりあふ[競合]。鎬(しのぎ)を削る。→**せりあ・う**

かくちょう【拡張】　近代 エクステンション(extension)。くゎくちゃう[拡張]。しんちゃう[伸張]。しんてん[進展]。近世 くゎくじゅう[拡充]。くゎくだい[拡大]。中世 おしひろぐ[—ひろげる][押広]。中古 えんちゃう[延長]。ひろぐ[ひろげる][広]。→**かくだい**

かくちょう【格調】　近代 ひんかく[品格]。近世 かくてう[格調]。中世 かく[格]。たけ[丈]。ふうかく[風格]。

—が高い(歌論で)　中世 たけたかし[丈高]。

かくづけ【格付】　アセスメント(assessment)。くらいづけ[位付]。じゅんいづけ[順位付]。とうきゅうわけ[等級分]。ランキング(ranking)。レッテル(オランダ letter)を貼る。近代 かくづけ[格付]。さてい[査定]。ひゃうか[評価]。上代 かうくゎ[考課]。しなさだめ[品定]。

かくてい【確定】　近代 かくてい[確定]。ほんぎまり[本決]。近世 きまる[決]。けってい[決定]。中世 いちぢゃう[一定]。けっす[決]。けっちゃく[決着]。らくちゃく/らくぢゃく[落着]。上代 さだまる[定]。

かくど【角度】　かく[角]。近代 アングル(angle)。かくど[角度]。はうかう[方向]。はうがく[方角]。

—の単位　ど[度]。ふん[分]。びょう[秒]。こど[弧度]。ラジアン(radian)。

—を測定する機器　かくどじょうぎ[角度定規]。近代 かくどけい[角度計]。けいゐぎ[経緯儀]。セオドライト(theodolite)。そっかくき[測角器]。ぶんどき[分度器]。ろくぶんぎ[六分儀]。近世 セクスタント(sextant)。ろくぶんゑんき[六分円器]。

基準から振れた—　へんかく[偏角]。

数学で使われる—　近代 あふかく[凹角]。いうかく[優角]。えいかく[鋭角]。ぐゎいかく[外角]。さくかく[錯覚]。ちゃうかく[頂角]。ちょくかく[直角]。ていかく[底角]。とうかく[等角]。どうゐかく[同位角]。とっかく[凸角]。どんかく[鈍角]。ないかく[内角]。ほかく[補角]。れっかく[劣角]。近世 よかく[余角]。

地球の磁場が水平面となす—　近代 ふくかく[伏角]。

光や音の差し込む—　近代 にふしゃかく[入射角]。

広い—　こうかく[広角]。

見上げる—　近代 ぎゃうかく[仰角]。

見下ろす—　近代 ふかく[俯角]。

▼方角や位置を測定する計器　近代 けいゐぎ[経緯儀]。しなんしん[指南針]。セオドライト(theodolite)。そくかくき[測角器]。らしんぎ[羅針儀]。ろくぶんぎ[六分儀]。近世 コンパス(オランダ kompas)。じしゃくばり[磁石針]。じしん[磁針]。セクスタント

(sextant)。らしんばん［羅針盤］。中世じしゃく［磁石］。

がくと【学徒】 近代けんきうしゃ［研究者］。近世がくせい［学生］。中古がくしゃ［学者］。がくしゃう［学生］。せいと［生徒］。上代がくと［学徒］。

かくとう【格闘】 くんずほぐれつ［組解］。近代たちまはり［立回］。とっくみあひ［取組合］。近世かくとう［格闘］。くみうち［組討］。はくせん［搏戦］。中世つかみあひ［摑合］。中古たちあふ［立合］。

かくとう【確答】 近代かくたふ［確答］。けったふ［決答］。めいたふ［明答］。

がくどう【学童】 近代せうがくせい［小学生］。近世がくどう［学童］。中古じどう［児童］。

かくとく【獲得】 物にする。近代いとめる［射止］。しうとく［収得］。しゅとく［取得］。手にする。近世えいとく［贏得］。らくしゅ［落手］。中世くゎくとく［獲得］。にふしゅ［入手］。手に入る［―入れる］。上代う［うる／える］［得］。

思い通りの結果(返答など)を―・する 近世はくす［博］。中世とりつく［―つける］［取付］。

競技などで点数を―・する 近代うばふ［奪］。

努力して―・する 中世かちとる［勝取］。

かくにん【確認】 近代かくにん［確認］。たしかめる［確］。チェック(check)。にんち［認知］。にんてい［認定］。中世みきはむ［―きわめる］［見極］。みとどく［―とどける］［見届］。

―がまだ みかくにん［未確認］。中世みしゃう［未詳］。

事実を― 近代けんしょう［検証］。

本人かどうかの― 中世くびじっけん［首実検］。じんぢゃう［人定］。じんてい［人定］。

目で― しにん［視認］。

かくのう【格納】 近代かくなふ［格納］。近世しまふ［仕舞］。中世しうなふ［収納］。上代をさむ［おさめる］［収／納］。

かくばくだん【核爆弾】 →かくへいき

かくはん【攪拌】 近代こうはん［攪拌］。ミックス(mix)。近世まぜあはす［―あわせる］［混合］。中古かきまず［―まぜる］［掻混］。上代まず［まぜる］［混］。

かくば・る【角張】 かくしきばる［格式張］。かたくなる［固／硬］。近代かどばる［角張］。ぎしきばる［儀式張］。けいしきばる［形式張］。しゃちほこばる／しゃっちょこばる［鯱張］。中世しゃちこばる［鯱張］。中古かどかどし［角角］。そばそばし［稜稜］。

がくひ【学費】 近代がくし［学資］。けういくひ［教育費］。じゅげふれう［授業料］。近世がくひ［学費］。

―として貸与または支給される金 近代しゃうがくきん［奨学金］。しゃうがくしきん［奨学資金］。

―を支給される学生 近代きふひせい［給費生］。

かくひつ【擱筆】 →**かきあ・げる【書上】**

がくふ【楽譜】 ごせんふ［五線譜］。近代おんぷ［音譜］。きょくふ［曲譜］。中古ふ［譜］。

―で使われる符号 近代おんぷ［音符］。おたまじゃくし［御玉杓子］。

―に書き取ること さいふ［採譜］。

―を書き記したもの ふめん［譜面］。

音楽の全体の― そうふ［総譜］。近代スコア(score)。

かくへいき【核兵器】 かくばくだん［核爆弾］。かくぶそう［核武装］。かくミサイル［核missile］。げんしばくだん［原子爆弾］。げんすいばく［原水爆］。すいそばくだん［水素爆弾］。ニュークリア(nuclear)。ぴかどん。

―を装備する かくぶそう［核武装］。

―を装備する国 かくほゆうこく［核保有国］。

▼核爆発の雲 きのこぐも［茸雲］。げんしぐも［原子雲］。

かくべつ【格別】 とくだん［特段］。近代スペシャル(special)。とくべつ［特別］。なみはづれる［並外］。はかく［破格］。近世かくだん［格段］。ふかしい［深］。べして［別］。中世いちだん［一段］。かくべち／かくべつ［格別］。きはこと［際異］。けしからず［怪］。ことのほか［事外］。とりわけ［取分］。なのめ［斜］。ひじゃう［非常］。ぶんぐゎい［分外］。べつだん［別段］。やむごとなし／やんごとなし［止事無］。中古いれい［異例］。おぼろけ［朧］。きらきらし。け［異］。こと［異／殊］。ことさら［殊更］。ことと［事］。ことなし［殊無］。ことに［異／殊］。さまこと［様異］。とりわく［―わける］［取分］。ななめならず／なのめならず。ひざう［非常］。やうごとなし［止事無］。わりなし［理無］。おぼろけならず／おぼろげならず。上代ゐれい［違例］。

―・に 中世さして。すぐれて［勝］。べっして［別］。中古ことと［事］。たえて［絶］。たてて［立］。とりわきて［取分］。なかんづく［就中］。わいて／わきて／わけて［分／別］。わざと［態］。上代いとのきて。ことたへに［故］。

―・によい 中古しゅしょう［殊勝］。

ーのことはない 中世 いとしもなし。

かくほ【確保】 キープ(keep)。近代 かくほ[確保]。ほうぜん[保全]。をんぞん[温存]。近世 おさふ[おさえる][抑／押]。ゐぢ[維持]。中世 ほうぢ／ほぢ[保持]。ほぜん[保全]。上代 もつ[持]。

かくま・う【匿】 →かく・す

かくめい【革命】 近代 かくしん[革新]。へんかく[変革]。レボリューション(revolution)。中世 いっしん[一新]。かいへん[改変]。中古 かくめい[革命]。へんがい[変改]。上代 かいしん[改新]。

ー的な勢力 近代 さよく[左翼]。ひだり[左]。

ーを志す人 かくめいじ[革命児]。近代 かくめいか[革命家]。

武力や暴力によるー 近代 ぶりょくかくめい[武力革命]。ぼうりょくかくめい[暴力革命]。

武力を使わないー へいわかくめい[平和革命]。

がくもん【学問】 ウィッセンシャフト(ドイツ Wissenschaft)。近代 がくきう[学究]。近世 がくだう[学道]。かんぼく[翰墨]。べんがく[勉学]。まなび[学]。もじ[文字]。学びの道。中世 がくち[学知]。さいがく[才学]。しょがく[所学]。ものまなび[物学]。中古 がくしゃう[学生]。けいこ[稽古]。ざえ[才]。てならひ[手習]。ふみ[文／書]。もんざい[文才]。文の道。上代 がく[学]。がくげふ[学業]。がくじゅつ[学術]。がくもん[学問／学文]。

《句》学問に王道なし。近代 科に盈(み)ちて後進む。少年老い易く学成り難し。手習ひは坂に車を押す如し。実る稲田は頭垂る。実るほど頭の下がる稲穂かな。近世 千金を買ふ市あれど一文字買ふ店なし。千日の勤学より一日の名匠。道は近きにあり、しかるにこれを遠きに求む。

ーが浅く未熟 近代 せんがくひさい[浅学非才]。近世 うひまなび[初学]。中世 みがく[未学]。

ー研究上の傾向 近世 がくふう[学風]。

ー上教えを受けた恩義 近代 がくおん[学恩]。

ー上の 近代 がくじゅつてき[学術的]。がくてき[学的]。せんもんてき[専門的]。テクニカル(technical)。

ー上の経歴 近代 がくれき[学歴]。

ー上の識見 近世 がくしき[学識]。

ー上の仕事 近代 げふせき[業績]。

ー上の説 近代 がくせつ[学説]。がくり[学理]。中世 りろん[理論]。

ー上の友人 近代 がくけい[学兄]。かんりん[翰林]。中世 がくいう[学友]。

ー上の流派 シューレ(ドイツ Schule)。近代 エコール(フランス école)。がくとう[学統]。がくは[学派]。がくばつ[学閥]。もん[門]。

ー的 近代 アカデミック(academic)。がくきうてき[学究的]。がくてき[学的]。中古 みちみちし[道道]。

ーと芸術 中世 がくげい[学芸]。

ーと知識 近世 がくしき[学識]。中世 がくち[学知]。

ーと武芸 近代 いうぶんさぶ[右文左武]。上代 ぶんぶ[文武]。

ーに関すること 近世 がくじ[学事]。

ーに通じている 近代 いうしき[有識]。近世 がいはく[該博]。くゎんせん[貫穿]。中世 つうちゃう[通暢]。はくが[博雅]。ふまい[不昧]。中古 いうそく[有識]。上代 こうがく[鴻学／洪学]。せきがく[碩学]。はくがく[博学]。

ーに熱心なこと 中古 かうがく[好学]。上代 とくがく[篤学]。

ーに励むこと 近世 べんがく[勉学]。中世 さんがう[鑽仰／賛仰]。しゅぎゃう[修行]。せっさたくま[切磋琢磨]。窓の雪。中古 さんぎゃう[鑽仰／賛仰]。窓の蛍。上代 きんがく[勤学]。

ーの奥深いところ 中世 うんあう[蘊奥]。ごくい[極意]。しんあう[深奥]。だうあう[堂奥]。中古 あうぎ[奥義]。

ーの才能 近世 がくさい[学才]。中古 もんざい[文才]。

ーの初歩 近世 うひやまぶみ[初山踏]。

ーの世界 近代 がくかい[学界]。

ーの世界の大きさのたとえ 中古 がくかい[学海]。

ーの素養 近世 がくしょく[学殖]。

ーのないこと 近代 ふぶん[不文]。むけうやう[無教養]。近世 ふもじ[不文字]。中世 ひがく[非学]。ふがく[不学]。むがく[無学]。中古 せんがく[浅学]。むち[無知]。もうまい[蒙昧]。

ーへの意欲 近代 かうがく[向学]。かうがくしん[向学心]。中世 しがく[志学]。中古 かうがく[好学]。

ーを修めた人 中世 しゅがくしゃ[修学者]。

ーを修めること 近代 せいがく[成学]。

ーを奨励すること 上代 くゎんがく[勧学]。

—をする 近代がくしう[学修]。けんがく[研学]。しうげふ/しゅげふ[修業]。中世がくしゅ[学修]。けんきう[研究]。もくかう[目耕]。中古がくす[学]。けんさん[研鑽]。しふがく[習学]。しょがく[所学]。まなぶ[学]。をさむ[おさめる][修]。上代がくげふ[学業]。しうしふ[修習]。ものならふ[物習]。

—をする所 近代がくかう[学校]。がくりん[学林]。がくゑん[学園]。だいがく[大学]。まなびや[学舎]。学びの園(その)。学びの庭(園(には))。学びの窓。中世がくもんじょ[学問所]。中古がくくゎん[学館]。がくさう[学窓]。がくだう[学堂]。がくふ[学府]。ふみや[文屋]。上代きゃうだん[杏壇]。

—をする人 →がくしゃ

—をする費用 近代がくし[学資]。がくひ[学費]。けういくひ[教育費]。じゅげふれう[授業料]。

—を弟子に伝える 近代衣鉢(いはつ)を伝ふ[—伝える]。

—を見せびらかす 近代げんがく[衒学]。

—を広く修めること 近世はくぶん[博文]。

家に代々相伝されてきた— 中世かがく[家学]。

後のためになる— 中世こうがく[後学]。

苦労して—・する 近世枝の雪。中世窓の雪。窓の蛍。中古くがく[苦学]。上代けいせつ[蛍雪]。

雑多な— 近世ざつがく[雑学]。

師から—を受け継ぐ 近代衣鉢(いはつ)を継ぐ。

実際の役に立たない— ほんやがくもん[本屋学問]。近代しにがくもん[死学問]。近世きもんのがく[記問学]。中世げだいがくもん[外題学問]。

真理を曲げ世におもねる— 近世きょくがくあせい[曲学阿世]。きょくがく[曲学]。

正統でない— 近世ぎがく[偽学]。中世いがく[異学]。

通俗的な— 中世ぞくがく[俗学]。

年取ってから始める— 六十の手習い。中世ばんがく[晩学]。

人の話で得た— 近代じがく[耳学]。近世みみがくもん[耳学問]。

昔を研究する— 近代かうこがく[考古学]。こがく[古学]。近世いにしへまなび[古学]。中世しがく[史学]。

がくや【楽屋】 近代ひかへしつ[控室]。中世がくや[楽屋]。

—裏 バックステージ(backstage)。近代うちまく[内幕]。ないじゃう[内情]。ぶたいうら[舞台裏]。りめん[裏面]。

—口 近代うらきど[裏木戸]。

—に出演者を見舞うこと 近世がくやぶるまひ[楽屋振舞]。がくやみまひ[楽屋見舞]。

かくやす【格安】 げきやす[激安]。近代かくやす[格安]。とくか[特価]。やすね[安値]。近世れんか[廉価]。

—商品 めだましょうひん[目玉商品]。

骨董品などの—品 でもの[出物]。

がくゆう【学友】 がっこうともだち[学校友達]。近代かういう[校友]。クラスメート(classmate)。スクールメート(schoolmate)。どうきふ[同級]。どうきふせい[同級生]。どうさう[同窓]。どうさうせい[同窓生]。中世がくいう[学友]。中古どうがく[同学]。どうもん[同門]。

かぐら【神楽】 中古かぐら[神楽]。中世かみかぐら[神神楽]。《尊》中世おかぐら[御神楽]。

—を奏する男 近世かぐらを[神楽男]。

—を奏する建物 がくでん[楽殿]。かぐらでん[神楽殿]。近世かぐらだう[神楽堂]。

—を舞う人 近代かぐらし[神楽師]。

庭でする— 近世にはかぐら[庭神楽]。

かくらん【攪乱】 近代かくらん[攪乱]。中古かきみだす[掻乱]。みだす[乱]。

かくり【隔離】 近世りかく[離隔]。中世かくり[隔離]。しゃだん[遮断]。はなす[離]。中古ぶんり[分離]。上代さえぎる[遮]。へだつ[へだてる][隔]。

—状態 近代かんづめ[缶詰]。

がくり【学理】 近代がくせつ[学説]。がくり[学理]。げんり[原理]。セオリー(theory)。

かくりつ【確率】 たしからしさ[確]。近代がいぜんせい[蓋然性]。かくりつ[確率]。かくじつせい[確実性]。かのうせい[可能性]。こうさん[公算]。プロバビリティー(probability)。

かくりつ【確立】 近代うちたてる[打立]。かくりつ[確立]。きづきあげる[築上]。じゅりつ[樹立]。近世つくりあぐ[—あげる][造上]。上代きづく[築]。

がくりょく【学力】 近代がくりき[学力]。近世がくしき[学識]。がくしょく[学殖]。さいかく[才覚]。しきけん[識見]。中世がくりょく[学力]。ちりき/ちりょく[知力]。

—を知るための試験 アチーブメントテスト(achievement test)。テスト(test)。

集団の中の個人の―の目安 へんさち［偏差値］。

かく・れる【隠】 人目を避ける。身を潜める。近代 地下に潜る。近世 まいふく［埋伏］。中世 いんぷく［隠伏］。かいひそむ［掻潜］。せんぷく［潜伏］。ひそまる［潜］。ふくす［伏］。中古 かくろふ［隠］。こむ［こめる］［籠］。ひきしのぶ［引忍］。まぎる［まぎれる］［紛］。身を隠す。上代 いかくる［隠］。かくる［かくれる］［隠］。こもる［籠］。しのぶ［忍］。たちかくる［―かくれる］［立隠］。なばる／なまる［隠］。ふす［伏／臥］。

《枕》上代 いりひなす［入日］［⇩かくる］。うつゆふの［虚木綿］［⇩こもる］。

―・れ家が サンクチュアリ(sanctuary)。近代 アジト(agitating point から)。近世 あな［穴］。いんたく［隠宅］。さうくつ［巣窟］。中古 しのびどころ［忍所］。

―・れた悪事 近代 いんとく［隠匿］。

―・れたあたり(人目につかない) 中世 ものかげ［物陰］。中古 かくれが［隠処］。かくれどころ［隠所］。かくろへ［隠］。ひかげ［日陰］。上代 こもりど［隠処］。

―・れた部分 すいめんか［水面下］。近代 いん［陰］。はいご［背後］。中世 おくそこ［奥底］。中古 おく［奥］。

―・れた部分を出す 近代 ほりおこす［掘起］。近世 ひきだす［引出］。中古 ひきいづ［引出］。

―・れて逃げること 近代 とんばう［遁亡］。近世 ざんとく［竄匿］。上代 ざんぷく［竄伏］。

―・れて見えなくなる 上代 いんめつ［湮滅／隠滅］。

奥山に―・れていること 中古 みやまがくれ［深山隠］。

落ちぶれて―・れ住む 近世 ひっそく［逼塞］。

木や草などの陰に―・れる 中古 くさがくれ［草隠］。こがくる［―がくれる］［木隠］。たはる［縫］。はがくれ［葉隠］。上代 このしたがくる［木下隠］。このはがくる［木葉隠］。このはごもる［木葉籠］。

こそこそ這って―・れる 中古 はひかくる［―かくれる］［這隠］。はひまぎる［這紛］。

島影に―・れる 上代 しまがくる［島隠］。

水中に―・れる 近代 ちんせん［沈潜］。中古 みがくる［水隠］。みごもり［水籠］。

ずっと―・れている 上代 かくらふ［隠］。

世間に―・れての行動 りめんこうさく［裏面工作］。近代 せんかう［潜行］。地下に潜る。

半分―・れる 中古 はたかくる［半隠］。

舟を漕いで―・れる 上代 こぎかくる［漕隠］。

冬に虫が地中に―・れる 中世 ちっす［蟄］。

周りに紛れて―・れる 中古 ぬはる［縫］。

身をすぼめて―・れる 中古 ほそる［細］。

山の向こうに―・れる 上代 やまがくる［山隠］。

世を逃れて―・れ住む 近代 たうひかう［逃避行］。近世 せんきょ［潜居］。ちっぷく［蟄伏］。ひきこむ［引込］。ひっそく［逼塞］。中世 ちっす［蟄］。→**いんせい**

▼人目を避ける 中世 しのぶ［忍］。中古 ひきしのぶ［引忍］。

▼行方をくらます しっせき［失跡］。どろんを決める。近代 しっそう［失踪］。近世 どろん。中世 しゅっぽん［出奔］。中古 あからめ［傍目］。あとたゆ［跡絶］。くもがくれ［雲隠］。ちくてん／ちくでん［逐電］。

かくれんぼう【隠坊】 かくれおに［隠鬼］。近代 かくればう［隠坊］。近世 かくれごと［隠事］。かくれんばう［隠坊］。こうぢがくれ［小路隠］。中世 かくれご［隠子］。中古 かくれあそび［隠遊］。

かくん【家訓】 近代 かけん［家憲］。中世 かはふ／けはふ［家法］。ていきん［庭訓］。にはのをしへ［庭訓］。中古 かきん［家訓］。かくん［家訓］。

かけ【賭】 →**かけごと** →**か・ける【賭】**

かげ【陰】 あんぶ［暗部］。近世 かげろひ。中世 いんえい［陰影／陰翳］。ひかげ［日陰／日蔭］。ものかげ［物陰］。中古 かくれ［隠］。かたかげ［片陰］。くま［隈］。上代 かげ［陰］。くまど［隈処］。

《枕》中古 かがりびの［篝火］。上代 たまかづら［玉鬘］。まそかがみ［真澄鏡］。

―がない 中世 くまなし［隈無］。

―で うらぐち［裏口］。こっそり。

―で糸を引く 近代 さくどう［策動］。近世 かげにんぎゃう［影人形］。さしがね［差金］。

―で糸を引く人 近代 かげむしゃ［影武者］。

―ながら 中古 よそながら［余所乍］。

―になり日向になり いろんな機会に。陰に陽に。

―になる 中世 かげろふ。

木の― 近世 したやみ［下闇］。中古 あをばやみ［青葉闇］。こかげ［木陰］。このしたかげ［木下陰］。このしたやみ［木下闇］。じゅいん［樹陰］。りょくいん［緑陰］。上代 こがくれ［木隠］。

新緑の― 近世 しんじゅかげ［新樹陰］。

山の― 上代やまかげ［山陰］。

かげ【影】❶〈陰り〉 近代シルエット(フランス silhouette)。シャドー(shadow)。とうえい［投影］。中世いんえい［陰影／陰翳］。かげり［陰／翳］。くもり［曇］。上代かげ［影］。

―絵 近代シルエット(フランス silhouette)。近世かげにんぎゃう［影人形］。

―絵芝居 ワヤン(wayang)。近世えいぎ［影戯］。

―ができる 影が差す。近代影を落とす。

―が乱れ動くさま 近世ばさ［婆娑］。

暗い― 近代あんえい［暗影／暗翳］。

反射して映った― 近世はんえい［反影］。

人の― 近世かげばう［影坊］。中世かげぼふし／かげんぼし［影法師］。中古かげぼし［影法師］。

かげ【影】❷〈姿〉 中古えいざう［影像］。上代かげ［影］。

―が薄い 元気がない。生気に乏しい。

飛行機の― 近代きえい［機影］。

人の― 上代おもかげ［面影］。ひとかげ［人影］。

船の― せんえい［船影］。中世ふなかげ［船影］。ほかげ［帆影］。中古はんえい［帆影］。

わずかな― 中古へんえい［片影］。

かげ【影】❸〈光〉 近代せうえい［照影］。上代かげ［影］。

天体の― 中世ほしかげ［星影］。ゆふひかげ［夕日影］。中古つきかげ［月影］。

灯火の― 中古とうえい［灯影］。ひかげ／ほかげ［火影］。

がけ【崖】 近代せうへき［哨壁］。ぜつがい［絶崖］。へきりつ［壁立］。近世がんぺき［岸壁］。きし［岸］。けんがい［懸崖］。そば［岨］。中世いはかべ［岩壁］。がけ［崖］。きりきし／きりぎし［切岸］。ぜっぺき［絶壁］。そは［岨］。だんがい［断崖］。へきりつ［壁立］。やまそは［山岨］。ろうだん［壟断］。中古いはがき［岩垣］。おとしがけ。ほき［崖］。

―沿いの道 近世がけぢ［崖路］。がけみち［崖道／崖路］。そばづたひ［岨伝］。中世そはづたひ［岨伝］。中古ほきぢ［崖路］。

―で道の途絶えた所 近世ぜっしょ［絶所］。

―に囲まれた台地 たくじょうち［卓状地］。

―の下 近代がいか［崖下］。

海岸などの― いぬがえし［犬返］。

片側が切りたった― 中古かたきし／かたぎし［片岸］。

崩れた― 上代あず［坍／崩崖］。

波によってできた― かいしょくがい［海食崖］。

山沿いの― 近代やまぎし［山岸］。上代かたやま［片山］。かたやまぎし［片山岸］。

かけあい【掛合】 近代けふぎ［協議］。かうせふ［交渉］。近世かけあひ［掛合］。たいけつ［対決］。だんぱん［談判］。中世かけひき［駆引］。せっしょう［折衝］。中古さうだん［相談］。だんがふ／だんご［談合］。

強い態度での― 近代こはだんぱん［強談判］。

かけい【家系】 近代うぢすじゃう［氏素性］。うまれ［生］。近世いへがら［家柄］。いへすぢ［家筋］。けいとう［系統］。けっとう［血統］。すぢめ［筋目］。そん［孫］。ちのすぢ［血筋］。中世いっせき［一跡］。うぢけいづ［氏系図］。かけい［家系］。すじゃう［素性］。たね［種］。ちすぢ［血筋］。ながれ［流］。中古いへ［家］。うぢ［氏］。すぢ［筋］。上代けいづ［系図］。

―が何代も継がれていること 上代ふだい［譜代］。

―の最初の人 中世そ［祖］。上代とほつおや［遠祖］。

生まれた― 中古しゅっしゃう［出生］。

代々続く― 上代つづき［続］。

かけい【家計】 近代くらしむき［暮向］。近世かってむき［勝手向］。だいどころ［台所］。てまへ［手前］。ないしょう［内証］。ないしょうむき［内証向］。中世かって［勝手］。しんしゃう［身上］。中古かけい［家計］。せいけい［生計］。

―が苦しいこと 近代口が上がる。近世ひのくるま［火車］。顎(あご)（齶／顋）が干上がる。頤(おとがひ)の先が枯る（―枯れる）。口が干上がる。火が降る。

―の状態 近世てまはり［手回］。

苦しい―をやりくりすること 近代さしくり［差繰］。近世きりもり［切盛］。虎の子渡し。むりさんだん［無理算段］。

かけうり【掛売】 近代かしうり［貸売］。近世かけあきない［掛商］。かけうり［掛売］。かけとりひき［掛取引］。中世うりかけ［売掛］。

かけおち【欠落】 中世けつらく［欠落］。けつゐ［欠遺／闕遺］。中古だつらく［脱落］。

―の残りの部分 中世かたおち［片落］。

かけおち【駆落】 近世はしり［走］。みちゆき［道行］。中世かけおち［駆落］。

―・した者 近世かけおちもの［駆落者］。はしりめうと［走夫婦］。はしりもの［走者］。

かけがえ【掛替】 近世よび［予備］。中世かけ

がへ[掛替]。〘中古〙かはり[代]。
―のない 〘中古〙ふたつなし[二無]。

かげき【歌劇】 〘近代〙オペラ(フランス opéra)。オペレッタ(イタリア operetta)。がくげき[楽劇]。かげき[歌劇]。

かげき【過激】 〘近代〙きゃうれつ[強烈]。げきえつ[激越]。しれつ[熾烈]。つうれつ[痛烈]。ラジカル(radical)。〘近世〙くゎげき[過激]。くゎじん[過甚]。〘中世〙くゎど[過度]。げきれつ[激烈／劇烈]。〘中古〙はげし[激]。まうれつ[猛烈]。

かげぐち【陰口】 〘近代〙いひつけぐち[言付口]。ちゅうしゃう[中傷]。〘近世〙かげぐち[陰口]。かげざた[陰沙汰]。ささへ[支]。ささへぐち[支口]。そしりはしり。つげぐち[告口]。わるくち[悪口]。〘中世〙うしろごと[後言]。かげごと[陰言]。ざんそう[讒訴]。しひごと[誣言]。〘中古〙ざんげん[讒言]。ざんこう[讒口]。ざんぜつ[讒舌]。ざんそ[讒訴]。しりうごと[後言]。〘上代〙よこごと[横言]。
―を言う 〘中古〙しりうごつ[後言]。
―をぶつぶつ言う 〘中世〙つつやく[囁]。〘中古〙つつめく[囁]。

かけごえ【掛声】 〘近代〙おうゑん[応援]。くゎんせい[喚声]。よびかけ[呼掛]。〘近世〙あひ[間]。あひのて[間手／合手／相手]。かけごゑ[掛声]。せいゑん[声援]。とき[鬨]。ときのこゑ[鬨声]。〘中世〙えいやごゑ[声]。かちどき[勝鬨]。〘上代〙よびごゑ[呼声]。
―の激しいたとえ 〘近代〙れっぱく[裂帛]。
馬を追う― 〘近世〙うまおひごゑ[馬追声]。
応援の― 〘近代〙エール(yell)。
指図する― 〘上代〙がうれい[号令]。
その他―のいろいろ(例) オーエス(フランス oh hisse)。だいとうりょう[大統領]。ヤッホー(yo-ho)。〘近代〙えっさ。えっさっさ。それっ。どっこいしょ。ヒヤヒヤ(hear! hear!)。ほいきた。よいしょ。よいとまけ。わっしょい。〘近世〙ありあり。えいやらやあ。えんやら。どっこい。ほい。やっこらさ。やっちゃ。やっとこさ。やっとこせ。よいさ。よいとこさ。よいやさ。よいよい。〘中世〙えいとう。えいとも。えいや。ちゃうさようさ。ちゃうさやようさ。やあやあ。やっ。ようよう。〘中古〙や。〘上代〙やあ。

かけごと【賭事】 ギャンブル(gamble)。とうき[投機]。〘近代〙とじ[賭事]。〘近世〙かけごと[賭事]。ちょぼいち[樗蒲一]。とばく[賭博]。なぐさみごと[慰事]。〘中世〙かけ[賭]。ちゃうはん[丁半]。てなぐさみ[手慰]。〘中古〙ばくえき／ばくやう[博奕]。ばくち[博打]。 →か・ける【賭】 →ばくち
―で金品を巻きあげる 〘近代〙かもる[鴨]。

かけこ・む【駆込】 〘近代〙ころがりこむ[転込]。〘中世〙かけいる[駆入]。かけこむ[駆込]。はしりこむ[走込]。
―み訴え 〘近代〙かけこみねがひ[駆込願]。〘近世〙かけこみうったへ[駆込訴]。かけこみそしょう[駆込訴訟]。
―み寺 〘近世〙えんきりでら[縁切寺]。

かけざん【掛算】 じょうざん[乗算]。〘近代〙いんじょう[因乗]。じょうはふ[乗法]。せき[積]。〘近世〙じょう[乗]。〘中世〙かけざん[掛算]。つもりもの[積物]。
―と割り算 〘中世〙じょうぢょ[乗除]。
―をする かけあわせる[掛合]。〘近世〙じょうず[乗]。〘中世〙かく〔かける〕[掛]。
同じ数の― りっぽう[立方]。〘近代〙さんじょう[三乗]。じじょう[自乗／二乗]。へいはう[平方]。〘近世〙じょうべき[乗冪]。べき[冪]。るいじょう[累乗]。
一桁の― 〘近世〙いん[因]。
▼掛ける方の数 〘近世〙じょうすう[乗数]。
▼互いに掛け合わせる 〘近代〙さうじょう[相乗]。

かけじく【掛軸】 〘近代〙かけぢく[掛軸]。ふく[幅]。〘中世〙かけもの[掛物]。ぢくもの[軸物]。〘中古〙ぢく[軸]。
―に下げるおもり 〘近世〙ふうちん[風鎮]。
―にした絵画 〘近代〙ゑぢく[絵軸]。〘近世〙ぐゎふく[画幅]。
―を掛ける道具 〘近代〙ぐゎさ[画叉]。やはず[矢筈]。〘近世〙かけものかけ[掛物掛]。〘中世〙かけざを[掛竿]。
所蔵する― 〘近代〙ざうふく[蔵幅]。
二軸一対の― 〘近代〙さうふく[双幅]。ついぢく[対軸]。ついふく[対幅]。ついれん[対聯]。にふくつい[二幅対]。
ひな人形の― 〘近代〙かけびな[掛雛]。
文字ばかりの― 〘近代〙しぢく[詩軸]。しょぢく[書軸]。
横長の― よこじく[横軸]。
▼助数詞 〘近代〙ぢく[軸]。ふく／ぶく／ぷく[幅]。

かけす【懸巣】 〘近世〙やどかしどり[宿貸鳥]。〘中世〙かけす[懸巣]。かしどり[樫鳥／橿鳥]。

かけだし【駆出】 ニューフェース(和製 new face)。フレッシャー(fresher)。ルーキー(rookie)。〘近代〙しょがくしゃ[初学者]。ビ

ギナー(beginner)。フレッシュマン(freshman)。近世あをにさい[青二才]。かけだし[駆出]。しんいり[新入]。しんがほ[新顔]。しんざんもの[新参者]。しんまい[新米]。とりで[取手]。ぴいぴい。ぺいぺい。ぺえぺえ。ほいほい。みじゅくもの[未熟者]。中世しょしんしゃ[初心者]。しんざん[新参]。しんしん[新進]。中古いまゐり[今参]。しんにん[新任]。にひまゐり[新参]。上代いまき[今来]。しんじん[新人]。

かけだし【掛出】 近代つきだし[突出]。近世かけだし[掛出]。はりだし[張出]。中世かけづくり[懸造]。がけづくり[崖造]。

—の道 近世うんさん[雲桟]。がけぢ[崖路]。中世かけみち[懸道]。さんだう[桟道]。中古かけぢ[懸路]。上代かけはし[掛橋/懸橋/梯]。

かけつ【可決】 近代かけつ[可決]。ぎけつ[議決]。けつぎ[決議]。ひゃうけつ[評決]。

かけつ・ける【駆付】 中世かけつく[—つける][駆付]。はせつく[—つける][馳付]。

大急ぎで—・ける 中世はせさんず[馳参]。

人より後れて—・ける 中世おくればせ[後馳]。

目上の人の所へ馬で—・ける 中世はせさんず[馳参]。

かけっこ【駆】 ときょうそう[徒競走]。はしりこ/はしりっこ[走]。近代おひかけっこ[追]。かけくらべ[駆競]。かけっこ[駆]。きゃうそう[競走]。近世かけくら[駆競/駈競]。かけっくら[駆競/駈競]。はしりくらべ[走競]。はしりこぎり[走競]。はしりごく[走]。はしりごくらひ[走]。中世おひこくら[追]。はしりくら/はしりぐら[走競]。はしりこくら/はしりこぐら[走]。↓きょうそう

かげながら【陰乍】 ひそかに[密]。よそながら[余所乍]。近世かげながら[陰乍]。上代人知れず。

かけね【掛値】 近代こちゃう[誇張]。近世かけね[掛値]。焙烙〔はうろく〕(炮烙)の一倍。

—なしの値段 近代せいか[正価]。近世しゃうふだ[正札]。しゃうみ[正味/正身]。中世ていか[定価]。

かけはし【架橋】❶〈桟橋〉 さんきょう[桟橋]。中世さんてい[桟梯]。上代かけはし[架橋/懸橋]。

高くけわしい山中の— 近世うんさん[雲桟]。

▼桟道 がけじ[崖路]。中世かけみち[懸道]。中古かけぢ[懸路]。

かけはし【架橋】❷〈仲介〉 近代ちゅうかい[仲介]。近世かけはし[架橋/懸橋]。はしわたし[橋渡]。上代なかだち[仲立/媒]。

かけはな・れる【懸離】 中古かけはなる[—はなれる][懸離]。

—・れていること 近代かけへだて[懸隔]。げつべつ[月鼈]。りゃうきょく[両極]。りゃうきょくたん[両極端]。近世うってんばってん。うんじゃう[雲壌]。けいてい[径庭/逕庭]。けたちがひ[桁違]。けたはづれ[桁外]。せんりばんり/せんりまんり[千里万里]。てんえん[天淵]。とびちがふ[飛違]。月と鼈〔すっぽん〕。中世かくぜつ[隔絶]。かくり[隔離]。けんぜつ[懸絶]。せうじゃう[霄壌]。中古うんでい[雲泥]。けんかく[懸隔]。げんかく[玄隔]。ぜっす[絶]。上代へだたる[隔]。

かけひき【駆引】 タクティックス(tactics)。近代かうせふ[交渉]。せっしょう[折衝]。そんそせっしょう[樽俎折衝]。だんぱん[談判]。近世さくりゃく[策略]。しかけ[仕掛/仕懸]。せんじゅつ[戦術]。せんりゃく[戦略]。つめひらき[詰開]。中世かけひき[駆引]。中古せいりゃく[政略]。

—のうまい人 せいじか[政治家]。中世ふるばくちうち[古博打打]。

商い上の— 近代しゃうけい[商計]。しゃうりゃく[商略]。近世ぐんばい[軍配]。《句》近世商人は腹を売り客は下より這ふ。商人〔あきんど〕の空誓文〔からせいもん〕。

かげひなた【陰日向】 中世うらおもて[裏表]。かげひなた[陰日向]。へうり[表裏]。

かけまわ・る【駆回】 近代かけづりまはる[駆回]。たばう[多忙]。とうほんせいそう[東奔西走]。なんせんほくば[南船北馬]。近世ちく[馳駆]。ほんそ[奔走]。中世かけまはる[駆回]。たちまはる[立回]。とびまはる[飛回]。中古かけづる[駆]。ほんそう[奔走]。

かげむしゃ【影武者】 スタンドイン(stand in)。ダミー(dummy)。近代エージェント(agent)。くろこ[黒子]。くろまく[黒幕]。だいやく[代役]。近世かげむしゃ[影武者/陰武者]。かへだま[替玉]。ふきかへ[吹替]。中古みがはり[身代]。

かけもち【掛持】 近代けんげふ[兼業]。近世かけもち[掛持]。けんむ[兼務]。上代けんにん[兼任]。

かけら【欠片】 こまぎれ[細切]。チップ(chip)。近代かけら[欠片]。さいせつ[砕屑]。さい

へん[細片]。さいへん[砕片]。せうへん[小片]。だんぺん[断片]。はへん[破片]。へんりん[片鱗]。近世きれっぱし[切端]。こぎれ[小切]。せっぺん[切片]。はしくれ[端]。中世かけ[欠/闕]。きりくづ[切屑]。きれはし/きれはしか[切端]。中古いっぺん[一片]。かたはし[片端]。

木の━ こくず[木屑]。近世きくづ[木屑]。こっぱ[木端/木片]。もくへん[木片]。中世きぎれ[木切]。中古こけら[木屑/柿/杮]。上代こつ/こつみ[木屑/木積]。

かげり【陰】 中世いんえい[陰影/陰翳]。かげり[陰/翳]。くもり[曇]。上代かげ[陰]。

━がない 中世くまなし[隈無]。

わずかな━ 中古せんえい[繊翳]。

か・ける【賭】 近代とする[賭]。近世はる[張]。山を掛く[━掛ける]。山を張る。中世あらがふ[抗/争/諍]。かけもの[賭物]。中古かく[かける][賭]。のる[賭]。

━・ける金品 かけきん[賭金]。近代とぶつ[賭物]。中世かけどく[賭徳]。かけろく[賭祿]。中古のりもの[賭物]。上代うれづく。

━・けるのを好む気質 近代やまっけ[山気]。近世さんき[山気]。やまき/やまぎ/やまけ[山気]。

▼宝くじ 近世とみ[富]。とみくじ[富籤]。

▼博打打ち 近世とほりもの[通者]。

か・ける【掛】❶〈鉤に〉 近世ぶらさぐ[━さげる][下]。中世つるす[吊]。ひっかく[━かける][引掛]。中古ひきかく[━かける][引掛]。上代かく[かける][掛]。さぐ[さげる][下/提]。

《枕》中古ゆふだすき[木綿襷]。上代たくひれの[栲領巾]。たまかづら[玉鬘]。たまだすき[玉襷]。まそかがみ[真澄鏡]。

鍵を━・ける ロック(lock)。中世おろす。上代さす[鎖]。

か・ける【掛】❷〈水などを〉 近代あびせかける[浴掛]。近世ぶっかける。中世あびす[あびせる][浴]。中古いかく[沃懸/沃掛]。かく[かける][掛]。上代そそく/そそぐ[注/灌]。

か・ける【掛】❸〈費用を〉 近代せうかう/せうばう/せうもう[消耗]。せうひ[消費]。ひせう[費消]。近世かく[かける][掛]。中世つかひはたす[使果]。つかひへらす[使減]。つかふ[使]。上代つひやす[費]。

か・ける【掛】❹〈数字を〉 →**かけざん**

か・ける【欠】❶〈足りない〉 近世けつばふ[欠乏]。中世けつらく[欠落]。ぬく[ぬける][抜]。もる[もれる][漏]。中古かく[欠/闕](四段活用)。かけおつ[━おちる][欠落]。けつじょ[欠如]。ことかく[事欠]。だつらく[脱落]。ぬけおつ[━おちる][抜落]。ふそく[不足]。もれおつ[━おちる][漏落]。上代おつ[おちる][落]。かく[かける][欠/闕]。

━・けた所 近代あな[穴]。けつ[欠/缺]。けってん[欠点]。中世ざんけつ[残欠/残闕]。ぬけめ[抜目]。ゐけつ[遺闕/遺欠]。

━・けた所があるたとえ 近代歯の抜けたやう。

━・けた所がない 近世まるまこし。中世ぜんゑん[全円]。むけつ[無欠]。上代たたはし。たる[足]。

━・けていること 近代かんけつ[陥欠]。かんらく[陥落]。けっかん[欠陥]。けっそん[欠損]。けんけつ[欠缺]。近世けつばふ[欠乏]。中世かけ[欠/闕]。くま[隈/曲/阿]。けつらく[欠落]。ことかき[事欠]。中古けつじょ[欠如]。だつらく[脱落]。

━・けている番号 けつばん[欠番]。

か・ける【欠】❷〈壊れる〉 近代きそん[毀損]。近世こはる[こわれる][壊]。中世かけうぐ[欠穿]。きずつく[傷付]。そこなふ[損/害]。めぐ[めげる]。中古かく[欠/闕](四段活用)。はそん[破損]。上代かく[かける][欠/闕]。こぼる[こぼれる][毀]。そんしゃう[損傷]。

か・ける【架】 近代かせつ[架設]。またぐ[跨]。中世かす[架]。わたす[渡]。中古うちわたす[打渡]。かけわたす[架渡]。上代かく[かける][架]。さしわたす[差渡]。

━・け渡した板 近代わたし[渡]。わたり[渡]。

空中に━・ける 近代かくう[架空]。

橋を━・ける 近代かけう[架橋]。

端を固定して両端に━・ける 近代つる[吊]。

かげ・る【陰】 くらくなる[暗]。中古かげる[陰/翳]。かげろふ[陰]。くもる[曇]。

かげろう【蜉蝣】 近代ふいう[蜉蝣]。中古かげろふ[蜉蝣]。ひをむし[蜉]。

かげろう【蜻蛉】 かたち。とんぼ[蜻蛉]。近世あけづ[蜻蛉]。だんぶり。ゑんば[蜻蛉]。中古かぎろふ/かげろひ/かげろふ[蜻蛉]。せいれい[蜻蛉]。とうばう[蜻蛉]。上代あきつ[秋津/蜻蛉]。→**とんぼ**

かげろう【遊糸】 ゴッサマー(gossamer)。中世いとゆふ[糸遊]。中古あそぶいと[遊糸]。いうし[遊糸]。かげろふ[遊糸]。やば[野馬]。上代かぎろひ[陽炎]。

初春に見られる━ ゆきおくり[雪送]。

晩秋に見られる― ゆきむかえ［雪迎］。

かげろう【陽炎】 中古 かげろふ［陽炎］。やうえん［陽炎］。上代 かぎろひ［陽炎］。

かけん【家憲】→かくん

かげん【加減】❶〈調整〉 かんり［管理］。コンディショニング(conditioning)。近代 コントロール(control)。せいぎょ［制御］。てうせい［調整］。てうせつ［調節］。近世 てかげん［手加減］。中世 かげん［加減］。せつど［節度］。てごころ［手心］。中古 しんしゃく［斟酌］。

かげん【加減】❷〈調子〉 あじかげん［味加減］。たいちょう［体調］。近代 コンディション(condition)。どあひ［度合］。近世 あんばい［塩梅／按排／按配］。ぐあひ［具合］。ほどあひ［程合］。中世 かげん［加減］。じゃうたい［状態／情態］。てうし［調子］。中古 てうわ［調和］。

かげん【下限】 近代 かたん［下端］。さいせうげん［最小限］。ミニマム(minimum)。近世 さいせう［最小］。

かげん【寡言】 近代 くゎげん［寡言］。むっちり。むっつと。むっつり。近世 くゎもく［寡黙］。むつむつ。むつり。口が重い。中世 むくち［無口］。中古 言葉少な。

かこ【過去】 近世 あとへん［足偏］。しゃくじつ［昔日］。すぎこしかた［過来方］。そのかみ［其上］。中世 いんじころ［往頃］。くゎこ［過去］。しらぬよ［知世］。せきねん［昔年］。そのかみ［其上］。中古 ありしよ［在世］。いぬるとし［往年］。かみ［上］。きしかた／きわう［既往］。こしかた［来方］。さきざき［先先］。せきじ［昔時］。せきじつ［昔日］。まへ［前］。むかし／むかしへ［昔］。わうじ［往時］。わうじゃく／わうせき［往昔］。わうねん［往年］。上代 いぜん［以前／已前］。いにしへ［古］。さき［先／前］。むかし［昔］。わうこ［往古］。

《句》近代 既往(きわう)は咎(とが)めず。往者(わうしゃ)諫(いさ)むべからず。近世 石の火石に戻らず。剣を落として舟を刻む。死んだ子の年を数ふ［―数える］。歴史は繰り返す。

―と現在 中古 くゎげん［過現］。

―と現在と未来 中古 きしかたゆくさき［来方行先］。きしかたゆくすゑ／こしかたゆくすゑ［来方行末］。

―に戻る そきゅう［遡及／溯及］。近代 さかのぼる［遡］。さくきふ［遡及］。

―の 中世 いんじ［往］。さんぬる［去］。中古 さいつ［先］。

―のこと 近代 わうしゃ［往者］。中古 わうじ［往事］。

―の様子 中古 いにしへざま［古様］。

―を思う ふりかえる［振返］。近代 くゎいさう［回想］。近世 くゎいこ［懐古］。中古 くゎいこ［回顧］。かへりみる［顧］。ついおく［追憶］。上代 首(かうべ)(頭)を回(めぐ)らす。

―を忘れる 近世 水に流す。

ごく近い― さっき。昨日のこと。たった今。ついさっき。近世 いまがた／いましがた［今方］。中世 いま［今］。さきほど［先程］。せんこく［先刻］。中古 さいぜん［最前］。

数日来の― このあいだ［間］。近世 くゎじつ［過日］。さきごろ［先頃］。さきだって［先達］。せんだって［先］。中世 きんじつ［近日］。せんじつ［先日］。せんぱん［先般］。中古 いつぞや。

無限の― 中世 くをんごふ［久遠劫］。むし［無始］。むしくゎうごふ［無始曠劫］。

〈古語の過去(完了)表現〉

▼過去(完了)の助動詞 中古 たり。つ。ぬ。上代 き。けむ。けり。り。

▼過去(完了)の意を含む古語の表現(例)

…だったか 中世 とよ。

…だったらよかったのに 中古 まし。

…だったろうに 中古 なまし。

…たであろう 近世 つらう／つろ。上代 つらむ。

…たではないか 上代 けらずや。

…たとみえる 中古 つめり。

…たならば 中古 ては。

…たにちがいない 上代 けらし。

…たのだったなあ 上代 けらし。

…たのだろう 中古 たりけむ。

…たようだ 中古 たなり。ためり。つめり。ぬなり。

…たらしい 上代 けらし。

…たらどうだ 中古 なむ／なん。

…たら(ば) 中古 ては。上代 てば。

…であった 中世 なりけり。中古 たりけり。なりき。

…であったことよ 上代 けらし。

…であったなあ 中古 なりけり。

…ていた 中古 たりけり。

…てしまいそうだ 中古 なまし。ぬべし。

…てしまうだろう 中古 なまし。なむず。

…てしまった 中古 てき。てけり。にき。にけり。にたり。

…てしまったことだろう 近世 つらう／つろ。

上代つらむ／つらん。てけむ。にけむ／にけん。

…てしまったようだ 上代にけらし。ぬらし。

…てしまってくれ 中古ななむ／ななん。

かご【過誤】→**あやまち**

かご【加護】 近代おんてん［恩典］。中世おかげ［御陰］。中古おんけい［恩恵］。おんこ［恩顧］。かご［加護］。しゅご［守護］。ほご［保護］。上代めぐみ［恵］。

《句》中世正直の頭に神宿る。

神仏の― 近世みょうゆう［冥祐］。近代てんけい［天恵］。近世ひかへ［控／扣］。ひかへづな［控綱］。中世てんいう［天佑／天祐］。みゃうが［冥加］。みゃうじょ［冥助］。中古おうご／ようご［擁護］。とく［徳］。みゃうご［冥護］。

神仏の―を祈る 近世かぢきたう［加持祈禱］。中古かぢ［加持］。かび［加被］。きせい［祈請］。上代きしゃう［祈請］。

かご【籠】 近代バスケット(basket)。中世かご［籠］。ざる［笊］。さうり［笊籬］。中古いかき［笊籬］。かたみ［筐］。上代かつま［勝間］。こ［籠］。

―を作り売る家や人 近世かごや［籠屋］。

赤ん坊を入れる― 近代えうらん［揺籃］。ゆりかご［揺籠］。近世ゆさ。

網目の荒い― 中古あらこ［荒籠］。

網目の細かい― 中古かたみ［筐］。上代たまかつま［玉勝間］。まなしかたま［無目堅間／無目籠］。

衣服を入れる― 中古つづらこ［葛籠］。

買い物を入れる― 近代かひものかご［買物籠］。

河川の護岸などに使用する― 中世じゃかご［蛇籠］。せきろう［石籠］。

刈った草を入れる― 近代くさかりかご［草刈籠］。中世くさかご［草籠］。

皮を張った― 中古かはご［皮籠／革籠］。

炭火の上を覆う― 近世あぶりこ［焙籠／炙子］。

背負って物を運ぶ― 近代しょひかご［背負籠］。近世になひかご［担籠］。

竹で荒く編んだ― 近代めがたみ［目籠］。中世めかご／めご［目籠］。近世あらかご［荒籠］。

竹で編んだ― 近代きゃうきょ［筐筥］。きゃうし［筐笥］。中世たけかご［竹籠］。へこ／へご［竹畚］。中古ひげかご／ひげこ［鬚籠］。上代かたま／かたみ［堅間］。

葛藤（つづらふじ）を編んで作った― 中古つづら［葛籠］。

つるすようにした― 中世つりかご［吊籠］。

手に持つ― 中世てかご［手籠］。

土砂などを運搬する― ばいすけ。中世つちかご［土籠］。中古いしみ［畚］。ふご［畚］。

とった貝などを入れる― 近世めざし［目刺］。めざしかご［目刺籠］。

とった魚を入れる― 近世ぎょらん［魚籃］。こしご［腰籠］。びく［魚籠／魚籃］。ふご［畚］。

とった虫を入れる― 近世ほたるかご［蛍籠］。むしかご［虫籠］。中古むしこ［虫籠］。

鳥を飼う― 近代ケージ(cage)。中世とりかご［鳥籠］。中古とりこ［鳥籠］。はんろう［樊籠］。上代とや［鳥屋／塒］。

鶏を入れる― 近世ふせご［伏籠］。

花を摘んで入れる― 中世はなかご［花籠］。はながたみ［花筐］。中古はなこ［花籠］。

非常時に持ち出す― 近代えうじんかご［要心籠］。ひじゃうもちだし［非常持出］。ようじんかご［用心籠］。

風呂場の脱衣場の― 近代みだれかご［乱籠］。

反古や塵を入れる― 近代くづかご［屑籠］。

柳の生の枝で編んだ― 近代やなぎかご［柳籠］。近世やなぎがうり［柳行李］。

藁で編んだ― 近世ゆさ。

かご【駕籠】 近世おろせ［下］。おろせかご［下駕籠］。中世かご［駕籠］。

―の舁（か）き手 →**かごかき**

―の舁（か）き手が代わること 近世かたがはり［肩代／肩替］。

―を舁く 近世つる［吊／釣］。

気球やロープウェーの― ゴンドラ(gondola)。

急使などが使う― 近世はやかご［早駕籠］。

罪人を護送する― 近世あみのりもの［網乗物］。たうまる［唐丸］。たうまるかご［唐丸籠］。中世あうだ［箯輿／編板］。中古あんだ［箯輿］。

女性の乗る高級な― 近世ぢょちゅうかご［女中駕籠］。びゃううちかご［鋲打駕籠］。をんなのりもの［女乗物］。

粗末な― 近世やまかご［山駕籠］。らうよ［牢輿］。ろうよ［籠輿］。中世あうだ［箯輿／編板］。かごこし［籠輿］。中古あんだ［箯輿］。らんよ［籃輿］。

乗り継ぎの― 近世かへかご［替駕籠］。つぎかご［継駕籠］。

街角で客を拾う― 近世つじかご［辻駕籠］。まちかご［町駕籠］。

遊郭へ通う― 近世かんだうばこ［勘当箱］。

か

四人で舁くー 近世よまいがた［四枚肩］。
その他ーのいろいろ（例） 近世あじろかご［網代駕籠］。あんぽつ。あんぽつかご［駕籠］。ひきどかご［引戸駕籠］。よつでかご［四手駕籠］。

かこい【囲】❶〈垣根〉→かき【垣】

かこい【囲】❷〈囲み〉 近代ぐゎいゐ［外囲］。そとがこひ［外囲］。はうゐ［包囲］。近世とぐるわ［外郭］。中世かこひ［囲］。かこみ［囲］。ぐゎいくゎく［外郭／外廓］。そとぐるわ［外郭］。ゐぜう［囲繞］。中古ゐねう［囲繞］。
ーのある記事 かこみもの［囲物］。近代かこみ［囲］。かこみきじ［囲記事］。コラム（column）。らん［欄］。
ーの壁 近世しゃうへき［障壁］。中世しきり［仕切］。
ーの外 中古くゎくぐゎい［郭外／廓外］。
赤ん坊を入れておくー ベビーサークル（和製baby circle）。
幾重にも取り巻いたー 近世ぢゅうゐ［重囲］。
内側のー ないかく［内郭］。
竹のー 近代ひしがたやらい［菱形矢来］。ひしやらい［菱矢来］。近世さくやらい［柵矢来］。ちくさく［竹柵］。中世やらい［矢来］。
遠くからのー 中世とほまき［遠巻］。
長いー 近代ちゃうゐ［長囲］。
馬場のー 中古らち［埒］。
砲手や砲台を守るー 近代はうたふ［砲塔］。
暴風雪を防ぐー 近代ふゆがこひ［冬囲］。近世ゆきがこひ［雪囲］。わらがこひ［藁囲］。
猛獣などを閉じ込めるー 上代をり［檻］。
葦簀（ずよし）のー 近世よしずがこひ［葦簀囲］。よしずばり［葦簀張／葭簀張］。

かこう【下降】 近代ていか［低下］。近世かうか［降下］。中古かかう［下降］。くだる［下］。さがる［下］。

かこう【火口】 おかま［御釜／御竈］。ばくれつくゎこう［爆裂火口］。マール（ドイツ Maar）。近代おはち［御鉢］。くゎこう［火口］。
ーの周辺を歩くこと 近代おはちめぐり［御鉢巡］。
大きなー 近代くゎこうげん［火口原］。

かこう【仮構】→かくう

かこう【加工】 近代かこう［加工］。こうさく［工作］。手を加える。中古さいく［細工］。

かこう【河口】 近代かうこう［江口］。近世かこう［河口］。中古かはぐち［川口／河口］。みと［水門］。上代かはじり［川尻］。みなと［水門］。

かこ・う【囲】→かこ・む
ー・い込み エンクロージャー（enclosure）。

かごう【化合】 かがくへんか［化学変化］。近代くゎがふ［化合］。しんな／しんわ［親和］。中古がったい［合体］。こんがふ［混合］。
ーの結合が切れて分離すること 近世いうり［遊離］。
ー物を作る かがくごうせい［化学合成］。ごうせい［合成］。

がごう【雅号】 近世がめい［雅名］。中世ががう［雅号］。へうとくがう［表徳号］。中古がう［号］。
ーの下に添える語の例 近代せうし［小史］。近世さんじん［山人］。中世あん［庵／菴］。ぐゎいし［外史］。さんし［散士／散史］。さんじん［散人］。
ーをつける 上代がうす［号］。
俳人のー 近世はいがう［俳号］。はいみゃう／はいめい［俳名］。

かごかき【駕籠舁】 近世おろせ。かごかき［駕籠舁］。かごや［駕籠屋］。かごやろ［駕籠遣］。けうふ［轎夫］。ろくしゃく［六尺／陸尺］。をところくしゃく［男六尺／男陸尺］。
ー人足の頭（かしら） 近世ぼうがしら［棒頭］。
ーの一方の一人 近世あひぼう［相棒］。かたぼう［片棒］。ぼうぐみ［棒組］。
ーの交代 近世かたがはり［肩代／肩替］。
ーの宿 近世おろせやど［宿］。
後をかつぐー 近世あとぼう［後棒］。
前をかつぐー 近世さきぼう［先棒］。はなぼう［端棒］。ぼうさき［棒先］。

かこく【過酷】 かれつ［苛烈］。シビア（severe）。血も涙もない。近代くゎこく［過酷］。れいこく［冷酷］。酸鼻を極める。情け容赦もない。近世こく［酷］。こっぴどい。ざんにん［残忍／惨忍］。ひどし［酷］。むごたらし［惨／酷］。むじひ［無慈悲］。中世いたまし［傷／痛］。いらひどし［苛酷］。きはどし［際疾］。げきれつ［激烈］。ざんこく［残酷／惨酷］。しんらつ［辛辣］。すさまじ［凄］。どうよく［胴欲］。むごし［惨／酷］。中古きびし［厳］。さんび［酸鼻］。ひじゃう［非情］。
ー・な税金 近代かぜい［苛税］。こくぜい［酷税］。ぢゅうぜい／ちょうぜい［重税］。
ー・な政治 中世ぎゃくせい［虐政］。中古かせい［苛政］。《句》中世苛政は虎よりも猛（たけ）し。
煩雑でー 近代はんか［煩苛］。

かこ・つ【託】❶〈嘆く〉 ごねる。怨みに思う。苦情を言う。ぐずぐず言う。愚痴を零(こぼ)す。不平を言う。近代 ぐちる［愚痴］。こぼす［零／溢］。近世 ぼやく。中古 かこつ［託］。上代 なげく［嘆］。

—・つこと 中古 かごと［託言］。しうぎん［愁吟］。

かこ・つ【託】❷〈託ける〉→**かこつ・ける**

かこつ・ける【託】 近代 いひにげ［言逃］。いひのがれ［言逃］。近世 いひぬけ［言抜］。いひわけ［言訳］。けんきゃうふくゎい［牽強付会］。こうじつ［口実］。こじつく［—つける］。たくす［託／托］。中世 かづく〈かずける〉［被］。ことなづく［事名付］。中古 かこちよす［託寄］。かこつ［託］。かこつく［—つける］［託］。かたく［仮託］。ことづく［—づける］［言付／託］。ことづけやる［言付遣］。ことよす［—よせる］［言寄／事寄］。よす［よせる］［寄］。よそふ〈よそえる〉［寄／比］。上代 かく〈かける〉［掛／懸］。しふ〈しいる〉［誣］。

—・けて言い寄る 中古 かこちよる［託寄］。

—・けて言う 中古 かこちよす［—よせる］［託寄］。

—・けて言う言葉 近世 いひわけ［言訳］。けんきゃうふくゎい［牽強付会］。とんじ［遁辞］。中古 かごと［託言］。しひごと［誣言］。

—・けてする 中古 ついで［序］。

かこみ【囲】→**かこい**

かこ・む【囲】 近代 くゎんゐ［環囲］。はうゐ［包囲］。ようする［擁］。中世 おしかこむ［押囲］。とりかこふ［取囲］。とりかこむ［取囲］。とりこむ［取込］。とりまく［取巻］。とりまはす［取回］。ゐねう［囲繞］。中古 かくふ／かこふ［囲］。かこむ［囲］。つつむ［包］。つぼぬ［局］。めぐらす［回／巡］。上代 いだく［抱］。かくむ［囲］。

—・ませる 中古 めぐらす［回／巡］。

—・まれている 上代 こもる［籠］。

—・むように立てる 中世 たてまはす［立回］。たてめぐらす［立巡］。中古 たてめぐらかす［立巡］。

—・んだ所 近代 けん［圏］。近世 くゐき［区域］。

幾重にも—・む 近世 ぢゅうゐ／ちょうゐ［重囲］。中世 とへはたへ［十重二十重］。

周りを—・む 中世 ゐぜう［囲繞］。中古 ゐねう［囲繞］。

かこん【禍根】 災いのもと。近代 くゎいん［禍因］。中世 くゎこん［禍根］。ひもと［火元］。

かごん【過言】 口が過ぎる。言葉が過ぎる。近代 いひすぎ［言過］。中世 しつげん［失言］。中古 くゎごん［過言］。

かさ【傘】 わがさ［和傘］。近代 アンブレラ(umbrella)。パラソル(フランスparasol)。やうがさ［洋傘］。近世 かうもりがさ［蝙蝠傘］。きよまさ［清正］。じゃのめ［蛇目］。じゃのめがさ［蛇目傘］。だいこくがさ［大黒傘］。てがさ［手傘］。ばんがさ［番傘］。ひがらかさ［日傘／日唐傘］。中世 あまがさ［雨傘］。さしがさ［差傘］。ひがさ［日傘］。中古 かさ［傘］。からかさ［傘］。

《句》近代 朝雨に傘要らず。

—が風に煽(あお)られて逆に開く 近代 御猪口(おちょこ)になる。

藍染めの紙を張った日— 近世 あをがさ［青傘］。

雨傘と日傘兼用の— 近世 てりふりがさ［照降傘］。りゃうてん［両天］。りゃうてんがさ［両天傘］。

海水浴などで使う日除けの— 近代 ビーチパラソル(beach parasol)。

きのこの— きんさん［菌傘］。

急な雨に備えて置く— おきがさ［置傘］。

太陽や月の— ハロー(halo)。中古 うん［暈］。

端が下へ折れ曲がっている— 近世 つまをり／つまをりがさ［端折傘／爪折傘］。

二人が—をさすこと 近世 あひあひがさ［相合傘］。

仏具としての— 中古 てんがい［天蓋］。

法会で僧に差し掛ける— 中世 しゅがさ［朱傘］。

かさ【笠】 ▼**助数詞** はり［張］。ほん［本］。近世 あじろがさ［網代笠］。あじろばり［網代張］。おぼろふじ［朧富士］。かぶりがさ［被笠］。さんどがさ［三度笠］。ばっちゃうがさ／ばってうがさ［笠］。よじろべゑ［与次郎兵衛］。中世 あみがさ［編笠］。ぢんがさ［陣笠］。中古 いちめがさ［市女笠］。上代 かさ［笠］。すげがさ［菅笠］。

—の代わりに袖をかざす 近世 そでがさ［袖笠］。

—の代わりに肘をかざす 中世 ひぢかさ［肘笠］。

—のてっぺん 近世 つじ［旋毛］。

—を貸す茶屋 近世 あみがさぢゃや［編笠茶屋］。

—を目深にかぶる 近世 ひきこむ［引込］。

漆塗りの— 中世 ぬりがさ［塗笠］。

顔が隠れるほど深い— 近世 ふかあみがさ［深

編笠]。
飾りを付けた― 近世かさほこ[傘鉾]。ききゃうがさ[桔梗笠]。はながさ[花笠]。中世ふうりうがさ[風流傘]。やまがさ[山笠]。
棕櫚(しゅろ)の葉を編んだ― 近世しゅろがさ[棕櫚笠]。
竹の皮を編んで作った― 近世たけのかはがさ[竹皮笠]。たけのこがさ[筍笠]。ばんじゃうがさ[番匠笠]。ほっしゃうじがさ/ほふしゃうじがさ[法性寺笠]。
竹を編んで作った― 中世たけがさ[竹笠]。
旅で被る― 近世だうちゅうがさ[道中笠]。
電球の― 近代グローブ(globe)。シェード(shade)。
籐(とう)を編んだ― 近世とうがさ[籐笠]。
花が散りかかった― 中古はながさ[花笠]。
檜(ひの)きの網代(あじろ)― 近世ひがさ[檜笠]。
武士の― 近世あやがさ[綾笠]。あやゐがさ[綾藺笠]。
蓑(みの)と― 近世みのかさ[蓑笠]。
目の細かい深い― 近世めせき[目塞]。めせきあみがさ[目塞編笠]。めせきがさ[目塞笠]。
破れた― 近世やれがさ[破笠]。中世はりつ/はりふ[破笠]。やぶれがさ[破笠]。
蓮華の形をした―(天蓋) 近世くゎがい[華蓋]。

かさ【嵩】 おおきさ[大]。近代たいせき[体積]。ようりゃう[容量]。りゃう[量]。近世ふうたい[風袋]。ようせき[容積]。中世ぶんりゃう[分量]。中古かさ[嵩]。
―にかかる 近代かうあつてき[高圧的]。ゐあつてき[威圧的]。近世たかびしゃ[高飛車]。

かさあげ【嵩上】 うわのせ[上乗]。近代わりまし[割増]。近世あげぞこ[上底]。うはづみ[上積]。

かさい【火災】 →かじ【火事】

かざい【家財】 近世かじふ[家什]。ざいぶつ[財物]。しんだい[身代]。中世くゎざい[貨財]。しょたいだうぐ[所帯道具]。せたいだうぐ[世帯道具]。中古うちのぐ[内具]。かぐ[家具]。ざいさん[財産]。てうど[調度]。上代かざい[家財]。かさん[家産]。ざいもつ[財物]。しさん[資産]。→かさん

かさく【佳作】 近代かうへん[好編]。じゃうでき[上出来]。らうさく[労作]。りきさく[力作]。近世かひん[佳品]。しうさく[秀作]。中世かさく[佳作]。かじふ[佳什]。かしゃう[佳章]。かへん[佳編]。けっさく[傑作]。

かささぎ【鵲】 近世かうらいがらす[高麗烏]。かちがらす[烏]。たうがらす[唐烏]。ちくごがらす[筑後烏]。てうせんがらす[朝鮮烏]。ひぜんがらす[肥前烏]。中世うじゃく[烏鵲]。まらうどがらす[客人烏]。上代かささぎ[鵲]。

かざ・す【翳】 中世さしかく[―かける][差掛]。中古あつ[あてる][当]。かざす[翳]。さす[差]。
―・すもの 近代しゃうえい[障翳]。
掌(てのひら)を目の上に―・す 中世まかげ[目蔭/目陰]。鼬(いたち)の目陰(まかげ)。

かさだか【嵩高】❶〈多い〉 近世かさばる[嵩張]。たりゃう[多量]。中世かさだか[嵩高]。

かさだか【嵩高】❷〈威張る〉 近世たかびしゃ[高飛車]。ゐばる[威張]。中世かさだか[嵩高]。わうへい[横柄]。中古ゐたけだか[威丈高]。

がさつ 近代そざつ[粗雑]。やひ[野卑/野鄙]。ラフ(rough)。近世あらっぽい[荒]。がさつ。そぼう[粗暴]。ぞんざい。ぶさはふ[無作法/不作法]。中世そや[粗野]。
―で落ち着きがないこと(人) 近代がらがら。がらっぱち。

かさなり【重】 るい[累]。近代かさなり[重]。そう[層]。そうでふ[層畳]。中世そうそう[層層]。中古るいるい[累累]。
代の― 近代よよ[世世]。中世るいせ[累世]。中古だいだい[代代]。中世るいだい[累代]。上代るいせい[累世]。
建物の階の― かいそう[階層]。上代こし[層]。
月の― 近世れんげつ[連月]。中世るいげつ[累月]。
年の― 近代せきねん[積年]。中世るいさい[累歳/累載]。中古るいねん[累年]。
波の― 上代ちへなみ[千重波/千重浪]。
日の― 中古せきじつ[積日]。るいじつ[累日]。れんじつ[連日]。上代かがなぶ[日日並]。
二つの― 近代にぢゅう[二重]。上代ふたへ[二重]。
山々の― 中古ぐんざん[群山]。そうらん[層巒]。れんざん[連山]。れんぽう[連峰]。上代むらやま[群山]。

かさな・る【重】 ダブる(double)。近代おしか

さなる［押重］。ぢゅうふく［重複］。近世たたまる［畳］。ぢゅうせき［重積］。中世ちょうでふ［重畳］。ちょうふく［重複］。をりかさなる［折重］。中古たたむ［畳］。上代かさなる［重］。しく［しきる］［頻］。

━・り合う きょうごう［競合］。中世をりかさなる［折重］。中古さしあふ［差合］。上代たたなづく［畳］。たたなはる［畳］。

━・り合っているさま 中世そうそう［層層］。でふでふ［畳畳］。中古ぢゅうぢゅう［重重］。

━・り続くこと 近代るいじ［累次］。中古えきえき［奕奕］。

━・りつもる 近代つみかさなる［積重］。近世るいせき［累積］。中古るいるい［累累］。

幾度も━・ること 中世くぢゅう［九重］。しんちょう［深重］。たぢゅう［多重］。ちょうでふ［重畳］。とへはたへ［十重二十重］。はたへ［二十重］。中古いくへ［幾重］。しんぢゅう［深重］。ななへやへ［七重八重］。やへやへ［八重八重］。上代いほへ［五百重］。きうちょう［九重］。ちへ［千重］。ももへ［百重］。やへ［八重］。やほへ［八百重］。

事が一度に━・ること 中世けいくわい［計会］。

更に━・る 近世かぶさる［被］。上代いやしく［弥頻］。

層が幾重にも━・ること たそう［多層］。近代せきそう［積層］。そうでふ［層畳］。近世ぢゅうそう［重層］。中世ぢゅうでふ［重畳］。中古ちょうでふ［重畳］。

度々━・る 上代しく［しきる］［頻］。まねし。

月日が━・る 近代ぶつかる。中古ならぶ［並／双］。

一つに━・る あわさる［合］。

かさねがさね【重重】 近世くれぐれも［呉呉］。ぢゅうぢゅう［重重］。中世いくへにも［幾重］。かさねがさね［重重］。中古かさねて［重］。かへすがへす［返返］。

かさ・ねる【重】 中世かぶす［かぶせる］［被］。つみかさぬ［━かさねる］［積重］。はんぷく［反復］。をりかさぬ［━かさねる］［折重］。中古くりかへす［繰返］。つむ［積］。上代かさぬ［かさねる］［重］。くはふ［くわえる］［加］。たたぬ／たたむ［畳］。

━・ね合わせる 中古うちかはす［打交］。さしあはす［差合］。

━・ねて置く 中世つみかさぬ［━かさねる］［積重］。中古おしかさぬ［押重］。つむ［積］。

━・ねて着る 近世きこむ［着込］。中世あつぎ［厚着］。中古かさね［重／襲］。きぬがち［衣勝］。

━・ねて用いる語句 じょうく［畳句］。じょうご［畳語］。

幾重にも━・ねる 中古たたみなす［畳］。

三重に━・ねる さんがい［三蓋］。中古みへがさね［三重重／三重襲］。

代々━・ねること 中世えきえふ［奕葉］。るいせ［累世］。中古だいだい［代代］。上代えきせい［奕世］。るいせい［累世］。

日数を━・ねる 上代かがなぶ［日日並］。

かさば・る【嵩張】 →かさ・む

かさぶた【瘡蓋】 おしん［汚疹］。かひ［痂皮］。近世かせ［痂］。ふた［蓋］。中古かさぶた／かさぶた［瘡蓋／痂］。

━になった傷跡 中古はんさう［瘢瘡］。

お灸のあとの━ 近世きうさう［灸瘡］。

かさ・む【嵩】 嵩高になる。場所を塞ぐ。邪魔になる。近世かさどる［嵩取］。かさばる［嵩張］。中世かさだか［嵩高］。かさむ［嵩］。ふゆ［ふえる］［増］。ふくらむ［膨／張］。上代つもる［積］。

かざむき【風向】❶〈風向〉 近代かざむき［風向］。かぜむき［風向］。ふうゐ［風位］。ふうかう［風向］。近世かざなみ［風並］。ふうしん［風信］。

▼風向計 近代かざじるし［風標］。かざみぐるま［風見車］。ふうしんき［風信器］。ふきながし［吹流］。近世かざみ［風見］。かざみどり［風見鶏］。風見の鳥。

かざむき【風向】❷〈動向〉 近代かざむき［風向］。くもいき／くもゆき［雲行］。じゃうせい［情勢］。すうせい［趨勢］。どうかう［動向］。ふきまはし［吹回］。近世すうかう［趨向］。なりゆき［成行］。中世きぶん［気分］。ぎゃうせい［形勢］。はたいろ［旗色］。中古けいせい［形勢］。

━が悪い 近世相場が悪い。

かざり【飾】 近代オーナメント(ornament)。つや［艶］。デコレーション(decoration)。ぶんしょく［文飾］。近世しゃうごん［荘厳］。ふんしょく［粉飾］。中世いろどり［彩］。いろへ［色／彩］。しゃうぞく［装束］。中古さうしょく［装飾］。さうぞく［装束］。しうしょく［修飾］。ふうりう［風流］。よそひ／よそほひ［装］。上代かざり［飾］。はやし［栄］。

━の多いさま 近代でこでこ。デコラティブ(decorative)。

━の玉 近代くすだま［薬玉］。中古てだま［手玉］。

正月の━ (例) 近代かけのうを［懸魚］。近世

かどかざり[門飾]。てかけ[手掛]。ほうらい[蓬莱]。ほうらいかざり[蓬莱飾]。中世しめかざり[注連飾／標飾／七五三飾]。中古かど(の)まつ[門松]。しめ[注連／標]。上代しめなは[注連縄／標縄／七五三縄]。しりくべなは／しりくめなは[注連縄]。→しめかざり

電灯によるー ルミナリエ(イタリア luminarie)。近代イルミネーション(illumination)。でんしょく[電飾]。ネオンサイン(neon sign)。

身に付けるー アクセサリー(accessory)。ふくしょくひん[服飾品]。近代さうしょくひん[装飾品]。さうしんぐ[装身具]。ファンシーグッズ(fancy goods)。

かざ・る【飾】 近代めかす[粧]。近世かざりつく[—つける][飾付]。中世こしらふ[—らえる][拵]。さざめかす。よそほふ[装]。中古かざす[挿頭]。かざりたつ[—たてる][飾立]。さうぞく[装束]。したつ[—たてる][仕立]。しつらふ[—らえる][設]。ちりばむ[—ばめる][鏤]。つくりたつ[—たてる][作立]。つくる[作]。みがく[磨]。上代かざる[飾]。たちよそふ[立装]。よそふ[装]。

ー・った言葉や文 近代れいじ[麗辞]。近世びじ[美辞]。中世あやどる[綾取]。れいく[麗句]。言葉に花を咲かす。

ー・らない心 上代そしん[素心]。

ー・り気(け)のない 近代じゅん[純]。じゅんが[醇雅]。じゅんりゃう[淳良／醇良]。シンプル(simple)。てんしんらんまん[天真爛漫]。プレーン(plain)。近世しつじつ[質実]。しら[白]。をんすい[温粋]。形骸を土木にす。中世かんそ[簡素]。しっそ[質素]。しっちょく[質直]。じっちょく[実直]。じゅんじつ[純実]。そぼく[素朴]。てんしん[天真]。ぼくじつ[樸実／朴実]。ぼくちょく[樸直／朴直]。中古きすぐ[生直]。けんそ[倹素]。しつぼく[質朴]。じゅんぼく[純朴／醇朴／淳朴]。すくすくし。上代しんそつ[真率]。ぼくとつ[木訥]。

新しくー・る 近代しんさう[新装]。

色を取り合わせてー・る 近代いろづける[色付]。中古いろふ[色]。上代いろどる[彩]。

上辺をー・る 近世けしゃう[化粧／仮粧]。中古けうしょく[矯飾]。

派手にー・り立てる 近代きんきらきん。けばけばしい。まんかんかざり／まんかんしょく[満艦飾]。れいれい[麗麗]。中古かざりたつ[—たてる][飾立]。

かさん【加算】 しゅうけい[集計]。たしざん[足算]。近代うはづみ[上積]。うはのせ[上乗]。かさん[加算]。がっさん[合算]。かはふ[加法]。がふけい[合計]。近世さんにふ[算入]。よせざん[寄算]。中世ついか[追加]。上代くはふ[くわえる][加]。

かさん【家産】 近代しんじゃう[身上]。しんだい[身代]。近世かとく[家督]。しんだい[身代／身袋]。中世しんしゃう[身上]。中古ざいさん[財産]。上代かざい[家財]。かさん[家産]。

かざん【火山】 近世くゎざん[火山]。

ーの上空が赤く映えること 近代くゎえい[火映]。ごじんくゎ[御神火]。

ーの噴出物 かさいぶつ[火砕物]。かざんガス[火山gas]。かざんじん[火山塵]。がんさい[岩滓]。ペレーの毛。近代がんしゃう[岩漿]。くゎざんだん[火山弾]。くゎざんばひ[火山灰]。くゎざんもう[火山毛]。くゎざんれき[火山礫]。ふんせき[噴石]。マグマ(magma)。ようがん[溶岩／熔岩]。

ー噴火の口 クレーター(crater)。近代おかま[御竈]。カルデラ(caldera)。ぐゎいりんざん[外輪山]。くゎこう[火口]。ふんくゎこう[噴火口]。

関係ある複数のー かざんぐん[火山群]。かざんれつ[火山列]。ふくしきかざん[複式火山]。近代くゎざんみゃく[火山脈]。

その他ーのいろいろ(例)①[形状] アスピーテ(ドイツ Aspite)。かいじょうかざん[塊状火山]。かさいきゅう[火砕丘]。かざんさいせつきゅう[火山砕屑丘]。きせいかざん[寄生火山]。きゅうじょうかざん[臼状火山]。コニーデ(ドイツ Konide)。しょうじょうかざん[鐘状火山]。すいじょうかざん[錐状火山]。せいそうかざん[成層火山]。そっかざん[側火山]。たてじょうかざん[楯状火山]。でいかざん[泥火山]。トロイデ(ドイツ Tholoide)。にじゅうかざん[二重火山]。ホマーテ(ドイツ Homate)。ようがんえんちょうきゅう[溶岩円頂丘]。

その他ーのいろいろ(例)②[噴火] かさいりゅう[火砕流]。かざんばくはつ[火山爆発]。かつかざん[活火山]。きゅうかざん[休火山]。こうはい[降灰]。しかざん[死火山]。すいじょうきばくはつ[水蒸気爆発]。でいりゅう[泥流]。ふんか[噴火]。ようがんりゅう[溶岩流]。

その他ーのいろいろ(例)③[場所] かいちゅうかざん[海中火山]。かいていかざん[海

底火山]。

かし【貸】 近代 ちんがし／ちんたい[賃貸]。つけ[付]。はうよ[放与]。中世 かし[貸]。上代 たいよ[貸与]。

かし【河岸】❶〈川岸〉 近代 かがん[河岸]。近世 かし[河岸／川岸]。はま[浜](上方語)。中世 かはばた[川端]。中古 かはん[河畔]。上代 かはぎし[川岸]。かはべ[川辺]。

かし【河岸】❷〈市場〉 近世 うをいちば[魚市場]。うをがし[魚河岸]。かし[河岸]。

ーに船荷を揚げること かしあげ[河岸揚]。

かし【菓子】 コンフェクション(confection)。近代 キャンデー(candy)。てんしん[点心]。近世 おちゃのこ[御茶子]。中世 かん[羹]。ちゃうけ[茶請]。ちゃぐゎし[茶菓子]。ちゃのこ[茶子]。てんじん[点心]。中古 からくだもの[唐果物]。くだもの[果物]。上代 くゎし[菓子／果子]。

《謙》近代 そくゎ[粗菓]。

ーとお茶 近世 さくゎ[茶菓]。

安価で素朴なー 近世 いちもんぐゎし[一文菓子]。だぐゎし[駄菓子]。

子供が目覚めたときに与えるー 近世 おめざ。めざまし[目覚]。

子供をなだめるー 近世 はなぐすり[鼻薬]。

西洋のー 近代 やうぐゎし[洋菓子]。

茶を飲むときのー 近世 くちとり[口取]。くちとりぐゎし[口取菓子]。ちゃぐゎし[茶菓子]。中世 ちゃうけ[茶請]。てんじん[点心]。

朝食前のー 近世 あさぶさ[朝普茶]。

冷たいー 近代 こほりぐゎし[氷菓子]。ひょうくゎ[氷菓]。中古 れいくゎ[冷菓]。

日本のー わがし[和菓子]。

引き出物として出すー 近世 ひきぐゎし[引菓子]。

雛祭りに供えるー 近世 ひなぐゎし[雛菓子]。

珍しいー 中古 ちんくゎ[珍菓]。

有名なー めいか[銘菓]。

かし【歌詞】 近代 かし[歌詞]。

ーに曲をつけること 近代 さくきょく[作曲]。中世 ふしづけ[節付]。

ーを作ること さくし[作詞]。

かし【瑕疵】 近代 けっかん[欠陥]。けってん[欠点]。近世 あら[荒／粗]。かし[瑕疵]。中世 きず[傷／疵]。ふび[不備]。上代 あやまち[過]。

かし【下肢】 近代 かたい[下腿]。きゃくぶ[脚部]。近世 かし[下肢]。上代 あし[足／脚]。

かじ【火事】 中世 くゎいろく[回禄]。しうゆう／しゅくゆう[祝融]。せうばう[焼亡]。ひ[火]。中古 くゎさい[火災]。くゎじ[火事]。くゎなん[火難]。せうまう／ぜうまう[焼亡]。上代 ほやけ[火焼]。みづながれ[水流]。

ーが他に燃え広がること 上代 えんせう[延焼]。

ーが鎮火したことを知らせる半鐘 近世 しめりはん[湿半]。

ーが鎮火すること 近世 しめり[湿]。

ーでかえって豊かになる 近世 やけぶとり[焼太]。やけほこり[焼誇]。

ーで風上に燃え移る火 近代 しりび[後火／尻火]。

ーで焼けて失う 近代 焦土と化す。中世 灰燼(くゎいじん)に帰す。中古 せうしつ[焼失]。ぜうばう／ぜうまう[焼亡]。

ーで焼けてしまった跡 近世 やけのはら[焼野原]。中世 くゎいじん[灰燼]。中古 やけあと[焼跡]。やけの[焼野]。

ーの後の残り火 もえさし[燃]。近世 じんよ[燼余]。もえのこり[燃残]。中古 よじん[余燼]。

ーの防止 かさいかんちき[火災感知器]。かさいほうちき[火災報知器]。ぼうかじゅ[防火樹]。ぼうかりん[防火林]。近代 くゎばう[火防]。せうくゎ[消火]。せうくゎき[消化器]。せうくゎせん[消火栓]。ばうくゎせん[防火線]。ばうくゎへき[防火壁]。近世 せうばう[消防]。ばうくゎ[防火]。ひけし[火消]。ひのばん[火番]。ひよけ[火除]。

ーを消し止めること 近代 せうくゎ[消火]。近世 せうばう[消防]。ちんくゎ[鎮火]。

ーを出した家(所) 中世 ひもと[火元]。

ーを出すこと 近世 しゅっくゎ[出火]。

過失によるー 近代 じんくゎ[人火]。そさうび[粗相火]。中世 てあいまち／てあやまち[手過]。上代 しっくゎ[失火]。

故意に起こしたー 中世 つけび[付火]。ひつけ[火付]。中古 はうくゎ[放火]。

戦争によるー せんか[戦火]。近世 ひゃうくゎ[兵火]。中世 へいくゎ[兵火]。へいせん[兵燹]。

小さなー 近代 ぼや[小火]。中世 せうくゎ[小火]。

近くのー 近代 きんくゎ[近火]。近世 ちかび[近火]。

近くのーを知らせる鐘 近代 すりばん[擦半

か

／擂半］。すりばんしょう［擦半鐘／擂半鐘］。

巻き添えでーになること 近代 とびひ［飛火］。もらひび［貰火］。近世 るいせう［類焼］。池魚（ちぎょ）の殃（わざはひ）。中世 るいくゎ［類火］。上代 えんせう［延焼］。

その他ーのいろいろ（例）①［原因］ ふしんび［不審火］。近代 あやしび［怪火］。近世 くゎいくゎ［怪火］。てんくゎ［天火］。てんぴ［天火］。上代 らいくゎ［雷火］。

その他ーのいろいろ（例）②［場所］ しゃりょうかさい［車両火災］。たてものかさい［建物火災］。ビルかさい［building 火災］。やまやけ［山焼］。近代 さんくゎ［山火］。やまくゎじ［山火事］。近世 ふなくゎじ［船火事］。やまび［山火］。やまもえ［山燃］。

その他ーのいろいろ（例）③［程度］ 近代 ぜんせう［全焼］。はんせう［半焼］。ぼや［小火］。近世 まるやけ［丸焼］。中世 せうくゎ［小火］。たいくゎ［大火］。

その他ーのいろいろ（例）④［勢い］ 中世 こふくゎ／ごふくゎ［劫火］。ごふくゎ［業火］。まうくゎ［猛火］。中古 みゃうくゎ［猛火］。れっくゎ［烈火］。

かじ【家事】 シャドーワーク（shadow work）。近世 うちむき［内向］。かじ［家事］。中世 せいきう［井臼］。せいじ［世事］。上代 うちつこと［内事］。

ーに関するさま かていてき［家庭的］。ドメスティック（domestic）。

ーに専念する女性 せんぎょうしゅふ［専業主婦］。

雇われてーをする人 おてつだいさん［手伝］。かじてつだい［家事手伝］。ホームヘルパー（和製home helper）。近代 かせいふ［家政婦］。ハウスキーパー（housekeeper）。はしゅつふ［派出婦］。メード（maid）。近世 ぢょちゅう［女中］。→**じょちゅう**

かじ【鍛冶】→**かじや**

かじ【舵】 ほうこうだ［方向舵］。ラダー（rudder）。中世 かぢ［舵］。中古 たいし／たぎし［舵］。

ーをとる あやつる［操］。近代 ぎょする［御］。さうさ［操作］。さうだ［操舵］。

かじか【鰍】 近世 いまる。かじい。かはかじか［川鰍］。かはをこぜ［川虎魚］。とふぎょ［杜父魚］。中世 かじか［鰍］。ごり［鮴／石伏魚］。中古 いしぶし［石伏／石斑魚］。

かじかがえる【河鹿蛙】 近代 かじかがへる［河鹿蛙］。かはづ［蛙］。近世 かじか［河鹿］。きんあうし［金襖子］。中古 かはきぎす［川雉子］。

かじか・む【悴】 近世 かじかむ［悴］。釘になる。中世 かがまる［屈］。こごる［凝］。

かしかり【貸借】 近代 しゃくくゎん［借款］。たいしゃく［貸借］。ゆうづう［融通］。近世 かしかり［貸借］。中世 しゃくたい［借貸］。

《句》近代 貸し借りは他人。貸し物おぼえの借り物忘れ。近世 借りる八合済（な）す一升。借る時の地蔵顔（恵比寿顔）済（な）す時の閻魔顔。

ーがなくなる ちゃら。近代 さうさい［相殺］。近世 ちゃうけし［帳消］。

ーの相談 近代 きんだん［金談］。

ーを整理し結末をつける 近代 せいさん［清算］。

かしこ・い【賢】 頭がよい。一を聞いて十を知る。才知がある。近代 きけい［奇警］。けいびん［慧敏］。さいきくゎんぱつ［才気煥発］。近世 えいめい［英明］。きけい［機警］。はつめい［発明］。りはつ［利発］。目から鼻へ抜く（→抜ける）。中世 あきらか［明］。うるせし。えいご［穎悟］。きよう［器用］。けん［賢］。けんち［賢智］。さかさかし［賢賢］。さかし［賢］。めいたつ［明達］。りこう［利口］。りこん［利根］。りはつ［利発］。れいり［怜悧／伶俐］。中古 あきらけし［明］。かどかどし［才才］。けんのう［賢能］。こころとし［心疾］。さとし［聡］。そうけい［聡慧］。そうご［聡悟］。そうみゃう［聡明］。めいびん［明敏］。をさをさし［長長］。上代 かしこし［賢］。けんてつ［賢哲］。けんめい［賢明］。けんりゃう［賢良］。そうびん［聡敏］。そうめい［聡明］。とし［敏］。めいてつ［明哲］。よし［良］。

《枕》上代 いはくだす［岩下］。

《句》近代 大賢は愚なるが如し。人至って賢ければ友なし。明鏡も裏を照らさず。利口ぶるのは馬鹿のしるし。良禽（りょうきん）は木を択（えら）んで棲む。近世 利口の猿が手を焼く。利根却って愚痴になる。

ー・い兄 けんけい［賢兄］。

ー・い弟 近世 けんてい［賢弟］。

ー・い男 中古 てっぷ［哲夫］。

ー・い女 近代 けんぷじん［賢夫人］。近世 さいぢょ［才女］。中世 けんぷ［賢婦］。てっぷ［哲婦］。中古 けんぢょ［賢女］。

ー・い考え 中世 けんりょ［賢慮］。

ー・い君主 中世 けんくん［賢君］。中古 けんしゅ［賢主］。上代 けんわう［賢王］。

—・い答え けんとう［賢答］。

—・い子供 しゅんどう［俊童］。近代 てんさいじ［天才児］。近世 きりんじ［麒麟児］。中古 しんどう［神童］。

—・い宰相 中古 けんさい［賢宰］。けんしゃう［賢相］。

—・い妻 近世 けんさい［賢妻］。中世 りゃうさい［良妻］。

—・い母 近代 けんぼ［賢母］。

—・い人 →**けんじん**

—・いふりをする 中世 かしこだて［賢立］。中古 さかしだつ［賢立］。さかしらがる［賢］。上代 さかしら［賢］。

—・くて素早い 近代 しゅんびん［俊敏］。近世 すすどし［鋭］。

—・く振る舞う 近世 さいはじける［才弾］。

非常に—・いこと 中世 たいけん［大賢］。

かしこま・る【畏】 おそれつつしむ［畏謹］。近代 おそれいる［畏入］。かたくなる［硬］。しょうどう［竦動］。襟を正す。堅苦しくする。儀式張る。形式張る。四角張る。居住(ずゐ)まひを正す。近世 あらたまる［改］。小さくなる。中世 おそる［畏］。きくきゅう［鞠躬］。けいくつ［敬屈／磬屈］。鯱鉾(しゃちほこ)張る。威儀(ゐぎ)を正す。中古 ついゐる［突居］。上代 かしこまる［畏／恐］。きょうく［恐懼］。つつしむ［謹］。

—・って承諾する 近世 ゐゐ［唯唯］。

—・り静まる 中古 しゅくぜん［粛然］。

—・り喜ぶこと 中古 きょうえつ［恐悦／恭悦］。

▼手紙の終わりに添える言葉 中世 せいくゎう［誠惶］。中古 きょうくゎう［恐惶］。

かしず・く【傅】 世話する。近世 ふくじ［伏侍／服侍］。中世 あいご［愛護］。つきそふ［付添］。中古 うしろみる［後見］。かしづく［傅］。こうけん［後見］。上代 いはふ［斎］。ふ［傅］。

—・き育てること 近代 ふいく［傅育］。

かしだおれ【貸倒】 こげつき［焦付］。近代 かしだふれ［貸倒］。近世 かしくだされ［貸被下］。たふれ［倒］。

かしだし【貸出】 リース(lease)。レンタル(rental)。近代 かしだし［貸出］。ようだて［用立］。近世 かしつけ［貸付］。

限定額以上の— 近代 かしこし［貸越］。

かしつ【過失】 →**あやまち**

かじつ【果実】 近代 フルーツ(fruit)。近世 じゃうりん［上林］。みづぐゎし［水菓子］。中世 くゎじつ［果実］。中古 くだもの［果物］。くゎ［菓］。くゎし［菓子］。なりもの［生物］。上代 み［実］。→**くだもの**

かじつ【過日】 近世 くゎじつ［過日］。せんだって［先］。中世 さきごろ［先頃］。せんぱん［先般］。中古 さいつごろ［先頃］。せんじつ／せんにち［先日］。上代 いぜん［以前／已前］。

かじつ【佳日】 お日柄もよく。近代 かじつ［佳日］。近世 きったん［吉旦］。ねいじつ［寧日］。中世 かうじつ［好日］。きちにち［吉日］。中古 きちえう［吉曜］。きちじつ／きつじつ［吉日］。→**きちじつ**

かしつけ【貸付】 近代 かしだし［貸出］。ゆうし［融資］。ローン(loan)。近世 かしつけ［貸付］。中世 おほす［負／課］。上代 たいよ［貸与］。

貸し賃を取る— リース(lease)。レンタル(rental)。近代 ちんたい［賃貸］。

不正な— うきがし［浮貸］。

かして【貸手】 近代 きんゆうげふ［金融業］。さいけんしゃ［債権者］。近世 おほせかた［負方］。かうりかし［高利貸］。かしかた［貸方］。かしぬし［貸主］。かしもと［貸元］。かねかし［金貸］。中世 かして［貸手］。さいしゅ［債主］。

かじとり【舵取】 そうだしゅ［操舵手］。近代 コックス(cox)。だしゅ［舵手］。上代 かぢとり［舵取］。さをとり［棹取］。

かしぬし【貸主】 →**かして**

かしまし・い【姦】 →**うるさ・い❶**

かしや【貸家】 近代 かさく［家作］。近世 かしだな［貸店］。たな［店］。中世 かしいへ［貸家］。かしや［貸家／貸屋］。

—の持ち主 近世 おほや［大家／大屋］。

空いている— 近世 あきだな［空店］。

かじや【鍛冶屋】 たんこうば［鍛工場］。近世 かなや［金屋］。たんこう［鍛工］。中古 かたし［鍛］。かぢ［鍛冶］。かぢや［鍛冶屋］。上代 かたしどころ［鍛処］。かぬち［鍛］。

—で師匠に合わせる鎚 近代 むかひづち［向鎚］。中世 あひづち［相槌］。

刀を作る— 近世 かたなかぢ［刀鍛冶］。

釘などの小物を作る— 近世 くぎかぢ［釘鍛冶］。

戸外でする—の作業 近世 のかぢ［野鍛冶］。

かしゃく【仮借】 近世 かしゃく［仮借］。てかげん［手加減］。みのがし［見逃］。ようしゃ［容赦］。中世 ようしゃ［用捨］。上代 ゆるす［許］。

かしゃく【呵責】 近世 せめく［責苦］。中古 くなう［苦悩］。くるしみ［苦］。上代 かしゃく［呵責］。

かしゅ【歌手】 近代 かしゅ[歌手]。シンガー(singer)。せいがくか[声楽家]。ボーカリスト(vocalist)。中世 うたひて[歌手]。中古 うたうたひ[歌歌]。
ーの声域や歌い方 うらごえ[裏声]。カウンターテナー(countertenor)。クルーナー(crooner)。近代 アルト(イタリア alto)。ソプラノ(イタリア soprano)。テノール/テナー(ドイツ Tenor)。バス(bass)。バリトン(baritone)。ファルセット(イタリア falsetto)。近世 かせい[仮声]。
女性のー 中世 うたひめ[歌姫]。
がしゅ【雅趣】 近世 がち[雅致]。ふうしゅ[風趣]。中世 ふうみ[風味]。中古 がしゅ[雅趣]。
カジュアルウエア(casual wear) まちぎ[町着/街着]。近世 ふだんぎ[普段着]。へいふく[平服]。りゃくふく[略服]。
かしゅう【歌集】❶〈短歌集〉 たんかしゅう[短歌集]。中世 わかしふ[和歌集]。上代 かしふ[歌集]。
個人のー 近世 しかしふ[私家集]。中古 いへのしふ[家集]。上代 かしふ[家集]。
天皇などの命によるー 中世 ちょくせんしふ[勅撰集]。
かしゅう【歌集】❷〈和歌以外の集〉 あいしょうかしゅう[愛唱歌集]。かんししゅう[漢詩集]。中世 ししふ[詩集]。中古 しへん[詩編/詩篇]。
かじゅう【過重】 近代 くゎじょう[過剰]。くゎぢゅう[過重]。近世 くゎだい[過大]。中世 くゎど[過度]。
かじゅう【加重】 かあつ[加圧]。ぞうか[増加]。ぞうだい[増大]。近代 かぢゅう[加重]。
かじゅう【荷重】 近代 かぢゅう[荷重]。ロード(load)。中世 ふか[負荷]。
かじゅう【果汁】 ジュース(juice)。近代 くゎじふ[果汁]。
ーの多い果実 えきか[液果]。
がしゅう【我執】 中世 が[我]。がしふ[我執]。中古 しふちゃく/しふぢゃく[執着]。
→が
かじょう【過剰】 うわまわる[上回]。近代 くゎじょう[過剰]。近世 くゎた[過多]。中世 くゎど[過度]。中古 くゎぶん[過分]。てうくゎ[超過]。よじょう[余剰]。よぶん[余分]。上代 あまり[余]。
かじょう【箇条】 近代 かう[項]。かうもく[項目]。じかう[事項]。でう[条]。でうかう[条項]。中世 かでう[箇条]。上代 をち[条]。
ーの一つひとつ かくじょう[各条]。近代 かくかう[各項]。中古 でうでう[条条]。上代 をちをち[条条]。
細かいー 近代 さいもく[細目]。
かじょうがき【箇条書】 近代 くゎん[款]。そ[疏]。近世 いちうち[一打]。ひとつがき[一書]。中世 かでうがき[箇条書]。ことがき[事書]。中古 かきたて[書立]。
ーの文書 中世 へんもく[編目/篇目]。
がじょう【賀状】 ねんがじょう[年賀状]。ねんがはがき[年賀葉書]。中世 がじゃう[賀状]。
がじょう【牙城】 近代 がじゃう[牙城]。こんきょち[根拠地]。ほんきょ[本拠]。ほんきょち[本拠地]。中古 さうくつ[巣窟]。ねじろ[根城]。ほんまる[本丸]。
かしょく【貨殖】 ざいテク[財technology]。近代 ちくざい[蓄財]。りしょく[利殖]。上代 くゎしょく[貨殖]。
かしょく【過食】 ぼういんぼうしょく[暴飲暴食]。近代 ぎういんばしょく[牛飲馬食]。くひすぎ[食過]。くゎしょく[過食]。たべすぎ[食過]。近世 ぼうしょく[暴食]。中世 おほぐひ/おほぐらひ[大食]。たいしょく[大食]。
かしら【頭】❶〈あたま〉→あたま
かしら【頭】❷〈上に立つ者〉 あたま[頭]。シャッポ(フランス chapeau)。トップ(top)。ドン(スペイン don)。近代 おやだま[親玉]。キャプテン(captain)。きょとう[巨頭]。しどうしゃ[指導者]。しゅくゎい[首魁]。しゅなう[首脳]。とうもく[頭目]。ヘッド(head)。ボス(boss)。マスター(master)。リーダー(leader)。近世 おほあたま[大頭/巨頭]。おやぶん[親分]。きょくゎい[巨魁]。しゅちゃう[首長]。とうどり[頭取]。とうにん[頭人]。とうりゃう[頭領]。ひっとう/ふでがしら[筆頭]。中世 おやかた[親方]。しゅじん[主人]。しゅりゃう[首領]。とうりゃう[統領]。めいしゅ[盟主]。中古 かしら[頭]。このかみ[兄]。ちゃう[長]。とう[頭]。とうりゃう[棟梁]。りゃうしう[領袖]。上代 つかさ[長/首]。とうしゅ[頭首]。をさ[長]。
《句》近世 鶏口となるも牛後となる勿(なか)れ。鯛の尾より鰯(いわし)(鰮)の頭(かしら)。
芝居などの一座のー 近代 ざちゃう[座長]。近世 ざがしら[座頭]。
集団のー シャッポ(フランス chapeau)。近世 とうしゅ[頭首]。とうもく[頭目]。中世 たい

しゃう[大将]。中古くゎいしゅ[魁首]。

人夫などの— 近世とびがしら[鳶頭]。

かしらもじ【頭文字】 イニシャル(initial)。キャピタルレター(capital letter)。近代かしらもじ[頭文字]。

▼関連語 おやもじ[親文字]。キャピタル(capital)。近代はなもじ[花文字]。中世おほもじ[大文字]。かしらじ[頭字]。

かじりつ・く【齧付】❶〈噛む〉 近代かじりつく[齧付]。中世かぶりつく[齧付]。かみつく[噛付]。くらひつく[食付]。中古くひつく[食付]。

かじりつ・く【齧付】❷〈取り付く〉 近世かじりつく[齧付]。むしゃぶりつく[武者振付]。中世しがみつく。だきつく[抱付]。中古とりすがる[取縋]。上代とりつく[取付]。

かじ・る【齧】 近世かじる[齧]。きしる[軋]。中古かぶる[齧]。つむ[齧]。

切らずにそのまま—・る 近代まるかじり[丸齧]。

かしん【花信】 さくらぜんせん[桜前線]。近代はなだより[花便]。近世くゎしん[花信]。

かしん【家臣】 近世かし[家士]。かじゅう[家従]。かちゅう[家中]。かぼく[家僕]。中世かしん[家臣]。中古けらい[家来]。しん[臣]。しんか[臣下]。

—と一族 中古いへのこらうだう[家子郎党]。いへのこらうどう[家子郎等]。

—として抱えること 中世ふち[扶持]。

—のかしら 近世おとな[乙名]。

侍身分の— 近世らうだう[郎党]。らうどう[郎等]。中世らうじゅう[郎従]。

主に背く— 近代じじん[弐臣]。中世げきしん[逆臣]。ぼうしん[謀臣]。上代ぎゃくしん[逆臣]。

優れた— 近代めいしん[名臣]。

大将の近くの—団 近世はたもと[旗本]。

代々仕えている— 近世譜代の臣。中世せいしん[世臣]。みうち[御内]。

腹心の— 上代むねまちぎみ[棟梁臣]。

古くからの— 中古きうしん[旧臣]。

かじん【佳人】 近代べっぴん[別嬪]。中古かじん[佳人]。びじん[美人]。びぢょ[美女]。上代れいじん[麗人]。→**びじん**

かじん【家人】 みうち[身内]。近代ファミリー(family)。近世かぞく[家族]。かぞく[家属]。中世かじん[家人]。中古いっか[一家]。

かじん【歌人】 中世かじん[歌人]。中古うたびと[歌人]。うたよみ[歌詠]。

優れた— 近代かせい[歌聖]。近世うたひじり[歌聖]。中古かせん[歌仙]。上代うたびと[歌人]。

▼歌の作者 中古うたぬし[歌主]。よみびと[読人／詠人]。

▼歌の作者が不明 中古よみびと知らず。

がしんしょうたん【臥薪嘗胆】 近代ぐゎしんしゃうたん[臥薪嘗胆]。けんどぢゅうらい[捲土重来]。中世肝を嘗む。

かす【滓】❶〈残り屑〉 のこりかす[残滓]。へどろ。近代ざんがい[残骸]。ざんさ[残渣]。ざんし[残滓]。ちんでんぶつ[沈殿物／沈澱物]。近世くづ[屑]。中世おり[澱]。ごみ[塵／芥]。をでい[汚泥]。中古かす[滓]。上代あか[垢]。あくた[芥]。

揚げ物のあとの— あげかす[揚滓]。あげだま[揚玉]。近代てんかす[天滓]。

金属鍛錬で飛び散る— 中古かなくそ[金屎]。

茶や薬を煎じたあとの— せんじかす[煎滓]。近世せんじがら[煎殻]。

かす【滓】❷〈絞り粕〉 近代さかかす[酒粕]。しめかす[搾滓]。近世しぼりかす[絞粕／搾滓]。さうはく[糟粕]。中世さけかす[酒粕]。中古かす[滓／粕]。

魚油を取ったあとの— うおかす[魚滓]。

か・す【貸】 近代かしだす[貸出]。たいふ[貸付]。近世かしつく[—つける][貸付]。中世おほす[負／課]。ようだつ[—だてる][用立]。上代いらす[貸／息]。かす[貸]。たいよ[貸与]。

《謙》おやくだて[御役立]。ごゆうし[御融資]。ごゆうずう[御融通]。ごようだて[御用立]。

—・す人 →**かして**

貸し賃を取って—・す リース(lease)。レンタル(rental)。近代ちんたい[賃貸]。

特定の個人や団体に全部—・す かしきり[貸切]。

不正に—・す うきがし[浮貸]。

わずかな時間—・す 近世ときがし[時貸]。

かず【数】 こすう[個数]。近代すうち[数値]。ち[値]。ナンバー(number)。中世ことのかず[事数]。すうりゃう[数量]。ゐんじゅ／ゐんず／ゐんずう[員数]。中古かずへ[数]。けいすう[計数]。上代かず[数]。すう[数]。

《枕》上代しつたまき／しづたまき[倭文手纏][⇩かずにもあらぬ]。

—が増えること 近代 ぞうだい［増大］。近世 ぞうか［増加］。
—に入れる 上代 かぞふ［数］。
—の多いこと てんもんがくてきすうじ［天文学的数字］。近世 どっさり。はっぴゃく［八百］。中古 おくまん［億万］。たすう［多数］。上代 ひゃくまん［百万］。→おお・い
—の多い物 近代 かずもの［数物］。
—の少ないこと 近世 れうれう［寥寥］。中世 たしなし［足無／困］。
—の少ない物 かずもの［数物］。
—を数えるときに使う木 近代 さんちう［算籌］。中世 かずとり［数取］。中古 かずさし［数差／員刺／籌刺］。さんぎ［算木］。上代 ちう［籌］。ちうぎ［籌木］。
—を漠然と言う 近代 いくら／いくらか［幾］。なにがし／なにがしか［某／何某］。
合わせた— 近世 そうかず／そうすう［総数］。
おおよその— 近代 がいすう［概数］。
決まった— 中世 ぢゃうすう［定数］。上代 ていすう［定数］。
嫌われる— いみかず［忌数］。
きりのよい— きっちり。ジャスト(just)。フラット(flat)。ラウンドナンバー(round number)。
実際の— 中世 じっすう［実数］。
その—に達しないこと じゃく［弱］。近世 たらず［足］。みまん［未満］。
半端な— 近代 はすう［端数］。中世 はした［端］。
人の— 中世 ゐんじゅ／ゐんず／ゐんずう［員数］。上代 ゐん［員］。

ガス【オランダgas／瓦斯】 近代 きたい［気体］。近世 ガス［瓦斯］。中世 もや［靄］。上代 かすみ［霞］。きり［霧］。
海上に発生する— うみぎり［海霧］。じり。近代 かいむ［海霧］。
肛門より排出される— 中世 おなら。はうひ［放屁］。中古 へ［屁］。
沼などで発生する— 近代 せうき［沼気］。メタンガス(ドイツ Methangas)。
燃料としての— えきかせきゆガス［液化石油gas］。えきかてんねんガス［液化天然gas］。エルピージー(LPG; liquefied petroleum gas)。オイルガス(oil gas)。としガス［都市gas］。バイオガス(biogas)。プロパンガス(propane gas)。近代 せきたんガス［石炭gas］。てんねんガス［天然gas］。
その他—のいろいろ(例) さいるいガス［催涙gas］。はいきガス［排気gas］。近代 どくガス［毒gas］。メタンガス(ドイツ Methangas)。近世 えんさんガス［塩酸gas］。たんさんガス［炭酸gas］。

かすい【仮睡】 →うたたね

かすか【幽】 うっすら［薄］。近代 あはい［淡］。近世 うすうす［薄薄］。おぼろげ［朧］。ほんのり。中世 あるかなきか［有無］。いちる［一縷］。び［微］。ほそし［細］。中古 ありなし［有無］。いうび［幽微］。うすらか［薄］。かすか［幽／微］。はつか［僅］。びじゃく［微弱］。びび［微微］。ほのか［仄］。上代 おほほし。かそけし［幽］。たまゆら［玉響］。はつはつ。

—・で暗いこと 上代 いうみゃう／いうめい［幽冥］。

—・で小さいこと 中世 うのけ［兎毛］。

—・で遠く遥かなさま 近世 えうべう［杳渺／杳眇］。

—・ではっきりしないさま 近世 いんいん［隠隠］。中古 へうべう［縹渺／縹緲／縹眇］。

—・な音 中古 びいん／びおん［微音］。

—・な声 中世 蚊の鳴くやうな声。

—・な匂い 近世 びかう［微香］。中世 うすにほひ［薄匂］。

—・な光 近世 うすあかり［薄明］。中古 びくゎう［微光］。

—・に動くさま 上代 そそ。

—・に聞こえる 中世 ほのきこゆ［仄聞］。上代 ほのきく［仄聞］。

—・に見える 中古 うちほのめく［打仄］。ほのみゆ［—みえる］［仄見］。ほのめく［仄］。

—・に見せる 中古 ほのみす［—みせる］［仄見］。

かすがい【鎹】 つながり［繋］。近代 かすがひ［鎹］。むすびつき［結付］。中古 くさび［楔］。

かずかず【数数】 近世 いくせ［幾瀬］。中古 かずかず［数数］。さまざま［様様］。上代 いろいろ［色色］。→おお・い

かずなら・ず【数】 価値がない。近世 つまらぬ。取るに足らず。中古 かずならず［数］。

かすみ【霞】 近世 しらたまひめ［白玉姫］。中世 き［気］。せいらん［青嵐／晴嵐］。ひとかすみ［一霞］。もや［靄］。中古 霞の衣。上代 えんか［煙霞／烟霞］。かすみ［霞］。きり［霧］。

—がかかった春の気色 中古 えんけい［煙景／烟景］。

—がたなびいているさま 霞の帯。中古 よこがすみ［横霞］。

—と雲 中古 うんか［雲霞］。くもかすみ［雲

霞］。
ーなどが漂う 上代 かをる［薫／香／馨］。
一面のー 近世 霞の海。 中世 ひとかすみ［一霞］。むらがすみ［群霞］。
上の方にたなびくー 中世 うはがすみ［上霞］。
絵巻などに描かれているー 近世 すやりがすみ［霞］。
遠く緑樹にかかるー 上代 すいえん［翠煙／翠烟］。
初春のころのー 近世 はつがすみ［初霞］。
春にたつー 中古 しゅんか［春霞］。 上代 はるがすみ［春霞］。
夕方に立ちこめるー 近代 ゆふもや［夕靄］。 中古 ばんか［晩霞］。ゆふがすみ［夕霞］。

かす・む【霞】 近世 うちかすむ［打霞］。 中古 くもる［曇］。けぶる／けむる［煙／烟］。 上代 かすむ［霞］。きる［霧］。
ー・んで美しく見える 中古 けぶる［煙／烟］。
ー・んではっきり見えない 中古 うちけぶる［打煙］。おぼろ［朧］。たどたどし。もうろう［朦朧］。
一面にー・む 中古 かすみしく［霞敷］。かすみわたる［霞渡］。きりわたる［霧渡］。
しぐれるようにー・む 中世 しぐらふ［時雨］。
涙でー・む 中古 きりふたがる［霧塞］。きる［霧］。くる〔くれる〕［暗／眩］。

かすめと・る【掠取】 近代 がめる。ピンはねする。 近世 くすねる。ちょろまかす。はぬ〔はねる〕［撥／跳／刎］。上前を撥ぬ〔ー撥ねる〕。へずる［剝］。へぐ［剝／折］。 中世 かすめとる［掠取］。 中古 ぬすむ［盗／偸］。 上代 かすぶ［求］。かそふ［掠］。せうりゃく［抄掠／抄略］。りゃくす［略］。

かす・る【掠】 近代 さっくゎ［擦過］。 中世 かする［掠／擦］。
▼かすり傷 近代 かすれきず［擦傷］。 近世 かすり［掠／擦］。

かす・れる【掠】 しわがれる［嗄］。 近代 かすれる［掠／擦］。 中世 からぶ［乾］。 上代 かる〔かれる〕［嗄］。
ー・れさせる技法 かすりふで／かすれふで［掠筆］。
ー・れた声 ハスキーボイス(husky voice)。 近世 しゃがれごゑ［嗄声］。 中世 しはがれごゑ［嗄声］。
ー・れた字 中古 すみがれ［墨枯］。ふでがれ［筆涸］。
声がー・れる 上代 かる〔かれる〕［嗄］。

かせ【枷】 近代 あしてまつはり［足手纏］。 近世 そくばく［束縛］。 中世 あしかせ［足枷］。あしてまとひ／あしてまどひ／あしでまとひ［足手纏］。かせ［枷］。くびかせ［首枷］。しっこく［桎梏］。じゃま［邪魔］。てかせ［手枷］。ほだ［絆］。 中古 きづな［絆／紲］。ほだし［絆］。 上代 かし［枷］。くびかし［首枷］。てかし［手枷］。

かぜ【風】 近代 ウインド(wind)。 中古 ち／て［風］(接尾語的に)。ふうき［風気］。 上代 かぜ［風］。
《句》 近代 風が吹けば桶屋が儲かる。 近世 風下に笊。風に柳。 中世 風は吹けども山は動ぜず。
ーが動かす 近代 ふきたてる［吹立］。 近世 あふち［煽］。 中古 そよがす［戦］。 上代 なびかす〔ーかせる〕［靡］。ふきたつ〔ーたてる〕［吹立］。
ーが起こる 近代 ふうはつ［風発］。 近世 ほうぜん［蓬然］。ほうほうぜん［蓬蓬然］。 上代 たちく［立来］。たつ［立］。
ーがさっと吹く音 中世 さつせい［颯声］。
ーがさっと吹くさま 中古 さつさつ［颯颯］。さつぜん［颯然］。 上代 さやさや。
ーがさびしく吹く 中古 しつしつ［瑟瑟］。せうせう［蕭蕭］。
ーがじかに当たる 近世 ふきさらす［吹曝］。
ーが頻りに吹く 中古 ふきしきる／ふきしく［吹頻］。
ーがそよそよと吹く(さま) 中世 そばふ〔そばえる〕［戯］。そよふく［吹］。 中古 でうでう［嫋嫋］。
ーがないこと 近代 むふう［無風］。 中世 草も揺るがず。
ーがなく波もないこと 中古 なぎ［凪］。 上代 あさなぎ［朝凪］。ゆふなぎ［夕凪］。
ーがなくなり波もおさまる 中古 なぐ［凪］。
ーが入り込む 近世 すきまかぜ［隙間風］。 中古 ふきいる［吹入］。ふきこむ［吹込］。
ーが入り込むところ 中世 かざくち［風口］。
ーが激しく吹く 中世 ふきつく〔ーつける〕［吹付］。ふきまくる［吹捲］。 中古 しぶく［繁吹／重吹］。しまく［風巻］。ふきある〔ーあれる〕［吹荒］。ふきかく〔ーかける〕［吹掛］。ふきすさぶ［吹荒］。ふきまがふ［吹紛］。ふきまく［吹巻］。ふきまどふ［吹惑］。ふきまよふ［吹迷］。ふぶく［吹雪／乱吹］。 上代 かざはや［風早］。
ーが激しく雨も降る 近世 ふきぶり［吹降］。 中古 しぶく［繁吹／重吹］。ふぶく［吹雪／乱吹］。
ーが吹いて一層寒くなる 中世 ふうかん［風

寒］。風冴ゆ。

—が吹いている時 近世 かざま［風間］。

—が吹いてくる 中世 ふきよす［—よせる］［吹寄］。

—が吹いてくる方向 近代 かざむき／かぜむき［風向］。ふうかう［風向］。ふうゐ［風位］。近世 かざかみ［風上］。ふうしん［風信］。中古 かざうへ［風上］。

—が吹いてくる方向を知る機器 ふうこうけい［風向計］。近代 かざじるし［風標］。かざみ［風見］。かざみどり［風見鶏］。ふきながし［吹流］。近世 かざみのからす［風見烏］。

—が吹いて露が降りていること 中古 ふうろ［風露］。

—が吹いてゆく方向 かぜしも［風下］。近世 かざしも［風下］。中古 かざした／かぜした［風下］。

—が吹き送ってくること 中古 風の便り。

—が吹き抜ける 近代 ふきぬき［吹抜］。近世 とほりかぜ［通風］。ふきぬけ［吹抜］。中世 ふきとほす［吹通］。

—が吹き始める 近世 ふきだす［吹出／噴出］。中古 ふきいづ［吹出］。ふきたつ［吹立］。

—が吹き始める気配 近代 かざけ［風気］。

—がますます強くなる 近世 ふきつのる［吹募］。中世 ふきそふ［吹添］。

—が止んでいる時 中世 風の間。中古 かざま［風間］。

—と雨 近世 ひう［飛雨］。ふきぶり［吹降］。中世 あまかぜ［雨風］。中古 あめかぜ［雨風］。ふうう［風雨］。

—と雷 近世 しっぷうじんらい［疾風迅雷］。

—と雲 中世 かざぐも［風雲］。上代 ふううん［風雲］。

—と霜 上代 ふうさう［風霜］。

—と波 近代 かざなみ［風波］。しっぷうどたう［疾風怒濤］。中世 ふうたう［風濤］。中古 ふうらう［風浪］。上代 かぜなみ［風波］。ふうは［風波］。

—と雪 中古 くゎいせつ［回雪／廻雪］。ふうせつ［風雪］。

—にそよぐ木 中世 ふうじゅ［風樹］。

—にそよぐ木々の音 近代 せいらい［清籟］。

—に吹かれて動く ふきとぶ［吹飛］。近代 はためく。ふきあがる［吹上／噴上］。まきおこす［巻起］。中世 のえふす［偃す］。はたはた。ふきたつ［吹立］。中古 そよぐ［戦］。そよめく。上代 なびく［靡］。

—に物が吹き寄せられた所 近世 ふきだまり［吹溜］。

—の当たるにまかせる 近世 ふきさらす［吹曝］。

—の当たる場所 近世 ふきさらし［吹曝］。上代 ふうぜん［風前］。

—の音 近代 せいらい［清籟］。近世 かざおと／かぜおと［風音］。中古 てんらい［天籟］。上代 ふうせい［風声］。

—の強さ 近代 かぜあたり［風当］。ふうあつ［風圧］。中古 ふうせい［風勢］。ふうりょく［風力］。

—の強さが不規則に変わる 近代 かざいき［風息］。風の息。

—の通ったあと 近世 かざみち／かぜみち［風道］。

—の速さ ふうそく［風速］。近代 かざあし［風脚／風足］。中古 ふうりょく［風力］。

—の速さを測定する装置 アネモメーター(anemometer)。近代 ふうそくけい［風速計］。ふうりょくけい［風力計］。

—の吹き具合 近代 かざむき／かぜむき［風向］。ふうこう［風候］。ふきまはし［吹回］。近世 かざなみ［風並］。

—の吹くさま 近代 すやすや。ひゅう／ひゅうひゅう。びゅう／びゅうびゅう。ぴゅう／ぴゅうぴゅう。へうへう［飄飄］。りうりう［瀏瀏／嚠嚠］。近世 すうすう。せきせき［淅淅］。ひたひた。中世 さくさく［索索］。ざざんざ。さっせい［颯声］。さつぜん［颯然］。さっと［颯］。ざっと。そよ。ぢんぢん［陣陣］。ばうばう［茫茫］。ほうほう［蓬蓬］。れきれき［瀝瀝］。中古 さつさつ［颯颯］。しふしふ［習習］。せうせう［蕭蕭］。そよそよ。そより。そよろ。れふれふ［猟猟］。上代 そそ。

—を起こす器具 近代 せんぷうき［扇風機］。中世 ふいご［鞴／吹子］。上代 たたら［踏鞴］。

—を防ぐ ふうぼう［風防］。近代 かぜよけ［風除］。ばうふう［防風］。近世 かざよけ［風除］。中世 かぜふせぎ［風防］。

—を防ぐ林 近代 ばうふうりん［防風林］。

—を呼ぶこと 近世 かざをき［風招］。上代 かぜをき［風招］。

あおりながら吹く— 近世 あふちかぜ［煽風］。

朝の— 中世 あさあらし［朝嵐］。中古 しんぷう［晨風］。上代 あさかぜ［朝風］。あさけのかぜ［朝風］。あさとかぜ［朝戸風］。あさはふる［朝羽振］。

熱い— ふうえん［風炎］。フェーン(ドイツ Föhn)。中世 ねっぷう［熱風］。

暑いときに—が止む どようなぎ［土用凪］。

風死す。

雨を伴うー 近世 ひう[飛雨]。ふきぶり[吹降]。中世 あまかぜ[雨風]。中古 あめかぜ[雨風]。ふうう[風雨]。

雨を降らせそうなー 中世 あまかぜ[雨風]。

後ろから吹くー ランニング(running)。近世 まとも[真舳]。中世 おひて[追風]。ときつかぜ[時津風]。ほかぜ[帆風]。中古 おひかぜ[追風]。上代 じゅんぷう[順風]。

海のー 近代 かいなんぷう[海軟風]。近世 いそやまおろし[磯山颪]。うみかぜ[海風]。かいふう[海風]。しほあらし[潮嵐]。中世 いそやまあらし[磯山嵐]。いそやまかぜ[磯山風]。沖つ春風。中古 うしほかぜ[潮風]。うらかぜ[浦風]。しほかぜ[潮風]。はまかぜ[浜風]。はまつかぜ[浜津風]。上代 おきつかぜ[沖津風]。ときつかぜ[時津風]。へつかぜ[辺風]。

火炎を伴ったー 中世 くゎふう[火風]。

架空のー 近世 びらんば[毘藍婆]。びらんばふう[毘藍婆風]。まかぜ[魔風]。中世 びらんぷう[毘藍風]。まふう[魔風]。中古 びらん[毘藍]。

風向きのほとんど変わらないー へんせいふう[偏西風]。へんとうふう[偏東風]。近代 こうしんふう[恒信風]。こうふう[恒風]。たくゑつふう[卓越風]。ぼうえきふう[貿易風]。

川を吹くー 上代 かはかぜ[川風]。

乾燥した冷たいー 近代 からっかぜ[空風／乾風]。

木々を渡る清らかなーの音 近代 せいらい[清籟]。

木の下を吹き抜けるー 中古 このしたかぜ[木下風]。上代 したかぜ[下風]。

急に吹く激しいー ガスト(gust)。スコール(squall)。近代 ぢんぷう[陣風]。とっぷう[突風]。近世 きふう[急風]。てんぐかぜ[天狗風]。はやちかぜ／はやてかぜ[疾風]。まひかぜ[舞風]。中世 せんぷう[旋風]。中古 しまき[風巻]。つじむかぜ[旋風]。つみしかぜ[飄風／旋風]。つむじかぜ[旋風]。はやて[疾風／早手]。上代 あからしまかぜ[暴風]。つじかぜ[辻風]。つむじ[旋風／飄]。はやち[疾風]。へうふう[飄風／飆風]。

局地に部分的に吹くー かいりくふう[海陸風]。さんこくふう／やまたにかぜ[山谷風]。ふうえん[風炎]。フェーン(ドイツ Föhn)。近代 だし／だしかぜ[出風]。

極地方の猛吹雪のー ブリザード(blizzard)。

草木の上を渡るー 中世 うはかぜ[上風]。風の脚。中古 くゎうふう[光風]。のかぜ[野風]。はかぜ[葉風]。枝切る風。

衣の香を運ぶー 中古 おひかぜ[追風]。

さわやかなー 近代 せいらい[清籟]。中古 かうふう[好風]。上代 せいふう[清風]。

斜面を吹き上げるー アナバかぜ[anabatic風]。かっしょうふう[滑昇風]。中古 たにかぜ[谷風]。

斜面を吹き降りるー カタバかぜ[Katabatic風]。かっこうふう[滑降風]。中古 やまかぜ[山風]。

上空一キロあたりを吹くー こうそうふう[高層風]。じょうそうふう[上層風]。

そよそよ吹くー 近代 そよとの風。近世 そよかぜ[微風]。中世 なんぷう[軟風]。中古 けいふう[軽風]。びふう[微風]。

つむじー トルネード(tornado)。近世 たつまき[竜巻]。てんぐかぜ[天狗風]。はやて[旋風]。まひかぜ[舞風]。中古 しまき[風巻／風捲]。せんぷう[旋風]。つじむかぜ[旋風]。つみしかぜ[飄風／旋風]。つむじかぜ[旋風]。上代 つじかぜ[辻風]。つむじ[旋風／飄]。へうふう[飄風／飆風]。

強いー トルネード(tornado)。近代 きゃうへう[狂飆／狂飈]。たいふう[台風／颱風]。タイフーン(typhoon)。ハリケーン(hurricane)。モンスーン(monsoon)。近世 きゃうふう[強風]。ぐふう[颶風]。たつまき[竜巻]。みゃうふう[猛風]。中古 きゃうふう[狂風]。しっぷう[疾風]。せいふう[凄風]。はやて[疾風]。びらんば[毘藍婆]。まうふう[猛風]。れっぷう[烈風]。上代 あかしまかぜ[暴風]。あからしまかぜ[暴風]。あらし[嵐]。おほかぜ[大風]。しまき[風巻／風捲]。はやち[疾風]。ぼうふう[暴風]。よこしまかぜ[横風]。

天を吹くー 中古 あまつかぜ[天津風]。

激しいーと雨 近代 こくふうはくう[黒風白雨]。ストーム(storm)。中世 ぼうふうう[暴風雨]。

激しいーと雨で海が荒れる 中世 しけ[時化]。

晴れた日の山ー 中世 せいらん[晴嵐]。

ひとしきり吹くー 中世 一陣の風。

昼間谷より山に吹き上げるー 中世 こくふう[谷風]。中古 たにかぜ[谷風]。

吹き返しのー 近世 あまりかぜ[余風]。中古

かへし［返］。

埃を巻きあげる― 【近代】ほこりかぜ［埃風］。【近世】ぢんぷう［塵風］。【上代】ふうぢん［風塵］。

前から吹く― 【中世】むかひかぜ／むかふかぜ［向風］。【上代】ぎゃくふう［逆風］。

幕が上がるとき客席に向かって吹く― ぶたいかぜ［舞台風］。

松に吹く―（の音） 【中世】しょうたう［松濤］。しょうらい［松籟］。しょうゐん［松韻］。【中古】松の声。【上代】しょうふう／まつかぜ［松風］。

周りを吹き荒れる― 【中古】四方よもの嵐。

物が動いて起こる― 【近世】すそかぜ［裾風］。【中世】たちかぜ［太刀風］。はかぜ［羽風］。袖の羽風。

山から吹き下ろす― 【近代】さんぷう［山風］。【近世】いそやまおろし［磯山颪］。【中世】いそやまあらし［磯山嵐］。いそやまかぜ［磯山風］。うらやまかぜ［浦山風］。しまおろし［島颪］。たかねおろし［高嶺颪］。ぢあらし［地嵐］。【中古】おろし［颪］。ねわたし［嶺渡］。みやまおろし［深山颪］。やまあらし［山嵐］。やまおろし［山颪］。やまかぜ［山風］。【上代】あらしのかぜ［嵐風］。

山の下を吹く― 【中古】やましたかぜ［山下風］。

山を越えて吹く― 【中古】やませ［山背］。やませかぜ［山背風］。

夕方に吹く― 【中世】ゆふあらし［夕嵐］。ゆふやまかぜ［夕山風］。ゆふやまおろし［夕山颪］。【上代】ゆふかぜ［夕風］。

夜に海へ向かって吹く― りくかぜ／りくふう［陸風］。【近代】りくなんぷう［陸軟風］。

夜に谷へ吹き下ろす― 【中古】やまかぜ［山風］。

夜の激しい― 【近世】さよあらし［小夜嵐］。【中古】夜半の嵐。

我が家から吹いてくる― 【上代】いへかぜ［家風］。

〈季節と風〉

▼季節の風 きせつふう［季節風］。【近代】モンスーン（monsoon）。【上代】しんぷう［信風］。

▼春の風

穏やかな春の日の風 【近代】くゎふう［和風］。しゅんぷうたいたう［春風駘蕩］。【中古】くゎうふう［光風］。【上代】わふう［和風］。

季節初めての風 はるいちばん［春一番］。

桜の盛りに吹く風 【近代】はなあらし［花嵐］。はなかぜ［花風］。【中古】くゎふう［花風／華風］。

春の風 おんぷう［温風］。はるあれ［春荒］。はるはやて［春疾風］。【近代】くゎしんふう［花信風］。【近世】けいふう［恵風］。はるあらし［春嵐］。風光る。【中古】こち［東風］。しゅんぷう［春風］。【上代】はるかぜ［春風］。

▼夏の風

青葉の頃の風 りょくふう［緑風］。【中世】あをあらし［青嵐］。風薫る。【中古】がいふう［凱風］。せいらん［青嵐］。葉分の風。【上代】くんぷう［薫風］。

涼しい風 【近世】すずかぜ［涼風］。ゆうふう［雄風］。れいふう［冷風］。【上代】りゃうふう［涼風］。

梅雨明けの頃の南風 【近世】をんぷう［温風］。

梅雨の頃の南風 【近代】ながし［流］。【近世】くろはえ［黒南風］。しらはえ［白南風］。

真夏の熱く乾いた風 【近代】いきれかぜ［熱風］。【中世】ねっぷう［熱風］。

▼秋の風

秋の風 【近世】このはおとし［木葉落］。しうりゃう［秋涼］。神送りの風。【上代】あきかぜ［秋風］。きんぷう［金風］。しうふう［秋風］。

秋の風の音 【上代】しうせい［秋声］。せうしつ［蕭瑟］。

秋の強い風が吹く 【中古】のわきだつ［野分立］。

季節初めての風 【中世】はつかぜ［初風］。

晩秋から冬にかけて強く吹く風 【近代】たいふう［台風］。【中古】こがらし［木枯］。のわき／のわけ［野分］。のわきのかぜ［野分風］。

立秋後の初の風 【中世】はつあらし［初嵐］。

▼冬の風

寒い風 【近世】しもかぜ［霜風］。ならひ／ならひかぜ［風］。れいふう［冷風］。【中古】かんぷう［寒風］。【上代】さむかぜ［寒風］。

雪まじりの風 【近代】くゎいせつ［回雪］。【近世】ゆきおろし［雪下］。ゆきかぜ［雪風］。【中古】ふうせつ［風雪］。

〈方向と風〉

▼東の風 【近世】こくふう［谷風］。ひがしかぜ［東風］。【中古】こち／こちかぜ［東風］。とうふう［東風］。ひがし／ひんがし［東］。【上代】あゆ／あゆのかぜ［東風］。ひかた［日方］。

▼西の風 【近世】まにし［真西］。【中世】にしかぜ［西風］。【中古】せいふう［西風］。にしげ［西気］。【上代】にし［西］。

▼南の風 【近代】ながし［流］。はるあらし［春嵐］。はるあれ［春荒］。【近世】くろはえ［黒南風］。しらはえ／しろはえ［白南風］。まじ／まぜ［真］。【中世】はえ［南風］。【中古】がいふう［凱風］。なんぷう／みなみかぜ［南風］。【上代】みなみ／みんなみ［南］。

▼北の風 近代かたま。近世あをぎた［青北風］。きたおろし［北颪］。きたかぜ［北風］。中世きたけ［北気］。さくふう［朔風］。中古きた［北］。上代ほくふう［北風］。

▼朝の北風 中古あさきた［朝北］。

▼朝の東風 上代あさこち［朝東風］。

▼西南の風 上代ひかた［日方］。

▼西北の風 中世あなし／あなぜ［西北風］。

▼梅雨の頃の南風 近代ながし［流］。近世くろはえ［黒南風］。しらはえ［白南風］。をんぷう［温風］。

▼東南の風 近代みなみごち［南東風］。近世いなさ［東南風］。おしゃばえ。中世おしあな。おしあなごち。おしゃなばえ。中古おしゃな。

▼北東の風 近代しんぷう［信風］。

〈月日（陰暦）と風〉

▼二月十五日の西風 近世ねはんにし［涅槃西］。ねはんにしかぜ［涅槃西風］。

▼二月二十日頃の大風 近世かひよせ［貝寄］。貝寄する風。

▼五月に吹く東南の風 近世くゎうじゃくふう［黄雀風］。

▼八月一日前後の強い風 近世はっさく［八朔］。

▼九月三十日の強い風 近世神送りの風。

▼十月に吹く西風 中古かみわたし［神渡］。

▼十一月〜十二月頃の風 近世おほにし［大西］。

かぜ【風邪】 近代インフルエンザ(influenza)。りうかうせいかんぼう［流行性感冒］。りうかん［流感］。中世がいけ［咳気］。かんぼう［感冒］。ふうき［風気］。中古がいき［咳気］。かぜ［風邪］。しはぶきやみ［咳病］。ふうじゃ［風邪］。ふびゃう［風病］。みだりかぜ［乱風］。

ーに罹る（こと） 風邪を引く。近世かぜひき［風邪引］。ちゅうふう［中風］。中世ひきかぜ［引風］。《尊》お風邪を召す。

ーを引いた感じ 中世かぜけ［風気］。近代かぜぎみ［風邪気味］。中古かざけ［風気］。

ーを引いてしまう 中世ひきこむ［引込］。

かぜあたり【風当】 あっぱく［圧迫］。はんぱつ［反発］。ひなん［非難］。ふうあつ［風圧］。近代かぜあたり［風当］。

かせい【加勢】 アシスト(assist)。えんご［援護］。近代サポート(support)。しぢ［支持］。じょりょく［助力］。しゑん［支援］。すけだち［助太刀］。バックアップ(backup)。近世おうゑん［応援］。かせい［加勢］。じょせい［助勢］。じょりき［助力］。中世てだすけ［手助］。みかた［味方／身方］。よりき［与力］。肩を入る〔ー入れる〕。中古かたん［加担／荷担］。くみす［与／組］。ゑんじょ［援助］。上代きうゑん［救援］。たすけ［助］。

ー・する人 すけっと［助人］。近世さやもち［鞘持］。中世すけて［助手］。

駆け付けてー・する 中世おちあふ［落合］。

かせい【苛政】 あっせい［圧政］。近世ぼうせい［暴政］。中古かせい［苛政］。上代あくせい［悪政］。

《句》中世苛政は虎よりも猛し。

かせい【家政】 近代かせい［家政］。かってむき［勝手向］。ハウスキーピング(housekeeping)。中世かじ［家事］。中古かけい［家計］。

かせい【火星】 近代ひなぼし［雛星］。マース／マルス(Mars)。近世なつひぼし［夏日星］。ひなつぼし［火夏星］。中世くゎせい［火星］。中古けいこくせい［熒惑星］。けいわく［熒惑］。

かぜい【課税】 近代くゎぜい［課税］。ちょうぜい［徴税］。ふくゎ［賦課］。

ー・しないこと ひかぜい［非課税］。近世めんそ［免租］。上代めんぜい［免税］。

かぜい【苛税】 近代こくぜい［酷税］。ぢゅうぜい［重税］。近世かぜい［苛税］。

かぜい【寡勢】 近代くゎぜい［寡勢］。中世ぶぜい／むぜい［無勢］。中古せうすう［少数］。

かせいふ【家政婦】 おてつだいさん［手伝］。かじてつだい［家事手伝］。ホームヘルパー(和製home helper)。近代おさん／おさんどん［御三／御爨］。かせいふ［家政婦］。ハウスキーパー(housekeeper)。はしゅつふ［派出婦］。メード(maid)。近世ぢょちゅう［女中］。をなごし／をなごしゅう［女子衆］。中古げぢょ［下女］。→じょちゅう

かせぎ【稼】 近代しうにふ［収入］。中世かせぎ［稼］。しごと［仕事］。はたらき［働］。まうけ［儲］。

かせぎだ・す【稼出】 近代かせぎだす［稼出］。近世しだす［仕出／為出］。もみだす［揉出］。

かせ・ぐ【稼】 中世かせぐ［稼］。くゎくとく［獲得］。しごと［仕事］。中古まうく〔もうける〕［儲］。

《句》近世稼ぐに追ひ着く貧乏なし。汚く稼いで清く暮らせ。

ー・ぐ人 近代かせぎもの［稼者］。近世かせぎて［稼手］。かせぎにん［稼人］。こめびつ

[米櫃]。

苦労して─ぎ出す 近世 もみだす[揉出]。近世 でかせぎ[出稼]。

他の地方や国に出かけて─ぐこと

短期間で─ぐ 近代 あらかせぎ[荒稼]。ひとまうけ[一儲]。中世 ひとかせぎ[一稼]。

夫婦二人がそれぞれ─ぐこと 近代 ともばたらき[共働]。

乱暴に─ぐ 近代 あらかせぎ[荒稼]。

かせつ【架設】 近代 かせつ[架設]。せっち[設置]。中世 かけわたす[架渡]。上代 かく[かける][架]。

かぜとおし【風通】 つうき[通気]。近代 かぜとほし[風通]。くゎんき[換気]。つうふう[通風]。

かせん【河川】→かわ【川】

がぜん【俄然】 近世 いきなり。だしぬき/だしぬけ[出抜]。とつじょ[突如]。中世 がぜん[俄然]。とつぜん[突然]。中古 きふ[急]。にはか[俄]。上代 たちまち[忽]。

かそ【過疎】 近代 きはく[希薄]。てんざい[点在]。中古 さんざい[散在]。まばら[疎]。

かそう【火葬】 近代 茶毘に付す。近世 灰にす。中世 だび/だみ[茶毘]。はうむる[葬]。はふる[葬]。中古 雲煙となす。煙となす。上代 くゎさう[火葬]。はぶる[葬]。

─・される 中世 けぶる[煙]。雲となる。中古 雲霞となる。雲霧となる。煙となる。

─の後の死者の骨 近代 ゐこつ[遺骨]。中世 しゃり[舎利]。

─の煙 中世 けむり[煙]。形見の雲。終の煙。野辺の煙。空しき煙。中古 けぶり[煙]。空の煙。夜半の煙。終の煙。

かそう【仮装】 近代 かさう[仮装]。カムフラージュ/カモフラージュ(フランス camouflage)。ふんさう[扮装]。へんさう[変装]。

─舞踏会 近代 かさうくゎい[仮装会]。ファンシーボール(fancy ball)。

─用の衣裳 近代 コスチューム(costume)。

かそう【仮想】 バーチャル(virtual)。近代 イマジネーション(imagination)。かさう[仮想]。さうてい[想定]。中古 さうざう[想像]。

がぞう【画像】 ビデオ(video)。近代 えいざう[映像]。グラフィック(graphic)。ぐゎめん[画面]。ゑめん[絵面]。中古 ゑざう[絵像]。上代 ぐゎざう[画像]。

─通信機器 テレビジョン(television)。ファクシミリ(facsimile)。ファックス(fax)。

─を記録する ろくが[録画]。

─を構成する単位要素 がそ[画素]。ピクセル(pixel)。

─を電波で送る がぞうつうしん[画像通信]。そうぞう[送像]。

神仏や貴人の─ 近世 ごしんえい[御真影]。中世 ごえい[御影]。

かそうば【火葬場】 近世 おんぼや[御坊屋]。くゎさうば[火葬場]。さんまいば[三昧場]。のばか[野墓]。ほや[火屋/火舎]。やきば[焼場]。中世 さんとう[山頭]。のべ[野辺]。中古 だびしょ[茶毘所]。ひや[火屋]。

かぞ・える【数】 近代 カウント(count)。けいじゃう[計上]。さんする[算]。中世 さんすう[算数]。中古 かずふ[数]。かずまふ[数]。かんぢゃう[勘定]。けいさん[計算]。はかる[計/量]。上代 かきかぞふ[掻数]。かぞふ[かぞえる][数]。

─・え上げる 近代 れっきょ[列挙]。近世 まいきょ[枚挙]。中世 もうきょ[毛挙]。かぞへたつ[─たてる][数立]。

─・え調べる 上代 かんえつ[簡閲]。

─・え始め 近代 きさん[起算]。

─・え間違い 中古 ひがかぞへ[僻数]。

─・えられない 中世 あそうぎ[阿僧祇]。中古 数知らず。

─・える機器 かずとりき[数取器]。けいすうき[計数器]。ナンバリング(numbering machine)。

─・えること すう[数]。中世 かずとり[数取]。中古 かずへ[数]。けいすう[計数]。さんかん[算勘]。さんすう[算数]。

─・える言葉の例 近世 ちゅうちゅうたこかいな。ひいふうみい…。

日数を─・える 近世 かがなふ[僂]。

一つずつ─・える くる[繰]。

目で確かめながら─・える 近世 めのこ[目子]。めのこかんぢゃう[目子勘定]。めのこざんよう[目子算用]。中世 めのこざん[目子算]。

指を折って─・える 近代 るし/ろうし[僂指]。近世 くっし[屈指]。

かぞく【家族】 近代 ファミリー(family)。近世 かぞく[家族]。かるい[家累]。やうち[家内]。中世 うちわ[内輪]。かじん[家人]。けない[家内]。けんぞく[眷族]。みうち[身内]。中古 いっか[一家]。かど[門]。かない[家内]。けご[家子]。にくしん[肉親]。

上代いへ[家]。いへびと[家人]。

—が大勢いること おおじょたい[大所帯／大世帯]。近代だいかぞく[大家族]。近世顔見世の二番目。

—がない人 中世ひとりもの[独者]。中古ひとりみ[独身]。

—全員 近世ぜんか[全家]。

—的 近代アットホーム(at home)。ドメスティック(domestic)。ファミリア(familiar)。

—と関係者全員 いちぞくろうどう[一族郎党]。いっかけんぞく[一家眷族]。

—の家庭生活に関すること 近世おくむき[奥向]。

夫婦と子供だけの— かくかぞく[核家族]。

かた【形】❶〈外見〉 近代けいたい[形態]。なり。りんくゎく[輪郭]。近世けいせき[形跡]。中世あとかた[跡形]。かくかう[格好]。かっかう[恰好]。けいじゃう[形状]。中古かたあと[形跡]。けいしゃう[形象]。たいけい[体形／体型]。上代かた[形]。かたち[形]。すがた[姿]。

かた【形】❷〈担保〉 近代たんぽ[担保]。近世しちぐさ[質種／質草]。しちだね[質種]。ていたう[抵当]。ひきあて[引当]。中世かた[形]。しちもち[質物]。中古しち[質]。上代しちもつ[質物]。

かた【型】 フォルム(フランス forme; ドイツ Form)。近代くゎんかう[慣行]。くゎんれい[慣例]。けいしき[型式／形式]。けいたい[形態]。タイプ(type)。てんけい[典型]。はうしき[方式]。パターン(pattern)。フォーム(form)。モデル(model)。やうしき[様式]。るいけい[類型]。近世しきたり[仕来]。ひながた[雛形]。もけい[模型]。わく[枠]。中古いかた／いがた[鋳型]。かた[型]。たいけい[体型]。
—が一定でないこと むていけい[無定型]。
—通り きかいてき[機械的]。けいしきてき[形式的]。ワンパターン(和製one pattern)。型にはまる。判(判子)で押したように。近代かたどほり[型通]。じむてき[事務的]。マンネリ／マンネリズム(mannerism)。近世きまる[決]。とほりいっぺん[通一遍]。中古おほやけし[公]。
—にはめて作る 近代せいけい[成形／成型]。
—にはめる 鋳型にはめる。
新しい— ニュールック(new look)。近世しんがた[新型]。中世しんしき[新式]。
一定の— 近代きかく[規格]。ていけい[定型]。
その年の— ねんしき[年式]。
元の— 近代げんけい[原型]。

かた【肩】 ショルダー(shoulder)。上代かた[肩]。

—が触れ合うこと 近世けんま[肩摩]。

—から斜めに掛ける 近世けさ[袈裟]。けさがけ[袈裟懸]。

—で支え持つ 中世かつぐ[担]。上代になふ[担／荷]。ふたん[負担]。

—の痛み しじゅうかた[四十肩]。ごじゅうかた[五十肩]。

—の一方 近代はんかた[半肩]。

—の腕に近い部分 近世かたぐち[肩口]。中世かたさき[肩先]。

—の凝り かたこり[肩凝]。近世けんびき[痃癖／肩癖]。中世けんぺき[痃癖／肩癖]。

—の荷 上代ふたん[負担]。

—を怒らす 近代どちゃう[怒張]。中世そびやかす[聳]。

—を並べる 対等に張り合う。近代ごする[伍]。中世およぶ[及]。ひってき[匹敵]。中古たちならぶ[立並]。るいす[類]。上代しく[及／如／若]。

—を持つ 近代えこひき[依怙贔屓]。しゑん[支援]。べんご[弁護]。近世えこひいき[依怙贔屓]。かたいれ[肩入]。かたもち[肩持]。中世いんぎふ[引級／引汲]。中古ひいき[贔屓]。

上がり気味の— 近世いかりがた[怒肩]。中古えんけん[鳶肩]。さしかた[差肩]。

下がり気味の— なでがた[撫肩]。

両方の— 近代さうけん[双肩]。りゃうかた[両肩]。中古りゃうけん[両肩]。

かた【潟】 ラグーン(lagoon)。中世しほひがた[潮干潟]。ひがた[干潟]。上代いりえ[入江]。うら[浦]。かた[潟]。ひじ[州／洲]。

かた【片】(接頭語) 近代ふくゎんぜんな[不完全]。中古いっぱう[一方]。へんぴ[辺鄙]。上代かた[片]。かたより[偏／片寄]。

—(方)が付く けっちゃく[決着]。決着が付く。近代けりが付く。中世すむ[済]。埒(らち)が明く。

—(方)を付ける 決着を付ける。近代けりを付ける。近世しまふ[仕舞]。仕舞ひ付く[—付ける]。埒(らち)を明く[—明ける]。上代しょぶん[処分]。

かたあし【片足】 近代せききゃく[隻脚]。中古かたあし[片足]。
—で跳ぶこと 近代ホップ(hop)。近世けん

けん。

ーを引きずって歩く 中世ちかりちかり。

かたい【過怠】→あやまち

かたい【下腿】 近代かたい[下腿]。近世かし[下肢]。上代あし[足/脚]。

かた・い【固】 ハード(hard)。近代ソリッド(solid)。近世けんじつ[堅実]。中世きゃうこ[強固/鞏固]。けんご[堅固]。てがたし[手堅]。りつぎ[律儀]。中古かくこ[確固/確乎]。けんらう[堅牢]。こはごはし[強強]。こはし[強]。上代かたし[固/堅/硬]。たしか[確]。つよし[強]。

《句》近代歯亡び舌存す。柳に雪折れなし。

ー・い意志 雨が降ろうが槍が降ろうが。近世せきしん[石心]。せきちゃう[石腸]。てっしんせきちゃう[鉄心石腸]。

ー・いさま がちがち。歯が立たない。近代かちかち。こちこち。こちん。こちんこちん。ごりごり。近世けた/けだ[方]。中古こはらか[強]。すくよか[健]。

ー・い性格の人 →かたぶつ

ー・い性質 近代かうしつ[硬質]。かうせい[硬性]。

ー・いたとえ 近世くろがね[鉄]。てっせき[鉄石]。中世きんてつ[金鉄]。中古きんせき[金石]。

ー・い度合い 近代かうど[硬度]。かたさ[硬]。

ー・い物 中古こんがう[金剛]。

ー・くする 上代かたむ(かためる)[固]。

ー・くてごわごわする ごわつく[強付]。中古すくよか[健]。

ー・く閉ざすこと 近代かうけつ[硬結]。

ー・くなって動きにくい 近代ひきつる[引攣]。中世こはばる[強張]。

ー・くなる こうへん[硬変]。こか[固化]。近代かうくゎ[硬化]。かうけつ[硬結]。かうちょく[硬直]。しゃきばる。中世こはばる[強張]。こはる[強]。上代かたまる[固]。

ー・く結ぶこと 近代ていけつ[締結]。近世こけつ[固結]。

体をー・くする 近代きんちゃう[緊張]。近世はりつむ(ーつめる)[張詰]。中世かたまる[固]。

叩いてー・くする 中古うちかたむ(ーかためる)[打固]。

練ってー・くする 中世ねりかたむ(ーかためる)[練固]。

ますますー・い 上代やがたし[弥堅]。

がだい【画題】 近代ぐゎだい[画題]。

東洋画のー(例) 近代さうしょうじゅこ[蒼松寿古]。さうせい[双清]。ちょうでふさんすい[重畳山水]。てうやうほうわう[朝陽鳳凰]。ほうこうふくろく[封侯福禄]。近世しくんし[四君子]。らんちく[蘭竹]。竹に雀。中世てうやうたいげつ[朝陽対月]。獅子(しし)に牡丹(ぼたん)。上代さんすい[山水]。

かたいじ【片意地】→かたくな

かたいっぽう【片一方】→かたがわ

かたいなか【片田舎】→いなか

かたいれ【肩入】 コミットメント(commitment)。近代えこひき[依怙贔屓]。しゑん[支援]。近世えこひいき[依怙贔屓]。かたもち[肩持]。中世いんぎふ[引級/引汲]。かたいれ[肩入]。肩を貸す。中古ひいき[贔屓]。→えんじょ

かたうで【片腕】❶〈腕〉 せきわん[隻腕]。中世かたうで[片腕]。せきしゅ[隻手]。上代かたて[片手]。

かたうで【片腕】❷〈腹心〉 きょうりょくしゃ[協力者]。近代さうだんやく[相談役]。にょうばうやく[女房役]。近世かたうで[片腕]。中古ふくしん[腹心]。ほさ[補佐]。上代ここう[股肱]。ぶか[部下]。

かたおもい【片思】 近世あだぼれ[徒惚]。をかぼれ[岡惚/傍惚]。鮑(あはび)の片思ひ。上代かたおもひ[片思]。かたこひ[片恋]。かたもひ[片思]。

《枕》上代いそかひの[磯貝]。ぬえこどり[鵺子鳥/鵼子鳥]。ぬえどりの[鵺鳥/鵼鳥][⇨片恋ひ]。

《句》近代磯の鮑(あはび)の片思ひ。中古榻(しぢ)の端書(はしがき)。上代鮑(あはび)の貝の片思ひ。

かたがき【肩書】 近世かたがき[肩書]。しょくみゃう/しょくめい[職名]。みぶん[身分]。中世しょうがう[称号]。ちゐ[地位]。

ーが付く 近世金箔が付く。箔が付く。

かたがわ【片側】 近世かたがは[片側]。かたっぽう[片方]。かたはう[片方]。中世かたいっぽう[片一方]。かたかた[片方]。はんめん[半面]。中古いっぽう[一方]。かたし[片]。かたつかた[片方]。上代かたへ[方辺/傍]。

かたがわり【肩代】 近代かたがはり[肩代/肩替]。だいしゃう[代償]。だいべん[代弁]。だいり[代理]。中古かはり[代/替]。

かたき【敵】 近代きうゑん[仇怨]。きうゑん[旧怨]。ゑんしう[怨讐]。近世きうてき[仇敵]。中世きうしう[仇讐/仇讎]。てき

［敵］。てきしう［敵讐］。をんしう［怨讐／怨讎］。をんてき［怨敵］。中古 あたかたき［仇敵］。かたき［敵／仇］。しうてき［讐敵］。上代 あた／あだ［仇］。

―を討つ苦労 近代 ぐゎしんしゃうたん［臥薪嘗胆］。

―を討つこと 近世 あだうち［仇討］。ふくきう［復仇］。中世 ふくしう［復讐／復讎］。

昔からの― 近代 きうてき［旧敵］。中世 こてき［故敵］。しゅくてき［宿敵］。

かたぎ【気質】 近世 かたぎ［気質］。きしつ［気質］。きしゃう［気性］。中世 しゃうぶん［性分］。せいしつ［性質］。ほんせい［本姓］。

かたぎ【堅気】 近世 かたぎ［堅気］。しゃうげふ／せいげふ［正業］。

かたきやく【敵役】 あくやく［悪役］。てきやく［敵役］。近世 あかつら／あかっつら［赤面］。あくがた［悪形／悪方］。あくにんがた［悪人方］。かたきやく［敵役］。にくまれやく［憎役］。

―の端役 近代 はがたき［端敵］。

―のいろいろ(例) 近世 いろあく［色悪］。くげあく［公家悪］。じつあく［実悪］。じつかたき［実敵］。はんだうがたき［半道敵］。ひらがたき［平敵］。

最も重要な― 近世 たてがたき［立敵］。

かたくな【頑】 へそまがり［臍曲］。頭が固い。意地を張る。近代 かうこつ［硬骨］。ぐゎんこ［頑固］。ぐゎんこいってつ［頑固一徹］。ぐゎんめい［頑迷／頑冥］。けんかい［狷介］。つむじねぢれ［旋毛捩］。つむじまがり［旋毛曲］。意地になる。意地を通す。融通が利かない。近世 いこぢ／えこぢ［意固地／依怙地］。いしんぢょ［石丈／石千代］。いぢっぱり［意地張］。いっこく［一刻］。いんごふ［因業］。がきへんしふ［餓鬼偏執］。かたむくろ［堅軀］。きゃうけん［狂狷］。しつえう［執拗］。じゃうはり［情張］。へんくつ［偏屈］。へんこ［偏固］。よこがみやぶり［横紙破］。中世 いしあたま［石頭］。いぢ［意地］。いちがい［一概］。いちづ［一途］。いってつ［一徹］。がうじゃう［強情］。がうちょく［剛直］。かたいぢ［片意地］。くすし［奇］。ぐゎんぜん［頑然］。ころう［固陋］。じゃうしき［情識］。へんしふ［偏執］。むかしかたぎ［昔気質］。情が強し。中古 おずし／おぞし／おぞまし［悍］。がい［我意／雅意］。かたくな／かたくなし［頑］。こころごはし［心強］。こころづよし［心強］。こはし［強］。しふねし［執念］。すくむ［竦］。ものごはし［物強］。上代 かたくな［頑］。↓がんこ

―・で卑しい 中古 ぐゎんろう［頑陋］。

―・で見識が狭い 近世 せつろう［拙陋］。

―・な子供 近代 ぐゎんどう［頑童］。

―・な人 近世 いっこくもの［一刻者］。いってつもの［一徹者］。じゃうはり／じゃうはりもの［情張者］。

かたくり【片栗】 近世 かたくり［片栗］。かたこ［片子］。ゐのした［猪舌］。中世 かたかし。上代 かたかご［堅香子］。

かたくるし・い【堅苦】 近代 しかつめらしい［鹿爪］。ブッキッシュ(bookish)。近世 かたくるし［堅苦］。げんかく［厳格］。しかく［四角］。しかくしめん［四角四面］。ぶばる［武張］。四角張る。中世 かたし［堅／硬／固］。きづまり［気詰］。息が詰まる。中古 うるはし［麗］。きすく／きすぐ［生直］。きゅうくつ［窮屈］。ものごはし［物強］。近代 かちかち。近世 ぎすぎす。

―・いさま スクエア(square)。

―・いさまをする 格式張る。近代 かくばる［角張］。かしこまる［畏］。しゃちほこばる［鯱張］。襟を正す。儀式張る。形式張る。近世 あらたまる［改］。いためつける［痛付］。肩肘張る。中世 しゃちこばる［鯱張］。すぢばる［筋張］。をりめだか［折目高］。

文章などが―・く難しい 中世 きっくつ［詰屈／佶屈］。

かたこい【片恋】 ↓かたおもい

《枕》上代 ぬえどりの［鵺鳥／鵼鳥］。

かたしき【型式】 近代 けいしき［形式］。モデル(model)。中古 かた［型］。↓かた【型】

かたじけな・い【忝】 近世 おそれおほし［畏多／恐多］。もったいな［勿体無］。中世 ありがたし［有難］。もったいなし［勿体無］。中古 かたじけなむ［忝／辱］。上代 かたじけなし［忝／辱］。

かたず【固唾】 近代 だえき［唾液］。つ［唾］。中世 かたづ［固唾］。つば［唾］。上代 つばき［唾］。

―を呑む 近代 きんちゃう［緊張］。近世 息を凝らす。

かたすかし【肩透】 近代 いなす。近世 かたすかし［肩透］。かはす［躱］。中世 そらす［逸］。

カタストロフィ(catastrophe) だいさいがい［大災害］。はきょく［破局］。近代 カタストロフィ。しゅうきょく［終局］。近世 はたん［破綻］。中古 はめつ［破滅］。

かたすみ【片隅】 コーナー(corner)。近代 へんぐう[辺隅]。近世 かたほとり[片辺／偏辺]。こすみ[小角／小隅]。中世 いちぐ[一隅]。いっかく[一角]。かたかた[片方]。中古 いちぐう[一隅]。かたすみ[片隅]。かたつかた[片方]。かたわき[片脇]。くま[隈]。上代 すみ[隅／角]。

かたち【形】❶〈外形〉 けいしき[形式]。近代 ぐゎいけい[外形]。けいさう[形相]。けいたい[形態]。フィギュア(figure)。やうしき[様式]。近世 かくかう[格好]。かっかう[恰好]。ぐゎいけん[外見]。よう[容]。りんくゎく[輪郭]。中世 かげ[景／影]。けいじゃう[形状]。さう[相]。たい[態]。てい[体]。みかけ[見掛]。やう[様]。やうす[様子]。中古 ありさま[有様]。けいしゃう[形象]。ざう[像]。さま[様]。たいけい[体型／体形]。なり[形／態]。上代 かた[形／象]。かたち[形／容]。すがた[姿]。

—がある 近代 ぐしゃう[具象]。中古 いうけい[有形]。

—が一定していない ふていけい[不定形]。むていけい[無定型]。中世 りうどう[流動]。

—が変わること 近代 へんけい[変型／変形]。中古 へんたい[変態]。

—がない 近世 けいじじゃう[形而上]。むぎゃう[無形]。中世 むけい[無形]。むたい[無体／無代／無台]。

—だけで実体がない 近代 けいしきてき[形式的]。けいしきばる[形式張]。近世 杓子で腹を切る。中世 くうそ[空疎]。中古 かげ[影]。けいがい[形骸]。上代 むなし[空／虚]。

—となって現れる 近代 ぐしゃう[具象]。ぐたい[具体]。近世 けいじか[形而下]。中世 ぐげん[具現]。中古 たちいづ[立出]。

—にする →かたちづく・る

—ばかりの 印(標)だけ(ばかり)。ほんの少し。近代 ささやか[細]。申し訳。近世 こころばかり[心許]。わざと[態]。中古 かごとばかり[託言]。けしきばかり[気色]。

—を整える せいけい[整形]。

同じ— 近世 どうけい[同形／同型]。

変わった— 近代 いけい[異形／異型]。きけい[奇形／畸形／畸型]。へんけい[変形／変型]。中古 いぎゃう[異形]。

決まった— 近代 ていけい[定形／定型]。近世 いがた[鋳型]。中古 やう[様]。

元の— 近代 げんけい[原形／元形]。

かたち【形】❷〈顔貌〉 中世 にんさう[人相]。ようだい[容態]。中古 かほ[顔／貌]。かほつき[顔付]。ぎゃうさう[形相]。けいばう[形貌]。さう[相]。ようし[容姿]。ようばう[容貌]。上代 かたち[形／容]。

かたちづく・る【形作】 近代 かたちづくる[形作]。こうせい[構成]。ざうけい[造形／造型]。せいけい[成形／成型]。そせい[組成]。近世 けいせい[形成]。つくりあぐ[—あげる][作上]。中世 くみたつ[—たてる][組立]。こしらふ[—らえる][拵]。むすぶ[結]。上代 かたどる[象]。つくる[作／造]。

かたづ・く【片付】 決着が付く。近代 かいけつ[解決]。らくちゃく[落着]。近世 かたづく[片付]。中世 すむ[済]。らくきょ[落居]。をさまる[治]。埒(らち)が明く。

かたづ・ける【片付】 クリアランス(clearance)。しゅうのう[収納]。決着を付ける。近代 あとかたづけ[後片付]。あとしまつ[後始末]。かいけつ[解決]。しょり[処理]。とりのぞく[取除]。結末を付ける。近世 かたす[片]。かたよす[—よせる][片寄]。しうしふ[収拾]。してやる[為遣]。しまふ[仕舞]。中世 かたづく[—づける][片付]。したたむ[—ためる][認]。しまつ[始末]。せいとん[整頓]。せいり[整理]。たたむ[畳]。とりしたたむ[取認]。なほす[直]。ひきしたたむ[引認]。中古 とりおく[取置]。とりやる[取遣]。上代 ととのふ[—のえる][整]。とりのく[—のける][取除]。とりをさむ[—おさめる][取納]。をさむ[おさめる][収／治]。

少しずつ—・けること 近世 なしくづし[済崩]。

すべてを—・ける そうじまい[総仕舞]。中世 いっさう[一掃]。

かたつむり【蝸牛】 近代 まひまひ[舞舞]。近世 くゎぎう[蝸牛]。ででむし[蝸牛]。でんでんむし[蝸牛]。まひまひつぶら／まひまひつぶり[舞舞螺]。中世 かたつむり[蝸牛]。中古 かいつむり[鸊鷉]。かたつぶり[蝸牛]。

—の角 中古 くゎかく[蝸角]。

—の例 アフリカまいまい[Africa舞舞]。うすかわまいまい[薄皮舞舞]。エスカルゴ(フランス escargot)。

かたて【片手】 →かたうで

かたてま【片手間】 近代 よぎ[余技]。近世 かたて[片手]。かたてま[片手間]。かたてわざ[片手業]。

かたどおり【型通】 型にはまる。曲がない。

近代 かたどほり［型通］。中古 おほやけざま［公様］。

かたとき【片時】 近世 しゅんかん［瞬間］。中世 いっこく［一刻］。いっしゅん［一瞬］。いっとき［一時］。たうざ［当座］。中古 いちじ［一時］。かたとき［片時］。ひととき［一時］。上代 へんし／へんじ［片時］。

かたな【刀】 ながどす［長］。近代 たう［刀］。近世 たいたう［帯刀］。ちゃうたう［長刀］。にしゃくはっすん［二尺八寸］。のべがね［延金］。ひときりばうちゃう［人斬包丁］。腰間の秋水。男の魂。中世 うちもの［打物］。うちものぐそく［打物具足］。おほわきざし［大脇差］。きりぐそく［切具足］。こしがたな［腰刀］。こしのもの／こしもの［腰物］。ながわきざし［長脇差］。中古 けん［剣］。たうけん［刀剣］。たうじん［刀刃］。たうぢゃう［刀杖］。上代 かたな［刀］。たち［太刀］。つるぎ［剣］。つるぎのたち［剣太刀］。はいたう［佩刀］。

《尊》中古 ぎょけん［御剣］。上代 みはかし［御佩刀］。

―が鞘から抜け出る 中世 さやばしる［鞘走］。

―で一度斬りつけること 近世 ひとたち［一太刀］。

―で切った傷 近代 たうさう［刀創］。たうしゃう［刀傷］。近世 かたなきず［刀傷／刀疵］。中世 きんさう［金瘡／金創］。たちきず［太刀傷／太刀疵］。

―で斬り合う 兵刃を交える。近世 いちじゃういちげ［一上一下］。中世 うちちがふ［―ちがえる］［打違］。かくなわ［結果］。火花を散らす。

―で斬り合う音などの擬音語 近代 ちゃんちゃんばらばら。近世 ちゃんちゃん。

―で戦う術 近世 けんだう［剣道］。けんぱふ［剣法］。中世 けんじゅつ［剣術］。

―で両側に刃のあるもの 近代 りゃうば［両刃］。上代 もろは［諸刃／両刃］。

―と鉄砲 てっか［鉄火］。

―とほこ 近世 へいくゎ［兵戈］。中世 へいげき［兵戟］。

―と槍 近代 けんさう［剣槍／剣鎗］。たうさう［刀槍］。

―と脇差し 近世 にほん［二本］。ふたこし［二腰］。りゃうたう［両刀］。中世 だいせう［大小］。

―の扱い方 近世 たちさばき［太刀捌］。たちすぢ［太刀筋］。たちつかひ［太刀遣］。

―の外装 近世 こしらへ［拵］。つくり［作］。

―の外装をする職人 近世 こしらへや［拵屋］。

―の切れ味の悪いこと 近世 なまくら。中世 なまぎれ［生切］。

―の柄にかける袋 近世 つかぶくろ［柄袋］。

―の柄に手をかける 中世 あんず［按］。

―のはき方 近世 おとしざし［落差］。かんぬきざし［閂差］。

―の刃の先 近代 たうせん［刀尖］。たうばう［刀鋩］。近世 けんぽう［剣鋒］。たちさき［太刀先］。ばうし［鋩子］。ぼうし［帽子］。中世 きっさき［切先］。けんさき［剣先］。はさき［刃先］。

―の刃の斑点 近代 なまづはだ［鯰肌］。

―の刃のひらめき 近代 けんくゎう［剣光］。でんせん［電閃］。近世 たまちる［玉散］。中世 たちかげ［太刀影］。

―の刃の部分 近世 きっぱ［切刃］。たうしん［刀身］。中古 たうじん［刀刃］。上代 み［身］。

―の表面 近世 はだへ［膚／肌］。

―を掛ける用具 近世 たうか［刀架］。中世 かたなかけ［刀掛］。

―を腰に付けること →**―を身に付ける**

―をつくる人 近代 たうこう［刀工］。近世 かたなかぢ［刀鍛冶］。こかぢ［小鍛冶］。たうしゃう［刀匠］。中世 うちものし［打物師］。

―を長く見せる鞘 中世 そらざや［空鞘］。

―を抜く 近代 ばっけん［抜剣］。中世 ぬきはなつ［抜放］。ばったう［抜刀］。

―を抜く構え 近世 鯉口を切る。目釘を湿す。

―を抜くさま 近代 抜く手も見せず。近世 すっぱぬき［素破抜］。ずはと。

―を振った風 近世 たちかぜ［太刀風］。

―を振り回す 近世 切刃を回す。剣の舞。

―を振り回すさま 近世 りうりう。中世 じふもんじ［十文字］。

―を身に付ける 近代 ぶっこむ［打込］。近世 たいたう［帯刀］。ぼっこむ。中世 たいはい［帯佩］。つかみざし［摑差］。はいけん［佩剣］。中古 たちはき／たてはき［帯刀］。上代 さしはく［差履／差佩］。たいけん［帯剣］。はいたう［佩刀］。はく［履／佩］。

―を身に付けない 中世 まるごし［丸腰］。むたう［無刀］。

赤く錆びた― 近世 あかいわし［赤鰯］。いわし［鰯／鰮］。中世 さびがたな［錆刀］。

新たに鍛えた― 近世 しんたう［新刀］。中世 あらみ［新身］。中古 うちいでのたち／うちで

のたち［打出太刀］。
一本の―（他に武器を持たない）近代こけん［孤剣］。
田舎者の粗末な― 近世さうらいし［草莱子］。
鋭利な― 近代りゃうたう［良刀］。近世おほわざもの［大業物］。かごつるべ［籠釣瓶］。しうすい［秋水］。わざもの［業物／技物］。氷の刃(やいば)。中世さうけん［霜剣］。しうさう［秋霜］。すいもう［吹毛］。りけん［利剣］。りじん［利刃］。わざよし［業良］。秋の霜。中古りたう［利刀］。上代つるぎたち［剣太刀］。まさひ［真鉏］。
大きな― 近世おほだち［大太刀］。中世だいたう［大刀］。上代たち［太刀／大刀］。
鑑定書付きの高価な― 近世ふだもの［札物］。をりがみもの［折紙物］。
祈願のため神社に奉納した― 近世をさめだち［納太刀］。
儀式用や飾りの― 近世あやめがたな［菖蒲刀］。菖蒲の刀。中古かざりたち［飾太刀］。かざりたちだい［飾太刀代］。ほそだち［細太刀］。上代かざたち［飾剣］。頭椎(かぶつち)の大刀(たち)。
貴人の― 上代みはかし／みはかせ［御佩刀］。
鍛えた― 近世やきもの［焼物］。
貴重な― 近世ほうたう［宝刀］。
木の― 近世ぼくけん［木剣］。中世きがたな［木刀］。つくりだち［造太刀］。ぼくたう／ぼくと［木刀］。上代きだち／こだち［木太刀］。
切れない― 近世いわし［鰯／鰮］。たけみつ［竹光］。なまくら［鈍］。なまくらがたな［鈍刀］。なまくらもの［鈍物］。中世どんたう［鈍刀］。中古えんたう［鉛刀］。

軍人の持つ― 近代ぐんたう［軍刀］。
護身用の― 近世だうちゅうざし［道中差］。まもりわきざし［守脇差］。まもりがたな［守刀］。中世まくらがたな［枕刀］。
自分が腰に差す― 近世さしまへ［差前］。さしれう［差料］。
鞘(さや)に螺鈿(らでん)をほどこした― 中世螺鈿の太刀。
詩吟などに合わせ―を持って舞う舞 近代けんぶ／つるぎのまひ［剣舞］。
地獄の―を植えた山 近世たうざん［刀山］。中世たうせん［刀山］。つるぎのやま［剣山］。
すぐれた― 中世おうけん／ゆうけん［雄剣］。かんしゃうばくや［干将莫耶］。めいけん［名剣］。
鋭い― →鋭利な―
西洋の― フルーレ（フランス fleuret）。近代エペ（フランス épée）。サーブル（フランス sabre）。サーベル（オランダ sabel）。やうけん［洋剣］。やうたう［洋刀］。
戦場で使う― 近代ぐんたう［軍刀］。近世うちだち［打太刀］。ぢんがたな［陣刀］。ぢんたう［陣刀］。中古ぶたち／ぶのたち［武太刀］。
反りのない― ちょくとう［直刀］。近世むぞり［無反］。
竹の― 近世しなひ［竹刀］。たけがたな［竹刀］。たけみつ［竹光］。中世えながたな［胞衣刀］。中古ちくたう［竹刀］。
中国の― 近世せいりゅうたう［青龍刀］。
彫刻に使う― ちょうこくとう［彫刻刀］。
鉄の― 近代てっけん［鉄剣］。
銅の― どうけん［銅剣］。

長い― 近世おほわきざし［大脇差］。ちゃうたう［長刀］。中古ちゃうけん［長剣］。ながわきざし［長脇差］。上代たち［太刀／大刀］。
名高い― 近世まさむね［正宗］。中世めいたう［名刀］。
抜き放った― 近代はくへい［白兵］。はだかみ［裸身］。近世ぬきみ［抜身］。中世しらは／はくじん［白刃］。
刃の付いていない― 近世てったう［鉄刀］。
幅の広い― 近世おほだら［大］。だんびら［段平］。
古い― 近世こたう［古刀］。中世ふるみ［古身／古刃］。
宝物にしている― 近世ほうたう［宝刀］。伝家の宝刀。中古ほうけん［宝剣］。
細身の― 近世ほそもの［細物］。
本物の― 近世しんけん［真剣］。ほんみ［本身］。
短い― 近代たんたう［短刀］。近世うらざし［裏差］。くゎいちゅうがたな［懐中刀］。こしがたな［腰刀］。こしざし［腰挿］。こづか［小柄］。せうたう［小刀］。はだがたな［肌刀］。中世あひくち［合口／匕首］。くすんごぶ［九寸五分］。くゎいけん［懐剣］。さすが［刺刀］。たんけん［短剣］。はきぞへ［佩添］。ひしゅ［匕首］。ふところがたな［懐刀］。めてざし［馬手差］。よろひどほし［鎧通］。わきざし［脇差］。中古こがたな［小刀］。上代さひ［鉏］。たうし／たうす［刀子］。
銘のある― 中世銘の物。
諸刃の― 上代つるぎ［剣］。
その他―のいろいろ（例）近世足白の太刀。糸巻きの太刀。打ち出の太刀。平鞘の太

刀」。衛府の太刀。厳物造りの太刀。中世はんだち「半太刀」。

▼名刀の例 近世はくしうもの「伯州物」。びぜんもの「備前物」。びっちゅうもの「備中物」。びんごもの「備後物」。をさふねもの「長船物」。中世あをえもの「青江物」。

▼助数詞 ほん「本」。近世へい「柄」。中世はい「佩」。ふり「振」。上代く／くち／こう「口」。

かたなし【形無】 近代かたなし「形無」。近世かほまけ「顔負」。だいなし「台無」。中世面目を失ふ。

かたはし【片端】 近世かたっぱし「片端」。そしりはしり。中世ひとはし「一端」。中古いったん「一端」。かたそば「片側／片傍」。かたつかた「片方」。かたつま「片端」。上代かたはし「片端」。

ーから片付けること しらみつぶし「虱潰」。近世かたっぱしから「片端」。中古かつ「且」。

かたばみ【酢漿草】 近代さんみさう「酸味草」。近世かがみぐさ「鏡草」。こがねぐさ「黄金草」。すいもぐさ「酸物草／酸漿草」。すずめのはかま「雀袴」。中古かたばみ「酢漿草」。

かたはらいた・い【片腹痛】 →かたわらいた・し

かたぶつ【堅物】 近世いしべきんきち「石部金吉」。いしべやのきんざゑもん「石部屋金左衛門」。かたざう「堅蔵」。かたじん「堅人」。きまじめ「生真面目」。石部金吉金兜。

かたほう【片方】 近世かたがは「片側」。かたっぺら／かたへら「傍片」。かたは「片羽」。かたはう「片方」。中世かたいっぱう「片一方」。かたかた「片方」。かたつら「片面」。かたはね「片羽」。中古いっぱう「一方」。かたし「片足／片」。上代かたへ「片方」。

ーだけ働いている かたはい「片肺」。

対の物のー 近世いっせき「一隻」。中世かたいっぱう「片一方」。中古かたし「片足／片」。

かたまり【塊】 近代だんくゎい「団塊」。ブロック(block)。中世あつまり「集」。上代かたまり「塊／固」。

大きなー 近世たいくゎい「大塊」。

小麦粉などを水で溶いたときの粉のー だま。

土などのー あらくれ「荒塊」。中世くれ「塊」。

一つのー 近代いちぐゎん「一丸」。近世いっくゎい「一塊」。

かたま・る【固】 近代ぎょうしゅく「凝縮」。近世ぎょうけつ「凝結」。ぎょうこ「凝固」。こけつ「固結」。中世こりかたまる「凝固」。こる「凝」。中古まろかる「丸」。むすぶ／むすぼる／むすぼる「結」。上代かたまる「固」。こごる「凝」。

ー・らせる 上代こらす「凝」。

乾いてー・る 近世かんこ「乾固」。

寄り集まってー・る 中世こりかたまる「凝固」。こる「凝」。

かたみ【形見】 近代きねん「記念」。きねんひん「記念品」。ゐひん「遺品」。思ひ出の品。遺愛の品。中世あと「跡」。わすれがたみ「忘形見」。ゐぶつ「遺物」。中古なごり「名残／余波」。上代かたみ「形見」。

かたみ【肩身】 近代かたみ「肩身」。たいめん「体面」。ていさい「体裁」。近世みはば「身幅」。中世めんもく「面目」。中古めいぼく／めんぼく「面目」。

ーが狭い 近代ひけめ「引目」。面目ない。近世みづまり「身詰」。引けを取る。中世すぼし「窄」。中古やさし「恥／優」。

ーが広い 近代面目が立つ。近世肩が怒る。中古とくい「得意」。ほこらし「誇」。

ー狭く暮らすこと 近世きょくてんせきち「跼天蹐地」。中古きょくせき「跼蹐／局蹐」。

かたむき【傾】 近代かたむき「傾」。けいかう「傾向」。すうせい「趨勢」。どうかう「動向」。近世すうかう「趨向」。中世かたぶき「傾」。けいしゃ「傾斜」。上代かたより「偏」。

ーの確認 近世さげふり「下振」。中世さげすみ「下墨」。

ーの度合い ころび「転」。近代かへしこうばい「返勾配」。けいど「傾度」。中世こうばい「勾配」。

かたむ・く【傾】 近代へんかう「偏向」。斜めになる。中世かたぶく／かたむく「傾」。なだる「なだれる」「傾／頽」。むく「向」。中古かたよる「偏／片寄」。こだる「木垂」。ことよる「事寄」。上代くたつ「降」。

ー・いていること 近世なぞへ。中世けいしゃ「傾斜」。中古なのめ「斜」。

ー・いている所 近世なだれ「傾／雪崩」。

ー・き衰える 中世たぢろく。上代くたつ「降」。

ー・き崩れること 近世なだれ「傾／雪崩」。

ある方向にー・いてゆく 近世はしる「走」。

思いがー・く 近代けいちゅう「傾注」。しふちゅう「集中」。はらふ「払」。近世ねっちゅう「熱中」。中世けいたう「傾倒」。上代うちなびく「打靡」。

前にー・く 近代ぜんけい「前傾」。

かたむ・ける【傾】 中世かしぐ「かしげる」「傾」。

かたぶく〔―ぶける〕［傾］。かたむく〔―むける〕［傾］。
―・けて注ぐこと けいしゃ［傾瀉］。
頭を―・ける 中古 かぶく［傾］。
思いを―・ける →かたむ・く（思いが―・く）

かため【片目】 がんち［眼一］。近代 どくがん［独眼］。べう［眇］。中世 いちがん／いちげん［一眼］。いっせきがん［一隻眼］。せきがん［隻眼］。中古 かため［片目］。すがめ［眇］。

―で睨(に)らむ（不動明王） 中古 あしゃいちげい［阿遮一睨］。

―の合図 近代 ウインク(wink)。

―の英雄（伊達政宗） 近代 どくがんりゅう［独眼竜］。

かた・める【固】 近代 かうちょく［硬直］。近世 ぎょうこ［凝固］。中世 とりかたむ〔―かためる〕［取固］。上代 かたむ〔かためる〕［固］。

かためん【片面】 へんめん［片面］。近代 はんおもて／はんめん［半面］。近世 かためん［片面］。中古 いちめん［一面］。かたおもて［片面］。

かたやぶり【型破】 近代 きばつ［奇抜］。中世 ふうがはり［風変］。

かたよ・せる【片寄】 中世 かたそふ［片添］。かたよす〔―よせる〕［片寄］。そばむ〔そばめる〕［側］。

かたよ・る【偏】 近代 かたずる［偏］。ふこうへい［不公平］。へんかう［偏向］。近世 へきす［僻］。へんす［偏］。へんぢゅう／へんちょう［偏重］。中世 かたずむ［片／偏］。かたぶく／かたむく［傾］。けいしゃ［傾斜］。そばむ［側］。へんい［偏倚］。へんきょく［偏曲］。へんし［偏私］。へんぱ［偏頗］。中古 かたづり［片釣］。かたよる［偏／片寄］。ことよる［事寄］。上代 かたさる［片去］。かたつく［片付］。

―・った愛情 近世 しあい［私愛］。中世 へんあい［偏愛］。

―・った考え 近代 いちめんてき［一面的］。へんかう［偏向］。近世 ひがめ［僻目］。へんぺき［偏僻］。中世 へきあん［僻案］。中古 へんけん［偏見］。

―・った説 近代 はせつ［跛説］。へきろん［僻論］。中世 へきせつ［僻説］。

―・っていないこと ちゅうかん［中間］。近代 ふへん［不偏］。近世 ちゅうす［中］。ちゅうりつ［中立］。ふへんふい／ふへんふき［不偏不倚］。中世 せいちゅう［正中］。ちゅうせい［中正］。むへん［無偏］。中古 ちゅうわ［中和］。上代 こうせい［公正］。こうへい［公平］。

―・っているさま 近代 いっぽうてき［一方的］。近世 きょくたん［極端］。

―・っている度合い 近代 へんい［偏倚／偏依］。へんさ［偏差］。

―・って頑固 近代 へんしつ［偏執］。近世 へんこ［偏固］。中世 へんしゅ／へんじゅ［偏執］。上代 へんしふ［偏執］。

―・って存在する 近代 きょくざい［局在］。へきざい［僻在］。へんざい［偏在］。

一方だけに―・る いっぺんとう［一辺倒］。中世 いっぺん［一偏］。

荷物が―・る 中世 かたに［片荷］。

かたらい【語】 近代 くゎんだん［歓談］。こんだん［懇談］。近世 はなしあひ［話合］。中古 かたらひ［語］。かたる［語］。上代 ことどひ［言問］。
静かな― 中古 かんご［閑語／間語］。
男女の― 近代 てふてふなんなん［喋喋喃喃］。近世 しんねこ。上代 むつごと［睦言］。
友人同士の― 中古 あうめい［嚶鳴］。

かたり【騙】 近代 いんちき。きばう／きまう［欺罔］。さしゅ［詐取］。ぺてんにかける。近世 いかさま［如何様］。かたり［騙／衒］。ごまかし［誤魔化］。とっこ。まんちゃく［瞞着］。透(す)っ波(ぱ)の皮。中世 うそ［嘘］。ぎまん［欺瞞］。だます［騙］。上代 あざむく［欺］。さぎ［詐欺］。

かたり【語】 近代 ナレーション(narration)。近世 はなし［話］。上代 かたり［語］。

かたりあ・う【語合】 近世 はなしあふ［話合］。中世 あひかたらふ［相語］。中古 いひあはす［言合］。いひかたらふ［言語］。うちかたらふ［打語］。かたらふ［語］。かたりあはす［語合］。かたりあふ［語合］。ことかたらふ［事語］。ものかたらふ［物語］。
楽しく―・う 中世 くゎんご［歓語］。中古 だんらん［団欒］。
一晩中―・う 中古 かたらひあかす［語明］。

かたりぐさ【語種】 近代 わだい［話題］。トピック(topic)。話の種。近世 いひぐさ［言種／言草］。かたりく［語句］。かたりぐさ［語種］。中世 だんぺい［談柄］。わへい［話柄］。中古 いひごと［言事］。上代 かたらひぐさ［語草］。
世間の― 中古 よがたり［世語］。

かたりつた・える【語伝】 中古 かたりつたふ〔―つたえる〕［語伝］。でんしょう［伝承］。上代 いひつぐ［言継］。いひつたふ〔―つたえる〕［言伝］。

かたりて【語手】 近代 ナレーター(narrator)。はなして[話手]。中世 かたりて[語手]。上代 かたりべ[語部]。

かた・る【語】 中古 だんず[談]。ものがたる[物語]。上代 かたる[語]。→い・う

少しずつー・る 中古 くづしかたらふ[崩語]。

尋ねもしないのにー・る 中世 とはずがたり[問語]。

残らずー・る 中古 かたりつくす[語尽]。

面と向かってー・る 中世 めんご[面語]。

笑いながらー・る 中世 せうご[笑語]。

カタルシス(ギリシャ katharsis) じじょうさよう[自浄作用]。じょうか[浄化]。はいせつ[排泄]。はっさん[発散]。近代 カタルシス。

カタログ(catalogue) えいぎょうあんない[営業案内]。しょうひんもくろく[商品目録]。せつめいしょ[説明書]。もくろく[目録]。近代 カタログ。

かたわら【傍】 そくへん[側辺]。へんそく[辺側]。近代 かは／がは[側]。サイド(side)。近世 たもと[袂]。ねき[根際]。よこ[横]。わきひら[脇平]。中世 かたかた[片方]。かたぐち[片口]。かたへ[傍／片方]。きは[際]。さう[左右]。そばざま[側様]。そばひら[側平]。はた[端]。よこあひ[横合]。わき[脇]。中古 かたはらざま[傍様]。かたわき[片脇]。ざいう[座右]。そば[側／傍]。そひ[傍／添]。つら[面]。ほとり[辺／畔]。もと[元／本／許]。上代 かたはら[傍／側／脇]。へ／へた[辺／端]。もとこ[左右]。

ーに寝る 近世 そくぐゎ[側臥]。中古 そひね[添寝]。そひぶし[添臥／副臥]。

ーの場所 中古 かたぎし[片岸]。

ーの人 中古 かたへ[片方]。

ーへ寄せる 中世 そばむ[そばめる][側]。

ーを見る 中古 そばめ[側目]。

かたわらいた・し【傍痛】 近世 ちゃんちゃらをかしい。中世 かたはらいたし[片腹痛]。せうし[笑止]。せうしせんばん[笑止千万]。中古 かたはらいたし[傍痛]。上代 こっけい[滑稽]。

かたん【加担】 一枚かむ。一翼を担う。味方になる。近代 アシスト(assist)。けふりょく[協力]。じょりょく[助力]。ちからぞへ[力添]。力を貸す。近世 じょせい[助勢]。ほじょ[補助]。片棒を担ぐ。手を貸す。中世 かせい[加勢]。かたいれ[肩入]。かたん[加担]。てだすけ[手助]。てつだふ[手伝]。肩を入る[ー入れる]。肩を貸す。中古 くみす[与]。ほさ[補佐]。ゑんじょ[援助]。上代 たすけ[助]。

かだん【果断】 近代 かんぜん[敢然]。近世 えいだん[英断]。くゎだん[果断]。ゆうだん[勇断]。中世 いさぎよし[潔]。くゎかん[果敢]。けつぜん[決然]。思ひ切って。

かち【価値】 近代 いぎ[意義]。いみ[意味]。かうよう[効用]。かち[価値]。ね[値]。バリュー(value)。メリット(merit)。近世 ねうち[値打]。ねだん[値段]。中古 あたひ[価／値]。かひ[効／甲斐]。
《句》近代 犬に念仏猫に経。近世 犬に論語。男は裸百貫。中世 中流に船を失へば一壺も千金。猫に小判。豚に真珠。

ーがある 近代 いきる[生]。いういぎ[有意義]。中古 きちょう[貴重]。たいせつ[大切]。たっとし[尊／貴]。上代 たふとし[尊／貴]。

ーがある所 中古 みどころ[見所]。

ーがある物 中世 しろもの[代物]。たま[玉／珠]。

ーがない 話にならない。一山いくら。近代 ぢんど[塵土]。のこりかす[残滓]。ばぼつ[馬勃]。へ[屁]。むいぎ[無意義]。むいみ[無意味]。ろんぐゎい[論外]。近世 ぐゎせき[瓦石]。げぢき[下直]。こっぱ[木端／木片]。さんもん[三文]。つまらない／つまらぬ／つまらん。つゆちり[露塵]。どかい[土芥]。ぼろくそ[襤褸糞]。みそかす[味噌滓]。取るに足りぬ。中世 おろし[軽]。こけらくづ[柿屑]。さうかう[糟糠]。でいだん[泥団]。よしなし[由無]。よしなしごと[由無事]。なにかはせむ。中古 えせ[似非／似而非]。かはら[瓦]。ぐゎりやく／ぐゎれき[瓦礫]。ちり[塵]。でいさ／でいしゃ[泥沙]。

ーがなく程度が低い 近代 ていきふ[低級]。ていれつ[低劣]。

ーがなくなる めべり[目減]。近代 かたなし[形無]。近世 だいなし[台無]。中古 むとく[無徳]。

ーのある使い方をした資金 近世 いきがね[生金]。

ーのある物ない物を一緒にする 味噌も糞も一緒。近代 ぎょくせきこんかう[玉石混淆]。くそみそ[糞味噌]。みそくそ[味噌糞]。

ーの再発見 中世 めざむ[ーざめる][目覚]。

か

中古 みなほす［見直］。

生きるー 中世 いきがひ［生甲斐］。

大きなー 意義深い。近世 せんぐゎん［千貫］。せんりゃう［千両］。ひゃくくゎん［百貫］。中古 せんきん［千金］。せんきん［千鈞］。

金銭的なー 近代 いうか［有価］。近世 かねめ［金目］。

真のー 中世 しんか［真価］。

ニュースとしてのー 近代 ニュースバリュー(news value)。

かち【勝】→か・つ

かちいくさ【勝戦】 中世 かちいくさ［勝戦／勝軍］。せんしょう［戦勝］。せんせふ［戦捷］。

かちき【勝気】 むこうぎ／むこうっき［向気］。近代 きかんき［利気］。まけずぎらひ［負嫌］。まけんき［不負気］。むかふいき［向意気］。鼻端（鼻っ柱）が強い。近世 がせい［我勢／我精］。かちき［勝気］。きぢゃう［気丈］。きぢゃうぶ［気丈夫］。中世 きがさ［気嵩］。はき［覇気］。気が勝つ。

ー・な子供 近代 きかんばう［聞坊］。

ー・な人 近世 きがさもの［気嵩者］。

かちく【家畜】 近世 かちく［家畜］。中世 ちくるい［畜類］。中古 ちくしゃう［畜生］。

ーに水をやる 近世 みづかひ［水飼］。

ーの小屋 ちくしゃ［畜舎］。

ーの食料 かいぐさ［飼草］。近世 かひば［飼葉］。しれう［飼料］。中世 かひれう［飼料］。

ーの放し飼い 近世 かひはなし［飼放］。中古 のがひ［野飼］。はうぼく／はうもく［放牧］。

ーを殺すこと ちくさつ［畜殺］。近代 つぶす［潰］。とちく［屠畜］。上代 とさつ［屠殺］。

ーを育てる ちくさん［畜産］。ひいく［肥育］。ようちく［養畜］。近代 しいく［飼育］。近世 かひそだて［飼育］。中世 ちくやう［畜養］。

ーを太らせる ひいく［肥育］。

ーを牧場で育てる 近代 ぼくちく［牧畜］。

土地を移動してーを飼養する 近代 いうぼく［遊牧］。

牧場でーの世話する者 中古 ぼくどう［牧童］。

かちどき【勝鬨】 中世 かちどき［勝鬨］。中古 がいか［凱歌］。鬨(とき)の声。

かちまけ【勝負】 近代 ゆえい［輸贏］。近世 えいしゅ［贏輸］。しゅえい［輸贏］。しょうはい［勝敗］。中世 まさりおとり［優劣／勝劣］。中古 いうれつ［優劣］。かちまけ［勝負］。しょうぶ［勝負］。雌雄を決す。↓しょうぶ【勝負】

《句》近代 勝った自慢は負けての後悔。勝つも負けるも時の運。

かちめ【勝目】 勝つ見込み。近代 かちめ［勝目］。近世 しょうさん［勝算］。

かちょう【家長】 せたいぬし［世帯主］。近世 いへもち［家持］。しゅうにん［主人］。中古 あるじ［主］。おとな［大人／乙名］。しゅじん［主人］。上代 かちゃう［家長］。こしゅ［戸主］。

ーの権利 かふちょうけん［家父長権］。ふけん［父権］。

がちょう【鵞鳥】 おおかり［大雁／鴻］。近世 たうがん［唐雁］。中古 がてう［鵞鳥］。

ーの肥大した肝臓 近代 フォアグラ(フランス foie gras)。

かちょうふうげつ【花鳥風月】 中世 くゎてうふうげつ［花鳥風月］。つきはな［月花］。中古 くゎげつ［花月］。ふうが［風雅］。ふうりう［風流］。

▼自然の美しい風物 近代 はくさせいしょう／はくしゃせいしょう［白砂青松］。りうあんくゎめい［柳暗花明］。近世 さんしすいめい［山紫水明］。中古 せつげつくゎ［雪月花］。

かつ【且】 近代 いっぱう［一方］。近世 おまけに［御負］。中世 どうじに［同時］。中古 および［及］。そのうへ［其上］。ならびに［並］。上代 かつ［且］。

か・つ【勝】 しろぼし［白星］。勝ちを制する。近代 いうしょう［優勝］。せいは［制覇］。中世 しょうり［勝利］。せんしょう［戦勝］。せんせふ［戦捷］。まかす［負］。中古 うちかつ［打勝］。うちとる［討取／撃取／打取］。かち［勝］。上代 かつ［勝］。

《句》近代 勝てば官軍負ければ賊軍。負けるも勝つも運次第。近世 負けるが勝ち。中世 勝って兜(かぶと)の緒を締めよ。

ー・ち続ける かちすすむ［勝進］。かちのこる［勝残］。れんぱ［連覇］。近代 れんせんれんしょう［連戦連勝］。近世 れんしょう［連勝］。中世 ひゃくせんひゃくしょう［百戦百勝］。

ー・ち抜き戦 近代 トーナメント(tournament)。

ー・つ機会 近世 しょうき［勝機］。

ー・つことと負けること →**かちまけ**

ー・った原因 しょういん［勝因］。

ー・った知らせ 中世 しょうほう［勝報］。せふほう［捷報］。

ー・った者 近代 しょうしゃ［勝者］。せんしょうしゃ［戦勝者］。チャンピオン(champi-

on)。中世はしゃ[覇者]。余勢を駆る。

—って勢いづく 勝ちに乗ず。勝ちに乗る。

—って祝う 近代しゅくしょう[祝勝]。しゅくせふ[祝捷]。凱歌を奏する。近世凱歌を揚ぐ[—揚げる]。

—ってその場を去る 近世かちにげ[勝逃]。

—って得意になる 中世かちほこる[勝誇]。

—つ見込み 近代かちめ[勝目]。近世しょうさん[勝算]。

大きく—つ かんしょう[完勝]。ぶっちぎる(主に競馬で)。らくしょう[楽勝]。近代くゎいしょう[快勝]。たいしょう[大勝]。だいしょうり[大勝利]。中世あっしょう[圧勝]。

思いがけなく—つ 勝ちを拾う。

必ず—つ 中世ひっしょう[必勝]。ひっせふ[必捷]。

辛うじて—つ 近代しんしょう[辛勝]。

最後まで—つ かちぬく[勝抜]。近代いうしょう[優勝]。

先に—つ せんしょう[先勝]。

上位に—つ 近世げこくじゃう[下克上/下剋上]。中世おひおとす[追落]。

すべてに—つ かんしょう[完勝]。近世ぜんしょう[全勝]。ぜんせふ[全捷]。

戦いに—つ 近代しょうぐん[勝軍]。しょうせん[勝戦]。せんしょう[戦勝]。せんせふ[戦捷]。中世かちいくさ[勝戦/勝軍]。

戦わずに—つ ふせんしょう[不戦勝]。近代むてかつりう[無手勝流]。

常に—つ 近代じゃうしょう[常勝]。

遠くから作戦を支持して—つ 近代勝ちを千里の外に決す。

販売競争に—つ 近世うりひしぐ[売拉]。

前に負けた相手に—つ 近代せつじょく[雪辱]。

楽に—つ らくしょう[楽勝]。近代がいしういっしょく[鎧袖一触]。くゎいしょう[快勝]。中世あっしょう[圧勝]。いっしう[一蹴]。

か・つ【克】 近代こくふく[克服]。よくあつ[抑圧]。中古うちかつ[打克/打勝]。かつ[克]。上代おさふ[おさえる][抑]。

かつあい【割愛】 近代かつあい[割愛]。かつじゃう[割譲]。近世てばなす[手放]。中世はぶく[省]。上代ゆづる[譲]。

かつ・える【餓】 →う・える【飢】

かつお【鰹】 近代えぼしうを[烏帽子魚]。近世かつうを[鰹]。しょうぎょ[松魚]。上代かつを[鰹/松魚]。

—ぶし 近代けづりぶし[削節]。はらぶし[腹節]。ほんぶし[本節]。めぶし[女節/雌節]。をぶし[男節/雄節]。海の花。近世おかか(近世女性語)。かつぶし[鰹節]。かつをぶし[鰹節]。せぶし[背節]。なまぶし[生節]。なまりぶし[生節]。はながつを[花鰹]。ほんとさ[本土佐]。

がっか【学科】 近代くゎもく[科目]。くゎもく[課目]。けうくゎ[教科]。コース(course)。近世がくくゎ[学科]。中古かうざ[講座]。

がっか【学課】 近代くゎもく[課目]。レッスン(lesson)。近世がくくゎ[学課]。くゎてい[課程]。上代がくげふ[学業]。

がっかい【学界】 学者の社会。学問の社会。近代がくかい[学界]。

かっかく【赫赫】 近代かがやかしい[輝]。中世かくかく[赫赫]。はなばなし[華華]。

かっかそうよう【隔靴掻痒】 近代かくくゎさうやう[隔靴掻痒]。近世じれったし。はがゆし[歯痒]。中古もどかし。

がっかり 近代せうちん[消沈]。近世がっかり。がっくり。げんなり。さうぜん[爽然]。しょぼしょぼ。しをしを[萎萎/悄悄]。中世しほしほ。しょんぼり。せうせう[悄悄]。せうぜん[悄然]。中古あへなし[敢無]。すさまじ[凄/荒]。ぶぜん[憮然]。上代わびし[侘]。

—させる 中古くたす[腐]。

—する 近代いきせうちん[意気消沈/意気銷沈]。いきそさう[意気阻喪/意気沮喪]。げんめつ[幻滅]。しつい[失意]。しゃうきゃう[惝怳]。しょげこむ[悄気込]。ぜつばう[絶望]。なえる[萎]。らくたん[落胆]。肩を落とす。近世きおち[気落]。きぬけ[気抜]。くじける[挫]。しつばう[失望]。しょげかへる[悄気返]。しょげる[悄気]。そげたつ。そさう[阻喪/沮喪]。青菜に塩。気を落とす。中世うちくっす[打屈]。うづむ[埋]。くさる[腐]。くれふたがる[暮塞]。ちからおとし[力落]。めいる[滅入]。気を失ふ。力を落とす。中古うちくす/うちくっす[打屈]。うもる[埋]。うんず[倦]。おもひうんず[思倦]。おもひくづほる[思頽]。おもひくんず[思屈]。おもひしほる[思萎]。くしいたし[屈甚]。くす/くっす/くんず[屈]。くづほる[—おれる][頽]。くゆる[燻/薫]。しほたる[—たれる][潮垂]。しほる/しをる[しおれる][萎/撓]。

か

しゃうしん[傷心]。せうすい[憔悴]。むすぼほる[結]。むつかし[難]。上代うらぶる[—ぶれる]。おもひしなゆ[思萎]。おもひたわむ[思撓]。さぶ[寂/荒]。しづむ[沈]。むすぼる[—ぼれる][結]。わぶ[わびる][侘]。《尊》中古おぼしくづほる[思頽]。おぼししをる[思萎]。

▼**擬態語**(多く「と」を伴う) しゅん。とほほ。近代がくん。ぎゃふん。げっそり。しをしを。すごすご。近世がっくり。げんなり。しょぼしょぼ。しょんぼり。すごすご。つつぼり。中古しほしほ。上代くれくれ。しほほ。

かっき【活気】 かっきょう[活況]。スタミナ(stamina)。近代エネルギー(ドイツ Energie)。くゎつどうりょく[活動力]。せいめいりょく[生命力]。バイタリティー(vitality)。わうせい[旺盛]。近世えいき[鋭気]。くゎっき[活気]。くゎっぱつ[活発]。くゎつりょく[活力]。中世いきいき[生生/活活]。せいき[生気]。せいりき/せいりょく[精力]。中古げんき[元気]。せいき[精気]。にぎはし/にぎはし[賑]。上代けっき[血気]。わかし[若]。

—があふれて元気なこと バイタル(vital)。近代せいさい[精彩/生彩]。近世くゎっぱつ[活発]。しょぎしょぎ。中世いきいき[生生/活活]。いきやか[生]。ゐせい[威勢]。

—がない 近代しめっぽい[湿]。ちんたい[沈滞]。ふくゎっぱつ[不活発]。近世うごうご[蠢蠢]。ふけいき[不景気]。ぼんやり。中古火を消したるやう。

—がなくだらだらと日を暮らす 近代惰眠を貪る。

—がなくなる アパシー(apathy)。しぬ[死]。近代むきりょく[無気力]。近世ふぬけ[腑抜]。中世こぼくしくゎい[枯木死灰]。

—づく 活況を呈する。近代いきほひづく[勢]。けいきづく[景気付]。中世いろめきたつ[色立]。いろめく[色]。中古力を得る。上代さかゆ[さかえる][栄]。

—を取り戻す 中古そせい[蘇生/甦生]。

最も—がある時 上代さかり[盛]。

がっき【楽器】 キーボード(keyboard)。リードがっき[reed楽器]。近世くゎげん[管弦]。中世いとたけ/しちく[糸竹]。なりもの[鳴物]。中古あそびもの[遊物]。くゎんげん[管弦]。上代がくき[楽器]。ふえ[笛]。

—の音を整える チューニング(tuning)。近代てうおん[調音]。てうりつ[調律]。近世てうげん[調弦]。中世をあはせ[緒合]。

—の弦 コード(chord)。近世いと[糸]。いとすぢ[糸筋]。つる[弦/絃/鉉]。上代を[緒]。

—の弦を鳴らす弓 ボーイング(bowing)。

—の弦をはじいて鳴らす 近世つめびき[爪弾]。中古つまびき[爪弾]。上代つまびく[爪弾]。

西洋の— ようがっき[洋楽器]。

中国の古い—(例) 近代うんら[雲鑼]。しんてき[清笛]。はうど[匏土]。みんてき[明笛]。やうきん[洋琴]。近世くゎんやく[管籥]。やく[籥]。中古はうきゃう[方響]。へんしょう[編鐘]。上代せう[簫]。

日本の古い—(例) 近代こきゅう[胡弓/鼓弓]。こと[琴]。ささら[簓]。しゃう[笙]。しゃう[鉦]。ひちりき[篳篥]。びんざさら[編木/拍板]。ほうしゃう[鳳笙]。中世かひがね[貝鐘/貝鉦]。中古えうこ[腰鼓]。おほひちりき[大篳篥]。きん[琴]。くれのつづみ[呉鼓]。こと[琴]。

民族の—(例) アルプホルン(Alphorn)。アンクルン/アンコロン(インドネシア angklung)。うなりぎ[唸木]。カーヌーン(アラビア qānūn)。バンスリ(ヒンディー bānsrī)。ミュゼット(フランス musette)。近世ぜにだいこ[銭太鼓]。

▼**管楽器** きんかんがっき[金管楽器]。すいそうがっき[吹奏楽器]。ブラス(brass; brass instrument)。もっかんがっき[木管楽器]。近世らっぱ[喇叭]。中世たけ[竹]。中古くゎん[管]。ふえ[笛]。ふきもの[吹物]。

▼**管楽器のいろいろ**(例) アルトサックス(alto sax)。イングリッシュホルン(English horn)。コルネット(cornet)。サックス(sax)。バスーン(bassoon)。パンパイプ(panpipe)。フラジョレット(flageolet)。ブロックフレーテ(ドイツ Blockflöte)。ミュゼット(フランス musette)。リコーダー/レコーダー(recorder)。近代オーボエ(イタリア oboe)。サキソホン/サクソホン(saxophone)。トランペット(trumpet)。トロンボーン(trombone)。ピッコロ(イタリア piccolo)。ファゴット(イタリア fagotto)。フルート/フリュート(flute)。フレンチホルン(French horn)。ホルン/ホーン(horn)。近世かぐらぶえ[神楽笛]。チャルメラ(ポルトガル charamela)。チューバ/テューバ(tuba)。やうでう[横笛]。やまとぶえ[大和笛]。中世ほらがひ[法螺貝]。上代しゃう[笙]。ひちりき[篳

箏]。
▼**弦楽器** げんめいがっき[弦鳴楽器]。だげんがっき[打弦楽器]。はつげんがっき[撥弦楽器]。ストリングス(strings)。近代 いとの[糸物]。中古 げん[弦/絃]。ひきもの[弾物]。
▼**弦楽器のいろいろ**(例) チェロ(イタリア cello)。ハープシコード(harpsichord)。ビオラダガンバ(イタリア viola da gamba)。ビオラダモーレ(イタリア viola d'amore)。ラバーブ(アラビア rabāb)。近代 ヴァイオリン/ヴィオリン/ヴイオリン/バイオリン(violin)。ウクレレ(ukulele)。がくびは[楽琵琶]。ギター(guitar)。コントラバス(ドイツ Kontrabass)。たてごと[竪琴]。ハープ(harp)。バンジョー(banjo)。ビオラ(イタリア viola)。マンドリン(mandolin)。リラ(ギリシャ lyra)。中古 ちく[筑]。よつのを[四緒](琵琶のこと)。上代 さう[箏]。びは[琵琶]。
▼**鍵盤楽器のいろいろ**(例) クラブサン(フランス clavecin)。チェンバロ(イタリア cembalo)。ハープシコード(harpsichord)。ピアニカ(Pianica)(商標名)。近代 アコーディオン(accordion)。キーボード(keyboard)。ふうきん[風琴]。近世 オルガン(ポルトガル orgão)。ピアノ(イタリア piano)。
▼**打楽器** パーカッション(percussion)。バッテリー(battery)。中世 なりもの[鳴物]。中古 うちもの[打物]。たいこ[太鼓]。上代 こ[鼓]。
▼**打楽器のいろいろ**(例) ウッドブロック(wood block)。カウベル(cowbell)。ガンバン(マレー gambang)。コンガ(conga)。チェレスタ(イタリア celesta)。チャイム(chime)。ティンパニー(イタリア timpani)。バイブ/ビブラフォン(vibraphone)。ボンゴ(スペイン bongo)。マラカス(スペイン maracas)。マリンバ(marimba)。近代 カスタネット(castanet)。ゴング(gong)。シロホン(xylophone)。シンバル(cymbals)。タンバリン(tambourine)。タンブール(フランス tambour)。てっきん[鉄琴]。どうびゃうし[銅拍子]。トライアングル(triangle)。ドラム(drum)。ベル(bell)。近世 あたりがね[当鉦]。いっこ[壱鼓/一鼓]。すりがね[摺鉦]。タムタム(tam-tam)。ちゃんぎり/ちゃんちき。どうこ[銅鼓]。もくきん[木琴]。中世 えうこ/こしつづみ[腰鼓]。おほつづみ[大鼓]。こつづみ/せうこ[小鼓]。つづみ[鼓]。中古 しゃうこ/しゃうご[鉦鼓]。たいこ[太鼓]。どびゃうし[土拍子]。ねうはち[鐃鈸/鐃鉢]。上代 かね[鉦]。つづみ[鼓]。
▼**電子楽器のいろいろ**(例) エレキギター(electric guitar)。エレクトーン(和製 Electone 商標名)。オンドマルトノ(フランス ondes martenot)。シンセサイザー(synthesizer)。テレミン/テルミン(theremin)。でんしオルガン[電子 organ]。でんしピアノ[電子 イタリア piano]。
▼**リード**(reed)**楽器のいろいろ**(例) 近代 アコーディオン(accordion)。いうくゎうがくき[有簧楽器]。ハーモニカ(harmonica)。バンドネオン(スペイン bandonen)。リードオルガン(reed organ)。
▼**その他の楽器** アウロス(ギリシャ aulos)。カリヨン(フランス carillon)。近代 オカリナ(イタリア ocarina)。

かっきてき【画期的】 かくしんてき[革新的]。かつてない。例のない。近代 エポックメーキング(epoch making)。くうぜん[空前]。くうぜんぜつご[空前絶後]。くゎくきてき[画期的]。しんせん[新鮮]。近世 みぞう[未曾有]。中世 せんだいみもん[先代未聞]。中古 きたい/きだい[希代/稀代]。ぜんだいみもん[前代未聞]。

がっきゅう【学究】 アカデミシャン(academician; フランス académicien)。スカラー(scholar)。近代 けんきうしゃ[研究者]。近世 がくきう[学究]。中古 がくしゃ[学者]。

がっきゅう【学級】 きゅう[級]。くみ[組]。クラス(class)。近代 がくきふ[学級]。
―の活動 ホームルーム(homeroom)。
同じ― どうきゅう[同級]。
同じ―の友人 きゅうゆう[級友]。クラスメート(classmate)。どうきゅうせい[同級生]。

かっきょう【活況】 近代 かうきゃう[好況]。かうけいき[好景気]。せいきゃう[盛況]。ブーム(boom)。→**かっき**

がっきょく【楽曲】 近代 がくきょく[楽曲]。ミュージック(music)。中古 きょく[曲]。そうがく[奏楽]。
―の構想 近代 がくさう[楽想]。
―の譜 中世 がくふ[楽譜]。
管弦― こうきょうきょく[交響曲]。近代 シンフォニー/シンホニー(symphony)。

かつ・ぐ【担】 近世 かるふ/かろふ[担]。つる[釣/吊]。中世 おふ[負]。かたぐ(かたげる)[担]。かつぐ[担]。しょふ/せおふ[背負]。

中古かく[舁]。になふ[担]。

ー・がせる おわせる[負]。上代おほす[負／課]。

肩でー・ぐ 肩にする。

神輿や神座をー・ぐ 中世ふる[振]。

乱暴にー・ぐ ひっかつぐ[引担]。

かっくう【滑空】 グライディング(gliding)。近代くうちゅうくゎっそう[空中滑走]。

かっけ【脚気】 近代はくまいびゃう[白米病]。近世えどわづらひ[江戸煩]。中古あしのけ[脚気]。かくけ[脚気]。かくびゃう[脚病]。みだりあしのけ[乱脚気]。みだりかくびゃう[乱脚病]。みだれあし[乱足]。

かっこ【各個】 近代かくこ[各個]。かくじん[各人]。かくゐん[各員]。近世かくじ[各自]。中世それぞれ[其其／夫夫]。ひとりびとり[一人一人]。めいめい[銘銘]。中古おのおの[各各]。

かっこ【確固】 近代かくじつ[確実]。動じない。中世かくぜん[確然]。かくたる[確]。きぜん[毅然]。ばんじゃく[盤石]。中古かくこ[確固／確乎]。上代たしか[確]。

かっこ【括弧】(例) いんようふ[引用符]。かくがっこ[角括弧]。ブラケット(bracket)。ブレース(brace)。まるかっこ[丸括弧]。やまがっこ[山括弧]。近代かぎくゎっこ[鉤括弧]。クオーテーションマーク(quotation marks)。くゎっこ[括弧]。パーレン(parenthesis)。

かっこう【格好】❶〈形〉→がいけん

ーがつく 様になる。

頭のー 中世かぶし／かぶしかたち。中古かしらつき[頭付]。

かっこう【格好】❷〈適当〉 さいてき[最適]。近代かうつがふ[好都合]。かうてき[好適]。につかしい[似付]。近世あつらへむき[誂向]。うってつけ[打付]。てきせつ[適切]。中世かくかう[格好]。かっかう[恰好]。ぜっかう[絶好]。てきたう[適当]。にあはし[似合]。にあひ[似合]。中古さうおう[相応]。につかはし[似]。ふさはし[相応]。

かっこう【郭公】 近代かっこどり[郭公鳥]。がっぱふどり[合法鳥]。くゎくこう[郭公]。たねまきどり[種蒔鳥]。近世おほむしくひ[大虫食]。かんこどり[閑古鳥／閑子鳥]。中世かすひどり[蚊吸鳥]。中古かほよとり[顔佳鳥]。ふふどり[布穀鳥]。上代かほとり[顔鳥／貌鳥／容鳥]。よぶこどり[呼子鳥]。

がっこう【学校】 シューレ(ドイツ Schule)。スコラ(ラテン schola)。近代エコール(フランス école)。セミナリー(seminary)。がくりん[学林]。がくゐん[学院]。がくゑん[学園]。キャンパス(campus)。スクール(school)。まなびや[学舎]。学びの園。学びの庭。学びの窓。教への庭。近世しじゅく[私塾]。じゅく[塾]。てらこや[寺子屋]。中世がくもんじょ[学問所]。中古がくくゎん[学館]。がくさう[学窓]。がくしゃ[学舎]。がくだう[学堂]。がくふ[学府]。ふや／ふみや[文屋]。上代がくかう[学校]。しゃうじょ[庠序]。

ーから帰ること 近代げかう[下校]。たいかう[退校]。

ーで学業を終える 近代しゅうげふ[終業]。

ーで勉強する人 近世がくせい[学生]。上代がくと[学徒]。せいと[生徒]。

ーに通う 近代つうがく[通学]。

ーに来る 近代らいかう[来校]。

ーに籍がある 近代ざいがく[在学]。ざいせき[在籍]。

ーにはいる 近代しうがく[就学]。にふかう[入校]。中世じゅがく[入学]。中古にふがく[入学]。

ーの一日の授業が終わる 近代はうがく[放学]。はうくゎ[放課]。

ーの規則 近代かうき[校規]。かうそく[校則]。がくそく[学則]。

ーの気風 近代かうふう[校風]。スクールカラー(和製school color)。

ーの教育理念 近代かうくん[校訓]。かうぜ[校是]。

ーの教育を受ける 近代しうがく[就学]。

ーの授業が終わったあとの活動 クラブかつどう[club活動]。近代くゎぐゎいくゎつどう[課外活動]。

ーの授業を休みにする 近代きうかう[休校]。きうかう[休講]。

ーの建物 近代かうしゃ[校舎]。まなびや[学舎]。中古がくしゃ[学舎]。

ーの友達 近代かういう[校友]。どうきふせい[同級生]。どうさうせい[同窓生]。中世がくいう[学友]。きふいう[級友]。クラスメート(classmate)。スクールメート(school mate)。

ーの勉強 中世くゎげふ[課業]。中古がくげふ[学業]。

ーへまた戻ること ふくがく[復学]。近代ふ

くかう［復校］。

ーを変わる 近代 てんかう［転校］。てんがく［転学］。

ーを途中で止める ちゅうたい［中退］。 近代 ちゅうとたいがく［中途退学］。たいかう［退校］。たいがく［退学］。

ーを止めさせること 近代 たいかう［退校］。たいがく［退学］。はうかう［放校］。はうがく［放学］。

学業を終えてーを去る 近代 すだつ［巣立］。 近世 そつげふ［卒業］。

出身のー しゅっしんこう［出身校］。 近代 ぼかう［母校］。

廃止されたー 近代 はいかう［廃校］。

勉強をしにーへ行くこと 近代 つうがく［通学］。とうかう［登校］。

村里のー 近代 がうがく／きゃうがく［郷学］。きゃうじゅく［郷塾］。 近世 きゃうかう［郷校］。

より上のーに進む 近代 しんがく［進学］。

その他ーのいろいろ（例）①［**各種学校等**］ クッキングスクール(cooking school)。 近代 こうぐゎいこくごがくかう［外国語学校］。こうげふせんもんがくかう［工業専門学校］。しはんがくかう［師範学校］。しんがくかう［神学校］。せんしうがくかう［専修学校］。せんもんがくかう［専門学校］。

その他ーのいろいろ（例）②［**学制**］ こうとうがっこう［高等学校］。こうとうせんもんがっこう［高等専門学校］。しょうがっこう［小学校］。だいがく［大学］。だいがっこう［大学校］。ちゅうがっこう［中学校］。とくべつしえんがっこう［特別支援学校］。ようごがっこう［養護学校］。ようちえん［幼稚園］。

その他ーのいろいろ（例）③［**設立者**］ いちりつ／しりつ［市立］。かんがく［官学］。くみあいりつ［組合立］。けんりつ［県立］。こくりつ［国立］。こうりつ［公立］。しがく［私学］。しりつ［私立］。どうりつ［道立］。とりつ［都立］。ふりつ［府立］。

かっこく【各国】 近世 かくこく［各国］。 中古 しょこく［諸国］。 上代 くにぐに［国国］。れっこく［列国］。

かっさい【喝采】 近代 しゃうさん［賞賛／賞讃］。 近世 かっさい［喝采］。 中世 しょうさん［称賛／称讃］。やいややいや。やんや。

がっさく【合作】 きょうどうせいさく［共同制作］。コラボレーション(collaboration)。ハンドインハンド(hand in hand)。 近代 きょうどう［共同］。きょうどうさげふ［共同作業］。けふどう［協同］。けふりょく［協力］。タイアップ(tie up)。 近世 がっさく［合作］。

がっさん【合算】 しゅうけい［集計］。 近代 かさん［加算］。がっさん［合算］。がふけい［合計］。ぜんがく［全額］。そうがく［総額］。そうわ［総和］。トータル(total)。 近世 そうかず／そうすう［総数］。つうさん［通算］。つばむ［つばめる］。つばめ。つばめざん［燕算］。つばめざんよう［燕算用］。わ［和］。 中世 しめて［締］。そうけい［総計］。

かつじ【活字】 中世 くゎつじ［活字］。

ーの大きさ（例） ろくごうかつじ［六号活字］。パイカ(pica)。ブリリアント(brilliant)。

ーの大きさの単位（例） ごう［号］。ピー(P)。ポイント(point)。

ーの書体のいろいろ（例） アンチック(フランス antique)。イタリック(italic)。ゴシック／ゴチック(Gothic)。スクリプト(script)。せいちょう［清朝］。みんちょう［明朝］。ボールド(bold)。ローマン(roman)。

かっしゃ【滑車】 がんぎぐるま［雁木車］。こていかっしゃ［固定滑車］。チェーンブロック(chain block)。つなぐるま［綱車］。ブロック(block)。 近代 くゎっしゃ［滑車］。ていくゎっしゃ［定滑車］。どうくゎっしゃ［動滑車］。プーリー(pulley)。まんりき［万力］。 近世 しゃち［車地／車知］。 中世 くるまき［捲巻］。ろくろ［轆轤］。 中古 せび／せみ［蟬］。

井戸のー 近世 たぐりぐるま［手繰車］。

かつじょう【割譲】 近代 かつあい［割愛］。かつじゃう［割譲］。 中世 じゃうと［譲渡］。じゃうよ［譲与］。ぶんじゃう［分譲］。ゆづりわたす［譲渡］。 中古 ぶんよ［分与］。

がっしょう【合掌】 中世 れいはい［礼拝］。 中古 掌(たなごころ)を合はす。手を作る。 上代 がっしゃう［合掌］。らいはい［礼拝］。をがむ［拝］。

がっしょう【合唱】 近代 がっしゃう［合唱］。コーラス(chorus)。せいしゃう［斉唱］。 近世 つれぶし［連節］。 上代 しゃうわ［唱和／倡和］。

男女のー こんせいがっしょう［混声合唱］。

男性のー団 近代 グリークラブ(glee club)。

無伴奏のー曲 アカペラ(イタリア a cappella)。グリー(glee)。

▼二重唱 近代 デュエット(duet)。

▼三重唱 近代 トリオ(イタリア trio)。

▼四重唱 近代 カルテット(イタリア quartetto)。

▼五重唱 近代 クインテット(イタリア quintetto)。

▼八重唱 オクテット(イタリア octet)。

かっしょく【褐色】 近代 かっしょく[褐色]。ブラウン(brown)。近世 かちいろ[勝色／褐色]。ちゃいろ[茶色]。中世 かついろ[勝色／褐色]。

その他の― バフ(buff)。近代 あんかっしょく[暗褐色]。こくかっしょく[黒褐色]。たいしゃいろ[代赭色]。たんかっしょく[淡褐色]。近世 せきかっしょく[赤褐色]。

がっしり 近代 がっちり。ぐゎんきゃう[頑強]。ぐゎんぢゃう[頑丈]。近世 がっしり。しっかり。中世 きゃうこ[強固]。中古 けんご[堅固]。たくまし[逞]。つよし[強]。

かっすい【渇水】 近代 かんがい[干害／旱害]。近世 かっすい[渇水]。みづがれ[水涸]。中古 かんばつ[干魃／旱魃]。上代 ひでり[日照]。

がっ・する【合】 →あ・う【合】

かっせい【活性】 近代 くゎつりょく[活力]。近世 くゎっき[活気]。くゎっぱつ[活発]。

かっせん【合戦】 ウォー(war)。近代 えき[役]。バトル(battle)。へいらん[兵乱]。干戈(かんくわ)を交へる。近世 せんさう[戦争]。せんらん[戦乱]。中世 いくさ[戦]。いくさだち[戦立]。かっせん[合戦]。兵刃を交ふ[―交える]。中古 たたかひ[戦]。ひゃうらん[兵乱]。

かっそう【滑走】 スライド(slide)。スリップ(slip)。近代 くゎっそう[滑走]。中古 すべる[滑／辷]。

がっそう【合奏】 じゅうそう[重奏]。てあはせ[手合]。近代 アンサンブル(ensemble)。オーケストラ(orchestra)。せいそう[斉奏]。れんそう[連奏]。近世 あはせもの[合物]。つれびき[連弾]。つれぶき[連吹]。中世 をあはせ[緒合]。中古 うちあはす[打合]。かきあはす[搔合]。がっそう[合奏]。しらべあはす[調合]。しらべととのふ[調整]。

―協奏曲 近代 コンチェルトグロッソ(イタリア concerto grosso)。

▼二重奏 近代 デュエット(duet)。

▼三重奏 近代 トリオ(イタリア trio)。

▼四重奏 近代 カルテット(イタリア quartetto)。

▼五重奏 近代 クインテット(イタリア quintetto)。

▼八重奏 オクテット(イタリア octet)。

がったい【合体】 いったいか[一体化]。いっぽんか[一本化]。一体となる。近代 がっぱい／がっぺい[合併]。がふりう[合流]。くゎがふ[化合]。せつがふ[接合]。とうがふ[統合]。どうくゎ[同化]。近世 がふいつ[合一]。がふどう[合同]。けつがふ[結合]。中世 がっす[合]。中古 あはす[あわせる][併／合]。がったい[合体]。身を合はす[―合わせる]。上代 がふせい[合成]。へいがふ[併合]。

かったつ【闊達】 近代 らいらく[磊落]。近世 めいらう[明朗]。中世 おうやう[鷹揚]。くゎうたつ[曠達]。くゎったつ[闊達]。中古 おほやう[大様]。

がっち【合致】 近代 がっち[合致]。中世 きいつ[帰一]。ゆきあふ[行合]。中古 あたる[当]。いっち[一致]。ふがふ[符合]。上代 あふ[合]。かなふ[適／叶]。

かっちゅう【甲冑】 中世 かっちう[甲冑]。ぐそく[具足]。てっかふ[鉄甲]。ぶぐ[武具]。上代 かぶと[兜／冑／甲]。よろひ[鎧／甲]。

がっちり 近代 がっちり。きっちり。近世 がっしり。ぴったり。→がっしり

ガッツ(guts) 近代 こんじゃう[根性]。中古 げんき[元気]。

かって【勝手】❶〈気まま〉近代 かってきまま[勝手気儘]。じし[自恣]。じぶんほんゐ[自分本位]。すきかって[好勝手]。すきはうだい[好放題]。のはうづ[野放図／野放途]。ばうじゃくむじん[傍若無人]。はうまん[放漫]。眼中人なし。近世 うずゐ[踞／蹲居]。ええう[栄耀]。えて[得手]。えてかって[得手勝手]。えてきち[得手吉]。かってづく[勝手尽]。きずいきまま[気随気儘]。きまぐれ[気紛]。きまま[気儘]。さんまい[三昧]。しい[恣意／肆意]。じいうがまし[自由]。じぶんかって[自分勝手]。じまま[自儘]。じゅっくう[自由]。じまま[自儘]。じゅうわう[縦横]。しょにん。せんし[専恣／擅恣]。せんわう[専横]。たいへいらく[太平楽]。てまへがって[手前勝手]。ふてい[不逞]。まんがち。みがって[身勝手]。りうん[理運／利運]。うぬが三昧(ざんまい)。中世 うろん[胡乱]。かって[勝手]。かってしだい[勝手次第]。きずい[気随]。きなり[気成]。じゃうしき[情識]。じゅうわうむげ[縦横無礙]。ずい[随]。ずいい[随意]。はういつ[放逸]。ばうじゃくぶじん[傍若無人]。はうじゅう[放縦]。はうらつ[放埒]。ばさら[婆娑羅]。ほしきまま[恣／縦]。みがまま[身儘]。わうぎゃく[横逆／枉逆]。わうし[横恣]。わがまま[我儘]。わたくしす[私]。人も無

げ。中古 がい[我意]。じいう[自由]。はうし[放恣／放肆]。はうしょう[放縦]。みだり[乱／妄／濫]。上代 あながち[強]。ほしきまま[縦／恣／擅]。

―が過ぎる 中世 じいうがまし[自由]。

―が違う 中古 陸(がく)に上がれる魚(いを)。陸(かを)に上がった河童(かっぱ)。

―が悪い 近世 ふかって[不勝手]。中古 ふべん[不便]。

―気ままでだらしないこと 近代 はうまん[放漫]。

―気ままに遊びに行く 近世 あしまかせ[足任]。中古 せうえう[逍遥]。

―気ままに暮らす 近世 いっきょ[逸居]。

―気ままに暮らす人 中世 さんじん[散人]。中古 かんじん[閑人]。さんし[散士]。

―気ままに行動する したいほうだい[放題]。やりたいほうだい[遣放題]。近代 しはうだい[仕放題]。すきはうだい[好放題]。てうりゃうばっこ[跳梁跋扈]。はうらつざんまい[放埒三昧]。近世 こうけ。てうりゃう[跳梁]。のさばる。ぶゑんりょ[無遠慮／不遠慮]。中世 はうらち[放埒]。ほんぱう[奔放]。中古 にんぱう[任放]。はうらつ[放埒]。

―気ままに楽しむ 近代 いっする[逸]。中世 いついう[逸遊／佚遊]。中古 いつらく[逸楽／佚楽]。

―・で乱暴 近代 ぼうわう[暴横]。わうぼう[横暴]。

―・な考え 中世 じゃうしき[情識]。

―・なことを言う 近代 おだをあげる。近世 頤(おとがひ)をきく。頤(おとがひ)を叩く。中世 わうげん[横言]。中古 言ひの立て。

―・な態度で威張って歩く 近代 かっぽ[闊歩]。わうかうくゎっぽ[横行闊歩]。中古 わうかう[横行]。

―・にさせておく 近代 のばなし[野放]。

―・にやる ひとりあるき[一人歩]。ぼうそう[暴走]。むてかつりう[無手勝流]。近代 せんかう[専行]。

武力を背景に―・な振る舞いをする 近世 ぶだん[武断]。

かって【勝手】❷〈台所〉 近代 キッチン(kitchen)。すいじば[炊事場]。ちゅうばう[厨房]。てうりば[調理場]。近世 だいどころ[台所]。ないしょう[内証／内所／内緒]。中世 かって[勝手]。上代 くりや[厨／廚]。

―口 近代 つうようぐち[通用口]。近世 うらぐち[裏口]。中世 せど[背戸]。せどぐち[背戸口]。

かつて【嘗】 中世 これまで[此迄／是迄]。上代 いぜん[以前／已前]。いままで[今迄]。かつて[嘗／曾]。かねて[予／兼]。ぜんぜん[前前]。

―ない 前例がない。近代 くうぜん[空前]。くうぜんぜつご[空前絶後]。近世 みぞう[未曾有]。中世 せんだいみもん[先代未聞]。中古 ぜんだいみもん[前代未聞]。

がってん【合点】 近代 得心がいく。近世 うなづく[頷]。さしったり[然]。りくゎい[理会]。りゃうとく[領得]。思案に落つ[―落ちる]。胃の腑に落つ[―落ちる]。膝を打つ。腑に落つ[―落ちる]。中世 がってん／がてん[合点]。なっとく[納得]。りゃうしょう[了承／諒承]。わかる[分]。中古 あたふ[能]。しょうだく[承諾]。しょうち[承知]。とくしん[得心]。

―がゆかない 近世 腑に落ちず。思案に落ちず。

カット(cut)❶〈切る〉 さいだん[裁断]。近代 カット。さくぢょ[削除]。中世 せつだん[切断]。近世 はしょる[端折]。中古 たちきる[断切]。ぬく[抜]。はぶく[省]。りゃくす[略]。上代 きりとる[切取]。きる[切]。たつ[断]。

カット(cut)❷〈挿絵〉 イラスト／イラストレーション(illustration)。近代 カット。さふづ[挿図]。ひとこま[一齣]。近世 さしゑ[挿絵]。さふぐゎ[挿画]。

―の組み合わせ モンタージュ(フランス montage)。

映画の―― ショット(shot)。近代 ひとこま[一齣]。

かっとう【葛藤】 せめぎあい[鬩合]。近代 あつれき[軋轢]。かうさう[抗争]。かっとう[葛藤]。ごたごた。コンフリクト(conflict)。トラブル(trouble)。もめごと[揉事]。近世 いさくさ／いざこざ。ふんきう[紛糾]。もつれ[縺]。中世 ちへい[馳騁]。ふんさう[紛争]。もんちゃく／もんぢゃく[悶着]。中古 いさかひ[諍／闘諍]。けんくゎ[喧嘩]。ちてい[馳騁]。上代 あらそひ[争／諍]。

かつどう【活動】 近代 アクション(action)。かつやく[活躍]。近世 うごき[動]。やくどう[躍動]。中世 うんどう[運動]。くゎつどう[活動]。はたらく[働]。

―がやむ おとなし[音無]。きゅうみん[休眠]。近代 ちんもく[沈黙]。ねむる[眠]。中世 鳴りを潜む[―潜める]。

―・しながら向上する　せいせいはってん［生生発展］。

―・する力　〔近代〕エネルギー（ドイツ Energie）。きどうりょく［機動力］。せいめいりょく［生命力］。バイタリティー（vitality）。〔近世〕えいき［英気］。くゎっき［活気］。くゎつりょく［活力］。げんき［元気］。〔中世〕せいき［生気］。せいき［精気］。せいりき／せいりょく［精力］。〔中古〕きりょく［気力］。

―的　アクティブ（active）。ダイナミック（dynamic）。〔近代〕ぐゎいかうてき［外向的］。せききょくてき［積極的］。〔近世〕くゎっぱつ［活発］。

―の拠点　きち［基地］。〔近代〕こんきょち［根拠地］。ねじろ［根城］。

―の制限　〔近代〕たづな［手綱］。

―を始める　〔中世〕はっそく／ほっそく［発足］。はつどう［発動］。

生き生きと―・するさま　〔近代〕ぱりぱり。〔近世〕ばりばり。〔中世〕せいせい［生生］。

裏で―・する　ちかこうさく［地下工作］。ねまわし［根回］。〔近代〕あんやく［暗躍］。さくどう［策動］。ちかうんどう［地下運動］。

かっとな・る　鶏冠（とさか）に来る。〔近代〕頭にくる。〔近世〕おこる［怒］。ぎゃくじゃう［逆上］。血が上る。〔中世〕かくぜん［赫然］。きあがる［気上］。〔中古〕いかる［怒］。けあがる［気上］。

かっぱ【河童】　〔近代〕かはく［河伯］。〔近世〕がたろ［河太郎］。かっぱ［河童］。かはこ［川子］。かはたらう［河太郎］。かはっぱ［河童］。かはらんべ。すいこ［水虎］。ゑんこう［猿猴］。〔中世〕かはらう［河郎］。

かっぱ【合羽】　あまぎ［雨着］。〔近代〕レーンコート（raincoat）。〔近世〕あまがっぱ［雨合羽］。かっぱ［合羽］。〔中古〕あまぎぬ／あまごろも［雨衣］。うい［雨衣］。

袖無しで裾の広がった―　〔近世〕まるがっぱ［丸合羽］。ひきまはし［引回］。ひきまはしがっぱ［引回合羽］。まはしがっぱ［回合羽］。

袖無しの風除けの―　〔近世〕かざがっぱ［風合羽］。

丈の長い―　〔近世〕ながかっぱ［長合羽］。

丈の短い―　〔近世〕はんがっぱ［半合羽］。

かっぱ【喝破】　〔近代〕かっぱ［喝破］。だんげん［断言］。〔近世〕ろんぱ［論破］。ろんばく［論駁］。

かっぱつ【活発】　〔近代〕くゎっき［活気］。くゎつどうてき［活動的］。のうどうてき［能動的］。〔近世〕くゎっぱつ［活発］。〔中世〕いきいき［生生／活活］。くゎいくゎつ［快活］。はつらつ［潑剌／潑溂］。

―で男児のような女児　〔近世〕おてんば［転婆］。

―で悪さもする子供　〔近世〕あんぱく／わんぱく［腕白］。

―・なさま　〔近代〕しゃきしゃき。はねる［跳］。ぴんしゃん。

―・になること　かっせいか［活性化］。

かっぷ【割賦】　ぶんかつばらい［分割払］。リボルビングローン（和製 revolving loan）。〔近世〕げっぷ［月賦］。ねんぷ［年賦］。わっぷ［割賦］。

カップ（cup）　しょうはい［賞杯］。〔近代〕カップ。トロフィー（trophy）。〔中古〕ちゃわん［茶碗］。→コップ

金製の―　〔中世〕きんぱい［金杯／金盃］。

銀製の―　〔中世〕ぎんぱい［銀杯／銀盃］。

取っ手の付いた筒型の―　マグ（mug）。

かっぷく【恰幅】　〔近代〕おしだし［押出］。からだつき［体付］。〔近世〕かっぷく［恰幅］。〔上代〕すがた［姿］。ふうさい［風采］。

カップル（couple）　男女二人連れ。〔近代〕アベック（フランス avec）。カップル。〔中古〕ふうふ［夫婦］。→ふうふ

がっぺい【合併】　へいごう［併合］。〔近代〕がっぺい［合併］。フュージョン（fusion）。〔近世〕がふどう［合同］。〔中古〕がったい［合体］。

―の例　きゅうしゅうがっぺい［吸収合併］。しんせつがっぺい［新設合併］。

国の―　〔近代〕がっぽう［合邦］。

かつぼう【渇望】　〔近代〕ききう［希求］。せつばう［切望］。ねつばう［熱望］。〔近世〕かわき［渇］。〔中世〕かっす［渇］。〔中古〕かつばう［渇望］。

かっぽう【割烹】　〔近代〕かっぱう［割烹］。〔中世〕てうり［調理］。〔中古〕れうり［料理］。

《句》〔近世〕餓鬼の目に水見えず。

かつまた【且又】　〔近世〕おまけに［御負］。そのうへ［其上］。〔中古〕かつまた［且又］。

かつもく【刮目】　〔近代〕ぎょうし［凝視］。くゎつがん［刮眼］。ちゅうもく［注目］。〔近世〕くゎつもく［刮目］。ちゅうい［注意］。ちゅうし［注視］。〔中世〕だうもく［瞠目］。

かつやく【活躍】　〔近代〕くゎつやく［活躍］。〔中世〕くゎつどう［活動］。はたらき［働］。

―・しないたとえ　〔近代〕鳴かず飛ばず。

―の場　〔近代〕おほぶたい［大舞台］。ぶたい［舞台］。

―の場がないのを嘆く（こと）　〔近代〕髀肉（ひにく）（髀

肉)の嘆。髀肉をかこつ。
英雄や豪傑の― 近代 蛟竜雲雨を得う[―得る]。飛竜雲に乗る。
社会へ出て―・する はってん[発展]。はばたく[羽撃／羽搏]。ゆうひ[雄飛]。
はなばなしく―・した人 ヒーロー(hero)。
場を得て生き生きと―・する 中世 魚(うを)の水を得たるが如し。

かつよう【活用】 きよう[起用]。ゆうこうりよう[有効利用]。近代 いかす[活／生]。くし[駆使]。やくだてる[役立]。近世 うんよう[運用]。じつよう[実用]。はたらく[働]。中世 うんてん[運転]。おうよう[応用]。くわつよう[活用]。とうよう[登用]。はたらかす[働]。りよう[利用]。中古 あつかふ[扱]。

―・されない状態 遊んでいる。眠っている。

―・しないで保管する 眠らせる。近代 遊ばせる。寝かす／寝かせる。

―・せずに終わってしまう 中古 つぶる[つぶれる][潰]。

かつら【鬘】 ウィッグ(wig)。近世 いれがみ[入髪]。うゑがみ[植髪]。中世 かもじ[髪文字／髢]。そへがみ[添髪]。中古 えびかづら[葡萄葛]。かつら[鬘]。
歌舞伎の― 近代 あさみ[浅]。あぶらちゃせん[油茶筅]。いたびん[板鬢]。おほびゃくにち[大百日]。近世 あかがしら[赤頭]。
歌舞伎の稚児役がつける― 近世 あいご[愛護]。
張り子の― 近代 ぼてかつら[鬘]。
▼添え髪 近世 かはつ[仮髪]。中世 かもじ[髪文字／髢]。中古 えびかづら[葡萄葛]。

かつらく【滑落】 近世 すべりおつ[―おちる][滑落]。中古 すべる[滑／辷]。

かつりょく【活力】 ダイナミズム(dynamism)。近代 えいき[英気]。エネルギー(ドイ Energie)。きはく[気魄／気迫]。くゎつりょく[活力]。せいき[精気]。せいくゎつりょく[生活力]。せいめいりょく[生命力]。バイタリティー(vitality)。ばりき[馬力]。近世 くゎっき[活気]。くゎっぱつ[活発]。げんき[元気]。中世 せいき[生気]。せいりき／せいりょく[精力]。中古 きりょく[気力]。上代 けっき[血気]。

―にあふれているさま 近代 エネルギッシュ(ドイ energisch)。バイタル(vital)。近世 げんき[元気]。中世 さう[壮]。中古 たくまし[逞]。

―の源 ち[血]。近代 さいかたんでん／せいかたんでん[臍下丹田]。近世 かうぜんのき[浩然気]。

―を与えること かっせいか[活性化]。ふかつ[賦活]。

かつろ【活路】 近代 けつろ[血路]。中世 くゎつろ[活路]。
―を開く 近代 窮余の一策。逃ぐる者道を択(えら)ばず。近世 窮すれば通ず。

かて【糧】 中世 しょくもつ[食物]。中古 りゃうしょく[糧食]。上代 かて[糧／粮]。くひもの[食物]。しょくりゃう[食糧]。しょくれう[食料]。をしもの[食物]。

かてい【課程】 カリキュラム(curriculum)。近代 けういくくゎてい[教育課程]。近世 くゎてい[課程]。

かてい【家庭】 近代 かてい[家庭]。ファミリー(family)。ホーム(home)。中世 けいもん[閨門]。中古 いっか[一家]。上代 いへ[家]。しっか[室家]。

《丁》おうち[御内／御家]。おたく[御宅]。

《句》近世 負はず借らずに子三人。

―円満のためになるもの 近世 せたいぐすり[世帯薬]。

―的 近代 アットホーム(at home)。ドメスティック(domestic)。

―の教え 中世 ていきん[庭訓]。庭の教(をし)へ。

―の中で使う物 近代 ざっくゎ[雑貨]。近世 あらもの[荒物]。

―の中のこと おくむき[奥向]。近代 ないかう[内行]。中世 けいもん[閨門]。中古 うちうち[内内]。

―奉仕員 ホームヘルパー(和製home helper)。

―を支える中心 やたいぼね[屋台骨]。

愛する者同士が作る― 近代 あいのす[愛巣]。スイートホーム(sweet home)。

自分の― マイホーム(和製my home)。上代 わがや[我家]。

かてい【仮定】 近代 かせつ[仮設]。かてい[仮定]。さうてい[想定]。ぜんてい[前提]。

かてい【過程】 近代 いとすぢ[糸筋]。くゎてい[過程]。けいくゎ[経過]。とじゃう[途上]。プロセス(process)。コース(course)。だうてい[道程]。近世 いきさつ[経緯]。なりゆき[成行]。中世 なりたち[成立]。中古 すいい[推移]。
生まれてからの成長の― 近世 おひたち[生立]。
目標に至るまでの― 近世 はしご[梯子／梯]。

カテゴリー(ドイツ Kategorie) 近代 カテゴリー。はんちう[範疇]。近世 ぶもん[部門]。中古 しゅるい[種類]。

かでん【家伝】 中世 かでん[家伝]。さうでん/しゃうでん[相伝]。ぢゅうだい[重代]。でんらい[伝来]。

がてん【合点】 →**がってん**

かど【角】 近代 アングル(angle)。ぐうかく[隅角]。コーナー(corner)。りょうかく[稜角]。近世 まがりかど[曲角]。中古 かど[角]。そば[稜]。上代 すみ[隅]。

ーが多い たかく[多角]。中世 かどかどし[角角]。

ーがとがる かどだてる[角立]。近代 かくばる[角張]。かどだつ[角立]。近世 そばだつ[敧]。中世 かどばる[角張]。中古 いららぐ[苛]。

ーがない 中古 なだらか。まろし[丸]。

ーにある土地 かどち[角地]。近世 かどぢめん[角地面]。

とがったー 近代 えいかく[鋭角]。りょうかく[稜角]。

人柄が円満でない意のー 中世 けいかく[圭角]。

かど【門】 →**いりぐち** →**もん**

かど【過度】 近代 オーバー(over)。くゎげき[過激]。くゎじょう[過剰]。くゎぢゅう[過重]。どはづれ[度外]。やりすぎ[遣過]。近世 いきすぎ[行過]。中世 くゎたう[過当]。くゎど[過度]。くゎぶん[過分]。てうくゎ[超過]。なみはづれ[並外]。はふぐゎい[法外]。

▼度を超す →**ど**

かとう【下等】 近代 かきふ[下級]。かとう[下等]。げひん[下品]。さんりう[三流]。しょきふ[初級]。ていきふ[低級]。れっとう[劣等]。中世 かゐ[下位]。した[下]。中古 げぼん[下品]。

ー品 かきゅうひん[下級品]。近代 すそもの[裾物]。そせいひん[粗製品]。近世 だもの[駄物]。やすもの[安物]。

きわめてー 中世 ごくげ[極下]。

かとう【過当】 →**かど**

かどう【可動】 近代 かどう[可動]。かへん[可変]。フレキシブル(flexible)。

かどう【稼働】 近代 さうげふ[操業]。さうさ[操作]。中世 うんてん[運転]。さげふ[作業]。

かどう【花道】 おはな[御花]。近世 くゎだう[花道/華道]。さしばな[挿花]。せいくゎ[生花]。はな[花/華]。はないけ[花生/花活]。中世 いけばな[生花/活花]。

▼生け方 近代 もりばな[盛花]。近世 さしばな[挿花]。中世 たてばな[立花]。なげいれ[投入]。なげいればな[投入花]。りっくゎ[立花/立華]。

▼花器の置き方 おきばな[置花]。近代 かけばな[掻花/懸花]。近世 つりばな[釣花]。

かどう【歌道】 近世 ことのはのみち[言葉道]。しきしまのみち[敷島道]。中世 しきしま[敷島]。中古 かだう[歌道]。

かとき【過渡期】 いこうき[移行期]。へんかくき[変革期]。近代 かはりめ[変目]。くゎとき[過渡期]。ちゅうと[中途]。てんくゎんき[転換期]。はざかひき[端境期]。中世 うつりかはり[移変]。中古 とちゅう[途中]。

かとく【家督】 →**あとつぎ**

ーを受け継ぐ 近世 いへつぎ[家継]。よとり[世取]。中世 おそふ[襲]。さうぞく[相続]。よつぎ[世継]。

▼先代の名跡を継ぐ 近代 しふめい[襲名]。

かどぐち【門口】 →**いりぐち**

かどだ・つ【角立】 →**かどば・る**

かどで【門出】 近代 しゅっと[出途]。しゅっぱつ[出発]。スタート(start)。はっする[発]。はっと[発途]。途に就く。近世 きてい[起程]。しゅったつ[出立]。たびだち[旅立]。中世 かしまだち[鹿島立]。しゅと[首途]。はっそく/ほっそく[発足]。中古 はっかう[発向]。上代 いでたつ[出立]。かどで[門出/首途]。たつ[立]。

朝のー 上代 あさとで[朝戸出]。

勇ましく雄々しいー そうと[壮途]。ゆうと[雄途]。

旅のー 近世 たびだち[旅立]。

夜のー 上代 よとで[夜戸出]。

かどば・る【角張】 かくしきばる[格式張]。すじばる[筋張]。つのだつ[角立]。近代 あらたまる[改]。かくい[角]。かしこまる[畏]。ぎしきばる[儀式張]。けいしきばる[形式張]。しかくばる[四角張]。近世 いかつし[厳]。かどだつ[角立]。中世 いらめく[苛]。いらがす[苛]。そばだつ[敧]。角が立つ。中古 いららぐ[苛]。かどかどし[角角]。そばそばし[稜稜]。→**かたくるし・い**

ー・った性格 中世 けいかく[圭角]。

ー・っていない 近代 ゑんてんくゎつだつ[円転

滑脱］。ゐんまん［円満］。〔近世〕ひらたし［平］。

ー・るさま 〔中世〕りょうりょう［稜稜］。

かどまつ【門松】 〔近世〕かざりまつ［飾松］。まつかざり［松飾］。ゆきまつ［雪松］。〔中世〕まつ［松］。〔中古〕かどまつ［門松］。

ーを取り払うこと 〔近代〕まつをさめ［松納］。

宮中のー 〔中世〕はつよぐさ［初代草］。

かとりせんこう【蚊取線香】 〔近代〕かとりせんかう［蚊取線香］。〔中世〕かやり／かやりび［蚊遣火］。〔上代〕かび［蚊火］。

かどわか・す【拐】 〔近代〕いうかい［誘拐］。かいいん［拐引］。つれさる［連去］。つれだす［連出］。ひとさらひ［人攫／人掠］。らち／らっち［拉致］。〔近世〕さらふ［掠／攫］。ひっさらふ［引攫］。〔中世〕かどはかす［拐／勾引］。かどふ［勾引／拐］。こういん［勾引／拘引］。〔中古〕かどはす［勾引］。〔上代〕をこつる［誘］。

かな【仮名】 わぶん［和文］。〔近代〕へんたいがな［変体仮名］。〔近世〕かじ［仮字］。かなもじ［仮名文字］。こくじ［国字］。やまとがな［大和仮名］。をんなもじ［女文字］。〔中世〕かりな［仮名］。ひらがな［平仮名］。やまともじ［大和文字］。〔中古〕かたかな［片仮名］。かな［仮名］。かんな［仮名］。わじ［和字／倭字］。をんなで［女手］。

漢字のー おんがな［音仮名］。〔近世〕まんえふがな［万葉仮名］。〔中古〕まがな［真仮名］。まな［真］。〔上代〕をとこがな［男仮名］。

漢字を混ぜないで全部ー そうがな［総仮名］。

かない【家内】❶〈家中／家族〉 〔近代〕かてい［家庭］。をくない［屋内］。〔近世〕かぞく［家族］。やうち［家内］。〔中世〕うちわ［内輪］。〔中古〕かちゅう［家中］。かない［家内］。〔上代〕やぬち［家内］。→**かぞく**

かない【家内】❷〈妻〉 →**つま**

かな・う【適】 そう［添］。フィット(fit)。〔近代〕あてはまる［当嵌］。てきがふ［適合］。〔近世〕むく［向］。〔中世〕あふ［合］。おうず［応］。つりあふ［釣合］。てきたう［適当／的当］。ひってき［匹敵］。〔中古〕にあふ［似合］。〔上代〕かなふ［適］。

道理にー・う 〔近代〕がふり［合理］。

法にー・う 〔近代〕がふはふ［合法］。てきはふ［適法］。

かな・う【叶】 〔近代〕じつげん［実現］。たっせい［達成］。〔中古〕かなふ［叶］。〔上代〕しく［及／若／如］。じゃうじゅ［成就］。

ー・いそうもない望み 〔中世〕雲に梯子(架け橋)。〔中古〕かせい［河清］。河清を俟つ。

願いがー・う 〔中世〕まんぐゎん［満願］。

願いがわずかにー・う 〔近世〕棒ほど願って針ほど叶ふ。

かなえ【鼎】 〔中世〕みつあし［三足／三脚］。〔上代〕かなへ［鼎］。

ーの足 〔近世〕ていそく［鼎足］。

足の付いたー 〔中世〕あしがなへ［足鼎］。

石造りのー 〔中世〕せきてい［石鼎］。

小型のー 〔中古〕あしなべ［足鍋］。

かなかな【蜩】 かなかなぜみ［蜩蟬］。〔上代〕ひぐらし［蜩］。

かなきりごえ【金切声】 〔近世〕かなきりごゑ［金切声］。しらごゑ［白声］。

かなぐ【金具】 〔近代〕きんぞくせい［金属製］。〔中世〕かなぐ［金具］。かなもの［金物］。

口を止めるー 〔近代〕くちがね［口金］。

書類等を挟むー 〔近代〕クリップ(clip)。じょうばさみ［状挟］。

戸締まりのためのー 〔中古〕かきがね［繫金］。かけがね［掛金］。

開き戸などのー ちょうばん［蝶番］。〔中世〕てふつがひ［蝶番］。

物をとじるー 〔近代〕とめがね［留金］。〔中世〕とぢがね［綴金］。

かなし・い【悲】 しょうそう［傷愴］。ハートブレーク(heartbreak)。〔近代〕あいせつ［哀切］。あんたん［暗澹］。ちんつう［沈痛］。ひさう［悲愴］。ブロークンハート(broken heart)。ペーソス(pathos)。九腸寸断す。〔近世〕つうたん［痛嘆／痛歎］。はりさく［―さける］［張裂］。ひつう［悲痛］。断腸の思ひ。腸(はらわた)がちぎる［―ちぎれる］。腸(はらわた)を断つ。〔中世〕あいしう［哀愁］。あいつう［哀痛］。いたはし。いたまし［傷］。しうしゃう［愁傷］。しんつう［心痛］。せいそく［悽惻／凄惻］。せつなし［切］。なげかはし［嘆］。九回の腸。〔中古〕あいれん［哀憐］。いうしう［憂愁］。う／うし［憂］。うれはし［憂］。しうし［愁思］。しうたん［愁嘆／愁歎］。しゃうしん［傷心］。つらし［辛］。ひあい［悲哀］。ひしゃう［悲傷］。ひたん［悲嘆］。むねつぶる［―つぶれる］［胸潰］。むねひしぐ［―ひしげる］［胸拉］。胸が裂く［―裂ける］。〔上代〕あいかん［哀感］。あいしゃう［哀傷］。いきづかし［息］。かなし［悲／哀］。まがなし［真悲］。むねいたし［胸痛］。

ー・い運命 〔近代〕ひきゃう［悲境］。〔近世〕ぎゃくきゃう［逆境］。ひうん［悲運］。

ー・い思い 〔近代〕ひくゎん［悲観］。〔上代〕あはれ［哀］。

—・い知らせ 近代 ひほう［悲報］。

—・い調子 近代 あいてう［哀調］。中古 ひてう［悲調］。

—・い目 中古 うきめ［憂目］。

—・い別れ 近世 あいべつ［哀別］。中世 なきわかれ［泣別］。

—・く哀れ 近代 あいせつ［哀切］。中世 あいつう［哀痛］。中古 ひあい［悲哀］。

—・く傷ましい 近代 さんそ［酸楚］。ひさう［悲愴］。近世 ひつう［悲痛］。中古 ひしゃう［悲傷］。

—・く寂しいこと 近世 ひりゃう［悲涼］。上代 かんしゃう［感傷］。

—・く辛い 近世 やるせなし［遣瀬無］。中世 きぐるし［気苦］。中古 やらんかたなし／やるかたなし［遣方無］。

—・くてたまらない 中世 しうぜつ［愁絶］。

—・くも勇ましい 近代 ひさう［悲壮］。

—・そうな顔 近世 うれひがほ［憂顔］。中古 うれへがほ［憂顔］。

—・そうなさま 中古 あいあい［哀哀］。わびしら［侘］。

—・そうな目つき 中古 いやめ［否目］。

なんとなく—・い 近世 やるせない［遣瀬無］。中世 せつなし［切］。中古 さびし／さぶし［寂］。上代 うらがなし［心悲］。ものがなし［物悲］。


かなしみ【悲】 中世 うらみ［恨］。うれひ［愁／憂］。かなしみ［悲／哀］。中古 かなしび［悲／哀］。上代 あはれ［哀］。いたみ［痛／傷］。うれへ［愁／憂］。→**かなし・い**→**かなし・む**
—で心が乱れる 中古 むねつぶる〔—つぶれる〕［胸潰］。むねひしぐ〔—ひしげる〕［胸拉］。

—で心を暗くする 中世 あんぜん［暗然／闇然／黯然］。中古 くらす［暗］。

—で胸が一杯になる 近世 むなづらはし［胸］。中古 せきあぐ〔—あげる〕［咳上］。むせかへる［噎返］。むねふたがる［胸塞］。むす〔むせる〕［咽／噎］。上代 こころむす〔—むせる〕［心咽］。

—と喜びを共に味わう ひきこもごも［悲喜交交］。

—と楽しみ あいくゎん［哀歓］。中古 あいらく［哀楽］。なきわらひ［泣笑］。ひき［悲喜］。

—に沈む 中世 かきくる〔—くれる〕［掻暮／掻暗］。中古 おもひしめる［思湿］。かきくらす［掻暗］。しめやか。しめる［湿］。なげきわぶ［嘆侘］。上代 うらぶる〔—ぶれる〕。

—に沈むさま 中世 せいぜん［凄然］。嘆きの色。涙の色。中古 ちうちゃう［惆悵］。上代 くれぐれ［暗暗］。しううん［愁雲］。

—の歌 近代 エレジー(elegy)。ひきょく［悲曲］。近世 あいし［哀詩］。中世 あいか［哀歌］。あいしゃうか［哀傷歌］。ひか［悲歌］。

—の極み 近代 ひぜつさんぜつ［悲絶惨絶］。中古 血の涙。袖の氷。涙の底。

—の涙 中古 こうるい［紅涙］。

—の深さのたとえ 中世 思ひの淵。

—を思い遣る 中世 じゅんど［忖度］。中古 しんしゃく［斟酌］。そんたく［忖度］。どうじゃう［同情］。

離婚の— 近代 破鏡の嘆き。


かなし・む【悲】 近世 うらぶ［恨］。うらみる［恨］。中世 うれふ〔うれえる〕［憂／愁］。中古 うちわぶ［打侘］。うらびる［悄］。うらみわぶ［恨侘］。おもひわぶ［思侘］。かこつ［託］。かなしむ［悲／哀］。なげきわぶ［嘆侘］。なげく［嘆／歎］。むねつぶる〔—つぶれる〕［胸潰］。むねひしぐ〔—ひしげる〕［胸拉］。涙に暮る〔—暮れる〕。上代 いきづく［息］。いたむ［痛／傷］。うらぶる〔—ぶれる〕。うらむ［恨］。かなしぶ［悲／哀］。さまよふ［呻／吟］。なげく［嘆］。

《尊》中古 おぼししづむ［思沈］。おぼしなげく［思嘆］。おぼしわぶ［思侘］。

—・ませる 中古 いたます［痛／傷］。

—・みあわれむこと 中古 あいびん／あいみん［哀憫／哀愍］。

—・み憤ること 近代 ひふん［悲憤］。ひふんかうがい［悲憤慷慨］。中世 がいたん［慨嘆／慨歎］。

—・み悼むこと 中世 あいたう［哀悼］。

—・み愁う心 上代 しうしょ［愁緒］。

—・み惜しむこと 近世 あいせき［哀惜］。中世 つうしゃく／つうせき［痛惜］。

—・みきれない 中古 なげきあまる［嘆余］。

—・み続ける 中世 なげきくらす［嘆暮］。なげきわたる［嘆渡］。上代 なげかふ［嘆］。

—・み嘆く 近代 しょくしょく［唧唧］。近世 つうこく［痛哭］。中世 かんたん［感嘆／感歎］。中古 いうしう［憂愁］。うちなげく［打嘆］。うれへなげく［愁嘆］。おもひなげく［思嘆］。こころづくし［心尽］。しうたん［愁嘆］。しほたる［潮垂］。ひしゃう［悲傷］。ひたん［悲嘆／悲歎］。上代 あいしゃう［哀傷］。さまよふ［呻／吟］。なげく［嘆］。

—・むべき状態 近代 ひきゃう［悲況］。

—・む様子 中世 あんぜん［暗然／闇然］。

ー・んで泣く(こと) 目頭を押さえる。〔近代〕あいきふ[哀泣]。枕を濡らす。〔近世〕ひきふ[悲泣]。袖に露置く。〔中世〕あいこく[哀哭]。うきね[憂哭]。袖に時雨(しぐ)る。袖の徒波(あだなみ)。袖の白玉。袖の湊(みなと)。泣きの涙。〔中古〕うれへなく[愁泣]。どうこく[慟哭]。なきしづむ[泣沈]。なきふす[泣伏]。なきわぶ[泣侘]。袖に湊(みなと)の騒ぐ。袖の浦。袖の雫。袖の露。袖を絞る。〔上代〕さまよふ[吟／呻吟]。

ー・んで泣く声 しめりごえ[湿声]。

憂えー・む 〔近世〕せきぜん[戚然]。〔中古〕うれへなげく[憂嘆]。ひしう[悲愁]。

鹿などがー・んで鳴く 〔上代〕わびなき[侘鳴]。

動物や虫などがー・んで鳴くこと 〔中世〕ひめい[悲鳴]。

人の死をー・み惜しむ 〔近世〕あいせき[哀惜]。《句》〔近世〕兎死すれば狐これを悲しむ。

人の死をー・む 〔中世〕あいたう[哀悼]。いたむ[悼]。

かなづち【金槌】 げんのう[玄能]。とんかち。ハンマー(hammer)。〔近世〕かなさいづち[鉄才槌]。〔中古〕かなづち[金槌／鉄槌]。〔上代〕つち[槌／鎚／椎]。

大型のー 〔中古〕てっつい[鉄槌／鉄鎚]。

小さな彫金用のー まめつち[豆鎚]。

▼木槌 〔近世〕さいづち[才槌／木椎]。

かな・でる【奏】 プレー(play)。〔近代〕えんそう[演奏]。〔近世〕かなづ〔かなでる〕[奏]。〔中世〕だんず[弾]。〔中古〕しらぶ〔しらべる〕[調]。そうす[奏]。ひく[弾]。〔上代〕つまびく[爪弾]。→**えんそう**

かなめ【要】 〔近代〕えうてん[要点]。えうぶ[要部]。かく[核]。こうけい[肯綮]。しゅがん[主眼]。しょうろ[衝路]。ぢく[軸]。ポイント(point)。〔近世〕かんもん[肝文]。つぼ[壺]。づぼし[図星]。〔中世〕えうしょ[要所]。えうしょう[要衝]。かなめ[要]。がんもく[眼目]。きふしょ[急所]。くゎんけん[関鍵]。すうき[枢機]。〔中古〕えう[要]。かんえう[肝要]。かんじん[肝心]。せいこく[正鵠]。ちゅうしん[中心]。〔上代〕すうえう[枢要]。

かなめいし【要石】 →**いし【石】**

かなめもち【要黐】 〔近代〕あかめ／あかめもち[赤芽黐]。かなめがし[要樫]。かなめもち[要黐]。〔近世〕かなめのき[要木／金目木]。〔中古〕そばのき[蕎麦木／稜木]。

かなもの【金物】 ステンレス／ステンレススチール(stainless steel)。〔近代〕がふきん[合金]。きんぞく[金属]。トタン(ポルトガル tutanaga)。ブロンズ(bronze)。〔近世〕ブリキ(オランダ blik)。〔中世〕かなぐ[金具]。かなもの[金物]。しんちう[真鍮]。〔中古〕いもの[鋳物]。〔上代〕てつ[鉄]。

ーの修繕 〔近世〕いかけ[鋳掛]。いとめ[鋳留]。

ーの修繕をする人 〔近世〕いかけや[鋳掛屋]。〔中世〕いかけし[鋳掛師]。

かならず【必】 〔近代〕きまって[決]。ぜったい[絶対]。ひっしゅ[必須]。疑ひなく。〔近世〕かまひて[構]。こんりんざい[金輪際]。ずいぶん[随分]。せいもん[誓文]。ぜっぴ[是非]。ぜひぜひ[是非是非]。なんでふ[何]。はちまん[八幡]。ひっし[必至]。ひっす[必須]。ひつぢゃう[必定]。ばんばん[万万]。間違ひない。〔中世〕いちぢゃう[一定]。かまへて[構]。きっと[屹度／急度]。きと。きときと。きはめて[極]。けつぢゃう[決定]。けんご[堅固]。さぞ／さぞな[嘸／然]。しかと[確]。しっかい[悉皆]。ぜひ[是非]。ぜひとも[是非]。ぢぢゃう[治定]。ていと／ていど。〔中古〕さだめて[定]。ひつぜん[必然]。ふつに。〔上代〕うたがた。かならず[必]。さね[実]。→**きっと**

ー勝つ 〔中世〕ひっしょう[必勝]。ひっせふ[必捷]。

ー死ぬ 〔中世〕ひっし[必死]。

ーしも 〔近世〕まんざら。〔中古〕あながち[強]。〔上代〕うたがたも。うつたへに。

ー…するな 〔上代〕ゆめ[努]。ゆめゆめ[努努／夢夢]。

ー…なる 〔近代〕きまって[決]。〔近世〕ひっし[必至]。ひつぢゃう[必定]。〔中古〕ひつぜん[必然]。ろんなし[論無]。

かなり【可成】 〔近代〕さうたう[相当]。〔近世〕いいかげん[好加減]。おほいに[大]。たいてい[大抵]。だいぶん[大分]。〔中世〕かなり[可成]。ずいぶん[随分]。すこぶる[頗]。だいぶ[大分]。なかなか[中中]。よほど[余程]。〔中古〕なかば[半]。

ーの程度 〔近代〕すくなからず[少]。〔中古〕じんじゃう[尋常]。

ーの人数 〔中世〕すはい[数輩]。

かなわな・い【敵】 頭が上がらない。及びがたい。対抗できない。歯が立たない。比較にならない。〔近代〕かなはない[敵]。及びもつかない。三舎を避(さ)く〔ー避ける〕。〔中世〕てごはし[手強]。足元にも及ばぬ。〔中古〕およばず[及]。およびなし[及無]。〔上代〕しかず

［如／及］。まく［まける］［負］。

かに【蟹】 近世 むちゃうこうし［無腸公子］。横行の介士。上代 かに［蟹］。

▼ずわい蟹 えちぜんがに［越前蟹］。まつばがに［松葉蟹］。

かにくさ【蟹草】 近世 いとかづら［糸葛］。うにくさ［草］。かいきんしゃ［海金沙］。かなづる［蔓］。かにくさ［蟹草］。かにづる［蟹蔓］。しゃみせんづる［三味線蔓］。つるしのぶ［蔓忍／海金沙］。

かにゅう【加入】 近代 かめい［加盟］。さんにふ［参入］。にふくゎい［入会］。近世 かにふ［加入］。なかまいり［仲間入］。へんにふ［編入］。中世 さんか［参加］。中古 はひる［入／這入］。上代 くははる［加］。

団体にー にゅうだん［入団］。

かね【金】❶〈金属〉 近世 かなけ［金気／鉄気］。きんぞく［金属］。中世 かなぐ［金具］。中古 かね［金］。

▼金銀 近世 くゎうはく［黄白］。しろがね［銀］。ひかりもの［光物］。やまぶきいろ［山吹色］。中古 こがね［黄金］。上代 くがね［黄金］。しろかね［銀］。

▼青銅 中世 からかね［唐金］。

▼鉄 中古 くろがね［鉄］。まかね［真金］。

▼銅 中古 あか［銅］。上代 あかがね［銅］。

かね【金】❷〈金銭〉 マネー(money)。近代 エム(M)（戦前の学生語）。おたから［御宝］。キャッシュ(cash)。きんゐん［金員］。きんゑん［金円］。くゎへい［貨幣］。ゲル／ゲルト（ドイツ Geld）（戦前の学生語）。げんきん［現金］。ぜぜ［銭］（幼児語）。つうくゎ［通貨］。とぶつ［堵物］。ドル（オランダ dollar）。近世 おあし［御足／御銭］。ありがね［有金］。あをせん［青銭］。あをなみせん［青波銭］。かなけ［金気／鉄気］。かねびら［金片］。きり［桐］。きん［金］。きんす［金子］。ぎんす［銀子］。きんたらう［金太郎］。くゎうはく［黄白］。げんなま［現生］。こうはうひん［孔方兄］。ざいくゎ［財貨］。しぼせん［子母銭］。しろもの［代物］。ぜに［銭］。せん［銭］。だいもつ［代物］。たま［球／弾］。ちゃん／ちゃんころ［銭］。つうほう［通宝］。ひかりもの［光物］。ふところ［懐］。まる［丸／円］。まるしき［丸式］。まるしるし［丸印］。まるもの［丸物／円物］。まろ［丸］。やまぶきいろ［山吹色］。ゐんつう［銀子／員子］。中世 あし［足／脚］。あと［阿堵］。あとぶつ［阿堵物］。えうきゃく［要脚］。きんせん［金銭］。こうはう［孔方］。せいどう［青銅］。ぜにかね［銭金］。たから［宝］。てうもく［鳥目］。ゆくへ［行方］（女房詞）。ようきゃく［用脚］。ようど／ようどう［用途］。れうそく［料足］。中古 かね［金］。こがね［金］。しろがね［銀］。せいふ［青鳧］。せんくゎ［銭貨／泉貨］。せんざい［銭財］。上代 くがね［金］。

《句》近代 愛想づかしも金から起きる。一押し二金三男。いつまでもあると思ふな親と金。出雲の神より恵比寿の紙。浮世の沙汰は金次第。貸し借りは他人。金があれば馬鹿でも旦那(利口)。金貸せば友を失ふ。金と塵は積もるほど汚い。金の切れ目が縁の切れ目。金は天下の回りもの(回り持ち)。金銀は回り持ち。財布の紐を首に掛けるよりは心に掛けよ。先立つものは金。銭ある者は生き銭無き者は死す。銭金は親子でも他人。銭金囲うて姫囲ふな。銭取り病に死に病。銭は阿弥陀ほど光る。銭は馬鹿隠し。人間万事金の世の中。仏事供養も布施次第。仏の光より金の光。近世 阿弥陀の光も金次第。阿弥陀も金で光る。一金二男。江戸っ子は宵越しの銭は持たぬ。金が恨みの世の中。金が敵。金が金を溜める(儲ける)。金の世の中。金は片行き。金は湧き物(湧く物)。銭ある時は鬼をも使ふ。銭あれば木仏も面を和らぐ。宝は身の差し合はせ。地獄の沙汰も金次第。針を蔵に積みても溜らぬ。中世 布施だけの経を読む。布施ない経に袈裟落とす。布施見て経を読む。仏の沙汰も銭。

ーがあまりない きんけつ［金欠］。近代 しける［時化］。てうす［手薄］。懐が寂しい。懐が寒い。近世 せはし［忙］。ふつがふ［不都合］。

ーが十分あること 近代 金が唸る。近世 あたたか［温／暖］。

ーがどんどん入るさま がばがば。

ーがないこと →**いちもんなし**

ーがないさま 近代 ぴいぴい。

ーがなくて苦しくなる 近代 てづまる［手詰］。

ーが入る 近代 にふきん［入金］。

ーと穀物 近世 きんこく［金穀］。

ーと物 近代 きんぴん［金品］。ざいぶつ［財物］。上代 ざいもつ［財物］。

ーに異常な執着を持つ人 近世 しゅせんど／しゅせんぬ［守銭奴］。

ーに細かいさま 財布の紐が堅い。財布の

紐が長い。近代けちんばう／けちんぼ[坊]。しまりや[締屋]。にぎりばう[握坊]。にぎりや[握屋]。近世いちもんをしみ[一文惜]。けちくさし。こみち[小道／小路]。こみづ。しみったれ。にぎりっこ[握]。中世しわし[吝]。せせかまし。

ーの一部を取り上げる 近代ピンはね[ポルトガル pinta 撥]。

ーの運用がうまい人 近代りざいか[理財家]。

ーの貸し借り サラきん／サラリーマンきんゆう[salaried man 金融]。しょうひしゃきんゆう[消費者金融]。近代かしきん[貸金]。ローン(loan)。近世かうりがし[高利貸]。かねかし[金貸]。しゃくきん[借金]。

ーの工面 かねぐり[金繰]。しきんぐり[資金繰]。しきんちょうたつ[資金調達]。近代きんと[金途]。近世くめん[工面]。くりまはす[繰回]。さんだん[算段]。

ーの出し入れ 近代すいたふ[出納]。なふきん[納金]。にふきん[入金]。近世しゅっきん[出金]。上代しゅつなふ[出納]。

ーの力 かねざた[金沙汰]。金がものを言う。近代きんりょく[金力]。ざいりょく[財力]。ばいしう[買収]。ふりょく[富力]。不動の金縛り。近世かねづく／かねづくめ[金尽]。きんぎんづく[金銀尽]。きんせんづく[金銭尽]。ぜにかねづく[銭金尽]。ぜにぐつわ[銭轡]。ぜにづく[銭尽]。はぶり[羽振]。ひかり[光]。袖の下。

ーの使い方 財布の紐が緩む。財布の紐を握る。近代かねばなれ[金離]。さいふじり[財布尻]。りざい[理財]。財布の紐を握る。近世かねづかひ[金遣]。けいざい[経済]。ぜにかんぢゃう[銭勘定]。

ーの使い道 しと[使途／支途]。つかいさき[使先／遣先]。近世ひと[費途]。

ーの出どころ 近代ざいげん[財源]。

ーの流れ 近世かねまはり[金回]。

ーの量 近世いとめ[糸目]。

ーを入れて持ち歩く物 →**さいふ**

ーを受け取る 近代りゃうしう[領収]。近世じゅりゃう[受領]。

ーを送る 近代おくりがね／おくりきん[送金]。そうきん[送金]。

ーを納める 近代なふきん[納金]。

ーを惜しまず使う ばらまく。金に糸目は付けない。近代ふんぱつ[奮発]。らうひ[浪費]。らんぴ[乱費／濫費]。札びらを切る。近世いりあげる／いれあげる[入揚]。きりはなれ／きれはなれ[切離]。さんざい[散財]。はづむ[弾]。はりこむ[張込]。切れ離れがよい。取ったか見たか。

ーを惜しまず使う性質(人) 近世きまへ[気前]。きれて[切手]。気前がよい。

ーを借りること 近世かりがね／かりきん[借金]。しゃくきん[借金]。しゃくざい[借財]。かりぜに[借銭]。ふさい[負債]。中古しゃくせん[借銭]。

ーを蓄え預ける 近代ちくざい[蓄財]。ちょきん[貯金]。つみたて[積立]。よきん[預金]。よたく[預託]。近世つみきん[積金]。中古きたく[寄託]。上代くゎしょく[貨殖]。ちくせん[蓄銭]。ちょちく[貯蓄]。

ーを出し合い集める ぼきん[募金]。近代きょきん[醵金]。きょしゅつ[醵出]。きょす[醵]。しふきん[集金]。近世きりあふ[切合／斬合]。しふせん／しゅせん[集銭]。のり[乗]。

ーを出す 近代つぎこむ[注込]。近世しゅっきん[出金]。→**自分のーを使う**

ーを出す人 きんみゃく[金脈]。近世かねかた[金方／銀方]。かねづる[金蔓]。きんかた[金方]。きんしゅ[金主]。つる[蔓]。金の蔓。

ーを他の人から出させる 近代ひきだす[引出]。もずかんぢゃう[百舌勘定]。

ーを他の人から無理に出させる 近代しぼりあげる[絞上]。近世せびりとる[取]。まきあぐ[―あげる][巻上／巻揚]。中世しぼりとる[搾取]。

ーをためるだけの人 近世しゅせんど／しゅせんぬ[守銭奴]。金の番。金の番人。

ーを使い切る 鼻血も出ない。近代ひせう[費消]。近世しはて[為果／仕果]。はたく[叩]。

ーを使い込む 近世穴を開く[―開ける]。

ーを侮辱的に言う語 かねづら[金面]。中古どうしう[銅臭]。

ーを無計画に使う どんぶりかんじょう[丼勘定]。

ーを無駄に使う 近代らうひ[浪費]。

ーを持たない →**いちもんなし**

ーを用意して提供する 近世耳を揃ふ[―揃える]。中世ようだつ[―だてる][用立]。

余ったー 近代じょうきん[剰金]。じょうよきん[剰余金]。

多くのー →**たいきん**

公のー 近代こうきん[公金]。

落としたー 近世ゐきん[遺金]。

外国の― がいか[外貨]。
隠し持っている大事な― まいぞうきん[埋蔵金]。近世とらのこ[虎子]。へそがね[臍金]。へそくり[臍繰]。へそくりがね[臍繰金]。へそくりぜに[臍繰銭]。
価値のある使われ方をした― 近世いきがね[生金]。
価値の低い― 近世びた[鐚]。びたぜに/びたせん[鐚銭]。
玩具の― 近世ゑぜに/ゑせん[絵銭]。
契約などの証拠としての― 近世てつけ[手付]。てつけきん[手付金]。
公正でない― うらがね[裏金]。
乞食などに与える― 近世まきせん[蒔銭/撒銭]。
事業のための― 近代しきん[資金]。しほんきん[資本金]。近世しほん[資本]。もとがね/もときん[元金]。もとぎん[元銀]。中世もとで[元手]。
実家から持参する― 近世ぢさんきん[持参金]。
支払った―が一部返ること 近代はらひもどし[払戻]。わりもどし[割戻]。近世へんきん[返金]。
自分の―を使う 近代しひ[私費]。じべん[自弁]。懐を痛める。近世じばら[自腹]。じひ[自費]。じまへ[自前]。てべんたう[手弁当]。もちだし[持出]。自腹を切る。身銭を切る。中世じまい[自前]。
謝礼としての― かしりょう[菓子料]。近代しゃきん[謝金]。近世れいきん[礼金]。中世れいせん[礼銭]。中古つつみもの[包物]。

大切な― 近世いのちがね[命金]。
立て替える― 近世たてがね[立金/立銀]。
ちょっとまとまった― 近世こがね[小金]。
追加して支払う― 近世おひせん[追銭]。さしがね/さしきん[差金]。
定期的に支払う― 近世かけきん[掛金]。
手元にある自分の― てもときん[手元金]。近代こづかひぜに[小遣銭]。ざいなう[財嚢]。しょぢきん[所持金]。てせん[手銭]。なうちゅう[嚢中]。ふところ[懐]。ふところぐあひ[懐具合]。ふところつがふ[懐都合]。ポケットマネー(pocket money)。もちがね[持金]。近世ありがね[有金]。こづかひ/こづかひせん[小遣銭]。こづかひぎん[小遣銀]。こづかひれう[小遣料]。もちあはせ[持合]。中世みぜに[身銭]。
賭博で賭ける― かけきん[賭金]。中世かけせん/とせん[賭銭]。中古かけもの[賭物]。
入学時に納める― にゅうがくきん[入学金]。
必要な― 近代ざいげん[財源]。しきん[資金]。中古ひよう[費用]。
人に与えるための― なげぜに/なげせん[投銭]。近代かみひねり[紙捻]。近世おひねり[御捻]。つかみがね/つかみきん[掴金]。もくろく[目録]。
不正な方法で得た― うらがね[裏金]。近代あぶくぜに[泡銭]。近世あくせん[悪銭]。
奉納する― 近代ごくうれう[御供料]。近世さんせん[散銭]。みゃうがきん[冥加金]。中世さいせん[賽銭]。
褒美の― 近世しゃうきん[賞金]。
無駄な― すてがね[捨金]。近代しにぜに[死銭]。近世しにがね[死金]。唐(たう)へ投げ金(がね)。
棟上げなどに祝としてまく― 近代まきせん[蒔銭/撒銭]。
利用や使用に対する― りょうきん[料金]。
旅行に使う― 近代りょぎん[旅銀]。近世りょひ[旅費]。ろぎん[路銀]。
わずかな― 近代いちもん[一文]。たばこせん[煙草銭]。近世いちじ[一字]。いちじはんせん[一字半銭]。いちもんいちじ[一文一字]。いちもんきなか/いちもんはんせん[一文半銭]。いちもんぜに[一文銭]。いっせんいちじ[一銭一字]。さげぜに[下銭/提銭]。なみだがね/なみだきん[涙金]。はぎん[端銀]。はしぜに/はしたぜに/はしたせん[端銭]。はしたがね[端金]。めくさりがね[目腐金]。もじきなか[文字寸半]。もじひらなか[文字片半]。中世いちもんせん[一文銭]。こぜに[小銭]。はんせん[半銭]。はんもん[半文]。《句》近代一銭を笑ふ者は一銭に泣く。
▼金持ち→かねもち
▼貨幣→かへい
▼金銭登録機 キャッシャー(cashier)。キャッシュレジスター(cash register)。レジ/レジスター(register)。

かね【鐘】 ゴング(gong)。しょう[鐘]。近代ベル(bell)。中世つきがね[撞鐘]。つりがね[釣鐘]。中古ふしょう[鳧鐘]。上代おほがね[大鐘]。かね[鐘]。どら[銅鑼/鉦]。ぼんしょう[梵鐘]。
―と太鼓 中古きんこ[金鼓]。上代しょうこ[鐘鼓]。

ーの音 中世げいおん[鯨音]。中古しょうせい[鐘声]。
ーの鳴り響くさま 近代ぼおん。近世ごおん。ごん。中世かうかう[鏗鏗]。
合図のー 近代がうしょう[号鐘]。近世よびがね[呼鐘]。中世くゎんしょう[喚鐘]。
明け方鳴らすー 近世明けの鐘。中世景陽の鐘。中古げうしょう[暁鐘]。
危険を知らせるー 近世けいしょう[警鐘]。はやうち[早打]。中世はやがね[早鐘]。
死者を弔うー 近代てうしょう[弔鐘]。
時を知らせるー 近代アンジェラス(Angelus)。じしょう／ときがね[時鐘]。近世時の鐘。
夕暮れにつくー 中古いりあひ[入相]。ばんしょう[晩鐘]。ぼしょう[暮鐘]。入相の鐘。
▼鐘撞堂 近世しょうろう[鐘楼]。中世かねつきだう[鐘撞堂]。中古しゅろう[鐘楼]。しょうだう[鐘堂]。

かねあい【兼合】 近代きんかう[均衡]。バランス(balance)。近世かねあひ[兼合]。へいかう[平衡]。中世つりあひ[釣合]。

かねかし【金貸】 サラきん／サラリーマンきんゆう[salaried man 金融]。近代いちろくぎんかう[一六銀行]。ぎんかう[銀行]。きんこ[金庫]。きんゆうげふ[金融業]。しょみんきんゆう[庶民金融]。近世かうりがし[高利貸]。かねかし[金貸]。しちてん／しちみせ[質店]。ぜにがし[銭貸]。ぜにみせ[銭店]。ぜにや[銭屋]。ななつ／ななつや[七屋]。ひぜにかし[日銭貸]。中世しちや[質屋]。
ーで利益を得ること 近世りまはし[利回]。

かねがね【兼兼】 いぜんから[以前]。かねてから[兼]。まえまえから[前前]。近代まへもって[前以]。中古かねがね[兼兼／予予]。かねて[予／兼]。上代あらかじめ[予]。

かねぐら【金蔵】 近代きんこ[金庫]。ドルばこ[dollar 箱]。近世かねぐら[金蔵／銀蔵／金庫]。

かねぐり【金繰】→かねまわり

かねじゃく【曲尺】 近代きょくしゃく[曲尺]。てつじゃく[鉄尺]。まがりざし[曲差]。まがりじゃく[曲尺]。近世かなざし／かねざし[曲尺／矩差]。中世すみがね[墨金]。中古かねじゃく[曲尺／矩尺]。まがりがね[曲尺／曲金]。
ーの角の部分 かぎのて[鉤手]。

かねつ【加熱】 火を通す。中世ぬくむ(ぬくめる)[温]。ねっす[熱]。ゆせん[湯煎]。中古あぶる[炙]。上代やく[焼]。わかす[沸]。
ー・する器具 ウォーターバス(water bath)。だんぼうきぐ[暖房器具]。でんきヒーター[電気heater]。近代でんねつき[電熱器]。

かねて【予】 いぜんから[以前]。いぜんより[以前]。かねてから[兼]。まえまえから[前前]。近代まへもって[前以]。近世せんこく[先刻]。中世はやく[早]。中古かねがね[兼兼／予予]。かねて[予／兼]。さきに[先]。はやう[早]。上代あらかじめ[予]。かつて[嘗／曾]。じゅうらい[従来]。
ーからの希望 近世ぜんし[前志]。中古ほい／ほんい[本意]。ほんまう[本望]。

かねまわり【金回】 かねぐり[金繰]。しきんぐり[資金繰]。しきんちょうたつ[資金調達]。ゆうづう[融通]。近代かねまはり[金回]。きんさく[金策]。きんゆう[金融]。ざいせい[財政]。近世くめん[工面]。てまはし[手回]。やりくり[遣繰]。櫂(かい)を振り回す。
ーがよい 近世櫂(かい)が回る。懐暖かし。

かねもうけ【金儲】 マネービル(和製 money building)。近代りしょく[利殖]。近世かねまうけ[金儲]。中世ぜにまうけ[銭儲]。
ー度で大きなー 近代いっくゎくせんきん[一攫千金]。中世ぬれてあは[濡手粟]。濡れ手で粟のぶったくり。濡れ手に粟。

かねもち【金持】 おくまんちょうじゃ[億万長者]。近代いうさん[有産]。いうさんかいきふ[有産階級]。かうめい[高明]。くらもち[蔵持／倉持]。ざいさんか[財産家]。ざいばつ[財閥]。しさんか[資産家]。しんしゃうもち[身上持]。ひゃくまんちゃうじゃ[百万長者]。ふがう[富豪]。ブルジョア(フランス bourgeois)。ミリオネア(millionaire)。ものもち[物持]。ゆうふく[裕福]。リッチ(rich)。近世うちくら[内蔵]。うとくじん／うとくにん[有徳人／有得人]。おほあたま[大頭／巨頭]。きんまん[金満]。きんまんか[金満家]。そほう[素封]。そほうか[素封家]。だいがう[大豪]。だいじん[大尽／大臣]。てまへしゃ[手前者]。ふうき／ふき[富貴]。ふくしゃ[福者]。ふくじん[福人]。ふしゃ[富者]。ぶんげんしゃ[分限者]。まんぷくちゃうじゃ[万福長者]。わうごんぶつ[黄金仏]。ゐんつうもち[員子持]。陶朱猗頓(たうしゅいとん)の富。内証善し。中世いうとく[有徳]。いうふく[有福]。う

か

とく[有徳/有得]。おほどころ[大所]。おほやけ[大宅]。かねもち[金持]。ぜにもち[銭持]。だいとくじん[大徳人]。だいふくちゃうじゃ[大福長者]。ちゃうじゃ[長者]。ふいう[富祐]。ふうか[富家]。ぶげん/ぶんげん[分限]。ぶげんしゃ[分限者]。ふっき[富貴]。ふねう[富饒]。ふゆう[富裕]。中古 がうか[豪家]。きんけつ[金穴]。とくにん[徳人/得人]。とみ[富]。ふいう[富有]。ふか[富家]。ふぜう[富饒]。上代 たいこ[大戸]。

《句》近代 金持ち喧嘩せず。金持ちと灰吹きは溜まるほど汚い。千畳敷に寝ても一畳。祖父は苦労子は楽孫乞食。近世 起きて半畳寝て一畳。千金の子は市に死せず。千金の子は座して堂に垂せず。長者三代。長者富に飽かず。長者に二代なし。中古 長者の万灯より貧者の一灯。

―である 近世 ねづよし[根強]。

―でゆったりしているさま 近世 ふくぶく[福福]。

―と貧乏人 中古 ひんぷ[貧富]。

―になる心得 近世 ちゃうじゃぐわん[長者丸]。

―の家 近世 たいけ[大家]。中世 たいか[大家]。ふうか[富家]。中古 ふか[富家]。

―の外出時のいでたち 中世 けいきうひば[軽裘肥馬]。

―のそぶりをする 近代 だいじんかぜ[大尽風]。大尽風を吹かす。

―の伝記 近世 ちゃうじゃき[長者記]。

―の番付 近代 ちゃうじゃばんづけ[長者番付]。近世 ぶんげんちゃう[分限帳]。

一代で財をなした― 近世 いちだいぶんげん[一代分限]。

田舎の― 近世 ゐなかだいじん[田舎大尽]。

急に―になった人 近代 うめのきぶげん[梅木分限]。できあきんど[出来商人]。なりぼし[成星]。にはかなりきん[俄成金]。近世 いちやけんげう[一夜検校]。いちやだいじん[一夜大尽]。できぶげん[出来分限]。できぼし[出来星]。なりきん[成金]。にはかだいじん[俄大尽]。にはかぶげん/にはかぶんげん[俄分限]。にはかぶげんしゃ[俄分限者]。中世 なりあがり[成上]。

次第に財を増やしてなった― 近世 しだいちゃうじゃ[次第長者]。しだいぶげん[次第分限]。

手堅く財を築いた― 近世 くすのきぶげん[楠分限]。

船で急に―になった人 近代 ふなりきん[船成金]。

身分の低い― 中世 げらふとくにん[下臈徳人]。

か・ねる【兼】 近代 けんせつ[兼摂]。近世 かけもち[掛持]。けんよう[兼用]。中世 けんたい[兼帯]。中古 かく[かける][懸/掛]。上代 かぬ[かねる][兼]。けん[兼]。

―・ねて 近代 かたがた[旁/旁旁]。中古 ついでに。上代 かつ[且]。がてら。

―・ねて営業すること へいえい[併営]。近代 けんえい[兼営]。けんげふ[兼業]。

―・ねて行うこと 近代 せっかう[摂行]。

―・ねて備える 中世 けんび[兼備]。

―・ねて使うこと 近世 けんよう[兼用]。

職務を―・ねる 近代 けんきん[兼勤]。けんしゃう[兼掌]。近世 けんぽ[兼補]。近世 けんむ[兼務]。中世 けんしょく[兼職]。上代 けんにん[兼任]。

かのう【可能】 ポシブル(possible)。近代 かのう[可能]。できう[出来得]。でく/でくる[出来]。近世 ええる。できる[出来]。中世 かなふ[敵](多く打ち消しを伴う)。中古 あたふ[能]。う[うる/える][得]。よくす。上代 え[得/能](副詞)。

―性 ポテンシャル(potential)。近代 がいぜんせい[蓋然性]。こうさん[公算]。せんざいのうりょく[潜在能力]。プロバビリティー(probability)。みこみ[見込]。

―性が強い ゆうりょく[有力]。近代 のうこう[濃厚]。

―性がない 近代 ふかのう[不可能]。ふのう[不能]。

―・な限り ありったけ。できるかぎり。できるだけ。なりったけ。近代 あたふかぎり[能限]。なりたけ[成丈]。なるべく[成可]。なるべくたけ[成可丈]。近世 なるたけ/なるだけ[成丈]。中世 ありたけ[有丈]。

わずかな―性 首の皮一枚。

〈古語の可能表現〉

▼可能の助動詞 近世 ええる。中古 べし。らる[られる]。上代 う[うる/える]。ゆ。る[れる]。

▼可能の意を含む古語の表現

できそうだ 中古 ぬべし。

できそうにない 中古 べうもあらず/べくもあらず。

できない 中世 およばず[及]。中古 え…ず。えせず。がてぬ。べからず。上代 かてぬ。

できなくて 中古 がてに。上代 かてに。

できようか（反語）中古えしもやは。えやは。なむや／なんや。
できるだろう 中世なむ。中古てむ。
できるならば 中古べくは。

かのこそう【鹿子草】 近世かのこさう［鹿子草］。きっさう［吉草］。けっさう［纈草］。さくらがはさう［桜川草］。はるをみなへし［春女郎花］。

カバー（cover）フォロー（follow）。近代カバー。シールド（shield）。しゃへい［遮蔽］。バックアップ（backup）。中古おほひ［覆／蔽／被］。
航空機やバイクのー カウリング（cowling）。
電線などのー 近代シース（sheath）。
本のー 近代ブックカバー（和製 book cover）。近世うはがみ［上紙］。へんちつ［篇帙］。
レコードなどのー ジャケット（jacket）。

かば・う【庇】 近代くゎいご［回護］。ひご［庇護］。ひほ／ひほう［庇保］。ほうご／ほご［保護］。ようご［擁護］。近世かげひなた［陰日向］。かこふ［囲］。かだむ。かふばり［甲張］。こうばり［勾張］。ひいん［庇蔭］。中世あばふ［庇］。かかふ〔かかえる〕［抱］。かばふ［庇］。たばふ［庇／貯］。もりたつ〔—たてる〕［守立／盛立］。中古いたはる［労］。上代たすく〔たすける〕［助］。まもる［守］。
《句》近世陰になり日向になり。簑になり笠になり。
言い開きをしてー・う 近代べんご［弁護］。
何かとー・う 近世かばひだて［庇立］。かまひだて［構立］。
法を曲げてでもー・う 近代きょくひ［曲庇］。

かばね【屍】 →したい

かはん【河畔】 近代かがん［河岸］。近世かし［川岸／河岸］。かはっぱた［川端］。中世かはとう［河頭］。中古かはばた［川端］。上代かはぎし［川岸］。きし［岸］。中世かはん［河畔］。

かはん【過半】 はんすういじょう［半数以上］。だいぶぶん［大部分］。近代くゎはんすう［過半数］。中世きゃうはん［強半］。中古くゎはん［過半］。上代たいはん［大半］。

かはん【過般】 近代くゎはん［過般］。さいきん［最近］。近世くゎじつ［過日］。さきごろ［先頃］。せんだって［先］。中世せんぱん［先般］。中古せんじつ［先日］。

かばん【鞄】 アタッシェケース／アタッシュケース（attach case）。キャスターバッグ（和製 caster bag）。ショルダーバッグ（shoulder bag）。セカンドバッグ（second bag）。ブリーフケース（briefcase）。ポーチ（pouch）。ポシェット（フランスpochette）。近代かばん［鞄］。スーツケース（suitcase）。づなう［図嚢］。てかばん［手鞄］。てさげ［手提］。てさげかばん［手提鞄］。トランク（trunk）。ナップザック（knapsack）。はいなう［背嚢］。バッグ（bag）。ハンドバッグ（handbag）。ボストンバッグ（Boston bag）。ランドセル（オランダransel）。リュックサック（ドイツRucksack）。をりかばん／をれかばん［折鞄］。

かひ【可否】 近代さんぴ［賛否］。りゃうひ［良否］。近世せいじゃ［正邪］。たうひ［当否］。てきひ［適否］。中世かふか［可不可］。中古かひ［可否］。よしあし［善悪］。上代ぜひ［是非］。ぜんあく［善悪］。

かび【華美】 近世あでやか［艶］。けんらん［絢爛］。ばさら／ばしゃれ［婆娑羅］。はでやか［派手］。中世くゎしょく［華飾］。中古いろ［色］。くゎび［華美］。くゎれい［華麗］。上代かれい［佳麗］。はなやか［華］。
ー・に作ること 近世だてごしらへ［伊達拵］。
ーを好み異様な格好をする者 近世かぶきもの［歌舞伎者］。

かびくさ・い【黴臭】 近世かびくさし［黴臭］。中古ふるくさし［古臭］。上代ふるし［古］。

かひつ【加筆】 ほひつ［補筆］。筆を加える。近代かきこむ［書込］。リタッチ（retouch）。近世ていせい［訂正］。ふき［付記］。中世いれふで［入筆］。かきくはふ〔—くわえる〕［書加］。かきたす［書足］。かひつ［加筆］。中古かきいる〔—いれる〕［書入］。
他人の文章を直しー・する 近世ふせい［斧正］。中世てんさく［添削］。→てんさく

かびん【過敏】 感じやすい。感受性が強い。近代えいびん［鋭敏］。くゎびん［過敏］。シャープ（sharp）。しゅんびん［俊敏］。しんけいしつ［神経質］。たかん［多感］。ナーバス（nervous）。びんかん［敏感］。
ー症 アトピー（atopy）。
ー・にする 近代とがらす［尖］。
ー・になる 中世とがる［尖］。

かびん【花瓶】 近代いちりんいけ［一輪活］。いちりんざし［一輪挿］。くゎそん［花樽］。はなつぼ［花壺］。近世くゎき［花器］。くゎへい［花瓶］。中世ぐんぢ［軍持］。つりくゎびん［吊花瓶］。はないけ［花生／花活］。はないれ［花入］。中古くゎびん［花瓶］。はながめ［花瓶］。
仏前のー 近代けびゃう［花瓶／華瓶］。→かき

かふ【下付】 近代かふ［下付］。近世かうふ［交付］。中古わたす［渡］。

かふ【寡婦】 近代ウイドー(widow)。みばうじん[未亡人]。赤い信女。中古びばうじん[未亡人]。ゐんぢょ[怨女]。上代くゎさい[寡妻]。くゎふ[寡婦]。ごけ[後家]。やもめ[寡/寡婦/孀]。→**みぼうじん**

かぶ【株】❶〈草木の〉 しゅ[株]。近代ねかぶ[根株]。中世かぶ[株]。中古かりかぶ[刈株]。きりかぶ[切株]。くひぜ[杭/株]。上代かりぐひ[刈杭]。くひ[杭/株]。

稲の刈り跡の― 中世いなかぶ[稲株]。中古いなくき[稲茎]。

もとの― 近代おやかぶ[親株]。

別れてできた― 近代こかぶ[子株]。

かぶ【株】❷〈株式の〉 近代かぶ[株]。かぶけん[株券]。しょうけん[証券]。ストック(stock)。近世かぶしき[株式]。

―式の名前 近代めいがら[銘柄]。

―式の暴落 近代ぐゎら[瓦落]。

価格の低い― ていいかぶ[低位株]。

額面が記載されていない― むがくめんかぶ[無額面株]。

額面が記載されている― がくめんかぶ[額面株]。

業績がよく配当率の高い― ブルーチップ(blue chip)。ゆうりょうかぶ[優良株]。

所持している― 近代もちかぶ[持株]。

増資の― 近代こかぶ[子株]。しんかぶ[新株]。まごかぶ[孫株]。

取引が活発な― にんきかぶ[人気株]。

非上場(未上場)の― じょうがいかぶ[場外株]。

かぶ【蕪】 近世まんせい[蔓菁]。中世かぶ[蕪]。かぶな/かぶらな[蕪菜]。すずな[菘]。中古かぶら[蕪/蕪菁]。

かぶ【歌舞】 中世いうがく[遊楽]。中古ぶきょく[舞曲]。上代かぶ[歌舞]。

神前で―を奏する 中古かぐら[神楽]。かみあそび[神遊]。

かふう【家風】 近世いへかぜ[家風]。中世かはふ[家法]。中古かふう[家風]。家の風。

かぶき【歌舞伎】 近世かぶき[歌舞伎]。

―で一座総出演の芝居 近世かほみせ[顔見世]。つらみせ[面見世]。

―で原作以外の場面や演技を挿入する 近世いれごと[入事]。

―で愁嘆の演技 近世うれひごと[愁事/憂事]。

―で心理を表情などで表現する 中世おもひいれ[思入]。

―で世相を題材とした芝居 近代にばんめもの[二番目物]。近世せわもの[世話物]。

―で恋愛(情事)の演技 近代いろもやう[色模様]。近世いろごと[色事]。ぬれごと[濡事]。濡れの幕。

―の悪役 いろがたき[色敵]。近世いろあく[色悪]。あくいろごとし[悪色事師]。

―の演技で静止してポーズをとる 近世みえ[見栄/見得]。大見得を切る。見栄を切る。

―の大道具 近世きりだし[切出]。まるもの[丸物/円物]。

―の踊り 近世しょさごと[所作事]。ふりごと[振事]。

―の音楽の例 近世いつつがしら[五頭]。いってう[一調]。ゆきおろし[雪下]。

―の女形 近世たいふ[大夫/太夫]。むらさきぼうし[紫帽子]。をやま[女形/女方/御山]。をんながた[女形/女方]。

―の隈取りの例 近世いっぽんぐま[一本隈]。さるくま[猿隈]。すぢくま[筋隈]。

―の見物席 近世うちがうし[内格子]。つんぼさじき[聾桟敷]。ひきふね[引船/曳船]。ひらどま[平土間]。ほんぶね[本船]。まへぶね[前船]。

―の中心役者 近世いちまいかんばん[一枚看板]。おほなだい[大名題](江戸)。

―の花道への出入り口 近世むかふ[向]。

―の美少年役 近世かぶきこ[歌舞伎子]。かぶきわかしゅ[歌舞伎若衆]。わかしゅがた[若衆方]。

―俳優の世界 中古りゐん[梨園]。

―番付で最初に記される俳優 近世かきだし[書出]。しょふで[初筆]。

かふく【禍福】 うんぷうん[運不運]。こうふこう[幸不幸]。近代けいてう[慶弔]。ひきげき[悲喜劇]。中世うきしづみ[浮沈]。中古めいあん[明暗]。上代きっきょう[吉凶]。くゎふく[禍福]。

《句》近代大吉凶に還る。冬来りなば春遠からじ。近世一の裏は六。一生は糾へる縄の如し。禍福は糾へる縄の如し。沈む瀬あれば浮かぶ瀬あり。中世吉凶は糾へる縄の如し。塞翁が馬。禍は福。

かぶ・せる【被】 近代えんぺい[掩蔽]。おほひかぶせる[覆被]。おっかぶせる[押被]。カバー(cover)。しゃへい[遮蔽]。しゃうへい[障蔽]。ひふく[被覆]。中世かぶす[かぶせる][被]。きす[きせる][着]。くゎんす[冠]。中古おほひかくす[覆隠]。かく[かけ

る〕［掛／懸］。かづく〔かずける〕［被］。ひきかく〔—かける〕［引掛］。上代 おふ／おほふ［覆］。

上にひょいと—・せる 中古 うちおほふ［打覆］。近代 てんか［転嫁］。

責任などを—・せる おわせる［負］。近世 いひかぶす〔—かぶせる〕［言被］。おしつく〔—つける〕［押付］。おっかぶす〔—かぶせる〕［押被］。なすりつく〔—つける〕［擦付］。中世 いひかく〔—かける〕［言掛］。きす〔きせる〕［着］。

外側にぴったりと—・せる はめる［嵌／填］。

かふそく【過不足】 近世 くゎふそく［過不足］。中世 くゎふきふ［過不及］。

—がない 近代 可もなく不可もなし。中世 ちゅうよう［中庸］。

かぶと【兜】 近世 そうがう［総髪］。たうかんむり／たうくゎん［唐冠］。なまづを［鯰尾］。中世 おいがしら［老頭］。中古 かふ［甲］。上代 かぶと［兜／冑／甲］。

—の飾り 中世 うしろだて［後立］。おほたてもの［大立物］。たてもの［立物］。りゅうづ［竜頭］。

—の鉢の前面 中世 まっかう［真向］。

—の額あたりの内側 中世 うちかぶと［内兜／内冑］。

端午の節句の飾り— 近世 かざりかぶと［飾兜］。

かぶとむし【甲虫】 近世 おにむし［鬼虫］。かぶとむし［甲虫／兜虫］。げんじむし［源氏虫］。さいかちむし［皂莢虫］。

かぶら【蕪】 →かぶ

かぶ・る【被】 近代 かむる［被］。近世 ひきこむ［引込］。中世 ひっかむる［引被］。よくす［浴］。中古 あぶ〔あびる〕［浴］。かづく［被］。ひきかぶる［被／蒙／冠］。くゎんす［冠］。ひきいる〔—いれる〕［引入］。ひきかく〔—かける〕［引掛］。ひきかづく［引被］。上代 おふ［負］。おほふ［覆］。かうぶる［被／蒙］。かがふる［被］。ひきかぶる［引被］。

—・りもの 《枕》上代 にほとりの［鳰鳥］［⇩かづく］。

近世 あげぼうし［揚帽子］。はんかい／はんがい［斑蓋］。フード(hood)。はんし［帽子］。

—・ること 近世 かづき［被］。かぶり［被］。

かぶ・れる【気触】 影響される。近代 かんせん［感染］。近世 かせる〔かぶれる〕［痂／悴］。かんか［感化］。中古 かぶる〔かぶれる〕［気触］。上代 ただる〔ただれる〕［爛］。

—・れる例 かみそりかぶれ［剃刀気触］。かみそりまけ［剃刀負］。中世 うるしまけ［漆負］。中古 うるしかぶれ［漆瘡］。

かぶん【過分】 おおすぎる［多過］。分に過ぎる。近代 くゎじょう［過剰］。近世 くゎた［過多］。ぶんふさうおう［分不相応］。中世 くゎたう［過当］。くゎど［過度］。てうがい［超涯］。ぶんぐゎい［分外］。身に過ぐ〔—過ぎる〕。中古 くゎぶん［過分］。ひぶん［非分］。身に余る。

かぶん【寡聞】 見聞が狭い。近世 せんけん［浅見］。中世 むがく［無学］。中古 くゎぶん［寡聞］。くゎんけん［管見］。せんがく［浅学］。

かべ【壁】❶〈仕切り〉 中世 しうへき［周壁］。しきり［仕切］。ぬりかべ［塗壁］。中古 かくへき［隔壁］。かべ［壁］。

—土に混ぜる補強材 いちびずさ［茵麻苆］。わらすさ［藁寸莎］。中世 すさ［寸莎／苆］。すさわら［寸莎藁］。つた［寸莎／苆］。

—に耳 近世 石に耳。

—塗りの職人 近世 さくゎん［左官］。中古 かべぬり［壁塗］。中世 ぬりだいく［塗大工］。

—の仕上げ(例) いしばり［石張］。はきつけかべ［掃付壁］。近代 あらひだし［洗出］。プラスター(plaster)。近世 したみ［下見］。したみばり［下見張］。すなずり［砂摩／砂摺］。すなかべ［砂壁］。なまこ［海鼠］。なまこかべ［海鼠壁］。はりつけ［貼付］。はりつけかべ［貼付壁］。中世 ぬりかべ［塗壁］。上代 はめ［羽目］。

—の下地 あらかべ［荒壁］。近代 さげなは［下縄］。はばき［幅木］。上代 えつり［栈］。こまひ［木舞／小舞］。

—を補強する壁 バットレス(buttress)。ひかへかべ［控壁］。

石を積み重ねた— 中世 いしかべ［石壁］。

板を張った— 中世 いたかべ［板壁］。

屋上や橋などの低い手すりの— 近代 パラペット(parapet)。ふへき［扶壁］。

火口を囲む— 近代 くゎこうへき［火口壁］。

火災などを防ぐ— たいかへき［耐火壁］。近代 ばうくゎへき［防火壁］。ばうへき［防壁］。

建造物の—の内側 近代 ないへき［内壁］。

建造物の—の外側 近代 ぐゎいへき［外壁］。

白い— 近代 はくあ［白亜／白堊］。中世 しらかべ［白壁］。

城を囲む—や石垣 近代 じゃうへき［城壁］。

土の— こまいかべ［木舞壁／小舞壁］。中世 つちかべ［土壁］。どへき［土壁］。

鉄の— 中世てっぺき[鉄壁]。

柱を見せず一面に塗った— 近世おほかべ[大壁]。

柱を見せてその間の— 近世しんかべ[真壁]。

盛り土などの崩れを防ぐ— 近代ようへき[擁壁]。

かべ【壁】❷〈障害〉 なんかん[難関]。近代げんかい[限界]。しゃうへき[障壁]。ハードル(hurdle)。中世しゃうがい[障害]。

かへい【貨幣】 こうか[硬貨]。しょうりょうかへい/ひょうりょうかへい[称量貨幣/秤量貨幣]。近代コイン(coin)。しへい[紙幣]。せいどうくゎ[青銅貨]。ちうくゎ[鋳貨]。ちうざうくゎへい[鋳造貨幣]。つうくゎ[通貨]。てっせん[鉄銭]。どうくゎ[銅貨]。はくどうくゎ[白銅貨]。はふくゎ[法貨]。ゑんくゎ[円貨]。近世きん[金]。きんぎん[金銀]。きんくゎ[金貨]。ぎんくゎ[銀貨]。くゎへい[貨幣]。さつ[札]。しゃうきん[正金]。つうほう[通宝]。わうごん[黄金]。中世きんす[金子]。ぎんす[銀子]。中古かね[金]。上代きんせん[金銭]。ぎんせん[銀銭]。どうせん[銅銭]。

《句》近代悪貨は良貨を駆逐する。近世針を蔵に積みても溜らぬ。

—価値の下落 インフレーション(inflation)。

—と財物 近世ざいくゎ[財貨]。中世くゎざい[貨財]。

—の改鋳 ふきかえす[吹返]。

—の呼称単位の例 近代せん[銭]。りん[厘]。もう[毛]。ゑん[円]。近世くゎん[貫]。しゅ[朱]。もん[文]。もんめ[匁]。りゃう[両]。

—の呼称単位(外国)の例 ウォン[円]。エスクード(ポルトガル escudo)。かく[角]。カペイカ(ロシア kopeika)。ギルダー(オランダ guilder)。クローナ(スウェーデン krona)。クローネ(デンマーク・ノルウェー krone)。げん[元]。ごう[毫]。サンチーム(フランス centime)。せん[仙]。セント(cent)。ドル(dollar)。フラン(フランス franc)。ペソ(スペイン peso)。ペニヒ(ドイツ Pfennig)。ホアン[圜]。ポンド(オランダ pond)。マルク(ドイツ Mark)。り[釐]。ルーブル(ロシア rouble)。

—の呼称単位の変更 デノミ/デノミネーション(denomination)。

—の製造 近代ざうへい[造幣]。近世かねふき[金吹]。

価値の低い粗悪な— 近代あくくゎ[悪貨]。近世びた[鐚]。びたぜに/びたせん[鐚銭]。

国の— 近代こくくゎ[国貨]。

質のよい— 近代りゃうくゎ[良貨]。中世せいせん[精銭]。

世間に通用している— 近代つうくゎ[通貨]。近世つうようきん[通用金]。

束ねた— 近代さつたば[札束]。近世あをざし[青差/青緡/青繦]。ぜにさし[銭差]。ぜになは[銭縄]。中古ぜにつら[銭貫]。

中国の— とう[刀]。とうせん[刀銭]。ふか[布貨]。ふせん[布銭]。近世たうふ[刀布]。

贋(にせ)の— 近代がんきん[贋金]。中世にせがね[贋金]。

昔の—のいろいろ(例) 近世あをせん[青銭]。あをなみせん[青波銭]。いちぶきん[一分金]。いちぶこばん[一分小判]。いちぶばんきん[一分判金]。いっしゅきん[一朱金]。いっしゅぎん[一朱銀]。えいじぎん[永字銀]。えいじちゃうぎん[永字丁銀]。えいじまめいたぎん[永字豆板銀]。がくいちぶ[額一分]。きりもち[切餅]。くゎんえいせん[寛永銭]。くゎんえいつうほう[寛永通宝]。こばん[小判]。さんぼうぎん[三宝銀]。しほうぎん[四宝銀]。つうほう[通宝]。てんぽうせん[天保銭]。はんさつ[藩札]。ほうじぎん[宝字銀]。ほうじちゃうぎん[宝字丁銀]。ほうじまめいたぎん[宝字豆板銀]。よつたからぎん[四宝銀]。中世いたがね/ばんきん[板金/板銀]。えい[永]。えいじこばん[永字小判]。えいせん[永銭]。えいらくせん[永楽銭]。えいらくつうほう[永楽通宝]。おほばん[大判]。上代ふほんせん[富本銭]。わどうかいちん[和同開珎]。

▼小銭 チェンジ(change)。近世つぶ[粒]。ばら[散]。ばらせん[散銭]。

▼小銭入れ 近代がまぎんちゃく[蝦蟇巾着]。がまぐち[蝦蟇口]。

▼小銭を紙に包んだもの 近代かみひねり[紙捻]。近世おひねり/ひねり[捻/拈/撚]。かみばな[紙花]。

がへい【画餅】 近代とらう[徒労]。近世むだぼね[無駄骨]。中世むだ[無駄]。中古ぐゎへい/ぐゎべい[画餅]。

かへん【可変】 近代かどう[可動]。かへん[可変]。ふてい[不定]。フレキシブル(flexible)。

かべん【花弁】 かしん[花唇]。近代べん[弁]。近世くゎべん[花弁]。中古はなびら[花弁]。上代よ[弁]。

—が何枚も重なっていること 上代やへ[八

重]。
かほう【果報】 近代 いんぐゎおうほう[因果応報]。中世 おうほう[応報]。ごふ[業]。中古 くゎほう[果報]。ふくくゎ[福果]。むくい[報/酬]。
—者 近世 しあはせもの[幸者]。中世 あやかりもの[肖者]。
現世での— 近世 にんくゎ[人果]。
悪い— 中世 あくくゎ[悪果]。中古 あくほう[悪報]。
かほう【加法】 近代 たしざん[足算]。近代 かさん[加算]。かはふ[加法]。近世 よせざん[寄算]。上代 くはふ[くわえる][加]。
—と減法 近世 かげん[加減]。
かほう【家宝】 中世 かうかつ[交割]。かうかつもの[交割物]。かほう[家宝]。
—の道具類 近世 じふほう[什宝]。中世 じふもつ[什物]。
がほう【画報】 近代 グラフ(graph)。ぐゎほう[画報]。
かほご【過保護】 オーバーケア(overcare)。猫可愛がり。近代 おんしつそだち[温室育]。近世 できあい[溺愛]。
かぼそ・い【細】 せんさい[繊細]。中世 きょじゃく[虚弱]。近世 きゃしゃ[華奢]。中古 かぼそし[細]。かよわし[弱]。
カボチャ【南瓜】（ポルトガル Cambodia／南瓜）近世 カボチャ[南瓜]。たうなす／たうなすび[唐茄子]。なんきん[南京]。なんきんうり[南京瓜]。ボーブラ／ボウブラ／ボブラ（ポルトガル abóbora）。中世 からうり[唐瓜]。
かま【鎌】 上代 かま[鎌]。
—の柄 中古 かまつか[鎌柄]。
—を掛ける 近世 とひぐすり[問薬]。口を雀（しむ）る。
柄の長い— 近世 おほがま[大鎌]。
草を刈る— 中世 くさかりがま[草刈鎌]。
鋸のような刃の— 近世 のこぎりがま[鋸鎌]。
物を薙（な）ぎ切る— 中世 ないがま[薙鎌]。
よく切れる— 上代 とがま[利鎌]。
かま【釜】 中世 ちゃがま[茶釜]。中古 かま[釜]。
—の湯の煮え立つ音 近代 まつかぜ[松風]。
—のいろいろ(例) あつりょくがま[圧力釜]。あつりょくなべ[圧力鍋]。こうあつがま[高圧釜]。でんきがま[電気釜]。近代 めしたきがま[飯炊釜]。近世 つりがま[釣釜]。どがま[土釜]。中世 つちがま[土釜]。ゆがま[湯釜]。
茶の湯の— 中世 あみだだう[阿弥陀堂]。あられがま[霰釜]。
かま【竈】→かまど
かま【罐】 近代 かま[罐/缶]。きくゎん[汽缶]。ボイラー(boiler)。
がま【蒲】 近世 かうほ[香蒲]。ひらがま[平蒲]。みすくさ[御簾草]。中古 めかま。上代 かま／がま[蒲/香蒲]。
かま・う【構】 近代 おせっかい[御節介]。はいりょ[配慮]。気を遣ふ。近世 こだはる[拘]。気を配る。心に掛く[—掛ける]。世話を焼く。中世 かまふ[構]。きづかふ[気遣]。中古 かかはる[関/拘]。もてなす[持成]。心を砕く。
かまえ【構】 近代 くみたて[組立]。ぢんけい[陣形]。ぢんよう[陣容]。近世 かかり[掛]。こうざう[構造]。中世 きも[規模]。けっこう[結構]。つくり[作/造]。中古 かまへ[構]。上代 きぼ[規模]。
建造物の— 近代 いへがまへ[家構]。近代 みせがまへ[店構]。近世 いへかばね[家構]。もんがまへ[門構]。もんづくり[門作]。中世 そとがまへ[外構]。やづくり[家造/屋造]。中古 いへづくり[家造/家作]。
剣道の— げだん[下段]。近世 じゃうだん[上段]。だいじょうだん[大上段]。せいがん[正眼]。ちゅうだん[中段]。
弓を射る— 中世 ゆだち[弓立]。
かま・える【構】❶〈身構える〉 態勢を整える。近代 スタンバイ(standby)。たいき[待機]。近世 じゅんび[準備]。みがまふ[—がまえる][身構]。肩肘怒らす。肩肘張る。中世 きおふ[気負]。中古 かまふ[かまえる][構]。
—・えて待つ 近代 まちうける[待受]。
かま・える【構】❷〈組み立て作る〉 中世 かざる[飾]。くみたつ[—たてる][組立]。こしらふ[—らえる][拵]。つくりまうく[—もうける][作設]。中古 しつらふ[—らえる][設]。ようい[用意]。上代 かく[かける][掛/懸/繋]。かまふ[かまえる][構]。
鳥が巣を—・える 上代 くふ[構/作]。
かまきり【蟷螂】 近代 いぼつりむし[疣虫]。かがめっちょ。はへとりむし[蠅取虫]。をのむし[斧虫]。近世 かまぎっちょう。たうろぎ[蟷螂]。いもじり[蟷螂]。中世 いぼむし[疣虫]。かまきり[蟷螂/螳螂/鎌切]。たうらう[蟷螂]。中古 いぼうじり／いぼじり／いぼむしり[疣雀]。
—の卵塊 中古 おほぢがふぐり[螵蛸]。
かま・ける【感】 近代 ぼっとう[没頭]。ねっちゅ

う［熱中］。〔近世〕余念なし。〔中世〕かまく［かまける］［感］。〔中古〕せんしん［専心］。ふける［耽］。むちゅう［夢中］。

かまど【竈】 〔中世〕くど［竈突／竈］。へっつひ／へつひ［竈］。〔上代〕かま［竈］。かまど［竈］。

ーで煮たきした物を食べること 〔上代〕へぐひ［竈食］。

ーの神 おかまさま［御釜様］。かまどがみ［竈神］。〔近世〕かまがみ［竈神］。くゎうじん［荒神］。さんぼうくゎうじん［三宝荒神］。〔中世〕へつひどの［竈殿］。〔上代〕かまのかみ［竈神］。くどがみ［竈神／久度神］。へつひ［竈］。

ーの煙 〔中世〕すいえん［炊煙／炊烟］。〔中古〕じんえん［人煙］。

かまどうま【竈馬】 〔近代〕えんのしたこほろぎ［縁下蟋蟀］。かまご。かまどむし［竈虫］。〔近世〕いいぎり。いとど。えびこほろぎ［海老蟋蟀］。おかまこほろぎ［御竈蟋蟀］。かまどうま［竈馬］。

かまびすし・い【喧】 →**うるさ・い❶**

かまぼこ【蒲鉾】 〔近世〕いた［板］。〔中世〕おいた［御板］。かまぼこ［蒲鉾］。

ーの形 なまこがた［海鼠形］。

笹の葉に似せたー ささかまぼこ［笹蒲鉾］。

紅を上に付けたー 〔近代〕あさひかまぼこ［朝日蒲鉾］。

かまわな・い【構】 頓着(とんじゃく)ない。〔近代〕むとんじゃく［無頓着］。構はない。差し支へない。〔近世〕うっちゃらかす。だんない。よろし［宜］。〔中世〕子細なし。〔中古〕あへなむ［敢］。さもあらばあれ。〔上代〕あふ［敢］。

がまん【我慢】 〔近代〕けんにんふばつ［堅忍不抜］。にんたい［忍耐］。〔近世〕あまんず［甘］。おしこらふ［ーこらえる］［押堪］。がまん［我慢］。こたふ［こたえる］［堪］。たいにん［耐忍］。たしなむ［嗜］。たちきる［立切］。虫を殺す。〔中世〕いんにん［隠忍］。かんのう［堪能］。くひしばる［食縛］。けんにん［堅忍］。こらふ［こらえる］［怺／堪］。しのぐ［凌］。しんばう［辛抱］。にんく［忍苦］。れうけん［料簡／了簡］。腹を据う［ー据える］。腸(はらわた)を据う［ー据える］。〔中古〕うちしのぶ［打忍］。おさふ［おさえる］［抑／押］。おもひねんず［思念］。かんにん［堪忍］。しのぐ［凌］。せきあふ［塞敢］。たへしのぶ［堪忍］。ねんず［念］。ものねんじ［物念］。〔上代〕あふ［敢］。しぬぶ／しのぶ［忍］。せかふ［塞敢］。たふ［たえる］［堪／耐］。

《尊》〔中古〕おぼしねんず［思念］。

《句》〔近代〕倒した雪は消えるが倒された竹は起きる。〔近世〕石の上にも三年。堪忍五両思案十両。なぶれば兎も食ひつく。成らぬ堪忍するが堪忍。仏の顔も三度。仏の顔も日に三度。

ー・して従う 〔近代〕にんじゅう［忍従］。

ー・して許す 〔近代〕ようにん［容忍］。

ー・できない 〔近代〕忍びない。痺(しび)れを切らす。遣りきれない。〔近世〕堪忍袋の緒が切れる。腹に据ゑかぬ［ー据えかねる］。腹の虫が治まらぬ。ゐたたまらない／ゐたたまれない。〔中世〕ねんじわぶ［ーわびる］［念侘］。痺(しび)れ切る。堪(た)らぬ。堪(た)まり兼ぬ［ー兼ねる］。〔中古〕せきかぬ［ーかねる］［塞／堰］。ふかん［不堪］。せむかたなし。堪へ難し。耐へ兼ぬ［ー兼ねる］。

ー・できる性格 〔近代〕がまんづよい［我慢強］。こしづよ［腰強］。忍耐強い。〔近世〕けんにん［堅忍］。こらへしゃう［堪性］。こらへぜい［堪性］。しんばうにん［辛抱人］。勘弁強し。辛抱強し。粘り強し。〔中世〕しぶとし。〔中古〕みさを［操］。

ーのさま がんばる［頑張］。〔近世〕石にかじりついても。

ーを続ける 〔中世〕ねんじすぐす［念過］。

思い返してー・する 〔中古〕ねんじかへす［念返］。

苦しいのにー・する 〔近世〕やせがまん［痩我慢］。

仕方なくー・する じゅにん［受忍］。〔近世〕あまんず［甘］。〔中古〕ふしゃう［不請］。

退屈をー・する 欠伸を噛み殺す。

涙をー・する 〔近世〕せきあふ［塞敢］。

▼堪忍袋 〔近世〕こらへぶくろ［堪袋］。

がまんづよ・い【我慢強】 →**がまん**

かみ【上】 〔近世〕かみて［上手］。〔中世〕じゃうぶ［上部］。〔中古〕じゃうはう［上方］。〔上代〕うへ［上］。かみ［上］。

風のー 〔近世〕かざかみ［風上］。

川のー 〔近世〕じゃうりう［上流］。〔中古〕みなかみ［水上］。〔上代〕かはかみ［川上］。

座席のー 〔近世〕かみくら［上座］。かみざ［上座］。〔中世〕じゃうざ［上座］。

かみ【神】 〔近世〕ざうぶつしゅ［造物主］。〔中世〕しゃしょく［社稷］。しん［神］。しんれい［神霊］。すべらぎ［天皇］。そうべう［宗廟］。だいじん［大神］。〔中古〕かむろぎ［神祖／神漏岐］。きしん／きじん［鬼神］。さうてん［蒼天］。しんぎ／じんぎ［神祇］。すめらぎ［天皇］。てんたう／てんだう［天道］。てんてい［天帝］。むすひのかみ［産霊神］。〔上代〕あまつかみ［天神］。あめつち［天地］。かみ

[神]。かむざね[神実/主神]。かむろみ[神祖/神漏岐]。くゎうたいじん[皇大神]。ざうくゎ[造化]。しゃうてい/じゃうてい[上帝]。しんめい[神明]。すめろぎ[天皇]。むすび[産霊]。むすびのかみ[産霊神]。
《尊》近世おてんたうさま[御天道様]。かみさま[神様]。中古すべらがみ[皇神]。みゃうじん[明神]。上代おほかみ[大神]。おほみかみ[大御神]。かみのみこと[神命]。すべかみ/すめかみ[皇神]。みこと[命/尊]。むち[貴]。
《枕》中古みづかきの[瑞籬]。上代うまざけを[味酒]。たまぢはふ[魂幸]。ちはやぶる[千早振]。ゆふしでの[木綿四手]。

―が与える罰 中世しんばち/しんばつ[神罰]。

―かけて 近世しんぞ[神/真]。しんもって[神以]。中世あたごはくさん[愛宕白山]。せいもん[誓文]。ゆみやはちまん[弓矢八幡]。

―から授かった飲み物 近代しんしゃう[神漿]。

―から授かった宝器 中世じんぎ[神器]。三種の神器(みくさのかむだから=八咫(やた)の鏡/天叢雲(あまのむらくも)の剣/八尺瓊(やさかに)の勾玉(まがたま))。

―として崇(あが)める 上代まつる[祭/祀]。

―と仏 中古しんぶつ[神仏]。

―に供える 上代まひなふ[賄]。

―に供える衣服 上代しんぷく[神服]。

―に供える飲み物 近代しんしゃう[神漿]。

―に供えるもの 近代ぎょせん[御饌]。たまぐしれう[玉串料]。へいぶつ/へいもつ[幣物]。中世ぬさ[幣]。上代たまぐし[玉串]。にきて/にぎて[和幣]。みけ[御食/御饌]。→**しんぜん【神前】**

―に誓う約束 中世しんやく[神約]。

―に仕えること 中古いつき[斎]。

―に仕える人 中世しんしょく[神職]。中古いつき[斎]。かみづかさ/かんづかさ[神司/神官]。かうなぎ/かみなぎ/かんなぎ[巫/覡]。ぐうじ[宮司]。さいしゅ[祭主]。しんくゎん/じんくゎん/じんぐゎん[神官]。ねぎ[禰宜]。はふりこ[祝子]。ふしゅく[巫祝]。ふぢょ[巫女]。みこ[巫女/神子]。上代いはひぬし[斎主]。いはひびと[斎人/忌人]。かむぬし/かんぬし[神主]。はふり[祝]。はふりべ[祝部]。みやびと[宮人]。

―に参ること 中世しゃさん[社参]。しんぱい[神拝]。

―の意志 近代せつり[摂理]。中世しんい[神意]。中古しんりょ[神慮]。てんい[天意]。

―の国 近代てんごく[天国]。近世しんしう[神州]。中古しんこく[神国]。

―の言葉 近代けいじ[啓示]。よげん[預言]。ロゴス(ギリシャlogos)。近世しんでん[神伝]。中世しめし[示]。しんたく[神託]。しんちょく[神勅]。しんめい[神命]。上代しんご[神語]。たくせん[託宣]。

―の子孫 中世しんえい[神裔]。しんそん[神孫]。

―の時代 中古かみよ[神代]。じんだい[神代]。

―の神聖をけがすこと 近代とくしん[瀆神]。

―の助け(恵み) 近代しんいう[神佑]。中世おかげ[御陰]。しんおん[神恩]。しんじょ[神助]。てんいう[天祐/天佑]。てんじょ[天助]。中古かご[加護]。しんとく/じんとく[神徳]。まもり[守/護]。みゃうが[冥加]。上代ちはふ[幸/護]。

―の力 じんつうりき[神通力]。中世じんづうりき[神通力]。日の御蔭(みかげ)。上代しんりき/じんりき[神力]。しんゐ[神威]。

―の使い 近世かんづかひ[神使]。中世つかはしめ[使婢]。てんし[天使]。みさき[御前/御先]。中古しんし[神使]。

―の前 中古しんぜん[神前]。

―への言葉 近世しゅくぶん/しゅくもん[祝文]。中世しうし/しゅくし[祝詞]。のっと/のと[祝詞]。上代のりと/のりとごと[祝詞]。

―や仙人(神通力を持った人) 上代しんせん[神仙]。

―を称える歌 さんか[賛歌]。近代さんびか[賛美歌]。せいか[聖歌]。中世かみうた[神歌]。

―を祭ること 中古まつりごと[政]。上代いはひごと[斎事]。さいし[祭祀]。

―を祭る所 近世いはひどの[斎殿]。中世しんべう[神廟]。みやどころ[宮処]。中古かむどの/かんどの[神殿]。しんし[神祠]。しんでん[神殿]。ひぼろき/ひぼろぎ/ひもろき/ひもろぎ[神籬]。ほうでん[宝殿]。神の御室(みむろ)。上代いつき[斎]。いつきのみや[斎宮]。いはくら[磐座/岩座]。いはひ[斎]。かみどころ/かむどころ/かんどころ[神所]。かむには/かんには[神庭]。しづみや[鎮宮]。しんざ[神座]。じんじゃ[神社]。みむろ[御室]。やしろ[社]。神の宮。→**じんじゃ**

〈各地の神〉

アイヌの― 近代 カムイ。

アメリカの福の― 近代 ビリケン(Billiken)。

インド神話の―(例) ミトラ(梵 Mitra)。近代 ソーマ/そま[梵 soma/蘇摩]。中古 だいじざいてん[大自在天]。上代 あしゅら[阿修羅]。

エジプト神話の―(例) アトン(Aton)。アモン(Amon)。セト(Seth)。ハトホル(Hathor)。ホルス(Horus)。ミトラ(梵 Mitra)。ムート(Mut)。ラー(Ra)。

沖縄の祖先― あまみきよ。

ギリシア神話の―(例) アイオロス(Aiolos)。アスクレピオス(Asklēpios)。アフロディテ(Aphrodit)。アポロン(Apollōn)。アルテミス(Artemis)。アレス(Arēs)。エロス(Erōs)。オケアノス(Ōkeanos)。カリオペ(Kalliop)。ゼフィロス(Zephyros)。セレネ(Selēnē)。タナトス(Thanatos)。ディオニュソス(Dionȳsos)。テミス(Themis)。ニケ(Nikē)。ネメシス(Nemesis)。ネレウス(Nēreus)。バッカス(Bacchus)。パン(Pān)。ヒュメーン(Hymēn)。フリアエ(Furiae)。ヘスティア(Hestia)。ヘパイストス/ヘファイストス(Hēphaistos)。ヘラ(Hērā)。ヘリオス(Hēlios)。ペルセフォネ(Persephonē)。ヘルマフロディトス(Hermaphroditos)。ヘルメス(Hermēs)。ヘルメストリスメギストス(Hermēs Trismegistos)。ミューズ/モーサ(Muse)。モイライ(Moirai)。モモス(Momos)。レト(Lētō)。

日本の神話の―(例) 上代 あかるひめのかみ[阿加流比売神]。あしなづち[脚摩乳]。あぼのおほかみ[阿菩大神]。あまつひこねのみこと[天津彦根命/天津日子根命]。あまつまら[天津麻羅]。あまてらすおほみかみ[天照大神/天照大御神]。あまのいはとわけのかみ[天岩戸別神/天石門別神]。あまのうずめのみこと[天鈿女命/天宇受売命]。あまのおしひのみこと[天忍日命]。あまのおしほみみのみこと[天忍穂耳尊]。あまのこやねのみこと[天児屋命]。あまのさぐめ[天探女]。あまのたぢからをのみこと[天手力男命]。あまのとこたちのみこと[天常立尊]。あまのほあかりのみこと[天火明命]。あまのほひのみこと[天穂日命]。あまのみなかぬしのみこと[天御中主尊]。あめわかひこ[天稚彦/天若日子]。うかのめ[稲魂女]。うつしくにたまのかみ[現国玉神]。おほくにぬしのかみ[大国主神]。ひこほほでみのみこと[彦火火出見尊](山幸(やまさち))。ほあかりのみこと[火明命]。ほでりのみこと[火照命](海幸(うみさち))。やかみひめ[八上比売]。

バビロニアの―(例) マルドゥク(Marduk)。

ペルシャの―(例) ミトラ(ペルシャ Mithra)。

ローマ神話の―(例) キューピッド(Cupid)。ジュノー/ユノ(Juno)。ジュピター/ユピテル(Jupiter)。シルワヌス(ラテン Silvanus)。ダイアナ(Diana)。ビクトリア(Victoria)。ファウヌス(Faunus)。フォルトゥナ(Fortuna)。プルートー(Pluto)。プロセルピナ(Proserpina)。フロラ(ラテン Flora)。マーキュリー(Mercury)。マース/マルス(Mars)。ミネルバ(Minerva)。メルクリウス(Mercurius)。ヤヌス(Janus)。リベル(Liber)。

〈各宗教の神〉

キリスト教の―(例) エホバ(Jehovah)。ゴッド(god)。そうぞうしゅ[創造主]。ちち[父]。デウス(ポルトガル Deus)。てんしゅ[天主]。てんぷ[天父]。ヤハウェ(Yahweh)。ロード(Lord)。

ゾロアスター教の―(例) アフラマズダ(Ahura Mazda)。マズダ(Mazda)。

道教の―(例) ほくとしんくん[北斗真君]。

ヒンズー教の―(例) シバ(梵 śiva)。ハヌマット(Hanumat)。ブラフマー(Brahmā)。

〈さまざまな神〉

雨の― りゅうじん[竜神]。中世 うし[雨師]。上代 おかみ[龗]。

荒れる― アレス(ギリシャ Arēs)。中世 あらがみ[荒神]。中古 おに[鬼]。おにがみ[鬼神]。かいりゅうわう[海竜王]。きしん/きじん[鬼神]。くゎうじん[荒神]。上代 あらひとがみ[現人神/荒人神]。あらぶるかみ[荒神]。ますらかみ[益荒神]。

医術の― アスクレピオス(ギリシャ Asklēpios)。上代 ゆのかみ[湯神]。

馬の守護― 中世 ばれきじん[馬櫪神]。

海の― ネレウス(Nēreus)。中世 かいじん[海神]。かいじん[海人]。上代 わたつみ[海神/綿津見]。海神(わたつみ)の神。海(わた)の神。

運命の― ノルネン(ドイツ Nornen)。ハトホル(Hathor)。フォルトゥナ(Fortuna)。モイライ(ギリシャ Moirai)。

縁結びの― 出雲の神。縁結びの神。結びの神。近代 キューピッド(Cupid)。近世 いろがみ[色神]。中古 むすひのかみ/むすびのかみ/むすぶのかみ[産霊神]。

多くの― 中世 大小の神祇(じんぎ)。中古 もろが

み[諸神]。上代ももやそがみ[百八十神]。やそがみ[八十神]。やそみたまのかみ[八十魂神]。やほよろづのかみ[八百万神]。

鍛冶屋がまつる— 近世かなやまさま[金山様]。

風の— アイオロス(ギリシャ Aiolos)。近代しんぷう[神風]。ひれん[蜚廉/飛廉]。ふうき[風鬼]。近世ふうじん[風神]。中世かみかぜ[神風]。ふうはく[風伯]。上代あまのみはしらのかみ[天御柱神]。くにのみはしらのかみ[国御柱神]。風の神。

かまどの— 近世おかまさま[御釜様]。かまがみ[竈神]。かまどがみ[竈神]。さんぼうくゎうじん[三宝荒神]。中世くゎうじん[荒神]。へつひどの[竈殿]。上代くどがみ[竈神/久度神]。へつひ[竈]。

川の— 上代かしん[河神]。かはく[河伯]。河の神。

気象の— 近代ジュピター/ユピテル(Jupiter)。

草花の— 中古くさかやひめ[草茅姫]。

建築(工芸)の— 中古びしゅかつま[毘首羯磨]。

鉱山の— 近世かなやまびこ[金山彦]。かなやまびめ[金山姫]。

穀物の— 近代おいなりさん[御稲荷]。中古うかのみたま[倉稲魂/稲魂]。うけのみたま[稲魂]。としのかみ[年神]。上代うけもちのかみ[保食神]。おほとしのかみ[大年神]。

酒の— しゅしん[酒神]。ソーマ/そま[梵 soma/蘇摩]。ディオニュソス(ギリシャ Dionȳsos)。近代バッカス(Bacchus)。近世さかがみ[酒神]。

四季の— (例) 近代しらひめ[白姫](冬)。とうてい[冬帝](冬)。中世えんてい[炎帝](夏)。中古せいてい[青帝](春)。たつたひめ[竜田姫/立田姫](秋)。

死の— タナトス(ギリシャ Thanatos)。近世しにがみ[死神]。上代しま[死魔]。

邪悪な— 近代いきあひがみ/ゆきあひがみ[行合神/行逢神]。まがかみ[禍神]。まじん[魔神]。まもの[魔物]。をんき[瘟鬼]。近世しにがみ[死神]。じゃき[邪鬼]。はうさうがみ[疱瘡神]。ひだるがみ[饑神]。びんばふがみ[貧乏神]。まよはしがみ[迷神]。やくがみ[疫神]。やくびゃうがみ[疫病神]。中世あくじん[悪神]。えうやくじん[妖厄神]。えきき[疫鬼]。じゃしん[邪神]。まよひがみ[迷神]。中古あくき[悪鬼]。あくま[悪魔]。あらみさき[荒御鋒/荒御裂]。えきじん[疫神]。ぎゃうえきじん/ぎゃうやくじん[行疫神]。上代あしゅら[阿修羅]。おほまがつひのかみ[大禍津日神]。ま[魔]。まがつび[禍津日]。やくじん[疫神/厄神]。

出産の— ジュノー/ユノ(Juno)。近代ダイアナ(Diana)。ちぼしん/ぢぼしん[地母神]。はうきがみ[箒神]。近世うぶがみ[産神]。

樹木の— 近代ダイアナ(Diana)。中古はもりのかみ[葉守神]。上代くくのち[句句廼馳]。

正月に祭る— 中古としがみ[年神/歳神]。

商売の— ヘルメス(ギリシャ Hermēs)。メルキュール(フランス Mercure)。メルクリウス(Mercurius)。近世えびすかみ[夷神]。ゑびすかみ[恵比寿神]。中世えびすさぶろう[夷三郎]。中古ゑびす[恵比須/恵比寿]。

勝利の— ジュピター/ユピテル(Jupiter)。ニケ(Nikē)。ビクトリア(Victoria)。

女性の— 近代いんしん[陰神]。ぢょしん[女神]。上代ひめがみ[比売神/姫神]。めがみ[女神]。

善を施す— 近代ぜんしん[善神]。らいはうじん[来訪神]。

すべての— 近世てんちしんめい[天地神明]。上代てんじんちぎ[天神地祇]。

その神社に祭られている— 中古さいじん[祭神]。

太陽の— アトン(Aton)。ヘリオス(ギリシャ Hēlios)。ホルス(Horus)。ミトラ(梵 Mitra)。ラー(Ra)。中世えんてい[炎帝]。にちじん[日神]。上代あまてらすおほみかみ[天照大神/天照大御神]。あまてるがみ[天照神]。日の神。

戦いの— マース/マルス(Mars)。近世ぶしん[武神]。中世ぐんしん/ぐんじん[軍神]。ゆみやがみ[弓矢神]。中古いくさがみ[軍神]。

旅に誘う— 近世そぞろがみ[漫神]。中古あるきがみ[歩神]。

旅の— 近代しばがみ[柴神]。しばをりさま[柴折様]。近世かよふかみ[通神]。さへのかみ[障神/塞神/道祖神]。だうそじん[道祖神]。だうろくじん[道陸神]。中古ちふりのかみ[道触神]。上代くなどのかみ[久那斗神/岐神]。たむけのかみ[手向神]。ちまたのかみ[衢神]。ふなとのかみ/ふなどのかみ[岐神]。みちのかみ[道神]。

食べ物を司る— 上代うかのめ[稲魂女]。

とようけびめのかみ[豊宇気毘売神]。みけつかみ[御食津神/御饌津神]。

男性の— 〈近世〉をとこがみ[男神]。〈中世〉やうしん[陽神]。〈上代〉ひこがみ[彦神/比古神]。をがみ[男神]。

地域の— 〈近世〉うぶすながみ[産土神]。〈中世〉うぢがみ[氏神]。〈中古〉ちんじゅ[鎮守]。

月の— アルテミス(Artemis)。セレネ(Selēnē)。ソーマ/そま[梵 soma/蘇摩]。〈上代〉つくよみ[月夜見/月読]。

天の— 〈近世〉ざうぶつしゅ[造物主]。〈中世〉てん[天]。てんてい[天帝]。〈中古〉くゎうてん[皇天]。さうてん[蒼天]。てんくゎう[天皇]。てんこう[天公]。てんし[天子]。てんだう[天道]。〈上代〉ざうくゎ[造化]。しゃうてい/じゃうてい[上帝]。じゃうてん[上天]。→**てん【天】**

トイレの— 〈近代〉べんじょがみ[便所神]。〈近世〉厠(かはや)の神。

土地の— 〈近代〉どくじん[土公神]。〈近世〉くにたま[国魂]。くにみたま[国御魂]。ぢがみ[地神]。とこぬしのかみ[地主神]。〈中世〉ぢしゅ[地主]。ぢしゅごんげん[地主権現]。ぢしん/ぢじん[地神]。〈上代〉くにつかみ[国神/地祇]。こうど[后土]。ちぎ[地祇]。はにやすのかみ[埴安神]。はにやすひめ[埴安姫]。はにやまひめ[埴山姫]。

農業の— のうぎょうしん[農業神]。プロセルピナ(Proserpina)。フロラ(ラテン Flora)。ペルセフォネ(ギリシャ Persephonē)。〈近世〉さくがみ/つくりがみ[作神]。たのかみ[田神]。のうがみ/のうじん[農神]。

花の— 〈近代〉くゎしん[花神]。

火の— ヘファイストス(Hēphaistos)。〈近世〉えんてい[炎帝]。〈中古〉くゎじん[火神]。〈上代〉かぐつちのかみ[迦具土神]。ひのかみ/ほのかみ[火神]。ほむすびのかみ[火結神]。

病気を司る— 〈近世〉いもがみ/はうさうがみ[疱瘡神]。〈中古〉えやみのかみ[疫病神]。

福の— 〈近代〉ビリケン(Billiken)。〈近世〉しちふくじん[七福神](恵比須/大黒/毘沙門天/弁財天/布袋(ほてい)/福禄寿/寿老人)。〈中世〉ふくじん/ふくのかみ[福神]。

船を護る— 〈近代〉はらうじん[波浪神]。〈上代〉ふなだま[船玉/船霊/船魂]。

牧畜の— ファウヌス(Faunus)。ぼくしん[牧神]。〈近代〉パン(ギリシャ Pān)。ぼくやうしん[牧羊神]。

水の— 〈近世〉すいはく[水伯]。ゐどがみ[井戸神]。〈中古〉すいじん[水神]。りゅうじん[竜神]。〈上代〉みくまりのかみ[水分神]。

屋敷の— 〈近代〉うちがみ[内神]。やしきがみ[屋敷神]。〈上代〉はひきのかみ[波比岐神]。

山の— 〈中世〉やまがみ[山神]。やまびこ[山彦]。〈中古〉さんれい[山霊]。〈上代〉おほやまつみ[大山祇神]。やまつみ[山神]。

山の女— 〈中古〉やまひめ[山姫]。

和歌の— 〈近世〉かしん[歌神]。歌の神。

災いを除く— 〈近世〉まもりがみ[守神]。〈上代〉おほなほびのかみ[大直毘神/大直備神]。おほみやのめのかみ[大宮女神]。

▼助数詞 〈近代〉ざ[座]。〈中世〉しょ[所]。〈中古〉はしら[柱]。

かみ【紙】 〈近代〉パピルス(ラテン Papyrus)。ペーパー(paper)。ようせん[用箋]。〈中世〉ちょせんじゃう/ちょせんせい[楮先生]。〈中古〉ようし[用紙]。れうし[料紙]。〈上代〉かみ[紙]。

—で作られたもの しこうひん[紙工品]。〈近代〉かみせい/しせい[紙製]。

—の切れ端 〈近世〉かみくづ[紙屑]。〈中世〉かみきれ[紙切]。しへん[紙片]。へんちょ[片楮]。〈上代〉へんし[片紙]。

—の札 しひょう[紙票]。〈近代〉カード(card)。メモ(memo; memorandum)。〈中古〉ふだ[札]。〈上代〉たんざく[短冊]。

—を切り刻む機械 シュレッダー(shredder)。

—を切る小刀 〈近代〉しょたう[書刀]。ペーパーナイフ(paper knife)。

—を漉(す)く しょうする[抄/鈔]。〈近代〉せいし[製紙]。せうざう[抄造]。

間に挟む— 〈近世〉あひがみ[間紙]。〈中世〉はさみがみ[挟紙]。

厚手の— 〈近代〉ボールがみ[board紙]。〈近世〉いたがみ[板紙]。いためがみ[板目紙]。〈中世〉あつえふ[厚葉]。あつやう[厚様]。〈中古〉あつがみ[厚紙]。

要らない— そんし[損紙]。〈近世〉かみくづ[紙屑]。ふみがら[文殻]。ほご[反故/反古]。やれ[破]。〈中世〉ほうご/ほぐ[反故/反古]。〈中古〉ほうぐ[反故/反古]。

印刷用の— アートし[art紙]。さっし[刷紙]。ちゅうしつし[中質紙]。

上から包む— ほうそうし[包装紙]。マニラし[Manila紙]。〈近代〉ガラスがみ[オランダ glas紙]。のしがみ[熨斗紙]。ぶんこがみ/ぶんこし[文庫紙]。〈近世〉てんぐでふ[天具帖/典具帖]。〈中世〉うはがみ[上紙]。うはづつみ[上包]。うはまき[上巻]。〈中古〉かけがみ

［懸紙］。つつみがみ［包紙］。らいし［礼紙］。

薄い― 【近代】ライスペーパー(rice paper)。【近世】うすみの［薄美濃］。【中古】うすえふ［薄葉］。うすがみ［薄紙］。うすやう［薄様］。

漆を漉す― 【中世】うるしこし［漆漉］。

液体を漉すのに使う― こしがみ［濾紙／漉紙］。ろかし［濾過紙］。【近世】ろし［濾紙］。

絵を描く―(布を含む) がし［画紙］。ドローイングペーパー(drawing paper)。ワットマンし［Whatman紙］(商標名)。【近代】がせんし［雅仙紙／雅宣紙］。カンバス／キャンバス(canvas)。くゎうほん［絖本］。ぐゎがくし［画学紙］。ぐゎせんし［画仙紙／画牋紙］。ぐゎようし［画用紙］。けんぽん［絹本］。もくたんし［木炭紙］。【近世】しきし［色紙］。だうさがみ［礬水紙］。

扇に張る― 【中古】あふぎがみ／せんし［扇紙］。

加工紙等の原料となる― 【近代】げんし［原紙］。

傘に張る― 【近世】かさがみ［傘紙］。【中世】からかさがみ［唐傘紙］。

片面に艶を付けた― つやがみ［艶紙］。

壁に貼る― 【近代】かべがみ［壁紙］。

紙くずから再生した― さいせいし［再生紙］。ねずみがみ［鼠紙］。【近世】あさくさがみ［浅草紙］。すいうんし［水雲紙］。【中世】さうしがみ［草紙紙／草子紙］。しくし［宿紙］。すきかへし［漉返］。りんじがみ［綸旨紙］。【中古】かいやがみ／かやがみ／かんやかみ／こうやがみ［紙屋紙］。しゅくし［宿紙］。【上代】かみやがみ［紙屋紙］。

革に似せて作った― かみかわ［紙革］。

クリーム色の厚手の― 【近代】アイボリー(ivory)。

罫線や方眼を引いた― 【近代】うしらん［烏糸欄］。かいし［界紙］。けいし［罫紙］。げんかうようし［原稿用紙］。セクションペーパー(section paper)。はうがんし［方眼紙］。びんせん［便箋］。【近世】けびきがみ［罫引紙］。

香料をしみ込ませた― 【近世】くんし［薫紙］。くんしょく［薫燭］。

詩文を書く― 【近世】かうぜいがみ［行成紙］。ぎんせん［吟箋］。しきし［色紙］。しせん［詩箋］。【中古】たざく／たんざく［短冊］。

紙面の水分を吸い取る― おしがみ［押紙］。【近世】すひとりがみ［吸取紙］。

写経に使われる― 【中古】きゃうし［経紙］。たうし［唐紙］。

写真等を貼る土台の― マウント(mount)。【近代】だいし［台紙］。

手芸や装飾などに使う― きりがみ［切紙］。こまがみ［小間紙］。そうしょくし［装飾紙］。【近代】ぎんがみ［銀紙］。クレープペーパー(crepe paper)。【近世】いろがみ［色紙］。きんがみ［金紙］。ぎんし［銀紙］。ちよがみ［千代紙］。ちりめんがみ［縮緬紙］。もみがみ［揉紙］。【中世】きんし［金紙］。【中古】をりがみ［折紙］。

種々の色の― 【近代】あをばながみ［青花紙］。そめわけがみ［染分紙］。【近世】あかがみ［赤紙］。あゐがみ［藍紙］。あをどさ［青土佐］。こんがみ［紺紙］。【中世】こんし［紺紙］。そめがみ［染紙］。【中古】いろがみ［色紙］。しらかみ／はくし［白紙］。むらさきのうすやう［紫薄様］。

上下に雲形を漉き出した― 【中古】うちぐもり［内曇］。

障子に貼る― 【近代】しゃうじみの［障子美濃］。すきや［数寄屋／数奇屋］。みつをり［三折］。【中世】しゃうじがみ［障子紙］。

新聞の― 【近世】しんぶんし［新聞紙］。

漉いたままの― 【近代】せいし［生紙］。【近世】はしきらず［端切］。【中古】きがみ［生紙］。

玉串や注連縄に下げる― 【中古】しで［四手／垂］。

便りを書く― 【近代】しょかんせん［書簡箋］。はがき［葉書］。びんせん［便箋］。ようせん［用箋］。レターペーパー(letter paper)。【近世】まきがみ［巻紙］。

ちり― →**ちりがみ**

電報の電文を書く― 【近代】らいしんし［頼信紙］。

トイレで使う― 【近代】きよめがみ［清紙］。トイレットペーパー(toilet paper)。【近世】おとしがみ［落紙］。

綴じ目を補強する― ちからがみ［力紙］。

何も書いてない― 【中古】しらかみ／はくし［白紙］。

布などの裁断のとき当てる― パターン／パタン(pattern)。【近代】かたがみ［型紙］。

布目の模様が現れている― 【近世】ぬののめがみ［布目紙］。

貼って封をする― ふうかんし［封緘紙］。【近代】シール(seal)。

複写等に使われる― いんがし［印画紙］。かんあつし［感圧紙］。かんねつし［感熱紙］。かんねつきろくし［感熱記録紙］。たんそし［炭素紙］。【近代】カーボンし［carbon紙］。かんくゎうし［感光紙］。コピーし

[copy紙]。トレーシングペーパー(tracing paper)。
襖(ふすま)の上張りに用いるー 近代 ふすまがみ[襖紙]。近世 まにあひがみ[間合紙]。
懐に入れておくー ティッシュペーパー(tissue paper)。近代 ちりし[塵紙]。近世 こぎく[小菊]。中世 こがみ[小紙]。たたうがみ[畳紙]。ちりがみ[塵紙]。はながみ[鼻紙]。たたんがみ[畳紙]。中古 くゎいし/ふところがみ[懐紙]。
古いー 近世 ふるほご[古反故]。ほご[反故/反古]。中世 こし[故紙/古紙]。
奉書のー 近代 いろぼうしょ[色奉書]。近世 おほぼうしょ[大奉書]。かがほうしょ[加賀奉書]。はだよしがみ[肌吉紙]。ゑちぜんがみ[越前紙]。ゑぼうしょ[絵奉書]。
防水用のー たいすいし[耐水紙]。近代 パラフィンし[paraffin紙]。近世 かきがみ[柿紙]。とうゆがみ[桐油紙]。らふびき[蠟引]。中世 あぶらがみ[油紙]。しぶがみ[渋紙]。らふがみ/らふし[蠟紙]。中古 ゆし[油紙]。
巻いたー 近世 まきがみ[巻紙]。
目印のー 近代 ふせん[付箋]。近世 つけがみ[付紙]。ふしんがみ[不審紙]。
やすりの代わりのー →**かみやすり**
料理の盛りつけに使うー 近世 かふだて[甲立]。中世 きそく[亀足]。
その他ーのいろいろ① [**種類**] インディアペーパー(India paper)。ケントし[Kent紙]。さんせいし[酸性紙]。ちくし[竹紙]。ちゅうせいし[中性紙]。近代 きずきがみ[生漉紙]。コットンペーパー(cotton paper)。ざらがみ[紙]。せいし[生紙]。だんボール[段board]。ハトロンし[(オランダ)patroon紙]。ボールがみ[board紙]。やうかんがみ[羊羹紙]。もぞうし[模造紙]。やうし[洋紙]。やうひし[羊皮紙]。りうさんし[硫酸紙]。わがみ/わし[和紙]。わらがみ[藁紙]。わらばんし[藁半紙]。近世 がんぴし[雁皮紙]。しょゐんがみ[書院紙]。せんくゎがみ[仙花紙/泉貨紙]。パーチメント[parchment/把爾葛孟多]。はっすん[八寸]。ぶんしち[文七]。よこがみ[横紙]。中世 とりのこがみ[鳥子紙]。はくま[白麻]。ばふんし[馬糞紙]。はんし[半紙]。みのがみ[美濃紙]。中古 きがみ[生紙]。こくし[穀紙]。上代 だんし[檀紙]。まし[麻紙]。
その他ーのいろいろ② [**大きさ**] あいばん[合判/間判/相判]。エーばん[A判]。キャビネ(フランス cabinet)。ビーはん[B判]。やつぎり[八切]。よつ/よつぎり[四切]。近代 きくばん[菊判]。しろくばん[四六判]。ちゅうばん[中判]。てふだ/てふだばん[手札判]。みのがみばん[美濃紙判]。みのばん[美濃判]。近世 ぜんし[全紙]。はんせつ[半切/半折]。中世 はんし[半紙]。
その他ーのいろいろ③ [**産地**] 近代 えどがはがみ[江戸川紙]。ほんとさ[本土佐]。みつをり[三折]。もりしたがみ[森下紙]。近世 あさくさがみ[浅草紙]。あをどさ[青土佐]。かがほうしょ[加賀奉書]。なすのがみ[那須野紙]。はだよしがみ[肌吉紙]。はっすん[八寸]。ほそかはがみ[細川紙]。みすがみ[御簾紙/三栖紙]。みなとがみ[湊紙]。ゑちぜんがみ[越前紙]。中世 すいばら[杉原]。すぎはらがみ[杉原紙]。ならがみ[奈良紙]。みのがみ[美濃紙]。やはやは[柔柔](女房詞)。よしのがみ[吉野紙]。中古 みちのくがみ[陸奥紙]。
▼**助数詞** れん[ream/連]。近代 えふ[葉]。しめ[締/〆]。中世 そく[束]。まる[丸]。中古 ちゃう[張]。でふ[帖]。まい[枚]。

かみ【髪】 じんもう[人毛]。近代 ヘア/ヘアー/ヘヤ(hair)。近世 あたま[頭]。かみかしら/かみがしら[髪頭]。かみのけ[髪毛]。かもじ[髪文字/髢]。かんかん。かんざし[髪状]。ちすぢ[千筋]。めんめ(幼児語)。中世 かみすぢ[髪筋]。けすぢ[毛筋]。つむり[頭]。はつ[髪]。びんづら[鬢頰]。もうはつ[毛髪]。中古 かざり[飾]。かしら[頭]。くし[髪]。け[毛]。とうはつ[頭髪]。上代 かみ[髪]。びんぱつ[鬢髪]。
《尊》中世 おぐし[御髪]。中古 みぐし[御髪]。
《枕》中古 うばたまの[烏羽玉][⇩くろかみ]。上代 しきたへの[敷栲][⇩くろかみ]。ぬばたまの[射干玉][⇩くろかみ]。ふるゆきの[降雪][⇩しろかみ]。
ーが衰え薄くなること 中世 びんし[鬢糸]。中古 すいびん[衰鬢]。
ーがすり切れること 近世 けぎれ[毛切]。
ーが垂れるさま 中古 はらはら。
ーが長いこと 近代 かみなが[髪長]。近世 さんさん[毿毿]。中古 ちゃうはつ[長髪]。
ーが抜け落ちた状態のこと 近代 だつもう[脱毛]。中古 はげ[禿]。中古 はぐ(はげる)[禿]。
ーが生えること 近代 はつもう[発毛]。

ーがふさふさしたさま 中世むく[尨]。中古ゆるゆる[緩緩]。ゆるらか／ゆるるか[緩]。

ーが乱れ顔は垢染みている 近代ほうとうこうめん[蓬頭垢面]。

ーが乱れる 近世そそけ。中世ほうく[ほうける][惚／耄]。ほほめく。中古ふくだむ。まよふ[迷]。

ーに飾りを挿す 中古かざす[挿頭]。

ーに電熱や薬品でウエーブをかけること パーマ／パーマネントウエーブ(permanent wave)。

ーの形→かみがた

ーの毛の先が枝のようになっているもの えだげ[枝毛]。

ーの少ないこと 近世おけんつう。

ーの手入れ ヘアトリートメント(hair treatment)。りよう[理容]。近代せいはつ[整髪]。てうはつ[調髪]。ブラッシング(brushing)。近世かみすき[髪梳]。とかす[解／梳]。なでつく[ーつける][撫付]。中世さんぱつ[散髪]。すく[梳]。なづ[なでる][撫]。中古くしけづる[梳]。けづる[梳]。とく[解]。なでつくろふ[撫繕]。りはつ[理髪]。上代かく[掻]。

ーの手入れなどに使う道具 ネット(net)。ヘアドライヤー(hair dryer)。近代カーラー(curler)。こて[鏝]。ピン(pin)。中古かうがい[笄]。上代くし[櫛]。

ーの末端のさま 中古すそ[裾]。すそつき[裾付]。

ーを洗う せんぱつ[洗髪]。近代もくする[沐]。近世かみあらひ[髪洗]。中古ゆする[泔]。

ーを飾るもの 近代つむりもの[頭物]。近世かみかざり[髪飾]。こうがい[笄]。さしもの[挿物]。さふくゎ[挿花]。中世挿頭の花。中古かんざし[簪]。上代かざし[挿頭]。くし[櫛]。はなかつら[花鬘／花縵]。はねかづら[鬘]。

ーを切る カット(cut)。かみきり[髪切]。中世だんぱつ[断髪]。中古そぐ[削]。とりおろす[取下]。

ーを切る道具 カッティングシザース(cutting scissors)。近代バリカン(Barriquand)。

ーを剃ったり短くした頭 近世ばうず[坊主]。ばうずあたま／ばうずかしら[坊主頭]。まるばうず[丸坊主]。

ーを染める せんぱつ[染髪]。メッシュ(フランス mèche)。近代せんもう[染毛]。

ーを剃る(出家する) 近世まろかす／まろがす[丸／円]。中世こそぐ[こそげる][刮]。たる[たれる][垂]。ていはつ[剃髪]。頭を丸む[ー丸める]。中古おろす[下]。かうぞり[髪剃]。そぎすつ[削棄]。

ーを束ねる紐(糸) 近世もとゆひがみ[元結紙]。中世もとひ[元結／髻]。中古もとゆひ[元結／髻]。

ーを垂らす 中古かかりば[掛端]。かきこす[掻越]。ふりこす[振越]。上代かきたる[掻垂]。

ーを結う 近代むすぶ[結]。近世かみゆひ[髪結]。けっぱつ[結髪]。中世とりあぐ[ーあげる][取上]。上代かみあぐ[ーあげる][髪上]。たく[綰]。《尊》近世おかんあげ[御髪上]。おぐしあげ[御髪上]。中世みぐしあげ[御髪上]。

赤いー 近代あかげ[赤毛]。こうもう[紅毛]。

秋に抜け落ちるー 近世このはがみ[木葉髪]。《句》近世十月の木葉髪。

頭の後方のー 近世うしろがみ[後髪]。中世わたがみ[綿上／肩上／綿噛]。

洗いたてのー 近世あらひがみ[洗髪]。

怒りで逆立つー 中古どはつ[怒髪]。

渦巻き状のー 近代せんもう[旋毛]。中世つじ[旋毛]。上代つむじ[旋毛]。

美しいー 近代びはつ[美髪]。烏の濡れ羽色。近世からすばいろ[烏羽色]。中世りょくはつ[緑髪]。柳の髪。中古うんくゎん[雲鬟]。せんびん[蟬鬢]。ひすい[翡翠]。緑の黒髪。

襟首あたりのーを刈る すそがり[裾刈]。

硬いー こうもう[硬毛]。ごうもう[剛毛]。

褐色(茶色)のー ちゃぱつ[茶髪]。近代ブルネット(brunette)。

切ったー きりかみ[切髪]。中世いっそくぎり[一束切]。中古そぎすゑ[削末]。

金色のー 近代きんぱつ[金髪]。ブロンド(blond)。

癖のあるー 近代ウエーブ(wave)。カール(curl)。くせげ[癖毛]。ちぢれげ[縮毛]。まきげ[巻毛]。

首の後方のー 近世えりがみ[襟髪／領髪]。

黒いー 近世こくはつ[黒髪]。中世くろげ[黒毛]。中古くろかみ[黒髪]。せいし[青糸]。みどりのかみ[緑髪]。

故人の形見のー 近代ゐはつ[遺髪]。

先の分かれたー えだげ[枝毛]。

自分自身のー じげ[地毛]。近世ぢがみ[地髪]。

白いー 〔中世〕しらかみ／しろかみ［白髪］。〔上代〕しも［霜］。しらが／はくはつ［白髪］。ゆき［雪］。

梳（す）いたー 〔近代〕ときがみ［解髪］。

すっかり白いーになること 〔中世〕もろしらが［諸白髪］。〔上代〕ましらが［真白髪］。

添え付け加えるー つけげ［付毛］。ヘアピース(hairpiece)。〔近代〕いれげ［入毛］。かはつ［仮髪］。〔近世〕いれがみ［入髪］。そへ［添］。つけがみ［付髪］。びんみの［鬢蓑］。〔中世〕かもじ［髪文字／髢］。そへがみ［添髪］。〔中古〕えびかづら［葡萄葛］。つけまげ［付髷］。

束ねたー 〔近世〕まげ［髷］。〔中世〕かうづか／かんづか［髪束］。〔中古〕もとどり［髻］。

中年の白髪まじりのー ロマンスグレー(和製 romance grey)。〔近世〕ごましほあたま［胡麻塩頭］。〔上代〕はんぱく［半白／斑白／頒白］。

長く伸ばしたー 〔中古〕ちゃうはつ［長髪］。

抜け落ちるー 〔近代〕ぬけげ［抜毛］。〔近世〕ぬけがみ［抜髪］。〔中古〕おちがみ［落髪］。おちげ［落毛］。

寝ている間に乱れたー ねぐせ［寝癖］。〔近世〕ねほれがみ［寝惚髪］。〔中世〕ねみだれがみ［寝乱髪］。〔中古〕たわ［撓］。ねくたれがみ［寝腐髪］。〔上代〕あさねがみ［朝寝髪］。

毎日ーを結いなおす 〔近世〕ひがみ［日髪］。

前ー 〔近世〕ひたひがみ［額髪］。〔上代〕ぬかがみ［額髪］。

短くて結えないで残るー 〔近世〕おくれ／おくれげ［後毛］。

水でなでつけたー 〔近世〕みづがみ［水髪］。〔中世〕みづびん［水鬢］。

乱れたー ざんばらがみ［髪］。ぼさぼさ。〔近代〕ぼやぼや。もじゃもじゃ。〔近世〕おっぽろがみ［髪］。おどろのかみ［荊髪］。さばきがみ［捌髪］。むさくさ。むしゃくしゃ。むしゃむしゃ。むじゃむじゃ。もつれがみ［縺髪］。〔中世〕おほわらは［大童］。ばうばう［茫茫］。はだけがみ［開髪］。ほうほう［蓬蓬］。みだれがみ［乱髪］。〔中古〕さみだれがみ［乱髪］。ほうとう［蓬頭］。ほうはつ／よもぎのかみ［蓬髪］。〔上代〕ひはつ［被髪］。

耳の前の生え下がったー 〔近世〕もみあげ［揉上］。

老人のー 〔中世〕おいしらむ［老白］。〔中古〕がいはつ／よもぎがみ［艾髪］。くゎうはつ［黄髪］。さうらう［蒼浪／滄浪］。

▼櫛（くし） 〔近世〕さしもの［挿物］。〔中古〕かんざし［簪］。けづりぐし［梳櫛］。

▼生え際 〔近代〕よこびん［横鬢］。〔近世〕けぎは［毛際］。〔中世〕かうがは［髪際］。〔中古〕かみぎは［髪際］。かんざし［髪状］。はっさい［髪際］。

かみ【加味】 プラスアルファ(和製 plus alpha)。〔近代〕つけくはふ［付加］。つけたす［付足］。てんか［添加］。ふか［付加］。〔中世〕かみ［加味］。

かみあ・う【噛合】 〔近代〕がっち［合致］。かみあふ［噛合］。〔中古〕あふ［合］。いっち［一致］。

ー・わないたとえ 〔近代〕ゑんさくはうぜい［円鑿方枘］。ゑんぜいはうさく［円枘方鑿］。

歯の上下のー・わせ こうごう［咬合］。

歯を強くー・わす 〔近世〕かみしばる［噛縛］。かみしむ［ーしめる］［噛締］。〔中世〕くひしむ［ーしめる］［食締］。〔中古〕くひしばる［食縛］。

かみがかり【神憑】 きょうしんてき［狂信的］。〔近代〕かみがかり［神憑／神懸］。〔中世〕つきもの［憑物］。〔上代〕かむがかり［神懸／神憑］。

ーの言葉 〔近代〕おふでさき［御筆先］。〔中世〕しんたく［神託］。神のお告げ。〔上代〕たくせん［託宣］。

かみがた【髪型】 ヘアスタイル(hairstyle)。ヘアモード(hair mode)。〔近世〕あたま［頭］。あたまつき［頭付］。あたまなり［頭形］。かみかたち［髪形／髪容］。かみつき［髪付］。〔中古〕かしらつき［頭付］。

子供(幼児)のーのいろいろ(例) 〔近代〕おかっぱ［御河童］。おさげ／おさげがみ［御下髪］。おたばこぼん［御煙草盆］。ぼっちゃんがり［坊刈］。ももわりいちゃう［桃割銀杏］。ももわれ［桃割］。〔近世〕いちゃうまげ［銀杏髷］。おちご［御稚児／御児］。おちごわげ［御稚児髷］。かきびん［掻鬢］。がっそう［兀僧］。かっぱ［河童］。かぶきり［頭切］。からこ［唐子］。きりかむろ［切禿］。けしばうず［芥子坊主］。さげまへがみ［下前髪］。さばきがみ／さばけがみ［捌髪］。そくはつ［束髪］。たうじんまげ［唐人髷］。ちごかっしき［稚児喝食］。ちごまげ［稚児髷］。ちごわげ［稚児髷］。ちゃびん［茶瓶］。ちゃびんまへがみ［茶瓶前髪］。ちゃんちゃん。ちらしがみ［散髪］。ぼんのくぼ［盆窪］。やっこあたま［奴頭］。をとこまげ［男髷］。〔中世〕かぶろ［禿］。からわ［唐輪］。さばいがみ［捌髪］。たんぱつ［短髪］。だんぱつ［断髪］。うならけい［螺髻］。〔中古〕あまそぎ［尼削］。うなゐ［髫／髫髪］。うなゐがみ［髫髪］。びんぷく［鬢幅／鬢服］。ふりわけ［振分］。ふりわけがみ［振分髪］。めざし［目刺］。〔上代〕あ

げまき［総角／揚巻］。うなつき［項着］。きりかみ［切髪］。さうくゎん［双鬟］。そうかく［総角］。つのがみ［角髪］。はなり［放］。わらは［童］。わらはがみ［童髪］。をはなり［小放］。

女性の—のいろいろ(例) アップ(up)。アップヘア(up hair)。ショートカット(short-cut)。ショートヘア(short hair)。セシールカット(和製フランス Cécile + cut)。ポニーテール(ponytail)。近代 イギリスまき［ポルトガル Inglez 巻］。いぼじりまき［疣雀巻］。エスまき［S巻］。くゎげつまき［花月巻］。だんぱつ［断髪］。つぶし［潰］。なべちゃうまげ［鍋町髷］。にほんがみ［日本髪］。ひさしがみ［庇髪］。ふくわげ［吹髷］。ぶんきんたかしまだ［文金高島田］。ボップ／ボブ(bob)。みみかくし［耳隠］。やうはつ［洋髪］。近世 いたづら［徒］。いちゃうがへし［銀杏返］。いちゃうくづし［銀杏崩］。いちゃうまげ［銀杏髷］。いとまき［糸巻］。うまのをむすび［馬尾結］。おしゃこ［御蝦蛄］。おすべらかし［御垂髪］。おたらひ［御盥］。おとしばらげ［落散毛］。おほしまだ［大島田］。おほすべらかし［大垂髪］。かうがいわげ［笄髷］。かくづと［角髱］。がくやいちゃう［楽屋銀杏］。かたはづし［片外］。かたみつわ［片三輪］。かつやま［勝山］。かみきり［髪切］。きゃうぐる［京］。きりさげがみ［切下髪］。くさたばね［草束］。くしまき［櫛巻］。ぐるりおとし［落］。ごたいづけ［五体付］。さげがみ［下髪］。さげしたぢ［下下地］。さげしまだ［下島田］。さげづと［下髱］。さしびん［差鬢］。しひたけたぼ［椎茸髱］。しまだ［島田］。しまだまげ［島田髷］。しまだわげ［島田髷］。しめつけしまだ［締付島田］。しゃうじんまげ［精進髷］。すべしがみ［垂髪］。すべらかし［垂髪］。そうづり［総釣］。たかしまだ［高島田］。たかまげ［高髷］。たてひゃうご［立兵庫］。たまむすび［玉結］。だるまがへし［達磨返］。ちゃせんがみ［茶筅髪］。つのぐり［角繰／角髻］。つぶししまだ［潰島田］。つりぶね［釣舟／釣船］。てんじんまげ［天神髷］。とうろうびん［灯籠鬢］。とりあげがみ［取上髪］。とりあげまげ［取上髷］。なげしまだ［投島田］。はりうち［針打］。ひっつめ［引詰］。ひゃうごわげ［兵庫髷］。ひらまげ［平髷］。びんきり［鬢切］。ふきびん［吹鬢］。ふきわ［吹輪］。ふくらすずめ［脹雀／福良雀］。ふたつわげ［二髷］。ぶんきん［文金］。ぶんきんしまだ［文金島田］。ほんだまげ［本多髷］。まるまげ／まるわげ［丸髷］。みつわまげ［三輪髷］。むさうりう［無想流］。めがね［眼鏡］。めをとまげ［夫婦髷］。もたせ［持］。やっこしまだ［奴島田］。ゆひわた［結綿］。よこひゃうご［横兵庫］。よつをり［四折］。りゃうわ［両輪］。わりがらこ［割唐子］。をしどり［鴛鴦］。をばこむすび［姨子結］。中世 からわ［唐輪］。ふきあげ［吹上／噴上］。中古 あまそぎ［尼削］。うちたれがみ［打垂髪］。かみあげ［髪上］。かんざし［髪差／髪状］。ひたひがみ［額髪］。みみはさみ［耳挟］。

男性の—のいろいろ(例) オールバック(和製 all back)。かりあげ［刈上］。ジーアイカット(GI cut)。パンチパーマ(和製 punch permanent)。リーゼントスタイル(regent style)。近代 かくがり［角刈］。ごぶがり［五分刈］。ざんぎりあたま［散切頭］。近世 あとあがり［後上］。あとさがり［後下］。いきちょん［意気／粋］。いちゃう［銀杏／公孫樹／鴨脚樹］。いちゃうがしら［銀杏頭］。いとびん［糸鬢］。うすびん［薄鬢］。えぼしがみ［烏帽子髪］。おほいちゃう［大銀杏］。おほたぶさ［大髻］。かかあたばね［嬶束］。かきさげびん［掻下鬢］。がっそう［兀僧］。ごたいづけ［五体付］。しはうがみ［四方髪］。せみをれ［蟬折］。そうがう［総髪］。そうがみ［総髪］。そうはつ［総髪／惣髪］。そりさげ［剃下］。たてかけ［立掛／立懸］。たてがみ［立髪］。たばね［束］。たんぜんたてがみ［丹前立髪］。ちゃせんばう［茶筅坊］。ちょんまげ［丁髷］。なでつけ［撫付］。なでつけがみ［撫付髪］。はけなが［刷毛長］。ふりわけ［振分］。ぶんきん［文金］。ぶんきんふう［文金風］。ほんだ［本多／本田］。ほんだあたま［本多頭］。ほんだふう［本多風］。ほんだまげ［本多髷］。まきびん［巻鬢］。まめほんだ［豆本多］。まるまげ［丸髷］。みつをり［三折］。やぐらおとし［櫓落］。やっこあたま［奴頭］。わかしゅがみ［若衆髪］。をとこまげ［男髷］。中世 ちゃせん［茶筅］。ちゃせんがみ［茶筅髪］。上代 びずら／びんずら／みづら［角髪／角子／鬟／髻］。

その他—のいろいろ(例) アフロヘア(Afro hirstyle)。カーリーヘア(curly hair)。近世 のんこわげ［髷］。

かみきりむし【髪切虫】 けきりむし［毛切虫］。中古 かみきりむし［髪切虫／天牛］。てんぎう［天牛］。

か

—の幼虫 近代てっぽうむし[鉄砲虫]。

かみくだ・く【噛砕】 近代さいしゃく[細嚼]。噛んで含める。中世 近世かみしだく[噛]。かみこなす[噛熟]。かみつぶす[噛潰]。中古くひつぶす[食潰]。そしゃく[咀嚼]。

—・く音 中世かりかり。がりがり/ぐはりぐはり/ぐゎりぐゎり。さくさく。

かみこな・す【噛熟】 中世かみこなす[噛熟]。ほほがへし[頬返]。→**かみくだ・く**

かみざ【上座】 近世かみざ[上座]。かみて[上手]。じゃうせき[上席]。しゅざ[首座]。中世いちざ[一座]。かうざ[高座]。じゃうざ[上座]。じゃうだん[上段]。中古かみ[上]。

かみし・める【噛締】 近代はんすう[反芻]。近世かみしむ[—しめる][噛締]。ぐゎんみ[玩味]。中世あじはふ[味]。中古そしゃく[咀嚼]。

かみそり【剃刀】 でんきかみそり[電気剃刀]。シェーバー(shaver)。近代あんぜんかみそり[安全剃刀]。せいやうかみそり[西洋剃刀]。レザー(razor)。近世けたり/けたれ[毛垂](女房詞)。かみそり[剃刀]。中世そり[剃]。中古かうぞり[髪剃]。

かみだのみ【神頼】 近世かみだたき[神叩]。かみだのみ[神頼]。

《句》近代苦しい時の神頼み。切ない時の神頼み。近世臆病の神降ろし。叶はぬ時の神叩き。切ない時の神叩き。

かみつ【過密】 近代ぎゅうぎゅうづめ[詰]。こむ[込/混/籠]。すしづめ[鮨詰]。のうみつ[濃密]。みっしふ[密集]。密度が濃い(大きい)。近世押し合ひ圧(へ)し合ひ。中世こみあふ[混合/込合]。立錐(りっすい)の余地なし。中古ちうみつ[稠密]。みつ[密]。

—・なさま 近世ぎしぎし。ぎっしり。近代ぎゅうぎゅう。びっしり。

かみつ・く【噛付】 近代かじりつく[齧付]。近世くってかかる[食掛]。文句を付く[—付ける]。中世かぶりつく[齧付]。かみつく[噛付]。くらひつく[食付]。中古くひつく[食付]。くふ[食]。

—・こうとする 中古いがむ[啀]。

かみて【上手】 近世かみざ[上座]。かみて[上手]。中世うはて[上手]。かさ[嵩]。じゃうざ[上座]。じゃうぶ[上部]。じゃうゐ[上位]。中古かみ[上]。→**かみざ**

かみなり【雷】 ごろごろさま[様](幼児語)。ねつかいらい[熱界雷]。ねつらい[熱雷]。近代でんてい[電霆]。近世かんなり[雷]。ぢがみなり[地雷]。中世らいじん[雷神]。中古いかづち[雷]。かみ[神]。かみなり[雷]。てんらい[天雷]。はたたがみ[霹靂神]。らいこう[雷公]。らいめい[雷鳴]。上代なるかみ[鳴神]。らい[雷]。

—が落ちる 近世らいげき[雷撃]。らくらい[落雷]。中古かみとけ/かんとき/かんとけ[神解/霹靂]。へきれき[霹靂]。上代かむとき/かむとけ[霹靂]。

—が鳴る 近世ごろつく。中古はたたく。

—と稲妻 中古らいでん[雷電]。

—による火事 近世てんくゎ[天火]。

—の鳴る音 近代てんせい[天声]。中古いかづち[雷]。てんこ[天鼓]。へきれき[霹靂]。らいこ[雷鼓]。上代なるかみ[鳴神]。らいしゃう/らいせい[雷声]。

—の鳴る音のさま 近世ごろごろ。中世どろどろ。はたはた。

—の光 →**いなずま**

—よけ かくうちせん[架空地線]。近代ひらいしん[避雷針]。中世くはばらくはばら[桑原桑原]。

稲妻は見えないが—で雲が光ること まくでん[幕電]。

多くの— 近代ひゃくらい[百雷]。中世ばんらい[万雷]。

落ちても火を出さない— 近世みづがみなり[水雷/水神鳴]。

落ちて物を焼く— 近世ひかみなり[火雷/火神鳴]。

台風の中心付近の— からい[渦雷]。

遠くの— 中世ゑんらい[遠雷]。

激しく急な— きゅうらい[急雷]。近代ほんらい[奔雷]。中世しつらい[疾雷]。じんらい[迅雷]。中古へきれき[霹靂]。

春先の— 中古しゅんらい[春雷]。

春初めての— 近世むしだしかみなり[虫出雷]。

日照りの前兆の— 近世ひがみなり[日雷]。

雪の前の— 近世ゆきおこし[雪起]。

立春後初めての— はつがみなり[初雷]。

かみばさみ【紙挟】 クリアファイル(clearfile)。しょるいばさみ[書類挟]。バインダー(binder)。近代ファイル(file)。フォルダー(folder)。近世かみばさみ[紙挟]。

かみやすり【紙鑢】 エメリーペーパー(emery paper)。ガラスがみ[(オランダ)glas紙]。ますけんし[磨研紙]。近代かみやすり[紙鑢]。サ

ンドペーパー(sandpaper)。やすりがみ[鑢紙]。

かみゆい【髪結】 近世 いちもんぞり[一文剃]。いっせんぞり[一銭剃]。とこ[床]。とこや[床屋]。中世 かみゆひ[髪結]。→**とこや**

かみわ・ける【嚙分】 近世 かみわく[―わける][嚙分]。ぐゎんみ[玩味]。中世 あぢはふ[味]。

かみわざ【神業】 人間離れした業(わざ)。非凡な技術。近代 しんぎ[神技]。近世 入神(にふしん)の技。中世 かみわざ[神業]。上代 しんい[神異]。

かみん【仮眠】 →**うたたね**

か・む【嚙】 近代 はんすう[反芻]。近世 かみしむ[―しめる][嚙締]。かみわく[―わける][嚙分]。中世 かみくだく[嚙砕]。かみこなす[嚙熟]。中古 そしゃく[咀嚼]。上代 かむ[嚙/咬/嚼]。

―・まれた傷 近世 かうしゃう[咬傷]。

―・むさま 近世 くちゃくちゃ。もぐもぐ。

―・んで含める 近世 いひきかす[―きかせる][言聞]。かみくだく[嚙砕]。中世 せっとく[説得]。

しきりに―・む 上代 さがみにかむ。

力を入れて―・む 近世 かみしむ[―しめる][嚙締]。

前歯で―・む 中古 つむ[齧]。

がむしゃら【我武者羅】 近代 おもひきり[思切]。おもひぞんぶん[思存分]。近世 おもふぞんぶん[思存分]。しゃにむに[遮二無二]。むてっぽう[無鉄砲]。むにむさん[無二無三]。

―・に進む ちょとつもうしん[猪突猛進]。中世 ぼうこひょうが[暴虎馮河]。

ただ―・なだけ 中世 匹夫の勇。

カムバック(comeback) 近代 さいき[再起]。ふくくゎつ[復活]。近世 かへりざき[返咲]。ふくしょく[復職]。中世 ふくき[復帰]。

カムフラージュ(フランス camouflage) 近代 かさう[仮装]。カムフラージュ/カモフラージュ。ぎさう[擬装/偽装]。ふんさう[扮装]。へんさう[変装]。めいさい[迷彩]。中世 くらます[晦/暗]。上代 かくす[隠]。

かむ・る【被】 →**かぶ・る**

かめ【亀】 近世 ざうろく[蔵六]。上代 かめ[亀]。

―の甲羅 近世 かふら[甲羅]。中古 きっかふ[亀甲]。

かめ【甕】 中世 ぐんぢ[軍持]。上代 かめ[甕/瓶]。つぼ[壺]。へ[瓮]。みか[甕]。

黄金の― 近世 きんおう[金甌]。

祭礼に用いた― 上代 ゆか[斎甕]。

酒などを入れる― 中世 さかがめ/さけがめ[酒甕]。もたひ[瓮/甕]。

酒の醸造に用いた― 上代 みか[甕]。みかわ[甕]。

素焼きの― 近代 すがめ[素瓶]。

酢を入れる― 中古 すがめ[酢瓶]。

底の浅い― 上代 さらけ[浅甕]。

取っ手の付いた― 中世 てがめ[手瓶]。

花を挿す― 中古 はながめ[花瓶]。

水を貯えておく― 上代 みづがめ[水瓶/水甕]。

湯殿で産湯に用いた― 中古 ほとぎ[缶]。

かめい【加盟】 近代 かめい[加盟]。傘下に入る。同盟に加はる。名を連ねる。近世 かにふ[加入]。なかまいり[仲間入]。中世 さんか[参加]。上代 くははる[加]。

かめい【家名】 家の名誉。近世 かみゃう[家名]。やがう[屋号]。中世 かめい[家名]。けみゃう[家名]。みゃうせき[名跡]。

かめのて【亀手】(蔓脚(まんきゃく)目の甲殻類) 近世 おにのて[鬼手]。かめのて[亀手/石蜐]。中古 せ[石花]。

カメラ(camera) キャメラ(camera)。さつえいき[撮影機]。近代 カメラ。しゃしんき[写真機]。近世 しゃしんきゃう[写真鏡]。

―で仕事をする人 カメラマン(cameraman)。さつえいぎし[撮影技師]。しゃしんぎし[写真技師]。しゃしんさっか[写真作家]。

胃の中を見る― いカメラ[胃camera]。ないしきょう[内視鏡]。ファイバースコープ(fiberscope)。

映画撮影の小型の― シネカメラ(cinecamera)。

シャッターのない― スリットカメラ(slit camera)。

水中撮影用の― すいちゅうカメラ[水中camera]。

天体撮影用の― シュミットカメラ(Schmidt camera)。

箱形の― ボックスカメラ(box camera)。

針穴をレンズ代わりにする― はりあなしゃしんき[針穴写真機]。ピンホールカメラ(pinhole camera)。

その他―のいろいろ(例) いちがんレフ[一眼reflex]。インスタントカメラ(instant camera)。オートフォーカス(auto focus)。オートマット(automat)。こうそくどカメラ[高

速度camera］。ステレオカメラ(stereo camera)。デジタルカメラ(digital camera)。にがんレフ［二眼reflex］。ビデオカメラ(video camera)。ポラロイドカメラ(Polaroid Land camera)(商標名)。レフレックスカメラ(reflex camera)。

かめん【仮面】 〈中古〉かめん［仮面］。〈近代〉マスク(mask)。〈中世〉おもて［面］。おもてがた［面形］。ペルソナ(ラテン persona)。めん［面］。めんがた［面形］。

—を作る(特に能面) 〈近世〉面を打つ。

邪悪の相をした— 〈近世〉げだう［外道］。

眼鏡状で眉や髪などを書き添えた— 〈近世〉ひゃくまなこ［百眼］。めかづら［目鬘］。

その他—のいろいろ(例) 〈近代〉ガスマスク(gas mask)。ばうどくマスク［防毒mask］。ばうどくめん［防毒面］。〈近世〉あまのおもて［案摩面］。おかめ［阿亀］。おたふくめん［阿多福面］。かぐらめん［神楽面］。ぎがくめん［伎楽面］。さるめん［猿面］。しかみ［顰］。のうめん［能面］。はんにゃづら/はんにゃめん［般若面］。ひょっとこ。をんなめん［女面］。〈中世〉あまづら［案摩面］。かるら/がるら［迦楼羅］。きめん［鬼面］。〈中古〉かぐらおもて［神楽面］。

がめん【画面】 えいぞう［映像］。がぞう［画像］。ディスプレー(display)。〈近代〉ぐゎめん［画面］。

—が次第に明るくなって映像が現れること スクリーンプロセス(screen process)。フェードイン(fade in)。

—が次第に消えてゆくこと フェードアウト(fade out)。

—の合成技法 クロマキー(chroma key)。

—の調子の例 こうちょう［硬調］。なんちょう［軟調］。ハイキー(high-key)。ローキー(low-key)。

—を動かすこと スクロール(scroll)。

映画などの一区切りの— カット(cut)。シーケンス(sequence)。シーン(scene)。ショット(shot)。ひとこま［一齣］。

かも【鴨】 〈近世〉あをくび［青頸］。〈中古〉のがも［野鴨］。〈上代〉あしがも［葦鴨］。かも［鴨/鳧］。みかも［水鴨］。

《枕》〈上代〉おきつとり［沖鳥］。みづとりの［水鳥］。

北へ帰る— 〈近世〉ひきがも［引鴨］。

夏も北へ帰らない— 〈近世〉とほしがも［通鴨］。

かもく【課目】 〈近代〉がくくゎ［学課］。くゎもく［課目］。くゎもく［科目］。けうくゎ［教科］。

かもく【寡黙】 〈近代〉くゎげん［寡言］。むっつり。〈近世〉くゎもく［寡黙］。だんまり。口が重い。口数が少ない。〈中世〉むくち［無口］。

かもしか【羚羊】 〈近代〉いはしか［岩鹿］。〈近世〉あをじし［青鹿］。かもしか［羚羊/氈鹿］。くらしし［倉猪/鞍鹿］。にく［褥］。〈中世〉かもしし［羚羊/氈鹿］。

かもしれな・い 〈近世〉かもしれない。〈中世〉かもしれぬ。〈中古〉もこそ。もぞ。

かも・す【醸】 ぎんじょう［吟醸］。〈近代〉ぢゃうざう［醸造］。ぢゃうせい［醸成］。〈近世〉かもす［醸］。きうん［機運］。〈上代〉かみなす［醸成］。かむ［醸］。

かもつ【貨物】 うんそうひん［運送品］。カーゴ(cargo)。〈近世〉くゎもつ［貨物］。つみに［積荷］。にもつ［荷物］。

—や旅客を船で運ぶこと かいうん［海運］。

—を積み下ろしする人 〈近世〉にやく［荷役］。

—を積む 〈近代〉たふさい［搭載］。〈中世〉せきさい［積載］。

—を運ぶ車 かもつじどうしゃ［貨物自動車］。トラック(truck)。

海運の雑貨の— 〈近世〉あらに［荒荷］。

重量のある— あらに［荒荷］。

ばら積みの— バルク(bulk)。

かもめ【鷗】 〈近代〉うみかもめ［海鷗］。〈中古〉かいおう［海鷗］。かもめ［鷗］。はくおう［白鷗］。みやこどり［都鳥］。〈上代〉かまめ［鷗］。

かもん【家門】 〈近世〉いへがら［家柄］。〈中世〉もんち［門地］。もんばつ［門閥］。〈中古〉いちぞく［一族］。〈上代〉かもん［家門］。

かや【蚊帳】 〈近代〉ぶんちゃう［蚊帳］。〈中世〉かちゃう［蚊帳］。〈上代〉かや［蚊帳/蚊屋］。

紙でつくった— 〈中世〉しちゃう［紙張］。

幼児の枕辺を覆う— 〈近世〉まくらがや［枕蚊帳］。

幼児用の小さな— 〈近世〉ほろがや［母衣蚊帳］。

▼助数詞 ちょう［張］。はり［張］。

かやく【火薬】 かめん［火綿］。きょうめん［強綿］。きょうめんやく［強綿薬］。めんかやく［綿火薬］。〈近代〉さくやく［炸薬］。せうやく［硝薬］。ばくやく［爆薬］。〈近世〉がふやく［合薬］。くゎやく［火薬］。〈中世〉えんせう［煙硝/焔硝］。

鉄砲に入れる— 〈近世〉てっぱうぐすり［鉄砲薬］。〈中世〉ぎょくやく/たまぐすり［弾薬/玉薬］。やくはう［薬包］。

その他—のいろいろ(例) かっしょくかやく［褐色火薬］。ダイナマイト(dynamite)。

ティーエヌティーかやく[TNT(trinitrotoluene)火薬]。ニトログリセリン(nitroglycerin)。ピクリンさんかやく[(ドイツ)Pikrinsäure酸火薬]。近代こくしょくくゎやく[黒色火薬]。むえんくゎやく[無煙火薬]。わうしょくくゎやく[黄色火薬]。

かやつりぐさ【蚊帳吊草】 かやくさ[蚊帳草]。ますくさ[枡草]。ますわりぐさ[升割草]。近世かちゃうぐさ[蚊帳草]。かやつりぐさ[蚊帳吊草／蚊屋吊草]。しゃさう[莎草]。

かやり【蚊遣】 近世かいぶし[蚊燻]。かくすべ[蚊燻]。かふすべ[蚊燻]。中世いぶす[燻]。かやり[蚊遣]。

—の火 中古いぶし[燻]。かび[蚊火]。かやりび[蚊遣火]。

かゆ【粥】 近世しゅく[粥]。中世かい[粥]。上代かゆ[粥]。

—をする 近代のりす[糊]。

薄い— 近代びじゅく[糜粥]。まじり[混／交]。

固く煮た— 中古かたかゆ[固粥]。

転居のとき振る舞う— 近世あづきがゆ[小豆粥]。やうつりがゆ[家移粥]。わたりがゆ[渡粥]。

魔除けの— 近世をばながゆ[尾花粥]。

いろいろな—(例) 近代あられがゆ[霰粥]。ごぶがゆ[五分粥]。ころもがゆ[衣粥]。しもつきがゆ[霜月粥]。近世おじや。さくらがゆ[桜粥]。中世あはがゆ[粟粥]。ながゆ[菜粥]。ななくさがゆ[七草粥]。わかながゆ[若菜粥]。赤の粥。中古あづきがゆ[小豆粥]。いもがゆ[芋粥]。しるがゆ[汁粥]。まめがゆ[豆粥]。もちがゆ[餅粥]。わりがゆ[割粥]。

かゆ・い【痒】 近代むずがゆい[痒]。近世さうやう[掻痒]。中古かゆし[痒]。

痛くも—・くもない 対岸の火災。高見の見物。痛痒を感じない。《句》近代川向かふの喧嘩(けんくゎ)。山門から喧嘩見る。

かよい【通】 近世つうきん[通勤]。中世いきき[行来]。中古かよひ[通]。上代わうらい[往来]。

かよう【歌謡】 ポピュラーソング(popular song)。リート(ドイツLied)。近代かえうきょく[歌謡曲]。ソング(song)。りうかうか[流行歌]。近世かえう[歌謡]。しきょく[詞曲]。中世かきょく[歌曲]。はやうた[早歌]。中古えいきょく[郢曲]。みんえう[民謡]。上代うた[歌]。↓**うた**

沖縄の— あやぐ。

古代—の例 中古あゆだぶり[振]。さいばら[催馬楽]。上代あまがたりうた[天語歌]。いきょく[夷曲]。かぐらうた[神楽歌]。

中古(中世)の—の例 中古いまやう[今様]。くにぶり[国振]。ふうぞくうた／ふぞくうた[風俗歌]。

古くから伝わる— 近代こえう[古謡]。

かよ・う【通】 近世いきかへり／ゆきかへり[行帰]。いきき／ゆきき[行来]。中古わうふく[往復]。上代いかよふ[通]。かよふ[通]。わうくゎん[往還]。わうらい[往来]。《枕》上代あさとりの[朝鳥]。

—・い婚 上代よばひ[夜這／婚]。

—・う道 中古かよひぢ[通路]。

—・って来る 上代きかよふ[来通]。

—・って行く 中世ゆきかよふ[行通]。

—・わなくなる 中古とだゆ〔とだえる〕[途絶]。

学校に—・う とうこう[登校]。近代つうがく[通学]。

しげしげと—・う 近世かよひつむ〔—つめる〕[通詰]。

仕事に—・う 近代つうきん[通勤]。中世しゅっきん[出勤]。

女性のもとへ—・い続ける 中古すみわたる[住渡]。

常に—・う 上代ありがよふ[在通]。

かよく【寡欲】 近代ストイック(stoic)。中世くゎよく[寡欲]。中古むよく[無欲]。上代てんたん[恬淡／恬澹]。

がよく【我欲】 近代が[我]。がり[我利]。りこ[利己]。近世がよく[我欲]。中古しよく[私欲]。

かよわ・い【弱】 近世せんじゃく[孱弱]。ひよわい[弱]。中世きゃしゃ／くゎしゃ[華奢／花車]。きょじゃく[虚弱]。じうじゃく[柔弱]。よわよわし[弱弱]。わうじゃく[尫弱／尩弱]。中古あえか。かよわし[弱]。にうじゃく[柔弱]。ほりう[蒲柳]。めめし[女女]。上代たよわし[手弱]。

—・い女 中古たをやめ[手弱女]。上代たわやめ[手弱女]。

—・く幼いさま 近世いうじゃく[幼弱]。上代えうじゃく[幼弱]。

から【空】 近代あき[空]。から[空／虚]。がらあき[空]。ブランク(blank)。近世かいむ[皆無]。からっけつ[空穴]。からっぽ／からっぽう[空]。からんど／がらんどう。ぜつむ[絶

無」。ちんからり。中世うつけ［空／虚］。うつろ［空／虚］。くうそ［空疎］。くうどう［空洞］。む［無］。中古うつほ［空／虚］。くうきょ［空虚］。もぬけ［蛻／藻抜］。上代むなし［空／虚］。

《句》近代月夜に蟹。

ーでがらんとしてもの寂しいさま 近代せうぜん［蕭然］。

ーにする あける［空］。近世うちあく〈ーあける〉［打明］。

ーになる 底を突く。上代うつく〈うつける〉［空／虚］。

汲んでーにする 中古くみほす［汲干］。

から【殻】 いそがい［磯貝］。近代ぐゎいかく［外殻］。もぬけの殻。中世かひがら［貝殻］。中古から［殻］。ぬけがら［抜殻］。

亀や蟹のー 近代かふかく［甲殻］。中古かふ［甲］。かふら［甲羅］。

松や橡などの実のー かさ［毬］。

がら【柄】❶〈図柄〉 えがら［絵柄］。近代がら［柄］。づがら［図柄］。パターン(pattern)。もんやう［文様］。中世もやう［模様］。

がら【柄】❷〈人柄〉 近代キャラクター(character)。じんかく［人格］。ひんかく［品格］。ひんせい［品性］。人となり。近世がら［柄］。中世こつがら［骨柄］。じんぴん［人品］。ひんゐ［品位］。ぶんざい［分際］。中古じんぶつ［人物］。ひとがら［人柄］。

カラー(color) →**いろ**

から・い【辛】 近世からみ［辛味］。中古きびし［厳］。しほからし［塩辛］。上代からし［辛］。

味が極めてー・いこと 中世しんらつ［辛辣］。

からいばり【空威張】 →**きょせい【虚勢】**

からか・う おちょくる。近代ぐろう［愚弄］。おだてる［煽］。近世あそぶ［遊］。いらふ［綺／弄］。おひゃる。からかふ。せびらかす。ちゃうらかす。ちゃかす［茶化］。ちょうける。ちょがらかす。ちょくる。ちょぼくる。てうぎ［嘲戯／調戯］。なぐさむ［慰］。ひやかす［冷］。ひょうまづく。やじる［野次］。やゆ［揶揄］。茶を言ふ。半畳を入れる。半畳を打つ。中世もてあそぶ［弄］。中古えらかす。せせる。てうろ／てうろう［嘲弄］。なぶる［嬲］。ねたます［妬］。はやす［囃］。ろうず［弄］。をこづく［痴］。

ー・う言葉 ここまでおいで甘酒進じょ。近世あかすかべい。あかべ／あかんべい［赤目］。ごくらくとんぼ［極楽蜻蛉］。

がらくた【我楽多】 ジャンク(junk)。近世あくたもくた。がらくた［我楽多］。ぐゎらくた［瓦落多］。じふくもん［十九文］。中古かはら［瓦］。くづ［屑］。ぐゎりゃく／ぐゎれき［瓦礫］。

からくも【辛】 やっとのことで。近代からくも［辛］。中世やうやく。中古からうじて［辛］。

からくり【絡繰】 近代きこう［機構］。くゎんれい［関捩］。さうち［装置］。メカニズム(mechanism)。近世きくゎん［機関］。しかけ［仕掛］。中世あやつり［操］。からくり［絡繰／機関］。きかい［機械／器械］。

ーがばれること 近代種が割れる。

からげんき【空元気】 見せかけの元気。近代からげんき［空元気］。つけげいき［付景気］。近世きょせい［虚勢］。つけげんき［付元気］。中世ぎせい［擬勢］。

からさわぎ【空騒】 近世からさわぎ［空騒］。中古そらさわぎ［空騒］。

からす【烏】 近代からすかんざゑもん［烏勘左衛門］。じてう［慈鳥］。中世うじゃく［烏鵲］。上代おほをそどり［大嘘鳥］。からす［烏／鴉］。をそどり［嘘鳥］。

ーと鷺 近代うろ［烏鷺］。

ーの鳴き声 かあかあ。近世ああ［啞啞］。

明け方に鳴くー 近世あけがらす［明烏］。げうあ［暁鴉］。よあけがらす［夜明烏］。

元日のー 近世はつがらす［初烏］。

小さな(子供の)ー 中古こがらす［小烏］。

月夜に浮かれ出るー 中古うかれがらす［浮烏］。つきよがらす［月夜烏］。

ねぐらにいるー 近世しゅくあ［宿鴉］。

ねぐらのないー 近世のらがらす［野良烏］。やどなしがらす［宿無烏］。

冬のー 近世かんがらす［寒烏］。中世かんあ［寒鴉］。中古かんう［寒烏］。

乱れ飛ぶー 近代らんあ［乱鴉］。

屋根に止まっているー 近世をくう［屋烏］。

山に棲むー 中古やまがらす［山烏／山鴉］。

夕暮れ時のー 近世ばんあ［晩鴉］。中世ゆふがらす［夕烏］。

ガラス【(オランダ)glas／硝子】 近世ガラス［硝子］。ギヤマン(オランダ diamant)。せうし［硝子］。はり［玻璃／頗梨］。中世ビードロ(ポルトガル vidro)。中古るり［瑠璃］。

ーの繊維 ガラスウール(glass wool)。グラスファイバー(glass fiber)。

ーの窓 ガラスまど［(オランダ)glas窓］。近世はりまど［玻璃窓］。近代はりさう［玻璃窓］。

ー張り こうかい［公開］。こうめいせいだい［公

明正大]。とうめい[透明]。オープン(open)。

—の玩具のいろいろ(例) 近代 ビーズ(beads)。ビービーだま[玉]。近世 おはじき[御弾]。ビードロ(ポルトガル vidro)。ぽぴん。ぽんぴん。

—の器物のいろいろ(例) エナメルドグラス(enameled glass)。カクテルグラス(cocktail glass)。カットグラス(cut glass)。グラス(glass)。コップ(オランダ kop)。ショットグラス(shot glass)。メートルグラス(和製フランス mètre + glass)。ワイングラス(wine-glass)。近代 はりき[玻璃器]。

網入りの— あみいりガラス[網入(オランダ)glas]。ワイヤグラス(wire glass)。

自動車の風防— ウインドシールドグラス(和製 windshield glass)。

着色した— いろガラス[色(オランダ)glas]。ルビーガラス(ruby glass)。

不透明な— 近代 くもりガラス[曇(オランダ)glas]。けしガラス[消(オランダ)glas]。すりガラス[磨(オランダ)glas]。つやけしガラス[艶消(オランダ)glas]。

その他—のいろいろ(例) アイスグラス(ice cracked glass)。あわガラス[泡(オランダ)glas]。あわせガラス[合(オランダ)glas]。あんぜんガラス[安全(オランダ)glas]。いたガラス[板(オランダ)glas]。カットグラス(cut glass)。ガラスいた[glass板]。きょうかガラス[強化(オランダ)glas]。クリスタルガラス(crystal glass)。こうがくガラス[光学(オランダ)glas]。こうしつガラス[硬質(オランダ)glas]。ステンドグラス(stained glass)。デッキガラス(和製deck glass)。デビトロセラミックス(devitroceramics)。ぼうだんガラス[防弾(オランダ)glas]。まどガラス[窓(オランダ)glas]。

からすうり【烏瓜】 近代 ひさごうり[瓠瓜]。やまうり[山瓜]。近世 うりね[瓜根]。からすのきんたま[烏睾丸]。からすのふぐり[烏陰嚢]。きつねのまくら[狐枕]。中世 からすうり[烏瓜]。

—の種子 近世 たまづさ[玉梓/玉章]。

からすのえんどう【烏野豌豆】 近世 いぬそらまめ[犬空豆]。いらら。からすのゑんどう[烏野豌豆]。やはずゑんどう[矢筈豌豆]。

からすむぎ【烏麦】 近世 いちござし。ちゃひきぐさ[茶挽草]。中世 えんばく[燕麦]。すずめむぎ[雀麦]。中古 からすむぎ[烏麦]。

からだ【体】 近代 くかん[軀幹]。くたい[軀体]。しんく[身軀]。たいく[体軀]。ボディー(body)。近世 かたみ[肩身]。ずうたい[図体]。なまみ[生身]。ひにく[皮肉]。五つの借り物。中世 えしん[依身]。かたち[形]。ござう[五臓]。こつにく[骨肉]。しんこつ[身骨]。じんしん[人身]。じんたい[人体]。にくたい[肉体]。にんてい[人体]。はだみ[肌身]。中古 あして[足手]。からだ[体/躰/身体]。ごたい[五体]。こつじく[骨肉]。たい[体/躰]。にんじん[人身]。にんたい[人体]。はっぷ[髪膚]。みがら[身柄]。上代 しんたい[身体]。にくしん[肉身]。み[身]。むくろ[軀/骸/身]。《尊》おからだ[御体]。おすがた[御体]。中世 ごしん[御身]。ごたい[御体]。そんたい[尊体]。中古 おほんみ/おんみ[御身]。ぎょくたい[玉体]。

—が動かせない 中世 ふずい[不随]。

—が肥えること 近代 にくづく[肉付]。中世 ひまん[肥満]。

—が立派なこと 近世 くゎいけつ[魁傑]。中世 くゎいゐ[魁偉]。上代 くゎいご[魁梧]。

—全体 頭の天辺から足の爪先まで。近世 からだぢゅう[体中/身体中]。ぜんく[全軀]。そうしん/そうみ[総身]。まんかう/まんくう[満腔]。中世 こんしん[渾身]。ぜんたい[全体]。へんしん[遍身]。まんしん[満身]。みうち[身内]。中古 いっしん[一身]。しんたいはっぷ/しんていはっぷ[身体髪膚]。ぜんしん[全身]。

—と心 しんこん[身魂]。中古 しんしん[心身/身心]。

—と手足 上代 したい[肢体]。

—の上半分 近代 かみはんしん/じゃうはんしん[上半身]。じゃうく[上軀]。じゃうたい[上体]。

—の動き みごなし[身熟]。立ち居振る舞ひ。身の熟(こな)し。近世 みうごき[身動]。中世 どうさ[動作]。中古 みじろぎ[身]。

—の動きの例 近代 ふるへ[震]。近世 がたがた。ふなふな。ふらつく。ぶるぶる。みせせり/みぜせり[身]。中世 ふらふら。へなへな。わなわな。中古 みぶるひ[身震]。

—の重さ 近代 たいぢゅう[体重]。たいりゃう[体量]。

—の構え 近代 しせい[姿勢]。かくかう[格好]。かっかう[恰好]。たいせい[体勢]。

—の関節 近世 みぶし[身節]。中世 ふしぶし[節節]。

—の下半分 近代 かはんしん/しもはんしん[下半身]。しも[下]。

—の外 近世 たいぐゎい[体外]。中世 しんぐゎ

い［身外］。

―の大切なところ 中世きうしょ［灸所］。けつずい［血髄］。中古きふしょ［急所］。

―の力 近代たいゐ［体位］。近世たいりょく［体力］。

―の調子 たいちょう［体調］。近代コンディション(condition)。

―の調子がよい かんちょう［完調］。近代けんかう［健康］。中世たっしゃ［達者］。まめ［忠実］。

―の調子が悪い 近代ひび［鎛］。近世ふじゅん［不順］。中世わづらはし［煩］。ゐれい［違例］。中古ふてう／ふでう［不調］。

―の胴部分 近代たいかん［体幹］。

―の中 近代骨の髄。中世たいない［体内］。中古しんちゅう［身中］。

―の肉 上代しし［肉／宍］。

―の表面 近代たいへう［体表］。中世しんじょう［身上］。中古はだへ［肌／膚］。上代はだ［肌／膚］。ひふ［皮膚］。

―の部分 近代きょくしょ［局所］。きょくぶ［局部］。近世ろくがい［六骸］。

―の骨組み 近世がいこつ［骸骨］。中世こっかく［骨格／骨骼］。

―ひとつ 近代はだかいっくゎん［裸一貫］。腕一本脛(すね)一本。中世ごしゃくのからだ／ごしゃくのみ［五尺身］。中古いっしん［一身］。からみ［空身］。

―をいたわらない 近代ふせっせい［不摂生］。中世ふやうじゃう［不養生］。

―をいたわる 近代たいやう［体養］。近世せつやう［摂養］。ほうやう［保養］。中世ほやう［保養／補養］。中古やうじゃう［養生］。

―を清めること せいしき［清拭］。近代もくする［沐］。中世さうやく［澡浴］。中古さうよく［澡浴］。上代もくよく［沐浴］。

―を縮めたり固くしたりする 近代しゃちほこばる［鯱張］。近世ちぢみあがる［縮上］。中世しゃちこばる［鯱張］。すくばる［竦］。ちぢかまる／ちぢこまる［縮］。ちぢむ［ちぢめる］［縮］。中古すくむ［すくめる］［竦］。

―を使い働く 近世らうどう［労働］。中古はたらく［働］。らう［労］。→はたらく
―を曲げたり傾けたりする ぜんくつ［前屈］。ぜんけい［前傾］。そっくつ［側屈］。近代そりみ［反身］。まへかがまり／まへかがみ［前屈］。まへのめり［前］。近世のる［伸／反］。ふんぞりかへる［踏反返］。中世そる［反］。のけぞる［仰反］。ふんぞる。膝を屈める。膝を折る。中古のけざま［仰様］。

生きている― ひとみ［人身］。生ける身。近世なまみ［生身］。中世いきみ［生身］。中古しゃうじん［生身］。

大きな― 近代きょかん［巨漢］。きょく［巨軀］。きょたい［巨体］。近世おほづくり［大作］。たいひゃう［大兵］。中世きょじん［巨人］。くゎいゐ［魁偉］。中古たいじん［大人］。上代くゎいご［魁梧］。→きょじん
自分の― わがみ［我身］。近世ゐたい［遺体］。中世こしん［己身］。中古いっしん［一身］。上代おのがみ［己身］。

小さい― 近代ちび。近世こづくり［小作］。中世こひゃう［小兵］。

強い― すじがねいり［筋金入］。中古すくよか［健］。

年老いた― 近世らうく［老軀］。中世らうたい［老体］。中古らうこつ［老骨］。らうしん［老身］。

病気の― 近世びゃうく［病軀］。中古びゃうしん［病身］。

物体としての― 中古けいがい［形骸］。

細い― スリム(slim)。近代スマート(smart)。近世きゃしゃ／くゎしゃ［華奢／花車］。ほそづくり［細作］。《尊》中古おんぞがち［御衣勝］。

痩せた― 近代そうく［痩軀］。そうしん［痩身］。近世やせぎす［痩］。

弱い― 近世けいろく［鶏肋］。びゃうじゃく［病弱］。中世きょじゃく［虚弱］。るいじゃく［羸弱］。中古じゃくたい［弱体］。上代ほりう［蒲柳］。

からたち【枳殻】 近世くきつ［枸橘］。しうきつ［臭橘］。中世きこく［枳殻］。上代からたち［枳殻／枸橘］。

からだつき【体付】 スタイル(style)。せかっこう［背格好］。身体の造り(作り)。近代からだつき［体付／身体付］。したい［姿態］。たいかく［体格］。たいく［体軀］。近世かっぷく［恰幅］。こっき［骨気］。づうたい［図体］。中世こつがら［骨柄］。ことがら［事柄］。すぢぼね［筋骨］。ひととなり［人／為人］。中古すがたつき［姿付］。たいけい［体形／体型］。なり［形／態］。みなり［身形］。上代きんこつ［筋骨］。すがた［姿］。

からっぽ【空】→**から【空】**

からて【空手】 近代からて［空手］。としゅくうけん［徒手空拳］。近世あかで［赤手］。てぶら［手］。むて［無手］。中世すで［素手］。せきしゅ［赤手］。中古としゅ［徒手］。上代

くうけん[空拳]。くうしゅ[空手]。たむなで[空手]。

からとう【辛党】 のんべえ[飲兵衛／呑兵衛]。近代さたう[左党]。しゅがう[酒豪]。近世うはばみ[蟒蛇]。じゃ[蛇]。じゃのすけ[蛇助]。しゅせん[酒仙]。そこしらず[底知]。のみすけ[飲助]。のんだくれ[飲]。中世さけずき[酒好]。さけのみ[酒飲／酒呑]。ささのみ[酒呑]。しゃうじゃう[猩猩]。中古じゃうご[上戸]。しゅかく[酒客]。

からぶり【空振】 近代からぶり[空振]。くうてん[空転]。しっぱい[失敗]。とらう[徒労]。ふせいこう[不成功]。中世むだ[無駄]。

カラフル(colorful) 近代たさい[多彩]。中世いろとりどり[色]。

からまつ【落葉松】 近世らくえふしょう[落葉松]。中世からまつ[落葉松／唐松]。ふじまつ[富士松]。

からま・る【絡】 →から・む

からまわり【空回】 近代からまはり[空回]。くうてん[空転]。近世だうだうめぐり[堂堂巡]。

から・む【絡】 ❶〈纏い付く〉近代こんがらかる／こんがらがる／こんぐらかる。まきつく[巻付]。近世からみつく[絡付]。くわんけい[関係]。てんぜう[纏繞]。よる[縒／撚]。中世からむ[絡／搦]。まとふ[纏]。もつる[もつれる][縺]。中古かかはる[拘]。ちうびう[綢繆]。まつふ[纏]。上代かからはし[懸]。からまる[絡]。くむ[組]。まつはる[纏]。

—み合う 近世いりこむ[入込]。ふんきう[紛糾]。いりくむ[入組]。中世あざなふ[糾]。らんま[乱麻]。いれみだる[入乱]。さくそう[錯綜]。中古あざなはる[糾]。てんめん[纏綿]。上代あざはる[糾]。いりみだる[—みだれる][入乱]。かうさく[交錯]。かからはし[懸]。

—みつかせる 近世からみつく[—つける][絡付]。中古くむ[組]。上代まく[巻／捲]。

—みつく 近代まつはりつく[纏付]。中世まとひつく[纏付]。まとふ[纏]。中古まつはす／まとはす[纏]。まつはる[纏]。上代しがらむ[柵]。

木の枝が—み合っているさま 中世さが[槎枒／槎牙]。

から・む【絡】 ❷〈言い掛かりをつける〉近代からまる[絡]。くひつく[食付]。言ひ掛かりを付ける。嫌がらせを言ふ。因縁を付ける。乙に搦む。近世からむ[絡／搦]。難癖を付く[—付ける]。中世いひかかる[言掛]。いひかく[—かける][言掛]。

からむし【苧麻】 いわしぐさ[鰯草]。くさまお[草真麻]。中世しらを[白苧]。むし[苧]。中古まを[真麻／苧麻]。上代からむし[苧麻／苧]。を[苧／麻]。

からめて【搦手】 近代はいご[背後]。はいめん[背面]。近世うらもん[裏門]。中古からめて[搦手]。

から・める【絡】 中世あざなふ[糾]。まとふ[纏]。中古あざふ[糾]。まつはす／まとはす／まつふ[纏]。上代からむ[からめる][絡／搦]。くむ[組]。→から・む

からやくそく【空約束】 やくそくふりこう[約束不履行]。近代からてがた／くうてがた[空手形]。からやくそく[空約束]。

がらん【伽藍】 近世ぶっさつ[仏刹]。中世でんだう[殿堂]。中古そうゐん[僧院]。ぶっかく[仏閣]。ぶっせつ[仏刹]。上代がらん[伽藍]。じゐん[寺院]。そうばう[僧坊]。そうばう[僧房]。だうたふ[堂塔]。ぶつだう[仏堂]。

かり【仮】 近代いちじてき[一時的]。さしづめ。たうめん[当面]。テンポラリー(temporary)。近世まにあはせ[間合]。中世たうざ[当座]。中古かりそめ[仮初]。さしあたり。りんじ[臨時]。上代かり[仮]。→かりそめ →かりに

—にするもの 近代かこう[仮構]。かさう[仮装]。かせつ[仮設]。かてい[仮定]。さうてい[想定]。ざんてい[暫定]。

—に表面に立てる人 近代あてうま[当馬]。

—の小屋 中古やかた[屋形]。上代いほり[庵／廬]。かりいほ[仮庵]。

—の姿 近代かさう[仮装]。ふんさう[扮装]。中世けさう[仮相]。

—の名 中世けみゃう[仮名]。

かり【狩】 ハント(hunt)。近代ハンチング／ハンティング(hunting)。中世ししがり[獣狩]。れふ[猟]。中古しゅれふ[狩猟]。せっしゃう[殺生]。上代かり[狩／猟]。

—で得るもの 中世えもの[獲物／得物]。

—で鳥獣を追い立てる役の者 中世せこ[勢子]。中古かりこ[狩子]。

—と漁 中古しゅぎょ[狩漁]。上代ぎょれふ[漁猟]。

—をする所 近世れふば[猟場]。中世かりく

ら[狩座／狩倉／狩競]。かりやま[狩山]。れふぢゃう[猟場]。中古 かりば[狩場]。

鷹を使った— 中古 おひとりがり[追鳥狩]。おほたかがり[大鷹狩]。こたかがり[小鷹狩]。たかがり[鷹狩]。上代 とがり[鳥狩]。

山での— 中古 かりやま[狩山]。

▼自然の物を求めて楽しむ ぶどうがり[葡萄狩]。近代 いちごがり[苺狩]。近世 きのこがり[茸取狩]。しほひがり[潮干狩]。ほたるがり[蛍狩]。中世 はなみ[花見]。もみぢがり[紅葉狩]。中古 さくらがり[桜狩]。

かり【雁】 近世 かたいとどり[片糸鳥]。ふたきどり[二季鳥]。中世 がん[雁／鴈]。にきどり[二季鳥]。中古 かりがね[雁音]。こがん[胡雁]。上代 かり[雁／鴈]。

《枕》上代 あまとぶや[天飛]。とほつひと[遠人]。

—の子 上代 かりのこ[雁子]。

—の声 中古 かりかり。上代 かりがね[雁音]。

—の卵 中世 かのこ[雁子]。

—の列 近世 さを[棹]。中古 がんかう[雁行]。

秋に渡ってくる— 中古 しうがん[秋雁]。

北に帰る— 近代 くゎいがん[回雁]。中古 きがん[帰雁]。帰る雁。

その年初めての— 中古 はつかり[初雁]。

その年初めての—の声 中古 はつかりがね[初雁音]。

空から舞い降りる— 中世 らくがん[落雁]。

空を飛ぶ— 近世 くゎがん[過雁]。中世 ひがん[飛雁]。中古 りょがん[旅雁]。

野生の— 中世 やがん[野雁]。

群を離れた— 中古 こがん[孤雁]。

▼水に浮いたまま眠る水鳥(雁や鴨など) 中古 うきねどり[浮寝鳥]。

かり【借】 かりいれ[借入]。近代 かりうけ[借受]。近世 かひがかり／かひかけ[買掛]。かりる[借]。中世 かり[借]。中古 しゃくよう[借用]。→**か・りる**

《謙》中世 はいしゃく[拝借]。

—があること 近代 かりきん[借金]。さいむ[債務]。ふざい[負財]。近世 かりぜに[借銭]。しゃくきん[借金]。しゃくざい[借財]。しゃくせん[借銭]。上代 ふさい[負債]。

—が多すぎること オーバーボローイング(overborrowing)。かりこし[借越]。

—のある人 近代 さいむしゃ[債務者]。

—を返さない さいむふりこう[債務不履行]。近世 かりたふす[借倒]。ふみたふす[踏倒]。横に寝る。

—を返すこと 近代 しゃうくゎん[償還]。近世 なす[済]。中世 へんさい[返済]。中古 かへす[返]。

がり【我利】 しふく[私腹]。近代 がり[我利]。しり[私利]。りこ[利己]。近世 がよく[我欲]。ししん[私心]。中古 しよく[私欲]。

かりいれ【刈入】 近代 とりいれ[取入]。近世 かりいれ[刈入]。中古 かりとる[刈取]。とりこむ[取込]。上代 しうくゎく[収穫]。

かりいれ【借入】 →**かり【借】**

かりうど【狩人】 近代 しゅれふか[狩猟家]。てっぱうち[鉄砲打]。ハンター(hunter)。やまだち[山立]。近世 さつひと／さつびと[猟人]。ちと[雉兎]。ちとのもの[雉兎者]。またぎ／まとぎ[漁師](東北地方山間部の)。れふじん[猟人]。れふふ[猟夫]。中世 かりうど／かりゅうど[狩人／猟人]。ますらを[益荒男／丈夫]。中古 かりびと[猟人／狩人]。れふし[猟師]。上代 さつを[猟夫]。山の猟男。

かりかた【借方】 かりにん／かりびと[借人]。近世 かりかた[借方]。かりて[借手]。ふさいしゅ[負債主]。中世 かりぬし[借主]。

カリカチュア(caricature) 近代 カリカチュア。ぎぐゎ[戯画]。コミック(comic)。ふうしぐゎ[風刺画]。近世 まんぐゎ[漫画]。

カリキュラム(curriculum) きょういくけいかく[教育計画]。きょういくかてい[教育課程]。きょうかかてい[教科課程]。しどうけいかく[指導計画]。じゅぎょうけいかく[授業計画]。

カリスマ(ドイツ Charisma) きょうそてき[教祖的]。ちょうじんてき[超人的]。

かりずまい【仮住】 近代 きりう[寄留]。ぐう[寓]。ぐうしゃ[寓舎]。ぐうしゅく[寓宿]。けうぐう[僑寓]。近世 かぐう[仮寓]。かりずまひ[仮住]。かりたく[仮宅]。中世 かりやど[仮宿]。きぐう[寄寓]。ぐうきょ[寓居／偶居]。けうきょ[僑居]。

かりそめ【仮初】 近代 いちじてき[一時的]。中古 いささか[聊／些]。かりそめ[仮初]。はかなげ／はかなし[果敢]。けりゃう[仮令]。ゆきずり[行摩／行摺]。りんじの[臨時]。→**かり【仮】**→**かりに**

《枕》上代 くさまくら[草枕]。なつくさの[夏草]。

—・でない 中古 まめやか[忠実]。

—・に 中世 しばらく[暫]。中古 あからさま

に。いささめに。

―の恋 近世あだぼれ[徒惚]。

―の契り 中古うきね[浮寝]。

―の情け 中世無げの情け。

かりた・てる【駆立】 いそがせる[急]。近代アジテーション(agitation)。あふる[煽]。せんどう[扇動／煽動]。発破をかける。近世たきつく[―つける][焚付]。ふきこむ[吹込]。中世あふりたつ[―たてる][煽立]。おひまくる[追捲]。かりたつ[―たてる][駆立]。けしかく[―かける][嗾]。中古いそがす[急]。おひたつ[―たてる][追立]。そそのかす[唆]。

かりちん【借賃】 しゃくようりょう[借用料]。近代かりちん[借賃]。しゃくれう[借料]。近世しゃくだい[借代]。中世そんれう[損料]。

かりて【借手】 かりにん／かりびと[借人]。近代かりかた[借方]。さいむしゃ[債務者]。しゃくようにん[借用人]。ふさいしゃ[負債者]。ふさいぬし[負債主]。近世かりて[借手]。中世かりぬし[借主]。

ビルやマンションの― テナント(tenant)。

かりと・る【刈取】❶〈収穫〉→かりいれ

かりと・る【刈取】❷〈取り除く〉 近代つまみとる[摘取]。とりのぞく[取除]。近世さんぢょ／せんぢょ[芟除]。上代かりそく[刈除]。

かりに【仮】 ためしに[試]。近代いちじてきに[一時的]。近世あじゃらにも[戯]。まにあはせ[間合]。よしんば。中世しばらく[暫]。たとひ[縦／仮令]。中古あからさま。いささめ。かりに[仮]。たとへ[縦／仮令]。たまさか[偶]。よしや[縦]。上代こころみに[試]。もし[若]。よし／よしも[縦]。よしゑ／よしゑやし[縦]。

かりにも【仮】 中古いやしくも[苟]。近世ばんいち[万一]。嘘にも。かりにも[仮]。まんいち[万一]。かりそめにも[仮初]。まんがいち[万一]。上代うたがたも。→**かり【仮】**

かりぬし【借主】→かりて

かりね【仮寝】❶〈仮眠〉 近代かすい[仮睡]。かみん[仮眠]。ひるね[昼寝]。まどろみ[微睡]。中世かりぶし[仮臥]。かりまくら[仮枕]。ごすい[午睡]。ゐねむり[居眠]。中古うたたね[転寝]。かたねぶり[片眠]。かりそめぶし[仮初臥]。かりね[仮寝]。たはれね。ゐねぶり[居眠]。→**うたたね**

かりね【仮寝】❷〈旅寝〉 中世かりまくら[仮枕]。たびぶし[旅臥]。たびまくら[旅枕]。中古かりね[仮寝]。くさまくら[草枕]。のじゅく[野宿]。上代こもまくら[薦枕]。たびね[旅寝]。

かりゅう【下流】 近代かそう[下層]。中世かはしも[川下]。したて[下手]。すそ[裾]。中古かりう[下流]。みなしも[水下]。上代しも[下]。しもべ[下辺]。

かりゅう【顆粒】 近代くゎりふ[顆粒]。りふし[粒子]。近世つぶ[粒]。中古つび[粒]。

がりゅう【我流】 近代じりう[自流]。中世がりう[我流]。近世じこりう[自己流]。

かりゅうかい【花柳界】 近代いき[粋]。いきすぢ[粋筋]。くゎりうかい[花柳界]。けふしゃ[狭斜]。しゃかう[斜巷]。でいすい[泥水]。りうあんくゎめい[柳暗花明]。をんじうきゃう[温柔郷]。

―の事情に通じている人 近世すいじん[粋人]。つうじん[通人]。

―の町 近代紅灯の巷。脂粉の巷。

かりゅうど【狩人】→かりうど

かりょう【加療】 近世てあて[手当]。中世かれう[加療]。中古ちれう[治療]。れうやう[療養]。上代いれう[医療]。

貧しい人などに無料で―・すること 近代せれう[施療]。

がりょう【雅量】 近代腹が太い。近世ふとっぱら[太腹]。中世くゎんじん[寛仁]。くゎんだい[寛大]。中古がりゃう[雅量]。くゎんよう[寛容]。

がりょうてんせい【画竜点睛】 近代ぐゎりょうてんせい[画竜点睛]。くゎんせい[完成]。近世しあげ[仕上]。

か・りる【借】 近代かりあげる[借上]。かりいれる[借入]。かりだす[借出]。近世かりる[借]。しゃくよう[借用]。中世かしゃく[仮借]。中古おふ[負]。かりうく[―うける][借受]。上代いらふ[借]。かる[借]。→**かり**

《謙》中世はいしゃく[拝借]。

《句》中世借る時の地蔵顔(恵比寿顔)、済す時の閻魔顔。

―・りた家に住むこと 近代しゃくやずまひ[借家住]。近世かりやずまひ[借家住]。中世かりずまひ[借住]。

―・りた金 近代はいしゃくきん[拝借金]。ローン(loan)。近世あづかりきん[預金]。かりがね／かりきん[借金]。かりぜに[借銭]。しゃくきん[借金]。しゃくぎん[借銀]。しゃくざい[借財]。中古しゃくせん[借銭]。

―・りた着物を着ること 近世かりぎ[借着]。

ー・りた小さな家に住むこと 〈近世〉こじゃくやすまひ［小借家住］。
ー・りた土地 〈近世〉かりち［借地］。しゃくち［借地］。
ー・りた部屋 〈近代〉しゃくま［借間］。まがり［間借］。
ー・りた物 〈中世〉かへしもの［返物］。かりもの［借物］。〈上代〉ふさい［負債］。
ー・りた物を返さない 〈近世〉かりたふす［借倒］。けたふす［蹴倒］。たふす［倒］。ふみたふす［踏倒］。横に寝る。
ー・りた物をさらに別の人が借りる 〈中世〉てんしゃく［転借］。またがり［又借］。
ー・りた物をさらに別の人に貸すこと てんがし［転貸］。〈近代〉てんたい［転貸］。〈中世〉またがし［又貸］。
ー・りた料金 かりりょう［借料］。〈近代〉かりちん［借賃］。しゃくれう［借料］。
同じ人がまたー・りる 〈近世〉うはがり［上借］。
期日より前にー・りる 〈近代〉ぜんしゃく［前借］。〈近世〉うちがり［内借］。まへがり［前借］。〈中古〉ないしゃく［内借］。
限度を超えてー・りる かりこし［借越］。
強引にー・りる 〈中世〉おしがり［押借］。
座敷などをー・りた料金 〈近世〉ざれう［座料］。せきれう［席料］。
全部ー・りる 〈近世〉かりきる［借切］。
他国の領土をー・りること 〈近代〉そしゃく［租借］。
ちょっとー・りる すんがり［寸借］。すんしゃく［寸借］。
バスや飛行機などをー・りること チャーター(charter)。
料金を払ってー・りる 〈近代〉ちんがり［賃借］。ちんしゃく［賃借］。
わずかの期間だけー・りる 〈近世〉ときがり［時借］。

か・る【刈】 〈近世〉さんぢょ／せんぢょ［芟除］。〈中世〉かりいる［ーいれる］［刈入］。〈中古〉かりとる［刈取］。〈上代〉かる［刈／苅］。
残らずー・る 〈中古〉かりあぐ［ーあげる］［刈上］。
鋏(はさみ)などで先をー・る 〈近世〉つむ［摘］。

か・る【借】→か・りる

か・る【駆】 いそがせる［急］。はしらせる［走］。〈近代〉しっく［疾駆］。〈中世〉おひたつ［ーたてる］［追立］。かりたつ［ーたてる］［駆立／狩立］。〈中古〉かる［駆］。はす［はせる］［馳］。

かる・い【軽】 〈近代〉けいくゎい［軽快］。〈中世〉かろやか［軽］。〈中古〉かるし／かろし［軽］。かろがろし［軽軽］。かろびやか／かろらか／かろろか［軽］。〈上代〉かるがるし［軽軽］。
《枕》〈上代〉あまとぶや［天飛］。
ー・い音がするさま 〈中世〉さらり。すはすは。
ー・いことと重いこと 〈近代〉けいちょう［軽重］。〈近世〉けいぢゅう［軽重］。〈上代〉きゃうぢゅう［軽重］。
ー・いさま 〈近代〉ふはっと。ふんはり。〈近世〉ふはり。〈中世〉ふはふは。
ー・いたとえ 〈中古〉こうもう［鴻毛］。
ー・く浮く 〈中世〉けいふ［軽浮］。
ー・くする 〈近代〉けいげん［軽減］。げんけい［減軽］。〈中世〉かろむ［軽］。げんず［減］。〈中古〉かるむ［軽］。かろんず［軽］。
ー・くて質が荒い 〈近代〉けいしょう／けいそう［軽鬆］。
ー・くなる 〈中古〉かるむ／かろむ［軽］。
ー・く見られる 〈近世〉のまれる［飲／呑］。
ー・く見る 〈近世〉やすんず［安］。〈中世〉かるんず／かろんず［軽］。側目(そばめ)にかく。〈中古〉ありなし［有無］。かろむ［軽］。
ー・くやってのける 〈近世〉ながす［流］。
ー・そうなさま 〈中世〉かるがる［軽軽］。〈中古〉かろらか［軽］。
口がー・い 〈中世〉くちがろし［口軽］。くちとし［口疾］。〈中古〉くちがるし［口軽］。
怪我の程度がー・い 〈近代〉けいしゃう［軽傷］。
態度や行動がー・い 〈近代〉けいてうふはく［軽佻浮薄］。〈近世〉かるはずみ［軽］。けいてう［軽佻］。〈中世〉けいきょ［軽挙］。けいそつ［軽率］。けいはく［軽薄］。
程度がー・い 〈近代〉けいど［軽度］。
病気の程度がー・い 〈近世〉けいしゃう［軽症］。
目方がー・い 〈近代〉けいりゃう［軽量］。〈近世〉かるめ［軽目］。

かるがるし・い【軽軽】 ういた［浮］。うわついた［浮］。〈近代〉かるやか［軽］。けいけい［軽軽］。けいてうふはく［軽佻浮薄］。へんぺん［翩翩］。〈近世〉うきやか［浮］。うはすべり［上滑］。かるはずみ［軽］。けいてう［軽佻］。けいはく［軽薄］。〈中世〉あさあさし［浅浅］。かりそめ［仮初／苟且］。かろやか［軽］。きゃうこつ［軽忽］。けいそつ［軽率］。たやすし［容易］。はんぱん［泛泛／汎汎］。わわし。〈中古〉あだく［徒］。あなづらはし［侮］。あはあはし［淡淡］。あはそかに［淡］。あはつか／あはつけし［淡］。うちつけ［打付］。かやすし［易］。かるし／かろし［軽］。かるらか／かろび／かろびか／かろびやか／かろらか／かろろか［軽］。かろがろし［軽

軽]。きゃうきゃう[軽軽]。たいだいし[怠怠]。たはやすし/たやすし[易]。上代 かるがるし[軽軽]。

―・く 上代 あふさわに。中古 おふなおふな。おほなおほな。

―・く動作がすばやい 近世 けいくゎい[軽快]。

―・く引き受ける 近世 やすうけあひ[安請合]。

―・く翻るさま 中世 ひらひら。中古 へんぺん[片片]。へんぺん[翩翩]。

かるくち【軽口】 近世 かるくち[軽口]。しゃれ[洒落]。じょうだん[冗談]。せうわ[笑話]。中世 しうく/すく[秀句]。

カルタ【ポルトガル carta/骨牌】 近代 こっぱい[骨牌]。しはい[紙牌]。中世 カルタ[骨牌/歌留多]。

―の賭博 近世 ふだもの[札物]。

賭博の― 近代 はなふだ[花札]。近世 うんすいカルタ(ポルトガル carta)。おいちょう/おいちょかぶ。はなあはせ[花合]。

和歌を用いた― 近代 とりふだ[取札]。よみ[読]。よみふだ[読札]。ゑふだ[絵札]。近世 うたがひ[歌貝]。うたカルタ[歌ポルトガル carta]。

その他―のいろいろ(例) 近代 ドミノ(domino)。近世 いぬぼうカルタ[犬棒ポルトガル carta]。いろはガルタ[伊呂波ポルトガル carta]。めくりカルタ[捲ポルトガル carta]。めくりふだ[捲札]。中世 てんしゃうカルタ[天正ポルトガル carta]。

カルチャー(culture) 近代 カルチャー。近世 ぶんくゎ[文化]。ぶんめい[文明]。

かるはずみ【軽】 うわちょうし[上調子]。近代 けいてうふはく[軽佻浮薄]。へうけい[剽軽]。近世 うはすべり/うはずんべり/うはっすべり[上滑]。かるはづみ[軽]。けいさう[軽躁]。けいてう[軽佻]。けいふ[軽浮]。しりがる[尻軽]。そそかし/そそっかし。むさと/むざと。中世 けいきょ[軽挙]。けいそつ[軽率]。けいはく[軽薄]。そこつ[粗忽]。そさう[粗相]。そまつ[粗末]。なかぞら[中空]。れうじ[聊爾]。中古 おうなし[奥無]。かろがろし[軽軽]。かろぶ[軽]。くゎうりゃう[荒涼]。ゆくりか。上代 かるがるし[軽軽]。

―・で活発なこと 近代 はねかへり/はねっかへり[跳返]。近世 てんば[転婆]。

―・な行動 近世 けいきょまうどう[軽挙妄動]。中世 けいきょ[軽挙]。

―・な行動をする人 近代 きゃうこつもの[軽骨者]。近世 うかれもの[浮者]。おいそれもの[者]。てうしもの[調子者]。とびすけ[飛助/飛介]。

―・な判断 近代 けいだん[軽断]。中世 さうけい[早計]。

かるわざ【軽業】 近代 アクロバット(acrobat)。きょくぎ[曲技]。スタント(stunt)。中世 かるわざ[軽業/軽技]。きょく[曲]。きょくげい[曲芸]。→**きょくぎ**

かれ【彼】 近代 かれし[彼氏]。このかた[此方]。このひと[此人]。し[氏]。そのかた[其方]。どうし[同氏]。近世 かのさま[彼様]。中世 あなた[彼方]。あのかた[彼方]。か[彼]。中古 あのひと[彼人]。あれ[彼]。ここ[此処]。さ。みこと[命/尊]。上代 かれ[彼]。そのひと[其人]。

―を卑しめた言い方 近代 やっこさん[奴]。近世 あいら[彼等]。こやつ[此奴]。てき[敵]。てきさん[敵]。やっこ[奴]。中世 あいつ[彼奴]。あやつ[彼奴]。きゃつ[彼奴]。こいつ[此奴]。しゃつ[奴]。やつめ[奴]。中古 かやつ[彼奴]。すやつ[其奴]。やつ[奴]。

▼女性 近代 かのぢょ[彼女]。

かれい【華麗】 近代 ブリリアント(brilliant)。近世 あでやか[艶]。中古 うるはし[麗]。かび[華美/花美]。きよら[清]。くゎれい[華麗]。せうしゃ[瀟洒/蕭洒]。上代 はなやか[華/花]。

かれき【枯木】 中古 かうぼく[槁木]。くちき[朽木]。こぼく[枯木]。上代 かれき[枯木]。

がれき【瓦礫】 近世 がらくた[我楽多]。ぐゎらくた[瓦落多]。中世 ごみ[塵/芥]。中古 くづ[屑]。ぐゎりゃく[瓦礫]。ぐゎれき[瓦礫]。

かれつ【苛烈】 近代 つうれつ[痛烈]。中世 げきれつ[劇烈/激烈]。げんこく[厳酷]。しんらつ[辛辣]。中古 まうれつ[猛烈]。

かれの【枯野】 近代 かれはら[枯原]。中世 かれふ[枯生]。中古 かれの[枯野]。

かれは【枯葉】 近世 ひば[干葉/乾葉]。中世 わくらば[病葉]。中古 かれは[枯葉]。くちば[朽葉]。らくえふ[落葉]。上代 おちば[落葉]。

かれら【彼等】 あの方たち。あの人たち。中古 かれこれ[彼此]。かれら[彼等]。これかれ[此彼]。

―を卑しめた言い方 あいつら[彼奴等]。やつら[奴等]。近世 しゃつめ[奴]。しゃつら[奴等]。てきら[敵等]。中世 きゃつばら[彼

奴]。しゃつばら[奴輩]。中古すやつばら[其奴]。やつばら[奴原/奴儕]。

か・れる【枯】❶〈草木が〉近代こし[枯死]。こてう[枯凋]。近世あかがる[―がれる][赤枯]。中世しなぶ[しなびる][萎]。中古かれはつ[―はてる][枯果]。かれがれ[枯枯]。こかう[枯槁]。なゆ[なえる][萎]。上代かる[かれる][枯]。かれす[枯]。くつ[くちる][朽]。しぼむ[凋]。しほる[しおれる][萎]。

―・れ落ちた葉 →**かれは**

―・れた草 中世かれくさ[枯草]。こさう[枯草]。中古かるも[枯草]。かんさう[寒草]。

―・れて枝のない木 中古もぎき[捥木]。をだまき[苧環]。

―・れて腐った木 中古きうぼく/くちき[朽木]。

草木が立ったまま―・れる 中古たちがれ[立枯]。

梢や葉先が―・れる 中古うらがる[末枯]。

霜のため草木が―・れる 中古しもがる[霜枯]。

葉や茎が青いまま―・れる あおがれ[青枯]。

冬に草木が―・れる かればむ[枯]。近代すがれる[尽/末枯]。中古ふゆがれ[冬枯]。

か・れる【枯】❷〈人柄などが〉近世らうれん[老練]。ゑんじゅく[円熟]。中世からぶ[からびる][枯]。こたん[枯淡]。中古かる[かれる][枯]。

―・れて渋味があること 近世さび[寂]。

文章などが―・れて力強い 近世さうけい[蒼勁]。

か・れる【涸】 中世こかつ[枯渇/涸渇]。ひあがる[干上/乾上]。ひからぶ[―らびる][干涸/乾涸]。上代あす[浅]。かる[かれる][涸]。かわく[乾/渇]。

水が―・れる 近世かっすい[渇水]。みづがれ[水涸]。

か・れる【嗄】 近代声が掠(かす)れる。近世しゃがれる[嗄]。中古かればむ[嗄]。上代かる[かれる][嗄]。

―・れた声 させい[嗄声]。近世からびごゑ[嗄声]。中古からごゑ[嗄声/枯声]。

かれん【可憐】 いたいけな[幼気]。近世いぢらし。かはいらし[可愛]。かれん[可憐]。しをらし。中世あいらし[愛]。いつくし[美/愛]。かはいい[可愛]。中古いとほし[愛]。かはゆし。らうたげ。らうたし。上代うつくし[美/愛]。はし[愛]。

カレント(current)❶〈風潮〉近代カレント。してう[思潮]。てうりう[潮流]。ふうてう[風潮]。

カレント(current)❷〈現今の〉近代カレント。さいきん[最近]。もくか[目下]。中世げんこん[現今]。

かろう【過労】 オーバーワーク(overwork)。はたらきすぎ[働過]。ひろう[疲労]。近代くゎらう[過労]。→**ひろう【疲労】**

かろうじて【辛】 かすかす。どうにか。やっと。やっとこ。もう少しで。近代からくも[辛]。どうにかこうにか。近世あやふく[危]。えいやっと。はつはつ。中世かつかつ。からがら[辛辛]。やうやう[漸]。やうやく。稀有(うけ)にして。中古かつがつ[且且]。からうじて[辛]。わづかに[僅/纔]。

―死なずに 近代余喘(よぜん)を保つ。近世命からがら。

かろやか【軽】 →**かるがるし・い**

かろん・じる【軽】 馬鹿にする。近代けいし[軽視]。ぶべつ[侮蔑]。べうこつ[藐忽]。むし[無視]。近世さげすむ[貶/蔑]。ひっこなす[引熟]。べっし[蔑視]。みくびる[見縊]。中世あさむ[浅]。かろむ[軽]。かろんず[軽]。きゃうこつ[軽忽/軽骨]。けいい[軽易]。けいせん[軽賤]。へうす[僄]。みおろす[見下]。みさぐ[―さげる][見下]。下目に見る。中古あさぶ[浅]。あなづる/あなどる[侮]。いやしぶ/いやしむ[卑/賤]。うとんず[疎]。かるむ[軽]。かろしむ[軽]。けつ[消]。さみす[狭/褊]。みくだす[見下]。蔑(ないがしろ)にす。上代けいべつ[軽蔑]。しのぐ[凌]。みおろす[見下]。

▼接尾語 づれ[連]。ふぜい[風情]。

かろん・ずる【軽】 →**かろん・じる**

かわ【川】 近代リバー(river)。近世かせん[河川]。中世かはすぢ[川筋]。かりう[河流]。中古すいりう[水流]。上代かは[川/河]。ながれ[流]。りうすい[流水]。

《枕》上代いなうしろ/いなむしろ[稲筵/稲蓆]。にはたづみ[潦]。

―が海などに流れ込む所 →**かこう【河口】**

―が海に流れ込むこと 中古てうす[朝]。てうそう[朝宗]。

―が合流すること 近世おちあふ[落合]。

―が合流する所 であい[出会/出合]。中世おちあひ[落合]。

―での遊び かわくだり[川下]。中古かはせうえう[川逍遥]。

―と海 上代かかい[河海]。

―に沿った所 近代かはぶち/かはっぷち[川

縁］。かはっぺり［川縁］。りうゐき［流域］。〈近世〉かはすぢ［川筋］。〈中世〉かはべり［川縁］。

—に沿った村 〈中古〉かうそん［江村］。

—の浅い瀬 〈中古〉あさせ［浅瀬］。たかせ［高瀬］。〈上代〉いはせ［石瀬／岩瀬］。かはせ［川瀬］。せ［瀬］。

—の音 〈近代〉せおと［瀬音］。せんくゎん［潺湲］。〈中世〉けんけん［涓涓］。せせなぎ［溝］。〈中古〉さざらぐ。せせらぎ［細流／小流］。〈上代〉かはおと／かはと［川音］。せんゑん［潺湲］。

—の下流 〈中世〉かはしも［川下］。かはじり［川尻］。かはすそ［川裾］。したて［下手］。すそ［裾］。まつりう［末流］。〈中古〉かりう［下流］。みなしも［水下］。〈上代〉しも［下］。しもべ［下辺］。

—の上流 〈近世〉かみて［上手］。じゃうりう［上流］。〈中世〉うはて［上手］。〈中古〉みなかみ［水上］。〈上代〉かはかみ［川上］。かみ［上］。かみべ［上辺］。

—の水面 かわも［川面］。〈近世〉かはづら［川面］。〈中世〉かじゃう［河上］。〈中古〉かはつら［川面］。

—の底 〈近代〉かしゃう［河床］。かてい［河底］。かはぞこ［川底／河底］。〈近世〉かはとこ／かはどこ［川床］。

—の蛇行 メアンダー(meander)。

—の流れ ていりゅう［底流］。〈中世〉かりう［河流］。せせなぎ。ふくりう［伏流］。〈中古〉せせらぎ。〈上代〉ゆくみづ［行水］。

—の流れの緩やかな所 〈中世〉ぬるみ［温］。〈上代〉ひらせ［平瀬］。

—のほとり かせんしき／かせんじき［河川敷］。〈近代〉かがん［河岸］。かはつき［川付］。かはぶち／かはっぷち［川縁］。リバーサイド(riverside)。〈近世〉かうじゃう［江上］。かうはん［江畔］。かし［河岸］。かはしき［川敷］。かはづら［川面］。かはばた［川端］。かはん［河畔］。きしね［岸根］。〈中世〉かうしゃう［江上］。かとう［河頭］。〈中古〉かはつら［川面］。〈上代〉かはぎし［川岸］。かはぞひ［川沿／川添］。かはび［川傍］。かはべ［川辺］。かはら［河原／川原］。へた［辺／端］。→きし【岸】

—の曲がり目 〈中古〉みわた［水曲］。〈上代〉かはくま［川隈］。みくま［水隈］。

—の水が日月に照らされて輝くこと 〈近世〉すいめい［水明］。

—の水が普段どおりのさま 〈近代〉へいすい［平水］。

—の水が満ちて流れるさま 〈中古〉はんぱん［泛泛／汎汎］。

—の向こう 〈近世〉かはむかふ［川向］。たいがん［対岸］。むかひぎし／むかふぎし［向岸］。むかふがし［向河岸］。

—の様子 〈上代〉かはから［川柄］。かはなみ［川並／川次］。

—のよどみ 〈近世〉とろ／どろ［瀞］。〈中世〉へきたん［碧潭］。〈中古〉ふち［淵］。よどみ［淀／澱］。〈上代〉いはぶち［岩淵］。かはよど［川淀］。よど［淀／澱］。

—の両岸が迫っている所 〈上代〉かはと［川門］。

—へ突き出た料理屋などの桟敷(さじき) 〈近世〉かはどこ／かはゆか［川床］。とこすずみ［床涼］。

—を堰(せ)き止めた所 〈中世〉せき［堰］。〈中古〉ゐ［堰］。ゐせき［堰／井堰］。〈上代〉ゐで［井手］。

—を渡ること 〈近代〉とせふ［渡渉］。〈近世〉かはごし［川越］。〈中世〉とか［渡河］。〈中古〉かちわたり［徒渡］。

—を渡る場所 〈近世〉とせんば［渡船場］。わたしば［渡場］。〈中古〉わたし［渡］。〈上代〉かはづ［川津］。かはと［川門］。つ［津］。わたり［渡］。わたりで［渡手］。

多くの— 〈近世〉やそかは［八十川］。〈中古〉ばんすい［万水］。ひゃくせん［百川］。

大きい— 〈中世〉かうが［江河］。こせん［巨川］。たいかう［大江］。たいせん［大川］。〈中古〉かう［江］。きょせん［巨川］。たいが／だいが［大河］。たいすい［大水］。ちゃうかう［長江］。〈上代〉おほかは［大川／大河］。

川底が両側の地面よりも高い— 〈近世〉てんじゃうがは［天井川］。

川幅の狭い— 〈近世〉いちいたいすい［一衣帯水］。

清らかな流れの— 〈中古〉せいりう［清流］。

禁漁の— 〈近世〉とめがは［留川］。

産卵のために故郷の—に帰ること ぼせんかいき［母川回帰］。

谷を流れる— 〈中古〉けいりう［渓流］。〈上代〉たにがは［谷川］。やまがは［山川］。

田の間を流れる— 〈中世〉たがは［田川］。

小さな— 〈近代〉ささらがは／さざれがは［細川］。〈近世〉いささがは［細川］。いささせ［細瀬］。いさらがは［川］。のがは［野川］。〈中世〉いさらをがは［小川］。こながれ／せうりう［小流］。せせらき／せせらぎ／せぜらき／せせなぎ［細流／小流］。〈中古〉いささをがは［細小川］。けんりう［涓流］。さいりう［細流］。ささみづ［細水］。さざれみづ［細水］。

ほそかは[細川]。やりみづ[遣水]。上代をがは[小川]。
濁った— 中世だくりう[濁流]。近世ささにごり[小濁／細濁]。中古にごりえ[濁江]。
激しく流れる— 近代げきたん[激湍]。せまくら[瀬枕]。はしる[走]。中世きふりう[急流]。ひたん[飛湍]。ほんたん[奔湍]。せぎり[瀬切]。たきがは[滝川]。中古けんが[懸河]。たきつせ／たぎつせ[滝瀬]。ほんりう[奔流]。上代げきりう[激流]。たき[滝]。たぎち[滾]。はやかは[早川]。はやせ[早瀬]。
氾濫（はんらん）しやすい— あばれがわ[暴川]。
日暮れてからの—の仄かな明かり 近代かはあかり[川明]。
本流に流れ込む— 中世えだがは[枝川]。えだながれ[枝流]。中古しりう[支流]。
水のない— すえなしがわ[末無川]。みずなしがわ[水無川]。上代みなしがは[水無川]。
山と— 中古さんが[山河]。上代さんすい[山水]。さんせん[山川]。やまかは[山川]（「やまがは」は山の中の川）。
有名な— めいすい[名水]。近代めいせん[名川]。
領主の漁場となっている— 近世おとめかは[御留川]。
▼**多くの瀬** 上代せぜ[瀬瀬]。ななせ[七瀬]。やそせ[八十瀬]。
▼**大水** 近代しゅっすい[出水]。近世いでみづ[出水]。さしみづ[差水]。たかみづ[高水]。でみづ[出水]。中古おほみづ[大水]。こうずい[洪水／鴻水]。はんらん[氾濫／汎濫]。
▼**大水等の災難** すいか[水禍]。上代すいなん[水難]。
▼**降水を集めている範囲** 近代りうゐき[流域]。
▼**降水を集めている範囲の境界** ぶんすいせん[分水線]。近代ぶんすいかい[分水界]。
▼**滝** 中古ばくふ[瀑布]。ひせん[飛泉]。上代たるみ[垂水]。
▼**助数詞** じょう[条]。すじ[筋]。

かわ【皮】 近代スキン(skin)。中世うすかは[薄皮]。まく[膜]。中古たなしし[膜]。上代かは[皮]。はだ[膚／肌]。ひふ[皮膚]。
加工していない— げんぴ[原皮]。中世あらかは[荒皮／粗皮]。
菓子や揚げ物の— 中世ころも[衣]。
獣の— 近代ひかく[皮革]。近世あらかは[荒皮／粗皮]。けがは[毛皮]。じうひ[獣皮]。
鮫の— 近世あゐざめ[藍鮫]。せかいらぎ／せかいらげ[背梅花皮／背鰔]。中古さめかは[鮫皮]。
種子や果実の— しゅひ[種皮]。近代くゎひ[果皮]。近世あまかは[甘皮]。しぶかは／しぶりかは[渋皮]。
樹木の— 近代ぼくひ／もくひ[木皮]。近世あまかは[甘皮]。あらかは[荒皮／粗皮]。しぶかは[渋皮]。じゅひ[樹皮]。中古こはだ[木皮／木膚／樸]。
外側を包む— ひょうひ[表皮]。ほうひ[包皮]。近代うはっかは[上皮]。ぐゎいひ[外皮]。中世うはかは[上皮]。じゃうひ[上皮]。中古から[殻]。

かわ【革】 近代ひかく[皮革]。レザー(leather)。近世けがは[毛皮／毛革]。中世なめしがは[鞣革]。上代かは[革]。中古つくりかは[作皮／作革]。
—の代用品 ぎかく[擬革]。ごうせいひかく[合成皮革]。じんぞうひかく[人造皮革]。レザー(leather)。レザークロス(leathercloth)。バルカンファイバー(vulcanized fiber)。
—をなめす ねる[練／煉]。
いろいろに染めた—(例) めゆいかわ[目結革]。近世あかがは[赤革]。中世あゐかは[藍革]。あゐなめし[藍鞣／藍韋]。くろかは[黒革]。中古そめかは[染革]。ゆはたがは[纐革]。ゑがは[絵革／画韋]。
白いなめし— 近世しろなめし[白鞣]。しろなめしがは[白鞣革]。中世あらひかは[洗皮]。
なめした— カーフスキン(calfskin)。中世なめしがは[鞣革]。をしかは[韋]。中古つくりかは[作皮／革]。
なめした藍色の— 中世あゐかは[藍革]。
刃物を研ぐのに使う— 近代とぎかは[研革]。
その他—のいろいろ(例) オストリッチ(ostrich)。クロムがわ[ドイツ Chrom 革]。ゴートスキン(goatskin)。コードバン(cordovan)。スエード([フランス] suède)。ナッパ(napa; nappa)。ぬめかわ[滑革]。バックスキン(buckskin)。ベラム(vellum)。モールがわ[[ポルトガル] mogol 革]。近代エナメルがは[enamel 革]。セームがは[[ドイツ] Sämischleder 革]。ボックス(box)。近世いためがは[撓革]。インデンがは[[ポルトガル] indian 革]。インデン[[ポルトガル] indian／印伝]。ねりかは[練革／煉革]。中世ふすべがは[燻革]。中古ひきはだがは[蟇肌革]。

がわ【側】 近代サイド(side)。中世かは／がは[側]。はた[端／傍／側]。中古かたはら[傍]。そば[側]。わき[脇]。

かわい・い【可愛】 キュート(cute)。近代チャーミング(charming)。近世あいくるし[愛]。あいくろし／あいくろしげ[愛]。あいきゃうらし[愛敬]。いたいけ[幼気]。かはいらし／かはゆらし[可愛]。かれん[可憐]。めごい。めんこい。愛に愛持つ。目に入れても痛くない。中世あいあいし[愛愛]。あいらし[愛]。いつくし[美]。いとし[愛]。かはいい[可愛]。しをらし。つぼし[窄]。をし[惜／愛]。中古あいづかはし[愛]。いたはし[労]。いとほし／いとほしがる[愛]。うつくしげ[美／愛]。かはゆし[可愛]。しほらし。ふびん[不憫／不便]。めでたし[愛]。らうたげ／らうたし。らうらうじ[労労]。をかし／をかしげ。をしけし[惜／愛]。上代あはれ[哀]。うつくし[美／愛]。かぐはし[芳／馨]。かなし[愛／悲]。ともし[羨／乏]。なつかし[懐]。はし[愛]。はしきやし／はしきよし。まかなし[真愛]。めぐし[愛]。めだし[愛]。めづらし[珍]。
《句》近代生んだ子より抱いた子。近世可愛さ余って憎さ百倍(十倍)。

—・い顔のたとえ 近世卵に目鼻。

—・い口 近代おちょぼぐち[口]。近世おちょぼ。

—・い子 中世いとしご[愛子]。おもひご[思子]。上代まな[愛／真]。まなご[愛子]。めづこ[愛子]。

—・い盛り 近世あいざかり[愛盛]。

—・いさま 近世あいくろしげ[愛]。

—・い妻 上代はしづま[愛妻]。

—・いと思う 中世いとほしむ[愛]。むざうがる[無慙]。中古うつくしがる[愛]。かなしがる／かなしぶ[愛]。かなしむ[愛]。こころをかし[心]。上代こふ[恋]。

—・い人 上代いとこ[愛子]。おもふひと[思人]。

—・くない 中古あいなし。にくし[憎]。

—・くなる 中古あいぎゃうづく[愛敬付]。

—・く見える 中古あいづかはし[愛]。いたいけす[幼気]。

—・げ 近世あいくろしげ[愛]。中世あいきゃう[愛敬]。あいけう[愛嬌]。中古あいぎゃう[愛敬]。

幼くて—・い 近世あどけなし。あどなし。いたいけ[幼気]。中古いはく／いわく[幼]。

心が—・い 中古こころうつくし[心美]。

ふっくらして—・いさま 近代ぽってり。近世ぼじゃぼじゃ。ぽっちゃり。

▼接頭語 プチ(フランス petit)。中古ひめ[姫／媛]。上代え[愛]。おと[乙／弟]。

かわいが・る【可愛】 近代あいぶ[愛撫]。けんあい[眷愛]。近世かなしむ[愛]。ちょうす[寵]。ほんそう[奔走]。中世あいご[愛護]。あいす[愛]。いつくしぶ／いつくしむ[慈]。いとほしむ[愛]。かはいがる[可愛]。はごくむ[育]。もてあそぶ[玩／弄]。をしむ[愛]。不便(ふびん)にす。中古あいぐゎん[愛玩／愛翫]。うつくしがる／うつくしむ[慈／愛]。かなしうす／かなしがる／かなしくす[愛]。けんこ[眷顧]。らうたがる。上代うつくしぶ[慈／愛]。ちょうあい[寵愛]。なづ[なでる][撫]。はぐくむ／はぐくもる[育]。めづ[めでる][愛]。
《句》近世寵愛昂(かう)じて尼にする。贔屓(ひいき)の引き倒し。

—・っている犬 近世あいけん[愛犬]。

—・っている馬 近世あいば[愛馬]。

—・っている子 近代あいじ[愛児]。中世いとしご[愛子]。上代まなご[愛子]。→こども(愛する—)

—・っているもの 中古ちょうもつ[寵物]。

—・って大切にしてきた子供 近世ひぞうっこ／ひぞっこ[秘蔵子]。

—・って大切にする 中世いつくしむ[慈]。中古あいぐゎん[愛玩／愛翫]。

—・って撫でる 近代あいぶ[愛撫]。

—・り育てる 近世あいいく[愛育]。中古なでやしなふ[撫養]。上代ぶいく[撫育]。ぶやう[撫養]。

子供を—・るさま 近代ねこかはいがり[猫可愛]。近世こぼんなう[子煩悩]。できあい[溺愛]。蝶よ花よ。

かわいそう【可哀相】 見るに忍びない(堪えない)。近代どうじゃう[同情]。近世あはれげ[哀]。いじらし。いとしなげ[愛]。いとしぼい。いとしぼなげ。いとほし[愛]。おきのどくさま[御気毒様]。せうし[笑止]。せうしがる[笑止]。せうしせんばん[笑止千万]。むごらし[酷／惨]。中世いたいたし[痛痛]。いたはし[労／痛]。いたまし[痛／傷]。いとし[愛]。うたてし。かはいさう[可哀相／可哀想]。きのどく[気毒]。びんぜん[憫然／愍然]。ふびん[不便／不憫／不愍]。むざん[無慚／無慙／無残]。中古あはれ[哀]。いとほしがる／いとほしげ

［愛］。かたはらいたし［傍痛］。かたはらぐるし［傍苦］。かはゆし［可愛］。こころぐるし［心苦］。びなし／びんなし［便無］。〈上代〉めぐし［愛］。

ー・に思う 〈近世〉せうしがる［笑止］。〈中世〉きのどく［気毒］。〈中古〉あはれぶ／あはれむ［哀］。いとほしがる［愛］。どうじゃう［同情］。〈上代〉いとほしむ［愛］。そくいん［惻隠］。

ー・に思う顔つき 〈近世〉せうしがほ［笑止顔］。

ー・に思うさま 〈近代〉しょくしょく［唧唧］。そくそく［惻惻］。〈中世〉そくぜん［惻然］。

かわいらし・い【可愛】 →**かわい・い**

かわうそ【獺】 〈近代〉だつ［獺］。〈中世〉うそ［獺］。かはうそ［獺／川獺］。かはをそ［川獺］。〈中古〉をそ［獺］。

かわか・す【乾】 〈中世〉かわらぐ［乾］。かんさう［乾燥］。〈中古〉かはかす［乾］。〈上代〉ほす［干］。

すっかりー・す 〈中世〉ほしあぐ〔ーあげる〕［干上／乾上］。

日にあててー・す 〈近世〉ものほし［物干／物乾］。〈中世〉てんたうぼし［天道干］。ひぼし［日乾／日干］。

火にあててー・す 〈上代〉あぶる［炙／焙］。

保存のためにー・す 〈中世〉からぼし［乾干］。

かわかみ【川上】 →**かわ【川】**

かわぎし【川岸】 〈近代〉かがん［河岸］。かはっぷち／かはぶち［川縁］。リバーサイド(riverside)。〈中世〉かうはん［江畔］。かとう［河頭］。かはばた［川端］。かはべり［川縁］。〈中古〉かはん［河畔］。〈上代〉かはぎし［川岸］。きし［岸］。→**かわ**（ーのほとり）→**きし**

下流に向かって左側のー さがん［左岸］。

下流に向かって右側のー うがん［右岸］。

かわきり【皮切】 すべりだし［滑出］。ちょ［緒］。でだし［出］。〈近代〉たんちょ［端緒］。ふりだし［振出］。〈近世〉いとぐち［糸口／緒］。きげん［起原／起源］。くちあけ［口明／口開］。たんしょ［端緒］。〈中世〉かはきり［皮切］。しょ［緒］。〈中古〉おこり［起］。さいしょ［最初］。

かわ・く【乾】 〈近代〉ドライ(dry)。〈近世〉かわらぐ［乾］。こさう［枯燥］。〈中世〉からぶ〔からびる〕［乾］。かんさう［乾燥］。ひあがる［干上／乾上］。ひからぶ〔ーからびる〕［干］。〈中古〉かれがれ［涸涸］。〈上代〉かる〔かれる〕［涸］。かわく［乾］。ふ〔ひる〕［干／乾］。

ー・いたさま 〈近代〉からっと。〈近世〉からから。からりからり。〈中世〉かさかさ。からり。

ー・いて固まること 〈近代〉かんこ［乾固］。

ー・いて枯れること 〈近代〉かんこ［乾枯］。

ー・いて反り返ること 〈近世〉ひぞり［干反／乾反］。

ー・いてできた割れ目 〈近代〉かんれつ［干裂／乾裂］。〈近世〉ひわれ［干割／日割］。

半ー・き はんかわき［半乾］。〈近代〉なまかわき［生乾］。〈中世〉なまび［生干／生乾］。

かわ・く【渇】 〈中世〉かちす［渇］。かつ［渇］。かつす［渇］。〈中古〉かつばう［渇望］。かわく［渇］。きかつ／けかつ［飢渇／饑渇］。〈上代〉かる〔かれる〕［涸］。

ー・いて命が危うくなること 〈中世〉かつめい［渇命］。

かわぐち【河口】 →**かこう【河口】**

かわごし【川越】 〈近代〉とせふ［渡渉］。〈近世〉かちわたり［徒渡］。かはごし［川越］。〈中世〉とか［渡河］。

かわざんよう【皮算用】 からだのみ［空頼］。〈近代〉あてこむ［当込］。かはざんよう［皮算用］。〈近世〉むなさんよう／むねざんよう／むねさんよう／むなざんよう［胸算用］。〈中世〉あて［当］。〈中古〉そらだのみ［空頼］。

かわしも【川下】 →**かわ【川】**

かわじり【川尻】 →**かこう【河口】** →**かわ【川】**

かわ・す【交】 〈近代〉かうくゎん［交換］。〈近世〉おうしう［応酬］。やりとり［遣取］。〈中古〉かはす［交］。とりかはす［取交］。〈上代〉かふ［交］。まじふ〔まじえる〕［交］。

かわ・す【躱】 〈近代〉いなす。〈近世〉かたすかし［肩透］。かはす［躱］。〈中古〉そらす［逸］。よく〔よける〕［除／避］。〈上代〉さく〔さける〕［避］。

さりげなくー・す 〈中世〉あしらふ。うけながす［受流］。

かわすじ【川筋】 かわどおり［川通］。〈近代〉りうゐき［流域］。〈中世〉かはすぢ［川筋］。〈上代〉かはぞひ［川沿］。→**かわ【川】**

かわせみ【翡翠】 〈近代〉しょうびん［翡翠］。〈近世〉かはすずめ［川雀］。かはらすずめ［河原雀］。すどり［州鳥］。〈中世〉かはせみ［翡翠］。〈中古〉ひすい［翡翠］。〈上代〉そにどり［鴗鳥］。そび［鴗］。

かわぞい【川沿】 →**かわ【川】**

かわぞこ【川底】 〈近代〉かしゃう［河床］。かてい［河底］。かはぞこ［川底］。〈近世〉かはどこ［川床／河床］。→**かわ【川】**

ーの浅い所 〈中世〉たかせ［高瀬］。

ーの穴 〈近代〉おうけつ［甌穴］。

岩や石のー いしぞこ［石底］。いしどこ［石床］。

かわも【川面】 →**かわ【川】**

かわやなぎ【川柳】 近代かはばたやなぎ[川端柳]。さるやなぎ[猿柳]。ねこやなぎ[猫柳]。中古かはやなぎ[川柳]。ほりう[蒲柳]。上代かはぞひやなぎ[川副柳]。ゑのころやなぎ[狗柳]。

かわら【瓦】 近代をくぐゎ[屋瓦]。中世いらか[甍]。中古かはら[瓦]。

ーと石 中世ぐゎしゃく／ぐゎせき[瓦石]。中古ぐゎりゃく／ぐゎれき[瓦礫]。

ーに浮き彫りにした仏像 せんぶつ[甎仏]。

ーの職人 近世かはらけし[瓦師]。かはらこう[瓦工]。中世かはらし[瓦師]。かはらだいく[瓦大工]。かはらづくり[瓦作]。かはらやき[瓦焼]。

ー葺ぶきの家 上代かはらや／ぐゎをく[瓦屋]。

飾りのーの例 しゃちほこがわら[鯱瓦]。近代あしもとがはら[足下瓦]。あまぶたがはら[雨蓋瓦]。中世おにがはら[鬼瓦]。

経文を刻み付けたー 近世きゃうがはら[経瓦]。

古代のーの例 近世ぬのめがはら[布目瓦]。中世しふん[鴟吻／蚩吻／鵄吻]。中古くつがた[沓形／鵄尾]。しび[鴟尾／鵄尾]。とびのを[鴟尾]。

西洋風のー ようがわら[洋瓦]。

土間などに敷き並べたー 上代しきがはら[敷瓦／甃]。

日本風のー にほんがわら[日本瓦]。わがわら[和瓦]。

軒ーの例 いちもんじがわら[一文字瓦]。のきひらがわら[軒平瓦]。近代からくさがはら[唐草瓦]。すみがはら[隅瓦]。上代あぶみがはら[鐙瓦]。のきがはら[軒瓦]。

軒先のーの下の隙間 近代すずめぐち[雀口]。

平ひらーの例 たてがわら[竪瓦]。のしがわら[熨斗瓦]。はりがわら[張瓦]。上代しきがはら[敷瓦／甃]。

丸ーの例 いとまるがわら[糸丸瓦]。なまこがわら[海鼠瓦]。近代がんぶりがはら[雁振瓦]。

かわり【代】❶〈代理人〉 なりかわり[成代]。近代こうにん[後任]。だいやく[代役]。だいり[代理]。近世だい[代]。中古かはり[代／替]。けうたい[交代／交替]。みがはり[身代／身替]。みゃうだい[名代]。上代かうたい[交代／交替]。

かわり【代】❷〈代用品〉 だいぶつ[代物]。近代だいかへ／だいたい[代替]。だいひん[代品]。だいようひん[代用品]。近世かたしろ[形代]。だい[代]。だいよう[代用]。中世かけがへ[掛替]。だいもつ[代物]。とりかへ／とりがへ[取替]。中古かはり[代／替]。上代しろ[代]。

ーに置く だいち[代置]。

かわり【変】 いじょう[異状／異常]。近代いどう[異動]。かはり[変]。近世じへん[事変]。てんくゎん[転換]。中世いへん[異変]。うつりかはり[移変]。てんくゎ[転化]。へんせん[変遷]。中古いやう[異様]。けぢめ。すいい[推移]。へんい[変異]。へんくゎ[変化]。へんどう[変動]。上代へんじ[変事]。

かわりもの【変者】 近代かはりもの[変者]。きぶつ[奇物]。つむじまがり[旋毛曲]。ひねくれもの[捻者]。近世しさいもの[子細者]。そげもの[削者]。なんくゎ[南華]。ねぢけもの[拗者]。へんくつもの[偏屈者]。へんじん[変人]。中世くせびと[曲人]。くせもの[曲者]。ふうがはり[風変]。中古ひがもの[僻者]。上代きじん[奇人]。

かわりやす・い【変易】 近代ふあんてい[不安定]。中古さだめなし[定無]。つねなし[常無]。《句》近世猫の目。世の中は三日見ぬ間の桜かな。中古飛鳥川の淵瀬。

ー・い男の心 近世をとこごころ[男心]。《句》近世夫の心と川の瀬は一夜に変はる。男心と秋の空。

ー・い女の心 近代をんなごころ[女心]。《句》近代女心と秋の空。

ー・い心 むら[斑]。近世うはき[浮気]。きまぐれ[気紛]。中古あだしごころ[徒心]。はな[花／華]。《句》近世秋の空。飛鳥川の人心。今日の敵は明日の味方。今日の情けは明日の仇。中世雲となり雨となる。

ー・い心の人 中古あだびと[徒人]。

かわ・る【代】 近代だいかう[代行]。だいやく[代役]。だいり[代理]。とってかはる[取代]。近世だいよう[代用]。中世いれかはる[入替]。中古けうたい[交代／交替]。さしかはる[差代]。たちかはる[立代]。なりかはる[成代]。上代かうたい[交代／交替]。かはる[代／替]。

ー・って意見などを述べる 近代だいべん[代弁]。

ー・って講義する 近世だいかう[代講]。

ー・って社寺などに参る 中世だいさん[代参]。だいはい[代拝]。だいまゐり[代参]。

ー・って書類などを作成する 中世だいしょ

［代書］。

―・って作る 中世 だいさく［代作］。

―・って返事をする 近代 だいへん［代返］。

―・って役を演じること スタンドイン(stand in)。ピンチヒッター(pinch hitter)。 近代 スタントマン(stunt man)。だいやく［代役］。 近世 かげむしゃ［影武者］。かへだま［替玉］。ふきかへ［吹替］。 中古 みがはり［身代］。

―・って読む 近代 だいどく［代読］。

こっそりと他に―・る 近代 すりかはる［替］。

古いものに新しいものが―・る 中古 たいしゃ［代謝］。


かわ・る【変】 ❶〈変化〉 チェンジ(change)。 近代 うごく［動］。 近世 けす［化］。へんい［変移］。へんかく［変革］。へんげる［変化］。 中世 いっしん［一新］。いってん［一転］。いっぺん［一変］。かいへん［改変］。すさぶ／すさむ［荒］。へあがる［経上］。へんえき／へんやく［変易］。 中古 うつりかはる［移変］。くゎす［化］。さぶ［荒］。さる［曝］。たがふ［違］。てんず［転］。ひきたがふ［引違］。へんがい［変改］。へんくゎ［変化］。へんどう［変動］。 上代 あらたまる［改］。うつる［移］。うつろふ［移］。かはらふ［変］。かはる［変］。

―・った噂 近代 きぶん［奇聞］。 中世 いぶん［異聞］。

―・った形や状態 近代 へんけい［変形／変型］。 近世 へんたい［変態］。 中古 へんぎゃう［変形］。

―・ったことはない 中世 しさいなし［子細無］。 上代 ことなし［事無］。ぶじ［無事］。

―・った出来事 中世 べつでう［別条］。 中古 き［奇］。ことごと［異事］。ちんじ［珍事／椿事］。 上代 へんじ［変事］。

―・った話 近代 きたん［奇譚］。きぶん［奇聞］。 近世 きだん［奇談］。 中世 いぶん［異聞］。

―・ったもの 近代 いかもの［如何物］。げてもの［下手物］。

―・ったものを好む 近世 あかえぼし［赤烏帽子］。 近世 かうじ／かうず［好事］。《句》 近世 亭主の好きな赤烏帽子。

―・ったものをひけらかす 近代 奇を衒(てら)ふ。 中世 かぶく［傾］。

―・った様子 いじょう［異常／異状］。さまがわり［様変］。 近代 べつじゃう［別状］。へんてつ［変哲］。 近世 おつ［乙］。きばつ［奇抜］。へんてこ［変梃］。 中世 ことやう［異様］。さまこと［様異］。ふうがはり［風変］。やうがり［様］。 中古 あらぬさま［様］。いやう［異様］。ことざま［異様］。ねぢけがまし［拗］。

―・って行く いこう［移行］。 近世 けいきゃう［景況］。 中古 おしうつる［推移］。すいい［推移］。 上代 うつりゆく［移行］。うつろひゆく［移行］。うつろふ［移］。

―・っていて珍しい 中世 ちん［珍］。ちんい［珍異］。 中古 きめう［奇妙］。 上代 ちんき［珍奇］。

―・らない 近代 こうきう［恒久］。コンスタント(constant)。 近世 いってい［一定］。ばんこふえき［万古不易］。ばんだいふえき［万代不易］。ばんせいふえき［万世不易］。ふえき［不易］。まんねん［万年］(接頭語的に)。 中世 じゃうぢゅうふめつ［常住不滅］。とこしなへ［永久］。 中古 とは［永久］。ふへん［不変］。 上代 いやときじく［弥時］。つね［常］。ときは［常磐］。とこ［常］。とこし／とこしへ［常／永久］。

―・らない心 近世 こうしん［恒心］。

―・らないさま 近代 きうたいいぜん［旧態依然］。きまって［決］。 中世 あひかはらず［相変］。やはり［矢張］。 中古 いぜん［依然］。

―・らないもののたとえ 中古 きんせき［金石］。《句》 近代 十年一日(いちじつ)。五十歩百歩。例によって例の如し。

―・らない世 上代 とこよ［常世］。

―・り改める 中世 かいへん［改変］。 中古 へんがい［変改］。

―・りなく 上代 さきく［幸］。とこなつに［常夏］。

―・りなく穏やか 中古 あんをん［安穏］。

―・り目 近代 ターニングポイント(turning point)。てんかんき［転換期］。ぶんきてん［分岐点］。まがりかど［曲角］。わかれめ［分目］。 中世 てんき［転機／転期］。

いろいろな色に―・ること(例) 近代 あかちゃける［赤茶］。くろずむ［黒］。こくへん［黒変］。ひやけ［日焼］。みどりがかる［緑掛］。やける［焼］。わうへん［黄変］。 近世 しらちゃける［白茶］。 中世 あをざむ〔―ざめる〕［青］。しらむ［白］。 中古 きばむ［黄］。くろばむ［黒］。むらさきだつ［紫立］。 上代 あかむ［赤］。あからむ［赤］。

色が―・る 色が落ちる。色が剝げる。 近代 いろあせる［色褪］。いろがはり［色変］。たいしょく［退色／褪色］。へんしょく［変色］。 中世 色が褪(さ)む〔―褪める〕。 中古 あす〔あせ

る〕「褪」。うつる「移」。さむ〔さめる〕「褪」。さる「曝」。
液体に―・る 〘近代〙えきくゎ「液化」。
顔形が―・る 〘上代〙おもがはり「面変」。
季節の―・り目 〘近世〙かう「交」。〘上代〙ゆきあひ「行合」。
気体に―・る 〘近世〙きくゎ「気化」。
急に―・る 手の裏を返す。手のひらを返す。〘近代〙きふてん「急転」。きふへん「急変」。〘近世〙うってかはる「打変」。げきへん「激変」。〘中古〙へうへん「豹変」。
急に―・るさま ころっと。〘近世〙からり。がらり。ころり。〘近代〙がらっと。〘中世〙くらり。
言行が―・っている 〘近代〙きけう「奇矯」。
さまざまに―・る 〘近代〙せんさばんべつ「千差万別」。〘中古〙せんべんばんくゎ／せんぺんばんくゎ「千変万化」。
志操が―・らないこと 〘中古〙みさを「操」。
姿などが―・る 〘近代〙へんばう「変貌」。〘中古〙さまかはる「様変」。
すっかり―・る 〘近世〙うってかはる「打変」。〘中世〙いっしん「一新」。いってん「一転」。いっぺん「一変」。〘中古〙うちかはる「打変／打替」。かはりはつ〔―はてる〕「変果」。なりはつ〔―はてる〕「成果」。
ちょっと―・ったさま 〘近世〙いっぷう「一風」。〘中古〙けしきあり「気色有」。おつ「乙」。
月や時が―・る 〘上代〙かたまく「片設」。ゆつる。
激しく―・る 〘近代〙げきへん「激変」。
日毎に―・る 〘上代〙いやひけ「弥日異」。
よい方に―・る 〘近代〙かうてん「好転」。
悪い方に―・る あくへん「悪変」。〘近代〙あくくゎ「悪化」。

かわ・る【変】❷〈移動〉 〘近代〙いどう「移動」。てんきん「転勤」。てんしょく「転職」。てんにん「転任」。〘中世〙いてん「移転」。〘上代〙うつる「移」。

かわるがわる【代代】 〘近代〙かうごに「交互」。入れ代はり立ち代はり。取っ替へ引っ替へ。〘近世〙かたみがはり「互代」。かはりばん／かはりばんこ／かはりばんて「代番／替番」。ばんて「番手」。〘中世〙あひたがひ「相互」。たがひちがひ「互違」。〘中古〙かたみに「互」。かはりがはり／かはるがはる「代代」。こもごも「交交」。すがひすがひ。すぎすぎ「次次」。

―移りゆくこと 〘近代〙さくかう「錯行」。

―・する 〘近世〙かけあふ「掛合／懸合」。

―立つこと てつりつ「迭立」。

かん【管】 〘近代〙パイプ(pipe)。〘中古〙つつ「筒」。

―を縛って詰まらせること けっさつ「結紮」。

―を取り付けること はいかん「配管」。

かん【棺】→**かんおけ**
かん【官】 〘近代〙せいふ「政府」。〘中世〙やくしょ「役所」。やくにん「役人」。〘中古〙くゎん「官」。くゎんちゃう「官庁」。

―に就かないこと 〘近代〙や「野」。〘中古〙むくゎん「無官」。

―に就くこと 〘上代〙しくゎん「仕官」。にんくゎん「任官」。

―に任じること じょかん「叙官」。〘近世〙じょにん「叙任」。

―に任ぜられること 〘中世〙はいくゎん「拝官」。

―を取り上げること 〘近代〙めんくゎん「免官」。〘上代〙ぼっくゎん／もっくゎん「没官」。

かん【勘】 〘近代〙インスピレーション(inspiration)。だいろくかん「第六感」。ちゃくさう「着想」。ちょくかん「直感」。ちょくくゎん「直観」。ひらめき「閃」。よかん「予感」。れいかん「霊感」。ぴんと来る。〘近世〙かん「勘」。〘中世〙こつ「骨」。


―が鋭い 〘中世〙こころはやし「心早」。

―が鈍い 〘中古〙にぶし「鈍」。

―で山を掛ける 〘近代〙やまかん「山勘」。

かん【間】 〘近世〙すきあひ「隙間」。〘中世〙あひま「合間」。かん「間」。〘中古〙すきま「透間／隙間」。へだたり「隔」。〘上代〙あひだ「間」。ま「間」。

かん【閑】 〘近世〙ひま「閑／暇」。よか「余暇」。〘中世〙かん「閑」。

かん【寒】 〘中世〙かんちゅう「寒中」。〘中古〙かん「寒」。

―が明けて残る寒さ 〘上代〙よかん「余寒」。

―が明けること 〘近世〙かんあけ「寒明」。

―に入ること 〘近世〙かんいり「寒入」。寒に入る。寒の入り。

がん【雁】→**かり【雁】**

がん【癌】 キャンサー(cancer)。〘近代〙あくせいしゅやう「悪性腫瘍」。がんしゅ「癌腫」。〘近世〙がん「癌」。

―に変わること がんか「癌化」。

―になる確率が高い病的症状 ぜんがんじょうたい「前癌状態」。

―の増殖を抑えるもの こうがんざい「抗癌剤」。せいがんざい「制癌剤」。せいがんぶっしつ「制癌物質」。

―の例 いがん「胃癌」。かんぞうがん「肝臓癌」。にゅうがん「乳癌」。はいがん「肺癌」。

―を発生させる物質 はつがんぶっしつ「発癌物質」。

がん【願】 中古ぐゎん［願］。しんぐゎん［心願］。ねがひ［願］。→**ねがい**

―がかなって願かけを解く 近世ぐゎんほどき［願解］。中世ほどく［解］。中古かへりまうし［返申］。

―がかなって礼に参ること 近世おれいまゐり［御礼参］。中古かへりまうし［返申］。はたす［果］。

―の趣意を記した文 近世ぐゎんじゃう［願状］。中古あかしぶみ［証書］。ぐゎんしょ［願書］。上代ぐゎんもん［願文］。

神に―をかけること 中古りつぐゎん／りふぐゎん［立願］。上代ほつぐゎん［発願］。

がん【贋】 近代イミテーション(imitation)。もざうひん［模造品］。近世がん［贋］。まがひもの［紛物］。中世いかさま［如何様］。にせ［贋］。にせもの［偽物］。

▼接頭語 中古えせ［似非／似而非］。

かんあん【勘案】 近世かんかう［勘考］。中古おもひあつむ［思集］。おもひつづく［―つづける］［思続］。おもひまはす［思回］。おもひめぐらす［思廻］。

かんい【簡易】 近代あんちょく［安直］。かんけつ［簡潔］。かんめい［簡明］。けいい［軽易］。近世かんたん［簡単］。かんべん［簡便］。かんやく［簡約］。けいべん［軽便］。てがる［手軽］。中世かんい［簡易］。かんそ［簡素］。かんりゃく［簡略］。

かんい【官位】 近代ゐかい［位階］。中古かい［階］。くゎんしょく［官職］。ちつ［秩］。上代くらゐ［位］。くゎんゐ［官位］。

―が上がること 近代しょうじょ［昇叙／陞叙］。近世しょうくゎん［昇官］。中世きょたつ［挙達］。中古つかさまさり［官増］。

―と位階 中世くゎんしゃく［官爵］。

―と俸禄(ほうろく) 中古くゎんろく［官禄］。上代ゐろく［位禄］。

―の高い家柄 中世くゎんけ［官家］。

―の高い人 近代きじん［貴人］。中古あてびと［貴人］。上代しんしん［搢紳／縉紳］。

―のない人 近世ふい［布衣］。

―の低い人 中世げらふ［下臈］。ただびと［徒人／直人］。

―や職権を取り上げる 近代ちだつ［褫奪］。

―を下げて退ける 近代へんちつ／へんちゅつ［貶黜］。

―を下げて流罪にする 近世へんざん［貶竄］。中世はいりう［配流］。中古せんたく［遷謫］。へんたく［貶謫］。上代はいる［配流］。

―を下げる 近世へんす［貶］。

かんえい【官営】 こくえい［国営］。近代くゎんえい［官営］。こうえい［公営］。

かんおう【感応】 →**かんのう【感応】**

かんおけ【棺桶】 近世くゎんおけ［棺桶］。中世がん［龕］。中古くゎん［棺］。上代おきつすたへ／おくつすたへ［奥棄戸］。き［棺］。しきう［屍柩］。ひつぎ［棺／柩］。ひとき［人城／棺］。

遺体を―に納めること 近代なふくゎん［納棺］。

遺体を納めた― 近世れいきう［霊柩］。

その他―のいろいろ(例) もっかん［木棺］。石の大床。近世ねくゎん［寝棺］。中古せきくゎん［石棺］。

▼貴人の納棺 近世おふねいり［御舟入］。

かんか【感化】 近代えいきゃう［影響］。かんせん［感染］。近世かんくゎ［感化］。けうくゎ［教化］。中世くゎ［化］。

《句》近世朱に交はれば赤くなる。中世麻の中の蓬(よもぎ)。藪の中の荊(うばら)。

―・されて良くなること 中古とくゎ［徳化］。

―・される 近代しんぜん［襯染］。近世かぶる［かぶれる］［気触］。くんせん［薫染］。中世あやかる［肖］。しんしゃ［親炙］。そまる［染］。中古そむ［染］。

―・する せんのう［洗脳］。近代くゎだう［化導］。中世くゎす［化］。くんたう［薫陶］。ふうどう［風動］。中古じゅんくゎ［醇化／淳化］。ぜんだう［善導］。

かんか【看過】 中世みおとす［見落］。みのがす［見逃］。中古かんくゎ［看過］。みすぐす／みすごす［見過］。

がんか【眼下】 中世ぢきげ［直下］。ちょくか［直下］。目の下。中古がんか［眼下］。

かんかい【感懐】 近代かんさう［感想］。しょかん［所感］。中世かんがい［感慨］。しょくゎい［所懐］。中古かんくゎい［感懐］。

かんがい【感慨】 近代じゃうちょ［情緒］。中世かんがい［感慨］。中古かんくゎい［感懐］。かんげき［感激］。かんどう［感動］。じゃうしょ［情緒］。上代かんしゃう［感傷］。

昔を思っての― 近代今昔(こんじゃく)(今昔(こんせき))の感。

かんがえ【考】 近代アイディア(idea)。いかう［意向／意嚮］。いと［意図］。かうりょ［考慮］。くゎんねん［観念］。コンセプション(conception)。しかう［思考］。しかう［志向］。しれう［思料］。しゐ［思惟］。はうくゎい［抱懐］。はっさう［発想］。近世あんじ

[案]。いさう[意想]。いし[意志]。いねん[意念]。おもいれ/おもひいれ[思入]。かんがへ[考]。けんかい[見解]。こころいれ[心入]。さう[想]。しょけん[所見]。しんりょ[心慮]。ぞんい[存意]。ぞんしん[存心]。つもり[積]。みたて[見立]。中世あたま[頭]。いしゅ[意趣]。おもひ[思]。おもふやう[思様]。ぎ[議]。きげん[機嫌]。けん[見]。けんしき[見識]。こころえ[心得]。さうねん[想念]。しあん[思案]。しさう[思想]。しさく[思索]。ししゅ[旨趣]。しょくゎい[所懐]。しょし[所思]。しんねん[心念]。ぞんじより[存寄]。ぞんねん[存念]。ねん[念]。ふんべつ[分別]。れうけん[料簡]。わかち[分]。中古あん[案]。い[意]。いし[意思]。いちゅう[意中/意衷]。おもひやり[思遣]。おもふさま[思様]。おもんぱかり[思慮/慮]。ここち[心地]。こころ[心]。こころぎも[心肝]。こころむけ[心向]。しい[旨意]。しょぞん[所存]。しりゃう[思量]。しりょ[思慮]。はからひ[計]。はかり[計/量]。はら[腹]。わき[分/別]。上代いけん[意見/異見]。おもはく[思]。

《尊》おかんがえ[御考]。おせつ[御説]。ほうねん[芳念]。近代おせつ[御説]。かうりょ[高慮]。近世かうけん[高見]。中世きい[貴意]。ぎょい[御意]。きりょ[貴慮]。けんりょ[賢慮]。そんい[尊意]。そんりょ[尊慮]。はうりょ[芳慮]。中古おぼしはからふ[思量]。おぼしめし[思召]。かうさつ[考察]。がし[雅旨]。ぎょし[御旨]。

《謙》しこう[私考]。しょうこう[少考]。近代ぐかう[愚考]。しあん[私案]。我が意。近世いちぞん[一存]。しけん[私見]。ひけん[卑見]。ろうけん[陋見]。中世ぐけん[愚見]。ぐしん[愚心]。ぐせつ[愚説]。しい[私意]。ししん[私心]。へきあん[僻案]。中古ぐあん[愚案]。ぐい[愚意]。ぐりょ[愚慮]。くゎんけん[管見]。上代しけい[私計]。

《句》近世智者の一失、愚者の一得。中古愚者も千慮に一得あり。

—が浅い 近代あさぢゑ[浅知恵]。たんじゅん[単純]。むさん[無算]。むじゃき[無邪気]。近世うすっぺら[薄]。こくう[虚空]。せんけん[浅見]。ぶねん[無念/不念]。中世あさあさし[浅浅]。けいそつ[軽率]。さうけい[早計]。せんりょ[浅慮]。中古あさし[浅]。あさはか[浅]。おもひぐまなし[思隈無]。こころあさし[心浅]。たんりょ[短慮]。みじかし[短]。むしん/むじん[無心]。→**あさはか**

—が及ばない 中世思案に余る。上代おもひあまる[思余]。

—が及ぶ 近世きづく[気付]。中世たどり[辿]。気が付く。中古おもひいたる[思至]。おもひおよぶ[思及]。おもひよる[思寄]。

—が心のなかに宿る 近代すくふ[巣]。巣をくふ。

—がしっかりしている 中古こころたしか[心確]。

—が瞬間的に浮かぶ(さま) 近代ひらめく[閃]。近世はたり。中世はたと。

—がまとまる 近代腹が出来る。

—なしに 近代むぼう[無謀]。近世なにげない[何気無]。後先見ず。中世むしりょ[無思慮]。むふんべつ[無分別]。

—の足りない人 中世ふかくごじん[不覚悟人]。ふかくじん[不覚人/不覚仁]。

—は人さまざま かくじんかくよう[各人各様]。近代かくじんかくせつ[各人各説]。中古こころごころ[心心]。

—もしない 近代いさうぐゎい[意想外]。いへうぐゎい[意表外]。思ひも寄らず。近世どぐゎい[度外]。中世いぐゎい[意外]。いへう[意表]。中古あんぐゎい[案外]。思ひも敢へず。

—を出す 近代いしへうじ[意思表示/意志表示]。じょせつ[叙説]。ていあん[提案]。ていげん[提言]。

—をめぐらす 近代あんず[按]。ひゃくかう[百考]。中世おもんぱかり[慮]。しあん[思案]。たくむ[巧/工]。れうけん[料簡]。中古あんず[案]。おもひはかる[思量]。おもひまはす[思回]。たどる[辿]。

—を持つこと 近代はうくゎい[抱懐]。

新しい— しんこう[新考]。近代さうあん[創案]。近世さうけん[創見]。しんあん[新案]。

今の— 中世こんあん[今案]。

多くの人の— 近代しゅうい[衆意]。近世しゅうしん[衆心]。

同じ— 近世いちぞん[一存]。どうふく[同腹]。どうふくちゅう[同腹中]。中古どうい[同意]。上代どうしん[同心]。

偏った— せんにゅうけん[先入見]。近代いろめがね[色眼鏡]。せんにふくゎん[先入観]。せんにふくゎんねん[先入観念]。せ

んにふしゅ［先入主］。近世おもひこみ［思込］。中世へきあん［僻案］。中古へんけん［偏見］。

急に思いついたー 近世できごころ［出来心］。できふんべつ［出来分別］。

心の奥のー 近世げしん［下心］。しんそこ［心底］。中世そこい［底意］。中古こころね［心根］。したごこち［下心地］。しんこん［心根］。しんてい［心底］。ないしん［内心］。はら［腹］。上代したごころ［下心］。

こざかしいー 近世さるぢゑ［猿知恵］。さるりこう［猿利口］。さるりこん［猿利根］。さるりはつ［猿利発］。中古よしなしごころ［由無心］。

後日のー 近代こうかう［後考］。

自己中心のー がしゅう［我執］。近代しゅくゎん［主観］。中世がけん［我見］。

しっかりしたー 近代ていけん［定見］。中世けんしき［見識］。しきけん［識見］。

しっかりしたーがなくすぐ他人に同調する 近代ふわらいどう［付和雷同／附和雷同］。

社会の社会に対するー せろん［世論］。近代オピニオン(opinion)。中世よろん［輿論／世論］。中古せいろん［世論］。

神仏のー 中世みゃうりょ［冥慮］。

推測によるー 近代おくそく［憶測］。近世あてずいりゃう［当推量］。あてずっぽう。

優れたー 近代りゃうせつ［良説］。

世間一般のー つうねん［通念］。

世俗的なー 中世ぞくねん［俗念］。中古ぞくりょ［俗慮］。

先人の遺したー 近世ゐし［遺旨］。中古ゐふう［遺風］。

他の人のー 近世きうけ［気受］。中世おもはく［思］。

違うー 近代いぞん［異存］。中世いぎ［異議／異義］。いせつ［異説］。

天子のー 近世しんりょ［宸慮］。中古えいかん［叡感］。ぎょかん［御感］。えいりょ［叡慮］。えいし［叡旨］。せいりょ［聖慮］。上代おほみこころ［大御心］。

突飛なー 近代きけう［奇矯］。きさう［奇想］。きさうてんぐゎい［奇想天外］。近世とっぴゃうし［突拍子］。

何かしようとするー 近代腹の虫。近世むし［虫］。

深いー 近世しんぼう［深謀］。ゑんぼう［遠謀］。中世しんみつ［深密］。しんりょ［深慮］。ゑんりょ［遠慮］。中古こころふかし［心深］。

ほかのー 中世べつい［別意］。よねん［余念］。中古ことごころ［異心］。たしん［他心］。たねん［他念］。上代たい［他意］。

凡人のー 中世ぼんりょ［凡慮］。

本来のー 中古ほい／ほんい［本意］。

前々からのー 近代しゅくあん［宿案］。近世こころづもり［心積］。そし［素志］。はらみく［孕句］。ふくあん［腹案］。中世しくい／しゅくい［宿意］。中古しゅくしん［宿心］。そい［素意］。そくゎい［素懐］。ほい／ほんい［本意］。ほんくゎい［本懐］。上代しゅくし［宿志］。

間違ったー びゅうけん［謬見］。近代ばうさう［妄想］。へきろん［僻論］。中世へきせつ［僻説］。中古まうさう［妄想］。

よいー りょうあん［良案］。近代めいあん［名案］。りゃうさく［良策］。近世めうあん［妙案］。

余計なー 近代ざつねん［雑念］。近世ざつりょ［雑慮］。中世ざふねん［雑念］。よねん［余念］。中古ことごころ［異心］。

私のー（へりくだった言い方） しこう［私考］。近代しあん［私案］。我が意。近世いちぞん［一存］。しけん［私見］。中世しい［私意］。ししん［私心］。

悪いー 近世魔が差す。中世あくしん［悪心］。じゃねん［邪念］。中古じゃしん［邪心］。

かんがえあわ・せる【考合】

かんあん［勘案］。近代かうりょ［考慮］。かんがへあはす［考合］。かんがへあはせる［考合］。ひかう［比考］。近世さんかう［参考］。てらしあはす［―あわせる］［照合］。中世あてがひ［宛／宛行／充行］。かがみる［鑑］。かんがふ［勘合］。かんがみる［鑑］。中古おもひあはす［―あわせる］［思合］。おもひなずらふ［思準］。おもひよす［―よせる］［思寄］。おもひよそふ［思準］。かうがふ［考／勘］。ききあはす［―あわせる］［聞合］。けいくゎい［計会］。ひきくらぶ［―くらべる］［引比］。

かんがえかた【考方】

近代かくど［角度］。かんがへかた［考方］。スタイル(style)。みかた［見方］。れうけんかた［料簡方］。中世あたま［頭］。こころえ［心得］。

ーが一面的で単純 たんさいぼう［単細胞］。

ーが多くあるさま 近代たげんてき［多元的］。

ーが偏っている 近代いちめんてき［一面的］。へんかう［偏向］。

ーが現代的 近代げんだいふう［現代風］。近世いまふう［今風］。たうせいふう［当世

風］。たうせいやう［当世様］。中古 いまやう［今風］。

ーが目先にしか及ばない きんしがんてき［近視眼的］。

現実をふまえないー 足が地に着かない。

しっかりしたー 近世 いちけんしき［一見識］。いっせきがん［一隻眼］。たくけん［卓見］。たくしき［卓識］。

社会一般のー しゃかいつうねん［社会通念］。

状況に応じてーをすぐ変えること かわりみ［変身］。

よくないー 近世 ふれうけん［不料簡］。

かんがえこ・む【考込】 近代 かんがへこむ［考込］。思案に沈む。中世 うちあんず［打案］。首(頸)を捻る。中古 おもひいる［思入］。おもひしづむ［思沈］。ちんし［沈思］。上代 ちんぎん［沈吟］。

ー・む顔付き 近世 しあんがほ［思案顔］。

黙ってー・む 近代 ちんしもくかう［沈思黙考］。

途方に暮れてー・む 近代 頭を抱へる。

かんがえしら・べる【考調】 近代 かうあん［考案／考按］。かうさ［考査］。けいさ［稽査］。近世 かうかく［考覈］。かうさつ［考察］。かんもつ［勘物］。

かんがえすぎ【考過】 近世 おもひすごし［思過］。くゎりょ［過慮］。

ーでかえって失敗する 近代 ちゑまけ［知恵負］。

かんがえだ・す【考出】 近代 あみだす［編出］。ねんしゅつ［捻出］。はつあん［発案］。はつい／ほつい［発意］。近世 かんがへだす［考出］。しだす［仕出］。はつめい［発明］。ひねりだす［捻出］。ひねる［捻／撚］。中世 あんしゅつ［案出］。

かんがえちがい【考違】 近代 おもひあやまり［思誤］。かんがへちがひ［考違］。かんちがひ［勘違］。ごさう［誤想］。ごさん［誤算］。近世 おもひちがひ［思違］。こころへちがひ［心得違］。れうけんちがひ［料簡違］。中古 おもひたがふ［思違］。こころあやまり［心誤］。はきちがへ［履違／穿違］。ひがごころ［僻心］。

かんがえつ・く【考付】 近代 ひらめく［閃］。近世 かんがへつく［考付］。きづく［気付］。工夫に落つ［―落ちる］。中古 おもひあふ［思敢］。おもひう［思得］。おもひよる［思寄］。上代 おもはふ［思］。おもひつく［思付］。ひろめく［閃］。

ー・かない 近世 しあんなげくび［思案投首］。中世 思案に余る。中古 おもひあへず［思敢］。おもひあまる［思余］。思ひも敢へず。思ひも寄らず。上代 おもひかぬ［―かねる］［思兼］。

かんがえなお・す【考直】 近代 かんがへなほす［考直］。さいし［再思］。近世 さいかう［再考］。中世 おもひかへす［思返］。中古 おもひあらたむ［思改］。おもひなほす［思直］。おもひなほる［思直］。

ー・す必要があるもの 近代 かんがへもの［考物］。

かんが・える【考】 思いを致す。胸に手を置く。近代 いっかう［一考］。かうきう［考究］。しかう［思考］。しれう［思料］。しゐ［思惟］。頭を痛める。頭を抱へる。頭を絞る。頭を使ふ。頭を拈る。頭を砕く。知恵(智慧/智恵)を絞る。胸に手を当てる。近世 かうさつ［考察］。かんべん［勘弁］。胸に手を置く。中世 あんず［案］。おもはふ［思］。おもひわく［―わける］［思分］。しあん［思案］。しさく［思索］。はからふ［計］。中古 おもひめぐらす［思巡］。おもんぱかる［思量／慮］。おもんみる［惟］。かうがふ／かんがふ［考／勘］。しねん［思念］。しゆい［思惟］。しりゃう［思量］。たばかる［謀］。上代 おもふ［思］。かんがふ［かんがえる］［考］。

《尊》中古 おぼしめす［思召］。おぼす［思］。

ー・えずに 無意識に。近世 しらずしらず［知識／識知］。中世 おもはず［思］。思はず知らず。中古 思ひも掛けず。

ー・えていた通り 案に違わず。思った通り。見込み通り。近世 案の定。中古 案の如く。

ー・えていたのと違う そうていがい［想定外］。近代 いさうぐゎい［意想外］。中世 案に相違す。

ー・えて決める 近代 さくてい［策定］。中古 おもひさだむ［―さだめる］［思定］。

ー・えなければならないこと 近世 れうけんもの［料簡物］。

ー・えるよりどころ 近世 かうきょ［考拠］。

頭を使ってー・える 近世 頭(頭)を割る。

後からー・える 近世 ついかう［追考］。

あれこれとー・える かんあん［勘案］。ばんこう［万考］。近代 しれう［思料］。思ひを砕く。中世 おもはふ［思］。中古 おもひあつむ［思集］。おもひたどる［思辿］。おもひつづく［思続］。おもひはかる［思量／思計／慮］。おもひまはす［思回］。おもひめぐらす［思廻］。しりゃう［思量］。しりょ［思慮］。

考へを巡らす。上代おもひつむ[思積]。

一途に—・える 近代かんがへこむ[考込]。中古おもひつむ[—つめる][思詰]。

思い—・える 中古しねん[思念]。しりょ[思慮]。

過去のことを—・える 近世くゎいさう[回想]。ついさう[追想]。中古かへりみる[顧]。くゎいきう[懐旧]。くゎいこ[懐古]。くゎいこ[回顧]。ついおく[追憶]。

結論に達するまで—・える 近世せんじつむ[—つめる][煎詰]。

心を静めて—・える 近世せんしん[潜心]。中古おもひすます[思澄]。おもひすむ[思澄]。おもひなだむ/おもひなだらむ[思宥]。

細かく—・える 中世さいし[細思]。

先々まで—・える 中古こうかん[後勘]。ゑんりょ[遠慮]。

静かに黙って—・える 近代もくかう[黙考]。もくさう[黙想]。もくし[黙思]。上代もくねん[黙念]。

静かに深く—・える せんこう[潜考]。近代せいし[静思]。ちんしもくかう[沈思黙考]。近世せんし[潜思]。中世じんし[尋思]。

じっと—・える 中世ぎょうねん[凝念]。

十分—・える 近世かうさつ[考察]。じゅくかう[熟考]。じゅくし[熟思]。じゅくりょ[熟慮]。ねる[練]。中世せんりょ[千慮]。中古おもひつくす[思尽]。

手段や方法を—・える 中世くふう[工夫]。さんだん[算段]。

条件や状況などを—・える 近代しゃうりゃう[商量]。

筋道立てて—・える 中世しさく[思索]。

善悪を—・える 近世是非を凝らす。

ちょっと—・える しょうこう[少考]。近代いっかう[一考]。近世ひとしあん[一思案]。中古いっこ[一顧]。

照らし合わせて—・える 中世かがみる/かんがみる[鑑]。中古おもひよそふ[思準]。

長く—・える ちょうこう[長考]。

何も—・えない 近代むぼう[無謀]。近世なにげなし[何気無]。むさう[無想]。中世くうくうじゃくじゃく[空空寂寂]。さうなし[左右無]。じゃくじゃく[寂寂]。中古むしん[無心]。何心もなし。

前もって—・えておく 中古おもひまうく[思設]。

よく—・える 近代さいし[再思]。近世かんかう[勘考]。さいかう[再考]。しさつ[思察]。じゅくかう[熟考]。ねる[練]。中世けいりょ[計慮]。ゑんりょ[遠慮]。中古たどり[辿]。上代さんし[三思]。おもんみる[惟]。

かんかく【間隔】

近代インターバル(interval)。かんかく[間隔]。近世きょり[距離]。中世あはひ[間/合]。あひま[合間]。中古けんかく[懸隔]。へだたり[隔]。上代あひだ[間]。ま[間]。

—が空く 中古へだたる/へだつ[隔]。上代はなる[はなれる][離]。

—の空け方 近世まくばり[間配]。

—を空ける 近世間を置く。中世はなす[離]。間を配る。

—をおいて繰り返す 中世かんけつ[間欠/間歇]。

動きの—を詰める ピッチを上げる。

繰り返す— 近代きざみ[刻]。ピッチ(pitch)。

かんかく【感覚】

近代かんじ[感]。しゅみ[趣味]。センス(sense)。フィーリング(feeling)。近世かんかく[感覚]。かんしょく[感触]。かんせい[感性]。中世いしき[意識]。ちかく[知覚]。

—が鋭い 近代えいかん[鋭感]。さえる[冴/冱]。びんかん[敏感]。

—がないこと 近代むかんかく[無感覚]。近世ぼくちく[木竹]。中世むかん[無感]。ぼくせき[木石]。

—がなくなる 近代ちゅうどく[中毒]。近世まひ[麻痺]。馬鹿になる。中世しひる[廢]。上代しふ[廢]。

—が鈍い おんち[音痴]。近代どんかん[鈍感]。

—主義 近代センシュアリズム(sensualism)。

—で感じ取る 近代ちょっかく[直覚]。ちょくかん[直感]。

—をつかさどる器官 近代かんくゎん[感官]。ごかん[五官]。近世くゎんのう[官能]。中世さんこ[三戸]。中古ごこん[五根]。

—のいろいろ(例)①[五感] おんどかんかく[温度感覚]。しきかく[色覚]。しきさいかんかく[色彩感覚]。しちょうかく[視聴覚]。ちょうしかく[聴視覚]。つうかく[痛覚]。ひふかんかく[皮膚感覚]。近代あっかく[圧覚]。きうかく[嗅覚]。ごかん[五感]。しうかく[臭覚]。しょくかく[触覚]。みかく[味覚]。たいかん[体感]。ちゃうかく[聴覚]。近世しかく[視覚]。中世おん

かん[音感]。

―のいろいろ(例)②[意識] いちかんかく[位置感覚]。おんどかんかく[温度感覚]。きょうつうかんかく[共通感覚]。どうとくかんかく[道徳感覚]。へいこうかんかく[平衡感覚]。モラルセンス(moral sense)。近代 じだいかんかく[時代感覚]。びてきかんかく[美的感覚]。中世 ちかく[知覚]。

がんかけ【願掛】 近世 きせい[祈誓]。ぐゎんかけ[願掛]。中世 ぐゎんだて[願立]。りつがん/りふぐゎん[立願]。中古 きぐゎん[祈願]。ぐゎん[願]。せいぐゎん[誓願]。

―で何かを断つこと 近世 ものたち[物断]。中世 たちもの[断物]。

かんかつ【管轄】 近代 くゎんしゃう[管掌]。けんげん[権限]。ぶんたん[分担]。中世 しょかつ[所轄]。中古 くゎんかつ[管轄]。しょくゎん[所管]。

―外 かんがい[管外]。

―区域 近代 くゎんく[管区]。

―内 近世 くゎんか[官下]。上代 くゎんない[管内]。

―の中心となる 近代 せんくゎん[専管]。近世 しゅくゎん[主管]。

全体を― 近世 そうくゎつ[総括]。

直接― 近代 ちょくかつ[直轄]。

分けて― 近代 ぶんかつ[分轄]。

かんがっき【管楽器】 きんかんがっき[金管楽器]。もっかんがっき[木管楽器]。近代 くゎんがくき[管楽器]。すいそうがくき[吹奏楽器]。ブラス(brass; brass instrument)。近世 らっぱ[喇叭]。中世 たけ[竹]。ちゃく[笛]。てき[笛]。中古 くゎん[管]。ふきもの[吹物]。上代 ふえ[笛]。

→がっき

かんが・みる【鑑】 近代 かんす[鑑]。中世 うかがふ[窺]。かがみる[鑑]。かんがみる[鑑]。

かんかんがくがく【侃侃諤諤】 近代 かんかんがくがく[侃侃諤諤]。けんけんがうがう[喧喧囂囂]。

かんき【換気】 くうきちょうせつ[空気調節]。くうちょう[空調]。つうき[通気]。近代 いきぬき[息抜]。かぜとほし[風通]。かぜとほり[風通]。くゎんき[換気]。つうふう[痛風]。

―の装置 ウインドーファン(和製window fan)。かんきせん[換気扇]。近代 つうふうき[通風機]。つうふうとう[通風筒]。ベンチレーター(ventilator)。

―のための窓 かんきこう[換気口]。くうきぬき[空気抜]。近代 いきぬき[息抜]。かざまど[風窓]。近世 かざあな[風穴]。

かんき【勘気】 近代 かんだう[勘当]。中古 かんき[勘気]。とがめ[咎]。ふきょう[不興]。上代 いかり[怒]。

かんき【歓喜】 近代 ほふえつ[法悦]。近世 きゃうき[狂喜]。まんえつ[満悦]。中世 きんき[欣喜]。中古 きえつ[喜悦]。よろこび[喜/歓]。上代 くゎんき[歓喜]。ずいき[随喜]。

―の声 近代 フラー(hurrah)。ブラボー(フランス bravo)。

かんき【寒気】 近世 さむさ[寒]。中世 かんれつ[寒烈]。かんゐ[寒威]。さっき[殺気]。さぶけ/さむけ[寒気]。れいき[冷気]。上代 かんき[寒気]。

―が戻る 近代 いてかへる[凍返]。

―のすさまじいさま ふゆしょうぐん[冬将軍]。近世 りょうりょう[稜稜]。

かんぎく【寒菊】 ゆきみぐさ[雪見草]。近代 しもぎく[霜菊]。近世 しもよぐさ[霜夜草]。ふゆぎく[冬菊]。中世 あきなぐさ[秋無草]。かんぎく[寒菊]。こがねぬき[黄金目貫]。しもみぐさ[霜見草]。はつみぐさ[初見草]。

かんきゃく【閑却】 近世 かんきゃく[閑却]。はうち[放置]。中古 とうかん[等閑]。なほざり[等閑]。

かんきゃく【観客】 ギャラリー(gallery)。近代 オーディエンス(audience)。くゎんきゃく[観客]。くゎんしゅう[観衆]。けんぶつきゃく[見物客]。けんぶつにん[見物人]。ちゃうしゅう[聴衆]。中世 けんじょ[見所]。

―席 近代 ギャラリー(gallery)。中世 けんじょ[見所]。

―へのサービス精神 近代 ショーマンシップ(showmanship)。

―を感嘆させる 大向こうを唸らせる。

かんきゅう【緩急】❶〈危急〉 近代 せうび[焦眉]。近世 ききふ[危急]。きふはく[急迫]。くゎんきふ[緩急]。せっぱく[切迫]。中世 きんきふ[緊急]。中古 くゎきふ[火急]。

かんきゅう【緩急】❷〈遅速〉 中世 ちさう[遅早]。中古 くゎんきふ[緩急]。ちそく[遅速]。

がんきゅう【眼球】 近代 がんきう[眼球]。めんたま[目玉]。中世 めだま/めのたま[目玉]。上代 まなこ[眼]。め[目]。

―の白い部分 中世 しろめ[白目/白眼]。

かんきょ【閑居】 近世 わびずまひ[侘住]。中世 じてき[自適]。中古 かんきょ[閑居]。

かんきょう【感興】 上代いうきょ［幽居］。いんきょ［隠居］。きょうしゅ［興趣］。近世おもしろみ［面白］。中世いっきょ／いっきょう［一興］。中古かんきょう［感興］。きょうみ［興味］。

かんきょう【環境】 アンビエンス(ambience)。ミリュー(フランス milieu)。近代きゃうぐう［境遇］。くゎんきゃう［環境］。しゐ［四囲］。中世きゃうち［境地］。中古きゃうがい［境界］。上代きゃうかい［境界］。

《句》近世泥中の蓮。孟母三遷の教へ。孟母の三居。良禽(りやうきん)は木を択(えら)んで棲む。中世居は気を移す。善悪は友による(を見よ)。朱に交はれば赤くなる。水は方円の器に随ふ。藪の中の荊(うばら)。中古勧学院の雀は蒙求(もうぎう)を囀(さへづ)る。

―に耐えられない ふてきおう［不適応］。

―の変化に応じる 近代じゅんくゎ［順化／馴化］。じゅんてき［順適］。てきおう［適応］。近世じゅんおう［順応］。《句》中古濁りに染む。

―の変化に耐える 近代たいせい［耐性］。

住まいを取りまく― じゅうかんきょう［住環境］。

何かを生み出すもととなった― バックグラウンド(background)。

がんきょう【頑強】 タフ(tough)。近代ぐゎんきゃう［頑強］。ぐゎんけん［頑健］。近世きゃうさう［強壮］。くっきゃう［屈強］。ぢゃうぶ［丈夫］。中世がうけん［剛健］。きゃうけん［強健］。ぐゎんぢゃう［頑丈］。さうけん［壮健］。たっしゃ［達者］。てごはし［手強］。ねづよし［根強］。中古たくまし［逞］。→がんじょう

かんきん【監禁】 近代いうきん［幽禁］。いうへい［幽屛］。かんきん［監禁］。くゎんづめ［缶詰］。こうきん［拘禁］。こうりう［勾留］。とめおき［留置］。なんきん［軟禁］。よくりう［抑留］。りうち［留置］。近世おしこめ［押込］。中世いうしう［幽囚］。いうへい［幽閉］。こうそく［拘束］。こうち［拘置］。ゐこむ［居籠／居込］。中古おしこむ［―こめる］［押込］。きんこ［禁固／禁錮］。こうりう［拘留］。つなぐ［繫］。とぢこむ［―こめる］［閉込］。

―・された人 近世おあづけ［御預］。おあづけにん［御預人］。

獄に―・される 中古きんごく［禁獄］。

がんきん【元金】 キャピタル(capital)。近代ききん［基金］。ぐゎんきん［元金］。ぐゎんぽん［元本］。しほんきん［資本金］。ファンド(fund)。近世たね［種］。もとがね／もときん［元金］。中世ほんぜに／ほんせん［本銭］。もとせん［元銭］。もとで［元手］。

かんく【甘苦】 中世かんく［甘苦］。かんさん［甘酸］。上代くらく［苦楽］。

かんく【艱苦】 近世こんなん［困難］。中世かんく［艱苦］。こんく［困苦］。なやみ［悩］。中古くるしみ［苦］。しんさん［辛酸］。なんぎ［難儀］。なんじふ［難渋］。上代かんなん［艱難］。しんく／しんぐ［辛苦］。

がんぐ【玩具】 →おもちゃ

がんくつ【岩窟】 近代さんくつ［山窟］。しゃうどう［晶洞］。どうくつ［洞窟］。ようがんトンネル［溶岩tunnel］。中世いはあな／がんけつ［岩穴］。中古がんくつ［岩窟／巖窟］。せきくつ［石窟］。上代いはむろ［石室／岩室］。いはや［岩屋］。

かんぐ・る【勘繰】 近代おくそく［憶測］。疑ひを挟む。不審を抱く。近世うたぐる［疑］。かんぐる［勘繰］。気を回す。中世じゃすい［邪推］。中古あやしぶ／あやしむ［怪］。いぶかる［訝］。うたがふ［疑］。

かんけい【関係】❶〈かかわり〉 コミット(commit)。近代からむ［絡］。かんせふ［干渉］。くゎんする［関］。くゎんれん［関連／関聯］。むすびつく［結付］。むすぶ［結］。れんくゎん［連関／聯関］。れんらく［連絡／聯絡］。近世かかりあふ［掛合／係合］。かけかまひ［掛構］。くゎんよ［関与］。さんよ［参与］。中世あづかる［与］。かかはる［関／懸］。かからふ［関］。かまふ［構］。くみす［与］。くゎんけい［関係］。たづさはる／たづさふ［携］。ちなむ［因］。つながる［繫］。中古たより［頼］。ちなむ［因］。むすぼる［―ぼれる］［結］。中古いろふ［弄／綺］。かかづらふ［係／拘］。かかはる［関／係］。かかる［掛／係］。まつわる［纏］。

《句》近世ここを踏んだら彼所(あち)らが上がる。触(はさ)り三百。触らぬ神に祟(たた)りなし。

―ある人 近代くゎんけいしゃ［関係者］。たうじしゃ［当事者］。

―があって知っている 近代よち［与知］。近世くゎんち［関知］。中世あづかりしる［与知］。

―が及ぶ 近代えいきゃう［影響］。さしひびく［差響］。

―が複雑になる 近代からむ［絡］。

―・した動き れんどう［連動］。近世がらみ。

一・して言えば 中古ちなみに［因］。

一・しない ふかいにゅう［不介入］。立ち入らない。近代ふかんせふ［不干渉］。

一づける からめる［絡／搦］。近代むすびつける［結付］。近世こじつく［一つける］。引き合ひに付く。中古かこちよす［託寄］。つく［つける］［付］。ひきかく［一かける］［引掛］。よす［よせる］［寄］。上代よそふ［よそえる］［寄］。

一ない（こと） 我関せず焉。近代きょくぐゎい［局外］。むくゎんけい［無関係］。対岸の火事。近世むえん［無縁］。中世よそごと［余所事］。よそほか［余所外］。中古かけはなる［一はなれる］［懸離］。たじ［他事］。とほし［遠］。よしなし［由無］。上代あだしごと［他事］。

一ない人 近代きょくぐゎいしゃ［局外者］。だいさんしゃ［第三者］。もんぐゎいかん［門外漢］。中世ばうくゎんしゃ［傍観者］。よこあひ［横合］。

一をつけておく 唾を付ける。近世渡りを付く［一付ける］。

一を広げる 近世手を延ばす。手を広げる。

以前に一あった者 近世もとき［本木］。

ちょっと一・する 近代一指を染める。近世せんし［染指］。

みずから進んで一・する 近代とびこむ［飛込］。頭を突っ込む。中世たちいる［立入］。足を踏み込む（入れる）。

▼**接尾語** がらみ［絡／搦］。

かんけい【関係】❷〈間柄〉コネ／コネクション（connection）。近代あひだがら［間柄］。かん［間］。くゎんけい［関係］。たうがい［当該］。つづきがら［続柄］。つながり［繋］。むすびつき［結付］。リレーション（relation）。れんくゎん［連関／聯関］。れんけい［連係／連繋／聯繋］。近世えにし［縁］。えんこ［縁故］。さうくゎん［相関］。つづきあひ［続合］。つて［伝手］。てづる［手蔓］。ひっかかり［引掛］。ゆかりかかり［縁係］。中世きづな［絆／紲］。ちなみ［因］。つづき［続］。中古あはひ［間］。えに［縁］。えん［縁］。なか［仲］。ほだし［絆］。ゆかり［縁］。上代あひだ［間］。

《句》近代皮を引けば身が上がる（付く）。近世縁に連るれば唐の物を食ふ。中世親子は一世（夫婦は二世、主従は三世）。

一が薄い 近代えんどほい［縁遠］。近世とほのく［遠退］。中世そ［疎］。中古うとし［疎］。かけはなる［一はなれる］［懸離］。そかく［疎隔］。そゑん［疎遠］。とほどほし［遠遠］。

一が深い 近代みつ［密］。みっせつ［密接］。中世きんみつ［緊密］。ぢき［直］。中古したし［親］。

一が戻る 近世燃え杭（燼）に火が付く。

一のない人 縁もゆかりもない人。中世たじん［他人］。よそびと［余所人］。中古たにん［他人］。上代あだしびと／あだびと［他人］。

一を断つ 近代ぜつえん［絶縁］。てぎれ［手切］。足を抜く。袂を分かつ。近世きる［切］。だんぜつ［断絶］。てきり［手切］。ねんごろきる［懇切］。手を切る。手を引く。暇を取る。暇を貰ふ。中世つきはなす／つっぱなす［突放］。ぬく［ぬける］［抜］。暇を取る。中古かる［離］。ぎぜつ［義絶］。たつ［絶／断］。

一を結ぶ 近代けちえん［結縁］。近世えんぐみ［縁組］。

切りたくても切れない一 近代くさりえん［腐縁］。近世くされえん［腐縁］。

切れもせず離れもしない一 近代付かず離れず。近世ふそくふり［不即不離］。

形式的な一 近世ぎ［義］。ぎり［義理］。

相互の一 近代さうくゎんくゎんけい［相関関係］。さうたい［相対］。近世さうくゎん［相関］。せうおう［照応］。中古たいたい［待対］。

内々の一 中世ないえん［内縁］。

夫婦等の一を断つ 近代ぜつえん［絶縁］。近世ひま［暇／閑］。暇（暇）をやる。中世いとま［暇／閑］。中古りえん［離縁］。

密接な一 ひょうりいったい［表裏一体］。みつげつ［蜜月］。近代さうそくふり［相即不離］。近世退のかぬ仲。上代ぎょすい［魚水］。すいぎょ［水魚］。《句》近世水魚の交はり。中世刎頸の交はり。

元の一に戻る 近世元の鞘に収まる。撚りを戻す。

かんけい【奸計】 近代かんさく［奸策］。ぎけい［偽計］。じゅっさく［術策］。近世かんせい［陥穽］。わるだくみ［悪巧］。中世あくけい［悪計］。きけい［詭計］。さくぼう［策謀］。中古けいりゃく［計略］。はかりごと［謀］。上代かんけい［奸計／姦計］。ぼうけい［謀計］。

かんげい【歓迎】 近代ウエルカム（welcome）。くゎんげい［歓迎］。くゎんたい［歓待］。中世せったい［接待］。もてなし［持成］。

一の宴 近代くゎんげいくゎい［歓迎会］。リ

セプション／レセプション(reception)。中世さかむかひ[酒迎]。

—の言葉(例) いらっしゃい。ウエルカム(welcome)。中世ようこそ。

—の目つき 中古せいがん[青眼]。

かんげき【感激】 かんむりょう[感無量]。感に堪えない。心打たれる。近代かんがいむりゃう[感慨無量]。かんめい[感銘]。感極まる。中世かんがい[感慨]。かんじいる[感入]。中古かんげき[感激]。かんしん[感心]。かんどう[感動]。とびたつ[飛立]。上代かんたん[感嘆]。

—的 近代かんどうてき[感動的]。げきてき[劇的]。ドラマチック(dramatic)。

—のあまり泣く 目頭が熱くなる。近世かんきふ[感泣]。中古かんるい[感涙]。

かんげき【間隙】❶〈隙間〉 ニッチ(niche)。近代あき[空]。ギャップ(gap)。みぞ[溝]。中世かんげき[間隙]。すきあひ[隙間]。中世あきま[空間]。あひ[間／合]。あひま[合間]。いとま[暇]。くうげき[空隙]。中古すき[隙]。すきま[隙間]。上代あひだ[間]。げき[隙]。ま[間]。

かんげき【間隙】❷〈不和〉 近代あつれき[軋轢]。りはん[離反]。近世ふなか[不仲]。中世ふわ[不和]。中古なかたがひ[仲違]。

かんけつ【簡潔】 かんたんめいりょう[簡単明瞭]。近代かんけつ[簡潔]。かんぼく[簡朴／簡樸]。かんめい[簡明]。シンプル(simple)。近世かんたん[簡単]。かんやく[簡約]。けいべん[軽便]。てみじか[手短]。中世かんい[簡易]。かんそ[簡素]。かんりゃく[簡略]。

—で力強い 近代かんけい[簡勁]。

縮めて—にする しゅくやく[縮約]。

かんけつ【完結】 かんすい[完遂]。近代くゎんけつ[完結]。くゎんせい[完成]。くゎんれう[完了]。しゅうけつ[終結]。しゅうれう[終了]。→**おわり** →**おわ・る**

かんげん【甘言】 うまくち[甘口]。近代かんじ[甘辞]。たいこたたき[太鼓叩]。近世あまくち[甘口]。せじ[世辞]。ちやふや／ちやほや。ついしょうぐち[追従口]。もちあぐ[—あげる][持上]。中世かうべん[巧弁／巧辯]。かんげん[甘言]。中古をこつりざを[誘竿]。上代かうげん[巧言]。

—で乗り気にさせる 御輿(みこし)を担ぐ。近代おだてあげる[煽上]。近世おだつ[おだてる][煽]。飴を舐(ねぶ)らせる(しゃぶらせる)。

かんげん【換言】 いいあらためる[言改]。いいなおし[言直]。近代くゎんげん[換言]。中古いひかふ[—かえる][言換]。

かんげん【管弦】 中古いとたけ[糸竹]。くゎんげん[管弦／管絃]。ことふえ[琴笛]。しくゎん[糸管]。上代しちく[糸竹]。→**がっき**

—を奏すること 中古あそび[遊]。

かんげん【還元】 近代くゎんげん[還元]。へんくゎん[返還]。中世もどす[戻]。中古もどる[戻]。上代くゎんぷ[還付]。

かんげん【諫言】 面を冒す。近代かんし[諫止]。近世かんげんだて[諫言立]。くこう／にがくち[苦口]。中世かんげん[諫言]。くげん[苦言]。中古いさめ[諫]。上代せっかん[切諫]。

《句》近世三度諫めて身退く。

がんけん【頑健】 →**がんきょう**

かんご【看護】 かいご[介護]。ケア(care)。近代みとる[看病]。近世かいはう[介抱]。かんご[看護]。とぎ[伽]。中世きうご[救護]。中古あつかひ[扱]。上代かんびゃう[看病]。とりみる[取見／執見]。

—で夜を徹すること 近世よとぎ[夜伽]。

免許を持って—に当たる女性 かんごし[看護師]。近代かんごふ[看護婦]。ナース(nurse)。白衣の天使。

免許を持って—に当たる男性 かんごし[看護士／看護師]。かんごふ[看護夫]。

がんこ【頑固】 →**かたくな**

—親父 近世かなてこおやぢ[金梃親父]。

—で意地悪い 近世いこぢわるし[意固地悪]。

—で一本気な人 近世いっこくもの[一刻者]。

—で愚かなさま 中古ぐゎんぐ[頑愚]。

—で無知なこと 近代ぐゎんめいふれい[頑冥不霊]。

—でものわかりの悪いさま 近代ぐゎんまい[頑昧]。ぐゎんめい[頑迷]。ぐゎんもう[頑蒙]。近世いんごふ[因業]。中世ぎごは[義強]。中古ぐゎんろう[頑陋]。

—でものわかりの悪い人 近代ぐゎんろうもの[頑陋者]。近世いんごふもの[因業者]。かなづちあたま[金槌頭]。わからずや[分屋]。

—で律儀なさま 中世むかしかたぎ[昔気質]。

—な人 近世いしんぢょ[石丈／石千代]。いっこくもの[一刻者]。いってつもの[一徹者]。ぐゎんぶつ[頑物]。中古いしかね[石金]。

年老いて—になる 近世老いの一徹。中古おいひがむ[老僻]。

かんこう【刊行】→しゅっぱん【出版】

かんこう【敢行】 近代 かんかう[敢行]。かんゐ[敢為]。きゃうかう[強行]。けっかう[決行]。すいかう[遂行]。だんかう[断行]。

かんこう【慣行】 近代 くゎんかう[慣行]。くゎんれい[慣例]。近世 しきたり[仕来]。しふくゎん[習慣]。中古 くゎんしふ[慣習]。ためし[例]。ならはし[習／慣]。ならひ[習／慣]。ふうしふ[風習]。上代 こうれい[恒例]。

かんこう【観光】 サイトシーイング(sightseeing)。ツアー(tour)。近世 まんいう[漫遊]。れきいう[歴遊]。中世 いうれき[遊歴]。くゎんくゎう[観光]。ものみゆさん[物見遊山]。ゆさん[遊山]。中古 いうらん[遊覧]。かうらく[行楽]。くゎんらん[観覧]。けんぶつ[見物]。じゅんいう[巡遊]。ものみ[物見]。上代 しういう[周遊]。

—案内所 りょこうしゃ[旅行社]。りょこうだいりてん[旅行代理店]。近代 ツーリストビューロー(tourist bureau)。

—・する人 近代 くゎんかうきゃく[観光客]。ツーリスト(tourist)。りょかうしゃ[旅行者]。近世 いうきゃく[遊客]。→たびびと

—地 →かんこうち

かんこう【完工】 近代 くゎんすい[完遂]。くゎんせい[完成]。くゎんれう[完了]。近世 しゅんこう[竣工]。中世 らくせい[落成]。

かんこう【箝口】 けんこう[箝口／鉗口]。口を封じる。近代 かんこう[箝口／鉗口]。腹に納める。近世 くちどめ[口止]。だまる[黙]。ちんもく[沈黙]。口を閉ざす。中世 くちがため[口固]。口を噤(つぐ)む。上代 もくす[黙]。

がんこう【眼光】 近代 けいがん[慧眼]。どうさつりょく[洞察力]。近世 けいがん[炯眼]。中世 がんくゎう[眼光]。がんりき[眼力]。めきき[目利]。

—の鋭いさま 近世 蛇の目を灰汁(あく)で洗ったやう。

かんこうち【観光地】 けいしょうち[景勝地]。こうらくち[行楽地]。ほようち[保養地]。リゾート(resort)。近代 めいしょう[名勝]。中世 などころ[名所]。めいしょきうせき[名所旧跡]。めいせき[名跡]。中古 めいしょ[名所]。上代 しょうち[勝地]。

かんこうちょう【官公庁】 近代 ぎゃうせいくゎんちゃう[行政官庁]。くゎんこうしょ[官公署]。やくば[役場]。近世 やくしょ[役所]。

かんこく【勧告】 リコメンデーション(recommendation)。近代 アドバイス(advice)。くゎんいう[勧誘]。くゎんこく[勧告]。しゃうれい[奨励]。じょげん[助言]。すすむ[すすめる][勧／奨／薦]。上代 くゎんしゃう[勧奨]。

かんごく【監獄】→けいむしょ

かんこどり【閑古鳥】→かっこう

かんこんそうさい【冠婚葬祭】 近代 しきてん[式典]。セレモニー(ceremony)。近世 くゎんこんさうさい[冠婚葬祭]。中世 しき[式]。上代 ぎ[儀]。ぎしき[儀式]。てんれい[典礼]。

かんさ【監査】→かんさつ【監察】

かんさ【鑑査】→かんしき

がんさく【贋作】→にせもの

かんざし【簪】 中古 かざし[挿頭]。かんざし[簪／髪挿]。

—や櫛(くし)など 近世 かみかざり[髪飾]。さしもの[指物]。

髷(まげ)の後ろに挿す— 近世 うしろざし[後挿／後差]。

髷の前に挿す— 近世 まへざし[前挿／前差]。

その他—のいろいろ(例) 近世 かへるまた[蛙股／蟇股]。きんかん／きんさん／きんしん[金簪]。ぎんかん／ぎんさん／ぎんしん[銀簪]。はなかんざし[花簪]。ひらうち[平打]。ぴらぴらかんざし[簪]。まつばかんざし[松葉簪]。上代 うず[髻華]。

かんさつ【観察】 ウオッチング(watching)。近代 けんさ[検査]。てうさ[調査]。近世 かんべつ[鑑別]。くゎんそく[観測]。さげすみ[下墨]。しらぶ[しらべる][調]。ちゅうし[注視]。中世 くゎんさつ[観察]。中古 みる[観／診]。

—が鋭いこと 近世 ひじちゃうもく[飛耳長目]。

—・する力 近代 くゎんさつがん[観察眼]。くゎんさつりょく[観察力]。

詳しく—・する 近世 せいさつ[精察]。

かんさつ【監察】 近代 かんさ[監査]。けんさ[検査]。ささつ[査察]。近世 くゎんり[管理]。とりしまり[取締]。上代 かんさつ[監察]。

かんさん【閑散】 近世 せいじゃく[静寂]。ひっそり。中世 かんさん[閑散]。かんじゃう／かんせい[閑静]。かんじゃく／かんせき[閑寂]。じゃくれう[寂寥]。しんかん[深閑／森閑]。中古 さびし[寂]。じゃくまく[寂寞]。せきぜん[寂然]。せきれう[寂寥]。

ひそやか［密］。上代 せきばく［寂寞］。→しずか

かんし【監視】 モニタリング(monitoring)。マーク(mark)。みはる［見張］。モニター(monitor)。目が離せない。目が光る。近世 かんし［監視］。けいび［警備］。じゅんし［巡視］。ちゅうし［注視］。とりしまり［取締］。みまはし［見廻］。よこめ［横目］。目を光らす。中世 くゎんさつ［観察］。しさつ［視察］。めつけ［目付］。

ーのため後をつける 近代 びかう［尾行］。

敵軍をー・する 近代 せうかい［哨戒］。たんさつ［探察］。ていさつ［偵察］。ていし［偵伺］。上代 せきこう［斥候］。

かんし【漢詩】 近代 かんし［漢詩］。中世 さくもん［作文］。し［詩］。中古 からうた［唐歌］。ふみ［文／書］。唐土(もろこし)の歌。

ーで韻を踏むこと 近世 あふゐん［押韻］。

ーの一対 中世 いちれん［一聯］。

ーの音韻配列式 近世 ひゃうそくしき［平仄式］。

ーの結句 近世 らくく［落句］。

ーの構成 近代 きしょうてんけつ［起承転結］。近世 しはふ［四法］。

ーを作ること 近世 ふす［賦］。中世 さくもん［作文］。中古 ふみつくり［文作］。

相手のー(敬った言い方) 上代 はうゐん［芳韻］。

他人の韻に合わせてーを作る 中古 わす［和］。

その他ーのいろいろ(例)①**［形式］** 近世 ごごんこし［五言古詩］。ごごんぜっく［五言絶句］。ごごんはいりつ［五言排律］。ごごんりっし［五言律詩］。しちごんこし［七言古詩］。しちごんぜっく［七言絶句］。しちごんはいりつ［七言排律］。しちごんりっし［七言律詩］。

その他ーのいろいろ(例)②**［国／時代］** 近代 かんし［漢詩］。きんたいし［近体詩／今体詩］。こたいし［古体詩］。近世 わし［和詩／倭詩］。中世 たうし［唐詩］。中古 からうた［唐歌／漢詩］。

かんじ【感】❶〈感覚〉 近代 いんしゃう［印象］。かんかく［感覚］。かんじ［感］。かんじゅせい［感受性］。かんしょく［感触］。しんけい［神経］。センス(sense)。フィーリング(feeling)。近世 かんせい［感性］。

動いているー どうかん［動感］。

大きさや重さなどのー しつかん［質感］。じゅうりょうかん［重量感］。近代 りゃうかん［量感］。

織物の触ったー ふうあい［風合］。

体が受けるー りょうかん［涼感］。れいかん［冷感］。近代 たいかん［体感］。

体の力が抜けたー だつりょくかん［脱力感］。

実際のー りんじょうかん［臨場感］。近代 じっかく［実覚］。じっかん［実感］。

食べたー しょっかん［食感］。はらごたえ［腹応］。まんぷくかん［満腹感］。近代 みかく［味覚］。

何か違うー いわかん［違和感］。

何か反応があったー 中世 てごたへ［手応］。

美に対するー 近代 びかん［美感］。

かんじ【感】❷〈思い〉 近代 かんさう［感想］。かんじ［感］。しょかん［所感］。近世 きどり［気取］。中世 きぶん［気分］。きみ［気味］。こころもち［心持］。中古 おもひ［思］。かんくゎい［感懐］。かんげき［感激］。かんどう［感動］。ここち［心地］。

時代や世情が変わったというー 近代 隔世の感。

人と同じー 近代 きょうかん［共感］。どうかん［同感］。

前もって受けるー 近代 よかん［予感］。

かんじ【感】❸〈おもむき〉 近代 かんじ［感］。けはい［気配］。じゃうしゅ［情趣］。はだあひ［肌合］。ふんゐき［雰囲気］。ムード(mood)。近世 きどり［気取］。やうす［様子］。中古 いろあひ［色合］。上代 あぢはひ［味］。おもぶき／おもむき［趣］。

ーがよい こうかん［好感］。中古 きよげ［清］。このまし［好］。にくからず［憎］。めやすし［目安］。

ーが悪い 近世 おとまし［疎］。中古 あいなし。うとまし［疎］。

かんじ【漢字】 かじ［華字］。近代 かくじ［角字］。近世 ほんじ［本字］。中世 からもじ［唐文字］。かんじ［漢字］。しん／しんじ［真字］。四角な文字。中古 てうせき［鳥跡／鳥迹］。まな／まんな［真字／真名］。をとこで［男手］。をとこもじ［男文字］。唐鳥(からとり)の跡。

ーだけで書かれた本 近代 まなぼん［真字本／真名本］。

ーの我流の読み 近世 ひゃくしゃうよみ［百姓読］。

ーの字体 かんかじ［簡化字］。かんたいじ［簡体字］。きゅうじたい［旧字体］。べったい［別体］。近世 しゃうぶん／せいぶん［省文］。せうもつがき［抄物書］。中世 ぞくじ［俗

字」。りゃくじ［略字］。

―の下につける仮名 近世 すてがな［捨仮名］。中世 おくりがな［送仮名］。

―の書体 →**しょたい**
―の部首 中世 へんばう［偏旁］。

―の読み 近世 おん［音］。おんくん［音訓］。おんよみ［音読］。くん［訓］。ぢゅうばこよみ［重箱読］。ゆとうよみ［湯桶読］。中世 くんよみ［訓読］。

―の読みを横に添える仮名 近世 ふりがな［振仮名］。

―の六体（六書） ①だいてん［大篆］。しょうてん［小篆］。はっぷん［八分］。れいしょ［隷書］。ぎょうしょ［行書］。そうしょ［草書］。②こぶん［古文］。きじ［奇字］。てんしょ［篆書］。れいしょ［隷書］。びゅうてん［繆篆］。ちゅうしょ［虫書］。

―を意図通りに読ませるための仮名 近代 すてがな［捨仮名］（「心ン」ココロではなくシンと読ませる意）。むかへがな［迎仮名］（「ャ宿」シュクではなくヤドと読ませる意）。

―を仮名として使う 近世 まがな［真仮名］。まんえふがな［万葉仮名］。

日本で作った― 近世 こくじ［国字］。中世 わじ［和字／倭字］。

かんしき【鑑識】 近代 かんさ［鑑査］。しんさ［審査］。近世 おめがね［御眼鏡］。かんしき［鑑識］。かんてい［鑑定］。かんべつ［鑑別］。しきべつ［識別］。はんてい［判定］。中世 めきき［目利］。上代 しなさだめ［品定］。→**かんてい**

がんしき【眼識】 近代 かんていがん［鑑定眼］。見る目がある。近代 がんしき［眼識］。かんしょうりょく［鑑賞力］。しんびがん［審美眼］。たつがん［達眼］。どうさつりょく［洞察力］。近世 いちげんしき［一見識］。いっせきがん［一隻眼］。くゎつがん［活眼］。けいがん［烱眼］。中世 がんくゎう［眼光］。がんりき［眼力］。ぐがん［具眼］。けんしき［見識］。しきけん［識見］。しんがん［心眼］。めきき［目利］。目が利く。目が肥ゆ（―肥える）。中古 しんげん［心眼］。上代 けいがん［慧眼］。

がんじつ【元日】 近代 げいしゅん［迎春］。近世 さんし［三始］。ねんしょ［年初］。日の初め。中世 ぐゎんじつ［元日］。しし［四始］。中古 ぐゎんにち［元日］。さいしゅ［歳首］。さんげん［三元］。しんしゅん［新春］。せいさく［正朔］。ついたち［一日／朔日／朔］。ねんし［年始］。ねんしゅ［年首］。ねんとう［年頭］。上代 しょしゅん［初春］。しんねん［新年］。はつはる［初春］。→**がんたん**
―から七日まで 近世 まつのうち［松内］。
―に昨年のことを言う 近代 はつむかし［初昔］。
―の朝 近世 ぐゎんたん［元旦］。→**がんたん**
―の空 近世 はつぞら［初空］。
―の日の出 近代 はつひので［初日出］。

かんしぶん【漢詩文】
―で飾ること 近代 がんじあうさ［雁字鴛梭］。
―に優れた人 中古 さいじん［才人］。しはく［詩伯］。
―を作ること 中古 さくもん［作文］。
―を作る人 上代 しじん［詞人］。

かんしゃ【感謝】 トリビュート（tribute）。近代 徳とする。近世 しゃれい［謝礼］。中世 おれい［御礼］。かんしゃ［感謝］。しゃい［謝意］。れい［礼］。中古 しゃす［謝］。

―・せず逆に恨む 近代 さかうらみ［逆恨］。下衆（げす）（下司／下種）の逆恨み。

―の気持ち 中世 しゃい［謝意］。

―の気持ちを表すために送る金品 しゃれいきん［謝礼金］。近代 しゃきん［謝金］。近世 しゃれい［謝礼］。れいきん［礼金］。れいぎん［礼銀］。中世 れいもつ［礼物］。

―の気持ちを表すための宴会 近代 しゃおんくゎい［謝恩会］。

―の言葉 中世 しゃじ［謝辞］。中古 しゃし［謝詞］。

―の言葉の例 →**ありがとう**
恩を―・する 近代 しゃおん［謝恩］。中古 ほうおん［報恩］。ほうしゃ［報謝］。

深く―・する 近代 しんしゃ［深謝］。近世 たしゃ［多謝］。ばんしゃ［万謝］。上代 ねぎらふ［労／犒］。中古 かんぱい［感佩］。よろこぶ［喜］。

かんじゃ【患者】 近代 クランケ（ドイ Kranke）。近世 くゎんじゃ［患者］。びゃうなんにん［病難人］。中古 ばうざ［病者］。びゃうざ／びゃうじゃ［病者］。びゃうにん［病人］。
―に薬を与えること とうよ［投与］。近世 せやく［施薬］。中古 とうやく［投薬］。
―に接して診断や治療を行う医者 りんしょうい［臨床医］。
急な― 近代 きふくゎん［急患］。中世 きふびゃう［急病］。
病の重い― 近代 ぢゅうびゃうにん［重病人］。近世 たいびゃうにん［大病人］。上代 ぢゅうくゎん［重患］。

かんじゃ【間者】 エージェント(agent)。こうさくいん[工作員]。だいごれつ[第五列]。近代 いんみつ[隠密]。スパイ(spy)。たんてい[探偵]。みってい[密偵]。近世 かくしめつけ[隠目付]。さいさく[細作]。さぐり[探]。すっぱ[素破/透波]。にんじゃ[忍者]。まはしもの[回者]。中世 おんみつ[隠密]。かんじゃ[間者]。けごみ[警固見]。しのび/しのびのもの[忍者]。はんかん[反間]。上代 うかみ[窺見/候/間諜]。かんてふ[間諜]。せきこう[斥候]。

かんしゃく【癇癪】 近代 かん[癇/疳]。かんしゃくだま[癇癪玉]。かんぺき[癇癖]。疳の虫。近世 かんしゃく[癇癪]。しゃく[癪]。ひが[僻]。悪い虫。中世 たてはら[立腹]。はらだち[腹立]。りっぷく[立腹]。中古 たちばら[立腹]。上代 いかり[怒]。いきどほり[憤]。

—持ち 近代 かんもち[癇持]。近世 かんしゃくもち[癇癪持]。中世 むしもち[虫持]。

—を起こしている人の声 近代 かんごゑ[癇声]。かんしゃくごゑ[癇癪声]。近世 かんてき/かんでき。

かんじゃく【閑寂】 近代 せいあん[静安]。せいおん[静穏]。近世 しゅくしゅく[粛粛]。せいじゃく[静寂]。中世 かんさん[閑散]。かんじゃう/かんせい[閑静]。かんじゃく[閑寂]。しんかん[深閑]。中古 うらさびし[寂]。さびし[寂/淋]。せいかん[静閑]。せいひつ[静謐]。上代 しめやか。

—・なさま しいんと。近世 しんと。ひっそり。中世 しんしん[深深/沈沈]。中古 ひそやか[密]。

かんしゅ【看守】 近代 かんし[監視]。かんしにん[監視人]。かんしやく[監視役]。みはり[見張]。近世 じゅんし[巡視]。中世 ばんにん[番人]。上代 かんしゅ[看守]。

かんしゅ【巻首】 近世 かいくゎん[開巻]。くゎんしゅ[巻首]。中世 くゎんとう[巻頭]。

かんしゅ【看取】 →**かんぱ**

かんじゅ【感受】 かんじとる[感取]。近代 かんじゅ[感受]。近世 かんかく[感覚]。中世 かんおう[感応]。かんず[感]。

かんしゅう【慣習】 近代 エートス(ギリシャ ēthos)。くゎんかう[慣行]。くゎんしふ[慣習]。くゎんれい[慣例]。でんとう[伝統]。近世 しきたり[仕来]。しふくゎん[習慣]。ふうしふ[風習]。中世 こじつ[故実]。せんれい[先例]。ていれい[定例]。中古 さはふ[作法]。ならはし[習/慣]。ならひ[習/慣]。れい[例]。上代 こうれい[恒例]。じゃうれい[常例]。ぢゃうれい[定例]。→**かんれい**

世間の— 近代 つうへき[通癖]。近世 ぞくしふ[俗習]。中世 よならひ[世習]。浮世の習ひ。中古 世の習ひ。

昔からの— 近代 でんとう[伝統]。近世 きうしふ[旧習]。中古 きうふう[旧風]。上代 これい[古例]。

良い— 近代 りゃうぞく[良俗]。

悪い— 近代 いんしふ[因襲/因習]。近世 あくふう[悪風]。へいしふ[弊習]。へいふう[弊風]。中古 へいぞく[弊俗]。

かんしゅう【観衆】 →**かんきゃく**

がんしゅう【含羞】 近代 がんしう[含羞]。てれくさい[照臭]。近世 はぢらひ[恥]。はにかみ。

かんじゅく【完熟】 近代 じゅくせい[熟成]。中世 せいじゅく[成熟]。

かんじゅく【慣熟】 近代 くゎんじゅく[慣熟]。じゅくたつ[熟達]。中世 しふじゅく[習熟]。じゅくれん[熟練]。中古 てなる〔—なれる〕[手慣]。なる〔なれる〕[慣]。

かんじゅせい【感受性】 センシビリティー(sensibility)。近代 かんかく[感覚]。かんじゅせい[感受性]。かんど[感度]。感じ方。近世 かんせい[感性]。

—が強い 近代 せんさい[繊細]。デリケート(delicate)。びんかん[敏感]。感じやすい。

—が豊か たじょうたかん[多情多感]。近代 センシブル(sensible)。たかん[多感]。たけつ[多血]。中古 たじゃう[多情]。

かんじょ【寛恕】 →**かんだい**

がんしょ【願書】 近代 しばう[志望]。中世 ぐゎんじゃう[願状]。ぐゎんもん[願文]。ねがひしょ[願書]。ねがひぶみ[願文]。中古 うれへぶみ[愁訴文]。ぐゎんしょ[願書]。しぐゎん[志願]。

—を出す 近代 しゅつがん[出願]。

かんしょう【干渉】 かいにゅう[介入]。近代 おせっかい[御節介]。かんせふ[干渉]。ようし[容嘴]。嘴を挟む。口を挟む。茶々を入れる。近世 おせせ。くちだし[口出]。くゎんせふ[関渉]。さしこみ[差込]。さしでぐち[差出口]。たちさはる[立障]。ちょっかい。てだし[手出]。ようかい[容喙]。おせせの蒲焼き。嘴を入(容)る〔—入(容)れる〕。四文と出る。横やりを入る〔—入れる〕。中世 かまひ[構]。くにふ[口入]。さ

しで[差出]。中古いろひ[綺／弄]。くちいれ[口入]。ことくはふ[言加]。

—・して自由にさせない 近代せいちう[掣肘]。

—・しない むかんしょう[無干渉]。近代ふかんせふ[不干渉]。

—のし過ぎ 近世ゑつそ[越俎]。

大人げない—のたとえ 近世子供の喧嘩(けんくわ)に親が出る。

かんしょう【完勝】 近代たいしょう[大勝]。たいせふ[大捷]。だいしょうり[大勝利]。土付かず。近世おほがち[大勝]。ぜんしょう[全勝]。ぜんせふ[全捷]。中世あっしょう[圧勝]。くゎいしょう[快勝]。

かんしょう【感傷】 ウエット(wet)。近代えいびん[鋭敏]。かんじやすい[感易]。サンチマン(フランス sentiment)。センシティブ(sensitive)。センチメント(sentiment)。たかん[多感]。ペーソス(pathos)。中世かんがい[感慨]。中古なみだもろし[涙脆]。秋の心。上代かんしゃう[感傷]。

かんしょう【勧奨】 近代くゎんこく[勧告]。中古しゃうれい[奨励]。上代くゎんしゃう[勧奨]。

かんしょう【歓笑】 近代くゎんせう[勧笑]。上代ゑみさかゆ[笑栄]。ゑらく。

かんしょう【鑑賞】 近代ぐゎんしゃう[翫賞]。しんび[審美]。近世かんしゃう[鑑賞]。ぐゎんび[玩味]。しゃうかん[賞鑑]。

かんしょう【観賞】 近代くゎんしゃう[観賞]。

—・するもの 中古もてあそび[弄／玩／翫]。

花や紅葉を—・する 近代くゎんあう[勧桜]。くゎんぎく[勧菊]。近世きくみ[菊見]。中世はなみ[花見]。もみぢがり[紅葉狩]。中古かる[狩]。さくらがり[桜狩]。もみぢみ[紅葉見]。

かんしょう【緩衝】 近代クッション(cushion)。くゎんわ[緩和]。

—装置 オイルダンパー(oil damper)。しょうげききゅうしゅうき[衝撃吸収器]。ショックアブソーバー(shock absorber)。バッファー(buffer)。近代くゎんしょうき[緩衝器]。

かんじょう【勘定】 近代アカウント(account)。カウント(count)。近世くゎいけい[会計]。さん[算]。さんかん[算勘]。さんたう[算当]。そろばん[算盤]。みつもり[見積]。二一天作の五。中世けいさん[計算]。さんよう[算用]。でいり[出入]。わけ[分／別]。中古かんぢゃう[勘定]。さんけい[算計]。

—書 かきつけ[書付]。つけだし[付出]。近代けいさんしょ[計算書]。せいきうしょ[請求書]。ビル(bill)。近世かきだし[書出]。つけ[付]。

—台 近代カウンター(counter)。近世ちゃうば[帳場]。

—高い けいさんずく[計算尽]。けいさんだかい[計算高]。近代こうりてき[功利的]。そろばんだかい[算盤高]。ださんてき[打算的]。近世かんぢゃうづく[勘定尽]。こまか[細]。しょっぱい[塩]。せち[世知]。そろばんづく／そろばんづくめ[算盤尽]。やじりこまかし[矢尻細／鏃細]。よくとくづく[欲得]。りかん[利勘]。歌と読み。中世せちべん[世知弁]。

—に入れる みこむ[見込]。

—の締めくくりをする時期 近世せっき[節季]。

—をごまかすこと 近世つつごかし[筒転]。

だいたいの—で済ませる どんぶりかんじょう[丼勘定]。近代がいさん[概算]。

▼代金の支払い 近代おあいそ[御愛想]。近世くゎいけい[会計]。せいさん[清算]。

かんじょう【感情】 近代エモーション(emotion)。きんせん[琴線]。じゃうかん[情感]。じゃうちょ[情緒]。センチメント(sentiment)。ハート(heart)。近世きょうちゅう[胸中]。じんせい[人情]。中世かんじゃう[感情]。き[気]。きげん[機嫌]。きぶん[気分]。きもち[気持]。こころ[心]。こころもち[心持]。じゃうしょ[情緒]。中古きどあいらく[喜怒哀楽]。ここち[心地]。じゃう[情]。じゃうさう[情操]。しんじゃう[心情]。なさけ[情]。上代しんちゅう[心中]。にんじゃう[人情]。

—が発散すること 近世はうさん[放散]。

—が胸に満ちる 近代つきあげる[突上]。中世胸がつかえる。

—的 近世ヒステリー(ドイツ Hysterie)。

—と意志 近世じゃうい[情意]。

—に溺れるさま 近代かんしゃうてき[感傷的]。かんじゃうてき[感情的]。センチメンタリズム(sentimentalism)。

—にすべてをゆだねること 近代じゅんじゃう[殉情]。

—のあること 近代いうじゃう[有情]。中古うじゃう[有情]。

—の高まり 血が騒ぐ。近代かうふん[昂奮／亢奮]。かうやう[高揚]。げきじゃう[激

情]。こうふん[興奮]。じゃうねつ[情熱]。しゃくねつ[灼熱]。わきあがる[湧上/涌上]。血湧き肉躍る。近世 気が立つ。中世 ぜったう[絶倒]。中古 ほのほ[炎]。上代 たける[猛]。ひ[火]。もゆ[もえる][燃]。

ーの高まりで動かされる 近代 かられる[駆]。

ーのないもの いしぼとけ[石仏]。近世 かなぶつ[金仏]。きたけ[木竹]。むじゃう[無情]。中世 いはき[岩木/石木]。中古 ぼくせき[木石]。

ーを表現する詩文 近代 じょじゃうし[叙情詩/抒情詩]。じょじゃうぶん[叙情文/抒情文]。

ーをあおり立てる 近代 せんじゃう[扇情/煽情]。

ーを抑えきれない やみがたい[止難]。

ーを抑えない 近世 てばなし[手放]。

ーを害する 近代 ふゆかい[不愉快]。近世 ふくゎい[不快]。中世 気に障る。

ーを他に移し替える 近代 かんじゃういにふ[感情移入]。きょうかん[共感]。とうえい[投影]。とうしゃ[投射]。

ーを述べること 近代 じょじゃう[叙情/抒情]。

ーを発散させる場所 近代 はけぐち[捌口/吐口]。

ありのままのー 近代 ちょくじゃう[直情]。近世 むきだし[剝出]。

恨みや嫉妬のー 中古 ほむら[炎/焰]。

抑えきれないー 中世 じゃうねん[情念]。

抑えきれないーが外に出る 近世 心の馬。心の駒。中古 ほころぶ[ーろびる][綻]。

顔に出るー 近代 へうじゃう[表情]。中古 かほいろ[顔色]。がんしょく[顔色]。

変わりやすいー 近代 今泣いた烏がもう笑ふ。近世 ヒステリー(ドイツ Hysterie)。

心の中のー 近代 ていりう[底流]。上代 したおもひ/したもひ[下思]。

個人的なー 中古 しじゃう[私情]。

さまざまなー 中古 きどあいらく[喜怒哀楽]。ばんかん[万感]。

さめやらぬー 近代 ほとぼり[熱/余熱]。近世 ほほり[熱]。

昔から抱いていたー 近代 きうじゃう[旧情]。

がんしょう【岩礁】 ロック(rock)。近世 あんせう[暗礁]。がんせう[岩礁]。

がんじょう【頑丈】 タフ(tough)。タフネス(toughness)。近代 きゃうじん[強靱]。ぐゎんきゃう[頑強]。ぐゎんけん[頑健]。近世 きゃうさう[強壮]。くっきゃう[屈強]。ぢゃうぶ[丈夫]。中世 がうけん[剛健]。きゃうけん[強健]。ぐゎんぢゃう[頑丈]。さうけん[壮健]。したたか[健]。たっしゃ[達者]。ぢゃうぶ[丈夫]。中古 けんご[堅固]。すくやか/すくよか[健]。たくまし[逞]。ばんじゃく[盤石]。

ー・でないさま 中世 きゃしゃ[華奢/花車]。

ー・な男 タフガイ(tough guy)。

ー・なさま 近代 がっちり。近世 がっしり。

ー・な人が病気に罹る《句》近世 鬼の霍乱(くわくらん)。

年を取ってもー・なさま 中古 くゎくしゃく[矍鑠]。

かんしょく【官職】 近代 こうむ[公務]。中古 くゎん[官]。くゎんしょく[官職]。しょたい[所帯]。そく[職]。つかさ[官/司/首/長]。やく[役]。上代 くゎんゐ[官位]。ゐかい[位階]。

ーに就いていないこと(人) 中古 むくゎん[無官]。上代 やかく[野客]。

ーに就いていること 近世 ざいしょく[在職]。中世 きょす[居]。ざいくゎん[在官]。

ーに就くこと 中世 印綬を帯ぶ[ー帯びる]。中古 はいにん[拝任]。綬を結ぶ。上代 しくゎん[仕官]。にんくゎん[任官]。

ーに任ずること 中世 ぢょす[除]。ふにん/ぶにん[補任]。上代 まく[任]。

ーの階級 近代 くゎんかい[官階]。

ーの任期 中古 ちつ[秩]。

ーの任期が終わること 中世 ちつまん[秩満]。

ーへの道 中世 しと[仕途]。

ーを一時的にやめさせること 中古 ちゃうにん/ていにん[停任]。

ーを失った人 中古 いたづらびと[徒人]。

ーを売ること 中古 ばいくゎん[売官]。

ーを得るための運動 近代 れふくゎん[猟官]。

ーを金や米で買う(中国で) 近代 えんくゎん[捐官]。えんなふ[捐納]。

ーを辞して民間の生活にはいる 近代 げや[下野]。野(や)に下る。近世 きぐゎ[帰臥]。中古 ききょらい[帰去来]。たいかう[退耕]。上代 ちし[致仕/致事]。

ーを辞す 近代 たいくゎん[退官]。印綬を解く。綬を釈(と)く。近世 たいしん[退身]。

ーを辞すことを願い出る 上代 骸骨を乞ふ。

ーを次々に務めてきたこと 上代 れきにん[歴任]。

ーをやめさせること 近代 ひめん[罷免]。めんくゎん[免官]。めんちゅつ[免黜]。中世

かいくゎん［解官］。けっくゎん［闕官／欠官］。はいちゅつ［廃黜］。中古はいくゎん［廃官］。上代げくゎん［解官］。

階級の高い― 中古けんくゎん［顕官］。たいくゎん［大官］。上代かうくゎん［高官］。けんしょく［顕職］。

階級の低い― しょうしょく［小職］。中古ひくゎん［卑官］。びくゎん［微官］。

下野していた人が再び―に就くこと 近代しゅつろ［出廬］。

先祖からの世襲の― 上代おやのつかさ［親司］。

他の―に転任させること 中古てんにん［転任］。上代てんぽ［転補］。

罪によって―を追われること 中古たくらく［謫落］。

父祖の勲功によって―に就くこと 近代いんぽ［蔭補］。中古しいん［資蔭］。

本来の―を別に持っていること 中世うくゎん［有官］。

前に任じられていた― 中世ぜんくゎん［前官］。

前の―より地位が低くなる転任 上代させん［左遷］。

もとの―に戻ること 上代ふくにん［復任］。

余分な― 近代じょうくゎん［冗官］。

かんしょく【感触】 近代かんかく［感覚］。かんじ［感］。かんじゅ［感受］。たいかん［体感］。近世かんしょく［感触］。はだざはり［肌触］。中世あぢ［味］。てごたへ［手応／手答］。てざはり［手触］。はごたへ［歯応／歯答］。

木や石などの― テクスチャー(texture)。

かんしょく【間食】 おさんじ［御三時］。おじゅうじ［御十時］。おちゃ［御茶］。コーヒーブレーク(coffee break)。さんじ［三時］。近代あひだぐひ［間食］。くちなぐさみ［口慰］。近世おやつ［御八］。こひる／こびる［小昼］。まなべ［間鍋］。中世けんずい［間水／硯水／建水］。てんじん［点心］。やしょく［夜食］。中古かんしょく［間食］。

がんしょく【顔色】 中古かほいろ［顔色］。かほつき［顔付］。上代がんしょく［顔色］。

―なし 圧倒される。近世かほまけ［顔負］。中古けおさる［―おされる］［気圧／気押］。

かん・じる【感】 近代かんじゅ［感受］。かんじる［感］。フィーリング(feeling)。中世おぼゆ［おぼえる］［覚］。かんがい［感慨］。かんしょく［感触］。みゆ［みえる］［見］。中古かんず［感］。上代おもふ［思］。

―じ悟る 近代かんち［感知］。近世かんつう［感通］。かんとく［感得］。中古かんご［感悟／感寤］。

―じて奮い立つ 近代かんぷん［感奮］。

―じない 近代ふかんしゃう［不感症］。近世まひ［麻痺］。

―じやすい→**かんしょう【感傷】**

―じやすい人 近代かんげきか［感激家］。

―じられるようになる 中古おぼえなる［覚成］。

―じる度合い 近代かんど［感度］。

同じように―じる 近代きょうかん［共感］。どうかん［同感］。

実際に―じる 近代じっかん［実感］。

強く―じる 近代つうかん［痛感］。つうせつ［痛切］。近世骨身に染む［―染みる］。身に染む［―染みる］。胸に応ふ［―応える］。中世かんおう［感応］。中古おもひしる［思知］。かんぱい［感佩］。こたふ［こたえる］［応／報］。しみかへる［染返］。上代しむ［しみる］［染］。

何かを―じる 近代えいじる［映］。気がする。近世くさい［臭］。上代にほふ［匂］。みゆ［みえる］［見］。

前もって―じる 近代よかん［予感］。近世虫の知らせ。

かんしん【感心】 近代さんたん［三嘆／三歎］。かんめい［感銘／肝銘］。けいふく［敬服］。しんぺう／しんめう［神妙］。近世うい［愛］。えいたん［詠嘆／詠歎］。中世かんしん／かんじん［甘心］。かんぷく［感服］。たんぷく［嘆服／歎服］。にくし［憎］。中古かんしん［感心］。やさし［優］。上代かんたん［感嘆／感歎］。たん［嘆／歎］。

―して降参する 近代おそれいる［恐入／畏入］。だつぼう［脱帽］。兜(かぶと)を脱ぐ。

―して心を寄せる 近世ししゅく［私淑］。しんすい［心酔］。中世けいたう［傾倒］。しんぷく／しんぷく［心服］。そんけい［尊敬］。

―して出す声 近代たんせい［嘆声／歎声］。中古かんせい［感声］。

―して出す言葉の例 近世これはしたり。へえ／へええ。中世さてさて。したり。ほう。むむ。

―して褒める 近代さんしゃう［賛賞／讃賞］。しゃうさん［賞賛］。ぜっさん［絶賛］。近世さんび［賛美］。たんび［嘆美／歎美］。中世しゃうやう［賞揚］。しょうさん［称讃／称賛］。しょうやう［称揚］。上代かんたん［感嘆／感歎］。さたん［嗟嘆／嗟歎］。さ

んたん［賛嘆／讃歎］。

―・しない 近世 ぞっとしない。中世 わろし［悪］。中古 うたてし［転］。

―・する 感に堪えない。近代 むねいっぱい［胸一杯］。近世 膝を打つ。中世 かんじいる［感入］。たんず［嘆／歎］。ほむ［ほめる］［誉／褒］。舌を巻く。中古 いたがる［痛］。かんげき［感激］。かんず［感］。かんどう［感動］。心が動く。舌を鳴らす。上代 かまく［かまける］［感］。めづ［めでる］［愛］。

―・なこと 近世 きどく［奇特］。

驚き―・する 中世 きゃうたん［驚嘆］。

聞いて―・する 中古 ききめづ［聞愛］。

天皇（天子）が―・する 中古 えいかん［叡感］。ぎょかん［御感］。

非常に―・する 近代 たんしょう［嘆称／歎称］。中世 たんしゃう［嘆賞／歎賞］。中古 めでくつがへる［愛覆］。めでまどふ［愛惑］。

見て―・する 中古 みとがむ［―とがめる］［見咎］。みめづ［見愛］。

かんしん【関心】 目を向ける。近代 インタレスト（interest）。きょうみ［興味］。くゎんしん［関心］。近世 ちゅうい［注意］。ちゅうもく［注目］。気がある。中世 かまふ［構］。とんぢゃく［頓着／貪着］。気に掛かる。中古 こころづく［心付］。目を付く［―付ける］。

→**きょうみ**

―が他へ移る 中古 おもひうつる［思移］。

―がない 目もくれない。近代 むくゎんしん［無関心］。近世 気がない。中世 ぶさた［無沙汰］。中古 とほし［遠］。れいたん［冷淡］。

―がなくなる 近世 余所（よそ）になる。中古 はなる［はなれる］［離／放］。

―のまと 近代 もちきり［持切］。

―を他へそらす 近代 はぐらす。近世 はぐらかす。

―を引く 近代 興味深い。注意を引く。近世 気を引く。中世 心を引く。耳目（じぼく）を驚かす。中古 こころにくし［心憎］。上代 耳目（じもく）を驚かす。

―を引くさま 近代 エモーション（emotion）。センセーショナル（sensational）。

―を持って見る 中世 みむく［見向］。

かんじん【寛仁】 中世 くゎんじん［寛仁］。くゎんだい［寛大］。中古 くゎんじょ［寛恕］。くゎんよう［寛容］。上代 どりゃう［度量］。

かんじん【肝心】 近代 いうえう［有要］。えうたい／えうてい［要諦］。えうてん［要点］。こうけい［肯綮］。しゅえう［主要］。ぢゅうえう［重要］。近世 えうきん［要緊］。かんもん［肝文］。きんえう［緊要］。中世 えうしょ［要所］。かなめ［要］。すうき［枢機］。せん［詮］。せんえう［専要］。だいじ［大事］。中古 かんえう［肝要］。かんじん［肝心／肝腎］。せつえう［切要］。たいえう［大要］。上代 すうえう［枢要］。→**たいせつ**

―・なところ ききどころ［利所］。こし［腰］。近代 しんずい［神髄／真髄］。近世 さはり［触］。

―・な部分が抜けている 《句》近代 仏作って魂入れず。中世 玉の杯底無きが如し。

―・な部分がはっきりしない 要領を得ない。近代 ピントはづれ［brandpunt（オランダ）外］。

―のことが進展しない 《句》近代 豆腐が売れず粕が売れる。

かんすい【完遂】 やりぬく［遣抜］。近代 かんかう［敢行］。くゎんすい［完遂］。くゎんせい［完成］。すいかう［遂行］。やりとげる［遂］。近世 くゎんてつ［貫徹］。なしとぐ［―とげる］［成遂］。中世 じゃうじう／じゃうじゅ［成就］。

かんすい【冠水】 近代 しんすい［浸水］。上代 こうずい［洪水／鴻水］。

かんすい【鹹水】 えんすい［塩水］。近世 かんすい［鹹水］。上代 しほみづ［塩水］。

かんすい【灌水】 やりみず［遣水］。近代 くゎんすい［灌水］。近世 みづやり［水遣］。

―の装置 スプリンクラー（sprinkler）。

かん・ずる【感】 →**かん・じる**

かんせい【完成】 近代 くゎんけつ［完結］。くゎんすい［完遂］。くゎんせい［完成］。できあがり［出来上］。近世 あがり［上］。中世 じゃうじう／じゃうじゅ［成就］。しゅったい［出来］。中古 たいせい［大成］。

―・させる まとめる［纏］。近代 ぐゎりょうてんせい［画竜点睛］。てんせい［点睛］。やりとげる［遂］。近世 なしとぐ［―とげる］［成遂］。物にす。中世 しあぐ［―あげる］［仕上］。じゅがん／じゅげん［入眼］。つくりあぐ［―あげる］［作上］。

―・された 近代 コンプリート（complete）。

―・していない 近代 ちゅうとはんぱ［中途半端］。みくゎん［未完］。みくゎんせい［未完成］。

―・する 近代 しあがる［仕上］。なる［成］。近世 そつげふ［卒業］。できあがる［出来上］。できる［出来］。中世 うちいだす［打出］。中古 じゃうず［成］。上代 なりあふ［成合］。なりなる［成成］。

ーの際 近世あかつき[暁]。
ー予想図 レンダリング(rendering)。
集めてー・させる 近世しふせい[集成]。
工事などがー・する うちあげ[打上]。かんこう[完工]。近代しゅんこう[竣工／竣功]。らくせい[落成]。
工事などのーを祝う行事 うちあげ[打上]。らくせいしき[落成式]。近代しゅんこうしき[竣工式]。

かんせい【感性】 近代かんかく[感覚]。かんじ[感]。かんじゅせい[感受性]。かんせい[感性]。じゃうかん[情感]。センシビリティー(sensibility)。

かんせい【閑静】 近代じゃうじゃく[静寂]。せいひつ[静謐]。せいをん[静穏]。近世かんじゃく[閑寂]。せいじゃく[静寂]。中世かんせい[閑静]。しんかん[深閑]。中古かごか／かごやか[閑]。ものしづか[静]。上代しづか[静]。
ー・なさま 近世しんしん[森森]。しんと。ひっそり。ひっそり閑。中世しんしん[深深]。中古ひそやか[密]。上代しめやか。
ー・な住まい 近世わびずまひ[侘住]。中古いうせい[幽棲／幽栖]。
ー・な部屋の窓 中世かんさう[閑窓]。

かんせい【管制】 近代くゎんせい[管制]。とうせい[統制]。中世せいぎょ[制御]。

かんせい【陥穽】 近代じゅっさく[術策]。トラップ(trap)。近世かんせい[陥穽]。しかけ[仕掛]。中世おとしあな[落穴]。さくぼう[策謀]。中古けいりゃく[計略]。はかりごと[謀]。ぼうりゃく[謀略]。わな[罠]。上代かんけい[奸計／姦計]。ぼうけい[謀計]。

かんぜい【関税】 カスタム(custom)。タリフ(tariff)。ゆしゅつかんぜい[輸出関税]。ゆしゅつぜい[輸出税]。近代くゎんぜい[関税]。ゆにふくゎんぜい[輸入関税]。ゆにふぜい[輸入税]。近世くちせん[口銭]。
ーのかからないこと デューティーフリー(duty free)。上代めんぜい[免税]。
ーの国内産業保護作用 近代くゎんぜいしゃうへき[関税障壁]。しんしゅくくゎんぜい[伸縮関税]。ほごくゎんぜい[保護関税]。
ーの取り立てを一時留保する制度 ほぜいせいど[保税制度]。
国内産業保護のためのー かんぜいわりあてせいど[関税割当制度]。そうさいかんぜい[相殺関税]。

かんぜおんぼさつ【観世音菩薩】 近世くせゑんづう[救世円通]。せむゐ[施無畏]。中古くせ くゎんおん[救世観音]。くせくゎんぜおんぼさつ[救世観世音菩薩]。くせぼさつ[救世菩薩]。中世ゑんづうだいし[円通大士]。くゎんぜおんぼさつ[観世音菩薩]。だいひ[大悲]。だいひくゎんおん[大悲観音]。だいひしゃ[大悲者]。だいひぼさつ[大悲菩薩]。

かんせき【漢籍】 近代かんしょ[漢書]。近世かんせき[漢籍]。たうほん[唐本]。中世からぶみ[漢書]。

がんせき【岩石】 ロック(rock)。近代がんばん[岩盤]。中古がんせき[岩石／巌石]。上代いし[石]。いは[岩]。いはね[岩根]。いはほ[巌]。→いわ

かんせつ【関節】 近代てふつがひ[蝶番]。近世くゎんせつ[関節]。みぶし[身節]。中世つがひ[番]。つがひめ[番目]。つぎめ[継目]。中古ふし[節]。
ーの痛み かんせつねずみ[関節鼠]。
ーの障害 きょうちょく[強直]。こうしゅく[拘縮]。
身体のー 中世ふしぶし[節節]。
指のー ナックル(knuckle)。

がんぜな・い【頑是無】 近代むじゃき[無邪気]。近世ぐゎんぜなし[頑是無]。をさない[幼]。→あどけな・い

かんせん【感染】❶〈染まる〉 近代かんせん[感染]。近世かぶれる。かんくゎ[感化]。中古そむ[染]。

かんせん【感染】❷〈病が移る〉 近代かんせん[感染]。近世でんせん[伝染]。でんぱ[伝播]。
ー・してから症状が現れるまで せんぷくきかん[潜伏期間]。せんぷくき[潜伏期]。
検査の結果ーの有無 いんせい[陰性]。いんせいはんのう[陰性反応]。ようせい[陽性]。ようせいはんのう[陽性反応]。
特殊なーの例 いんないかんせん[院内感染]。こんごうかんせん[混合感染]。にじかんせん[二次感染]。ひよりみかんせん[日和見感染]。
初めてのー しょかん[初感]。
その他ーのいろいろ(例) くうきかんせん[空気感染]。くうきでんせん[空気伝染]。けいこうかんせん[経口感染]。けつえきかんせん[血液感染]。せっしょくかんせん[接触感染]。そうしょうかんせん[創傷感染]。ぼにゅうかんせん[母乳感染]。

かんぜん【完全】 ひゃくてんまんてん［百点満点］。近代 くゎんぜんむけつ［完全無欠］。くゎんぺき［完璧］。しうぜん［周全］。パーフェクト(perfect)。完膚(くわんぷ)なきまで。近世 ばんぜん［万全］。中世 くゎんぜん［完全］。まったし［全］。中古 じふぜん［十全］。なごりなし［名残無］。またし［全］。まほ［真面／真秀］。

―・な 近代 コンプリート(complete)。

―・なさま 近代 ゑんまん［円満］。中世 まる［丸／円］。中古 ひたぶる［一向／頓］。

―・に 近代 もろに［諸］。近世 すっぱり。みごと［見事／美事］。中世 けんご［堅固］。つやつや。はたと／はったと。ひしと［緊／犇］。またく／まったく［全］。中古 ことごと［悉／尽］。たえて［絶］。上代 まつぶさに［真具］。

―・にする 中世 すます［清／澄］。まったうす［全］。上代 あふ［敢］(補助動詞)。

―・に備わった 近代 くゎんび［完備］。中世 ぜんび［全備］。

―・になる 中世 みつ［満］。

―無欠 近代 きんおうむけつ［金甌無欠］。くゎんぺき［完璧］。近世 ぜんぺき［全璧］。中古 じふぜん［十全］。瑕(きず)なき玉。上代 たたはし。

―無欠でないこと 近世 白璧(はくへき)の微瑕(びか)。中古 玉に瑕。

―無欠な能力 近代 ぜんちぜんのう［全知全能］。

―無欠な人 中古 しんじん［真人］。

体調が―・になった 近代 くゎんてう［完調］。

不― 近代 ふじふぶん［不十分］。近世 ふりゃう［不良］。中世 かたほ［片秀／偏］。中古 かたは［片端］。→**ふかんぜん**

かんぜん【敢然】 近代 かんぜん［敢然］。だんこ［断固］。近世 くゎだん［果断］。まうぜん［猛然］。中世 きぜん［毅然］。くゎかん［果敢］。けつぜん［決然］。ゆうかん［勇敢］。ゆうまう［勇猛］。思ひ切って。上代 ををし［雄雄］。

がんぜん【眼前】 近代 かほさき［顔先］。もくせふ［目睫］。近世 てまへ［手前］。はな(の)さき［鼻先］。はなもと［鼻許／鼻元］。めさき［目先／目前］。めどほり［目通］。中世 まぢか［目近］。まのあたり［目当］。まのまへ［目前］。中古 がんぜん［眼前］。ざぜん［座前］。まのあたり［目当］。めぢかし［目近］。めのまへ［目前］。もくぜん［目前］。上代 まなかひ［目交／眼間］。めんぜん［面前］。

―にあるかのように 近世 まざまざし。

―にあること 上代 げんぜん［現前］。

―のありさま 上代 たうたい［当体］。

かんそ【簡素】 近代 かんけつ［簡潔］。かんぼく［簡朴／簡樸］。かんめい［簡明］。けいい［軽易］。けいべん［軽便］。シンプル(simple)。近世 かんたん［簡単］。かんやく［簡約］。てがる［手軽］。てみじか［手短］。中世 おろそか［疎］。かんい［簡易］。かんそ［簡素］。かんりゃく［簡略］。→**かんけつ【簡潔】**

―・な食事 近世 いちじふいっさい［一汁一菜］。

―・な生活の楽しみ 近代 曲肱(きょくこう)の楽しみ。

―・にする かんそか［簡素化］。

がんそ【元祖】 くさわけ［草分］。ちち［父］。近代 かいそ［開祖］。さうししゃ［創始者］。さうせつしゃ［創設者］。さうりつしゃ［創立者］。しょだい［初代］。せんくしゃ［先駆者］。パイオニア(pioneer)。中世 かいざん［開山］。ぐゎんそ［元祖］。こんぽん［根本］。そ［祖］。びそ［鼻祖］。ほんけ［本家］。中古 おや［祖］。そし［祖師］。たいそ［太祖］。上代 しそ［始祖］。はは［母］。

かんそう【乾燥】 近代 こけつ［枯渇／涸渇］。中世 からす［涸］。かんさう［乾燥］。中古 かわかす［乾］。上代 ほす［干］。

―・させる器具 ねっぷうかんそうき［熱風乾燥機］。近代 かんさうき［乾燥機］。ドライヤー(drier)。

―・させる場所 近世 ほしば［干場／乾場］。ものほしば［物干場］。

―・させる物質 ドライヤー(drier)。ぼうしつざい［防湿剤］。近代 かんさうざい［乾燥剤］。

―・している 中世 はしゃぐ［燥］。

―・しやすい性質 かんせい［乾性］。

かんそう【感想】 近代 かんさう［感想］。かんじ［感］。けんかい［見解］。しょかん［所感］。近世 しょけん［所見］。中世 しょし［所思］。中古 かんくゎい［感懐］。しょぞん［所存］。上代 いけん［意見／異見］。

折りにふれての― 近代 ずいかん［随感］。ずいさう［随想］。

自分個人の― しかん［私感］。

ちょっとした― すんかん［寸感］。近代 せうかん［小感］。

とりとめのない― ざっかん［雑感］。

ふと浮かんだ― 近代 ぐうかん［偶感］。

かんそう【歓送】 近代 くゎんそう［歓送］。さうかう［壮行］。中古 うまのはなむけ［餞／餞別］。みおくり［見送］。上代 そうべつ［送別］。

かんぞう【肝臓】 近代 かん［肝］。かんざう［肝

臓]。レバー(liver)。上代きも[肝]。

―の病気の例 かんいしゅくしょう[肝萎縮症]。かんこうへん[肝硬変]。かんのうよう[肝膿瘍]。近代かんえん[肝炎]。

かんぞう【萱草】 近代くゎくこばな[郭公花]。中古くゎざう[萱草]。近世くゎんざう[萱草]。けんざう[萱草]。ばういう[忘憂]。愁へ忘るる草。忘るる草。上代わすれぐさ[忘草]。恋忘れ草。

がんぞう【贋造】 →にせもの

かんそく【観測】 ウオッチング(watching)。オブザベーション(observation)。モニタリング(monitoring)。近代くゎんそく[観測]。そくてい[測定]。たんさ[探査]。中世くゎんさつ[観察]。

かんたい【歓待】 近代いうぐう[優遇]。くゎんげい[歓迎]。くゎんたい[歓待]。近世くゎんたい[款待]。こうぐう[厚遇]。中世きらめく[煌]。ごちそう[御馳走]。せったい[接待]。中古きゃうおう[饗応／供応]。もてなし[持成]。もてはやす[持囃]。

かんだい【寛大】 近代くゎん[寛]。くゎんこう[寛弘]。ようにん[容認]。清濁併せ呑む。近世かいよう[海容]。くゎんくゎつ[寛闊]。みのがし[見逃]。めこぼし[目]。ゆるかし[緩]。をんしゃ[温藉]。見て見ぬふり。中世くゎんいう[寛宥]。くゎんこう[寛厚]。くゎんじん[寛仁]。くゎんじんたいど[寛仁大度]。くゎんだい[寛大]。中古いうじょ[宥恕]。おもひやり[思遣]。がりゃう[雅量]。かんくゎ[看過]。くゎんじょ[寛恕]。くゎんよう[寛容]。ひろし[広]。ゆる[緩]。上代ゆるし[緩]。をんびん[穏便]。

《句》近代寛猛相済(すく)ふ。

―・でない 中古けけし。

―・で仲良くする ゆうわ[宥和]。

―・で何も拒まぬ 中古むしゃ[無遮]。

―と厳格 近代くゎんげん[寛厳]。中古くゎんまう[寛猛]。しちゃう／ちちゃう[弛張]。

―・な心 上代どりゃう[度量]。

―・な処置 手心を加える。近世くゎんてん[寛典]。大目に見る。中古うちゆるぶ[打緩]。上代なだむ(なだめる)[宥]。

―・に受け入れる 中古はうよう[包容]。

がんだて【願立】 →がんかけ

かんたん【簡単】❶〈簡潔〉 近代かんけつ[簡潔]。かんめい[簡明]。けいべん[軽便]。シンプル(simple)。たんかん[単簡／短簡]。たんじゅん[単純]。近世かんたん[簡単]。かんやく[簡約]。けいせう[軽少]。こみじかし[小短]。てみじか[手短]。中世かんそ[簡素]。かんりゃく[簡略]。

―・で要を得ている 近代かんけつ[簡潔]。簡にして要を得る。

―・でわかりやすい 近代かんめい[簡明]。

―と複雑 近代たんぷく[単複]。

―・に 中世うちまかせて[打任]。かけず[不掛]。

―・にする かんそか[簡素化]。近世かんやく[簡約]。はしょる。やくす[約]。中古そぎすつ[削棄]。つづむ(つづめる)[約]。りゃくす[略]。


かんたん【簡単】❷〈容易〉 近代あんちょく[安直]。かんたん[簡単]。けいい[軽易]。たはやし[容易]。お茶の子さいさい。棚の物を取ってくるやう。屁の河童。近世あさはら[朝腹]。あさめしまへ[朝飯前]。おやすい[安]。けいべん[軽便]。たわいなし。てがる[手軽]。てっとりばやい[手取早]。なまやさし[生易]。らく[楽]。手もない。念もない。右から左。中世かんい[簡易]。ざうさなし[造作無]。やすし[易]。やすらか[安]。ようい[容易]。掌(たなごころ)を反(かへ)す。中古たはやすし[容易]。上代かやすし[易]。たやすし[容易]。

―・ですばやい 近世かんせふ[簡捷]。

―・で便利 近世かんべん[簡便]。けいべん[軽便]。

―・に 近代ちょっくらちょいと。近世ちょっくら／ちょっくり。ちょろり。中世あっさり。なっく。中古おほなおほな。ふと。やすやす[易易／安安]。上代あふさわに。

―・には…(ない) 近代ちょっとやそっと。近世おいそれと。

かんたん【感嘆】 近世えいたん[詠嘆／詠歎]。中世たんず[嘆／歎]。まく[巻／捲]。舌を巻く。中古舌を鳴らす。上代かんたん[感嘆／感歎]。めづ(めでる)[愛]。→かんしん
―の声 近代たんせい[嘆声／歎声]。中古かんせい[感声]。
―の声を発する 近代うなる[唸]。
―の言葉 近代たんじ[嘆辞]。

かんたん【肝胆】 近代きょうてい[胸底]。中世しんじゃう[真情]。しんそこ[心底／真底]。中古かんたん[肝胆]。しんてい[心底]。

―相照らす 近代いきとうがふ[意気投合]。

―を砕く 中世くらう[苦労]。中古しんらう

[心労]。

かんだん【歓談】 近代 かいご[諧語]。くゎんだん[歓談／款談]。こんだん[懇談]。中古 だんせう[談笑]。

かんだん【間断】 近世 とぎれ[途切]。中古 かんだん[間断]。たえま[絶間]。

―なく 近代 けいぞく[継続]。近世 ぞくぞく[続続]。中古 たえまなし[絶間無]。ふだん[不断]。上代 たえず[絶]。

がんたん【元旦】 近世 ぐゎんたん[元旦]。さいたん[歳旦]。せいたん[正旦]。はつあさ[初朝]。今朝の春(俳句で)。年の朝(あした)。三つの朝(あさ)。中世 ぐゎんてう[元朝]。けいたん[鶏旦]。中古 さんてう[三朝]。→**がんじつ**

―の早朝に聞く鶏 中世 はつとり[初鶏]。

―の光 近世 はつあかり[初明]。

―の日の出 近世 はつひ[初日]。はつひので[初日出]。

かんち【感知】 近代 かんち[感知]。近世 かんおう[感応]。きづく[気付]。中世 かんづく[感付]。中古 かんとく[感得]。しる[知]。

―・する器具 かさいかんちき[火災感知器]。けむりかんちき[煙感知器]。センサー(sensor)。

かんち【完治】 近世 こんち／こんぢ[根治]。ぜんくゎい[全快]。ぜんち[全治]。ぜんゆ[全癒]。

かんち【奸智】 近世 かうくゎつ[狡猾]。かうち[狡知／狡智]。わるぢゑ[悪知恵]。中世 かんち[奸智／姦智／奸知]。

かんちがい【勘違】 近代 かんがへちがひ[考違]。かんちがひ[勘違]。さくかく[錯覚]。近世 おもひちがひ[思違]。こころへちがひ[心得違]。みこみちがひ[見込違]。

がんちく【含蓄】 近代 ニュアンス(nuance)。近世 いみしんちゃう[意味深長]。がんちく[含蓄]。ぐうい[寓意]。

かんちゅう【寒中】 近世 こくかん[酷寒]。中世 かんちゅう[寒中]。中古 げんかん[厳寒]。げんとう[厳冬]。ごくかん[極寒]。

―の烏 近世 かんがらす[寒烏]。中古 かんう[寒烏]。

―の雀 近世 かんすずめ[寒雀]。中世 ふくらすずめ[脹雀]。

がんちゅう【眼中】 近代 かんしん[関心]。しかい[視界]。近世 いしき[意識]。がんちゅう[眼中]。

かんちょう【干潮】 近代 かんてう[干潮]。近世 さげしほ[下潮]。中世 おちしほ[落潮]。かれしほ[涸潮]。ひきしほ[引潮]。ひしほ[干潮]。中古 いりしほ[入潮]。らくてう[落潮]。

―と満潮 近代 みちひき[満引]。中世 かんまん[干満]。みちひ[満干]。

―の間 中古 しほがひ[潮間]。しほま[潮間]。

かんちょう【官庁】 近代 オフィス(office)。がふ[衙府]。ぎゃうせいちゃう[行政庁]。近世 せいちゃう[政庁]。やくしょ[役所]。中世 くゎんかい[官廨]。まんどころ[政所]。中古 おほやけ[公]。おほやけどころ[公所]。くゎん[官]。くゎんが[官衙]。くゎんちゃう[官庁]。くゎんぷ[官府]。ちゃう[庁]。上代 くげ[公廨]。つかさ[官／司]。

―から民間へ 近代 あまくだり[天下]。はらひさげ[払下]。

―から民間へ知らせる文書 近代 こうしょ[公書]。こうぶんしょ[公文書]。こうほう[公報]。近世 おたっし[御達]。おふれ[御触]。おふれがき[御触書]。ふれじゃう[触状]。

―と地方公共団体の役所 かんこうちょう[官公庁]。

―と補助機関 中古 くゎんしょ[官署]。

―の外部団体 がいかくだんたい[外郭団体]。

―の事務 中古 ちゃうむ[庁務]。上代 こうむ[公務]。こうよう[公用]。

―の所有物 中世 くゎんぶつ[官物]。上代 おほやけもの[公物／官物]。くゎんもつ[官物]。

上級―から職務上の命令 しょくむめいれい[職務命令]。近代 くんれい[訓令]。つうたつ[通達]。近世 たっし[達]。

かんちょう【間諜】 →**かんじゃ【間者】**

かんつう【貫通】 近世 くゎんつう[貫通]。くゎんてつ[貫徹]。つうくゎん[通貫]。中古 つらぬく[貫]。上代 とほる[通]。

―・させる 近世 ぶっとほす[打通]。

かんつう【姦通】 近代 かんす[姦]。ふていさう[不貞操]。ふりん[不倫]。近世 かんいん[姦淫／奸淫]。ふぎ[不義]。ふてい[不貞]。中世 みっつう[密通]。中古 かたむ[佞]。かんつう[姦通／奸通]。上代 じゃいん[邪淫／邪婬]。

合意の上の― 上代 わかん[和姦]。

かんづく【感付】 近代 かんち[感知]。近世 きづく[気付]。きどる／けどる[気取]。中世 かんづく[感付／勘付]。さっす[察]。さとる[悟]。中古 こころづく[心付]。

かんてい【鑑定】 近代 かんさ[鑑査]。しんさ

［審査］。ひゃうか［評価］。みきはめる［見極］。近世かんしき［鑑識］。かんてい［鑑定］。かんべつ［鑑別］。きき［聞／利］。はんてい［判定］。みたて［見立］。中世めあかし／めあけ［目明］。めきき［目利］。上代しなさだめ［品定］。

―・し保証する文書 うらがき［裏書］。かんていしょ［鑑定書］。近世かんさつ［鑑札］。きはめがき［極書］。きはめふだ［極札］。中世かんじゃう［勘状］。をりがみ［折紙］。中古かんもん［勘文］。

―・する力 近代がんしき［眼識］。→**がんしき**

―・する人 近代かんていにん［鑑定人］。近世かんていか［鑑定家］。

刀を―・する人 近世かたなめきき［刀目利］。

酒を―・する さけきき［酒利］。近世ききざけ［利酒／聞酒］。

書画や骨董の― 近世きはめ［極／窮］。

かんてい【官邸】 こうてい［公邸］。近世くゎんてい［官邸］。上代くゎんしゃ［官舎］。

かんてい【艦艇】 近代かんてい［艦艇］。へいせん［兵船］。近世ぐんかん［軍艦］。中古ひゃうせん［兵船］。上代ぐんせん［軍船］。↓**ぐんかん**

自衛隊の― じえいかん［自衛艦］。

司令官が乗る― 近代きかん［旗艦］。

かんてつ【貫徹】 つらぬきとおす［貫通］。近代くゎんすい［完遂］。くゎんつう［貫通］。たっせい［達成］。つらぬく［貫］。てっす［徹］。近世くゎんてつ［貫徹］。たてとほす［立通］。中世いっくゎん［一貫］。おしとほす［押通］。

かんてん【寒天】 近世ふゆぞら［冬空］。中世さむぞら［寒空］。中古かんてん［寒天］。

かんてん【干天】 近世かっすい［渇水］。みづがれ［水涸］。中世かんてん［干天／旱天］。かんばつ［旱魃］。上代ひでり［日照］。

かんてん【観点】 アングル(angle)。しざ［視座］。ポイントオブビュー(point of view)。りっきゃくてん［立脚点］。近代かくど［角度］。くゎんてん［観点］。してん［視点］。スタンドポイント(standpoint)。たちば［立場］。ちゃくがんてん［着眼点］。みかた［見方］。りっきゃくち［立脚地］。近世目の付け所。中世けんち［見地］。みやう［見様］。

大きな― 近代たいしょかうしょ［大所高所］。

かんど【感度】 センシティビティ(sensitivity)。近代かんじゅせい［感受性］。かんせい［感性］。かんど［感度］。センシビリティー(sensibility)。

かんとう【巻頭】 ぶんとう［文頭］。近世くゎんしゅ［巻首］。ぼうとう［冒頭］。中世かきだし［書出］。くゎんとう［巻頭］。

―の言葉 近代くゎんとうげん［巻頭言］。しょげん／ちょげん［緒言］。プロローグ(prologue)。近世じょげん［序言］。じょぶん［序文］。まへがき［前書］。中世はしがき［端書］。上代じょ［序］。

かんとう【敢闘】 ぜんせん［善戦］。近代けんとう［健闘］。りきとう［力闘］。近世ふんせん［奮戦］。ふんとう［奮闘］。上代りきせん［力戦］。

―精神 ファイティングスピリット(fighting spirit)。

かんどう【勘当】 近世ぎぜつ［義絶］。中古かうがふ［考／勘］。かうじ／かんじ［勘事］。かしこまり［畏］。かんき［勘気］。かんだう［勘当］。ふけう［不孝］。

―・する 近世勘当切る。久離(きゅうり)を切る。

主君に―・される 中古鼻を突く。

かんどう【感動】 感に堪えない。近代エモーション(emotion)。かんじ［感］。かんめい［感銘］。感極まる。はらわたに染みる。胸が一杯になる。胸を打つ。近世しびる［しびれる］［痺］。中世かんがい［感慨］。かんじいる［感入］。かんず［感］。ものに感ず。中古いたがる［痛］。かん［感］。かんげき［感激］。かんどう［感動］。しみかへる［染返］。しみつく［染着］。ものめで［物愛］。心を動かす。上代かんたん［感嘆／感歎］。めづ［めでる］［愛］。→**えいたん**

―・させられる 心打たれる。近代泣かされる。

―・させる 近代心を打つ。中世なかす［なかせる］［泣］。中古心を動かす。

―・して手を打つ 中世横手を打つ。

―の涙 目頭が熱くなる。近代ねつるい［熱涙］。中古かんるい［感涙］。

情にひかれて―・する 近世つまさる［―される］。

〈文頭の言葉〉 近世まあ。中世これはこれは。なう。なうなう［喃喃］。ほう。やらやら。中古いで。上代ああ［嗚呼／噫］。

〈文末表現〉 近世がな。中古かな［哉］。ものかな。ものかは。上代かや。ろ。

かんどう【間道】 バイパス(bypass)。近代うくゎいろ［迂回路］。近世えだみち［枝道］。ぬけみち［抜道］。中世うらみち［裏道］。くけぢ［漏路／匿路］。そばみち［側路］。ちかみち［近道］。よこみち［横道］。わきみち［脇道］。中古かんだう［間道］。よけみち［避

路]。上代 かくれみち[隠道]。よきみち/よきぢ[避路]。

かんとく【感得】 近代 かんち[感知]。得心が行く。近世 かんとく[感得]。わかる[分]。膝を打つ。目を開く。中世 かんおう[感応]。ゑとく[会得]。合点が行く。上代 さとる[悟]。しる[知]。

かんとく【監督】 近代 かんさ[監査]。しれい[司令]。とりしまる[取締]。マネージ(manage)。近世 かんとく[監督]。ぎんみ[吟味]。くゎんり[管理]。さいりゃう[宰領]。みまはし[見回]。中世 せいだう[政道]。みあつめ[見集]。中古 とくす[督]。

―が行き届く 近代 目が届く。

―・し監視する 中世 めつけ[目付]。中古 りんかん[臨監]。

―・し調査する 上代 かんさつ[監察]。

―・し取り扱う 近代 しゃうくゎん[掌管]。

―・し励ます 近代 とくれい[督励]。

―・し保護する 上代 かんご[監護]。

―・する者 かんとくかん[監督官]。スーパーバイザー(supervisor)。近代 インスペクター(inspector)。かんとく[監督]。かんとくしゃ[監督者]。くゎんりしゃ[管理者]。マネージメント(management)。マネージャー/マネジャー(manager)。近世 めつけやく[目付役]。

―のため見回る 近世 じゅんし[巡視]。

映画や舞台などの― えんしゅつしゃ[演出者]。近代 えんしゅつか[演出家]。ディレクター(director)。

全体をまとめ―・する 近代 そうとく[総督]。とうかん[統監]。

兵卒を―・する 上代 あふりゃう[押領]。

かんどころ【勘所】 近代 えうてん[要点]。近世 おさへどころ[押所]。かんどころ[勘所/肝所]。中世 きうしょ[灸所]。きふしょ[急所]。つぼ[壺]。

かんな【鉋】 近世 だいがんな[台鉋]。中古 かんな[鉋]。上代 まかな[真鉋]。

―のいろいろ(例) あらかんな[荒鉋]。じょうしこ[上鉋/上仕子]。しらげかんな[精鉋]。ひらがんな[平鉋]。近代 ちゅうしこ/なかしこ[中仕子/中鉋]。近世 あらしこ[荒鉋/粗鉋/粗仕子]。まるがんな[丸鉋]。みぞかんな[溝鉋]。ろくろかんな[轆轤鉋]。中世 くりがんな[刳鉋]。しゃうぢき[正直]。わきがんな[脇鉋]。

かんない【管内】 かんかつくいきない[管轄区域内]。近世 くゎんか[管下]。くゎんかつく[管轄区]。くゎんく[管区]。上代 くゎんない[管内]。

かんなん【艱難】 近代 くじふ[苦渋]。近世 こんなん[困難]。中世 くしん[苦心]。くなん[苦難]。くらう[苦労]。こんく[困苦]。なんぎ[難儀]。中古 くるしみ[苦]。しんさん[辛酸]。なんかん[難艱]。らうく[労苦]。上代 かんなん[艱難]。しんく[辛苦]。

かんにん【堪忍】❶〈我慢〉→がまん

《句》近世 堪忍の忍の字が百貫す。成らぬ堪忍するが堪忍。忍の一字は衆妙(しゅうめう)の門。

―袋 近世 こらへぶくろ[堪袋]。

―袋の緒が切れる 我慢ならない。中世 たまりかぬ[―かねる]。

かんにん【堪忍】❷〈勘弁〉 近代 ようにん[容認]。近世 かんべん[勘弁]。ようしゃ[容赦/容捨]。中世 かんにん[堪忍]。ようしゃ[用捨]。中古 いうじょ[宥恕]。くゎんじょ[寛恕]。

かんぬき【閂】 中世 くゎんのき[関木/貫木]。くゎんぬき[閂/貫木]。

―と鍵 上代 くゎんけん[関鍵]。

―と錠 中古 かんやく[関鑰/関鎰]。

かんぬし【神主】→しんかん【神官】

かんねん【観念】 近代 アイディア(idea)。がいねん[概念]。くゎんねん[観念]。コンセプション(conception)。近世 いしき[意識]。かんがへ[考]。

―・する 近世 あきらむ[―らめる][諦]。肝を据う[―据える]。中世 かくご[覚悟]。

―的 近代 がいねんてき[概念的]。ちうしゃうてき[抽象的]。ひげんじつてき[非現実的]。

かんのう【感応】 近代 インダクション(induction)。かんじゅ[感受]。かんち[感知]。はんおう[反応]。近世 かんとく[感得]。中世 かんおう[感応]。

かんのう【完納】 ぜんのう[全納]。近代 くゎんなふ[完納]。近世 かいさい[皆済]。中世 かいせい[皆済]。くゎんさい[完済]。

かんのう【官能】 近代 くゎんのう[官能]。かんかく[感覚]。

―的 セクシー(sexy)。近代 センシュアル(sensual)。なやましい[悩]。にくかんてき[肉感的]。にくよくてき[肉欲的]。

かんのう【堪能】→たんのう

かんば【悍馬】 あばれうま[暴馬]。近代 かんば[悍馬/駻馬]。中世 あらうま[荒馬]。中古 あがりうま[上馬/騰馬]。はねうま[跳

馬」。

かんぱ【看破】 近代 くゎんしゅ［観取］。みてとる［見取］。みやぶる［見破］。どうさつ［洞察］。 近世 かんぱ［看破］。みやぶる［見破］。みとほす［見通］。みぬく［見抜］。 中世 みすかす［見透］。 中古 かんしゅ［看取］。

かんぱい【乾杯】 スコール(デンマーク skaal)。プロージット(ドイツ prosit)。 近世 しゅくはい［祝杯］。 中古 かんぱい［乾杯／乾盃］。

かんぱい【完敗】 近代 さんぱい［惨敗］。ぜんぱい［全敗］。完膚(くゎんぷ)なきまでに。 近世 尻尾を巻く。ひとたまりもなし。 中世 たいはい［大敗］。

かんぱく【関白】 中世 あかう［阿衡］。はくろく［博陸］。ふさ［補佐］。 中古 おほやけのうしろみ［公後見］。くゎんぱく［関白］。

かんばし・い【芳】 中古 かうばし［香／馨］。かんばし［芳／香／馨］。 上代 かぐはし［香／馨］。

かんばせ【顔】 →かお

かんばつ【旱魃】 みずききん［水飢饉］。 近代 かんがい［干害／旱害］。 近世 かっすい［渇水］。こかつ［枯渇／涸渇］。 中古 かんばつ［旱魃］。 上代 ひでり［日照］。

がんば・る【頑張】 近代 うちかつ［打勝］。ぐゎんばる［頑張］。つとめる［努］。ふんばる［踏張］。 近世 がまん［我慢］。 中世 きばる［気張］。 中古 こころばむ［心］。はげむ［励］。歯を食ひ縛る。 上代 どりょく［努力］。《謙》 近代 駑馬(どば)に鞭打つ。

—・るさま 近代 あくせんくとう［悪戦苦闘］。ふんとう［奮闘］。 近世 ふんれい［奮励］。 中世 ふんこつさいしん［粉骨砕身］。歯を食ひ縛る。

—・れ 近代 フレー(hurray)。

最後に—・る ラストへビー(和製last heavy)。 近代 ラストスパート(last spurt)。

かんばん【看板】❶〈立看板〉 たてかん［立看］。プラカード(placard)。 近代 くゎうこく［広告］。くゎうこくたふ［広告塔］。ポスター(poster)。 近世 おもてかんばん［表看板］。かうさつ［高札］。かけふだ［掛札］。たてかんばん［立看板］。つりかんばん［吊看板］。はりがみ［張紙］。ゑかんばん［絵看板］。 中世 かんばん［看板］。せうはい［招牌］。たてふだ［立札］。

歌舞伎の— 近世 いほりかんばん［庵看板］。おほなだい［大名題］。おほなだいかんばん［大名題看板］。こうじゃうかんばん［口上看板］。こなだい［小名題］。まねき［招］。まねきかんばん［招看板］。わり［割］。わりとこ［割床］。

金文字で書いた— 近世 きんかんばん［金看板］。

酒屋の— 中世 さかばた／しゅき［酒旗］。しゅはい［酒旆］。

理髪店の— 近代 あめんぼう［飴棒］。アルヘイぼう［有平棒］。

かんばん【看板】❷〈名目〉 錦の御旗。 近代 くゎうこくたふ［広告塔］。だいへう［代表］。めいもく［名目］。レッテル(オランダ letter)。 近世 おもてかんばん［表看板］。かんばん［看板］。 中世 はたじるし［旗印／幟］。

—と実際が違う かんばんだおれ［看板倒］。きたいはずれ［期待外］。 近世 みかけだふし［見倒］。やうとうくにく［羊頭狗肉］。《句》 近世 看板に偽りあり。牛首を掲げて馬肉を売る。→みかけ

店の—とする自慢のもの 近代 うりもの［売物］。 近世 きんかんばん［金看板］。

がんばん【岩盤】 →いわ

かんび【完備】 近代 ぐび［具備］。 近世 くゎんび［完備］。 中世 そろふ［揃］。ととのほる［整］。 中古 ととのふ［整］。 上代 せいび［整備］。

—・している 中世 たいぜん［大全］。 中古 つぶさ［具／悉］。

かんび【甘美】 中世 かんろ［甘露］。びみ［美味］。 中古 かんび［甘美］。

かんび【巻尾】 →かんまつ

かんぴ【官費】 近代 くゎんぴ［官費］。こうひ［公費］。

かんびょう【看病】 →かんご

がんびょう【眼病】 中世 がんしつ［眼疾］。がんびゃう［眼病］。まけ［目気］。やみめ［病眼］。

かんぶ【幹部】 エグゼクティブ(executive)。かんりしょく［管理職］。じょうきゅうしょくいん［上級職員］。 近代 かんぶ［幹部］。じゃうそうぶ［上層部］。しゅなう［首脳］。ちゅうすう［中枢］。ばくれう［幕僚］。やくゐん［役員］。リーダー(leader)。 近世 おもやく［重役］。 中古 ぢゅうやく［重役］。 上代 りやうしう［領袖］。

かんぷ【還付】 へんれい［返戻］。 近代 くゎんげん［還元］。へんくゎん［返還］。 上代 くゎんぷ［還付］。

かんぷく【感服】 近代 かんめい［感銘］。頭が下がる。 近世 かんしん［感心］。けいふく［敬服］。 中世 かんぷく［感服／感伏］。 中古 た

んぷく［嘆服／歎服］。

かんぶつ【乾物】 中世 かんぶつ［乾物／干物］。中古 ひもの［干物／乾物］。

かんぶつ【奸物】 近代 あくかん［悪漢］。かんぶつ［奸物］。近世 あくだま［悪玉］。中世 あくじん［悪人］。かんねい［奸佞］。わるもの［悪者］。中古 あくにん［悪人］。上代 あくたう［悪党］。あくと［悪徒］。

がんぶつ【贋物】 →にせもの

かんぶん【漢文】 近世 からぶみ［漢文］。ふみ［文／書］。まなぶみ［真名文］。中古 かんぶん［漢文］。

ーに訓点をつけること はくぶんくんてん［白文訓点］。中古 てんず［点］。

ーを訓点にしたがって和文で読むこと かんぶんくんどく［漢文訓読］。よみくだし［読下］。近世 てんどく［点読／顚読］。わどく［和読］。中世 くんどく［訓読］。

ーを訓読した文 かきくだしぶん［書下文］。よみくだしぶん［読下文］。

ーを訓読するための記号 かえり［返］。かりがねてん［雁金点］。近世 いっさいてん［一斎点］。中世 かへりてん［返点］。くんてん［訓点］。中古 てん［点］。

ーをそのまま音読すること ちょくどく［直読］。ぼうよみ［棒読］。

訓点等が付いていないー そぶん［素文／麁文］。近世 はくぶん［白文］。中世 むてん［無点］。

かんぺき【完璧】 →かんぜん【完全】

がんぺき【岩壁】 →いわ

がんぺき【岸壁】 ❶〈船の接岸する所〉ハーバー（harbor）。ポート（port）。近代 がんぺき［岸壁］。ふなつきば［船着場］。近世 はとば［波止場］。ふとう［埠頭］。中世 ふながかり［船懸／船掛］。ふなつき［船着／船付］。上代 みなと［港／湊］。

がんぺき【岸壁】 ❷〈崖〉近世 がんぺき［岸壁］。中世 せきへき［石壁］。

氷のー ひょうへき［氷壁］。

かんべつ【鑑別】 →かんてい【鑑定】

かんべん【勘弁】 近代 くゎんじょ［寛恕］。ようにん［容認］。近世 かんべん［勘弁］。ようしゃ［容赦］。中世 かんにん［堪忍］。ようしゃ［用捨］。中古 いうじょ［宥恕／優恕］。上代 ゆるす［許］。

かんべん【簡便】 近世 かんべん［簡便］。てがる［手軽］。中世 かんい［簡易］。

かんぼう【感冒】 →かぜ【風邪】

かんぼう【観望】 近代 てんばう［展望］。中古 てうばう［眺望］。ゑんばう［遠望］。上代 くゎんばう［観望］。→えんぼう

がんぼう【願望】 ひがん［悲願］。近代 ききう［希求］。きばう［希望／冀望］。しばう［志望］。ゆめ［夢］。近世 きせい［祈誓］。しょまう［所望］。中世 きねん［祈念］。ぐゎんばう［願望］。ぐゎんまう［願望］。しょぐゎん［所願］。ぼんなう［煩悩］。中古 あらましごと。おもひ［思］。ぐゎん［願］。このみ［好］。ねがひ［願］。のぞみ［望］。たいぐゎん／だいぐゎん［大願］。ねんぐゎん［念願］。→きぼう →のぞみ

以前からのー 近世 しくし［宿志］。しくばう［宿望］。そし［素志］。ねん［念］。中世 しくい／しゅくい［宿意］。しくぐゎん／しゅくぐゎん［宿願］。しゅくねん［宿念］。そばう［素望］。ちくねん［蓄念］。中古 しゅくしん［宿心］。しゅくばう／しゅくまう［宿望］。そぐゎん［素願］。上代 しゅくし［宿志］。ほんぐゎん［本願］。

達しがたいー 近世 雲に梯（かけはし）。百年河清を待つ。

本来のー ひがん［悲願］。中世 しゅくぐゎん［宿願］。そくゎい［素懐］。中古 ほい／ほんい［本意］。ほんくゎい［本懐］。ほんまう［本望］。上代 ほんぐゎん［本願］。

▼神仏に願う 中世 きねん［祈念］。だいぐゎん［大願］。願を起こす。中古 ぐゎん［願］。ねがひ［願］。ねぎごと［祈事］。上代 こひのむ［乞祈］。ねがふ［願］。

〈古語の願望表現〉近世 がし。中世 たし。ほっす［欲］。中古 がな。しかな。ばや。ともがな。にもがな。まし。まほし。もがな。もがなや。をがな。上代 がほし。かも。しか。しかも。な。にもが。にもがな。にもがもや。にもがもよ。ほりす［欲］。ぬか。ぬかも。もがもな。もがもや。もがもよ。

あってほしい 中古 あらなむ。あらまほし。上代 あらな。

ありたい 上代 あらな。

…したい 中世 ほっす［欲］。まほしさ。中古 おぼし［思］。こともがな。しが。しがな。てしが。てしがな。ともがな。にしか。ばや。まほし。上代 がほし。しか。しかも。てしか。ほりす［欲］。

…したくもないなあ 近世 とみない（近世上方語）。とむない。中世 ともない。

…してほしい 中世 たし。上代 な。に。

…だったらよかったのに 中古 まし。

…であればなあ 中古もがな。上代もが。もがも。もがもな。もがもよ。

…てしまいたい 中古なまほし。

…てしまってほしい 中古ななむ。上代なな。

…でないものかなあ 上代ぬかも。

…てほしい（他に期待する意） 中世がな。ともがな。中古あらなむ。こそ。ななむ。上代なむ。なも。ぬかも。ね。

なかったらよいがなあ 中古なくもがな。

なんとかして…したい 中世いかにも。中古いかで。いかでか。いかでかは。いかで…ばや。いかでも。なまほし。

…ほしいなあ 中古がな。上代がも。ぬか。ぬかも。

見えてほしい 中古みえななむ。

見たいなあ 中古いぶかし[訝]。おくゆかし[奥床]。みえななむ[見]。ゆかし[床]。ゆかしがる[床]。上代みがほし[見欲]。みまくほし／みまほし[見欲]。

かんぼく【灌木】 ていぼく[低木]。近代くゎんぼく[灌木]。ざつぼく[雑木]。近世ざふき[雑木]。

かんぼつ【陥没】 近代おちこむ[落込]。かんらく[陥落]。ちんか[沈下]。中世まいぼつ[埋没]。中古くぼむ[窪／凹]。上代かんぼつ[陥没]。

がんぽん【元本】 近代ぐゎんきん[元金]。ぐゎんぽん[元本]。ききん[基金]。しきん[資金]。しほんきん[資本金]。近世もときん[元金]。中世もとで[元手]。
―と利息 中世ぐゎんり[元利]。上代ほんり[本利]。

かんまつ【巻末】 近世くゎんび[巻尾]。くゎんまつ[巻末]。中世くゎんぢく[巻軸]。
―の言葉 あとがき[後書]。こうき[後記]。近代エピローグ(epilogue)。近世ばつぶん[跋文]。まっぴつ[末筆]。中世しゅうしゃう[終章]。ばつ[跋]。中古まつぶん[末文]。→あとがき

かんまん【干満】 中世かんまん[干満]。みちひ[満干]。みちひき[満引]。

―のエネルギー ちょうりょく[潮力]。

―の差が最小 近代こしほ[小潮]。

―の差が最大 中古おほしほ[大潮]。

―の差が中くらい 近代なかしほ[中潮]。

―の速さ しおあし[潮足]。

かんまん【緩慢】 中世てぬるし[手緩]。のろし[鈍]。中古ゆるし[緩]。上代おそし[遅／鈍]。

かんみ【甘味】 あまみ[甘]。中世あまさ[甘]。かんみ[甘味]。上代あまし[甘]。
自然―料の例 メープルシロップ(maple syrup)。近代くゎたう[果糖]。たうみつ[糖蜜]。ばくがたう[麦芽糖]。近世はちみつ[蜂蜜]。みづあめ[水飴]。中世こほりざたう[氷砂糖]。中古さたう[砂糖]。
人工―料の例 アスパルテーム(aspartame)。キシリトール(xylitol)。ズルチン(ドイツ Dulcin)。近代サッカリン(saccharin)。

がんみ【玩味】 がんしょう[翫賞]。近代かみしめる[噛締]。みたう[味到]。近世かみわく[―わける][噛分]。かんしゃう[鑑賞]。ぐゎんみ[玩味／翫味]。上代あぢはひ[味]。そしゃく[咀嚼]。

かんみん【官民】 中世うへした[上下]。近代くゎんみん[官民]。上代てうや[朝野]。

かんむり【冠】 近代クラウン(crown)。くゎんぼう[冠帽]。中世かぶり／かむり[冠]。かんむり[冠]。中古あつびたひ[厚額]。うすびたひ[薄額]。かうぶり[冠]。かがふり[冠]。
―と沓くつ 中古くゎんり[冠履]。
―のひも 近世くゎんえい[冠纓]。中古あげを[上緒]。
位階を示す― 上代くゎんゐ[冠位]。ゐくゎん[位冠]。
王の― 近代クラウン(crown)。近世わうくゎん[王冠]。
勝者を称える― 近代えいくゎん[栄冠]。げっけいくゎん[月桂冠]。
玉で飾った― 近代たまかむり[玉冠]。中古ぎょくくゎん[玉冠]。ほうくゎん[宝冠]。
仏像などがつけている― 中古てんくゎん[天冠]。ほうくゎん[宝冠]。

かんめい【感銘】 近代いんしゃう[印象]。かんめい[感銘／肝銘]。めいき[銘記]。身に沁しみる。中世かんぷく[感服]。めいかん[銘肝]。中古かんげき[感激]。かんしん[感心]。かんどう[感動]。肝に銘ず。身に染む[―染みる]。上代かんたん[感嘆／感歎]。
―を与える 近代心を打つ。肺腑を衝く。近世ひびく[響]。

かんめい【簡明】 →かんけつ【簡潔】

がんめい【頑迷】 →かたくな

がんめん【顔面】 近世がんめん[顔面]。中世かほさき[顔先]。中古めんじゃう[面上]。上代おもわ[面輪]。
―の腫れ物 めんそ[面疽]。近代めんちゃう[面疔]。

がんもく【眼目】 近代えうてん[要点]。しゅ

がん［主眼］。近世こっし［骨子］。中世かうりゃう［綱領］。がんもく［眼目］。こつずい［骨髄］。せん［詮］。まなこ［眼］。

かんもん【関門】 中世くゎんもん［関門］。近代なんくゎん［難関］。上代せきしょ［関所］。

がんもん【願文】 近世ぐゎんじゃう［願状］。中古あかしぶみ［証書］。ぐゎんしょ［願書］。上代ぐゎんもん［願文］。

かんやく【簡約】 →**かんけつ【簡潔】**

かんゆう【勧誘】 近代くゎんこく［勧告］。近世しょうよう［慫慂］。中古くゎんいう［勧誘］。さそふ［誘］。しゃうれい［奨励］。すすむ［すすめる］［奨／勧］。もよほし［催］。

よくないことへの― 近代いうわく［誘惑］。

〈文末表現〉 ないか。まいか。ましょう。ませ。近世べい。中世うず。べし。中古てむ。な。やは。上代なむ。

かんよ【関与】 かいにゅう［介入］。タッチ(touch)。近代あづかる［与］。くみする［与］。近世くゎんけい［関係］。くゎんよ［関与］。中世あづかりしる［関知／与知］。さんか［参加］。指を指す。中古かかはる［関］。

―・しない ノータッチ(和製no touch)。

かんよう【寛容】 →**かんだい**

かんよう【肝要】 →**かんじん**

かんよう【慣用】 近代おきまり［御決］。くゎんかう［慣行］。くゎんよう［慣用］。くゎんれい［慣例］。近世おさだまり［御定］。しきたり［仕来］。じゃうたう［常套］。じゃうよう［常用］。中世くゎんしふ［慣習］。中古つかひなる［―なれる］［使慣］。ならはし［習］。なる［なれる］［慣］。

―の句 かんようく［慣用句］。近代イディオム(idiom)。きまりもんく［決文句］。せいく［成句］。中世じゅくご［熟語］。

かんよう【涵養】 →**いくせい**

がんらい【元来】 初めから。前前から。近世げんらい［原来］。ずだい。そもそも。中世こんぽん［根本］。じたい［自体］。ぜんたい［全体］。ぢたい［地体］。どだい［土台］。もにょほふ［如法］。はやう／はやく［早］。もともと［元元］。中古ほんらい［本来］。もとより。上代ぐゎんらい［元来］。じゅうらい［従来］。

かんらく【陥落】 おちこむ［落込］。近代おちる［落／堕］。かんぼつ［陥没］。かんらく［陥落］。ちんか［沈下］。近世こうりゃく［攻略］。中世ぼつらく［没落］。らくじゃう［落城］。手に落つ［―落ちる］。中古おちいる［陥］。

かんらく【歓楽】 近代いういつ［遊逸／遊佚］。きゃうらく［享楽］。近世えつらく［悦楽］。中世いついう［逸遊／佚遊］。くゎいらく［快楽］。ごらく［娯楽］。ゆらく［愉楽］。中古いつらく［逸楽／佚楽］。たのしみ［楽］。上代くゎんらく［歓楽］。

《句》近世歓楽極まりて哀情多し。

かんらん【観覧】 中世しうらん［周覧］。中古くゎんらん［観覧］。けんぶつ［見物］。

かんり【官吏】 近代くゎんじん［官人］。くゎんゐん［官員］。こうむゐん［公務員］。こうり［公吏］。りゐん［吏員］。近世りじん［吏人］。中世くゎんれう［官僚］。つかさ［官／司／首／長］。つかさびと［官人］。やくにん［役人］。り［吏］。中古おほやけびと［公人］。上代くゎんにん［官人］。くゎんり［官吏］。

―登用試験に合格する 中古桂(かつら)を折る。

―となって故郷を離れる 中世くゎんいう［官遊］。

―となる 近代官途に就く。中古くゎんし［官仕］。上代しくゎん［仕官］。

―と民間 近代くゎんみん［官民］。中世うへした［上下］。上代てうや［朝野］。

―の仕事 かんと［官途］。中古りむ［吏務］。

―の社会 近代くゎんかい［官界／官海］。

―の民間への再就職 近代あまくだり［天下］。

―を罵(のの)しる語 近代なまづひげ［鯰髭］。

多くの― 上代ひゃくれう［百僚］。

下級の― 近代かきふくゎんり［下級官吏］。近世げし／げす［下司］。こやくにん［小役人］。中世げくゎん［下官］。

軍事以外の事務をする― 上代ぶんくゎん［文官］。

軍事に携わる― 上代ぶくゎん［武官］。

人民を苦しめる苛酷な― 中古こくり［酷吏］。

有能な― 近代のうり［能吏］。

わずかな給料で故郷を離れ―となる 近代とべいくゎんいう［斗米官遊］。

▼官僚政治 ビューロクラシー(bureaucracy)。

かんり【管理】 うんえい［運営］。近代かんとく［監督］。かんり［監理／幹理］。くゎんしゃう［管掌］。けいえい［経営］。とうせい［統制］。マネージメント(management)。近世くゎんり［管理］。さはい［差配］。しゅくゎん［主管］。とりしまり［取締］。ゐぢ［維持］。中世おこなひをさむ［行治］。くゎん

りゃう／くゎんれい［管領］。さばき［捌］。中古くゎんかつ［管轄］。しょくゎん［所管］。つかさどる［掌／司］。上代かとる。をさむ［おさめる］［治］。

ー・する人　エグゼクティブ(executive)。コントローラー(controller)。スーパーバイザー(supervisor)。マネージャー(manager)。近代かんとくしゃ［監督者］。かんぶ［幹部］。くゎんりしゃ［管理者］。くゎんりにん［管理人］。マネージメント(management)。近世しはいにん［支配人］。しゅくゎん［主管］。中古あづかり［預］。

ーに当たる職務　かんりしょく［管理職］。やくしょく［役職］。

財産のー　近代くゎんざい［管財］。

製品の品質のー　クオリティーコントロール(QC; quality control)。ひんしつかんり［品質管理］。

かんり【監理】　近代かんとく［監督］。かんり［監理／幹理］。とりしまる［取締］。近世くゎんり［管理］。とりしきる［取仕切］。中世さしづ［指図］。

がんりき【眼力】　えんもく［鳶目］。かんていがん［鑑定眼］。近代がんしき［眼識］。かんしきがん［鑑識眼］。かんべつりょく［鑑別力］。くゎんさつりょく［観察力］。たつがん［達眼］。どうさつりょく［洞察力］。はんだんりょく［判断力］。近世おめがね［御眼鏡］。がんりき／がんりょく［眼力］。けいがん［炯眼］。中世がんくゎう［眼光］。けんしき［見識］。しきけん［識見］。しんがん［心眼］。めかど［目角］。めきき［目利］。離婁（りろう）の明。中古しんげん［心眼］。まなこ［眼］。上代けいがん［慧眼］。

優れたー　近世めだか［目高］。

かんりゃく【簡略】　近代かんけつ［簡潔］。かんぼく［簡朴／簡樸］。けいい［軽易］。シンプル(simple)。近世かんたん［簡単］。かんやく［簡約］。けいせう［軽少］。けいべん［軽便］。つづまやか［約］。てがる［手軽］。てみじか［手短］。中世あらか［荒］。おろそか［疎］。かんい［簡易］。かんそ［簡素］。かんりゃく［簡略］。→**かんけつ【簡潔】**

ーで粗末　中世かんそ［簡粗］。

ーにする　かんそか［簡素化］。かんりゃくか［簡略化］。中古ことそぐ［事削］。そぎすつ［削棄］。そぐ［削］。はぶく［省］。近代そうそう［怱怱／匆匆］。近世さうさう［草草］。

かんりょう【完了】　→**おわり**→**かこ**

かんりょう【官僚】　→**かんり【官吏】**

かんるい【感涙】　近代ねつるい［熱涙］。近世うれしなみだ［嬉涙］。中古かんるい［感涙］。

かんれい【慣例】　近代くゎんかう［慣行］。くゎんれい［慣例］。しふくゎん［習慣］。近世かくれい［格例］。しきたり［仕来］。ぢゃうはふ［定法］。中世きちれい［吉例］。せんれい［先例］。ていれい［定例］。ばうれい［傍例］。中古かた［型］。くゎんしふ［慣習］。ためし［例／様］。つうれい［通例］。ならはし［習］。ならひ［習／慣］。れい［例］。上代こうれい［恒例］。しきれい［式例］。じゃうれい［常例］。ぢゃうれい［定例］。

かんれき【還暦】　近代くゎんれき［還暦］。近世かじゅ［下寿］。ぢゃうきゃう［杖郷］。ほんけがへり［本卦還］。中世ろくじゅん［六旬］。中古ききう［耆旧］。じじゅん［耳順］。むそ／むそぢ［六十路］。→**ねんれい**

かんれん【関連】　→**かんけい❶**

かんろ【甘露】　→**おいし・い**

がんろう【玩弄】　近代ぐろう［愚弄］。近世ぐゎんろう［玩弄／翫弄］。中古なぶる［嬲］。

かんろく【貫禄】　近代おもみ［重］。くゎんろく［貫禄］。はく［箔］。近世くゎんめ［貫目］。ひれ［鰭］。中世ぎよう［儀容］。ゐげん［威厳］。中古おもし［重／重石］。上代ゐぎ［威儀］。

ーがあって落ち着いている　中古しうとく／しゅくとく［宿徳］。

ーがあるさま　どしり。中世おもらか［重］。中古いかめし［厳］。だうだう［堂堂］。ぢゅうこう［重厚］。

ーを付ける　近世箔を付く［ー付ける］。

太ってーがあるさま　近世でっぷり。

かんわ【緩和】　かんしょう［緩衝］。近代しくゎん［弛緩］。なんくゎ［軟化］。近世くゎんわ［緩和］。中世ゆるむ［緩／弛］。ゆるむ［ゆるめる］［緩／弛］。中古ゆるぶ［緩／弛］。

厳しい対立などがー・する　ゆきどけ［雪解］。

衝突などの衝撃をー・する　かんしょう［緩衝］。

かんわ【閑話】　かんげん［閑言］。むだばなし［無駄話］。近代ざつだん［雑談］。じょうわ［冗話］。近世おしゃべり［御喋］。さわ／ちゃわ／ちゃばなし［茶話］。せけんばなし［世間話］。せじばなし［世事話］。ちゃのみばなし［茶飲話］。よもやまばなし［四方山話］。中古かんご［閑語］。かんだん［閑談］。かんわ［閑話］。

き

き【木】 ウッド(wood)。近代ツリー(tree)。ようざい[用材]。近世もくざい[木材]。中世じゅもく[樹木]。たちき[立木]。中古ざいもく[材木]。上代き[木/樹]。

—が多く生えているところ 近代じゅかい[樹海]。みつりん[密林]。中世じゅりん[樹林]。しんりん[森林]。もりん[茂林]。中古なみき[並木]。上代こだち[木立]。はやし[林]。もり[森]。

—が茂っている 中古こしげし[木茂/木繁]。こぶかし[木深]。

—が茂っているさま 近代ばんりょく[万緑]。中世こんもり。

—が隙間なく繁っているさま 上代しみに/しみみに[茂/繁]。

—が高く聳(そび)えるさま 中古ていてい[亭亭]。

—がまばらな所 中古もとあら[本荒/本疎]。

—から木へ移る 上代こづたふ[木伝]。

—で作る 近世もくせい[木製]。中古もくざう[木造]。

—と石 近代もくせき[木石]。中古ぼくせき[木石]。

—と草 中古さうもく[草木]。上代くさき[草木]。

—と竹 中世きたけ/ぼくちく[木竹]。ちくぼく[竹木]。

—と花 中世はなき[花木]。中古くゎぼく[花木]。

—に登ること 中世きのぼり[木登]。

—の間 中古このま[木間]。じゅかん[樹間]。上代こま[木間]。

—の勢い じゅせい[樹勢]。

—の上 近世木の空。中古じゅじゃう[樹上]。

—の上を吹く清らかな風の音 近代せいらい[清籟]。

—の馬 近世きうま[木馬]。ぼくば[木馬]。中世もくば[木馬]。

—の枝 中世じゅし[樹枝]。上代え[枝]。このえ[木枝]。→**えだ**

—の枝の格好 えだつき[枝付]。近世えだぶり[枝振]。中古えだざし[枝差]。

—の皮 もくひ[木皮]。近代ぼくひ[木皮]。近世きはだ[木肌/木膚]。じゅひ[樹皮]。中古こはだ[木皮/木肌/木膚/樸]。

—の切り株 近世ねかぶ[根株]。中世きりかぶ[切株]。きりくひ[切杭]。中古くひぜ[株/杭]。上代かりばね[刈株]。

—の切り株から出る芽 中古ひこばえ[蘖]。

—の切り口から液が出ること いっぴつ[溢泌]。しゅつえき[出液]。

—の切り口の模様 近代きぢ[木地]。近世ねかぶ[根株]。もくり[木理]。中世きめ[木目/肌理]。きりかぶ[切株]。きりくひ[切杭]。もく[木/杢]。もくめ[木目]。中古きさ[橒]。くひぜ[株/杭]。上代かりばね[刈株]。

—の切れ端 こくづ[木屑]。近代もくへん[木片]。近世きくづ[木屑]。こっぱ[木端/木片]。中世きぎれ[木切]。こけら[木屑/柿/杮]。上代こつ/こつみ[木屑/木積]。

—の先 近世うらき[末木]。中世じゅせう[樹梢/樹抄]。せうとう[梢頭]。中古こずゑ[梢]。上代こぬら[木末]。

—の茂み 上代こむら[木叢]。しげ[繁]。

—の茂みに隠れる 中世このまがくれ[木間隠]。上代このくれがくる[木暗隠]。

—の下 中古このもと[木下]。じゅか/じゅげ[樹下]。上代きのもと/このした[木下]。

—の下の暗い所 近代あをばやみ[青葉闇]。近世こしたやみ[木下闇]。したやみ[下闇]。中世このしたがくれ[木下隠]。中古こがくれ[木隠]。こかげ[木陰]。こぐらし[木暗](形容詞)。こぐれ[木暗/木暮]。このしたかげ[木下陰]。このしたやみ[木下闇]。じゅいん[樹陰/樹蔭]。上代このくれ[木暗/木暮]。このくれしげ[木暗茂]。

—の下の道 中世このしたみち[木下道]。

—の姿 じゅけい[樹形]。近世きぶり[木振]。

—の精 近代もくせい[木精]。中古こだま[木霊]。やまのかみ[山神]。

—の高さ じゅこう[樹高]。

—のない山 近代ばうずやま[坊主山]。中世はげやま[禿山]。

—の苗 近代えうぼく[幼木]。近世なへぎ[苗木]。

—の根もと 近代ねかた[根方]。

—の年齢 近代じゅれい[樹齢]。

—の葉がそよぐさま 上代さや。

—の葉が散り乱れる 中古きほふ[競]。

—の葉がよく茂っている 上代こだる[木垂/木足]。

—の品質 近代きがら[木柄]。きぢ[木地]。もくしつ[木質]。

—の札 近代ぼくはい[木牌]。もくかん[木簡]。中世もくはい[木牌]。

ーの分泌する液体 近世じゅし[樹脂]。中古やに[脂／膠]。
ーのまたになったところ 中古かせぎ[桛／木]。
ーの実 →くだもの
ーの幹と枝 近世かんし[幹枝]。
ーの芽 中古このめ[木芽]。
ーの芽が膨らんで大きくなること 中古つはり。
ーの芽が萌えでる 近代もえだす[萌出]。中世木〻の芽張る。
ーを植える 近代しょくじゅ[植樹]。しょくりん[植林]。
ーを切る さいばつ[採伐]。近代かんばつ[間伐]。ざんばつ[斬伐]。ばっさい[伐採]。中古せうそ[樵蘇]。ばつぼく[伐木]。上代きこる[樵]。こる[樵／伐]。
青葉の繁ったー 中古りょくじゅ[緑樹]。
生きているー 近世いきき[生木]。中世なまき[生木]。
一年中緑の枯れないー 近代じゃうりょくじゅ[常緑樹]。中古ときはぎ[常磐木]。上代しょうはく[松柏]。ときは[常磐]。
一本のー 中世いちぼく[一木]。中古いちじゅ[一樹]。こじゅ[孤樹]。ひとき[一木／一樹]。
いろいろなー 近代ざつぼく[雑木]。近世ざふき[雑木]。
美しいー 近世けいし[瓊枝]。中古ぎょくじゅ[玉樹]。
埋もれたー 中古むもれぎ[埋木]。上代うもれぎ[埋木]。
大きなー 近代きょじゅ[巨樹]。きょぼく[巨木]。中世たいぼく[大木]。中古たいじゅ[大樹]。上代おほき[大木／大樹]。
多くのー 上代ももき[百木]。
雄花だけをつけるー 中世をぎ[男木／雄木]。
街路のー 近代がいろじゅ[街路樹]。中古なみき[並木]。
香りのよいー こうぼく[香木]。
果実のなるー 中世くゎじゅ[果樹]。
風に吹かれるー 近世ふうぼく[風木]。中世ふうじゅ[風樹]。
傾いて生えているー 中古そなれぎ[磯馴木]。
神などが宿るー 近代りゃうぼく[霊木]。中古しんぼく[神木]。れいぼく[霊木]。
枯れたー 中古かうぼく[槁木]。からき[枯木]。こぼく[枯木]。上代かれき／かれぎ[枯木]。
枯れて枝のないー 中古もぎき[捥木]。をだまき[苧環]。
岸辺に流れ寄るーの屑 上代こつ／こつみ[木屑／木積]。
寄生しているー 中古やどりき／やどりぎ[宿木]。
切ったばかりのー 中世なまき[生木]。
切って皮をはいだだけのー 近世まるた[丸太]。
切り出したままのー げんぼく[原木]。中古まるき[丸木]。上代あらき[荒木／粗木]。
腐ったー 中古きうぼく[朽木]。くちき[朽木]。
雑多な役に立たないー 近代ざつぼく[雑木]。ちょぼく[樗木]。近世ざふき[雑木]。上代いつしば／しば[柴]。
神事に用いるー 上代さかき[榊／賢木]。
神社にあるー 中古しんぼく[神木]。上代かんき[神木]。
優れたー めいぼく[銘木]。中世めいぼく[名木]。
倒れたー とうぼく[倒木]。中世たふれぎ[倒木]。中古ふしき[臥木／伏木]。
高いー 近世かうぼく[高木]。中世けうぼく[喬木]。上代たかき[高木／高樹]。
地上に現れたーの根 近代ろこん[露根]。近世ねっこ[根子]。
中が空洞になったー 近世うつろぎ／うとろぎ[空木]。中世うつほぎ[空木]。ふしき[伏木／節木]。
夏のーの陰 上代なつかげ[夏陰]。
二本のー 近代さうじゅ[双樹]。
庭のー 中古うゑき[植木]。にはき[庭木]。上代せんざい[前栽]。
庭の中心として目立つー しょうしんぎ／しょうしんぼく[正真木]。
燃料としてのー 近世そだ[粗朶／麁朶]。たばねぎ[束木]。まきざっぱ／まきざっぽう[薪雑把]。中世わりき[割木]。中古すはえ[楚]。ふししば[伏柴]。まき[薪]。上代こしば[小柴]。こやで[小枝]。さえだ[小枝]。たきぎ[薪／焚木]。つまぎ[爪木]。ふし[柴]。
鉢植えのー 近世ぼんさい[盆栽]。中世はちのき[鉢木]。
花の咲いているーの下 近代はなかげ[花陰]。中古はなしたかげ[花下陰]。
花の咲くー 中古くゎじゅ[花樹]。くゎぼく[花木]。はなのき[花木]。
幅の広い葉を持つー 近代くゎうえふじゅ[広

葉樹］。

針状、鱗片状の葉をつける— 近代しんえふじゅ［針葉樹］。

低い— ていぼく［低木］。近代くゎんぼく［灌木］。わいじゅ［矮樹］。

節の多い— 近代ふしこくれ［節］。近世ふしくれ［節榑］。

冬の— 中世ふゆこだち［冬木立］。

古い— 中世らうぼく［老木］。中古おいき［老木］。こぼく［古木］。ふるき［古木］。らうじゅ［老樹］。上代こじゅ［古樹］。

水に浮いて漂う— 中古うきぎ［浮木］。ふぼく［浮木］。

雌花だけをつける— 中世めぎ［女木］。

山奥の— 中古みやまぎ［深山木］。

山から—を切り出すこと さいばつ［採伐］。中古せうそ［樵蘇］。そまだし［杣出］。ばつぼく［伐木］。上代きこる［樵］。こる［樵／伐］。

山から—を切り出す人 中世しばびと［柴人］。すうぜう［芻蕘］。そまうど［杣人］。やまうど［山人］。中古きのみち［木道］。こびき［木挽］。せうふ［樵夫／樵父］。そま［杣］。そまどり［杣取］。上代そまびと［杣人］。やまびと［山人］。

落葉する葉を持つ— 近代らくえふじゅ［落葉樹］。

立派な— 上代まき［真木／槙］。

若い— 近代えうぼく［幼木］。上代わかぎ［若木］。

き【気】❶〈気持ち〉近代かんじゃう［感情］。しんけい［神経］。近世きげん［機嫌］。きび／きみ［気味］。げんき［元気］。こんき［根気］。中世おもひ［思］。き［気］。きしょく／きそく［気色］。きもち［気持］。せいき［生気］。せいき［精気］。中古け［気］。けしき［気色］。ここち［心地］。こころぎは［心際］。こころむけ［心向］。しゃうき［生気］。上代いきほひ［勢］。こころ［心／情］。こころざし［志］。せいしん［精神］。そら［空］。ちから［力］。

—が合う 近代いきとうがふ［意気投合］。意気相投ずる。近世相性がよい。馬が合ふ。肌が合ふ。上代たまあふ［魂合］。

—が合う者同士 中古おもひどち／おもふどち［思］。上代思ふ人。

—があること 近世きたやま［北山］。きたやましぐれ［北山時雨］。

—が合わない 近世水と油。中世ふあひ［不合］。ふがふ［不合］。反りが合はぬ。《句》近代心合はざれば肝胆も楚越の如し。

—が置けない 遠慮がいらない。近代きやすい［気安］。近世きがるし［気軽］。きらく［気楽］。中古あなづらはし［侮］。こころやすし［心安］。

—がおける 中古はづかし［恥］。わづらはし［煩］。

—が変わりやすい すけべえこんじょう［助平根性］。近代おてんきや［御天気屋］。近世うつりごころ［移心］。きげんかひ［機嫌買］。きまぐれ［気紛］。むらき［斑気］。気多し。中世うつりぎ［移気］。

—が変わる 中古おもひうつる［思移］。ゆるぐ［揺］。

—が利いた 近世あぢな［味］。おつな［乙］。しゃれた［洒落］。

—が利いたこと 近世しゃれ［洒落］。りこん［利根］。

—が利いた言葉 近代ウイット(wit)。きち［機知］。近世しゃれ［洒落］。とんち［頓知／頓智］。中古ものいふ［物言］。

—が利いているさま 近世すし／すい［粋］。そくめう［即妙］。中世たういそくめう［当意即妙］。

—が利かない 近代どんかん［鈍感］。ふちゅうい［不注意］。ぶま［不間］。ぼんやり。近世のろま［鈍間／野呂松］。ふゆきとどき［不行届］。へま。まぬけ［間抜］。中世ふつつか［不束］。中古こちなし［骨無］。心地後る。上代こころおそし［心遅］。

—が利かないさま もさっと。近代ぼんやり。

—が利かない人 近世でくのばう［木偶坊］。ねそ。ねそねそ。ねっそり。またうもの［全者］。中世またうど［全人／真人］。

—が利く 近代気が回る。近世きくばり［気配］。きてん［機転］。きばたらき［気働］。気が利く。中世うるせし。こころきく［心利］。こころづく［心付］。こぶ［こびる］。たういそくめう［当意即妙］。気が付く。機転が利く。如才なし。中古かどかどし［才才］。こころかしこし［心賢］。こころとし［心疾］。ざればむ［戯］。

—が利く人 近世しゃれもの［洒落者］。中世さいかくもの［才覚者］。

—が気でない →—が揉める

—がくじける 中世をる［折］。中古おもひくづほる［思頽］。おもひくづる［—くずれる］［思頽］。

—が狂いそうだ 近代くるはし［狂］。中古く

るほし[狂]。ものぐるはし/ものぐるほし[物狂]。

—が狂う 近世きゃうてん[狂癲]。らんき[乱気]。中世はっきゃう[発狂]。ふうきゃう[風狂]。ふる[ふれる][狂]。らんしん[乱心]。気が触れる。中古きゃうき[狂気]。きゃうす[狂]。きゃうらん[狂乱]。ものぐるひ[物狂]。上代たぶる[狂]。てんきゃう[癲狂]。

—が狂ったようなさま 近代きゃうてき[狂的]。

—が狂ったように取り乱すこと 近世はんきゃうらん[半狂乱]。

—がさす 近代気が咎める。中世うしろぐらし[後暗]。うしろめたし[後]。やましし[疚]。中古ややまし。上代こころぐるし[心苦]。

—が進まない 意に染まない。近代きのりうす[気乗薄]。くさり[腐]。近世おくこふ[億劫]。きおも[気重]。中世ものくさし/ものぐさし[物臭/懶]。中古しぶしぶ。しぶる[渋]。とほし[遠]。

—が進まないのに強いて 近代なまじ[憖]。近世いやでも[否]。上代なまじひ[憖]。

—が進む 上代いさむ[勇]。

—が済む 近世たんのう[堪能]。中古まんぞく[満足]。上代こころゆく[心行]。

—が急く 中古あせる[焦]。おもひいそぐ[思急]。上代すすむ[進]。

—が小さい 近代けふじゃく[怯弱]。びんぼふしゃう[貧乏性]。近世せうき[小気]。せうたん[小胆]。中世きょじゃく[怯弱]。せうしん[小心]。中古おくだかし[臆高]。おくびゃう[臆病]。

—が散るさま 中世さんまん[散漫]。

—が付かない 近世うかうか。うっかり。お釈迦様でも気がつくまい。お釈迦様でも御存じあるまい。中世うかと。ぶねん[不念/無念]。

—が付かない所 しかく[死角]。近代まうてん[盲点]。

—が付く →きづ・く

—が強い 近代つよき[強気]。鼻っ端(はなっぱし)が強い。鼻っ柱(はなっぱしら)が強い。近世きづよし[気強]。きゃうき[強気]。こころぶとし[心太]。どうづよし[胴強]。ゐぐい[刳/蘞/醶]。腰が強し。中世がうき[剛気/豪気]。たてだてし。中古おぞし/おぞまし[悍]。きはだけし[際猛]。こころごはし[心強]。こころづよし[心強]。上代こはし[強]。《句》近世男は気から。男は気で持て(食へ/行け/渡れ)。

—が強いさま 中世きをり[気折]。

—が散る 中世まぎる[紛]。

—が遠くなる 近世気が暗くなる。中世しっしん[失神]。中古きえいる[消入]。たえいる[絶入]。

—が咎める →—がさす

—が長い 近世きながし[気長]。のんき[暢気/呑気]。いうちゃう[悠長]。中古こころながし[心長]。

—が抜ける きょだつ[虚脱]。近世きおち[気落]。さうしん[喪心/喪神]。中古きょうざむ[—ざめる][興醒]。すがすがし[清清]。興が醒む[—醒める]。興を醒ます。上代うつく[空/虚]。

—が抜けるさま 近代まうまう[惘惘]。近世がっかり。がっくり。ばうばう[惘惘]。鍬を抜かす。

—が早い 近世こころばや[心早]。中世きばやし[気早]。ものさわがし[物騒]。中古こころとし[心疾]。はやりか[逸]。

—が晴れない 近代うついう[鬱憂]。ふさぎこむ[塞込]。気が沈む。近世いううつ[憂鬱]。うちしめる[打湿]。うっき[鬱気]。うっす[鬱]。きぶしゃう[気無性/気不精]。しむ/しゅむ[染]。ふさぐ[鬱]。よくうつ[抑鬱]。肩背苦し。気が重し。中世きうつ[気鬱]。くさくさ。もうき[濛気/朦気]。中古いぶかし/いぶかしむ[訝]。いぶせし[鬱悒]。うちくす/うちくっす[打屈]。うついふ[鬱悒]。うつうつ[鬱鬱]。うったうし[憂鬱]。うづむ[埋]。うもる/むもる[埋]。うもれいたし[埋]。おもひうんず[思倦]。おもひきゆ[思消]。おもひくす/おもひくっす/おもひくんず[思屈]。おもひしづむ[思沈]。おもひむすぼほる[思結]。くしいたし[屈甚]。くす/くっす/くんず[屈]。くづほる[—おれる][頽]。くゆる[薫/燻]。くれふたがる[暮塞]。くんじいたし[屈甚]。むすぼほる[結]。むつかし[難]。ものうし[物憂]。ものうんじ[物倦]。ものむつかし[物難]。上代いぶせむ。うらぶる[—ぶれる]。おほほし/おぼほし。おもひしなゆ[思萎]。おもひしをる[思萎]。おもひむすぼる[思結]。しづむ[沈]。むすぼる[—ぼれる][結]。《尊》中古おぼししづむ[思沈]。

—が晴れないような雰囲気 近代いんいんめつめつ[陰陰滅滅]。近世うっき[鬱気]。

—が晴れる 近世たんのう[堪能]。中古おもひなぐさむ[思慰]。おもひなほる[思直]。こころゆく[心行]。さむ[さめる][醒／覚]。しわのぶ[—のびる][皺伸]。腹が居る。胸開く。上代こころひらく[心開]。なぐさむ[慰]。なぐさもる[慰]。

—が引ける 近代ひけめ[引目]。近世ゑんりょ[遠慮]。中世きおくれ[気後／気遅]。つつましやか[慎]。はばからし[憚]。まばゆし[眩]。やまし[疚]。中古うひうひし[初初]。こころはづかし[心恥]。つつまし／つつましげ[慎]。はづかし[恥]。はばからはし[憚]。ものつつまし[物慎]。やさし[恥]。

—が紛れる 上代なぐさむ／なぐさもる[慰]。

—が回る →—が利く

—が短い 近代おこりっぽい[怒]。近世せっかち。中世きみじか[気短]。たんき[短気]。たんりょ[短慮]。腹悪ぁし。中古こころみじかし[心短]。

—が揉(も)める 近代いっきいちいう[一喜一憂]。近世あこがる[憧／憬]。きします[軋]。しんぱい[心配]。せうし[焦思]。気が気でなし。気に病む。心気を燃やす。中世あがく[足掻]。あせる[焦]。いりもむ[揉]。きづくし[気尽]。気に掛かる。中古あつかふ[扱]。いそぎおもふ[急思]。いらる[いられる][焦／苛]。おもひくだく[思砕]。こころづくし[心尽]。もどかし[擬]。心を尽くす。上代心砕く。

—が揉めるさま 落ち着かない。近代ゐても立ってもいられない。近世きやきや。じりじり。はらはら。ひやひや[冷冷]。やきもき。やきやき。ゐる空がない。

—が緩む 近代だれる。中世あばく[褫]。おもひたゆむ[思弛]。だらける。たるむ[弛]。ゆだん[油断]。中古うちたゆむ[打弛]。おこたる[怠]。こころとく[心解]。たゆみ[弛]。

—が弱い 心臓が弱い。近世うちき[内気]。きぼそし[気細]。しりよわ[尻弱]。よわき[弱気]。中世きよわし[気弱]。けふだ[怯懦]。中古おくびゃう[臆病]。こころよわし[心弱]。

—が弱くなる 中古おもひくづほる[思頽]。くづほる[—おれる][頽]。上代おもひたわむ[思撓]。

—に入らない →—にくわない

—に入られる 近代お眼鏡にかなふ。近世うく[うける][受]。中世御目(おめ)が参る。上代ちょう[寵]。ちょうあい[寵愛]。

—に入られるようにする 近代意を迎へる。歓心を買ふ。媚びを売る。近世おべっか。おべんちゃら。ごますり[胡麻擂]。味噌を擂(す)る。中世あゆ[阿諛]。とりいる[取入]。機嫌を取る。中古こぶ[こびる][媚]。ついしょう[追従]。上代おもねる[阿／阿諛]。

—に入る 近代意に中(あ)たる。近世心に染む。中世てきい[適意]。中古こころいる[心入]。つく[付]。めづ[めでる][愛]。意に適(かな)ふ。心に入る。心に適ふ。心に付く。上代ふさふ[相応]。《尊》中世めす[召]。御目(おめ)に入る。

—に掛かる(掛ける) 近代いしき[意識]。うこさべん[右顧左眄]。かいする[介]。くゎんしん[関心]。こだはる[拘]。意とする。意に介する。気が差す。近世かいい[介意]。かけかまひ[掛構]。きぶさい[気塞]。こりょ[顧慮]。しんぱい[心配]。気になる。気に病む。中世かまふ[構]。きがかり[気掛]。きづかはし[気遣]。こころがかり[心掛／心懸]。中古おもひかく[思懸]。こころとどむ[心留]。とんぢゃく[頓着]。心に染む。心に付く。心病む。上代とがむ[咎]。わづらふ[煩]。

—に掛かることがない くったくない[屈託無]。

—に掛かるさま 近代かいぜん[介然]。近世くいくい。くよくよ。

—に掛かる所 近世おもひど[思所／思処]。

—に掛け過ぎ しんけいかびん[神経過敏]。

—に掛けている事 近代くゎんしんじ[関心事]。

—に掛けない 気にしない。どこ吹く風。近代はうねん[放念]。むくゎんしん[無関心]。むとんぢゃく[無頓着]。一笑に付す。意に介さない。かまはない。眼中に置かない。近世おほみみ[大耳]。糸瓜(へちま)の皮とも思はず。糸瓜の皮の段袋。中世頓着せず。中古おもひはなつ[思放]。事ともせず。《尊》中古おぼしおく[思置]。おぼしかく[思掛]。

—にくわない 近代ふゆくゎい[不愉快]。意に満たない。近世いけすかぬ[好]。すかんたらし[好]。虫が嫌ふ。虫が好かぬ。中世あいなし／あひなし。うたてし。きざかひ[気逆]。ふとくしん[不得心]。気に障る。中古うし[憂]。うたてあり。からし[辛]。けうとし[気疎]。けにくし[気憎]。こころうし[心憂]。こころづきなし[心付]。すずろはし／そぞろはし[漫]。つきなし[付無]。

ふくゎい[不快]。ほいなし[本意無]。まばゆし[眩]。めざまし[目覚]。もどかし。ものしげ[物]。上代にくし[憎]。

―に障る 近代さへる[障]。感情を害する。近世きあたり[気当]。むなき／むねき[胸気]。癇かんに障る。中世気を触ふる。耳に当たる。耳に障る。

―にしない→―に掛けない

―にする→―に掛かる(掛ける)

―にするな ドンマイ(和製Don't mind)。ネバーマインド(never mind)。へいちゃら／へっちゃら[平]。

―のせい 近世こころなし[心做]。中古おもひなし[思做]。心の做なし。

―の向くままにする 中世こころまかせ[心任]。中古すさぶ[荒]。

―の緩み 中世すき[隙／透]。たるみ[弛]。中古こころゆるび[心弛]。

―のよい人 近代おひとよし[御人良]。中世ぜんにん[善人]。

―を失い倒れる 近代そったう[卒倒]。

―を失う 意識が遠のく。近代じんじふせい[人事不省]。近世きぜつ[気絶]。中世おちいる[陥]。きゆ〔きえる〕[消]。こころうす[心失]。こんすい[昏睡]。しっしん[失神]。まぐる[眩]。中古きえいる[消入]。しにいる[死入]。たえいる[絶入]。

―を落とす 気が挫くじける。近代気が沈む。近世おほぐさり[大腐]。くさる[腐]。気がふさぐ。中古おもひくづほる[思]。しをる〔しおれる〕[萎]。→―が晴れない→がっかり

―を配る 近代こころづくし[心尽]。はいい[配意]。りうい[留意]。意を用いる。微に入り細を穿つ。近世こころくばり[心配]。こころづかひ[心遣]。さいしん[細心]。はいりょ[配慮]。心を用ゐる。中世かまふ[構]。気を使ふ。中古おもひやる[思遣]。こころげさう[心化粧]。こころばせ[心馳]。ひきつくろふ[引繕]。上代かへりみる[顧]。こころしらふ[心]。

―を鎮める 中古おもひのどむ[思]。

―を使う 近世きがね[気兼]。心気を砕く。中世かぬ〔かねる〕[兼]。きづかふ[気遣]。肺肝を摧くだく。中古さいしん[砕心／摧心]。

―を付ける 近代ちゃくい[着意]。りうい[留意]。念に掛ける。近世ちゅうい[注意]。ねん[念]。中世こころづく〔―づける〕[心付]。中古こころす[心]。とどむ〔とどめる〕[留／止／停]。ようじん[用心]。心置く。心を留む〔―留める〕。上代うれふ〔うれえる〕[愁／憂]。こころしらふ[心]。つつしむ[謹]。まもる[守]。

―を取られる 注意を他に奪われる。近世るす[留守]。中世うっかり。上代かまく〔かまける〕[感]。

―を取り直す 中古おもひおこす[思起]。

―を吐く 近代気炎を揚げる(吐く)。気勢を揚げる。近世調子に乗る。

―を晴らす 近世うさばらし[憂晴]。うっさん[鬱散]。きはうじ[気放]。たんのう[堪能]。中世きさんじ[気散]。きばらし[気晴]。せうけん[消遣／銷遣]。上代おもひやる[思遣]。なぐさむ〔―さめる〕[慰]。

―を張る 近代きんちゃう[緊張]。テンション(tension)。近世息を凝らす。息を殺す。

―を引いてみる 近世とひぐすり[問薬]。鎌を掛く〔―掛ける〕。水を向く〔―向ける〕。中世すびく[素引]。

―をまわす 近代おくそく[憶測]。近世かんぐる[勘繰]。中世じゃすい[邪推]。

―を持たせるそぶり 近世おもはせぶり[思振]。もたせぶり[持振]。

―を揉もませる 近世気を持たす(せる)。中世きしもます〔―ませる〕[軋]。

―を揉む→―が揉める

―を許した話 中古うちとけごと[打解言]。

―を許す 中世くつろぐ[寛]。ゆだん[油断]。帯紐解く。中古うちとく〔―とける〕[打解]。したしむ[親]。

見て―に入る 近世めずき[目好]。

き【気】❷〈空気〉 アンビエンス(ambience)。近代アトモスフィア(atmosphere)。くうき[空気]。けはい[気配]。ふんゐき[雰囲気]。ムード(mood)。中古き[気]。

もうもうと立ちこめる― 近代もうき[朦気／濛気]。

霊妙な― 近代れいふん[霊氛]。中古れいき[霊気]。

悪い― 近世へんき[偏気]。中世あくき[悪気]。いんき[陰気]。じゃき[邪気]。

き【忌】 近代きにち[忌日]。中世めいにち[命日]。も[喪]。中古いみ[忌]。き[忌]。

―が終わる 近代きあけ[忌明]。近世いみあき／いみあけ[忌明]。

き【奇】 中古き[奇]。上代あやし[怪]。めづらし[珍]。

―を衒てらう げんき[衒奇]。トリッキー(tricky)。近代ファンシー(fancy)。

き【軌】 近代 き[軌]。きだう[軌道]。きでう[軌条]。しゃき[車軌]。せんろ[線路]。てつだう[鉄道]。中世 わだち[轍]。中古 しゃてつ[車轍]。上代 みち[道／路]。

き【記】 近世 きじ[記事]。ぶんしゃう[文章]。中古 きろく[記録]。上代 き[記]。

き【機】 中世 き[機]。きくゎい[機会]。じき[時機]。中古 をり[折]。

―が熟さない 中古 まだし[未]。

―が熟す 近代 かうき[好機]。ころあひ[頃合]。近世 ほぞおち[臍落／蔕落]。

き【期】 近代 きかん[期間]。ころあひ[頃合]。じき[時期]。中古 き[期]。

き【生】 近代 き[生]。中世 じゅんすい[純粋]。しんせん[新鮮]。中古 なま[生]。

き【黄】 →**きいろ**

ぎ【偽】 近世 ぎ[偽]。中世 にせ[偽]。中古 えせ[似非／似而非]。上代 いつはり[偽]。

ぎ【義】 近世 いみ[意味]。中世 ぎ[義]。せいぎ[正義]。でうり[条理]。上代 だうり[道理]。

―のため命を惜しまない気風 中世 にんけふ[仁侠／任侠]。

―を守る強い心 近世 ぎれつ[義烈]。

―を守る人 近代 ぎと[義徒]。ぎみん[義民]。中世 ぎしゃ[義者]。上代 ぎし[義士]。

きあい【気合】❶〈気分〉 近代 ハート(heart)。フィーリング(feeling)。近世 こきふ[呼吸]。中世 きあひ[気合]。きぶん[気分]。こころもち[心持]。しんき[心気]。中古 しんじゃう[心情]。

きあい【気合】❷〈気概〉 近代 いきぐみ[意気組]。きあひ[気合]。きがまへ[気構]。きはく[気魄／気迫]。バイタリティー(vitality)。近世 えいき[鋭気]。きじゃう[気勢]。こころいき[心意気]。中世 いきごみ[意気込]。きえん[気炎／気焔]。きがい[気概]。きせい[気勢]。しき[志気]。せいき[生気]。中古 いぢ[意地]。きおひ[気負]。せいき[精気／勢気]。上代 いき[意気]。

―を入れる 発破をかける。奮い立たせる。中世 げきれい[激励]。こぶ[鼓舞]。中古 はっぷん[発奮／発憤]。上代 はげます[励]。

きあつ【気圧】 近世 きあつ[気圧]。たいきあつ[大気圧]。

―の谷 トラフ(trough)。

―計のいろいろ(例) アネロイドきあつけい[aneroid気圧計]。くうごうきあつけい[空盒気圧計]。すいぎんきあつけい[水銀気圧計]。びきあつけい[微気圧計]。近代 せいうけい[晴雨計]。バロメーター(barometer)。

きあん【起案】 たたきだい[叩台]。近代 きあん[起案]。きかく[企画]。げんあん[原案]。ていあん[提案]。ていぎ[提議]。ていげん[提言]。はつあん[発案]。りつあん[立案]。中古 さうあん[草案]。さうかう[草稿]。

―のための文書 りんぎしょ[稟議書]。

ぎあん【議案】 近代 あんけん[案件]。ぎだい[議題]。近世 ぎあん[議案]。

―の決定 ひょうけつ[票決]。近代 かけつ[可決]。けつぎ[決議]。さいけつ[採決]。へうけつ[表決]。

―を議事にかける 近代 じゃうてい[上程]。

―を提出する 近代 ていぎ[提議]。どうぎ[動議]。はつあん[発案]。はつぎ[発議]。

―を認めない 近代 ひけつ[否決]。

緊急の―提出 近代 きんきふどうぎ[緊急動議]。

審議されず廃止となった― 近代 はいあん[廃案]。

きい【奇異】 まかふしぎ[摩訶不思議]。近世 くゎいき[怪奇]。めんえう／めんよ[面妖]。中世 へん[変]。めう[妙]。中古 いやう[異様]。きい[奇異]。きくゎい[奇怪]。きめう[奇妙]。ふかしぎ[不可思議]。ふしぎ[不思議]。めづらし[珍]。上代 あやし[奇／怪]。

きい【忌諱】 →**きき【忌諱】**

きい【貴意】 おかんがえ[御考]。中世 きい[貴意]。ぎょい[御意]。中古 おぼしめし[思召]。上代 みこころ[御心]。

キー(key) →**かぎ**

ピアノなどの― 近代 キーボード(keyboard)。けん[鍵]。けんばん[鍵盤]。

きいちご【木苺】 さつきいちご[五月苺／皐月苺]。たうえいちご[田植苺]。もみじいちご[紅葉苺]。

きいつ【帰一】 近代 がっち[合致]。きけつ[帰結]。近世 がふいつ[合一]。中世 きいつ[帰一]。中古 きちゃく[帰着]。

きいっぽん【生一本】 近代 きいっぽん[生一本]。近世 いっぽんぎ[一本気]。きっすい[生粋]。中世 じゅんすい[純粋]。

きいと【生糸】 近代 シルク(silk)。近世 しらいと[白糸]。上代 きいと[生糸]。

繭(まゆ)から―を繰り出す仕事 近世 くりいと／さうし[繰糸]。

撚(よ)りを掛けない― はいと[羽糸]。

キープ(keep) おんぞん[温存]。近代 かくほ[確

保]。ほいう[保有]。ほぞん[保存]。近世 ほぢ[保ゐぢ[維持]。中世 ほぜん[保全]。ほぢ[保持]。上代 たもつ[保]。

きいろ【黄色】 近代 イエロー(yellow)。わうしょく[黄色]。中世 くゎうしょく[黄色]。中古 いはぬいろ[言色]。きいろ[黄色]。きはだいろ[黄蘗色]。そがいろ[色]。上代 き[黄]。きはだ[黄蘗]。

ーと赤の中間色 とうこうしょく[橙黄色]。近代 オレンジいろ[orange色]。だいだいいろ[橙色]。たうわうしょく[橙黄色]。中古 かうじいろ／かんじいろ[柑子色]。

ーと白 近代 くゎうはく[黄白]。中古 わうびゃく[黄白]。

ーに変わること 近代 わうだく[黄濁]。わうへん[黄変]。中世 くゎうだく[黄濁]。中古 きばむ[黄]。

ー味を帯びた淡紅色 近代 あけぼのいろ[曙色]。

ー味を帯びた茶色 キャメル(camel)。ベージュ(フランス beige)。ちょうじいろ[丁子色]。近代 らくだいろ[駱駝色]。

赤味がかったー 中古 あかくちば[赤朽葉]。あをくちば[青朽葉]。きくちば[黄朽葉]。くちばいろ[朽葉色]。

赤味を帯びた濃いー 中古 くちなしいろ[梔子色]。

赤味を帯びた半透明のー 近代 こはくいろ[琥珀色]。近世 あぶらいろ[油色]。

薄いー くわいろ[桑色]。しゅおうしょく[酒黄色]。せんこう[浅黄]。プリムローズ(primrose)。近代 クリームいろ[cream色]。中古 あさぎ[浅黄]。

黒ずんだー 近代 べっかふいろ[鼈甲色]。中世 かはらけいろ[土器色]。

緑がかったー 近代 りょくわうしょく[緑黄色]。近世 わうりょくしょく[黄緑色]。

やや赤味を帯びたー 近世 はじいろ[黄櫨色]。中古 やまぶき／やまぶきいろ[山吹色]。

やや赤味を帯びた薄いー 近代 はだいろ[肌色]。

きいん【起因】 ルーツ(roots)。近代 えういん[要因]。オリジン(origin)。げんいう／げんゆ[原由]。げんいん[原因]。せいいん[成因]。せいいん[生因]。ファクター(factor)。近世 いういん[誘因]。きいん[起因／基因]。きげん[起源／起原]。ほんもと[本元]。中世 はじまり[始]。中古 おこり[起]。ほんげん[本源／本原]。ゆらい[由来]。

ー・する 中古 もとづく[基]。

ぎいん【議員】 近代 ぎゐん[議員]。

ーが議会に出ること 近代 しゅつゐん[出院]。とうゐん[登院]。

ーになるべく選挙に出ること 近代 ちくろく[逐鹿]。りっこうほ[立候補]。

国民の選挙で選ばれたー 近代 みんせんぎゐん[民選議員]。

きう【気宇】 近世 きぐらゐ[気位]。きしゃう[気性]。中世 きう[気宇]。上代 きりゃう[器量]。どりゃう[度量]。

きうつ【気鬱】 →き【気】❶(ーが晴れない)

きうん【気運】 近代 じゃうせい[情勢]。どうかう[動向]。近世 きうん[気運]。なりゆき[成行]。中世 ぜんてう[前兆]。上代 きざし[兆]。

ー、情勢を作り出すこと じょうせい[醸成]。近代 ぢゃうざう[醸造]。

きうん【機運】 近代 かうき[好機]。ころあひ[頃合]。タイミング(timing)。チャンス(chance)。近世 きうん[機運]。きっかけ[切掛]。しほどき[潮時]。中世 きくゎい[機会]。きぶん[機分]。じき[時機]。中古 じぎ[時宜]。じせつ[時節]。をり[折]。

きえ【帰依】 近代 いっしんきみゃう[一心帰命]。しんじる[信]。すうはい[崇拝]。近世 そんしん[尊信]。にふしん[入信]。中世 きす[帰]。なむきみゃう[南無帰命]。なむさんぼう[南無三宝]。中古 しんかう[信仰]。しんじん[信心]。上代 きえ[帰依]。

きえい・る【消入】 →し・ぬ

きえつ【喜悦】 →よろこび

き・える【消】 しょうきょ[消去]。ふきとぶ／ふっとぶ[吹飛]。近代 かききえる[掻消]。じょうはつ[蒸発]。せうきゃく[消却／銷却]。無に帰す。近世 きえさる[消去]。とぶ[飛]。中世 きやす[消]。さうしつ[喪失]。じゃくめつ[寂滅]。せうしつ[消失／銷失]。せうす[消／銷]。たゆ(たえる)[絶]。はいぜつ[廃絶]。中古 きえいる[消入]。きえす[消]。せうさん[消散／銷散]。せうぢょ[消除／銷除]。せうばう[消亡]。せうめつ[消滅／銷滅]。とだゆ(とだえる)[途絶]。なくなる[無]。めっす[滅]。をさまる[治]。上代 うしなふ[失]。うす(うせる)[失]。きえうす(ーうせる)[消失]。きゆ(きえる)[消]。く[消]。けうす[消失]。けぬ[消]。たゆ(たえる)[絶]。つく(つきる)[尽]。はつ(はてる)[果]。

《枕》上代 あさしもの[朝霜]。あさつゆの[朝

露]。おくつゆの[置露]。つゆじもの[露霜][⇩きえ]。中古しらつゆの[白露]。上代あわゆきの[泡雪／沫雪]。つきくさの[月草]。ふるゆきの[降雪][⇩け]。

ー・えずに残る 近代せんざいふま[千載不磨]。中世きえやらず[消]。上代きえのこる[消残]。けのこる[消残]。のこる[残]。

ー・えそうなとき 中古きえがた[消方]。

ー・えて滅ぶ 近代そくめつ[熄滅]。めっきゃく[滅却]。近世めっしつ[滅失]。中古せうめつ[消滅／銷滅]。ぜつめつ[絶滅]。

ー・えにくい 中古きえがて[消難]。

ー・えやすい 中古はかなし[果無／果敢無／儚]。上代けやすし[消易]。

ー・えやすい命 中古つゆのみ[露身]。上代つゆのいのち[露命]。→**はかな・い**

ー・えやすいたとえ 風口の蠟燭。中世うたかた[泡沫]。なみ[波／浪]。上代つゆ[露]。

映像などが次第にー・えること フェードアウト(fade out)。

悲しみ苦しみなどがー・える 近代いえる[癒]。中古とく[とける][解]。

霧や雲が晴れるようにー・える むさん[霧散]。近代うんさんてうぼつ[雲散鳥没]。うんさんむせう[雲散霧消]。うんせうむさん[雲消霧散]。むせう[霧消]。

氷が解けるようにー・える 近代ひょうかい[氷解]。中世ひょうしゃく[氷釈]。

すっかりー・える 近代うんさんむせう[雲散霧消]。中世雲となり雨となる。中古きえあふ[消敢]。きえかへる[消返]。きえはつ[ーはてる][消果]。地を掃(はら)ふ。

すっかりー・えるさま けろりと。近世けそり。けろけろ。

火がー・える 近代せうくゎ[消火]。近世ちんくゎ[鎮火]。上代しめる[湿]。

▼燃えてなくなる もえつきる[燃尽]。中世灰燼(くゎいじん)に帰す。煙(烟)となす。煙(烟)になる。

きえん【気炎】 近代いきぐみ[意気組]。きあひ[気合]。きはく[気迫／気魄]。バイタリティー(vitality)。近世いきごみ[意気込]。えいき[鋭気]。くゎっき[活気]。げんき[元気]。こころいき[心意気]。中世きえん[気炎／気焔]。きがい[気概]。きこつ[気骨]。きせい[気勢]。しき[志気]。中古きりょく[気力]。上代いき[意気]。いきほひ[勢]。

ーを揚げる 近代きえんばんぢゃう[気炎万丈]。おだを上げる。熱を上げる。近世たいげんさうご[大言壮語]。気を吐く。熱を吹く。中古いきまく[息巻]。

きえん【奇縁】 近世きえん[奇縁]。きぐう[奇遇]。中世しうえん／しくえん[宿縁]。中古しゅくえん[宿縁]。

きえん【機縁】 近代つながり[繫]。近世えんこ[縁故]。きっかけ[切掛]。中世き[機]。きくゎい[機会]。しょえん[所縁]。よしみ[好]。中古いんえん[因縁]。えに／えにし[縁]。きえん[機縁]。せ[瀬]。ちなみ[因]。ゆかり[縁]。をり[折]。

ぎえん【義捐】 近代きうじゅつきん[救恤金]。ぎえん[義捐]。ぎきん[義金]。きょきん[醵金]。ぎゑん[義援]。チャリティー(charity)。中古きふ[寄付]。

きお・う【気負】 ハッスル(hustle)。近代いきぐみ[意気組]。いきほひこむ[勢込]。きおひたつ[気負立]。こうふん[興奮]。近世いきごみ[意気込]。いさみたつ[勇立]。ふんき[奮起]。りきむ[力]。肩肘怒らす。肩肘張る。中世きおふ[気負]。きせい[気勢]。きばる[気張]。中古かまふ[かまえる][構]。

ー・い立つさま 近代ゆうしんぼつぼつ[雄心勃勃]。

きおく【記憶】 こころおぼえ[心覚]。そらおぼえ[空覚]。そらんじ。メモリー(memory)。ものおぼえ[物覚]。耳に残る。中世おぼえ[覚]。かくご[覚悟]。きおく[記憶]。中古おもひで[思出]。

ー・して唱える 近世きしょう[記誦]。上代あんしょう[暗誦／諳誦]。

ー障害の一 近代けんばうしゃう[健忘症]。

ー・する力 近代きおくりょく[記憶力]。近世きせい[記性]。

ー・する力が優れていること 中世きゃうき[強記]。

ー違い 中古ひがおぼえ[僻覚]。

ーにある 思い当たるふし。近世こころあたり[心当]。中世おもひあたる[思当]。おもひだす[思出]。

ーに留める 脳裏に焼き付ける。近代せんろく[鐫録]。つめこむ[詰込]。めいき[銘記]。頭に入れる。心に刻む。近世あんき[暗記]。きす[記]。らうき[牢記]。心に留む[ー留める]。中世おぼゆ[おぼえる][覚]。めいかん[銘肝]。中古肝に銘ず。

コンピュータのー媒体(装置) じきディスク[磁気disc]。じきテープ[磁気tape]。じきドラム[磁気drum]。ハードディスク

(hard disk)。メモリー(memory)。ラム(RAM; random access memory)。ロム(ROM; read only memory)。

はっきりしない― 近世うろおぼえ／おろおぼえ[覚]。そらおぼえ[空覚]。

きおくれ【気後】 近代ひけめ[引目]。近世おくれ[後／遅]。こころおとり[心劣]。しりごみ[後込／尻込]。ばうて[場打]。中世きおくれ[気後／気遅]。こころおくれ[心後]。ひけ[引]。中古おくびゃう[臆病]。おそれ[恐／怖]。

―・した様子 近世おくめん[臆面]。

―・した様子もなく 近世おくめんなし[臆面無]。臆面もなし。

―・する 近世おどおどす。たぢろく／たぢろぐ。ひく[ひける][引]。びびる。気が引ける。中世おむ[おめる][怖]。わるびる[―びれる][悪怯]。わろびる[―びれる][悪怯]。中古おくす[臆]。おぢはばかる[怖憚]。おもひおくる[―おくれる][思後]。こころおくる[―おくれる][心後]。こころはづかし[心恥]。つつむ[慎]。はづかし[恥]。はなじろむ[鼻白]。ひるむ[怯]。まばゆし[目映]。ものおぢす[物怖]。遅れを取る。

―・せず 中世へらず[減]。怖めず臆せず。

―・せずに通るさま 近世ずかずか。中世ずいと。つかつか。

きおち【気落】→**がっかり**

ぎおんご【擬音語】 オノマトペ(フランスonomatopée)。近代ぎおんご[擬音語]。ぎせいご[擬声語]。ぎたいご[擬態語]。

きか【気化】 近世きくゎ[気化]。きはつ[揮発]。しょうくゎ[昇華]。じょうはつ[蒸発]。

―・したものを再び液化する 近世じょうりう[蒸留／蒸溜／蒸餾]。

きか【奇禍】 近世きくゎ[奇禍]。中世さいくゎ[災禍]。さいやく[災厄]。中古さいなん[災難]。やくなん[厄難]。上代わざはひ[災／禍]。

きか【麾下】 しきか[指揮下]。近代きへい[麾兵]。さんか[傘下]。れいか[隷下]。近世はいか[配下]。はたもと[旗本]。中世きか[麾下]。てした[手下]。上代ぶか[部下]。

きが【飢餓】 腹を空かす。腹を減らす。近代すきっぱら[空腹]。はらぺこ[腹]。ハングリー(hungry)。腹が空く。近世ひもじ。腹が減る。中世かつう[かつえる][餓]。きかつ[飢渇]。くうふく[空腹]。ひだるし[饑]。中古きが[飢餓]。けかつ[飢渇]。とうたい[凍餒]。上代うゑ[飢／餓]。ゑ[飢]。

きが【起臥】→**おきふし**

ぎが【戯画】 げきが[劇画]。コミック(comic)。近代カリカチュア(caricature)。カリカチュール(フランスcaricature)。ぎぐゎ[戯画]。きゃうぐゎ[狂画]。ふうしぐゎ[風刺画]。ポンチゑ[punch絵]。近世おどけゑ[戯絵]。まんぐゎ[漫画]。中世ざれゑ[戯絵]。中古をこゑ[痴絵／烏滸絵]。

きかい【機会】 グッドタイミング(good timing)。近代かうき[好機]。けいき[契機]。ころ[頃]。ころあひ[頃合]。チャンス(chance)。モーメント／モメント(moment)。近世きうん[気運]。きっかけ[切掛]。くひつき[食付]。しほ[潮]。しほあひ[潮合]。しほどき[潮時]。しゅび[首尾]。ばあひ[場合]。ま[間]。中世きき[機]。きくゎい[機会]。じうん[時運]。じき[時機]。そったく[啐啄]。たより[便]。づ[図]。つがひ[番]。びん[便]。きざみ[刻]。せ[瀬]。ついで[序]。ひま[暇]。中古きえん[機縁]。びんぎ[便宜]。ふし[節]。上代きぎ[機宜]。さだ[蹉跎]。じぎ[時宜]。とき[時]。《句》近代好機逸すべからず。奇貨居くべし。出船に船頭待たず。中世宝の山に入りながら手を空しくして帰る。

―ある毎に 近代をりをり[折折]。

―を逸する いっき[逸機]。近世しこじれる。そそくる[―くれる]。そびる[そびれる]。中古しそこなふ[仕損／為損]。時を失ふ。折りを過ぐす。上代さだ[蹉跎]。

―をうまくとらえ利用する 時流に乗る。近代じょうじる[乗]。びんじょう[便乗]。時機に投ずる。中世折りを得。《句》近世得手に帆を上ぐ[―上げる]。

―をとらえすぐに 近代間髪を容れず。中世すかさず[透]。

―を待つ たいき[待機]。近世こしたんたん[虎視眈眈]。手薬練引く。満を持す。上代うかがふ[窺]。

あらゆる―に 折りに触れて。近代陰に日に。陰にも日向にも。近世陰になり日向になり。

一生一時の― 近世いちごいちゑ[一期一会]。

得がたい― 絶好の機会。近代千載一遇のチャンス(chance)。中世きくゎ[奇貨]。

勝てる― 近代かうき[好機]。近世しょうき

［勝機］。
席を立つ（退席の）**ー** 近世たちは［立端］。
攻めるー 近代チャンス(chance)。近世かかりくち［掛口］。中世せめくち［攻口］。
男女が会うー 中古あふせ［逢瀬］。
ちょっとしたー 中古風のまぎれ。風の便り。
取引によいー 近代しゃうき［商機］。
仲直りのーー 近世をれぐち［折口］。
ふとしたー 中古風の便り。
めったにないー 中古うきき［浮木］。

きかい【機械】 近代きき［機器／器機］。きぐ［器具］。マシーン／マシン(machine)。メカ／メカニズム(mechanism)。近世さうち［装置］。しかけ［仕掛］。中世からくり［絡繰］。きかい［機械／器械］。
ー的 近代けいしきてき［形式的］。じむてき［事務的］。メカニカル(mechanical)。メカニック(mechanic)。
ーと材料 近世きざい［機材］。
ーなどの保守 かんり［管理］。メンテナンス(maintenance)。近世ゐぢ［維持］。中世ほぜん［保全］。
ーの一部 パーツ(parts)。ぶひん［部品］。
ーの能力 パフォーマンス(performance)。近代せいのう［性能］。
ーの点検 上代せいび［整備］。
ーを動かす かどう［稼働］。きどう［起動］。さどう［作動］。せいぎょ［制御／制禦／制馭］。近代さうげふ［操業］。さうさ［操作］。中世うんてん［運転］。
ーを動かす力 近世どうりょく［動力］。
自動制御のーー ロボット(robot)。
電力で動かすー 近代でんき［電機］。

便利なー 近代りき［利器］。

きかい【奇怪】 近代ふかかい［不可解］。近世めんえう［面妖］。めんえうふしぎ［面妖不思議］。中世せうし［笑止］。中古えうい［妖異］。きい［奇異］。きくゎい［奇怪］。きたい［希代／稀代］。きめう［奇妙］。くゎいい［怪異］。けし［怪／異］。ふしぎ［不思議］。ふしん［不審］。上代あやし［怪］。
ー・な出来事 中古くゎいじ［怪事］。
きわめてー・なさま 近世きくゎいせんばん［奇怪千万］。とつとつくゎいじ［咄咄怪事］。中世ききくゎいくゎい［奇奇怪怪］。

きがい【気概】 ガッツ(guts)。近代いきぐみ［意気組］。かうこつ［硬骨］。きあひ［気合］。きはく［気迫／気魄］。ほねっぷし／ほねぶし［骨節］。むかふいき［向意気］。近世いきごみ［意気込］。いきぢ［意気地］。えいき［鋭気］。えいき［英気］。きえん［気炎］。こころいき［心意気］。ほね［骨］。中世きがい［気概］。きこつ［気骨］。きせい［気勢］。中古きりょく［気力］。上代いき［意気］。
《句》近代力山を抜き気は世を蓋ふ。
ーに欠ける 近代ほねぬき［骨抜］。近世こしぬけ［腰抜］。中世ふがひなし［腑甲斐無／不甲斐無］。

きがい【危害】 近代きがい［危害］。近世ぼうかう［暴行］。中世きなん［危難］。中古がい［害］。しんがい［侵害］。
ーを与える 近代かがい［加害］。中世あだす［寇／仇］。あやむ［あやめる］［危／殺］。仇をなす。上代あたなふ［仇／寇］。
ーを受ける 近代ひがい［被害］。中世ひゃうぢゃう［兵仗］。手に掛かる。

ーを加えるもの 近代まのて［魔手］。上代かみ［神］。

きがえ【着替】 近代かへぎ［替着］。中世きがへ［着替］。中古かうい［更衣］。ころもがへ［衣替］。
ーがない人 近世きたきりすずめ［着切雀］。はだかむし［裸虫］。
結婚式での新婦のー 中世いろなほし［色直］。

きがかり【気掛】 近代きぐ［危惧］。近世あんじごと［案事］。きざ［気障］。けんにょ／けんにょう［権輿］。しんぱい［心配］。苦になる。中世うれへ［憂／愁］。おそれ［恐／畏］。きがかり［気掛／気懸］。きづかひ［気遣］。けねん／けんねん［懸念］。けんよ［権輿］。こころがかり［心掛］。ふあん［不安］。中古おもひ［思］。やまひ［病］。
ー・なこと 近代しんぱいごと［心配事］。近世あんじごと［案事］。
ー・に思う 思い遣られる。近世いぶかる［訝］。気が揉める。苦になる。中世いぶかし［訝］。いぶせし［鬱悒］。うれふ［憂／愁］。かへりみる［顧］。きづかはし［気遣］。気に掛かる。気にす。中古あつかふ［扱］。あやふし［危］。あんず［案］。うしろめたげ［後］。うしろめたし［後］。うしろめたなし［後］。うれはし［憂］。おぼつかながる［覚束無］。おぼつかなし［覚束無］。おぼめかし［朧］。おぼめく［朧］。おもひあつかふ［思扱］。おもふ［思］。こころぼそし［心細］。こころもとなし［心許無］。たのもしげなし［頼無］。ものおもはし［物思］。心を砕く。上代いふかし［訝］。いふかる［訝］。うらもとなし［心許無］。めぐし［愛／愍］。

―のないさま 上代 うらやす[心安]。くゎいぜん[快然]。

きかく【企画】 あおじゃしん[青写真]。近代 あん[案]。きくゎく[企画]。きと[企図]。けいくゎく[経画]。こうさう[構想]。プラン(plan)。プロジェクト(project)。近世 けいくゎく[計画]。もくろみ[目論見]。中世 くはだて[企]。

―・する人 プランナー(planner)。近代 スタッフ(staff)。りつあんしゃ[立案者]。

―の立案 プランニング(planning)。近代 きあん[起案]。りつあん[立案]。

新しい― 近代 しんきぢく[新機軸]。

きかく【規格】 近代 きかく[規格]。きじゅん[基準]。近世 へうじゅん[標準]。中世 きはん[規範/軌範]。

―化する 近世 型(形)に嵌む[―嵌める]。

―に外れている 中世 かくぐゎい[格外]。ゐきゃく[違格]。

きかざ・る【着飾】 ドレスアップ(dress up)。近世 けしゃう[化粧]。綺羅を飾る。花を飾る。花を遣る。中古 いろふ[色/彩]。きかざる[着飾]。けさう[化粧]。さうぞきたつ[装束立]。つくろふ[繕]。上代 たちよそふ[立装]。

―・った人 近世 しゃれもの[洒落者]。中古 きら[綺羅]。

きかた【着方】 近代 いしゃうつき[衣裳付]。きかた[着方]。きざま[着様]。近世 きこなし[着]。きぶり[着振]。中世 えもんつき/えもんづき[衣紋付]。

―の癖 きぐせ[着癖]。

俳優の― 近代 いしゃうづけ[衣裳付]。

和服の― →きもの

きかつ【飢渇】 →きが

きがね【気兼】 近世 きがね[気兼]。こころおき[心置]。こころづかひ[心遣]。気を兼ぬ[―兼ねる]。中世 きづまり[気詰]。こころおく[心置]。中古 おもひはばかる[思憚]。かしこまり[畏/恐]。きづかひ[気遣]。つつまし[慎]。つつましげ[慎]。つつましやか[慎]。つつむ[包]。はづ[恥]。はばかる[憚]。ゑんりょ[遠慮]。

―・して窮屈な感じ 中世 きづまり[気詰]。

―・しない 遠慮会釈もない。近世 こころおきなし[心置無]。てんじゃうぬけ[天井抜]。中世 ぶれいこう[無礼講]。中古 あいだちなし/あひだちなし。

―・しない行動 近世 きまま[気儘]。《句》近世 鬼の留守に洗濯。鬼のゐぬ間に洗濯。

世間に―・する 中古 世を憚る。

なんとなく―・する 中古 ものつつまし[物慎]。

きがまえ【気構】 きうそうだい[気宇壮大]。近代 いきぐみ[意気組]。きあひ[気合]。きがまへ[気構]。きはく[気迫/気魄]。意を決する。腹を固める。腹を決める。近世 いきごみ[意気込]。こころいき[心意気]。こころぐみ[心組]。肝を据う[―据える]。腹を据う[―据える]。褌を締めてかかる。中世 きう[気宇]。こころがけ[心掛]。しき[志気]。臍を固む[―固める]。中古 かくご[覚悟]。きりょく[気力]。こころがまへ[心構]。こころざし[志]。上代 いき[意気]。

きからすうり【黄烏瓜】 やまうり[山瓜]。近世 きからすうり[黄烏瓜]。てんくゎ[天瓜]。にがうり[苦瓜]。

きがる【気軽】 勿体ぶらない。近代 あんちょく[安直]。きやすい[気安]。近世 きらく[気楽]。てがる[手軽]。中世 あっさり。あんべい/あんぺい[安平]。うらなし[裏無/心無]。きがる[気軽]。きさく[気]。さくい。むざうさ[無造作]。むざふさ[無雑作]。中古 あなづらはし[侮]。かるがるし[軽軽]。こころやすし[心安]。たはやすし[易]。やすし[安]。

―・でおどけている 近代 へうけい[剽軽]。近世 へうきん[剽軽]。

―・に出歩くこと 近世 あしまめ[足]。

―・に働くこと 近世 きまめ[気忠実]。

―・に引き受けたりするさま 近世 ほいほい。

きかん【期間】 スパン(span)。ターム(term)。近代 きかん[期間]。シーズン(season)。にっすう[日数]。にってい[日程]。近世 ねんかん[年間]。中世 ねんき[年期]。中古 き[期]。上代 あひだ[間]。きげん[期限]。とき[時]。としつき[年月]。ねんげつ[年月]。ねんげん[年限]。ひかず[日数]。

―が終わる 近代 まんき[満期]。まんれう[満了]。

―内 きちゅう[期中]。

―の終わり 近代 きまつ[期末]。しゅうき[終期]。まっき[末期]。

―の後半 しもき[下期]。近代 こうき[後期]。しもはんき[下半期]。

―の全体 ぜんき[全期]。

―の前半 近代 ぜんき[前期]。かみき[上期]。かみはんき[上半期]。

―の始まり きしゅ[期首]。

―の半分 はんき[半期]。

ーを延ばす ひのべ[日延]。ゆうよ[猶予]。
今のー 近代こんき[今期]。たうき[当期]。
同じー 近代どうき[同期]。
会のー 近代くゎいき[会期]。
定められたー 上代きげん[期限]。
長いー 近代ちゃうき[長期]。ちゃうきかん[長期間]。中世まんねん[万年]。
ほとぼりが冷めるー れいきゃくきかん[冷却期間]。
短いー 近代たんき[短期]。たんじつ[短時日]。近世みっか[三日]。中世いってういっせき[一朝一夕]。
物が使用に耐えるー 近代じゅみゃう[寿命]。

きかん【器官】 近代きくゎん[器官]。ざうき[臓器]。中世ござうろくふ[五臓六腑]。中古ろくこん[六根]。
ーの機能が損なわれること しょうがい[障害]。

きかん【帰還】→かえ・る【帰】❶

きかん【基幹】 きじく[基軸]。ベース(base)。近代おほもと[大本]。きかん[基幹]。きてい[基底]。こんかん[根幹]。近世きほん[基本]。中世こんてい[根底]。こんぽん[根本]。どだい[土台]。中古もとゐ[基]。上代もと[基]。

きかん【奇観】 近代いくゎん[異観]。きしょう[奇勝]。けいしょう[景勝]。中世きくゎん[奇観]。ぜっけい[絶景]。ゐくゎん[偉観]。→けしき【景色】

きかん【機関】❶〈組織〉 近代きくゎん[機関]。しせつ[施設]。そしき[組織]。
ー紙 せんもんし[専門誌]。近代くゎいほう[会報]。
担当のー とうきょく[当局]。

きかん【機関】❷〈仕掛け〉 近世しかけ[仕掛]。中世からくり[絡繰]。きくゎん[機関]。

きかん【機関】❸〈原動機〉→エンジン

きかん【亀鑑】 近代モデル(model)。中世きゃう/きけい[亀鏡]。きはん[規範]。てほん[手本]。中古きかん[亀鑑]。きく[規矩]。しへう[師表]。もはん[模範]。上代かがみ[鑑]。

きがん【祈願】→いの・る

きかんき【利気】 近代きかんき[利気/聞気]。まけずぎらひ[負嫌]。まけんき[負気]。むかふいき[向意気]。鼻っ柱(はなっぱしら)が強い。鼻っ端(はなっぱし)が強い。近世かちき[勝気]。きぢゃう[気丈]。
ーのお転婆娘 近代おきゃん[御侠]。フラッパー(flapper)。近世じゃじゃうま[馬]。はねかへり[跳返]。

きかんじゅう【機関銃】 ガットリングほう[Gatling砲]。マシンガン(machine gun)。近代きくゎんじゅう[機関銃]。

きき【危機】→あぶな・い →きけん

きき【機器】 近代きかい[機械]。きき[機器/器機]。きぐ[器具]。中世きぐ[機具]。

きき【忌諱】 近代きゐ[忌諱]。中世いみきらふ[忌嫌]。中古きひ[忌避]。上代きき[忌諱]。くゎいひ[回避]。

きき【鬼気】 中古えうき[妖気]。中世きき[鬼気]。さっき[殺気]。

ぎぎ【疑義】 近代ぎてん[疑点]。近世ぎぎ[疑義]。中世あやしみ[怪]。ぎねん[疑念]。ぎもん[疑問]。ふしん[不審]。中古ぎしん[疑心]。上代うたがひ[疑]。→うたがい

ききあ・きる【聞飽】 近代ききあきる[聞飽]。近世耳たぼに胼胝(たこ)ができる。耳に胼胝ができる。中古ききあく[聞飽]。ききふるす[聞旧]。みみなる[—なれる][耳慣/耳馴]。みみふる[耳旧]。

ききあわ・せる【聞合】 リファレンス/レファレンス(reference)。近代せうくゎい[照会]。中世たづねあはす[—あわせる][尋合]。中古ききあつむ[聞集]。ききあはす[—あわせる][聞合]。とひあはす[—あわせる][問合]。

ききい・る【聞入】→ききほ・れる

ききい・れる【聞入】 オーケー(OK; okay)。近代かなふ[嘉納]。じゅだく[受諾]。しょうだく[承諾]。しょうにん[承認]。しょうりゃう[承領]。ちゃうなふ[聴納]。ちゃうよう/ていよう[聴容]。にんよう[認容]。ようにん[容認]。近世ききずむ[聞済]。ききとどく[—とどける][聞届]。れうかい[了解]。中世おうだく[応諾]。しょうち[承知]。なっとく[納得]。りゃうしょう[諒承/領承]。れうしょう[了承]。中古うけひく[承引]。がへんず[肯]。ききいる[—いれる][聞入]。しょういん[承引]。しょうだく[承諾]。しょうふく[承服]。しょうれう[承了]。とくしん[得心]。上代きく[聞]。きょだく[許諾]。
《尊》中古きこしめしいる[聞召]。きこしめす[聞召]。
《謙》近代きんしょう[謹承]。近世はいしょう[拝承]。中古うけたまはる[承]。かしこまり[畏]。
ー・れて許す 近代ちゃうなふ[聴納]。ちゃうよう/ていよう[聴容]。中古きょよう[許

容］。上代ちゃうきょ［聴許］。

—・れない　難色を示す。近代ふどうい［不同意］。近世ふしょう［不承］。近代ふしょういん［不承引］。ふしょうち［不承知］。中世にぐゎい［耳外］。

意見などを—・れる　近代うけいれる［受入］。とりあげる［取上］。上代ことゆるす［言許］。

訴えなどを—・れる　中世うけつく［—つける］［受付］。

ききおと・す【聞落】　近代ききのがす［聞逃］。近世ききはづす［聞外］。中世ききおとす［聞落］。ききそこなふ［聞損］。ききもらす［聞漏］。

ききおよ・ぶ【聞及】　近代ききこむ［聞込］。耳朶(じだ)に触れる。中古ききおよぶ［聞及］。ききつく［—つける］［聞付］。

ききおわ・る【聞終】　近代ききをはる［聞終］。中世ききはたす［聞果］。中古ききはつ［聞果］。

ききかいかい【奇奇怪怪】　→**きかい【奇怪】**

ききかえ・す【聞返】　といなおす［問直］。近代ききかへす［聞返］。はんもん［反問］。中世ききなほす［聞直］。とひかへす［問返］。

ききかじ・る【聞齧】　近世ききかじる［聞齧］。そくぶん［仄聞］。なまかじり［生齧］。みみがくもん［耳学問］。よこぐはへ［横銜］。小耳に挟む。中世ききはつる［聞削］。中古うちきく［打聞］。

ききぐるし・い【聞苦】　聞くに堪えない。近代みみぐるしい［耳苦］。近世ききづらし［聞辛］。みみざはり［耳障］。兎の逆立ち。耳に逆(さか)ふ。中古ききぐるし［聞苦］。ききにくし［聞悪］。

《句》中世金言耳に逆らふ。忠言耳に逆らふ。

ききこみ【聞込】　近代ききこみ［聞込］。さうさ［捜査］。しゅざい［取材］。

—の早いこと　近代うさぎみみ［兎耳］。はやみみ［早耳］。近世ぢごくみみ［地獄耳］。

ききす・てる【聞捨】　ききっぱなし［聞放］。近代ききながす［聞流］。ばじとうふう［馬耳東風］。近世おほみみ［大耳］。ききずて［聞捨］。ながす［流］。中世にぐゎい［耳外］。中古ききすぐす／ききすごす［聞過］。ききすつ［—すてる］［聞捨］。ききはなつ［聞放］。

《句》近世犬に論語。牛に経文。牛の角に蜂。馬に経文。馬の耳に風。馬の耳に念仏。

ききだ・す【聞出】　中世ききだす［聞出］。中古ききあらはす［聞顕］。ききいづ［聞出］。

細かいことまで—・す　ききほじくる［聞穿］。近代ききほじる［聞穿］。

ききちがい【聞違】　ききまちがい［聞間違］。近代ごでん［誤伝］。ごぶん［誤聞］。近世ききちがひ［聞違］。中世ききあやまり［聞誤］。ききそこなひ［聞損］。ききたがひ［聞違］。ききまがふ［聞紛］。ひがぎき［僻聞］。中古そらね［空音］。そらみみ［空耳］。ひがみみ［僻耳］。

老人の—が多いこと　近代老いの僻耳(ひがみみ)。

ききつたえ【聞伝】　つたえぎき［伝聞］。近世ききつたへ／ききづたへ［聞伝］。中世いひつたへ［言伝］。中古ききかよふ［聞通］。でんぶん［伝聞］。ひとづて［人伝］。

ききつづ・ける【聞続】　中古ききわたる／ききわたす［聞渡］。

ききづら・い【聞辛】　→**ききぐるし・い**

ききて【聞手】　ききかた［聞方／聴方］。ちょうしゅう［聴衆］。聞く人。近世ききやく［聞役］。ちゃうしゃ［聴者］。中世ききて［聞手］。中古ちゃうしゅ／ちゃうじゅ［聴衆］。ちゃうじゅう［聴衆］。

ききどころ【聞所】　ハイライト(highlight)。近世さはり［触］。中古ききどころ［聞所］。

ききと・る【聞取】　ヒアリング(hearing)。中世ききとる［聞取］。中古ききあふ［聞敢］。ききつく［聞付］。ちゃうしゅ［聴取］。

ききなお・す【聞直】　→**ききかえ・す**

ききなが・す【聞流】　→**ききす・てる**

ききな・れる【聞慣】　近世みみふる［耳旧］。中古ききつく［—つける］［聞付］。ききならふ［聞慣］。ききなる［—なれる］［聞慣／聞馴］。みみちかし［耳近］。みみなる［—なれる］［耳慣］。→**ききあ・きる**

—・れない　中古みみどほし［耳遠］。

ききにく・い【聞】　→**ききぐるし・い**

ききのが・す【聞逃】　→**ききおと・す**

ききはじめ【聞初】　ききだす［聞出］。近代はつみみ［初耳］。上代ききそむ［—そめる］［聞初］。

ききほ・れる【聞惚】　近代ききほれる［聞惚］。近世けいちゃう［傾聴］。中世ききとる［—とれる］［聞蕩／聞惚］。中古ききいる［聞入］。ききつく［聞付］。

ききみみ【聞耳】　中古ききみみ［聞耳］。

—を立てる　中世耳を澄ます。耳を欹(そばだ)つ［—欹てる］。耳をそばむ［—そばめる］。中古

ききいる[聞入]。ききつく[聞付]。ききとがむ[―とがめる][聞咎]。みみだつ[耳立]。耳を立つ[―立てる]。

ききめ【効目】 近代 エフェクト(effect)。かうくゎ[効果]。かうよう[効用]。かうりょく[効力]。しうくゎく[収穫]。せいくゎ[成果]。たまもの[賜/賜物]。近世 きき[効]。ききめ[効目/利目]。きぼ[規模]。くすりもぐさ[薬艾]。じっかう[実効]。のう[能]。はたらき[働]。中世 かう[効]。かひ[甲斐]。くのう[功能]。こう[功]。さよう[作用]。せん[詮]。やく[益]。りしゃう[利生]。中古 おかげ[御陰]。かうけん[効験]。かうのう[効能]。げん[験]。ちから[力]。やう[益]。上代 かひ[甲斐/詮]。しるし[験]。

―がある 近代 いうかう[有効]。エフェクティブ(effective)。かうくゎてき[効果的]。そうこう[奏功]。効を奏する。近世 あらたか[灼]。てきめん[覿面]。釘が利く。中世 うげん[有験]。かひがひし[甲斐甲斐]。中古 あらた[灼]。きく[利/効]。上代 いやちこ[灼然]。

―が遅い ちこう[遅効]。

―がない 近代 せんなし[詮無]。むかう[無効]。近世 むえき[無益]。中世 むだ[無駄]。中古 かひなし[甲斐無]。上代 いたづら[徒]。《句》近代 死に馬に鍼をさす。沢庵のおもしに茶袋。みそこしで水をすくふ。焼け石に水。近世 石に灸。牛に経文。土に灸。豆腐に鎹(かすがひ)。二階から目薬。糠に釘。沼に杭。膝頭で江戸へ行く。膝で京へのぼる。目籠で水を汲む。中世 籠で水を汲む。ざるに水。中古 闇の錦。闇夜の錦。上代 労多くして功少なし。

―がなくなる 近代 じかう[時効]。しっかう[失効]。むかう[無効]。

―が早い 近世 そくかう[速効]。そくかう[即効]。

―がゆっくりあらわれる ちこう[遅効]。

―のある所 ききどこ/ききどころ[利所]。

意見などの― 近世 くぎごたへ[釘応]。

大きな― 中世 たいよう[大用]。

薬などの― やっこう[薬効]。近代 げん[験]。

優れた― たっこう[卓効]。近代 とくかう[特効]。ゐかう[偉効]。近世 しんかう[神効]。

ききもら・す【聞漏】 →ききおと・す

ききゃく【棄却】 近代 ききゃく[棄却]。きゃくか[却下]。はうき[放棄]。はき[破棄]。近世 反故(ほご)にす。中世 はいき[廃棄]。ゐき[遺棄]。中古 うちすつ[―すてる][打捨]。上代 すつ[すてる][捨/棄]。

ききゅう【希求】 近代 えうばう[要望]。ききう[希求]。きばう[希望]。せつばう[切望]。たいばう[待望]。ねつばう[熱望]。ゆめ[夢]。中世 ぐゎんばう/ぐゎんまう[願望]。ねがひごと[願事]。中古 かつばう[渇望]。きぐゎん[祈願]。けく[希求]。しょまう[所望]。ねぎごと[祈事/願事]。ねんぐゎん[念願]。のぞみ[望]。

ききゅう【危急】 ききょく[危局]。近代 きゅうち[窮地]。きんきふ[緊急]。さしせまる[差迫]。近世 ききふ[危急]。きふば[急場]。きふはく[急迫]。せっぱつまる[切羽詰]。いざ鎌倉。中世 せっぱく[切迫]。中古 ききふなん[急難]。→きけん【危険】

《句》近代 時の用には鼻をも削ぐ。

ききゅう【気球】 けいりゅうききゅう[係留気球]。じゆうききゅう[自由気球]。ねつききゅう[熱気球]。近代 アドバルーン(和製ad balloon)。バルーン(balloon)。ふうせん[風船]。近世 ききう[気球]。けいききう[軽気球]。

気象観測のための― かんそくききゅう[観測気球]。バロンデッセー(フランス ballon d'essai)。

ききょ【起居】 →おきふし

―を共にする 同じ釜の飯を食う。近世 ひとつあな[一穴]。

ききょう【帰郷】 近世 ききゃう[帰郷]。きくゎん[帰還]。中世 きせい[帰省]。中古 きこく[帰国]。上代 いへぢ[家路]。きてう[帰朝]。

官職を辞して―・する 近代 きぐゎ[帰臥]。中古 ききょらい[帰去来]。

ききょう【奇矯】 近代 エキセントリック/エクセントリック(eccentric)。きけう[奇矯]。きばつ[奇抜]。とっぴ[突飛]。中世 ふうがはり[風変]。

わざと―・なことをする 近代 げんき[衒奇]。

ききょう【桔梗】 近代 ぼんばな[盆花]。近世 ありのひあふぎ。中古 あさがほ[朝顔]。ありのひふき。ききゃう[桔梗]。きちかう[桔梗]。ひとへぐさ[一重草]。をかととき。

きぎょう【企業】 エンタープライズ(enterprise)。カンパニー(company)。けいえいたい[経営体]。じぎょうたい[事業体]。近代 きげふ[企業]。くゎいしゃ[会社]。コーポレーション(corporation)。近世 しゃ

うてん［商店］。

━家　トップマネージメント(top management)。近代けいえいしゃ［経営者］。じげふか［事業家］。じつげふか［実業家］。

━が法人になること　ほうじんなり［法人成］。

━経営の形式(例)　ボトムアップ(bottom up)。トップダウン(top down)。

━内の特別なチーム　タスクフォース(task force)。プロジェクトチーム(project team)。

━連合　カルテル(ドイツ Kartell)。コンビナート(ロシア kombinat)。

新たに━を起こす　→**きぎょう【起業】**

市場を独占している━　かせん［寡占］。シンジケート(syndicate)。どくせんきぎょう［独占企業］。近代カルテル(ドイツ Kartell)。

農業関連の━　アグリビジネス(agribusiness)。

複合━　コングロマリット(conglomerate)。

その他━のいろいろ(例)　こうきぎょう［公企業］。こくさいきぎょう［国際企業］。しきぎょう［私企業］。せかいきぎょう［世界企業］。だいきぎょう［大企業］。たこくせききぎょう［多国籍企業］。ちゅうしょうきぎょう［中小企業］。ビッグビジネス(big business)。れいさいきぎょう［零細企業］。

きぎょう【起業】　近代きげふ［起業］。こうげふ［興業］。近世かいげふ［開業］。かいてん［開店］。みせびらき［店開］。中世さうげふ［創業］。

冒険的な━　ベンチャー(venture)。

ぎきょうしん【義侠心】　近代ぎけふしん［義侠心］。近世いさみはだ［勇肌］。けふき［侠気］。をとこだて［男伊達］。中世ぎぎ［義気］。にんけふ［任侠／仁侠］。をとこぎ［男気／侠気］。

━に富んだ心　近代てっくゎ［鉄火］。近世けふこつ［侠骨］。

━のある盗賊　きょうとう［侠盗］。近世ぎぞく［義賊］。

ぎきょく【戯曲】　近代ぎきょく［戯曲］。きゃくほん［脚本］。シナリオ(scenario)。スクリプト(script)。だいほん［台本］。ドラマ(drama)。プレー(play)。

━を作ること　近代げきさく［劇作］。さくげき［作劇］。

きぎれ【木切】　近代もくへん［木片］。近世きくづ／こくづ［木屑］。こっぱ［木端／木片］。中世きぎれ［木切］。ほた［榾］。中古こけら［木屑／柿／杮］。上代こつ／こづみ［木屑／木積］。

ききわけ【聞分】　中世ききわけ［聞分］。

━がない　近世ぐゎんぜない［頑是無］。だだっこ［駄駄児］。わやく。中世わがまま［我儘］。

ききん【飢饉】　近代きょうきん［凶饉］。きょうけん［凶歉］。くゎうきょう［荒凶］。近世きょうくゎう［凶荒］。きょうさく［凶作］。ゐさく［違作］。中世ふさく［不作］。上代ききん［飢饉］。

━に備えて栽培する作物　きゅうこうさくもつ［救荒作物］。びこうさくもつ［備荒作物］。

━のとき食べる植物　きゅうこうしょくぶつ［救荒植物］。

━の年　近世きょうさい［凶歳］。中世きょうねん［凶年］。

ききん【基金】　近代ききん［基金］。げんし［原資］。しゅっしきん［出資金］。ぐゎんきん［元金］。ぐゎんぽん［元本］。しきん［資金］。しほんきん［資本金］。じゅんびきん［準備金］。ファンド(fund)。近世もときん［元金］。中世もとで［元手］。

きく【菊】　近代いんいつくゎ［隠逸花］。えんれいかく［延齢客］。近世あきくさ［秋草］。おとぐさ［弟草］。ちよぐさ［千代草］。ながつきくさ［長月草］。はくとうげ［白頭花］。やまぢぐさ［山路草］。をとめぐさ［乙女草］。をとめばな［乙女花］。中世あきしくのはな［秋敷花］。あきのはな［秋花］。あつかひぐさ［扱草］。いなでくさ［草］。いんくんし［隠君子］。かたみぐさ［形見草］。こがねぐさ［黄金草／金草］。このはな［此花］。ちぎりぐさ［契草］。ちよみぐさ［千代見草］。ぬれさぎ［濡鷺］。のこりぐさ［残草］。ほしみぐさ［星見草］。まさりぐさ［優草／勝草］。よはひぐさ［齢草］。花の弟(おとと)。中古おきなぐさ［翁草］。かはらおはぎ。かはらよもぎ［河原艾］。からよもぎ［唐艾］。きくくゎ［菊花］。じっせい［日精］。上代きく［菊］。ももよぐさ［百夜草］。

━に置いた露　中世菊の雫。

━の節句　近世ここぬかのえん［九日宴］。このかのせく［九日節句］。中世ちょうやう［重陽］。中古ちょうきう［重九］。菊の宴。

━の節句の後に咲いている菊　近世後日(ごにち)の菊。後の菊。中古ざんぎく［残菊］。のこりぎく［残菊］。十日の菊。残りの菊。

入り乱れて咲く━　近世らんぎく［乱菊］。

遅咲きの━　中古ばんぎく［晩菊］。

黄色い花の━　中古きぎく［黄菊］。そがぎく［承和菊／曾我菊］。

盛りを過ぎた色あせた― 中古 らうぎく［老菊］。

山野に自生する― のこんぎく［野紺菊］。のじぎく［野路菊］。中世 のぎく［野菊］。

初夏から夏にかけて咲く― 中世 なつぎく［夏菊］。

白い花の― 中古 しらぎく［白菊］。

冬に咲く― かんぎく［寒菊］。中世 あきなぐさ［秋無草］。しもみぐさ［霜見草］。はつみぐさ［初見草］。

群がって生えている― 中古 むらぎく［叢菊］。

き・く【聞】 ❶〈耳にする〉 近代 ちゃうぶん［聴聞］。耳朶(じだ)に触れる。耳にする。近世 けいちゃう［傾聴］。中世 ききこむ［聞込］。ききとる［聞取］。ちゃうもん［聴聞］。耳に挟む。耳を澄ます。耳を欹(そばだ)てる。中古 ききおよぶ［聞及］。ききつく［―つける］［聞付］。耳に入(い)る［―入れる］。耳に留む［―留める］。耳を傾く［―傾ける］。上代 きく［聞／聴］。きこゆ［きこえる］［聞］。

《尊》お聞き及びになる。お聞き取りになる。お耳に達する。お耳を汚す。近代 せいちゃう［清聴］。近世 たいぶん［台聞］。中世 かうぶん［高聞］。中古 かうちゃう［高聴］。きこしめす［聞召］。れいぶん［令聞］。上代 きかす／きこす［聞］。

《謙》はいぶん［拝聞］。近代 きんちゃう［謹聴］。けいちゃう［敬聴］。謦咳(けいがい)に接する。近世 はいちゃう［拝聴］。中世 うかがふ［伺］。上代 うけたまはる［承］。

《句》近代 百聞は一見に如かず。見ると聞くとは大違ひ。近世 聞いて極楽見て地獄。聞いて千金見て一文。聞いては千金より重く見ては一毛よりも軽し。話上手の聞き上手。

―・いた感じ 近世 みみざはり［耳触］。中古 ひびき［響］。

―・いたこと 近世 そくぶん［仄聞］。中古 そくぶん［側聞］。でんぶん［伝聞］。ひとづて［人伝］。

―・いただけでそれに従う 近世 じしょく［耳食］。

―・いたような気がする 近代 げんちゃう［幻聴］。中古 そらね［空音］。そらみみ［空耳］。

―・いて明らかにする 中古 ききあきらむ［聞明］。

―・いて安心 中古 みみやすし［耳安］。

―・いて覚えておく 中古 ききおく［聞置］。

―・いて思いが加わる 中古 ききそふ［聞添］。

―・いて思い直す 中古 ききなほす［聞直］。

―・いて感心する 中古 ききめづ［聞愛］。

―・いて気持ちがよい 上代 ききよし［聞良］。

―・いて記録する きぶん［記聞／紀聞］。中世 ききがき［聞書］。

―・いて心に留まる 耳に留まる。中古 ききとがむ［―とがめる］［聞咎］。ききとどむ［―とどめる］［聞留］。ききとむ［―とめる］［聞留］。

―・いて知っている顔つき 中古 ききがほ［聞顔］。ききしりがほ［聞知顔］。

―・いて知る 近代 ききおぼえ［聞覚］。ききこむ［聞込］。ぶんち［聞知］。近世 みみがくもん［耳学問］。坊主の鉢巻き。中古 ききつく［―つける］［聞付］。ききなす［聞做］。上代 ききしる［聞知］。ききとる［聞取］。

―・いてすぐ忘れる 近代 しりぬけ［尻抜］。近世 ききずて［聞捨］。ざるみみ［笊耳］。中世 かごみみ［籠耳］。中古 ききすつ［―すてる］［聞捨］。《句》近世 尻から抜ける。

―・いて互いに慕う 中古 ききかよふ［聞通］。

―・いて他へ漏らす 中古 ききもらす［聞漏］。

―・いて問い質す 近世 せきもん［責問］。中古 ききとがむ［―とがめる］［聞咎］。

―・いて悩む 中古 ききまどふ［聞惑］。ききわづらふ［聞煩］。

―・いてはっきりさせる 中古 ききあらはす［聞顕］。

―・いて不愉快になる 聞くに堪えない。近代 みみぐるしい［耳苦］。近世 ききづらし［聞辛］。みみざはり［耳障］。中世 耳に逆(さか)ふ。中古 ききぐるし［聞苦］。ききにくし［聞悪］。

―・いて褒めそやす 中古 ききはやす［聞囃］。

―・いて学ぶ ききおぼえ［聞覚］。みみがくもん［耳学問］。中世 ききおぼゆ［―おぼえる］［聞覚］。ききならふ［聞習］。中古 ききつく［―つける］［聞付］。きく［聞］。

―・いても黙っている 中古 ききしのぶ［聞忍］。

―・いて問題とする 中古 ききとがむ［―とがめる］［聞咎］。

―・いて理解する ききとる［聞取］。中世 ききしる［聞知］。ききひらく［聞開］。中古 ききう［―える］［聞得］。ききわく［―わける］［聞分］。

―・かせる きかす［聞］。近代 いひいれる［言入］。上代 しひがたり［強語］。

―・かないようにする 中世 耳を塞ぐ。

―・きたい 中古 きかまほし［聞］。ゆかし［床］。上代 きかな［聞］。

―・きながら 中古 聞く聞く。

ー・きに来る 近代 らいちょう［来聴］。

ー・く気がない もんどうむよう［問答無用］。近世 聞く耳持たぬ。

ー・くことの最後 近世 ききをさめ［聞納］。

ー・くだけの値打ちがある 近代 ききごたへ［聞応］。中世 みみより［耳寄］。

ー・くだけの値打ちがある所（物） ききどころ［聞所］。近世 ききもの［聞物］。さはり［触］。

ー・くだけの値打ちがない ききぞん［聞損］。

ー・く力 近代 ちゃうりょく［聴力］。

ー・くところによると 中古 きくならく［聞］。

ー・くともなしに聞く 近代 よそみみ［余所耳］。

ー・くに堪えない →ききぐるし・い

ー・くのが巧い 近代 ききがうしゃ［聞巧者］。ききじゃうず［聞上手］。

ー・くのが下手 近世 ききべた［聞下手］。

ー・くのが早い 近代 うさぎみみ［兎耳］。はやみみ［早耳］。近世 ぢごくみみ［地獄耳］。

ー・くのを途中でやめる 近世 ききさす［聞止］。ききはづす［聞外］。

ー・く人 →ききて

ー・こうとする 中世 ききすます［聞澄］。聞き耳を立つ［―立てる］。耳を澄ます。耳を欹（そばだ）つ［―欹てる］。中古 ききとどむ［聞留］。みみとどむ［耳留］。枕を欹つ［―欹てる］。耳を傾く［―傾ける］。

あたり一面の音をー・く 中古 ききわたす［聞渡］。

あまりー・いていない 中古 くゎぶん［寡聞］。

今までー・いたことがない 中世 みもん［未聞］。中古 ききたいみもん［希代未聞］。ぜんだいみもん［前代未聞］。

疑いを持ってー・く まゆつば［眉唾］。

うっとりとー・く 近代 ききほれる［聞惚］。近世 けいちゃう［傾聴］。中世 ききいる［聞入］。中古 ききとる［―とれる］［聞蕩／聞惚］。

噂でー・く 近世 そくぶん［仄聞／側聞］。ふうぶん［風聞］。中古 ききおよぶ［聞及］。

多くのことをー・いている 中世 たぶん［多聞］。

同じことを何度もー・く →ききあ・きる

終わりまでー・く 近代 ききはてる［聞果］。中世 ききとほす［聞通］。

会議などを側でー・く 近代 ばうちゃう［傍聴］。

確実にー・く 近代 かくぶん［確聞］。

幽かにー・く 中古 ほのきく［仄聞］。

我慢してー・く 中古 ききしのぶ［聞忍］。

聞こえないふりをしてー・く 近世 聞き耳潰す。中世 そらぎき［空聞］。

行政が一般から広くー・く ちょうもん［聴聞］。中古 くゎうちゃう［広聴］。

繰り返しー・く 近代 ききかへす［聞返］。

心を鎮めてー・く 中世 ききすます［聞澄］。中古 ききいる［―いれる］［聞入］。

最近ー・いたこと 近世 耳新し。

静かにー・く 近代 せいちゃう［静聴］。

しつこくー・く 近世 根掘り葉掘り。掘って聞く。

実際にー・く 近代 じつぶん［実聞］。

自分のことと思いながらー・く 中古 ききおふ［聞負］。

信じられないことをー・く 近代 耳を疑ふ。

すでにー・いていること 近世 ききおよび［聞及］。くゎんち［関知］。

そばでー・く 近代 ばうちゃう［傍聴］。よこぎき［横聞］。近世 かたぎき［傍聴］。

それとなくー・く 近世 小耳に聞き挟む。小耳に挟む。中世 耳に挟む。かたみみ［片耳／傍耳］。中古 うちきく［打聞］。ききはさむ［聞挟／聞挿］。たちぎく［立聞］。ほのきく［仄聞］。もりきく［漏聞］。

互いにー・き合う 中古 ききかはす［聞交］。

試しにー・く しちょう［試聴］。

注意してー・く 近世 ききとどく［―とどける］［聞届］。中世 ききすます［聞澄］。聞き耳を立つ［―立てる］。耳を欹（そばだ）つ［―欹てる］。中古 ききとどむ［聞留］。みみだつ［耳立］。みみとどむ［耳留］。枕を欹つ［―欹てる］。耳を傾く［―傾ける］。

伝えー・く 近世 またぎき［又聞］。中世 かへりきく［還聞］。中古 ききおよぶ［聞及］。ききつたふ［―つたえる］［聞伝］。でんぶん［伝聞］。ひとづて［人伝］。

謹んでー・く 近世 きんちゃう［謹聴］。はいぶん［拝聞］。はいちゃう［拝聴］。

天子がー・く 中世 えいぶん［叡聞］。中古 じゃうちゃう［上聴］。せいちゃう［聖聴］。てんちゃう［天聴］。上代 じゃうぶん［上聞］。

内々にー・く 近世 ないぶん［内聞］。

何度もー・く 近代 ひゃくぶん［百聞］。

盗みー・く とうちょう［盗聴］。近代 ぬすみぎき［盗聞］。ばうじゅ［傍受］。中古 たちぎく［立聞］。

熱心にー・く 近世 けいちゃう［傾聴］。中世 みみきく［耳聞］。中古 ききいる［聞入］。ききふける［聞耽］。耳を傾く［―傾ける］。

寝ながら耳を澄ましてー・く 中古 枕を欹（そばだ）つ［―欹てる］。

残らずー・く [中世]ききすます［聞済］。

初めてー・く [近代]はつみみ［初耳］。[上代]きそむ［ーそめる］［聞初］。

秘かにー・く [近代]ないぶん［内聞］。[中古]もりきく［漏聞］。もれきく［漏聞／洩聞］。

前にー・いた記憶 [近代]ききおぼえ［聞覚］。

前もってー・いておく [近代]したぎき［下聞］。

まだー・いていない [中世]みもん［未聞］。

見たりー・いたり ちょうし［聴視］。[近代]ぶんと［聞睹］。[中世]けんぶん［見聞］。[中古]けんもん［見聞］。

見ることとー・くこと [中古]しちゃう［視聴］。じもく［耳目］。

巡りめぐってー・く [中世]かへりきく［還聞］。

▼幻聴 [中古]そらね［空音］。そらみみ［空耳］。

▼地獄耳 [近代]うさぎみみ［兎耳］。はやみみ［早耳］。

き・く【聞】❷〈尋ねる〉かんもん［喚問］。[近代]せうくゎい［照会］。[近世]きつもん［詰問］。しつもん［質問］。とひただす［問質］。[中世]しつぎ［質疑］。ちゃうしゅ［聴取］。はつもん［発問］。[中古]きく［聞］。ただす［質／糺］。たづぬ［たずねる］［尋／訊］。[上代]とふ［問］。

《尊》[中世]かぶん［下聞］。[中古]かもん［下問］。

《謙》[中世]うかがふ［伺］。

ー・き返す →ききかえ・す

き・く【聞】❸〈聞き入れる〉→ききい・れる

き・く【効】→ききめ

きぐ【器具】 ぶつぐ［物具］。[中世]きぐ［器具］。[中古]ぐ［具］。だうぐ［道具］。もののぐ［物具］。

ーや材料 [近世]きざい［器材］。

金属製のー [中世]かなもの［金物］。

金属を打ち叩いて作ったー [中世]うちもの［打物］。

便利なー [近世]りき［利器］。

木製のー [近世]もくき［木器］。

物を入れるー [近代]うつはもの［器物］。

きぐ【危惧】 [近代]きぐ［危惧／危懼］。[近世]しんぱい［心配］。[中世]きがかり［気掛］。けねん［懸念］。ふあん［不安］。[上代]あやぶむ［危］。

きぐう【奇遇】 [近世]きえん［奇縁］。きぐう［奇遇］。めぐりあひ［巡会］。[中世]かいこう［邂逅］。

きぐう【寄寓】 [近代]ききょ［寄居］。きりう［寄留］。[近世]きしょく［寄食］。げしゅく［下宿］。ゐさうらふ［居候］。他人の飯を食ふ。[中世]きぐう［寄寓］。ぐうきょ［寓居］。ぐうす［寓］。[中古]きしゅく［寄宿］。身を寄す［ー寄せる］。[上代]きぢゅう［寄住］。

ー・する人 [近代]しょせい［書生］。[近世]しょっかく［食客］。[中世]かく／きゃく［客］。

ぎくしゃく [近代]あつれき［軋轢］。ぎこちない。もたもた。[近世]ぎくしゃく。ぎすぎす。もたつく。[中古]きしむ［軋］。きしめく［軋］。

きく・する【掬】 [近世]しゃくふ［杓］。[中世]きくす［掬］。[中古]すくふ［掬］。[上代]くみとる［汲取／酌取］。くむ［汲／酌］。

きくばり【気配】 [近代]気が回る。[近世]きくばり［気配］。きばたらき［気働］。こころくばり［心配］。はいりょ［配慮］。気が利く。[中世]気が付く。[中古]こころづかひ［心遣］。

きぐらい【気位】 [近代]プライド(pride)。ほこり［誇］。[近世]きぐらゐ［気位］。[中世]きう［気宇］。

ーが高い [近代]じそんしん［自尊心］。[近世]うぬぼれ／おのぼれ［自惚］。[中世]けんだか［権高／見高］。[中古]きはだかし［際高］。こころだかし［心高］。

きくらげ【木耳】 [中世]きくらげ［木耳］。[中古]きのたけ［木茸］。きのみみ［木耳］。みみたけ［耳茸］。

きぐろう【気苦労】 [近代]きぼね［気骨］。[近世]きぐらう［気苦労］。きづかれ［気疲］。しんぱい［心配］。[中世]きづかひ［気遣］。くったく［屈託］。くらう［苦労］。しんつう［心痛］。[中古]しんらう［心労］。

きけい【奇計】 [近世]めうあん［妙案］。めうけい［妙計］。めうさく［妙策］。[中世]きけい［奇計］。きさく［奇策］。

きけい【詭計】 ごまかし［誤魔化］。[近代]ぎけい［偽計］。ぎけい［欺計］。きさく［詭策］。トリック(trick)。[近世]さくりゃく［策略］。きけい［詭計］。[中世]きけい［詭計］。さくぼう［策謀］。[中古]けいりゃく［計略］。ぼうりゃく［謀略］。

ぎげい【技芸】 [近代]ぎのう［技能］。こうげい［工芸］。[近世]うでまへ［腕前］。[中世]ぎじゅつ［技術］。ぎりゃう［技量／伎量］。てなみ［手並］。[中古]ぎげい［技芸／伎芸／妓芸］。のう［能］。[上代]げいのう［芸能］。わざ［技／業］。

《謙》[近代]せつぎ［拙技］。[近世]まつぎ［末技］。

ーが熟達していない人 [近世]はくじん［白人］。[中世]しろうと［素人］。

ーが抜きん出ている [近世]沖を越ゆ［ー越える］。沖を漕ぐ。

—にすぐれた人 近世てしゃ[手者]。中古たっしゃ[達者]。めいじん[名人]。もののじゃうず[物上手]。上代たつじん[達人]。
—の素質 近代てんぶん[天分]。近世ししつ[資質]。しせい[資性]。てすぢ[手筋]。上代てんし[天資]。
—の道 中世げいだう[芸道]。
いろいろな— 上代ざつぎ[雑技/雑伎]。
学問と— 中世がくげい[学芸]。
代々家に伝わる— 近代おいへげい[御家芸]。
一つの— 中古いちげい[一芸]。
未熟な— 近代ばつぎ[末技]。近世まつぎ[末技]。

きげき【喜劇】 コメディー(comedy)。スラップスティック(slapstick)。ちゃばんげき[茶番劇]。ファルス(フランスfarce)。まくあいげき[幕間劇]。近代おどけしばゐ[戯芝居]。きげき[喜劇]。せうげき[笑劇]。だうけしばゐ[道化芝居]。どたばたきげき[喜劇]。近世ちゃり[茶利]。中世きゃうげん[狂言]。
—的 近代コミカル(comical)。コミック(comic)。
—俳優 近代コメディアン(comedian)。さんまいめ[三枚目]。近世だうけ[道化]。
悲劇と— ひきげき[悲喜劇]。

きけつ【帰結】 近代きけつ[帰結]。きすう[帰趨]。けっくゎ[結果]。けつまつ[結末]。けつろん[結論]。しゅうけつ[終結]。中世きいつ[帰一]。きしゅ[帰趣/帰趨]。けっちゃく[決着]。中古きちゃく[帰着]。
—・する 中世おちつく[落着]。

ぎけつ【議決】 中世けつ[決]。ひょうけつ[票決]。近代かけつ[可決]。ぎけつ[議決]。けつぎ[決議]。さいけつ[採決]。ひゃうけつ[評決]。へうけつ[表決]。近世しゅうぎいっけつ[衆議一決]。上代ぎぢゃう/ぎてい[議定]。
議案を承認しない— 近代ひけつ[否決]。

きけん【危険】 近代き[危]。きがい[危害]。クライシス(crisis)。けんあく[険悪]。けんのん[剣呑/険難/険呑]。ピンチ(pinch)。リスク(risk)。一髪千鈞を引く。近世あぶなもの[危物]。きうし[九死]。きたい[危殆]。じっし[十死]。鬼一口。轍の鮒。中世あぶなし[危]。あやぶみ[危]。からし[辛]。きき[危機]。きなん[危難]。きばう[危亡]。ひあい[非愛]。焼け野の雉。中古あやふし[危]。けはし[険/嶮]。ざうじてんぱい[造次顛沛]。さがし[険/嶮]。たどたどし。てっぷ[轍鮒]。ぶっさう[物騒]。るいらん[累卵]。上代きけん[危険]。ほとほとし[殆/幾]。→**あぶな・い**
《句》近世君子は危うきに近寄らず(居らず)。虎穴に入らずんば虎子を得ず。

—が迫る ききょく[危局]。近代ききいっぱつ[危機一髪]。やばい。近世ききふ[危急]。くゎんきふ[緩急]。鰐の口。中世ききふそんばう[危急存亡]。虎口の難。毒蛇の腮。毒蛇の口。風前の灯火。上代ほとほとし[殆/幾]。《句》近代足元に火がつく。危殆に瀕する。焦眉の急。ダモクレス(ギリシャDamoklēs)の剣。眉を焦がす。近世命は風前の灯の如し。魚の釜中に遊ぶがごとし。轍鮒の急。眉に火がつく。眉を焼く。中世風前の塵。危急存亡の秋。燕の幕上に巣くふが如し。

—が次々と続く 《句》近代一難去ってまた一難。

—信号 あかしんごう[赤信号]。クリティカル(critical)。近代あかはた[赤旗]。けいしょう[警鐘]。近世けいほう[警報]。

—・な気配 いっしょくそくはつ[一触即発]。ききかん[危機感]。近代けんあく[険悪]。近世きなくさし[臭]。やば。中古ふをん[不穏]。

—・な場所 近代くゎやくこ[火薬庫]。きち[危地]。近世わにぐち[鰐口]。中世こぐち[虎口]。こけつ[虎穴]。しち[死地]。しちゅう[死中]。なんじょ[難所]。虎の口。中古ここう[虎口]。

—・な人(もの)を野放しにする 近代市に虎を放つが如し。中世虎を千里の野に放つ。

—・な目にあう 近代さうなん[遭難]。中世鯨鯢の顎にかく。

—・に思う(さま) 近代ひやり。一髪千鈞を引く。近世びくびく。ひやす[冷]。ひやひや[冷冷]。気が気でない。肝を冷やす。中世累卵の危うき。中古あやふがる[危]。上代あやぶむ[危]。

—の多い船乗りの仕事 近世板子一枚下は地獄。一寸下は地獄。

—のないさま →**あんぜん**
—を冒して利益を得る 近世おほばくち[大博打]。中世驪竜頷下の珠。《句》近代虎穴に入らずんば虎子を得ず。

—を冒す行動 ひあそび[火遊]。危ない橋を渡る。剃刀の刃を渡る。近代アドベンチャー(adventure)。アバンチュール(フランスaventure)。げいたう[芸当]。ぼうけん[冒

険」。水火を踏む。卵を渡る。剣の刃渡り。近世つなわたり［綱渡］。氷を歩む。剣を踏む。中世かるわざ［軽業／軽技］。きょくげい［曲芸］。ぼうこひょうが［暴虎馮河］。中古かく［かける］［賭］。りゅうがん／りょうがん［竜頷］。薄氷を踏む。《句》近代深淵に臨むが如し。近世地獄の上の一足飛び。虎の口へ手を入れる。中世争ひ木登り川渡り。中古石を抱きて淵に入る（臨む）。竜の鬚を撫で虎の尾を踏む。

ーを恐れないさま 中世いのちしらず［命知］。

ーを克服すること 近世せごし［瀬越］。

ーを避けられない状況 けんがみね［剣峰］。近代どたんば［土壇場］。近世ぜったいぜつめい［絶体絶命］。せと［瀬戸］。せとぎは［瀬戸際］。

ーを避けること ひたい［避退］。近代ひなん［避難］。近世たいひ［退避］。《句》君子は危きに近寄らず。

ーを脱する（さま） 近代かんいっぱつ［間一髪］。虎口を脱する。近世あはや。あやふく［危］。いのちびろひ［命拾］。きはどし［際］。すんでに。すんでのことで。すんでのところで。中世すでに。中古からうじて［辛］。からくも［辛］。虎口を逃る。《句》近代九死に一生。死中に活を求む。万死に一生を得る。中世俎上の魚江海に移る。

ーを予防し秩序を保つこと 近代けいほ／けいほう［警保］。ほうぜん［保全］。中世ほぜん［保全］。

安全かーか 中古あんき［安危］。

自分からーに向かう 《句》中世虎鬚を編む。飛んで火に入る夏の虫。

他人のためにーを冒す 《句》近代火中の栗を拾ふ。

地勢がー 中古うぢはやし［阻］。

防ぎようのないー 近代暗夜の礫。

きけん【棄権】 けんりほうき［権利放棄］。しあいほうき［試合放棄］。リタイア（retire）。近代きけん［棄権］。

きけん【貴顕】 近代きじん［貴人］。しんし［紳士］。中世きけん［貴顕］。きしん［貴紳］。れきれき［歴歴］。中古あてびと［貴人］。

きげん【機嫌】❶〈気分〉 かざむき［風向き］。風の吹き回し。近代おてんき［御天気］。近世いっぴんいっせう［一顰一笑］。きづま［気褄］。すみつき［墨付］。中世きげん［機嫌］。きぶん［気分］。きもち［気持］。しんきゃう［心境］。中古けしき［気色］。

ーが取りにくい 付き合いにくい。腫れ物に触るよう。近世きむづかし［気難］。中古くらべがたし［比難］。くらべぐるし［比苦］。

ーが直る 鳴いた鳥がもう笑う。近世色を直す。中古おもひなほる［思直］。

ーがよい 近世ごきげん［御機嫌］。じゃうきげん［上機嫌］。中世うるはし［美／麗］。

ーが悪い あれもよう［荒模様］。風向きが悪い。御機嫌斜め。腹の虫の居所が悪い。近代おかんむり［御冠］。ていきあつ［低気圧］。近世むづかし［難］。中世ふきげん［不機嫌］。中古けしきあし［気色悪］。ふきょう／ぶきょう［不興／無興］。むつかし［難］。

ーが悪くなる 臍を曲げる。近代冠を曲げる。中世色を損ず。上代むづかる［憤］。

ーのよい顔つき いいかお［好顔］。近世きげんがほ［機嫌顔］。

ーの悪い顔（態度） 近代ぷいと。近世つんけん（と）。つんつん（と）。つんと。中世じふめん［渋面］。

ーをさぐる 近代鼻息を窺ふ。

ーを損ねる 近世しくじる。ぶはむき［不羽向］。中世うちむつかる［打憤］。そこぬ［そこねる］［損］。そらす［逸］。そんず［損］。ふきょう／ぶきょう［不興／無興］。不興を蒙る。不興を買ふ。中古ものむつかり［物憤］。心を破る。

ーを取る 近代げいがふ［迎合］。とりまく［取巻］。とりむすぶ［取結］。尾を振る。歓心を買ふ。媚びを売る。手を擦る。鼻息を窺ふ。近世あせらかす。おべっか。きげんかひ［機嫌買］。ごますり［胡麻擂］。まはす［回／廻］。御土砂を掛く［―掛ける］。太鼓を打つ。太鼓を叩く。太鼓を持つ。鼻毛を数ふ。味噌を擂る。中世とぎ［伽］。とりいる［取入］。気を取る。手を束ね膝を屈む。中古気色取る。心を取る。上代おもねる［阿／阿諛］。こぶ［こびる］［媚］。へつらふ［諂］。をこつる［誘］。

ーを取る言葉 近代べんちゃら。近世おべっか。せじ［世辞］。ついしょうぐち［追従口］。

ーを取る態度 近代あいそわらひ［愛想笑］。近世しき［市気］。びたい［媚態］。

ーを取る人 近世とりまき［取巻］。をとこげいしゃ［男芸者］。はうかん［幇間］。中世たいこもち［太鼓持］。↓**へつら・う** ↓**ほうかん**

子供のーを取る 近代なだめすかす［宥賺］。近世あやす。たらす［誑］。中世あいす

［愛］。中古すかす［賺］。

酒に酔ってーがよい 近世いっぱいきげん［一杯機嫌］。さかきげん／さけきげん／ささきげん［酒機嫌］。中世ごしゅきげん［御酒機嫌］。

他人のー はないき／びそく［鼻息］。

きげん【機嫌】❷〈安否〉 近代きんきゃう［近況］。中世やうす［様子］。中古きげん［機嫌］。あんぴ［安否］。じじゃう［事情］。

目上の人のーを伺う 近代ほうし［奉伺］。

きげん【期限】 タイムリミット(time limit)。近代じき［時期］。しめきり［〆切／締切］。近世きり［切］。しばり［縛］。ひぎり［日切］。中世きじつ［期日］。にちげん［日限］。ひどり［日取］。中古ご［期］。上代きげん［期限］。ねんげん［年限］。

ーが近付く 近代おしつまる［押詰］。さしせまる［差迫］。中古せむ［逼／迫］。上代せまる［逼／迫］。

ーがない 近代むき［無期］。むきげん［無期限］。中古むご［無期］。何時となし。

ーに達する 近代まんき［満期］。中世まんず［満］。中古みつ〈みちる〉［満］。

ーの日 近世ひぎり［日切］。中世やくじつ［約日］。

ーは迫ったが事が捗らない 中世日暮れて道遠し。

ーを延ばす 近代えんき［延期］。近世ひのべ［日延］。

あらかじめ定めたー 近代きじつ［期日］。ぢゃうじつ／ていじつ［定日］。にちげん［日限］。定めの日。近世さだめび［定日］。ひぎり［日切］。中世ぢゃうにち［定日］。

手形などの返済ー サイト(sight)。ていじばらい［呈示払］。近代いちらんばらひ［一覧払］。さんちゃくばらひ［参着払］。

返済などのーが切れること ひぎれ［日切］。近世つきぎれ［月切］。

きげん【起源】 はっしょう［発祥］。ルーツ(roots)。近代オリジン(origin)。はつげん［発源］。近世かいさん［開山］。きいん［起因］。きげん［起源／起原］。くさむすび［草結］。くさわけ［草分］。くちあけ［口開］。さうし［創始］。さんばそう［三番叟］。じょびらき［序開］。そし［祖師］。そもそも［抑］。中世えんぎ［縁起］。かうし［嚆矢］。こんげん［根源］。さうさう［草創］。ね［根］。はじまり［始］。はじめ［初］。みなかみ［水上］。みなもと［源］。もと［元］。らんしゃう［濫觴］。中古おこり［起］。くち［口］。げんせん［源泉］。けんよ［権輿］。げんりう［源流］。こんぽん［根本］。しほさき［潮先］。やまぐち［山口］。ゆらい［由来］。

▼天地の始まり 中世かいびゃく［開闢］。中古かいひゃく［開闢］。

きこう【気候】 近代きしゃう［気象］。てんこう［天候］。近世ちき［地気］。ふうこう［風候］。やうき［陽気］。中世きこう［気候］。こう［候］。ふうき［風気］。中古ていけ／てんき［天気］。

ーが温順なさま 近世じゅんき［順気／旬季］。中世ごふうじふう［五風十雨］。中古のどのど。のどやか／のどらか［長閑］。わじゅん［和順］。わへい［和平］。

ーが爽やかで涼しいこと 近世さうりゃう［爽涼］。

ーの挨拶 →じこう【時候】

小春の頃の穏やかなー 近代こはるびより［小春日和］。

四季のー 上代じこう［時候］。

その他ーのいろいろ(例) あねったいきこう［亜熱帯気候］。おんたいきこう［温帯気候］。かいがんきこう［海岸気候］。かんそうきこう［乾燥気候］。かんたいきこう［寒帯気候］。ないりくきこう［内陸気候］。びきこう［微気候］。

きこう【紀行】 近世きかう［紀行］。だうちゅうき［道中記］。たびにっき［旅日記］。みちのき［道記］。みちのにき［道日記］。みちゆきぶり［道行振／道行触］。りょかうき［旅行記］。中古みちぶり［道振／道触］。

きこう【起工】 ちゃっこう［着工］。近代きこう［起工］。ちゃくしゅ［着手］。中古とりかかる［取掛］。

ー式 近代くはいれしき［鍬入式］。近世やがため［屋固］。

きこう【寄稿】 そうこう［送稿］。近代きかう［寄稿］。きしょ［寄書］。とうかう［投稿］。とうしょ［投書］。

きこう【機構】 近代オーガニゼーション(organization)。オルガニズム(organism)。きこう［機構］。きじょ［機序］。きせい［機制］。くみあはせ［組合］。くみたて［組立］。こうせい［構成］。しくみ［仕組］。そしき［組織］。たいせい［体制］。へんせい［編成］。へんせい［編制］。メカニズム(mechanism)。近世しかけ［仕掛］。中世からくり［絡繰］。こうざう［構造］。ほねぐみ［骨組］。中古つくり［造］。上代せいど［制度］。

きごう【記号】 コード(code)。しんがう[信号]。近代キャラクター(character)。シンボル(symbol)。マーク(mark)。近世ふがう[符号]。ふちゃう[符丁/符帳/符牒]。へうしき[標識]。中世きがう[記号]。めじるし[目印]。上代しるし[印]。

ー化すること コーディング(coding)。

秘密のー あんしょうばんごう[暗証番号]。パスワード(password)。中世あひことば[合言葉]。あんがう[暗号]。

ぎこう【技巧】→**ぎじゅつ**

ー派 テクニシャン(technician)。

ーを凝らす 中世さいく[細工]。上代たくむ[巧/工]。

書画などにーをこらすこと 近世ふさく[斧鑿]。

職人がーをこらすこと 近世しゃうき[匠気]。

人をあやつるー 近世てごと[手事]。てれん[手練]。てれんてくだ[手練手管]。

きこえ【聞】→**うわさ**

きこ・える【聞】❶〈耳に入る〉 近代耳朶(じだ)に触れる。耳目に触れる。耳にする。近世小耳に挟む。中世きこふ[聞]。耳に挟む。中古ききおよぶ[聞及]。ききつく[ーつける][聞付]。耳に入(い)る[ー入れる]。耳に付く。耳に留む[ー留める]。耳に入(はひ)る。耳に触る[ー触れる]。上代きこゆ[きこえる][聞]。

ー・えないふりをする 空耳を潰す。近世空耳を走らす。中世そらきかず[空聞]。そらみみ[空耳]。

ー・えないふりをして聞く 中世そらぎき[空耳]。

ー・えにくい 中世みみとほし[耳遠]。

一面にー・える 中古きこえわたす[聞渡]。

音がしないのにー・えたように思う 近代げんちゃう[幻聴]。中古そらね[空音]。そらみみ[空耳]。

近くでー・える 中古みみちかし[耳近]。

話声がそっくり他にー・える 近代つつぬけ[筒抜]。

わざとー・えるように言う 近世かべそしょう[壁訴訟]。きこえよがし[聞]。

きこ・える【聞】❷〈名が通る〉 世に知られる。近代名が通る。近世しれわたる[知渡]。なだかし[名高]。中古きこゆ[きこえる][聞]。音に聞こゆ[ー聞こえる]。名にし負ふ。

きこく【帰国】→**かえ・る【帰】❶**

きごころ【気心】→**きしょう【気性】**

ーが合う 相性(合い性)がよい。つうかあの仲。つうと言えばかあの仲。近世あひえん[合縁/相縁]。こんい[懇意]。馬が合ふ。気が合ふ。反りが合ふ。肌(膚)が合ふ。中古こころやすし[心安]。上代どうき[同気]。

ぎこちな・い 近代ぎこちない。ぶきっちょ[不器用/無器用]。近世ぎくしゃく。きごつ/ぎごつ。きごつなし。中世ぶきよう[不器用/無器用]。中古かたくな[頑]。ごちごちし[骨骨]。こはし[強]。

きこつ【気骨】 こんじょう[根性]。近代かうこつ[硬骨]。はんこつ[反骨]。ほねっぷし[骨節]。むかふいき[向意気]。近世いき[意気]。いきぢ[意気地]。いくぢ[意気地]。きこつ[気骨]。中世きがい[気概]。きせつ[気節]。こころいき[心意気]。しゃうね[性根]。どしゃうぼね[土性骨]。ほね[骨]。ほねっぽい[骨]。中古きりょく[気力]。

ーがない 近代ほねぬき[骨抜]。近世なんじゃく[軟弱]。

きこなし【着】→**きかた**

ぎこぶん【擬古文】 近代ぎこぶん[擬古文]。びぶん[美文]。近世がぶん[雅文]。

きこり【木樵】 近世しばびと[柴人]。やまこ/やまご[山子]。中世おがひき[大鋸挽]。きのみち[木道]。すうぜう[芻蕘]。そまし[杣師]。そまだくみ[杣匠]。そまどり[杣取]。やまうど[山人]。中古きこり[木樵/樵]。こびき[木挽]。せうふ[樵夫/樵父]。そま[杣]。そまうど[杣人]。やまがつ[山賤]。上代そまびと[杣人]。やまびと[山人]。

ーの山小屋 そまごや[杣小屋]。もりや[守屋]。

きこん【気根】 近世こんき[根気]。中世きこん[気根]。中古きりょく[気力]。

きこん【既婚】 近代きこん[既婚]。

ーの女性 近代セニョーラ(スペイン señora)。マダム(madam; フランス madame)。ミセス(Mrs.)。近世おくさま[奥様]。ていしゅもち[亭主持]。ふじん[夫人]。中世おくがた[奥方]。上代ひとづま[人妻]。

きざ【気障】 近代あくしゅみ[悪趣味]。きざ[気障]。きどり[気取]。きょえい[虚栄]。見栄を張る。近世いやみ[嫌]。だて[伊達]。中世きょしょく[虚飾]。

ー・な様子である 近代きざったらしい[気障]。近世きざっぽい[気障]。

きさい【記載】 近代かきこむ[書込]。かきつけ

る［書付］。きじゅつ［記述］。きにふ［記入］。けいさい［掲載］。とうさい［登載］。とうろく［登録］。中世かきとむ［ーとめる］［書留］。きす［記］。中古かきいる［ーいれる］［書入］。かきしるす［書記］。きろく［記録］。上代きさい［記載］。しるす［記］。

はっきりー・すること 近世めいき［明記］。

分類してー・すること 近代ゐき［彙記］。

要点をー・すること 近代りゃくさい［略載］。

きさい【奇才】→**えいさい**

きさい【鬼才】→**えいさい**

きさき【后】 近代こうひ［公妃］。ぢょわう／にょわう［女王］。ひでんか［妃殿下］。プリンセス(princess)。近世わうひ［王妃］。中世くゎうぐう［皇后］。中古あきのみや［秋宮］。いちのきさき［一后］。きさい／きさき［后］。きさいのみや／きさきのみや［后宮］。くゎうごう［皇后］。くゎうごうぐう［皇后宮］。こうひ［后妃］。こくぼ／こくも［国母］。ちゅうぐう［中宮］。上代きさき［后／妃］。ひ［妃］。わうこう［王后］。

ーを母として生まれたこと 中古きさいばら／きさきばら［后腹］。

新たに位についたー 中古いまぎさき［今后］。

皇后以外のー 中古かうい［更衣］。こうきゅう［後宮］。にょうご［女御］。

将来ーとなるべき人 中古きさきがね［后］。

母であるー 中古ははきさき／ぼこう［母后］。

ぎざぎざ 近代ぎざ。ぎざぎざ。きょし［鋸歯］。きょしじゃう［鋸歯状］。中古のこぎりば／のこば［鋸歯］。

ー・に切ること ピンキング(pinking)。

きさく【奇策】→**さくりゃく**

きさく【気】→**きがる**

ぎさく【偽作】 フェイク／フェーク(fake)。近代いかもの［如何物／偽物］。イミテーション(imitation)。いんちき。えせ［似非］。がんざうぶつ［贋造物］。くはせもの［食物］。コピー(copy)。たうさく［盗作］。へうぞく［剽賊］。まやかしもの［物］。もさく［模作］。近世がんさく［贋作］。がんざう［贋造］。まがひ［紛］。まがひもの［紛物／擬物］。まやかし。もざう［模造］。中世がんぶつ［贋物］。ぎさく［偽作］。にせ［偽］。にせもの［偽物］。へうせつ［剽窃］。もどき［擬／抵牾／牴牾］。上代ぎざう［偽造］。
→**にせもの**

きささげ【木豇豆】 あずさ［梓］。かわらひさぎ［河原楸］。近世きささげ［木豇豆／楸］。らいでんぎり［雷電桐］。上代ひさぎ［楸］。

きざし【兆】 近代けはい［気配］。てうこう［兆候］。はうが［萌芽］。フェノメノン(phenomenon)。めばえ［芽生］。もよひ［催］(接尾語的)。よてう［予兆］。近世きっかけ［切掛］。きっさき［機先］。げん［験］。さきぶれ［先触］。しゃう［祥］。ぜんしゃう［前象］。はうどう［萌動］。はうはつ［萌発］。まへぶれ［前触］。やうす［様子］。虫の知らせ。中世えんぎ［縁起］。きさき［機先］。けんとく［見徳／見得］。さいさき［幸先］。さきばしり［先走］。ずいげん［瑞験］。ぜんてう［前兆］。せんべう［先表］。ぜんべう［前表］。ちょう［徴］。てう［兆］。中古け［気］。けしき［気色］。さとし［諭］。ずいさう［瑞相］。せんてう［先兆］。へうじ［表示］。もよほし［催］。やまぐち［山口］。上代きざし［兆／萌］。さが［祥／前兆］。しるし［徴］。
《句》近代山雨(さんう)来らんと欲して風楼(ろう)に満つ［ー満ちる］。中世堅き氷は霜を履(ふ)むより至る。

ーが見える 近代もよひ［催］。中古きざす［兆／萌］。上代しるす［記／誌／識／徴］。

ーとしての症状 ぜんくしょうじょう［前駆症状］。

明るいー 近代しょくゎう［曙光］。

大事のーがあって何も起こらない 近代大山鳴動して鼠一匹。近世蛇(じゃ)が出さうで蚊も出ぬ。

国や家が滅ぶー 中世牝鶏(ひんけい)晨(あした)す。

戦いに負けるー 近代はいちょう［敗徴］。はいてう［敗兆］。

春のー 近世くゎしん［花信］。中世しゅんしん［春信］。はうしん［芳信］。

表面に表れたー 近代へうちょう［表徴／標徴］。

不吉なー あんうん［暗雲］。近代あんえい［暗影／暗翳］。かげ［影］。くゎき［禍機］。近世きょうてう［凶兆］。中世けち。中古あくさう［悪相］。えうき［妖気］。えうげつ［妖孽］。上代しるまし［怪／徴］。

よいことの起こるー →**きっちょう**

きざ・す【兆】 近代めばえる［芽生］。もえだす／もえでる［萌出］。影が差す。中古きざす［兆／萌］。けしきだつ［気色立］。けしきづく［気色付］。けしきばむ［気色］。つはる［胚］。もよほす［催］。上代しるす［徴］。もえいづ［萌出］。もゆ［もえる］［萌］。
《句》近世霜を履(ふ)んで堅氷至る。

▼接尾語 中古 ぐむ。

きざみ【刻】 きりこみ／きれこみ［切込］。中世 きざ［刻／段］。きざみめ［刻目］。くぎり［区切］。ぶんだん［分段］。上代 きざみ［刻］。

鋸(のこぎり)の歯のようなー 近代 ぎざ。ぎざぎざ。ぎざぎざ。ぎじゃぎじゃ。

葉や花弁のまわりのー 近代 けっこく［欠刻］。

きざ・む【刻】 近代 すんだん［寸断］。こくする［刻］。近世 ほる［彫］。中世 きりわく［ーわける］［切分］。ほりこむ［彫込］。ほりつく［ーつける］［彫付］。ろくす［勒］。ゑりいる［彫入］。中古 きざむ［刻］。ちりばむ［ーばめる］［鏤］。ゑる［彫／鐫］。

ー・むこと 近世 こく［刻／剋］。るこく／ろうこく［鏤刻］。

心に深くー・む 肝に銘ずる。近代 めいかん［銘肝］。めいき［銘記］。近世 めいず［銘］。

大根などを細長くー・む 近世 せんぎり［千切／繊切］。

小さくー・む 近代 こきざみ［小刻］。

きさんじ【気散】 →**うさばらし**

きし【岸】 近代 えんがん［沿岸］。すいはん［水畔］。すいひん［水瀕］。みづべ［水辺］。近世 がんぺき［岸壁］。きしね［岸根］。中世 きしべ［岸辺］。すいがい［水涯］。なみうちぎは［波打際］。中古 きしほとり［岸辺］。すいへん［水辺］。みぎは［汀］。みづぎは［水際］。上代 うら［浦］。きし［岸］。なぎさ［渚／汀］。はま［浜］。はまべ［浜辺］。→**かいがん** →**かわ（ーのほとり）**

ーに着く 中古 ちゃくがん［着岸］。上代 へつく［辺付］。

ーのほとり 中世 がんとう［岸頭］。きしべ［岸辺］。中古 きしほとり［岸辺］。

一方のー 中古 かたぎし［片岸］。

岩が切りたつー 中世 いはぎし［岩岸］。

水面に近いー 近世 きしね［岸根］。

船からーに上がる所 中世 あがりば［上場］。

向かいのー 近世 かはむかふ［川向］。たいがん［対岸］。むかひぎし／むかふぎし［向岸］。中世 かはむかひ［川向］。

両方のー 中古 りゃうがん［両岸］。

その他ーの呼び方のいろいろ（例） 近代 かいがん［海岸］。こがん［湖岸］。こはん［湖畔］。ほくがん［北岸］。近世 うがん［右岸］。さがん［左岸］。中古 せいがん［西岸］。とうがん［東岸］。なんがん［南岸］。上代 かはぎし［川岸］。

きし【旗幟】❶〈旗印〉 バナー(banner)。近代 きせい［旗旌］。中世 のぼり［幟］。はたじるし［旗印］。上代 きし［旗幟］。はた［旗］。

きし【旗幟】❷〈立場〉 近代 きし［旗幟］。たいど［態度］。中世 しゅちゃう［主張］。たちば［立場］。上代 いけん［意見］。

きし【騎士】 カバリエ(フランス cavalier)。近代 きし［騎士］。ナイト(knight)。

きじ【記事】 リポート／レポート(report)。ルポ／ルポルタージュ(フランス reportage)。近代 アーティクル(article)。ニュース(news)。近世 きじ［記事］。ほうこく［報告］。ほうだう［報道］。ほうち［報知］。中古 きろく［記録］。

ーの材料 ねた。

一社が手にいれた重要ー 近代 スクープ(scoop)。とくだね［特種］。

社会面のー 近代 ざっぽう［雑報］。

枠で囲んだー かこみもの［囲物］。近代 かこみきじ［囲記事］。コラム(column)。

きじ【生地】❶〈素地〉 近代 そぢ［素地］。マテリアル(material)。近世 きぢ［生地／素地］。ぢはだ［地肌］。中世 したぢ［下地］。すはだ［素肌］。中古 そしつ［素質］。ほんしゃう／ほんじゃう［本性］。上代 しゃうたい／しゃうだい［正体］。

きじ【生地】❷〈布地〉 テクスチャー(texture)。近代 ひきもの［疋物］。ふくぢ［服地］。近世 ごふく［呉服］。たんもの［反物］。ぬのぢ［布地］。中世 きれ［切］。中古 おりもの［織物］。上代 ぬの［布］。→**おりもの**

きじ【雉】 近代 てき［翟］。中世 きぎす［雉子］。さんりゃう［山梁］。みゆきどり［御幸鳥］。やけい［野鶏］。中古 うつはり。さんけい［山鶏］。すがねどり［菅根鳥］。上代 きぎし［雉子］。きじ［雉／雉子］。さぬつどり／さのつとり［野鳥］。つまごひどり［妻恋鳥］。

《枕》上代 さのつとり／ぬつとりの／のつとり［野鳥］［⇒きぎし］。

ーが羽ばたきする 中世 ほろろ打つ。

ーと兎 中世 ちと［雉兎］。

ーの鳴き声 中世 けいけいほろろ。中古 ほろほろ。ほろろ。

雄のー 中古 をきじ［雄雉］。

雷などの時ーが鳴くこと 近世 おとあはせ［音合］。

ぎし【技師】 →**ぎじゅつしゃ**

ぎじ【擬似】 近代 ぎさう［擬装］。ぎたい［擬態］。近世 ぎじ［擬似／疑似］。もぎ［模擬］。もはう［模倣］。中世 あやかる［肖］。

もどき[擬]。中古にす[にせる][似]。まぎらはし[紛]。上代ぎす[擬]。

きしかいせい【起死回生】 近代ふくくゎつ[復活]。近世きしくゎいせい[起死回生]。息を吹き返す。

《句》九死に一生。近代死中に活を求む。近世炒り豆に花。中世俎上(そじやう)の魚江海(かうかい)に移る。万死(ばんし)に一生を得(う)[—得る]。万死を出でて一生に遇ふ。

ぎしき【儀式】 近代ぎてん[儀典]。しきてん[式典]。セレモニー(ceremony)。てん[典]。近世くゎんこんさうさい[冠婚葬祭]。てんぎ[典儀]。中世ぎそく[儀則]。ぎぎぢやう[儀仗]。中古いろふし[色節]。ぎ[儀]。ぎれい[儀礼]。さほふ[作法]。しきはふ[式法]。れいしき[礼式]。れいてん[礼典]。上代ぎしき[儀式]。しき[式]。てんれい[典礼]。れい[礼]。

《句》中世乞食にも門出。

—張っている 近世しきしき[式式]。中古おほやけおほやけし／おほやけし[公公]。

—を行う 上代きょしき[挙式]。

—を終わる へいしき[閉式]。

—をすすめる順序 しきじ[式次]。近世しきしだい[式次第]。

—を司ること 近代しゃうてん[掌典]。

—を始める かいしき[開式]。

祝いの— 近代しゅくがくゎい[祝賀会]。しゅくがしき[祝賀式]。しゅくてん[祝典]。中世しうぎ[祝儀]。

神を祭る— 近世してん[祀典]。

工事の無事を祈る— つちまつり[土祭]。とこしずめの祭。中世ぢちんさい[地鎮祭]。中古ぢまつり[地祭]。

死者を送る— ↓**そうぎ【葬儀】**

重大な— 中世たいれい[大礼]。中古たいぎ[大儀]。上代たいてん[大典]。

新造の艦船を進水させるときの— 近代しんすいしき[進水式]。

盛大な— 近世せいてん[盛典]。中世せいぎ[盛儀]。

戦いに赴くときの— 中世しゅつぢんしき[出陣式]。

正しい— 近世しきしゃう[式正]。上代理(ことわり)の装(よそ)ひ。

朝廷(宮中)の— 中世くうじ／くじ[公事]。こくてん[国典]。たいれい[大礼]。てうてん[朝典]。中古おほやけごと[公事]。たいぎ[大儀]。

晴れがましい— 中古せいぎ[晴儀]。

秘かに行う— ひぎ[秘儀]。中世みつぎ[密儀]。

古い時代の— 中古こぎ[古儀]。上代きうぎ[旧儀]。

密教の— 中古くゎんぢゃう[灌頂]。ほふ[法]。

めでたい— 近代かてん[嘉典]。中世かれい[嘉礼]。

略式の— 中古うぎ[雨儀]。

ぎしぎし【羊蹄】 近世いぬすいば。しのねだいこん[羊蹄根大根]。やうてい[羊蹄]。中世ぎしぎし[羊蹄]。中古うしのひたひ[牛額]。しのね[羊蹄]。しぶくさ[渋草]。上代いちし。

きじく【機軸】❶〈方法〉 近代はうしき[方式]。近世きぢく[機軸]。しゅはふ[手法]。中世くふう[工夫]。しゅだん[手段]。中古はうさく[方策]。はうはふ[方法]。

きじく【機軸】❷〈中心〉 近代かくしん[核心]。せうてん[焦点]。しんずい[心髄]。ちゅうかく[中核]。ちゅうすう[中枢]。ちゅうぢく[中軸]。近世きぢく[機軸]。きほん[基本]。中古ちゅうしん[中心]。

きじく【基軸】 近代きかん[基幹]。ちゅうぢく[中軸]。近世きほん[基本]。中古ちゅうしん[中心]。

きしつ【気質】 ↓**きしょう【気性】**

田舎風の— 近世ゐなかかたぎ[田舎気質]。

人それぞれの— 中世きぎ[気気]。

身についたよくない— 近代しうみ[臭味]。

きじつ【忌日】 近代きじつ[忌日]。中世くゎいき[回忌]。たちび[立日]。めいにち[命日]。中古き[忌]。上代きにち[忌日]。しうき[周忌]。

きじつ【期日】 ↓**きげん【期限】**

きじばと【雉鳩】 近代きじばと[雉鳩]。中世つちくればと[土塊鳩]。中古やまばと[山鳩]。

きしべ【岸辺】 ↓**きし【岸】**

きし・む【軋】 近代あつれき[軋轢]。近世しぶる[渋]。まさつ[摩擦]。中古きしむ[軋]。きしる[軋／轢]。きしめく[軋]。ひしめく[犇]。

《枕》上代あられふり[霰降][⇩きしみ]。

—・む音(さま) びしびし。近代ぎちぎち。中世ぎしぎし。中古きしきし。きりきり。上代ひしと[緊／犇]。

きしゃ【記者】 ルポライター(和製reportage writer)。近代きしゃ[記者]。ジャーナリス

ト(journalist)。とくはゐん［特派員］。ライター(writer)。レポーター(reporter)。

社会・文化面担当のー 近代 なんぱ［軟派］。

政治・経済面担当のー 近代 かうは［硬派］。

戦地へ行って報道に当たるー 近代 じゅうぐんきしゃ［従軍記者］。

きしゃ【喜捨】 →きふ

きしゃ【汽車】 近代 きしゃ［汽車］。くゎしゃ［(中国語) 火車］。くゎりんしゃ［火輪車］。トレーン(train)。ぽっぽ(幼児語)。れっしゃ［列車］。をかじょうき［陸蒸気］。

ーの車輪 近代 てつりん［鉄輪］。

夜行のー 近代 やかうれっしゃ［夜行列車］。よぎしゃ［夜汽車］。

きしゃく【希釈】 近代 うすめる［薄］。わる［割］。近世 きしゃく［希釈／稀釈］。

きしゅ【旗手】 近代 きしゅ［旗手］。せんくしゃ［先駆者］。せんだうしゃ［先導者］。リーダー(leader)。近世 はたもち［旗持］。中世 はたさし［旗差／旗指］。

きしゅ【騎手】 ライダー(rider)。近代 きしゅ［騎手］。ジョッキー(jockey)。中古 のりじり［乗尻］。

きじゅ【喜寿】 近代 きじゅ［喜寿］。近世 きじ／きのじ［喜字］。喜の祝ひ。喜の字の祝ひ。

→ねんれい

きしゅう【奇襲】 ふいうち［不意打／不意討］。近代 きしふ［奇襲］。きふしふ［急襲］。中世 ぬきうち［抜打］。

ーのために隠しておく軍勢 近代 ゲリラ(スペイン guerrilla)。中世 ふくへい［伏兵］。

きじゅうき【起重機】 タワークレーン(tower crane)。近代 ウインチ(winch)。かうぢゅうき［扛重機］。きぢゅうき［起重機／起重器］。クレーン(crane)。ジャッキ(jack)。ホイスト(hoist)。まきあげき［巻揚機］。

きしゅく【寄宿】 →きぐう【寄寓】

きしゅくしゃ【寄宿舎】 がくせいりょう［学生寮］。ドーミトリー(dormitory)。近代 きしゅくしゃ［寄宿舎］。中古 がくれう［学寮］。

ーの管理人(世話人) りょうぼ［寮母］。近代 しゃかん［舎監］。

きじゅつ【記述】 近代 きじゅつ［記述］。ひつじゅつ［筆述］。中世 じょじゅつ［叙述］。中古 きろく［記録］。上代 きさい［記載］。きす［記］。しるす［記］。

きじゅつ【既述】 近代 きじゅつ［既述］。じゃうき［上記］。じゃうじゅつ［上述］。じゃうぶん［上文］。ぜんき［前記］。ぜんけい［前掲］。せんじゅつ［先述］。ぜんじゅつ［前述］。

きじゅつ【奇術】 近代 マジック(magic)。近世 きじゅつ［奇術］。てじな［手品］。てづま［手妻／手爪］。めくらまし［目眩］。中世 きょくげい［曲芸］。まじゅつ［魔術］。まはふ［魔法］。

ーをする人 近代 きじゅつし［奇術師］。てじなし［手品師］。てじなつかひ［手品遣］。マジシャン(magician)。まじゅつし［魔術師］。近世 てづまつかひ［手妻遣］。まはふつかひ［魔法使］。中古 まぼろし［幻］。

ぎじゅつ【技術】 近代 ぎこう［技工］。ぎのう［技能／伎能］。ぎはふ［技法］。こうげい［工芸］。しゅわん［手腕］。スキル(skill)。たくみ［巧］。テクニック(technic)。近世 うでまへ［腕前］。ぎかう［技巧］。しゅれん［手練］。中世 うで［腕］。ぎげい［技芸／伎芸］。ぎじゅつ［技術］。ぎりゃう［技量／伎量／伎倆］。ざうさ［造作］。ざふさ［雑作］。てぎは［手際］。てなみ［手並］。はうじゅつ［方術］。わざ［技］。中古 て［手］。上代 げい［芸］。

ー革新 イノベーション(innovation)。しんきじく［新機軸］。

あらゆるーに長けていること 近代 ばんのう［万能］。中世 まんのう［万能］。

最高のーを尽くす 中古 無き手を出す。

優れたー 近代 うできき［腕利］。近世 かうぎ［巧技］。中世 かうしゅ［巧手］。上代 ほつて［秀手］。

ちょっとしたー 近世 こてさき［小手先］。中世 せうぎ［小技］。

特別なー 近代 ひぎ［秘技］。中世 おくぎ［奥義］。おくのて［奥手］。ごくい［極意］。ひじゅつ［秘術］。中古 あうぎ［奥義］。ひけつ［秘訣］。

にわか仕込みのー 近世 つけやきば［付焼刃］。

ぎじゅつしゃ【技術者】 近代 エンジニア(engineer)。ぎこう［技工］。ぎし［技師］。ぎじゅつか［技術家］。ぎじゅつしゃ［技術者］。近世 しょくにん［職人］。上代 こうしゃう［工匠］。しゃう［匠］。たくみ［匠／工］。てひと［手人］。

優れたー 近代 わざにん／わざびと［業人］。近世 わざもの［業者］。中世 かうしゃ［巧者］。らうれん［老練］。

きじゅん【基準】 クライテリア(criteria)。メジャー(measure)。近代 きかく［規格］。きじゅん［基準］。きじゅん［規準］。しきんせき［試金石］。しけんせき［試験石］。しゃく

ど[尺度]。すいじゅん[水準]。バロメーター(barometer)。ものさし[物差/物指]。レベル(level)。中世ぢゃうぎ[定規/定木]。はかせ[博士]。

ーとなる点 ベンチマーク(benchmark)。近代げんてん[原点]。

ーに外れていること 近代はかく[破格]。

きじゅん【規準】 近代カノン(canon)。きじゅん[基準]。きじゅん[規準]。スタンダード(standard)。てんけい[典型]。はん[範]。モデル(model)。近世じゅんじょう[準縄]。中世かたぎ[形木/模]。きはん[規範]。てほん[手本]。へうじゅん[標準]。みほん[見本]。中古きく[規矩]。もはん[模範]。

ーとする 中世のっとる[法/則]。

ーにならうこと 中世じゅんぎ[準擬/准擬]。

きじゅん【帰順】 近代きぞく[帰属]。近世ふくぞく[服属]。中世かうさん[降参]。きかう[帰降]。きふく[帰服/帰伏]。くっぷく[屈服]。ふくじゅう[服従]。上代かうふく[降伏]。きじゅん[帰順]。したがふ[従]。

きしょ【奇書】 きこうぼん[稀覯本/希覯本]。きしょ[希書/稀書]。近代ちんせき[珍籍]。ちんぽん[珍本]。近世ちんしょ[珍書]。中世きしょ[奇書]。

きしょう【気象】 近代きしゃう[気象]。てんこう[天候]。中世きこう[気候]。中古てんき[天気]。上代じこう[時候]。

ー観測の機器 近世そくき[測器]。

ーを観測すること 近代くゎんしゃう[観象]。そくこう[測候]。

ーを観測する所 近代くゎんくきしゃうだい[管区気象台]。くゎんそくじょ[観測所]。

機器による自動のー観測 ロボットかんそく[robot観測]。

きしょう【気性】 近代きごころ[気心]。せいかう[性向]。テンペラメント(temperament)。近世かたぎ[気質]。きしつ[気質]。きしゃう[気性]。きっぷ[気風]。きどり[気取]。きふう[気風]。きぶん[気分]。きまへ[気前]。こころいき[心意気]。こっき[骨気]。しゃう[性]。しゃうね[性根]。せいかく[性格]。たち[質]。はだ[肌]。はだあひ[肌合]。中世いぢ[意地]。きだて[気立]。きひん[気稟]。こころだて[心立]。しゃうぶん[性分]。せいしつ[性質]。せいじゃう[性情]。中古こころざま[心様]。こころね[心根]。こんじゃう[根性]。さが[性]。てんぴん[天稟]。上代こころばせ[心馳]。こころばへ[心延]。→**きだて**

ーが大きくさわやか 近世がうけん[豪健]。がうさう[豪爽]。上代がうき[剛毅/豪毅]。

ーが粗暴 中世あらめ[荒目/粗目]。

ーが強い 近代ゆうまい[雄邁]。近世えいき[鋭気]。ほね[骨]。中世きこつ[気骨]。

ーが激しい 近代きかんき[利気]。つよき[強気]。まけんき[負気]。近世かちき[勝気]。てっくゎ[鉄火]。中世きをり[気折]。気が勝つ。中古おずし/おぞし[悍]。おずまし/おぞまし[悍]。きはだけし[際猛]。

ーが激しいさま 近世かんかん[侃侃]。中古がうちょく[剛直]。がうまう[剛猛/豪猛]。

ーのさっぱりした男性 近代くゎいだんし[快男子]。近世かうだんし[好男子]。中世かうかん[好漢]。

ーの激しい人 中世かうのもの[剛者]。したたかもの[強者]。

ーの激しく信念のある人 中世れっし[烈士]。

ーの激しく節操の固い女性 近世れつぢょ[烈女]。れっぷ[烈婦]。

女性でーが激しい 近代ぢょがう[女豪]。ぢょけつ[女傑]。近世かんぷ[悍婦]。ぢょぢゃうふ/にょぢゃうふ[女丈夫]。をとこまさり[男勝]。

きしょう【稀少】 近代レア(rare)。数少ない。滅多にない。近世きこう[稀覯/希覯]。きせう[稀少/希少]。中古きたい[希代/稀代]。上代まれ[稀/希]。めづらし[珍]。→**まれ**

きしょう【奇勝】 近世きしょう[奇勝]。ぜっしょう[絶勝]。中世きくゎん[奇観]。ぜっけい[絶景]。→**けしき【景色】**

きしょう【起床】 近代きしゃう[起床]。めざめ[目覚]。りしゃう[離床]。近世とこはなる[床離]。上代おく[おきる][起]。

きしょう【記章】 バッジ(badge)。ワッペン(ドイツWappen)。近代えりしゃう[襟章]。エンブレム(emblem)。きしゃう[記章]。きょうしゃう[胸章]。けんしゃう[肩章]。しうしゃう/そでしゃう[袖章]。しゃう[章]。ぼうしゃう[帽章]。メダル(medal)。わんしゃう[腕章]。近世かたじるし[肩章]。しるし[印/標]。

学校のー 近代かうしゃう[校章]。

表彰して与えられるー 近代じゅしゃう[綬章]。

きしょう【起請】 中古きしゃう[起請]。上代せいぐゎん[誓願]。ちかひ[誓]。

ーの内容を記した文書 中世しんもん[神

文］。せいし［誓紙］。せいぶん／せいもん［誓文］。てんばつきしゃうもん［天罰起請文］。中古きしゃうもん［起請文］。

きじょう【机上】 近世きじゃう［机上／几上］。たくじゃう［卓上］。

―の案 しじょうけいかく［紙上計画］。デスクプラン(desk plan)。ペーパープラン(paper plan)。机上の空論。座上の空論。紙上の空論。

きじょう【気丈】 近代つよき［強気］。近世かちき［勝気］。きじゃう［気情］。きぢゃう［気丈］。きぢゃうぶ［気丈夫］。きづよし［気強］。こころぢゃうぶ［心丈夫］。中世きをり［気折］。中古きはだけし［際猛］。こころづよし［心強］。たけし［猛］。たのもし［頼］。

―・な人 近代しっかりもの［者］。中世したたかもの［強者］。

きじょう【軌条】 近代きでう［軌条］。近世きだう［軌道］。せんろ［線路］。てつろ［鉄路］。レイル／レール(rail)。

ぎしょう【偽称】 近代ぎめい［偽名］。かばう［仮冒］。さしょう［詐称］。せんしょう［僭称］。へんみゃう／へんめい［変名］。中世ぎしょう［偽称］。

きしょく【気色】 →かおいろ →きぶん

きしょく【寄食】 →いそうろう

きし・る【軋】 →きし・む

きしん【寄進】 →きふ

きしん【帰心】 →きょうしゅう【郷愁】

きじん【鬼神】 近代デーモン(demon)。中古あしゅら［阿修羅］。おにがみ［鬼神］。しんき［神鬼］。みゃうしゅ［冥衆］。やしゃ［夜叉］。上代おに［鬼］。きじん［鬼神］。

きじん【奇人】 近代かはりだね［変種］。かはりもの［変者］。きぶつ［奇物］。つむじまがり［旋毛曲］。近世あまのじゃこ［天邪鬼］。そげもの［削者］。へんじん［変人］。中世あまのじゃく［天邪鬼］。くせびと［曲人］。くせもの［曲者］。中古ひがもの［僻者］。上代きじん［奇人／畸人］。

きじん【貴人】 近代きしん［貴紳］。きじん［貴人］。近世ごじんてい［御仁体］。中世うへさま［上様］。うへつがた［上方］。うんかく［雲客］。かみざま［上方］。きけん［貴顕］。きぞく［貴族］。きにん［貴人］。きょくろ［棘路］。くげ［公家］。くゎちう［華冑］。けい［卿］。けいしゃう［卿相］。げっけい［月卿］。げっけいうんかく［月卿雲客］。ごじんたい［御仁体］。しゃうけい［上卿］。だうじゃう［堂上］。みうち［御内］。やかた［屋形／館］。中古あてびと［貴人］。うへひと／うへびと［上人］。おとど［大臣］。おまへ［御前］。かみ［上］。かんだちべ／かんだちめ［上達部］。きんし［金紫］。きんだち［君達／公達］。くぎゃう［公卿］。くものうへひと［雲上人］。じゃうず［上種／上衆］。じゃうらふ［上臈／上臘］。たち［館］。てんじゃうびと［殿上人］。まうちぎみ［公卿］。上代うし［大人］。うまひと［貴人］。まうと［真人］。まへつきみ［公卿］。

―が卑しい者のために災難に遭うこと 中世はくりょうぎょふく［白竜魚服］。

―が来ること 近世やうがう［影向］。

―が身に着けるもの 近世めしれう［召料］。中世たてまつりもの［奉物］。

―が野外で駕籠をとめて休むこと 近代のだて［野立］。

―と食事すること 中世ばいしょく［陪食］。

―とともにもてなしを受けること 中世しゃうばん［相伴］。

―に対する敬称 近世ごぜん［御前］。中世ごぜ［御前］。

―に文書を差し出すときの杖 中世しょぢゃう［書杖］。ふづゑ［文杖］。ふみさし［文挿］。ふみばさみ［文挟］。ぶんぢゃう［文杖］。

―の一族 近代ばつぞく［閥族］。

―の外出 近世おなり［御成］。

―の外出の先導 →さきばらい❷

―の方々 近世うへつかた［上方］。中世つきのはやし［月林］。げっけい［月卿］。

―の官位 中古せいゐ［星位］。

―の居所 中世ざしょ［座所］。みまし［御座］。中古おまし［御座］。上代おもと［御許］。

―の子 近世おんざうし［御曹司］。わこ［和子／若子］。をとこぎみ［男君］。をんなぎみ［女君］。中世きこうし［貴公子］。ごれう［御料／御寮］。中古きんだち［公達］。みこ［御子／皇子］。上代うまひとのこ［貴人子］。

―の子孫 中古みま［御孫］。

―の寝所 中古夜(よる)の御殿(おとど)。

―の側 近世おひざもと［御膝下／御膝元］。

―の頼りない息子 中古ほそきんだち［細公達］。

―の妻 中世おくがた［奥方］。中古うへ［上］。だいばんどころ［台盤所］。ふじん［夫人］。みだいどころ［御台所］。

―の所へ行く 近代さんけい［参詣］。中古さ

んじゃう［参上］。さんず［参］。ないげ［内外］。まゐる［参］。

―の乗る船 中世 ござぶね［御座船］。

―の耳に入ること 近世 たいちゃう［台聴］。たいぶん［台聞］。中世 かうぶん［高聞］。

―の世継ぎ 中世 ちょわう［儲王］。中古 ちょくん［儲君］。上代 まうけのきみ［儲君］。

―風の育ち きぞくそだち［貴族育］。近代 おほうちそだち［大内育］。

―らしく振る舞う 中世 じゃうずめく［上衆］。じゃうずめかし［上衆］。中古 ざうずめく［上衆］。

官位の低い― 中世 ただびと［直人］。中古 ただうど［直人］。

帝王と― 中古 わうこう［王公］。

年長の―の敬称 中古 おほきおまへ［大御前］。

▼朝廷に仕える公家 中世 くげがた［公家方］。くげしゅ／くげしゅう［公家衆］。だうじゃうしゅ［堂上衆］。上代 おほみやびと［大宮人］。

ぎしん【疑心】 近代 ぎもんふ［疑問符］。くゎいが［怪訝］。まゆつばもの［眉唾物］。疑ひを挟む。首を傾(かし)げる。近世 かんぐり［勘繰］。ぎぎ［疑義］。けげん［怪訝］。さいぎ［猜疑］。中世 ぎだん［疑団］。ぎねん［疑念］。ぎもん［疑問］。じゃすい［邪推］。首を捻る。中古 あやしむ［怪］。いぶかし［訝］。ぎわく［疑惑］。上代 あやしぶ［怪］。うたがひ［疑］。ぎしん［疑心］。くゎいぎ［懐疑］。
→**うたがい**

ぎしんあんき【疑心暗鬼】 近代 ぎしんあんき［疑心暗鬼］。盃中(はいちゅう)の蛇影(だえい)（蛇影(じゃえい)）。中世 落武者は薄(すすき)の穂にも怖(お)づ〔―怖じる〕。中古 心の鬼。

キス(kiss) 近代 キス／キッス。くちつけ／くちづけ［口付］。ベーゼ(フランス baiser)。近世 くちくち［口口］。くちすひ［口吸］。こうじるし［口印］。こうちゅう［口中］。せっぷん［接吻］。中世 すふ［吸］。

きず【傷】❶〈外傷〉 近代 さうしゃう［創傷］。しゃうさう［傷創］。ふしゃう［負傷］。近世 ぐゎいしゃう［外傷］。中世 きずつく［傷付］。けが［怪我］。て［手］。ておひ［手負］。てきず［手傷／手疵／手創］。なまきず［生傷］。中古 しゃうい［傷痍］。上代 いたで［痛手］。きず［傷／疵／創］。そんしゃう［損傷］。

―が痛む 中古 やむ［病］。

―が治る 近世 ぜんち［全治］。上代 いゆ〔いえる〕［癒］。

―つけること ちしょう［致傷］。中世 きずつく〔―つける〕［傷付／疵付］。中古 しゃうがい［傷害］。

―と病気 中世 しゃうびゃう［傷病］。

―のないこと 近代 くゎんぷ［完膚］。近世 むきず［無傷］。

―を負った人 近代 しゃうしゃ［傷者］。ふしゃうしゃ［負傷者］。近世 けがにん［怪我人］。

打った― ざさう［挫創］。近代 だぼくしゃう［打撲傷］。みみずばれ［蚯蚓脹］。近世 うちきず［打傷］。うちみ［打身］。

大きな― 近代 ちめいしゃう［致命傷］。ぢゅうさう［重創］。近世 ぢゅうしゃう［重傷］。中世 おもで［重手／重傷］。ふかで［深手］。上代 いたで［痛手］。

公務中の― 近代 こうしゃう［公傷］。

寒さによる― 近代 とうしゃう［凍傷］。近世 あかぎれ［皹／皸］。かまいたち［鎌鼬］。しもやけ［霜焼］。中世 あかがり［皹／皸］。

正面から受けた― 中世 むかふきず［向傷／向疵］。

擦った― さっしょう［擦傷］。じょくしょう［蓐傷］。近代 くゎしゃう［靴傷］。さっくゎしゃう［擦過傷］。じょくさう［蓐瘡／褥瘡］。近世 くつずれ［靴擦］。すりきず［擦傷］。すりむく［擦剝］。とこずれ［床擦］。

全身―だらけ まんしんそうい［満身創痍］。

戦い等の― とうしょう［刀傷］。ばくしょう［爆傷］。ばくそう［爆創］。ほうそう［砲創／砲瘡］。近代 くゎんつうじゅうさう［貫通銃創］。じゅうさう［銃創］。じゅうしゃう［銃傷］。せんしゃう［戦傷］。てきず［手傷］。近世 かたなきず［刀傷／刀疵］。中世 たちきず［太刀傷］。やりきず［槍傷］。

小さな― けいしゃう［軽傷］。近代 かすりきず［掠傷］。びしゃう［微傷］。中世 あさで［浅手］。うすで［薄手］。

動物(虫)等による― かみきず［噛傷／咬傷］。むしさされ［虫刺］。近代 かうさう［咬創］。近世 かうしゃう［咬傷］。

逃げるとき後ろに受けた― 近世 うしろきず［後傷］。中世 にげきず［逃傷］。

刃物等による― さしきず［刺傷］。しそう［刺創］。せっそう［切創］。とうしょう［刀傷］。とうそう［刀創］。れっそう［裂創］。近代 れっしゃう［裂傷］。近世 さうい［創痍］。じんじゃう［刃傷］。つききず［突傷］。中世 きりきず［切傷／切疵］。きんさう［金瘡／金

創]。中古にんじゃう[刃傷]。

皮下組織や深部の― 近代こっせつ[骨折]。ざしゃう[挫傷]。ねんざ[捻挫]。近世うちみ[打身]。だっきう[脱臼]。中古くじく[挫]。

引っ掻いて出来た― かききず[搔傷／搔疵]。近世ひっかききず[引搔傷／引搔疵]。

火による― 近代くゎしゃう[火傷]。やけど[火傷]。

きず【傷】❷〈瑕疵〉 近代けっかん[欠陥]。けってん[欠点]。なんてん[難点]。ふめいよ[不名誉]。をてん[汚点]。近世あら[荒／粗]。かし[瑕疵]。てんを[点汚]。中世あやまち[過]。かきん[瑕瑾]。しつ[失]。中古きず[傷／瑕／疵]。ちじょく[恥辱]。ふび[不備]。

―のある商品 近世きずもの[傷物／疵物]。

―のないこと 近代むか[無瑕]。近世むきず[無傷／無疵]。

うつわ物の― 中世いしま[窪]。

些細な― 近世さいきん[細瑾]。せうし[小疵]。びか[微瑕]。中世せうか[小瑕]。

きずあと【傷跡】 こういしょう[後遺症]。しはん[紫瘢]。近代さうこん[瘡痕／創痕]。しゃうこん[傷痕]。はんこん[瘢痕]。近世きずあと[傷跡／疵痕]。さうはん[瘡瘢／創瘢]。中世ふるきず[古傷／古疵]。はんさう[瘢瘡／瘢創]。

刀の― 中古たうこん[刀痕]。

きずい【気随】 中世きずい[気随]。近世きまま[気儘]。中古わがまま[我儘]。→**わがまま**

きずい【奇瑞】 →**きっちょう**

きすう【帰趨】 近代きけつ[帰結]。きすう[帰趨]。けっくゎ[結果]。近世なりゆき[成行]。中世きしゅ／きしゅう[帰趣]。きちゃく[帰着]。中古おちつく[落着]。

きず・く【築】 近代かくりつ[確立]。けんざう[建造]。けんせつ[建設]。けんりつ[建立]。じゅりつ[樹立]。近世けんちく[建築]。こうちく[構築]。ざうちく[造築]。ちくざう[築造]。中世くみたつ〔―たてる〕[組立]。つきあぐ〔―あげる〕[築上]。つくる[作／造]。つきたつ〔―たてる〕[築立]。とりたつ[取達／取立]。中古こんりふ[建立]。上代えいざう[営造]。きづく[築／塑]。ざうえい[造営]。たつ〔たてる〕[立／建]。つく[築]。なす[成]。

《枕》上代やほによし[八百土]〔⇩きづき〕。

城を―・く 上代ちくじゃう[築城]。

堤を―・く 上代ちくてい[築堤]。

港を―・く 近代ちくかう[築港]。

きずぐち【傷口】 近世かんぶ[患部]。きずぐち[傷口]。やぐち[矢口]。中世きりくち[切口]。

―が化膿(かのう)して腫れること 近世のうしゅ[膿腫]。

―が乾く(膿(うみ)の出たあと) 中古かれる[枯]。

傷が治って―がふさがること 近代ゆがふ[癒合]。

きずつ・く【傷付】 じゅしょう[受傷]。近代きそん[毀損]。ふしゃう[負傷]。中世いたむ[傷]。手を負ふ。中古きずつく[傷付／疵付]。上代おふ[負]。やぶる〔やぶれる〕[破／敗]。

―・いた心 中世しんつう[心痛]。中古しゃうしん[傷心]。

―・いた植物の癒傷組織 カルス(callus)。

―・いた人 近代しゃうしゃ[傷者]。ふしゃうしゃ[負傷者]。近世けがにん[怪我人]。

―・いた兵士 近代しゃうへい[傷兵]。ふしゃうへい[負傷兵]。

―・きやすい 上代もろし[脆]。

きずつ・ける【傷付】 近代きそん[毀損]。さんどく[惨毒]。をそん[汚損]。近世いたむ〔いためる〕[傷／痛]。うちやぶる[打破]。中世あやまつ[過]。あやむ〔あやめる〕[傷害]。きしゃう[毀傷]。きずつく〔―つける〕[傷付／疵付]。こはす[壊／毀]。そんず[損]。ておほす[手負]。中古がいす[害]。くじく[挫]。くふ[食]。けがす[汚／穢]。けつ[消]。しゃうがい[傷害]。そこなふ[損／害]。上代そんしゃう[損傷]。やぶる[破]。

―・けたり殺したり 近代しゃうぞく[戕賊]。中世ざんぞく[残賊]。上代さっしゃう[殺傷]。

―・けて壊すこと 中世きしゃう[毀傷]。

相手の気持ちを―・ける 近代ふみにじる[踏躙]。中古ふみつく〔―つける〕[踏付]。やぶる[破]。

相手の気持ちを―・けるもの 近代あくい[悪意]。近世どく[毒]。

刺して―・ける さしきず[刺傷]。近代ししゃう[刺傷]。

自分を―・ける 近代じしゃう[自傷]。

人を―・ける 近代しゃうじん[傷人]。近世じんじゃう[刃傷]。中古にんじゃう[刃傷]。

汚し―・ける 近代をそん[汚損]。

きずな【絆】 近代くゎんけい[関係]。けいるい

［係累］。ちうたい／ぢうたい［紐帯］。つながり［繋］。むすびつき［結付］。れんたい［連帯］。近世けつがふ［結合］。ほだ［絆］。中世かせ［枷］。きづな［絆／紲］。こうそく［拘束］。そくばく［束縛］。中古きはん［羈絆］。きび［羈縻］。くさび［楔］。しがらみ［柵］。ほだし［絆］。

き・する【帰】 近代きけつ［帰結］。中世おちつく［落着］。けっちゃく［決着／結着］。らくちゃく［落着］。中古きす［帰］。きちゃく［帰着］。

ー・するところ 近代きすう［帰趨］。近世つまるところ。中世きしゅ［帰趣／帰趨］。けっきょく［結局］。

き・する【記】 近代きじゅつ［記述］。中世きす［記］。中古かいつく［ーつける］［書付］。きろく［記録］。上代かきつく［ーつける］［書付］。きさい［記載］。しるす［記］。

とりたててー・する 近代とくひつ［特筆］。

き・する【期】❶〈期待〉 近代きたい［期待］。よき［予期］。中世しょき［所期］。中古きす［期］。

成功をー・する 近代きせい［期成］。

き・する【期】❷〈決意〉 近代きする［期］。けつい［決意］。近世けってい［決定］。中古ちかふ［誓］。やくそく［約束］。上代さだむ［さだめる］［定］。

ぎ・する【擬】 中古なぞらふ［ーらえる］［準］。にす［にせる］［似］。まぬ［まねる］［真似］。上代ぎす［擬］。たとふ［たとえる］［喩］。みたつ［ーたてる］［見立］。

ぎ・する【議】 近代がふぎ［合議］。ろんじる［論］。中古ぎす［議］。さうだん［相談］。

きせい【気勢】 →いき【意気】 →いきごみ

ーが上がる 中古いきほふ［勢］。

ーを上げる もりあげる［盛上］。

ーを上げる声 中世えいえいおう。

ーを削がれる 近世かたすかし［肩透］。毒気を抜かる［ー抜かれる］。

敵を屠(ほふ)ってーを上げる 中世ちまつり［血祭］。

矢を射かけてーをくじく 中世いしらまかす／いしらます［射白］。

きせい【規制】 レギュレーション(regulation)。コントロール(control)。近代きせい［規制］。せいやく［制約］。近世とりしまり［取締］。中古せいげん［制限］。せいす［制］。

きせい【帰省】 近世きくわん［帰還］。中世ききゃう［帰郷］。きせい［帰省］。さとがへり［里帰］。中古きこく［帰国］。上代いへぢ［家路］。

きせい【既成】 近代きせい［既成］。きそん［既存］。近世ありきたり［在来］。中世ざいらい［在来］。

ー概念 こていかんねん［固定観念］。せんにゅうかん［先入観］。

きせい【既製】 近代レディーメード(ready-made)。近世しいれもの［仕入物］。中世できあひ［出来合］。

ー服 アパレル(apparel)。きせいふく［既製服］。つるし［吊］。つるしんぼう。ぶらさがり［下］。

高級なー服 プレタポルテ(フランスprêt à porter)。

きせい【期成】 近代きせい［期成］。きたい［期待］。中世しょき［所期］。中古きす［期］。しょまう［所望］。みこみ［見込］。

きせい【寄生】 近代きせい［寄生］。中古やどる［宿］。

ー・される生物 きしゅ［寄主］。しゅくしゅ／やどぬし［宿主］。ちゅうかんやどぬし［中間宿主］。

ー・するための根 きせいこん［寄生根］。きゅうこん［吸根］。

ー虫のいろいろ(例) エキノコッカス(echinococcus)。かいちゅう［回虫／蛔虫］。かぎさなだむし［鉤真田虫］。がっこうちゅう［顎口虫］。かんきゅうちゅう［肝吸虫］。かんてつぞうジストマ［肝臓(ラテン)Distoma］。ぎょうちゅう／じょうちゅう［蟯虫］。さなだむし［真田虫］。はらのむし［腹虫］。ゆうこうじょうちゅう［有鉤条虫］。

生きた生物へのー かつぶつきせい［活物寄生］。

死んだ生物へのー しぶつきせい［死物寄生］。ふしょく［腐食］。ふせい［腐生］。中世すんばく［寸白］。

寄生虫が長期に又は一生ー・すること えいきゅうきせい［永久寄生］。かんぜんきせい［完全寄生］。ていりゅうきせい［定留寄生］。

血液内にー・する寄生虫 けつえききせいちゅう［血液寄生虫］。

きせい【稀世】 中世きせい［稀世／希世］。中古きたい／きだい［希代］。

きせい【規正】 近代かいぜん［改善］。きせい［規正］。けうせい［矯正］。しうせい［修正］。近世ぜせい［是正］。

きせい【祈誓】 →がんかけ

きせい【祈請】 →いのり

ぎせい【犠牲】 しゅっけつ［出血］。近代くひもの［食物］。けんしん［献身］。サクリファイス(sacrifice)。じゅんしょく［殉職］。じゅんなん［殉難］。ていしん［挺身］。ビクティム(victim)。近世ひとみごくう［人身御供］。ゑじき［餌食］。中世ぎせい［犠牲］。中古いけにへ［生贄］。ひとばしら［人柱］。
—があって功名がある 《句》近世一将功成りて万骨枯る［—枯れる］。
—もやむを得ない 《句》中世背に腹はかへられぬ。
ある程度の—は覚悟 近代とする［賭］。《句》近代肉を切らせて骨を切る(断つ)。
多くの— 近代ばんこつ［万骨］。
多くの—を払う 中古鼻を欠く。
一人の—があって多くが救われる 近代一粒の麦。
我が身を—にする 近代なげだす［投出］。中世なげうつ［抛／擲］。上代すつ［すてる］［捨／棄］。《句》近代蠟燭は身を減らして人を照らす。近世身を捨ててこそ浮かぶ瀬もあれ。

ぎせいご【擬声語】→**ぎおんご**

きせき【奇跡】 近代きせき［奇跡／奇蹟］。ミラクル(miracle)。中世しんぴ［神秘］。中古ふかしぎ［不可思議］。ふしぎ［不思議］。
—のたとえ 近世煎り豆に花が咲く。

きせき【軌跡】 あしあと［足跡］。ねんりん［年輪］。近代あと［足跡］。きせき［軌跡］。けいくゎ［経過］。コース(course)。そくせき［足跡］。みちすぢ［道筋］。れきし［歴史］。ルート(route)。近世きてつ［軌轍］。中世けいろ［経路］。てつ／わだち［轍］。
尾のように見える光の— こうせき［光跡］。

きせずして【期】→**おもいがけない**

きせつ【季節】 近代シーズン(season)。じき［時季］。近世きこう［季候］。中世こう［候］。しゅんじう［春秋］。せつ［節］。をりふし［折節］。中古き［季］。きせつ［季節］。ころ［頃］。ころほひ［頃］。しいじ／しじ［四時］。しき［四季］。しゅんかしうとう［春夏秋冬］。せち［節］。とき［時］。とし［年］。をり［折］。をりふし［折節］。上代じこう［時候］。じせつ［時節］。

—折々の景色 中古けいぶつ［景物］。《句》近世日陰の豆も時来ればはず［—はぜる］。

—折々の花 上代ときのはな［時花］。

—が終わる 中古おゆ［おいる］［老］。くる［くれる］［暮］。くれはつ［—はてる］［暮果］。

—が来る 上代さる。

—が過ぎ去る 近世いく／ゆく［行／往］。中古おゆ［おいる］［老］。くる［くれる］［暮／昏］。

—が始まる 上代たつ［立］。

—が深まる 中古おゆ［おいる］［老］。たく［たける］［長／闌］。ふく［ふける］［更／深］。

—限定の物を扱う商売(門松売りなど) 近世きはものしゃうばい［際物商売］。はすのはあきなひ［蓮葉商］。

—最後に鳥や虫が鳴いた日 しゅうめいび［終鳴日］。

—最初に鳥や虫が鳴いた日 しょめいび［初鳴日］。

—に関係ない 中古ときしらず［時知］。上代ときじ［時］。

—の終わり 中世くれつがた［暮方］。せっき［節季］。中古くれがた［暮方］。すゑつかた［末方］。ばんせつ［晩節］。

—の風 近代きせつふう［季節風］。モンスーン(monsoon)。上代しんぷう［信風］。

—の変わり目 中世ゆきあひ［行合］。中古せちぶん／せつぶん［節分］。

—の変わり目の祝いをする日 中古せく／せちく［節供］。せち［節］。せちにち［節日］。せちゑ［節会］。

—の物 近世きもの［季物］。中古けいぶつ［景物］。せつぶつ［節物］。ふうぶつ［風物］。

—の野菜(果物)などが市場に多く出る 近世でさかる［出盛］。中世しゅん［旬］。

—外れ オフシーズン(off season)。じきはずれ［時季外］。近代シーズンオフ(和製 season off)。近世かろとうせん［夏炉冬扇］。じこうはづれ［時候外］。とうせんかろ［冬扇夏炉］。《句》近世寒に帷子土用に布子。六日の菖蒲。中古十日の菊。

—外れに咲く花 近代きちがひばな［気違花］。近世かへりざき［返咲］。きゃうくゎ［狂花］。くるひざき［狂咲］。中世あだばな［徒花］。かへりばな［返花］。

—をよく表している事物 近代ふうぶつし［風物詩］。

雨の— 近代うき［雨季／雨期］。中世つゆ［梅雨］。

暮れゆく— 中古ゆくあき［行秋］。

寒い— 近代こくかん［酷寒］。はなびえ［花冷］。中世さいかん［歳寒］。中古げんかん［厳寒］。げんとう［厳冬］。ごくかん［極寒］。

四季のうちの一つの— 中古いっき［一季］。

順当な— 近世じゅんき［順気］。

きぜつ【気絶】 いしきふめい［意識不明］。近代じんじふせい［人事不省］。そったう［卒

倒]。近世きぜつ[気絶]。こんこん[昏昏]。こんぜつ[昏絶]。こんたう[昏倒]。さうしん[喪心／喪神]。中世うつつなし[現無]。こんすい[昏睡]。しっしん[失神]。ぜつじゅ／ぜつにふ[絶入]。有るにも有らず。中古きえいる[消入]。きもきゆ[―きえる][肝消]。ぜんごふかく[前後不覚]。ふかく[不覚]。もんぜつ[悶絶]。我(われ)かにもあらず。物も覚えず。我かの気色。我か人か。我にもあらず。上代そら[空]。

―・させる おとす[落](柔道の絞め技などで)。近代のす[伸]。中世とらかす[蕩]。中古けどる[気取]。

―・した人の息を吹き返させる 近世活(くゎつ)を入れる。

―・する おちる[落](柔道の絞め技などで)。中世おちいる[陥／落入]。きゆ[きえる][消]。こころうす[心失]。まぐる[眩]。気が遠くなる。気を失ふ。目を回す。中古おぼほる[惚]。きえいる[消入]。しにいる[死入]。たえいる[絶入]。たまさかる[魂離]。ゑふ[酔]。上代くるふ[狂]。

怒りのあまり―・する 近代きし[気死]。

ぎぜつ【義絶】 近世えんきり[縁切]。かんだう[勘当]。きうり[久離／旧離]。中古ぎぜつ[義絶]。

キセル【(カンボジア)khsier／煙管】 近世えんくゎん[煙管]。えんとう[煙筒]。キセル[煙管]。

―の頭の部分 近世がんくび[雁首]。

―の竹の部分 近世ラウ／ラオ[羅宇]。

絵模様のある― 近世けしゃうギセル[化粧煙管]。

金属だけで作った― 近世うちのべ[打延]。のべギセル[延煙管]。

粗末なつくりの― 近世だろくばり[駄六張]。

二本の吸い口で男女が同時に喫煙できる― 近世ひよくギセル[比翼煙管]。

きぜわし・い【気忙】 こころぜわしい[心忙]。近代きぜはしない[気忙]。近世きぜはし[気忙]。せはしなし[忙]。中古あわただし[慌]。いそがはし[忙]。→**あわただし・い**

―・いさま 近世せりせり。中世せかせか。

―・くする 中古竈(かまど)に豆をくぶ[―くべる]。

きせん【機先】 近代せんせい[先制]。近世出端を挫(くじ)く。出端を折る。中世きせん[機先]。さきんず[先]。せんて[先手]。

《句》中世先んずれば人を制す。

きぜん【毅然】 近代かんぜん[敢然]。動じない。近世くゎだん[果断]。中世きぜん[毅然]。けなげ[健気]。中古かくこ[確固]。だうだう[堂堂]。

―としたさま 近代ぴりっと。近世けつぜん[傑然]。

―と立っているさま 近世ぬっくと。

ぎぜんしゃ【偽善者】 パリサイは[(ギリシャ)Pharisaioi 派]。近代ぎぜんしゃ[偽善者]。ヒポクリット(hypocrite)。

きそ【基礎】 エービーシー(ABC)。きそう[基層]。きばん[基盤]。ベース(base)。近代おほもと[大本]。かぶこうざう[下部構造]。きそ[基礎]。きてい[基底]。きぶ[基部]。こんぽん[根本]。ベースメント(basement)。近世あししろ[足代]。いろは[伊呂波]。きほん[基本]。こっぱふ[骨法]。だい[台]。ちゅうそ[柱礎]。ねもと[根元]。はしらいし[柱石]。中世きし[基址]。こんてい[根底]。したぢ[下地]。ぢばん[地盤]。どだい[土台]。中古いしずゑ[礎]。そせき[礎石]。ちゅうせき[柱石]。つみいし／つめいし[積石]。上代もと[本／元]。もとゐ[基]。

―的 ベーシック(basic)。近代きほんてき[基本的]。こんぽんてき[根本的]。

―の材料 きそざい[基礎材]。近代そざい[礎材]。

―のために地に穴を掘ること ねぎり[根切]。

―を固めること 近代ちがため[地固]。中世ぢぎゃう[地形]。上代きづく[築]。

―を開くこと 近世かいげん[開元]。中世かいき[開基]。

―工事のいろいろ(例) そうぼり[総掘]。つぼほり[壺掘]。ぬのぼり[布掘]。近代いかだぢぎゃう[筏地形]。中世ぢぎゃう[地形]。

大きな事業の― 中古こうき[鴻基／洪基]。

壁下などの連続した― ぬのきそ[布基礎]。

国の― 近代こくき[国基]。こくそ[国礎]。こくほん[国本]。

全体を支える板状の― いかだきそ[筏基礎]。べたきそ[基礎]。

堤防などの工事で籠に石をつめて沈める― ちんしゃう[沈床]。

物事生成の― きばん[基盤]。中古こんぽん[根本]。どぢゃう[土壌]。

その他―工法の例 うきこうぞう[浮構造]。くいきそ[杭基礎]。ケーソンきそ[caisson基礎]。ちょくせつきそ[直接基礎]。べたきそ[基礎]。

きそう【奇想】 →**きばつ**

きそう【起草】 きあん[起案]。近代きかう[寄

稿]。近世きさう[起草]。中古さうあん[草案]。さうかう[草稿]。

きそう【寄贈】→**きぞう**

きそ・う【競】 きそいあう[競合]。きょうごう[競合]。せめぎあう[鬩合]。近代かくす[角]。かくちく[角逐]。かくてい[角觝/角抵]。たいかう[対抗]。近世せる[競]。そびかふ[誘]。中世きゃうさう[競争]。せりあふ[競合/糶合]。はりあふ[張合]。鎬（しのぎ）を削る。中古いどみかはす[挑交]。きそふ[競]。くらぶ[比]。上代あらそふ[争/諍]。いそふ[競]。いどむ[挑]。きしろふ[軋/競]。きほふ[競]。

―・い戦うこと 近代きゃうとう[競闘]。

走る速さを―・う 近代かけくらべ[駆比]。かけっこ[駆]。きゃうそう[競走]。→**かけっこ**

一つの物を他人と―・う 中世けいばう[競望]。

技を―・う 近代きゃうぎ[競技]。

きぞう【寄贈】 そうてい[送呈]。近代きそう/きぞう[寄贈]。ぞうてい[贈呈]。ぞうよ[贈与]。プレゼント(present)。中古あたふ(あたえる)[与]。きふ[寄付]。ていす[呈]。上代おくる[贈]。

《謙》きんてい[謹呈]。けんてい[献呈]。近代しんてい[進呈]。中世さしあぐ(―あげる)[差上]。しんじゃう[進上]。ていじゃう[呈上]。はいてい[拝呈]。中古けんじゃう[献上]。ほうず[奉]。上代けんず[献]。ささぐ(ささげる)[捧]。

神社や寺院に―・すること 中世ほうだふ/ほうなふ[奉納]。中古きしん[寄進]。ほうが[奉加]。

ぎそう【擬装】 げんさい[眩彩]。近代カムフラージ/カムフラージュ/カモフラージ/カモフラージュ(フランス camouflage)。ぎさう[擬装/偽装]。ぎたい[擬態]。ごまかし[誤魔化]。ミミクリー(mimicry)。めいさい[迷彩]。近世ぎじ[疑似/擬似]。上代あざむく[欺]。

ぎぞう【偽造】 近代へんざう[変造]。ぼさく/もさく[摸作/模作]。近世がんざう[贋造]。がんさく[贋作]。ぎせい[擬製/偽製]。まがひもの[紛物/擬物]。もざう[模造/摸造]。中世ぎさく[偽作]。にせもの[贋物/偽物]。上代ぎざう[偽造]。

―の貨幣 近代がんさつ[贋札]。にせさつ[偽札]。中世にせがね[贋金]。

文書を―・すること 中古ぼうしょ[謀書]。

きそく【気息】 中世いきづかひ[息遣]。中古こきふ[呼吸]。上代きそく[気息]。

―奄奄（えんえん） 息も絶え絶え。

きそく【規則】 レギュレーション(regulation)。近代きじゅん[規準]。きめ[決]。きやく[規約]。コード(code)。せいき[制規]。ていき[定規]。ていそく[定則]。ていりつ[定律]。でうき[条規]。てんぱん[典範]。はうそく[方則]。りっかく[律格]。ルール(rule)。近世かくれい[格例]。ぎき[儀軌]。きてい[規定]。きまり[決]。きりつ[規律]。じゅんじょう[準縄]。じょうき[縄規]。じょうりつ[縄律]。せいき[成規]。そく[則]。中世かく[格]。きそく[規則]。ぢゃう[定]。ぢゃうはふ[定法]。てんそく[典則]。ならひ[習/慣]。はっと[法度]。中古おきて[掟]。きく[規矩]。さだめ[定]。せい[制]。上代じゃうぼく[縄墨]。てんしゃう[典章]。のり[法/則]。はふ[法]。はふそく[法則]。みのり[御法]。りつ[律]。→**おきて** →**きてい【規定】**

―外 へんそく[変則]。れいがい[例外]。近代はうぐゎい[方外]。はふぐゎい[法外]。

―が多く煩わしい 近代はんじょく[繁縟]。はんぶんじょくれい[繁文縟礼]。中古はんぶん[繁文]。

―正しい レギュラー(regular)。近代せいかく[正格]。せいそく[正則]。近世きちゃうめん[几帳面]。上代はうせい[方正]。

―的 ていきてき[定期的]。ていれい[定例]。

―的でない イレギュラー(irregular)。ふきそく[不規則]。近世ふせい[不整]。

―通りで融通がきかない きかいてき[機械的]。こうしきしゅぎ[公式主義]。規則一点張り。近世しゃくしぢゃうぎ[杓子定規]。《句》近代柱（ちゅう）に膠（にかわ）して瑟（しつ）を鼓（こ）す。

―に従い守る 近代じゅんぱふ[遵法/順法]。近世じゅんしゅ[遵守/順守]。じゅんそく[準則]。中世じゅんぎゃう[遵行]。中古じゅんかう[遵行]。まもる[守]。

―に背く 近代はんそく[反則/犯則]。ファウル(foul 運動競技での)。近世ゐはん[違犯]。中古ゐはい[違背]。

―により制限する きせい[規制]。

―の条項 近代かうもく[項目]。でうかう[条項]。中世かでう[個条/箇条]。でうもく[条目]。上代くゎでう[科条]。

―の撤廃 じゆうか[自由化]。ディレギュレー

ション(deregulation)。
ーや秩序がないこと 近代らんみゃく[乱脈]。
ーを当てはめる 近代てきよう[適用]。
ーを書いた書き物 中世しきでう[式条]。しきもく[式目]。
ーを文章にする せいぶんか[成文化]。
新しいー 近代しんき[新規]。
一般に通用するー 近代つうそく[通則]。つうてん[通典]。
いろいろなー ざっそく[雑則]。上代ひゃくど[百度]。
内輪のー 近代ないき[内規]。ないそく[内則]。
教えるためのー 近代けうそく[教則]。
会社のー しゃき[社規]。近代しゃそく[社則]。ていくゎん[定款]。
会で設けるー かいき[会規]。
学校などのー 近代かうき[校規]。かうそく[校則]。がくそく[学則]。
厳しいー 近代てっそく[鉄則]。
基本的全体的なー 近代がいそく[概則]。げんそく[原則]。げんり[原理]。そうそく[総則]。ほんそく[本則]。上代けんしゃう[憲章]。
禁止事項を定めたー きんそく[禁則]。
効力を持たないー 近代しぶん[死文]。中世くうぶん[空文]。
言葉遣いのー 近代グラマー(grammar)。ごかく[語格]。ぶんてん[文典]。中世ぶんぱふ[文法]。
細かいー 近代さいそく[細則]。
宗教上のー 近代けうき[教規]。けうはん[教範]。

職務に就いている者のー ふくむきりつ[服務規律]。
処罰を決めたー 近代ばっそく[罰則]。
正式のー 近代せいき[正規]。
政府(官公庁)のー 近代れいき[例規]。近代くゎんけん[官憲]。
先例となるー 近代れいき[例規]。
大切なー 中古きんくゎぎょくでう[金科玉条]。上代ぎょくでう[玉条]。
追加したー ふそく[付則]。
古いー 近代きうかく[旧格]。中世きうき[旧規]。こてん[古典]。
前からのー 中世せんき／せんぎ[先規]。
拠ょり所とすべきー じゅんき[準規]。

きぞく【帰属】 近代きぞく[帰属]。近世じゅうぞく[従属]。中世さんか[参加]。しょぞく[所属]。上代きじゅん[帰順]。きふく[帰服／帰伏]。
ー意識 アイデンティティー(identity)。どういっせい[同一性]。

きぞく【貴族】 →きじん
ー階級 アリストクラシー(aristocracy)。近世おかみけ[御上家]。
ー的 アリストクラティック(aristocratic)。近世おかみけ[御上家]。

きそん【毀損】 近代いためる[傷]。きそん[毀損]。をそん[汚損]。近世そんくゎい[損壊]。中世そこぬ[そこねる][損]。中古そんず[損]。はそん[破損]。上代そこなふ[損／害]。そんしゃう[損傷]。

きそん【既存】 近代きせい[既成]。きそん[既存]。じつざい[実在]。じつぞん[実存]。中世できあひ[出来]。そんざい[存在]。上代げんそん／げんぞん[現存]。

きた【北】 エヌ(N：north)。ノース(north)。近代ほくぶ[北部]。さくほく[朔北]。中世きたざま[北様]。中古きたおもて[北面]。さくはう[朔方]。ね[子]。ほくはう[北方]。上代きた[北]。そとも[外面]。
ーに向いている 近世きたうけ[北受]。中古きたおもて[北面]。きたむき[北向]。ほくめん[北面]。
ーのあたり 中世きたほとり[北辺]。ほくへん[北辺]。
ーの海 近代ほくやう[北洋]。中古ほくかい[北海]。
ーの地方 近代きたぐに[北国]。中世ほくこく[北国]。
ーの神 中古げんぶ／げんむ[玄武]。
ーの果て 近代きゅうほく[窮北]。きょくほく[極北]。中世ほくへん[北辺]。
ーの方 近代さくほく[朔北]。中古さくはう[朔方]。ほくはう[北方]。上代きたのかた[北方]。
ーへ向かう 近代きたする[北]。ほくしん[北進]。
ー向きの部屋 中古きたおもて[北面]。
ーを向いて寝ること 中古きたまくら[北枕]。ほくしゅ[北首]。
京都でーの方角 かみ[上]。中世かみざま[上様／上方]。
そこよりー 近代いほく[以北]。
ちょうどー 中世せいほく[正北]。上代まきた[真北]。

きたい【気体】 エア(air)。近代きたい[気体]。近世ガス(オランダgas)。くうき[空気]。たいき[大気]。中古き[気]。

ーと液体の併称 近世りうどうたい[流動体]。

ーになること 近代きはつ[揮発]。近世きくゎ[気化]。しょうくゎ[昇華]。

熱いー 近代をんき[温気]。中古うんき[温気]。中世ねっき[熱気]。

仮想上のー りそうきたい[理想気体]。近代えいきうきたい[永久気体]。くゎんぜんきたい[完全気体]。

空気よりも軽いー 近代けいき[軽気]。

寒いー 上代かんき[寒気]。

涼しいー 中世すずけ[涼気]。れいき[冷気]。中古りゃうき[涼気]。

水のー 近代じょうき[蒸気]。すいじょうき[水蒸気]。スチーム(steam)。中世いげ/ゆげ[湯気/飯気]。

きたい【期待】 近代かはざんよう[皮算用]。ききう[希求]。きせい[期成]。きたい[期待]。きばう[希望/冀望]。きばう[期望]。しょくばう[嘱望/属望]。たいばう[待望]。ホープ(hope)。みこみ[見込]。よき[予期]。近世あてこと[当事]。こころあて[心当]。中世あて[当]。あらまし。おもはく[思]。ぐゎんばう[願望]。こころまち[心待]。しょき[所期]。中古のぞみ[望]。上代たのみ[頼]。

《句》近代取らぬ狸(たぬき)の皮算用。儲けぬ前の胸算用。近世飛ぶ鳥の献立。見ぬが心にくし。

ー以上によい結果 中世ばうぐゎい[望外]。

ーが持てる 近代いうばう[有望]。中古たのもし[頼]。

ー・させる 近世もたす[もたせる][持]。気を持たす[ー持たせる]。上代たのむ[頼]。

ー・される 中古たのもし/たのもしげ[頼]。

ー・して待つ 近代あてこむ[当込]。舌なめずり。

ー・する 夢が膨らむ。近代あてこむ[当込]。のぞむ[望]。よもやに引かされる。中世あらます。まちのぞむ[待望]。中古きす/ごす[期]。こころよす[心寄]。ほっす[欲]。上代たのむ[頼]。ねがふ[願]。まつ[待/俟]。

ー・できない のぞみうす[望薄]。期しがたい。

ー・できない頼み 聞かぬが花。見ぬが花。中古あいなだのみ[頼]。そらだのみ/そらだのめ[空頼]。

ーでどきどきする 心を躍らせる。近代たかなり[高鳴]。ときめく。胸をときめかす。胸を弾ませる。中古うちさわぐ[打騒]。

ーどおり 近世おもひつぼ/おもふつぼ[思壺]。おもゑつぼ[思笑壺]。言ふ目が出る。思うた壺。中世かひがひし[甲斐甲斐]。中古おもふづ[思図]。ほいあり[本意有]。

ーに違わず 中古さすが[流石/遉]。

ー外れ かんばんだおれ[看板倒]。みこみはずれ[見込外]。裏目に出る。近代あてはづれ[当外]。うらぎる[裏切]。ごさん[誤算]。当て事もない。さうは問屋が卸さない。近世あっけなし[呆気無]。まちぼうけ[待惚]。みこみちがひ/みこみちがへ[見込違]。中世ほいなし[本意無]。中古あへなし[敢無]。くちをし[口惜]。たがひめ[違目]。ひきたがふ[引違]。いたづらになる。

《句》近代当て事と畚褌(もっこふんどし)は先から外れる。豆を植ゑて稗(ひえ)を得る。近世開けて悔しき玉手箱。

過大なー 近世かひかづく[買被]。かひかぶる[買被]。

周囲の人々からのー 近代しゅうばう[衆望]。よぼう[輿望]。

将来がー・できる 中世すゑたのもし[末頼]。

強いー 近代えうばう[要望]。

きたい【危殆】 近世きたい[危殆]。中世きき[危機]。上代きけん[危険]。

きだい【希代】 世にも稀。近世くゎうせい[曠世]。中世きせい[稀世/希世]。ぜっせ[絶世]。ぜつだい[絶代]。中古きたい/きだい[希代/稀代]。ぜっせい[絶世]。上代ひぼん[非凡]。めづらし[珍]。

ぎたい【擬態】 近代ぎたい[擬態]。近世ぎじ[擬似/疑似]。中古にす[にせる][似]。

動物のー いんぺいてきぎたい[隠蔽的擬態]。ひょうしきてきぎたい[標識的擬態]。近代ミミクリー(mimicry)。

ぎだい【議題】 テーマ(ドイツ Thema)。近代ぎあん[議案]。ぎじ[議事]。ぎだい[議題]。ろんだい[論題]。

ーとして乗せること じょうぎ[上議]。じょうてい[上程]。近代のぼせる[上]。中世かく[かける][掛]。

ーになる 中世かかる[掛]。

ーを提出する 近代ていぎ[提議]。どうぎ[動議]。

きた・える【鍛】 もむ[揉]。近代きたへあげる[鍛上]。きゃうくゎ[強化]。くんれん[訓練]。ついれん[鎚錬]。れんせい[練成/錬成]。焼きを入れる。近世きたふ[きたえる][鍛]。にらぐ[漬]。みがきあぐ[ーあげる][磨上]。中世たんれん[鍛錬]。れんま[錬

磨］。中古しうれん［修練］。たうや［陶冶］。ねる［錬］。上代かたす［鍛］。《句》近代老い木は曲がらぬ。矯ためるなら若木。鉄は熱いうちに打て。三つ子の魂百まで。

—・えた鉄 近代たんてつ［鍛鉄］。

新たに—・えた刀 近代しんたう［新刀］。中世あらみ［新身］。

厳しく—・える しごく［扱］。

金属を—・えて作る たんぞう［鍛造］。中古かぢ［鍛冶］。上代たんや［鍛冶］。

精神を—・える 近代れんたん［練胆］。

戦いで—・えられる ひゃくせんれんま［百戦錬磨］。

刀剣を—・える 中世うつ［打］。

何度も—・える 中世ひゃくれん［百錬］。

よく—・える 中世せいれん［精錬］。

きたかぜ【北風】 近代かたま。近世きたおろし［北颪］。中世さくふう［朔風］。中古きた［北］。きたかぜ［北風］。

初秋の— 近世あをぎた［青北］。かりわたし［雁渡］。

きたく【帰宅】 近世うちいり［内入］。中世きか［帰家］。きくゎん［帰還］。きたく［帰宅］。上代いへぢ［家路］。→**かえりみち**

日付が変わって—（遊郭などから） ごぜんさま［午前様］。近世あさもどり［朝戻］。中世あさがへり［朝帰］。

きたく【寄託】 近代きょうたく［供託］。よたく［預託］。ゐたく［委託］。中世いたく［依託］。中古あづく〔あずける〕［預］。きたく［寄託］。

きた・す【来】 近代おちいる［陥／落入］。きたす［来］。せうらい［招来］。もたらす［齎］。中世まねく［招］。

きだて【気立】 近代きごころ［気心］。きっぷ／きっぷう［気風］。せいかう［性向］。せいじゃう［性情］。近世いき［意気］。きしつ［気質］。きしゃう［気性］。きぜん［気前］。きふう［気風］。きまへ［気前］。こころいき［心意気］。しゃうね［性根］。せいかく［性格］。はだ［肌］。中世いぢ［意地］。きだて［気立］。こころだて［心立］。こころもち［心持］。しゃうぶん［性分］。中古こころがら［心柄］。こころざま［心様］。こころね［心根］。すぢ［筋］。上代こころおきて［心掟］。こころばせ［心馳］。こころばへ［心延］。→**きしょう【気性】**

—がよい 気立がいい。人がいい。近世気がいい。中世けっこう［結構］。中古こころよし［心良／快］。

—のよい人 近代おひとよし［御人好］。近世かうじんぶつ［好人物］。けっこうじん［結構人］。中世けっこうじゃ［結構者］。せんじん／ぜんじん［善人］。やさをとこ［優男］。中古ぜんにん［善人］。《句》近世結構人は阿呆のうち。

きたな・い【汚】❶〈汚れ〉 ばっちい（幼児語）。近代ふゑいせい［不衛生］。をだく／をぢょく［汚濁］。近世うすぎたなし［薄汚］。きたならしい［汚］。こぎたなし［小汚］。ばばっちい（幼児語）。びろう［尾籠］。むさくるし［苦］。むさくろし［苦］。よごれ［汚］。中世いぶせげ／いぶせし［鬱悒］。けぎたなし［気穢］。てむさし［手穢］。ふけつ［不潔］。ふじゃう［不浄］。むさし。中古をせん［汚染］。上代きたなし［汚／穢］。けがらはし［汚］。しけし。しこめし［醜］。みにくし［醜］。

—・い家 上代しこや［醜屋］。

—・い芥 近世をぢん［汚塵］。

—・い着物 近代こうい［垢衣］。中古くえ［垢衣］。をんばうこうい［縕袍垢衣］。

—・いこと（もの） 近代をあい［汚穢］。をくゎい／をゑ［汚穢］。をぶつ［汚物］。近世ごみあくた［塵芥］。をわい［汚穢］。中世ちりほこり／ちりぼこり［塵埃］。中古でいど［泥土］。上代ぢんあい［塵埃］。

—・いと思う 中古きたなぶ／きたなむ［汚］。

—・いものが一面につく 中古まみる〔まみれる〕［塗］。

—・くする 中古よごす［汚］。上代けがす［汚／穢］。

—・くなる 近世うすよごる〔—よごれる〕［薄汚］。中古けがる〔けがれる〕［汚／穢］。すすく〔すすける〕［煤］。よごる〔よごれる〕［汚］。

なんとなく—・い 近世うすぎたなし［薄汚］。こぎたなし［小汚］。中古ものきたなし［物汚］。

きたな・い【汚】❷〈悪い〉 はいいろ［灰色］。近代ダーティー（dirty）。ふせい［不正］。近世いぢきたなし［意地汚］。がうよく［強欲］。けち。中世あさまし［浅］。うしろぎたなし［後汚］。くろし［黒］。ひけふ［卑怯］。中古はしたなし。はらぐろし［腹黒］。ひれつ［卑劣］。わるし／わろし［悪］。上代いやし［卑／賤］。きたなし［汚／穢］。ひろう［鄙陋／卑陋］。

きたん【忌憚】 近世かくい［隔意］。きがね［気兼］。中世きゃくい［隔意］。ゑんりょ［遠慮］。中古きたん［忌憚］。はばかり［憚］。

ーなく そっちょくに[率直]。はばかりなく[憚]。近世あけすけ。ざっくばらり。ざっくばらん。ざっくばれん。中世たんたうちょくにふ[単刀直入]。

きだん【奇談】 近代アネクドート(anecdote)。きたん[奇譚]。きぶん[奇聞]。ちんぶん[珍聞/椿聞]。近世きだん[奇談]。きだん[綺談]。きわ[奇話]。中世いぶん[異聞]。ちんだん[珍談/椿談]。

きち【吉】 →**きちじ**

きち【危地】 しせん[死線]。近代きち[危地]。きゅうきゃう[窮境]。きゅうち[窮地]。近世くきゃう[苦境]。わにぐち[鰐口]。中世きき[危機]。こけつ[虎穴]。しち[死地]。中古こくう/ここう[虎口]。

きち【基地】 ベース(base)。ほんきょち[本拠地]。近代きてん[基点]。きょてん[拠点]。こんきょち[根拠地]。ねじろ[根城]。りっきゃくち[立脚地]。りっきゃくてん[立脚点]。中世あしだまり[足溜]。

ーに帰りつくこと 中世きとう[帰投]。

登山のー ベースキャンプ(base camp)。

きち【機知】 近代ウイット(wit)。エスプリ(フランス esprit)。きりゃく[機略]。ひらめき[閃]。近世きち[機知]。とんち[頓知/頓智]。中世さいかく[才覚]。たういそくめう[当意即妙]。とんさく[頓作]。機転が利く。中古さいち[才知/才智]。

きちがい【気違】 近世きゃうしつ[狂疾]。きゃうてん[狂癲]。てんがう[癲狂]。らんき[乱気]。中世きちがひ[気違/気狂]。きゃうき[狂気]。さくらん[錯乱]。はっきゃう[発狂]。ふうてん[瘋癲/風癲]。らんしん[乱心]。中古きゃうらん[狂乱]。なうらん[悩乱]。ものぐるひ[物狂]。上代くるふ[狂]。てんきゃう[癲狂]。

ーじみる 近代クレージー(crazy)。近世たじれる。中世ぶっきゃう[物狂]。中古ものぐるほし[物狂]。上代くなたぶる[ーたぶれる]。

ーじみた行動 近代きゃうばう[狂妄]。近世きゃうまう[狂妄]。

きちく【鬼畜】 近代れいこく[冷酷]。近世おに[鬼]。むじひ[無慈悲]。中世きちく[鬼畜]。ざんこく[残酷]。

きちじ【吉事】 近代けいしゅく[慶祝]。近世きっきゃう[吉慶]。しゅくが[祝賀]。中世いはひごと[祝事]。かうじ[好事]。きち[吉]。きっけい[吉慶]。けいじ[慶事]。たいけい[大慶]。よろこびごと[喜事]。中古けいが[慶賀]。上代きちじ[吉事]。

《句》近代大吉は凶に還る。

凶事がーに転ずること 上代おほなほび[大直日/大直毘]。

きちじつ【吉日】 近代いくひ[生日]。かじつ[佳日]。りゃうじつ[良日]。近世きったん[吉旦]。中世かうじつ[好日]。きちにち[吉日]。きっしん[吉辰]。中古きちえう[吉曜]。上代きちじつ[吉日]。はうしん[芳辰]。

きちじょう【吉祥】 →**きっちょう**

きちじょうそう【吉祥草】 近世きちじゃうらん[吉祥蘭]。くゎんおんさう[観音草]。中世きちじゃうさう[吉祥草]。

きちゃく【帰着】❶〈帰る〉 中世きか[帰家]。ききゃう[帰郷]。きくゎん[帰還]。きせい[帰省]。きたく[帰宅]。きちゃく[帰着]。せいくゎん[生還]。中古かへりつく[帰着]。きさん[帰参]。上代かへる[帰]。→**かえ・る**

きちゃく【帰着】❷〈落ち着く〉 近代おちゆく[落行]。きけつ[帰結]。きすう[帰趨]。収まりがつく。中世おちつく[落着]。きしゅ[帰趣/帰趨]。けっちゃく[決着]。らくちゃく[落着]。中古きす[帰]。きちゃく[帰着]。上代をさまる[収/治]。

きちゅう【忌中】 ふくも[服喪]。ふくもちゅう[服喪中]。もちゅう[喪中]。喪に服す。近世もうちゅう[朦中]。中世きちゅう[忌中]。上代うれへ[愁/憂]。

きちょう【帰朝】 中世ききゃう[帰郷]。きこく[帰国]。上代きてう[帰朝]。→**かえ・る**

きちょう【基調】 こっかく[骨格]。ベース(base)。近代きてい[基底]。きてう[基調]。こんてう[根調]。近世こっし[骨子]。

文学作品などのー 近代キーノート(key-note)。

きちょう【貴重】 近代ぢゅうえう[重要]。近世かうか[高価]。中世きうてい[九鼎]。ちょうほう[重宝]。中古おもし[重]。きちょう[貴重]。たいせち/たいせつ[大切]。たっとし[尊/貴]。むか/むげ[無価]。やうごとなし/やごとなし/やむごとなし/やんごとなし[止事無]。上代えがたし[得難]。たふとし[尊/貴]。

ー・な物 こじ[虎児]。近代ぢゅうぶつ[重物]。わうごん[黄金]。中古あたらもの[可惜物]。ぢゅうもち/ぢゅうもつ[重物]。

偶然手にしたー・な物 近世ほりだしもの[掘出物]。めっけもの[目付物]。

外には出さない—・な物 近代もんぐゎいふしゅつ［門外不出］。

人にとって—・な物 中古ざい［財］。ざいさん［財産］。

珍しく—・なこと 近代ちんき［珍貴］。

きちょうめん【几帳面】 スクエア(square)。近代パンクチュアル(punctual)。近世きちゃうめん［几帳面］。きまじめ［生真面目］。しらきちゃうめん［白几帳面］。中古うるはし［麗／美］。まめ［忠実］。

—・で義理堅いこと 近世きんたう［金当／緊当］。

きちれい【吉例】 中古かれい［佳例／嘉例］。きちれい［吉例］。

きちんと ぴしっと。近代かっちり。がっちり。きちっと。きちり(と)。きちんきちん。きちんと。きっかり。ちゃんちゃん。近世きしり。きっちり。ちょきり。ちんと。りんと［凜］。中世きちきち。ちゃんと。しゃんと。ちゃうど［丁度］。ちゃんと。はたと。中古をさをさ。

—合わせる 近代せいがふ［整合］。中古そろふ［そろえる］［揃］。

—していない ぐしゃぐしゃ。締まりがない。近代ルーズ(loose)。近世ずぼら。だらしなし。だるし［怠／懈］。中世づさん［杜撰］。

—している ニート(neat)。近世かたづく［片付］。きちゃうめん［几帳面］。たんぜん［端然］。中世かひがひし［甲斐甲斐］。ろく［陸／碌］。中古うるはし［麗］。ことうるはし［事麗］。をさし［長］。をさをさし［長長］。

—して美しいこと 近世きれい［綺麗／奇麗］。中世たんれい［端麗］。

—して堅苦しいこと 近世をりめだか［折目高］。

—して上品なさま 中世てんが［典雅］。

—して正しいこと 近代せいせい［正正］。近世せいせい［整整］。せいぜん［整然］。上代はうせい［方正］。

—する 近世とりかたづく(—かたづける)［取片］。中世かいつくろふ［掻繕］。かたづく(—づける)［片付］。せいとん［整頓］。せいり［整理］。中古ひきつくろふ［引繕］。上代ととのふ［ととのえる］［整］。ととのほる［整／調］。

—座ること 中世せいざ［正座］。たんざ［端座／端坐］。

態度や身なりを—する 威儀を正す。近代襟(えり)を正す。襟(きん)を正す(正しうす)。近世たしなむ［嗜］。威儀を繕(つくろ)ふ。中古あらたむ［—ためる］［改］。かいつくろふ［掻繕］。威儀を調(ととの)ふ［—調える］。

きつ・い 近代きゃうれつ［強烈］。げんに［厳］。せまくるしい［狭苦］。近世げんかく［厳格］。てきびし［手厳］。ひどし［酷］。中世きつし。きづまり［気詰］。中古きびし［厳］。きゅうくつ［窮屈］。げんぜん［厳然］。つよし［強］。はげし［激］。

—・くない 中古ゆるし［緩］。

きつえん【喫煙】 スモーキング(smoking)。近代きつえん［喫煙］。

《句》近世五十煙草に百酒。

—・する のむ［飲／呑］。近代すふ［吸］。

—・する人 きつえんしゃ［喫煙者］。近代あいえんか［愛煙家］。スモーカー(smoker)。

—を嫌うこと けんえん［嫌煙］。

—を禁止する 近代きんえん［禁煙］。

きづかい【気遣】 近世きがね［気兼］。きくばり［気配］。きぐらう［気苦労］。中世こころくばり［心配］。はいりょ［配慮］。中世おそり／おそれ［畏／恐］。きがかり［気掛／気懸］。きづかひ［気遣］。きづくし［気尽］。中古こころづかひ［心遣／心使］。こころばへ［心延］。

《句》近代他人の疝気(せんき)を頭痛に病む。

—・されるさま 中古わづらはし［煩］。

—のないこと 近代おかまひなし［御構無］。

—の必要がない 気が置けない。

後日への— 近代こうこ［後顧］。

特別な—はない 中古態(わざ)となし。態(わざ)とならず。

きづか・う【気遣】 意に介する。気を配る。中世きづかふ［気遣］。気に掛く［—掛ける］。中古あんず［案］。おそる［おそれる］［畏／恐］。おもひおこす［思遣］。おもひやる［思遣］。こころおく［心置］。こころばむ［心］。とふ［問／訪］。心を掛く［—掛ける］。心を砕く。上代かへりみる［顧］。

きっかけ【切掛】 スプリングボード(springboard)。トリガー(trigger)。ひきがね［引金］。ひだね［火種］。よびみず［呼水］。近代あしがかり［足掛］。いういん［誘因］。えういん［要因］。くちび［口火］。けいき［契機］。だうくゎせん［導火線］。たんしょ／たんちょ［端緒］。どういん［動因］。はずみ［弾］。モーメント／モメント(moment)。近世いとぐち［糸口］。きっかけ［切掛］。くひつき［食付］。さそひみづ［誘水］。しほどき［潮時］。どうき［動機］。とっつき［取付］。中世き［機］。きくゎい［機会］。たん［端］。てはじめ［手始］。てんき［転機］。とりえ［取柄／取得］。ほたん／ほったん［発

端］。中古 いんえん［因縁］。おこり［起］。きえん［機縁］。ついで［序］。つま［端］。はし［端］。ひま［暇／隙］。ふし［節］。をり［折］。

《句》近世 牛にひかれて善光寺参り。

ーがない 取り付く島もない。中古 序(ついで)でなし。

ーとする 中世 かこつく［ーつける］［託］。中古 つく［つける］［付］。

ーをつくる 狼煙(のろし)を上げる。近代 口火を切る。

隠し事がばれるー 近世 しっぽ［尻尾］。

恋のー 近世 なれそめ［馴初］。中古 恋の端(つま)。

話を続けるー 近代 つぎは［継端］。近世 つぎほ［接穂／継穂］。

災いの起こるー 近代 くゎき［禍機］。

きっかり ジャスト(just)。近代 きっちり。くゎくぜん［画然］。ぴったり。近世 きっかり。くっきり。ちょっきり。中世 かっきり。きっぱり。きはだつ［際立］。ちゃうど［丁度］。

きづかれ【気疲】 ストレス(stress)。近代 きぼね［気骨］。近世 きぐらう［気苦労］。きしんど［気］。きづかれ［気疲］。気が減る。気骨(きぼね)が折れる。気を尽くす。中世 きづくし［気尽］。しんつう［心痛］。中古 こころづくし［心尽］。しんらう［心労］。

きっきょう【吉凶】 近代 けいてう［慶弔］。中古 ひなみ［日並／日次］。中世 ひがら［日柄／日次］。上代 きっきょう［吉凶］。くゎふく［禍福］。

ーのかたち 中古 さう［相］。

ーを占うこと 近代 はんだん［判断］。中世 ぼくぢゃう／ぼくてい［卜定］。

ーを雲で見ること 中古 ばうき［望気］。

ーを天に任せること 近世 うんぷてんぷ［運否天賦］。

一年のーを占うこと 近世 としうら［年占］。

きっきん【喫緊】 →きんきゅう

きづ・く【気付】❶〈心づく〉 近代 かいご［解悟］。かんち［感知］。にんしき［認識］。にんち［認知］。近世 いしき［意識］。かんがへつく［考付］。かんち［関知］。がんづく［眼付］。きづく［気付］。さっち［察知］。わかる［分］。目を開く。中世 かくち［覚知］。かどる［気取］。かんづく［感付／勘付］。こころづく［心付］。気が付く。中古 おもひあつ［ーあてる］［思当］。おもひつく［思付］。こころいる［心入］。こころう［ーえる］［心得］。こころおよぶ［心及］。こころづく［心付］。さとる［悟］。上代 しる［知］。

《尊》中世 おぼしよる［思寄］。おもほしよる［思寄］。中古 おぼしいたる［思至］。

ー・いたこと 中世 ぞんじつき［存付］。

ー・いた時の言葉（態度） 近世 膝を打つ。

ー・かせる 中世 さては。

ー・かせる 中世 こころづく［心付］。

ー・かないさま 近世 しらずしらず［知識／識知］。中世 思はず知らず。

ー・きにくいところ 近代 まうてん［盲点］。

聞いてー・く 中古 ききつく［ーつける］［聞付］。

細かい所までー・く 近代 こまかい［細］。中世 いきとどく／ゆきとどく［行届］。痒(かゆ)い所に手が届く。

慣れるとー・かない 《句》近代 魚の目に水見えず。

見てー・く 近世 がんづく［眼付］。中古 みとがむ［ーとがめる］［見咎］。

きづ・く【気付】❷〈正気付く〉 正気に戻る。近代 かくせい［覚醒］。近世 きづく［気付］。しゃうきづく［正気付］。我に返る。中世 さむ［さめる］［覚／醒］。人となる。中古 おどろく［驚］。

ー・かせる 中古 おどろかす［驚］。こころづく［心付］。

きっこう【拮抗】 近代 たいかう［対抗］。たいぢ［対峙］。たいりつ［対立］。向かふを張る。四つに組む。近世 きっかう［拮抗／頡頏］。中世 けっかう［頡頏］。ごぶごぶ［五分五分］。せりあふ［競合］。はりあふ［張合］。

きっさき【切先】 近代 たうせん［刀尖］。たうばう［刀鋩］。近世 けんぽう［剣鋒］。たちさき［太刀先］。中世 きっさき［切先］。きほう［機鋒］。けんさき［剣先］。はさき［刃先］。ほこさき［矛先／鉾先／鋒］。

きっさてん【喫茶店】 カフェ(フランス café)。近代 きっさしつ［喫茶室］。きっさてん［喫茶店］。さばう［茶房］。されう［茶寮］。ティールーム(tea room)。近世 さてん［茶店］。

果物店を兼ねたー 近代 フルーツパーラー(和製 fruit parlour)。

きつじつ【吉日】 →きちじつ

ぎっしゃ【牛車】 近代 ぎうしゃ［牛車］。中世 げんじぐるま［源氏車］。ごしょぐるま［御所車］。中古 うしぐるま［牛車］。ぎっしゃ［牛車］。

ーの牛を扱う者 近代 うしかた［牛方］。中世 やりて［遣手］。中古 うしかひ［牛飼］。うしかひわらは［牛飼童］。

ーの踏み板 中古 ふみいた［踏板］。まへいた［前板］。

美しく飾った― 中古かざりぐるま［飾車］。
大型の― 中古からぐるま［唐車］。
五節(ごせち)の童女(わらわ)の乗る― 中古わらはぐるま［童車］。
女性が乗る― 中古をんなぐるま［女車］。
女房たちが出衣(いだしぎぬ)をして乗っている― 中古いだしぐるま［出車］。
その他―のいろいろ(例) 中古あかいとげのくるま［赤糸毛車］。あじろぐるま［網代車］。あままゆのくるま［雨眉車］。あをいとげのくるま［青糸毛車］。いたぐるま［板車］。いたやかた［板屋形］。いつつを［五緒］。いとげ／いとげのくるま［糸毛車］。はこぐるま［箱車］。びらうげ／びらうげのくるま［檳榔毛車］。びらうひさしのくるま［檳榔庇車］。びりゃうのくるま［檳榔車］。

きっしょう【吉祥】→**きっちょう**

ぎっしり 近代すしづめ［鮨詰］。近世ぎっしり。しっかり。中古ちうみつ［稠密］。上代しじに［繁］。
―・なさま ぎゅうぎゅう。近代きちきち。ぎちぎち。びっしり。みっしり。近世ぎしぎし。ぎちぎち。ぎっちり。ぴっしり。

きっすい【生粋】 近代じゅん［純］。じゅんぜん［純然］。じゅんりゃう［純良］。むく［無垢］。近世きいっぽん［生一本］。きっすい［生粋］。ちゃきちゃき。はえぬき［生抜］。中世じゅんいち／じゅんいつ［純一］。じゅんこ［純乎］。じゅんしん［純真］。じゅんすい［純粋］。

きっすい【吃水】 近代きっすい［吃水］。みづいり［水入］。近世あしいり［足入］。いりあし［入足］。中古あし［足／脚］。ふなあし［船足／船脚］。
―線 すいせん［水線］。
―の深いこと 中世あしいり［足入］。
荷などを一切積まないときの― けいかきっすい［軽荷喫水］。中世じあし［自足］。
荷などを積んだときの― 中世にあし［荷足］。

きっ・する【喫】 きっする［吃］。近世くふ［食］。中世いんし／いんしい［飲食］。いんしょく［飲食］。かうむる［蒙／被］。きっす［喫］。中古うく(うける)［受］。

きつぜん【屹然】 近世きつぜん［屹然］。中世ぎぎぜん［巍然］。中古がが［峨峨］。ぎぎ［巍巍／魏魏］。上代ぎぎたうたう［巍巍蕩蕩／魏魏蕩蕩］。

きっそう【吉相】→**きっちょう**

きづた【木蔦】 かえるづた［蛙蔦］。かべづた［壁蔦］。近世きづた［木蔦］。じゃうしゅんとう［常春藤］。ふゆづた［冬蔦］。中古いつまでぐさ［何時迄草／常春藤］。

きっちょう【吉兆】 近代ぜんしゃう［善祥］。近世しゃう［祥］。中世かてう［嘉兆］。きずい［奇瑞］。きちずい／きつずい［吉瑞］。きってう［吉兆］。けいてう［慶兆］。さいさき［幸先］。ずいげん［瑞験］。ずいちょう［瑞徴］。ずいてう［瑞兆］。中古かしゃう［嘉祥］。きちじゃう／きっしゃう［吉祥］。きっさう［吉相］。ずいさう［瑞相］。ずいしゃう［瑞祥／瑞象］。上代かずい［嘉瑞／佳瑞］。きうちょう［休徴］。しゃうずい［祥瑞］。ずいおう［瑞応］。
―の現象(例) あさぐも［朝蜘蛛］。近世ちゃばしら［茶柱］。
―の光 中世ずいくゎう［瑞光］。
―を表す雲 中古しゃううん［祥雲］。上代ずいうん［瑞雲］。
不思議な― 近代しんずい［神瑞］。

きっちり →**きちんと**

キッチン(kitchen) →**だいどころ**

きつつき【啄木鳥】 きたたき［木叩］。けら［啄木鳥／啄木］。近代ばんじゃうどり［番匠鳥］。近世きつつき［啄木鳥］。たくぼく［啄木］。中世けらつつき。たくぼくてう［啄木鳥］。中古たくみどり［番匠鳥／巧鳥］。てらつつき［寺啄］。

きっと 雨が降ろうが槍が降ろうが。疑いもなく。何がなんでも。なんでもかんでも。間違いない。近代ぜったい［絶対］。たしかに［確］。だんじて［断］。ちかって［誓］。いやが応でも。近世かならずや［必］。かまひて［構］。きっと。けっして［決］。さぞかし。さぞさぞ。さぞや。さだめし［定］。せいもん［誓文］。ぜっぴ［是非］。てっきり。なんでふ［何］。ひっし［必至］。むろん［無論］。よもや。是が非でも。どうしても。中世いちぢゃう［一定］。いかさま［如何様］。かまへて［構］。きときと。けつぢゃう［決定］。けんご［堅固］。さうゐなし［相違無］。さこそ。さぞ／さぞな。さだめて。しっかい［悉皆］。ぜひ［是非］。ぜひとも［是非共］。ぢぢゃう［治定］。ぢゃう［定］。ていと。ひつぢゃう［必定］。もちろん［勿論］。中古おのづから［自］。きと。はた［将］。ひつぜん［必然］。上代うたかた／うたがた。かならず［必］。きはめて［極］。→**かならず**
―…あるだろう 中古ありなむ。
―…しているだろう 中古ぬらむ。

―…する　きまる[決／極]。

―…ただろう 中古 つべし。にけむ。上代 ぬべし。

―…だろう 中古 ぬらむ。上代 てむ。

―…だろうに 中古 てまし。なまし。

―なりそうだ 中古 なむとす。ぬべし。

―…にちがいない 中古 つべし。

きつね【狐】 近代 フォックス(fox)。近世 いなり[稲荷]。こんきち[吉]。こんこん。こんこんちき。たまどの[玉殿]。稲の神。夜の殿。中世 いがたうめ[伊賀専女]。みゃうぶ[命婦]。やかん[射干／野干]。中古 きつ[狐]。きつね[狐]。くつね[狐]。
―と狼 中世 こらう[狐狼]。
―と狸 中古 こり[狐狸]。
―の鳴き声 中世 こん。こんくゎい[吼噦]。こんこん。
白い毛の― 近世 しろぎつね[白狐]。上代 びゃくこ[白狐]。
小さい― 中古 こぎつね[子狐／小狐]。
年取った― 中世 ふるぎつね[古狐]。中古 たうめ[専女]。
野にすむ― 中世 のぎつね[野狐]。中古 やこ[野狐]。
牝(めす)の― めぎつね[牝狐]。

きつねび【狐火】 近世 おにび[鬼火]。きくゎ[鬼火]。狐の提灯。中世 きつねび[狐火]。

きっぱり 近代 かんぜん[敢然]。きっぱり。だんこ[断固／断乎]。近世 きっさり。すっかり。だんぜん[断然]。とんと。はっきり。ふつふつ(と)。ほっとり。中世 きっと。きときと。きはぎはと[際際]。けつぜん[決然]。ふっつと。りんこ[凛乎／懍乎]。中古 かくこ[確固／確乎]。きと。ふっと。

―あきらめる 中世 おもひたつ[思絶／思断]。上代 おもひたゆ[思絶]。

―言う 近世 言葉涼し。中世 いひはなつ[言放]。きらびやか。

―拒むこと 中世 しゅんきょ[峻拒]。

―した態度 近代 だんこ[断固／断乎]。だんだんこ[断断乎]。わりきる[割切]。近世 こころいき[心意気]。だんぜん[断然]。中世 けつぜん[決然]。たてきる[立切／閉切]。中古 あざやか[鮮]。


きっぷ【切符】 近代 けん[券]。チケット(ticket)。パス(pass)。しょくけん[食券]。近世 きっぷ[切符]。

―なしで入場すること かおパス[顔pass]。

―に鋏を入れること かいきょう[改鋏]。

―を売り出すこと しゅっさつ[出札]。

―を切る鋏(はさみ) はさみ[鋏]。パンチャー(puncher)。

歌舞伎などで昼夜見られる― とおしきっぷ[通切符]。

異なる路線を通して乗れる― しゅうゆうけん[周遊券]。とおしきっぷ[通切符]。

きっぽう【吉報】 ろうほう[朗報]。近代 きっぽう[吉報]。くゎいほう[快報]。けいほう[慶報]。ふくいん[福音]。

きづまり【気詰】 近世 かたくるし[堅苦]。きがね[気兼]。きまづし[気不味]。中世 きづまり[気詰]。中古 きゅうくつ[窮屈]。けにくし[気憎]。けぶたし[煙]。ところせし[所狭]。
対面するのが― 中古 みえにくし[見難]。

きつもん【詰問】 近代 きっせき[詰責]。さもん[査問]。しんもん[審問]。ついきう[追究]。ついきゅう[追窮]。なんきつ[難詰]。もんせき[問責]。近世 せりかく[(―かける)][迫掛]。中世 きつもん[詰問]。せめふす[責伏]。とひつむ[(―つめる)][問詰]。中古 きうもん[糾問／糺問]。せめとふ[責問]。なじる[詰]。上代 こととがめ[言咎]。

きづよ・い【気強】❶〈安心〉 近代 きづよい[気強]。近世 きぢゃうぶ[気丈夫]。こころぢゃうぶ[心丈夫]。中世 あんしん[安心]。中古 こころづよし[心強]。たのもし／たのもしげ[頼]。

きづよ・い【気強】❷〈強気〉 近世 かちき[勝気]。きぢゃう[気丈]。きぢゃうぶ[気丈夫]。きづよし[気強]。つよき[強気]。

きつりつ【屹立】 近代 そそりたつ[聳立]。そびえたつ[聳立]。たいぢ[対峙]。ちょくりつ[直立]。中世 きつりつ[屹立]。きりたつ[切立]。そびやかす[聳]。中古 そびゆ[(そびえる)][聳]。上代 そばだつ[峙／聳]。
山が向かいあって―・していること 近代 たいぢ[対峙]。

きてい【規定】 レギュレーション(regulation)。近代 きじゅん[規準]。きせい[規制]。きてい[規程]。きまり[決]。きめ[決]。きやく[規約]。コード(code)。でうぶん[条文]。プリンシプル(principle)。やくそくごと[約束事]。ルール(rule)。近世 おきめ[置目]。きてい[規定]。とりきはめ[取極／取究]。とりきめ[取決]。中世 きそく[規則]。こじつ[故実]。中古 さだめ[定]。上代 おきて[掟]。→おきて →きそく
―・する 近代 りっする[律]。中世 きむ[きめ

る][決]。上代さだむ[さだめる][定]。せいてい[制定]。

―に外れている 近代へんそく[変則]。中世ふかせつ[不可説]。

処罰を決めた― ばっそく[罰則]。

スポーツ競技などの―演技 コンパルソリー(compulsory)。

正式の― 近代せいき[正規]。

全体に共通の― 近代そうそく[総則]。つうそく[通則]。

内部の― 近代ないき[内規]。

古い― 中世きうき[旧規]。

役に立たない― 中世くうぶん[空文]。

きてい【基底】 きばん[基盤]。ルーツ(roots)。近代きかん[基幹]。きそ[基礎]。きてい[基底]。きぶ[基部]。こんかん[根幹]。近世きほん[基本]。こんき[根基]。中世こんてい[根底]。こんぽん[根本]。どだい[土台]。→**きそ**

きてい【規程】→**きてい【規定】**

ぎてい【議定】 近代ぎけつ[議決]。ぎてい[議定]。中古ひゃうぎ[評議]。ひゃうぢゃう[評定]。

―書 きょうどうせいめいしょ[共同声明書]。ごうぎぶんしょ[合議文書]。じょうやく[条約]。プロトコル(protocol)。

きてん【起点】 近代きてん[起点]。げんてん[原点]。しゅっぱつてん[出発点]。ふりだし[振出]。中世はじまり[始]。

―を表す助詞等 から。中古よりして。よりも。上代ゆ。より。

きてん【基点】 きじゅんてん[基準点]。きち[基地]。近代きてん[基点]。げんてん[原点]。

きてん【機転】 こてまわし[小手回]。近代ウイット(wit)。エスプリ(esprit)。きち[機知]。とんさい[頓才]。気が利く。近世きばたらき[気働]。さいかく／さいがく[才覚]。とんち[頓知]。りんきおうへん[臨機応変]。中世きてん[機転／気転]。さかさかし／さかざかし[賢賢]。たういそくめう[当意即妙]。りこん[利根]。中古さいち[才知]。さる[洒落]。

―が利く 如才(じょさい)ない。近世小取り回し。目先(目前)が利く。目端(めはし)が利く。目端を利かす。

―を利かすこと 近世さそく[早速]。

女性が―の利くこと 近世はっさい[発才]。

ちょっとした― 近世こぎてん[小機転／小気転]。

ぎてん【疑点】 ぎもんてん[疑問点]。近代ぎてん[疑点]。近世ぎぎ[疑義]。中世ぎねん[疑念]。→**うたがい**

きと【企図】 あおじゃしん[青写真]。近代いかう[意向]。いと[意図]。きぐゎく[企画]。きと[企図]。くゎくさく[画策]。こうさう[構想]。こころづもり[心積]。しんさん[心算]。プラン(plan)。プランニング(planning)。プロジェクト(project)。りつあん／りふあん[立案]。近世けいくゎく[計画]。づ[図]。つもり[積]。もくてき[目的]。もくろみ[目論見]。中世くはだて[企]。

きと【帰途】→**きろ【帰路】**

―につく 上代かへりたつ[還立]。

きど【木戸】 近世きど[木戸]。

―のいろいろ(例) 近代にはきど[庭木戸]。近世うらきど[裏木戸]。ねずみきど[鼠木戸]。中世ねずみど[鼠戸]。をりきど[折木戸]。

きとう【祈禱】 中世オラショ(ポルトガル oratio)。ごぢ[護持]。中古いのり[祈]。かぢ[加持]。きぐゎん[祈願]。きねん[祈念]。上代きたう[祈禱]。

―と療治 中世きれう[祈療]。

―の術 中古じゅつだう[術道]。

きどう【軌道】❶〈線路〉 レール(rail)。近代きでう[軌条]。てつろ[鉄路]。近世きだう[軌道]。せんろ[線路]。

きどう【軌道】❷〈道筋〉 きせき[軌跡]。近代きだう[軌道]。中世けいろ[経路／径路]。じゅんろ[順路]。

―に乗る エンジンがかかる。近代かうてう[好調]。じゅんてう[順調]。弾みが付く。近世脂が乗る。調子に乗る。波に乗る。中古はかが行く。

弾丸の― 近代だんだう[弾道]。

きどう【起動】 しどう[始動]。近代きどう[起動]。スタート(start)。中世はつどう[発動]。

きどう【機動】 近代げんどう[原動]。中世くゎつどう[活動]。

きとく【危篤】 あらたまる[改]。じゅうとく[重篤]。近代ひんし[瀕死]。病(やまひ)革(あらた)まる。近世ぢゅうたい[重体／重態]。中古ほとほとし[殆]。上代きとく[危篤]。俄(にはか)になる。

きとく【奇特】 しんめう[神妙]。中世けなげ[健気]。中古かんしん[感心]。きとく[奇特]。しゅしょう[殊勝]。しんべう[神妙]。

きどり【気取】 近代きどり[気取]。きょえい[虚栄]。近世いき[粋]。こころいき[心意気]。やにさがり[脂下]。中世きょしょく

[虚飾]。中古えん[艶]。よしばみごと[由事]。

きど・る【気取】 すかす。めかす[粧]。ていさいぶる[体裁]。様子を作る。近代きどる[気取]。すましこむ[澄込]。もったいがる[勿体]。見栄を張る。近世いきちょん[粋/意気]。きざっぽい[気障]。しゃれる[洒落]。すこびる。すます[澄/清]。びかしゃか。ぶる。もったいぶる[勿体]。やうすぶる[様子]。やにさがる[脂下]。中世けつらふ。つくろふ[繕]。とりすます[取澄]。中古けしきだつ[気色立]。けしきばむ[気色]。こころばむ[心]。ざれくつがへる[戯覆]。ひきつくろふ[引繕]。ゆゑだつ[故立]。よしづく[由付]。よしばむ[由]。よしめく[由]。

—・った態度 近代おすまし[御澄]。きめる[極]。しゃなりしゃなり。ポーズ(pose)。近世しな[品]。しゃなしゃな。しゃならしゃなら。

—・る人 すましや[澄屋]。近代きどりや[気取屋]。すまし/おすまし[御澄/御清]。

きなが【気長】 近代おっとり。のんびり。近世いうちゃう[悠長]。おうやう[鷹揚]。おもなが[面長]。きなが[気長]。のんき[暢気/呑気/暖気]。中古いういう[悠悠]。こころながし[心長]。

きなこ【黄粉】 中世きなこ[黄粉]。豆の粉。中古まめつき[豆搗]。

きなん【危難】 近代きがい[危害]。きやく[危厄]。中世きなん[危難]。ごなん[御難]。さいくゎ[災禍]。さいやく[災厄]。たいくゎ[大禍]。だいなん[大難]。中古さいなん[災難]。なん[難]。なんぎ[難儀]。やく[厄]。やくなん[厄難]。上代きけん[危険]。まがごと[禍事/禍言]。わざはひ[禍/災]。

《句》近世藪をつついて蛇を出す。中古石を抱きて淵に入る。

—が迫っていること 近代危急存亡の秋。焦眉の急。轍鮒の急。眉毛に火がつく。

神の助けで—を逃れる かみだすけ[神助]。

国家の— 近代こくなん[国難]。

きにい・る【気入】 好きになる。近代意に当たる。意に適ふ。眼鏡に適ふ。中世気に入る。上代このむ[好]。

きにか・ける【気掛】 近世ちゅうい[注意]。はいりょ[配慮]。中世あんず[案]。気に掛く[—掛ける]。

きにくわな・い【気食】 近世気に食はぬ。虫が嫌ふ。中世うたてし。ふとくしん[不得心]。中古あいなし。うし[憂]。うたてあり。からし[辛]。こころうし[心憂]。こころづきなし[心付]。すずろはし/そぞろはし[漫]。つきなし[付無]。にくし[憎]。ほいなし[本意無]。めざまし[目覚]。ものしげ[物]。

きにち【忌日】 かげび[陰日]。近代きじつ[忌日]。近世しゃうじんび[精進日]。中世くゎいき[回忌]。めいにち[命日]。中古き[忌]。上代きしん[忌辰]。きにち[忌日]。しうき[周忌]。

きにゅう【記入】 近代かきこむ[書込]。きにふ[記入]。つけこむ[付込]。近世かきいれる[書入]。中世かきとむ[—とめる][書留]。中古かきしるす[書記]。きろく[記録]。上代きさい[記載]。つく[つける][付]。

帳簿に—・する 近代きちゃう[記帳]。

きぬ【絹】 近代シルク(silk)。近世おかひこ[御蚕]。上代きぬ[絹]。

—の着物ばかり着ていること 近世おかひこぐるみ[御蚕]。

—を引き裂くこと 近代れっぱく[裂帛]。

—糸のいろいろ(例) つむぎいと[紬糸]。てんさんし[天蚕糸]。近代あないと[穴糸]。ふしいと[節糸]。近世ふといと[太糸]。中世きぬいと[絹糸]。中古ねりいと[練糸]。上代きいと[生糸]。

—織物のいろいろ(例) あきたおり[秋田織]。近世あやぎぬ[綾絹]。やはらかもの[柔物]。中世けんぷ[絹布]。中古あしぎぬ[絁]。あづまぎぬ[東絹]。あられぢ[霰地]。上代あや[綾/文]。きぬ[絹]。けんぱく[絹帛]。

色や模様を染め出した— 中古そめぎぬ[染絹]。

軽くて薄い— 上代けいら[軽羅]。

金と— 近世きんぱく[金帛]。

染めていない— 近世そ[素]。

中国から渡来した— 中古からぎぬ[唐絹]。

野蚕の繭からとった— やさんけん[野蚕絹]。

軟らかい— 中世ふくさ[袱紗/帛紗/服紗]。

きぬけ【気抜】 きあいぬけ[気合抜]。きおれ[気折]。きょだつ[虚脱]。だつりょくかん[脱力感]。近代ちからぬけ[力抜]。むりょくかん[無力感]。さうしん[喪心]。近世きおち[気落]。きぬけ[気抜]。はりあひぬけ[張合抜]。ひゃうしぬけ[拍子抜]。中世ちからおとし[力落]。中古じしつ[自失]。

—・したさま 近代まうぜん[惘然]。近世ぐんにゃり。とほん。ぼうぜん[呆然]。中世ぐなり。ぐんなり。ばうぜん[茫然]。中古ばうぜん[忙然]。ばうぜん[惘然]。

きね【杵】 近代たてぎね[竪杵]。つきぎね[搗杵]。近世かちぎね[搗杵]。てぎね[手杵]。中古き[杵]。きね[杵]。

—の柄 近代きねづか[杵柄]。

きねん【祈念】 中世しんじん[信心]。中古いのり[祈]。きぐゎん[祈願]。きねん[祈念]。

きねん【記念】 近代メモリー(memory)。近世きねん[記念]。中古おもひいで／おもひで[思出]。かたみ[形見]。

—の品 スーブニール／スーベニール(フランス souvenir)。近代ゐひん[遺品]。中世ゆいもつ[遺物]。ゐぶつ[遺物]。中古かたみ[形見]。わすれがたみ[忘形見]。

—の日 アニバーサリー(anniversary)。近代しゅくさいじつ[祝祭日]。はたび[旗日]。中古えんにち[縁日]。

—の碑や建造物 近代オベリスク(obelisk)。きねんたふ[記念塔]。きねんひ[記念碑]。きんじたふ[金字塔]。ケルン(cairn)(山頂等の)。メモリアル(memorial)。メンヒル(menhir)。モニュマン(フランス monument)。モニュメント(monument)。近世たていし[立石]。中世いしぶみ[碑]。せきひ[石碑]。上代ひ[碑]。

ぎねん【疑念】 近世うたがひごころ[疑心]。ぎぎ[疑義]。さいぎ[猜疑]。中世ぎねん[疑念]。ぎもん[疑問]。中古ぎしん[疑心]。ふしん[不審]。上代うたがひ[疑]。くゎいぎ[懐疑]。→**うたがい**

きのう【昨日】 中古ぜんじつ[前日]。上代きぞ[昨日]。きのふ[昨日]。さくじつ[昨日]。

—の朝 さくたん[昨旦]。近代さくげう[昨暁]。中古さくてう[昨朝]。

—の前日 中世いっさくじつ[一昨日]。中古をととひ[一昨日]。

—の夜 近世さくゆふ[昨夕]。をとゆふ[一昨夕]。中世さくせう[昨宵]。さくせき[昨夕]。さくばん[昨晩]。ゆふべ[夕]。よべ[昨夜]。中古さくや[昨夜]。やぜん[夜前]。上代きそ／きぞ[昨夜]。

きのう【機能】 近代きのう[機能]。せいのう[性能]。ファンクション(function)。近世のうりょく[能力]。はたらき[働]。中世さよう[作用]。

—が失われること パンク(puncture)。近代馬鹿になる。

—効率の向上 かっせいか[活性化]。

—・させる はたらかす[働]。

—・している 近世はたらく[働]。中古きく[利]。上代はたす[果]。

多くの— 中古たのう[多能]。

身体器官の—を失う 上代しふ[癈]。

ぎのう【技能】 近代ぎのう[技能]。ぎはふ[技法]。しゅわん[手腕]。スキル(skill)。テクニック(technic)。メチエ(フランス métier)。近世うでまへ[腕前]。ぎかう[技巧]。しゅはふ[手法]。中世うで[腕]。ぎげい[技芸]。ぎじゅつ[技術]。ぎりゃう[技量／伎量]。てぎは[手際]。てなみ[手並]。上代わざ[技]。

—があること 近世手がある。

—が優れていること 中古かしこ[賢／畏]。

—の低下 中世なまる[鈍]。上代にぶる[鈍]。

特に優れた— 近代とくぎ[特技]。近世おかぶ[御株]。かぶ[株]。

昔身につけた— 《句》近代昔取った杵柄(きねづか)

きのこ【茸】 中世きのこ[茸／菌]。中古くさびら[草片]。上代たけ[茸]。

—の柄 え[柄]。

—の柄の下部 中世いしづき[石突]。

—の傘 きんさん[菌傘]。近代かさ[傘]。きんがい[菌蓋]。

—の傘の裏の襞 きんしゅう[菌褶]。ひだ[襞]。

—の採集 近世きのこがり[茸狩／菌狩]。きのことり[茸取／菌取]。中古たけがり[茸狩]。

—の生える輪 きんかん[菌環]。きんりん[菌輪]。

松林に生える— 近世ささたけ[笹茸]。

▼食用茸の例 えのきだけ[榎茸]。近代はうきだけ[箒茸]。近世かうたけ[革茸／茅蕈]。中世いはたけ[石茸／岩茸]。しひたけ[椎茸]。しめぢ[占地／湿地]。はつたけ[初茸]。中古ひらたけ[平茸]。まつたけ[松茸]。まひたけ[舞茸]。

▼毒茸の例 にがくりたけ[苦栗茸]。べにてんぐたけ[紅天狗茸]。近世てんぐたけ[天狗茸]。まひたけ[舞茸]。わらひたけ[笑茸]。中世つきよたけ[月夜茸]。べにたけ[紅茸]。

きのどく【気毒】 →**かわいそう**

きのり【気乗】 近代きのり[気乗]。きょうみ[興味]。近世のり[乗]。のりき[乗気]。

—・しない 近世おくくふ[億劫]。きなし[気無]。中世ものうし[物憂]。中古とほし[遠]。ものうげ[物憂]。

—・する 近世乗りが来る。中世すすまし[進]。中古いさまし[勇]。

きば【牙】 中世がし[牙歯]。中古きば[牙]。げし[牙歯]。上代き[牙]。

セイウチの— 近世せいくる。

虎の— 近代こが[虎牙]。

きはく【気迫】 近代きあひ[気合]。きこん[気魂]。きはく[気迫／気魄]。こんじゃう[根性]。近世きせい[気勢]。げんき[元気]。中世きえん[気炎／気焔]。きがい[気概]。中古きりょく[気力]。こころいきほひ[心勢]。上代いき[意気]。いきほひ[勢]。

—に圧倒されること 近代きあひまけ[気合負]。

—の激しいさま 中古れつれつ[烈烈]。

人を殺そうとする— 中世さっき[殺気]。

きはく【稀薄】 →うす・い

きばく【起爆】 近代ちゃくくゎ[着火]。てんくゎ[点火]。

—剤の例 近代らいこう[雷汞]。らいさんすいぎん[雷酸水銀]。

—装置 近代しんくゎん[信管]。

きはずかし・い【気恥】 近代てれくさい[照臭]。近世きはづかし[気恥]。はぢがはし[恥]。中古うひうひし[初初]。こころはづかし[心恥]。

きばたらき【気働】 近世きくばり[気配]。きばたらき[気働]。中世きてん[機転]。

きはつ【揮発】 近代きはつ[揮発]。近世きくゎ[気化]。じょうはつ[蒸発]。

きばつ【奇抜】 かたやぶり[型破]。近代きけう[奇矯]。きさう[奇想]。きさうてんぐゎい[奇想天外]。きばつ[奇抜]。とっぴ[突飛]。ふるふ[振]。へんちくりん[変]。へんてこりん[変梃]。近世いっきょう[一興]。けいばつ[警抜]。とくい[特異]。へんてこ[変梃]。突拍子もない。中世いっきょう[逸興]。ちんめう[珍妙]。ふうがはり[風変]。中古きい[奇異]。上代ちんき[珍奇]。

—・な行動 近世きかう[奇行]。

—・な言葉 近代けいく[警句]。近世けいご[警語]。中世きげん[奇言]。きご[奇語]。

—・な才知 きち[奇知／奇智]。

—・な策略 中世きさく[奇策]。

—・な質問 近代きもん[奇問]。

—・な手段 近代きだう[奇道]。近世きしゅ[奇手]。

—を衒う げんき[衒奇]。トリッキー(tricky)。ファンシー(fancy)。

きばや・い【気早】 近代さうきふ[躁急]。近世せいきふ[性急]。せっかち。中世きばやし[気早]。きみじか[気短]。たんき[短気]。

きばらし【気晴】 →うさばらし

きば・る【気張】❶〈奮起〉 がんばる[頑張]。近代ハッスル(hustle)。気合いを入れる。いきけんかう[意気軒昂]。いきごむ[意気込]。いきしょうてん[意気衝天]。いきほひこむ[勢込]。きおひたつ[気負立]。ふるひおこす[奮起]。ふるひたつ[奮立]。意気に燃える。腕を振るふ。勇を鼓す。近世いさみたつ[勇立]。はりきる[張切]。はる[張]。ふんき[奮起]。腕に縒りを掛く[—掛ける]。中世きおふ[気負]。きばる[気張]。ふんぱつ[奮発]。ふんばる[踏張]。意気が揚がる。中古こころばむ[心]。こころばる[心]。はっぷん[発奮]。はやる[逸]。ふるふ[奮]。上代いさむ[勇]。

きば・る【気張】❷〈奮発〉 財布の紐(口)を緩める。近代ふんぱつ[奮発]。財布の底をはたく。近世おごる[奢]。きばる[気張]。はづむ[弾]。

きはん【規範】 スタンダード(standard)。近代かうりゃう[綱領]。きじゅん[規準]。てんけい[典型]。てんぱん[典範]。ノルム(フランス norme)。はんしき[範式]。へうしき[表式]。モデル(model)。近世かね[矩]。ぎき[儀軌]。中世きけい[亀鏡]。きそく[規則]。きはん[規範]。きぼ[規模]。てほん[手本]。へうじゅん[標準]。みほん[見本]。中古かうじゃう[綱常]。きかん[亀鑑]。もはん[模範]。上代かがみ[鑑]。きそく[軌則]。じょうぼく[縄墨]。のり[法／則]。

—となる例 はんれい[範例]。

—に則る 近代ふむ[踏]。

見習うべき— 中古ぎはん[儀範]。

きはん【羈絆】 近世そくばく[束縛]。ほだ[絆]。中世きづな[絆／紲]。こうそく[拘束]。中古きはん[羈絆]。ほだし[絆]。

きばん【基盤】 →きそ

—とする 中古もとづく[基]。

きひ【忌避】 近代けいゑん[敬遠]。けぎらひ[毛嫌]。けんを[嫌悪]。はいぢょ[排除]。中古いみきらふ[忌嫌]。いむ[忌]。いやがる[嫌]。うとむ[疎]。うとんず[疎]。きひ[忌避]。上代いとふ[厭]。きき[忌諱]。

さく［さける］［避］。

きびき【忌引】→も【喪】

きびきび 近代 きびん［機敏］。しゃきしゃき。はつらつ［溌剌／溌溂］。びんくゎつ［敏活］。びんそく［敏速］。近世 きびきび。ことりまはし［小取回］。さっさと。てきぱき。はきはき。中世 いきいき［生生］。かひがひし［甲斐甲斐］。きっきっと。さっと［颯］。

ー・しないさま もたもた。

きびし・い【厳】 かれつ［苛烈］。シビア(severe)。しょうげん［峭厳］。ハード(hard)。近代 くゎこく［過酷］。しうさうれつじつ［秋霜烈日］。シャープ(sharp)。しゅんげん［峻厳］。しゅんこく［峻酷／峻刻］。しゅんれつ［峻烈］。つうれつ［痛烈］。れいげん［冷厳］。仮借ない。情け容赦もない。近世 げんかく［厳格］。しゅんせう［峻峭］。てきびし［手厳］。てひどし［手酷］。ひどし［酷］。中世 あつし［厚／篤］。からし［辛／苛］。きつし。きぶし。きんみつ［緊密］。げきれつ［激烈］。けはし［険］。げんこく［厳酷／厳刻］。げんせい［厳正］。げんみつ［厳密］。げんれつ［厳烈］。しんぜん［森然］。しんらつ［辛辣］。中古 いかめし［厳］。いちはやし［逸早］。かこく［苛酷／苛刻］。かたし［固／堅］。きはだけし［際猛］。きびし［厳］。げん［厳］。げんぢゅう［厳重］。こくれつ［酷烈］。つよし［強］。

ー・い暑さ れっしょ［烈暑］。近世 げんしょ［厳暑］。中世 こくしょ［酷暑］。ごくしょ［極暑］。たいしょ［大暑］。

ー・い刑罰 中世 げんけい［厳刑］。げんばつ［厳罰］。

ー・い子育て 近代 スパルタけういく［Sparta教育］。獅子の子落とし。

ー・いさま 近代 きつきつ［屹屹］。びしびし。ぴしぴし。近世 心を鬼にす。中世 きっと［屹度／急度］。ひしひし。

ー・い処罰 中世 げんばつ［厳罰］。

ー・い性格 近代 きせう［奇峭］。

ー・い批評 近代 こくひゃう［酷評］。

ー・い法律 近世 げんぱふ［厳法］。

ー・く陰気なさま 近代 いんこく［陰刻］。

ー・く重いこと 近代 かちょう［苛重］。

ー・く困難なこと 近世 かんけん［艱険／艱嶮］。中古 けんそ［険阻］。

ー・く迫る 近世 そくはく［促迫］。

ー・く責める 中世 せめさいなむ［責呵］。上代 かしゃく［呵責］。

ー・くて明らかなさま 中古 げんめい［厳明］。

ー・く取り締まる 近代 しゅくせい［粛正］。中世 しめあぐ［―あげる］［締上］。

ー・くないさま なまっちょろい［生］。ぬるい［温］。近代 あまったるい［甘］。近世 あまたるし［甘］。ゆるがせ［忽］。中世 あまし［甘］。てぬるし［手緩］。なまぬるし［生温］。ゆるか［緩］。

ー・く守る 近世 げんしゅ［厳守］。

ー・く命ずる 中古 げんめい［厳命］。

ー・過ぎること 近代 くゎこく［過酷］。近世 こく［酷］。

寛大なこととー・いこと 近世 おんゐ［恩威］。くゎんげん［寛厳］。中古 くゎんまう［寛猛］。

口調などがー・い 近世 げきせつ［激切］。

細かいところまでー・い 中世 げんみつ［厳密］。

寒さがー・いさま 中古 りんりん［凜凜］。

重大でー・いさま 近代 げんしゅく［厳粛］。れいげん［冷厳］。

きびす【踵】 近世 あくつ［踵］。かかと［踵］。中世 あくと／あぐと［踵］。中古 きびす［踵］。きひす［踵］。上代 くびす／くびひす［踵］。

ーを返す 中古 ひきかへす［引返］。もどる［戻］。

ーを接す 中古 つぎつぎ［次次］。

ぎひつ【偽筆】 近世 がんさく［贋作］。ぎひつ［偽筆］。中世 ぎさく［偽作］。中古 ぎしょ［偽書］。

きひん【気品】 近代 きひん［気品］。ひんかく［品格］。近世 きかく［気格］。きぐらゐ［気位］。じんぴん［人品］。中世 ひんゐ［品位］。中古 しな［品］。にほひ［匂］。

ーがある エレガンス(elegance)。近世 うづたかし［堆］。中世 きよら［清］。じゃうひん［上品］。らふたく［臈闌］。中古 けだかし［気高］。

王者としてのー 中古 わうけ［王気］。

芸術作品のー エートス(ギリシャethos)。近世 きゐん［気韻］。中世 かくてう［格調］。

和歌のー 中古 うたがら［歌柄］。

きひん【貴賓】 ゲスト(guest)。ビップ／ブイアイピー(VIP)。近代 しゅひん［主賓］。近世 きひん［貴賓］。中世 じゃうきゃく［上客］。上代 ひんかく［賓客］。

ー席 ロイヤルボックス(royal box)。

きびん【機敏】 近代 えいびん［鋭敏］。きびん［機敏］。けいくゎい［軽快］。しゅんびん［俊敏］。すばしこい。びんくゎつ［敏活］。びん

そく[敏速]。近世すすどけ/すすどけなし[鋭]。てがるし[手軽]。てばしこし[手捷]。はしこし/はしっこし。中世すすどし[鋭]。すばやし[素早]。てばやし[手早]。びんせふ[敏捷]。みがる[身軽]。中古こころとし[心疾]。とし[疾/敏]。

―・でない 近世ふびん[不敏]。

―・な心の動き 近世きてん[機転]。さいき[才気]。中世こころはやし[心早]。

―・なさま 近代きびん[機敏]。しゃきしゃき。はつらつ[潑剌/潑溂]。びんくゎつ[敏活]。びんそく[敏速]。近世きびきび。ことりまはし[小取回]。さっさと。てきぱき。はきはき。中世いきいき[生生]。かひがひし[甲斐甲斐]。きっきっと。さっと[颯]。

きふ【寄付】 近代きうじゅつ[救恤]。ぎえん[義捐]。きそう/きぞう[寄贈]。きょきん[醵金]。きょしゅつ[醵出]。しゅつえん[出捐]。近世くゎんげ[勧化]。くゎんげごと[勧化事]。けんきん[献金]。中世がふりき[合力]。きしゃ[喜捨]。ぐぜい[貢税]。くゎんじん[勧進]。けんなふ[献納]。すすめ[進]。ほうが[奉加]。ほうなふ[奉納]。ゑかう[回向]。中古きしん[寄進]。きふ[寄付/寄附]。けんじゃう[献上]。ほうけん[奉献]。上代ふせ[布施]。

―が僅かなこと 近世いっしはんせん[一紙半銭]。

―・された金 ぎえんきん[義援金]。ききん[寄金]。きんいっぷう[金一封]。ほうがきん[奉加金]。近代ぎえんきん[義捐金]。ぎきん[義金]。きふきん[寄付金]。近世よりがね/よりきん[寄金]。中世じゃうざい[浄財]。

―・した人の名簿 中古ほうがちゃう[奉加帳]。

―・した物 近世あがりもの[上物]。

―を通行人に呼びかけること がいとうぼきん[街頭募金]。近世つじくゎんじん[辻勧進]。

収益を―・するための催し チャリティー(charity)。
▼目的をもって集める金 きょしゅつきん[拠出金]。しゅっしきん[出資金]。近代きょきん[醵金]。
きぶ【基部】→きそ
ギブアップ(give up) 近世あきらめ[諦]。かうさん[降参]。
きふう【気風】 近代せいかう[性向]。近世きしつ[気質]。きしゃう[気性]。きっぷ[気風]。きふう[気風]。こころいき[心意気]。はだ[肌]。ふうき[風気]。
家の― 中古かふう[家風]。
田舎の― 近世ゐなかかたぎ[田舎気質]。
国や地方の― 近代カラー(color)。近世じんき/にんき[人気]。中世くにぶり[国振]。
さっぱりした男らしい― 近世いなせ[鯔背]。
任俠風の― 近世いさみはだ[勇肌]。きほひはだ[競肌]。
武士の― 近世しふう[士風]。
身についた良くない― 近代しうみ[臭味]。
きふく【起伏】 アップダウン(和製up down)。近代かうてい[高低]。なみじゃう[波状]。近世あがりさがり[上下]。えいこせいすい[栄枯盛衰]。きふく[起伏]。中世うきしづみ[浮沈]。こうばう[興亡]。せうちゃう[消長]。上代こうはい[興廃]。ふちん[浮沈]。
―がない 中世へいたん[平坦]。中古たひらか[平]。上代たひら[平]。
―・する 近世なみだつ[波立]。中世うねる。中古なみうつ[波打]。
詩文に―があること 中世はらん[波瀾/波乱]。
きふく【帰服】 ギブアップ(give up)。白旗を上げる。近代くつじゅう[屈従]。とうかう[投降]。シャッポを脱ぐ。近世きょうじゅん[恭順]。ふくぞく[服属]。尻尾を巻く。中世かうさん[降参]。くだる[下]。くっぷく[屈伏/屈服]。ふくじゅう[服従/伏従]。ふくす[服]。兜(かぶと)を脱ぐ。軍門に下る。手を上ぐ(―上げる)。旗を巻く。膝を折る。上代かうふく[降伏]。きじゅん[帰順]。きふく[帰服/帰伏]。したがふ[従/随/順]。らいかう[来降]。
きふじん【貴婦人】 近代きふじん[貴婦人]。レディー(lady)。中世れんちゅう[簾中]。中古じゃうらふ[上﨟]。しゅくぢょ[淑女]。《尊》中世おんかた[御方]。
京都の― 近世きゃうじゃうらふ[京上﨟]。
きぶつ【器物】 近代じふもつ[什物]。ようき[容器]。近世うつは[器]。中世じふき[什器]。中古いれもの[入物/容物]。うつはもの[器物]。きぶつ[器物]。
―の取っ手 中古とりどころ[取所]。
―の不良品 はねもの[撥物]。
足を付けた― 中世あしうち[足打]。あしつき[足付]。
漆塗りの― 中古しっき[漆器]。ぬりもの[塗物]。上代うるしぬり[漆塗]。
貴重な― 中世ぢゅうき/ちょうき[重器]。

玉製の― 近代ぎょくき[玉器]。
金製の― 中世きんき[金器]。
銀製の― 近代ぎんき[銀器]。
金属製の― 近代きんき[金器]。
金を張ったり金めっきされた― 近代きんきせ[金着]。
銀を張ったり銀めっきされた― 近代ぎんきせ[銀着]。
優れた― 中世めいき[名器]。
その日だけ使う― 近世いちにちばれ[一日晴]。
古い― 近世こき[古器]。
▼助数詞(口の開いているもの) 中古く[口]。

ぎぶつ【偽物】→**にせもの**

ギフト(gift) →**おくりもの**

きぶん【気分】 かざむき[風向]。シュティムング(ドィツ Stimmung)。風の吹き回し。近代アトモスフィア(atmosphere)。おてんき[御天気]。かんじ[感]。くうき[空気]。しんきゃう[心境]。フィーリング(feeling)。ムード(mood)。ゐごこち[居心地]。近世きあひ[気合]。きぜん[気前]。きづま[気褄]。きみ[気味]。きみあひ[気味合]。こころもち[心持]。ゐごころ[居心]。中世かんじゃう[感情]。きげん[機嫌]。きしょく[気色]。きび[気味]。きもち[気持]。こころげ[心気]。しんき[心気／辛気]。中古おもむき[趣]。きぶん[気分]。けしき[気色]。ここち[心地]。こころぎは[心際]。しんき[心機]。しんじゃう[心情]。心の色。上代思ふ空。

―がこわれる 近代はなじろむ[鼻白]。近世きょうざまし／きょうざめ[興醒]。中世しらく[しらける][白]。そこなふ[損]。

―が沈む(さま) おちこむ[落込]。きふさぎ[気塞]。塞ぎの虫。近代あんうつ[暗鬱]。ちんうつ[沈鬱]。近世うったい[鬱滞]。きおも[気重]。きぶしゃう[気無性／気不精]。くしゃくしゃ。ふさぎ[塞／鬱]。中世きうつ[気鬱]。くさくさ。くさる[腐]。しく[しける][時化／湿気]。めいる[滅入]。ものぐさし[物臭／懶]。中古しめやか。しめる[湿]。上代しづむ[沈]。→**がっかり**
―が高まる 近代かうてう[高調]。中世たかぶる[高／昂]。

―を高める 近代こする[鼓]。中世はつやう[発揚]。中古さかす[栄／盛]。

―が乗らない 近世おくくふ[億劫]。きなし[気無]。中世ものうし[物憂]。中古とほし[遠]。ものうげ[物憂]。

―が乗る 近世のり[乗]。のりき[乗気]。乗りが来る。中世すすまし[進]。中古いさまし[勇]。

―が普通でない 中古ここちたがふ[心地違]。

―がよいこと 近代くゎいそく[快足]。けいくゎい[軽快]。スイート(sweet)。近世くゎいき[快気]。くゎいぜつ[快絶]。ごきげん[御機嫌]。中世きげん[機嫌]。くゎいい[快意]。上代くゎいぜん[快然]。

―がよい夢 かいむ[快夢]。

―がよくさわやか 上代すがすがし[清清]。

―がよくなる 中世げんき[減気／験気]。中古さはやぐ[爽]。

―が悪い 近代やましい[疚／疾]。近世きむづかし[気難]。こころわるし[心悪]。むねわるし[胸悪]。中古こころあし[心悪]。こころあやまり[心誤]。なやまし[悩]。ふてう[不調]。みだりごこち／みだれごこち[乱心地]。心地誤る。心地損なふ。心地違ふ。

―屋 近代おてんきや[御天気屋]。ざいもくや[材木屋]。近世うはき[浮気]。きげんかひ[機嫌買]。きまぐれ[気紛]。むらき[斑気]。中世うつりぎ[移気]。

―を起こさせる 近世かきたつ[―たてる][掻立]。中古もよほす[催]。

―を晴らす 近世たんのう[堪能]。気が済む。中世さんず[散]。気が(を)散ず。

―をほぐす リフレッシュ(refresh)。近代もみほぐす[揉解]。息を抜く。中世息を継ぐ。→**うさばらし**
相手の―を害する 近世忌諱(きき)に触る[―触れる]。逆鱗に触る[―触れる]。

酒を飲んだ― 近世さかけ[酒気]。中世ごしゅきげん[御酒機嫌]。しゅきょう[酒興]。

詩作したくなるような― 上代しきょう[詩興]。

すがすがしい― 近代すがすが[清清]。中古さうき[爽気]。

ぎふん【義憤】 近代ぎふん[義憤]。こうふん[公憤]。中古おほやけばら[公腹]。
―を感じる 中古おほやけはらだたし[公腹立]。

きへい【騎兵】 上代うまいくさ[馬軍]。うまつはもの[馬兵]。きへい[騎兵]。
―戦 中世うまいくさ[馬軍]。
軽装で機敏な― 近代けいきへい[軽騎兵]。へうきへい[驃騎兵]。
優れた― 近代せいき[精騎]。

槍を持ったー 近代さうきへい［槍騎兵］。

勇猛なー 中世てっき［鉄騎］。

きべん【詭弁】 近代ごまかし［誤魔化］。へりくつ［屁理屈］。近世きべん［詭弁］。けんきゃうふくゎい［牽強付会］。こじつけ。

《句》近代白馬は馬にあらず。

ーを弄すること ソフィスティケーション(sophistication)。中世けんぱくどうい［堅白同異］。

きぼ【規模】 近代スケール(scale)。近世ころ［頃／比］。しかけ［仕掛］。中古おほきさ［大］。上代きぼ［規模］。

ーが大きい ぼうだい［厖大／尨大］。近代おほがた［大型／大形］。だいきぼ［大規模］。近世おほがかり［大掛］。おほぎゃう［大仰／大形］。おほげふ［大業］。おほじかけ［大仕掛］。おほてい［大体］。中世ゑんだい［遠大］。中古おほのか［大］。

ーが小さい ミニ(mini)(接頭語)。近代せうきぼ［小規模］。れいさい［零細］。

ーの小さい商売を営むこと 近世こまへ［小前］。

ーを大きくする 手を延ばす。近世手を広げる。

飛び抜けて大きいー 近代てうどきふ［超弩級］。

きほう【気泡】 近代きはう［気泡］。近世あぶく［泡］。上代あは［泡／沫］。

きぼう【希望】 リクエスト(request)。近代えうばう［要望］。ききう［希求］。きたい［期待］。きばう［希望］。くゎうみゃう［光明］。しばう［志望］。はうふ［抱負］。ホープ(hope)。ゆめ［夢］。よくきう［欲求］。胸を膨らます。近世こんまう［懇望］。中世ぐゎんばう［願望］。このむ［好］。ぼんなう［煩悩］。中古あらましごと。おもひ［思］。このみ［好］。こんばう［懇望］。しぐゎん［志願］。しょまう［所望］。ねがひ［願］。ねんぐゎん［念願］。のぞみ［臨］。ひかり［光］。ほい／ほんい［本意］。→**がんぼう** →**のぞみ**

《句》近世河豚(ふぐ)は食ひたし命は惜しし。

ーがかなう 近代意に中(あた)る。近世願ったり叶ったり。

ーがかなえられない 《句》近世雲に梯子（架け橋）。百年河清を待つ。

ーがない お先真っ暗。近代ぜつばう［絶望］。近世あんこく［暗黒／闇黒］。やみ［闇］。

ー者が多いたとえ 《句》近世娘一人に婿八人。

▼したい気持ちを抑えられない 近世矢も盾もたまらず。

▼したいことがあって落ち着かないさま 近世むずむず。

▼してほしい 注文をつける。中古なむ。まほし。上代な。に。にも。

ぎぼし【擬宝珠】❶〈欄干などの飾り〉ほうじゅがしら［宝珠頭］。近世ぎぼし［擬宝珠］。中世ぎぼうし［擬宝珠］。そうくゎ［葱花］。

欄干のーの付いた柱 ほうじゅばしら［宝珠柱］。

ぎぼし【擬宝珠】❷〈ユリ科の多年草〉近代うるい。近世いはな［岩菜］。ぎぼし［擬宝珠］。中世ぎぼうし［擬宝珠］。

きぼね【気骨】 近代きぼね［気骨］。近世きぐらう［気苦労］。きづかれ［気疲］。こころづかひ［心遣／心使］。中古しんらう［心労］。

きほん【基本】 きじく［基軸］。きばん［基盤］。ベース(base)。近代きかん［基幹］。きじゅん［基準］。きそ［基礎］。きてい［基底］。げんてん［原点］。こんかん［根幹］。こんぽん［根本］。近世きほん［基本］。ねもと［根本／根元］。ほん［本］。中世ぢたい［地体］。どだい［土台］。中古もと［元／本／許］。

ー的 ファンダメンタル(fundamental)。ベーシック(basic)。近代きそてき［基礎的］。こんぽんてき［根本的］。

ーとなる計画 マスタープラン(master plan)。

ーの柱 きちゅう［基柱］。

きまえ【気前】 きっぷ［気風］。近代きがまへ［気構］。近世きしゃう［気性］。きだて［気立］。きふう［気風］。きまへ［気前］。こころいき［心意気］。はだあひ［肌合］。中世こころもち［心持］。せいしつ［性質］。

ーのいいこと 近代いってきせんきん［一擲千金］。近世きりはなれ／きれはなれ［切離］。

ーのいいところを見せる 近代札びらを切る。宵越しの銭は持たぬ。近世きばる［気張］。きれる［切］。はづむ［弾］。はる［張］。

ーのいい人 近世きれて［切手］。

ーよく ぽんと。近世手をよく。

きまぐれ【気紛】 きぶんや［気分屋］。近代おてんきや［御天気屋］。近世うはき［浮気］。きまぐれ［気紛］。きまま［気儘］。ふうらい［風来］。むらき［斑気］。中世うつりぎ［移気］。すさび／すさみ［進／荒］。

ー・な人 近世ふうらい［風来］。

きまじめ【生真面目】 近世 かたぢ[堅地]。きまじめ[生真面目]。しかくばる[四角張]。中世 くすむ[燻]。中古 きすぐ[生直]。すくすくし。すくよか[健]。

―・な人 かたぶつ[堅物]。近世 いしべきんきち[石部金吉]。いしべきんきちきんかぶと[石部金吉金兜]。いしべやのきんざゑもん[石部屋金左衛門]。かたじん[堅人]。きざう[木蔵]。《句》近代 木の股から生まれる。木仏(きぶつ)金仏(かなぶつ)石仏(いしぼとけ)。

きまず・い【気不味】 折り合いが悪い。仲が悪い。近世 きまづし[気不味]。中世 きづまり[気詰]。きょうざめ[興醒]。しらく[しらける][白]。中古 よそよそし[余所余所]。

―・く会話が途切れること 近代 天使が通る。

きまま【気儘】→かって

きまり【決】 近代 きめ[決]。でうき[条規]。はふくわ[法科]。はふてん[法典]。やくそくごと[約束事]。近世 きまり[決/極]。じょうき[縄規]。たて[立]。たてまへ[建前/立前]。てん[典]。とりきめ[取決]。中世 かく[格]。かれい[家例]。へんもく[編目/篇目]。中古 おきて[掟]。くせ[癖]。さだめ[定]。上代 じゃうれい[常例]。→きそく

―に従い行う 近世 じゅんしゅ[遵守]。中古 じゅんかう[遵行]。

永久に変わらない― 中古 じゃうり[常理]。

変えることのできない― 近代 てっそく[鉄則]。

変わらない― 上代 じゃうてん[常典]。じゃうれい[常例]。ぢゃうれい[定例]。

根本となる― 近代 げんそく[原則]。げんり[原理]。

定められた― 近代 ていりつ[定律]。近世 ていかく[定格]。

重大な事柄に関する― 上代 けんしゃう[憲章]。

先人の残した― 近世 ゐはふ[遺法]。上代 ゆいはふ[遺法]。ゐせい[遺制]。

古くからある― 近代 きうかく[旧格]。中世 こてん[古典]。

きまりがわる・い【決悪】 近代 こはづかしい[小恥]。てれくさい[照臭]。近世 くすぐったし。こっぱづかし[小恥]。決まりが悪い。尻がこそばゆし。間が悪い。中世 おもはゆし[面映]。中古 あまえいたし[甘甚]。かたはらいたし[傍痛]。そらはづかし[空恥]。はしたなし。はゆし[映]。ものつつまし[物慎]。上代 はづかし[羞/恥]。

―・い思いをさせる 中古 はしたなむ。

―・そうな顔をする 近代 きまりわるがる[極悪]。近世 てれる[照]。中世 はにかむ。中古 はなじろむ[鼻白]。

―・く思う 近代 わるがる[悪]。ばつが悪い。

なんとなく―・い 近代 こっぱづかしい[小恥]。中古 なまかたはらいたし[生傍痛]。なまはしたなし[生]。

きま・る【決】 近代 かくてい[確定]。近世 かくぢゃう[確定]。きす[規]。きまる[決/極]。けってい[決定]。中世 きはまる[極/窮]。けっす[決]。けっちゃく[決着]。をさまる[収/治]。中古 ぢぢゃう[治定]。上代 さだまる[定]。

―・った数 上代 ていすう[定数]。

―・った形 近代 せいしき[制式]。ていけい[定型/定形]。

―・った金額 近代 じゃうがく[常額]。

―・った事柄 中古 じゃうじ[常事]。

―・った時間 近代 ぢゃうじ[定時]。ていじ[定時]。

―・ったものでないこと 近代 はかく[破格]。ばんぐゎい[番外]。中古 いれい[異例]。ゐれい[違例]。上代 ふじ[不次]。

―・ったやり方 近代 ていしき[定式]。近世 ぢゃうしき[定式]。

―・っていること 近代 しょてい[所定]。せいき[正規]。ていき[定規]。近世 いってい[一定]。

―・って行われること 近世 ていれい[定例]。上代 じゃうれい[常例]。ぢゃうれい[定例]。

―・らない(さま) 近代 ぐづぐづ[愚図愚図]。ずるずる。ちゅうとなか[中途半]。ちゅうとはんぱ[中途半端]。ふかくてい[不確定]。近世 どちらつかず/どっちつかず。中世 しゅそりゃうたん[首鼠両端]。どちつかず。中古 あいまい[曖昧]。さうなし[左右無]。ふぢゃう[不定]。

―・りがつくこと 近代 しゅうけつ[終結]。近世 しまひつく[―つける][仕舞付]。中世 らくきょ[落居]。らくちゃく[落着]。埒(らち)が明く。

―・りきったこと 近代 おきまり[御決]。かたどほり[型通]。ステレオタイプ/ステロタイプ(stereotype)。ルーチン/ルーティン(routine)。判で押したやう。近世 いがた[鋳型]。おさだまり[御定]。おしもの[押物]。もんきりがた[紋切型]。中世 さだまり[定]。中古 おほやけごと[公事]。

―・りきって面白みがない 曲がない。

―・り文句 かんようく[慣用句]。かんようご[慣用語]。しゃこうじれい[社交辞令]。じょうとうく[常套句]。近代イディオム(idiom)。じゃうたうご[常套語]。たうげん[套言]。近世せりふ[台詞]。たうご[套語]。中世くちぐせ[口癖]。中古ことぐさ[言草/言種]。

―・りをつける 終止符を打つ。近代しきる[仕切]。近世おっつくねる。しまふ[仕舞/終/了]。埒を付く[―付ける]。中世埒を明く[―明ける]。上代しょだん[処断]。

いつも―・っている 近代じゃうたう[常套]。近世きまり[決]。ぢゃうせつ[定説]。上代こうれい/ごうれい[恒例]。

確実に―・っている 近代かくてい[確定]。近世かくぢゃう[確定]。

すでに―・っている 近代きけつ[既決]。きてい[既定]。

特に―・っている 近代とくてい[特定]。

まだ―・らない 近世みけつ[未決]。中世みてい[未定]。

ぎまん【欺瞞】 近代ごまかし[誤魔化]。近世きへん/ぎへん[欺騙]。中世ぎまん[欺瞞]。だます[騙]。上代あざむく[欺]。

きみ【気味】❶〈気分〉 近世きみ[気味]。中世きぶん[気分]。きもち[気持]。こころもち[心持]。中古きび[気味]。

―が悪い →きみわる・い

きみ【気味】❷〈気配〉 近代けいかう[傾向]。けはい[気配]。近世かげん[加減](接尾語的に)。中世きみ[気味]。やうす[様子]。中古おもぶき/おもむき[趣]。

きみ【君】 →あなた

《枕》上代あかねさす[茜]。さすだけの[刺竹]。さにつらふ[丹]。

きみじか【気短】 近代おこりっぽい[怒]。近世きをり[気折]。せいきふ[性急]。せっかち。ちゅうっぱら[中腹]。中世きばやし[気早]。きみじか[気短]。たんき[短気]。たんりょ[短慮]。中古きふ[急]。はらあし[腹悪]。

きみつ【機密】 かくしごと[隠事]。コンフィデンシャル(confidential)。近代シークレット(secret)。すうみつ[枢密]。中古ごくひ[極秘]。ひじ[秘事]。ひみつ[秘密]。上代きみつ[機密]。→ひみつ

―の事柄 中世きじ[機事]。

軍の― 上代ぐんき[軍機]。

軍の―の相談に加わる 近代帷幄(ゐあく)に参ず。

商売上の― しょうき[商機]。

きみゃく【気脈】 近世みゃくらく[脈絡]。れんらく[連絡]。中世きみゃく[気脈]。きもち[気持]。

―を通じる 近代こおう[呼応]。近世ぐるになる。中世ないつう[内通]。中古しめしあはす[示合]。上代ないおう[内応]。

きみょう【奇妙】 まかふしぎ[摩訶不思議]。腑に落ちない。近代いじゃう[異常]。ちん[珍]。ふかかい[不可解]。近世ききめうめう[奇奇妙妙]。きてれつ[奇天烈]。けげん[怪訝]。ごんめう[権妙]。てうしはづれ[調子外]。とくい[特異]。へんちき。めいよう[名誉]。めんえう/めんよ[面妖]。中世ききくゎいくゎい[奇奇怪怪]。ふかしぎ[不可思議]。ふしぎ[不思議]。へん[変]。めいよ[名誉]。めう[妙]。中古あやし[怪]。いやう[異様]。きい[奇異]。きくゎい[奇怪]。きめう[奇妙]。めづらし[珍]。をかし。上代ちんき[珍奇]。

―・な声 近代きせい[奇声]。

―・なさま 近代てこへん。へんちきりん。へんちくりん。へんてこ。へんてこりん。へんとこ。近世けたい/けったい[卦体]。中世ひょんな。中古い[異]。

―・な説 近代きろん[奇論]。近世きせつ[奇説]。

―・な話 近代アネクドート(anecdote)。きたん[奇譚]。きぶん[奇聞]。近世きだん[奇談]。きわ[奇話]。中世ちんだん[珍談]。

―・な風習 近代きしふ[奇習]。

きみわる・い【気味悪】 近世えずくろし[苦]。きびわるし[気味悪]。きみわるし[気味悪]。くゎいき[怪奇]。ぶきみ[不気味/無気味]。中世いぶせし[鬱悒]。けうとし[気疎]。中古うたてし。うとまし[疎]。おどろおどろし。おどろかし[驚]。すごし[凄]。ものむつかし[物難]。ゆゆし[忌忌/由由]。上代あやし[怪/妖/奇]。→おそろし・い

―・いことのたとえ 近世暗がりに鬼繋ぐ。

―・く異様なさま 近代グロテスク(フランス grotesque)。

なんとなく―・い 近世そこきみわるし[底気味悪]。中古けむつかし[気難]。

ぎむ【義務】 オブリゲーション(obligation)。近代ぎむ[義務]。せきむ[責務]。にんむ[任務]。ふたん[負担]。近世ほんむ[本務]。やくめ[役目]。中世せきにん[責

任]。ほんぶん[本分]。中古つとめ[努]。

―づける 中世くゎす[課]。

―のないこと 重荷がなくなる。近世ひま[閑／暇]。ようなし[用無]。中古かんか[閑暇]。

―を負う 中世うけおふ[請負]。

公に果たすべき― 近代こうぎ[公義]。

きむずかし・い【気難】 へそまがり[臍曲]。近代ぐゎんめい[頑迷]。つむじねぢれ[旋毛捩]。つむじまがり[旋毛曲]。近世きむづかし[気難]。へんくつ[偏屈]。中世むつかし／むづかし[難]。中古ひすかし[囂]。上代かたくな[頑]。

―・い人 近代きむづかしや[気難屋]。近世むづかしや[難屋]。

きむすめ【生娘】 →しょうじょ →しょじょ

きめ【決】 →きまり

きめ【木目】❶〈もくめ〉 →もくめ

きめ【木目】❷〈皮膚〉 近代きり[肌理]。ぢ[地]。中世きめ[木目／肌理]。中古はだへ[肌／膚]。上代はだ[肌／膚]。

―の粗いこと 近代そそう[粗鬆]。中世あらめ[荒目／粗目]。

―の細かいこと 近世ちみつ[緻密]。

きめい【記名】 近代きめい[記名]。サイン(sign)。じしょ[自署]。中古しょめい[署名]。

ぎめい【偽名】 近代いしょう[異称]。いめい[異名]。ぎめい[偽名]。さしょう[詐称]。べつめい[別名]。へんめい[変名]。近世へんみゃう[変名]。中世いみゃう[異名]。ぎしょう[偽称]。つくりな[作名]。べつみゃう[別名]。

きめこ・む【決込】 ひとりのみこみ[独呑込]。近代きめこむ[決込]。ひとりがてん[独合点]。近世おもひこむ[思込]。

きめつ・ける【決】 おもいこみ[思込]。近代だんてい[断定]。近世あたまごなし[頭]。きめつく[―つける][決付]。中世あたまくだし[頭下]。中古おもひなし[思做]。

人を―・けた呼び方 近世よばはり／よばり[呼／喚](接尾語的に)。

きめて【決手】 きめだま[決球]。けっていだ[決定打]。近代きりふだ[切札]。ジョーカー(joker)。近世伝家の宝刀。中世おくのて[奥手]。

き・める【決】 近代かくてい[確定]。きする[期]。けっしん[決心]。さいする[裁]。じゅりつ[竪立／竪立]。せってい[設定]。りっする[律]。近世かくぢゃう[確定]。きはまる[極]。けってい[決定]。せいす[制]。とりきむ[―きめる][取決]。中世おきつ[掟]。きはむ[きわめる][極]。きむ[きめる][決／極]。きる[切]。けっす[決]。けっちゃく[決着]。ぢゅうす[住]。まうしあはす[―あわせる][申合]。中古おもひおきつ[思掟]。おもひおく[思置]。おもひさだむ[―さだめる][思定]。ごす[期]。さいけつ[裁決]。さいだん[裁断]。さいてい[裁定]。さだむ[さだめる][定]。だんず[断]。上代けつだん[決断]。しょだん[処断]。せいてい[制定]。

《尊》中古おぼしおく[思置]。おぼしさだむ[思定]。

―・めかねる態度 ふらつく。近世痛し痒し。中世しゅそりゃうたん[首鼠両端]。ねずみまひ[鼠舞]。《句》近世児手柏(このてがしは)のふた面(おもて)。

―・めたこと 中世さだまり[定]。ぢゃうぢゃう[定]。こころおきて[心掟]。中古きはめ[極／窮]。さだめ[定]。

―・めたもの 近代いってい[一定]。

―・める能力 近代けつだんりょく[決断力]。

一度―・めたことは改めない気質 近世いったんぎ[一旦気]。

上から一方的に―・められる トップダウン(top down)。近世おしきせ[御仕着]。

思い切りよく―・める 近世えいだん[英断]。ゆうだん[勇断]。

会議で―・める 近代かけつ[可決]。ぎけつ[議決]。さいけつ[採決]。へうけつ[表決]。中古いっけつ[一決]。上代ぎぢゃう[議定]。

会議などの―・められた日 近代ていじつ[定日]。中古くゎいじつ[会日]。近世ぢゃうじつ[定日]。

籤(くじ)などで―・める 近代くじびき[籤引]。ちゅうせん[抽籤／抽選]。中世くじとり[籤取]。

計画や政策などを―・める 近代さくてい[策定]。

自分の一存で―・める 近代どくさい[独裁]。ひとりぎめ[独決]。近世せんけつ[専決]。てぎり[手限]。上代どくだん[独断]。

すばやく―・める そっけつ[速決]。近代そっけつ[即決]。

当事者間で―・める 近代アグリーメント(agreement)。けふてい[協定]。けふやく[協約]。プロミス(promise)。中世けいや

く[契約]。まうしあはせ[中合]。やくぢゃう[約定]。中古 いひあはす[─あわせる][言合]。やくそく[約束]。

内々で─・める 近代 ないてい[内定]。

前もって選んで─・めておく 近代 よてい[予定]。中古 えらびおく[選置]。えらびまうく[選設]。

よく考えて─・める 中世 あんじさだむ[案定]。

▼決心する 近代 けつい[決意]。意を決する。中世 おもひとる[思取]。ごす[期]。臍(ほぞ)を固む[─固める]。中古 おもひたつ[思立]。《尊》中古 おぼしたつ[思立]。おもほしなる[思成]。

きも【肝】❶〈度胸〉 近代 きはく[気魄]。きもったま[肝玉]。たん[胆]。たんりき／たんりょく[胆力]。どぎも[度肝]。はら[腹肚]。近世 あらぎも[荒肝]。きもだま[肝玉／肝魂]。きもだましひ[肝魂]。どう[胴]。どうぼね[胴骨]。どきょう[度胸]。肝の束ね。中世 ゆうき[勇気]。中古 きりょく[気力]。しんたん[心胆]。上代 きも[肝／胆]。

─が太い 近代 がうたん[豪胆／剛胆]。たんだい[胆大]。胆(たん)斗(と)の如し。近世 だいたん[大胆]。づぶとし[図太]。胴が据わる。胴強し。度胸が据わる。中世 肝太し。

─試し 近代 したんくゎい[試胆会]。どきょうだめし[度胸試]。

─に銘じる 近代 かんめい[感銘／肝銘]。めいき[銘記]。中世 きおく[記憶]。めいかん[銘肝]。

─の据わっていない人 近代 いくぢなし[意気地無]。近世 こしぬけ[腰抜]。ふぬけ[腑抜]。

─を潰させる 近代 胆(たん)を奪ふ。近世 度肝を抜く。

─を潰す おどろく[驚]。度肝を抜かれる。近代 かんたん[寒胆]。中世 たまぎる[魂消]。中古 肝消ゆ[─消える]。

きも【肝】❷〈内臓〉 近代 かんざう[肝臓]。ざうき[臓器]。レバー(liver)。中世 かんたん[肝胆]。たん[胆]。ふ[腑]。中古 い[肝]。きも[肝／胆]。ざうふ[臓腑]。はらわた[腸]。

生きた動物から取った─ 近世 いきぎも[生肝／生胆]。

きもいり【肝入】 →あっせん →せわ

きもち【気持】 シュティムング(ドイ Stimmung)。近代 じゃうてう[情調]。近世 きどり[気取]。きみあひ[気味合]。きょうちゅう[胸中]。じゃうい[情意]。中世 かんじゃう[感情]。き[気]。きげん[機嫌]。きざし[気]。きしょく[気色]。きび／きみ[気味]。きぶん[気分]。きもち[気持]。こころもち[心持]。しんき[心気]。しんきゃう[心境]。せいしん[精神]。ねん[念]。中古 い[意]。いし[意思]。いちゅう[意中／意衷]。おもひ[思]。かんたん[肝胆]。きそく[気色]。け[気]。けしき[気色]。ここち[心地]。こころえ[心得]。こころぎは[心際]。こころむけ[心向]。しんじゃう[心情]。ないしん[内心]。はら[腹]。心の色。上代 こころ[心]。こころざし[志]。しんしょ[心緒]。しんちゅう[心中]。そら[空]。れうけん[料簡／了見／了簡]。《尊》おぼしめし[思召]。中古 はうし[芳志]。はうじょう[芳情]。《謙》はくしゃ[薄謝]。中世 びい[微意]。中古 すんし[寸志]。びし[微志]。

─が合う 近代 食うた(搗った)餅より心持ち。《句》近代 息が合ふ。近世 阿吽(あうん)の呼吸。気が合ふ。中世 つうず[通]。上代 かよふ[通]。

─が合わないさま かべ[壁]。近世 すれすれ[擦擦／摩摩]。中世 かん[間]。

─がいい 近代 くゎいかん[快感]。くゎいてき[快適]。近世 いいきみ／いいきび[好気味]。くゎいい[快意]。くゎいさい[快哉]。くゎいじ[快事]。くゎいしん[快心]。こきみよし[小気味良]。さうくゎい[壮快]。にほんばれ[日本晴]。中世 きびよし／きみよし[気味良]。くゎいちゃう[快暢]。さうくゎい[爽快]。ゆくゎい[愉快]。中古 ここちよし[心地良]。こころよし[快／心良]。上代 くゎいぜん[快然]。

─がいい(我を忘れるほど) 近代 エクスタシー(ecstasy)。ばうが[忘我]。ほふえつ[法悦]。中古 くゎうこつ[恍惚]。

─がおさまる 近世 気が晴る[─晴れる]。気が開く。中世 すむ[済]。中古 おもひしづまる[思鎮／思静]。

─が落ち着かないさま ふらつく。近世 うはうは[上上／浮浮]。中世 うかうか[浮浮]。中古 うきうき[浮浮]。

─が変わる →へんしん【変心】

─が荒(すさ)む 近代 ささくれだつ[立]。ささくれる。近世 ささく[ささける]。

─が高ぶらないこと 近代 ていてう[低調]。

─が高ぶる 近代 かうふん[昂奮／亢奮]。こうふん[興奮]。中世 はつやう[発揚]。中古

わきかへる[沸返]。

―が強まる 中古 おもひつもる[思積]。

―が晴れない きふさぎ[気塞]。近世 いううつ[憂鬱]。いんうつ[陰鬱]。

―が引かれる 上代 よる[寄]。

―が紛れる 中古 おもひまぎる[思紛]。

―が元へ戻る 近代 なほる[直／治]。中世 なほす[直／治]。中古 おもひかへる[思返]。

―が緩んでいる 近代 だれ。だれる。ゆるふん[緩褌]。ゆるむ[緩／弛]。近世 だらける。

―が悪い 近代 ふゆくゎい[不愉快]。近世 こころわるし[心悪]。胸糞が悪い。胸が悪い。中古 なやまし[悩]。

―のある人々 近世 いうし[有志]。

―を改め元気にさせる 中世 きつけ[気付]。気を取り直す。

―を打ち明ける 近代 肺肝(はいかん)を出(だ)す(明かす／披(ひら)く)。

―を起こさせる 近世 おだつ(おだてる)[煽]。中世 あふりたつ[―たてる][煽立]。かりたつ[―たてる][駆立]。中古 さそふ[誘]。すかす[賺]。

―をしずめる 近世 おちつく[―つける][落着／落付]。中古 おもひしづむ[思鎮]。おもひのどむ[思和]。なごむ[和]。上代 おもひのぶ[思延]。

―をためす 近世 気を引く。中世 心を引く。

―を述べる 中古 へいくゎい[平懐]。

―を発散させる 近代 はうさん[放散]。

―を晴らす 中古 おもひはるく[思晴]。

―を晴らす方法 中世 やるかた[遣方]。やるせ[遣瀬]。

―を引き締める 腹帯を締めてかかる。近代 きんしゅく[緊縮]。箍(たが)を締める。近世 褌(ふんどし)を締めてかかる。

うれしく―がいいこと きんかい[欣快]。中世 ゆくゎい[愉快]。

同じ―を持ち続ける 中古 こころながし[心長]。

思う― 上代 おもふそら[思空]。

聞いていて―がいい 上代 ききよし[聞良]。

自分を通そうとする― 近世 いこぢ[意固地]。えこぢ[依怙地]。中世 いぢ[意地]。かたいぢ[片意地]。

少しの― →すんし
何かをしようとする― 近代 じゃうねつ[情熱]。近世 いきぐみ／いきごみ[意気込]。やるき[遣気]。中世 きせい[気勢]。上代 いき[意気]。

初めの純粋な― 近世 うひごころ[初心]。しょし[初志]。中世 しょいちねん[初一念]。しょねん[初念]。中古 しょしん[初心]。

普段の― 近代 へいじゃうしん[平常心]。近世 へいき[平気]。中世 びゃうじゃうしん[平常心]。

本来の― そし[素志]。中世 そい[素意]。中古 ほい[本意]。

前々からの― 近世 そし[素志]。中古 そい[素意]。そくゎい[素懐]。ほい／ほんい[本意]。ほんくゎい[本懐]。上代 しゅくし[宿志]。

きもったま【肝玉】 →きも❶

きもの【着物】 近代 わふく[和服]。近世 えもん[衣紋／衣文]。ごふく[呉服]。ちゃくい[着衣]。みのかは[身皮]。中世 いるい[衣類]。いれう[衣料]。きりもの[着物]。きるい[着類]。しゃうぞく[装束]。ちゃくふく[着服]。ちゃくれう[着料]。ひふく[被服]。べべ(幼児語)。中古 さうぞく[装束]。そ[衣]。上代 いしゃう[衣裳]。いふく[衣服]。きぬ[衣]。きもの[着物]。ころも[衣]。さごろも[狭衣]。よそひ／よそほひ[装]。→いふく
《尊》近世 おめしもの[御召物]。中世 たてまつりもの[奉物]。めしもの[召物]。中古 おほんぞ／おんぞ／みぞ[御衣]。ぎょい[御衣]。ごれう[御料]。上代 みけし[御衣]。

《枕》上代 しきたへの[敷栲]。しろたへの[白栲]。

―が一枚きりで余裕がない 近代 いっちゃうらい[一張来]。きたきり／きたっきり[着たきり]。きたきりすずめ[着切雀]。ひとつきるもの[一着物]。近世 いっちゃうら[一張羅]。

―が大きすぎる 近代 だぶだぶ。だぶつく。中世 たぶめく。

―がごわごわしている 中古 こはらか[強]。

―が小さすぎる 近代 ちんちくりん。つんつるてん。

―が古びるさま 近世 したたるし。中古 なえばむ[萎]。なればむ[萎]。上代 なる[なれる][慣／馴]。

―が柔らかいさま 中古 なよびか／なよよか／なよらか。

―が柔らかくなるさま 中古 なえばむ[萎]。なゆ[なえる][萎]。なよぶ。

―で贅沢(ぜいたく)をする 近代 きだうらく[着道楽]。近世 きだふれ[着倒]。京の着倒れ。綺羅(きら)を飾る。

―と帯 中古 いたい[衣帯]。

―にたきしめた香 中古 たきもの［薫物］。
―の着方 近代 きざま［着様］。近世 いしゃうつき［衣装付］。きこなし［着熟］。きぶり［着振］。中世 えもんつき／えもんづき［衣紋付］。きぎは［着際］。
―の着方の例 近代 ぬきえり［抜襟］。近世 おはしょり［御端折］。かたゆき［片裄］。きながし［着流］。つぼをり［壺折］。ぬきえもん［抜衣紋］。ひとつまへ［一前］。中世 あづまからげ［東絡］。あづまをり［東折］。いだしづま［出褄］。うしろえもん［後衣紋］。うちかけかたぎぬ［打掛肩衣］。うちかけすはう［打掛素袍］。かたぬぎ［肩脱］。ぬぎかけ［脱掛］。中古 いだしあこめ［出衵］。いだしうちき［出袿］。いだしぎぬ［出衣］。いつへがさね［五重襲］。いつへのからぎぬ［五重唐衣］。はこゆ。ひきはこゆ［引］。
―の裾 上代 もすそ［裳裾］。
―の裾の一方が下がっていること かたさがり［片下］。
―の裾の角 近世 つまさき［褄先］。
―の擦れ合う音 近代 きぬずれ［衣擦／衣摺］。
―の袖の例 さんかくそで［三角袖］。近代 げんろくそで［元禄袖］。近世 かくそで［角袖］。つつそで［筒袖］。つつっぽ／つつっぽ［筒］。つっぽう／つつぽ［筒袍］。とめそで［留袖］。ひろそで［広袖］。まきそで［巻袖］。まるそで［丸袖］。中世 ふりそで［振袖］。
―の丈が短く脛（すね）が出ているさま 中世 はぎだか［脛高］。中古 つるはぎ［鶴脛］。
―の前を合わせたときの外側部分 うはがさね［上襲］。近世 うはまへ［上前］。かたまへ［片前］。中古 うはがひ［上交］。
―の裄丈（ゆきたけ） 中古 ゆだけ［裄丈］。
―を掛けておく家具 近代 えかう［衣桁］。中世 いかう［衣桁］。
―を着ること 近代 わさう［和装］。
―を仕立てる わさい［和裁］。中古 したつ［―たてる］［仕立］。
―を仕立てるための布 近世 ごふく［呉服］。たんもの［反物］。
―を仕立てるときの祝い 中世 えりいはひ［襟祝］。たちいはひ［裁祝］。
赤ん坊の― 近世 ひよひよ。中世 うぶき［産衣／産着］。かにとり［蟹取］。かにとりこそで［蟹取小袖］。中古 うぶぎぬ［産衣］。むつき［襁褓］。
新しく着る― きおろし［着下］。近代 おはつ［御初］。中世 きぞめ［着初］。
雨のときの― あまぎ［雨着］。中古 あまぎぬ／あまごろも［雨衣］。うい［雨衣］。みの［蓑／簑］。みのしろごろも［蓑代衣］。
綾織りの― 中古 あやごろも［綾衣］。
洗った― 上代 あらひぎぬ［洗衣］。
薄い上等の― 近世 せみごろも／せみのきぬ［蟬衣］。中古 うすぎぬ［薄衣］。うすらごろも［薄衣］。蟬（せみ）の羽衣。
美しい― きんしゅう［錦繡］。しゅうい［繡衣］。ぶんしゅう［文繡］。中世 きら［綺羅］。たまぎぬ［珠衣］。中古 あやにしき［綾錦］。きんい［金衣］。きんい［錦衣］。たまごもろ［珠衣］。はなごろも／はなのころも［花衣］。りょうら［綾羅］。上代 からころも［唐衣］。
腕を―の懐に入れていること 中世 しうしゅ［袖手］。中古 ふところで［懐手］。
裏を付けて仕立てた― 中古 あはせ［袷］。あはせぎぬ［袷衣］。
表裏無地の同色で仕立てた― 近世 むく［無垢］。
外出の時に着る― まちぎ［町着］。近代 ちょいちょいぎ［着］。近世 ぐゎいたう［外套］。だうぶく［胴服］。はおり［羽織］。よそいき／よそゆき［余所行］。
海水で濡（ぬ）れた― 中世 しほごろも［潮衣］。なみかけごろも［波掛衣］。ぬれごろも［濡衣］。
着替えの― 近代 かへぎ［替着］。中世 きがへ［着替］。
くつろいだ時に着る― 近世 じんべゑ［甚兵衛］。
毛皮の― 近世 きう［裘］。中世 けごろも［毛衣］。もうい［毛衣］。中古 かはぎぬ［皮衣］。上代 かはごろも［皮衣／裘］。
刺し子に縫った― 近代 さしこぎ［刺子着］。
仕事の― 近世 のらぎ［野良着］。
死者に着せる― じゅい［寿衣］。近世 かけむく［掛無垢］（棺にかける）。しにしゃうぞく［死装束］。中世 うちおほひ［打覆］。きゃうかたびら［経帷子］。
仕立てたばかりの― 近世 したておろし［仕立下］。たちおろし［裁下］。
地の薄い― 中世 うすぎぬ［薄衣］。中古 らい［羅衣］。蟬の羽。蟬（せみ）の羽衣。
巡礼などが上に着る― 中世 おひずり／おひずる［笈摺］。
白い― 中世 びゃくい／びゃくえ［白衣］。中古 しろきぬ［白衣］。
仙人の― 近代 このはごろも［木葉衣］。中古 おちばごろも［落葉衣］。

僧の― →ころも

粗末な― ドンゴロス(dungarees)。近代こうい[垢衣]。ぼろぎ[襤褸着]。ぼろぎもの[襤褸着物]。近世うづらぎぬ[鶉衣]。そきら[素綺羅]。そふく[粗服]。そぼろ。のらぎ[野良着]。ぼろ[襤褸]。をんぽう[縕袍]。中世あくい[悪衣]。あさのころも[麻衣]。うづらごろも[鶉衣]。くさごろも[草衣]。さうい/さうえ[草衣]。そい[粗衣]。へいい[弊衣/敝衣]。へいえ[弊衣]。やぶれごろも/やれごろも[破衣]。中古くえ[垢衣]。たんかつ[短褐]。つづり/つづれ[綴]。てうふ[調布]。へいふく[弊服]。らんる[襤褸]。上代あさぎぬ/あさごろも[麻衣]。しほやきごろも[塩焼衣]。じゅんい[鶉衣]。まえ[麻衣]。

染めた― 近世そめぎぬ[染衣]。中世くさごろも[草衣]。

大事な一枚の― 近代いっちゃうらい[一張来]。近世いっちゃうら[一張羅]。

戦いの時に着る― 中世じゅうい[戎衣]。せんぱう[戦袍]。

旅の― 近代きゃくい[客衣]。たびぎ[旅着]。中世たびよそほひ[旅装]。みちゆきごろも[道行衣]。中古かくい[客衣]。たびしゃうぞく[旅装束]。りょさう[旅装]。上代たびごろも[旅衣]。

袂(たもと)のない― 近世つつそで[筒袖]。つつっぽう/つつっぽ[筒]。つっぽう/つつぽ[筒袍]。

鳥の羽で作った― 中世うい/はごろも[羽衣]。かくしゃう[鶴氅]。げいしゃうい[霓裳羽衣]。中古あまごろも[天衣]。あまのはごろも[天羽衣]。

夏の― 近代なつぎ[夏着]。近世じんべゑ[甚兵衛]。じんべゑばおり[甚兵衛羽織]。なついしゃう[夏衣装]。中古なつぎぬ[夏衣]。なつごろも[夏衣]。

日常の― →▼普段着

入浴時の― 近世みのごひ[身拭]。中世ゆもじ[湯文字]。中古ゆかたびら[湯帷子]。

派手な― だてぎ[伊達着]。

華やかな― 近世さいい/さいえ[彩衣/綵衣]。中古はなごろも[花衣]。

春の― 近代はるぎ[春着]。近世しゅんぷく[春服]。中世しゅんい[春衣]。

単衣(ひとえ)の― 近世ひとへもの[単衣物]。中世うらなし[裏無]。かたびら[帷子]。中古たんい[単衣]。上代ひとへぎぬ[単衣]。

単衣(ひとえ)の汗取りの― 中世かざみ[汗衫]。

古い― 近世あかつき[垢付]。きそげ[着]。中古ふるて[古手]。中世ふるぎ[古着]。中古ふるぎぬ/ふるごろも[古衣]。

舞いを舞う時の― まいいしょう[舞衣装]。中世まひぎぬ/まひごろも[舞衣]。上代ぶい[舞衣]。

山伏の― 中世かきのころも[柿衣]。

漁師の― おきぎもの[沖着物]。

旅行用の― →旅の―

綿入れの― 近世たんぜん[丹前]。どてら[縕袍/縕袍]。わたこ[綿子]。をんぱう[縕袍]。中世うすわた[薄綿]。ぬのこ[布子]。中古あつぎぬ[厚衣]。わたぎぬ[綿衣]。

その他―のいろいろ(例) 近世うはっぱり[上張]。ちゃうしう[長袖]。とめそで[留袖]。中世ながそで[長袖]。ゆかた[浴衣]。中古うちかけ[打掛/裲襠]。こそで[小袖]。

▼衣類全部 近世きるいきそげ[着類着]。

▼上着 近代うはがけ[上掛]。オーバーオール(overall)。ぐゎいい[外衣]。近世うはっぱり[上張]。ぐゎいたう[外套]。はおり[羽織]。はっぴ[法被/半被]。はんてん[半纏/袢纏]。中世あを[襖]。中古うへのきぬ/うへのころも[上衣]。おそひ[襲]。へうい[表衣]。上代おそき[襲着/襲衣]。かたぎぬ[肩衣]。

▼着替え 近代かへぎ[替着]。中古かうい[更衣]。ころもがへ[衣替]。

▼下に何も着ないで上着だけ 近世ふきぬき[吹貫/吹抜]。中古うつほ[空]。

▼寝間着 パジャマ(pajamas)。近世こよる[小夜]。中古さよごろも[小夜衣]。さよぶとん[小夜蒲団]。

▼晴れ着 近世いっちゃうら[一張羅]。中古よそひ[装]。(以下、花見時の晴れ着)近世はなごろも[花衣]。中世はなわけごろも[花分衣]。

▼普段着 じょうい[常衣]。近世うちぎ[内着/打着]。けぎ[褻着]。そきら[素綺羅]。つねぎ[常着]。中世けぎぬ[褻衣]。けよそひ[褻装]。中古けなり[褻形]。ただぎぬ[徒衣]。みなれごろも[身馴衣]。上代けごろも[褻衣]。なれごろも/なれぎぬ[馴衣/褻衣]。

▼喪服 中世あらはしごろも[著衣]。ころものやみ[衣闇]。中古あらはしぎぬ[著衣]。うすずみごろも[薄墨衣]。かすみのころも[霞衣]。くろきころも/くろきぬ[黒衣]。こけのころも[苔衣]。こけのたもと[苔袂]。しひしば/しひしばのそで[椎柴袖]。すみぞめ

／すみぞめのころも［墨染衣］。そふく［素服］。ぶく［服］。ふぢごろも［藤衣］。もぎぬ［喪衣］。上代あさぎぬ／あさごろも［麻衣］。

▼**喪服の色** 中古かたみのいろ［形見色］。にびいろ／にぶいろ［鈍色］。

▼**助数詞** ちゃく［着］。まい［枚］。（以下、一揃いのものを数える語）つい［対］。中世りゃう［両／領］。中古ぐ［具］。よそひ［装／粧］。

ぎもん【疑問】 クエスチョン（question）。なぞ［謎］。ふかかい［不可解］。近世うさんくさい［胡散臭］。うたがひごころ［疑心］。うたぐり［疑］。ぎぎ［疑義］。くさし［臭］。けげん［怪訝］。さいぎ［猜疑］。中世ぎねん［疑念］。中古いぶかし［訝］。ぎしん［疑心］。ぎわく［疑惑］。ふかしぎ［不可思議］。ふしぎ［不思議］。ふしん［不審］。をかし。上代あやし［怪］。うたがはし［疑］。うたがひ［疑］。くゎいぎ［懐疑］。

―に思う 近代頭を捻る。疑ひを挟む（差し挟む）。首を傾しげる。中世首をひねる。

―に思う点 ぎもんてん［疑問点］。近代ぎてん［疑点］。

大きな― 中世たいぎ［大疑］。

人の意見に―を出す 異を挟む（差し挟む）。中世しつぎ［質疑］。しらず［知］（文頭独立語的表現）。

〈古語の疑問表現〉 近世え。かえ。ぢゃ。中世かや。にや。中古かは。なぞ。なぞや。なにかは。なにしに。なにとかは。ばか。もや。やや。やぞ。やは。上代かも。ずや。なにの［何］。はや。ものかも。やも。

いつになったら 中古いつか。

いつのまにか 中古いつか。

だからなのだろうか 中古なれや。

だれ 中世た［誰］。たれ［誰］。なんびと［何人］。

だろうか 中世とよ。もや。をや。中古かは。ぞや。にかあらむ。にや。にやあらむ。やは。

どういう 近世なんの。中古なにぞの。

どういうわけで 中世いかで。なにとかして。中古いかなれば。

どうしたのだろうか 中古いかがしけむ。

どうしたらよいだろう 中世いかがはせむ。中古いかがすべからむ。いかがすべき。

どうして 中世いかにか。などや。なにが。なにと。なにとして。中古いかでか。いかでかは。いかなれば。いかに。などか。などて。なにしに。なにすれぞ。なにぞ。なにとて。上代なにしか。

どうしようか 中世いかがせむ。

どうであろうか 中世いかならむ。

どこ 中古いづかた。中世いづち。上代いづく。いづこ。いづへ。いづら。いづれ。

どのような 中古いかやう。

どのように 中世なんとして。

どれくらい／どれほど 中世いかほど。中古いかに。いくそばく［幾十許］。いくら。上代いかばかり。いくだ［幾許］。いくばく［幾許］。

どんな 中世いかな。中古なぞの。なんぞ。なんぞの。

どんなに 中世いかなる。いかん［如何］。中古いかに。

なぜ 中世いかにか。なじか。なじかは。なじに。などや。なにかは。なにぞ。なにとして。なんとして。中古いかに。など。などか。などて。なに。なにか。なにしに。なにぞは。なにと。なにとて。上代なにゆゑ。

なにか 中古なんぞ。

なんだ 中世なにぞ。中古なんぞ。

なんという 中古なにぞの。

なんのために 中世なにとして。中古なにしに。上代なにせむに。

きゃく【客】 ゲスト（guest）。近代きゃくじん［客人］。こきゃく［顧客］。じゃうとくい［上得意］。とりひきさき［取引先］。はうもんきゃく［訪問客］。はうもんしゃ［訪問者］。近世かく［客］。とくい［得意］。とくいさき［得意先］。ばいひん［陪賓］。まらうど［客人］。らいきゃく［来客］。中世きゃく［客］。ひんきゃく［賓客］。まれびと［客人］。中古ひんかく［賓客］。まらうと／まらひと［客人］。らいかく［来客］。らいひん［来賓］。

―が来る 近代はうかく／はうきゃく［訪客］。らいたく［来宅］。近世らいきゃく［来客］。中世きゃくらい［客来］。中古らいかく［来客］。《尊》中世ひりん［賁臨］。中古くゎうりん［光臨］。光臨のぞむ。

―が来るのを喜ぶ人 近代きゃくずき［客好］。

―が来る目的 近代らいい［来意］。

―がない かいてんきゅうぎょう［開店休業］。しけ［時化］。近代ふいり［不入］。近世茶を挽ひく。

―がない遊女 近世ちゃひき［茶挽］。

―として招く インビテーション（invitation）。近代せうへい［招聘］。近世せうじゃう［招請］。中世せうたい［招待］。まねく［招］。中古せういん［招引］。せうきゃく［招客］。せうせい［招請／召請］。

—に会う(身分の高い人が) 【中古】せっけん[接見]。

—(得意先)に納める品物 【近世】をさめもの[納物]。

—に好かれ評判がよいこと きゃくうけ[客受]。【近代】きゃくずき[客好]。

—の集まり具合 【近世】きゃくあし[客足]。

—の種類 きゃくすじ[客筋]。きゃくそう[客層]。【近代】きゃくだね[客種]。

—の座る席 【近世】きゃくざ[客座]。→きゃくせき
—の履物(劇場や寄席などの) 【近世】げそ。

—のふりをする仲間 【近世】さくら[桜]。

—を玄関で追い払うこと 【近代】げんくゎんばらひ[玄関払]。

—を誘い込む(商売で) ゆうきゃく[誘客]。【近代】きゃくひき[客引]。【近世】ぎふ[妓夫]。きゃくとり[客取]。とめをとこ[留男]。とめをんな[留女]。ひきこ[挽子/引子]。ひるみせ[昼見世]。やどひき[宿引]。よびこみ[呼込]。をかづり[陸釣]。

—を接待する 【近代】きゃくあつかひ[客扱]。せっきゃく[接客]。【近世】きゃくあしらひ[客]。【中世】せったい[接待]。たいぐう[待遇]。【中古】あるじす[主]。あるじまうけ[饗設]。もてなし[持成]。

—を接待する建物 きゃくぼう[客坊](寺院で)。げいひんかん[迎賓館]。ゲストハウス(guesthouse)。【中古】きゃくでん[客殿]。→きゃくしつ
—を接待する部屋 →きゃくしつ
—を迎える 【近代】くゎんげい[歓迎]。げいひん[迎賓]。【上代】げいせつ[迎接]。

—をもてなす側 ホスト(host)。【近代】ホステス(hostess)。【中世】しゅじん[主人]。【中古】あるじ[主]。
—をもてなす料理 【中古】きゃうぜん[饗膳]。
遠来の— 万里の客。【中古】ゑんかく/ゑんきゃく[遠客]。
多くの—が来る 【近代】せんかく[千客]。せんかくばんらい/せんきゃくばんらい[千客万来]。【近世】おほいり[大入]。【中古】門前市を成す。
主な— 【近代】しゃうきゃく/せいかく[正客]。しゅひん[主賓]。せいひん[正賓]。【中古】まらうどざね[客実/賓実]。
愚かな金持ちの— 【近世】きんちゃきんじふらう[金茶金十郎]。
国家的な— こうひん[公賓]。【近代】こくひん[国賓]。
好ましい— おためすじ[御為筋]。【近代】じゃうとくい[上得意]。【中世】じゃうかく/じゃうきゃく[上客]。【中古】かかく[佳客]。かひん[佳賓]。
好ましくない— 招かれざる客。【近世】いきゃく[異客]。かすきゃく[糟客]。
先に来た— 【近代】せんきゃく[先客]。【近世】せんかく[先客]。せんさま[先様]。
上席の— 【近代】しゃうきゃく/せいかく[正客]。【近世】きひん[貴賓]。【中世】じゃうかく/じゃうきゃく[上客]。
招待した— ゲスト(guest)。【近代】しゃうたいきゃく[招待客]。【中古】せうきゃく[招客]。
葬儀の— とむらいきゃく[弔客]。【近代】くゎいさうしゃ[会葬者]。てうかく/てうきゃく[弔客]。てうもんきゃく[弔問客]。

早朝の—(店などの) 【近世】あさゑびす[朝恵比須]。
大事な— 【近世】いちだんな[一旦那]。いっきゃく[一客]。きひん[貴賓]。ばいひん[陪賓]。【中世】ひんかく[賓客]。【中古】かひん[佳賓]。らいひん[来賓]。【上代】ひんきゃく[賓客]。
たまに訪れた— 【中世】ちんかく/ちんきゃく[珍客]。【中古】かひん[佳賓]。じゃうひん[上賓]。めづらしびと[珍人]。
同席の— 【近代】ざきゃく[座客]。【中古】ざかく[座客]。
なじみの— 【近代】じゃうきゃく[常客]。ぢゃうきゃく[定客]。【近世】おとくい[御得意]。おなじみ[御馴染]。かふかく[狎客]。じゃうとくい[常得意]。じゃうれん[常連]。ぢゃうれん[定連]。
乗物の— 【近代】じょうきゃく[乗客]。りょかく/りょきゃく[旅客]。
初めての— 【近代】しんき[新規]。せいかく[生客]。【近世】いちげん[一見]。
風雅な— 【近代】せいかく[清客]。
末席の— まっきゃく[末客]。
儲けの少ない— 【近世】かすきゃく[糟客]。
遊里などの— 【近世】きんちゃ[金茶]。ふり[振/風](予約のない客)。
浴場の— にゅうとうきゃく[入湯客]。【近代】たうぢきゃく[湯治客]。よくきゃく[浴客]。【近世】よくかく[浴客]。
旅行などの— こうらくきゃく[行楽客]。【近世】りょきゃく[旅客]。【中古】りょかく[旅客]。
▼観客 ギャラリー(gallery)。【近代】くゎんかく[観客]。

く／くゎんきゃく［観客］。くゎんしゅう［観衆］。けんぶつきゃく［見物客］。けんぶつにん［見物人］。

きやく【規約】 コンベンション(convention)。近代 きやく［規約］。近世 きてい［規定］。中世 きそく［規則］。→**きそく**

ぎゃく【逆】 リバース(reverse)。近代 うらがへし［裏返］。しゅきゃくてんたう［主客転倒／主客顛倒］。近世 あっちゃこっちゃ。あべこべ。ありゃこりゃ。さか［逆／倒］。はんたい［反対］。まっかいさま／まっかへさま［真返様］。もんち［門地］。中世 あまさかさま［天逆様］。うしろあはせ［後合］。うへした［上下］。うらはら［裏腹］。ぎゃく［逆］。中古 うらうへ［裏表］。かへさま［返様］。さかさま［逆様］。そむきざま［背様］。上代 さかしま［逆］。

《句》近代 石が流れて木の葉が沈む。牛追ひ牛に追はる。近世 臼から杵。木菟(づく)引きが木菟にひかれる。寺から里へ。土用に布子寒(かん)に帷子(かたびら)。西から日が出る。木乃伊(ミイラ)取りが木乃伊になる。

ーになってうまくいかない 近世 ひだりまへ［左前］。中古 ひだりなは［左縄］。

ーに 近世 はんたいに［反対］。中世 たちかへり［立返］。中古 うちかへし［打返］。おしかへし［押返］。上代 かへらばに／かへらまに［反］。かへって／かへりて［却／反］。

ーに進む 近世 さからふ［逆］。

ーにする リバース(reverse)。裏を返す。近代 どんでんがへし［返］。近世 はんてん［反転］。ひっくりかへす［返］。中世 ひるがへす［翻］。中古 うちかへす［打返］。うらがへす［裏返］。おしかへす［押返］。かへす［返／反］。くつがへす［覆］。たうさく［倒錯］。ひきたがふ［引違］。

ーになる 攻守所を変える。近代 あひぜんごする［相前後］。うらがへる［裏返］。近世 ひっくりかへる［返］。中世 後先(あとさき)になる。上代 かへる［返／反］。くつがへる［覆］。

ーに振ること 近世 さかねぢ［逆捩］。

ーの順 近代 ぎゃくコース［逆course］。ぎゃくじゅん［逆順］。近世 ぎゃくえん［逆縁］。

ーの持ち方 中世 さかて［逆手］。

意に反してーになること 近世 さかうま［逆馬］。

衣服などの前後がー 近代 うしろまへ［後前］。まへうしろ［前後］。

常識のー うら［裏］。裏を返す。

きゃくあつかい【客扱】 →**きゃく**

ぎゃくコース【逆course】 ユーターン(U-turn)。近代 あともどり［後戻］。きゃくかう［却行］。ぎゃくコース［逆］。こうたい［後退］。たいかう［退行］。近世 うしろあゆみ［後歩］。しりさがり［尻下］。中世 たいほ［退歩］。上代 ぎゃくかう［逆行］。→**ぎゃっこう**

ぎゃくさつ【虐殺】 近代 ぎゃくさつ［虐殺］。ざんさつ［惨殺］。中世 なぶりごろし［嬲殺］。上代 さつじん［殺人］。さつりく［殺戮］。

きゃくしつ【客室】 近代 おうせつしつ［応接室］。おうせつま［応接間］。きゃくしつ［客室］。きゃくま［客間］。サロン(フランス salon)。パーラー(parlor)。近世 かくばう［客房］。きゃくざしき［客座敷］。中世 おもてざしき［表座敷］。ざしき［座敷］。中古 まらうどゐ［客位／賓位］。上代 きゃくばう［客房］。

旅客機などのー 近代 キャビン(cabin)。サルーン(saloon)。サロン(フランス salon)。

ぎゃくしゅう【逆襲】 近代 ぎゃくしふ［逆襲］。はんかう［反抗］。はんげき［反撃］。中世 きりかへし［切返］。さかよせ［逆寄］。

ぎゃくじょう【逆上】 かっとなる。近代 うはずる［上擦］。ちのぼせ［血逆］。のぼせる［上］。近世 うはもる［上盛］。きあがる［気上］。ぎゃくじゃう［逆上］。じゃうき［上気］。とりのぼす［―のぼせる］［取上］。血道を上ぐ［―上げる］。中世 ちまどふ［血惑］。ちまよふ［血迷］。らんしん［乱心］。中古 けあがる［気上］。けのぼる［気上］。じゃうき［上気］。とりみだす［取乱］。のぼる［上］。気が上る。

きゃくしょく【脚色】 アダプテーション／アダプト(adaptation)。近代 アレンジ(arrange)。げきくゎ［劇化］。近世 きゃくしょく［脚色］。しくみ［仕組］。中世 こちゃう［誇張］。ほんあん［翻案］。中古 じゅんしょく［潤色］。

ぎゃくしん【逆心】 中世 いし［異志］。はんしん［叛心］。中古 いしん［異心］。ぎゃくしん［逆心］。上代 そむく［背／叛］。ふたごころ［二心／弐心］。むほん［謀反／謀叛］。

ぎゃくしん【逆臣】 近代 はんと［叛徒／反徒］。中世 はんしん［叛臣／反臣］。上代 ぎゃくしん［逆臣］。ぎゃくぞく［逆賊］。ぎゃくたう［逆党］。ぎゃくと［逆徒］。はんぞく［叛賊］。

きゃくすじ【客筋】 きゃくそう［客層］。近代

きゃくすぢ[客筋]。きゃくだね[客種]。近世とくいさき[得意先]。

ぎゃくせい【虐政】 あっせい[圧政]。中世ぎゃくせい[虐政]。中古かせい[苛政]。
《句》中世苛政は虎よりも猛し。

きゃくせき【客席】 近代ギャラリー(gallery)。近世きゃくざ[客座]。きゃくせき[客席]。
最前列の― 近代こいち[小一]。近世あまおち[雨落]。かぶりつき[齧付]。
しきりのない安い― 近世おひこみ[追込]。
芝居小屋の土間の― 近世あな[穴/孔]。きります[切枡]。しきります[仕切枡]。どま[土間]。ひとます[一枡]。ます[枡]。ますせき[枡席/升席]。
正面後方の立ち見の― 近代おほむかふ[大向]。

ぎゃくせつ【逆説】 近代ぎゃくせつ[逆説]。ぎゃくり[逆理]。パラドックス(paradox)。

ぎゃくせんでん【逆宣伝】 近代ぎゃくせんでん[逆宣伝]。デマ/デマゴギー(ドイ Demagogie)。

きゃくたい【客体】 近代オブジェクト(object)。きゃくくわん[客観]。きゃくたい[客体]。たいしゃう[対象]。

ぎゃくたい【虐待】 近代ぎゃくぐう[虐遇]。ぎゃくたい[虐待]。はくがい[迫害]。近世いじめる[苛]。ぎゃくす[虐]。しひたぐ[―たげる][虐]。せこむ[せこめる]。中世しへたぐ[―たげる][虐]。せめさいなむ[責苛]。中古さいなむ[苛/嘖]。

きゃくちゅう【脚注】 フットノート(footnote)。近代きゃくちゅう[脚注/脚註]。ちゅうき[注記/註記]。近世ばうちゅう[傍注/旁註]。中古ちゅうかい[注解/註解]。ちゅうしゃく[注釈/註釈]。

ぎゃくて【逆手】 近代ぎゃくて[逆手]。ぎゃくよう[逆用]。中世さかて[逆手]。

ぎゃくてん【逆転】 うっちゃり[打遣]。攻守所を変える。近代ぎゃくてん[逆転]。どんでんがへし[返]。攻守所を変える。→**ぎゃく**

ぎゃくひれい【逆比例】 近代ぎゃくひれい[逆比例]。はんぴれい[反比例]。

ぎゃくふう【逆風】 近世ていこう[抵抗]。中世むかひかぜ[向風]。上代ぎゃくふう[逆風]。
ゴルフなどで言う― アゲンスト(against)。

きゃくほん【脚本】 近代ぎきょく[戯曲]。きゃくほん[脚本]。シナリオ(scenario)。スクリプト(script)。だいほん[台本]。ドラマ(drama)。ほん[本]。近世すぢがき[筋書]。
―の標題 近世げだい[外題]。
―を書く 近代げきさく[劇作]。近世きゃくしき/きゃくしょく[脚色]。
―を書く人 近代きゃくほんか[脚本家]。げきさっか[劇作家]。ざつきさくしゃ[座付作者]。シナリオライター(和製 scenario writer)。近世きゃうげんさくしゃ[狂言作者]。
歌舞伎の― 近代かぶききゃうげん[歌舞伎狂言]。

きゃくま【客間】 →**きゃくしつ**

ぎゃくりゅう【逆流】 ぎゃくすい[逆水]。近代きゃくかう[却行]。ぎゃくコース[逆course]。近世うしろあゆみ[後歩]。しりさがり[尻下]。中世ぎゃくりう[逆流]。さかみづ[逆水]。たいほ[退歩]。上代ぎゃくかう[逆行]。→**ぎゃっこう**

きゃくりょく【脚力】 近代そうりょく[走力]。そくりょく[足力]。近世そくりき[足力]。中世きゃくりき[脚力]。きゃくりょく[脚力]。

きゃしゃ【華奢】 スリム(slim)。近世きゃしゃ[華奢/花奢]。ぜいじゃく[脆弱]。なんじゃく[軟弱]。ひよわ[弱]。中世じうじゃく[柔弱]。ほそづくり[細作/細造]。よわよわし[弱弱]。中古あえか。かぼそし[細]。かよわし[弱]。きびは[稚]。にうじゃく[柔弱]。ひはづ/ひはやか[繊弱]。もろし[脆弱]。

きやす・い【気安】 近代きやすい[気安/気易]。近世きらく[気楽]。中古こころやすし[心安]。上代うらやす[心安]。
―・くない 近世けむたし[煙]。

キャスト(cast) 近代キャスト。はいやく[配役]。近世やくわり[役割]。

きやすめ【気休】 近世きやすめ[気休/気安]。中世あんしん[安心]。こころやすめ[心安]。

きゃたつ【脚立】 うま[馬]。近世はしご[梯子]。ふみだい[踏台]。中世きゃたつ[脚立/脚榻]。

キャタピラー(caterpillar) カタピラー(caterpillar)。近代キャタピラー。てっき[鉄軌]。むげんきだう[無限軌道]。

きゃっか【却下】 近代ききゃく[棄却]。きゃくか[却下]。きょひ[拒否]。中古しりぞく[しりぞける][退]。

きゃっかん【客観】 近代オブジェクト(object)。かくくわん[客観]。かくたい/きゃくたい[客体]。きゃくくわん[客観]。
―的 そくぶってき[即物的]。近代がふりて

き[合理的]。くゎがくてき[科学的]。

ぎゃっきょう【逆境】 近世ぎゃくきゃう[逆境]。近代ひきゃう[悲境]。中世くきゃう[苦境]。ひうん[悲運]。中古ふぐう[不遇]。

ーから出世した人 近代立志伝中の人。

ーと順境 近代いちくいちらく[一苦一楽]。

きゃっこう【脚光】 注目的。近代きゃくくゎう[脚光]。フットライト(footlights)。

ーを浴びる 有名になる。スポット(spot)を当てる。

ぎゃっこう【逆行】 ぎゃくすい[逆水]。ユーターン(U-turn)。近代あともどり[後戻]。きゃくかう[却行]。ぎゃくコース[逆course]。こうたい[後退]。たいかう[退行]。はんどう[反動]。近世あとじさり/あとずさり[後退]。あとびさり[後退]。うしろあゆみ[後歩]。しりさがり[尻下]。中世ぎゃくりう[逆流]。さかみづ[逆水]。たいほ[退歩]。上代ぎゃくかう[逆行]。しりぞく[退]。

キャッシュ(cash) レディーマネー(ready money)。近代キャッシュ。げんきん[現金]。近世げんなま[現生]。そくきん[即金]。

キャッチ(catch) 近代キャッチ。中古つかむ[摑]。とらふ[とらえる][捉/捕]。ほそく[捕捉]。

キャッチフレーズ(catchphrase) うたいもんく[謳文句]。キャッチコピー(和製catch copy)。コピー(copy)。じゃっく[惹句]。せんでんもんく[宣伝文句]。近代キャッチフレーズ。へうご[標語]。

ギャップ(gap) 近代ギャップ。きれつ[亀裂]。ひび[罅]。みぞ[溝]。近世かんげき[間隙]。きょり[距離]。くひちがひ[食違]。ずれ。ひらき[開]。中世けんかく[懸隔]。けんぜつ[懸絶]。われめ[割目]。中古さけめ[裂目]。すきま[隙間]。へだたり[隔]。

キャパシティー(capacity) じゅようりょく[受容力]。近代アビリティー(ability)。キャパシティー。ようりょう[容量]。近世うでまへ[腕前]。のうりょく[能力]。ようせき[容積]。中世ぎりゃう[技量/伎量]。りきりゃう[力量]。上代さいのう[才能]。せいのう[性能]。

キャベツ(cabbage) 近代かんらん[甘藍]。キャベツ。たまな[玉菜/珠菜]。

きゃら【伽羅】 きゃらぼく[伽羅木]。近世かなん[伽南]。中世かうろぎ[香炉木]。きゃら[伽羅]。

キャラクター(character) 近代キャラクター。じんかく[人格]。近世せいかく[性格]。中世じんぴん[人品]。中古ひとがら[人柄]。上代ひととなり[為人]。

ギャラリー(gallery) ❶〈回廊〉 近代ギャラリー。ぐゎらう[画廊]。くゎんきゃくせき[観客席]。

ギャラリー(gallery) ❷〈見物人〉 近代くゎんきゃく[観客]。くゎんしゅう[観衆]。くゎんらんせき[観覧席]。けんぶつきゃく[見物客]。けんぶつにん[見物人]。

ギャランティー(guarantee) ギャラ(guarantee の略)。しゅつえんりょう[出演料]。近代ギャランティー。しゃきん[謝金]。ほしょうきん[保証金]。

キャリア(career) 近代えつれき[閲歴]。キャリア。近世けいけん[経験]。りれき[履歴]。中世けいれき[経歴]。

ギャング(gang) シンジケート(syndicate)。マフィア(Mafia)。近代ギャング。ぞくと[賊徒]。ぼうりょくだん[暴力団]。近世やくざ。

キャンセル(cancel) かいやく[解約]。近代かいせう[解消]。とりやめ[取止]。はき[破棄]。はやく[破約]。

キャンパス(campus) 近代かうてい[校庭]。かうない[校内]。がくない[学内]。キャンパス。→**だいがく**

ギャンブラー(gambler) 近代とばくし[賭博師]。中世ばくちうち[博打打]。ばくと[博徒]。

ギャンブル(gamble) 近代ばくち[博打]。近世かけ[賭]。かけごと[賭事]。しょうぶごと[勝負事]。

キャンペーン(campaign) せんでんかつどう[宣伝活動]。中世けいもう[啓蒙]。

きゅう【急】❶〈時間が〉 近代きふきょ[急遽]。きふげき[急激]。きふてんちょくか[急転直下]。しきふ[至急]。しゅくぜん[倏然]。すぐ[直]。そくきふ[速急/即急]。近世ききふ[危急]。きょぜん[遽然]。きんきふ[緊急]。さしつけ[差付]。せいきふ[性急]。せはし[忙]。へうこつ[飄忽]。中世くゎきふ[火急]。こつそつ[忽卒]。さっそく[早速]。そくこく[即刻]。そくざ[即座]。そくせき[即席]。とん[頓]。中古あからさま。あわただし[慌]。うちつけ[打付]。きふ[急]。さうそつ[倉卒/草卒]。ただちに[直]。とみ[頓]。とりあへず[取敢]。にはか[俄]。上代あからしま[暴]。いそぎ[急]。そくじ[即時]。たちまち[忽]。

ー・な使い クーリエ(courier)。近世 矢の使ひ。中世 てうし[鳥使]。はしりうま[走馬]。上代 はゆまづかひ[駅使]。

ー・な出来事 近代 きふへん[急変]。青天の霹靂(へきれき)。中世 にはかごと[俄事]。《句》近世 足下(あしもと)から鳥が立つ。迅雷耳を掩(おほ)ふに暇あらず。

ー・に ぬきうち[抜打]。近代 いってう[一朝]。こつじょ[忽如]。近世 いきなり[行成]。ごっとり。だしぬけ[出抜]。たんぺいきふ[短兵急]。とっく[疾]。とつじょ[突如]。とりあへず[取敢]。ひたと[直]。中世 がぜん[俄然]。きっと[屹度／急度]。きふに[急]。こつぜんと[忽然]。さっと[颯]。たちまちに[忽]。とつぜん[突然]。はたと。はったと。中古 きと。こつじ[忽爾]。そつぜん[卒然]。たうとつ[唐突]。つと。とにに[頓]。ふい[不意]。ふつと。上代 あからさま。こつぜん[忽然]。にはしく[俄]。

ー・に現れるさま ぐいと。近代 ぬうっと。ぴょこり。ぴょこん。近世 ぬっと。ひょこり。ほかと。

ー・に変わること 近代 きふへん[急変]。中古 へうへん[豹変]。

ー・に結末に向かう 近代 きふてんちょくか[急転直下]。

ー・に立ち去るさま 近世 ぷいと。ぽいと。

ー・に途切れるさま 近代 ぱたり。ばたん。ぱたん。近世 ばたり。ぱったり。

ー・には 中古 とみに[頓]。ふとしも。

ー・に物価が上がること きゅうとう[急騰]。近代 ぼうとう[暴騰]。

ー・に物価が下がること きゅうらく[急落]。近代 ぼうらく[暴落]。

ーを要すること 近代 きふめい[急命]。しきふ[至急]。だいしきふ[大至急]。中世 きふじ[急事]。

川の流れがー 中古 はやし[早]。

ピッチがー・なこと 近代 きふてう[急調]。きふてうし[急調子]。きふテンポ[急(イタリア)tempo]。

普段鈍いものがー・に走り出すたとえ《句》近世 牛の一散。

きゅう【急】❷〈傾斜が〉 近代 きふ[急]。きふしゅん[急峻]。中古 けはし[険]。けんそ[険阻]。上代 けんなん[険難]。

ー・な登り道 近代 むなつきはっちゃう[胸突八丁]。近世 こまがへし[駒返]。中世 うまがへし[馬返]。

きゅう【球】 近代 きう[球]。きうたい[球体]。でんきう[電球]。ボール(ball)。上代 たま[玉／珠／球]。

きゅう【灸】 きゅうじゅつ[灸術]。近代 みづきう[水灸]。をんきう[温灸]。中世 やいと[灸]。やいひ[焼火]。中古 きうぢ[灸治]。上代 きう[灸]。

ー治療を行う者 近代 きうし[灸師]。

ーに使う乾燥した蓬(よもぎ) 中世 もぐさ[艾]。

ーのあとが爛(ただ)れる 近世 いぼる。

ーのつぼ 近世 きうてん[灸点]。中世 きうしょ[灸所]。

ーをする 中世 すう[すえる][据]。

最初に据えるー 近世 かはきり[皮切]。

塩をつけてする最後のー 近世 しほやいと[塩灸]。

きゅう【杞憂】 ▼助数詞 そう[壮]。

きゆう【杞憂】 近代 きいう[杞憂]。近世 おもひすぐし／おもひすごし[思過]。とりこしくらう／とりこしぐらう[取越苦労]。《句》近代 杞人の憂へ。呉牛月に喘(あ)へぐ。近世 蚯蚓(みみず)が土を食ひ尽くす。

きゅういん【吸引】 近代 きふいん[吸引]。きふにふ[吸入]。近世 きふしう[吸収]。中世 すひこむ[吸込]。すひとる[吸取]。中古 すふ[吸]。

きゅうえん【救援】 →きゅうご →きゅうじょ

ー投手 近代 リリーフ(relief)。

ーの軍 近代 ゑんぐん[援軍]。

饑饉(ききん)の際のー 近世 きうくゎう[救荒]。

きゅうえん【仇怨】 近代 きうゑん[仇怨]。中世 うらみ[恨]。中古 あた／あだ[仇]。上代 ゑんこん[怨恨]。

きゅうか【休暇】 いこい[憩]。バカンス(フランス vacances)。レジャー(leisure)。近代 あんそく[安息]。あんそくじつ／あんそくにち[安息日]。きうげふ[休業]。けっきん[欠勤]。ドンタク(オランダ zondag)。バケーション(vacation)。ホリデー(holiday)。近世 いきぬき[息抜]。きうけい[休憩]。ほねやすめ[骨休]。まび[間日]。やすみび[休日]。中古 きうじつ[休日]。やすみ[休]。上代 いとま[暇]。きうか[休暇]。きうそく[休息]。

ーを取る 近世 せいか[請暇]。中世 暇(いとま)を乞ふ。暇(いとま)を取る。中古 いとま申す。

ーのいろいろ(例) いくじきゅうか[育児休暇]。きびき[忌引]。さんきゅう[産休]。しゅうきゅう[週休]。しゅっさんきゅうか[出

産休暇]。だいきゅう[代休]。ねんきゅう[年休]。ねんじきゅうか[年次休暇]。ふりかえきゅうじつ[振替休日]。ゆうきゅうきゅうか[有給休暇]。りんじきゅうか[臨時休暇]。れんきゅう[連休]。近代こうか[公暇]。こうきう[公休]。しか[賜暇]。ずるやすみ[狡休]。ていきう[定休]。なつやすみ[夏休]。はんきう[半休]。中古けにゃう[仮寧]。

きゅうか【旧家】 近世きうか[旧家]。こか[故家]。中世るいえふ[累葉]。中古るいたい/るいだい[累代]。

きゅうかく【嗅覚】 しうかく[臭覚]。近代きうかく[嗅覚]。近世きうしんけい[嗅神経]。

ーが鋭い 鼻が利く。

ーを嘲る語 近代家柄より芋茎。

きゅうきゅう【救急】 レスキュー(rescue)。近代おうきふ[応急]。きうしゅつ[救出]。きうじょ[救助]。きうなん[救難]。きうめい[救命]。中世きうご[救護]。上代きうきふ[救急]。

きゅうきょ【急遽】 近代きふきょ[急遽]。近世すぐさま[直様]。中世すぐに。そくざ[即座]。中古あわただし[慌]。きふ[急]。ただちに[直]。にはかに[俄]。→きゅう

きゅうきょ【旧居】 中古きうたく[旧宅]。ふるす[古巣]。上代きうきょ[旧居]。

きゅうぎょう【休業】 へいぎょう[閉業]。近代きうげふ[休業]。ていきう[定休]。ていきうび[定休日]。中古きうじつ[休日]。やすみ[休]。

きゅうきょく【究極】 近代きょくげん[極限]。けっきょく[結局]。しゅうきょく[終極]。近世えんてい[淵底]。さいしゅう[最終]。鯔の詰まり。中世きうきゃう/くっきゃう[究竟]。きうきょく[究極]。きょくち[極致]。中古きはまり[極]。はて[果]。ひっきゃう[畢竟]。上代きはみ[極]。

ーのところ 中世せん[詮]。

きゅうきん【給金】 近世きふきん[給金]。きふぎん[給銀]。きりまい[切米]。みのしろ[身代]。中世きふぶん[給分]。→きゅうよ

やっと食べられる程度の僅かなー 近世くちのよ[口世]。

きゅうくつ【窮屈】❶〈空間的に〉 近代きつい。せせこましい。せまくるしい[狭苦]。近世きゅうくつ[窮屈]。てぜま[手狭]。ところせきなし[所狭無]。中世けふあい[狭隘]。せばせばし[狭狭]。せまし[狭]。ところせし[所狭]。中古せし[狭]。

《句》近代縁の下の鍬使ひ。

ー・に思う 中古せばがる[狭]。ところせがる[所狭]。

きゅうくつ【窮屈】❷〈心理的に〉 近世かたくるし/かたぐるし[堅苦]。かぢくろし。中世きつし。きづまり[気詰]。くすし[奇]。けむたし[煙]。ところせし[所狭]。息が詰まる。中古いぶせし[鬱悒]。きゅうくつ[窮屈]。けぶたし[煙]。

ー・な態度 近代かどばる[角張]。中古すくむ[竦]。上代かしこまる[畏]。

きゅうけい【球形】 近代きうけい[球形]。きうじゃう[球状]。近世まる[丸]。

きゅうけい【休憩】 いこい[憩]。しょうきゅうし[小休止]。ブレーク(break)。ほねやすみ[骨休]。レスト(rest)。息を入れる。息を抜く。お茶にする。手を休める。近代あんそく[安息]。インターバル(interval)。いきうはく[休泊]。近世いきつぎ[息継]。いきぬき[息抜]。いきやすめ[息休]。いっぷく[一服]。きうけい[休憩]。くたびれやすめ[草臥休]。せうけい[小憩/少憩]。ひとやすみ[一休]。ほねやすめ[骨休]。息を継ぐ。中世きうす[休]。くつろぐ。けいそく[憩息]。こやすみ[小休]。なかやすみ[中休]。やすらひ[休]。中古いこのふ/いこふ[憩]。うちやすむ[打休]。やすみ[休]。上代きうそく[休息]。

ー所 ビーチハウス(beach house)。レストハウス(rest house)。レストルーム(rest room)。近代オアシス(oasis)。ラウンジ(lounge)。ロビー(lobby)。近世あひ[間]。おちゃしょ/おちゃどころ[御茶所]。たてば[立場/建場]。やすみぢゃや[休茶屋]。中古やすみどころ/やすめどころ[休所]。

帰宅してー・する 上代ききう[帰休]。

コーヒーを飲むー コーヒーブレーク(coffee break)。

相撲や寄席などのー 近世なかいり[中入]。

何度もー・する 近世やすみやすみ[休休]。

昼のー 中世ひるやすみ[昼休]。

きゅうけい【弓形】 こ[弧]。近代アーチ(arch)。きゅうじゃう[弓状]。こじゃう[弧状]。近世はんゑんけい[半円形]。中世ゆみなり[弓形]。

きゅうげき【急激】→**きゅう【急】**

きゅうご【救護】 レスキュー(rescue)。えんご[援護]。近代きうしゅつ[救出]。きうじゅ

つ[救恤]。きうじょ[救助]。きうなん[救難]。すくひだす[救出]。ほご[保護]。近世かんご[看護]。中世きうご[救護]。中古ほうご[保護]。上代かんびゃう[看病]。きうきふ[救急]。きうさい[救済]。きうゑん[救援]。すくふ[救]。たすく〔たすける〕[助]。

きゅうこう【旧交】 近代きうじゃう[旧情]。ふるなじみ[古馴染]。肝胆相照らす。近世きうぎ[旧誼]。中世きうえん[旧縁]。きうかう[旧交]。中古きういう[旧友]。きうち[旧知]。

—を温める 近代久闊（きうくわつ）を叙する。

きゅうこう【急行】 近代エクスプレス(express)。きふかう[急行]。きふしん[急進]。近世ちょくかう[直行]。

—・する 近代とぶ[飛]。

—便 近代エクスプレス(express)。きふかうれっしゃ[急行列車]。てうとくきふ[超特急]。とくきふ[特急]。

きゅうごう【糾合】 近代きうがふ[糾合]。こしふ[呼集]。しふがふ[集合]。しゅうがふ[聚合]。だいどうだんけつ[大同団結]。とうがふ[統合]。近世けっそく[結束]。だんけつ[団結]。

きゅうごしらえ【急拵】 近代きふざう[急造]。きふせつ[急設]。そくせい[即製/速製]。にはかごしらへ[俄拵]。にはかづくり[俄造]。近世きふごしらへ[急拵]。

▼急場しのぎ 近代べんぱふ[便法]。近世ことかき/ことかけ[事欠]。まにあはせ[間合]。茶腹も一時。湯腹も一時。**↓いちじしのぎ**

きゅうこん【求婚】 近代きうこん[求婚]。プロポーズ(propose)。近世いひいれ[言入]。いふくどく[口説]。中古いひよる[言寄]。おもひよる[思寄]。上代あとふ[誂/聘]。さよばひ[小呼/婚]。つまどふ[妻問]。とふ[問]。よばふ[呼]。

—・し続ける 中世いひわたる[言渡]。よばひわたる[婚渡]。

—・する人 中古よばひびと[婚人]。

きゅうさい【救済】 近代きうじょ[救助]。さいせい/せいせい[済世]。ひとだすけ[人助]。中古じんじゅつ[仁恤]。世を渡す。上代きうさい[救済]。きうゑん[救援]。すくふ[救]。たすく〔たすける〕[助]。**→きゅうきゅう →きゅうご**

貧しい人を—・する じぜん[慈善]。

きゅうし【休止】 スタンドスティル(standstill)。ブレーク(break)。近代きうみん[休眠]。ストップ(stop)。ていし[停止]。ポーズ(pause)。ま[間]。近世いきぬき[息抜]。きうけい[休憩]。ちゅうし[中止]。ちゅうだん[中断]。中古きうし[休止]。やすみ[休]。上代きうそく[休息]。

▼音楽用語 レスト(rest)。近代きうしふ[休止符]。

きゅうし【急死】 きゅうせい[急逝]。とつぜんし[突然死]。ぽっくりびょう[病](俗称)。近代きふし[急死]。近世そくし[即死]。中古とんし[頓死]。

—・するさま ぽっくり。近世こっくり。

きゅうじ【給仕】 おはこびさん[御運]。はこび[運]。近世おちゃこしゃう[御茶小姓]。ちゃくみをんな[茶汲女]。ちゃたてをんな[茶立女]。中世かよう[荷用/加用]。かよひ[通]。きふじ[給仕]。中古ばいぜん[陪膳]。まかなひ[賄]。

飲食店などの— せっきゃくふ[接客婦]。ページボーイ(pageboy)。ボーイ(boy)。メード(maid)。近代ウエーター(waiter)。ウエートレス(waitress)。ギャルソン(フランス garçon)。ぢょきふ[女給]。

船の— 近代スチュワード(steward)。

きゅうしき【旧式】 近代きうたい[旧態]。きうは[旧派]。近世きうしふ[旧習]。きうたう[旧套]。こしき[古式/故式]。ふるかく[古格]。中世きうしき[旧式]。中古こふう[古風]。**→きゅうしゅう【旧習】**

—を尊重する立場 近世ほうしゅ/ほしゅ[保守]。

きゅうじつ【休日】 **→きゅうか【休暇】**

きゅうじっさい【九十歳】 そつじゅ[卒寿]。中世じゃうきょ/じゃうこ[静居]。上代ここのそぢ[九十/九十路]。

きゅうしゅう【吸収】 近代きふいん[吸引]。きふにふ[吸入]。せうくゎ[消化]。すひとる[吸取]。近世きふしう[吸収]。中世すひこむ[吸込]。せっしゅ[摂取]。中古とりいる〔—いれる〕[取入]。

きゅうしゅう【旧習】 近代いんしふ[因習/因襲]。きうたい[旧態]。でんとう[伝統]。近世きうしふ[旧習]。きうたう[旧套]。ろうしふ[陋習]。中古きうふう[旧風]。ゐふう[遺風]。**→きゅうしき**

きゅうしゅう【急襲】 近代きしふ[奇襲]。きふしふ[急襲]。ふいうち[不意打/不意討]。中世ぬきうち[抜打/抜討]。

夜に― 〈近世〉やしふ[夜襲]。〈中世〉よがけ[夜駆]。〈中古〉やみうち[闇討]。ようち[夜討]。

きゅうしゅう【九州】 〈近世〉さいかい[西海]。〈中古〉〈中世〉くこく[九国]。ちんぜい[鎮西]。〈中古〉きうこく[九国]。きうしう[九州]。さいこく/さいごく[西国]。ちくし[筑紫]。〈上代〉さいかいだう[西海道]。つくし[筑紫]。筑紫の島。

―の国々 〈中古〉つくしぢ[筑紫路]。

北東部の― 〈上代〉とよくに[豊国]。

南― 〈上代〉くまそ[熊襲]。

きゅうしゅつ【救出】 →**きゅうご**

きゅうじゅつ【救恤】 →**きゅうご**

きゅうじゅつ【弓術】 〈近代〉きゅうじゅつ[弓術]。きゅうだう[弓道]。〈近世〉しゃはふ[射法]。〈中世〉しゃじゅつ[射術]。〈中古〉しゃげい[射芸]。ゆみ[弓]。

―と馬術 〈上代〉きゅうば[弓馬]。しゃき[射騎]。

―の巧みな人 〈中世〉ゆみとり[弓取]。

―の練習場 〈近世〉きゅうぢゃう/きゅうば[弓場]。やば[矢場]。〈中古〉ゆば[弓場]。

きゅうしゅん【急峻】 →**きゅう【急】❷**

きゅうしょ【急所】 ウイークポイント(weak point)。ピント(オランダ brandpunt)。〈近代〉えうてん[要点]。かくしん[核心]。こうけい[肯綮]。しゅがん[主眼]。せいこう[正鵠]。〈近世〉えうきん[要緊]。かんどころ[勘所/肝所/甲所]。きうしょ[灸所]。きんけつ[禁穴]。くろぼし[黒星]。づぼし[図星]。つめどころ[詰所]。みゃくどこ/みゃくどころ[脈所]。肝の束ね。〈中世〉えうしょ[要所]。かなめ[要]。きふしょ[急所]。つぼ[壺]。のどくび[喉頸]。〈中古〉かんじん[肝心/肝腎]。こつ[骨]。せいこく[正鵠]。ちゅうしん[中心]。

―を押さえる 勘所を押さえる。首根っ子を押さえる。〈近代〉肯綮(こうけい)に中(あた)る。死命を制する。

―をつく 〈近世〉うちこむ[打込]。寸鉄人を殺す(刺す)。

きゅうじょ【救助】 〈近代〉きうじょ[救助]。きうなん[救難]。きうめい[救命]。じょりょく[助力]。すくひ[救]。チャリティー(charity)。〈中世〉かせい[加勢]。きうご[救護]。〈上代〉きうさい[救済]。きうゑん[救援]。たすけ[助]。→**きゅうえん【救援】** →**きゅうご**

―に当たるチーム レスキューたい[rescue隊]。

―を求める信号 〈近代〉エスオーエス(SOS)。

海難船舶の― サルベージ(salvage)。〈中古〉たすけぶね[助船]。

飢饉の際の― 〈近世〉きうくわう[救荒]。

きゅうじょう【窮状】 〈近代〉きゅうじゃう[窮状]。きゅうち[窮地]。さんじゃう[惨状]。なんきょく[難局]。ひきゃう[悲境]。ひんこん[貧困]。〈近世〉ぎゃくきゃう[逆境]。きゅうす[窮]。くきゃう[苦境]。こんなん[困難]。〈中古〉ひんこん[貧困]。〈上代〉きゅうばふ[窮乏]。こんきゅう[困窮]。

きゅうじょう【宮城】 →**きゅうちゅう**

ぎゅうじ・る【牛耳】 〈近代〉ぎうじる[牛耳]。手の内に丸め込む。〈近世〉しはい[支配]。〈中古〉あやつる[操]。しゃうあく[掌握]。

きゅうしん【急進】 〈近代〉きふかう[急行]。きふしん[急進]。せんえい[先鋭/尖鋭]。ぜんしん[前進]。ぜんゑいてき[前衛的]。ちょとつ[猪突]。とっくゎん[突貫]。とっしん[突進]。まうしん[猛進]。やくしん[躍進]。ラジカル(radical)。〈近世〉ばくしん[驀進]。〈上代〉せんしん[先進]。

―思想 さは[左派]。レフト(left)。〈近代〉くゎげきしさう[過激思想]。さよく[左翼]。ラジカリズム(radicalism)。

きゅうす【急須】 〈近代〉きふす[急須]。〈近世〉きびしゃう[急須]。きびしょ/きびせう[急焼]。ちゃだし[茶出]。

―形の容器(病人用) 〈近代〉すひのみ[吸飲/吸吞]。

きゅう・する【窮】 スタンドスティル(stand still)。〈近代〉きゅうち[窮地]。つむ[詰]。〈近世〉こまる[困]。さしつまる[差詰]。せっぱつまる[切羽詰]。てづめ[手詰]。ゆきあたる[行当]。〈中世〉きゅうす[窮]。つまる[詰]。てづまり[手詰]。ゆきづまる[行詰]。〈中古〉きはまる[窮/極]。

きゅうせい【急逝】 →**きゅうし【急死】**

きゅうせき【旧跡】 いこう[遺構]。こし[古址/故址]。しせき[史跡/史蹟]。〈中世〉きうし[旧址/旧趾]。ゆいせき[遺跡]。〈中古〉きうせき[旧跡/旧蹟]。ゐせき[遺跡/遺蹟]。〈上代〉こせき[古跡/古蹟]。

きゅうせつ【急設】 →**きゅうぞう【急造】**

きゅうせんぽう【急先鋒】 〈近代〉きふせんぽう[急先鋒]。せんえい[先鋭/尖鋭]。せんぼう/せんぽう[先鋒]。〈近世〉せんとう[先頭]。〈中世〉さきがけ[魁/先駆/先駈]。せんく[先駆]。〈中古〉せんく/ぜんく/ぜんぐ[前

駆]。

きゅうぞう【急造】 近代 きふざう[急造]。きふせつ[急設]。そくせい[即製/速製]。にはかごしらへ[俄拵]。にはかづくり[俄作]。近世 きふごしらへ[急拵]。

きゅうぞう【急増】 ふくれあがる[膨上]。近代 げきぞう[激増]。ぞうだい[増大]。ばいか[倍加]。近世 きふぞう[急増]。ぞうか[増加]。ばいまし[倍増]。中古 ぞうしん[増進]。ばいぞう[倍増]。

きゅうそく【休息】 →きゅうけい【休憩】

きゅうたい【旧態】 →きゅうしゅう【旧習】

きゅうだい【及第】 近代 パス(pass)。中世 とうだい[登第]。中古 がふかく[合格]。きふだい[及第]。とうくゎ[登科]。

—と落第 ごうひ[合否]。近代 きふらく[及落]。

きゅうだん【糾弾】 近代 しだん[指弾]。だんがい[弾劾]。とひただす[問質]。もんせき[問責]。近世 だんきう[弾糾/弾糺]。ひはん[批判]。中世 きうめい[糾明/糺明]。ひなん[非難]。中古 きうだん[糾弾/糺弾]。きうもん[糾問/糺問]。上代 きうさつ[糾察]。

きゅうち【旧知】 近代 かほみしり[顔見知]。ふるなじみ[古馴染]。近世 きうぎ[旧誼]。むかしなじみ[昔馴染]。中世 きうえん[旧縁]。きうかう[旧交]。をさななじみ[幼馴染]。中古 きういう[旧友]。きうこ[旧故]。きうち[旧知]。上代 いにしへびと[古人]。こきう[故旧]。

きゅうち【窮地】 アポリア(ギリシャaporia)。近代 きゅうきゃう[窮境]。きゅうじゃう[窮状]。きゅうち[窮地]。きゅうよ[窮余]。なんきょく[難局]。ピンチ(pinch)。近世 きち[危地]。きふば[急場]。くきゃう[苦境]。ぜったいぜつめい[絶体絶命]。中世 しち[死地]。

《句》中古 進退維谷まる。

—にあるもののたとえ 中古 てつぎょ[轍魚]。

きゅうちゃく【吸着】 しゅうちゃく[収着]。近世 きふちゃく[吸着]。くっつく。中世 ふちゃく[付着]。中古 すひつく[吸付]。

きゅうちゅう【宮中】 近代 しんえき[宸掖]。パレス(palace)。近世 しんけつ[宸闕]。中世 きうきん[九禁]。きうせう[九霄]。きうてん[九天]。きゅうきん[宮禁]。きんけつ[禁闕]。きんけつ[金闕]。きんじゃう[禁城]。きんだい[禁内]。きんちゅう[禁中]。きんてい[禁庭/禁廷]。きんもん[禁門]。きんり[禁裏/禁裡]。くゎうけつ[皇闕]。けつ[闕]。げっきゅうでん[月宮殿]。しきょく[紫極]。しきん[紫禁]。しせう[紫霄]。したつ[紫闥]。してい[紫庭]。せうばう[椒房]。ちょうもん[重門]。ていけつ[帝闕]。ほうけつ[鳳闕]。ほうこ[蓬壺]。ほくけつ[北闕]。みやゐ[宮居]。りゅうけつ[竜闕]。雲居の空。中古 あまつくもゐ[天雲居]。あまつそら[天空]。あまつみそら[天御空]。うち[内]。うちのへ[内重]。うちわたり[内辺]。うんしゃう/うんじゃう[雲上]。おほうちやま[大内山]。おほやけどころ[公所]。きうちょう/ここのかさね/ここのへ[九重]。くぢゅう[九重]。くもゐ[雲居/雲井]。くゎうきょ[皇居]。くゎうじゃう[皇城]。たいだい/だいだい[大内]。だいだいり[大内裏/大内裡]。だいり[内裏]。ちゅうぐう[中宮]。ほうじゃう[鳳城]。ももしき[百敷]。わうじゃう[王城/皇城]。雲の上。標の内。日の宮。上代 おほうち[大内]。おほみかど[大御門]。おほみや[大宮]。おほみやどころ[大宮所]。かみのみかど[神御門]。きゅうけつ[宮闕]。きゅうじゃう[宮城]。きゅうちゅう[宮中]。きんえき[禁掖]。くない[宮内]。くゎうぐう[皇宮]。ごしょ[御所]。じゃうけつ[城闕]。てんじゃう[殿上]。ほうけつ[鳳闕]。みかど[帝/御門]。みや[宮]。みやところ[宮所]。神の御門。日の御蔭。日の御門。

—からの使い 中古 ちゅうし[中使]。

—で雑用をする者 近世 おへや[御部屋]。中世 おしも[御下]。おすゑ[御末]。中古 ひすまし[洗歪/樋清]。みかはやうど[御厠人]。めしつかひ[召使]。上代 ないじゅ[内豎]。

—に出仕する 中古 さんだい[参内]。まじらふ[交]。世に仕ふ。

—に仕えている女性 ぢょくゎん[女官]。中世 おほじゃうらふ[大上﨟]。こじゃうらふ[小上﨟]。にょくゎん[女官]。中古 うちずみ[内住]。きゅうぢょ[宮女]。にょうばう[女房]。上代 きゅうじん[宮人]。にょうくゎん[女官]。

—に仕えている人 中古 うちがた[内方]。みやづかへびと[宮仕人]。

—のある所 中世 ここのへ[九重]。中古 ていと[帝都]。みやこ[都]。上代 くゎうと[皇都]。みやどころ[宮処]。

ーの奥御殿　上代こうきゅう[後宮]。上代こうてい[後庭]。
ーの楽師　中古がくくゎん[楽官]。れいくゎん[伶官]。れいじん[伶人]。上代うたまひのつかさ[楽官]。
ーのきざはし　中古雲の梯(かけはし)。
ーの行事　中古おほやけごと[公事]。くじ[公事]。
ーの倉　中世ひふ[秘府]。
ーの警護役　中世おほばん[大番]。おほばんやく[大番役]。
ーの中　上代きゅうちゅう[宮中]。きんちゅう[禁中]。くない[宮内]。
ーの中庭に面した殿舎　中古つぼ[坪]。
ーの庭　中世りゃうゑん[梁園／梁苑]。玉敷きの庭。中古紫の庭。
ーの人　近世ごしょがた[御所方]。中古うんかく[雲客]。うんじゃうびと[雲上人]。このへびと[九重人]。てんじゃうびと[殿上人]。上代ひのみやひと[日宮人]。みやびと[宮人]。
ーの仏壇のある場所　近世おくろど[御黒戸]。
ーの門　中世きんけつ[禁闕]。きんもん[禁門]。くゎうけつ[皇闕]。中古おほみかど[大御門]。ほうけつ[鳳闕]。上代あまつみかど[天御門]。
ーの門を守る人　中古いぬひと[犬人／狗人]。みかどもり[御門守]。
ーの遣(や)り水　中世みかは[御溝]。中古みかはみづ[御溝水]。
新たにーに仕えること　中古いままゐり[今参]。にひまゐり[新参]。
仮のー　中古いまだいり[今内裏]。さとだいり[里内裏]。
女官がーに出仕すること　中古うちずみ[内住]。うちまゐり[内参]。じゅだい[入内]。つぼねずみ[局住]。みやづかひ／みやづかへ[宮仕]。

きゅうてき【仇敵】→**かたき**

きゅうてん【急転】→**きゅうへん**

きゅうでん【宮殿】　近代シャトー(フランス château)。でんろう[殿楼]。パレス(palace)。近世わうきゅう[王宮]。中世きゅう[宮]。けいじゃう[京城]。わうぐう[王宮]。中古わうじゃう[王城／皇城]。上代あらか[殿]。きゅうしつ[宮室]。きゅうでん[宮殿]。とこみや[常宮]。みあらか[御舎／御殿]。日の御蔭(みかげ)。→**きゅうちゅう**
ーに通ずる道　上代みやぢ[宮道／宮路]。
ーの正殿　上代おほとの[大殿]。
ーの門　中世てんもん[天門]。上代きゅうもん[宮門]。
ーを造営すること　中古ざうぐう[造宮]。みやづくり[宮造]。
遺体を仮に置くためのー　上代あらきのみや[殯宮]。もがりのみや[殯宮]。
王宮とは別に建てられたー　上代りきゅう[離宮]。
海神のー　上代おきつみや[沖宮]。
茅葺きの粗末なー　中世ばうきゅう[茅宮]。
金玉などで飾った美しいー　近世すいしゃうきゅう[水晶宮]。中世ぎんかく[銀閣]。中古ぎょくけつ[玉闕]。ぎょくだう[玉堂]。上代ぎょくでん[玉殿]。きんかく[金閣]。
皇居のー　中世げっきゅうでん[月宮殿]。中古げっきゅう[月宮]。→**きゅうちゅう**
仙人の住むー　上代せんきゅう[仙宮]。
月の都のー　中世がっくうでん／がっぐでん／げっきゅうでん[月宮殿]。中古月の都。
古いー　中世こきゅう[故宮]。中古ふるみや[古宮]。
立派なー　近代けいだい[瓊台]。中古えうだい[瑶台]。ほうでん[宝殿]。上代おほとの[大殿]。

キュート(cute)　→**かわい・い**

きゅうとう【急騰】　きゅうしん[急伸]。近代かうとう[高騰／昂騰]。ふっとう[沸騰]。ぼうとう[暴騰]。近世うなぎのぼり[鰻登]。

きゅうとう【旧套】→**きゅうしき**　→**きゅうしゅう【旧習】**

きゅうどう【弓道】→**きゅうじゅつ【弓術】**

きゅうなん【救難】→**きゅうじょ**

きゅうに【急】→**きゅう【急】❶**

ぎゅうにく【牛肉】　近代ぎう[牛]。ビーフ(beef)。中世ぎうにく[牛肉]。
ーの部分　サーロイン(sirloin)。すじにく[筋肉]。ばらにく[肋肉]。ももにく[股肉／腿肉]。リブロース(rib roast)。近代くらした[鞍下]。タン(tongue)。ヒレ(フランス filet)。

きゅうにゅう【吸入】→**きゅういん**

ぎゅうにゅう【牛乳】　近代ミルク(milk)。中世ぎうにゅう[牛乳]。
ーを原料とする食品　エバミルク(evaporated milk)。こなミルク[粉milk]。にゅうせいひん[乳製品]。近代クリーム(cream)。コンデンスミルク(condensed milk)。チーズ(cheese)。バター(butter)。ヨーグルト(ドイツ Yoghurt)。れんにゅう[練乳]。中古そ[酥／蘇]。そゆ[酥油／蘇油]。

▼牛や羊の乳を煮詰めたもの 中古 そ［酥／蘇］。

きゅうねん【旧年】 近世 さくねん［昨年］。中古 きうねん［旧年］。きょねん［去年］。ぜんねん［前年］。上代 こぞ。

きゅうば【急場】→**ききゅう【危急】**

ーしのぎ →**いちじしのぎ**

ーに必要なもの 近代 きふす［急須］。

ーの役に立たない 《句》近代 遠水は近火を救はず。

ぎゅうば【牛馬】 近代 えきちく［役畜］。かちく［家畜］。上代 ぎうば［牛馬］。

ーを救うこと 上代 きうきふ［救急］。

ーの病気を治す人 近代 じうい［獣医］。近世 ばくらう［博労／馬喰］。はくらく［伯楽］。

ーを入れておく所 近代 きうしゃ［厩舎］。近世 うまごや［馬小屋］。らう［牢／籠］。上代 うまや［馬屋／厩］。

ーを御する声 近代 はいどう。近世 はいしい。はいしいどう。はいはい。ほいほい。中世 し。しい。どう。どうどう。

ーを飼育繁殖させること ひいく［肥育］。近代 ぼくちく［牧畜］。近世 ぼくやう［牧養］。

ーを世話する人 近世 くちとり［口取］。中世 くちひき［口引］。ばくらう［博労／馬喰／伯楽］。ゐかひ［居飼］。

ーを売買周旋する人 中世 ばくらう［博労／馬喰／伯楽］。

ーを放牧する所 近代 ぼくぢゃう［牧場］。まきば［牧場］。

肥料とするーの糞尿 近世 うまやごえ［厩肥］。きうひ［厩肥］。

きゅうはい【朽廃】 近代 きうはい［朽廃／朽敗］。らうきう［老朽］。近世 らうはい［老廃］。中世 すたる［すたれる］［廃／頽］。上代 くつ［くちる］［朽］。

きゅうはく【急迫】→**ききゅう【危急】**

きゅうはく【窮迫】 近世 せっぱつまる［切羽詰］。中世 きゅうはく［窮迫］。ごくひん［極貧］。てづめ［手詰］。ひっぱく［逼迫］。びんばふ［貧乏］。中古 ひんこん［貧困］。上代 きゅうばふ［窮乏］。こんきゅう［困窮］。

きゅうはん【急坂】 近代 きふしゃめん［急斜面］。きふはん［急坂］。胸突き八丁。

きゅうびょう【急病】 近代 きふくゎん［急患］。近世 きふしゃう［急症］。中世 きふびゃう［急病］。

きゅうふ【給付】 近代 きふふ［給付］。きょうきふ［供給］。しはらひ［支払］。はっきふ［発給］。近世 かうふ［交付］。しきふ［支給］。中古 きふよ［給与］。

きゅうへい【旧弊】 近世 しゅくへい［宿弊］。せきへい［積弊］。ろうしふ［陋習］。中世 きうへい［旧弊］。

きゅうへん【急変】 近代 きふてん［急転］。きふへん［急変］。といたがへし［戸板返］。近世 げきどう［激動／劇動］。げきへん［激変］。中世 いっぺん［一変］。中古 ひるがへる［翻］。へうへん［豹変］。

ー・するさま 中世 ただなりに。ふっと。

思想などのー 近世 君子は豹変す。

病状がー・すること 近世 へん［変］。上代 にはか［俄］。

きゅうほう【急報】 きゅうしん［急信］。近代 きふほう［急報］。近世 そくほう［速報］。ひほう［飛報］。中世 ひさつ［飛札］。ひしょ［飛書］。

きゅうぼう【窮乏】 近代 きゅうじゃう［窮状］。近世 こんばふ［困乏］。火の車。中世 きゅうはく［窮迫］。ごくひん［極貧］。びんばふ［貧乏］。中古 ひんこん［貧困］。上代 きゅうばふ［窮乏］。こんきゅう［困窮］。

《句》近代 逃ぐる者道を択ばず。近世 小人窮すれば斯に濫す。提灯程の火が降る。

きゅうめい【救命】→**きゅうじょ**

きゅうめい【究明】 近代 かいめい［解明］。きうめい［究明］。たんきう［探求］。ついきう［追求］。近世 ぎんみ［吟味］。せんさく［詮索］。中世 せんさく［穿鑿］。

きゅうめい【糾明】→**きゅうだん**

きゅうもん【糾問】→**きゅうだん**

きゅうゆう【級友】 近代 きふいう［級友］。クラスメート(classmate)。どうきふせい［同級生］。どうさう［同窓］。どうさうせい［同窓生］。中世 がくいう［学友］。

きゅうゆう【旧友】→**きゅうち【旧知】**

きゅうよ【給与】 ごうほう［号俸］。しゅうきゅう［週給］。ペイ(pay)。近代 きふよ［給与］。げっしう［月収］。こうちん［工賃］。サラリー(salary)。じきふ［時給］。にっきふ［日給］。にったう［日当］。ねんしう［年収］。ねんぽう［年俸］。ほうしう［報酬］。ほんきふ［本給］。ほんぽう［本俸］。らうちん［労賃］。近世 きふきん［給金］。きふぎん［給銀］。きふぶん［給分］。きふれう［給料］。しょくほう［食俸］。しょくろく［食禄］。ぞく［粟］。ちんぎん［賃金］。てあて［手当］。ふち［扶持］。ほうきふ［俸給］。

やくれう[役料]。ろく[禄]。ろくちつ[禄秩]。中世おん[恩]。げっきふ[月給]。げっぽう[月俸]。てまちん[手間賃]。中古ちつ[秩]。上代ほうろく[俸禄]。

ーが支払われない 近代むしゃう[無償]。むほうしう[無報酬]。中世むきふ[無給]。中古むろく[無禄]。

ーが支払われる 近代いうきふ[有給]。

ーとして渡される金 近世きふきん[給金]。きふぎん[給銀]。きふれう[給料]。

ー無しの仕事 近代サービス(service)。ほうし[奉仕]。ボランティア(volunteer)。めいよしょく[名誉職]。近世ただばたらき[只働]。

ーの引き上げ ちんあげ[賃上]。ベースアップ(和製base up)。近代しょうきふ[昇給]。ぞうきふ[増給]。ぞうほう[増俸]。

ーを減らす 近代げんきふ[減給]。

最初のー しょにんきゅう[初任給]。

高いー 近代びろく[美禄]。近世かうきふ[高給]。

物で支払われるー げんぶつきゅうよ[現物給与]。トラックシステム(truck system)。ぶつきゅう[物給]。

安いー 近代はくきふ[薄給]。やすげっきふ[安月給]。近世とさう[斗筲]。はくほう[薄俸]。びろく[微禄]。口の世。口ばかり。

その他ーのいろいろ(例) しょくのうきゅう[職能給]。しょくむきゅう[職務給]。しょっかいきゅう[職階給]。せいかつきゅう[生活給]。ぞくじんきゅう[属人給]。のうりょくきゅう[能力給]。ぶあいきゅう[歩合給]。近代できだかきふ[出来高給]。できだかばらひ[出来高払]。

きゅうよ【窮余】→**きゅうち【窮地】**

きゅうよう【休養】 近代きうやう[休養]。リクリエーション/レクリエーション(recreation)。近世せいやう[静養]。中世ほやう[保養]。中古やうじゃう[養生]。

きゅうよう【急用】 近世きふむ[急務]。中古きふよう[急用]。上代いそぎ[急]。

馬でーを知らせる 近世はやおひ[早追]。中世はやうち[早打]。

予想外のー 中世あらぬ急ぎ。

きゅうらい【旧来】 まえから[前]。むかしから[昔]。以前より。近世きうらい[旧来]。中世これまで[此迄]。じゅうぜん[従前]。中古こらい[古来]。もとより[元/固]。上代じゅうらい[従来]。

きゅうらく【急落】 ねくずれ[値崩]。近代ねさがり[値下]。ぼうらく[暴落]。

きゅうり【胡瓜】 きうり[黄瓜]。近世かっぱ[河童]。中古からうり[唐瓜]。きうり[胡瓜]。そばうり[胡瓜]。

きゅうりゅう【急流】 近代きふたん[急湍]。げきたん[激湍]。はやかは[早川]。ひたん[飛湍]。近世きふだん/きふなん[急灘]。中世きふりう[急流]。たきがは[滝川]。たきつせ[滝瀬]。ほんたん[奔湍]。中古ほんりう[奔流]。上代げきりう[激流]。たき[滝]。たぎち[滾/激]。たぎつせ[滝瀬]。はやせ[早瀬]。

きゅうりょう【給料】→**きゅうよ【給与】**

きゅうりょう【丘陵】 さんりょう[山稜]。近代さんち[山地]。りょうきう[陵丘]。中古をやま[小山]。上代きうりょう[丘陵]。こやま[小山]。のやまつかさ[野山司/野山阜]。をか[岡/丘]。

きゅうれい【旧例】 近世きうしふ[旧習]。中世せんれい[先例]。ぜんれい[前例]。上代きうれい[旧例]。

きよ・い【清】❶〈清浄〉 曇りがない。汚れがない。濁りがない。近代かうかう[皓皓/皎皎]。せいちょう[清澄]。近世せいじゃう[清浄]。せいそ[清楚]。せいれつ[清冽]。中古きよらか[清]。けぎよし[気清]。せいけつ[清潔]。上代きよし[清]。さやけし[明/清]。しゃうじゃう[清浄]。すがすがし。ますかがみ/まそかがみ[真澄鏡]。《枕》上代あがこころ[吾心]。

ーく明らか 近代りうりう[瀏瀏/嚠嚠]。中世せいめい[清明]。

ーく澄んで冷たい 中世せいれい[清冷]。上代れいれい[冷冷]。

なんとなくーい 中古ものきよし[物清]。

きよ・い【清】❷〈純粋〉 近代じゅんぱく[純白]。せいじゅん[清純]。近世じゅんけつ[純潔]。むく[無垢]。中世じゅんしん[純真]。じゅんすい[純粋]。中古けっぱく[潔白]。そそ[楚楚]。上代きよし[清]。せいれん[清廉]。

ーく潔い 中古じゃうけつ[浄潔]。

ーく麗しい 中世せいれい[清麗]。中古せいらう[清朗]。

ーく汚れのない心 中世しゃうじゃうしん[清浄心]。中古れんちょく[廉直]。上代れんけつ[廉潔]。

ーくさっぱりしている 中世せいたん[清淡]。

ーく正しい節操 中古れんせつ[廉節]。

ーくなる 中世きよまる[清]。中古きよまは

る[清]。

曇りがなく—・い 中古すむ[澄]。

きょう【今日】 ツデー/トゥデー(today)。近世こんち[今日]。ほんじつ/ほんにち[本日]。上代けふ[今日]。けふら[今日]。こんにち[今日]。

—か明日 中古けふあす[今日明日]。こんみゃうにち[今明日]。

—と明日 中世こんみゃうにち[今明日]。中古こんみゃう[今明]。

—の朝 中世きんてう[今朝]。上代こんてう[今朝]。

—の夜 こんゆう[今夕]。中世こんばん[今晩]。中古こんせき[今夕]。こんや[今夜]。上代こよひ[今宵]。

きょう【凶】 近世ふきち[不吉]。中世きょう[凶]。中古ふうん[不運]。ふきつ[不吉]。ふしゃう[不祥]。

—の日 中古ぼつにち/もつにち[没日]。

すべてに—の日 中古めつにち[滅日]。めつもん/めつもんにち[滅門日]。

きょう【経】 おきょう[御経]。近代けうてん[教典]。ぶってん[仏典]。近世せいてん[聖典]。中世けいてん[経典]。ぶってん[仏典]。上代きゃう[経]。きゃうくゎん/けいくゎん[経巻]。きゃうてん[経典]。きゃうもん[経文]。げてん/げでん[外典]。てんせき[典籍]。ないてん/ないでん[内典]。

—を読む 中世ふうきん/ふぎん[諷経]。中古きゃうよみ[経読]。じゅきゃう[誦経]。どきゃう[読経]。どくじゅ[読誦]。ふうじゅ/ふうしょう/ふじゅ[諷誦]。上代ずきゃう[誦経]。


きょう【興】 近世おもしろみ[面白]。くゎんしん[関心]。中古おもむき[趣]。かんきょう[感興]。きょう[興]。きょうみ[興味]。たのしみ[楽]。

—が冷める しらむ[白]。近世座が白ける。座が醒める。中世きょうざめ[興醒]。ことさむ[—さめる][事醒]。興を醒ます。中古ことざまし[事醒]。

—に乗じて言う言葉 中古きょうげん[興言]。きょうげんりこう[興言利口]。

—に乗る 近世しゅむ[染]。

きよう【起用】 ばってき[抜擢]。近世くゎつよう[活用]。とよう[登用]。とりたて[取立]。中古とうよう[登用]。ひきたて[引立]。上代きょよう[挙用]。にんよう[任用]。

誤った— 近代ミスキャスト(miscast)。

きよう【器用】 中世きよう[器用]。こきよう/こぎよう[小器用]。たくみ[巧/工/匠]。てきよう[手器用]。中古じゃうず[上手]。たっしゃ[達者]。てきく[手利]。

《句》近代きようびんばふ[器用貧乏]。職人(細工)貧乏人宝。近世手千両。手は宝。

—・な人 中古てきき[手利]。

ぎょう【業】 しごと[仕事]。しょくぎょう[職業]。中古げふ[業]。→しごと
きょうあく【凶悪】 近世ざんにん[残忍]。中世あくらつ[悪辣]。中古ごくあく[極悪]。上代かんあく[奸悪/姦悪]。きょうあく[凶悪/兇悪]。

—・で粗暴 近代だうあく[獰悪]。近世きゃうぼう[狂暴]。きょうまう[凶猛/兇猛]。だうまう[獰猛]。らんぼう[乱暴]。

—・な犯行 近代きょうかう[凶行/兇行]。

—・な人 近代あくかん[悪漢]。きょうかん[凶漢/兇漢]。近世きょうじゃうもち[凶状持]。中古きょうじん[凶人/兇人]。上代きょうぞく[凶賊/兇賊]。きょうと[凶徒/兇徒]。
きょうあつ【強圧】 近代きゃうあつ[強圧]。きゃうえう[強要]。だんあつ[弾圧]。よくあつ[抑圧]。中世あっす[圧]。
きょうい【脅威】 →おど・す
きょうい【驚異】 →おどろ・く
きょういく【教育】 てびき[手引]。ひとづくり[人作]。近代いくせい[育成]。エデュケーション(education)。くんいく[訓育]。くんれん[訓練]。コーチ(coach)。ちいく[知育]。てほどき[手解]。とくいく[徳育]。やうせい[養成]。教壇に立つ。教鞭を執る。近世いくえい[育英]。かうしふ[講習]。かんくゎ[感化]。けういく[教育]。けうじ[教示]。しこむ[仕込]。しだう[指導]。もむ[揉]。中世かんやう[涵養]。くんたう[薫陶]。けいはつ[啓発]。けいもう[啓蒙]。けうくゎ[教化]。しつけ[躾/仕付]。しはん[師範]。中古けす[化]。さづく[さずける][授]。しなん[指南]。たうや[陶冶]。ならはし[習/慣]。をしふ[おしえる][教]。上代けうしふ[教習]。けうだう[教導]。すいはん[垂範]。ぶんけう[文教]。
《句》近代朽木(きうぼく)糞牆(ふんしやう)。口でけなして心で褒める。鉄は熱いうちに打て。孟母三遷の教へ。孟母の三居。帷(ゐ)を下す。
—課程 カリキュラム(curriculum)。近代けうてい[教程]。
—機器(施設)の例 アナライザー(analyz-

き

er)。オーエッチピー／オーバーヘッドプロジェクター(OHP; overhead projector)。ティーチングマシン(teaching machine)。ランゲージラボラトリー(language laboratory)。

ーの費用 きょうざいひ[教材費]。近代がくし[学資]。がくひ[学費]。けういくひ[教育費]。じゅげふれう[授業料]。近世しつけぎん[仕付銀]。

家庭のー 中世ていきん[庭訓]。庭の訓(をしへ)。

その他ーのいろいろ(例)①**[学校]** こうきょういく[公教育]。つうしんきょういく[通信教育]。近代かうとうけういく[高等教育]。がくかうけういく[学校教育]。ぎむけういく[義務教育]。しがく[私学]。ふつうけういく[普通教育]。ほしふけういく[補習教育]。りんかんがくかう[林間学校]。

その他ーのいろいろ(例)②**[対象]** がくしゅうじゅく[学習塾]。しみんきょういく[市民教育]。ようじきょういく[幼児教育]。近代えいさいけういく[英才教育]。かていけういく[家庭教育]。こうみんけういく[公民教育]。さうけういく[早教育]。せいじんけういく[成人教育]。よびかう[予備校]。近世しじゅく[私塾]。じゅく[塾]。てらこや[寺子屋]。てらや[寺屋]。

その他ーのいろいろ(例)③**[内容]** おんかんきょういく[音感教育]。しょくぎょうくんれん[職業訓練]。ぜんじんきょういく[全人教育]。せんもんきょういく[専門教育]。近代きゃうどけういく[郷土教育]。じゃうさうけういく[情操教育]。せいけういく[性教育]。びてきけういく[美的教育]。

その他ーのいろいろ(例)④**[方法]** つめこみきょういく[詰込教育]。プロブレムメソッド(problem method)。近代オーラルメソッド(oral method)。じつぶつけういく[実物教育]。スパルタけういく[Sparta 教育]。

きょういん【教員】 →**きょうし**

きょうえん【競演】 近代きゃうえん[競演]。コンクール(フランスconcours)。コンテスト(contest)。

きょうえん【饗宴】 近代せうえん[招宴]。パーティー(party)。中世くゎいしょく[会食]。中古えんせき[宴席]。きゃうえん[饗宴]。さかもり[酒盛]。しゅえん[酒宴／酒讌]。上代うたげ[宴／讌]。えんくゎい[宴会]。

きょうおう【饗応】 アテンド(attend)。近代おかまひ[御構]。くゎんたい[歓待]。せうえん[招宴]。近世ざうさ[造作]。しなせ[為成]。中世あひしらひ。おうせつ[応接]。きゃうよう[饗応]。くゎっけい[活計]。ごちそう[御馳走]。しなし[為成]。せったい[接待]。ちそう[馳走]。ふるまひ[振舞]。わうばん[椀飯／埦飯／垸飯]。中古あつかひ[扱]。あへしらひ。あるじまうけ[主設]。かしはで[饗膳]。きゃう[饗]。きゃうおう[饗応]。けいえい／けいめい[経営]。もてなし[持成]。上代あふ／あへ[饗]。

簡単なー 近世ちゃぶるまひ[茶振舞]。

簡単なーをする茶屋 中古みづうまや[水駅]。

客を招いてのー 中世しゃうだい[請待]。

手厚いー 中世たっぱい[答拝]。中古たふはい[答拝]。

▼急なもてなし 《句》近世槌(つち)で庭にて箔(はく)を打つ。槌で庭掃く。

きょうか【教化】 ひとづくり[人作]。近代くんいく[訓育]。近世いくえい[育英]。かんくゎ[感化]。くゎす[化]。けういく[教育]。けだう[化導]。中世くんたう[薫陶]。けいはつ[啓発]。けいもう[啓蒙]。けうくゎ[教化]。中古けす[化]。けぞく[化俗]。すいはん[垂範]。たうくゎ[陶化]。ひとならはし[人習]。をしへ[教]。上代けうだう[教導]。とくくゎ[徳化]。

《句》中世君子の徳は風。

仏教へのー 中世くゎんげ[勧化]。せっけ[摂化]。中古け[化]。けうけ／けうげ[教化]。

きょうか【教科】 近代がくくゎ[学科]。くゎもく[科目]。けうくゎ[教科]。

ーの内容のひとまとまり 近代たんげん[単元]。

ーのいろいろ(例) かていか[家庭科]。こくごくゎ[国語科]。じっくゎ[実科]。近代すうがくくゎ[数学科]。

きょうか【強化】 てこいれ[梃子入]。近代きゃうくゎ[強化]。ぞうきゃう[増強]。そくしん[促進]。ほきゃう[補強]。近世きたふ[きたえる][鍛]。じょちゃう[助長]。中世つよむ[つよめる][強]。中古ぞうしん[増進]。

きょうか【供花】 近世たむけばな[手向花]。中世くうげ／くげ[供花／供華]。

きょうか【狂歌】 近世いきょく[夷曲]。えびすうた[夷歌]。ざれうた[戯歌]。そくきゃう[即狂]。たはぶれうた[戯歌]。たはれうた[戯歌]。はいかいか[俳諧歌]。ひなぶり[夷曲／夷振／鄙振]。中古きゃうか[狂歌]。

きょうかい【教会】 エクレシア(ギリシャekklēsia)。近代カテドラル(フランスcathédrale)。キリシタンじ／キリシタンでら[ポルトガルChristão 寺]。

くゎいだう[会堂]。けうくゎい[教会]。けうくゎいだう[教会堂]。チャーチ(church)。チャペル(chapel)。てんしゅだう[天主堂]。近世 モスク(mosque)。中世 サンタエケレジヤ(ポルトガル santa ecclesia)。なんばんじ[南蛮寺]。

きょうかい【境界】 ボーダーライン(borderline)。りんかい[臨界]。近代 くくゎく[区画]。リミット(limit)。りゃうゐき[領域]。わかれめ[分目]。近世 きゃうゐき[境域/疆域]。くゐき[区域]。けいかい[境界/経界]。さいめ[際目/境目]。中世 かい[界]。さかひめ[境目]。しきり[仕切]。ゐき[域]。中古 きは[際]。きはめ[極目]。けぢめ。はんゐ[範囲]。上代 きゃうかい[境界/疆界]。さかひ[境]。へだて[隔]。

―争い さかいあらそい[境争]。さかいもめ[境揉]。近世 さかひめろん[境目論/堺目論]。中世 さかひろん[境論]。さいめろん[際目論/境目論]。

―が入り組んでいること 近世 いりくみ[入組]。

―線 近代 かいせん[界線]。一線を画する。近世 どへうぎは[土俵際]。

―の外 中古 きゃうぐゎい/けいぐゎい[境外/疆外]。

―の目印 ぼうき[榜木]。近世 なはばり[縄張]。ばうじぎ[榜示木]。はうじぐひ[牓示杭]。ぶんぎ[分木]。中世 なはうち[縄打]。中古 はうじ/ばうじ[榜示]。上代 さかふ[境]。

―を越える 近代 ふみこゆ[―こえる][踏越]。近世 ゑっきゃう[越境]。

―を接する 中世 となる[隣]。

―を取り除く 近代 うちぬき[打抜/打貫]。

雨水を分かつ― ぶんすいかい[分水界]。ぶんすいせん[分水線]。

意識と無意識の― 近代 しきゐき[識閾]。

国の― 中世 くにざかひ[国境/国界]。上代 こくかい[国界]。こくきゃう[国境]。

天と地との― 上代 あまつしるし[天印/天璽]。

土地の― 近世 ぢざかひ[地境]。中世 ちきゃう[地境]。

隣との― 近世 となりざかひ[隣境]。

きょうがい【境涯】 近代 きゃうぐう[境遇]。ちほ[地歩]。近世 きゃうがい[境涯]。たちば[立場]。でんぢ/でんち[田地]。みもと[身元]。中世 きゃうち[境地]。上代 みのうへ[身上]。

ぎょうかい【業界】 じぎょうしゃだんたい[事業者団体]。近代 けいざいかい[経済界]。げふかい[業界]。ざいかい[財界]。さんげふかい[産業界]。

きょうかく【侠客】 近世 いっぽんがたな[一本刀]。いっぽんざし[一本差]。きゃん[侠]。すいはう[粋方]。だてし/だてしゅう[伊達衆]。だてをとこ[伊達男]。やっこ[奴]。ろくはう[六方]。ろくはうもの[六方者]。をとこだて[男伊達]。中世 いうけふ[遊侠/游侠]。じんけふ/にんけふ[任侠]。中古 けふかく[侠客]。

女性の― 近世 をんなだて[女伊達]。

きょうがく【驚愕】→**おどろ・く**

きょうかしょ【教科書】 きょうかようとしょ[教科用図書]。きょうそくぼん[教則本]。きょうはん[教範]。きょうほん[教本]。てびき[手引]。近代 けうくゎしょ[教科書/教課書]。けうざい[教材]。けうてい[教程]。サイドリーダー(side reader)。しだうしょ[指導書]。テキストブック/テキスト(textbook)。とくほん[読本]。ふくどくほん[副読本]。リーダー(reader)。近世 けうしょ[教書]。わうらい/わうらいもの[往来物]。中古 てほん[手本]。

きょうかつ【恐喝】 かつあげ。近代 きゃうはく[強迫]。けふはく[脅迫]。すごむ[凄]。たかり[集]。近世 どうかつ[恫喝]。もがり[強請/虎落]。ゆすり[強請]。中世 おどし[威/脅]。ゐかつ[威喝]。上代 きょうかつ[恐喝/恐愒]。

きょうかん【凶漢】 近代 あくかん[悪漢]。きょうかん[凶漢/兇漢]。中古 あくにん[悪人]。上代 きょうぞく[凶賊/兇賊]。きょうと[凶徒/兇徒]。

きょうかん【叫喚】 近世 がなる。ぜっけう[絶叫]。ひめい[悲鳴]。わめきごゑ[喚声]。中世 さけび[叫]。さけびごゑ[叫声]。中古 けうくゎん[叫喚]。

きょうかん【共感】 コンセンサス(consensus)。近代 きょうかん[共感]。きょうめい[共鳴]。さんどう[賛同]。どうかん[同感]。近世 がふい[合意]。さんせい[賛成]。中古 どうい[同意]。

きょうかん【郷関】→**こきょう**

きょうかん【教官】→**きょうし**

きょうき【凶器】 近代 きょうじん[凶刃/兇刃]。近世 ぶき[武器]。中世 はもの[刃物]。上代 きょうき[凶器/兇器]。

きょうき【狂喜】 近代 きゃうき[狂喜]。近世 つうくゎい[痛快]。中世 きんき[欣喜]。上代 くゎんき[歓喜]。

きょうき【侠気】 近代 ぎけふ[義侠]。近世 けふき[侠気]。中世 じんけふ/にんけふ[任侠]。をとこぎ[男気]。

―のある人 近世 けふしゃ[侠者]。↓きょうかく

―のある婦人 近代 けふぢょ[侠女]。けふふ[侠婦]。

きょうき【狂気】 近世 きゃうてん[狂癲]。らんき[乱気]。中世 きちがひ[気違/気狂]。中古 ふうきゃう[風狂]。らんしん[乱心]。上代 きゃうき[狂気]。ものぐるひ[物狂]。てんきゃう[癲狂]。

▼気が狂いそう 中古 ものぐるほし[物狂]。

▼発狂 中古 こころがはり[心変]。

きょうぎ【競技】 近代 きゃうぎ[競技]。ゲーム(game)。コンクール(フランス concours)。コンテスト(contest)。コンペティション(competition)。中世 きゃうさう[競争]。しあひ[試合]。

―・する プレー(play)。

―・する所 しあいかいじょう[試合会場]。ジムナジウム(gymnasium)。スケートリンク(skating rink)。たいいくかん[体育館]。近代 アイスリンク(ice rink)。うんどうぢゃう[運動場]。きゃうぎぢゃう[競技場]。グラウンド(ground)。くゎいぢゃう[会場]。ゲレンデ(ドイツ Gelände)。コート(court)。スタジアム(stadium)。フィールド(field)。プール(pool)。

―・する者 近代 せんしゅ[選手]。プレーヤー(player)。

―で優勝した者 はしゃ[覇者]。近代 しょうしゃ[勝者]。チャンピオン(champion)。

―などの記録 近代 レコード(record)。

きょうぎ【協議】 近代 がふぎ[合議]。けふぎ[協議]。しんぎ[審議]。近世 うちあはせ[打合]。くゎいぎ[会議]。はなしあひ[話合]。中世 くゎいだん[会談]。しゅぎ[衆議]。中古 ぎす[議]。さうだん[相談]。だんがふ[談合]。はかる[諮]。ひゃうぎ[評議]。ひゃうぢゃう[評定]。ろんぎ[論議]。上代 しゅうぎ[衆議]。

―会 コンファレンス(conference)。

―の前の相談 ねまわし[根回]。近代 したさうだん[下相談]。

内密の― 中世 ないだん[内談]。中古 みつだん[密談]。

きょうぎ【教義】 きょうじょう[教条]。近代 しんでう[信条]。ドクトリン(doctrine)。ドグマ(dogma)。中世 けうぎ[教義]。けうり[教理]。さた[沙汰]。しゅうじょう[宗乗]。

―を説くこと 中世 せっけう[説教]。上代 せっぽふ[説法]。

ぎょうぎ【行儀】 近代 エチケット(フランス étiquette)。ざさしんたい[座作進退/坐作進退]。マナー(manner)。近世 さはふ[作法]。をりかがみ[折屈]。をりめ[折目]。中世 しつけ[仕付/躾]。ふうぎ[風儀]。らいはふ[礼法]。中古 ぎゃうぎ[行儀]。上代 れいぎ[礼儀]。れいせつ[礼節]。れいはふ[礼法]。ゐぎ[威儀]。

―正しい 近世 ぎゃうぎづよし[行儀強]。せいしゅく[整粛]。をりめただし[折目正]。中世 いっすんど[一寸戸]。

―の悪い例 近世 いぬぐひ[犬食]。《句》中世 下種(げす)の一寸のろまの三寸。馬鹿の開けっぱなし。

きょうきゃく【橋脚】 近世 けうきゃく[橋脚]。中世 はしぐひ[橋杭/橋杙]。中古 はしばしら[橋柱]。

きょうきゅう【供給】 きょうよ[供与]。近代 きふふ[給付]。きょうきふ[供給]。サプライ(supply)。しきふ[支給]。はいきふ[配給]。近世 かうふ[交付]。中世 きふす[給]。てうたつ/てうだつ[調達]。ふよ[付与]。ふよ[賦与]。

需要と― 近代 じゅきふ[需給]。

不足した分を―・すること 近代 ほきふ[補給]。

ぎょうぎょうし・い【仰仰】 オーバー(over)。近世 おっかない。おほぎゃう[大仰/大形]。おほげさ[大袈裟]。おほげふ[大業]。くゎだい[過大]。けいげいし。けたたまし。中世 おびたたし[夥]。ぎゃうぎゃうし[仰仰]。ことがまし[事]。ものものし[物物]。中古 おどろおどろし。ことごとし[事事]。よだけし[弥猛]。

きょうぐう【境遇】 近代 きゃうぐう[境遇]。くゎんきゃう[環境]。しんじゃう[身上]。シチュエーション(situation)。たちば[立場]。近世 しょざい[所在]。みぶん[身分]。みもと[身元]。みすぎ[身過]。中世 きゃうがい[境涯]。きゃうち[境地]。さかひ[境]。中古 ありさま[有様]。め[目]。上代 みのうへ[身上]。

―がよくならない 近世 梲(うだつ)が上がらない。

あらゆる―　中世 ばんきゃう［万境］。《句》近世 駕籠に乗る人担ぐ人、そのまた草鞋をつくる人。

苦しい―　上代 とたん［塗炭］。

のんびりした―　近代 かんうんやかく［閑雲野鶴］。

きょうくん【教訓】　近代 くんかい［訓戒］。中古 くんじ［訓示］。けうかい［教戒／教誡］。上代 けうくん［教訓］。さとす［諭］。をしへ［教］。

―を含む句　近世 げんご［諺語］。しんげん［箴言］。中世 きんく［金句］。中古 きんげん［金言］。めいげん［名言］。上代 かくげん［格言］。ことわざ［諺］。

―を含む話　近代 ぐうわ［寓話］。

家に伝わる―　近代 かけん［家憲］。中世 かはふ［家法］。ていきん［庭訓］。中古 かきん／かくん［家訓］。

急所をついた痛烈な―　近代 頂門の一針。

古い―　近代 きうくん［旧訓］。

ぎょうけつ【凝結】→**ぎょうこ**

きょうけん【強健】　タフ(tough)。近代 ぐゎんきゃう［頑強］。ぐゎんけん［頑健］。けんかう［健康］。近世 きゃうさう［強壮］。くっきゃう［屈強］。けんぜん［健全］。中世 がうけん［剛健］。きゃうけん［強健／彊健］。ぐゎんぢゃう［頑丈］。げんき［元気］。さうけん［壮健］。すこやか［健］。たっしゃ［達者］。ぢゃうぶ［丈夫］。中古 そくさい［息災］。たくまし［逞］。→**がんじょう**

―・な人　中世 すくやかもの［健者］。

きょうげんじさつ【狂言自殺】　近代 きゃうげんじさつ［狂言自殺］。近世 しにてんがう［死]。

きょうこ【強固】　きょうじん［強靱］。近代 きゃうけん［強堅］。中世 きゃうこ［強固］。ぐゎんぢゃう［頑丈］。ぢゃうぶ［丈夫］。中古 けんご［堅固］。けんらう［堅牢］。つよし［強］。上代 かたし［堅／硬／固］。らうこ［牢固］。

―・な意志のたとえ　近代 しうさう［秋霜］。

ぎょうこ【凝固】　近代 ぎょうしゅく［凝縮］。コンデンス(condense)。近世 ぎょうけつ［凝結］。ぎょうこ［凝固］。ぎょうしふ［凝集］。ぎょうちゃく［凝着］。けっしゃう［結晶］。中世 こりかたまる［凝固］。上代 かたまる［固］。こる［凝］。

きょうこう【強行】　近代 かんかう［敢行］。かんゐ［敢為］。きゃうかう［強行］。けっかう［決行］。だんかう［断行］。近世 おしきる［押切］。むりおし［無理押］。中世 おしとほす［押通］。ちゃうぎゃう［張行］。

―の決意　近代 だんこ［断乎／断固］。だんだんこ［断断乎］。近世 だんぜん［断然］。中世 けつぜん［決然］。

きょうこう【強硬】　つよごし［強腰］。近代 がういん［強引］。きゃうかう［強硬／強梗］。ぐゎんめい［頑迷］。つよき［強気］。近世 いこぢ［意固地／依怙地］。中世 いってつ［一徹］。がうじゃう［強情］。かたいぢ［片意地］。

きょうこう【恐慌】　近代 きょうくゎう［恐慌］。クライシス(crisis)。パニック(panic)。

きょうごう【強豪】　近世 きゃうしゃ［強者］。くっきゃう［屈強］。中世 きゃうがう［強剛］。もさ［猛者］。中古 がうけつ［豪傑］。かうのもの／がうのもの［剛者］。せいえい［精鋭］。つはもの［強者］。上代 ますらを［益荒男］。

ぎょうこう【僥倖】　フロック(fluke)。中世 かううん［幸運］。横様の幸ひ。上代 げうかう［僥倖］。

ぎょうこう【行幸】　近代 しゅつれん［出輦］。中世 ひつ［蹕］。上代 あもる［天降］。いでまし［出座］。おほみゆき［大御行］。ぎゃうかう［行幸］。

―になるところ　上代 いでましどころ［出座処］。

―の行列　中世 せんぴつ［仙蹕］。

―のときの仮の住まい　上代 いでましのみや［出座宮］。

きょうこく【峡谷】→**たに**

きょうこく【強国】　近世 ふこく［富国］。中世 きゃうこく［強国］。中古 たいこく／だいこく［大国］。

―が弱国を併合しようとすること　近代 だい［朶頤］。

多くの―　近代 れっきゃう［列強］。

きょうさ【教唆】　近代 アジテーション(agitation)。けうさ［教唆］。せんどう［扇動／煽動］。てうはつ［挑発］。近世 あふる［煽／呷］。おだつ［おだてる］［煽］。けしかく［―かける］［嗾］。ふきこむ［吹込］。中古 そそのかす［唆］。

きょうさい【共催】　きょうどうしゅさい［共同主催］。近代 けふさん［協賛］。→**きょうさん**

きょうさい【共済】　きょうえき［共益］。そうごふじょ［相互扶助］。近代 きょうさい［共済］。けふどう［協同］。けふりょく［協力］。ごじょ［互助］。近世 きょうどう［共同］。

きょうざい【教材】 きょうぐ[教具]。近代 かうぐ[校具]。がくようひん[学用品]。けうくわしょ[教科書]。けうざい[教材]。ぶんぐ[文具]。ぶんばうぐ[文房具]。

きょうさいか【恐妻家】 近世 ほうしんたん[豊心丹]。

きょうさく【凶作】 さくちがい[作違]。近代 きょうけん[凶歉]。きょうさく[凶作]。近世 きょうくゎう[凶荒]。中世 きくゎう[飢荒／饑荒]。ふさく[不作]。上代 ききん[飢饉]。

ーの年 中世 ききんどし[飢饉年]。きょうねん[凶年]。

きょうさく【狭窄】 近代 せまくるしい[狭苦]。近世 けふさく[狭窄]。中世 けふあい[狭隘]。けふせう[狭小／狭少]。せまし[狭]。

きょうざめ【興覚】 味も素っ気もない。近代 あぢけない[味気無]。つまらない[詰]。つやけし[艶消]。はなじろむ[鼻白]。近世 いひしらく[—しらける][言白]。きまづし[気不味]。けうとなげ[気疎]。ふきょう／ぶきょう[不興]。御座が醒む[—醒める]。中世 おもひさむ[思醒]。きょうざめ[興覚／興醒]。ことざまし[事醒]。さっぷうけい[殺風景]。しらく[しらける][白]。わびし[侘]。興を醒ます。中古 あいなし／あひなし。あさまし[浅]。あぢきなし[味気無]。けうとげ[気疎]。けすさまじ[気凄]。ことさむ[事醒]。しらじらし[白白]。すさまじ[凄／荒]。すさまじげ[凄／荒]。なさけなし[情無]。ものすさまじ[物凄]。

見ていてー・する 中古 みざめ[見醒]。

きょうさん【協賛】 きょうさい[共催]。近代 けふさん[協賛]。こうゑん[後援]。サポート(support)。さんじょ[賛助]。中世 かせい[加勢]。じょせい[助勢]。

ぎょうさん【仰山】 →おお・い →おおげさ

きょうし【教師】 近代 インストラクター(instructor)。けういくか[教育家]。けういくしゃ[教育者]。けうゆ[教諭／教喩]。けうゐん[教員]。しだうしゃ[指導者]。ティーチャー(teacher)。近世 かうし[講師]。けうくゎん[教官]。けうし[教師]。しなんばん[指南番]。せんせい[先生]。中世 ししし[師資]。せんだち／せんだつ[先達]。中古 しし[師]。ししゃう[師匠]。上代 くんだう[訓導]。けうじゅ[教授]。しはん[師範]。せんじゃう[先生]。そうしゃう[宗匠]。

ーとしての仕事 きょうしょく[教職]。

ーの職名(例) エーエルティー(ALT; assistant language teacher)。がいこくごしどうじょしゅ[外国語指導助手]。じゅんきょうじゅ[准教授]。ようごきょうゆ[養護教諭]。近代 かうちゃう[校長]。がくちゃう[学長]。がくとう[学頭]。けうとう[教頭]。けうゆ[教諭]。じょけうじゅ[助教授]。じょしゅ[助手]。じょけうゆ[助教諭]。だいようけうゐん[代用教員]。プロフェッサー(professor)。ゑんちゃう[園長]。近世 かうし[講師]。けうじゅ[教授]。上代 くんだう[訓導]。

教えてもらったー 近代 おんし[恩師]。

その他ーのいろいろ(例) がっきゅうたんにん[学級担任]。かていきょうし[家庭教師]。きょうかたんにん[教科担任]。たんにん[担任]。チューター(tutor)。ぶかつどうこもん[部活動顧問]。

きょうじ【凶事】 近代 きょう[凶]。中世 きょうへん[凶変／兇変]。くせごと[曲事]。さいやく[災厄]。たいやく[大厄]。なん[難]。わざ[業／態]。中古 ふきつ[不吉]。やく[厄]。ふしゃう[不祥]。上代 きょうじ[凶事]。まが[禍]。まがこと／まがごと[禍事]。も[喪]。わざはひ[禍／災]。

ーのあった年 中世 きょうねん[凶年]。

きょうじ【教示】 近代 インストラクション(instruction)。近世 くんじ[訓辞]。けうじ[教示]。中世 けういく[教育]。上代 けうだう[教導]。

きょうじ【矜持】 近代 きんぢ[矜持]。じそんしん[自尊心]。じふしん[自負心]。プライド(pride)。ほこり[誇]。近世 きぐらゐ[気位]。きょうぢ[矜持]。じしん[自信]。中世 じふ[自負]。

きょうじ【驕児】 近代 きかんばう[坊]。けうじ[驕児]。近世 だだっこ[駄駄子]。

ぎょうし【凝視】 穴のあくほど見る。近代 ぎょうし[凝視]。ちょくし[直視]。瞳を凝らす。目を凝らす。近世 目を皿にす。中世 じゅくし[熟視]。まぶる[守]。みつむ[—つめる][見詰]。目を澄ます。中古 うちまもる[打守]。まぼらふ／まもらふ／まもる[守]。目を立つ[—立てる]。

ぎょうじ【行事】 イベント(event)。近代 もよほしもの[催物]。近世 もよほし[催]。中世 ぎ[儀]。中古 こと[事]。上代 ぎゃうじ[行事]。

神をまつるー 中古 かみわざ／かむわざ[神事]。

宮中のー 中古 おほやけごと[公事]。くじ[公

事］。
盛んなー　せいじ［盛事］。
晴れがましいー　中古いろふし［色節］。
ぎょうじ【行司】→**しんぱん**
きょうしつ【教室】　近代けうしつ［教室］。けうぢゃう［教場］。
外国語訓練のためのー　エルエル(LL, language laboratory)。
階段状のー　かいだんきょうしつ［階段教室］。シアター(theater)。
きょうしゃ【強者】　きょうごう［強豪］。近代きゃうしゃ［強者］。近世くっきゃう［屈強］。中世がうしゃ［強者］。きゃうがう［強剛］。こはもの［強者］。もさ［猛者］。中古がうけつ［豪傑］。かうのもの／がうのもの［剛者］。つはもの［強者］。上代さうし［壮士］。ますらを［益荒男］。
ぎょうしゃ【業者】　近代えいげふしゃ［営業者］。きげふしゃ［企業者］。げふしゃ［業者］。じげふしゃ［事業者］。マーチャント(merchant)。中世あきうど／あきんど［商人］。しゃうばいにん［商売人］。上代あきびと［商人］。しゃうにん［商人］。
きょうじゃく【強弱】　近世かうなん［硬軟］。しゆう［雌雄］。中古いうれつ［優劣］。きゃうじゃく［強弱／彊弱］。
きょうしゅ【興趣】　いろつや［色艶］。近代じゃうしゅ［情趣］。じゃうち［情致］。じゃうちょ［情緒］。もちあぢ［持味］。近世おもしろみ［面白］。きょうしゅ［興趣］。じゃうみ［情味］。ふうしゅ［風趣］。中古おもむき［趣］。かんきょう［感興］。じゃうしょ［情緒］。ふぜい［風情］。めうしゅ［妙趣］。めうみ［妙味］。上代あぢはひ［味］。
ーが失われる　つやけし［艶消］。近世いひしらけ［言白］。いろけし［色消］。
ーが深いこと　中世いっきょう［逸興］。
ーのないこと　近世ぶいき［不意気／不粋／無意気］。ぶすい［無粋／不粋］。やぼ［野暮］。
ーを感じる心　中世きょうくゎい［興懐］。
詩的なー　近世ししゅ［詩趣］。
きょうしゅ【拱手】　近代きょうしゅ／こうしゅ［拱手］。こうしゅばうくゎん［拱手傍観］。ばうけん［傍見］。ふところで［懐手］。もくし［黙視］。近世うでぐみ［腕組］。ばうくゎん［傍観］。ふところで［懐手］。手を拱(こまぬ)く。中世こまぬく／こまねく［拱］。ざし［座視］。しうしゅ［袖手］。つかぬ［つかねる］［束］。中古ばうくゎん［傍観］。
《句》近代山門から喧嘩(けんくゎ)見る。対岸の火事。高みの見物。
きょうじゅ【享受】　近代エンジョイ［enjoy］。きゃうじゅ［享受］。中世さづかる［授］。上代うく［うける］［受］。
きょうじゅ【教授】❶〈学者〉　近代けういくしゃ［教育者］。けんきうしゃ［研究者］。けんきうか［研究家］。プロフェッサー(professor)。近世けうくゎん［教官］。中古がくしゃ［学者］。せんせい［先生］。上代けうじゅ［教授］。せんじゃう［先生］。
きょうじゅ【教授】❷〈教育〉　近代じゅげふ［授業］。近世けういく［教育］。けうじ［教示］。しだう［指導］。しなん［指南］。中世かうぎ［講義］。くんたう［薫陶］。中古けうじゅ［教授］。でんじゅ［伝授］。をしふ［おしえる］［教］。
きょうしゅう【教習】　近代くんれん［訓練］。近世けういく［教育］。上代けうしふ［教習］。
きょうしゅう【郷愁】　近代くゎいきゃう［懐郷］。ノスタルジア(nostalgia)。ノスタルジー(フランス nostalgie)。ホームシック(homesick)。近世きゃうしう［郷愁］。さとごころ［里心］。中世ばうきゃう［望郷］。中古きしん［帰心］。
《句》近代越鳥(えってう)南枝に巣くひ胡馬(こば)北風に嘶(いな)く。近世帰心矢の如し。
きょうしゅう【強襲】　近代きしふ［奇襲］。きゃうしふ［強襲］。つうげき［痛撃］。つうだ［痛打］。まうこう［猛攻］。
ぎょうしゅう【凝集】→**ぎょうこ**
ぎょうじゅうざが【行住坐臥】→**おきふし**
きょうしゅく【恐縮】　近代きょうしょう［恐悚］。近世おそれまどふ［恐惑］。かたじけあり［忝］(遊里などのふざけた語)。きょうしゅく［恐縮］。中世いたみいる［痛入］。おそれいる［恐入／畏入］。せいきょう［誠恐］。もったいなし［勿体無］。中古かしこし［畏］。かたじけなし［忝／辱］。上代かしこまる［畏］。かしこむ［畏］。きょうく［恐懼］。
ー・して退く　近代しゅくたい［縮退］。
ー・ですが　中世おそれながら［恐］。
ーを表す語(奏上文、手紙文で)　中世せいきょう［誠恐］。せいくゎう［誠惶］。
ぎょうしゅく【凝縮】→**ぎょうこ**
きょうじゅつ【供述】　じきょう［自供］。近代きょうじゅつ［供述］。こうきょう［口供］。こうじゅつ［口述］。こうちん［口陳］。ちんべん［陳弁］。まうしたてる［申立］。近世かいちん［開陳］。ちんじゅつ［陳述］。ろんじゅ

つ［論述］。中世べんず［弁］。中古まうしのぶ〔―のべる〕［申述］。

きょうじゅん【恭順】 近代くつじゅう［屈従／屈伏］。近世きょうじゅん［恭順］。中世くっぷく［屈服］。ふくじゅう［服従］。上代きじゅん［帰順］。きふく［帰服／帰伏］。

きょうしょう【狭小】 近代せせこましい。せせっこましい。せまくるしい［狭苦］。近世てぜま［手狭］。猫の額。中世けふせう［狭小／狭少］。せまし［狭］。中古きゅうくつ［窮屈］。ちさし／ちひさし［小］。

きょうじょう【教条】 ドグマ(dogma)。中世けうぎ［教義］。けうり［教理］。

ぎょうしょう【行商】 近代うきくさかげふ［浮草稼業］。かうしゃう［行商］。キャラバン(caravan)。たいしゃう［隊商］。たびあきうど［旅商人］。たびしゃう［旅商］。たびしゃうにん［旅商人］。りょしゃう［旅商］。近世かよひあきなひ［通商］。せりうり［競売／糶売］。せる［競／糶］。せんだつみ［千朶積］。たかに［高荷］。たびあきなひ［旅商］。になひあきなひ［担商］。れんじゃくあきなひ［連尺商］。ゐなかかせぎ［田舎稼］。ゐなかくだり［田舎下］。中世うりあるく［売歩］。ぎゃうしゃう［行商］。中古ゐなかわたらひ［田舎渡］。

―の女 中古ひさいめ／ひさぎめ［販女］。

―の人 近代ぎゃうしゃうにん［行商人］。たびしゃうにん［旅商人］。近世かつぎ［担］。せりあきんど［競商人］。たびあきうど／たびあきんど［旅商人］。

飴を売る―人 近世あめうり［飴売］。

呉服物の― 近代せりごふく［糶呉服］。

騙してまやかし物を売る―人 近世のうれんし／のれんし［暖簾師］。

灯火用の油を売る―人 近世あぶらうり［油売］。

古着の―人 近世みつものや［三物屋］。

都へ行く途中に―・する 近世のぼりあきなひ［上商］。

▼物を背負って売り歩く商売 近世かつぎ［担］。せんだつみ［千朶積］。になひあきなひ［担商］。になひうり［担売／荷売］。中世ぎゃうしゃう［行商］。れんじゃくあきなひ［連尺商］。

ぎょうしょう【驍将】 きょうしょう［強将］。とうしょう［闘将］。近代ゆうしゃう［勇将］。近世げうしゃう［驍将］。中世ちしゃう［知将］。まうしゃう［猛将］。ゆうしゃう［勇将］。中古めいしゃう［名将］。

ぎょうじょう【行状】 近代せいかう［性行］。そかう［素行］。近世おこなひ［行］。かうどう［行動］。ぎゃうせき［行跡］。ひんかう［品行］。みもち［身持］。中世かうせき［行跡］。ぎゃうじゃう［行状］。中古ぎゃうごふ［行業］。きゃうじゃく［景迹］。さうかう［操行］。しわざ［仕業／為業］。上代しょぎゃう［所行］。ふるまひ［振舞］。

きょうしん【狂信】 近代きゃうしん［狂信］。くゎしん［過信］。ねっきょう［熱狂］。ばうしん／まうしん［妄信］。ファナティシズム(fanaticism)。めいしん［迷信］。

―的なこと かみがかり［神懸／神憑］。

きょうじん【凶刃】 きょうぐ［凶具］。近代きょうじん［凶刃／兇刃］。どくじん［毒刃］。中世しらは／はくじん［白刃］。はもの［刃物］。やいば［刃］。上代きょうき［凶器］。

きょうじん【狂人】 近世はうさい［泡斎］。はうさいばう［泡斎坊］。中世きちがひ［気違］。きゃうしゃ［狂者］。きゃうじん［狂人］。ふうきゃう［風狂］。中古ものぐるひ［者狂］。

―のふりをすること 中世そらものぐるひ［空物狂］。上代やうきゃう［佯狂／陽狂］。

きょうじん【強靱】 タフ(tough)。近代きゃうじん［強靱］。きゃうりょく［強力］。ぐゎんきゃう［頑強］。中世ぐゎんぢゃう［頑丈］。ぢゃうぶ［丈夫］。→**がんじょう**

―・な身体を持った人 てつじん［鉄人］。近世ふじみ［不死身／不仁身］。

―・な本質 中世はがね［鋼／刃金］。

きょうせい【共生】 →**きょうぞん**

きょうせい【矯正】 近代けうせい［矯正］。近世ぜせい［是正］。中世きゃうせい［匡正］。たむ〔ためる〕［矯／撓／揉］。中古あらたむ〔―ためる〕［改］。上代ただす［正］。なほす［直／治］。

きょうせい【強制】 ごりおし［押］。近代おしつけ［押付］。がういん［強引］。きゃうえう［強要］。きゃうせい［強制］。むりおし［無理押］。むりじひ［無理強］。有無なし。近世否応なし。有無を言はさず。中世せびらかす。せぶる。むりやり［無理矢理］。中古ひとやり［人遣］。上代しふ〔しいる〕［強］。

―・されずにする 近代じはつ［自発］。

―的に取り上げる 近代ちょうよう［徴用］。上代ちょうはつ［徴発］。

権力による― 近代あっせい［圧制］。

ぎょうせい【行政】 近代 しせい[施政]。ないせい[内政]。近世 ぎゃうせい[行政]。中世 せいぢ[政治]。中古 せいむ[政務]。まつりごと[政]。上代 こうむ[公務]。

ぎょうせき【行跡】→**ぎょうじょう**

ぎょうせき【業績】 近代 けっか[結果]。けっしゃう[結晶]。げふせき[業績]。しうくゎく[収穫]。じせき[事績]。じっせき[実績]。せいくゎ[成果]。そくせき[足跡]。みのり[実/稔]。中世 こうげふ[功業]。上代 こうせき[功績]。

ーを上げる 実を結ぶ。中古 たいせい[大成]。

ーを記したもの 近世 ぎゃうじゃうしょ[行状書]。中世 ぎゃうじゃう[行状]。りれき[履歴]。中古 けいれき[経歴]。でんき[伝記]。

ーを褒める 近代 ろんさん[論賛]。

学問上のー がくせき[学績]。近代 アルバイト(ドイツ Arbeit)。

後世に残るー 近代 きんじたふ[金字塔]。中古 ゐはう[遺芳]。

故人のー あしあと[足跡]。いさん[遺産]。近代 そくせき[足跡]。ゐげふ[遺業]。近世 おきみやげ[置土産]。きうげふ[旧業]。

最近のー 近代 きんげふ[近業]。

政治上のー 中古 ちせき[治績]。上代 せいせき[政績]。

立派なー 近世 ゐこう[偉功]。

きょうそ【教祖】 近代 けうそ[教祖]。近世 しゅうそ[宗祖]。中世 かいき[開基]。かいさん[開山]。かいそ[開祖]。中古 けうしゅ[教主]。そし[祖師]。

きょうそう【強壮】 近代 きゃうりょく[強力]。近世 きゃうさう[強壮]。中世 きゃうけん[強健]。きゃうだい[強大]。中古 だいりき[大力]。ちからづよし[力強]。上代 つよし[強]。→**がんきょう**

きょうそう【狂騒】 近代 けんさう[喧騒]。どんちゃんさわぎ[騒]。近世 きゃうさう[狂騒/狂躁]。中古 おほさわぎ[大騒]。上代 さうぜん[騒然]。さわぎ[騒]。

きょうそう【競争】 きそいあう[競合]。コンクール(フランス concours)。コンペ/コンペティション(competition)。つばぜりあい[鍔迫合]。近代 かくちく[角逐]。きゃうぎ[競技]。コンテスト(contest)。たいかう[対抗]。マッチ(match)。レース(race)。近世 せる[競]。たいけつ[対決]。鎬(しのぎ)を削る。中世 うでくらべ[腕比/腕競]。きゃうさう[競争]。さうきゃう[争競]。さうだつ[争奪]。しあひ[試合]。せりあふ[競合]。はりあふ[張合]。先を争ふ。中古 あらがひ/あらがひごと[争事/諍事]。いどみ/いどみごと[挑事]。きしろふ[競/軋]。きそふ[競]。きほふ[競]。しょうぶ[勝負]。すまふ[競]。てあはせ[手合]。雌雄を決す。上代 あらがふ[抗/争/諍]。あらそふ[争]。いそふ/いそはく[争/競]。いどむ[挑]。きほふ[競]。くらぶ[くらべる][比]。

ー相手 近代 ライバル(rival)。近世 かうてきしゅ[好敵手]。

ー心 中古 いどみごころ[挑心]。

ー心が強い 中古 いどまし[挑]。

ーで作品を作る きょうさく[競作]。

ーの激烈なところ さいぜんせん[最前線]。狭き門。

ーの場 近世 ちゅうげん[中原]。

ーをしかける 上代 いどむ[挑]。

生き残るー サバイバルゲーム(survival game)。近代 じゃくにくきゃうしょく[弱肉強食]。せいぞんきゃうさう[生存競争]。

営業上のー 近代 きゃうげふ[競業]。

思いがけないー相手 中世 ふくへい[伏兵]。

きょうそう【競走】 はしりこ/はしりっこ[走]。近代 おひかけっこ[追]。かけくらべ[駆競/駈競]。きゃうそう[競走]。けいそう[継走]。ににんさんきゃく[二人三脚]。ランニング(running)。近世 かけくら[駆競/駈競]。かけっくら[駆競/駈競]。はしりくらべ[走競]。はしりこぎり[走競]。はしりごく[走]。はしりごくらひ[走]。中世 おひこくら[追]。はしりくら/はしりぐら[走競]。はしりこくら/はしりこぐら[走]。

ーで一着になる テープ(tape)を切る。

馬のー 中世 きそひうま[競馬]。きほひうま[競馬]。けいば[競馬]。中古 くらべうま[競馬]。こまくらべ[駒競]。→**けいば**

陸上競技としてのー ときょうそう[徒競走]。ロードレース(road race)。近代 えきでん[駅伝]。えきでんきゃうそう[駅伝競走]。きゃうほ[競歩]。クロスカントリー(cross country)。トラックきゃうぎ[track 競技]。マラソン(marathon)。リレー(relay)。リレーきゃうそう[relay 競走]。レース(race)。

きょうそう【競漕】 きょうてい[競艇]。近代 エイト(eight)。きゃうさう[競漕]。ボートレース(boat race)。レガッタ(regatta)。

▼長崎などで行われる舟漕ぎ競走 ペーロン[(中国語)飛竜/白竜]。

ぎょうそう【形相】 近代 けっさう[血相]。へうじゃう[表情]。 近世 けんまく[剣幕/権幕]。つらがまへ[面構]。ふうばう[風貌]。めんよう[面容]。 中世 さうぎゃう[相形]。つらだましひ[面魂]。 中古 おももち[面持]。かほつき[顔付]。ぎゃうさう[形相]。つらつき[面付/頰付]。

激しく怒った— 中古 怒髪(どはつ)天(冠)を衝(つ)く。

きょうぞん【共存】 近代 きょうざい[共在]。きょうせい[共生/共棲]。きょうそん/きょうぞん[共存]。へいそん/へいぞん[併存]。

きょうだ【怯懦】→おくびょう

きょうたい【嬌態】 近世 けうし[嬌姿]。しなせぶり[為做振]。びたい[媚態]。 中古 えんたい[艶態]。けうたい[嬌態]。 上代 こぶ[こびる][媚]。

きょうだい【兄弟】 近世 いっぷくいっしゅ[一腹一種]。 中世 いっぷくいっしゃう[一腹一生]。おととい/おととえ[弟兄]。せうと[兄人]。どうき[同気]。どうこん[同根]。 中古 あにおとと[兄弟]。いもせ[妹背]。どうはう/はらから[同胞]。 上代 あにおと[兄弟]。いろせ[兄弟]。いろと/いろど[弟/妹]。いろね[兄/姉]。いろも[同母妹]。きゃうだい[兄弟]。このかみおとと[兄弟]。こんてい[昆弟]。せ[兄/夫/背]。せこ[夫子/兄子/背子]。

《句》 近代 兄弟(けいてい)は左右の手なり。兄弟(けいてい)は手足なり。兄弟(けいてい)は両の手。血は水よりも濃し。 近世 兄弟は他人の始まり。兄弟(けいてい)牆(かき)に鬩(せめ)げども外その務(あなど)りを禦(ふせ)ぐ。

—喧嘩(けんか)をする 《句》 近世 兄弟(けいてい)牆(かき)に鬩(せめ)ぐ。 中世 豆を煮るに萁(まめがら)をたく。 上代 七歩の才。

—で長男、末っ子以外の子 上代 なかち/なかちこ/なかつこ[中子/仲子]。

—の子 中古 いうし/いうじ[猶子]。 上代 めひ[姪]。をひ[甥]。

—の仲がよいこと 近世 てい[悌]。 中世 枝を連ぬ[—連ねる]。

—の中の年長者 中古 はく[伯]。

異父同母の— 近代 たねちがひ[種違]。 中古 ことはらから[異同胞]。

異母同父の— いぼきょうだい[異母兄弟]。 近代 いふく[異腹]。はらちがひ[腹違]。 中世 はらがはり[腹変]。べつばら/べつぷく[別腹]。 中古 ことはらから[異同胞]。 上代 ことはら[異腹]。

男の— 近世 ブラザー(brother)。 中世 けいてい[兄弟]。 中古 をのこはらから[男同胞]。

同じ女性の母乳で育った— 近世 ちきゃうだい[乳兄弟]。 中世 ちおととい[乳兄弟]。

女の— 近代 シスター(sister)。 近世 あねいもと[姉妹]。 中古 あねおとと[姉妹]。をんなはらから[女同胞]。 上代 いも[妹]。しまい[姉妹]。も[妹]。

貴人の— 中世 ごれんし[御連枝]。連なる枝。

義理の— 近代 ぎきゃうだい[義兄弟]。

同母の— 近世 いっぷくいっしゅ[一腹一種]。 中世 いっぷくいっしゃう[一腹一生]。 中古 どうさん[同産]。どうふく/どうぶく[同腹]。ひとつはら[一腹]。 上代 おもはらから[母同胞]。

年上の— 近代 あにい[兄]。けいし[兄姉]。 中古 あに[兄]。 上代 あね[姉]。え[兄]。

年下の— 中古 おとうと/おとと[弟/妹]。 上代 おと[弟]。おとひ[弟日]。

仲のよい— 中古 おもひはらから[思同胞]。

両親のどちらかが違う— 近世 ゆきあひきゃうだい[行合兄弟]。

▼兄 近代 あにい[兄]。 中世 せうと[兄人]。 上代 え[兄]。 中古 かみつえ/かみつえだ[上枝]。このかみ[兄/長/氏上]。《尊》 中世 あにごぜ[兄御前]。あにぢゃひと[兄人]。

▼姉 中古 かみつえ/かみつえだ[上枝]。 上代 え[兄]。このかみ[兄/長/氏上]。《尊》 中世 あねご[姉御]。あねごぜ[姉御前]。あねぢゃひと[姉人]。

▼兄妹 中古 いもせ[妹背]。おとと[妹]。

▼妹 上代 おと[弟/乙]。おとひと[弟人]。

▼弟 中世 しゃてい[舎弟]。 上代 おと[弟/乙]。おとひと[弟人]。

▼実の兄 近世 しゃきゃう/しゃけい[舎兄]。しんきゃう[親兄]。

▼長兄 近代 たいけい[大兄]。 上代 おほえ[大兄]。 中古 このかみ[兄/長/氏上]。

▼長姉 中古 おほいぎみ[大君]。おほいこ/おほいご[大子]。おほひめ/おほひめぎみ[大姫君]。おほひめごぜん[大姫御前]。

きょうたく【供託】 近代 きょうたく[供託]。 中古 あづよたく[預託]。ゐたく[委託]。[あずける][預]。きたく[寄託]。

きょうたん【驚嘆】 中世 きゃうい[驚異]。きゃうたん[驚嘆/驚歎]。舌を巻く。 中古 目を見張る。 上代 かんたん[感嘆]。

詩文や書画などを—・して褒める語 近代 咄咄(とつとつ)人に逼(せま)る。

きょうち【境地】 近代 きゃうぐう[境遇]。ゐき[域]。近世 たちば[立場]。でんち[田地]。中世 きゃうち[境地]。さかひ[境]。しんきゃう[心境]。ちゐ[地位]。
ーにうっとりとひたること 近代 たうすい[陶酔]。
うっとりとして忘我のー 近代 たうすいきゃう[陶酔境]。
最高のー 中世 きょくち[極致]。上代 ひがん[彼岸]。
すばらしいー 近代 しきゃう[至境]。しょきゃう[庶境]。めうきゃう[妙境]。中古 かきゃう[佳境]。

きょうちくとう【夾竹桃】 とうようこう[桃葉紅]。中世 けふちくたう[夾竹桃]。

きょうちゅう【胸中】 きょうおう[胸奥]。近代 きょうかん[胸間]。きょうてい[胸底]。ちゅうじゃきん[衷襟]。しんきゃう[心境]。ちゅうじゃう[衷情]。とひ[肚皮]。ほんね[本音]。近世 きょうう[胸宇]。きょうかく[胸膈]。きょうり[胸裏/胸裡]。くゎいはう[懐抱]。くゎいり[懐裡]。しんとう[心頭]。ぞんい[存意]。ぞんしん[存心]。ないい[内意]。はうすん[方寸]。ひり[皮裏]。ふところ[懐]。むねさんずん[胸三寸]。腹の内。中世 おくねん[憶念/臆念]。きょうきん[胸襟]。ござうろっぷ[五臓六腑]。しんぢゅう[心中]。ちゅうじゃう[中情]。ちゅうしん[衷心]。ないない[内内]。ねん[念]。はいかん[肺肝]。はいふ[肺腑]。ふくちゅう[腹中]。ほんしん[本心]。腹の中。中古 いちゅう[意中]。おもひ[思]。きょうおく[胸臆]。きょうくゎい[胸懐]。きょうちゅう[胸中]。こころぎも[心肝]。しんきょう[心胸]。しんくゎい[心懐]。しんちゃんじ[心事]。しんじゃう[心情]。ちゅうしん[中心]。しんてい[心底]。ちゅうしん[中心]。ないしん[内心]。なか[中]。はうすん[方寸]。はら[腹]。ほんい[本意]。胸の内。上代 おもはく[思]。した[下]。したごころ[下心]。しんちゅう[心中]。しんない[心内]。
ーに隠している考え 近代 腹に一物。近世 てのうち[手内]。ないい[内意]。ねは[根葉]。胸に一物。中世 ないない[内内]。中古 くま[隈]。
ーに仕舞い込む 中古 おしこむ[ーこめる][押込]。近世 胸に納む[ー納める]。
ーを打ち明ける →うちあ・ける
ーを述べること 中世 とろ[吐露]。上代 じゅっくゎい[述懐]。→うちあ・ける
相手のーを見透かし出し抜く 近世 鼻を明かす。中世 鼻毛を抜く。

きょうちょう【強調】 近代 かうてう[高調]。きゃうてう[強調]。りきせつ[力説]。
ー・したい中心 めだま[目玉]。
ー・して言う 中古 まうしたつ[ーたてる][申立]。
ー・して書く 近代 たいひつとくしょ[大筆特書]。
ー・して強く発音する アクセント(accent)。プロミネンス(prominence)。
ーの接頭語 あい[相]。おっ。しみ。しゃ。しょ。ど。とっ。とり[取]。中世 おち。
ーの助詞等 のみ。中古 かしな。こそ。しも。ぞ。ぞよ。とし。なむ。にし。上代 し。もぞ。

きょうちょう【協調】 近代 あゆみよる[歩寄]。けふてう[協調]。ごじゃう[互譲]。じゃうほ[譲歩]。をりあふ[折合]。気脈を通じる。近世 てうくゎ[調和]。どうてう[同調]。そりが合ふ。肌が合ふ。中世 けふわ[協和]。中古 てうわ[調和]。上代 わ[和]。

きょうつう【共通】 近代 きょうつう[共通]。つういう[通有]。中世 あひつうず[相通]。つうず[通]。どういつ[同一]。どうやう[同様]。中古 いっぱん[一般]。うちかよふ[打通]。ふへん[普遍]。上代 おなじ[同]。
ー・する部分 近代 さいだいこうやくすう[最大公約数]。

きょうてい【教程】 →きょういく →きょうかしょ

きょうてい【協定】 近代 アグリーメント(agreement)。けふてい[協定]。けふやく[協約]。とりきめ[取決]。近世 まうしあはせ[申合]。中世 いひかはす[言交]。けいやく[契約]。やくぢゃう[約定]。

きょうてき【強敵】 なんてき[難敵]。近世 きゃうてき[強敵]。中世 たいてき[大敵]。
かなわないーに挑む 《句》中古 蟷螂(たうらう)(螳螂)が斧を取りて隆車に向かふ。蟷螂(螳螂)の斧。

きょうてん【教典】 きょうほん[教本]。近代 けうはん[教範]。中世 けうてん[教典]。
→きょうてん(次項)

きょうてん【経典】 近世 せいてん[聖典]。ぶっせき[仏籍]。中世 きゃうもん[経文]。けうてん[教典]。しゃうげう[聖教]。ばいえふ[貝葉]。ばいたら[貝多羅]。ばいたらえふ

〔貝多羅葉〕。ぶっしょ〔仏書〕。ぶってん〔仏典〕。中古しゃうてん〔聖典〕。しゃくてん〔釈典〕。ないてん〔内典〕。のり〔法／則〕。ぶっきゃう〔仏経〕。上代きゃう〔経〕。きゃうてん〔経典〕。

仏教以外の― スートラ(梵 sūtra)。近代コーラン(Koran)。せいしょ〔聖書〕。バイブル(Bible)。中古ぞくてん〔俗典〕。上代げしょ〔外書〕。げてん／とつふみ〔外典〕。

ぎょうてん【仰天】→**おどろ・く**

ぎょうてん【暁天】→**あけがた**

きょうと【凶徒】 近代ぼうと〔暴徒〕。中世あくじん〔悪人〕。中古あくにん〔悪人〕。きょうじん〔凶人／兇人〕。上代あくと〔悪徒〕。きょうと〔凶徒／兇徒〕。

きょうと【教徒】 近代けうと〔教徒〕。しゅうと〔宗徒〕。しんと〔信徒〕。中世しんじゃ〔信者〕。中古もんと〔門徒〕。

きょうと【京都】 近世ほくと〔北都〕。中世ほくきゃう〔北京〕。中古けいらく〔京洛〕。ていと〔帝都〕。らくやう〔洛陽〕。上代きゃう〔京〕。くゎか〔華夏〕。けいし〔京師〕。

―と大阪 近世けいしん〔京津〕。けいはん〔京阪〕。

―とその周辺 上代きだい／きない〔畿内〕。けいき〔京畿〕。道の口。

―に行くこと 中古きゃうのぼり〔京上〕。じゃうらく〔上洛〕。

―に帰ること 中古ききゃう〔帰京〕。きらく〔帰洛〕。

―に遠い地域 中古しも〔下〕。上代道の尻。道の後(しり)。

―に入ること 近代にふらく〔入洛〕。中古じゅらく〔入洛〕。

比叡山から―に行くこと 中世げらく〔下洛〕。

きょうど【郷土】 近代きゃうど〔郷土〕。しゃうち／せいち〔生地〕。ゐなか〔田舎〕。近世うまれこきゃう〔生故郷〕。おいらが。おくに〔御国〕。くにがた〔国方〕。ざいしょ〔在所〕。しゃうこく／しゃうごく〔生国〕。中世がう〔郷〕。きゃう〔郷〕。きゃうりょ〔郷閭〕。くにさと〔国里〕。くにもと〔国元〕。中古かきゃう〔家郷〕。さと〔里〕。上代きゃうくゎん〔郷関〕。きゃうこく〔郷国〕。きゃうり〔郷里〕。くに〔国／邦〕。こきゃう〔故郷〕。ふるさと〔故郷／古里／故里〕。

―色 近代ちはうしょく〔地方色〕。ローカルカラー(local color)。

―にいること ざいきょう〔在郷〕。中古ざいがう〔在郷〕。

きょうど【強度】 近代かうど〔硬度〕。きゃうど〔強度〕。

きょうとう【驚倒】→**おどろ・く**

きょうどう【共同】 れんけい〔連携〕。近代きょうどう〔共同〕。けふてう〔協調〕。けふどう〔協同〕。けふりょく〔協力〕。れんたい〔連帯〕。近世もやひ〔催合／最合〕。れんがふ〔連合〕。中世けふわ〔協和〕。中古がったい〔合体〕。

―作用(相乗作用) シナジー(synergy)。

―住宅 近代アパート(apartment house)。しふがふぢゅうたく〔集合住宅〕。

―体 コミュニティー(community)。ちいきしゃかい〔地域社会〕。

―で事を行う 近代がふべん〔合弁〕。→**きょうりょく【協力】**

―で所有する きょうゆう〔共有〕。

―で著作等をする がっちょ／ごうちょ〔合著〕。きょうちょ〔共著〕。きょうへん〔共編〕。

―で寝泊まりし研修する キャンプ(camp)。中世がっしゅく〔合宿〕。

きょうどう【協同】→**きょうどう【共同】**

きょうねん【享年】 ぼつねん〔没年〕。近世ぎゃうねん〔行年〕。中世きゃうねん〔享年〕。

きょうばい【競売】 けいばい〔競売〕(法律用語)。近代オークション(auction)。きゃうばい〔競売〕。せりうり〔競売〕。てうばい〔糶売〕。近世せり〔競／糶〕。

―で最高値で買う 近代せりがひ〔競買／糶買〕。近世せりおとす〔競落〕。

きょうはく【脅迫】 近代ゐかく〔威嚇〕。ゐはく〔威迫〕。近世おどかし〔脅／嚇〕。中世おどし〔威／脅／嚇〕。上代けふはく〔脅迫〕。

―の手紙 近世おとしぶみ〔落文／落書〕。

きょうふ【恐怖】 ホラー(horror)。近代おぞけ〔怖気〕。おののき〔戦〕。おびえ〔怯〕。スリリング(thrilling)。スリル(thrill)。近世おぢけ〔怖気〕。ゐふ〔畏怖〕。中世こはし〔恐／怖〕。中古おそれ〔恐〕。きょうふ〔恐怖〕。せんりつ〔戦慄〕。

《句》近世疑心暗鬼を生ず。中世落武者は薄(すすき)の穂にも怖づ(―怖じる)。

―の表情(反応) 肌(膚)に粟を生ずる。近代ひやり。近世いよだつ〔弥立〕。がたつく。びくびく。ふるふ〔ふるえる〕〔震〕。ふるへあがる〔震上〕。ゐすくまる／ゐずくまる〔居竦〕。金玉が縮み上がる。中世おびえあがる〔怯上〕。おびえたまぎる〔怯魂〕。たちすくむ〔立竦〕。色を失ふ。顔色無し。身の

毛がよだつ。中古とりはだだつ[鳥肌立]。ゐすくむ[居竦]。

ーを覚える 近世おぢけだつ[怖気立]。中世恐れをなす。

きょうふう【強風】 近代ぢんぷう[陣風]。とっぷう[突風]。近世きふふう[急風]。きゃうふう[強風]。はやちかぜ/はやてかぜ[疾風]。中古しっぷう[疾風]。しまき[風巻/風捲]。はやち/はやて[疾風]。れっぷう[烈風]。

ーのさま 近代ほえくるふ[吼狂]。↓**かぜ**

きょうべん【強弁】 近世きゃうべん[強弁]。中世いひきる[言切]。くちごは[口強]。

きょうほう【凶報】 きょうぶん[凶聞]。近代きょうほう[凶報]。ふほう[訃報]。中世ふいん/ふおん[訃音]。

きょうぼう【狂暴】 近代きょうぼう[凶暴]。近世きょうまう[凶猛]。だうまう[獰猛]。らんぼう[乱暴]。中古きゃうぼう[狂暴]。上代きょうあく[凶悪]。

きょうぼう【共謀】 きょうどうぼうぎ[共同謀議]。近代きょうぼう[共謀]。近世うなづきあふ[頷合]。ぐるになる。肌を合はす〔ー合わせる〕。中世あひどり[相取]。なれあふ[馴合]。中古くむ[組]。しめしあはす〔ーあわせる〕[示合]。心を合はす〔ー合わせる〕。

きょうほん【教本】 ↓**きょうかしょ**

きょうほん【狂奔】 近代かけづりまはる[駆回/駈回]。とうほんさいそう/とうほんせいそう[東奔西走]。近世きゃうほん[狂奔]。ちまなこ[血眼]。中世はしりまはる[走回]。中古ほんそう[奔走]。

きょうまん【驕慢】 中世おごり[驕]。かうまん[高慢]。がうまん[傲慢]。中古けうまん[驕慢/憍慢]。

きょうみ【興味】 近代インタレスト(interest)。くゎんしん[関心]。きのり[気乗]。近世おもしろみ[面白]。きょうしゅ[興趣]。中世きょく[曲]。ひきょう[比興]。中古かんきょう[感興]。きょう[興]。きょうみ[興味]。

ーがある 近世食指が動く。中古をかし/をかしがる。

ーが薄らぐ 近世座が醒む〔ー醒める〕。座が白らく〔ー白ける〕。中世おもひさむ[思醒]。きょうざめ[興醒]。ことさむ[事醒]。さくぜん[索然]。さしのく[差退/差除]。しらく〔しらける〕[白]。興を醒ます。中古ことざまし[事醒]。わびし[侘]。上代あく〔あきる〕[飽/厭/倦]。

ーが他へ移る 近代きうつり[気移]。こころうつり[心移]。中世うはき[浮気]。中古こころがはり[心変]。

ーがないたとえ 近世糸瓜(へちま)の皮とも思はず。糸瓜の皮のだんぶくろ。

ーがわいてくる きょうみしんしん[興味津津]。近世乗りが来る。中古かんきょう[感興]。

ーのある所 ハイライト(highlight)。中古かきゃう[佳境]。

ー本意ですること 中世おもしろづく[面白尽]。

ーをあおるやり方 近代センセーショナリズム(sensationalism)。

ーを削ぐ 近代つやけし[艶消]。

ーを持って関係する 近代頭を突っ込む。首を突っ込む。

ぎょうむ【業務】 ジョブ(job)。近代げふむ[業務]。じつげふ[実業]。じつむ[実務]。じむ[事務]。つとめ[勤/務]。ビジネス(business)。ワーク(work)。近世きんむ[勤務]。中世しごと[仕事]。中古げふ[業]。じげふ[事業]。上代きんらう[勤労]。

ーに就く しぎょう/せぎょう[施業]。近代しうげふ[就業]。しうらう[就労]。じゅうげふ[従業]。

ーに戻る 近代ふくげふ[復業]。

ーを終わる へいかん[閉館]。へいしょ[閉所]。近代しゅうげふ[終業]。

ーを集中的に行う所 ステーション(station)。

ーを始める かいかん[開館]。近代しうげふ[就業]。しげふ[始業]。

ーを止める 近代ひげふ[罷業]。

現場のー 近代げんげふ[現業]。

普段のー 近代じゃうげふ[常業]。

きょうめい【共鳴】 きょうしん[共振]。近代きょうかん[共感]。きょうめい[共鳴]。シンパシー(sympathy)。どうかん[同感]。ともなり[共鳴]。近世どうてう[同調]。中古どうい[同意]。

ー・する人 しえんしゃ[支援者]。どうちょうしゃ[同調者]。近代シンパ/シンパサイザー(sympathizer)。

きょうやく【協約】 近代アグリーメント(agreement)。アンタント(フランスentente)。けふてい[協定]。けふやく[協約]。中世けいやく[契約]。やくぢゃう[約定]。

きょうゆ【教諭】 ↓**きょうし**

きょうゆう【享有】 近代きゃういう[享有]。きゃうじゅ[享受]。ぐいう[具有]。中世も

ちあはす〔―あわせる〕［持合］。

きょうよ【供与】 近代 きょうきふ［供給］。きょうする［供］。きょうよう［供用］。しきふ［支給］。ていきょう［提供］。中世 きふす［給］。じゅよ［授与］。ふよ［付与］。ふよ［賦与］。中古 あたふ〔あたえる〕［与］。さづく〔さずける〕［授］。上代 ぐきふ［供給］。

きょうよう【強要】 →**きょうせい【強制】**

きょうよう【教養】 近代 うんちく［蘊蓄］。カルチャー(culture)。けうやう［教養］。そやう［素養］。リベラルアーツ(liberal arts)。中世 たしなみ［嗜］。中古 ざえ［才］。上代 ちしき［知識］。

―ありげ 中古 ゆゑよし［故由］。

―がある 近世 こぶ〔こびる〕。中古 いうそく［有職／有識］。

―がない(さま) 近代 やばん［野蛮］。近世 ふつつか［不束］。中世 あらうち［荒打］。そや［粗野／疎野］。中古 かたくな［頑］。

―がない人 近世 ぞくはい［俗輩］。中世 かし［下士］。

―をつむ 近代 げんしょう［弦誦／絃誦］。

和歌についての― うたごころ［歌心］。

大学の―課程 リベラルアーツ(liberal arts)。

きょうらく【享楽】 近代 アミューズメント(amusement)。エンターテインメント(entertainment)。きゃうらく［享楽］。近世 えつらく［悦楽］。中世 くゎいらく［快楽］。ごらく［娯楽］。中古 いうきょう［遊興］。いつらく［逸楽／佚楽］。上代 くゎんらく［歓楽］。

―主義者 近代 エピキュリアン(epicurean)。

―的で退廃的なさま デカダン(フランス décadent)。

きょうらん【狂乱】 近世 らんき［乱気］。中世 きゃうわく［狂惑］。さくらん［錯乱］。らんしん［乱心］。中古 きゃうらん［狂乱］。こんらん［混乱］。上代 ある〔あれる〕［荒］。みだる〔みだれる〕［乱］。

きょうらん【狂瀾】 近世 きゃうたう［狂濤］。中世 きゃうらん［狂瀾］。どたう［怒濤］。→**なみ**

きょうり【郷里】 →**きょうど**

―が同じ 中古 どうきゃう［同郷］。

―にいる ざいきょう［在郷］。中古 ざいがう［在郷］。

―に帰る 中世 ききゃう［帰郷］。きせい［帰省］。中古 きこく［帰国］。上代 いへぢ［家路］。

―の仲間 近代 どうきゃうにん［同郷人］。中世 きゃうたう［郷党］。

―を懐かしむ心 近世 さとごころ［里心］。中世 ばうきゃう［望郷］。

―を離れ官吏となる 中世 くゎんいう［官遊／宦遊］。

―を離れること 中世 しゅついう［出遊］。上代 いうがく［遊学］。

きょうり【胸裡】 →**きょうちゅう**

きょうり【教理】 →**きょうぎ【教義】**

きょうりゅう【恐竜】 近世 くゎいじう［怪獣］。

―のいろいろ(例) イグアノドン(ラテン Iguanodon)。ぎりゅう［偽竜］。きんりゅう［禽竜］。タイラノサウルス／ティラノサウルス(ラテン Tyrannosaurus)。ブロントサウルス(ラテン Brontosaurus)。よくしゅりゅう［翼手竜］。よくりゅう［翼竜］。らいりゅう［雷竜］。

きょうりょう【狭量】 近代 けふあい［狭隘］。中世 けふりゃう［狭量］。近世 せまし［狭］。へんけふ［偏狭］。きょくそく［局促］。

きょうりょく【協力】 あいのり［相乗］。きょうさい［共催］。チームワーク(team work)。ににんさんきゃく［二人三脚］。相携えて。力を合わせる。手を取り合う。近代 きょうどう［共同］。けふさん［協賛］。けふてう［協調］。けふどう［協同］。けふりょく［協力］。タイアップ(tie up)。ていけい［提携］。力を貸す。手を組む。手を握る。近世 あひあひ［相合／相相］。たすけあふ［助合］。もやふ［催合／最合］。片棒を担ぐ。共にす。中世 あひどり［相取］。かふりょく［合力］。けふわ［協和］。どうしん［同心］。なりあふ［成合］。ひきあふ［引合］。むすぶ［結］。りくりょく［戮力］。中古 くむ［組］。もろもち［諸持］。→**きょうどう**

《句》近代 一筋の矢は折るべし、十筋(とすぢ)の矢は折り難し。

―関係 パートナーシップ(partnership)。

《句》近代 徳は孤ならず必ず隣あり。

きょうりょく【強力】 近代 きゃうかう［強硬］。きゃうじん［強靱］。きゃうりょく［強力］。パワフル(powerful)。中世 きゃうだい［強大］。上代 つよし［強］。

きょうれつ【強烈】 ドラスティック(drastic)。近代 きゃうれつ［強烈］。しれつ［熾烈］。せんれつ［鮮烈］。つうれつ［痛烈］。中世 きぶし。げきれつ［激烈／劇烈］。中古 まうれつ［猛烈］。

ぎょうれつ【行列】 マトリックス(matrix)(数学用語)。近代 かうしん［行進］。たいれつ

［隊列］。パレード(parade)。中古つら［列］。れち／れつ［列］。上代ぎゃうれつ［行列］。たいご［隊伍］。
―がゆっくり進む 近代おねり［御邌／御練］。中世ねりゆく［練行］。ねる［練／錬／煉］。
―を作って歩き回る 中世ねりまはる［練回］。
大勢の人の―のたとえ 中世蟻の伊勢参り。蟻の熊野参り。蟻の百度参り。
行幸の― 近世ろぼ［鹵簿］。
長い― 近代長蛇の列。
その他―のいろいろ(例) ちごぎゃうれつ［稚児行列］。近代かさうぎゃうれつ［仮装行列］。さうれつ［葬列］。ちゃうちんぎゃうれつ［提灯行列］。はたぎゃうれつ［旗行列］。ページェント(pageant)。

きょうわ【協和】→**きょうどう**

きょえい【虚栄】 近代きどり［気取］。きょえい［虚栄］。バニティー(vanity)。近世ぜい［贅］。せけんぎ［世間気］。みえ［見栄］。中世きょしょく［虚飾］。

きょか【許可】 ゴーサイン(和製go sign)。パーミッション(permission)。近代いんか［允可］。きょじゅん［許准］。しょうにん［承認］。にんか［認可］。にんよう［認容］。みとめる［認］。ようにん［容認］。近世さしゆるす［差許］。中世ききとどく［―とどける］［聞届］。きょか［許可］。しょうち［承知］。中古いんきょ［允許］。きょよう［許容］。めんきょ［免許］。ゆるし［許］。上代きょだく［許諾］。ゆるす［許］。

《尊》中世ごめん［御免］。

―・される 中世ゆる［ゆりる］［許］。

―・しない 近代ふきょか［不許可］。中世ふきょ［不許］。

―を与える 近代きょよ［許与］。にんか［認可］。

―を与える書類 ライセンス(license)。近代きょかしょう［許可証］。めんきょしょう［免許証］。中世かんさつ［鑑札］。めんじゃう［免状］。中古ゆるしぶみ［赦文］。

―を得る 近世御免を蒙(かう)むる。

暗黙のうちに―・する 近代もくにん［黙認］。

結婚を―・すること 中古きょか［許嫁］。

政府等の― 近代こうにん［公認］。近世くゎんきょ［官許］。

天皇の― 近世えいきょ［叡許］。中古ちょくきょ［勅許］。

入学(入会)の― 近代アドミッション(admission)。

非公式の― ないきょ［内許］。

きょかい【巨魁】 ドン(スペイン don)。近代しゅくゎい［首魁］。とうもく［頭目］。ボス(boss)。近世おやぶん［親分］。きょくゎい［巨魁］。中世しゅりゃうとうりゃう［頭領／棟梁］。中古かしら［頭］。上代げんきょう［元凶／元兇］。

ぎょかい【魚介】 近代かいさんぶつ［海産物］。ぎょかい［魚介］。ぎょかひ［魚貝］。すいさんぶつ［水産物］。中世いそもの［磯物］。りんかい［鱗介］。中古りんかふ［鱗甲］。上代うみさち［海幸］。海の幸(さち)。

―を足で探って獲る 近世ふむ［踏］。

―を生け簀(す)で飼育すること 中世ちくやう［畜養］。

―を干したもの 中世かんぶつ［干物／乾物］。中古ひもの［干物／乾物］。

―を水に潜って獲る 上代かづく［潜］。

食品としての― すいさんかこうひん［水産加工品］。近代シーフード(seafood)。

煮たり焼いたりしていない― 中古なまもの［生物］。

きょがく【巨額】 たいりょう［大量］。近代かうがく［高額］。きょがく［巨額］。たがく［多額］。近世たりゃう［多量］。中古きょまん［巨万］。

ぎょかく【漁獲】 近代ぎょくゎく［漁獲］。ぎょげふ［漁業］。ぎょする［漁］。ぎょらう［漁労］。近世れふ［漁］。中世ぎょれふ［漁猟］。中古あさる［漁］。上代いさる／いざる［漁］。すなどる［漁］。

―が多い 近代たいぎょ／たいれふ［大漁］。

―が少ない 近世ふれふ［不漁］。

―する場所 近世ぎょぢゃう／れふば［漁場］。

―高 近世みづあげ［水揚］。

きょかん【巨漢】→**きょじん❶**

きょぎ【虚偽】→**いつわり** →**うそ**

ぎょぎょう【漁業】 近代ぎょげふ［漁業］。すいさんぎょう［水産業］。上代すなどり［漁］。
→**ぎょかく**
―で生計を立てている家 中世ぎょか［漁家］。中古ぎょこ［漁戸］。

―の期間 近代ぎょき／れふき［漁期］。

―の場所 近代ぎょく［漁区］。ぎょば［漁場］。れふば［漁場］。近世ぎょぢゃう［漁場］。

―を職業とする人 近代ぎょげふしゃ［漁業者］。ぎょみん［漁民］。近世あみこ［網子］。うらかた［浦方］。うらびゃくしゃう［浦百姓］。かいじん［海人］。中世あまびと［海

人／蜑人］。れふし［漁師］。中古あま［海人／蜑］。はまひめ［浜姫］。上代あまをとめ［海女乙女］。かづきめ［潜女］。ぎょふ［漁夫／漁父］。→ぎょふ

その他ーのいろいろ(例) おきあいぎょぎょう［沖合漁業］。おきとりぎょぎょう［沖取漁業］。かいめんぎょぎょう［海面漁業］。きんかいぎょぎょう［近海漁業］。ないすいめんぎょぎょう［内水面漁業］。ぼせんしきトロールぎょぎょう［母船式trawl漁業］。近代えんがんぎょげふ［沿岸漁業］。ていちぎょげふ［定置漁業］。ゑんやうぎょげふ［遠洋漁業］。

きょきん【醵金】 しゅっしきん［出資金］。近代ぎえんきん［義捐金］。ぎきん［義金］。きふきん［寄付金］。きょきん［醵金］。きょしゅつきん［醵出金］。

きょく【曲】❶〈不正〉 近代ふせい［不正］。中古よこしま［邪］。中世ふしゃう［不正］。きょく［曲］。

強制的なー 近代とりたてきん［取立金］。

きょく【曲】❷〈音楽〉 近代がくきょく［楽曲］。せんりつ［旋律］。ソング(song)。メロディー(melody)。中世おんぎょく［音曲］。きょくせつ［曲節］。ふし［節］。中古おんがく［音楽］。しらべ［調］。上代きょく［曲］。

ーの構想 きょくそう［曲想］。

新しいー 近代しんぷ［新譜］。

能の難しいー 中世わざもの［業物］。

きょく【極】 近代きょくげん［極限］。げんかい［限界］。げんど［限度］。中世きゅうきょく［窮極］。さいげん［際限］。中古きはめ［極］。きょく［極］。さいはて［最果］。はて［果］。上代きはみ［極］。

対立するー たいきょく［対極］。近世りゃうきょく［両極］。

きょく【巨軀】 →きょじん❶

きょくがい【局外】 ぶがい［部外］。近代きょくぐゎい［局外］。ぐゎいぶ［外部］。よこ［横］。中世よこあひ［横合］。

ーから見る判断 近世をかめはちもく［傍目八目／岡目八目］。他人の正目(まさめ)。

ーの人 ぶがいしゃ［部外者］。近代アウトサイダー(outsider)。だいさんしゃ［第三者］。

きょくぎ【曲技】 →きょくげい

きょくげい【曲芸】 近代アクロバット(acrobat)。きょくぎ［曲技］。スタント(stunt)。中世かるわざ［軽業］。近世げいたう［芸当］。きょくげい［曲芸］。

ーのいろいろ(例) はらげい［腹芸］。近代きょくびき［曲弾］。さをのり［竿乗］。たまのり［玉乗］。みづげい［水芸］。江川の玉乗り。近世あしげい［足芸］。あやおり［綾織］。あやとり［綾取］。かくのり［角乗］。かごぬけ［籠脱］。きょくまり［曲鞠］。さらまはし［皿回］。さをのぼり［竿登］。たらひまはし［盥回］。つなわたり［綱渡］。はしごのり［梯子乗］。まくらがへし［枕返］。れんとび［連飛］。わくぐり［輪潜］。わぬけ［輪抜］。鶯(うぐひす)の谷渡り。剣の刃渡り。中世きょくのり［曲乗］。こまましし［独楽回］。ろうぎょく［弄玉］。ろうぐゎん［弄丸］。中古しなだま［品玉］。たまとり［玉取］。

往来で演ずるー 近世つじげい［辻芸］。中世はうか［放下］。

自動車のー スタントカー(stunt car)。

きょくげん【極限】 近代きょくげん［極限］。げんかい［限界］。げんど［限度］。しゅうきょく［終極］。マキシマム(maximum)。リミット(limit)。近世ぎりぎり［限限］。中世きうきゃう／くっきゃう［究竟］。きうきょく／きうごく［究極］。きは［際］。きゅうきょく／きゅうごく［窮極］。さいげん［際限］。中古きはまり［極］。きはめ［極］。きょく［極］。さいはち／さいはて［最果］。はて［果］。をはり［終］。上代かぎり［限］。きはみ［極］。

ー状況 げんかいじょうきょう［限界状況］。

ーに至る 中古きはむ〔きわめる〕［極］。つく〔つきる〕［尽］。

ーの 中古いたりたる［至］。

きょくげん【局限】 近代きょくげん［局限］。げんてい［限定］。せいげん［制限］。中世くゎくす［画］。中古上代かぎる［限］。

きょくげん【極言】 近代きょくげん［極言］。だんげん［断言］。めいげん［明言］。近世きょくろん［極論］。だんてい［断定］。中世いひきる［言切］。中古いひはなつ［言放］。

きょくしょ【局所】 近代きょくしょ［局所／局処］。きょくぶ［局部］。ぶぶん［部分］。

きょくしょう【極小】 きょくび［極微］。さいしょうち［最小値］。マイクロ／ミクロ(micro)。ミニマム(minimum)。近代きょくせう［極小］。中世びせう［微小］。

きょくしょう【極少】 近代きんせう［僅少］。さいせう［最少］。中世させう／しゃせう［些少／瑣少］。中古せうせう［少少］。びせう［微少］。わづか［僅／纔］。

きょくすい【曲水】 中世きょくすい［曲水］。

中古 やりみづ[遺水]。

—の宴 中世 きょくえん[曲宴]。はのじ[巴字]。上代 曲水(まがりみづ)の豊(とよ)の明かり。

—の宴で使う杯 中古 鸚鵡(あうむ)の杯(さかづき)。

きょくせつ【曲折】 近代 うよきょくせつ[紆余曲折]。けいゐ[経緯]。をれまがる[折曲]。近世 いきさつ[経緯]。なりゆき[成行]。中世 くっせつ[屈折]。てんまつ[顛末]。はらん[波乱／波瀾]。中古 きょくせつ[曲折]。くっきょく[屈曲]。

きょくだい【極大】 マックス(max)。近代 きょくだい[極大]。さいだいげん[最大限]。マキシマム(maximum)。中古 さいだい[最大]。

きょくたん【極端】 近代 ウルトラ(ultra)。きょくげん[極限]。きょくたん[極端]。きょくど[極度]。近世 くゎげき[過激]。くゎど[過度]。なみはづれ[並外]。中世 きはどし[際疾]。はふぐゎい[法外]。

—・に 上代 いとのきて[除]。

—・になる 中世 ことわりすぐ[理過]。

きょくち【極地】 近代 きょくち[極地]。きょくてん[極点]。中世 なんきょく[南極]。ほくきょく[北極]。中古 さいはち／さいはて[最果]。はて[果]。

きょくち【局地】 エリア(area)。近代 きょくち[局地]。くくゎく[区画]。ゾーン(zone)。ちく[地区]。ちゐき[地域]。ぶぶん[部分]。りゃうゐき[領域]。近世 くゐき[区域]。中古 ちはう[地方]。

きょくち【極致】 近代 きょくてん[極点]。しゅうきょく[終極]。ぜっちゃう[絶頂]。ちゃうてん[頂点]。近世 さいかう[最高]。中世 きうきょく／きうごく[究極]。きょくち[極致]。ぜっかう[絶好]。中古 はて[果]。上代 きはみ[極]。

きょくてん【極点】 ピーク(peak)。近代 きょくげん[極限]。きょくてん[極点]。クライマックス(climax)。さいかうてう[最高潮]。ぜっちゃう[絶頂]。ちゃうてん[頂点]。近世 さいかう[最高]。ちゃうじゃう[頂上]。中世 きょくち[極致]。中古 はて[果]。

きょくど【極度】 近代 ウルトラ(ultra)。きょくたん[極端]。きょくど[極度]。近世 くゎど[過度]。

きょくび【極微】 マイクロ／ミクロ(micro)。近代 きょくせう[極小]。中世 びせう[微小]。中古 びさい[微細]。

きょくぶ【局部】 近代 いちぶ[一部]。きょくしょ[局所]。きょくぶ[局部]。ぶぶん[部分]。

きょくめん【局面】 どうこう[動向]。きょくめん[局面]。近代 アスペクト(aspect)。くもゆき[雲行]。じゃうせい[情勢／状勢]。シチュエーション(situation)。すうせい[趨勢]。だんかい[段階]。ばめん[場面]。フェーズ(phase)。近世 すうかう[趨向]。なりゆき[成行]。ばあひ[場合]。中世 しだい[次第]。中古 けいせい[形勢]。じたい[事態]。どうせい[動静]。

重大な— ききょく[危局]。近代 きゅうきゃう[窮境]。きゅうち[窮地]。なんきょく[難局]。やまば[山場]。近世 きふば[急場]。しゃうねんば[正念場]。

きょくりょく【極力】 力の限り。なるべくたけ[成可丈]。近代 きょくりょく[極力]。近世 こんかぎり[根限]。せいいっぱい[精一杯]。ちからいっぱい[力一杯]。なりたけ／なりったけ／なるったけ[成丈]。できる限り。できるだけ。中世 ずいぶん[随分]。

きょくろん【極論】 →**きょくげん**

ぎょぐん【魚群】 なぶら／なむら[魚群]。近代 ぎょぐん[魚群]。

—で海面が泡立つ わき[涌／湧]。近代 せり[迫]。

—を小高い所から見る やまみ[山見]。

きょげん【虚言】 →**うそ**

きょこう【挙行】 もよおす[催]。近代 あげる[挙]。かいさい[開催]。きょかう[挙行]。けっかう[決行]。じっし[実施]。近世 じっかう[実行]。中世 いとなむ[営]。しっかう[執行]。中古 とりおこなふ[執行]。上代 おこなふ[行]。

きょこう【虚構】 そうさく[創作]。近代 かくう[架空]。かこう[仮構]。かさく[仮作]。きょこう[虚構]。つくりごと[作事]。フィクション(fiction)。近世 こしらへごと[拵事]。ゑそらごと[絵空事]。中世 うそ[嘘]。

—でない作品 ノンフィクション(nonfiction)。ルポ／ルポルタージュ(フランス reportage)。近代 きろくぶんがく[記録文学]。ほうこくぶんがく[報告文学]。近世 じつろくもの[実録物](虚構も交える)。

きょごう【倨傲】 おごりたかぶる[驕高]。近代 お高くとまる。近世 がうがん[傲岸]。きょがう[倨傲]。中世 がうまん[傲慢]。中古 けうまん[驕慢]。

きょごん【虚言】 →**うそ**

きょし【挙止】 →**きょどう**

きょしつ【居室】 リビングルーム(living room)。近世ちゃのま[茶間]。へや[部屋]。中世きょしつ[居室]。ゐま[居間]。
貴人の― 中古おまし[御座]。近世ござしょ[御座所]。中世御座の間。
きょじつ【虚実】 有ること無いこと。嘘と真実。近世きょきょじつじつ[虚虚実実]。しんぴ[真否]。てくだ[手管]。てれん[手練]。中世しんがん[真贋]。中古しんぎ[真偽]。上代きょじつ[虚実]。
きょしてき【巨視的】 マクロ(macro)。マクロスコピック(macroscopic)。近世おほづかみ[大摑]。おほまか[大]。
きょじゃく【虚弱】 近代びゃうじゃく[病弱]。近世せいじゃく/ぜいじゃく[脆弱]。ひよわ[弱]。中世きょじゃく[虚弱]。じうじゃく[柔弱]。よわよわし[弱弱]。中古かよわし[弱]。なんじゃく[軟弱]。にうじゃく[柔弱]。ひはやか[繊弱]。上代ほりう[蒲柳]。
ぎょしやす・い【御易】 あつかいやすい[扱易]。近代ぎょしやすい[御易]。中世くみしやすし[与易]。
きょしゅう【去就】 ひきぎわ[引際]。身の処し方。中世しゅっしょ[出処]。しゅっしょしんたい[出処進退]。中古きょしう[去就]。しんたい[進退]。
きょじゅう【居住】 近代ていぢゅう[定住]。中古すまひ[住]。すみつく[住着]。ゐつく[居付/居着]。上代きょぢゅう[居住]。
外国等に―・すること 近代ちゅうざい[駐在]。近世ざいりう[在留]。中世たいざい[滞在]。たいりう[滞留]。中古とうりう[逗留]。

きょしゅつ【醵出】 近代きょきん[醵金/拠金]。きょしゅつ[醵出/拠出]。中古きふ[寄付]。
きょしょ【居所】 →**いどころ**
きょしょう【巨匠】 マイスター(ドイツMeister)。マエストロ(イタリアmaestro)。オーソリティー(authority)。近代おほごしょ[大御所]。きょしゃう[巨匠]。だいいちにんしゃ[第一人者]。らうたいか[老大家]。近世たいと[泰斗]。たいざんほくと[泰山北斗]。中世けんゐ[権威]。たいか[大家]。
きょしょう【挙証】 近代きょしょう[挙証]。りっしょう[立証]。ろんしょう[論証]。
ぎょじょう【漁場】 ぎょぎょうすいいき[漁業水域]。ぎょば[漁場]。近世ぎょく/れふく[漁区]。ぎょぢゃう[漁場]。れふば[漁場]。
網漁業の― 近代あじろ[網代]。
きょしょく【虚飾】 近代きざ[気障]。きょえい[虚栄]。バニティー(vanity)。近世くゎ[華]。だて[伊達]。ふんしょく[粉飾/扮飾]。中世きょしょく[虚飾]。中古けさう/けしゃう[化粧]。
ぎょしょく【漁色】 エッチ(hentaiの頭文字から)。近代ぎょしょく[漁色]。近世鼻の下が長い。中古いろごのみ[色好]。かうしょく[好色]。→**いろごのみ**
―家 ドンファン(スペインDon Juan)。近代かうしょくかん[好色漢]。しきま[色魔]。近世いろごとし[色事師]。すきべゑ/すけべゑ[助兵衛]。すけびゃうゑ[助兵衛]。をんなたらし[女誑]。中古いろごのみ[色好]。すきもの[好者]。
きょしん【虚心】 中世たんたん[淡淡]。むしん[無心]。中古きょしう[虚舟]。きょしつ[虚室]。きょしん[虚心]。たんぱく[淡泊]。上代すなほ[素直]。

きょじん【巨人】❶〈巨体〉 近代きょかん[巨漢]。きょく[巨軀]。きょたい[巨体]。ジャイアント(giant)。ゐぢゃうふ/ゐぢゃうぶ[偉丈夫]。近世おほがら[大柄]。おほづくり[大作]。おほをんな[大女]。くゎいけつ[魁傑]。だいだうす[大道臼]。たいひゃう[大兵]。中世おほぐれ[大]。おほをとこ[大男]。きょじん[巨人]。くゎいゐ[魁偉]。中古たいじん[大人]。上代くゎいご[魁梧]。
ギリシャ神話の― アトラス(Atlās)。タイタン/ティタン(Titan)。
伝説の― 近世だいだぼっち/だいだぼふし/だいだらぼっち[大太法師]。
きょじん【巨人】❷〈偉人〉 きょせい[巨星]。近代いつざい[逸材]。きょざい[巨材]。きょじん[巨人]。きょとう[巨頭]。けつぶつ[傑物]。だいじんぶつ[大人物]。ぢゅうちん[重鎮]。ゐじん[偉人]。近世ゐざい[偉材]。中世おほもの[大物]。きょはく[巨擘]。
ぎょ・する【御】 そうさ[操作]。近代かぢとり[楫取/舵取]。コントロール(control)。とうぎょ[統御]。近世さうじゅう[操縦]。楫を取る。中世ぎょす[御]。せいぎょ[制御]。せいす[制]。中古あつかふ[扱]。あやつる[操]。
きょせい【巨星】 →**きょじん❷**
きょせい【虚勢】 つっぱる[突張]。ブラフ(bluff)。近代からげんき[空元気]。からゐばり[空威張]。はったり。近世いぬおど

し［犬脅］。きょせい［虚勢］。きょゐ［虚威］。こけおどし［虚仮威］。びこつく。〔中世〕ぎせい［擬勢／義勢／儀勢］。〔近世〕腕無しの振り相撲。腕無しの振り瓢石(づんばい)。《句》〔近代〕犬の遠吠え。張り子の虎。山師の玄関。

ーを張って脅かすこと 〔近世〕きょかつ［虚喝］。《句》〔近代〕痩せ馬の声嚇し。痩せ子の大声。〔近世〕鬼面人を威す。

ーを張るさま 〔近世〕びこびこ／ぴこぴこ。やせがまん［痩我慢］。痩せ肘を張る。

きょせつ【虚説】 〔近代〕デマ／デマゴギー(ドイツ Demagogie)。りうげんひご［流言飛語／流言蜚語］。りうせつ／るせつ［流説］。〔中世〕きょせつ［虚説］。きょでん［虚伝］。ふげん［浮言］。〔中古〕きょぶん［虚聞］。ふせつ［浮説］。〔上代〕りうげん［流言］。

きょぜつ【拒絶】 →**ことわ・る**

ぎょせん【漁船】 〔中世〕いさりぶね［漁船］。いさりをぶね［漁小舟］。ぎょせん［漁船］。れふせん［猟船］。〔中古〕いざりぶね［漁船］。かがりぶね［篝船］。ぎょしう［漁舟］。〔上代〕あまをぶね［海人小舟／蜑小舟］。つりぶね［釣舟／釣船］。めかりぶね［和布刈舟］。もかりぶね［藻刈船］。

ーの火 〔近代〕げんとう［舷灯］。しふぎょとう［集魚灯］。〔近世〕よぶり［夜振］。〔中世〕ぎょとう［漁灯］。〔中古〕ぎょくゎ［漁火］。〔上代〕いさりび／いざりひ［漁火］。

夜間集魚のため火をたくー 〔中世〕ひぶね［火船］。

その他ーのいろいろ(例) さばに。〔近代〕かつをぶね［鰹船］。かにこうせん［蟹工船］。キャッチャーボート(和製catcher boat)。トロールせん［trawl船］。ほげいせん［捕鯨船］。〔近世〕かきぶね［牡蠣船］。かはさきぶね［川崎船］。くぢらぶね［鯨船］。せこぶね［勢子船］。てぐりぶね［手繰船］。〔中古〕かがりぶね［篝船］。〔上代〕つりぶね［釣舟／釣船］。

きょそ【挙措】 →**きょどう**

きょぞう【虚像】 〔近代〕かさう［仮相］。かめん［仮面］。きょざう［虚像］。げんしゃう［幻像］。〔近世〕みせかけ［見掛］。〔中世〕げんえい［幻影］。〔中古〕げんざう［幻像］。まぼろし［幻］。

ーのたとえ 〔近代〕しんきろう［蜃気楼］。

ぎょそん【漁村】 〔近世〕うら［浦］。うらかた［浦方］。〔中世〕うらざと［浦里］。かいそん［海村］。ぎょそん［漁村］。

きょたい【巨体】 →**きょじん❶**

きょだい【巨大】 キングサイズ(king size)。ジャンボ(jumbo)。マンモス(mammoth)。〔近代〕だいきぼ［大規模］。とくだい［特大］。マクロ(macro)。〔近世〕きょだい［巨大］。〔中古〕いかめし［厳］。

きょたく【居宅】 →**いえ❶**

きょだく【許諾】 →**ききい・れる**

きょだつ【虚脱】 きおれ［気折］。むりょくかん［無力感］。〔近代〕ちからぬけ［力抜］。ばうが［忘我］。ばうぜんじしつ［茫然自失］。〔近世〕きおち［気落］。きぬけ［気抜］。くうきょ［空虚］。さうしん［喪心］。はうしん［放心］。ひゃうしぬけ［拍子抜］。気抜く(ー抜ける)。〔中世〕うつろ［空／虚］。ぬけがら［抜殻］。

きょっかい【曲解】 〔近代〕かんちがひ［勘違］。きょくかい［曲解］。ごかい［誤解］。〔近世〕おもひちがひ［思違］。こころえちがひ［心得違］。

きょてん【拠点】 きち［基地］。ベース／ベースキャンプ(base camp)。〔近代〕きょてん［拠点］。こんきょち［根拠地］。りっきゃくち［立脚地］。〔中世〕あしだまり［足溜］。あしば［足場］。よりどころ［拠所］。

きょとう【巨頭】 →**きょじん❷**

きょどう【挙動】 身のこなし。〔近代〕いっきょいちどう［一挙一動］。いっきょしゅいっとうそく［一挙手一投足］。〔近世〕きょし［挙止］。そぶり［素振］。みうごき［身動］。みぶり［身振］。〔中世〕うごき［動］。さくゐ［作為］。たいど［態度］。たちふるまひ［立振舞］。たちゐふるまひ［立居振舞］。どうさ［動作］。どうし［動止］。〔中古〕きょそ［挙措］。きょどう［挙動］。しょさ［所作］。しんし［進止］。みじろぎ［身動］。もてなし［持成］。〔上代〕おこなひ［行］。ふるまひ［振舞］。

きょねん【去年】 〔近世〕かくさい／きゃくさい［客歳］。かくねん［客年］。さくねん［昨年］。〔中世〕きょさい［去歳］。〔中古〕きうねん［旧年］。きょねん［去年］。ぜんねん［前年］。ふるとし［古年］。〔上代〕こぞ［去年］。さきつとし［先年］。

ーの秋 〔近代〕さくしう［昨秋］。〔中世〕きょしう［去秋］。

ーの暮れ 〔近世〕ふゆとし［冬年］。

ーの夏 〔近代〕さくしゅん［昨春］。

ーの春 〔近代〕さくか［昨夏］。

ーの冬 〔近代〕さくとう［昨冬］。〔近世〕ふゆとし［冬年］。

新年になって言うー 中古 きうねん［旧年］。ふるとし［古年］。
近代 いっさくねん［一昨年］。上代 をととし／をとどし［一昨年］。
▼前前年

きょひ【拒否】→ことわ・る

きょひ【巨費】→きょまん

ぎょふ【漁夫】 近代 ぎょみん［漁民］。近世 あみこ［網子］。あみのもの［網者］。うらかた［浦方］。うらびゃくしゃう［浦百姓］。ぎょしゃ［漁者］。中世 あまうど／あまびと［海人／蜑人］。あみびと［網人］。れふし［漁師］。中古 うらびと［浦人］。かいじん［海人］。すなどり［漁］。はくすいらう［白水郎］。はまひめ［浜姫］。むらぎみ［漁父／漁翁］。上代 あこ／あご／あびこ［網子］。あま［海人／海士／海女］。あまのこ［蜑子］。あまをとめ［海女乙女］。かづきめ［潜女］。ぎょふ［漁夫／漁父］。

ーの子 上代 あまのこ［海人子］。

ーの住む家 中世 ぎょか［漁家］。たんこ［蜑戸］。中古 ぎょこ［漁戸］。

ーの長 中古 むらぎみ［邑君／漁父／漁翁］。

ーの乗る舟 中古 いさりぶね［漁船］。上代 あまぶね［海人船］。あまをぶね［海人小舟／蜑小舟］。→ぎょせん

船を住居とするー 近世 えふね／えぶね［家船］。

きょぶん【虚聞】→きょせつ

きょぼく【巨木】 きょじゅ［巨樹］。近代 きょぼく［巨木］。中世 たいぼく［大木］。中古 たいじゅ［大樹］。上代 おほき［大木］。

きょまん【巨万】 近代 きょがく［巨額］。きょひ［巨費］。たがく［多額］。近世 とちまん［十千万］。中古 きょまん［巨万］。

ぎょみん【漁民】→ぎょふ

きょむ【虚無】 近代 ニヒリスティック(nihilistic)。ニヒル(ラテン nihil)。中世 きょむ［虚無］。中古 くうきょ［空虚］。上代 むなし［空／虚］。

ー的 近代 デカダンス(フランス décadence)。ニヒリスティック(nihilistic)。

きょめい【虚名】 中世 きょでん［虚伝］。中古 きょぶん［虚聞］。きょめい［虚名］。上代 くうめい［空名］。

きよ・める【清】 びか［美化］。近代 くゎくせい［廓清］。じゃうくゎ［浄化］。中世 すずしむ［涼／清］。中古 すすぐ［濯］。すます［清／澄］。上代 あらふ［洗］。きよむ〔きよめる〕［清／浄］。はらふ［祓］。

心身をー・める さいかい［斎戒］。中世 いもふ［斎］。きよまはる［清］。中古 こり［垢離］。しゃうじ／しゃうじん［精進］。上代 けさい／けっさい［潔斎］。ものいみ［物忌］。

水で身体をー・める 中世 いかけ［沃懸］。そそぐ［雪／濯］。

きょもう【虚妄】→うそ

きょよう【許容】→ききい・れる

きょよう【挙用】 きよう［起用］。ばってき［抜擢］。近世 とよう［登用］。中古 とうよう［登用］。上代 きょよう［挙用］。

きょらい【去来】 近世 いきかへり［行帰］。いきかよひ［行通］。中世 いきき［行来／往来］。ひとどほり［人通］。中古 わうふく［往復］。上代 きょらい［去来］。わうくゎん［往還］。わうらい［往来］。

きよらか【清】 クリーン(clean)。近代 せいじゅん［清純］。せいしん［清真］。せいちょう［清澄］。近世 じゅんけつ［純潔］。すずやか［涼］。せいじゃう［清浄］。せいすい［精粋］。せいそ［清楚］。むく［無垢］。中世 いさぎよし［潔］。うつくし［美］。じゅんしん［純真］。じゅんぱく［純白］。せいぜつ［清絶］。中古 あきらけし［明］。かうけつ／けうけつ［皎潔］。きよらか［清］。けつじゃう［潔浄］。けっぱく［潔白］。しゃう［聖］。上代 きよし［清］。さやけし［明／清］。しゃうじゃう［清浄］。

ー・そうなさま 中古 ものきよげ［物清］。

ー・であでやかなこと 中古 せいえん［清艶／清婉］。

ー・で美しいこと 近代 せいび［清美］。中世 すみやか［澄］。中古 そそ［楚楚］。

ー・でおごそかなこと 中世 ごんじゃう［厳浄］。

ー・で汚れのない心 中世 せいしん［清心］。

ー・で汚れのない心を持った性質 近代 うんしんげっせい［雲心月性］。

ー・で気高いこと 中世 かうけつ［高潔］。

ー・で静かなこと 近世 せいいう［清幽］。せいかん［清閑］。中古 せいせい［清静］。

ー・で澄んでいること 近代 せいちょう［清澄］。中世 めいじゃう［明浄］。

ー・で冷たい水のさま 近世 せいれつ［清冽］。

ー・で尊いさま 中世 しゃう［聖］。しんせい［神聖］。

ー・でなごやかなこと 近世 せいぼく［清穆］。

ー・で雅やかなこと 近世 せいが［清雅］。

ー・でわだかまりのない心 中世 くゎうふうせいげつ［光風霽月］。せいげつ［霽月］。

ー・な愛 近代 せいあい［聖愛］。

—・な泉 中古ぎょくせん[玉泉]。せいせん[清泉]。

—・な歌 近代ぎょくおん[玉音]。近世ぎょくいん[玉音]。中古せいか[清歌]。

—・なさま 近代せいせい[清清]。近世せいぜん[清然]。中古きよげ[清]。上代さや[明／清]。

—・な女性 上代すがしめ[清女]。

—・な節操 中世せいせつ[清節]。

—・な大気 中世せいき[清気]。

—・な流れ 中古せいりう[清流]。

—・な光 中古せいき[清暉／清輝]。せいくゎう[清光]。

—・な水 中世せいすい[清水]。中古じゃうすい[浄水]。上代しみづ[清水]。

心が—・で私欲がない 上代せいれん[清廉]。

自然に—・にする力 じじょうさよう[自浄作用]。

心身が—・になる 中世きよまる[清]。

容姿が— 中古ぎょくざん[玉山]。

きょり【距離】 ディスタンス(distance)。近代かんかく[間隔]。近世きょり[距離]。中世あはひ[間]。ぎゃうてい[行程]。のり[法]。みちのり[道程]。ものあひ[物間]。中古だうてい[道程]。へだたり[隔]。ほど[程]。道の程。上代あひだ[間]。かうてい[行程]。

—があること 近代かけへだて[懸隔]。上代へだて[隔]。

—が遠くなる 中古さしはなる[差離]。はなる[はなれる][離]。

—の単位 パーセク(parsec)。近代キロ(フランス kilo)。くゎうねん[光年]。マイル[mile／哩]。中古たん[反／段]。上代ちゃう[町／丁]。り[里]。

—を置く 近代即っかず離れず。中世ひきはなつ[引放]。中古のく[退]。へだつ[へだてる][隔]。

—を計る器具 きょくせんけい[曲線計]。キルビメーター(フランス curvimètre)。近代そくきょぎ[測距儀]。

海上の— 近代かいてい[海程]。

自動車の走行—計 オドメーター(odometer)。

宿場間の— 近世ちゃうば[町場／丁場／帳場]。

直線— けいかん[径間]。中世さしわたし[差渡]。

長い— 中古ちさと[千里]。上代せんり[千里]。ばんり[万里]。

わずかな— 近代しきんきょり[至近距離]。すぐ。もくせふ[目睫]。近世しこ[指呼]。ひとあし[一足]。目と鼻の先(間)。中古すんぽ[寸歩]。

きょり【巨利】 きょえき[巨益]。近代きょり[巨利]。ぼうり[暴利]。近世かうり[高利]。まるまうけ[丸儲]。中世おほまうけ[大儲]。たいり[大利]。

きょろきょろ 近世うそうそ。きょろきょろ。けろけろ。のみとりまなこ[蚤取眼]。中世うろうろ。

—動く目 近世ちろちろめ[目]。

きよわ【気弱】 近代いくぢなし[意気地無]。きよわ[気弱]。近世うちき[内気]。ふぬけ[腑抜]。よわむし[弱虫]。中世じうじゃく[柔弱]。せうしん[小心]。気弱し。中古にうじゃく[柔弱]。

きらい【嫌】❶ 〈嫌がる〉→いや

きらい【嫌】❷ 〈傾向〉こうはい[向背]。近代かたむき[傾]。きらひ[嫌]。けいかう[傾向]。すうせい[趨勢]。どうかう[動向]。ふうてう[風潮]。近世すうかう[趨向]。中世きび[気味]。中古きみ[気味]。

きら・う【嫌】 近代えんき[厭忌]。けぎらひ[毛嫌]。けんえん[嫌厭]。けんを[嫌悪]。嫌気がさす。近世きゐ[忌諱]。けんき[嫌忌]。中世あぐむ[倦]。いみきらふ[忌嫌]。いむ[忌]。いやがる[嫌]。いやむ[嫌]。うとまし[疎]。うとんず[疎]。そばむ[そばめる][側]。にくむ[憎]。中古あく[あきる][厭／飽]。うとむ[疎]。すさむ[遊／荒]。にくむ[憎]。上代いとふ[厭]。きき[忌諱]。きらふ[嫌]。ぞうを[憎悪]。

—・うさま 近世虫酸(ずむし)(虫唾(ずむし))が走る。胸糞が悪い。中世いや[嫌]。

—・っていること 中世ぶすき[不好／不数奇／不数寄]。

—・っているもの 近世ぶす[付子／附子]。中世いみもの[忌物／斎物]。きんもつ[禁物]。

—・って避ける 中世いまふ[忌／斎]。いみきらふ[忌嫌]。敬して遠ざく[—遠ざける]。中古うとんず[疎]。きひ[忌避]。すさむ[荒]。

—・われている人 やくびょうがみ[疫病神]。近代だに[壁蝨]。近世かぢはら[梶原]。げじげじ[蚰蜒]。けむし[毛虫]。はなつまみ[鼻摘]。

忌むべきこととして—・う 近代きゐ[忌諱]。中古いましむ[—しめる][警／戒]。

戦争を━・う えんせん[厭戦]。近代 けぎらひ[毛嫌]。

なんとなく━・う 近世 虫が好かない。

非常に━・うたとえ 近代 だき[唾棄]。近世 鼻つまみ。虫酸(むしず)(虫唾(むしず))が走る。中世 じゃかつ/だかつ[蛇蝎]。

非常に━・っていること 近世 だいきらひ[大嫌]。

人を━・う 近代 えんじん[厭人]。にんげんぎらひ[人間嫌]。

皆に━・われる 近代 そうすかん[総]。近世 はじき[弾]。はなつまみ[鼻摘]。中世 つまはじき[爪弾]。

物を知らないで━・う 近代 くはずぎらひ[食嫌]。

きらきら 近世 さんさん[燦燦/粲粲]。中世 きらびやか[煌]。中古 きらきら。きららか[煌]。上代 さんぜん[粲然/燦然]。

━輝く 近世 きらつく。中世 きらめく[煌]。ひかめく。

━輝くさま 近世 しゃうしゃう[晶晶]。中世 くゎうくゎう[煌煌/晃晃]。

▼類似の擬態語 近代 きらっと。ぎらっと。ちかちか。ぴかっと。ぴかと。近世 きらら。ちらちら。てかてか。ぴかぴか。中世 ぎらぎら。ぎらり。くゎうくゎう[煌煌/晃晃]。ぴかり。中古 らんらん[爛爛]。

きらく【気楽】 みがる[身軽]。近代 イージー(easy)。きやすい[気安]。らくくゎん[楽観]。らくてん[楽天]。近世 あんき[安気]。きらく[気楽]。中世 あんいつ[安逸]。あんかん[安閑]。あんしん[安心]。くつろぐ[寛]。のんき[暢気]。らくらく[楽楽]。中古 あんをん[安穏]。かやすし[易]。こころやすし[心安]。しどけなし。やすげ/やすし/やすらか[安]。上代 あんらく[安楽]。

《句》近代 乞食も三日すれば忘れられぬ。

━・なこと 近世 きさんじ[気散]。

━・なさま 近代 のんびり。近世 うぽうぽ。うぽっぽ。おぽっぽ。中古 いういう[悠悠]。

━・な生活 近世 らくいんきょ[楽隠居]。《句》近代 朝風呂丹前長火鉢。乞食の朝謡(あさうたひ)。

━・な人 近世 いつみん[逸民]。きさんじもの[気散者]。ごくらくとんぼ[極楽蜻蛉]。らくあみ[楽阿弥]。らくいんきょ[楽隠居]。らくじん[楽人]。らくすけ[楽助]。らくばうず[楽坊主]。

━・になる 近代 肩の荷が下りる。

公務員の━・さ 親方日の丸。

貧乏で━ 中世 ひんらく[貧楽]。

きらびやか 近代 きんぴか[金]。さん[燦]。ブリリアント(brilliant)。近世 がうくゎ[豪華]。きらやか[煌]。けんらん[絢爛]。はで[派手]。中世 いろいろし[色色]。いろふし[色節]。きらびやか。きららか[煌]。中古 かがやかし[輝]。きらきらし[煌煌]。くゎび[華美/花美]。くゎれい[華麗]。はなやか[華]。びれい[美麗]。目もあや。上代 さんぜん[燦然]。

━・で贅沢 デラックス(deluxe)。近代 がうくゎ[豪華]。ゴージャス(gorgeous)。中世 がうしゃ[豪奢]。

━・に揺れる 上代 かがよふ[耀/赫]。

どぎついほど━ 近代 けばけばしい。

きらめ・く【煌】 近代 てりはえる[照映]。中古 かがやく[輝]。きらめく[煌]。ひらめく[閃]。上代 かがよふ[耀]。ひろめく[閃]。

━・くさま 近世 きらつく。きららと。けんらん[絢爛]。さんさん[燦燦]。ぴかぴか。中世 せんせん[閃閃]。ひらりひらり。へんぺん[翩翩]。中古 きらきら。

きり【切】 きょくげん[極限]。近代 くぎり[区切]。しゅうきょく[終極]。近世 きれめ[切目]。中世 きうきょく[究極]。きり[切/限]。さいげん[際限]。はてし[果]。中古 かぎり[限]。きはめ[極]。はて[果]。をはり[終]。上代 きはみ[極]。

━がつくこと 近代 いちだんらく[一段落]。

━がない 近代 とめどない[止所無]。上には上がある。際限がない。近世 のはうづ[野方図/野放途]。方図(はうづ)なし。中世 はてしなし[果無]。上代 限りなし。

━のいいこと ジャスト(just)。中世 ちゃうど[丁度]。

きり【霧】 スモッグ(smog)。フォッグ(fog)。ミスト(mist)。近代 ガス(オランダ gas)。中世 き[気]。もや[靄]。上代 かすみ[霞]。きり[霧]。さぎり[狭霧]。

━が一面にかかる むかい[霧海]。中古 きりわたる[霧渡]。上代 かききらす[掻霧]。たなぎらふ[棚霧]。たなぎる[棚霧]。

━が薄く立ちこめる 中世 うすぎる[薄霧]。

━が樹枝などに凍り付いたもの 近代 むひょう[霧氷]。

━が立つ 中古 たつ[立]。上代 きらふ[霧]。きる[霧]。

━状に散布する器具 スプレー(spray)。近代 きりふき[霧吹]。ふんむき[噴霧器]。

―で前が見えない 中古 きりふたがる［霧塞］。霧の籬(まがき)。霧の紛れ。霧の迷ひ。
―などが漂う 上代 かをる［薫／香／馨］。
―などの立ちこめるさま 中古 もうもう［濛濛／朦朧］。
―の壁に人影が映る現象 グローリー(glory)。ブロッケンげんしょう［ドイツBrocken現象］。仏の御光(ごこう)。近代 ごらいがう［御来迎］。
―の中 近代 むちゅう［霧中］。
―のように消える むさん［霧散］。
―のように吹き出す ふんむ［噴霧］。
秋の― 中古 あきぎり［秋霧］。
朝の― 上代 あさぎり［朝霧］。
雨のような― 上代 あまぎり［雨霧］。
海の― うみぎり［海霧］。近代 かいむ［海霧］。
大きな水滴の― 近代 しつむ［湿霧］。
川の― 近代 すいむ［水霧］。上代 かはぎり［川霧／河霧］。
雲と― 中古 うんむ［雲霧］。上代 くもきり［雲霧］。
煙と― 上代 えんむ［煙霧］。
濃い― 近代 こぎり［濃霧］。ぢゅうむ［重霧］。中古 のうむ［濃霧］。
山中にかかった― 中古 さんむ［山霧］。上代 やまぎり［山霧］。
山中にかかった―と靄(もや) 中古 えんらん［煙嵐／烟嵐］。
地表から二メートルくらいまでにかかる― じぎり［地霧］。
深い― 近世 きりしぐれ［霧時雨］。中古 のうむ［濃霧］。めいむ［迷霧］。
夕方の― 上代 せきむ／ゆふぎり［夕霧］。
夜の― 上代 よぎり［夜霧］。

きり【桐】 中世 ひとはぐさ［一葉草］。上代 きり［桐］。
すべて―で作ってあること 近代 そうぎり［総桐］。
焼いて木目を出した―材 近世 やきぎり［焼桐］。
落葉する―の葉 中古 いちえふ／ひとは［一葉］。

きり【錐】 上代 きり［錐］。

―と小刀 近代 すいたう［錐刀］。

―を立てること 近世 りっすい［立錐］。

―のいろいろ(例) アイスピック(ice pick)。ギムネ(gimlet)。つぼぎり［壺錐］。ねずみばぎり［鼠歯錐］。むなあてぎり／むねあてぎり［胸当錐］。近代 ちゃうとぢ［帳綴］。ドリル(drill)。まるぎり［円錐］。近世 せんまいどほし［千枚通］。まはしぎり［回錐］。まひぎり［舞錐］。よつめぎり［四目錐］。ろくろぎり［轆轤錐］。中世 とほしぎり［通錐］。みつめぎり［見目錐］。めうち［目打］。もぢり［捩／錑］。よはうぎり［四方錐］。中古 くじり［抉］。みつまたぎり［三俣錐］。もぢぎり［錑錐］。


ぎり【義理】 近世 ぎりあひ［義理合］。すぢみち［筋道］。たてわけ［立分］。つきあひ［付合］。なさけ［情］。中世 ぎり［義理］。みち［道］。中古 しんぎ［信義］。だうぎ［道義］。上代 おんぎ［恩義］。じんぎ［仁義］。だうり［道理］。

《句》近世 義理一遍。

―が立つ 近代 あひすむ［相済］。近世 すむ［済］。

―だてする 近世 ぎりづく［義理尽］。しんぢゅう［心中］。たていれ［立入］。たてひく［立引／達引］。たてぶん［立分］。たてわけ［立分］。情を立つ［―立てる］。中世 じゅんぎ［順義］。

―で無理にさせる 近代 ぎりぜめ［義理攻］。近世 ぎりづめ［義理詰］。

―の薄いこと 中世 げうり［澆漓］。

―の親子 中世 生(な)さぬ仲。

―を欠く 近世 ふぎり［不義理］。

―を守り通す 近世 ぎりづく［義理尽］。しんぢゅうだて［心中立］。

つまらない― 中世 せうぎ［小義］。せうせつ［小節］。

無理に―を立てる 近世 ぎりばる［義理張］。

きりあ・う【斬合】 近代 きりくむ［切組／斬組］。中世 きりあふ［斬合／切合］。きりむすぶ［切結／斬結］。わたりあふ［渡合］。鎬(しのぎ)を削る。
―・う音 近世 ちゃうちゃうはっし［打打発止／丁丁発矢］。
映画や演劇などの―・う場面 さつじん［殺陣］。近世 おほたちまはり［大立回］。たちまはり［立回］。たて［殺陣］。

きりあげ【切上】 うちあげ［打上］。しごとじまい［仕事仕舞］。近代 うちきる［打切］。しめきる［締切］。切りをつける。けりを付ける。ピリオド(period)を打つ。近世 きりあげ［切上］。すます［済］。
簡単に― 近代 尻を端折る。

きりおと・す【切落】 近代 カット(cut)。中世 きりおとす［切落］。きりはなす［切放］。せつだん［切断］。中古 たちきる［断切／裁切］。
―・すさま ちょきり。近代 すぱっと。ちょき

き

ん。ぶっつり／ぷっつり。近世ちょきちょき。ばっさり。ふっつり。

一方を—・す 近世かたおとし[片落]。

枝などを—・す 上代おろす[下]。

髪などを—・す カット(cut)。中古おろす[下]。とりおろす[取下]。

先を鋭く—・す 近世ひっそぎ[引殺]。

布などを—・す 中古さいだん[裁断]。

不要な部分を—・す 近世たちおとす[裁落]。

きりかえ・す【切返】 はんこう[反攻]。近代やりかへす[返]。はんげき[反撃]。中世きりかへす[切返]。

きりか・える【切替】 だいがえ[代替]。近代かうくゎん[交換]。だいたい[代替]。チェンジ(change)。近世きりかふ[—かえる][切替／切換]。てんくゎん[転換]。へんくゎん[変換]。中古あらたむ[—ためる][改]。とりかふ[—かえる][取替]。上代かうたい[交替／交代]。

ぎりがた・い【義理堅】 近世かたぎ[堅気]。ぎりづよし[義理強]。ものがたし[物堅]。りちぎ[律儀]。中世ぎりがたし[義理堅]。りつぎ[律儀]。

—・い人 近世りちぎもの[律義者／律儀者]。

きりかぶ【切株】 近世ねっこ[根子]。中世かぶ[株]。きりかぶ[切株]。きりくひ[切杭]。中古くひぜ[株／杭]。しゅ[株]。上代かりばね[刈株]。くひ[株]。

燃えさしの— 近世やけぼっくひ[焼棒杭／焼木杭]。

きりきざ・む【切刻】 中世きりきざむ[切刻]。中古ほふる[屠]。

—・む音 しゃきしゃき。近世ざくざく。中世ざっくざっく。

細かく—・むさま 中世きざきざ／きだきだ[段段]。ずたずた[寸寸]。

ぎりぎり【限限】 きょくげん[極限]。近代げんかい[限界]。げんど[限度]。リミット(limit)。近世ぎりぎり[限限]。中世きり[切]。さいげん[際限]。中古へんさい[辺際]。上代かぎり[限]。

—の時間 近代からくも[辛]。きちきち。近世どうやらかうやら。やっとのことで。中世かつかつ。中古からうじて[辛]。上代かつがつ[且且]。

—のところ けんがみね[剣峰]。近代どたんば[土壇場]。近世ぜったいぜつめい[絶体絶命]。せとぎは[瀬戸際]。とど[鯔]。どへうぎは[土俵際]。とどのつまり。

きりぎりす【螽斯】 近世うりい。うりす。ぎす[螽蟖]。きりぎりす[螽斯／蟋蟀]。しゅうし[螽斯]。はたおり。中古いねつきこまろ[稲舂子麿]。はたおり／はたおりむし／はたおるむし[機織虫]。はたおりめ[機織女]。

—(今のこおろぎ)の鳴き声 中古つづりさせ[綴刺]。

きりきりまい【舞】 近代きりきりまひ[舞]。近世てんてこまひ[舞]。中古いそがし[忙]。

きりくず・す【切崩】 中世あばく[暴／発]。きりくづす[切崩]。こはす[壊]。中古くづす[崩]。つぶす[潰]。

きりくち【切口】 だんこう[断口]。近代じゅうだんめん[縦断面]。せつだんめん[切断面]。だんめん[断面]。わうだんめん[横断面]。近世きれくち[切口]。こぐち[小口]。中世きりめ[切目]。中古きりくち[切口／截口]。

—から樹液の出る現象 いっぴつ[溢泌]。しゅつえき[出液]。

丸太などの— きぐち[木口]。近世こぐち[木口]。すゑくち[末口]。もとくち[元口]。

きりころ・す【斬殺】 近世げきさつ[撃殺]。ぶっぱなす[打放]。中古きりころす[斬殺／切殺]。てうち[手打]。上代うつ[討]。ざんさつ[斬殺]。

きりさめ【霧雨】 近世きりさめ[霧雨]。こぬかあめ[小糠雨]。ぬかあめ[糠雨]。中世えんう[煙雨]。中古さいう[細雨]。上代あまぎり[雨霧]。

きりす・てる【切捨】 中古うちすつ[—すてる][打捨／討捨]。きりすつ[—すてる][切捨／斬捨]。たちきる[断切]。上代すつ[すてる][捨]。

—・てるさま 近世ばっさり。

動物が保身のため身の一部を—・てること じせつ[自切／自截]。《句》近代蜥蜴(とかげ)(石竜子)のしっぽ切り。

キリスト(ポルトガル Christo) ハリストス(ロシア Khristos)。近代きうせいしゅ[救世主]。こ[子／児]。しゅ[主]。みこ[御子]。ロード(Lord)。近世神の子。神の御子。キリスト。

キリストきょう【(ポルトガル)Christo教】 近代せいけう[聖教]。近世キリストけう[教]。じゃしゅう[邪宗]。じゃしゅうもん[邪宗門]。せいけう[西教]。やそ[耶蘇]。やそけう[耶蘇教]。やそしゅう[耶蘇宗]。中世バテレン[伴天連]。バテレンしゅう[伴天連宗]。

—の神 →かみ【神】

—の儀式 てんれい[典礼]。

―の儀式(例) ユーカリスト(Eucharist)。近代 せいさん[聖餐]。せんれい[洗礼]。

―の祝祭日(例) バレンタインデー(Saint Valentine's Day)。近代 イースター(Easter)。かうたんさい[降誕祭]。クリスマス(Christmas)。せいたんさい[聖誕祭]。ふくくゎつさい[復活祭]。

―の象徴 近代 クロス(cross)。じふじか[十字架]。中世 クルス(ポルトガル cruz)。

―の信者 神の民。近代 クリスチャン(Christian)。せいと[聖徒]。神の子。中世 キリシタン[切支丹]。

―の聖典 近代 きうやくせいしょ[旧約聖書]。しんやくせいしょ[新約聖書]。せいしょ[聖書]。バイブル(Bible)。

―の宣教 近代 ミッション(mission)。

―の布教(伝道)をする人 近代 せんけうし[宣教師]。せんけうしゃ[宣教者]。ミッショナリー(missionary)。

―を棄てること ききょう[棄教]。近代 はいけう[背教]。

―を放棄した人 近世 ころびキリシタン[転切支丹]。

きりたお・す【切倒】 中古 なでぎり[撫斬/撫切]。上代 きりたふす[切倒/斬倒]。きりふす[―ふせる][切伏/斬伏]。なぐ[薙]。

きりた・つ【切立】 せつぜん[截然]。近代 そそりたつ[聳立]。中世 きったつ[切立]。きつりつ[屹立]。きりたつ[切立]。

きりつ【起立】 たつ[立]。ちょくりつ[直立]。近世 ちょくりふ[直立]。中世 きりふ[起立]。中古 きりつ[起立]。たちあがる[立上]。

きりつ【規律】 近代 きじゅん[規準]。きりつ[規律/紀律]。せつど[節度]。ちつじょ[秩序]。ふうき[風紀]。ふうぎ[風儀]。近世 きまり[決]。じょうく[縄矩]。中世 おきて[掟]。かいりつ[戒律]。かうき[綱紀]。きそく[規則]。

―が正しくないこと 近代 ふきりつ[不規律]。

―が緩むこと 近世 箍(たが)が緩む。

―から逃れる 近代 箍(たが)を外す。近世 馬銜(はめ)(羽目)を外す。

―を引き締める 箍(たが)を締める。

官の守るべき― 近代 くゎんき[官紀/官規]。

軍の守るべき― 近代 ぐんき[軍紀/軍規]。

軍の―を正す 近代 しゅくぐん[粛軍]。

ぐんりつ[軍律]。上代 ぐんよう[軍容]。

私情より―が大事 《句》近代 泣いて馬謖(ばしょく)を斬る。

人の守るべき― 中世 れいぎ[礼儀]。

きりつ・ける【斬付】 近代 あぶす[あぶせる][浴]。中世 きりかかる[切掛/斬掛]。きりかく[―かける][切掛/斬掛]。きりつく[―つける][斬付/切付]。

最初に―・ける太刀 中世 しょだち[初太刀]。ひとかたな[一刀]。ひとたち[一太刀]。一の太刀。

ためらわずに―・けるさま 近代 ずばずば。

所構わず―・ける 近世 めったぎり[滅多斬]。

抜くと同時に―・ける 中世 ぬきうち[抜打]。

きりっと・する(さま) 近代 きりっとする。しまる[締]。近世 さっさう[颯爽]。中世 しゃっきり。りんこ[凜乎]。

―・してたるみないさま 近世 ことりまはし/こどりまはし[小取回]。りりし[凜凜]。

―・しないさま ぬっぺり。近代 のっぺり。

きりつ・める【切詰】 近代 きりつむ[―つめる][切詰]。きんしゅく[緊縮]。せつげん[節減]。せつやく[節約]。近世 つむ[つめる][詰]。中世 つづむ[つづめる][約]。上代 けんやく[倹約]。

きりと・る【切取】 近代 カット(cut)。きりはらふ[切払]。せつぢょ[切除]。てきしゅつ[摘出]。中世 もぎとる[捥取]。中古 かききる[掻切]。かりとる[刈取]。ちぎる[千切]。上代 かる[刈]。きりとる[切取]。

薄く―・る 近代 すきとる[剝取]。中世 すく[剝]。中古 そぐ[削]。

先が尖るように―・る 近世 きりそぐ[切削]。

きりぬ・ける【切抜】 のりこえる[乗越]。近代 きりひらく[切開]。こぎぬける[漕抜]。ぬけでる[抜出]。のっきる/のりきる[乗切]。近世 くぐりぬける[潜抜]。中世 きりぬく[―ぬける][切抜]。だっしゅつ[脱出]。

―・ける方法を探す 死中に活を求む。

きりはな・す【切放】 中世 きりはなす[切放]。せつだん[切断/截断]。中古 たちきる[断切]。上代 たつ[断/絶]。

―・した部分 中世 きれはし[切端]。中古 きれ[切]。はし/はじ[端]。

矢で射抜いて―・す 中世 いきる[射切]。

きりひら・く【切開】 せっかい[切開]。近代 さくかい[鑿開]。中世 きりぬく[―ぬける][切抜]。きりひらく[切開]。だかい[打開]。へきかい[劈開]。

―・いて道路などを作る 近代 かいさく[開削/開鑿]。

新たに―・いた土地 近代 かいたくち[開拓地]。中世 しんかいち[新開地]。→**かいた**

新たに―く 近世かいたく[開拓]。たくち[拓地]。中世かいはつ[開発]。しんかい[新開]。上代かいこん[開墾]。

きりふだ【切札】 エース(ace)。きめて[極手／決手]。近代オールマイティー(almighty)。近世きりふだ[切札]。近代ジョーカー(joker)。近世伝家の宝刀。中世おくのて[奥手]。

きりぼし【切干】 近世きりぼし[切干／切乾]。中古きりおほね[切大根]。

きりまわ・す【切回】 うんえい[運営]。近代きりまはす[切回]。近世きりもり[切盛]。くりまはし[繰回／繰廻]。しこなし。やりくり[遣繰]。

きりもり【切盛】 近代きりまはし[切回]。さいりゃう[裁量]。しょり[処理]。近世きりもり[切盛]。くりまはし[繰回／繰廻]。やりくり[遣繰]。中世さばき[捌／裁]。はからひ[計／図]。まかなふ[賄]。

きりゃく【機略】 近代きち[機知]。きりゃく[機略]。近世けんりゃく[権略]。せんりゃく[戦略]。中世けんぼう[権謀]。中古けいりゃく[計略]。

きりゅう【寄留】 →**かりずまい**

きりょう【器量】❶〈容貌〉ルックス(looks)。近世かほだち[顔立]。めはなだち[目鼻立]。中世かたち[形／容／貌]。かんばせ[顔]。きりゃう[器量]。中古かほかたち[顔貌／顔形]。さうばう[相貌]。びもく[眉目]。みめ[見目／眉目]。ようし[容姿]。ようしょく[容色]。花の色。上代ようばう[容貌]。

―が衰えること 中古てうらく[凋落]。

―がたぐいまれなこと 近世ぜっしょく[絶色]。

―がよい かよう[佳容]。近代みめうるはしい[見目麗／眉目麗]。中世かほよし[顔良]。せん[倩]。

―が悪い 近世ぐるりだか[高]。さんぺいじまん[三平二満]。なかびく[中低]。中世ぶきりゃう[不器量／無器量]。みめわる[見目悪／眉目悪]。

女性の― 近代をんなっぷり[女振]。近世をんなぶり[女振]。

男性の― 近代をとこっぷり[男振]。中世をとこぶり[男振]。

きりょう【器量】❷〈才能〉中世きう[気宇]。きぶん[機分]。さいりゃう[才量]。じんぶつ[人物]。りきりゃう[力量]。中古うつは[器]。うつはもの[器物]。がりゃう[雅量]。じんこつ[人骨]。上代きりゃう[器量]。さいかん[才幹]。さいのう[才能]。どりゃう[度量]。

《句》近世佳肴(嘉肴)ありと雖も食らはずんばその旨きを知らず。

大きい― 近代りゃうき[良器]。近世ひときりゃう[一器量]。中世きし[奇士]。上代たいき[大器]。

小さい― 近世きょくせう[局小]。せうぢゃうふ[小丈夫]。中世せうじん[小人]。とさう[斗筲]。

ぎりょう【技量】 わざなみ[業並]。近代アビリティー(ability)。ぎのう[技能]。しゅわん[手腕]。わざまへ[業前]。近世うでほね[腕骨]。うでまへ[腕前]。ぎりゃう[技量／伎量]。てのうち[手内]。てのした[手下]。中世うで[腕]。ぎじゅつ[技術]。て[手]。てがら[手柄]。てぎは[手際]。てなみ[手並]。てまへ[手前]。てもと[手元／手許]。中古てじな[手品]。てつき[手付]。

―が劣っている 近世腕に余る。手に負へず。中世手に余る。

―が同じ程度まで進む 肩を並べる。近代塁を摩する。中世ひってき[匹敵]。

―が優れた年代 中世てざかり[手盛]。

―が進む 近代腕が上がる。手が上がる。中世じゃうたつ[上達]。→**じょうたつ**

―の程度 だん[段]。だんい[段位]。

―を競う 中古ちからくらべ[力競]。

優れた― 近代とくぎ[特技]。めうぎ[妙技]。中世めうしゅ[妙手]。神に入る。中古てきき[手利]。

きりょく【気力】 こし[腰]。近代いよく[意欲]。きはく[気迫／気魄]。きもったま[肝玉]。くゎつりょく[活力]。せいしんりょく[精神力]。はら[腹]。ファイト(fight)。近世いきせい[息精]。いきぢ[意気地]。いくぢ[意気地]。えいき[英気]。き[気]。きじゃう[気情]。きせい[気精]。きもだま[肝玉]。こんき[根気]。やるき[遣気]。中世いぢ[意地]。きがい[気概]。きこつ[気骨]。きこん[気根]。きも[肝／胆]。きもだましひ[肝魂]。げんき[元気]。こしぼね[腰骨]。こんき[根機／根器]。しんき[神気]。せいこん[精根]。せいりょく[精力]。よせい[余勢]。中古いき[息]。いさみ[勇]。きりょく[気力]。こころいきほひ[心勢]。こころだましひ[心魂]。せいき[精気／勢気]。たましひ[魂]。上代いき[意気]。いきほひ[勢]。けっき[血気]。こころど

［心］。ちから［力］。

ーあふれて活動すること 近代くゎっぱつはっち［活潑潑地］。ふるひたつ［奮立］。わうせい［旺盛］。近世さうくゎい［壮快］。ひきたつ［引立］。ふんれい［奮励］。中世くゎつはつはつ［活発／活潑潑］。はげむ［励］。中古ふるふ［振／揮／奮］。

ーがない 意気地がない。近代うつろ［空／虚］。むきりょく［無気力］。近世づくがない。中古だじゃく［惰弱／懦弱］。

ーがないさま 近代げっそり。近世ぐうたら。筋骨を抜かれたやう。中世屠所の羊の歩み。

ーがない人 近代いくぢなし［意気地無］。

ーがなくなる きょだつ［虚脱］。腰が砕ける。近代せうちん［消沈／銷沈］。はばむ［阻／沮］。ふぬける［腑抜］。へこたれる。魂が抜ける。近世おくる〔おくれる〕［遅／後］。かる〔かれる〕［枯］。くじく〔くじける〕［挫］。気がそさう［阻喪／沮喪］。ゐび［萎靡］。気が減る。腰が抜ける。中世せうこん［消魂／銷魂］。気が尽く〔ー尽きる〕。中古くづほる〔くずおれる〕［頽］。なゆ〔なえる〕［萎］。

ーに欠ける 中世ふがひなし［腑甲斐無／不甲斐無］。

ーを起こさせる 近代活を入れる。元気付ける。中世ふんぱつ［奮発］。

ーを集中する 近代ふるひおこす［奮起］。中世つむ〔つめる〕［詰］。

ーを無くさせる 近代うちひしぐ［打拉］。からす［涸／枯］。きょせい［去勢］。中世たをます［撓］。なやす［萎］。

大きなー 近代ばつざんがいせい［抜山蓋世］。中世がいせい［蓋世］。

正義を守ろうとするー 近代ぎたん［義胆］。

堪えるー 近代にんたいりょく［忍耐力］。近世がまんづよし［我慢強］。こらへしゃう［堪性］。こんき［根気］。中世きこん［気根／機根］。

戦うー ガッツ(guts)。かんとうせいしん［敢闘精神］。とうこん［闘魂］。ファイティングスピリット(fighting spirit)。近代きはく［気魄／気迫］。しこん［士魂］。とうさうしん［闘争心］。ファイト(fight)。近世とうし［闘志］。中世きがい［気概］。けっき［血気］。はき［覇気］。中古まけじだましひ［負魂］。

物に動じないー 近代たんりょく［胆力］。近世どきょう［度胸］。

きりわ・ける【切分】 やつぎり［八切］。近代こぎり［小切］。中世きりわく〔ーわける〕［切分］。

大きくー・けたもの 近代おほぎり［大切］。

きりん【麒麟】 近代いっかくじう［一角獣］。ジラフ(giraffe)。上代きりん［麒麟］。

き・る【着】 近代いっちゃく［一着］。近世ちゃくい［着衣］。身に着ける。中世かぶる［被］。ちゃくす［着］。はおる［羽織］。ふくす［服］。中古さうぞく／しゃうぞく［装束］。まとふ［纏／絡］。上代きる［着／著］。たづくる［手作］。ちゃくよう［着用］。つく〔つける〕［着］。

《尊》中古たてまつる［奉］。めす［召］。上代けす［着／著］。をす［食］。

《枕》中古からころも［唐衣］。

ー・飾る →**きかざ・る**

ー・た感じ 近代きごこち［着心地］。

ー・続けて古びた衣 近世べんべら。上代なれごろも［馴衣／褻衣］。ふるごろも［古衣］。

ー・て慣れていること 近代きつけ［着付］。

ー・てよれよれになる 中古きなやす［着萎］。きふるす／きぶるす［着古］。なればむ。上代なれる［慣／馴］。

ー・慣れた衣 中古みなれごろも［見馴衣］。

新しい衣服を初めてー・る きおろし［着下］。近世袖を通す。中世きぞめ［着初］。

一着をー・続けること 中世きどほし［着通］。

色や模様などを違えてー・る 中古さうぞきわく［装束分］。

買う前にー・てみる しちゃく［試着］。

着流しでー・ているさま 近代ぞろっと／ぞろり。近世ぞべぞべ。

上手にー・る 近代きつけ［気付］。近世きこなす［着熟］。

たくさん重ねてー・る きこむ［着込］。中世あつぎ［厚着］。中古おしかさぬ［押重］。上代きそふ［着襲］。

無雑作にー・ているさま 近世ざっくり。

き・る【切】 近代かっきる［掻切］。カット(cut)。せつぢょ［切除］。たたきる／たたっきる［叩切］。近世ぶっきる［打切］。ぶったぎる［打手切］。刃(やいば)に掛く〔ー掛ける〕。中世おしきる［押切］。かく［掻］。きりさぐ〔ーさげる〕［切下］。さく［裂／割］。せつだん［切断］。たつ［断］。たつ［裁］。中古かききる［掻切］。たちきる［断切／裁切］。ひく［挽］。上代うちきる［打切］。きる［切／伐／斬／截／剪］。ひききる／ひっきる［引切］。

ー・った口 近代せつだんめん［切断面］。だんめん［断面］。近世こぐち［小口］。中世きりこぐち［切小口］。中古きりくち［切口］。

━・った時できる不用の屑 近世 たちくづ[断屑]。中世 きりくづ[切屑]。
━・ったり叩(たた)いたり 近世 切った張った。
━・って落とす 中世 きりおとす[切落]。中古 うちおとす[打落]。
━・って形をなくす 中世 きりくづす[切崩]。
━・って解き放す 中世 きりほどく[切解]。
━・って除く 近世 せんぢょ[剪除]。上代 きりとる[切取]。きりはらふ[切払]。はらふ[払]。
━・って嵌(は)め込む 近世 きりこむ[切込]。
━・って放っておく 中世 きりはなす[切放]。きりはなつ[切放]。中古 きりすつ[━すてる][切捨/斬捨]。
━・ってまだ間がない きりたて[切立]。
━・っても切れない わかちがたい[分離]。
━・っても切れない仲 近世 退(の)かぬ仲。
━・って割る 中世 きりわる[切割]。たちわる[断割]。
━・り掛かること 近世 ぶっかけ[打掛]。中世 うちこむ[打込]。
━・り方のいろいろ①[刀で斬る] 近世 うしろげさ[後袈裟]。中世 おほげさ[大袈裟]。こしぐるま[腰車]。なでぎり[撫斬]。をがみうち[拝打/拝撃]。
━・り方のいろいろ②[庖丁で切る] かつらむき[桂剝]。近世 あられぎり[霰切]。かくぎり[角切]。中世 かへしがたな[返刀]。
━・り方の腕前 近世 きりくち[切口]。
━・り殺されること 近代 頭足(とうそく)所を異にす。近世 刀の錆。
━・り殺す 近世 げきさつ[撃殺]。ぶっぱなす[打放]。中世 てうち[手打]。上代 うつ[討]。ざんさつ[斬殺]。
━・り裂く 近代 かきさばく[掻捌]。近世 かっさばく[掻捌]。中世 からたけわり[幹竹割]。中古 さく[裂/割]。だんかつ[断割]。
━・り削ぐ 近世 ちょつる。
━・り損なう きりそらす[切外]。中世 きりはづす[切外]。
━・る音(さま) すぱっと/ずばっと。近代 ちょきん/ちょっきん。ばらりずんと。ぶっつり/ぷっつり。近世 ざっぷり。ちょきちょき。ばさり/ばっさり。ふっつり。手は見せぬ。中世 きざきざ/きだきだ[刻刻/段段]。ざっくり。中古 きれぎれ[切切]。すんずん[寸寸]。
一部を━・って取る 中世 きりぬく[切抜]。きりとる[切取]。
薄く━・る スライス(slice)。
恨みを晴らすため━・り殺す 中世 いしゅぎり[意趣斬]。
瓜のように真っ二つに━・る 中世 うりぎり[瓜切]。
大まかに━・ること ぶつぎり[切]。近世 おほぎり[大切]。中世 あらぎり[粗切/荒切]。
刀を引いて━・る 近代 かっきる[掻切]。中世 かく[掻]。中古 かききる[掻切]。
川の水が堤防を━・る 近代 けっくゎい[決壊]。けっす[決]。
首を━・る 近世 うちくび[打首]。ざんしゅ[斬首]。
細かく━・ること こまぎれ[細切/小間切]。近代 すんだん[寸断]。中世 きりきざむ[切刻]。こまぎり[細切/小間切]。中古 きざむ[刻]。
少しずつ━・る 近代 すんだん[寸断]。
ずたずたに━・る 中世 きりさいなむ[切苛/斬苛]。
竹や木を━・るのに適した時期 近代 竹八月に木六月。
斜めに━・り取る 中古 そぐ[削/殺]。
捩って━・る 中世 ねぢきる[捩切]。
腹を━・る 近世 かっぷく[割腹]。とふく[屠腹]。中世 せっぷく[切腹]。はらきり[腹切]。
引いて━・る 中世 ひっきる[引切]。上代 ひきる[引切]。
深く━・る 近世 きりこむ[切込/斬込]。
真ん中で━・る 近世 ちゅうだん[中断]。
無雑作に━・る 近世 ちょんぎる[切]。
無闇に━・る 中世 きりまはす[切回]。

きれあじ【切味】 きれぐあい[切具合]。中世 きれあぢ[切味]。
━がよいこと 近代 シャープ(sharp)。近世 すかすか。中世 えいり[鋭利]。
━が悪いこと 近世 なまくら[鈍]。中古 にぶし[鈍]。
━が悪くなること 中世 なまる[鈍]。
━のよい刀剣 近世 おほわざもの[大業物]。
━の悪い刃物 近世 なまくら[鈍]。中世 どんたう[鈍刀]。

きれい【綺麗】 クリーン(clean)。近世 あでやか[艶]。うっつい[美]。中世 いつくし/うつくし[美/愛]。きれい[綺麗/奇麗]。くゎび[華美]。くゎれい[華麗]。さはやか[爽]。中古 せいけつ[清潔]。びれい[美麗]。上代 うるはし[麗]。きよし[清]。はなやか[華/花]。
━好き けっぺい[潔病]。近代 けっぺき[潔

癖］。
ー・で汚れがない 中古せいけつ［清潔］。
ー・な心のたとえ びゃくれん［白蓮］。
ー・な庭 中世玉敷きの庭（特に禁中の庭）。
ー・な服 中古花の衣。
ー・な水 きよみず［清水］。中世せいすい［清水］。中古せいせん［清泉］。上代しみづ［清水］。
ー・にする クレンジング（cleansing）。近代じゃうくゎ［浄化］。中世すむ［澄／清］。中古さうぢ［掃除］。しろむ［白］。みがく［磨］。上代きよむ〔きよめる〕［清］。せいさう［清掃］。
ちょっとー 近世こぎれい［小綺麗］。
手ぎわがみごとでー 中世てぎれい［手奇麗／手綺麗］。
自らー・にする じじょう［自浄］。

ぎれい【儀礼】 近代あいさつ［挨拶］。中古ぎれい［儀礼］。上代ぎしき［儀式］。れいぎ［礼儀］。れいしき［礼式］。
ー的 近代フォーマル（formal）。
形だけで心を伴わないー 近世きょれい［虚礼］。
人生の重要な移行期のー イニシエーション（initiation）。つうかぎれい［通過儀礼］。
土葬にする際のー まいそうぎれい［埋葬儀礼］。

きれぎれ【切切】 近代だんぺん［断片］。中世きざきざ／きだきだ［段段］。ずたずた［寸寸］。ずだずだ。ちぎれちぎれ。中古きれぎれ［切切］。つだつだ。へんぺん［片片］。
ー・に言う ぽつりぽつり。中古つづしる［囁］。
ー・に続いているさま 近世てんてん［点点］。
ーの文書や筆跡 近代だんかんれいぼく［断簡零墨］。

きれこみ【切込】 スリット（slit）。近世きれこみ［切込］。
葉の縁にあるー せんれつ［浅裂］。近代けっこく［欠刻］。

きれつ【亀裂】 近代ギャップ（gap）。きれつ［亀裂］。ひび［罅］。ひびわれ［罅割］。中世ひびれ［罅］。中古さけめ［裂目］。ひびき［罅］。われめ［割目］。

きれはし【切端】 こまぎれ［細切／小間切］。近代かけら［欠片］。だんぺん［断片］。はへん［破片］。近世せうへん［小片］。せっぺん［切片］。はくへん［薄片］。はしくれ［端］。へん［片］。中世きれはし［切端］。中古ざんぺん［残片］。
板のー いたきれ［板切］。
材木のー 中世つまで［柧手］。
反物や織物のー 近代きれぢ［切地］。近世こぎれ［小切／小裂］。
墨跡のー 近代れいぼく［零墨］。
襤褸(ろぼ)のー ぼろぎれ［襤褸切］。

きれめ【切目】 近世だんらく［段落］。とぎれ［途切］。中世きり［切］。きれめ［切目］。くぎり［区切］。中古きりめ［切目］。さけめ［裂目］。たえま［絶間］。とぢめ［綴目］。上代きだ［段］。
ーが多くあること 近世とぎれとぎれ［途切／跡切跡切］。兎の糞。中古たえだえ［絶絶］。だんぞく［断続］。
ーなく 次から次に。近代どんどん。ひっきりなし。近世たてつづけ［立続］。ぞくぞく［続続］。中世かんだんなく［間断無］。つづけざま［続様］。ひんぱん［頻繁］。れんぞく［連続］。上代たえず［絶］。
ーを付ける 近代くぎる［区切］。一線を画す。
上着に付けた装飾用のー スラッシュ（slash）。
一つのー 近代いちだんらく［一段落］。中世ひときり［一切］。
▼助数詞 上代きだ［段］。

きれもの【切者】 近代うできき［腕利］。びんわんか［敏腕家］。ふところがたな［懐刀］。やりて［遣手］。近世きれて［切手］。中世きりうど／きりびと［切人］。きりもの／きれもの［切者］。

き・れる【切】❶〈破損〉 中世せつだん［切断］。ちぎる〔ちぎれる〕［千切］。中古やぶる〔やぶれる〕［破］。上代きる〔きれる〕［切］。さく〔さける〕［裂］。
ー・れたり続いたり 近世とぎれとぎれ［途切／跡切跡切］。中古たえだえ［絶絶］。だんぞく［断続］。
ー・れてばらばらになる 中世きればなる〔―はなれる〕［切離］。ずたずた［寸寸］。ちぎる〔ちぎれる〕［千切］。ちぎれちぎれ。中古きれぎれ［切切］。
ー・れて開いた口 きれくち［切口］。→**きりくち**
ー・れないようにする 上代つなぐ［繋］。
ー・れる具合 中世きれあぢ［切味］。
ー・れるさま すかっと。近代さくり。ざくり。ぶっつり。ぷつぷつ。ぷつり。ぷつん。ぽつり。近世さっくり。すっぱり。ふっつり。中世ばらり。中古ふつり。
急にー・れるさま 近代ぷっつり。ぷつり。ぷつん。近世ふっつり。中世ふっつと。中古

ふっと。ふつり。

男女の仲が━・れる 中古とだゆ［途絶］。

中途で━・れる とぶ［飛］。近代ちゅうだん［中断］。中世とぎる［とぎれる］［途切］。

何度も擦れ合って━・れる 近代すりきれる［擦切／摩切］。

き・れる【切】❷〈払底〉でつくす［出尽］。中世きる［きれる］［切］。すむ［済］。中古なくなる［無］。ふそく［不足］。ふってい［払底］。上代つく［つきる］［尽］。はつ［はてる］［果］。をはる［終／了］。

きろ【帰路】 近代かへりぎは［帰際］。ふくろ［復路］。近世かへりがけ［帰掛］。かへりしな［帰］。かへりみち［帰道］。きと［帰途］。もどりあし［戻足］。もどりみち［戻道］。をりかへし［折返］。中世かへりあし［帰足］。もどり［戻］。中古かへさ［帰］。かへるさま［帰様］。きろ［帰路］。上代いへぢ［家路］。かへり／かへるさ［帰］。

きろ【岐路】 さかいめ［境目］。ふたまたみち［二股道］。ボーダーライン(border line)。近代ていじろ［丁字路］。てんくゎんき［転換期］。ぶんきてん［分岐点］。わかれめ［分目］。近世えだみち［枝道］。おひわけ［追分］。わかれぢ［別路］。わかれみち［別道／別路］。中世てんき［転機］。中古つじ［辻］。わけめ［分目］。上代きろ［岐路］。

きろく【記録】❶〈記録する〉メモ(ノート)を取る。近代うたふ［謳］。きじゅつ［記述］。きにふ［記入］。さいろく［採録］。さいろく［載録］。とうさい［登載］。とうろく［登録］。ひかへる［控／扣］。ひつろく［筆録］。マーク(mark)。近世しうろく［収録］。しゅき［手記］。ひっき［筆記］。中世かきとむ［━とめる］［書留］。きす［記］。中古かきしるす［書記］。かきとどむ［━とどめる］［書留］。かく［書］。きろく［記録］。ろくす［録］。上代きさい［記載］。しょき［書記］。しるす［記］。

━・しない約束 オフレコ(off the record)。

━・する役目 きろくがかり［記録係］。スクリプター(scripter)(映画撮影現場の)。近世かきやく［書役］。しょき［書記］。中世ものかき［物書］。中古ししん［史臣］。

━装置のいろいろ(例) アナライザー(analyzer)。オシログラフ(oscillograph)。じきそうち［自記装置］。近代クロノグラフ(chronograph)。レコーダー(recorder)。

━媒体のいろいろ(例) アイシー(IC; integrated circuit)。エルエスアイ(LSI; large scale integrated circuit)。シーディー(CD; compact disc)。じきディスク［磁気disc］。じきテープ［磁気tape］。ディーブイディー(DVD; Digital Versatile Disc)。デジタルたもくてきディスク［Digital多目的Disc］。はんどうたいメモリー［半導体memory］。ひかりディスク［光disc］。フラッシュメモリー(flash memory)。ブルーレイディスク(Blu-ray Disc)。メモリーカード(memory card)。

音の━ 近代ろくおん［録音］。

文章にして━ 近世せんろく［撰録］。

きろく【記録】❷〈記録文書〉そうし［叢誌］。近代クロニクル(chronicle)。たんばう［探訪］。ドキュメント(document)。ほうこくぶん［報告文］。レコード(record)。近世きじ［記事］。しじょう［史乗］。しゅき［手記］。ばいたら［貝多羅］。ばいたらえふ／ばいたらば［貝多羅葉］。はうさく［方策］。ぶんけん［文献］。中世かきもの［書物］。でんき［伝記］。中古かんかん［汗簡］。かんせい［汗青］。き［記］。きろく［記録］。さっせい［殺青］。せいし［青史］。たうひつ［刀筆］。ちゅうき［注記／註記］。上代じつろく［実録］。しょき［書記］。しるしぶみ［伝記／文史］。

━に基づく作品 きろくえいが［記録映画］。ドキュメンタリー(documentary)。ノンフィクション(nonfiction)。ルポ／ルポルタージュ(フランス reportage)。近代きろくぶんがく［記録文学］。ニュース(news)。レポート(report)。

━文学 近代せんき［戦記］。ひゃうでん［評伝］。中世じじょでん［自叙伝］。じでん［自伝］。でんき［伝記］。

囲碁や将棋の━ きふ［棋譜］。

偉人の言行の━ 中世ごろく［語録］。

音や映像の━ ろくが［録画］。近代ろくおん［録音］。

思い出して書いた━ かいころく［回顧録］。近代くゎいさうろく［回想録］。メモワール(フランス mémoires)。

会議の━ 近代くゎいぎろく［会議録］。近世しゅき［手記］。

簡単な━ しりゃく［誌略］。

聞いたことの━ きぶん［記聞／紀聞］。中世ききがき［聞書］。中古うちぎき［打聞］。

貴人の書いた━ 中世ぎょき［御記］。

競技の━ 近代レコード(record)。

詳しい― 近世しゃうき[詳記]。中古しゃうろく[詳録]。
系譜等の― 中古ふてふ[譜牒]。
後世の― 中世こうき[後記]。
個人的な私的な― 近世しゅき[手記]。中古しき[私記]。
最高―保持者 レコードホルダー(record holder)。
自分の生涯の― 中世じじょでん[自叙伝]。じでん[自伝]。
従来を越える― 近代しんきろく[新記録]。
主たるもの以外の― 近世よろく[余録]。
証拠の― 近代しょけい[書契]。
正式なものとして― 近代けいき[掲記]。
伝記を―・すること 中古きでん[記伝]。
人の口述を―・したもの こうじゅつひっき[口述筆記]。近世こうじゃうがき[口上書]。
人の生涯の― 近代ヒューマンドキュメント(human document)。中古でん[伝]。でんき[伝記]。
秘密の― 中世ひろく[秘録]。
古い― きゅうじ[旧辞]。中世こちゃう[古帳]。こでん[古伝]。上代きうき[旧記]。こき[古記]。
毎日の― 近代にっし[日誌]。中古にき/にちき/にっき[日記]。
要点を抜き出した― 近代てきき/てっき[摘記]。てきろく[摘録]。近世せうろく[抄録]。
歴史的な― 上代しでん[史伝]。
忘れないための― ぼうびろく[忘備録]。近代びばうろく[備忘録]。メモ(memo)。メモランダム(memorandum)。近世おぼえがき[覚書]。こころおぼえ[心覚]。てびかへ[手控]。

ぎろん【議論】 近代ぎじ[議事]。たうぎ[討議]。ディスカッション(discussion)。ディベート(debate)。ろんさう[論争]。ろんせん[論戦]。近世あげつらひ[論]。げんろん[言論]。中世ぎろん[議論]。もんだふ[問答]。ろん[論]。ろんぎ[論議]。中古ぎ[議]。たうろん[討論]。だんぎ[談義]。さうろんだん[論談]。上代げんぎ[言議]。さうろん[争論]。だんろん[談論]。

―・し考察する 近代ろんかう[論考]。

―・して決定する 近代ろんけつ[論決]。

―・して他人の主張を破る 近世ろんぱ[論破]。中世なんぱ[難破]。

―・して他人の説に反論する 近代かみつく[噛付]。はんばく[反駁]。近世ろんばく[論駁]。中世かうろん[抗論]。

―・する 近代わたりあふ[渡合]。近世おうしう[応酬]。中世あらがふ[抗/争/諍]。あらそふ[争]。中古いさかふ[諍]。さだむ〔さだめる〕[定]。上代あげつらふ[論]。

―・する人 近代ぎろんか[議論家]。ぎろんずき[議論好]。ろんかく/ろんきゃく[論客]。ろんし[論士]。中古ろんじゃ[論者]。

―・するまでもない 近世ろんぐゎい[論外]。中世一議に及ばず。

―の相手 中古ろんてき[論敵]。ろんぽう[論鋒]。

―の組立 近代りつろん[立論]。ロジック(logic)。ろんぱふ[論法]。ろんり[論理]。

―の結末 近代けつろん[結論]。

―の題目 近代ぎだい[議題]。ろんだい[論題]。

―の中心 中世ほんろん[本論]。

―の調子 近代ろんてう[論調]。

―の鋒先(ほこさき) 近代ろんぽう[論鋒]。

―の要点 近代さうてん[争点]。ろんし[論旨]。ろんてん[論点]。

―の余地がない 近代もんくなし[文句無]。中世よぎなし[余儀無]。

―の拠ょり所 近代ろんきょ[論拠]。近世論より証拠。

以前から主張していた― 近代ぢせつ[持説]。中世ぢろん[持論]。

一般的概括的― 近代いっぱんろん[一般論]。

いろいろの― 近代かふろんおつばく[甲論乙駁]。ぎろんひゃくしゅつ[議論百出]。

多くの人の― 中古ぐんぎ[群議]。

思いのままの― 近代はうろん[放論]。

極端な― 近世きょくろん[極論]。

くだらない― せつろん[拙論]。近世ぐろん[愚論]。

結末のつかない― 平行線を辿る。近代かふろんおつばく[甲論乙駁]。ふんぎ[紛議]。中世かなづちろん[金槌論]。みづかけろん[水掛論]。

公平な― 近世こうぎ[公議]。こうろん[公論]。

項目毎の― 近代かくろん[各論]。

盛んな― もむ[揉]。近代かんかんがくがく[侃侃諤諤]。たくれいふうはつ[踔厲風発]。つうろん[痛論]。気炎を揚げる。気炎を吐く。口角泡を飛ばす。熱を上げる。近世げきろん[激論]。中世ていふつ[鼎沸]。中古ものいひ[物言]。

座しての― 近代ざろん[座論]。

優れたー 近代かうぎ［高議］。たくせつ［卓説］。たくろん［卓論］。中世かうろん［高論］。

世間一般のー せろん／よろん［世論］。近世かうぎ［巷議］。中世こうろん［公論］。ぞくろん［俗論］。よろん［輿論／世論］。中古かうせつ［巷説］。

確かなー 近世かくろん［確論］。

道理にかなったー 近代せいろん［正論］。中世せいぎ［正義］。

反対のー はんろん［反論］。近代ばくぎ［駁議］。ばくろん［駁論］。はんばく［反駁］。近世ろんばく［論駁］。中世かうろん［抗論］。

間違いを正しいとするー 近代きょくろん［曲論］。近世きべん［詭弁］。

間違ったー びゅうろん［謬論］。近代ばうぎ［妄議］。近世ばうろん［暴論］。中世わうぎ［横議］。中古じゃろん［邪論］。

向かい合ってー・する 中古たいろん［対論］。

難しいー 近世なんろん［難論］。

無駄なー もんどうむよう［問答無用］。座上の空論。近代あめいせんさう［蛙鳴蝉噪］。くうりくうろん［空理空論］。スコラてき［ラテ schola的］。ぜいせつ［贅説］。机上の空論。近世ぜいげん［贅言］。もんだふむやく［問答無益］。中古さくくう［鑿空］。

もつれてまとまらないー ふんぎ［紛議］。

きわ【際】❶〈場所〉中世さかひめ［境目］。中古きは［際］。そば［側／傍］。つま［端］。はし［端］。ふち［縁］。へり［縁］。ほとり［辺］。上代あたり［辺］。さかひ［境］。つめ［詰］。わたり［辺］。

きわ【際】❷〈時〉近世ばあひ［場合］。まぎは［間際］。中世さい［際］。中古きは［際］。をり［折］。

ぎわく【疑惑】 近世くもりかかり［曇懸］。中世あやしみ［怪］。ぎねん［疑念］。ぎもん［疑問］。中古ぎしん［疑心］。ぎわく［疑惑］。ふしん［不審］。上代あやし［怪］。うたがひ［疑］。くゎいぎ［懐疑］。

きわだ・つ【際立】 近代うきたつ［浮立］。近世さゆ［さえる］［冴］。とびぬく［―ぬける］［飛抜］。ひきたつ［引立］。めだつ［目立］。目につく。中世きはだつ［際立］。づぬく［―ぬける］［図抜／頭抜］。ぬきんづ［―でる］［抜出／抽／擢］。目に立つ。中古あざやぐ［鮮］。きははなる［際離］。けざやぐ。

ー・って 近世きっかり。くっきり。めっきり。中世すぐれて［勝］。めきめき。中古いちだんと［一段］。ひときは［一際］。ひとしほ［一入］。わざと［態］。

ー・っている 近世けざやか。けばけばしい。けやけし。中世いちじるし［著］。けちえん［掲焉］。けはけはし。けんちょ［顕著］。なめてならず［並］。れきぜん［歴然］。中古いさい［異彩］。きはぎはし［際際］。きはだかし［際高］。きはやか［極］。きらきらし［煌煌］。け［異］。けざけざ。けしょう／けんしょう／けせう／けんぞ［顕証］。こころこと［心異］。しるし［著］。なべてならず［並］。はかばかし［果果］。はなやか［華］。わきわきし［分分］。上代けや。けやか。

腕前などがー・っていること さえ［冴／沍］。

きわど・い【際疾】 ぎりぎり［限限］。近代かんいっぱつ［間一髪］。ききいっぱつ［危機一髪］。すれすれ。近世きはどし［際疾］。中世せっぱく［切迫］。中古あやふし［危］。

きわまり【窮】 近代きょくげん［極限］。しゅうきょく［終極］。中世きうきょく［究極］。きうきゃう／くっきゃう［究竟］。中古いたり［至］。きはまり［窮／極］。きはめ［極］。きょく［極］。はて［果］。をはり［終］。上代かぎり［限］。きはみ［極］。そこひ［底方］。

ーのないこと 中世むきゅう／むぐう［無窮］。

→えいえん

きわま・る【窮】 極限に達する。近代きょくじん［極尽］。中世いきつまる／いきづまる［行詰］。いたる［至］。きゅうす［窮］。中古きはまる［窮／極／谷］。つく［つきる］［尽］。上代はつ［はてる］［果］。をはる［終］。

きわめつき【極付】 定評のある。近代きはめつき［極付］。ごくいんづき［極印付］。近世をりがみつき［折紙付］。

きわめて【極】 この上なく。近代ごく［極］。さいかう［最高］。たいそう［大層］。たいへん［大変］。ひじゃう［非常］。近世ごくずい［極髄］。よくよく［良良／能能］。中世いかにも［如何］。いたって［至］。ごくごく［極極］。せんばん［千万］。よによに［世世］。中古いたく［甚］。いたりて［至］。しごく［至極］。すこぶる［頗］。せち［切］。せめて。はなはだ［甚］。もっとも［最］。上代きはまりて［極］。きはめて［極］。しごく［至極］。

ー善いこと 近代きょくぜん［極善］。中世ごくぜん［極善］。

ーわずかなこと 近世れいさい［零細］。中世しがう［糸毫］。

きわ・める【究】 近代ついきう［追究］。中世きうきょく［究極］。中古きはむ［きわめる］［究／極／窮］。つくす［尽］。

道理を―・める 中世きうり[究理]。きゅうり[窮理]。

きん【金】 近代きんくゎ[金貨]。きんくゎい[金塊]。くゎへい[貨幣]。ゴールド(gold)。やまぶきいろ[山吹色]。わうごん[黄金]。中古きん[金]。上代くがね/こがね[黄金]。

―と絹 上代きんぱく[金帛]。

―と玉 中古きんぎょく[金玉]。

―の 近代ゴールデン(golden)。

―の粉 きんこ[金粉]。近世きんさ/きんしゃ[金砂]。きんぷん[金粉]。中世きんすなご[金砂子]。中古さきん[砂金]。

―の純度 近代カラット(carat; karat)。近世きんゐ[金位]。ひんゐ[品位]。

―の鈴 中古きんれい[金鈴]。

―めっき 近代ギルト(gilt)。きんきせ[金着]。きんぷら[金麩羅](俗語)。

―を作りだす術 近代れんきんじゅつ[錬金術]。

板状にした― 近代ねりきん[練金]。のべきん[延金]。ばんきん[板金]。

紙のように薄くした― のぎ[芒]。上代きんぱく[金箔]。

鉱山から産出した自然の― きんこうせき[金鉱石]。近世さんきん/やまきん[山金]。

純度の高い― 近世じゃうきん[上金]。

混じり物のない― にじゅうよんきん[二十四金]。近世きんむく[金無垢]。ほんきん[本金]。中古きんせい[金精]。上代じゅんきん[純金]。しんきん[真金]。

きん【菌】 ウイルス(ラテン Virus)。近代きんるい[菌類]。さいきん[細菌]。ばいきん[黴菌]。バクテリア/バクテリヤ(bacteria)。びせいぶつ[微生物]。びゃうきん[病菌]。びゃうげんきん[病原菌]。中古きん[菌]。

↓さいきん【細菌】

▼菌類の例 しのうきんるい[子嚢菌類]。たんしきんるい[担子菌類]。近代かうぼ[酵母]。さいきん[細菌]。中世きのこ[茸/蕈/菌]。

ぎん【銀】 近代シルバー(silver)。中古はくぎん[白銀]。上代ぎん[銀]。しろかね[白金]。

―と銅の合金 近代おぼろぎん/ろうぎん[朧銀]。近世しぶいち[四分一]。

―の小粒 近世ささぶき[笹吹]。

―の粉 近代ぎんこ/ぎんぷん[銀粉]。ぎんしゃ[銀砂]。

―の鈴 近代ぎんれい[銀鈴]。

―の粒(銀貨) 近世こだまぎん[小玉銀]。こつぶぎん[小粒銀]。つぶぎん[粒銀]。まめいたぎん[豆板銀]。

―めっき 近代ぎんきせ[銀着]。上代しらぬり[白塗]。

いぶして灰色にした― ふすべぎん[燻銀]。近代いぶしぎん[燻銀]。

紙のように薄くした― 中世ぎんぱく[銀箔]。

地金などに含まれる―の割合 近世ひんゐ[品位]。

純度の高い― 近世じゃうぎん[上銀]。中世なんれう[南鐐]。

混じり物のない― ぎんむく[銀無垢]。中古じゅんぎん[純銀]。

きんいつ【均一】 近世くゎくいつ[画一]。中世いちやう[一様]。きんとう[均等]。中古きんいつ[均一]。

きんいろ【金色】 近代きんいろ[金色]。近世こがねいろ[黄金色]。中世やまぶきいろ[山吹色]。中古こんじき[金色]。

―の 近代ゴールデン(golden)。

―の雲 近代くゎううん[黄雲]。

―の花 中世きんくゎ[金花/金華]。

―の光 近世きんくゎう[金光]。

緑色を帯びた― 近代きんりょくしょく[金緑色]。

ぎんいろ【銀色】 近代ぎんいろ[銀色]。シルバー(silver)。しろがね[銀]。

真珠のような― 近代しんじゅいろ[真珠色]。

灰色を帯びた― 近代ぎんくゎいしょく[銀灰色]。

ぎんえい【吟詠】 近代ぎんしゃう[吟唱]。ぎんしょう[吟誦]。中世ぎんず[吟]。中古あざける[嘲]。いだす[出]。うちながむ[―ながめる][打詠]。えいぎん[詠吟]。えいず[詠]。ぎんえい[吟詠]。こうがう[口号]。ながむ[詠]。

―・する人 中世ぎんかく[吟客]。

漢詩の― 近世しぎん[詩吟]。

詩歌などを感動して―・する 中世かんぎん[感吟]。

詩歌などを静かに―・する 中世かんぎん[閑吟]。中古ちんぎん[沈吟]。

高い声の― 近代かうえい[高詠]。中世かうぎん[高吟]。かうしゃう[高唱]。

長く声を引く― 中世ちゃうぎん[長吟]。上代ちゃうせう[長嘯]。

きんか【金貨】 近世おほばんこばん[大判小判]。きん[金]。きんくゎ[金貨]。きんす[金子]。くゎへい[貨幣]。ひかりもの[光物]。やまぶき[山吹]。わうごん[黄金]。

中古こがね[黄金]。
—と銀貨 近世きんぎん[金銀]。
—のいろいろ(例) 近世いちぶきん[一分金]。いちぶこばん[一分小判]。いっかく[一角]。いっしゅきん[一朱金]。いびつ[歪/飯櫃]。いびつなり[歪形/飯櫃形]。おほばん[大判]。けいちゃうきん[慶長金]。こつぶ[小粒]。こつぶきん[小粒金]。こばん[小判]。はうきん[方金]。

ぎんか【銀貨】 近世がくぎん[額銀]。ぎんくゎ[銀貨]。ぎんす[銀子]。しろがね[銀]。上代しろかね[白金]。
—のいろいろ(例) 近世いっしゅぎん[一朱銀]。こつぶ[小粒]。たうせん[唐銭]。まめいたぎん[豆板銀]。まめぎん[豆銀]。やうぎん[洋銀]。

ぎんが【銀河】 ギャラクシー(galaxy)。しまうちゅう[島宇宙]。しょううちゅう[小宇宙]。近代うんかん[雲漢]。中世てんが[天河]。中古かかん[河漢]。ぎんかん[銀漢]。せいが[星河]。せいかん[星漢]。てんかん[天漢]。上代あまのがは[天川]。あめのやすのかは[天安川]。ぎんが[銀河]。みなしがは[水無川]。やすのかは[安川]。
—のいろいろ(例) うずまきぎんが[渦巻銀河]。えんばんぎんが[円盤銀河]。かじょうぎんが[渦状銀河]。だえんぎんが[楕円銀河]。でんぱぎんが[電波銀河]。レンズじょうぎんが[(オランダ)lens状銀河]。

きんかい【近海】 近代きんかい[近海]。近世えんかい[沿海]。
江戸の— 近世えどまへ[江戸前]。

きんかい【金塊】 近代きんくゎい[金塊]。中世いんす[印子]。いんすきん[印子金]。
→きん【金】
砂金の中に見られる大型の— 近代くゎいきん[塊金]。

きんかい【欣快】 近世くゎいしん[会心]。つうくゎい[痛快]。中古よろこび[喜/歓/悦]。上代うれし[嬉]。くゎんき[歓喜]。

きんかぎょくじょう【金科玉条】 近代てっそく[鉄則]。近世きりつ[規律]。中古きんくゎぎょくでう[金科玉条]。

きんがく【金額】 近代きんがく[金額]。きんゐん[金員]。近世かねだか/きんだか[金高]。ぎんだか[銀高]。こけん[沽券]。ねだん[値段]。中世あたひ[値]。たか[高]。
—がその額に達する まんがく[満額]。近世つばまる。
—を増やす 近代ぞうがく[増額]。
—を減らす 近代げんがく[減額]。
今ある— げんざいだか[現在高]。近代ざんだか[残高]。
受け取る— 近代かせぎだか[稼高]。近世てどり[手取]。とりか[取箇]。
売れた— 近代うりあげだか[売上高]。近世うりだか/うれだか[売高]。
多い— 近代かうがく[高額]。たがく[多額]。近世せんりゃう[千両]。とちまんりゃう[十千万両]。中古きょまん[巨万]。
同じ— 近代どうがく[同額]。
決まった— 近代じゃうがく[常額]。近世ていがく[定額]。上代ぢゃうがく[定額]。
きわめて少ない— 近世びたいちもん[鐚一文]。
少ない— ていがく[低額]。近代やす[安]。近世せうがく[少額/小額]。
妥当な— 近世さうば[相場]。
年月の— 近代げつがく[月額]。ねんがく[年額]。
半分の— 近代はんがく[半額]。近世はんがね/はんきん[半金]。

きんかん【金柑】 近世ひめたちばな[姫橘]。中世きんかん[金柑]。なつたちばな[夏橘]。

きんき【欣喜】 近代きゃうき[狂喜]。近世つうくゎい[痛快]。中世きんえつ[欣悦]。きんき[欣喜]。中古よろこび[喜/歓]。上代くゎんき[歓喜]。

きんき【禁忌】 近代タブー(taboo)。中古いみ[忌]。きんき[禁忌]。上代きんせい[禁制]。きんだん[禁断]。

きんきゅう【緊急】 イーエムジー(EMG)。エマージェンシー(emergency)。近代おうきふ[応急]。きんぱく[緊迫]。さうきふ[早急]。さしせまる[差迫]。一旦緩急あれば。焦眉(せうび)の急。近世きっきん[喫緊]。きふば[急場]。きふはく[急迫]。きんえう[緊要]。さっきふ[早急]。しきふ[至急]。せっぱく[切迫]。中世きき[危機]。きんきふ[緊急]。中古くゎきふ[火急]。たいせつ[大切]。
《句》近代立ってゐる者は親でも使へ。時の用には鼻をも削ぐ。

きんきょう【近況】 近代きんきゃう[近況]。げんきゃう[現況]。げんじゃう[現状]。近世きんじゃう[近状/近情]。

きんきん【近近】 →きんじつ

きんぎん【金銀】 近世くゎうはく[黄白]。ひかりもの[光物]。中古きんぎん[金銀]。こんごん[金銀]。

―の薄板 近代うちだしざめ［打出鮫］。きりかね［切金／截金］。のべかね［延金］。中世うちざめ［打鮫／打鰄］。

―の粉 近代ひらごく［平極］。ひらふん［平粉］。

―の粉を膠(にかわ)でといたもの 中古でい［泥］。

―の箔(はく)の製造販売する店 近世はくや［箔屋］。

―の箔を被せる 中世だむ［彩］。

―の箔を粉末にしたもの 中世すなご［砂子／沙子］。

地金に含まれる―の割合 近世ひんゐ［品位］。

きんく【禁句】 近代タブー(taboo)。中世きんく［禁句］。中古きんき［禁忌］。→**きんき**

きんく【金句】→**きんげん**

キング(king) 近代キング。中古わう［王］。上代わうじゃ［王者］。

きんけん【勤倹】 近代せつやく［節約］。近世きんけん［勤倹］。上代けんやく［倹約］。

きんげん【金言】 すんげん［寸言］。近代アフォリズム(aphorism)。エピグラム(epigram)。けいく［警句］。マキシム(maxim)。近世げんご［諺語］。しんげん［箴言］。中世きんく［金句］。しいげん［至言］。めいごん［名言］。中古きんげん［金言］。しげん［至言］。めいく［名句］。めいげん［名言］。上代かくげん［格言］。ことわざ［諺］。

きんげん【謹厳】 近代きんちょく［謹直］。近世きんげん［謹厳］。げんかく［厳格］。げんせい［厳正］。中世じっちょく［実直］。

きんこ【禁固】 近代かんきん［監禁］。こうきん［拘禁］。中世いうへい［幽閉］。こうそく［拘束］。こうち［拘置］。中古きんこ［禁固］。めしこめ［召籠］。

きんこ【金庫】 てさげきんこ［手提金庫］。近代ドルばこ［dollar箱］。近世きんこ［金庫］。中世きんき［金櫃］。

―兼用の硯箱 近世かけすずり［懸硯］。

きんこう【均衡】→**きんせい【均整】**

きんこう【近郊】 近代きんきゃう［近郷］。近世きんざい［近在］。中世きんかう［近郊］。きんがう［近郷］。まちはづれ［町外］。中古かうぐわい［郊外］。

きんごう【近郷】→**きんこう**(前項)

ぎんこう【銀行】 きんこ［金庫］。こうこ［公庫］。近代ぎんかう［銀行］。しんようきくゎん［信用機関］。バンク(bank)。

―家 近代バンカー(banker)。

―で働く人 近代かうゐん［行員］。ぎんかうゐん［銀行員］。

―のいろいろ(例)① ［**金融機関**］ きんゆうこうこ［金融公庫］。しちゅうぎんこう［市中銀行］。しんたくぎんこう［信託銀行］。しんようきんこ［信用金庫］。そうごぎんこう［相互銀行］。ふつうぎんこう［普通銀行］。ろうどうきんこ［労働金庫］。

―のいろいろ(例)② ［**金融以外**］ アイバンク(eye bank)。いでんしぎんこう［遺伝子銀行］。かくまくぎんこう［角膜銀行］。がんきゅうぎんこう［眼球銀行］。けつえきぎんこう［血液銀行］。ジーンバンク(gene bank)。ぜんいぎんこう［善意銀行］。

きんさ【僅差】 近代せうさ［小差］。近世くひちがひ［食違］。ずれ。せうい［小異］。

―のたとえ 鼻の差。近世似たり寄ったり。《句》近世五十歩百歩。

きんざい【近在】→**きんこう【近郊】**

きんさく【金策】 かねぐり［金繰］。きんと［金途］。しきんぐり［資金繰］。しきんちょうたつ［資金調達］。近代きんさく［金策］。きんゆう［金融］。近世くめん［工面］。くりまはし［繰回］。だいどころ［台所］。やりくり［遣繰］。

―が苦しいこと 近世ふつがふ［不都合］。

きんし【禁止】 近代かいきん［戒禁］。きんあつ［禁圧］。きんじる［禁］。だめ［駄目］。ていし［停止］。近世おきて［掟］。せいたう／せいだう［政道］。とむ［とめる］［止］。はっと［法度］。中世いましめ［戒］。きん［禁］。きんず［禁］。きんもつ［禁物］。たいきん［大禁］。さしとむ［―とめる］［差止］。ちゃうじ［停止］。むよう［無用］。中古いさめ［禁］。きんあつ［禁遏］。きんかい［禁戒］。きんき［禁忌］。せいきん［制禁］。ふうず［封］。上代いさむ［いさめる］［禁］。かたむ［かためる］［固］。きんし［禁止］。きんせい［禁制］。きんだん［禁断］。げんきん［厳禁］。

―・してすっかりなくすこと 近世きんぜつ［禁絶］。

―の法令 きんそく［禁則］。中世きんれい［禁令］。中古きんぱふ［禁法］。はふきん［法禁］。

―を解くこと 近代かいきん［解禁］。

飲酒を― さかだち［酒断］。近世おんじゅかい［飲酒戒］。ぐわんしゅ［願酒］。ふおんじゅかい［不飲酒戒］。中世きんしゅ［禁酒］。中古だんしゅ［断酒］。《句》近代五十煙草に百酒。

山野の草刈り― 近世かまどめ［鎌止］。

森林の伐採― 近代きんばつ［禁伐］。

政府が—・すること 近世くゎんきん[官禁]。こくきん[国禁]。中古さたもの[物]。

通行— 近代わうらいどめ[往来止]。

輸出入の— 近代きんゆ[禁輸]。

漁(猟)の— きんぎょ[禁漁]。近代きんれふ[禁漁／禁猟]。きんれふき[禁漁期／禁猟期]。

漁(猟)の—・された場所 サンクチュアリー(sanctuary)。ちょうせいち[長生地]。近代きんぎょく[禁漁区]。きんれふく[禁漁区／禁猟区]。近世とめがは[留川]。とめば[留場]。中世とめやま[留山]。

▼禁止の副詞 近代ぜったいに[絶対]。だんこ[断固]。だんじて[断]。近世けっして[決]。こんりんざい[金輪際]。だんぜん[断然]。何が何でも。中古ゆめさらさら[努]。上代ゆめ[努]。ゆめゆめ[努努]。

▼禁止表現 いけない。ならない。ならぬ。近世まい。中世なかれ[勿／莫／毋]。中古あるまじ。そ。な…そ。な…そね。べからず。べし。まじ。上代なありそね。なせそ。まな[勿／莫]。

▼してはならないこと 中世きんもつ[禁物]。くせごと[曲事]。中古あやまち[過]。

きんし【近視】 近代きんし[近視]。たんし[短視]。近世きんがん[近眼]。中古ちかめ[近目]。

一時的な— かせいきんし[仮性近視]。がっこうきんし[学校近視]。

きんじ【近似】 近代うりふたつ[瓜二]。きんじ[近似]。こくじ[酷似]。こくせう[酷肖]。るいじ[類似]。似たり寄ったり。近世そっくり。中古にかよふ[似通]。上代さうじ[相似]。にる[似]。

きんじ【矜持】→きょうじ【矜持】

きんしつ【均質】 とうしつ[等質]。近代きんしつ[均質]。どうしつ[同質]。中世いちやう[一様]。中古きんいつ[均一]。きんとう[均等]。

きんじつ【近日】 きんじつちゅう[近日中]。ほどなく。近いうちに。近世いまに[今]。このあひだ[此間]。そのうち[其内]。ひならず[日成]。遠からず。中世おっつけ。きんきん[近近]。中古きんじつ[近日]。ちかぢか[近近]。ふじつ[不日]。

きんしゅく【緊縮】 近代きんしゅく[緊縮]。せつげん[節減]。せつやく[節約]。ひきしめる[引締]。中世しまつ[始末]。上代けんやく[倹約]。

きんじょ【近所】 ちかば[近場]。近代いったい[一帯]。ちかま[近間]。ふきん[付近]。近世あたりどなり[辺隣]。かいわい[界隈]。しうへん[周辺]。せじゃう[世上]。そばあたり[側辺]。となりきんじょ[隣近所]。ばうきん[傍近]。ゐまはり[居回]。中世いちめん[一面]。きんじょ[近所]。きんばう[近傍]。しへん[四辺]。ちかく[近]。中古いちゑん[一円]。きんぺん[近辺]。きんりん[近隣]。ちかどなり[近隣]。めぐり[巡]。わたり[辺]。上代あたり[辺]。さとどなり[里隣]。

—の家 近代きんか[近家]。りんぽ[隣保]。

—の火事 近代ちかび[近火]。

親しくしている— 近世むかふさんげんりゃうどなり[向三軒両隣]。

▼近隣の国々 中古しりん[四隣]。

きんしょう【僅少】 近代きんせう[僅少]。ちょっぴら／ちょっぴり。近世けいせう[軽少]。ちょっぽり／ちょぽり。ちょぴり。ほんの。中世させう／しゃせう[些少／瑣少]。ちょっと[一寸／鳥渡]。びせう[微小]。中古わづか[僅／纔]。上代いくばく。いささか[些／聊]。すこし[少]。

きん・じる【禁】→きんし【禁止】

ぎん・じる【吟】→ぎんえい

きんしん【近親】→けつえん

きんしん【近臣】 近世おひざもと[御膝下]。じしん[侍臣]。そくきん[側近]。そばやく[側役]。ぢっきん／ぢっきんしゅう[昵近衆]。中世おそば[御側]。きんじふ／きんじゅ／きんず[近習]。中古おもとびと[御許人]。こじゅう／こしょう[扈従]。上代きんじ[近侍]。きんしん[近臣]。

きんしん【謹慎】 じしゅく[自粛]。近世いんきょさしひかへ[隠居差控]。さしひかへ[差控]。つつしみ[慎]。ひっそく[逼塞]。中古かしこまる[畏／恐]。きんしん[謹慎]。ものいみ[物忌]。上代つつしむ[慎]。

寺にこもって— 中世てらいり[寺入]。

門を閉ざして—・する 中古へいもん[閉門]。

きん・ずる【禁】→きんし【禁止】

きんせい【均整】 パリティー(parity)。プロポーション(proportion)。みあう[見合]。近代きんかう[均衡]。きんせい[均整／均斉]。てうわ[調和]。バランス(balance)。へいきん[平均]。近世かねあひ[兼合]。けんかう[権衡]。へいかう[平衡]。中世つりあひ[釣合]。

きんせい【禁制】→きんし【禁止】

き

きんせい【金星】 ビーナス(Venus)。近代げうせい[暁星]。明けの明星。宵の明星。近世きんせい[金星]。夜明けの明星。中世かはたれぼし[彼誰星]。ちゃうかう[長庚]。ひとつぼし[一星]。中古あかぼし[明星／赤星]。けいめい[啓明]。たいはく[太白星]。たいはくせい[太白星]。たれどきぼし[誰時星]。みゃうじゃう[明星]。上代ゆふつづ／ゆふづつ[夕星／長庚]。

きんせつ【近接】 アプローチ(approach)。近代せっきん[接近]。みぢか[身近]。みっせつ[密接]。目睫の間。近世きんせつ[近接]。しきん[至近]。てぢか[手近]。りんせつ[隣接]。指呼の間。鼻の先。目と鼻の先(間)。中世ちかく[近]。ちかよる[近寄]。まぢか[間近]。上代ちかづく[近付]。

きんせん【金銭】 →かね❷

きんせんか【金盞花】 近世きんせんくゎ[金盞花]。こがねぐさ[黄金草]。じゃうしゅんくゎ[常春花]。ときしらず[時知]。中世ちゃうしゅんくゎ[長春花]。

きんそく【禁足】 がいしゅつきんし[外出禁止]。なんきん[軟禁]。近世あしどめ[足止]。中世きんそく[禁足]。

きんぞく【金属】 近代くゎうぶつ[鉱物]。近世きんぞく[金属]。メタル(metal)。中古かね[金]。

―が熱で液状になる 中世とろく[とろける]。ゆばしり[湯走]。中古わく[沸]。[蕩／盪]。

―製の器具 中世うちもの[打物]。かなもの[金物]。中古いもの[鋳物]。

―製の線 近代せんでう[繊条]。中世はりがね[針金]。

―と石 中古きんせき[金石]。

―に模様を描くこと うちだしざいく[打出細工]。うちだしぼり[打出彫]。ちょうきん[彫金]。

―の板 ストリップ(strip)。近代のべいた[延板]。プレート(plate)。近世のべがね[延金]。中世いたがね[板金／板銀]。うすがね[薄金]。

―の薄い箔 ホイル(foil)。

―の加工 せっさく[切削]。たんせつ[鍛接]。たんぞう[鍛造]。ねっかんあつえん[熱間圧延]。ばんきん[板金／鈑金]。ようせつ[溶接]。れいかんあつえん[冷間圧延]。せろうせつ[鑞接]。近代あつえん[圧延]。せんばん[旋盤]。はんだづけ[半田付]。ひづくり[火造]。ひらうち[平打]。近世やきつけ[焼付]。中世らふづけ[鑞付]。中古かぢ[鍛冶]。

―の分類 きしょうきんぞく[希少金属]。ひきんぞく[卑金属]。ひてつきんぞく[非鉄金属]。近代ききんぞく[貴金属]。けいきんぞく[軽金属]。ぢゅうきんぞく[重金属]。

―をくすませる 近代いぶし[燻]。

―を鉱石から取り出し精製すること 近世せいれん[精錬]。

―を溶かして地金にする 近世いつぶす[鋳潰]。

―を溶かしてまぜること 近世ようわ[溶和／熔和]。

―を溶かす 上代わかす[沸]。

―を焼いて鍛える 近代きたへあげる[鍛上]。近世たんこう[鍛工]。中世たんれん[鍛錬／鍛練]。ねる[練／錬]。中古かぢ[鍛冶]。たんや[鍛冶]。

液状の―を型に流して成型する 中古いる[鋳]。ちうざう[鋳造]。

貨幣や細工物の材料となる― 中世ぢがね[地金]。

水中や土中に含まれる― 近世かなけ[金気／鉄気]。

精錬の時出る―の滓 スラグ(slag)。のろ。近代くゎうさい[鉱滓]。ようさい／ようし[溶滓／熔滓]。

精錬前の― 中世なまがね[生鉄]。中古あらがね[粗金／鉱]。

使い古した― したがね[下金]。中世ふるかね[古金]。

熱で液状になった― 中世ゆ[湯]。

めっきの土台の― 近世ぢがね[地金]。

最も硬い― 中古こんがう[金剛]。

きんだい【近代】 近代ちかつよ[近代]。モダーン／モダン(modern)。中古ちかきよ[近世]。上代きんだい[近代]。

―美術 モダンアート(modern art)。

きんだん【禁断】 →きんし【禁止】

きんちょう【緊張】 近代いきづまる[息詰]。かたくなる[硬]。きんちゃう[緊張]。きんぱく[緊迫]。しゃちほこばる／しゃっちょこばる[鯱張]。はりきる[張切]。ひきしまる[引締]。ひきしむ[―しめる][引締]。近世しゃちこばる[鯱張]。しゃちばりかへる[鯱張返]。はりつむ[―つめる][張詰]。はる[張]。気が張る。中世しまる[締]。しゃちばる[鯱張]。せっぱく[切迫]。中古こころげさう[心化粧]。こころづくろひ[心繕]。

—が解ける デタント(フランス détente)。締まりがない。近代ゆるむ[緩／弛]。螺子(ねじ)(捻子／捩子)が緩む。近世くだく(くだける)[砕／摧]。気を抜く。箍(たが)が緩む。中古うちとく[—とける][打解]。こころとく[心解]。

—・するさま かちかち。こちこち。近代肩が凝る。肩が張る。胸が高鳴る。胸が早鐘を撞くやう。近世いろだつ[色立]。ぞくぞく。息を凝らす。息を殺す。息を詰む[—詰める]。中世いろめきたつ[色立]。ちゃうと／ちゃうど[丁]。息が詰まる。固唾(かたづ)を呑む。声を呑む。手に汗を握る。中古すくむ[竦]。

—の解けたさま 近代だれぎみ[気味]。でれっと。ふやける。

—のない生活 ぬるまゆ[微温湯]。

精神的な— ストレス(stress)。プレッシャー(pressure)。近代あっぱく[圧迫]。あつりょく[圧力]。スリル(thrill)。テンション(tension)。

きんちょう【謹聴】 はいぶん[拝聞]。近代きんちゃう[謹聴]。せいちゃう[清聴]。せいちゃう[静聴]。近世けいちゃう[傾聴]。はいちゃう[拝聴]。

きんてい【謹呈】→**きぞう**

きんとう【均等】 中世きんとう[均等]。びゃうどう[平等]。中古きんいつ[均一]。どうとう[同等]。ならす[均]。へいきん[平均]。

—・でない 近代でこぼこ[凸凹]。中世けいしゃ[傾斜]。

きんにく【筋肉】 近代マッスル(muscle)。上代すぢ[筋／条]。中世きんにく[筋肉]。

—の痛みや障害 けいしゅく[痙縮]。こうしゅく[拘縮]。こずむ[偏]。にくばなれ[肉離]。近代けいれん[痙攣]。ひきつけ[引付]。近世かたこり[肩凝]。こる[凝]。しこり[凝／痼]。ちがふ[ちがえる][違]。はる[張]。中世すぢけ[筋気]。ひきつり[引攣]。中古こぶらがへり／こむらがへり[腓返]。

—の力 しゅんぱつりょく[瞬発力]。中世わんりょく[腕力]。上代きんりょく[筋力]。りょりょく[膂力]。

—を鍛える運動(器具)の例 ウエートトレーニング(weight training)。ストレッチ／ストレッチング[stretching]。バーベル(barbell)。ボディービル(body building)。近代あれい[亜鈴]。エキスパンダー(expander)。

—の治療のいろいろ(例) カイロプラクチック(chiropractic)。バイブレーター(vibrator)。近代マッサージ(massage)。近世もみれうぢ[揉療治]。上代あんま[按摩]。しんきう[鍼灸]。

きんねん【近年】 近代さいきん[最近]。近世たうせつ[当節]。中世きゃうねん／けいねん[頃年]。きんじ[近時]。きんねん[近年]。中古きんらい[近来]。さくこん[昨今]。ちかごろ[近頃]。上代このごろ[此頃]。たうこん[当今]。頻(しき)りの年。

きんぱく【緊迫】→**きんきゅう**

きんぴん【金品】 近代きんぴん[金品]。ざいぶつ[財物]。近世きんこく[金穀]。上代ざいもつ[財物]。

—があり余る 近世たぶづく／だぶつく。

—で人を助ける 近代きふじょ[給助]。中世ほどこし[施]。

—を一時預けること 近代よたく[預託]。

—を思い切って使う 近代ふんぱつ[奮発]。近世はづむ[弾／勢]。

—を全部提供する 近代はきだす[吐出]。

—を出し惜しむ 近代けちんぼ。にぎりや[握屋]。近世いちもんをしみ[一文惜]。けち。こみち[小道／小路]。こみづ。しみったれ。にぎりっこ[握]。中世せせかまし。

—を使い果たす 近代せうひ[消費]。ひせう[費消]。

—を博打につぎ込む 近世いりあげる／いれあげる[入揚]。中古うちいる[打入]。

—を巻きあげる 近代たかる[集]。近世ひきたふす[引倒]。ゆする[強請]。

—を巻きあげること 近代たかり[集]。近世ゆすり[強請]。

—をもらい歩く(人)→**こじき**

芸人などに与える— 近世あげだい[揚代]。はな[花／華]。はなだい[花代]。

功労を称えて贈る— 中世しゃうよ[賞与]。

謝礼の— 近世つけとどけ[付届]。

生活のために—を送る 近世しおくり[仕送／為送]。

戦場の人に贈る— 近代ぢんちゅうみまひ[陣中見舞]。ゐもんぶくろ[慰問袋]。

買収のための— 近代くちどめれう[口止料]。近世ぜにぐつわ[銭轡]。はなぐすり[鼻薬]。袖の下。中世まひなひ[賄／賂]。中古わいろ[賄賂]。

きんぶん【均分】 あたまなみ[頭並]。きんとうわり[均等割]。近代あんぶん[案分]。やまわけ[山分]。近世あたまわり[頭割]。きんてん[均霑／均沾]。やまわけ[山分]。やまわり[山割]。中世はいぶん[配分]。中古

とうぶん［等分］。上代きんぶん［均分］。ぶんぱい［分配］。

きんべん【勤勉】 中古せいきん［精勤］。まめ［忠実］。上代いさをし［勲／功］。いそし／いそしむ［勤］。きんべん［勤勉］。
《句》近代転がる石に苔は生えぬ。精出せば凍る間もなし水車。使ってゐる鍬は光る。流れる水は腐らず。繁昌の地に草生えず。人通りに草生えず。近世稼ぐに追ひ着く貧乏なし。柱には虫入るも鋤の柄には虫入らず。

―と倹約 近世きんけん［勤倹］。

―と怠惰 中古きんだ［勤惰］。上代きんたい［勤怠］。

きんぺん【近辺】 →**きんじょ**

きんまんか【金満家】 近代ざいさんか［財産家］。ふがう［富豪］。近世きんまんか［金満家］。中世かねもち［金持］。→**かねもち**

ぎんみ【吟味】 近代きうめい［究明］。けんたう［検討］。しんあん［審案］。ただす［質］。てうさ［調査］。ついきう［追究］。近世あらひかた［洗方］。あらたむ［―ためる］［改］。あんさつ［按察］。あんもん［案問／按問］。しらぶ［しらべる］［調］。せんさく［詮索］。てんさ［点査］。中世えらむ［選／択］。ぎんみ［吟味］。せんぎ［詮議］。せんさく［穿鑿］。中古じっけん［実検］。ただす［糺］。上代あぢはふ［味］。きうさつ［糾察］。てんけん［点検］。

多くの中から―し精選する 近代えりぬき／よりぬき［選抜］。つぶえり／つぶより［粒選］。ひとつぶえり／ひとつぶより［一粒選］。

きんみつ【緊密】 近代みつ［密］。みっせつ［密接］。みっちゃく［密着］。中世きんみつ［緊密］。

きんむ【勤務】 近代しうげふ［就業］。しうしょく［就職］。しゅつむ［出務］。しょくぶん［職分］。つとめ［勤／務］。にんむ［任務］。ふくむ［服務］。らうむ［労務］。ワーク（work）。近世きんむ［勤務］。しょくむ［職務］。ほんむ［本務］。らうどう［労働］。中世しごと［仕事］。しつむ［執務］。はたらく［働］。中古きんし／ごんし［勤仕］。上代きんらう［勤労］。

―が変わる 近代いどう［異動］。てんきん［転勤］。

―・する人 ろうどうしゃ［労働者］。近代くわいしゃゐん［会社員］。つとめにん［勤人］。→**かいしゃ**

―についていること 近世ざいきん［在勤］。ざいしょく［在職］。

―についているところ 近代きんむさき［勤務先］。つとめさき［勤先］。

―の自由時間制度 じゆうきんむじかんせいど［自由勤務時間制］。フレックスタイム（flextime）。へんどうろうどうじかんせい［変動労働時間制］。

交代で―・する 中古きんばん［勤番］。ばんやく［番役］。

時間外の― かきん［過勤］。じかんがいきんむ［時間外勤務］。ちょうかきんむ［超過勤務］。ちょうきん［超勤］。近代オーバータイム（overtime）。ざんげふ［残業］。ゐのこり／ゐのこりさげふ［居残作業］。

地方に―・する いなかまわり［田舎回］。近代どさまはり［回］。

きんもつ【禁物】 →**きんし【禁止】**

きんゆう【金融】 近代かねまはり［金回］。きんさく［金策］。きんゆう［金融］。ファイナンス（finance）。ゆうし［融資］。近世けいざい［経済］。

―機関 近代ぎんかう［銀行］。

きんよう【緊要】 →**かんじん【肝心】**

きんよく【禁欲】 近代きんよく［禁欲］。せいよく［制欲］。せつよく［節欲／節慾］。

きんらい【近来】 →**きんねん**

―的な 近代ストイック（stoic）。

きんり【金利】 近代きんり［金利］。りまはり［利回］。りりつ［利率］。近世ぶ［歩］。中世りし［利子］。りそく［利息］。

―を稼ぐ 近世わしる［走／奔］。

きんりょく【金力】 しきんりょく［資金力］。近代きんけん［金権］。きんりょく［金力］。ざいりょく［財力］。しりょく［資力］。近世はぶり［羽振］。

きんりょく【筋力】 しゅんぱつりょく［瞬発力］。近代わんりょく［腕力］。近世たいりょく［体力］。中世わんりき［腕力］。上代きんりょく［筋力］。りょりょく［膂力］。

きんりん【近隣】 →**きんじょ**

きんるい【菌類】 →**きん【菌】**

きんろう【勤労】 →**きんむ**

く

く【九】 近代ナイン（nine）。中世きう［九／玖］。中古く［九／玖］。ここのつ［九］。

く【区】 →**くいき**

く【句】 近代せいく[成句]。フレーズ(phrase)。ぶんせつ[文節]。近世ごく[語句]。じく[字句]。中世もんく[文句]。もんごん[文言]。上代く[句]。

美しい― 中世きんく[金句]。

ぐ【愚】 →おろか

ぐ【具】 →どうぐ

ぐあい【具合】 近代コンディション(condition)。じゃうきゃう[状況]。近世あんばい[塩梅/按排/按配]。おつ[乙]。きみあひ[気味合]。ぐあひ[具合]。つがふ[都合]。てうし[調子]。てしゅび[手首尾]。りくつ[理屈]。中世かげん[加減]。じゃうたい[状態]。つがひ[番]。びん[便]。中古ありさま[有様]。しゅび[首尾]。

―がいい かいちょう[快調]。近代かうつがふ[好都合]。近世あんぢょう。しなよし[品好]。中古かしこし[賢/畏]。

―が悪い 近代ふかげん[不加減]。近世ふぐあひ[不具合]。まづし[不味]。やば。勝手が違ふ。中世びんあし[便悪]。ぶこつ[武骨/無骨]。ふつがふ[不都合]。中古あし[悪]。あやにくし[生憎]。びなし/びんなし[便無]。ふびん[不便/不憫/不愍]。まさなし[正無]。やくなし[益無]。上代たがふ[違]。

―が悪くなる 中世しらく[しらける][白]。

身体の― たいちょう[体調]。

ぐあん【愚案】 →かんがえ

くい【杭】 近世ぼうぐひ[棒杭]。中世くひぜ[株/杭]。中古くひ[杭/杙]。

《句》近世出る杭は打たる[―打たれる]。

網代あじろに用いる― 上代あじろぎ[網代木]。

川を塞せき止める― 上代ゐぐひ[堰杙]。

護岸のための― 中世らんぐひ[乱杭/乱杙]。

建物の傾きをつなぎ止める― ひかえぐい[控杭]。

土建で地中に打ち込む― パイル(pile)。

幟のぼりなどを結びつける― 近世のぼりぐひ[幟杭]。

標識の― 近世はうじ/はうじくひ[牓示杭/膀爾杭/榜示杭]。みをぐし[澪串]。みをぐひ[澪杭]。みをじるし[澪標]。みをばうぎ[澪坊木]。中世みをぎ[澪木]。中古しるし[標]。上代みをつくし[澪標]。

腐食防止に―の根元を焼くこと 近世ねやき[根焼]。

船をつなぎ止める― 近代もやひぐひ[舫杭]。

焼けた― やけぼっくい[焼木杭/焼棒杭]。

くい【悔】 近代くゎいしん[悔心]。中古こうくゎい[後悔]。上代くい[悔]。

くいあらた・める【悔改】 近代かいしゅん[改悛]。くいあらためる[悔改]。コンバージョン(conversion)。はんせい[反省]。近世かいしん[改心]。中世かいげ/がいけ[改悔]。中古さんげ/ざんげ[懺悔]。

くいいじ【食意地】 しょくし[食思]。近代くひいぢ[食意地]。近世くひけ/しょくき[食気]。しょくよく[食欲]。

―が張っていないさま くちぎれい[口綺麗]。

―が張っているさま いやしんぼう[卑坊]。近世いぢきたなし[意地汚]。くちぎたなし[口汚]。くひしんばう[食坊]。

くいき【区域】 エリア(area)。コーナー(corner)。近代く[区]。くくゎく[区画]。けん[圏]。セクション(section)。ゾーン(zon)。ちく[地区]。ちたい[地帯]。テリトリー(territory)。ブロック(block)。りゃうゐき[領域]。ゐきない[域内]。近世くゐき[区域]。ちゐき[地域]。ばしょ[場所]。まちわり[町割]。りゃうぶん[領分]。中世きゃうかい[境界]。しきり[仕切]。ぢどり[地取]。ぢわり[地割]。でうり[条理]。ゐき[域]。中古はんゐ[範囲]。

―が限られているさま きょくちてき[局地的]。

―内 近代ゐきない[域内]。中古くゎくない[郭内/廓内]。上代くゎんない[管内]。

―の外 かんがい[管外]。近代ゐきぐゎい[域外]。

仕切られた― いっかく[一画/一劃]。コンパートメント(compartment)。近代いっくゎく[一郭/一廓]。近世かい[界]。中古まち[町/街]。

街路に囲まれた― 近代がいく[街区]。

管轄する― 近代くゎんく[管区]。

通学が定められている― 近代がくく[学区]。つうがくゐき[通学区域]。

くいこ・む【食込】 近代くひこむ[食込]。しんにふ[侵入]。はひりこむ[入込]。近世しんしょく[侵蝕/侵食/浸蝕/浸食]。しんぱん[侵犯]。中世くひいる[食入]。中古おしいる[押入]。しんがい[侵害]。わけいる[分入]。をかす[侵]。

くいしば・る【食縛】 近世かみしむ[―しめる][嚙締]。中世くひしむ[―しめる][食締]。中古くひしばる[食縛]。→がまん

クイズ (quiz)近代あてもの[当物/中物]。パズル(puzzle)。近世かんがへもの[考物]。

はんじもの[判物]。

くいちがい【食違】 かけちがい[掛違]。だんそう[断層]。ボタンの掛け違い。近代 いきちがひ[行違]。ギャップ(gap)。くゎいり[乖離]。てれこ。どうちゃく[撞着]。はいはん[背反]。むじゅん[矛盾]。近世 ぐいち[五一]。くひちがひ[食違]。ぐれ。ずれ。ちぐはぐ。中世 ぐりはま／ぐれはま。さい[差異]。さうい[相異]。さうゐ[相違]。さだ[蹉跎]。さゐ[差違]。そぎょ／そご[齟齬]。はいち[背馳]。交喙(いすか)の嘴(はし)。中古 あふさきるさ。たがひめ[違目]。ていご[牴牾]。

くいちが・う【食違】 いきちがう[行違]。ずれる。歯車が嚙(か)み合わない。近代 辻褄(つじつま)が合はない。中世 くひちがふ[食違]。ちがふ[違]。枘鑿(ぜいさく)相容(い)れず。中古 すがふ[次]。上代 きかふ[錯]。たがふ[違]。

ー・う点 そういてん[相違点／相異点]。中古 たがひめ[違目]。

あちこちー・うこと 近代 さしいうご[左支右吾／左支右牾]。

意図と実際がー・う 近代 あてはづれ[当外]。事(こと)志と違ふ。近世 みこみちがひ[見込違]。顎(あご)(齶／頤)が食ひ違ふ。

くいちら・す【食散】 近代 たべちらかす／たべちらす[食散]。近世 くひあらす[食荒]。くひさがす[食捜]。中古 くひかなぐる[食]。くひちらす[食散]。

くいつ・く【食付】 近代 かじりつく[齧付]。中世 かぶりつく[齧付／嚙付]。かみつく[嚙付]。くらひつく[食付]。中古 くひつく[食付]。

ー・くさま 近代 がぶり。近世 ぱくり。

くいつ・める【食詰】 くいたおす[食倒]。近代 くひっぱぐれる／くひはぐれる[食逸]。近世 いきづまる[行詰]。くひあげ[食]。くひつぶす[食潰]。くひつむ[ーつめる][食詰]。顎(あご)が干上がる。鼻の下が干上がる。中古 おちぶる[ーぶれる][落]。

くいと・める【食止】 チェック(check)。近代 ストップ(stop)。ばうし[防止]。はどめ[歯止]。近世 くひとむ[ーとめる][食止／食留]。そし[阻止]。よばう[予防]。中世 ふせぐ[防]。中古 せきとどむ[ーとどめる][塞止／堰止]。せきとむ[ーとめる][塞止／堰止]。はばむ[阻／沮]。ふせく[防]。

広がるのをー・める けしとめる[消止]。

くいな【水鶏】 かねうちどり[鉦打鳥]。なますどり[鳥]。中世 かねたたき[鉦叩]。中古 くひな[水鶏]。

くいぶち【食扶持】 しょくじだい[食事代]。せいけいひ[生計費]。近代 しょくひ[食費]。せいくゎつひ[生活費]。近世 あご[顎／齶／頤]。くひぶち[食扶持]。くひぶん[食分]。

くいもの【食物】 近代 いんしょくぶつ[飲食物]。しょくれうひん[食料品]。たべもの[食物]。フード(food)。近世 くひれう[食料]。しょくじ[食餌]。しれう[飼料]。中世 しょくぶつ／しょくもつ[食物]。ゑじき[餌食]。中古 じきもつ[食物]。上代 かて[糧／粮]。くひもの[食物]。しょくれう[食料]。ゑさ[餌]。

家畜等のー 近世 しれう[飼料]。中世 かひれう[飼料]。上代 ゑさ[餌]。→**えさ**

く・いる【悔】 中世 くやむ[悔]。中古 くふ[悔]。こうくゎい[後悔]。ざんき[慚愧]。上代 くゆ[くいる][悔]。こる[こりる][懲]。

《枕》中古 かやりびの[蚊遣火]。

くう【空】 近代 くうかん[空間]。しんくう[真空]。てんくう[天空]。近世 くう[空]。中世 くうきょ[空虚]。上代 そら[空]。

く・う【食】❶〈食べる〉 箸を付ける。腹ごしらえをする。近代 口にする。近世 してやる[為遣]。たひらぐ[ーらげる][平]。のみくひ／のみくらひ[飲食]。中世 しょくす[食]。たぶ[たべる][食]。やりつく[ーつける][遣付]。中古 くふ[食／喰]。くらふ[食]。すく[食]。上代 はむ[食]。→**た・べる**

同類の動物がー・い合うこと 蛸(たこ)(章魚／鮹)の共食い。近世 ともぐひ[共食]。

く・う【食】❷〈受ける〉 近世 きっす[喫]。くふ[食／喰]。くらふ[食／喰]。中世 かうむる[蒙／被]。中古 うく[うける][受]。

くうかん【空間】 近代 あき[空]。うちう[宇宙]。くうかん[空間]。スペース(space)。ちう[宙]。てんくう[天空]。ひろがり[広]。近世 かんげき[間隙]。くう[空]。中世 くうげき[空隙]。くうどう[空洞]。中古 すきま[隙間]。

ーを占める量 中世 たいせき[体積]。ようせき[容積]。

ぐうかん【偶感】 近代 かんさう[感想]。ぐうかん[偶感]。ざっかん[雑感]。ずいさう[随想]。

くうき【空気】❶〈気体〉 エア(air)。近代 アトモスフィア(atmosphere)。近世 くうき[空気]。たいき[大気]。中古 け[気]。上代 き

[気]。
—圧縮機 エアコンプレッサー(air compressor)。エアポンプ(air pump)。コンプレッサー(compressor)。
—の入れ換え ウインドーファン(和製 window fan)。かんきこう[換気口]。かんきせん[換気扇]。くうきぬき[空気抜]。近代 いきぬかし[息抜]。いきぬき[息抜]。つうふうき[通風機]。はいき[排気]。近世 いきだし[息出]。
—の流れ つうき[通気]。ドラフト(draft)。近代 そうふう[送風]。つうふう[通風]。上代 かぜ[風]。
—を快適に保つ装置 エアコン／エアコンディショナー(air conditioner)。くうきちょうせつき[空気調節機]。くうちょう[空調]。クーラー(cooler)。れいだんぼうきき[冷暖房機器]。近代 ベンチレーター(ventilator)。
—を利用する装置 エアガン(air gun)。エアコンプレッサー(air compressor)。エアハンマー(air hammer)。エアブレーキ(air brake)。エアライフル(air rifle)。くうきブレーキ[空気brake]。近代 くうきじゅう[空気銃]。
温かい— 近世 をんき[温気]。中世 ねっき[熱気]。中古 うんき[温気]。
圧縮した— 近代 あっさくくうき[圧搾空気]。あっしゅくくうき[圧縮空気]。
くうき【空気】❷〈気配〉 近代 アトモスフィア(atmosphere)。くうき[空気]。けはい[気配]。ふんゐき[雰囲気]。ムード(mood)。近世 きうん[気運]。中世 じうん[時運]。中古 きぶん[気分]。
くうきょ【空虚】 近代 から[空]。くうはく[空白]。しんくう[真空]。ブランク(blank)。近世 うつけ[空]。うつろ[空／虚]。からっぽ／からっぽう[空]。がらんどう。くう[空]。くうぜん[空然]。中世 きょ[虚]。中古 きょむ[虚無]。くうそ[空疎]。上代 むなしぶ[虚無]。くうきょ[空虚]。
ぐうきょ【寓居】 近代 かくぐう／きゃくぐう[客寓]。かりずみ[仮住]。ぐう[寓]。近世 かぐう[仮寓]。かりずまひ[仮住]。中世 ぐうきょ[寓居／偶居]。→いえ❶(粗末な—)
くうげき【空隙】→**くうかん**
くうげん【空言】 中世 うそ[嘘]。きょごん[虚言]。中古 きょげん[虚言]。くうげん[空言]。そらごと[空言]。上代 いつはり[偽]。
ぐうげん【寓言】 近代 ぐうわ[寓話]。近世 たとへばなし[譬話]。中世 ぐうげん[寓言]。
→**うそ**
くうこう【空港】 エアターミナル(air terminal)。エアポート(airport)。ヘリポート(heliport)。近代 くうかう[空港]。ひかうぢゃう[飛行場]。

—の客を送迎するバス リムジン／リムジンバス(limousine bus)。

—の送迎用の桟橋 デッキ(deck)。

—の建物 ターミナルビル(terminal building)。

ぐう・する【遇】→**もてな・す**
くうせき【空席】 近代 あき[空]。くうせき[空席]。中世 くうゐ[空位]。

くうぜん【空前】 近代 くうぜん[空前]。近世 かいむ[皆無]。ぜつむ[絶無]。むぜん[無前]。中世 くゎうこ[曠古]。せんだいみもん[先代未聞]。みぞう[未曾有]。中古 ぜんだいみもん[前代未聞]。むるい[無類]。上代 むひ[無比]。

ぐうぜん【偶然】 おもいがけない[思掛無]。期せずして。近代 まぐれ[紛]。たまひま[適間]。ゆくりなく。近世 けが[怪我]。けりゃう[仮令]。中世 ぐうぜん[偶然]。ねんなし[念無]。中古 おのづから[自]。かりそめ[仮初]。じねん[自然]。そぞろ[漫]。たまたま[偶／偶偶／適]。上代 たまさか[偶／適]。

—ある 中世 ありあふ[有合]。

—備わっていること 近代 ぐいう[偶有]。

—に 近世 じせつと[時節]。中古 たまたま[偶／偶偶／適]。上代 ゆくりなく。わくらばに[邂逅]。

—に当たること 近代 ぐうはつ[偶発]。近世 まぐれあたり[紛当]。中世 あんがふ[暗合]。ぐうがふ[偶合]。

—にそうなること 近代 めぐりあはせ[巡合]。近世 ふりもの[降物]。まはりあはせ[回合]。

—に出会うこと(さま) 近世 きぐう[奇遇]。さうぐう[遭遇]。ばったり。中世 かいこう[邂逅]。

—の幸運を狙う心 近代 しゃかうしん[射幸心／射倖心]。しゃり[射利]。近世 やまき／やまけ[山気]。《句》近代 大漁の明日(あした)。柳の下にいつも泥鰌(どぢゃう)は居ない。

—の出来事 ハプニング(happening)。

流浪の者どうしが—に知り合う 中世 萍水(へいすい)相逢(あ)ふ。

くうそ【空疎】→**くうきょ**
くうそう【空想】 近代 かくう[架空]。かこう

〔仮構〕。きょこう〔虚構〕。くうさう〔空想〕。げんさう〔幻想〕。ドリーム(dream)。ばうさう〔妄想〕。はくじつむ〔白日夢〕。はくちうむ〔白昼夢〕。ファンシー(fancy)。ファンタジー(fantasy)。むさう〔夢想〕。ゆめ〔夢〕。近世くうちゅうろうかく〔空中楼閣〕。中世まうさう〔妄想〕。中古さうざう〔想像〕。つくりごと〔作事／作言〕。むげん〔夢幻〕。

―・する 近代夢を描く。中古ゆめむ〔―みる〕〔夢〕。

―的なさま 近代アイディアル(ideal)。ロマネスク(Romanesque)。ロマンチック(romantic)。

―にふける人 ロマンチシスト(romanticist)。近代くうさうか〔空想家〕。むさうか〔夢想家〕。ユートピアン(utopian)。

ぐうぞう【偶像】 近代アイドル(idol)。あこがれ〔憧〕。ぐうざう〔偶像〕。

―破壊 近代アイコノクラズム(iconoclasm)。

くうちゅう【空中】 エア(air)。近代くうかん〔空間〕。ちゅうくう〔中空〕。近世くう〔空〕。中世ちう〔宙〕。ちゅうてん〔中天〕。上代くうちゅう〔空中〕。

―にある(飛ぶ) かっくう〔滑空〕。たいくう〔滞空〕。フライト(flight)。近代ちうぶらり／ちうぶらりん〔宙〕。ちゅうぶらり／ちゅうぶらりん〔中〕。中古うかむ〔浮〕。上代うかぶ〔浮〕。

―に架け渡す 近代かくう〔架空〕。

くうてん【空転】 近代いたちごっこ〔鼬〕。からまはり〔空回〕。くうてん〔空転〕。近世だうだうめぐり〔堂堂巡〕。

くうどう【空洞】❶〈洞窟〉 あなぼこ〔穴〕。近代どうくつ〔洞窟〕。ホール(hole)。近世どうけつ〔洞穴〕。ほらあな〔洞穴〕。中世うろ〔虚〕。くうどう〔空洞〕。中古がんくつ〔岩窟／巌窟〕。どうもん〔洞門〕。ほら〔洞〕。上代あな〔穴／孔〕。いはむろ〔岩室／石室〕。いはや〔岩屋〕。

鉱床や岩石中の― がま。近代しゃうどう〔晶洞〕。

くうどう【空洞】❷〈からっぽ〉 近代がらあき〔空／明〕。がらんど。ちゅうくう〔中空〕。もぬけのから〔蛻殻〕。近世からっぽ／からっぽう〔空〕。がらんどう。くうどう〔空洞〕。中世うつほ／うつぼ〔空〕。中古くうきょ〔空虚〕。上代ほらほら〔洞洞〕。

くうはく【空白】 近代くうはく〔空白〕。くうらん〔空欄〕。しんくう〔真空〕。ブランク(blank)。よはく〔余白〕。近世はくし〔白紙〕。中世まっしろ〔真白〕。中古くうきょ〔空虚〕。上代ましろ〔真白〕。

くうばく【空漠】 近代くうばく〔空漠〕。くゎういき〔広域〕。ばうばく〔茫漠〕。近世くゎうだいむりゃう〔広大無量〕。くゎうばく〔広漠／宏漠〕。ばうやう〔茫洋／芒洋〕。中世くゎうだいむへん〔広大無辺〕。中古くゎうだい〔広大〕。さうばう〔蒼茫〕。ばくばく〔漠漠〕。

ぐうはつ【偶発】 近代おきる〔起〕。ぐうはつ〔偶発〕。はっせい〔発生〕。中世しゃうず〔生〕。中古しゅつげん〔出現〕。

―的な出来事 ハプニング(happening)。近代しぜんはっせい〔自然発生〕。

くうひ【空費】 近代くうひ〔空費〕。とひ〔徒費〕。ろうひ〔浪費〕。近世じょうひ〔冗費〕。むだづかひ〔無駄遣〕。

くうふく【空腹】 近代すきっぱら〔空腹〕。はらぺこ〔腹〕。ハングリー(hungry)。腹が空(す)く。近世きたやま〔北山〕。きたやましぐれ〔北山時雨〕。ござる〔御座〕。すはら〔素腹〕。腹が来た。中世うゑかつゑ〔飢餓〕。かつゑる〔飢／餓〕。くうふく〔空腹〕。すきはら〔空腹〕。すぐち〔素口／虚口〕。ひだるし〔饑〕。ひもじ。腹が減る。腹を空(す)かす。中古きが〔飢餓〕。上代うう〔うえる〕〔飢／餓〕。うゑ〔飢〕。やわし〔飢〕。

《句》近代腹が減っては軍(いくさ)はできぬ。腹が減ると腹が立つ。近世腹が後(あと)へ寄ってくる。腹が北山。

―なさま 近代ぺこぺこ。近世腹の虫。中世ぐうぐう。

―のたとえ 近世せんまつ〔千松〕。

―を一時的に押さえる食べ物 近世ちゃばら〔茶腹〕。むしおさへ〔虫押〕。むしやしなひ〔虫養〕。

朝飯前の― 近世あさはら〔朝腹〕。

くうほう【空砲】 近代たふはう〔答砲〕。れいはう〔礼砲〕。近世おどしじゅう〔威銃〕。おどしづつ〔威筒〕。おどしでっぽう〔威鉄砲〕。からづつ〔空筒〕。からでっぽう〔空鉄砲〕。くうはう〔空砲〕。

―を打つこと 近代はっくゎ〔発火〕。

くうゆ【空輸】 くうちゅうゆそう〔空中輸送〕。こうくうきゆそう〔航空機輸送〕。こうくうびん〔航空便〕。近代くうゆ〔空輸〕。

クーラー(cooler) エアコン／エアコンディショナー(air conditioner)。くうちょうそうち〔空調

装置]。ルームクーラー(和製room cooler)。近代れいばうさうち[冷房装置]。

くうらん【空欄】 近代くうはく[空白]。くうらん[空欄]。ブランク(blank)。よはく[余白]。

クール(cool) 近代クール。れいせい[冷静]。れいてつ[冷徹]。中世たんぱく[淡泊]。中古つめたし[冷]。ひややか[冷]。れいたん[冷淡]。

くうろ【空路】 近代かうくうろ[航空路]。かうろ[航路]。

くうろん【空論】 近世くうり[空理]。くうろん[空論]。中古さくくう[鑿空]。

ぐうわ【寓話】 近代ぐうわ[寓話]。どうわ[童話]。フェーブル(fable)。近世たとへばなし[譬話]。中世ぐうげん[寓言]。

くおん【久遠】→**えいえん**

くかく【区画】→**くいき**

くがく【苦学】 近世枝の雪。窓の蛍。中古くがく[苦学]。けいさう[蛍窓]。上代けいせつ[蛍雪]。

くがつ【九月】(陰暦) 近代きくみづき[菊見月]。近世いんげつ[陰月]。中世いろどりづき/いろどるづき[色取月]。きくげつ/きくづき[菊月]。げん[玄]。たいしゃう[太衝]。ねざめづき[寝覚月]。ぶえき/ぶしゃ[無射]。ぼしう[暮秋]。もみぢづき[紅葉月]。をだかりづき[小田刈月]。菊の秋。梢(こずゑ)の秋。中古きゅうしう[窮秋]。ぐぐゎつ[九月]。げんげつ[玄月]。じゅい[授衣]。ながつき[長月]。はなふくあき[花吹秋]。ばんしう[晩秋]。りゃうしう[涼秋]。上代きしう[季秋]。

《枕》中古きみがよの[君代]。上代すがのねの[菅根]。

—一日ごろ 近世にひゃくとをか[二百十日]。

—九日 近世のちのひな[後雛]。

—十三日夜の月 近世くりめいげつ[栗名月]。まめなづき/まめめいげつ[豆名月]。月の名残。後(のち)の月。豆の月。中世名残の月。中古じふさんや[十三夜]。

ぐがん【具眼】→**がんしき**

くき【茎】 近世ぢく[軸]。上代から[幹/柄]。くき[茎]。

—が支柱を巻きながら伸びる かいせん[回旋]。

—が根元から束になって生ずる 近代そくせい[束生]。近世そうせい[叢生/簇生]。ぞくしゃう/ぞくせい[簇生/族生]。

—と葉 びょうじょう[苗条]。

—の中心部の柔組織 近世ずい[髄]。

稲の— 上代いながら[稲幹]。

地下にある— ちかけい[地下茎]。

地下にある—の分類 近代きうけい[球茎]。くゎいけい[塊茎]。こんけい[根茎]。りんけい[鱗茎]。

地上にある— ちじょうけい[地上茎]。

地上に直立する— ちょくりつけい[直立茎]。

地上を這(は)い節から根を出す— ほふくし[匍匐枝]。ランナー(runner)。近代ふくし[匐枝]。ほふくけい[匍匐茎]。

蔓性(つる)植物の主幹となる— おやづる[親蔓]。

日照不足などで—が伸び過ぎ 近代とちゃう[徒長]。

節と節の間が中空の— かん[稈]。

変形した— へんけい[扁茎]。ようじょうけい[葉状茎]。ようじょうし[葉状枝]。

よじ上る— 近代はんえんけい[攀縁茎]。

くぎ【釘】 近代やうくぎ[洋釘]。わくぎ[和釘]。中世いたつけ[板付]。いたつけくぎ[板付釘]。上代くぎ[釘]。

—で止める 近代くぎじめ[釘締]。中世くぎづけ[釘付]。上代うつ[打]。

—の頭を隠す金物 まんじゅうかなもの[饅頭金物]。近世くゎんかふ[鐶甲]。ちかなもの/ちちかなもの[乳金物]。

—を打ち込んだ所 近世くぎめ[釘目]。

—を抜く道具 近世かぢや[鍛冶屋]。中世くぎぬき[釘抜]。

頭の大きな— リベット(rivet)。近世びゃうくぎ[鋲釘]。中世びゃう[鋲]。

板をはぎ合わせる— なみくぎ[波釘]。近世ぬひくぎ[縫釘]。

裏まで突き抜けた— 近世うらくぎ[裏釘]。

折れ曲がった— あいおれくぎ[合折釘]。かいおりくぎ/かいおれくぎ[掻折釘]。近代いなづまをれくぎ[稲妻折釘]。をれくぎ[折釘]。

飾りの— 近世かざりくぎ[飾釘]。中世びゃう[鋲]。中古かにめくぎ[蟹目釘]。はなくぎ[花釘]。

瓦を止める— 中世かはらくぎ[瓦釘]。

くつの底に並べて打つ— 中世くつのこ[沓子]。

外から見えない— かくしくぎ[隠釘]。しのびくぎ[忍釘]。中古はなくぎ[花釘]。

小さな— 中世ぬかくぎ[糠釘]。

電気コードなどを取り付ける— ステープル(staple)。

窓枠を固定する― うろこくぎ[鱗釘]。はびょう[葉鋲]。

螺旋(らせん)が切ってある― とめねじ[止螺子]。もくねじ[木螺子]。近世 ねぢくぎ[螺子釘]。

両端の尖(とが)った― あいおれくぎ[合折釘]。近世 あひくぎ[合釘]。中世 かすがひ[鎹]。中古 きりくぎ[切釘]。上代 くれくぎ[呉釘]。

レールを枕木に取り付ける― いぬくぎ[犬釘]。まくらぎのくぎ[枕木釘]。

その他―のいろいろ①[素材] 中世 かなくぎ[金釘]。たけくぎ[竹釘]。中古 きくぎ[木釘]。

その他―のいろいろ②[長さ] 近代 さんずんくぎ[三寸釘]。近世 はっすんくぎ[八寸釘]。上代 ごすんくぎ[五寸釘]。

くきょう【苦境】 近代 きち[危地]。きゅうじょう[窮状]。きゅうち[窮地]。どろぬま[泥沼]。ふち[淵/潭]。近世 ぎゃくきゃう[逆境]。くかい[苦界]。くきゃう[苦境]。中世 らうろう[牢籠]。中古 ふぐう[不遇]。

―にある 近代 水火(すいくわ)を踏む。中世 騅(すい)逝かず。中古 進退維(これ)谷(きわ)まる。

くぎょう【公卿】 中世 おどろのみち[棘路]。きうきょく[九棘]。きうけい[九卿]。きょくろ[棘路]。けいしゃう[卿相]。げっけい[月卿]。中古 かんだちべ/かんだちめ[上達部]。くぎゃう[公卿]。

―と殿上人 中世 けいしゃううんかく[卿相雲客]。げっけいうんかく[月卿雲客]。星の位。

くぎり【区切】 おりめ[折目]。ふしめ[節目]。近代 いっせん[一線]。くくゎく[区画/区劃]。くしょ[区処]。くわけ[区分]。近世 いちらく[一落]。きり[切/限]。くべつ[区別]。はね[跳]。ふし[節]。まぎり[間切]。らち[埒]。中世 きれめ[切目]。くぎり[区切/句切]。さかひめ[境目]。しきり[仕切]。ぶんだん[分段]。中古 くぶん[区分]。けぢめ。さかひ[境]。わけめ[分目]。

映画や小説などの― 近代 こま[齣]。

時間経過の― 中古 せつ[節]。

文章などの― 近世 だんらく[段落]。

くぎ・る【区切】 近代 くぎる[区切/句切]。くくゎく[区画/区劃]。くゎくてい[画定/劃定]。中世 きる[切]。上代 さかふ[境]。

小さく―・る 近世 こぎる[小切]。中古 きざむ[刻]。

部屋を―・る物 中古 とばり[帳/帷/幄/幌]。

くぎん【苦吟】 近代 くぎん[苦吟]。中古 うちうめく[打呻]。うめく[呻]。

くく【区区】 中世 べつべつ[別別]。中古 くく[区区]。べちべち[別別]。まちまち[区区]。

くぐりど【潜戸】 じもん[耳門]。近世 くぐり[潜]。こもん[小門]。中世 きりど[切戸]。くぐりど[潜戸]。ねずみ/ねずみど[鼠戸]。ねずみきど[鼠木戸]。

くく・る【括】 近代 しめくくる[締括]。近世 しむ[しめる][締]。ゆはふ[ゆわえる][結]。中世 くくす[括]。たばぬ[たばねる][束]。たばゆ[束]。まとむ[まとめる][纏]。中古 からぐ[からげる][絡]。しばる[縛]。上代 くくる[括]。とりつかぬ[取束]。

―・りつける 中世 くくしつく[―つける][括付]。中古 しばりつく[―つける][縛付]。

くぐ・る【潜】 近世 かいくぐる[掻潜]。上代 くく[潜/漏]。くぐる[潜]。

くげ【公家】 近世 きゃうがた[京方]。中世 きゃうけ[京家]。きゃうじゃうらふ[京上臈]。くげ[公家/公卿]。たうしゃう/だうしゃう/だうじゃう[堂上]。だうじゃうがた[堂上方]。上代 おほみやびと[大宮人]。→くぎょう

―と武家 近世 こうぶ[公武]。

―の人々 近世 おほうちがた[大内方]。くげがた[公家方]。くげしゅう[公家衆]。

官位の低い― 近世 あをくげ[青公家]。

くげん【苦言】 近代 アドバイス(advice)。せっけう[説教]。近世 おめだま[御目玉]。こごと[小言]。中世 かんげん[諫言]。くげん[苦言]。ちょくげん[直言]。中古 いさめ[諫]。

ぐけん【愚見】 しょうこう[小考]。近代 ぐかう[愚考]。しあん[私案]。近世 しけん[私見]。ひけん[卑見]。中世 ぐけん[愚見]。ぐせつ[愚説]。せうけん[小見]。へきあん[僻案]。中古 ぐあん[愚案]。くゎんけん[管見]。

ぐげん【具現】 近代 ぐしゃう[具象]。たいげん[体現]。中世 ぐげん[具現]。げんしゅつ[現出]。しゅつげん[出現]。はつげん[発現]。中古 けんげん[顕現]。みす[みせる][見]。上代 あらはす[表/現]。

ぐこう【愚考】 →ぐけん

くさ【草】 グラス(grass)。近代 さうほん[草本]。上代 くさ[草/艸]。くさね[草根]。まくさ[真草]。

《枕》上代 うちなびく[打靡]。

―が秋に色づくこと 近世 くさもみぢ[草紅葉]。草の錦。

―が刈った後また生えてくること 中世 にばんばえ[二番生]。

―が枯れるさま 中古 かれがれ[枯枯]。

―が茂り花が香しいこと 近代 はうひ[芳菲]。

―が霜で枯れること 上代 しもがれ[霜枯]。

―が軒を隠すほど茂っている 中古 軒を争ふ。

―が生えること 近世 くさばえ[草生]。中世 くさたつ[草立]。上代 くさむす[草生／草産]。

―が深く茂っているさま 近代 くさやぶ[草藪]。中世 くさぶか[草深]。ばうばう[茫茫]。中古 はうはう[苞苞]。軒を争ふ。上代 くさむら[草叢／叢]。

―が冬に枯れること 中古 くさがれ[草枯]。

―がますます茂ること 中古 いやおひ[弥生]。

―と木 中世 さうぼく[草木]。中古 さうもく[草木]。上代 くさき[草木]。

―の生えている所 そうち[草地]。近代 くさち[草地]。くさっぱ／くさっぱら[草原]。くさふ[草生]。さうげん[草原]。中世 くさはら[草原]。くさぶか[草深]。くさむしろ[草筵]。上代 くさむら[叢／草叢]。

―の生えている山 近代 かやくさやま[萱草山]。近世 かややま[萱山]。

―の花が一面に咲いているさま 近世 はなむしろ[花筵／花蓆]。

―深い所 中古 くさがくれ[草隠]。さうたく[草沢]。

―葺ぶきの家 中世 さうをく[草屋]。中古 ばうをく[茅屋]。わらや[藁屋]。上代 くさや[草屋]。→いえ❶
―を刈って束ねる 中古 しがふ。

―を揉もんだ匂い 近世 あをくさし[青臭]。

青々とした― 中古 せいさう[青草]。りょくぶ[緑蕪]。上代 あをくさ[青草]。
浮き― 中古 ねなしぐさ[根無草]。
多くの― 中世 せんさう[千草]。中古 ちぐさ[千草]。ひゃくさう[百草]。ももくさ[百草]。上代 やちくさ[八千草]。
垣根のように茂っている― 中世 くさがき[草垣]。
風などに負けない強い― 中古 けいさう[勁草]。
家畜の餌にする― かいぐさ[飼草]。近世 かひば[飼葉]。上代 まぐさ[秣／馬草]。→えさ
枯れた― 中世 かるも[枯草]。こさう[枯草]。中古 かれくさ[枯草／蒭]。かんさう[寒草]。
薬となる― 中世 やくしゅ[薬種]。
高く伸びた― 中世 たかくさ[高草]。
田の― 中古 はぐさ[莠]。
小さい― 近世 をぐさ[小草]。
露の置いた― 近世 つゆくさ[露草]。
とげのある― 中古 いばら／むばら[荊／茨]。上代 うばら[荊／茨]。
花の咲く― 中世 くゎき[花卉]。さうくゎ[草花]。中古 くさばな[草花]。
春以外の季節の― 中古 かんさう[寒草]。ふゆくさ[冬草]。上代 あきくさ[秋草]。なつくさ[夏草]。
春一斉に―が芽を出すこと 近世 くさもえ[草萌]。中古 したもえ[下萌]。
春の― 中世 あをふくさ[青生草]。中古 しゅんさう[春草]。わかな[若菜]。
不思議なめでたい― 中古 ずいさう[瑞草]。れいさう[霊草]。

水辺の物陰に生える― 上代 みづかげぐさ[水陰草]。
道端の― 近世 みちくさ[道草]。中古 みちしば[道芝]。
芽を出して間もない― 中古 はつくさ[初草]。わかくさ[若草]。上代 にこぐさ[柔草]。にひくさ[新草]。
山などに生える― 近世 さんさう[山草]。中古 のぐさ／やさう[野草]。やまくさ[山草]。
夕方の物陰の― 上代 ゆふかげぐさ[夕影草]。
▼雑草 →ざっそう

くさ・い【臭】 上代 くさし[臭]。にほふ[匂／臭]。
―・い匂い 近代 をしう[汚臭]。近世 くさみ[臭味／臭]。しうみ[臭味]。中世 あくしう[悪臭]。中古 しうき[臭気]。
金属的な味がして―・い 中世 かなくさし[金臭]。
なんとなく―・い 中古 ものぐさし[物臭／懶]。

くさいちご【草苺】 やまいちご[山苺]。近代 つるいちご[蔓苺]。近世 くさいちご[草苺]。なべいちご[鍋苺]。やぶいちご[藪苺]。

くさかり【草刈】 近代 くさむしり[草毟]。ぢょさう[除草]。近世 さいさう[採草]。中世 くさとり[草取]。したがり[下刈]。中古 くさかり[草刈]。

―禁止 近世 かまどめ[鎌止]。

―と木こり 近世 すうぜう[芻蕘]。

―の道具 クリッパー(clipper)。しばかりき[芝刈機]。中世 くさかりがま[草刈鎌]。

くさき【草木】 中世 うゑもの[植物]。さうぼく[草木]。しょくぶつ[植物]。中古 さうもく[草木]。上代 くさき[草木]。

《枕》上代うちなびく［打靡］。

―が青々と茂っている所 近代りょくち［緑地］。りょくど［緑土］。中古りょくや［緑野］。

―が一本離れてあること 中古ひともと［一本］。

―が色づきはじめること 中世はつしほ［初入］。

―が枯れたさま 近世かれいろ［枯色］。

―が枯れる 近代こし［枯死］。中古かれがれ［枯枯／涸涸／嗄嗄］。しゅくさつ［粛殺］。

―が茂っていること(さま) 近代いううつ［幽鬱］。いうすい［幽翠］。さいさい［萋萋］。せいすい［青翠］。せいせい［菁菁］。近世うっこ［鬱乎］。うっさう［鬱蒼］。うつぜん［鬱然／蔚然］。うっそう［鬱葱］。おひかさむ［生嵩］。でうでう［条条］。ほうほう［蓬蓬］。中世あいあい［藹藹］。おひかさなる［生重］。ちゃうも［暢茂］。中古いやおひ［弥生］。うつうつ［鬱鬱］。うつも［鬱茂］。うつをう［鬱蓊］。さうさう［蒼蒼］。しんしん［蓁蓁］。せいせい［萋萋］。りり［離離］。をううつ［蓊鬱］。上代おひしく［生及］。はんも［繁茂］。もし［茂］。

―が茂っている所 →**くさむら**
―が茂っている山 上代しげやま［繁山］。

―が霜で枯れること 上代しもがれ［霜枯］。

―が高く伸びる 近世おひたつ［生立］。中古おひのぼる［生上］。近世おひかさむ［生嵩］。

―が立ったまま枯れること 中古たちがらし／たちがれ［立枯］。

―が生えること 近代せいしょく［生植］。中古ふ［生］。

―が春暖かくなって緑になること 近代だんすい［暖翠］。

―が春に雀(すずめ)の背丈ほどに伸びること 中古すずめがくれ［雀隠］。

―が冬に枯れること 中古ふゆがれ［冬枯］。

―が群がって生えること 近世そうせい［叢生／簇生］。ぞくせい［簇生／族生］。

―が芽吹くこと 近代ふきだす［吹出／噴出］。芽を吹く。近世はうせい［萌生］。はうはつ［萌発］。中古はうどう［萌動］。上代もえいづ［萌出］。

―にその季節初めて咲く花 中古うひばな／はつはな［初花］。

―の下葉が紅葉したもの 中古したもみぢ［下紅葉］。

―の根が白いこと 上代ねじろ［根白］。

―の葉先が枯れる 中古うらがる［―がれる］［末枯］。

―を植木鉢に植えること 近世はちうゑ［鉢植］。

―を育てること しょくさい［植栽］。近代さいしょく［栽植］。近世ばいやう［培養］。

―を根ごと引き抜くこと 近代ねだやし［根絶］。近世ねこそぎ［根刮］。中世ねこぎ［根扱］。ねごし／ねこじ［根越］。ねびき［根引／根曳］。

―を焼いたあとの黒 中古すぐろ［末黒］。

―を分けて進む 中古ふみわく［―わける］［踏分］。上代むなわく［胸分］。

生い出でた―が初めてつける花 中古うひばな［初花］。上代はつはな［初花］。

生い茂っている―の葉 はむら［葉叢］。

薬となる― しょうやく［生薬］。近世きぐすり［生薬］。中古やくしゅ［薬種］。

道路や塀などの― きょうさい［境栽］。近代がいろじゅ［街路樹］。近世いけがき［生垣／生籬］。

くさぎ【臭木】 くさぎり［臭桐］。やまうつぎ［山空木］。中古くさぎ［臭木］。

ぐさく【愚作】 しっぱいさく［失敗作］。近世せっさく［拙作］。ださく［駄作］。中世ぼんさく［凡作］。中古ぐさく［愚策］。

くさくさ 近世くしゃくしゃ。くよくよ。中世くさくさ。
―・すること 近代くさり［腐］。中世しんき［辛気］。中古うさ［憂］。うもれいたし［埋甚］。

くさ・す【腐】 近代こきおろす［扱下］。たなおろし［棚卸／店卸］。近世くさす［腐］。けなす［貶］。けちを付く［―付ける］。難癖を付く［―付ける］。中世ひなん［非難］。ひはん［批判］。中古そしる［誹／謗／譏］。なんず［難］。上代ひばう［誹謗］。

くさすぎかずら【草杉蔓】 近世くさすぎかづら［草杉蔓］。中古すまろぐさ。てんもんどう［天門冬］。

くさそてつ【草蘇鉄】 おやくさ［草］。こごみ［屈／踞］。

くさとり【草取】 →**くさひき**

くさばな【草花】 中世くゎき［花卉］。さうくゎ［草花］。中古くさばな［草花］。
―の栽培業者 フロリスト(florist)。

くさはら【草原】 近代くさっぱ／さうげん［草原］。はらっぱ［原］。近世のづら［野面］。中世くさはら［草原］。中古の［野］。のずゑ［野末］。のもせ［野狭］。のら［野良］。はら［原］。りょくや［緑野］。上代ぬ［野］。

のはら［野原］。のべ［野辺］。のろ［野］。をの［小野］。
《枕》中古あさぢふの［浅茅生］。
—の中の小高い所 上代のづかさ［野阜］。
—の果て 中古のずゑ［野末］。
—を焼く火 上代のび［野火］。
—を渡る風 中古のかぜ［野風］。
秋の花の咲く— 上代はなの［花野］。
荒れた— 近世あれの［荒野］。上代あらの／あらのら［荒野］。
大きな広い— 上代おほの／おほのろ［大野］。くにはら［国原］。
草木竹などの繁った— 近代あをの［青野］。中世しのはら［篠原］。中古あさぢがはら［浅茅原］。ちはら［茅原］。よもぎふ［蓬生］。上代いつしばはら［厳柴原］。くさふかの［草深野］。しげの［繁野］。ちふ［茅生］。むぐらふ［葎生］。
冬の— 中世かれふ［枯生］。中古かれの［枯野］。
焼いた後の— 近世やけの［焼野］。中古やけふ［焼生］。
山の裏の— 中世かげの［陰野］。

くさび【楔】 ウエッジ(wedge)。近代けっし［楔子］。せめぎ［責木］。中古くさび［楔／轄］。上代かすがひ［鎹］。
—の例 合い(間)の楔。近世や［矢／箭］。わりくさび［割楔］。上代ひめや［氷目矢］。

くさひき【草引】 近代くさむしり［草雀］。近世ぢょさう［除草］。中世くさとり［草取］。中古くさかり［草刈］。

くさぼけ【草木瓜】 近世くさぼけ［草木瓜］。ぢなし［地梨子］。ぼけ［木瓜］。中古しどみ／しどめ［樝］。

くさみ【臭味】 近世くさみ［臭味］。しうみ［臭味］。中世あくしう［悪臭］。かざ［香］。中古しうき［臭気］。にほひ［匂／臭］。

くさむら【草叢】 さうそう［草叢］。ブッシュ(bush;ドイBusch)。近代くさやぶ［草藪］。さうばう／さうまう［草莽］。しんばう／しんまう［榛莽］。中世おどろ［棘／荊棘］。中古くさがくれ［草隠］。さうたく［草沢］。やぶ［藪］。やへむぐら［八重葎］。上代くさむら［草叢／叢］。しげみ［茂／繁］。そうたく［藪沢］。

くさり【鎖】 近代チェーン(chain)。れんさ［連鎖］。中世れんかん［連環］。上代くさり［鎖／鐺／鏁］。
板金を鋲でつないだ— いたがねぐさり［板金鎖］。いたぐさり［板鎖］。
金属製の— 中世てっさ［鉄鎖］。上代かなぐさり［金鎖］。かなつがり［鉄鎖］。

くさ・る【腐】❶〈腐敗〉 近代きうはい［朽廃／朽敗］。ふしょく［腐食／腐蝕］。近世いぬ［去／往］。ござる［御座］。すゆ［すえる］［饐］。ふきう［腐朽］。ふらん［腐乱／腐爛］。中世いたむ［傷］。くさる［くされる］［腐］。ねぐさる［根腐］。ねまる。中古くちす［朽］。ふはい［腐敗］。上代くさる［腐］（四段活用）。くつ［くちる］［朽］。くゆ［くえる］［崩］。

—・った木 中古きうぼく／くちき［朽木］。

—・った草 近代くちくさ［腐草／朽草］。中古ふさう［腐草］。

—・った心の人 近世いぢくさり［意地腐］。

—・った肉 近世ふにく［腐肉］。

—・った部分 中古くちめ［朽目］。中世わろし［悪］。

—・っている 近代くされ［腐］。

—・って臭うこと 近世しうふ［臭腐］。

—・らせる いためる［痛／傷］。くさらす［腐］。中古くさらかす［腐］。上代くたす［腐］。

—・りかかって残っている 中世くちのこる［朽残］。

—・り爛れること 近世びらん［糜爛］。

—・りやすい 近代足が早い。

—・るのを防ぐ ぼうしょく［防食／防蝕］。近世ばうふ［防腐］。

魚肉などが—・る いきぐされ［生腐］。中世さがる［下］。上代あざる［あざれる］［鯘／餒］。

日数経ても—・りにくいさま ひもち［日持／日保］。

くさ・る【腐】❷〈落胆〉 近世うんざり。きおち［気落］。ふさぐ［鬱］。らくたん［落胆］。中古くさる［腐］。気が腐る。→**がっかり**

くさわけ【草分】 かいたくしゃ［開拓者］。近代さうし［創始］。さうせつ［創設］。せんかくしゃ［先覚者］。せんくしゃ［先駆者］。パイオニア(pioneer)。近世かいさん［開山］。くさむすび［草結］。くさわけ［草分］。そし［祖師］。中世かいそ［開祖］。ぐゎんそ［元祖］。さうげふ［創業］。さうさう［草創］。さうりつ［創立］。中古ことはじめ［事始］。上代さうけん［創建］。しそ［始祖］。

くし【駆使】 近世つかひこなす［使］。中世しよう［使用］。中古あやつる［操］。もちゐる［用］。上代くえき［駆役］。くし［駆使］。

くし【櫛】 近代コーム(comb)。びんかき［鬢

搔］。近世 あさひぐし［朝日櫛］。あらぐし［粗櫛］。けすぢたて［毛筋立］。さしぐし［挿櫛］。さしもの［指物］。すきぐし［梳櫛］。すぢだて［筋立］。つきがたぐし［月形櫛］。ゑりぐし［彫櫛］。はなぐし［花櫛］。みづぐし［水櫛］。中世 びんぐし［鬢櫛］。中古 からぐし［唐櫛／韓櫛］。かんざし［簪］。けづりぐし［梳櫛］。つくしぐし［筑紫櫛］。ときぐし［解櫛］。ぬきぐし［抜櫛］。上代 くし［櫛／梳］。まくし［真櫛］。をぐし［小櫛］。

―で髪を整える 中世 なづ〔なでる〕［撫］。

―で梳いたあと 近代 くしめ［櫛目］。中古 かみすぢ［髪筋］。

―を作る職人 中世 くしひき［櫛引／櫛挽］。

馬の毛を梳く― 中世 うまぐし［馬櫛／馬梳］。

黄楊の木の― 上代 つげぐし［黄楊櫛］。

歯の荒い― 近世 あらぐし［粗櫛］。

くし【串】 上代 くし［串］。

魚肉を焼くのに使う― 中世 やきぐし［焼串］。中古 やいぐし［焼串］。

金属製の― 近世 かなぐし［金串］。てっきう［鉄灸］。てっきゅう［鉄弓］。中世 てっけう［鉄橋］。

神聖な― ふとたまぐし［太玉串］。上代 いぐし［斎串］。たまぐし［玉串］。

竹製の― 近世 たけぐし［竹串］。

くじ【籤】 たからくじ［宝籤］。近代 あてもの［当物／中物］。あみだくじ［阿弥陀籤］。くじびき［籤引］。ちうせん［抽籤／抽選］。近世 おみくじ［御御籤／御神籤］。かみくじ［紙鬮／紙籤］。くゎんげとみ［勧化富］。けんとく［見徳／見得］。とみ［富］。とみくじ［富籤］。はなくじ［花籤］。ふくとみ［福富］。ふくびき［福引］。ほんとみ［本富］。中世 くじとり［籤取］。ほうびき［宝引］。上代 くじ［籤／鬮］。

―の当落 らくせん［落籤］。近代 たうせん［当籤］。はづれ［外］。近世 あたり［当］。

―を引く 近代 くじびき［籤引］。ちうせん［抽籤／抽選］。中世 籤に取る。

何も当たらない― からくじ［空籤］。はずれくじ［外籤］。

不利益な― 近世 びんばふくじ［貧乏籤］。

くじ・く【挫】❶〈捻挫〉 近代 ざしゃう［挫傷］。ねんざ［捻挫］。中世 くじく［挫］。

骨を―・く ざこつ［挫骨］。

くじ・く【挫】❷〈砕く〉 鼻っ柱を圧し折る。近代 うちまかす［打負］。近世 やっつける。中世 さいふく［摧伏］。まかす［負］。中古 くだく［砕］。じうりん［蹂躙］。ひしぐ［拉］。ふみにじる［踏躙］。上代 くじく［挫］。くたす［腐］。

くしけず・る【梳】 中世 すく［梳］。中古 くしけづる［梳］。けづる［梳］。上代 かく［搔］。

くじ・ける【挫】❶〈気力が〉 近代 いきせうちん［意気消沈］。いきそさう［意気阻喪／意気沮喪］。ざせつ［挫折］。とんざ［頓挫］。へこたれる。意地を折る。近世 くじく〔くじける〕［挫］。はりあひぬけ［張合抜］。へこむ［凹］。へたばる。めぐ〔めげる〕。中世 くんず［屈］。中古 くす／くっす［屈］。くづほる〔―おれる〕［頽］。したくづる［下崩］。しろむ［白］。たふる［倒］。ひるむ［怯］。をる〔おれる〕［折］。上代 おもひたわむ［思撓］。くだく〔くだける〕［砕］。さてつ［蹉跌］。

―・けない 腰が強い。近代 ふくつ［不屈］。ふじみ［不死身／不仁身］。

一時的に―・ける 近代 いちとんざ［一頓挫］。

何回も―・ける 近世 ひゃくせつ［百折］。

くじ・ける【挫】❷〈傷付く〉 近代 きそん［毀損］。そんくゎい［損壊］。近世 こはる〔こわれる〕［壊／毀］。中古 くじく〔くじける〕［挫］。くだく〔くだける〕［砕］。はそん［破損］。

くじびき【籤引】 →くじ

ぐしゃ【愚者】 →おろか

くじゃく【孔雀】 ほうゆう［鳳友］。近代 ピーコック(peacock)。ゑってう［越鳥］。中古 くじゃく［孔雀］。

くじゃくそう【孔雀草】 近代 くじゃくさう［孔雀草］。近世 こうわうさう［紅黄草］。

くしゃみ【嚏】 中世 くさめ／くっさめ［嚏］。くしゃみ［嚏］。

―・する 中世 はなひる［嚏］。中古 ひる［嚏］。上代 はなふ〔はなひる〕［嚏］。ふ〔ひる〕［嚏］。

くじゅう【苦渋】 近代 あうなう［懊悩］。くじふ［苦渋］。くもん［苦悶］。くりょ［苦慮］。くなん［苦難］。中世 くしん［苦心］。くつう［苦痛］。くらう［苦労］。こんく［困苦］。しんつう［心痛］。なやみ［悩］。はんもん［煩悶］。中古 おもひなやむ［思悩］。くなう［苦悩］。くるしみ［苦］。つらし［辛］。上代 おもひわづらふ［思煩］。かんなん［艱難］。しんく［辛苦］。

くじょ【駆除】 ぼうじょ［防除］。近代 どかす。とりのぞく［取除］。はいぢょ［排除］。近世 くちく［駆逐］。はいせき［排斥］。中世 おひちらす［追散］。たいぢ［退治］。ぢょきょ［除去］。とりさる［取去］。中古 しりぞく〔しりぞける〕［退／斥］。ついはう［追放］。とりの

く〔—のける〕[取除]。とりはらふ[取払]。のく〔のける〕[退]。はうちく[放逐]。上代おひはらふ[追払]。くぢょ[駆除]。のぞく／のぞく[除]。

くしょう【苦笑】 近代くせう[苦笑]。中世にがりわらふ[苦笑]。にがわらひ[苦笑]。

くじょう【苦情】 クレーム(claim)。近代かうぎ[抗議]。ふふく[不服]。もんく[文句]。近世いさくさ。いひがかり[言掛]。くじゃう[苦情]。ぐち[愚痴]。こだはる。中世こごと[小言]。ふへい[不平]。ふまん[不満]。ゐらん[違乱／違濫]。

—が来る 近世渋(しぶ)を食ふ。尻が来る。

ぐしょう【具象】 近代ぐしゃう[具象]。ぐたい[具体]。げんしゃう[現象]。中世ぐげん[具現]。

くじら【鯨】 中世げいぎょ[鯨魚]。上代いさ／いさな[勇魚／鯨]。くぢら[鯨]。《枕》上代いすくはし[魚細]。

—の舌 近世さへづり[囀]。

—の脂皮(食用) 近世をばいき／をばいけ[尾羽毛]。をばけ[尾羽毛]。

—の鬚(げひ) げいす[鯨鬚]。

—を捕獲すること 近世くぢらつき[鯨突]。ほげい[捕鯨]。上代いさなとり[勇魚取]。

雄の— 近代げい[鯨]。

雌の— 近代げい[鯢]。

くしん【苦心】 しこうさくご[試行錯誤]。近代くしんさんたん[苦心惨憺]。くりょ[苦慮]。てうしんるこつ[彫心鏤骨]。ふしん[腐心]。るこつ／ろうこつ[鏤骨]。骨身を削る。近世きぐらう[気苦労]。きづかれ[気疲]。りふりふしんく[粒粒辛苦]。汗馬の労。中世くしん[苦心]。くらう[苦労]。こくい[刻意]。ふんこつ[粉骨]。ふんこつさいしん[粉骨砕身]。ほねをり[骨折]。骨髄を砕く。身骨を砕く。肺肝を摧(くだ)く。骨を折る。中古いたはる[労]。さいしん[砕心／摧心]。しんらう[心労]。肝胆を砕く。心を砕く。→**くろう**

くしん【苦辛】 近代くしんさんたん[苦心惨憺]。中世くしん[苦心]。くしん[苦辛]。くなん[苦難]。くらう[苦労]。こくく[刻苦]。こんく[困苦]。しんらう[辛労]。骨髄を砕く。中古らうく[労苦]。上代かんなん[艱難]。しんく[辛苦]。

ぐしん【具申】 近代ぐしん[具申]。じゃうしん[上伸]。しんげん[進言]。とどけでる[届出]。ねがひでる[願出]。中古けんげん[建言]。中世じゃうしん[上申]。けんさく[献策]。まうしたつ〔—たてる〕[申立]。まうしのぶ〔—のべる〕[申述]。上代いふ[言]。けんぎ[建議]。のぶ〔のべる〕[述]。

ぐじん【愚人】 →**おろか**

くず【屑】 トラッシュ(trash)。近代だぶつ[駄物]。はいひん[廃品]。ぼろ[襤褸]。近世がらくた[我楽多]。ぐゎらくた[瓦落多]。はいぶつ[廃物]。中世ごみ[塵／芥]。かうひ[糠粃]。ほこり[埃]。中古あくた[芥]。かす[滓]。くづ[屑]。上代ぢんあい[塵埃]。

—を集める人 はいひんかいしゅうぎょうしゃ[廃品回収業者]。よせや[寄屋]。リサイクルショップ(和製recycle shop)。近代くづや[屑屋／屑家]。ばたや[屋]。近世くづひろひ[屑拾]。

—を入れるもの くずいれ[屑入]。近代くづかご[屑籠]。近世ごみばこ[芥箱／塵箱]。ぢんこ[塵籠]。

紙の— そんし[損紙]。やれ[破]。近世かみくづ[紙屑]。ふみがら[文殻]。ほご[反故／反古]。中世ほうご／ほぐ[反故／反古]。中古ほうぐ[反故／反古]。

木の— 近代きっきれ[木切]。きっくづ[木屑]。近世きくづ[木屑]。こっぱ[木端]。かんなくづ[鉋屑]。中世おがくづ[大鋸屑]。きぎれ[木切]。のこぎりくづ[鋸屑]。上代こつ[木屑]。

鉄の— スクラップ(scrap)。近代くづてつ[屑鉄]。中世かなくづ[金屑]。てつくづ[鉄屑]。

くず【葛】 うまふじ[馬藤]。なつくず[夏葛]。近世いのこのかね。かづね[葛根]。くずかづら[葛蔓]。中世くずのはかづら[葛葉葛]。まつなぐさ[松菜草]。上代くず[葛]。まくず[真葛]。

—の根 中世かっこん[葛根]。

ぐずぐず【愚図愚図】❶〈のろいさま〉 もたもた。近代いういうふだん[優柔不断]。いうじうふだん[優遊不断]。のそのそ。近世うごうご[蠢蠢]。うぢうぢ。うぢかは。ぐうたら。ぐぢぐぢ。ぐづぐづ[愚図愚図]。ぐづらぐづら。しうじふ[羞渋]。だらだら。たろべゑ[太郎兵衛]。ねちみゃく。のそりのそり。のんべんくらり／のんべんぐらり。のんべんだらり。まじまじ。もぢかは。もぢもぢ。煮え切らない。中世いんじゅん[因循]。くどくど。のろし[鈍]。のろのろ。上代いうよ[猶予]。たゆたひ[揺蕩／猶予]。

—・する 近世いちゃつく。うぢつく。うづつく。ぐづつく[愚図]。ぬかる[抜]。中世し

ぶくる[渋]。ためらふ[躊躇]。中古しぶる[渋]。しゅんじゅん[逡巡]。たちやすらふ[立休]。ちうちょ[躊躇]。とどこほる[滞]。やすらふ[休]。上代ちちゅう[踟躕]。

―・するたとえ 近世だいりぶしん[内裏普請]。

ぐずぐず【愚図愚図】❷〈不平を言うさま〉 近代いさくさ。ぐづぐづ[愚図愚図]。近世うだうだ。ぐづる[愚図]。じごんじ[自言辞／二言辞]。じぶくる。ぶうぶう。ぶつくさ。ぶつぶつ。くだを巻く。四の五の言ふ。中世つぶつぶ。上代むづかる[憤]。

くすぐ・る【擽】 中世くすぐる[擽]。中古こそぐる[擽]。

―・るさま 近世こちょこちょ。中世くつくつ。こそこそ。

くず・す【崩】 近世うちこはす[打壊／打毀]。ぶちこはす[打壊]。中世きりくづす[切崩]。こはす[壊／毀]。こぼす[毀]。とりくづす[取崩]。とりこはす[取壊／取毀]。はくゎい[破壊]。ほりくづす[掘崩]。みだらす[乱]。中古かきくづす[掻崩]。くだく[砕／摧]。くづす[崩]。つきくづす[突崩]。つぶす[潰]。みだす[乱]。みだらかす[乱]。上代こほつ[毀]。そこなふ[損／害]。はなつ[放]。

ぐずつ・く【愚図】→ぐずぐず❶

くす・ねる 近世かっぱらふ[掻払]。くすねる。ちょろまかす。中世かすめとる[掠取]。ぬすむ[盗／偸]。上代かすむ[かすめる][掠]。せったう[窃盗]。

くすぶ・る【燻】❶〈煙〉 くんずる[燻]。近世いぶる[燻]。中世くすぼる[燻]。ふすぼる[燻]。中古くすぶる[燻／薫]。くゆる[薫／燻]。けぶる／けむる[煙／烟]。したたく[下焚]。ふすぶ[燻]。

―・っているさま 近世ぷすぷす。

―・っている火 中世いぶしび[燻火]。中古よじん[余燼]。

―・らせる 近世くすぶ[くすべる][燻]。中世いぶす[燻]。くゆらす[薫／燻]。中古くゆらかす[薫／燻]。

―・り焼くこと 近代くんしゃく[薫灼]。

くすぶ・る【燻】❷〈埋もれる〉 近代くすぶる[燻／薫]。中古うづもる[―もれる][埋]。おちぶる[―ぶれる][落]。

くすり【薬】❶〈医薬品〉 いやくひん[医薬品]。近代しょうやく[生薬]。どくけし[毒消]。ドラッグ(drug)。近世きぐすり[生薬]。たん[丹]。やくひん[薬品]。中世やくざい[薬剤]。やくしゅ[薬種]。やくもつ[薬物]。中古やくじ[薬餌]。やくせき[薬石]。上代いやく[医薬]。くすり[薬]。やくぶつ[薬物]。

《句》近代薬より養生。近世薬の灸は身に熱く、毒な酒は甘い。薬人を殺さず、薬師(くすし)人を殺す。薬も過ぎれば毒となる。中世良薬口に苦し、忠言は耳に逆らふ。

―で運動能力を高めること ドーピング(doping)。

―投与の限度 たいりょう[耐量]。近代ちしりゃう[致死量]。

―にする動植物など 近代やくようしょくぶつ[薬用植物]。中世ほんざう[本草]。やくしゅ[薬種]。やくみ[薬味]。中古やくさう[薬草]。

―の害 やくしん[薬疹]。やっか[薬禍]。近代ふくさよう[副作用]。近世やくがい[薬害]。中世やくどく[薬毒]。

―の原料 中世やくみ[薬味]。中古やくしゅ[薬種]。やくれう[薬料]。

―の原料を砕き調合する器具 近世くすりおろし[薬下]。やげん[薬研]。

―の効能 やっこう[薬効]。近世のうがき[能書]。

―の処方 中世はう[方]。中古やくはう[薬方]。

―の代金 近代くすりだい[薬代]。やくか[薬価]。中世やくだい[薬代]。やくれい[薬礼]。やくれう[薬料]。

―の調合 近代てうやく[調薬]。近世さじかげん[匙加減]。さじさき[匙先]。てうざい[調剤]。中世はいざい[配剤]。中古はうやく[方薬]。

―の調合をする人 近代やくきょくせい[薬局生]。やくざいし[薬剤師]。

―の匂い やっき[薬気]。

―を与える とうよ[投与]。近世せやく[施薬]。中古とうやく[投薬]。

―を入れた風呂 中世くすりぶろ[薬風呂]。くすりゆ[薬湯]。やくたう[薬湯]。

―を入れる容器等 ぶんぽう[分包]。近代アンプル(フランスampoule)。かひがら[貝殻]。カルボイ(carboy)。くすりびん[薬瓶]。やくはう[薬包]。中世くすりばこ[薬箱]。くすりぶくろ[薬袋]。やくたい[薬袋]。やくなう[薬嚢]。やくろう[薬籠]。やろう[薬籠／野籠]。

―を煎じた湯 近代やくたう[薬湯]。中世せんじぐすり[煎薬]。上代たうやく[湯薬]。

ーを作ること 近代せいざい[製剤]。近世せいやく[製薬]。

ーを飲ませること とうよ[投与]。近世せやく[施薬]。もる[盛]。中古とうやく[投薬]。

ーを飲みやすくすること きょうみざい[矯味剤]。シュガーコート(sugar coat)。とうい[糖衣]。

ーを飲むこと 近代とんぷく[頓服]。薬籠に親しむ。近世ないふく[内服]。中世ふくよう[服用]。中古くふ[食/喰]。ふくやく/ぶくやく[服薬]。

ーを盛る匙(さじ) 近世たうけい[刀圭]。

痛み止めのー いたみどめ[痛止]。近代ちんつうざい[鎮痛剤]。ますいやく[麻酔薬/痲酔薬]。

胃腸のー くみやく[苦味薬]。ししゃざい[止瀉剤]。しりざい[止痢剤]。ちんとざい[鎮吐剤]。近代くみざい[苦味剤]。げりどめ[下痢止]。けんゐざい[健胃剤]。けんゐさん[健胃散]。けんゐやく[健胃薬]。せうくゎざい[消化剤]。せうくゎやく[消化薬]。近世うやく[烏薬]。げんのしょうこ[現証拠]。中世ゐさん[胃散]。

いつも備えておくー じょうびやく[常備薬]。

いつも服用しているー 中世ぢやく[持薬]。上代じやく[餌薬]。

いろいろのー 中古ひゃくやく[百薬]。やくせき[薬石]。

液体のー えきざい[液剤]。近代すいやく/みづぐすり[水薬]。やくえき[薬液]。中古すいざい[水剤]。

炎症の治療や消毒等に用いるー こうせいぶっしつ[抗生物質]。さっきんざい[殺菌剤]。ちんつうやく[鎮痛薬]。近代きずぐすり[傷薬]。げどくざい[解毒剤]。げどくやく[解毒薬]。げねつやく[解熱薬]。せうえんざい[消炎剤]。せうどくざい[消毒剤]。せうどくやく[消毒薬]。ちんつうざい[鎮痛剤]。どくけし[毒消]。近世うさいかく[烏犀角]。げねつざい[解熱剤]。テリアカ[ラテン theriaca/底野迦]。ねつさまし[熱冷]。

風邪のー かんぼうやく[感冒薬]。近世かざぐすり/かぜぐすり[風邪薬]。はいどくさん[排毒散/敗毒散]。

患部に直接塗るなどするー きゅうざい[嗅剤]。きゅうやく[嗅薬]。ざざい[座剤]。とふざい[塗布剤]。近代がんそうざい[含嗽剤]。きふにふやく[吸入薬]。ぐゎいようやく[外用薬]。こうちゅうやく[口中薬]。てんがん[点眼]。はりぐすり[貼薬]。れんやく[練薬/煉薬]。近世あぶらぐすり[膏薬/脂薬]。かぎぐすり[嗅薬]。ざやく[座薬/坐薬]。せんりかう[千里膏]。たんやく[丹薬]。てふやく[貼薬]。なんかう[軟膏]。ねりやく[練薬/煉薬]。むしぐすり[蒸薬]。中世さしぐすり[差薬/注薬]。つけぐすり[付薬]。ぬりぐすり[塗薬]。ねりぐすり[練薬/煉薬]。むみゃうゑん[無名円]。めぐすり[目薬]。中古かうやく[膏薬]。れんたん[練丹/煉丹]。

漢方のー かんぽうやく[漢方薬]。かんぽうようやく[漢方用薬]。かんやく[漢薬]。

薬屋で売るー 近世うりぐすり/ばいやく[売薬]。

毛のー ようもうざい[養毛剤]。近世けはえぐすり[毛生薬]。

効能のよいー 近世りゃうざい[良剤]。中古りゃうやく[良薬]。

試験的に飲ませるー プラシーボ/プラセボ(placebo)。近世ぎやく[偽薬]。とひぐすり[問薬]。

出血を止めるー しけつざい[止血剤]。近世ちどめ[血止]。

上昇した体温を正常値まで下げるー 近代げねつやく[解熱薬]。近世げねつざい[解熱剤]。ねつさまし[熱冷]。

心臓のー きょうしんやく[強心薬]。近代カンフルちゅうしゃ[オランダ kamfer注射]。近世きゃうしんざい[強心剤]。

すぐ効くー そっこうやく[即効薬]。

精神のー せいしんあんていざい[精神安定剤]。近代ちんせいざい[鎮静剤]。むしおさへ[虫押]。近世いきあひ[息合]。いきあひぐすり[息合薬]。えんれいたん[延齢丹]。きおうぐゎん[奇応丸]。せいりゃうざい[清涼剤]。むしぐすり[虫薬]。中世きつけぐすり[気付薬]。

性欲を起こさせるー きょうせいざい[強精剤]。近代さいいんざい[催淫剤]。さいしゅんざい[催春薬]。近世いんやく[淫薬]。さいいんやく[催淫薬]。びやく[媚薬]。ほれぐすり[惚薬]。

咳(せき)を抑えるー せきどめ[咳止]。ちんがいやく[鎮咳薬]。

堕胎のためのー 近代だたいやく[堕胎薬]。近世こおろし[子堕/子下]。中世おろしぐすり[下薬/堕薬]。

注射等で体内に入れるー きんにくちゅう

しゃ[筋肉注射]。じょうみゃくちゅうしゃ[静脈注射]。てんてき/てんてきちゅうしゃ[点滴注射]。近代カンフルちゅうしゃ[オランダ kamfer注射]。せっしゅ[接種]。ひかちゅうしゃ[皮下注射]。

毒になる— 近代げきやく[劇薬]。どくざい[毒剤]。上代どくやく[毒薬]。

特別に効く— 近代とくかうやく[特効薬]。中世きやく[奇薬]。めいやく[名薬]。中古めうやく[妙薬]。りゃうやく[良薬]。

眠りを誘う— しゅうみんやく[就眠薬]。すいみんどうにゅうざい[睡眠導入剤]。みんざい[眠剤]。近代さいみんやく[催眠薬]。すいみんやく[睡眠薬]。近世ねむりぐすり[眠薬]。

飲む— けいこうざい[経口剤]。けいこうやく[経口薬]。こなぐすり[粉薬]。とういじょう[糖衣錠]。ピル(pill)。近代ぐゎんざい[丸剤]。さんざい[散剤]。すいやく[水薬]。タブレット(tablet)。ぢゃうざい[錠剤]。とんぷく[頓服]。ないふくやく[内服薬]。ないようやく[内用薬]。みづぐすり[水薬]。近世さん[散]。しんざい[浸剤]。はいどくさん[排毒散/敗毒散]。ふりだしぐすり[振出薬]。中世ぐゎんやく[丸薬]。こぐすり[粉薬]。せんじぐすり[煎薬]。のみぐすり[飲薬]。中古さんやく[散薬]。すいざい[水剤]。せんやく[前薬]。ゆ[湯]。上代たうやく[湯薬]。

排便を促す— 近代くゎんげざい[緩下剤]。げやく[下薬]。しゅんげざい[峻下剤]。ひましゆ[蓖麻子油]。近世げざい[下剤]。しゃざい[瀉剤]。つうじぐすり[通薬]。中世くだし/くだしぐすり[下薬]。中古しゃやく[瀉薬]。

鼻から吸う— 近世いぶしぐすり[燻薬]。かぎぐすり[嗅薬]。はなぐすり[鼻薬]。

不思議な効き目のある— 中世あかだ[阿伽陀/阿竭陀]。ひやく[秘薬]。中古きんたん[金丹]。せんやく[仙薬]。めうやく[妙薬]。れいやく[霊薬]。上代しんやく[神薬]。

不老不死の— 近世ぎょくせつ[玉屑]。たんやく[丹薬]。中古いくぐすり[生薬]。きんたん[金丹]。たん[丹]。れんたん[練丹/煉丹]。

麻痺させる— 近代ねむりぐすり[眠薬]。ますいざい[麻酔剤]。ますいやく[麻酔薬]。近世しびれぐすり[痺薬]。まやく[麻薬]。

ゆっくり長く効くような投与形態の— ぜっかじょう[舌下錠]。トローチ(troche)。バッカル(buccal)。ペレット(pellet)。

▼助数詞 近代じゃう[錠]。近世かひ[貝]。てふ[貼]。中世ふく[服]。中古ざい[剤]。

くすり【薬】❷〈農薬等〉 アグリケミカル(agrichemicals)。きひざい[忌避剤]。さっきんざい[殺菌剤]。じょそうざい[除草剤]。じょそうやく[除草薬]。のうやく[農薬]。むきひりょう[無機肥料]。ゆういんざい[誘引剤]。近代くちゅうざい[駆虫剤]。くちゅうやく[駆虫薬]。さっそざい[殺鼠剤]。のみとりこ[蚤取粉]。ばうちゅうざい[防虫剤]。ばうふざい[防腐剤]。近世さっちゅうざい[殺虫剤]。せうどくざい[消毒剤]。せうどくやく[消毒薬]。ねこいらず[猫要]。ねずみとり/ねずみとりぐすり[鼠捕薬/鼠取薬]。むしよけ[虫除]。中世くすり[薬]。

くすり【薬】❸〈その他の薬剤〉 きゅうしつざい[吸湿剤]。じゅんかつざい[潤滑剤]。しょうしゅうざい[消臭剤]。だっしゅうざい[脱臭剤]。ひょうはくざい[漂白剤]。ほうこうざい[芳香剤]。ぼうしつざい[防湿剤]。近代かんさうざい[乾燥剤]。ばうしうざい[防臭剤]。ばうすいざい[防水剤]。

くすりばこ【薬箱】 →くすり❶(—を入れる容器等)

くすりや【薬屋】 いやくひんはんばいてん[医薬品販売店]。ちょうざいやっきょく[調剤薬局]。近代ドラッグストア(drug store)。やくきょく[薬局]。やくてん[薬店]。近世きぐすりや[生薬屋]。くすりみせ[薬店]。やくしゅや[薬種屋]。やくほ[薬舗/薬鋪]。中世くすりや[薬屋]。

くすりゆび【薬指】 近世くすしゆび[薬師指]。くすりゆび[薬指]。中世べにさしゆび[紅差指]。べにつけゆび[紅付指]。中古ななしのおよび[名無指]。

ぐず・る【愚図】 →ぐずぐず❷

くず・れる【崩】 かいらく[壊落]。近代くゎいたい[壊頽]。くゎいほう[壊崩/潰崩]。たうくゎい[倒壊]。ほげる。近世くゎいれつ[壊裂/潰裂]。こはる[こわれる][壊/毀]。ずるける。たいはい[退廃/頽廃]。どほう[土崩]。どほうぐゎかい[土崩瓦解]。はいたい[敗頽]。中世ぐゎかい[瓦解]。こほる[毀]。こぼる[こぼれる][毀]。ほうくゎい[崩壊/崩潰]。ほうらく[崩落]。中古あばく[褫]。つひゆ[ついえる][費/弊]。つぶる[つ

ぶれる[潰]。つゆ[つえる][潰]。上代くだく[くだける][砕/摧]。くづる[くずれる][崩]。くゆ[くえる][崩]。

—・れかかる 中古よろぼふ[蹌踉]。

—・れさせる 中世つひやす[弊]。

—・れたさま 近代ぐしゃぐしゃ。くちゃくちゃ。近世くしゃくしゃ。

—・れやすいたとえ 砂上の楼閣。

—・れるさま がらっと。中世がらがら/ぐゎらぐゎら。ぐはらぐはら。

勢いが衰え—・れる 近代たいたう[頽唐]。

岩が—・れる 上代いはくえ[岩崩]。

形が—・れる 中世とろく[とろける][蕩]。中古とらく[蕩]。

斜面に沿って—・れる 中世なだれ[雪崩/傾]。

熟し切って—・れる 近代じゅくらん[熟爛]。中世らんじゅく[爛熟]。

堤防などが—・れる 近代けっくゎい[決壊/決潰]。はてい[破堤]。

道徳などが—・れる 近代はいたい[廃退/廃頽]。

くせ【癖】 近代しふへき[習癖]。近世しふくゎん[習慣]。しふせい[習性]。へき[癖]。中世じゃうしふ[常習]。せいへき[性癖]。中古くせ[癖]。ならひ[習]。

《句》近代噛(か)む馬はしまひまで噛む。人に七癖我が身に八癖(やくせ)。近世無くて七癖有って四十八癖。

歩き方の— 近代あしくせ[足癖]。

衣服の着方の— きぐせ[着癖]。

言葉の— 中世くちぐせ[口癖]。

好んでする— 近代しへき[嗜癖]。

詩歌を創るときの— うたぐせ[歌癖]。中古しへき[詩癖]。

仕事もせず遊興にふける— 近代あそびぐせ[遊癖]。

女性関係がだらしない— おんなぐせ[女癖]。

特有の— 近世おかぶ[御株]。

治らない— びょうへき[病癖]。近世ぢびゃう[持病]。

盗みの— 近代たうへき[盗癖]。近世てくせ[手癖]。

本を無闇に集めたがる— 近世しょへき[書癖]。

妙な— 近代きへき[奇癖]。

文字の— かきぐせ[書癖]。近代ふでぐせ[筆癖]。

よくない— 近代びゃうき[病気](比喩的表現)。中世あくへき[悪癖]。中古やまひ[病]。

酔ったときに出る— 近代しゅへき[酒癖]。近世さかぐせ/さけぐせ[酒癖]。

くぜち【口舌】 近代いひあらそひ[言争]。くちげんくゎ[口喧嘩]。近世ちわげんくゎ[痴話喧嘩]。中世くちさき[口先]。くちぶり[口振]。こうぜつ[口舌]。中古くぜち/くぜつ[口舌/口説]。ものいひ[物言]。

くせつ【苦節】 近世くせつ[苦節]。中古いんにん[隠忍]。けんにん[堅忍]。しふく[雌伏]。

くぜつ【口舌】 →**くぜち**

くせもの【曲者】 ねわざし[寝業師]。ふしんしゃ[不審者]。近代したたかもの[強者]。わざし[業師]。近世くはせもの[食者]。中世くせびと[曲人]。くせもの[曲者/癖者]。

くせん【苦戦】 あくせんくとう[悪戦苦闘]。近代くとう[苦闘]。なんせん[難戦]。近世くせん[苦戦]。

くそ【糞】 ふんべん[糞便]。近世じんぷん[人糞]。べん[便]。中世ふん[糞]。ゑど[穢土]。中古くそ[糞/屎]。だいべん[大便]。

ぐそく【愚息】 →**むすこ**

くだ【管】 近代ストロー(straw)。だうくゎん[導管/道管]。チューブ(tube)。パイプ(pipe)。ホース(オランダ hoos)。中世くだ[管]。中古くゎん[管]。つつ[筒]。

—を取り付けること はいかん[配管]。

—のいろいろ(例)①[材質] きんかん[金管]。コンクリートかん[concrete管]。ヒュームかん[Hume管]。近代えんくゎん[鉛管]。かうくゎん[鋼管]。ガラスくゎん[(オランダ)glas管/硝子管]。てっくゎん[鉄管]。どくゎん[土管]。もくくゎん[木管]。

—のいろいろ(例)②[用途] カニューレ(ドイツ Kanüle)。すいどうかん[水道管]。はいすいかん[配水管]。パイプライン(pipeline)。ほうでんかん[放電管]。近代えんくゎん[煙管/烟管]。えんつう[煙筒]。えんとつ[煙突]。ガスくゎん[(オランダ)gas管]。くゎんがくき[管楽器]。サイフォン/サイホン(siphon)。しけんくゎん[試験管]。しんくうくゎん[真空管]。チムニー(chimney)。はいきくゎん[排気管]。近世えんとう[煙筒/烟筒]。カテーテル(オランダ katheter)。キセル(カンボジア khsier/煙管)。中世けむりだし[煙出]。

—のいろいろ(例)③[体内] さんはんきかん[三半規管]。近代けっくゎん[血管]。もうくゎん[毛管]。もうさいくゎん[毛細管]。ゆらんくゎん[輸卵管]。リンパくゎん

[lymph管]。近世きくゎん[気管]。ねうだう[尿道]。はんきくゎん[半規管]。ゆせいくゎん[輸精管]。

ぐたい【具体】 近代ぐしゃう[具象]。ぐたい[具体]。中世ぐげん[具現]。

くだ・く【砕】 近代きそん[毀損]。とりつぶす[取潰]。近世そんくゎい[損壊]。はさい[破砕/破摧]。はたく[叩/砕]。中世くやす[崩]。こはす[毀/壊]。そんゑ[損壊]。とりこはす[取壊/取毀]。はくゎい[破壊]。中古くだく[砕/摧]。さいは[砕破/摧破]。したく/しだく。つぶす[潰]。はそん[破損]。わる[割]。上代こなす。こぼつ[毀]。そこなふ[損]。そんしゃう[損傷]。はゑ[破壊]。やぶる[破]。

撃ち—・く 中世げきさい[撃砕/撃摧]。

打って—・く 近世ぶちこはす[打壊/打毀]。ぶっかく[打欠]。中古うちかく[打欠]。うちくだく[打砕]。

押し付けて—・く 近代あっさい[圧砕]。

粉々に—・く 近世こっぱひ[骨灰/粉灰]。中世ふんさい[粉砕]。みじく[拉]。

くだくだし・い 近世ひちくどし。中古ささ[瑣瑣]。上代くだくだし。

—・く言う 近世こねくる[捏]。

くだ・ける【砕】❶〈割れる〉 粉粉になる。近代ざせつ[挫折]。へこたれる。近世くだけちる[砕散]。こはる〔こわれる〕[壊]。さばく〔さばける〕[捌]。はくゎい[破壊]。ほうくゎい[崩壊]。中古くじく〔くじける〕[挫]。くだく〔くだける〕[砕/摧]。はそん[破損]。やぶる〔やぶれる〕[破]。わる〔われる〕[割]。上代くづる〔くずれる〕[崩]。はゑ[破壊]。

—・けた物の一部 近代かけら[欠/欠片]。かたわれ[片割]。かれわれ[砕片]。さいせつ[砕屑]。さいへん[砕片]。はへん[破片]。中世われ[割]。上代くだけ[砕]。

—・け散るさま 中世さんざん[散散]。

—・けて細かくなること こなごな[粉粉]。みじん[微塵]。近代こっぱひこみぢん[粉灰小微塵]。こっぱひみぢん[粉灰微塵]。こなみぢん/こみぢん[粉微塵]。近世こっぱみぢん[木端微塵]。中古さんざん[散散]。

—・けやすいさま 近代ぽろぽろ。近世ぼろぼろ。中古もろし[脆]。

—・ける音 中古はらはら。

押しつぶされて—・ける 近世ひしげる[拉]。

くだ・ける【砕】❷〈和む〉 気安くなる。近代へいぞく[平俗]。やはらかい[柔/軟]。気が捌ける。近世くだく〔くだける〕[砕]。中世くつろぐ[寛]。中古うちとく〔—とける〕[打解]。なごむ[和]。

—・けた言葉 ぞくご[俗語]。近代スラング(slang)。近世さとびごと[俚言/俗言]。りげん[俚言]。

—・けたさま カジュアル(casual)。ラフ(rough)。近世きらく[気楽]。中古け[褻]。

—・けた態度をとる 中古あざる[戯]。

ください【下】 近世ください[下]。くだっし[下]。たも[賜]。たもれ[賜/給]。ちゃうだい[頂戴]。中世たびたまへ[賜給]。中古たべ[賜/給]。

くださ・る【下】 かきゅう[下給]。近世くだあ る[下]。くださる[下]。くださんす/くだんす[下]。くだはる[下]。くんさる。つかはさる[遣]。中世いただく[頂/戴]。くりゃる[呉]。さづかる[授]。じゅよ[授与]。たびたまふ[賜給]。たもる[賜/給]。ふよ[付与]。中古かづく[被]。たぶ[賜/給]。とらす[取]。上代たまはる[賜/給]。たまふ[賜/給]。

くだされもの【下物】 近代いただきもの[頂戴物]。たまはりもの[賜物]。ちゃうだいもの[頂戴物]。近世くだされもの[下物]。さづかりもの[授物]。たうらいもの[到来物]。たべもの[賜物]。もらひもの[貰物]。上代たまもの[賜/賜物]。

くたば・る❶〈疲れる〉→くたび・れる

くたば・る❷〈死ぬ〉→し・ぬ

くたび・れる【草臥】 油が切れる。近代グロッキー(groggyから)。くゎらう[過労]。こんぱい[困憊]。のびる[伸/延]。ばてる。へこたれる。近世くたぶれる[草臥]。しんどし。へたばる。顎を出す。中世くたばる。くたびる〔—びれる〕[草臥]。たいぎ[大儀]。よる。息切る〔—切れる〕。上代つかる〔つかれる〕[疲]。ひらう[疲労]。

—・れたさま 近代へとへと。近世ぐったり。ふらふら。綿のやう。中世くたくた。ぐたり(と)。

着古して—・れたもの(さま) 近世ななつさがり[七下]。ななつじぶん[七時分]。ななつすぎ[七過]。ななつはん[七半]。中世くたくた。中古なゆ〔なえる〕[萎/痿]。なる〔なれる〕[慣/馴]。

くだもの【果物】 近代フルーツ(fruit)。近世なりもの[生物]。みづぐゎし[水菓子]。中世

くゎじつ[果実]。中古くだもの[果物]。くゎ[菓]。くゎし[菓子]。じゃうりん[上林]。上代このみ[木実]。み[実]。

―が落ちる 中古らくくゎ[落果/落菓]。上代あゆ〔あえる〕[零]。

―が十分熟していないこと 近代はんじゅく[半熟]。

―が熟して色が変わる 中世うるむ[潤]。

―が熟して自然に落ちる 中世ほぞおち/ほぞおち[臍落]。

―が熟して割れ目ができる 近世わらふ[笑]。中古ゑむ[笑]。

―ができる 近世実を結ぶ。中世なる[生]。

―と野菜 せいか[青果]。近代くゎそ[果蔬]。近世そくゎ[蔬果/蔬菓]。上代くゎさい[果菜]。

―などがいっぱい生なっている 近世すずなり[鈴生/鈴成]。

―の生る木 近世なりき[生木]。中世くゎじゅ[果樹]。

―の蔕へた 近世がく[萼]。中古ほぞ[臍]。

―のよく実っていないもの へぼ。中古しひな[粃/秕]。

籠に入った― 中古こもの[籠物]。

時期遅れで珍重される― 近世をはりはつもの[終初物]。穏座をんざの初物。中世をんざ[穏座]。

その年初めて生った― 近世はつなり[初生]。

貯蔵用に乾燥した― ドライフルーツ(dried fruit)。近代かんくゎ[乾果]。かんさうくゎ[乾燥果]。

珍重される― 中世ちんくゎ[珍果]。

伝説の甘い― 近代ロータス(lotus)。

▼助数詞 こ[個]。近代くゎ[顆]。

くだらな・い【下】 ていぞく[低俗]。近代けち。ていれつ[低劣]。ナンセンス/ノンセンス(nonsense)。むいみ[無意味]。むかち[無価値]。愚の骨頂。近世くだらない[下]。つまらぬ。ばかばかし[馬鹿馬鹿]。やうなし[益無]。体いたもない。取るに足りず。埒らちもなし。ろくでもない。わっけもない。中世ばからし[馬鹿]。ひきょう[比興]。やくなし[益無]。仕様もなし。益体やくたいもなし。中古ぐれつ[愚劣]。げれつ[下劣]。よしなし[由無]。

―・いこと 近世そぞろごと[漫言]。中古すずろごと[漫事]。よしなしごと[由無事]。

―・いことを言う 近代だべる[駄弁]。近世うだつく。

―・い書物 だぼん[駄本]。近代ぐしょ[愚書]。

くだり【下】 近世かうか[降下]。中古かかう[下降]。さがる[下]。上代おる〔おりる〕[下/降]。くだり[下/降]。

くち【口】❶〈口腔〉 こうくう[口腔]（医学用語）。近代こうかう[口腔]。近世おとがひ[頤]。鼻の下。上代くち[口]。

―から口へ移し入れること 近世くちうつし[口移]。噛かんで含める。

―から体内に入れること けいこう[経口]。

―に入れた感じ 近代くちざはり[口触]。したざはり[舌触]。近世くちあたり[口当]。のみくち[飲口/呑口]。

―に入れる 近世かっこむ[掻込]。中世ほほばる[頬張]。中古くくむ〔くくめる〕[銜/哺/含]。すく[食]。ふくむ[含]。ふふむ[含]。

―に入れる物がほしい 近世くちさみし/くちざみし[口淋]。

―のあたり くちぎわ[口際]。近代こうへん[口辺]。中世くちもと[口元/口許]。

―の形 中古くちつき[口付]。くちもち[口持]。

―の中 中世こうない[口内]。中古こうちゅう[口中]。

―の端 近代こうたん[口端]。中古しが[歯牙]。

―を開け閉めするさま 近代ぎょうぎょう[喁喁]。ぱくぱく。上代あぎとふ。

―を開けて物を食うさま 近代がぶり。近世ぱくりと。ほかと。わんぐり。

―をすすぐこと 近代がんそう[含嗽/含漱]。中世そうこう[嗽口]。中古うがひ[嗽/含嗽]。

―をつぼめてとがらすこと 近世つぼくち[壺口]。つぼつぼぐち[壺壺口]。

―をへの字に結ぶ 中古口脇を下ぐ〔―下げる〕。口脇を引き垂る。

―をぼんやり開けたさま 近世あんぐり/あんごり。ぽっかり。わんぐり。中世あっけらかん。あんけ。あんけら。あんけらかん。あんけらひょん。あんごらひょん。

―をゆがめる 中古くちひそむ[嚬]。

牛馬の―にはめる籠 中古くちのこ[口籠]。くつこ[口籠]。

小さくてかわいい― 近代おつぼぐち[御壺口]。近世ちょぼくち/ちょぼぐち[口]。

物を頬張って―を動かすさま 近代ぱくぱく。もくもく。もごもご。近世むしゃむしゃ。

もぐもぐ。もりもり。中世がつがつ。

くち【口】❷〈言葉〉中古くち［口］。べんぜつ［弁舌］。上代ことば［言葉］。→**い・う**

ーが軽い 近世おしゃべり［御喋／御饒舌］。中世かるくち［軽口］。くちがろし［口軽］。くちとし［口疾］。たべん［多弁］。中古くちかるし［口軽］。ぜうぜつ［饒舌］。たげん［多言］。

ーが悪い 中世くあくせつ［口悪説］。中古くちあし［口悪］。くちごはし［口強］。さがにくし［性憎］。

ーで述べること 近代こうじゅつ［口述］。近世こうとう［口頭］。上代こうちん［口陳］。こうじょう［口上］。

ーで約束する 近代くちやくそく［口約束］。げんち［言質］。こうやく［口約］。近世ことばじち［言葉質］。中世言葉を番(つが)ふ。

ーに出さない ふげんふご［不言不語］。近代あんもく［暗黙］。近世だまる［黙］。ちんもく［沈黙］。中世つぐむ［噤］。ふくざう［腹蔵／覆蔵］。中古くちなし［口無］。へいこう［閉口］。上代つくぶ［噤］。

ーに出す 近代きりだす［切出］。近世さへいじ［左平次］。歯節へ出す。中世うちいだす［打出］。中古いひいづ［言出］。うちいふ［打言］。かく［かける］［懸］。こうぐゎい［口外］。こといづ［言出］。とく［説］。上代いはまく［言］。かけまく［懸］。ものいふ［物言］。

ーに慎みがない おしゃべり。近世頤(おとがひ)が足掻(あが)く。頤が落つ［ー落ちる］。頤が伸ぶ［ー伸びる］。頤を叩く。頤を鳴らす。

ーのきき方 近世こうせき［口跡］。中世こうじゃう［口上／口状］。中古くちもち［口持］。したぶり［舌風／舌振］。

ーをすべらす 近世いひすべらす［言滑］。中古もらす［漏／洩］。

ーを揃(そろ)えて 中世いこうどうおん［異口同音］。いちどうに［一同］。ひとつくち［一口］。中古いくどうおん［異口同音］。どうおん［同音］。

ーをつぐませること 轡(くつわ)をはめる。近代かんこう［箝口／鉗口］。かんする［箝／鉗／緘］。→**くちどめ**

ーを閉じる 近代口を結ぶ。中世だまる［黙］。→ーに出さない

意味不明のことをーにする 近代ぼそぼそ。もぐもぐ。むにゃむにゃ。近世つぶつぶ。ぶつぶつ。

自分のーで 中古くちづから［口］。

ぐち【愚痴】 近代ぼやき。もんく［文句］。近世うらみことば［恨言葉］。ぐち［愚痴］。なきごと［泣言］。中世ふへい［不平］。ふまん［不満］。よまひごと［世迷言］。中古うらみごと［恨言］。かごと［託言］。くりこと／くりごと［繰言］。わびごと［侘言］。

《句》死児の齢(よわい)を数える。死んだ子の年を数える。近代乞食の系図話。

ーを言う 近代かまける［感］。ぐちる［愚痴］。こぼす［零／溢］。近世いんぐゎだて［因果立］。ぼやく。口を尖らす。中世うらみかこつ［恨託］。かこつ［託］。くどく［口説］。くねる［曲／拗］。しゅっくゎい／じゅっくゎい［述懐］。中古いひくんず［言屈］。うちかこつ［打託］。うらむ［恨］。はちぶく［蜂吹］。ものもどき［物擬］。

ーを言うさま ぐずぐず。近世ぶつくさ。ぶつぶつ。中古つぶつぶ。

ーを言って回る 中古うれへありく［愁歩］。

ーをよく言う 近世ぐちっぽい［愚痴］。中古かごとがまし［託言］。

ーをよく言う人 近代こぼしや［零屋］。

聞く者のないー 近世かべぞしょう［壁訴訟］。

くちあけ【口開】 すべりだし［滑出］。でだし［出］。近代ふりだし［振出］。近世くちあけ［口開］。くちきり［口切］。ふたあけ［蓋開］。中世かはきり［皮切］。てはじめ［手始］。

くちあたり【口当】 のどごし［喉越］。はあたり［歯当］。近代くちざはり［口触］。したざはり［舌触］。はざはり［歯触］。近世くちあたり［口当］。のみくち［飲口／呑口］。中世あぢ［味］。はごたへ［歯応］。上代あぢはひ［味］。

くちあらそい【口争】 →**くちげんか**

くちいれ【口入】❶〈仲介〉 →**くちきき**

ーをする家 近世きもいりやど［肝煎宿］。くちいれやど［口入宿］。

くちいれ【口入】❷〈口出し〉 →**くちだし**

くちうつし【口移】 →**くちづたえ**

くちうるさ・い【口煩】 近代くちうるさい［口煩］。近世くちやかまし［口喧］。こうるさし［小煩］。こやかまし［小喧］。中世うるさし［煩］。くちがまし［口］。くちぎたなし［口汚］。わわし。中古かしかまし［囂］。かしがまし［囂］。くちさがなし［口］。ことがまし［言囂］。上代こちたし。

ー・いこと 近世かま［鎌］。

ー・いさま 中世がうがう［嗷嗷］。

ー・い人 からす［烏／鴉］。近世きゃうすずめ［京雀］。さるまつ［猿松］。めくちかわき［目

口乾]。

くちおし・い【口惜】 近代 つうこん[痛恨]。ゐかん[遺憾]。中世 ざんねん[残念]。むねん[無念]。中古 くちをし[口惜]。上代 くやし[悔]。

くちかず【口数】 近世 くちかず[口数]。ことばかず[言葉数]。ものかず[物数]。

―が多い しゃべくり[喋]。近代 ねうぜつ[饒舌]。近世 あぶらぐち[油口]。おしゃべり[御喋]。おとがひ[頤]。くちまつ[口松]。しゃべり[喋]。てふてふし[喋喋]。中世 くちまめ[口忠実]。たべん[多弁]。ちゃうぜつ[長舌]。口が減らぬ。中古 ぜうぜつ[饒舌/冗舌]。たげん/たごん[多言]。

―が少ない 口数が少ない。近代 くゎげん[寡言]。近世 くちおも[口重]。くゎもく[寡黙]。中世 くちおもし[口重]。むくち[無口]。中古 ことずくな[言少]。

―が少ない人 近代 むっちり/むっつり。近世 おもくち[重口]。だんまりばう[黙坊]。

くちき【朽木】 からき[枯木]。きうぼく[朽木]。中古 くちき[朽木]。上代 かれき[枯木]。

くちきき【口利】 近代 ちゅうかい[仲介]。近世 あっせん[斡旋]。おこゑがかり[御声掛]。かけはし[架橋]。くちぞへ[口添]。くちつぎ[口次]。くにふ[口入]。しうせん[周旋]。じょごん[助言]。せわ[世話]。とりあはす[取合]。はしわたし[橋渡]。中世 きもいり[肝煎/肝入]。くちいれ[口入]。くちきき[口利]。そへことば[添詞/添言葉]。とりもち[取持]。ひきあはせ[引合]。中古 せうかい[紹介]。とりつぎ[取次]。とりなす[取成]。ばいかい[媒介]。上代 なかだち[仲立]。

くちぎたな・い【口汚】 →**くちうるさ・い**

くちきり【口切】 →**くちあけ**

くちく【駆逐】 近代 はいぢょ[排除]。近世 はいせき[排斥]。中世 くちく[駆逐]。さうたう[掃討]。中古 おひたつ[―たてる][追立]。ついはう[追放]。はうちく[放逐]。上代 おひはらふ[追払]。くぢょ[駆除]。

くちぐせ【口癖】 近代 きまりもんく[決文句]。近世 くちづけ[口付]。中世 くちくせ/くちぐせ[口癖]。中古 ことぐさ[言種/言草]。まくらごと[枕言]。

―のように言う 近代 ふたくちめ[二口目]。近世 ふたことめ[二言目]。中世 くちづく[口付]。中古 いひならはす[言習]。

くちぐるま【口車】 近代 ぎべん[偽弁]。近世 きべん[詭弁]。くちぐるま[口車]。くちさき[口先]。したぐるま[舌車]。ねいべん[佞弁]。上代 かうげん[巧言]。

くちげんか【口喧嘩】 いいあい[言合]。近代 いひあらそひ[言争]。くちあらそひ[口争]。くちげんくゎ[口喧嘩]。近世 たていれ[立入/達入]。ものいひ[物言]。中世 いひごと[言事]。くうろん[口論]。くちろん[口論]。ことばあらそひ[言葉争]。ことばろん[言葉論]。中古 いさかふ[諍]。いひしろふ[言]。くぜち/くぜつ[口舌/口説]。こうろん[口論]。

くちごうしゃ【口巧者】 →**くちじょうず**

くちごたえ【口答】 はんろん[反論]。近代 かうべん[抗弁]。くちへんじ[口返事]。近世 くちへんたふ[口返答]。さかねぢ[逆捩]。中世 くちごたへ[口答]。たてつく[楯突]。言葉を返す。中古 いひかへす[言返]。《句》右と言えば左。近代 ああ言へばかう言ふ。

くちごも・る【口籠】 近代 いひよどむ[言淀]。くごもる[口籠]。中世 くちごもる[口籠]。中古 ことこむ[言籠]。上代 くくもる/くぐもる。

―・るさま とつとつ[訥訥/吶吶]。もぐもぐ。もごもご。

くちさがな・い【口】 →**くちうるさ・い**

くちさき【口先】 ぜつこう[舌口]。ぜっせん[舌尖]。近代 くちのは[口端]。したさき[舌先]。近世 くちは[口端]。ほほげた[頬桁]。中世 かんげん[甘言]。くちさき[口先/口頭]。くちばし[嘴]。中古 くぜち/くぜつ[口舌]。くちさきら[口先]。こうぜつ[口舌]。こうふん[口吻]。しんとう[唇頭]。ぜったん[舌端]。

―がうまい 口がうまい。近世 くちがうしゃ[口巧者]。くちぐるま[口車]。ちょぼくさ。ちょぼくる。ねいべん[佞弁]。べんかう[弁巧]。中古 くちぎよし[口清]。上代 かうげん[巧言]。→**くちじょうず**

―だけでお世辞を言う人 近世 ちょちょう。ちょちょら。中世 ねいしゃ/ねいじゃ[佞者]。ねいじん[佞人]。

―だけで実行が伴わない人 口舌の徒。

―だけの約束 近世 くちぎれい[口綺麗]。中世 あだしちぎり[徒契]。

誠意のない―だけの言葉 こうとうぜん[口頭禅]。リップサービス(lip service)。近代 からせじ[空世辞]。近世 あまくち[甘口]。さやぐち[鞘口]。したさきさんずん[舌先

三寸」。したさんずん［舌三寸］。そらぼめ［空褒］。江戸っ子は五月の鯉の吹き流し。中世 あだしことば［徒言葉］。かんげん［甘言］。かんじ［甘辞］。くうげん［空言］。

くちざわり【口触】 →**くちあたり**

くちじょうず【口上手】 弁が立つ。弁舌が巧み。近代 くちだっしゃ［口達者］。近世 あぶらぐち［油口］。くちがうしゃ［口巧者］。くちさかし［口賢］。くちじゃうず［口上手］。くちはっちゃう［口八丁］。くちりこう［口利口］。こうざい［口才］。たつべん［達弁］。のうべん［能弁］。はなしがうしゃ［話巧者］。はなしじゃうず［話上手］。りこん［利根］。中世 くちきき［口利］。くちぎよう［口器用］。くちてうはふ［口調法］。ゆうべん［雄弁］。りうちゃう［流暢］。口を利く。舌が回る。立て板に水。中古 こうべん［口弁］。ことよし［言好］。たいべん［大弁］。ものいひ［物言］。りかう［利巧／悧巧］。りこう［利口］。上代 かうげん［巧言］。
《句》近代 口自慢の仕事下手。多弁能なし。能なし犬の高吠え。

くちすぎ【口過】 →**せいけい**

くちぞえ【口添】 近代 じょげん［助言］。近世 おこゑがかり［御声掛］。くちぞへ［口添］。中世 そへことば［添詞／添言葉］。→**くちきき**

くちだし【口出】 かいにゅう［介入］。嘴を突っ込む。近代 おせっかい［御節介］。かんせふ［干渉］。でしゃばり。ようし［容嘴］。嘴を挟む（さしはさむ）。近世 くちだし［口出］。くゎんせふ［関渉］。さしこむ［差込］。さしでぐち［差出口］。まず（まぜる）［混／交／雑］。ようかい［容喙］。嘴を容れる。中世 いろふ［綺／弄］。くちいれ［口入］。くにふ［口入］。横槍を入る［―入れる］。中古 いろふ［弄／綺］。くちいる［口入］。ことくはふ［言加］。ことまず［言交］。
―・して怒らせる 中世 酢を買ふ。酢を乞ふ。
―・しない 近代 もくにん［黙認］。中世 もくしき［黙識］。上代 もくし［黙止］。
―をよくする人 近代 うるさがた［煩型］。
作歌に―・すること 近世 くゎいしだて［懐紙立］。

くちだっしゃ【口達者】 →**くちじょうず**

くちづけ【口付】 近代 キス／キッス(kiss)。くちづけ［口付］。ベーゼ（フランス baiser）。近世 くちぐち［口口］。くちすひ／くちすふ［口吸］。こうじるし［口印］。こうちゅう［口中］。せっぷん［接吻］。中世 すふ［吸］。

くちづたえ【口伝】 ききづて［聞伝］。近代 くちづて［口伝］。こうじゅ［口授］。こうしょう［口承］。近世 ききづたへ［聞伝］。くぎ［口義］。こうひ［口碑］。中世 いひつたへ［言伝］。かたりつたへ［語伝］。くじゅ［口授］。くちづたへ［口伝］。中古 くちうつし［口移／口写］。くでん［口伝］。でんしょう［伝承］。
―で奥義を伝えること 近代 こうけつ［口訣］。近世 いっしさうでん［一子相伝］。中世 くけつ［口訣／口決］。中古 くでん［口伝］。

くちづて【口伝】 →**くちづたえ**

くちどめ【口止】 くちふうじ［口封］。轡をはめる。近代 かんこう［箝口／鉗口］。かんする［箝／鉗／緘］。近世 くちどめ［口止／口留］。くちふさぎ／くちふさげ［口塞］。くちふたぎ［口塞］。金の轡を食ます。中古 くちがため［口固］。くちふたげ［口塞］。口を固む［―固める］。
―料 かなぐつわ／かねぐつわ［金轡］。近代 くちどめれう［口止料］。近世 くちぐすり［口薬］。金の轡。

くちなし【梔子】 ガーデニア(gardenia)。近代 かがりびさう［篝火草］。中世 さんしし［山梔子］。上代 くちなし［梔子／巵子］。

くちのは【口端】❶〈口先〉 →**くちさき**

くちのは【口端】❷〈評判〉 →**うわさ**

くちば【朽葉】 近世 わくらば［病葉］。中古 くちば［朽葉］。

くちばし【嘴】 中古 くちばし［嘴／喙］。はし［嘴］。
―を入れる 近代 ようし［容嘴］。近世 ようかい［容喙］。→**くちだし**
黄色い―（年若く未熟） 近世 くゎうこう［黄口］。くゎうふん［黄吻］。
ひなの―の付け根の黄色い部分 中世 あくち。

くちばし・る【口走】 近世 いひすべらす［言滑］。口が滑る。中世 くちばしる［口走］。しつげん［失言］。上代 もらす［漏／洩］。

くちはっちょう【口八丁】 →**くちじょうず**

くちはばった・い【口幅】 うそぶく［嘯］。大口をたたく。近世 おほぶろしき［大風呂敷］。くちはばったい［口幅］。くちひろし［口広］。したなが［舌長］。たいげんさうご［大言壮語］。中世 かうげん［高言］。

くちび【口火】 ひきがね［引金］。よびみず［呼水］。近代 きいん［起因／基因］。くちび［口火］。げんいん［原因］。近世 いうゐん［誘因］。だうくゎ［導火］。中世 はったん／ほっ

たん［発端］。

くちひげ【口髭】 ひげ［髭］（あごひげは「鬚」、ほおひげは「髯」）。近世くちひげ［口髭］。

ーのいろいろ（例） 近代カイゼルひげ［（ドイツ）Kaiser 髭］。コールマンひげ［Colman 髭］。なまづひげ［鯰髭］。はちじひげ［八字髭］。どぢゃうひげ［泥鰌髭］。近世てんじんひげ［天神髭］。中世うはひげ［上髭／上髯］。

くちびる【唇】 近代リップ（lip）。近世こうしん［口唇］。上代くちびる［唇／脣］。

ーと歯 中古しんし［唇歯］。

ーの両脇の部分 近代くちじり［口尻］。こうかく［口角］。

赤いー 近代たんしん［丹唇］。近世こうしん［紅唇／紅脣］。しゅしん［朱唇］。

上のー 近世じゃうしん［上唇］。中世うはくちびる／うはくちびろ［上唇］。

下のー 近世かしん［下唇］。中世したくちびる［下唇］。

美人のー かしん［花唇］。近代あうしん［桜唇］。あうたう［桜桃］。近世こうしん［紅唇／紅脣］。たんくゎ［丹花］。

▼美人の形容 近世しゅしんかうし［朱唇皓歯］。

くちぶえ【口笛】 中世うそ［嘯］。うそぶえ［嘯笛］。くちぶえ［口笛］。中古かはぶえ［皮笛］。

ーを吹く 中世うそぶく［嘯］。

くちぶちょうほう【口不調法】 →**くちべた**

くちぶり【口振】 →**くちょう**

くちべた【口下手】 近世とつべん［訥弁］。はなしべた［話下手］。舌足らず。中世くちてづつ［口手］。くちぶてうはふ［口不調法］。くちべた［口下手］。中古くちづつ［口］。ことごむ［言籠］。ぼくとつ［木訥／朴訥］。

ー・なさま とつとつ［訥訥／吶吶］。中古しどろもどろ。たどたどし。

くちべに【口紅】 近代ルージュ（フランス rouge）。近世べに［紅］。中世くちべに［口紅］。

棒状のー 近代ぼうべに［棒紅］。リップスティック（lipstick）。

くちもと【口許】 くちぎわ［口際］。こうふん［口吻］。近代こうへん［口辺］。中世くちもと［口許／口元］。

ーのかわいいさま 近代せん［倩］。

くちやかまし・い【口喧】 →**くちうるさ・い**

くちやくそく【口約束】 近代げんち［言質］。くちやくそく［口約束］。こうやく［口約］。近世くちさかづき［口杯］。ことばじち［言葉質］。もくけい［黙契］。中世いひかたむ［ーかためる］［言固］。うすやくそく［薄約束］。くちがため［口固］。まうしあはせ［申合］。言葉を番がふ［ー番える］。中古いひあはす［言合］。いひかはす［言交］。いひきす［言期］。いひさだむ［言定］。いひちぎる［言契］。上代ことむすぶ［言結］。

ーで引き受ける仕事 近世のみこみしごと［呑込仕事］。

くちょう【口調】 近代くちっぷり［口振］。こうふん［口吻］。ごてう［語調］。ことばさま［言葉様］。はなしかた［話方］。近世かたりくち［語口］。くちぶり［口振／口吻］。くてう［口調］。こうき［口気］。ごき［語気］。ことばがら［言葉柄］。はなしくち［話口］。はなしぶり［話振］。中世ごせい［語勢］。ことばつき［言葉付］。こわさき［声先］。ものいひ［物言］。中古くちもち［口持］。ことばづかひ［言葉遣］。こわざま［声様］。こわづかひ［声遣］。こわつき［声付］。

威勢よく話すー 近世まきじた［巻舌］。

堅苦しい切り口上のー 近世まきじた［巻舌］。

気軽な軟らかいー 近代くちがるい［口軽］。

興奮した激しいー 近代げきげん［激言］。近世げきご［激語］。火を吐く。

ぐちょく【愚直】 近世ばかしゃうぢき［馬鹿正直］。中世ぐちょく［愚直］。中古尾生（びせい）の信。

く・ちる【朽】 ろうきゅう［老朽］。近代きうはい［朽廃／朽敗］。中世くさる［腐］。すたる［廃］（四段活用）。すたる（すたれる）［廃］。中古おとろふ［ーろえる］［衰］。くつ［朽］。上代かる（かれる）［枯］。くつ（くちる）［朽］。くゆ［崩］。→**くさ・る**

老いてー・ちること 近世らうきう［老朽］。中世おいくち［老朽］。

腐ってー・ちること 近世ふきう［腐朽］。

日光や風雨にさらされてー・ちる 中古さる（される）［曝／晒］。

くつ【靴】 近代シューズ（shoes）。中古はきもの［履物］。上代くつ［靴／沓／履］。

ーに塗るクリーム くつクリーム［靴 cream］。近代くつずみ［靴墨］。

ーのかかと 近代ヒール（heel）。

ーの職人 くつこう［靴工］。近代くつし［靴師／沓師］。くつなほし［靴直］。くゎこう［靴工］。

ーの底 ソール（sole）。

ーの底に並べて打った釘 中世くつのこ［沓子］。

ーを扱う店 近代くつや［靴屋］。

ーを作ること 近代せいくゎ［製靴］。
ーを磨くこと 近代くつみがき［靴磨］。
下履きのー（下履きを履いたまま） 近代どろぐつ［泥靴］。近世どそく［土足］。
長いー はんながぐつ［半長靴］。近代ゴムなが［オランダgom長］。ちゃうくゎ［長靴］。ながぐつ［長靴］。中古ふかぐつ［深靴／深沓／深履］。
不格好なー 近代どたぐつ［靴］。
破れたー 近代へいり［弊履／敝履］。
雪の中を歩くためのー 近代わらぐつ［藁沓］。中世ゆきぐつ［雪沓］。
その他ーのいろいろ（例）①［**材質**］ かっか［革靴］。ケミカルシューズ（chemical shoes）。スニーカー（sneaker）。ぬのぐつ［布靴］。ラバーソール（rubber soled shoes）。近代ゴムぐつ［オランダgom靴］。サボ（フランスsabot）。ズック／ズックぐつ［オランダdoek靴］。わらぐつ［藁靴］。中古かはぐつ［革靴／皮靴／革沓］。きぐつ［木沓／木履］。くゎのくつ［靴沓］。上代まがい［麻鞋］。をぐつ［麻沓／麻鞋］。
その他ーのいろいろ（例）②［**用途**］ あんぜんぐつ［安全靴］。ウォーキングシューズ（walking shoes）。キャラバンシューズ（caravan shoes）（商標名）。コンバットブーツ（combat boots）。さぎょうぐつ［作業靴］。したばき［下履］。じょうばぐつ［乗馬靴］。しんしぐつ［紳士靴］。スキーぐつ［ski靴］。スケートぐつ［skate靴］。トレッキングシューズ（trekking shoes）。ランニングシューズ（running shoes）。近代あまぐつ［雨靴］。うはぐつ［上靴］。うんどうぐつ［運動靴］。オーバーシューズ（overshoes）。ぐんくゎ［軍靴］。こどもぐつ［子供靴］。スパイクシューズ（spiked shoes）。ちかたび／ぢかたび［地下足袋］。トーシューズ（toeshoes）。とざんぐつ［登山靴］。ふじんぐつ［婦人靴］。レーンシューズ（和製rain shoes）。近世うはばき［上履］。
その他ーのいろいろ（例）③［**形状**］ カッターシューズ（和製cutter shoes）。スリップオンシューズ（slip on shoes）。パンプス（pumps）。ミュール（フランスmule）。ローヒール（low heeled shoes）。近代あみあげぐつ［編上靴］。サンダル（sandal）。たんぐつ［短靴］。ちゃうくゎ［長靴］。ながぐつ［長靴］。ハイヒール（high heeled shoes）。ブーツ（boots）。へんじゃうくゎ［編上靴］。中世はんぐつ［半靴／半沓］。中古あさぐつ［浅沓］。かりはなのぐつ／がんびぐつ［雁鼻沓］。たんくゎ［短靴］。ひらぐつ［平沓］。ふかぐつ［深靴／深沓／深履］。上代さうかい［草鞋］。さふかい［挿鞋］。はなだかぐつ／びかうぐつ／びかうり［鼻高履］。

くつう【苦痛】 近代くもん［苦悶］。中世くなん［苦難］。しくはっく［四苦八苦］。つうそ［痛楚］。はんもん［煩悶］。中古いたみ［痛］。く［苦］。くつう［苦痛］。くなう［苦悩］。くるしみ［苦］。しんく［辛苦］。《句》中世我が身をつねって人の痛さを知れ。
ーが増す 近世切り目に塩。
ーが身に迫ること 中世ひっぱく［逼迫］。
ーに思う 中世いたむ［痛／傷］。きつし。せつなし［切］。中古いとほし［愛］。なやむ［悩］。わびし［侘］。上代いたし［痛］。いたはし［労］。くるしむ［苦］。つらし［辛］。
ーを与えること かぎゃく［加虐］。近世ゑぐる［抉／刳／剔］。中世いたむ［いためる］［痛／傷］。中古せむ［せめる］［責］。上代くるしむ［—しめる］［苦］。
ー与えるさま 近世ぎゅうぎゅう。
ーを受けること 近代ひぎゃく［被虐］。
ーをこらえること 近代たいにん［耐忍］。近世がまん［我慢］。中世しんばう［辛抱］。しんぼう［辛棒］。にんく［忍苦］。
ーをこらえるさま 中世歯を食ひ合はす。中古歯を食ひしばる。
ーをなくす 中古いやす［癒］。をさむ［おさめる］［治］。

くつがえ・す【覆】 近代てんぷく［転覆］。ふくす［覆］。近世でんぐりがへす［返］。はんてん［反転］。ひっくりかへす［返］。中世てんたう［転倒／顛倒］。中古くつがへす［覆］。上代かへす［返／反］。
予想をーす 中古ひきたがふ［引違］。

くつがえ・る【覆】 近代てんぷく［転覆］。どんでんがえし［返］。近世けいふく［傾覆］。でんぐりがへる［返］。ひっくりかへる［返］。もんどりを切る。中世てんたう［転倒／顛倒］。もんどりを打つ。中古たふる［倒］。上代かへる［返］。くつがへる［覆］。

くっきょう【屈強】 きょうごう［強豪］。タフ（tough）。近代きゃうりょく［強力］。ぐゎんけん［頑健］。さうけん［壮堅］。せいかん［精悍］。近世きゃうさう［強壮］。せいきゃう［精強］。中世がうがう［剛強／豪剛］。がうきゃう［豪強／豪彊］。がうけん［剛健］。きゃうけん［強健］。くっきゃう［屈

強］。くっきゃう［究竟］。ぐゎんぢゃう［頑丈］。さうけん［壮健］。てごはし［手強］。中古 がうりき［強力／剛力／豪力］。せいえい［精鋭］。たくまし［逞］。ちからづよし［力強］。上代 つよし［強］。

くっきょう【究竟】❶〈屈 強〉→**くっきょう（前項）**

くっきょう【究竟】❷〈好都合〉 近代 おあつらへむき［御誂向］。かうつがふ［好都合］。かうてき［好適］。中世 かくかう［格好］。かっかう［恰好］。くっきゃう［究竟］。

くっきょく【屈曲】 近代 カーブ(curve)。をれまがる［折曲］。近世 ひんまがる［曲］。まがりくねる［曲］。中世 くっせつ［屈折］。そる［反］。中古 きょくせつ［曲折］。くっきょく［屈曲］。まがる［曲］。わだかまる［蟠］。をる［おれる］［折］。

くっきり 近代 クリア(clear)。近世 ありあり［有有／在在］。きっかり。くっきり。はっきり。はんぜん［判然］。中世 きはだちて［際立］。めいりゃう［明亮］。めいれう［明瞭］。中古 あきらか［明］。あざあざ。あざやか［鮮］。けざけざ。けんぜん／けんねん［顕然］。せんめい［鮮明］。めいはく［明白］。

―と際立つさま 近代 うきでる［浮出］。中世 けちえん［掲焉］。中古 さゆ［さえる］［冴／冱］。

くっし【屈指】 えりぬき［選抜］。世に知られる。近代 いうすう［有数］。くっし［屈指］。つぶえり／つぶより［粒選］。よりぬき［選抜］。近世 さうさう［錚錚］。ゆびをり［指折］。中世 いうめい［有名］。ちょめい［著明］。中古 なだかし［名高］。音に聞こゆ。上代 かうみゃう［高名］。

くつした【靴下】 ソックス(socks)。ハイソックス(high socks)。近代 くつした［靴下／沓下］。ストッキング(stocking)。近世 くつたび［靴足袋／沓足袋］。

―がずり落ちないように留めるもの 近代 ガーター(garter)。くつしたどめ［靴下留］。

軍用の― 近代 ぐんそく［軍足］。

くつじゅう【屈従】→**くっぷく**

くつじょく【屈辱】 ふめいよ［不名誉］。ふめんぼく／ふめんもく［不面目］。近世 はづかしめ［辱］。をじょく［汚辱］。中世 くつじょく［屈辱］。

クッション(cushion)❶〈敷物〉 近代 クッション。近世 ざぶとん［座布団］。中古 しきもの［敷物］。

クッション(cushion)❷〈弾力〉 かんしょう［緩衝］。ショックアブソーバー(shock absorber)。近代 クッション。近世 だんりょく［弾力］。

くっしん【屈伸】 近世 のびちぢみ［伸縮］。中世 しんしゅく［伸縮］。中古 くっしん［屈伸］。のびしじまり［伸縮］。

くっ・する【屈】❶〈挫折〉 近代 へこたれる。まゐる［参］。近世 くじく［くじける］［挫］。ざせつ［挫折］。へたばる。中世 たいてん［退転］。手を上ぐ［―上げる］。中古 くす［屈］。くっす［屈］。たふる［たおれる］［倒］。

―・しないこと ふたい［不退］。近代 ふくつ［不屈］。ふたいてん［不退転］。ふたう［不撓］。中古 けいせつ［勁節］。

くっ・する【屈】❷〈屈服〉→**くっぷく**

くっせつ【屈折】❶〈屈曲〉 近代 をれまがる［折曲］。近世 まがりくねる［曲］。中世 くっせつ［屈折］。中古 くっきょく［屈曲］。まがる［曲］。をる［おれる］［折］。→**くっきょく**

くっせつ【屈折】❷〈心情〉 近代 ねぢれ［捩］。ふくざつ［複雑］。近世 ひづみ［歪］。中世 さくそう［錯綜］。をる［おれる］［折］。

くったく【屈託】❶〈気掛かり〉 近世 きぐらう［気苦労］。くったく［屈託］。こだはり［拘］。しんぱい［心配］。中世 あんず［案］。きがかり［気掛］。きづかひ［気遣］。けねん［懸念］。

―がない 中古 心(らう)もなし。

―がないさま 近世 けろけろ。けろり。中古 こころのどか［心長閑］。

くったく【屈託】❷〈うんざり〉 近代 くったく［屈託］。近世 あきあき［飽飽］。うんざり。しょくしょう［食傷］。上代 あく［あきる］［飽／厭／倦］。

ぐったり ぐたっと。近代 へとへと。近世 ぐたぐた。ぐだぐだ。ぐったり。ぐにゃぐにゃ。しょぼり。中世 くたくた。ぐたり。しほしほ。しょんぼり。すごすご。なえなえと［萎萎］。中古 くだくだ。上代 しのに。

―・させる 中世 なやす［萎］。

―・する 近代 のびる［延／伸］。近世 筋骨(すぢぼね)を抜かれたやう。中世 なゆ［なえる］［萎］。

暑さで―・する 近代 うだる［茹］。

痛め付けて―・させる 近世 筋骨(すぢぼね)を抜く。

くっ・つく せっちゃく［接着］。近代 かうちゃく［膠着］。がふちゃく［合着］。せつがふ［接合］。ちゃくする［着］。ねとつく。はりつく［張付／貼付］。みっせつ［密接］。みっちゃく［密着］。近世 きふちゃく［吸着］。くっつく。こちゃく［固着］。こびりつく［付］。ねんちゃく［粘着］。へばりつく［付］。へばる。

ゆちゃく[癒着]。中世ひっつく[引付]。ふちゃく[付着／附着]。中古すひつく[吸付]。上代つく[付]。

―・いているさま 近世ぴたり。ひったり。ぴったり。中世べったり。

―・ける 近代せっちゃく[接着]。ひっつける。中世せっす[接]。つけあはす[―あわせる][付合]。はりつく[―つける][貼付／張付]。中古つく[つける][付]。はる[張／貼]。

離れまいとしてしっかり―・く 近代かじりつく[齧付]。中世かぶりつく[齧付]。

くってかか・る【食掛】 文句を言う。近代かみつく[噛付]。くひかかる[食掛]。くひつく[食付]。こうげき[攻撃]。はんかう[反抗]。はんぱつ[反発]。文句を付ける。近世くってかかる[食掛]。つっかかる[突掛]。にちる。はむかふ[歯向]。中世さからふ[逆]。言葉を返す。中古いがむ。楯を突く。上代そむく[背]。

―・るような態度 近世けんくゎごし[喧嘩腰]。

ぐっと 近代ぎゅっと。近世ぎっと。中世ぐっと。むずと。むずむずと。

くっぷく【屈服】 ギブアップ(give up)。白旗を上げる。近代くつじゅう[屈従]。くつねう[屈撓]。とうかう[投降]。とうず[投]。ふくぞく[服属]。頭を下げる。シャッポを脱ぐ。近世きょうじゅん[恭順]。くっす[屈]。くったう／くつぜう[屈撓]。へいこう[閉口]。へこむ[凹]。腰を折る。尻尾を巻く。中世かうさん[降参]。くだる[下]。くっぷく[屈服／屈伏]。せふふく[懾伏／懾服／慴伏]。ふくじゅう[服従]。ふくす[服]。兜(かぶと)を脱ぐ。軍門に下る。手を上ぐ[―上げる]。旗を巻く。膝を屈(かが)む[―屈める]。膝を折る。上代かうふく[降伏／降服]。きじゅん[帰順]。きふく[帰服／帰伏]。したがふ[従]。まく[まける][負]。

《句》中世御斗米(ごとべい)のために腰を折る。

―・させる 近代たたきふせる[叩伏]。ねぢふせる[捩伏]。近世へこます[凹]。やりこむ[―こめる]。中世さいふく[摧伏]。

―・しないこと 近代がうこつ[傲骨]。

抑えつけて―・させること 近代あっぷく[圧伏／圧服]。

弓矢で―・させる 中世いすう[射据]。中古いふす[射伏]。

くつろ・ぐ【寛】 リラックス(relax)。楽にする。近代かみしもを脱ぐ。一息入れる。近世いきぬき[息抜]。きらく[気楽]。やつす[窶]。鬼の居ぬ間に洗濯。手足を伸ばす。中世うちくつろぐ[打寛]。くつろぐ[寛]。ねまる。のんき[呑気／暢気]。やすらぐ[安]。ゆる[ゆりる][許]。をれこだる[折]。帯を解く。中古あざる[狂／戯]。いこふ[憩]。うちとく[打解]。うちみだる[打乱]。おほどく。かたぬぎ[肩脱]。くつろぎがまし[寛]。なごむ[和]。のぶ[延／伸]。ゆるく／ゆるぐ[揺]。上代きうそく[休息]。にきぶ[和]。ゆるふ／ゆるぶ[緩]。

―・いださま 近代アットホーム(at home)。近世くゎんぜん[寛然]。中世ゆっくり。ゆるり[緩]。ろく[陸／碌]。中古くつろか[寛]。しどけなし。ひとごこち[人心地]。ゆるゆる[緩緩]。

―・いだ姿 近世たんぜんすがた[丹前姿]。中古うちぎすがた[袿姿]。うちとけすがた[打解姿]。まひろげすがた[真広姿]。

―・いで座る お平らに。近世手足を伸ばす。手足を伸ぶ[―伸べる]。中世陸(くろ)に居る。

―・いで楽しむ 中古えんあん[宴安]。

―・いで寝る 近世らくね[楽寝]。

―・がせる 中古うちとく[―とける][打解]。上代のぶ[のべる][延／伸]。

―・げない 近世かたくるし[堅苦]。中古いとまなし[暇無]。

家で―・いでいること 中世えんきょ[燕居]。

服装が―・いださま カジュアル(casual)。近世きながし[着流]。

くつわ【轡】 近代ろく[勒]。中古くくみ／くぐみ[銜]。くちわ[口輪]。くつばみ[轡／銜]。くつわ[轡／銜]。

―のいろいろ(例) 近世かなぐつわ／かねぐつわ[金轡]。中世あらひぐつわ[洗轡]。かがみぐつわ[鏡轡]。

くつわむし【轡虫】 近代がちゃがちゃ。らくしぢゃう[絡糸嬢]。近世くだまき[管巻]。中古くつわむし[轡虫]。

くでん【口伝】 →**くちづたえ**

くど・い【諄】 近代くどくどしい。したたるい[舌]。しつあう／しつえう[執拗]。じょうじょう[冗冗]。近世くだ。くど。しちくどし。しふねんぶかし[執念深]。どど[呶呶]。ひちくどい(近世上方語)。やにこし。中世くどし[諄]。したるし。しつこし。中古うるさし[煩]。わづらわし[煩]。上代くだくだし。

―・いさま →**くどくど**

くとうてん【句読点】 しゅうしふ[終止符]。

まる［丸］。［近代］カンマ／コンマ(comma)。コロン(colon)。セミコロン(semicolon)。てん［点］。パンクチュエーション(punctuation)。ピリオド(period)。［中世］くてん［句点］。くとうてん［句読点］。とうてん［読点］。

くどく【功徳】 ［中世］ぜんかう［善行］。つめふす［詰伏］。とくよう［徳用／得用］。［中古］おんけい［恩恵］。おんとく／おんどく［恩徳］。ごりやく［御利益］。とく［徳］。りやうげん／れいげん［霊験］。［上代］おんたく［恩沢］。くどく［功徳］。

くど・く【口説】 ［近代］せっぷく［説伏／説服］。ときふせる［説伏］。なきおとし［泣落］。意を尽くす。［近世］うったふ［―たえる］［訴］。［中世］くどく［口説］。こしらふ［慰／喩］。こんぐゎん［懇願］。せっとく［説得］。［中古］いひふくむ［―ふくめる］［言含］。かたらひとる［語取］。かたらふ［語］。とく［説］。言葉を尽くす。

―・き落とされること ［近代］かんらく［陥落］。

―・き落とすこと ［中古］せめおとす［責落］。

色事を仕掛け―・く ［中世］ぬれかかる［濡掛］。［中古］いひよる［言寄］。

一人ずつ―・き落とすこと いっぽんづり［一本釣］。

くどくど こってり。［近代］うざうざ。うじゃうじゃ。ねっちり。［近世］うだうだ。くどくど。こてこて。ごてごて。たらたら。ねちねち。［中世］くだくだ。だらだら。

―と言うこと(さま) ［近代］したたるい［舌怠］。じょうじょう［冗冗］。じょせつ［絮説］。［近世］どど［呶呶］。［中世］くどきたつ［―たてる］［口説立］。くどく［口説］。したるし。

―と言う言葉 ［近世］ごたく［御託］。たく［託］。

酔って―と言う ［近世］だりむく／だりむくる。

老人の―と言うこと ［近世］老いの繰り言。

ぐどん【愚鈍】 →おろか

くなん【苦難】 ふうせつ［風雪］。ふうそう［風霜］。［近代］くかん［苦艱］。くゎくゎん［禍患］。［近世］かんなんしんく［艱難辛苦］。くきゃう［苦境］。くげん［苦艱］。こんなん［困難］。［中世］かんく［艱苦］。くしん［苦辛］。くなん［苦難］。なんぎ［難儀］。なんく［難苦］。［中古］くげん［苦患］。くるしみ［苦］。しんさん［辛酸］。［上代］しれん［試練／試錬］。しんく／しんぐ［辛苦］。

―に遭うこと ［近代］じゅなん［受難］。

―に満ちた人生 ［近代］茨の道。［中古］さうくゎう［崢嶸］。

―のある場所 ［近世］なんば［難場］。［中古］なんしょ［難所］。

―を乗り越える ［中古］しのぐ［凌］。

さまざまな― ［近世］しちなんはっく［七難八苦］。火の中水の底(中)。

くに【国】 ❶〈国家〉［近代］カントリー(country)。しうはう［州邦］。［中世］しゃしょく［社稷］。てう［朝］。［中古］せかい［世界］。はうこく［邦国］。［上代］おほやけ［公］。くに［国／邦］。くにいへ［国家］。こくか［国家］。こくど［国土］。はうか［邦家］。みかど［御門］。

―が設立経営すること こくえい［国営］。［近代］くゎんえい［官営］。くゎんせつ［官設］。くゎんりつ［官立］。こくりつ［国立］。

―が選任すること こくせん［国選］。［近代］くゎんせん［官選］。

―が他国を取り込むこと ［中世］へいどん［併呑］。［上代］へいがふ［併合］。

―が始まって以来 ［近世］じんむこのかた［神武此方］。

―が平安であること ［中世］あんちん［安鎮］。

―が滅びること ［中世］けいはい［傾敗／傾廃］。りくちん［陸沈］。

―が乱れ人民が離散すること ［上代］らんり［乱離］。

―が乱れること ［中古］らんごく［乱国］。

―がよく治まっていること ［近代］ちてい／ぢてい［治定］。［上代］ちこく［治国］。

―全体 ［近代］かいう［海宇］。ぜんど［全土］。［近世］ぜんこく［全国］。［中世］いっこく［一国］。くにうち［国内］。［中古］くにぢゅう［国中］。てんか［天下］。［上代］くぬち［国内／国中］。

―で生産したもの(こと) こくないさん［国内産］。［近代］メードインジャパン(made in Japan)。［近世］こくさん［国産］。わせい［和製］。

―と国との関係 ［近代］こくかう［国交］。こくさい［国際］。

―に害を与える者 ［近代］ばいこくど［売国奴］。［近世］はんぎゃくにん［反逆人／叛逆人］。［中世］こくぞく［国賊］。［中古］ぞく［賊］。らんしん［乱臣］。

―に入る ［近代］にふこく［入国］。［近世］じゅこく［入国］。

―の勢い ［中世］くにぜい［国勢］。こくゐ［国威］。国の光。［中古］こくせい［国勢］。こくりょく［国力］。

―の勢いが盛んな時代 ［近世］せいだい［盛代］。

―の勢いを盛んにすること ［近代］こうこく［興

国］。

—の歌(国の象徴) ナショナルアンセム(national anthem)。近代こくか［国歌］。

—の歌(詩歌) こっか［国歌］。近世こくか［国歌］。中古やまとうた［大和歌／倭歌］。わか［和歌／倭歌］。

—の運勢 近世こくうん［国運］。中世こくほ［国歩］。

—の基礎 近代こくき［国基］。こくそ［国礎］。こくほん［国本］。

—の危難 近世こくなん［国難］。

—の客 ビップ／ブイアイピー(VIP; very important person)。中世ひんかく［賓客］。

—の最高法規 近代けんぱふ［憲法］。

—の幸い 上代こくそ［国祚］。

—の境 すいへん［陲辺／垂辺］。中世くにざかひ［国境］。中古はちえん［八埏］。上代こくきゃう［国境］。はっくゎう［八荒］。へんきゃう［辺境／辺疆］。

—の栄え 近代きんおうむけつ［金甌無欠］。近世ふこくきゃうへい［富国強兵］。上代こくそ［国祚］。

—の状態 近代くにがら［国柄］。こくじゃう［国情／国状］。近世こくたい［国体］。上代こくせい［国勢］。

—の所有 近代くゎんいう［官有］。こくいう［国有］。

—の隅々 中古はっくゎう［八紘］。上代はっきょく［八極］。はっくゎう［八荒］。

—の政策や方針 近代こくさく［国策］。近世こくぜ［国是］。

—の政治 中世けいりん［経綸］。中古けいこく［経国］。上代こくせい［国政］。ちこく［治国］。

—の外 近代こくぐゎい［国外］。はうぐゎい［邦外］。はうぐゎい［方外］。

—のために尽くす 近代いっしほうこく［一死報国］。中古ほうこく［報国］。

—の中央 中古ちゅうか［中夏］。

—の中 近代かいう［海宇］。中世こくだい［国内］。中古こくない［国内］。上代かいだい［海内］。くぬち［国内］。

—の中で一番美しい所 上代くにのほ［国穂］。国のまほら。国のまほろば。

—の恥 近代こくち［国恥］。近世こくじょく［国辱］。

—の旗 近世こくき［国旗］。

—の秘密を漏らす 近代ばいこく［売国］。

—の方針 近代こくさく［国策］。近世こくぜ［国是］。

—の防備 近代こくばう［国防］。上代ごこく［護国］。

—の呼び名 中世こくめい［国名］。上代こくがう［国号］。

—の利益 中古こくえき［国益］。

—を愛する 近代あいこく［愛国］。

—を挙げて 近代きょこくいっち［挙国一致］。上代きょこく［挙国］。

—を憂える 近世いうこく［憂国］。中古ばくしう［麦秀］。麦秀の嘆。

—を救う 近代きうこく［救国］。

—を出る 中世しゅっこく［出国］。

—を統治する者 とうちしゃ［統治者］。近代ちしゃ［治者］。

—を滅ぼす 中古ばうこく［亡国］。

—を豊かにする 近世ふこく［富国］。

暖かい— 中世だんこく［暖国］。

新たに—を作る 近代こうこく［興国］。てうこく［肇国］。りっこく［立国］。上代けんこく［建国］。

海に囲まれた— 近世かいこく［海国］。中世しまぐに［島国］。

海のない— ないりくこく［内陸国］。

王が支配する— 中世わうこく［王国］。

大きい— 中古たいはう［大邦］。上代おほくに／たいこく［大国］。

多くの— 近代たはう［多方］。中古れっこく［列国］。上代しょこく［諸国］。やそくに［八十国］。

多くの強い— 近代れっきゃう［列強］。

沖にある— 上代おきつくに［沖津国］。

君主が統治する— 近代くんこく［君国］。くんしゅこく［君主国］。

軍事を重んじる— 近代ぐんこく［軍国］。

警察が民をおさえ治安を維持する— 近代けいさつこくか［警察国家］。

国籍のある— 上代ほんごく［本国］。

親しくしている— 近代いうはう［友邦］。どうめいこく［同盟国］。

自分の— 近代おくに［御国］。そこく［祖国］。ぼこく［母国］。近世ほんぱう［本邦］。中世じこく［自国］。中古ここく［故国］。上代ほんごく［本国］。我が国。

自分の—を第一とする考え 近代こくすいしゅぎ［国粋主義］。

すべての— 上代ばんこく［万国］。

戦争の当事者である— 近代かうせんこく［交戦国］。中世てきこく［敵国］。

それぞれの— 近世かくこく［各国］。上代く

にぐに［国国］。しょこく［諸国］。

小さな― 近代せうはう［小邦］。中世さんこ［三戸］。そくさこく／ぞくさんこく［粟散国］。ぞくさんへんぢ［粟散辺地］。ぞくさんへんど［粟散辺土］。中古せうこく［小国］。

近くの― 中世きんがこく［近国］。きんごく［近国］。

強い― 近代れっきゃう［列強］。中世きゃうこく［強国］。

天皇が支配する― 近世くゎうこく［皇国］。上代すめらみくに［皇御国］。

遠い― 中世ゑんごく／をんごく［遠国］。

隣の― 近世りんぱう［隣邦］。中古しりん［四隣］。りんごく［隣国］。上代となりぐに［隣国］。

富んでいる― 近世ふこく［富国］。

発展しつつある― エルディーシー(LDC; less developed country)。かいはつとじょうこく［開発途上国］。はってんとじょうこく［発展途上国］。

開けた―と後れた国 上代くゎい［華夷］。

福祉の充実した― ふくしこっか［福祉国家］。

複数の―の結合 近代れんぱう［連邦／聯邦］。中世へいどん［併呑］。上代へいがふ［併合］。

不法に他の―に入る ふほうにゅうこく［不法入国］。みつにゅうこく［密入国］。

よその― →**がいこく**

立派なよい― 上代ほつまくに［秀真国］。

礼儀正しい― 近代冠帯(くゎんたい)の国。中世くんしこく［君子国］。

くに【国】❷〈故郷〉 →**こきょう**

―に居ること ざいきょう［在郷］。近世ざいご［在郷］。中古ざいがう［在郷］。ざいこく［在国］。

―の特色 中世くにぶり［国風／国振］。上代くにがら［国柄］。

―の訛(なま)り いなかなまり［田舎訛］。近世くになまり［国訛］。こくおん［国音］。さとびごと［俚言／俗言］。りげん［俚言］。りご［俚語］。中世ぞくげん［俗言］。はうげん［方言］。

―の風俗 中世こくぞく［国俗］。こくふう［国風］。くにぶり［国振］。上代くにがら［国柄］。

相手の― 近代おくに［国］。中古きこく［貴国］。

生まれた― 中古しゃうごく［生国］。→**こきょう**

同じ― 中古どうきゃう［同郷］。

著名人が―に帰る おくにいり［御国入］。近世故郷へ錦を飾る。

くにもと【国元】 →**こきょう**

くぬぎ【櫟】 近世うつな。じだんぐり［栗］。上代くぬぎ［櫟／椚／橡／櫪］。つるはみ［橡］。中世くのぎ［櫟］。中古つるばみ［橡］。

―の実 どんぐり［団栗］。中古つるばみ［橡］。

くねら・す 近代くねらす。中世すぢりもぢる［捩振］。をれこだる［折］。中古わだかまる［蟠］。

くのう【苦悩】 近代くじふ［苦渋］。くもん［苦悶］。くりょ［苦慮］。近世あうなう［懊悩］。中世くつう［苦痛］。しんつう［心痛］。なやみ［悩］。はんもん［煩悶］。中古おもひなやむ［思悩］。くげん［苦患］。くなう［苦悩］。上代おもひわづらふ［思煩］。

くば・る【配】 近代はいきふ［配給］。はいふ［配布］。はいふ［配付］。はんかう［頒行］。はんぷ［頒布］。中世はいぶん［配分］。ふす［賦］。わけあたふ［―あたえる］［分与］。中古あつ［あてる］［当］。ぶんよ［分与］。わかつ［分／別］。わく［わける］［分／別］。上代あかつ［頒／班］。くばる［配／賦］。くまる［分／配］。ぶんぱい［分配］。

―り届ける はいそう［配送］。近代はいたつ［配達］。

―り分ける 中世はいぶん［配分］。上代ぶんぱい［分配］。

金銭を―り与える まく［撒］。

広く―る 近代はいふ［配布］。はんぷ［頒布］。

水を―る はいすい［配水］。近代きふすい［給水］。

割り当てて―る 近代はいきふ［配給］。

くび【首】 近代けいぶ［頸部］。ネック(neck)。近世えり［襟／衿／領］。くびったま［首玉］。中世あたま［頭］。こくび［小首］。中古かうべ［首／頭］。くし［首］。上代くび［首／頸］。《尊》上代みぐし［御首／御頭］。

―が回らない（借金などで） 近世鐺(こじり)が詰まる。

―に付ける飾り チョーカー(choker)。近代くびわ［首輪］。ネッカチーフ(neckerchief)。ネックレス(necklace)。マフラー(muffler)。ロケット(locket)。近世えりまき［襟巻］。くびかざり［首飾］。中世きんすい［金翠］。

―の後ろ うしろくび［後首／後頸］。近代くびね［首根］。くびねっこ［首根子］。近世うなぜ［項］。えり［襟／衿／領］。えりあし［襟足／領脚］。えりがう［襟項］。えりくび［襟首／領頸］。くびったま［首玉］。中世かう

〔項〕。ちりけもと〔身柱元〕。中古うなじ〔項〕。くびすぢ〔首筋／頸筋〕。

ーの付け根 近代くびね〔首根〕。くびねっこ〔首根〕。近世くびすぢもと〔首筋元〕。上代うなね〔頸根〕。

ーの長い人 近世つるくび〔鶴首／鶴頸〕。

ーの骨 近代けいこつ〔頸骨〕。中世くびぼね〔頸骨〕。

ーを卑しめる言い方 近世がんくび〔雁首〕。そくび／そっくび〔素首〕。中古しゃくび〔首〕。

ーをかしげる 近世しあんなげくび〔思案投首〕。なげくび〔投首〕。中古うちかたぶく〔打傾〕。

ーを切る〔馘首〕 じんいんせいり〔人員整理〕。近代かいこ〔解雇〕。かいにん〔解任〕。くびきり〔首切〕。くゎくしゅ〔馘首〕。ひめん〔罷免〕。べんしょく／めんしょく〔免職〕。めんくゎん〔免官〕。首が飛ぶ。中古とく〔解〕。→かいこ

ーを斬る〔斬首〕 近代だんしゅ〔断首〕。ふんけい〔刎頸〕。近世うちくび〔打首〕。くびきり〔首斬〕。くゎくす〔馘〕。笠(かさ)の台が飛ぶ。笠の台の生き別れ。首(頸(くび))になる。首足(しゅそく)（身首(しんしゅ)／頭足(とうそく)）処を異にす。寝首を掻く。中世かきおとす〔掻落〕。だんとう〔断頭〕。中古ざんざい〔斬罪〕。上代ざんけい〔斬刑〕。ざんしゅ〔斬首〕。

ーをくくる 近代いしゅ〔縊首〕。くびつり〔首吊〕。近世くびくくり〔首括／首縊〕。上代わなく〔絞〕。

ーをさらすこと 近世かんしゅ〔竿首〕。さらしくび〔晒首〕。中世ごくもん〔獄門〕。中古けうじ〔梟示〕。けうしゅ〔梟首〕。

ーを絞める 近世いさつ〔縊殺〕。上代くびりころす〔縊殺／絞殺〕。くびる〔縊〕。

ーを縦に振る 中世うなづく〔頷／首肯〕。

ーを垂れる 上代うなかぶす〔項傾〕。うなだる〔ーだれる〕〔項垂〕。

ーを吊って死ぬこと 近代くびつり〔首吊〕。近世いし〔縊死〕。くびくくり〔首括／首縊〕。

ーをひねる 近世しあんなげくび〔思案投首〕。なげくび〔投首〕。中世しあん〔思案〕。ふしぎがる〔不思議〕。中古うちかたぶく〔打傾〕。

ーを横に振る 近代ひていする〔否定〕。

操り人形のー 近世かしら〔頭〕。

犬猫のーに付けるもの 近代くびわ〔首輪〕。中世くびたま〔首玉／頸玉〕。

斬(き)り落としたー 近世きりくび〔斬首／切首〕。中世なまかうべ〔生頭〕。なまくび〔生首〕。上代しゅきふ〔首級〕。

自分でーを刎(は)ねること 近代じふん〔自刎〕。中世じけい〔自剄〕。

勝利の印としてのー 中世しゅきふ〔首級〕。しるし〔印／首級〕。

敵のーを取る 近世しゅこう〔首功〕。

長くて伸び縮みするー 近世ろくろくび〔轆轤首〕。

太くて短いー 中世ゐくび〔猪首〕。

蛇のー 中世かまくび〔鎌首〕。

身分ある人のー 中世かぶとくび〔兜首〕。

身分のない普通の人のー 近世ひらくび〔平首／平頸〕。

痩せた細いー 近世かせくび〔悴首〕。

ぐび【具備】 近代ぐいう〔具有〕。ぐび〔具備〕。くゎんび〔完備〕。近世びぐ〔備具〕。中古そなはる〔具／備〕。ひきぐす〔引具〕。上代そだる〔具足〕。そなふ〔そなえる〕〔備〕。ととのふ〔ーのえる〕〔調〕。

くふう【工夫】 かんあん〔勘案〕。ひとひねり〔一捻〕。頭を捻る。近代アイディア(idea)。かうあん〔考案／考按〕。こる〔凝〕。ちゃくさう〔着想〕。はつあん〔発案〕。やりくりさんだん〔遣繰算段〕。頭を捻(ひね)る。近世おもひつき〔思付〕。からくむ〔絡〕。きぢく〔機軸〕。きどり〔気取〕。こんたん〔魂胆〕。さうい〔創意〕。さくい〔作意〕。さんだん〔算段〕。しがく〔仕覚〕。しゅがく〔修学〕。しゅび〔首尾〕。しんあん〔新案〕。てうぎ〔調義〕。とりまはし〔取回〕。はかりごと〔謀／籌〕。はつめい〔発明〕。ひねり〔捻〕。中世あんしゅつ〔案出〕。きも〔肝〕。くふう〔工夫〕。くめん／ぐめん〔工面〕。さいかく／ざいかく〔才覚〕。しあん〔思案〕。しだす〔仕出〕。しゅかう〔趣向〕。手を砕く。中古あんず〔案〕。いしゃう〔意匠〕。おもひたばかる〔思謀〕。かまへ〔構〕。こころだくみ〔心匠〕。こころづもり〔心積〕。こしらへ〔拵〕。さいく〔細工〕。たばかる〔謀〕。はかり〔計／量〕。めぐらす〔回〕。上代ことはかり〔事計〕。たくむ〔巧／工／匠〕。たばかる〔謀〕。

《句》近代一工面二働き。

ーがない 芸がない。趣向がない。

ー・して 中古あひかまへて〔相構〕。

ー・してこしらえる 近代あみだす〔編出〕。近世かんがへだす〔考出〕。ひねりだす〔捻出〕。中世かまへいだす〔構出〕。

新しいー 近代しんかう〔新巧〕。しんきぢく〔新機軸〕。近世しだし〔仕出〕。しんあん

［新案］。

あれこれと—・する 近代こる［凝］。近世ひねりまはす［捻回］。ももて［百手］。中世ひねくりまはす［捻回］。中古さいく［細工］。

その場その場の— 中世たうい［当意］。

くぶくりん【九分九厘】 近代じっちゅうはっく［十中八九］。だいぶぶん［大部分］。ほとんど［殆］。近世くぶくりん［九分九厘］。中世あらかた［粗方］。だいたい［大体］。中古おほかた［大方］。たいてい［大抵］。ほぼ［略／粗］。

くぶん【区分】 くわり［区割］。近代エリアわけ［area分］。くみわけ［組分］。くわけ［区分］。セクション(section)。ぶんかつ［分割］。近世しわけ［仕分］。ぶだて［部立］。中世くぎり／くぎれ［区切］。しきり［仕切］。ぶんべつ［分別］。ぶんるい［分類］。中古くぶん［区分］。

—・された項目 近代くゎもく［科目］。

—・された所 くしょ［区処］。わりち［割地］。

—・する 近代くぎる［区切］。くゎくす［画］。中世しきる［仕切］。中古わかつ［分／別］。わく［わける］［分］。

細かく—・する 近代さいべつ［細別］。

予算の—に用いる語 近代くゎんかうもくせつ［款項目節］。

くべつ【区別】 しなわけ［品分］。近代いろわけ［色分］。くちわけ［口分］。くわけ［区分］。しゅべつ［種別］。はんべつ［判別］。べつ［別］。近世くべつ［区別］。しきべつ［識別］。しわけ［仕分］。わいだめ［弁別］。中世くぎり／くぎれ［区切］。ぶんべつ［分別］。ぶんるい［分類］。べんべつ［弁別］。るいべつ［類別］。わかち［分／別］。わけ［分／別］。中古あや［文／綾］。あやめ［文目］。きらひ［嫌］。けぢめ。さべつ／しゃべつ［差別］。へだて［隔］。わきまへ［弁］。上代わいため［弁別］。わき［分／別］。

—が明らか 近代くゎくぜん［画然／劃然］。さいぜん［截然］。近世せつぜん［截然］。

—がつかない 中世文目(あやめ)も分かず。中古こんとん［混沌／渾沌］。まがよふ［紛］。まぎる［まぎれる］［紛］。みえまがふ［見紛］。

—がつきにくいさま 近代暗がりから牛を引き出す。近世どじぐじ。皮か身か。暗がりから暗がり。身か皮か。上代まがひ［紛］。

—がつく 近世ほうはん［剖判］。上代わかる［わかれる］［分／別］。

—がなくなる 中世こんどう［混同］。中古かきまぎる［搔紛］。

—・して書き記すこと 近代ふでわけ［筆別］。中世かきわく［—わける］［書分］。

—・する 一線を画する。中古かたわく［方分］。さしわく［差分］。べんず［弁］。わかつ［分／別］。上代おもひわく［—わける］［思分］。わきまふ［—まえる］［弁］。わく［わける］［分／別］。

—を明らかにする 近世ぶんべん［分弁］。

—をしないこと 近世へらへいとう［平等平等／平平等］。

聞いて—・する 中世ききわかつ［聞分］。中古ききわく［—わける］［聞分］。

厳しい— 近代しゅんべつ［峻別］。

さまざまな—があること 近代せんさばんべつ／せんさまんべつ［千差万別］。せんしゅばんじゃう［千種万状］。せんしゅばんべつ［千種万別］。せんしゅばんやう［千種万様］。

種類による— 近代しゅべつ［種別］。中世るいべつ［類別］。中古ぶるい［部類］。

臭いで他から—・する 近世かぎわく［—わける］［嗅分］。

見て—・する 近世みさかふ［見境］。

くぼみ【窪】 あなぼこ［穴］。カール(ドイツKar)。くぼまり［窪／凹］。けんこく［圏谷］。ディンプル(dimple)。ピット(pit)。近代カルデラ(caldera)。くぼち［窪地］。近世へこみ［凹］。中世くぼたまり［凹溜／窪溜］。くぼみ［窪／凹］。中古おちくぼ［落窪］。かん［坎］。くぼ［窪］。つぼ［壺］。上代あな［穴］。

岩の間の— 中世いはあな［岩穴］。がんけつ［岩穴／巌穴］。上代いはつぼ［岩壺］。

西洋建築の壁面の— 近代アルコーブ(alcove)。

くぼ・む【窪】 近代おちこむ［落込］。かんにふ［陥入］。へっこむ［凹］。めりこむ［減込］。近世くえこむ［崩込］。へこむ［凹］。中世くぼし［窪／凹］。中古おちいる［陥］。くぼまる［窪／凹］。くぼむ［窪／凹］。上代かんぼつ［陥没］。

—・んでいるさま 中世くぼくぼ［窪窪／凹凹］。中古くぼか／くぼやか［窪／凹］。

中が—・んだようになる 中世しゃくむ［決／抉］。

中が弓形に—・んだようになる 近代しゃくれる［決／抉］。

ぐまい【愚昧】 →おろか

くまで【熊手】 かっこめ［搔込］。がんじき。しゅは［手杷］。中世こまざら／こまざらひ／こまざらへ［細杷］。中古くまで［熊手］。

鉄製の― 近世くはばうき[桑箒／鍬箒]。

くまなく【隈無】 すみずみまで[隅隅]。のこりなく[残無]。余すところなく。隅から隅まで。近代もれなく[漏無]。近世いっさいがっさい[一切合切]。中世まんべんなく[満遍無／万遍無]。中古あまねく[普／遍]。いっさい[一切]。くまなく[隈無]。のこらず[残]。上代ことごとく[悉／尽]。すべて[全]。つばらつばらに[委曲委曲]。

―照る 上代おしてる[押照]。

くみ【組】❶〈学校の〉 近代がくきふ[学級]。きふ[級]。くみ[組]。クラス(class)。

―の長 いいんちょう[委員長]。がっきゅういいんちょう[学級委員長]。近代きふちゃう[級長]。

くみ【組】❷〈集まり〉 近代あつまり[集]。グループ(group)。しふだん[集団]。チーム(team)。パーティー(party)。近世たい[隊]。なかま[仲間]。はん[班]。中世くみ[組]。たう[党]。とたう[徒党]。上代べ[部]。

くみ【組】❸〈揃い〉 くみもの[組物]。近世くみ[組]。そろひ[揃]。

二つで一― ツイン(twin)。近代アベック(フランス avec)。ペア(pair)。近世さう[双]。中世たいぐう[対偶]。つい[対]。中古つがひ[番]。

三つで一― 近代トリオ(イタリア trio)。みつぞろひ[三揃]。近世さんぷくつい[三幅対]。

▼助数詞 くみ[組]。はん[班]。近代とほり[通]。近世そろへ[揃]。中古ぐ[具]。くだり[領／襲]。さう[双]。つがひ[番]。

ぐみ【茱萸】 中古くみ[茱萸]。ぐみ[茱萸／胡頽子]。

―の種類 あきぐみ[秋茱萸]。たわらぐみ[俵茱萸]。つるぐみ[蔓茱萸]。とうぐみ[唐茱萸]。なつぐみ[夏茱萸]。なわしろぐみ[苗代茱萸]。→**あきぐみ**

くみあい【組合】 ゲノッセンシャフト(ドイツ Genossenschaft)。ろうくみ／ろうそ[労組]。近代けふどうくみあひ[協同組合]。トレードユニオン(trade union)。ユニオン(union)。らうどうくみあひ[労働組合]。レーバーユニオン(labor union)。近世くみあひ[組合]。れんがふ[連合／聯合]。中世どうめい[同盟]。

―のいろいろ きぎょうべつくみあい[企業別組合]。クラフトユニオン(craft union)。コープ(coop; cooperative society)。さんぎょうべつくみあい[産業別組合]。しょうひせいかつきょうどうくみあい[消費生活協同組合]。しょくぎょうべつくみあい[職業別組合]。せいかつきょうどうくみあい[生活協同組合]。せいきょう[生協]。中世うをざ[魚座]。

使用者側の立場に立つ― かいしゃくみあい[会社組合]。ごようくみあい[御用組合]。

生産者の― ぎょきょう[漁協]。ぎょぎょうきょうどうくみあい[漁業協同組合]。こうぎょうきょうどうくみあい[工業協同組合]。しゅっかくみあい[出荷組合]。せいさんくみあい[生産組合]。のうきょう[農協]。のうぎょうきょうどうくみあい[農業協同組合]。

法の要件を充たさない労働― アウトサイダーくみあい[outsider 組合]。アウトサイダーユニオン(outsider union)。ほうがいくみあい[法外組合]。

法の要件を充たしている労働― インサイダーくみあい[insider 組合]。インサイダーユニオン(insider union)。ほうないくみあい[法内組合]。

くみあわせ【組合】 コンポ／コンポーネント(component)。だきあわせ[抱合]。近代くみあはせ[組合]。こうせい[構成]。コンビネーション(combination)。セット(set)。中世とりあはせ[取合]。とりくみ[取組]。はいがふ[配合]。中古へんせい[編成]。

衣服の― コーディネート(coordinate)。近代アンサンブル(フランス ensemble)。

織物で縦横の糸の― そしき[組織]。

スポーツなどの― 近代かほあはせ[顔合]。中古とりくみ[取組]。

くみあわ・せる【組合】 だきあわせる[抱合]。近代おる[織]。近世あしらふ。中世あざふ[糾／叉]。くみあはす[―あわせる][組合]。くみたつ[―たてる][組立]。くむ[組]。中古くみまず[―まぜる][組交]。とりあはす[―あわせる][取合]。はいす[配]。上代まじふ(まじえる)[交]。

―・せたもの 近世くみもの[組物]。

―・せて一つにする 近代ミックス(mix)。

手や指を―・せる 上代むすぶ[結]。

くみい・れる【組入】 ビルトイン(built in)。もりこむ[盛込]。近代おりこむ[織込]。くみいれる[組入]。くりいれる[繰入]。くりこむ[繰込]。ないざう[内蔵]。ひきなほす[引直]。近世へんにふ[編入]。中世くみこむ[組込]。

味方に―・れる つける[付]。

くみうち【組討】 近代 とっくみあひ[取組合]。はくせん[搏戦]。近世 かくとう[搏闘]。かくとう[格闘]。中世 くみうち[組討／組打]。つかみあひ[摑合]。
―のさま がっぷり。近代 くんづほぐれつ[組解]。

くみかえ【組替】 さしかえ[差替]。中世 いれかへ[入換]。

くみかわ・す【酌交】 近世 くみかはす[酌交]。中世 いっしゃく[一酌]。くむ[酌]。中古 けんしう[献酬]。

くみこ・む【組込】 →くみい・れる

くみ・する【与】 近代 くゎんよ[関与]。近世 かせい[加勢]。かにふ[加入]。たうよ[党与]。中世 かたん[加担]。たうす[党]。つく[付／就]。みかた[味方]。中古 くみす[与／組]。上代 あたう[阿党]。かたちはふ[儻]。

くみたて【組立】 近代 きこう[機構]。くみあはせ[組合]。こうさう[構想]。こうせい[構成]。コンストラクション(construction)。コンポジション(composition)。しくみ[仕組]。そしき[組織]。近世 きぢく[機軸]。こうちく[構築]。中世 くみたて[組立]。こうざう[構造]。中古 けっこう[結構]。へんせい[編成]。
文章の― こうぶん[構文]。

くみた・てる【組立】 近世 からくむ[絡]。しくむ[仕組]。とりくむ[取組]。中世 くみあはす[―あわせる][組合]。くみたつ[―たてる][組立]。くむ[組]。中古 おりなす[織成]。上代 かく[かける][掛／懸／繋]。かまふ[かまえる][構]。さす[差]。ゆふ[結]。
―・てて推しはかること 近代 けいくゎく[経画]。
垣根などを―・てる 上代 かく[絡／構]。
小さく―・てること 近代 こぐみ[小組]。

くみつ・く【組付】 近代 タックル(tackle)。近世 くみつく[組付]。とっくむ／とりくむ[取組]。とっつく／とりつく[取付]。中世 しがみつく[付]。中古 とりすがる[取縋]。
―・いて行く 上代 つかみかかる[摑掛]。

くみと・る【酌取】 近代 さんしゃく[参酌]。近世 くみとる[酌取]。しゃくりゃう[酌量]。中世 りゃうさつ[諒察]。れうさつ[了察]。中古 おもひやる[思遣]。くむ[酌]。しんしゃく[斟酌]。すいさつ[推察]。上代 おしはかる[推量]。

くみわけ【組分】 グルーピング(grouping)。近代 くみわけ[組分]。くわけ[区分]。ぶんかつ[分割]。近世 しわけ[仕分]。中世 ぶんべつ[分別]。ぶんるい[分類]。中古 くぶん[区分]。

く・む【酌】❶〈飲酒〉 近世 くみかはす[酌交]。つぐ[注]。てしゃく[手酌]。どくしゃく[独酌]。ばんしゃく[晩酌]。中世 くむ[酌]。しゃく[酌]。

く・む【酌】❷〈斟酌〉 →くみと・る

く・む【汲】 中世 きくす[掬]。くみあぐ[―あげる][汲上]。さくる／しゃくる[決／抉／剔]。すくひとる[掬取]。中古 さしくむ[差汲]。すくふ[掬／抄]。上代 くみとる[汲取]。くむ[汲]。

―・んで入れる 中古 くみいれる[汲入]。くみこむ[汲込]。上代 くみとる[汲取]。

―・んでおいた水 近世 くみおき[汲置]。

―・んで空にする 中古 くみほす[汲干／汲乾]。

―・んで外へ出す 近世 かいだす[掻出]。くみだす[汲出]。

く・む【組】 →くみあわ・せる →くみた・てる

くめん【工面】❶〈工夫〉 →くふう

くめん【工面】❷〈金策〉 かなぐり／かねぐり[金繰]。きんと[金途]。しきんぐり[資金繰]。ひねりだす[捻出]。近代 ねんしゅつ[捻出]。やりくり[遣繰]。近世 くめん[工面]。けだす[蹴出]。さんだん[算段]。たんそく[短息]。つうくつ[通屈]。つがふ[都合]。てうたつ[調達]。中世 さいかく[才覚]。
無理して―・すること 近世 ひどくめん[酷工面]。ひどさんだん[酷算段]。

くも【雲】 中古 うんき[雲気]。上代 あまくも[天雲]。くも[雲]。くもゐ[雲居／雲井]。

《枕》中古 ささがにの[細蟹]。上代 しろたへの[白妙]。ひさかたの[久方]。

―が一面におおう 上代 たちわたる[立渡]。たなぎる／たなぎらふ[棚霧]。

―が一面におおうさま きりぐも[霧雲]。

―が浮かんでいる 中古 ばくばく[漠漠]。べきべき[冪冪]。

―が立ち上がる 中古 たちゐる[立居]。

―が立ち上がるさま 上代 さす[差]。

―が低く漂う 中古 ていめい[低迷]。

―が広く敷き広がっているさま 近代 ほうほう[蓬蓬]。中古 うんぷ[雲膚／雲覆]。

―と雨 近世 てううんぼう[朝雲暮雨]。中古 うんう[雲雨]。

―と霞 中世 うんえん[雲煙／雲烟]。中古 くもかすみ[雲霞]。うんか[雲霞]。

―と風 上代 かぜくも／ふううん[風雲]。

―と霧 くもきり[雲霧]。中古 うんぶ[雲

霧]。上代うんむ／くもきり[雲霧]。

—と煙 中世うんえん／くもけぶり／くもけむり[雲煙／雲烟]。上代えんうん[煙雲]。

—と土 近代うんじゃう[雲壌]。

—と虹 中世うんげい[雲霓]。

—に隠れる 上代くもがくる[雲隠]。くもゐがくる[雲居隠]。

—に乗ること 近代がうん[駕雲]。

—の間に見える青空 近世くもぎれ[雲切]。中古はれま[晴間]。上代くもま[雲間]。

—の上 中世うんじゃう[雲上]。中古あまつそら[天空]。うんぐゎい[雲外]。うんぺう[雲表]。

—の浮かぶさま 中古ひひ[霏霏]。

—の浮かぶ空 中世あまつくもゐ[天雲居]。

—の起こるところ 中古うんこん[雲根]。

—のかかっている 上代くもゐなす[雲居]。

—の姿 近代うんけい[雲形]。近世うんよう[雲容]。中世うんえい[雲影]。

—の果て 中古雲の果たて。上代うんたん[雲端]。

—の分類 うんきゅう[雲級]。

厚く濃い— 中古みつうん[密雲]。

浮いて漂う— 近代ちぎれぐも[雲]。近世かんうん[閑雲]。中世ふうん[浮雲]。中古うきぐも[浮雲]。かうん[行雲]。こうん[孤雲]。ひうん[飛雲]。へんうん[片雲]。上代かぜくも[風雲]。

重なった— 中世やへはたぐも[八重旗雲]。雲の浮波。上代やくも[八雲]。やへぐも[八重雲]。雲の波。

心を重くする— 中古愁(うれ)への雲。上代しううん[愁雲]。

水平線のかなたの大きな— 中世うんたう[雲濤]。
仙人の乗る— 近世うんしゃ[雲車]。
空一面の— 上代たなぐも[棚雲]。
空を暗くおおう— 中古あまぐも[雨雲]。いんうん[陰雲]。
棚引く— 中古はたぐも[旗雲]。雲の梯(かけはし)。雲の果たて。上代たなぐも[棚雲]。とよはたぐも[豊旗雲]。よこぐも[横雲]。
流れる水と— 中世うんすい[雲水]。
爆発でできる— きのこぐも[茸雲]。
群がる— 近代そううん[叢雲]。中世雲の林。中古むらくも[群雲／叢雲]。
山にかかる— 中世やまぐも[山雲]。中古さんうん[山雲]。やまかづら[山蔓／山鬘]。
夕方の— 近代あかねぐも[茜雲]。ゆふやけぐも[夕焼雲]。近世あまがべに／あまんがべに[天紅]。こうか[紅霞]。中世ゆふぐも[夕雲]。中古ぼうん[暮雲]。
夜明けの— 近代あかねぐも[茜雲]。中古げううん[暁雲]。
その他—のいろいろ(例)①[雲級] うねぐも[畝雲]。こうそううん[高層雲]。せきらんうん[積乱雲]。らんそううん[乱層雲]。近代かうせきうん[高積雲]。けんうん[巻雲／絹雲]。けんせきうん[巻積雲]。けんそううん[巻層雲／絹層雲]。せきうん[積雲]。そうせきうん[層積雲]。中古そううん[層雲]。
その他—のいろいろ(例)②[色] しんじゅぐも[真珠雲]。近代あかねぐも[茜雲]。あやぐも[彩雲]。くゎううん[黄雲]。近世こうか[紅霞]。しらさぐも[白小雲]。中世あんうん[暗雲]。こくうん[黒雲]。中古さいうん[彩雲]。しうん／むらさきのくも[紫雲]。しょうん[曙雲]。上代あをくも／せいうん[青雲]。くろくも[黒雲]。しらくも[白雲]。はくうん[白雲]。
その他—のいろいろ(例)③[季節等] はるぐも[春雲]。近代あきぐも[秋雲]。くゎうん[火雲]。にふだうぐも[入道雲]。ひでりぐも[日照雲]。ゆきぐも[雪雲]。近世なつぐも[夏雲]。ゆふだちぐも[夕立雲]。中世とううん[凍雲]。ゆきぐも[雪雲]。雲の峰。中古しううん[秋雲]。しゅんうん[春雲]。
その他—のいろいろ(例)④[形状等] おぼろぐも[朧雲]。さばぐも[鯖雲]。すじぐも[筋雲]。はじょううん[波状雲]。ひこうきぐも[飛行機雲]。ひつじぐも[羊雲]。りんうん[鱗雲]。近代うろこぐも[鱗雲]。うんかい[雲海]。けんうん[巻雲]。ちぎれぐも[千切雲]。わたぐも[綿雲]。近世いわしぐも[鰯雲]。かさぐも[笠雲]。まきぐも[巻雲]。中古うすぐも[薄雲]。へんうん[片雲]。上代だんうん[断雲]。雲の波。
その他—のいろいろ(例)⑤[前兆] かみなりぐも／らいうん[雷雲]。近代いかづちぐも[雷雲]。えううん[妖雲]。てふてふぐも[蝶蝶雲]。ゆきぐも[雪雲]。近世ゆふだちぐも[夕立雲]。中世あんうん[暗雲]。かざぐも[風雲]。中古あまぐも[雨雲]。しゃううん[祥雲]。紫の雲。上代けいうん[慶雲／景雲／卿雲]。ずいうん[瑞雲]。

くも【蜘蛛】 中世ちしゅ[蜘蛛]。ちちゅ／ちちゅう[蜘蛛]。中古ささがに[細蟹]。上代く

も［蜘蛛］。
《枕》中古 ささがにの［細蟹］。上代 ささがねの。
ーが巣をかけること 近世 あみす［網］。中古 くものいがき［蜘蛛網構］。
ーの糸 中古 い［蜘糸］。
ーの巣 近代 ちまう［蜘網］。近世 ちちゅうのあみ［蜘蛛網］。ちゅうまう［蛛網］。中古 い［蜘糸］。くものあみ［蜘蛛網］。くものい［蜘蛛巣／蜘蛛網］。ささがに［細蟹］。しゅまう／ちゅまう［蛛網］。すがき［巣垣］。くものいがき［蜘蛛網構］。
空中を飛ぶーの糸 ゴッサマー(gossamer)。ゆきむかえ［雪迎］。中古 いうし［遊糸］。

くもがくれ【雲隠】 姿を暗ます。行方を暗ます。近代 たうばう［逃亡］。中世 てうばう［逃亡］。跡を暗ます。中古 あからめ［傍目］。くもがくれ［雲隠］。こうぢがくれ［小路隠］。てうまう［逃亡］。跡を暗くす。上代 たうそう［逃走］。

くもつ【供物】→おそなえ

くもゆき【雲行】 うんこう［雲向］。近代 そらもやう［空模様］。近世 うんきゃく／くもあし［雲脚］。くもゆき［雲行］。なりゆき［成行］。ひより［日和］。中古 けいせい［形勢］。てんき［天気］。

くもり【曇】 近代 うるみ［潤］。かげ［影］。近世 どんてん［曇天］。中世 かげり［陰／翳］。中古 うんえい［雲翳］。くま［隈］。くもり［曇］。にごり［濁］。
ーがない めいちょう［明澄］。中世 せいめい［清明］。はればれ［晴晴］。中古 あきらか［明］。あきらけし［明］。くまなし［隈無］。上代 きよし［清］。
ーと晴れ 中古 いんせい［陰晴］。
朝方のー 上代 あさぐもり［朝曇］。
雨が降りそうで降らないー 近世 じっぱうぐれ［十方暮］。
雨が降りそうなー 中古 あまぐもり［雨曇］。
薄い雲がかかっているー 中世 うすぐもり［薄雲］。
卯の花の頃のー 近代 うづきぐもり［卯月曇］。近世 うのはなぐもり［卯花曇］。
桜の頃のー 中世 はなぐもり［花曇］。
霜の降る寒い夜のー 上代 しもぐもり［霜曇］。
全天晴れ間のないー ほんぐもり［本曇］。近世 たなぐもり［棚曇］。
空の高い所のー たかぐもり［高曇］。
鰊(にしん)がとれる頃のー にしんぐもり［鰊曇］。
春のー 近世 とりぐもり［鳥曇］。
夕方のー 中世 ゆふぐもり［夕曇］。
雪が降りそうなー 近世 ゆきぐもり［雪曇］。
わずかなー 中古 せんえい［繊翳］。

くも・る【曇】 中世 どむ［曇］。中古 あまぎる［天霧］。うちくもる［打曇］。かきくる〔ーくれる〕［掻暗］。かげる［陰／翳］。くもる［曇］。くらがる［暗］。上代 あまぎらふ［天霧］。きる［霧］。くもらふ［曇］。さぐもる［曇］。さしくもる［差曇］。しく〔しける〕［時化］。
《枕》中古 ささがにの［細蟹］。
ー・ったさま 近世 どんより。中世 どんみり。
ー・った空 近世 どんてん［曇天］。
ー・った様子をしている 中古 くもらはし［曇］。
ー・らせる 中世 くもらす［曇］。中古 くらす［暗］。上代 あまぎらす［天霧］。うちきらす［打霧］。きらす［霧］。
秋のー・った空 あきかげり［秋陰］。近代 あきぐもり［秋曇］。中古 しうぃん［秋陰］。
一面にー・らせる 上代 あまぎらす［天霧］。きらす［霧］。
一面にー・る 中古 あまぎらふ［天霧］。上代 くもらふ［曇］。たなぎらふ［棚霧］。たなぐもる［棚曇］。とのぐもる［曇］。
急に空がひどくー・る 中古 かきくもる［掻曇］。
霧などでー・らせる 中世 あまぎる［天霧］。上代 うちきらす［打霧］。きらす［霧］。
桜が散りー・る 中古 ちりかひくもる［散交曇］。
少しー・る 中世 うすぐもる［薄曇］。
涙で目がー・る 上代 くる［暗／眩］。
よくー・る 中古 くもらはし［曇］。くもりがち［曇］。

くもん【苦悶】→くのう

くやし・い【悔】 近代 くゎいこん［悔恨］。つうこん［痛恨］。ふほんい［不本意］。近世 こころのこり［心残］。むやくし［無益］。中世 かなし［悲／哀］。ざんねん［残念］。ゐかん［遺憾］。中古 いまいまし［忌忌］。くちをし［口惜］。こうくゎい［後悔］。ねたし［妬］。むねん［無念］。ゐこん［遺恨］。上代 うらめし［恨／怨］。くやし［悔／口惜］。をし［惜］。

くやしが・る【悔】 近代 せっしやくわん［切歯扼腕］。唇を嚙(か)む。地踏鞴(ぢたたら)を踏む。近世 ざんねんがる［残念］。つうくゎい［痛悔］。嘴(くちばし)［喙］を鳴らす。中世 くやむ［悔］。はぎしり［歯軋］。牙を嚙む。牙を鳴らす。地団駄(ぢだんだ)〔地団太〕を踏む。歯を嚙み締む〔ー締める〕。歯を嚙む。中古 くやしがる［悔／口惜］。くやしぶ／くやしむ［悔］。ねたがる［妬］。ねたむ［妬］。上代 おもひくゆ［思

悔］。くゆ［くいる］［悔］。
《句》近代後悔先に立たず。ごまめの歯軋(はぎし)り。

ー・って自分を奮起させる語 近世おのれやれ［己］。

ー・って泣くこと 近代くやしなき［悔泣］。近世くやしなみだ［悔涙］。

ー・らせる 中古ねたます［妬］。

ー・る思いの強い人 近世くやしんばう［悔坊］。

後になってー・る 中古こうくゎい［後悔］。

何度もー・る 中世せんくゎい［千悔］。

くやみ【悔】 おくやみ［御悔］。近代てうたう［弔悼］。近世くやみ［悔］。てうゐ［弔慰］。中世あいたう［哀悼］。いたみ［悼］。ついたう［追悼］。とむらひ［弔］。中古てうもん［弔問］。

くや・む【悔】 →くやしが・る

ぐゆう【具有】 →ぐび

くゆら・せる【燻】 中古くゆらかす［燻］。くゆらす［ーらせる］［燻］。にほはす［匂］。上代にほふ［匂］。

香をー・せる 中世いっしゅ／いっちゅう［一炷］。中古たく［薫］。

くよう【供養】 近世きゃうぎながし［経木流］。中世こころざし［志］。とむらひ［弔］。中古けう［孝］。ついぜん［追善］。ついふく［追福］。ほふじ［法事］。ゑかう［回向／廻向］。上代くやう［供養］。

親などへのー 中世ついかう［追孝］。中古けうやう［孝養］。

檀家の依頼により毎年寺で行うー えいたいくよう［永代供養］。

仏をー・する 近代さんげ［散華］。中世くぶつ［供仏］。

くよくよ くさくさ。近世きなきな。くいくい。くやくや。くよくよ。

ー・する 近代こだはる［拘］。気にす。近世気に病む。中世くったく［屈託］。中古くんず［屈］。上代くゆ［悔］。

くら【蔵】 近世なや［納屋］。中世とくら／どざう［土蔵］。ものおき［物置］。中古つちぐら［土倉／窖］。つぼや［壺屋］。上代くら［蔵／倉／庫］。さうこ［倉庫］。どさう［土倉］。
→そうこ
《枕》上代はしだての［橋立］。

石を積んで造ったー 中世いしぐら［石倉］。

板壁のー 上代いたぐら［板倉］。

稲を貯蔵しておくー 近世もみぐら［籾蔵］。中古いなぐら［稲倉］。

官物を収めたー 中古うちのくら［内蔵］。上代うちくら／うちつくら［内蔵］。

宮廷のー 中世ひふ［秘府］。

金銭や財宝などを収めるー ほうもつでん［宝物殿］。近代ほうざう［宝蔵］。近世かねぐら［金蔵］。ぜにぐら［銭蔵］。たからぐら［宝蔵］。中世ひふ［秘府］。ふこ［府庫］。ほうこ［宝庫］。中古ほうざう［宝蔵］。

穀物を貯蔵するー 近代こくぐら［穀倉］。上代こくさう［穀倉］。さうりん［倉廩］。

酒を貯蔵するー 中世さかぐら／さけぐら［酒蔵］。しゅこ［酒庫］。

土で塗ったー 中世とくら／どざう［土蔵］。中古つちぐら［土倉／窖］。どざう［土蔵］。

並んで建っているー 中古なみくら［並蔵］。

武器を収めるー 近代へいこ［兵庫］。ぶきこ［武器庫］。近世ぶきぐら［武器倉］。中古つはものぐら［兵庫］。ぶこ［武庫］。やぐら［櫓／矢倉］。上代ひゃうご［兵庫］。

床の高いー 近世あしだぐら［足駄蔵］。ねずみくら［鼠倉］。中古たかくら［高倉］。

くら【鞍】 中世うつしぐら［移鞍］。くさぐら［草鞍］。ざふぐら［雑鞍］。中古おそひ［襲］。くら［鞍］。

ーとその一式 中世くらかいぐ［鞍皆具］。くらぐそく［鞍具足］。中古くらぐ［鞍具］。上代あんぐ［鞍具］。

ーの上 近代あんじゃう［鞍上］。

ーの飾りの例 時雨(しぐれ)螺鈿(らでん)の鞍。中古うず［雲珠］。かひぐら［貝鞍］。

ーの中央で乗り手が腰を置く所 中世ゐぎ［居木］。

ーを置いた馬 中世あんば／あんま／くらうま［鞍馬］。くらおきうま［鞍置馬］。

儀礼用のー 近世かざりくら［飾鞍］。

乗馬用のー 中古のりくら［乗鞍］。

荷物を積むためのー 中古にぐら［荷鞍］。

くらい【位】 近代しんぶん［身分］。近世みぶん［身分］。ゐち［位置／位地］。中世かうぶり［冠］。かく［格］。ちゐ［地位］。ぶん［分］。中古しな［品］。上代かいきふ［階級］。くらゐ［位］。くゎんゐ［官位］。とうきふ［等級］。ゐかい［位階］。

ーが上がる 近世金箔が付く。中古のぼる［上］。

ーが高く栄える 中世そんえい［尊栄］。

ーがない 近代むゐむくゎん［無位無冠］。中古むくゎん［無官］。上代むくゎん［無冠］。むゐ［無位］。

ーが低い 中古あさし［浅］。みじかし［短］。

ーと官職 近代ゐくゎん［位官］。

ーにつく 中世ふむ［踏］。
ーは高いが実質や収入が伴わないこと くらいまけ［位負］。近世くらゐだふれ［位倒］。
ーを降りる 中世すべる［滑］。
ーを極める 近代位人臣を極める。近世上り詰む［ー詰める］。
数のー 近代くらゐどり［位取］。近世けた［桁］。→かず
最高のー 中古限りある位。
死後ーを贈ること 上代ぞうゐ［贈位］。
高いー 中世かうじゃう［高上］。上代かうゐ［高位］。
力のない者がーにつき俸禄を食むこと 近代しそ［尸素］。近世しゐそさん［尸位素餐］。上代しろく［尸祿］。
力のない者がーにつくたとえ 近世ごまめの魚と交じり。中世しゐ［尸位］。
天子のー 中古ほくきょく［北極］。
天皇等がーにつく 中古たつ［立］。

くら・い【暗】❶〈暗闇〉 近代ダーク(dark)。近世あんたん［暗澹］。まっくらがり［真暗］。中世あんあん［暗暗／闇闇］。いんき［陰気］。こんまい［昏昧］。まっくら［真暗］。まっくらやみ［真暗闇］。みゃうみゃう［冥冥］。めいあん［冥暗／冥闇］。中古あんぜん［暗然／黯然／闇然］。くらがり［暗］。くらぐら［暗暗］。くらし［暗／闇／昏／冥］。くらやみ［暗闇］。くららか［暗］。こんめい［昏冥］。めいめい［冥冥］。もうまい［蒙昧］。上代えうえう［杳杳］。くれ［暗］。くゎいめい［晦冥］。やみ［闇］。
《枕》中古すみぞめの［墨染］。上代ゆふづくよ［夕月夜］［⇩をぐらし］。

ー・いかげ 近代あんえい［暗影／暗翳］。
ー・い気分になる 中古くれふたがる［暮塞］。上代しづむ［沈］。
ー・い気持ちで 上代くれぐれと［暗暗］。
ー・いことと明るいこと 近世いうめい［幽明］。
ー・い所 あんぶ［暗部］。くらやみ［暗闇］。近世あんしょ［暗所］。うすくらがり［薄暗］。くらがり［暗］。こくらがり［小暗］。まっくらがり［真暗］。中世くま［隈］。つつやみ［真闇］。中古くらがり［暗］。くれやみ［暗闇］。上代かげ［陰］。くれ［暗］。やみ［闇］。
ー・くかすかなこと 上代いうみゃう／いうめい［幽冥］。
ー・くする 中世くらむ［暗］。
ー・くて雲などが垂れこめる 中古かきたる［掻垂］。
ー・くてじめじめしている 近代いんしつ［陰湿］。
ー・くなる 中世くらむ［暗］。中古くらがる［暗］。くれふたがる［暮塞］。
ー・くはっきりしないさま 近代えう［杳］。中古こんもう［昏蒙／昏朦／昏濛］。
ー・くむごたらしいこと 近代いんさん［陰惨］。
一面に空がー・くなる 中古かきくらす［掻暗］。
奥深くて静かでー・い 中世いういん［幽隠］。中古いうあん［幽暗］。
木が茂ってー・い 近世あをばやみ［青葉闇］。したやみ［下闇］。中世こぐれ［木暮／木暗］。中古いんしん［陰森］。こぐらし［木暗］。上代このくれ［木暮／木暗］。このしたやみ［木下闇］。
霧や雨でー・い 中古もうもう［朦朦］。
心をー・くする 近世かきくる［ーくれる］［掻暗／掻暮］。中古かきくらす［掻暗］。くらす［暗］。
少しー・い 近世うすくらがり［薄暗］。こぐらがり［小暗］。中世うすぐらし［薄暗］。中古こぐらし／をぐらし［小暗］。ほのぐらし［仄暗］。
空が急にー・くなる 中古かきくもる［掻曇］。かきくる［ーくれる］［掻暗／掻暮］。
月の出ないー・い夜 近世よひやみ［宵闇］。上代やみよ［闇夜］。
なんとなくー・い 中古こぐらし／をぐらし［小暗］。ほのぐらし［仄暗］。ものぐらし［物暗］。
日が沈みあたりがー・くなる 近代かげる［陰／翳］。
▼暗さに慣れて見えてくること あんじゅんのう［暗順応］。

くら・い【暗】❷〈暗愚〉 →おろか

くらい（副助詞） 近代ないぐゎい［内外］。やく［約］。近世けんたう［見当］。ぜんご［前後］。ていど［程度］。ばか。中世くらゐ／ぐらゐ。中古しき（接尾語）。へん［辺］。ほど［程］。上代あたり［辺］。ばかり。わたり［辺］。

ぐらい →くらい（前項）

くらい・する【位】 近世ゐちす［位置］。中世くらゐす［位］。そんざい［存在］。そんす／ぞんす／ぞんず［存］。

グライダー(glider) かっくうき［滑空機］。セコンダリー(secondary)。ソアラー(soarer)。近代グライダー。プライマリー(primary)。

クライマックス(climax) あっかん［圧巻］。やまば［山場］。近代クライマックス。さいか

うてう［最高潮］。ぜっちゃう［絶頂］。ぜんせいき［全盛期］。ちゃうてん［頂点］。ピーク(peak)。近世やま［山］。中古かきゃう［佳境］。上代さかり［盛］。たけなわ［酣／闌］。

くら・う【食】❶〈食べる〉→**た・べる**

くら・う【食】❷〈受ける〉近世あぶ［あびる］［浴］。くふ［食／喰］。くらふ［食／喰］。中世かうむる［被／蒙］。きっす［喫］。中古うく［うける］［受］。

グラウンド(ground) 近代うんどうぢゃう［運動場］。きゃうぎぢゃう［競技場］。グラウンド／グランド。スタジアム(stadium)。

くらがえ【鞍替】近代くらがへ［鞍替］。てんかう［転向］。中世てんしん［転身］。

くらがり【暗】中古あんちゅう［暗中／闇中］。くらがり［暗／闇］。くらやみ［暗闇］。上代やみ［闇］。→**くらやみ**

―が多い 上代くまぐまし［隈隈］。

▼少し暗い所 近世うすぐらがり［薄暗］。こぐらがり［小暗］。

くらく【苦楽】近代かんさん［甘酸］。中古あいらく［哀楽］。きどあいらく［喜怒哀楽］。上代くらく［苦楽］。

《句》近代楽は一日苦は一年。近世楽しみは貧家に多し。楽は苦の種苦は楽の種。

くらげ【海月】近代すいぼ［水母］。中古かいげつ［海月］。海の月。上代くらげ［海月／水母］。

くらし【暮】近代しょせい［処世］。ライフ(life)。近世いしょく［衣食］。いしょくぢゅう［衣食住］。くちすぎ［口過］。くひかた［食方］。くらし［暮］。だいどころ［台所］。みすぎ［身過］。よ［世］。よすぎ［世過］。中世あさゆふ［朝夕］。くやう［口養］。けむり［煙］。しゃうくゎつ［生活］。せけん［世間］。てうさん［朝三］。てうさんぼし［朝三暮四］。てまへ［手前］。とせい［渡世］。よわたらひ［世渡］。民の竈(かまど)。中古おきふし［起伏／起臥］。せいくゎつ［生活］。せいけい［生計］。とせい［渡世］。よわたり［世渡］。わたらひ［渡］。上代けぶり［煙］。ここう［糊口／餬口］。

―が立たなくなる 近世くひつむ［―つめる］［食詰］。つまる［詰］。《句》近代手が空けば口が開く。

―が立つ 近代たちゆく［立行］。ゆきたつ［行立］。近世くろむ［黒］。渡世がなる。

―が楽になる 近世うるほふ［潤］。中古竈(かま)が賑はふ。

―に慣れる 中古ありならふ［有習］。すみつく［住着］。

―向き 近代かせい［家政］。かってむき［勝手向］。くらしぶり［暮振］。近世かってもと［勝手許／勝手元］。せたい［世帯］。てまはり［手回］。てまへ［手前］。ないしょ／ないしょう［内証］。ないしょうむき［内証向］。中世あさゆふ［朝夕］。かって［勝手］。くやう［口養］。しょたい［所帯］。しんしゃう［身上］。しんだい［身代］。中古かけい［家計］。くゎっけい［活計］。上代かだう［家道］。

―を立てる 近代えいせい［営生］。しょせい［処世］。ぬらす［濡］。近世くちすぎ［口過］。よすぎ［世過］。口を濡らす。中世煙を立つ［―立てる］。渡世を送る。中古とせい［渡世］。よわたり［世渡］。上代ここう［糊口］。わたらふ［渡］。

―を立てるための職業 ジョブ(job)。近代かげふ［稼業］。近世しょくげふ［職業］。中世しごと［仕事］。すぎはひ［生業］。中古いとなみ［営］。げふ［業］。せいけい［生計］。なりはひ［生業］。上代せいげふ［生業］。なり［業］。《句》近世生業(すぎはひ)は草の種。生業(すぎはひ)は草箒(くさばうき)の種。

―を楽にする 近世櫂(かい)を振り回す。

一時凌(しの)ぎの― くちしのぎ［口凌］。

孤独な― 近代形影相憐れむ。形影相弔ふ。

世俗を離れた― 中古かんきょ［閑居／間居］。

他人を頼る― 近代きせい［寄生］。ぐうせい［寓生］。

なんとか―を立てる 近代ぬらす［濡］。口を糊する。糊口を凌ぐ。近世からくりしんしゃう［絡繰身上］。

一人の― 近代ひとりぐらし［一人暮／独暮］。中古ひとりずみ［独住］。

不安定な―をする 中世ただよふ［漂］。

普段の― 中世うちうち［内内］。

毎日の― 中世あさゆふ［朝夕］。中古ふしおき［臥起］。

貧しい― その日暮らし。近代糊口(ここう)を凌(しの)ぐ。近世しゅくすい［菽水］。

クラシック(classic) 近代クラシック。こてん［古典］。でんとうてき［伝統的］。近世いにしへぶり［古振／古風］。むかしふう［昔風］。中古こふう［古風］。

くら・す【暮】近代やっていく［遣行］。生計を立てる。世間を渡る。日を暮らす。近世くふ［食］。たぶ［たべる］［食］。頤(おとがひ)を養ふ。煙を立つ［―立てる］。中世あかしくらす［明

暮］。くらふ［食］。すぐ［すぎる］［過］。せうす［消／銷］。中古あけくらす［明暮］。ありふ［有経］。すごす［過］。せいくゎつ［生活］。めぐらふ［巡］。月日を送る。世を渡る。上代くらす［暮］。わたらふ［渡］。わたる［渡］。

ー・していたい 上代ありがほし［有欲］。

ー・しにくい 近世せちがらし［世知辛］。中古ありがたし［有難］。ありわぶ［有侘］。すみうし［住憂］。すみわぶ［ーわびる］［住侘］。

ー・しやすい 上代ありよし［有良］。

ー・することができる 近世くろむ［黒］。中世あらる［有］。

遊んでー・す 中古ありのすさび［在遊］。上代あそびくらす［遊暮］。

安楽にのんびりとー・す 近代いういうじてき［悠悠自適／優遊自適］。せいかううどく［晴耕雨読］。近世いっきょ［逸居］。のえふす［偃］。中世あんど［安堵］。じてき［自適］。中古あんきょ［安居／晏居］。

一生ー・す 中古すみはつ［住果］。

隠れてひっそりとー・す 近世しいん［市隠］。中世ひきこもる［引籠］。中古いんとん［隠遁］。上代かくる［かくれる］［隠］。

閑寂にー・す 中世わぶ［わびる］［侘］。

苦しみに耐えてー・す 中古しのびすぐす［忍過］。

仕事を辞め静かにー・す 中世いんたい［隠退］。上代いんきょ［隠居］。

泣き続けてー・す 中古なきくらす［泣暮］。

何もせず陰気にー・す 近代くすぶる［燻］。

一つ屋根の下でー・す 同じ釜の飯を食う。近代いちう［一宇］。

独りでー・す 近代形影相憐(あわ)れむ。形影相弔ふ。近世やもめぐらし［寡暮／鰥暮］。中古やもめずまひ／やもめずみ［寡住／鰥住］。上代くゎきょ［寡居］。

日々をー・す 中世あかしくらす［明暮］。

夫婦としてー・す 近代つれあふ［連合］。中世つれそふ［連添］。

クラス(class) かいそう［階層］。グレード(grade)。近代がくきふ［学級］。きふ［級］。クラス。くらゐづけ［位付］。だんかい［段階］。ランク(rank)。近世くみ［組］。上代かいきふ［階級］。とうきふ［等級］。

ーメート 近代きふいう［級友］。どうきふせい［同級生］。

ぐらつ・く ゆらぐ［揺］。近代さゆらぐ［揺］。ゆすれる［揺］。ゆれうごく［揺動］。近世ぐらつく。ふらつく。ゆる［ゆれる］［揺］。中世よろく［よろける］［蹌踉／蹣跚］。よろめく［蹌踉］。中古うく［浮］。どうえう［動揺］。どうず［動］。ひろろぐ。ゆるぐ［揺］。上代よろぼふ［蹌踉］。

▼擬態語 ぐらっと。ぐらりと。近代がたがた。近世ぐらぐら。ひょろひょろ。ふらふら。中世ゆっすり。ゆらゆら。よろよろ。中古ゆさゆさ。

クラブ(club) どうこうかい［同好会］。ぶかつどう［部活動］。近代あつまり［集］。クラブ［club／倶楽部］。サークル(circle)。中世しふくゎい［集会］。中古くゎい［会］。

グラフ(graph) 近代グラフ。ぐゎほう［画報］。チャート(chart)。づへう［図表］。近世づしき［図式］。中古づけい［図形］。

ーのいろいろ(例) えグラフ［絵graph］。えんグラフ［円graph］。おびグラフ［帯graph］。おれせんグラフ［折線graph］。せんグラフ［線graph］。せんけいグラフ［扇形graph］。そうかんず［相関図］。ダイヤグラム(diagram)。てんグラフ［点graph］。どすうぶんぷひょう［度数分布表］。ヒストグラム(histogram)。ぼうグラフ［棒graph］。めんせきグラフ［面積graph］。

クラフト(kraft) みんげいひん［民芸品］。近代こうげいひん［工芸品］。しゅげいひん［手芸品］。中世てしごと［手仕事］。中古てづくり［手作］。

くら・べる【比】❶〈比較〉 るいひ［類比］。近代かくす［角］。せうがふ［照合］。たいひ［対比］。秤(はかり)に掛ける。近世たいせう［対照］。てらしあはす［ーあわせる］［照合］。ひかく［比較］。中世たくらぶ［比］。てらす［照］。なぞらふ［ーらえる］［準／准／擬］。ひきあはす［ーあわせる］［引合］。ひきゃう［比況］。ひす［比］。天秤に掛く［ー掛ける］。中古おもひくらぶ［ーくらべる］［思比］。くらぶ［くらべる］［比／較］。しゃうりゃく［商略］。たぐふ［たぐえる］［比／類］。たくらぶ［比］。なぞへ［準／准／擬］。ひりゃう［比量］。みあはす［ーあわせる］［見合］。めならぶ［目並］。上代ならぶ［ならべる］［並］。ひかう［比校］。

ー・べて考える 近代けいかく［計較］。中世かがみる［鑑］。かんがみる［鑑］。中古おもひあはす［ーあわせる］［思合］。おもひくらぶ［ーくらべる］［思比］。おもひなずらふ［思準］。けいかう［計較］。

《尊》〔中古〕おぼしなずらふ［思準］。
ー・べにくい 〔中古〕くらべがたし［比難］。くらべぐるし［比苦］。
ー・べること 〔中古〕なずらへ［准／準／擬］。なぞへ［準］。よそへ［寄／比］。
ー・べるものがない この上ない。比類がない。〔近世〕るいなし［類無］。〔中世〕さうなし［双無］。ならびなし［並無］。むに［無二］。〔中古〕かたはらなし［傍無］。たぐひなし［類無］。になし［二無］。むさう［無双］。むるい［無類］。ふたつなし［二無］。譬(たと)へなし。譬へん方なし。物に似ず。〔上代〕むひ［無比］。
心の中でー・べる 〔中古〕おもひなずらふ［思準］。
差が大きくてー・べられない 比べものにならない。〔近代〕だんちがひ［段違］。桁(けた)が違ふ。〔近世〕日を同じくして論ぜず。
並べてー・べる 〔中古〕ならび［並／双］。
計りー・べる 〔中古〕かく［かける］［懸／掛］。
見てー・べる 〔中古〕みくらぶ［ーくらべる］［見比／見較］。めならぶ［目並］。
くら・べる【比】❷〈競争〉 〔近代〕たいかう［対抗］。〔中世〕きゃうさう［競争］。はりあふ［張合］。〔中古〕くらぶ［くらべる］［比／競］。くらべ［比／競］。しょうぶ［勝負］。
腕前をー・べる 〔中世〕うでくらべ［腕比／腕競］。
忍耐力をー・べる 〔近世〕こんくらべ［根比／根競］。
▼接尾語 〔中世〕くら［競］。こくら／こぐら。〔中古〕くらべ［比／競］。
くらま・す【暗】 カムフラージュ／カモフラージュ(フランス camouflage)。〔近代〕げんする［眩］。げんわく［幻惑］。〔近世〕くろます［黒］。ごまかす［誤魔化］。〔中古〕くらます［暗／晦］。まどはす［惑］。身を隠す。
人目をー・す 〔中世〕かすむ［掠］。
行方をー・す 〔近代〕しっそう［失踪］。たうばう［逃亡］。〔中世〕しゅっぽん［出奔］。〔中古〕くもがくれ［雲隠］。〔上代〕にぐ［にげる］［逃］。
くら・む【眩】 〔近代〕げんする［眩］。めくらみ［目眩］。〔近世〕めいげん［瞑眩］。目が回る。〔中世〕くるめく［眩］。げんうん［眩暈］。まぐる［眩］。めくるめく［目眩］。めまひ［目眩］。めんけん［瞑眩］。目が舞ふ。〔中古〕くらむ［眩］。くる／くるべく［眩］。まばゆし［眩］。もどろく［斑／文］。
くらやみ【暗闇】 あんぶ［暗部］。〔近代〕ダーク(dark)。〔近世〕あんしょ［暗所］。こくらがり［小暗］。まっくらがり［真暗］。〔中世〕あんこく［暗黒／闇黒］。くま［隈］。めいあん［冥暗／冥闇］。〔中古〕くらがり［暗］。くらやみ［暗闇］。くれやみ［暗闇］。こくあん［黒闇／黒暗］。こんめい［昏冥］。つつくら［惣暗］。つつやみ［真闇］。〔上代〕くれ［暗］。やみ［闇］。
ーで現実かどうか分からないこと 〔中古〕やみのうつつ［闇現］。
ーで物を見る装置 あんしそうち［暗視装置］。ノクトビジョン(noctovision)。
ーになる 〔中古〕くらがる［暗］。
ーの中 〔中古〕あんちゅう［暗中／闇中］。
ーの道 〔中世〕あんろ［暗路］。やみぢ［闇路］。
五月雨の頃のー 〔中古〕さつきやみ［五月闇］。
真のー 〔中世〕つつやみ［真闇］。〔中古〕つつくら［惣暗］。
▼少し暗い所 〔近世〕うすくらがり［薄暗］。こくらがり［小暗］。
グランド(ground)→**グラウンド**
グランド(grand) おおがたの［大型］。そうだいな［壮大］。〔近代〕グランド。〔中世〕おほきな［大］。→**おおき・い**
くり【栗】 マロン(フランス marron)。〔上代〕くり［栗］。
ーのいが 〔近代〕かくと［殻斗］。
ーの皮 おにかわ［鬼皮］。〔近世〕くりかは［栗皮］。しぶかは［渋皮］。
ーのような形 〔近世〕ゆえんがた［油煙形］。
いがに包まれたー 〔中古〕いがぐり［毬栗］。
いがに実が二つあるー 〔近世〕ふたごぐり［二子栗］。
いがに実が三つあるー 〔近世〕みつぐり［三栗］。
枝に付いたまま折り取ったー 〔中古〕えだぐり［枝栗］。
加工したー 〔中世〕ほしぐり［干栗］。〔中古〕あまぐり［甘栗］。やきぐり［焼栗］。
殻だけで中身のないー 〔中古〕みなしぐり［実無栗／虚栗］。
熟して地上に落ちたー 〔近世〕おちぐり［落栗］。
生のままのー 〔中世〕なまぐり［生栗］。
クリア(clear) めいちょう［明澄］。〔近代〕クリア。〔近世〕きっかり。くっきり。はっきり。はんぜん［判然］。めいせき［明晰／明皙］。めいめいはくはく［明明白白］。〔中世〕ありあり［有有／在在］。せいめい［清明］。はればれ［晴晴］。めいれう［明瞭／明了］。〔中古〕あきらか［明］。あきらけし［明］。あざあざ。あざやか［鮮］。くまなし［隈無］。けざけざ。けんぜん［顕然］。せんめい［鮮明］。めいはく［明白］。〔上代〕きよし［清］。→**あきらか**
くりあわ・せる【繰合】 〔近代〕さしくり［差繰］。

ゆうづう[融通]。近世 くりあはす[繰合](四段活用)。くりあはす[—あわせる][繰合]。くりまはし[繰回/繰廻]。さしくる[差繰]。やりくり[遣繰]。

仕事を—・せること 近世 てがふ[手都合]。

くりい・れる【繰入】 近代 くみいれる[組入]。くりいれる[繰入]。くりこむ[繰込]。近世 くみこむ[組込]。へんにふ[編入]。中古 さしいる[—いれる][差入]。

クリーン(clean) 中古 きよらか[清]。せいけつ[清潔]。上代 きよし[清]。

グリーン(green) 近代 グリーン。しばふ[芝生]。中古 みどりいろ/りょくしょく[緑色]。上代 みどり[緑]。**→みどり**

クリエーティブ(creative) 近代 さうざうてき[創造的]。どくさうてき[独創的]。

クリエート(create) 近代 クリエート。さうざう[創造]。さうさく[創作]。

くりかえし【繰返】 近世 くりかへし[繰返]。しきって[頻]。ぢゅうふく[重複]。中世 いくへにも[幾重]。かさねがさね[重重]。中古 あまたかへり[数多返]。あまたたび[数多度]。うちかへし[内返]。かへすがへす[返返]。かへるがへる[返返]。くれぐれ[呉呉]。たちかへり[立返]。

—味わう 近代 はんすう[反芻]。

—言う 阿呆の一つ覚え。近世 せめかく[—かける][責掛]。ぢゅうしゅつ/ちょうしゅつ[重出]。ひゃくまんだら[百万陀羅]。くだを巻く。中世 かきくどく[掻口説]。くちづく[口付]。くどく[口説]。ぢゅうせつ[重説]。口が酸っぱくなる。中古 いひつづく[—つづける][言続]。

—起こる 近代 しふくゎんせい[習慣性]。中世 つづけざま[続様]。上代 つづく[続]。

—聞く 近代 ききかへす[聞返]。中世 ききなほす[聞直]。

—手紙を読むこと 中世 けいふく[圭復]。

—用いる 近代 でふよう[畳用]。

—読む 近代 巻帙(くゎんちつ)綻(ほころ)ぶ。中世 じゅくどく[熟読]。ゐへんさんぜつ[韋編三絶]。

《句》近代 読書百遍義(ぎ)自(おの)づから見(あら)はる。

くりかえ・す【繰返】 近代 リピート(repeat)。近世 をれかへす[折返]。裏を打つ。中世 おしかへす[押返]。かんけつ[間欠/間歇]。はんぷく[反復]。ふくす[復]。中古 うちかへす[打返]。おしかへす[押返]。かさぬ[重]。くりかへす[繰返]。たちかへる[立返]。ていぢゅう[鄭重]。ていねい[丁寧/叮嚀]。はんぷく/はんぷく[反覆]。ひきかへす[引返]。をちかへる[復返]。をりかへす[折返]。上代 かさぬ[かさねる][重]。かへさふ[反]。をり[折]。

《句》近世 二度ある事は三度ある。

—・される運動 しゅうきうんどう[周期運動]。

—・すさま 近代 さいさんさいし[再三再四]。近世 ちょいちょい。ちょくちょく。中世 さいさい[再再]。さうさう[然然]。しげしげ[繁繁]。ひんぴん[頻頻]。中古 たびたび[度度]。上代 さいさん[再三]。しきり[頻]。

—・す速度 ピッチ(pitch)。

一連の過程を—・す じゅんかん[循環]。

同じ言葉を—・す 近代 ふくしゃう[復唱]。ふくしょう[復誦]。中世 れんこ[連呼]。

同じことを—・して埒(らち)があかぬ 近代 いたちごっこ[鼬]。

九回—・すこと 中古 ここのかへり[九返]。

詩句などを—・す リフレーン(refrain)。ルフラン(フランス refrain)。近代 をりかへし[折返]。中古 でふく[畳句]。

十回—・すこと 中世 とかへり[十返]。

しつこく—・すさま 近世 くどくど。ぐどぐど。中世 あこぎ[阿漕]。くどし[諄]。

死ぬのを—・す 上代 しにかへる[死返]。

少しずつ—・すたとえ さみだれ[五月雨]。

たびたび—・す 中古 うちしきる[打頻]。上代 しきる[頻]。しく[頻]。

二度—・すこと 上代 ふたゆく[二行]。《句》近代 一度ある事は二度ある。

▼反復を表す助詞(助動詞)等 中古 つつ。ては。上代 ふ。

くりごと【繰言】 近世 かこちごと[託言]。ぐち[愚痴]。よまひごと[世迷言]。中古 うらみごと[恨言]。かごと[託言]。くりこと/くりごと[繰言]。**→ぐち**

くりさ・げる【繰下】→くりの・べる

クリスマス(Christmas) 近代 キリストかうたんさい(ポルトガル Christo 降誕祭)。クリスマス。せいたんさい[聖誕祭]。ノエル(フランス Noël)。

—ツリー せいじゅ[聖樹]。

—の前夜 せいや[聖夜]。近代 イブ/クリスマスイブ(Christmas Eve)。

くりぬ・く【刳貫】 中世 くりぬく[刳貫]。近世 ゑぐる[抉/刳/剔]。中古 ゑる[彫]。

くりの・べる【繰延】 近代 くりさげる[繰下]。くりのべる[繰延]。近世 えんき[延期]。中世 のばす[延]。中古 えんいん[延引]。

くりひろ・げる【繰広】 近代 かいてん[開展]。くりひろげる[繰広]。てんかい[展開]。

くりや【厨】→だいどころ

くりょ【苦慮】→くしん【苦心】

グリル(grill) 近代 グリル。せいやうれうりてん[西洋料理店]。レストラン(restaurant)。

くりんそう【九輪草】 近代 くれんさう[九連草]。しちかいさう[七階草]。近世 くりんさう[九輪草]。ななへぐさ[七重草]。

くる【来】 近世 かまる。やってくる[遣来]。中世 はうもん[訪問]。中古 うちわたる[打渡]。おとづる〔—ずれる〕[訪]。こす[越]。みゆ〔みえる〕[見]。ものす[物]。らいいう[来遊]。らいはう[来訪]。わたる[渡]。上代 きたる[来]。く[来]。さりく[去来]。たうらい[到来]。ちかづく[近付]。
《尊》近代 いらせられる。おたづねになる[御訪]。おたちより[御立寄]。おでかけくださる[御出掛]。おはこび/おはこびくださる[御運]。おみえになる[御見]。ごそくらう[御足労]。玉趾(ぎょくし)を挙ぐ〔—挙げる〕。近世 いらっしゃる。おいでなんす[御出]。おいで/おいでなさる/おいでになる[御出]。おいでる[御出]。おでまし[御出座]。ごあんす。ござす[御座]。ござらっしゃる。ござりやす。ごんす。そんらい[尊来]。中世 おはす[御座]。おりゃらします。おりゃる。中古 おはさふ[御座]。おはします[御座]。おんいりさうらふ[御入候]。くゎうりん[光臨]。らいが[来駕]。らいりん[来臨]。上代 いでます[出座]。います[坐/在]。みたす。
《謙》中世 さうらふ[候]。中古 さんじゃう[参上]。さんず[参]。まうづ〔もうでる〕[詣]。まうでく[詣来]。まゐる[参]。上代 まうく/まゐく[参来]。まゐでく[参出来]。
《枕》中世 くずかづら[葛蔓]。中古 かたいとの[片糸]。ねぬなはの[根蓴菜]。
《序》上代 おきつなはのり[沖縄海苔]。

—・て親しくする 中世 きむつぶ[来睦]。

—・てその地に住むこと 近代 らいぢゅう[来住]。

—・て鳴く 上代 きなく[来鳴]。

—・て慣れていること 中世 きつけ[来付]。

—・てもらう 中世 よびたつ〔—たてる〕[呼立]。上代 よびよす〔—よせる〕[呼寄]。中古 まねく[招]。よぶ[呼]。

—・る時 上代 くさ[来]。

—・る途中 近世 きがけ[来]。きしな[来]。

—・る人 近代 きて[来手]。

—・るようにする 中古 きたす[来]。

後から—・る 近代 こうぞく[後続]。こうはつ[後発]。

あわてて—・る 中古 まどひく[惑来]。

外国から—・る 近代 ぐゎいらい[外来]。近世 はくせい[舶齎]。はくらい[舶来]。中古 とらい[渡来]。→**がいこく**

会場などに—・る らいかん[来館]。近代 らいぢゃう[来場]。

聞きに—・る 近代 らいちゃう[来聴]。

季節や時が—・る 上代 さる。

次々としきりに—・る 近世 踵(きびす)を接す。踵(くびす)を接す。踵(くびす)を接(す)ぐ。中世 踵(くびす)を接(つ)ぐ。中古 来(き)と来(く)。

遠くから—・る 中古 ゑんらい[遠来]。上代 きしく[来及]。来(き)と来(く)。

日本に—・る ほうにち[訪日]。らいにち[来日]。上代 らいてう[来朝]。

また—・る 中世 さいらい[再来]。

群をなして—・る 近代 ぐんらい[群来]。

行くことと—・ること 中世 いきき/ゆきき[行来]。上代 きょらい[去来]。わうらい[往来]。

よそから—・る 中世 ぐゎいらい[外来]。

くるい【狂】 近代 きゃうらん[狂瀾]。クレージー(crazy)。てうしっぱづれ[調子外]。近世 へんてう[変調]。らんてう[乱調]。らんてうし[乱調子]。中世 てうしはづれ[調子外]。中古 きゃうらん[狂乱]。上代 くるひ[狂]。

くるいざき【狂咲】 近世 かへりざき[返咲]。きゃうくゎ[狂花]。くるひざき[狂咲]。中世 あだばな[徒花]。かへりばな[返花]。

くる・う【狂】 中世 ちまどふ[血惑]。ちまよふ[血迷]。はっきゃう[発狂]。ふる〔ふれる〕[狂]。らんしん[乱心]。中古 きゃうらん[狂乱]。こころたがふ[心違]。上代 くるふ[狂]。

—・い乱れる 中世 きゃうらん[狂乱]。きゃうわく[狂惑]。

—・ったように死ぬ 中世 くるひじに[狂死]。

—・ったように走り回る 中世 きゃうほん[狂奔]。

—・わせる 近代 くるはす[狂]。近世 煙(けむ)に巻く。中古 くるはかす[狂]。たぶらかす[誑]。

グループ(group) 近代 あつまり[集]。クラブ[club/倶楽部]。グループ。サークル(circle)。しふだん[集団]。だんたい[団体]。チーム(team)。パーティー(party)。近世 くみ[組]。なかま[仲間]。はん[班]。中世 ぐん[群]。たう[党]。ととう[徒党]。むれ[群]。中古 くゎい[会]。上代 べ[部]。

祭の踊りなどの— 近世 れん[連]。

くるし・い【苦】 近代 にがい[苦]。近世 てきない。ふくゎい[不快]。中世 ずつなし[術無]。せつなし[切]。中古 ずちなし[術無]。たへがたし[耐難]。つらし[辛]。わりなし[理無]。上代 いたし[痛/甚]。うし[憂]。おもひぐるし[思苦]。からし[辛]。くるし[苦]。こころぐし[心]。こころぐるし[心苦]。なやまし[悩]。
《枕》中古 ねぬなはの[根蓴菜]。
《句》近代 苦しい時の神頼み。

ー・い思いをする 近代 くじふ[苦渋]。苦汁(くじふ)を嘗(な)める。苦杯を喫する。苦杯を嘗める。近世 熱鉄を飲む。中世 小目(こめ)を見る。中古 せまる[逼/迫]。なやましがる[悩]。

ー・い心の内 近代 くちゅう[苦衷]。

ー・い戦い 近代 あくせん[悪戦]。あくせんくとう[悪戦苦闘]。くとう[苦闘]。中世 くせん[苦戦]。

ー・い立場 近代 きゅうじゃう[窮状]。きゅうち[窮地]。近世 くきゃう[苦境]。くきゃう[苦況]。《句》近代 進退維(これ)谷(きは)まる。

ー・げなさま 近代 あくせんくとう[悪戦苦闘]。きゅうきゅう。ちみどろ[血塗]。近世 あっぷあっぷ。うんうん。えんえん[奄奄]。きそくえんえん[気息奄奄]。くきゃう[苦況]。ふうふう。中古 ぎょうぎょう[喁喁]。

暑くてー・い 近世 あつくろし[暑苦/熱苦]。中世 あつくらはし/あつくろうし[暑]。中古 あつくるし[暑苦/熱苦]。くねつ[苦熱]。

息がー・い(さま) 近代 いきぐるしい[息苦]。ぜいぜい。ぜえぜえ。息が切れる。近世 いきぎれ[息切]。えんえん[奄奄]。きそくえんえん[気息奄奄]。つかへ[支/閊]。ふうふう。中世 いきだはし[息]。中古 いきのした[息下]。上代 あへぐ[喘]。

家計がー・い 近世 とらのこわたし[虎子渡]。ひのくるま[火車]。

自分がー・い 中世 きのどく[気毒]。

なすすべなくー・い 中世 ずつなし[術無]。中古 ずちなし[術無]。

なんとなくー・い 中古 なまものうし[生物憂]。ものうし[物憂/懶]。

病気などでー・い 中世 なんぎ[難儀]。上代 いたはし[労]。

最もー・い時 近代 むなつきはっちゃう[胸突八丁]。

物がなくてー・い 上代 たしなし[足無]。

夢などでー・げな声を出す 近世 うなさる[ーされる][魘]。

くるしみ【苦】 近代 あびけうくゎん[阿鼻叫喚]。いきぢごく[生地獄]。きゅうじゃう[窮状]。くかん[苦艱]。くさん[苦惨]。くじふ[苦渋]。くはい[苦杯]。ぐゎしんしゃうたん[臥薪嘗胆]。さんく[酸苦]。苦汁(くじふ)を嘗(な)める。近世 いうく[憂苦]。いきぎれ[息切]。かんなんしんく[艱難辛苦]。くきゃう[苦境]。くげん[苦艱]。くそ[苦楚]。くゎすい/ひみづ[火水]。こんなん[困難]。さんく[惨苦]。さんつう[惨痛]。しちなんはっく[七難八苦]。しんき[辛気]。せめく[責苦]。せんしんばんく[千辛万苦]。塗炭の苦しみ。中世 うく[憂苦]。かんく[艱苦]。くしん[苦辛]。くなん[苦難]。くらう[苦労]。ごふく[業苦]。こんく[困苦]。こんやく[困厄/困阨]。しくはっく[四苦八苦]。しんつう[心痛]。ぢごく[地獄]。ぢゅうく[重苦]。とたん[塗炭]。なんぎ[難儀]。なんく[難苦]。をんぞうゑく[怨憎会苦]。九回の腸。中古 いたみ[痛/傷]。く[苦]。くげん[苦患]。くつう[苦痛]。くるしみ[苦]。しんさん[辛酸]。すいくゎ[水火]。つうこく[痛刻/痛酷]。なやみ[悩]。上代 うれへ[憂/愁]。かんなん[艱難]。くゎん[患]。こんきゅう[困窮]。しれん[試練]。しんく[辛苦]。たしなみ[窘]。つうく[痛苦]。
《句》近世 喉元過ぎれば熱さ忘る[ー忘れる]。中世 浮世は牛の小車。臆病の自火に責めらる[ー責められる]。我が身をつねって人の痛さを知れ。

ーが差し迫ること 中世 ひっぱく[逼迫]。

ーが増すこと 近代 泣きっ面に蜂。近世 切り目に塩。踏んだり蹴ったり。弱り目に祟り目。

ーと恨み 近世 うらみつらみ[恨]。

ーと楽しみ 近代 かんく[甘苦]。中古 きどあいらく[喜怒哀楽]。上代 くらく[苦楽]。

ーに耐えて努力すること 近世 くせつ[苦節]。中世 こくく[刻苦]。

ーに耐えること 中世 にんく[忍苦]。

ーのあまりなんとかする 近代 窮余の一策。苦肉の策。近世 くるしまぎれ[苦紛]。

ーの多い人間世界 近世 くがい[苦界]。中世 くかい[苦海]。

ーを受ける 中古 きざむ[刻]。上代 じゅく[受苦]。

ーを訴えること 中古 しうそ[愁訴]。

ーを訴える所がないこと 近世 ぶこく[無告]。中世 むこく[無告]。

間に挟まれる— 近代いたばさみ[板挟]。

悪のむくいとしての— くぎょう[苦業]。中世くくゎ[苦果]。中古ごふく[業苦]。

生みの— 近代ぢんつう[陣痛]。

多くの— 近世せんしんばんく[千辛万苦]。中古ばんく[万苦]。

恋の— 中世恋の重荷。中古身を焦がす。身を焼く。胸を焦がす。

詩歌や歌を作る— 中世くぎん[苦吟]。

死ぬほどの— しく[死苦]。

死の— 中古しく[死苦]。

出産後の— 近世後腹(あとばら)病む。

心配と— 中古いうきん[憂勤]。いうく[憂苦]。

罪ある者が受ける— 中古ざいく[罪苦]。

人に必ずある— 中世ごおんじゃうく[五陰盛苦]。しくはっく[四苦八苦]。中古あいべつりく[愛別離苦]。ぐふとくく[求不得苦]。しく[四苦]。しゃうらうびゃうし[生老病死]。をんぞうゑく[怨憎会苦]。

病気の— 中古びゃうく[病苦]。上代しっく[疾苦]。

別れの— 中古あいべつりく[愛別離苦]。

くるし・む【苦】 頭が痛い。近代くしん[苦辛]。くもん[苦悶]。近世うちなやむ[打悩]。こまる[困]。なんじふ[難渋]。もがく[藻掻／踠]。苦にす。苦に病む。苦を病む。中古きゅうしう[窮愁]。くなう[苦悩]。くるしぶ[苦]。こうず[困]。こんく[困苦]。こんなん[困難]。こんやく[困厄／困阨]。しにかへる[死返]。なやむ[悩]。なんぎ[難儀]。はんもん[煩悶]。もだゆ[もだえる][悶]。上代あつかふ[熱]。あへぐ[喘]。いたむ[痛／傷]。おもひわづらふ[思煩]。くるしむ[苦]。しんく[辛苦]。たしなむ[窘]。なやます[悩]。なやむ[悩]。わづらふ[煩]。
《尊》中古おぼしなやむ[思悩]。

—・み困ること 近代きんきゅう[窘窮]。

—・み疲れること 近代こんたい[困殆]。こんぱい[困憊]。近世こんとん[困頓]。こんぺい[困弊]。

—・み続ける 中古もえわたる[燃渡]。

—・み悶(もだ)える(さま) 近代くもん[苦悶]。のたうちまろぶ[打転]。もんもん[悶悶]。近世のたうちまはる[回]。のたうつ[打]。のたる。もがく[藻掻／踠]。中世あがく[足掻]。しちてんばったう[七転八倒]。はんもん[煩悶]。みもだえ[身悶]。もんぜつびゃくち[悶絶躄地]。中古もえこがる[燃焦]。上代あへぐ[喘]。

—・んで声を出す 近世うなさる[—される][魘]。中世しんぎん[呻吟]。

暑さに—・む 近代あつくるしい[暑苦]。中古あつる[暑]。くねつ[苦熱]。上代あつかふ[暑／熱]。

寒さで—・むこと 中古くかん[苦寒]。

処置に—・む 近代こうじはてる[困果]。近世てこずる[手子摺／梃摺]。なやむ[悩]。中古ぎょうぎょう[喁喁]。

病気などで—・む 中古いたはる[労]。うちなやむ[打悩]。なやむ[悩]。上代をゆ[瘁]。

貧困で—・むこと 近代くかん[苦寒]。近世こんばふ[困乏]。上代きゅうばふ[窮乏]。

行き詰まって—・む 中世きはまる[窮／極]。

くるし・める【苦】 近代いぢめつける[苛付]。かぎゃく[苛虐]。はくがい[迫害]。近世いぢめちらす[苛散]。いぢめる[苛]。いびる。ひづむ[歪]。ゑじめる。泡を吹かす。天井を見せる。中世こづく[小突／小衝]。しをる[撓／萎]。せばめる[狭]。やます[やませる][病]。中古がうもん[拷問]。さいなむ[苛／嘖]。せむ[せめる][責]。なやむ[なやめる][悩]。わづらはす[煩]。上代くるしむ[—しめる][苦]。たしなむ[窘]。なやます[悩]。

—・めからかう 近代ぐろう[愚弄]。中古なぶる[嬲]。

—・めるさま 近代ぎゅう。近世ぎゅうぎゅう。

自分で自分を—・める 中世すさむ[荒]。身をすさむ。

くるぶし【踝】 近世くろぶし[踝]。中世くるぶし[踝]。つぶし[腿]。中古つぶふし[踝]。上代つぶなぎ[踝]。

—の少し上 中世いっそくどり[足]。

両足の内側の— 中世うちくるぶし／うちくろぶし[内踝]。

くるま【車】 ❶〈**乗用車**〉 えいぎょうしゃ[営業車]。オート(auto)。じかようしゃ[自家用車]。じどうしゃ[自動車]。じょうようしゃ[乗用車]。近代オートモビル(automobile)。カー(car)。くるま[車]。モーターカー(motorcar)。→**じどうしゃ**

—代 こうつうひ[交通費]。近代あしだい[足代]。くるません[車銭]。くるまちん[車賃]。はだい[歯代]。

—で来ること 近代らいしゃ[来車]。

—と馬 近代しゃば[車馬]。りんてい[輪蹄]。

—の乗り降り おりる[降]。のる[乗]。車

上の人となる。近代かうしゃ[降車]。中世げしゃ[下車]。じょうしゃ[乗車]。

—の輪 しゃりん[車輪]。リム(rim)。

—をとめておく所 モータープール(motor pool)。近代ちゅうしゃぢょう[駐車場]。パーキング(parking)。パーキングエリア(parking area)。

—をとめる 近代ちゅうしゃ[駐車]。ていしゃ[停車]。

遺体を運ぶ— れいしゃ[霊車]。近代きうしゃ[柩車]。れいきうしゃ[霊柩車]。

客や荷物を送って帰る— 近代もどりぐるま[戻車]。

くるま【車】❷〈乗用車以外の車〉 ショッピングカート(shopping cart)。トレーラー(trailer)。近代いちりんしゃ[一輪車]。うばぐるま[乳母車]。さんりんしゃ[三輪車]。じてんしゃ[自転車]。じんりきしゃ[人力車]。ておしぐるま[手押車]。トロッコ(truck)。ばしゃ[馬車]。中世ごしょぐるま[御所車]。もくぎうりうば[木牛流馬]。中古うしぐるま/ぎっしゃ[牛車]。しゃじょう[車乗]。上代くるま[車]。にぐるま[荷車]。

—が行き悩むこと 中古かんか[轗軻/坎軻]。

—で行くこと 中世しゃかう[車行]。

—に乗り降りするためのスペース 中世くるまつき[車突]。中古くるまよせ[車寄]。

—の乗り降り 中世げしゃ[下車]。じょうしゃ[乗車]。中古おる[おりる][下/降]。上代のる[乗]。

—引きを業とする人 近代くるまや[車屋]。しゃふ[車夫]。近世くるまひき[車引]。

—をとめておく所 近代ばしゃまはし[馬車回]。中古くるまよせ[車寄]。

—を引いて入る 近世ひっぱりこむ[引張込]。中世ひきこむ[引込]。中古ひきいる[—いれる][引入]。

覆いのある— がいしゃ[蓋車]。近代いうがいくわしゃ[有蓋貨車]。

貴人の— 中世ぎょくれん[玉輦]。くわけん[華軒]。

皇太子の— 中世かくが[鶴駕]。

罪人を運ぶ— 近世かんしゃ[檻車]。

自家用の— 近代かかへぐるま[抱車](人力車)。てぐるま[手車](人力車)。

前後の— こうしゃ[後車]。ぜんしゃ[前車]。

小さい— 中古をぐるま[小車]。

手で動かす—(例) いちりんしゃ[一輪車]。カート(cart)。ておしぐるま[手押車]。ねこぐるま[猫車]。ワゴン(wagon)。中古てぐるま[手車/輦]。

荷物の積み降ろしや運搬に使う— フォークリフト(fork lift)。

荷物を運ぶ— 近代くゎもつじどうしゃ[貨物自動車]。ておしぐるま[手押車]。トラック(truck)。トロッコ(truck)。にばしゃ[荷馬車]。近世だいはちぐるま[大八車]。上代ちからぐるま[力車]。にぐるま[荷車]。

二輪の— げんどうきつきじてんしゃ[原動機付自転車]。スクーター(scooter)。バイク(bike)。モーターバイク(motorbike)。近代オートバイ(和製auto bicycle)。じてんしゃ[自転車]。じどうにりんしゃ[自動二輪車]。たんしゃ[単車]。モーターサイクル(motorcycle)。

花などで華やかに飾った— 中世かしゃ[香車]。くゎしゃ[花車]。はなぐるま[花車]。中古ふうりうぐるま[風流車]。

▼馬車などが走る音 近世れきろく[轣轆]。ろくろく[轆轆]。

▼牛車のいろいろ 中世あしよわぐるま[足弱車]。あままゆのくるま[雨眉車]。かうしゃ/きゃうしゃ[香車]。からびさしのくるま[唐庇車]。ごしょぐるま[御所車]。でんしゃ[鈿車]。はちえふのくるま[八葉車]。びらうびさしのくるま[檳庇車]。をぐるま[小車]。中古あじろぐるま[網代車]。あじろびさしのくるま[網代庇車]。いとげのくるま[糸毛車]。くろむしろのくるま[黒筵車]。こがねづくりのくるま[金作車]。にょうばうぐるま[女房車]。はじとみぐるま[半蔀車]。びらうげのくるま[檳毛車]。

▼助数詞 だい[台]。りょう[両]。中世じょう[乗]。

くるま【車】❸〈車輪等〉 ホイール(wheel)。近代くゎっしゃ[滑車]。わっか[輪]。近世かせぐるま[桛車]。ふうしゃ[風車]。中世かざぐるま[風車]。くるま[車]。わ[輪/環]。

—が道などから外れること だつりん[脱輪]。

—の上の車体を支える部分 シャーシー/シャシー(chassis)。近代しゃだい[車台]。

—の外周のゴム製の輪 近代タイヤ(tire; tyre)。

—の外周の鉄製の輪 近代ぐゎいりん[外輪]。

—の回転を止める装置 わどめ[輪留]。近代ブレーキ(brake)。

—の心棒 中古しゃぢく[車軸]。

—の中心部 ハブ(hub)。中世こしきみ

〔轂〕。中古どう〔筒〕。上代こしき〔轂〕。

―の中心部から放射状に並ぶ棒 近代スポーク(spoke)。上代や〔輻〕。

―の通った跡 きせき〔軌跡〕。近代き〔軌〕。きてつ〔軌轍〕。近世ぜんてつ〔前轍〕。中世てつ〔轍〕。わだち〔轍〕。中古しゃてつ〔車轍〕。

外部に取り付けた― 近代ぐゎいしゃ／そとぐるま〔外車〕。ぐゎいりん〔外輪〕。

家具やピアノなどの足につける― あしぐるま〔脚車〕。キャスター(caster)。

後方の― あとわ／こうりん〔後輪〕。

前方の― ぜんりん／まえわ〔前輪〕。

鉄製の― 近代てつわ〔鉄輪〕。中世てつりん〔鉄輪〕。中古かなわ〔金輪／鉄輪〕。

動力を伝えるためのベルトを掛ける― しらべしゃ／ちょうしゃ〔調車〕。ベルトぐるま〔belt車〕。

人や物を―で踏んで通り過ぎる 近代ひく〔轢〕。

▼助数詞 りん〔輪〕。

くるまざ【車座】 近世だんざ〔団座／団坐〕。ゑんざ〔円座／円坐〕。中世くるまざ〔車座〕。中古まとゐ／まどゐ〔円居〕。

―になる 中古まとゐる〔円居／団居〕。ゐまはる〔居回〕。

くるみ【胡桃】 中古こたう〔胡桃〕。上代くるみ〔胡桃〕。

―材 ウォルナット(walnut)。

―油 ナットオイル(nut oil)。

―割り ナットクラッカー(nutcracker)。

ぐるみ(接尾語) 近代ごと。近世がらみ。ぐるみ。

くる・む【包】 つつむ〔包〕。中世くるむ〔包〕(四段活用)。くるむ〔くるめる〕〔包〕。中古おしくくむ〔押包〕。→**つつ・む**

くれ【暮】 中古くれがた〔暮方〕。上代くれ〔暮〕。

季節の― 近代おそあき〔晩秋〕。おそなつ〔晩夏〕。おそはる〔晩春〕。中古ばんか〔晩夏〕。ばんしう〔晩秋〕。ばんしゅん〔晩春〕。ばんとう〔晩冬〕。ぼしう〔暮秋〕。ぼしゅん〔暮春〕。暮れの春。行く秋。行く春。

年の― 近世おほみそか〔大晦日〕。さいぼ〔歳暮〕。としずゑ〔年末／歳末〕。ねんまつ〔年末〕。年の瀬。中古さいばん〔歳晩〕。さいまつ〔歳末〕。としこし〔年越〕。上代おほつごもり〔大晦日〕。せいぼ〔歳暮〕。→**ねんまつ**

日の― ソワール(フランス soir)。らくよう〔落陽〕。近代サンセット(sunset)。にちぼつ〔日没〕。近世ひとぼしごろ／ひともしごろ〔火灯頃〕。ひともしじぶん〔火点時分〕。ゆふぐれどき〔夕暮時〕。中世じつぼつ〔日没〕。ばん〔晩〕。ひのいり〔日入〕。中古いりあひ〔入相〕。くれがた〔暮方／晩方〕。しゃやう〔斜陽〕。たそがれ〔黄昏〕。たそがれどき〔黄昏時〕。にしび〔西日〕。にちもつ〔日没〕。ばんがた〔晩方〕。ひぐれ〔日暮〕。ひぐれがた〔日暮方〕。ひともしどき〔火点時〕。ゆふがた〔夕方〕。ゆふつかた〔夕方〕。ゆふづく〔夕〕。ゆふまぐれ〔夕間暮〕。らくじつ〔落日〕。上代ゆふ〔夕〕。ゆふぐれ〔夕暮〕。ゆふさる〔夕〕。ゆふべ〔夕〕。→**ゆうがた**

グレード(grade) 近代だんかい〔段階〕。中世かいきふ〔階級〕。上代とうきふ〔等級〕。

クレーム(claim) 近代かうぎ〔抗議〕。近世くじゃう〔苦情〕。→**くじょう**

クレーン(crane) 近代きぢゅうき〔起重機〕。クレーン。

―のいろいろ(例) アウトリガー(outrigger)。ガントリークレーン(gantry crane)。ジブクレーン(jib crane)。タワークレーン(tower crane)。デリック(derrick)。てんじょうクレーン〔天井crane〕。てんじょうそうこうきじゅうき〔天井走行起重機〕。とうがたクレーン〔塔形crane〕。ホイスト(hoist)。もんがたきじゅうき〔門型起重機〕。

くれがた【暮方】 →**くれ**

くれぐれも【呉呉】 近世くれぐれも〔呉呉〕。中世かさねがさね〔重重〕。せつに〔切〕。ぢゅうぢゅう〔重重〕。中古あなかしこ〔恐惶／穴賢〕。かへすがへす〔返返〕。せち〔切〕。よくよく〔善善／能能〕。

クレジット(credit)(取引) 近代しゃくくゎん〔借款〕。しんようがし〔信用貸〕。しんようとりひき〔信用取引〕。近世げっぷ〔月賦〕。

ぐれつ【愚劣】 →**くだらな・い**

くれない【紅】 近代こう〔紅〕。べに／べにいろ〔紅色〕。近世しんく〔深紅／真紅〕。中世こうしょく〔紅色〕。上代くれなゐ〔紅〕。

―色 中世こうしょく〔紅色〕。中古涙の色。

―と紫 中世こうし〔紅紫〕。

―になる 近代紅をさす。紅を潮す。紅を発す。

―の炎 近代ぐえん〔紅炎〕。中世こうえん〔紅炎／紅焔〕。

鮮やかな― 近代せんこう〔鮮紅〕。

薄い― 近代たいこう／たいこうしょく〔退紅色〕。近世うすべにいろ〔薄紅色〕。たんこ

うしょく［淡紅色］。
黒みがかったー 近代 あんこうしょく［暗紅色］。
濃いー 近代 しんこう［深紅］。しんこうしょく［深紅色］。近世 しんく［深紅／真紅］。
全体がーであること 中古 ひたくれなゐ［直紅］。

く・れる【暮】 中古 うちくる〔—くれる〕［打暮］。上代 かきくる〔—くれる〕［掻暮／掻暗］。くる〔くれる〕［暮］。すぎゆく［過行］。すぐ〔すぎる〕［過］。
ー・れそうで暮れない 近代 くれなづむ［暮泥］。
ー・れて行く年 中古 ゆくとし［行年］。
ー・れようとしている 中古 くれかかる［暮懸］。
ー・れるさま 近世 とっぷり。
すっかりー・れる 中古 くれはつ〔—はてる〕［暮果］。
旅の途中で日がー・れる 中世 ゆきくる〔—くれる〕［行暮］。上代 ゆきくらす［行暮］。
日がー・れる 日が沈む。日が没する。中古 ゆふづく［夕］。上代 ゆふさる［夕］。→**くれ**

く・れる【呉】 中世 くりゃる［呉］。たもる［賜／給］。上代 くる〔くれる〕［呉］。
《尊》近世 くださる／くだされる［下］。つかはさる［遣］。中世 あづかる［与］。かうむる［被／蒙］。かたじけなくす［忝／辱］。くりゃる［呉］。中古 たまふ［賜／給］。
ー・れてやる（尊大な言い方） 中世 たぶ［賜／給］。中古 たうぶ［賜／給／食］。
何かをー・れる人 くれて［呉手］。

ぐ・れる 近代 あくくゎ［悪化］。だっせん［脱線］。ふりゃうくゎ［不良化］。近世 ぐれる。中世 だらく［堕落］。

くろ【黒】 →**くろ・い** →**くろいろ**

くろ・い【黒】❶〈色〉 近代 くろっぽい［黒］。こくしつ［黒漆］。ダーク(dark)。どすぐろい［黒］。ブラック(black)。近世 しっこく［漆黒］。まっくろけ［真黒気］。中世 くろぐろ［黒黒］。すみぞめ［墨染］。まっくろ［真黒］。中古 くろらか［黒］。すみぞめ［墨染］。ひたぐろ［直黒］。上代 かぐろし［黒］。くろし［黒］。→**くろいろ**
《枕》中古 うばたまの／むばたまの［烏羽玉］。上代 ぬばたまの［射干玉］。みなのわた［蜷腸］。
ー・い雲 中世 こくうん［黒雲］。上代 くろくも［黒雲］。
ー・い玉 上代 うばたま／ぬばたま／むばたま［射干玉／野干玉／烏玉／烏珠］。
ー・い点 近代 こくてん［黒点］。中世 こくはん［黒斑］。
ー・い部分 中世 くろみ［黒］。
ー・くする 近代 くろめる［黒］。中世 くろむ［黒］。中古 くろます［黒］。
ー・くなる 近代 くろずむ［黒］。こくへん［黒変］。中古 くろばむ［黒］。くろむ［黒］。すすく［煤］。
ー・っぽい色 たいこくしょく［帯黒色］。近代 どすぐろい［黒］。近世 あさぐろし［浅黒］。うすぐろし［薄黒］。中世 あをぐろし［青黒］。中古 あかぐろし［赤黒］。
ー・っぽいさま くろめ［黒］。中古 くろばむ［黒］。くろむ［黒］。
一面にー・くなる 近代 くろみわたる［黒渡］。
煙や煤でー・くなる 近代 すすばむ［煤］。近世 くすぶる［燻］。中世 くすぼる［燻］。中古 すすく〔すすける〕［煤］。
少しー・い 近世 あさぐろし［浅黒］。中世 うすぐろし［薄黒］。
土のようにー・い 上代 にぐろし［土黒］。
縁がー・いこと 中世 つまぐろ［端黒／妻黒］。
ますますー・くなる 近代 焼け野の鴉。
焼けてー・くなる 中世 こぐ〔こげる〕［焦］。中古 こがる〔こがれる〕［焦］。

くろ・い【黒】❷〈不正〉 近代 ふこうせい［不公正］。ふせい［不正］。近世 くろし［黒］。上代 あやし［怪］。きたなし［汚］。

くろいろ【黒色】 近代 こくしょく［黒色］。近世 くりいろ［涅色／皂色］。こくしき［黒色］。中世 くろ［黒］。中古 げん［玄］。すみぞめ［墨染］。→**くろ・い**
濃いー 近代 しんこく［深黒］。近世 しっこく［漆黒］。中世 まっくろ［真黒］。
光沢のあるー 近代 しっこく［漆黒］。
しっとりと艶のあるー 近代 烏の濡れ羽色。
茶色がかったー 近代 セピア(sepia)。
紫がかったー 近世 しこく［紫黒］。

くろう【苦労】 近代 あせ［汗］。くりょ［苦慮］。ひとくらう［一苦労］。るこつ／ろうこつ［鏤骨］。近世 きぐらう［気苦労］。こっぱひ［骨灰／粉灰］。しくはっく［四苦八苦］。ひとほね［一骨］。中世 くしん［苦心］。くらう［苦労］。ぐゎしんしゃうたん［臥薪嘗胆］。こくく［刻苦］。こぼね［小骨］。しんらう［辛労］。なんぎ［難儀］。ほねをり［骨折］。中古 いたつき［労／病］。く［苦］。こころづかひ［心遣］。しんく［辛苦］。なんじふ［難渋］。らうく［労苦］。上代 わづらひ［煩／患］。→**くしん【苦心】**→**くしん【苦辛】**

《丁》中世ごくらう[御苦労]。
《句》近代艱難(かんなん)汝(なんぢ)を玉にす。苦あれば楽あり。月夜も十五日闇夜も十五日。楽あれば苦あり。若いときの苦労は買うてもせよ。近世苦は楽の種。禍福は糾へる縄の如し。中世人間万事塞翁(さいをう)が馬。

—が多い 中古やすげなし[安無]。

—が多くて効果がない 近世くたびれまうけ[草臥儲]。むだぼね[無駄骨]。むだぼねをり[無駄骨折]。《句》近世膝で京へのぼる。上代労多くして功少なし。

—がなく気楽な人 とのさまそだち[殿様育]。近代をんしつそだち[温室育]。近世らくじん[楽人]。世間知らず。

—・させ楽もさせる 近世いっちゃういっし[一張一弛]。

—・させる 近代もむ[揉]。上代くるしむ[—しめる][苦]。

—・して一人前になる(する) 近代きたへあげる[鍛上]。たたきあげる[叩上]。

—・して得たもの 近代汗の結晶。中古かうけつ[膏血]。

—・して学問すること 中古くがく[苦学]。けいさう[蛍窓]。上代けいせつ[蛍雪]。

—・して勤めること 中古くらう[劬労]。しんきん[辛勤]。

—・しないで 楽して。労せずして。

—・する 近代あくせんくとう[悪戦苦闘]。てうしんるこつ[彫心鏤骨]。辛酸を嘗(な)める。近世けっかん[血汗]。しっぷうもくう[櫛風沐雨]。せんしんばんく[千辛万苦]。ひゃくせつせんま[百折千磨]。油を絞る。命を削る。気骨(きぼね)折る[—折れる]。心を痛む[—痛める]。塩が浸む[—浸みる]。身を削る。中世かんけつ[汗血]。りふりふしんく[粒粒辛苦]。肝を嘗(な)む[—嘗める]。小骨を折る。肺肝を砕く。骨折る[—折れる]。骨を折る。中古いたつく[労/病]。いたはる[労/病]。さいしん[砕心/摧心]。なんぎゃうくぎゃう[難行苦行]。らうす[労]。心を砕く。身を砕く。上代たしなむ[窘]。わづらふ[煩]。《句》近代雨に沐(かみあら)ひ風に櫛(くしけづ)る。風に櫛(くしけづ)り雨に沐(かみあら)ふ。

—・するさま 痩せる思い。近世あをいきといき[青息吐息]。命を縮む[—縮める]。

—・せず得をする 近代甘い汁を吸ふ。棚から牡丹餅(ぼたもち)。

—と災難 中世くやく[苦厄]。

—に対する報酬 中世ほねをり[骨折]。

—のないこと ほうしょく[飽食]。中世ことなし[事無]。

—を厭(いと)うこと 近世ほねをしみ[骨惜]。

—を嫌がらない 骨身を惜しまず。

—を無にする 近世骨を盗む。

あちこち走り回る— 近代汗馬(かんば)の労。

生きているための— 近世命が手足に絡む。

多くの人の中で—・する 近世もまる[もまれる][揉]。

家庭の— 所帯じみる。近代しょたいやつれ[所帯窶]。近世かるい[家累]。

仕事中その—をねぎらう 近代ぢんちゅうみまひ[陣中見舞]。

世間の— 近代しほ[塩]。近世塩が浸む[—浸みる]。中古ぢんらう[塵労]。塩を踏む。

取り越し— 近代きいう[杞憂]。《句》近世蚯蚓(みみず)が土を食ひ尽くす。

人に見えない所での— 近代闇の独り舞。近世縁の下の力持ち。縁の下(簀(す)の子の下)の舞。中古鴨(かも)の水掻(みづか)き。

人の面倒を見て—・する 近世世話を病む。

物事を生み出す— じんつう[陣痛]。

ぐろう【愚弄】 近代ぐろう[愚弄]。近世あやかす。やゆ[揶揄]。中世ぐゎんろう[玩弄]。もてあそぶ[弄]。中古あなどる[侮]。からかふ。てうろう[嘲弄]。なぶる[嬲]。上代あざける[嘲]。

白々しい態度で人を—・する 近世しらごかし。

くろうと【玄人】 近代エキスパート(expert)。じゅくれんしゃ[熟練者]。スペシャリスト(specialist)。せんもんか[専門家]。プロ/プロフェッショナル(professional)。近世くろうと/くろと[玄人]。しゃうばいにん[商売人]。それしゃ[其者]。ほんしょく[本職]。ほんて[本手]。

—のふりをする 近世くろがる[黒/玄]。

クローズアップ(close up) ズームアップ(zoom up)。近代アップ(up)。おほうつし[大写]。クローズアップ。

グローバル(global) うちゅうてき[宇宙的]。こくさいてき[国際的]。ちきゅうきぼ[地球規模]。ちきゅうてき[地球的]。近代せかいてき[世界的]。ユニバーサル(universal)。

くろこ【黒子】 近代かげむしゃ[影武者]。くろまく[黒幕]。プロンプター(prompter)。近世くろぐ[黒具]。くろこ/くろご[黒子/黒衣]。くろんぼう[黒坊]。こうけん[後見]。

くろしろ【黒白】 近代あろ[鴉鷺]。じゃせい[邪正]。せいひ[正否]。近世せいじゃ[正

邪。中世くろしろ［黒白］。じゃしゃう［邪正］。中古かひ［可否］。こくびゃく［黒白］。よしあし［善悪］。上代ぜんあく［善悪］。

―の写真 モノクロ（monochromeの略）。

クロスゲーム（close game） はくねつせん［白熱戦］。近代クロスゲーム。げきせん［激戦］。げきとう［激闘］。せっせん［接戦］。

くろだい【黒鯛】 中古くろだひ［黒鯛］。ちぬ／ちぬだひ［茅渟鯛］。

―の幼魚 ちんちん（主として関東で）。

―の若魚 かいず（主として関東で）。

くろちく【黒竹】 くろちく［黒竹／烏竹］。中世しちく［紫竹］。

グロッキー（groggy） 近代グロッキー。こんたい［困殆］。こんぱい［困憊］。こんぴ［困疲］。のびる［伸／延］。ばてる。へこたれる。まゐる［参］。顎ぁを出す。油が切れる。息が切れる。近世こんぺい［困弊］。へたばる。中世くたばる。へばる。よわる［弱］。

グロテスク（フランス grotesque） 近代グロテスク。くゎいき［怪奇］。しうあく［醜悪］。しうくゎい［醜怪］。近世へんたい［変態］。中古いやう［異様］。しゅあく［醜悪］。上代みにくし［醜］。

―・な人や物 ビヒモス（behemoth）。

くろべ【楫】 いぬび［犬］。くろび［黒檜］。ごろうひば［檜葉］。ねずこ［鼠子］。

くろまく【黒幕】 くろこ／くろご［黒子］。フィクサー（fixer）。近代かげむしゃ［影武者］。くろまく［黒幕］。くゎいらいし［傀儡師］。さくし［策士］。中世うしろだて［後盾］。

くろめ【黒目】 せいぼう［睛眸］。近代もくせい［目睛／目精］。中世くろめ［黒目］。どうし［瞳子］。めだま［目玉］。中古がんせい［眼睛／眼精］。ひとみ［瞳／眸］。上代まなこ［眼］。

―の大きい感じ 近世くろめがち［黒目勝］。

くわ【鍬】 上代くは［鍬］。

―を入れる 近世かいたく［開拓］。上代かいこん［開墾］。

いろいろな―（例） またぐわ［股鍬］。近代かなぐは［金鍬］。さくぐは［作鍬］。近世あぶみぐは［鐙鍬］。いぐは［鋳鍬］。がんづめ［雁爪］。たうが／たうぐは［唐鍬］。

▼助数詞 近代ちゃう［挺／梃／丁］。

くわい【慈姑】 えんびそう［燕尾草］。しろぐゎい［白慈姑］。たいも［田芋］。中古くわゐ［慈姑］。

くわいれ【鍬入】 近代きこう［起工］。しこう／せこう［施工］。近世くはいれ［鍬入］。くははじめ［鍬初］。

くわ・える【加】 うわのせ［上乗］。かさあげ［嵩上］。近代つけくはへる［付加］。つけたす［付足］。てんか［添加］。てんぷ［添付］。ふか［付加］。プラス（plus）。ほそく［補足］。よせる［寄］。近世かく〔かける〕［掛／懸］。ぞうか［増加］。ぞうほ［増補］。ます［増］。中世かみ［加味］。くはゆ［加］。さしくはふ〔―くわえる〕［差加］。ついか［追加］。とりかさぬ〔―かさねる〕［取重］。ふす［付］。ほどこす［施］。中古あはす〔あわせる〕［合］。いる〔いれる〕［入／納］。うちそふ［打添］。しくはふ［為加］。そふ〔そえる〕［添］。つく〔つける〕［付］。上代かさぬ〔かさねる〕［重］。くはふ〔くわえる〕［加］。たす［足］。とりそふ〔―そえる〕［取添］。ひきそふ〔―そえる〕［引添］。ほじゅう［補充］。

《句》近代屋上（屋下）屋を架す。中世錦上に花を敷く。錦上に花を添ふ〔―添える〕。雪上霜を加ふ〔―加える〕。

―・えた結果の数 近代がふけい［合計］。ぜんがく［全額］。そうがく［総額］。そうわ［総和］。わ［和］。近世しめだか［締高］。せうけい［小計］。そうかず／そうすう［総数］。中世そうけい［総計］。

―・えて入れる 近世かて［糅］。上代かつ〔かてる〕［糅］。まず〔まぜる〕［交／混］。

―・えて一つにする 上代がふせい［合成］。

―・える計算 あわせざん［合算］。くわえざん［加算］。しゅうけい［集計］。たしざん［足算］。るいけい［累計］。近代かさん［加算］。がっさん［合算］。かはふ［加法］。せきさん［積算］。わ［和］。近世さんにふ［算入］。しむ〔しめる〕［絞］。よせざん［寄算］。中古るいか［累加］。

―・えることと減ずること かじょ［加除］。近世かげん［加減］。

一定額を―・える 近代わりまし［割増］。

音や色を―・える 中世かぶす〔かぶせる〕［被］。

重さを―・える 近代かぢゅう［加重］。

数を―・えてごまかす みずまし［水増］。下駄をはかせる。近世鯖さばを読む。

数を―・える 近代かさん［加算］。がっさん［合算］。わ［和］。

少量の液体を―・える 近世ちゅうにふ［注入］。つぎたす［注足］。中世さす［注／点］。中古つぐ［注／灌］。

速さなどを―・える 近世かそく［加速］。

くわ・える【銜】 中古くはふ〔くわえる〕［銜／啣］。

―・えさせる 〔近代〕かませる[嚙]。〔近世〕かます[嚙]。

深く―・える 〔近代〕くはへこむ[銜込]。

横にして―・える 〔近世〕よこぐはへ[横銜]。

くわけ【区分】 くわり[区割]。〔近代〕いろわけ[色分]。くぎり[区切]。くくゎく[区画]。くわけ[区分]。ぶんかつ[分割]。〔近世〕くべつ[区別]。しわけ[仕分]。〔中世〕しきる[仕切]。ぶんるい[分類]。るいべつ[類別]。〔中古〕くぶん[区分]。

くわし・い【詳】 〔近代〕こくめい[克明]。こまかい[細]。しゃうさい[詳細]。ちみつ[緻密]。〔近世〕ことこまやか[事細]。しゃうしつ[詳悉]。しゃうみつ[詳密]。ふかし[深]。めいさい[明細]。ゐさい[委細]。〔中世〕こまか[細]。さい[細]。さいみつ[細密]。せいさい[精細]。せいしゃう[精詳]。めんみつ[綿密]。ゐしつ[委悉]。〔中古〕ことこまか[事細]。こまごま[細細]。こまやか[細]。しさい[子細]。せいび[精微]。つぶさ[具／悉]。つぶつぶ。にき／にこ[和／熟]（接頭語的に）。ゐきょく[委曲]。〔上代〕くはし[詳／委]。つばひらけし／つまびらけし[詳]。つばら／つばらか[委曲]。つまひらか／つまびらか[詳／審]。まつぶさ[真具]。

―・い解説 〔近代〕せいかい[精解]。

―・いこと さいじ[細事]。

―・いことと粗いこと 〔中古〕せいそ[精粗]。

―・い知らせ 〔近代〕しゃうほう[詳報]。

―・い文書 〔中古〕さいしょ[細書]。

―・く 〔近代〕こまかく[細]。〔近世〕ことこまやかに[事細]。〔中世〕ちくいち[逐一]。〔中古〕ことごと[悉／尽]。ことこまかに[事細]。こまごまと[細細]。しさいに[子細]。つぶさに[具]。〔上代〕つまびらかに[詳／審]。まつぶさに[真具]。

―・く明らか 〔中古〕せいめい[精明]。

―・く書き述べること 〔近代〕さいじょ[細叙]。

―・く記録すること 〔中古〕しゃうろく[詳録]。

―・く調べ定めること 〔近世〕しんてい[審定]。

―・く調べること 〔近代〕せいさ[精査]。〔近世〕せいかく[精覈]。〔上代〕しんさつ[審察]。

―・く知ること 〔近代〕しゃうち[詳知]。ちしつ[知悉]。

―・くて煩わしいこと 〔近代〕こまごま[細細]。

―・く述べること 〔近代〕ぐちん[具陳]。しゃうじゅつ[詳述]。しゃうじょ[詳叙]。〔中世〕さいせつ[細説]。〔近世〕しゃうせつ[詳説]。

―・くは述べない 〔中世〕一二に及ばず（手紙用語）。

―・くはわからないこと 〔近世〕ふしゃう[不詳]。

―・く深いこと 〔近世〕せいしん[精深]。

―・く間違いのないこと 〔近代〕せいかく[精確]。

―・く論ずること 〔近代〕せいろん[精論]。

くわし・い【精】 〔近代〕いうしき[有識]。いきじびき[生字引]。げうつう[暁通]。ちしつ[知悉]。〔近世〕あかるし[明]。がいはく[該博]。くはし[精]。じゅくち[熟知]。すいはう[粋方]。せんせい[専精]。はくしき[博識]。〔中世〕せいじゅく[精熟]。せいつう[精通]。つうげう[通暁]。ものしり[物知]。造詣深し。〔中古〕いうそく[有職／有識]。〔上代〕せきがく[碩学]。はかせ[博士]。はくがく[博学]。めいてつ[明哲]。

―・くない 〔中世〕うとし[疎]。ぶあんない[不案内]。

くわせもの【食者】 〔近代〕さぎし[詐欺師]。〔近世〕いかさまし[如何様師]。くはせもの[食者]。ぺてんし[師]。ほらふき[法螺吹]。〔中世〕うそつき[嘘吐]。

くわだて【企】 きかく[企画]。こころみ[試]。〔近代〕いっけい[一計]。いっさく[一策]。きと[企図]。くゎくさく[画策]。けいと[計図]。たくらみ[企]。はうさく[方策]。プラン（plan）。プロジェクト（project）。りつあん／りふあん[立案]。〔近世〕おもひいれ[思入]。けいくゎく[計画]。こんたん[魂胆]。〔中世〕くはだて[企]。けっこう[結構]。しくみ[仕組]。たくみ[企]。もくろみ[目論見]。はからひ[計]。もよほし[催]。〔中古〕はかりこと／はかりごと[謀]。さいく[細工]。〔上代〕はかりごと[謀]。きょ[挙]。

壮大な― ゆうと[雄途]。〔近代〕さうきょ[壮挙]。〔近世〕たいけい[大計]。

巧みな― 〔中世〕きけい[奇計]。きさく[奇策]。

馬鹿げた― 〔近代〕ぐきょ[愚挙]。

分不相応な― 〔近代〕やばう[野望]。〔中世〕やしん[野心]。〔中古〕ひばう[非望]。

悪い― 〔近代〕かんさく[奸策／姦策]。きょぼう[虚謀]。〔近世〕いちもつ[一物]。したごころ[下心]。わるだくみ[悪巧]。〔中世〕あくけい[悪計]。きけい[詭計]。〔上代〕いんぼう[陰謀／隠謀]。かんけい[奸計／姦計]。

くわだ・てる【企】 案を立てる。〔近代〕きぼう[企謀]。くゎくする[画／劃]。りつあん／りふあん[立案]。〔近世〕くはだつ[―だてる][企]。けいくゎく[計画]。しくむ[仕組]。たくらむ／たくろむ[企]。もくろむ[目論]。〔中世〕たくらかまへいづ[構]。さくす[策]。たくむ[企]。

はからふ／はかる［計／図］。めぐらす［回］。中古 おもひかまふ［思構］。かまふ（かまえる）［構］。くはたつ［企］。
《句》近代 貝殻で海をはかる。管くだを以て天を窺ふ。針を以て地を刺す。

ー・て望むこと 近代 きばう［企望］。

ー・てる人 近世 げんぼう［元謀］。しゅぼうしゃ［首謀者］。ほっとうにん［発頭人］。中世 ちゃうほんにん［張本人］。

新しくー・てること 近代 ほっとう［発頭］。近世 ほっしん［発心］。中古 ほっき［発起］。

あれこれとー・てる 策を弄する。

秘かにー・てる 中世 寝刃ねたばを合はす。

くわり【区割】 →くわけ

くわわ・る【加】❶〈増える〉近代 ぞうだい［増大］。つけくはる［付加］。つよまる［強］。近世 ぞうか［増加］。中世 ふゆ（ふえる）［増］。中古 うちそふ［打添］。かぞう［加増］。さしそふ（―そえる）［差添］。そはる［添］。そふ［そえる］［添］。つく［付］。上代 かさなる［重］。くはる［加］。ます［増］。

ますますー・る 中古 なりそふ［成添］。

くわわ・る【加】❷〈参加〉一枚嚙（嚼／咬）む。一員となる。名を連ねる。一口乗る。近代 かめい［加盟］。きぞく［帰属］。さんにふ［参入］。はいる［入］。近世 かにふ［加入］。なかまいり［仲間入］。はせさんず［馳参］。中世 かたん［加担／荷担］。さんか［参加］。さんず［参］。しょぞく［所属］。たちまじる［立交］。中古 さしあふ［差合］。つらなる［連／列］。上代 くはる［加］。まじりたつ［交立］。まじる［交］。
《謙》末席を汚す。

急にー・る 近世 とびいり［飛入］。

計画にー・る 近代 さんくゎく［参画］。

ぐん【軍】 →ぐんたい

ーの構え 近代 たいれつ［隊列］。ぢんけい［陣形］。はいぢん［配陣］。中世 いくさだて［軍立］。そなへ［具／備］。そなへだて［備立］。ぢん［陣］。ぢんだて［陣立］。中古 ぢんれつ［陣列］。上代 たいご［隊伍］。

ーを進めること 近世 しんげき［進撃］。

意気盛んなー 中世 堂堂の陣。中古 せいぼうでんげき［星旄電戟］。

ぐん【群】 近代 グループ(group)。しふだん［集団］。中世 あつまり［集］。ぐん［群］。むらがり［群／叢］。むれ［群］。中古 むら［群／叢］。

くんいく【訓育】 ひとづくり［人作］。近代 エデュケーション(education)。くんいく［訓育］。近世 かんくゎ［感化］。けういく［教育］。けうじ［教示］。中世 くんたう［薫陶］。けうくゎ［教化］。上代 けうだう［教導］。ぶんけう［文教］。

くんかい【訓戒】 近代 かい［戒］。かいこく［戒告］。くんかい［訓戒／訓誡］。くんこく［訓告］。せっけう［説教］。ちゅうい［注意］。ゆし［諭旨］。近世 しめし［示］。だんぎ［談義／談議］。ちゅうこく［忠告］。中世 かんげん［諫言］。くげん［苦言］。中古 くんじ［訓示］。上代 いさむ（いさめる）［諫］。いましむ（―しめる）［戒］。さとす［諭］。

ぐんがく【軍学】 ようへいじゅつ［用兵術］。近世 ぐんがく［軍学］。せんじゅつ［戦術］。へいがく［兵学］。中世 ひゃうじゅつ／へいじゅつ［兵術］。へいはふ［兵法］。中古 ひゃうほふ［兵法］。

ーに精通した人 →ぐんし

ぐんかん【軍艦】 うきしろ／ふじょう［浮城］。近代 かん［艦］。かんてい［艦艇］。せんとうかん［戦闘艦］。へいせん［兵船］。もうどう［艨艟］。近世 ぐんかん［軍艦］。せんかん［戦艦］。つはものぶね［兵船］。へいかん［兵艦］。中世 かこひぶね［囲船］。中古 どうもう［艟艨］。ひゃうせん［兵船］。もうしょう［艨艟／蒙衝／艨衝］。上代 いくさぶね［軍船］。ぐんせん［軍船］。

ーに装備されていること 近代 かんさい［艦載］。

ーの大砲 近代 かんさいはう［艦載砲］。かんぱう［艦砲］。

ーをつくること 近代 けんかん［建艦］。ざうかん［造艦］。

大きなー 近代 きょかん［巨艦］。てうどきふ［超弩級］。近世 たいかん［大艦］。

鉄板で装甲されたー 近代 かふてつかん［甲鉄艦］。てっかん［鉄艦］。

複数のー 近代 かんたい［艦隊］。れんがふかんたい［連合艦隊］。

味方のー 近代 れうかん［僚艦］。

その他ーのいろいろ(例) イージスかん／エイジスかん［Aegis艦］。エルエスティー(LST; landing ship for tank)。ぎょらいてい［魚雷艇］。くせんてい［駆潜艇］。クルーザー(cruiser)。ごえいかん［護衛艦］。コンボイ(convoy)。サブマリン(submarine)。しょうかん［哨艦］。じょうりくようしゅうてい［上陸用舟艇］。近代 かうくうぼかん［航空母艦］。くうぼ［空母］。くちくかん［駆逐

艦］。じゅんやうかん［巡洋艦］。すいらいてい［水雷艇］。せんすいかん［潜水艦］。せんすいぼかん［潜水母艦］。はうかん［砲艦］。フリゲート(frigate)。中世 あたかぶね／あたけぶね［安宅船／阿武船］。めくらぶね［盲船］。中古 はやぶね［早舟］。

ぐんき【軍記】 近代 ぐんきものがたり［軍記物語］。せんき［戦記］。せんきものがたり［戦記物語］。中世 いくさものがたり［軍物語］。ぐんき［軍記］。ぐんしょ［軍書］。

くんこう【勲功】 近代 じせき［事績］。しゅくん［殊勲］。中世 てがら［手柄］。中古 こうらう［功労］。上代 いさを［功／勲］。かうせき［効績］。くんこう［勲功］。くんせき［勲績］。こう［功］。こうくん［功勲］。こうせき［功績］。

ーがある 近代 いうくん［有勲］。中古 いうこう［有功］。上代 いさをし［勲／功］。

ーを賞する 近代 しゃうくん［賞勲］。

戦場のー 近世 汗馬の労。中世 せんこう［戦功］。中古 ぐんこう［軍功］。

くんこく【訓告】→くんかい

くんし【君子】 近世 けんじん［賢人］。中世 しくんし［士君子］。せいじゃ［聖者］。ひじり［聖］。中古 しゃうじゃ［聖者］。せいけん［聖賢］。せいてつ［聖哲］。上代 くんし［君子］。けんじゃ［賢者］。せいじん［聖人］。

ーと小人(しょうじん) 中世 くんいう［薫蕕］。《句》中世 薫蕕(くんいう)器(うつは)を同じうせず。

ーを徳が高いこと 近代 山高く水長し。

隠れて住むー 中古 いんくんし［隠君子］。

くんじ【訓示】 近代 くんかい［訓戒］。ちゅうい［注意］。ゆし［諭旨］。近世 けうじ［教示］。しだう［指導］。中古 いさめ［諫］。いましめ［戒］。くんじ［訓示］。上代 けうくん［教訓］。さとす［諭］。をしへ［教］。

くんじ【訓辞】 近代 くんじ［訓辞］。くんわ［訓話］。近世 くんげん［訓言］。上代 けうくん［教訓］。をしへ［教］。

ぐんし【軍師】 近代 さんぼう［参謀］。近世 ぐんがくしゃ［軍学者］。ぐんし［軍師］。ぐんぱふしゃ［軍法者］。中世 ひゃうほふしゃ／へいはふしゃ［兵法者］。

ぐんしきん【軍資金】 近代 うんどうしきん［運動資金］。うんどうひ［運動費］。ぐんしきん［軍資金］。近世 ぐんようきん［軍用金］。

くんしゅ【君主】 近代 キング(king)。近世 いってんばんじょう［一天万乗］。中世 くんしゅ［君主］。こくくん［国君］。一天の主(あるじ)。一天の君(きみ)。国の主(あるじ)。万乗の主(あるじ)。万乗の君。中古 くんわう［君王］。こくわう［国王］。じんくん［人君］。ばんじょう［万乗］。わう［王］。上代 くゎうてい［皇帝］。げんしゅ［元首］。こくしゅ［国主］。じんしゅ［人主］。ていわう［帝王］。てんし［天子］。ふてんそっと［普天率土］。

《尊》近世 しんくん［神君］。たいくん［大君］。中古 せいじゃう［聖上］。そんしゅ［尊主］。上代 おほきみ／おほぎみ［大君］。しゅじゃう［主上］。

ーが位を譲ること 中世 ぜんじゃう［禅譲］。中古 みくにゆづり［御国譲］。上代 じゃうゐ［譲位］。

ーが臣下に害される兆し 中古 白虹(はくこう)日を貫く。

ーとしていただくこと 近世 ほうたい［奉戴］。

ーと人民 近世 くんみん［君民］。

ーに意見書を奉ること 中古 じゃうへう［上表］。

ーに学問を講ずること 近世 じかう［侍講］。

ーに寵愛されて栄える 近代 えいちょう［栄寵］。中古 ちょうえい［寵栄］。

ーの恩 中古 おんくゎう［恩光］。ふうさい［覆載］。

ーの国 近代 くんしゅせい［君主制］。モナーキー(monarchy)。わうせい［王制］。

ーの位 中世 くんゐ［君位］。

ーの位につくこと 中世 なんめん［南面］。

ーの位を臣下が奪うこと 近世 かこくじゃう［下剋上］。さんだつ［簒奪］。さんりつ［簒立］。さんゐ［簒位］。せんせつ［僭窃］。中世 げこくじゃう［下剋上］。

ーの座にあること 近代 くんりん［君臨］。

ーの道 中世 けんだう［乾道］。

ーの命令 中世 きんめい［欽命］。中古 てんめい［天命］。

ーを臣下が廃してかえること 上代 はいりつ／はいりふ［廃立］。

幼いー 中世 えうくん［幼君］。中古 えうしゅ［幼主］。

女性のー 近代 ぢょうわう／ぢょわう／にょわう［女王］。

先代のー 近代 ぜんしゅ［前主］。中世 せんくゎう［先皇］。せんくん［先君］。せんしゅ［先主］。中古 きうしゅ［旧主］。せんこう［先公］。せんだい［先帝］。せんわう［先王］。上代 せんてい［先帝］。

身分を越えてーになること 近世 せんゐ［僭位］。

立派なー 近世えいしゅ[英主]。めいくん[名君]。中世けんくん[賢君]。しゃうじゅ[聖主]。めいしゅ[名主]。りゃうしゅ[良主]。中古けんしゅ[賢主]。じんくん[仁君]。せいくん[聖君]。めいわう[明王]。上代けんわう[賢王]。せいしゅ[聖主]。せいわう[聖王]。めいくん[明君]。《句》近代天下の憂ひに先立ちて憂へ天下の楽しみに後れて楽しむ。源清ければ流れ清し。

悪いー 近世ぼうくん[暴君]。中世あんくん[暗君]。あんしゅ[暗主]。ようしゅ[庸主]。

ぐんじゅ【軍需】 近代ぐんじゅ[軍需]。しちょう[輜重]。

ーの補給路 ほきゅうせん[補給線]。

ぐんしゅう【群衆】 近代ぐんしふ[群集]。ぐんしゅう[群聚]。ぐんそう[群叢]。ひとがき[人垣]。ひとなみ[人波]。ひとやま[人山]。マス(mass)。モッブ(mob)。ゐしふ[蝟集]。近世ひとだかり[人集]。中世ぐん[群]。くんじゅ[群集/群衆]。ぐんしゅう[群衆]。ひとだち[人立]。むらがり[群]。むれ[群]。中古たいしゅう[大衆]。烏合(うがふ)の衆。上代しゅうじん[衆人]。

くんしょう【勲章】 近代きねんしゃう[記念章]。くんしゃう[勲章]。しゃう[章]。上代ほうしゃう[褒賞]。

ーなどを授けること じゅしょう[授章]。じゅしょう[授賞]。近代じょくん[叙勲]。

ーなどをもらうこと じゅくん[受勲]。じゅしょう[受章]。近代じゅしゃう[受賞]。じょし[叙賜]。

ーを身に付けること 近代たいくん[帯勲]。

ぐんじりょく【軍事力】 パワー(power)。

ーの均衡による平和 ぶそうへいわ[武装平和]。

ーによる他国支配 近代せんりゃう[占領]。中世ぶりょく[武力]。中古ぶ[武]。

ーの増強 近代きゃうへい[強兵]。

ぐんじん【軍人】 近代しゃうへい[将兵]。ソルジャー(soldier)。近世かんじゃう[干城]。しゃうそつ[将卒]。ぶしゃう[武将]。ぶべん[武弁]。へいそつ[兵卒]。へいたい[兵隊]。中世ぐんぴゃう[軍兵]。せい[勢]。せんし[戦士]。ぶし[武士]。ぶじん[武人]。へいし/へいじ[兵士]。中古むさ/むしゃ[武者]。上代いくさ[戦/軍]。いくさびと[軍人]。ぐんじん[軍人]。しそつ[士卒]。つはもの[兵]。ひゃうじ[兵士]。へい[兵]。ますらたけを[益荒猛男]。ますらを/ますらをのこ[益荒男]。もののふ[武士]。→へいし →へいたい

《句》近代狡兎(かうと)死して良狗(りゃうく)(走狗(そうく))烹(に)らる。

ーの糧食 中世ひゃうりゃう[兵糧]。中古ひゃうらう[兵糧/兵粮]。

経験を積んだ老巧なー こねんへい[古年兵]。近代こへい[古兵]。中世ふるつはもの[古兵/古強者]。

戦闘で負傷したー 近代しゃういぐんじん[傷痍軍人]。

強いー 中世せいへい[精兵]。中古がうけつ[豪傑]。かうのもの/がうのもの[剛者]。せいびゃう[精兵]。上代いさを[勇男]。とつはもの[精兵]。

見張りをするー 近代せうへい[哨兵]。ばんぺい[番兵]。ほせう[歩哨]。

身分の低いー 近世ざっそつ[雑卒]。中世ざふひゃう[雑兵]。

ぐんせい【群生】 近代ぐんきょ[群居]。ぐんせい[群生]。ぐんらく[群落]。

ぐんぜい【軍勢】 近代ぐんたい[軍隊]。へいりょく[兵力]。中世ぐんぴゃう[軍兵]。せい[勢]。たたかひ[戦/闘]。て[手]。てぜい[手勢]。中古ぐん[軍]。ぐんぜい[軍勢]。たけ[丈/長]。上代いくさ[軍]。ぐんりょ[軍旅]。→ぐんたい

ーが集まること 中世せいぞろへ[勢揃]。

ーの多いたとえ 中世くもかすみ[雲霞]。

ーの配置 近代ぢん[陣]。ぢんけい[陣形]。ぢんだて[陣立]。ぢんれつ[陣列]。近世いくさだて[軍立]。そなへ[具/備]。そなへだて[備立]。ぢんぞなへ[陣備]。てづかひ[手遣/手使]。

ーを動かす鳴り物 近代ぢんだいこ[陣太鼓]。らっぱ[喇叭]。近世ぢんがね[陣鉦]。

ーを手分けすること 中世てわけ[手分]。にんじゅだて/にんずだて[人数立]。

ーを配置し陣を構える 近世陣を取る。

ーを引く合図の鉦 近世ひきがね[引鉦]。

新たなー 中世あらて[新手]。

軍船のー 近世すいぐん[水軍]。ふなて[船手]。

後方のーが先に崩れること 近世うらくづれ[裏崩]。

自分が直接率いているー 中世てぜい[手勢]。

すべてのー 近代ぜんぐん[全軍]。そうぜい[総勢]。

生死を戦うー 上代よもついくさ[黄泉軍]。

征伐のー 近代せいりょ[征旅]。ゑんせいぐ

ん［遠征軍］。
攻め寄せる方のー 近世よせて［寄手］。
戦いに負けたー 近世おちぜい［落勢］。
敵の侵攻を防ぐー 上代おさへ［抑／押］。
敵を討つー 近世うって［討手］。中世うちて［討手］。
秘かに配置するー ふくへい［伏兵］。中世ふせぜい［伏勢］。
本陣の左右のー 近代りゃうよく［両翼］。近世さうよく［双翼］。わきぞなへ［脇備］。
見せかけのー 近世みせぜい［見勢］。
寄せ集めのー 近世あつまりぜい［集勢］。中世もよほしぜい［催勢］。烏合の衆。《句》近世藁千本あっても柱にはならぬ。
わずかなー 近代くゎぜい［寡勢］。こぜい［小勢］。

ぐんせん【軍船】→ぐんかん

ぐんたい【軍隊】 フォース(force)。ミリタリー(military)。近代ぐんたい［軍隊］。ぐんだん［軍団］。たい［隊］。へいだん［兵団］。近世きこ［旗鼓］。ちんだい［鎮台］。中世し［師］。しりょ［師旅］。たたかひ［戦］。へいば［兵馬］。中古ぐん［軍］。ぐんぜい［軍勢］。上代いくさ［軍］。ぐんりょ［軍旅］。たむろ［屯］。ぶたい［部隊］。
ーが移動してとどまること しんちゅう［進駐］。近代いちゅう［移駐］。
ーが集結し待機する所 近代ぢんち［陣地］。近世ぢんえい［陣営］。へいえい［兵営］。中世ぢんしょ［陣所］。ぢんや［陣屋］。中古いほり［庵／菴／廬］。えいしょ［営所］。上代ぐんえい［軍営］。
ーが食糧を現地で求めること 近代てうべん［調弁］。
ーがとどまり警備すること 近代ゐいじゅ［衛戍］。近世ちんだい［鎮台］。中世ちんゐ［鎮衛］。上代ちんじゅ［鎮守］。ちんじゅ［鎮戍］。
ーがとどまること 近代ちゅうとん［駐屯］。ちゅうりう［駐留］。
ーで非常の際の招集 近代ひじゃうこしふ［非常呼集］。
ーの一員となる(軍人となる)こと 近代にふたい［入隊］。上代しゅっせい［出征］。
ーの移動 近代きどう［機動］。中古ぎゃうぐん［行軍］。上代かうぐん［行軍］。
ーの威力 中古へいゐ［兵威］。
ーの指揮をとる人 近世しゅすい［主帥］。中世たいしゃう［大将］。中古たいちゃう［隊長］。
ーの制度 近世へいせい［兵制］。
ーの力 近代せんとうりょく［戦闘力］。へいりょく［兵力］。中世ぶりき／ぶりょく［武力］。
ーの中の日常生活に関する仕事 近代ないむ［内務］。
ーの中の非戦闘員 シビリアン(civilian)。近代ぐんぞく［軍属］。
ーを外国へ出すこと 近代ぐゎいえき［外役］。ぐゎいせい［外征］。
ーを歓迎すること 近世たんしこしゃう［簞食壺漿／簞食瓢漿］。
ーをくり出すこと 近代しゅっぺい［出兵］。すいし［出師］。近世しゅつぐん［出軍］。せいせい［西征］。中世とうせい［東征］。
ーを進めること しんこう［侵攻］。近世しんぐん［進軍］。しんげき［進撃］。しんこう［進攻］。
意気盛んなー 近代せいせいだうだう［正正堂堂］。近世堂堂の陣。中古せいぼうでんげき［星旄電戟］。
選りすぐったー 近世えいへい［鋭兵］。中世えいし［鋭師］。えいそつ［鋭卒］。
大きなー 近代せんぐんばんば［千軍万馬］。近世たいへい［大兵］。中世たいてき［大敵］。上代たいぐん［大軍］。
男のー 上代をのいくさ［男軍］。
女のー 中世ぢゃうしぐん／らうしぐん［娘子軍］。上代めのいくさ［女軍］。
孤立したー 近世こぐん［孤軍］。
最前線のー 近代ぜんゑい［前衛］。近世さきぞなへ［先備］。ぜんぽう［前鋒］。中世さきて［先手］。ぜんぐん［前軍］。せんぢん［先陣］。せんぼう／せんぽう［先鋒］。中古ぜんぢん［前陣］。
先にたって戦うー 近世さきぞなへ［先備］。中世さきて［先手］。せんぢん［先陣］。せんて［先手］。せんぼう／せんぽう［先鋒］。中古いちぢん［一陣］。さきがけ［魁／先駆／先駈］。せんく［先駆］。
主力となるー しゅりょくぐん［主力軍］。近代ほんぐん［本軍］。
他国から援助に来たー 近代かくへい［客兵］。
他国に侵攻しとどまっているー しんちゅうぐん［進駐軍］。近代せんりゃうぐん［占領軍］。
戦えば常に勝つ強いー じょうしょうぐん［常勝軍］。
天子を護衛するー 近代きんぐん［禁軍］。きんゐいぐん［禁衛軍］。このゑしだん［近

衛師団]。

天皇の— 近代 くゎうし[皇師]。中世 くゎうぐん[皇軍]。上代 すめらみいくさ/すめらみくさ[皇御軍]。みいくさ[御軍/皇師]。

控えまたは後方警戒の— 近代 あふご[押後/押伍]。こうゑい[後衛]。中世 あとぞなへ/のちぞなへ[後備]。うしろづめ[後詰]。こうぢん[後陣]。ごづめ[後詰]。ごて[後手]。

平和時にも常置している— 近代 じゃうびぐん[常備軍]。

負けた— 中世 はいぐん[敗軍]。

その他—のいろいろ(例)①[任務] きどうぶたい[機動部隊]。くうていぶたい[空挺部隊]。近代 いうげきたい[遊撃隊]。よびぐん[予備軍]。ゑんぐん[援軍]。近世 しんがり[殿]。中世 いうぐん[遊軍/游軍]。おほて[大手]。からめて[搦手]。きへい[奇兵]。ふくへい[伏兵]。ふせぜい[伏勢]。

その他—のいろいろ(例)②[戦場] アーミー(army)。近代 かいぐん[海軍]。くうぐん[空軍]。すいぐん[水軍]。すいし[水師]。ネービー(navy)。りくぐん[陸軍]。中世 ふなて[船手]。上代 ふないくさ[船軍]。

その他—のいろいろ(例)③[主体] こくれんぐん[国連軍]。たこくせきぐん[多国籍軍]。ばくぐん[幕軍]。近代 いうぐん[友軍]。こくぐん[国軍]。パルチザン(フランス partisan)。みんぺい[民兵]。れんがふぐん[連合軍]。わうし[王師/皇師]。近世 ぎゆうぐん[義勇軍]。中世 てきぐん[敵軍]。上代 くゎんぐん[官軍]。

▼隊列 近世 そなへ[具/備]。

ぐんだん【軍団】 →ぐんたい

くんてん【訓点】(例) 近代 ばうてん[傍点]。中世 くんてん[訓点]。中古 てにはてん[弖爾波点]。とうだいじさんろんしゅうてん[東大寺三論宗点]。わてん[和点/倭点]。をことてん[乎己止点/乎古止点]。

—に従って読むこと 近代 よみくだす[読下/訓下]。中世 くんず[訓]。くんどく/くんよみ[訓読]。

—を付けること 中世 かてん[加点]。

—を施した本 中古 てんぽん[点本]。ふくんぼん[付訓本/附訓本]。

朱で記した— 中古 しゅてん[朱点]。

くんとう【薫陶】 近代 くんいく[訓育]。をしへみちびく[教導]。近世 けうゐく[教育]。中世 くんたう[薫陶]。けうくゎ[教化]。中古 ぜんだう[善導]。たうや[陶冶]。上代 けうだう[教導]。

ぐんとう【群島】 れっとう[列島]。近世 ぐんたう[群島]。中世 しょたう[諸島]。中古 たうしょ[島嶼]。上代 しまじま[島島]。

ぐんばい【軍配】 近世 たうちは[唐団扇]。だんせん[団扇]。ぢんせん[陣扇]。中世 うちは[団扇]。ぐんばい/ぐんぱい[軍配]。ぐんばいうちは[軍配団扇]。ぢんあふぎ[陣扇]。

ぐんぱい【軍配】 →ぐんばい

ぐんぱつ【群発】 たはつ[多発]。近代 ひんぱつ[頻発]。

ぐんび【軍備】 近世 ぐんび[軍備]。せんび[戦備]。へいび[兵備]。中世 へいば[兵馬]。中古 ぶび[武備]。

ぐんぴょう【軍兵】 →へいたい

ぐんぷく【軍服】 近代 ぐんい[軍衣]。ぐんぷく[軍服]。せいい[征衣]。近世 ぐんさう[軍装]。

ぐんぽう【軍法】 近代 ぐんき[軍紀/軍規]。ぐんちつ[軍秩]。ぐんりつ[軍律]。上代 ぐんぱふ[軍法]。

ぐんもん【軍門】 近代 ぢんもん[陣門]。中世 ぐんもん[軍門]。ゑんもん[轅門]。

ぐんりつ【軍律】 →ぐんぽう

くんりん【君臨】 近代 くんりん[君臨]。とうぎょ[統御]。とうち/とうぢ[統治]。上代 しはい[支配]。

くんれん【訓練】 しごく[扱]。近代 エクササイズ(exercise)。くんれん[訓練]。けんしう[研修]。ゼミナール(ドイツ Seminar)。トレーニング(training)。やうせい[養成]。レッスン(lesson)。れんせい[練成]。近世 えんしふ[演習]。かうしふ[講習]。きたふ[きたえる][鍛]。しいる[仕入]。しこむ[仕込]。中世 けいこ[稽古]。てうれん[調練]。中古 しうれん[修練]。みがく[磨/研]。上代 けうしふ[教習]。

—する人 ちょうきょうし[調教師]。近代 トレーナー(trainer)。

軍隊の— 近代 えんしふ[演習]。さうへい[操兵]。近世 さうれん[操練]。れんぺい[練兵]。中世 てうれん[調練]。

従業員の— オージェーティー(OJT: on the job training)。

動物の— 近代 てうけう[調教]。

特別な— とっくん[特訓]。

くんわ【訓話】 近代 かうわ[講話]。くんじ[訓辞]。中古 をしへ[教]。

け

け【毛】 近代 ヘア(hair)。中世 けすぢ[毛筋]。上代 かみ[髪]。け[毛]。→**かみ【髪】**

ーがすり切れること 近世 けぎれ[毛切]。

ーがふさふさしていること もっさり。近世 もやもや。中世 むく[尨]。

ーの色や生え具合 中世 けいろ[毛色]。けなみ[毛並]。

ーの先 中世 もうとう[毛頭]。中古 がうたん[毫端]。

ーの生え替わり かんもう[換毛]。

ーを糸に紡ぐ 近代 ばうもう[紡毛]。

ーを刈って整える トリミング(trimming)。

硬いー こうもう[硬毛]。ごうもう[剛毛]。

穀物外殻のー 中世 のげ[芒]。中古 のぎ[芒]。

逆立つー 中世 いかりげ[怒毛]。

身体のー〈例〉せいもう[性毛]。ちもう[恥毛]。むだげ[無駄毛／徒毛]。近代 すねげ[脛毛]。たいもう[体毛]。むなげ／むねげ[胸毛]。近世 いんもう[陰毛]。かひなげ[腕毛]。むなひげ[胸髭]。中世 ちからげ[力毛]。はなげ[鼻毛]。まゆげ[眉毛]。わきげ[脇毛／腋毛]。中古 まつげ[睫]。みのけ[身毛]。もうはつ[毛髪]。上代 ひげ[髭／鬚／髯]。→**ひげ【髭】**→**まゆ【眉】**

身体のーの濃く多いこと 近代 たもう[多毛]。近世 けむくじゃら／けむくじゃれ／けもくじゃら[毛]。けむさら／けむじゃら[毛]。たぼう[多毛]。中古 けぶかし[毛深]。

動植物のー せんもう[繊毛]。近代 ウール(wool)。べんもう[鞭毛]。めんもう[綿毛]。中世 やうもう[羊毛]。わたげ[綿毛]。中古 じうもう[獣毛]。上代 うもう[羽毛]。は[羽]。はね[羽／羽根／翅]。

葉や茎のー 近代 もうじょう[毛茸]。

ふさふさと生えているー 近代 むくげ[尨毛／毳]。

細いー 中世 せんがう[繊毫]。

柔らかいー 近代 むくげ[尨毛／毳]。近世 うぶげ[産毛]。中古 にこげ[和毛]。

ケア(care) 近代 ほご[保護]。中世 せわ[世話]。

けい【刑】→**けいばつ**

けい【系】 近代 けい[系]。けいとう[系統]。上代 すぢ[筋]。

けい【計】❶〈合計〉 しゅうけい[集計]。るいけい[累計]。近代 かさん[加算]。がふけい[合計]。そうわ[総和]。トータル(total)。わ[和]。近世 しめだか[締高]。せきさん[積算]。そうがく[総額]。せうけい[小計]。そうかず／そうすう[総数]。そうだか[総高]。つうさん[通算]。中古 あはす[あわせる][合]。そうけい[総計]。

けい【計】❷〈企て〉→**けいかく**

げい【芸】 近代 えんげい[演芸]。ぎのう[技能／伎能]。ぎはふ[技法]。げいたう[芸当]。しゅわん[手腕]。近世 うでまへ[腕前]。えんぎ[演技]。ぎかう[技巧]。げいごと[芸事]。てなみ[手並]。中世 うで[腕]。ぎげい[技芸／伎芸／妓芸]。中古 げいのう[芸能]。上代 げい[芸／藝]。げいじゅつ[芸術]。わざ[技／業]。

《句》近代 一芸は道に通ずる。芸は身の仇(あだ)。近世 芸が身を助く。芸は身を助くるほどの不仕合はせ。

ーがない 近代 げいなし[芸無]。へいぼん[平凡]。中古 むげい[無芸]。

ーがない人 近世 げいなしざる[芸無猿]。

ーの味 中世 げいふう[芸風]。

ーの極致 近代 しげい[至芸]。

ーの深さや広さ げいいき[芸域]。中世 かさ[嵩]。

ーの道 中世 げいだう[芸道]。

宴会などを楽しませる一時的なー 近世 うらげい[裏芸]。かくしげい[隠芸]。中世 ざきょう[座興]。よぎ[余技]。

金持ちが遊びでするー とのさまげい[殿様芸]。近世 だいみゃうげい[大名芸]。だんなげい[旦那芸]。

最高のー 近代 しげい[至芸]。

弟子へ伝わるー 近世 てすぢ[手筋]。中世 けちみゃく／けつみゃく[血脈]。

得意のー もちげい[持芸]。近代 おいへげい[御家芸]。近世 おかぶ[御株]。おはこ[十八番]。

一つのー 中世 いちだう[一道]。中古 いちげい[一芸]。

身に付けたー 中世 ぎげい[技芸]。のうげい[能芸]。上代 げいのう[芸能]。わざ[技／業]。

路傍で演ずるー 近代 だいだうげい[大道芸]。どばげい[土場芸]。

けいあい【敬愛】 近代 けいぼ[敬慕]。すうけい[崇敬]。近世 ぎゃうぼ[仰慕]。きんぼ[欽慕]。ししゅく[私淑]。中世 そんけい[尊敬]。中古 あふぐ[仰]。そんきゃう[尊敬]。上代 うやまふ[敬]。けいあい[敬愛]。とふ

とぶ［尊］。

けいい【経緯】 ↓けいか

けいい【敬意】 オマージュ（フランス hommage）。〔近代〕けいい［敬意］。けいぼ［敬慕］。ししゅく［私淑］。すうけい［崇敬］。すうはい［崇拝］。ゐけい［畏敬］。〔近世〕きんぼ［欽慕］。けいふく［敬服］。〔中世〕そんけい［尊敬］。〔中古〕うやまひ［敬］。〔上代〕けいあい［敬愛］。

—を表す言葉 〔近代〕けいご［敬語］。けいしょう［敬称］。けんじゃうご［謙譲語］。そんけいご［尊敬語］。ていねいご［丁寧語］。〔中世〕そんしょう［尊称］。

—を表す態度（例） 〔近世〕おじぎ［御辞儀］。だつぼう［脱帽］。〔中世〕どうざ［動座］。れい［礼］。〔中古〕はいらい／はいれい［拝礼］。

—を欠く 〔近代〕ぶれい［無礼］。〔近世〕しっけい［失敬］。〔中世〕きうはい［九拝］。ぶしつけ［不躾／無躾／不仕付］。ぶらい／ぶれい［無礼］。〔中古〕しつらい／しつれい［失礼］。ひれい［非礼］。〔上代〕ふけい［不敬］。

▼接頭語 〔近世〕お［御］。〔中古〕ご［御］。

▼接尾語（接尾語的なもの） さん。〔近代〕うへ［上］。どん。〔近世〕うぢ［氏］。かくゐ［各位］。けい［兄］。こう［公］。しっす［執］。たまへ［給］。やす。〔中世〕しゅ／しゅう［衆］。どの［殿］。〔中古〕あそん［朝臣］。おまへ［御前］。す。〔上代〕たまふ［賜／給］。

けいい【軽易】 〔近代〕あんちょく［安直］。けいい［軽易］。コンサイス（concise）。シンプル（simple）。ようい［容易］。〔近世〕かんたん［簡単］。かんべん［簡便］。かんやく［簡約］。けいびん／けいべん［軽便］。てがる［手軽］。てみじか［手短］。〔中世〕あんい［安易］。かんい［簡易］。かんじゃく／かんりゃく［簡略］。かんそ［簡素］。

けいいん【契印】 〔近代〕いんかん［印鑑］。けいいん［契印］。〔近世〕おしきりいん［押切印］。わりいん［割印］。わりはん［割判］。

げいいん【鯨飲】 〔近代〕がぶのみ［飲］。ぎういんばしょく［牛飲馬食］。げいいん［鯨飲］。ぼういん［暴飲］。〔中世〕つういん［痛飲］。

けいえい【経営】 うんえい［運営］。〔近代〕マネージメント（management）。〔近世〕えいげふ［営業］。くゎんり［管理］。けいき［経紀］。〔中世〕いとなむ［営］。けいえい［経営］。けいめい［経営］。

—・する人 エグゼクティブ（executive）。トップマネージメント（top management）。プレジデント（president）。〔近代〕きげふか［企業家］。きげふしゃ［企業主］。じつげふか［実業家］。じつげふしゃ［実業者］。しゃちゃう［社長］。〔近世〕とりしまりやく［取締役］。

—体 〔近代〕きげふ［企業］。くゎいしゃ［会社］。

—の破綻 〔近代〕たうさん［倒産］。〔近世〕はざい［破財］。〔中古〕はさん［破産］。

個人の— 〔近代〕じえい［自営］。〔近世〕しえい［私営］。

けいえん【敬遠】 たなあげ［棚上］。〔近代〕けいゑん［敬遠］。〔中世〕とほざく［—ざける］［遠］。ゑんりょ［遠慮］。〔中古〕うとんず［疎］。きひ［忌避］。〔上代〕くゎいひ［回避］。さく［さける］［避］。はばかる［憚］。

けいか【経過】 きせき［軌跡］。〔近代〕くゎてい［過程］。けいゐ［経緯］。じゃうきゃう［状況］。プロセス（process）。〔近世〕いきさつ［経緯］。いくたて。なりゆき［成行］。よなみ［世並］。〔中世〕きょくせつ［曲折］。しだい［次第］。たてぬき［経緯］。てんまつ［顛末］。〔中古〕けいくゎ［経過］。しじゅう［始終］。すいい［推移］。だうてい［道程］。

—・させる 〔中古〕すごす［過］。〔上代〕すぐす［過］。

—・する たつ［経］。〔近代〕てっする［徹］。〔近世〕けみす［閲］。〔中世〕めぐる［巡／回］。〔中古〕うちすぐ［—すぎる］［打過］。うつりかはる［移変］。くる［くれる］［暮］。とほす［徹］。わたる［渡］。〔上代〕きふ［来経］。すぎゆく［過行］。すぐ［すぎる］［過］。ふ［へる］［経］。

入り組んだ— 〔近代〕うよきょくせつ［紆余曲折］。〔中世〕きょくせつ［曲折］。

多くの歳月が—・する 年功を積む。〔近代〕けいねん［経年］。世を経ふ［—経へる］。〔近世〕ころだつ［頃経］。〔中世〕きゃうれき［経歴］。〔中古〕きゃうりゃく／けいれき［経歴］。劫こふを経ふ［—経へる］。〔上代〕けながし［日長］。

長い月日がなすこともなく—・すること 〔近代〕くゎうじつぢきう［曠日持久］。くゎうじつびきう［曠日弥久］。

日が—・すること 〔中世〕れきじつ［暦日］。

▼月日を送る 〔中古〕あけくらす［明暮］。世に経ふ。〔上代〕くらす［暮］。すぐす［過］。

けいが【慶賀】 〔近代〕けいしゅく［慶祝］。しゅくけい［祝慶］。〔近世〕しゅくが［祝賀］。〔中世〕かけい［嘉慶］。がけい［賀慶］。〔中古〕いはひ［祝］。けいが［慶賀／慶嘉］。よろこび［喜］。

けいかい【警戒】 〔近代〕けいかい［警戒］。けいご［警護］。せうかい［哨戒］。ちゅうい［注意］。ばうび［防備］。マーク（mark）。目が離せない。〔近世〕かんし［監視］。けいび［警備］。みはり［見張］。みまはり［見回］。目

を光らす。中世いましめ[戒]。中古えうじん[要心]。けいご[警固]。こころづかひ[心遣]。ようじん[用心]。上代けいゑい[警衛]。近世みがまふ[—がまえる][身構]。

—・して心を閉ざす 近世草木(さうもく)にも心を置く。中世まぶる／まぼる[守]。上代いましむ[—しめる][戒]。さしかたむ[—かためる][差固／鎖固]。まもらふ／まもる[守]。

—の心が強いたとえ 近代傷弓の鳥。

—をゆるめる 近世ゆるむ[ゆるめる][緩]。気を許す。他事なし。中世帯紐(おびひも)を解く。膚(はだ)を許す。中古うちとく[—とける][打解]。こころとく[心解]。たゆむ[弛]。心を許す。上代ゆるす[許]。

厳しい— 近世蟻の這ひ出る隙もなし。中世げんかい[厳戒]。中古かいげん[戒厳]。

緊急に備える— 上代けいきふ[警急]。

夜間の— 中古やけい[夜警]。よまはり[夜回]。

けいかい【軽快】 近代くゎつどうてき[活動的]。近世けいくゎい[軽快]。中世うきやか[浮]。かるがる[軽軽]。かるし[軽]。かろやか[軽]。くゎいくゎつ[快活]。中古かろぶ[軽]。はやりか[逸]。

—・なさま 中世すっと。近代すうっと。近世すいすい。

けいがい【形骸】 近代ぐゎいけい[外形]。中古中世からだ[身体]。けいがい[形骸]。上代かたち[形]。むくろ[軀／骸]。

—化 くうそか[空疎化]。くうどうか[空洞化]。くうぶんか[空文化]。けいしきか[形式化]。

けいかく【計画】 あおじゃしん[青写真]。近代きくゎく[企画]。きと[企図]。きと[希図／冀図]。きぼう[企謀]。くゎくさく[画策]。けいと[計図]。こうさう[構想]。しんさん／しんざん[心算]。せいちく[成竹]。せっけい[設計]。たくらみ[企]。デザイン(design)。プラン(plan)。プロジェクト(project)。近世あんじ[案]。かけ[掛]。きくゎく[規画]。きぢく[機軸]。こころづもり[心積]。だんどり[段取]。づ[図]。もくろみ[目論見]。中世あらまし。くはだて[企]。けい[計]。けいくゎく[計画]。けいりゃく[計略]。けっこう[結構]。こしらへ[拵]。しくみ[仕組]。しんけい[心計]。せいばい[成敗]。はからひ[計]。もよほし[催]。中古あらましごと[事]。あん[案]。おきて[掟]。かまへ[構]。きょ[挙]。けいくゎい[計会]。したぐみ[下組]。上代ことはかり[事計]。たばかり[謀]。はかり[計]。はかりこと[謀事]。

《尊》中古おぼしおきつ[思掟]。おぼしかまふ[思構]。

《謙》近世ぐけい[愚計]。

《句》近世一日(いちじつ)の計は晨(あした)にあり。一年の計は元旦にあり。

—・する プラニング／プランニング(planning)。近代かうず[講]。くゎくす[画]。けいくゎく[経画]。さくてい[策定]。せっけい[設計]。ちうくゎく[籌画]。りつあん[立案]。近世くはだつ[企]。しかく[—かける][仕掛]。しくむ[仕組]。じゅくけい[熟計]。たくらむ[企]。もくろむ[目論]。中世あらます。おきつ[掟]。くはたつ[企]。こしらふ[拵]。さくす[策]。たくむ[巧／工]。はからふ[計]。はかる[図]。中古おもひかまふ[思構]。おもひくはだつ[思企]。おもひたばかる[思謀]。かまふ[構]。たばかる[謀]。はかりこつ／はかりごつ[謀]。みはかる[見計]。

—・する人 プランナー(planner)。近代プロジェクター(projector)。りつあんしゃ[立案者]。

—だけで終わる おくらいり[御蔵入]。きじょうプラン[机上plan]。けいかくだおれ[計画倒]。デスクプラン(desk plan)。ふはつ[不発]。ペーパープラン(paper plan)。近代りうざん[流産]。取らぬ狸の皮算用。近世ながす[流]。ながる[ながれる][流]。三五の十八。中世精衛(せいゑい)海を塡(うづ)む[—塡める]。

—どおり進む 近代軌道に乗る。近世図に当たる。

今までにない新しい— 近代しんきぢく[新機軸]。

映画などの—図 えコンテ[絵continuity]。

大きな— そうと[壮途]。ゆうと[雄途]。近世こうと[鴻図／洪図]。たいきょ[大挙]。たいけい[大計]。ゑんぼう[遠謀]。ゑんりゃく[遠略]。

愚かな— 近世ぐけい[愚計]。

試みに作った— しあん[試案]。

実現不能な— 近代大風呂敷を広げる。バベルの塔。近世梟(ふくろふ)の宵だくみ。蚊母鳥の宵だくみ。蚊母鳥(よたか)の食(じき)だくみ。

自分の心中の— 近代しあん[私案]。しんさん[心算]。はうふ[抱負]。近世こころづ

もり［心積］。てのうち［手内］。ふくあん［腹案］。むなざんよう／むねざんよう［胸算用］。

遠い将来のための― 近代 ゑんけい［遠計］。近世 ちゃうけい［長計］。ゑんぼう［遠謀］。中世 百年の計。中古 ゑんいう［遠猷］。

遠い地での大事業の― 近代 図南(となん)の翼。

良い― ちょうけい［長計］。りょうあん［良案］。近代 めいあん［名案］。近世 りゃうけい［良計］。りゃうさく［良策］。りゃうと［良図］。中古 じゃうけい［上計］。上代 じゃうさく［上策］。

悪い― 近世 わるあんじ［悪案］。わるだくみ［悪企］。中世 ざうい［造意］。上代 いんぼう［陰謀／隠謀］。かんけい［奸計／姦計］。

けいかん【景観】 スペクタクル(spectacle)。近世 くゎうけい［光景］。けいしょく［景色］。びくゎん［美観］。中世 てうまう［眺望］。ながめ［眺］。上代 ふうくゎう［風光］。ふうけい［風景］。

けいかん【警官】 けいさつきどうたい［警察機動隊］。ちゅうざい［駐在］。近代 おまはりさん［御巡］。けいくゎん［警官］。けいさつくゎん［警察官］。けいじ［刑事］。けいり［警吏］。しふく［私服］。じゅんさ［巡査］。でか。ポリス(police)。近世 どうしん［同心］。めあかし［目明］。よりき［与力］。をかっぴき［岡引］。

―が勤務する所 近代 けいさつしょ［警察署］。かうばん／かうばんしょ［交番所］。ちゅうざいしょ［駐在所］。とんしょ［屯所］。はしゅつじょ［派出所］。ポリスボックス(police box)。

要人の身辺警護の― エスピー(SP: security police)。ようじんけいごかん［要人警護官］。

けいがん【炯眼】 近代 けいがん［慧眼］。どうさつりょく［洞察力］。近世 けいがん［炯眼］。中世 がんくゎう［眼光］。がんりき［眼力］。しきけん［識見］。上代 ゑげん［恵眼／慧眼］。

けいがん【慧眼】 →**けいがん**(前項)

けいき【計器】 けいそくき［計測器］。だいばかり［台秤］。ばねばかり［発条秤］。ルーラー(ruler)。近代 インジケーター(indicator)。けいりゃうき［計量器］。ゲージ(gauge)。さをばかり［竿秤／棹秤］。スケール(scale)。どりゃうかうき［度量衡器］。メーター(meter)。メジャー(measure)。近世 ものさし［物差／物指］。りゃうき［量器］。中世 ぢゃうぎ［定規／定木］。てんびん［天秤］。中古 はかり［秤］。

その他―のいろいろ(例) あつみけい［厚計］。あつりょくばかり［圧力秤］。かそくどけい［加速度計］。きろくけいき［記録計器］。けいしゃけい［傾斜計］。しきさいけい［色彩計］。そくしょくけい［測色計］。ノギス(ドイツNonius)。はりがねゲージ［針金gauge］。らしんばん［羅針盤］。りゅうりょうけい［流量計］。りょうすいき［量水器］。ログ(log)。近代 あつりょくけい［圧力計］。けんあつき［検圧器］。すいりゃうけい［水量計］。らしんぎ［羅針儀］。ワイヤゲージ(wire gauge)。

けいき【契機】 トリガー(trigger)。ひきがね［引金］。モチベーション(motivation)。近代 えういん［要因］。かうき［好機／幸機］。かうき［好期］。けいき［契機］。ころあひ［頃合］。スプリングボード(springboard)。タイミング(timing)。チャンス(chance)。どういん［動因］。モーメント／モメント(moment)。近世 いういん［誘因］。きっかけ。しほどき［潮時］。たんしょ／たんちょ［端緒］。どうき［動機］。中世 き［機］。きくゎい［機会］。じき［時機］。中古 しほ［潮／汐］。たより［頼］。ついで［序］。つま［端］。はし［端］。ひま［暇／隙］。→**きっかけ**

けいき【景気】 近代 かねまはり［金回］。しきゃう［市況］。しゃうきゃう［商況］。ふところあひ［懐合］。ふところかげん［懐加減］。ふところぐあひ［懐具合］。ふところつがふ［懐都合］。近世 けいき［景気］。けいきゃう［景況］。せじゃう［世情］。

―がよい かかくけいき［価格景気］。かっきょう［活況］。すうりょうけいき［数量景気］。近代 かうきゃう［好況］。かうけいき［好景気］。かうてう［好調］。

―が悪い そこわれ［底割］。ふしん［不振］。近代 しもがれどき［霜枯時］。ふきゃう［不況］。近世 かねづまり［金詰］。けち。しもがれ［霜枯］。ふけいき［不景気］。世間が詰まる。

―上昇の傾向 かいふくきちょう［回復基調］。こうてん［好転］。明るさが広がる。薄日がさす。近代 つよふくみ［強含］。近世 もちなほす［持直］。

―低下の傾向 近代 あたまうち［頭打］。づうち［頭打］。よわふくみ［弱含］。

―の一時的な後退 リセッション(recession)。

―のよいたとえ いざなぎけいき［伊弉諾景

気]。いわとけいき[岩戸景気]。じんむけいき[神武景気]。
事が始まる前のー **近代**まへげいき[前景気]。
実質を伴わないー バブル(bubble)。**近代**からけいき[空景気]。つけげいき[付景気]。
にわかー ラッシュ(rush)。**近代**ブーム(boom)。

げいぎ【芸妓】→げいしゃ

けいきょ【軽挙】 **近代**けいてうふはく[軽佻浮薄]。**近世**うはすべり/うはっすべり[上滑]。かるはずみ[軽]。そそっかし。ばうどう[妄動]。**中世**けいきょ[軽挙]。けいそつ[軽率]。けいはく[軽薄]。そこつ[粗忽]。**中古**まうどう[妄動]。

けいきょく【荊棘】 **近代**こんなん[困難]。**中世**あれち[荒地]。いばら[茨/荊/棘]。しゃうがい[障害/障碍]。**中古**けいきょく[荊棘]。

けいく【警句】すんげん[寸言]。**近代**アフォリズム(aphorism)。エピグラム(epigram)。けいく[警句]。けいご[警語]。すんてつ[寸鉄]。すんてつげん[寸鉄言]。**中古**きんげん[金言]。しげん[至言]。めいく[名句]。めいげん/めいごん[名言]。
《句》**近世**寸鉄人を刺す(殺す)。

けいぐ【敬具】 **近代**けいはく[敬白]。ふじん[不尽]。**近世**けいぐ[敬具]。はいぐ[拝具]。ふいち/ふいつ[不一/不乙]。**中世**かしこ[畏/恐]。さうさう[草草]。ふしつ[不悉]。**中古**けいびゃく[敬白]。ふせん[不宣]。ふび[不備]。**上代**さいはい[再拝]。
→てがみ

けいけいに【軽軽】 **近代**けいけい/けいけいに[軽軽]。けいてうふはく[軽佻浮薄]。**近世**かるはづみ[軽]。**中世**けいはく[軽薄]。**中古**あさはか[浅]。**上代**かるがるし[軽軽]。

げいげき【迎撃】 **近代**げいげき[迎撃]。むかへうつ[迎撃]。**近世**えうげき[要撃]。えうげき[邀撃]。

けいけん【経験】エクスペリエンス(experience)。**近代**キャリア(career)。せんれい[洗礼]。**近世**けいけん[経験]。たいけん[体験]。みきき[見聞]。**中世**おぼえ[覚]。けんぶん[見聞]。たいとく[体得]。
《句》経験は学問にまさる。習うより慣れよ。場数を踏んだ者にはかなわぬ。**近世**馬には乗って見よ人には添うて見よ。老いたる馬は道を忘れず。甲羅(かふら)を経(ふ)[ー経へる]。亀(烏賊)の甲より年の劫。劫臈(こふらふ)を経(ふ)[ー経へる]。年が薬。年問はんより世を問へ。**中古**前事を忘れざるは後事の師なり。
ーが浅い **近世**ふなれ[不慣]。嘴(くちばし)黄なり。口脇白し。世間知らず。世間見ず。**中古**はくめん[白面]。口脇黄ばむ。
ーが浅い人 **近代**くゎうこうじ[黄口児]。くゎうふんじ[黄吻児]。はなたらし[洟垂]。はなたれこぞう[洟垂小僧]。白面の書生。**近世**くゎうこう[黄口]。**中世**しらびと/しろうと[素人]。はなたれ[洟垂]。**中古**くゎうふん[黄吻]。
ーがある **中世**ふ[へる][経]。**中古**みしる[見知]。
ーがない **近代**みけいけん[未経験]。**中世**ぶあんない[不案内]。
ー・させる **中世**目を見す。
ー・していないことを前にあったように感じること きしかん[既視感]。デジャビュ(フランス déjàvu)。
ー・してみる **中世**しゃうし[嘗試]。
ー・する 肌(膚)で感じる。**近代**なめる[嘗/舐]。**中世**ふ[へる][経]。ふむ[踏]。**中古**しる[知]。ならふ[習/慣]。みる[見]。目を見る。**上代**ししる[為知]。
ーの回数 **近世**とりゐかず[鳥居数]。**中世**ばかず[場数]。
ーを積む **近代**ばなれ[場慣]。年季を入れる。**近世**甲羅(かふら)を経(ふ)[ー経へる]。亀(烏賊)の甲より年の劫。劫臈(こふらふ)を経(ふ)[ー経へる]。鳥居の数が重なる。鳥居を越す。場数を踏む。**中世**年の功。**中古**なる[なれる][慣/馴]。らうあり[労有]。功入る。
ーを積んだ年老いた英雄 **近代**らうゆう[老雄]。
ーを積んで巧み(な人) ベテラン(veteran)。**近代**らうかう[老巧]。らうじゅく[老熟]。らうたいか[老大家]。**近世**しくろ/しゅくろ[宿老]。たっしゃ/たっしゃもの[達者]。ねれもの[練者]。らうれん[老練]。らふたく[臈長]。**中世**しくとく[宿徳]。ふるつはもの[古強者/古兵]。**中古**きしゅく[耆宿]。しうとく[宿徳]。しゅくらう[宿老]。らうせい[老成]。
ーを積んで悪賢い(人) **近代**うみせんやません[海千山千]。やませんうみせん[山千海千]。らうかつ[黠]。らうくゎい[老獪]。**近世**ねれけもの[練気者]。らうくゎつ[老猾]。**中世**ふるぎつね[古狐]。ふるだぬき[古狸]。
いろいろ世間をー・した(人) せけんなれ[世

間慣]。近世くらうにん[苦労人]。

いろいろの—をする 中世へんれき[遍歴]。

実際の— 近世じっけん[実験]。たいけん[体験]。

辛い— くじゅう[苦汁]。中世ういめ[憂目]。にがみづ[苦水]。中古うきめ[憂目]。しんさん[辛酸]。上代しんく[辛苦]。

長年の— 近世ねんこう[年功]。ねんこふ[年劫]。中世こう[功]。年の功。中古らう[労]。

けいけん【敬虔】 近代けいけん[敬虔]。中世しゅしょう[殊勝]。中古つつまし[慎]。上代うやうやし[恭]。

けいげん【軽減】 軽くする。少なくする。近代けいげん[軽減]。さくげん[削減]。中世げんせう[減少]。へらす[減]。中古げんず[減]。へる[減]。

けいこ【稽古】 レッスン(lesson)。近代おさらひ[御浚]。くんれん[訓練]。しふれん[習練]。トレーニング(training)。をんしふ[温習]。近世えんしふ[演習]。中世けいこ[稽古]。したげいこ[下稽古]。たんれん[鍛錬]。てならひ[手習]。中古ならひ[習/慣]。れんしふ[練習]。

演劇等の— あらだち[荒立]。ゲネプロ(ドイツGeneralprobeから)。とおしげいこ[通稽古]。ひらげいこ[平稽古]。ランスルー(run through)。近代ぶたいげいこ[舞台稽古]。よかうえんしふ[予行演習]。リハーサル(rehearsal)。近世あらだて[荒立]。たちげいこ[立稽古]。中世したげいこ[下稽古]。

寒中の— 近世かんげいこ[寒稽古]。かんびき[寒弾]。

新年初めての— 近代はつげいこ[初稽古]。

相撲で部屋の— うちどり[内取]。

入門して初めての— 近代はつげいこ[初稽古]。

けいご【警護】 近代けいかい[警戒]。けいご[警護]。ごゑい[護衛]。近世かなぼう[金棒/鉄棒]。かなぼうひき[金棒引/鉄棒引]。けいび[警備]。中世しゅご[守護]。中古ばん[番]。まもり[守]。上代しゅゑい[守衛]。まもる/もる[守]。

貴人通行の— 中世つじがため[辻固]。

宮中を—する人 中古みかきもり[御垣守]。上代ゑじ[衛士]。

社寺の— 近世ぼうつき[棒突]。

夜間の— 中世とのゐ[宿直]。

けいこう【傾向】 しがち[仕勝]。どうこう[動向]。トレンド(trend)。近代いろあひ[色合]。うごき[動]。かたぶき/かたむき[傾]。きらひ[嫌]。けいかう[傾向]。しきさい[色彩]。すうせい[趨勢]。てうりう[潮流]。ふうてう[風潮]。むき[向]。近世きび/きみ[気味]。じりう[時流]。すうかう[趨向]。

—が強い かちすぎる[勝過]。くさい[臭]。

—になる 近代へんかう[偏向]。近世かたよる[偏]。中世かたむく[傾]。

—を強める 近世じょちゃう[助長]。

一方的な— 近代いっしょく[一色]。近世いっかうしき[一向式]。いっしき[一色]。

絵などの— 近世ぐゎふう[画風]。中世さくふう[作風]。

時代の— 近世きうん[気運]。じりう[時流]。

性質の— 近代せいかう[性向]。

▼接尾語(接尾語的なもの) いっぽう[一方]。ぽい。近代かげん[加減]。せい[性]。中古がはし。がまし。

けいこう【携行】 近代けいかう[携行]。近世けいたい[携帯]。中世もちはこぶ[持運]。中古おぶ[おびる][帯]。しょぢ[所持]。もちあるく[持歩]。懐にす。上代たづさふ[たずさえる][携]。

必ず—すべきもの 近代ひっけい[必携]。

常に—している 中世肌身離さず。

げいごう【迎合】 あゆついしょう[阿諛追従]。近代げいがふ[迎合]。こうがふ[苟合]。ごますり[胡麻擂]。近世おべっか。せじ[世辞]。どうてう[同調]。中世あいそ[愛想]。あゆ[阿諛]。へつらひ[諂/諛]。ついしょう/ついそう[追従]。てんごく[諂曲]。中古きゃうおう[饗応]。

—する 味噌をする。近代意を迎へる。歓心を買ふ。媚びを売る。提灯を持つ。尾(尻尾)を振る。太鼓を持つ。近世胡麻をする。中世とりいる[取入]。へつらふ[諂]。機嫌を取る。上代おもねる[阿]。こぶ[こびる][媚]。

けいこく【警告】 あかしんごう[赤信号]。ウォーニング(warning)。近代きけんしんがう[危険信号]。けいこく[警告]。けいせい[警世]。けいせい[警醒]。ちゅうい[注意]。近世けいしょう[警鐘]。けいほう[警報]。

—する 近代こころづける[心付]。中古おどろかす[驚]。

—する人 近代ぼくたく[木鐸]。

けいこく【渓谷】 近代けふこく[峡谷]。さんけ

け

ふ［山峡］。近世けいかん［渓澗］。中世けいこく［渓谷］。たに［谷］。たにあひ［谷間］。たにま［谷間］。中古いうけい［幽渓］。かひ［峡］。上代いうこく［幽谷］。やまかひ／やまがひ［山峡］。

げいごと【芸事】 近代エンターテインメント(entertainment)。近世げいごと［芸事］。中世いうげい［遊芸］。げい［芸］。中古げいのう［芸能］。

ーができない 中世ぶてうはふ［不調法／無調法］。

ーの日 近世いちろく［一六］。いちろくび［一六日］。

ーをする場所 近代けいこだい［稽古台］。近世けいこじょ［稽古所］。けいこば［稽古場］。けいこや［稽古屋］。

金持ちのー 近世だんなげい［旦那芸］。

けいさい【掲載】 近代かかげる［掲］。けいさい［掲載］。さいろく［採録］。とうさい［登載］。近世しうろく［収録］。しょさい［所載］。中古のす［のせる］［載］。のる［載］。上代きさい［記載］。

ー禁止 オフレコ(off the record)。

紙面いっぱいにー 近代まんさい［満載］。

他紙から写してそのままー 近代てんさい［転載］。

付け加えてー 近世ふさい［付載／附載］。

続きものとしてー 近代れんさい［連載］。

別にー べっけい［別掲］。べっさい［別載］。

もう一度ー 近代さいろく［再録］。

けいざい【経済】❶〈金融〉 けいせいさいみん［経世済民］。近代エコノミー(economy)。きんゆう［金融］。ざいせい［財政］。近世けいざい［経済］。しょくくゎ［食貨］。

ー界 近代げふかい［業界］。ざいかい［財界］。じつげふかい［実業界］。

ー状態 近代かねまはり［金回］。くらしむき［暮向］。くゎいけい［会計］。ざいせい［財政］。ふところかげん［懐加減］。ふところぐあひ［懐具合］。近世けいき［景気］。

ー状態がよいこと 近代かうけいき［好景気］。中世たのもし［頼］。

ー状態が悪いこと 近世ひだりまへ［左前］。ふけいき［不景気］。中世ふにょい［不如意］。

ー状態が悪くなって活動が鈍ること 近世ひへい［疲弊］。

ー的 近代エコノミカル(economical)。

ーに明るい人 近代エコノミスト(economist)。けいざいか［経済家］。りざいか［理財家］。

ーに関する書物 近世しょくくゎし［食貨志］。

ー力 近代きんりょく［金力］。ざいりょく［財力］。

国のー力 近代こくふ［国富］。

けいざい【経済】❷〈節約〉 しめる［締］。近代エコノミー(economy)。きりつめる［切詰］。きんしゅく［緊縮］。けいざい［経済］。せつやく［節約］。中世せつよう［節用］。上代けんやく［倹約］。せっけん［節倹］。

ー的 近代じつようてき［実用的］。中世りかん［利勘］。

けいさつ【警察】 そうさきかん［捜査機関］。近代かうばん［交番］。けいさつ［警察］。けいさつしょ［警察署］。はしゅつじょ［派出所］。ポリス(police)。近世ばんしょ［番所］。まちぶぎゃう［町奉行］。

ーに連れて行く れんこう［連行］。近世つきだす［突出］。

ーの車 パトカー／パトロールカー(patrol car)。近代しろバイ［白bike］。

秘密ーの例 近代ゲーペーウー(ロシ GPU)。ゲシュタポ(ドイ Gestapo)。

その他ーいろいろ(例) アイシーピーオー(ICPO; International Criminal Police Organization)。インターポール(Interpol)。えいせいけいさつ［衛生警察］。こうつうけいさつ［交通警察］。こくさいけいじけいさつきこう［国際刑事警察機構］。こっかけいさつ［国家警察］。近代ぎゃうせいけいさつ［行政警察］。くゎうぐうけいさつ［皇宮警察］。くゎんぜいけいさつ［関税警察］。すいじゃうけいさつ［水上警察］。ちあんけいさつ［治安警察］。ちはうけいさつ［地方警察］。ひみつけいさつ［秘密警察］。ほあんけいさつ［保安警察］。近世ふなあらため［船改］。ふなばんしょ［船番所］。

けいさん【計算】❶〈算用〉 アカウント(account)。近代うんざん［運算］。えんざん［演算］。カウント(count)。けいじゃう［計上］。さんしゅつ［算出］。ださん［打算］。近世さん［算］。さんてい［算定］。さんようあひ［算用合］。しまひ［仕舞］。そろばん［算盤／珠盤］。ちゃうあひ［帳合］。はじく［弾］。ましゃく［間尺］。算盤を置く。算盤を弾く。二一天作の五。中世けいさん［計算］。さんよう［算用］。算を置く。中古かずまふ［数］。かんぢゃう［勘定］。さんけい［算計］。さんすう［算数］。したく［支度］。よむ［読］。上代かきかぞふ［ーかぞえ

る[掻数]。かぞふ[かぞえる][数]。さんじゅつ[算術]。

ー誤り けいさんちがい[計算違]。近代ごさん[誤算]。ゐさん[違算]。近世三五の十八。

ーができないさま 近世むさん[無算]。

ーがはやいこと 近代そくさん[速算]。はやざん[早算]。近世はやざんよう[早算用]。

ー・して結果を出す 近代 さんしゅつ[算出]。近世さんてい[算定]。わりだす[割出]。

ーずく 近世りかん[利勘]。

ー・する人 カルキュレーター(calculator)。

ーに明るい人 近世かんべん[勘弁]。さんしゃ[算者]。中世さんかんじゃ[算勘者]。

ーに入れない 近代ノーカウント(no count)。

ーに入れる 近代勘定に入れる。

ーの機器 カウンター(counter)。カルキュレーター(calculator)。コンピューター(computer)。でんしけいさんき[電子計算機]。でんたく[電卓]。近代けいさんき[計算機]。けいさんじゃく[計算尺]。けいすうき[計数器]。スライディングスケール(sliding scale)。近世さんちう[算籌]。そろばん[算盤]。中世さんぎ[算木]。

ーの仕方(例) 近代あんざん[暗算]。しゅざん/たまざん[珠算]。近世ひっさん[筆算]。

ー方式 きりあげ[切上]。きりすて[切捨]。にしゃさんにゅう[二捨三入]。近代さんしき[算式]。近世さんぱふ[算法]。ししゃごにふ[四捨五入]。すうり[数理]。中古さんだう[算道]。上代さんじゅつ[算術]。

あらましのー しょうりゃくざん[省略算]。近代がいけい[概計]。近世がいさん[概算]。ちゅうぐくり[中括]。

一緒にー・すること 近世さんにふ[算入]。

試みのー しさん[試算]。

こまかくー 近世せいさん[精算]。

算盤でー・すること 近代しゅざん[珠算]。たまざん[玉算/珠算]。近世算盤を置く。算盤を弾く。

白紙にして新たなーに入ること 近代ごはさん[御破算]。

まとめてー・すること 近代がふけい[合計]。そうわ[総和]。近世そうじめ[総締]。つうさん[通算]。中世そうけい[総計]。上代つうけい[通計]。

利益だけを考えるー けいさんずく[計算尽]。けいさんだかい[計算高]。近代ださん/ださんてき[打算的]。近世かねづく[金尽]。かんぢゃうだかし[勘定高]。かんぢゃうづく[勘定尽]。そろばんづく[算盤尽]。

けいさん【計算】❷〈見積もり〉近代かはざんよう[皮算用]。けいさん[計算]。ふところかんぢゃう[懐勘定]。近世みつもり[見積]。むなさんよう/むなざんよう[胸算用]。むねざんよう[胸算用]。中世みつくろふ[見繕]。もくさん[目算]。中古すいさん[推算]。上代したく[支度]。

《句》近代取らぬ狸の皮算用。

ー・して見積もりを立てること 近代よさん[予算]。

大まかなーで見積もること 近世ちゅうぐくり[中括]。

けいし【軽視】 近代いいかげん[良加減]。けいし[軽視]。ぶべつ[侮蔑]。べうし[藐視]。近世あだやおろそか[徒疎]。べっし[蔑視]。みくびる[見縊]。馬鹿にす。中世あだおろそか[徒疎]。おもひこなす[思]。かろんず[軽]。さげすむ[蔑/貶]。みさぐ[ーさげる][見下]。中古あなどる[侮]。みくだす[見下]。上代けいべつ[軽蔑]。

ー・できない 近代せつじつ[切実]。馬鹿にならない。

ー・できない人 中古さるもの[然者]。

けいし【継嗣】 近代あとがま[後釜/跡釜]。けいしょうしゃ[継承者]。こうけいしゃ[後継者]。近世あとめ[跡目]。さうぞくにん[相続人]。中世あとつぎ[跡継]。よつぎ[世継]。中古かとく[家督]。ちゃくなん[嫡男]。上代けいし[継嗣]。ちゃくし[嫡子]。

ー以外の男の子(次男以下) 近代ひやめしぐひ[冷飯食]。

けいし【罫紙】 近代かいし[界紙]。けいし[罫紙]。けがみ[罫紙]。近世けびきがみ[罫引紙]。

けいじ【啓示】 近代インスピレーション(inspiration)。けいじ[啓示]。てんけい[天啓]。もくじ[黙示]。近世けうじ[教示]。中世しめし[示]。中古れいかん[霊感]。上代しけう[示教]。

けいじ【掲示】 近代はりだす[張出]。へうじ[表示]。近世けいじ[掲示]。けいしゅつ[掲出]。

ー・するもの 近世はりがみ[貼紙]。はりふだ[貼札/張札]。中世かうさつ[高札]。たてふだ[立札]。

けいじ【慶事】 近代おめでた。けいしゅく[慶祝]。しゅくけい[祝慶]。近世しゅくが[祝賀]。中世いはひごと[祝事]。かうじ/かう

ず［好事］。けいじ［慶事］。よろこびごと［喜事］。中古 けいが［慶賀］。よろこび［喜］。上代 きちじ［吉事］。

けいしき【形式】 かたしき［型式］。シェーマ（ドイツ Schema）。フォーマット（format）。フォルム（フランス forme; ドイツ Form）。近代 ぐゎいくゎん［外観］。ぐゎいけい［外形］。けいしき［形式］。けいたい［形態］。スタイル（style）。タイプ（type）。てんけい［典型］。はうしき［方式］。パターン／パタン（pattern）。フォーミュラ（formula）。フォーム（form）。モード（mode）。やうしき［様式］。るいけい［類型］。近世 ぐゎいけん［外見］。りんくゎく［輪郭］。中世 かくかう［格好］。かっかう［恰好］。りう［流］。中古 おきて［掟］。さま［様］。やう［様］。上代 かた［型／形］。かたち［形／容］。

—主義 おやくしょしごと［御役所仕事］。近代 パリサイは［ギリシャ Pharisaioi 派］。フォーマリズム（formalism）。

—的 きかいてき［機械的］。ぎれいてき［儀礼的］。近代 ぎむてき［義務的］。じむてき［事務的］。フォーマル（formal）。へうめんてき［表面的］。近世 しゃくしぢゃうぎ［杓子定規］。

—どおり 型（形）の如く。近代 かたどほり［型通］。型（形）に嵌る。近世 ぎりいっぺん［義理一遍］。中古 にょほふ［如法］。

—と内容 中古 くゎじつ［花実／華実］。《句》近代 新しい酒を古い革袋に入れる。

一定の— 近代 ていしき［定式］。近世 ぢゃうしき［定式］。中世 ていさい［体裁］。

古い— 中世 きうしき［旧式］。

けいしきば・る【形式張】 かくしきばる［格式張］。近代 ぎしきばる［儀式張］。けいしきばる［形式張］。しかつべらしい／しかつめらしい／しかづめらしい［鹿爪］。裃を着る。近世 あらたまる［改］。しかくしめん［四角四面］。しかくばる［四角張］。しゃちこばる／しゃちほこばる［鯱張］。もったいぶる［勿体］。

—・った話し方 近世 きりこうじゃう［切口上］。

けいじじょう【形而上】 近代 せいしんてき［精神的］。ちうしゃうてき［抽象的］。むけい［無形］。メタフィジカル（metaphysical）。近世 けいじじゃう［形而上］。

けいしゃ【傾斜】 近代 かたむき［傾］。スロープ（slope）。中世 けいしゃ［傾斜］。こうばい［勾配］。中古 ななめ／なのめ［斜］。上代 さか［坂］。

—が急なこと むなつき［胸突］。近代 きふ［急］。

—がゆるいさま 近代 だらだらくだり［降］。だんだらさがり［下］。なだらあがり［上］。ゆるやか［緩］。近世 だらだら。たらたらおり／だらだらおり。中世 なだら。中古 なだらか。

—・する 斜めになる。近代 へんかう［偏向］。近世 かしぐ［傾］。中世 むく［向］。中古 かたぶく［傾］。かたよる［偏／片寄］。こだる［木垂］。ことよる［事寄］。なだる［なだれる］［傾／頽］。上代 くたつ［降］。

—についての建築用語の例 ころび［転］。のり［法／則／矩］。

—面 近代 きふしゃめん［急斜面］。しゃめん［斜面］。上代 まま［崖］。

—を計る器具 そくしゃけい［測斜計］。近代 クリノメーター（clinometer）。

階段状に次第に高くなる— だんだらざか［坂］。

前後左右の— ぜんけい［前傾］。近代 うけい［右傾］。さけい［左傾］。まへのめり［前］。中世 のけぞる［仰反］。のめる。

ゆるやかな—が次第に急になること 近世 だらだらきふ［急］。

けいしゃ【鶏舎】 近代 とりごや［鳥小屋］。上代 とや［鶏舎］。

げいしゃ【芸者】 近代 かうしょ［校書］。きれいどこ（ろ）［綺麗所］。くろうと［玄人］。げいぎ［芸妓］。げいしゃうぎ［芸娼妓］。げんぎ［絃妓］。近世 ぎ［妓］。げいこ［芸子］。げいしゃ［芸者］。こうくん［紅裙］。せいぎ［声妓］。それしゃ［其者］。ねこ［猫］。ひだりづま［左褄］。中世 うたひめ［歌姫］。中古 うたひめ／うため［歌女］。かぎ［歌妓］。

—が金で誰とでも関係すること 近世 みずてん［不見転］。

—が客と初めて関係すること 近世 みづあげ［水揚］。

—が客に呼ばれる 近世 御座敷がかかる。

—であった女性 近世 げいしゃあがり［芸者上］。それしゃあがり［其者上］。つとめあがり［勤上］。

—と遊ぶときの代金 近代 おはな［御花］。ぎょくか［玉価］。ぎょくだい［玉代］。せんかうだい［線香代］。近世 あげせん［揚銭］。あげだい［揚代］。しうぎ［祝儀］。

—として働くこと 近世 つとめぼうこう［勤奉公］。

—に金を出して援助する人 ひいきすじ［贔

肩筋]。近代 パトロン(patron)。

—になったばかりの者 近世 しんこ[新子/新妓]。

—になる 近代 褄(つま)をとる。中世 身を売る。

—の揚げ代の金額 近代 ぎょくだか[玉高]。

—や遊女の世界 近代 くゎりうかい[花柳界]。

—を抱えている家 近代 げいしゃや[芸者屋]。近世 おきや[置屋]。

—をやめさせ引き取ること 近世 みうけ[身請/身受]。らくせき[落籍]。

—を呼ぶ 近世 あぐ(あげる)[揚]。

一人前でない— 近世 あかえり[赤襟]。おしゃく[御酌]。すうぎ[雛妓]。せうぎ[小妓]。はんぎょく[半玉]。

一人前の—になること 近代 えりがへ[襟替]。

美しい— 近代 びぎ[美妓]。近世 かりょうびんが[迦陵頻伽]。じゃうだま[上玉]。びんが[頻伽]。めいぎ[名妓]。

各地を転々とする— 近代 またたびげいしゃ[股旅芸者]。またたびねこ[股旅猫]。近世 たびげいしゃ[旅芸者]。

年とった— 近世 らうぎ[老妓]。

贔屓にしている— 近代 かふぎ[狎妓]。

料亭などに抱えておく— 近代 うちがかへ[内抱]。近世 うちげいしゃ[内芸者]。

げいじゅつ【芸術】 クンスト(ドイツ Kunst)。近代 アート(art)。アルス(ラテン ars)。げいじゅつ[芸術]。中世 ぎげい[技芸/伎芸]。げい[芸]。ふうが[風雅]。
《句》近代 芸術は長く人生は短し。
—活動をする人 近代 アーチスト/アーティスト(artist)。げいじゅつか[芸術家]。さくか[作家]。
—作品の気品 エートス(ギリシャ ēthos)。
—作品をつくる 近代 ざうけい[造型/造形]。さうざう[創造]。さうさく[創作]。中古 せいさく[制作]。
—などを趣味とする人 近代 かうずしゃ[好事者]。ディレッタント(dilettante)。近世 かうずか[好事家]。
—を味わい楽しむこと 近世 かんしゃう[鑑賞]。ぐゎんしゃう[翫賞/玩賞]。
—の主義や様式のいろいろ(例) アバンゲール(フランス avant guerre)。アプレゲール(フランス après guerre)。アングラ(underground の略)。オブジェ(フランス objet)。グラフィックアート(graphic art)。ジャンクアート(junk art)。ぜんえいげいじゅつ[前衛芸術]。だいにげいじゅつ[第二芸術]。芸術のための芸術(フランス l'art pour l'art)。近代 アバンギャルド(フランス avant garde)。いんしゃうしゅぎ[印象主義]。オートマティスム(フランス automatisme)。キュービスム(cubism)。げいじゅつしじゃうしゅぎ[芸術至上主義]。シュールレアリスム(フランス surréalisme)。ダダイスム(フランス dadaïsme)。バロック(ポルトガル barroco;フランス baroque)。みらいは[未来派]。りったいは[立体派]。
学問と— 近代 げいがく[芸学]。中世 がくげい[学芸]。
学問と—の世界 近代 げいりん[芸林]。近世 げいゑん[芸苑]。
職人的—家 アルチザン(フランス artisan)。
その他—のいろいろ(例)①[ジャンル] 近代 びじゅつ[美術]。ぶんがく[文学]。近世 えんげき[演劇]。中世 ぶんげい[文芸]。上代 おんがく[音楽]。
その他—のいろいろ(例)②[…芸術] おんきょうげいじゅつ[音響芸術]。かんきょうげいじゅつ[環境芸術]。げんごげいじゅつ[言語芸術]。しかくげいじゅつ[視覚芸術]。じかんげいじゅつ[時間芸術]。じくうかんげいじゅつ[時空間芸術]。でんとうげいじゅつ[伝統芸術]。みんぞくげいじゅつ[民俗芸術]。近代 きゃうどげいじゅつ[郷土芸術]。くうかんげいじゅつ[空間芸術]。ざうけいげいじゅつ[造形芸術]。そうがふげいじゅつ[総合芸術]。ぶたいげいじゅつ[舞台芸術]。みんしゅうげいじゅつ[民衆芸術]。

けいしょう【形象】→**けいたい【形態】**
けいしょう【軽少】→**すこし**
けいしょう【軽傷】 近代 けいしゃう[軽傷]。中世 あさで[浅手/浅傷]。うすで[薄手]。
けいしょう【敬称】 そんしょう[尊称]。近代 けいしょう[敬称]。
—の例 近代 かくか[閣下]。近世 くん[君]。ごれうにん[御寮人/御料人]。さま[様]。さん。中世 らう[老]。中古 おもと[御許]。でんか[殿下]。どの[殿]。上代 おみ[使主]。
—をつけないで名を呼ぶこと 近代 よびつけ[呼付]。近世 よびすて[呼捨]。
爵位を持った人に対する— 近代 きゃう[卿]。
法名の下につける— 中世 てん/でん[殿]。
けいしょう【継承】 こうけい[後継]。後釜に座る。近代 けいじゅ[継受]。けいしょう[継承]。しょうけい[承継]。せうけい[紹継]。近世 あとつぎ[跡継/後継]。ひきつぐ[引継]。けいぞく[継続]。たふしふ[踏襲]。中古 つぐ[継]。つづ
中世 うけつぐ[受継]。

き［続］。でんしょう［伝承］。流れを汲む。

皇位の― 上代 あまつひつぎ［天日嗣］。

けいしょう【形勝】 かんこうち［観光地］。近代 けいしょう［景勝］。近世 めいしょう［名勝］。中世 などころ［名所］。めいしょ［名所］。中古 けいしょう［形勝］。

けいしょう【警鐘】 近代 きけんしんがう［危険信号］。けいかい［警戒］。けいこく［警告］。けいせい［警世］。近世 けいしょう［警鐘］。

けいじょう【形状】 →**けいたい【形態】**

けいじょう【計上】 近代 けいじゃう［計上］。近世 かぞへあぐ〔―あげる〕［数上］。中世 けいさん［計算］。中古 かぞふ〔かぞえる〕［数］。かんぢゃう［勘定］。さんけい［算計］。

けいず【系図】 近代 せけい［世系］。近世 けいとう［系統］。けっとう［血統］。ぞくふ［族譜］。つり［吊］。つりがき［吊書／系書］。ふだい［譜代／譜第］。中世 いへ［家］。かけい［家系］。せいけい［世系］。ちすぢ［血筋］。ふけい［譜系］。中古 うぢぶみ［氏文］。かふ［家譜］。けいふ［系譜］。けつみゃく［血脈］。ふ［譜］。ふづ［譜図］。ふてふ［譜牒］。上代 けいづ［系図］。

―を自慢すること 近世 けいづだて［系図立］。

縁組で―を重視すること けいずかい［系図買］。

氏族の― 近代 しふ［氏譜］。

けいすう【係数】 近代 けいすう［係数］。しすう［指数］。しへう［指標］。

けいせい【警世】 →**けいこく【警告】**

けいせい【形勢】 どうこう［動向］。近代 アスペクト(aspect)。かざむき［風向］。きょくめん［局面］。くもゆき［雲行］。じゃうせい［情勢／状勢］。たいきょく［大局］。近世 かざなみ［風並］。なりゆき［成行］。ひより［日和］。中世 あはひ［間］。ありさま［有様］。じゃうたい［状態／情態］。はたいろ［旗色］。やうす［様子］。中古 いきほひ［勢］。けいせい［形勢］。ようだい［容体／容態］。

―をうかがう 近世 こしたんたん［虎視眈眈］。中古 こし［虎視］。

けいせい【形成】 近代 かたちづくる［形作］。けいせい［形成］。こうせい［構成］。せいけい［成形］。なりたつ［成立］。フォーメーション(formation)。上代 せいりつ［成立］。

けいせい【警醒】 →**けいこく【警告】**

けいせき【形跡】 近代 こんせき［痕跡］。近世 けいせき［形跡／形迹］。中世 あとかた［跡形］。中古 あと［跡］。なごり［名残／余波］。上代 かた［形／象］。

―がない 影も形もない。近代 かたなし［形無］。

実際の確かな― 近世 じっせき［実跡／実蹟］。

犯罪の― はんせき［犯跡］。

けいせつ【蛍雪】 近世 枝の雪。窓の蛍。中古 くがく［苦学］。けいさう［蛍窓］。上代 けいせつ［蛍雪］。

けいせん【罫線】 ガイドライン(guideline)。近代 けいせん［罫線］。近世 けい［罫］。中古 け［罫／界］。

飾りの―(例) なみけい［波罫］。近代 こもちけい［子持罫］。ぶるけい［罫］。

紙の折り目を―の代わりとする おりけい［折罫］。

けいそう【形相】 近代 けいさう［形相］。けいたい［形態］。中世 やうす［様子］。中古 すがた［姿］。上代 かたち［形］。

けいそう【係争】 →**あらそい**

けいぞう【恵贈】 →**おく・る【贈】**

けいそく【計測】 近世 けいりゃう［計量］。さげすむ［下墨］。そくてい［測定］。中古 はかる［測／計／量］。

けいぞく【継続】 近代 けいしょう［継承］。けいぞく［継続］。しょうけい［承継］。ぞくかう［続行］。そんぞく［存続］。ぢぞく［持続］。近世 えいぞく［永続］。たふしふ［踏襲］。つながる［繫］。中世 うけつぐ［受継］。れんぞく［連続］。中古 うちつづく［打続］。つづく［続］。つなぐ［繫］。上代 ながらふ［長／永／存］。

《句》近代 雨垂れ石をも穿つ。一日暖めて十日冷やす。一暴十寒。小さな流れも大河となる。涓滴岩を穿つ。近世 石の上にも三年。

―・して行う 中古 したしむ［親］。つむ［積］。

―・して使う 近世 じゃうよう［常用］。

―・するさま 中世 さうさう［然然］。

―の助動詞など てある。ている。中古 ありく。り。上代 つつ。ふ。

法律関係を―・すること こうしん［更新］。

▼続けてしている 中古 もてゆく［持行］。わたる［渡］。上代 すす［為為］。

けいそつ【軽率】 近代 けいてうふはく［軽佻浮薄］。近世 うきやか［浮］。うすっぺら［薄］。うはすべり［上滑］。うはつく［浮］。かるはづみ［軽］。けいこつ［軽忽／軽骨］。けいそつ［軽率］。けいてう［軽佻］。はうやく［方薬］。ばし。はすは／はすば［蓮葉］。ふさう［浮躁］。れうじ［聊爾］。率爾ながら。

中世うかうかし。けいきょ[軽挙]。けいはく[軽薄]。ざまく。すぞろ／そぞろ[漫]。そこつ[粗忽]。そさう[粗相]。そつじ[率爾]。とっぱ。ふつつか[不束]。ふはと。中古あうなし[奥無]。あさはか[浅]。あだあだし[徒徒]。あはあはし[淡淡]。あはし[淡]。あはそか[淡]。あはつけし[淡]。うちつけ[打付]。うはのそら[上空]。かるし／かろし[軽]。かるぶ／かろぶ[軽]。かるらか／かろらか／かろろか[軽]。かろがろし[軽]。かろびやか[軽]。きゃうきゃう[軽軽]。きゃうこつ[軽忽／軽骨]。くゎうりゃう[荒涼]。こころかるし／こころかろし[心軽]。こころをさなし[心幼]。すずろ[漫]。たはやすし／たやすし[易]。はしぢか[端近]。はやりか[逸]。ゆくりか／ゆくりなし。上代うすし[薄]。おほほし／おぼほし／おぼぼし。かるがるし[軽軽]。

━・で不真面目な男 いかれぽんち。

━・なあやまち 近代そさう[粗相]。近世しくじり。

━・な女 近世はすはんな[蓮葉女]。

━・な行動 近世ばうどう[妄動]。中古まうどう[妄動]。

━・な判断 近代けいだん[軽断]。せんけん[浅見]。ちかめ[近目]。

━・な人 近代おっちょこちょい。近世おさきもの[御先者]。ちょか。とひゃうもの[斗柄者]。のうてんき[能天気／能転気]。むてっぽう[無鉄砲]。中世ふかくじん／ふかくにん[不覚人／不覚仁]。

━・に うかうかと。近世むさと／むざと。中古あはそかに[淡]。おふなおふな／おほなおほな。

━・に人の手先になる 近代御先棒をかつぐ。提灯持ち。《句》近代提灯持ち川へはまる。

━・に振る舞う 中世うく[浮]。

けいたい【形態】 ゲシュタルト(ドイツ Gestalt)。たいじょう[体状]。フォルム(フランス forme; ドイツ Form)。近代ぐゎいけい[外形]。けいさう[形相]。けいしき[形式]。けいたい[形態]。スタイル(style)。パターン／パタン(pattern)。フォーム(form)。近世りんくゎく[輪郭]。中世かくかう[格好]。かっかう[恰好]。けいじゃう[形状]。けいよう[形容]。ていさい[体裁]。中古ありさま[有様]。おきて[掟]。けいしゃう[形象]。すがた[姿]。なり[形／態]。上代かた[形／型]。かたち[形]。

けいたい【携帯】 近代けいかう[携行]。たづさへもつ[携持]。近世けいたい[携帯]。さぐ〔さげる〕[提]。てもち[手持]。中世もちあるく[持歩]。ゐる[率]。中古しょぢ[所持]。ずいしん／ずいじん[随身]。上代おぶ〔おびる〕[帯]。たづさふ〔―さえる〕[携]。

━・している物 中世もちれう[持料]。

━の食料 中古かうちゅう[行厨]。かて[糧／粮]。かれいひ[乾飯／餉]。上代かりて[糧]。かれひ[乾飯／餉]。

━用の ハンディー(handy)。近代ポータブル(portable)。

━用の椅子 おりたたみいす[折畳椅子]。近代たたみいす[畳椅子]。

━用の鏡 近世くゎいちゅうかがみ[懐中鏡]。ふところかがみ[懐鏡]。

必ず━・する 近代ひっけい[必携]。

けいだい【境内】 中古かみのその[神園]。かみのそのふ[神園生]。しめのうち[標内]。しんゑん[神苑]。上代おきつき／おくつき[奥津城]。けいだい[境内]。

寺院の━ 近代じゃうせつ[浄刹]。

けいちゅう【傾注】 とりくみ[取組]。近代けいちゅう[傾注]。しふちゅう[集中]。ぼっとう[没頭]。むちゅう[夢中]。近世かたむく〔―むける〕[傾]。けいしゃ[傾瀉]。こる[凝]。ねっちゅう[熱中]。中世けいたう[傾倒]。中古せんしん[専心]。上代かたまく[片設]。どりょく[努力]。

けいちょう【傾聴】 聞き耳を立てる。近代きんちゃう[謹聴]。せいちゃう[静聴]。耳を傾ける。耳を澄ます。耳を峙(そばだ)てる。近世けいちゃう[傾聴]。上代きく[聴]。《尊》近代せいちゃう[清聴]。

けいちょう【慶弔】 上代くゎふく[禍福]。近代けいてう[慶弔]。きっきょう[吉凶]。

けいちょう【軽佻】 →けいそつ

けいてき【警笛】 きりぶえ[霧笛]。クラクション(klaxon)。近代アラーム(alarm)。がうてき[号笛]。きてき[汽笛]。けいてき[警笛]。サイレン(siren)。ホイッスル(whistle)。ホーン(horn)。むてき[霧笛]。近世けいほう[警報]。よびこ／よぶこ[呼子]。

けいてん【経典】 おきょう[御経]。きょうほん[経本]。近世けいくゎん[経巻]。中世きゃうしょ[経書]。きゃうてん／きゃうでん[経典]。けいてん[経典]。ぶっきゃう[仏経]。上代きゃう[経]。きゃうくゎん[経巻]。けいしょ[経書]。ないてん[内典]。

ーの初めに書かれた言葉 中古しゅだい［首題］。
ーの文章 上代きゃうもん［経文］。
ーをしまっておく建物 近世きゃうざう［経蔵］。きゃうだう［経堂］。中古ほうざう［宝蔵］。
ーを読むこと 中古ずきゃう［誦経］。てんどく［転読］。どきゃう［読経］。
宗教の根本のー しゅうてん［宗典］。
優れた教えを説いたー 中世めうてん［妙典］。
密教のー 中世ひきゃう［秘経］。

けいど【軽度】→**けいび【軽微】**

けいとう【系統】 たいけい［体系］。近代けいれつ［系列］。ライン(line)。近世けいとう［系統］。けっとう［血統］。すぢみち［筋道］。すぢめ［筋目］。みゃくらく［脈絡］。中古すぢ［筋］。ながれ［流］。
家のー 近世いへがら［家柄］。いへすぢ［家筋］。中世かけい［家系］。中古かふ［家譜］。けいづ［系図］。けいふ［系譜］。
同じー どうけい［同系］。
学問などのー 近代がくとう［学統］。近世だうとう［道統］。
正しいー 近代ちょくけい［直系］。中世しゃうとう／せいとう［正統］。上代ほんけい［本系］。
違うー いけい［異系］。
直系でないー 近代ぼうけい［傍系］。近世せんきすぢ［疝気筋］。

けいとう【傾倒】❶〈敬服〉→**けいふく**

けいとう【傾倒】❷〈傾注〉近代けいちゅう［傾注］。しふちゅう［集中］。ぼっとう［没頭］。むちゅう［夢中］。近世かたむく［ーむける］［傾］。けいしゃ［傾瀉］。こる［凝］。ねっちゅう［熱中］。中世けいたう［傾倒］。中古せんしん［専心］。上代かたまく［片設］。

けいとう【鶏頭】 近世けいくゎんくゎ［鶏冠花］。とさかぐさ［鶏冠草］。中世けいとう［鶏頭］。上代からあゐ［唐藍］。
▼**葉鶏頭**(はげいとう) 近世かるくさ［草］。中世がんらいこう［雁来紅］。

げいとう【芸当】 近代アクロバット(acrobat)。きょくぎ［曲技］。近世げい［芸］。げいたう［芸当］。はなれわざ［離技］。中世かるわざ［軽業］。きょくげい［曲芸］。

げいどう【芸道】 近世げい［芸］。中世げいだう［芸道］。中古げいのう［芸能］。
ーを伝える家 近世いへもと［家元］。
代々その家に伝わるー 近代かだう［家道］。

げいにん【芸人】 エンターテイナー(entertainer)。げいのうじん［芸能人］。近代あいけうしゃうばい［愛嬌商売］。ショーマン(showman)。近世みせものし［見物師］。中世げいにん［芸人］。中古しゃういう［倡優］。上代わざをき［俳優］。
ーが往来を流して歩くこと 近世そとながし［外流］。ながし［流］。
ーが客に呼ばれる 近世御座敷がかかる。
ーを卑しめていう言葉 近世かはらこじき［河原乞食］。
新しく出てきたー しんせい［新星］。ニューフェイス(new face)。近世しんいり［新入］。しんがほ［新顔］。しんじん［新人］。
一流のー 近世おほかんばん［大看板］。
大道ーのいろいろ(例) 近代えんかし［演歌師／艶歌師］。ちんどんや［屋］。近世さるわか［猿若］。ながし［流］。はこまはし［箱回］。はこや［箱屋］。中世さるまはし［猿回］。つじはうか［辻放下］。でんがくほふし［田楽法師］。中古くぐつ／くぐつし［傀儡師／傀儡子］。くぐつまはし［傀儡回］。くゎいらいし［傀儡師］。
旅稼ぎのー ジョングルール(フランス jongleur)。近代うきくさかげふ［浮草稼業］。ぎんいうしじん［吟遊詩人］。たびげいにん［旅芸人］。わたりどり［渡鳥］。近世いたこ。ごぜ［瞽女］。はうかし［放下師］。はうかそう／はうかぞう／はうげそう［放下僧］。中世びくに［比丘尼］。びはほふし［琵琶法師］。
寄席などのーのいろいろ(例) 近代おんぎょくし［音曲師］。てじなし［手品師］。てじなつかひ［手品遣］。てづまし［手妻師］。近世をんなだいふ［女太夫］。中世こまはし［独楽回］。

げいのう【芸能】 近代えんげい［演芸］。近世げい［芸］。げいごと［芸事］。中世のう［能］。のうげい［能芸］。中古ぎげい［技芸／伎芸］。げいのう［芸能］。ざえ［才］。
ーの技をきわめ芸名を許されること 近世なとり［名取］。
ーを身に付けていない 中古むげい［無芸］。
いろいろなー ざつげい［雑芸］。中古ざふげい［雑芸］。しょげい［諸芸］。上代ざつぎ［雑伎／雑技／雑戯］。
多くのーを身に付けいている 中世たっしゃ［達者］。中古いうそく［有職／有識］。たげい［多芸］。
趣味としてのー 中世いうげい［遊芸］。
一つのー 中古いちげい［一芸］。

けいば【競馬】 近代うま[馬]。近世かけうま[賭馬]。かけぐら[賭鞍]。中世きそひうま[競馬]。きほひうま[競馬]。けいば[競馬]。中古くらべうま[比馬]。こまくらべ[駒競]。はしりうま[走馬]。

―馬に乗る人 近代きしゅ[騎手]。ジョッキー(jockey)。中世のりて[乗手]。

―馬の持ち主 近代ばしゅ/ばぬし[馬主]。中世うまぬし[馬主]。

農村などの― 近代くさけいば[草競馬]。

力があり活躍しそうな―馬 近代あなうま[穴馬]。ダークホース(dark horse)。

けいはい【軽輩】 近代けいはい[軽輩]。したっぱ[下端]。ねんせうしゃ[年少者]。近世としした[年下]。めした[目下]。中世こうはい[後輩]。じゃくはい[若輩/弱輩]。

けいばい【競売】 →**きょうばい**

けいはく【敬白】 近代さうさう[草草]。ふじん[不尽]。近世けいぐ[敬具]。はいぐ[拝具]。ふいち/ふいつ[不一/不乙]。中世かしこ[畏/恐]。さうさう[草草]。ふしつ[不悉]。中古けいはく[敬白]。けいびゃく[敬白]。ふせん[不宣]。ふび[不備]。上代さいはい[再拝]。→**てがみ**

けいはく【軽薄】 →**けいそつ**

けいはつ【啓発】 →**けいもう**

けいばつ【刑罰】 パニッシュ/パニッシュメント(punishment)。近代しょばつ[処罰]。しょぶん[処分]。せいさい[制裁]。ちょうばつ[懲罰]。ペナルティー(penalty)。近世くゎれう[過料]。けいざい[刑罪]。けいへき[刑辟]。ざいきゃう[罪刑]。しおき[仕置]。中世くゎたい[過怠]。くゎれう[科料]。しうけい[秋刑]。ばつ[罰]。ふゑつ[斧鉞/鈇鉞]。中古せいばい[成敗]。とがめ[咎]。上代けい[刑]。けいばつ[刑罰]。ざいくゎ[罪科]。だんざい[断罪]。ちゅうばつ[誅罰]。つみ[罪]。

―に処する 近代しょけい[処刑]。しょばつ[処罰]。中世おこなふ[行]。上代けいりく[刑戮]。

―に服すること 近代ふくざい[服罪]。

―の期間 近代けいき[刑期]。

―の前歴があること 近代ぜんくゎ[前科]。

―の程度を決める 近代りゃうけい[量刑]。

―を受けること 近代じゅけい[受刑]。

―を受ける人 近代じゅけいしゃ[受刑者]。

―を軽くする 近代げんけい[減刑]。げんけい[減軽]。

―を執行する官吏 けいり[刑吏]。

―を許す 近代げんじん[減尽]。中古おんしゃ[恩赦]。しゃいう[赦宥]。しゃめん[赦免]。めんしゃ[免者]。めんもつ[免物]。りんじめんじゃ[臨時免者]。上代きょくしゃ[曲赦]。じゃうしゃ[常赦]。たいしゃ[大赦]。

体に加える― しんたいけい[身体刑]。たいけい[体刑]。近代たいばつ[体罰]。中世にくけい[肉刑]。

厳しい― 近代しうさうれつじつ[秋霜烈日]。ぢゅうけい[重刑]。ぢゅうばつ[重罰]。近世こくけい[酷刑]。中世げんけい[厳刑]。げんばつ[厳罰]。ちょうくゎ[重科]。中古ぢゅうくゎ[重科]。

残虐な― 近代ぎゃくけい[虐刑]。さんけい[惨刑]。近世こくけい[酷刑]。

執行猶予のない― じっけい[実刑]。

最も重い― 中古しけい[死刑]。たいへき[大辟]。上代きょくけい[極刑]。しざい[死罪]。

けいひ【経費】 エクスペンス(expense)。近代けいひ[経費]。コスト(cost)。ししゅつ[支出]。近世いりまい[入米]。いりまへ[入前]。いりめ[入目]。かかり[掛]。かかりもの[掛物]。しっぴ[失費]。しゅっぴ[出費]。しょがかり[諸掛]。でせん[出銭]。にふひ[入費]。にふよう[入用]。中世いりよう[入用]。えうきゃく[要脚]。ものいり[物入]。ゆうど[用途]。ようきゃく[用脚]。中古つひえ[費]。ひよう[費用]。上代ようど[用度/用途]。

《句》近世人増せば水増す。

内輪で必要な― 近世ないよう[内用]。

軍隊にかかわる― こくぼうひ[国防費]。近代ぐんじひ[軍事費]。ぐんぴ[軍費]。

毎年決まって支出する― 近代けいじゃうひ[経常費]。

けいび【警備】 近代かんし[監視]。けいかい[警戒]。けいご[警護]。ごゑい[護衛]。せうかい[哨戒]。ばうび[防備]。近世けいび[警備]。しゅび[守備]。じゅんし[巡視]。みはり[見張]。中世かため[固]。しゅゑ[守衛]。ばん[番]。中古いましめ[戒]。けいご[警固]。やけい[夜警]。上代かんしゅ[看守]。しゅゑい[守衛]。

―員 ガードマン(和製guard man)。上代しゅゑい[守衛]。

―・する 中世かたむ[かためる][固]。上代さしかたむ[―かためる][鎖固]。

―を仕事とする業 けいびがいしゃ[警備会

社]。けいびぎょう[警備業]。けいびほしょうがいしゃ[警備保障会社]。

―を仕事とする人　ガードマン(和製guard man)。けいびいん[警備員]。

貴人の通行の―　中世けいひつ[警蹕]。つじがため[辻固]。上代みさきおひ[御先追/警蹕]。

軍隊が常に―・する　近代ゑいじゅ[衛戍]。

地域の住民による―　近代じけいだん[自警団]。

けいび【軽微】　近代けいど[軽度]。近世けいせう[軽少]。高が知れる。中世けいび[軽微]。ささい[些細]。びせう[微小]。中古びじゃく[微弱]。びび[微微]。わづか[僅/纔]。蚊の睫(まつげ)(眉)。

けいひん【景品】　そえもの[添物]。近代きねんひん[記念品]。けいひん[景品]。しゃうひん[賞品]。プレミアム(premium)。ふろく[付録]。近世おまけ[御負]。けいぶつ[景物]。中世ほうび[褒美]。上代おくりもの[贈物]。

げいひん【迎賓】　近代くゎんげい[歓迎]。中世せったい[接待]。

粗末な―　近世そけい[粗景/麁景]。

けいふ【系譜】　→けいず

師から弟子へと伝えられる―　中世けちみゃく/けつみゃく[血脈]。

けいぶ【軽侮】　→けいべつ

げいふう【芸風】　近代もちあぢ[持味]。中世げいふう[芸風]。さくふう[作風]。

師から伝わる―　近代しふう[師風]。近世てすぢ[手筋]。家の芸。

けいふく【敬服】　近代けいい[敬意]。けいぼ[敬慕]。ゐけい[畏敬]。近世ぎゃうぼ[仰慕]。きんぼ[欽慕]。けいふく[敬服]。ししゅく[私淑]。しんすい[心酔]。しんぷく/しんぶく[信服]。中世けいたう[傾倒]。そんけい[尊敬]。中古あふぐ[仰]。そんきゃう/そんぎゃう[尊敬]。ゐやまふ[礼/敬]。上代あがむ(あがめる)[崇]。うやまふ[敬]。けいあい[敬愛]。→かんしん【感心】

信頼し―・する　近代しんぷく[信服]。

けいぶつ【景物】❶〈景品〉→けいひん

けいぶつ【景物】❷〈風物〉　中世くゎてうふうげつ[花鳥風月]。中古くゎげつ[花月]。けいぶつ[景物]。ふうぶつ[風物]。

けいべつ【軽蔑】　近代ぐろう[愚弄]。けいし[軽視]。ぶじょく[侮辱]。ぶべつ[侮蔑]。べうし[藐視]。近世けいぶ[軽侮]。べっし[蔑視]。みたつ[見立]。みたふす[見倒]。虚仮(こけ)にす。小馬鹿にす。馬鹿にす。中世あざむ[浅]。あなづり[侮]。おもひけつ[思消]。かろんず[軽]。きゃうこつ[軽忽/軽骨]。きゃうせん[軽賤]。さげすみ[蔑]。みおとす[見貶]。みさぐ[―さげる][見下]。尻目に掛く[―掛ける]。中古あさぶ/あさむ[浅]。あなづる/あなどる[侮]。あはむ[淡]。いやしむ[卑]。おとしむ[貶]。おとす[貶]。おもひあなづる[思侮]。おもひおとす[思貶]。かろしむ[軽]。さみす[狭/褊]。ないがしろにす[蔑]。をこづく[痴]。上代けいべつ[軽蔑]。

《尊》中古おぼしあなづる[思侮]。おぼしおとす[思貶]。

―・され嫌がられる　近代顰蹙(ひんしゅく)を買ふ。

―・した呼び方　べっしょう[蔑称]。

―を表す語(態度)　肩で笑う。近代べかかう/べっかんかう。舌を鳴らす。近世あかんべい。ここな。こばかまはし[小馬鹿回]。

けいべん【軽便】　近代あんちょく[安直]。イージー(easy)。けいい[軽易]。けいべん[軽便]。近世かんたん[簡単]。かんべん[簡便]。てがる[手軽]。中世あんい[安易]。かんい[簡易]。かんそ[簡素]。かんりゃく[簡略]。

けいぼ【敬慕】　→けいふく

けいほう【警報】　→けいこく【警告】→けいてき

けいみょう【軽妙】　近代けいめう[軽妙]。しゃだつ[洒脱]。近世かるはずみ[軽]。

―・な洒落(しゃれ)　近世かるくち[軽口]。

けいむしょ【刑務所】　こうちしょ[拘置所]。てつごうし[鉄格子]。プリズン(prison)。むしょ。近代かんごく[監獄]。かんばう[監房/檻房]。けいむしょ[刑務所]。ごくさう[獄窓]。てっさう[鉄窓]。りうちぢゃう[留置場]。近世らうや[牢屋]。中世ごくしゃ[獄舎]。ごくや[獄屋]。中古ごくしょ[獄所]。らう[牢]。らうごく[牢獄]。上代ごく[獄]。ひとや[人屋/獄]。

―から釈放されること　しゅっしょ[出所]。近代しゅつごく[出獄]。近世らうばらひ[牢払]。

―で事務を扱う官吏　中世てんごく[典獄]。

―につながれること　近代きんこ[禁固]。けんそく[検束]。こうきん[拘禁]。こうりう[拘留]。こうりう[勾留]。ざいかん[在監]。しうかん[収監]。にふかん[入監/入檻]。にふらう[入牢]。りうち[留置]。臭

い飯を食ふ。近世くらひこむ［食込］。じゅらう［入牢］。とうごく［投獄］。中世にふごく［入獄］。中古るいせつ［縲絏／縲紲］。

—の中 近代ごくり［獄裡／獄裏］。近世ごくない［獄内］。中世ごくちゅう［獄中］。

—の役人 近世らうやくにん［牢役人］。中古ごくり［獄吏］。

囚人を他の—に移すこと 近代いかん［移監］。

けいもう【啓蒙】 近代かいち［開知／開智］。けうだう［教道］。中世けいはつ［啓発］。けいもう［啓蒙］。けうくゎ［教化］。中古とくくゎ［徳化］。上代けうだう［教導］。
—のための書物 けいもうしょ［啓蒙書］。にゅうもんしょ［入門書］。べんもう［便蒙］。

けいやく【契約】 近代けふやく［協約］。コントラクト(contract)。近世とりきはめ［取極］。とりきめ［取決］。中世けいやく［契約］。やくそく［約束］。上代ちぎり［契］。

—金 近代ギャラ／ギャランティー(guarantee)。

—条項 近代やくくゎん［約款］。

—の解除（解消） かいやく［解約］。キャンセル(cancel)。クーリングオフ(cooling off)。近代かいぢょ［解除］。はやく［破約］。

—を実行しない 近代ふりかう［不履行］。

—を結ぶ 近代ていけつ［締結］。ていやく［締約］。出合ひがつく。近世てあはせ／てあひ［手合］。てうち［手打］。中世えうやく［要約］。やくぢゃう［約定］。中古やくだく［約諾］。

月ごとの— 近代つきぎめ［月極］。近世つきぎはめ［月極］。

秘密の— 近代みつやく［密約］。中世みっけい［密契］。

けいゆ【経由】 近代けいゆ［経由］。つうくゎ［通過］。中世つうず［通］。中古つうかう［通行］。ふ［へる］［経］。上代とほる［通］。ゆ。よ。より。

けいよう【形容】 中世けいじゃう［形状］。けいよう［形容］。中古ありさま［有様］。上代かたち［形］。

けいら【警邏】 パトロール(patrol)。近代じゅんくゎい［巡回］。近世けいら［警邏］。じゅんし［巡視］。みまはり［見回］。上代じゅんさつ［巡察］。

けいらん【鶏卵】 ぎょく［玉］（飲食店などの語）。近代エッグ(egg)。中世けいらん［鶏卵］。たまご［卵／玉子］。上代とりのこ［鳥子］。
その土地の— 近代ぢたま／ぢたまご［地卵］。

けいり【経理】 近代くゎいけい［会計］。けいり［経理］。けいり［計理］。ざいせい［財政］。ざいむ［財務］。すいたふ［出納］。中古かんぢゃう［勘定］。

けいりゃく【計略】 近代きりゃく［機略］。くゎくさく［画策］。けいくゎく［経画］。さくどう［策動］。ストラテジー(strategy)。たくらみ［企］。ちうくゎく［籌画］。トリック(trick)。はうさく［方策］。マヌーバー(maneuver)。近世けいくゎく［計画］。さくりゃく［策略］。じゅつ［術］。じゅっさく［術策］。じゅっすう［術数］。てぐみ［手組］。てごと［手事］。てもり［手盛］。ねぐみ［根組］。もくろみ［目論見／目論］。中世おもんばかり［慮］。からくり［絡繰／機関］。くはだて［企］。けっこう［結構］。たくみ［企］。ちうさく［籌策］。づ［図］。中古けいさく［計策］。けいりゃく［計略］。じゅっけい［術計］。たばかりごと［謀事］。はかりこと／はかりごと［謀］。はうりゃく［方略］。上代さく［策］。たばかり［謀］。ばけ［術］。

《句》近世謀（はかりごと）（籌）は密なるを良しとす。

—にかけて騙（だま）す 近代はめこむ［嵌込／填込］。近世はむ［はめる］［嵌／填］。ふづくる。のす［のせる］［乗］。中世おとしいる［—いれる］［陥］。

—にはまる おちいる［陥／落入］。近代ひっかかる［引掛／引懸］。手に乗る。近世はまる［嵌／填］。手盛りを食ふ。罠に掛かる。中古案に落つ［—落ちる］。

—にはまるようにし向ける 近世のせかく［—かける］［乗掛／載掛］。

—の失敗 近世うさぎへいはふ［兎兵法］。

—の手段としての人や金 近世たま［弾］。

—の巧みな人 近代さくし［策士］。近世じゅつし［術士］。

—を立てる 近世たくらむ［企］。中世さくす［策］。

—を尽くして戦う 近世きょきょじつじつ［虚虚実実］。

奇抜で巧みな— 上代きぼう［奇謀］。中世きけい［奇計］。きさく［奇策］。

賢明な— 近代ちじゅつ［知術／智術］。中世さいりゃく［才略］。中古ちぼう［知謀／智謀］。上代ちけい［知計／智計］。ちりゃく［知略／智略］。

戦いの— 近代さくせん［作戦／策戦］。近世ぐんりゃく［軍略］。せんりゃく［戦略］。

反逆の— 上代ぎゃくぼう［逆謀］。

人を陥れる— コンスピラシー(conspiracy)。

近代ぎけい[偽計]。きさく[詭策]。けんぼうじゅっさく[権謀術策]。けんぼうじゅっすう[権謀術数]。さくりゃく[策略]。たくらみ[企]。ぺてん。近世かんせい[陥穽]。きぼう[詭謀]。のせごと[乗事/載事]。わな[罠/羂]。わるだくみ[悪巧]。中世きけい[詭計]。さくぼう[策謀]。中古かんぎ[奸偽]。ぼうりゃく[謀略]。上代いんぼう[陰謀/隠謀]。かんさ[奸詐/姦詐]。ぼうけい[謀計]。

秘密のうまいー 中世ひさく[秘策]。

けいりゅう【繋留】 近代けいりう[繋留/係留]。近世ていはく[停泊/碇泊]。とうべう[投錨]。

けいりゅう【渓流】 中世せせらぎ/せぜらぎ[細流]。中古けいりう[渓流]。さいりう[細流]。せせらき[細流]。上代たにがは[谷川]。

けいりょう【計量】 けいそく[計測]。メジャー(measure)。近世けいりゃう[計量]。

けいりん【経綸】 近代こくさく[国策]。せいさく[政策]。とうち/とうぢ[統治]。中世けいりん[経綸]。せいぢ[政治]。中古けいこく[経国]。上代ちこく[治国]。

けいるい【係累】 近代えんつづき[縁続]。かぞく[家族]。けいるい[係累]。けつぞく[血族]。てんばく[纏縛]。近世えんこ[縁故]。かるい[家累]。みより[身寄]。中世みうち[身内]。中古いちぞく[一族]。けんぞく[眷属/眷族]。こつにく[骨肉]。しぞく[親族]。しんるい[親類]。上代うから/うがら[親族]。しんぞく[親族]。

けいれい【敬礼】 近代あいさつ[挨拶]。きょうしゅ/こうしゅ[拱手]。さいけいれい[最敬礼]。近世おじぎ[御辞儀]。中世げざ[下座]。はい[拝]。もくれい[黙礼]。中古けいれい[敬礼]。はいらい/はいれい[拝礼]。ゑしゃく[会釈]。

けいれき【経歴】 近代えつれき[閲歴]。おひたち[生立]。キャリア(career)。れきてい[歴程]。近世りれき[履歴]。中世あもと[足元/足下]。すじゃう[素性]。らいれき[来歴]。中古けいれき[経歴]。

ーが損なわれる 近世罅(ひび)が入る。

ーや境遇 中古しんせい[身世/身生]。

あらましのー 近代りゃくれき[略歴]。

今までのー ぜんれき[前歴]。近代おさと[御里]。ぜんしん[前身]。近世みもと[身元/身許]。

学問上のー 近代がくれき[学歴]。

仕事のー しょくれき[職歴]。近代くゎんれき[官歴]。

不都合なーがあること 近代いはくけだしつき[曰蓋付]。いはくつき[曰付]。

けいれつ【系列】 よっか[翼下]。近代くゎんれん[関連]。けいとう[系統]。けいれつ[系列]。さんか[傘下]。シリーズ(series)。ライン(line)。

けいれん【痙攣】 近代けいれん[痙攣]。ひきつけ[引付]。近世かんしつ[癇疾/疳疾]。こうれん[拘攣]。中世ひきつり[引攣]。

ーをおこす つる[痙/攣]。つれる[攣]。近世ひきつく[ーつける][引付]。中世ひきつる/ひっつる[引攣]。中古すびく[素引]。

けいろ【経路】 あしあと[足跡]。あしどり[足取]。近代ああと[足跡]。ルート(route)。中世けいろ[経路/径路]。じゅんろ[順路]。みち[道/路]。みちすぢ[道筋]。上代かうてい[行程]。

やって来たー 中古きしかた/こしかた[来方]。

けいろ【毛色】 きっぷ[気風]。近世きふう[気風]。けなみ[毛並]。中世けいろ[毛色]。中古しゅるい[種類]。

馬のー けづけ[毛付]。

けいろう【敬老】 近代やうらう[養老]。中古しゃうし[尚歯]。

《句》近代松笠(松毬)よりも年嵩(としかさ)。近世烏賊(いか)の甲より年の劫。亀の甲より年の劫。

けう【稀有】→**まれ**

ケーキ(cake) 近代くゎし[菓子]。ケーキ。やうぐゎし[洋菓子]。

ーやパンを作って売る店 近代パンや(ポルトガル pão屋)。ベーカリー(bakery)。

パーティーなどに出るーのいろいろ (例) ウエディングケーキ(wedding cake)。デコレーションケーキ(和製decoration cake)。バースデーケーキ(birthday cake)。近代クリスマスケーキ(Christmas cake)。

いろいろなー (例) カップケーキ(cupcake)。ガトー(フランス gâteau)。クッキー(cookie)。パティスリー(フランス pâtisserie)。マドレーヌ(フランス madeleine)。近代アップルパイ(apple pie)。ショートケーキ(shortcake)。タルト(フランス tarte)。チーズケーキ(cheesecake)。バウムクーヘン(ドイツ Baum kuchen)。フルーツケーキ(fruit cake)。ホットケーキ(hot cake)。マロングラッセ(フランス marrons glacés)。近世カステラ(ポルトガル castella)。

ケース(case) ❶〈箱〉 カートン(carton)。ボックス(box)。近代ケース。中古いれもの[入

物」。上代はこ[箱/函]。

化粧品を入れて携帯する― 近代バニティーケース(vanity case)。

磁気テープなどが封入された― カセット(cassette)。

筆記具などを入れる― 近代シース(sheath)。中世ふでばこ[筆箱]。

ケース(case) ❷〈事例〉 近代ケース。近世ばあひ[場合]。れい[例]。中世じれい[事例]。中古をり[折]。

ケーブル(cable) さくじょう[索条]。近代かうさく[鋼索]。かせん[架線]。コード(cord)。ロープ(rope)。ワイヤ/ワイヤロープ(wire rope)。近世ケーブル。じょうさく[縄索]。中世せん[線]。てっさく[鉄索]。上代つな[綱]。なは[縄]。

―がないこと 近代むせん[無線]。ワイヤレス(wireless)。

いろいろな― (例) えんぴせん[鉛被線]。オーエフケーブル(OFcable; oil-filled cable)。かいていケーブル[海底cable]。ちかケーブル[地下cable]。そうでんせん[送電線]。近代でんせん[電線]。でんらん[電纜]。

ケーブルカー(cable car) くうちゅうケーブル[空中cable]。くうちゅうさくどう[空中索道]。さくじょうてつどう[索条鉄道]。ロープウエー(ropeway)。近代かうさくてつだう[鋼索鉄道]。かくうさくだう[架空索道]。ケーブルカー。さくだう[索道]。てっさく[鉄索]。

ゲーム(game) 近代きゃうぎ[競技]。ゲーム。プレー(play)。中世しあひ[試合]。しょうぶ[勝負]。上代あそび[遊]。

―のいろいろな例 →あそび❶

けおりもの【毛織物】 アンゴラ(Angora)。ダッフル(duffle; duffel)。近代アルパカ(alpaca)。ウール(wool)。カシミア(cashmere)。キャメル(camel)。近世けおりもの[毛織物]。

―で表面に立っている毛 けあし[毛足/毛脚]。

―を製造すること 近世せいじゅう[製絨]。

夏用の― サマーウール(summer wool)。

けが【怪我】 →きず❶

げか【外科】 中世げくゎ[外科]。

―手術の技術と心 きしゅぶっしん[鬼手仏心]。ぶっしんきしゅ[仏心鬼手]。《句》近世医は仁術なり。

―の医者 近代げくゎい[外科医]。近世ぐゎいれう/げれう[外療]。げい[外医]。

―の治療 近代しったう[執刀]。ほうがふ[縫合]。メスを入れる。近世ぐゎいぢ[外治]。ぐゎいれう[外療]。中世きんさう[金瘡/金創]。

―の分野 (例) けいせいげか[形成外科]。のうげか[脳外科]。びようげか[美容外科]。近代せいけいげくゎ[整形外科]。

げかい【下界】 ぞくせけん[俗世間]。近代ぞくせ/ぞくせい[俗世]。にんげんかい[人間界]。近世じんかい[人界]。中世げかい[下界]。にんげんかい[人間界]。中古うきよ[浮世/憂世]。げんせ[現世]。さば/しゃば[娑婆]。ぞくかい[俗界]。ぞくきゃう[俗境]。にんがい[人界]。上代かど[下土]。このよ[此世]。せけん[世間]。

けが・す【汚】 近代せんを[染汚]。をそん[汚損]。をとく[汚瀆]。近世せっとく[褻瀆]。ぼうとく[冒瀆]。中世きずつく[―つける][傷付]。中古そんず[損]。よごす[汚]。をかす[犯/冒]。をせん[汚染]。上代けがす[汚/穢]。

けがらわし・い【汚】 近代しうくゎい/しうゑ[醜穢]。しうわい[醜猥]。ダーティー(dirty)。ふゑいせい[不衛生]。近世いやらし[嫌]。きたならし[汚]。びろう[尾籠]。みだら[淫]。中世いぶせし[鬱悒]。けぎたなし[気穢]。ふけつ[不潔]。中古いとはし[厭]。けがし[汚/穢]。けがらはし[汚/穢]。上代きたなし[汚/穢]。しこめし[醜]。

―・い金 くされがね[腐金]。近世めくされがね[目腐金]。

―・いもの 近代をあい/をくゎい[汚穢]。

―・いもののたとえ 近世をわい/をゑ[汚穢]。中世ふんど[糞土]。

―・く思う 中古きたなむ[汚]。

けがれ【汚】 近代てんを[点汚]。をこう[汚垢]。をだく/をぢょく[汚濁]。近世よごれ[汚]。中世そく[触]。ぞくぢん[俗塵]。ぢょくあく[濁悪]。ぢん[塵]。ふけつ[不潔]。ふじゃう[不浄]。中古けがらひ[穢]。けがれ[汚/穢]。ちり[塵]。ぢんし[塵滓]。にごり[濁]。をせん[汚染]。上代あか[垢]。つみ[罪]。

―がなく尊い 近代せい[聖]。中世しんせい[神聖]。

―のない心 中世せいしん[清心]。上代あかし[明]。

―のないこと 近代せいじゅん[清純]。せい

はく[精白]。近世じゅんけつ[純潔]。中世じゅんしん[純真]。じゅんすい[純粋]。じゅんぱく[純白]。せいりゃう[清冷]。めいじゃう[明浄]。中古いさぎよし[潔]。かうけつ／けうけつ[皎潔／皓潔]。きよげ[清]。きよらか[清]。けつじゃう[潔浄]。せいけつ[清潔]。せいれい[清冷]。

—のない世界 近代じゃうかい[浄界]。中古じゃうど[浄土]。

—を取り除く 中世いもふ[斎]。中古すすぐ[濯／雪]。上代きよむ(きよめる)[清／浄]。みそぐ[禊]。

さまざまな— 中世ざふゑ[雑穢]。

出産や身内の死などによる— 近代あかふじゃう[赤不浄]。くろふじゃう[黒不浄]。中古しょくゑ／そくゑ[触穢]。

世間の— こうじん[巷塵]。中古えんぢん[煙塵]。上代ぞくぢん[俗塵]。

けが・れる【汚】 近代せんを[染汚]。近世せっとく[褻瀆]。中世まぶる(まぶれる)[塗]。中古けがらふ[汚／穢]。けがる(けがれる)[汚／穢]。まみる(まみれる)[塗]。よごる(よごれる)[汚]。をせん[汚染]。上代にごる[濁]。

—・れた所 近代ふじゃうば[不浄場]。近世ふじゃうしょ[不浄所]。

—・れた身 中世ゑしん[穢身]。

—・れた世の中 ぞくせけん[俗世間]。近代だくせ[濁世]。ぢんかい[塵界]。中古ごぢょくあくせ[五濁悪世]。だくせい／ぢょくせ[濁世]。ぢんあい[塵埃]。ぢんかい[塵界]。ぞくかい[俗界]。上代ぞくぢん[俗塵]。ぢんぞく[塵俗]。

けがわ【毛皮】 近代ファー(fur)。近世けがは[毛皮／毛革]。

—のいろいろ(例) アーミン(ermine)。シープスキン(sheep skin)。ムートン(フランス mouton)。モールスキン(moleskin)。近代アストラカン(astrakhan)。ぎんぎつね[銀狐]。セーブル(sable)。ラビット(rabbit)。中古からかは[唐皮]。とらのかは[虎皮]。

げき【劇】 近代げき[劇]。ドラマ(drama)。プレー(play)。近世えんげき[演劇]。しばや[芝居／芝屋]。中世きゃうげん[狂言]。しばゐ[芝居]。のう[能]。→**しばい**

—が終わる へいまく[閉幕]。近代幕を閉ぢる。幕を引く。近世幕を切る。

—が始まること 幕が開ぁく。近代かいまく[開幕]。近世まくあき[幕開]。幕を切る。

—が不入りになる 近世こく(こける)[転／倒]。

—で情事の演技等 近世いろごと[色事]。ぬれごと[濡事]。

—でその進行にかかる役柄 きょうげんまわし[狂言回]。

—にすること 近代げきくゎ[劇化]。げきさく[劇作]。近世きゃくしき／きゃくしょく[脚色]。

—の台本 近代きゃくほん[脚本]。シナリオ(scenario)。スクリプト(script)。だいほん[台本]。ドラマ(drama)。

—の台本を書く人 近代きゃくほんか[脚本家]。げきさくか[劇作家]。シナリオライター(和製scenario writer)。ドラマチスト(dramatist)。

—の中のことば 近代ダイアローグ(dialogue)。近世せりふ[台詞]。

—の場面 近代ひとこま[一齣]。近世ば[場]。まく[幕]。

—のような 近代ドラマチック(dramatic)。

—を上演するところ →**げきじょう**

哀切を主とした— トラジェディー(tragedy)。近代さんげき[惨劇]。ひげき[悲劇]。

滑稽を主とした— コメディー(comedy)。ファルス(フランス farce)。近代おどけしばゐ[戯芝居]。きげき[喜劇]。こっけいげき[滑稽劇]。コミックオペラ(comic opera)。せうげき[笑劇]。だうけしばゐ[道化芝居]。近世ちゃばん[茶番]。ちゃばんきゃうげん[茶番狂言]。中世きゃうげん[狂言]。

子供の— 近代じどうげき[児童劇]。どうわげき[童話劇]。

台本なしでその場で演じる— 近代すんげき[寸劇]。そくきょうげき[即興劇]。

中国の伝統の— 近代きゃうげき[京劇]。でんき[伝奇]。

登場人物がただ一人の— ひとりしばい[一人芝居]。近代モノドラマ(monodrama)。モノローグ(monologue)。

日本の伝統の— 近世かぶき[歌舞伎]。にんぎゃうじゃうるり[人形浄瑠璃]。中世きゃうげん[狂言]。のう[能]。

人形を使った— ギニョール(フランス guignol)。ワヤン(wayang)。近代にんぎゃうげき[人形劇]。マリオネット(フランス marionnette)。近世えいぎ[(中国)影戯]。からくりしばゐ[絡繰芝居]。くぐつまはし[傀儡回]。くびかけしばゐ[頸掛芝居]。たけだしばゐ[竹田芝居]。にんぎゃうしばゐ[人形芝居]。にんぎゃうじゃうるり[人形浄瑠璃]。はこしばゐ[箱芝居]。ぶんらく[文楽]。やまね

こまはし［山猫回］。

短い— けいえんげき［軽演劇］。近代コント(conte)。すんげき［寸劇］。

身振りだけの— もくげき［黙劇］。近代パントマイム(pantomime)。むごんげき［無言劇］。近世くびふりきゃうげん［首振狂言］。みぶりきゃうげん［身振狂言］。みぶりしばゐ［身振芝居］。

その他—のいろいろ(例) いんぶんげき［韻文劇］。ぐんしゅうげき［群集劇］。しゅうきょうげき［宗教劇］。しんりげき［心理劇］。ぶようげき［舞踊劇］。ほうそうげき［放送劇］。ホームドラマ(和製home drama)。近代おとぎしばゐ［御伽芝居］。オペラ(イタリア opera)。オペレッタ(イタリア operetta)。かげき［歌劇］。けいえんげき［軽演劇］。げんだいげき［現代劇］。こてんげき［古典劇］。じだいげき［時代劇］。しゃくゎいげき［社会劇］。ダイアローグ(dialogue)。トラジコメディー(tragicomedy)。バレエ(フランス ballet)。パントマイム(pantomime)。ふしげき［節劇］。ページェント(pageant)。ボードビル(フランス vaudeville)。ミュージカル(musical)。やぐゎいげき［野外劇］。れきしげき［歴史劇］。

げき【檄】 近代はたじるし［旗印］。マニフェスト(イタリア manifesto)。近世げき［檄］。げきぶん［檄文］。中世うげき［羽檄］。うしょ［羽書］。ぶりゃくじゃう［武略状］。

—を急いで回すこと 近世ひげき［飛檄］。

げきえつ【激越】 近代げきゑつ［激越］。しれつ［熾烈］。近世くゎげき［過激］。中世げきれつ［激烈／劇烈］。中古まうれつ［猛烈］。

げきさく【劇作】 近代げきくゎ［劇化］。げきさく［劇作］。近世きゃくしき／きゃくしょく［脚色］。

げきしょう【激賞】 げきさん［激賛］。近代げきしゃう［激賞／劇賞］。ぜっさん［絶賛］。近世ほめそやす［誉揚］。中古もてはやす［持囃］。

げきじょう【劇場】 かげきじょう［歌劇場］。近代えんげいぢゃう［演芸場］。えんげきぢゃう［演劇場］。オペラハウス(opera house)。シアター(theater)。テアトル(フランス théâtre)。テアトロ(イタリア teatro)。近世かぶきざ［歌舞伎座］。げきぢゃう［劇場］。けぢゃう［戯場］。こや［小屋］。しばゐごや［芝居小屋］。じゃうるりざ［浄瑠璃座］。ぢゃうをく［場屋］。よせ／よせせき［寄席］。中世ぎぢゃう［戯場］。

—入り口で券を半分もぎ取る人 近代もぎり［捥］。

—後方の最上階の席 てんじょうさじき［天井桟敷］。近代おほむかふ［大向］。近世つんぼさじき［桟敷］。

—で幕が上がる時の風 ぶたいかぜ［舞台風］。

—の一階席 近世たかどま［高土間］。どま［土間］。ひらどま［平土間］。ひらば［平場］。

—の一階席最前列 近代こいち［小一］。近世かぶりつき［齧付］。

—の大衆席 近世いりごみ／いれこみ／いれこめ［入込／入籠］。

—の二階席 近代バルコニー(balcony)。

—の花道の出入り口 近代むかふあげまく［向揚幕］。

—の花道の左側の席 げいうら［芸裏］。

—の花道の右側の席 げいおもて［芸表］。

—の花道の床下 近世ぢごく［地獄］。ならく［奈落］。

—の舞台から見て正面の席 近代おほむかふ［大向］。むかふじゃうめん［向正面］。

—の舞台で使う幕のいろいろ いちもんじまく［一文字幕］。そでまく［袖幕］。近世あげまく［揚幕］。どんちゃう［緞帳］。ひきまく［引幕］。みづひきまく［水引幕］。

—の舞台の縁の下 近世けこみ［蹴込］。

—の舞台の左側 近世しもて［下手］。にし［西］(江戸)。ひがし［東］(上方)。

—の舞台の右側 近世かみて［上手］。にし［西］(上方)。ひがし［東］(江戸)。

—の持ち主 近世ざもと［座元／座本］。たいふもと［太夫元］。やぐらぬし［櫓主］。

決まった—がなく地方巡業すること 近代どさまはり［回］。ゐなかまはり［田舎回］。

人形劇を上演する— 近世あやつりざ［操座］。じゃうるりざ［浄瑠璃座］。ぶんらくざ［文楽座］。

▼助数詞 近世ざ［座］。

げきじょう【激情】 近代かうふん［昂奮／亢奮］。げきじゃう［激情］。こうふん［興奮］。じゃうねつ［情熱］。ねっけつ［熱血］。ねつじゃう［熱情］。近世パッション(passion)。ほむら［炎／焔］。

げきしょく【激職】 近代げきしょく［激職／劇職］。上代げきむ［激務／劇務］。

げきじん【激甚】→**げきれつ**

げき・する【激】 近代エキサイト(excite)。かうふん［昂奮／亢奮］。げきじゃう［激情］。こうふん［興奮］。ねっきゃう［熱狂］。近世おこる［怒］。中世げきかう［激昂／激高］。げ

きす［激］。中古いかる［怒］。かんどう［感動］。たかぶる［高／昂］。

げきせん【激戦】 あくせんくとう［悪戦苦闘］。しざんけつが［屍山血河］。ねっとう［熱闘］。近代げきせん［激戦］。げきとう［激闘］。ねっせん［熱戦］。りゅうじゃうこはく［竜攘虎搏］。中世けっせん［血戦］。しとう［死闘］。

げきぞう【激増】 おおはばぞう［大幅増］。ふくれあがる［膨上］。近代きふぞう［急増］。げきぞう［激増］。近世ぞうか［増加］。ぞうてん［増添］。ばいす［倍］。中古ばいぞう［倍増］。

―・するさま 近代かそくどてき［加速度的］。きかきふすうてき［幾何級数的］。近世ねずみざん［鼠算］。

げきだん【劇壇】 近代げきかい［劇界］。げきだん［劇壇］。近世りゑん［梨園］。中世いちざ［一座］。

げきてき【劇的】 近代かんどうてき［感動的］。げきてき［劇的］。ドラマチック(dramatic)。

―・で変化が激しいこと 近代はらんちょうでふ［波瀾重畳］。はらんばんぢゃう［波瀾万丈］。

げきど【激怒】 鶏冠(とさか)に来る。近代ぎゃくりん／さかうろこ［逆鱗］。げきふん［激憤］。近世かくど［赫怒／嚇怒］。ぎゃくじゃう［逆上］。ぼうど［暴怒］。業を煮やす。中世げきかう［激昂／激高］。げきりん［逆鱗］。ふんげき［憤激／忿激］。りっぷく［立腹］。中古げきど［激怒］。はらだち［腹立］。ふんど／ふんぬ［憤怒／忿怒］。上代いかり［怒］。いきどほり［憤］。

―のさま 頭から湯気。頭に血が上る。近代かんかん。怒り心頭に発する。眉を吊り上げる。満面朱をそそぐ。目口を立てる。目を三角にする。烈火の如く。近世青筋を立つ［―立てる］。腹の虫が納まらなぬ。腸(はらわた)が煮えくり返る(燃え返る)。目角に立つ［―立てる］。目くじらを立つ［―立てる］。めくじりを立つ［―立てる］。めくじを立つ［―立てる］。中世ふんぜん［憤然／忿然］。眉を上ぐ［―上げる］。中古瞋恚(しんい)(嗔恚)の炎(火炎)。怒髪(どはつ)冠(天)を衝(つ)く。→**おこ・る**

美人の―のさま 近世柳眉(りゅうび)を逆立つ［―逆立てる］。

げきとう【激闘】 →**げきせん**

げきどう【激動】 近代きふへん［急変］。げきどう［激動／劇動］。中古どうえう［動揺］。へんどう［変動］。

―を予感させるさま 近代ふううん［風雲］。

げきは【撃破】 近代げきたい［撃退］。げきめつ［撃滅］。近世げきは［撃破］。だたう［打倒］。中世うちやぶる［撃破］。げきさい［撃砕］。だは［打破］。

げきへん【激変】 さまがわり［様変］。近代きふへん［急変］。近世げきどう［激動］。げきへん［激変／劇変］。中世いってん［一転］。いっぺん［一変］。

げきめつ【撃滅】 →**げきは**

けぎらい【毛嫌】 →**きら・う**

げきりゅう【激流】 近代きふたん［急湍］。ひたん［飛湍］。近世きふだん／きふなん［急灘］。中世きふりう［急流］。たきがは［滝川］。たきつせ［滝瀬］。中古ほんりう［奔流］。上代げきりう［激流］。たぎち［滾／激］。→**きゅうりゅう**

げきりん【逆鱗】 →**げきど**

げきれい【激励】 近世おうゑん［応援］。せいゑん［声援］。中世げきす［激］。げきれい［激励］。こぶ［鼓舞］。はげまし［励］。中古べんたつ［鞭撻］。

旅立ちの― 中世行色(かうしょく)を壮(さか)んにする。

げきれつ【激烈】 かれつ［苛烈］。ドラスティック(drastic)。近代きふげき［急激］。きゃうれつ［強烈］。くゎこく［過酷］。げきゑつ［激越］。さうれつ［壮烈］。しれつ［熾烈］。つうれつ［痛烈］。ねつれつ［熱烈］。ラジカル(radical)。近世くゎげき［過激］。すさまじ［凄］。中世げきじん［激甚／劇甚］。げきれつ［激烈／劇烈］。中古はげし［激］。まうれつ［猛烈］。上代はなはだし［甚］。

げきろう【激浪】 近代きゃうらんどたう［狂瀾怒濤］。中世どたう［怒濤］。中古げきらう［激浪］。たかなみ［高波］。はたう［波濤］。上代あらなみ［荒波／荒浪］。おほなみ［大波］。

げきろん【激論】 近代つうろん［痛論］。ろんせん［論戦］。近世げきげん［激言］。げきご［激語］。げきろん［激論／劇論］。

―のさま 近代かんかんがくがく［侃侃諤諤］。口角泡を飛ばす。近世ちゃうちゃうはっし［打打発止］。

けげん【怪訝】 近代くゎいが［怪訝］。ふかかい［不可解］。近世けげん［怪訝］。めんえう［面妖］。中世ききくゎいくゎい［奇奇怪怪］。めう［妙］。合点がいかぬ。中古きくゎい［奇怪］。きめう［奇妙］。ふかしぎ［不可

思議］。ふしぎ［不思議］。ふしん［不審］。

けさ【今朝】 近世 けさがた［今朝方］。中古 こんげう［今暁］。こんたん［今旦］。上代 けさ［今朝］。こんてう［今朝］。

けさ【袈裟】 →ころも❷

げざい【下剤】 近代 くゎんげざい［緩下剤］。しゅんげざい［峻下剤］。はらくだし［腹下］。近世 くだし／くだしぐすり［下薬］。げざい［下剤］。しゃざい［瀉剤］。つうじぐすり［通薬］。中古 しゃやく［瀉薬］。

げさく【下策】 ぼんさく［凡策］。近代 せっさく［拙策］。近世 ぐさく［愚策］。げさく［下策］。

けし【罌粟】 近世 あふよう［阿芙蓉］。さいぼたん［賽牡丹］。中世 けし［罌粟／芥子］。

けしか・ける【嗾】 近代 アジ／アジテーション(agitation)。けうさ［教唆］。せんどう［扇動／煽動］。はっぱを掛ける。火に油を注ぐ。近世 あふる［煽］。おだつ［おだてる］［煽］。けしかく［―かける］［嗾］。けしめかす［嗾］。しそう［指嗾／使嗾］。たきつく［―つける］［焚付］。つつく［突］。そくら（そくろ）をかう。薪に油を添ふ［―添える］。中世 そそりあぐ。中古 そそのかす［唆］。

けしからん【怪】 近世 ふてい［不逞］。ふらち［不埒］。中中でもない。中世 きくゎい／きっくゎい［奇怪］。けう［稀有／希有］。ふつがふ［不都合］。ふとどき［不届］。沙汰の限り。とんでもない。腹に据ゑかぬ［―据えかねる］。中古 あやし［怪／卑］。けしからず［怪］。ごんごだうだん［言語道断］。はしたなし。びんなし［便無］。上代 あし［悪］。

―こと 近世 くせごと［曲事］。とつとつくゎいじ［咄咄怪事］。中世 ふかせつ［不可説］。中古 きくゎい［奇怪］。もってのほか［以外］。

けしき【気色】❶〈様子〉 近代 きはい／けはい［気配］。近世 いろめ［色目］。きもち［気持］。中世 ありさま［有様］。きげん［機嫌］。たいど［態度］。やうす［様子］。中古 かほいろ［顔色］。きぶん［気分］。ぐゎいけん［外見］。ここち［心地］。上代 けしき［気色］。

けしき【気色】❷〈前兆〉 中世 ぜんてう［前兆］。中古 けしき［気色］。上代 きざし［兆］。→きざし

けしき【景色】 けいかん［景観］。近代 じゃうけい［情景］。てんばう［展望］。パノラマ(panorama)。近世 くゎうけい［光景］。けいしょく［景色］。ふうしょく［風色］。みはらし［見晴］。中世 けい［景］。けいしゃう［景象］。てうまう［眺望］。中古 けいき［景気］。けしき［景色］。ちゃうばう［悵望］。てうばう［眺望］。ながめ［眺］。ふうぶつ［風物］。上代 ふうくゎう［風光］。ふうけい［風景］。

―がよい所 近代 けいしょう［景勝］。めいしょう［名勝］。近世 しょうく［勝区］。中世 かきゃう［佳境］。中古 めいしょ［名所］。上代 しょうきゃう［勝境］。しょうち［勝地］。

―の中の小さな景物 近世 てんけい［点景］。

―を叙述する 近代 じょけい［叙景］。

―を眺め渡す 近代 てんばう［展望］。近世 いちばう［一望］。中古 ちゃうばう［悵望］。てうばう［眺望］。上代 くゎんばう［観望］。

後ろの― 近代 こうけい［後景］。はいけい［背景］。バック(back)。

美しい―を見て歩くこと 近代 さいしょう／せいしょう［済勝］。近世 たんしょう［探勝］。《句》中世 勝地（しょうち）定主（ていしゅ）なし。

川や海辺の― 中古 すいしょく［水色］。

荒涼とした冬の― 中世 ふゆざれ［冬］。中古 ふゆがれ［冬枯］。

四季折々の― 中世 けいぶつ［景物］。

自然の美しい― 近代 うんえんひどう［雲煙飛動］。けいしょう［景勝］。はくさせいしょう／はくしゃせいしょう［白砂青松］。ふうくゎうめいび［風光明媚］。りうあんくゎめい［柳暗花明］。近世 いうしょう［幽勝］。かうふう［好風］。きしょう［奇勝］。さんしすいめい［山紫水明］。ぜっしょう［絶勝］。てんしゅ［天趣］。びくゎん［美観］。中世 うきせいかう［雨奇晴好］。かうけい［好景］。かけい［佳景］。がけい［雅景］。きけい［奇景］。くゎてうふうげつ［花鳥風月］。しょうけい［勝景］。せいかううき［晴好雨奇］。ぜっけい［絶景］。ちけい［致景］。ふうげつ／ふげつ［風月］。ふうち［風致］。中古 けいしゅ［景趣］。けいしょう［形勝］。さうくゎん［壮観］。さんようすいたい［山容水態］。しゅしょう［殊勝］。しょうがい［勝概］。しょうぜつ［勝絶］。せつげつくゎ［雪月花］。びけい［美景］。やまみづ［山水］。上代 えんか［煙霞／烟霞］。さんすい［山水］。しょうち［勝地］。ふうくゎう［風光］。

実際の― 近世 じっけい［実景］。しんけい［真景］。

壮大な― スペクタクル(spectacle)。近代 いちばうせんり［一望千里］。しうけい［修景］。パノラマ(panorama)。近世 たいくゎん［大観］。中世 ゐくゎん［偉観］。中古 さ

うくゎん［壮観］。

近いー 近代きんけい［近景］。ぜんけい［前景］。

ちょっと見たー 中古うちつけめ［打付目］。

遠いー 中世ゑんけい［遠景］。中古とほみ［遠見］。とほめ［遠目］。ゑんばう［遠望］。

庭の向こうのー しゃっけい［借景］。

野のーを楽しむこと 中古やばう［野望］。

春のー 近代りうあんくゎめい［柳暗花明］。柳は緑花は紅。近世はるげしき［春景色］。中世しゅんよう［春容］。中古えんけい［煙景／烟景］。しゅんくゎう［春光］。しゅんけい［春景］。上代しゅんしょく［春色］。

ぼんやりしてはっきりしないー 近代びばう［微茫］。上代えんか［煙霞／烟霞］。

珍しいー 近代いくゎん［異観］。近世きしょう［奇勝］。中世きくゎん［奇観］。きけい［奇景］。

山のー 中世さんけい［山景］。中古さんしょく［山色］。

夕方のー 中世ぼしょく［暮色］。ゆふげしき［夕景色］。

雪のー 近代せっけい［雪景］。近世ゆきげしき［雪景色］。ゆきげしゃう［雪化粧］。中世ぎんせかい［銀世界］。

夜のー 近代やけい［夜景］。中世やしょく［夜色］。

けしきば・む【気色】 近代さっきだつ［殺気立］。近世たけりたつ［猛立］。中世いきまく［息巻］。たける［猛］。中古いかる［怒］。けしきばむ［気色］。

けじめ おりめ［折目］。近代くぎり［区切］。みさかへ［見境］。わいだめ［弁別］。一線を画す。近世くべつ［区別］。しまり［締］。みさかひ［見境］。限りをす。斑(ふ)が切る［ー切れる］。中世くぎれ［区切］。べんべつ［弁別］。中古あや［文／綾］。かたわく［方分］。けぢめ。わけめ［分目］。上代わき［分／別］。わいため／わきため［弁別］。

ーが分からないさま 中世やみやみ［闇闇］。

ーのないたとえ 近世ずるずる。ずるずるべったり。尻も結ばぬ糸。

げしゅく【下宿】 近代げしゅく［下宿］。ししゅく［止宿］。ロッジング(lodging)。中世きぐう［寄寓］。中古きしゅく［寄宿］。

げしゅにん【下手人】 近代かがいしゃ［加害者］。近世おたづねもの［御尋者］。しゅぼうしゃ［首謀者］。中古げしゅにん［下手人］。はんにん［犯人］。

げじゅん【下旬】 中世げくゎん［下浣／下澣］。中古下(しも)の十日(とをか)。上代げじゅん［下旬］。

ーの闇夜 中古しもつやみ［下闇］。

げじょ【下女】 →じょちゅう

けしょう【化粧】 ドレッシング(dressing)。近代おめかし［御粧］。ふんしょく［粉飾／扮飾］。メーク／メーキャップ(makeup)。近世おしゃらく／おしゃれ［御洒落］。おつくり［御作］。ふんたい［粉黛］。べにおしろい［紅白粉］。べにかね［紅鉄漿］。みじたく［身支度／身仕度］。みじまひ［身仕舞］。顔を直す。中世かたちづくり［形作］。けはひ［化粧／仮粧］。こうふん［紅粉］。みごしらへ［身拵］。中古かほづくり［顔作］。けさう／けしゃう［化粧／仮粧］。しふん［脂粉］。みづくろひ［身繕］。

ー・しない顔 すっぴん［素］。近代そがん［素顔］。近世ぢがほ［地顔］。中世すがほ［素顔］。すめん［素面］。

ー・しない肌 中世すはだ［素肌／素膚］。近代ぢ［地］。近世ぢはだ［地肌／地膚］。

ー・する 近代めかしこむ［粧込］。めかす［粧］。近世おきずみ［置墨］。けつらふ［擬］。しゃれる［洒落］。やつす［俏／窶］。よそほふ［装／粧］。色を飾る。色を作る。顔を拵(こしら)ふ［ー拵える］。顔をす。中世かたちづくる［容作／形作］。けすらふ［擬］。けはふ［化粧／仮粧］。こしらふ［ーらえる］［拵］。つくりたつ［ーたてる］［作立］。中古いろどる［彩／色取］。うちけさうず［打化粧］。けさうず［化粧］。つくる［作］。つくろふ［繕］。みがく［研／磨］。上代たちよそふ［立装］。

ー道具の例 アイラッシュカーラー(eyelash curler)。近代コンパクト(compact)。パフ(puff)。

ー道具を入れる箱等 近代かうれん［香奩］。けしゃうばこ［化粧箱］。近世かがみたて［鏡立］。けしゃうだい［化粧台］。上代きゃうだい［鏡台］。

ーのための建物 近世けはひでん［化粧殿］。

ー品を売る店 近世あぶらみせ［油店］。

ー品のいろいろ(例) アストリンゼン／アストリンゼント(astringent lotion)。クレンジングクリーム(cleansing cream)。せいはつりょう［整髪料］。トイレタリー(toiletry)。ファンデーションクリーム(foundation cream)。フレグランス(fragrance)。マスカラ(mascara)。近代アイシャドー(eye shadow)。オーデコロン(フランスeau de

Cologne)。かうふん[香粉]。かうれう[香料]。クリーム(cream)。コールドクリーム(cold cream)。さうしゃうひん[装粧品]。チック/コスメティック(cosmetic)。べに[紅]。リップスティック(lipstick)。ルージュ(フランス rouge)。ローション(lotion)。近世 あらひこ[洗粉]。にほひあぶら[匂油]。中世 おしろい[白粉]。おしろいした[白粉下]。おはぐろ[御歯黒]。かうすい[香水]。くちべに[口紅]。ふんたい[粉黛]。ほほべに[頰紅]。中古 かうゆ[香油]。かね[鉄漿]。こうふん[紅粉]。しろきもの[白物]。はふに[白粉]。べにかね[紅鉄漿]。まゆずみ[黛/眉墨]。

朝のー 中古 しんさう[晨粧]。

薄いー 近代 かくしげしゃう[隠化粧]。中世 うすげしゃう[薄化粧]。うすけはひ[薄粧]。たんさう/たんしゃう[淡粧]。

濃いー 近代 こいげしゃう[濃化粧]。近世 あつげしゃう[厚化粧]。

入浴後のー 近代 ゆげしゃう[湯化粧]。

寝る前のー ねげしょう[寝化粧]。

初めてのー 近世 はつかがみ[初鏡]。

夕方にするー 近代 ゆふげしゃう[夕化粧]。

芝居のーのいろいろ(例) 近世 あいきゃうべに[愛敬紅]。あかつら[赤面/赭面]。あゐぐま[藍隈]。あをぐま[青隈]。あをくまどり[青隈取]。あをひげ[青髯]。くまどり[隈取]。

けしん【化身】 中古 けしゃう[化生]。けしん[化身]。ばく[ばける][化]。へんげ[変化]。

神仏のー 近代 かげん[仮現]。くゎしん[化身]。近世 ごんげん[権現]。中世 け[化]。ごんげ[権化]。中古 けにん[化人]。ごんじゃ[権者]。上代 ぶんしん[分身]。

け・す【消】 しょうきょ[消去]。近代 けしさる[消去]。せうきゃく[消却/銷却]。ぬぐひさる[拭去]。ふきけす[拭消]。まっさつ[抹殺/末殺]。まっせう[抹消]。もみつぶす[揉潰]。近世 なくす[無]。中世 かきけす[搔消]。せうす[消/銷]。ぢょきょ[除去]。とりけす[取消]。ぬぐふ[拭]。ふきけす[吹消]。中古 かいけつ/かきけつ[搔消]。きやす[消]。けす[消]。けづる[削]。せうぢょ[消除]。せうめつ[消滅/銷滅]。ふきけつ[吹消]。めっす[滅]。もてけつ[持消]。上代 けつ[消]。のぞく[除]。

ー・す文具 近代 けしゴム[消(オランダ)gom]。ゴムけし[(オランダ)gom消]。

灯りをー・す 中世 ふきけす[吹消]。中古 せうとう[消灯]。ふきけつ[吹消]。

上から塗るなどしてー・す ぼうけし[棒消]。近代 ぼうびき[棒引]。近世 とまつ[塗抹]。棒を引く。

計算が済んでその記録をー・す 近代 ごはさん[御破算]。近世 ちゃうけし[帳消]。

心のわだかまりなどをー・す 近代 とく[解]。

テープの記録をー・す しょうじ[消磁]。

火をー・す 近代 せうばう[消防]。近世 けしとむ[ーとめる][消止]。せうくゎ[消火]。ちんくゎ[鎮火]。中世 うちけす[打消]。もみけす[揉消]。

文章の一部などをー・す 近代 さくぢょ[削除]。

げすい【下水】 ドレーン(drain)。はいすいろ[排水路]。近代 あんきょ[暗渠]。げすいこう[下水溝]。はいすいこう[排水口/排水孔]。はいすいこう[排水溝]。近世 げすい[下水]。げすいだう[下水道]。どぶ[溝]。わりげすい[割下水]。中世 せせなぎ/せせなげ[溝/細流]。中古 せせなき[細流]。

ー溝を覆う板 近世 げすいいた[下水板]。どぶいた[溝板]。

ゲスト(guest)→**きゃく**

けずりぶし【削節】→**かつお**

けず・る【削】 近代 さくげん[削減]。さくぢょ[削除]。さくはく[削剝]。そぎとる[削取/殺取]。近世 うちへづる[打折]。けづりおとす[削落]。けづりとる[削取]。こぼつ[毀/壊]。さくきょ[削去]。ちょつる。へぐ[剝]。中世 こそぐ[刮]。そりおとす[剃落]。てんず[点]。へらす[減]。中古 けす[消]。けづる[削]。げんず[減]。こぼす/こほつ[毀]。そぎおとす[削落]。そぐ[削/殺]。はつる[斫/削]。はぶく[省]。へす[減]。へづる[剝]。上代 きさぐ[刮]。のぞく[除]。ひう[簸]。へつる[剝]。

ー・って取られる 近世 けづりとらる[ーとられる][削取]。しんしょく[浸食/浸蝕]。そぐ[そげる][削/殺]。

ー・って磨く さくま[削磨]。

ー・り屑(くず) 中古 こけら/こけらくづ[柿屑]。

おおまかにー・る 中世 あらけづり[荒削/粗削]。

鉋(かんな)でー・る 中世 かなかけ/かんなかけ[鉋掛]。

金属をー・る せっさく[切削]。

細く薄くー・る 近世 ささがき[笹掻]。

げせん【下賤】→**げひん**

けそう【懸想】 近世思ひを寄す〔―寄せる〕。中世こひしたふ〔恋慕〕。中古おもひかく〔思懸〕。けさう〔懸想〕。れんぼ〔恋慕〕。思ひを懸く〔―懸ける〕。身を焦がす。上代おもひ〔思〕。こひす〔恋〕。心を寄す〔―寄せる〕。

けた【桁】❶〈位取り〉 くらいどり〔位取〕。近世けた〔桁〕。ていど〔程度〕。→**かず**

―違い とくだん〔特段〕。近代だんちがひ〔段違〕。とくべつ〔特別〕。どはづれ〔度外〕。近世かくだん〔格段〕。かくべつ〔格別〕。けたはづれ〔桁外〕。中世おほちがひ〔大違〕。かくべち〔格別〕。なみはづれ〔並外〕。

けた【桁】❷〈横架材〉 近代ビーム(beam)。中世はり〔梁〕。上代けた〔桁〕。

外から見えない隠れた― 近世のげた〔野桁〕。

げた【下駄】 近世かっこ(幼児語)。中世げき〔屐〕。げた〔下駄〕。中古あしだ〔足駄〕。

―の音 近世げきせい〔屐声〕。

―の爪先の覆い 近代つまかは〔爪革〕。近世つまがけ〔爪掛〕。

―の歯 近代いっぽんば〔一本歯〕。つぎば〔継歯〕。は〔歯〕。ほほば〔朴歯〕。近世あとば〔後歯〕。まへば〔前歯〕。中世げきし〔屐歯〕。

―の歯を入れること 近代いれば〔入歯〕。さしば〔差歯〕。はいれ〔歯入〕。

―を履いている 近代あしだがけ〔足駄掛〕。げたばき〔下駄履〕。近世げたがけ〔下駄掛〕。

泥深い田圃(たんぼ)などで使う― 近代いたぼくり〔板木履〕。たげた〔田下駄〕。みづげた〔水下駄〕。

雪国で使う― 近代ゆきげた〔雪下駄〕。

その他―のいろいろ(例)①〔形、色等〕 近代いっぽんば〔一本歯〕。たかば〔高歯〕。のめりげた〔下駄〕。近世あしだ〔足駄〕。あづまげた〔東下駄〕。あとば〔後歯〕。あひるげた〔家鴨下駄〕。うまげた〔馬下駄〕。ござうち〔茣蓙打〕。こっぽり。こまげた〔駒下駄〕。せきだ／せった〔雪駄〕。たかげた〔高下駄〕。ぬりげた〔塗下駄〕。ひきつけ／ひきつけげた〔引付下駄〕。ひらあしだ〔平足駄〕。ぼくり／ぽっくり〔木履〕。りきう／りきうげた〔利休下駄〕。

その他―のいろいろ(例)②〔用途〕 近世にはげた〔庭下駄〕。ひより／ひよりげた〔日和下駄〕。

その他―のいろいろ(例)③〔素材〕 たけげた〔竹下駄〕。近代きりげた〔桐下駄〕。近世やなぎげた〔柳下駄〕。

▼木製の履物 近代サボ(フランス sabot)。中世ぼくげき／もくげき〔木屐〕。ぼくり〔木履〕。中古きぐつ〔木沓／木履〕。

けたい【懈怠】 近世かいだ〔懈惰〕。かいたい〔懈怠〕。なまけ〔怠〕。上代おこたり〔怠〕。けたい／けだい〔懈怠〕。たいまん〔怠慢〕。

けだか・い【気高】 近代きぞくてき〔貴族的〕。きひん〔気品〕。ノーブル(noble)。ふうしゃう〔風尚〕。近世こかう〔孤高〕。じゃうひん〔上品〕。中世かうたふ〔高踏〕。しなじなし〔品品〕。中古あて〔貴〕。あてはか／あてやか〔貴〕。かうがうし〔神神〕。かうき〔高貴〕。かうち〔高致〕。けだかし〔気高〕。

―・い人格 上代かうふう〔高風〕。

―・く美しい 中古らうらうじ〔労労〕。りゃうりゃうじ。

―・くおごそか 中古かうがうし〔神神〕。

―・く清らか 中世かうけつ〔高潔〕。

―・く古風なさま 近世かうこ〔高古〕。

―・く優れた人物 中古かうし〔高士〕。

―・く優れている 近世かういつ〔高逸〕。かうゑん〔高遠〕。中世かうまい〔高邁〕。

―・くて立派なこと 中古かうしゃう〔高尚〕。

―・く尊い 近代すうかう〔崇高〕。

―・く雅びやか 近代かうが〔高雅〕。

けだし【蓋】 近代もしかして。近世たぶん〔多分〕。中世あんずるに〔案／按〕。おそらく〔恐〕。ひょっとして。中古おもふに〔思〕。上代けだし〔蓋〕。けだしく〔蓋〕。

けたたまし・い →**やかまし・い**

げだつ【解脱】 中世じゃうぶつとくだつ〔成仏得脱〕。中古さとり〔悟〕。しゅつり〔出離〕。ねはん〔涅槃〕。上代げだつ〔解脱〕。

けだもの【獣】 近代アニマル(animal)。じう〔獣〕。じうるい〔獣類〕。中世しそく〔四足〕。ちくるい〔畜類〕。よつあし〔四足〕。中古けもの〔獣〕。ちくしゃう〔畜生〕。どうぶつ〔動物〕。ばうしゃう〔傍生〕。上代けだもの〔獣〕。しし〔獣／鹿／猪〕。

―が声を出す ほうごう〔咆号〕。近世うなる〔呻／唸〕。はうかう〔咆哮〕。上代なく〔鳴／啼〕。ほゆ〔ほえる〕〔吼／吠〕。

―の皮 かんぴ〔乾皮〕。中世じうひ〔獣皮〕。

―の毛 中古じうもう〔獣毛〕。

―の肉 近世じうにく〔獣肉〕。やまくぢら〔山鯨〕。

―のような心 中世じうしん〔獣心〕。じんめんじうしん〔人面獣心〕。

―を捕らえること 中古ししがり〔猪狩／鹿狩／獣狩〕。

怪しい― 近世くゎいじう〔怪獣〕。

多くのー 中世はくじう[百獣]。中古ひゃくじう[百獣]。

雷とともに地上にやってくるー 近世らいじう[雷獣]。

毛のかたいー 上代毛の麁物あらもの(荒物)。

毛の柔らかいー 上代毛の柔物にこもの(和物)。

獰猛どうもうなー 中古まうじう[猛獣]。中古てうじう[鳥獣]。上代きんじう[禽獣]。

鳥とー 中世きんじゅ[禽獣]。

肉食のー 近代にくしょくじう[肉食獣]。

人とー 上代じんちく[人畜]。

珍しいー ちんじゅう[珍獣]。中古きじう[奇獣]。

野生のー 中古やじう[野獣]。

▼助数詞 中古とう[頭]。ひき[匹/疋]。上代き/ぎ[匹/疋]。

けち❶〈吝嗇〉 けいさんだかい[計算高]。けちる。せこい。近代そろばんだかい[算盤高]。けちだしをしみ[出惜]。たんりん[貪吝/貪悋]。どんりん[貪吝]。近世あたじけなし。いぢましい。かんぢゃうだかし[勘定高]。きっしく[蓄縮]。けち。けちくさし。こすし[狡]。こぶい(上方語)。こみち/こみづ[小道]。しぶい[渋]。しみたれ/しみったれ。しゅむ[染]。しょっぱい。せち/せちべん[世知弁]。せちがらし[世知辛]。そろばんづく[算盤尽]。つめ[爪]。びびる。みみっちい。やぶさか[吝]。中世きたなし[汚/穢]。しわし[吝]。りんしゃく/りんじゃく[悋惜/吝惜]。りんしょく[吝嗇]。中古いやし[卑/賤]。かだむ。けんどん[慳貪/倹飩]。ものをしみ[物惜]。やひさし[吝]。やぶさし[慳]。りんせき[悋惜/吝惜]。

《句》近代けちん坊の柿の種。しわん坊と灰吹は溜まるほど汚い。袖から手を出すのも嫌ひ。出すことは舌を出すのも嫌ひ。近世一文銭か生爪か。一文惜しみの百知らず。金持ち金使はず。爪に火をともす。

ー・でずるい 近代こすからい[狡辛]。

ー・な人 けいざいか[経済家]。りんしょくかん[吝嗇漢]。近代けちんぼ/けちんばう[坊]。しぶちん[渋]。しまつや[始末屋]。しまりや[締屋]。にぎりばう[握坊]。にぎりや[握屋]。りんしょくか[吝嗇家]。りんしょくもの[吝嗇者]。近世あかにし[赤螺]。いせや[伊勢屋]。いちもんをしみ[一文惜]。しみったれ。しゃうが[生姜/生薑]。しゅせんど/しゅせんぬ[守銭奴]。しわたらう[吝太郎]。しわむし[吝虫]。しわんばう[吝坊]。せちべんばう[世知弁坊]。つめなが[爪長]。にぎりっこ[握]。をしみて[惜手]。

けち❷〈不吉〉 ジンクス(jinx)。近世けど。ふきち[不吉]。中世けち。中古ふきつ[不吉]。

ーが付く 縁起が悪い。近世難付く。

ーを付ける いいくさす[言腐]。欠点をあげつらう。難癖をつける。不安にさせる。水をさす。近世けなす[貶]。けどを付く[ー付ける]。中古いひくたす[言]。難付く[ー付ける]。

けちら・す【蹴散】 近世せきけん[席巻]。中世おひちらかす/おひちらす[追散]。けちらかす[蹴散]。けちらす[蹴散]。中古おひたつ[ーたてる][追立]。上代くゑはららかす[蹴散]。

けつ【決】 近代ぎけつ[議決]。へうけつ[表決]。近世けってい[決定]。中世けつ[決]。

けつい【決意】 →けっしん

けついん【欠員】 ていいんふそく[定員不足]。近代あき[空]。くうせき[空席]。近世あな[穴/孔]。けつゐん[欠員/闕員]。

ーが生ずる 中古あく[空]。

その職にーがあること 中古けち[闕]。けっくゎん[欠官/闕官]。

その地位にーがあること 近代くうゐ[空位]。けつゐ[欠位/闕位]。

けつえき【血液】 近代ちのり[血糊]。近世いきち[生血]。じんけつ[人血]。せんけつ[鮮血]。のり[血]。中世けつえき[血液]。ちしほ[血潮/血汐]。ちしる[血汁]。なまち[生血]。中古紅くれなゐの涙。上代ち[血]。

ーが異常に減少した状態 近代ひんけつ[貧血]。

ーが固まる 近代ぎょうけつ[凝血]。

ーの型 アールエッチしきけつえきがた[Rh式血液型]。エービーオーしきけつえきがた[ABO式血液型]。エムエヌしきけつえきがた[MN式血液型]。

ーの循環 けつりゅう[血流]。近代血の巡り。近世けっかう[血行]。中世きけつ[気血]。

ーの成分 けっしょうばん[血小板]。近代けっしゃう[血漿]。せきけっきう[赤血球]。はくけっきう[白血球]。

ーの流れの異常 近代うっけつ[鬱血]。じゅうけつ[充血]。

ーの流れる管 →けっかん【血管】

ーまみれ 中世ちみどろ[血]。

ーを流す(出血) 近代しゅっけつ[出血]。

中世あえす［零／落］。
ーを吐くこと 近世かくけつ［喀血／咯血］。中古とけつ［吐血］。
傷などから飛び散るー 中世ちけぶり／ちけむり［血煙］。
出血したばかりのー 近世いきち［生血］。せんけつ［鮮血］。中世なまち［生血］。

けつえん【血縁】 近代けつえん［血縁］。けつぞく［血族］。しん［親］。ちうたい／ぢうたい［紐帯］。近世えんこ［縁故］。かぞく［家族］。けついん［血胤］。けつえい［血裔］。けっとう［血統］。けつにく［血肉］。けつみゃく［血脈］。しんみ［親身］。ちすぢ［血筋］。ちにく［血肉］。つり［吊／系］。にくえん［肉縁］。血の筋。血を分く〔ー分ける〕。中世えんざ［縁者］。中古えん［縁］。えんじゃ［縁者］。けちえん［血縁］。こつにく［骨肉］。しんるい［親類］。にくしん［肉親］。ほとり［辺］。みうち［身内］。ゆかり［縁］。上代うから［親族］。うからやから［親族］。きんしん［近親］。しそん［子孫］。しんせき［親戚］。しんぞく［親族］。どうぞく［同族］。《句》近代血は水よりも濃い。
ーある者が親しくすること 中古ゆかりむつび［縁睦］。
ー関係にあること 近代ちつづき［血続］。縁に繋（つな）がる。
ーで近い間柄 近代きんえん［近縁］。上代きんしん［近親］。
ーで最も近い間柄 中古ししん［至親］。
ーの関係 近代つづきがら［続柄］。
ーの関係図→けいず
基準の親等内のー 上代そんぞく［尊属］。
基準の親等よりあとのー 近代ひぞく［卑属］。

けっか【結果】 近代きけつ［帰結］。けっくゎ［結果］。けっしゃう［結晶］。けつまつ［結末］。けつろん［結論］。しうくゎく［収穫］。せいくゎ［成果］。できばえ［出来栄］。しょさん［所産］。近世しはて［為果］。みのり［実］。中世いたり［至］。きすう［帰趨］。くゎ［果］。けつじつ［結実］。けっちゃく［決着］。しまつ［始末］。すゑ［末］。ため［為］。でき［出来］。をさまり［治／納］。中古しゅび［首尾］。
ーがよくない 近代ふけっくゎ［不結果］。ふせいこう［不成功］。中世ふしゅび［不首尾］。ふでき［不出来］。
ーとしてそうなる 近代きたす［来］。中世いたす［致］。いたる［至／到］。中古きす［帰］。しからしむ〔ーしめる〕［然］。とぐ〔とげる〕［遂］。ひきいづ［引出］。
ーは同じ《句》近世遅牛も淀早牛も淀。
ーを求めるのが急《句》近代卵（玉子）を見て時夜（じや）を求む。とらぬ狸の皮算用。儲けぬ前の胸算用。近世飛ぶ鳥の献立。中世生まれぬ先のむつき定め。
意外と小さいー《句》近代大山鳴動して鼠一匹。近世蛇（じゃ）が出さうで蚊も出ぬ。
機器が処理のーを出すこと しゅつりょく［出力］。
決算のー かんじょうじり［勘定尻］。近世ちゃうじり［帳尻］。
原因とー あくいんあっか［悪因悪果］。ぜんいんぜんか［善因善果］。上代いんぐゎ［因果］。《句》近世蒔かぬ種は生えぬ。
努力のー 血と汗の結晶。近代けつじつ［結実］。けっしゃう［結晶］。近世実を結ぶ。中世蛍雪の功。物になる。
悲劇的なー はきょく［破局］。
間違ってかえってよいーとなる 中世怪我の功名。→しっぱい
よいー 近代かうくゎ［効果］。そうこう［奏功］。近世おち［落］。じゃうしゅび［上首尾］。できばえ［出来栄］。花実が咲く。中古びくゎ［美果］。上代しうくゎく［収穫］。

けっかい【決壊】 きそん［棄損］。近代きそん［毀損］。くゎいけつ［潰決］。けっくゎい［決壊］。たうくゎい［倒壊］。近世そんくゎい［損壊］。中世ぐゎかい［瓦解］。ほうくゎい［崩壊］。中古くづれおつ〔ーおちる〕［崩落］。くづれやぶる［崩毀］。

げつがく【月額】 げっさん［月産］。近代げつがく［月額］。げっしう［月収］。

けっかん【欠陥】 近代けっかん［欠陥］。けってん［欠点］。近世あら［粗］。かし［瑕疵］。へいとう［弊竇］。中世きず［傷／疵／瑕］。しつ［失］。中古かきん［瑕瑾／瑕釁］。ふそく［不足］。ふび［不備］。上代かく〔かける〕［欠］。
コンピュータープログラムのー バグ（bug）。
手続き等のー 近代ておち［手落］。近世てぬかり［手抜］。

けっかん【血管】 近代けっくゎん［血管］。せいみゃく［静脈］。もうさいけっくゎん［毛細血管］。近世じゃうみゃく［静脈］。どうみゃく［動脈］。みゃくらく［脈絡］。中世すぢ［筋／条］。ちすぢ［血筋］。みゃく［脈］。中古けつみゃく［血脈］。ちのみち／ちみち［血

道]。
—が腫れ膨らむこと 中世 どちゃう[怒張]。
怒ったりして出る— 近代 かんしゃくすぢ[癇癪筋]。近世 あをすぢ[青筋]。
心臓の周りの— かんじょうどうみゃく[冠状動脈]。近代 くゎんどうみゃく[冠動脈]。
頭部に血液を送る— 近代 けいどうみゃく[頸動脈]。

けっき【血気】 近代 きあひ[気合]。きはく[気迫/気魄]。近世 えいき[鋭気]。くゎっき[活気]。こころいき[心意気]。はやりぎ[逸気]。中世 きがい[気概]。せいき[生気]。ねっけつ[熱血]。中古 きりょく[気力]。上代 いき[意気]。けっき[血気]。
—にはやる心 近世 かくき[客気]。ちのけ[血気]。わかぎ[若気]。中世 わかげ[若気]。
—にはやるさま 近世 がむしゃ[我武者]。
—にはやるだけの勇気 中世 匹夫の勇。
—にはやる人 近世 がむしゃもの[我武者]。さうふ[壮夫]。中世 はやりを[逸雄]。
若くて—盛んな頃 近世 せいじ[盛時]。中世 としざかり[年盛]。

けっき【決起】 近代 けっき[決起]。ふるひたつ[奮立]。近世 ふんき[奮起]。上代 ほうき[蜂起]。

けつぎ【決議】 近代 かけつ[可決]。ぎけつ[議決]。けつぎ[決議]。さいけつ[採決]。ひやうけつ[評決]。近世 しゅうぎいっけつ/しゅぎいっけつ[衆議一決]。中世 けっす[決]。中古 いっけつ[一決]。

げっきゅう【月給】 近代 サラリー(salary)。近世 きふれう[給料]。ほうきふ[俸給]。中世 げっきふ[月給]。げっぽう[月俸]。中古 きふよ[給与]。
—で生活する人 ほうきゅうせいかつしゃ[俸給生活者]。近代 げっきゅうとり[月給取]。サラリーマン(salaried man)。→かいしゃ

けっきょく【結局】 近代 けっきょく[結局]。たうてい[到底]。帰するところ。畢竟(ひっきゃう)するに。近世 けく[結句]。たうと/たうとう[到頭]。たか[高]。つまり[詰]。とど[鯔]。ひっきゃう[畢竟/必竟]。要(えう)するに。詰まるところ。とどのつまり。良かれ悪しかれ。中世 あげく[挙句]。いじゃう[以上/已上]。きうきょく[究極]。くっきゃう[究竟]。けっく[結句]。さしづめ[差詰]。しかしながら[然乍/併乍]。しじゅう[始終]。しょせん[所詮]。せん[詮]。せんど[先途/前途]。挙げ句の果て。詮ずるところ。詰めては。畢竟(ひっきゃう)は。中古 ありありて[有有]。とても。はたして[果]。はてはて[果果]。上代 つひに[遂/終]。

けっきん【欠勤】 近代 きうか[休暇]。けっきん[欠勤]。けっくゎ[欠課]。近世 けっせき[欠席]。やすみ[休]。
—と出勤 中古 きんだ[勤惰]。

げっけい【月経】 せいり[生理]。よごれ[汚]。メンゼス(ドイツ Menses)。近代 おりもの[下物]。げっけい[月経]。メンス(ドイツ Menstruation)。近世 いとひき[糸引]。おまけ。おめぐり[御回/御廻]。おやく[御役]。かりや[仮屋]。きゃく[客]。くされ[腐]。けいすい[経水]。さしあひ[差合/指合]。さはり[障]。たや[他屋/他家]。つきごや[月小屋]。つきのもの[月物]。つきやく[月役]。ひ[火]。まけ。やく[役]。ゑんこう[猿猴]。中世 ぐゎっすい[月水]。けがれ[汚]。てなし[手無]。中古 げっすい[月水]。ふじゃう[不浄]。月の障り。上代 つき[月]。
—が始まっている 近世 火が悪い。
初めての— しょけい[初経]。女になる。近代 しょてう[初潮]。近世 あかふじゃう[赤不浄]。はつはな[初花]。中古 うひごと[初事]。
初めての—の祝 近代 うひたび[初他火]。はつはないはひ[初花祝]。

けっこう【決行】 近代 かんかう[敢行]。きゃうかう[強行]。けっかう[決行]。だんかう[断行]。ふみきる[踏切]。近世 じっかう[実行]。あたって砕けよ。中世 事を起こす。手を下す。
《句》近代 賽(さい)は投げられた。

けっこう【血行】 近代 血の巡り。近世 けっかう[血行]。中古 け[気]。

けっこう【欠航】 うんきゅう[運休]。近世 かはづかへ[川支]。かはどめ[川止/川留]。

けっこう【結構】❶〈構造〉 近代 くみたて[組立]。こうせい[構成]。しくみ[仕組]。中世 かまへ[構]。こうざう[構造]。中古 けっこう[結構]。つくり[作]。上代 きぼ[規模]。

けっこう【結構】❷〈良い〉 近代 じゃうでき[上出来]。ハラショー(ロシア khorosho)。ワンダフル(wonderful)。近世 おんのじ[御字]。すてき[素敵]。すばらし[素晴]。りっぱ[立派]。中世 けっこう[結構]。みごと[見事]。中古 しういつ[秀逸]。よろし[宜]。

上代よし[良]。
《句》近世結構毛だらけ猫灰だらけ。
━・なさま 中世ちかごろ[近頃／近比]。

けつごう【結合】 ちょっけつ[直結]。ドッキング(docking)。ゆちゃく[癒着]。リンク(link)。近代くゎがふ[化合]。コンビネーション(combination)。せつがふ[接合]。とうがふ[統合]。むすびつき[結付]。ゆうがふ[融合]。ユニオン(union)。近世がふいつ[合一]。がふどう[合同]。けつがふ[結合]。けっそく[結束]。れんけつ[連結]。中世つなぎあはす[━あわせる][繋合]。中古がったい[合体]。上代がふせい[合成]。つなぐ[繋]。

化学的な━ 近代くゎがふ[化合]。

げっこう【激昂】 近代エキサイト(excite)。近世いきりたつ[熱立]。中世げきかう[激昂／激高]。げきす[激]。げきど[激怒]。ふんげき[憤激／忿激]。中古ふんど／ふんぬ[憤怒／忿怒]。

げっこう【月光】 近代ムーンライト(moonlight)。近世つきあかり[月明]。中世げっくゎ[月華]。ゑんくゎう[円光]。中古げっけい[月桂]。げっしょく[月色]。げつぜん[月前]。げつめい[月明]。つきかげ[月影]。桂の影。月の顔。上代げっくゎう[月光]。

けっこん【結婚】 ゴールイン(和製goal in)。むすばれる[結]。近代がふきん[合衾]。マリアージュ(フランス mariage)。マリッジ(marriage)。所帯を持つ。近世えんぐみ[縁組]。えんづく[縁付]。えんむすび[縁結]。ちなむ[因]。中世あひぐす[相具]。ありつく[有付／在付]。こんこう[婚媾]。こんす[婚]。みゆ[見]。中古あふ[合／会]。ぐす[具]。そふ[添]。一つになる。身を固む[━固める]。上代けっこん[結婚]。こんいん[婚姻]。みとあたはす。わがふ[和合]。

《尊》中古ごらんず[御覧]。

《句》近代一人口は食へぬが二人口は食へる。二人口は過ごせるが一人口は過ごせぬ。近世思ふに別れ思はぬに添ふ。釣り合はぬは不縁の基。待つ中(うち)が花。

━が成立すること 近代せいこん[成婚]。

━・させる 近世しつく[━つける][仕付]。はいがふ[配合]。中世かたづく[━づける][片付]。はいす[配]。縁に付く[━付ける]。中古くばる[配]。みす[みせる][見]。めあはす[━あわせる][妻合]。上代あはす[あわせる][会]。

━・したことがある 中古世に旧(ふ)る。

━・した先の家 中世こんか[婚家]。

━・したばかり 近代しんこん[新婚]。ハネムーン(honeymoon)。みつげつ[蜜月]。

━・していない 近代みこん[未婚]。中古どくしん[独身]。ひとりみ[独身]。

━・していない人 チョンガク[(朝鮮語)総角]。近代シングル(single)。チョンガー[(朝鮮語)総角]。バチェラー(bachelor)。近世どくしんしゃ[独身者]。中世ひとりもの[独者]。

━・する前 こんぜん[婚前]。

━生活をする 中古すむ[住]。

━によって親戚になった家 近世いんか[姻家]。上代いんせき[姻戚]。

━の相手 近代はいぐうしゃ[配偶者]。中古かたき[敵／仇]。よめ[嫁]。上代むこ[婿]。

━の式典 ブライダル(bridal)。近代ウエディング(wedding)。けっこんしき[結婚式]。華燭(くわしょく)の典。近世こんぎ[婚儀]。しうげん[祝言]。中古こんれい[婚礼]。

━の式典を挙げること きょしき[挙式]。

━の年頃 近代こんき[婚期]。てきれいき[適齢期]。としごろ[年頃／年比]。近世えんづきごろ[縁付頃]。じぶん[時分]。としばい／としばへ[年延]。やりどき[遣時]。よめいりどき[嫁入時]。中世たうえう[桃夭]。中古さだ[時]。

━の仲立ち 中世ばいしゃく[媒酌]。中古なかうど[仲人／媒人]。

━の仲立ちをする人 →**なこうど**

━の話 近世えんだん[縁談]。

━の申し込み →**きゅうこん**

━の約束 →**こんやく**

━の約束をした人 →**いいなずけ**

━を考えて男女が面会すること みあい[見合]。

━を披露する宴会 ひろうえん[披露宴]。中古ところあらはし[所顕／露顕]。

親同士が子女の━の約束をする 中世いひなづく[言名付]。

血縁者同士の━ きんしんこん[近親婚]。しんぞくけっこん[親族結婚]。近代きんしんけっこん[近親結婚]。けつぞくけっこん[血族結婚]。近世いとこあはせ[従兄弟合]。中古ゆかりむつび[縁睦]。

死別した兄嫁をその弟と━・させること あによめなおし[兄嫁直]。

女性が━・して夫のもとへ行く →**とつ・ぐ**

すでに—・している 近代きこん［既婚］。
適齢期を過ぎてからの— 近代ばんこん［晩婚］。
天子の— 近代たいこん［大婚］。
なかなか—・できない 近世えんどほし［縁遠］。ふえん［不縁］。
二度目の— 近代さいこん［再婚］。中世さいか［再嫁］。
初めての— 近代しょこん［初婚］。
若すぎる— 近代さうこん［早婚］。
その他—のいろいろ（例）①［理由］できちゃったけっこん［出来結婚］。近代じいうけっこん［自由結婚］。せいりゃくけっこん［政略結婚］。みあひけっこん［見合結婚］。れんあいけっこん［恋愛結婚］。
その他—のいろいろ（例）②［形態］こくさいけっこん［国際結婚］。しょうせいこん［招婿婚］。たんこん［単婚］。ふくこん［複婚］。ポリガミー（polygamy）。むこいりこん［婿入婚］。モノガミー（monogamy）。よめいりこん［嫁入婚］。らんこん［乱婚］。近代いっさいたふ［一妻多夫］。いっぷいっぷ［一夫一婦］。いっぷたさい［一夫多妻］。ざっこん［雑婚］。ぢゅうこん［重婚］。近世あしいれ［足入］。中世ぢゅうえん［重縁］。中古つまどひこん［妻問婚］。
▼夫を持つ 中古をとこす［男］。
▼妻とする 近世めとる［娶］。中古みる［見］。めまうけ［妻儲］。上代あとふ［聘］。まく［枕］。
▼未婚の女性 →おとめ →しょじょ

けっさい【決済】→けっさん

けっさい【決裁】いしけってい［意思決定］。さいりょう［裁量］。しょうにん［承認］。近代けっさい［決裁］。近世けってい［決定］。中古さいだん［裁断］。さいてい［裁定］。だんず［断］。上代けつだん［決断］。しょだん［処断］。

結婚記念式の例

1年目	紙婚式
2年目	藁（わら）婚式
3年目	革婚式　糖菓婚式
4年目	花婚式　絹婚式
5年目	木婚式
6年目	鉄婚式　花婚式
7年目	銅婚式
8年目	ゴム婚式　青銅婚式
9年目	陶器婚式
10年目	錫（すず）婚式　アルミ婚式
11年目	鋼鉄婚式
12年目	絹婚式　亜麻婚式
13年目	レース婚式
14年目	象牙（ぞうげ）婚式
15年目	水晶婚式
20年目	磁器婚式　陶器婚式
25年目	銀婚式
30年目	真珠婚式
35年目	珊瑚（さんご）婚式
40年目	ルビー婚式
45年目	サファイア婚式
50年目	金婚式
60年目	ダイヤモンド婚式
75年目	プラチナ婚式

—の文書 りんぎしょ［稟議書］。

けっさい【潔斎】近世もくゆ［沐湯／沐浴］。中世きよめ［清］。しゃうじ／しゃうじん［精進］。きよまはる［清］。中古けっさい［潔斎］。さうじ／さうじん［精進］。つつしみ［慎］。上代さいかい［斎戒］。みそぎ［御祓／禊］。もくよく［沐浴］。

けっさく【傑作】こうへん［好編］。ゆうさく［優作］。近代いっぴん［逸品］。かひん［佳品］。じゃうでき［上出来］。たいさく［大作］。マスターピース（masterpiece）。マスターワーク（masterwork）。りきさく［力作］。らうさ／らうさく［労作］。近世しうさく［秀作］。じゃうさくもの［上作物］。できもの／でけもの［出来物］。めいへん［名編］。めうひん［妙品］。中世かさく［佳作］。かじふ［佳什］。かへん［佳編／佳篇］。けっさく［傑作］。じゃうさく［上作］。ぜっぴん［絶品］。めいさく［名作］。

けっさん【決算】けっさい［決済］。近世けっさん［決算］。しきり［仕切］。しきる［仕切］。しまひ［仕舞］。しむ［しめる］［締］。すみすまし［済済］。せいさん［清算］。ちゃうじり［帳尻］。てじまひ［手仕舞］。中世けいさん［計算］。中古かんぢゃう［勘定］。
—の時期 サイト（sight）。近代けっさんき［決算期］。近世せっき［節季］。

けっし【決死】近世いのちがけ［命懸］。身命を賭する。近代すてみ［捨身］。けっし［決死］。しにものぐるひ［死物狂］。たいしいちばん［大死一番］。ひっし［必死］。中世かんし［敢死］。しにぐるひ［死狂］。中古しにまうけ［死設］。

《句》近世 死地に陥れて後生く〔―生きる〕。馬革に尸を裹む。

―の身体 近代 すてみ〔捨身〕。中世 背水の陣。近世 しにみ〔死身〕。

―の闘い 中世 しとう〔死闘〕。

―の力 中世 しりょく〔死力〕。

げつじ【月次】 げっかん〔月間〕。近代 げつれい〔月例〕。中世 つきづき〔月月〕。まいつき〔毎月〕。中古 つきごと〔月毎〕。つきなみ〔月並／月次〕。

けつじつ【結実】 汗の結晶。近代 けっくゎ〔結果〕。げふせき〔業績〕。せいくゎ〔成果〕。実を挙げる。近世 なしとぐ〔―とげる〕〔成遂〕。みのり〔実／稔〕。実を結ぶ。物になる。中世 けつじつ〔結実〕。中古 せいこう〔成功〕。上代 しうくゎく〔収穫〕。

けっして【決】 近代 ぜったいに〔絶対〕。だんこ〔断固〕。だんじて〔断〕。近世 あきなひみゃうり〔商冥利〕(商人の語)。けっして〔決〕。せいしんもって〔神以〕。せいもん〔誓文〕。せいもんくされ〔誓文腐〕。だんぜん〔断然〕。ちかって〔誓〕。はちまん〔八幡〕。はちまんだいぼさつ〔八幡大菩薩〕。をとこみゃうり〔男冥利〕。中世 あながち〔強〕。かまへて〔構〕。かりそめにも〔仮初〕。ゆみやはちまん〔弓矢八幡〕。中古 かけて〔掛〕。かみかけて〔神掛〕。よも〔世〕。上代 かならず〔必〕。

―してはいけない 中世 まかりならぬ。

―…(するな) 近代 二度と再び。近世 けがにも〔怪我〕。中古 あなかしこ。ゆめさらさら〔努更更〕。上代 ゆめ〔努〕。ゆめゆめ〔努努〕。

―…(ない) 近世 いっかな。くされ〔腐〕。こんりんざい〔金輪際〕。ずいぶん〔随分〕。ずんど。はったと。ふっつり。ほっても。もっとも〔尤〕。中世 あひかまへて〔相構〕。けんご〔堅固〕。つひに〔遂／終〕。づんど。はたと。ふっつと。まったく〔全〕。中古 あなかしこ〔穴賢〕。いかにも〔如何〕。かけて〔掛／懸〕。さらさら〔更更〕。すこしも〔少〕。つゆも〔露〕。ゆめに〔夢〕。上代 あに〔豈〕。うたがたも。うつたへに〔未必〕。かつて〔嘗／曾〕。さね。さらに〔更〕。よに／よにも〔世〕。↓ぜんぜん

けっしゃ【結社】 近代 けっしゃ〔結社〕。だん〔団〕。だんたい〔団体〕。たうは〔党派〕。近世 かう〔講〕。

けっしゅう【結集】 近代 しふけつ〔集結〕。だんたい〔団体〕。近世 けっそく〔結束〕。しふがふ〔集合〕。だんけつ〔団結〕。上代 けっしふ〔結集〕。

けっしゅつ【傑出】 だんトツ(「断然トップ」の略)。ぶっちぎり〔打千切〕。近代 たくしゅつ〔卓出〕。たくばつ〔卓抜〕。ぴかいち〔光一〕。右に出るものがない。近世 けつぜん〔傑然〕。さうさう〔錚錚〕。ずばぬける〔抜〕。たいと〔泰斗〕。たくえつ〔卓越〕。とくしゅつ〔特出〕。ばっく〔抜群〕。一頭地を抜く。中世 しうばつ〔秀抜〕。ぬきんづ〔―でる〕〔抜出〕。ゆう〔雄〕。中古 けっしゅつ〔傑出〕。ばつぐん〔抜群〕。→すぐ・れる →ずばぬ・ける

―・した人 →けつぶつ

けつじょ【欠如】 ぬけおちる〔抜落〕。近代 かんらく〔陥落〕。近世 けつばふ〔欠乏／闕乏〕。中世 けつらく〔欠落〕。けつろう〔欠漏／闕漏〕。ぬく〔ぬける〕〔抜〕。もる〔もれる〕〔漏〕。中古 かく〔かける〕〔欠／闕〕。けつじょ〔欠如／闕如〕。ことかく〔事欠〕。ふそく〔不足〕。もれおつ〔―おちる〕〔漏落〕。上代 もる〔漏〕(四段活用)。

けっしょう【結晶】 クリスタル(crystal)。近世 けっしゃう〔結晶〕。中世 ぎょうけつ〔凝結〕。

―のもと かく〔核〕。

硫黄の― いおうか〔硫黄華〕。

鉱物の大きな― きょしょう〔巨晶〕。

けっしょう【決勝】 近代 いうしょうせん〔優勝戦〕。いうしょうけっていせん〔優勝決定戦〕。けっしょう〔決勝〕。ファイナル(final)。近世 けっせん〔決戦〕。

―に出るための戦い 近代 じゅんけっしょう〔準決勝〕。セミファイナル(semifinal)。

―の地点 ウイニングポスト(winning post)(競馬で)。けっしょうてん〔決勝点〕。近代 ゴール(goal)。

―の地点に入ること 近代 ゴールイン(和製goal in)。

けっしん【決心】 いちねんほっき〔一念発起〕。近代 けつい〔決意〕。けっしん〔決心〕。覚悟の臍を固める。近世 けってい〔決定〕。ほぞさだまり〔定〕。ふんぎり〔踏切〕。ほぞ〔臍〕。臍を決める。中世 こころおきて〔心掟〕。ほい／ほんい〔本意〕。中古 かくご〔覚悟〕。上代 けつだん〔決断〕。

《句》近世 断じて行へば鬼神も之を避く〔―避ける〕。

―が遅れる 中古 おもひおくる〔思後〕。おもひとどこほる〔思滞〕。

―が遅れるさま 近世 とつおいつ。

―・した最初の思い 中世 しょいちねん〔初一

念]。中古しょしん[初心]。

━・する 断を下す。近代意を決する。腹を固める。腹を決める。臍を固める。腹を括る。踏ん切りをつける。臍を固める。腹を括る。踏ん切りをつける。

━・する 断を下す。近代意を決する。腹を固める。腹を決める。臍を固める。腹を括る。踏ん切りをつける。ふみきる/ふんぎる[踏切]。近世おもひこむ[思込]。心魂に徹す。腹を据う[━据える]。中世おもひきる[思切]。おもひそむ[思染]。ごす[期]。臍を固うす。中古おもひあふ[思敢]。おもひかたむ[━かためる][思固]。おもひたつ[思立]。おもひとる[思取]。《尊》中世おぼしめしきる[思召切]。おぼしめしたつ[思召立]。中古おぼしおこす[思起]。おぼしたつ[思立]。おぼしとる[思取]。おもほしたつ[思立]。おもほしなる[思成]。きす/ごす[期]。

━・するさま 近世清水の舞台から飛び降りる(落ちる)。中世けつぜん[決然]。

━の強さ 火が降っても槍が降っても。だんこ[断固]。だんだんこ[断断固]。近代きんこんいちばん[緊褌一番]。近世一念天に通ず。中世きっと[屹度/急度]。だんじて[断]。

━を変える 近代ほんい[翻意]。ほんしん[翻心]。中古こころがはり[心変]。へんしん[変心]。

決断力のない人の急な━ 近世牛の一散。牛の一散走り。

心中の━ 近代はうふ[抱負]。

一つに━・する 中古いっけつ[一決]。

けっ・する【決】→けってい

けっせい【結成】けつだん[結団]。近代けっしゃ[結社]。けつめい[結盟]。へんせい[編制]。近世けっそく[結束]。だんけつ[団結]。中世けっせい[結成]。

けっせき【欠席】けつじょう[欠場]。ふさんか[不参加]。近代きうか[休暇]。けっきん[欠勤]。近世けっせき[欠席/闕席]。やすみ[休]。中古ふさん[不参]。

けっせん【決戦】そうは[争覇]。近代けっしょう[決勝]。近世けっせん[決戦]。けっとう[決闘]。中世しょうぶ[勝負]。中古雌雄を決す。

同点者同士の━ プレーオフ(play off)。

けっせん【血戦】あくせんくとう[悪戦苦闘]。近代げきせん[激戦]。げきとう[激闘]。ねっせん[熱戦]。中世けっせん[血戦]。しとう[死闘]。

けつぜん【決然】近代かんぜん[敢然]。だんこ[断固]。だんだんこ[断断固]。近世きっぱり。くゎだん[果断]。だんぜん[断然]。中世きぜん[毅然]。くゎかん[果敢]。けつぜん[決然]。げんねん[厳然]。思ひ切って。中古げんぜん[厳然]。

けっそう【血相】近代けっさう[血相]。へうじゃう[表情]。近世けっしょく[血色]。けんまく[剣幕]。中古おももち[面持]。かほいろ[顔色]。かほつき[顔付]。ぎゃうさう[形相]。

けっそく【結束】❶〈物を〉近世けつがふ[結合]。たばぬ(たばねる)[束]。れんけつ[連結]。中世けっそく[結束]。中古むすびつく[━つける][結付]。上代くくる[括]。つなぐ[繋]。

けっそく【結束】❷〈人が〉けつだん[結団]。近代きょうどう[共同]。けったう[結党]。けつめい[結盟]。けふりょく[協力]。近世けっそく[結束]。けふどう[協同]。だんけつ[団結]。中世徒党を組む(結ぶ)。上代けっしふ[結集]。

けつぞく【血族】→けつえん

けっそん【欠損】ししゅつちょうか[支出超過]。割りが合わない。近代あかじ[赤字]。けっそん[欠損]。マイナス(minus)。足が出る。近世あな[穴]。そんばう/そんまう[損亡]。もちだし[持出]。割りを食ふ。中古そんしつ[損失]。

けったく【結託】コンスピラシー(conspiracy)。ゆちゃく[癒着]。近代きょうぼう[共謀]。たくらみ[企]。ぐるになる。徒党を組む。近世けっそく[結束]。だんけつ[団結]。中世なりあふ[成合]。中古けったく[結託]。ぼうぎ[謀議]。上代いんぼう[陰謀/隠謀]。

けつだん【決断】だん[断]。近代けっしん[決心]。近世さいう[左右]。ふみきり/ふんぎり[踏切]。中世ことわり[断]。中古さいだん[裁断]。だんず[断]。上代けつだん[決断]。しょだん[処断]。だんけつ[断決]。

《句》近世進み立つ方に障りなし。断じて行へば鬼神も之を避く[━避ける]。

━がつかない ヘジテーション(hesitation)。近世二の足を踏む。踏ん切りが付かない。中世ためらふ[躊躇]。中古しゅんじゅん[逡巡]。ちうちょ[躊躇]。まよふ[迷]。

━・する 断を下す。近代意を決する。臍を固める。腹を決める。ふみきる/ふんぎる[踏切]。中世臍を固うす。中古おもひとる[思取]。→けっしん

━力 近世しっこし[尻腰]。

ー力がなくはっきりしないさま 近代 いうじうふだん［優柔不断］。うこさべん［右顧左眄］。さこうべん［左眄右顧］。近世 いういうふだん［優遊不断］。うぢうぢ。もぢかは。もぢもぢ。煮え切らぬ。中世 ぐづぐづ。上代 しゅそ［首鼠］。
ー力に富む 近世 くゎき［果毅］。くゎだん［果断］。中世 くゎかん［果敢］。
男らしいー 近世 ゆうだん［雄断］。
思い切ったー《句》近世 清水（きよみず）の舞台から飛び降りる（落ちる）。
自分一人のー 上代 どくだん［独断］。
すぐれたー だいえいだん［大英断］。近世 えいだん［英断］。
すばやいー 近代 くゎけつ［果決］。そくだん［即断］。そくだん［速断］。
天子のー 近世 えいだん［叡断］。
はやまって間違ったー 近代 そくだん［速断］。
明快なー 近世 めいだん［明断］。
勇気あるー 近代 ゆうけつ［勇決］。近世 ゆうだん［勇断］。
様子を見るばかりでーできないたとえ 上代 しゅそ［首鼠］。

けつだん【結団】→けっそく❷

けっちゃく【決着】 近代 かいけつ［解決］。きけつ［帰結］。けっくゎ［結果］。けつろん［結論］。けり。せいさん［清算］。そうけっさん［総決算］。近世 すみすまし［済済］。中世 けったく［決択］。けっちゃく［決着］。さう［左右］。らくちゃく［落着］。をさまり［収］。中古 きちゃく［帰着］。
ーがつかない 中世 もつる［もつれる］［縺］。中古 さうなし［左右無］。
ーがつかず曖昧にしておく 近世 蛇の生殺し。
ーがつかず処置を任せる 近世 もらひ［貰］。下駄を預く［ー預ける］。
ーがつかず進む もつれこむ［縺込］。
ーがつく 終止符を打つ。近代 けりが付く。けりを付ける。話が付く。ピリオド（period）を打つ。近世 おとしつく［落着］。かたづく［片付］。きまる［決］。すむ［済］。かたが付く。決まりが付く。仕舞ひを付く［ー付ける］。手を打つ。丸く収まる。収（をさ）まりが付く。中世 きる［切］。中古 おちつく［落着］。ことぎれ［事切］。上代 ことをはる［事終］。
戦ってーをつける 雌雄を決する。中古 たいけつ［対決］。

けってい【決定】 だん［断］。近代 かくてい［確定］。きまり［決］。けっさい［決裁］。近世 きはめる［極］。けってい［決定］。とりきめ［取決／取極］。中世 きはめ［極］。けつ［決］。ちぢゃう［治定］。中古 いっけつ［一決］。けっちゃく［決着］。さだめ［定］。上代 けつだん［決断］。だんけつ［断決］。
ーが遅れる 中古 いうよ［猶予／猶与］。→けつだん【決断】
ー権 しゅどうけん［主導権］。近代 キャスティングボート（casting vote）。
ー・する 近世 きはまる［極］。きまる［決］。とりきむ［ーきめる］［取決］。中世 あんじさだむ［案定］。きはむ［きわめる］［極］。きむ［きめる］［決］。けっす［決］。中古 おもひおく［思置］。上代 さだまる［定］。さだむ［さだめる］［定］。
ー・する時機 近世 きめどこ／きめどころ［決所／極所］。
ー的手段 きめて［決手］。近代 きりふだ［切札］。中世 おくのて［奥手］。
会議などのー 近代 ぎけつ［議決］。けつぎ［決議］。
議案承認をー・すること 近代 かけつ［可決］。
議論を尽くさずー・すること みきりはっしゃ［見切発車］。
事の是非をー・すること 中古 さいけつ［裁決］。さいだん［裁断］。さいてい［裁定］。
自分一人でー・すること 近代 ひとりぎめ［独決］。上代 どくだん［独断］。
どちらかにー・すること 近世 さいう［左右］。
内々のー 近代 ないけつ［内決］。ないてい［内定］。
まだー・されていない 中世 みてい［未定］。

けってん【欠点】 ウイークポイント（weak point）。デメリット（demerit）。近代 かんけつ［陥欠］。きずぐち［傷口／疵口］。けっかん［欠陥］。けってん［欠点］。じゃくてん［弱点］。そんしょく［遜色］。てんを［点汚］。なんてん［難点］。ひけめ［引目］。ひてん［批点］。をてん［汚点］。近世 あくめ［悪目］。あな［穴］。あら［荒／粗］。かし［瑕疵］。けが［怪我］。しか／しが［疵瑕］。やだ。中世 あか［垢］。おもひど［思所／思処］。くゎしつ［過失］。しつ［失］。たりひづみ［歪／撓］。たん［短］。たんしょ［短所］。なん［難］。なんくせ［難癖］。ひ［非］。よわみ［弱］。中古 かきん［瑕瑾／瑕釁］。かたは［片端］。きず［傷／瑕］。くせ［癖］。くま［隈］。つみ［罪］。とが／とがめ［咎／科］。やまひ［病］。

《句》近代髪の長きは七難隠す。千丈の堤も蟻の一穴から。近世枝を撓(た)めて花を散らす。臭い物身知らず。毛を吹いて疵(きず)を求む。叩けば埃(ほこり)が出る。中世三寸の見直し。中古玉に瑕(きず)。

ーがある 中古かたほ［偏／片秀］。かんぜん［間然］。ふてう［不調］。よわし［弱］。

ーが多い 中古ふでう［不調］。

ーがない 近代きんおうむけつ［金甌無欠］。くゎんぜんむけつ［完全無欠］。くゎんぺき［完璧］。ぜんび［全美］。ぶなん［無難］。非の打ち所がない。近世くゎんぜん［完善］。中世ととのふ［整／調］。間然する所なし。中古なんなし［難無］。事もなし。

ーがよく見える目 えんもく［鳶目］。

ーを改める 近代けうせい［矯正］。れうする［療］。中世きゃうせい［匡正］。

ーをついて非難する 難を付ける。近代あらさがし［粗捜／粗探］。はらてきけつ［爬羅剔抉］。点を打つ。近世たなおろし［店卸／棚卸］。たなさがし［棚探］。ひはん［批判］。酢でさいて飲む。難癖を付く［ー付ける］。批点を打つ。非を打つ。中世くたす［腐］。すいもう［吹毛］。中古てんつかる［点付］。なんず［難］。難付く。上代あげつらふ［論］。

多くのー 近世しちなん［七難］。はちなん［八難］。

他人のーを追求すること 近世あくたもくた［芥］。中古きず［傷／瑕］。《句》中古毛を吹いて疵(きず)を求む［ー求める］。

他人の隠しているー 近世わるじり［悪尻］。

わずかなー 近世さいきん［細瑾］。せうし［小疵］。びか［微瑕］。白璧の微瑕。中世せうか［小瑕］。中古玉に瑕(きず)。

わずかなーを咎める 近世目くじらを立つ［ー立てる］。

けっとう【血統】 近代けつえん［血縁］。けなみ［毛並］。近世けいとう［系統］。けちみゃく［血脈］。けっとう［血統］。すぢめ［筋目］。つり［系／吊］。ちすぢ［血筋］。ちみゃく［血脈］。いへ［家］。かけい［家系］。中世いっせき［一跡］。そん［孫］。ながれ［流］。中古けちえん［血縁］。すぢ［筋］。たね［種／胤］。ち［血］。なからひ［中］。上代こはな［裔］。→**けいず**

ーが正統な家 近代ちゃくか／ちゃくけ［嫡家］。

ーが立派である 近世すぢめただしい［筋目正］。

ーや家柄 中世すじゃう［素性／素姓／種姓］。

王家のー 中古わうとう［王統］。

同じー 中古いちぞく［一族］。いちりう［一流］。

純粋なー 近代じゅんけつ［純血］。

先祖から続いているー 中世せいけい［世系］。ちすぢ［血筋］。

近いー しんえん［親縁］。中古したし［親］。

ひとつながりのー 近代いっけい［一系］。中古ひとすぢ［一筋／一条］。

傍系でないー 近代せいけい［正系］。ちょくけい［直系］。中世しゃうとう／せいとう［正統］。ちゃくりう［嫡流］。

けっとう【決闘】 近代かうさう［抗争］。けっせん［決戦］。はたしあひ［果合］。近世けっとう［決闘］。中古しょうぶ［勝負］。

ーを申し込む書状 近代けっとうじゃう［決闘状］。近世はたしじゃう［果状］。

けっとう【結党】→**けっそく❷**

けっぱく【潔白】 しろ［白］。近代せいてんはくじつ［青天白日］。近世いさぎよし［潔］。こうめい［公明］。むしつ［無失］。中世かうけつ［高潔］。きよう［器用］。すずし［涼］。せいすい［清粋］。むこ［無辜］。中古けっぱく［潔白］。こころきよし［心清］。せいけつ［清潔］。はくじつ［白日］。むざい［無罪］。むじつ［無実］。れんせい［廉正］。上代あきらけし［明］。きよし［清］。

《句》近代新たに沐する者は必ず冠を弾く。

ー過ぎて度量が小さい 中世せいかい［清介］。

ー・でない 中古にごる［濁］。

ー・なさま 近代さつさつ［察察］。

ー・になる 近世みばれ［身晴］。中世はる［はれる］［晴］。中古きよまはる［清］。

ーの証明 近代せつゑん［雪冤］。近世あかり［明］。

げっぷ【月賦】 かっぷ［割賦］。クレジット(credit)。つきわり［月割］。ぷばらい［賦払］。ぶんかつばらい［分割払］。近代つきばらひ［月払］。近世つきふ［月賦］。わっぷ［割賦］。中世げっぷ［月賦］。

ーの金 近代ふきん［賦金］。

げっぷ 近世げっぷ。中世あいき［噯気］。おうと［嘔吐］。おくび［噯／噯気］。

けつぶつ【傑物】 けつじん［傑人］。近代けつぶつ［傑物］。しゅんえい［俊英］。しゅんそく［駿足／俊足］。だいじんぶつ［大人物］。ゐさい［偉才］。ゐじん［偉人］。人中の獅子。近世いつざい［逸材］。けっし［傑士］。ゐざい［偉材］。人中の竜(りゅう)(竜(りょう))。えいけつ［英傑］。えいしゅん［英俊］。中世えい

まい［英邁］。きき［騏驥］。きさい［鬼才］。しうさい［秀才］。しゅんしう［俊秀］。すぐれびと［勝人］。はくび［白眉］。中古えいさい［英才／穎才］。えいれい［英霊］。しゅんさい［俊才／駿才］。たいき［大器］。てんさい［天才］。→すぐ・れる

けっぺき【潔癖】 近代けっぺき［潔癖］。せいぎかん［正義感］。せいぎしん［正義心］。中世かうけつ［高潔］。きれいずき［綺麗好］。中古けっぱく［潔白］。せいけつ［清潔］。上代せいれん［清廉］。
《句》近世清水(せいすい)に魚棲まず。中世水清ければ魚棲まず。
ー過ぎる性質 かんしょう［癇性／疳性］。近代しんけいしつ［神経質］。

けつべつ【決別】 近代ぶんべい［分袂］。袂(たもと)を分かつ。近世おさらば。ものわかれ［物別］。中世いとまごひ［暇乞］。けつべつ［決別／訣別］。こくべつ［告別］。中古りべつ［離別］。上代べつり［別離］。わかれ［別］。
生きている者同士のー 中世いきわかれ［生別］。中古いきわかる［ーわかれる］［行別］。上代せいべつ［生別］。ゆきわかる［ーわかれる］［行別］。
永遠のー 近代えいべつ［永別］。中世えいけつ［永訣］。しにわかれ［死別］。しべつ［死別］。
喧嘩(けんか)をしてー 近代けんくゎわかれ［喧嘩別］。
泣きながらのー 中世なきわかれ［泣別］。
夫婦のー 近代りこん［離婚］。中古りえん［離縁］。→りこん

けつぼう【欠乏】 近代きばふ［匱乏］。近世かっす［渇］。けつばふ［欠乏／闕乏］。ふなま［舟間／船間］。中世こかつ［枯渇／涸渇］。ひん［貧］。中古かく［かける］［欠］。けつじょ［欠如］。ことかく［事欠］。とぼし［乏］。ふそく［不足］。上代ともし［乏］。
ー・させる 中世つからかす［疲］。

けつまつ【結末】 エンディング(ending)。近代おほぎり［大切］。きけつ［帰結］。きすう［帰趨］。けっくゎ［結果］。けつまつ［結末］。けつろん［結論］。けり。しゅうきょく［終局］。しゅうけつ［終結］。しゅうび［終尾］。しゅうまつ［終末］。フィニッシュ(finish)。まくぎれ［幕切］。ラスト(last)。近世おちおほづめ［大詰］。くだけ［砕］。けっきょく［結局］。けつび［結尾］。しまひ［仕舞／終］。しめくくり［締括］。すみすまし［済済］。すゑしじゅう［末始終］。だいだんゑん［大団円］。たか［高］。中世きしゅ［帰趣／帰趨］。けっく［結句］。けっちゃく［決着］。さいご［最後］。しじゅう［始終］。はて［果］。らくちゃく［落着］。中古きちゃく［帰着］。すゑ［末］。はて［果］。をはり［終／畢］。
《句》近代終はり良ければすべて良し。
ーをつける まくひき［幕引］。近代しめくくる［締括］。近世くくり［括］。せいらく。そうくゎつ［総括］。方が付く。方を付く［ー付ける］。
議論のー 近代けつろん［結論］。
幸せなー 近代ハッピーエンド(happy ending)。
悲劇的なー はきょく［破局］。近代カタストロフ／カタストロフィ／キャタストロフィ(catastrophe)。

げつまつ【月末】 近代げつまつ［月末］。つきじまひ［月仕舞］。中世くゎいじつ［晦日］。つきじり［月尻］。つきずゑ［月末］。つもごり［晦］。中古じんじつ［尽日］。つきごもり［月隠／晦］。みそか［三十日／晦日］。上代つごもり［晦／晦日］。
ーの頃 中古つごもりがた［晦日方］。
ーの十日間 中世げくゎん［下浣／下澣］。中古つごもりがた［晦日方］。下の十日。上代げじゅん［下旬］。
九月のー 中古くぐゎつじん［九月尽］。

けつみゃく【血脈】❶〈血統〉 近代けつえん［血縁］。けつぞく［血族］。近世けちみゃく［血脈］。けっとう［血統］。けつみゃく［血脈］。中世ちすぢ［血筋］。中古けちえん［血縁］。
→けっとう【血統】

けつみゃく【血脈】❷〈血管〉 近代けっくゎん［血管］。中世すぢ［筋］。ちすぢ［血筋］。中古けつみゃく［血脈］。ちのみち／ちみち［血道］。

げつめい【月明】 中世ぐゎっくゎう［月光］。中古げつえい／つきかげ［月影］。げつめい［月明］。上代げっくゎう［月光］。

けつらく【欠落】 中世けつらく［欠落］。ぬく［ぬける］［抜］。ゐろう［遺漏］。中古けつじょ［欠如／闕如］。だつらく［脱落］。だつろう［脱漏］。もる［もれる］［漏］。上代かく［かける］［欠］。

けつるい【血涙】 血の涙。中世けつるい［血涙］。こうるい［紅涙］。

けつれい【欠礼】 近代けつれい［欠礼／闕礼］。近世しっけい［失敬］。しつらい［失礼］。な

め［無礼］。ぶさはふ［不作法／無作法］。礼儀知らず。中世ぶしつけ［不躾］。ぶらい／ぶれい［無礼］。中古しちらい／しつれい［失礼］。ひれい［非礼］。上代ふけい［不敬］。

げつれい【月例】 かくげつ［各月］。げつじ［月次］。近代げつれい［月例］。中世つきつき／つきづき［月月］。まいぐゎち／まいぐゎつ［毎月］。まいげつ［毎月］。まいつき［毎月］。中古つきごと［月毎］。つきなみ［月並／月次］。

けつれつ【決裂】 近代けつれつ［決裂］。はれつ［破裂］。近世ざせつ［挫折］。はたん［破綻］。ものわかれ［物別］。中世けつべつ［決別／訣別］。中古ふてう／ふでう［不調］。

けつろ【血路】 近代けつろ［血路］。たいろ［退路］。中世くゎつろ［活路］。にげみち［逃道］。

けつろん【結論】 近代きけつ［帰結］。きすう［帰趨］。けっくゎ［結果］。けつまつ［結末］。けつろん［結論］。だんあん［断案］。中世きしゅ［帰趣／帰趨］。らくちゃく／らくぢゃく［落着］。

—が出ること 近代けりを付ける。近世おとしつく［落着］。にゆ［にえる］［煮］。ろんだん［論断］。中世おちつく［落着］。けっす［結］。けっちゃく［決着／結着］。

—に至る状態になる 近代につまる［煮詰］。近世つづまる［約］。につむ［—つめる］［煮詰］。

—を急ぎ論理を省略する たんらく［短絡］。

—を導き出すこと 近代だうしゅつ［導出］。近世わりだす［割出］。

げどう【外道】 中世いけう［異教］。じゃけう［邪教］。じゃしゅう［邪宗］。中古あくま［悪魔］。じゃだう［邪道］。上代いたん［異端］。げだう［外道］。

けなげ【健気】 近世かんしん［感心］。け［異］。しゅしょう［殊勝］。しをらし。じんじゃう［尋常］。しんめう［神妙］。中世いし［美］。かひがひし［甲斐甲斐］。きとく／きどく［奇特］。けなげ［健気］。けなりげ［異］。やさし［優］。中古しんべう／しんみょう［神妙］。

—な者 中世けなげもの［健者］。

—に振る舞ってみせること 近世けなげだて［健気立］。

けな・す【貶】 近代いひくさす［言腐］。いひけす［言消］。こきおろす［扱下］。ひはん［批判］。近世くさす［腐］。たなおろし［棚卸／店卸］。けちを付く［—付ける］。難癖を付く［—付ける］。中世いひくだす［言下］。かたぶく／かたむく［傾］。けす［消］。けなす［貶］。こなす［熟］。ひなん［非難］。へらす［減］。中古いひおとす［言落］。いひくたす［言腐］。いひけつ［言消］。おとしむ［—しめる］［貶］。おとす［落］。おもひくたす［思腐］。おろす［下］。くたす［腐］。けつ［消］。しこづ［讒］。そしる［謗／譏／誹］。とがむ［咎］。なじる［詰］。なんず［難］。もてけつ［持消］。上代ひばう［誹謗］。よこす［讒］。

→けってん（—をついて非難する）

—・すことと褒めること 中古きよ［毀誉］。上代ほうへん／ほうべん［褒貶］。

聞いて心の中で—・す 中古ききおとす［聞落］。

心の中で—・す 中古おもひくたす［思腐］。

げなん【下男】 近代かぼく／げぼく［下僕］。近世きちざう［吉蔵］。げにん［下人］。こもの［小者］。ごんすけ［権助］。さくをとこ［作男］。さんすけ［三助］。どれい［奴隷］。べくすけ［可助］。べくない［可無］。ほうこうにん［奉公人］。ぼく［僕］。めしつかひ［召使］。やとひっど［雇人］。ろくしゃく［六尺／陸尺］。をとこしゅ／をとこしゅう［男衆］。中世げなん［下男］。さうとう［蒼頭］。しもをとこ［下男］。じゅうぼく［従僕］。しょじゅう［所従］。ぬぼく［奴僕］。やとひど［雇人］。中古かぼく［家僕］。げすをとこ［下種男］。じちゃう／してい［仕丁］。しもびと［下人］。しもべ［僕／下部］。どぼく［奴僕］。やっこ［奴／臣］。をとこ／をのこ［男］。上代いへびと［家人］。やつこらま［臣／奴／僕］。氏(うぢ)の賤(せん)。

—と下女 近代どひ／ぬひ［奴婢］。ぼくひ［僕婢］。近世ひぼく［婢僕］。

台所仕事を主としてする— 近世みづしをとこ［水仕男］。

げに【実】 ほんとうに［本当］。中世いかにも［如何］。じつに［実］。なるほどに［成程］。まことに［実／真］。中古げに［実］。

げねつざい【解熱剤】 近代せうねつざい［消熱剤］。近世げねつざい［解熱剤］。ねつさまし［熱冷］。

けねん【懸念】 近代きぐ［危惧／危懼］。近世いうりょ［憂慮］。かいい［介意］。こりょ［顧慮］。しんぱい［心配］。気を揉む。中世あんず［案］。おそれ［恐／虞］。かへりみる［顧］。きがかり［気掛］。きづかひ［気遣］。とくったく［屈託／屈托］。けねん［懸念］。とんちゃく／とんぢゃく［頓着／貪着］。ふあん［不安］。むなさわぎ［胸騒］。中古こころぼそし［心細］。こころもとなし［心許無］。上代あやぶむ［危］。かへりみ［顧］。

け

無用なー　オーバーケア(overcare)。近代 きいう[杞憂]。近世 おもひすごし[思過]。取り越し苦労。

けはい【気配】 近代 かんじ[感]。きあひ／けあひ[気合]。くうき[空気]。けはい[気配]。てうこう[兆候]。ふんゐき[雰囲気]。ムード(mood)。近世 けぶらひ[気振]。そぶり[素振]。ふうじゃう[風情]。中世 ありさま[有様]。き[気]。きみ[気味]。けいき[景気]。けぶり[気振]。ふうぜい／ふぜい[風情]。やうす[様子]。中古 いきざし[息差]。おとなひ[音]。おもむき[趣]。きしょく／きそく[気色]。きぶん[気分]。けしき[気色]。けはひ。たたずまひ[佇]。

ーがない　近世 気(け)もなし。

秋のー　中世 秋の声。中古 しうい[秋意]。しうしょく[秋色]。上代 しうき[秋気]。

雨のー　中世 あまけ[雨気]。

恐ろしいー　中世 きき[鬼気]。

危険なー　あんうん[暗雲]。近世 きなくさし[焦臭]。中世 さっき[殺気]。

すさまじいー　近代 せいき[凄気]。

戦争の起こりそうなー　近代 せんうん[戦雲]。

何かが近付くー　もよい[催]。近代 こゑ[声]。てうこう[兆候]。上代 きざし[兆]。

春のー　中古 しゅんき[春気]。

人のー　中古 ひとけ[人気]。

無気味なーがする　中古 気色(けしき)覚ゆ。

けばけばし・い 近世 けばけばし。どぎつい。どくどくし[毒毒]。はで[派手]。中世 いろいろし[色色]。てばてばし。

ー・い彩り　近代 のうさい[濃彩]。近世 ごくさいしき[極彩色]。ごくしき[極色]。

ー・く飾りたてるさま　近代 きんきらきん。

けばだ・つ【毛羽立】 近世 けばだつ[毛羽立／毳立]。そそけだつ。ほうく[ほうける][惚／耄／蓬]。中古 そそく[そそける]。ふくだむ[脹]。

ー・たせる　中世 ぼぼかす。

ー・てること　けかき[毛搔]。

げばひょう【下馬評】 近代 げばひゃう[下馬評]。近世 ひゃうばん[評判]。中世 うはさ[噂]。とりざた[取沙汰]。→うわさ

ーをする人　げばすずめ[下馬雀]。

けびょう【仮病】 近代 さびゃう[詐病]。近世 けびゃう[仮病]。そらばらやむ[空腹病]。つくりやまひ[作病]。中世 きょびゃう[虚病]。さくびゃう[作病]。そらやみ[空病]。

げひん【下品】 ていぞく[低俗]。近代 あくしゅみ[悪趣味]。かとう[下等]。せんろう[賤陋]。ぞくっぽい[俗]。ていきふ[低級]。ていれつ[低劣]。やすっぽい[安]。ろうれつ[陋劣]。近世 いそ[磯]。げさく[下作]。げす[下種／下衆／下主]。げび[下卑]。げひん[下品]。ぞくあく[俗悪]。はすは[蓮葉]。ばれ。中世 あし[悪]。くちぎたなし[口汚]。げすし[下種]。げびる[下卑]。ひや[卑野]。ひを[卑汚／鄙汚]。やひ[野卑／野鄙]。中古 いやし[卑／賤]。げすげすし[下衆下衆]。げれつ[下劣]。ぞく[俗]。そや[粗野]。ばうぞく。はしたなし。ひせん[卑賤]。ひぞく[卑俗／鄙俗]。ひれつ[卑劣／鄙劣]。ふつつか[不束]。むとく[無徳]。上代 げせん[下賤]。ひろう[鄙陋／卑陋]。

ー・で雑然としていること　近世 わいざつ[猥雑]。

ー・で淫らなこと　近代 いんわい[淫猥]。近世 ひわい[卑猥]。

ー・で乱暴な言葉遣い　近代 スラング(slang)。近世 ひご[卑語／鄙語]。中世 くちぎたなし[口汚]。

ー・な者　近代 かはい[下輩]。中世 すうぜう[芻蕘]。中古 げしゅ[下手]。げす[下種／下衆／下司]。げはい[下輩]。げらふ[下﨟]。たびしかはら[礫瓦]。

ー・に笑うさま　近代 にやにや。へらへら。近世 けたけた。

芸はうまいがー　近世 わるだっしゃ[悪達者]。

振る舞いがー・なこと　中世 はうだい[放題／傍題]。

けまり【蹴鞠】 中世 けまり[蹴鞠]。中古 しうきく[蹴鞠]。まり[鞠／毬]。

ーで最初に蹴ること　中古 あげまり[上鞠]。

ーの場を示す四隅の木　中古 かかり[懸]。懸かりの松。鞠の懸かり。

ーの余興の例　近世 えもんながし[衣紋流]。

けむし【毛虫】 中世 けむし[毛虫]。中古 かはむし[皮虫]。

けむた・い【煙】 近世 いぶい[燻]。けぶし／けむし[煙]。中世 きづまり[気詰]。けむたし[煙／烟]。中古 きゅうくつ[窮屈]。けにくし[気憎]。けぶたし[煙]。わづらはし[煩]。

けむり【煙】 近代 スモーク(smoke)。近世 けぶ[煙／烟]。中世 き[気]。けむ[煙／烟]。中古 けむり[煙／烟]。せいえん[青煙]。

ーが横に長くなびく　上代 たなびく[棚引]。

ーが湧き上がるさま　近代 ほうほう[蓬蓬]。

もくもく。近世むくむく。
ーでいぶしてつくる 近代くんせい［薫製／燻製］。
ーと霞 上代えんか［煙霞／烟霞］。
ーと霧 上代えんむ［煙霧］。
ーの害 近代えんがい［煙害］。
ーを外へ出す はいえん［排煙］。
ーを外へ出す筒 近代えんとつ［煙突／烟突］。近世えんとう［煙筒］。けむだし［煙出］。けむりだし［煙出］。中古けぶりだし［煙出］。
ーを立てる くんえん［燻煙］。近世はつえん［発煙］。中古くゆらす［―らせる］［燻］。
火葬のー 中世形見の雲。中古雲霞(くもかすみ)となる。
かまどのー 中世すいえん［炊煙／炊烟］。
消え残りの火のー 近代ざんえん［残煙／残烟］。中世よえん［余煙］。
雲のように高く上がるー 中世えんうん［煙雲］。
暮れ方のー 中古ぼえん［暮煙／暮烟］。ゆふけぶり／ゆふけむり［夕煙／夕烟］。
香(こう)をたいたー 中世きゃうえん［香煙］。中古かうえん［香煙／香烟］。くんえん［薫煙］。
松明(たいまつ)のー 近代しょうえん［松煙］。
敵の目をくらますー 近代えんまく［煙幕］。
激しく立ち上がるー 近代まうえん［猛煙］。中世みゃうえん［猛煙］。
激しく噴き出すー 近代ふんえん［噴煙］。
一筋のー 中古いっすい［一穂］。
夕食準備のかまどのー 中世すいえん［炊煙／炊烟］。中古ゆふけぶり／ゆふけむり［夕煙／夕烟］。
その他ーのいろいろ（例）①［**色**］ しろけむり［白煙］。近世うすけぶり［薄煙］。中世うすけむり［薄煙］。くろけぶり／くろけむり［黒煙］。こくえん［黒煙］。中古しえん［紫煙／紫烟］。はくえん［白煙］。上代すいえん［翠煙／翠烟］。
その他ーのいろいろ（例）②［**成分**］ 近代すすけむり［煤煙］。すなけむり［砂煙］。ばいえん［煤煙］。近世つちけむり［土煙］。みづけぶり／みづけむり［水煙］。中世ちけぶり／ちけむり［血煙］。ゆえん［油煙／油烟］。中古すいえん［水煙／水烟］。
その他ーのいろいろ（例）③［**火元**］ 近代せうえん［硝煙／硝烟］。はうえん［砲煙／砲烟］。中世すいえん［炊煙／炊烟］。中古かやり／かやりび［蚊遣火］。

けむ・る【煙】 近世いぶる［燻］。中世かすむ［霞］。くすぼる［燻］。ふすぼる［燻］。中古くすぶる［燻］。くゆる［燻／薫］。けむる［煙／烟］。ふすぶ［燻］。
ー・らせる くんえん［燻煙］。くんじょう［燻蒸］。近世くすぶ［くすべる］［燻］。中世いぶす［燻］。中古くゆらす［ーらせる］［燻／薫］。ふすぶ［ふすべる］［燻］。

けもの【獣】 →**けだもの**

げや【下野】 近代あまくだり［天下］。いんたい［引退］。げや［下野］。中世いんたい［隠退］。

けやき【欅】 近世つきげやき［槻欅］。中世けやき［欅］。上代つき［槻］。つきのき［槻木］。

けら【螻蛄】 近代おけら／おけれ［螻蛄］。中古けら［螻蛄］。

けらい【家来】 近世えだは［枝葉］。せきそ［石鼠／碩鼠］。かし［家士］。かじゅう［家従］。きか［旗下］。こかた［子方］。じゅうし［従士］。はいか［配下］。ぶか［部下］。中世いへのこらうだう［家子郎党］。かしん［家臣］。くゎじゃ／くゎんじゃ［冠者］。しも［下］。しゃじん［舎人］。じゅうさ［従者］。しょじゅう［所従］。しんぼく［臣僕］。て［手］。てさき［手先］。てした［手下］。てのもの［手者］。てひと［手人］。ばくか［幕下］。はたした［旗下］。らうじゅう［郎従］。らうたう／らうだう［郎党］。らうとう／らうどう［郎等］。中古いへのこ［家子］。ぐさ［具者］。くゎざ［冠者］。けにん［家人］。けらい［家来］。けんぞく［眷属／眷族］。じゅうしゃ／じゅしゃ［従者］。しん［臣］。しんか［臣下］。じんしん［人臣］。ずさ［従者］。ただびと［徒人／直人／只人］。つかひ［使／遣］。つかひびと［使人］。つぶね［奴］。てぶり［手振］。とも［供］。やっこ［臣／奴］。上代おみ［臣］。しんし［臣子］。ともびと［供人］。→**ぶか**
《謙》近代せんしん［賤臣］。中世かしん［下臣］。中古びしん［微臣］。上代しん［臣］。
ーが功績を立てるたとえ 中世はんりょうふほう［攀竜附鳳］。
ーの家来 近世またげらい［又家来］。またもの［又者］。中世ばいしん［陪臣］。
ーや奉公人 中世うちしゅ［内衆］。しんれう［臣僚］。
多くのー 上代ぐんしん［群臣］。
お気に入りのー 中古ちょうしん［寵臣］。
おろかなー 中古ぐしん［愚臣］。
賢いー 中世りゃうひつ［良弼］。上代けんしん［賢臣］。

権力を持つ― 中古けんしん[権臣]。

功労のあった― 上代こうしん[功臣]。中世はんりょうふほう[攀竜附鳳]。

最高位の― 上代おほおみ／おほまへつぎみ[大臣]。

使者として来た外国の― 近代かくしん／きゃくしん[客臣]。

重職にある― 中古たいしん[大臣]。ぢゅうしん[重臣]。

主君に背く― 中世ぞくしん[賊臣]。ぼうしん[謀臣]。中古らんしん[乱臣]。上代ぎゃくしん[逆臣]。

主君の側に仕える― 近代ゐしゃう[帷牆]。上代きんじ[近侍／近仕]。きんしん[近臣]。じしん[侍臣]。

主君を諫める― 中世かんしん[諫臣]。

主君を守る― 中世さうが／さうげ[爪牙]。中古輔弼の臣。

将軍直属の― 中世きか[麾下]。はたした[旗下]。はたもと[旗本]。中古ばくか[幕下]。

諸侯の― 近世ばいしん[陪臣]。

先祖からの古い― 近世ゐしん[遺臣]。中古きうしん[旧臣]。

忠義な信頼できる― 近世腹心の部下。上代ここう[股肱]。ちゅうしん[忠臣]。

年老いた― 中古らうしん[老臣]。

成り上がりの― 近世できしゅっとう[出来出頭]。

身分の高い― 中古きしん[貴臣]。ぢゅうしん[重臣]。

身分の低い― 近代せんしん[賤臣]。

よこしまな― 中世あくしん[悪臣]。かんしん[奸臣／姦臣]。ねいしん[佞臣]。

げらく【下落】 近代げらく[下落]。ていか[低下]。ていらく[低落]。ねさがり[値下]。

―・させる 近代おとしめる[貶]。

大幅な― 近代ぼうらく[暴落]。

けり→けつまつ

げり【下痢】 近代はらくだし[腹下]。近世くだり[下／降]。せつり[泄痢]。みづあたり[水当]。中世しゃか[瀉下]。しゃり[瀉痢]。はらくだり[腹下]。上代くゎくらん[霍乱]。げり[下痢]。

―・する 近世くだす／くだる[下／降]。中世しゃす[瀉]。腹が下る。

―をしていること 近世くだり／くだりはら／くだりばら[下腹／瀉腹]。

液状の― 中世ぼうろう[崩漏]。

吐くことと― 中世としゃ[吐瀉]。

白色の― 中古なめ[白痢]。びゃくり[白痢]。

激しい― 中世すいしゃ[水瀉]。ぼうしゃ[暴瀉]。

ゲリラ(guerrilla) 近代いうげき[遊撃]。きしふ[奇襲]。ゲリラ。

け・る【蹴】 近代キック(kick)。近世あしげ[足蹴]。けとばす[蹴飛]。ける[蹴]。中世けあぐ[―あげる][蹴上]。中古くゑる[蹴]。上代くう／くゆ／こゆ[蹴]。くゑはららかす[蹴散]。

―・って上げる けりあげる[蹴上]。中世けあぐ[―あげる][蹴上]。

―・って入れる けりこむ[蹴込]。近世けこむ[蹴込]。

―・って落とす 中世けおとす[蹴落]。

―・って倒す 中古けたふす[蹴倒]。

―・って出す 中世けだす[蹴出]。

―・って飛ばす 近代けっとばす[蹴飛]。近世けとばす[蹴飛]。

―・ってひっくり返す 近世けかへす[蹴返]。

―・って破る 中古けやぶる[蹴破]。

▼蹴り合い 近世けあひ[蹴合]。

げれつ【下劣】→げひん

けれども でも。近代だけど／だけども。なのに。近世けど／けども。けれ。しかし[然／併]。したが。だが。だけれど／だけれども。とはいへ[言]。とは言ふものの。中世が。けれども。しかしながら[然乍／併乍]。しかも[然／而]。なれど／なれども。中古さるを。されど[然]。しかるに[然／而]。しかるを[然／而]。ところが。ども。ながら／ながらも[乍]。ものから。ものの。ものを。上代かかれど[斯]。ものゆゑ。

けれん【外連】 ブラフ(bluff)。近代けれん[外連]。ごまかし[誤魔化]。はったり。近世きょせい[虚勢]。中世うそ[嘘]。

けわし・い【険】❶〈地形〉 近代きふ[急]。きふしゅん[急峻]。けんぜつ[険絶／嶮絶]。きそ[阻]。近世きつぜん[屹然]。中世きびし[厳]。きぶし。中古あらし／あらまし[荒]。けはし[険／嶮]。けんしゅん[険峻]。けんそ[険阻／嶮岨]。こはし[強]。さがさがし[険険]。すくよか[健]。そばそばし[稜稜]。はげし[激／劇／烈]。上代うぢはやし[阻]。けん[険／嶮]。こごし[凝]。さがし[険／嶮]。《枕》上代はしたての[梯立][⇩険し]。

―・い崖 近世そば[岨]。中世きりきし[切岸]。けんがい[嶮崖]。せうへき[峭壁]。

だんがい[断崖]。上代そは[岨]。

—・い坂 近世しゅんぱん[峻坂]。上代神の御坂。

—・い谷 近代けふこく[峡谷]。中世けいこく[渓谷/谿谷]。

—・い道 近代あくろ[悪路]。しゅんろ[峻路]。近世こまがへし[駒返]。中世あくしょ[悪所]。うまがへし[馬返]。けんろ[険路/嶮路]。なんろ[難路]。

—・い山 近代けんざん[険山/嶮山]。中古きほう[危峰]。さんがく[山岳]。ざんがん[巉巌]。上代あらやま[荒山]。

—・い山道 そまみち[杣道]。近世がけみち[崖道/崖路]。中世そはぢ[岨路]。そはみち/そばみち[岨道]。中古かけぢ/かけみち[懸道]。

—・く狭い道 近代あいろ[隘路]。

—・く高い山 近代けんれい[険嶺/嶮嶺]。上代たけ[岳/嶽]。

地勢の—・い所 近代けんえう[険要]。近世けんしょ[険所/嶮所]。そば[岨]。中世あくしょ[悪所]。中古てんけん[天険]。上代そは[岨]。

道が—・いさま 近世かんけん[艱険/艱嶮]。中世きぶし。けんなん[険難/嶮難]。中古きく[崎嶇]。上代けん[険/嶮]。

道が—・く狭いさま 中世けんあい[険隘]。

山が—・いさま 近代ささ[嵯嵯]。近世かうしゅん[高峻]。かんけん[艱険/艱嶮]。きせう[奇峭]。しゅんせう[峻峭]。せうしゅん[峭峻]。中世がが[峨峨]。中古けんしゅん[険峻/嶮峻]。けんそ[険阻]。さいくゎい[崔嵬]。さうくゎう[崢嶸]。上代さが[険/嵯峨]。しゅんけん[峻険]。そけん[阻険/阻嶮]。やまさか[山険]。

けわし・い【険】❷〈態度〉 近代けんあく[険悪]。近世きせう[奇峭]。中世きつし。けはし[険]。じゃけん[邪慳/邪険]。中古あし[悪]。あらあらし[荒荒]。はげし[激/烈]。

—・い顔付き 中世けんさう[険相]。

けん【件】 近代あんけん[案件]。けん[件]。中世いっけん[一件]。かでう[箇条/個条]。中古ことがら[事柄]。でう[条]。

けん【剣】→かたな

げん【言】→ことば

げん【験】 近代てうこう[兆候]。よてう[予兆]。近世ききめ[効目]。さきぶれ[先触]。まへぶれ[前触]。中世えんぎ[縁起]。きざし[兆]。ぜんてう[前兆]。中古げん[験]。上代しるし[験/徴]。

げん【厳】 近世げんかく[厳格]。中古おごそか[厳]。きびし[厳]。げん[厳]。げんぜん[厳然]。げんぢゅう[厳重]。

げん【絃】→げんがっき

—をはじいて音を出す 中世だんず[弾]。中古つまびく[爪弾/爪引]。

琴の— ことい[琴糸/箏糸]。中世琴の緒を。

けんあく【険悪】 近代あぶなかしい/あぶなっかしい[危]。けんあく[険悪]。やばい。近世けんのん[剣呑/険難/険呑]。中世あぶなげ[危気]。あぶなし[危]。けはし[険]。けんそ[険阻]。中古あし[悪]。あやふし[危]。ふをん[不穏]。上代きけん[危険]。

けんあん【懸案】 けんとうじこう[検討事項]。ペンディング(pending)。近代あんけん[案件]。しゅくだい[宿題]。くゎだい[課題]。けんあん[懸案]。

げんあん【原案】 そあん[素案]。たたきだい[叩台]。近代げんあん[原案]。近世ぶんあん[文案]。中世したがき[下書]。中古あん[案]。さうあん[草案]。さうかう[草稿]。

けんい【権威】❶〈権力〉 おすみつき[御墨付]。近代おもみ[重]。かほ[顔]。くゎんろく[貫禄]。けんりょく[権力]。ゐりょく[威力]。中世けん[権]。中古おもし[重石]。とく[徳]。ゐくゎう[威光]。上代けんせい[権勢]。けんゐ[権威]。

—を作る きあん[起案]。ぐあん[具案]。

—ある者に諂(へつら)うこと 近代ごよう[御用](「御用学者」のように使う)。てうそう[朝宗]。

—づけること オーソライズ(authorize)。

—の象徴 にしきのみはた[錦御旗]。

—をなくすこと 中世しっつい[失墜]。中古地に落つ(—落ちる)。

—を利用する 顔を利かす。近世虎の威を借る狐。

けんい【権威】❷〈第一人者〉 近代エキスパート(expert)。オーソリティー(authority)。おほごしょ[大御所]。きょしゃう[巨匠]。スペシャリスト(specialist)。せんもんか[専門家]。だいいちにんしゃ[第一人者]。ぢゅうちん[重鎮]。近世たいと[泰斗]。中世いっか[一家]。けんゐ[権威]。たいか[大家]。たいそう[大宗]。中古めいしゃう[名匠]。

けんいん【牽引】 近代けんいん[牽引]。すいし

ん［推進］。中世 ひきずる［引摺］。ひっぱる［引張］。中古 たぐる［手繰］。上代 ひく［引／曳／挽］。

船か他の船をー・する 近代 えいかう［曳航］。

げんいん【原因】 近代 いん［因］。げんいん［原因］。じゆ［事由］。せいいん［成因］。そいん［素因］。どういん［動因］。ひだね［火種］。りいう［理由］。近世 えんいう／えんゆ［縁由］。ぞもと。どうき［動機］。ねざし［根差］。中世 いんいう／いんゆ［因由］。せゐ［所為］。ちゃうぼん［張本］。もと［元／本／原］。わけ［訳］。中古 おこり［起］。くさはひ［種］。しょゐ［所為］。たね［種］。ため［為］。ね［根］。ゆゑん［所以］。上代 から／からに［柄］。くさ［種］。じいう［事由］。ゆゑ［故］。

《句》近代 飲まぬ酒には酔はぬ。

ーが自分にあるとし自分を責める傾向 近代 じせきてき［自責的］。じばつてき［自罰的］。ないばつてき［内罰的］。むせきてき［無責的］。

ーが他人にあるとし他人を責める傾向 がいばつてき［外罰的］。たせきてき［他責的］。たばつてき［他罰的］。

ーが深いところにある 近代 ねぶかい［根深］。

ーと結果 中古 いんぐゎ［因果］。

ーとなる 近代 由って来る。近世 きいん［起因／基因］。ねざす［根差］。中世 ゆらい［由来］。上代 よる［因／由／依］。

ーとなる要素 どういん［導因］。近代 いんし［因子］。せいいん［成因］。そいん［素因］。でうけん［条件］。ファクター(factor)。近世 いういん［誘因］。中古 たね［種］。

ーの一つ 近代 いちいん［一因］。

ーを表す語 近世 から。だから。ために［為］。で。によって。ので。ばかりに。ものだから。よって［依／因］。中世 ば。中古 にて。ばかり。ばこそ。もちて／もって［以］。より。上代 に。み。

ーをつくる 中古 まく［蒔／播］。

ーを内部に含み持つこと 近世 はいたい［胚胎］。

主なー 近代 えういん［要因］。しゅいん［主因］。しょくいう［職由］。

外部から生じたー がいいん［外因］。

事の直接的なー ひきがね［引金］。近代 くちび［口火］。だうくゎせん［導火線］。近世 きっかけ［切掛］。きんいん［近因］。

根本のー 近代 こんいん［根因］。

自分で作ったー 近世 てみそ［手味噌］。

勝敗のー しょういん［勝因］。はいいん［敗因］。

死んだー 近代 しいん［死因］。

直接的でないー 近代 ゑんいん［遠因］。

罪を犯したー 中世 ざいいん［罪因］。

内部から生じたー ないいん［内因］。

本当のー 中世 しんいん［真因］。

よくないことのー げんきょう［元凶／元兇］。近代 びゃうげん［病原／病源］。中古 あくいん［悪因］。

げんえい【幻影】 きょぞう［虚像］。近代 イリュージョン(illusion)。かしゃう［仮象］。げんかく［幻覚］。げんさう［幻想］。げんし［幻視］。げんしゃう［幻像／幻象］。ビジョン(vision)。ファンタジー(fantasy)。中世 げんえい［幻影／幻翳］。中古 かげ［影／陰］。げんざう［幻像］。まぼろし［幻］。ゆめ［夢］。

ーの例 近代 にげみづ［逃水］。はくじつむ［白日夢］。はくちうむ［白昼夢］。近世 しらぬひ［不知火］。しんきろう［蜃気楼］。

げんえき【現役】 近代 げんしょく［現職］。ざいせき［在籍］。ほうしょく［奉職］。近世 げんえき［現役］。ざいきん［在勤］。ざいしょく［在職］。上代 げんにん［現任］。ざいにん［在任］。

けんえつ【検閲】 近代 けんさ［検査］。中古 けんえつ［検閲］。上代 てんけん［点検］。

けんお【嫌悪】 近代 けんを［嫌悪］。はんかん［反感］。ふゆくゎい［不愉快］。近世 いけすかぬ［好］。けんき［嫌忌］。ふくゎい［不快］。虫が好かぬ。中世 いみきらふ［忌嫌］。いやがる［嫌］。けぎらひ［毛嫌］。中古 いとはし［厭］。うとむ［疎］。うとんず［疎］。きひ［忌避］。ひんしゅく［顰蹙］。上代 いとふ［厭］。いむ［忌］。きらふ［嫌］。ぞうを［憎悪］。にくむ［憎／悪］。

けんか【喧嘩】 いいあい［言合］。角突き合わせる。近代 あつれき［軋轢］。かっとう［葛藤］。くちあらそひ［口争］。くちげんくゎ［口喧嘩］。たちまはり［立回］。とっくみあひ［取組合］。トラブル(trouble)。なぐりあひ［殴合］。もめごと［揉事］。近世 いがみあひ［啀合］。いさくさ／いざこざ。かみあひ［噛合／咬合］。きんげき［釁隙］。たていれ［立入／達入］。たてひき［立引／達引］。でいり［出入］。なかたがへ［仲違］。ふなか［不仲］。ものあらそひ［物争］。中世 つかみあひ［摑合］。ふんさう［紛争］。もんちゃく／もんぢゃく［悶着］。中古 あらがひ［争／諍］。いさか

け

ひ[諍／闘諍]。けんくゎ[喧嘩]。こうろん[口論]。なかたがひ[仲違]。ものあらがひ[物諍]。上代あらそひ[争／諍]。
《句》近代金持ち喧嘩せず。喧嘩過ぎての空(から)威張り。喧嘩に被る笠はなし。喧嘩のそば杖。喧嘩両成敗。一人喧嘩はならぬ。餅搗きと喧嘩は一人ではできぬ。近世相手のない喧嘩はできない。火事と喧嘩は江戸の花。喧嘩過ぎての棒千切り。喧嘩に毛が生える。喧嘩に花が咲く。喧嘩に負けて妻の面(つら)を張る。喧嘩は降(ふ)り物。子供の喧嘩に親が出る。中世戦ふ雀人を恐れず。

―腰 こうげきてき[攻撃的]。近代かうせんてき[好戦的]。近世くってかかる[食掛]。

―・したまま別れること 近代けんくゎわかれ[喧嘩別]。

―好き 近代けんくゎかひ[喧嘩買]。けんくゎし[喧嘩師]。

―・する 中古いさかふ[諍／闘諍]。はらだつ[腹立]。上代あらそふ[争]。→**あらそ・う**

―の相手となる 近世喧嘩を買ふ。

―の加勢 近世さやもち[鞘持]。

―の仲裁者 近代とめやく[留役／止役]。近世とめて[留手／止手]。

兄弟の― 中世げきしゃう[鬩牆]。

すぐ―を始める 近代けんくゎっぱやい／けんくゎばやい[喧嘩早]。

他人の―を引き受けること 近世けんくゎがひ[喧嘩買]。喧嘩を買ふ。

男女間の― 近世ちわげんくゎ[痴話喧嘩／千話喧嘩]。

釣り合いのとれない― 《句》近代小坊主一人に天狗八人。

とるにたりないつまらない― 近世こじりとがめ[鐺咎]。こっぱげんくゎ[木葉喧嘩]。さやあて[鞘当]。さやとがめ[鞘咎]。

仲間同士の― 近代うちわげんくゎ[内輪喧嘩]。うちわもめ[内輪揉]。近世なかまげんくゎ[仲間喧嘩]。中世げきしゃう[鬩牆]。

派手な― 近世おほたちまはり[大立回]。

夫婦の― 近世ふうふいさかひ[夫婦諍]。ふうふげんくゎ／めをとげんくゎ[夫婦喧嘩]。《句》近代夫婦喧嘩は犬も食はぬ。夫婦喧嘩は貧乏の種蒔き。

わざと―を仕掛けるさま 喧嘩をふっかける。近世うりことば[売言葉]。かひことば[買言葉]。けんくゎごし[喧嘩腰]。けんくゎじかけ[喧嘩仕掛]。喧嘩を売る。喧嘩を買ふ。

けんか【献花】 きょうか[供花]。中世くうげ／くげ[供花／供華]。

げんか【原価】 しいれね[仕入値]。近代げんか[原価]。コスト(cost)。せいさんひ[生産費]。近世もと[元／本]。もとね[元値]。中世かひね[買値]。もとで[元手]。

げんか【現下】 近代げんか[現下]。げんだい[現代]。さいきん[最近]。じか[時下]。もくか[目下]。近世げんざい[現在]。このぢゅううち[此中内]。たうせつ[当節]。中世いまどき[今時]。げんこん[現今]。このぢゅう[此中]。中古たうきん／たうぎん[当今]。ただいま[只今]。ちかごろ[近頃]。上代いま[今]。このごろ[此頃]。こんにち[今日]。たうこん[当今]。たうだい[当代]。

げんか【減価】 オフ(off)。サービス(service)。ねくずれ[値崩]。めべり[目減]。近代げんか[減価]。ディスカウント(discount)。ねさがり／ねさげ[値下]。ねびき[値引]。べんきゃう[勉強]。わりびき／わりびけ[割引]。近世やすうり[安売]。中世ひく[引]。まく[まける][負]。

けんかい【見解】 近代オピニオン(opinion)。かんがへかた[考方]。けんかい[見解]。だんわ[談話]。みかた[見方]。近世しょけん[所見]。しょしん[所信]。中世けんしき[見識]。中古しょぞん[所存]。ろん[論]。上代いけん[意見]。

一定の― 近代ていけん[定見]。

卑しい― 近世ろうけん[陋見]。

大勢の―が一致する 《句》近代十目の視(み)る所十指の指す所。

偏った― 中古へんけん[偏見]。

勝れた― 近代かうせつ[高説]。たくせつ[卓説]。たくろん[卓論]。たっけん[達見]。中世たっしき[達識]。

通俗的な― 近世ぞくけん[俗見]。

独創的な― 近世さうけん[創見]。

間違った― 中世じゃぎ[邪義]。中古じゃけん[邪見／邪険]。上代じゃせつ[邪説]。

けんかい【狷介】 近代ぐゎんこ[頑固]。けんかい[狷介]。近世いこぢ[意固地／依怙地]。かなづちあたま[金槌頭]。中世いしあたま[石頭]。いってつ[一徹]。がうじゃう[強情]。かたいぢ[片意地]。

けんがい【懸崖】 中世きりぎし[切岸]。けんがい[懸崖]。ぜっぺき[絶壁]。だんがい[断崖]。

けんがい【圏外】 わくがい[枠外]。近代 アウトサイド(outside)。ぐゎいぶ[外部]。はんゐぐゎい[範囲外]。らちぐゎい[埒外]。近世 ぐゎいへん[外辺]。けんぐゎい[圏外]。そとがは[外側]。

げんかい【限界】 かべ[壁]。きょくげん[極限]。ぎりぎり[限限]。デッドエンド(dead end)。近代 いきづまり[行詰]。げんかい[限界]。げんてい[限定]。げんど[限度]。リミット(limit)。近世 いきどまり[行止]。らち[埒]。中世 きり[切]。さいげん[際限]。そこ[底]。ど[度]。中古 へんさい[辺際]。上代 かぎり[限]。→**げんど**

ーがあるさま 近世 うげん[有限]。中世 いうげん[有限]。

ーを付ける 近代 くぎる[区切]。中世 きる[切]。上代 かぎる[限]。

いろいろなー(例) しんりんげんかい[森林限界]。だんせいげんかい[弾性限界]。デッドライン(deadline)。なんげん[南限]。ほくげん[北限]。

▼下限 かげん[下限]。さいていげん[最低限]。さいていげんど[最低限度]。近代 さいせうげん[最小限]。ミニマム(minimum)。

▼上限 じょうげん[上限]。近代 さいだいげん[最大限]。マキシマム(maximum)。近世 さいかう[最高]。

げんかい【厳戒】 中世 げんかい[厳戒]。中古 かいげん[戒厳]。けいかい[警戒]。

けんかく【懸隔】 近代 ギャップ(gap)。中世 かくぜつ[隔絶]。けんぜつ[懸絶]。さゐ[差違]。ちがひ[違]。中古 けんかく[懸隔]。さうゐ[相違]。へだたり[隔]。

けんがく【見学】 近代 しさつ[視察]。中世 けんがく[見学]。中古 くゎんらん[観覧]。けんぶつ[見物]。ものみ[物見]。

げんかく【幻覚】 アメンチア(ラテン amentia)。サイケ/サイケデリック(psychedelic)。ドッペルゲンガー(ドイツ Doppelgänger)。近代 イリュージョン(illusion)。げんかく[幻覚]。げんし[幻視]。げんちゃう[幻聴]。さくかく[錯覚]。まうかく[妄覚]。中世 げんえい[幻影]。中古 まぼろし[幻]。ゆめ[夢]。

げんかく【厳格】 いかめしい[厳]。近代 しゅんけん[峻険/峻嶮]。近世 かたくるし[堅苦]。きびし[厳]。きぶし。げんかく[厳格]。中世 きんみつ[緊密]。げんせい[厳正]。中古 いちはやし[逸早]。きはだかし[際高]。げん[厳]。げんぜん[厳然]。→**きびし・い**

ー主義 近代 ストアしゅぎ[ギリシャ stoa 主義]。ストイシズム(stoicism)。リゴリズム(rigorism)。

ーと寛大 中古 しちゃう[弛張]。

ー・なさま 中世 ぎっと。

冷静でー 近代 れいげん[冷厳]。

げんがく【衒学】 ペダンチズム(pedantism)。近代 げんがく[衒学]。ペダントリー(pedantry)。

げんがっき【弦楽器】 げんめいがっき[弦鳴楽器]。ストリングス(strings)。だげんがっき[打弦楽器]。はつげんがっき[撥弦楽器]。近代 いともの[糸物]。げんがくき[弦楽器/絃楽器]。中古 げん[弦/絃]。ひきもの[弾物]。→**がっき**

ーの絃(げん) 近代 コード(chord)。近世 いと[糸]。いとすぢ[糸筋]。中古 げん[弦/絃]。つる[弦/絃/鉉]。上代 を[緒]。→**げん【絃】**

ーを指で鳴らすこと 近世 つめびき[爪弾]。中古 つまびき[爪弾]。

ーを弓で鳴らす技法 うんきゅうほう[運弓法]。ボーイング(bowing)。

けんがみね【剣峰】 →**きけん【危険】**

げんかん【厳寒】 近世 こくかん[酷寒]。せうかん[峭寒]。中古 げんかん[厳寒]。ごくかん[極寒]。

げんかん【玄関】 エントランス(entrance)。ほんげんかん[本玄関]。近代 うちげんくゎん/ないげんくゎん[内玄関]。うらげんくゎん[裏玄関]。しゃうげんくゎん[正玄関]。近世 おもてげんくゎん[表玄関]。でいりぐち[出入口]。はひりぐち[入口/這入口]。中世 いりぐち[入口]。げんくゎん[玄関]。中古 とぐち[戸口]。上代 かど/もん[門]。→**いりぐち**

ーだけ立派にする(外観を飾る) 玄関を張る。

ーの灯り 近代 へうとう[標灯]。もんとう[門灯]。

ーのあたり 近代 げんくゎんさき[玄関先]。上代 かど[門]。

ーまでの通路 アプローチ(approach)。

内輪の者が出入りするー 近代 うちげんくゎん/ないげんくゎん[内玄関]。

屋根付きのー ポーチ(porch)。中世 くるまつき[車突]。中古 くるまよせ[車寄]。

けんき【嫌忌】 →**けんお**

けんぎ【建議】 近代 ぐしん[具申]。けんげん[建言]。けんぱく[建白]。しんげん[進言]。まうしいれ[申入]。りんぎ[稟議]。

近世けんげん［献言］。じゃうつう［上通］。ひろう［披露］。中世じゃうしん［上申］。中古けんさく［献策］。じゃうへう［上表］。まうしたつ［―たてる］［申立］。上代けんぎ［建議］。じゃうそう［上奏］。

けんぎ【嫌疑】 ようぎ［容疑］。中世ふしん［不審］。中古ぎわく［疑惑］。けんぎ［嫌疑］。

げんき【元気】❶〈心〉 ガッツ(guts)。ハッスル(hustle)。近代いきけんかう［意気軒昂］。くゎつりょく［活力］。きはく［気迫／気魄］。バイタリティー(vitality)。はつらつ［潑剌／潑溂］。ファイト(fight)。わうせい［旺盛］。近世えいき［鋭気］。えいき［英気］。きせい［気勢］。きぢゃう［気丈］。くゎっき［活気］。くゎっぱつ［活発］。けいき［景気］。げんき［元気］。せいき［精気］。せいこん［精根］。はりきる［張切］。やるき［遣気］。りちぎ［律儀／律義］。中世き［気］。きえい［気鋭］。きえん［気炎／気焔］。くゎいくゎつ［快活］。けっきさかん［血気盛］。こんじゃう［根性］。さうき［壮気］。せいき［生気］。せいりき／せいりょく［精力］。はき［覇気］。中古いきやうやう［意気揚揚］。きりょく［気力］。ゐせい［威勢］。上代いきほひ［勢］。

―いっぱい 近代エネルギッシュ(ドイ energisch)。

―いっぱい戦う かんとう［敢闘］。近代けんとう［健闘］。ふんせん［奮戦／憤戦］。ふんとう［奮闘／憤闘］。りきせん［力戦］。りきとう［力闘］。

―回復 リフレッシュ(refresh)。中世色を直す。気を付く。中古たちなほる［立直］。

―が出る(出す) 近代くゎっきづく［活気付］。ぐゎんばる［頑張］。げんきづく［元気付］。ふるひたつ［奮立］。中世きばる［気張］。ちからづく［力付］。中古おもひつよる［思強］。心を起こす。《尊》中古おぼしつよる［思強］。

―がないさま しゅん。しょぼっと。しょぼんと。近代しをしを。近世がっかり。がっくり。とぼとぼ。中世しほしほ。しょぼしょぼ。しょんぼり。すごすご。せうせう［悄悄］。たよたよ。中古かれがれ［枯枯］。なえなえ［萎萎］。

―がない人 うらなり［末生／末成］。近世かうぼくしくゎい［槁木死灰］。喪家(さうか)の狗(いぬ)。中古しくゎい［死灰］。

―がなくなる しょぼくれる。近代いきせうちん［意気消沈／意気銷沈］。いきそさう［意気阻喪／意気沮喪］。いくぢなし［意気地無］。しょぼたれる。しをれかへる［萎返］。むきりょく［無気力］。近世しょげる［悄気］。そげたつ。はじかむ。らくたん［落胆］。中世しじく［蹙］。ふすぼる［燻］。めいる［滅入］。青菜に塩。力を落とす。中古うちしほたる［打潮垂］。おもひくっす／おもひくんず［思屈］。かじかむ［悴］。きえいる［消入］。しほたる［―たれる］［潮垂］。せうぜん［悄然］。ひえいる［冷入］。上代かじく［かじける］［悴］。しづむ［沈］。しほる［しおれる］［萎／撓］。《尊》中古おぼしくす［思屈］。おぼししめる［思湿］。

―盛ん 中世さう［壮］。中古はつらつ［潑剌／潑溂］。上代さかり［盛］。

―で活気のあるさま 近代くゎいはつ［快発］。せいしょく［生色］。フレッシュ(fresh)。やくどう［躍動］。近世さうくゎい［壮快］。ぴちぴち。ぴんぴん。中世いきいき［生生／活活］。中古はつらつ［潑剌／潑溂］。

―を付ける 近代おうゑん［応援］。げんきづける［元気付］。活(くゎつ)を入れる。近世こすい［鼓吹］。せいゑん［声援］。中世いさむ［勇］。げきれい［激励］。こぶ［鼓舞］。つよむ［強］。

見せかけの― 近代からげんき［空元気］。近世つけげんき［付元気］。

物事をやりぬく― スタミナ(stamina)。近世こんき［根気］。中世せいりき／せいりょく［精力］。

げんき【元気】❷〈健康〉 スタミナ(stamina)。近代けんかう［健康］。近世きゃうさう［強壮］。けんざい［健在］。けんしょう［健勝／堅勝］。けんぜん［健全］。つつがなし［恙無］。ゆうけん［勇健］。中世きゃうけん［強健］。げんき［元気］。さうけん［壮健］。すこやか［健］。たっしゃ［達者］。ぢゃうぶ［丈夫］。むびゃうそくさい［無病息災］。中古すくやか／すくよか［健］。ひちちか。→**けんこう【健康】**

―・なさま 近世きびきび。ぴんしゃん。ぴんぴん。中世しゃんしゃん。

―・な人が病気になる 近世鬼の霍乱(くわくらん)。

―・に働くさま 近代もりもり。近世ばりばり。

―よく大きくなるさま 近代ぐんぐん。近世ずんずん。どんどん。上代すくすく。

年若く―・なこと 近代せいさう［盛壮］。上代わかし［若］。

年若く—・なとき 近代さうじ［壮時］。
太っていて—・なこと 中世ひさう［肥壮］。
老人の—・なさま 近世ぴんしゃん。ぴんしゃんぴん。中古くゎくしゃく［矍鑠］。

げんぎ【原義】 近代げんい［原意］。げんぎ［原義］。中世ほんい［本意］。上代ほんぎ［本義］。

けんきゃく【健脚】 近代済勝（さいしょう）（済勝（せいしょう））の具。近世けんきゃく［健脚］。

けんきゅう【研究】 リサーチ（research）。近代かいめい［解明］。かうきう［考究］。きうめい［究明］。たうきう［討究／討求］。たんきう［探究］。ついきう［追究］。ろんかう［論考／論攷］。ワーク（work）。近世ぶんせき［分析］。ろんきう［論究］。中世けんきう［研究］。せいきう［精究／精求］。中古けんさん［研鑽］。たどり［辿］。

—室 きょうしつ［教室］。近代ラボ／ラボラトリー（laboratory）。
—集会 ワークショップ（workshop）。
—・する 中世しらぶ［しらべる］［調］。中古きはむ［きわめる］［究／極］。
—・する人 近代けうじゅ［教授］。近世がくきう［学究］。中古がくしゃ［学者］。上代がくと［学徒］。
—成果の報告書 近代リポート／レポート（report）。ろんぶん［論文］。
—成果をあげ後輩を導く人 近世せんがく［先学］。中古せんだち／せんだつ［先達］。上代けうじゅ［教授］。
—発表の要旨 近代レジュメ（フランス résumé）。
—方法 アプローチ（approach）。
実証的な— 近世かうしょう［考証］。
実地の— フィールドスタディー（field study）。フィールドワーク（fieldwork）。やがいちょうさ［野外調査］。

げんきゅう【減給】 こうきゅう［降給］。近代げんきふ［減給］。げんぽう［減俸］。

げんきゅう【言及】 近代ふれる［触］。近世げんきふ［言及］。とりあぐ［—あげる］［取上］。中世いひおよぶ［言及］。

けんぎゅうせい【牽牛星】 アルタイル（Altair）。近代うしかひぼし［牛飼星］。近世けんぎうせい［牽牛星］。をとこぼし／をぼし［男星］。中世うしひくほし［牛牽星］。をたなばた［男七夕］。中古いぬかひぼし［犬飼星］。ひこぼし［彦星］。上代とほづま［遠夫］。ひこほし［彦星］。

—と織女星 近世めをとぼし［夫婦星］。中古ぎうぢょ［牛女］。にせい［二星］。
—と織女星の出会い 近世星の逢ふ瀬。中世星の契り。中古ほしあひ［星逢］。年（と）の渡り。

けんきょ【謙虚】 ていしせい［低姿勢］。近代けんきょ［謙虚］。つつましやか［慎］。腰が低い。中世けんそん［謙遜］。中古けんじゃう［謙譲］。けんたい［謙退］。つつまし［慎］。上代へりくだる［謙］。

《句》近代実るほど頭の下がる稲穂かな。

けんきょ【検挙】 れんこう［連行］。近代あげる［挙］。けんきょ［検挙］。けんそく［検束］。こういん［勾引／拘引］。しょっぴく。近世たいほ［逮捕］。上代とらふ［とらえる］［捕］。

けんぎょう【兼業】 かねやく［兼役］。へいにん［併任］。近代けんきん［兼勤］。けんげふ［兼業］。けんぽ［兼補］。近世かけもち［掛持／懸持］。けんむ［兼務］。中世けんしょく［兼職］。けんす［兼］。せっす［摂］。中古けんたい［兼帯］。上代けんにん［兼任］。

げんきょう【現況】 近代きんきゃう［近況］。げんきゃう［現況］。げんじゃう［現状］。じゃうきゃう［状況／情況］。じゃうせい［情勢］。近世じっきゃう［実況］。じつじゃう［実情／実状］。中古じたい［事態］。

げんきょう【元凶】 近代ちゃうほんしゃ［張本者］。しゅくゎい［首魁］。近世きょくゎい［巨魁／渠魁］。げんぼう［元謀］。しゅぼうしゃ［首謀者／主謀者］。中世しゅあく［首悪］。ちゃうほんにん［張本人］。上代げんきょう［元凶／元兇］。

げんきん【現金】 近代キャッシュ（cash）。しょぢきん［所持金］。近世あし／おあし［御足／御銭］。ありがね［有金］。げんきん［現金］。げんぎん［現銀］（京阪地方で）。げんなま［現生］。しゃう［生］。しゃうきん［正金］。なま［生］。→かね【金】❷

《句》近世勘定（かんぢゃう）合って銭足らず。

—で売り買いすること げんきんあきない［現金商］。近代げんきんうり［現金売］。げんきんがひ［現金買］。げんきんとりひき［現金取引］。近世そくきん［即金］。たうざがひ［当座買］。たうざぎん［当座銀］。たうざばらひ［当座払］。現金掛け値なし。
—の比喩 近代じつだん［実弾］。近世虎の子。
品物を—に替える かんきん［換金］。
無理に—を集めること 近世借金を質に置く。

げんくん【元勲】 中世げんくん［元勲］。中古げんらう［元老］。ちゅうせき［柱石］。

げんげ【紫雲英】 近代 げんげん。近世 げげばな[五形花]。げんげ[紫雲英/翹揺]。しうんえい[紫雲英]。れんげさう[蓮華草]。

げんけい【原形】 →**げんけい**(次項)

げんけい【原型】 アーキタイプ(archetype)。プロトタイプ(prototype)。近代 げんけい[原形/元形]。げんけい[原型]。ていけい[定型/定形]。てんけい[典型]。

げんけい【厳刑】 近代 ぢゅうけい[重刑]。ぢゅうばつ[重罰]。近世 こくけい[酷刑]。中世 げんけい[厳刑]。

ーとなる元のもの 近代 オリジナル(original)。

けんげん【建言】 近代 ぐしん[具申]。けんげん[建言]。けんぱく[建白]。しんげん[進言]。りんぎ[稟議]。近世 けんげん[献言]。中古 けんさく[献策]。上代 けんぎ[建議]。→**けんぎ【建議】**

けんげん【献言】 →**けんげん**(前項)

けんげん【権限】 近代 けんげん[権限]。けんのう[権能]。けんりょく[権力]。しょくけん[職権]。

ーを越えて事を行うこと 近代 ゑっけん[越権]。をっけん[越権]。

ーを他に移すこと 近代 いくゎん[移管]。

政府や官吏のー 近代 くゎんけん[官権]。

けんげん【顕現】 近代 けんじ[顕示]。ろてい[露呈]。近世 ろしゅつ[露出]。中世 ぐげん[具現]。げんしゅつ[現出]。たちあらはる[―あらわれる][立現]。はつげん[発現]。中古 けんげん[顕現]。しゅつげん[出現]。上代 げんぜん[現前]。

けんご【堅固】 近代 ぐゎんきゃう[頑強]。近世 ぐゎんぢゃう[頑丈]。ぢゃうぶ[丈夫]。中世 きゃうこ[強固]。ふゑ[不壊]。中古 かたし[固/硬/堅]。けんご[堅固]。けんらう[堅牢]。だいばんじゃく[大磐石/大盤石]。ばんじゃく[磐石/盤石]。上代 らうこ[牢固]。

ー・で緻密なこと 近代 けんち[堅緻]。

ー・な城 近世 きんじゃうてっぺき[金城鉄壁]。中世 きんじゃう[金城]。きんじゃうたうち[金城湯池]。

ー・な陣構え 近世 鉄壁の陣。

ー・な物のたとえ 近世 石に根継ぎ。中古 くろがね[鉄]。こんがう[金剛]。

気持ちがー・なさま 近代 かいぜん[介然]。

げんこ【拳固】 →**げんこつ**

げんご【言語】 近代 げんご[言語]。ごゐ[語彙]。し[詞]。そじ[措辞]。ぶんげん[文言]。べん[弁]。ボキャブラリー(vocabulary)。ようご[用語]。ランゲージ(language)。ロゴス(ギリシャ logos)。ワード(word)。近世 げんせつ[言説]。ご[語]。ごく[語句]。中世 げん[言]。げんぎょ[言語]。ごんご[言語]。もんく[文句]。中古 ことのは[言葉]。ものいひ[物言]。上代 げんじ[言辞]。こと[言]。ことば[言葉]。じ[辞]。

外国からはいってきたー 近代 ぐゎいらいご[外来語]。

自分の母国や所属している国のー 近代 ぼこくご[母国語]。

使用するー 近代 ようご[用語]。

人工のーの例 アセンブリーげんご[assembly言語]。エスペラント(Esperanto)。コンピュータ(computer)の機械語。

幼児期に周囲の大人から学ぶー 近代 ぼご[母語]。マザータング(mother tongue)。

その他ーのいろいろ(例) おんせいげんご[音声言語]。かきことば[書言葉]。しかくげんご[視覚言語]。しぜんげんご[自然言語]。じんこうげんご[人工言語]。しんたいげんご[身体言語]。ボディーランゲージ(body language)。みぶりげんご[身振言語]。もじげんご[文字言語]。近代 こうご[口語]。はなしことば[話言葉]。近世 ぶんご[文語]。

けんこう【軒昂】 近代 わうせい[旺盛]。中世 けんかう[軒昂]。げんき[元気]。中古 さかん[盛]。

けんこう【健康】 いちびょうそくさい[一病息災]。ウエルネス(wellness)。フィットネス(fitness)。ヘルシー(healthy)。ヘルス(health)。近代 ぐゎんけん[頑健]。せいえい[清栄]。せいかう[清康]。近世 きゃうさう[強壮]。けなりげ[殊気]。けんかう[健康]。けんざい[健在]。けんしょう[健勝]。けんぜん[健全]。つつがなし[恙無]。ゆうけん[勇健]。りちぎ[律義/律儀]。中世 あしてそくさい[足手息災]。かうけん[康健]。きゃうけん[強健]。ぐゎんぢゃう[頑丈]。けなげ[健気]。げんき[元気]。けんご[堅固]。さうけん[壮健]。すこやか[健]。そくさい[息災]。たっしゃ[達者]。ぢゃうぶ[丈夫]。まめ[忠実]。むびゃうそくさい[無病息災]。中古 かしらかたし[頭堅]。さかし[賢]。すくやか/すくよか[健]。たけし[猛]。つよつよ[強強]。ひちちか。ふつつか[不束]。れいざま[例様]。

《尊》近世ごそくさい［御息災］。

《句》近代一に養生、二に介抱。起きて働く果報者。健全なる精神は健全なる身体に宿る。近世達者百貫目。良いうちから養生。

—が日に日に回復すること 近世ひだち［肥立］。ひだつ［肥立］。

—状態 近世あんばい［塩梅／按排／按配］。

—・で 上代まさきく［真幸］。

—・な人 けんじょうしゃ［健常者］。中世すくやかもの／すこやかもの［健者］。

—に注意しないさま 近代ふせっせい［不摂生］。中世ふやうじゃう［不養生］。

—に注意する 近世せっせい［摂生］。てうせつ［調摂］。中古やうじゃう［養生］。

—によくないさま 中世どく［毒］。ふけんかう［不健康］。

—のために行う運動 フィットネス(fitness)。

—を害すること 近世ふじゅん［不順］。中世そこぬ［そこねる］［損］。中古そこなふ［損］。

—を保つための配慮など えいせい［衛生］。ほけん［保健］。

食べ物などで—が害されること 近代しょくちゅうどく［食中毒］。近世あたり［当／中］。しょくあたり［食当／食中］。

手紙で相手の—を祝う語の例 せいしょう［清祥／清勝］。近代せいえい［清栄］。せいてき［清適］。近世けんしょう［健勝／堅勝］。

手紙で相手の—を願う語 中世ごかさん［御加餐］。

老年になっても—・なこと 中古くゎくしゃく［矍鑠］。
▼擬態語 近代がっちり。近世がっしり。しゃんしゃん。ぴんぴん。

けんごう【剣豪】 近世けんじゅつつかひ［剣術使］。中世けんかく／けんきゃく［剣客］。けんし［剣士］。中古がうけつ［豪傑］。

げんこう【言行】 近代げんどう［言動］。中世げんかう［言行］。中古うんゐ［云為］。

—が異常に激しいこと 近世きげき［詭激］。

—が変わっていること 近代きけう［奇矯］。


げんこう【原稿】 近世かう［稿］。げんかう［原稿］。したがき［下書］。中古さうあん［草案］。さうかう［草稿］。さうし［草紙／草子］。

《尊》ぎょっこう［玉稿］。近世きかう［貴稿］。

《謙》しょうこう［小稿］。近世せっかう［拙稿］。中世ぐさう［愚草］。

—が採用されないこと ぼつ［没］。近代ぼっしょ［没書］。

—の書き直し かいこう［改稿］。

—の制限枚数 近代しすう［紙数］。しふく［紙幅］。

—の点検 近代かうえつ［校閲］。

—用紙(二〇〇字詰) 近代ぺら。

—を書いた報酬 近代かうれう［稿料］。げんかうれう［原稿料］。じゅんぴつれう［潤筆料］。近世かきちん［書賃］。ひつれう［筆料］。中世かきれう［書料］。

—を書いて新聞社などに送る そうこう［送稿］。近代きかう［寄稿］。

—を書き終える 近代せいかう［成稿］。筆を擱ぉく。近世だっかう［脱稿］。だっす［脱］。中世かくひつ［擱筆／閣筆］。

—を書き始める 近代きかう［起稿］。きさう［起草］。

—を書く 近世かうす［稿］。中世さうす［草］。

最終の— けっていこう［決定稿］。ていこう［定稿］。

死後遺された未発表の— 近代ゐさう［遺草］。中世ゐかう［遺稿］。

詩の— 近世しかう［詩稿］。中古しさう［詩草］。

手書きの— 近代しゅかう［手稿］。

古い— 近代きうかう［旧稿］。

まだ完成されてない— 近代みていかう［未定稿］。

けんこく【建国】 近代こうこく［興国］。てうこく［肇国］。りっこく［立国］。上代かいこく［開国］。けんこく［建国］。
—のはじめ 近代こくしょ［国初］。

げんこつ【拳骨】 ぐう。近代げんこつ［拳骨］。てっけん［鉄拳］。にぎりこぶし［握拳］。近世かなこぶし［鉄拳］。げんこ［拳固］。さざいがら［栄螺殻］。中世いっけん［一拳］。ちからこぶし［力拳］。中古こぶし［拳］。
—でなぐること 近代てっけんせいさい［鉄拳制裁］。メリケン［米利堅］。

けんこん【乾坤】→**てんち【天地】**

げんこん【現今】 近代げんか［現下］。げんだい［現代］。さいきん［最近］。じか［時下］。もくか［目下］。近世げんざい［現在］。たうせつ［当節］。中世いまどき［今時］。げんこん［現今］。中古たうせい［当世］。ただいま［只今］。上代いま［今］。こんにち［今日］。たうこん［当今］。たうだい［当代］。→**げんか【現下】**
—の出来事 中世じじ［時事］。

けんさ【検査】 近代かんさ［勘査］。けんさ［検査］。チェック(check)。近世えっす［閲］。けんぷん［検分］。てうさ［調査］。てんさ［点

査］。〔中世〕けんみ［検見］。しらぶ［しらべる］［調］。〔上代〕けみす［閲］。てんけん［点検］。

―・して基準に合うかどうかを判定する　〔近代〕けんてい［検定］。

―・して発見する　〔近世〕けんしゅつ［検出］。〔中古〕けんち［検知］。

―・する係官　けんさいん［検査員］。けんさぎし［検査技師］。〔近代〕インスペクター（inspector）。けんさくゎん［検査官］。

―・する材料　けんたい［検体］。

健康診断や病気治療のための―（例）がんていけんさ［眼底検査］。けんべん［検便］。せいけん［生検］。にょうけんさ［尿検査］。にんげんドック［人間dock］。バイオプシー（biopsy）。パッチテスト（patch test）。りんしょうけんさ［臨床検査］。〔近代〕けつえきけんさ［血液検査］。けんねう［検尿］。けんばい［検梅／検黴］。しんたいけんさ［身体検査］。

顕微鏡で―・する　〔近代〕けんきゃう［検鏡］。

個々の全体での位置づけを判定する―　がくりょくけんさ［学力検査］。ちのうけんさ［知能検査］。ひょうじゅんけんさ［標準検査］。〔近代〕たいかくけんさ［体格検査］。

心理状態を調べる―　しんりテスト［心理test］。せいかくけんさ［性格検査］。フリッカーテスト（flicker test）。れんそうけんさ［連想検査］。

製品の質などの―　けんぴん［検品］。サンプリングちょうさ［sampling調査］。ぬきとりけんさ［抜取検査］。ひょうほんちょうさ［標本調査］。

素質などを判定するための―　〔近代〕てきせいけんさ［適性検査］。

内臓や体腔の内部を観察したり―・する機器　ないしきょう［内視鏡］。ファイバースコープ（fiberscope）。

犯則や違反の―　たちいりけんさ［立入検査］。〔近世〕ますあらため［枡改］。〔中古〕りんけん［臨検］。

被検物を壊さずに―・すること　ひはかいけんさ［非破壊検査］。

服装や所持品などの―　〔近代〕しんたいけんさ［身体検査］。

もう一度―・する　〔近世〕さいけん［再検］。

けんざい【建材】　けんちくざいりょう［建築材料］。〔近代〕けんざい［建材］。しざい［資材］。

けんざい【健在】→**けんこう【健康】**

げんざい【現在】→**いま【今】**

げんざいりょう【原材料】　〔近代〕げんれう［原料］。しざい［資材］。マテリアル（material）。

けんさく【献策】　〔近代〕ぐしん［具申］。けんげん［建言］。けんさく［建策］。しんげん［進言］。〔近世〕けんげん［献言］。〔中世〕じゃうしん［上申］。〔中古〕けんさく［献策］。〔上代〕けんぎ［建議］。

けんさく【検索】　サーチ（search）。〔近代〕さくいん［索引］。〔近世〕けんさく［検索］。たんさく［探索］。〔中古〕さがす［探］。

げんさく【原作】　〔近代〕オリジナル（original）。げんさく［原作］。げんちょ［原著］。げんてん［原典］。〔近世〕げんしょ［原書］。げんぽん［原本］。→**げんてん【原典】**

けんさつ【賢察】　〔中世〕けんさつ［賢察］。〔中古〕かうさつ［高察］。〔上代〕めいさつ［明察］。

けんさん【研鑽】　〔近代〕べんきゃう［勉強］。〔中世〕けんきう［研究］。けんま［研磨／研摩］。〔中古〕けんさん［研鑽］。べんれい［勉励］。

けんざん【検算】　ためしざん［試算］。〔近代〕けんざん［検算］。けんしょう［検証］。せうがふ［照合］。

けんじ【堅持】　〔近代〕かくほ［確保］。こぢ［固持］。〔近世〕こしゅ［固守］。ゐぢ［維持］。〔中世〕けんぢ［堅持］。こしふ［固執］。ほぢ［保持］。

げんし【原子】　〔近代〕アトム（atom）。げんし［原子］。げんしかく［原子核］。びりふし［微粒子］。〔近世〕げんそ［元素／原素］。

―の　アトミック（atomic）。

―爆弾　→**かくへいき**

―力　げんしエネルギー［原子ドイEnergie］。第三の火。

―炉　エルダブリューアール（LWR; light water reactor）。けいすいろ［軽水炉］。てんかんろ［転換炉］。パイル（pile）。リアクター（reactor）。

げんし【原始】　〔近代〕げんせい［原生］。さうせい［創世］。〔近世〕きげん［起原］。しげん［始原］。みかい［未開］。〔中世〕げんし［原始／元始］。〔中古〕おこり［起］。こんげん［根源］。はじめ［始］。ほんげん［本源］。〔上代〕かいひゃく／かいびゃく［開闢］。

―的なさま　〔近代〕プリミティブ（primitive）。

げんじ【言辞】→**ことば**

げんじ【現時】→**いま【今】**

けんしき【見識】　〔近代〕いけん［意見］。けんかい［見解］。〔近世〕けんしき［見識］。ちけん［知見／智見］。〔中世〕ぐがん［具眼］。けん［見］。しきけん［識見］。〔上代〕ふうかん［風

鑑／風鑑]。
ーと度量 中世 しきりゃう[識量]。
ーの高い人 近代 いうしきしゃ[有識者]。近世 たいはう[大方]。上代 しきしゃ[識者]。
ーのない学者 中世 ぞくじゅ[俗儒]。
ーのないこと 近代 むていけん[無定見]。近世 ふけんしき[不見識]。
学問で得たー 近世 がくしき[学識]。
狭いー 近世 井蛙の見。中世 めんしゃう[面牆]。中古 くゎんけん[管見]。せいあ[井蛙]。《句》近代 管を用ひて天を窺ふ。針を以て地を刺す。近世 針の穴から天覗く。葦(蘆／葭)の髄(管)から天井を覗く。中世 井蛙大海を知らず。鍵の穴から天覗く。井の中の蛙大海を知らず。
高いー 目が肥えている。近代 しんしき[深識]。たくせつ[卓説]。たくろん[卓論]。たっけん[達見]。めいせつ[名説]。めいろん[名論]。近世 いちけんしき[一見識]。いっかげん[一家言]。いっせきがん[一隻眼]。かんしき[鑑識]。くゎつがん[活眼]。せきがん[隻眼]。たくけん[卓見]。中世 たっしき[達識]。めきき[目利]。中古 えいち[英知]。
低級なー 近世 せつろう[拙陋]。せんけん[浅見]。中世 せんろう[浅陋]。中古 せんしき[浅識]。ぞくがん[俗眼]。

けんじつ【堅実】 近代 かくじつ[確実]。ソリッド(solid)。近世 かたし[堅／固]。ぢみち[地道]。ちゃくじつ[着実]。中世 けんじつ[堅実]。こうたう[公道]。てがたし[手堅]。中古 すくやか／すくよか[健]。ものまめやか[物忠実]。
《句》近代 高きに登るには卑きよりす。高嶺の花を羨むより足下の豆を拾へ。華を去り実に就く。
ー・で安心できるさま 近代 けんぜん[健全]。
ー・なさま 近代 かっちり。近世 しっかり。
老練でー 近世 らうじつ[老実]。

げんじつ【現実】 近代 アクチュアリティー(actuality)。げんきゃう[現況]。げんじつ[現実]。げんじゃう[現状]。ザイン(ドイツ Sein)。じつざい[実在]。リアリティー(reality)。近世 じっきゃう[実況]。じつじゃう[実状／実情]。中世 じっさい[実際]。中古 うつしごと[現事／顕事]。げんざい[現在]。上代 うつせみ／うつそみ[現身]。うつつ[現]。
ー的 近代 アクチュアル(actual)。じっさいてき[実際的]。リアリスティック(realistic)。中古 なまなまし[生生]。まめやか[忠実]。
ーとかけ離れたこと 近代 くうちゅうろうかく[空中楼閣]。くうりくうろん[空理空論]。くゎうたうむけい[荒唐無稽]。くゎんねんてき[観念的]。鬼が笑ふ。机上の空論。中古 ゆめ[夢]。ゆめまぼろし[夢幻]。
ーとなる エネルゲイア(ギリシャ energeia)。エンテレケイア(ギリシャ entelekheia)。近代 げんじつくゎ[現実化]。じつげん[実現]。リアライズ(realize)。
ーと夢の境が判然としないさま 中世 胡蝶の夢。中古 闇の現。
ーに 近代 じっさいに[実際]。ほんたうに／ほんとに[本当]。近世 まさかに。中世 げには[実]。まさしく[正]。中古 げんに[現]。
ーに存在する 近代 じつざん[実存]。上代 うつし[現／顕]。げんぞん[現存]。
ーに目覚めること 近代 げんめつ[幻滅]。
ーの心 近世 しゃうき[正気]。中古 じんしん[人心]。ひとごこち[人心地]。上代 うつしごころ[現心]。
ーのこの世 近代 げんじつかい[現実界]。中世 しがん[此岸]。
ーを重んじる人 近代 げんじつは[現実派]。じっさいか[実際家]。じつむか[実務家]。リアリスト(realist)。
▼非現実的 足が地に付かない。近代 アイディアル(ideal)。くゎんねんてき[観念的]。鬼が笑ふ。近世 石に花咲く。

けんじゃ【賢者】 →けんじん

げんしゅ【元首】 とうちしゃ[統治者]。近代 エンペラー(emperor)。キング(king)。クイーン(queen)。だいとうりゃう[大統領]。ぢょわう[女王]。てんわう[天王]。近世 しゅしゃう／しゅじゃう[主上]。中世 くんしゅ[君主]。中古 こくわう[国王]。だいわう[大王]。てんし[天子]。わう[王]。上代 おほきみ[大君]。くゎうてい[皇帝]。げんしゅ[元首]。てい[帝]。ていわう[帝王]。てんわう[天皇]。

けんしゅう【研修】 近代 くんれん[訓練]。けんしう[研修]。トレーニング(training)。近世 かうしふ[講習]。しうやう[修養]。中世 しゅぎゃう[修行]。たんれん[鍛錬]。れんま／れんまん[練磨／錬磨]。中古 しうれん[修練／修錬]。

けんしゅう【献酬】 近世 くみかはす[酌交]。差しつ差されつ。中世 いんしゅ[飲酒]。くむ[酌]。中古 けんしう[献酬]。けんぱい[献

杯]。上代 おんじゅ[飲酒]。

げんしゅう【減収】 げんえき[減益]。近代 げんがく[減額]。げんきふ[減給]。

げんじゅう【厳重】 近代 いかめしい[厳]。しゅんれつ[峻烈]。近世 げんかく[厳格]。てびし[手厳]。中古 きびし[厳]。げん[厳]。げんぢゅう[厳重]。

—・で細かい 中世 げんみつ[厳密]。

—・なさま 近代 びしびし。仮借ない。情け容赦もない。近世 こっぴどい[小酷]。

—・に 近代 げんに[厳]。中世 きっと[屹度/急度]。

—・に警戒しているさま 近代 水も漏らさぬ。近世 蟻の這ひ出る隙もなし。

げんじゅうしょ【現住所】 →じゅうしょ

げんしゅく【厳粛】 近代 しゅくしゅく[粛粛]。近世 さうごん/しゃうごん[荘厳]。さうちょう[荘重]。中世 げんしゅく[厳粛]。しんげん[森厳]。しんせい[神聖]。中古 いかめし[厳]。おごそか[厳]。おもおもし[重重]。かうがうし[神神]。げんぜん[厳然]。しゅくぜん[粛然]。ものものし[物物]。

けんじゅつ【剣術】 →けんどう

げんしゅつ【現出】 でてくる[出来]。近代 頭を擡(もた)げる。近世 ろしゅつ[露出]。中世 ぐげん[具現]。げんしゅつ[現出]。中古 あらはる[—われる][現]。けんげん[顕現]。しゅつげん[出現]。上代 あらはす[現]。げんぜん[現前]。でる[出]。みせる[見]。

げんじゅつ【幻術】 近代 シャーマン(shaman)。マジック(magic)。近世 えうじゅつ[妖術]。ふじゅ[符呪]。まじゅつ[魔術]。めくらまし[目眩]。中世 まはふ[魔法]。中古 まじなひ[呪]。上代 げんじゅつ[幻術]。

—を使う者 中古 まぼろし[幻]。→きじゅつ

げんしょ【原書】 近代 げんさく[原作]。げんちょ[原著]。げんてん[原典]。近世 げんしょ[原書]。げんぽん[原本]。

けんしょう【健勝】 せいしょう[清祥/清勝]。近代 せいえい[清栄]。せいてき[清適]。近世 けんかう[健康]。けんざい[健在]。けんしょう[健勝]。中世 げんき[元気]。すこやか[健]。そくさい[息災]。たっしゃ[達者]。ぢゃうぶ[丈夫]。→けんこう【健康】

けんしょう【憲章】 近代 きまり[決]。中古 おきて[掟]。かうき[綱紀]。はっと[法度]。上代 けんしゃう[憲章]。けんぱふ[憲法]。てんしゃう[典章]。

けんじょう【謙譲】 近代 けんきょ[謙虚]。中世 けんそん[謙遜]。中古 けんじゃう[謙譲]。→へりくだる

—の助動詞 中古 さす。す。

—の動詞と補助動詞の例 中世 いたす[致]。中古 きこゆ[聞]。まうしあぐ[—あげる][申上]。まうす[申]。まかる[罷]。まゐらす/まゐる[参]。上代 まをす[申]。

—を表す接尾語 ども[共]。近代 せい[生]。上代 ら[等]。

けんじょう【献上】 きんてい[謹呈]。けんてい[献呈]。近代 きそう/きぞう[寄贈]。しんてい[進呈]。ぞうてい[贈呈]。ぞうよ[贈与]。プレゼント(present)。ほうてい[奉呈]。近世 けんしん[献進]。しんぽう[進奉]。中世 けんなふ[献納]。しんけん[進献]。ぞうしん[贈進]。ていしゃう/ていじゃう[呈上]。はいそう/はいぞう[拝贈]。はいてい[拝呈]。ほうじゃう[奉上]。ほうなふ[奉納]。中古 けんきん[献芹]。けんじゃう[献上]。けんなふ[献納]。しんじゃう[進上]。ほうけん[奉献]。

—・する 近代 けんじる[献]。中世 おます。おまらす。さしあぐ[—あげる][差上]。しんず[進]。まらする[参]。まゐする[参]。まゐらせさうらふ[参候/進候]。中古 あぐ[あげる][上]。きこえさす[聞]。きこゆ[聞]。さしあぐ[—あげる][差上]。たいまつる[奉]。たつ[献]。つかうまつる[申]。ていす[呈]。ほうず[奉]。まつる[仕]。まゐらす/まゐる[参]。もてまゐる[持参]。上代 おくる[贈]。けんず[献]。ささぐ[ささげる][捧]。たてまだす[立遣/奉遣]。たてまつる[奉]。たむく[手向]。つかへまつる[仕]。まだす[奉/献/遣]。まつる[奉]。むく[向]。

—・する物 けんじょうひん[献上品]。近代 けんじゃうぶつ[献上物]。近世 けんじゃうもの[献上物]。中古 ささげもの[捧物]。上代 けんもつ[献物]。たてまつりもの[奉物]。みつぎもの[貢物]。

自著などの— けんぽん[献本]。近代 デディケート(dedicate)。

神仏などに—・する 中世 けんなふ[献納]。ほうなふ[奉納]。上代 ささぐ[ささげる][捧]。そなふ[そなえる][供]。たむく[たむける][手向]。

大名などに貸す名目で—・する 近世 かしあげ[貸上/貸献]。

朝廷に—・する 中古 てうす[朝]。

朝廷に動物を—・する 上代 いきみつき［生御調］。
天子に—・する 中古 きょうしん［供進］。
喜んで—・する 近世 熨斗(の)(熨)を添ふ［—添える］。熨斗(熨)を付く［—付ける］。
けんじょう【堅城】 中世 きんじゃう［金城］。けんじゃう［堅城］。けんぢん［堅陣］。
げんしょう【減少】 めべり［目減］。少なくなる。近代 けいげん［軽減］。げんがく［減額］。げんすい［減衰］。げんたい［減退］。へさくげん［削減］。中世 げんせう［減少］。へらす［減］。中古 げんず［減］。へす［減］。へる［減］。
げんしょう【現象】 フェノメノン(phenomenon)。近代 ぐしゃう［具象］。げんしゃう［現象］。じしゃう［事象］。
不吉な— 中古 あくさう［悪相］。
げんじょう【現状】 近代 きんきゃう［近況］。げんきゃう［現況］。げんじゃう［現状／現情］。げんたい［原態／原体］。
げんじょう【現場】 近代 げんち［現地］。げんぢゃう［現場］。げんば［現場］。中世 じっち［実地］。
けんしょく【顕職】 近代 えうしょく［要職］。中古 けんくゎん［顕官］。上代 かうくゎん［高官］。
けんしょく【兼職】 →けんぎょう
げんしょく【現職】 →げんえき
げんしょく【減食】 せっしょく［節食］。ダイエット(diet)。近代 げんしょく［減食］。
けん・じる【献】 →けんじょう【献上】
げん・じる【減】 近代 げんじる［減］。ひきさる［引去］。マイナス(minus)。近世 こうぢょ［控除］。中世 げんせう［減少］。ひく［引］。へらす［減］。中古 げんず［減］。
けんしん【献身】 身命を賭す。近代 けんしん［献身］。こうけん［貢献］。じこぎせい［自己犠牲］。ボランティア(volunteer)。身を挺する。近世 じんりょく［尽力］。ていしん［挺身］。犬馬の労。身を捨つ［—捨てる］。中古 ほうこう［奉公］。ほうし［奉仕］。上代 つかふ［つかえる］［仕］。
《句》近代 蠟燭は身を減らして人を照らす。近世 身を捨ててこそ浮かぶ瀬もあれ。
けんじん【賢人】 がくしきけいけんしゃ［学識経験者］。近代 けんじゃう／げんじゃう［賢聖］。せいじゃ［聖者］。中世 けん［賢］。けんし／けんじ［賢士］。けんせい［賢聖］。じゃうち［上知］。たいざい［大才］。中古 けんじん［賢人］。せいけん［聖賢］。せいてつ［聖哲］。ちしゃ［知者］。上代 くんし［君子］。けんじゃ［賢者］。さいじん［才人］。さかしびと［賢人］。しきしゃ［識者］。せいじん［聖人］。とくせい［徳星］。
《句》近代 錐(きり)嚢中(なうちゆう)に処(を)るが如し。大賢は愚(ぐ)なるが如し。賢者ひだるし伊達寒し。大知(だいち)は愚の如し。鶴九皐(きうかう)に鳴き声天に聞こゆ。嚢中(なうちゆう)の錐(きり)。良賈(りやうこ)は深く蔵して虚(むな)しきがごとし。近世 尺も短き所あり寸も長き所あり。中世 雲は竜に従ひ風は虎に従ふ。紅(くれなゐ)は園生(そのふ)に植ゑても隠れなし。千慮の一失。中古 驥尾(きび)に付す(付く)。
—と愚者 上代 けんぐ［賢愚］。
—と聖人 中世 けんせい［賢聖］。中古 せいけん［聖賢］。
—の後ろ 中古 きび［驥尾］。
—のたとえ 近世 りゃうく［良狗］。中古 たいほう［大鵬］。
—らしく見せ掛けること 中世 けんじんだて［賢人立］。
—を友とする 近世 しゃういう［尚友］。
為政者の—を求める気持ち 中世 あくはつとほ［握髪吐哺］。とほあくはつ［吐哺握髪］。
多くの— 中世 しょけん［諸賢］。
まだ世に出ていない— 上代 りゅうせん／りょうせん［竜潜］。
昔の— 近世 こてつ［古哲］。中古 こけん［古賢］。せんけん［先賢］。ぜんけん［前賢］。せんし［先師］。上代 せんてつ［先哲］。
げんせ【現世】 →このよ
けんせい【権勢】 中世 けんぺい［権柄］。はたばり［端張／機張］。中古 いきほひ［勢］。上代 けんせい［権勢］。けんゐ［権威］。
《句》近世 長い物には巻かれろ。泣く子と地頭には勝てぬ。
—ある家 中世 けんか［権家］。けんもん［権門］。
—ある人 近代 せいしゃ［盛者］。中世 せいにん［勢人］。しゃうしゃ／しゃうじゃ／じゃうしゃ［盛者］。
—で無理を押し通すこと 近世 馬を鹿。鹿を指して馬と為(な)す。中世 鷺(さぎ)を烏。
—と財産 中古 せいとく［勢徳］。
—と地位 近代 せいゐ［勢位］。
—に諂(へつら)うこと 近代 はいぢん［拝塵］。中世 塵を望む。塵を望んで拝す。
—の盛んなこと 近代 空飛ぶ鳥も落とす。近世 飛ぶ鳥も落とす勢ひ。中世 よざかり［世

盛]。飛ぶ鳥も落つ。[中古]草木も靡(なび)く。

—の力 [近世]こゐ[虎威]。

—の最もある家臣 [近世]しゅっとうだいいち[出頭第一]。

—を得る [中古]ときめかし／ときめく[時]。

—を振るう [中古]いきほふ[勢]。

大きな— [中世]たいせい[大勢]。

盛んな— [中世]きら[綺羅]。

主君の寵(ちょう)を得て—を振るっている者 [中世]しゅっとうにん[出頭人]。

けんせい【牽制】 [近代]けんせい[牽制／牽掣]。せいちう[掣肘]。せいやく[制約]。[中古]せいす[制]。

げんせい【原生】 [近代]げんし[原始]。げんせい[原生]。[近世]じせい[自生]。やせい[野生]。

—林 げんりん[原林]。[近代]げんしりん[原始林]。げんせいりん[原生林]。しょぢょりん[処女林]。

げんせい【現世】 →このよ

げんせい【厳正】 [近世]げんかく[厳格]。[中世]げんせい[厳正]。[中古]きびし[厳]。げんぢゅう[厳重]。

けんせき【譴責】 [近代]かいこく[戒告]。[近世]とくそく[督促]。[中古]いましめ[戒]。かんほつ／かんぼつ[勘発]。とつび[突鼻]。[上代]けんせき[譴責]。

げんせき【原籍】 [近代]げんせき[原籍]。[上代]ほんせき[本籍]。こせき[戸籍]。

けんせつ【建設】 →けんちく

大手の—会社 ゼネコン(general contractor)。そうごうけんせつがいしゃ[総合建設会社]。

けんぜん【健全】 [近代]けんかう[健康]。[近世]げんき[元気]。けんじつ[堅実]。けんぜん[健全]。[中世]すこやか[健]。[中古]すくやか／すくよか[健]。→けんこう【健康】

《句》[近代]健全なる精神は健全なる身体に宿る。

げんせん【源泉】 [近代]ソース(source)。[中古]げんせん[源泉]。げんりう[源流]。[上代]もと[元]。

げんせん【厳選】 [近世]げんせん[厳選]。よりすぐる[選選]。[中世]せいせん[精選]。[中古]えりすぐる[選選]。

げんぜん【厳然】 [近世]げんかく[厳格]。[中世]げんしゅく[厳粛]。げんねん[厳然]。[中古]いかめし[厳]。おごそか[厳]。げんぜん[厳然]。

げんそ【元素】 [近世]げんそ[元素]。げんそ[原素]。せいぶん[成分]。

生命維持に必要な— せいげんそ[生元素]。せいたいげんそ[生体元素]。びりょうげんそ[微量元素]。

けんそう【険相】 [近世]けんまく[剣幕]。[中世]あくさう[悪相]。けんさう[険相]。

けんそう【喧騒】 →うるさ・い❶

けんぞう【建造】 →けんちく

げんそう【幻想】 [近代]イリュージョン(illusion)。くうさう[空想]。げんさう[幻想]。げんし[幻視]。はくじつむ[白日夢]。はくちうむ[白昼夢]。ビジョン(vision)。ファンタジー(fantasy)。むさう[夢想]。[中世]げんえい[幻影]。[中古]まぼろし[幻]。→げんえい

—的 [近代]ファンタスティック(fantastic)。

げんぞう【幻像】 →げんえい

けんそく【検束】 [近代]いんち[引致]。けんきょ[検挙]。けんそく[検束]。こうりう[拘留]。こうりう[勾留]。

けんぞく【眷族】 [近代]けいるい[係累]。[中古]いちぞく[一族]。しぞく[親族]。[上代]うから[親族]。うからやから[親族]。けんぞく[眷族／眷属]。しんぞく[親族]。

げんそく【原則】 [近代]げんそく[原則]。げんり[原理]。ドクトリン(doctrine)。プリンシプル(principle)。[近世]てん[典]。[中古]さだめ[定]。[上代]だうり[道理]。

げんそく【減速】 スピードダウン(和製speed down)。スローダウン(slow down)。

げんそく【舷側】 [近代]げんそく[舷側]。[近世]げんとう[舷頭]。せんそく[船側]。[近世]げん[舷]。[中世]せんげん[船舷]。ふなばた[舟端／船端]。ふなべり[船縁／舷]。

—に寄せる波 [上代]へつなみ／へなみ[辺波]。

船首に向かって左側の— ポート(port)。[近代]さげん[左舷]。[中世]とりかぢ[取舵]。

船首に向かって右側の— スターボード(starboard)。[近代]うげん[右舷]。[中世]おもかぢ[面舵／面楫／面梶]。

激しい船の戦いのさま [近世]舷舷(げんげん)相摩(あいま)す。

げんぞく【還俗】 [近世]ばうずがへり[坊主還]。[中世]ばうずおち[坊主落]。らくだ[落堕]。[中古]男になる。[上代]くゎんぞく[還俗]。げんぞく[還俗]。ほふしがへり[法師還]。

けんそん【謙遜】 [近代]けんきょ[謙虚]。へりくだる[謙]。[近世]やすめ[安目]。[中世]けんそん[謙遜]。ゑんりょ[遠慮]。[中古]けんじゃ

う[謙譲]。けんたい[謙退]。ひげ[卑下]。**上代**くだる[下／降]。へる[謙]。→へりくだ・る

《句》**近代**卑下も自慢の中。男は辞儀に余れ。

けんたい【兼帯】 かねる[兼]。**近代**けんげふ[兼業]。けんむ[兼務]。**近世**かけもち[掛持／懸持]。けんよう[兼用]。**中世**けんしょく[兼職]。けんす[兼]。**中古**けんたい[兼帯]。**上代**けんにん[兼任]。

けんたい【倦怠】 **近代**アンニュイ(フランス ennui)。**近世**あきる[飽]。**中世**あぐむ[倦]。けんたい[倦怠]。たいくつ[退屈]。たいだ[怠惰]。**上代**あく[飽]。うむ[倦]。

げんたい【減退】 レベルダウン(level down)。少なくなる。**近代**げんたい[減退]。げんもう[減耗]。こうたい[後退]。ていげん[低減]。**近世**すいたい[衰退]。**中世**くだりざか[下坂]。げんせう[減少]。**中古**おとろふ[―ろえる][衰]。げんかう[減耗]。げんず[減]。げんそん[減損]。

げんだい【現代】 ツデー／トゥデー(today)。**近代**げんだい[現代]。**近世**いまよ[今世]。**中世**こんだい[今代]。**中古**このよ[此世]。ころほひ[頃]。こんせい[今世]。たうせい[当世]。**上代**いまのよ[今世]。きんだい[近代]。たうだい[当代]。→いま【今】→このよ

―的青年 **近代**モガ／モダンガール(modern girl)。モボ／モダンボーイ(modern boy)。

―に近い時代 **中古**しも[下]。

―に近くなる **中古**とよる[外寄]。

―離れしていること ぜんきんだいてき[前近代的]。ぜんじだいてき[前時代的]。**近代**おほじだい[大時代]。

―風 こんにちてき[今日的]。ナウい(now)。**近代**アップツーデート(up-to-date)。コンテンポラリー(contemporary)。ハイカラ(high collar)。モダーン／モダン(modern)。モダニズム(modernism)。**近世**いまふう[今風]。たうせいふう[当世風]。**中世**このごろやう[此頃様]。たうせいやう[当世様]。たうふう[当風]。たうりう[当流]。**中古**いまめかし／いまめく[今]。いまやう[今様]。

けんたん【健啖】 **近代**ぎういんばしょく[牛飲馬食]。くわしょく[過食]。**近世**けんたん[健啖]。**中世**おほぐひ[大食]。

―な人 **近代**けんたんか[健啖家]。たいしょくかん[大食漢]。

けんち【見地】 しざ[視座]。ポイントオブビュー(point of view)。**近代**アスペクト(aspect)。くわんてん[観点]。してん[視点]。たちば[立場]。りっきゃくてん[立脚点]。**中世**けんち[見地]。

広い高い― こうしょ[高所]。たいしょ[大所]。**近代**たいしょかうしょ[大所高所]。

げんち【言質】 **近代**くちやくそく[口約束]。げんしつ[言質]。げんち[言質]。**近世**ことばじち[言葉質]。

げんち【現地】 **近代**げんち[現地]。げんば[現場]。ぢもと[地元]。**中世**じっち[実地]。たうち[当地]。

―に出向き調べること フィールドスタディー(field study)。フィールドワーク(fieldwork)。**近代**じっちけんきう[実地研究]。じっちたふさ[実地踏査]。**上代**はうさつ[訪察]。

―の報告 ルポ／ルポルタージュ(フランス reportage)。

けんちく【建築】 つちおと[槌音]。**近代**けんざう[建造]。けんせつ[建設]。コンストラクション(construction)。**近世**けんちく[建築]。ちくざう[築造]。しんちく[新築]。**中世**いへぶしん[家普請]。やぶしん[家普請]。けいえい[経営]。こんりふ[建立]。ざうさく[造作]。ふしん[普請]。**中古**いへづくり[家作／家造]。さくじ[作事]。やづくり[家造／屋造]。**上代**えいざう[営造]。えいぜん[営繕]。ざうえい[造営]。

《謙》**上代**つかへまつる[仕奉]。

―材料 ぶざい[部材]。**近代**けんざい[建材]。しざい[資材]。

―された物 **近代**えいざうぶつ[営造物]。けんざうぶつ[建造物]。けんちくぶつ[建築物]。パレース／パレス(palace)。ビルディング(building)。**中古**だい[台]。たかどの[高殿]。たてもの[建物]。

―・する **中世**こしらふ[―らえる][拵]。とりたつ[取立／取建]。**中古**つく[築]。つくりいとなむ[作営]。**上代**かまふ[かまえる][構]。きづく[築／塑]。つくる[作／造]。たつ[たてる][建]。

―中の場所 けんちくげんば[建築現場]。こうじげんば[工事現場]。**中世**ふしんば[普請場]。

―主 **近世**せしゅ[施主]。

―の完成 **中世**しゅんこう[竣工／竣功]。せいふう[成風]。らくせい[落成]。

―の断面図 セクション(section)。

け

—物の各層 フロア(floor)。近代かい[階]。

—を職業とする人 けんちくか[建築家]。けんちくし[建築士]。もくぞうけんちくし[木造建築士]。

—の用語のいろいろ(例)①[構造] えだづか[枝束]。にもち[荷持]。はなせん[鼻栓]。ひとのき[一軒]。ふきよせ[吹寄]。近代アーキテクチャー(architecture)。おちがかり[落掛]。おっかけつぎ[追掛継]。がっしゃうぐみ[合掌組]。ふへき[扶壁]。をだるき[尾垂木]。近世きょうしゃう[胸墻]。きょうへき[胸壁]。こしまき[腰巻]。つぎて[継手]。みづきり[水切]。中世えびこうりゃう[海老虹梁/蝦虹梁]。おとしがき/おとしがけ[落掛/落懸]。がっしゃう[合掌]。かへるまた[蛙股/蟇股]。ぐゎぎゃう[丸桁]。

—の用語のいろいろ(例)②[建材] おびいた[帯板]。けしょういた[化粧板]。シートパイル(sheet pile)。たいかざいりょう[耐火材料]。ぬのまるた[布丸太]。ぼざい[母材]。やいた[矢板]。近代テックス(textureから)。パネル(panel)。ブランケット(blanket)。近世もちおくり[持送]。

—の用語のいろいろ(例)③[装飾] キャピタル(capital)。ニッチ(niche)。へきがん[壁龕]。近代いたちがひ[板違]。ちゅうとう[柱頭]。近世おにいた[鬼板]。中世かへるまた[蛙股/蟇股]。ゑやう[絵様]。

—の用語のいろいろ(例)④[社寺建築] 近代かめばら[亀腹]。まんぢゅうかた[饅頭形]。近世てらがまへ[寺構]。中世ふくばち[覆鉢]。中古げぎょ/けんぎょ/けんぎょう[懸魚]。ゐのこさす[家扠首/猪子扠首]。

—法のいろいろ(例) あぜくらづくり[校倉造]。かべこうぞう[壁構造]。たいかけんちく[耐火建築]。てっこつこうぞう[鉄骨構造]。プレハブ(prefab; prefabricated house)。ブロックけんちく[block建築]。ラーメンこうぞう[(ドイツ)Rahmen構造]。近代てっきんコンクリートこうぞう[鉄筋concrete構造]。もくざうけんちく[木造建築]。れんぐゎづくり[煉瓦造]。

—様式のいろいろ(例) イオニアしき[(ギリシャ)Ionia式]。コロニアル(colonial)。ドリスしき[Doris式]。ハーフティンバー(half timbering)。近代ゴシック(Gothic)。ドーリアしき[Doria式]。バロック((フランス)baroque)。ロマネスク(Romanesque)。

粗末な— かしやぶしん[貸家普請]。やすぶしん[安普請]。

本式の— ほんぶしん[本普請]。近代ほんけんちく[本建築]。

宮を—・する 上代みやづかふ[宮仕]。

▼地ならし 近代よいとまけ。近世ぢつき[地突/地搗]。どうつき/どつき[土突]。中世ぢぎゃう[地形]。

▼新築祝 近代じゃうとうしき[上棟式]。近世しんたくびらき[新宅開]。たてまへ[建前]。中世いへみ[家見]。はしらだて[柱立]。やがため[屋固]。中古じゃうとう[上棟]。むねあげ[棟上]。上代むろほき[室寿]。→しんちく

▼段などの垂直部分 近代けこみ[蹴込]。

▼目に見えない建築部材 の[野]。のもの[野物]。みえかくれ[見隠]。

▼目に見える建築部材 けしょう[化粧]。みえがかり[見掛]。

けんちょ【顕著】 近代ちょ[著]。近世めだつ[目立]。中世あらは[露/顕]。いちじるし[著]。きはだつ[際立]。けんちょ[顕著]。れきぜん[歴然]。中古あらた[灼]。きはだかし[際高]。上代あきらか[明]。

げんちょ【原著】 近代げんさく[原作]。げんちょ[原著]。げんてん[原典]。げんぶん[原文]。近世げんしょ[原書]。げんぽん[原本/源本]。→げんてん【原典】

げんちょう【幻聴】 近代げんかく[幻覚]。げんちゃう[幻聴]。中古そらね[空音]。そらみみ[空耳]。

けんてい【献呈】→けんじょう【献上】

けんてい【検定】 近代けんてい[検定]。さてい[査定]。近世はんてい[判定]。

げんてい【限定】 わく[枠]。近代げんてい[限定]。せいやく[制約]。中古せいげん[制限]。→げんど

—・する しぼる[絞]。中世きる[切]。上代かぎる[限]。

▼接尾語や助詞など こきり。近代ぽっきり。よりしか。近世きり。だけ[丈]。ばか。ばかし/ばっかし。べい。中世ばっかり。中古かぎり[限]。のみ。ばかり。ほどばかり。より。よりほか。

けんでん【喧伝】 近代なりものいり[鳴物入]。プロパガンダ((ロシア)propaganda)。中世いひひろむ[—ひろめる][言広]。けんでん[喧伝]。ふいちゃう[吹聴]。中古いひたつ[—たてる][言立]。いひはやす[言囃]。いひひろぐ[—ひろげる][言広]。いひふらす[言

触]。上代せんでん[宣伝]。

げんてん【原典】 近代オリジナル(original)。げんさく[原作]。げんちょ[原著]。げんてん[原典]。しゅってん[出典]。そこほん／そこぼん／ていほん[底本]。テキスト／テクスト(text)。近世げんしょ[原書]。げんぽん[原本／源本]。

げんてん【原点】 近代きてん[基点]。きてん[起点]。げんてん[原点]。しゅっぱつてん[出発点]。近世きげん[起原]。きほん[基本]。中世はじまり[始]。中古こんげん[根源]。こんぼん／こんぽん[根本]。

げんど【限度】 きょくげん[極限]。近代げんかい[限界]。げんてい[限定]。げんど[限度]。さいがい[際涯]。リミット(limit)。近世いきたけ／ゆきたけ[裄丈]。つもり[積]。とど[鯔]。とめど[止処]。はうづ[方図]。一升入る壺(瓢(ふくべ))。中世きはめ[極]。きり[切]。さいげん[際限]。さかひめ[境目]。はうりゃう[方量]。はかり[計／量]。ぶんざい[分際]。へんさい[辺際]。中古かぎり[限]。きは[際]。ご[期]。はて[果]。上代かぎり[限]。きはみ[極]。そこ[底]。はたて[端]。

《句》近世常常(じゃうじゃう)綺羅(きら)の晴れ着なし。

ーいっぱいのさま 近代すれすれ[擦擦]。近世いっぱい[一杯]。ぎりぎり[限限]。

ーがある 近代うげん[有限]。中古いうげん[有限]。限りあり。こと限りあり。

ーがない →かぎりな・い

ーに達する 近代あたまうち[頭打]。づうち[頭打]。中古きはむ[きわめる][極]。上代きはまる[極]。

ーを越して借りる 中世かりこす[借越]。

ーを越す げんがい[限外]。どはずれる[度外]。やりすごす[遣過]。近代やりすぎる[遣過]。度が過ぎる。中世すぐす[過]。てうくゎ[超過]。中古すごす[過]。上代すぐ[すぎる][過]。

我慢できるー じゅにんげんど[受忍限度]。

最小のー かげん[下限]。さいていげん[最低限]。近代さいせうげん[最小限]。

最大のー シーリング(ceiling)。じょうげん[上限]。近代さいだいげん[最大限]。せいぜい[精精]。

定められたー 近代ていげん[定限]。

時間のー タイムリミット(time limit)。近世じげん[時限]。中世にちげん[日限]。上代きげん[期限]。

なし得るー 近代せいぜい[精精]。やまやま[山山]。近世たかだか[高高]。関の山。

▼形式名詞 中世たけ[丈]。

けんとう【健闘】 かんとう[敢闘]。ぜんせん[善戦]。近代かんせん[敢戦]。げきとう[激闘]。けんとう[健闘]。ふんせん[奮戦]。りきとう[力闘]。近世ふんとう[奮闘／憤闘]。りょくせん[力戦]。上代りきせん[力戦]。

けんとう【検討】 近代けんたう[検討]。てうさ[調査]。中世ぎんみ[吟味]。けんきう[研究]。せんぎ[詮議／詮義]。

ー事項 近代あんけん[案件]。けんあん[懸案]。

けんとう【見当】 めぼし[目星]。近代すいそく[推測]。みこみ[見込]。よさう[予想]。よそく[予測]。近世あたり[当]。こころあたり[心当]。さんたう[算当]。ちゅうぐくり[中括]。ちゅうづもり[中積]。ふみ[踏]。めづもり[目積]。めのこ／めのこざん／めのこざんよう[目子算用]。めのこかんぢゃう[目子勘定]。めぶんりゃう[目分量]。中世けんたう[見当]。めあて[目当]。めど[目処]。めやす[目安]。もくさん[目算]。中古あて[当]。こころあて[心当／心宛]。たつき[方便／活計]。はか[計／果]。はかり[計／量]。

ーが付く 近代方角が付く。

ー違い 近代あてはづれ[当外]。けんたうはづれ[見当外]。ごさん[誤算]。はうがくちがひ[方角違]。ゐさん[違算]。筋が違ふ。近世おかどちがひ[御門違]。すかたん。すかまた。すこたん。すまた[素股]。まとはづれ[的外]。めがねちがひ[眼鏡違]。よこずっぽう／よこぞっぽう[横外方]。とってもつかぬ。

ーを付ける 近代目処(めど)を付ける。目処(めど)を取る。近世にらむ[睨]。ふむ[踏]。みはからふ[見計]。当たりを取る。目星を付く[ー付ける]。目安を付く[ー付ける]。中古はからふ[計]。上代おしはかる[推量／推測]。

けんどう【剣道】 近代けんだう[剣道]。近世けんぱふ[剣法]。やっとう。中世けんじゅつ[剣術]。

ーで打って掛かる 近代一本参る。面を取る。中世うちこむ[打込]。

ーに秀でた人 けんごう[剣豪]。近世けんじゅつつかひ[剣術使]。中世けんかく／けんきゃく[剣客]。けんし[剣士]。ひゃうはふしゃ／へいはふしゃ[兵法者]。

—の構え　おおじょうだん／だいじょうだん［大上段］。近世げだん［下段］。じゃうだん［上段］。せいがん［正眼／青眼／星眼／晴眼］。ちゅうだん［中段］。斜に構ふ［—構える］。

—の決まり手　近代つき［突］。どう［胴］。よこめん［横面］。近世こて［籠手／小手］。めん［面］。

—の稽古に使う竹の刀　中世しなひ［竹刀］。

—の稽古に使う竹の鎧　近世たけぐそく［竹具足］。

西洋の—　近世フェンシング(fencing)。

でたらめな—　ぼうふりけんじゅつ［棒振剣術］。

げんとう【幻灯】　スライド(slide)。近世うつしゑ［写絵／映絵］。げんとう［幻灯］。

—を映す機械　近代げんとうき［幻灯機］。スライドプロジェクター(slide projector)。

げんどう【原動】　くどう［駆動］。近代げんどう［原動］。

—力　近代くゎんれい［関捩］。近世どうりょく［動力］。

げんどう【言動】　近代かうゐ［行為］。げんどう［言動］。近世かうどう［行動］。中世げんかう［言行］。しょげふ［所業］。上代しょぎゃう［所行］。ふるまひ［振舞］。

—が意のままであるさま　近代ゑんてんじざい［円転自在］。

—が嫌味で見るに耐えないさま　鼻持ちならない。中世人目に余る。目に余る。中古ばうじゃくぶじん［傍若無人］。

—が大袈裟なさま　近代芝居掛かる。

—がはっきりしたさま　中世はたはた。

—が普通でない人　近世へんじん［変人］。上代きじん［奇人／畸人］。

けんどじゅうらい【捲土重来】　まきかえし［巻返］。近代けんどちょうらい［捲土重来］。さいき［再起］。はんげき［反撃］。中世ばんくゎい［挽回］。

《句》近代ぐゎしんしゃうたん［臥薪嘗胆］。

けんない【圏内】　はんいない［範囲内］。わくない［枠内］。近代いない［以内］。けんない［圏内］。らちない／らつない［埒内］。近世ないぶ［内部］。上代うち［内］。くゎんない［管内］。

げんに【厳】　近代げんに［厳］。しうさうれつじつ［秋霜烈日］。びしびし。厳として。情け容赦もない。近世手ひどく。げんかくに［厳格］。仮借せず。こっぴどく。中古きびしく［厳］。げんぜんと［厳然］。

げんに【現】　近代じっさいに［実際］。中世すでに［既／已］。目の当たり。中古げんざい［現在／見在］。げんに［現］。たちまち［忽］。

けんにん【兼任】　→けんぎょう

けんにん【堅忍】　近代がまんづよい［我慢強］。にんたい［忍耐］。近世がまん［我慢］。しんばう［辛抱］。ふくつ［不屈］。中世けんにん［堅忍］。こらふ［こらえる］［怺／堪］。中古かんにん［堪忍］。しのぐ［凌］。上代しのぶ［忍］。たふ［たえる］［耐／堪］。

《句》近世石の上にも三年。

げんにん【現任】　→げんえき

けんのう【献納】　→けんじょう【献上】

けんのう【権能】　近代けんげん［権限］。けんのう［権能］。中世けんり［権利］。

げんのしょうこ【現証拠】　うめづる［梅蔓］。つるうめそう［蔓梅草］。みこしぐさ［御輿草／神輿草］。近世いしゃだふし［医者倒］。げんのしょうこ［現証拠］。ねこ(の)あし［猫足］。ふうろさう［風露草］。ほっけさう［法華草］。中古たちまちぐさ［忽草］。

けんのん【剣呑】　→きけん【危険】

げんば【現場】　近代げんち［現地］。げんぢゃう［現場］。げんば［現場］。中世じっち［実地］。

けんぱく【建白】　→けんげん【建言】

けんばん【鍵盤】　フィンガーボード(finger board)。近代キー／キーボード(keyboard)。けんばん［鍵盤］。

—をたたくこと　だけん［打鍵］。

けんび【兼備】　近代ぐいう［具有］。ぐび［具備］。中世けんび［兼備］。

けんびきょう【顕微鏡】　マイクロスコープ(microscope)。近世けんびきゃう［顕微鏡］。

—で検体をガラスに載せた標本　近代プレパラート(ドイツPräparat)。

—で検体を載せるガラス　スライドガラス(slide glass)。

—の試料を作る機械　マイクロトーム／ミクロトーム(ドイツMikrotom)。

いろいろな—(例)　あんしやけんびきょう［暗視野顕微鏡］。イオンほうしゃけんびきょう［ドイツIon放射顕微鏡］。いそうさけんびきょう［位相差顕微鏡］。けいこうけんびきょう［蛍光顕微鏡］。げんがいけんびきょう［限外顕微鏡］。こうがくけんびきょう［光学顕微鏡］。でんかいイオンけんびきょう［電解ドイツIon顕微鏡］。でんしけんびきょう［電子顕微鏡］。へんこうけんびきょう［偏光顕微鏡］。

けんぴつ【健筆】　中世けんぴつ［健筆］。たっぴつ［達筆］。中古のうひつ［能筆］。上代のう

しょ[能書]。

げんぴん【現品】 →げんぶつ

げんぷく【元服】 せいじんしき[成人式]。近代げんぷく[元服]。近世かねはじめ[鉄漿始]。くゎんす[冠]。すっぺがす。のりだし[乗出]。ほんげんぷく[本元服]。中世えぼしぎ[烏帽子着]。えぼしはじめ[烏帽子始]。かくゎん[加冠]。はつもとゆひ[初元結]。髪を生はやす。中古うひかうぶり／うひかがふり／うひかむり[初冠]。かみあげ[髪上]。けっぱつ[結髪]。しゅふく[首服]。男になる。上代げんぷく[元服]。

―・させる 中世とりあぐ[―あげる][取上]。

―・した人 中古おとな[大人]。

―・しない童形の者 近世まへがみ[前髪]。中世わらんべ[童]。

―の時つける名 近世えぼしな[烏帽子名]。中世けみゃう[仮名]。

―の時の仮の親(後見人) 近世えぼしおや[烏帽子親]。げんぷくおや[元服親]。

―前の名 近世えうみゃう[幼名]。わらべな[童名]。中古わらはな[童名]。

けんぶつ【見物】 近代くゎんしゃう[観賞]。中世くゎんくゎう[観光]。けんがく[見学]。けんじょ[見所]。けんぶん[見聞]。ゆさん[遊山]。中古いうらん[遊覧]。かり[狩／猟]。くゎんらん[観覧]。けんぶつ[見物]。みもの[見物]。ものみ[物見]。

―・して回ること 近世れきいう[歴遊]。中世くゎいらん[回覧／廻覧]。

―・する 中世ものみる[物見]。

―・する場所 中世けんしょ／けんじょ[見所]。ものみ[物見]。中古さじき[桟敷]。

―・する人 近代おほむかふ[大向]。ギャラリー(gallery)。くゎんかく／くゎんきゃく[観客]。くゎんじゃ[観者]。くゎんしゅう[観衆]。けんぶつにん[見物人]。けんぶつきゃく[見物客]。近世やじうま[野次馬]。中世けんしょ／けんじょ[見所]。中古みもの[見物]。

―・する人の多いたとえ 中世堵との如し。

―料 近代けんぶつれう[見物料]。近世けんれう[見料]。

安全な所で気楽に―・するたとえ 近代対岸の火事(火災)。近世高みで見物。

貴人に付いて―・すること 近代ばいくゎん[陪観]。

芝居等を―・する人 近代おほむかふ[大向]。

芝居の― 近代くゎんげき[観劇]。近世しばゐけんぶつ[芝居見物]。しばゐみ[芝居見]。

スポーツ競技等の― かんせん[観戦]。近代ギャラリー(gallery)。

全員で―・すること 近代そうけん[総見]。そうけんぶつ[総見物]。

能を―・する人 中世けんじょ[見所]。

げんぶつ【現物】 近代げんぴん[現品]。中世しゃうみ[正味]。中古じつぶつ[実物]。しゃうぶつ[正物]。

―給与 トラックシステム(truck system)。

―の米 じつまい[実米]。中世しゃうまい[正米]。

けんぶん【見聞】 近代ぶんと[聞睹]。近世けいけん[経験]。たいけん[体験]。みきき[見聞]。中世けんぶん[見聞]。ぶんけん[聞見]。中古けんぶつ[見物]。じもく[耳目]。上代きき[聞]。

―が狭い 中世せんぶん[浅聞]。めんしゃう[面牆]。中古くゎぶん[寡聞]。せんがく[浅学]。

げんぶん【原文】 近代げんてん[原典]。テキスト／テクスト(text)。近世げんぶん[原文]。げんぽん[原本／源本]。

実地に―・したこと 近代じつれき[実歴]。

げんぼ【原簿】 近代げんぼ[原簿]。近世げんぽん[原本]。だいちゃう[台帳]。もとちゃう[元帳]。

けんぼう【権謀】 近代きりゃく[機略]。近世けんりゃく[権略]。さくりゃく[策略]。じゅっさく[術策]。中世けんぼう[権謀]。さくぼう[策謀]。中古じゅっけい[術計]。ぼうりゃく[謀略]。上代ぼうけい[謀計]。

―術数主義 近代マキアベリズム／マキャベリズム(Machiavellism)。

―と詐術 近世けんさ[権詐]。

けんぽう【憲法】 近代きほんほう[基本法]。けんぱふ[憲法]。コンスティチューション(constitution)。たいけん[大憲]。中世こくはふ[国法]。中古こくけん[国憲]。上代けんしゃう[憲章]。

―に基づく政治 近代けんせい[憲政]。りっけんせいぢ[立憲政治]。

成文法の形式をとらない― 近代ふぶんけんぱふ[不文憲法]。

成文法の形式をとる― せいぶんけんぽう[成文憲法]。

法律等が―に違反すること 近代ゐけん[違憲]。

法律等が―の規定にかなっていること ごうけん[合憲]。

け

げんぽう【減法】 近代 げんざん［減算］。げんぽふ［減法］。マイナス(minus)。近世 こうぢょ［控除］。中世 ひきざん［引算］。ひく［引］。中古 げんず［減］。

げんぽん【原本】 近代 せいほん［正本］。そこほん／ていほん［底本］。近世 げんぽん［原本／源本］。らんぽん［藍本］。中古 しゃうほん［正本］。しゃうもん［正文］。→**げんてん【原典】**

けんま【研磨】 けんさく［研削］。近世 けんま［研磨／研摩］。中古 てうたく［彫琢］。とぐ［研］。みがく［磨］。

ー・して仕上げること 近代 とぎだし［研出］。

ー用の工具 けんさくばん［研削盤］。けんまき［研磨機］。ラップ(lap)。ラップばん［lap盤］。近代 グラインダー(grinder)。

ー材のいろいろ(例) アルミナ(alumina)。アランダム(alundum)。近代 エメリー(emery)。近世 ばんど［礬土］。

砂状の研磨材でー・すること 近代 すなずり［砂摩／砂摺］。

けんまく【剣幕】 近代 けっさう［血相］。近世 けんまく［剣幕／権幕］。けんみゃく［見脈］。中世 ぎゃうさう［形相］。どき［怒気］。

げんみつ【厳密】 近代 こまかい［細］。近世 しゃうみつ［詳密］。せいち［精緻］。ちみつ［緻密］。中世 げんみつ［厳密］。しうみつ［周密］。せいさい［精細］。めんみつ［綿密］。中古 ことこまか［事細］。こまごま［細細］。上代 せいみつ［精密］。

けんむ【兼務】→**けんぎょう**

けんめい【懸命】→**いっしょうけんめい**

けんめい【賢明】→**かしこ・い**

げんめい【言明】 近代 げんめい［言明］。しゅしゃう［主唱］。せいめい［声明］。だんげん［断言］。ていしゃう［提唱］。近世 せんげん［宣言］。めいげん［明言］。中世 いひきる［言切］。

げんめつ【幻滅】 近代 げんめつ［幻滅］。近世 きおち［気落］。しつばう［失望］。らくたん［落胆］。中古 こころおとり［心劣］。

けんもほろろ 愛想がない。近代 つっけんどん［突慳貪］。ぶあいきゃう［無愛敬］。ぶあいさう［無愛想］。近世 そっけない［素気無］。ぶっきらぼう［打切棒］。鰾膠(にべ)もなし。鼻であしらふ。中世 けんもほろろ。取り付く島もなし。中古 すげなし［素気無］。れいたん［冷淡］。

げんや【原野】 近代 のっぱら［野原］。中世 あらち／あれち［荒地］。あれの［荒野］。中古 くゎうげん［荒原］。の［野］。はら［原］。はらの［原野］。上代 あらの［荒野／曠野］。くゎうや［荒野］。げんや［原野］。のはら［野原］。

開墾されてまたーにもどった土地 かんげんち［還元地］。

けんやく【倹約】 近代 きんしゅく［緊縮］。せつげん［節減］。せつやく［節約］。ひきしめ［引締］。中世 しっそ［質素］。しまつ［始末］。上代 けんやく［倹約］。せっけん［節倹］。→**せつやく**

《句》近代 財布の紐を頸に懸けるよりは心に掛けよ。無い時の辛抱有る時の倹約。

ー・する しめる［締］。財布の紐を締める。近代 きりつめる［切詰］。しまる［締］。近世 つむ［つめる］［詰］。ひきしむ［ーしめる］［引締］。爪に火をともす。中世 しむ［しめる］［締］。せっす［節］。中古 はぶく［省］。

ー・するさま 中世 つづまやか［約］。つまし［倹］。《句》中世 茅茨(ばうし)剪(き)らず采椽(さいてん)削らず。

ー・する人 近代 けんやくか［倹約家］。しまつや［始末屋］。しまりや［締屋］。

ーの心 近世 しまつぎ［始末気］。

大きな無駄遣いの後のー 《句》近代 火事あとの釘拾ひ。

けんよう【兼用】 近代 へいよう［併用］。近世 けんたい［兼帯］。けんよう［兼用］。りゃうもちゐ／りゃうよう［両用］。中世 けんび［兼備］。

けんらん【絢爛】 近代 かび［佳美／嘉美］。ゴージャス(gorgeous)。近世 がうくゎ［豪華］。けんらん［絢爛］。らんまん［爛漫］。中古 くゎび［華美／花美］。くゎれい［華麗］。びれい［美麗］。上代 はなやか［華］。

けんり【権利】 近代 けんえき［権益］。けんげん［権限］。けんのう［権能］。中世 けんり［権利］。上代 けんせい［権勢］。

ーとそれに伴う利益 近代 けんえき［権益］。

ーを持っている人 近代 いうけんしゃ［有権者］。

営業のー 近代 えいげふけん［営業権］。のれん［暖簾］。

同じー 近世 どうけん［同権］。

外国人がその国に永住し得るー えいじゅうけん［永住権］。

海浜に自由に出入りし利用できるー いりはまけん［入浜権］。

議決に参加できるー 近代 ぎけつけん［議決権］。

国や自治体の情報を公開させる― アクセスけん［access権］。かいじせいきゅうけん［開示請求権］。知る権利。
公民としての― 近代 こうみんけん［公民権］。しみんけん［市民権］。せんきょけん［選挙権］。みんけん［民権］。
差別されない― びょうどうけん［平等権］。
すでに獲得している― 近代 きとくけん［既得権］。
著作物等が保護される― ちてきざいさんけん［知的財産権］。ちてきしょゆうけん［知的所有権］。ちのうけん［知能権］。近代 コピーライト(copyright)。ちょさくけん［著作権］。
特別な― 近代 とくけん［特権］。
人間としての― きほんてきじんけん［基本的人権］。しぜんけん［自然権］。せいかつけん［生活権］。近代 じんけん［人権］。せいめいけん［生命権］。てんぷじんけん［天賦人権］。
発明者がその発明を独占できる― はつめいけん［発明権］。近代 とっきょけん［特許権］。
利益を伴う― 近世 りけん［利権］。
労働者としての― そうぎけん［争議権］。だんけつけん［団結権］。だんたいこうしょうけん［団体交渉権］。ろうどうきほんけん［労働基本権］。ろうどうさんけん［労働三権］。

げんり【原理】 アルケー(ギリシャ arkhē)。近代 げんそく［原則］。げんり［原理］。プリンシプル(principle)。近世 ていり［定理］。中世 こうたう／こうだう［公道］。こうり［公理］。中古 じゃうり［常理］。
大地の― 近代 こんだう［坤道］。

げんりゅう【源流】❶〈流れ〉 近代 げんせん［源泉］。近世 じゃうりう［上流］。中世 すいげん［水源］。中古 げんりう［源流］。らんしゃう［濫觴］。上代 いづみ［泉］。みなもと［源］。

げんりゅう【源流】❷〈原点〉 ルーツ(roots)。近代 オリジン(origin)。げんてん［原点］。近世 きげん［起原／起源］。中世 はじまり／はじめ［初／始］。中古 おこり［起］。げんりう［源流］。こんげん［根源］。みなもと［源］。

げんりょう【原料】 げんざいりょう［原材料］。近代 げんれう［原料］。ざい［材］。ざいれう［材料］。しざい［資材］。そざい［素材］。そざい［粗材］。たね［種］。マテリアル(material)。近世 ねた。もとだね［元種］。
菓子の― かしだね［菓子種］。

けんりょく【権力】 しはいりょく［支配力］。近代 けんえき［権益］。けんげん［権限］。けんのう［権能］。けんりょく［権力］。じっけん［実権］。ちから［力］。パワー(power)。中古 けん［権］。上代 いきほひ［勢］。

《句》近代 千鈞(せんきん)も船を得ば則ち浮かぶ。

―ある者 じつりょくしゃ［実力者］。近代 けんりょくしゃ［権力者］。

―ある者に従い庇護(ひご)されること 中世 羽交ひの下。中古 ぎうご［牛後］。

―ある者に諂(へつら)う人 近代 べんちゃらもの［者］。近世 ちゃばうず［茶坊主］。

―ある者の一言 近世 鶴の一声。

―があり身分が高いこと 中世 ごんき［権貴］。中古 けんき［権貴］。

―で強引にするさま 近代 けんぺいづく［権柄尽］。近世 けんづく［権尽］。

―と勢力 近世 せいゐ［勢威］。中古 ゐくゎう［威光］。ゐけん［威権］。ゐせい［威勢］。上代 けんせい［権勢］。

―を一か所に集めること 近代 しふけん［集権］。

―を奪い争い けんりょくとうそう［権力闘争］。

―を奪う 中古 おししづめる［押沈］。

―を得て栄えること 中世 えいえう［栄耀］。

―をかさに着る 近世 虎の威を借る狐。中世 権に借る。

―をほしいままにすること 近代 せんけん［擅権］。近世 せんけん［専権］。

―を分けること 近世 ぶんけん［分権］。

海を支配する― 近代 かいけん［海権］。かいじゃうけん［海上権］。せいかいけん［制海権］。

大きな― 中世 たいへい［大柄］。

大きな―がある 近世 飛ぶ鳥を落とす。羽振りが利く。中古 くゎんぱく［関白］。たりょく［多力］。飛ぶ鳥も落つ［―落ちる］。

君主の― 近代 くんけん［君権］。中世 わうけん［王権］。

国家― こうけんりょく［公権力］。近世 こっけん［国権］。

国家を統治する― 近世 こくけん［国権］。中世 けんぺい［権柄］。中古 こくへい［国柄／国秉］。てんか［天下］。

実際の― 近代 じっけん［実権］。

すべての― 近世 ぜんけん［全権］。

政治を行う― 近世 せいけん［政権］。中世 せいへい［政柄］。

絶対的な―を持つ者 上代 ていわう［帝王］。

力で押さえ付けて得た― 近代 はけん［覇権］。

けんろう【堅牢】 ハード(hard)。近代 きゃうじ

ん[強靱]。ぐゎんきゃう[頑強]。近世 ぢゃうぶ[丈夫]。中世 ぐゎんぢゃう[頑丈]。上代 つよし[強]。中古 けんご[堅固]。けんらう[堅牢]。上代

げんろう【元老】 中世 げんくん[元勲]。ちゃうらう[長老]。ちゅうせき[柱石]。中古 げんらう[元老]。上代 こらう[古老/故老]。

げんろん【言論】 アーギュメント(argument)。エディトリアル(editorial)。マスコミュニケーション(mass communication)。近代 げんめい[言明]。りつげん[立言]。ろんさう[論争]。近世 げんろん[言論]。しゅちょう[主張]。中世 ぎろん[議論]。べんろん[弁論]。ろんせつ[論説]。中古 ろんず[論]。

《句》ペンは剣よりも強し。中世 民の口を防ぐは水を防ぐよりも甚だし。

—を束縛すること くちふうじ[口封]。近代 かんこう[箝口/鉗口]。近世 くちどめ[口止]。くちふさぎ[口塞]。くちふさげ[口塞]。中世 くちがため[口固]。

げんわく【幻惑】 近代 げんわく[幻惑]。煙(けむ)に巻く。中世 くらます[晦/暗]。げんわく[眩惑]。中古 まどはす[惑]。もどろかす[斑]。

こ

こ【子】 →こども❶❷

こ【弧】 きゅうけい[弓形]。近代 きゅうじゃう[弓状]。こ[弧]。ゑんこ[円弧]。中世 ゆみがた/ゆみなり[弓形]。

ご【語】 近代 げんご[言語]。ごゐ[語彙]。たんご[単語]。ボキャブラリー(vocabulary)。近世 ごく[語句]。中世 げんぎょ[言語]。ご[語]。中古 ことのは[言葉]。上代 ことば[言葉]。ごんご[言語]。

ご【五】 ペンタ(penta)。近代 ファイブ(five)。近世 ウー[(中国語)五]。かたて[片手]。中古 いつつ[五]。上代 い[五]。いつ[五]。ご[五]。

ご【碁】 →いご【囲碁】

こい【恋】 ラブアフェアー(love affair)。近代 あい[愛]。アムール(フランス amour)。ラブ(love)。れんあい[恋愛]。ロマンス(romance)。近世 いろごと[色事]。じゃうかう[情交]。ぬれ[濡]。やつしごと[窶事/俏事]。中世 いろ[色]。こひぢ[恋路]。れんぼ[恋慕]。中古 けさう/けしゃう[懸想]。上代 あいじゃう[愛情]。おもひ[思]。こひ[恋]。しぼ[思慕]。→こい・する

《句》近代 笛に寄る鹿、火に寄る虫。惚(ほ)れた欲目。惚れて通へば千里も一里。近世 痘痕(あばた)も靨(ゑくぼ)。恋に上下の隔てなし。恋は思案の外(ほか)。恋は闇。惚れた目には痘痕(あばた)も靨(ゑくぼ)。中世 秋の鹿は笛に寄る。思ふに別れて思はぬに添ふ。恋は曲者(くせもの)。鳴く蟬(せみ)よりも鳴かぬ蛍が身を焦がす。水に燃えたつ蛍。中古 恋の山には孔子(くじ)の倒れ。

—が表に出る 上代 こひあまる[恋余]。

—がかなうこと 近代 とくれん[得恋]。

—がかなわないこと ハートブレーク(heartbreak)。ロストラブ(lost love)。近代 しつれん[失恋]。ひれん[悲恋]。近世 あだぼれ[徒惚]。《句》近世 およばぬ鯉の滝登り。

—が冷める →あい【愛】(—が冷める)

—で死にそうになる 中世 思ひに消ゆ[—消える]。

—で理性をなくすこと 近世 恋路の闇。中世 恋の闇。中古 おもひあくがる[思憧]。上代 おもひみだる[—みだれる][思乱]。みだれごひ[乱恋]。

—に嘆く女性のさま 中世 しゅんゑん[春怨]。

—の歌 ラブソング(love song)。れんか[恋歌]。近代 じゃうか[情歌]。近世 こひか[恋歌]。中古 こひうた[恋歌]。上代 さうもんか[相聞歌]。

—の噂(うはさ) 近代 えんぶん[艶聞]。中世 うきな[浮名]。

—のきっかけ 近世 なれそめ[馴初]。中古 こひのつま/こひのはし[恋端]。

—の競争相手 近代 いろがたき[色敵]。こひがたき[恋敵]。ライバル(rival)。上代 もころを[如己男]。

—の苦しさのたとえ 中世 恋の重荷。

—のしがいがある 近世 濡(ぬ)れが利く。

—の邪魔物 近世 恋の敵(かたき)。恋の柵(しがらみ)。恋の関の戸。中世 恋の関守。

—のたとえ 近世 思ひの淵。恋の一念。恋の淵。中古 おもひがは[思川]。思ひの煙(けぶり)。恋の山。上代 こひぐさ[恋草]。

—のために死ぬこと 中古 こひじに[恋死]。

—のため夕方になると胸がときめくこと 中古 ゆふとどろき[夕轟]。

—の仲立ち 中古 花鳥(くわてう)の使ひ。

—の物語 つやばなし[艶話]。ラブロマンス(和製 love romance)。近代 こひものがたり[恋物語]。つやもの[艶物]。なんぶんがく[軟文学]。ラブストーリー(love story)。れんあいせうせつ[恋愛小説]。ロマンス

(romance)。近世じゃうわ[情話]。

ーの病 近世こひやみ[恋病]。こひわづらひ[恋煩]。四百四病の外。中古こひのやまひ／こひやまひ[恋病]。忍ぶの乱れ。上代こひみだる[恋乱]。こひわぶ[恋侘]。《句》近代惚れた病に薬なし。中古恋の山には孔子(くじ)の倒れ。

ーをしている人 近代恋の俘(とりこ)。中世恋の奴(やっこ)。中古けさうびと[懸想人]。

ーを知るようになる 中古よづく[世付]。よなる[ーなれる][世慣／世馴]。

ーを揶揄(やゆ)する語 近世惚(ほ)れた腫れた。

ーを忘れさせる貝 上代こひわすれがひ[恋忘貝]。

仮初めのー 近世あだぼれ[徒惚]。

危険なー アバンチュール(フランス aventure)。ひあそび[火遊]。

すでに相手のある人にーをする 近代をかぼれる[岡惚／傍惚]。近世よこれんぼ[横恋慕]。をかぼれ[岡惚／傍惚]。

精神的なー 近代プラトニックラブ(Platonic love)。

長く焦がれるー 上代ながこひ[長恋／永恋]。

初めてのー 近世はついろ[初色]。はつこひ[初恋]。中世恋の初風。

秘めたー 中古おもひしのぶ[思忍]。したもえ／したもゆ[下燃]。みそかごころ[密心]。上代したおもひ／したもひ[下思]。したこがれ[下焦]。したごひ[下恋]。したどひ[下問／下訪]。したはふ[下延]。

道に外れたー じゃれん[邪恋]。よろめき[踉跟]。近代ふりん[不倫]。近世うはき[浮気]。

▼恋仲となる 中古おもひつく[思付]。なれそむ[ーそめる][馴初]。

▼恋女房 近世ちいんにょうばう[知音女房]。

こい【故意】 いとてき[意図的]。近代いしきてき[意識的]。近世こい[故意]。中世わざわざ[態態]。中古わざと[態]。

ーに 中古ことたへに[故]。上代ことさら[殊更]。

ーに人を殺すこと 上代こさつ[故殺]。

こい【鯉】 近世さんじふろくりん[三十六鱗]。中世りぎょ[鯉魚]。上代こひ[鯉]。

祝いの席に飾る一対のー 近世おきごひ[置鯉]。

こ・い【濃】 のうしゅく[濃縮]。近代のうこう[濃厚]。のうみつ[濃密]。上代こし[濃]。

ー・いことと薄いこと 中古のうたん[濃淡]。

味や色がー・い 近代のうこう[濃厚]。近世こってり。

色や香りがー・い 上代ふかし[深]。

関係がー・い 近代みつ[密]。中世きんみつ[緊密]。中古ちかし[近]。ふかし[深]。

何度も染めたー・い色 上代八入(やしほ)の色。

▼接頭語 こ[濃]。

ごい【語彙】 近代ごゐ[語彙]。ターム(term)。ボキャブラリー(vocabulary)。

こいこが・れる【恋焦】 →**こいした・う**

《尊》中古おぼしこがる[思焦]。

《句》中世鳴く蟬(せみ)よりも鳴かぬ蛍が身を焦がす。

こいごころ【恋心】 近代あまけ[甘気]。じゃうし[情思]。ラブ(love)。近世うきよがは[浮世川]。おもはく[思]。こひなさけ[恋情]。中世こひごころ[恋心]。れんちゃく[恋着]。中古なさけ[情]。みそかごころ[密心]。よごころ[世心]。れんぼ[恋慕]。春の心。上代こひごろも[恋衣]。しぼ[思慕]。れんじゃう[恋情]。

《句》近代屋烏(をくう)の愛。

ーが外にあらわれる 中古けさうだつ[懸想立]。

ーが募るたとえ 近世恋の坂。

ーに苦しむ 中古こがす[焦]。恋の煙(けぶり)。身を焦がす。

ーを思い切れないさま 中古れんれん[恋恋]。

ーを解すること 近世こひしり[恋知]。

相手が自分に寄せるー 近世おぼしめし[思召]。

淡いー 中古なまごころ[生心]。

抑えきれないーのさま 中世こひかぜ[恋風]。中古れんれん[恋恋]。上代恋の奴(やっこ)。

こいし【小石】 →**いし**

こいし・い【恋】 すき[好]。中世いとし[愛]。したはし[慕]。中古おもひよる[思寄]。しのばし[偲]。なつかし[懐]。上代こひし／こほし[恋]。ともし[羨]。

ー・く思いながら暮らす 上代おもひくらす[思暮]。

ー・く思いながら寝る 中古おもひね[思寝]。

ー・く思う →**こいした・う**

ー・く思っている様子 気がある。中古おもひがほ[思顔]。

ー・くて 中古こひしらに[恋]。

ー・くて耐えられない 上代おもひかぬ[思]。

ー・くて泣く 中古こひなく[恋泣]。なきこふ[泣恋]。

なんとなくー・い 上代うらごひし／うらごほし[心恋]。ものこひし[物恋]。

ひどくー・い 上代こひたし[恋]。中古おもひます

ますますー・い 近世恋の坂。[思増]。

こいした・う【恋慕】 近代こひる[恋]。近世おもひしたふ[思慕]。しのぶ[偲]。中世うちこむ[打込]。こがる[こがれる][焦]。こひこがる[ーこがれる][恋焦]。こひしたふ[恋慕]。しむ[染]。ほる[ほれる][惚]。もえこがる[ーこがれる][燃焦]。中古おもひかく[思懸]。おもひこがる[ーこがれる][思焦]。おもひそむ[思染]。くゆる[燻/薫]。けさうず/けしゃうず[懸想]。こひしのぶ[恋忍/恋偲]。れんぼ[恋慕]。思ひを懸く[ー懸ける]。身を焦がす。上代おもひこふ[思恋]。おもひつく[思付]。こひす[恋]。こひもふ[恋思]。こふ[恋]。したふ[慕]。しぬぶ[偲]。しぼ[思慕]。つまごひ[妻恋/夫恋]。

ー・うさま 中古けんれん[眷恋]。恋の煙(けぶり)。上代いい[依依]。

心の中でー・う 中古おもひしのぶ[思忍]。上代うらごふ[恋]。中古こもりこふ[籠恋]。したはふ[下延]。

こい・する【恋】 好きになる。近代思ひを寄せる。近世あいす[愛]。うちなづむ[打泥]。おっこちる。ござる[御座]。しのぶ[偲]。中世こがる[こがれる][焦]。こひこがる[ーこがれる][恋焦]。こひしたふ[恋慕]。したこがる[下焦]。ほる[ほれる][惚]。みそむ[ーそめる][見初]。中古おもひかく[思掛/思懸]。おもふ[思]。くゆる[薫/燻]。けさうず/けしゃうず[懸想]。したふ[慕]。すく[好]。もえこがる[燃焦]。思ひを懸く[ー懸ける]。上代こころやく[心焼]。こひす[恋]。こひもふ[恋思]。こふ[恋]。しぬぶ[偲]。→こい

ー・し焦がれる心のたとえ 中古恋の煙(けぶり)。

ー・し続ける 中古しのびわたる[忍渡]。上代こひわたる[恋渡]。

ー・しているように振る舞う 中古けさうばむ[懸想]。

ー・し始める 中古おもひつく[思付]。みそむ[ーそめる][見初]。上代おもひそむ[ーそめる][思初]。こひそむ[ーそめる][恋初]。《尊》中古おぼしそむ[思初]。

ー・する心 →こいごころ

ー・する故に 上代思ふ故(ゑ)に。

ー方だけがー・する 近代かたおもひ[片思]。近世あだぼれ[徒惚]。上代かたこひ[片恋]。かたもひ[片思]。→かたおもい

聞いただけでー・する 中古ききめづ[聞愛]。

死ぬほどー・する 中古きえかへる[消返]。

互いにー・し合う そうしそうあい[相思相愛]。近世あひあい/さうあい[相愛]。こひなか[恋仲]。中古あひおもひ[相思]。おもひあふ[思合]。おもひかはす[思交]。もろごひ[諸恋]。上代つまごひ[妻恋/夫恋]。《尊》中古おぼしかはす[思交]。《句》近代落花流水の情。

一目見てー・する 近代ひとめぼれ[一目惚]。中世みそむ[ーそめる][見初]。

こいねが・う【乞願】 近代えうせい[要請]。中古しょき/そき[庶幾]。上代こひねがふ[乞願/希/冀]。こふ[請]。

神仏にー・う 上代いのる[祈]。のむ[祈]。

こいのぼり【鯉幟】 近代こひのぼり[鯉幟]。さつきのぼり[五月幟]。近世ごがつのぼり[五月幟]。のぼり[幟]。

こいびと【恋人】 近代アミ(フランスami; amie)。スイートハート(sweetheart)。モナミ(フランスmon ami; mon amie)。ラバー(lover)。ラブ(love)。リーベ(ドイツLiebe)。意中の人。近世あいじん[愛人]。いいひと[好人]。いろ[色]。いろごと[色事]。おっこち[落]。おもはく[思]。おもはれびと[思人]。おもひいり[思入]。きみさま[君様]。ちいん[知音]。中世おもひもの[思者]。こひびと[恋人]。中古うたかたびと[泡沫人]。おもひびと[思人]。けさうびと[懸想人]。ひと[人]。上代おもふひと[思人]。こころづま[心妻]。→あいじん

《尊》中古おもほしびと[思人]。

ー以外の人 近世あだしをとこ[徒男]。あだしをんな[徒女]。

ー同士が会うこと 近代デート(date)。ランデブー(フランスrendez vous)。近世あひびき[逢引]。中世みっくゎい[密会]。

ーに夢で会う 中世ゆめびと[夢人]。

ーのたとえ 上代しらたま[白玉]。

ーを待つ夕べ 中世まつよひ[待宵]。

ーを呼ぶ語 ダーリン(darling)。近代かのぢょ[彼女]。かれし[彼氏]。近世きみさま[君様]。上代いも[妹]。せ[兄/夫/背]。わがせ[我夫/我背]。わがせこ[我背子]。

永久を誓ったー 中世尽期(じんご)の君。

こいぶみ【恋文】 近代こひぶみ[恋文]。ラブレター(love letter)。近世いろぶみ[色文]。えんじゃう[艶状]。えんぶん[艶文]。かよはせぶみ[通文]。ちわぶみ[痴話文]。つやぶみ[艶文]。ぬれぶみ[濡文]。参らせ候。

中世 いろたまづさ[色玉章]。えんしょ[艶書]。つのもじ[角文字]。牛の角文字。つけ情けの文。中古 けさうぶみ[懸想文]。紅(くれなゐ)のぶみ[付文]。よばひぶみ[婚文]。紅(くれなゐ)の筆。紅(くれなゐ)の文。

—に添える歌 中古 えんしょうた[艶書歌]。

—を送ること 中古 つけぶみ[付文]。

コイル(coil) けんせん[捲線]。まきせん[捲線／巻線]。近代 コイル。せんりん[線輪]。

—の鉄の心 コア(core)。

—を巻く筒 ボビン(bobbin)。

コイン(coin) →**こうか【硬貨】**

こう【功】 中世 こうげふ[功業]。てがら[手柄]。中古 くらう[功労]。上代 いさを[功／勲]。くんこう[勲功]。こう[功]。こうせき[功績]。こうらう[功労]。

—を積むこと 中古 せいこう[成功]。

こう【孝】 中世 おやかうかう[親孝行]。中古 かう／けう[孝]。かうしん[孝心]。けうやう[孝養]。上代 かうかう[孝行]。かうじゅん[孝順]。かうだう[孝道]。→**こうこう【孝行】**

こう【幸】 →**こうふく【幸福】**

こう【香】❶〈匂い〉 フレーバー(flavor)。近代 はうかう[芳香]。中世 かざ[香]。中古 か[香]。かう[香]。かをり[香]。はうき[芳気]。上代 にほひ[匂／臭]。

よい—が漂うさま 中世 ふくいく[馥郁]。中古 かんばし[芳／香／馨]。上代 かうばし[香／芳]。かぐはし[芳／香／馨]。

こう【香】❷〈香を賞する〉 インセンス(incense)。近代 ねりかう[練香／煉香]。中世 あはせがう[合香]。中古 あはせたきもの[合薫物]。かう[香]。たきもの[薫物]。上代 こり[香]。

—が立ち消える 中世 すがる[すがれる][尽／末枯]。

—の香りを衣服に染み込ませる 近代 たきこめる[薫込]。中世 おひかぜようい[追風用意]。中古 うつし[移]。たきしむ[—しめる][薫染]。

—の煙 中世 きゃうえん[香煙]。中古 かううん[香雲]。かうえん[香煙]。くんえん[薫煙]。

—の銘をあてるなどの遊び 近代 めいかうあはせ[銘香合]。中世 かうあはせ[香合]。

—をかぎわけること 近代 ききかう[聞香]。ぶんかう／もんかう[聞香]。中世 香を聞く。

—を鑑賞する芸道 近世 かうだう[香道]。

—をくゆらす 中古 たく[薫]。

—をくゆらせた名残 近世 すがり／すがれ[尽／末枯]。中古 よかう[余香]。

—をたきしめた衣服 中古 いかう[衣香]。

悪臭除けに袋に入れて部屋に掛ける— 中世 かけがう[掛香]。

香りのよい— 中古 めいかう[名香]。

仏前で—をたく 中世 ねんかう[拈香]。中古 せうかう[焼香]。

仏前で絶やさずたく— 中古 じゃうかう[常香]。ぢゃうかう[定香]。ふだんかう[不断香]。

その他—のいろいろ(例) →**こうりょう【香料】**

こう【効】 近代 エフェクト(effect)。かうくゎ[効果]。かうよう[効用]。かうりょく[効力]。近世 ききめ[効目／利目]。中世 かう[効]。中古 かうけん[効験]。かうのう[効能]。上代 しるし[験]。

こう【請】 リクエスト(request)。近代 えうきう[要求]。えうせい[要請]。えうばう[要望]。しゃうぐゎん[請願]。せいきう[請求]。近世 せいぐゎん[請願]。中世 あふぐ[仰]。しんせい[申請]。上代 こひねがふ[乞願／希／冀]。こふ[請／乞]。ねがふ[願]。のぞむ[望]。もとむ[もとめる][求]。

ごう【郷】 中世 がう[郷]。きゃうり[郷里]。ざいがう[在郷]。ざいしょ[在所]。中古 がうそん[郷村]。上代 きゃうど[郷土]。ひな[鄙]。むらざと[村里]。ゐなか[田舎]。

ごう【業】 近代 カルマ(梵 Karma)。さだめ[定]。しゅくめい[宿命]。近世 めいうん[命運]。中古 うんめい[運命]。ごふ[業]。ざいくゎ[罪科]。ざいごふ[罪業]。ざいしゃう[罪障]。しゅくみゃう[宿命]。てんうん[天運]。

こうあつ【高圧】 近代 かうあつ[高圧]。きゃうあつ[強圧]。

—的な態度 近代 うはて[上手]。近世 おっかぶせる[押被]。たかびしゃ[高飛車]。

こうあん【公安】 近代 こうあん[公安]。ばうはん[防犯]。中世 ほあん[保安]。中古 ちあん[治安]。

こうあん【考案】 一計を案ずる。近代 アイディア(idea)。かうあん[考案]。さうあん[創案]。はつあん[発案]。りつあん[立案]。近世 かんがへだす[考出]。中世 あんしゅつ[案出]。くふう[工夫]。中古 あん[案]。おもひつく[思付]。はつめい[発明]。

こうい【行為】アクト(act)。近代いっきょしゅいっとうそく[一挙手一投足]。えいゐ[営為]。かうゐ[行為]。げんどう[言動]。しゐ[施為]。近世かうどう[行動]。しょざい[所在]。てわざ[手業]。中世いとなみ[営]。かうせき[行跡]。くゎつどう[活動]。げんかう[言行]。さげふ[作業]。どうさ[動作]。中古ことわざ[事業]。しょげふ[所業]。しょさ[所作]。しょゐ[所為]。しわざ[仕業／為業]。上代おこなひ[行]。こと[事]。しょぎゃう[所行]。ふるまひ[振舞]。わざ[業]。

大がかりなー 近代さうきょ[壮挙]。

愚かなー ぐこう[愚行]。近代ぐきょ[愚挙]。中世けいきょ[軽挙]。中古まうどう[妄動]。

変わったー 近世きかう[奇行]。

親しみをもってするー 中古うちとけわざ[打解業]。

人のー 近世じんゐ[人為]。

暴力的ー 近代ぼうきょ[暴挙]。近世ぼうかう[暴行]。

野蛮なー 近代ばんかう[蛮行]。

よいー 近代びきょ[美挙]。中世ぜんかう[善行]。中古しゃくぜん／せきぜん[積善]。上代とくかう[徳行]。

悪いー 近代あくかう[悪行]。ひかう[非行]。をかう[汚行]。中古あくじ[悪事]。ふぜん[不善]。上代あくぎゃう[悪行]。あくぎゃく[悪逆]。はんざい[犯罪]。

こうい【好意】近代かうかん[好感]。かうじゃう[好情]。ぜんい[善意]。近世かうい[好意]。こうし[厚志]。こうじゃう[厚情]。こんい[懇意]。中世あいさう／あいそ[愛想]。こうい[厚意]。しんあい[親愛]。よしみ[好／誼]。りやく[利益]。中古こころざし[志]。

《尊》中古はうい[芳意]。はうし[芳志]。はうしん／はうじん[芳心]。はうじゃう[芳情]。

《句》近世魚心あれば水心。情けが仇(あだ)。

ーが感じられない 近代そっけない[素気無]。中古すげなし[素気無]。ひとすげなし[人素気無]。

ーが持てなくなる 近世あいそづかし[愛想尽]。愛想が尽く[ー尽きる]。愛想も小想も尽き果つ[ー尽き果てる]。愛想を尽かす。中世みかぎる[見限]。

ー的な見方 近世ひいきめ[贔屓目]。

ーを受ける 近世言葉に甘ゆ[ー甘える]。

ーを示す態度 近世ゆうこうてき[友好的]。中世ゑしゃく[会釈]。

ーを持ち続ける 中古おもひはつ[思果]。

ーを寄せる あいきょう[愛嬌]。中古こころづく[心付]。こころよす[心寄]。よる[寄]。

こうい【更衣】中世いろなほし[色直]。きがへ[着替]。中古かうい[更衣]。ころもがへ[衣替]。

《尊》近世おめしかへ[御召替]。

こうい【厚意】→**こうじょう【厚情】**

こうい【皇位】近世いってんばんじょう[一天万乗]。中古おほみくらゐ[大御位]。てんそ[天祚]。上代あまつひつぎ[天日嗣]。くゎうそ[皇祚]。くゎうゐ[皇位]。たかみくら[高御座]。てんゐ[天位]。ひつぎ[日嗣]。ほうそ[宝祚]。ほうゐ[宝位]。みくら／みくらゐ[御位]。

ー継承 中古せんそ[践祚]。

ーを示す品 上代あまつしるし[天印／天璽]。

ーを継ぐこと 上代けいたい[継体]。

ーを継ぐべき者 上代くゎうし[皇嗣]。

再びーにつく 近世ふくへき[復辟]。中世さいそ[再祚]。ぢゅうそ／ちょうそ[重祚]。ふくそ[復祚]。中古かうゐ[更位]。かへりつく[復即]。かへりてんじゃう[還殿上]。

こうい【高位】中世かうじゃう[高上]。きょくくゎん／ごくくゎん[極官]。中古せいし[青紫]。上代かうくゎん[高官]。かうゐ[高位]。

ーに昇った人 中世たいしん[大身]。中古せいうん[青雲]。

ーに昇ること 近代えいしん[栄進]。近世りっしんしゅっせ[立身出世]。中世えいたつ[栄達]。しゅっせ[出世]。

無能な人がーであること 中古そさん[素餐]。

ごうい【合意】コンセンサス(consensus)。近代アグリーメント(agreement)。手を打つ。話が付く。近世あひたい[相対]。あひたいづく[相対尽]。がふい[合意]。中古どうい[同意]。

国家間のー文書 近代ぎぢゃうしょ／ぎていしょ[議定書]。

こういっつい【好一対】近代かういっつい[好一対]。中世にあひ[似合]。

ーになる 中世ついす[対]。

こういん【工員】さぎょういん[作業員]。ブルーカラー(blue-collar)。ろうどうしゃ[労働者]。近代きんらうしゃ[勤労者]。しゃゐん[社員]。しょくこう[職工]。

女性のー 中古ぢょこう[女工]。

こういん【光陰】近代じかん[時間]。中世き

しょ[居諸]。羊の歩み。中古 きょしょ[居諸]。しゅんじう[春秋]。せいさう[星霜]。上代 くゎういん[光陰]。さいげつ[歳月]。つきひ[月日]。とき[時]。としつき／ねんげつ[年月]。→とき

ーの移りゆくこと 中世 りうくゎう[流光]。

一寸のー 近代 しゅんじ[瞬時]。すんこく[寸刻]。近世 しゅんかん[瞬間]。中世 いっこく[一刻]。いっしゅん[一瞬]。すんじ[寸時]。上代 すんいん[寸陰]。→**いっしゅん**

こういん【拘引】 れんこう[連行]。近代 けんきょ[検挙]。こういん[拘引／勾引]。しょっぴく。だほ[拿捕]。ほばく[捕縛]。近世 ごよう[御用]。たいほ[逮捕]。つかまふ[—まえる][捕]。とりおさふ[—おさえる][取押]。ひっとらふ[—とらえる][引捕]。めしとる[召捕]。中世 こうそく[拘束]。こうち[拘置]。ほくゎく[捕獲]。中古 こうりう[拘留]。上代 とらふ[とらえる][捕／捉]。

こういん【後胤】 →**しそん**

ごういん【強引】 ごりおし[押]。近代 がういん[強引]。きゃうかう[強行]。きゃうかう[強硬／強梗]。ちからづくめ[力尽]。押しの一手。近世 ちからづく[力尽]。むいき[無意気]。むりおし[無理押]。むりじひ[無理強]。否応なし。中世 ぜひなし[是非無]。はいたつ[排闥]。はりおこなふ[張行]。はる[張]。むりむたい[無理無体]。むりやり[無理遣／無理矢理]。いやでも応でも。中古 あながち[強]。あへて[敢／肯]。けやけし[尤]。しひて[強]。

《句》近世 道理そこのけ無理が通る。無理が通れば道理引っ込む。

ー・な我慢 中世 我慢の幢(はた)。

ー・な誘い 近代 きゃういう[強誘]。近世 がういう[強誘]。

ー・な談判 ごうだんいはく[強談威迫]。近代 こはだんぱん[強談判]。中世 がうだん[強談]。

ー・に奪う きょうだつ[強奪]。中世 がうだつ[強奪]。

ー・に入り込む 中世 はいたつ[排闥]。中古 おしいる[押入]。おしこむ[押込]。

権勢によるー・さ 近代 けんぺいづく[権柄尽]。近世 けんづく[権尽]。

▼接頭語 おし[押]。

こうう【降雨】 近代 かうすい[降水]。中世 あめふり[雨降]。うてん[雨天]。中古 かうう[降雨]。上代 おつ[おちる][落]。→**あめ**

ごうう【豪雨】 中古 おほあめ／たいう[大雨]。がうう[豪雨]。じんう[甚雨]。上代 ひさめ[大雨]。→**あめ**

一時的なー 中世 ひとしぼり[一絞]。

こううん【幸運】 つき[付]。近代 ラッキー(lucky)。近世 かうふく[幸福]。まん[間]。みみたぶ[耳朶／耳埵]。中世 かううん[幸運／好運]。かううん[高運]。くゎほう[果報]。しあはせ[仕合]。りうん[利運／理運]。中古 うん[運]。さいはひ[幸]。ふく[福]。みゃうが[冥加]。上代 さき／さく／さち[幸]。さきはひ[幸]。

《句》近世 果報は寝て待て。待てば海路の日和あり。

ー・な人(のこと) 近代 かううんじ[幸運児]。近世 よい月日の下(もと)に生まる[—生まれる]。よい星の下(もと)に生まる[—生まれる]。中古 さいはひびと[幸人]。

ーに巡り合う ついている。近世 しゃくしくゎほう[杓子果報]。有卦(うけ)に入る。上代 さきはふ[幸]。

ーのきざし 近代 芽が出る。近世 かいうん[開運]。めっけもの[物]。目が出る。中世 いちやうらいふく[一陽来復]。

ーの年 あたりどし[当年]。

ーもままならぬたとえ 中世 貧僧の重ね斎(どき)。

思いがけないー 近代 たなぼた[棚]。近世 きつねふく[狐福]。こぼれざいはひ[零幸]。まぐれざいはひ[紛幸]。めっけもの[目付物]。中世 怪我の功名。横様の幸ひ。上代 げうかう[僥倖]。《句》近代 鴨が葱を背負(しょ)って舞ひ込む。近世 開いた口へ牡丹餅(ぼたもち)。犬も歩けば棒に当たる(不運にも使う)。鰯網(いわしあみ)で鯨取る。棚から(落ちた)牡丹餅(ぼたもち)。福徳の三年目。勿怪(もっけ)の幸ひ。

偶然のーを狙うこと 近代 しゃかう[射幸／射倖]。近世 山を掛く[—掛ける]。山を張る。《句》近代 朔日(ついたち)ごとに餅は食へぬ。柳の下にいつも泥鰌(どぢゃう)は居ない。

神仏から授かったー 中世 おふく[御福]。

不遇な人がーに巡り合うたとえ 近代 埋もれ木に花が咲く。

滅多にないー 近世 ひゃくねんめ[百年目]。

こううん【耕耘】 近代 しろかき[代掻]。中世 たがへす／たがやす[耕]。のうさ[農作]。中古 かへす[返]。すきかへす[鋤返]。のうかう[農耕]。上代 かううん[耕耘]。かうさく[耕作]。すく[鋤]。のうさく[農作]。→**たがや・す**

こうえい【後裔】 →**しそん**

こうえい【光栄】 近代 えいくゎん[栄冠]。えいよ[栄誉]。きんえい[欣栄]。近世 めいよう[名誉]。中古 いろふし[色節]。おもだたし[面立]。くゎうえい[光栄]。はえ[栄]。はえばえし[栄栄／映映]。ひかり[光]。ほまれ[誉]。めいよ[名誉]。上代 えいくゎう[栄光]。さかえ[栄]。

こうえい【後衛】 リアガード(rear guard)。近代 こうゑい[後衛]。中世 あとぞなへ／うしろぞなへ[後備]。うしろだて[後楯]。うしろづめ／ごづめ[後詰]。こうぢん[後陣]。しっぱらひ[尻払]。しんがり[殿]。中古 ごぢん[御陣]。

こうえき【交易】 近代 しゃうとりひき[商取引]。トレード(trade)。ゆしゅつにふ[輸出入]。近世 ごし[互市]。とりひき[取引]。中世 市を為す。中古 けうやく[交易]。上代 かうえき[交易]。つうしゃう[通商]。ぼうえき[貿易]。

こうえつ【校閲】 近代 かうえつ[校閲]。近世 かうてい[校訂]。ていせい[訂正]。中古 かうがふ／けうがふ[校合／挍合]。上代 かうせい[校正]。

こうえん【公園】 近代 いうゑんち[遊園地]。パーク(park)。りょくち[緑地]。ゑんち[園地／苑地]。近世 こうゑん[公園／公苑]。中世 ゑんてい[園庭]。

―のいろいろ(例) がいくこうえん[街区公園]。こくていこうえん[国定公園]。サファリパーク(safari park)。じどうこうえん[児童公園]。しんりんこうえん[森林公園]。近代 こくりつこうゑん[国立公園]。

こうえん【後援】 近代 あとおし[後押]。うしろおし[後押]。けふりょく[協力]。こうゑん[後援]。サポート(support)。さんじょ[賛助]。しぢ[支持]。しゑん[支援]。バック(back)。バックアップ(backup)。近世 うしろだより[後便]。かせい[加勢]。しりおし[尻押]。しりもち[尻持]。肩を持つ。中世 うしろだて[後盾]。かたいり／かたいれ[肩入]。ひいき[贔屓]。肩を入る[―入れる]。肩を貸す。中古 うしろみ[後見]。おうゑん[応援]。こうけん[後見]。ひきたて[引立]。上代 たすけ[助／扶／佐]。

―者 スポンサー(sponsor)。近代 サポーター(supporter)。シンパ／シンパサイザー(sympathizer)。バック(back)。パトロン(patron)。

こうえん【講演】 近代 かうえん[講演]。かうわ[講話]。レクチャー(lecture)。中世 かうぎ[講義]。→**こうぎ【講義】**

こうえん【好演】 近代 ねつえん[熱演]。りきえん[力演]。

こうえん【高遠】 中世 かうまい[高邁]。かうゑん[高遠]。ゑんだい[遠大]。中古 かうだい[高大]。上代 くゎうゑん[広遠／宏遠]。

こうえん【公演】 近代 こうえん[公演]。じゃうえん[上演]。近世 もよほし[催]。中世 こうぎゃう[興行]。

こうおつ【甲乙】 近代 てきひ[適否]。近世 しゆう[雌雄]。せいじゃ[正邪]。てきふてき[適不適]。中世 うれつ[優劣]。きょくちょく[曲直]。りゃうひ[良否]。中古 いうれつ[優劣]。かひ[可否]。かふおつ[甲乙]。よしあし[善悪]。上代 ぎょくせき[玉石]。ぜひ[是非]。

《句》中世 いづれ菖蒲(あやめ)か杜若(かきつばた)。

こうか【効果】 →**ききめ**

―なく終わること 近代 しっぱい[失敗]。やりそこなひ／やりそこね[遣損]。近世 しくじり。

映画や演劇などの表現―を高めるもの サウンドエフェクト(sound effects)。近代 おんきゃうかうくゎ[音響効果]。せうめい[照明]。

加持祈禱(かじきとう)の― 上代 げん[験]。

材質等から作り出される― 近代 マチエール(フラ matière)。

すぐに―が出る 近世 そくかう[即効]。中世 打てば響く。

すぐれた― 近代 たくかう[卓効]。ゐかう[偉効]。

互いに強め合って―を高める そうじょうこうか[相乗効果]。近代 あひてらす[相照]。

反対の― 近代 ぎゃくかうくゎ[逆効果]。

不思議な― 中世 きかう[奇効]。

▼接尾語 近世 がひ[甲斐]。

こうか【硬貨】 カレンシー(currency)。近代 あなあきせん[穴明銭]。きんくゎ[金貨]。ぎんくゎ[銀貨]。コイン(coin)。ちうくゎ[鋳貨]。どうくゎ[銅貨]。近世 くゎへい[貨幣]。こせん[小銭]。中世 こぜに[小銭]。上代 どうせん[銅銭]。

こうか【降下】 ダウン(down)。近代 ていか[低下]。らくか[落下]。近世 かうか[降下]。中古 かかう[下降]。くだる[下]。げらく[下落]。さがる[下]。上代 おつ[おちる][落]。おる[おりる][下／降]。

急角度で― きゅうこうか[急降下]。

こうか【高価】エクスペンシブ(expensive)。ハイ(high)。近代かうがく[高額]。かうき[高貴]。かうち[高値]。ふれん[不廉]。値が張る。近世たかね[高値]。中世かうか[高価]。たかし[高]。

こうか【硬化】近代かうくゎ[硬化]。かうちょく[硬直]。近世ぎょうこ[凝固]。中世こりかたまる[凝固]。上代かたまる[固]。

こうが【高雅】エレガンス(elegance)。近代いうが[優雅]。かうが[高雅]。ノーブル(noble)。近世じゃうひん[上品]。ふうが[風雅]。中世てんが[典雅]。みやびやか[雅]。中古かうき[高貴]。かうしゃう[高尚]。がしゅ[雅趣]。上代ふうりう[風流]。

ごうか【豪華】デラックス(deluxe)。ラグジュアリー(luxury)。近代がうせい[豪勢]。ゴージャス(gorgeous)。近世がうくゎ[豪華]。けんらん[絢爛]。ぜいたく[贅沢]。中世がうしゃ[豪奢]。中古くゎれい[華麗]。

―な宴会 近代にくざんほりん[肉山脯林]。中世しゅちにくりん[酒池肉林]。

―な料理 近世山海の珍味。

こうかい【後悔】モーニングアフター(morning after)。近代くゎいご[悔悟]。くゎいこん[悔恨]。くゎいしん[悔心]。近世つうくゎい[痛悔]。中世コンチリサン(ポルトガル contrição)。ぜいざい／ぜいせい[噬臍／噬斉]。中古くい[悔]。こうくゎい[後悔]。ざんき[慚愧]。ゐこん[遺恨]。

《句》中世後悔先に立たず。

―・して言う言葉 近世くやみごと[悔言]。

―・する 中世おもひかへさふ[思返]。中古くふ[悔]。くやぶ／くやむ[悔]。臍(ほぞ)を噬(か)む。上代おもひくゆ[思悔]。くやし[悔]。くゆ[くいる][悔]。

何度も繰り返す― 近世せんくゎいばんくゎい[千悔万悔]。中世せんくゎい[千悔]。中古悔いの八千度(やちたび)。

〈文末表現〉上代てまし。

こうかい【公開】エキシビション(exhibition)。ガラスばり[オランダ glas 張]。近代オープン(open)。かいはう[開放]。こうかい[公開]。こうへう[公表]。近世かいちゃう[開帳]。

―の討論会 シンポジウム(symposium)。

こうかい【航海】近代セーリング(sailing)。つうかう[通航]。ナビゲーション(navigation)。近世うんかう[運航]。かうかい[航海]。かうかう[航行]。中世とかい[渡海]。ふなたび[船旅]。中古かぢまくら[楫枕]。

《枕》中世しろたへの[白妙][⇩なみぢ]。

―中の災難 近代かいそん[海損]。かいなん[海難]。

―中の船のマストの灯 せんしょうとう[船檣灯]。近代かうかいとう[航海灯]。

―の日誌 ログ(log)。近代かうかいにっし[航海日誌]。

―用の地図 近代チャート(chart)。近世かいづ[海図]。

―を続ける 近代ぞくかう[続航]。

遠洋の― 近代ゑんやうかうかい[遠洋航海]。

大きな港だけを回る― 近世おほまはし[大回]。

初めての― 近代しょぢょかうかい[処女航海]。

方々を巡る― 近代くゎいかう[回航／廻航]。しうかう[周航]。じゅんかう[巡航]。

法を犯してする― 近代みっかう[密航]。中世ばはん[八幡]。

陸岸の見えない― てんもんこうほう[天文航法]。近世おきのり[沖乗]。

陸岸の見える― えんがんこうほう[沿岸航法]。近世ぢのり[地乗]。ぢまはり[地回／地廻]。

▼客船による観光 近代クルーズ(cruise)。しうかう[周航]。じゅんかう[巡航]。

▼航海士 ナビゲーター(navigator)。近世おもてし[表仕]。おもてやく[表役]。中世あんじ[行師]。あんじん[按針]。やまだて[山立]。

こうかい【公海】近代こうかい[公海]。近世ぐゎいかい[外海]。ぐゎいやう[外洋]。

こうかい【更改】近代かうかい[更改]。近世へんかく[変革]。中世かいかく[改革]。かいへん[改変]。中古あらたむ[―ためる][改]。へんがい[変改]。上代かいしん[改新]。かうしん[更新]。かふ[かえる][変／換／替]。へんかう[変更]。

こうがい【口外】近代ろうえい[漏洩／漏泄]。口にする。近世口が滑る。口に出す。中世しゃべる[喋]。たげん／たごん[他言]。中古いひもらす[言漏／言洩]。こうぐゎい[口外]。上代もらす[洩／漏]。

―・しない 近代口が堅い。中世おくびにも出さず。

―を禁じる 近代かんこうれい[箝口令／鉗口令／緘口令]。近世くちどめ[口止／口留]。くちふさぎ[口塞]。中古くちふたげ

［口塞］。

すぐ—・する 中古くちがる［口軽］。

こうがい【公害】 ポリューション(pollution)。近代こうがい［公害］。中古をせん［汚染］。

—のいろいろ(例) しゅうがい［臭害］。すいしつおせん［水質汚染］。すいしつおだく［水質汚濁］。そうおんこうがい［騒音公害］。たいきおせん［大気汚染］。ちきゅうおんだんか［地球温暖化］。どじょうおせん［土壌汚染］。近代えんがい［煙害］。

こうがい【郊外】 近代しぐゎい［市外］。近世ばすゑ［場末］。中世きんかう［近郊］。へんぢ［辺地］。まちはづれ［町外］。中古かうぐゎい［郊外］。上代たゐ［田居］。

—の風景 中世やけい［野景］。

春—に遊ぶこと 近代たんしゅん［探春］。

▼都市の周辺 近世なんかう［南郊］。ほくかう［北郊］。中古さいかう/せいかう［西郊］。とうかう［東郊］。

こうがい【梗概】 ダイジェスト(digest)。近代アウトライン(outline)。えうかう［要項］。がいえう［概要］。サマリー/サムマリー/サンマリー(summary)。シノプシス(synopsis)。すぢがき［筋書］。りんくゎく［輪郭/輪廓］。レジュメ(フランスrésumé)。近世あらすぢ［粗筋］。えうやく［要約］。がいりゃく［概略］。すぢ［筋］。すぢだて［筋立］。たいえう［大要］。中世あらまし。えうし［要旨］。中古かうがい［梗概］。たいりゃく［大略］。

こうがい【慷慨】 近代ふんがい［憤慨］。中世がいたん［慨嘆/慨歎］。ふんげき［憤激/忿激］。中古うれへなげく［憂嘆］。上代いきどほる［憤］。かうがい［慷慨/忼慨］。

ごうかい【豪快】 近代がうくゎい［豪快］。がうたん［豪胆］。近世がうたう［豪宕］。中世がうき/がうぎ［強気/豪気］。がうはう［豪放］。→**ごうほう**

—に笑うこと 近代がうけつわらひ［豪傑笑］。

こうかく【降格】 かくさげ［格下］。こうしょく［降職］。こうにん［降任］。近代しっかく［失格］。中古おとす［落］。上代させん［左遷］。

こうがく【高額】 近代かうがく［高額］。かうち［高値］。きょがく［巨額］。たがく［多額］。値が張る。近世たかね［高値］。中世かうか［高価］。

他に比して—・なこと 近代わりだか［割高］。

ごうかく【合格】 近代うかる［受］。とほる［通］。パス(pass)。近世桂林の一枝。中世とうだい［登第］。中古がふかく［合格］。きふだい［及第］。桂を折る。月の桂を折る。

—と不合格 ごうひ［合否］。近代きふらく［及落］。

科挙に最優秀で— 近世かふだい［甲第］。中古かふくゎ［甲科］。

こうかつ【狡猾】 近代かうくゎい［狡獪］。かんかつ［奸黠/姦黠］。ずるがしこい［狡賢］。らうかつ［老黠］。らうくゎい［老獪］。近世かうくゎつ［狡猾］。ずるし［狡］。らうくゎつ［老猾］。わるがしこし［悪賢］。中世かんち［姦智/奸知］。こすし［狡］。

—・な人のたとえ 中世こらう［狐狼］。

こうかん【公刊】 →**しゅっぱん【出版】**

こうかん【交換】 エクスチェンジ(exchange)。近代かうくゎん［交換］。だいかへ/だいたい［代替］。チェンジ(change)。とりかへ［取替］。とりかへっこ［取替］。近世かへがへ［替替/換換］。へんくゎん［変換］。中世いれかへ/いれがへ［入換］。かへごと［替事］。中古けうやく［交易］。ひきかへ［引替/引換］。

—・してよくなること 中古かへまさり［替優］。

—・して悪くなること 中古かへおとり［替劣］。

—・する 中世うちかはす［打交］。すりかふ［—かえる］［替］。中古いれかふ［—かえる］［入換］。かふ［かえる］［換］。さしかふ［—かえる］［差替］。とりかはす［取交］。ひきかふ［—かえる］［引替］。上代とりかふ［—かえる］［取替］。

互いに— 中世ごくゎん［互換］。中古けうやく［交易］。上代かうえき［交易］。

土地を— 近代くゎんち［換地］。中世かへち［替地］。

古鉄と飴を—・する商売 近世とっかひべい/とっかへべい/とりかへべい［取替］。

▼物々交換 近世しろものがへ［代物替］。中世うちもの［打物］。

こうかん【交歓】 近代いうかう［友好］。かうりう［交流］。しうかう［修好］。近世こんしん［懇親］。しんかう［親交］。しんぜん［親善］。しんぼく［親睦］。中古かうくゎん［交歡］。わしん［和親］。上代かういう［交遊］。

こうかん【好感】 近代かうかん［好感］。かうかんじゃう［好感情］。近世かうい［好意］。

—を持たれるような心遣い 中世あいさう/あいそ［愛想/愛相］。中古こころげさう［心化粧］。

—を持つ こころひかれる［心惹］。近世すく

［好］。中古 このまし［好］。上代 おもひつく［思付］。

こうかん【好漢】 かいかん［快漢］。近代 かうだんし［好男子］。くゎいだんし［快男子］。くゎいだんじ［快男児］。中世 かうかん［好漢］。

こうかん【高官】 中世 きけん［貴顕］。中古 きんし［金紫］。けんくゎん［顕官］。せいうん［青雲］。たいくゎん［大官］。上代 かうくゎん［高官］。かうゐ［高位］。けんしょく［顕職］。

こうかん【巷間】 ぞくせけん［俗世間］。近代 かうかん［巷間］。せぞく［世俗］。ぞくせ［俗世］。中世 かうこ［江湖］。まちなか［町中］。中古 げんせ［現世］。さば［娑婆］。せじゃう［世上］。ぞくかん［俗間］。ちまた［巷］。上代 しせい［市井］。しゃば［娑婆］。せけん［世間］。

―の噂（うわさ） 中世 ふうせつ［風説］。中古 かうせつ［巷説］。→**うわさ**

こうがん【厚顔】 心臓が強い。心臓に毛が生えている。近代 づぶとい［図太］。はれんち［破廉恥］。近世 あこぎ［阿漕］。あつかは［厚皮］。あつかはづら［厚皮面］。あつかまし［厚］。あつし［厚］。いげちなし。いけづうづうし［図図］。づうづうし［図図］。てつめん［鉄面］。てつめんぴ［鉄面皮］。のづら［野面］。ばくれん［莫連］。ふさぶさし。ふてぶてし。ほてくろし。むち［無恥］。顔が厚い。面の皮千枚張り。中世 おもてつれなし［面］。つれなし［強顔／強面］。はぢしらず［恥知］。わうちゃく［横着］。面の皮が厚い。中古 おもなし［面無］。こうがん［厚顔］。はぢなし［恥無］。

こうがん【睾丸】 ホーデン（ドィ Hoden）。近代 ぐゎいじん［外腎］。せいさう［精巣］。近世 かうぐゎん［睾丸］。中世 いんなう［陰嚢］。きん［金］。きんたま［金玉］。たま［玉］。中古 ふぐり［陰嚢］。へのこ［陰核］。

ごうかん【強姦】 はずかしめる［辱］。りょうじょく［陵辱／凌辱］。レイプ（rape）。近代 かんする［姦］。ぼうかう［暴行］。近世 がういん［強淫］。てごめ［手込／手籠］。中世 りょうじう［凌蹂］。中古 がうかん［強姦］。上代 をかす［犯］。

複数の男が順に― 近代 りんかん［輪姦］。

ごうがん【傲岸】 近世 がうがん［傲岸］。きょがう［倨傲］。けうがう［驕傲］。まんじごころ［慢心］。中世 かうまん［高慢］。がうまん［傲慢］。ぞうちゃう［増長］。そんだい［尊大］。まんしん［慢心］。中古 がうぜん［傲然］。けうまん［驕慢／憍慢］。ふそん［不遜］。上代 おごる［驕／傲］。

こうき【高貴】 近代 すうかう［崇高］。ノーブル（noble）。中世 うづたかし［堆］。やごとなし［止事無］。中古 あて／あてはか／あてやか［貴］。かうき［高貴］。かしこし［賢／畏］。けだかし［気高］。たかし［高］。やうごとなし／やむごとなし／やんごとなし［止事無］。上代 うづ［珍］。たふとし［尊／貴］。

―・な家柄 近代 じゃうひん［上品］。近世 じゃうしゃう［上姓］。

―・な家柄と声望 上代 ちばう［地望］。

―・な位 近代 えいしゃく［栄爵］。近世 そんしゃく［尊爵］。

―・な人 なにさま［何様］。近代 きじん［貴人］。近世 うんじゃうびと［雲上人］。中世 おれきれき［御歴歴］。きけん［貴顕］。中古 あてびと［貴人］。限りなき人。上代 うまひと［貴人］。

こうき【好機】 近代 かうき［好機］。き［機］。ころあひ［頃合］。タイミング（timing）。チャンス（chance）。機が熟する。近世 しほどき［潮時］。中世 きくゎい［機会］。じき［時機］。中古 じぎ［時宜］。じせつ［時節］。せんざいいちぐう［千載一遇］。をり［折］。

《句》近代 好機逸すべからず。奇貨（きくわ）居（を）くべし。近世 逢うた時に笠を脱げ。中世 思ひ立ったが吉日。時は得難くして失ひ易し。

―にめぐり合う 中世 時を得（う）［―得（え）る］。中古 ときあり［時有］。時に遇ふ。

―を逃すこと いっき［逸機］。バスに乗り遅れる（miss the bus）。

―を待つ 近世 しほまち［潮待］。呼吸を計る。上代 さもらふ［侍／候］。時を待つ。

こうき【好奇】 近世 かうき［好奇］。きょうみ［興味］。くゎんしん［関心］。→**こうきしん**

《句》中世 蓼（たで）食ふ虫も好き好き。

こうき【後記】 →**あとがき**

こうき【光輝】 近代 ライト（light）。近世 かがやき［輝］。中世 きらめき［煌］。中古 あかり［明］。くゎうき［光輝］。くゎうみゃう［光明］。めいよ［名誉］。上代 くゎうくゎ［光華］。ひかり［光］。

こうき【香気】 中世 にほひ［匂］。中古 かう［香］。かうき［香］。かをり［香］。にほひが［匂香］。上代 こり［香］。

―あふれるさま 近代 いふいふ［浥浥］。くん

かう［薫蒿］。くんかう［焄蒿］。中世 いくいく［郁郁］。ふくいく［馥郁］。中古 かをる［薫／香／馨］。

こうぎ【講義】 こうざ［講座］。近代 かうえん［講演］。かうわ［講話］。じゅげふ［授業］。せつめい［説明］。レクチャー(lecture)。近世 かうしふ［講習］。中世 かうぎ［講義］。中古 かいせつ［解説］。かう［講］。かうえん［講筵］。かうせつ［講説］。

ー・する 教壇に立つ。近代 教鞭を執る。中古 かうず［講］。

ー・する所 近代 かうだん［講壇］。中古 かうえん［講筵］。

ーの要旨 近代 レジュメ(フランス résumé)。

ーを受ける 近代 ちゃうかう［聴講］。中世 じゅかう［受講］。中古 かうじゅ［講授］。

貴人へのー 近世 しんかう［進講］。

書物の内容をー・する 中古 かうしょ［講書］。

数人が順にー・する 近世 りんかう［輪講］。

他へ出向いてー・する 近代 しゅっかう［出講］。

予定のーを取りやめる けっこう［欠講］。近代 きうかう［休講］。

こうぎ【抗議】 クレーム(claim)。はんろん［反論］。異議申し立て。近代 いぞん［異存］。かうぎ［抗議］。かうげん［抗言］。かうべん［抗弁］。だんぱん［談判］。はんばく［反駁］。プロテスト(protest)。もんく［文句］。近世 かけあひ［掛合］。くじゃう［苦情］。ねぢこむ［捩込／捻込］。ひごん［非言］。ものいひ［物言］。ろんばく［論駁］。中世 あらがふ［抗／争／諍］。いぎ［異議／異義］。いけん［異見］。いろん［異論］。ひなん［非難］。中古 いひあらがふ［言争］。

ーを受ける側 やおもて［矢面］。

こうぎ【公儀】 近世 こうへん［公辺］。でんどころ［出所］。中世 こうぎ［公儀］。中古 とざま［外方］。上代 おほやけ［公］。

こうぎ【交誼】 近代 いうかう［友好］。じゃうぎ［情誼］。近世 いうぎ［友誼］。かうぎ［交誼］。こんしん［懇親］。しんかう［親交］。つきあひ［付合］。好みを通ず。中世 しんぼく［親睦］。中古 かうさい［交際］。しんかう［深交］。上代 かうじゃう［交情］。よしみ［好／誼］。

ごうき【剛気】 近代 かうこつ［硬骨］。ふくつ［不屈］。近世 がうゆう［剛勇／豪勇］。中世 がうき［剛気／豪気］。がうけん［剛健］。がうちょく［剛直］。上代 がうき［剛毅／豪毅］。

ごうぎ【合議】 ↓かいぎ【会議】

こうきしん【好奇心】 近代 かうきしん［好奇心］。中世 かうず［好事］。すきごころ［好心］。ものずき［物好］。

《句》近代 ちょっと嘗めたが身の詰まり。

ーが強い 近世 すいきゃう［酔狂］。中世 ものずき［物好］。ものみだかし［物見高］。

こうきゅう【考究】 リサーチ(research)。近代 かうきう［考究］。きうめい［究明］。たんきう［探究］。近世 かうさつ［考察］。ろんきう［論究］。中世 けんきう［研究］。中古 けんさん［研鑽］。

こうきゅう【恒久】 近代 こうきう［恒久］。中世 いうきう［悠久］。ふきう［不朽］。ふへん［不変］。ふめつ［不滅］。上代 ときは［常磐］。むきゅう［無窮］。↓**えいえん**

こうきゅう【高級】 いっきゅう［一級］。トップクラス(和製top class)。トップレベル(top level)。ハイクラス(high class)。ハイグレード(high grade)。ハイレベル(high-level)。ファーストクラス(first class)。近代 いうとう［優等］。かうきふ［高級］。かうじ［高次］。かうど［高度］。かうとう［高等］。じゃうきふ［上級］。ハイブラウ(highbrow)。近世 じゃうとう［上等］。中世 いちりう［一流］。じゃうゐ［上位］。

こうきゅう【後宮】 近代 ハレム(harem)。中世 えきてい［掖庭］。中古 こうきゅう［後宮／后宮］。上代 うちつみや［内宮］。

ーに関すること 上代 うちつこと［内事］。

ごうきゅう【号泣】 近世 かんきふ［感泣］。中世 がうきふ［号泣］。がうこく［号哭］。中古 どうこく［慟哭］。なきさけぶ［泣叫］。涙に沈む。涙に咽ぶ。上代 なく［泣］。↓**なきさけ・ぶ**

こうきょ【皇居】 ↓**きゅうちゅう**

こうきょ【溝渠】 じょうげすいどう［上下水道］。近代 あんきょ［暗渠］。そすい［疎水］。近世 どぶ［溝／瀆］。ようすいろ［用水路］。中世 こうきょ［溝渠］。ほりきり［堀切］。上代 みぞ［溝］。

こうきょう【公共】 近代 おほやけ［公］。おもてざた［表沙汰］。こうしゅう［公衆］。パブリック(public)。近世 こうきょう［公共］。中世 おもてむき［表向］。中古 はれ［晴／霽］。

ーに関すること 中世 くうじ／くじ［公事］。こうじ［公事］。中古 おほやけごと［公事］。

ーの安全 近代 こうあん［公安］。

ーのことに用いる 近代 こうよう［公用］。

ーの利益 中古 こうえき［公益］。

こうきょう【好況】 →**こうけいき**

こうぎょう【興行】 ショービジネス(show business)。近代こうえん[公演]。じゃうえん[上演]。ショー(show)。もよほしもの[催物]。近世みせもの[見世物]。中世こうぎゃう[興行]。

―が終わる 近代らく[楽]。近世うちだし[打出]。うちどめ[打止/打留]。はね(はねる)[跳/撥]。

―期間の真ん中の日 近世なかび[中日]。

―で客があまり来ない 近代ふいり[不入]。

―で客がたくさん入ること 近世おほいり[大入]。

―で客に飲食物を売る人 近世なかうり[中売]。

―で上演される演目 近代だしもの[出物]。

―の最後の日 近代らく[楽]。近世せんしうらく[千秋楽]。

―の資金を出す人 スポンサー(sponsor)。近世きんかた[金方]。きんしゅ[金主]。ぎんしゅ[銀主]。

―を開催する 近代かける[掛/懸]。近世うつ[打]。ふたあけ[蓋明]。中世ちゃうぎゃう[張行]。

―を企画する人 プロモーター(promoter)。よびや[呼屋]。近代こうぎゃうし[興行師]。ショーマン(showman)。近世ざもと[座元/座本]。たいふもと[太夫元]。中世くゎんじんもと[勧進元]。

一座を作って―を始める 近世櫓(やぐら)(矢倉)を上ぐ[―上げる]。

いつも決まった― 近世じゃううち[常打]。ぢゃううち[定打]。

各地を―・してまわる ツアー(tour)。近代じゅんげふ[巡業]。たびまはり[旅回]。たびこうぎゃう[旅興行]。ちはうじゅんげふ[地方巡業]。

長期の― 近代ロングラン(long run)。

その他―のいろいろ(例) じぜんこうぎょう[慈善興行]。チャリティーショー(charity show)。ディナーショー(和製dinner show)。ファッションショー(fashion show)。プレミアショー(premiere show)。マチネー(フランス matinée)。ミッドナイトショー(mid-night show)。ミュージカルショー(musical show)。ロードショー(road show)。近世ついぜんこうぎゃう[追善興行]。くゎんじんこうぎゃう[勧進興行]。

こうぎょう【工業】 インダストリー(industry)。近代こうげふ[工業]。

―のための地域 こうぎょうだんち[工業団地]。こうぎょうちいき[工業地域]。こうぎょうちく[工業地区]。こうぎょうちたい[工業地帯]。コンビナート(ロシア kombinat)。

いろいろな―(例) じゅうかがくこうぎょう[重化学工業]。せきゆかがくこうぎょう[石油化学工業]。ゆしゅつこうぎょう[輸出工業]。近代かないこうげふ[家内工業]。きかいこうげふ[機械工業]。くゎがくこうげふ[化学工業]。けいこうげふ[軽工業]。しゅこうげふ[手工業]。せんゐこうげふ[繊維工業]。ばうせきこうげふ[紡績工業]。

こうぎょう【興業】 たちあげる[立上]。近代かいせつ[開設]。きげふ[起業]。こうげふ[興業]。しんせつ[新設]。せつりつ/せつりふ[設立]。さうりつ/さうりふ[創立]。はたあげ[旗揚]。近世かいげふ[開業]。かいてん[開店]。くさわけ[草分]。さうげふ[創業]。中世さうさう[草創]。上代はじむ(はじめる)[始]。

こうぎょう【功業】 →**こうせき【功績】**

こうきょうきょく【交響曲】 シンフォニア(イタリア sinfonia)。近代オーケストラ(orchestra)。かうきゃうがく[交響楽]。くゎんげんがく[管弦楽/管絃楽]。シンフォニー(symphony)。

―を演奏する楽団 シンフォニーオーケストラ(symphony orchestra)。近代オーケストラ(orchestra)。かうきゃうがくだん[交響楽団]。くゎんげんがくだん[管弦楽団/管絃楽団]。フィルハーモニー(ドイツ Philharmonie)。

こうきん【拘禁】 近代いうきん[幽禁]。いうへい[幽屏]。かんきん[監禁]。こうきん[拘禁]。こうりう[勾留]。とめおき[留置]。よくりう[抑留]。りうち[留置]。近世おしこめ[押込]。中世いうへい[幽閉]。こうそく[拘束]。こうち[拘置]。中古きんこ[禁固]。こうりう[拘留]。つなぐ[繋]。→**かんきん**

こうきん【抗菌】 近代さっきん[殺菌]。せうどく[消毒]。

こうぎん【高吟】 中世かうぎん[高吟]。中古かうか[高歌]。はうか[放歌]。はうぎん[放吟]。

ごうきん【合金】 近代アロイ(alloy)。がふきん[合金]。

―のいろいろ(例) あかきん[赤金]。アルニコごうきん[alnico合金]。アルミニウムけ

いごうきん[aluminium 軽合金]。アルミニウムせいどう[aluminium 青銅]。いゆうごうきん[易融合金]。ウッドごうきん[Wood 合金]。かゆうごうきん[可融合金]。けいごうきん[軽合金]。ジュラルミン(duralumin)。どうごうきん[銅合金]。近代 アマルガム(amalgam)。アルミきん[aluminium 金]。アンバー(フランス invar)。エレクトロン(electron)。こうわきん[汞和金]。やうぎん[洋銀]。やうはく[洋白]。近世 あをきん[青金]。からがね[唐金]。しゃうどう[青銅]。しろみ/しろめ[白鑞]。はんだ[半田/盤陀]。ブロンズ(bronze)。わうどう[黄銅]。中古 せいどう[青銅]。上代 はくどう[白銅]。はくらふ/びゃくらふ[白鑞]。

こうぐ【工具】→**こうさく【工作】**

こうくう【航空】 フライト(flight)。フライング(flying)。近代 かうくう[航空]。中世 ひかう[飛行]。

ー運輸事業 エアサービス(air service)。くううん[空運]。こうくううんそう[航空運送]。近代 くうゆ[空輸]。

ー会社 エアライン(airline)。ナショナルフラッグキャリア(national flag carrier)。フラッグキャリア(flag carrier)。

ー管制官 コントローラー(controller)。

ー管制塔 コントロールタワー(control tower)。

こうぐう【厚遇】 近代 いうぐう[優遇]。いうたい[優待]。くゎんたい[歓待]。近世 こうぐう[厚遇]。ちぐう[知遇]。中古 もてはやす[持囃/持栄]。れいぐう[礼遇]。

こうくうき【航空機】→**ひこうき**

こうけい【光景】 近代 シーン(scene)。ぢゃうけい[場景]。ばめん[場面]。近世 くゎうけい[光景]。けいしょく[景色]。じゃうけい[情景]。づ[図]。中古 ありさま[有様]。けしき[景色]。けしき[気色]。→**けしき【景色】**

壮大なー スペクタクル(spectacle)。中古 さうくゎん[壮観]。

こうけい【後景】 近代 こうけい[後景]。はいけい[背景]。バック/バックグラウンド(background)。

こうけい【後継】 しゅうぎょう[襲業]。近代 けいしょう[継承]。けいぞく[継続]。ひきつぐ[引継]。中世 うけつぐ[受継]。中古 さうぞく[相続]。つぐ[継]。

ー者 近代 あとがま[後釜]。けいしょうしゃ[継承者]。中世 あとつぎ[跡継/後継]。あとめ[跡目/後目]。→**あとつぎ**

君主のー者 中古 こくちょ[国儲]。ちょくん[儲君]。

こうげい【工芸】 しゅこうげい[手工芸]。とうげい[陶芸]。近代 こうげい[工芸]。みんげい[民芸]。近世 しゅげい[手芸]。中世 ぎげい[技芸]。中古 さいく[細工]。しゅこう[手工]。

ー品 クラフト(kraft)。

ごうけい【合計】 けい[計]。しゅうけい[集計]。るいけい[累計]。近代 がっさん[合算]。がふけい[合計]。せきさん[積算]。ぜんがく[全額]。そうがく[総額]。そうわ[総和]。トータル(total)。近世 しめ[締]。しめだか[締高]。せうけい[小計]。そうかず/そうすう[総数]。そうじめ[総締]。そうだか[総高]。ちゃうじめ[帳締]。つばめざんよう[燕算用]。中世 ぜんすう[全数]。そうけい[総計]。

ー・して あわせて[合]。全部で。中世 しめて[締/〆]。つがふ[都合]。中古 おほよそ[大凡]。

ー・する 近代 よせる[寄]。近世 しむ(しめる)[締]。中古 あはす(あわせる)[合]。上代 たす[足]。

こうけいき【好景気】 かっきょう[活況]。近代 かうきゃう[好況]。かうけいき[好景気]。せいきゃう[盛況]。りゅうしゃう[隆昌]。近世 りゅうせい[隆盛]。中世 はんえい[繁栄]。中古 はんじゃう[繁盛/繁昌]。

こうげき【攻撃】❶〈武力〉 近代 いうげき[遊撃]。きゃうしふ[強襲]。げきたい[撃退]。こうせい[攻勢]。しんげき[侵撃]。つうげき[痛撃]。近世 いちげき[一撃]。こうげき[攻撃]。しふげき[襲撃]。しゅつげき[出撃]。しんげき[進撃]。ついげき[追撃]。中世 あさがけ[朝駆]。かけ[駈/駆]。からめて[搦手]。てうぎ[調義]。やしふ[夜襲]。ようち[夜討]。

ー・する 近代 おそひかかる[襲掛]。一矢を報いる。機先を制する。虚をつく。近世 虚に乗ず。逆ねぢを食はす。先手を打つ。中世 かかりあふ[掛合]。せめかかる[攻掛]。せめたつ(ーたてる)[攻立]。せめつく(ーつける)[攻付]。たたく[叩/敲]。たちかかる[立掛]。中古 かかる[掛]。せむ(せめる)[攻]。上代 うつ[撃]。おそふ[襲]。

ー的 近代 かうせんてき[好戦的]。近世 けん

くゎごし［喧嘩腰］。中世 牙を研ぐ。

ーと守り 近代 こうばう［攻防］。中世 こうしゅ［攻守］。

ーのいろいろな戦略(例) そっこう［速攻］。ふいうち［不意打／不意討］。近代 きしふ［奇襲］。きふしふ［急襲］。せいこうはふ［正攻法］。そくめんこうげき［側面攻撃］。でんげき［電撃］。はいめんこうげき［背面攻撃］。はじゃうこうげき［波状攻撃］。近世 えんげき［掩撃］。中世 あさがけ［朝駆］。いしおとし［石落］。いしゆみ［石弓／弩］。うしろぜめ［後攻］。おほて［大手］。からめて［搦手］。はしり［走］。ひぜめ［火攻］。みづぜめ［水攻］。やきうち［焼討］。やしふ［夜襲］。ようち［夜討］。上代 えんしふ［掩襲］。

ーの姿勢 中世 みがまへ［身構］。手ぐすね引く。

ーの方向 中世 ほこさき［矛先］。やりさき［槍先］。

ーの的 近代 へうてき［標的］。

ーを防ぎ戦う 中世 ばうせん［防戦］。ふせぎいくさ［防戦］。

ーを防ぐところ 近代 ばうさい［防塞／防寨／防砦］。上代 えうがい［要害］。

一斉ー 近代 そうこうげき［総攻撃］。

追い掛けてー・する 上代 おひうつ［追打／追撃］。

火器でー 近代 じゅうげき［銃撃］。ばくげき［爆撃］。近世 しゃげき［射撃］。はうげき［砲撃］。

航空機によるー 近代 くうしふ［空襲］。くうばく［空爆］。ばくげき［爆撃］。

鋭いー もうこうげき［猛攻撃］。近世 つうげき［痛撃］。まうげき［猛撃］。まうこう［猛攻］。中世 きほう［機鋒］。中古 えいほう［鋭鋒］。

攻められている側が逆にー・する はんこう［反攻］。近代 ぎゃくしふ［逆襲］。ぎゃくてん［逆転］。はんげき［反撃］。

全体でー・する 近代 そうこうげき［総攻撃］。中世 そうぜめ［総攻］。

出し抜けのー ふいうち［不意打］。近代 きしふ［奇襲］。きふしふ［急襲］。でんげき［電撃］。近世 えんげき［掩撃］。たんぺいきふ［短兵急］。上代 えんしふ［掩襲］。

下手なー せっこう［拙攻］。

包囲してー・する 近代 こうゐ［攻囲］。

待ち受けてー・する 近代 げいげき［迎撃］。近世 えうげき［要撃／邀撃］。むかへうつ［迎撃］。

両面ー 近代 けふげき［挟撃］。はさみうち［挟撃］。

こうげき【攻撃】❷〈スポーツ用語〉アタック(attack)。オフェンス(offense)。スパイク(spike)。ラッシュ(rush)。近代 アッパーカット(upper cut)。こうげき［攻撃］。スマッシュ(smash)。

こうげき【攻撃】❸〈言葉〉近代 かみつく［噛付］。こうげき［攻撃］。しだん［指弾］。ひばう［誹謗］。近世 くさす［腐］。くってかかる［食掛］。ばくす［駁］。ひはん［批判］。槍玉に挙ぐ［―挙げる］。中世 たたく［叩］。ひなん［非難／批難］。中古 そしる［謗／譏／誹］。なんず［難］。上代 せむ［せめる］［責］。

《句》近世 室に入りて矛を操る。

ー・されやすい性格 バルネラビリティー(vulnerability)。近世 ぜいじゃく［脆弱］。中古 もろし［脆］。

こうけつ【高潔】 近代 かうさう［高爽］。中世 かうけつ［高潔］。中古 かうき［高貴］。けだかし［気高］。上代 せいれん［清廉］。

ー・な人 近代 雲間の鶴。雲中(の)白鶴(はくかく)。近世 ぎょくじゅ［玉樹］。したいふ［士大夫］。中古 かうし［高士］。ぎょくじん［玉人］。

ごうけつ【豪傑】 きょうごう［強豪］。近代 だいがう［大豪］。近世 いつざい［逸材］。くゎいけつ［怪傑］。もさ［猛者］。ゐぢゃうふ／ゐぢゃうぶ［偉丈夫］。中世 えいけつ［英傑］。かうのもの［剛者］。だいかう［大剛］。つはもの［強者］。中古 えいゆう［英雄］。がうけつ［豪傑］。

ーが活躍すること 上代 いさを［豪傑］。近代 うんじょうりょうへん［雲蒸竜変］。

ーが世に出るチャンス 近世 ふううん［風雲］。

年老いたー 近代 らうき［老驥／老騏］。

土地で威勢を振るうー 近代 りゅうばんこきょ［竜蟠虎踞］。

世に知られていないー 近代 せんりゅう［潜竜］。中世 かうりゅう／かうりょう［蛟竜］。上代 せんりょう［潜竜］。

こうけん【効験】 近代 エフェクト(effect)。かうくゎ［効果］。かうよう［効用］。近世 かうりょく［効力］。ききめ［効目／利目］。じっかう［実効］。中古 かうけん［効験］。かうのう［効能］。ごりやく［御利益］。→**ききめ**

ーがあること 中世 うげん［有験］。

ーを示す 中古 かんず［感］。げんず［験］。

仏法によるー 中世 ほふげん［法験］。

霊妙なー 〔中古〕りゃうげん／れいげん［霊験］。

こうけん【後見】 〔中古〕うしろみ［後見］。こうけん［後見］。ほさ［補佐］。よせ［寄］。〔中世〕うしろだて［後盾］。かいしゃく［介錯］。かいぞへ［介添］。つきそひ［付添］。めしろ［目代］。〔近世〕しりもち［尻持］。〔近代〕アシスタント(assistant)。あとおし［後押］。こうゑん［後援］。バックアップ(backup)。パトロン(patron)。ちからぞへ［力添］。

ー・する アシスト(assist)。〔中世〕つきそふ［付添］。てつだふ［手伝］。〔中古〕うしろみる／うしろむ［後見］。うちかしづく［内傅］。かしづく［傅］。そひたつ［添立］。〔上代〕たすく［たすける］［助］。

ー・する人 アシスト(assist)。こうけんやく［後見役］。〔近世〕かんばう［看坊］。くろこ［黒子／黒衣］。へこおや［褌親］。めしろ［目代］。〔中世〕こうけんにん［後見人］。〔中古〕うしろみ［後見］。よせ［寄］。思ふべき人。

ー・する人のように振る舞う 〔中古〕うしろみだつ［後見立］。

ー役を自負する顔 〔中古〕うしろみがほ［後見顔］。

こうけん【貢献】 〔近代〕きよ［寄与］。こうけん［貢献］。つくす［尽］。〔近世〕じんすい［尽瘁］。じんりょく［尽力］。〔中世〕じんりき［尽力］。

こうげん【公言】 〔近代〕げんめい［言明］。こうへう［公表］。〔中世〕こうげん［公言］。ふいちゃう［吹聴］。めいげん［明言］。〔中古〕こうぐゎい［口外］。

こうげん【巧言】 〔近代〕かんご［甘語］。かんじ［甘辞］。くちだっしゃ［口達者］。びじ［美辞］。びじれいく［美辞麗句］。〔近世〕くちがうしゃ［口巧者］。くちぐるま［口車］。くちじゃうず［口上手］。くちはっちゃう［口八丁］。せじ［世辞］。ついしょうぐち［追従口］。はなしじゃうず［話上手］。〔中世〕かうべん［巧弁］。かんげん［甘言］。〔中古〕れいく［麗句］。〔上代〕かうげん［巧言］。

こうげん【広言】 〔近代〕おほぶろしき［大風呂敷］。がうご［豪語］。〔中世〕おほぐち［大口］。かうげん［高言］。くゎうげん［広言／荒言］。さうご［壮語］。たいげん［大言］。はうげん［放言］。

こうげん【荒原】 〔近代〕あれのはら［荒野原］。のっぱら［野原］。〔中世〕あれの［荒野］。〔中古〕くゎうげん［荒原］。〔上代〕あらの［荒野］。くゎうや［荒野］。げんや［原野］。のはら［野原］。

こうげん【抗言】 はんろん［反論］。異議申し立て。〔近代〕かうぎ［抗議］。かうげん［抗言］。かうべん［抗弁］。はんばく［反駁］。

こうげん【高原】 たくじょうち［卓状地］。プロテスト(protest)。〔近代〕かうち［高地］。たかだい［高台］。ハイランド(highland)。〔中古〕かうげん［高原］。〔上代〕きうりょう［丘陵］。をか［丘／岡］。

ごうけん【剛健】 〔近代〕ぐゎんきゃう［頑強］。〔近世〕がうゆう［剛勇／豪勇］。くっきゃう［屈強］。〔中世〕がうき［豪気／剛気］。がうけん［剛健］。がうちょく［剛直］。→**がんけん**

《句》〔近世〕衣は骭(かん)に至り袖腕(わ)に至る。

こうこ【好個】 さいてき［最適］。〔近代〕かうつがふ［好都合］。かうてき［好適］。しかるべき［然可］。てきせい［適正］。〔近世〕うってつけ［打付］。てきせつ［適切］。ほどよし［程良］。〔中世〕かうこ［好個／好箇］。かくかう［格好］。かっかう［恰好］。ぜっかう［絶好］。てきたう［適当／的当］。〔中古〕にあふ［似合］。

こうこ【後顧】 →**かいこ【回顧】**

こうこ【江湖】 →**せけん**

こうご【口語】 おんせいげんご［音声言語］。〔近代〕こうご［口語］。はなしことば［話言葉］。〔中世〕くちことば［口詞／口言葉］。

ーの コロキュアル(colloquial)。

こうご【交互】 入れ替はり立ち替はり。〔近代〕かうご［交互］。〔近世〕かはりばんこ［代番／替番］。〔中世〕たがひちがひ［互違］。〔中古〕かたみ［互］。かはるがはる［代代］。さうご［相互］。たがひに［互］。〔上代〕かうたい［交替／交代］。こもごも［交／相］。

ーに移ってゆくこと 〔近代〕さくかう［錯行］。

▼接尾語 たり。〔中古〕み。

こうご【向後】 →**いご【以後】**

ごうご【豪語】 〔近代〕がうご［豪語］。〔近世〕おほぶろしき［大風呂敷］。たいげんさうご［大言壮語］。〔中世〕おほぐち［大口］。かうげん［高言］。くゎうげん［広言］。はうげん［放言］。

こうこう【孝行】 〔近世〕あいじつ［愛日］。〔中世〕おやかうかう［親孝行］。しいかう［至孝］。〔中古〕かう／けう［孝］。かうしん［孝心］。けうやう［孝養］。しかう［至孝］。〔上代〕かうかう［孝行］。かうじゅん［孝順］。かうだう［孝道］。かうやう［孝養］。たいかう［大孝］。

《句》〔近代〕墓(石)に蒲団(ふとん)は着せられず。〔近世〕家貧しくして孝子顕(あ)はる。孝行のし

たい時分に親はなし。孝は百行の本。鳩(はと)は三枝の礼あり、烏(からす)に反哺(はんぽ)の孝あり。中世 雪中の筍(たけのこ)。中古 子養はんと欲すれども親待たず。風樹の嘆。

ー・で正直 中古 かうれん［孝廉］。

ー・な息子 近代 かうかうむすこ［孝行息子］。中古 けうし［孝子］。上代 かうし［孝子］。

ー・な娘 近世 かうかうむすめ［孝行娘］。かうぢょ［孝女］。

ーの心 中古 かうしん［孝心］。

真心のこもったー 近世 とくかう［篤孝］。

こうこう【航行】 かうそう［航走］。近代 かうかう［航行］。かうしん［航進］。しんかう［進航］。近世 うんかう［運航］。かうかい［航海］。かうす［航］。

ー距離が長いこと 中世 あしなが［足長］。

ー・する道 近代 せんろ［船路］。近世 かうろ［航路］。中世 すいみゃく［水脈］。中古 すいろ［水路］。ふなぢ［船路］。上代 みを［澪／水脈／水尾］。

ー・する道をひらく けいかい［啓開］。

ー中の事故 近代 かいなん［海難］。

ーを禁ずること 近世 ふなどめ［船留］。

許可なしのひそかなー 近代 みっかう［密航］。中世 ばはん［八幡］。

遡(さかのぼ)ってー・する 近代 そかう［遡航］。

水中をー・する せんこう［潜航］。

他の港に船をー・する 近代 くゎいかう［回航／廻航］。

ひそかにー・する せんこう［潜航］。

難しいー 近代 なんかう［難航］。

陸地に沿ったー えんがんこうほう［沿岸航法］。近世 ぢのり［地乗］。ぢまはり［地回／地廻］。

こうこう【口腔】 くちむろ［口］。こうくう［口腔］。近代 こうかう［口腔］。

こうごう【皇后】 近代 クイーン(queen)。こんぎ［坤儀］。ぢょわう［女王］。わうひ［王妃］。近世 げんこう［元后］。中世 げんぴ［元妃］。中古 あきのみや［秋宮］。いちのきさき［一宮］。おほきさいのみや［大后宮］。おほやけ［公］。きさいのみや［后宮］。きさき［后］。くにのおや［国親］。くゎうごう［皇后］。くゎうひ［皇妃］。こうぐう［后宮］。こくぼ／こくも［国母］。ちゅうぐう［中宮］。せうばう［椒房］。ちゃうしう［長秋］。ちゃうしうきゅう［長秋宮］。ひ［妃］。紫の雲。上代 おほきさい［大后］。くゎうごうぐう［皇后宮］。わうこう［王后］。

ーと皇太子 中古 にぐう［二宮］。

ーなどの命令 近代 いし［懿旨］。

ーの位につくこと 中世 きさきだち［后立］。

ーの御殿 上代 うちつみや［内宮］。

ーの徳 中世 こんとく［坤徳］。

ーを正式に決める 中世 りっこう／りふこう［立后］。

ごうごう【囂囂】 近世 がうがう［囂囂］。中世 うるさし［煩／五月蠅］。やかまし［喧］。↓やかまし・い

こうごうし・い【神神】 近代 すうかう［崇高］。中世 しゅしょう［殊勝］。中古 おごそか［厳］。かうがうし［神神］。けだかし［気高］。上代 かみさぶ［ーさびる］［神］。

ー・くなる 上代 かむぶ／かんぶ［神］。

こうこく【公告】 近代 こうこく［公告］。こうじ［公示］。こうふ［公布］。こうへう［公表］。こうほう［公報］。つうこく［通告］。はっぺう［発表］。近世 おふれ［御触／御布令］。中世 ふれ［触］。上代 こくじ［告示］。ふこく［布告］。

こうこく【広告】 キャンペーン(campaign)。シーエム(和製 CM: commercial message)。ピーアール(PR: public relations)。近代 アド／アドバタイズメント(advertisement)。くゎうこく［広告］。コマーシャル(commercial)。せんでん［宣伝］。なりものいり［鳴物入］。パブリシティー(publicity)。プロパガンダ(ロシア propaganda)。近世 うりこみ［売込］。

ー宣伝のための歌謡 コマーシャルソング(和製 commercial song)。

ー宣伝のための言葉 うたいもんく［謳文句］。コピー(copy)。じゃっく［惹句］。近代 キャッチフレーズ(catchphrase)。

ー宣伝のためのびら 近代 でんたん［伝単］。近世 ひきふだ［引札］。

ーの媒体 おくがいこうこくぶつ［屋外広告物］。おびこうこく［帯広告］。ダイレクトメール(DM: direct mail)。なかづりこうこく［中吊広告］。マスコミュニケーション(mass communication)。マスメディア(mass media)。近代 アドバルーン(和製 ad balloon)。カタログ(catalog; catalogue)。ききう［気球］。パンフレット(pamphlet)。びらがみ［片紙］。ポスター(poster)。リーフレット(leaflet)。をりこみ／をりこみくゎうこく［折込広告］。近世 ちらし［散］。はりがみ［貼紙］。ひきふだ［引札］。びら［片／

枚]。中世かんばん[看板]。たてふだ[立札]。

—の媒体の流布状況 近代サーキュレーション(circulation)。

—を依頼する人 クライアント(client)。スポンサー(sponsor)。近代くゎうこくぬし[広告主]。

—を作る人 近代アートディレクター(art director)。アドマン(adman)。

街頭で—宣伝活動をする者 近代サンドイッチマン(sandwich man)。ちんどんや[屋]。とうざいや[東西屋]。ひろめや[広屋]。

職業として—の文句を書く人 コピーライター(copywriter)。

人のために—宣伝しまわること 近世ちゃうちんもち[提灯持]。

その他—のいろいろ(例) いけんこうこく[意見広告]。いしょうこうこく[意匠広告]。くろわくこうこく[黒枠広告]。こだいこうこく[誇大広告]。しぼうこうこく[死亡広告]。スポットアド(spot advertisement の略)。スポットこうこく[spot広告]。ティーザーこうこく[teaser広告]。テスティモニアルこうこく[testimonial広告]。ピーオーピーこうこく[POP広告]。近代きじくゎうこく[記事広告]。さんぎゃうくゎうこく[三行広告]。しんぶんくゎうこく[新聞広告]。をりこみくゎうこく[折込広告]。

▼広告代理店 近代エージェンシー(agency)。

こうこつ【硬骨】 近代かうこつ[硬骨]。はんこつ[反骨]。中世きがい[気概]。きこつ[気骨]。上代がうき[剛毅/豪毅]。

こうこつ【恍惚】❶〈陶酔〉 近代エクスタシー(ecstasy)。たうすい[陶酔]。ばうが[忘我]。近世ほふえつ[法悦]。近世うっとり。中古くゎうこつ[恍惚]。

こうこつ【恍惚】❷〈耄碌〉 近世くゎうこつ[恍惚]。ぼけ[惚/呆]。もうろく[耄碌]。ほけ 中古おいぼれ[老耄]。ほく[惚/呆]。ほけほけし[惚惚/呆呆]。上代らうすい[老衰]。

こうさ【交差】 近代かうさ[交差/交叉]。クロス(cross)。ちょくかう[直交]。ぶっちがへ[打違]。近世うちちがひ[打違]。ちがひ[違]。ぶっちがひ[打違]。中世さくざつ[錯雑]。さくそう[錯綜]。すぢかひ[筋違/筋交]。ちがへ[違]。中古すぢかへ[筋違]。上代うちかひ[打交/打違]。かうさく[交錯]。かひ[交]。

—・させる 中世くむ[組]。ひきちがふ[—ちがえる][引違]。やりちがふ[—ちがえる][遣違]。中古あざふ[糾/叉]。かはす[交]。さしかはす[差交]。ちがふ[ちがえる][違]。ゆきあふ[行合]。上代かふ[交]。

—・した状態 さじょう[叉状]。

—・した道 中世せんぱく[阡陌]。

—・して組む 中世くみちがふ[—ちがえる][組違]。

—・する 近代やりちがふ[遣違]。中世うちちがふ[打違]。中古あざなはる[糾]。かよふ[通]。さしちがふ[差違]。すぢかふ[筋交/筋違]。ちがふ[交/違]。ゆきあふ[行合]。上代あざはる[糾]。かふ[交]。

こうさ【考査】 近代けんさ[検査]。テスト(test)。近世しけん[試験]。中世しもん[試問]。上代かうくゎ[考課]。かうし[考試]。

こうざ【講座】 近代かうえん[講演]。かうざ[講座]。かうわ[講話]。レクチャー(lecture)。中世かうぎ[講義]。かうしふ[講習]。

こうさい【光彩】 近世かがやき[輝]。中世きらめき[煌]。くゎうき[光輝]。中古くゎうみゃう[光明]。はえ[映/栄]。上代くゎうさい[光彩]。

—を放つさま 中世かくかく[赫赫]。くゎうくゎう[煌煌/晃晃]。

こうさい【交際】 いきき/ゆきき[行来/往来]。近代かうりう[交流]。しゃかう[社交]。しんせつ[親接]。せっきん[接近]。せっしょく[接触]。つうかう[通好/通交]。ゆきかよひ[行通]。わうらい[往来]。近世おちかづき[御近付]。かういう[交遊/交游]。くがい[公界]。こうぎぶり[公儀振]。ちなみ[因]。つうろ[通路]。であひ[出会/出合]。にんあい[人愛]。ひとづきあひ[人付合]。ひとまじはり[人交]。ひとまじり[人交]。ゆきかひ[行交/往交]。中世あいさつ[挨拶]。かうくゎい/けうくゎい[交会]。かうせつ[交接]。だんきん[断金]。つきあひ[付合]。にんじ[人事]。ひとあひ[人間]。ひとまじろひ[人交]。まじはり[交]。中古かういう[交友]。かうさい[交際]。きこえ[聞]。なからひ[仲]。まじらひ[交]。上代よしみ[好/誼]。

《句》近代烏集(うしふ)の交はり。近世海老(蝦)の鯛交じり。君子の交はりは淡きこと水の如し。雑魚(ざこ)の魚(とと)まじり。人には添うて見よ馬には乗って見よ。目高も魚(とと)のうち。中世表(おもて)に金色の交はりを結び、心に是非の錐を使ふ。君子は周して比せず小人は比して周せず。

—が深い 近代しんみつ[親密]。

ー・する いきかよう／ゆきかよう［行通］。近世 膝を組む。好(しょ)み（誼(しょ)み）を通ず。中世 つきあふ［付合］。まじはる／まじる［交］。中古 あひかたらふ［相語］。あひしる［相知］。いでまじらふ［出交］。いりたつ［入立］。かたらふ［語］。かたる［語］。くらぶ［比／較］。さしまじる［差交］。しる［知］。まじらふ［交］。ゆきかふ［行交］。《尊》中古 きこえなる［聞慣／聞馴］。きこえまつはす［聞］。まうしむつぶ［申睦］。

ーの上手な人 近代 ぐゎいかうか［外交家］。しゃかうか［社交家］。

ーを嫌がること（人） 近代 にんげんぎらひ［人間嫌］。ミザントロープ（（フランス）misanthrope）。中世 ひとぎらひ［人嫌］。

ーを断つ 近代 だんかう［断交］。近世 ふつう［不通］。いたちの道。いたちの道切り。中古 ぜっかう［絶交］。なかたえ［中絶／仲絶］。

ーを始めること みちあけ［道開］。

あっさりとしたー 上代 中古 淡水の交はり。たんかう［淡交／澹交］。

外国とのー 近代 ぐゎいかう［外交］。こくかう［国交］。しうかう［修好／修交］。

親密なー こんい［懇意］。こんしん［懇親］。しんこう［親交］。しんぼく［親睦］。ちかづき［近付］。みつげつ［蜜月］。近代 いうぎ［友誼］。いんぎん［慇懃］。かうぎ［交誼］。じゃうかう［情交］。よしみ［好／誼］。膠漆(かうしつ)の交はり。肝胆相照らす。爾汝(じじょ)の交はり。近世 水魚の親(しん)。水魚の交はり。刎頸(ふんけい)の交はり。忘形(ばうけい)の交はり。莫逆(ばくげき)の交はり。中世 金蘭(きんらん)の契り。金蘭(きんらん)の交はり。

世間とー・する 中古 断琴の交はり。中古 いでまじらふ［出交］。たちまふ［立舞］。まじらふ［交］。

俗世間を離れたー 近代 おうめい［鷗盟］。近世 廬山(ろざん)の交はり。布衣(いふ)の交はり。

誰とでも円満にー・する 近代 はちめんれいろう［八面玲瓏］。はっぱうびじん［八方美人］。

隣とのー 近代 となりづきあひ［隣付合］。りんかう［隣交］。近世 むかふさんげんりゃうどなり［向三軒両隣］。

昔からのー 近世 きうぎ［旧誼］。中世 きうかう［旧交］。上代 きうかう［旧好］。

利権が目的のー 近代 勢利の交はり。

▼友好の情 近代 かうぎ［好誼］。近世 こうぎ［厚誼］。上代 よしみ［好／誼］。

こうさく【工作】❶〈手作業〉 かこう［加工］。近代 くみたて［組立］。こうげい［工芸］。てさげふ［手作業］。近世 こうさく［工作］。中世 こしらふ［─らえる］［拵］。さくせい［作成］。せいさく［製作］。中古 さいく［細工］。しゅこう［手工］。せいざう［製造］。上代 つくる［作］。

ー機械 近代 こうぐ［工具］。

ー機械のいろいろ（例） けんさくばん［研削盤］。トランスファーマシン（transfer machine）。のこぎりばん［鋸盤］。ひらけずりばん［平削盤］。フライスばん［（フランス）fraise盤］。ブローチ（broach）。ボールばん［（オランダ）boor bank盤］。ミーリングばん［milling盤］。ゆみのこばん［弓鋸盤］。近代 さんこうき［鑽孔機］。せんばん［旋盤］。プレス（press）。

ーの職人 上代 こうしゃう［工匠］。

こうさく【工作】❷〈活動〉 近代 こうさく［工作］。さくどう［策動］。はたらきかけ［働掛］。近世 さくりゃく［策略］。じゅんび［準備］。たくむ［巧／工］。

こうさく【交錯】 こんがらがる。近代 かうさ［交差／交叉］。さくかう［錯交］。近世 からみあふ［絡合］。さくそう［錯綜］。中世 こんかう［混交／混淆］。もつる［もつれる］［縺］。中古 いりまじる［入交／入雑］。こんがふ［混合］。こんらん［混乱］。上代 かうさく［交錯］。からまる［絡］。

こうさく【耕作】 のうさぎょう［農作業］。近代 しろかき［代掻］。のらかせぎ［野良稼］。りじょ［犁鋤］。近世 たづくり［田作］。のらしごと［野良仕事］。中世 たがへす／たがやす［耕］。つくる［作／造］。中古 かへす［返］。すきかへす［鋤返］。つくる［作］。のうかう［農耕］。上代 かううん［耕耘］。かうさく［耕作］。すく［鋤］。のうさく［農作］。

ー・する人 ファーマー（farmer）。近代 ペザント（peasant）。近世 のうじん［農人］。中世 さくにん［作人］。中古 のうにん［農人］。のうみん［農民］。ひゃくしゃう［百姓］。

ー地 近代 さくば［作場］。近世 でんばた／でんぱた［田畑／田畠］。中世 たはた［田畑／田畠］。上代 でんちう［田疇］。でんゑん［田園］。

自分でー・する 中世 てさく［手作］。

春のー 中世 しゅんかう［春耕］。とうさく［東作］。

こうさつ【考察】 近代 かうきう［考究］。かうさ［考査］。きうさつ［究察］。近世 かうさつ

〔考察〕。《謙》近世ぐさつ〔愚察〕。
新しいー しんこう〔新考〕。
さまざまなー 近代ざっかう〔雑考〕。

こうさつ【高札】 中世かうさつ〔高札〕。かけふだ〔掛札〕。たてふだ〔立札〕。
ーを立てた辻 近世ふだば〔札場〕。札の辻。

こうさてん【交差点】 近代かうさてん〔交差点／交叉点〕。さんさろ〔三叉路／三差路〕。しく〔四衢〕。近世じふじがい〔十字街〕。じふじろ〔十字路〕。みつつじ〔三辻〕。よつかど〔四角〕。よつまた〔四叉〕。中世よつつじ〔四辻〕。中古しくだう〔四衢道〕。つじ〔辻〕。つむじ〔辻〕。上代ちまた〔巷／岐／衢〕。
その他ーのいろいろ(例) インターチェンジ(interchange)。ジャンクション(junction)。スクランブルこうさてん〔scramble 交差点〕。ランプ／ランプウエー(rampway)。りったいこうさ〔立体交差〕。近代ふみきり〔踏切〕。ロータリー(rotary)。

こうさん【公算】 たしからしさ〔確〕。近代がいぜんせい〔蓋然性〕。かくじつせい〔確実性〕。かくりつ〔確率〕。かのうせい〔可能性〕。こうさん〔公算〕。プロバビリティー(probability)。近世みこみ〔見込〕。

こうさん【降参】 ギブアップ(give up)。陣門に降(くだ)る。タオルを投げる。近代だつぼう〔脱帽〕。とうかう〔投降〕。一本参る。シャッポを脱ぐ。近世尻尾を巻く。中世かうさん〔降参〕。きかう〔帰降〕。くだる〔降〕。くっぷく〔屈服／屈伏〕。したがふ〔従／随〕。てうぶく／でうぶく〔調伏〕。ふくす〔伏〕。へいこう〔閉口〕。もんじん〔問訊〕。兜(かぶと)を脱ぐ。軍門に降(くだ)る。手を上ぐ〔ー上げる〕。旗を巻く。弓を伏す。中古かうす〔降〕。上代かうふく〔降服／降伏〕。きじゅん〔帰順〕。
ー・して城を明け渡すこと 近世かいじゃう〔開城〕。
ーを勧める 近世せうかう〔招降〕。

こうさん【恒産】 近代しんじゃう〔身上〕。ていしょく〔定職〕。近世しうにふ〔収入〕。しょくげふ〔職業〕。しんしょ〔身上〕。しんだい〔身代〕。中世こうさん〔恒産〕。中古ざいさん〔財産〕。しんしゃう〔身上〕。上代しさん〔資産〕。

こうざん【鉱山】 近世あかがねやま〔銅山〕。きんざん〔金山〕。くゎうざん〔鉱山〕。やま〔山〕。中世ぎんざん〔銀山〕。中古どうざん〔銅山〕。上代かなやま〔金山〕。
ーで採掘に従事する人 近世かうふ〔坑夫〕。
ーに関わる仕事 やまごと〔山事〕。
ーに関わる仕事をする人 かなやまし〔金山師〕。近世やまうり〔山売〕。やまし〔山師〕。
ーの入り口 近代かうぐち〔坑口〕。
ーの経営者 近代やまもと〔山元〕。
ーの主たる坑道 ほんこう〔本坑〕。
ーの地下道 はいきこう〔排気坑〕。はいすいこう〔排水坑〕。近代かうだう〔坑道〕。たてかう〔立坑／縦坑／竪坑〕。よこかう〔横坑〕。近世まぶ〔間府〕。
ーの地下道を掘削する装置 ジャンボ(jumbo)。
ーの内部 近代かうない〔坑内〕。近世しきない〔鋪内〕。
ーを掘り当てる 山を当てる。
採掘をやめたー はいざん〔廃山〕。へいざん〔閉山〕。近代はいかう〔廃坑〕。はいくゎう〔廃鉱〕。

こうざん【高山】 中世かうほう／たかみね〔高峰〕。上代かうざん〔高山〕。たかね〔高嶺／高根〕。

こうざんびょう【高山病】 やまあたり〔山中〕。近代かうざんびゃう〔高山病〕。さんがくびゃう〔山岳病〕。やまよひ〔山酔〕。

こうし【公私】 中古おほやけわたくし〔公私〕。上代くゎんし〔官私〕。こうし〔公私〕。

こうし【行使】 近代かうし〔行使〕。近世くゎつよう〔活用〕。じっかう〔実行〕。中世しっかう〔執行〕。中古もちゐる〔用〕。

こうし【厚志】→**こうじょう【厚情】**

こうし【後嗣】→**あとつぎ**

こうし【格子】 チェッカー(checker)。近代チェック(check)。中世かうし〔格子〕。
ー戸 近世くみど〔組戸〕。ねずみきど〔鼠木戸〕。
ストーブ下部のー ロストル(オランダ rooster)。
その他ーのいろいろ(例) いちまつもよう〔市松模様〕。タータンチェック(和製 tartan check)。近代おほがうし〔大格子〕。きつれがうし〔木連格子〕。つまがうし〔妻格子〕。よつめがうし〔四目格子〕。近世うちがうし〔内格子〕。おほさかがうし〔大阪格子〕。かうしじま〔格子縞〕。きつねがうし〔狐格子〕。せんぼんがうし〔千本格子〕。そとがうし〔外格子〕。てつがうし〔鉄格子〕。中世くもでがうし〔蜘蛛手格子〕。れんじ〔連子／櫺〕。

こうじ【公示】 近代 こうこく[公告]。こうじ[公示]。こうふ[公布]。こうへう[公表]。こうほう[公報]。つうこく[通告]。近世 おふれ[御触／御布令]。中世 ふれ[触]。上代 こくじ[告示]。ふこく[布告]。

こうじ【工事】 近代 こうじ[工事]。こうむ[工務]。コンストラクション(construction)。中世 ふしん[普請]。

—の完成 かんこう[完工]。近代 しゅんこう[竣工／竣功]。しゅんせい[竣成]。中世 らくせい[落成]。

—の着手 くわいれ[鍬入]。ちゃっこう[着工]。近代 きこう[起工]。ていそ[定礎]。中古 けいし[経始]。

—をする人 ブルーカラー(blue-collar)。中世 にんそく[人足]。中古 にんぷ[人夫／人歩]。上代 こうしゅ[工手]。こうふ[工夫]。

請負の— 近世 うけとりぶしん[請取普請]。

川の改修の— 近世 かはぶしん[川普請]。

道路や建物等の— 近代 けんせつ[建設]。近世 けんちく[建築]。中古 どぼく[土木]。上代 えいざう[営造]。ざうえい[造営]。

こうじ【小路】 中世 せうかう[小巷]。せうぢ[小路]。ろぢ[路地／露路]。中古 こみち[小道／小径]。せうけい[小径／小逕]。ほそみち[細道]。上代 こうぢ[小路]。

大路と大路を結ぶ— 中世 づし[途子／図子／辻子]。

こうじ【麴】 アスペルギルス(ラテン Aspergillus)。きくきん[麴菌]。中世 かうぢ[麴／糀]。中古 かうぢかび[麴黴]。かむだち／かんだち[麴]。

清酒のもろみの仕込みに使う— かけこうじ[掛麴]。

味噌を造るのに用いる— むぎこうじ[麦麴]。

こうじ【好餌】 近代 くひもの[食物]。近世 かうじ／きゃうじ[香餌]。ゑさ[餌]。中世 かうじ[好餌]。ゑじき[餌食]。上代 ゑ[餌]。

ごうし【合祀】 近代 がふさい[合祭]。近世 あひでん[相殿]。がふざ[合座]。がふし[合祀]。中古 あひどの[相殿]。

こうしき【公式】 近代 オフィシャル(official)。こうてき[公的]。せいき[正規]。フォーマル(formal)。フォーミュラ(formula)。近世 おもてむき[表向]。こうぜん[公然]。せいしき[正式]。中世 おもて[表]。はかばかし[捗捗]。中古 おほやけごと[公事]。おほやけざま[公様]。おほやけし[公]。

—でないこと 近代 ひこうしき[非公式]。中古 うちうち[内内]。

—の試合 オフィシャルゲーム(official game)。こうしきせん[公式戦]。こうにんしあい[公認試合]。

こうしせい【高姿勢】 近代 かうあってき[高圧的]。ゐあってき[威圧的]。お高くとまる。近世 たかびしゃ[高飛車]。幅をきかす。中世 ゐたけだか[居丈高]。

こうしつ【皇室】 中世 くゎうてん[皇天]。ていしつ[帝室]。てうか[朝家]。竹の園。竹の園生(そのふ)。中古 くゎうくゎ[皇華]。すべむつ／すめむつ[皇睦]。上代 くゎうか[皇家]。くゎうしつ[皇室]。

—に関すること 中古 おほやけざま[公様]。

—の狩猟場 中世 ごれふば[御猟場]。

—の所有地 近世 ごりゃう[御領]。中世 ごれうしょ[御料所]。

こうじつ【好日】 近代 かじつ[佳日／嘉日]。近世 ねいじつ[寧日]。中世 かうじつ[好日]。上代 きちじつ[吉日]。

こうじつ【口実】 →**いいわけ**

こうして【斯】 近世 しかして[然／而]。中世 かうして[斯]。中古 かうて／かくて[斯]。上代 かくして[斯]。

—いるうちに 中古 かかるほどに[斯程]。

こうしゃ【巧者】 近代 うできき[腕利]。らうかう[老巧]。近世 らうれん[老練]。中世 かうしゃ[巧者]。かうしゅ[巧手]。じゅくれん[熟練]。めうしゅ[妙手]。中古 めいしゃう[名匠]。めいじん[名人]。上代 じゃうず[上手]。たつじん[達人]。

ごうしゃ【豪奢】 デラックス(deluxe)。近代 がうせい[豪勢]。ゴージャス(gorgeous)。近世 がうくゎ[豪華]。けんらん[絢爛]。しゃひ[奢靡]。ぜい[贅]。ぜいたく[贅沢]。はで[派手]。中世 がうしゃ[豪奢]。中古 けうしゃ[驕奢]。しゃし[奢侈]。

こうしゃくし【講釈師】 近代 かうだんし[講談師]。ぐんだんし[軍談師]。しゃくし[釈師]。だいだうかうしゃく[大道講釈]。近世 かうしゃくし[講釈師]。しゃく[釈]。つじかうしゃく[辻講釈]。

—の演ずる題目 近代 よみもの[読物]。

こうしゅ【巧手】 →**こうしゃ**

こうじゅ【口授】 くちづたえ[口伝]。近代 くちづて[口伝]。こうじゅ[口授]。近世 くぎ[口義]。中世 くけつ[口訣／口決]。くじゅ[口授]。中古 くちうつし[口移]。くでん[口伝]。上代 でんじゅ[伝授]。

こうしゅう【公衆】 近代 こうしゅう[公衆]。

みんしゅう［民衆］。中古しゅうみん［衆民］。たいしゅう［大衆］。
—の 近代パブリック(public)。
—の面前 中世くがい［公界］。ばなか［場中］。ひとまへ［人前］。上代ひとなか［人中］。

こうしゅう【講習】 近代かうざ［講座］。レクチャー(lecture)。近世かうしふ［講習］。中世かうぎ［講義］。かうず［講］。上代でんしふ［伝習］。
—会 けんきゅうしゅうかい［研究集会］。ワークショップ(workshop)。近代サマースクール(summer school)。ゼミナール(ドイツ Seminar)。

こうしゅけい【絞首刑】 近代いけい［縊刑］。近世しばりくび［縛首］。上代かうざい［絞罪］。
—の台 じゅうさんかいだん［十三階段］。

こうじゅつ【口述】 こうえん［口演］。近代こうじゅつ［口述］。近世ちんじゅつ［陳述］。ろんじゅつ［論述］。中世かいちん［開陳］。べんず［弁］。まうしのぶ［—のべる］［申述］。上代こうじゃう［口上］。
—筆記 中古ひつじゅ［筆受］。

こうじょ【皇女】 近世うちのみこ［内御子］。うちのひめみこ［内姫御子］。中世くゎうぢょ［皇女］。こうしゅ［公主］。中古ひめみや［姫宮］。わうぢょ［皇女］。上代ないしんわう［内親王］。ひめみこ［姫御子］。

こうじょ【控除】 近代けいげん［軽減］。げんさん［減算］。さくげん［削減］。近世こうぢょ［控除／扣除］。中世さしひく［差引］。ひきざん［引算］。

こうしょう【口承】→**いいつたえ**

こうしょう【交渉】 コンタクト(contact)。近代うちあはせ［打合］。かうせふ［交渉］。せっしょう［折衝］。せっしょく［接触］。だんぱん［談判］。ネゴシエーション(negotiation)。やりとり［遣取］。近世おりのり［降乗］。かけあひ［掛合］。かけひき［駆引／掛引／懸引］。しだん／じだん［示談］。せりふ［台詞／科白］。だんがふ［談合］。はなしあひ［話合］。わたり［渡］。
—が進まない 近代ていとん［停頓］。デッドロック(deadlock)。なんかう［難航］。
—が成立しない 近代けつれつ［決裂］。中古ふてう［不調］。
—が成立する 近代だけつ［妥結］。話が付く。近世がふい［合意］。
—がない 近代ぼつかうせふ［没交渉］。
—の準備工作 ねまわし［根回］。近世渡りを付く［—付ける］。
外部や外国との— 近代ぐゎいかう［外交］。こくかう［国交］。しうかう［修好／修交］。
酒席でのなごやかな— 近代そんそせっしょう［樽俎折衝］。
男女が—を絶つ 中古あとを絶つ。
強い調子の— 近代こはだんぱん［強談判］。
非公式の— ないこうしょう［内交渉］。ねまわし［根回］。よびこうしょう［予備交渉］。
労使の— だんこう［団交］。近代だんたいかうせふ［団体交渉］。

こうしょう【高唱】 中世かうぎん［高吟］。かうしゃう［高唱］。中古かうか［高歌］。はうか［放歌］。はうぎん［放吟］。

こうしょう【高尚】 近代エレガント(elegant)。かうが［高雅］。かうきう［高級］。せんれん［洗練］。ノーブル(noble)。ハイブラウ／ハイブロー(highbrow)。近世うんじゃう［雲上］。じゃうひん［上品］。中世かうまい［高邁］。かうゑん［高遠］。みやびやか［雅］。中古かうしゃう［高尚］。たかし［高］。《句》近代大声(たいせい)里耳(りじ)に入らず。近世藜羹(れいかう)を食らふ者は大牢(たいらう)の滋味を知らず。
—・な言葉 近世きげん［危言］。

こうしょう【工匠】 近代ぎじゅつしゃ［技術者］。中世しょくにん［職人］。たくみ［巧］。中古だいく［大工］。上代こうしゃう［工匠］。

こうしょう【哄笑】 近代はうふくぜったう［抱腹絶倒］。ばくせう［爆笑］。わらひくづれる［笑崩］。わらひころげる［笑転］。顎(あご)が外れる。腹の皮が捩(よ)れる。腹の皮を縒(よ)る。近世こうせう［哄笑］。中世おほわらひ［大笑］。かかたいせう／かがたいせう［呵呵大笑］。たかわらひ［高笑］。腹を抱ふ［—抱える］。中古たかゑ［高笑］。→**わらい**

こうしょう【好尚】 近代しゅみ［趣味］。近世かうしゃう［好尚］。ふうしゃう［風尚］。中世しかう［嗜好］。中古このみ［好］。

こうじょう【口上】 近代いひかた［言方］。こうじゅつ［口述］。近世いひたて［言立］。すみつき［墨付］。せりふ［科白／台詞］。上代こうじゃう［口上］。
—で商いをする人 近代たんかうり［啖呵売］。たんかし［啖呵師］。とうざいや［東西屋］。ひろめや［広屋］。近世やし［香具師］。
—で手間取ること 近世くちでま［口手間］。
—を長々と述べること 近世はしらだて［柱立］。
商いの— 近世あきなひぐち［商口］。中世い

ひたて［言立］。

表面だけの― 近世 さやぐち［鞘口］。

いろいろな―（例）近世 きりこうじゃう［切口上］。近代 まへこうじゃう［前口上］。ながこうじゃう［長口上］。にげこうじゃう［逃口上］。

こうじょう【工場】 さぎょうじょう［作業場］。ファクトリー(factory)。近代 こうぢゃう［工場］。こうば［工場］。さげふば［作業場］。近世 せいさくしょ［製作所］。せいざうしょ［製造所］。

戦時に武器等を製造した― 近代 こうしゃう［工廠］。

町中の小さな― まちこうば［町工場］。

こうじょう【厚情】 近代 にんじゃうみ［人情味］。近世 かうい［好意］。こうし［厚志］。こうじゃう［厚情］。しんみ［親身］。とくし［篤志］。中世 こうい［厚意］。しんせつ［親切／深切］。をんじゃう［温情］。中古 おんじゃう［恩情］。こころざし［志］。

《尊》近代 かうはい［高配］。中古 はうし［芳志］。はうじゃう［芳情］。はうしん［芳心］。

こうじょう【向上】 ステップアップ(step up)。プログレス(progress)。近代 アップ(up)。しんうはむき［上向］。じゅくたつ［熟達］。しんくゎ［進化］。しんちゃう［伸張］。しんてん［進展］。ぜんしん［前進］。にっしんげっぽ［日進月歩］。はってん［発展］。腕が上がる。手が上がる。近世 かうじゃう［向上］。じゃうしん［上進］。のぶ［のびる］［伸］。はったつ［発達］。中世 しふじゅく［習熟］。じゃうたつ［上達］。しんぽ［進歩］。中古 あがる［上］。すすむ［進］。→**しんぽ**

こうじょう【交情】 →**こうぎ【交誼】**

こうじょう【恒常】 近代 あんてい［安定］。こうじゃう［恒常］。近世 いってい［一定］。ふえき［不易］。中世 じゃうぢゅ［常住］。中古 ふへん［不変］。上代 じゃうぢゅう［常住］。

ごうじょう【強情】 近代 いぢはり［意地張］。鼻っ端がうれい［剛戻］。ぐゎんこ［頑固］。鼻っ柱(ぱしら)が強い。鼻っ柱(ぱし)が強い。近世 いぢっぱり［意地張］。いっこく［一刻／一国］。がうつくばり［強突張］。がうふく［剛愎］。がづよし［我強］。がまん［我慢］。ごふつくばり［業突張］。じゃうっぱり／じゃうはり［情張］。どうばり［胴張］。中世 いってつ［一徹］。がい［雅意］。がうじゃう［強情／剛情］。かたいぢ［片意地］。じゃうごは［情強］。じゃうしき［情識］。我が強い。中古 おずし／おぞし／おぞまし［悍］。がい［我意］。かたくな／かたくなし［頑］。こころごはし／こころづよし［心強］。こはごはし［強強］。こはし［強］。しふねし［執念］。

―・なさま 中世 いちがい［一概］。ぎごは［義強］。ぐゎんぜん［頑然］。

―・な人 近世 いんごふもの［因業者］。がうじゃうもの［強情者］。かなてこおやぢ［鉄梃親父］。がにはりもの［我張者］。がまんもの［我慢者］。くせもの［曲者］。じゃうはりもの［情張者］。

―を張る 近世 じゃじゃばる。意地を張る。我(が)を我(が)に立つ。中世 こはばる［強張］。すねはたばる［拗］。情を張る。中古 あやにくがる／あやにくだつ［生憎］。

こうしょく【公職】 上代 こうむ［公務］。近代 こうしょく［公職］。こうよう［公用］。

―に就かず民間にあること 中古 ざいや［在野］。

―に就くこと 近代 ほうしょく［奉職］。

こうしょく【好色】 →**いろごのみ**

こう・じる【高】 ひどくなる。近代 かうじる［高／昂］。たかまる［高］。中世 つのる［募］。

こう・じる【講】❶〈説明〉 こうざ［講座］。近代 かうじる［講］。せつめい［説明］。近世 かうしふ［講習］。中世 かうぎ［講義］。

こう・じる【講】❷〈処置〉 たいしょ［対処］。近代 かうじる［講］。近世 しょち［処置］。

こう・じる【困】 →**こう・ずる**

こうしん【昂進】 近代 かうふん［昂奮／亢奮］。こうふん［興奮］。近世 かうしん［昂進／亢進］。どうき［動悸］。中世 かうず［高／昂／嵩］。たかぶる［高／昂］。

こうしん【行進】 近代 ぎゃうれつ［行列］。パレード(parade)。中世 かうしん［行進］。上代 すすむ［進］。

―曲 近代 マーチ(march)。

こうしん【更新】 かきかえ［書換／書替］。近代 かうかい［更改］。ぬりかへ［塗替］。上代 かうしん［更新］。

ファイルの― アップデート(update)。

こうしん【孝心】 →**こうこう【孝行】**

こうしん【後進】❶〈後退〉 近代 ぎゃくもどり［逆戻］。こうたい［後退］。さがる［下］。バック(back)。近世 あとしさり／あとじさり／あとしざり［後退］。あとずさり／あとずさり［後退］。あともどり［後戻］。しりさがり［尻下］。たいかう［退行］。中世 しさる／しざる［退］。すさる［退］。たいほ［退歩］。ひっこむ［引込］。もどる［戻］。中古 たいきゃ

こ

く［退却］。のく［退］。ひきさがる［引下］。上代ぎゃくかう［逆行］。しりぞく［退］。

こうしん【後進】❷〈後輩〉→**こうはい**

こうしん【口唇】 近代リップ(lip)。近世かうしん［紅唇］。こうしん［口唇］。上代くちびる［唇］。

口紅を付けたー かしん［花唇］。近代たんしん［丹唇］。近世こうしん［紅唇］。しゅしん［朱唇］。

こうしん【恒心】 ふどうしん［不動心］。近代だうぎしん［道義心］。へいじゃうしん［平常心］。近世こうしん［恒心］。中古だうしん［道心］。上代せっさう［節操］。

こうじん【幸甚】→**こうふく**

こうじんぶつ【好人物】 近代おひとよし［御人好］。近世かうじん［好人］。かうじんぶつ［好人物］。いい人。中古ぜんにん［善人］。

こうしんりょう【香辛料】 こうみりょう［香味料］。シーズニング(seasoning)。ちょうみりょう［調味料］。近代スパイス(spice)。中世かやく［加薬］。やくみ［薬味］。

ーのいろいろ(例) オールスパイス(allspice)。スパイシースパイス(spicy spice)。パプリカ(paprika)。フェネル／フェンネル(fennel)。ラーユ［辣油］。ローリエ(フランス laurier)。近代カリー／カレー(curry)。近世わさび［山葵］。

こうず【好事】 近世すいきゃう［酔狂／粋狂］。中世かうず［好事］。ものずき［物好］。ものみだかし［物見高］。中古かうじ［好事］。

こうず【構図】 えがら［絵柄］。こうせい［構成］。ストラクチャー(structure)。セッティング(setting)。レイアウト(layout)。近代こうづ［構図］。コンストラクション(construction)。コンポジション(composition)。近世くみたて［組立］。中世こうざう［構造］。はいち［配置］。はいれつ［配列］。ほねぐみ［骨組］。

写真のー カメラアングル(camera angle)。

こうずい【洪水】 近代いっすい［溢水］。けっすい［決水］。しゅっすい［出水］。しんすい［浸水］。近世いつりう［溢流］。おしみづ［押水］。たかみづ［高水］。中世たいすい［大水］。でみづ［出水］。中古おほみづ［大水］。はんらん［氾濫］。上代こうずい［洪水］。

ー調節のための堤防の切り欠き いつりゅうてい［溢流堤］。えつりゅうてい［越流堤］。

ーで浸水する地域 はんらんげん［氾濫原］。

ーで流されてなくなること 中古りうしつ［流失］。

ーで水をかぶること かんすい［冠水］。

ー等による災害 すいか［水禍］。近世すいくゎん［水患］。中世すいさい［水災］。すいそん［水損］。上代すいがい［水害］。すいなん［水難］。

ーと火災 近世すいくゎ［水火］。

ーと日照り 上代すいかん［水旱］。

秋のー 近世あきでみづ［秋出水］。

こうすいりょう【降水量】 こううりょう［降雨量］。近代うりゃう［雨量］。

こうずか【好事家】 近代すいきょうじん［酔興人］。ディレッタント(dilettante)。近世かうずか［好事家］。すいきゃう［酔狂／粋狂］。すいきゃうにん［酔狂人］。すいきょうもの［酔興者］。すきびと［好人］。中世すいきゃうじん［酔狂人］。ものずき［物好］。ものずきしゃ［物好者］。中古すきもの［好者］。

《句》近世亭主の好きな赤烏帽子(あかえぼし)。中世蓼食ふ虫も好き好き。

こう・する【抗】→**ていこう**

ごう・する【号】 ネーミング(naming)。近代めいめい［命名］。近世となふ［唱／称］。中世じしょう［自称］。めいうつ［銘打］。中古しょうす［称］。なのる［名乗／名告］。上代がうす［号］。

こう・ずる【困】 近代こんわく［困惑］。近世こまる［困］。たうわく［当惑］。中古こうず［困］。上代つかる［つかれる］［疲］。→**こま・る** →**つか・れる**

こうせい【公正】 フェア(fair)。近代ジャスティス(justice)。ふへん［不偏］。近世こうめい［公明］。ふへんふい［不偏不倚］。中世けんぱふ／けんぽふ［憲法］。せいたう［正当］。ちゅうせい［中正］。ちゅうだう［中道］。ちゅうよう［中庸］。むし［無私］。上代こうせい［公正］。こうへい［公平］。こうめいせいだい［公明正大］。

ーで私心がないこと 近代思ひ邪(よこしま)無し。上代こうへいむし［公平無私］。

ーで中立 上代ふへんふたう［不偏不党］。

ーでない ふめいろう［不明朗］。近代ふこうせい［不公正］。ふこうへい［不公平］。中世ふへい［不平］。

ーでなく偏っていること 近世えこひいき［依怙贔屓］。中世へんし［偏私］。中古へんぱ［偏頗］。

ー・な議論 中世こうろん［公論］。

この上なくー・なこと 上代しこう［至公］。

こうせい【更生】 近代 さいき［再起］。てんしゃう［転生］。ふくくゎつ［復活］。よみがへる［甦／甦］。近世 さいせい［再生］。てんせい［転生］。中世 かうせい［更生／甦生］。くゎいせい［回生］。さいこう［再興］。しんせい［新生］。たちなほる［立直］。中古 いきかへる［生返］。うまれかはる［生変］。そせい［蘇生／甦生］。→**いきかえ・る**

こうせい【更正】 近代 かいざう［改造］。かいぜん［改善］。かいりゃう［改良］。さっしん［刷新］。しうせい［修正］。ただす［正］。近世 かうせい［更正］。しゅせい［修正］。ていせい［訂正］。中世 かいへん［改変］。中古 あらたむ［―ためる］［改］。へんがい［変改］。上代 かいしん［改新］。かいせい［改正］。かうしん［更新］。ただす［正］。

こうせい【恒星】 近世 こうせい［恒星］。中古 ていせい［定星］。

―等の集団 せいだん［星団］。せいやこう［星野光］。

―の位置による区分 こうせいひょう［恒星表］。こうせいもくろく［恒星目録］。せいざ［星座］。せいひょう［星表］。

―の爆発 ノバ(nova)。

巨大な― ちょうきょせい［超巨星］。近代 きょせい［巨星］。

光度が変化する― 近代 へんくゎうせい［変光星］。

半径や光度の小さい― わいせい［矮星］。

こうせい【攻勢】 近代 こうせい［攻勢］。近世 こうげき［攻撃］。

―に出る 中世 しかく［―かける］［仕掛］。嵩にかかる。

こうせい【後世】 近代 じせだい［次世代］。近世 のちせ［後世］。のちのち［後後］。中古 しゃうらい［将来］。すゑ［末］。すゑのよ［末世］。まつだい［末代］。みらい［未来］。よのすゑ［世末］。上代 こうせい［後世］。こうたい／こうだい［後代］。のちのよ［後世］。→**あのよ** →**しょうらい【将来】**

―に伝える 上代 のこす［残／遺］。

―に残る 中古 のこる［残］。ふきう［不朽］。

―の記録 中世 こうき［後記］。

―の人 近世 こうしゃ［後者］。上代 こうじん［後人］。

―風になる 中古 とよる［外寄］。

名が―に残る 名を留める。近代 名を竹帛(ちくはく)に垂(た)る［―垂れる］。中古 名を残す。

こうせい【後生】 →**こうはい【後輩】**

《句》中世 後生(こうせい)畏(おそ)るべし。

こうせい【構成】 ストラクチャー(structure)。近代 アーキテクチャー(architecture)。オルガニゼーション(organization)。きこう［機構］。くみたて［組立］。こうせい［構成］。こうづ［構図］。コンストラクション(construction)。コンポジション(composition)。しくみ［仕組］。そしき［組織］。たいけい［体系］。ほねぐみ［骨組］。近世 こんだて［献立］。そせい［組成］。中世 こうざう［構造］。なりたち［成立］。中古 へんせい［編成］。

文学作品の―の例 近代 きしょうてんけつ［起承転結］。中古 じょはきふ［序破急］。

こうせい【校正】 あかじ［赤字］。こう［校］。近代 えつ［閲］。かうえつ［校閲］。朱を入れる。近世 かうてい［校訂］。ていせい［訂正］。中古 かうがふ／けうがふ［校合］。上代 かうせい［校正］。

《句》近代 書を校するは塵(ちり)を掃(はら)ふが如し。

―の完了 中世 けうれう［校了］。

―のための印刷 近代 かうせいずり［校正刷］。ゲラずり［galley 刷］。

校了後念のためにする― ねんこう［念校］。

最初の― 中古 しょかう［初校］。

二度目の― にこう［二校］。近代 さいかう［再校］。

ごうせい【合成】 コンポジット(composite)。近代 くゎがふ［化合］。せつがふ［接合］。とうがふ［統合］。ふくがふ［複合］。ゆうがふ［融合］。近世 がふいつ［合一］。けつがふ［結合］。中古 がったい［合体］。上代 がふせい［合成］。

―写真 フォトモンタージュ(photomontage)。モンタージュ(フランス montage)。

ごうせい【豪勢】 デラックス(deluxe)。近代 がうさう［豪壮］。がうせい［豪勢］。がうせい［強勢］。近世 おほてい［大体］。がうくゎ［豪華］。がうてき［強的／豪的］。がったり。ぜいたく［贅沢］。しゃひ［奢靡］。ぜい［贅］。中世 がうしゃ［豪奢］。中古 けうしゃ［驕奢］。しゃし［奢侈］。

―・にする 近世 うなる［唸］。

こうせいいん【構成員】 近代 こうせいゐん［構成員］。ゐゐん［委員］。くゎいゐん［会員］。せいゐん［成員］。ぶんし［分子］。メンバー(member)。中世 いちゐん［一員］。

―の決まった数 近代 ていゐん［定員］。

こうせき【功績】 近代 げふせき［業績］。こうくゎ［功科］。じせき［事績］。しゅくん［殊

勲]。メリット(merit)。〈近世〉みめ[見目]。〈中世〉きぼ[規模]。こうげふ[功業]。てがら[手柄]。〈中古〉こう[功]。こうみゃう[功名]。らう[労]。〈上代〉いさを[功]。いたはり[労]。くう[功]。くんこう[勲功]。くんせき[勲績]。こうくん[功勲]。こうせき[功績]。こうらう[功労]。

―が大きい家臣 《謙》〈近世〉すんこう[寸功]。せうこう[小功]。〈中世〉げんくん[元勲]。〈中古〉げんらう[元老]。

―で名誉を回復する 〈中世〉名を雪(すす)す(雪(そそ)ぐ)。

―と過失 〈近世〉こうざい[功罪]。〈中古〉くうくゎ[功過]。〈上代〉こうくゎ[功過]。

―も残し名誉も得る 〈中世〉功成り名遂ぐ[―遂げる]。

―を後から賞すること 〈上代〉ついしゃう[追賞]。

―を広く知らせること 〈近代〉けんしゃう[顕彰]。けんやう[顕揚]。しゃうこう[彰功]。

大きな― きょほ[巨歩]。〈近代〉きんじたふ[金字塔]。〈上代〉たいこう[大功]。

思いがけない― 〈近代〉きこう[奇功]。

軍事上の― 〈近代〉ぶくん[武勲]。ぶれつ[武烈]。〈中世〉せんこう[戦功]。〈中古〉ぐんこう[軍功]。ぶこう[武功]。

故人が遺した― 〈近代〉ゐこう[遺功]。〈中世〉せんれつ[先烈]。ぜんれつ[前烈]。ゐあい[遺愛]。〈上代〉ゐれつ[遺烈]。

長年の― 〈近世〉ねんこう[年功]。〈中世〉きうこう[旧功]。としのこう[年功]。

歴史に残る―を立てること 〈近代〉名を竹帛(ちくはく)に垂(た)る[―垂れる]。

こうせき【鉱石】 げんこう[原鉱]。〈近代〉くゎうせき[鉱石]。くゎうぶつ[鉱物]。そくゎう[粗鉱]。

―から金属を取り出す技術 〈近代〉やきん[冶金]。〈近世〉かねふき[金吹]。

―の中の金属の割合 〈近代〉ひんゐ[品位]。

―を探すこと たんこう[探鉱]。

―を掘ること 〈近代〉さいくつ[採掘]。さいくゎう[採鉱]。〈中古〉かねほり[金掘]。

地表から直接―を採掘する方法 おかぼり[陸掘]。ろてんぼり[露天掘]。

こうせき【航跡】 なみあと[波跡]。ふなあと[船跡]。

こうぜつ【口舌】 〈近代〉いひかた[言方]。いひぶり[言振]。くちっぷり[口振/口吻]。はなしくち[話口]。はなしぶり[話振]。〈近世〉ことばつき[言葉付]。〈中世〉くちぶり[口振/口吻]。〈中古〉くちさき[口先]。ことばづかひ[言葉遣]。べんぜつ[弁舌]。ものいひ[物言]。〈上代〉こうぜつ[口舌]。ことば[言葉]。

こうせん【口銭】 コミッション(commission)。〈近代〉しうせんれう[周旋料]。てすうれう[手数料]。くちせん[口銭]。〈近世〉うはまい[上米]。うはまへ[上前]。こうせん[口銭]。かすり[掠/擦]。上前(上米)を撥ぬ[―撥ねる]。

―を取る 〈近代〉鞘を取る(抜く)。〈近世〉かすり

こうせん【光線】 〈近代〉ライト(light)。〈近世〉かがやき[輝/耀]。くゎうせん[光線]。〈中世〉きらめき[煌]。くゎうき[光輝]。〈中古〉あかり[明]。くゎうばう[光芒]。くゎうみゃう[光明]。〈上代〉くゎうさい[光彩]。ひかり[光]。

―が一点に集まること しゅうそく[収束/集束]。しゅうれん[収斂]。

―が四方に広がること 〈近代〉はっさん[発散]。こうそく[光束]。

―の集まり こうせんそく[光線束]。

―を集める しゅうこう[集光]。

―を当てる とうこう[投光]。〈近代〉いこむ[射込]。せうしゃ[照射]。

―を取り入れる 〈近代〉さいくゎう[採光]。

太陽の― にっしょう[日照]。〈近代〉たいやうくゎう[太陽光]。てんぴ[天日]。にっしゃ[日射]。〈近世〉ひざし[日射]。〈中古〉にっくゎう[日光]。やうくゎう[陽光]。

人の目に見えない―の例 〈近代〉エックスせん[X線]。しぐゎいせん[紫外線]。せきぐゎいせん[赤外線]。レントゲン(ドイツ Röntgen)。

人の目に見える― かしこうせん[可視光線]。

人の目やカメラに向かう― 〈近代〉ぎゃくくゎう[逆光]。

こうせん【抗戦】 〈近代〉おうせん[応戦]。かうさう[抗争]。かうせん[抗戦]。

こうぜん【公然】 〈近代〉オープン(open)。おほっぴら。おほやけ[公]。〈近世〉あけすけ。おもてむき[表向]。こうぜん[公然]。てんかごめん[天下御免]。〈中世〉おもてだつ[表立]。〈中古〉おほやけざま[公様]。

―と 天下晴れて。〈近世〉おっぴらく[開]。はれて[晴]。権柄(けんぺい)晴れて。世間晴れて。〈中世〉いささめに。

―と言う 〈近世〉へうばう[標榜]。やうげん[揚言]。〈中世〉表に立つ[―立てる]。

―と振る舞う 〈近代〉こうかう[公行]。〈中古〉うけばる[受張]。

こうぜん【昂然】 いきさかん[意気盛]。〈近代〉

いきけんかう［意気軒昂］。かうかうぜん［昂然］。中世かうぜん［昂然／高然］。けっきさかん［血気盛］。

こうぜん【浩然】 近代おほらか［大／多］。中世かうぜん［浩然］。のびのび［伸伸／延延］。ゆったり。中古ひろびろ［広広］。

こうそ【酵素】 エンザイム(enzyme)。エンチーム(ドイツEnzym)。近代かうそ［酵素］。

消化液中に含まれる— しょうかこうそ［消化酵素］。

無機イオンを輸送する— イオンポンプ(ion pump)。

こうそ【皇祖】 近世くゎうそ［皇祖］。中世すめみおや［皇御祖］。上代あまつみおや［天御祖］。

こうぞ【楮】 かぞ［楮］。近世かうず［楮］。かど。中古かうぞ［楮］。上代たく［楮］。

こうそう【構想】 みらいぞう［未来像］。近代きと［企図］。こうさう［構想］。さう［想］。すぢがき［筋書］。せっけい［設計］。ビジョン(vision)。プラン(plan)。プロジェクト(project)。近世こうし［構思］。もくろみ［目論見］。中古あん［案］。

物語等の— 近代すぢがき［筋書］。プロット(plot)。近世すぢ［筋］。

こうそう【訌争】 うちゲバ［内ドイツGewalt］。近代うちわもめ［内輪揉］。こうさう［訌争］。上代ないらん［内乱］。

こうそう【抗争】 近代あつれき［軋轢］。かうさう［抗争］。ごたごた。わたりあふ［渡合］。角突き合はせる。近世かうせん［抗戦］。中世いさかひ［諍／闘諍］。ふんさう［紛争］。蛮触(ばんしょく)の争ひ。中古蝸牛の角の争ひ。上代あらそひ［争］。

こうそう【高僧】 近代だいをしゃう［大和尚］。近世ぜんし／ぜんじ［禅師］。中世くゎしゃう／わじゃう［和尚／和上］。げいか［猊下］。こぶつ［古仏］。しゃうにん［聖人／上人］。ほとけ［仏］。みゃうしゃう／めいしゃう［明匠］。をしゃう［和尚］。中古かうそう［高僧］。だいとく／だいとこ［大徳］。ひじり［聖］。→**そう【僧】**

—の座る所 近代げいざ［猊座］。上代ししざ［獅子座］。獅子の座。

—の死 中世ゑんじゃく［円寂］。中古せんげ［遷化］。にふぢゃう［入定］。にふめつ［入滅］。ねはん［涅槃］。上代じゃくめつ［寂滅］。

—のようである 中古ひじりだつ［聖立］。

一宗を代表する— 中世ほふとう［法灯］。

先代の— 中世せんとく／せんどく［先徳］。そし［祖師］。

俗事に心を動かさない— 中世いしひじり［石聖］。

こうぞう【構造】 ストラクチャー(structure)。わくぐみ［枠組］。近代アーキテクチャー(architecture)。きこう［機構］。くみあはせ［組合］。こうせい［構成］。こうづ［構図］。コンストラクション(construction)。システム(system)。そしき［組織］。そせい［組成］。フレーム／フレームワーク(framework)。メカニズム(mechanism)。近世かかり［掛／懸］。からくり［絡繰］。しかけ［仕掛］。しくみ［仕組］。中世かまへ［構］。きぼ［規模］。くみたて［組立］。なりたち［成立］。ほねぐみ［骨組］。中古けっこう［結構］。こうざう［構造］。つくり［造］。

外へ突き出た— 近世かけだし［掛出］。

橋や鉄道などを支える— 近代かだい［架台］。

文章の— こうぶん［構文］。

ごうそう【豪壮】 近代がうさう［豪壮］。ゆうだい［雄大］。中世がうせい［豪勢］。さうだい［壮大］。上代さうれい［壮麗］。

こうそうけんちく【高層建築】 こうそうビル［高層building］。近代かうそうけんちく［高層建築］。まてんろう［摩天楼］。

こうそく【拘束】❶〈監禁〉 近代かんきん［監禁］。くゎんづめ［缶詰］。こうきん［拘禁］。なんきん［軟禁］。よくりう［抑留］。近世おしこめ［押込］。中世こうそく［拘束］。こうち［拘置］。中古きんこ［禁固］。→**かんきん**

こうそく【拘束】❷〈制約〉 近代こうそく［拘束］。せいやく［制約］。近世かせぐひ［枷杭］。てがね［手鉄］。てぐさり［手鎖］。てぢゃう［手錠］。ほだ［絆］。中世かせ［枷］。しっこく［桎梏］。そくばく［束縛］。中古きそく［羈束］。きはん［羈絆］。きび［羈縻］。せいげん［制限］。はんろう［樊籠］。上代かし［枷］。しばる［縛］。

—する器具 近代かいぐ［戒具］。

こうそく【高速】 近代かうそく［高速］。かうそくど［高速度］。ハイスピード(high speed)。

—道路 だんがんどうろ［弾丸道路］。ハイウエー(highway)。

こうそく【校則】 近代かうき［校規］。かうそく［校則］。がくそく［学則］。

こうそく【梗塞】 近世かうそく［梗塞］。中世つまる［詰］。へいそく［閉塞］。上代ふさが

る［塞］。

こうぞく【皇族】 近代 みやさま［宮様］。中世 きんしぎょくえふ［金枝玉葉］。しんえい［神裔］。ちくゑん［竹園／竹苑］。てうか［朝家］。りゃうゑん［梁園／梁苑］。わうし［王氏］。雲の上人。竹の園。竹の園生(ふその)。中古 ぎょくえふ［玉葉］。みや［宮］。わかんどほり。上代 くゎうか［皇家］。くゎうしん［皇親］。くゎうぞく［皇族］。そうしつ［宗室］。

―の家 近世 みやけ［宮家］。

―の子孫 中古 けいし［瓊枝］。わかみや［若宮］。

―の来臨 近代 たいりん［台臨］。

世間から忘れられた― 中古 ふるみや［古宮］。

不遇な― 中古 なまみや［生宮］。

ごうぞく【豪族】 近世 どがう［土豪］。中古 がうぞく［豪族］。上代 がうけ［豪家］。

こうたい【交替】 チェンジ(change)。ローテーション(rotation)。近代 かうくゎん［交換］。かうご［交互］。かうてつ［更迭］。かはりばんて［代番］。だいがへ／だいたい［代替］。入れ替はり立ち替はり。近世 うってがへ［打替］。おきかへ［置換］。かたみがはり［互替］。かはりばん／かはりばんこ［代番］。ばんだい［番代］。ばんて［番手］。中世 いれかへ［入換］。かはるがはる［代代］。けうたい［交代／交替］。りんばん［輪番］。中古 かはり［代］。ひきかへ［引替］。上代 かうたい［交替／交代］。

―・させる 中古 いれかふ［―かへる］［入換］。おきかふ［―かへる］［置換］。すげかふ［―かへる］［挿替］。上代 かふ［かへる］［換／代／替］。

―・して 近代 いれかはり［入代］。たちかはり［立代］。入れ替はり立ち替はり。

―・する 近代 とってかはる［取代］。近世 でかはる［出替］。中世 いれかはる［入替／入代］。中古 うちかはる［打代／打替］。さしかはる［差代］。たちかはる［立替］。上代 かはる［代／替］。

ひと月ごとの― 中世 つきがはり［月代］。

こうたい【後退】 こうしん［後進］。近代 ぎゃくもどり［逆戻］。こうたい［後退］。さがる［下］。てったい［撤退］。はいしん［背進］。バック(back)。近世 あとしさり／あとじさり／あとしざり［後退］。あとずざり／あとずさり［後退］。あともどり［後戻］。しりさがり［尻下］。たいかう［退行］。中世 しさる／しざる［退］。すっこむ。たいほ［退歩］。ひっこむ［引込］。もどる［戻］。中古 しぞく［退］。たいきゃく［退却］。のく［退］。上代 ぎゃくかう［逆行］。しりぞく［退］。

勢いに押されて―・する 近世 しりごみする［後込／尻込］。中世 たぢろぐ。中古 ひるむ［怯］。

こうだい【広大】 近代 かうだい［浩大］。くゎうくゎつ［広闊／宏闊］。こうだい［弘大］。くゎつだい［闊大］。近世 くゎうばく［広漠／宏漠］。くゎつだい［闊大］。中世 くゎうくゎう［広広／曠曠］。くゎうさう［広壮／宏壮］。中古 おほき［大］。かうかん［浩瀚］。くゎうだい［広大／宏大］。ひろびろ［広広］。べうばく［渺漠］。上代 おぎろ［頤］。おぎろなし［頤］。おほつち［大土］。たうぜん［蕩然］。ひろし［広］。

《句》近代 針を以て地を刺す。

こうだい【後代】 →こうせい【後世】

こうだい【高大】 近代 ぜっかう［絶高］。中世 りんくゎん［輪奐］。中古 かうだい［高大］。

こうたいごう【皇太后】 中世 こくも［国母］。たいこう［太后］。中古 おほきさいのみや［皇太后宮］。おほきさき［大后／太后］。おほみや［大宮］。ははきさき［母后］。ぼこう［母后］。上代 くゎうたいごう［皇太后］。

崩御した― 上代 くゎうひ［皇妣］。

こうたいし【皇太子】 近代 プリンス(prince)。中世 ぢきみや［直宮］。しゅんきゅう／はるのみや［春宮］。せいきゅう［青宮］。とうゐ［東闈］。りゅうろう／りょうろう［竜楼］。中古 ちょきゅう［儲宮］。ちょくゎう［儲皇］。ちょくん［儲君］。ちょわう［儲王］。とうぐう［東宮／春宮］。ばう［坊］。まうけのきみ［儲君］。みやすどころ／みやすんどころ［御息所］。上代 くゎうたいし［皇太子］。そらつひこ［空彦］。ひつぎのみこ［日嗣御子］。みこのみこと［皇子尊／皇子命］。みこのみや［東宮／春宮］。わうじ［王子／皇子］。

―の教育に当たる者 中世 とうぐうふ［東宮傅］。ふ［傅］。

―の位 中世 しんゐ［震位］。ちょゐ［儲位］。

―の車 近代 かくが［鶴駕］。

―の候補 中古 ばうがね［坊］。

―を立てる 近代 りっちょ［立儲］。中世 さくす［冊］。さくりつ／さくりふ［冊立］。ばうさだめ［坊定］。中古 りったいし［立太子］。

こうたく【光沢】 ラスター(luster)。近代 つやけ［艶気］。近世 かがやき［輝］。くゎうたく［光沢］。ぬめり［滑］。中世 きらめき［煌］。中古 つや［艶］。にほひ［匂］。上代 くゎうさ

い[光彩]。てり[照]。ひかり[光]。

―がある 近代メタリック(metallic)。近世つやつやし[艶艶]。中古つやめく[艶]。上代ひかる[光]。

―を消す 近代つやけし[艶消]。

―を出す 近代つやだし[艶出]。つやぶき[艶拭]。

▼擬態語 近代つるつる。ぴかぴか。ぴっかぴか。近世てかてか。中古つやつや[艶艶]。つややか[艶]。

こうたけ【革茸】 くろきのこ[黒茸]。近世かうたけ[革茸／皮茸]。しかたけ[鹿茸]。ししたけ[猪茸]。中古かはたけ[革茸／皮茸]。

ごうだつ【強奪】 近代しうだつ[収奪]。ホールドアップ(hold up)。近世はったり。ぶったくり[打手繰]。わうだつ[横奪]。中世おしとり／おしどり[押取]。がうだつ[強奪]。らんばう[濫妨／乱妨]。中古うばひとる[奪取]。うばふ[奪]。がうたう／がんだう[強盗]。

こうだん【講談】 近世かうしゃく[講釈]。中世かうだん[講談]。

―で演ずる題目 近代よみもの[読物]。

―を演ずる 近世よむ[読]。

―を演ずる人 近代かうだんし[講談師]。近世かうしゃくし[講釈師]。

―を専門とする寄席 近代しゃくば[釈場]。近世かうしゃくば[講釈場]。

政治などを題材にした― 近世せいだん[政談]。

世話物の― 近世せわかうだん[世話講談]。

短編の― 近世はもの[端物]。

こうだん【巷談】 近世かうだん[巷談]。せけんばなし[世間話]。せひゃう[世評]。ふうひゃう[風評]。中世うはさ[噂]。かうせつ[巷説]。ふうせつ[風説]。ふうぶん[風聞]。ふせつ[浮説]。風の便り。上代りうげん[流言]。→うわさ

ごうたん【豪胆】 →ごうほう【豪放】

こうち【拘置】 →こうそく【拘束】

こうち【荒地】 近代くゎうち[荒地]。中世あらち／あれち[荒地]。あれの[荒野]。けいきょく[荊棘]。上代あらの[荒野／曠野]。

こうち【高地】 近代かうち[高地]。だいち[台地]。ハイランド(highland)。中古かうげん[高原]。上代をか[岡／丘]。

こうち【狡知】 近世かうくゎつ[狡猾]。かうち[狡知／狡智]。わるぢゑ[悪知恵]。中世かんち[奸智／奸知／姦智]。

こうちく【構築】 近代けんざう[建造]。けんせつ[建設]。近世こうちく[構築]。ざうちく[造築]。ちくざう[築造]。中世くみたつ[―たてる][組立]。つくりあぐ[―あげる][作上]。ふしん[普請]。上代かまふ[かまえる][構]。きづく[築]。たつ[たてる][建]。→けんちく

こうちゃく【膠着】 身動きがとれない。近代かうちゃく[膠着]。どろぬま[泥沼]。近世くっつく。たちわうじゃう[立往生]。ねばりつく[粘着]。ねんちゃく[粘着]。二進(にっち)も三進(さっち)も行かぬ。中世てづまり[手詰]。ゆきづまる[行詰]。

こうちょう【好調】 あげしお[上潮]。かいちょう[快調]。ぜっこうちょう[絶好調]。近代かうてう[好調]。じゅんぷうまんぱん[順風満帆]。スムーズ(smooth)。波に乗る。弾みがつく。近世調子に乗る。中古はかがゆく。

《句》近世得手に帆を上ぐ[―上げる]。だんだんよくなる法華の太鼓。飛脚に三里の灸。中世流れに棹さす。

こうちょう【紅潮】 赤みがさす。近代あかみがかる[赤味掛]。こうてう[紅潮]。中古せきめん[赤面]。上代あかむ[赤]。あからむ[赤]。

こうちょう【高潮】 近代かうてう[高潮]。クライマックス(climax)。ぜっちゃう[絶頂]。まんてう[満潮]。

こうちょうかい【公聴会】 ヒアリング(hearing)。ちょうもんかい[聴聞会]。

こうちょく【硬直】 ごうちょく[強直]。近代かうくゎ[硬化]。かうちょく[硬直]。中世きゃうちょく[強直]。こはばる[強張]。しゃきばる。すくばる[竦]。

ごうちょく【剛直】 こうしつ[硬質]。近世がうゆう[剛勇／豪勇]。中世がうけん[剛健]。がうちょく[剛直]。きゃうちょく[強直]。上代がうき[剛毅／豪毅]。

気性が―・なさま 近代かんかん[侃侃]。

こうちん【工賃】 近代こうせん[工銭]。こうちん[工賃]。らうきん[労金]。らうぎん[労銀]。らうちん[労賃]。らうれう[労料]。近世てまだい[手間代]。中世てまちん[手間賃]。

こうつう【交通】 近代トラフィック(traffic)。中世いきき[行来／往来]。中古かよひ[通]。つうかう[通行]。上代かうつう[交通]。わうらい[往来]。

―ができない こうつうまひ[交通麻痺]。

中古ふつう[不通]。

―機関の定期的に通る路 くうろ[空路]。シーレーン(sea lane)。どうみゃく[動脈]。近代かうつうまう[交通網]。かんせん[幹線]。せん[線]。せんろ[線路]。ろせん[路線]。近世かうろ[航路]。

―機関の発着するところ(終点の意味) ターミナル(terminal)。

―事故 じんしんじこ[人身事故]。ぶっそんじこ[物損事故]。もらいじこ[貰事故]。りんか[輪禍]。近代かうつうくゎ[交通禍]。

―手段 あし[足/脚]。ゆそうしゅだん[輸送手段]。中古のりもの[乗物]。

―にかかる費用 こうつうひ[交通費]。つうこうりょう[通行料]。近代あしだい[足代]。くるまだい[車代]。中古うんちん[運賃]。


こうつごう【好都合】 さいてき[最適]。近代かうつがふ[好都合]。かうてき[好適]。こころあひ[頃合]。願ったり叶ったり。願ってもない。中世かうこ[好個]。かくかう[格好]。かっかう[恰好]。くきゃう/くっきゃう[究竟]。ぜっかう[絶好]。ちょうでふ[重畳]。便良し。中古渡りに船を得う。上代びんぎ[便宜]。

《句》近代鴨が葱を背負しょって来る。近世あいた口へぼた餅。

―・な方へ乗り換える 近世牛を馬に乗り替ふ[―替える]。

こうてい【行程】 近代プロセス(process)。中世けいろ[経路]。みちのり[道程]。りょてい[旅程]。中古だうてい[道程]。上代かうてい[行程]。ろてい[路程]。
一日の― 中世いちにちぢ/ひとひぢ[一日路]。

こうてい【高低】 近代でこぼこ[凸凹]。近世きふく[起伏]。けんち[軒輊]。だくぼく[凸凹]。だっくりぼっくり。中世あふとつ[凹凸]。たかひく[高低]。中古かうてい[高低]。上代かうげ[高下]。

―の差 だんさ[段差]。らくさ[落差]。

―の測量 近代すいじゅんそくりゃう[水準測量]。


こうてい【皇帝】 近代エンペラー(emperor)。キング(king)。中世くんしゅ[君主]。中古わう[王]。上代くゎうてい[皇帝]。げんしゅ[元首]。こくしゅ[国主]。ていわう[帝王]。てんし[天子]。

―の支配する国 近世ていこく[帝国]。

―の先生 中古ていし[帝師]。ていふ[帝傅]。

―の妻 近代エンプレス(empress)。中世くゎうぐう[皇后]。中古きさい[后/皇后]。ひ[妃]。上代きさき[后/妃]。みめ[御妻]。

こうてい【公邸】 近世くゎんてい[官邸]。上代くゎんしゃ[官舎]。

こうてい【肯定】 近代こうてい[肯定]。しょうにん[承認]。ぜにん[是認]。近世さんせい[賛成]。中世うけがふ[肯]。しゅこう[首肯]。中古うなづく[頷/肯]。がへんず[肯]。しょうだく/じょうだく[承諾]。しょうち[承知]。どうい[同意]。上代うべなふ[宜]。
―・する言葉(例) 近代イエス(yes)。ウイ(フランスoui)。ええ。オーケー(OK)。オーライ(all right)。ヤー(ドイツja)。近世はい。中世うん。

こうてい【高弟】 近代いっそく[逸足]。近世かうそく[高足]。高足の弟子。中世かうてい[高弟]。しんそく[神足]。

こうでい【拘泥】 こしつ[固執]。近代こうでい[拘泥]。こだはる[拘]。とらはれる[捕/囚]。中世かかはる[関/係]。かまく(かまける)[感]。こしふ[固執]。しふしん[執心]。ぢゅうす[住]。気に掛かる。気に掛く[―掛ける]。中古しふちゃく/しふぢゃく[執着]。上代なづむ[泥/滞]。

こうてき【公的】 こうしき[公式]。こうてき[公的]。近代おもてざた[表沙汰]。パブリック(public)。近世こうきょう[公共]。こうぜん[公然]。中世おもてむき[表向]。中古おほやけ[公]。おほやけおほやけし[公公]。おほやけがた[公方]。はれ[晴/霽]。

こうてき【好適】 近代かうつがふ[好都合]。かうてき[好適]。てきがふ[適合]。近世あつらへむき[誂向]。うってつけ[打付]。てきせつ[適切]。むく[向]。中世あたふ[能]。ありつかはし[有付]。かうこ[好個]。かくかう[格好]。かっかう[恰好]。げにげにし[実実]。ことよろし[事宜]。ぜっかう[絶好]。てきたう[適当]。にあはし[似合]。にあひ[似合]。中古ありつく[有付]。あるべかし[有]。おふ[負]。さるべき/さんべき/しかるべき[然]。たる[足]。つきづきし[付付]。につかはし[似付]。ふさはし[相応]。よろし[宜]。上代ふさふ[相応]。
《句》近世割れ鍋に綴ぢ蓋。

こうてきしゅ【好敵手】 近代ライバル(rival)。近世かうてきしゅ[好敵手]。
囲碁の― 近世ごがたき[碁敵]。

こうてつ【更迭】 近代 いどう[異動]。かいにん[解任]。かうてつ[更迭]。めんしょく[免職]。中世 かいしょく[解職]。上代 かいえき[改易]。かうたい[交替]。

こうてつ【鋼鉄】 近代 かうてつ[鋼鉄]。スチール(steel)。中世 はがね[鋼]。中古 くろがね[鉄]。上代 てつ[鉄]。

―の線 近代 かうせん[鋼線]。中世 はりがね[針金]。

こうてん【好天】 近世 じゃうてんき[上天気]。中世 はれわたる[晴渡]。中古 くゎいせい[快晴]。せいてん[晴天]。はれ[晴]。ひより[日和]。

こうてん【後天】 アポステリオリ(ラテ a posteriori)。かくとくけいしつ[獲得形質]。かんきょうへんい[環境変異]。ほうこうへんい[彷徨変異]。近世 こうてん[後天]。

こうてん【荒天】 あくてん[悪天]。近代 あくてんこう[悪天候]。ストーム(storm)。近世 しけ[時化]。あからしまかぜ[暴風]。中世 ぼうふうう[暴風雨]。上代 あかしまかぜ[暴風]。あらし[嵐]。ぼうふう[暴風]。

―が来そうな様子 あれげしき[荒気色]。近代 あれもやう[荒模様]。

こうでん【香奠】 おはなりょう[御花料]。たまぐしりょう[玉串料]。近代 ごれいぜん[御霊前]。せんかうだい[線香代]。てうゐきん[弔慰金]。近世 かうれう[香料]。ぶしうぎ[不祝儀]。中世 かうし[香資]。かうでん[香奠/香典]。

こうど【高度】 ハイクラス(high class)。ハイレベル(high-level)。近代 かうきふ[高級]。近世 かうど[高度]。中古 たかさ[高]。

こうとう【皇統】 近代 くゎうけい[皇系]。ていとう[帝統]。中世 くゎうえい[皇裔]。みもすそがはのすゑ[御裳濯川末]。わうとう[王統]。中古 くゎういん[皇胤]。すべらぎ[天皇]。上代 くゎうとう[皇統]。すめみま[皇御孫]。すめらき/すめらぎ/すめろぎ[天皇]。

こうとう【口頭】 近代 オーラル(oral)。したさき[舌先]。中世 くちさき[口先]。こうとう[口頭]。中古 ものいひ[物言]。

―で教えること くちづたえ[口伝]。近代 くちづて[口伝]。近世 くぎ[口義]。こうじゅ[口授]。中世 くけつ[口訣/口決]。くじゅ[口授]。中古 くちうつし[口移]。くでん[口伝]。

―で述べること 近代 きょうじゅつ[供述]。こうきょう[口供]。じゅっこく[述告]。近世 くたつ[口達]。ちんじゅつ[陳述]。中世 こうたつ/こうだつ[口達]。上代 こうじゃう[口上/口状]。

―の 近世 オーラル(oral)。

こうとう【高等】 →**こうきゅう【高級】**

こうとう【高踏】 中世 かうたふ[高踏]。かうまい[高邁]。かうゑん[高遠]。中古 かうしゃう[高尚]。

こうとう【高騰】 じょうとう[上騰]。ねあがり[値上]。近代 かうとう[高騰]。とうき[騰貴]。

こうどう【行動】 ビヘイビア(behavior)。近代 アクション(action)。かうゐ[行為]。きょ[挙]。げんどう[言動]。モーション(motion)。近世 かうどう[行動]。ぎゃうさ[行作]。しうち[仕打]。しかた[仕方]。中世 かうせき[行跡]。くゎつどう[活動]。げんかう[言行]。しょぎゃう[所行]。しょさ[所作]。どうさ[動作]。中古 いでいり[出入]。きょどう[挙動]。しわざ[仕業]。上代 おこなひ[行]。しょげふ[所業]。しんたい[進退]。ふるまひ[振舞]。→**ふるまい**

《句》近代 屋漏(をくろう)に愧(は)ぢず。近世 盗人(ぬすっと)の昼寝。

―・する 中世 たちふるまふ[立振舞]。中古 うごく[動]。ふるまふ[振舞]。上代 おこなふ[行]。

―に向かわせる 上代 かる[駆/駈]。

―の妨げとなるもの 中古 ほだし[絆]。

―の目的(原因) 近代 どういん[動因]。よくきう[欲求]。近世 どうき[動機]。

―は同じで違うことを考えること 近代 どうしゃういむ[同床異夢]。

―を起こさない 近代 みおくる[見送]。中古 つつむ[慎]。ひかふ[ひかえる][控]。

―を起こす掛け声 さて[扨/扠/偖]。近世 さあ。中世 どりゃ。どれ。どれどれ。

―を起こすこと 近代 けっき[決起/蹶起]。狼煙(のろし)(狼烟/烽火)をあげる。中世 たちあがる[立上]。たつ[立]。

―を共にする 近代 袂を連ねる。近世 つるむ[連]。つれ[連]。中古 つれだつ[連立]。るいす[類]。

今までの― 近世 ぎゃうせき[行跡]。

大勢を指揮して―・させる 上代 おこす[興]。

思ったとおりすぐ―・する 近代 けいかう[径行]。

極めてはやい― 中古 ちくてん/ちくでん[逐電]。

好ましくないー 身持ちが悪い。近代ふしだら。ふひんかう[不品行]。近世しだら。ふぎゃうじゃう[不行状]。ふぎゃうせき[不行跡]。

自分の能力等をわきまえずにー・する 近代身の程知らず。

尋常でないー 近代かみがかり／かんがかり[神懸／神憑]。近世きかう[奇行]。

他に先んじてー・する 中世さきばしる[先走]。

痛快なー 近代くゎいきょ[快挙]。

何かの刺戟で起こすー 近代はんおう[反応]。

発作的にー・しようとする心 近代しょうどう[衝動／衝撞]。

無分別なー 近代ばうどう／まうどう[妄動]。

利害を計算して後ー・する けいさんずく[計算尽]。近代そんとくづく[損得尽]。

こうどう【坑道】→**こうざん【鉱山】**

ごうとう【強盗】 近代たたき[叩]。近世あらかせぎ[荒稼]。あらしごと[荒仕事]。おしこみがうとう[押込強盗]。がんだう／がんどう[強盗]。ぞくと[賊徒]。中世いりどり[入取]。おしいり[押入]。おしこみ[押込]。おひはぎ[追剝]。おんぞく[怨賊]。がうだう[強盗]。がうだつ[強奪]。やたう[夜盗]。ようち[夜討]。中古がうたう[強盗]。ぞく[賊]。ぞくしゅ／ぞくしゅう[賊衆]。上代ぞくたう[賊党]。たうぞく[盗賊]。ぬすびと[盗人]。

ーに入る 中世強盗(がんだう)打つ。

盗みに入ってーになること 近代ゐなほり／ゐなほりがうたう[居直強盗]。

道端で待ち伏せして襲うー 近代つじがうたう[辻強盗]。中世おひはぎ[追剝]。

ごうどう【合同】 あわさる[合]。いったいか[一体化]。いっぽんか[一本化]。ジョイント(joint)。れんけい[連携]。近代がっぱい／がっぺい[合併]。きょうどう[共同]。ユニティー(unity)。近世いっしょ[一所／一緒]。がふいつ[合一]。がふどう[合同]。けつがふ[結合]。れんがふ[連合]。中古あはす[あわせる][合]。がったい[合体]。がふじゃう[合成]。上代がふせい[合成]。へいがふ[併合]。

こうとく【公徳】 近代こうきょうしん[公共心]。こうしゅうだうとく[公衆道徳]。こうとく[公徳]。

こうない【構内】 しきちない[敷地内]。たてものない[建物内]。近代こうない[構内]。

大学のー 近代キャンパス(campus)。

こうなん【後難】 近代あとくされ[後腐]。後顧の憂ひ。中世こうなん[後難]。上代こうくゎん[後患]。

こうにゅう【購入】 近代あがなふ[購]。かひあげる[買上]。こうにふ[購入]。こうばい[購買]。近世こうきう[購求]。中世かひいる[ーいれる][買入]。かひうく[ーうける][買受]。かひもとむ[ーもとめる][買求]。中古かひとる[買取]。上代かふ[買]。

こうにん【公認】 近代オーソライズ(authorize)。オフィシャル(official)。こうきょ[公許]。こうてい[公定]。こうにん[公認]。せいき[正規]。にんか[認可]。近世くゎんきょ[官許]。せいしき[正式]。てんかごめん[天下御免]。中古めんきょ[免許]。

ー記録 オフィシャルレコード(official record)。

ー試合 オフィシャルゲーム(official game)。

ー・する 中古ゆるす[許]。

こうにん【後任】 近代あとがま[後釜]。こうにん[後任]。

こうにん【降任】 かくさげ[格下]。こうかく[降格]。こうきゅう[降級]。こうしょく[降職]。上代させん[左遷]。

こうねつ【高熱】 近代かうねつ[高熱]。しゃくねつ[灼熱]。中世だいねつ[大熱]。

ーが数時間で平熱に下がること 近世ぶんり[分利]。

ーで白く輝くこと 近代はくねつ[白熱]。

こうねん【後年】 中世たねん[他年]。のちざま[後様／後方]。中古こうねん[後年]。しゃうらい[将来]。上代こうせい[後世]。

こうねん【高年】→**こうれい【高齢】**

こうのう【効能】→**ききめ**

こうのとり【鸛】 近世こふづる[鸛鶴]。こふのとり[鸛]。上代こふ[鸛]。

こうは【硬派】 きょうこうは[強硬派]。たかは[鷹派]。近代かうは[硬派]。

こうば【工場】→**こうじょう【工場】**

こうはい【興廃】→**こうぼう【興亡】**

こうはい【後輩】 近代おとうとでし[弟弟子]。こうにん[後任]。近世としした[年下]。中世こうはい[後輩]。上代こうがく[後学]。こうしん[後進]。こうせい[後生]。

《謙》近代わかざう[若造]。わかぞう[若僧]。近世けいはい[軽輩]。みじゅくもの[未熟者]。中世じゃくはい[若輩／弱輩]。まつがく[末学]。まっぱい[末輩]。

《句》中世後生(こうせい)畏(おそ)るべし。

ーを指導すること 中古ていぜい[提撕]。

こうはい【交配】 かけあわせ[掛合]。近代 かうざつ[交雑]。かうはい[交配]。かける[懸/掛]。ざっかう[雑交]。たねつけ[種付]。
ーで子孫を作り得ること にんせい[妊性]。ねんせい[稔性]。

こうはい【向背】 近代 かうはい[向背]。かざむき[風向]。くもゆき[雲行]。すうせい[趨勢]。てうりう[潮流]。どうかう[動向]。近世 すうかう[趨向]。なりゆき[成行]。中古 じせい[時勢]。どうせい[動静]。

こうはい【光背】 こうりん[光輪]。しんこう[身光]。近代 ハロー(halo)。近世 くゎうはい[光背]。中世 かさごくゎう/からかさごくゎう[傘後光]。ごくゎう[後光]。中古 づくゎう/とうくゎう[頭光]。上代 ゑんくゎう[円光]。
舟形のー 近代 ふながたくゎうはい[舟形光背]。ふなごくゎう[舟後光]。

こうはい【荒廃】 近代 さびれる[寂/荒]。すさむ[荒]。近世 たいはい[頽廃/退廃]。中世 はいたい[廃頽]。中古 あばる[荒]。あるあ[あれる][荒]。あれはつ[—はてる][荒果]。くゎうりゃう[荒涼]。上代 くゎうはい[荒廃]。
→あ・れる
家などのー 中世 あばら[荒]。

こうばい【勾配】 近代 かたむき[傾]。しゃめん[斜面]。スロープ(slope)。中世 けいしゃ[傾斜]。こうばい[勾配]。中古 ななめ/なのめ[斜/傾]。上代 さか[坂]。

こうばい【購買】 →**こうにゅう**

こうばく【広漠】 →**こうだい【広大】**

こうばし・い【香】 中古 かんばし[芳/香/馨]。上代 かうばし[香/芳]。かぐはし[芳/香/馨]。

ごうはら【業腹】 近代 おかんむり[冠]。むかっぱら[向腹]。やけっぱら/やけばら[自棄腹/焼腹]。怒り心頭に発する。近世 いまいまし[忌忌]。ごふはら[業腹]。業を煮やす。はらわたが煮えくり返る。胸糞悪し。中古 はらだたし[腹立]。怒髪(どはつ)冠を衝(つ)く。

こうはん【広範】 近代 くゎうはん[広範/広汎]。くゎうはんゐ[広範囲]。→**こうだい【広大】**

こうはん【攪拌】 →**かくはん**

こうばん【交番】 近代 かうばん[交番]。じゅんさはしゅつじょ[巡査派出所]。ちゅうざいしょ[駐在所]。はしゅつじょ[派出所]。ポリスボックス(police box)。

ごうばん【合板】 プライウッド(plywood)。
ーの例 きょうかぼく[強化木]。近代 ベニヤいた[veneer 板]。

こうひ【口碑】 →**いいつたえ**

こうひ【公費】 近代 くゎんぴ[官費]。こくひ[国費]。近世 こうひ[公費]。

こうび【交尾】 近代 かうび[交尾]。つがふ[番]。中世 かうがふ[交合]。かかる[掛/懸]。さかる[盛]。中古 かうせつ[交接]。上代 つるぶ/つるむ[交尾/孳尾/遊牝]。
ー可能な状態になること はつじょう[発情]。近世 さかり[盛]。
ー可能な状態になる時期 はつじょうき[発情期]。近代 かうびき[交尾期]。近世 さかりどき[盛時]。
ーに用いられる器官 こうせつき[交接器]。こうびき[交尾器]。
蛙のー 近世 かはづいくさ[蛙軍]。中世 かへるいくさ[蛙軍]。かへるがっせん[蛙合戦]。

こうび【後尾】 近代 こうはい[後背]。こうはう[後方]。こうび[後尾]。こうめん[後面]。びりっけつ[尻]。びりっこ。近世 あとべ[後方]。こうぶ[後部]。しんがり[殿]。どんじり[尻]。はいご[背後]。びり。中世 うしろ[後]。中古 あと[後]。あとかた[後方]。上代 しり[尻]。→**こうほう【後方】**
自動車や航空機などのー テール(tail)。

こうひょう【公表】 リリース(release)。近代 こうかい[公開]。こうこく[公告]。こうじ[公示]。こうふ[公布]。こうへう[公表]。はっぺう[発表]。公にする。上代 こくじ[告示]。ふこく[布告]。
ー・しない 近代 あたためる[温/暖]。
秘密や悪事をー・する 上代 あばく[暴/発]。

こうひょう【好評】 近代 かうひゃう[好評]。もてる[持]。人気を取る。呼び声が高い。近世 うく[うける][受]。かうひゃう[高評]。当たりを取る。

こうひょう【講評】 近代 かうひゃう[講評]。すんぴゃう[寸評]。ひゃうか[評価]。レビュー(review)。近世 ひひゃう[批評]。ひゃうてい[評定]。ろんぴゃう[論評]。中古 ひゃうろん[評論]。

こうふ【公布】 →**こうひょう【公表】**

こうふ【交付】 かきゅう[下給]。きょうよ[供与]。近代 かうふ[交付]。きふふ[給付]。きょうきふ[供給]。しきふ[支給]。はっきふ[発給]。中世 ふよ[付与]。ふよ[賦与]。中古 あたふ[あたえる][与]。わたす[渡]。上代 ぐきふ[供給]。

こうぶ【後部】 →**こうび【後尾】**

こうふく【幸福】 近代 ふくうん[福運]。ハッ

ピー(happy)。ラッキー(lucky)。りふく[利福]。中世かううん[幸運]。くゎほう[果報]。しあはせ[幸/仕合]。ふくいう[福祐]。中古さいはひ[幸]。さち[幸]。ふく[福]。ふくそ[福祚]。ふくろく[福禄]。みゃうが[冥加]。上代けいふく[慶福]。さき/さく[幸]。さきはひ[幸]。

《句》近世負はず借らずに子三人。米の飯と天道様は何処へ行っても付いて回る。中世笑ふ門には福来たる。→ふこう

—が多い 近世たしゃう[多祥]。中世たふく[多福]。中古ばんぷく/まんぷく[万福]。上代たかう[多幸]。

—が続く 近世かいうん[開運]。有卦(うけ)に入る。

—・で長命なこと 中古じゅふく[寿福]。ふくじゅ[福寿]。

—・でない 近世はくかう[薄幸]。中世ふしあはせ[不幸/不仕合]。中古ふうん[不運]。上代ふかう[不幸]。

—と不幸 中世うんぴ/うんぷ[運否]。きうせき[休戚]。中古つうそく[通塞]。上代くゎふく[禍福]。

—と恵み 中世ふくたく[福沢]。

—と利益 近代こうり[功利]。ふくり[福利]。中古ふくとく[福徳]。

—・な家庭《句》近世負はず借らずに子三人。

—・な結末 近代ハッピーエンド(happy ending)。近世めでたしめでたし。

—・な所 近代パラダイス(paradise)。らくゑん[楽園]。

—・な人 近世ふくしゃ[福者]。中世あやかりもの[肖者]。くゎほうもの[果報者]。ふくじん/ふくにん[福人]。中古さいはひびと[幸人]。

—・になる 上代さきく[幸]。まさきく[真幸]。

—の神 近世しろねずみ[白鼠]。

—を与える 上代さきはふ/さちはふ[幸]。

—を招く人形 近世かなふふくすけ[叶福助]。ふくすけ[福助]。

—をもたらすもの 近代ふくでん[福田]。

思いがけない— →こううん【幸運】

清らかな— 近代じゃうふく[浄福]。近世せいふく[清福]。

この上ない— 近代しふく[至福]。近世しかう[至幸]。上代かうじん[幸甚]。けいふく[景福]。

天から授かる— てんゆうしんじょ[天佑神助]。近世てんかう[天幸]。てんぷく[天福]。中世てんいう[天祐/天佑]。てんじょ[天助]。てんろく[天禄]。中古しんじょ[神助]。

繁栄と— 近代えいふく[栄福]。

豊かで—・なこと 中古ふくとく[福徳]。

こうふく【降伏】 →こうさん【降参】

ごうふく【剛腹】 →ごうほう【豪放】

こうぶつ【鉱物】 近代くゎうせき[鉱石]。くゎうぶつ[鉱物]。ミネラル(mineral)。中世なまがね[生鉄]。中古あらがね[粗金/鉱]。上代いし[石]。

—学 近代きんせきがく[金石学]。

—の選り分け方の例 ひじゅうせんこう[比重選鉱]。わんがけ[椀掛]。

こうぶつ【好物】 近代しかうひん[嗜好品]。中世かうぶつ[好物]。猫に鰹節(かつをぶし)。中古このみ[好]。

《句》近代猫に木天蓼(またたび)お女郎に小判。

こうふん【興奮】 かねつ[過熱]。フィーバー(fever)。近代エキサイト(excite)。げきじゃう[激情]。こうふん[興奮]。ねっきゃう[熱狂]。はくねつ[白熱]。近世ぎゃくじゃう[逆上]。たかぶり[高/昂]。のぼせ[逆上]。中世げきかう[激昂]。げきす[激]。中古かんげき[感激]。じゃうき[上気]。みだれ[乱]。

—から冷める 近世熱が冷む[—冷める]。人心地が付く。我に返る。

—・して暴れ回る 近代あれくるふ[荒狂]。近世たけりくるふ[猛狂]。

—・しやすい気質 近世けっき[血気]。ちのけ[血気]。

—・する 血が騒ぐ。近代わきたつ[沸立]。血湧き肉躍る。近世いきりたつ[立]。うかさる[—される][浮]。さわだつ[騒立]。しこる[凝/痼]。たけりたつ[猛立]。わく[沸]。青筋を張る(立てる)。気が立つ。胸を躍らせる。中世いきまく[息巻]。いろめく[色]。うきたつ[浮立]。たかぶる[高/昂]。心ときめく。中古うはぐむ[上]。のぼる[上]。はやる[逸/早]。わきかへる[沸返]。上代たける[猛]。

—・するさま 近世かっか。かっと。ぞくぞく。

抑えがたい— 近世心の駒。中世心の馬。

こうふん【口吻】 →くちょう

こうふん【公憤】 近代ぎふん[義憤]。こうふん[公憤]。中古おほやけばら[公腹]。おほやけはらだたし[公腹立]。

こうぶんしょ【公文書】 アーカイブ(archive)。近代こうぶんしょ[公文書]。こうぼ[公簿]。こうほう[公報]。中古おほやけぶみ[公文]。こうぶん[公文]。

為政者の命令を伝える― 近世おたっし[御達]。おふれ[御触／御布令]。おふれがき[御触書]。中世ふれじゃう[触状]。

過怠をわびる― 中世くゎじゃう[過状]。

寺から官に提出した― 近世じてふ[寺牒]。

こうべ【頭】 →あたま

こうへい【公平】 →こうせい【公正】

こうへん【口辺】 →くちもと

こうべん【抗弁】 →こうぎ【抗議】

こうぼ【酵母】 こうぼきん[酵母菌]。近代イースト(yeast)。かうぼ[酵母]。

こうぼ【公募】 近代こうぼ[公募]。近世ぼしふ[募集]。中古つのる[募]。

こうほう【広報】 近代くゎうこく[広告]。しうち[周知]。つうち[通知]。パブリシティー(publicity)。上代せんでん[宣伝]。→こうこく【広告】

こうほう【公報】 近代くゎんぽう[官報]。つうち[通知]。近世こうほう[公報]。

こうほう【後方】 リア(rear)。近代こうはい[後背]。こうはう[後方]。こうめん[後面]。はいぶ[背部]。はいめん[背面]。近世あとべ[後方]。こうぶ[後部]。はいご[背後]。中世うしろ[後]。中古あと[後]。あとかた[後方]。そとも[背面]。上代しり[尻]。しりへ[後方]。そがひ[背面／背向]。→こうび【後尾】

―支援 近代サポート(support)。バックアップ(backup)。

こうぼう【工房】 近代こうばう[工房]。近世アトリエ(フランス atelier)。しごとば[仕事場]。スタジオ(studio)。

こうぼう【興亡】 近代はやりすたり[流行廃]。こうはい[興敗]。近世えいこせいすい[栄枯盛衰]。七転び八起き。中世うきしづみ[浮沈]。こうすい[興衰]。こうばう[興亡]。せいすい[盛衰]。せうちゃう[消長]。そんまう[存亡]。中古きふく[起伏]。じゃうすい[盛衰]。そんばう[存亡]。ふちん[浮沈]。上代こうはい[興廃]。→えいこせいすい

こうぼう【光芒】 近世くゎうせん[光線]。中古くゎうばう[光芒]。上代ひかり[光]。

ごうほう【豪放】 ごうふく[剛腹]。近代がうくゎい[豪快]。がうたん[豪胆]。近世がうたう[豪宕]。がうゆう[剛勇／豪勇]。ふとっぱら[太腹]。中世がうき[剛気／豪気]。がうはう[豪放]。だいたん[大胆]。らいらく[磊落]。

ごうほう【号俸】 →きゅうよ【給与】

ごうほう【合法】 近代がふはふ[合法]。せいたう[正当]。てきはふ[適法]。中世しゃうたう[正当]。上代こうせい[公正]。

こうぼく【公僕】 パブリックサーバント(public servant)。近代くゎんり[官吏]。くゎんゐん[官員]。こうぼく[公僕]。こうむゐん[公務員]。

こうまい【高邁】 近代すうかう[崇高]。中世かうまい[高邁]。かうゑん[高遠]。中古かうしゃう[高尚]。けだかし[気高]。

こうまん【高慢】 おごりたかぶる[驕高]。近代おもひあがり[思上]。近世うずゐ[踞／眈居]。おたかい[御高]。おほづら[大面]。がまんがうがん[傲岸]。がうきょ[傲倨]。がまんづよし[我慢強]。きょがう[倨傲]。けうがう[驕傲]。けん[権]。けんだか[権高／見高]。たかし[高]。てんぐ[天狗]。中世うづたかし[堆]。かうまん[高慢]。がうまん[傲慢]。がまん[我慢]。くゎしょく[華飾／過職／花色]。けうまん[驕慢／憍慢]。ぞうちゃう[増長]。そんだい[尊大]。たかごし[高腰]。ぶまん[侮慢]。りうん[利運／理運]。わうへい[横柄]。ゐたか[威高／居高]。中古あたまがち[頭勝]。こころだかし[心高]。だいてんぐ[大天狗]。

―・な言い方 近世鰓(えら)(腮／顋)が過ぐ[―過ぎる]。中世いんげん。

―・な人 近代けうじ[驕児]。近世うずゐ[踞／眈居]。しほや[塩屋]。てんぐ[天狗]。

―・な人たち 近世てんぐれん[天狗連]。

―・に振る舞う 近代お高くとまる。近世けんたいぶる。目八分に見る。中世高腰を掛く[―掛ける]。

―をくじく 近代鼻っ柱をへし折る。鼻柱を挫(くじ)く。鼻柱を折(を)る。

ごうまん【傲慢】 →こうまん

こうみゃく【鉱脈】 近代くゎうみゃく[鉱脈]。みゃく[脈]。近世つる[蔓]。金(かね)の蔓。

金の― きんこう[金鉱]。きんみゃく[金脈]。

地表に出ている― 近代ろとう[露頭]。

こうみょう【功名】 近代じせき[事績]。しゅくん[殊勲]。近世こうみゃう[功名]。中世かうみゃう[高名]。きぼ[規模]。はたらき[働]。中古こう[功]。こうげふ[功業]。

こうめい［功名］。てがら［手柄］。上代いさを［功／勲］。くんこう［勲功］。こうせき［功績］。こうらう［功労］。

《句》近代骨は朽ちても名は朽ちぬ。近世一将功成りて万骨枯る。中世人は一代名は末代。身は一代名は末代。中古虎は死して皮を残し人は死して名を残す。

―心 中世風雲の思ひ。

―のはなばなしいさま 中世かくかく［赫赫］。

―を立てる機会がないのを嘆く 近代髀肉(ひにく)の嘆。

―を歴史に残す 近代功名を竹帛(ちくはく)に垂(た)る［―垂れる］(著(あら)はす)。竹帛(ちくはく)の功。

怪我の― 近世あやまちの功名。→しっぱい

こうみょう【巧妙】 トリッキー(tricky)。近代かうち［巧緻］。かうめう［巧妙］。たんのう［堪能］。近世せいかう［精巧］。中世いし［美］。きく［利］。きめう［奇妙］。きよう［器用］。たっしゃ［達者］。中古うるせし。かしこし［賢］。かんのう［堪能／勘能］。上代うまし［旨／上手］。じゃうず［上手］。たくみ［巧］。たへ［妙］。ほつて［秀手］。よし［良］。

こうみょう【光明】 明るい兆し。近代きばう［希望］。のぞみ［望］。近世かがやき［輝］。くゎうめい［光明］。中世きらめき［煌］。くゎうき［光輝］。しょくゎう［曙光］。中古あかり［明］。くゎうみゃう［光明］。上代くゎうさい［光彩］。ひかり［光］。

こうみょう【高名】 →**こうめい【高名】**

こうみん【公民】 近世ひゃくせい［百姓］。中世くにたみ／こくみん［国民］。たみくさ［民草］。はくせい［百姓］。民の草葉。中古こうみん［公民］。上代あをひとぐさ［青人草］。じんみん［人民］。たみ［民］。ばんみん［万民］。ひゃくしゃう［百姓］。へいみん［平民］。

こうむ【公務】 近代こうしょく［公職］。近世しょくむ［職務］。中世くうじ［公事］。中古おほやけごと［公事］。くゎんしょく［官職］。こうじ［公事］。こうよう［公用］。上代くじ［公事］。こうむ［公務］。

こうむいん【公務員】 かんこうり［官公吏］。パブリックサーバント(public servant)。近代こうじん［公人］。こうぼく［公僕］。こうむゐん［公務員］。こうり［公吏］。中世くゎんれう［官僚］。やくにん［役人］。中古おほやけびと［公人］。くにん［公人］。上代くゎんり［官吏］。くゎんゐん［官員］。

こうむ・る【被】 近代あびる［浴］。もくする［沐］。近世かぶる［被／蒙］。きっす［喫］。くふ［食／喰］。くらふ［食／喰］。中世ふりかかる［降掛／降懸］。中古あづかる［与］。う［うる］［得］。うく［うける］［受／承／請］。うけとる［受取］。かうむる［被／蒙］。よくす［浴］。上代かうぶる［被／蒙］。かがふる［被］。

―・らせる 近世くらはす［食／喰］。中世おほす［負／課］。中古くはす［くわせる］［食］。くはふ［くわえる］［加］。みす［みせる］［見］。

こうめい【公明】 フェア(fair)。近代ジャスティス(justice)。近世こうめい［公明］。せいだい［正大］。中世ちゅうせい［中正］。むし［無私］。中古くもりなし［曇無］。なほし［直］。上代こうせい［公正］。こうへい［公平］。こうへいむし［公平無私］。

こうめい【高名】 世に知られる。名が通る。呼び声が高い。近代名がある。名が売れる。近世なうて［名］。ひゃうばんもの［評判者］。名を売る。鋼(刃金)を鳴らす。中世かうめい［高名］。きこゆる［聞］。せいめい［盛名］。たいめい［大名］。ちょめい［著明］。れいめい［令名］。音に聞く。名を現す。名をなす。中古いうめい［有名］。かうみゃう［高名］。たかし［高］。なだかし［名高］。なだたり［名立］。名を揚ぐ［―揚げる］。名を得(う)［―得る］。名を負ふ。名を残す。上代なぐはし［名細］。名に負ふ。名を立つ。

こうめい【功名】 →**こうみょう【功名】**

ごうも【毫】 近代がうも［毫］。これっぽっちも。近世かいもく［皆目］。中世ちっとも［些］。中古いつゆほども［露］。もうとう［毛頭］。いささかも［聊／些］。さらさら［更更］。すこしも［少］。つゆも［露］。→**ぜんぜん**

こうもく【項目】 アイテム(item)。近代かうもく［項目］。くゎもく［科目］。くゎもく［課目］。くゎん［款／欵］。じかう［事項］。でうかう［条項］。近世でうもく［条目］。中世かでう［箇条／個条］。中古ぶるい［部類］。上代かうもく［綱目］。でう［条］。

―を立てること りっこう［立項］。

選ぶことのできる― せんたくし［選択肢］。

詳しく定めた― 近代さいもく［細目］。

こうもり【蝙蝠】 近世かくひどり［蚊食鳥］。かとり［蚊鳥］。中世かうぶり［蝙蝠］。かうもり［蝙蝠］。へんぷく［蝙蝠］。上代かはほり／かはぼり［蝙蝠］。

こうもん【肛門】 アナル(anal)。アヌス(ラテン anus)。近世 かうもん[肛門]。きくざ[菊座]。中世 にやけ[若気]。

―と外陰部との間 近世 ゑいん[会陰]。中世 蟻(あり)の門(と)渡り。

ごうもん【拷問】 近代 ぎゃくたい[虐待]。しひたげる[虐]。はくがい[迫害]。焼きを入れる。近世 いじめる[苛/虐]。いためぎんみ[痛吟味]。いびる。とぐる。中世 かうず[勘/拷]。せっかん[折檻]。中古 がうもん[拷問]。せめ[責]。せめとふ[責問]。

―の道具 近世 せめぐ[責具]。せめだうぐ[責道具]。

こうや【荒野】 近代 あれのはら[荒野原]。中世 あれち[荒地]。あれの[荒野/曠野]。中古 くゎうげん[荒原]。くゎうそんでん[荒損田]。ふかんでんでん[不堪佃田]。くゎうや[荒野]。上代 あらの[荒野/曠野]。げんや[原野]。

こうや【曠野】 近代 くゎうげん[広原/曠原]。のっぱら[野原]。はらっぱ[原]。中世 ひろの[広野]。へいや[平野]。中古 くゎうや[曠野/広野]。へいげん[平原]。上代 のはら[野原]。のべ[野辺]。

こうやく【膏薬】 プラスター(plaster)。近世 あぶらぐすり[脂薬/膏薬]。中古 かうやく[膏薬]。

―で皸(あかぎれ)の治療をする 近世 そくふ。

いろいろな―(例) 近代 かうかう[硬膏]。近世 すひだし/すひだしかうやく[吸出膏薬]。まんのうかう[万能膏]。中世 すひがうやく[吸膏薬]。

こうゆう【交友】 近代 しゃかう[社交]。近世 ひとづきあひ[人付合]。よしみを通ず。中古 中世 つきあひ[付合]。まじはり[交]。上代 かういう[交友]。かうさい[交際]。かういう[交遊/交游]。→**こうさい【交際】**

極めて固い― 中古 だんきん[断金]。

こうゆう【交遊】 近代 かうぎ[交誼]。かうりう[交流]。近世 しんぼく[親睦]。よしみを通じる。中世 つきあひ[付合]。中古 かうくゎん[交歓]。かうさい[交際]。上代 かういう[交遊]。

ごうゆう【豪勇】 近代 がうたん[豪胆]。きぎゃう/きぢゃうぶ[気丈夫]。近世 がうゆう[豪勇/剛勇/強勇]。きづよし[気強]。中世 がうき/がうぎ[強気/豪気]。がうけん[剛健]。がうちょく[剛直]。ゆうまう[勇猛]。ゆうみゃう[勇猛]。上代 がうき[剛毅/豪毅]。

こうよう【効用】 近代 エフェクト(effect)。かうくゎ[効果]。かうよう[効用]。かち[価値]。じつえき[実益]。じつり[実利]。ようと[用途]。近世 かうりょく[効力]。ききめ[効目]。じっかう[実効]。つかひどころ[使所/使処]。つかいひみち[使道]。中世 かう[効]。中古 かうけん[効験]。かうのう[効能]。こうのう[功能]。

大きな― 中世 たいよう[大用]。

物の― ゆうようせい[有用性]。近代 しようかち[使用価値]。

こうよう【公用】 中世 こうよう[公用]。中古 おほやけごと[公事]。こうじ[公事]。上代 くじ[公事]。こうむ[公務]。

こうよう【高揚】 血が騒ぐ。ボルテージ(voltage)があがる。近代 いきけんかう[意気軒昂]。いきごむ[意気込]。いきほひこむ[勢込]。かうふん[昂奮/亢奮]。かうやう[高揚/昂揚]。きおひたつ[気負立]。たかまる[高]。近世 あがる[上/揚]。いさみたつ[勇立]。中世 はつやう[発揚]。

―・しているさま ぎんぎん。

こうよう【紅葉】 中古 こうえふ[紅葉]。さうえふ[霜葉]。紅葉(もみぢ)の衣。紅葉の錦。上代 くゎうえふ[黄葉]。したひ。もみぢ[紅葉/黄葉]。

―・した楓(かえで) 中古 ふうえふ[楓葉]。上代 もみぢば[紅葉/黄葉]。

―・している 上代 もみたふ[紅葉/黄葉]。

―・する 上代 したふ。もみつ/もみづ[紅葉]。

薄く―・した葉 中古 うすもみぢ[薄紅葉]。はつもみぢ[初紅葉]。

柿の葉が―・すること 近世 かきもみぢ[柿紅葉]。

草木の下葉の―・したもの 中古 したもみぢ[下紅葉]。

樹木の葉が―・して落ちること 中古 くゎうらく[黄落]。

ごうよく【強欲】 近代 たんよく[貪欲]。欲と二人連れ。近世 あこぎ[阿漕]。いぢきたなし[意地汚]。がうつくばり[強突張]。ごうよく[強欲/強慾]。くまでしゃう[熊手性]。ごふつくばり[業突張]。よくばり[欲張]。欲と道連れ。中世 どうよく[胴欲]。中古 どんよく[貪欲]。

―・な老女 近世 くまでばば[熊手婆]。

《句》近代 いただく物は夏も小袖。

こうら【甲羅】 近世 かふら[甲羅]。中古 かふ[甲]。

蟹の― かいこう［蟹甲］。
亀の― かめのこ［亀子／亀甲］。〔近代〕はいかふ［背甲］。〔中世〕きかふ［亀甲］。
こうらく【行楽】 ツアー(tour)。サイトシーイング(sightseeing)。〔近代〕かうらく［行楽］。くゎんぷう［観風］。ハイキング(hiking)。ピクニック(picnic)。〔近世〕いうらく［遊楽］。ゑんそく［遠足］。〔中世〕かり／かる［狩／猟］。くゎんくゎう［観光］。ものみゆさん［物見遊山］。ゆさん［遊山］。ゆさんぐゎんすい［遊山翫水］。〔中古〕いうらん［遊覧］。けんぶつ［見物］。りょかう［旅行］。〔上代〕あそび［遊］。
―地 →**かんこうち**
こうらん【攪乱】→**かくらん**
こうり【小売】 リテール(retail)。〔近代〕しはん［市販］。〔近世〕こうり［小売］。
―酒屋 〔近世〕うけざかや［請酒屋］。
大型―店 コンビニ(convenience store の略)。スーパー(superstore または supermarket の略)。りょうはんてん［量販店］。〔近代〕デパート(department store の略)。ひゃくくゎてん［百貨店］。
複合―業 コングロマーチャント(和製conglo merchant)。
こうり【功利】 〔近代〕こうり［功利］。じつり［実利］。ユーティリティー(utility)。
―主義 〔近代〕じつりしゅぎ［実利主義］。ユーティリタリアニズム(utilitarianism)。
こうり【公理】 〔近世〕ていり［定理］。〔中世〕こうり［公理］。しんり［真理］。〔上代〕だうり［道理］。
こうり【公吏】→**こうむいん**
こうり【行李】 〔近世〕かうり［行李／梱］。〔中世〕こり［梱］。
―のいろいろ(例) 〔近世〕はんがい［半舁］。めしがうり／めしごり［飯行李］。りゃうがけ［両掛］。〔中世〕いひごり［飯行李］。
こうり【高利】 〔中世〕かうり［高利］。
―貸し 〔近代〕アイス(ice)。〔中世〕どさう［土倉］。どざう［土蔵］。〔中古〕かしあげ／かりあげ［借上］。
―の金 〔近代〕ひなし／ひなしがね［日済金］。〔近世〕からすがね［烏金］。といち［十一］。〔中世〕ひぜに［日銭］。
ごうり【合理】 道理に適う。〔近代〕がふり［合理］。じゅんたう［順当］。だた［妥当］。〔中世〕理に適ふ。
―主義 〔近代〕ラショナリズム(rationalism)。
―的なさま 〔近代〕ドライ(dry)。ラショナル(rational)。リーズナブル(reasonable)。りせいてき［理性的］。りろんてき［理論的］。ろんりてき［論理的］。〔中世〕りづめ［理詰］。
こうりつ【効率】 しごとりつ［仕事率］。〔近代〕かうりつ［効率］。こうりつ［工率］。のうりつ［能率］。
―の単位 〔近代〕ばりき［馬力］。ワット(W)。
こうりゃく【攻略】 しんこう［侵攻］。〔近世〕こうりゃく［攻略］。しんにふ［侵入］。しんりゃく［侵略］。せきけん［席巻］。のっとる／のりとる［乗取］。〔中世〕せめとる［攻取］。〔中古〕さんしょく［蚕食］。〔上代〕うばふ［奪］。
城などを―・する 〔近世〕ぬく［抜］。
こうりゅう【交流】 いきき／ゆきき［行来／往来］。インターコース(intercourse)。〔近代〕かうりう［交流］。〔近世〕つきあひ［付合］。〔中世〕まじはり［交］。〔中古〕かうくゎん［交歓］。かうさい［交際］。〔上代〕かういう［交遊］。
―電気 エーシー(AC; alternating current)。
―電気を直流に変えること せいりゅう［整流］。
国と国との― 〔近代〕しうかう［修好／修交］。しんぜん［親善］。わしん［和親］。
身体の触れ合いによる― スキンシップ(和製 skin ship)。
こうりゅう【興隆】 〔近代〕しんこう［振興］。しんてん［進展］。はってん［発展］。〔近世〕こうき［興起］。ぼっこう［勃興］。りゅうこう［隆興］。りゅうせい［隆盛］。〔中世〕こうず［興］。〔中古〕おこす［興］。おこる［興］。こうりゅう［興隆］。〔上代〕さかゆ〔さかえる〕［栄］。
―と衰亡 →**こうぼう【興亡】**
こうりゅう【拘留】 〔近代〕こういん［拘引／勾引］。こうきん［拘禁］。しうかん［収監］。〔近世〕たいほ［逮捕］。〔中世〕こうそく［拘束］。こうち［拘置］。〔中古〕けんそく［検束］。こうりう［拘留］。
ごうりゅう【合流】 一体となる。〔近代〕がふりう［合流］。とうがふ［統合］。〔近世〕がふいつ［合一］。〔中世〕おちあふ［落合］。一緒になる。〔中古〕あはす〔あわせる〕［合］。がったい［合体］。一つになる。〔上代〕たちあふ［立合］。
川などが―・する 〔近代〕くゎいりう［会流］。〔中世〕おちあふ［落合］。
川などの―点 〔中世〕おちあひ［落合］。
こうりょ【考慮】 〔近代〕かうりょ［考慮］。しかう［思考］。しゃくりゃう［酌量］。勘定に入れる。念頭に置く。〔近世〕かうさつ［考察］。かんがへ［考］。きどる［気取］。こりょ［顧慮］。はいりょ［配慮］。ふんまへる［踏

〔中世〕かんがみる［鑑］。はからふ［計］。ふまふ［ふまえる］［踏］。〔中古〕いっこ［一顧］。おもひめぐらす［思巡］。おもんぱかる［慮］。しあん［思案］。しりょ［思慮］。しんしゃく［斟酌］。

《尊》おかんがえ［御考］。〔近代〕かうりょ［高慮］。〔中古〕おぼしはからふ［思量］。

十分にー 〔近世〕じゅくかう［熟考］。じゅくりょ［熟慮］。

こうりょう【荒涼】 〔近代〕くゎうれう［荒寥］。すさむ［荒］。〔近世〕さつばつ［殺伐］。〔中世〕さくばく［索漠／索莫］。さっぷうけい［殺風景］。じゃくじゃく［寂寂］。じゃくれう［寂寥］。〔中古〕くゎうりゃう［荒涼］。さびし［寂］。すごし／すごげ［凄］。すさまじ［凄／荒］。せきせき［寂寂］。せきれう［寂寥］。ものすさまじ［物凄］。〔上代〕くゎうはい［荒廃］。

ー・とした景色 〔中世〕ふゆざれ［冬］。

こうりょう【香料】 〔近代〕おかう［御香］。〔近世〕かうれう［香料］。〔中古〕かう［香］。

ーの代わりの金銭 〔中世〕かうせん［香銭］。

携帯用のー 〔近代〕かけがう［掛香］。

葬儀でおくるー →**こうでん**

その他ーのいろいろ(例) ういきょうせい［茴香精］。かゆ［花油］。〔近代〕ういきゃうゆ［茴香油］。かうすい［香水］。せんこ［線香］。〔近世〕じしゅかう／じしゅこ［十種香］。しゃうびすい［薔薇水］。〔中世〕せんかう［線香］。〔中古〕はんごんかう［反魂香／返魂香］。〔上代〕あんそくかう［安息香］。ちゃうじかう［丁子香］。

こうりょう【綱領】 〔近代〕えうてん［要点］。テーゼ(ドイツ These)。〔中世〕かうりゃう［綱領］。〔中古〕たいかう［大綱］。

こうりょう【広量】 〔近代〕おほらか［大］。くゎうりゃう［広量／宏量］。〔近世〕ふとっぱら［太腹］。〔中世〕くゎんだい［寛大］。〔中古〕がりゃう［雅量］。くゎんよう［寛容］。

こうりょく【効力】 〔近代〕かうよう［効用］。ものを言ふ。〔近世〕かうりょく［効力］。きき［効］。〔中世〕かう［効］。〔中古〕かうけん［効験］。かうのう［効能］。→**ききめ**

遡(さかのぼ)ってーを及ぼすこと そきゅう［遡及／溯及］。

こうりん【光臨】 〔近代〕らいしゃ［来車］。〔近世〕にふらい［入来］。〔中世〕おいで［御出］。くゎうが［光駕］。くゎうらい［光来］。わうこ［枉顧］。〔中古〕くゎうぎ［光儀］。くゎうりん［光臨］。らいが［来駕］。わうが［枉駕］。

こうれい【高齢】 シルバー(silver)。〔近代〕かうじゅ［高寿］。らうれい［老齢］。〔近世〕かうれい［高齢］。〔中世〕かれい［遐齢］。としかさ［年嵩］。〔中古〕おいらく［老］。ちゃうじゅ［長寿］。ちゃうせい［長生］。ちゃうめい［長命］。ちゃうれい［長齢］。としたかし［年高］。らうねん［老年］。老いの積もり。老いの世。〔上代〕おいなみ［老次／老並］。おゆらく［老］。かうねん［高年］。

《句》〔近世〕八十の三つ児。

ー者 →**ろうじん**

ーとなる →**お・いる**

ーの身体 〔近世〕らうく［老軀］。〔中世〕らうたい［老体］。〔中古〕らうこつ［老骨］。らうしん［老身］。

こうれい【恒例】 〔近代〕くゎんかう［慣行］。くゎんれい［慣例］。〔近世〕しきたり［仕来］。ていれい［定例］。〔中世〕くゎんしふ［慣習］。ぢゃうせき［定石／定跡］。〔中古〕つうれい［通例］。ならひ［習］。〔上代〕こうれい［恒例］。じゃうれい［常例］。ぢゃうれい［定例］。

ごうれい【号令】 〔近世〕しれい［指令］。〔中世〕いひつけ［言付］。さしづ［指図］。めいれい［命令］。〔中古〕しき［指揮］。げぢ［下知］。〔上代〕がうれい［号令］。

こうろ【航路】 くうろ［空路］。ライン(line)。〔近世〕かうろ［航路］。すいてい［水程］。〔中世〕しほぢ［潮路］。ふなて［船手］。波の通ひ路。〔中古〕かいだう［海道］。すいろ［水路］。なみぢ［波路］。ふなぢ［船路］。やしほぢ［八潮路］。〔上代〕うなぢ／うみぢ［海路］。うみつぢ［海路］。うめつみち。かいろ［海路］。みを［水脈］。

ーに就く 〔近代〕しうかう［就航］。

ー標識のいろいろ うきひょう［浮標］。けいとうふひょう［挂灯浮標］。けいとうりゅうひょう［挂灯立標］。ちゅうひょう［昼標］。とうかん［灯竿］。とうふひょう［灯浮標］。ふひょう［浮標］。りっぴょう［立標］。〔近代〕とうへう［灯標］。ブイ(buoy)。

はるかなー 〔上代〕やしほぢ［八潮路］。八重(やへ)の潮路(しほぢ)。

いろいろなー(例) きんかいこうろ［近海航路］。じゆうこうろ［自由航路］。たいけんこうろ［大圏航路］。ないこくこうろ［内国航路］。〔近代〕ぐゎいこくかうろ［外国航路］。ていきかうろ［定期航路］。ゑんやうかうろ［遠洋航路］。

こうろ【行路】 〔近代〕ロード(road)。〔近世〕とほりみち［通道］。〔中世〕じゅんろ［順路］。とほり

［通］。みちすぢ［道筋］。上代かうろ［行路］。だうろ［道路］。みち［道／路］。

こうろ【香炉】 中世かうばん［香盤］。中古くゎろ［火炉］。くんろ［薫炉］。くんろう［薫籠］。ひとり［火取／火採］。上代かうろ［香炉］。

―のいろいろ(例) ききがうろ［聞香炉］。つりかうろ［吊香炉］。近世ゑじかご／ゑじこ［衛士籠］。中世えかうろ［柄香炉］。くゎさ［火舎］。中古くゎしゃ［火舎／火蛇］。

▼助数詞 中古き［基］。

こうろう【功労】 中世くんらう［勲労］。こうげふ［功業］。てがら［手柄］。ほねをり［骨折］。上代いさを［功／勲］。いたはり［功／労］。かうせき［効績］。くんこう［勲功］。こうせき［功績］。こうらう［功労］。

―のあった人 中世こうじん［功人］。

―を賞して褒美を与えること 中古くゎんしゃう／けんじゃう［勧賞］。

戦いの― 近世汗馬の労。中世せんこう［戦功］。中古ぐんこう［軍功］。

年来の― 中世きうらう［旧労］。ねんこう［年功］。ねんこふ［年劫］。

こうろう【高楼】 近代まてんろう［摩天楼］。中世ろうくゎん［楼館］。ろうけつ［楼闕］。中古うてな［台］。かうろう［高楼］。ろうかく［楼閣］。上代たかどの［高殿］。ろう［楼］。ろうでん［楼殿］。

―が立派なさま 中古さいくゎい［崔嵬］。

―の上 中古ろうじゃう［楼上］。

美しい― 上代ほうろう［鳳楼］。

高貴な美人のいる― 中古せいろう［青楼］。

城内の物見の― 中古やぐら［櫓／矢倉］。

何階にも重なった― 近世そうろう［層楼］。

水辺の― 中世すいろう［水楼］。中古すいかく［水閣］。

こうろん【口論】 いいあい［言合］。近代いひあらそひ［言争］。くちあらそひ［口争］。くちげんくゎ［口喧嘩］。やりとり［遣取］。口舌（ぜつ）の争ひ。近世いひぶん［言分］。ぜっせん［舌戦］。せりあひ［競合］。たていれ［立入／達入］。中世いひごと［言事］。いろひ［綺／弄］。ことばあらそひ［言葉争］。ことばたたかひ［言葉戦］。ことばろん［言葉論］。ものいひ［物言］。中古くぜち／くぜつ［口舌／口説］。こうろん［口論］。ものあらがひ［物諍］。

―・する 近世せりあふ［競合］。中古いさかふ［諍］。いひあらそふ［言争］。いひしろふ［言］。

―で負けること 近世いひしらけ［言白］。

こうろん【公論】 せろん［世論］。パブリックオピニオン(public opinion)。近世よろん［輿論／世論］。中世こうろん［公論］。

こうわ【講話】 近代かうわ［講話］。くんわ［訓話］。中世かうぎ［講義］。中古えんぜつ［演説］。かうえん［講演］。

こうわ【講和】 和を講じる。中世かうわ［講和］。なかなほり［仲直］。わかい［和解］。わぼく［和睦］。中古わがふ［和合］。わへい［和平］。

こうわん【港湾】 ハーバー(harbor)。ポート(port)。近代かうわん［港湾］。ふなつきば［船着場］。近世はとば［波止場］。ふとう［埠頭］。上代つ［津］。みなと［港／湊］。

→みなと

こえ【声】 ❶〈人の声〉近代おんと［音吐］。ボイス(voice)。近世おんせい［音声］。中世こわね［声音］。しゃう［声］。せいいん［声音］。にくせい［肉声］。中古おと［音］。おんじゃう［音声］。せいおん［声音］。ね［音］。上代こゑ［声］。と［音］。

《枕》上代あさとりの［朝鳥］。なくこなす［泣子］［⇩ね／ねになく］。

―が嗄（か）れる ハスキー(husky)。近代にごる［濁］。近世からぶ［乾］。しゃがれる［嗄］。中古かればむ［嗄］。しはがる［―がれる］［嗄］。だぶ／だむ［訛／迂］。上代かる［かれる］［嗄］。

―が爽やかで明朗 近代おんとらうらう［音吐朗朗］。

―が澄んで響く 艶がある。近代おんとらうらう［音吐朗朗］。すきとほる［透通／透徹］。中古すみのぼる［澄昇／澄上］。上代よばふ［呼］。

―が出ない 近世枚（ばい）を銜（ふく）む。

―が出ない状況 しっせいしょう［失声症］。

―が途切れる 中世こわだえ［声絶］。

―が細く長く続くさま 中世でうでう［嫋嫋］。

―が弱い 中世くゆぼる。ほそし［細］。

―と姿 近代いんばう［音貌］。せいばう［声貌］。中世いんよう／おんよう［音容］。せいよう［声容］。

―と涙 近代せいるい［声涙］。

―の大きさ 近代せいりゃう［声量］。

―の調子 近世こゑがら［声柄］。中世こわいろ［声色］。こわね［声音］。こゑつき［声付］。中古こわざま／こゑざま［声様］。こわづかひ［声遣］。こわつき［声付］。

―の調子が変わること 近世ぎんがはり［吟

変]。

―を掛ける 近世 口を掛く[―掛ける]。上代 よぶ[呼]。中世 よびかく[―かける][呼掛]。

―を揃(そろ)えて言うこと 中世 どうしゃう[同声]。中古 いくどうおん[異口同音]。いっくどうおん[一口同音]。もろごゑ[諸声]。わす[和]。上代 どうせい[同声]。

―を揃えて歌う 近代 がっしゃう[合唱]。コーラス(chorus)。せいしゃう[斉唱]。

―を出して軽く歌う 中古 くちずさむ[口遊/口吟]。

―を出して泣く 近代 声涙(せいるい)倶(とも)に下る。近世 すすりなく[啜泣]。中世 がうきふ[号泣]。なきわめく/なきをめく[泣喚]。中古 どうこく[慟哭]。なきさけぶ[泣叫]。をえつ[嗚咽]。音(ね)に立つ。

―を出す 近代 はついん[発音]。中世 おとづる[―ずれる][訪]。中古 いだす[出]。はつおん[発音]。はっせい[発声]。上代 はなつ[放]。

―を無理に出す ひきしぼる[引絞]。近世 しぼりあぐ[―あげる][絞上/搾上]。中古 しぼる[絞]。せみごゑ[蟬声]。

赤ん坊の生まれたときの― 中世 うぶごゑ[産声]。

あとへ長く引く― 近世 しりごゑ[尻声]。

甘えた― 近代 びおん[鼻音]。近世 はなごゑ[鼻声]。

厳(いか)めしい― 近世 いかつごゑ[厳声]。

怒りの― 近代 どがう[怒号]。どせい[怒声]。どなりごゑ[怒鳴声]。ばせい[罵声]。近世 いかりごゑ[怒声]。うなりごゑ[唸

一回出す― 中世 いっかつ[一喝]。いっしゃう[一声]。ひとこゑ[一声]。中古 いっせい[一声]。
一緒に―を出すさま 中世 どっと。中古 ささ。
一緒に出す― 中古 もろごゑ[諸声]。
歌う― 近代 のど[喉]。上代 うたごゑ[歌声]。
美しい― 近世 うぐひすごゑ[鶯声]。中世 びんがのこゑ[頻伽声]。めうおん[妙音]。中古 びせい[美声]。
美しい―のさま 鈴を転がすよう。近代 玉を転がすやう。中古 れいろう[玲瓏]。
生まれつきの― 近世 ぢごゑ[地声]。
うわずった― 近世 うはがる[―がれる][上嗄]。しらごゑ[白声]。
老い衰えた― 中古 おいごゑ[老声]。
大きな― てんせい[天声]。近代 ばんせい[蛮声]。近世 おらびごゑ[叫声]。かみなりごゑ[雷声]。けうせい[叫声]。こゑやま[声山]。たいせい[大声]。どうごゑ[胴声]。どらごゑ[銅鑼声]。中世 かうしゃう[高声]。げいは[鯨波]。さけびごゑ[叫声]。だいおんじゃう[大音声]。たかごゑ[高声]。どうはりごゑ[胴張声]。どうまごゑ[胴間声]。とき/ときのこゑ[鬨声]。われがね[破鐘/割鐘]。中古 おほごゑ[大声]。げきせい[激声]。こわだか[声高]。
大きな―で言う 近代 れいせい[励声/厲声]。近世 どさめく。どしつく。とっかん[吶喊]。はりあぐ[―あげる][張上]。やまたつ[山立]。中世 さしあぐ[―あげる][差上]。たかやか/たからか[高]。どしめく。はる[張]。よばはる[呼]。声を励ます。中古 あざける[嘲]。うちあぐ[―あげる][打上]。こゑたつ[―たてる][声立]。ささぐ[ささげる][捧]。さわぎののしる[騒罵]。ののしる[罵]。ひしる。ふりいづ[振出]。ふりたつ[―たてる][振立]。上代 さけぶ[叫]。
大きな―で歌う 近代 らうしゃう[朗唱]。中世 かうぎん[高吟]。かうしゃう[高唱]。
恐ろしい― 中世 はんにゃごゑ[般若声]。
落ち着きのない― 近世 せっきごゑ[節季声]。
驚き怪しむ― 近世 とつ[咄]。中古 さてさて。
驚き悲しむ― 中古 ひめい[悲鳴]。
風邪をひいたときのような― かざごえ/かぜごえ[風声/風邪声]。
狩りで獲物を追う― 中世 かりごゑ[狩声]。
嗄(か)れた― させい[嗄声]。ハスキーボイス(husky voice)。近世 からびごゑ[嗄声]。しゃがれごゑ[嗄声]。だみごゑ[濁声]。中世 からごゑ/かれごゑ[嗄声]。しはがれごゑ[嗄声]。しほからごゑ[塩辛声]。
感心したときや苦しいときの― 近世 うなりごゑ[唸声/呻声]。かっさい[喝采]。中世 うめきごゑ[呻声]。中古 かんせい[感声]。
甲高い― うらごえ[裏声]。オクターブ(フランス octave)が上がる。きんきんした声。脳天から声。近代 うはずる[上擦]。かんごゑ[甲声]。かんごゑ[癇声]。黄色い声。絹を裂くやう。近世 かなきりごゑ[金切声]。かなぎる[金切]。かんばしる[甲走/癇走]。かんばる[甲張]。きいきいごゑ[声]。しらごゑ[白声]。中世 たつみあがり[辰巳上]。
苦しむ― 近世 うなりごゑ[唸声/呻声]。中世 うめきごゑ[呻声]。しんぎん[呻吟]。ひめい[悲鳴]。
元気づけなどの― 近代 エール(yell)。きあ

ひ［気合］。フレー(hurray)。近世かけごゑ［掛声］。中世かちどき［勝鬨］。とき／ときのこゑ［鬨声］。らんじゃう［乱声］。上代をたけび［雄叫］。をさけび［雄叫］。

元気のないー 中世かはらけごゑ［土器声］。

媚びを含むー 近代びおん［鼻音］。近世はなごゑ［鼻声］。中世ねこなでごゑ［猫撫声］。

騒がしいがらがらー 近世どうごゑ［胴声］。どうばりごゑ［胴張声］。どうまごゑ［胴間声］。どうまんごゑ［胴満声］。どらごゑ［銅鑼声］。われごゑ［破声］。中世われがね［破鐘／割鐘］。

叱るー 近代しっせい［叱声］。近世いっかつ［一喝］。しかりごゑ［叱声］。だいかつ［大喝］。とつ［咄］。

渋味のあるー 近代さびごゑ［錆声／寂声］。

弱者の大きなー 《句》近代痩せ馬の声嚇(おど)し。痩せ子の大声。弱い者の空威張り。

咳払(せきばら)いのー 中古うちこわづくる［打声作］。がいだ［咳唾］。こわづくる［声作］。

戦いで矢を射るー 中世やごゑ［矢声］。やさけび／やたけび［矢叫］。

他人を真似たー 近世声色(こわいろ)を遣ふ。中世つくりごゑ［作声］。

小さなー か細い声。細い声。近世ひそひそごゑ［声］。中世こごゑ［小声］。ささやき［囁］。→**こごえ**

小さなーで言う 声を殺す。中世ささやく／そそやく［囁］。ひそむ［ひそめる］［潜］。中古ささめく。

敵意をこめてーを出す 近代ののしる［罵］。ばせい［罵声］。ばたう［罵倒］。近世わめきごゑ［喚声］。上代いのごふ［期剋］。

天子のー 中古ほうせい［鳳声］。

怒鳴るー 近世しゃなりごゑ［声］。しゃらごゑ［声］。だいかつ［大喝］。どっちゃうごゑ［怒張声］。わめきごゑ［喚声］。

泣くー しめりごえ［湿声］。近世ぎんせう［吟嘯］。くもりごゑ［曇声］。すすりなき［啜泣］。なみだごゑ［涙声］。中世しのびなき［忍泣］。中古なきごゑ［泣声］。はなごゑ［鼻声］。

なまめかしいー 中古けういん／けうおん［嬌音］。上代けうせい［嬌声］。

涙でーがつまる 中古涙に咽(むせ)る。

鼠のようなーを出す 中世ねずみなき［鼠鳴］。中古ねずなき［鼠鳴］。

必死のー 近代ちごゑ［血声］。

人のーで高い方の声 近代とうせい［頭声］。中世かうおん［高音］。上代かうしゃう［高声］。

人のーで低い方の声 近代きょうせい［胸声］。ていおん［低音］。のぶとい［篦太／野太］。

人を誘う最初のー 中世こわさき［声先］。

含みー 中世こもりごゑ［籠声］。中古くぐもりごゑ［声］。

普段と違うーを出す 中古こわづくる［声作］。

不満を表すー ブーイング(booing)。近代あくたれぐち［悪口］。ののしり［罵］。やじ［野次］。非を鳴らす。近世あくたい［悪態］。

不愉快なー 近代がらがらごゑ［声］。ばんせい［蛮声］。近世いしはらやくゎん［石原薬缶］。どすごゑ［声］。中世あくせい［悪声］。

喜びのー 中世くゎんこ［歓呼］。くゎんせい［歓声］。

弱々しいー 中世しのびね［忍音］。上代のどよふ。

▼擬声語など

ーが澄んで響く 近代らうらう［朗朗］。りりん／りんりん［凜凜］。

ーを掛けるときの語 ちょっと。どうも。近代やあ。しつれい［失礼］。近世おい。

あざ笑うー 中世しい。

大きなーで言う 近代わあわあ。近世わいわい。中世どっと。どっとと。わっぱ。中古ささ。たかやか［高］。たからか［高］。

驚くー えー。えっ。へー。近世ぎゃあ。中世きゃあ。きゃあきゃあ。ぢゃあ。わあ。中古さてさて。

感心したー ヤッホー(Yo ho)。近代フラー(hurrah)。ブラボー(フランス bravo)。中世あっぱれ［天晴／適］。でかした［出来］。ほう。みごと［見事／美事］。

騒がしいーを静める声 近世しっ。中世しい。中古あなかま。あなかま給へ。

動物などを追い払うー 中世しい。しっ。しっしっ。

泣くー おいおい。わーん。近世ぎゃあぎゃあ。めそめそ。めそりめそり。わあわあ。わんわん。中世しくしく。中古ししと。

何か始めるときのー さて。近代どら。中世どりゃ。どれ。

憤慨したときのー 近世うぬ。中古おのれ［己］。

若い女性の笑いー 近世ころころ。

笑いー 近代きつきつ［吃吃］。近世うふふ。へへ。わはは。中世わ。中古ほほ。

こえ【声】❷〈動物などの鳴き声〉 中世なき

ごゑ[鳴声]。上代 こゑ[声]。ね[音／哭]。

犬などの吠える— 上代 けんばい／けんべい[犬吠]。中世 とほぼえ[遠吠]。近代 くはい／くべい[狗吠]。

鶯などの初めての— 中古 はつね[初音]。

鶯の鳴く— 近世 ささなき[笹鳴]。たにわたり[谷渡]。中古 あうご[鶯語]。あうぜつ[鶯舌]。

馬の鳴く— いななきごえ[嘶声]。中世 いななき[嘶]。

蛙の鳴く— 近代 あめい[蛙鳴]。近世 あせい[蛙声]。

悲しみを誘う虫の— 中世 うらみ[恨／怨]。中古 しうしう[啾啾]。

烏の鳴く— 近世 あけがらす[明烏]。

雁の鳴く— 中古 かり[雁]。上代 かりがね[雁音／雁金]。

雁の初めての— 中古 はつかりがね[初雁音]。

渓谷の猿の鳴く— 中古 はえん[巴猿]。

時節はずれの虫の— 近世 わすれね[忘音]。

蟬の鳴く— 近代 せんぎん[蟬吟]。せんごせんせい[蟬声]。近世 せみしぐれ[蟬時雨]。中世 せんご[蟬語]。中古 せみごゑ[蟬声]。

蟬や蛙の鳴く— 近代 せんさうあめい[蟬噪蛙鳴]。

鶴の鳴く— 中古 かくれい[鶴唳]。上代 たづがね[田鶴音]。

鳥がのどかに鳴く— 中古 かんくゎんくゎん[間関／関関]。

鳥が未熟な鳴き方で鳴く— 中古 かたなき[片鳴]。

鳥の鳴く— 中古 あうめい[嚶鳴]。さへづり[囀]。しうしう[啾啾]。めんばん[綿蛮]。わめい[和鳴]。上代 かかなく[鳴]。

鶏の鳴く— 近代 けいせい[鶏声]。中古 けいめい[鶏鳴]。時をつくる。

ほととぎすの初めての— 中世 しのびね[忍音]。

▼擬声語

犬の— 中世 くんくん。けいけい。けんけん。べうべう。わんわん。

鶯の— 近世 ほうほけきょ。中古 ひとく。

馬の鳴く— ひひん。ひんひん。

烏の— 近世 ああ[啞啞]。かあかあ。

雉などの— 中世 けいけい。けんけん。ほろほろ。ほろろ。

狐の— 中世 こん。こんくゎい[吼噦]。こんこん。中古 こうこう。

鹿の鳴く— 近世 かいろ。かいろう。

雀の— 近代 ちゅんちゅん。近世 ちゅうちゅう。

鶏の— 近代 こけこっこう。近世 けいけい。とうてんこう[東天紅]。中古 こうこう。

猫の— 近世 にゃあにゃあ。上代 かけろ。

鼠の— 近世 ちゅうちゅう。

ひな鳥の鳴く— ぴよぴよ。中古 ひよひよ。

こえ【肥】 おいごえ[追肥]。きひ[基肥]。ねごえ[根肥]。近代 つひひ[追肥]。ひれう[肥料]。もとごえ[基肥]。近世 こやし[肥]。中古 こえ[肥]。

—を溜めておく壺 こえつぼ[肥壺]。近代 こえだめ[肥溜]。近世 のつぼ[野壺]。

—を運ぶ桶 近代 こえをけ[肥桶]。近世 こえたご[肥桶]。

ごえい【護衛】 近代 ガード(guard)。けいごい[警護]。けいゑい[警衛]。ごゑい[護衛]。近世 けいび[警備]。中世 ごす[護]。まぶる[守／護]。中古 けいご[警固]。ゑいご[衛護]。上代 まもる[守／護]。

—の軍艦 ごえいかん[護衛艦]。ごそうせんだん[護送船団]。コンボイ(convoy)。

—のため付き添う人 ガードマン(和製 guard man)。近代 ボディーガード(body guard)。近世 ようじんぼう[用心棒]。

—の兵士 中世 北面の侍(武士／者)。近代 ゑいし[衛士]。中古 ほくめん[北面]。上代 ゑじ[衛士]。

禁中の— 上代 きんゑい[禁衛]。

宿泊して—・する 上代 しゅくゑい[宿衛]。

要人の身辺の— エスピー(和製 SP; security police)。近代 しんゑい[親衛]。

こえだ【小枝】 中世 ずはえ[楚]。つまぎ[爪木]。中古 こえだ[小枝]。すはえ[楚]。上代 こしば[小柴]。さえだ[小枝]。

こ・える【肥】❶〈肥満〉 近代 でぶ。ひはん[肥胖]。中世 ひまん[肥満]。肉が付く。中古 ひだい[肥大]。ふとる[太／肥]。上代 こゆ[こえる][肥]。

—・えた腹 近世 ふとっぱら[太腹]。中古 ふとはら／ふとばら[太腹]。

—・えていることと痩せていること 中世 ひせき[肥瘠]。中古 ひそう[肥痩]。

—・えているさま 近世 かたぶとり[固太／堅肥]。中世 こえらか[肥]。ふっくら。まるまる。中古 つぶつぶと。

酒で—・えている 近代 さかぶとり／さけぶとり[酒太／酒肥]。

こ・える【肥】❷〈肥沃〉 近代 ほうよく[豊沃]。近世 ひよく[肥沃]。中古 こまけし[細]。こ

まやか［細／濃］。ぶねう／ほうぜう／ほうねう［豊饒］。上代こゆ［こえる］［肥］。

ー・えた土地　近代よくど［沃土］。近世かうよく［膏沃］。中世かうたく［膏沢］。よくや［沃野］。上代かうゆ［膏腴］。

こ・える【越】　うわまわる［上回］。オーバー(over)。近代おひこす［追越］。てうくゎ［超過］。とほりこす［通越］。中世おひぬく［追抜］。こす［越／超］。こゆ［こえる］［越／超］。さしこす［差越］。たちこゆ［―こえる］［立越］。のりこゆ［―こえる］［乗越］。上代うちこゆ［―こえる］［打越］。すぐ［すぎる］［過］。ひきこす［引越］。

はるかにー・える　近代どはづれ［度外］。桁がはづれる。近世けたちがひ［桁違］。けたはづれ［桁外］。中古かけはなる［―はなれる］［懸離］。ぜっす［絶］。てうゑつ［超越］。

こおう【呼応】　近代あひわす［相和］。こおう［呼応］。たいおう［対応］。中世おうず［応］。

コース(course)　ライン(line)。近代コース。しんろ［進路］。近世くゎてい［課程］。中世みちすぢ［道筋］。中古けいくゎ［経過］。上代じゅんじょ［順序］。

船や飛行機の進むー　くうろ［空路］。近世かうろ［航路］。→**こうろ【航路】**

コーチ(coach)　近代くんれん［訓練］。コーチ。コーチャー(coacher)。近世しだう［指導］。

コーディネート(coordinate)　近代コーディネート。てうせい［調整］。とうがふ［統合］。中古てうわ［調和］。

コート(coat)　近代うはぎ［上着］。オーバー／オーバーコート(overcoat)。コート。近世ぐわいたう［外套］。

ーのいろいろ(例)　ダスターコート(duster coat)。ダッフルコート(duffle coat)。トッパー(topper)。ボックスコート(box coat)。ラップコート(wrap coat)。近代あづまコート［東 coat］。イブニングコート(evening coat)。インバネス(inverness)。トレンチコート(trench coat)。とんびガッパ［鳶合羽］。はんコート［半 coat］。近世みちゆき／みちゆきコート［道行 coat］。みちゆきぶり［道行振／道行触］。

コード(code)　近代コード。近世きてい［規定］。ふがう［符号］。中世あんがふ［暗合］。きがう［記号］。きそく［規則］。

コード(cord)　さくじょう［索条］。近代ケーブル(cable)。コード。でんせん［電線］。ワイヤ／ワイヤー(wire)。中世ほそびき［細線］。ほそびきなは［細引縄］。

コード(chord)　近代げん［弦］。コード。ストリング(string)。ハーモニー(harmony)。わおん［和音］。わせい［和声］。

コーナー(corner)　いっかく［一画］。近代かど［角］。コーナー。近世まがりかど［曲角］。中世いちぐ［一隅］。中古いちぐう［一隅］。はし［端］。上代すみ［隅／角］。

コーヒー【coffee／珈琲】　近代コーヒー［珈琲］。

ーの豆を粉にひく器具　コーヒーミル(coffee mill)。

ーの豆を焙(ほう)じ煎ること　ばいせん［焙煎］。

ーを入れる器具　エスプレッソ(イタリア espresso)。コーヒーポット(coffee pot)。コーヒーわかし［coffee 沸］。サイフォン／サイホン(siphon)。パーコレーター(percolator)。

ーを出す店　コーヒーショップ(coffee shop)。近代カフェ(フランス café)。きっさてん［喫茶店］。コーヒーてん［coffee 店］。コーヒーや［coffee 屋］。

いろいろなー(例)　アメリカン(American)。ウインナコーヒー(和製ドイツ Wiener + coffee)。エスプレッソ(イタリア espresso)。カフェオレ(フランス café au lait)。カフェラッテ(イタリア caffellatte)。カプチーノ(イタリア cappuccino)。デミタス(フランス demitasse)。近代ブラック(black)。

こおり【氷】　近代アイス(ice)。中古しみ［凍］。つらら［氷／氷柱］。上代こほり［氷］。ひ［氷］。

ーがとける　かいひょう［解氷］。中古とく［とける］［溶／融］。ゆるぶ［緩／弛］。

ーと霜　中古ひょうさう［氷霜］。

ーと雪　せっぴょう［雪氷］。中世ゆきこほり［雪氷］。中古ひょうせつ［氷雪］。

ーに閉ざされた港　近代とうかう［凍港］。

ーの結晶の浮遊　こおりぎり［氷霧］。さいひょう［細氷］。ダイヤモンドダスト(diamond dust)。ひょうしょう［氷晶］。近代ひょうむ［氷霧］。

ーの原野　せつでん［雪田］。ひょうでん［氷田］。ひょうや［氷野］。近代せつげん［雪原］。ひょうげん［氷原］。

ーの枕　近代こほりまくら［氷枕］。ひょうちん［氷枕］。

ーを保存する部屋　近代こほりぐら［氷蔵］。ひょうしつ［氷室］。上代ひむろ［氷室］。

薄いー　中世うすらひ［薄氷］。はくひょう［薄氷］。中古うすごほり［薄氷］。上代うすら

び［薄氷］。
自然現象に見られる━（例） さいひょう［細氷］。セラック（フランス sérac）。近代 じゅひょう［樹氷］。ひょうざん［氷山］。むひょう［霧氷］。りうひょう［流氷］。近世 おみわたり［御神渡］。おわたり［御渡］。ひょうかい［氷海］。中世 しもばしら［霜柱］。ひょう［雹］。ひょうが［氷河］。中古 たるひ［垂氷］。つらら［氷柱／氷］。ひょうくゎ［氷花］。上代 あられ［霰］。ゆき［雪］。
スケート場の━ 近代 ぎんばん［銀盤］。
その冬はじめての━ 近世 はつごほり［初氷］。
食べ物としての━ かきごおり［欠氷］。かちわり［搗割］。ぶっかきごおり［打欠氷］。フラッペ（フランス frappé）。近代 アイスキャンデー（和製 ice candy）。アイスクリーム（ice cream）。こほり［氷］。こほりすい［氷水］。シャーベット／シャベット（sherbet）。ぶっかき［打欠］。近世 こほりみづ［氷水］。中古 けづりひ［削氷］。ひみづ［氷水］。
非常に冷たい━ 近世 かなこほり［金氷］。
こお・る【凍】 しばれる（東北方言）。フリーズ（freeze）。近代 けっぴょう［結氷］。とうけつ［凍結］。ひょうけつ［氷結］。中世 つららゐる［氷居］。中古 いつ［いてる］［凍／冱］。とづ［とじる］［閉］。上代 こほる［凍／氷］。
━・りそうで感覚がなくなる 中世 こごゆ［こごえる］［凍］。しむ［しみる］［凍］。
━・りそうなほど冷える 中古 さゆ［さえる］［冴／冱］。
━・りつく アイシング（icing）。ちゃくひょう［着氷］。近世 こごえつく［凍付］。中世 いてつく［凍付］。しみつく［凍付］。
━・りはじめる温度 近代 ぎょうこてん［凝固点］。近世 ひょうてん［氷点］。
薄く━・る 中古 うすこほる［薄氷］。
固く━・る 中世 しみこほる［凍凍］。

ゴール（goal） しゅうきょく［終局］。しゅうちゃくてん［終着点］。ターミナル（terminal）。近代 エンド（end）。けっしょうてん［決勝点］。ゴール。しゅうてん［終点］。ねらひどころ［狙所］。フィニッシュ（finish）。もくへう［目標］。ラスト（last）。近世 もくてき［目的］。中世 めじるし［目標／目印］。→**おわり**

ゴールデン（golden） おうごんの［黄金］。近代 きんいろの［金色］。ゴールデン。
▼**ゴールデンアワー**（和製 golden hour） プライムタイム（prime time）。

こおろぎ【蟋蟀】 つづれさせ［綴刺］。つづれさせこおろぎ［綴刺蟋蟀］。近代 ちちろ。らくしぢゃう［絡糸嬢］。近世 いとじ。いとど［蟋蟀］。いとむし［糸虫］。うたきりぎりす［歌螽斯］。こほろぎ［蟋蟀］。ころころし。ころろん［蟋蟀］。しうきょう［秋蛩］。ふでつむし［筆虫］。中世 しっそつ［蟋蟀］。中古 きりぎりす［蟋蟀］。しっしゅつ［蟋蟀］。ちちろむし［虫］。

こか【古歌】 中古 ふるうた［古歌］。ふること［古事］。上代 こか［古歌］。

こがい【戸外】 あおてんじょう［青天井］。オープン／オープンエア（open air）。近代 アウトドア（outdoor）。かぐゎい［家外］。のてん［野天］。ろてん［露天］。をくぐゎい［屋外］。近世 おんも（幼児語）。中世 おもて［表］。中古 こぐゎい［戸外］。やぐゎい［野外］。
━の空気 近代 ぐゎいき［外気］。

ごかい【誤解】 近代 かんがへちがひ［考違］。かんちがひ／かんちがへ［勘違］。きょくかい［曲解］。ごかい［誤解］。近世 おもひちがひ［思違］。こころえちがひ［心得違］。とりちがへ［取違］。中世 じゃすい［邪推］。中古 おもひまがふ［思紛］。こころあやまち［心過］。こころあやまり［心誤］。ひがおぼえ［僻覚］。ひがごころ［僻心］。へんけん［偏見］。
━を招く言い方 近代 ごへい［語弊］。

ごかく【互角】 甲乙つけがたい。どっこいどっこい。近代 たいとう［対等］。一寸法師の背比べ。どんぐりの背比べ（並べ）。近世 きっかう［拮抗／頡頏］。ごぶごぶ［五分五分］。てきす［敵］。はくちゅう［伯仲］。似たり寄ったり。負けず劣らず。中世 ごかく［互角］。たいたい［対対］。ひってき［匹敵］。中古 たい［対］。どうとう［同等］。ひけん［比肩］。肩を並ぶ［━並べる］。
《句》近世 兄(けい)たり難く弟(てい)たり難し。
━の相手 近世 かうてきしゅ［好敵手］。ライバル（rival）。
━の手合い（将棋で） 近代 ひらて［平手］。近世 たいま［対馬］。

こかげ【木陰】 近代 りゃういん［涼陰／涼蔭］。中世 このしたがくれ［木下隠］。したかげ［下陰］。中古 こかげ［木陰／樹陰］。こぐれ［木暮／木暗］。こしたやみ／このしたやみ［木下闇］。このしたかげ［木下陰］。じゅいん［樹陰／樹蔭］。じゅか／じゅげ［樹下］。せいいん［清陰］。りょくいん［緑陰／緑蔭］。上代 こがくれ［木隠］。このくれ［木暗／木

暮」。じゅえい［樹影］。

―で見えなくなる 中古 こがくる［木隠］。

―で涼をとること 中世 したすずみ［下涼］。

―の道 中世 このしたみち［木下道］。

夏の― 上代 なつかげ［夏陰］。

柳の― 中古 やなぎかげ［柳陰］。

こがた【小型】 近代 コンパクト(compact)。わいせう［矮小］。近世 こぢんまり。こぶり［小振］。しうちん［袖珍］。ちひさし［小］。ほそくち［細口］。中世 こがた［小型／小形］。

―の(接頭語的に) ミニ(mini)。近代 くゎいちゅう［懐中］。ポケット(pocket)。近世 しうちんぼん［袖珍本］。

―の本 しゅうちんばん［袖珍版］。

こがたな【小刀】 近世 ナイフ(knife)。中世 さすが［刺刀］。中古 こがたな［小刀］。上代 たうし／たうす［刀子］。

解剖用の― 近代 たう［刀］。近世 メス(オランダ mes)。

紙を切る― しょとう［書刀］。ペーパーナイフ(paper knife)。

こかつ【枯渇】 みずききん［水飢饉］。近世 かっすい［渇水］。みづふそく［水不足］。中世 かんばち［旱魃］。ひからぶ［―からびる］［干涸／乾涸］。中古 かんばつ［旱魃／干魃］。こかつ［枯渇／涸渇］。なくなる［無］。ふってい［払底］。上代 かる［かれる］［涸／嗄］。つく［つきる］［尽］。ひでり［日照／旱］。

ごがつ【五月】(陰暦) 近代 うげつ［雨月］。おもつき［主月］。しづまつき［賤間月］。近世 うづらづき／じゅんげつ［鶉月］。うめのいろづき［梅色月］。かうげつ［皐月］。中世 いついろづき［五色月］。さなへづき［早苗月］。しづをそめづき［賤男染月］。たちばなづき［橘月］。つきみずづき［月不見月］。ふぶきづき［吹雪月］。中古 ごぐゎつ［五月］。さくもづき［月］。すいひん［蕤賓］。ちゅうか［中夏／仲夏］。仲の夏。上代 さつき［五月／皐月／早月］。

▼五月五日 近世 薬の日。中古 くすりび［薬日］。

▼五月五日とその前夜 近世 ふきおろし［葺下］。ふきごもり［葺籠］。

▼五月十三日 近世 たけうゑび［竹植日］。ちくすいじつ［竹酔日］。ちくめいじつ［竹迷日］。竹植うる日。

▼五月二十五日 中古 ありなしのひ［有無日］。

こがね【黄金】 近代 きんくゎ［金貨］。きんくゎい［金塊］。ゴールド(gold)。中世 きがね［黄金］。中古 きん［金］。上代 くがね［黄金］。こがね［黄金／金］。じゅんきん［純金］。わうごん［黄金］。

こがねむし【黄金虫】 かなぶん［金蚉］。近世 うしぶいぶい［牛］。かねぶうぶう。ぶんぶん。中世 こがねむし［黄金虫／金亀子］。中古 くそむし［糞虫］。まろむし［丸虫］。

こがら【小柄】 近代 せうく［小軀］。たんく［短軀］。わいせう［矮小］。近世 こがら［小柄］。こづくり［小作］。こつぶ［小粒］。こびっちょ。こぶり［小振］。せうぢゃうふ［小丈夫］。中世 こひゃう［小兵］。

―・なさま 中古 ささやか［細］。

こがらし【凩】 近代 からっかぜ［空風／乾風］。近世 このはおとし［木葉落］。中世 からかぜ［空風／乾風］。中古 かんぷう［寒風］。こがらし［凩／木枯］。のわき／のわけ［野分］。野分の風。上代 さむかぜ［寒風］。

こが・れる【焦】 中世 たえこがる［絶焦］。中古 くゆる［薫／燻］。こがる［こがれる］［焦／燋］。

ごかん【五感】 近代 かんじ［感］。かんじゅせい［感受性］。ごかん［五感］。センス(sense)。近世 かんかく［感覚］。かんせい［感性］。中世 けんもんかくち［見聞覚知］。ちかく［知覚］。

▼五つの感覚 近代 きうかく［嗅覚］。しかく［視覚］。しょくかく［触覚］。ちゃうかく［聴覚］。みかく［味覚］。

ごかん【互換】 コンパチブル(compatible)。チェンジ(change)。近代 かうくゎん［交換］。近世 おきかへ［置替／置換］。中世 いれかへ［入替／入換］。ごくゎん［互換］。中古 とりかへ［取替］。上代 かうたい［交替／交代］。

こき【古稀】 →**ねんれい**

こき【呼気】 →**いき【息】**

ごき【誤記】 近代 かきあやまり［書誤］。近世 かきそんじ［書損］。中古 かきそこなふ［書損］。上代 ごき［誤記］。

ごき【語気】 近代 いひぶり［言振］。こうふん［口吻］。ごてう［語調］。ことばさま［言葉様］。近世 くてう［口調］。ごき［語気］。ことばがら［言葉柄］。はなしくち［話口］。はなしぶり［話振］。中世 くちぶり［口振／口吻］。ごせい［語勢］。ことばつき［言葉付］。中古 くちつき［口付］。ことばづかひ［言葉遣］。

―が荒くなる 中古 いひあがる［言昂／言揚］。

ごぎ【語義】 近代 ごぎ［語義］。ごしゃく［語釈］。中世 ごい［語意］。

こきおろ・す【扱下】 →**けな・す**

ごきげん【御機嫌】 近世 ごきげん［御機嫌］。じゃうきげん［上機嫌］。

こきざみ【小刻】 近代 こきざみ［小刻］。近世 こだし［小出］。

—・に歩くこと 近代 いっすんあし［一寸足］。きざみあし［刻足］。

—・に動く 近代 びくつく。中世 ふるふ［震］。みぶるい［身震］。上代 しんどう［震動］。

—・に揺れるさま 近世 ぶりぶり［振振］。

こきつか・う【扱使】 頤で人を使う。近代 ぎゃくし［虐使］。こくし［酷使］。どえき［奴役］。近世 おひまはす［追回］。こきつかふ［扱使］。せこめまはす［回］。せっちゃう。たたきつかふ［叩使］。中世 いし［頤指／頤使］。中古 おひつかふ［追使］。上代 くし［苦使］。

こぎつ・ける【漕着】 近代 たうたつ［到達］。たっする［達］。たっせい［達成］。近世 こぎつく［—つける］［漕着］。

こぎって【小切手】 近代 こぎって［小切手］。チェック(check)。

—のいろいろ(例) とうざこぎって［当座小切手］。トラベラーズチェック(TC：traveler's check)。ほしょうこぎって［保証小切手］。りょこうこぎって［旅行小切手］。近代 せんびきこぎって［線引小切手］。わうせんこぎって［横線小切手］。

ごきぶり【蜚蠊】 あぶらむし［油虫］。近代 ごきぶり［蜚蠊］。近世 ごきかぶり［御器噛］。中世 あまめ。中古 あくたむし［芥虫］。

こきゃく【顧客】 クライアント(client)。こていきゃく［固定客］。ひいきすじ［贔屓筋］。ユーザー(user)。近代 こかく［顧客］。じゃうかく／じゃうきゃく［常客］。じゃうとくい［上得意］。じゃうとくい［常得意］。じゃうれん［常連］。ぢゃうきゃく［定客］。とりひきさき［取引先］。なじみきゃく［馴染客］。近世 おとくい／とくい［御得意］。きゃく［客］。くゎかく［花客］。くゎしゅ［華主］。じゃうかく／じゃうきゃく［上客］。ひいき［贔屓］。中古 かく［客］。

こきゅう【呼吸】❶〈息〉→いき【息】

こきゅう【呼吸】❷〈調和〉 しゅったく［啐啄］。近代 いき［息］。きあひ［気合］。こきふ［呼吸］。近世 あうん［阿吽／阿呍］。中世 そったく［啐啄］。

こきょう【故郷】 近代 かこく［家国］。きうこく［旧国］。きゃうど［郷土］。こくど［国土］。しゅっしゃうち［出生地］。せいち［生地］。そこく［祖国］。ハイマート(ドイツ Heimat)。ホーム(home)。ぼこく［母国］。ゐなか［田舎］。近世 うまれこきゃう［生故郷］。うまれざいしょ［生在所］。おくに［御国］。おさと［御里］。くにがた［国方］。くにどころ［国所］。ざい［在］。さうし［桑梓］。中世 がう［郷］。かざん［家山］。きゃう［郷］。くにさと［国里］。くにもと［国元／国許］。ざいがう［在郷］。ざいしょ［在所］。しゃうじょ［生所］。ふるさと［故郷／古里／故里］。ふんゆ［枌楡］。墳墓の地。中古 かきゃう［家郷］。きうり［旧里］。こゝく［故国］。こざん［故山］。こゑん［故園］。しゃうこく／しゃうごく［生国］。ほんがう［本郷］。上代 うぶすな［産土］。きゃうくゎん［郷関］。きゃうこく［郷国］。きゃうり［郷里］。きゃうりょ［郷閭］。くに［国］。こきゃう［故郷／古郷］。さと［里］。もとつくに［本国］。

《謙》近世 かんきゃう［寒郷］。

《句》近代 人間到る所青山あり。

—が同じ 中古 どうきゃう［同郷］。

—に帰る 近代 たうくゎん［刀環］。中世 ききゃう［帰郷］。きこく［帰国］。きせい［帰省］。

—のあたり 上代 くにへ［国辺］。

—の人 近世 くにもの［国者］。中世 きゃうじん［郷人］。きゃうたう［郷党］。中古 ふるさとびと［古里人］。

—を思う 近代 くゎいきゃう［懐郷］。ノスタルジア(nostalgia)。近世 きゃうしう［郷愁］。中世 しきゃう［思郷］。ばうきゃう［望郷］。《句》中古 籠鳥雲を恋ふ。越鳥南枝に巣くひ胡馬北風に嘶く。

—を離れる りきゃう［離郷］。近代 しゅっきゃう［出郷］。

—を離れた人 デラシネ(フランス déraciné)。近代 とべいくゎんいう［斗米官遊］。中古 いうし［遊子／游子］。上代 笈を負ふ。

官を辞して—で暮らす 近代 きのう［帰農］。近世 きぐゎ［帰臥］。中古 きかう［帰耕］。

成功して—に帰らない 近代 錦を着て夜行くが如し。

成功して—に帰る 近代 錦衣故郷に帰る。錦を飾る。中世 いきんのえい［衣錦栄］。

ごぎょう【御形】 中古 ごぎゃう［御形／五行］。ははこ／ははこぐさ［母子草］。

こぎれい【小綺麗】 近世 こぎれい［小綺麗］。こざっぱり。中世 みよし［見良］。中古 たんじゃう［端正］。上代 たんせい［端正］。

こく【酷】 近代 くゎこく［過酷］。れいこく［冷酷］。近世 こく［酷］。せっしゃう［殺生］。むごし［酷］。むじひ［無慈悲］。中世 ざんこ

く[残酷／惨酷]。ひどし[酷]。中古ひじゃう[非常]。上代ひだう[非道]。

こ・ぐ【漕】 上代こぐ[漕]。たく[綃]。

ー・いで出る 中古こぎいづ[漕出]。上代こぎづ[ーでる][漕出]。

ー・いで抜ける 中世こぎぬく[ーぬける][漕抜]。

あちらこちらー・ぎ回る 上代こぎたむ[漕回]。

競ってー・ぐ 上代ふなぎほふ[船競]。

ごく【極】 近代とっても。とても。ひじゃうに[非常]。近世おほいに[大]。ごく[極]。中古はなはだ[甚]。上代きはめて[極]。

ごく【獄】→**けいむしょ**

ごく【語句】 近代フレーズ(phrase)。近世ご[語]。ごく[語句]。じく[字句]。中世げん[言]。もんく[文句]。上代く[句]。ことば[言葉／詞／辞]。

ーの解釈 近代ごしゃく[語釈]。

使用するー 近代ようご[用語]。

ごくあく【極悪】 近代さいあく[最悪]。近世ざんにん[残忍]。中世あくらつ[悪辣]。かんじゃ[奸邪／姦邪]。けうあく[梟悪]。だいあく[大悪]。中古ごくあく[極悪]。上代あくぎゃく[悪逆]。かんあく[奸邪／姦悪]。きょうあく[凶悪]。じゃあく[邪悪]。ひだう[非道]。よこしま[邪]。

ごくい【極意】 近代おくでん[奥伝]。おくゆるし[奥許]。しんずい[神髄／真髄]。ひぎ[秘技]。中世うんあう[蘊奥]。おくぎ[奥義]。おくのて[奥手]。ごくい[極意]。しんあう[深奥]。ひじゅつ[秘術]。ひでん[秘伝]。中古あうぎ[奥義]。こつ[骨]。ひあう[秘奥]。ひけつ[秘訣]。

こくいっこく【刻一刻】 近代おひおひ[追追]。こくいっこく[刻一刻]。ちくじ[逐次]。近世だんだん[段段]。中世じじこくこく[時時刻刻]。しだいしだいに[次第次第]。中古こくこく[刻刻]。ぜんじ[漸次]。

こくいん【刻印】→**いん**

こくう【虚空】 くうかい[空界]。近代しんくう[真空]。ちゅうくう[中空]。近世おほぞら[大空]。くう[空]。中世うつろ[空／虚／洞]。きょむ[虚無]。ちう[宙]。中古うつほ[空／虚]。むへんせかい[無辺世界]。虚しき空。上代こくう[虚空]。たいきょ[太虚／大虚]。

こくえい【国営】 近代くゎんえい[官営]。こうえい[公営]。こくりつ[国立]。

こくえき【国益】 ナショナルインタレスト(national interest)。中世こくえき[国益]。こくり[国利]。中古くやく／こうえき[公益]。

こくおう【国王】 近代キング(king)。わうさま[王様]。中世こくくん[国君]。中古こくわう[国王]。わう[王]。

ーの冠 コロネット(coronet)。ティアラ(tiara)。近代クラウン(crown)。近世わうくゎん[王冠]。中古ほうくゎん[宝冠]。

こくがい【国外】→**がいこく**

こくがく【国学】 近世くにつまなび[国学]。こがく[古学]。こくがく[国学]。

ごくかん【極寒】 近世こくかん[酷寒]。中世ごかん[冱寒]。中古げんかん[厳寒]。ごくかん[極寒]。身を切るやう。

こくげん【刻限】 近代ていこく[定刻]。ていじ[定時]。近世じげん[時限]。中古こくげん[刻限]。

戻るべきー 近代もんげん[門限]。

こくご【国語】 近代くにことば[国言葉]。ないご[内語]。近世こくご[国語]。はうご[邦語]。中古わご[和語]。

ーと漢文 近代こくかん[国漢]。

こくさい【国際】 グローバル(global)。ちきゅうてき[地球的]。近代インターナショナル(international)。こくさい[国際]。せかいてき[世界的]。ユニバーサル(universal)。上代ばんこく[万国]。

ー人 せかいしみん[世界市民]。近代コスモポリタン(cosmopolitan)。せかいじん[世界人]。

こくさく【国策】 しさく[施策]。近代けいりん[経綸]。こくさく[国策]。しせいはうしん[施政方針]。せいさく[政策]。近世せいかう[政綱]。中世こくぜ[国是]。せいりゃく[政略]。

こくさん【国産】 こくないさん[国内産]。近代メードインジャパン(made in Japan)。近世こくさん[国産]。わせい[和製]。

こくし【酷使】→**こきつか・う**

こくじ【告示】 近代こうこく[公告]。こうじ[公示]。こうふ[公布]。こうへう[公表]。しうち[周知]。しゅうち[衆知]。つうこく[通告]。はっぺう[発表]。近世つうち[通知]。中世つうほう[通報]。上代こくじ[告示]。せんこく[宣告]。つぐ[つげる][告]。

こくじ【酷似】 近代うりふたつ[瓜二]。きんじ[近似]。こくじ[酷似]。せうじ[肖似]。近世ぎじ[擬似]。そっくり。中世いきうつし[生写]。

こくじ【国事】 中世せいぢ[政治]。中古こく

じ[国事]。こくむ[国務]。上代こくせい[国政]。

こくじ【国字】 ほうじ[邦字]。近世こくじ[国字]。中古わじ[和字／倭字]。

こくしょ【酷暑】 近代しゃくねつ[灼熱]。まうしょ[猛暑]。近世げんしょ[厳暑]。こくねつ[酷熱]。中世こくしょ[酷暑]。ごくしょ[極暑]。せうねつ[焦熱]。中古えんしょ[炎暑]。えんてん[炎天]。えんねつ[炎熱]。ごくねち[極熱]。

ーの候 中世さんぷく[三伏]。

ごくしょ【極暑】→**こくしょ**

ごくじょう【極上】 近代さいかうきふ[最高級]。さいぜん[最善]。さいりゃう[最良]。ベスト(best)。近世いたり[至]。きゃら[伽羅]。さいかう[最高]。とびきり[飛切]。この上なし。中世ごくじゃう[極上]。しじゃう[至上]。中古さいじゃう[最上]。上代むじゃう[無上]。

ーの品物 近代いちりうひん[一流品]。ごくじゃうひん[極上品]。てんかいっぴん[天下一品]。近世ごくひん[極品]。中世ぜっぴん[絶品]。

こくぜ【国是】 近代こくさく[国策]。こくろん[国論]。近世こくぜ[国是]。

こくせい【国政】 近代ないせい[内政]。中古こくじ[国事]。はうせん[烹鮮]。上代こくせい[国政]。

ーを一新する 近代乾(けん)を旋(めぐ)らし坤(こん)を転ず。

こくそ【告訴】 こくはつ[告発]。中世うったへ[訴]。上代こくそ[告訴]。

ー・した人 上代そにん[訴人]。

ごくそつ【獄卒】 中世あばう[阿防／阿傍]。えんまそつ[閻魔卒]。えんらごくそつ[閻羅獄卒]。ごくもり[獄守]。中古えんらにん[閻羅人]。ごくそつ[獄卒]。

こくたん【黒檀】 うぶんぼく[烏文木]。近世うぼく[烏木]。こくたん[黒檀]。中古くろき[黒木]。

こくち【告知】 近代こうこく[公告]。しうち[周知]。つうこく[通告]。近世つうち[通知]。中古こくち[告知]。上代こくじ[告示]。つぐ[つげる][告]。→**こくじ【告示】**

こぐち【小口】 近代せうがく[小額／少額]。近世せうりゃう[少量]。近世こぐち[小口]。ちひさし[小]。上代すくなし[少]。

こくど【国土】 近代りゃうど[領土]。近世はうど[邦土]。中世せつど[刹土]。りゃうこく[領国]。りゃうぶん[領分]。中古こくど[国土]。せかい[世界]。りゃうち[領地]。上代くに[国]。くにつち[国土]。こくか[国家]。

天皇の治めるー 中世くゎうど[皇土]。

ごくどうもの【極道者】 近世ごくだうもの[極道者]。ごろつき。ならずもの[者]。ぶらいかん[無頼漢]。むはふもの[無法者]。やくざ。中古ぶらい[無頼]。

こくない【国内】 近代かいう[海宇]。ドメスティック(domestic)。ないこく[内国]。ないち[内地]。中世こくだい[国内]。中古こくない[国内]。上代かいだい[海内]。くゎんちゅう[寰中]。しかい[四海]。

ーと国外 中世ないぐゎい[内外]。上代ちゅうぐゎい[中外]。

ーの政治 近代ないせい[内政]。ないち[内治]。

ーの騒乱 上代ないらん[内乱]。

こくはく【告白】 近代こくはく[告白]。じきょう[自供]。コンフェッション(confession)。じはく[自白]。中世うちあく[ーあける][打明]。さんげ／ざんげ[懺悔]。とろ[吐露]。

こくはつ【告発】 中古はくじゃう[白状]。近代いひつける[言付]。こくそ[告訴]。近世さしくち／さしぐち[差口／指口]。中世うったへ[訴]。上代そしょう[訴訟]。

こくばん【黒板】 ブラックボード(blackboard)。近代こくばん[黒板]。とばん[塗板]。ぬりばん[塗板]。近世ぬりいた[塗板]。

ーに書く筆記用具 近代チョーク(chalk)。はくぼく[白墨]。

ーに字を書くこと ばんしょ[板書]。近代いたがき／ばんがき[板書]。

その他ーに類するもの(例) でんしこくばん[電子黒板]。ホワイトボード(white board)。はくばん[白板]。

ごくひ【極秘】 近代げんぴ[厳秘]。ないみつ[内密]。秘中の秘。近世ごくない[極内]。こっそり。ないしょ／ないしょう[内証／内緒]。中世ないない[内内]。中古ごくひ[極秘]。ひそか[密／私／窃]。ひみつ[秘密]。

こくびゃく【黒白】 くろしろ[黒白]。近代せいひ[正否]。近世せいじゃ[正邪]。中世しろくろ[白黒]。中古かひ[可否]。こくばく[黒白]。こくびゃく[黒白]。上代ぜひ[是非]。ぜんあく[善悪]。

こくひょう【酷評】 かひょう[苛評]。近代こ

くひゃう[酷評]。ふひゃう[不評]。

こくひん【国賓】 ビップ/ブイアイピー(VIP; very important person)。近代こくひん[国賓]。近世きひん[貴賓]。上代ひんきゃく[賓客]。

ごくひん【極貧】 近代むいちもん[無一文]。近世すかんぴん[素寒貧]。中世ごくひん[極貧]。せきひん[赤貧]。上代きゅうばふ[窮乏]。→**びんぼう**

こくふく【克服】 のりきる[乗切]。近代うちかつ[打克]。こくふく[克服]。せいふく[征服]。とっぱ[突破]。中世こくす[克/剋]。中古しのぐ[凌]。

こくべつ【告別】 近代じべつ[辞別]。近世そうべつ[送別]。中世いとまごひ[暇乞]。けつべつ[決別/訣別]。こくべつ[告別]。上代べつり[別離]。

こくぼう【国防】 近代こくばう[国防]。へいじ[兵事]。近世ぐんび[軍備]。せんび[戦備]。上代ぐんじ[軍事]。

こくみん【国民】 近代こうみん[公民]。さうばう[蒼氓]。せいし[生歯]。ネーション(nation)。みんぞく[民族]。近世ひゃくしゃう/ひゃくせい[百姓]。中世くにたみ[国民/国人]。くにひと/くにびと[国人]。こくみん[国民]。たみくさ[民草]。はくせい[百姓]。中古げんげん[元元]。こくじん[国人]。しょみん[庶民]。にんみん[人民]。上代あをひとくさ[青人草]。おほみたから[大御宝]。さうせい[蒼生]。しみん[四民]。じんみん[人民]。たみ[民]。ばんみん[万民]。もろびと[諸人]。よひと[世人]。

—の思い せろん[世論]。ナショナルコンセンサス(national consensus)。近代こくじゃう[国情]。近世こくろん[国論]。中世みんい[民意]。みんしん[民心]。よろん[輿論/世論]。中古せいろん[世論]。上代みんじゃう[民情]。

—の恥 近代こくち[国恥]。近世こくじょく[国辱]。

こくめい【克明】 近代こくめい[克明]。近世しゃうさい[詳細]。中世たんねん[丹念]。にふねん[入念]。めんみつ[綿密]。上代くはし[詳]。

こくもつ【穀物】 かこくるい[禾穀類]。近代べいばく[米麦]。近世くゎか[禾稼]。けしね[褻稲/飯米/食稲]。こくもつ[穀物]。こくるい[穀類]。りくこく/ろくこく[六穀]。中世くゎこく[禾穀]。ぞく[粟]。たはらもの/へうもつ/へうもの[俵物]。べいこく[米穀]。中古いつつのたなつもの[五穀]。いねあは[稲粟]。上代ごこく[五穀]。たなつもの[穀]。とし[年/歳]。みとし[御年]。五種(いつくさ)の種(たな)つ物。

—がよく実ること 近世ほうさく[豊作]。ほうぜう[豊饒]。中世ほうじゅく[豊熟]。上代ほうじゃう[豊穣]。

—と豆類 こくしゅく[穀菽]。

—の粉 こくふん[穀粉]。

—の粒 こくつぶ[穀粒]。こくりゅう[穀粒]。近世ごくつぶ[穀粒]。

—を風でより分ける ふうせん[風選]。中古ひる[簸]。

—を風でより分ける道具 近世たうみ/たうみの[唐箕]。

—を精製する小屋 近世つきや[搗屋/舂屋]。

—を精白すること 近世せいこく[精穀]。

米や麦を除いた— 上代ざっこく[雑穀]。

さまざまな— 中古ひゃくこく[百穀]。

ごくらく【極楽】 近代じゃうかい[浄界]。てんごく[天国]。パラダイス(paradise)。べってんち[別天地]。ユートピア(Utopia)。らくゑん[楽園]。りさうきゃう[理想郷]。近世あんやうかい[安養界]。あんやうこく[安養国]。あんやうじゃうど[安養浄土]。あんやうほうこく[安養宝国]。いちぶつじゃうど[一仏浄土]。こんじきせかい[金色世界]。てんだう[天堂]。ふたいぢ[不退地]。ぶっこく[仏国]。ぶっせつ[仏刹]。ほんど[本土]。中世あんらくこく[安楽国]。あんらくじゃうど[安楽浄土]。あんらくせかい[安楽世界]。くほんじゃうど[九品浄土]。ぐゎんど[願土]。ここのしな[九品]。さいせつ[西刹]。さいど/せいど[西土]。さいてん[西天]。さいはうごくらく[西方極楽]。さいはうじゃうど[西方浄土]。じふまんおくど[十万億土]。じゃうせつ[浄刹]。じゃうど[浄土]。じゃうゐき[浄域]。ふたいのど[不退土]。ふたいのところ[不退所]。ぶっしょ[仏所]。ほうこく[宝国]。中古かのきし[彼岸]。ごくらくじゃうど[極楽浄土]。すずしきかた[涼方]。すずしきくに[涼国]。すずしきみち[涼道]。はちえふのはちす[八葉蓮]。はちす[蓮]。ふくちのその[福地園]。ぶっかい[仏界]。ぶつど[仏土]。上代ごくらく[極楽]。たうげん[桃源]。

《句》近代極楽願ふより地獄作るな。

—にある池 中世くどくち[功徳池]。

—に生まれかわること 中世いちれんたくしゃ

う［一蓮托生］。けつぢゃうわうじゃう［決定往生］。ごくらくわうじゃう［極楽往生］。ねんぶつわうじゃう［念仏往生］。ひとつはちす［一蓮］。中古 わうじゃう［往生］。

―に往生した人 中世 わうじゃうにん［往生人］。

―に往生した人が座るところ 中世 はちすのうてな［蓮台］。はちすのうへ［蓮上］。はちすのざ［蓮座］。

―に往生することを願うこと 中世 ごんぐじゃうど［欣求浄土］。

―の空 中世 紫の雲路。

ごくらくちょう【極楽鳥】 ひよくのとり［比翼鳥］。近代 ごくらくてう［極楽鳥］。近世 ふうてう［風鳥］。中古 羽根を交はせる鳥。

こくりつ【国立】 近代 くゎんりつ［官立］。こくりつ［国立］。ナショナル(national)。

こくりょく【国力】 近世 こくりょく［国力］。中世 くにぜい［国勢］。こくゐ［国威］。中古 こくせい［国勢］。

こくるい【穀類】→**こくもつ**

ごくろう【御苦労】 近世 たいぎ［大儀］。はばかり［憚］。はばかりさま［憚様］。中世 いたづがはし［労］。ごくらう［御苦労］。

こくろん【国論】 せろん［世論］。近世 こくぜ［国是］。こくろん［国論］。中世 こうろん［公論］。よろん［輿論／世論］。

こけ【苔】 近代 こけら［苔］。せんたい［蘚苔］。中古 こけ［苔／蘚］。

―が生えて古びた感じになる 近代 こけさび［苔錆］。

―が生える 上代 こけむす［苔生］。

青い― 近代 あをごけ［青苔］。中世 すいたい［翠苔］。中古 さうたい［蒼苔］。せいたい［青苔］。上代 りょくたい［緑苔］。

石に生えた― 中古 せきたい［石苔］。

地面を覆っている―など 近代 ちひ［地被］。中世 こけごろも［苔衣］。苔の衣。上代 こけむしろ［苔筵］。

ごけ【後家】 近代 みばうじん［未亡人］。ウィドー(widow)。近世 つみがみ［摘髪］。中古 ごけ［後家］。びばうじん［未亡人］。やまめ／やむめ［寡／鰥］。上代 くゎふ［寡婦］。やもめ［寡婦／寡／鰥］。→**みぼうじん**

こけい【固形】 近代 くゎいじゃう［塊状］。こたい［固体］。ソリッド(solid)。近世 こけい［固形］。上代 かたまり［塊］。

こげくさ・い【焦臭】 近世 かんこくさい［紙子臭］。きなくさし［焦臭］。こげくさし［焦臭］。

こけつ【虎穴】→**ここう【虎口】**

こげつき【焦付】 へんさいふのう［返済不能］。近代 かしだふれ［貸倒］。たいなふ［滞納］。

こげつ・く【焦付】 近代 こげつく［焦付］。中世 いりつく［煎付／炒付］。やけつく［焼付］。

▼**焦げた御飯** 近代 おこげ［御焦］。近世 こげ［焦］。こげめし［焦飯］。中世 こがれ［焦］。こがれいひ［焦飯］。

こけん【沽券】 近代 こけん［沽券］。たいめん［体面］。中世 ひんゐ［品位］。めんもく［面目］。中古 めいぼく／めんぼく［面目］。

ここ【此処】 上代 こ［此］。ここ［此処／此所］。

―かしこ 近世 あちらこちら［彼方此方］。中世 あちごち［彼方此方］。ざいざいしょしょ［在在所所］。中古 しょしょ［諸処／諸所］。はうばう［方方］。上代 そこここ［其処此処］。ところどころ［所所］。をちこち［彼方此方］。

―かしこの村 中古 ざいざい［在在］。

―にある 近世 こな［此］。中世 ここな／ここなる［此処］。

ここ【個個】 近代 かくじん［各人］。こべつ［個別］。近世 かくじ［各自］。中世 ここ［個個／箇箇］。めいめい［銘銘］。中古 おのおの［各／各各］。まちまち［区区］。

ごご【午後】 ピーエム(P.M.; p.m.; ラテン post meridiem)。近代 アフターヌーン(afternoon)。近世 かご［下午］。ひるさがり［昼下］。ひるすぎ［昼過］。中古 ごご［午後／午后］。

ここう【虎口】 しせん［死線］。近代 きち［危地］。きゅうち［窮地］。ピンチ(pinch)。危殆に瀕する。近世 きたい［危殆］。ぜったいぜつめい［絶体絶命］。わにぐち［鰐口］。危ない橋を渡る。中世 きき［危機］。こけつ［虎穴］。中古 ここう［虎口］。虎の尾を踏む。薄氷を踏む。風前の灯。上代 きけん［危険］。

ここう【股肱】 近世 かたうで［片腕］。中古 ちょうしん［寵臣］。ふくしん［腹心］。上代 ここう［股肱］。

ここう【糊口】 近世 くらし［暮］。せいくゎつ［生活］。よすぎ［世過］。中世 くちすぎ［口過］。しゃうくゎつ［生活］。すぎはひ［生業］。中古 せいけい［生計］。よわたり［世渡］。上代 ここう［糊口］。

こごう【古豪】 きょうごう［強豪］。近世 こがう［古豪］。もさ［猛者］。中世 ふるつはもの［古強者］。まうさ［猛者］。

ごこう【後光】 近代 ハロー(halo)。ふなごくゎ

う［舟後光］。近世くゎうはい［光背］。中世かさごくゎう／からかさごくゎう［傘後光］。ごくゎう［後光／御光］。中古づくゎう／とうくゎう［頭光］。上代ゑんくゎう［円光］。→こうはい【光背】

こごえ【小声】 近代さおと［小音］。近世ひそひそごゑ［声］。中世こごゑ［小声］。ささやき［囁］。しのびごゑ［忍声］。しのびね［忍音］。せうおん［小音］。中古ささめごと［私語］。ほそやか［細］。

―で言う ウイスパー(whisper)。声をしのばせる。声を潜める。私語する。耳打ちする。中世ささやく［囁／私語］。そそやく［囁］。中古ささめく。

―で言うさま 近世ひそひそ。中世そっと。

こご・える【凍】 近代れいとう［冷凍］。近世かじかむ［悴］。かじく［かじける］［悴］。とうけつ［凍結］。中世こぎえる［凍］。こごゆ［こごえる］［凍］。中古いつ［いてる］［凍／冱］。しむ［しみる］［凍］。上代こほる［凍／氷］。こゆ［凍］。

―・えて飢えること 中古とうたい［凍餒］。

―・えて死ぬ 近世とうし［凍死］。中世こごえじに［凍死］。

ここく【故国】 近代そこく［祖国］。ぼこく［母国］。中古ここく［故国］。→こきょう

配流の地から―へ帰されること 中世ほんぷく［本復］。

ごこく【後刻】 近代ごじつ［後日］。中世あと［後］。おっつけ［追付］。ごこく［後刻］。のちほど［後程］。中古おって［追］。上代ゆり［後］。

ここち【心地】 →きぶん

こごと【小言】 近代もんく［文句］。近世おめだま［御目玉］。くじゃう［苦情］。じごんじ［自言辞］。だんぎ［談義］。にがぐち［苦口］。中世くげん［苦言］。くこう［苦口］。こごと［小言］。せっけう［説教］。

―の多い人 近世こごとや［小言屋］。やかましや［喧屋］。

―を言うさま 近世ぶうぶう。

―を言われる しかられる［叱］。近世淬(すか)(糟)を食ふ。

こころ【心】❶〈人心〉 近代エスプリ(フランス esprit)。ガイスト(ドイツ Geist)。かんじ［感］。しょかん［所感］。しんあう［心奥］。しんせい［心性］。しんせい［神性］。しんり［心理］。スピリット(spirit)。ハート(heart)。ふ［腑］。プシュケー(ギリシャ psykhē)。マインド(mind)。近世あさみぐさ［朝見草］。きもさき［肝先］。こころたま／こころだま［心珠／心魂］。じゃう［情］。しんし［心思］。しんてい［心体］。しんぽふ［心法］。とはれぐさ［問草］。はうすん［方寸］。はらわた［腸］。ひり［皮裏／皮裡］。ものごころ［物心］。をりみぐさ［折見草］。中世かんじゃう［感情］。き［気］。きぶん［気分］。きもだましひ［肝魂］。きもち［気持］。くれみぐさ［暮見草］。こころもち［心持］。さんこ［三戸］。した［下］。しん［心］。しん［神］。しんきゃう［心境］。しんそこ［心底／真底］。しんぢ［心地］。しんでん［心田］。しんとう［心頭］。しんに［心耳］。しんねん［心念］。しんぷ［心腑］。ときみぐさ［時見草］。ねざめぐさ［寝覚草］。ねん［念］。はいかん［肺肝］。はつみぐさ［初見草］。ゆふみぐさ［夕見草］。心の水。中古いし［意思］。おもひ［思］。かんたん［肝胆］。きも［肝］。きもこころ［肝心］。こころぎも［心肝］。ここち［心地］。きょうちゅう［胸中］。こころね［心根］。こころば［心葉］。こん［魂］。しょぞん［所存］。しんい［心意］。しんかん［心肝］。しんじゃう［心情］。しんしん［神心］。じんしん［人心］。しんたん［心胆］。しんり［心裏／心裡］。たましひ［魂／魄］。ないしん［内心］。はら［腹］。まごころ［真心］。心の空。上代うら［心］。おもはく［思］。かんせい［感情］。ここり［心］。こころ［心］。こひぐさ［恋草］。しんしん［心神］。しんちゅう［心中］。しんぷく［心腹］。せいしん［精神］。むね［胸］。むらぎも［腎肝］。

《尊》中世こうい［厚意］。はうい［芳意］。はうせい［芳情］。中古おぼしめし［思召］。はうし［芳志］。はうじゃう［芳情］。上代みこころ［御心］。

《謙》近代ぐしん［愚心］。ぐちゅう［愚衷］。すんしん［寸心］。近世こしん［己心］。はうすん［方寸］。

《枕》上代いゆししの［射獣］［⇨心を痛み］。かりこもの［刈菰］。きもむかふ［肝向］。むらぎもの［群肝］。

《句》近代器量よりも気前。善悪は地獄極楽。男前より気前。近世山中の賊を破るは易く心中の賊を破るは難し。中世外面如菩薩(げめんにょぼさつ)内心如夜叉(ないしんにょやしゃ)。地獄極楽は心にあり。人はみめより只(ただ)心(こころ)。

―が痛む 近世うづく［疼］。中世うたてし［転］。中古こころぐるし［心苦］。上代いらなし［苛］。かなし［悲／哀］。

—が卑しい 【近世】さもし。たんを［貪汚］。【中世】むさし。【中古】いやし［卑／賤］。【上代】きたなし［汚］。

—が穏やかでないさま 【中古】かうかう［耿耿］。たぎつ／たぎる［滾］。

—が清いこと びゃくれん［白蓮］。【近代】めいきゃうしすい［明鏡止水］。【中世】じゅんしん［純真］。【中古】れんちょく［廉直］。【上代】あかし［明］。せいれん［清廉］。

—がくじける 【中古】おもひよわる［思弱］。【上代】おもひたわむ［思撓］。

—がこもっていない 【上代】こころおそし［心鈍］。

—がしっかりしているさま 【中世】こころまさり［心勝］。【中古】すくよか［健］。

—が狭い 【近代】きょくせう［局小］。けちくさい。けふりゃう［狭量］。けんかい［狷介］。けんけふ［狷狭］。【中世】せばせばし［狭狭］。

—が他に奪われる 【中世】とりまぎる［—まぎれる］［取紛］。【中古】まぎる〔まぎれる〕［紛］。

—が通じる 心が通う。【中世】いしんでんしん［以心伝心］。れいさい［霊犀］。心を以て心に伝ふ。【中古】かんつう［感通］。【上代】魂(たま)（霊／魂）合ふ。

—が何かにとらわれているさま こだわる［拘］。【近代】こうでい［拘泥］。こちゃく［糊着］。心ここにあらず。【近世】なづまし［泥］。【中世】おもひこむ［思込］。しふしん［執心］。【中古】しふちゃく／しふぢゃく［執着］。

—が拗(ねじ)けている 【近世】ねいあく［佞悪］。【中世】かたまし／かだまし［奸］。かんねい［奸佞／姦佞］。【中古】くねくねし。はらぎたなし［腹穢／腹汚］。はらぐろし［腹黒］。らうれい［狼戻］。

—が拗(ねじ)けている人 【近世】ねぢけもの［拗人／佞人］。【中世】かんぞく［奸賊／姦賊］。【中古】ひがもの［僻者］。

—がはずんでいるさま 【近代】ときめく。【近世】わくわく。【中古】うきうき［浮浮］。

—がはやること 【近代】ゆうやく［勇躍］。【中世】はやりか［逸］。【中古】はゆ［逸］。またぐ［急］。ゆやく［踊躍］。

—が晴れない 【近代】おもたい［重］。わだかまる［蟠］。【近世】いううつ［憂鬱／幽鬱］。いふいふ［悒悒／邑邑］。いふうつ［悒鬱］。いんうつ［陰鬱］。うついう［鬱憂］。むさくさ。むしゃくしゃ。もやくる。よくうつ［抑鬱］。【中世】あうあう［怏怏］。うっくゎい［鬱懐］。うつねん［鬱念］。きうつ［気鬱］。くったく［屈託／屈托］。むさむさ。めいる［滅入］。もうき［濛気／朦気］。【中古】うついふ［鬱悒］。うったうし［鬱陶］。むすぼる［結］。やらむかたなし［遣方無］。【上代】いきどほろし［憤］。いぶせむ。おほほし［鬱］。くれ［暗］。さぶし［淋］。むすぼほる［結］。→うっとうし・い

—が広いさま 【近代】かうかう［皞皞］。くゎいくゎつ［快闊／快豁］。くゎうりゃう［広量／宏量］。くゎんこう［寛弘］。【近世】きょくりゃう［局量］。らいらいらくらく［磊磊落落］。らくらく［落落］。らくらくらいらい［落落磊磊］。【中世】くゎうたつ［曠達］。くゎくぜん［廓然］。くゎったつ［闊達／豁達］。くゎんじん［寛仁］。くゎんじんたいど［寛仁大度］。くゎんだい［寛大］。たいき［大気］。たいくゎい［大魁］。たいりゃう［大量］。らいらく［磊落］。【中古】おほどか。くゎんじょ［寛恕］。くゎんよう［寛容］。《句》【近代】河海は細流を択ばず。泰山は土壌を譲らず。

—がゆったりしているさま 【中世】かうぜん［浩然］。

—が緩む 【近世】うかうか。【中世】とらく［盪／蕩］。【中古】ゆるぶ［弛／緩］。

—が揺れ動き落ち着かない 【中世】いらいら［苛苛］。いらだたし［苛立］。ふはふは。【中古】おもひただよふ［思漂］。ゆるぐ［揺］。【上代】たゆたひ［揺蕩／猶予］。なやまし［悩］。ゆたにたゆたに［寛］。浦州(うらす)の鳥。

—が悪く腹黒いこと 【近代】きょうけん［凶険／兇険］。

—と身体 しんこん［身魂］。しんみ［心身］。【中世】しんこつ［心骨］。【中古】しんしん／しんじん［心身／神身］。しんしん／しんじん［身心］。

—に掛ける 【近代】かいする［介］。しねん［思念］。ちゅうい［注意］。気に留める。念頭に置く。念に掛ける。【中世】かへりみる［顧］。かまへて［構］。くゎんす［管］。しっす［執］。とんちゃく／とんぢゃく［頓着］。気にす。【中古】おもひいる［思入］。かけかけし［懸懸］。かたごころ［片心］。こころづく［心付］。しふす［執］。みかへる［見返］。

—にかなう 【近世】くゎいしん［会心］。【中世】てきい［適意］。気に入る。【中古】このまし［好］。【上代】おもしろし［面白］。

—にしみる 【近代】せつじつ［切実］。【近世】しみつく［染付／染着］。ひびく［響］。心魂(しんこん)に徹す。【中世】かんがい［感慨］。心肝(しんかん)に添ふ。【中古】しみかへる［染返／沁返］。しめじめ。【上代】うらぐはし［心細］。

―に留めない 近代うんえんくゎがん[雲煙過眼]。近世ながす[流]。中古おもひすぐす[思過]。なほざり[等閑]。心の外(ほか)。

―に留める 肝に銘ずる。近代きざみこむ[刻込]。きざみつける[刻付]。きざむ[刻]。てうしん[彫心]。近世たたみこむ[畳込]。ふくむ[含]。らうき[牢記]。中世こころす[心]。とどむ[留/止]。ねんぢ[念持]。肝に染む。中古おもひいる[思入]。おもひこむ[思籠]。おもひしむ[思染]。おもひとどむ[思止]。くくむ[銜/含]。こころいる[心入]。とりかかる[取掛]。ふくよう[服膺]。心に染む。上代わきばさむ[脇挟]。

―に秘めておく 近世胸に畳む。中世ふくざう[腹蔵/覆蔵]。中古くま[隈/曲/阿]。上代つつむ[包]。

―の温かみ 近代じゃうみ[情味]。にんじゃうみ[人情味]。

―のあり方 近代きゃう[境]。しんきゃう[心境]。しんじゃう[心状]。しんせい[心性]。近世きしつ[気質]。こころがけ[心掛]。こころゆき[心行]。しんてい[心体]。中世きう[気宇]。きだて[気立]。きもち[気持]。こころだて[心立]。しんじゅつ[心術]。中古こころおきて[心掟]。こころざま[心様]。しんしゃう[心性]。しんじゃう[心情]。

―の動き 近代きんせん[琴線]。しんり[心理]。中世かんじゃう[感情]。中古いきゃう[意況]。じゃう[情]。

―の動きが遅い 中古こころおくる[心後]。こころおそし[心鈍]。

―のこもっているさま 中世せつせつ[切切]。中古こまやか[細/濃]。せいじつ[誠実]。ねんごろ[懇]。まめやか[忠実]。

―の準備 近代きがまへ[気構]。近世こころじたく[心支度]。中古おもひしたたむ[思認]。こころがまへ[心構]。

―の中 きょうおう[胸奥]。近代きょうてい/むなそこ[胸底]。きん[襟]。しんあう[心奥]。なうり[脳裏/脳裡]。近世きょうかく[胸膈]。きょうくゎい[胸懐]。しんこつ[心骨]。しんとう[心頭]。そこしん[底心]。はうすん[方寸]。ほぞ[臍]。腹の中。中世おくい[奥意]。きょうきん[胸襟]。ござうろくふ[五臓六腑]。こつずい[骨髄]。しんそこ[心底/真底]。そこい[底意]。そこごころ[底心]。ちゅうじゃう[中情]。ちゅうしん[衷心]。ないない[内内]。ねんとう[念頭]。はいかん[肺肝]。はいふ[肺腑]。ふくちゅう[腹中]。中古いちゅう[意中/意衷]。かんたん[肝胆]。きょうおく[胸臆]。きょうちゅう[胸中]。こころね[心根]。しんこん[心根]。しんちゃう[心腸]。しんてい[心底]。しんり[心裏/心裡]。ちゅうしん[中心]。ないしん[内心]。なか[中]。ふくしん[腹心]。心の底。底の心。胸の内。上代うち[内]。したごころ[下心]。したゆ[下]。しんかん[心肝]。しんちゅう[心中]。しんぷく[心腹]。

―の中に持つ 近代はうくゎい[抱懐]。近世きょうぢ[矜持]。

―の中を全部出す 近代だまを出す。近世ひれき[披瀝]。中世かいちん[開陳]。上代ひちん[披陳]。

―の働き 近代いしき[意識]。近世ねん[念]。中世しんがん[心眼]。しんぎゃう[心行]。しんぼふ[心法]。中古いごふ[意業]。いちねん[一念]。こころたましひ[心魂]。しんげん[心眼]。上代せいしん[精神]。

―のまま 近代心ゆくばかり。心ゆくまで。中世ずんぶんに[存分]。中古おもふまま[思儘]。こころづから[心]。こころながら[心]。すさぶ/すさむ[荒]。すずろ[漫]。ゆくゆく。心の限り。

―の迷い 近代かっとう[葛藤]。コンフリクト(conflict)。中世めいまう[迷妄]。中古めいむ[迷夢]。ゆめ[夢]。

―の乱れ 近世どんちゃん。中世らんしん[乱心]。わくらん[惑乱]。中古いばしんゑん[意馬心猿]。やみ[闇]。忍ぶの乱れ。我か人か。上代こころまどひ[心惑]。たぶる[狂]。やく[焼]。

―を痛める しょうそう[傷愴]。近世さんつう[惨痛]。中世きのどく[気毒]。さんぜん[惨然]。しんつう[心痛]。つうしん[痛心]。中古いたつく[病/労]。うれふ[愁/憂]。おもひあつかふ[思扱]。おもひなやむ[思悩]。さんび[酸鼻]。しゃうしん[傷心]。ちゃうばう[悵望]。上代かんしゃう[感傷]。

―を入れ替える 近代かいご[改悟]。かいしゅん[改悛]。くゎいしゅん[悔悛]。心を入れ替へる。近世かいしん[改心]。根性を入れ換へる。魂を入れ替へる。上代しゅんかい[悛改]。

―を高揚させる 中世たぎる[滾/激]。もやす[燃]。中古たきつ/たぎつ[滾/激]。ひきたつ[―たてる][引立]。心を起こす。

―をこめて 近世いっしゃうけんめい[一生懸

命］。ちゅうし［注思］。身を入る〔―入れる〕。折り入って。中古 いっしんに［一心］。たんせい［丹誠］。心を致す。上代 ねもころ［懇］。

―をしずめる せんこう［潜考］。近世 おちつく〔―つける〕［落着］。おとしつく〔―つける〕［落着］。せんし［潜思］。中古 おもひなだらむ［思宥］。をさむ〔おさめる〕［治］。

―を集中させる 近代 いちいせんしん［一意専心］。せんねん［専念］。近世 いっさんまい［一三昧］。ねっちゅう［熱中］。中世 いっしんふらん［一心不乱］。くゎんさう［観想］。よねんなし［余念無］。中古 さんまい［三昧］。せんしん［専心］。

―をすっかり奪われた状態 いかれる。夢中になる。近代 くゎうこ［恍乎］。まゐる［参］。虜〔擒／俘虜〕になる。近世 きたる［来］。しんすい［心酔］。たんでき［耽溺］。現を抜かす。中世 おぼる〔おぼれる〕［溺］。くゎうぜん［恍然］。中古 くゎうこつ［恍惚］。ふける［耽］。ほれぼれし［惚惚］。ゑふ［酔］。

―を他へ移す 近世 わきごころ［脇心］。中世 まぎらす［紛］。中古 まぎらはす［紛］。よこめ［横目］。

―を慰め豊かにするもの 近代 心の糧。中古 なぐさめぐさ［慰草／慰種］。

―を悩ます 近世 きぐらう［気苦労］。胸を痛む〔―痛める〕。中古 しんらう［心労］。上代 わづらふ［患／煩］。《尊》中古 おぼしこがる［思焦］。

―をのびのびさせる 近世 じょちゃう［舒暢／舒張］。中世 とりのぶ〔―のべる〕［取延］。上代 おもひのぶ［思延］。ゆるす［許］。

―をひきつける 夢中にさせる。近代 みりょくてき［魅力的］。みれう［魅了］。中世 心を奪ふ。上代 かぐはし［芳／香／馨］。→こころひか・れる

―を一つにする 心を合わせる。近代 いっしん［一心］。いっしんどうたい［一心同体］。わちゅうけふどう［和衷協同］。近世 いちみがったい［一味合体］。いちみとたう［一味徒党］。肌を合はす。中世 いちみどうしん［一味同心］。いっき［一揆］。どうしん［同心］。中古 がったい［合体］。もろごころ［諸心］。

―を開く 近代 胸臆を開く。胸襟を開く。腹を割る。中世 かいきん［開襟／開衿］。腹蔵ない。

―を寄せる 中世 なびく［靡］。中古 そむ〔そめる〕［染］。心に染む。心を染む。上代 かたまく［傾］。はふ［延］。心を付く。

偽りのない― 近世 そしん［素心］。中古 せいい［誠意］。せきしん［赤心］。ほんしん［本心］。まごころ［真心］。

うちとけない― 中古 へだてごころ［隔心］。

うわの空の― 中世 こつこつ［忽忽］。中古 そらごころ［空心］。

愚かな― 中世 ぐしん［愚心］。

かたい― 近代 てっしんせきちゃう［鉄心石腸］。てっせきしんちゃう［鉄石心腸］。近世 せきしん［石心］。中世 てっしん［鉄心］。《句》近代 我が心石に匪ず転ずべからず。

閑寂な― 中世 かんしん［閑心］。

自分で自分の―を乱す 中世 影を畏れ迹を悪む。

情趣を解さない― 中古 えびすごころ［夷心］。

女性の― 中古 をみなごころ／をんなごころ［女心］。をんなごこち［女心地］。

他へ―を移すこと 中古 たしん［他心］。

男性の浮気な― 近世 をとこごころ［男心］。

男性を思う― 中古 をとこごころ［男心］。

人間の― 中古 じんしん［人心］。上代 せいしん［精神］。

微妙な―の動き 近代 きび［機微］。

凡人の普通の― 近世 そしん［素心］。中世 じゃうしき［情識］。中古 がい［我意／雅意］。さんしん［散心］。そい［素意］。

わだかまりのない― 中古 きょしう［虚舟］。

こころ【心】❷〈本質〉 近代 いみ［意味］。いと［意図］。しゅし［趣旨］。しんずい［神髄／真髄］。中世 ほんしつ［本質］。中古 おもむき［趣］。こころ［心］。

こころあたり【心当】 近世 あてこと［当事］。あてど［当所］。けんたう［見当］。こころあたり［心当］。中世 おもひあたる［思当］。めあて［目当］。

―がない 近代 見当が付かない。中古 おぼえなし［覚無］。

こころいき【心意気】 きっぷ［気風］。むこうぎ／むこうっき［向気］。近代 きあひ［気合］。きがまへ［気構］。きはく［気迫／気魄］。むかふいき［向意気］。近世 いきごみ［意気込］。いきぢ／いくぢ［意気地］。えいき［鋭気］。きじゃう／きせい［気勢］。きっかけ［切掛］。きふう［気風］。けっき［血気］。こころいき［心意気］。中世 いぢ［意地］。きえん［気炎／気焔］。きがい［気概］。しき［志気］。ねっけつ［熱血］。はき［覇気］。中古 きおひ［気負］。きりょく［気力］。上代 いき

［意気］。《句》近代人生意気に感ず。

こころえ【心得】 近代きがまへ［気構］。近世こころぐみ［心組］。中世こころがけ［心掛］。ぞんち／ぞんぢ［存知］。たしなみ［嗜］。中古こころえ［心得］。こころがまへ［心構］。したかた［下形］。

ーがないこと 近世ふつう［不通］。中古ふかん［不堪］。

ーちがい 近代かんがへちがひ［考違］。中世れうけんちがひ［料簡違］。中古こころあやまり［心誤］。

こころ・える【心得】 近代りかい［理解］。近世がてん［合点］。しょうち［承知］。れうかい［了解］。わかる［分］。中世こころがく〔ーがける〕［心掛］。こころやる［心］。なっとく［納得］。のみこむ［飲込］。ゑとく［会得］。中古こころう〔ーえる〕［心得］。上代さとる［悟］。わきまふ〔ーまえる〕［弁］。

こころおきなく【心置無】 遠慮なく。気が置けない。気遣いなく。腹を割って。フランクに(frank)。近世こころおきなく［心置無］。

こころおぼえ【心覚】 ぼうびろく［忘備録］。近代ノート(note)。びばうろく［備忘録］。メモ／メモランダム(memorandum)。近世おぼえがき［覚書］。中世こころおぼえ［心覚］。中古かきつけ［書付］。きろく［記録］。

こころがけ【心掛】 近代きがまへ［気構］。ちゅうい［注意］。りうい［留意］。近世きくばり［気配］。こころあて［心当／心宛］。こころいれ［心入］。こころくばり［心配］。こころぐみ［心組］。こころもちゐ［心用］。気を付く〔ー付ける〕。中世きづかひ［気遣］。こころえ［心得］。こころがけ［心掛／心懸］。たしなみ［嗜］。念を入る〔ー入れる〕。中古えうじん［要心］。こころがまへ［心構］。こころげさう［心化粧］。こころしらひ［心］。こころばせ［心馳］。こころまうけ［心設］。こころもちゐ［心用］。しんさう［心操］。ようじん［用心］。

ーが足りないこと 近代ふこころえ［不心得］。近世ふれうけん［不了簡／不料簡］。中世ぶたしなみ［不嗜／無嗜］。

ーが立派なこと 中世たいくゎい［大魁］。中古こころかしこし［心賢］。

ーが悪い 中世こころわるし／こころわろし［心悪］。

倹約のー 近世しまつごころ［始末心］。

こころがまえ【心構】 性根を据えてかかる。腹を固める。近代きがまへ［気構］。きぐみ［気組］。けつい［決意］。けっしん［決心］。意を決する。近世いきごみ［意気込］。きぐらゐ［気位］。きさき［気先］。きどり［気取］。こころあて［心当／心宛］。こころいれ［心入］。こころぐみ［心組］。こころじたく［心支度／心仕度］。こころばへ［心延］。つもり［積］。肝を据う〔ー据える〕。褌(ふんどし)を締む〔ー締める〕。中世かくご［覚悟］。きう［気宇／器宇］。こころえ［心得］。こころがけ［心掛］。臍(ほぞ)を固む〔ー固める〕。中古おきて［掟］。かくご［覚悟］。こころ［心］。こころがまへ［心構］。こころまうけ［心設］。しんさう［心操］。ようい［用意］。上代こころおきて［心掟］。

生活する上のー 中古わたらひごころ［渡心］。

こころから【心】 近代まんぷく［満幅］。近世しんていづく［心底尽］。中世こころより［心］。しんそこ［心底／真底］。中古こころから［心］。

こころがわり【心変】 きがわり［気変］。近代きうつり［気移］。こころうつり［心移］。へんせつ［変節］。ほんい［翻意］。ほんしん［翻心］。近世ねがへり［寝返］。中世てがへし［手返］。へんかい［変改］。ゐへん［違変／違反］。中古あからめ。うつしごころ［移心］。こころがはり［心変］。へんしん［変心］。よこめ［横目］。心の秋。

ー・する 節を曲げる。近世牛を馬に乗り替ふ〔ー替える〕。気が変はる。中世宗旨を変ふ〔ー変える〕。手の裏を返す。中古おもひうつろふ［思移］。上代うつろふ［移］。《尊》中古おぼしうつる［思移］。おぼしかはる［思変］。

人のともすればー・するたとえ 中世車を摧(くだ)く。中古あだごころ［徒心］。心の花。《尊》中古おぼしうつる［思移］。

こころくばり【心配】 →こころづかい

こころぐみ【心組】 →こころがまえ

こころぐるし・い【心苦】 心が痛む。近世きじゅつなし［気術無］。せつなし［切］。中古かたぐるし［片苦］。かたはらいたし［傍痛］。かたはらぐるし［傍苦］。こころうし［心憂］。つらし［辛］。ややまし。上代いらなし［苛甚］。うし［憂］。こころぐるし［心苦］。

こころざし【志】 近代いかう［意向］。けっしん［決心］。しかう［志向］。しさう［志想］。しばう［志望］。しょし［所志］。はうふ［抱負］。近世いし［意志］。ししゃう［志尚］。中世きざし［気］。しさう［志操］。しょし［所

思］。しんし［心志］。やしん［野心］。上代こころざし［志］。
《尊》ほうねん［芳念］。中世はうりょ［芳慮］。
《謙》へんし［片志］。近代ひちゅう［鄙衷］。びちゅう［微衷］。中世すんきょう［寸胸］。びい［微意］。中古すんし［寸志］。すんじゃう［寸情］。すんしん［寸神］。びし［微志］。びしん［微心］。上代すんしん［寸心］。
《句》近代志ある者は事竟に成る。少年よ大志を抱け。近世燕雀安んぞ鴻鵠の志を知らんや。老驥（老騏）櫪に伏すとも志千里に在り。中世志合へば胡越も昆弟たり。老驥（老騏）千里を思ふ。
ーと行い　近世しかう［志行］。
ーを失うこと　近世ぐゎんぶつさうし［玩物喪志］。
ーを同じくすること　中古どうし［同士／同志］。上代とも［友／朋］。
ーを変えない　近代ひゃくせつふたう［百折不撓］。近世さうしゅ［操守］。操を立つ［ー立てる］。操を守る。中古みさを［操］。上代せっさう［節操］。
ーを高く持つ人　近世しし［志士］。
ーを立てる　→こころざ・す
ーを曲げること　近代ゑんくつ［冤屈］。
大きなー　中世たいし［大志］。たいばう［大望］。鴻鵠の志。中古こころだかし［心高］。たいばう［大望］。
生前のー　近代ゐし［遺志］。
初めのー　近世しょし［初志］。中古しょしん［初心］。
分を越えた大きなー　中世やしん［野心］。
もとからのー　近世しゅくし［宿志］。ぜんし［前志］。そし［素志］。中世しゅくい［宿意］。中古そい［素意］。そくゎい［素懐］。ほい／ほんい［本意］。ほんくゎい［本懐］。ほんし［本志］。ほんまう［本望］。

こころざ・す【志】　近代しかう［志向］。近世さうこほうし［桑弧蓬矢］。ほっしん［発心］。めざす［目指］。中世りっし［立志］。中古おもひたつ［思立］。こころざす［志］。ほっき［発起］。心を立つ。上代さす［指］。
学業にー・す　近世しげふ［志業］。

こころしずか【心静】　中古こころしづか［心静／心閑］。せうさん［蕭散］。
ー・に暮らすこと　中古かんそ［閑素］。かんてき［閑適］。

こころじょうぶ【心丈夫】　→こころづよ・い

こころ・する【心】　→ちゅうい【注意】

こころづかい【心遣】　きめ［木目／肌理］。近代きぼね［気骨］。こころおき［心置］。はいい［配意］。近世きあつかひ［気扱］。きがね［気兼］。きくばり［気配］。きぐらう［気苦労］。きどり［気取］。こころくばり［心配］。こころづかひ［心遣／心使］。はいりょ［配慮］。中世あてがひ［宛／宛行／充行］。きづかひ［気遣］。こころいれ［心入］。中古こころおもむけ［心趣］。こころしらひ［心］。こころづくし［心尽］。こころばせ［心馳］。こころもちゐ［心用］。しんらう［心労］。ようい［用意］。
《尊》近代ごかうはい［御高配］。中世ごねん［御念］。中古はうい［芳意］。はうし［芳志］。はうじゃう［芳情］。はうしん［芳心］。
ーが行き届いている　中古ようい［用意］。らうらうじ［労労］。りゃうりゃうじ。
ー・する　近代意を用いる。近世気を砕く。気を配る。中世気を遣ふ。心を配る。中古こころしらふ［心］。
年上らしいー　中古このかみごころ［兄心］。
度を超したー　近代らうばしんせつ［老婆親切］。近世ありがためいわく［有難迷惑］。中世らうばしん［老婆心］。
真心のこもったー　中世こんじゃう／こんせい［懇情］。

こころづくし【心尽】　近代こころづくし［心尽］。近世きもせい［肝精］。心を込む［ー込める］。真心を込む［ー込める］。

こころづけ【心付】　へんし［片志］。近代きんいっぷう［金一封］。さかて［酒手］。そでした［袖下］。チップ(tip)。はくしゃ［薄謝］。ひちゅう［鄙衷］。びちゅう［微衷］。ぽち。袖の下。近世しゃれい［謝礼］。そうばな［総花］。だちん［駄賃］。ちゃだい［茶代］。てあて［手当］。はな［花］。中世こころづけ［心付］。しうぎ［祝儀］。すんきょう［寸胸］。びい［微意］。中古すんし［寸志］。すんじゃう［寸情］。すんしん［寸神］。びし［微志］。びしん［微心］。上代すんしん［寸心］。→しゃれい

こころづもり【心積】　はらづもり［腹積］。近代いかう［意向］。いと［意図］。きと［企図］。しかう［志向］。しんさん［心算］。近世こころぐみ［心組］。こころづもり［心積］。しんけい［心計］。つもり［積］。むなざんよう／むねざんよう［胸算用］。中古おきて［掟］。こころがまへ［心構］。こころだくみ［心匠］。こころまうけ［心設］。しょぞ

ん[所存]。

あらかじめーをする 中世 あらます。中古 ごす[期]。

こころづよ・い【心強】 近代 こころぢゃうぶ[心丈夫]。ひゃくにんりき[百人力]。意を強くする。近世 きぢゃう[気丈]。きぢゃうぶ[気丈夫]。きづよし[気強]。大船に乗った気分。中世 あんしん[安心]。中古 うしろやすし[後安]。こころづよし[心強]。たけし[猛]。たのもし/たのもしげ[頼]。ちからづよし[力強]。つれなし[強顔]。

こころな・い【心無】❶〈無分別〉 むしりょ[無思慮]。思慮がない。近世 けいてう[軽佻]。ふはく[浮薄]。むふんべつ[無分別]。中世 けいそつ[軽率]。ぶしりょ[無思慮]。中古 あさはか[浅]。かるがるし[軽軽]。こころなし[心無]。

こころな・い【心無】❷〈非情〉 思い遣りがない。近代 ひにんじゃう[非人情]。ふにんじゃう[不人情]。れいけつ[冷血]。れいこく[冷酷]。血も涙もない。近世 むじひ[無慈悲]。むじゃう[無情]。情け知らず。中世 はくじゃう[薄情]。中古 すげなし[素気無]。つれなし。ひじゃう[非情]。上代 こころなし[心無]。

こころならず【心】 仕方なく。近代 むいしきに[無意識]。不本意ながら。やむを得ず。中世 うっかり。ふしょうぶしょう[不承不承]。中古 おもはず[思]。こころならず[心]。しぶしぶ[渋渋]。心にもあらず。

こころね【心根】 近代 きごころ[気心]。キャラクター(character)。せいかう[性向]。近世 きしつ[気質]。きしゃう[気性]。せいかく[性格]。たち[質]。ほんしん[本心]。中世 いぢ[意地]。きだて[気立]。しゃうぶん[性分]。せいしつ[性質]。中古 こころね[心根]。こんじゃう[根性]。ほんしゃう[本性]。

こころのこり【心残】 近代 念が残る。近世 こころのこり[心残]。よゐん[余韻]。中世 おもひのこす[思残]。ざんねん[残念]。なごり[名残/余波]。のこりをし[残惜]。みれん[未練]。ゐかん[遺憾]。後ろ髪を引かる[—引かれる]。中古 あかず[飽]。のこりおほし[残多]。ゐこん[遺恨]。をし/をしげ[惜]。

—が多い 中古 なごりをし[名残惜]。のこりおほし[残多]。

—がない こころおきなく[心置無]。近世 ねんなし[念無]。念が晴る[—晴れる]。中古 なごりなし[名残無]。

こころばえ【心延】 近代 せいかう[性向]。近世 いき[意気]。きしゃう[気性]。中世 きだて[気立]。こころもち[心持]。せいしつ[性質]。はなが[花香]。中古 こころば[心葉]。こころばへ[心延]。しんさう[心操]。

こころひか・れる【心惹】 心が奪われる。近代 あいちゃく[愛着]。きょうみ[興味]。近世 こころひかる[—ひかれる][心惹]。こころゆかし[心床]。しんすい[心酔]。せんゑん[嬋媛]。なづむ[泥]。中世 あこがる[—がれる][憧]。かうばし[香/芳]。したはし[慕]。ほる[ほれる][惚]。中古 あいぢゃく[愛着]。あはれ。いぶかし[訝]。おくゆかし[奥床]。おもしろし[面白]。おもひかかる[思掛]。おもひよる[思寄]。けなつかし[気懐]。こころいる[心入]。こころとまる[心留]。こころにくし[心憎]。このまし[好]。しむ[しみる][染]。なつかし[懐]。なまゆかし[生床]。ものなつかし[物懐]。ゆかし[床]。上代 おもひつく[思付]。したふ[慕]。すすむ[進]。とこはつはな[常初花]。ともし[乏/羨]。なつかし[懐]。→**こころ**(—をひきつける)

いつもー・れる 中古 とこなつかし[常懐]。

なんとなくー・れる 近世 ものゆかし[物床]。

こころぼそ・い【心細】 近代 きぐ[危惧]。近世 うらさびし[心寂]。しんぱい[心配]。気が気でなし。気を揉む。頼み少なし。中世 きがかり[気掛/気懸]。きづかはし[気遣]。けねん[懸念]。ふあん[不安]。むなさわぎ[胸騒]。中古 あとはかなし[跡無]。おぼつかなし[覚束無]。くびほそし[頸細]。こころすごし[心凄]。こころぼそし[心細]。こころもとなし[心許無]。さびし[寂]。たのもしげなし[頼無]。たよりなし[頼無]。はかなし[儚/果敢]。はかなだつ[果敢立]。わびし[侘]。上代 うらさぶ[心荒]。うらもとなし[心許無]。→**こころもとな・い**

ー・いさま 中世 せうさつ[蕭颯]。中古 わびしげ[侘]。

ー・い旅 上代 そらぢ[空路]。

ー・く思う 中古 わぶ[侘]。

静かでー・い 中世 さびし[寂/淋]。上代 さぶし[寂/淋]。

死ぬほどー・い 中古 きえわぶ[消侘]。

助けもなくー・いさま 近代 こじゃうらくじつ[孤城落日]。

なんとなくー・い 中古 ものごころぼそし[物

心細］。ものわびし［物侘］。

こころまかせ【心任】 中世 こころまかせ［心任］。近世 きまま［気儘］。中古 にんい［任意］。

こころまち【心待】 近代 かくしゅ［鶴首］。きたい［期待］。中世 こころまち［心待］。中古 こころあて［心当］。したまつ［下待］。上代 うらまけて［心設／裏設］。

―にするさま 近代 襟を延ばす。指折り数へる。近世 首を長くす。上代 今か今か。今日か明日か。

こころみ【試】 しこう［試行］。よこう［予行］。近代 テスト(test)。トライアル(trial)。近世 しけん［試験］。ためし［試］。中世 くはだて［企］。せぶみ［瀬踏］。中古 こころみ［試］。

―に作ること 近代 しさく［試作］。

―の質問 近代 しゃくもん／しゃもん［借問］。

命懸けの最後の― 近世 こちゅう［孤注］。

実際の― 近代 エクスペリメント(experiment)。じっけん［実験］。

こころ・みる【試】 近代 トライ(try)。近世 すびく［素引］。中古 こころむ［試］。ためす［試］。みる［見］。上代 けんす［験］。こころみる［試］。

こころもち【心持】 →きぶん

こころもとな・い【心許】 近代 あぶなかしい［危］。近世 あぶっかしい／あぶなっかしい［危］。きがかり［気掛］。しんぱい［心配］。当てにならぬ。気が気でない。気を揉む。中世 たよりなし［頼］。ふあん［不安］。中古 あやふし［危］。おぼつかなし［覚束］。こころぼそし［心細］。こころもとなし［心許］。上代 うらもとなし［心許］。→こころぼそ・い →きがかり

こころやす・い【心安】 近代 きやすい［気安］。気が置けない。近世 しんきん［親近］。しんみつ［親密］。ぢっこん［昵懇］。中世 こんい［懇意］。とうかん［等閑］。とうかんなし［等閑無］。中古 こころやすし［心安］。したやすし［下安］。なれなれし［馴馴］。上代 したし［親］。

こころゆくまで【心行】 近代 おもひきり［思切］。おもひどほり［思通］。心行ゅくまで。遺憾なく。近世 おもふぞんぶん［思存分］。気がすむまで。気が晴れるまで。中世 ぞんぶん［存分］。中古 おもひのまま／おもふまま［思儘］。心の限り。

こころよ・い【快】 近代 くゎいかん［快感］。くゎいてき［快適］。ぜっくゎい［絶快］。近世 かんしん［甘心］。くゎいき［快気］。くゎいさい［快哉］。こきみよし［小気味良］。さうくゎい［壮快］。すっきり。つうくゎい［痛快］。はれやか［晴］。中世 さっぱり。はればれ［晴晴］。中古 あまし［甘］。ここちゆく［心地行］。ここちよし［心地良］。こころゆく［心行］。上代 うまら［旨］。うらぐ。うれし［嬉］。おもしろし［面白］。こころよし［快／心良］。よし［良］。

―く眠ること 近代 かうみん［高眠］。近世 かうちん［高枕］。中世 あんみん［安眠］。中古 たかまくら［高枕］。枕を高くす。上代 うまい［熟睡］。やすい［安寝］。

▼接頭語的に 上代 うま［甘］。

ごさ【誤差】 近代 ギャップ(gap)。ごさ［誤差］。近世 くひちがひ［食違］。くゎさ［過差］。ずれ。中世 さい［差異］。さゐ［差違］。ちがひ［違］。

ござ【茣蓙】 近世 ござむしろ［茣蓙筵］。へりとり［縁取］。へりとりござ［縁取茣蓙］。中世 うすべり［薄縁］。ござ［茣蓙／蓙］。

―のいろいろ(例) ねござ［寝茣蓙］。近代 くゎえん［花筵／華筵］。近世 はなござ［花茣蓙］。はなむしろ［花筵／花蓆］。ぼんござ［盆茣蓙］。

ごさい【後妻】 近代 あといり［後入／後妻］。けいさい［継妻］。近世 あとがま［後釜］。こうさい［後妻］。ごさい［後妻］。にどぞひ［二度添］。にばんばえ［二番生］。のちぞひ／のちぞへ［後添］。のちづれ［後連］。上代 うはなり［後妻］。けいしつ［継室］。

《句》近世 往ぃに後へ行くとも死に後へ行くな。

―の生んだ子 近世 あとはら／あとばら［後腹］。

前妻が―を妬むこと 上代 うはなりねたみ［後妻妬］。

ございま・す【御座】 近代 ごす。近世 ございます。おざいます。おざえす。おざいす。(以下江戸遊里語) おざいす。おざりいす。おざんす。おぜいす。おぜえす。おぜんす。ござりんす。ごぜいす。ごぜんす。ざあます。ざいます。ざます。ざんす。(以上遊里語、以下江戸語) おざる。おす。おます。おんいりさうらふ［御入候］。ごあります。ございす。ござえす。ござんす。ござりやす。ござんやす。ごぜえます。ごぜえやす。ごぜんやす。ごっす。ごます。ごわす。ごわんす。ごんす。ざえす。(以上江戸語) 中世 ござある／ござる［御座］。ござさうらふ［御座候］。さうらふ／さむらふ［候］。中古 さぶらふ［候／侍］。はべり［侍］。

ー・せん 近世おざんない。中世ござなし[御座無]。

こざかし・い【小賢】 近世あざとし。こさいかく/こざいかく[小才覚]。こりこう[小利口]。さるりこう[猿利口]。せちがまし[世知]。ぬけめなし[抜目]。わるがしこし[悪賢]。中世こしゃく[小癪]。なまこざかし[生小賢]。中古こざかし[小賢]。さかし[賢]。なまさかし/なまさかしら[生賢]。

ー・いこと 近世味な真似(事)。

ー・い人を嘲る言葉 近世さる[猿]。

ー・く振る舞う 近世こましゃくれる/こまじゃくれる。こまちゃくれる/こまっしゃくれる/こまっちゃくれる。中世こまさくる(ーくれる)。中古さくじる。

こざかな【小魚】 近世こざかな[小魚]。中世いさな[小魚/細小魚]。中古ざこ/じゃこ[雑魚]。上代はたのさもの[鰭狭物]。

こさく【小作】 近世いれさく[入作]。うけおひこさく[請負小作]。うけさく[請作]。こさく[小作]。したさく[下作]。中世げさく[下作]。

ー・する人 近世こさくにん[小作人]。さくどり[作取]。

ー地を更に他に貸す小作 近世したこさく[下小作]。まごこさく[孫小作]。またこさく[又小作]。

ー料 近世さくとく[作得/作徳]。ちり[地利]。ねんぐ[年貢]。

他村の百姓が来てー・すること 近世いりこさく[入小作]。でこさく[出小作]。

その他ーのいろいろ(例) 近世うちこさく[内小作]。えいきうこさく[永久小作]。えいこさく[永小作]。えいたいこさく[永代小作]。

こざっぱり 近世こぎれい[小綺麗]。こざっぱり。中古きたなげなし[汚無]。さはらか[爽]。

こさめ【小雨】→あめ

こさん【古参】 近代ベテラン(veteran)。近代ふるがほ[古顔]。ふるて[古手]。近世ふるかぶ[古株]。中世こさん[古参]。中古ふるひと[古人/旧人]。

ごさん【誤算】 けいさんちがい[計算違]。近代おもひたがひ[思違]。かんがへちがひ[考違]。かんちがひ[勘違]。かんぢゃうちがひ[勘定違]。けんたうちがひ[見当違]。ごさん[誤算]。みそこなひ[見損]。よさうぐゎい[予想外]。ゐさん[違算]。近世おもひちがひ[思違]。みこみちがひ/みこみちがへ[見込違]。めがねちがひ[眼鏡違]。もくさんちがひ[目算違]。

ごさん【午餐】 近代ごさん[午餐/午飡]。ちうしょく/ひるしょく[昼食]。ひるはん[昼飯]。ランチ(lunch)。ランチョン(luncheon)。近世けんずい[間水/硯水/建水]。ひるげ[昼餉/午餉]。ひるやしなひ[昼養]。中世ちうじき[昼食]。ちゅうじき[中食]。ひるめし[昼飯]。

こし【腰】 近代ウエスト(waist)。えうぶ[腰部]。おびした[帯下]。近世よつゐ[四井/四居]。中世こごし[小腰]。中古えうかん[腰間]。上代こし[腰]。

ーが強い 近代こしづよ[腰強]。近世ねばりづよし[粘強]。

ーが低い 頭が低い。近代けんきょ[謙虚]。中古ていねい[丁寧/叮嚀]。上代へりくだる[謙/遜]。

ーが曲がった人 中世こしをれ[腰折]。

ーが曲がる 中古かがまる[屈]。上代よよむ。

ーが弱い 近代にげごし[逃腰]。近世へっぴりごし[腰]。気が弱い。中世およびごし[及腰]。よわごし[弱腰]。

ーに締めるもの 近代ベルト(belt)。近世かはおび[革帯]。バンド(band)。中古おびかは[帯革]。上代おび[帯]。かくたい[革帯]。

ーに付ける 近世たいす[帯]。たいはい[帯佩]。たばさむ[手挟]。はいす[佩]。はいたい[佩帯]。上代かけはき[懸佩]。さしはく[差履/差佩]。はく[佩/帯]。

ーに付けるもの 近世こしさげ[腰下]。こしざし[腰挿/腰差]。中世こし(の)もの[腰物]。

ーの痛み ぎっくりごし[腰]。こしいた/こしいたみ[腰痛]。中世えうつう[腰痛]。

ーの格好 中古こしつき[腰付]。

ーまわり 近代ウエスト(waist)。ヒップ(hip)。

ーを上げる 近世御輿(みこし)(神輿)を上ぐ(ー上げる)。中古たちあがる[立上]。

ーを落ち着ける 近世錨(いかり)を下ろす。尻を落ち着く(ー着ける)。尻を据(す)う(ー据える)。尻を溜(た)む(ー溜める)。尻を留(と)む(ー留める)。蜷局(とぐろ)(塒)を巻く。根が生ゆ(ー生える)。御輿(みこし)(神輿)を据う(ー据える)。中世船が坐る。

ーを下ろす 近代きょす[踞]。中世こしかく(ーかける)[腰掛]。すわる[坐/座]。上代しりうたぐ[踞]。ゐる[居]。をり(おる)[居]。

ーを下ろすさま 近代ちょこなんと。ちょこんと。でんと。ぺたん。近世どしり。どし

ん。どっかと。どっかり。ぺたり。へなへな。中世へたへた。
―を曲げる 中古かがむ[屈]。
帯を締めるあたりの― 近代おびした[帯下]。中世よわごし[弱腰]。中古おびし／おびしばり[帯縛]。
年取って―が曲がる 中古おいかがまる[老屈]。おいゆがむ[老歪]。
年取って曲がった― 近世えびごし[海老腰／蝦腰]。ふたへ／ふたへごし[二重腰]。
太い― 近世たはらごし[俵腰]。
細い―(美人の) 近代ほうえう[蜂腰]。近世やなぎごし[柳腰]。中世そえう[楚腰]。ほそごし[細腰]。中古りうえう[柳腰]。

こし【輿】 近世おみこし[御神輿]。よ[輿]。中世えうよ[腰輿]。しゅよ／たごし[手輿]。中古がよ[駕輿]。こし[輿]。
―を担ぐ人 近世こしかき[輿舁]。よちゃう／よてい[輿丁]。上代かよちゃう[駕輿丁]。
貴人の乗る立派な― 中古玉の輿。
神霊を納める― 近世しんよ[神輿]。天の羽車。
天皇の― 近世しんよ[宸輿]。中古ほうよ[鳳輿]。ほうれん[鳳輦]。上代らんよ[鸞輿]。
その他―のいろいろ(例) 近世じゅんよ[筍輿]。たけごし／ちくよ[竹輿]。つりごし[釣輿]。へんよ[編輿]。中世あじろごし[網代輿]。いたごし／はんよ[板輿]。ちりとり[塵取]。はんぎり[半切]。中古あげごし[上輿／肩輿]。かたこし／けんよ[肩輿]。

こじ【固持】 キープ(keep)。近代こしつ[固執]。こぢ[固持]。近世けんしゅ[堅守]。こしゅ[固守]。中世けんぢ[堅持]。こしふ[固執]。上代ごぢ[護持]。

こじ【固辞】 近世ことわる[断]。中世こばむ[拒]。つきむ[拒]。中古じしゃ[辞謝]。じす[辞]。じたい[辞退]。上代こじ[固辞]。

こじ【孤児】 ふろうじ[浮浪児]。近代ゐし[遺子]。ゐじ[遺児]。中世おやなし／おやなしご[親無子]。上代こじ[孤児]。みなしご[孤／孤児]。

こじ【故事】 →こじつ

こじ【誇示】 近代デモ／デモンストレーション(demonstration)。近世ひけらす。ふかす[吹]。みせじらかす／みせびらかす[見]。中世こじ[誇示]。じゐ[示威]。ひけらかす。みせぶらかす[見]。中古じまん[自慢]。てらはす[衒]。上代てらさふ／てらふ[衒]。ほこる[誇]。
腕力を― 近世うでだのみ[腕頼]。中世うでこき[腕扱]。うでこきだて[腕扱立]。うでだて[腕立]。うでもち[腕持]。

ごじ【護持】 近代ほご[保護]。中古かご[加護]。しゅご[守護]。ほうご[保護]。上代ごぢ[護持]。

こしいれ【輿入】 →けっこん

こしかけ【腰掛】 →いす

こじき【乞食】 近代おもらひ[御貰]。こつじ[乞児]。ルンペン(ドイ Lumpen)。近世いちもんもらひ[一文貰]。おこも／おこもさん／こも[御薦]。きつじ[乞児]。こもかぶり[薦被]。つじくゎんじん[辻勧進]。ふるふだをさめ[古札納]。ほいたう／ほいと[陪堂]。みだれ[乱](上方語)。めしもらひ[飯貰]。ものごひ[物乞]。ものもらひ[物貰]。中世かいと[垣外]。かったゐ[癩／乞丐]。こつがいにん[乞丐人]。こつじき[乞食]。そでごひ[袖乞]。ひにん[非人]。中古かたゐ[乞丐／傍居]。こじき[乞食]。こつがい[乞丐]。上代きっかい[乞丐]。ほかひ[寿／祝／賀]。ほかひびと[乞児]。
―僧 近世かどぎゃう／かどぎゃうよみ[門経読]。かどだんぎ[門談義]。ぎゃうにん[行人]。くゎんじん[勧進]。くゎんじんばうず[勧進坊主]。ぐゎんにんばう／ぐゎんにんばうず[願人坊主]。こつじきばうず[乞食坊主]。だうしんもの[道心者]。よろぼし／よろぼふし[弱法師]。中世いたか。かねたたき[鉦叩]。くゎんじんひじり[勧進聖]。こじきばうず[乞食坊主]。こつじきほふし[乞食法師]。
―に成り下がる 近世薦(こも)(菰)を被る。薦(こも)(菰)を着る。
―に施す銭や米など 近世てのうち[手内]。
―をする 近世こじく[乞食]。
▼野宿している者 ホームレス(homeless)。近世のぶし／のぶせり[野伏／野臥]。
▼門前などで金銭を乞う人(例) 近代かどじゃうるり[門浄瑠璃]。かどぜっきゃう[門説教]。かどづけ[門付]。むねたたき[胸叩]。近世そでほうが[袖奉加]。ねこはち[猫八]。

こしくだけ【腰砕】 近代こしくだけ[腰砕]。へこたれる。近世くじく[くじける][挫]。ざせつ[挫折]。はたん[破綻]。中古くっす[屈]。つまづく[躓]。

こしたんたん【虎視眈眈】 近世こしたんたん[虎視眈眈]。中世鵜の目鷹の目。中古う

こ

かがふ[窺]。上代ねらふ[狙]。

こしつ【固執】 近代こしつ[固執]。こだはる[拘]。こぢ[固持]。近世こうでい[拘泥]。こしゅ[固守]。中世こしふ[固執]。しつい[執意]。中古しふちゃく/しふぢゃく[執着]。ぼくしゅ[墨守]。

こじつ【故実】 近世いんねん[因縁]。中世いはれ[謂]。ためし[例]。らいれき[来歴]。中古こじつ[故実]。ふること/ふるごと[故事]。ゆいしょ[由緒]。ゆらい[由来]。上代こじ[故事]。

ーをよく知っていること 中世しょくしゃ[職者]。中古いうしき/いうそく[有職/有識]。

ごじつ【後日】 近代ごじつ[後日]。こんご[今後]。近世あとあと[後後]。こうご[向後]。日ならず。日ならずして。中世おっつけ[追付/押付]。きんじつ[近日]。こうこく/ごこく[後刻]。ごど[後度]。のちほど[後程]。中古きゃうこう[向後]。ごにち[後日]。しゃうらい[将来]。たじつ[他日]。ふじつ[不日]。又の日。上代ゆり[後]。

ーに残る難儀 こういしょう[後遺症]。上代こうくゎん[後患]。

ーのとがめ立て 中世こうかん[後勘]。

ーの評判 中世こうぶん[後聞]。

ーの喜び 中世こうき[後喜]。

こじつけ 近世あてじまひ[当仕舞]。けんきゃうふくゎい[牽強付会]。こじつけ。中世かこつけ[託]。ふくゎい[付会/附会]。中古しひごと[誣言]。

こじつ・ける 近代りいうづける[理由付]。近世いひくるむ[ーくるめる][言]。こじつく[ーつける]。中世かこつく[ーつける][託]。中古かこちよす[託寄]。かこつ[託]。ことよす[ーよせる][言寄]。上代しふ[誣]。たむ[ためる][矯/揉]。→**かこつ・ける**

自分の都合のいいようにー・けること 近代がでんいんすい[我田引水]。近世けんきゃうふくゎい[牽強付会]。我が田に水を引く。

ごじっさい【五十歳】 近世がいねん[艾年]。家に杖つく頃。中世ごじっさん[五十算]。ちてんめい[知天命]。天命を知る年。中古いそぢ[五十/五十路]。ちめい[知命]。《枕》上代ももたらず[百足]。ももづたふ[百伝]。

ー過ぎほどの人 中世ちゅうらう[中老]。

ーの祝い 中世五十算の賀。

ゴシップ(gossip)→**うわさ**

ごじっぽひゃっぽ【五十歩百歩】 どっこいどっこい。とんとん。よこならび[横並]。近代どんぐりの背比べ。近世おっつかっつ。ごじっぽひゃくほ[五十歩百歩]。似たり寄ったり。中世だいどうせうい[大同小異]。

こしぬけ【腰抜】 こわがり[恐]。近代いくぢなし[意気地無]。ほねぬき[骨抜]。近世こしぬけ[腰抜]。ふぬけ[腑抜]。よわむし[弱虫]。中世ひけふ[卑怯]。ふがひなし[腑甲斐無/不甲斐無]。中古おくびゃう[臆病]。

こしまき【腰巻】 近代おこし[御腰]。近世いもじ/ゆもじ[湯文字]。こしまき[腰巻]。ふたの[二幅/二布]。ゆまき[湯巻]。中世きゃふ[脚布]。したおび[下帯]。ゆぐ[湯具]。

毛糸で編んだー 近代みやここしまき[都腰巻]。

▼書物のいわゆる腰巻き おび[帯]。おびがみ[帯紙]。おびこうこく[帯広告]。

こしゃく【小癪】 近代こなまいき[小生意気]。こにくらしい[小憎]。なまいき[生意気]。近世こにくし[小憎]。こましゃくれる/こまじゃくれる。こまちゃくれる/こまっしゃくれる/こまっちゃくれる。しゃらくさし。ちょこざいな[猪口才]。なまぐさし[生臭]。味をやる。癪に障る。中世こしゃく/こじゃく[小癪]。こまさくる[ーくれる]。なまこざかし[生小賢]。中古こざかし[小賢]。

こしゅ【固守】 近代こしつ[固執]。こぢ[固持]。近世けんしゅ[堅守]。こしゅ[固守]。中世けんぢ[堅持]。こしふ[固執]。中古ぼくしゅ[墨守]。上代ごぢ[護持]。

こしゅ【戸主】 しょたいぬし[所帯主/世帯主]。近代いへもち[家持]。せたいぬし[世帯主]。近世たうしゅ[当主]。たうだい[当代]。中古あるじ[主]。いへあるじ[家主]。いへぬし[家主]。いへをさ[家長]。かくん[家君/家長]。しゅじん[主人]。上代いへぎみ[家君/家長]。かちゃう[家長]。こしゅ[戸主]。

ーの地位 かとく[家督]。

こしゅう【固執】→**こしつ**

こしゅう【呼集】 近代きうがふ[糾合]。こしふ[呼集]。せうしふ[召集]。中世かりあつむ[ーあつめる][駆集]。中古せうしふ[招集]。

ごじゅう【五十】 中世ごじふ[五十]。中古い[五十]。いそ[五十]。いそぢ[五十路]。《枕》上代ももたらず[百足]。ももづたふ[百伝]。

ごじゅうにち【五十日】 中古いか[五十日]。ごじふにち[五十日]。

ごしゅゆ【呉茱萸】 中古 かははじかみ［川薑］。からはじかみ［唐薑］。ごしゅゆ［呉茱萸］。しゅゆ［茱萸］。

ごしょ【御所】→**きゅうちゅう**

仮の— 近代 あんぐう［行宮］。中世 あんきゅう［行宮］。あんざい［行在］。くろきのごしょ［黒木御所］。上代 あんざいしょ［行在所］。かりみや［仮宮］。

上皇の— 近世 おりゐのみや［下居宮］。中世 かすみのほら［霞洞］。けのごしょ［褻御所］。こやさん［姑射山］。せんきゅう［仙宮］。せんとう［仙洞］。やさん［射山］。ゐん［院］。

ごじょ【互助】 たすけあい［助合］。近代 きょうじょ［共助］。ごじょ［互助］。さうごふじょ［相互扶助］。持ちつ持たれつ。

こしょう【呼称】 近代 こしょう［呼称］。ネーム(name)。近世 つうしょう［通称］。なまへ［名前］。めいしょう［名称］。よびな［呼名］。中世 しょう［称］。中古 めい［銘］。上代 な［名］。

こしょう【故障】 こわれる［壊／毀］。ブレークダウン(breakdown)。トラブル(trouble)。近代 さしさはり［差障］。近世 さしつかへ［差支］。ししゃう［支障］。中世 さしあひ［差合］。中古 こしゃう［故障］。さはり［障］。上代 じこ［事故］。ゆゑ［故］。

—・させる 駄目にする。近代 いためる［傷］。きそん［毀損］。中世 こはす［壊］。上代 そこなふ［損／害］。

身体の— 近代 ひび［罅］。

こしょう【誇称】 近代 おほぶろしき［大風呂敷］。こしょう［誇称］。せんしょう［僭称］。中世 こじ［誇示］。こちゃう［誇張］。

こしょう【小姓】 近世 おとぎ［御伽］。おとぎこしゃう［御伽小姓］。ごもつ［御物］。じじゅ［侍豎］。中世 こしゃう［小姓］。

奥勤めの— 近世 おくごしゃう［奥小姓］。

表に勤める— 近世 おもてごしゃう［表小姓］。

給仕などをする— 近世 おちゃこしゃう［御茶小姓］。

元服した— 近世 おほごしゃう［大小姓］。

元服前の— 近世 こごしゃう［小小姓］。

ごしょう【後生】→**あのよ**

ごじょう【互譲】 近代 あゆみあひ［歩合］。あゆみより［歩寄］。けふてう［協調］。ごじゃう［互譲］。じゃうほ［譲歩］。だけふ［妥協］。中古 ゆづりあひ［譲合］。をりあひ［折合］。ゆづる［譲］。

こしょく【古色】→**こふう**

こしら・える【拵】 近代 うみだす［生出］。こうさく［工作］。こさへる［拵］。近世 しつく〔—つける〕［仕付／躾］。つくりあぐ〔—あげる〕［作上］。中世 おりなす［織成］。さくせい［作成／作製］。さくゐ［作為］。せいさく［製作／制作］。つくりだす［作出］。でかす［出来］。中古 こしらふ〔—らえる〕［拵］。したつ〔—たてる〕［仕立］。せいざう［製造］。せいす［製］。てうず［調］。上代 つくりたつ〔—たてる〕［作立／造立］。→**つく・る**

—・えごと 近世 ざうげん［造言］。中世 うそ［嘘］。中古 つくりごと［作事／作言］。

—・えごとを言う 言をかまえる。中古 いひなす［言做］。

急に—・える 近代 にはかじたて［俄仕立］。にはかづくり［俄作］。近世 きふごしらへ［急拵］。にはかごしらへ［俄拵］。

こじ・れる【拗】 こんがらかる／こんぐらかる。面倒になる。ごたつく。近代 こじれる［拗］。近世 こぐらかる。ふんきう［紛糾］。中世 こじく〔こじける〕［拗］。さくざつ［錯雑］。さくそう［錯綜］。もつる〔もつれる〕［縺］。上代 かうさく［交錯］。からまる［絡］。みだる〔みだれる〕［乱］。

—・れていること 中世 のだめがた［篦撓形］。

病気を—・らせる 近代 しこじらす。近世 しこじらかす。中古 しこらかす。

こじん【故人】 ぶっこしゃ［物故者］。近世 不帰の客。中世 ししゃ［死者］。中古 いたづらびと［徒人］。なきもの［亡者］。まうじゃ［亡者］。むかし［昔］。むかしびと／むかしへびと［昔人］。帰らぬ人。上代 こじん［故人］。しにびと／しにん［死人］。なきひと［亡人］。ふるひと［古人／旧人］。→**ししゃ【死者】**

—が大切にしていたもの 中古 ゐあい［遺愛］。

—が残した功績 中世 ゐこう［遺功］。

—の写真 いえい［遺影］。

—の残した意志 近代 ゐし［遺志］。

—の残した教え 中世 ゆいくん［遺訓］。ゐかい［遺戒］。ゐくん［遺訓］。

—の残した作品 いさく［遺作］。近代 ゐえい［遺詠］。近世 ゐぼく［遺墨］。中古 ゐはう［遺芳］。

—の残したもの 近代 ゐじ［遺事］。ゐひん［遺品］。

—をたたえる文章 近代 るいし［誄詞］。るいぶん［誄文］。上代 しのびごと［誄］。るい［誄］。

こじん【古人】 中古 せきじん［昔人］。せんじん［先人］。むかしびと［昔人］。上代 こじん［古

人］。昔の人。

こじん【個人】 ここじん［個個人］。近代かくじん［各人］。こじん［個人］。しじん［私人］。近世かくじ［各自］。中世しか［私家］。上代ひとり［一人］。わたくし［私］。

―主義 エゴティズム(egotism)。

―的 してき［私的］。パーソナル(personal)。プライベート(private)。

―的なこと プライバシー(privacy)。近世わたくしごと［私事］。中古しじ［私事］。わたくしざま［私様］。

―の財産 近代しいうざいさん［私有財産］。近世へそがね［臍金］。へそくり／へそくりがね［臍繰金］。わたくしがね［私金］。中世しざい［私財］。

―の生活 近代しせいかつ［私生活］。

―の物 上代しぶつ［私物］。わたくしもの［私物］。

公の立場を離れた― 近代いちこじん／いっこじん［一個人］。いっしじん［一私人］。しじん［私人］。

団体の中の― 中世いちゐん［一員］。近代せいゐん［成員］。ぶんし［分子］。

こ・す【越】→こ・える【越】

こすい【鼓吹】❶〈鼓舞〉 近代げんきづける［元気付］。ゆうきづける［勇気付］。活を入れる。発破を掛ける。近世こすい［鼓吹］。中世こぶ［鼓舞］。ちからづく〔―づける〕［力付］。上代はげます［励］。

こすい【鼓吹】❷〈吹聴〉 近代こすい［鼓吹］。近世ふれありく［触歩］。ふれあるく［触回］。ふれまはる［触回］。中世いひひろむ〔―ひろめる〕［言広］。ふいちゃう［吹聴］。中古いひふらす［言触］。

こす・い【狡】 近代かうくゎい［狡獪］。らうくゎい［老獪］。近世かうかつ［巧黠］。かうかつ［狡黠］。かうくゎつ［狡猾］。ずるし［狡］。らうくゎつ［老猾］。わるがしこし［悪賢］。中世こすし［狡］。

ごすい【午睡】 シエスタ(スペイン siesta)。近世ひるい［昼寝］。中世ごすい［午睡］。ひるいね［昼寝］。中古ひるね［昼寝］。

▼居眠り →うたたね

こすう【個数】 こうすう［口数］。近代くちかず［口数］。しなかず［品数］。てんすう［点数］。中世ぶすう［部数］。ゐんじゅ／ゐんず／ゐんすう／ゐんずう［員数］。

▼助数詞 か／け［箇／個／个］。近代こ［箇／個］。

こすう【戸数】 せたいすう［世帯数］。近代こすう［戸数］。近世いへかず［家数］。けんすう［軒数］。やかず［家数］。

―がわずかなこと 中世さんこ［三戸］。

―と人口 近世ここう［戸口］。

▼助数詞 せたい［世帯］。近世けん［軒］。上代こ［戸］。

こずえ【梢】 近代まっせう［末梢］。近世うらき［末木］。中古こずゑ［梢］。すゑ［末］。ほつえ／ほづえ［上枝］。上代うら／うれ［末／梢］。こぬれ／このうれ［木末］。さえだ［小枝］。とぶさ［鳥総］。ひこえ［孫枝］。

―が高い 上代こだかし［木高］。

―の先 中世せうとう［梢頭］。

―の葉 上代うらば／うれば［末葉］。

コスト(cost) しいれね［仕入値］。近代かかく［価格］。げんか［原価／元価］。コスト。だいか［代価］。近世いりめ［入目］。かかり［掛］。けいひ［経費］。たいきん［代金］。ねだん［値段］。もとね［元値］。中世いりよう［入用］。中古ひよう［費用］。上代あたひ［値／価］。

コスモス(ギリシャ kosmos) →うちゅう

コスモス(ラテン Cosmos) おおハルシャぎく［大波斯菊］。近代あきざくら［秋桜］。コスモス。

こす・る【擦】 近代ましょく［摩拭／磨拭］。近世こする［擦］。すれあふ［擦合／摩合］。まさつ［摩擦］。中世さする［摩／擦］。はだく［刷］。ます［摩］。中古おしする［押摺］。上代かきなづ〔―なでる〕［掻撫］。する［擦／摩］

―ってしみ込ませる 近世すりこむ［擦込／摩込／摺込］。なすりつく〔―つける〕［擦付］。

―って磨く 中世すりみがく［摩磨］。

―りつける 近世なすりつく〔―つける〕［擦付］。上代すりつく〔―つける〕［擦付／摺付］。

―り取る 中世かいこそぐ［掻刮］。こくる。中古こそぐ〔こそげる〕［刮］。上代きさぐ［刮／削］。

―る音(さま) 近代がさごそ。きゅっきゅっ。近世ぐすぐす。ごしごし。中古ごりごり。ごそごそ。

―れて減る 近代すりへる［磨減］。まもう［摩耗］。中古まめつ［摩滅］。

こせい【個性】 カラー(color)。近代キャラクター(character)。こせい［個性］。じんかく［人格］。パーソナリティー(personality)。近世きしつ［気質］。きしゃう［気性］。ししつ［資質］。中世きだて［気立］。しゃうぶん［性分］。せいしつ［性質］。中古ほんせい［本

性］。

こぜい【小勢】 近代くゎぜい［寡勢］。こにんず／こにんずう［小人数］。せうにんじゅ／せうにんずう［少人数］。中世こぜい［小勢］。こにんじゅ［小人数］。ぶぜい／むぜい［無勢］。中古せうすう［少数］。

ごせい【語勢】 近代ごてう［語調］。近世かたりくち［語口］。くてう［口調］。ごき［語気］。ことばがら［言葉柄］。はなしぶり［話振］。中世くちぶり［口振／口吻］。ごせい［語勢］。ことばつき［言葉付］。

こせき【戸籍】 近代げんせき［原籍］。近世にんべつちゃう［人別帳］。みづちゃう［御図帳／水帳］。上代こせき［戸籍］。せき［籍］。なのふだ［籍／名籍］。へ［戸］。ほんせき［本籍］。

—から離れること 近世でにんべつ［出人別］。

—に記載されること 近代にふこ［入戸］。にふせき［入籍］。

—に記載漏れしていること 近代らくせき［落籍］。

—の所在する場所 上代ほんせき［本籍］。

—を移すこと いせき［移籍］。

—を作ること ぶんせき［分籍］。へんせき［編籍］。

郷里の— 近世きゃうくゎん［郷貫］。

こせき【古跡】 近代きうそう［旧踪］。こし［古址／故址］。しせき［史跡／史蹟］。じゃうせき［城跡／城蹟］。せんせき［戦跡］。ゐこう［遺構］。近世じゃうし［城址］。しろあと［城跡／城址］。ゐし［遺址］。中世きうし［旧址／旧趾］。こせんじゃう［古戦場］。ゆいせき［遺跡］。中古きうせき［旧跡／旧蹟］。ゐせき［遺跡／遺蹟］。上代こせき［古跡／古蹟］。

こせこせ 近代せせこましい。近世あくせく［齷齪］。きぜはし［気忙］。こせつく。こせる。せせる［拵］。せっかち。せはし［忙］。中世きょくそく［局促］。こせこせ。せかせか。せせかまし。りんしょく［吝嗇］。

《句》近代米を数へて炊かしぐ。

—しないさま 近代おっとり。おほど。おほらか［大］。しゃくしゃく［綽綽］。近世おほふう［大風］。てったう［跌宕／跌蕩］。中世しゃくしゃくぜん［綽綽然］。中古おうやう［鷹揚］。おほどか。上代ひろし［広］。

こぜりあい【小競合】 近代もめごと［揉事］。近世こぜりあひ［小競合］。せうせん［小戦］。せりあひ［競合］。中世こいくさ［小戦］。

ごぜん【午前】 モーニング(morning)。近代エーエム(A.M.；a.m.；ラテン ante meridiem)。きんご［近午］。ごぜん［午前］。近世ひるまへ［昼前］。中古ごじゃう［午上］。じゃうご［上午］。

こぞう【小僧】 近代とてい［徒弟］。近世こぞう［小僧］。中世こじ［小師］。こせがれ［小倅］。すうそう［雛僧］。わっぱ［童］。

商家に仕える— 近世いせじま［伊勢縞］。こぞう［小僧］。こもの［小者］。ごよう［御用］。ごようきき［御用聞］。さいろく［才六／采六／賽六］。さんたらう［三太郎］。たるひろひ［樽拾］。でっち［丁稚］。

こそく【姑息】 近代いちじしのぎ［一時凌］。いっくゎしのぎ［一花凌／一過凌］。そのばかぎり［其場限］。そのばのがれ［其場逃］。近世おざなり［御座成］。こそく［姑息］。まにあはせ［間合］。

こそこそ →こっそり

こそだて【子育】 近代いくし［育子］。いくじ［育児］。ふいく［扶育］。近世こそだて［子育］。中世そだつ［そだてる］［育］。中古はぐくむ［育］。ほいく［保育／哺育］。やういく［養育］。上代やしなふ［養］。

《句》近世可愛い子には旅をさせよ。

親に代わって親同様に—・する 中世あとふところ［後懐／跡懐］。

こぞって【挙】 近代そうで［総出］。近世こぞって［挙］。ぜんゐん［全員］。そうぞう［総総／惣惣］。たいきょして［大挙］。みんな［皆］。猫も杓子しゃくしも。皆が皆。中世ことごとく［悉］。まんざ［満座］。中古あげて［挙］。のこらず［残］。みながら／みなながら［皆］。上代ことごと［悉］。ひとみな［人皆］。みな［皆］。みなひと［皆人］。もろもろ［諸諸］。

こたい【固体】 近代くゎいじゃう［塊状］。こけいぶつ［固形物］。こたい［固体］。ソリッド(solid)。近世こけい［固形］。上代かたまり［固／塊］。

—が液体になること 近代ようゆう［溶融／熔融］。近世ゆうかい［融解］。ようかい［熔解／鎔解］。

—が気化すること 近世しょうくゎ［昇華］。

液体が—になること 近世ぎょうこ［凝固］。

こだい【古代】 中世おほむかし［大昔］。たいこ［太古］。中古こだい［古代］。じゃうだい［上代］。上代じゃうこ［上古］。せんこ［千古］。ばんこ［万古］。

こだい【誇大】 →こちょう

ごたい【五体】 近代 たいく[体軀]。ボディー(body)。近世 そうしん/そうみ[総身]。中世 ござう[五臓]。こつにく[骨肉]。ごりん[五輪]。こんしん[渾身]。しん[身]。じんしん[人身]。じんたい[人体]。にくたい[肉体]。まんしん[満身]。中古 からだ[身体]。ごたい[五体]。ぜんしん[全身]。にくしん[肉身]。上代 したい[肢体]。しんたい[身体]。み[身]。

こたえ【答】 アンサー(answer)。近代 かいたふ[解答]。たふしん[答申]。たふべん[答弁]。ふくたふ[復答]。近世 あいさつ[挨拶]。おうたふ[応答]。中世 うけこたへ[受答]。くゎいたふ[回答]。ことうけ[言承]。さしいらへ[差答]。たふ[答]。たふわ[答和]。中古 いらへ[応/答]。かへし/かへり[返]。かへりごと[返言/返事]。へんじ[返事/返辞]。へんたふ[返答]。ほうたふ[報答]。上代 こたへ[答/応]。

《謙》近代 ぐたふ[愚答]。

—が出る 中世 とく[とける][解]。

—としての言葉 近代 たふじ[答辞]。

—に困ること 中世 へいこう[閉口]。

誤った— ごとう[誤答]。

確実な— 近代 かくたふ[確答]。

口での— こうとう[口答]。

試験に対する— 近代 たふあん[答案]。

即座の— じきとう/ちょくとう[直答]。近代 そくたふ[速答]。近世 そくたふ[即答]。

正しい— 近代 せいたふ[正答]。

適切な— 近代 めいたふ[名答]。

はっきりとした— 近代 けったふ[決答]。めいたふ[明答]。

筆記の— ひっとう[筆答]。

こた・える【答】 中古 あへしらふ。いらふ[応/答]。さしいらふ[差答]。上代 こたふ[こたえる][答]。

《謙》中古 きこえかへす[聞返]。

こた・える【応】 近代 こおう[呼応]。たいおう[対応]。はんおう[反応]。はんきゃう[反響]。近世 うけあふ[請合]。おうしう[応酬]。おうだく[応諾]。中世 おうず[応]。とりあふ[取合]。中古 こたゆ[応/答]。むくゆ[むくいる][報]。上代 こたふ[こたえる][応]。

こだくさん【子沢山】 近代 こだくさん[子沢山]。近世 ことくにん[子徳人]。こぶく/こぶくしゃ[子福者]。中世 たし[多子]。

《句》近代 十(とを)を頭(かしら)に十一人。

ごたごた❶〈揉め事〉 →いざこざ

ごたごた❷〈乱雑〉 ごっちゃまぜ。味噌も糞も一緒。近代 ごったまぜ。ごちゃまぜ。ざつぜん[雑然]。近世 ごたごた。ごたまぜ。ごちゃごちゃ。ごったがへす。こねかへす[捏返]。ふんざつ[紛雑]。中世 がたがた。引くの山の。中古 らんざつ[乱雑]。

—・している 中古 くだくだし。ものさわがし[物騒]。

—・して下劣 近世 わいさ[猥瑣]。わいざつ[猥雑]。中古 わいざふ[猥雑]。

—・してめんどう 近世 しちむづかし/ひちむづかし[難]。しちめんだう/ひちめんだう[面倒]。

—・する ごちゃつく。近世 ごたつく。ごてつく。もやくる。もやつく。中世 ひたたく[叨/混]。

—にする 近代 いっしょくた[一緒]。中世 かきまはす[掻回/掻廻]。かきめぐらかす[掻回/掻廻]。みだらす[乱]。中古 みだす[乱]。みだらかす[乱]。

こだし【小出】 近代 こきざみ[小刻]。近世 きりうり[切売]。こだし[小出]。

こだち【木立】 中世 じゅりん[樹林]。たちき[立木]。なびき[並木]。中古 たつき[立木]。なみき[並木/並樹]。上代 こだち[木立]。はやし[林]。

—のみずみずしい山気 中世 くうすい[空翠]。

枝の茂った若い— 中古 しもと[細枝]。

夏の日差しを遮る— 中古 なつこだち[夏木立]。

こたつ【炬燵】 近世 おこた[御炬燵]。中世 こたつ[炬燵/火燵]。

—のいろいろ(例) きりごたつ[切炬燵]。すえごたつ[据炬燵]。近代 でんきごたつ[電気炬燵]。ほりごたつ[掘炬燵]。やまとごたつ[大和炬燵]。近世 おきごたつ[置炬燵]。しきごたつ[敷炬燵]。やぐらごたつ[櫓炬燵/矢倉炬燵]。

▼こたつに類するもの 近代 ゆたんぽ[湯湯婆]。近世 あんくゎ[行火]。

こだま【木霊】 近代 エコー(echo)。もくせい[木精]。近世 はんきゃう[反響]。中世 やまびこ[山彦]。中古 あまびこ[天彦]。こたま/こだま[木霊/木魂]。さんせい[山精]。すたま/すだま[魑魅]。上代 こたへ[応/答]。

こだわり【拘】 こしつ[固執]。近世 かけかまひ[掛構]。こうでい[拘泥]。こだはり[拘]。こわだかまり[蟠]。中世 くったく[屈託]。こしふ[固執]。中古 しふちゃく/しふぢゃく[執

着］。

ーのないさま 心が晴れる。近代しゃだつ［洒脱］。むとんちゃく／むとんぢゃく［無頓着］。近世がうたう［豪宕］。きらく［気楽］。きれいさっぱり［綺麗］。さらり。てったう［跌宕／跌蕩］。てんぜん［恬然］。のほほん。中世がうはう［豪放］。さっぱり。さばさば。しゃぜん［洒然］。たんたん［淡淡／澹澹］。らいらく［磊落／礌落］。わっさり。中古うらもなし。しゃらく［洒落］。せうしゃ［瀟洒／蕭洒］。たんぱく［淡白／淡泊／澹泊］。ほがらか［朗］。上代たんぜん［淡然／澹然］。はうくゎう［放曠］。

こだわ・る【拘】 とらわれる［捕／囚］。近代こうでい［拘泥］。こだはる［拘］。近世ひっかかる［引掛］。中世かまふ［構］。なづむ［泥］。気にする。中古おもひかかづらふ［思拘］。かかづらふ［拘／係］。かかはる［拘］。

《句》近世聖人は物に凝滞せず。

小さなことにー・るさま 中世くく［区区］。こせこせ。

こたん【枯淡】 近世しぶし［渋］。中世からぶ（からびる）［枯］。こたん［枯淡］。中古かる（かれる）［枯］。

ー・にして深い 中古いうげん［幽玄］。

ごちそう【御馳走】❶〈料理〉 近代かせん［佳饌／嘉饌］。ごちそう［御馳走］。近世ざうさ［造作］。ざふさ［雑作］。ちんみかかう［珍味佳肴］。中世かかう［佳肴／嘉肴］。ざっしゃう［雑餉］。たいらう［大牢／太牢］。はっちん［八珍］。中古きゃうおう／きゃうよう［饗応］。まうけ［設］。上代あへ［饗］。

旅立ちを祝うー 近世たちふるまひ［立振舞］。

ごちそう【御馳走】❷〈もてなし〉 近世おごり［奢］。中世ごちそう［御馳走］。だいきゃう［大饗］。ちそう［馳走］。ふるまひ［振舞］。もてなし［持成］。わうばん［椀飯／垸飯／垸飯］。中古あるじまうけ［主設］。けいえい／けいめい［経営］。上代あへ［饗］。

《尊》上代みあへ［御饗］。

ー・する 近世おごる［奢］。もてなす［持成］。中世ふるまふ［振舞］。ほんそう［奔走］。中古あるじす［主］。きゃうす［饗］。上代あふ［饗］。

ーになる 近世およばれ［呼］。よばれる［呼］。

こちゃく【固着】 ゆちゃく［癒着］。近代かうちゃく［膠着］。こびりつく［付］。近世こちゃく［固着］。ゆきづまる［行詰］。

こちょう【誇張】 オーバー（over）。喇叭（ラッパ）を吹く。近代きゃくしょく［脚色］。しんせうぼうだい［針小棒大］。はったり。ぼうだい［棒大］。大風呂敷を広げる。近世おほげさ［大袈裟］。かけね［掛値］。くゎだい［過大］。たいげんさうご［大言壮語］。法螺（ほら）を吹く。中世おほぐち［大口］。こだい［誇大］。こちゃう［誇張］。はくはつさんぜんぢゃう［白髪三千丈］。ほふら［法螺］。尾鰭（ひれ）を付く（ー付ける）。

ごちょう【語調】 近代アクセント（accent）。いひぶり［言振］。イントネーション（intonation）。くちっぷり［口振］。ごてう［語調］。近世かたりくち［語口］。くてう［口調］。ごき［語気］。はなしぶり［話振］。よくやう［抑揚］。中世くちぶり［口振］。ごせい［語勢］。中古くちつき［口付］。

ーを整える接頭語 近世かっ［掻］。こ［小］。さし［差］。つん。中世ひき／ひっ［引］。中古かい／かき［掻］。さ。もて。を［小］。上代あひ［相］。い。た。

ーを整える接尾語 上代ね［根］。ら［等］。

こちら【此方】 近世こちゃ。中世こちら［此方］。こっち［此方］。中古こち［此方］。上代こなた［此方］。

ーあたり 中世これら［此］。

ーがわ 中世てまへ［手前］。中古こなたざま［此方様］。上代このかた［此方］。このも［此面］。

ーとあちら 中古こなたかなた［此方彼方］。このもかのも［此面彼面］。

ーを見る 中古みおこす［見］。

こぢんまり 近代コンパクト（compact）。せうきぼ［小規模］。ポータブル（portable）。近世こぢんまり。こぶり［小振］。ちっぽけ。ちんまり。中世つまやか。中古こがた［小形／小型］。

▼接頭語 プチ（フランス petit）。ミニ（mini）。

こつ【骨】❶〈遺骨〉 →**いこつ**

こつ【骨】❷〈急所〉 近代こきふ［呼吸］。近世えうりゃう［要領］。かんどころ［勘所／肝所／甲所］。きうしょ［灸所］。中世きふしょ［急所］。ごくい［極意］。つぼ［壺］。中古あうぎ［奥義／奥儀］。こつ［骨］。こっぽふ［骨法］。ひけつ［秘訣］。

ごつ・い 近代ごつい。近世いかつし［厳］。ぐゎんぢゃう［頑丈］。ぶすい［無粋／不粋］。やぼ［野暮］。中世あらけづり［荒削／粗削］。中古ぶこつ［武骨］。

こつえん【忽焉】 →**こつぜん**

こっか【国家】 近代ステート（state）。ネーショ

ン(nation)。中世かこく[家国]。しゃしょく[社稷]。中古おほやけ[公]。くゎん[官]。くゎんけ[官家]。そうべう[宗廟]。上代あめのした[天下]。くに[国／邦]。こくか[国家]。すめらおほともを[社稷]。そうしゃ[宗社]。はうか[邦家]。

—関係 近代インターナショナル(international)。こくさい[国際]。

—間の合意文書 つうちょう[通牒]。近代おぼえがき[覚書]。ぎぢゃうしょ／ぎていしょ[議定書]。けふてい[協定]。けふやく[協約]。せんげん[宣言]。近世でうやく[条約]。とりきめ[取極／取決]。

—間の交際 近代こくかう[国交]。しうかう[修交／修好]。近世つうかう[通交／通好]。中世わしん[和親]。

—権力 こうけんりょく[公権力]。近世こくけん[国権]。中古きゃうけん[強権]。

—的 みんぞくてき[民族的]。近代こくみんてき[国民的]。ナショナル(national)。

—に尽くして功のあった人 中世げんくん[元勲]。中古げんこう[元功]。

—の安泰 近代こくあん[国安]。

—の意思を知らせる 近代こうふ[公布]。はっぷ[発布]。ふこく[布告]。ふたつ[布達]。ふれい[布令]。近世おふれ[御触／御布令]。中古せんぷ[宣布]。上代こくじ[告示]。

—の運命 近世こくうん[国運]。中世こくほ[国歩]。

—の転覆を謀ること 近代かくめい[革命]。クーデター(フランス coup d'État)。中世はんぎゃく[反逆／叛逆]。上代そむく[背／叛]。むへん[謀反]。むほん[謀反／謀叛]。

—を治めること 近代かうき[綱紀]。

いろいろな—(例) ほうちこっか[法治国家]。みんしゅこっか[民主国家]。みんぞくこっか[民族国家]。近代どくりつこく[独立国]。ぶんかこくか[文化国家]。

こっかい【国会】 近代ぎゐん[議院]。ぎくゎい[議会]。りっぱふふ[立法府]。近世こくくゎい[国会]。

▼選挙で選出され国政に参加する議員 近代こくゎいぎゐん[国会議員]。せんりゃう[選良]。だいぎし[代議士]。

こづかいせん【小遣銭】 近代たばこせん[煙草銭]。ポケットマネー(pocket money)。近世きんちゃくがね[巾着金]。こづかひ[小遣]。こづかひせん[小遣銭]。中世ざふじせん[雑事銭]。

こっかく【骨格】❶〈身体〉 近代からだつき[体]。こっかん[骨幹]。スケルトン(skeleton)。たいかく[体格]。近世がいこつ[骸骨]。こっき[骨気]。中世こつ[骨]。こっかく[骨格／骨骼]。こつがら[骨柄]。ことがら[事柄]。ほねぐみ[骨組]。中古こっさう[骨相]。こっぱふ[骨法]。ほね[骨]。

—と筋肉 近代ほねっぷし[骨節]。中世きんこつ[筋骨]。

こっかく【骨格】❷〈枠組〉 スキーム(scheme)。スケルトン(skeleton)。フレーム(frame)。フレームワーク(framework)。近代ほねぐみ[骨組]。わくぐみ[枠組]。

こつがら【骨柄】 近代からだつき[体]。中世こつがら[骨柄]。ことがら[事柄]。じんぴん[人品]。ほねぐみ[骨組]。中古こっさう[骨相]。ひとがら[人柄]。

こっかん【酷寒】 近世こくかん[酷寒]。中世ごかん[冱寒]。中古げんかん[厳寒]。ごくかん[極寒]。身を切るやう。

こっき【克己】 じりつ[自律]。たいぼう[耐乏]。近代こくき[克己]。じしゅく[自粛]。ストイック(stoic)。セルフコントロール(self control)。近世じせい[自制]。中世しんばう[辛抱]。せっせい[節制]。にんく[忍苦]。

こっき【国旗】 近代きしゃう[旗章]。フラフ(オランダ vlag)。近世こくき[国旗]。

—の上げ下ろし けいよう[掲揚]。こうのう[降納]。

世界の— 近代ばんこくき[万国旗]。

日本の— 近代にっしゃうき[日章旗]。中世ひのまる[日丸]。

こっきょう【国境】 フロンティア(frontier)。近代きゃうえき[疆場]。中世くにざかひ[国境／国界]。上代きゃうど[疆土／境土]。こくかい[国界]。こくきゃう[国境]。へんきゃう[辺境]。

—の防備 近代へんばう[辺防]。近世へんび[辺備]。

—を越えること 近世ゑっきゃう[越境]。

四方の— 近代しへん[四辺]。中世しきゃう[四境]。

遠くの—地方 中世ゑんきゃう[遠境]。

こっく【刻苦】 近代こくくべんれい[刻苦勉励]。せいしん[精進]。近世しゃうじ／しゃうじん[精進]。中世くらう[苦労]。こくく[刻苦]。せいれい[精励]。ほねをり[骨折]。中古かくごん[恪勤]。せいきん[精

勤]。ふんこつさいしん[粉骨砕身]。上代どりょく[努力]。

こづくり【小作】→こがら

こっけい【滑稽】 ちんみょう[珍妙]。近代コミカル(comical)。ジョーク(joke)。ちんむるい[珍無類]。ふんぱんもの[噴飯物]。ユーモア(humor)。近世くゎいかい[詼諧]。じょうだん[冗談]。せうしし[笑止]。だじゃれ[駄洒落]。ちゃり[茶利]。ちゃんちゃらをかしい。はらいたし[腹痛]。へそちゃ[臍茶]。臍がくぬ[―くねる]。臍が西国す。臍が茶を沸かす。臍が入唐渡天す。臍が宿替へす。中世かいぎゃく[諧謔]。くゎいぎゃく[詼謔]。せうしせんばん[笑止千万]。はいかい[俳諧／誹諧]。をかし[可笑]。中古さるがうごと[猿楽言]。上代ぎせう[戯笑]。こっけい[滑稽]。

―・で人を笑わせる者 おわらいげいにん[御笑芸人]。きげきはいゆう[喜劇俳優]。きげきやくしゃ[喜劇役者]。ボードビリアン(vaudevillian)。近代アルルカン(フランス arlequin)。コメディアン(comedian)。ピエロ(フランス pierrot)。まんざいし[漫才師]。ユーモリスト(humorist)。近世おどけもの[戯者]。しゃれもの[洒落者]。だうけもの[道化者]。らくごか[落語家]。中古はいいう[俳優]。

―・な歌 近世あざれうた[戯歌]。たはぶれうた／たはれうた[戯歌]。中古ざれうた[戯歌]。上代がか[戯歌]。

―・な絵 コミック／コミックス(comics)。近代カリカチュア(caricature)。ぎぐゎ[戯画]。ざれぐゎ[戯画]。ポンチゑ[Punch絵]。わらひゑ[笑絵]。近世おどけゑ[戯絵]。まんぐゎ[漫画]。

―・な動作 近代おちゃめ[御茶目]。ちゃめ[茶目]。近世おどけ[戯]。だうけ[道化]。だうける[道化]。ちゃめく[茶目]。中古さるがう／さるがふ[猿楽]。

―・な話 近代わらひばなし[笑話]。近世おどけばなし[戯話]。せうわ[笑話]。らくご[落語]。中世ちんだん[珍談]。

―・な文 近世ぎぶん[戯文]。

―・な文句 近世くちあひ[口合]。しゃれ[洒落]。じょうだん[冗談]。だじゃれ[駄洒落]。ぢぐち／ぢぐり[地口]。

―・な問答 ちんもん[珍問]。中世ちんたふ[珍答]。

歌舞伎などで―・な場面 近世 ちゃり[茶利]。ちゃりば[茶利場]。

こっこう【国交】 近代ぐゎいかう[外交]。こくかう[国交]。しうかう[修好／修交]。近世つうかう[通交／通好]。

ごつごうしゅぎ【御都合主義】 かざみどり[風見鶏]。近代いちじしのぎ[一時凌]。オポチュニズム(opportunism)。ごつがふしゅぎ[御都合主義]。ひよりみしゅぎ[日和見主義]。ほらがたうげ[洞ヶ峠]。その場限り。場当たり的。近世ふたまたかうやく[二股膏薬]。

こっこく【刻刻】 すこしずつ[少]。近代こくいっこく[刻一刻]。じょじょに[徐徐]。中世じじこくこく[時時刻刻]。中古こくこく[刻刻]。しだいに[次第]。

こつこつ 近代こつこつ。せっせ。ひたむき／ひとむき[直向]。近世じじ[孳孳]。中古えいえい[営営]。しし[孜孜]。

ごつごつ 近代いらたか[苛高]。ごつい。ごつごつ。中世いかつし[厳]。かどばる[角張]。ぶこつ[武骨]。中古いかる[怒]。こちごちし[骨骨]。こはごはし[強強]。上代あらし[荒]。

―・した岩がある 上代こごし[凝]。

―と木の枝がからんでいるさま 中世 さが[槎牙]。

こっし【骨子】 近代えうかう[要綱]。えうたい／えうてい[要諦]。えうてん[要点]。きてう[基調]。しゅがん[主眼]。ポイント(point)。ほねぐみ[骨組]。近世えうりゃう[要領]。こっし[骨子]。中世えうし[要旨]。えうしょ[要所／要処]。がんもく[眼目]。こつずい[骨髄]。

こつぜん【忽然】 近代こつじょ[忽如]。近世いきなり／ゆきなり[行成]。中世きふ[急]。とつじょ[突如]。とつぜん[突然]。やにはに[矢庭／箭庭]。中古こつえん[忽焉]。こつじ[忽爾]。たちまち[忽]。にはか[俄]。ふいに[不意]。上代こつぜん[忽然]。こつねん[忽然]。

こっそり こそっと。近代ないみつに[内密]。ひみつり[秘密裏]。人目を盗んで。近世くすくす。こっそり。ないしょ[内緒]。中世こそこそ。こそろ。そっと。そと。ないしょう[内証]。ないない[内内]。人目を忍んで。中古うちうち／ないない[内内]。かげで[陰]。しのびしのび[忍忍]。ぬすみに[盗]。ひそか[密／私／窃]。ひそやか[密／私／窃]。みそか[密]。やをら。人知れず。上代しのびに[忍]。

―隠れて食べること 近世 ぬすみぐひ［盗食］。
―…する 近代 人目を盗む。近世 人目を憚る。中世 人目を忍ぶ。中古 うちしのぶ［内忍］。こそめく。まぎる［紛］。上代 しぬふ／しぬぶ［忍］。しのぶ［忍］。ぬすむ［盗］。
―と入り込む 近世 しけこむ［込］。しのびこむ［忍込］。中古 しのびいる［忍入］。
―と話す 近代 声を潜める。近世 声を殺す。ひそひそと話す。中世 ささやく［囁］。そそやく［囁］。つつやく［囁］。中古 ささめく。つつめく［囁］。
―人の手紙を読む 近世 ぬすみよみ［盗読］。
―人の話を聞く とうちょう［盗聴］。近代 ぬすみぎき［盗聞］。
―見る 近代 ぬすみみる［盗見］。
―物陰で休む 近世 かげばひり［陰這入］。

ごっそり あるだけ［有］。ごそっと。近代 あらんかぎり［有限］。ありったけ［有丈］。いっさいがっさい［一切合切］。ぜんぶ［全部］。なにもかにも［何］。まるごと［丸毎］。近世 あらひざらひ［洗浚］。ごっそり。すっかり。そっくり。ねこそぎ／ねこそげ［根刮］。中世 ありたけ［有丈］。なにもかも［何］。なにもなにも［何何］。中古 のこらず［残］。

ごったがえ・す【返】 ごちゃつく。近代 がちゃつく。近世 ごたつく。ごったがへす［返］。ごてつく。こねかへす［捏返］。とりこむ［取込］。
―・している 近代 ごちゃまぜ／ごっちゃまぜ。ごったまぜ。ざつぜん［雑然］。やっさもっさ。近世 ごたまぜ［交］。ごちゃごちゃ。こんざつ［混雑］。はんざつ［煩雑］。ふんざつ［紛雑］。中世 とりこみ［取込］。上を下へ。引くの山の。中古 らんざつ［乱雑］。

こっちょう【骨頂】 近代 さいかうてう［最高潮］。ピーク(peak)。中古 こっちゃう［骨頂］。さいじゃう［最上］。ぜっちゃう［絶頂］。

こってり 近代 のうこう［濃厚］。のうみつ［濃密］。近世 こっちり。こってり。中世 くどし。しつこし。中古 こし［濃］。じふぶん［十分］。

こっとう【骨董】 近代 アンチック／アンティーク(フランス antique)。こっとう［骨董］。こびじゅつ［古美術］。ねんだいもの［年代物］。中世 ふるだうぐ［古道具］。

こつにく【骨肉】 →けつえん

こっぱ【木端】 近代 きっきれ［木片］。もくへん［木片］。近世 こっぱ［木端］。中世 きぎれ［木切］。

こつぶ【小粒】 →こがら

ごづめ【後詰】 近代 こうゑい［後衛］。近世 あとぞなへ［後備］。こうぢん［後陣］。こうび［後備］。ごぜめ［後攻］。しんがり［殿］。中世 ごづめ［後詰］。

こて【鏝】 近代 アイロン(iron)。せいやうひのし［西洋火熨斗］。でんきごて［電気鏝］。ゆごて［湯鏝］。近世 かなべら［金篦］。のし［熨斗］。ひのし［火熨斗］。中古 こて［鏝］。
園芸用の― いしょくごて［移植鏝］。
壁塗り用の― 近世 でいまん［泥鏝］。
整髪用の― ヘアアイロン(hair iron)。
はんだ付け用の― はんだごて［半田鏝／盤陀鏝］。近世 やきごて［焼鏝］。

ごて【後手】 近世 うけみ［受身］。にのつぎ［二次］。中世 うけだち［受太刀］。ごて［後手］。
―に回る 遅きに失する。近代 先を越される。

こてい【固定】 フィックス(fix)。近代 あんてい［安定］。ぎょうこ［凝固］。ていちゃく［定着］。近世 いってい［一定］。こてい［固定］。中世 くぎづけ［釘付］。
―・するもの ホルダー(holder)。
―的な態度や見方 近代 こていくゎんねん［固定観念］。ステレオタイプ(stereotype)。ステロタイプ(stereotype)。近世 へんけん［偏見］。もんきりがた［紋切型］。

こてさき【小手先】 近世 こさい／こざい［手先］。こてさき［小手先］。中古 せうさい［小才］。
―の策 近世 こがたなざいく［小刀細工］。

こてしらべ【小手調】 ためし［試］。近代 こてしらべ［小手調］。こてだめし［小手試］。ぜんせうせん［前哨戦］。テスト(test)。トライ(try)。中世 せぶみ［瀬踏］。
―の芸 近世 まへげい［前芸］。

こてん【古典】 近代 クラシック(classic)。こてん［古典］。近世 いにしへぶみ［古文］。
―の言葉 こてんご［古典語］。近代 ぶんご［文語］。中世 こご［古語］。

ごてん【御殿】 近代 パレス(palace)。近世 わうきゅう［王宮］。中世 ごてん［御殿］。でんだう［殿堂］。中古 おとど［大殿］。でんしゃ［殿舎］。わうぐう［王宮］。上代 あらか［殿］。おほとの［大殿］。きゅうでん［宮殿］。みあらか［御舎／御殿］。
―の中 中古 でんちゅう［殿中］。
朝の― 上代 あさみや［朝宮］。
海辺にある― 近世 かいろう［海楼］。
奥深い所にある― 近世 おくごてん［奥御殿］。しんでん［深殿］。
神を祭る― 中世 かむどの［神殿］。中古 しんでん［神殿］。上代 かんどの［神殿］。

こ

化粧のための― 近世けはひでん［仮粧殿］。
広大な― 上代やひろどの［八尋殿］。
政務を執る― 中古べうだう［廟堂］。らうべう［廊廟］。
高く建てられた― 中古かうろう［高楼］。上代かうかく［高閣］。たかどの［高殿］。
玉で飾った美しい― 中世えうだい［瑶台］。ぎょくろう［玉楼］。きんでん［金殿］。中古たまどの［玉殿］。玉の台(うてな)。
天子の― →**きゅうちゅう**
魔物が隠れている― 近代ふくまでん［伏魔殿］。
夕方の― 上代ゆふみや［夕宮］。

こと【事】 近代けん［件］。げんしゃう［現象］。じかう［事項］。じけん［事件］。じしゃう［事象］。できごと［出来事］。近世いちらく［一落］。しな［品］。ものごと［物事］。中世しき［式］。じぶつ［事物］。よし［由／因］。中古ぎ［儀］。ことがら［事柄］。上代こと［事］。

―の一部 いちぶぶん［一部分］。いちぶんや［一分野］。中世ひとはし［一端］。

―の起こり 近代たんちょ［端緒］。近世いとぐち［糸口／緒］。じたん［事端］。たんしょ［端緒］。→**きっかけ**
―の数 中世けんすう［件数］。

―のついで 中世たよせに［手寄］。上代ついで［次／序］。

―のなりゆき 近世いきさつ［経緯］。せんさく／せんざく［穿鑿］。たいせい［大勢］。中世てんまつ［顛末］。中古しだい［次第］。

―を起こさせる 近代けうさ［教唆］。近世せんどう［扇動／煽動］。てうはつ［挑発／挑撥］。

―を好む気持ち 近代事あれかし。

あらゆる― 中古ばんたん［万端］。上代ばんじ［万事］。

個人的な― 近世わたくしごと［私事］。中古しじ［私事］。

重大な― 中世おほごと［大事］。上代だいじ［大事］。

一つの― 中世いちぎ［一儀］。いっけん［一件］。ひとかど［一角／一廉］。中古ひとつこと［一事］。

問題になっている― 近代あんけん［案件］。じあん［事案］。
▼接尾語 近世ぎ［儀］。こ。上代く。らく。

こと【古都】 近代こと［古都／故都］。中世きうと［旧都］。ふるさと［古里／故郷］。

こと【糊塗】 きゅうばしのぎ［急場凌］。近代いちじしのぎ［一時凌］。こと［糊塗］。ごまかし［誤魔化］。近世いっくゎしのぎ［一花凌／一過凌］。いっくゎのがれ［一過逃］。中古とりつくろふ［取繕］。

こと【琴】 近世きり［桐］。中古しとう［糸桐］。上代こと［琴／箏］。

―と酒と詩 中世さんあい［三愛］。中古さんいう［三友］。

―の音 中世つまおと［爪音］。

―の弦 近代きんげん［琴弦］。きんし／こといと［琴糸／箏糸］。きんせん［琴線］。中古琴の緒(を)。

―を奏でること 中古だんきん［弾琴］。

いろいろな―（例） 近代ていきん［提琴］。やうきん［洋琴］。近世いづもごと［出雲琴］。げっきん［月琴］。すまごと［須磨琴］。にげんきん［二弦琴］。はんきん／ばんきん［板琴］。もくきん［木琴］。やくもごと［八雲琴］。中古あづま／あづまごと［東琴］。いちげんきん［一弦琴］。きんのこと［琴琴］。さう／さうのこと［箏琴］。しちげんきん［七弦琴］。ふうきん［風琴］。やまとごと［大和琴／倭琴］。わごん［和琴］。
▼助数詞 はり［張］。中世めん［面］。

ことあたらしく【事新】 近世あらためて［改］。中世いまさらめく［今更］。ことさら［殊更］。さらに［更］。中古ことあたらしく［事新］。

ことう【孤島】 りとう［離島］。近世絶海の孤島。中世こたう［孤島］。中古はなれじま［離島］。ゑんたう［遠島］。

こどう【鼓動】 しんぱく［心搏／心拍］。はくどう［拍動／搏動］。近代しんてう［心跳］。みゃくうつ［脈打］。近世しんき［心悸］。どうき［動悸／動気］。みゃくはく［脈拍／脈搏］。中世みゃく［脈］。
―が激しくなる 近代どきどきする。中世とどろかす／とどろく［轟］。はしる［走］。

ことか・く【事欠】 近代ふじふぶん［不十分］。ふじゅうぶん［不充分］。近世けつばふ［欠乏／闕乏］。中世ふじいう［不自由］。中古けつじょ［欠如／闕如］。ことかく［事欠］。ふそく［不足］。上代かける［欠／缺／闕］。けつぼく［欠乏／闕乏］。

ことがら【事柄】 →**こと【事】**

ことき・れる【事切】 →**し・ぬ**

こどく【孤独】 こしゅう［孤愁］。てんがいこどく［天涯孤独］。シングル(single)。近代こりつむゑん［孤立無援］。近世ひとりぼっち

／ひとりぽっち［独］。中世 けいどく［煢独／惸独］。こえい［孤影］。するすみ［匹如身］。中古 こりつ［孤立］。たんこ［単孤／単己／単居］。どくしん［独身］。みひとつ［身一］。上代 こどく［孤独］。たんしん［単身］。ひとり［独］。

―・なさま 近代 かいぜん［介然］。形影(けいえい)相弔(あひとむら)ふ。近世 けいぜん［煢然］。上代 膝を抱く。

―・な姿 近代 こえいせうぜん［孤影悄然］。中世 こえい［孤影］。せきえい［隻影］。

―・な老人 中世 くゎんくゎこどく［鰥寡孤独］。

ことごとく【悉】→すべて

ことごとし・い【事事】 近世 おほげさ［大袈裟］。けたたまし。ものがまし［物］。中世 おほぎやう［大仰］。ぎやうぎやうし［仰仰］。ことがまし［事］。中古 こちたし。ことごとし［事事］。

ことこまか【事細】 近代 るる［縷縷］。近世 ことこまやか［事細］。しゃうさい［詳細］。ゐさい［委細］。中世 せいさい［精細］。中古 ことこまか［事細］。こまごま［細細］。こまやか［細］。つばひらか／つばびらか［詳／審］。つぶさに［具］。つぶつぶ。上代 つばら／つばらか［委曲］。

ことさら【殊更】 いとてき［意図的］。近代 とくに［特］。とくべつ［特別］。近世 こいに［故意］。中世 とりわけ［取分］。中古 ことと［事］。たてて［立］。ふりはへて［振延］。わざと［態］。わざわざ［態態］。上代 いとのきて。ことさら［殊更］。ことに［殊］。ことたへに。つまびらか［詳／審］。

―・に言う 中古 いひなす［言做］。

―・にする 中古 さしはふ［差延］。さしわく［差分］。ふりはふ［振延］。

―・に咎(とが)めること 近世 とがめだて［咎立］。

―・に振る舞う 中古 わざとだつ［態］。わざとぶ［態］。

―・らしく見える 近代 わざとらしい［態］。近世 なたてがまし［名立］。中古 ことさらぶ［殊更］。わざとめく［態］。わざわざし［態態］。

ことし【今年】 近世 ほんねん［本年］。中古 こんさい［今歳］。こんねん［今年］。たうねん［当年］。今の年ごろ。上代 ことし［今年］。

―か来年か 中古 こんみゃうねん［今明年］。

―の内 中世 ねんない［年内］。中古 年の内。

ことた・りる【事足】 近世 間に合ふ。中世 ことたる［―たりる］［事足］。じゅうそく［充足］。じふぶん［十分］。みたす［充／満］。上代 たる［足］。

ことづけ【言付】 くちづたえ［口伝］。近代 くちづて［口伝］。メッセージ(message)。近世 ことつたへごと［伝言］。でんせい［伝声］。中世 でんげん［伝言］。ひとづて［人伝］。中古 ことづけ［言付／託］。ことつて［言伝］。せうそく［消息］。たくげん［託言］。つて［伝］。つたでんごん［伝言］。上代 くでん［口伝］。つたへ［伝］。つてこと／つてごと［伝言］。

ことづ・ける【言付】 近代 きご［寄語］。しょくする［嘱］。中世 かづく［かずける］［被］。でんげん［伝言］。中古 いひつく［―つける］［言付］。ことづく［―づける］［言付／託］。ことづけやる［言付遣］。ことづてやる［言伝遣］。ことつつ／ことづつ［言伝］。たくす［託／托］。つく［つける］［付］。でんごん［伝言］。

よそふ［よそえる］［寄／比］。上代 かたく［仮託］。ことよす［―よせる］［言寄］。よす［よせる］［寄］。

ことな・る【異】 近代 ことなる［異］。近世 とくい［特異］。中世 くひちがふ［食違］。さい／しゃい［差異］。さゐ／しゃゐ［差違］。ちがふ［違］。中古 ことやう［異様］。さうゐ［相違］。もてたがふ［持違］。上代 あだし［他／異］。

―・っているところ 中世 いどう［異同］。

―・る意見 近代 いぞん［異存］。中世 いぎ［異議］。いけん［異見］。いろん［異論］。

―・る物 近世 べつもの［別物］。中古 あらぬもの［有物］。ひょうたん［氷炭］。

様式や種類などが―・る 近代 いしゅ［異種］。中古 べつやう［別様］。

ことに【殊】→ことさら

ことのほか【殊外】→ことさら

ことば【言葉】 近代 げんご［言語］。ごし［語詞］。し［詞］。したさき［舌先］。ぶんげん［文言］。ランゲージ(language)。ロゴス(ギリシャlogos)。ワード(word)。近世 くちばし［嘴］。ご［語］。ごく［語句］。した［舌］。中世 くちことば［口言葉／口詞］。げん［言］。げんぎょ／ごんご［言語］。げんし［言詞］。げんせつ［言説］。ごんく［言句］。しゃう［声］。じんご［人語］。ぜっとう［舌頭］。もんごん［文言］。中古 くぜち／くぜつ［口舌／口説］。くち［口］。ことのは［言葉］。しが［歯牙］。じんげん［人言］。もじ［文字］。上代 げんじ［言辞］。こうぜつ［口舌］。こと［言／辞／詞］。ことば［言葉／詞／辞］。じ［辞］。

《尊》おことば［御言葉］。【近代】きんこう［金口］。【中古】おほせ［仰］。がいだ［咳唾］。【上代】のりごと［告言］。
《謙》【中世】うげん［迂言］。
《枕》【上代】泣く子なす［⇩言(こと)］。
《句》丸い卵も切りようで四角、物も言いようで角が立つ。【近世】鸚鵡(あうむ)よく言へども飛鳥を離れず。人を以って言を廃せず。【中世】口の虎は身を破る。口は禍(わざは)ひの門。言葉は心の使ひ。舌の剣は命を絶つ。舌は禍ひの根(門(かど))。駟(し)も舌に及ばず。

―が多いこと 【近世】おしゃべり。くちがる［口軽］。ろうぜつ［弄舌］。【中世】たべん［多弁］。【中古】くちまめ［口忠実］。ぜうぜつ［饒舌］。たげん／たごん［多言］。ろうげん［弄言］。

―が上手 弁が立つ。弁舌さわやか。【近代】くちだっしゃ［口達者］。口がうまい。【近世】あぶらぐち［油口］。あまくち［甘口］。くちがうしゃ［口巧者］。くちさかし［口賢］。くちじゃうず［口上手］。さくさく［鑿鑿］。たつべん［達弁］。のうべん［能弁］。はなしじゃうず［話上手］。りうちゃう［流暢］。【中古】ことよがる［言好］。ことよし［言良］。べんぜつ［弁舌］。懸河の雄弁(妙弁)。

―が過ぎる 【近代】いひすぎ［言過］。【近世】鰓(えら)(腮／顋)が過ぎる。【中世】くゎごん［過言］。

―が少ない 口数が少ない。【近代】くゎげん［寡言］。【近世】くゎもく［寡黙］。だんまり。【中世】くちおも［口重］。【中古】ことずくな［言少］。ことばずくな［言葉少］。

―が次々と出る 【近代】ふうはつ［風発］。口を衝(つ)いて出る。【中古】げんせん［言泉］。

―が出にくい とつとつ［訥訥］。【近代】きつおん［吃音］。とつげん［訥言］。【近世】とつべん［訥弁］。呂律(ろれつ)が回らぬ。【中世】ぜっく［絶句］。つかふ［つかえる］［支／閊］。どもる［吃］。【中古】くちおもし［口重］。ぜく［絶句］。

―が訛(なま)る 【中古】ゆがむ［歪］。【上代】よこなばる／よこなまる［横訛］。

―そのまま がくめんどおり［額面通］。

―巧みで諂(へつら)う人 【近代】ねいかん［佞奸／佞姦］。

―巧みに誘う 【近世】こしらふ［―らえる］［慰］。じゃうずごかし［上手］。

―で争う 【近代】くちあらそひ［口争］。くちいさかひ［口諍］。くちげんくゎ［口喧嘩］。ろんさう［論争］。わたりあふ［渡合］。【近世】いひあふ［言合］。くうろん［口論］。ぜっせん［舌戦］。【中古】いひあらそふ［言争］。こうろん［口論］。

―では表せない 言いようがない。【近代】言ひ知れない。【中世】いちじふせつ［一字不説］。ふかせつ［不可説］。ふりつもんじ／ふりふもんじ［不立文字］。計(量)りなし。【中古】いふばかりなし［言許無］。いふよしなし［言由無］。

―と行い 【近代】いちげんいっかう［一言一行］。げんどう［言動］。【中世】げんかう［言行］。

―と行いが一致 ゆうげんじっこう［有言実行］。【近代】げんかういっち［言行一致］。

―と内心が違うこと 【中世】おもてうら／へうり［表裏］。かげひなた［陰日向］。

―に出す 【近代】ちんげん［陳言］。はつごん［発言］。口にする。【近世】歯節へ出す。【中世】はつげん［発言］。はなす［話］。【中古】いひいだす［言出］。いひいで［言出］。うちいだす［打出］。こといづ［言出］。【上代】いふ［言］。かけまく［懸］。こちづ／ことづ［言出］。ことだて［言立］。ことなす［言成］。ものいふ［物言］。言(こと)に出(い)づ。言(こと)に出(づ)。→い・う

―に熱と力がこもっている 【近代】言言(げんげん)火を吐く。

―の遊び →あそび

―の意味 【近代】ごぎ［語義］。じい［辞意］。【中世】ごい［語意］。わけ［訳］。【上代】じぎ［辞義］。

―の意味の説明 【近代】ごしゃく［語釈］。ていぎ［定義］。

―のおもむき 【近代】しさう［詞藻］。しち［詞致］。【中世】ことがら［言柄］。ことぐさ［言種／言草］。

―の繰り返し どうごはんぷく［同語反復］。【中世】はんぷく［反復］。

―の構成要素 おんそ［音素］。【近代】おんせつ［音節］。おんゐん［音韻］。たんご［単語］。ぶん［文］。ぶんせつ［文節］。【近世】く［句］。ご［語］。ごく［語句］。だんらく［段落］。【中世】しゃうだん［章段］。

―のたとえ 【中世】言葉の海。言葉の園(その)。【中古】ことのは［言葉］。言葉の林。

―の力 【上代】ことだま［言霊］。

―の使い方 【近代】ごはふ［語法］。【中世】ぶんぱふ［文法］。

―の端 げんく［言句］。【近代】くちのは／くちは［口端］。ことばじり［言葉尻／言葉後］。げんげん［言言］。【近世】言葉の外れ。【中世】こわさき［声先］。ひとこと［一言］。言葉の末。

ーの端をとらえて非難する 小爪を拾う。【近代】言葉尻をとらえて非難する。【中世】挙げ足を取る。

ーを選ぶこと 【中古】ことえり[言選]。

ーを掛ける 【中世】はなしかく[ーかける][話掛]。【中古】いひかく[ーかける][言掛]。

ーを交わす 【中古】まず[まぜる][交/混/雑]。語を交(まじ)ふ[ー交える]。

ーをつなぐきっかけ 【近世】つぎほ[接穂/継穂]。

ーを和らげる 【中世】あまなふ[和/甘]。

相手のーを罵る語 【近世】ほほげた[頬桁]。

新しく造られたー 【近代】しんご[新語]。しんざうご[新造語]。【中世】ざうご[造語]。

ありきたりのー じょうとうく[常套句]。【近代】たうげん[套言]。【近世】たうご[套語]。ちんげん[陳言]。

ある地域や仲間に限って使われるー とちことば[土地言葉]。【近代】おくになまり[御国訛]。くゎご[訛語]。スラング(slang)。とほりことば[通言葉]。【近世】かくしことば[隠言葉/隠詞]。かへことば[替言葉/替詞]。くゎげん[訛言]。ふちゃう[符丁/符帳]。ふてふ[符牒]。ゐなかなまり[田舎訛]。【中世】あひことば[合言葉]。いんご[隠語]。はうげん[方言]。

いい加減なー 【近代】まんげん[漫言]。【近世】ふこ[浮誇]。【中世】くうげん[空言]。そげん[粗言/麁言]。まんご[漫語]。【中古】すずろごと/そぞろごと[漫言]。そごん[粗言/麁言]。なほざりごと[等閑言]。みだれごと[乱言/漫言]。無げの言葉。無げの言の葉。

言い尽くしているー 【近代】じんげん[尽言]。

卑しいー 【近代】スラング(slang)。【近世】げきぜつ[鴃舌]。ひご[卑語/鄙語]。【中世】ひげん[卑言/鄙言]。

うちとけたー 【中古】うちとけごと[打解言]。

美しいーのたとえ 【中世】言葉の玉。言葉の露。言葉の花。

訴え嘆くー 【近世】なきごと[泣言]。

恨みのー 【中世】ゑんげん[怨言]。ゑんご[怨語]。【中古】うらみごと[怨言]。

偉そうなー 【近代】えらがり[偉/豪]。【近世】ごたく[御託]。【中世】たつみあがり[辰巳上]。

多くのー 【近代】せんげんまんご[千言万語]。ひゃくまんげん[百万言]。まんげん[万言]。【近世】せんげんばんご[千言万語]。【中世】ばんげん/まんげん[万言]。【中古】せんげん[千言]。

多くの人のー 【近代】しゅうこう[衆口]。【近世】ひゃうばん[評判]。【中世】うはさ[噂]。ばんこう[万口]。【中古】しゅこう[衆口]。

大袈裟(おおげさ)でくだらないー 【近代】だぼら[駄法螺]。

奥深いすぐれたー 【中世】びげん[微言]。

音声によるー おんせいげんご[音声言語]。【近代】こうご[口語]。こうとうご[口頭語]。はなしことば[話言葉]。

飾った巧みなー 【近代】しょくげん[飾言]。びじれいく[美辞麗句]。れいじ[麗辞]。レトリック(rhetoric)。【近世】ねいべん[佞弁]。びげん[美言]。【中世】きぎょ/きご[綺語]。きゃうげんきご[狂言綺語]。【中古】かうご[巧語]。【上代】かうげん[巧言]。

機知に富んだー 【中古】そへごと[添言]。

きっぱり言い切るー 【近世】きれくち[切口]。

教訓などを述べたー 【近代】きんく[金句]。ぐうわ[寓話]。げんご[諺語]。しんげん[箴言]。【中世】ぐうげん[寓言]。【中古】きんげん[金言]。めいげん[名言]。【上代】かくげん[格言]。ことわざ[諺]。→**かくげん**

くだけたー ためくち/ためぐち[口]。【近代】スラング(slang)。【近世】さとびごと[俚言/俗言]。りげん[俚言]。【中世】ぞくげん[俗言]。【上代】ぞくご[俗語]。

口で言うー 【中世】くちことば[口言葉/口詞]。【近世】いひぐさ[言草/言種]。こうじゃう[口上/口状]。

口にしてはいけないー 【近代】タブー(taboo)。【近世】いみことば[忌言葉]。【中世】きんく[禁句]。

喧嘩をするー 【近世】うりことば[売言葉]。かひことば[買言葉]。

子供のー ようじご[幼児語]。【中古】かたこと[片言]。【上代】わらはごと[童言]。

事情にうといー 【中世】うげん[迂言]。

しばしば口にするー 【近代】いひぐさ[言種/言草]。きまりこうじゃう[極口上]。きまりもんく[極文句/決文句]。じゃうたうご[常套語]。【中世】くちぐせ[口癖]。【中古】くちずさび/くちずさみ[口遊]。こうじつ[口実]。

筋の通らないー 【近代】ばうご[妄語]。びうげん[謬言]。【近世】うはこと/うはごと[囈語/譫言]。まうげん[妄言]。【中古】ねごと[寝言]。ばうげん[妄言]。【上代】たはごと[戯言]。まうご[妄語]。

素晴らしい良いー 【近代】めいもんく[名文句]。【近世】しうく[秀句]。しんげん[箴

言。中世かく[佳句]。きんく/きんこう[金口]。しいげん[至言]。中古きんげん[金言]。こんく[金口]。しげん[至言]。すく[秀句]。めいく[名句]。めいげん[名言]。上代かくげん[格言]。

素晴らしさを褒める― 中古きんぎょく[金玉]。

世間の― 近代ふつうご[普通語]。近世げせわ[下世話]。げんご[諺語]。さとびごと[俚言/俗言]。じゃうご[常語]。つうご[通語]。りげん[俚言]。りご[俚語]。中世ぞくげん[俗言]。中古つうげん[通言]。

使われなくなった― 近代しご[死語]。はいご[廃語]。

天皇の― 近世ちょくゆ[勅諭]。中世ちょくげん[勅言]。上代おほみこと[大御言]。せうちょく[詔勅]。ちょくご[勅語]。みこと[御言]。みことのり[詔/勅]。

道理にはずれた気ままな― 近世ひごん[非言]。中世わうげん[横言]。

遠回しに言う― えんご[婉語]。近世ゑんきょく[婉曲]。

訛った― 近代くゎいん/くゎおん[訛音]。くゎご[訛語]。近世くゎげん[訛言]。

似通った― シノニム(synonym)。どうおんいぎご[同音異義語]。るいおんご[類音語]。近代どういご[同意語]。どうおんご[同音語]。どうぎご[同義語]。るいぎご[類義語]。近世るいご[類語]。

初めて―を交わす 中古いひそむ[言初]。

人の気に入る― うまくち[甘口]。近代かんご[甘語]。かんじ[甘辞]。近世あまくち[甘口]。うれしがらせ[嬉]。ころしもんく[殺文句]。せじ[世辞]。中世あいそ[愛想/愛相]。かんげん[甘言]。上代かうげん[巧言]。

人を褒める― 近代さんじ[讃辞/賛辞]。しゃうじ[賞辞]。しょうし[頌詞]。近世しゃうし[賞詞]。

人を見下した― 近代まんげん[慢言]。まんご[慢語]。

不吉な― 上代まがごと[禍言/禍事]。

ふと耳にはいった― 中古うちぎき[打聞]。

無駄な― じょうぶん[冗文]。近世じょうく[冗句]。じょうご[冗語/剰語]。ぜいげん[贅言]。むだぐち[無駄口]。

文字による― かきことば[書言葉]。もじげんご[文字言語]。近代ぶんしゃうご[文章語]。近世ぶんご[文語]。

酔ったときの― 中古ゑひごと[酔言]。

理解できない― ジャーゴン(jargon)。近世ちんぷんかんぷん[珍糞漢糞]。唐人の寝言。中世からことば[唐語/韓語]。

和歌で使われる― かご[歌語]。中古うたことば[歌詞]。

和歌などの良い― 中古すく[秀句]。

わずかな― いちごんせきく[一言隻句]。近代せきご[隻語]。へんげんせきく[片言隻句]。へんげんせきご[片言隻語]。へんご[片語]。近世いちげんはんじ[一言半辞]。いちごんいっく[一言一句]。いちごんはんく[一言半句]。いちべん[一弁]。せきく[隻句]。中古へんげん[片言]。

ことばがき【詞書】 近代だいし[題詞]。近世はしことば[端詞]。中世ことがき[事書/言書]。ことばがき[詞書]。

ことはじめ【事始】 近世くさむすび[草結]。くさわけ[草分]。中世ことはじめ[事始]。さうさう[草創]。→きげん【起源】

ことばづかい【言葉遣】 ものの言いよう。近代いひかた[言方]。いひぶり[言振]。くちっぷり[口振]。こうふん[口吻]。ごてう[語調]。ことばさま[言葉様]。はなしかた[話方]。べん[弁/辯]。近世いひまはし[言回/言廻]。くてう[口調]。ごき[語気]。ことばがら[言葉柄]。はなしくち[話口]。はなしぶり[話振]。中世いひざま[言様]。いひやう[言様]。くちぶり[口振]。こうせき[口跡]。ことがら[言柄]。ことばつき[言葉付]。ことばづかひ[言葉遣]。中古くちつき[口付]。ことばつづき[言葉続]。こわざま[声様]。こわづかひ[声遣]。こわつき[声付]。ものいひ[物言]。上代げんじ[言辞]。

―が立派で端正だ 中世こうるはし[言麗/言美]。

改まった― 近世よそゆき[余所行]。

ことぶき【寿】 近代けいしゅく[慶祝]。しゅくけい[祝慶]。しゅくふく[祝福]。近世しゅくが[祝賀]。中世いはひ[祝]。が[賀]。けいじ[慶事]。中古いはひごと[祝言]。けいが[慶賀]。ことぶき[寿]。ことほがひ/ことほぎ[言寿/言祝]。しうげん[祝言]。ちゃうじゅ[長寿]。ちゃうせい[長生]。ちゃうめい[長命]。ちゃうれい[長齢]。ながいき[長生]。ほかひ[奉/祝/賀]。よろこび[喜/歓/慶]。

ことぶ・く【寿】 中世ことぶく[寿]。しゅくす[祝]。中古いはふ[祝]。ほかふ[祝/寿]。

こども【子供】❶〈年少〉 〔上代〕ことほく／ことほぐ[寿]。ほく[祝／寿]。キンダー(ﾄﾞｲﾂ Kinder)。キッズ(kids)。ジュニア(junior)。ちびっこ。〔近代〕えうしゃ[幼者]。チャイルド(child)。ねんせうしゃ[年少者]。ベイビー／ベビー(baby)。みせいねん[未成年]。〔近世〕あしよわ[足弱]。しぢょ[子女]。どうえう[童幼]。わかば[若葉]。わろ[和郎]。五尺の童子。〔中世〕えうじ[幼児]。こ[子／児]。こしゃう[小姓／小性]。こども[子供]。じし[児子]。せうし[小子]。せうじん／せうにん[小人]。わっぱ[童]。をさあい／をさない[幼児]。をさなご[幼子／幼児]。〔中古〕うなゐ[髫／髫髪]。うなゐこ[髫髪児]。じどう[児童]。せうじ[小児]。せうどう[小童／少童]。ちご[稚児]。どうじ[童子]。どうもう[童蒙]。めざし[目刺]。わかうど[若人]。わらべ[童]。をさなもの[幼者]。〔上代〕えうねん[幼年]。じゅし[豎子／孺子]。せうに[小児]。わくご[若子]。わらは／わらはべ／わらんべ[童]。

《尊》〔近世〕いとさま[幼様]。

《句》〔近代〕棄て子は世に出る。憎まれっ子世に憚(はばか)る。

—心 どうしん[童心]。〔近世〕こどもぎ[子供気]。わらべぎ[童気]。〔中世〕こごころ[子心]。〔中古〕わらはごこち[童心地]。わらはごころ[童心]。わらべごころ[童心]。をさなごこち[幼心地]。をさなごころ[幼心]。

—っぽい いたいけない[幼気]。〔近代〕こどもじみる[子供]。ちき[稚気]。〔近世〕あどけなし。ちちくさし[乳臭]。〔中世〕あどなし。いしどもなし。〔中古〕いわけなし[稚]。ここし[子子]。こめかし／こめく[子]。わかわかし[若若]。わらはぐ[童]。をさなし／をさなぶ[幼]。

—っぽいふるまい 〔近代〕ちゃめ[茶目]。〔中世〕わかぶをさなぶるまひ[幼振舞]。〔中古〕わかぶ[若]。わらはぐ[童]。

—の遊び →あそび

—の顔立ち 〔近世〕こがら[子柄]。〔中古〕どうがん[童顔]。

—の頃 〔近代〕をさなどき[幼時]。〔近世〕えうじ[幼時]。〔中世〕そうかく[総角]。騎竹の年。

—の頃からの友(交わり) 〔近世〕竹馬の友。〔中世〕をさななじみ[幼馴染]。騎竹の交はり。

—の死 〔上代〕無服(むぶく)の殤(しゃう)。

—の成長の様子 〔中世〕をさなおひ[幼生]。をさなだち[幼立]。〔中古〕わらはおひ[童生]。

—のための歌 〔近代〕どうえう[童謡]。〔近世〕こもりうた[子守歌]。わらべうた[童歌]。

—の病気 かん[疳]。〔中世〕むし[虫]。むしけ[虫気]。

—の部屋 ナーサリー(nursery)。〔近代〕こどもべや[子供部屋]。

—を軽んじた言い方 もやしっこ[萌子]。尻が青い。〔近代〕ちび。はなたらし[洟垂]。はなたれこぞう[洟垂小僧]。〔近世〕あをにさい[青二才]。がき[餓鬼]。こわっぱ[小童]。じゃり[砂利]。にゅうしうじ[乳臭児]。わっぱ[童]。あくちも切れぬ。嘴(くちばし)(喙)が青し。嘴(くちばし)(喙)が黄色し。〔中世〕せがれ[倅]。はなたれ[洟垂]。

—をだましなだめるもの 〔近代〕をさなだまし[幼騙]。〔近世〕こどもだまし[子供騙／子供欺]。はなぐすり[鼻薬]。わらべすかし[童賺]。わらべたらし[童誑]。

—を罵って言う語 〔近世〕あくたらう[悪太郎]。こじょく[小職／小童]。こぞう[小僧]。こわっぱ[小童]。せんま。

いたずらな— 〔近代〕いじめっこ[苛子]。〔近世〕あくたらう[悪太郎]。あくどう[悪童]。いたづらこぞう[悪戯小僧]。がきだいしゃう[餓鬼大将]。やんちゃ。やんちゃばうず[坊主]。やんちゃん。わんぱく[腕白]。

生まれて間もない— 〔近代〕せいじ[生児]。にゅうえうじ[乳幼児]。にゅうじ[乳児]。〔近世〕ちのみ[乳飲子]。〔中古〕あかご[赤子／赤児]。〔中世〕ちのみご[乳飲子]。みづこ／みづご[水子／稚子／若子]。〔上代〕えいじ[嬰児]。みどりこ／みどりご[緑児／嬰児]。

幼い— →あかんぼう →おさなご

男の— ボーイ(boy)。〔近世〕しひのみ[椎実]。なんしこ[男子子]。ばう[坊]。ばうや[坊]。ぼっちゃん[坊]。ぼんさま[坊様]。〔中世〕なんし[男子]。わろ[我郎／和郎]。をとこのこ[男子]。ほふし[法師]。わらう[我郎／和郎]。〔中古〕せうねん[少年]。だんし[男子]。だんじ[男児]。どうなん[童男]。をのわらは／をのわらべ[男童]。〔上代〕をぐな[童男]。をのこ[男子／男]。をのこご[男子子]。

同じ年の— 〔中世〕おないどし[同年]。→しょうねん 〔上代〕よち。よちこ。

女の— 〔近代〕ガール(girl)。しぢょ[子女]。ぢょし[女子]。どうぢょ[童女]。〔近世〕ぢょどう[女童]。めなご[女子／女児]。をんなのこ[女子]。をんなわらべ[女童]。〔中世〕

くゎんぢょ／くゎんにょ[丱女]。ぢょどう[女童]。めのこご[女子児]。をうなご[女子]。をなご[女子]。中古うなゐをとめ[髫髪少女]。せうぢょ[少女]。ぢょじ[女児]。どうにょ[童女]。にょし[女子]。めこ／めのこ[女子]。めのわらは[女童]。わらはめ[童女]。をみなご[女子]。をんなご[女子]。をんなわらは[女童]。上代うなゐはなり[髫髪放]。をとめ[乙女／少女]。→**しょうじょ**

今年生まれた― 近代せいし[生歯]。中世たうさいご[当歳子／当歳児]。

困っている― 上代ぐうじ[窮子]。

将来大人物になる― 近代ほうじ[鳳児]。ほうすう[鳳雛]。中古ほうす[鳳雛]。

死んだ― 近代しじ[死児]。中古ばうじ[亡児]。

身体が大きく強い― かいどう[怪童]。

小さい― 中世こちご[小稚児]。ちさわらは／ちひさわらは[小童]。

八歳の― 上代やとせご[八年児]。

人に憎まれる― 近代にくまれっこ[憎子]。中世にくまれご[憎子]。

複数の― 近代こら[子等／児等]。近世こたち[子達]。中世こどもし[子供衆]。こどもしゅう[子供衆]。じはい[児輩]。わらうべ／わらんべ[童部]。中古わらはべ[童部]。

保育園や幼稚園の― えんじ[園児]。

わがままな― 近代けうじ[驕児]。近世だだっこ[駄駄子]。

▼接頭語 近代まめ[豆]。

こども【子供】❷〈親の子〉ジュニア(junior)。ソン(son)。ドーター(daughter)。近世うみのこ[生子]。こだから[子宝]。中世し[子]。じっし[実子]。そく[息]。中古たね[種]。にせい[二世]。上代こ[子／児]。こども[子供]。やうし[養子]。人の子。《句》近代一姫二太郎。子宝脛(すね)が細る。子は親を映す鏡。千の倉より子は宝。鈍な子は可愛い。近世瓜の蔓に茄子はならぬ。老いては子に従へ。負はず借らずに子三人。親は無くとも子は育つ。可愛い子には旅をさせよ。子は鎹(かすがひ)。子故の闇に迷ふ。子を棄てる藪はあるが親を棄てる藪はなし。子を棄てる藪はあるが身を棄てる藪はなし。死なぬものなら子一人、減らぬものなら百両。鳶(とび)が鷹を生む。持たぬ子で苦労はせず。中世子有るも嘆き無きも嘆き。子は三界(さんがい)の首枷(くびかせ)。子を持って知る親の恩。中古尭(げう)の子尭ならず。上代子を見ること親に如かず。

―があること 中古こもち[子持]。

―が親から離れ自立すること おやばなれ[親離]。近世すだち[巣立]。ちちばなれ／ちばなれ[乳離]。ちばなる[―ばなれる][乳離]。中世すばなれ[巣離]。

―が親に養ってもらうこと 近世親にかかり。親の脛(すね)を嚙(かじ)る。

―が親より先に死ぬこと 近世ぎゃくえん[逆縁]。親に跡をやる。中世さかさま[逆様]。

―が親より優れていること 竹の子の親勝り。近世おやまさり[親勝]。

―と孫 中古じそん[児孫]。上代しそん[子孫]。

―の子 近世そん[孫]。中古うまご[孫]。ひこ[孫]。上代まご[孫]。

―の世話をし育てること 近代いくじ[育児]。近世こそだて[子育]。中世こもり[子守]。もり[守]。もりそだつ[―そだてる][守育]。中古おほす[生]。おもひいたづく[思労]。こどもあつかひ[子供扱]。やういく[養育]。

―のない男 近世いちだいをとこ[一代男]。

―の無事な成長 《句》泣く子は育つ。近世牛にも馬にも踏まれず。

―の娘 近世まごむすめ[孫娘]。

―を生まない女性 近世いちだいをんな[一代女]。

―を生む 近代きょし[挙子]。近世しゅっさん[出産]。中世身二つになる。中古まうける[儲]。上代つくる[作]。→**う・む【生】**

―を生めない女性 近世うまず[不生]。中世うまずめ[不生女／石女]。せきぢょ[石女]。中古すばら[素腹]。

―を軽んじた言い方 近世がき[餓鬼]。こぶ[瘤]。→**こども❶**

―を大切に世話し育てる 中古おもひいたづく[思労]。

―をはらみやすい 中世こばやし[子早]。

―をはらむ 種を宿す。近世くゎいぶく[懐腹]。にんしん[妊娠]。みごもる[身籠／妊]。中世くゎいたい[懐胎]。中古こもち[子持]。上代くゎいにん[懐妊]。くゎいよう[懐孕]。はらむ[妊／孕]。

愛する― 近代あいじ[愛児]。ひざうっこ[秘蔵子]。めでこ[愛子]。近世ひざうご／ひぞっこ[秘蔵子]。中世いとしご[愛子]。かなしご[愛子]。中古あいそく[愛息]。おもひご[思子]。なでしこ[撫子](花とかけて

いう〉。まなむすめ［愛娘］。【上代】あいし［愛子］。まこ［真子］。まなご［愛子］。めづこ［愛子］。

愛の結晶としての— 【近世】おもひだね［思種］。

一夜の交わりでできた— 【近世】いちやご［一夜子］。

男の— 【近世】おとむすこ［乙息子／弟息子］。【中世】さんなん［三男］。せがれ［倅］。【中古】しそく［子息］。じなん［次男／二男］。ちゃうなん［長男］。むすこ［息子］。【上代】えこ［長子］。ちゃうし［長子］。をぐな［童男］。《尊》【近世】おこ［御子］。れいそく［令息］。【近世】れいし［令子］。れいらう［令郎］。【中世】おこさま［御子様］。おんざうし［御曹司］。【中古】あいそく［愛息］。けんそく［賢息］。ごしそく［御子息］。ざうし［曹司］。しそく［子息］。みこ［御子］。《謙》【近世】こせがれ［小倅］。とんじ［豚児］。【中世】せがれ［倅］。【中古】ぐそく［愚息］。

親が—を義絶すること 【近世】かんだう［勘当］。きうり［久離］。【中世】ふけう［不孝］。

親が—を捨てること 【中古】すてご［捨子］。

親孝行な— 【近代】かうかうむすこ［孝行息子］。【中古】けうし［孝子］。【上代】かうし［孝子］。

親に死に別れた— 【近代】ゐし［遺子］。ゐじ［遺児］。【中古】わすれがたみ［忘形見］。

親に捨てられた— 【近代】きじ［棄児］。ゐし［遺子］。ゐじ［遺児］。【近世】きうりきられ［久離切］。【中古】すてご［捨子／棄児］。

親に似ていない— おにご／おにっこ［鬼子］。

親にはぐれた— 【近世】まひご／まへご［迷子］。【中世】まよひご［迷子］。

親の—への愛 ふせいあい［父性愛］。【近代】ぼせいあい［母性愛］。【近世】こぼんなう［子煩悩］。【中世】思ひの闇。【中古】おやごころ［親心］。《句》【近代】親思ふ心にまさる親心。【近世】子故(こゆゑ)の闇。蝶よ花よ。這(は)へば立て立てば歩めの親心。焼け野の雉(きぎす)夜の鶴。【中世】梁(うつばり)の燕(つばめ)。親の心子知らず。【中古】老牛犢(とく)を舐(ねぶ)るの愛。

親を害する不孝な— 【中世】ぞくし［賊子］。

女の— 【近代】じぢょ［次女］。【中世】さんぢょ［三女］。むすめご［娘子］。【中古】おとひめ［乙姫／弟姫］。おとむすめ［乙娘／弟娘］。【上代】えひめ［兄姫］。えむすめ［兄娘／長女］。ちゃうぢょ［長女］。まなむすめ［愛娘］。むすめ［娘］。《尊》【近代】あいぢゃう［愛嬢］。【近世】おこ［御子］。おぢゃうさま［御嬢様］。れいぢゃう［令嬢］。【中世】おこさま［御子様］。

賢い— しゅんどう［俊童］。【近代】てんさいじ［天才児］。ねいけじ［寧馨児］。【近世】きりんじ［麒麟児］。【中古】しんどう［神童］。《句》【近代】十で神童十五で才子二十過ぎれば只の人。

家督を継ぐ— 【近代】やうしし［養嗣子］。【近世】あととり［跡取］。しし［嗣子］。【中世】あとつぎ［跡継］。そうりゃう［総領／惣領］。よつぎ［世継／世嗣］。

かわいい— 【近代】あいじ［愛児］。ちょうじ［寵児］。ひざうっこ［秘蔵子］。【近世】ひざうご／ひぞっこ［秘蔵子］。ほんそご［奔走子］。【中世】いとしご［愛子］。おもひご［思子］。かしづきむすめ［傅娘］。【上代】ひまなご［日真名子］。まこ［真子］。まな［愛／真］。まなご［愛子］。まなむすめ［愛娘］。めづこ［愛子］。

かわいい—への呼び掛け 【中古】我が子の仏。

後妻の生んだ— 【中世】あとばら［後腹］。

再婚のとき連れてきた— 【近世】つれこ／つれっこ［連子／連児］。

実子でない— 【中古】ままこ［継子］。

自分の— 【近代】じつじ［実児］。【近世】うみのこ［生子／産子］。【中世】じきし［直子］。じっし［実子］。【中古】あがこ／あこ［吾子］。【上代】あご／わこ［吾子］。

自分の—を良いと思うこと 【近世】親の欲目。

神仏に授かった— 【近世】まうしご［申子］。

末の— 【近代】すゑこ／すゑっこ［末子］。【中世】ばっし／まっし［末子］。【中古】おとご［乙子／弟子］。

正妻が生んだ— 【近代】ちゃくしゅつし［嫡出子］。【中世】しゃうちゃく／せいちゃく［正嫡］。【上代】えこ［長子］。せいてき［正嫡／正適］。ちゃうし［長子］。ちゃくし［嫡子］。

正妻でない女が生んだ— 【上代】しょし［庶子］。→▼庶子

先妻の— 【近世】さきばら［先腹］。

大切な— 【近代】ひざうっこ［秘蔵子］。【近世】ひざうえぼし［秘蔵烏帽子］。ひざうご／ひぞっこ［秘蔵子］。ふところご［懐子］。【中世】いとしご［愛子］。【中古】かげこ［陰子／蔭子］。【上代】いはひこ［斎児］。→かわいい—

天皇の女の— 【中古】をんないちのみや［女一宮］。をんなさんのみや［女三宮］。をんなにのみや［女二宮］。

亡くなった— 【近代】ばうし［亡子］。【中古】ばうじ［亡児］。

夏に生まれた― 近世なつご[夏子]。

二番目の― 中世じぢょ[次女／二女]。中古じなん[次男／二男]。上代ちゅうし[中子／仲子]。

歯が生えて生まれた― 中古おにご[鬼子]。

春に生まれた― 中世はるこ／はるご[春子]。

母と― 中世ははこ／ぼし[母子]。

一つ違いの― 近世としご[年子]。

一人だけの― 近世ひとつぶ[一粒]。ひとつぶだね[一粒種]。ひとりっこ[一人子]。中古いっし[一子]。ひとつご[一子]。中世いっくゎいにく[一塊肉]。

夫婦でない男女から生まれた― 近代しせいし[私生子]。しせいじ[私生児]。

養育すべき― 中古あつかひぐさ[扱種]。

領主が領国でもうけた― 近世おくにばら[御国腹]。

両親のいない― 上代こし[孤子]。こじ[孤児]。みなしご[孤／孤児]。

▼庶子 こんがいし[婚外子]。近代しせいじ[私生児]。めかけばら[妾腹]。近世おとしだね[落種]。かくしご[隠子]。げじゃくばら[外戚腹]。せふふく[妾腹]。てかけばら[手掛腹／妾腹]。わきばら[脇腹]。中世おとしご[落子]。おとりばら[劣腹]。ほかばら[外腹]。らくいん[落胤]。上代しょし[庶子]。

▼長子 近代はつご[初子]。近世いちばんこ[一番子]。そうりゃう[総領／惣領]。中世うひご[初子]。上代えこ[長子]。このかみ[兄／首]。ちゃうし[長子]。

▼長女 上代えひめ[兄姫]。ちゃうぢょ[長女]。

▼長男 近世じんろく[甚六]。中古ちゃうなん[長男]。

こともなげ【事】 近代へいぜん[平然]。中世こともなげ[事]。むざうさ[無雑作]。

ことよ・せる【言寄】 →かこつ・ける →ことづ・ける

ことわざ【諺】 しょせいくん[処世訓]。すんげん[寸言]。近代アフォリズム(aphorism)。エピグラム(epigram)。けいく[警句]。げんげん[諺言]。げんご[諺語]。せいく[成句]。マキシム(maxim)。近世しんげん[箴言]。せいご[成語]。ひげん[鄙諺]。座右の銘。中世みゃうもく[名目]。りげん[俚諺]。中古きんげん[金言]。ぞくげん[俗諺]。めいげん[名言]。上代かくげん[格言]。こじ[故事]。ことわざ[諺]。せいげん[世諺]。

西洋の― 近代せいげん[西諺]。

古くから伝わる― 近代こげん[古諺]。

法律に関する― 近代はふげん[法諺]。

ことわり【理】 近代りろ[理路]。近世すぢみち[筋道]。中世でうり[条理]。わけ[訳]。中古すぢ[筋]。りくつ[理屈]。上代ことわり[理]。だうり[道理]。

ことわ・る【断】❶〈拒否〉 近代きょぜつ[拒絶]。きょひ[拒否]。しゃする[謝]。しりぞける[退／斥]。ねがひさげる[願下]。はねかへす[跳返]。もんぜんばらひ[門前払]。御免蒙る。横を向く。近世あやまる[謝]。けるる[蹴]。ことわる[断]。つっぱぬ[―ぱねる]。はぬ[はねる][撥]。はねつく[―つける][撥付]。ふしょうち[不承知]。中世いっしう[一蹴]。こばむ[拒]。しゃぜつ[謝絶]。しりぞく[退]。つきむ[拒]。ふりきる[振切]。中古いなぶ／いなむ[否／辞]。かへさふ[反]。さる[去／避]。じしゃ[辞謝]。じす[辞]。じたい[辞退]。すまふ[辞]。のがる[逃]。ひんしゅつ[擯出]。上代かうきょ[抗拒]。こじ[固辞]。さへなふ[障敢]。

《謙》近世はいじ[拝辞]。

―・られる ふられる[振]。近代ひぢてつ[肘鉄]。ひぢでっぱう[肘鉄砲]。肘鉄を食らふ。中世けんもほろろ。

―・りにくい 中古さりがたし[避難]。

―・りを表す言葉 上代いな[否]。

―・る気持ち 中古いなや[否]。

―・る言葉 中世わびごと[侘言]。

仕事などを―・られる 近世おはらひばこ[御祓箱]。

遠回しに―・る 中世ゑんりょ[遠慮]。

ことわ・る【断】❷〈弁明〉 近代しゃくめい[釈明]。べんかい[弁解]。近世こたふ[こたえる][答]。中世わびごと[託言]。中古ことわる[断]。

こな【粉】 近代パウダー(powder)。近世こなこ[粉]。ふんまつ[粉末]。中世こはひ[粉灰]。中古こ[粉]。まつ[末]。

―・り無しに行うこと 近代ぶさた[無沙汰]。

―が表面に生ずる 近世ふく[吹／噴]。

―を一面に付ける 近世まぶる[塗]。中世まぶす[塗]。

古くて使えなくなった― 近世ねこ[寝粉]。

こなぐすり【粉薬】 近代さんざい[散剤]。ふんざい[粉剤]。中古さんやく[散薬]。

こなごな【粉粉】 近代こなごな[粉粉]。近世こっぱみぢん[木端微塵]。こなみぢ／こなみぢん[粉微塵]。

ー・に砕く 近代 はさい[破砕/破摧]。近世 ぶちこはす[打壊/打毀]。中古 うちくだく[打砕]。

ー・になること 近代 ふんせい[粉韲]。中世 ふんさい[粉砕]。ふんさい[粉韲]。

こなし【熟】 みごなし[身熟]。身のこなし。近代 ジェスチャー(gesture)。近世 こなし[熟]。しぐさ[仕草/仕種]。そぶり[素振]。みぶり[身振]。中世 どうさ[動作]。ふり[振]。ものごし[物腰]。中古 うごき[動]。しょさ[所作]。てぶり[手振]。

こな・す【熟】❶〈消化〉 近世 せうくゎ[消化]。中世 かみくだく[嚙砕]。こなす[熟]。中古 そしゃく[咀嚼]。

こな・す【熟】❷〈捌く〉 近代 きりまはす[切回]。しょり[処理]。始末を付ける。近世 あつかふ[扱]。かたづく[―づける][片付]。しょち[処置]。方(片)を付く[―付ける]。中世 こなす[熟]。さばく[捌]。とりはからふ[取計]。中古 あやつる[操]。

こなみじん【粉微塵】→こなごな

こなゆき【粉雪】 近代 パウダースノー(powder snow)。近世 こなゆき[粉雪]。中古 こゆき[粉雪]。

ごなん【御難】→さいなん

こにくらし・い【小憎】 近代 こにくらしい[小憎]。なまいき[生意気]。近世 こづらにくし[小面憎]。こましゃくれる/こまじゃくれる。こまちゃくれる/こまっしゃくれる/こまっちゃくれる。にくらし[憎]。癪に障る。中世 こしゃく/こじゃく[小癪]。こまさくる[―くれる]。中古 けにくし[気憎]。なまにくし[生憎]。

ごにん【誤認】 近代 ごにん[誤認]。さくかく[錯覚]。みあやまり[見誤]。みそこなひ[見損]。みまちがひ[見間違]。近世 みそんじ[見損]。みまがひ[見紛]。

こにんずう【小人数】 近代 こにんずう[小人数]。せうにんずう[少人数]。中世 こぜい[小勢]。ぶぜい/むぜい[無勢]。中古 せうすう[少数]。

コネ(connectionから) 近世 えんこ[縁故]。くゎんけい[関係]。つて[伝]。てづる[手蔓]。てより[手寄]。中古 えに/えにし[縁]。えん[縁]。たより[頼/便]。ひき[引]。ゆかり[縁]。

こ・ねる【捏】 こねくりかえす[捏繰返]。近世 ねりあはす[―あわせる][練合]。中世 こぬ[こねる][捏]。中古 ねやす[練/黏/粘]。ねる[練]。ひちくる。

ー・ねてつくる 近代 こねあげる[捏上]。近世 でっちる[捏]。

ー・ねて丸くする 中世 つくぬ[つくねる][捏]。上代 つかぬ[つかねる][束]。

この【此】 上代 この[此/斯]。

ー学問 近代 しがく[斯学]。

ー学校 近代 たうかう[当校]。ほんかう[本校]。

ー人物 近代 たうがいじんぶつ[当該人物]。

ー店 近代 たうてん[当店]。ほんてん[本店]。

このあいだ【此間】 近代 くゎはん[過般]。近世 いつかぢゅう[何時中]。くゎじつ[過日]。このうち[此内]。さきごろ[先頃]。せんころ[先頃]。せんだって[先]。中世 いぜん[以前/已前]。こなひだ[此間]。このあひだ[此間]。このほど[此程]。このまへ[此前]。せんど[先度]。せんぱん[先般]。中古 いつぞや[何日]。さいつころ/さいつごろ[先頃]。さきに[先]。せんじつ[先日]。せんにち[先日]。

ーから 近代 せんじつらい[先日来]。せんだってらい[先達来]。

ー中 近代 せんだってぢゅう[先達中]。

このあたり【此辺】 近世 ここいら[此処]。中世 ここら[此処]。これら[此等/是等]。中古 ここもと[此処許/爰許]。

このうえな・い【此上無】 近代 さいかう[最高]。さいかうきふ[最高級]。近世 ごくずい[極髄]。このうへなし[此上無]。しかう[至高]。ずいいち[随一]。になし[二無]。中世 きはめたる[極]。ごくじゃう[極上]。さうなし[双無]。しじゃう[至上]。ぶさう/むさう[無双]。むごく[無極]。むじゃうしごく[無上至極]。よの[世]。中古 いたりたる[至]。かぎりなし[限無]。かみなし[上無]。きはまりなし[極]。ことなし[殊無]。こよなし。さいじゃう[最上]。たぐひなし[類無]。ふたつなし[二無]。またなし[又無]。上が上。世に知らず。上代 しごく[至極]。むじゃう[無上]。

ー・く 近世 ごく[極]。中世 ごくごく[極極]。なにより。ばんばん[万万]。中古 こよなく。上代 きはまりて/きはめて[極]。しごく[至極]。

ー・く大切だ 近世 だいじない[大事無]。

ー・くよいこと 近世 じゃうじゃうきち[上上吉]。中古 じゃうじゃう[上上]。

▼接尾語 中世 せんばん[千万]。

このかた【此方】❶〈以来〉 それ以来。それよ

り後。中世いらい［以来／已来］。中古いご［以後／已後］。こののち［此後］。上代このかた［此方］。

このかた【此方】❷〈人称代名詞〉近代こちら［此方］。このかた［此方］。近世あのさん［彼様］（遊里語）。中古こなた［此方］。

このごろ【此頃】いま［今］。近代けいらい［頃来］。ここのところ［此所］。さいきん［最近］。じか［時下］。近世きゃうじつ［頃日］。きんこん［近今］。このところ［此所］。このせつ［此節］。このところ［此所］。たうせつ［当節］。中世いまじぶん［今時分］。いまどき［今時］。いまほど［今程］。きんじ［近時］。きんだい［近代］。きんねん［近年］。こなひだ［此間］。このあひだ［此間］。このぢゅう［此中］。ちかごろ［近頃］。昨日や今日。中古きのふけふ［昨日今日］。けいじつ［頃日］。このほど［此程］。こんにち［今日］。さくこん［昨今］。たうぎん［当今］。ちかごろ［近頃／近比］。ひごろ［日頃］。上代けのこのごろ。このころ／このごろ［此頃］。たうこん［当今］。

このしろ【鮗】（ニシン目の海魚）上代このしろ［鮗／鰶］。

ーの幼魚 近代しんこ［新子］。近世こはだ［小鰭］。上代つなし［鰶／鮗］。

このたび【此度】近代こんくゎい［今回］。近世こんじ［今次］。中世このほど［此程］。こんど［今度］。こんぱん［今般］。しゃはん［這般］。中古こたび［此度］。上代こたみ［此度］。このたび［此度］。

このていど【此程度】ここら［此処］。これくらい。近世これっぱかり。中世かばかり［斯許］。かほど［斯程］。これしき［此式／是式］。これてい［此体／是体］。

このとおり【此通】近世かう／かく［斯］。中世かやうかやう［斯様斯様］。このやうに［此様］。まっかう［真斯］。中古かくのごとし。

このは【木葉】近代はっぱ［葉］。中古きのは［木葉］。上代あをば［青葉］。このは［葉］。は［葉］。

色づいたー 近世そめは［染葉］。中古こうえふ［紅葉］。上代もみぢ［紅葉］。

枝から落ちたー かれは［枯葉］。木の葉天狗。中古らくえふ［落葉］。上代おちば［落葉］。

多くのー 中古まんえふ［万葉］。

このほど【此程】→**このあいだ**

このまし・い【好】あいすべき［愛］。好みに合う。近代ほほゑまし［微笑］。近世いろよし［色好］。すいたらしい［好］。りゃうかう［良好］。中世のぞまし［望］。気に入る。中古あらまほし［有］。おもはし［思］。このまし／このもし［好］。つきづきし［付付］。にくからず［憎］。ふさはし［相応］。心に適(かな)ふ。上代いし［美］。おもしろし［面白］。ねがはし［願］。よし［良］。よらし／よろし［宜］。

ー・い女性 上代よろしめ［宜女］。

ー・いもの 近世おきにいり［御気入］。きにいり［気入］。

ー・く 上代よろしなへ［宜］。

ー・く思う 近代かうい［好意］。かうかん［好感］。中古こころよし［快／心良］。心に付く。

ー・くない さえない［冴／冱］。よからぬ［良］。近代いはくつき［曰付］。中世おとまし［疎］。人目に余る。中古うとまし［疎］。こころうし［心憂］。まさなし［正無］。わろし［悪］。上代いとはし［厭］。

ー・くないこと 中世きんもつ［禁物］。中古あく［悪］。

ー・くない状況 かげり［陰／翳］。近世しだら。はめ［羽目］。中古ていめい［低迷］。

このままで 中古かくながら［斯］。ここながら［此］。上代ありありて［有有／在在］。

このみ【好】近代えりごのみ［選好］。しゅみ［趣味］。近世かうしゃう［好尚］。しゅかう［趣向］。すきずき［好好］。ふうしゃう［風尚］。中世かうぶつ［好物］。しかう［嗜好］。たしなみ［嗜］。ものずき［物好／物数奇］。中古このみ［好］。→**すき【好】**

《句》近代好きこそ物の上手なれ。近世蓼(たで)食ふ虫も好き好き。痩せの酢好み。痩せ法師の酢好み。割れ鍋にとじ蓋。

ーが変わること 近代きうつり［気移］。こころうつり［心移］。中古こころがはり［心変］。

ーが難しい 近世やかまし［喧］。

時代のー 近世じかう［時好］。じしゃう［時尚］。

この・む【好】心を寄せる。近世あいかう［愛好］。中世すきこのむ［好好］。すく［好］。気に入る。中古あいす［愛］。たしなむ［嗜］。たしぶ／たしむ［嗜］。上代このむ［好］。めづ［めでる］［愛］。

落ち着きのある物をー・む しぶごのみ［渋好］。

変わった物をー・む 近代かうじ／かうず［好事］。近世あかえぼし［赤烏帽子］。ふものずき［不物好］。中世ものずき［物好］。

《句》近世蓼(たで)食ふ虫も好き好き。亭主の好きな赤烏帽子(あかえぼし)。

このよ【此世】 ぞくせけん［俗世間］。近代 ぞくせ／ぞくせい［俗世］。近世 うきよ［浮世］。うきよがは［浮世川］。うつしみ［現身］。うつしよ［現世］。くがい［苦海］。くがい［苦界］。くがい［公界］。しゅじゃうかい［衆生界］。仮の住まひ。中世 あめがした［天下］。いってん［一天］。うろぢ［有漏路］。うゐのおくやま［有為奥山］。げかい［下界］。げん［現］。げんかい［顕界］。げんざい［現在］。げんざいしゃう／げんざいせ［現在生］。このど／しど［此土］。こんぜ［今世］。さんがい［三界］。ちじゃう［地上］。にんげんかい［人間界］。ゑど［穢土］。生き死にの二つの海。仮の憂き世。仮の宿。仮の宿り。仮の世。中古 あめのした［天下］。いさごのなみ［沙波］。うきよ［憂世／浮世］。くゎたく［火宅］。げんせ／げんぜ／げんせい［現世］。ここ［此処／此所］。こんじゃう［今生］。こんぜ［今世］。さば［娑婆］。ぞくかい［俗界］。にんがい［人界］。ひのいへ［火宅／火家］。浮き世の岸。限りある世。上代 いけるよ［生世］。いまのよ［今世］。うつしくに［現国］。うつせみ［空蟬］。うつそみ［現身］。このよ［此世］。しゃば［娑婆］。ぢんぞく［塵俗］。よのなか［世中］。

《句》近世 浮世は一分五厘。中世 浮世は牛の小車。

―での姿 近世 うつしみ［現身］。中古 げんしん［現身］。

―と前世 近世 くゎげん［過現］。

―と来世 近世 げんみ［現未］。中世 にせ［二世］。げんたう［現当］。

―の出来事 上代 うつしごと［現事／顕事］。

―の我が身 近世 闇浮の塵。中世 闇浮の身。闇浮の身。凡俗の身。

濁り汚れた― 近世 だくせ［濁世］。中古 ごぢょくあくせ［五濁悪世］。だくせい［濁世］。ぢょくせ［濁世］。ぢんかい［塵界］。ぢんくゎん［塵寰］。上代 ぢんぞく［塵俗］。

はかない― 中世 浮世の夢。胡蝶の夢。中古 つゆのよ［露世］。

迷いの多い― 中古 くゎたく［火宅］。

このような【此様】 こういう。こんな。近世 このやうな［此様］。中世 いんも［恁麼］。中古 かやう［斯様］。上代 かかり／かかる［斯］。

―様子 中世 これてい［此体／是体］。中古 かうざま［斯様］。かくやう［斯様］。上代 かくさま［斯様］。

このように【此様】 近世 このやうに［此様］。中世 かく［斯］。中古 かう［斯］。かうかう／かくかく［斯斯］。かくのごとく。上代 かく［斯］。ここに［此処／是／爰／茲］。

―して 近世 しかして［然／而］。中古 かうて／かくて［斯］。上代 かくして［斯］。

こはく【琥珀】 しゅおうしょく［酒黄色］。近代 アンバー(amber)。中古 あかだま［赤玉］。上代 こはく［琥珀］。

ごはさん【御破算】 白紙に返す。白紙に戻す。近代 おながれ［御流］。ごはさん［御破算］。せいさん［清算］。近世 おじゃん。ぱあ。

―にする クリアー(clear)。リセット(reset)。

ごはっと【御法度】 中世 きんれい［禁令］。ごはっと［御法度］。上代 きんし［禁止］。きんせい［禁制］。

こばなし【小咄】 近代 コント(フランス conte)。せうわ［小話］。近世 こばなし［小咄／小話］。ひとくちばなし［一口話／一口咄／一口噺］。

こば・む【拒】 →ことわ・る❶

こはん【湖畔】 レークサイド(lakeside)。近代 こがん［湖岸］。近世 こはん［湖畔］。

ごはん【御飯】 近代 しゅしょく［主食］。ライス(rice)。近世 おまんま／まんま［御飯］(幼児語)。ごきのみ［御器実］。ごぜん［御膳］。ごはん［御飯］。しゃり［舎利］。中世 おだい［御台］。おだいばん［御台盤］。くご［供御］。めし［飯］。中古 おもの［御物］。かたがゆ［固粥］。ひめいひ［姫飯］。みだい［御台］。わうばん［椀飯］。上代 いひ［飯］。→しょくじ →めし

―粒 めしつぶ［飯粒］。上代 いひぼ［飯粒］。

―時 中世 けどき［食時］。

―を入れて保温する容器 いづめ［飯詰］。おひつ［御櫃］。めしびつ［飯櫃］。

朝― 中世 あさいひ／あさのいひ［朝飯］。あさけ／あさげ［朝食］。

朝―の頃 中古 あさもよひ［朝催］。

かやく― たきこみごはん［炊込御飯］。まぜごはん［混御飯］。近世 かて／かてめし［糅飯］。

死者に供する― いちぜんめし［一膳飯］。

他の物を混ぜた― こんしょく［混食］。まぜごはん［混御飯］。近代 たひめし［鯛飯］。近世 いもめし［芋飯］。かきめし［牡蠣飯］。ひえめし［稗飯］。むぎめし［麦飯］。中世 あはいひ［粟飯］。あはめし［粟飯］。せきはん［赤飯］。ばくはん／むぎいひ［麦飯］。→せきはん

冷たくなった― 近世 おひや［冷］。ひやめし［冷飯］。

白米の― ぎんしゃり［銀舎利］。ぎんめし［銀

飯]。[近世]べいはん[米飯]。[中世]ひる

昼ー [近世]けんずい[硯水／間水]。[中世]ひるげ[昼餉]。→**しょくじ**

干したー [中古]ほしいひ／ほしひ[干飯]。かれいひ／かれひ[餉／乾飯]。

盛り切りのー [近世]いちぜんめし[一膳飯]。いちぜんもり[一膳盛]。

夕ー [中世]ゆふけ／ゆふげ[夕食]。→**しょくじ**

ごばん【碁盤】 いきょく[囲局]。[中古]ごばん[碁盤]。[上代]ききょく[棋局]。

こばんそう【小判草】 たわらむぎ[俵麦]。むぎらん[麦蘭]。[近代]こばんさう[小判草]。

コピー(copy)❶〈**複写**〉レプリカ(replica)。うつし[写]。コピー。ふくしゃ[複写]。ふくせい[複製]。もざうひん[模造品]。[近世]もざう[模造]。[中世]ぼしゃ[模写]。[中古]もしゃ[模写]。

コピー(copy)❷〈**文案**〉うたいもんく[謳文句]。キャッチコピー(和製catch copy)。じゃっく[惹句]。[近代]キャッチフレーズ(catchphrase)。

こびへつら・う【媚諂】→**へつら・う**

ごひゃく【五百】 [中古]ごひゃく[五百]。[上代]いほ[五百]。いほつ[五百個]。

ごびゅう【誤謬】 [近代]びうさく[謬錯]。[近世]ごびう[誤謬]。まちがひ[間違]。[中古]あやまり[誤]。ひびう[紕繆／紕謬]。

こ・びる【媚】 御機嫌を伺う。[近代]媚(こ)びを売る。[近世]おべっか。べたつき。べんちゃら。[中世]あゆ[阿諛]。こびへつらふ[媚諂]。[中古]こぶ[こびる][媚]。ついしょう[追従]。[上代]おもねる[阿諛／阿]。へつらふ[諂／諛]。→**へつら・う**

ー・びて人を惑わすこと [中古]こび[狐媚]。じゃねい[邪佞]。

ー・びるさま [近世]ちゃらちゃら。でれでれ。

ー・びる態度 [近世]びたい[媚態]。

女が男にー・びる →**なまめ・く**

金持ちにー・びる [近世]金(かね)の襟(えり)に付く。

こぶ【鼓舞】 [近代]ゆうきづける[勇気付]。[近世]こすい[鼓吹]。[中世]げきれい[激励]。こぶ[鼓舞]。[上代]はげます[励]。ふりおこす[振起]。

こぶ【瘤】 しゅりゅう[腫瘤]。[近代]けっせつ[結節]。ぜいいう[贅疣]。にくしゅ[肉腫]。[近世]たんこぶ[瘤]。にくりう[肉瘤]。[中古]あまし[余肉]。こぶ[瘤／癭]。[上代]こくみ[瘜肉]。しひね[瘤]。ふすべ[贅]。

荷物を運ぶためできたー [中世]にこぶ[荷瘤]。

こぶ【昆布】→**こんぶ**

ごふ【護符】→**おまもり**

ごぶ【五分】❶〈**互角**〉どっこいどっこい。とんとん。[近代]たいとう[対等]。相半ばする。[近世]きっかう[拮抗／頡頏]。ごぶごぶ[五分五分]。はくちゅう[伯仲]。似たり寄ったり。[中世]ごかく[互角／牛角]。たいたい[対対]。[中古]どうとう[同等]。

ごぶ【五分】❷〈**半分**〉フィフティーフィフティー(fifty-fifty)。[近代]ハーフ(half)。はんすう[半数]。[中世]はんはん[半半]。[中古]はんぶん[半分]。[上代]なかば[半]。

こふう【古風】 ふるびた[古]。[近代]アルカイック(フランス archaique)。きうたい[旧態]。きうは[旧派]。クラシック(classic)。こてんてき[古典的]。むかしぶり[昔振／昔風]。むかしりう[昔流]。時代が付く。時代を帯びる。時代を食ふ。[近世]いにしへぶり[古振]。じだい[時代]。じだいおくれ[時代遅]。ふるかく[古格]。ふるめかし[古]。むかしづくり[昔作]。むかしぶ[昔]。むかしふう[昔風]。[中世]きうしき[旧式]。[中古]あうよる[奥寄]。かみさぶ[神]。こしょく[古色]。こたい[古体]。こふう[古風]。ふるくさし[古臭]。ふるぶるし[古古／旧旧]。ふるめく[古／旧]。むかしざま[昔様]。むかしやう[昔様]。[上代]かむさぶ[神]。

ー・で素朴なこと [近代]こせつ[古拙]。

ー・でみやびなこと [近世]こが[古雅]。

ー・な心 [中世]むかしかたぎ[昔気質]。むかしごころ[昔心]。

ー・な人 オールドタイマー(old timer)。[近世]むかしびと／むかしへびと[昔人]。[中古]ふるひと[古人]。

ー・な物 [近世]きうぶつ[旧物]。

ー・に思われる [中古]むかしおぼゆ[昔覚]。

ー・になる [中古]ふるぶ[古／旧]。

ー・に見える [中古]ふるめく[古]。

簡素でー [中世]かんこ[簡古]。

ごふく【呉服】 [近代]きぬおりもの[絹織物]。たんもの[反物]。[近世]ごふく[呉服]。[中古]おりもの[織物]。

ごぶさた【御無沙汰】 ごぶいん[御無音]。[近世]ごぶさた[御無沙汰]。[中古]うとうとし[疎疎]。おぼつかなし[覚束]。そゑん[疎遠]。

こぶし【拳】 [近代]げんこつ[拳骨]。てっけん[鉄拳]。[近世]げんこ[拳骨]。さざいがら／さざ

こ

えがら[栄螺殻]。中世いっけん[一拳]。ちからこぶし[力拳]。にぎりこぶし[握拳]。中古こぶし[拳]。

ーをつくる 上代たにぎる[手握]。

こぶし【辛夷】 中世もくひつ[木筆]。近代たねまきざくら[種蒔桜]。中古こぶし[辛夷/拳]。こぶしはじかみ[辛夷]。しんい[辛夷]。やまあららぎ[山蘭]。

こぶね【小舟】 中世ささぶね[笹舟]。近世ささをぶね[笹小舟]。小船]。はしぶね[端舟]。へんしう[扁舟]。中古こぶね[小舟/小船]。上代さをぶね[小舟]。をぶね[小舟]。

一艘(そう)のー 近世ひとは[一葉]。ひとはぶね[一葉舟]。中世いちゐ[一葦]。

港湾などの連絡用のー 近代かよひぶね[通船]。はしけ[艀]。

笹の葉で作ったー 近世ささをぶね[笹小舟]。中世ささぶね[笹舟]。

捨てられたー 中世すてぶね[捨舟]。すてをぶね[捨小舟]。

こぶら【腓】 ひふくきん[腓腹筋]。近世こぐら[腓]。ふくらっぱぎ/ふくらはぎ[脹脛]。中古こぶら/こむら[腓]。

ーの痙攣 ひふくきんけいれん[腓腹筋痙攣]。中世からすなへ[転筋]。すぢけ[筋気]。中古からすがへり[転筋]。からすなへり/からすなめり[転筋]。こむらがへり[腓返]。てんきん[転筋]。

こぶり【小振】 →こがら

こふん【古墳】 えんぷん[円墳]。近代こふん[古墳]。

ーの石槨(せっかく) 近代いしむろ[石室]。

いろいろなー(例) じょうえんかほうふん[上円下方墳]。ぜんぽうこうえんふん[前方後円墳]。ぜんぽうこうほうふん[前方後方墳]。そうえんぷん[双円墳]。そうぼ[双墓]。ひさごづか[瓠塚]。ふたごづか[二子塚/双子塚]。ふたごやま[二子山]。へきがこふん[壁画古墳]。近世くるまづか[車塚]。

こぶん【子分】 近世こかた[子方]。こぶん[子分]。とりまき[取巻]。はいか[配下]。ぶか[部下]。中世いへのこらうだう[家子郎党]。けらい[家来]。じゅうさ[従者]。てさき[手先]。てした[手下]。てのもの[手者]。らうたう/らうだう[郎党]。らうとう/らうどう[郎等]。中古じゅうしゃ/ずさ[従者]。ずんざ[従者]。

ーになる 近代盃(さかづき)を貰(もら)ふ。→けらい →ぶか

ごへい【御幣】 近世へいそく[幣束]。ぼんてん[梵天]。中世おんべい[御幣]。中古おんべ[御幣]。ごへい[御幣]。とよみてぐら[豊御幣]。みてぐら[幣/幣帛]。上代にきて[和幣]。ぬさ[幣]。へいはく[幣帛]。

こべつ【個別】 近代ここべつべつ[個個別別]。こべつ[個別]。中世ここ[個個]。めいめい[銘銘]。中古おのおの[各各]。

こべつ【戸別】 いえごと[家毎]。近代かくこ[各戸]。けんべつ[軒別]。近世こごと[戸毎]。上代こべつ[戸別]。

ごぼう【牛蒡】 近世ごんぼ[牛蒡]。中古うまふぶき[牛蒡]。ごばう[牛蒡]。

こぼく【古木】 中古おいき[老木]。こぼく[古木]。らうじゅ[老樹]。らうぼく[老木]。

こぼ・す【零】❶〈漏洩〉 近代ろうしゅつ[漏出]。近世あます[余]。口が滑る。中世あやす[零/落]。しつげん[失言]。ろうえい[漏洩/漏泄]。中古いひもらす[言漏]。うちこぼす[打零]。おとす[落]。上代こぼす[零/翻]。もらす[漏/洩]。ろうせつ[漏洩/漏泄]。

こぼ・す【零】❷〈愚痴〉 →かこ・つ

こぼ・れる【零】 近代おちこぼれる[落零]。りうしゅつ[流出]。中古あまる[余]。こぼる[こぼれる][零/翻]。こぼれいづ[零出]。もりいづ[漏出]。もる[もれる][漏/洩/泄]。上代あふる[あふれる][溢]。あゆ[落]。

ー・れ落ちるさま 近代ぽたぽた。ぽとぽと。近世ぱらぱら。ぽとぽと。中世ぽろぽろ。ばらばら。ほたほた。ぼたぼた。ほろり。中古はらはら。ほろほろ。

ー・れたもの 近代こぼれ[零]。こぼれもの[零物]。

ー・れ話 近代よぶん[余聞]。よわ[余話]。近世よだん[余談]。

こま【独楽】 近代ディアボロ(diabolo)。中世こま[独楽]。中古こまつぶり[独楽]。つむくり[独楽]。どくらく[独楽]。

曲芸としてのーまわし 近世きょくごま[曲独楽]。こままはし[独楽回]。

いろいろなー(例) うなりごま[唸独楽]。ジャイロスコープ(gyroscope)。近代べいごま[貝独楽]。近世ごんごんごま[独楽]。ぜにぐるま[銭車]。ぜにごま[銭独楽]。たたきごま[叩独楽]。ばいごま[貝独楽]。ぶしゃうごま[不精独楽/無精独楽]。中世たうごま[唐独楽]。

ごま【胡麻】 中世おごま[胡麻]。中古うごま[胡麻]。ごま[胡麻]。

こまか・い【細】 きょくび［極微］。ミクロ(micro)。近代 さいち［細緻］。さいまつ［細末］。しょうさい［詳細］。れいさい［零砕］。れいれいさいさい［零零砕砕／零零細細］。微に入り細を穿(うが)つ。近世 こつび［忽微］。こまかし［細］。さいこ［細故］。さいせう［細小］。さまつ［瑣末］。しゃうみつ［詳密］。せいしゃう［精詳］。せいち［精緻］。せんみつ［繊密］。そぼろ。ちっちゃい。ちっぽけ。ちみつ［緻密］。べうぜん［眇然］。めいさい［明細］。ゐさい［委細］。中世 こまい［細］。こまごま［細細］。さい［細］。さいび［細微］。さいみつ［細密］。ささい［些細／瑣細］。ささやか［細］。せいさい［精細］。び［微］。びせう［微小］。ほそし［細］。みさい［微細］。みせう［微小］。中古 いちぢん［一塵］。ごくび［極微］。ことこまか［事細］。こまけし［細］。こまごま［細細］。さいさい［細細］。ささ［瑣瑣］。さざれ［細］。しさい［子細／仔細］。せいび［精微］。ちひさし［小］。びさい［微細］。ゐきょく［委曲］。上代 くはし［詳］。せいみつ［精密］。つばひらか／つまびらか［詳／審］。つぶさに［具／備］。まつぶさ。→**ちいさ・い**

―・いきまり 近代 さいせつ［細節］。さいもく［細目］。

―・いことと粗いこと 中古 せいそ［精粗／精疎］。

―・いことをほじくる 近代 楊枝で重箱の隅をほじくる(つつく)。中古 せせる［拵］。せんさく／せんざく［穿鑿］。

―・い点まで行き届いている 近代 かうち［巧緻］。中世 めんみつ［綿密］。中古 ていねい［丁寧／叮嚀］。

―・いもの 近代 ダスト(dust)。近世 ござござ。中世 こざござ。こまごま［細細］。中古 みぢん［微塵］。

―・くする さいぶん［細分］。近代 すんだん［寸断］。中世 こわけ［小分］。すりつぶす［磨潰／擂潰］。中古 おしくだく［押砕／圧砕］。きざむ［刻］。くだく［砕／摧］。こなす［熟］。つぶす［潰］。ひく［挽］。

―・く巧みなこと 近代 かうち［巧緻］。さいかう［細巧］。近世 こうち［工緻］。せいこう［精工］。

―・くなること(さま) さいれつ［細裂］。すんれつ［寸裂］。粉々になる。近代 こっぱひこみぢん［粉灰小微塵］。こっぱひみぢん［粉灰微塵］。近世 こっぱみぢん［木端微塵］。こなみぢ／こなみぢん［粉微塵］。こみぢ［粉微塵］。中世 きざきざ［刻刻］。きだきだ。くたくた。こみぢん［粉微塵］。ずたずた／ずだずだ。中古 きれぎれ［切切］。くだく［くだける］［砕／摧］。ちぢ［千千］。上代 つだつだ。

―・く降る雪 中古 ささめゆき［細雪］。

―・く分けたもの 近代 さいべつ［細別］。中世 こわけ［小分］。中古 こまけ［細］。

いろいろな―・いこと 近世 ばんる［万縷］。

▼接頭語(的なものを含む) ミニ(mini)。近世 ぬか［糠］。上代 ささ／さざ［細／小］。さささら［細］。にき［和／熟］。

ごまかし【誤魔化】 近代 いかさまごと［如何様事］。いんちき。けれん［外連］。こと［糊塗］。ごまかし［誤魔化］。トリック(trick)。ふんしょく［粉飾］。ぺてん。まんくゎ［瞞過］。近世 かたり［騙］。くちざみせん／くちじゃみせん［口三味線］。げんしらう［源四郎］。しかけ［仕掛／仕懸］。つつごかし［筒転］。てくら／てくろ。てみそ［手味噌］。てめ［手目］。ふづくり［文作／符作］。まぎら［紛］。まやかし。まんちゃく［瞞着］。中世 いかさま［如何様］。かづけごと［託言］。きけい［詭計］。ぎまん［欺瞞］。ばけ［化］。わわく［枉惑］。中古 わうわく［枉惑／横惑］。上代 さぎ［詐欺］。《句》近世 唾(つば)で矢を矧(は)ぐ。

―の技術 近世 てくだ［手管］。てくら／てくろ／てくろう［手暗］。てれんてくだ［手練手管］。中世 てくだり［手］。

―やはったり けれんみ［外連味］。

表面だけの― 近代 まやかしもの［物］。近世 かぶせもの［被物］。

ごまか・す【誤魔化】❶〈騙す〉 近代 はめこむ［嵌込／填込］。近世 ぐらす。くろます［黒］。こまう［虚妄］。ごまかす［誤魔化］。ちゃらめかす。ちょろまかす。ろくづき［六突］。目を晦(くら)まかす。目を晦(くら)ます。中世 かすむ［掠］。だます［騙］。たらす［誑］。ぬく［抜］。中古 くらます［暗／晦］。たばかる［謀］。目を抜く。上代 あざむく［欺］。ぬすまふ［盗］。

数を―・す 近世 さばよみ［鯖読］。

ごまか・す【誤魔化】❷〈取り繕う〉 口を濁す。その場凌ぎ。近代 いひはぐらす［言］。その場逃れ。顧みて他を言ふ。近世 いひくるむ［―くるめる］［言包］。いひはぐらかす［言］。いひまぎらす［言紛］。くろむ［黒］。ごまかす［誤魔化］。ずらす。ちゃかす。ちゃ

らつかす。ちょろまかす。とりつくろふ[取繕]。まじなふ。お茶を濁す(濁らす)。言葉を飾る。 中世 はぐらかす。まぎらはす[紛]。 中古 いひまぎらはす[言紛]。つくろふ[繕]。

―・すための装い 近代 カムフラージュ／カモフラージュ(フランス camouflage)。ぎさう[偽装／擬装]。めいさい[迷彩]。

こまごま(と)【細細】 近代 しょうさいに[詳細]。るる[縷縷]。るるめんめん[縷縷綿綿]。微に入り細を穿(うが)つ。 中古 ことこまかに[事細]。こまごま(と)[細細]。さつさつ[察察]。しさいに[子細]。 上代 くはしく[詳]。つばひらか／つまびらか[詳／審]。つぶさに[具／備]。

―した物 ざつぶつ[雑物]。 中世 こもの[小物]。

―しているさま 中古 つぶつぶ。

こましゃく・れる 近代 さいはじける[才弾]。 近世 こびる。すこびる。こましゃくれる／こまじゃくれる。こまちゃくれる。こまっしゃくれる／こまっちゃくれる。ひねこびる[陳]。 中世 こまさくる[―くれる]。 中古 およすく。さくじる。ませる。

女が―・れる 近世 はっさい[発才]。

ごますり【胡麻擂】 →へつら・う

こまぬ・く【拱】 →こまね・く(次項)

こまね・く【拱】 近代 きょうしゅ[拱手]。きょうしゅばうくゎん[拱手傍観]。もくし[黙視]。 近世 きょうす[拱]。ふところで[懐手]。 中世 こまぬく[拱]。ざし[座視／坐視]。つかぬ[つかねる][束]。 中古 かんくゎ[看過]。ばうくゎん[傍観]。

こまやか【細】 きめこまか[目細／肌理細]。ねんごろ[懇]。やさし[優]。 中古 こまごま[細細]。こまやか[細]。 上代 くはし[細／美]。

―・で巧みなこと 近世 せんかう[繊巧]。

―・でないこと 近代 そそう[粗鬆]。 中世 あららか[粗]。

―・でない言葉 中世 そげん[粗言／麁言]。 中古 そごん[粗言／麁言]。

―・な愛情 中古 あいきゃう／あいぎゃう[愛敬]。

愛情が― じょうしょてんめん[情緒纏綿]。 近代 せんさい[繊細]。デリケート(delicate)。デリカシー(delicacy)。 近世 てんめん[纏綿]。 中古 こし[濃]。なつかし[懐]。

こま・る【困】 音を上げる。 近代 えらい[偉／豪]。こうじはてる[困果]。こまりぬく[困抜]。よわりこむ[弱込]。 近世 こまりいる[困入]。こまりはつ[―はてる][困果]。こまる[困]。さしつまる[差詰]。てづまる[手詰]。へこむ[凹]。よわりきる[弱切]。よわりはつ[―はてる][弱果]。よわる[弱]。途方に暮る[―暮れる]。 中世 いたまし[痛]。きゅうす[窮]。ずつなし[術無]。たしなし[足無]。つまる[詰]。なやます[悩]。思案に余る。 中古 いとほし。こうず[困]。じゅつなし／ずちなし[術無]。すべなし[術無]。なづむ[泥]。なやむ[悩]。わびし／わぶ[侘]。 上代 おもひあまる[思余]。せまる[逼／迫]。たしなむ[窘／困]。わづらふ[煩]。

《句》 近代 溺れる者は藁をも摑む。苦しいときの神頼み。泣き面に蜂。 近世 乞食が米を零したやう。切ない時の神叩き。切ない時は茨(いばら)も摑む。切ない時は親。弱り目に祟り目。

―・ったこと 中世 せうし[笑止]。 中古 やうなし／やくなし[益無]。

―・ったとき 近代 よわりめ[弱目]。

―・った様子(さま) おたおた。 近代 きゅうじゃう[窮状]。 近世 あっぷあっぷ。うろうろがほ[顔]。せうしがる[笑止]。ほとほと[殆／幾]。 中世 おろおろと。ほうど。 中古 からがる[辛]。

―・らせる 痛い所を衝く。 近代 いやがらせ[嫌]。 近世 いぢる[弄]。いびる。 中世 わびしむ[侘]。 中古 はしたなむ[端]。わづらはす[煩]。 上代 たしなむ[―なめる][窘]。なやます[悩]。

―・ること 近代 こんきゃく[困却]。こんわく[困惑]。へいこう[閉口]。 近世 きゅうやく[窮厄]。きんぱく[窘迫]。こんなん[困難]。こんぱく[困迫]。たうわく[当惑]。つまり[詰]。へきえき[辟易]。めいわく[迷惑]。らうろう[牢籠]。わうじゃう[往生]。 中世 きのどく[気毒]。けいくゎい[計会]。こんく[困苦]。なんぎ[難儀]。なんじふ[難渋]。ふびん[不便]。 上代 こんきゅう[困窮]。たしなみ[窘]。

扱いに―・る 中古 もてあつかふ[持扱]。

言えなくて―・る 近世 いひなやむ[言悩]。 中古 いひかかづらふ[言]。

意地を張って―・らせる 中古 あやにくがる／あやにくだつ[生憎]。

恐れて―・る 近世 おそれまどふ[恐惑]。おぢこうず[怖困]。 中古 おぢまどふ[怖惑]。

探し物が見つからなくて―・る 近代 さがし

あぐねる［捜倦］。
差し迫ってー・ること 近代 轍鮒(てっぷ)の急。きゅうはく［窮薄］。中世 きゅうはく［窮迫］。上代 こんきゅう［困窮］。
処置にー・る 近世 てこずる［手子摺／梃子摺］。手を焼く。中世 もてあます［持余］。
↓**どうしようもな・い**
…するようなことがあればー・る 中世 もぞする。中古 にもこそあれ。
生活にー・る 近世 くひつむ［―つめる］［食詰］。中世 つまる［詰］。ひっぱく［逼迫］。びんぐう［貧窮］。ひんこん［貧困］。中古 うちわぶ［打侘］。上代 きゅうばふ［窮乏］。せまる［逼／迫］。ひんきゅう［貧窮］。ひんく［貧苦］。
なくてー・る 中世 事を欠く。中古 ことかく［事欠］。

こみ【込】 近代 ふくめる［含］。近世 こみ［込］。中世 はうがん［包含］。上代 まず［まぜる］［交／混／雑］。

ごみ【芥】 スクラップ(scrap)。トラッシュ(trash)。近代 ざんがい［残骸］。ざんさい／ざんし［残滓］。ダスト(dust)。はいきぶつ［廃棄物］。ぼろ［襤褸］。近世 がらくた［我楽多］。ぐゎらくた［瓦落多］。ごみあくた［塵芥］。ごもくた［芥］。ちりっぱ［塵端］。をぢん［汚塵］。中世 あくたもくた。かいぢん［芥塵］。ごみ［芥／塵］。ごもく［芥／塵］。ちりほこり［塵埃］。ぢんえん［塵煙］。ぢんかい［塵芥］。ほこり［埃］。中古 かす［滓］。くづ［屑］。ぐゎりゃく／ぐゎれき［瓦礫］。ちり［塵］。ちりあくた［塵芥］。ちりひぢ［塵泥］。ぢんこう［塵垢］。ぢんし［塵滓］。上代 あくた［芥］。こづみ［木屑／木積］。ぢんあい［塵埃］。
《句》近代 積羽(せきう)舟を沈む。塵も積もれば山。
ーと土 中古 ぢんど［塵土］。
ーと泥 中古 ちりひぢ［塵泥］。
ーと灰 中古 ぢんくゎい［塵灰］。
ーにまみれること 上代 ぢんゑ［塵穢］。
ーを入れる容器 くずいれ［屑入］。ごみいれ［塵入］。近代 くづかご［屑籠］。ごみばこ［塵箱／芥箱］。近世 ちりつぼ［塵壺］。ぢんこ［塵壺／塵籠］。
ーを捨てておく所 近世 ごみすてば［塵捨場］。ごみため［芥溜／塵溜］。ごもく／ごもくば［芥場］。中世 ちりあな［塵穴］。ちりづか［塵塚］。はきだめ［掃溜］。
ーを投棄するための設備 近代 ダストシュート(dust chute)。
ーを拾い集める物 近代 きさう／きしう［箕帚］。中世 ちりとり［塵取／芥取］。はうき［箒／帚］。
ーを拾うこと 中古 しふかい［拾芥］。
ーを防ぐこと(装置) ぼうじん［防塵］。近代 ちりよけ［塵除］。
細かいー ふんじん［粉塵］。中世 みぢん［微塵］。中古 さいぢん［細塵］。せんかい［繊芥］。
雑草とー 中世 さうかい［草芥］。
市街のーや埃(ほこり) 近世 しぢん［市塵］。中古 こうぢん［紅塵］。
梁の上のー 上代 りゃうぢん［梁塵］。
水の中のー 中古 みくづ［水屑］。
その他ーのいろいろ(例) かねんごみ［可燃塵］。さんぎょうはいきぶつ［産業廃棄物］。しげんごみ［資源塵］。そだいごみ［粗大塵］。なまごみ［生］。ふねんごみ［不燃塵］。近代 くづてつ［屑鉄］。わたぼこり［綿埃］。近世 かなくづ／かんなくづ［鉋屑］。かみくづ［紙屑］。ほご［反故／反古］。中世 てつくづ［鉄屑］。中古 ほうぐ／ほうご／ほぐ［反故／反古］。

こみあ・う【混合】 近代 目白の押し合ひ。近世 おちあふ［落合］。こんざつ［混雑］。たてこむ［立込］。めじろおし［目白押］。中世 うちこむ［打込］。こみあふ［混合／込合］。しげい［繁］。せきあふ［塞合］。中古 さしこむ［差込］。しげし［繁］。たちこむ［立込］。らうがはし［乱］。上代 ざったう［雑鬧］。ざったふ［雑踏／雑沓］。→**こ・む**

こみあ・げる【込上】 近代 わきでる［涌出／湧出］。近世 こみあぐ［―あげる］［込上］。せく［急］。せぐりあぐ［―あげる］［上］。せぐりく［―くる］［塞来］。せぐる。ふさがる／ふたがる［塞］。中世 せきく［―くる］［急来］。中古 せきあぐ［―あげる］［咳上］。上代 むせぶ［咽］。
ー・げるさま 近代 ふつふつ［沸沸］。

こみい・る【込入】 こんがらがる。近代 からまる［絡］。こじれる［拗］。ふくざつ［複雑］。裏には裏がある。近世 えりくりえんじょ。からみあふ［絡合］。からむ［絡］。こみいる［込入］。ふんきう［紛糾］。もつる［もつれる］［縺］。中世 いりくむ／いれくむ［入組］。さくざつ［錯雑］。さくそう［錯綜］。上代 いりみだる［―みだれる］［入乱］。かうさく［交錯］。
ー・って煩わしい 近代 はんさ［煩瑣］。近世 はんざつ［煩雑］。

コミカル(comical) 近代 コミカル。コミック

(comic)。近世へうきん[剽軽]。中世おもしろし[面白]。こっけい[滑稽]。せうし[笑止]。中古をかし[可笑]。

ごみごみ 近代ほこりっぽい[埃]。近世きたならし[汚]。ごみごみ。むさくるし。中世ふけつ[不潔]。

こみち【小道】 近代せうろ[小路]。近世うらみち[裏道]。中世せうぢ[小路]。ろぢ[路地／露地]。わきみち[脇道]。中古こみち[小道／小径]。せうけい[小径／小逕]。ほそみち[細道]。よこみち[横道]。上代こうぢ[小路]。→**みち【道】**

コミック(comic) げきが[劇画]。コミックス(comics)。近代カリカチュア(caricature)。カリカチュール(フランス caricature)。ぎぐゎ[戯画]。きゃうぐゎ[狂画]。きげきてき[喜劇的]。ふうしぐゎ[風刺画]。ポンチゑ[Punch絵]。近世おどけゑ[戯絵]。まんぐゎ[漫画]。中世ざれゑ[戯絵]。中古をこゑ[痴絵／烏滸絵]。

コミッション(commission) くちききりょう[口利料]。マージン(margin)。リベート(rebate)。近代こうせん[口銭]。コミッション。しうせんれう[周旋料]。てすうれう[手数料]。ぶあひ[歩合]。近世せわれう[世話料]。てまだい[手間代]。中世てまちん[手間賃]。→**わいろ**

こみみ【小耳】 中世こみみ[小耳]。

—に挟む 中古うちぎき[打聞]。かたみみ[片耳／傍耳]。ききはさむ[聞挟]。

コミュニケ(フランス communiqué) 近代コミュニケ。ステートメント(statement)。せいめい[声明]。

こ・む【込】 ラッシュ(rush)。近代目白の押し合ひ。近世おちあふ[落合]。ごったがへす[返]。こんざつ[混雑]。さったう[殺到]。たてこむ[立込]。めじろおし[目白押]。中世うちこむ[打込]。こみあふ[混合]。さくそう[錯綜]。しげい[繁]。せきあふ[塞合]。中古こむ[込]。さしこむ[差込]。しげし[繁]。たちこむ[立込]。ひしめく[犇]。らうがはし[乱]。上代ざったう[雑閙]。ざったふ[雑踏／雑沓]。ふくそう[輻輳／輻湊]。

こむぎ【小麦】 だんごむぎ[団子麦]。中世としほぐさ[年穂草]。中古まむぎ[真麦]。上代こむぎ[小麦]。

こむぎこ【小麦粉】 きょうりきこ[強力粉]。はくりきこ[薄力粉]。近代うどんこ[饂飩粉]。メリケンこ[American粉]。近世こむぎこ[小麦粉]。中世こもじ[文字](女房詞)。中古めんぷん[麺粉]。

—で作った団子 からこ[殻粉]。

—の粗い皮 近世もみぢ[紅葉]。中世からこ[殻粉]。ふ[麩]。ふすま[麩]。中古むぎかす[麦滓]。

こむそう【虚無僧】 近世こむそう[虚無僧]。ふけそう[普化僧]。まゐらせそろ[参候]。中世うまひじり[馬聖]。こもそう[薦僧／虚無僧]。ぼろ[梵論／暮露]。

こむら【腓】 →**こぶら**

こめ【米】 近世うるごめ／うるち／うるちまい[粳米]。げんまい[玄米]。しゃり[舎利]。へうもの[俵物]。中世たはらもの／へうもつ[俵物]。なまごめ[生米]。べいこく[米穀]。めめ[米]。中古うる[粳]。うるしね[粳／粳稲]。はちぼく[八木]。上代こめ[米]。よね[米]。

—倉 中古いなぐら[稲倉]。

—相場 近世トタン。

—粒 近世しゃり[舎利]。上代いひぼ[飯粒]。

—と麦 近代べいばく[米麦]。

—のとぎ汁 とぎじる[磨汁]。とぎみず[研水／磨水]。近代かしきみづ[炊水]。中世しろみづ[白水]。中古ゆする[泔]。

—の値段 中世べいか[米価]。

—の売買 近代てうてき[糶糴]。てうばい[糶売]。中古うりよね[売米／糶]。

—の飯 近代ライス(rice)。近世おまんま／まんま[御飯](幼児語)。ごはん[御飯]。べいはん[米飯]。

—のよく穫れる所 近世一播(ばん)二越(ゑち)(一播磨(はりま)二越前(ゑちぜん))。

—櫃(びつ) 近世ずようびつ[下用櫃]。

—をつく人 近世うすのもの[臼者]。うすをとこ[臼男]。こめつき[米搗／米舂]。こめふみ[米踏]。つきごめや[搗米屋]。つきや[搗屋／舂屋]。上代うすめ[碓女]。

—をつぶした糊 中古そくひ[続飯]。

—をとぐ 近代こめかし[米淅]。近世うるかす。中古かす[淅／浸／漬]。

—をとぐ桶 近世こめかし／こめかしをけ[米淅桶]。こめとぎをけ[米研桶]。

煎った— 中世いりごめ[煎米]。いりもの[煎物／炒物]。

お供えの— 近代おはちごめ／おはちまい[御鉢米]。おはちれう[御鉢料]。ごせん／ごせんまい[御饌米]。近世あらひよね[洗米]。くやうまい[供養米]。まきごめ[蒔

米／撒米］。中世しゃうぐ／しゃうげ［聖供］。せんまい［洗米］。中古うちまき［打撒］。かしよね［淅米］。くまい／くましね［供米／奠稲］。さんぐ［散供］。さんまい［散米］。上代はつほ［初穂］。

外来の— 近代ぐゎいこくまい［外国米］。ぐゎいまい［外米］。

外来の—の例 近世あかごめ［赤米］。たいたうまい［大唐米］。

屑— くずごめ［屑米］。こざき／こざきごめ［粉裂米］。わりごめ［割米］。近代くづまい［屑米］。さいまい［砕米］。中世こごめ［粉米／小米］。くだけまい［砕米］。中古あらもと［粡］。

御飯としての— 近世いひごめ［飯米］。けしね［飯米／食稲］。中世はんまい［飯米］。

米さしからこぼれた— 近世つつおごめ［筒落米］。つつはらひまい［筒払米］。

上等の— 近世じゃうまい［上米］。てんしゅまい［天守米］。

将兵に給する— 中古ひゃうらう［兵糧／兵粮］。へいしょく［兵食］。

食用としての— 近世けしね［飯米］。中世らうれう［粮料］。りゃうまい［糧米］。中古らうまい［糧米／粮米］。

精米した— 近代しょうまい［舂米］。近世せいまい［精米］。中世しゃうまい［精米］。上代中古しらげごめ／しらげよね［精米］。はくまい［白米］。

その土地の— 近世ぢごめ／ぢまい［地米］。

脱穀した—の外皮 近世もみがら［籾殻］。もみぬか［籾糠］。中古すりぬか［摩糠／摺糠］。

脱穀していない— 近世もみごめ［籾米］。中古もみよね［籾米］。上代あらしね［荒稲］。もみ［籾］。

脱穀して精米していない— 近世げんまい［玄米］。中世きごめ［生米］。中古それい［粗糲］。上代くろごめ［黒米］。しょうまい［舂米］。

貯蔵されている— 近世かこひこく［囲穀］。かこひまい［囲米］。かこひもみ［囲籾］。

古い— 近代ここまい［古古米］。ちんまい［陳米］。近世おほひねごめ［大陳米］。こうまい［古米］。中世こまい／ふるごめ［古米］。ひねごめ／ひねまい［陳米］。

蒸した— 上代いひ［飯］。

餅— 中世もちね［糯］。もちよね［糯米］。中古もち［糯］。上代餅の米(よね)。

わずかの— 近世ていちがふ［手一合］。中古とべい［斗米］。

▼新米 中世ことしごめ／ことしまい［今年米］。中古にひしね／にひよね［新米］。

▼精米する せいはく［精白］。中世つく［搗］。中古しらぐ［精］。

▼洗米 中古かしよね［粿米／淅米］。くましね［神稲］。

▼脱穀 近世こめふみ［米踏］。中世いなつき［稲舂］。中古いねつき［稲舂］。こめつき［米舂／米搗］。上代つく［搗］。

▼白米 近代せいはく［精白］。せいはくまい［精白米］。ちゅうじろ／ちゅうはく［中白］。近世つきごめ［搗米／突米］。中世しゃうが／しゃうげ［礱牙］。じゃうはく［上白］。しゃうまい／せいまい［精米］。しらげごめ［精米］。しろづき［白搗］。つきしね［搗稲］。中古しらげ／しらげよね［精米］。

こめつきばった【米搗飛蝗】 近代こめつきばった［米搗飛蝗］。こめふみ［米踏］。近世しゃうりゃうばった［精霊飛蝗］。

コメント(comment) 近代かうひゃう［講評］。すんぴゃう［寸評］。せつめい［説明］。たんぴゃう［短評］。ひゃうげん［評言］。レビュー(review)。近世ひゃうご［評語］。ろんぴゃう［論評］。中世ひひゃう［批評］。中古かいせつ［解説］。ひゃうろん［評論］。

こもごも【交交】❶〈次次〉 入れ代わり立ち代わり。近代かうご［交互］。近世かはりばんこ［代番］。中古かたみに［互］。かはるがはる［代代］。さうご［相互］。すがひすがひ／すがみすがみ［次次］。すぎすぎ［次次］。つぎつぎ［継継／次次］。上代こもこも／こもごも［交交］。

こもごも【交交】❷〈各各〉 中世それぞれ［其其／夫夫］。めいめい［銘銘］。中古おのおの［各／各各］。→**おのおの**

こもの【小物】 しょうじんぶつ［小人物］。近代いざこ［雑魚］。うぞうもぞう／うぞもぞ［有象無象］。こもの［小物／小者］。ざっぱい［雑輩］。近世うざうむざう［有象無象］。中世じゃこ［雑魚］。中古ざこ［雑魚］。

大物のなかに—がまざっていること 近代蝦(えび)の鯛(たい)まじり。近世雑魚(ざこ)の魚(とと)まじり。

こもり【子守】 ベビーシッター(baby sitter)。近世こもり［子守］。もりっこ［守子］。中世おもり［御守］。

—の歌 ベルスーズ(フランス berceuse)。ようらんか［揺籃歌］。ララバイ(lullaby)。近代もりうた［守歌］。近世こもりうた［子守歌］。

こ

貴人の子のー 中世おてて。

こも・る【籠】 身を潜める。近代くすぶる［燻］。くゎんづめ［缶詰］。ろうじゃう［籠城］。地下に潜る。中世ひきこもる［引籠］。ひそむ［潜］。中古くもがくれ［雲隠］。さしこもる［鎖籠］。たてこもる［立籠］。とぢこもる［閉籠］。よごもる［世籠］。上代かくる［かくれる］［隠］。くぐもる。こもる［籠］。
《枕》上代いはぶちの［岩淵］。うつゆふの［虚木綿］。

神事等でー・ること 近世おこもり［御籠］。中世いごもり／いみごもり［斎籠／忌籠］。中古さんろう［参籠］。

こもん【顧問】 コンサルタント(consultant)。じょげんしゃ［助言者］。近代アドバイザー(adviser)。こもん［顧問］。さうだんやく［相談役］。近世さんよ［参与］。

こや【小屋】→**いえ❶**

こやし【肥】 近代ひれう［肥料］。近世えいやう［栄養］。こやし［肥］。しもごえ［下肥］。中古こえ［肥］。

こやま【小山】 中世さやま［狭山］。をやま［小山］。上代きうりょう［丘陵］。こやま［小山］。さんりょう［山稜］。をか［岡／丘］。をむれ。

こゆう【固有】 近代オリジナル(original)。とくいう［特有］。どくさうてき［独創的］。どくじ［独自］。とくしゅ［特殊］。プロパー(proper)。ユニーク(unique)。近世こいう［固有］。どくとく［独特］。中古むるい［無類］。上代むひ［無比］。

こよい【今宵】 近代こんゆふ［今夕］。トゥナイト(tonight)。中世こんばん［今晩］。たうや［当夜］。中古こず［今夜］。こんせき［今夕］。こんや［今夜］。上代こよひ［今宵］。

こよう【雇用】 近代こよう［雇用／雇傭］。やとひいれる［雇入］。近世さいよう［採用］。中世しよう［使用］。中古やとふ［雇］。

ー形態の例 じょうきん［常勤］。じょうやとい［常雇］。パートタイム(part time)。はけんろうどうしゃ［派遣労働者］。ひじょうきん［非常勤］。近代アルバイト(ドイツ Arbeit)。しよう［試用］。りんじやとひ［臨時雇］。近世ひやとひ［日雇］。

ー・する人 こようぬし［雇用主］。つかいぬし［使主］。近代しようしゃ［使用者］。やとひぬし［雇主］。近世やとひて［雇手］。

ーの世話をする人(所) しょくぎょうあんていしょ［職業安定所］。てはいし［手配師］。ハローワーク(和製Hello Work)。近代しうせんや［周旋屋］。近世くちいれや［口入屋］。

ごよう【御用】❶〈用事〉 近代こうよう［公用］。ようけん［用件］。ようむ［用務］。近世ようむき［用向］。中世しょよう［所用］。中古ごよう［御用］。ようじ［用事］。上代くよう［公用］。

ごよう【御用】❷〈召捕り〉→**たいほ**

こよな・し 近代さいかう［最高］。さいぜん［最善］。さいりゃう［最良］。ベスト(best)。近世しかう［至高］。この上なし。中世しじゃう［至上］。中古こよなし。さいじゃう［最上］。上代むじゃう［無上］。

こよみ【暦】 近代アルマナック(almanac)。カレンダー(calender)。しちえうへう［七曜表］。ほんれき［本暦］。中世ひよみ［日読］。中古せいさく［正朔］。ほうれき［鳳暦］。れきじつ［暦日］。上代こよみ［暦］。れき［暦］。

年が明けて初めて使うー 近世はつごよみ［初暦］。

年末で少なくなったー 近世ふるごよみ［古暦］。

毎日めくるー はがしごよみ［剝暦］。ひめくり［日捲］。近世ひごよみ［日暦］。めくりごよみ［捲暦］。

その他ーのいろいろ(例) かいきょうれき［回教暦］。ユリウスれき［Julius暦］。近代いんれき［陰暦］。グレゴリオれき［イタリア Gregorio暦］。しんれき［新暦］。たいいんれき［太陰暦］。たいやうれき［太陽暦］。やうれき［陽暦］。近世あひづごよみ［会津暦］。きうれき［旧暦］。せいやうれき［西洋暦］。せいれき［西暦］。たいいんたいやうれき［太陰太陽暦］。てんぽうれき［天保暦］。はしらごよみ［柱暦］。はなごよみ［花暦］。ゑごよみ［絵暦］。中世かなごよみ［仮名暦］。まなごよみ［真名暦］。

こより【紙捻】 近世かんじより［縒］。かんじんこより／かんじんより［縒］。かんぢゃうより［勘定縒］。くゎんぜこより／くゎんぜより［観世紙捻］。こより［紙捻／紙縒］。中世かうひねり［紙捻］。かみより［紙縒］。中古かみひねり［紙捻］。

ーに米糊(こめのり)を引いて干したもの 近代みづひき［水引］。

こらい【古来】 むかしから［昔］。近代いうしいらい［有史以来］。近世きうらい［旧来］。中古こらい［古来］。こわうこんらい［古往今来］。

こら・える【堪】 近代 たいにん[耐忍]。にんたい[忍耐]。ふんばる[踏張]。もちこらへる[持堪／持怺]。近世 がまん[我慢]。かんべん[勘弁]。こたふ〔こたえる〕[持堪]。中世 いんにん[隠忍]。かんにん[堪忍]。くひしばる[食縛]。もちこたふ〔—こたえる〕[持堪]。けんにん[堅忍]。こらふ〔こらえる〕[堪／怺]。こらゆ[堪]。しのぐ[凌]。しんばう[辛抱]。しんぼう[辛棒]。たまる[堪]。中古 たへしのぶ[堪忍]。ねにんく[忍苦]。ねんず[念]。歯を食ひしばる。上代 あふ[敢]。おさふ〔おさえる〕[抑]。しのぶ[忍]。たふ〔たえる〕[堪／耐]。

《尊》中古 おぼししのぶ[思忍]。

《句》近世 石の上にも三年。

—・えかねる 中世 しのびあへず[忍]。たまらず[堪]。まく〔まける〕[負]。中古 せきかぬ〔—かねる〕[塞兼／堰兼]。たへがたし[堪難]。たへかぬ〔—かねる〕[堪兼]。上代 あへず[敢]。

—・えて受け入れる 中世 にんじゅ[忍受]。

—・えよう 中古 あへなむ[敢]。

思いを—・える 近代 おしころす[押殺／圧殺]。中古 おもひしのぶ[思忍]。

涙を—・える 中古 せきあふ[塞敢]。せく[塞／堰]。

何度も—・える 中古 ねんじかへす[念返]。

ごらく【娯楽】 レジャー(leisure)。近代 アミューズメント(amusement)。いうぎ[遊戯]。エンターテインメント(entertainment)。プレー(play)。レクリエーション(recreation)。ゐあん[慰安]。近世 きはうじ[気放]。中世 いうげ[遊戯]。きばらし[気晴]。ごらく[娯楽]。中古 いうきょう[遊興]。たのしみ[楽]。なぐさめ[慰]。上代 あそび[遊]。ゆげ[遊戯]。

—を楽しむ所 近代 カジノ(イタリア casino)。ごらくぢゃう[娯楽場]。ひとよせせき[人寄席]。近世 よせ[寄席]。よせせき[寄席]。よせば[寄席場]。

こらしめ【懲】 近代 せいさい[制裁]。たいばつ[体罰]。ちょうぢ[懲治]。ちょうばつ[懲罰]。てっけんせいさい[鉄拳制裁]。近世 おしおき／しおき[仕置]。せめ[責]。中世 こらしめ[懲]。せいばい[成敗]。せっかん[折檻]。ぢばつ[治罰]。ばち[罰]。みせしめ[見]。中古 いましめ[戒]。かんだう[勘当]。ちょうかい[懲戒]。ばつ[罰]。上代 かしゃく[呵責]。

こらし・める【懲】 近代 油を絞る。鉄槌(てっつい)を下す。近世 いがむ〔いがめる〕[歪]。おしめくる。しむ〔しめる〕[締]。とっちめる。ぶっちめる[打締]。灸を据う〔—据える〕。中世 こらしむ〔—しめる〕[懲]。ならはかす／ならはす[習／慣]。中古 いましむ〔—しめる〕[戒／誡／警]。うちてうず[打調]。ちゃうず[打]。ちょうず[懲]。てうず[調]。ばっす[罰]。上代 きたむ[懲]。こらす[懲]。

《尊》上代 きたます[鞫]。

こら・す【懲】→**こらし・める**(前項)

コラム(column) かこみ[囲]。かこみきじ[囲記事]。らん[欄]。近代 コラム。

ごらん【御覧】 中世 きらん[貴覧]。中古 かうらん[高覧]。ごらん[御覧]。→**み・る**

—になる 近世 ごらうじゃる／ごらうじる[御覧]。ごらうず[御覧]。中世 ごろんじゃる[御覧]。中古 ごらんず[御覧]。ごらんぜらる[御覧]。上代 みす[見]。みそこなはす／みそなはす／みそなふ[見行]。めす[見／看]。

ごりおし【押】 近代 がういん[強引]。きゃうかう[強硬]。むりから[無理]。むりむり[無理無理]。むりやり[無理矢理]。押しの一手。近世 むりおし[無理押]。むりじひ[無理強]。むりやりさんぽう[無理遣三宝]。中世 横紙を破る。横車を押す。

《句》近世 道理そこのけ無理が通る。無理が通れば道理引っ込む。

こりかたま・る【凝固】 近世 ぎょうけつ[凝結]。ぎょうこ[凝固]。中世 こしふ[固執]。こりかたまる[凝固]。上代 かたまる[固]。こる[凝]。

—・ったさま がちがち。近代 こちん。こちんこちん。中世 こちこち。

—・ったもの 近代 ぎょうくゎい[凝塊]。

こりこう【小利口】→**こざかし・い**

こりつ【孤立】 いっぴきおおかみ[一匹狼]。近代 こじゃうらくじつ[孤城落日]。唇尽きて歯寒し。唇亡びて歯寒し。近世 こぜつ[孤絶]。中世 しめんそか[四面楚歌]。中古 こりつ[孤立]。上代 こどく[孤独]。

—した家 近世 となりしらず[隣知]。

—した軍 近世 こぐん[孤軍]。

—したさま 近代 けつけつ[孑孑]。ぽつり。近世 くゎいぜん[塊然]。けつぜん[孑然]。

清廉すぎて—・すること 中世 せいかい[清介]。

ごりむちゅう【五里霧中】 近代 あいまいもこ[曖昧模糊]。近世 ごりむちゅう[五里霧中]。

ごりやく【御利益】 中世 おかげ[御陰]。れい

げん[霊験]。りしゃう[利生]。中古くどく[功徳]。ごりやく[御利益]。しるし[験／印／標]。りやく[利益]。

こ・りる【懲】 しょうこり[性懲]。近世こりごり[懲懲]。中世てごり[手懲]。中古おもひこる[思懲]。ものごり[物懲]。上代こる〔こりる〕[懲]。

ー・りさせる 中世ならはかす[習]。中古ちょうず[懲]。ならはす[習／慣]。

ー・りて諦めること 近世うんじゃう。

ー・りないで 近世性懲りもなく。中古こりずま[懲]。

ー・りないで同じ失敗を繰り返すこと 近世火傷(やけど)火に懲りず。

こ・る【凝】❶〈熱中〉 近代ねっちゅう[熱中]。ぼっとう[没頭]。むちゅう[夢中]。モノマニア(monomania)。近世こる[凝]。中古さんまい[三昧]。ふける[耽]。

《句》近世凝っては思案に能(あた)はず。

こ・る【凝】❷〈張る〉 近代こる[凝]。近世こづむ[偏]。はる[張]。

これ【此】 近世れき。れこ。中世こっち[此方]。しゃこ[這個]。上代こ[此／是]。これ[此／是]。

なんとーが 中古こや[此]。これぞこの[此此]。上代これやこの[此此]。

これからさき【此先】 近代こんご[今後]。近世あとあと[後後]。かうご[向後／嚮後]。まへさき[前先]。中世きゃうこう[向後／嚮後]。じこん[自今／爾今]。中古いご[以後／已後]。きゃうご[向後／嚮後]。しゃうらい[将来]。ぜんと[前途]。のちのち[後後]。→**いご【以後】**

これこれの【此此】 中世これこれの[此此]。中古かくかく[斯斯]。ささ[然然]。なでふ[何]。上代しかじか[然然]。

これだけ【此丈】 近代これっぽっち。近世これきり／これぎり／これっきり[此切／是切]。これだけ[此丈／是丈]。中世これしき[此式]。中古こればかり[此許／是許]。

これは【此】 こりゃ。中世ここな[此処]。これは[此]。中古こは[此]。

ー一体 いったい[一体]。なんとまあ。近世こはそも。さりとは[然]。中世こはいかに。中古いなや[否]。こはなぞ[此何]。

これほど【此程】 これくらい[此]。中古かばかり[斯許]。かほど[斯程]。これほど[此程／是程]。上代かくばかり[斯許]。しかばかり[然許]。

これまで【此迄】 いぜんから[以前]。まえから[前]。まえまえから[前前]。中世これまで[此迄／是迄]。中古かつて[嘗]。かねがね[予予／兼兼]。かねて[予／兼]。きゃうらい[向来]。ねんらい[年来]。上代いままで[今迄]。じゅうらい[従来]。

ーどおり 中世ざいらい[在来]。

ころ【頃】 近代あたり[辺]。ころあひ[頃合]。近世ぜんご[前後]。中古かた[方]。ころほひ[頃]。さい[際]。じぎ[時宜]。ほど[程]。ほどろ。みぎり[砌]。上代ころ[頃／比]。とき[時]。をり[折]。

ごろ【語呂】 近代ごてう[語調]。近世ごろ[語呂]。

ー合わせ 近世くちあひ[口合]。しゃれ[洒落]。ぢぐち[地口]。

ころあい【頃合】 近代かうき[好機]。ころあひ[頃合]。じき[時期]。タイミング(timing)。チャンス(chance)。てきじ[適時]。しほあひ[潮合]。近世じあひ[時合]。じぶん[時分]。しほどき[潮時]。ひあひ[日間／日合]。やごろ[矢頃]。中世きげん[機嫌]。じき[時機]。じぶん[時分]。中古ころほひ[頃]。じぎ[時宜]。じせつ[時節]。しほ[潮]。しほさき[潮先]。みぎり[砌]。

ーがよい 中世あはよし。

ころう【古老】 近代げんらう[元老]。らうたいか[老大家]。近世ちゃうらう[長老]。中世としより[年寄]。中古こじん[故人]。上代こらう[古老]。

ころう【固陋】 近代ぐゎんこ[頑固]。ぐゎんめい[頑迷]。中世がうじゃう[強情]。ころう[固陋]。上代かたくな[頑]。

ころが・す【転】 近世ころがす[転]。てんどう[転動／顛動]。まろがす[転]。中世こかす[転／倒]。ころばす[転]。まろばかす[転]。中古まろはす／まろばす[転]。

押してー・す 中古おしまろかす[押丸]。

ころが・る【転】 おうてん[横転]。近世はんてん[反転]。ひっくりかへる[引繰返]。よこだふし[横倒]。中世こく〔こける〕[転／倒]。ころぶ[転]。てんたう／てんだう[転倒／顛倒]。中古ころがる[転]。てんてん／てんでん[展転]。上代こいまろぶ[臥転]。たふる〔たおれる〕[倒]。まろぶ[転]。

ー・り落ちる 近代てんらく[転落／顛落]。近世ころげおつ〔ーおちる〕[転落]。てんつい[顛墜]。

ー・り寝る 上代こいふす[臥伏]。

ー・り回る 近代のたうちまろぶ[打転]。近世

のたうちまはる［打回］。中世 しってんばったう［七転八倒／七顛八倒］。もんぜつびゃくぢ［悶絶躄地］。中古 ふしまろぶ［臥転］。上代 こいまろぶ［臥転］。

―・るさま 近代 ごろごろ。ころり。ごろり。近世 すってんころり。中世 ころころ。

怠けて―・る 近世 ごろつく。

▼ごろりと横になる 近代 ねたふれる［寝倒］。

ころ・す【殺】 ねむらす／ねむらせる［眠］。のぞく［除］。命を奪う。近代 きょうさつ［凶殺／兇殺］。さつがい［殺害］。やる［遣］。血祭りに上げる。近世 かたづく［―づける］［片付］。しまひつく［―つける］［仕舞付］。はたす［果］。ばらす。息の根を止む［―止める］。中世 あやまつ［過］。うしなふ［失］。しとむ［しとめる］［為留／仕留］。しゃうがい［生害］。せちがい［殺害］。命を絶つ。手に掛く［―掛ける］。とどめを刺す。亡き者にす。中古 あやむ［あやめる］［危］。うちとる［討取］。がいす［害］。きょうがい［凶害］。せっしゃう［殺生］。そこなふ［損／害］。そす［殺］。たふす［倒］。上代 うちころす［打殺］。うつ［討］。ころす［殺］。さっしゃう［殺傷］。さんがい／ざんがい［残害］。せつがい［殺害］。ほふる［屠］。ほろぼす［滅／亡］。

《句》近世 寸鉄人を殺す(刺す)。

―・される やられる。手にかかる。魔手にかかる。近代 たさつ［他殺］。肝胆地に塗(まみ)る。近世 笠の台の生き別れ。肝脳地に塗(まみ)る。非業(ひごう)の最期。中世 かかる［掛／懸］。わうし［横死］。非業の死。人手に掛かる。刃(やいば)に掛かる。中古 たふる［たおれる］［倒／斃／殪］。

―・し方の例 やくさつ［薬殺］。ゆうさつ［誘殺］。近代 あっさつ［圧殺］。いさつ［縊殺］。いぢりころす［弄殺］。うちころす［撃殺］。おうさつ［殴殺］。かうさつ［絞殺］。がうさつ［嚙殺］。かうしゅ［絞首］。ぎゃくさつ［虐殺］。ごさつ［誤殺］。ざんさつ［惨殺］。ざんさつ［残殺］。じゅうさつ［銃殺］。なぐりころす［殴殺］。ひきころす［轢殺］。ぼうさつ［暴殺］。ぼくさつ［撲殺］。やくさつ［扼殺］。れきさつ［轢殺］。近世 あんさつ［暗殺］。いちぶだめし［一分試］。いぢめころす［苛殺］。いっすんだめし［一寸試］。えうさつ［要殺］。げきさつ［撃殺］。ざんさつ［斬殺］。しゃさつ［射殺］。どくさつ［毒殺］。なぶりごろし［嬲殺］。ぶちころす／ぶっころす［打殺］。刃(やいば)に掛く［―掛ける］。中世 かみころす［嚙殺］。きる［切／斬］。きんさつ［禁殺］。しさつ［刺殺］。しめころす［絞殺］。たたきころす［叩殺］。ねぢころす［捩殺］。ひねりころす［捻殺］。中古 きりころす［切殺／斬殺］。くひころす［食殺］。せめころす［責殺］。ちんさつ［鴆殺／酖殺］。つかみころす［摑殺］。ふみころす［踏殺］。やきころす［焼殺］。やみうち［闇討］。上代 うちころす［打殺］。くびりころす［縊殺／絞殺］。くびる［縊］。こさつ［故殺］。さしころす［刺殺］。さつりく［殺戮］。ぼうさつ［謀殺］。

―・し傷つける 中古 そこなふ［損］。上代 さっしゃう［殺傷］。

―・して財物を奪うこと 上代 さつりゃく［殺掠／殺略］。

―・しも生かしもしない 近世 なまごろし［生殺］。蛇の生殺し。

―・そうとする意思 近代 がいい［害意］。さつい［殺意］。血に飢ゑる。

―・そうとする気配 中世 さっき［殺気］。

―・そうと人を狙っているもの 近代 きょうしゅ［凶手／兇手］。ましゅ［魔手］。魔の手。近世 どくしゅ［毒手］。

生き物を―・す 中古 せっしゃう［殺生］。

親などを―・すこと そんぞくさつじん［尊属殺人］。

害虫を―・す 近世 さっちゅう［殺虫］。上代 くぢょ［駆除］。

家畜などを―・す 近代 とちく［屠畜］。近世 しむ［しめる］［絞］。上代 とさつ［屠殺］。

師や長上の官を―・す 上代 ふぎ［不義］。

主君や親を―・す 近世 しいぎゃく／しぎゃく［弑逆］。中世 しいす／しす［弑］。上代 たいぎゃく［大逆］。

全部を―・す ジェノサイド(genocide)。近世 あうさつ［鏖殺］。中古 みなごろし［皆殺］。

罪のある者を―・す 中世 ちゅうさつ［誅殺］。上代 ちゅうす［誅］。ちゅうりく［誅戮］。

動物を捕らえて―・す ほさつ［捕殺］。

秘かに邪魔者を―・す のぞく［除］。近世 けす［消］。

秘かに動物などを―・す みっさつ［密殺］。

秘かに要人を―・す 近世 あんさつ［暗殺］。

一人を―・して多くを生かす 近代 一粒の麦。中世 いっさつたしゃう／いっせつたしゃう［一殺多生］。

人を―・した者 あんさつしゃ［暗殺者］。ころしや［殺屋］。近代 さつじんき［殺人鬼］。さつじんしゃ［殺人者］。さつじんはん［殺人

犯］。中世しかく／しきゃく／せきかく［刺客］。ひとごろし［人殺］。

人を—すこと 近代ころし［殺］。中世ひとごろし［人殺］。中古りく［戮］。上代さつじん［殺人］。さつりく［殺戮］。

本人に頼まれてその人を—・す 近代しょくたくさつじん［嘱託殺人］。

物の怪などが人を—・す 近代とりころす［取殺］。

妖術で呪い—・すこと 中古えんみ［魘魅／厭魅］。

要人を狙って—・す 近世あんさつ［暗殺］。

▼見殺し 近世しにしだい［死次第］。

ごろつき フーリガン(hooligan)。近代アパッシュ(フランス apache)。ふりゃう［不良］。よたもの［与太者］。近世ごくだうもの［極道者］。ごろつき。ごんた［権太］。しろむくてっくゎ［白無垢鉄火］。ずだいばう［坊］。ぢまはり［地廻／地回］。てっくゎもの［鉄火者］。はうたうもの［放蕩者］。はおりごろつき［羽織］。ぶらいかん［無頼漢］。むはふもの［無法者］。やくざもの［者］。よたくれもの［与太者］。中世ならずもの［者］。わるもの［悪者］。中古さがなもの［者］。ぶらい［無頼］。

ごろね【寝】 近世ころびね［転寝］。まろびね［転寝］。中世うたたねむり［転眠］。かりそめね［仮初寝］。かりぶし［仮臥］。かりまくら［仮枕］。ごろね［寝］。中古うたたね［転寝］。かりね［仮寝］。まろぶし［転伏］。上代まるね／まろね［丸寝］。→うたたね

ころば・す【転】 →ころが・す

ころ・ぶ【転】 →ころが・る

《句》中世受領(ずりやう)は倒るる所に土を摑め。

ころも【衣】❶〈着物〉 →いふく→きもの

《枕》上代しきたへの［敷栲］。しろたへの［白妙］。

ころも【衣】❷〈法衣〉 近代ぐゎぐ［臥具］。こくい［黒衣］。しい［緇衣］。しとつ［緇衲］。近世そうふく［僧服］。れんげえ［蓮華衣］。ゐぎぼそ［威儀細］。中世かはごろも［皮衣／裘］。こくえ［黒衣］。じひえ［慈悲衣］。すみごろも［墨衣］。すみぞめごろも［墨染衣］。ぜんえ［染衣］。だうぶく［道服］。ぢきとつ［直綴］。へんさん／へんざん［偏衫／褊衫］。ほったいしゃうぞく［法体装束］。ほふい／ほふえ［法衣］。ほふぶく［法服］。解脱幢相(どうさう)の法衣。解脱の衣。中古あんだゑ［安陀会］。うすにび［薄鈍］。げだつどうさう［解脱幢相］。ころも［衣］。しえ［緇衣］。じゃうい／じゃうえ［浄衣］。すみ［墨］。すみぞめ［墨染］。そ［衣］。そうい／そうえ［僧衣］。つづり／つづれ［綴］。なふえ［衲衣／納衣］。なふげさ［衲袈裟］。はうはう［方袍］。ふくでんえ［福田衣］。ふんざうえ［糞掃衣］。むくえ［無垢衣］。苔の衣。苔の袂(たもと)。墨染めの袈裟。墨染めの衣。墨染めの袖。墨の衣。法(のり)の衣。上代けさ［袈裟］。

—の袖 近世墨の袂(たもと)。中世苔の袖。苔の袂(たもと)。

黄褐色に染めた— 中古かうえ［香衣］。

黄色の— 近世くゎうえ／わうえ［黄衣］。

儀式の時高僧が着る— 近世どんじき［鈍色］。

僧正が着た緋色の— 近世ひのころも［緋衣］。

粗末な— 近世そきら［素綺羅］。中世あくい／あくえ［悪衣］。さうえ［草衣］。そい［粗衣］。そふく［粗服］。中古つづり［綴］。ふんざうえ［糞掃衣］。をんぱう［縕袍］。上代あさぎぬ／あさごろも［麻衣］。たんかつ［短褐］。

鼠色の粗末な— 近世ねずみごろも［鼠衣］。

右肩を出して—を着ること 近世へうたんうけん［偏袒右肩］。

こわ・い【怖】 →おそろし・い

こわいろ【声色】 →こわね

こわが・る【怖】 →おく・する→おそ・れる

こわく【蠱惑】 近代みれう［魅了］。近世こわく［蠱惑］。みわく［魅惑］。中古たぶらかす［誑］。まとはす／まどはす［惑］。まよはす［迷］。

こわごわ【怖怖】 →おずおず→おそるおそる

ごわさん【御破算】 →ごはさん

こわ・す【壊】 近代きくゎい［毀壊］。きそん［毀損］。くゎいは［壊破］。とりつぶす［取潰］。近世うちこはす［打壊／打毀］。そくなふ［損］。そんくゎい［損壊］。はさい［破砕／破摧］。ぶちこはす／ぶっこはす［打毀］。中世あやまつ［過］。うちそんず［打損］。きずつく［—つける］［傷付］。くだく［砕］。こはす［壊／毀］。こぼつ［毀］。とりくづす［取崩］。とりこはす［取壊］。とりこぼつ［取毀］。はくゎい［破壊］。はす［破］。ははい［破敗］。ほうくゎい［崩壊／崩潰］。めぐ。やぶる［破］。中古うちこぼつ［打毀］。おしこぼつ［押毀］。くづす［崩］。こぼす／こほつ［毀］。したく／しだく。そこなふ［損］。

そんず[損]。つぶす[潰]。はきゃく[破却]。はそん[破損]。やる[破]。わる[割]。上代かく[欠]。そんしゃう[損傷]。そんゑ[損壊]。はなつ[放]。はゑ[破壊]。

ー・して捨てる きき[毀棄]。

一部分をー・す 中古かく[欠/闕]。

大きな力でー・す 中世おしつぶす[押潰/圧潰]。

爆発物でー・す 近代ばくさい[爆砕]。ばくは[爆破]。

雰囲気をー・す 中世うちくづす[打崩]。

無理にー・す 中古おしやぶる[押破]。

こわね【声音】 近代おんと[音吐]。せいてう[声調]。中世こわいろ[声色]。こわね[声音]。こゑつき[声付]。中古ごいん[五音]。ごゐん[五韻]。はっせい[発声]。上代こゑ[声]。

ーを真似る 近代せいたいもしゃ[声帯模写]。近世声色を遣う。

ーを真似る人 近世こわいろづかひ[声色遣]。

こわば・る【強張】 こか[固化]。近代かうくゎ[硬化]。かうちょく[硬直]。ぎこちない。近世すくばる[竦]。中世きゃうちょく[強直]。こはばる[強張]。こりかたまる[凝固]。中古こはごはし[強強]。こはる[強]。すくむ[竦]。

ー・っているさま 近代ごりごり。ぱりぱり。近世ごはごは。ばりばり。

ー・って硬い 近世しゃちらごはい。中古こはらか[強]。すくよか[健]。

こわ・れる【壊】 近代おじゃん。きくゎい[毀壊]。きそん[毀損]。くゎいは[壊破]。くゎいはい[壊廃]。ぜんくゎい[全壊]。そこなふ[損]。たうくゎい[倒壊]。近世いたむ[傷]。くゎいはい[壊敗]。けつれつ[決裂]。こはる[こわれる][壊/毀]。そこぬ[そこねる][損]。そんくゎい[損壊]。はたん[破綻]。ひしゃぐ[ーしゃげる]。めげる。中世きずつく[傷付/疵付]。くだく[砕/摧]。くゎいめつ[壊滅/潰滅]。ぐゎかい[瓦解]。つぶる[つぶれる][潰]。はゑ[破壊]。めぐ[めげる]。やぶる[やぶれる][破]。数が多くなる(祝いの席の忌み言葉)。中古くだく[くだける][砕/摧]。こしゃう[故障]。そんず[損]。つひゆ[ついえる][費/弊]。はそん[破損]。ひしぐ[ひしげる][拉]。やぶる[やぶれる][破]。わる[われる][割]。上代かく[かける][欠]。きる[きれる][切]。くづる[くずれる][崩]。くゆ[くえる][崩/潰/壊]。こほる/こぼる[こぼれる][毀]。そんしゃう[損傷]。そんゑ[損壊]。やる[やれる][破]。

《句》近世覆水(ふくすい)盆に返らず。中世破鏡(はきゃう)再び照らさず。

ー・れ落ちる 近世はくゎい[破潰]。中世ほうくゎい[崩壊/崩潰]。上代くづる[くずれる][崩]。

ー・れそうなさま 近代がたがた。近世がたつく。

ー・れた部分 かけら[欠/欠片]。近世めげ。中世かけ[欠/闕]。

ー・れてなくなる 中世そんまう[損亡]。

ー・れないこと 中古ふゑ[不壊]。

ー・れないもののたとえ 中古こんがう[金剛]。

ー・れにくいこと 近代きゃうじん[強靭]。近世ぐゎんぢゃう[頑丈]。ぢゃうぶ[丈夫]。中古けんらう[堅牢]。

ー・れやすいさま 近代こはれもの[壊物/毀物]。ぜいせい[脆性]。近世せいじゃく/ぜいじゃく[脆弱]。やは[柔/和]。中世さくい。もろし[脆]。

外力によらず自らー・れる じかい[自壊]。じばく[自爆]。

固いものが部分的にー・れる 上代かく[かける][欠]。

すっかりー・れて台無しになる 近世わや。

半分ほどー・れる 近代はんくゎい[半壊]。

こんい【懇意】 気が置けない。仲がよい。近代きやすい[気安]。しんきん[親近]。近世じっこん[入魂/入懇]。ぢっこん[昵懇]。中世こんい[懇意]。じゅこん/じゅっこん[入魂]。なじみ[馴染]。中古こころやすし[心安]。したし[親]。しんぢつ[親昵]。ねむごろ/ねんごろ[懇]。上代したしみ[親]。ねもころ[懇]。むつまじ[睦]。よしみ[好/誼]。

ー・にしている 中古かたらふ[語]。かたる[語]。

ー・にすること 近世じっこん[入魂/入懇]。ぢっこん[昵懇]。中世じゅこん/じゅっこん[入魂]。

こんいろ【紺色】 近世こんいろ[紺色]。

濃いー ミッドナイトブルー(midnight blue)。近世かちいろ[褐色/搗色]。のうこん[濃紺]。中古かち/かつ[褐]。

鉄色がかったー こんてつ[紺鉄]。てつこん[鉄紺]。

茄子(なす)の実の色に似たー 近代なすこん[茄子紺]。

緑がかったー 近世かはいろ[革色]。

紫を帯びた— 近世るりこん[瑠璃紺]。

こんいん【婚姻】→けっこん

こんかい【今回】 近世こんじ[今次]。近代こん[今]。こんくゎい[今回]。中世このほど[此程]。こんど[今度]。こんぱん[今般]。中古こたび/こたみ[此度]。上代このたび[此度]。

こんかぎり【根限】 近代きょくりょく[極力]。近世いっしょうけんめい[一生懸命]。こんかぎり[根限]。せいいっぱい[精一杯]。ちからいっぱい[力一杯]。中世いっしょけんめい[一所懸命]。けんめい[懸命]。

こんがらが・る 近代こんがらかる/こんがらがる/こんぐらかる。近世こぐらかる。中古こんらん[混乱]。中世もつる[もつれる][縺]。上代さくらん[錯乱]。みだる[みだれる][乱]。

こんかん【根幹】→こんぽん

こんがん【懇願】 近代あいぐゎん[哀願]。しゃうぐゎん[請願]。たんぐゎん[嘆願]。ねつばう[熱望]。たのみこむ[頼込]。近世こんまう[懇望]。せいぐゎん[請願]。せつばう[切望]。中世ぐゎんばう[願望]。こんぐゎん[懇願]。こんせい[懇請]。せがむ。中古かつばう[渇望]。こんばう[懇望]。上代のむ[祈]。

—・するさま 中世袂に縋る。中古手を擦る。

こんき【根気】 ガッツ(guts)。ねばり[粘]。近世こん[根]。こんき[根気]。しっこし[尻腰]。せいこん[精根]。中世き[気]。きこん[気根/機根]。しゃうこん/しゃうね[性根]。せいりょく[精力]。中古きりょく[気力]。

《句》近世石の上にも三年。運気は根気。金の草鞋(下駄)で尋ぬ[—尋ねる]。釣瓶縄井桁を断つ。中世雨垂れ(点滴)石をも穿つ。

—が続かない いきぎれ[息切]。近世こんまけ[根負]。

—がない 近世尻腰がない。づくがない。

—くらべ 中古こころくらべ[心競]。

—強い ねばっこい。打たれ強い。近代しんなりづよい[強]。忍耐強い。近世がまんづよし[我慢強]。しんねりづよし[強]。ねつい。辛抱強し。粘り強し。中世じゃうき[上機]。じゃうこん[上根]。ねづよし[根強]。

—強いさま しんねり。

こんき【婚期】→けっこん

こんぎ【婚儀】→こんれい

こんきゅう【困窮】→こま・る

—と栄達 中世きゅうたつ[窮達]。中古きゅうつう[窮通]。

こんきょ【根拠】 近代いん[因]。げんいん[原因]。しょうひょう[証憑]。たいぎめいぶん[大義名分]。りいう[理由]。りっきゃくてん[立脚点]。ろんきょ[論拠]。近世かたしろ[形代]。こんきょ[根拠]。すぢあひ[筋合]。てんきょ[典拠]。ひょうきょ[憑拠]。中世ふまへ[踏]。中古しょきょ[所拠]。たね[種]。たより[頼/便]。ちから[力]。つな[綱]。もと[許/元/本]。よすが[縁/因/便]。よりどころ[拠所]。れう[料]。上代たづき/たどき[方便]。よるべ[寄辺]。

—がない 近代くゎうたうむけい[荒唐無稽]。じじつむこん[事実無根]。ねなし[根無]。わけなし[訳無]。近世まうらう[孟浪]。根も葉もなし。中世あとなし[跡無]。うく[浮]。うはのそら[上空]。こくう[虚空]。すぞろ/そぞろ[漫]。そら[空]。むこん[無根]。跡形なし。中古いはれなし[謂無]。すずろ[漫]。たづきなし[方便無]。むなし[空/虚]。ゆゑなし[故無]。上代たづかなし[方便無]。よしなし[由無]。

—がないこと 近世くうちゅうろうかく[空中楼閣]。中世あとなしごと[跡無事]。

—がない話 近代くうせつ[空説]。ばうせつ[妄説]。まうだん[妄談]。りうせつ/るせつ[流説]。近世ねなしごと[根無言]。中世うそ[嘘]。ばうだん[妄談]。中古くゎげん[訛言]。つくりごと[作言]。まうせつ[妄説]。上代りうげん[流言]。

—がない判断 近代ばうだん/まうだん[妄断]。

—地 きち[基地]。ベース(base)。ほんきょち[本拠地]。近代ほんるい[本塁]。中世あしだまり[足溜]。上代よりどころ[拠所]。

—となる説 中世ほんせつ[本説]。

—もなく 上代もとな。

こんぎょう【今暁】→けさ【今朝】

ごんぎょう【勤行】 近世ふぎ[諷経]。中世しゅぎゃう[修行]。中古ごんぎゃう[勤行]。じゅきゃう[誦経]。つとめ[勤]。ふうきん/ふぎん[諷経]。上代きたう[祈禱]。ずきゃう[誦経]。どきゃう[読経]。

早朝の— 近世あさじ[朝事/朝勤]。あさじまゐり[朝事参]。

こんく【困苦】 近代くりょ[苦慮]。こんきゃく[困却]。こんわく[困惑]。近世こんなん[困難]。りふりふしんく[粒粒辛苦]。中世かんく[艱苦]。きゅうく[窮苦]。くしん[苦

心］。くらう［苦労］。こんく［困苦］。〔上代〕かんなん［艱難］。くるしむ［苦］。しんく［辛苦］。

コンクール(フランス concours) きょうぎかい［競技会］。〔近代〕コンクール。コンテスト(contest)。

コンクリート(concrete) 〔近代〕コンクリ［混凝土］。コンクリート。ベトン(フランス béton)。

ー打ちに使う型枠 コンクリートパネル／コンパネ(concrete panel)。せきいた［堰板／関板］。

ーに混ぜる砂や砂利 こつざい［骨材］。バラス／バラスト(ballast)。

ーの主原料 セメン／セメント(cement)。

ーの製品 スラブ(slab)。コンクリートブロック／ブロック(concrete block)。ヒュームかん［Hume管］。

まだ固まっていないー なまコン／なまコンクリート［生concrete］。

いろいろなー(例) サーモコンクリート(thermoconcrete)。ピーエスコンクリート(PS concrete)。〔近代〕てっきん／てっきんコンクリート［鉄筋concrete］。

ごんげ【権化】 〔近世〕ごんげん［権現］。〔中古〕けしん［化身］。ごんげ［権化］。ごんじゃ［権者］。へんげ［変化］。

こんげん【根源】 ルーツ(roots)。〔近代〕おほもと［大本］。オリジン(origin)。げんてん［原点］。こんかん［根幹］。〔近世〕きげん［起原］。ぐゎんぽん［元本］。ねざし［根差］。ほんもと［本元］。〔中世〕こんてい［根底］。ちたい［地体］。ね［根］。ねもと［根元／根本］。〔中古〕えんげん［淵源］。おこり［起］。こんげん［根源／根元］。こんぽん［根本］。

たね［種］。ほんげん［本源］。みなもと［源］。〔上代〕はじめ［初／始］。ものざね［物実］。ものだね［物種］。

こんご【今後】→**いご【以後】**

ーのありさま 〔中古〕しゃうらい［将来］。ぜんと［前途］。ゆくすゑ［行末］。〔上代〕ゆくさき［行先］。

こんこう【混交】 コンタミネーション(contamination)。〔中世〕こんかう［混交／混淆］。〔中古〕いりまじる［入交］。こんどう［混同］。〔上代〕かうさく［交錯］。→**こんごう**(次項)

こんごう【混合】 ブレンド(blend)。〔近代〕こんざい［混在］。まざりあふ［混合］。ミクスチュア(mixture)。ミックス(mix)。〔近世〕かうはん／かくはん［攪拌］。こんくゎ［混和］。こんにふ［混入］。こんわ［混和］。ちゃんぽん。こまざる［混］。まぜあはす［—あわせる］［交合／混合］。〔中世〕こんかう［混交／混淆］。こんず［混］。さくそう［錯綜］。〔中古〕あはす［あわせる］［合］。いりまじる［入交／入雑］。うちまず［—まぜる］［打混］。こんがふ［混合］。こんせい［混成］。〔上代〕かうさく［交錯］。まず［まぜる］［混］。

ー酒 〔近代〕カクテル／コクテール(cocktail)。わりざけ［割酒］。〔近世〕あはせざけ［合酒］。

こんごう【金剛】 〔中古〕けんご［堅固］。けんらう［堅牢］。こんがう［金剛］。

ー力 〔近世〕にわうりき［仁王力］。

こんこん【懇懇】 〔近代〕くどくどしい。〔近世〕こんこん［懇懇］。〔中世〕しんせつ［親切］。〔中古〕じゅんじゅん［諄諄］。ねんごろ［懇］。〔上代〕くだくだし。

コンサート(concert) コンセール(フランス concert)。〔近代〕えんそうくゎい［演奏会］。おんがくくゎい［音楽会］。コンサート。

▼音楽の催し アーベント(ドイツ Abend)。オペラ(イタリア opera)。ジョイントコンサート(joint concert)。ライブ(live)。〔近代〕どくしゃうくゎい［独唱会］。マチネー(フランス matinée)。ミュージカル(musical)。リサイタル(recital)。

こんざい【混在】→**こんごう【混合】**

こんざつ【混雑】 かみつ［過密］。ラッシュ(rush)。〔近代〕こくげき［轂撃］。コンフュージョン(confusion)。〔近世〕おちあふ［落合］。けんま［肩摩］。けんまこくげき［肩摩轂撃］。ごたつく。ごったがへす［返］。こんざつ［混雑］。たてこむ［立込］。ねったう［熱鬧］。もてかへす／もてかやす［返］。〔中世〕こみあふ［混合］。さわぎ［騒］。とりこみ［取込］。ひとごみ［人混］。〔中古〕こむ［込／混］。たちこむ［立込］。ひしめく［犇］。まぎれ［紛］。〔上代〕ざったう［雑鬧］。ざったふ［雑踏／雑沓］。ふくそう［輻輳／輻湊］。

ーのさま 〔近代〕ぎゅうぎゅうづめ［詰］。芋を洗ふ。押すな押すな。〔近世〕がたくさ。ごったがへす［返］。どさくさ。どやくやまぎれ。押し合ひ圧へし合ひ。〔中古〕らうがはし［乱］。

道路などのー じゅうたい［渋滞］。立錐の地もない。

コンサルタント(consultant) じょげんしゃ［助言者］。〔近代〕アドバイザー(adviser)。こもん［顧問］。さうだんやく［相談役］。ちゅうこくしゃ［忠告者］。〔近世〕さうだんあひて［相談相手］。〔中古〕ほさ［補佐］。

こんじ【今次】 〔近代〕こんくゎい［今回］。〔近世〕こ

んじ[今次]。中世 こんど[今度]。中古 このほど[此程]。上代 このたび[此度]。

こんじ【根治】→**こんち**

こんじゃく【今昔】 近代 こんじゃく[今昔]。中世 きんこ[今古]。こきん/ここん[古今]。こんせき[今昔]。

こんじょう【根性】 ガッツ(guts)。近代 いよく[意欲]。きはく[気迫/気魄]。きもったま[肝玉]。スピリット(spirit)。近世 いき[意気]。きしゃう[気性]。しゃうね[性根]。どしゃうぼね[土性骨]。はらわた[腸]。中世 いきごみ[意気込]。きがい[気概]。きこつ[気骨]。きだて[気立]。こころね[心根]。こんじゃうぼね/こんじょっぽね[根性骨]。しゃう[性]。しゃうこつ[性骨]。しゃうこん[性根]。しゃうね[性根]。せいこん[精根]。中古 いぢ[意地]。こころぎは[心際]。こころざま[心様]。こんじゃう[根性]。ほんしゃう[本性]。

《句》中世 一寸の虫にも五分の魂。

ーがなくなる 近代 腸(はらわた)が腐る。

ーが悪い 中古 はらぐろし[腹黒]。はらぎたなし[腹汚]。

ーの欠けている人 近世 いぢくさり[意地腐]。

こんじょう【今生】→**このよ**

こんしん【渾身】 近世 ぜんりょく[全力]。そうしん/そうみ[総身]。まんかう[満腔]。中世 こんしん[渾身]。まんしん[満身]。中古 ぜんしん[全身]。

こんしん【懇親】 近代 しんくゎ/しんわ[親和]。近世 かうぎ[交誼]。こんしん[懇親]。しんかう[親交]。しんぜん[親善]。しんぼく[親睦]。中世 こんい[懇意]。中古 かういう[交友]。かうくゎん[交歓/交款]。上代 したしみ[親]。

ーの会 近代 コンパ(company)。さわくゎい[茶話会]。近世 さかごと/ささごと[酒事]。さかづきごと[杯事]。中古 えんくゎい[宴会]。えんしふ[宴集]。さかもり[酒盛]。しゅえん[酒宴]。上代 うたげ[宴]。

こんすい【昏睡】 いしきふめい[意識不明]。近代 さうしん[喪心/喪神]。じんじふせい[人事不省]。そったう[卒倒]。近世 きぜつ[気絶]。中世 こんすい[昏睡]。しっしん[失神/失心]。気が遠くなる。気を失ふ。目を回す。中古 ぜんごふかく[前後不覚]。上代 そら[空]。→**きぜつ**

コンスタント(constant) 近代 あんてい[安定]。こうじゃう[恒常]。コンスタント。近世 いってい[一定]。ふえき[不易]。中古 ふへん[不変]。

コンストラクション(construction) 近代 くみたて[組立]。けんざう[建造]。けんせつ[建設]。こうせい[構成]。コンストラクション。中世 こうざう[構造]。

こんせい【混成】 コンポジット(composite)。中古 こんせい[混成]。→**こんごう【混合】**

こんせい【懇請】→**こんがん**

こんせき【痕跡】→**あとかた**

こんせき【今夕】→**こんや**

こんせつ【懇切】 近代 こころづくし[心尽]。こんたう[懇到]。近世 てあつし[手厚]。中世 こんせつ[懇切]。しんせつ[親切]。中古 こんとく[懇篤/悃篤]。ていねい[丁寧/叮嚀]。ねんごろ[懇]。

ー・に諭す 近世 噛んで哺(くく)む[ー哺める]。噛んで含む[ー含める]。

こんぜつ【根絶】 根を絶つ。芽を摘む。近代 こんぜつ[根絶]。せんめつ[殲滅]。ぜんめつ[全滅]。ぼくめつ[撲滅]。近世 ねこそぎ[根刮]。ねだやし[根絶]。中世 ねきり[根切]。はいぜつ[廃絶]。中古 せうめつ[消滅]。ぜつめつ[絶滅]。たやす[絶]。上代 たゆ(たえる)[絶]。

こんぜん【渾然】 近代 カオス(ギリシャ khaos)。ざつぜん[雑然]。むちつじょ[無秩序]。中世 こんぜん[渾然/混然]。中古 こんとん[混沌]。らんざつ[乱雑]。

コンセンサス(consensus) 意見の一致。近代 アグリーメント(agreement)。近世 がふい[合意]。中古 どうい[同意]。

コンセント(和製concentric plug) さしこみ[差込]。近代 プラグ(plug)。

移動用のー テーブルタップ(table tap)。

ごんた【権太】→**いたずら**→**ごろつき**

コンタクト(contact) ふれあい[触合]。近代 かうせふ[交渉]。せっしょう[折衝]。せっしょく[接触]。れんらく[連絡]。近世 せっきん[接近]。中世 かけあひ[掛合]。

こんだてひょう【献立表】 さいたん[菜単](中国語のツァイタンから)。近代 こんだてへう[献立表]。しながき[品書]。メニュー(フランス menu)。

こんたん【魂胆】 近代 たくらみ[企]。近世 こんたん[魂胆]。さくりゃく[策略]。ねぐみ[根組]。わるだくみ[悪巧/悪工]。

こんだん【懇談】 近代 かたらひ[語]。くゎんだん[歓談]。こんわ[懇話]。近世 こんだん[懇

談］。ざだん［座談］。はなしあひ［話合］。〔中古〕だんせう［談笑］。だんわ［談話］。〔上代〕むつごと［睦言］。

こんち【根治】 かんち［完治］。〔近世〕こんち／こんぢ［根治］。ぜんくゎい［全快］。ぜんち［全治］。

こんてい【根底】 きばん［基盤］。ベース(base)。ルーツ(roots)。〔近代〕きこん［基根］。きてい［基底］。きぶ［基部］。こんかん［根幹］。〔近世〕いしずゑ［礎］。きそ［基礎］。しゃうね［性根］。〔中世〕こんげん［根源］。こんてい［根底］。こんぽん［根本］。どだい［土台］。ねもと［根元］。〔中古〕そせき［礎石］。ほんげん［本源］。もとゐ［基］。

—にある考え 〔近代〕きてう［基調］。

コンディショニング(conditioning) 〔近代〕せいてう［整調］。てうせい［調整］。てうせつ［調節］。

コンディション(condition) たいちょう［体調］。〔近代〕コンディション。でうけん［条件］。〔近世〕あんばい［塩梅／安排／按排］。ぐあひ［具合］。てうし［調子］。〔中世〕かげん［加減］。じゃうたい［状態］。

身体の— たいちょう［体調］。〔近代〕けんかう［健康］。

コンテスト(contest) きょうぎかい［競技会］。〔近代〕きゃうえんくゎい［競演会］。コンクール(フランス concours)。コンテスト。〔中世〕きゃうさう［競争］。しょうぶ［勝負］。

コント(フランス conte) 〔近代〕コント。すんげき［寸劇］。〔近世〕こばなし［小咄／小話］。せうわ［笑話］。

こんど【今度】 →こんかい

こ

こんとう【昏倒】 いしきふめい［意識不明］。〔近代〕そったう［卒倒］。〔近世〕きぜつ［気絶］。こんたう［昏倒］。〔中世〕しっしん［失神］。↓**きぜつ**

こんどう【混同】 区別がない。味噌も糞も一緒。〔近世〕糞も味噌も一緒。〔中世〕こんかう［混交］。まじりあふ［混合／交合］。〔中古〕こんどう［混同］。ひたたく［叨／混］。

こんとく【懇篤】 →**しんせつ【親切】**

コントラスト(contrast) 〔近代〕コントラスト。たいひ［対比］。〔近世〕たいせう［対照］。〔中古〕のうたん［濃淡］。

コントロール(control) きせい［規制］。〔近代〕くゎんせい［管制］。コントロール。〔近世〕くゎんり［管理］。とうぎょ［統御／統馭］。とうくゎつ［統括］。よくせい［抑制］。〔中世〕ぎょす［御］。せいぎょ［制御］。せいす［制］。〔中古〕しはい［支配］。

こんとん【混沌】 アノミー(フランス anomie)。〔近代〕カオス(ギリシャ khaos)。かくらん［攪乱］。こんとん［混沌／渾沌］。こんめい［混迷］。ざつぜん［雑然］。らんみゃく［乱脈］。〔近世〕ふんきう［紛糾］。〔中世〕こんざつ［混雑］。さくそう［錯綜］。〔中古〕こんらん［混乱］。さうまい［草昧］。

こんな このような。〔近世〕かういふ。こんな。〔中世〕いんも［恁麼］。〔中古〕かやう［斯様］。かくの如き。〔上代〕かかり／かかる［斯］。

—状態 〔上代〕かくさま［斯様］。

—に これほどまで。こんなにまで。〔中古〕かう［斯］。かくまで［斯迄］。かばかり［斯許］。〔上代〕かくばかり［斯許］。

—ふうなので 〔中古〕かかれば［斯］。

こんなん【困難】 〔近代〕けん［険／嶮］。しなん［至難］。なん［難］。ほね［骨］。浮世の風。〔近世〕かんけん［艱険／艱嶮］。かんなんしんく［艱難辛苦］。くゎすい［火水］。けいきょく［荊棘］。こんなん［困難］。にべ［鮸膠／鰾膠］。まんざら［満更］。むづかし［難］。〔中世〕かんく［艱苦］。くなん［苦難］。くゎんなん［患難］。こんく［困苦］。せっかく［折角］。だいじ［大事］。なんかん［難艱／難堪］。なんぎ［難儀］。なんぢ［難治］。浮世の波。骨が折る［—折れる］。〔中古〕ありがたし［有難］。かたし［難］。くるし［苦］。〔上代〕かんなん［艱難］。しんく［辛苦］。《句》〔近代〕一寸延びれば尋(ひろ)延びる。艱難(かんなん)汝を玉にす。朽索(きうさく)の六馬を馭するが如し。〔近世〕皮切りの一灸。難中の難。〔中世〕年寒くして松柏の凋(しぼ)むに後(おく)るるを知る。

—な局面 かべ［壁］。なんかん［難関］。なんきゃう［難境］。〔近代〕くゎんもん［関門］。なんきょく［難局］。

—・なさま 〔近世〕あをいきといき［青息吐息］。

—・な事業 〔中世〕なんげふ［難業］。

—・な道 荊棘(けいきょく)の道。〔中世〕かうろなん［行路難］。なんろ［難路］。

—に打ち勝つこと のりきる［乗切］。のりこえる［乗越］。一山越す。〔近代〕こくふく［克服］。てうこく［超克］。〔近世〕こくふく［克復］。〔上代〕しのぐ［凌］。

—に立ち向かう あくせんくとう［悪戦苦闘］。〔近代〕だんかう［断行］。つとめる［努／勉］。ぼうけん［冒険］。ふたうふくつ［不撓不屈］。〔近世〕石に齧り付いても。〔上代〕をかす［冒］。

―のさなか なんちゅう[難中]。

多くの― 中世 たなん[多難]。ばんなん[万難]。

差し迫った― 近世 せっぱ[切羽]。

内外の― 近世 ないいうぐゎいくゎん[内憂外患]。

ものが出来上がるまでの― じんつう[陣痛]。

こんにち【今日】 ツデー/トゥデイー(today)。近代 げんか[現下]。もくか[目下]。近世 けふがひ[今日日]。このところ[此所]。たうせつ[当節]。ほんじつ[本日]。中世 いまどき[今時]。げんこん[現今]。このせつ[此節]。たうぎん[当今]。中古 たうせい[当世]。ただいま[只今]。上代 けふ[今日]。このごろ[此頃]。こんにち[今日]。たうこん[当今]。

―的な 近代 アップツーデート(up to date)。

こんにちは【今日は】→**あいさつ**

こんにゃく【蒟蒻】 近世 にゃく(女房詞)。近代 すなばらひ[砂払]。中世 こんにゃく[蒟蒻/菎蒻]。

―版 かんてんばん[寒天版]。

細く作った― いとこんにゃく/いとごんにゃく[糸蒟蒻]。しらたき[白滝]。

こんにゅう【混入】 いれる[入]。ブレンド(blend)。近代 とうにふ[投入]。ミックス(mix)。近世 こんにふ[混入]。中世 こんかう[混交/混淆]。とりまぎる[―まぎれる][取紛]。中古 いりまざる/いりまじる[入交]。たちまじらふ/たちまじる[立交]。たちまふ[立舞]。まじはる[交]。上代 まじる[交/混]。まず[まぜる][交/混]。

こんぱい【困憊】 つかれきる[疲切]。近代 こんぱい[困憊]。のびる[伸/延]。ひへい[疲弊]。へこたれる。近世 こんぺい[困弊]。へたばる。あごを出す。中世 くたばる。つかれはつ[―はてる][疲果]。へばる。

疲労―のさま 近代 グロッキー(groggy)。へとへと。膝が笑ふ。近世 足が棒になる。肩で息する。中世 ふらふら。

こんぱく【魂魄】 近代 れい[霊]。中世 しんれい[心霊]。まうりゃう/まうれい[亡霊]。中古 こんぱく[魂魄]。すだま[魑魅/霊]。ばうれい[亡霊]。りゃう/れい[霊]。れいこん[霊魂]。上代 たま/たましひ[魂]。→**たましい**

コンパクト(compact) 近代 かんけつ[簡潔]。コンパクト。近世 こぢんまり。中古 こがた[小型]。

こんばん【今晩】→**こんや**

こんぱん【今般】 近代 このはん[此般/這般]。こんくゎい[今回]。中世 こんど[今度]。こんぱん[今般]。しゃはん[這般]。上代 このたび[此度]。

コンビ 近代 くみあはせ[組合]。コンビ。近世 あひかた[相方]。あひぼう[相棒]。中古 くみ[組]。→**コンビネーション**

コンビネーション(combination) だきあわせ[抱合]。近代 かういっつい[好一対]。くみあはせ[組合]。コンビネーション。ペア(pair)。近世 けつがふ[結合]。中世 つい[対]。とりあはせ[取合]。はいがふ[配合]。中古 つがひ[番]。

コンピューター(computer) けいさんき[計算機]。じょうほうしょりそうち[情報処理装置]。じんこうずのう[人工頭脳]。じんこうちのう[人工知能]。でんさんき[電算機]。でんしけいさんき[電子計算機]。でんたく[電卓]。でんのう[電脳]。

―に熱中している人 ハッカー(hacker)。

―の演算(制御)装置の例 エーエルユー(ALU; arithmetic and logic unit)。えんざんそうち[演算装置]。シーピーユー(CPU; central processing unit)。プロセッサー(processor)。マイクロプロセッサー(microprocessor)。

―の機械類の例 エーディーへんかんき[AD変換器/analog-to-digital converter]。しゅうへんきき[周辺機器]。デバイス(device)。ハード/ハードウエア(hardware)。メーンフレーム(main frame)。

―の出力装置の例 インクジェットプリンター(ink-jet printer)。ウィンドウ/マルチウィンドー(multiwindow)。ディスプレー(display)。ドットプリンター(dot-matrix printer)。プリンター(printer)。プロッター(plotter)。ラインプリンター(line printer)。

―の処理能力を越えること オーバーフロー(overflow)。

―の制御に関わるもの エキスパートシステム(expert system)。エミュレーション(emulation)。オペレーティングシステム(operating system)。コーディング(coding)。コマンド(command)。コンパイラーげんご[compiler言語]。サブルーチン(subroutine)。ステートメント(statement)。ソフトウエア(software)。ディスクオペレーティングシステム(disk operating system)。パッケージ(package)。プログラムげんご[pro-

gram 言語]。ルーチン(routine)。ループ(loop)。

ーのデータやりとりの装置　インターフェイス(interface)。

ーの入出力　アイオー(I/O)。アクセス(access)。シーケンシャルアクセス(sequential access)。ランダムアクセス(random access)。

ーの入力操作に関わる語　アイコン(icon)。カーソル(cursor)。クリック(click)。ドラッグ(drag)。プロンプト(prompt)。

ーの入力装置の例　カードリーダー(card reader)。キーボード(keyboard)。スキャナー／イメージスキャナー(image scanner)。タッチスクリーン(touchscreen)。タブレット(tablet)。マークよみとりき[mark 読取機]。マウス(mouse)。ライトペン(light pen)。

いろいろなー(例)　オフコン／オフィスコンピューター(office computer)。けいすうがたけいさんき[計数型計算機]。スーパーコンピューター(super computer)。デジタルコンピューター(digital computer)。デスクトップコンピューター(desktop computer)。ノートパソコン(note computer)。ハイブリッドコンピューター(hybrid computer)。パソコン／パーソナルコンピューター(personal computer)。ひかりコンピューター[光 computer]。ポケットコンピューター(pocket computer)。ホストコンピューター(host computer)。マイコン／マイクロコンピューター(micro computer)。ミニコン／ミニコンピューター(mini computer)。ラップトップコンピューター(laptop computer)。

▼データ記録に関わる語　アドレス(address)。きおくそうち[記憶装置]。コード(code)。コンパクトディスク(compact disk)。シーディー(CD; Compact Disc)。じきカード[磁気 card]。じきテープ[磁気 tape]。セーブ(save)。ディレクトリー(directory)。ハードディスク(hard disk)。ばんち[番地]。ファイル(file)。フォーマット(format)。フロッピーディスク(mini floppy disk)。マージ(merge)。ミニフロッピーディスク(mini floppy disk)。メモリー(memory)。ラム／ランダムアクセスメモリー(RAM; random access memory)。レジスター(register)。ロード(load)。ロム(ROM; read only memory)。

▼データ量の単位　バイト(byte)。ビット(binary digit の略で bit)。

▼プログラム言語の例　インタープリター(interpreter)。エイダ／エーダ(ADA)。エディター(editor)。オブジェクトプログラム(object program)。コンパイラー(compiler)。ソースプログラム(source program)。ベーシック(BASIC)。リスプ(LISP; list processor)。ロゴ(LOGO)。

こんぶ【昆布】　中世 こぶ[昆布]。中古 えびすめ[夷布]。ひろめ[広布]。上代 こんぶ[昆布]。

加工(調理)したー　めのこ[海布子]。近世 だしこんぶ[出昆布]。のしこんぶ[熨斗昆布]。中世 むすびこんぶ[結昆布]。ゆひこぶ[結昆布]。

コンプレックス(complex)　はいぼくかん[敗北感]。近代 コンプレックス。ひけめ[引目]。れっとうかん[劣等感]。

ーのいろいろ(例)　インフェリオリティーコンプレックス(inferiority complex)。エディプスコンプレックス(Oedipus complex)。シュペリオリティーコンプレックス(superiority complex)。ファーザーコンプレックス(father complex)。マザーコンプレックス(mother complex)。ロリータコンプレックス(和製 Lolita complex)。

こんぼう【懇望】　→**こんがん**

こんぼう【棍棒】　インディアンクラブ(Indian club)。近代 こんぼう[棍棒]。ぼうちぎれ[棒乳切／棒千切]。近世 ぼうちぎり[棒乳切／棒千切]。ぼうちぎりき[棒乳切木]。

コンポジション(composition)　近代 こうづ[構図]。こうせい[構成]。コンポジション。さっきょく[作曲]。中世 こうざう[構造]。さくぶん[作文]。

こんぽん【根本】　ベース(base)。近代 えうかう[要綱]。おほもと[大本]。きかん[基幹]。きてい[基底]。きこん[基根]。げんげん[元元]。げんてん[原点]。げんぽん[原本]。こっかん[骨幹]。こんかん[根幹]。ちゅうすう[中枢]。ねもと[根元]。近世 いしずゑ[礎]。おほね[大根]。きそ[基礎]。きほん[基本]。こんき[根基]。ほん[本]。中世 こんてい[根底]。だいいちぎ[第一義]。たいそう[大宗]。どだい[土台]。ねじめ[根締]。ほんたい[本体]。中古 こんげん[根源／根元]。こんぽん[根本]。たいかう[大綱]。たいほん[大本]。ね[根]。もと[元／本／許]。もとゐ[基]。上代 ざね

[実](接尾語的に)。はじめ[初/始]。
《句》近代葉を欠いて根を断つ。近世枝を撓(た)めて花を散らす。
ー的でないこと 近代にぎてき[二義的]。近世だいにぎ[第二義]。
ーと枝葉 中古もとすゑ[本末]。上代ほんまつ[本末]。
ーに関わるさま ばっぽんてき[抜本的]。ファンダメンタル(fundamental)。近代こんぽんてき[根本的]。
ーを極める 近代さくげん/そげん[遡源/溯源]。
人の道のー原理 近代ゐかう[維綱]。

こんめい【混迷】 近代かくらん[攪乱]。こんとん[混沌]。こんめい[混迷]。中世さくそう[錯綜]。中古こんらん[混乱]。さうまい[草昧]。上代かうさく[交錯]。

こんもう【懇望】→**こんがん**

こんや【今夜】 近代こんゆふ[今夕]。トゥナイト(tonight)。ほんせき[本夕]。中世こんばん[今晩]。たうや[当夜]。中古こず[今夜]。こんせき[今夕]。こんや[今夜]。よさり[夜]。上代こよひ[今宵]。

こんやく【婚約】 こんいんよやく[婚姻予約]。近代エンゲージ(engage)。エンゲージメント(engagement)。こんやく[婚約]。近世ちなみ[因]。二世の語らひ。二世を契る。中古いひかはす[言交]。いひちぎる[言契]。ちぎる[契]。まうしかはす[申交]。契りを交はす。
ー者 近代フィアンセ(フランス)男性 fiancé, 女性 fiancée)。中古いひなづけ[許婚/許嫁/言名付]。むこがね[婿]。
ーの証しとしての贈答品 こんやくゆびわ[婚約指輪]。近代エンゲージリング(engagement ring)。きまりざけ[決酒]。こんし[婚資]。はなよめだいしゃう[花嫁代償]。近世たるいれ[樽入]。ゆひなふ[結納]。
ーを解消すること はこん[破婚]。近世はだん[破談]。

こんゆう【今夕】→**こんや**

こんらん【混乱】 近代カオス(ギリシャ)khaos)。かくらん[攪乱]。こんとん[混沌]。コンフュージョン(confusion)。こんめい[混迷]。ざつぜん[雑然]。らんみゃく[乱脈]。近世ふんきう[紛糾]。めつれつ[滅裂]。中世くれ[暗]。さくざつ[錯雑]。さくそう[錯綜]。中古さうまい[草昧]。こんらん[混乱]。まよひ[迷]。上代こんだく[混濁/溷濁]。ふんらん[紛乱]。
ー・させる 近代かきまぜる[搔混/搔雑]。ひっかきまはす[引搔回]。近世あふ[あえる][和]。中世みだらす[乱]。中古あらだつ[ーだてる][荒立]。かきみだす[搔乱]。まどはかす/まどはす[惑]。みだす/みだる[乱/紊]。みだらかす[乱]。上代あらす[荒]。
ー・したさま しっちゃかめっちゃか。近代さわうわう[左往右往]。めちゃ[滅茶]。めちゃくちゃ[滅茶苦茶]。めちゃめちゃ[滅茶滅茶]。近世てんやわんや。どさくさ。どやくや。どやくやまぎれ[紛]。むちゃくちゃ[無茶苦茶]。中世うわうさわう/うわうざわう[右往左往]。上を下へ。
ー・する 近代こんがらかる/こんがらがる。近世あらだつ[荒立]。もつる[もつれる][縺]。中世白黒になる。中古みだる[みだれる][乱/紊]。上代いりみだる[ーみだれる][入乱]。
ーの真っ只中 近代くゎちゅう[渦中]。
群衆のー 近代パニック(panic)。中世ひとくづれ[人崩]。

こんりゅう【建立】 近代けんせつ[建設]。けんざう[建造]。けんちく[建築]。近世こうちく[構築]。中古こんりふ[建立]。上代えいざう[営造]。きづく[築]。ざうえい[造営]。

こんれい【婚礼】 ブライダル(bridal)。近代ウエディング(wedding)。かてん[嘉典]。くゎしょく[華燭/花燭]。けっこんしき[結婚式]。華燭の典。近世がふきん[合卺]。こんぎ[婚儀]。しうげん[祝言]。中世かれい[嘉礼]。中古こんれい[婚礼]。
ーでの献杯の作法 中世こんこん[献献]。さんさんくど[三三九度]。
ーで嫁を乗せる馬 近世あけにうま[明荷馬]。

こんわ【混和】→**こんごう【混合】**

こんわく【困惑】 近代こんきゃく[困却]。こんわく[困惑]。へいこう[閉口]。近世たうわく[当惑]。へきえき[辟易]。めいわく[迷惑]。中世けいくゎい[計会]。なんぎ[難儀]。中古めいわく[迷惑]。上代こんきゅう[困窮]。
ー・する 近代とまどふ[戸惑]。近世こまる[困]。ささはる[障]。せうしがる[笑止]。てこずる[手子摺/梃摺]。もてあます[持余]。中世きゅうす[窮]。手を焼く。途方に暮る[ー暮れる]。中古おもひこうず[思困]。こうず[困]。わぶ[わびる][侘]。
ー・するさま 近世壁に馬を乗りかく[ーかける]。中古はしたなし。

さ

さ【差】 かうさ／かくさ[較差]。かくさ[格差]。近代ギャップ(gap)。さ[差]。近世くひちがひ[食違]。ずれ。ひらき[開]。中世けんかく[懸隔]。さい[差異]。さゐ／しゃゐ[差違]。そご[齟齬／鉏鋙]。ちがひ[違]。中古さうい[相異]。さうゐ[相違]。たがひ[違]。へだたり[隔]。

―がない とんとん。よこならび[横並]。近代イコール(equal)。どういつ[同一]。近世いちりつ[一律]。ごじっぽひゃっぽ[五十歩百歩]。ごぶごぶ[五分五分]。差違(しゃい)もなし。似たり寄ったり。中古ひとし[等]。上代おなじ[同]。おやじ[同]。

―をつける 水をあける。中世ひきはなす[引離]。

売値と買値の― 近世さや[鞘]。

大きな―がある 近代おほはば[大幅]。かけへだてる[懸隔／掛隔]。たいさ[大差]。だんち／だんちがひ[段違]。とびはなれる[飛離]。桁が違ふ。近世けたちがひ[桁違]。けたはづれ[桁外]。てんち[天地]。中世うんでいばんり[雲泥万里]。中古かけはなる[―はなれる][懸離]。こよなし。《句》近代天地の差。近世提灯に釣鐘。月と鼈(すっぽん)。瓢箪に釣鐘。雪と墨。中世雲泥の差。雲泥の隔て。

高低の― だんさ[段差]。近代らくさ[落差]。

真の値と測定値との― 近代ごさ[誤差]。

小さな― きんさ[僅差]。鼻の差。近代せうさ[小差]。中世かみひとへ[紙一重]。せうい[小異]。せうゐ[小違]。

その他―のいろいろ(例) おんどさ[温度差]。じさ[時差]。てんさ[点差]。へんさち[偏差値]。近代さがく[差額]。ねはば[値幅]。

ざ【座】 中世せき[席]。ちゐ[地位]。上代ざ[座]。ざせき[座席]。

―に着くこと 近代ちゃくせき[着席]。中世ざづき[座付]。中古ちゃくざ[着座]。

―に連なること 近世れっせき[列席]。中世ざれつ[座列]。れつざ[列座]。

―の雰囲気 近世ざづき[座付]。

―を離れること 近代座を外す。近世ちゅうざ[中座]。中世きざ[起坐／起座]。

床に敷物を敷いた― 中古ひらざ[平座]。ひらしき[平敷]。平敷の座。

さあ❶〈誘う言葉〉 さて。近世いそうれ。中世いざうれ。さあ。中古いざかし。いざや。いづら[何]。いでいで。いでや。くわ。くわや。いさ。いざさせ給へ。いざ給へ。上代いざ。いざわ。いで。

さあ❷〈考えるときのつぶやき〉 さあて。近世ええと。かうと[斯]。中世いざさは。中古いさとよ。いさや。上代いさ。

サーカス(circus) きょくげいだん[曲芸団]。近代きょくばだん[曲馬団]。

サークル(circle)❶〈円〉 ループ(loop)。近代リング(ring)。わっか[輪]。ゑん[円]。近世ゑんしう[円周]。中古ゑんけい[円形]。上代わ[輪]。

―のいろいろ(例) ウエーティングサークル(和製 waiting circle)。キューシーサークル(quality control circle)。センターサークル(center circle)。ネクストバッターズサークル(next batters circle)。ベビーサークル(和製baby circle)。

サークル(circle)❷〈会〉 どうこうかい[同好会]。ぶかつどう[部活動]。近代クラブ[club／倶楽部]。中世あつまり[集]。上代つどひ[集]。

サービス(service)❶〈社会生活〉 近代けんしん[献身]。サービス。ていきょう[提供]。ていしん[挺身]。ほうし[奉仕]。ボランティア(volunteer)。近世せわ[世話]。とくし[篤志]。中世せったい[接待]。中古もてなし[持成]。

サービス(service)❷〈売買〉 たなざらえ[店浚／棚浚]。近代サービス。ディスカウント(discount)。とくばい[特売]。ねびき[値引]。バーゲンセール(bargain sale)。べんきゃう[勉強]。れんばい[廉売]。わりびき[割引]。近世おまけ／まけ[御負]。やすうり[安売]。→**やすうり**

―品 とくばいひん[特売品]。とっかひん[特価品]。めだましょうひん[目玉商品]。近代おつとめひん[御勤品]。みきりひん[見切品]。

さい【才】 近世うつは[器]。ししつ[資質]。のうりょく[能力]。中世のう[能]。のうりき[能力]。中古さい[才]。さいかく[才覚]。さいき[才気]。さいち[才知]。ざえ[才]。上代さいかん[才幹]。さいのう[才能]。ち[智]。ちゑ[知恵／智恵]。→**さいかく**《句》才子(さいし)才に倒れる。

漢詩文の― 中世からざえ[漢才]。

さい【際】 近世ばあひ[場合]。中世さい[際]。じぶん[時分]。中古きは[際]。をり[折]。上代とき[時]。

さい【差違】 →さ

さい【賽】 →さいころ

さい【犀】 中古さい[犀]。

―の角 近世うさいかく[烏犀角]。さいかく[犀角]。はんざい[斑犀]。中古はなづの[鼻角]。

角が一本の― ウニコール(ポルトガル unicorne)。

ざい【材】 げんざいりょう[原材料]。近代しざい[資材]。そざい[素材]。近世もくざい[木材]。中世ざい[材]。中古ざいもく[材木]。

ざい【在】 近代きゃうど[郷土]。中世きゃうり[郷里]。ざい[在]。中古ざいがう[在郷]。ざいしょ[在所]。上代きゃうりょ[郷閭]。ゐなか[田舎]。→いなか

ざい【財】 近代ざいぶつ[財物]。近世ざいくゎ[財貨]。中古ざい[財]。ざいさん[財産]。ざいほう[財宝]。上代かざい[家財]。ざいもつ[財物]。とみ[富]。→ざいか【財貨】 →ざいさん

ざいあく【罪悪】 近代ふせい[不正]。中世ざいあく[罪悪]。ぢょくあく[濁悪]。中古あくじ[悪事]。ざいくゎ[罪科]。ざいごふ[罪業]。さんげ/ざんげ[懺悔]。とが[咎/科]。とがめ[咎]。上代つみ[罪]。

さいえん【才媛】 近代さいゑん[才媛]。近世けいしう[閨秀]。さいぢょ[才女]。

サイエンス(science) 近代がくもん[学問]。くゎがく[科学]。サイエンス。しぜんくゎがく[自然科学]。

さいか【災禍】 →さいがい

ざいか【罪科】 近代くゎけい[科刑]。せいさい[制裁]。近世ざいれい[罪戻]。中古ざいくゎ[罪過]。とが[咎/科]。とがめ[咎]。ばつ[罰]。上代けいばつ[刑罰]。ざいくゎ[罪科]。つみ[罪]。

ざいか【財貨】 近代ざいぶつ[財物]。近世ざいくゎ[財貨]。ざいふ[財賦]。じふぶつ[什物]。じふほう[什宝]。中世きんせん[金銭]。くゎざい[貨財]。さん[産]。じふもつ[什物]。ほうもつ[宝物]。中古ざい[財]。ざいさん[財産]。ほうぶつ[宝物]。上代ざいもつ[財物]。しさん[資産]。たから[宝]。たからもの[宝物]。→ざいさん

文化的な形のない― 内界の財貨。

有形の― 中世くゎぶつ[貨物]。

さいかい【斎戒】 近代さいもく[斎沐]。もくゆ[沐浴/沐湯]。中世しゃうじん[精進]。中古さうじ/さうじん[精進]。上代けっさい[潔斎]。さいかい[斎戒]。もくよく[沐浴]。ものいみ[物忌]。ゆまはる[斎]。

さいかい【最下位】 けつ[穴/尻]。テールエンド(tail end)。びけ。近代さいかきふ[最下級]。さいてい[最低]。どんけつ。びりっこ。近世どんじり[尻]。びり。

―から二番目 ブービー(booby)。

さいがい【災害】 近代くゎがい[禍害]。やくさい[厄災]。近世へんさい[変災]。中世きなん[危難]。ごなん[御難]。さいくゎ[災禍]。さいへん[災変]。さいやく[災厄]。なん[難]。ひごふ[非業]。わざはひ[災/禍]。中古さいなん[災難]。なん[難]。やくなん[厄難]。上代さいがい[災害]。→さいなん

―と幸福 上代くゎふく[禍福]。

―の前兆 中世えうせい[妖星]。中古えうげつ[妖孽]。

―を受ける ひさい[被災]。近代ひがい[被害]。近世りさい[罹災]。

―を避ける人々 近代なんみん[難民]。ひなんみん[避難民]。

―を防ぐ ぼうさい[防災]。ぼうじょ[防除]。近代びくゎう[備荒]。近世よばう[予防]。

痛ましい― 近代さんがい[惨害]。さんくゎ[惨禍]。

大きな― 中古たいさい[大災]。

風や水による― 近代ふうがい[風害]。ふうすいがい[風水害]。中古ふうさい[風災]。ふうそん[風損]。上代すいがい[水害]。ふうなん[風難]。

財を施して―を救う 近世きうじゅつ[救恤]。しんきう[賑救/振救]。上代しんじゅつ[賑恤]。

寒さによる― せつがい[雪害]。とうがい[凍害]。とうそうがい[凍霜害]。近代れいがい[冷害]。

仕事中の― ぎょうむさいがい[業務災害]。ろうさい[労災]。ろうどうさいがい[労働災害]。

地震による― 近代しんさい[震災]。

自然の― しぜんさいがい[自然災害]。近代てんさいちへん[天災地変]。近世てんぺんちい[天変地異]。上代てんさい[天災]。

人事による― じんいさいがい[人為災害]。近世じんさい[人災]。

戦争による― せんさい[戦災]。近代せんくゎ[戦禍]。近世へいくゎ[兵禍]。中世

ひゃうぢゃう[兵仗]。

日照りによるー 近代 みずききん[水飢饉]。みかんがい[旱害]。近世 かっすい[渇水]。みづがれ[水涸/水枯]。中古 かんばつ[旱魃]。上代 ひでり[日照]。

火によるー 中古 くゎさい[火災]。くゎなん[火難]。

ざいかい【財界】 近代 きんゆうかい[金融界]。けいざいかい[経済界]。げふかい[業界]。ざいかい[財界]。さんげふかい[産業界]。じつげふかい[実業界]。

さいかく【才覚】 近代 アビリティー(ability)。インテリジェンス(intelligence)。ウイット(wit)。エスプリ(フランス esprit)。ちせい[知性]。りち[理知]。近世 がくしき[学識]。きち[機知]。きてん[機転]。くめん[工面]。しがく[仕覚]。しゅがく[修学]。とんち[頓知/頓智]。のうりょく[能力]。めはし[目端]。中世 くめん[工面]。さいりゃく[才略]。さんだん[算段]。中古 こころたましひ[心魂]。さい[才]。さいかく[才覚]。さいがく[才学]。さいき[才気]。さいち[才知/才智]。ざえ[才]。たましひ[魂]。上代 さいかん[才幹]。さいのう[才能]。ちゑ[知恵/智恵]。

ーがある 近世 手が有る。中古 心利く。

ーが鈍い 中古 ぬるし[温]。

生活をするー 近代 せいくゎつりょく[生活力]。中古 わたらひごころ[渡心]。

ちょっとしたー 近代 こさいき[小才気]。近世 こさいかく[小才覚]。ございく[小細工]。こりこう[小利口]。

ざいがく【在学】 近代 ざいかう[在校]。ざいがく[在学]。ざいせき[在籍]。しうがく[就学]。

さいき【才気】 近代 さいかん[才幹]。中古 かど[才]。さい[才]。さいき[才気]。さいち[才知]。たましひ[魂]。上代 さいのう[才能]。ちゑ[知恵/智恵]。

ーあふれる 近代 さいきばしる[才気走]。さいばしる[才走]。→**さいかく**

ーがある ブリリアント(brilliant)。中世 心馳(こころば)せ有り。中古 かどかどし[才才]。かどめく[才]。

ーと度量 中世 さいりゃう[才量]。

弁舌などのー 中古 さきら[先]。

さいき【再起】 カムバック(comeback)。さいけん[再建]。リバイバル(revival)。近代 かへりざく[返咲]。けんどぢゅうらい/けんどちょうらい[捲土重来]。さいき[再起]。ふくくゎつ[復活]。ふくこう[復興]。近世 くゎいふく[回復]。さいきょ[再挙]。中世 さいこう[再興]。さいざう[再造]。さいせい[再生]。ふくき[復帰]。中古 たちなほる[立直]。上代 こうふく[興復]。よみがへる[蘇/甦]。

《句》近代 しちてんはっき[七転八起/七顚八起]。近世 七転び八起き。

さいぎ【猜疑】 近代 ぎしんあんき[疑心暗鬼]。盃中(はいちゅう)の蛇影。近世 うたぐる[疑]。かんぐる[勘繰]。さいぎ[猜疑]。中古 いぶかる[訝]。うたがふ[疑]。ぎわく[疑惑]。上代 くゎいぎ[懐疑]。

ー心が強い 近世 うたがひぶかし[疑深]。うたぐりぶかし[疑深]。

ー心を持つこと 中古 こぎ[狐疑]。

さいきん【最近】 近代 げんか[現下]。じか[時下]。近世 きんこん[近今]。きんだい[近代]。けふこのごろ[今日此頃]。けふび[今日日]。げんこん[現今/見今]。げんざい[現在]。このところ[此所]。さいきん[最近]。たうせつ[当節]。ばんきん[輓近]。中世 きんじ[近時]。このぢゅう[此中]。このせつ[此節]。ちかごろ[近頃]。まぢかし[間近]。中古 きんらい[近来]。このほど[此程]。さくこん[昨今]。上代 いま[今]。きのふけふ[昨日今日]。このごろ[頃]。たうこん[当今]。

ーの事件 近代 きんじ[近事]。

さいきん【細菌】 ウイルス(ラテン Virus)。近代 さいきん[細菌]。きん[菌]。きんるい[菌類]。ばいきん[黴菌]。バクテリア/バクテリヤ(bacteria)。びせいぶつ[微生物]。びゃうきん[病菌]。びゃうげんきん[病原菌]。びゃうげんたい[病原体]。

ーがいないこと むきん[無菌]。

ーを除き殺すこと じょきん[除菌]。近代 さっきん[殺菌]。せうどく[消毒]。

いろいろなー ざっきん[雑菌]。

薬剤等に耐性をもったー たいせいきん[耐性菌]。

その他ーのいろいろ(例) いおうさいきん[硫黄細菌]。うどんこかび[饂飩粉黴]。かのうきん[化膿菌]。きゅうきん[球菌]。近代 かうきせいさいきん[好気性細菌]。けんきせいさいきん[嫌気性細菌]。

ざいきん【在勤】 近代 げんしょく[現職]。ざいきん[在勤]。ほうしょく[奉職]。近世 きんむ[勤務]。ざいしょく[在職]。上代 ざい

にん［在任］。

さいく【細工】❶〈手工〉かこう［加工］。こうさく［工作］。近世ぎかう［技巧］。ふさく［斧鑿］。中世からくり［絡繰］。てざいく［手細工］。中古さいく［細工］。しゅこう［手工］。

ーの拙いこと 中世ひざいく［非細工］。

ーをする 近代手を加へる。中世さいくむ［細工］。

ーをする人 近代こうげいか［工芸家］。近世かざりしょく［飾職／錺職］。かざりや［飾屋／錺屋］。さいくし［細工師］。中世さいくにん［細工人］。中古さいく［細工］。

すばらしいー 近世きかう［機巧］。めうこう［妙工］。上代きかう［奇巧］。

その他ーのいろいろ（例） うめきざいく［埋木細工］。きょうぎあみ［経木編］。きりぬきざいく［切抜細工］。とうざいく［籐細工］。もくぞうがん［木象眼］。近代アルヘイざいく［有平細工］。かひざいく［貝細工］。まめざいく［豆細工］。らふざいく［蠟細工］。ろくろざいく［轆轤細工］。近世あめざいく［飴細工］。かみざいく［紙細工］。こがたなざいく［小刀細工］。しゅちゅうくゎ［酒中花］。たまざいく［玉細工］。つちざいく［土細工］。つのざいく［角細工］。ねつけ［根付］。ふきまはし［吹回］。よせぎざいく［寄木細工］。中世うるしざいく［漆細工］。かはざいく［皮細工／革細工］。きりかみ［切紙］。たけざいく［竹細工］。ひきいれ［引入］。中古ろくろひき［轆轤挽］。

さいく【細工】❷〈企み〉策を弄（ろう）する。手を打つ。近代たくらみ［企］。近世さくりゃく［策略］。じゅっすう［術数］。中古けいりゃく［計略］。さいく［細工］。はかる［謀／図／計］。ぼうりゃく［謀略］。

さいくつ【採掘】さいせき［採石］。近代くっさい［掘採］。くっさく［掘削／掘鑿］。さいくつ［採掘］。さいくゎう［採鉱／採礦］。さいたん［採炭］。はっくつ［発掘］。中世ほりだす［掘出］。

サイクル（cycle）近代サイクル。しうはすう［周波数］。じてんしゃ［自転車］。しんどうすう［振動数］。ヘルツ（hertz）。近世しうき［周期］。中世りんゑ［輪廻］。中古じゅんくゎん［循環］。→じてんしゃ →しゅうき【周期】→じゅんかん

ざいけ【在家】中古ざいけ［在家］。ざいぞく［在俗］。ぞくかく［俗客］。

さいけつ【裁決】近代けっさい［決裁］。しんぱん［審判］。中世きむ［きめる］［決］。中古さいけつ［裁決］。さいだん［裁断］。さいてい［裁定］。さいばん［裁判］。上代けつだん［決断］。しょだん［処断］。はんけつ［判決］。

ー・し許可する 近世さいか［裁可］。

ー済み きさい［既裁］。

直ちにー・する じきさい／ちょくさい［直裁］。

ためらわずにー・する 近代ちょくせつ［直截］。

天子のー 近代しんさい［親裁］。中世ちょくさい［勅裁］。

自らー・する ちょくさい［直裁］。

さいけつ【採決】けつ［決］。ひょうけつ［票決］。近代ぎけつ［議決］。けつぎ［決議］。さいけつ［採決］。ひゃうけつ［評決］。へうけつ［表決］。近世ひゃうてい［評定］。中世けっす［決］。中古さいたく［採択］。

さいげつ【歳月】にちげつ［日月］。れきねん［暦年］。近世くゎういん［光陰］。せいさう／せいざう［星霜］。ねんしょ［年所］。中世じちげつ［日月］。しゅんじう／はるあき［春秋］。つゆしも／つゆじも［露霜］。ふうさう［風霜］。羊の歩み。中古じつげつ［日月］。はくく［白駒］。上代さいげつ［歳月］。つきひ［月日］。としつき／ねんげつ［年月］。ひつき［日月］。

ーの過ぎるのが早いさま 近世しんしん［駸駸］。中古白駒（はくく）隙（げき）を過ぐ［ー過ぎる］。

過ぎ去るー 中古りうねん［流年］。上代じんぜん［荏苒］。

長いー 上代ちいほあき［千五百秋］。ももよ［百代／百世］。

さいけん【再建】近代さいき［再起］。さいちく［再築］。たてかへ［建替］。たてなほし［立直］。近世さいけん［再建］。さいこん［再建］。中世さいこう［再興］。さいざう［再造］。中古たちなほる［立直］。

さいけん【債券】近代こうさい［公債］。こくさい［国債］。さいけん［債券］。しゃさい［社債］。ちはうさい［地方債］。ボンド（bond）。中世しょうけん［証券］。

さいけん【債権】近代さいけん［債権］。ざいさんけん［財産権］。近世りけん［利権］。

さいげん【際限】近代げんかい［限界］。げんど［限度］。リミット（limit）。近世ぎりぎり［限限］。中世きうきょく［究極］。きゅうきょく［窮極］。きり［切］。さいげん［際限］。はうりゃう［方量］。はてし［果］。へんさい／へんざい［辺際］。中古きょく［極］。さいはて［最果］。そこひ［底］。はて［果］。上代かぎり［限］。ほとり［辺］。

ーがない インフィニティ(infinity)。エンドレス(endless)。極まりない。近代そこなし[底無]。のはうづ[野放図/野放途]。むげん[無限]。底知れない。近世とめどなし。中世むきゅう[無窮]。限りなし。きりなし。そこはかとなし。手纏(たま)(環/鐶)の端無きが如し。中古そこひなし[底無]。つきせぬ[尽]。はてしなし[果無]。むへん[無辺]。上代おくかも知らず。

さいげん【再現】 近代さいき[再起]。さいげん[再現]。プレーバック(playback)。リバイバル(revival)。近世くゎいふく[回復]。さいねん[再燃]。中世さいこう[再興]。

ざいげん【財源】 キャピタル(capital)。しきんりょく[資金力]。しゅっしきん[出資金]。近代ざいげん[財源]。ざいりょく[財力]。しきん[資金]。しほんきん[資本金]。ファイナンス(finance)。近世しほん[資本]。中世もとで[元手]。

労せずして金を生むー 金(かね)の生(な)る木。

さいけんとう【再検討】 ねりなおし[練直]。近代さいし[再思]。近世さいかう[再考]。みなほし[見直]。

さいご【最後】 エンディング(ending)。しゅうきょく[終局]。しゅうしふ[終止符]。どんじまひ。どんづめ。挙げ句の果て。近代エンド(end)。オメガ(omega; Ω/ω)。けつまつ[結末]。ゴール(goal)。さいび[最尾]。しゅうてん[終点]。しゅうまく[終幕]。しゅうまつ[終末]。すゑしじゅう[末始終]。たうび/てうび[掉尾]。フィニッシュ(finish)。まつび[末尾]。ラスト(last)。近世おしまひ/しまひ[御仕舞/御終]。おてちん。おほづめ[大詰]。おりどめ[織留]。ぐゎんいしくどく[願以此功徳]。けつび[結尾]。さいしゅう[最終]。しんがり[殿]。せんざいらく[千歳楽]。せんしうらく[千秋楽]。だいだんゑん[大団円]。どたんば[土壇場]。どんじり。どんづまり。ろくだんめ[六段目]。詰(つめ)の城。鯔(とど)のつまり。奈落の底。中世あがり[上]。あげく[挙句]。さいご[最後]。じんご[尽期]。せんど[先途]。なごり[名残/余波]。今は斯(か)う。中古さいはて[最果]。つひ[終/竟]。はて[果]。ひっきゃう[畢竟/必竟]。をはり[終/畢]。今は限り。上代かぎり[限]。

ーに 中世つめては[詰]。中古つひに[終/遂/竟]。はては[果]。

ーに落ち着くところ しゅうちゃくえき[終着駅]。挙げ句の果て。近代けっきょく[結局]。中古はて[果]。ひっきゃう[畢竟/必竟]。終(つひ)のすみか。

ーに出演する人 近世きり[切/限]。とり[取]。

ーの 近代ファイナル(final)。

ーの案 だんあん[断案]。

ーの活躍の場 近代はなみち[花道]。

ーの頑張り おいこみ[追込]。近代ラストスパート(last spurt)。近世一簣(いっき)の功。

ーの決め手 近代わうて[王手]。

ーの手段 中世おくのて[奥手]。ごくい[極意]。中古ひけつ[秘訣]。

ーの場面 近代どたんば[土壇場]。フィナーレ(イタリア finale)。近世だいだんゑん[大団円]。中世きり[切/限]。

ーの方がなくなる 近代しりきれ[尻切]。しりきれとんぼ[尻切蜻蛉]。近世しりきり[尻切]。

ーまで言う 中世いひつむ[ーつめる][言詰]。中古いひやる[言遣]。

ーまで…する 近世ぬく[抜]。中世あぐ[あげる][上]。おほす[おおせる][果]。きる[切]。とぐ[とげる][遂]。上代とほす[通]。をふ[おえる][終]。《句》近世断機の教へ。

興行でーの日 らくび[楽日]。近代らく[楽]。近世せんざいらく[千歳楽]。せんしうらく[千秋楽]。

書物などのー けっくゎん[結巻]。近世くゎんび[巻尾]。くゎんまつ[巻末]。中世くゎんぢく[巻軸]。

その日ーの出し物 近世きり[切/限]。

その日ーの発車の便 近代さいしゅうれっしゃ[最終列車]。しゅうしゃ[終車]。しゅうでんしゃ[終電車]。しゅうはつ[終発]。

その日の興行のーの幕 近世きりまく[切幕]。

和歌のーの句 近世らくく[落句]。

さいご【最期】 →し・ぬ

ざいこ【在庫】 ストック/ランニングストック(running stock)。りゅうつうざいこ[流通在庫]。近代ざいか[在荷]。近世てもち[手持]。

ーがなくなること 近世しなぎれ[品切]。

ーの安売り たなざらえ[棚浚]。

ーを記入する帳簿 近世よろづありちゃう[万有帳]。

不良のー デッドストック(dead stock)。

さいこう【再興】 →さいき【再起】

さいこう【最高】 近代さいかうきふ[最高級]。さいじゃうとう[最上等]。さいぜん[最善]。

さいりゃう[最良]。ちゃうてん[頂点]。トップ(top)。ベスト(best)。マキシマム(maximum)。マックス(max)。近世きって[切]。こっちゃう[骨頂/骨張]。さいかう[最高]。しかう[至高]。じゃうぼん[上品]。ずいいち[随一]。てっぺい/てっぺん[天辺]。てんじゃう[天上]。とどまる[止]。になし[二無]。この上なし。中世いちりう[一流]。いっとう[一等]。うへなし[上無]。くきゃう[究竟]。くゎん[冠]。ごくじゃう[極上]。しじゃう[至上]。ぜっせ[絶世]。ちゃうじゃう[頂上]。なにより[何]。にほんいち[日本一]。中古いちばん[一番]。かぎりなし[限無]。かみなし[上無]。きはなし[際無]。さいじゃう[最上]。ぜっせい[絶世]。だいいち[第一]。やむごとなし/やんごとなし[止事無]。上代いたり[至]。しごく[至極]。むじゃう[無上]。

―の趣 中世きょくち[極致]。

―の機密 トップシークレット(top secret)。

―の位 近代しゅせき[主席]。位人臣を極める。中世きょくゐ/ごくゐ[極位]。上代しゃういちゐ[正一位]。ちゃうくゎん[長官]。

―の位の人 近代しゅせき[主席]。近世しゅざ[首座]。中世くゎんじゅ[貫首/貫主]。中古じゃうしゅ[上首]。ちゃう[長]。ひゃくゑ[百会]。上代ちゃうくゎん[長官]。

―の手段 近世いちのて[一の手]。中世いちのてだて[一手段]。

―の賞 きんしょう[金賞]。近代きんメダル[金medal]。

―の水準 トップレベル(top level)。

―の人 キング(king)。ベストワン(best one)。近代だいいちにんしゃ[第一人者]。わうさま[王様]。わうしゃ/わうじゃ[王者]。中世うはかさ[上嵩]。中古いちひと/いちのひと[一人]。わう[王]。

―の物 とくじょう[特上]。ベストワン(best one)。近代ピン。近世おしょく[御職]。くろごくじゃうじゃうきち[黒極上上吉]。をりがみだうぐ[折紙道具]。中世うはかさ[上嵩]。うはもり[上盛]。中古ひとつもの[一物]。

―の盛り上がり あっかん[圧巻]。近代クライマックス(climax)。さいかうてう[最高潮]。近世どうぶくら[胴脹]。中世しごく[至極]。

競技などの―の記録 近代レコード(record)。

ざいごう【在郷】→**いなか**

ざいごう【罪業】 中古あくごふ[悪業]。上代ざいごふ[罪業]。しゅくごふ[宿業]。

さいころ【賽子】 ころ[転]。シャイツ[(中国語)骰子]。近代ダイス(dice)。近世さい[采/賽]。さいころ[賽子/骰子]。中世ぐに[五二]。上代さえ。

―の表の目の反対の目 うらめ[裏目]。

―の目 中世さいめ[采目/賽目]。

勝ちとなる―の目 中世かちめ[勝目]。

二つの―の目が揃うこと ぞろめ[目]。

二つの―の目が揃って一が出ること 近代ピンぞろ。

▼賽を投げる 近世いってき[一擲]。

さいこん【再婚】 近代さいこん[再婚]。さいせう[再醮]。てんか[転嫁]。近世さいえん[再縁]。ぞくげん[続弦]。中世さいか[再嫁]。

女性が―しない 後家を立てる。貞女二夫(両夫)に見えず。

女性の― 近世かいか[改嫁]。

配偶者死亡の後その兄弟姉妹と― おとうとなおし[弟直]。ぎゃくえんこん[逆縁婚]。

さいさい【再再】→**さいさん【再三】**

さいさき【幸先】 中世きっさう[吉左右]。きってう[吉兆]。ずいちょう[瑞徴]。ずいてう[瑞兆]。中古きちじゃう/きっしゃう[吉祥]。きちずい/きつずい[吉瑞]。きっさう[吉相]。ずいさう[瑞相]。ずいしゃう[瑞祥]。上代しゃうずい[祥瑞]。

さいさん【再三】 いくども[幾度]。近代さいさんさいし[再三再四]。近世ちょいちょい。ちょくちょく。よく。中世さいさい[再再]。しげしげ。すたび[数度]。せつせつ[折折/節節]。どど[度度]。ひんぴんと[頻頻]。中古あまたかへり[数多返]。あまたたび[数多度]。いくそたび[幾十度]。たびたび[度度]。上代さいさん[再三]。しじに。しばしば[屢屢/数数]。しみみ[茂]。しみら。まねく。

さいさん【採算】 近代ださん[打算]。ふところかんぢゃう[懐勘定]。近世かんぢゃう[勘定]。むなざんよう/むねざんよう[胸算用]。中世しゅうし[収支]。

―がとれる ペイ(pay)。近世算盤が合ふ。

商業上の― コマーシャルベース(commercial base)。

ざいさん【財産】 近代ざいぶつ[財物]。ちょざい[貯財]。近世ありもの[有物]。いっせき[一跡]。いへくら[家蔵]。ざいくゎ[財貨]。ざいほん[財本]。しんしょ[身上]。

はたばり[端張/機張]。ぶげん/ぶんげん[分限]。やたいぼね[屋台骨]。中世くゎざい[貨財]。こうさん[恒産]。さん[産]。しょたい[所帯]。しんしゃう[身上]。しんだい[身代]。せけん[世間]。たから[宝]。つねのさん[常産]。中古かし[家資]。ざい[財]。ざいさん[財産]。せんざい[銭財]。とく[徳]。上代かさん[家産]。ざいもつ[財物]。し[資]。しざい[資財]。しさん[資産]。とみ[富]。

《句》近代恒産(こうさん)なき者は恒心(こうしん)なし。児孫(じそん)の為に美田を買はず。近世売家と唐様で書く三代目。座して食らへば山も空し。親苦労するその子楽する孫乞食する。財宝は地獄の家苞(いへづと)。

―家(か) →かねもち

―が皆無 近代すってんてん。はだかいっくゎん[裸一貫]。むいちぶつ[無一物]。むいちもん[無一文]。むさん[無産]。近世あかはだか[赤裸]。すっぱだか[素裸]。てぶり[手振]。はだか[裸]。編み笠一蓋。中世するすみ[匹如身/単己]。むいちもつ[無一物]。

―が磨り減ってゆくこと 近代ささらさっぽう[簓先穂]。

―のあるさま 近代いうさん[有産]。おほじょたい[大世帯/大所帯]。ぜうふ[饒富]。中世ゆうふく[裕福]。近世内証善し。ふゆう/ふゆ[富裕]。ふきいう[富祐]。ふっき[富貴]。ふねう[富饒]。中古ふいう[富有]。ふうき[富貴]。ふうぜう/ふぜう[富饒]。ふくとく[福徳]。上代ゆたか[豊]。

―の全部 ぜんざいさん[全財産]。中世いっせき[一跡]。

―の力 近代きんりょく[金力]。けいざいりょく[経済力]。ざいりょく[財力]。しりょく[資力]。

―を失う くいたおす[食倒]。すりつぶす[磨潰/擂潰]。身上(しんしょう)をはたく。身代を棒に振る。近代たうさん[倒産]。たうさん[蕩産]。産を傾ける。しはて[為果]。産を破る。近世くひつぶす[食潰]。たたきあぐ[―あげる][叩上]。たうじん[蕩尽]。つぶす[潰]。はたく[叩]。身代(しんだい)明(あ)く[―明ける]。身代打つ。身代限り。身代を潰す。銅鑼を打つ。中世すりきる[擦切/摩切]。する[摩/擦]。手と身になる。中古はさん[破産]。

―を増やす ざいテク[財technology]。マネービル(和製money building)。近代しょくさん[殖産]。ちくざい[蓄財]。りしょく[利殖]。近世しだし[仕出]。お竈(かま)を起こす。中世こやす[肥]。上代くゎしょく[貨殖]。

家の― 近世しんしょ[身上]。しんだい[身代]。中世しんしゃう[身上]。中古かし[家資]。上代かざい[家財]。かさん[家産]。

一代で築いた― 近世いちだいぶんげん[一代分限]。

大きな― きょざい[巨財]。近代きょふ[巨富]。

国の― 近代こくし[国資]。こくいうざいさん[国有財産]。こっくゎ[国貨]。近世こくざい[国財]。こくど[国帑]。

個人の― しふく[私腹]。近代しさん[私産]。近世しんしょ[身上]。中世しざい[私財]。しし[私資]。しんしゃう[身上]。上代かさん[家産]。

寺院の所有する― 近代じふぶつ/じふもつ[什物]。

死んだ人の残した― 近代ゐさん[遺産]。中世ゐざい[遺財]。

少ない― 近世こぬかさんがふ[小糠三合]。

さいし【才子】 近世さいぶつ[才物]。中世えいしゅん[英俊]。しゅんさい[俊才]。中古えいさい[英才/穎才]。上代さいし[才子/才士]。さいじん[才人]。→**えいさい**

さいし【妻子】 近代けいるい[係累]。てんばく[纏縛]。手底(たなそこ)の玉。近世かぞく[家族]。さいど[妻孥]。掌中(しゃうちゅう)の珠。中世みうち[身内]。掌(たなごころ)の玉。中古にくしん[肉親]。上代さいし[妻子]。めこ[妻子]。

さいし【祭祀】 →**さいれい**

さいじ【祭事】 →**さいれい**

さいしき【彩色】 →**さいしょく【彩色】**

さいじつ【祭日】 アニバーサリー(anniversary)。近代さいじつ[祭日]。しゅくじつ[祝日]。はたび[旗日]。中古しきじつ[式日]。

ざいしつ【材質】 近代クオリティー(quality)。ざいしつ[材質]。ひんしつ[品質]。中世しつ[質]。

さいしゅ【採取】 →**さいしゅう**(次項)

さいしゅう【採集】 近代さいしゅ[採取]。さいほ[採捕]。近世さいしふ[採集]。さいしゅう[採聚]。中古かきよす[―よせる][掻寄]。かる[狩]。とりあつむ[―あつめる][取集]。上代あつむ[あつめる][集]。しうしふ[収集]。つむ[集]。

―のいろいろ(対象) こんちゅうさいしゅう[昆虫採集]。さんさいとり[山菜採]。ぶどうがり[葡萄狩]。近代いちごがり[苺狩]。

近世きのこがり[茸狩]。しほひがり[潮干狩]。ほたるがり[蛍狩]。中世もみぢがり[紅葉狩]。中古さくらがり[桜狩]。上代くすりとり[薬取]。
海の浮遊物などを—・すること　ろうかい[撈海]。

さいしゅう【最終】→さいご【最後】

ざいじゅう【在住】　近代ていぢゅう[定住]。近世ざいぢゅう[在住]。中世げんぢゅう[現住]。中古すみつく[住着]。上代きょぢゅう[居住]。

さいしゅっぱつ【再出発】　まきかえし[巻返]。近代やりなほし[遣直]。近世でなほし[出直]。まきなほし[巻直]。中世しなほし[為直/仕直]。

さいしょ【最初】　じょばん[序盤]。すべりだし[滑出]。でだし[出]。とっぱな[突端]。近代アルファ(alpha; A/α)。しょっぱな[初端]。しょとう[初頭]。じょのくち[序口]。だいいっぽ[第一歩]。とっぱじめ[始]。とりかかり[取掛]。ファースト(first)。ぶっつけ[打付]。ふりだし[振出]。へきとう[劈頭]。ぼうとう[冒頭]。いの一番。近世あたま[頭]。いとぐち[糸口]。おはつ[御初]。くち[口]。くちあけ[口開/口明]。くちきり[口切]。さんばそう[三番叟]。しょて[初手]。しょてっぺん[初天辺]。すてっぺん[素天辺]。せんとう[先頭]。とっつき/とりつき[取付]。のっけ。はな[端]。ピンぞろ[一揃]。ぼうばな[棒端/棒鼻]。みづはな[水端]。中世いりぐち[入口]。かうし[嚆矢]。かはきり[皮切]。げんしょ[原初]。さしより[指寄]。じょ[序]。だいいち[第一]。てはじめ[手始]。はつ[初]。はったん/ほたん/ほったん[発端]。らんしゃう[濫觴]。中古いちばん[一番]。うひ[初]。さいしょ[最初]。たうしょ[当初]。はじめ[始/初]。

—から　上代ぐゎんらい[元来]。

—から　近世てんきり[天]。てんから[天]。

—から最後まで　近世しょちゅうご[初中後]。中世しゅうし[終始]。

—であることの苦痛　近代かはきりやいと[皮切灸]。皮切りの一灸。

—に据える灸(きゅう)　近世かはきり[皮切]。

—にする　近代口火を切る。

—にする人　いちばんのり[一番乗]。近世いちばんて[一番手]。いちばんやり[一番槍]。

—に戻す　振り出しに戻す。近代ごはさん[御破算]。

—の気持ち　近世しょい[初意]。しょし[初志]。中世しょいちねん[初一念]。しょねん[初念]。中古しょしん[初心]。

—の代　近世しょだい[初代]。

—の年　近世しょねん[初年]。中古ぐゎんねん[元年]。

—の人　→がんそ
—のもの　中世ずいいち[随一]。

興行で—の日　近代しょじつ[初日]。中世しょにち[初日]。

宗派や宗教の—の人　近代けうそ[教祖]。近世しゅうそ[宗祖]。中世かいき[開基]。かいさん[開山]。かいそ[開祖]。びそ[鼻祖]。中古そし[祖師]。

書物などの—　近代くゎんしょ[巻初]。ぼうとう[冒頭]。近世くゎんしゅ[巻首]。中世かきだし[書出]。くゎんとう[巻頭]。

さいじょ【才女】　近代さいゑん[才媛]。近世けいしう[閨秀]。さいぢょ[才女]。

さいしょう【最小】　さいていげん[最低限]。近代きょくせう[極小]。ミニマム(minimum)。近世さいせう[最小]。中世ごくせう[極小]。

さいしょう【宰相】　近代しゃうこう[相公]。しゅしゃう[首相]。しゅはん[首班/主班]。そうりだいじん[総理大臣]。中世しゃう[相]。ちゅうだう[中堂]。喉舌(こうぜつ)の官(くわん)。上代さいしゃう[宰相]。さいほ[宰輔]。
立派な—　近代ばうと[房杜]。中世めいしゃう[名相]。中古けんしゃう[賢相]。

さいじょう【最上】→さいこう【最高】

さいじょう【斎場】　そうぎじょう[葬儀場]。近代さいぢゃう[斎場]。近世さうぢゃう[葬場/喪場]。

ざいじょう【罪状】　近世きょうじゃう[凶状/兇状]。上代ざいじゃう[罪状]。
—を口頭で述べること　近代こうきょう[口供]。

さいしょく【彩色】　近代いろづけ[色付]。さいしょく[彩色]。中世いろざし[色差]。いろどり[彩/色取]。ちゃくしょく[着色]。

—を施す　近代いろづける[色付]。中古いろふ[色/彩/艶]。さいしく[彩色]。たむ/だむ[彩]。上代いろどる[彩]。そむ〔そめる〕[染]。にほす[匂]。

敵の目を眩(くら)ますための—　げんさい[眩彩]。近代ぎさう[偽装]。めいさい[迷彩]。

さいしょく【菜食】　近代さいしょく[菜食]。

中世しゃうじ／しゃうじん［精進］。中古さうじ／さうじん［精進］。

ーをよいとする主義の人 近代さいしょくしゅぎしゃ［菜食主義者］。ベジェテーリアン／ベジタリアン(vegetarian)。

ざいしょく【在職】 近代げんしょく［現職］。ざいせき［在籍］。近世ざいきん［在勤］。ざいしょく［在職］。上代ざいにん［在任］。

さいしん【細心】 こころして［心］。ことこまか［事細］。近代しうたう［周到］。しゃうさい［詳細］。近世さいしん［細心］。しゃうみつ［詳密］。ちみつ［緻密］。ねんいり［念入］。ゐさい［委細］。中世せいさい［精細］。たんねん［丹念］。めんみつ［綿密］。中古こまやか［細］。しんちょう［慎重］。上代つぶさに［具］。

さいしん【砕心】 近代くりょ［苦慮］。ふしん［腐心］。中世くしん［苦心］。くらう［苦労］。中古さいしん［砕心／摧心］。

さいしん【最新】 ホット(hot)。近代アップツーデート(up-to-date)。カレント(current)。さいしん［最新］。ニュー(new)。中世まあたらし［真新］。

ー流行の ハイファッション(high fashion)。近代アラモード(フランス à la mode)。

さいじん【才人】 近世さいぶつ［才物］。中世えいしゅん［英俊］。中古えいさい［英才／穎才］。しゅんさい［俊才］。上代さいし［才子］。さいじん［才人］。→**えいさい**

ざいせ【在世】 →**せいぞん**

さいせい【再生】 たちなおり［立直］。リサイクル(recycle)。近代さいき［再起］。ふくきう［復旧］。ふくくゎつ［復活］。ふくこう［復興］。リバイバル(revival)。近世さいせい［再生］。息を吹き返す。中世かうせい［更生／甦生］。くゎいせい［回生］。さいこう［再興］。さいらい［再来］。しんせい［新生］。そせい［蘇生／甦生］。中古いきかへる［生返］。上代よみがへる［甦／蘇］。

古いものを新しくー・する 中世くゎんこつだったい［換骨奪胎］。

録画(録音)したものをー・する リプレー(replay)。近代プレーバック(playback)。

さいせい【最盛】 かっきょう［活況］。近代かうきゃう［好況］。せいえい［盛栄］。せいきゃう［盛況］。中世さいせい［最盛］。せいだい［盛大］。ぜんせい［全盛］。はんえい［繁栄］。中古さかん［盛］。上代さかり［盛］。たけなは［酣／闌］。

ー期 ぜっちょうき［絶頂期］。ピーク(peak)。近代ゴールデンエージ(golden age)。さいかうてう［最高潮］。ぜんせいき［全盛期］。わうごんじだい［黄金時代］。近世たうげ［峠］。ひる［昼］。中世しゅん［旬］。上代さかり［盛］。たけなは［酣／闌］。

ざいせい【財政】 けいざいじょうたい［経済状態］。しきんぐり［資金繰］。フィスカル(fiscal)。近代かねまはり［金回］。くゎいけい［会計］。ざいせい［財政］。ざいむ［財務］。ファイナンス(finance)。ふところぐあひ［懐具合］。ふところつがふ［懐都合］。近世ざいふ［財賦］。だいどころ［台所］。

ざいせき【在籍】 ざいせき［在席］。近代ざいがく［在学］。ざいせき［在籍］。近世ざいしょく［在職］。中世しょぞく［所属］。上代ざいにん［在任］。

さいせん【賽銭】 近世さんもつ［散物］。中世さいせん［賽銭］。さんせん［散銭］。

さいぜん【最前】❶〈先程〉 ついさっき。いまがた／いましがた［今方］。さっき［先］。近世せんだって［先達］。中世さきほど［先程］。せんこく［先刻］。ぜんこく［前刻］。たった今。中古さいぜん［最前］。

さいぜん【最前】❷〈先頭〉 近代さいせんたん［最先端］。トップ(top)。近世せんとう［先頭］。のっけ。ひっとう［筆頭］。中世まっさき［真先］。中古かしら［頭］。さいしょ［最初］。さいぜん［最前］。上代だいいち［第一］。

戦いのー 近代くゎせん［火線］。さいぜんせん［最前線］。だいいっせん［第一線］。中世やおもて［矢面］。

さいぜん【最善】 近代さいぜん［最善］。さいりゃう［最良］。ベスト(best)。中世しじゃう［至上］。ぜっかう［絶好］。中古さいじゃう［最上］。

ーに次ぐこと 近代じぜん［次善］。ベター(better)。

さいそく【催促】 近代さいこく［催告］。そくしん［促進］。近世とくそく［督促］。中古さいそく［催促］。もよほし［催］。

ー・する 尻を叩く。近世せかす(せかせる)［急］。せきたつ［ーたてる］［急立］。せっつく［責付］。せりたつ［ーたてる］［迫立］。せる［迫］。せわる。中世せたぐ［虐］。せつく［責付］。せまる［逼／迫］。せめはたる［責徴］。中古いひもよほす［言催］。せむ(せめる)［責］。せめたつ［ーたてる］［責立］。もよほす［催］。上代うながす［促］。はたる［徴］。

ーの手紙 近代とくそくじゃう［督促状］。

さ

厳しく—・するさま 〔近代〕矢の催促。〔近世〕やいのやいの。

さいだい【細大】 〔中世〕いちぶしじゅう［一部始終］。さいだい［細大］。ぜんぶ［全部］。

さいだい【最大】 〔近代〕きょくだい［極大］。マキシマム(maximum)。さいだいげん［最大限］。マックス(max)。〔中古〕さいだい［最大］。

—と最小の差 こうさ［較差］。

—に考えても 多くとも。〔近代〕せいぜい［精精］。〔近世〕たかだか［高高］。

さいたく【採択】 〔近代〕えらびとる［選取］。〔近世〕とりいる［—いれる］［採入］。〔中古〕さいたく［採択］。さいよう［採用］。

ざいたく【在宅】 〔近世〕ざいしゅく［在宿］。ざいじゅう［在住］。〔中世〕ざいたく［在宅］。

さいだん【裁断】 〔近代〕けっさい［決裁］。さいりょう［裁量］。〔中世〕さばく［裁］。〔中古〕さいけつ［裁決］。さいだん［裁断］。さいてい［裁定］。さた［沙汰］。だんず［断］。〔上代〕けつだん［決断］。しょだん［処断］。はんけつ［判決］。

布や紙などを—・する 〔近代〕カッティング(cutting)。カット(cut)。〔近世〕かみたち［紙裁］。〔中世〕さいす［裁］。せんさい［剪裁］。〔中古〕たつ［裁／截］。

さいち【才知】 〔近代〕インテリジェンス(intelligence)。ウイット(wit)。エスプリ(フランスesprit)。ひらめき［閃］。〔近世〕きち［機知］。とんち［頓知］。〔中世〕ちりょく［知力］。〔中古〕さいき［才気］。さいち［才知／才智／材智］。〔上代〕さい［才］。→**さいかく**

《句》〔近世〕小知(小智)は亡国の端。貧すれば鈍す。〔中古〕一を聞いて十を知る。

—がある 〔中世〕さかし［賢］。〔中古〕らうらうじ［労労］。りゃうりゃうじ。

—がすぐれていること 〔近代〕さいえい［才英／才穎］。ゆうしゅん［雄俊］。〔近世〕えいめい［英明］。くゎうさい［宏才／広才］。さいしゅん［才俊／才儁］。しゅんまい［俊邁］。〔中世〕えいしゅん［英俊］。えいまい［英邁］。さいけん［才賢］。ちかう［知巧／智巧］。〔中古〕えいち［英知］。しゅんさい［俊才］。〔上代〕めいてつ［明哲］。

—が鋭いさま 〔中古〕かみそり［剃刀］。

—がないこと 〔中世〕ふねい［不佞］。

—がなく鈍いこと 〔中世〕どどん［駑鈍］。〔中古〕ぐどん［愚鈍］。どんこん［鈍根］。

—と学識 〔中古〕さいかく／さいがく［才覚／才学］。

—と器量 〔中古〕さいき［才器／材器］。

—と識見 〔上代〕さいしき［才識］。

—と容色 〔近代〕さいしき［才色］。〔上代〕さいしょく［才色］。

—のすぐれた女性 〔近世〕けいしう［閨秀］。さいぢょ［才女］。さいゑん［才媛］。

—のすぐれた人 〔近代〕さいえい［才英／才穎］。ゆうしゅん［雄俊］。〔近世〕くゎうさい［宏才／広才］。けんじん［賢人］。さいしゅん［才俊］。しゅんまい［俊邁］。〔中世〕えいしゅん［英俊］。さいけん［才賢］。しゅんし［俊士］。〔中古〕しゅんさい［俊才］。〔上代〕けんじゃ［賢者］。さいし［才子］。さいじん［才人］。

—をちらりと見せる 〔中古〕ひろめかす［閃］。

常規では律しきれない— 〔中古〕ふき［不羈］。

すぐれた— 〔近世〕かうち［巧知／巧智］。

よこしまな— 〔近世〕かんさい［奸才／姦才］。わるぢゑ［悪知恵］。

わずかな— 〔近世〕こさい［小才］。せうけい［小慧］。せうち［小知／小智］。〔中古〕せうさい［小才］。

さいちゅう【最中】 〔近代〕さなか［最中］。〔近世〕どうなか［胴中］。とじゃう［途上］。〔中世〕さいちゅう［最中］。ただなか［直中／只中］。ちゅう［中］。なかば［半］。まっさいちゅう［真最中］。まっさかり［真盛］。まっただなか［真只中］。もなか［最中］。〔上代〕たけなは［酣］。

さいてい【裁定】 〔近代〕けっさい［決裁］。さいりょう［裁量］。〔近世〕さばき［裁］。〔中世〕きむ［きめる］［決］。〔中古〕さいけつ［裁決］。さいだん［裁断］。さいてい［裁定］。だんず［断］。〔上代〕しょだん［処断］。

さいてい【最低】 さいかい［最下位］。ちんけ。ワースト(worst)。〔近代〕キリ。さいあく［最悪］。さいか［最下］。さいてい［最低］。〔近世〕げげ［下下］。どんぞこ［底］。びり。〔中世〕げのげ［下下］。むげ［無下］。〔中古〕げぼん［下品］。しもがしも［下下］。

—価格 さいやすね［最安値］。フロアプライス(floor price)。ボトムアウト(bottom out)。〔近世〕そこね［底値］。

—生活の限度 〔近代〕びんぼふせん［貧乏線］。

さいてき【最適】 〔近代〕かうつがふ［好都合］。かうてき［好適］。〔近世〕あつらへむき［誂向］。うってつけ［打付］。てきかく［的確／適確］。てきせつ［適切］。〔中世〕かうこ［好個］。かくかう［格好］。かっこう［恰好］。てきたう［適当／的当］。

さいてん【祭典】 →**さいれい**

さいてん【採点】 アセスメント(assessment)。

近代さいてん［採点］。さてい［査定］。はんてい［判定］。ひゃうか［評価］。ひゃうてん［評点］。近世ねぶみ［値踏］。ひゃうてい［評定］。中古ひゃうぢゃう［評定］。上代かうくゎ［考課］。しなさだめ［品定］。

さいど【再度】 近世さいおう［再応］。さいわう［再往］。中古かさねて［重］。さいど［再度］。上代ふたたび［再］。またまた［又又／復復］。

サイド(side) 近代サイド。近世そくめん［側面］。よこ［横］。中世かは／がは［側］。中古かたはら［傍］。わき［脇］。

―ワーク(和製side work) アルバイト(ドイツ Arbeit)。サイドビジネス(和製side business)。近代ふくげふ［副業］。近世かたしゃうばい［片商売］。ないしょく［内職］。

さいな・む【苛】→**いじ・める**

さいなん【災難】 がいかん［害患］。近代くゎがい［禍害］。くゎくゎん［禍患］。くゎんくゎ［患禍］。てんぺんちい［天変地異］。やくさい［厄災］。近世がい［害］。きょうくゎ［凶禍］。へんさい［変災］。中世あうくゎ［殃禍］。うれひ［憂／愁］。きなん［危難］。くゎあう［禍殃］。ごなん［御難］。さいくゎ［災禍］。さいへん［災変］。さいやく［災厄］。なん［難］。ひごふ［非業］。ひし。やくがい［厄害］。わざ［業／態］。わざはひ［災／禍］。中古くゎ［禍］。くゎさい［禍災］。さいなん［災難］。やく［厄］。やくなん［厄難］。上代きょうじ［凶事］。さいあう［災殃］。さいい［災異］。さいがい［災害］。まが／まがこと／まがごと［禍事］。も［喪］。《句》近代堅き氷は霜を履ふむより至る。畳の上の怪我。玉を懐いて罪あり。池魚の殃。白刃前に交はれば流矢を顧みず。近世蟻の穴から堤も崩る［―崩れる］。犬も歩けば棒に当たる。昨日は人の身、今日は我が身。口から高野。くぼき所に水溜る。禍福は糾へる縄の如し。今日は人の上、明日は我身の上。千日の旱魃より一日の洪水。千里の堤も蟻穴から。天の作せる孽は猶違くべし、自ら作せる孽は逭るべからず。虎を養ひて患ひを遺す。禍は独り行かず。中世口は禍の門。千里の野に虎を放つ。牝牛に腹突かる［―突かれる］。禍を転じて福となす。中古口の虎は身を破る。

―が身に及ぶ 近世しんしゃう［身上］。中世ふりかかる［降掛／降懸］。

―から守ってくれる仏 近世まもりほんぞん［守本尊］。

―続き ダブルパンチ(和製double punch)。《句》近代一難去ってまた一難。虎口を逃れて竜穴に入る。瘤の上の腫れ物。転べば糞の上。前門に虎を拒ぎ後門に狼を進む。前門の虎後門の狼。泣きっ面に蜂。近世踏んだり蹴ったり。弱り目に祟り目。

―と幸福 上代くゎふく［禍福］。

―に遭う ひさい［被災］。近代じゅなん［受難］。ひがい［被害］。近世りさい［罹災］。

―に巻き込まれる 近代池魚の殃。巻き添へを食ふ。近世とばっちり。側杖(傍杖)を食ふ。

―の根源 近代くゎいん［禍因］。中世くゎこん［禍根］。

―の根源を取り去ること 近代ばっぽんそくげん［抜本塞源］。《句》近代株を削り根を掘る。

―の前兆 中世えうせい［妖星］。中古えうげつ［妖孽］。

―の火 上代まがつひ［禍火］。

―を起こす神 中世あくじん［悪神］。

―を取り除くこと 中世やくはらひ［厄払］。中古じゃうさい［攘災］。そくさい［息災］。

―を封じ込めた箱 近代パンドラのはこ［ギリシャ Pandōra箱］。

悪事の報いの― ごうやく［業厄］。中古たたり［祟］。よあう［余殃］。

後になってふりかかる― こういしょう［後遺症］。ごなん［後難］。中世こうなん［後難］。

いたましい― 近代さんくゎ［惨禍］。

運が良すぎて―を受ける 近世くゎほうやけ［果報焼］。

多くの― 上代しちなん［七難］。

重い大きな― 中世たいくゎ［大禍］。だいなん［大難］。たいやく［大厄］。ちゅうえう［中夭］。中古ぢゅうやく［重厄］。

思いがけない― 近代アクシデント(accident)。きくゎ［奇禍］。中世ちんじちゅうえう［珍事中夭］。わうくゎ［横禍］。わうさい［横災］。わうなん［横難］。上代じこ［事故］。

海上の― 近代かいなん［海難］。

急な― 中古きふなん［急難］。

口によって起こる― 上代言の忌み。《句》近世雉子も鳴かずば撃たれまい。

国の― 近世こくくゎん［国患］。こくなん［国難］。

車などの事故によるー　りんか［輪禍］。
苦労とー　中世くやく［苦厄］。さいやく［災厄］。
女性関係からくるー　近世ぢょなん［女難］。
神仏によるー　中古たたり［祟］。
水上のー　近世すいやく［水厄］。上代すいなん［水難］。
戦争によるー　せんさい［戦災］。中世せんくゎ［戦禍］。近世へいくゎ［兵禍］。近代ひゃうぢゃう［兵仗］。
ちょっとしたー　中世せうなん［小難］。
内部から起こるー　楽屋から火を出す。近世獅子身中の虫。
刃物によるー　中世けんなん［剣難］。
火によるー　中古くゎさい［火災］。くゎなん［火難］。
病気などによるー　中古つつが／つつみ［恙］。

さいにん【再任】 ぞくとう［続投］。近代りうにん［留任］。中世さいにん［再任］。ぢゅうにん［重任］。

ざいにん【在任】 →**けんえき**

ざいにん【罪人】 近代はんざいしゃ［犯罪者］。はんざいにん［犯罪人］。近世おしおきもの／しおきもの［御仕置者］。おたづねもの［御尋者］。つみんど［罪人］。とりもの［捕者］。とが 中世けいと［刑徒］。つみうど［罪人］。とがじん／とがにん［咎人／科人］。なはつき［縄付］。ぼんにん［犯人］。めしうど［召人／囚人］。中古しうじん［囚人］。はんにん［犯人］。上代ごくしう［獄囚］。ざいしう［罪囚］。ざいにん［罪人］。しうと［囚徒］。つみびと［罪人］。
ーとして捕まる　手が後ろに回る。近世縄に掛かる。
ーとなる　中世だざい［堕罪］。
ーを捜すためにかけられた賞金　近世そくたく［属託／嘱託］。
ーを捕まえる　近代ほばく［捕縛］。近世たいほ［逮捕］。縄を打つ。中世縄を掛く［ー掛ける］。中古めしとる［召捕／召取］。
ーを捕まえる人　近代ほり［捕吏］。近世とりかた［捕方］。中世とりて［捕手］。
ーを閉じ込めておく所　→**かんごく**

さいねん【再燃】 さいはつ［再発］。むしかえす［蒸返］。近代ぶりかへす［返］。近世さいねん［再燃］。中世さいほつ［再発］。

さいのう【才能】 キャパ／キャパシティー(capacity)。近代アビリティー(ability)。かんさい［幹才］。しゅわん［手腕］。タレント(talent)。とんさい［頓才］。近世うでまへ［腕前］。のうりょく［能力］。中世うで［腕］。ぎじゅつ［技術］。きりゃう［器量］。ぎりゃう［技量／伎倆／技倆］。さいかく［才覚］。ざえ［才］。しゃうこつ［性骨］。てなみ［手並］。とく［徳］。のう［能］。りきりゃう［力量］。中古うつはもの［器者］。かど［才］。こころだましひ［心魂］。さい［才］。さいき［才気］。さいち［才知／才智］。上代さいかん［才幹］。さいのう［才能／材能］。
《謙》近代あさぢゑ［浅知恵］。せんがくひさい［浅学非才／浅学菲才］。びさい［微才］。近世はくさい［薄才］。中世ぐさい［愚才］。せんさい［浅才］。中古たんさい［短才］。ひさい［非才／菲才］。ふせう［不肖］。むのう［無能］。上代ふさい［不才／無才］。
《句》器量負けする。才子才に倒れる。近代薫は香を以て自ら焼く。天は二物を与へず。中古甘井先づ竭く［ー竭きる］。
ーがあって下位にとどまっていること　中世えんたい［淹滞］。
ーがある　近代いうゐ［有為］。中世いうのう［有能］。しゅっしゃう［出生］。中古かどかどし［才才］。たふ［たえる］［耐／堪］。上代かしこし［賢］。
ーがあるように見える　中古かどめく［才］。ざえざえし［才才］。
ーがない　どんわん［鈍腕］。近代どば［駑馬］。びさい［微才］。ぼんさい［凡才］。れっさい［劣才］。近世どさい［駑才］。どんさい［鈍才］。はくさい［薄才］。ぼんこつ［凡骨］。中世ぶきりゃう［不器量／無器量］。ぶこつ［無骨］。能がない。中古かたかど［片才］。ひさい［非才］。ふせう［不肖］。ふのう［不能］。むさい／むざえ［無才］。むのう［無能］。上代ひはく［菲薄］。ふさい［不才］。みつなし［才無］。
ーがないのに高位にいること　近世賢路を塞ぐ。中古ひきょ［非拠］。
ーがないのに高給をもらう人　近世ろくぬすびと［禄盗人］。
ーのある女性　近世けいしう［閨秀］。さいぢょ［才女］。さいゑん［才媛］。
ーのある人　近代いつざい［逸材］。さいぶつ［才物］。のうし［能士］。ゐさい［偉才］。千里の馬。近世てとり［手取］。中世えいけつ［英傑］。きよう［器用］。きりゃうじん［器量人］。しゅんげん［俊彦］。のうしゃ／のうじゃ［能者］。中古かんせい［甘井］。けんのう［賢能］。さいけつ［才傑］。てんさい

［天才］。[上代]きそく［驥足］。さいし［才子］。さいじん［才人］。しゅんけつ［俊傑／儁傑］。

―を生かし切れない [近世]宝の持ち腐れ。

―を生かし伸ばす [近代]かいはつ［開発］。[中世]驥足(きそく)を展(の)ばす。

―を実際以上に見せ掛ける [近代]げんえう［衒耀］。

―を包み隠す [中世]たうくゎい［韜晦］。爪を隠す。《句》[近代]上手(じやうず)の猫が爪を隠す。良賈(りょうこ)は深く蔵して虚(むな)しきがごとし。[中世]能ある鷹(たか)は爪を隠す。

―を自ら誇る [近世]きりゃうじまん［器量自慢］。

いろいろな―がある [中古]たげい［多芸］。たのう［多能］。[上代]たさい［多才］。

生まれつきの― [近世]ししつ［資質］。しせい［資性］。[中世]そしつ［素質］。[中古]ざえ［才］。[上代]てんこつ［天骨］。

生まれつきのすぐれた― [近世]りゃうのう［良能］。[中古]てんさい［天才］。

詩文を作る― [近代]かさい［歌才］。きんしんしうこう［錦心繍口］。しさい［詩才］。ひっさい［筆才］。錦繍(きんしう)の腸(はらわた)。[中世]からざえ／かんざい［漢才］。ぶんさい［文才］。[中古]もんさい／もんざい［文才］。

すぐれた― [近代]いさい［異才］。いつざい［逸材］。いっそく［逸足］。しゅんえい［俊英］。たつざい［達材］。りゃうき［良器］。ゐさい［偉才］。[近世]たくさい［卓才］。ゐざい［偉材］。[中世]えいしゅん［英俊］。きさい［奇才］。きさい［鬼才］。しゅんしう［俊秀］。たいさい［大才］。たっさい［達才］。めいさい［明才］。[中古]いのう［異能］。えいさい［英才／穎才］。かうさい［高才］。けんさい［賢才］。こうさい［鴻才／洪才］。さいくゎ［才華］。しゅんさい［俊才／駿才］。のうさい［能才］。ゐき［偉器］。[上代]たいき［大器］。りゃうさい［良才］。

すぐれた―が外に出る [近代]さいきくゎんぱつ［才気煥発］。穎(えい)を脱す。[中古]えいだつ［穎脱］。光を放つ。

政務を執る― [中古]廊廟(らうべう)の器。

めったにない― [中世]きさい［奇才］。きさい［鬼才］。

悪い― [近世]あくさい［悪才］。わるぢゑ［悪知恵］。

さいはい【采配】❶〈指揮〉 [近代]さいりゃう［裁量］。しじ［指示］。しはい［支配］。[中世]さいはい［采配］。さしづ［指図］。めいれい［命令］。[中古]しき［指揮］。

さいはい【采配】❷〈指揮の道具〉 [近世]さい／ざい［采／賽］。さいはい［采配］。

さいばい【栽培】 [近代]いくせい［育成］。ゑんげい［園芸］。[近世]ばいやう［培養］。[中世]さいばい［栽培］。そだつ（そだてる）［育］。[中古]つくる［作］。つちかふ［培］。のうかう［農耕］。[上代]かうさく［耕作］。のうさく［農作］。

稲などの後に他の作物を―・する あとさく［後作］。[近代]うらさく［裏作］。

草花や花木の― かきえんげい［花卉園芸］。はなづくり［花作］。

その他―のいろいろ(例) いしがきさいばい［石垣栽培］。いしがきづくり［石垣作］。でんしょうさいばい［電照栽培］。にきさく［二期作］。よくせいさいばい［抑制栽培］。れきこうさいばい［礫耕栽培］。ろじさいばい［露地栽培］。[近代]こんさく［混作］。そくせいさいばい［促成栽培］。にもうさく［二毛作］。

さいばし・る【才走】 [近代]さいきばしる［才気走］。さいばしる［才走］。[中古]かどかどし［才才］。

さいはつ【再発】→**さいねん**

さいはて【最果】 きょくげん［極限］。[近代]きょくち［極地］。しゅうきょく［終極］。[中世]きうきょく［究極］。さいげん［際限］。[中古]きはまり［極］。きょく［極］。さいはて［最果］。てんがい［天涯］。はて［果］。へんさい［辺際］。

さいばん【裁判】 [近代]こうはん［公判］。さいけつ［裁決］。しんぱん［審判］。しんり［審理］。[近世]おほやけざた［公沙汰］。おもてざた［表沙汰］。くじだくみ［公事巧］。しょうごく［訟獄］。でんどざた［出所沙汰］。[中世]おまへざた［御前沙汰］。くじ［公事］。さばき［裁］。[中古]さいばん［裁判］。[上代]そしょう［訴訟］。

―官 [近代]ジャッジ(judge)。はんし［判士］。はんじほ［判事補］。[近世]しちょく［司直］。[中世]はうぐゎん／はんぐゎん［判官］。はふぐゎん［法官］。

―になる [近代]おもてざた［表沙汰］。[近世]おもてだつ［表立］。

―を行う場所 コートハウス(courthouse)。裁きの庭。[近代]こうはんてい［公判廷］。はふてい［法廷］。[中世]ていちゅう［庭中］。↓**さいばんしょ**(次項)

さいばんしょ【裁判所】 [近代]さいばんしょ［裁

判所]。はふが[法衙]。中世 しらす[白州/白洲]。

ーのいろいろ(例) かていさいばんしょ[家庭裁判所]。かんいさいばんしょ[簡易裁判所]。こうとうさいばんしょ[高等裁判所]。近代 かきふさいばんしょ[下級裁判所]。くゎんかつさいばんしょ[管轄裁判所]。さいかうさいばんしょ[最高裁判所]。じゃうきふさいばんしょ[上級裁判所]。ちはうさいばんしょ[地方裁判所]。

さいひつ【才筆】 近代 さいひつ[才筆]。たつぶん[達文]。れいひつ[麗筆]。中世 けんぴつ[健筆]。めいぶん[名文]。

さいふ【財布】 近代 がまぎんちゃく[蝦蟇巾着]。がまぐち[蝦蟇口]。ざいなう[財嚢]。さついれ[札入]。パース(purse)。近世 おとしきんちゃく[落巾着]。かねいれ[金入]。かみいれ[紙入]。きんちゃく[巾着]。こしぎんちゃく[腰巾着]。さいふ[財布]。ぜにいれ[銭入]。どうまき[胴巻]。はやみち[早道]。ふくろ[袋]。まへぎんちゃく[前巾着]。まへさげ[前提]。中世 かねぶくろ[金袋]。

《句》近代 財布の紐(ひも)を頸(くび)に懸けるよりは心に掛けよ。

ーの底 近世 さいふじり[財布尻]。なうてい[嚢底]。

ーの中 近代 なうちゅう[嚢中]。なうり[嚢裏]。

空のー 近代 くうなう[空嚢]。

さいぶ【細部】 近代 さいぶ[細部]。しえふまっせつ[枝葉末節]。しゃうさい[詳細]。ディテール(detail)。びさい[微細]。近世 ゐさい[委細]。中世 こまごま[細細]。中古 こまか[細]。しさい[子細/仔細]。ゐきょく[委曲]。上代 つばら/つばらか[委曲/審]。つまびらか[詳/審]。

ーまで見事なこと 近世 せいめう[精妙]。ちみつ[緻密]。中世 さいみつ[細密]。めんみつ[綿密]。上代 せいみつ[精密]。

ざいぶつ【財物】 →**ざいか【財貨】**

さいぶん【細分】 近世 ぼうせき[剖析]。中世 こわけ[小分]。

さいへん【砕片】 近代 かけら[欠片]。さいへん[砕片]。せうへん[小片]。だんぺん[断片]。はへん[破片]。近世 せっぺん[切片]。はぎれ[端切]。はしくれ[端]。中古 きれ[切]。ざんぺん[残片]。

さいほう【裁縫】 近代 ソーイング(sewing)。やうさい[洋裁]。わさい[和裁]。近世 おはり[針]。しごと[仕事]。したて[仕立]。しゅげい[手芸]。ぬひはり[縫針]。はり[針]。はりしごと[針仕事]。はしん[把針]。中世 しんせん[針線/鍼線]。中古 さいほう[裁縫]。たちぬひ[裁縫]。ぬひもの[縫物]。ものたち[物裁]。ものぬひ[物縫]。

ー・する 中古 たちぬふ[裁縫]。

ーの道具のいろいろ 近代 さいほうばこ[裁縫箱]。はりばうず[針坊主]。はりやま[針山]。へらだい[篦台]。ゆびがね[指金]。ゆびかは[指革]。近世 かけばり[掛針]。はりさし[針刺]。はりたて[針立/鍼立]。はりやすめ[針休]。中世 ゆびさし/ゆびざし[指差]。中古 はりばこ[針箱]。ゆびぬき[指貫]。上代 へら[篦]。

ーを業とする家 近世 したてや[仕立屋]。

ーを業とする人 近世 ぬひこ[縫子]。中世 ぬひものし[縫物師]。

ざいほう【財宝】 近代 ざいぶつ[財物]。中世 ほうもつ[宝物]。中古 きんぎょく[金玉]。きんぎん[金銀]。ざいほう[財宝]。ほうぶつ[宝物]。上代 ざいもつ[財物]。たから[宝]。たからもの[宝物]。

莫大なー きょざい[巨財]。

人心を害するー マモン/マンモン(mammon)。

珍しいー 中古 ちんくゎ[珍貨]。

さいまつ【歳末】 近代 ねんぼ[年暮]。近世 おしつめ[押詰]。おほぐれ[大暮]。おほみそか[大晦日]。くれ[暮]。さいび/としのを[歳尾]。さいぼ[歳暮]。せっき[節季]。としずゑ[年末/歳末]。ねんまつ[年末]。年の瀬。中古 くれがた/くれつかた[暮方]。さいばん[歳晩]。さいまつ[歳末]。年の暮れ。春の隣。上代 せいぼ[歳暮]。→**ねんまつ**

ーの市 近世 歳(と)の市/年の市。

去年のー 近世 ふゆどし[冬年]。

さいみつ【細密】 近代 しゃうみつ[詳密]。近世 ちみつ[緻密]。中世 さいび[細微]。さいみつ[細密]。めんみつ[綿密]。中古 びさい[微細]。みぢん[微塵]。上代 せいみつ[精密]。

さいむ【債務】 近代 さいむ[債務]。ふざい[負財]。近世 かりぜに[借銭]。しゃくきん[借金]。しゃくざい[借財]。中世 おひめ[負目]。かり[借]。中古 しゃくせん[借銭]。上代 ふさい[負債]。

ーを負わせる 近世 かしつく〔ーつける〕[貸付]。中世 おほす[負/課]。

さいもく【細目】 近代 かうもく[項目]。さいもく[細目]。でうかう[条項]。近世 うちわ

け［内訳］。中世 かでう［箇条］。こわけ［小分］。せつもく［節目］。中古 くれ［榑］。

ざいもく【材木】 ウッド(wood)。まるざい［丸材］。近代 まるたんぼう［丸太棒］。ようざい［用材］。れうぼく［料木］。近世 かくざい［角材］。ざい［材］。まるた［丸太］。もくざい［木材］。中世 きぎれ［木切］。中古 ざいもく［材木］。上代 き［木／樹］。

—で樹皮近くの白い部分 はくざい［白材］。へんざい［辺材］。中世 しらた［白太］。

—として切り出したままの樹木 近代 まるたんぼう［丸太棒］。近世 まるた［丸太］。中古 そま［杣］。まるき［丸木］。上代 あらき［荒木／粗木］。

—にすること ぞうざい［造材］。近代 せいざい［製材］。

—の香り 近代 きが［木香］。

—の角を削りとる(こと) 近代 めんとり［面取］。近世 面を取る。

—の切れ端 近代 こば［木羽／木端］。近世 こっぱ［木葉／木端］。中世 きれはし［切端］。こっぱ［木端］。

—の質感 きり［肌理］。

—の集積場 ちょぼくじょう［貯木場］。近代 どば［土場］。近世 きば［木場］。

—の接合 近世 つぎて［継手／接手］。

—の中心に近い部分の材 しんざい［心材］。近代 あかみ［赤身］。

—の継ぎ手の凹凸のある材 近世 めぎ［女木］。をぎ［男木／雄木］。

—の搬出で一時集積する所 つなば［綱場］。近代 どば［土場］。

—の割れ目 近世 ひわれ［干割／日割］。

—の割れ目に木切れを埋めること 中世 うめき［埋木］。

—を筏(いかだ)に組まずに流して運ぶこと 近世 かはがり［川狩］。

—を筏に組んで流し運ぶこと 近代 かはくだり［川下］。近世 いかだながし［筏流］。

—を売る家 近世 ざいもくしゃう［材木商］。中世 きや［木屋］。ざいもくや［材木屋］。

—を加工する 中古 こづくる［木造］。

—を切り出す山 だしやま［出山］。ひきやま［引山］。近世 きやま［木山］。上代 そまやま［杣山］。

—を切るのを禁止した山 近世 とめば［留場］。中世 とめやま［留山］。

—を切るのを職業としている人 →**きこり**

—を高く組み上げて作った構造物 近世 やぐら［櫓／矢倉］。

—を山から搬出すること だしやま［出山］。ひきやま［引山］。近世 きりだし［切出］。中世 やまだし［山出］。中古 そまどり［杣取］。

要らなくなった— はいざい［廃材］。

色の白い— しろき［白木］。上代 しらき［白木］。

大きな— きょざい［巨材］。中世 ほた［榾］。

外国から輸入された— がいざい［外材］。

樹皮がついたままの— 上代 くろき［黒木］。

針葉樹の— なんざい［軟材］。

床柱などにする趣ある— めいぼく［銘木］。

太い— どうぎ［胴木］。

ざいや【在野】 みんかん［民間］。近世 さうばう／さうまう［草莽］。中世 さうたく［草沢］。中古 ざいや［在野］。

—の人 近世 やじん［野人］。草莽(さうまう)の臣。中古 しょし［処士］。

▼官職を退く 近代 げや［下野］。野(や)に下る。

さいやく【災厄】 →**さいがい** →**さいなん**

さいよう【採用】 近代 とりあげる［取上］。近世 とりいる［—いれる］［採入］。中世 もちゆ［用］。中古 さいたく［採択］。さいよう［採用］。とる［採］。もちふ／もちゐる［用］。

—・しない ぼつ［没］。近代 きる［切］。

ざいりゅう【在留】 近世 ざいりう［在留］。とうりう［逗留］。中世 たいざい［滞在］。たいりう［滞留］。上代 とどまる［留］。

さいりょう【裁量】 近代 さいりゃう［裁量］。近世 きりもり［切盛］。中世 さいはい［采配］。中古 さいけつ［裁決］。さいだん［裁断］。さいてい［裁定］。上代 しょだん［処断］。

さいりょう【最良】 近代 いうりゃう［優良］。かりゃう［佳良］。さいぜん［最善］。さいりゃう［最良］。近世 しぜん［至善］。りゃうかう［良好］。中古 さいじゃう［最上］。じゃうじゃう［上上］。→**さいこう【最高】**

—の物 近世 すぐれもの［勝物］。

ざいりょう【材料】 マチエール(フランス matière)。近代 げんれう［原料］。ざいれう［材料］。しざい［資材］。しれう［資料］。そざい［素材］。たね［種］。ぶっし［物資］。マテリアル(material)。ようざい［用材］。近世 しろ［代］。ねた(「種」の倒語)。中世 ざい［材］。れう［料］。中古 ものぐさ［物種］。

—がなくなること 近世 たねぎれ［種切］。

—を集めること 近代 しゅざい［取材］。

器具や— 近世 きざい［器材］。

芸術作品などの— かざい［歌材］。近代 ぐゎだい［画題］。だいざい［題材］。近世 しざい

［詩材］。しれう［詩料］。中世 だいもく［題目］。
検査の━ けんたい［検体］。
ちょうどよい━ 近代 かうざいれう［好材料］。

ざいりょく【財力】 きんせんりょく［金銭力］。けいざいりょく［経済力］。近代 きんりょく［金力］。ざいげん［財源］。ざいりょく［財力］。しきんりょく［資金力］。しほんりょく［資本力］。しりょく［資力］。ふりょく［富力］。近世 ぶげん／ぶんげん［分限］。中世 ふせん［富贍］。中古 とく［徳］。
物を買うことのできる━ 近代 こうばいりょく［購買力］。

さいれい【祭礼】 さいぎ［祭儀］。近代 カーニバル(carnival)。さいてん［祭典］。しゅくさい［祝祭］。フェスティバル(festival)。近世 かみごと／かむごと［神事］。中古 かみわざ［神事／神業］。かんごと［神事］。さいじ［祭事］。しんじ［神事］。上代 さいし［祭祀］。さいれい［祭礼］。まつり［祭］。
━などの舞や囃子 中古 かぐら［神楽］。
━のある日 上代 さいじつ［祭日］。
━のとき踊りなどをする台 近世 やたい［屋台／屋体］。
━の練り物 近代 ひきやま［曳山］。近世 だし［山車］。だんじり［檀尻／車楽／楽車］。やたい［屋台／屋体］。中世 みこし［御輿／神輿］。やま［山］。やまほこ／やまぼこ［山鉾］。わたりもの［渡物］。
▼**行列を作って練り歩く人々** 近世 ねりしゅ［練衆］。

さいわい【幸】 →こうふく【幸福】
━に 近世 けりゃう［仮令］。上代 まさきく［真幸］。

さいわん【才腕】 近代 うできき［腕利］。すごうで／せいわん［凄腕］。さいわん［才腕］。びんわん［敏腕］。やりて［遣手］。らつわん［辣腕］。近世 うでまへ［腕前］。

サイン(sign)❶〈**記名**〉シグネチャー(signature)。近代 きめい［記名］。サイン。じしょ［自署］。近世 ていん［調印］。らくくゎん［落款］。中世 かきはん［書判］。くゎあふ［花押／華押］。くゎしょ［花書］。上代 しょめい［署名］。
二名以上の━ れんしょ［連署］。上代 れんぱん［連判］。

サイン(sign)❷〈**合図**〉キュー(cue; Q)。近代 サイン。シグナル(signal)。しんがう［信号］。近世 ふがう［符号］。中世 あひづ［合図］。のろし［狼煙／烽火］。
目による━ 近代 ウインク(wink)。近世 めくばせ［目配］。めまぜ［目交／瞬］。中世 めまじ［目交／瞬］。

さえ(副助詞) でも。も。中世 すらだに。中古 そら。だに。だにあり。まで／までに。上代 さへ。さへに。すら。だにも。
━あるのに 上代 すらを。
━も 近世 かぎって［限］。なほ［尚／猶］。中古 だも。上代 すらに。すらも。

さえき【差益】 マージン(margin)。近代 しうえき［収益］。じつえき［実益］。りざや［利鞘］。中世 りえき［利益］。上代 りじゅん［利潤］。

さえぎ・る【遮】 近代 しゃうさい［障塞］。しゃうびゃう／しゃうへい［障屏］。しゃうへい［障蔽］。とほせんばう［通坊］。中世 かせぐ［枷］。しきる［仕切］。しゃだん［遮断］。たちはだかる［立］。ようそく［壅塞／擁塞］。よぎる［過］。中古 あつぜつ［遏絶］。せきとむ［━とめる］［塞止／堰止］。せき［関］。たちふさがる［立塞］。はばむ［阻］。上代 さいぎる／さえぎる［遮］。ささふ［ささえる］［支］。さふ［さえる］［禁／障］。さまたぐ［━たげる］［妨］。さやる［障］。たふ［遮］。ふさぐ［塞］。ふせく／ふせぐ［防／禦／拒］。
《枕》上代 はやかはの［早川］［⇩せく］。
━・って止める 中古 せきとどむ［━とどめる］［塞止／堰止］。せきとむ［━とめる］［塞止／堰止］。たちさふ［立塞］。上代 せく［塞／堰］。
━・られる 中世 へだたる［隔］。中古 よこぎる［横切］。
━・るものがないこと すどおし［素通］。近世 かいしゃう［開敞］。中世 はればれしい［晴晴］。
立って行く手を━・る 中世 たちはだかる［立］。中古 たちさふ［立塞］。
目に当たる光を━・る 中古 かざす［翳］。

さえず・る【囀】 近代 てんずる［囀］。近世 くぜる［口舌／口説］。中世 さひづる［囀］。中古 さへづる［囀］。ほころぶ［綻］。
━・る鳥 近世 めいきん［鳴禽］。中古 ていてうi［啼鳥］。
しきりに━・る(とくに鶯) 中古 ももさへづり［百囀］。

さ・える【冴】 近代 クリア(clear)。近世 さえざえし［冴冴／冱冱］。めいせき［明晰／明皙］。中世 きはだつ［際立］。中古 あざやか［鮮］。さえさえて［冴冴］。さえまさる［冴勝］。さゆ［さえる］［冴／冱］。すみわたる［澄渡］。すむ［澄／清］。上代 さやか［明／清］。

れいろう［玲瓏］。
ー・えない 中古はえなし［映無］。

さお【竿】 近代ロッド(rod)。上代さを［竿］。
ーの先 近代かんとう［竿頭］。
先に糯(もち)をつけて鳥を捕るー 近世もちざを［黐竿］。中世めつぶし［目潰］。
釣りをするためのー 近代ロッド(rod)。近世さを［竿］。つぎざを［継竿］。のべざを［延竿］。中世てうかん［釣竿］。中古つりざを［釣竿］。
舟を操るー 中世てざを［手棹］。ふなざを［船棹］。みさを［水棹／水竿］。
舟を進めるためーで水中を突く 上代さす［刺］。
ものを計るー 近世かなばかり［矩計］。けんざを［間竿］。はかりざを［秤竿］。
その他ーのいろいろ(例) 近代えもんざを［衣紋竿／衣文竿］。近世のぼりたけ［幟竹］。ほしざを［干竿］。ものほしざを［物干竿］。中世かけざを［掛竿］。なるさを［鳴竿］。のぼりざを［幟竿］。はたざを［旗竿］。中古たかざを／たけざを［竹竿］。
▼竿秤(さおばかり)の目盛り 近世はかりめ［秤目］。
▼助数詞 中世かん［竿］。上代さを［竿］。

さおとめ【早乙女】 近世さつきをとめ［五月乙女］。さつきをんな［五月女］。中世うゑめ［植女］。中古さをとめ［早乙女／早少女／五月少女］。

さか【坂】 近代スロープ(slope)。だらだらざか［坂］。だらだらのぼり［上］。近世さかみち［坂道］。つまあがり［爪上］。つまさきあがり［爪先上］。はんろ［坂路］。やまさか［山坂］。中世くだりざか［下坂］。けいしゃ［傾斜］。こうばい［勾配］。のぼりざか［上坂］。上代さか［坂／阪］。
《枕》上代となみはる［鳥網張］。
ーの下 近代さかした［坂下］。上代さかもと［坂下／坂本］。
ーを上り切ったあたり さかうえ［坂上］。
石畳のー 近世いしざか［石坂］。
石の多いー 近代いしざか［石坂］。
急なー 近代きふはん［急坂］。むなつき［胸突］。むなつきはっちゃう［胸突八丁］。近世しゅんぱん［峻坂］。中世くるまがへし［車返］。中古おとしがけ［落掛／落懸］。上代かみのみさか［神御坂］。
ちょっとしたー 中古こざか［小坂］。
二つーがあって急な方 近世をとこざか［男坂］。
二つーがあって緩い方 近世をんなざか［女坂］。
曲がったー 中古つづらをり［葛籠折］。
黄泉(みよ)の国と現世との境界にあるー 上代よもつひらさか［黄泉平坂］。

さが【性】 ↓せいしつ

さかい【境】 おりめ［折目］。ふしめ［節目］。りんかい［臨界］。近代いっせん［一線］。きゃうかいせん［境界線］。くぎり［区切］。わかれめ［分目］。近世けいかい［境界／経界］。さいめ［際目／境目］。中世かい［界］。さかひめ［境目］。しきり［仕切］。中古きは［際］。きはめ［極目］。きゃう［境］。けじめ。はざめ［挟／挟目］。上代きゃうかい［境界］。さかひ［境］。へだて［隔］。
ーを示す線 近代きゃうかいせん［境界線］。
海水と河水のー 近世しほざかひ［潮境］。
国のー 上代こくきゃう［国境］。中世くにざかひ［国境］。
田と田のー 中古あぜ［畦／畔］。くろ［畔］。↓あぜ
土地のー 近世きゃうゐき［境域／疆域］。ぢざかひ［地境］。上代きゃうかい［境界］。
二種の海流の接触するー 中世しほざかひ［潮境］。

さか・える【栄】 中世さかふ［栄］。にぎはふ［賑］。花が咲く。中古いきほふ［勢］。いきまく［息巻］。ときめく［時］。にほふ［匂］。はなめく［花］。はなやぐ［花］。はやる［流行］。時有り。時に遇(あ)ふ。世に在り。上代さかゆ〔さかえる〕［栄］。さかる［盛］。さきはふ［幸］。
《枕》上代あしびなす［馬酔木］。はるはなの［春花］。まつかへの［松柏］。ゆふばなの［木綿花］。
《句》近代蛍二十日に蟬(せみ)三日。近世月満つれば則(すなは)ち虧(か)く〔ー虧(か)ける〕。
ー・えさせる 中世さかやかす［栄］。中古ときめかす［時］。ひろぐ［広］。上代さきはふ［幸］。
ー・えたり衰えたり 近代えいこせいすい［栄枯盛衰］。中世いちえいいちらく［一栄一落］。うきしづみ［浮沈］。えいきょ［盈虚］。こうばう［興亡］。せいすい［盛衰］。せうちゃう［消長］。りゅうたい［隆替］。中古えいこ［栄枯］。じゃうすい［盛衰］。ちょうじょく［寵辱］。上代えいじょく［栄辱］。こうはい［興廃］。ふちん［浮沈］。
ー・えていて平和 近世しゃうへい［昌平］。中古しょうへい［昇平］。上代だいどう［大同］。たいへい［太平］。たいへい［泰平］。

さ

—・えていてめでたい 近代しゃうけい[昌慶]。

—・えている 中世にぎはし[賑]。中古さかし[賢]。さかゆく[栄行]。にぎはし[賑]。上代ゆたけし[豊]。

—・えていること かっきょう[活況]。近代しゃうせい[昌盛]。せいえい[盛栄]。せいきゃう[盛況]。りゅうこう[隆興]。りゅうしゃう[隆昌]。近世りゅうせい[隆盛]。中世ええう[栄耀]。くゎうえい[光栄]。ぜんせい[全盛]。はな[花／華]。はんえい[繁栄]。はんじゃう[繁盛／繁昌]。ばんぜい[万歳]。よざかり[世盛]。中古えいえう[栄耀]。えいぐゎ[栄花／栄華]。こうりゅう[興隆]。さかえ[栄]。にほひ[匂]。上代いんしん[殷賑]。むくさかに。

—・えているさま 中世にぎやか[賑]。中古さかん[盛]。上代はなやか[華／花]。

—・えている時代 近代ゴールデンエージ(golden age)。さいせいき[最盛期]。わうごんじだい[黄金時代]。→さいせい

—・えている人 せいしゃ[盛者]。中世しゃうじゃ／じゃうしゃ[盛者]。中古ときなるひと／ときのひと[時人]。

—・えて行く 中古さかゆく[栄行]。

—・えて行く運命 近代せいうん[盛運]。

—・える御代(みよ) 近代しゃうせい[昌世]。しゃうだい[昌代]。中古いかしみよ[厳御世]。

勢いを増して—・える 近代はってん[発展]。近世ぼっこう[勃興]。中古こうりゅう[興隆]。

一時的に—・える 近世一花咲かせる。

一族が—・える 中世枝を連ぬ〔—連ねる〕。中古かどひろし[門広]。

一族を—・えさせる 中古門(かど)を広ぐ。

衰えていたものが再び—・えるたとえ 近世炒り豆に花。中世枯れ木に花。中古老い木に花。

時節にあって—・える 時流に乗る。中世はなめく[花／華]。時を得る。中古ときめく／ときめかし[時]。時に合ふ。世に合ふ。

共に—・える 近代きょうえい[共栄]。きょうそんきょうえい[共存共栄]。

根が張って—・える 上代ねだる[根足]。

ますます—・える いやさか[弥栄]。中古さかゆく[栄行]。上代いやさかはえ[弥栄映]。

もう—・えることのないたとえ 近代壁に塗られた田螺(たにし)。

さかき【榊】 ほんさかき[本榊]。中古あれ[阿礼]。りゅうがんぼく[竜眼木]。上代さかき[榊／賢木]。たまぐし[玉串]。まさかき[真榊／真賢木]。

さがく【差額】 ねびらき[値開]。近代さがく[差額]。ねはば[値幅]。

さかさま【逆様】 近代うしろまへ[後前]。うらがへし[裏返]。くゎんりてんたう[冠履顛倒]。さかさ[逆]。さかだち[逆立]。近世あべこべ。かひさま[反様]。さか[逆]。ちゃうす[茶臼]。でんぐりがへる[返]。てんち[天地]。はんたい[反対]。ひっくりかへし[引繰返]。中世うへした[上下]。うらはら[裏腹]。ぎゃく[逆]。まさかさま／まっさかさま[真逆様]。中古かへさま[反様]。たうさく[倒錯]。上代さかさま[逆様／倒]。さかしま[逆／倒]。

《句》近世牛は嘶(いなな)き馬は哮(ほ)え。車は海へ船は山へ。

—禁止 てんちむよう[天地無用]。

—に映った姿 中世たうえい[倒影]。たうけい[倒景]。

—に置く 近世たうち[倒置]。

—にする 中世てんたう[転倒／顛倒]。

—に立つ 近代さかだち[逆立]。しゃっちょこだち[鯱立]。近世しゃちほこだち[鯱立]。たうりつ[倒立]。すぎだち[杉立]。

▼接頭語 近代はん[反]。

さかし・い【賢】 →かしこ・い

さが・す【探】 サーチ(search)。近代きうめい[究明]。さがしまはる[探回]。しうさく[捜索]。たんきう[探究]。たんばう[探訪]。ついきう[追究]。ついきゅう[追窮]。ぶっしょく[物色]。近世かせぐ[稼]。せいらく。せんさく[詮索]。たんさ[探査]。たんさく[探索]。つけいだす[付出]。中世うかがふ[窺]。けんさく[検索]。さがしもとむ〔—もとめる〕[探求／捜求]。さぐりもとむ〔—もとめる〕[探求]。たんだふ〔—だえる〕[探題]。中古あさる[漁]。さうさく[捜索]。さがす[探／捜]。たどる[辿]。とふ[訪]。とぶらふ／とむらふ[訪]。上代あなぐる[索]。いたどる[辿]。さぐる[探]。たづぬ〔たずねる〕[尋]。とむ[求／尋]。まぐ[覓]。もとむ〔もとめる〕[求]。

《尊》中古おぼしたづぬ[思尋]。

《句》近代牛に乗って牛をたづねる。近世灯台下(もと)暗し。

—・し調べること 近代さうさ[捜査]。

—・し出す 近代はっけん[発見]。ほりあてる[掘当]。近世さぐりだす[探出]。つきあつ〔—あてる〕[突当]。つきとむ〔—とめる〕[突

止]。つけいだす[付出]。みつかる[見付]。みつけだす[見出]。中世 たづねだす[尋出]。たんそく[短息]。みいだす[見出]。もとめあふ[求会]。中古 さぐりあつ[—あてる][探当]。たづねあふ[尋逢]。たづねとる[尋取]。たどる[辿]。とぶらひいづ[訪出]。みいづ[見出]。みつく[—つける][見付]。もとめいづ[求出]。

—・し疲れる 近代 さがしあぐねる/さがしあぐむ[捜倦]。中古 たづねわぶ[尋侘]。

—・している物 近代 さがしもの[探物]。

—・しまわる 中古 あさる[漁]。かる[狩/猟]。せふれふ[渉猟]。

—・すさま 近代 鉦(かね)(鐘)や太鼓で探す。近世 こしたんたん[虎視眈眈]。ちまなこ[血眼]。金(かね)の草鞋(わらぢ)で尋ねる。中世 鵜(う)の目鷹(たか)の目。草の根を分けて捜す。草を分けて捜す。

あれこれと—・す 中世 もさく[模索/摸索]。

家中残らず—・す 中世 やさがし[家捜/家探]。

暗闇で—・す 近代 あんさく[暗索]。あんちゅうもさく[暗中模索]。まさぐる[弄]。中世 さぐりもとむ[—もとめる][探求]。上代 あなぐる[探/索]。さぐる[探]。

情報を—・し出すこと じょうほうけんさく[情報検索]。

全部洗いざらい—・す あらいだし[洗出]。近世 たなさがし[棚探]。

敵を—・す 近代 さくてき[索敵]。

手探りで—・す 近代 まさぐる[弄]。中世 もさく[模索]。中古 てさぐり[手探]。

犯人などを厳しく—・す 近代 げんたん[厳探]。

人の欠点などを—・す 中古 傷(疵(きず))を求む[—求める]。

さかずき【杯】 おちょこ[御猪口]。近代 はいさん[杯盞]。近世 ぐいのみ[飲/呑]。ちょく/ちょこ[猪口]。はい[杯/盃]。中世 しゅさん[酒盞]。しゅしゃう[酒觴]。上代 うき[盞]。うくは[浮羽]。うしゃう[羽觴]。うしゃく[羽爵]。さかづき[杯/盃/酒杯]。しゅはい[酒杯/酒盃]。みづたまうき[瑞玉盞]。

—一杯の酒 中世 いっこん[一献]。いっしゃく[一酌]。中古 いっさん[一盞]。上代 ひとつき[一杯]。

—になみなみとついで飲む 近代 まんいん[満引]。近世 満を引く。

—の口の触れる部分 近世 のみくち[飲口/呑口]。

—の底に残る酒 中古 ぎょうだう[凝当/凝濁]。ざんぱい[残杯/残盃]。ながれ[流]。よてき[余滴]。よれき[余瀝]。

—の中 中古 はいちゅう[杯中/盃中]。

—のやりとり おうしゅう[応酬]。近世 差しつ差されつ。中世 こんこん[献献]。中古 けんしう[献酬]。さしあふ[差合]。はいしゃく[杯酌/盃酌]。羽觴(うしやう)を飛ばす。

—を洗う水を入れておく器 近世 さかづきあらひ/はいせん[杯洗]。

—を受けず相手に飲ませる 近世 おさふ[おさえる][抑/押]。

—をさす 中世 けんず[献]。こんぱい[献杯]。中古 けんぱい[献杯/献盃]。

—を載せる台 中世 さかづきだい[杯台]。とさん[渡盞]。中古 しりざら[酒台/後盤]。

—を飲み干して返すこと 近世 へんさん[返盞]。へんぱい[返杯]。中世 あうむ/あうむがへし[鸚鵡返]。

祝いの— 近世 しゅくはい[祝杯]。

宴会で終わりの— 近世 おつもり/つもり[御積]。

宴会で順に回す— 中世 じゅんぱい[順杯/巡杯]。

置いてある—に酒をつぐこと 近世 おきつぎ[置注]。

大きな— 近世 きょはい/こはい[巨杯]。たいはく[大白]。中世 たいさん[大盞]。たいはい[大杯/大盃]。

貝殻の— 近世 あうむさかづき[鸚鵡盃]。しゃこはい[硨磲杯]。中世 鸚鵡の杯(つき)。中古 あうさん[鸚盞]。やくがひ[夜久貝]。

菊の宴に菊を浮かべた— 中世 菊花の杯。菊の杯。

貴人に召され—を貰うこと 中世 おとほり[御通]。

差された—を下へ置かずに返杯すること 近世 あうむ/あうむがへし[鸚鵡返]。

素焼きの— 中世 かはらけ[土器]。

大から小へ順次重ねる— 近代 いれこさかづき[入子杯]。

大小いくつか組になった— かさねさかずき[重杯]。くみさかずき[組杯]。

天皇から賜る— 近代 しはい[賜杯]。中世 てんぱい[天杯/天盃]。

飲み干した—の数 中世 こん[献]。

遣(や)り水に—を流す遊び 中古 りうしゃうきょくすい[流觴曲水]。上代 曲水の宴。

立派な— 中世 ぎょくしゃう［玉觴］。中古 ぎょくし［玉卮］。ぎょくしゃく［玉爵］。ぎょくはい［玉杯］。たまのさかづき［玉杯／玉盃］。

別れの— 近代 べっぱい［別杯／別盃］。名残の杯。近世 未来の杯。

その他—のいろいろ（例） 近代 ばじゃうはい［馬上盃］。近世 うちぐもり［内曇］。おりべさかづき［織部杯］。ぐいのみ［飲／呑］。べくさかづき［可杯／可盃］。中世 かはらけ［土器］。きんぱい［金杯］。ぎんぱい［銀杯］。じふぶんはい［十分杯］。つぼさかづき［壺盃］。もくはい［木杯／木盃］。どくろはい［髑髏杯］。

さかだい【酒代】 近世 さかしろ［酒代］。さかだい［酒代］。のみしろ［飲代］。中古 さかて［酒手］。

—で身代を傾ける 近世 のみつぶす［飲潰／呑潰］。

さかだち【逆立】 近代 しゃっちょこだち［鯱立］。近世 さかだち［逆立］。しゃちほこだち［鯱立］。すぎだち［杉立］。たうりつ［倒立］。上代 さかしま［逆］。

さかだ・つ【逆立】 近世 さかだつ［逆立］。

—・った髪の毛 中世 いかりげ［怒毛］。さかがみ［逆髪］。

髪の毛が—・つ 近世 そばだつ［峙］。

さかだる【酒樽】 近世 こもかぶり［薦被］。しとだる［四斗樽］。中古 さかだる［酒樽］。

祝儀として積み上げた— 近世 つみだる［積樽］。つみもの［積物］。

祝儀に用いた— 近世 えだる［柄樽］。ぬりだる［塗樽］。中世 やなぎだる［柳樽］。

角のような柄のついた— 近世 えだる［柄樽］。つのだる［角樽］。中世 てだる［手樽］。

縄で巻いた— 近世 まきだる［巻樽］。

二斗入りの— 近世 ふたつわり［二割］。

さかて【逆手】 近代 ぎゃくて［逆手］。中世 ぎゃくて［逆手］。さかて［逆手］。

さかな【魚】 ぎんりん［銀鱗］。近代 ぎょかいるい［魚介類］。ぎょかひるい［魚貝類］。ぎょぞく［魚族］。フィッシュ(fish)。近世 いきうを［生魚］。さかな［魚］。さもじ［文字］（女房詞）。なまざかな［生魚］。中世 うろくづ［鱗］。うろこ［鱗］。せんぎょ［鮮魚］。とと／とゝ（幼児語）。中古 いろくづ［鱗］。いろこ［鱗］。いを［魚］。ぎょか［魚蝦］。ぎょべつ［魚鼈］。ぎょりん［魚鱗］。ぎょるい［魚類］。まな［真魚］。りんぞく［鱗族］。上代 うを［魚］。な［魚］。はた［鰭］。

《枕》上代 みなしたふ［水下］。

—が産卵のため浅瀬へ移動すること 近代 のっこみ［乗込］。

—が水面で呼吸し水中に戻ること 近代 けんぐう［噞喁］。中世 はみかへる［食返］。

—がたくさん捕れること ほうりょう［豊漁］。近世 たいれふ［大漁］。

—が捕れないこと おでこ。きょうりょう［凶漁］。ぼうず［坊主］。近世 しけ［時化］。ふれふ［不漁］。

—の浮き袋 中古 ふえ［鰾］。ほはら［鰾］。

—の切り身 近世 つくり［作］。つくりみ［作身］。

—のすり身を練った加工食品 ねりせいひん［練製品］。ねりもの［練物］。

—の精巣 近世 しらこ［白子］。

—の中骨内側のせわた 中古 みなわた［背腸／皆腸］。

—の腹の下の肥えた所 近代 すなずり［砂摩／砂摺］。中古 つちすり［腴］。

—の鰭(ひれ)の基部にある骨 近代 えんがは［縁側］。

—の分類例①［棲息地］ うきうお［浮魚］。うわもの［上物］。えんかいぎょ［遠海魚］。えんがんぎょ［沿岸魚］。おきうお［沖魚］。かいすいぎょ［海水魚］。がいようぎょ［外洋魚］。かわざかな［川魚］。かんかいせいぎょるい［寒海性魚類］。かんすいぎょ［鹹水魚］。きんかいぎょ［近海魚］。しんかいぎょ［深海魚］。そこうお［底魚］。そこもの［底物］。たんすいぎょ［淡水魚］。ひょうそうぎょ［表層魚］。近世 いそうを［磯魚］。かいぎょ［海魚］。中世 かはいを／かはうを［川魚］。中古 ちぎょ［池魚］。

—の分類例②［色］ あおもの［青物］。あかもの［赤物］。ひかりもの［光物］。近代 あをざかな［青魚］。

—の分類例③［習性］ いつき［居着／居付］。かいゆうぎょ［回游魚］。こうりゅうぎょ［降流魚］。しょうりゅうぎょ［昇流魚］。ねざかな［根魚］。ねつきうお［根付魚］。近代 さくかぎょ［溯河魚］。そかぎょ［遡河魚／溯河魚］。上代 ねうを［根魚］。

—の群 近代 ぎょぐん［魚群］。

—の遊泳層 たな［棚］。

—の料理 かいせんりょうり［海鮮料理］。ぎょかいりょうり［魚介料理］。

—の料理（例） おどりぐい［躍食］。ポアソン（フランス poisson）。近代 てりやき［照焼］。ムニエル（フランス meunière）。近世 あらに［粗煮］。

かばやき[蒲焼]。しほやき[塩焼]。しらやき[白焼]。にざかな[煮魚]。むしりざかな[雀魚]。やきざかな[焼魚]。〔中世〕さしみ[刺身]。たたき[叩]。なます[膾/鱠]。はまあぶり[浜炙]。はまやき[浜焼]。〔上代〕まなぐひ[真魚食/真魚咋]。

ーの料理に関わる言葉 いけしめ[活締]。にまいおろし[二枚下]。はんみ[半身]。ヒレ(フランス filet)。〔近世〕あら[粗]。さんまい[三枚]。せびらき[背開]。せわり[背割]。つるしぎり[吊切]。なかおち[中落]。のじめ[野締]。ひらき[開]。〔中世〕さんまいおろし[三枚下]。

ーや肉 〔近世〕なまぐさ/なまぐさもの[生臭物]。

ーを売る店 うおみせ[魚店]。〔近世〕いさば[五十集]。かつをうり[鰹売]。さかなだな[魚店]。さかなや[魚屋]。なや[魚屋]。〔中世〕うをだな/うをのみせ[魚店]。

ーを誘う灯り 〔中世〕ぎょくゎ[漁火]。〔上代〕いさりび/いざりび[漁火]。

ーを天秤棒で担いで売り歩く人 〔近世〕ふりうり[振売]。ぼうてふり/ぼてふり[棒手振]。ぼて/ぼてかつぎ[棒手担]。

ーを取り引きする市場 〔近世〕うをいちば[魚市場]。うをがし[魚河岸]。ざこば[雑魚場]。〔中古〕うをいち[魚市]。

ーを捕る 〔近代〕ぎょくゎく[漁獲]。ぎょらう[漁労/漁撈]。らうぎょ[撈魚]。れふ[漁]。〔中世〕いさる[漁]。〔中古〕あさる[漁]。〔上代〕いざる[漁]。すなどる[漁]。

ーを捕る仕事 〔近代〕ぎょげふ[漁業]。

ーを捕る道具(方法) うなぎづか[鰻塚]。うなぎづつ[鰻筒]。かわぼし[川干]。〔近代〕かはせせり[川]。ぎょぐ[漁具]。〔近世〕うなぎかき[鰻掻]。かいぼり[掻掘]。やな[梁/簗]。〔中世〕かはがり[川狩]。すまき[簀巻]。〔中古〕しばづけ/ふしづけ[柴漬]。たでながし[蓼流]。ひし[魚杈/簎]。やなす[梁簀]。〔上代〕あじろ[網代]。

ーを捕る人 〔近代〕いさりを[漁夫]。ぎょみん[漁民]。〔中世〕れふし[漁師]。〔上代〕ぎょふ[漁夫]。にへびと[贄人]。

一年で死ぬー ねんぎょ[年魚]。

一匹丸のままのー 〔近世〕をかしらつき[尾頭付]。〔中世〕ひとつもの[一物](女房詞)。

いろいろな小さなー 〔近世〕じゃこ[雑魚]。〔中世〕ざっこ[雑魚/雑喉]。〔中古〕ざこ/ざっこう[雑魚/雑喉]。

大きなー 〔近世〕おほいを/おほうを[大魚]。〔中古〕げいげい[鯨鯢]。たいぎょ[大魚]。〔上代〕おふを[大魚]。こん[鯤](想像上の魚)。鰭(はた)の広物(ひろもの)。

川でーを捕ること かわぼし[川干]。〔近代〕かはせせり[川]。〔中世〕かはがり[川狩]。

産卵で川を下るー おちうお[落魚]。

塩漬けのー えんかんぎょ[塩乾魚]。かいしょうひん[醢醤品]。かんぎょ[鹹魚]。〔近世〕えんぎょ/しほざかな[塩魚]。しほもの[塩物]。〔中世〕しほうを[塩魚]。〔中古〕うをびしほ[魚醤]。ししびしほ[肉醢]。はうぎょ[鮑魚]。ひしほ[醢]。

成長したー せいぎょ[成魚]。

成長とともに名の変わるー しゅっせうお[出世魚]。

その年に生まれたー でき/できうお[出来魚]。とうさいぎょ[当歳魚]。

小さなー 〔近代〕こもの[小物]。〔近世〕さいりん[細鱗]。〔中世〕いさな[小魚/細小魚]。〔中古〕せうせん[小鮮]。〔上代〕鰭(はた)の狭物(さもの)。

生の新鮮なー いきざかな[生魚]。かつりん[活鱗]。〔近世〕いきうを/いけうを[活魚]。えどまへ[江戸前](江戸近海の魚)。なまざかな[生魚]。〔中世〕くゎつぎょ[活魚]。せいぎょ[生魚]。せんぎょ[鮮魚]。なまいを/なまうを[生魚]。ぶえん[無塩]。

喉に刺さったーの骨 〔上代〕のぎ[鯁]。

干したー あまぼし[甘干]。〔近代〕まるぼし[丸干]。〔近世〕かんぎょ[乾魚/干魚]。ひうを/ひざかな[乾魚/干魚]。ひらき[開]。〔中古〕はうぎょ[鮑魚]。ひいを[干魚/乾魚]。ほしいを/ほしうを[干魚/乾魚]。〔上代〕ひもの[干物]。

不味(まず)いー ねこまたぎ[猫跨]。

まだ成長していないー けご[毛仔/毛子]。しぎょ[仔魚]。ちぎょ[稚魚]。ようぎょ[幼魚]。

見て楽しむー かんしょうぎょ[鑑賞魚]。

安物のー 〔近代〕したもの[下物]。〔近世〕げざかな[下魚/下肴]。

▼鱗(うろこ) 〔中世〕うろくづ[鱗]。うろこ[鱗]。〔中古〕いろくづ[鱗]。いろこ[鱗]。ぎょりん[魚鱗]。

▼鰓(えら) 〔中世〕あぎと[顎門/顎/鰓]。

▼鰭(ひれ) 〔上代〕はた[鰭]。

▼海産物 〔近代〕ぎょかいるい[魚介類]。シーフード(seafood)。すいさんぶつ[水産物]。〔中古〕ぎょえん[魚塩]。〔上代〕うみ(の)さち[海幸]。

▼助数詞 はら[腹](腹子を数える)。〔近代〕び

[尾]。りん[鱗]。中世こう／こん[喉]。中古ひき[匹]。上代せき[隻]。

さかな【肴】 おとおし[御通]。こづけ[小付]。近代とほしもの[通物]。近世あて[当]。おつまみ[御撮／御摘]。かぶつ[下物]。くちとり／くちとりざかな[口取肴]。だしもの[出物]。つきだし[突出]。つまみ／つまみもの[摘物]。ひとくちもの[一口物]。中世さけさかな[酒肴]。中古くだもの[果物]。じゃうりん[上林]。上代さかな[肴]。しゅかう[酒肴]。な[肴]。
《謙》近代そかう[粗肴]。
ーと果物 中古かうかく[肴核]。
折り櫃(ひつ)に入れたー 中古をりびつもの[折櫃物]。
酒とー 中世さけさかな[酒肴]。しゅせん[酒饌]。中古はいせん[盃饌]。上代しゅかう[酒肴]。
重箱に詰めたー 近世ぢゅうざかな[重肴]。
酢にひたしたー すざかな[酢肴]。中世すのもの[酢物]。
食べ残したー 近代ざんかう[残肴]。
鉢に盛ったー はちもの[鉢物]。近代こばちもの[小鉢物]。中世かはらけもの[土器物]。
珍しいー 中世ちんかう[珍肴]。ちんしう[珍羞]。中古ちんせん[珍饌]。ちんぜん[珍膳]。
よいー 近代かうかぶつ[好下物]。近世びかう[美肴]。中世かかう[佳肴／嘉肴]。

さかなつり【魚釣】 →つり

さかねじ【逆捩】 はんろん[反論]。近代いひまかす[言負]。かうべん[抗弁]。やりかへす[返]。近世さかねぢ[逆捩]。ろんぱ[論破]。ろんばく[論駁]。中古いひかへす[言返]。

さかのぼ・る【遡】 さっきゅう／そきゅう[遡及]。そじょう[遡上／溯上]。近代そかう[遡行]。中世もどる[戻]。上代さかのぼる[遡]。
ー・って追求すること 近代そきう[遡求]。
川をー・る そこう[遡江／溯江]。
時間をー・る 近世そくゎい[遡洄／溯洄]。中世世上がる。中古あがる[上]。のぼる[上]。
源にー・る さくげん／そげん[遡源／溯源]。

さかば【酒場】 あかちょうちん[赤提灯]。スナックバー(snack bar)。パブ(pub)。近代カフェ(フランス café)。キャバレー(フランス cabaret)。さかば[酒場]。なはのれん[縄暖簾]。のみや[飲屋]。バー(bar)。近世きてい[旗亭]。ゐざかみせ[居酒店]。ゐざかや[居酒屋]。中世しゅろう[酒楼]。
ーで飲むこと 近世ゐざけ[居酒]。
ーを何軒も回って飲む 近代のみあるく[飲歩]。近世はしご／はしござけ[梯子酒]。

さかま・く【逆巻】 中古うづまく[渦巻]。たぎる[滾]。上代さかまく[逆巻]。
ー・く波 近代きゃうたう[狂濤]。中世さかなみ[逆波]。どたう[怒濤]。中古げきらう[激浪]。
ー・く水のさま 中世はうはい[澎湃／彭湃]。

さかみち【坂道】 近世さかみち[坂道]。はんろ[坂路]。中世くだりざか[下坂]。のぼりざか[登坂／上坂]。→さか

さかもぎ【逆茂木】 中世ろくかくさい[鹿角砦]。ろくさい[鹿砦／鹿柴]。中古さかもぎ[逆茂木]。

さかもり【酒盛】 →えんかい【宴会】

さかや【酒屋】 近代しゅぼう[酒坊／酒房]。しゅこ[酒戸]。近世さかだな[酒店]。しゅほ[酒舗]。さかみせ[酒店]。すぎばやし[杉林]。中世さかや[酒屋]。中古しゅか[酒家]。上代しゅし[酒肆]。
ーの看板 近世さかばうき[酒箒]。しるしのすぎ[標杉]。すぎたま[杉玉]。すぎばやし[杉林]。せいき[青旗]。中世さかばた／しゅき[酒旗]。さかばやし[酒林]。しゅはい[酒旆]。中古ほて。
酒を小売りするー 近世うけざかや[請酒屋]。
酒を醸造して売るー じょうか[醸家]。近代くらもと[蔵元／倉本]。ぢゃうざうもと[醸造元]。近世つくりざかや[造酒屋]。中世さかや[酒屋]。

さから・う【逆】 近代かうする[抗]。右と言へば左。山と言へば川。近世くってかかる[食掛]。つっかかる[突掛]。中世あらがふ[抗／争／諍]。いろふ[弄／綺]。うちむかふ[打向]。さかふ[逆]。さからふ[逆]。そむく[背／叛]。たがふ[違]。たてつく[楯突]。てむかふ[手向]。はむかふ[刃向]。はむく[刃向]。はりあふ[張合]。をかす[犯／侵]。弓を引く。中古すまふ[争]。むかふ[向]。もがる[強請／虎落]。もどく[抵牾／抵梧]。上代あらそふ[争]。さかる[逆]。
ー・うこと 近代かうてい[抗抵]。かうてき[抗敵]。はんかう[反抗]。はんたい[反対]。はんぱつ[反発]。近世くゎいれい[乖戻]。ていかう[抵抗]。はんぜい[反噬]。中世ていきょ[抵拒]。中古ものあらがひ[物争／物諍]。ものもどき[物擬]。上代ぎゃ

く[逆]。

―・うような態度をとる 中世 すぬ[すねる][拗]。

―・って言う 近代 かうげん[抗言]。かうべん[抗弁]。近世 くちへんたふ[口返答]。中世 くちごたへ[口答]。

―・って進む 上代 ぎゃくかう[逆行]。

―・わずに行く 上代 じゅんかう[順行]。

―・わずに順う 近世 じゅんじゅう[順従/遵従]。じゅんてき[順適]。ゐゐ[唯唯]。ゐゐだくだく[唯唯諾諾]。中世 じゅうじゅん[従順]。

―・わない 近世 じゅん[順]。風の柳。柳に受く[―受ける]。柳に風。柳に遭る。中世 ずいじゅん[随順]。

権力にたいして―・う 中世 はんぎゃく[反逆]。ほんぎゃく[叛逆]。中古 たいかん[対捍]。上代 むほん[謀叛]。

年長者に―・わない 中世 ていじゅん[弟順/悌順]。

命に―・う 近世 かうめい[抗命]。


さかり【盛】 かっきょう[活況]。近代 さなか[最中]。せいき[盛期]。せいきゃう[盛況]。りゅうしゃう[隆昌]。近世 せいじ[盛時]。りゅうせい[隆盛]。中世 じゅん[旬]。まっさかり[真盛]。中古 さいせい[最盛]。さかん[盛]。上代 さかり[盛/壮]。たけなは[酣/闌]。

《枕》上代 はるはなの[春花]。

《句》近世 花に嵐。中世 月に叢雲花に風。花七日。

―が過ぎる 近代 峠を越す。近世 うらがれ[末枯]。すがる[すがれる][尽/末枯]。ななつさがり[七下]。ななつじぶん[七時分]。ななつすぎ[七過]。ななつはん[七半]。薹が立つ。中世 うつろひ[移]。たく[たける][長/闌]。中古 さだすぐ[時過]。上代 くたつ[降]。すぐ[すぎる][過]。

―の過ぎかけ 近代 したむき[下向]。上代 たけなは[酣/闌]。

―の時 上代 みのとき[巳時]。

―の短いたとえ 近代 蛍二十日に蟬三日。

―を過ぎさせる 中世 すごす[過]。中古 すぐす[過]。

―を過ぎたさま 上代 ひねひねし[陳陳]。

―を過ぎた年代 中古 らうだい[老大]。

一時の― 中古 ひとさかり[一盛]。

さが・る【下】 ダウン(down)。近代 ちんか[沈下]。ていか[低下]。ていらく[低落]。近世 かうか[降下]。中世 ずりさがる[下]。中古 かかう[下降]。くだる[下/降]。上代 おつ[おちる][落]。おる[おりる][下/降]。さがる[下/懸]。たる[たれる][垂]。
―・らせる 中世 ひっこむ[―こめる][引込]。中古 さぐ[さげる][下]。しりぞく[―ぞける][退/斥]。
上がることと―・ること 中古 じゃうげ[上下]。しょうかう[昇降/升降]。
後ろへ―・る 近代 こうたい[後退]。近世 あとしざり/あとじさり/あとずざり/あとずさり[後]。あともどり[後戻]。うしろあゆみ[後歩]。うしろじさり[後退]。たいかう[退行]。中世 すさる/すざる[退]。たいほ[退歩]。ひっこむ[引込]。もどる[戻]。中古 しさる[退]。ひきさがる[引下]。ひく[引]。上代 しりぞく[退]。たいきゃく[退却]。
売り上げなどが―・る おちこむ[落込]。
価格などが―・る 近代 げらく[下落]。ていらく[低落]。ねさがり[値下]。
官位が―・る 中古 しづむ[沈]。
急に―・る きゅうらく[急落]。近代 がたおち[落]。きふかうか[急降下]。ぼうらく[暴落]。
水中の物が下方に―・る 近代 ちんか[沈下]。ちんかう[沈降]。ちんせん[沈潜]。中古 ちんぼつ[沈没]。上代 しづむ[沈]。
わずかに―・る びらく[微落]。

さかん【盛】 近代 いんせい[殷盛]。くんかく[薫赫]。しゃうせい[昌盛]。せいきゃう[盛況]。せいきゃう[盛強/盛彊]。りゅうしゃう[隆昌]。わういつ[横溢/汪溢]。近世 ぼっこう[勃興]。りゅうせい[隆盛]。中世 しせい[熾盛]。せいだい[盛大]。にぎやか[賑]。はんえい[繁栄]。まう[猛]。まっさかり[真盛]。中古 いかめし[厳]。おびたし/おびただし[夥]。こうりゅう[興隆]。さかん[盛]。しじゃう[熾盛]。ののしる[罵/喧]。はな/はなやか[花/華]。上代 いんしん[殷賑]。さかり[盛]。さかる[盛]。
―・なことと衰えること 中世 うきしづみ[浮沈]。こうばう[興亡]。せいすい[盛衰]。せうちゃう[消長]。りゅうたい[隆替]。中古 えいこ[栄枯]。じゃうすい[盛衰]。上代 こうはい[興廃]。ふちん[浮沈]。↓
さか・える(―・えたり衰えたり)
―・なさま 我が世の春。近代 いんぜん[殷然]。うつぜん[鬱然]。かくえう[赫耀/赫燿]。さうさう[鏘鏘]。わうぜん[旺然]。

旭日昇天の勢ひ。日の出の勢ひ。燎原の火。[近世]うっこ[鬱乎/蔚乎]。かくぜん[赫然]。せいくゎん[盛観]。はうはう[彭彭]。ひので[日出]。りゅうりゅう[隆隆]。飛ぶ鳥を落とす勢ひ。[中世]かくえき[赫奕]。しんしん[振振]。たうてん[滔天]。[中古]かくやく[赫奕]。さいさい/せいせい[済済]。やうやう[洋洋]。

―・な時 [近代]さかりどき[盛時]。シーズン(season)。せいき[盛期]。せいじ[盛時]。[近世]たうげ[峠]。[上代]さかり[盛]。

―・に行われること [近世]せいかう[盛行]。[中世]こうぎゃう[興行]。

―・に…する [近世]たくる。[中世]すさぶ[遊/荒]。ちぎる。[中古]すさむ[遊/荒]。[上代]しきる[頻]。

―・にする [近代]くゎうちゃう[広張]。しんこう[振興]。しんさく[振作]。ふるひおこす[振起/振興]。[近世]ちゃうくゎう[張皇]。のばす[延/伸]。はる[張]。[中世]おこす[起/興]。さくこう[作興]。花を咲かす。[中古]ひらく[開]。[上代]かへる[返/反]。

―・になる ブレーク(break)。[近代]かいくゎ[開花]。ブーム(boom)。ふっとう[沸騰]。ふるふ[振]。もりあがる[盛上]。りゅうこう[隆興]。わきあがる[沸上]。[近世]こうき[興起]。しこる[凝/痼]。しゅむ。のぼりざか[上坂/登坂]。花が咲く。[中世]さかふ[栄]。さくこう[作興]。はびこる[蔓延]。はんえい[繁栄]。みなぎる[漲]。わきたつ[沸立/湧立]。[中古]こうりゅう[興隆]。すすむ[進]。はやる[流行]。はゆ[はえる][映]。はんじゃう[繁盛/繁昌]。ひらく[開]。[上代]おこる[興]。さかゆ[さかえる][栄]。さかる[盛]。みなぎらふ[漲]。

―・に燃える [近代]もえさかる[燃盛]。[中古]もえたつ[燃立]。

あとほど―・になる さきぶとり[先太]。[近世]すゑひろ/すゑひろがり[末広]。

一時的に―・になること [中古]ひとさかり[一盛]。

一番―・な時 ぜっちょうき[絶頂期]。[近代]さいせいき[最盛期]。[近世]たうげ[峠]。[中世]ぜんせい[全盛]。[中古]さいせい[最盛]。[上代]さかり[盛]。たけなは[酣/闌]。

→**さいせい【最盛】**

気持ちが―・なこと [近代]いきけんかう[意気軒昂]。わうせい[旺盛]。[中世]けんかう[軒昂]。

好ましくないものが―・に広がる [近世]しゃうけつ[猖獗]。てうりゃう[跳梁]。のさばる。[中世]はびこる[蔓延]。[上代]わうかう[横行]。

こもった気が―・に出るさま [近代]うつぼつ[鬱勃]。

突然物事が―・になる まきおこる[巻起/捲起]。

文物が―・なこと [近代]いくぶん[郁文]。[中世]いくいく/ゆくゆく[郁郁]。

もう一度―・にする [近代]ふくこう[復興]。[中世]さいこう[再興]。[中古]ちゅうこう[中興]。

もう一度―・になる [近代]死灰(しくわい)復(ま)た燃ゆ[―燃える]。

若い活力が― [近世]けっきざかり[血気盛]。さうせい[壮盛]。

さかん【左官】 [近代]しゃくゎんや[左官屋]。[近世]さくゎん[左官]。つちこね[土捏]。[中世]しゃくゎん[左官]。[中古]かべぬり[壁塗]。

さき【先】❶〈先端〉 [近代]せんたん[先端]。[近世]せんとう[先頭]。せんとう[先登]。[中古]はし/はじ[端]。[上代]さき[先/前]。

―が細く鋭い [近世]とんがる[尖]。[中古]とがる[尖]。

―が丸くなっていること [近代]どんとう[鈍頭]。

―が本(もと)より大きいこと [近代]まつだい[末大]。

足の― [中古]つまさき[爪先]。[上代]あなすゑ[足末]。

さき【先】❷〈以前〉 [中古]まへ[前]。[上代]さき[先/前]。

―に [近代]せんに[先]。[中古]もと[元]。[上代]まづ[先]。

―に行う [近代]機先を制する。[近世]せんく[先駆]。せんべん[先鞭]。先手を打つ。[中古]さきがけ[魁/先駆]。

―に心にはいっていること [近世]せんじふ/せんにふ[先入]。

―にしたもの [近世]せんくち[先口]。

―にする さきどり[先取]。[近代]せんべん[先鞭]。[近世]せんく[先駆]。[中世]さきんず[先]。[中古]せんず[先]。だしぬく[出抜]。

―にする番 [中世]せんばん[先番]。《句》[近代]先んずれば人を制す。

―に占有すること [近代]せんせん[先占]。

―に立って実践すること [近代]そっせんきゅうかう[率先躬行]。

―に立って導く人 [近代]せんかくしゃ[先覚者]。せんだうしゃ[先導者]。[中世]せんだ

ち／せんだつ［先達］。
ーに立って模範を示す 近代 そっせんすいはん［率先垂範］。
ーに手をつける 唾を付ける。
ーに取ること さきどり［先取］。せんしゅ［先取］。
ーに一人で行く 近世 ていしん［挺進］。
ーに行かせる 中古 さいだつ［ーだてる］／さきだつ［ーだてる］［先立］。
ーに行く 近代 さきまはり［先回］。近世 せんべん［先鞭］。つゆはらひ［露払］。てうくゎ［超過］。中世 さきんず［先］。中古 さいまぐる［先］。せんかう［先行］。ぜんかう［前行］。上代 さきだつ［先立］。
ーの者に所有権がある むしゅぶつせんせん［無主物先占］。
ーを争うこと(さま) 我勝ちに。我先に。我も我もと。近代 先を急ぐ。近世 ひとぜり［人競］。われいち［我一］。中世 きゃうさう［競争］。先を争ふ。中古 おひしらがふ［追］。しらがふ。上代 いきそふ／きほふ［競／勢］。そふ［競／争］。
ーを越される 近代 後手を引く(に回る)。中古 近世 ごて［後手］。中世 遅れを取る。中古 たちおくる［ーおくれる］［立後／立遅］。
ーを越す 中古 せんず［先］。
一番ー 近代 さいせんたん［最先端］。中世 さいせん［最先］。まっさき［真先］。中古 さいぜん［最前］。
さき【先】❸〈以後〉 近代 こんご［今後］。中世 さき［先］。せん［先］。ゆくすゑ［行末］。中古 いご［以後］。きゃうこう［向後］。しゃうらい［将来］。せんど／ぜんと［前途］。ゆくて［行手］。上代 ゆくへ［行方］。
ーが見えない 近世 一手先も見えぬ。《句》近世 来年のことを言へば鬼が笑ふ。
ーと後と 中世 あとさき［後先］。せんご［先後］。中古 ぜんご［前後］。
ーに延ばす さきおくり［先送］。さきのばし［先延］。たなあげ［棚上］。近代 ほりう［保留］。ゆづる［譲］。りうほ［留保］。近世 じゅんえん［順延］。中古 のぶ［のべる］［延／伸］。
ーに延びる 中古 のぶ［のびる］［伸／延］。
ーの見通し 近世 めさき［目先／目前］。
ーを見通す 中世 せんけん［先見］。《句》中世 遠慮なければ近憂あり。
さぎ【詐欺】 近代 いんちき。ごまかし［誤魔化］。ぺてん。近世 かたり［騙］。さじゅつ［詐術］。したぬき［下貫］。まんちゃく［瞞着］。やま［山］。中世 いかさま［如何様］。ぎまん［欺瞞］。だまし［騙］。上代 さぎ［詐欺］。
土地でーをする者 近代 ぢめんし［地面師］。
さぎ【鷺】 中世 せっかく［雪客］。上代 さぎ［鷺］。《枕》上代 たくひれの［栲領巾］。
さきがけ【先駆】 さきどり［先取］。近代 しゅっせん［率先］。せんぺい［尖兵／先兵］。せんぽう［先鋒］。近世 いちばんがけ［一番駆］。いちばんのり［一番乗］。いちばんやり［一番槍］。しゅくゎい［首魁］。せんく［先駆］。せんとう［先頭］。せんとう［先登］。ぜんぽう［前鋒］。先(さき)を潜る。先手を打つ。先(せん)を越す。中世 いちぢん［一陣］。さきぞなへ［先備］。さきて［先手］。せんかく［先覚］。せんだつ［先達］。せんぢん［先陣］。中古 さきがけ［先駆／魁］。ぜんく／ぜんぐ［前駆］。上代 そっせん［率先］。
さきごろ【先頃】 近代 さいきん［最近］。近世 くゎはん［過般］。さきだって［先達／先立］。近世 せんころ［先頃］。せんだって［先達］。中世 いにしころ［往頃］。このあひだ［此間］。このぢゅう［此中］。せんど［先度］。せんぱん［先般］。中古 いつぞや［何時］。このほど［此程］。さいつごろ／さきつころ［先頃］。さくこん［昨今］。せんじつ［先日］。
さきざき【先先】 近代 きゃうご［向後］。こんご［今後］。近世 あとあと［後後］。かうご［向後］。さきゆき［先行］。のちのち［後後］。中世 さきざき［先先］。せんど［先途］。ゆくゆく［行行］。中古 きゃうこう［向後］。しゃうらい［将来］。せんど／ぜんと［前途］。みらい［未来］。ゆくかた［行方］。ゆくすゑ［行末］。ゆくて［行手］。上代 ゆくさき［行先］。
さぎし【詐欺師】 トリックスター(trickster)。ぱくりや［屋］。近代 おてんきし［御天気師］。さぎし［詐欺師］。近世 いかさまし［師］。かたりもの［騙者／衒者］。かなやまがたり［金山騙］。こかし。しかけもの［仕掛者］。とっこ。のうれんし／のれんし［暖簾師］。ひとたらし［人誑］。ぺてんし［師］。やまうり［山売］。やまこかし［山］。やましし［山師］。中世 さっくゎ［察化／咲嘩］。すっぱ［素破／透破］。たらし［誑］。
さきだ・つ【先立】❶〈人を残して死ぬ〉 中古 おくらかす／おくらす［遅／後］。さきだつ［先立］。みすつ［ーすてる］［見捨］。
ー・たれる 近世 しにおくる［ーおくれる］［死後／死遅］。中古 おくる［おくれる］［後］。
さきだ・つ【先立】❷〈先に行く〉 近世 さきがく［ーがける］［先駆］。中世 さきばしる［先

走]。中古せんかう[先行]。上代さきだつ[先立]。せんしん[先進]。そっせん[率先]。

さきどり【先取】 近代せんかう[先行]。せんしゅ[先取]。中世さきがけ[先駆]。

さきのよ【先世】 中古さきのよ[先世]。すくせ[宿世]。ぜんせ/ぜんぜ[前世]。

さきばし・る【先走】 近世ぬけがけ[抜駆]。中世さきばしる[先走]。中古さいまくる/さいまぐる。

さきばらい【先払】❶〈支払〉 近代アドバンス/バンス(advance)。近世さきがね[先金/前金]。そくきん[即金]。まへがね/まへきん[前金]。まへばらひ[前払]。

さきばらい【先払】❷〈先導〉 近世けいかう[啓行]。さきがけ[先駆/魁]。さきのり[先乗]。つゆはらひ[露払]。つゑはらひ[杖払]。ひとばらひ[人払]。中世せんく[先駆]。ひつ[蹕]。中古かつだう[喝道]。けいひち/けいひつ[警蹕]。ぜんく/ぜんくう[前駆]。みさき[御先/御前]。上代さきおひ[先追]。さきばらひ[先払/先駆]。みさきおひ[御先追/警蹕]。

—の声(例) 近世せいしごゑ[制声]。中古おし。おしおし。しし。

さきぶれ【先触】 まえじらせ[前知]。近代てうこう[兆候]。よこく[予告]。近世さきぶれ[先触]。ぜんしゃう[前象]。まへぶれ[前触]。中世ぜんてう[前兆]。上代きざし[兆]。さが[祥/前兆]。

大名などが通る前の— 近世げざぶれ[下座触]。ともぶれ[供触]。

さきぼそり【先細】 じりひん[貧]。すえほそり[末細]。近代げんたい[減退]。しゅくせう[縮小]。近世したむき[下向]。すいたい[衰退]。

さきほど【先程】 近世いましがた[今方]。くゎこく[過刻]。さっき[先]。中世さきほど[先程]。せんこく[先刻]。たったいま[今]。中古ありつる。さいぜん[最前]。

さきゅう【砂丘】 近世さきう[砂丘]。中古たかすなご[高砂子]。上代たかはま[高浜]。

さきゆき【先行】 近世さきゆき[先行]。中世さき[先]。すゑ[末]。ゆくて[行手]。中古おいさき[老先]。さきざき[先先]。しゃうらい[将来]。すゑすゑ[末末]。ぜんてい[前程]。ぜんと[前途]。たうらい[当来]。のち[後]。ゆくさき[行先]。ゆくすゑ[行末]。よのすゑ[世末]。上代おく/おくか[奥処]。ゆくへ[行方]。ゆり。

さぎょう【作業】 近代こうさく[工作]。こうじ[工事]。さうげふ[操業]。さげふ[作業]。らうする[労]。ワーク(work)。近世げふさ[業作]。らうどう[労働]。中世しごと[仕事]。中古いとなみ[営]。はたらく[働]。上代はか[捗/果]。

—に必要な時間 こうすう[工数]。

—の意欲 きんろういよく[勤労意欲]。モラール(morale)。中世しき[志気]。

—の台 アンビル(anvil)。近代てっちん[鉄砧]。てってい[鉄梃]。中世かなとこ[鉄床]。中古かなしき[金敷/鉄敷]。

—の手順 近代こうてい[工程]。

—場 近代こうぢゃう/こうば[工場]。ワークショップ(workshop)。近世しごとば[仕事場]。

休まず行う— とっかんさぎょう[突貫作業]。

ざきょう【座興】 近代よきょう[余興]。近世おなぐさみ[御慰]。中世きょう[興]。ざきょう[座興]。

さきん【砂金】 近世きんさ/きんしゃ[金砂]。中古さきん[砂金]。上代しゃきん[砂金/沙金]。

—を水中で選り分ける作業 中世ゆりがね[淘金]。

—を売買する人 近世かねうり[金売]。中世かねあきうど/かねあきびと[金商人]。

架空の美しい— 中世えんぶだごん[閻浮檀金]。中古えんぶだんごん[閻浮檀金]。

さきん・じる【先】 近代せんせい[先制]。機先を制する。近世せんべん[先鞭]。先手を取る。先(せ)んを越す。先(せ)んを取る。中世さきがけ[先駆]。中古さきんず[先]。せんず[先]。

—じて人の油断につけ込む 中世だしぬく[出抜]。

—じられる 風下に立つ。近代後塵を拝する。近世後れを取る。

—じる権利 近代いうせんけん[優先権]。

さく【柵】 近代フェンス(fence)。中古かこひ[囲]。さく[柵]。へい[塀]。上代かき[垣]。かきね[垣根]。き[城/柵]。くへ[柵]。→**かき【垣】**

階段や橋などの— 近世てすり[手摺]。中古かうらん[高欄]。こうらん[勾欄]。らんかん[欄干]。

城にめぐらした— 近世さいさく[砦柵]。じゃうさく[城柵]。やらい[矢来]。中世もがり[虎落]。

馬場の— 中世らち[埒]。

門前などの人馬の入るのを防ぐ低い— 近世

こまよけ［駒除］。こまよせ［駒寄］。

さく【策】 近代 じゅっさく［術策］。たくらみ［企］。はうさく［方策］。プラン(plan)。近世 さくりゃく［策略］。じゅっすう［術数］。てだて［手立］。はうべん［方便］。もくろみ［目論見／目論］。中世 くはだて［企］。けい［計］。さくぼう［策謀］。てうぎ［調儀／調義］。はうりゃく［方略］。中古 あん［案］。けいりゃく［計略］。じゅっけい［術計］。はうりゃく［方略］。はかりごと［謀］。ぼうりゃく［謀略］。上代 さく［策］。ぼうけい［謀計］。

—を授けること 近世 いれぢゑ［入知恵／入智慧］。

《句》策士策に溺れる。耳を掩(おお)いて鈴を盗む。近世 三十六計逃げるに如かず。

—をめぐらす 策を弄する。近世 もくろむ［目論］。手を回す。中古 くはだつ［—だてる］［企］。はかる［図／謀］。

苦し紛れの— 近代 きゅうさく［窮策］。窮余の一策。

さ・く【咲】 近世 わらふ［笑］。中世 かいくゎ［開花］。さきそろふ［咲揃］。はなだつ［花立］。ひらく［開］。中古 さきみだる［—みだれる］［咲乱］。ひもとく［紐解］。ゑまふ／ゑむ［笑］。上代 さきにほふ［咲匂］。さく［咲］。

《枕》上代 あさがほの［朝顔］。

—・き出す 中古 ほころぶ［—ろびる］［綻］。笑みの眉開く。笑みを開く。上代 さきいづ［咲出］。さきそむ［—そめる］［咲初］。さきづ［咲出］。

—・き誇る 上代 さきすさぶ［咲荒］。

—・き乱れる 中古 さきみだる［—みだれる］［咲乱］。上代 さきすさぶ［咲荒］。

—・き乱れるさま 中古 らんまん［爛漫］。れうらん［繚乱／撩乱］。れきらん［歴乱］。

一面に—・く 上代 さきわたる［咲渡］。

色美しく—・く 上代 さきにほふ［咲匂］。

全部—・く 中世 さきそろふ［咲揃］。

その季節でないのに—・くこと 近代 にどざき［二度咲］。近世 かへりざき［返咲］。くるひざき［狂咲］。わすれざき［忘咲］。中世 かへりばな［返花］。

たくさん—・く 上代 さきをる［咲撓］。

長く—・く 上代 さきわたる［咲渡］。

ほかの花に遅れて—・く 中世 さきのこる［咲残］。

ほかの花は散ったのに—・いている 中古 さきのこる［咲残］。

▼蕾(つぼみ)がほころぶ 中世 ひぼとく［繙］。ひらく［開］。中古 ひもとく［紐解／繙］。ほころぶ［—ろびる］［綻］。

さ・く【裂】 近世 やぶく［破］。中古 ひきさく［引裂］。ひきやぶる［引破］。やる［破］。わる［割］。上代 さく［裂／割］(四段活用)。やぶる［破］。

勢いよく—・く 中古 つんざく［擘／劈］。

嚙(か)み付いて—・く 上代 くひさく［食裂］。

細かく—・く さいれつ［細裂］。

ずたずたに—・く 中世 やつざき［八裂］。

引っ張って—・く 中古 ひきさく［引裂］。

さくい【作為】 でっちあげ。近代 きょこう［虚構］。さくゐ［作為］。ねつざう［捏造］。近世 こしらへごと［拵事］。中古 そらごと［空事］。つくりごと［作事］。

—のないこと むさくい［無作為］。ランダム(random)。

さくいん【索引】 近代 インデックス(index)。みだし［見出］。さくいん［索引］。近世 けんさく［検索］。

漢和辞典の— けんじ［検字］。

さくがら【作柄】 近代 さくきゃう［作況］。できぐあひ［出来具合］。近世 さくがら［作柄］。できばへ［出来映／出来栄］。

さくげん【削減】 近代 カット(cut)。けいげん［軽減］。げんさく［減削］。さくげん［削減］。しゅくせう［縮小］。せつげん［節減］。近世 げんさい［減殺］。こうぢょ［控除］。中世 げんせう［減少］。中古 けづる［削］。

さくご【錯誤】 近代 エラー(error)。くゎご［過誤］。しそんじる［仕損］。ておち［手落］。近世 てぬかり［手抜］。へま。まちがひ［間違］。どぢを食ふ。どぢを張る。どぢを踏む。中世 そつ。てちがひ［手違］。ふてぎは［不手際］。ゐろう［遺漏］。中古 あやまり［誤］。しつご［失誤］。上代 あやまち［誤］。さくご［錯誤］。

さくし【策士】 近代 くゎいらいし［傀儡師］。さくし［策士］。さくぼうか［策謀家］。さくりゃくか［策略家］。わざし［業師］。近世 ぐんし［軍師］。じゅつし［術士］。中世 じゅうわうか／しょうわうか［縦横家］。ぼうし［謀士］。

さくじつ【昨日】 →きのう【昨日】

さくしゃ【作者】 ライター(writer)。近代 さうさくか［創作家］。さくか［作家］。上代 さくしゃ［作者］。

文学の— →さっか【作家】

その他の芸術作品の— とうげいか［陶芸

ー家］。近代アーチスト(artist)。げいじゅつか［芸術家］。こうげいか［工芸家］。さっきょくか［作曲家］。びじゅつか［美術家］。近世ぐゎか［画家］。中世しょか［書家］。

独自の文体を意識的に用いるー スタイリスト(stylist)。

▼文学者の集まり →ぶんだん

さくしゅ【搾取】 近代さくしゅ［搾取］。しうだつ［収奪］。せっしゅう［接収］。はくだつ［剝奪］。ぼっしう［没収］。近世ふんだくる。まきあぐ［ーあげる］［巻上］。中世しぼりとる［搾取］。めしあぐ［ーあげる］［召上］。上代うばふ［奪］。

さくじょ【削除】 しょうきょ［消去］。デリート(delete)。近代カット(cut)。さくじょ［削除］。はいぢょ［排除］。まっせう［抹消］。近世さっきょ［削去］。中古けづる［削］。のく［のける］［除］。

文などの不要な字句のー 近世さんぢょ［刪除］。

さく・する【策】 策を弄する。近代かうずる［講］。たくろむ［企］。近世しくむ［仕組］。たくらむ［企］。もくろむ［目論］。りつあん［立案］。手を回す。中世さくす［策］。中古くはだつ［ーだてる］［企］。はかる［図／謀］。

さくせい【作製】 プロデュース(produce)。近代せいさん［生産］。プロダクション(production)。近世てうせい［調製］。中世さくせい［作製／作成］。せいさく［製作／制作］。中古せいざう［製造］。

さくせい【作成】 →さくせい(前項)

さくせん【作戦】 オペレーション(operation)。タクティクス(tactics)。近代さくせん［作戦／策戦］。近世ぐんりゃく［軍略］。せんじゅつ［戦術］。せんぱふ［戦法］。せんりゃく［戦略］。→せんじゅつ

ー会議 近世いくさひゃうぢゃう［軍評定］。

さくそう【錯綜】 近代ふくざつ［複雑］。近世こみいる［込入］。中世いりくむ［入組］。さくざつ［錯雑］。さくそう［錯綜］。もつる［もつれる］［縺］。中古こんらん［混乱］。上代かうさく［交錯］。からまる［絡］。

ー・したさま 近代ざつぜん［雑然］。近世ごたごた。ごちゃごちゃ。中世ごっちゃ。

さくてい【策定】 近代さくてい［策定］。りつあん［立案］。近世けってい［決定］。中世きむ［きめる］［決］。上代さだむ［さだめる］［定］。せいてい［制定］。

さくどう【策動】 近代あんちゅうひやく［暗中飛躍］。あんやく［暗躍］。くゎくさく［画策］。さくどう［策動］。マヌーバー(maneuver)。

さくねん【昨年】 近代かくねん／きゃくねん［客年］。近世かくさい／きゃくさい［客歳］。さくねん［昨年］。中世きょさい［去歳］。中古きょねん［去年］。ぜんねん［前年］。上代こぞ［去年］。

ー末 近代かくらふ［客臘］。中世きうらふ［旧臘］。

ーの前年 近代いっさくねん［一昨年］。

新年から見てー 中世きうらふ［旧臘］。中古きうねん［旧年］。

さくばく【索漠】 近世さみし［寂／淋］。中世さくばく［索漠／索莫］。さっぷうけい［殺風景］。中古くゎうりゃう［荒涼］。さびし［寂／淋］。じゃくまく［寂寞］。すさまじ［凄］。せきれう［寂寥］。わびし［侘］。上代せきばく［寂寞］。

さくひん【作品】 そうさくぶつ［創作物］。近代げいじゅつひん［芸術品］。さくひん［作品］。さくぶつ［作物］。ちょさくぶつ［著作物］。

《尊》ぎょさく［御作］。こうさく［高作］。中世ごさく［御作］。

《謙》ぐこう［愚稿］。げさく［下作］。近世せっさく［拙作］。ださく［駄作］。中世ぼんさく［凡作］。中古ぐさく［愚作］。

ーを作る人 ライター(writer)。近代さうさくか［創作家］。さくか［作家］。上代さくしゃ［作者］。→さっか【作家】

新たに作られたー 中世しんさく［新作］。

以前のー 中世きうさく［旧作］。

完成したー 近代タブロー(フランス tableau)。

記念碑的なー 近代きんじたふ［金字塔］。モニュメント(monument)。

芸術的なー 近代げいじゅつひん［芸術品］。さくぶつ［作物］。

故人が残した未発表のー いさく［遺作］。

最近完成したー 近世きんさく［近作］。

すぐれたー →けっさく

大小のー しょうへん［小編／小篇］。近代きょへん［巨編］。せうひん［小品］。たいさく［大作］。たいちょ［大著］。

作るーの多いこと 近代たさく［多作］。

作るーの少ないこと かさく［寡作］。

刀剣などのー 近世さくもの［作物］。

初めてのー 近代しょぢょさく［処女作］。

古いー 中世こさく［古作］。

骨折って作ったー 近代 らうさく［労作］。りきさく［力作］。
もとになったー 近代 げんさく［原作］。
世に出るきっかけとなったー 近代 しゅっせさく［出世作］。
話題となるー もんだいさく［問題作］。わだいさく［話題作］。

さくぶん【作文】 ライティング(writing)。近代 コンポジション(composition)。さうさく［創作］。つづりかた［綴方］。中世 さくぶん［作文］。

さくぼう【策謀】 近代 かんさく［奸策／姦策］。たくらみ［企］。近世 さくぼう［策謀］。さくりゃく［策略］。じゅっさく［術策］。じゅっすう［術数］。わるだくみ［悪巧］。中世 あくけい［悪計］。中古 けいりゃく［計略］。はかりごと［謀］。ぼうぎ［謀議］。ぼうりゃく［謀略］。上代 いんぼう［陰謀／隠謀］。かんけい［奸計］。かんぼう［奸謀／姦謀］。ぼうけい［謀計］。
ーを弄する人 中世 けいめいくたう［鶏鳴狗盗］。

さくもつ【作物】 近代 のうさくぶつ／のうさくもつ［農作物］。近世 はたさく［畑作］。中世 はたけもの［畑物］。上代 さくもつ［作物］。
ーのできが良いこと 近世 ほうさく［豊作］。中古 まんさく［満作］。
ーのできが良くないこと 近世 きょうさく［凶作］。中世 ふさく［不作］。ふじく［不熟］。上代 ふじゅく［不熟］。
ーのでき具合の認定 近世 けづけ［毛付］。
ーのよくできる土地 近代 よくち［沃地］。よくど［沃土］。近世 ひよく［肥沃］。よくぜう［沃饒］。中世 よくや［沃野］。
秋に栽培または収穫するー あきさく［秋作］。
夏栽培し秋冬に収穫するー なつさく［夏作］。
冬栽培し春夏に収穫するー ふゆさく［冬作］。
毎年続けて同じーを作ること れんさく［連作］。

さくや【昨夜】 近世 さくゆふ［昨夕］。中世 さくせき［昨夕］。さくばん［昨晩］。せんや［先夜］。ぜんや［前夜］。ゆふべ［夕］。中古 こよひ［今宵］。さくや［昨夜］。やぜん［夜前］。ようべ／よべ［昨夜］。よんべ［昨夜］。上代 きそ／きぞ［昨夜］。きそのよ［昨夜］。こぞ［去夜］。
《枕》上代 ぬばたまの［射干玉］。
ー以来 中古 やらい［夜来］。
ーの疲れが残っていること 近世 ゆふべけ［夕気］。

さくら【桜】 近代 チェリー(cherry)。近世 はなのわう［花王］。中世 あけぼのぐさ［曙草］。あだなぐさ［徒名草］。あだばな［徒花］。かざしぐさ［挿頭草］。たむけぐさ［手向草］。ゆめみぐさ［夢見草］。よしのぐさ［吉野草］。中古 あうくゎ［桜花］。はな［花］。上代 さくら［桜］。さくらばな［桜花］。
《枕》上代 はなぐはし［花細］。
ーが咲いたという知らせ かしん［花信］。さくらぜんせん［桜前線］。近代 はなだより［花便］。
ーが咲きそうな気配 近世 はなもよひ［花催］。
ーの花の観賞 近代 くゎんあうくゎい［観桜会］。中世 さくらがり［桜狩］。はなみ［花見］。
ーの花の盛り 近世 はなみどき［花見時］。
ーの花の盛りに吹く風 中古 くゎふう［花風］。はなかぜ［花風］。
ーの花の咲く頃の曇りがちの天気 中世 はなぐもり［花曇］。
ーの花を観賞する人 中世 はなびと［花人］。中古 さくらびと［桜人］。
ーの実 チェリー(cherry)。近世 さくらんばう／さくらんぼ［桜坊／桜桃］。みざくら［実桜］。中古 あうたう［桜桃］。
ーや梅など 中世 このはな［木花］。
朝露をおびて咲くー 近世 あさざくら［朝桜］。
辺りの闇が満開のーでほのかに明るいこと 近代 はなあかり［花明］。
陰暦十月に狂い咲くー 近世 ゑしきざくら［会式桜］。
遅く咲くー 中古 おそざくら［遅桜］。
雲や霞のような一面のー 近世 あううん［桜雲］。かううん［香雲］。はながすみ［花霞］。中世 はなのくも［花雲］。
左近のー 中世 みはしのさくら［御階桜］。
散り残っているー 中世 ざんあう［残桜］。名残の花。中古 ざんくゎ［残花］。よくゎ［余花］。
散るー 近代 はなあらし［花嵐］。近世 こぼれざくら［零桜］。はなふぶき［花吹雪］。中古 はなのゆき［花雪］。
散るーが人に散りかかるさま 近世 はなごろも［花衣］。
遠くの山に咲くー 中世 とほやまざくら［遠山桜］。
はかなく散るー 中世 あだざくら［徒桜］。
花が済んで若葉になったー 近世 はざくら［葉桜］。

花の色の薄い— 中世うすざくら[薄桜]。中古うすはなざくら[薄花桜]。
夕方に観賞する— 近世ゆふざくら[夕桜]。
夜に観賞する— 中世よざくら[夜桜]。
その他—のいろいろ(例) かんざくら[寒桜]。なでん[南殿]。近世うばざくら[姥桜]。しだれざくら[枝垂桜]。すみぞめざくら[墨染桜]。ふゆざくら[冬桜]。中世いとざくら[糸桜]。うすざくら[薄桜]。ひがんざくら[彼岸桜]。ひとへざくら[一重桜]。中古かばざくら[樺桜]。やへざくら[八重桜]。やまざくら[山桜]。

さくらがい【桜貝】 いろがい[色貝]。べにがい[紅貝]。中古さくらがひ[桜貝]。はながひ[花貝]。

さくらん【錯乱】 中世さくらん[錯乱]。中古きゃうらん[狂乱]。きゃうわく[狂惑]。こんらん[混乱]。

さくらんぼ【桜桃】 チェリー(cherry)。近世さくらんばう/さくらんぼ[桜坊/桜桃]。みざくら[実桜]。中古あうたう[桜桃]。

さくりゃく【策略】 タクティクス(tactics)。近代くゎくさく[画策]。けんぼうじゅっすう[権謀術数]。ストラテジー(strategy)。トリック(trick)。たくらみ[企]。ちうりゃく[籌略]。近世さくりゃく[策略]。さりゃく[作略/差略]。じゅっさく[術策]。じゅっすう[術数]。てだて[手立]。中世かけひき[駆引]。さくぼう[策謀]。ちうさく[籌策]。中古けいりゃく[計略]。こころたばかり[心謀]。はかりごと[謀]。ぼうぎ[謀議]。ぼうりゃく[謀略]。上代かんぼう[奸謀/姦謀]。ぼうけい[謀計]。

—のうまい人 近代くゎいらいし[傀儡師]。さくぼうか[策謀家]。さくりゃくか[策略家]。わざし[業師]。近世ぐんし[軍師]。じゅつし[術士]。中世じゅうわうか/しょうわうか[縦横家]。ぼうし[謀士]。
—をめぐらすこと 中世てうぎ[調義/調儀]。
悪辣(あくらつ)な— 近代かんさく[奸策/姦策]。近世おとしあな[落穴]。かんせい[陥穽]。わるだくみ[悪巧]。上代かんけい[奸計]。
奇抜な— 中世きさく[奇策]。
その場にあった— 近世けんりゃく[権略]。近代きりゃく[機略]。中世けんぼう[権謀]。
つまらない— しょうさく[小策]。近代かさく[下策]。ございく[小細工]。せっさく[拙策]。近世げさく[下策]。
敵を欺く— 近代きさく[詭策]。中世きけい[詭計]。
良い— じょうじゅつ[上術]。上代じゃうさく[上策]。

さぐ・る【探】 近代たんばう[探訪]。近世せぐる。せんさく[詮索]。探りを入れる。中世あたる[当]。せんさく/せんざく[穿鑿]。中古さがす[探]。たどる[辿]。上代あなぐる[探/索]。うかがふ[窺]。かきさぐる[掻探]。さぐる[探/捜]。
—って知ること 近代たんち[探知]。近世ていち[偵知]。
—り調べること 近代たんさつ[探察]。たんもん[探問]。ていさつ[偵察]。ほじくる[穿]。ほじる[穿]。近世たんさ[探査]。たんさく[探索]。たんたう[探討]。中世かぎまはる[嗅回]。せんさく/せんざく[穿鑿]。上代たづぬ(たずねる)[尋/訊]。
—り出して見せる 近世うがつ[穿]。ほじくりだす[穿出]。中古あばく[暴/発]。
—り出す 近世かぎあつ[—あてる][嗅当]。かぎつく[—つける][嗅付]。かぐ[嗅]。さぐりあつ[—あてる][探当]。中世ききだす[聞出]。
お互いに心中を—る 腹の探り合い。近代さぐりあひ[探合]。
先が見えない中で—る 近代あんさく[暗索]。あんちゅうもさく[暗中模索]。中世もさく[模索/摸索]。
敵情を—る 近代さぐり[探/捜]。中古てさぐり[手探]。中世ていさつ[偵察]。ていし[偵伺]。近世しのび[忍]。
敵情を—る者 上代せきこう[斥候]。こうさくいん[工作員]。とくむ[特務]。とくむこうさくいん[特務工作員]。近代スパイ(spy)。近世いぬ[犬]。さぐり[探]。しのび[忍]。しのび(の)もの[忍者]。にんじゃ[忍者]。まはしもの[回者]。中世おんみつ[隠密]。かんじゃ[間者]。上代かんてふ[間諜]。せきこう[斥候]。↓
しのび →スパイ
秘かに—る 近代ないてい[内偵]。みっていい[密偵]。近世ないたん[内探]。
人の気持ちを—る 近代だしん[打診]。鼻息を窺ふ。近世うらどふ[心問/裏問]。こあたり[小当]。せぐる。顔色を窺ふ。鎌を掛く[—掛ける]。探りを入れる。腹を探る。

さくれつ【炸裂】 近代さくれつ[炸裂]。ばくはつ[爆発]。中古はれつ[破裂]。

ざくろ【石榴】 近世いろだま[色玉]。近代いってんこう[一点紅]。中世じゃくろ[若

榴］。せきりう［石榴］。上代ざくろ［石榴／柘榴］。

さけ【鮭】 サーモン(salmon)。近世あかおまな［赤御魚］(女房詞)。しゃけ［鮭］。中古さけ［鮭］。

―と鱒(ます) 近代けいそん［鮭鱒］。

―や鱒の卵の加工品 すじひき［筋引］。すずこ［筋子］。近代イクラ(ロシア ikra)。はらこ［腹子／腹児］。中世すぢこ［筋子］。はららご［鮞］。

―を凍らせたもの ルイベ(アイヌ語)。

秋に産卵する― 近世あきあぢ［秋味］。

甘塩の― 中古あらまき［荒巻／新巻／苞苴］。

塩引きしていない生の― 近代なまじゃけ［生鮭］。中古なまざけ［生鮭］。

卵を持った― いれこざけ［入子鮭／内子鮭］。こごもりざけ［子籠鮭］。

さけ【酒】 アルコール／アルコールいんりょう［オランダ alcohol 飲料］。きつけぐすり［気付薬］(俗語)。近代しゅせいいんれう［酒精飲料］。日読みの酉(とり)。近世あから［赤］。おこん／おっこん［御献］(女房詞)。おささ［酒］。かじゃく［下若］。かすみ［霞］。きちがひみづ［気違水］。ぎてき［儀狄］。きゃうやく［狂薬］。くこん［九献］(女房詞)。このはな［此花］。さうしうさう［掃愁帚］。ささ［酒］。すいてう［水鳥］。はんにゃたう［般若湯］(僧侶の隠語)。びろく［微禄］。まんぱち［万八］。笹の露。天の美禄。水辺の鳥。中世けんずい［硯水／間水／建水］。げんすい［玄水］。たまばはき［玉箒］。ばういう［忘憂］。やまぶき［山吹］(中世女性語)。天の濃漿(こんづ)(濃漿(こんづい))。忘憂(ばういう)の物。百薬の長。中古たけのは／ちくえふ［竹葉］。つくりざけ［造酒］。上代き［酒］。くし［酒］。さけ［酒］。→**さかずき** →**よ・う❶**

《句》酒の燗(かん)は人肌。酒は飲むとも飲まれるな。近代酒と朝寝は貧乏の近道。酒に別腸(べっちょう)あり。酒は天の美禄(びろく)。亭主八盃客三盃。林間に酒を暖めて紅葉を焼く。近世一杯は人酒を飲む、二杯は酒酒を飲む、三杯は酒人を飲む。いやいや三杯十三杯。いやいや三杯遁(に)げ五杯。駆け付け三杯。酒が酒を飲む。酒極まって乱となる。酒なくて何の己が桜かな。酒は憂(うれ)ひの玉箒(たまばはき)。酒は愁(うれ)へを掃(はら)ふ玉帚。人酒を飲む、酒酒を飲む、酒人を飲む。中世下戸の建てたる倉も無し。酒の酔(ゑ)ひ本性(ほんしゃう)違はず。酒は百毒の長。酒は百薬の長。

―が好きなこと(人) からとう［辛党］。さとう／ひだりとう［左党］。近世いける［行］。ひだりきき［左利］。一杯なる口。中世さけずき［酒好］。なる［成／為］。→**さけのみ**

―が飲めない 中世ぶてうはふ［不調法／無調法］。

―が飲めない人 うとう［右党］。近代せうこ［小戸］。近世きげこ［生下戸］。中古げこ［下戸］。《句》近代下戸の肴(さかな)荒らし。下戸の立てた蔵はない。

―で気分よくなること 近代くんぜん［醺然］。近世いっぱいきげん［一杯機嫌］。うくゎとうせん［羽化登仙］。さかきげん／ささきげん［酒機嫌］。さんばいきげん［三盃機嫌］。ほろよひきげん［微酔機嫌］。ゑひきげん［酔機嫌］。中世ごしゅきげん［御酒機嫌］。

―で財産をなくす 近代のみたふす［飲倒／呑倒］。

―で理性を失う 近世酒人を呑む。中世酒に飲まれる。

―と肴(さかな) 中世さけさかな［酒肴］。しゅせん［酒饌］。中古しゅしょく［酒食］。しゅにく［酒肉］。はいせん［盃饌］。上代しゅかう［酒肴］。

―と詩と琴 中世さんあい［三愛］。中古さんいう［三友］。

―と女色 中世しゅいん［酒淫／酒婬］。上代しゅしょく［酒色］。

―と女色に溺(おぼ)れる気持ち 近世うきよごころ［浮世心］。

―と女色に溺れること 近代いんたう［淫蕩］。上代いうたう［遊蕩］。はうたう［放蕩］。

―に何かを加えて飲む おゆわり［御湯割］。オンザロック(on the rocks)。近代カクテル(cocktail)。ジンフィズ(gin fizz)。ハイボール(highball)。ひれざけ［鰭酒］。五色の酒。近世こつざけ［骨酒］。せうしゅ［椒酒］。まむしざけ［蝮酒］。みづわり［水割］。ゆずざけ［柚酒］。中古きくざけ［菊酒］。

―に耽(ふけ)ること 中世いんしゅ［淫酒／婬酒］。上代ちんめん［沈湎］。

―に酔う →**よ・う【酔】❶**

―の味がよいこと 近代じゅんみ［醇味］。はうじゅん［芳醇／芳純］。

―の鑑定をする(人) さけきき［酒利］。近世ききざけ［利酒／聞酒］。

―の燗(かん)の番をする人 近代かんばん［燗番］。近世さかばん［酒番］。

—の燗(かん)をすること 近世 おかん[御燗]。

—の燗をする道具 近代 かんつぼ[燗壺]。かんびん[燗瓶/燗罎]。近世 かんどくり/かんどっくり[燗徳利]。たんぽ[湯婆]。ちろり[銚釐]。てうしなべ[銚子鍋]。中世 かんなべ[燗鍋]。

—の酌をする人 近代 しゃくふ[酌婦]。近世 しゃくにん[酌人]。中世 しゃくとり[酌取]。

—の代金 のみりょう[飲料]。近世 さかしろ[酒代]。さかだい[酒代]。たるだい[樽代]。のみしろ[飲代/呑代]。中古 さかて[酒手]。

—の代金名目で渡す金銭 近世 さかしろ[酒代]。さかて[酒手]。

—の飲み比べ 近世 しゅせん[酒戦]。

—の飲み過ぎ 近代 くゎいん[過飲]。近世 すごす[過]。ふかざけ[深酒]。中古 ゑひすぐ[酔過]。

—の売買 中世 こしゅ[沽酒]。

—の美称 近世 さうしうさう[掃愁帚]。愁(うれ)へを掃(はら)ふ玉帚(たまばはき)。中世 きくざけ[菊酒]。たまばはき[玉箒]。天の美禄(びろく)。天の濃漿(こんづ)(濃漿(こんづい))。百薬の長。中古 りょくしゅ[緑酒]。上代 ことなぐし[事和酒]。とよみき[豊御酒]。みき[御酒]。みわ[酒甕]。

—の店を何軒も回って飲む 近代 のみあるく[飲歩]。近世 はしご/はしござけ[梯子酒]。はしごのみ[梯子飲]。

—のもろみ 中世 酒の実。

—も甘い物も両方いける人 あまからりょうとう[甘辛両党]。にとうりゅう[二刀流]。近世 あめかぜ[雨風]。あめかぜどうらん[雨風胴乱]。どろぼうじゃうご[泥棒上戸]。ぬすびとじゃうご[盗人上戸]。りゃうたうづかひ[両刀遣]。

—を温める 近世 かんす[燗]。燗をつける。

—を熱めに温める 中世 あつかん[熱燗]。

—をいつも飲んでいる(人) いびたれじょうご[居浸上戸]。近代 さけびたし[酒浸]。近世 おほのら[大]。さかびたし[酒浸]。さかびたり/さけびたり[酒浸]。

—をいつも飲んで太っていること 近代 さかぶとり/さけぶとり[酒太/酒肥]。

—を入れる入れ物 いかどっくり[烏賊徳利]。近代 しゅさう[酒槽]。近世 えだる[柄樽]。こもかぶり[薦被]。さかふくべ/しゅへう[酒瓢]。しゅこ[酒壺]。つのだる[角樽]。中世 あまのだる[天野樽]。おほづつ[大筒]。かさねかはらけ[重土器]。こづつ[小筒]。さかがめ/さけがめ[酒甕]。さかひさご[酒瓢]。さけづつ/ささづつ[酒筒]。ささえ[小筒/竹筒]。たけづつ[竹筒]。ちくえふ[竹葉]。つつ[筒]。てだる[手樽]。とくり/とっくり[徳利]。もたひ[瓮/甕]。やなぎだる[柳樽]。中古 かさねさかづき[重杯]。さかだる[酒樽]。しゅかい[酒海]。しゅき[酒器]。つつ[筒]。てうし[銚子]。とりべ[取瓶]。へいし/へいじ[瓶子]。上代 さかつぼ[酒壺]。さかふね/さかぶね[酒槽]。

—を売る店 →さかや
—を酌み交わす おうしゅう[応酬]。近代 差しつ押さへつ/差いつ押さへつ。近世 差しつ差されつ。中世 こんこん[献献]。中古 けんしう[献酬]。さしあふ[差合]。はいしゃく[杯酌/盃酌]。羽觴(うしやう)を飛ばす。

—を絞った残りかす 近代 さかかす[酒粕/酒糟]。近世 さうはく[糟粕]。中世 さけかす[酒粕/酒糟]。酒の粕。中古 かす[糟/粕]。

—を醸造して売る店 →さかや
—をすすめる 中世 けんぱい[勧盃]。中古 くゎんぱい[勧盃/勧杯]。きょはく[挙白]。さしかく[―かける][差掛/指掛]。さす[注]。

—をたくさん飲む ラッパのみ[喇叭飲]。近代 かさねさかづき[重盃/重杯]。がぶのみ[飲]。げいいん[鯨飲]。近世 あばれのみ[暴飲]。あふる[呷]。がうしゅ[強酒/豪酒]。しゃうじゃうのみ[猩猩飲]。そこぬけ/そこぬけじゃうご[底抜上戸]。ばういん[暴飲]。底知らず。中世 おほざけ[大酒]。おほざけのみ[大酒飲]。ぎういん[牛飲]。たいしゅ[大酒]。つういん[痛飲]。

—を絶つ 近代 さかだち/さけだち[酒断]。中世 きんしゅ[禁酒]。中古 だんしゅ/だんじゅ[断酒]。

—をつぐ 近世 おきつぎ[置注]。くみかはす[酌交]。中世 おもひざし[思差]。くむ[酌]。けんしゃく[献酌]。しゃく[酌]。中古 さす[注]。

—をつくる 近代 うんぢゃう[醞醸]。ざうしゅ[造酒]。ぢゃうざう[醸造]。近世 しゅざう[酒造]。ぢゃうしゅ[醸酒]。中世 かもす[醸]。中古 さかづくり/さけづくり[酒造]。さけかむ[醸]。つくりざけ[造酒]。上代 かむ[醸]。

—をつくる職人 近世 くらをとこ[蔵男/倉男]。とうじ/とじ[杜氏]。中世 さかとうじ/さけとうじ[酒杜氏]。

—をつくる建物 中世さかぐら／さけぐら［酒蔵］。上代さかどの［酒殿］。さかや［酒屋］。
—を飲ませて酔い潰れさせる 近代よひつぶす／ゑひつぶす［酔潰］。近世もりつぶす［盛潰］。
—を飲ませる 中世もる［盛］。中古ゑはす［酔］。
—を飲ませる店 →さかば
—を飲む のむ［飲／呑］。近世あふる［呷］。くみかはす［酌交］。しもけし［霜消］。ぱいいち［杯一］。ひっかく［—かける］［引掛］。やっつける［遣付］。やりつく［—つける］［遣付］。底を入る［—入れる］。中世いっぱい［一杯］。いんしゅ／おんじゅ［飲酒］。かたぶく［—ぶける］［傾］。かたむく［—むける］［傾］。くむ［酌］。中古かんぱい［乾杯］。きょはく［挙白］。
—を飲むさま 近代のみっぷり［飲振］。近世あをっきり［青切］。のみくち［飲口／呑口］。のみぶり［飲振］。
—を飲むさま（擬態語） 近代ぐびりぐびり。近世きゅっと。ぐいと。ぐびぐび。とっちり。中世よよと。
—を飲む量 近世しゅりゃう［酒量］。
—を飲んだ気分 近世さかき／さけき［酒気］。中世ごしゅきげん［御酒機嫌］。さかけ［酒気］。しゅきょう［酒興］。
—を飲んでいないこと 近世しらふ［素面／白面］。すめ［素面］。
—を飲んで顔が赤くなっていること 近代さかやけ／さけやけ［酒焼］。
—を飲んで楽しむこと 近世おもしろざけ［面白酒］。中古えんあん［宴安］。かんちゃう［酣暢］。さかもり［酒盛］。
—を飲んで飽食する 中古すいはう［酔飽］。
—を一息に飲むこと ラッパのみ［喇叭飲］。近代あふぐ［仰］。あふりつける［煽付］。がぶのみ［飲］。近世あふる［呷］。いっきのみ［一気飲］。ぐいのみ［飲］。中世たきのみ［滝飲］。中古かんぱい［乾杯］。
—を振る舞うこと 中世いっこん［一献］。
—をほどほどに飲む 中古せんしゃく［浅酌］。
—をほどほどに飲む人 中古ちゅうこ／ちゅうご［中戸］。
朝から飲む— 中世あさざけ［朝酒］。中古ばうしゅ［卯酒］。
味の薄い— 近代薄薄（はくはく）の酒。近世はくしゅ［薄酒］。中世うすざけ［薄酒］。→不味い—
味のよい— →良い—
甘みのある— 近世あまくち［甘口］。かんろしゅ［甘露酒］。みりん［味醂］。中世いちやざけ［一夜酒］。中古ひとよざけ［一夜酒］。上代あまざけ［甘酒］。こさけ［醴酒／濃酒］。
新たに醸造した—を飲むこと あらくち［新口］。はつのみ［初飲］。
一杯盛り切りで売る— 近世けんどんざけ［倹飩酒］。もっきり／もっきりざけ［盛切酒］。
田舎の— 近代そんしゅ［村酒］。そんぢゃう［村醸］。近世ぢざけ［地酒］。中世ゐなかざけ［田舎酒］。
浮かれて飲む— 近世うはきざけ［浮気酒］。
宴会に遅れた者に飲ませる— 近世駆け付け三杯。
宴席などで最後の—とする 近世おつもり／つもり［御積］。
置いてある杯に—をつぐこと 近世おきつぎ［置注］。
多くの— 中世おほざけ［大酒］。たいしゅ［大酒］。としゅ［斗酒］。
お供えの— 上代おほみき［大御酒］。みき［御酒］。みわ［神酒］。
思う人から—をついでもらうこと 中世おもひどり［思取］。
思う人に—をつぐこと 中世おもひざし［思差］。
隠れて不法につくった— みつぞうしゅ［密造酒］。
金を出し合って買う— 近世しゅせんざけ／しふせんざけ［集銭酒］。
寒中につくった— 近世かんづくり［寒造］。
燗（かん）をした— 中世あたためざけ［暖酒／温酒］。あつかん［熱燗］。かんざけ／かんしゅ［燗酒］。
燗をした後冷えた— 近世かんざ／かんざまし［燗冷］。
燗をしない— れいようしゅ［冷用酒］。中世ひや／ひやざけ［冷酒］。れいしゅ［冷酒］。
客をもてなす— 近代せったいざけ［接待酒］。近世ふるまひざけ［振舞酒］。中世おほふるまひ／わうばんぶるまひ［椀飯振舞］。おほぶるまひ［大振舞］。
薬になる— ごかひしゅ［五加皮酒］。しょうがざけ［生姜酒］。やくみしゅ［薬味酒］。近代やくようしゅ［薬用酒］。近世たまござけ［卵酒］。とそ［屠蘇］。にんどうしゅ［忍冬酒］。中世くこざけ／くこしゅ［枸杞酒］。くすりざけ／やくしゅ［薬酒］。くはざけ［桑

酒]。

携行するー 中古 いっぺう[一瓢]。

腰を据えてー 近世 のみすう[飲据]。

杯一杯のー 中世 いっしゃく[一酌]。中古 いっこん[一献]。いっさん[一盞]。上代 ひとつき[一杯]。

杯になみなみとーをついで飲む 近代 まんいん[満引]。近世 満を引く。

杯に残ったーのしずく 中古 ざんぱい[残杯/残盃]。ながれ[流]。よてき[余滴]。よれき[余瀝]。

醒(さ)めきらないーの匂い 近代 さかいき[酒息]。近世 さかき[酒気]。さけくさし[酒臭]。よくん[余醺]。中世 さかけ[酒気]。しゅき[酒気]。中古 すいき[酔気]。

山中に自然にできたー 近世 さるざけ/ましらざけ[猿酒]。

自分でーをつぐこと 近世 てじゃく[手酌]。中世 じしゃく[自酌]。

祝儀で贈るーの入れ物 近世 あまのだる[天野樽]。えだる[柄樽]。つのだる[角樽]。中世 てだる[手樽]。やなぎだる[柳樽]。

終日(連日)ーを飲むこと さけびたし[酒浸]。近世 さかびたし[酒浸]。さかびたり/さけびたり[酒浸]。中世 さけづけ[酒漬]。

就寝前に飲むー 近代 ナイトキャップ(nightcap)。近世 ねざさ[寝酒]。中世 ねざけ[寝酒]。

食後に飲むー しょくごしゅ[食後酒]。ディジェスティフ(フランス digestif)。

食事中に飲むー 中世 ちゅうしゅ[中酒]。

食前に飲むー アピタイザー/アペタイザー(appetizer)。しょくぜんしゅ[食前酒]。近代 アペリティフ(フランス apéritif)。

新年を祝うー 近世 おとそ[御屠蘇]。ねんしゅ[年酒]。中古 とうそ/とそ[屠蘇]。

少しのー 近世 こなからざけ[小半酒]。ささのつゆ[笹露]。

少しの人数でーを酌み交わす 近代 せうしゃく[小酌]。たいいん[対飲]。近世 あひじゃく[相酌]。たいしゃく[対酌]。中世 いっこん[一献]。中古 くゎいいん[会飲]。せういん[小飲]。せうえん[小宴]。せんしゃく[浅酌]。上代 きょくえん[曲宴]。

その地方で産するー 近代 そんしゅ[村酒]。そんぢゃう[村醸]。近世 くにざけ[国酒]。ぢざけ[地酒]。ところざけ[所酒]。中世 ゐなかざけ[田舎酒]。

その年の米でつくった酒 近世 ことしざけ[今年酒]。中世 しんしゅ[新酒]。

旅立ちのー 近代 でたちざけ/でたてざけ[出立酒]。出立(でたち)の杯(さかづき)。近世 たちざけ[立酒]。わらぢざけ[草鞋酒]。中世 かさねかはらけ[重土器]。

茶碗になみなみとーをつぐこと 近世 あをきり/あをっきり[青切]。

調味用のー 近世 みりん[味醂]。中世 いりざけ[煎酒]。

壺に入れたー 上代 こしゅ[壺酒]。

強いー かすとり[粕取/糟取]。近代 スピリット(spirit)。近世 おにころし[鬼殺]。おによけ[鬼除]。

徹夜でーを飲み続ける 中世 のみあかす[飲明]。

徹夜でーを飲み夜が明けてもやめない 近世 長夜の飲。長夜の宴。

天皇(神)のー 近代 ネクター/ネクタル(nectar)。れいしゅ[霊酒]。近世 おみき[神酒/大御酒]。しんしゅ[神酒]。中世 ごしゅ[御酒]。上代 おほみき[大御酒]。とよみき[豊御酒]。みき[御酒/神酒]。みわ[神酒/御酒]。

飲み残しのー 近世 したみざけ[湑酒]。中古 ざんぱい[残杯/残盃]。

飲み残しのーと冷えた肴 近代 ざんぱいれいしゃ[残杯冷炙]。近世 ざんぱいれいかう[残杯冷肴]。

飲むと笑うー 上代 ゑぐし[笑酒/咲酒]。

人にはつがず一人でーを飲む 近世 ゐのししじゃうご[猪上戸]。

一晩で醸造したー 中世 いちやざけ[一夜酒]。中古 ひとよざけ[一夜酒]。

独りでーを飲む 近世 てじゃく[手酌]。どくしゃく[独酌]。

二日酔いの不快感をなくすためのー 近世 むかひざけ/むかへざけ[迎酒]。

古いー 近代 らうしゅ[老酒]。ラオチュー[(中国語)老酒]。近世 くねんしゅ[九年酒]。中世 こしゅ[古酒]。上代 かみさけ[嚙酒/醸酒]。ふるざけ[古酒/陳酒]。

不味(まず)いー 近世 あくざけ/あくしゅ[悪酒]。おにころし[鬼殺]。おによけ[鬼除]。そしゅ[粗酒/麁酒]。だざけ[駄酒]。

升で売るー ますざけ[升酒/枡酒]。

混ぜ物のないー ストレート(straight)。近代 げんしゅ[原酒]。近世 きいっぽん[生一本]。中世 きざけ[生酒]。

店先で立ったままーを飲む 近代 たちのみ[立飲]。近世 たちざけ[立酒]。

無分別に飲むー 【近世】わけなしざけ［分無酒］。

もろみを圧搾したままのー 【近代】げんしゅ［原酒］。

自棄(やけ)になって飲むー 【近世】やけざけ［自棄酒／焼酒］。

遊郭や料理屋で飲むー 【近世】あげやざけ［揚屋酒］。いろざけ［色酒］。ちゃやざけ［茶屋酒］。

夕食のときーを飲む 【近世】けざけ［食酒］。ばんしゃく［晩酌］。

雪を見ながら飲むー 【近世】ゆきみざけ［雪見酒］。

良いー りょうしゅ［良酒］。【近世】じゃうはく［上白］。【近代】めいしゅ［銘酒］。【中世】きくすい［菊水］。せいしう［青州］。めいしゅ［名酒］。もろはく［諸白］。菊の水。青州の従事。天の濃漿(こんづ)（濃漿(こんづ)）。【中古】ぎょくしゅ［玉酒］。ししゅ［旨酒］。びしゅ［美酒］。りょくしゅ［緑酒］。【上代】うまさけ［旨酒／味酒］。たむざけ［甜］。とよみき［豊御酒］。

別れのー 【近代】べっぱい［別杯／別盃］。【中古】りはい［離杯］。

その他ーのいろいろ(例)①**［地域／種類］** アクアビット(aquavit; akvavit)。ウォッカ(ロシア vodka)。きびざけ［黍酒］。コーリャンしゅ［(中国語)高粱酒］。シードル(フランス cidre)。シュナップス(schnapps)。ちゅうごくしゅ［中国酒］。ちょうせんしゅ［朝鮮酒］。テキーラ(スペイン tequila)。とうみつしゅ［糖蜜酒］。なししゅ［梨酒］。にゅうしゅ［乳酒］。バーボン(bourbon)。パイカル［(中国語)白乾児］。ばにゅうしゅ［馬乳酒］。ビーチュー［(中国語)米酒］。プルケ(pulque)。ホワンチュー［(中国語)黄酒］。マオタイしゅ［(中国語)茅台酒］(マオタイチュー)。リカー(liquor)。【近代】あかざけ［赤酒］。あくもちざけ［灰持酒］。アブサン(フランス absinthe)。ウイスキー／ウヰスキー(whisky)。キュラソー(フランス curaçao)。クミス(kumiss)。くゎじつしゅ［果実酒］。コニャック(フランス cognac)。シャンパン／シャンペン(フランス champagne)。ジン(gin)。せうこうしゅ［(中国語)紹興酒］(シャオシンチュー)。せきしゅ［赤酒］。にほんしゅ［日本酒］。ブランデー(brandy)。マッカリ(朝鮮語)。やうしゅ［洋酒］。ラオチュー［(中国語)老酒］。ラム(rum)。ワイン(wine)。【近世】あくざけ［灰酒］。アラキ(オランダ arak)。あわもり［泡盛］。うめざけ／うめしゅ［梅酒］。ぐみざけ［茱萸酒／胡頽子酒］。くゎしゅ［火酒］。しもん［四文］。たうちゃ［唐茶］。ぢざけ［地酒］。チンタ／チンダ［(ポルトガル)vinho tinto／珍陀／珍酡］。ところざけ［所酒］。どぶろく［濁酒／濁醪］。ねりざけ［練酒／煉酒］。ばくしゅ［麦酒］。ビール［(オランダ)bier／麦酒］。ぶだうしゅ［葡萄酒］。リキュール(フランス liqueur)。りんごしゅ［林檎酒］。【中世】あはざけ［粟酒］。あられざけ［霰酒］。せいしゅ［清酒］。せうちう［焼酎］。ねりぬき／ねりぬきざけ［練貫酒］。はくしゅ［白酒］。みぞれざけ［霙酒］。【中古】しる［醨］。すざけ／すみざけ［清酒］。せいしゅ［清酒］。にごりざけ［濁酒］。もそろ［醨／醪］。【上代】あまざけ［甘酒］。くろき［黒酒］。くろみき［黒御酒］。しろき［白酒］。

その他ーのいろいろ(例)②**［製法］** ぎんじょうしゅ［吟醸酒］。ごうせいしゅ［合成酒］。じゅんまいしゅ［純米酒］。じょうぞうしゅ［醸造酒］。はっぽうしゅ［発泡酒］。ほんじょうぞうしゅ［本醸造酒］。【近代】こんせいしゅ［混成酒］。じょうりうしゅ［蒸留酒］。【近世】かんづくり［寒造］。こざけ［濃酒］。すなごし［砂漉］。

その他ーのいろいろ(例)③**［祝い］** 【近世】あやめざけ／しゃうぶざけ［菖蒲酒］。いはひざけ［祝酒］。かためのさかづき［固杯］。ぢろうしゅ［治聾酒］。つきみざけ［月見酒］。とそしゅ［屠蘇酒］。はなみざけ［花見酒］。祝ひの水。【中世】きくのさけ［菊酒］。きょくえん［曲宴］。きょくすいのえん／ごくすいのえん［曲水宴］。まつりざけ［祭酒］。もものさけ［桃酒］。曲水(めぐりみづ)の豊の明かり。【中古】きくざけ［菊酒］。菊花の酒。【上代】うきゆひ［盞結］。しろざけ［白酒］。

その他ーのいろいろ(例)④**［容器］** 【近代】コップざけ［(オランダ)kop酒］。ますざけ［升酒／枡酒］。【近世】ちゃわんざけ［茶碗酒］。てんもくざけ［天目酒］。

▼**清酒** 【近世】せい［聖］。【中世】しろもの［白物］。せいじん［聖人］。【中古】すざけ／すみざけ［清酒］。せいけん［聖賢］。【上代】ひじり［聖］。

▼**濁り酒**(濁醪(どぶろく)) じんだいしゅ［神代酒］。【近世】けんしゅ［賢酒］。しろうま［白馬］。どびろく［酴醾］。どびろくしゅ［酴醾醱酒］。【中世】しろざけ［白酒］。だくしゅ／ぢょくしゅ［濁酒］。はくしゅ［白酒］。もそろ［醨／醪］。もろみざけ［醪酒］。【中古】にごり［濁］。にごりざけ［濁酒］。【上代】けんじん［賢人］。

▼清酒と濁り酒 近世せいだく[清濁]。中古けんせい[賢聖]。せいけん[聖賢]。

さげす・む【蔑】 近代けいし[軽視]。ぶべつ[侮蔑]。べうこつ[藐忽]。近世さげしむ[蔑]。さげすむ[蔑/貶]。べっし[蔑視]。みくびる[見縊]。みたふす[見倒]。中世おもひけがす[思穢]。みさぐ[—さげる][見下]。中古あなどる[侮]。いやしぶ/いやしむ[—しめる][卑/賤]。おとしむ[—しめる][貶]。てうろう[嘲弄]。べつじょ[蔑如]。みくだす[見下]。尻目に掛く[—掛ける]。上代あざける[嘲]。けいべつ[軽蔑]。

—・まれる者 近代わらはれもの[笑者]。

—・み罵る 近代れいば[冷罵]。近世てうば[嘲罵]。中古てうろう[嘲弄]。

さけのみ【酒飲】 からとう[辛党]。さとう/ひだりとう[左党]。のんべえ[飲兵衛/呑兵衛]。近代しゅか[酒家]。しゅがう[酒豪]。しゅしん[酒神]。たいしゅか[大酒家]。のんべ[飲兵衛/呑兵衛]。近世いんかく[飲客]。うはばみ[蟒蛇]。おほのら[大]。がうしゅ[強酒/豪酒]。さけくらひ[酒食]。じゃ[蛇]。しゃうがくばう[正覚坊]。じゃのすけ[蛇之助]。しゅせん[酒仙]。しゅと[酒徒]。そこぬけ[底抜]。そこぬけじゃうご[底抜上戸]。どろぼうじゃうご[泥棒上戸]。なるくち[成口]。のみすけ[飲助/呑助]。のみぬけ[飲抜]。のんだくれ[飲]。のんたらう[飲太郎/呑太郎]。ひだり[左]。ひだりきき[左利]。よひどれ/ゑひどれ[酔]。一杯なる口。底知らず。中世おほざけのみ[大酒飲]。さけずき[酒好]。さけのみ[酒飲/酒呑]。ささのみ[酒呑]。たいこ[大戸]。のみて[飲手/呑手]。中古じゃうご[上戸]。しゃうじゃう[猩猩]。しゅかく[酒客]。

《尊》近代ごしゅか[御酒家]。

《句》近代酒飲み本性違はず。生酔ひ本性違はず。

—の集まり 近世しゃうじゃうかう[猩猩講]。中古しゅと[酒徒]。

—の酒臭い息 中世しゅき/しゅけ[酒気]。

—の友達 近世けづりともだち[削友達]。しゅいう[酒友]。

—の理想郷 中古すいきゃう[酔郷]。

—を罵る語 近世くらひぬけ[食抜]。

いつまでも酒を欲しがる— 近世あとひき[後引]。あとひきじゃうご[後引上戸]。

飲むと顔が赤くなる— 近世いろじゃうご[色上戸]。中世あかみじゃうご[赤上戸]。

飲んでも顔にでない— 近代そらじゃうご[空上戸]。ぬすびとじゃうご[盗人上戸]。

▼酒びたりの人 近代ゐびたれじゃうご[居浸上戸]。近世おほのら[大]。

さけ・ぶ【叫】 近代うちわめく[打喚]。けうがう[叫号]。ぜっこ[絶呼]。肺を逆しまにす。近世おがる。がなる。ぜっけう[絶叫]。どなる[怒鳴]。中世くゎんこ[喚呼]。けうくゎん[叫喚]。どよむ[響]。ののめく。わめきたつ[—たてる][喚立]。中古あめく[叫]。けうこ[叫呼]。ひしる。わめく[喚]。をめく[喚]。上代おらぶ[号/哭/叫]。さけぶ[叫/号]。とよむ[響]。よぶ[呼/喚]。

—・び声 近代くゎんせい[喚声]。近世おらびごゑ[叫声]。けうせい[叫声]。中世とき[鬨/鯨波]。鬨の声。中古おほごゑ[大声]。上代をたけび[雄叫]。

—・ぶさま 中世どんど。

恐怖や悲しみで—・ぶ 近世ぜっけう[絶叫]。ひめい[悲鳴]。

口々に—・ぶ 中古さわぎののしる[騒罵]。

泣き—・ぶ 近世がうけう[号叫]。上代おらぶ[号/哭/叫]。

吼え—・ぶ 近世はうかう[咆哮]。上代うたく[吼]。

喜んで—・ぶ声 中世くゎんせい[歓声]。

さけめ【裂目】 クラック(crack)。近代きれつ[亀裂]。ひび[罅]。れっか[裂罅]。近世ひびれ[罅]。中世きれめ[切目]。さけめ[裂目]。われめ[割目]。

—ができる →さ・ける

刀にできる縦の— 中世あくめ[悪目]。

岸壁などの— シュミネ(フランス cheminée)。チムニー(chimney)。

布などの鉤形の— 近世かぎざき[鉤裂]。

皮膚が荒れてできる— 近世ひびり[皹]。中古ひひ/ひび[皹/皸]。ひびき[皹]。

氷河の— 近代クレバス(crevasse)。

さ・ける【裂】 中古うちやぶる[打破]。やぶる[やぶれる][破]。わる[われる][割]。上代きる[きれる][切]。さく[さける][裂/割]。やる[破]。

—・けてばらばらになる 中世はらめく。

—・けてひび割れすること だんれつ[断裂]。近代れっか[裂罅]。れっかい[裂開]。

—・けてめくれる 近代ささくれる。近世ささく[ささける]。

勢いよく—・ける 中古はれつ[破裂]。

紙や布などが—・ける 近代やぶける[破]。

中古やぶる〔やぶれる〕［破］。

細かく—・ける さいれつ［細裂］。近代すんれつ［寸裂］。中世ちぎる〔ちぎれる〕［千切］。

さ・ける【避】 たいひ［待避］。近代けいゑん［敬遠］。近世かはす［躱］。たいひ［退避］。たうひ［逃避］。まく［撒］。のく［退］。よぎる［過］。はづす［外］。中世いむ［忌／斎］。ゑんりょ［遠慮］。中古きひ［忌避］。さる［避］。にぐ〔にげる〕［逃］。のがる〔のがれる〕［逃／遁］。ひきはづす［引外］。ひきよく［引避］。よく〔よける〕［避］。上代くゎいひ［回避］。さかる［疎］。さく〔さける〕［避］。はばかる［憚］。

—・けて姿を見せない 近世にげかくれ［逃隠］。

—・けて通る バイパス(bypass)。近代とほまはり［遠回］。中世うくゎい［迂回］。まはりみち［回道］。

—・けようとする気持ち 近世かくい［隔意］。中世きゃくい［隔意］。きゃくしん［隔心］。そい［疎意］。中古かくしん［隔心］。上代きらふ［嫌］。

—・けられない 近代ふかひ［不可避］。近世喧嘩に被る笠はなし。中世さりがたし［避難／去難］。よんどころなし［拠所無／拠無］。中古えさらず［得避］。さらず／さらぬ［避］。さりあへず［避敢］。さりどころなし［避所無／去所無］。わりなし［理無］。

恐れはばかって—・ける 近代三舎を譲る。近世三舎を避く〔—避ける〕。

難を—・ける 近代ひなん［避難］。上代くゎいひ［回避］。

人目を—・ける 中世しのぶ［忍］。近世しぬぶ［忍］。中古うちしのぶ［打忍］。

さ・げる【下】 ダウン(down)。近世かうか［降下］。中世くりさぐ〔—さげる〕［繰下］。中古おしくだす［押下］。おとす［落］。おろす［下／降］。かかう［下降］。さぐ〔さげる〕［下］。まかづ［罷／罷出］。

官位などを—・げる こうかく［降格］。中世させん［左遷］。中古くだす［下／降］。しづむ〔しずめる〕［沈］。

給与を—・げる こうきゅう［降給］。

神仏に供えた物を—・げる けんせん［献饌］。近代てっせん［撤饌］。中古おろす［下／降］。

無理に—・げる 中世おしおろす［押下］。

さ・げる【提】 近代けいかう［携行］。たらす［垂］。近世けいたい［携帯］。けんすい［懸垂］。てもち［手持］。ぶらさぐ〔—さげる〕［下］。中世たづさふ〔—さえる〕［携］。つりさぐ〔—さげる〕［吊下］。つるす［吊］。ひさぐ［提］。ひっかく〔—かける〕［引掛］。ひっさぐ〔—さげる〕［引提］。もちはこぶ［持運］。肌身離さず。中古さぐ〔さげる〕［提／下］。つる［釣／吊］。ていけい［提携］。ひきさぐ〔—さげる〕［引提／引下］。上代ひきかく〔—かける〕［引掛］。

端から端へいくつも—・げる 中古かけつらぬ〔—つらねる〕［掛連／懸連］。かけめぐらかす［掛廻］。かけわたす［掛渡／架渡］。

ざこ【雑魚】❶〈魚〉 近代こもの［小物］。近世くろもの［黒物］(女房詞)。こざかな［小魚］。じゃこ［雑魚］。中古ざこ［雑魚／雑喉］。

ざこ【雑魚】❷〈人〉 しょうじんぶつ［小人物］。近代ざっぱい［雑輩］。近世うざうむざう［有象無象］。

ささ【笹】 近世ねざさ［根笹］。中世をざさ［小笹］。中古たまざさ［玉笹］。上代ささ［笹／小竹／竹葉］。ささがね。

—の生えている野原 中世をざさはら［小笹原］。をざさふ［小笹生］。中古ささはら［笹原／篠原］。

小さい— 中古こざさ［小笹／小篠］。

十日戎の— 近代ふくざさ［福笹］。近世ゑびすざさ［恵比須笹］。

わずかにある— 中世いささをざさ［細小小笹］。

ささい【些細】 →ささやか →さまつ

ささえ【支】 近代しぢ［支持］。しちゅう［支柱］。しゑん［支援］。つっかひ［突支］。近世かなめいし［要石］。つっかへ［突支］。つっぱり［突張］。はしら［柱］。中世ささへ［支］。つかへ［支／閊］。中古あななひ。たより［頼］。ちから［力］。上代たすけ［助］。よりどころ［拠所］。

《句》近世一木（いちぼく）大廈（たいか）の崩るるを支ふる能（あた）はず。

足を掛ける—の場所 中世あしだまり［足溜］。

塀などの—の柱 近代ささへばしら［支柱］。しちゅう［支柱］。すけばしら［助柱］。近世ひかへばしら［控柱］。

ささ・える【支】 キープ(keep)。近代かくほ［確保］。サポート(support)。しぢ［支持］。しゑん［支援］。近世つっぱる［突張］。もちこたふ〔—こたえる〕［持堪］。ゐぢ［維持］。中世かせぐ［枷］。ささふ／ささゆ〔ささえる〕［支］。ほぢ［保持］。肩を貸す。中古かふ［支］。たすく〔たすける〕［助］。たまる［溜］。

ささくれ 近代ささら［簓］。近世ささくれ。そげ［削／殺］。中世さかむけ［逆剝］。

ささげ【豇】 くろまめ［畦豆］。しろかくまめ［白角豆］。ながまめ［長豆］。近代からすまめ［烏豆］。中世おほすみぐさ［大角草］。上代ささげ［豇／荳角／大角豆］。

ささ・げる【捧】❶〈捧げ持つ〉 中世あぐ（あげる）［上］。おしいただく［押戴］。中古さしあぐ（―あげる）［差上］。ほうぢ［捧持］。もちあぐ（―あげる）［持上］。上代ささぐ（ささげる）［捧／指挙／擎］。たてまだす［立遣／奉遣／奉出］。

―げ持つ高さ 近代めはちぶ／めはちぶん［目八分］。

ささ・げる【捧】❷〈献上〉→けんじょう【献上】

―・げる物 中古みてぐら［幣］。上代ぬさ［幣］。まひなひ［賂］。

身を―・げる 中古身を尽くす。

さざなみ【小波】 中古こなみ［小波］。ささらなみ［細波］。しわ［皺／皴］。びは［微波］。上代ささなみ［小波／細波］。さざれなみ［細波］。

さざめ・く 近代さんざめく。近世ざんざめく。中世さざめく。じじめく。

ささやか【細】 近代れいさい［零砕］。れいれいさいさい［零零砕砕／零零細細］。近世けいせう［軽少］。さまつ［些末／瑣末］。中世ささい［些細／瑣細］。ちっと［些］。ちょっと［一寸］。びせう［微小］。中古こまか［細］。ささやか［細］。せうせう［少少］。ちひさし［小］。びさい［微細］。びび［微微］。ほどなし［程無］。わづか［僅／纔］。上代さし［狭］。すくなし［少］。すこし［少］。すこしき［少］。

▼接頭語 中古ささ［細／小］。上代いささ［細小／細／小］。さざれ［細］。

ささやき【囁】 近代ひそひそばなし［話］。みみうち［耳打］。中世ささめき［私語］。ささめごと［私語］。ささやき［囁］。ひそめき［密］。中古ささめきごと［私語］。じご［耳語］。→ささや・く

ささや・く【囁】 中世うちひそめく［打密］。そそやく／そそやぐ［囁］。つつやく［囁／詢］。ひそめく［密］。中古ささめく［囁／私語］。ささやく［囁］。つつめく［囁／詢］。

耳元で―・く 近代耳を借りる。近世みみうつ［耳打］。みみこすり［耳擦］。みみさうだん［耳相談］。みみざふたん［耳雑談］。みみそしょう［耳訴訟］。みみだんがふ［耳談合］。

ささゆり【笹百合】 やまゆり［山百合］。近世ささゆり［笹百合］。さゆり［小百合／早百合］。

さざんか【山茶花】 ひめつばき［姫椿］。やまつばき［山椿］。近世さざんくゎ［山茶花］。ちゃばい［茶梅］。中世さんざくゎ［山茶花］。

さじ【些事】→さまつ

さじ【匙】 しゃじ［匙］。中古かひ［匙／匕］。さじ［匙］。

―一杯の量 近代いっぴ［一匕］。

―加減 近代てうせい［調整］。近世てかげん［手加減］。中世はいがふ［配合］。

いろいろな―（例） ちゃさじ［茶匙］。つのさじ［角匙］。近代こさじ［小匙］。れんげ［蓮華／蓮花］。近世かうさじ／かうすくひ［香匙］。スプーン(spoon)。ちりれんげ［散蓮華／散蓮花］。ティースプーン(teaspoon)。中世おほさじ［大匙］。かうじ／きゃうじ［香匙］。

ざし【座視】 近代きょうしゅ［拱手］。きょうしゅばうくゎん［拱手傍観］。ばうかん［傍看］。ばうけん［傍見］。もくさつ［黙殺］。もくし［黙視］。もくにん［黙認］。腕を拱く（「拱く」とも）。近世せいくゎん［静観］。ふところで［懐手］。手を拱く（「拱く」とも）。見て見ぬふり。中古かんくゎ［看過］。ざし［座視］。しうしゅ［袖手］。ばうくゎん［傍観］。

《句》近代対岸の火事。高みの見物。

さしあ・げる【差上】❶〈上方へ上げる〉 中世おしいただく［押頂］。さす［差］。中古かかぐ（かかげる）［掲］。さしあぐ（―あげる）［差上］。上代ささぐ（ささげる）［捧］。

さしあ・げる【差上】❷〈献上〉→けんじょう【献上】

さしあたり【差当】 近代さしより［指寄］。たうめん［当面］。もくか［目下］。近世さしづめ［差詰］。さしむき［差向］。たうぶん［当分］。もくこん［目今］。何はしかれ。何はともあれ。中世たうざ［当座］。とりあへず［取敢］。ひとまづ［一先］。中古かつがつ［且且］。さしあたり［差当］。まさに［正］。まづ／まづは［先］。上代まさか。

さしえ【挿絵】 イラスト／イラストレーション(illustration)。近代カット(cut)。さふぐゎ［挿画］。さふづ［挿図］。近世くちゑ［口絵］。さしゑ［挿絵］。

サジェスト(suggest) 近代あんじ［暗示］。サジェスト。しさ［示唆］。もくし／もくじ［黙示］。近世にほはせる［匂］。中古にほはす

［匂］。ほのめかす［仄］。

さしお・く【差置】 近世 そっちのけ［其方退］。中古 さしおく［差置］。さしこす［差越］。さしこゆ［―こえる］［差越］。

さしかえ【差替】 くみかえ［組替］。近代 とりかへ［取替］。中世 いれかへ［入換］。

さしかか・る【差掛】 近代 とほりすがる［通次］。中世 さしかかる［差掛］。とほりかかる［通掛］。中古 きかかる［来掛］。ゆきかかる［行掛］。

さじき【桟敷】 中古 さじき［桟敷］。さんじき［桟敷］。とこ［床］。上代 ゆか［床］。

―のいろいろ（例）てんじょうさじき［天井桟敷］。近代 ゆかすずみ［床涼］。近世 かはどこ／かはゆか［川床］。すずみどこ［涼床］。むかふさじき［向桟敷］。→かわ →げきじょう

ざしき【座敷】 近世 おいへ［御家］。おうへ［御上］。中世 きょしつ［居室］。ざしき［座敷］。ゐま［居間］。中古 へや［部屋］。

奥にある― 中世 おくざしき［奥座敷］。

表側の― 中世 おもてざしき［表座敷］。

母屋から離れた― はなれや［離屋］。近世 はなれ［離］。はなれざしき［離座敷］。

貸す― 近代 かしせき［貸席］。近世 かしざしき［貸座敷］。

客をもてなす― 近代 かくしつ／きゃくしつ［客室］。きゃくま［客間］。近世 きゃくざしき［客座敷］。中世 おもてざしき［表座敷］。

小さな― 中世 こざしき［小座敷］。上代 せうばう［小房］。

夏向きに装った― 近世 なつざしき［夏座敷］。

風流な洒落(しゃれ)た― 近世 ちん［亭］。ちんざしき［亭座敷］。

御簾(みす)など垂らした一段高い― 近世 れんだい［簾台］。

さしこ・む【差込】 かます［噛／咬］。近代 インサート(insert)。近世 さふにふ［挿入］。中世 さしこむ［差込］。すぐ［すげる］［挿／箝］。中古 さしとほす［刺通］。ついさす［突挿］。上代 さしはさむ［差挟］。

さしさわり【差障】 しょうそ［障阻］。ネック(neck)。バリア／バリヤー(barrier)。ボトルネック(bottleneck)。近代 あいろ［隘路］。さしあたり［差当］。さしかまひ／さしかまへ［差構］。さしさはり［差障］。しゃうへき［障壁］。そがい［阻害／阻礙］。ばうげ［妨碍／妨礙］。よくし［抑止］。近世 あたりさはり［当障］。がい［害］。かまひ［構］。けち。けど。さし／さしあはせ／さしあひ［差合］。さしつかへ［差支］。ししゃう［支障］。じゃまだて［邪魔立］。そかく［阻格／沮格］。そきゃく［阻却］。そし［阻止］。だいじ［大事］。つかへ［支／閊］。つつが［恙］。てづかへ［手支］。ふさがり［塞］。べつぎ［別儀］。めかり。やり［槍／鑓／鎗］。中世 ことゆゑ［事故］。ささはり［障］。さはりどころ［障所］。しさい［子細］。しゃうがい［障害／障碍／障礙］。しゃしゃう［遮障］。じゃま［邪魔］。ふつがふ［不都合］。中古 こしゃう［故障］。さまたげ［妨］。しゃうげ［障礙／障碍］。つつみ［障／恙］。とどこほり［滞］。ばうがい［妨害／妨礙］。はばかり［憚］。ほだし［絆］。ゆゑ［故］。上代 さはり［障］。

《句》中世 すんぜんしゃくま［寸善尺魔］。月に叢雲(むらくも)花に風。

―がある 近代 さしさはる［差障］。近世 さす［差］。てづかふ［―づかえる］［手支］。中世 くるし［苦］。さしあふ［差合］。さしつかふ［―つかえる］［差支］。上代 さはる［障］。さやる［障］。つつむ［恙／障］。

―があるさま 中古 あしわけ［葦分／葦別］。上代 あしわけをぶね［葦別舟］。

―がない 近世 だんない。でんない。大事なし。別儀(べつぎ)なし。中世 ささいなし。なんなし［難無］。怪しうはあらず。事よろし。相違なし。子細(仔細)なし。別儀(べち)なし。中古 あふ［敢］。むげ［無碍／無礙］。ゑんゆう［円融］。上代 つつみなし［恙無］。《句》近代 血気盛りに神祟らず。

―がなく行われるさま 近代 スムーズ(smooth)。すんなり。近世 とんとんびゃうし［拍子］。中世 すらすら。するする。

―となるもの 近代 けいるい［係累］。近世 あしてまつはり［足手纏］。かせ［枷］。けいきょく［荊棘］。じゃまもの［邪魔者／邪魔物］。ほだ［絆］。中世 あしてまとひ／あしでまとひ［足手纏］。きづな［絆／紲］。しっこく［桎梏］。中古 きはん［羈絆］。きび［羈縻］。つつみ［障／恙］。ほだし［絆］。

いろいろの― 中世 ばんしゃう［万障］。

わずかな― 中古 そよみ。

さししめ・す【指示】 近代 さししめす［指示］。中世 ゆびさす［指差］。中古 してん［指点］。上代 しじ［指示］。

ぞんざいに―・す 近世 しゃくる［決／抉／剔］。

名を言って―・す 中世 なざす［名指］。

さしず【指図】 コマンド(command)。近代 イ

さ

ンストラクション(instruction)。がうれい[号令]。しこ[指顧]。たっし[達]。づし[図師]。近世さしがね[差金]。さしひき[差引]。さはい[差配／作配]。しだう[指導]。しれい[指令]。中世いひつけ[言付]。げぢ[下知]。さいはい[采配]。さう[左右]。さししめす[指示]。さしづ[指図]。さた[沙汰]。せつど[節度]。ぢゃう[諚]。めい[命]。めいれい[命令]。中古おきて[掟]。おもむけ[赴／趣]。しき[指揮／指麾]。上代しじ[指示]。よだつ[与奪]。

《尊》中世ぎょい[御意]。ごさた[御沙汰]。ごぢゃう[御諚]。中古おほせ[仰]。おほせごと[仰言]。きめい[貴命]。みことのり[詔／勅]。上代みこと[命／御言]。

《句》近世船頭多くして船山に上る。

―・して仕事をさせること 中世しはい[支配]。

―・してそのかすこと 近代しぞく[指嗾]([しそう]の誤読)。近世しそう[指嗾／使嗾]。

―・する 采柄を握る。近世采配を振る。中世ひきまはす[引回]。めいず[命]。れいす[令]。中古いひつく[―つける][言付]。おきつ[掟]。おこなふ[行]。《尊》中世おほせいだす[仰出]。おほせくだす[仰下]。おほせつく[―つける][仰付]。くだす[下]。中古おほす[仰]。まうしつく[―つける][申付]。上代のりごつ[告]。

―・する人 近代さしづにん[指図人]。しきしゃ[指揮者]。づし[図師]。近世ざいふり[采振]。

―を求める 近代伺ひを立てる。中世あふぐ[仰]。

偉そうに―・する 近代顎(齶／頤)で使ふ。顎の先で使ふ。近世顎で(を)しゃくる。

天皇が―・すること 中世ごさた[御沙汰]。ちょくめい[勅命]。中古せい[制]。ちょく[勅]。

兵を―・すること 中世ぐんばい／ぐんぱい[軍配]。

▼指図を表す文末表現 近世ぞよ。中世とこそ。中古べし。上代ぞも。

さしずめ【差詰】→さしあたり

さしせま・る【差迫】 足元に火がつく。分秒(一刻)を争う。近代おしせまる[押迫]。おしつまる[押詰]。きんぱく[緊迫]。さしせまる[差迫]。せっぱく[切迫]。ひんす[瀕]。焦眉の急。近世きふはく[急迫]。きんせつ[緊切]。せせくる。せっぱつまる[切羽詰]。尻に火がつく。旦夕に迫る。抜き差しならぬ。退っ引き(退き引き)ならぬ。中世きふせつ[急切]。中古きはまる[極／窮／谷]。くゎきふ[火急]。せむ[逼／迫]。上代せまる[迫／逼]。

―・って 中古いとせめて。

―・っていないさま 近世ふきふ[不急]。

―・っているさま 中古きふ[急]。せち[切]。ほとほとし[殆]。上代ひじゃう[非常]。

―・っている場面 けんがみね[剣峰]。ピンチ(pinch)。近代どたんば[土壇場]。近世きふば[急場]。

さしだ・す【差出】 近代きょうしゅつ[供出]。きょうする[供]。ていきょう[提供]。ていしゅつ[提出]。ていしゅつ[呈出]。近世さしだす[差出]。中古きふ[寄付]。さしいづ[差出]。ていす[呈]。

《謙》近代はいなふ[拝納]。中世ほうだふ／ほうなふ[奉納]。

―・させる 中世めしいだす[召出]。中古めしいづ[召出]。めす[召]。

―・した人 近代さしだしにん[差出人]。

―・した物 上代しょしゅつ[所出]。

―・して見せる ていじ[呈示]。近代ていじ[提示]。

惜しげもなく―・す 近世うっちゃる[打遣]。中世なげうつ[投打／擲／抛]。なげだす[投出]。上代なげすつ[―すてる][投捨]。

憤然として―・す 近代たたきつける[叩付]。中世さしつく[―つける][差付]。つきつく[―つける][突付]。なげつく[―つける][投付]。

さしつか・える【差支】→さしさわり

さしつかわ・す【差遣】 近代さしたてる[差立]。はけん[派遣]。はする[派]。はっす[発]。中世さしむく[―むける][差向]。中古さしつかはす[差遣]。つかはす[遣]。やる[遣]。上代おくる[送]。

乗物などを―・す 中古さしまはす[差回／指回]。

さしでがまし・い【差出】 近代でしゃばり[出]。近世さしでがまし[差出]。せんゆ[僭踰]。ですぐ[―すぎる][出過]。中世しゅつ[出]。すいさん[推参]。せんゑつ[僭越]。をこがまし[痴／烏滸]。中古くちいる[口入]。

―・い人 近世すいさんもの[推参者]。でしゃばりもの[出者]。

―・い振る舞いをする 近世しゃしゃりでる[出]。でしゃばる[出]。中世さしでる[差

出］。[中古]さいまくる。さいまぐる［先］。さしいづ［差出］。せんしゃう／せんじゃう［僭上］。

さしでぐち【差出口】 ざつおん［雑音］。[近代]かんせふ［干渉］。ようし［容嘴］。唇を差し出す。口を挟む（差し挟む）。余計なお世話。[近世]くちだし［口出］。さしいでぐち［差出口］。さしこみ［差込］。さしでぐち［差出口］。ようかい［容喙］。嘴（くちばし）（喙）を容れる。茶々を入れる（付ける）。横槍を入れる。[中世]くにふ［口入］。ことくはふ［言加］。[中古]ことまず［言雑］。さかしら［賢］。

さしと・める【差止】 [近代]ていし［停止］。さしとめる［差止］。[中世]きんず［禁］。[中古]せいきん［制禁］。せいす［制］。ちゃうじ［停止］。[上代]きんし［禁止］。きんせい［禁制］。とどむ（とどめる）［止／留］。とむ（とめる）［止／留］。

さしひか・える【差控】 [近代]ほりう［保留］。やりすごす［過］。りうほ［留保］。[近世]さしひかふ（―ひかえる）［差控］。みあはす（―あわせる）［見合］。[中世]ひかふ（ひかえる）［控］。ゑんりょ［遠慮］。[上代]つつしむ［慎］。はばかる［憚］。→**えんりょ**

さしひき【差引】 [近代]かげん［加減］。とくしつ［得失］。プラスマイナス（plus minus）。[近世]さしひき［差引］。[中世]そんとく［損得］。[中古]とくしち／とくしつ［得失］。

―をゼロにすること ちゃら。[近代]さうさい［相殺］。

さしひ・く【差引】 [近世]こうぢょ［控除／扣除］。ピンはね［撥］。上前を撥ぬ（―撥ねる）（取る）。引けを取る。[中世]さしひく［差引］。ひきおとす［引落］。

さしみ【刺身】 [近代]おつくり［御作／御造］。[近世]おさし［御差］。さし［刺］。つくり［作］。つくりみ［作身］。[中世]うちみ［打身］。さしみ［刺身］。

―のつま [中世]けん。

烏賊（いか）の― いかさし［烏賊刺］。[近代]いかさうめん［烏賊素麺］。

馬肉の― ばさし［馬刺］。

その他―料理（例） あいづくり［相作］。[近代]あつづくり［厚作］。いけもの［生物／活物］。かはづくり［皮作］。[近世]あらひ［洗／洗魚］。いきづくり／いけづくり［生作／活造］。ひらづくり［平作］。ほそびき［細引］。

さしむか・う【差向】 [近代]むかひあひ［向合］。[近世]あひたい［相対］。さし［差］。むかひあはせ［向合］。むきあひ［向合］。[中世]かけむかひ［掛向］。[中古]いであふ［出逢］。さしわたす［差渡］。たいざ［対座］。たいめ［対面］。のぞむ［臨］。[上代]さしむかふ［差向］。たいめん［対面］。

直接―・うさま [中古]ひたおもて［直面］。

さしむ・ける【差向】 →**さしつかわ・す**

さしものし【指物師】 [近世]さしものし［指物師］。さしものや［指物屋］。はこや［箱屋］。[中古]木の道の工（たくみ）。

さしゅ【詐取】 [近代]さしゅ［詐取］。へんしゅ［騙取／衒取］。[近世]かたり［騙／衒］。かたりとる［騙取／衒取］。こかし。だましとる［騙取］。やまこかし［山］。[中世]てうぎ［調義／調儀］。

さしょう【些少】 [中世]ささい［些細／瑣細］。させう［些少／瑣少］。みせう［微少］。[中古]びせう［微少］。わづか［僅／纔］。[上代]すこし［少］。すこしき［少］。

さしょう【詐称】 [近代]ぎめい［偽名］。さしょう［詐称］。せんしょう［僭称］。[中世]ぎしょう［偽称］。

ざしょう【挫傷】 ざそう［挫創］。[近世]うちみ［打身］。ざしゃう［挫傷］。だぼくしゃう［打撲傷］。

ざしょう【座礁】 [近代]かくがん［擱岩］。かくざ［擱座］。[近代]かくがん［擱岸］。ざせう［座礁］。[中世]船が坐る。

さしわたし【差渡】 けいかん［径間］。[近代]けい［径］。わたし［渡］。[近世]のり［法］。[中世]さしわたし［差渡］。

さずかりもの【授物】 さずけもの［授物］。[近世]さづかりもの［授物］。天の美禄（酒のこと）。[中古]しんじゅ［神授］。

さずか・る【授】 [近代]きゃうじゅ［享受］。しゅとく［取得］。[近世]じゅりゃう［受領］。もらひうく（―うける）［貰受］。らくしゃう［落掌］。らくしゅ［落手］。[中世]いただく［頂］。さづかる［授］。しうりゃう［受領］。にふしゅ［入手］。はいじゅ［拝受］。もらふ［貰］。[中古]うく［受］。たまふ［賜］。はいりゃう［拝領］。[上代]うけとる［受取］。

さず・ける【授】 [近代]きょうよ［供与］。じゅふ［授付／授賦］。[中世]きふす［給］。しうよ／じゅよ［授与］。ふよ［賦与］。ふよ［付与］。[中古]あたふ（あたえる）［与］。あてがふ［宛行／充行］。しなん［指南］。つたふ［伝］。をしふ（おしえる）［教］。[上代]けうじゅ［教授］。さづく（さずける）［授］。たまふ［賜／給］。でんじゅ［伝授］。よす［寄］。

貴人が自ら―・ける [近代]しんじゅ［親授］。

爵位や官等を━・ける 中古 じょす[叙]。はいす[拝]。

さすらい【流離】 近代 へうらう[漂浪]。近世 うんすい[雲水]。さすらひ[流離]。さまよひ[彷徨]。ながれ[流]。ふらう[浮浪]。はりうらう[流浪]。中世 くもみづ[雲水]。はうらう[放浪]。へうたう[漂蕩]。へうはく[漂泊]。へんれき[遍歴]。らうらう[浪浪]。りうばう[流亡]。中古 るらう[流浪]。上代 たもとほり[徘徊]。はいくわい[徘徊]。はうくわう[彷徨]。へうりう[漂流]。りうり[流離]。↓さまよ・う

さすら・う【流離】 ↓さまよ・う

さす・る【擦】 近代 あいぶ[愛撫]。中世 あんずう[按]。さする[擦/摩]。ぶす[撫]。上代 うちなづ[━なでる][打撫]。なづ[なでる][撫]。

ざせき【座席】 近代 シート(seat)。中世 ざ[座]。せき[席]。むしろ[筵/席/蓆]。中古 えん[筵]。えんせき[筵席]。上代 ざせき[座席]。ゐしき[居敷/臀]。

━から去ること 近代 たいざ[退座]。近世 ちゅうざ[中座/中坐]。

━の順 近代 せきじ[席次]。せきわり[席割]。近世 せきじゅん[席順]。中古 ざゐ[座位]。

幄舎(あくしゃ)の中にある━ 中世 あくざ[幄座]。中古 あくのざ[幄座]。

下位の━ まっせき[末席]。近世 ばっせき[末席]。中世 げざ/しもざ[下座]。すゑざ/まつざ[末座]。

貴人の━ 中古 ござ[御座]。

劇場等の━ かんきゃくせき[観客席]。近世 どま[土間]。ます/ますせき[升席/枡席]。中古 さじき[桟敷]。

劇場の━表 近代 かうばん[香盤]。

仕切りのある━ 近代 ボックス(box)。近世 ます/ますせき[升席/枡席]。

上位の━ 近世 かみざ[上座]。じゃうせき[上席]。中世 じゃうざ[上座]。中古 よこざ[横座]。

正客が座る━ 近世 しゃうざ[正座]。中古 よこざ[横座]。

背もたれが倒せる━ リクライニングシート(reclining seat)。

高い位置の━ 中古 かうざ[高座]。

天皇の━ 中世 ぎょくざ[玉座]。ぎょざ[御座]。

飛行機やスポーツカーなどの━ コックピット(cockpit)。そうじゅうせき[操縦席]。バケットシート(bucket seat)。

料金を取って━を貸すこと 近代 かしせき[貸席]。せきがし[席貸]。近世 かしざしき[貸座敷]。

ざせつ【挫折】 くうちゅうぶんかい[空中分解]。近代 こしくだけ[腰砕]。とんざ[頓挫]。近世 ざせつ[挫折]。さてつ[蹉跌]。ちゅうだん[中断]。はたん[破綻]。中古 ちゅうぜつ[中絶]。

━・する 腰が砕ける。近代 へこたれる。暗礁に乗り上げる。近世 くじく[くじける][挫]。中古 くっす[屈]。つまづく[躓]。

させん【左遷】 かくさげ[格下]。こうかく[降格]。こうきゅう[降級]。とばす[飛]。近代 しまながし[島流]。上代 させん[左遷]。

さぞ【嘸】 ↓さだめし

さそい【誘】 近代 いうわく[誘惑]。中世 いざなひ[誘]。中古 くゎんいう[勧誘]。近世 そびき[誘]。

━をかけて挑発すること 近世 そびき[誘]。

━をかける語 中世 さ。さあ。さあさあ。中古 いざ。いざいざ。

強引な━ 近代 がういう[強誘]。

さそ・う【誘】 口を掛ける。近世 しぶく。そそる。気を引く。中世 すびく[素引]。そびく[誘]。もとむ[もとめる][求]。声を掛く[━掛ける]。袖を引く。中古 あとふ[誂/聘]。かどふ[勾引/拐]。さそふ[誘]。すすむ[すすめる][勧/奨/薦]。ひく[引]。もよほす[催]。上代 あとらふ[誂/聘]。いざなふ[誘]。さすふ[誘]。ひく[惹]。

《句》近世 牛にひかれて善光寺参り。

━・い入れる 近代 さそひこむ[誘込]。ひきこむ[引込]。近世 いうだう[誘導]。つりこむ[釣込]。ひきつく[━つける][引付/惹付]。中古 いういん[誘引]。中世 ひきいる[━いれる][引入]。上代 ひきる[引入]。

━・い出される 近代 つられる[釣]。

━・い出す 近代 つれだす[連出]。よびだす[呼出]。近世 いうしゅつ[誘出]。そびきだす[誘出]。みづむけ[水向]。中世 つりだす[釣出/吊出]。もとむ[求]。よびつる[━つれる][呼連]。

━・う気配 中古 もよほしがほ[催顔]。

━・うための金品 近世 おとり[囮/媒鳥]。かうじ[好餌]。かうじ[香餌]。中世 きゃうじ[香餌]。

━・う人 中世 ひくて[引手]。

━・う人が多い 中古 引く手数多(あまた)。

━・うような感じ 中古 もよほしがほ[催顔]。

━・って一緒にする 近世 さそひあはす[━あわ

せる」［誘合］。

―・って人を集める 中古 かりもよほす［駆催］。

―・っても応じない 近代 笛吹けども踊らず。

―・われる 近代 声が掛かる。近世 口が掛かる。

色気で―・うこと 近世 いろじかけ［色仕掛］。

言葉巧みに悪い方へ―・う 近世 そそなかす［唆］。中古 そそのかす［唆／嗾］。

騙(まだ)して―・い出す 中世 おびきいだす／おびきだす［誘出］。

騙して―・う 近世 おびきこむ［誘込］。中世 おびく／をびく［誘］。中古 こしらふ［―らえる］［拵／喩／誘］。上代 わかつる［誘］。をこつる［誘］。

無理に―・い込む 近世 ひきずりこむ［引摺込］。

さぞかし【嘸】→さだめし

さた【沙汰】❶〈処置〉 近代 しょり［処理］。近世 さはい［差配］。さばき［裁］。しょち［処置］。そち［措置］。てもち［手持］。とりおき［取置］。とりはからひ［取計］。とりまはし［取回］。中世 しまつ［始末］。はからひ［計］。中古 したため［認］。せいばい［成敗］。もてなし［持成］。上代 ことはかり［事計］。さた［沙汰］。しょだん［処断］。

さた【沙汰】❷〈指図〉 近世 おたっし［達］。中世 さしづ［指図］。中古 さた［沙汰］。上代 しじ［指示］。→さしず

さた【沙汰】❸〈便り〉 近代 おんしん［音信］。近世 おとさた［音沙汰］。しらせ［知］。中世 さた［沙汰］。中古 いんしん［音信］。たより［便］。上代 せうそく［消息］。→たより

さた【沙汰】❹〈評判〉 近世 ひゃうばん［評判］。ふうひゃう［風評］。中世 うはさ［噂］。とりざた［取沙汰］。風の便り。中古 さた［沙汰］。ふうぶん［風聞］。→うわさ

さだか【定】 近代 クリア(clear)。じめい［自明］。めいかく［明確］。めいめいはくはく［明明白白］。近世 はっきり。はんぜん［判然］。めいせき［明晰］。中世 めいりゃう［明亮］。めいれう［明瞭］。れきぜん［歴然］。中古 さだけし［定］。せんめい［鮮明］。たしか［確］。めいはく／めいばく［明白］。上代 あきらか［明］。さだか［定］。→あきらか
―・なさま 近代 火を見るよりも明らか。近世 くっきり。目に見える。中世 ありあり［有有／在在］。けざけざ。まざまざ。中古 掌(たなごころ)を指す。紛(まが)ふかたなし。上代 つばらつばら。

さだま・る【定】 近代 かくてい［確定］。近世 かくぢゃう［確定］。きす［規］。きまる［決］。けってい［決定］。中世 けっちゃく［決着］。ぢぢゃう［治定］。上代 さだまる［定］。→きまる
―・った位置 ていてん［定点］。近代 ていち［定置］。

―・っていないこと ふとくてい［不特定］。近代 ふてい［不定］。中世 りうどう［流動］。中古 ただよはし［漂］。ふぢゃう［不定］。

―・っていること 近代 きてい［既定］。中世 いちぢゃう［一定］。さだまりごと［定事］。

―・らない日和 近世 いちりゃうびより［一両日和］。

さだめ【定】❶〈掟〉 近代 きてい［規程］。きまり［決］。きめ［決／極］。きやく［規約］。やくそくごと［約束事］。ルール(rule)。近世 きてい［規定］。きりつ［規律］。中世 きしき［規式］。きそく［規則］。中古 さだめ［定］。せい［制］。れい［令］。上代 おきて［掟］。のり［法］。はふ［法］。はふれい［法令］。

さだめ【定】❷〈運命〉 近代 さだめ［定］。しゅくめい［宿命］。近世 めいうん［命運］。中古 うんめい［運命］。てんめい［天命］。

さだめし【定】 近世 きっと［急度／屹度］。さぞかし［嘸］。さぞや［嘸］。さだめし［定］。中世 おそらく(は)［恐］。さぞな［嘸］。さだめて［定］。中古 いかばかり。さこそ。さぞ［嘸］。上代 かならず［必］。

さだ・める【定】 近代 かくてい［確定］。じゅりつ［竪立／豎立］。りっす［律］。近世 けってい［決定］。とりきむ［―きめる］［取決］。中世 きはむ［きわめる］［極／窮／究］。きむ［きめる］［決］。けっす［決］。上代 さだむ［さだめる］［定］。→き・める
―・めた日 中世 きじつ／ごじつ［期日］。ぢゃうじつ／ぢゃうにち［定日］。
―・めにくいたとえ 上代 児手柏(このてがしは)のふた面(おもて)
新たに―・めること 近代 しんてい［新定］。
公の機関が―・めること 近代 こうてい［公定］。
およそのことを―・める 近代 がいてい［概定］。

さたん【嗟嘆】 近代 つうたん［痛嘆］。近世 しうたん［愁嘆／愁歎］。中世 あいしう［哀愁］。かなしみ［悲］。中古 いうしう［憂愁］。さたん［嗟嘆］。しゃうしん［傷心］。ひあい［悲哀］。ひしゃう［悲傷］。ひたん［悲嘆／悲歎］。涙にくる［―くれる］。上代 あいしゃう［哀傷］。なげき［嘆］。

ざだん【座談】 ていだん［鼎談］。近代 くゎんだ

ん［歓談］。こんだん［懇談］。ざつだん［雑談］。近世 ざだん［座談］。はなしあひ［話合］。中世 くゎいだん［会談］。くゎんご［款語］。たいだん［対談］。たいわ［対話］。かん 中古 かたらひ［語］。かんだん［閑談］。かんわ［閑話／間話］。ざふたん／ざふだん［雑談］。だんせう［談笑］。だんわ［談話］。

さち【幸】→こうふく【幸福】→えもの

―の多いこと 近世 たしゃう［多祥］。上代 たかう［多幸］。

さつ【札】 近代 さつびら［札片］。しけん［紙券］。しへい［紙幣］。しせん［紙銭］。近世 かみぜに［紙銭］。くゎへい［貨幣］。さつ［札］。しさつ［紙札］。中世 しせん［紙銭］。

―入れ 近世 かみいれ［紙入］。

ざつ【雑】 アバウト(about)。いいかげん［好加減］。近代 ざつぜん［雑然］。ざった［雑多］。そざつ［粗雑］。ラフ(rough)。ルーズ(loose)。近世 おざなり［御座形／御座成］。おほざっぱ［大雑把］。ざつ［雑］。ざっぱく［雑駁］。中世 そまつ［粗末］。づさん［杜撰］。中古 なほざり［等閑］。上代 そりゃく［粗略／疎略］。

さつえい【撮影】 カメラ(camera)に収める。シャッター(shutter)を切る。近代 うつす［写］。さつえい［撮影］。とる［撮］。

―すべき瞬間 シャッターチャンス(shutter chance)。

―する所 近代 さつえいじょ［撮影所］。スタジオ(studio)。

―する人 近代 さつえいぎし［撮影技師］。カメラマン(cameraman)。

―の対象 近代 ひしゃたい［被写体］。

―の時のカメラの角度 アングル(angle)。

相手に気付かれない― かくしどり［隠撮］。ぬすみどり［盗撮］。

映画などの野外の― 近代 ロケ／ロケーション(location)。

その他―のいろいろ(例) アングルショット(angle shot)。エスエフエックス(SFX; special effects)。くうさつ［空撮］。ちょうこうそくどさつえい［超高速度撮影］。パノラマさつえい［panorama 撮影］。はやどり［早撮］。ふかんさつえい［俯瞰撮影］。ロングショット(long shot)。

ざつおん【雑音】 近代 さうおん［騒音］。ざつおん［雑音］。ノイズ(noise)。

交流電流によるラジオなどの― ハム(hum)。

さっか【作家】 ストーリーテラー(storyteller)。ものかき［物書］。近代 エッセイスト(essayist)。オーサー(author)。げきさくか［劇作家］。さうさくか［創作家］。さくか［作家］。しそう［詞宗］。しっぴつしゃ［執筆者］。ずいひつか［随筆家］。ちょさくか［著作家］。ちょさくしゃ［著作者］。ちょじゅつか［著述家］。ちょじゅつげふ［著述業］。ひゃうろんか［評論家］。ぶんがくしゃ［文学者］。ぶんげいか［文芸家］。ぶんし［文士］。ぶんぴつか［文筆家］。ライター(writer)。近世 げさくしゃ［戯作者］。さうかく［騒客］。ざつきさくしゃ［座付作者］。しうじん［愁人］。せうせつか［小説家］。ぶんじん［文人］。ゐんし［韻士］。中世 かきて［書手］。さうじん［騒人］。中古 ひっしゃ［筆者］。上代 しじん［詞人］。→ぶんし【文士】

駆け出しの― 近代 しんしんさくか［新進作家］。

程度の低い― 近代 さんもんぶんし［三文文士］。

名声の確立している― 近代 きせいさくか［既成作家］。

さっか【作歌】 近代 さくか［作歌］。中古 えい［詠／咏］。えいか／えいが［詠歌］。

さつがい【殺害】 近代 さつがい［殺害］。上代 さつじん［殺人］。さつりく［殺戮］。→ころ・す

さっかく【錯覚】 近代 イリュージョン(illusion)。かんたがへ［勘違］。かんちがひ／かんちがへ［勘違］。げんかく［幻覚］。げんかん［幻感］。さくかく［錯覚］。中世 げんえい［幻影］。中古 うちつけめ［打付目］。こころあやまり［心誤］。

―を起こさせる 中古 おもひまがふ［思紛］。

―を利用する芸術 オプアート(Op Art)。

ざっかてん【雑貨店】 グローサリー(grocery)。近代 あらものや［荒物屋］。ざっくゎや［雑貨屋］。近世 ざっくゎてん［雑貨店］。じふくもんや［十九文屋］。

ざっかん【雑感】 近代 ぐうかん［偶感］。ざっかん［雑感］。ずいかん［随感］。ずいさう［随想］。→さつねん

さっき【先】 近世 いまがた／いましがた［今方］。さっき［先］。中世 さきほど［先程］。せんこく［先刻］。たった今。中古 さいぜん［最前］。

―の 中古 ありける［有］。ありつる［有］。

さっき【殺気】 近代 さつい［殺意］。中世 きき［鬼気］。さっき［殺気］。

さつき【五月】→ごがつ

さっきゅう【早急】 〔近代〕きふきょ［急遽］。さうきふ［早急］。しきふ［至急］。そくきふ［速急／即急］。〔近世〕おほいそぎ［大急］。さっきふ［早急］。さっさと。〔中世〕きっそく／きふそく［急速］。きんきふ［緊急］。さっそく［早速］。〔中古〕くゎきふ［火急］。〔上代〕いそぎ［急］。すみやか［速］。

さっきん【殺菌】 くんじょう［燻蒸］。こうきん［抗菌］。ぼうかび／ぼうばい［防黴］。〔近代〕さっきん［殺菌］。せうどく［消毒］。めっきん［滅菌］。〔近世〕どくけし［毒消］。

ーのため土を焼くこと しょうど［焼土］。

ーの薬剤の例 アクリノール(acrinol)。リバノール(ドイ Rivanol)(商標名)。〔近代〕あんそくかうさん［安息香酸］。

ー法の例 ていおんさっきん［低温殺菌］。〔近代〕しゃふつせうどく［煮沸消毒］。

ざっくばらん 遠慮ない。〔近代〕あけはなし［開放］。あけっぴろげ［開広］。フランク(frank)。忌憚(きたん)ない。ざっかけない。〔近世〕あけすけ。あけっぱなし［開放］。ざっくばらん。そっちょく［率直］。〔中世〕ぶゑんりょ［無遠慮］。〔中古〕うらなし［心無］。

さっこん【昨今】 〔近代〕さいきん［最近］。〔近世〕たうせつ［当節］。今日この頃。〔中世〕昨日や今日。〔中古〕きのふけふ［昨日今日］。さくこん［昨今］。たうきん／たうぎん［当今］。〔上代〕たうこん［当今］。→**このごろ**

さっさと 〔近代〕きびんに［機敏］。しゃきしゃき。〔近世〕きびきび。さっさと。そそくさ。てきぱき。〔中世〕きりきり。さっと。ちゃちゃと。てばやく［手早］。とうとう［疾疾］。ひたひたと。〔中古〕とくとく［疾疾］。はや［早］。

ー歩くさま 〔上代〕すみやかに［速］。→**さっと** 〔中世〕すたすた。〔近代〕すたこら。〔近世〕どんどん。

さっし【察】 〔近世〕さっし［察］。さっち［察知］。〔中古〕すいさつ［推察］。すいりゃう［推量］。〔上代〕おしはかる［推量］。

ーがよい 〔中古〕こころとし［心疾］。

さっし【冊子】 〔近代〕パンフ／パンフレット(pamphlet)。へんちつ［篇帙］。〔中世〕しょもつ［書物］。とぢほん［綴本］。ほん［本］。〔中古〕さうし［草紙／草子／冊子／双紙］。さっし［冊子］。

ーにすること 〔近世〕せいほん［製本］。

ーの綴じてある側 〔近代〕のど［咽／喉］。

ーの開く側 〔中世〕こぐち［小口］。

ざっし【雑誌】 そうし［叢誌］。〔近代〕ざっし［雑誌］。ジャーナル(journal)。ていきかんかうぶつ［定期刊行物］。マガジン(magazine)。

《尊》〔近代〕きし［貴誌］。

《謙》しょうし［小誌］。へいし［弊誌］。

ーの記事が載っている面 〔近代〕しじゃう［誌上／紙上］。しめん［誌面］。

すぐ廃刊となるー 〔近代〕さんがうざっし［三号雑誌］。

低劣なー かすとりざっし［粕取雑誌］。たいしゅうし［大衆誌］。〔近代〕あかほん［赤本］。

その他ーのいろいろ(例)①［発行期間］ きかんし［季刊誌］。げっかんし［月刊誌］。しゅうかんし［週刊誌］。じゅんぽう［旬報］。〔近代〕ウイークリー(weekly)。げっぽう［月報］。ねんかん［年鑑］。ねんぽう［年報］。マンスリー(monthly)。

その他ーのいろいろ(例)②［内容］ かいし［会誌］。ぎょうかいし［業界誌］。クラスマガジン(class magazine)。コミックス(comics)。じょうほうし［情報誌］。タウンし［town誌］。どうじんし［同人誌］。ニュースマガジン(news magazine)。ミニコミ(和製mini communication)。〔近代〕きえう［紀要］。きくゎんざっし［機関雑誌］。きくゎんし［機関誌］。グラフ(graph)。グラフィック(graphic)。くゎいほう［会報］。くゎいらんざっし［回覧雑誌］。ぐゎほう［画報］。そうがふざっし［総合雑誌］。ブックレット(booklet)。ぶんげいざっし［文芸雑誌］。まんぐゎざっし［漫画雑誌］。

▼助数詞 〔近代〕がう［号］。さつ［冊］。〔中古〕くゎん［巻］。ぶ［部］。まき［巻］。

ざつじ【雑事】 ざつよう［雑用］。〔近世〕ざつむ［雑務］。〔中世〕こうぢん［紅塵］。〔中古〕ざふじ［雑事］。ざふむ［雑務］。せぢん［世塵］。ふうぢん［風塵］。〔上代〕ざつじ［雑事］。ぞくぢん［俗塵］。

さっしん【刷新】 イノベーション(innovation)。リノベーション(renovation)。〔近代〕かいかう［改更］。かうかい［更改］。かうかく［更革］。かくしん［革新］。さっしん［刷新］。しんさつ［振刷］。〔近世〕へんかく［変革］。〔中世〕かいかく［改革］。かいへん［改変］。へんかい／へんがい［変改］。〔上代〕あらたむ［一ためる］［改］。かいしん［改新］。かうしん［更新］。へんかう［変更］。

さつじん【殺人】 →**ころ・す**

さっ・する【察】 きくする［掬］。〔近代〕すいそく［推測］。〔近世〕さげすむ［下］。さっち［察知］。〔中世〕すいす［推］。はかる［量］。〔中古〕

けしきどる[気色取]。さっす[察]。すいさつ[推察]。すいりゃう[推量]。上代おしはかる[推量]。

あらかじめ―・すること 近代よさつ[予察]。

ざつぜん【雑然】 近代こんとん[混沌]。ざつぜん[雑然]。ざった[雑多]。ぶざつ[蕪雑]。むちつじょ[無秩序]。近世ざっぱく[雑駁]。だだくさ。中世こんぜん[混然]。ばくざつ[駁雑]。中古しどけなし。らんざつ[乱雑]。

―として下品なこと 近世わいざつ[猥雑]。

▼擬態語 近代くしゃくしゃ。くちゃくちゃ。めちゃくちゃ[滅茶苦茶/目茶苦茶]。近世ごたごた。ごたまぜ/ごったまぜ。ごちゃごちゃ。ごった。こてこて。ごてごて。ごみごみ。ばらばら。まぜこぜ。むちゃくちゃ[無茶苦茶]。中世ごっちゃ。

さっそう【颯爽】 近代はつらつ[潑剌/潑溂]。ゆうさう[雄爽]。近世さっさう[颯爽]。中世いきいき[生生]。さつさつ[颯颯]。

ざっそう【雑草】 近世ざっさう[雑草]。ななしぐさ[名無草]。中古くさ[草]。上代あらくさ[雑草]。したくさ[下草](木陰や森林の)。むぐら[葎]。

―が茂ること 近世はんぶ[繁蕪]。中古くゎうぶ[荒蕪]。

―とごみ 中世さうかい[草芥]。

―の生い茂った田 中古くさだ[草田]。

―の生い茂った地 中世へいぶ[平蕪]。中古さうらい[草莱]。上代あらの[荒野/曠野]。むぐらふ[葎生]。

―を除去すること くさひき[草引]。近代くさむしり[草毟]。せんぢょ[芟除]。ぢょさう[除草]。近世さんぢょ[芟除]。中世くさとり[草取]。

森林などで地面を覆う― 近代ちひ[地被]。近世したばえ[下生]。上代したくさ[下草]。

水田の― 中世はくさ/はぐさ[莠]。中古いなくさ/いなぐさ/いねぐさ[稲草]。

さっそく【早速】 近代きふきょ[急遽]。しきふ[至急]。すぐ(に)[直]。近世さっきゃく[早却]。すぐさま[直様]。はやばや[早早]。中世さっそく[早速]。そくこく[即刻]。そくざ(に)[即座]。中古うちつけ[打付]。かたらか。すみやか[速]。ただちに[直]。とう/とく[疾]。やがて。上代そくじ[即時/速時]。たちまち(に)[忽]。→**すぐに**

ざった【雑多】 近代こまごましい[細細]。ざつぜん[雑然]。ざった[雑多]。近世うざうむざう[有象無象]。中古さまざま[様様]。とりどり[取取]。よもやま[四方山]。上代いろいろ[色色]。くさぐさ[種種]。

―・な学問 近世ざつがく[雑学]。

―・な記録 近世ざつろく[雑録]。中世ざっき[雑記]。ざっぴつ[雑筆]。

―・なさま 近代ざつぜん[雑然]。近世ごたごた。ごちゃごちゃ。

―・な道具 ざつぐ[雑具]。近世あらだうぐ[荒道具]。中世あらもの[荒物]。中古ざふぐ[雑具]。

―・な物 近代ざつぶつ[雑物]。上代ざふもつ[雑物]。

ざつだん【雑談】 近代ちゃわ[茶話]。近世うきよばなし[浮世話/浮世咄]。おしゃべり[御喋/御饒舌]。ざつだん[雑談]。ざつわ[雑話]。さわ/ちゃばなし[茶話]。せけんばなし[世間話/世事咄]。だべん[駄弁]。ちゃのみばなし[茶飲話]。むだばなし[無駄話]。よもやまばなし[四方山話]。中世すずろものがたり[漫物語]。中古かんご[閑語]。かんだん[閑談]。かんわ[閑話/間話]。ざふたん[雑談]。すずろごと/そぞろごと[漫言]。

さっち【察知】 近代かぎとる[嗅取]。近世きづく[気付]。けどる[気取]。さっち[察知]。どうさつ[洞察]。とほる[通]。中世かどる[気取]。中古うかがひしる[窺知/伺知]。さっす[察]。さとる[悟]。

《句》近世一葉(いちえふ)落ちて天下の秋を知る。

さっと【颯】 近代きびんに[機敏]。しゃきしゃき。近世きびきび。さっさと。ついと。てきぱき。中世きりきり。くと。さくと。さっと[颯]。すばやう/すばやく。ちゃちゃと。ちゃっと。つっと。てばやく[手早]。とうとう[疾疾]。ひたひたと。中古きと。さと。つと。とくとく[疾疾]。はや[早]。ふと。上代すみやかに[速]。

―水などが流れるさま 中古ささ。さささと。

ざっと →**おおざっぱ**

さっとう【殺到】 おしかける[押掛]。ラッシュ(rush)。近世さったう[殺到]。ゐしふ[蝟集]。中世つめかく[―かける][詰掛]。つめよす[―よせる][詰寄]。中古ひしめく[犇]。ふくそう[輻輳/輻湊]。上代たかる[集]。むらがる[群]。

金に―・する 近代ゴールドラッシュ(gold rush)。

ざっとう【雑踏】 近世たてこむ[立込/立混]。

中世いりごみ［入込／入籠］。こみあふ［混合］。こんざつ［混雑］。ひとごみ［人込／人混］。中古こむ［込／混／籠］。ふくそう［輻輳／輻湊］。上代ざったふ［雑踏］。

—のさま 近代芋を洗ふやう。ぎゅうぎゅう詰め。近世ごったがへす［返］。押し合ひ圧し合ひ。上代にぎはふ［賑］。

市中の— 近代しぢん［市塵］。

都会の— 近代とぢん［都塵］。

ざつねん【雑念】 近代ざっかん［雑感］。ざつねん［雑念］。ばうさう［妄想］。中世ぞくねん［俗念］。まうさう［妄想］。よねん［余念］。中古たしん［他心］。たねん［他念］。ぼんなう［煩悩］。まうねん［妄念］。

—がない 近世むねんむさう［無念無想］。中世むねん［無念］。中古しゃうねん［正念］。すむ［澄］。

—なく修行すること 中世いっさんまい［一三昧］。

ざっぱく【雑駁】 →ざつぜん

さつばつ【殺伐】 近代ちなまぐさい［血生臭］。とげとげしい［刺刺］。中古あらあらし［荒荒］。さつばつ［殺伐］。

—とした風 中世せいふう［腥風］。

さっぱり❶〈すっきり〉 すかっと。ニート(neat)。近代からっと。さやさやしさ［清清］。すうっと。すっと。せいしゃ［清洒／清灑］。せいせい［清清／晴晴］。せいらう［清涼］。近世あけしい。こぎれい［小綺麗］。こざっぱり。さらさら。さらり。すっきり。はれやか［晴］。へいたん［平淡］。中世さうくゎい［爽快］。さっぱり。さばさば。すっきり。せいたん［清淡／清澹］。はればれ［晴晴］。はれらか［晴］。中古かわらか。けぎよし［気清］。さはさは。さはやか［爽］。すずし［涼］。せいさう［清爽］。せいしん［清新］。せいりゃう［清涼］。せうしゃ［瀟洒／瀟灑］。はればれし［晴晴］。上代さや［清／明］。すがすがし［清清］。たんぜん［淡然／澹然］。

—・させる 中古はるく［晴］。

—・したさま 中世くゎうふうせいげつ［光風霽月］。

—・しないさま 近代かいぜん［介然］。

—・する 近世灰汁(あく)が抜ける。中古さはやぐ［爽］。すずし［涼］。ここちゆく［心地行］。

—と思い切ること 近世あきらめ［諦］。きれはなれ［切離］。

さっぱり❷〈気さく〉 すきっと。近代からっと。からり。きょしんたんくゎい［虚心坦懐］。くゎいくゎつ［快闊／快豁］。しゃしゃ［洒洒］。しゃだつ［洒脱］。近世いき［粋］。さっくり。さらり。しゃら／しゃらく［洒落］。たんじょ［淡如／澹如］。ちょく［直］。竹を割ったやう。中世あっさり。いさぎよし［潔］。きがる［気軽］。きさく［気］。きよし［清］。さくい。さっぱり。さばさば。しゃしゃらくらく［洒洒落落］。しゃぜん［洒然］。たんくゎい［坦懐］。たんたん［淡淡／澹澹］。たんぱく［淡泊］。みんずり。わっさり。中古せうしゃ［瀟洒］。

《句》近代江戸っ子は五月(皐月)の鯉の吹き流し。

—・した好感の持てる男 かいかん［快漢］。近代かうだんし［好男子］。くゎいだんし［快男子］。くゎいだんじ［快男児］。中世かうかん［好漢］。

さっぱり❸〈全く〉 近代かいむ［皆無］。がうも［毫］。からきし。これっぽっちも。ぜんぜん［全然］。てんで。まるきり［丸切］。まるで［丸］。近世いっかうに［一向］。かいもく［皆目］。さっぱり。すっきり。つんと。とんと。ねから［根］。まるっきり［丸切］。中世すきと。ちっとも。ひとつも［一］。もうとう［毛頭］。中古いささかも［聊］。さらさら［更更］。すこしも［少］。つゆ／つゆも［露］。まったく［全］。ゆめ［夢］。上代うたかた／うたがた(も)［未必］。→ぜんぜん

ざっぴ【雑費】 近代ざつよう［雑用］。ちりせん［散銭］。近世ざっぴ［雑費］。ちりきん［散金］。中古ざふよう［雑用］。しょわけ［諸訳／諸分］。

さっぷうけい【殺風景】 近代さむざむ／さむざむしい［寒寒］。近世ぶすい［無粋／不粋］。中世きょうざめ［興醒］。さくばく［索漠／索莫］。さっぷうけい［殺風景］。中古かんさん［閑散］。くゎうりゃう［荒涼］。じゃくまく［寂寞］。すさまじ／すさまじげ［凄／荒］。せきれう［寂寥］。上代うらさぶ［荒］。せきばく［寂寞］。

さつまいも【薩摩芋】 近代スイートポテト(sweet potato)。ポテト(potato)。近世おさつ［御薩］(女性語)。かんしょ［甘藷／甘薯］。さつまいも［薩摩芋］。じふさんり［十三里］。たういも／といも［唐芋］。ばんしょ［蕃藷］。りうきういも［琉球芋］。中世からいも［唐芋／唐薯］。

—の切り干し かんころ(西日本で)。かんそういも［乾燥芋］。ほしいも［干藷／乾藷］。

ふかしたー 近代ふかしいも[蒸芋]。

焼いたー いしやきいも[石焼芋]。近世やきいも[焼芋]。

ざつむ【雑務】→**ざつよう**(次項)

ざつよう【雑用】 ざっけん[雑件]。近代ざつよう[雑用]。近世ざつむ[雑務]。中古ざふじ[雑事]。上代ざつじ[雑事]。しょむ[庶務]。

仕事としてーをすること(人) ようむいん[用務員]。近代ざつえき[雑役]。したばたらき[下働]。したまはり[下回]。中古めしつかひ[召使]。

禅寺でーをする者 近世あんじゃ[行者]。

さつりく【殺戮】 近代ぎゃくさつ[虐殺]。さつがい[殺害]。ざんさつ[惨殺]。中古せちがい[殺害]。上代さつりく[殺戮]。せつがい[殺害]。

集団ー ジェノサイド(genocide)。

さて 近代きゃくせつ[却説/卻説]。のぶれば[陳者](手紙用語)。ところで。話変はって。近世かへってとく[却説]。さるあいだ[然間]。されば[然]。そこで。それはさておき。中世いで。ここに[此処/是/爰/茲]。さるほどに[然程]。しかるを[而/然]。しかれば[然]。して。ときに[時]。中古かくて。このあひだに[此間]。さて。さてさて。さても[然]。さるを[然]。しかるに[然]。そも[抑]。ただし[但]。上代しかうして/しかして[而/然]。そもそも[抑]。

さてい【査定】 アセスメント(assessment)。近代さてい[査定]。はんてい[判定]。ひゃうか[評価]。

さてつ【蹉跌】→**ざせつ**

サテライト(satelite) えいせい[衛星]。

さと【里】❶〈人里〉 近世ざいしょう[在所]。そんらく[村落]。中世がう[郷]。きゃうり[郷里]。ざいしょ[在所]。しふらく[集落]。しゅうらく[聚落]。中古がうそん[郷村]。ひとざと[人里]。むら[村]。上代さと[里/郷]。むらざと[村里]。ゐなか[田舎]。

《枕》 上代たまぼこの[玉鉾]。

ーのあたり 近代さとわ[里回/里曲]。上代さとみ[里回/里廻]。

ーの人 中世ひなびと[鄙人]。上代さとびと[里人]。

古びて荒れたー 中古ふるさと[古里/故里]。

さと【里】❷〈実家〉 しょうち[生地]。近代きゃうど[郷土]。しゅっしゃうち[出生地]。しゅっしんち[出身地]。せいち[生地]。近世うまれこきゃう[生故郷]。おくに[御国]。おやもと[親元]。ざいしょ[在所]。中世くにもと[国元/国許]。さと[里/郷]。中古かきゃう[家郷]。ここく[故国]。しゃうごく[生国]。上代きゃうくゎん[郷関]。きゃうり[郷里]。ふるさと[故郷/古里/故里]。

さと・い【聡】 近代けいびん[慧敏]。するどい[鋭/尖]。びんかん[敏感]。近世えいめい[英明]。びんけい[敏慧]。目から鼻へ抜く(―抜ける)。目端が利く。中世えいご[穎悟]。りはつ[利発]。中古けんめい[賢明]。そうご[聡悟]。とし[敏/聆]。めいびん[明敏]。一を聞いて十を知る。上代かしこし[賢]。さかし[賢]。さとし[聡]。そうめい[聡明]。りかう[利巧/悧巧]。りこう[利口]。

さといも【里芋】 あらいも[洗芋]。おやいも[親芋]。たいも[田芋]。つるのこいも[鶴子芋]。どろいも[泥芋]。みのいも[蓑芋]。近世いへのいも[家芋]。いものかみ[芋頭]。きぬかづきいも[衣被芋]。きぬかつぎ/きぬかづき[衣被]。こいも[子芋]。はすいも[蓮芋]。はたいも/はたけいも[畑芋]。中世さといも[里芋]。つゆとりぐさ[露取草]。中古いへついも/いゆついも[家芋]。いも(の)がしら[芋頭/魁]。いへのいものはは[芋母]。上代うも[芋]。

ーの茎 中世ずいき[芋茎/芋苗]。中古いもがら[芋幹/芋茎]。いもじ[芋茎]。

ーの品種の例 あかめいも[赤芽芋]。えびいも[海老芋/蝦芋]。きょういも[京芋]。近世えぐいも[蘞芋]。中世たうのいも[唐芋]。

さとう【砂糖】 近代シュガー(sugar)。中古さたう[砂糖]。

ーの代用品 アスパルテーム(aspartame)。キシリトール(xylitol)。じんこうかんみりょう[人工甘味料]。ズルチン(ドイツ Dulzin)。近代サッカリン(saccharin)。

ーの濃厚な液 近世しゃりべつ[舎利別]。シロップ(オランダ siroop)。

ーを精製すること 近代せいたう[精糖]。

ーをつくること 近代せいたう[製糖]。

結晶させたー がんみつとう[含蜜糖]。中世こほりざたう[氷砂糖]。

立方体のー 近代かくざたう[角砂糖]。

その他ーのいろいろ(例)①[品質] ざらめとう[粗目糖]。じょうはくとう[上白糖]。ちゅうじろ[中白]。ぶんみつとう[分蜜糖]。みつざとう[蜜砂糖]。近代ざらめ[粗目]。

さんぼんじろ［三盆白］。たまざたう［玉砂糖］。近世 あかざたう［赤砂糖］。こくたう［黒糖］。さんぼん［三盆］。じゃうはく［上白］。たいはく［太白］。たいはくさたう［太白砂糖］。たうさんぼん［唐三盆］。ゆきじろ［雪白］。わさんぼん［和三盆］。中世 くろざたう［黒砂糖］。上代 しょたう［蔗糖］。

その他—のいろいろ（例）②【原料】 サッカロース(saccharose)。スクロース(sucrose)。近代 かんしょたう［甘蔗糖］。てんさいたう［甜菜糖］。

さどう【茶道】 近代 さだう［茶道］。近世 ちゃだう［茶道］。中世 ちゃのゆ［茶湯］。→**ちゃのゆ**

さとうきび【砂糖黍】 ほんきび［本黍］。近世 さたうきび［砂糖黍］。さたうぐさ［砂糖草］。さたうだけ［砂糖竹］。

さとがえり【里帰】 近世 きそん［帰村］。中世 ききゃう［帰郷］。きせい［帰省］。さとがへり［里帰り］。

婦女子の— 中世 きねい［帰寧］。

奉公人の— 近世 さとびらき［里開］。やどいり［宿入］。やどおり／やどさがり［宿下］。やぶいり［藪入］。中世 さとおり／さとさがり／さとくだり［里下］。

嫁の初めての— 近世 ひざなほし［膝直］。

さとごころ【里心】 近代 くゎいきゃう［懐郷］。ノスタルジア(nostalgia)。ノスタルジー(フランス nostalgie)。ホームシック(homesick)。近世 きゃうしう［郷愁］。さとごころ［里心］。帰心矢の如し。中世 しきゃう［思郷］。ばうきゃう［望郷］。中古 きしん［帰心］。

さと・す【諭】 近代 くんかい［訓戒／訓誡］。こんゆ［懇諭］。ゆし［諭旨］。近世 いいきかす［—きかせる］［言聞］。くんくゎい［訓誨］。こころぞへ［心添］。せつゆ［説諭］。ちゅうこく［忠告］。中世 くげん［苦言］。こくゆ［告諭］。こしらふ［慰／喩］。しめす［示］。せっけう［説教］。中古 いひととのふ［言調］。いましむ［—しめる］［戒／誡］。ちゅうげん［忠言］。とく［説］。はしたなむ［端］。をしふ［おしえる］［教］。上代 けうだう［教導］。さとす［諭］。

それとなく—・す 近代 ふうかい［諷戒］。

内々に—・す 近代 ないゆ［内諭］。

さとり【悟】 近代 ていくゎん［諦観］。近世 かく［覚］。むえ［無依］。中世 くゎ［果］。げ［解］。しょうくゎ［証果］。しんげつ［心月］。中古 さとり［悟］。ゑ［恵／慧］。ゑんがく［円覚］。心の月。上代 むろ［無漏］。

《句》中世 小知(小智)は菩提の妨げ。

—と迷い 近世 じゃうえふに［浄穢不二］。

—に至らないこと 近世 えさうふぼく［依草付木］。まよひ［迷］。中古 長夜(ちゃうや)の眠り。

—に至らない人 中世 ふかくじん［不覚人／不覚仁］。

—の境地 アパシー(apathy)。アパテイア(ギリシャ apatheia)。近世 くうくうじゃくじゃく［空空寂寂］。中世 くきゃうねはん［究竟涅槃］。じゃうらく［常楽］。じゃくじゃう［寂静］。じゃくめつ［寂滅］。ひがん［彼岸］。中古 くうじゃく［空寂］。げだつ［解脱］。ねはん［涅槃］。

—の境地に入ること 近世 ごにふ［悟入］。しょうにふ［証入］。中世 しゅつりしゃうじ［出離生死］。ほんしん［翻身］。

—へ教え導く 近世 すくふ［掬／抄］。中古 かいじごにふ［開示悟入］。けど［化度］。

—への道 近世 いちづ［一途］。ごだう［悟道］。向上の一路。中世 かくだう［覚道］。

—を開き往生する 近世 とくぶつ［得仏］。中世 じゃうぶつ［成仏］。中古 りゃうえん［良縁］。

—を開くこと 近代 たっくゎん［達観］。近世 かんとく［感得］。ごとく［悟得］。ごれう［悟了］。たいごてってい［大悟徹底］。中世 かくご［覚悟］。かくち［覚知］。げだち［解脱］。ごだう［悟道］。さとる［悟／覚］。じゃうだう［成道］。じゃく［寂］。しょうご［証悟］。せいご［醒悟］。たいご［大悟］。だいじ［大事］。ぢきにふ［直入］。てんめいかいご［転迷開悟］。とくだう［得道］。とくほふ［得法］。とん［頓］。とんご［頓悟］。とんしょう［頓証］。とんしょうぶっくゎ［頓証仏果］。とんしょうぼだい［頓証菩提］。れうご［了悟］。ゑとく［会得］。中古 かいげん［開眼］。かいご［開悟］。じかく［自覚］。しゃうがく［正覚］。じゃうぶつ［成仏］。しょう［証］。はつめい［発明］。上代 げご［解悟］。げだつ［解脱］。しょうとく［証得］。

—を開くためすべてを捨てること 中世 はうげ［放下］。

自分で—を開いた聖者 中古 えんがく［縁覚］。どくかく［独覚］。びゃくしぶつ［辟支仏］。

自分で—を開くこと 中世 じげ［自解］。じご［自悟］。じしょう［自証］。じねんごだう［自然悟道］。中古 じかく［自覚］。

中途半端な— 近世 なまざとり［生悟］。

さ

仏のー 中世 しゃうがく［正覚］。とうしゃうがく［等正覚］。むじゃうしゃうがく［無上正覚］。むじゃうじゃうとうかく［無上正等覚］。むじゃうぼだい［無上菩提］。
無上のー 中世 あのくたらさんみゃくさんぼだい［阿耨多羅三藐三菩提］。くきゃうかく［究竟覚］。ごくくゎ［極果］。めうかく［妙覚］。

さと・る【悟】 近代 めざめる［目覚］。れうする［了］。目からうろこが落ちる。近世 げす［解］。よむ［よめる］［読］。中世 かんづく［感付］。しょうす［証］。わかる［分］。中古 う［える］［得］。おもひう［―える］［思得］。おもひしる［思知］。おもひとく［思解］。おもひとる［思取］。くゎんず［観］。こころう［―える］［心得］。みる［見］。上代 さとる［悟／覚］。しる［知］。
《尊》中古 おぼしとる［思取］。
ー・って迷わない心 近代 ていねん［諦念］。
ー・らせる 中古 いひふくむ［―ふくめる］［言含］。さます［覚／醒］。
ー・ること かいがん［開眼］。近代 かいご［解悟］。じかく［自覚］。近世 かんとく［感得］。げうち［暁知／暁智］。はつめい［発明］。りゃうとく［領得］。中世 かくち［覚知］。けんとく［見得］。ぶんげう［分暁］。れうご［了悟］。れうとく［了得］。ゑとく［会得］。中古 かいげん［開眼］。さとり［悟／覚］。れうち［了知］。
言葉によらずにー・ること 近世 もくくゎい［黙会］。
懲こりてー・ること 近世 うんじゃう。
自分一人ー・ったつもりの人 近世 やこぜん［野狐禅］。
すっかりー・りきる 近代 さとりすます［悟澄］。近世 ごれう［悟了］。たいごてってい［大悟徹底］。
見てー・る 中古 みとく［見解］。

さなえ【早苗】 近世 たまなへ［玉苗］。中古 さなへ［早苗］。わかなへ［若苗］。

さなか【最中】 近代 さなか［最中］。近世 どうなか［胴中］。まっただなか［真只中］。まっさなか［真最中］。中世 さいちゅう［最中］。まっさ ただなか［直中］。ちゅう［中］。なかば［半］。まっさいちゅう［真最中］。まっさかり［真盛］。もなか［最中］。上代 さかり［盛］。たけなは［酣］。

さながら【宛】 近世 すきと。まるで。ゑんとして［宛］。中世 いかにも。ちゃうど。なほし［猶／尚］。中古 さしながら［然］。さながら［宛］。さも。そのまま。まさに［正］。やがて。上代 あたかも［恰／宛］。

さねかずら【真葛】 ひめかずら［姫葛］。やまおうれん［山黄蓮］。中古 さねかづら［真葛／実葛］。近世 びなんかづら［美男葛］。上代 さなかづら［真葛／実葛］。

さはい【差配】 近世 さはい［差配］。しょち［処置］。とりしきる［取仕切］。中世 さしづ［指図］。

サバイバル(survival) 近代 いきのこり［生残］。サバイバル。近世 せいぞん［生存］。

さばき【捌】 近代 きりまはし［切回］。しょそ［処措］。しょり［処理］。てさばき［手捌］。近世 きりもり［切盛］。くゎんり［管理］。しょち［処置］。中世 さばき［捌］。

さばき【裁】 近世 ごく［獄］。近代 しんぱん［審判］。しんり［審理］。さいせい［裁制］。中世 けつだん［決断］。さばき［裁］。せいばい［成敗］。中古 さいけつ［裁決］。さいだん［裁断］。さいてい［裁定］。さいばん［裁判］。上代 しょだん［処断］。はんけつ［判決］。
《句》近代 裁決流るる如し。

さば・く【捌】 近代 しょり［処理］。近世 あつかふ［扱］。うりはらふ［売払］。うる［売］。くゎんり［管理］。中世 こなす［熟］。さばく［捌］。さばくる［捌］。中古 あやつる［操］。はからふ［計／図］。

さび【錆】 近代 しうせい［銹錆］。中古 さび［錆］。
ーの種類の例 あおさび［青錆］。近代 あかさび［赤錆］。中古 ろくしゃう［緑青］。
ーを防ぐこと(もの) ぼうさび／ぼうせい［防錆］。ぼうしゅう［防銹］。ぼうしょくざい［防食剤／防蝕剤］。近代 さびどめ［錆止］。
鉄のー かなさび［金錆］。かなしぶ［金渋／鉄渋］。てつさび［鉄錆］。近代 あかさび［赤錆］。てつい［鉄衣］。てっしう［鉄銹］。中古 かなくそ［金屎／鉄屎］。

さびし・い【寂】 近世 さみし［寂／淋］。さむし［寂／淋］。ものさびし［物寂］。わびし［侘］。中世 あはれ［哀］。中古 うちわぶ［打侘］。こころすごし［心凄］。こころぼそし［心細］。さうざうし［索索］。さびし［寂／淋］。すごし／すごげ［凄］。わびしげ［侘］。魂を消す。上代 うらさぶ［心荒］。さぶし［寂］。
《枕》中古 くずのはの［葛葉］［⇩うらさびし］。
ー・い音がする 上代 せうしつ［蕭瑟］。
ー・い感じ 近代 あいてう［哀調］。かんえんめいり［寒煙迷離］。
ー・いさま 近代 しんしう［深愁］。せうれう［蕭寥］。ひえびえ［冷冷］。歯の抜けたや

う。〈近世〉あはれげ［哀］。けいぜん［煢然］。せうでう［蕭条］。閑古鳥が鳴く(歌ふ)。鼠に引かれさう。〈中世〉あはれ［哀］。かんじゃく［閑寂］。さくばく［索漠／索莫／索寞］。じゃくまく／せきばく［寂寞／寂漠］。〈中古〉くわうりゃう［荒涼］。つれづれ［徒然］。火の消えたやう。〈上代〉せうしつ［蕭瑟］。

―・い身の上のたとえ 〈近世〉すてぶね［捨舟］。すてをぶね［捨小舟］。

―・い村 〈近世〉かんそん［寒村］。

―・い山 こうざん［空山］。〈中世〉かんざん［寒山］。〈中古〉くうざん［空山］。〈上代〉あらやま［荒山］。

―・い夜 〈中世〉くうや［空夜］。

―・がって鳴くこと 〈上代〉わびなき［侘鳴］。

―・く思う 〈中古〉わぶ［わびる］［侘］。〈上代〉さぶ。

―・く悲しいこと 〈近世〉ひりゃう［悲涼］。

―・く暗いさま 〈近代〉はひいろ［灰色］。〈中世〉いんいん［陰陰］。

―・く心に迫る 〈中古〉せつせつ［切切］。

―・く心細い 〈中古〉こころすごし［心凄］。

―・くなる 〈近世〉さびる［さびれる］［寂／荒］。

―・くひっそりしている 〈近代〉くうじゃく［空寂］。ばくばく［寞寞］。〈中世〉じゃくぜん［寂然］。じゃくまく／せきばく［寂寞／寂漠］。せうぜん［悄然］。せきせき［寂寂］。せきれう［寂寥］。〈中古〉いうげき［幽闃］。げきぜん［闃然］。じゃくねん／せきぜん［寂然］。火の消えたやう。

―・くもの静かなこと 〈近代〉しんみり。〈中古〉せうさん［蕭散］。〈上代〉しめやか。

―・そうな月 〈中古〉こげつ［孤月］。

―・そうに 〈上代〉さびしらに［寂］。

秋の―・い思い 〈中古〉しうし［秋思］。〈上代〉しうせい［秋声］。

秋の―・い気配 〈中世〉秋の声。

風が―・く吹くさま 〈中古〉しつしつ［瑟瑟］。

殺風景で―・い 〈近代〉くゎうばく［荒漠］。〈中古〉くわうりゃう［荒涼］。〈上代〉うらさぶ［心荒］。

自然の風物が―・く哀れなさま 〈中古〉せきれき［淅瀝］。

ぞっとするほど―・いさま 〈近代〉せいれう［凄寥］。

なんとなく―・い 〈近代〉うすさびしい［薄寂］。うすらさびしい［薄寂］。〈近世〉うそさびし／うそさみし［寂］。うそものさみし［薄物寂］。こころさみし［心寂］。〈中世〉こころさびし［心寂］。こさびし［小寂］。〈中古〉うらさびし［心寂］。ものさびし［物寂］。〈上代〉こころさぶし［心寂］。

ひどく―・いさま 〈中古〉せいりゃう［凄涼］。

人気(けひと)がなく―・い 〈中世〉けうとし［気疎］。〈中古〉けどほし［気遠］。

人気(けひと)がなく―・い谷間 〈中古〉くうこく［空谷］。

独り寝で―・い 〈近世〉わびね［侘寝］。〈中古〉かたはらさびし［傍寂］。

独りぼっちの―・い姿 〈近代〉こえいせうぜん［孤影悄然］。〈中世〉こえい［孤影］。せきえい［隻影］。〈上代〉こどく［孤独］。

まばらで―・いさま 〈中古〉せうそ［蕭疎］。らくらく［落落］。

さび・れる【寂】 〈近世〉さびる［さびれる］［寂／荒］。〈中古〉おとろふ［―ろえる］［衰］。さぶ［さびる］［寂］。すたる［すたれる］［廃］。てうらく［凋落］。ものさぶ［―さびる］［物寂］。〈上代〉ある［あれる］［荒］。すいび［衰微］。ふる［古／旧］。

《句》〈近世〉門前雀羅(じゃくら)を張る。

―・れた村 〈近世〉かんそん［寒村］。

なんとなく―・れる 〈近代〉ものさびれる［物寂］。〈近世〉ものさぶ［―さびる］［物寂］。

サブ(sub) ひかえ［控］。〈近代〉アシスタント／アッシスタント(assistant)。サブ。じょしゅ［助手］。〈近世〉ほじょ［補助］。〈中古〉ほけつ［補欠］。ほさ［補佐］。

―の設備 フェールセーフ(fail safe)。

さべつ【差別】 〈近代〉くわけ［区分］。ふこうへい［不公平］。ふびゃうどう［不平等］。わかち［分／別］。しわけ［仕分］。〈近世〉くべつ［区別］。さとう［差等］。〈中世〉ひいき［贔屓］。へだて［隔］。わけへだて［分隔］。〈中古〉くぶん［区分］。けぢめ。さべつ［差別］。しゃべつ［差別］。とうさ［等差］。ひとわき［人別］。〈上代〉わき［分／別］。

―がないこと(世界) 〈近代〉むさべつ［無差別］。〈近世〉びゃうどうかい［平等界］。むえんほふかい［無縁法界］。〈中世〉へいとう［平等］。〈中古〉びゃうどう［平等］。へいとう［平頭］。

―・される 〈近世〉けぢめを食ふ。

―・する 〈中古〉おもひわく［思分］。

さほう【作法】 おりめ［折目］。〈近代〉エチケット(フランス étiquette)。マナー(manner)。〈近世〉おれそれ。ぎゃうさ［行作］。〈中世〉あいさつ［挨拶］。こっぱふ［骨法］。〈中古〉ぎゃうぎ［行儀］。さはふ［作法］。〈上代〉れい［礼］。れいぎ［礼儀］。れいせつ［礼節］。れいはふ［礼

法]。

ーに反していること 近代 はいれい[背礼/悖礼]。中古 みだりがはし[濫/猥]。

行事などのー 近世 てん[典]。中古 ぎしき[儀式]。しきはふ[式法]。はふしき[法式]。上代 てんれい[典礼]。

定まったー 近世 きまり[決]。中世 きしき[規式]。中古 さだめ[定]。

昔からのー 中古 こじつ[故実]。これい[古礼]。

サポート(support) 近代 けふさん[協賛]。こうゑん[後援]。サポート。さんじょ[賛助]。しぢ[支持]。しゑん[支援]。バックアップ(backup)。中世 うしろだて[後盾]。ささへ[支]。

サボタージュ(フランス sabotage) 近代 サボタージュ。たいげふ[怠業]。→**なま・ける**

サボテン【仙人掌】 近代 カクタス(cactus)。さらさっぽう[鯱先穂]。近世 サボテン[仙人掌]。シャボテン[仙人掌]。せんにんしゃう[仙人掌]。はわうじゅ[覇王樹]。

さほど【然程】 そんなに。近代 たいして[大]。近世 あんまり[余]。それくらゐ/それぐらゐ[其位]。中世 さのみ[然]。さほど[然程]。それほど[其程]。中古 あまり[余]。さして[然]。さまで[然迄]。

ーでもない 中世 さしてもなし。

ーの 中世 さした/さしたる。中古 させる。

サボ・る(サボタージュの略「サボ」を動詞化したもの) →**なま・ける**

さま【様】❶〈様子〉 近代 じゃうきゃう[状況]。やうさう[様相]。やうたい[様態]。中世 ありさま[有様]。じゃうたい[状態/情態]。やうす[様子]。中古 おもぶき/おもむき[趣]。上代 さま[様/方/法]。すがた[姿]。よそほひ[装]。

さま【様】❷〈接尾語〉 近代 がくけい[学兄]。くん[君]。し[氏]。近世 かくゐ[各位]。けい[兄]。さん[様]。ちゃん。中世 さま[様]。中古 どの[殿]。

さまざま【様様】 →**いろいろ**

さま・す【冷】 近代 れいきゃく[冷却]。近世 げねつ[解熱]。中古 ひやす[冷]。

さまたげ【妨】 →**さしさわり**

さまた・げる【妨】 近代 がいする[害]。そがい[阻害]。近世 じゃまだて[邪魔立]。そし[阻止]。中世 かせぐ[枷]。さきはる[障]。ささふ[ささえる][支]。さしつかふ[—つかえる][差支]。じゃま[邪魔]。中古 さはる[障]。さふ/さゆ[さえる][障]。せく[塞/堰]。たちさはる[立障]。ばうがい[妨害/妨碍/妨礙]。はばむ[阻/沮]。ふたぐ[塞]。上代 さえぎる[遮]。さまたぐ[—たげる][妨]。さやる[障]。ふさがる[塞]。ふせぐ[防/禦/拒]。

ー・げられる 上代 つつむ[障/恙]。

円滑な進行をー・げる 近世 かきまはす[掻回]。中古 かきみだす[掻乱]。

さまつ【些末】 トリビアル(trivial)。近代 さいまつ[細末]。さじ[些事/瑣事]。しえふまっせつ[枝葉末節]。まっせう[末梢]。まっせつ[末節]。近世 こみづ。さまつ[些末/瑣末]。まっせつ[末節]。わらひごと[笑事]。中世 ささい[些細/瑣細]。中古 えだは[枝葉]。さいじ[細事]。上代 せうじ[小事]。

《句》近代 細行を矜(つつし)まざれば終(つひ)に大徳を累(わづら)はす。小事は大事。近世 枝を撓(た)めて花を散らす。千丈の堤も蟻の穴より崩る[—崩れる]。月を指せば指を認(みと)む[—認める]。中世 角水(すみ)を突く。

ー・なことにとらわれない広い視野 近代 たいしょかうしょ[大所高所]。

ー・なことにとらわれる態度 近代 トリビアリズム(trivialism)。

さまよ・う【彷徨】 近代 ほっつく。近世 うろつく[彷徨]。ふらう[浮浪]。ぶらつく。ほつく。中世 あこがる[憧]。あふる[溢]。うかれあるく[浮歩]。さそらふ[流離]。ながれあるく[流歩]。はふ[這]。わたりあるく[渡歩]。中古 あくがる[憧]。あくがれありく[憧歩]。あぶる[溢]。さすらふ[流離]。さまよひあるく[彷徨歩]。ただよふ[漂]。たたずみありく[佇歩]。ながる[ながれる][流]。はふる/はぶる[放]。ふみまどふ[踏惑]。まどひありく[惑歩]。まよふ[迷]。ゆるぎありく[揺歩]。上代 うかる[うかれる][浮]。さまよふ[彷徨]。たちもとほる[立徘徊]。たもとほる[徘徊]。つたよふ[蕩/漂]。まどふ[惑]。もとほる[回]。

《枕》上代 はるとりの[春鳥]。

ー・うこと 近代 へうらう[漂浪]。近世 うんすい[雲水]。はうくゎい[彷徊]。ふらう[浮浪]。りうらう[流浪]。中世 くもみづ[雲水]。はうらう[放浪]。へうたう[漂蕩]。へうはく[漂泊]。へうへう[飄飄]。へんれき[遍歴]。らうらう[浪浪]。りうばう[流亡]。中古 ふいう[浮遊/浮游]。るらう[流浪]。上代 はいくゎい[徘徊]。はうくゎう[彷徨]。りうり[流離]。

ー・う人 →**ほうろうしゃ**

ー・わせる 中古あくがらす［憧］。

落ちぶれてー・うこと 近世へうれい［漂零／飄零］。中古ちりぼふ［散］。

遠くをー・うこと 近世はせん［播遷］。

何かを漁(あさ)りながらー・うこと 近世犬の川端(ばかはた)歩き。

さみだれ【五月雨】 →**あめ**

ーが降る 中古さみだる［五月雨］。

さむ・い【寒】 ひえこむ［冷込］。近代コールド(cold)。中世さぶし［寒］。中古さむけし［寒］。すずし［涼］。つめたし［冷］。上代さむし［寒／冷］。さむら［寒］。さむらに。はださむし［肌寒］。

ー・い風 中古かんぷう［寒風］。上代さむかぜ［寒風］。

ー・い季節を迎えること 中世げいかん［迎寒］。

ー・い国 中世かんこく［寒国］。

ー・いさま 近代さむざむしい［寒寒］。せいせい［凄凄］。せいぜん［凄然］。ひいやり／ひんやり。近世さむざむ［寒寒］。りょうりょう［稜稜］。肩を窄(すぼ)む［ー窄める］。肩を窄(つぼ)む［ー窄める］。歯の根が合はぬ。中世ひえびえ［冷冷］。ひやり。りんぜん［凜然］。中古さえこほる［冴凍］。りんりん［凜凜］。りんれつ［凜冽／凜烈］。頤(おとがひ)が落ちる。身を切るやう。上代さえわたる［冴渡］。さむら［寒］。すさまじ［凄］。

ー・い土地 中古かんち［寒地］。

ー・い冬の気候 中世さむぞら［寒空］。

ー・い夜 さむよ［寒夜］。中古かんや［寒夜］。

ー・くなる ひえこむ［冷込］。近代かうかん［向寒］。中世風冴ゆ。中古さえさえて［冴冴］。さえまさる［冴勝］。さゆ［さえる］［冴］。

なんとなくー・い うそさむ［寒］。近代うすらさむい［薄寒］。近世うすさむし［薄寒］。中世うそさむし［寒］。こさむし［小寒］。中古そぞろさむし［漫寒］。ひゆ［ひえる］［冷］。

春風がー・く感じられる 中世れうせう［料峭］。

春になってもなおー・いこと 近代はるさむ［春寒］。中世ざんかん［残寒］。しゅんかん［春寒］。よかん［余寒］。

▼寒々とした雲 中世とううん［凍雲］。上代かんうん［寒雲］。

▼寒々とした灯火 中古かんとう［寒灯］。

▼寒々とした冬枯れの林 中古かんりん［寒林］。

▼寒々とした冬の空 近世ふゆぞら［冬空］。中世さむぞら［寒空］。中古かんてん［寒天］。とうてん［冬天］。

▼貧しく寒々としている 近代ひんかん［貧寒］。

さむさ【寒】 中世かんれい［寒冷］。かんゐ［寒威］。中古さむさ［寒］。上代かんき［寒気］。

ーが厳しくなる 中古さえまさる［冴勝］。

ーが身にしむ 中世かんず［寒］。中古さえこほる［冴凍］。ひえいる［冷入］。

ーが和らぐ 中古ゆるぶ［緩／弛］。

ーで死ぬこと 近世とうし［凍死］。中世こごえじに［凍死］。

ーと暑さ 中世かんけん［寒暄］。かんだん［寒暖］。かんねつ［寒熱］。中古かんしょ［寒暑］。

ーに苦しむこと 中世さむがり［寒］。中古かんく［寒苦］。くかん［苦寒］。

ーに対する姿勢 近代さむさしのぎ［寒凌］。たいかん［耐寒］。ひかん［避寒］。ばうかん［防寒］。

ーによる身体の反応 近代かんりつ［寒慄］。ぞくっと。肌(膚)に粟を生ずる。近世いぢける。かじかむ［悴］。がたがた。ぞくぞく。ぞっと。ちぢみあがる［縮上］。ぶるぶる。中世ぞうぞう。わなわな。中古かがまる［屈］。わぢわぢ。

ーを感じる(さま) 近世さむけだつ［寒気立］。中世さむけ［寒］。

秋になって少し感じるー 近世はださむ［肌寒］。ややさむ［稍寒］。中世あきさむ［秋寒］。うそさむ［薄寒］。中古しうれい［秋冷］。

明け方のー 中古あささむ［朝寒］。

桜花の頃のー 近代はなびえ［花冷］。

春になってーが戻る 寒の戻り。近世いてかへる［凍返］。いてもどる［凍戻］。さえかへる［冴返］。はるさむ［春寒］。寒返る。

晩秋のー 近世つゆさむ［露寒］。

非常なー 近代そこびえ［底冷］。とうかん［凍寒］。れっかん［烈寒］。近世こくかん［酷寒］。せうかん［峭寒］。中世かんれつ［寒烈／寒冽］。ごかん［冱寒］。りんぜん［凜然］。中古げんかん［厳寒］。げんとう［厳冬］。ごくかん［極寒］。りんれつ［凜冽／凜烈］。

夕方のー 近代ゆふびえ［夕冷］。近世ゆふさむ［夕寒］。

さむらい【侍】 近世しじん［士人］。中世さぶらひ／さむらひ［侍／士］。ぶじん［武人］。中古し［士］。ぶけ［武家］。ぶげいにん［武芸人］。むさ／むしゃ［武者］。もののふ［武

士］。上代つはもの［兵］。ぶし［武士］。
―らしい気質 近世さぶらひかたぎ／さむらひかたぎ［侍気質］。近世ぶしかたぎ［武士気質］。
家に仕える― 近世かし［家士］。かしん［家臣］。中世けにん［家人］。上代いへびと［家人］。
田舎から来た― 近世くにざむらひ［国侍］。ゐなかざむらひ［田舎侍］。中世ゐなかむしゃ［田舎武者］。
女のような― 近世をんなざむらひ［女侍］。
公家に仕える― 近世あをさぶらひ［青侍］。
供として従う― 近世ともざむらひ［供侍］。
取るに足らない― 近世こっぱざむらひ／このはざむらひ［木葉侍］。こっぱむしゃ［木端武者］。ざっそつ［雑卒］。さんぴんざむらひ［三一侍］。さんぴんやっこ［三一奴］。中世ざふひゃう［雑兵］。はざぶらひ／はざむらひ［端侍／葉侍］。はむしゃ［端武者／葉武者］。
まだ一人前でない― 中世こさぶらひ／こさむらひ［小侍］。
身分の低い― 近代ひらざむらひ［平侍］。近世かちどうしん［徒同心／徒士同心］。しもざむらひ［下侍］。中世あしがる［足軽］。おすゑ／おすゑしゅう［御末衆］。かせざむらひ［悴侍］。中古あをさぶらひ［青侍］。なまさぶらひ［生侍］。
さめ【鮫】 シャーク(shark)。ふか［鱶］。近世わにざめ［鰐鮫］。上代さめ［鮫／沙魚］。わに［鰐］。海の鰐。
―の皮 近世せかいらぎ／せかいらげ［背梅花皮／背鰔］。
―の子 近世でいりこ［出入子］。
―の歯の化石 いわづめ［岩爪］。

―肌 近世とりはだ［鳥肌］。
さ・める【褪】 うすまる［薄］。近代たいしょく［退色／褪色］。中世うすろぐ［薄］。中古あす〔あせる〕［褪］。さむ〔さめる〕［褪］。上代うすらぐ［薄］。
さ・める【醒】 近代かくせい［覚醒］。きしゃう［起床］。中古さむ〔さめる〕［醒／覚］。めざむ〔―ざめる〕［目覚］。目を覚ます。上代おく〔おきる〕［起］。
さ・める【冷】 近代つめたくなる［冷］。れいきゃく［冷却］。中世ちんせい［鎮静］。中古さむ〔さめる〕［冷］。ひゆ〔ひえる〕［冷］。上代しづまる［静／鎮］。
―・めてしまう 中世ひえきる［冷切］。
愛が―・める 中世秋の契り。中古あきかぜ［秋風］。秋風が立つ。上代こひやむ［恋止］。
さもし・い 近世いぢきたなし［意地汚］。さもし。よくとくづく［欲得］。中世あこぎ［阿漕］。あさまし［浅］。中古いやし［卑／賤］。みぐるし［見苦］。
さもなければ 近代さなくば。さもなければ。近世さもなくば。しからずんば。中世さなくは［然］。しからずは［然］。
さや【鞘】 近世しつ［室］。上代さや［鞘］。
―の末端 近世こじり［鐺］。さやじり［鞘尻］。
―の例 中世しゅざや［朱鞘］。しらさや［白鞘］。ひらざや［平鞘］。まるざや［丸鞘］。
頭身よりも長く作った― 中世そらざや［空鞘］。
さやか【清】 中古さえざえし［冴冴］。上代さだか［定］。さやか［清／明］。さやけし［清／亮］。さやに［清］。
さゆう【左右】 近世みぎひだり［右左］。中古うらうへ［裏表］。さう［左右］。上代さいう［左右］。ひだりみぎ［左右］。
―が釣り合っていること たいしょう［対称］。シンメトリー(symmetry)。きんせい［均斉］。近代きんかう［均衡］。近世へいかう［平衡］。
―・する 近代ぎうじる［牛耳］。近世牛耳を執る(握る)。
―に張りだしたもの 近代よく［翼］。近世みのてなり［箕手形］。
―に分かれる 中古かたわく［方分］。
―の袖 中世もろそで［諸袖］。りゃうそで［両袖］。
―両手を自由に使える人 りょうてきき［両手利］。
絵や書が書いてある―対の板 近代たいれん／ついれん［対聯］。近世れん［聯］。
野球で―両方の構えで打てる打者 スイッチヒッター(switch hitter)。
ざゆう【座右】 近代ざばう［座傍／坐傍］。みぢか［身近］。近世しんぺん［身辺］。てぢか［手近］。中世きいう［机右／几右］。しゅうゐ［周囲］。ちかく［近］。てもと［手元］。中古かたはら［傍］。ざいう［座右］。ざか［座下］。そば［側］。
さよう【作用】 さどう［作動］。近代きのう［機能］。中世さよう［作用］。はたらき［働］。よう［用］。
さようなら【左様】 アディオス(スペイン adiós)。アロハ(aloha)。ツァイチェン［(中国語)再見］。近代アデュー(フランス adieu)。いざさらば。グッドラック(good luck)。さいなら。しっけい［失敬］。それでは。では。ではま

た。バイバイ(bye-bye)。近世あばよ。グッバイ／グッドバイ(good bye)。ごきげんよう［御機嫌良］。さやうなら［左様］。さよなら。しからば。すんなら。さばえ(遊女の言葉)。中古さらば。

▼別れの挨拶 近代じべつ［辞別］。近世おいとま［御暇］。じけつ［辞訣］。中世いとまごひ［暇乞］。中古じきょ［辞去］。上代はいじ［拝辞］。

さら【皿】 シャーレ(ドイツ Schale)。近代プレート(plate)。中古ばん［盤］。上代さら［皿／盤］。

ーの美称 中世ぎょくばん［玉盤］。

ーや小鉢 近代さらこばち／さらっこばち［皿小鉢］。

絵などをかいた装飾用のー 近代ゑざら［絵皿］。

菓子などを盛る木のー めいめいぼん［銘銘盆］。近世ちゃす／ちゃつう［楪子］。中世ちゃつ［楪子］。

祭式に用いた大形のー 上代かたさら［片皿］。

小さなー 近代おてしょ／おてしょう［御手塩(女性語)。中世こざら［小皿］。てしほ／てしほざら［手塩皿］。とりざら［取皿］。

灯油を入れ灯りとするー 近世あぶらざら［油皿］。中古あぶらつき［油坏／油盞］。とうがい［灯蓋］。

その他ーのいろいろ(例)①［形状］ かくざら［角皿］。近代コンポート(compote)。近世ちゅうざら［中皿］。中世おほざら［大皿］。ききゃうざら［桔梗皿］。こざら［小皿］。まるざら［丸皿］。中古ひらざら［平皿］。

その他ーのいろいろ(例)②［用途］ がくざら［額皿］。近代うけざら［受皿］。はひざら［灰皿］。ゑざら［絵皿］。近世ゑのぐざら［絵具皿］。中世とりざら［取皿］。中古くゎしざら［菓子皿］。

その他ーのいろいろ(例)③［材質］ ガラスざら(オランダ glas 皿)。近世いしざら［石皿］。上代きざら［木皿］。

さら・う【攫】 つれさる［連去］。近代いうかい［誘拐］。つれだす［連出］。らち／らっち［拉致］。近世さらふ［攫］。ひっさらふ［引攫］。ひとさらひ［人攫／人掠］。中世かどはかす［勾引／拐］。中古かどはす［勾引／拐］。かどふ［勾引／拐］。

さら・う【浚】 近代しゅんせつ［浚渫］。近世さらふ(さらえる)［浚／渫］。中古さらふ［浚／渫］。

さら・す【晒】 近代あばきたてる［暴立］。さらける［曝］。ばくろ［暴露］。ばらす。近世さらけだす［曝出］。底を叩く。底をはたく。桶の物打ち明けたやう。中世あばく［暴］。上代さらす［晒／曝］。

風にー・す 中古さぼす［曝／乾］。上代ほす［干］。

寒中に水や風にー・すこと 近世かんざらし［寒晒］。

心底までー・す 近代だまを出す。近世さらけだす［曝出］。

光にー・されて白くなる 近代たいしょく［退色／褪色］。中世しゃる［しゃれる］［曝／晒］。中古あす［あせる］［褪］。

光にー・す 中古あつ［あてる］［当］。

水にー・す 近世さはす［渋／醂］。

さらち【更地】 近世さらち［更地］。中世あきち［空地／明地］。上代くうち／くうぢ［空地］。

さらに【更】 近代ひいては［延］。そこへ持ってきて。そればかりか。欲を言へば(言ふと)。近世あらためて［改］。いっそう［一層］。おまけに［御負］。かててくはへて［糅加／搗加］。くはへて［加］。まだ［未］。もっと。中世なほ［猶／尚］。中古いとどし。しかも［然／而］。そのうへ［其上］。まいて［況］。上代あらたに［新］。さらさら［更更］。さらに［更］。まして［況］。

サラリー(salary) 近代サラリー。にっきふ［日給］。ねんぽう［年俸］。ほうしう［報酬］。らうちん［労賃］。近世きふきん［給金］。ちんぎん［賃金／賃銀］。ほうきふ［俸給］。中世げっきふ［月給］。げっぽう［月俸］。中古きふよ［給与］。

サラリーマン(salaried man) きゅうりょうせいかつしゃ［給料生活者］。ビジネスマン(businessman)。ほうきゅうせいかつしゃ［俸給生活者］。ろうどうしゃ［労働者］。ワーカー(worker)。近代きんらうしゃ［勤労者］。くゎいしゃゐん［会社員］。げっきふとり［月給取］。サラリーマン。つとめにん［勤人］。

ーを辞め他の仕事につくこと だつサラ［脱salary］。

飼い殺し状態のー まどぎわぞく［窓際族］。

安(やす)ー 近代こしべん／こしべんたう［腰弁当］。

さらりと 近代すんなり。近世さらりと。中世あっさり。さっぱり。中古さりげなく。

さりげな・い 近世さばさば。さらりと。ついでがまし［序］。なにげなし。中世あっさり。たんたん［淡淡］。中古さらぬがほ［顔］。さ

りげなし。つれなし［強顔］。

さる【猿】 近代 えてこう［猿公／得手公］。モンキー(monkey)。近世 えてきち［猿吉］。そこう［狙猴］。ましこ［猿子］。姿の虫。中世 もくこう［沐猴］。ゑんこう［猿猴］。中古 びこう［獼猴］。まし／ましら［猿］。上代 さる［猿］。

―などがキャッキャと鳴く 中古 かかめく。

―の子 上代 こざる［小猿］。

―回し 近世 さるかひ［猿飼］。さるかぶき［猿歌舞伎］。さるしばゐ［猿芝居］。さるひき［猿引］。そこう［狙公］。中世 さるつかひ［猿遣］。

渓谷で鳴く― 中古 はゑん［巴猿］。

樹間に見え隠れする― 中古 このはざる［木葉猿］。

まじない等の― かわらざる［瓦猿］。近世 さんざる／さんゑん［三猿］。いはざる［言猿］。きかざる［聞猿］。みざる［見猿］。

群れを離れた一匹の― 近世 こけざる［猿］。中古 こゑん［孤猿］。

野生の― 近世 やまざる［山猿］。中世 のざる［野猿］。中古 さんゑん［山猿］。やゑん［野猿］。

痩せこけた― 近世 こけざる［猿］。

さ・る【去】❶〈離れる〉 中世 いづ［出］。たいきょ［退去］。たいさん［退散］。とほのく［遠退］。ひらく［開］。中古 きゆ［きえる］［消］。しりぞく［退］。たいしゅつ［退出］。たちのく［立退］。ゆきさる［行去］。上代 いぬ［去／往］。うす［うせる］［失］。さる［去］。たちさる［立去］。たつ［立］。とほざかる［遠離］。はなる［はなれる］［離］。

《謙》中古 まかづ［罷／罷出］。まかりいづ［罷出］。

―らせる 中世 いなす［往／去］。中古 おひやる［追遣］。さしのく［差退／差除］。上代 おひはらふ［追払］。とばす［飛］。はらふ［払／掃］。

―り難い 中古 たちわづらふ［立煩］。

―るか留まるか 中古 きょしう［去就］。しんたい［進退］。

―ることと来ること 中世 いきき［行来／往来］。中古 ゆきき［行来／往来］。上代 きょらい［去来］。わうらい［往来］。

後のことは考えない―り方 近世 後は(末は)野となれ山となれ。

汚れを残さない―り方 中世 立つ(飛ぶ)鳥跡を濁さず。

汚れを残す―り方 中世 跡を濁す。

不具合があって―る 近代 とびだす［飛出］。

さ・る【去】❷〈経過〉 中世 けいくゎ［経過］。すぎさる［過去］。中古 さる［去］。ながる［ながれる］［流］。上代 いぬ［去／往］。すぐ［すぎる］［過］。ふ［へる］［経］。→**すぎさ・る**

さ・る【去】❸〈連体詞〉 近代 すぐる［過］。近世 さる［去］。中世 いにし［往］。いんじ［往］。さんぬる［去］。中古 いぬる［去／往］。

ざる【笊】 近世 ゆかき。中世 おとほし［御通］。かご［籠］。ざる［笊］。中古 いかき［笊籬］。こ［籠］。

朝顔の花に似た形の― あさがおざる［朝顔笊］。

長く円筒形の― 近世 てっぽうざる［鉄砲笊］。

目のあらい― 近世 めざる［目笊］。

さるすべり【百日紅】 くすぐりのき［擽木］。さるじつこう［猿日紅］。わらいぎ／わらいのき［笑木］。近代 ぼんばな［盆花］(一部地域で)。近世 さるすべり［百日紅］。中世 さるなめり［猿滑］。しび［紫薇］。はくじつこう／ひゃくじつこう［百日紅］。

さるとりいばら【菝葜】 かから。さんきらいいばら［山帰来茨］。近代 さるかきいばら［猿掻茨］。近世 いぬばら［犬茨］。いびついばら。うまがたぐい。かからいげ。かきいばら。かたら。かたらぐい。さんきらい［山帰来］。中世 さるとりいばら［菝葜］。中古 うぐひすのさるがき［鶯猿柿］。おほうばら。

さるのこしかけ【猿腰掛】 近世 さるのこしかけ［猿腰掛］。鼬(いたち)の腰掛け。

ざれごと【戯言】 →**じょうだん**

さわ【沢】 近世 しっち［湿地］。やち［谷地／野地］。上代 さは［沢］。たに［谷／渓］。たにがは［谷川］。

水のある― 中世 みづさは［水沢］。中古 すいたく［水沢］。

水のない― からさわ［涸沢］。

さわ【茶話】 近代 ざつだん［雑談］。ちゃわ［茶話］。近世 さわ［茶話］。せけんばなし［世間話］。ちゃのみがたり［茶飲語］。ちゃのみばなし［茶飲話］。ちゃのみものがたり［茶飲物語］。ちゃばなし［茶話］。よもやまばなし［四方山話］。→**ざつだん**

さわがし・い【騒】 近世 うるさし［煩］。さうがまし［騒］。やかまし［喧］。らんがしい［乱］。鼎(かなへ)の沸くが如し。中世 かしまし［姦／囂］。さうざうし［騒騒］。ていふつ［鼎沸］。わわし。中古 かしかまし／かしがまし［囂］。

かま［囂］。かまびすし［喧／囂］。さわがし［騒］。らうがはし［乱］。上代さうぜん［騒然］。→うるさ・い

―・いこと 近代けんさう［喧噪／喧騒／諠譟］。けんぜう［喧擾］。近世あめいせんさう［蛙鳴蟬噪］。きゃうさう［狂騒］。中世けんくゎ［喧嘩／諠譁］。上代けんたう［喧鬧／諠鬧］。

―・いさま 近代がうぜん［囂然］。けんけんがうがう［喧喧囂囂］。近世がうがう［囂囂］。がやがや。どやくや。わあわあ。わいわい。中世けんぜん［喧然］。ざわざわ。せきせき［藉藉／籍籍］。にぎやか［賑］。ぶっさう［物騒］。ぶっそう［物忽］。わやくや。わやわや。中古かやかや。さざ／ざざ。さゐさゐし［騒騒］。ひたさわぎ［直騒］。上代さうぜん［騒然］。さや／さやに。ぜうぜう［擾擾］。

―・く言うさま すべったの転んだの。近世つべこべ。つべつべ。つべらこべら。中古ひしひし［犇犇］。

―・くなる ざわつく。近代さわだつ［騒立］。中世どよめく。ひしめきわたる［犇渡］。

大勢が―・く動くさま 近世どやどや。

室内で―・く暴れるさま 近世どさくさ。どたどた。どたばた。

さわぎ【騒】❶〈喧騒〉 近世けいさう［軽躁］。ふっとう［沸騰］。中世ぞめき［騒］。中古けんがう［喧囂／諠囂］。こさう［鼓騒／鼓譟］。なり［鳴］。どよみ［響］。上代さわき［騒］。そそき。→さわがし・い

取るに足りない者の― 中古しゅんじ［蠢爾］。

さわぎ【騒】❷〈狂騒〉 さんざさわぎ［騒］。ファイアストーム(fire storm)。近代おまつりさわぎ［御祭騒］。そこぬけさわぎ［底抜騒］。どんちゃんさわぎ［騒］。近世からさわぎ［空騒］。きゃうさう［狂騒／狂躁］。さわぎ［騒］。ばかさわぎ［馬鹿騒］。らんちきさわぎ［騒］。らんちきらん［乱痴気乱］。わるさわぎ［悪騒］。中世ぞめき［騒］。中古おほさわぎ［大騒］。とよみ／どよみ［響］。

さわぎ【騒】❸〈騒動〉 近代トラブル(trouble)。ぼうどう［暴動］。もめごと［揉事］。もんちゃくごと［悶着事］。近世ごたごた。さわぎ［騒］。ふんきう［紛糾］。中世あらし［嵐］。いさくさ。いざこざ。どうらん［動乱］。なみ［波／浪］。なみかぜ［波風］。はらん［波瀾／波乱］。ふんさう［紛争］。もんちゃく／もんぢゃく［悶着］。中古さうぜう［騒擾］。さうどう［騒動］。上代さうらん［騒乱］。みだれ［乱］。

―が起こる 近代火が付く。

―が治まる 中古たひらぐ［平］。

―を起こしてそれで儲ける マッチポンプ(和製match＋オランダpomp)。

―を起こす 近代火を付ける。近世しげき［刺激］。

さわ・ぐ【騒】 近代さわだつ［騒立］。さんざめく。近世ざわつく。ざわめく。ざんざめく。中世さざめく／ざざめく。じじめく。たける［猛／哮］。どしめく。どよめく［響］。ののめく。わわる。中古ある［あれる］［荒］。いひののしる［言罵］。うちさわぐ［打騒］。さうどく［騒動］。さめく。さわぎののしる［騒罵］。さわぐ［騒］。そそめく。とどめく／どどめく［轟］。どめく。なりかかる［鳴掛］。ののしりみつ［罵満］。ののしる［罵／喧］。ひびく［響］。ゆすりみつ［揺満］。ゆする［揺］。上代さばめく。さやぐ。さわく［騒］。たちさわぐ［立騒］。とよく。とよむ／どよむ［響］。

《枕》上代あぢむらの［味叢／鵠群］。さばへなす［五月蠅］。

―・ぎ出す 中古さわぎたつ［騒立］。

浮かれて―・ぐ 近代うかれたつ［浮立］。近世ぞめく［騒］。はしゃぐ［燥］。

押し合って―・ぐ 中世ひしめく［犇］。

調子づいて―・ぐ 近世まひあがる［舞上］。

戸惑って―・ぐ 中世あわてさわぐ［慌騒］。あわてふためく［慌］。くるめく［眩］。ふためく。まどひふためく［惑］。上代たちあざる［立狂／立戯］。

ざわざわ わさわさ。近世わっさわっさ。中世ざわざわ。中古さらさら。上代さわさわ。そよ［清／明］。

ざわつ・く 近代さわだつ［騒立］。さんざめく。近世ざわつく。ざわめく。ざんざめく。中世さざめく／ざざめく。ざやめく。じじめく。ぞぞめく。どよめく［響］。中古さうどく。さひさひし／さゐさゐし。さめく。そそめく。そよめく。ゆすりみつ［揺満］。わななく［戦慄］。上代さやぐ。

―・かせる 近代さざめかす。中世ざざめかす。

木の葉などの―・くさま 中古さらさら。上代さや［清／明］。

揉め事で―・く 近世がたつく。

ざわめき 近代さざめき。どよめき［響動］。ざわめき。近世どやめき［響動］。

―がその場に満ちる 中古ゆすりみつ［揺満］。

ざわめ・く →ざわつ・く

さ

さわやか【爽】 近代 せいちょう［清澄］。フレッシュ(fresh)。近世 くゎいさう［快爽］。さえざえし［冴冴／冱冱］。中世 さうくゎい［爽快］。さっぱり。さはさは。しゃうりゃう［清涼］。すずやか［涼］。はればれ［晴晴］。中古 かわらか。こころよし［快／心良］。さはやか［爽］。さはらか［爽］。すがし［清］。すがやか［清］。すずし［涼］。せいさう［清爽］。せいしん［清新］。せいりゃう［清涼］。ほがらか［朗］。上代 きよし［清］。さや［清／明］。すがすがし［清清］。

—・で高潔なこと 近代 かうさう［高爽］。

—・で涼しいこと 近世 さうりゃう［爽涼］。中古 せいりょう［清涼］。

—・な風 近代 かぜあをし［風青］。近世 かぜかをる［風薫］。中古 さうらい［爽籟］。上代 くんぷう［薫風］。

—・な気分 中古 さうき［爽気］。

—・にする 中古 さはやぐ［爽］。上代 あきらむ［明］。

—・にする物 近代 せいりゃうざい［清涼剤］。

—・になる 中古 さはだつ［爽］。さはやぐ［爽］。ひらく［開］。

気性が大きく— 近世 がうさう［豪爽］。

声が— 近代 おんとうらう［音吐朗朗］。

さわり【触】 近代 ハイライト(highlight)。みせどころ［見所］。みせば［見場］。近世 かんどころ［勘所］。さはり［触］。中古 ききどころ［聞所］。みどころ［見所］。

さわり【障】 →さしさわり

さわ・る【触】 近代 いぢくる［弄］。タッチ(touch)。近世 いぢる［弄］。中世 いらふ／いろふ［綺／弄］。せせる［拵］。せっす［接］。中古 あたる［当］。さはる［触］。さふ〔さえる〕［障］。さゆ〔さえる〕［障］。ふればふ［触］。上代 さやる［障］。ふる〔ふれる〕［触］。

—・ること 近代 しょくせつ［触接］。せっしょく［接触］。

—・ると悪臭を出す虫 近代 へっぴりむし［屁放虫］。中世 へこきむし［放屁虫］。中古 へひりむし［放屁虫］。

繰り返し—・る 上代 ふらばふ［触］。

さわ・る【障】 近代 さしさはる［差障］。はばむ［阻／沮］。近世 こだはる。中世 さしつかふ〔—つかえる〕［差支］。さまたぐ〔—たげる〕［妨］。上代 さはる［障］。

さん【三】 トリ(tri)。トリプル(triple)。近代 サード(third)。スリー(three)。近世 げため［下駄目］。中古 みつ［三］。上代 さん［三］。

—回 中古 さんど［三度］。さんべん［三遍／三返］。みたび［三度］。《句》近代 三度目の正直。近世 二度あることは三度ある。

—歳の子供 中世 みつご［三子］。

—者が一体であること さんみいったい［三位一体］。近代 トリニティー(trinity)。

—者が互いに対立すること 近世 ていりつ／ていりふ［鼎立］。中世 ていぢ［鼎峙］。

—人 中世 さんにん［三人］。みったり［三人］。中古 みたり［三人］。

—人が向き合って座ること 近代 かなへざ／ていざ［鼎座／鼎坐］。近世 みつがなわ［三鉄輪］。中古 みつがなへ［三鼎］。

—人組 近代 トリオ(イタリアtrio)。

—人称 近代 たしょう［他称］。

—人の話し合い ていだん［鼎談］。

—年 中世 さんしゅん［三春］。中古 さんしう［三秋］。さんねん［三年］。上代 みとせ［三年／三歳］。

—倍 トリプル(triple)。

同時に同じ母から生まれた—人の子供 上代 みつご［三子］。

何かで有名な—人 ごさんけ［御三家］。

さん【桟】 近代 さん［桟］。

板戸の中間の幅広の— おびざん［帯桟］。

瓦を引っ掛け止める— 近代 かはらざ［瓦座］。かはらざん［瓦桟］。近世 こしさん［腰桟］。

障子や格子の— 中古 こ［格／子］。

天井板などの裏の— 近代 うらざん［裏桟］。

戸や障子の上の— うわがまち［上框］。うわざん［上桟］。

さんい【賛意】 近代 さんい［賛意］。近世 さんせい［賛成］。中古 どうい［同意］。

さんいつ【散逸】 近世 なくす［無］。中世 さんいつ［散逸］。さんしつ［散失］。中古 しさん［四散］。上代 うしなふ［失］。ぶんさん［分散］。

ざんえい【残映】 近代 ざんえい［残映］。ゆふやけこやけ［夕焼小焼］。近世 ゆふてり［夕照］。ゆふやけ［夕焼］。中世 せきせう［夕照］。中古 はんせう［反照］。ゆふばえ［夕映］。上代 なごり［名残／余波］。

さんか【参加】 コミット(commit)。近代 かめい［加盟］。さんくゎく［参画］。さんにふ［参入］。さんれつ［参列］。近世 かにふ［加入］。しゅっせき［出席］。ちゃくたう［着到］。なかまいり［仲間入］。中世 さんか［参加］。よさん［予参／預参］。

—・させる のせる［乗］。仲間に入れる。中古 くはふ〔くわえる〕［加］。

—・する　名を連ねる。近代末席(ばっせき)を汚す。中世のぞむ[臨]。末席(まっせき)を汚す。上代くははる[加]。まじりたつ[交立]。まじる[交]。

—を拒否する　近代オミット(omit)。ボイコット(boycott)。

新しく—・すること(者)　近代しんざん[新参]。しんざんもの[新参者]。近世しんいり[新入]。しんべ[新米/新部]。しんまい[新米]。中世しんざしゅ/しんざしゅう[新座衆]。中古いまゐり[今参]。しょさん[初参]。

不意の予定外の—　近世とびいり[飛入]。

さんか【惨禍】　近代さんがい[惨害]。さんくゎ[惨禍]。さんげき[惨劇]。さんじ[惨事]。

さんか【傘下】　よっか[翼下]。近代けいれつ[系列]。さんか[傘下]。せいりょくけん[勢力圏]。近世きか[旗下]。くゎんか[管下]。しはいか[支配下]。はいか[配下]。中世きか[麾下]。

さんかい【山塊】　近代さんくゎい[山塊]。中古さんがく[山岳]。上代やま[山]。

さんかい【参会】　しゅっせき[出席]。中世さんか[参加]。さんしふ[参集]。よりあふ[寄合]。よりあはす[寄合]。中古さんくゎい[参会]。さんれつ[参列]。

さんがい【三界】　中世うかい[有界/有海]。うがい[有涯]。さんう/さんぬ[三有]。三つの絆(きづな)。上代さんがい[三界]。

ざんがい【残骸】　ジャンク(junk)。近代ざんがい[残骸]。ざんよ[残余]。スクラップ(scrap)。はいひん[廃品]。はいぶつ[廃物]。近世がらくた[我楽多]。ぐゎらくた[瓦落多]。中古ざんぺん[残片]。

さんかく【参画】　一枚嚙む。一口乗る。近代かかはりあふ[関合]。さんくゎく[参画]。さんにふ[参入]。近世くゎんち[関知]。くゎんよ[関与]。さんよ[参与]。なかまいり[仲間入]。中世あづかりしる[与知/関知]。くゎんけい[関係]。さんか[参加]。上代あづかる[与/預]。

さんがく【産額】　とりだか[取高]。近代うりあげだか[売上高]。さんがく[産額]。できだか[出来高]。近世うれだか[売高]。

ざんがく【残額】　→**ざんきん**

さんかくけい【三角形】　近代さんかくけい[三角形]。せいさんかくけい[正三角形]。トライアングル(triangle)。近世うろこ/うろこがた[鱗形]。

—の頂角に対する辺　近代ていへん[底辺]。

いろいろな—(例)　ちょっかくにとうへんさんかくけい[直角二等辺三角形]。とうきゃくさんかくけい[等脚三角形]。近代えいかくさんかくけい[鋭角三角形]。ちょくかくさんかくけい[直角三角形]。とうかくさんかくけい[等角三角形]。どんかくさんかくけい[鈍角三角形]。にとうへんさんかくけい[二等辺三角形]。

さんがつ【三月】(陰暦)　近代さんげつ[蚕月]。でんしゅん[殿春]。近世いやおひ[弥生]。くゎひ[花飛]。けいげつ[禊月]。しめいろづき[染色月]。たけのあき[竹秋]。ちくしう[竹秋]。はなづき[花月]。はらひづき/はらへづき[禊月/祓月]。ぼりつ[暮律]。まっしゅん[末春]。中世かげつ[嘉月/佳月]。さくらづき[桜月]。さはなさづき[早花咲月]。たうらう[桃浪]。はなつづき[花月]。はなみづき[花見月]。はるをしみづき[春惜月]。ゆめみづき[夢見月]。中古いやおひのつき[彌生月]。さんぐゎつ[三月]。上代きしゅん[季春]。こせん[姑洗/沽洗]。ばんしゅん[晩春]。べうしゅん[杪春]。ぼしゅん[暮春]。やよひ[弥生]。

—の晦日(みそか)(春の終わりの日)　近世やよひじん[弥生尽]。中古さんぐゎつじん[三月尽]。

▼三月三日　近世草餅の節句。桃の節句。中古げんし[元巳]。じゃうし/じゃうみ[上巳]。ちょうさん[重三]。

▼三月六日(太陽暦)ごろ　近世けいちつ[啓蟄]。

さんかん【山間】　近世さんかん[山間]。中古さんちゅう[山中]。やまあひ[山間]。やまなか[山中]。上代やまがひ[山峡]。

—の狭く長い土地　近代さんけふ[山峡]。→**さんきょう**

—の町　中世さんし[山市]。

—の村　中古さんそん[山村]。やまざと[山里]。

ざんき【慚愧】　近代くゎいご[悔悟]。くゎいこん[悔恨]。つうこん[痛恨]。はんせい[反省]。近世ざんくゎい[慚悔]。中世くやむ[悔]。中古こうくゎい[後悔]。ざんき[慚愧]。上代くゆ[くいる][悔]。

ざんぎゃく【残虐】　→**ざんこく**

さんきょう【山峡】　近代さんけふ[山峡]。中古さんこく[山谷]。中世たにあひ[谷間]。たにま[谷間]。たにふところ[谷懐]。やまあひ[山間]。上代かひ[峡]。やまかひ[山峡]。

さんぎょう【産業】　インダストリー(industry)。

〔近代〕さんげふ［産業］。じげふ［事業］。じつげふ［実業］。

—を盛んにする 〔近代〕こうげふ［興業］。しょくさん［殖産］。

一国の経済を支えている— きかんさんぎょう［基幹産業］。

ざんきょう【残響】 〔近代〕エコー(echo)。〔近世〕よゐん［余韻］。〔中古〕よいん［余音］。〔上代〕ひびき［響］。

ざんぎょう【残業】 じかんがいろうどう［時間外労働］。ちょうかきんむ［超過勤務］。ちょうきん［超勤］。〔近代〕オーバータイム(over-time)。ざんげふ［残業］。〔近世〕ゐのこりさげふ［居残作業］。

—の極めて少ないさま デッド(dead)。

さんきらい【山帰来】→**さるとりいばら**

ざんきん【残金】 さしひきざんだか［差引残高］。じょうきん［剰金］。〔近代〕さきん［差金］。ざんがく［残額］。ざんきん［残金］。ざんだか［残高］。じょうよきん［剰余金］。

▼当座預金の残高 〔近代〕たうざじり［当座尻］。

さんけ【産気】 〔近世〕け［気］。むしけ［虫気］。虫が齧(かぶ)る。〔中世〕さんけ［産気］。

—を催す 〔近世〕むしけづく［虫気付］。〔中世〕さんけづく［産気付］。

ざんげ【懺悔】 こっかい［告解］。〔近代〕くいあらためる［悔改］。こくはく［告白］。〔中世〕コンヒサン(ポルトガル confissão)。〔中古〕けくゎ［悔過］。〔上代〕さんげ［懺悔］。

さんけい【参詣】 〔近世〕おまゐり［御参］。〔中世〕かみまうで［神詣］。かみまゐり［神参］。しゃさん［社参］。にふだう［入堂］。ぶっけい［物詣/仏詣］。ものまゐり［物参］。〔中古〕さんけい［参詣］。さんじゃう［参上］。さんだう［参堂］。さんぱい［参拝］。まで［詣］。ものまうで［物詣］。

—・する 〔中世〕けいす［詣］。〔中古〕さんず［参］。ぬかづく［額突］。まうづ/まうでく/まうのぼる［詣］。まゐる［参］。をがむ［拝］。

—・する人 〔近代〕さいしゃ［賽者］。さいじん［賽人］。〔近世〕さいきゃく［賽客］。

朝夕—・して祈願する 〔近代〕てうきぼさい［朝祈暮賽］。

決めた回数—・する 〔近世〕おひゃくどまゐり［御百度参］。お百度を踏む。〔中世〕せんにちまゐり［千日参］。〔中古〕せんどまうで［千度詣］。

新年初めての—・する 〔近世〕はつまうで［初詣］。はつまゐり［初参］。

連れだって—・する(人) 〔近代〕だうしゅう［道衆］。〔近世〕どうぎゃう［同行］。〔中世〕だうしゃ［道者］。どうかう［同行］。〔中古〕じゅんれい［巡礼/順礼］。

毎月一定の日に—・する 〔近世〕ぐゎっさん［月参］。〔中世〕つきまうで［月詣］。つきまゐり［月参］。

ざんげつ【残月】 〔中世〕なごりのつき［名残月］。のこんのつき［残月］。〔中古〕ざんげつ［残月］。

ざんげん【讒言】 〔近代〕ざんぶ［讒誣］。ちゅうしゃう［中傷］。〔近世〕かげぐち［陰口］。ささへぐち［支口］。つげぐち［告口］。ふばう［誣謗/誣妄］。ふまう［誣罔/誣妄］。わざん/わんざん［和讒］。〔中世〕かげごと［陰言］。ざん［讒］。ざんそう［讒奏］。ざんばう［讒謗］。しひごと［誣言］。しふ［しいる］［誣］。わるぐち［悪口］。〔中古〕ざうげん［讒言］。さかしら［賢］。ざんげん［讒言］。ざんそ［讒訴］。〔上代〕しふ［しいる］［誣］。なかごと［中言］。ひばう［誹謗］。ぶこく［誣告］。よこごと［横言］。よこし［讒］。よこしごと［邪言］。

—・して罪に陥れること 〔近代〕ざんかん［讒陥］。

—・する 〔中古〕ざんす［讒］。よこす［讒］。〔上代〕しこづ［譖/讒］。しふ［しいる］［誣］。

—・する人 〔近世〕さうよう［蒼蠅］。〔中世〕ざんじん［讒人］。〔中古〕ざんしゃ［讒者］。ざんにん［讒人］。せいよう［青蠅］。

少しずつ—・すること 〔近代〕膚受(ふじゅ)の愬(うった)へ。

▼告げ口する 〔中古〕いひつく［—つける］［言付］。いひつぐ［—つげる］［言告］。

さんご【珊瑚】 コーラル(coral)。〔中世〕さんご［珊瑚］。

枝の形をした— 〔近代〕えださんご［枝珊瑚］。〔近世〕えださんごじゅ［枝珊瑚樹］。きさんご［木珊瑚］。〔中世〕さんごじゅ［珊瑚樹］。

さんこう【参考】 レファレンス(reference)。〔近代〕さんしゃく［参酌］。さんせう［参照］。せうがふ［照合］。〔近世〕さんかう［参考］。〔中世〕かがみる［鑑］。〔上代〕しんしゃく［斟酌］。

ざんこう【残光】→**ざんしょう**

ざんこく【残酷】 〔近代〕くゎこく［過酷］。さんこく［惨酷/酸酷］。れいこく［冷酷］。〔近世〕こく［酷］。ざんにん［残忍/惨忍］。せっしゃう［殺生］。ひどし［非道/酷］。むげちなし/むげつけなし。むごし［惨/酷］。むごたらし［惨/酷］。むざうらしげ［無慚/無惨/無残］。むじひ［無慈悲］。もぎだう［没義道］。〔中世〕こくはく［酷薄/刻薄］。ざんこく［残酷］。じゃけん［邪見］。むげなし［無

下無］。むごらし［酷／惨］。むざう／むざん［無慚／無慘／無残］。中古からし［辛］。ひじゃう［非情］。ぼうれい［暴戻］。まうあく［猛悪］。上代ひだう［非道］。

—で獣のような行為 近代じうかう［獣行］。

—で乱暴なこと 近世ざんぼう［残暴］。中世ぼうぎゃく［暴虐／暴逆］。

—な扱い 近代ぎゃくたい［虐待］。

—な女 近代きぢょ［鬼女］。

—な殺人 近代ぎゃくさつ［虐殺］。

—な出来事 近代さんげき［惨劇］。

—を好むこと 近代しぎゃく［嗜虐］。

さんごじゅ【珊瑚樹】（スイカズラ科の植物）近世いぬたらえふ［犬多羅葉］。きさんご［木珊瑚］。さんごじゅ［珊瑚樹］。

さんごしょう【珊瑚礁】近代きょせう［裾礁］。さんごせう［珊瑚礁］。

海岸線に平行の— ほしょう［堡礁］。

海水面より上の— りすいさんごしょう［離水珊瑚礁］。りゅうきさんごしょう［隆起珊瑚礁］。

環状の— 近代くゎんせう［環礁］。

さんざい【散在】近代さんけん［散見］。てんざい［点在］。中古さんざい［散在］。さんらん［散乱］。

—・するさま 近世ちらほら。ちらりほらり。とびとび［飛飛］。ぱらぱら。

さんざい【散財】近代らうひ［浪費］。近世さんざい［散財］。さんず［散］。たうじん［蕩尽］。むだづかひ［無駄遣］。

《句》近代爪で拾って箕みで零こぼす。枡ますで量って箕みでこぼす。耳掻で集めて熊手で掻き出す。近世焼け跡の釘拾ひ。

—・するさま 財布の口（紐）を緩める。近代札びらを切る。近世金に飽かす。金に糸目を付けぬ。湯水のやうに使ふ。

さんさく【散策】近代のあるき［野歩］。プロムナード（フラ promenade）。まんぽ［漫歩］。やまあるき［山歩］。近世いうほ［遊歩］。まちあるき［町歩］。中世かんぽ［閑歩／間歩］。さんさく［散策］。さんぽ［散歩］。中古すずろあるき／そぞろあるき［漫歩］。やまぶみ［山踏］。ゆぎゃう［遊行］。上代せうえう［逍遥］。→**さんぽ**

森林内の— しんりんよく［森林浴］。

東京銀座の— 近代ぎんぶら［銀ぶら］。

さんざん【散散】近代さんざ。ちゃちゃふうちゃ／ちゃちゃほうちゃ／ちゃっちゃほやさ［茶茶］。めちゃくちゃ［滅茶苦茶／目茶苦茶］。近世ささほうさ／ささらほさら。さんざっぱら。ちゃちゃむちゃくちゃ［茶茶無茶苦茶］。ちゃちゃむちゃこ／ちゃっちゃむちゃら［茶茶無茶］。ひどし［酷］。むちゃくちゃ［無茶苦茶］。中古さんざん［散散］。みぐるし［見苦］。

—な目にあうこと 近世こっぱひ［骨灰／粉灰］。

—にする 近代台無しにする。めちゃくちゃにする。近世ちゃちゃくる。

—に負けること 近世一敗地に塗れる。

—悪口を言うさま 近代くそみそ［糞味噌］。近世ぼろくそ。みそくそ［味噌糞］。

さんさんくど【三三九度】近世こんこん［献献］。中世くこん［九献］。さんさんくど［三三九度］。

さんさんごご【三三五五】ぱらぱら。近代さんさんごご［三三五五］。近世ちらほら。ばらばら。中古ちりぢり。

さんじ【惨事】近代さんか［惨禍］。さんげき［惨劇］。さんがい［惨害］。さんじ［惨事］。

さんじ【賛辞】オマージュ（フラ hommage）。トリビュート（tribute）。近代おほめ［御褒］。さんじ［賛辞］。さんしゃう［賛賞／讃賞］。しゃうさん［賞賛／賞讃］。しょうし［頌詞］。しょうじ［頌辞］。ほうじ［褒辞］。近世さんし［賛詞／讃詞］。さんび［賛美／讃美］。ほうし［褒詞］。ほめことば［褒言葉］。中世しゃうやう［賞揚］。しょうさん［称賛／称讃］。中古ほうやう［褒揚］。

ざんし【残滓】のこりかす［残滓］。近代ざんさ［残渣］。ざんさい［残滓］。ざんし［残滓］。近世ちんでんぶつ［沈殿物］。中古かす［滓］。よど／よどみ［澱／淀］。をどみ［澱／淀］。

ざんじ【暫時】中世いっとき［一時］。ざんじ［暫時］。中古かたとき［片時］。ひととき［一時］。上代しばし［暫］。しばらく［暫／須臾］。へんじ［片時］。→**しばらく**

さんじげん【三次元】りったい［立体］。さんディー／スリーディー（3D；three dimensional）。近代さんじげん［三次元］。

さんしすいめい【山紫水明】近代はくさせいしょう／はくしゃせいしょう［白砂青松］。りうあんくゎめい［柳暗花明］。ふうくゎうめいび［風光明媚］。近世さんしすいめい［山紫水明］。中世うきせいかう［雨奇晴好］。くゎてうふうげつ［花鳥風月］。せいかううき［晴好雨奇］。→**けしき【景色】**

さ

さんじっさい【三十歳】 近世 りふねん［立年］。中世 じりふ［而立］。ねんさう［年壮］。中古 じりつ［而立］。みそぢ［三十／三十路］。

―ぐらいの男性 近世 さう［壮］。

さんしゃく【参酌】 →**しんしゃく**

さんしゅう【参集】 近代 しふがふ［集合］。しふけつ［集結］。中世 さんか［参加］。さんしふ［参集］。れっさん［列参］。よりあつまる［寄集］。中古 さんくゎい［参会］。上代 あつまる［集］。けっしふ［結集］。よりあふ［寄合］。→**あつま・る**

さんしゅつ【産出】 近代 うみだす［生出／産出］。さんする［産］。せいさん［生産］。プロダクト(product)。つくりだす［作出］。中世 さんしゅつ［産出］。

―・される物 さんひん／さんぴん［産品］。さんぶつ［産物］。とくさんひん［特産品］。近世 ぶっさん［物産］。

さんしゅつ【算出】 すいけい［推計］。近代 けいじゃう［計上］。さんしゅつ［算出］。はじきだす［弾出］。近世 さんてい［算定］。わりだす［割出］。算盤を置く。算盤を弾く。中世 けいさん［計算］。中古 かんぢゃう［勘定］。

さんしゅゆ【山茱萸】 あきさんご［秋珊瑚］。はるこがねばな［春黄金花］。近世 さはぐみ［沢茱萸］。さんしゅゆ［山茱萸］。中古 しゅゆ［茱萸］。

さんじょ【賛助】 もりたてる［盛立／守立］。近代 あとおし［後押］。けふさん［協賛］。けふりょく［協力］。こうゑん［後援］。サポート(support)。さんじょ［賛助］。しぢ［支持］。じょりょく［助力］。しゑん［支援］。バックアップ(backup)。近世 かせい［加勢］。じょせい［助勢］。じょりき［助力］。しりおし［尻押］。中古 ゑんじょ［援助］。

ざんしょ【残暑】 近代 ざんえん［残炎］。中世 よねつ［余熱］。中古 ざんしょ［残暑］。

さんしょう【参照】 →**さんこう** →**しょうごう【照合】**

さんしょう【山椒】 中世 さんしょ［山椒］。さんせう［山椒］。中古 いたちはじかみ［秦椒］。上代 かははじかみ［川薑］。はじかみ［薑／椒］。

―の新芽 近世 きのめ／このめ［木芽］。きのめざんせう［木芽山椒］。

さんじょう【山上】 →**さんちょう**

さんじょう【参上】 近代 うかがふ［伺］。近世 まかりいづ［罷出］。中世 さむらふ［侍］。さんず［参］。しこう［祇候／伺候］。まかりこす［罷越］。中古 さぶらふ［侍］。さんじゃう［参上］。さんでん［参殿］。はいすう［拝趨］。まうづ［もうでる］［詣］。まうでく［詣来］。まうのぼる［詣上］。まかりのぼる［罷上］。までく［詣来］。まゐる［参］。上代 まういく［参行］。まかる［罷］。まゐく［参来］、まゐづ［参出］。まゐでく［参出来］。まゐのぼる［参上］。まゐりく［参来］。

―・させる 中古 のぼせる［上］。

―・して会う 中古 まわふ［参逢］。

急いで―・する 近世 はせさんず［馳参］。中世 さうさん［早参］。

▼参内する 中世 てうす［朝］。中古 うちまゐり［内参］。さんてう［参朝］。のぼる［上］。

▼参内して祝う 中古 さんが［参賀］。

ざんしょう【残照】 近代 ざんぐん［残曛］。ゆふあかり［夕明］。近世 ざんくゎう［残光］。中世 ざんせう［残照］。よくゎう［余光］。中古 ゆふばえ［夕映］。

さんしょううお【山椒魚】 サラマンダー(salamander)。近世 はんざき［反割／半裂］。中世 いさめ。さんせうを［山椒魚］。はじかみいを［椒魚］。中古 せうぎょ［椒魚］。

さんしょく【蚕食】 近代 こうりゃく［攻略］。しんにふ［侵入］。近世 しんしょく［侵蝕／侵食］。しんりゃく［侵略］。中古 さんしょく［蚕食］。をかす［侵］。

ざんしん【斬新】 近代 きばつ［奇抜］。フレッシュ(fresh)。ユニーク(unique)。中世 いまめかし［今］。ざんしん［斬新］。しんせん［新鮮］。中古 せいしん［清新］。

さんすい【山水】 上代 さんすい［山水］。中古 さんか／さんが［山河］。さんせん［山川］。

―の絵 近代 すいぼくさんすい［水墨山水］。近世 ぐゎさんすい［画山水］。上代 さんすいぐゎ［山水画］。

―の絵の点景 近世 すんばとうじん［寸馬豆人］。

―の絵の例 近代 きんぺきさんすい［金碧山水］。せいりょくさんすい［青緑山水］。ちくりんさんすい［竹林山水］。べいてんさんすい［米点山水］。

さんせい【賛成】 近代 さんい［賛意］。さんどう［賛同］。しぢ［支持］。どうかん［同感］。近世 がふい［合意］。くみす［与／組］。さんせい［賛成］。中世 かんしん［甘心］。どうずる［同］。どうてう［同調］。中古 うべなふ［宜／諾］。ききいる［聞入］。どうい［同意］。

—と反対 ↓さんぴ
—ばかりの人 イエスマン(yes man)。

さんせき【山積】 近代 さんせき［山積］。しふせき［集積］。たいせき［堆積］。やまづみ［山積］。近世 るいせき［累積］。上代 つもる［積］。

ざんせつ【残雪】 中世 のこんのゆき［残雪］。中古 ざんせつ［残雪］。しゅくせつ［宿雪］。

さんぜん【燦然】 近世 らんぜん［爛然］。中世 きらびやか［煌］。中古 きらきら。さんらん［燦爛／粲爛］。上代 さんぜん［燦然］。

ざんそ【讒訴】 ↓ざんげん

さんそう【山荘】 シャレー(フランス chalet)。近代 コッテージ／コテージ(cottage)。バンガロー(bungalow)。ヒュッテ(ドイツ Hütte)。ロッジ(lodge)。近世 さんくゎん［山館］。中世 やまごや［山小屋］。中古 さんさう［山荘］。さんてい［山亭］。さんばう［山房］。やまざと［山里］。上代 さんさい［山斎］。

さんぞく【山賊】 近代 やたう［野盗］。近世 のぶし［野伏／野臥］。のぶせり［野伏／野臥］。中古 やまだち［山立］。上代 さんぞく［山賊］。
—の住処 近世 さんさい［山塞／山砦］。

さんそん【山村】 中世 さんくゎく［山郭］。中古 さんそん［山村］。やまざと［山里］。

ざんそん【残存】 近代 ざんそん／ざんぞん［残存］。ざんよ［残余］。近世 ざんりう［残留］。上代 あまり［余］。のこり［残］。

ざんだか【残高】 ↓ざんきん

さんたん【賛嘆】 近代 しょうさん［賞賛／賞讃］。近世 さんび［賛美］。中世 しょうさん［称賛／称讃］。中古 しょうす［称］。らいさん［礼賛／礼讃］。上代 かんたん［感嘆／感歎］。さんたん［賛嘆］。たたふ［たたえる］［称］。ほむ［ほめる］［褒］。

さんたん【惨憺】 近世 さんたん［惨憺］。むごし［酷］。中世 ひさん［悲惨］。中古 むざん［無慚／無惨／無残］。

さんだん【算段】 近世 くめん／ぐめん［工面］。くりまはし［繰回／繰廻］。さいかく［才覚］。さんだん［算段］。つうくつ［通屈］。てうぎ［調義］。ひねりだす［捻出］。やりくり［遣繰］。中世 くふう［工夫］。つがふ［都合］。ねんしゅつ［捻出］。
—・して費用を作り出す 中世 ねんしゅつ［捻出／拈出］。

さんち【産地】 近代 げんさんち［原産地］。さんち［産地］。しゅっしょうち［出生地］。せいさんち［生産地］。中世 でどころ［出所］。上代 うまれ［生］。

さんちゅう【山中】 近世 さんかん［山間］。中世 さんない［山内］。中古 さんちゅう［山中］。やまあひ［山間］。やまなか［山中］。上代 やまがひ［山峡］。
—に住むこと 近代 おくやまずまひ［奥山住］。さんせい［山棲］。近世 やまずまひ［山住］。中古 さんきょ［山居］。やまずみ［山住］。
—に住む人 中世 やまうど［山人］。中古 さんじん［山人］。上代 やまびと［山人］。
—の靄(もや) 中古 えんらん［煙嵐／烟嵐］。

さんちょう【山頂】 近代 ピーク(peak)。近世 てっぺん［天辺］。中世 さんじゃう［山上］。ぜんぢゃう［禅定］。中古 さんちゃう［山頂］。さんてん［山巓］。さんとう［山頭］。ぜっちゃう［絶頂］。ちゃうじゃう［頂上］。上代 いただき［頂］。たかね［高嶺／高根］。ね［嶺］。みね［峰／嶺］。をのへ［尾上］。
—の辺り 上代 すゑへ［末辺／末方］。
—の平らな部分 てんだん［天壇］。
先の尖(とが)った— 近代 せんちゃう［尖頂］。
高い山の— 近世 ぜってん［絶巓］。

さんてい【算定】 近代 さんしゅつ［算出］。みつもり［見積］。近世 さんてい［算定］。中世 けいさん［計算］。中古 かんぢゃう［勘定］。

さんどう【賛同】 ↓さんせい

ざんとう【残党】 近代 ざんぞく［残賊］。ざんたう［残盗］。よぞく［余賊］。近世 ざんるい［残類］。中世 よたう［余党］。よるい［余類］。中古 ざんたう［残党］。

さんにゅう【参入】 一枚噛む。一口乗る。近代 かにふ［加入］。さんくゎく［参画］。さんにふ［参入］。近世 なかまいり［仲間入］。中世 さんか［参加］。

さんにゅう【算入】 近代 かさん［加算］。けいじゃう［計上］。さんしゅつ［算出］。近世 さんてい［算定］。さんにふ［算入］。中世 けいさん［計算］。

さんにん【三人】 ↓さん【三】

ざんにん【残忍】 近代 ほうしちゃうだ［封豕長蛇］。近世 ざんにん［残忍］。むじひ［無慈悲］。中世 いぶり。ざんこく［残酷／惨酷］。しんこく［深刻］。むごし［酷／惨］。中古 ごくあく［極悪］。ざんぎゃく［残虐／惨虐］。上代 きょうあく［凶悪／兇悪］。
—で強い 近代 けうゆう［梟勇］。近世 きょうゆう［凶勇／兇勇］。けうゆう［梟雄］。
—で貪欲な人のたとえ 中世 らうこ［狼虎］。中古 こらう［虎狼］。
—・な人が慈悲深そうに振る舞う 近代 鬼の

空念仏。近世鬼に衣。狼に衣。

—・な人も時には慈悲深くなる 近世鬼の目にも涙。鬼も頼めば人食はず。

—・に悪事を平気でやる性質 中古じうしん[獣心]。上代きょうあく[凶悪／兇悪]。

さんねん【三年】→さん【三】

ざんねん【残念】 近代つうこん[痛恨]。近世あたらし[惜]。こころのこり[心残]。むやくし[無益]。ゐねん[遺念]。中世うたてし。かなし[悲／哀]。ざんねん[残念]。しんぐゎい[心外]。ねんなし[念無]。ぶねん／むねん[無念]。ゐかん[遺憾]。中古くちをし[口惜]。ねたし／ねたげ[妬]。のこりおほし[残多]。ほいなし[本意無]。ゐこん[遺恨]。上代うらめし[恨]。うれたし[憂]。くやし[悔／口惜]。をし／をしけし[惜／愛]。

—・な気持ちを抑える 近代のむ[呑]。近世涙を呑む。

—がったり怒ったりするときのしぐさ 近代せっしやくわん[切歯扼腕]。唇を嚙かむ。近世はぎり[歯切]。中世したうち[舌打]。せっし[切歯]。はぎしみ／はぎしり[歯軋]。中古はがみ[歯嚙]。歯を嚙む。《尊》中古おぼしのこす[思残]。

—・なこと 近代こんじ[恨事]。近世ざんくゎい[残懐]。中古うらみごと[恨事]。

—・なことには 近代いかんせん。遺憾ながら。中古怨(憾)むらくは。

—・に思う 中古ねたがる[妬]。上代うらむ[恨／怨]。をしむ[惜]。

ふがいなく— 近世なさけなし[情無]。

有効に生かされず— 近世せっかく[折角]。中世もったいなし[勿体無]。

さんば【産婆】 じょさんし[助産師]。近代ことりおや[子取親]。じょさんぷ[助産婦]。近世くまでばば[熊手婆]。ことり[子捕／子取]。さんば[産婆]。とりあげ[取上]。とりあげうば[取上姥／取上乳母]。とりあげばば[取上婆]。をんば[穏婆]。中世とりあげおや[取上親]。

さんぱい【参拝】 中古きぐゎん[祈願]。さんけい[参詣]。はいらい／はいれい[拝礼]。まゐる[参]。さんぱい[参拝]。ものまうで[物詣]。ものまゐり[物参]。上代をがむ[拝]。

—・する 中古まうづ[詣]。まゐる[参]。

伊勢神宮へ—・すること 近世おいせまゐり[御伊勢参]。おかげまゐり[御蔭参]。さんぐ[参宮]。中古さんぐう[参宮]。

各地の寺社を—・して回ること 近世じゅんぱい[巡拝]。中古じゅんれい[巡礼／順礼]。

祈願成就のお礼に—・する 近世おれいまゐり[御礼参]。中古ほうさい[報賽／報祭]。

神社に—・すること みやまいり[宮参]。中世かみまうで[神詣]。さんしゃ[参社]。しゃさん[社参]。しんぱい[神拝]。わうけい[往詣]。

早朝恵比須に—・すること 近世あさゑびす[朝恵比須]。

早朝観音に—・すること 近世あさくゎんおん[朝観音]。

さんばし【桟橋】❶〈懸橋〉 近代さんけう[桟橋]。さんばし[桟橋]。中世さんだう[桟道]。中古かけぢ[懸路]。かけみち[懸道]。岩の懸道。上代かけはし[懸橋／梯]。

さんばし【桟橋】❷〈埠頭〉 りくあげさんばし[陸揚桟橋]。近代ふなつきば[船着場]。近世さんばし[桟橋]。はとば[波止場]。ふとう[埠頭]。→ふとう【埠頭】

—の階段 近世がんぎ[雁木]。

浮箱うきばこをつないだ— うきさんばし[浮桟橋]。ポンツーン(pontoon)。

さんぱつ【散髪】 りよう[理容]。近代せいはつ[整髪]。てうはつ[調髪]。中世さんぱつ[散髪]。中古りはつ[理髪]。

—をする店 →とこや

さんび【賛美】 近代さんじ[賛辞／讃辞]。しゃうさん[賞賛／賞讃]。近世さんび[賛美]。中世しょうさん[称賛／称讃]。上代かんたん[感嘆／感歎]。さんたん[賛嘆／讃歎／讃嘆]。

—の歌 さんか[賛歌]。近代さんびか[賛美歌]。せいか[聖歌]。ヒム(hymn)。

絶大な— 近代ぜっさん[絶賛／絶讃]。

さんび【酸鼻】 近世むごたらし[惨／酷]。中世いたまし[痛]。ひさん[悲惨]。中古さんび[酸鼻]。むざん[無慙／無惨／無残]。

さんぴ【賛否】 近代さんぴ[賛否]。だくひ[諾否]。中古かひ[可否]。上代ぜひ[是非]。

—同数のときの決裁権 近代キャスティングボート(casting vote)。

さんぷ【散布】 かくさん[拡散]。近代さっぷ[撒布]。ばらまく[散蒔]。中世うちまく[打撒]。さんぷ[散布／撒布]。中古まきちらす[撒散]。まく[撒]。

さんぷ【産婦】 にんさんぷ[妊産婦]。マタニティー(maternity)。近代さんぼ[産母]。じょくふ[褥婦]。近世にんぷ[妊婦]。中古

うぶめ[産女／産婦]。さんぷ[産婦]。

さんぶつ【産物】 近代 せいさんぶつ[生産物]。中世 ぶっさん[物産]。近世 さんぶつ[産物]。中古 とさん／どさん[土産]。上代 さち[幸]。

―が出ること 中世 さんしゅつ[産出]。しゅっさん[出産]。

―の豊かなたとえ 近代 山を鋳、海を煮る。

海の― 近代 かいさんぶつ[海産物]。上代 うみ(の)さち[海幸]。

外国からの― がいこくさん[外国産]。近代 ぐゎいこくひん[外国品]。はくらいもの[舶来物]。

その土地の― 近代 とくさん[特産]。近世 所の物。中古 とさん／どさん[土産]。

その土地の有名な― 中世 めいさん[名産]。めいぶつ[名物]。

サンプル(sample) しきょうひん[試供品]。しようひん[試用品]。たいけんばん[体験版]。近代 サンプル。近世 へうほん[標本]。中世 みほん[見本]。

さんぽ【散歩】 近代 プロムナード(フランス promenade)。まんぽ[漫歩]。近世 いうほ[遊歩]。中世 かんぽ[閑歩／間歩]。さんさく[散策]。さんぽ[散歩]。たふせい[踏青]。ゆぎゃう[遊行]。中古 すずろあるき／そぞろあるき[漫歩]。上代 せうえう[逍遥]。↓**さんさく**

―・しながらの花見 中世 はなせうえう[花逍遥]。

―のための道 さんさくろ[散策路]。モール(mall)。近代 いうほだう[遊歩道]。さんぽみち[散歩道]。プロムナード(promenade)。

詩歌を創ったり吟じたりして―・する 近世 いうぎん[遊吟]。ぎんぽ[吟歩]。中世 ぎんかう[吟行]。

森林内の― しんりんよく[森林浴]。

杖(つえ)を手にしての― 近世 杖を曳く。

▼山歩き おねあるき[尾根歩]。さわのぼり[沢登]。トレッキング(trekking)。近世 やまいき[山行]。中古 やまぶみ[山踏]。↓**さんや**

さんぼう【参謀】 近代 さくし[策士]。さんぼう[参謀]。ばくれう[幕僚]。近世 ぐんし[軍師]。

ざんまい【三昧】 近代 けいちゅう[傾注]。しふちゅう[集中]。ねっちゅう[熱中]。中世 ざんまい[三昧]。

さんまん【散漫】 中世 さんまん[散満]。中古 さんまん[散漫]。上代 ぶんさん[分散]。

注意が― 近代 気が散る。心ここにあらず。近世 気も漫(そぞ)ろ。

さんみゃく【山脈】 近代 ぐんぽう[群峰]。さんけい[山系]。近世 さんみゃく[山脈]。中古 ぐんざん[群山]。れんざん[連山]。れんぽう[連峰]。上代 やまなみ[山並／山脈]。むらやま[群山]。

長く連なり分水嶺(ぶんすいれい)となる― 近代 せきりゃうさんみゃく[脊梁山脈]。

さんや【山野】 中古 さんや[山野]。上代 のやま[野山]。

―に野宿する者 近世 のぶせり[野伏／野臥]。中世 のぶし[野伏／野臥]。

―の枯れ草を焼くこと 近代 ひいれ[火入]。中古 のやき[野焼]。

―や水辺に遊ぶこと 近代 かうらく[行楽]。ゆさんぐゎんすい[遊山翫水]。近世 やまあそび[山遊]。中世 ゆさん[遊山]。

―を歩き回ること おねあるき[尾根歩]。さわのぼり[沢登]。トレッキング(trekking)。ワンデルング(ドイツ Wanderung)。近代 やまあるき[山歩]。やまゆき[山行]。ワンゲル／ワンダーフォーゲル(ドイツ Wandervogel)。近世 やまいき[山行]。中世 のがけ[野掛／野駆]。中古 やまぶみ[山踏]。

さんよ【参与】 近代 こもん[顧問]。さんかく[参画]。近世 さんよ[参与]。

ざんよ【残余】 近代 ざんよ[残余]。中世 いうよ[有余]。中古 なごり[名残／余波]。よぶん[余分]。上代 あまり[余]。のこり[残]。

さんらん【散乱】 近代 ちらける[散]。てんざい[点在]。てんさん[点散]。近世 ちらかる[散]。めいり[迷離]。中世 らうぜき[狼藉]。中古 さんざい[散在]。さんらん[散乱]。

―・する 近世 ちらばる[散]。中古 うちちる[打散]。算を散らす。算を乱す。上代 ちる[散]。

―・するさま 近代 てんでんばらばら。近世 ちりぢりばらばら。ばらばら。わかれわかれ。中古 ちりぢり。

緒が抜けて玉が―・する 中古 ぬきみだる[貫乱]。

酒宴の後の― 中世 はいばんらうぜき[杯盤狼藉]。

ざんりゅう【残留】 近代 ざんぞん[残存]。近世 ざんりう[残留]。中世 たいりう[滞留]。

さんりょう【山稜】 リッジ(ridge)。山の背。近代 せきりゃう[脊梁]。りょうせん[稜線]。近世 をね[尾根]。

さんりん【山林】 中古 さんりん[山林]。
―の木を伐採すること 上代 きこる[樵]。
―の木をむやみに切り倒すこと らんかいはつ[乱開発]。近代 らんばつ[乱伐/濫伐]。
入会(いりあい)を許した― 近世 うけやま[請山]。
さんれつ【参列】 近代 れっせき[列席]。近世 しゅっせき[出席]。中世 さんか[参加]。さんれつ[参列]。中古 さんくゎい[参会]。
さんろう【参籠】 中古 こもりゐる[籠居]。こもる[籠]。さんろう[参籠]。
さんろく【山麓】 近代 やますそ[山裾]。近世 ねかた[根方]。中古 さんきゃく[山脚]。さんろく[山麓]。上代 ふもと[麓]。
大きな― 中古 たいろく[大麓]。

し

し【四】 スー[(中国語)四]。フォー/フォア(four)。よん[四]。近世 よっつ[四]。上代 し[四/肆]。よ[四]。よつ[四]。

し【死】 →**し・ぬ**
し【師】 しどうしゃ[指導者]。近代 おんし[恩師]。ティーチャー(teacher)。近世 けうし[教師]。せんせい[先生]。中世 しし[師資]。せんじゃう[先生]。せんだち/せんだつ[先達]。中古 ししゃう[師匠]。上代 し[師/僧]。しはん[師範]。そうしゃう[宗匠]。→**きょうし**
《尊》近世 うし[大人]。おしさん[御師]。おっしょさん[御師匠様]。たいじん[大人]。

―と弟子 してい[師弟]。中世 しし[師資]。

し【詩】 バース(verse)。ポエジー(poesy; フランス poésie)。近代 ポエトリー(poetry)。ポエム(poem; フランス poème)。ゐんぶん[韻文]。近世 ふうが[風雅]。中世 しいか[詩歌]。中古 ふうげつ/ふげつ[風月]。上代 うた[歌/詩]。し[詩]。ふ[賦]。

《尊》近代 かうえい[高詠]。ぎょくぎん[玉吟]。近世 ぎょくじふ[玉什]。ぎょくひつ[玉筆]。きんなう[錦嚢]。近世 ぎょくえい[玉詠]。はうえい[芳詠/芳咏]。はうぎん[芳吟]。中世 そんえい[尊詠]。上代 はうゐん[芳韻]。

《謙》近代 ぐかう[愚稿]。せつえい[拙詠]。近世 せつぎん[拙吟]。はてう[巴調]。中世 ぐえい[愚詠]。

―が田舎風であること 上代 ひなぶり[夷曲/夷振/鄙振]。

―が自然にできるさま 近世 意至りて筆随ふ。

―が絶妙なこと 近世 てんらい[天籟]。

―でおかしみや風刺をもたせた作品 近代 きゃうたい[狂体]。

―と酒 上代 ししゅ[詩酒]。

―と酒と琴 中世 さんあい[三愛]。中古 さんいう[三友]。

―と風流に心を寄せること 近代 ふうりうゐんじ[風流韻事]。近世 ふうきゃう[風狂]。中世 せうふうろうげつ[嘯風弄月]。

―と文 中世 しぶん[詩文]。

―に詠み込む材料 近世 しざい[詩材]。しれう[詩料]。

―の最後の句 上代 けっく[結句]。

―の最初の句 中世 きく[起句]。中古 しょく[初句]。

―の才能 近代 しさい[詩才]。

―の作風 近世 しかく[詩格]。しふう[詩風]。

―の草稿 近代 ぎんなう[吟嚢]。しなう[詩嚢]。近世 しかう[詩稿]。中古 しさう[詩草]。

―の草稿を入れる袋 近代 きんなう[錦嚢]。

―のような趣 近世 ししゅ[詩趣]。中古 しじゃう[詩情]。

―や文章 近代 かんさう[翰藻]。しさう[詞藻]。中世 ふうが[風雅]。

―を集めたもの 近代 ししょ[詩書]。中世 ししふ[詩集]。言葉の園(その)。中古 しへん[詩編/詩篇]。→**ししゅう**
―を吟じ披露する(役目の人) 中古 ひかう[披講]。

―を吟ずること 中古 えいぎん[詠吟]。えいず[詠]。ぎんえい[吟詠]。こうがう[口号]。らうえい[朗詠]。らうぎん[朗吟]。

―を苦労して作る 中世 くぎん[苦吟]。

―を作る 近代 えいしゅつ[詠出]。さくし[作詩]。近世 さくか[作歌]。中世 えいず[詠]。ぎんず[吟]。つらぬ[つらねる][列/連]。ふうげつ[風月]。中古 うちよむ[打詠]。うめく[呻]。えい[詠/咏]。ぎんえい[吟詠]。ながむ[ながめる][詠]。ふうさう[風騒]。

―を作る心 近代 しこん[詩魂]。中古 しごころ/ししん[詩心]。しし[詩思]。しじゃう[詩情]。上代 しきょう[詩興]。→**しじょう**
―を作ること 近代 さくし[作詩]。中古 しさく[詩作]。

―を作る集団 近世 ぎんしゃ[吟社]。中世 しだん[詩壇]。

―を作るための散策 中世ぎんかう[吟行]。

―を作る人 近世はいかいし[俳諧師]。はいし[俳士/俳師]。はいじん[俳人]。ぶんじん[文人]。ゐんし[韻士]。中世かじん[歌人]。さうじん[騒人]。よみて[詠手]。中古うたよみ[歌詠]。しかく[詩客]。よみびと[詠人]。上代うたびと[歌人]。しじん[詩人]。

―を詠んだり吟じたりする 近代ふうえい[諷詠]。

祝いの― 近代じゅし[寿詞]。中古よごと[寿詞/吉言]。

思いを詠んだ― 中古えいくゎい[詠懐]。

悲しい― 近代エレジー(elegy)。近世あいし[哀詩]。中世あいか[哀歌]。ひか[悲歌]。

興に乗ってその場で作られる― 近代そくきょうし[即興詩]。まんぎん[漫吟]。

口だけで記録しない― 中古くし[口詩]。

恋の― ラブソング(love song)。近世こひか[恋歌]。じゃうし[情詩]。中古こひうた[恋歌]。上代さうもんか[相聞歌]。

故人の残した未発表の― 近代ゐえい[遺詠]。

最近作った― 近代きんじふ[近什]。近世きんえい[近詠]。

散策しつつ―を詠み吟ずる 近世いうぎん[遊吟]。ぎんかう[吟行]。

優れた― 近代めいぎん[名吟]。近世かんぎん[感吟]。中世ぜっしゃう[絶唱]。めうし[妙詩]。中古しくゎ[詞華/詞花]。上代しうく[秀句]。

その場で―を作る 近世そくえい[即詠]。そくぎん[即吟]。

互いに―を作る 中古いひかはす[言交]。

たまたまできた― ぐうえい[偶詠]。ぐうぎん[偶吟]。近代ぐうせい[偶成]。中世ぐうさく[偶作]。

天皇の― 中世ぎょえい[御詠]。中古ごせい[御製]。上代おほみうた[大御製]。ぎょせい[御製]。ぎょせいか[御製歌]。

人の死を悼む― エレジー(elegy)。近世ばんか[挽歌/輓歌]。中世ばんし[挽詩/輓詩]。

短い― たんし[短詩]。上代たんしゃう[短章]。

昔の― 中古ふること[古言]。上代こか[古歌]。

その他―のいろいろ(例)①[形式] ていけいし[定型詩]。ふていけいし[不定型詩]。マドリガル/マドリガーレ(イタリア madrigale)。ロンドー(rondeau)。近代かんし[漢詩]。さんぶんし[散文詩]。じいうし[自由詩]。しんたいし[新体詩]。ソネット(sonnet)。はいく[俳句]。バラード(フランス ballade)。バラッド(ballad)。無韻の詩。中世はいかいれんが[俳諧連歌]。中古からうた[唐歌/漢詩]。つらねうた[連歌]。はいかい[俳諧/誹諧]。はいかいうた/はいかいか[俳諧歌]。やまとうた[大和歌/倭歌]。れんが[連歌]。わか[和歌/倭歌]。上代たんか[短歌]。

その他―のいろいろ(例)②[内容等] えいゆうじょじし[英雄叙事詩]。近代エピグラム(epigram)。エピック(epic)。けいぶつし[景物詩]。しし[史詩]。じょじし[叙事詩]。じょじゃうし[抒情詩/叙情詩]。そくきょうし[即興詩]。でんゑんし[田園詩]。ふうぶつし[風物詩]。リリック(lyric)。近世どうえう[童謡]。わらべうた[童歌]。中世しょうし[頌詩]。

じ【地】→じめん →ち【地】→ぢ【地】

じ【字】→もじ

しあい【試合】 たたかい[戦]。近代きゃうぎ[競技]。ゲーム(game)。コンペ/コンペティション(competition)。ファイト(fight)。プレー(play)。マッチ(match)。中世うでくらべ[腕比/腕競]。しあひ[試合]。しょうぶ[勝負]。たちあひ[立合]。てあはせ[手合]。

―終了 ゲームオーバー(和製 the game is over)。近代ゲームセット(和製 game set)。

―で遠くまで出掛ける えんせい[遠征]。

―に出る しゅつじん[出陣]。

―の組み合わせ カード(card)。

―の成績 近代せんせき[戦績]。

―方式の例 そうあたり[総当]。近代トーナメント(tournament)。リーグせん[league戦]。

一方的な― ワンサイドゲーム(one sided game)。

選手権― タイトルマッチ(title match)。

同点の時などの再― さいしあい[再試合]。プレーオフ(play off)。近代えんちゃうせん[延長戦]。

▼接戦 追いつ追われつの大接戦。近代クロスゲーム(close game)。シーソーゲーム(seesaw game)。白熱した試合。

じあい【慈愛】 近代じゃうあい[情愛]。中世あいじゃう[愛情]。いつくしみ[慈]。中古おんあい/おんない[恩愛]。じあい[慈愛]。じひ[慈悲]。はくあい[博愛]。上代じんあい[仁愛]。

—に満ちた様子 中世おんがん[恩顔]。じがん[慈眼]。中古おんよう[恩容]。

しあがり【仕上】 →**しあげ**

しあが・る【仕上】 近代しあがる[仕上/為上]。近世できあがる[出来上]。中世あがる[上/挙]。

しあげ【仕上】 近代くゎんせい[完成]。くゎんれう[完了]。しあがり[仕上/為上]。できぐあひ[出来具合]。近世しあげ[仕上]。できばえ[出来栄/出来映]。中世じゃうじう/じゃうじゅ[成就]。じゅがん[入眼]。

最後の— 近代ぐゎりゅうてんせい/ぐゎりょうてんせい[画竜点睛]。

しあ・げる【仕上】 近代やりとげる[遣遂]。近世しとぐ[—とげる][仕遂]。つくりあぐ[—あげる][作上]。なしとぐ[—とげる][成遂]。物にす。中世しあぐ[—あげる][仕上/為上]。中古おほす[おおせる][果]。じゃうず[成]。しをふ[—おえる][終]。上代なす[成/為]。

大急ぎで—・げる 近世いっきかせい[一気呵成]。

完全に—・げる 近代せいぜん[成全]。

計画などを—・げる ねりあげる[練上/錬上]。

研いで—・げる 近世とぎあぐ[—あげる][研上]。

木材を手斧(ちょうな)で—・げる 近代てうなはつり[手斧斫]。てうなめけづり[手斧目削]。なぐり[殴/擲]。

しあわせ【幸】 →**こうふく【幸福】**

しあん【思案】 近代かうりょ[考慮]。しかう[思考]。近世あん[案]。あんじ[案]。おもひいれ[思入]。かうさつ[考察]。かんかう[勘考]。かんがへ[考]。しょくゎい[所懐]。しょし[所思]。しょぞん[所存]。しゐ[思惟]。ふまへ[踏]。ものあんじ[物案]。中世おもふはかり[思]。おもんぱかり[慮]。きも[肝]。くふう[工夫]。しあん[思案]。中古おもはく[思]。しりょ[思慮]。たばかり[謀]。ふんべち/ふんべつ[分別]。→**かんがえ**

—・する 近世なやむ[悩]。ひねる[捻/拈/撚]。ふまふ[踏]。胸に手を置く。中世首(頸)を捻る。中古おもひくだく[思砕]。おもひこうず[思困]。おもひまはす[思回]。おもひめぐらす[思巡]。たばかる[謀]。めぐらす[廻/巡/回]。

—にくれる 近世なげくび[投首]。思案に尽きる。中世おぼしわづらふ[思煩]。しあぐむ。しわぶ[為侘]。思案に余る。途方に暮れる。中古おもひあまる[思余]。おもひたゆたふ[思]。おもひまどふ[思惑]。おもひまよふ[思迷]。おもひめぐらす[思回]。くらべぐるし[比苦]。まよふ[迷]。後枕(あとまくら)も知らず(覚えず)。ものも覚えず。

—のしどころ 近世ふんべつどころ[分別所]。

あれこれと—・する 中古おぼしまはす[思回]。

首をかしげて—・する 中古かたぶく[傾]。

ひとしきり—・する 近世ひとしあん[一思案]。ひとふんべつ[一分別]。

目先にとらわれた浅はかな— のどもとじあん[喉元思案]。中世せんりょ[浅慮]。

しあん【私案】 しこう[私考]。近代しあん[私案]。我が意。近世しけん[私見]。中世しい[私意]。ししん[私心]。上代しけい[私計]。

《謙》近代ぐかう[愚考]。せうかう[少考]。近世ひけん[卑見]。ろうけん[陋見]。中世ぐけん[愚見]。ぐせつ[愚説]。ぐぞん[愚存]。へきあん[僻案]。中古ぐあん[愚案]。ぐい[愚意]。ぐりょ[愚慮]。くゎんけん[管見]。

しい【私意】 →**しあん**(前項)

しい【思惟】 近代しゐ[思惟]。ちんさう[沈想]。近世かうさつ[考察]。しかう[思考]。しべん[思弁]。中世しあん[思案]。しさく[思索]。中古ちんし[沈思]。→**かんがえ**

しい【恣意】 近代おもひどほり[思通]。じんい[任意]。近世きまま[気儘]。しい[恣意]。中世かって[勝手]。ずいい[随意]。中古にんい[任意]。

しい【椎】 しいがし[椎樫]。たまのき[玉木]。上代しひ[椎]。

じい【示威】 近代デモ/デモンストレーション(demonstration)。中世こじ[誇示]。じゐ[示威]。

—・する デモる。

じい【自慰】 オナニー(ドイツ Onanie)。近代じとく[自瀆]。しゅいん[手淫]。じゐ[自慰]。マス/マスターベーション(masturbation)。近世せんずり[千摺]。

シーエム(和製 CM; commercial message) こうほう[広報]。ピーアール(PR; public relations)。近代アドバタイジング(advertising)。くゎうこく[広告]。コマーシャル(commercial)。近世うりこみ[売込]。上代せんでん[宣伝]。→**こうこく【広告】**

しいか【詩歌】 →**し【詩】**

しいく【飼育】 ちくさん[畜産]。ひいく[肥育]。近代 いうぼく[遊牧]。しいく[飼育]。ぼくちく[牧畜]。やうぎょ[養魚]。やうけい[養鶏]。やうしょく[養殖]。やうとん[養豚]。やうほう[養蜂]。近世 しちく[飼畜]。中世 ちくやう[畜養]。はなしがひ[放飼]。ぼくやう[牧羊]。中古 のがひ[野飼]。はうぼく[放牧]。はなちがひ[放飼]。やしなふ[養]。上代 かふ[飼]。しやう[飼養]。やうさん[養蚕]。

人工的に日照時間を変えるー てんとうしいく[点灯飼育]。

水生動物のー槽 近代 アクアリウム(aquarium)。

じいさん【爺】 近世 おぢいさん[御爺]。ぢい／ぢいさん／ぢぢい[爺]。らうや[老爺]。をう[翁]。中古 らうふ[老夫]。上代 おきな[翁]。らうをう[老翁]。をぢ[爺]。**→そふ →ろうじん**

ーばあさん 近世 をうあう[翁媼]。

じいしき【自意識】 近代 じいしき[自意識]。じが[自我]。じこいしき[自己意識]。

シーズン(season) 近代 シーズン。中古 きせつ[季節]。しき[四季]。上代 き[季]。じせつ[時節]。

ー外 オフシーズン(off season)。きせつはずれ[季節外]。じきはずれ[時季外]。近代 シーズンオフ(和製season off)。じせつはづれ[時節外]。

しいた・げる【虐】 かぎゃく[加虐]。近代 かぎゃく[苛虐]。ぎゃくたい[虐待]。しひたぐ[ーたげる][虐]。はくがい[迫害]。りょうぎゃく[凌虐／陵虐]。近世 いためつく[ーつける][痛付]。いぢめる[苛]。中世 せたぐ[せたげる][虐]。とどく[荼毒]。中古 さいなむ[苛／嘖]。しへたぐ[ーたげる][虐]。

ー・げられる 近代 ひぎゃく[被虐]。

しいて【強】 ごりおし[押]。近代 がういん[強引]。むりから[無理]。むりむり[無理無理]。近世 ぜひに[是非]。むりおし[無理押]。むりやりさんぼう[無理遣三宝]。中世 たって[達／強]。まげて[枉]。むりやり[無理矢理]。中古 おして[押]。しひて[強]。せめて[切]。むげに[無下]。われて[破]。上代 あながちに[強]。あへて[敢]。おして[押]。なまじひ[憖]。

しい・る【強】 近代 きゃうえう[強要／彊要]。きゃうせい[強制]。近世 むりじひ[無理強]。中世 おしつく[ーつける][押付]。中古 おしたつ[ーたてる][押立]。上代 かる[駆／駈]。しふ[しいる][強]。

人にー・られてすること 中古 ひとやり[人遣]。

しいれ【仕入】 近世 かひいれ[買入]。中世 かひつけ[買付]。しいれ[仕入]。しこみ[仕込]。

ーの値段 かいいれげんか[買入原価]。しいれねだん[仕入値段]。近代 げんか[原価／元価]。近世 もとね[元値]。中世 かひね[買値]。

しいん【子音】 近代 しいん[子音]。ふいん[父音]。コンソナント(consonant; ﾄﾞｲ Konsonant)。

シーン(scene) 近代 シーン。近世 くゎうけい[光景]。じっけい[実景]。じゃうけい[情景]。ばめん[場面]。ば[場]。中世 けい[景]。

じいん【寺院】 近代 ぶっか[仏家]。近世 じもん[寺門]。じゃうせつ[浄刹]。じゃうゐん[浄院]。そうしゃ[僧舎]。そうりん[叢林]。ぶつう[仏宇]。ぶつぢ[仏地]。ほふう[法宇]。中世 あらんにゃ[阿蘭若]。じくゎん[寺観]。せうだい[招提]。ぜんさつ[禅刹]。そうか／そうけ[僧家]。そうりん[叢林／藪林]。ぶっけ[仏家]。ぼんぜい[梵砌]。れんにゃ[練若]。中古 そうゐん[僧院]。だんりん[檀林／談林]。てら[寺]。ぶっかく[仏閣]。ぶつじ[仏寺]。ほふぢゃう[法場]。上代 がらん[伽藍]。じけ[寺家]。じゐん[寺院]。だうぢゃう[道場]。

ーで参詣者が泊まる所 中古 しゅくばう[宿坊／宿房]。

ーで僧が止宿し修行する所 近世 がくれう[学寮]。中世 がくりん[学林]。

ーで本尊を安置する建物 近代 ちゅうだう[中堂]。みだだう[彌陀堂]。中世 みえいだう[御影堂]。中古 あみだだう[阿彌陀堂]。こんだう[金堂]。ほんだう[本堂]。上代 ぶつだう[仏堂]。ぶつでん[仏殿]。

ーに付属した僧の宿舎 上代 そうばう[僧坊／僧房]。

ーの隠し妻 近世 ないぶつ[内仏]。

ーの住職 中世 はうぢゃう[方丈]。中古 じゃうはう[上方]。

ー本殿の奥で秘仏などを安置する建物 中古 おくのゐん[奥院]。

ーを建てた初代の長 中世 かいさん[開山]。かいそ[開祖]。中古 そし[祖師]。

大きなー 近世 きょさつ[巨刹]。中世 だいがらん[大伽藍]。たいさつ／たいせつ[大刹]。

山上のー 上代 じゃうはう[上方]。

竹林の中にあるー 近代 ちくゐん[竹院]。

し

▼助数詞 近代 だう[堂]。中古 う[宇]。じ[寺]。

じう【慈雨】→あめ

しうち【仕打】 近世 あつかひ[扱]。しうち[仕打]。しかた[仕方]。とりあつかひ[取扱]。中古 おもむけ[赴/趣]。しわざ[仕業/為業]。

ーに対する恨み 近世 いし[意趣]。中古 いしゅ[意趣]。

じうん【時運】 近代 うんせい[運勢]。なりゆき[成行]。近世 めぐりあはせ[巡合]。中世 じうん[時運]。時の運。中古 うんめい[運命]。じせい[時勢]。

ーに恵まれないこと 中古 としぎり/としぎれ[年切]。

じえい【自営】 近代 じえい[自営]。じかえいげふ[自家営業]。ちゅうさんかいきふ[中産階級]。近世 いっぽんだち[一本立]。かげふ[家業]。

じえい【自衛】 じこぼうえい[自己防衛]。近代 じゑい[自衛]。ほしん[保身]。近世 じけい[自警]。中古 ごしん[護身]。

しえき【使役】 近代 えきよう[役用]。中世 えきす[役]。しえき[使役]。中古 えきし[役使]。上代 くえき[駆役]。くし[駆使]。

ーの助動詞 中古 さす[させる]。しむ[しめる]。上代 す[せる]。

ジェスチャー(gesture) 近代 アクション(action)。ジェスチャー/ジェスチュア/ゼスチャー。しぐさ[仕草/仕種]。身のこなし。近世 てまね[手真似]。まね[真似]。みぶり[身振]。中世 てやう[手様]。ふり[振]。中古 てぶり[手振]。

ジェネレーション(generation) 近代 エージ(age)。ジェネレーション/ゼネレーション。せだい[世代]。ねんだい[年代]。

ジェラシー(jealousy) やっかみ。近代 ジェラシー。近世 やきもち[焼餅]。やく[焼/妬]。中世 ねたみ[妬]。りんき[悋気]。中古 しっと[嫉妬]。上代 うらやむ[羨]。そねみ[嫉]。

《句》近代 焼き餅焼くとて手を焼くな。

しえん【支援】 近代 あとおし[後押]。こうゑん[後援]。ささへる[支]。サポート(support)。しぢ[支持]。じょりょく[助力]。しゑん[支援]。シンパ/シンパサイザー(sympathizer)。ヘルプ(help)。近世 かせい[加勢]。じょせい[助勢]。じょりき[助力]。しりおし[尻押]。中世 うしろだて[後盾]。かふばり[甲張]。こうばり[勾張]。肩を貸す。中古 ゑんじょ[援助]。

しお【塩】 えんぶん[塩分]。近代 しょくえん[食塩]。中世 しろもの[白物](女房詞)。なみのはな[波花/波華](女房詞)。上代 からしほ[辛塩]。しほ[塩]。

ー漬けして干した魚 えんかんぎょ[塩乾魚]。

ー漬けで保存すること 近世 えんざう[塩蔵/醃蔵]。中古 しほびき[塩引]。

ー漬けの魚(肉) かいしょうひん[醢醤品]。かんぎょ[鹹魚]。近世 えんぎょ/しほざかな[塩魚]。しほもの[塩物]。中世 しほいを/しほうを[塩魚]。中古 うをびしほ[魚醤]。ししびしほ[肉醢]。はうぎょ[鮑魚]。ひしほ[醢]。

ーの分量 しおあんばい[塩塩梅]。近世 えんみ[塩味]。しほかげん[塩加減]。しほめ[塩目]。

ー水 えんすい[塩水]。近世 かんすい[鹹水]。しょくえんすい[食塩水]。上代 からしほ[辛塩/鹹塩]。しほみづ[塩水]。

ーを作るときの煙 中古 しほけむり[塩煙]。

青い梅のー漬け あおうめづけ[青梅漬]。

魚などに軽くーを振ること あてしお[当塩]。近世 ひとしほ[一塩]。

魚の切り身などに軽く振るー 近世 くちじほ[口塩]。

葬式などの後の清めのー しおばらい[塩払]。

料理で使うー水 近代 たてしほ[立塩]。

その他ーのいろいろ(例)①[種類等] あらしお[粗塩]。つぼやきしお[壺焼塩]。てんじつえん/てんぴじお[天日塩]。ましお[真塩]。近代 いはしほ/がんえん[岩塩]。近世 かいえん[海塩]。さしじほ[差塩]。さんえん/やまじほ[山塩]。中世 いりしほ[煎塩]。中古 あはしほ[淡塩]。上代 かたしほ[堅塩/固塩]。きたし[堅塩]。もしほ[藻塩]。

その他ーのいろいろ(例)②[目的等] 近代 けしゃうじほ[化粧塩]。近世 しほばな[塩花]。てしほ[手塩]。はなじほ[花塩]。もりしほ[盛塩]。もりばな[盛花]。中古 いためしほ[炒塩]。

しお【潮】 近代 かいりう[海流]。中世 てうすい[潮水]。ましほ[真潮]。上代 うしほ[潮/汐]。うなづ[海水]。かいすい[海水]。しほ[潮]。しほみづ[潮水]。

ーが引いた後に残る海水 上代 なごり[余波]。

ーが引いた後の海水の残る岩礁の窪み しおだまり[潮溜]。タイドプール(tide pool)。上代 潮干の名残。

ーが引いて現れる浅瀬 中世 しほひがた［潮干潟］。ひがた［干潟］。上代 しほひ［潮干］。

ーが引いている間 中古 しほがい／しほま［潮間］。

ーが引いて下がりきった状態 近代 かんてう［干潮］。

ーが引いて底が現れる 近世 そこる［底］。中世 ひあがる［干上／乾上］。上代 ふ［ひる］［干／乾］。

ーが引くこと 近代 かんてう［干潮］。さげしほ［下潮］。たいてう［退潮］。中世 おちしほ／おちじほ［落潮］。かれしほ［涸潮］。ひきしほ［引潮］。中古 らくてう［落潮］。上代 しほひ［潮干］。

ーが満ちて上がりきった状態 近代 かうてう［高潮］。中古 まんてう［満潮］。

ーが満ちること 近世 あげしほ［上潮］。さししほ［差潮］。中世 いでしほ［出潮］。さす［差］。みちしほ［満潮］。

ーが満ちることと干ること あげさげ［上下］。かんまん［干満］。さしひき［差引］。まんかん［満干］。みちひ［満干］。

ーの集まる所 上代 潮の八百会（やほあひ）。

ーの荒い流れ 上代 あらしほ［荒潮］。

ーの干満の通り道 上代 しほぢ［潮路／汐路］。

ーの干満の時 中古 しほどき［潮時］。

ーの流れ 近代 てうりう［潮流］。上代 しほせ［潮瀬］。

ーの様子を見ること かんちょう［観潮］。しおみ［潮見］。

ーを引かせる呪力がある珠 中世 かんじゅ［干珠］。しほひるたま［潮涸瓊／潮干珠］。上代 しほひるに［潮涸瓊］。しほふるたま［潮涸瓊／潮干珠］。

ーを満ちさせる呪力がある珠 中世 まんじゅ［満珠］。上代 しほみつたま［潮満珠］。しほみつに［潮満瓊］。

朝満ちるー 上代 あさしほ［朝潮］。

入り江などに満ちてくるー 中世 いりしほ［入潮］。

航海に適したーの流れを待つこと 近世 しほがけ［潮懸］。しほまち［潮待］。中世 しほがかり［潮掛／汐懸］。

月の出と共に満ちるー 近世 さししほ［差潮］。中古 でしほ［出潮］。月の出潮。

激しく寄せるー 近世 どてう［怒潮］。上代 あらしほ［荒潮］。

船とは逆に流れるー むかいしお［向潮］。近代 ぎゃくてう［逆潮］。

夕方に満ちる（引く）ー 上代 ゆふしほ［夕潮／夕汐］。

しおお・せる【為果】 のける［退／除］。近世 しきる［仕切］。しとぐ［―とげる］［仕遂／為遂］。なしとぐ［―とげる］［成遂］。中世 あぐ［あげる］［上］。しあぐ［―あげる］［仕上］。しおほす［―おおせる］［為果］。しまふ［仕舞／終／了］。中古 きる［切］。しあふ［敢］。しすます［為済／仕済］。しはつ［―はてる］［為果］。しをふ［―おえる］［為終］。上代 あふ［敢］。はたす［果］。

しおかぜ【潮風】 近代 かいなんぷう［海軟風］。近世 いそやまおろし［磯山颪］。うみかぜ／かいふう［海風］。しほあらし［潮嵐］。中世 いそやまあらし［磯山嵐］。いそやまかぜ［磯山風］。中古 うしほかぜ［潮風］。うらかぜ［浦風］。しほかぜ［潮風］。はまかぜ［浜風］。はまつかぜ［浜津風］。上代 おきつかぜ［沖津風］。ときつかぜ［時津風］。へつかぜ［辺風］。

ーによる被害 えんがい［塩害］。ちょうがい［潮害］。

しおから・い【塩辛】 近世 しょっぱい［塩］。中世 しははゆし／しほはゆし［鹹映／塩映］。しほからし［塩辛］。上代 からし［鹹］。

しおからとんぼ【塩辛蜻蛉】 近世 しほからとんぼ［塩辛蜻蛉］。しほとんぼ［塩蜻蛉］。むぎわらとんぼ［麦藁蜻蛉］。

しおき【仕置】 近代 しょぶん［処分］。せいさい［制裁］。ペナルティー(penalty)。近世 おきめ［置目］。しょち［処置］。中世 こらしめ［懲］。しおき［仕置］。せっかん［折檻］。中古 とがめ［咎］。ばつ［罰］。上代 けい［刑］。けいばつ［刑罰］。ざいくゎ［罪科］。

しおくり【仕送】 近代 そうきん［送金］。近世 しおくり［仕送］。みつぎ［見継／見次］。

しおけ【塩気】 えんぶん［塩分］。近世 しほけ［塩気］。そっぱい／そっぺい。中世 かんみ［鹹味］。

ーが薄いこと 中古 あまじほ［甘塩］。中世 うすじほ［薄塩］。

ーが多いこと かたしお［堅塩／固塩］。

ーがしみてよれよれになる 中古 しほなる［潮馴］。

ーが少ない 中古 あまし［甘］。

ーが強い →しおから・い

ーがないこと 中世 ぶえん［無塩］。

ーを抜くこと よびじお［呼塩］。近世 しほだし［塩出］。

しおどき【潮時】 近代 かうき［好機］。ころあ

ひ[頃合]。タイミング(timing)。チャンス(chance)。近世きっかけ[切掛]。しほどき[潮時]。中世おきしほ[置潮]。きぐゎい[機会]。じき[時機]。まあひ[間合]。中古じぎ[時宜]。しほ[潮／汐]。しほあひ[潮合]。上代ころ[頃]。をり[折]。

座を立つ― 中世たちは[起端／立端]。

しおひがり【潮干狩】 近世いそがり[磯狩]。しほひ[潮干]。しほひあそび[潮干遊]。しほひがり[潮干狩]。

しおり【栞】 近世しほり[栞]。はさみだけ[挟竹]。中世はさみがみ[挟紙]。中古けふさん[夾算]。

しお・れる【萎】 近代おちこむ[落込]。しょげこむ[悄気込]。しょげりかへる[悄気返]。せうちん[消沈／銷沈]。近世きおち[気落]。しなふ[しなえる][萎]。しょげかへる[悄気返]。しょげる[悄気]。中世からぶ[からびる][乾／涸]。しなぶ[しなびる][萎]。中古うちしほたる[打潮垂／打塩垂]。うちしほる[―しおれる][打萎]。うちなゆ[打萎]。かしく[悴]。しほたる[―たれる][潮垂／塩垂]。しぼむ[萎／凋]。しほる[しをる][しおれる][萎]。せうすい[憔悴]。なづむ[泥]。なゆ[なえる][萎]。上代うらぶる[―ぶれる]。おもひうらぶる[思]。かる[かれる][枯]。しなえうらぶる。しなゆ[撓／萎]。しぼむ[凋／萎]。

《枕》なつくさの[夏草][⇩しなゆ]。

―・れたさま 近世がっかり。がっくり。しょんぼ。青菜に塩。中世しょぼり／しょんぼり。中古せうぜん[悄然]。なえなえ[萎萎]。上代しのに[撓／萎]。

しおん【紫苑】 おもひぐさ[思草]。近世ひつじぐさ[羊草]。をほに。中古おにのしこぐさ[鬼醜草]。しをん[紫苑／紫菀]。のし。

しか【鹿】 中世かしし／かのしし[鹿]。もみぢどり[紅葉鳥]。中古かのこ[鹿子]。すがる[蜾蠃]。ろく[鹿]。上代か[鹿]。かこ[鹿子／鹿児]。かせぎ[鹿]。しか[鹿]。

―の秋の毛 あきげ[秋毛]。

―の子 中古かこ[鹿子]。かのこ[鹿子]。

―の角 近代ろくかく[鹿角]。

―の鳴き声 近世かいろ／かいろう。中世えうえう[呦呦]。中古かひよ。

―の肉 近世もみぢ[紅葉]。ろく[鹿]。中古かのしし[鹿]。

―の美称 上代まなか[真名鹿]。

―や猪(いのしし)のように 上代ししじもの[鹿／猪]。

牡(おす)の― 中世すずか。上代かせぎ[鹿]。さをしか[小牡鹿]。しか[鹿]。しし[獣]。まをしか[真男鹿]。をじか[牡鹿]。

牝(めす)の― 中古めか／めが[牝鹿]。上代めじか[牝鹿]。

しか【市価】 近代かかく[価格]。しか[市価]。とほりね[通値]。近世あひば[相場]。ねだん[値段]。中世さうば[相場]。上代じか[時価]。ぶっか[物価]。

じか【直】 近代ダイレクト(direct)。ちょくせつ[直接]。近世うちつけ[打付]。ぢか[直]。ぢきぢき[直直]。中世ただち[直]。ぢき／ちょく[直]。上代ただ[直]。

―に 近世さしあてて[差当]。ぢかに[直]。中古ただちに[直]。ひたと[直]。まのあたり[目当／眼当]。

―に当たる 近代ちょくめん[直面]。中世ぢきめん[直面]。中古さしあたる[差当]。

―に握って扱えるもの 近代ひたえ[直柄]。

▼**接頭語** なま[生]。ひた[直]。

じか【時下】 近代げんか[現下]。じか[時下]。もくか[目下]。近世げんこん[現今]。たうせつ[当節]。中世いまどき[今時]。中古さくこん[昨今]。ただいま[只今]。ちかごろ[近頃／近比]。上代このころ／このごろ[此頃]。

じか【時価】→**しか【市価】**

じが【自我】 こが[個我]。じがいしき[自我意識]。近代エゴ(ラテ ego)。じいしき[自意識]。中世が[我]。じが[自我]。じこ[自己]。

しかい【四海】 中世あめがした[天下]。くにうち[国内]。こくだい[国内]。てんか[天下]。中古こくない[国内]。せかい[世界]。四方(よも)の海。上代かいだい[海内]。くぬち[国内／国中]。しかい[四海]。

しかい【視界】 スコープ(scope)。近代しかい[視界]。しや[視野]。近世めかい[目界]。中古がんかい[眼界]。

―をさえぎる 中世目に障る。

しがい【市街】 ショッピングモール(shopping mall)。近代しくはちがい[四衢八街]。しない[市内]。しばう[市坊]。タウン(town)。はんくゎがい[繁華街]。近世しがい[市街]。ちまた[巷]。中世まち[街／町]。まちなか[町中]。中古いち[市]。上代がいろ[街路]。しせい[市井]。

―の区画 近代しく[市区]。上代でうり[条里]。

―の雑踏 近世しぢん[市塵]。

新たに開けた― 中世 しんかいち［新開地］。

しがい【市外】 近代 しぐゎい［市外］。中世 きんかう［近郊］。へんぢ［辺地］。まちはづれ［町外］。中古 かうぐゎい［郊外］。上代 たゐ［田居］。

しがい【死骸】 →したい

じかい【次回】 このつぎ［此次］。近代 じき［次期］。じくゎい［次回］。中世 こんど［今度］。上代 つぎ［次］。

じかい【自戒】 近代 じしゅく［自粛］。じちょう［自重］。近世 じせい［自制］。中世 じかい［自戒］。

じがい【自害】 近代 じけつ［自決］。近世 じさい［自裁］。じじん［自刃］。じふん［自刎］。刃(やいば)(刃(じん))に伏す。中世 しゃうがい［生害］。中古 じさつ［自殺］。じし［自死］。上代 じがい［自害］。じじん［自尽］。

しかいしゃ【司会者】 ざちょう［座長］。チェアパーソン(chairperson)。近代 ぎちゃう［議長］。しくゎいしゃ［司会者］。チェアマン(chairman)。

式典などの― マスターオブセレモニー(master of ceremonies)。

テレビなどの― ホスト(host)。

しかえし【仕返】 おれいまいり［御礼参］。近代 あだ／あだうち［仇討］。あだがへし［仇返］。かたきうち［敵討］。せつじょく［雪辱］。ほうきう［報仇］。リベンジ(revenge)。一矢を報いる。近世 いしがへし／いしゅがへし［意趣返］。いしゅうち［意趣討］。いしゅばらし［意趣晴］。しかへし［仕返］。しっぺいがへし／しっぺがへし［竹篦返］。はらゐせ［腹癒］。ほうふく［報復］。中世 あたり［当］。うらみ［恨／怨］。おうほう［応報］。くゎいけい［会稽］。こたへ［答］。たふわ［答和］。ふくしう［復讐］。へんぽう［返報］。へんれい［返礼］。仇をなす。中古 たふ［答］。むくい［報／酬］。《句》目には目を歯には歯を。近代 怨みに報ゆるに徳を以てす。君父の讐(あだ)は倶(とも)に天を戴かず。中世 徳をもって怨みに報ゆ［―報いる］。

―できず逆にやられること 近世 かへりうち［返討］。

―に蹴る 近世 けかへす［蹴返］。

―をする 近代 やりかへす［返］。中世 うらむ［恨／怨］。

同じ手段で―・すること 中世 血で血を洗ふ。《句》目には目を歯には歯を。

筋違いの― 《句》近代 江戸の敵(かたき)を長崎で討つ。

しかく【四角】 ながしかく［長四角］。近代 くけい［矩形］。しかくけい［四角形］。しへんけい［四辺形］。スクエア(square)。ちゃうはうけい［長方形］。近世 はうけい［方形］。ましかく［真四角］。ますがた［枡形／升形／斗形］。中世 かく［角］。しかく［四角］。中古 はう［方］。よはう［四方］。

―・い(形容詞) 近代 かくい［角］。

―・い状態 近代 かくがた［角形］。近世 かくなり［角形］。中古 けた［方］。

―・な形になる 近代 かくばる［角張］。しかくばる［四角張］。近世 かどだつ［角立］。中世 かどばる［角張］。

―の角を削り取ること 近代 めんとり［面取］。

―の四隅を落とした形 近代 いりがく［入角］。いりずみ［入隅］。

しかく【刺客】 あんさつしゃ［暗殺者］。ころしや［殺屋］。近代 さつじんしゃ［殺人者］。中世 しかく［刺客］。

しかく【視覚】 近代 しかん［視感］。しりょく［視力］。ビジョン(vision)。近世 しかく［視覚］。→しりょく【視力】

―障害の例 しきかくいじょう［色覚異常］。しやきょうさく［視野狭窄］。しやしょうがい［視野障害］。しりょくしょうがい［視力障害］。ぜんもう［全盲］。はんもう［半盲］。近代 しきまう［色盲］。じゃくし［弱視］。

―に訴えるさま ビジュアル(visual)。

―を鋭く刺激する 近世 目に染みる。

しかく【資格】 ライセンス(license)。近代 しかく［資格］。メンバーシップ(membership)。近世 のうりょく［能力］。中世 ちゐ［地位］。めんじゃう［免状］。中古 めんきょ［免許］。

―が上がること 近代 しょうかく［昇格］。

―がある 近代 てきかく［適格］。近世 たりる［足］。中古 たらふ［足］。

―がないこと けっかく［欠格］。

―を失うこと 近代 しっかく［失格］。

じかく【自覚】 近代 かくせい［覚醒］。めざめ［目覚］。近世 いしき［意識］。中古 かくご［覚悟］。じかく［自覚］。

しかくば・る【四角張】 かくしきばる［格式］。近代 かくばる［角張］。かたくなる［堅］。ぎしきばる［儀式］。けいしきばる［形式張］。しゃちほこばる［鯱張］。襟を正す。近世 かどだつ［角立］。こぶんめく［古文］。しかくばる［四角張］。中世 かどばる［角張］。しゃちこばる／しゃちばる［鯱張］。中古 かしこま

る［畏／恐］。

ー・ったさま 近世 しかくしめん［四角四面］。

しかけ【仕掛】❶〈仕組み〉ギミック(gimmick)。近代 くゎんれい［関捩］。こうせい［構成］。しくみ［仕組］。メカニズム(mechanism)。近世 さうち［装置］。しかけ［仕掛］。中世 あやつり［操］。からくり［絡繰／機関］。きくゎん［機関］。中古 さいく［細工］。

ーがばれる 種が割れる。

ーを工夫する 中世 からくる［絡繰］。

小さなー こじかけ［小仕掛］。

しかけ【仕掛】❷〈罠〉トラップ(trap)。近代 はこおとし［箱落］。近世 かんせい［陥穽］。中世 おとし［落］。おとしあな［落穴］。しかけ［仕掛］。はご［擌］。中古 はが［擌］。わな［罠／羂］。上代 おし［押／圧］。

魚をとるーの例 うなぎづか［鰻塚］。ささぶせ［笹伏］。つけしば［漬柴］。近世 しばづけ［柴漬］。つりだうぐ［釣道具］。中世 ふししば［伏柴］。中古 ふしづけ［柴漬］。

しか・ける【仕掛】 近代 しつらへる［設］。はたらきかける［働掛］。ふきかける／ふっかける［吹掛］。近世 しくむ［仕組］。しこむ［仕込］。中古 しかく［ーかける］［仕掛］。しつく［ーつける］［仕付］。しつらふ［設］（四段活用）。上代 はる［張］。

しかし【然】 近代 だけど／だけども。近世 けど／けれど。さはいへ［然言］。しかし［然］。したが。じゃが。だが。だけれど／だけれども。でも。なれど。なれども。中世 が。けれども。さりながら［然乍］。さるから［然］。しかしながら［然乍］。それでも。それに。それにしても。また。中古 さすがに。さはれ／さばれ［然］。さるに［然］。さるは［然］。さるを［然］。されど／されども［然］。しかるに［然］。しかれども［然］。しかるを［然］。ただし［但］。はた［将］。上代 しかすがに［然］。

▼そうは言っても 近代 いひでう［言条］。近世 よしか。さればと言って。とは言ひながら。とは言ふものの。中世 いふぢゃう［言定］。いふでう［言条］。ぢゃう［定］。

しかじか【然然】 中古 うんぬん［云云］。かうかう／かくかく［斯斯］。ささ。しかしか［然然］。なになに［何何］。

じがじさん【自画自賛】 近世 じぐゎじさん［自画自賛］。てまへみそ［手前味噌］。てみそ［手味噌］。手味噌を擂る。味噌を上ぐ［ー上げる］。中古 じまん［自慢］。

じかせい【自家製】 近代 じかせい［自家製］。しせい［私製］。ホームメード(homemade)。近世 てせい［手製］。中古 てづくり［手作］。

しかた【仕方】→**やりかた**

しかたな・い【仕方無】 しょうがない。近代 メーファーズ［(中国語)没法子］。やむなし。やむを得ない。近世 いたしかたなし［致方無］。しやうがない。せうことなし。是非に及ばず。是非に叶はず。中世 しかたなし［仕方無］。じゅつなし［術無］。しょせんなし［所詮無］。ぜひなし［是非無］。ぜひもない［是非無］。せんなし［詮無］。ちからなし［力無］。よぎなし［余儀無］。よんどころなし［拠所無／拠無］。中古 あへなし［敢無］。ずちなし［術無］。せむかたなし／せんかたなし［為方無／詮方無］。よしなし［由無］。わりなし［理無］。如何がはせむ。上代 すべなし［術無］。よし［縦］。よしゑやし［縦］。

ー・く しょうことなしに。近代 いやいやながら［厭厭／嫌嫌］。こころならずも［心］。不本意ながら。やむなく［止無］。やむを得ず。近世 いやいや［厭厭／嫌嫌］。中世 ふしゃうぶしゃう［不請不請／不祥不祥／不精不精］。ふしょうぶしょう［不承不承］。中古 さらず［去／避］。しぶしぶ［渋渋］。

じがため【地固】 あしがため［足固］。ちがため［地固］。近代 しんぼうどうづき［真棒胴突］。近世 したごしらへ［下拵］。ぢつき［地突／地搗］。ぢならし［地均］。どうつき／どつき［土突］。中世 ぢがた［地形］。ぢぎゃう［地形］。ぢげふ［地業］。

水をまいてー・する みずしめ［水締］。

しかつ【死活】 近代 くゎっさつ［活殺］。しめい［死命］。近世 せいし［生死］。中世 ききふそんばう［危急存亡］。しくゎつ［死活］。しせい［死生］。そんまう［存亡］。中古 いきしに［生死］。ししゃう［死生］。せいさつ［生殺］。そんばう［存亡］。上代 しゃうじ［生死］。

しがつ【四月】（陰暦）近代 かはん［夏半］。さんげつ［蚕月］。まつりづき［祭月］。近世 いんげつ［陰月］。しゅけい［修景］。しょか［初夏］。ばふげつ［乏月］。よげつ［余月］。中世 えとりはのつき［得鳥羽月］。しぐゎつ［四月］。なつはづき［夏端月／夏初月］。はなのこしづき／はなのこりづき［花残月］。中古 うのはなづき［卯花月］。ちゅうりょ／ちゅうろ［仲呂／中呂］。しゅか［首夏］。まうか［孟夏］。上代 うづき［卯月］。《枕》上代 このくれの［木暗］。

―一日 近代 エープリルフール(April fool)。中世 わたぬき[綿抜]。

―十五日ごろ 近世 けつげ[結夏]。

―と十月の中旬 近世 なかとをか[中十日]。

じかつ【自活】 じりつ[自立]。近代 じすい[自炊]。近世 どくりつ[独立]。中世 じくゎつ[自活]。中古 ひとりだち[独立]。

しかつめらし・い 近代 けいしきばる[形式]。しかつめらしい。近世 かたくるし／かたぐるし[堅苦]。きまじめ[生真面目]。→**しかくば・る**

―・く振る舞う 近世 まじめくさる[真面目腐]。中世 くすみかへる[返]。くすみきる[切]。

しかと【確】 近代 はっきりと。近世 とんと。まちがひなく[間違無]。中世 さうゐなく[相違無]。ていと／ていど。とうと／とうど。中古 たしかに[確]。まさしく[正]。上代 しかと[確]。まさに[正]。

じかどうちゃく【自家撞着】 近代 じかどうちゃく[自家撞着]。じじょうじばく[自縄自縛]。近世 ぼうじゅん[矛盾]。中古 むじゅん[矛盾]。

じかに【直】 →**じか【直】**

じがね【地金】 近代 したがね[下金]。ぢきん[地金]。近世 きぢ[生地]。中世 したぢ[下地]。ぢがね[地金]。中古 ほんしゃう[本性]。ほんたい[本体]。上代 しゃうたい[正体]。

―にする 近世 いくづす[鋳崩]。いつぶす[鋳潰]。つぶし[潰]。

▼金属の器物を潰した金 つぶしきん[潰金]。

しか・ねる【為兼】 中古 わづらふ[煩]。わぶ[侘]。上代 しかぬ[―かねる][為兼／仕兼]。

―・ねて 上代 かてに。

じがばち【似我蜂】 かそりばち。近代 こしぼそばち[腰細蜂]。近世 あなばち[穴蜂／地龍]。つちばち[土蜂]。どほう[土蜂]。中世 じがばち[似我蜂]。中古 くゎら[蜾蠃]。さそり[蜾蠃]。上代 すがる[蜾蠃]。

しかばね【屍】 →**したい**

しがみつ・く【付】 近世 かじりつく[齧付]。くひつく[食付]。中世 かぶりつく[齧付／噛付]。くらひつく[食付]。しがみつく[付]。すがりつく[縋付]。中古 かいつく[掻付]。すがる[縋]。上代 かきつく[掻付]。とりつく[取付]。

しかめつら【顰面】 近代 しかめっつら／しかめつら[顰面]。近世 しかみづら[顰面]。しぶっつら／しぶつら[渋面]。中世 じふめん[渋面]。

しか・める【顰】 中世 しかむ[しかめる][顰]。中古 ひそむ[ひそめる][顰]。

顔を―・める 近代 眉根を顰(ひそ)める。眉を曇らす。眉を寄せる。近世 にがりきる[苦切]。眉根を寄す[―寄せる]。眉を集む[―集める]。中世 にがにがし[苦苦]。にがむ[苦]。眉をしかむ[―しかめる]。中古 にがる[苦]。ひんしゅく[顰蹙／頻蹙]。眉を顰(ひそ)む[―顰める]。→**しかめつら**(前項)

しかも【然】 近代 かてて[糅]。近世 おまけに[御負]。かててくはへて[糅加／搗加]。このうへ[此上]。中世 あまつさへ[剰]。かつ[且]。さるは[然]。中古 かつまた[且又]。しかも[然／而]。そのうへ[其上]。上代 さらに[更]。

しか・る【叱】 近代 おこる[怒]。おほめだま[大目玉]。しかりとばす[叱飛]。しっせき[叱責]。しった[叱咤／叱咜]。どなりつける[怒鳴付]。油を絞る。近世 うなうな(幼児語)。おしめくる。けんつく[剣突]。しかりつく[―つける][叱付]。たしなむ[―なめる][窘]。剣突を食はす。中世 いさかふ[叱]。いひつく[言付]。きめつく[―つける][極付]。しっす[叱]。せがむ。せせかむ。はらだつ[腹立]。中古 いましむ[―しめる][戒／誡]。かす[呵]。かんだう[勘当]。さいなむ／さきなむ[呵／嘖]。しかる[叱]。しをる[責]。はしたなむ[端]。上代 かしゃく[呵責]。けんせき[譴責]。こる／ころふ[嘖]。とがむ[とがめる][咎]。

―・られること おめ[御目]。近代 お目玉を食らふ。近世 おめだま[御目玉]。がり。滓(かす)(糟／粕)を食ふ(演劇関係の語)。目玉(眼玉)が飛び出る。目玉(眼玉)が抜け上がる。目を貰ふ。中古 とつび[突鼻]。上代 まぬらる[真罵]。

―・る声 近代 しっせい[叱声]。近世 だいかつ[大喝]。とつ[咄]。《句》近代 竹屋の火事。

大声で―・る 近代 かっぱ[喝破]。しった[叱咤／叱咜]。近世 いっかつ[一喝]。かつ[喝]。かつだう[喝道]。だいかつ[大喝]。雷が落ちる。中世 かっす[喝]。

しかるに【然】 中世 それに。ところが[所]。中古 さるに[然]。上代 しかるに[然]。

しかるべき【然】 近代 おうぶんの[応分]。かうてきな[好適]。しかるべき[然]。だたうな[妥当]。ぴったりの。近世 ころあひの[頃合]。したうな[至当]。てきせつな[適切]。中世 かうこの[好個]。さる[然]。てきたう

し

な[適当]。てごろな[手頃]。〘中古〙さうおうの[相応]。さべき[然]。さるべき[然]。さんべき[然]。ふさはし[相応]。

ーである 〘中古〙さべし[然可]。さるべし[然可]。

ー様子である 〘近世〙さもとらし。もっともらし[尤]。

ー物 〘中古〙さるもの[然物]。

ー人 〘中世〙さるひと[然人]。

しかるべく【然】 〘近代〙しかるべく[然]。よろしく[宜]。〘中世〙てきたうに[適当]。よしなに。→**しかるべき**

しかん【仕官】 〘近代〙つかへ[仕]。官途に就く。〘近世〙褐を釈く。身代有り付く。身代済む。身代取り組む。〘中世〙仕途に就く。〘中古〙くゎんし[官仕]。ほうこう[奉公]。〘上代〙しくゎん[仕官]。ししん[仕進]。

ー・させる 〘中世〙ありつく[有付/在付]。

ー・して生活が安定すること 〘近世〙ありつき[有付/在付]。

ー・しない人 〘中古〙しょし[処士]。やかく[野鶴]。〘上代〙やかく[野客]。

ー・せず家にいること 〘中世〙かきょ[家居]。

ーの準備をする 〘近世〙冠を弾く。

ーの道を探す 〘近世〙身代稼ぐ。

ーよりも自由がいい 〘近世〙えいび[曳尾]。

しかん【弛緩】 〘近代〙しくゎん[弛緩]。だれる。〘近世〙だらける。ゆるみ[緩]。〘中世〙たるみ[弛]。

しがん【志願】 〘近代〙しばう[志望]。〘中世〙ぐゎんばう[願望]。〘中古〙しぐゎん[志願]。ねんぐゎん[念願]。

じかん【時間】 〘近代〙アワー(hour)。さいじ[歳時]。じかん[時間]。タイム(time)。〘近世〙がっぴ[月日]。さんまや[三摩耶/三昧耶](仏教語)。じあひ[時合]。じぶん[時分]。せつ[節]。ひま[暇]。〘中世〙きは[際]。くゎういん[光陰]。じせつ[時節]。みぎり[砌]。〘中古〙きざみ[刻]。きはめ[極目]。ご[期]。こくげん[刻限]。じじつ[時日]。たび[度]。ほど[程]。をり[折]。をりふし[折節]。〘上代〙あひだ[間]。さいげつ[歳月]。さだ[時]。じこく[時刻]。つきひ[月日]。とき[時]。としつき/ねんげつ[年月]。ま[間]。→**じこく【時刻】**

《枕》〘上代〙けころもを[褻衣]。

《句》〘近代〙今日の後に今日なし。時は金なり(Time is money)。一寸の光陰軽んずべからず。歳月人を待たず。少年老い易く学なり難し。盛年重ねて来らず。月日変はれば気も変はる。〘近世〙下手の考へ休むに似たり。〘中世〙一寸の光陰は沙裏の金。光陰矢の如し。光陰人を待たず。時は得難くして失ひ易し。月日に関守なし。時は人を待たず。

ーがかかる 〘近代〙くふ[食]。〘近世〙てまどる[手間取]。ひまどる[暇取/隙取]。〘中世〙のろし[鈍]。〘上代〙おそし[遅/鈍]。ちち[遅遅]。

ーが過ぎて 〘中世〙ややありて。〘中古〙ありありて[有有/在在]。ほどほどし[程程]。

ーが過ぎる 〘近世〙けみす[閲]。としあり[年有]。〘中世〙けいくゎ[経過]。すぎさる[過去]。たちゆく[立行]。めぐる[巡/回/廻]。〘中古〙くだる[下/降]。すいい[推移]。ふ[へる][経]。斧の柄朽つ[ー朽ちる]。劫を経ふ[ー経へる]。椿葉の影再び改まる。〘上代〙うつる[移]。かたまく[片設]。こけむす[苔生]。すぎゆく[過行]。すぐ[すぎる][過]。ふく[ふける][更]。ゆつる[移]。

ーが過ぎるさま 〘近代〙こくいっこく[刻一刻]。〘中世〙じじこくこく[時時刻刻]。しだいしだいに[次第次第]。〘中古〙こくこく[刻刻]。

ーが過ぎるにつれて 〘中世〙しだいしだいに[次第次第]。〘中古〙おひおひに[追追]。しだいに[次第]。

ーが過ぎる早さのたとえ 〘近代〙駟の隙を過ぐるが若し。〘中古〙くげき[駒隙]。斧の柄朽つ[ー朽ちる]。→**とき【時】**

ーが近付く 〘上代〙せまる[迫]。

ーと空間 〘近代〙じくう[時空]。

ーに正確なさま 〘近代〙パンクチュアル(punctual)。

ーによって作動する装置 じげんそうち[時限装置]。

ーに余裕があること 〘近代〙いうかん[有閑]。〘近世〙ひま[暇]。

ーの間隔 スパン(span)。〘近代〙きかん[期間]。〘近世〙しうき[周期]。

ーのずれ じさ[時差]。タイムラグ(time lag)。ラグ(lag)。

ーを掛ける 〘近世〙暇に飽かす。〘中世〙時刻を回らす。

ーを(無駄に)過ごす ロスタイム(loss of time)。時間の浪費。〘近代〙くゎうじつぢきう[曠日持久]。くゎうじつびきう[曠日弥久]。せうくゎ[消過]。せうま[消磨]。〘近世〙ひまづひえ/ひまつひやし[暇費]。ひまつぶし[暇潰]。べんべん[便便]。べんべんだらだら[便便]。べんべんだらり[便便]。

油を売る。中世時刻を移す。中古暇を盗む。
—を作る　時を稼ぐ。近代暇を盗む。
—を計る　けいじ[計時]。近代タイマー(timer)。
—を計る係　けいじいん[計時員]。
—を引き延ばす　時を稼ぐ。
極めて長い—　→えいえん
極めて短い—　→いっしゅん
大体の—　中世じぶん[時分]。中古ほど[程]。上代ころ[頃]。
長い—　近代しばらくぶり[暫振]。ちゃうじかん[長時間]。ひさかたぶり[久方振]。ひさびさぶり[久久振]。近世ながちゃうば[長丁場]。ひさしかぶり[久振]。中世ひさしぶり[久振]。ひさびさ[久久]。中古ちゃうじ/ぢゃうじ[長時]。ひとむかし[一昔]。上代ひさし[久]。
短い—　近代すんこく[寸刻]。すんべう[寸秒]。たんじかん[短時間]。たんじじつ[短時日]。ふんじ[分時]。ふんべう[分秒]。近世はんとき[半時]。梭(さ)を投ぐる間。中世いちじ[一時]。いっこく[一刻]。いったん[一旦]。いってういっせき[一朝一夕]。かたときへんじ[片時片時]。きゃうこく/けいこく[頃刻/頃剋]。しば[暫]。しゅゆ[須臾]。すんいん[寸陰]。すんじ[寸時]。たまゆら[玉響]。ときのほど[時程]。へんし[片時]。葦の節の間。踵(くびす)を回(めぐ)らさず。踵(くびす)を回(めぐ)らすべからず。中古いってう[一朝]。かたとき[片時]。こま[小間]。しばし[暫]。しばらく[暫]。すんか[寸暇]。つゆのま[露間]。ときのま[時間]。とばかり。ひととき[一時]。ふんいん[分陰]。上代しばらく[暫]。しまし/しましく/しまらく[暫]。たちまち[忽/乍]。つかのあひだ/つかのま[束間]。ふしのま[節間]。へんじ[片時]。
予定などを書いた—の表　よていひょう[予定表]。近代じかんへう[時間表]。じこくへう[時刻表]。タイムテーブル(timetable)。
割り当てられた—　もちじかん[持時間]。
▼一時間　近代いってんしょう[一点鐘]。近世はんとき[半時]。

しき【式】❶〈形式〉　かたしき/けいしき[型式]。近代けいしき[形式]。スタイル(style)。タイプ(type)。パターン/パタン(pattern)。モデル(model)。やうしき[様式]。近世りう[流]。中古かた[型]。上代しき[式]。

しき【式】❷〈数式〉　けいさんしき[計算式]。こうしき[公式]。近代くゎがくしき[化学式]。しき[式]。すうがくしき[数学式]。すうしき[数式]。とうしき[等式]。ふとうしき[不等式]。

しき【式】❸〈式典〉　→ぎしき

しき【士気】　モラール(morale)。近代いきぐみ[意気組]。いよく[意欲]。きがまへ[気構]。きりき[気力]。ねつい[熱意]。へいき[兵気]。鼻っぱしが強い。近世いきごみ[意気込]。きじゃう/きせい[気勢]。こころいき[心意気]。しき[士気]。やるき[遣気]。中世きがい[気概]。しりょく[士力]。ひゃうき[兵気]。中古きおひ[気負]。きほひ[競]。きりょく[気力]。上代いき[意気]。
—を衰えさせる戦法　しんけいせん[神経戦]。

しき【四季】　近代シーズン(season)。中古きせつ[季節]。しいじ/しじ[四時]。しき[四季]。しせつ[四節]。しゅんかしうとう[春夏秋冬]。せち[節]。よつのとき[四時]。をり[折]。をりふし[折節]。上代じこう[時候]。じせつ[時節]。しゅんじう[春秋]。
→きせつ
—折々　近世さいじ[歳時]。中古をりふし[折節]。
—折々の景色　中古けいぶつ[景物]。
—折々の花　上代ときのはな[時花]。
—を通じて花が咲くこと　近世しきざき[四季咲]。

しき【死期】　近世しき[死期]。しにぎは[死際]。わうじゃうぎは[往生際]。中世しにめ[死目]。まつご[末期]。りんじゅ[臨終]。中古いまは[今際]。りんみゃうじゅうじ[臨命終時]。命の限り。今際(いまは)の際(きは)。上代りんじゅう[臨終]。
—が近い　棺桶に片足突っ込む。近代二鼠(そ)藤(ふぢ)を嚙(か)む。近世屠所(とし)の歩み。中世屠所の羊の歩み。

しき【指揮】　近代コントロール(control)。しれい[司令]。タクト(tact)。とうそつ[統率]。中世げぢ[下知]。さいはい[采配]。さしづ[指図/差図]。せつど[節度]。中古しき[指揮]。上代しじ[指示]。
—下にあること　近世ぶか[部下]。中世きか[麾下]。
—・する　旗を振る。近代采柄(さいづか)を握る。近世ぐんばい[軍配]。団扇(うちは)を上ぐ[—上げる]。采配を振る。采(さい)(賽)を採る。さしまねく[差招/麾]。ひきゐる[率]。上代

じき【自棄】 近代 じてう［自嘲］。やけっぱち［自棄］。近世 すてばち［捨鉢］。やけ［自棄］。やけくそ［自棄糞］。やけすこ［自棄］。やけちん［自棄］。やけの勘八。やけの彌左衛門。やけのやん八(ぱち)。中世 じき［自棄］。じぼうじき［自暴自棄］。やぶれかぶれ［破］。

じき【時機】 近代 かうき［好機］。ころあひ［頃合］。タイミング(timing)。タイムリー(timely)。近世 きうん［機運］。しほあひ［潮合］。ま［間］。中世 き［機］。きくゎい［機会］。きげん［機嫌］。じき［時機］。じぎ［時儀／時議］。じせつ［時節］。中古 じぎ［時宜］。しほ［潮／汐］。しほさき［潮先／汐先］。しほどき［潮時］。上代 きぎ［機宜］。

―が熟すこと 中世 じゅんじゅく［純熟／淳熟］。

―がよい 中古 をりよし［折好］。

―が悪い 中古 をりあし［折悪］。

―を待つこと じゅくし［熟柿］。近代 たいき［待機］。中世 ぢまん［持満］。上代 時を待つ。

争うべき― 中古 いどみどころ［挑所］。

またとない良い― 中世 しゅったく／そったく［啐啄］。まあひ［間合］。

じき【時期】 近代 きかん［期間］。きせつ［期節］。じき［時期］。中世 じせつ［時節］。じぶん［時分］。中古 き［期］。きざみ［刻］。ご［期］。ほど［程］。よ［世／代］。をり［折］。をりふし［折節］。上代 ころ［頃／比］。さだ［時］。

―遅れ あとぐすり［後薬］。いっき［逸機］。じきはずれ［時期外］。近代 遅かりし由良之助(ゆらのすけ)。証文の出し後れ。近世 おそまき［遅蒔］。おそまきたうがらし［遅蒔唐辛子］。ておくれ［手遅］。てのび［手延］。喧嘩(けんくわ)過ぎての棒千切(ぼうちぎ)り。後の菊。六日の菖蒲(あやめ)、十日の菊。中世 てのべ［手延］。後の祭り。諍(いさか)ひ(争ひ)果てての千切り木。生まれた後の早め薬。会(ゑ)に逢(あ)はぬ花。中古 さたすぐ／さだすぐ［時過］。上代 時ならず。

―遅れで珍重されるもの 近世 穏座(をんざ)の初物。

―遅れの草木 上代 おくて［奥手／晩手］。

―遅れの野菜や果物 近世 穏座(をんざ)。

―が一定でない ふていき［不定期］。

―が近付く 中世 さしかかる［差掛］。むかふ［向／対］。

―尚早なさま 中世 いまだし［未］。中古 かつがつ［且且］。

売るのによい― うりば［売場］。

盛りの― はる［春］。近世 でさかり［出盛］。中世 しゅん［旬］。

その―ではない 上代 ときじ［時］。

その―になる 近代 機が熟す。中古 たうらい［到来］。上代 いたる［至／到］。かたまく［片設］。まく［設］。

よい― 近代 かうき［好期］。中世 しゅん［旬］。→じき【時機】

じき【時季】 近代 じき［時季］。中世 こう［候］。中古 きせつ［季節］。上代 じこう［時候］。じせつ［時節］。→**きせつ**

じき【磁器】 セラミックス(ceramics)。ポースレン／ポーセリン(porcelain)。近世 せとやき［瀬戸焼］。やきもの［焼物］。中世 じき［磁器］。せともの［瀬戸物］。

―の例 いしやき［石焼］。インチン［(中国語)影青］。ボーンチャイナ(bone china)。近代 ばんれきあかゑ［万暦赤絵］。近世 あひづやき［会津焼］。ありたやき［有田焼］。いまりやき［伊万里焼］。ひらどやき［平戸焼］。中世 せいじ［青磁／青瓷］。はくじ［白磁／白瓷］。

じぎ【時宜】→**じき【時機】**

しきい【敷居】 中世 しきみ［閾］。しきゐ［敷居／閾］。中古 とじきみ［戸閾］。ゐき［閾］。

―などで戸の走る部分 みぞ［溝］。みぞがね［溝金］。レール(rail)。

―などで溝のないもの 近代 ぬめ［滑］。むめ［無目］。

門の― 近世 かどづめ［門詰］。

しきいし【敷石】 近世 きりいし［切石］。しきいし［敷石］。

―の敷き方の例 あられこぼし［霰零］。

軒下などの― 中世 おほみぎり［大砌］。

しきけん【識見】 近代 がんしき［眼識］。くゎつがん［活眼］。けんかい［見解］。近世 がくしき［学識］。がんりき／がんりょく［眼力］。しょけん［所見］。中世 けんげ［見解］。けんしき［見識］。しきけん［識見］。

―の狭い人のたとえ 近世 井の中の蛙(かはづ)。天水桶の孑孑(ぼうふら)。中古 せいあ［井蛙］。せいぎょ［井魚］。井底(せいてい)の蛙。

すぐれた― 近代 いちけんしき［一見識］。かうけん［高見］。たくけん［卓見］。たくしき［卓識］。中世 めいがん［明眼］。

しきさい【色彩】 カラー(color)。近代 しきさい［色彩］。中古 いろどり［彩］。上代 いろ［色］。たんせい［丹青］。

―が表れる ていしょく［呈色］。

ーが美しく輝く 上代ひかる［光］。
ーの豊かなさま カラフル(colorful)。
ー表現が巧みな画家 近代カラリスト(colorist)。
心身の健康のためのーの管理 カラーコンディショニング(color conditioning)。しきさいかんり［色彩管理］。しきさいちょうせつ［色彩調節］。

じきじき【直直】 近代ダイレクト(direct)。ちょくせつ［直接］。近世ぢか［直］。ぢきぢき［直直］。

しきしゃ【識者】 がくしきけいけんしゃ［学識経験者］。近代いうしきしゃ［有識者］。中世ものしり［物知／物識］。中古ちさ／ちしゃ［知者／智者］。上代しきしゃ［識者］。

しきしゃ【指揮者】 近代かぢとり［舵取／楫取］。コンダクター(conductor)。しきしゃ［指揮者］。リーダー(leader)。
ーの振る棒 タクト(tact)。近代しきぼう［指揮棒］。バトン(baton)。
楽団などのー 近代がくちゃう［楽長］。ディレクター(director)。バンドマスター(band master)。

しきじょう【色情】 しゅんき［春機］。近代エロチシズム(eroticism)。せいよく［性欲］。にくよく［肉欲］。近世いろけ［色気］。しきじゃう［色情］。しゅんじゃう［春情］。なまごころ［生心］。中世よくじゃう［欲情］。中古いろごのみ［色好］。いん［淫／婬］。しきよく［色欲］。じゃうよく［情欲］。
ーに溺れてする行為 近代ちぎ［痴戯］。
ーに耽ること 近世いろぐるひ［色狂］。をんなざんまい［女三昧］。中世をんなぐるひ［女狂］。
ーをそそること 近代てうはつ［挑発／挑撥］。

じきそ【直訴】 近代ぢきぐゎん［直願］。近世かごそ［駕籠訴］。さしこしねがひ［差越願］。をつそ［越訴］。中世ぢきそ［直訴］。中古をつそう［越奏］。
ー・する 中世かけこむ［駆込／駈込］。

しきそう【色相】 カラー(color)。近代しきさう［色相］。しきてう［色調］。中世いろめ［色目］。中古いろあひ［色合］。いろつや［色艶］。いろどり［彩］。

しきたり【仕来】 近代くゎんかう［慣行］。くゎんれい［慣例］。でんとう［伝統］。トラディション(tradition)。近世おきて［掟］。かくれい［格例］。きまり［決］。しきたり［仕来］。しふくゎん［習慣］。しんし［為成］。ぢゃうはふ［定法］。ていれい［定例］。ふうしふ［風習］。中世かく［格］。かぜ［風］。くゎんしふ［慣習］。ばうれい［傍例］。中古かた［形／象］。さはふ［作法］。ならはし［習］。ならひ［習］。れい［例］。世のためし。上代しきれい［式例］。ふうぞく［風俗］。
以前のー 近代きうかく［旧格］。こたう［古套／故套］。近世きうたう［旧套］。こしき［古式］。中世こはふ［古法］。せんき［先規］。せんれい［先例］。上代きうしゃう［旧章］。きうれい［旧例］。これい［古例］。ぜんれい［前例］。
その家に伝わるー 近世かれい［家例］。
古いーに従うさま いんしゅうてき［因習的／因襲的］。近代こくしう［刻舟］。《句》中世舟に刻みて(刻して)剣を求む。
古いよいー 中世りうふう［流風］。
古いよくないー 近代いんしふ［因習／因襲］。
めでたいー 中古きちれい［吉例］。

しきち【敷地】 近代サイト(site)。ようち［用地］。近世ちしょ／ぢしょ［地所］。中世とち［土地］。中古しきち［敷地］。やしき［屋敷／邸］。上代たくち［宅地］。
ーの中 近代かまへうち［構内］。こうない［構内］。近世やしきうち［屋敷内］。
寺社のー 中世きゃうだい［境内］。じゃうゐき［浄域］。中古けいだい［境内］。じゃうかい［浄界］。
大学などのー 近代キャンパス(campus)。こうない［構内］。

しきちょう【色調】 近代しきさう［色相］。しきてう［色調］。トーン(tone)。中世いろめ［色目］。中古いろあひ［色合］。いろつや［色艶］。いろどり［彩］。
ーの比較 近代ひしょく［比色］。

しきてん【式典】 →ぎしき

じきひつ【直筆】 →じひつ

しきふく【式服】 フォーマルウエア(formalwear)。近代しきふく［式服］。せいさう［正装］。近世れいさう［礼装］。中世はれぎ［晴着］。上代れいふく［礼服］。

しきぶとん【敷布団】 近世しきぶすま［敷衾］。しきぶとん［敷蒲団／敷布団］。中古しきたへ［敷妙］。しきね［敷寝／蓐］。しとね［褥／茵］。

しきべつ【識別】 近代せんべつ［選別］。はんべつ［判別］。みさかへ［見境］。近世かんしき［鑑識］。かんべつ［鑑別］。しきべつ［識別］。みさかひ［見境］。みわけ［見分］。中世べんべつ［弁別］。中古わきまへ［弁］。

ー・する 近代 みわかつ［見分］。中世 みわく〔ーわける〕［見分］。中古 おもひわく〔ーわける〕［思分］。わく〔わける〕［分／別］。
ー・する能力 近世 しきりょく［識力］。
ー・する能力が上がる 近代 こえる［肥］。中世 目が肥ゆ〔ー肥える〕。
ー・できない 中古 文目（あやめ）も分かず。

しきもの【敷物】 マット(mat)。近代 カーペット(carpet)。じゅうたん［絨毯／絨氈］。マットレス(mattress)。ラグ(rug)。近世 アンペラ［（マレ）ampela／筕篖］。ござむしろ［茣蓙筵］。ざぶとん［座布団／座蒲団］。せき［席］。たかむしろ［竹席／簟］。だんつう［（中国語）緞通／段通］。ひっしき［引敷］。へりとり／へりとりござ［縁取茣蓙］。中世 うすべり［薄縁］。ござ［茣蓙／蓙］。じょくいん［褥茵］。わらざ［藁座］。中古 うすだたみ［薄畳］。うはしき［上敷］。うはむしろ［表筵／上蓆］。えんせき［筵席］。しき［敷］。しきもの［敷物］。しとね［褥／茵］。にく［褥］。ひしき［引敷］。ひしきもの［引敷物］。むしろ［筵／蓆］。わらふだ［円座／藁蓋］。ゑんざ［円座］。上代 しきゐ［敷居］。たたみ［畳］。とこしき［床敷／褥］。
幾重にも重ねて敷いたー 上代 やへだたみ［八重畳］。
《尊》中古 おまし［御座］。
家具などに敷くー 中古 うちしき［打敷］。
宮中で跪（ひざまず）くときの地上に敷くー 中世 ひざつき［膝突／軾］。
毛織りのー 近代 けむしろ［毛蓆］。近世 せんじょく／せんぞく［氈褥］。中世 もうせん［毛氈］。上代 かも／せん［氈］。
毛皮のー 近世 けぶとん［毛蒲団］。中世 しきがは［敷皮／敷革］。
鍋を置くー 近代 なべしき［鍋敷］。
ものを書くとき下に敷くー したじき［下敷］。
模様を織り出したー 上代 あやむしろ［綾筵］。

しきゅう【支給】 近代 きふふ［給付］。きょうきふ［供給］。しきふ［支給］。近世 かうふ［交付］。中世 きふす［給］。
政府からのー 近代 くゎんきふ［官給］。

しきゅう【至急】 近代 さうきふ［早急］。しきふ［至急］。近世 おほいそぎ［大急］。さっきふ［早急］。中世 きんきふ［緊急］。さっそく［早速］。中古 くゎきふ［火急］。上代 いそぎ［急］。すみやかに［速］。
ーの知らせ 近世 はやだより［早便］。
ーの話 きゅうだん［急談］。

じきゅう【持久】 スタミナ(stamina)。近代 ぢぞく［持続］。たいきう［耐久］。近世 ぢきう［持久］。

しきょ【死去】 →し・ぬ

じきょ【辞去】 近代 尻を上げる。近世 おいとま［御暇］。中世 いとまごひ［暇乞］。たいきょ［退去］。まかりまうし［罷申］。中古 いとま［暇／遑］。じきょ［辞去］。じす［辞］。たいしゅつ［退出］。まかり［罷］。上代 たちさる［立去］。

じきょう【自供】 口を割る。近代 きょうじゅつ［供述］。こくはく［告白］。じはく［自白］。中古 はくじゃう［白状］。

じぎょう【事業】 近代 じつげふ［実業］。ビジネス(business)。近世 いとわざ［営業］。えいげふ［営業］。ことわざ［事業］。しごと［仕事］。中世 すぎはひ［生業］。中古 いとなみ［営］。じげふ［事業］。しゃうばい［商売］。なりはひ［生業／家業］。上代 さんげふ［産業］。せいげふ［生業］。
《句》近代 創業は易（やす）く守成（しゅせい）は難（かた）し。
ーの状態 ぎょうよう［業容］。近代 げふたい［業態］。
ーを興すこと けんぎょう［建業］。近代 きげふ［起業］。こうげふ［興業］。一旗揚げる。近世 さうき［創起］。中世 さうげふ［創業］。上代 さうさう［草創］。《句》近代 創業は易く守成は難し。
ーを継承し発展させる 中古 せうりゅう［紹隆］。
ーをしている人 近代 げふしゃ［業者］。じげふか［事業家］。じつげふか［実業家］。
ーを始める金銭 近代 ぐゎんきん［元金］。しきん［資金］。しほんきん［資本金］。近世 しほん［資本］。もときん［元金］。もとぎん［元銀］。中世 もとで［元手］。→しきん【資金】
勢いがなくなったー 近世 ついしょ［墜緒］。
大きなー 近代 ゐげふ［偉業］。近世 せいきょ［盛挙］。せいげふ［盛業］。中世 たいえい［大営］。たいかう［大行］。たいこう［大功］。中古 たいげふ［大業］。上代 こうげふ［鴻業／洪業］。だいじ［大事］。《句》中世 大廈（たいか）の材は一丘の木にあらず。
大きなーの計画 近代 図南（となん）の翼。
故人の残したー 近代 ゐげふ［遺業］。近世 せんげふ［先業］。
生涯のー 近代 畢生（ひっせい）の大業（たいげふ）（事業）。ライフワーク(lifework)。
祖先から代々のー 中世 家の道。中古 そげ

ふ[祖業]。上代せいげふ/せげふ[世業]。

その他—のいろいろ(例) こうえきじぎょう[公益事業]。みんかんじぎょう[民間事業]。近代えいりじげふ[営利事業]。こうきょうじげふ[公共事業]。じぜんじげふ[慈善事業]。しゃくゎいじげふ[社会事業]。

しきり【仕切】❶〈決算〉 けっさい[決済]。近世けっさん[決算]。しきり[仕切]。しめくくり[締括]。せいさん[清算]。中古けぢめ。らち[埒]。→**けっさん**

しきり【仕切】❷〈区切り〉 くわり[区割]。近代くくゎく[区画]。くわけ[区分]。セクション(section)。ぶんかつ[分割]。中世しきり[仕切]。中古きょく[局]。くぶん[区分]。

—のないこと ノンセクション(non section)。

しきり【仕切】❸〈障壁〉 近代そくへき[側壁]。まじきり[間仕切]。近世じゃうふ[城府]。しゃうへき[障壁]。中世しきり[仕切]。へき[壁]。中古かきほ[垣穂]。かくへき[隔壁]。かべ[壁]。けぢめ。へい[塀]。へだて[隔]。らち[埒]。上代かき[垣]。かきね[垣根]。かぎり[限]。さかひ[境]。

—に用いる家具 中世たてぐ[建具]。中古へいしゃうぐ[屏障具]。

—に用いる家具の例 近世ついたて[衝立]。ふすま[襖]。中世ふすましゃうじ[襖障子]。中古あかりさうじ/あかりしゃうじ[明障子]。かべしろ[壁代]。きちゃう[几帳]。びゃうぶ[屏風]。まく[幕]。みす[御簾]。上代しゃうじ[障子/障紙]。すだれ[簾]。とばり[帳/帷]。

—の板 かくはん[隔板]。しきりいた[仕切板]。近世へだていた[隔板]。

—をする 限りをする。近代きょくする[局]。中世しきる[仕切]。中古たてきる[立切/閉切]。上代かぎる[限]。へだつ[へだてる][隔]。

—を取り除くこと うちぬき[打抜]。近代ぶっこぬく[打抜]。ぶっとほし[打通]。近世ぶちぬき[打抜]。

中間の— 近世なかじきり[中仕切]。中古なかへだて[中隔]。

しきりに【頻】 いくたびも/いくども[幾度]。なんども[何度]。近代さいさんさいし[再三再四]。ちょいちょい。ひんぴんと[頻頻]。近世さいちゅう[最中]。しきって[頻]。せきせき。ひひ[比比]。中世しきしき[頻頻]。ちょくちょく。てしげし[手繁]。ひらに[平]。ひんぱん[頻繁]。中古しきしき[頻頻]。しのに。せちに[切]。せめて。たびたび[度度]。上代しきに[頻]。しきりに[頻]。しくしく[頻頻]。しげく[繁]。しば[屢]。しばしば[屢屢/数数]。たえず[絶]。たびまねし[度遍]。ちへしくしくに[千重頻頻]。ちへなみしきに[千重波頻]。もとな。

《枕》上代おきつなみ[沖波]。[⇩しく]。

—現れること 近代ひんしゅつ[頻出]。ひんぱつ[頻発]。

—言い寄る 中古いひすさぶ[言荒]。

—行う 近世しこる[凝/痼]。上代ふ(助動詞)。

—行うさま 近世めった[滅多]。やたら[矢鱈]。

—風が吹く 中古ふきしく[吹頻]。

—鳴く 中古なきしきる[鳴頻]。上代しばなく[屢鳴]。

—降る 上代しきふる[頻降]。

波などが—立つ 上代しばたつ[屢立]。

しきん【至近】 近代目睫(もくせふ)の間。近世しきん[至近]。めさき[目先/目前]。指呼の間。目と鼻の先。中世まぢか[間近]。中古がんぜん[眼前]。もくぜん[目前]。目の前。上代めんぜん[面前]。

しきん【資金】 キャピタル(capital)。近代ききん[基金]。ぐゎんきん[元金]。ぐゎんぽん[元本]。ぐんしきん[軍資金]。しきん[資金]。しほんきん[資本金]。ストック(stock)。ファイナンス(finance)。ファンド(fund)。ほんきん[本金]。近世しほん[資本]。ほんぎん[本銀]。もときん[元金]。もとぎん[元銀]。中世もとで[元手]。

—の調達 かねぐり[金繰]。しきんぐり[資金繰]。ファイナンス(finance)。

—の出所 きんみゃく[金脈]。げんし[原資]。しきんげん[資金源]。近代ざいげん[財源]。近世かねづる[金蔓]。きんかた[金方]。ぎんかた[銀方]。きんしゅ[金主]。ぎんしゅ[銀主]。

—不足 近世かねづかへ[金支]。かねづまり[金詰]。

—を運用し財産を増やすこと 近代りしょく[利殖]。近世しょくさん[殖産]。

—を出すこと 近代しゅっし[出資]。とうし[投資]。

余っている— 近世よざい[余財]。中古よし[余資]。

外国から入る― がいこくしほん[外国資本]。がいし[外資]。

軍事に使う― 近代 ぐんしきん[軍資金]。近世 ぐんようきん[軍用金]。中古 ぐんし[軍資]。

し・く【敷】 セッティング(setting)。ふじん[布陣]。近代 せっち[設置]。中世 ふち[布置]。中古 うちしく[打敷]。ふせつ[敷設]。まうく[もうける][設]。上代 かたしく[片敷]。しく[敷/布]。

《枕》上代 いなむしろ[寝筵]。

草木を折って―・く 中古 をりしく[折敷]。

敷石などを道に―・く 近代 たたむ[畳]。

隙間なく―・く 近世 しきつむ[―つめる][敷詰]。

じく【軸】❶〈中軸〉 きじく[基軸]。近代 しゅぢく[主軸]。ちゅうかく[中核]。ちゅうぢく[中軸]。近世 きぢく[機軸]。すうぢく[枢軸]。中世 かなめ[要]。中古 ちゅうしん[中心]。

じく【軸】❷〈車軸〉 スピンドル(spindle)。ピボット(pivot)。近代 くゎいてんぢく[回転軸]。シャフト(shaft)。しんぼう[心棒]。中古 ぢく[軸]。しゃぢく[車軸]。よこがみ[軸]。

じく【軸】❸〈掛け軸〉 近代 かけぢく[掛軸]。中世 かけもの[掛物]。ぢくもの[軸物]。中古 ぢく[軸]。まきもの[巻物]。

―にしてある書画 どうふく[堂幅]。じょうふく[条幅]。近代 しょふく[書幅]。近世 ぐゎふく[画幅]。

象牙の― 近代 げぢく[牙軸]。

茶席に掛ける― 近代 ちゃがけ[茶掛]。ちゃせきがけ[茶席掛]。近世 ちゃがけもの[茶掛物]。

じく【字句】 近代 フレーズ(phrase)。近世 ごく[語句]。じく[字句]。中古 いちじいっく[一字一句]。上代 く[句]。しゃうく[章句]。

―に手を入れること ほひつ[補筆]。近代 さくぢょ[削除]。てんざん[添竄/添刪]。近世 さんぢょ[刪除]。ふせい[斧正]。中世 かひつ[加筆]。すいこう[推敲]。てんさく[添削]。上代 かうせい[校正]。

華麗な― 近代 びじれいく[美辞麗句]。れいじ[麗辞]。

じくあし【軸足】 近代 ぢゅうてん[重点]。りきてん[力点]。近世 たちば[立場]。ぢゅうしん[重心]。

しぐさ【仕草】 身のこなし。近代 ジェスチャー/ジェスチュア/ゼスチャー(gesture)。しぐさ[仕草]。近世 しこなし。そぶり[素振]。みぶり[身振]。中世 どうさ[動作]。ふり[振]。中古 きょそ[挙措]。きょどう[挙動]。しょさ[所作]。しょゐ[所為]。てふり/てぶり[手振]。上代 しょぎゃう[所行]。ふるまひ[振舞]。

心の表れとしての― 中古 こころばへ[心延]。

子供っぽい― 中世 をさなぶるまひ[幼振舞]。

しくじ・る →あやまち →しそこな・う

シグナル(signal) 近代 サイン(sign)。シグナル。しんがう[信号]。中世 あひづ[合図]。

しくみ【仕組】 近代 きこう[機構]。きじょ[機序]。きせい[機制]。こうせい[構成]。しくみ[仕組]。システム(system)。そしき[組織]。プロット(plot)。ほねぐみ[骨組]。メカニズム(mechanism)。近世 さうち[装置]。しかけ[仕掛]。中世 あやつり[操]。からくり[絡繰/機関]。こうざう[構造]。なりたち[成立]。中古 つくり[造]。上代 きぼ[規模]。

大がかりな― 近世 おほがかり[大掛]。おほじかけ[大仕掛]。

し・くむ【仕組】 プラニング/プランニング(planning)。近代 きくゎく[企画]。きと[企図]。近世 からくむ[絡組]。けいくゎく[計画]。しくむ[仕組]。たくらむ[企]。とりくむ[取組]。もくろむ[目論]。中世 くはだつ[―だてる][企]。くみたつ[―たてる][組立]。しかく[―かける][仕掛]。上代 かまふ[かまえる][構]。

じぐも【地蜘蛛】 近世 えぐも[蜘蛛]。ぢぐも[地蜘蛛]。つちぐも[土蜘蛛]。中世 あなぐも[穴蜘蛛]。ふくろぐも[袋蜘蛛]。

シクラメン(ラテン Cyclamen) かがりびそう[篝火草]。かがりびばな[篝火花]。近代 シクラメン。豚の饅頭。

しぐれ【時雨】 じう[時雨]。中世 えきう[液雨]。時知る雨。上代 しぐれ[時雨]。

―が降る 中古 うちしぐる[打時雨]。かきしぐる[掻時雨]。しぐる[しぐれる][時雨]。

―が降るように深くたちこめた霧 近世 きりしぐれ[霧時雨]。

―の後のように露が一面に降りること 中世 つゆしぐれ[露時雨]。

一方は晴れて一方で降る― 近世 かたしぐれ[片時雨]。

京都北山から降ってくる― 近世 きたやましぐれ[北山時雨]。

その年最初の― 中古 はつしぐれ[初時雨]。

春にわかに降るー 近代 はるしぐれ[春時雨]。
晩秋のー 近世 あきしぐれ[秋時雨]。
降っては止み止んでは降るー 中古 むらしぐれ[村時雨/叢時雨]。
夕方に降るー 中世 ゆふしぐれ[夕時雨]。
雪まじりのー 近代 ゆきしぐれ[雪時雨]。
横なぐりに降るー 中古 よこしぐれ[横時雨]。
夜に降るー 中世 さよしぐれ[小夜時雨]。
▼にわかに降る雪 近代 ゆきしぐれ[雪時雨]。

しけ【時化】❶〈海上〉 近世 あらし[嵐]。しけ[時化]。中世 ぼうふうう[暴風雨]。

しけ【時化】❷〈不漁〉 近世 しけ[時化]。ふけいき[不景気]。ふれふ[不漁]。

しけい【死刑】 中古 しけい[死刑]。上代 きょくけい[極刑]。けいりく[刑戮]。しざい[死罪]。たいへき[大辟]。
ーにする 近代 しょけい[処刑]。近世 笠の台が飛ぶ。中古 りくす[戮]。上代 ちゅうす[誅]。

しけい【私刑】 してきせいさい[私的制裁]。近代 しけい[私刑]。リンチ(lynch)。

じけい【自警】 近世 じけい[自警]。中古 ごしん[護身]。じゑい[自衛]。

しげき【刺激】 近代 しょうげき[衝撃]。だげき[打撃]。つうげき[痛撃]。近世 しげき[刺激]。ししょう[刺衝]。
ーがこたえる 中古 しむ[しみる][染/沁/滲]。
ー・する 近代 さす[刺]。火を付ける。近世 かきたつ[ーたてる][掻立]。中世 かどだつ[ーだてる][角立]。角が立つ。
ーで生じる変化 近代 はんおう/はんのう[反応]。
ーに過敏な性質 近代 しんけいしつ[神経質]。
ーに反応するさま 近代 ちくり。びりびり。近世 ぴりぴり。
ーを受ける器官 じゅようき[受容器]。じゅようたい[受容体]。せつじゅたい[摂受体]。レセプター(receptor)。近代 かんかくき[感覚器]。かんかくきくゎん[感覚器官]。
ーを感じるかどうかの境目 いき[閾]。
ーを感じる度合い 近代 かんど[感度]。
動物に本能行動を起こさせるー かぎしげき[鍵刺激]。しんごうしげき[信号刺激]。
目的を達成するためのー インセンティブ(incentive)。どうきづけ[動機付]。

しげく【繁】 近世 ちょいちょい。ちょくちょく。中世 しげしげ/しげしげし[繁繁]。ひんぱん[頻繁]。ひんぴん[頻頻]。中古 しのに。たびたび[度度]。上代 しくしく/しくじく[頻頻]。しげし[繁/茂]。しじに[繁]。しば[数]。しばしば[屡屡/数数]。しみに[繁]。しみみに[繁]。→**しげしげ**(次項)
《枕》中古 なつくさの[夏草]。

しげしげ【繁繁】 しげく[繁]。つくづく。中世 しげしげ/しげしげし[繁繁]。上代 しばしば[屡屡/数数]。→**しげく**(前項)
ーと見つめるさま 近世 じろじろ。まじまじ。

じけつ【自決】 →**じさつ**

しげみ【繁】 ブッシュ(bush; ドイツ Busch)。近代 くさやぶ[草藪]。ぐんせい[群生]。上代 くさむら[草叢/叢]。こむら[木叢]。しげ[繁]。しげみ[繁]。しげり[茂/繁]。

しげ・る【繁】 中古 おひしげる[生茂]。しげりあふ[繁合]。はびこる[蔓延]。はひひろごる[這広]。上代 こだる[木足]。さかゆ[さかえる][栄]。しげる[繁/茂]。しみさぶ[茂/繁]。はんも[繁茂]。
《枕》上代 このくれの[木暮]。なつくさの[夏草]。はるくさの[春草]。
ー・っている 近世 おひかさむ[生嵩]。中古 おひこる[生凝]。中世 おひかさなる[生重]。しげりわたる[茂渡]。上代 しみさぶ[茂/繁]。
ー・っているさま ぼうぼう。近代 うっこ[鬱乎]。近世 うつ[鬱]。うっさう[鬱蒼/鬱葱]。でうでう[条条]。はんぶ[繁蕪]。中世 あいあい[藹藹]。こんもり。ほうほう[蓬蓬]。中古 いやおひ[弥生]。をうつ[蓊鬱/蓊蔚]。上代 もし[茂]。
ー・り広がること 中世 はんえん[繁衍/蕃衍]。上代 はんしょく[繁殖/蕃殖]。
青々とー・る 中世 あをむ[青]。
木がー・っているさま 中古 こしげし[木繁/木茂]。
高くー・っているさま 近世 おひかさむ[生嵩]。上代 こだかし[木高]。

しけん【私見】 しこう[私考]。しょうこう[小考]。近代 ぐかう[愚考]。しあん[私案]。近世 しけん[私見]。ひけん[卑見/鄙見]。中世 ぐけん[愚見]。しい[私意]。じせつ[自説]。せうけん[小見]。中古 ぐあん[愚案]。くゎんけん[管見]。しぎ[私議]。

しけん【試験】 オーディション(audition)。近代 エグザミネーション(examination)。かうさ[考査]。けんさ[検査]。けんてい[検定]。しきんせき[試金石]。しんさ[審査]。テスト(test)。近世 じっけん[実験]。しもん[試問]。せぶみ[瀬踏]。ためし[試]。中古 こころみ[試]。上代 かうし[考試]。せんかう[選考/銓衡]。

ー・する 中世こころむ[こころみる][試]。ためす[試]。上代こころみる[試]。

ーに通らないこと すべる[滑]。近代おちる[落]。ふがふかく[不合格]。中古らくだい[落第]。

ーに通ること パス(pass)。中古がふかく[合格]。きふだい[及第]。とうだい[登第]。

後で別に行うー ついし[追試]。近代ついしけん[追試験]。

国が行うー 近世こうし[公試]。こくかしけん[国家試験]。

中国の官吏登用ー 近世きゃうし[郷試]。くゎいし[会試]。でんし[殿試]。中世かいし[解試]。しゃうし[省試]。ていし[廷試]。中古くゎきょ[科挙]。しんし[進士]。

定期的に行われるー きまつしけん[期末試験]。ちゅうかんしけん[中間試験]。ていきしけん[定期試験]。

日本の官吏登用ー こっかしけん[国家試験]。上代くゎし[課試/科試]。くゎだい[科第]。

その他ーのいろいろ(例)① [人] しかくしけん[資格試験]。しほうしけん[司法試験]。にゅうし[入試]。ペーパーテスト(paper test)。もし[模試]。近代きゃうさうしけん[競争試験]。こうじゅつしけん[口述試験]。こうとうしもん[口頭試問]。せんばつしけん[選抜試験]。ディクテーション(dictation)。にふがくしけん[入学試験]。にふしゃしけん[入社試験]。ひっきしけん[筆記試験]。めんせつ[面接]。もぎしけん[模擬試験]。

その他ーのいろいろ(例)② [物] かじゅうしけん[荷重試験]。かんにゅうしけん[貫入試験]。はかいしけん[破壊試験]。ひはかいしけん[非破壊試験]。

しげん【至言】 近代しんげん[箴言]。中世かく[佳句]。きんく[金句]。中古きんげん[金言]。しげん[至言]。すく[秀句]。めいく[名句]。めいげん[名言]。上代かくげん[格言]。しうく[秀句]。

しげん【資源】 近代ざいれう[材料]。しげん[資源]。ぶっし[物資]。リソース(resource)。

じけん【事件】 ハプニング(happening)。近代アクシデント(accident)。じけん[事件]。できごと[出来事]。へん[変]。近世いちらく[一落]。さわぎ[騒]。中世もんちゃく[悶着]。中古こと[事]。さうどう[騒動]。上代じこ[事故]。

ーが片付かないまま終わること おみやいり[宮入]。近代めいきゅういり[迷宮入]。

ーが片付くこと へいまく[閉幕]。近代しゅうきょく[終局]。

ーの広がり 近代とびひ[飛火]。

多くの難しいーがあること 近代たじたなん[多事多難]。

思いがけないー 近代青天の霹靂(へきれき)。中世うちつけごと[打付事]。きふじ[急事]。

解決困難なー 近代さくせつ[錯節]。中世なんじ[難事]。なんだい[難題]。

好ましくないー 近代ふしゃうじ[不祥事]。

最近のー 近代きんじ[近事]。

重大なー 近代だいじけん[大事件]。近世おほごと[大事]。いざ鎌倉。中世いちだいじ[一大事]。上代だいじ[大事]。

小さなー 近代せうへん[小変]。

一つのー 近代ひとさうどう[一騒動]。近世いちらく[一落]。中世いっけん[一件]。いっぱ[一波]。

前にあったー 中古ひとふし[一節]。

むごたらしいー 近代さんげき[惨劇]。さんじ[惨事]。

珍しいー 中古ちんじ[珍事]。

じげん【時限】 じょうじ[定時]。近代じかん[時間]。ていこく[定刻]。ていじ[定時]。近世じげん[時限]。中古こくげん[刻限]。

しご【死後】 近世百歳(ひゃくさい)の後(のち)。中世のちのこと[後事]。みののち[身後]。もつご[没後]。万歳(ばんざい)の後(のち)。中古あと[後]。うしろ[後]。しご[死後]。しんご[身後]。なきあと[亡後]。なきかげ[亡影]。なきよ[亡世]。のち[後]。ぼつご[没後]。めつご[滅後]。上代のちのよ[後世]。→し・ぬ

ー生まれ変わる所 中世しゃうしょ[生所/生処]。

ー生まれ変わるまでの間 中世ちゅういん[中陰]。ちゅうう[中有]。

ー長い年月が経つ 近世墓木(ぼく)已(すで)に拱(きょう)す。

ーに家族が慎む期間 近世もうちゅう[朦中]。中世きちゅう[忌中]。ひかず[日数]。も[喪]。もちゅう[喪中]。中古ごしちにち[五七日]。しじふくにち[四十九日]。しちしちにち/なぬか[七七日]。

ーに家族などがする法事 近代しちくゎいき[七回忌]。にしちにち[二七日]。近世いちしちにち/ひとなぬか[一七日]。しょなのか[初七日]。みなのか[三七日]。むかはり。中世さんくゎいき[三回忌]。さんしうき[三

周忌］。さんねんき［三年忌］。ねんき［年忌］。ひかず［日数］。ひゃくかにち［百箇日］。まんちゅういん［満中陰］。ろくしちにち［六七日］。中古ごしちにち［五七日］。しじふくにち［四十九日］。しちしちにち／なななぬか［七七日］。しゃうにち［正日］。しょしちにち［初七日］。なぬか［七日］。のちのこと［後事］。のちのわざ［後業］。ふたなのか［二七日］。みなぬか［三七日］。よなぬか［四七日］。上代さんしちにち［三七日］。

—に称号を贈ること 近代ぞうし［贈諡］。中世おくりがう［贈号／諡号］。おくりな［諡／贈名］。ぞうがう［贈号］。ついがう［追号］。ついし［追諡］。中古のちのいみな［後諱］。上代いみな［諱］。しがう［諡号］。ついそう［追崇］。ついそん［追尊］。

—にその人を悼み惜しむこと 近代ついせき［追惜］。てうし［弔死］。てうたう［弔悼］。近世くやみ［悔］。中世あいせき［哀戚］。あいたう［哀悼］。ついたう［追悼］。上代あいしゃう［哀傷］。

—に残す言葉 近世いひげん［遺言］。ゐげん／ゐごん［遺言］。中世いひごん［遺言］。のちごと［後言］。上代ゆいごん［遺言］。

—に残っていること 中世こうじ［後事］。

—の幸福 近世ぼだ［菩提］。中世みゃうふく／めいふく［冥福］。中古ごしゃう［後生］。ぼだい［菩提］。

—の世界 →**あのよ**

—の誉れ 近世しにばな［死花］。しにびかり［死光］。

貴人の— 中世万歳（ばんぜい）（万歳（ばんざい））の後。

配偶者の— 近世しにあと［死後］。

しご【私語】 近世おしゃべり［御喋／御饒舌］。ひそひそばなし［話］。みつごん［密言］。むだぐち［無駄口］。中古しご［私語］。みそかごと［密言］。みつご［密語］。

じこ【事故】 トラブル(trouble)。近代アクシデント(accident)。いへん［異変］。こしゃう［故障］。できごと［出来事］。まちがひ［間違］。中世ことゆゑ［事故］。上代じこ［事故］。へんじ［変事］。

—のないこと むじこ［無事故］。上代ぶじ［無事］。

表に出ない—の件数 あんすう［暗数］。

衝突— クラッシュ(crash)。

じこ【自己】 中世じぶん［自分］。中古みづから［自］。わがみ［我身］。上代おのれ［己］。じこ［自己］。じしん［自身］。われ［我］。→**じぶん**

—愛 じことうすい［自己陶酔］。ナルシシズム／ナルシズム(narcissism)。近代じそん［自尊］。近世うぬぼれ／おのぼれ［自惚］。

—顕示 うりこみ［売込］。近代じこせんでん［自己宣伝］。じせん［自薦］。スタンドプレー(grandstand playから)。のうがき［能書］。ばいめい［売名］。近世てまへみそ［手前味噌］。中古じまん［自慢］。てらふ［衒］。

—中心主義 近代エゴイズム(egoism)。エゴチズム／エゴティズム(egotism)。りこしゅぎ［利己主義］。近世ひとりよがり［独善］。

—中心主義者 近代うぬぼれや［自惚屋］。エゴイスト(egoist)。エゴティスト(egotist)。

—の内面を探究する 近代ないくゎん［内観］。ないせい［内省］。

—の欲望に克つこと じりつ［自律］。近代こくき［克己］。こくふく［克服］。セルフコントロール(self control)。てうこく［超克］。近世じせい［自制］。中世せっせい［節制］。

—を意識すること じがいしき［自我意識］。近代じいしき［自意識］。じが［自我］。じかく［自覚］。じこいしき［自己意識］。近世まなしき［末那識］。

じご【事後】 →**いご【以後】**

しこう【思考】 近代かうし［考思］。かうりゃう［考量］。かうりょ［考慮］。しかう［思考］。しゐ［思惟］。近世かうさつ［考察］。かんかう［勘考］。かんがへ［考］。しべん［思弁］。中世しあん［思案］。しさう［思想］。しさく［思索］。しょし［所思］。中古い［意］。おもひはかり［思量／思計／慮］。くゎんねん［観念］。しねん［思念］。しゅい［思惟］。しょぞん［所存］。しりゃう［思量］。しりょ［思慮］。→**かんがえ**

—の錯乱 アメンチア(ラテンamentia)。

しこう【至高】 近代さいかうきふ［最高級］。さいぜん［最善］。さいりゃう［最良］。ベスト(best)。近世さいかう［最高］。しかう［至高］。この上なし。中世しじゃう［至上］。中古さいじゃう［最上］。上代むじゃう［無上］。

しこう【嗜好】 すきこのみ［好好］。近代しゅみ［趣味］。近世かうしゃう［好尚］。中世しかう［嗜好］。たしなみ［嗜］。ものずき［物好／物数奇］。中古このみ［好］。→**このみ**

しこう【志向】 近代いかう［意向］。いしき［意識］。いと［意図］。しかう［志向］。しかう［指向］。しばう［志望］。しんさん［心算］。近世こころぐみ［心組］。つもり［積］。めざ

す［目指／目差］。中世しょし［所思］。中古こころざし［志］。しぐゎん［志願］。しょぞん［所存］。

しこう【試行】 近代トライ(try)。トライアル(trial)。近世しけん［試験］。ためし［試］。ものは試し。中世せぶみ［瀬踏］。中古こころみ［試］。

あれこれと—・する しこうさくご［試行錯誤］。近代あんちゅうもさく［暗中模索／暗中摸索］。

しこう【施行】 近代じっし［実施］。じっせん［実践］。せかう［施行］。近世じっかう［実行］。中世しかう［施行］。しっかう［執行］。せぎゃう［施行］。上代しぎゃう［施行］。

しこう【指向】 →**しこう【志向】**

しこう【伺候】 近代うかがふ［伺］。中世こうず［候］。さうらふ／ざうらふ［候］。しこう［伺候］。はうもん［訪問］。中古さんじゃう［参上］。たづぬ［たずねる］［訪］。上代はべり［侍］。

じこう【事項】 アイテム(item)。近代かう［項］。かうもく［項目］。けん［件］。じかう［事項］。でうかう［条項］。中世かでう［箇条］。でう［条］。でうもく［条目］。

いろいろな— しょくち［諸口］。

じこう【時候】 近代きしゃう［気象］。シーズン(season)。てんこう［天候］。近世きこう［季候］。じせつ［時節］。やうき［陽気］。中世こう［候］。中古きせつ［季節］。じれい［時令］。とし［年／歳］。をり［折］。上代じこう［時候］。じせつ［時節］。とき［時］。

—の挨拶 近代じぎ［時儀］。もんあん［問安］。近世かんしょ［寒暑］。寒暄(かんけん)を叙す。寒暑を叙す。

—の挨拶の例①［春］ 近代桜花の候。向暑の候。早春の候。残春の候。春寒の候。春暖の候。春分の候。初春のみぎり。新春の候。惜春の候。浅春の候。仲春の候。梅花の候。暮春の候。陽春の候。立春の候。

—の挨拶の例②［夏］ 近代桜桃の候。炎暑の候。薫風の候。軽暑の候。酷暑の候。残暑の候。初夏の候。新緑の候。盛夏の候。大暑の候。仲夏の候。入梅の候。麦秋の候。晩夏の候。立春の候。霖雨(りんう)の候。

—の挨拶の例③［秋］ 近代向寒の候。菊花の候。錦秋の候。紅葉の候。爽秋(さうしう)の候。早涼の候。秋涼の候。秋冷の候。初秋の候。新秋の候。新涼の候。清秋の候。野分の候。初雁の候。初霜の候。晩秋の候。暮秋の候。立秋の候。涼風の候。

—の挨拶の例④［冬］ 近代向春の候。寒気の候。寒冷の候。厳寒の候。厳冬の候。酷寒の候。歳晩の候。歳末の候。師走の候。初冬の候。大寒の候。初雪の候。晩冬の候。余寒の候。

—の変化 中世かんねつ［寒熱］。中古かんしょ［寒暑］。

花が咲く— 近代かこう［花候］。はなどき［花時］。中古くゎじ［花時／華時］。

じごうじとく【自業自得】 近代いんぐゎおうほう［因果応報］。じじょうじばく［自縄自縛］。墓穴を掘る。近世こころがら［心柄］。中世じごふじとく［自業自得］。じめつ［自滅］。

《句》近代悪事身に返る。仇(あだ)も情も我が身より出る。楽屋から火を出す。狩人罠(わな)にかかる。空を向いて石を投げる。手を出して火傷(やけど)する。我が刀で首切る。近世泥を打てば面(つら)へ跳ぬ［—跳ねる］。飛んで火に入る夏の虫。爾(なんぢ)に出づるものは爾(なんぢ)に反(かへ)る。平家を滅ぼすは平家。本丸から火を出す。雪仏の水遊び。中世土仏の水遊び。土仏の水狂ひ。土仏の水なぶり。身から出た錆(さび)。

しごく【至極】 →**きわめて**

しごく【扱】 かわいがる［可愛］。近代きたへる［鍛］。くんれん［訓練］。しぼる［絞］。れんせい［練成］。近世すぐる［選］。中世しごく［扱］。たんれん［鍛錬／鍛練］。れんま［錬磨］。中古こく［扱］。

—・き落とす 中世こきおとす［扱下］。

—・き散らす 中古こきちらす［扱散］。

—・き取って袂(たもと)などに入れる 中古こきいる［扱入］。上代こきる［扱］。

じこく【時刻】 近代じかん［時間］。じてん［時点］。タイム(time)。近世じあひ［時合］。中古こくげん［刻限］。じ［時］。じしん［時辰］。上代じこく［時刻］。とき［時］。→**じかん**

—表 近代じかんわり［時間割］。タイムテーブル(timetable)。

—を指定すること 近世ときづけ［時付］。

—を知らせること ほうじ［報時］。近代じほう［時報］。中世うつ［打］。中古時を撞く。

—を知らせる太鼓 近世ときだいこ［時太鼓］。

—を知らせる役人 中古けいじん［鶏人］。

決められた— じょうじ［定時］。近代ていこ

く［定刻］。ていじ［定時］。近世れいこく［例刻］。中古れいじ［例時］。

決められた―に遅れること 近世ちこく［遅刻］。

その―になる 中古いたる［至／到］。上代かたまく［片設］。なる［成／為］。

半ばが過ぎて終わりの―が近付く 中世ななめ［斜］。

予定の―が過ぎること 近代まはる［回／廻］。中世ちち［遅遅］。上代すぐ［すぎる］［過］。

じこく【自国】 近代そこく［祖国］。ぼこく［母国］。中世じこく［自国］。中古ここく［故国］。しゃうごく［生国］。

―の 近代ドメスティック(domestic)。

じごく【地獄】 インフェルノ／インヘルノ(ポルトガル inferno)。ゲヘナ(Gehenna)。ヘル(hell)。近代れんごく［煉獄］。近世いんし［陰司］。やうちん［永沈］。中世ないり［奈利／泥梨］。ならく／ならくのそこ［奈落底］。むけん／むげん／むけんぢごく［無間地獄］。むけんならく［無間奈落］。むけんのそこ［無間底］。中古こくあん［黒闇／黒暗］。みゃうだう［冥道］。上代ぢごく［地獄］。

―にある池 近世ちのいけ［血池］。

―にある山 近世はりのやま［針山］。中古たうえふりん［刀葉林］。

―に落ちること 中世だごく［堕獄］。だぢごく［堕地獄］。

―の絵 近代ぢごくへん［地獄変］。近世ぢごくへんさう［地獄変相］。中古ぢごくゑ［地獄絵］。

―の王 近世えんまらじゃ［閻魔羅闍］。中世えんまだいわう［閻魔大王］。中古えんま［閻魔］。えんまわう［閻魔王］。えんら［閻羅］。えんらわう［閻羅王］。

―の鬼 近代めいき［冥鬼］。近世ごくそつ［獄卒］。めっきしゃくき［滅鬼積鬼］。中世えんまそつ［閻魔卒］。えんらごくそつ［閻羅獄卒］。めづ［馬頭］。中古あくき［悪鬼］。えうしおに［牛鬼］。うまのかしら［馬頭］。えんらにん［閻羅人］。ごくそち［獄卒］。ごづめづ［牛頭馬頭］。

―の釜 近世むけんのかま［無間釜］。

―の底 中古奈落の底。

―の火 中世ごくくゎ［獄火］。ごふくゎ［業火］。

―の火の穴 中世くゎきゃう［火坑］。

―の役人 近代ごくてい［獄丁］。近世ごくそつ［獄卒］。中古あばう［阿防／阿傍］。あばうらせつ［阿防羅刹／阿傍羅刹］。みゃうくゎん［冥官］。

その他―のいろいろ(例) 近代いきぢごく［生地獄］。中世あびぢごく［阿鼻地獄］。えんねつぢごく［炎熱地獄］。ぐれんぢごく［紅蓮地獄］。くゎんくぢごく［灌口地獄］。けうくゎんぢごく［叫喚地獄］。こくじょうぢごく［黒縄地獄］。ごくねつぢごく［極熱地獄］。せうねつぢごく［焦熱地獄］。はちかんぢごく［八寒地獄］。はちだいぢごく［八大地獄］。はちねつぢごく［八熱地獄］。むげんならく［無間奈落］。中古ふんだりか［分茶離迦］。ふんだりけ［分陀利華］。むけんぢごく［無間地獄］。

しこたま 近世しこたま。たんまり。中世たっぷり。→**おお・い**

しごと【仕事】 ジョブ(job)。トラバーユ(フランス travail)。近代かげふ［稼業］。げふむ［業務］。こうさく［工作］。さくげふ［作業］。つとめ［勤］。ビジネス(business)。メチエ(フランス métier)。ようむ［用務］。らうむ［労務］。ワーク(work)。近世きんむ［勤務］。しょくしもの［仕物］。しょくげふ［職業］。しょくじ［職事］。しょざい［所在］。すぎあひ［生業］。らうどう［労働］。中世かせぎ［稼さげふ［作業］。しごと［仕事］。しょく［職］。すぎはひ［生業］。中古いとなみ［営］。げふ［業］。こと［事］。ことわざ［事業］。じげふ［事業］。しゃうばい［商売］。しょさ［所作］。そげふ［素業］。たくみ［工／匠／巧］。なりはひ［生業］。わざ［業］。上代きんらう［勤労］。さんげふ［産業］。せいげふ［生業］。

《句》近世生業(なりはひ)(生業(すぎはひ))は草の種。身過ぎは草の種。渡世は八百八品(やしな)。

―がうまく運ぶさま のうりつてき［能率的］。近代まぶ。

―が多く忙しい たじたたん［多事多端］。近世ばうさい［忙殺］。ばうさつ［忙殺］。中世たじ［多事］。

―が遅いさま 中世てねば［手粘］。

―が完了する 近代くゎんせい［完成］。しあがる［仕上］。近世手が離る［―離れる］。中世しまふ［仕舞／終／了］。

―が早いこと 近世てばし／てばしこし［手捷］。中世てばしかし［手捷］。てばやし［手早］。

―・する 近代とる［執］。近世げふさ［業作］。しょさくる［所作繰］。中世しつむ［執

し

務]。はたらく[働]。中古 いとなむ[営]。じゅうじ[従事]。上代 したがふ[従]。たづさはる[携]。

—で着る服 近代 ジーンズ(jeans)。しごとぎ[仕事着]。せいふく[制服]。なっぱふく[菜葉服]。

—に就く 近代 しうげふ[就業]。しうらう[就労]。中古 じゅうじ[従事]。

—に励み節約すること 近世 きんけん[勤倹]。

—熱心な人 しごとし[仕事師]。ワーカホリック(workaholic)。仕事の鬼。仕事の虫。近代 はたらきばち[働蜂]。近世 はたらきもの[働者]。

—の歌 近代 らうさくか[労作歌]。らうどうか[労働歌]。近世 しごとうた[仕事歌]。

—の歌の例 近代 こびきうた[木挽歌/木挽唄]。さけづくりうた[酒造唄]。むぎうちうた[麦打歌]。近世 いしひきうた[石引唄]。からざをうた[殻竿歌]。きやりうた[木遣歌]。たうゑうた[田植歌]。ちゃつみうた[茶摘歌/茶摘唄]。まごうた[馬子唄]。

—の社会的地位 やくしょく[役職]。近代 かたがき[肩書]。レッテル(オランダletter)。

—の進み具合 近代 かうりつ[効率]。のうりつ[能率]。中古 はか[捗/果]。上代 こうてい[功程]。

—の能率を故意に下げる 近代 サボ/サボタージュ(フランスsabotage)。サボる。たいげふ[怠業]。

—のよくできる人 近代 しゅわんか[手腕家]。やりて[遣手]。

—のよくできる役人 近代 のうり[能吏]。中古 りゃうし[良吏]。

—始め 近代 ごようはじめ[御用始]。しぞめ[仕初/為初]。

—量を表す言葉 のべにっすう[延日数]。近代 のべじんゐん[延人員]。のべにんずう[延人数]。近世 ばりき[馬力]。

—を与えない 近世 ほす[干]。

—を失う 近代 しつげふ[失業]。しっしょく[失職]。近世 足が上がる。

—をしない げっきゅうどろぼう[月給泥棒]。近代 ざしょく[座食/坐食]。としょく[徒食]。ひげふ[罷業]。りうれんくゎうばう[流連荒亡]。近世 ぶらぶら。ろくぬすびと[禄盗人]。ゐぐひ[居食]。中世 ぶらりぶらり。《句》近代 箸より重い物を持ったことがない。近世 座して食らへば山も空し。

—を辞めさせる じんいんせいり[人員整理]。近代 かいこ[解雇]。かいにん[解任]。かくしゅ[馘首]。くび[首]。つめばら[詰腹]。ひめん[罷免]。めんくゎん[免官]。めんしょく[免職]。めんずる[免]。リストラ/リストラクチュアリング(restructuring)(もと「企業再編成」の意)。近世 おはらひばこ[払箱]。首にす。首を切る。中世 かいしょく[解職]。暇(ひま)(暇(いとま))を出(だ)す(出(だい)す)。

—を辞めてのんびり暮らす 上代 いんきょ[隠居]。

—を辞める たいじん[退陣]。りしょく[離職]。近代 じにん[辞任]。たいしゃ[退社]。たいにん[退任]。リタイア(retire)。りにん[離任]。近世 身を引く。中世 いんたい[引退]。いんたい[隠退]。じしょく[辞職]。しりぞく[退]。たいしょく[退職]。ゆうたい[勇退]。中古 いとま[暇/遑]。おる[下/降]。じす[辞]。上代 いんきょ[隠居]。

—を分け合う ワークシェアリング(work sharing)。

荒々しい— 近代 ちからしごと[力仕事]。近世 あらしごと[荒仕事]。あらわざ[荒業]。

家の— 近世 かげふ[家業]。中世 かしょく[家職]。よ[世]。中古 そげふ[祖業]。

急がねばならない— 近世 きふむ[急務]。

一日でできる— 近代 ひしごと[日仕事]。

一生を掛けた— 近代 畢生(ひっせい)の大業(たいげふ)(事業)。ライフワーク(lifework)。

大きな— 近代 さうきょ[壮挙]。ゐげふ[偉業]。中世 たいかう[大行]。

女の— 近世 をんなわざ[女業]。上代 ぢょこう[女功/女紅]。

各地を転々とする— 近代 うきくさかげふ[浮草稼業]。

課せられた— 近代 くゎえき[課役]。タスク(task)。にんむ[任務]。近世 しょくむ[職務]。せきにん[責任]。中世 くゎげふ[課業]。くゎやく[課役]。にん[任]。

課せられた—の量 ノルマ(ロシアnorma)。

管理事務部門の— ひげんぎょう[非現業]。

机上の— 近代 じむ[事務]。

決まった— 近代 こうさん[恒産]。ていしょく[定職]。ルーチン/ルーティン(routine)。中世 にっくゎ[日課]。

口約束で受けた— 近世 のみこみしごと[呑込仕事]。

現場の実地の— げんぎょう[現業]。

雑多な— ざつよう[雑用]。近代 ざつえき[雑

役]。ざつげふ[雑業]。近世ざつむ[雑務]。上代ざつじ[雑事]。ざふむ[雑務]。
時間外の— じかんがいろうどう[時間外労働]。ちょうかきんむ[超過勤務]。ちょうきん[超勤]。近代オーバータイム(overtime)。ざんげふ[残業]。近世ゐのこりさげふ[居残作業]。
時間も費用も実用性も気にしない— とのさましごと[殿様仕事]。近代かんじげふ[閑事業]。
自分に合った— てきぎょう[適業]。てきしょく[適職]。近世てんしょく[天職]。
座ってする— ざしょく[座職]。近代ざげふ[座業/坐業]。
生活のための— 近代かげふ[稼業]。はたらきぐち[働口]。近世しょくげふ[職業]。はかりごと[策]。中世かせぎ[稼]。しょく[職]。すぎはひ[生業]。常の産。中古いとなみ[営]。げふ[業]。しゃうばい[商売]。とせい[渡世]。なりはひ[生業]。わざ[業]。上代せいげふ[生業]。なり[業]。わたらひ[渡]。
大工の—はじめ 中世かんなはじめ[鉋始]。中古きづくりはじめ[木造始]。てうなはじめ[手斧始]。
大切な— 中古えうむ[要務]。
体力を必要とする— 近代ちからしごと[力仕事]。にくたいらうどう[肉体労働]。
手先でする— 近代てしょく[手職]。近世てわざ[手業]。中世てしごと[手仕事]。中古しゅこう[手工]。
成し遂げた— 近代げふせき[業績]。じせき[事績]。

怠け者が大きな—を企てること 近代なまくらの大荷物。
残された— 近代ざんむ[残務]。
激しい— 上代げきむ[激務/劇務]。
複数の—をする へいにん[併任]。近代けんげふ[兼業]。二足の草鞋。近世かけもち[掛持]。けんむ[兼務]。中世けんしょく[兼職]。上代けんにん[兼任]。
俸給なしの名だけの— 近代めいよしょく[名誉職]。
本業でない— →**ふくぎょう**
間に合わせの— 近代いちやづけ[一夜漬]。やっつけしごと[遣付仕事]。
元の—に戻ること 近世ふくしょく[復職]。
よそに出掛けて—すること 近世でばり[出張]。中世しゅっちゃう[出張]。
夜の— やかんぎょうむ[夜間業務]。近代やげふ[夜業]。よなび[夜業]。よばたらき[夜働]。中世おなべ。よしごと[夜仕事]。よなべ[夜鍋]。
▼働き過ぎ しごとちゅうどく[仕事中毒]。ワーカホリック(workaholic)。

しごとば【仕事場】 さぎょうじょう/さぎょうば[作業場]。近代さくじば[作事場]。しょくいき[職域]。ワークショップ(workshop)。近世しごとば[仕事場]。しょくば[職場]。中世ふしんば[普請場]。
陶磁器を焼く— 近代かまば[窯場]。
美術工芸家の— 近代アトリエ(フランスatelier)。こうばう[工房]。

しこ・む【仕込】❶〈教え込む〉 近代くんれん[訓練]。しなん[指南]。近世おしへこむ[教込]。しいる[仕入]。しこむ[仕込]。中世しつく[—つける][躾]。中古したつ[—たてる][仕立]。

しこ・む【仕込】❷〈仕入れる〉 かいこむ[買込]。近世しいる[—いれる][仕入]。しこむ[仕込]。中世かひいる[—いれる][買入]。
急いで—こと にわかじこみ[俄仕込]。

しこ・む【仕込】❸〈組み込む〉 そうてん[装塡]。近代しくむ[仕組]。つめこむ[詰込]。近世しこむ[仕込]。つむ[つめる][詰]。中世くみこむ[組込]。上代をさむ[おさめる][納]。

しこり【痼】❶〈肉体〉 近世しこり[痼]。しゅやう[腫瘍]。中世ふしべ[贅/臑]。中古こぶ[瘤]。上代しひね[瘤]。ふすべ[贅/臑]。

しこり【痼】❷〈気持ち〉 近代わだかまり[蟠]。中世くったく[屈託]。
—がとけてなくなること 近世ようかい[溶解]。

じこりゅう【自己流】 近代じりう[自流]。近世じこりう[自己流]。中世がりう[我流]。

しさ【示唆】 近代あんじ[暗示]。サジェスチョン/サゼッション(suggestion)。しさ[示唆]。もくし/もくじ[黙示]。近世にほはせる[匂]。中世あんに[暗]。中古にほはす[匂]。ほのめかす[仄]。

しざ【視座】 近代かんがへかた[考方]。くゎんてん[観点]。してん[視点]。ちゃくがんてん[着眼点]。みかた[見方]。近世たちば[立場]。中世けんち[見地]。みやう[見様]。

しさい【子細】❶〈委細〉 近代しゃうさい[詳細]。近世こまかし[細]。ゐさい[委細]。中世せいさい[精細]。中古ことこまか[事細]。しさい[子細]。上代くはし[細/妙/

詳」。

しさい【子細】❷〈事情〉 近代 けいゐ[経緯]。近世 いきさつ[経緯]。やうす[様子]。中世 いちぶしじゅう[一部始終]。じじゃう[事情]。てんまつ[顚末]。よせ[寄]。わけ[訳]。中古 ありさま[有様]。けしき[気色]。しさい[子細]。

ーがありそうだ 中世 やうやうし[様様]。ゆゑぶ[故]。中古 ゆゑゆゑし[故故]。

しざい【死罪】→**しけい【死刑】**

しざい【資材】 近代 げんれう[原料]。しざい[資材]。そざい[素材]。マテリアル(material)。近世 ざいれう[材料]。中世 ざい[材]。ざいよう[財用]。中古 れう[料]。

しざい【私財】 こじんしさん[個人資産]。近代 しいうざいさん[私有財産]。しさん[私産]。近世 しんしょ[身上]。しんだい[身代]。中世 しざい[私財]。しし[私資]。しんしゃう[身上]。上代 かざい[家財]。かさん[家産]。

公の立場でーを増やす 私利を貪る。近代 私腹を肥やす。

しざい【資財】→**ざいさん**

じざい【自在】 思いのまま。近代 意のまま。中世 ずいい[随意]。中古 じざい[自在]。上代 じいう[自由]。

ー・に操る 近代 きんしょう[擒縦]。近世 手に乗る。

ー・になんでもできる力 近代 じんつうりき[神通力]。近世 しんそく/じんそく[神足]。じんそくつう[神足通]。中世 じんづうりき/じんづりき[神通力]。

考えや行動がー・なさま 近代 天馬空(くう)を行く。

しさく【思索】 近代 しかう[思考]。しゐ[思惟]。近世 かうさつ[考察]。かんがへ[考]。しべん[思弁]。中世 しさく[思索]。中古 おもひめぐらかす/おもひめぐらす[思巡]。しゆい[思惟]。

しさく【試作】 近代 しさく[試作]。しせい[試製]。しふさく[習作]。

しさく【施策】 近代 せいさく[政策]。はうさく[方策]。近世 たいさく[対策]。

絵や彫刻などのー 近代 エチュード(フランス étude)。→**したえ**

じさく【自作】 近世 じせい[自製]。てせい[手製]。中古 じさく[自作]。てづくり[手作]。

じざけ【地酒】 近代 そんしゅ[村酒]。そんぢゃう[村醸]。近世 くにざけ[国酒]。ぢざけ[地酒]。ところざけ[所酒]。中世 ゐなかざけ[田舎酒]。

しさつ【視察】 近代 ささつ[査察]。しさつ[視察]。じゅんえつ[巡閲]。近世 じゅんあん[巡按]。せいさつ[精察]。中世 けんがく[見学]。中古 くゎんさつ[観察]。上代 じゅんさつ[巡察]。

じさつ【自殺】 近代 じけつ[自決]。近世 かっぷく[割腹]。じさい[自裁]。じじん[自刃]。じふん[自刎]。とふく[屠腹]。刃(やいば)(刃(じん))に伏す。中世 しゃうがい[生害]。しゃしん[捨身]。せっぷく[切腹]。はらきり[腹切]。中古 じがい[自害]。じさつ[自殺]。上代 じじん[自尽]。

ーの真似 近代 きゃうげんじさつ[狂言自殺]。近世 しにてんがう[死]。

首をくくってー・する 近代 くびつり[首吊]。首(頸)を括る。近世 いし[縊死]。くびくくり[首括]。けいし[経死]。

恋人などの後を追ってー・すること 近代 あとおひしんぢゅう[跡追心中/後追心中]。

舌を嚙(か)み切ってー 近世 舌を食ふ。

主人の後を追ってー・すること 中世 おひばら[追腹]。ともばら[供腹]。上代 じゅんし[殉死]。

水中などに飛び込んでー・すること 近代 とうしんじさつ[投身自殺]。とびおりじさつ[飛降自殺]。とびこみじさつ[飛込自殺]。近世 にふすい[入水]。中世 じゅすい[入水]。とうしん[投身]。みなげ[身投]。

責任をとってー・すること 近代 いんけつ[引決/引訣]。

相愛の男女が一緒にー・すること 近世 じゃうし[情死]。しんぢゅう[心中]。

鉄砲で腹を撃ち抜いてー・すること 近世 てっぱうばら[鉄砲腹]。

自ら首を刎(は)ねてー・すること 近代 じふん[自刎]。近世 ふんし[刎死]。中世 じけい[自剄]。

▼僧などの入定 中世 くゎぢゃう[火定]。すいぢゃう[水定]。どぢゃう[土定]。

しさん【資産】→**ざいさん**

しさん【私産】→**しざい【私財】**

しさん【四散】 近世 ちらかる[散]。ちらばる[散]。ばらばら。中世 さんいつ[散逸]。中古 さんらん[散乱]。しさん[四散]。ちりぢり[散散]。ひさん[飛散]。上代 かいさん[解散]。ちりみだる[—みだれる][散乱]。ちる[散]。ぶんさん[分散]。りさん[離散]。

じさん【自賛】 近世 うぬぼれ/おのぼれ[自惚/

己惚］。じぐゎじさん［自画自賛］。てまへみそ［手前味噌］。てみそ［手味噌］。中古 じさん［自賛］。じたん［自歎／自嘆］。じまん［自慢］。

じさん【持参】 近代 けいかう［携行］。近世 けいたい［携帯］。中古 ぢさん［持参］。

—・して集まる 近世 もちよる［持寄］。

—・する もってくる［持来］。もってゆく［持行］。中世 たづさふ［—さえる］［携］。中古 もてまゐる［持参］。もてわたる［持渡］。ゐる［率］。

しさんか【資産家】→**かねもち**

じさんきん【持参金】 近世 けしゃうれう／けはひれう［化粧料］。しきがね［敷金／敷銀］。しききん［敷金］。しきぎん［敷銀］。ぢさんきん［持参金］。つけがね［付金］。みやげ［土産］。みやげがね［土産金］。中世 しきせん［敷銭］。

しし【嗣子】→**あとつぎ**

しし【死屍】→**したい**

しし【孜孜】 近代 せっせ。近世 あくせく［齷齪／偓促］。じじ［孳孳］。中世 こつこつ［兀兀］。中古 えいえい［営営］。しし［孜孜］。

しじ【指示】 近代 しじ［指示］。近世 おたっし［御達］。しれい［指令］。中世 いひつけ［言付］。さいはい［采配］。さししめす［指示］。さた［沙汰］。めいれい［命令］。中古 さしづ［指図］。しき［指揮］。してん［指点］。上代 げぢ［下知］。→**さしず**

しじ【支持】 近代 あとおし［後押］。こうゑん［後援］。サポート(support)。しぢ［支持］。しゑん［支援］。近世 ささふ／ささゆ［ささえる］［支］。肩を持つ。中世 肩を入る［—入れる］。

しじ【私事】 プライバシー(privacy)。近世 うちむき［内向］。しよう［私用］。中古 しじ［私事］。わたくしごと［私事］。わたくしざま［私様］。

しじ【師事】 近代 しじ［師事］。近世 したふ［慕］。でしいり［弟子入］。中世 にふもん［入門］。

しじ【四時】→**きせつ**

じじ【時事】 近代 アクチュアリティー(actuality)。カレント(current)。じきょく［時局］。中世 じじ［時事］。せじ［世事］。中古 せいじ［世事］。

—報道 カレントニュース(current news)。

—問題 カレントトピックス(current topics)。

ししうど【猪独活】 近世 いぬうど［犬独活］。うどきゃうくゎつ［独活羌活］。うどもどき［独活擬］。うまうど［馬独活］。ししうど［猪独活］。

ししおどし【鹿威】 近世 ししおどし［鹿威］。そうづからうす［添水唐臼］。中世 そうづ［添水］。

ししつ【資質】 近代 し［資］。ほんせい［本性］。近世 うつは［器］。きしつ［気質］。ししつ［資質］。しせい［資性］。しひん［資稟］。せいかく［性格］。たち［質］。中世 うまれつき［生］。きだて［気立］。したぢ［下地］。しゃうぶん［性分］。せいとく［生得］。そしつ［素質］。てんしつ［天質］。中古 さい［才］。さいき［才気］。さいち［才知／才智］。しゃうとく［生得］。てんぴん［天稟］。ひんしつ［稟質］。ほんしゃう［本性］。上代 さいかん［才幹／材幹］。さいのう［才能］。てんし［天資］。てんせい［天性］。ひんせい［稟性］。

—を見抜き引き出すのがうまい人 はくらく［伯楽］。

英雄的な— カリスマ(ドイ Charisma)。

指導者としての— しどうりょく［指導力］。とうそつりょく［統率力］。近代 リーダーシップ(leadership)。

ひいでた— 近代 えいし［英資］。

じしつ【自失】 きょだつ［虚脱］。近代 はうしん［放心］。ばうぜん［呆然］。近世 さうしん［喪心／喪神］。中世 ばうぜん［茫然］。我を忘る［—忘れる］。中古 じしつ［自失］。ばうぜん［惘然］。

じじつ【時日】→**つきひ**

じじつ【事実】 アクチュアリティー(actuality)。近代 ほんと［本当］。近世 げんじつ［現実］。ほんたう［本当］。中世 しんり［真理］。中古 じじつ［事実］。じち／じつ［実］。しんじつ［真実］。上代 じつじ［実事］。→**しんじつ**

《句》近代 事実は小説よりも奇なり。

—がないこと 中古 むじち／むじつ［無実］。

—でないこと 近代 きょこう［虚構］。きょばう［虚妄］。フィクション(fiction)。近世 うそいつはり［嘘偽］。きょまう［虚妄］。つくりばなし［作話］。でたらめ［出鱈目］。中世 うそ［嘘］。きょご［虚語］。しひごと［誣言］。ゑそらごと［絵空事］。中古 きょげん［虚言］。そらごと［空事／虚事］。つくりごと［作事］。ひがこと／ひがごと［僻事］。ひがさま［僻様］。上代 いつはり［偽／詐］。きょぎ［虚偽］。ふじつ［不実］。→**うそ**

—に基づく話 ノンフィクション(nonfiction)。近代 じつわ［実話］。中古 じっせつ

〔実説〕。

―のまま 中世 ありてい〔有体〕。中古 ありのまま〔有儘〕。

―を述べること 近世 じょじ〔叙事〕。

―を曲げて書くこと 近代 ぶぶんきょくひつ〔舞文曲筆〕。近世 きょくひつ〔曲筆〕。

―を曲げて告げ口すること 近代 ざんぶ〔讒誣〕。ちゅうしゃう〔中傷〕。中世 しゅ〔しいる〕〔誣〕。中古 ざんげん〔讒言〕。上代 しふ〔しいる〕〔誣〕。ぶこく〔誣告〕。→**ざんげん**
―を曲げる 中世 ゆがむ〔ゆがめる〕〔歪〕。中古 ほほゆがむ〔頬歪〕。まぐ〔まげる〕〔曲／枉〕。上代 しふ〔しいる〕〔誣〕。

広く承認されている― きせいじじつ〔既成事実〕。中古 いちぢゃう〔一定〕。

しじっさい【四十歳】 近世 はつおい〔初老〕。賀の祝ひ。初めの老い。中古 きゃうし〔強仕〕。しじゅん〔四旬〕。しょらう〔初老〕。ふわく〔不惑〕。よそ〔四十〕。よそぢ〔四十路〕。よそとせ〔四十歳〕。
▼四十八歳 近代 さうじねん〔桑字年〕。さうねん〔桑年〕。

ししふんじん【獅子奮迅】 かんとう〔敢闘〕。近代 けんとう〔健闘〕。近世 ふんせん〔奮戦／憤戦〕。ふんとう〔奮闘／憤闘〕。中世 ししふんじん〔獅子奮迅〕。

しじま 近代 じゃうじゃく／せいせき〔静寂〕。近世 せいじゃく〔静寂〕。ちんもく〔沈黙〕。中古 しじま。むごん〔無言〕。

しじみ【蜆】 へんら〔扁螺〕。中世 しじめ〔蜆〕。上代 しじみ〔蜆〕。

ししゃ【使者】 近代 し〔使〕。でんしょし〔伝書使〕。メッセンジャー(messenger)。近世 きゃくりょく〔脚力〕。とくし〔特使〕。ひきゃく〔飛脚〕。中世 きゃくりき〔脚力〕。せいてう〔青鳥〕。中古 ししゃ〔使者〕。しせつ〔使節〕。つかひびと〔使人〕。上代 かうじん〔行人〕。かくりき〔脚力〕。しじん〔使人〕。たまづさ〔玉梓／玉章〕。つかひ〔使〕。
―を送り出すこと 近代 さけん〔差遣〕。はけん〔派遣〕。上代 はっけん〔発遣〕。
王命で外国へ派遣される― 中世 ししん〔使臣〕。
外国からの― 近世 ぐゎいし〔外使〕。
外国への― クーリエ(courier)。近世 うえき〔于役〕。中古 しせつ〔使節〕。
急用で次々に出す― 近世 ひとはし〔人橋〕。
急を要する― 近代 きふし〔急使〕。鳥の使ひ。近世 きふづかひ〔急使〕。矢の使ひ。中世 てうし〔鳥使〕。はやうま〔早馬〕。はやびきゃく〔早飛脚〕。上代 ひえき〔飛駅〕。
寺社へ祈禱(きとう)のための― 中古 いのりづかひ〔祈使〕。祈りの使ひ。
男女の間を仲介する― 中古 花鳥(くわてう)（花鳥(はなとり)）の使ひ。
特別に派遣される― 近代 べっし〔別使〕。近世 とくし〔特使〕。中世 せんし〔専使〕。
秘かに遣わされる― 近世 みっし〔密使〕。
目上の人に―を送る 上代 たてまだす〔立遣／奉遣〕。

ししゃ【死者】 近代 しばうしゃ〔死亡者〕。ぶっこしゃ〔物故者〕。黄泉(くわうせん)の国への旅人。冢中(ちようちゆう)の枯骨。不帰の客。近世 あっちもの〔彼方者〕。なきもの〔亡者〕。ほとけ〔仏〕。黄泉(くわうせん)の客。中世 うたかたびと〔泡沫人〕。ししゃ〔死者〕。しびと〔死人〕。まうじゃ〔亡者〕。中古 いたづらびと〔徒人〕。帰らぬ人。上代 こじん〔故人〕。しにびと〔死人〕。しにん〔死人〕。なきひと〔亡人〕。

《句》近世 死人に口なし。死人に妄語(まうご)（文言(もんごん)）。

―があの世へ行く道 上代 まかりぢ〔罷道〕。

―が生き返ること 近代 くゎんこん〔還魂〕。中世 そくゎつ〔蘇活〕。中古 そせい〔蘇生／甦生〕。

―の顔 近世 しにがほ〔死顔〕。しにづら〔死面〕。ほとけがほ〔仏顔〕。

―の顔を型取りして作った像 近代 しめん〔死面〕。デスマスク(death mask)。

―の姓名などを書き込む帳面 近代 きせき〔鬼籍〕。きぼ〔鬼簿〕。近世 てんきぼ〔点鬼簿〕。りゃうぼ／れいぼ〔霊簿〕。中世 くゎこちゃう〔過去帳〕。

―の魂 近代 ゐれい〔遺霊〕。近世 いうき〔幽鬼〕。しゃうらい〔聖霊〕。中世 まうれい〔亡霊〕。れいき〔霊鬼〕。れいこん〔霊魂〕。中古 いうれい〔幽霊〕。しゃうりゃう〔精霊／聖霊〕。なきたま／ばうこん〔亡魂〕。ばうれい〔亡霊〕。上代 いうこん〔幽魂〕。《尊》上代 みたま〔御霊／御魂〕。

―の魂を慰め鎮めること 中古 たましづめ〔鎮魂〕。上代 ちんこん〔鎮魂〕。

―の魂を呼び戻すこと 中世 はんごん〔反魂／返魂〕。

―の残した文章 中古 ゐぶん〔遺文〕。

―の残したもの 近代 ゐひん〔遺品〕。中世 ゆいもつ〔遺物〕。

―の霊が乗り移っている物 近代 みたましろ〔御霊代〕。中世 れいじ〔霊璽〕。れいゐ〔霊

位］。ゐはい［位牌］。中古たましろ［霊代］。

ーの霊をまつること 中古れいし［霊祀］。

ーの霊をまつる所 近世おたまや［御霊屋］。近代れいをく［霊屋］。中古たまどの［霊殿／魂殿］。たまや［霊屋］。上代べう［廟］。まつりや［祭屋］。

ーを悼む歌 ちんこんか［鎮魂歌］。レクイエム(ラテ Requiem)。近代エレジー(elegy)。近世ばんか［挽歌／晩歌］。中世あいか［哀歌］。ばんし［挽詩／輓詩］。ひか［悲歌］。

ーを悼むこと 近代てうたう［弔悼］。近世くやみ［悔］。中世あいたう［哀悼］。ついたう［追悼］。

ーを自宅から送り出すこと 近代かどおくり［門送］。

ーを弔い贈る金品 近代てうゐきん［弔慰金］。近世かうれう［香料］。中世かうし［香資］。かうせん［香銭］。かうでん［香典／香奠］。中古ふ［賻］。

ーを棺に入れてまつる 上代あらき［荒城／殯］。かりもがり／もがり［殯］。ひんす［殯］。

ーを葬る儀式 近世さうしき［葬式］。中世さう［葬］。さうそう［葬送］。さうれん［葬斂］。そうさう［送葬］。上代さうぎ［葬儀］。さうれい［葬礼／喪礼］。

ーを山へ送り葬ること 近世さうそう［葬送］。のべおくり［野辺送］。中世おくり［送］。やまおくり［山送］。

火葬のあと残されたーの骨 近代ゐこつ［遺骨］。中世ゆいこつ［遺骨］。

葬る前夜ーと共に夜明かしすること 近代よとぎ［夜伽］。近世つや［通夜］。中世つうや［通夜］。

その他ーのいろいろ(例) がししゃ［餓死者］。近代せうししゃ［焼死者］。とうししゃ［凍死者］。近世いきだほれ／ゆきだほれ［行倒］。

▼戦争で死んだ人 近代えいれい［英霊］。せんぼつしゃ［戦没者］。近世せんししゃ［戦死者］。

▼助数詞 近代ゐ［位］。上代はしら［柱］。

ししゃ【支社】 ししょ［支所］。近代ししゃ［支社］。してん［支店］。しぶ［支部］。できさきくゎん［出先機関］。

じしゃ【寺社】 近世れいきゃう［霊境］。中世じんじゃぶっかく［神社仏閣］。れいく［霊区］。れいぢゃう［霊場］。れいゐき［霊域］。中古じしゃ［寺社］。しゃじ［社寺］。れいち［霊地］。

ーが出す守り札 近代ごまふだ［護摩札］。近世おふだ［御札］。ごしんふ［護身符］。まもりふだ［守札］。中世おまもり［御守］。ごふ［護符］。ごふう［護符／御符］。

ー建築の落成祝い 近世らくげふ／らっけい［落慶］。

ーで秘仏を公開すること 中世かいちゃう［開帳］。

ーで湯茶の接待をする所 おちゃどころ［御茶所］。近世おちゃしょ［御茶所］。

ーに参詣する人々 中古ぜんなんぜんにょ［善男善女］。

ーに供える 中世けんなふ［献納］。ほうなふ［奉納］。上代ささぐ［ささげる］［捧］。たてまつる［奉］。たむく［たむける］［手向］。

ーに供える物 近世おそなへ［御供］。中世かかりもの［掛物／懸物］。中古くもつ／ぐもつ［供物］。ごれう［御料］。

ーに奉加する金銭 ほうがきん［奉加金］。中世さいせん［賽銭］。さんせん［散銭］。《句》近世鼻の下の建立。

ーに毎日参ること 中世にっさん［日参］。

ーの起源などについての文献 上代えんぎ［縁起］。

ーの境内 中世きゃうだい［境内］。じゃうゐき［浄域］。中古けいだい［境内］。じゃうかい［浄界］。

ーの敷地外 中古けいぐゎい［境外］。

ーの仕事を手伝うこと 中世ほうさん［奉賛／奉讃］。

ーの建物(寺) 中世くり［庫裏／庫裡］。そうだう［僧堂］。ばうしゃ／ばうじゃ［坊舎］。中古だうしゃ／だうじゃ［堂舎］。ぶっかく［仏閣］。上代がらん［伽藍］。そうばう［僧坊］。だう［堂］。ぶつだう［仏堂］。ぶつでん［仏殿］。

ーの建物(社) 近世かぐらだう［神楽堂］。かぐらでん［神楽殿］。さいでん［祭殿］。ほんでん［本殿］。中古しゃでん［社殿］。しんでん［神殿］。はいでん［拝殿］。へいでん［幣殿］。

ーを初めて建てること 中世かいき［開基］。かいざん［開山］。中古さうさう［草創］。上代さうけん［創建］。

山上のーに参ること 中世とうざん［登山］。中古とうせん［登山］。

じしゃく【磁石】 近代マグネット(magnet)。近世コンパス(オラ kompas)。はうがくみ［方角見］。はり［針］。らしんばん［羅針盤］。中世じしゃく［磁石］。

し

ーがさす方向 せいきょく[正極]。ふきょく[負極]。

ーで方角を知る計器 近代 らしんぎ[羅針儀]。近世 コンパス(オランダ kompas)。ふなじしゃく[船磁石]。ふなどけい[船時計]。らしんばん[羅針盤]。らばん[羅盤]。

ーの針 近代 じしん[磁針]。はうしん[方針]。近世 らしん[羅針]。

その他ーのいろいろ(例) えいきゅうじしゃく[永久磁石]。ちょうでんどうじしゃく[超伝導磁石]。ていけいじしゃく[蹄形磁石]。ていてつじしゃく[蹄鉄磁石]。ばていけいじしゃく[馬蹄形磁石]。近代 エムケーかう[MK鋼]。でんじしゃく[電磁石]。ぼうじしゃく[棒磁石]。

ししゅ【詩趣】 近代 しみ[詩味]。近世 ししゅ[詩趣]。中古 しきゃう[詩境]。しじゃう[詩情]。上代 しきょう[詩興]。

じしゅ【自主】 じりつ[自律]。近代 じはつ[自発]。近世 じしゅ[自主]。中世 じりつ[自立]。

ししゅう【刺繍】 近代 ぬひさし[縫刺]。ししう[刺繍]。近世 ぬひ[縫]。ぬひとり[縫取]。上代 ぬひもの[縫物]。

ー・する 近代 ぬひいれる[縫入]。ぬひとる[縫取]。中世 ぬふ[縫]。

ーの技法の例 アイレットワーク(eyelet work)。アウトラインステッチ(outline stitch)。かのこぬい[鹿子繍]。ヘムかがり[hem 縢]。ヘムステッチ(hemstitch)。ぼかしぬい[暈縫]。近代 クロスステッチ(cross stitch)。ドロンワーク(drawn work)。ひらぬひ[平縫/平繍]。ろざし[絽刺]。近世 ほしぬひ[星繍]。中世 ぬひはく[縫箔/繍箔]。

ーを業とする人 近世 ぬひし[縫師]。ぬひはくや[縫箔屋]。

ししゅう【詩集】 しりん[詩林]。近代 ししょ[詩書]。近世 くしふ[句集]。中世 ししふ[詩集]。わかしふ[和歌集]。言葉の園(その)。中古 しへん[詩編/詩篇]。しゐん[詞苑]。せんしふ/せんず[撰集]。上代 かしふ[歌集]。しりん[詞林]。

しじゅう【始終】 近代 ねんがらねんぢゅう[年年中]。昼夜を舎(お)かず。のべつ幕なし。近世 じゃうじ[常時]。しょっちゅう。中世 しじゅう[始終]。しゅうし[終始]。たんせき[旦夕]。ねんぢゅう[年中]。明けても暮れても。中古 片時去らず。絶え間なく。寝ても覚めても。上代 いつも[何時]。たえず[絶]。つねに[常]。にちや[日夜]。→いつも

しじゅう【四十】 中古 しじふ[四十]。よそ/よそぢ[四十路]。→しじっさい

ししゅく【私淑】 近代 けいぼ[敬慕]。すうけい[崇敬]。近世 ししゅく[私淑]。しんすい[心酔]。中世 けいたう[傾倒]。しんぷく[心服]。そんけい[尊敬]。

じしゅく【自粛】 じしゅきせい[自主規制]。じりつ[自律]。近代 じしゅく[自粛]。じちょう[自重]。セルフコントロール(self control)。近世 じせい[自制]。中世 じかい[自戒]。せっせい[節制]。ゑんりょ[遠慮]。中古 きんしん[謹慎]。

ししゅつ【支出】 近代 けいひ[経費]。ししゅつ[支出]。しはらひ[支払]。しゅっぴ[出費]。でせん[出銭]。懐を痛める。身銭を切る。近世 いりまい[入米]。いりめ[入目]。かかり[掛]。かかりもの[掛物]。しっぴ[失費]。しゅっきん[出金]。はらひ[払]。めり[減/乙]。中世 ものいり[物入]。《句》近世 出遣ひより小遣ひ。

ーが収入を越える しゅっけつ[出血]。原資に食い込む。近代 あかじ[赤字]。けっそん[欠損]。にふひだふれ[入費倒]。マイナス(minus)。足が出る。足を出す。近世 かかりまけ[掛負]。かけだふれ[掛倒]。もちだし[持出]。間尺に合はず。割りを食ふ。中世 そんしつ[損失]。

ーをきりつめる →**せつやく**

無駄なー 近代 くうひ[空費]。とひ[徒費]。らうひ[浪費]。近世 じょうひ[冗費]。むだづかひ[無駄遣]。中古 つひえ[潰]。→**ろうひ**

予想外のー 近世 あめのみやかぜのみや[雨宮風宮]。

ししゅんき【思春期】 近代 ししゅんき[思春期]。せいしゅんき[青春期]。はる[春]。

女性のー 近代 はくゎき[破瓜期]。

ししょ【支所】 近代 ししゃ[支社]。してん[支店]。しぶ[支部]。ぶんてん[分店]。近世 でだな[出店]。でみせ[出店]。

しじょ【子女】 →**こども**

じしょ【地所】 近世 ぢしょ[地所]。中世 とち[土地]。中古 しきち[敷地]。ぢめん[地面]。やしき[屋敷/邸]。上代 たくち[宅地]。

ーの区画割り 中世 ぢどり[地取]。

じしょ【自署】 近代 きめい[記名]。サイン(sign)。じしょ[自署]。上代 しょめい[署

名]。
じしょ【自書】→じひつ
じしょ【辞書】 近代 ことてん/じてん[事典]。ことばてん/じてん[辞典]。じてん[字典]。しりん/じりん[詞林]。じりん[辞林]。じゐ[辞彙]。ディクショナリー(dictionary)。近世 じしょ[辞書]。じびき[字引]。中世 ごてん[語典]。→じてん
ししょう【支障】→さしさわり
ししょう【師匠】→し【師】
しじょう【至上】 近代 さいかうきふ[最高級]。さいぜん[最善]。さいりゃう[最良]。ベスト(best)。近世 さいかう[最高]。しかう[至高]。この上なし。中世 ごくじゃう[極上]。しじゃう[至上]。中古 さいじゃう[最上]。上代 むじゃう[無上]。
しじょう【市場】 マート(mart)。近代 しぢゃう[市場]。バザール(フランス bazar)。マーケット(market)。中世 いちば[市場]。上代 いち[市]。
しじょう【詩情】 ポエジー(poesy; フランス poésie)。近代 ぎんじゃう[吟情]。しこん[詩魂]。しみ[詩味]。近世 ぎんこん[吟魂]。ししゅ[詩趣]。中世 うたごころ[歌心]。ぎんしん[吟心]。中古 ぎんくゎい[吟懐]。しきゃう[詩境]。しごころ/ししん[詩心]。しし[詩思]。しじゃう[詩情]。上代 しきょう[詩興]。
しじょう【私情】 近代 りこしん[利己心]。中世 しい[私意]。ししん[私心]。中古 しじゃう[私情]。
—を捨てること 近代 めっし[滅私]。己を虚(むな)しくす。涙(涕/泪)をふるふ。
しじょう【紙上】 近代 しじゃう[誌上]。しふく[紙幅]。しめん[紙面]。中世 しじゃう[紙上]。
じしょう【事象】 近代 げんしゃう[現象]。じかう[事項]。じしゃう[事象]。できごと[出来事]。ファクト(fact)。近世 ものごと[物事]。中世 じぶつ[事物]。中古 ことがら[事柄]。じじつ[事実]。
じじょう【自浄】 カタルシス(ギリシャ katharsis)。近代 じゃうくゎ[浄化]。
じじょう【事情】 近代 きょくせつ[曲折]。けいゐ[経緯]。じゃうきゃう[状況]。じゆ[事由]。わけがら[訳柄]。近世 いきさつ[経緯]。いはく[曰]。うつり[移]。しな[品]。しょわけ[諸訳/諸分]。つがふ[都合]。てがた[手形]。やうす[様子]。ようす[容子]。りくつ[理屈/理窟]。わかち[分]。わけあひ[訳合]。中世 いちぶしじゅう[一部始終]。きげん[機嫌]。ことわけ[事訳]。さう[左右]。しき[式]。しぎ[仕儀]。しさい[子細]。しだい[次第]。しだら。じっさう[実相]。しまつ[始末]。じゃうじつ[情実]。てんまつ[顛末]。やう[様]。わけ[訳]。中古 ありさま[有様]。あるやう[有様]。おもむき[趣/赴]。けしき[気色]。こころ[心]。ことのこころ[事心]。ことのさま[事様]。じじゃう[事情]。しじゅう[始終]。やうだい[様体/様態]。よし[由]。わざ[業]。上代 ありかた[有形]。ことのよし[事由]。じいう[事由]。ゆゑ[故]。
—ありげ わけあり[訳有]。近代 いはくけだしつき[曰蓋付]。いはくつき[曰付]。近世 しさいらし[子細]。わけらし[訳/分]。中世 やうがり[様]。
—いかんによる つごうしだい[都合次第]。近世 品による。
—がどうあろうと 近世 委細構はず。
—が分からない 中世 ぶあんない[無案内/不案内]。ぶさた[無沙汰/不沙汰]。
—の説明 近世 いひわけ[言訳/言分]。まうしひらき[申開]。中世 ゑしゃく[会釈]。
—を考慮すること 近世 はいりょ[配慮]。中世 ゑしゃく[会釈]。中古 おもひやり[思遣]。しんしゃく[斟酌]。
—を知っている様子 中古 こころえがほ[心得顔]。こころしる[心知]。
—を知らせること 近世 しらせ[知/報]。中古 あんない[案内]。
—を尋ねること 中古 あんない[案内]。
いろいろな—がある 近代 うよきょくせつ[紆余曲折]。きょくせつ[曲折]。近世 いはくいんえん[曰因縁]。こんたん[魂胆]。《句》近代 裏には裏がある。
詳しい— 近世 ゐさい[委細]。中世 ことのやう[事様]。しさい[子細]。たてぬき[経緯]。
事の起こった— 近代 わけがら[訳柄]。近世 わけあひ[訳合]。中古 ことゆゑ[事故]。しさい[子細]。上代 じこ[事故]。
これまでの— 近代 けいゐ[経緯]。近世 いきがかり/ゆきがかり[行掛]。いきさつ[経緯]。
そうなる— 中古 さるやう[然様]。
特別な— 近世 いはく[曰]。
内部—などをよく知っている人 しょうそくすぢ[消息筋]。近世 すずめ[雀]。中古 すぢ[筋/条]。
内部の— うちぶところ[内懐]。近代 うちま

く／ないまく［内幕］。がくやうら［楽屋裏］。ないじゃう［内情］。近世うちわ［内輪］。ないしょ［内証／内緒］。ないしょう［内証］。中古ないじつ［内実］。

背後にひそんでいる— バックグラウンド(background)。近代はいけい［背景］。

じしょく【辞職】 たいじん［退陣］。りしょく［離職］。身を引く。近代じにん［辞任］。たいにん［退任］。リタイア(retire)。りにん［離任］。中世じしょく［辞職］。たいしょく［退職］。やむ［やめる］［辞／罷］。ゆうたい［勇退］。中古いとま［暇／遑］。おる［おりる］［下／降］。じす［辞］。しりぞく［退］。はなる［はなれる］［離］。

—・したいという気持ち 近代じい［辞意］。

—・して田舎に帰ること 中古きかう［帰耕］。上代きでん［帰田］。

—・するかしないか 中古きょしう［去就］。しんたい［進退］。

—に追い込まれる 近代つめばら［詰腹］。

—の気持ちを表明する 近代じい［辞意］。近世せいひ［請罷］。上代骸骨を乞ふ。

多くの人が揃(そろ)って—・すること 近代れんべいじしょく［連袂辞職］。

官を—・すること ちろく［致禄］。近代くゎいくゎん／けいくゎん［挂冠／掛冠］。げや［下野］。たいくゎん［退官］。冠(かんむり)を挂(か)く。近世仕を致す。中世印綬(いんじゅ)を解く。綬を釈(と)く。上代ちし／ちじ［致仕／致事］。

決まった年齢で—・すること ていねんたいしょく［定年退職］。

▼辞職願 近代じへう［辞表］。中古いとまぶみ［暇文］。

ししん【至心】 →しせい【至誠】

ししん【指針】 ガイドライン(guideline)。しんろ［針路］。近代ガイド(guide)。ししん［指針］。しへう［指標］。はうしん［方針］。バロメーター(barometer)。中世てびき［手引］。

ししん【私心】 近代りこしん［利己心］。中世ししん［私心］。わたくし［私］。→しじょう【私情】

—がないこと 近代せいれん［正廉］。近世おほやけ［公］。思ひ邪(よこしま)なし。中古あかし［明／赤］。

—を捨てること 近代めっし［滅私］。己を虚しくす。

しじん【詩人】 近代ポエット／ポエト(poet)。近世さうかく／さうきゃく［騒客］。さうじん［騒人］。ゐんし［韻士］。中世ぎんかく［吟客］。中古しか［詩家］。しかく［詩客］。しりん［詞林］。ぶんじん［文人］。上代しじん［詞人］。しじん［詩人］。

—としての交わり 中世しめい［詩盟］。中古しいう［詩友］。

—としての名声 近世しめい［詩名］。

—の社会 近世しりん［詩林］。中世しだん［詩壇］。

優れた— 中世ししん［詩神］。しそう［詩宗］。中古しせい［詩聖］。しせん［詩仙］。

その他—のいろいろ(例) へんきょうしじん［辺境詩人］。へんさいしじん［辺塞詩人］。近代ぎんいうしじん［吟遊詩人］。そくきょうしじん［即興詩人］。はいか［俳家］。近世はいかいし［俳諧師］。はいし［俳士／俳師］。はいじん［俳人］。中世かじん［歌人］。上代うたびと［歌人］。うたよみ［歌詠］。

じしん【地震】 近世なまづ［鯰］。中世ちどう［地動］。なゐ［地震］。上代ぢしん［地震］。なゐ［地震］。

—が起きる 上代なゐふる［地震振］。

—など大地に起こる現象 ちしょう［地象］。

—に強いこと たいしん［耐震］。

—の後の小さな地震 ゆりもどし［揺戻］。ゆれかえし［揺返］。近代よしん［余震］。近世ゆりかへし［揺返］。中世ゆりなほし［揺直］。

—の強さなどを表す記号 エム(M／m)。マグニチュード(magnitude)。近代しんど［震度］。

—の発生した所 近代しんあう［震央］。しんげん［震源］。

—の揺れ方 たてゆれ［縦揺］。よこゆれ［横揺］。

浅い所で発生する— せんぱつじしん［浅発地震］。

大きな激しい— 近代きゃうしん［強震］。げきしん［激震］。れっしん［烈震］。

海上で感じる— かいしん［海震］。

小さな弱い— けいしん［軽震］。近代じゃくしん［弱震］。びしん［微震］。

深い所で発生する— しんぱつじしん［深発地震］。

▼震度を測る器械 かんしんき［感震器］。きょうしんけい［強震計］。じしんけい［地震計］。

じしん【自信】 近代うでじまん［腕自慢］。しんりょく［信力］。近世じしん［自信］。腕に覚えがある。中世おぼえ［覚］。じふ［自負］。

—たっぷりの言葉や態度 大見得を切る。見栄を切る。近代がうご［豪語］。恐いも

の知らず。乃公(だいこう)(酒公)出でずんば。中世 かうぜん[昂然]。

―のないさま 近世 おそるおそる[恐恐]。おっかなびっくり。およびごし[及腰]。こはごは[怖怖]。へっぴりごし[屁放腰]。中世 わるびる/わろびる[わるびれる][悪怯]。中古 おぼめく。こころぼそし[心細]。

―や誇りを持つこと 近代 じそんしん[自尊心]。じふしん[自負心]。プライド(pride)。ほこり[誇/矜]。近世 きぐらゐ[気位]。きょうぢ/きんぢ[矜持]。

じしん【自身】 近世 いちぶん[一分]。中世 じぶん[自分]。中古 いっしん[一身]。じしん[自身]。わがみ[我身]。上代 おのれ[己]。じこ[自己]。われ[我/吾]。

じ・す【辞】❶〈退出〉 近世 おいとま[御暇]。中世 いとまごひ[暇乞]。じす[辞]。たいきょ[退去]。たいさん[退散]。中古 いとま[暇/遑]。じきょ[辞去]。たいしゅつ[退出]。まかる[罷]。上代 たちさる[立去]。

じ・す【辞】❷〈辞退〉 近代 おりる[降]。ことわる[断]。中古 じす[辞]。じたい[辞退]。

じ・す【辞】❸〈辞職〉 →**じしょく**

じすい【自炊】 近代 じすい[自炊]。てまかなひ[手賄]。中世 じくゎつ[自活]。

しずか【静】 近代 じゃうじゃく[静寂]。せいしゅく[静粛]。へいせい[平静]。サイレント(silent)。近世 かんさん[閑散]。しづかさ[静]。せい[静]。せいじゃく[静寂]。中世 かんじゃく[閑寂]。かんじゃう/かんせい[閑静]。しんかん[森閑]。中古 かごか/かすか[幽]。かんせき[閑寂]。しじま[無言/黙]。しづか[静]。しづけさ[静]。しづやか[静]。せいかん[静閑]。上代 しづけし[静]。たひらけし[平]。のど[長閑]。

―・で動きが少ない 近代 せいてき[静的]。中世 たんぜん[湛然]。中古 たゆし[弛/懈]。

―・で奥深い 近代 いうすい[幽邃]。しんすい[深邃]。せいすい[静邃]。中世 いうせい[幽静]。ちんめい[沈冥]。中古 いうかん[幽閑/幽間]。いうしん[幽深]。上代 いうじゃく[幽寂]。

―・で穏やかなこと 近代 せいいつ[静逸]。せいへい[静平]。近世 せいをん[静穏]。ちんせい[沈静]。中世 へいをん[平穏]。中古 おだやか[穏]。せいひつ[静謐]。なごし[和]。なごやか[和]。のどか[長閑]。上代 あんせい[安静]。やすらか[安]。

―・で趣があるさま 近世 さび[寂]。中世 かんじゃく[閑寂]。かんしん[閑心]。上代 かんが[閑雅]。

―・で清らかなこと 中古 せいせい[清静]。

―・で寂しい 近代 くうじゃく[空寂]。じゃくぜん[寂然]。近世 いんしん[陰森]。わびし[侘]。中世 じゃくじゃく[寂寂]。中古 いうげき[幽闃]。じゃくねん/せきぜん[寂然]。せうさん[蕭散]。

―・でゆるやかなさま 近代 たんこ[澹乎]。上代 たんぜん[澹然/淡然]。

―・な心 中古 しづごころ[静心]。

―・なさま 近代 げきじゃく[闃寂]。しいん。ちんぜん[沈然]。草木も眠る。水を打ったやう。近世 けそり。しゅくしゅく[粛粛]。しゅくぜん[粛然]。しんしん[森森]。しんと。しんみり。せうせう[悄悄]。ひっそり。ひっそりかん[閑]。中世 かんせい[閑静]。くうくうじゃくじゃく[空空寂寂]。げきせき[闃寂]。しっとり。しっぽり。しんしん[深深/沈沈]。せき[寂]。中古 かごやか[幽]。げき[闃]。げきぜん[闃然]。しづしづ[静静]。しづやか[静]。じゃくまく[寂寞]。ちんちん[沈沈]。ひそやか[密]。上代 じゃく[寂]。せきばく[寂寞]。たんぜん[淡然/澹然]。

―・な住まい 近代 せいきょ[静居]。中古 いうせい[幽栖/幽棲]。

―・な所 中古 かんじょ[閑所/閑処]。

―・な夜 中古 せいや[静夜]。

―・に 中世 こそろと。しとしと。そっと。そと。中古 おもむろに[徐]。しづしづ[静静]。やはら/やをら。上代 おもぶる[徐]。

―・に音がするさま 中世 こそこそ。

―・に思い巡らす 近代 せいし[静思]。中世 せいりょ[静慮]。

―・に思うさま 近世 ほっしり。中世 しみじみ。中古 つくづく。

―・にさせる →**しず・める**

―・に考える 中古 おもひすます[思澄]。

―・にしなさい 近世 しっ。しっしっ。中世 し/しい。中古 なりやまむ[鳴止]。あなかま。あなかま給へ。上代 なりたかし[鳴高]。

―・に黙っている 近世 息を殺す。中世 せいもく[静黙]。鳴りを潜む[―潜める]。中古 鳴りを静む[―静める]。

―・になる →**しずま・る**

―・に話すこと 近代 かんげん[閑言]。中古 かんご[閑語]。かんだん[閑談]。

―・に休むこと 近代 あんそく[安息]。せいそく[静息]。

事件の前の━・なさま 近代 嵐の前の静けさ。

しずく【滴】 近代 すいてき[水滴]。中世 けんてき[涓滴]。てんてき[点滴]。中古 したたり[滴/瀝]。しづり/しずれ[垂]。たまみづ[玉水]。上代 しづく[滴/雫]。

━が落ちる →したた・る

雨の━ 中世 あましただり[雨滴]。あまだれ[雨垂]。あましづく/あめしづく[雨雫]。中古 うてき[雨滴]。あましだり[雨滴]。→あまだれ

杯の残りの━ 近世 ざんてき[残滴]。中古 よてき[余滴]。よれき[余瀝]。

残った━ 近世 ざんてき[残滴]。中世 ざんりう[残溜]。中古 よてき[余滴]。

しずしずと【静静】 中世 そろそろ。そろりそろり。やうやう[漸]。中古 しづかに[静]。しづしづと[静静]。しとしとと。上代 もそろもそろに。

━歩く 中古 くゎんぽ[緩歩/寛歩]。じょかう[徐行]。じょほ[徐歩]。

システム(system) たいけい[体系]。近代 くみたて[組立]。こうせい[構成]。しくみ[仕組]。システム。近世 しかけ[仕掛]。そしき[組織]。中世 こうざう[構造]。ほねぐみ[骨組]。

じすべり【地滑】 近代 がけくづれ[崖崩]。ぢすべり[地滑]。近世 やまくづれ[山崩]。やまつなみ[山津波]。

しずま・る【静】 近代 あんてい[安定]。草木も眠る。近世 ちんせい[鎮静]。ちんてい[鎮定]。息を凝らす。息を殺す。中世 うちしめる[打湿]。おちつく[落着]。かいひそむ[掻潜]。なだまる[宥]。ひそまる[潜]。鳴りを潜む[━潜める]。中古 しめる[湿]。すむ[澄/清]。たひらぐ[平]。なごむ[和]。のどまる[和]。やはらぐ[和]。鳴りを鎮む[━鎮める]。上代 しづまる[静/鎮]。をさまる[治/収]。

風や波が━・る 上代 なぐ[凪/和]。

心が━・る 中古 おもひしづまる[思静]。おちゐる[落居]。さむ[さめる][冷]。上代 なぐ[凪/和]。

すっかり━・る 近世 おししづまる[押静]。中世 さびかへる[寂返]。しづまりかへる[静返]。

病気やその苦しみが━・る 中古 をさまる[治]。

しず・む【沈】❶〈物理的に〉すいぼつ[水没]。近代 ちんか[沈下]。ちんかう[沈降]。ちんせん[沈潜]。中世 ちんすい[沈水]。ちんりん[沈淪]。ぼっす[没]。中古 おぼほる[溺/惚]。かかう[下降]。ちんぼつ[沈没]。もっす[没]。りんぼつ[淪没]。上代 かんぼつ[陥没]。しづむ[沈]。なづさふ。

━・むさま 近世 ぶくぶく。中世 ずぶずぶ。ずぶと。中古 ずぶり。

━・み亡ぶこと 近代 りんめつ[淪滅]。

━・もうとする 中古 おちかかる[落掛]。

━・んでいる 上代 しづく[沈]。

━・んで溜まること 近代 たいせき[堆積]。ちんせき[沈積]。よどむ[淀/澱]。近世 ちんでん[沈殿/沈澱]。

浮いたり━・んだり 近代 えいこせいすい[栄枯盛衰]。近世 きふく[起伏]。中世 うきしづみ[浮沈]。こうばう[興亡]。せうちゃう[消長]。ふちん[浮沈]。中古 そんばう[存亡]。

艦船などが━・むこと 近世 しもる[沈]。ふくぼつ[覆没]。中古 ちんぼつ[沈没]。

戦艦などが爆撃で━・むこと 近代 がうちん[轟沈]。ばくちん[爆沈]。

戦艦などを━・めること 近代 げきちん[撃沈]。

日月が━・みかける 中世 かたぶく/かたむく[傾]。中古 おちかかる[落掛]。

日月が━・みかける頃 中世 いるさ[入]。中古 いりあひ[入相]。いりがた[入方]。

水底に━・んでいる 上代 しづく[沈]。

しず・む【沈】❷〈気分的に〉おちこむ[落込]。気分が重い。近代 いきせうちん[意気消沈/意気銷沈]。いきそさう[意気沮喪]。しょげこむ[悄気込]。ちんたい[沈滞]。めいりこむ[滅入込]。近世 いううつ[憂鬱]。いふうつ[悒鬱]。うかぬ[浮]。しょげかへる/しょげりかへる[悄気返]。せうちん[消沈/銷沈]。ふさぐ[塞/鬱]。気が腐る。気が塞ぐ。中世 くさる[腐]。めいる[滅入]。中古 しほる[しおれる][萎/撓]。しめる[湿]。上代 しづむ[沈]。

━・んだ顔 浮かぬ顔。

━・んだ声 近代 しめりごゑ[湿声]。近世 なみだごゑ[涙声]。

悲しみに━・む 中古 おもひしめる[思湿]。

気分を━・ませる 近代 めいらす[滅入]。中古 うづむ[埋]。

しず・める【静】 近代 せいあつ[制圧]。ひそめる[潜]。近世 しうしふ[収拾]。すいぶ[綏撫]。せいてい[静定]。ちんてい[鎮定]。へいてい[平定]。中世 すます[澄/清]。ち

んせい［鎮静］。とりしづむ［―しずめる］［取静／取鎮］。なごむ［なごめる］［和］。なだむ［なだめる］［宥］。のどむ［和］。やすむ［やすめる］［休］。上代おさふ［おさえる］［押／抑］。さだむ［さだめる］［定］。しづむ［鎮］（四段活用）。ちんぶ［鎮撫］。むく［むける］［向］。をさむ［おさめる］［治／修／収］。

―・めてなくすこと 近代ぼつれう［没了］。

感情を―・める 中世おちつく［―つける］［落着］。ちんせい［鎮静］。中古おもひさます［思醒］。さます［冷］。ためらふ［躊躇］。

反乱などを―・める せいあつ［征圧］。近代ちんぢゃう［鎮定］。へいぢゃう／へいてい［平定］。近世せいあつ［制圧］。ちんてい［鎮定］。中世かんてい［戡定］。中古せいす［征］。上代たひらぐ［―らげる］［平］。ちんず［鎮］。ちんぶ［鎮撫］。はききよむ［―きよめる］［掃清］。はつらん［撥乱］。はらふ［払］。むく［むける］［向］。

しせい【市井】 ぞくせけん［俗世間］。近代かうかん［巷間］。しない［市内］。ぞくせ／ぞくせい［俗世］。近世しがい［市街］。まちなか［町中］。中世いちなか［市中］。中古しちゅう［市中］。しゃば［娑婆］。ちまた［巷］。上代しせい［市井］。せけん［世間］。

しせい【死生】 近世しにいき［死生］。せいし［生死］。中世しくゎつ［死活］。しせい［死生］。そんまう［存亡］。中古いきしに［生死］。ししゃう［死生］。しゃうめつ［生滅］。そんばう［存亡］。上代しゃうじ［生死］。

しせい【至誠】 近代しんし［真摯］。せきせい［赤誠］。近世しじゃう［至情］。中世しんじゃう［真情］。せいしん［誠心］。ちゅうしん［衷心］。とくじつ［篤実］。中古ししん［至心］。しせい［至誠］。せいい［誠意］。せいじつ［誠実］。せきしん［赤心］。たんせい［丹誠］。まごころ［真心］。上代たんしん［丹心］。まこと［誠］。

しせい【姿勢】 近代きがまへ［気構］。しせい［姿勢］。スタンス(stance)。たいせい［体勢］。たいど［態度］。たいゐ［体位］。フォーム(form)。フォルム(フランス forme; ドイツ Form)。ポーズ(pose)。近世こし［腰］。たてり［立］。中古かまへ［構］。こころがまへ［心構］。すがた［姿］。ゐずまひ［居住］。

―がきちんとするさま 近代襟(衿／領)を正す。形を正す(改める)。近世威儀を繕ふ。居住まひを正す。中世しゃっと。しゃんと。威儀を正す。中古威儀を調ふ。

相手と争う― 近世けんくゎごし［喧嘩腰］。けんまく［剣幕／見幕／権幕］。けんみゃく［見脈］。たちみ［立身］。

座った― ざい［座位］。中古ゐずまひ［居住］。

立っている― 近世たちみ［立身］。

何かをしようとする― 中世みがまへ［身構］。

逃げだしそうな― 近代うきごし［浮腰］。さるまひごし［猿舞腰］。にげごし［逃腰］。へごし［屁腰］。へっぴりごし［腰］。およびごし［及腰］。

しせい【施政】 しさく［施策］。近代しせい［施政］。近世ぎゃうせい［行政］。中世せいぢ［政治］。中古せいじ［政事］。上代まつりごと［政］。

しせい【資性】 近代キャラクター(character)。ししつ［姿質］。せいじゃう［性情］。パーソナリティー(personality)。近世きしつ［気質］。ししつ［資質］。しせい［資性］。せいかく［性格］。たち［質］。てんしゃう［天性］。中世うまれつき［生付］。きだて［気立］。こころだて［心立］。しゃうぶん［性分］。そしつ［素質］。上代てんせい［天性］。

じせい【自生】 げんせい［原生］。近代のおひ［野生］。近世じせい［自生］。やせい［野生］。

じせい【自制】 じしゅきせい［自主規制］。じりつ［自律］。近代こくき［克己］。じしゅく［自粛］。じちょう［自重］。セルフコントロール(self control)。近世じせい［自制］。中世じかい［自戒］。せっせい［節制］。ゑんりょ［遠慮］。中古きんしん［謹慎］。まぐ［まげる］［曲］。

じせい【自省】 近代じせい［自省］。じせう［自照］。じせき［自責］。ないせい［内省］。はんせい［反省］。近世じはん［自反］。

じせい【時世】 近代エージ(age)。エポック(epoch)。じきょく［時局］。せいきょく［世局］。中世じせつ［時節］。中古じせい［時世］。じだい［時代］。たうせい［当世］。ときよ［時世］。上代とき［時］。

じせい【時勢】 近代じゃうせい［情勢］。せさう［世相］。てうりう［潮流］。どうかう［動向］。近世きうん［機運］。きょくめん［局面］。くもゆき［雲行］。じりう［時流］。たいせい［大勢］。よがら［世柄］。中世きぶん［機分］。じうん［時運］。中古じせい［時勢］。どうせい［動静］。ときよ［時世］。上代とき［時］。

―遅れの学問 近世ゐなかがくもん［田舎学問］。

ーにうとい人 近世さうらいし[草莱子]。でんぷ[田夫]。ゐなかもの[田舎者]。

ーにうまく乗る 波に乗る。中世さをさす[棹刺]。時を得る。中古ときめく[時]。世に合ふ。

ーの赴くところ 近代てうせい[潮勢]。てうりう[潮流]。ふうてう[風潮]。近世なりゆき[成行]。

じせい【辞世】 近代ゐえい[遺詠]。絶命の辞。中世じせい[辞世]。ぜっぴつ[絶筆]。中古くわくりん[獲麟]。

しせいかつ【私生活】 プライバシー(privacy)。近代しせいくゎつ[私生活]。中古しじ[私事]。わたくしごと[私事]。

しせき【史跡】→いせき【遺跡】

じせき【自責】→はんせい

じせき【事績】 近代げふせき[業績]。じせき[事績]。そくせき[足跡]。中世こうげふ[功業]。てがら[手柄]。はたらき[働]。上代こうせき[功績]。こうらう[功労]。→こうせき【功績】

じせき【事跡】 近代かうじつ[行実]。じせき[事跡]。中世ぎゃうじつ[行実]。中古しょうせき[蹤跡/縦迹]。せんしょう/せんじょう[先蹤]。せんしょう/ぜんしょう[前蹤]。はうたく[芳躅]。

ーの後に残らないこと 近世雪泥の鴻爪

すぐれた立派なー 近代めうせき[妙跡/妙迹]。ゐせき[偉跡/偉蹟]。

じせつ【時節】❶〈季節〉 近代シーズン(season)。じき[時季]。近世きこう[季候]。中古きせつ[季節]。じれい[時令]。せち/せつ[節]。とし[年/歳]。よ[世]。をり[折]。をりふし[折節]。上代じこう[時候]。じせつ[時節]。

ー遅れ 近世かろとうせん[夏炉冬扇]。《句》近世寒に帷子土用に布子。六日の菖蒲十日の菊。

ーが過ぎて咲く花 近世わすればな[忘花]。

ーが過ぎて鳴く虫 近世わすれね[忘音]。

ーが到来する 中世時有り。

ーにふさわしい 近代じこうがら[時候柄]。近世じせつがら[時節柄]。中世じぶんがら[時分柄]。

ーにふさわしいもの 中世ときのもの[時物]。上代じぶつ[時物]。

ーの終わり 中世せっき[節季]。

ーの花 上代ときのはな[時花]。

ー外れの花 近代くるひばな[狂花]。にどざき[二度咲]。近世かへりざき[返咲]。くるひざき[狂咲]。中世かへりばな[返花]。

ーを選ばない 上代ときじ[時]。

ーをわきまえている顔 近世ときをえがほ[時得顔]。中古ときしりがほ[時知顔]。をりしりがほ[折知顔]。

じせつ【時節】❷〈時機〉 近代かうき[好機]。ころあい[頃合]。チャンス(chance)。近世きせつ[期節]。しほどき[潮時]。中世き[機]。きくゎい[機会]。ころ[頃]。じき[時機]。じせつ[時節]。みぎり/みぎん[砌]。中古ころほひ[頃]。じぎ[時宜/時儀/時議/時義]。しほ[潮/汐]。をり[折]。をりふし[折節]。

じせつ【時節】❸〈時世〉→じせい【時世】

しせん【死線】 きち[危地]。しち[死地]。デッドライン(deadline)。

しせん【視線】 めせん[目線]。近代しせん[視線]。近世めがほ[目顔]。めづま[目褄]。中世まなこ[眼]。まなざし[目差/眼差]。

ーが合う 目が合う。

ーを動かさない 近代瞳を据ゑる。

ーを下に向ける ふしめ[伏目]。近代したためづかひ[下目使/下目遣]。中世したため[下目]。中古うつぶしめ[俯目]。

ーをそらす 目を離す。中古そばむ[そばめる][側]。

ーを遠くへ向ける 中古みのぶ[見延]。

ーを向ける 近代目を呉れる。近世ちゅうもく[注目]。中世目が行く。目をやる。

しぜん【自然】❶〈天然〉 近代だいしぜん[大自然]。ネーチャー(nature)。近世ざうくゎ[造化]。中世ざうぶつ[造物]。ナツーラ(ポルトガル natura)。ふうげつ/ふげつ[風月]。中古さんが[山河]。しぜん[自然]。てんねん[天然]。ふううん[風雲]。《句》近世国破れて山河在り。滄浪(滄浪)の水清まば以て我が纓を濯ふべし。天に順ふ者は存し天に逆ふ者は亡ぶ。水の低きに就く如し。

ーが万物を造ること 中世くゎいく[化育]。中古てんき[天機]。

ーで生育する 近代のおひ[野生]。近世やせい[野生]。

ーに親しみ詩などをつくること 近代ふうりうゐんじ[風流韻事]。近世ふうさう[風騒]。風雲の便り。中世ふげつ[風月]。中古ふうげつ[風月]。

ーの美しい景色や風物 近代うんえんひどう

[雲煙飛動]。はくさせいしょう／はくしゃせいしょう[白砂青松]。ふうくゎうめいび[風光明媚]。ぶっしゃう[物象]。りうあんくゎめい[柳暗花明]。〔近世〕さんしすいめい[山紫水明]。てんしゅ[天趣]。〔中世〕うきせいかう[雨奇晴好]。せいかううき[晴好雨奇]。くゎてうふうげつ[花鳥風月]。ふうげつ／ふげつ[風月]。ふうち[風致]。〔中古〕くゎげつ[花月]。さんようすいたい[山容水態]。せつげつくゎ[雪月花]。やまみづ[山水]。〔上代〕えんか[煙霞／烟霞]。さんすい[山水]。ふうくゎう[風光]。→**けしき【景色】**

—の音 〔中古〕てんらい[天籟]。

—の道理 〔近代〕せつり[摂理]。ていりつ[定律]。てんりつ[天律]。〔近世〕てんそく[天則]。〔中古〕てんい[天意]。てんり[天理]。

—の働き 〔近代〕てんかう[天巧]。〔中世〕てんとく[天徳]。〔中古〕てんこう[天工／天功]。

—の変事 〔近代〕てんぺんちい[天変地異]。〔上代〕てんさい[天災]。

—のまま りゅうりょくかこう[柳緑花紅]。〔近代〕げんし[原始]。げんせい[原生]。〔近世〕うぶ[初／初心／産／生]。むゐしぜん[無為自然]。〔中世〕てんしん[天真]。〔中古〕てんねん[天然]。柳は緑花は紅(くれなゐ)。

—のままにしておく 〔近世〕野に置く。《句》〔近世〕やはり野に置け蓮華草(れんげさう)。

—の恵み 〔近世〕げうふうしゅんう[尭風舜雨]。

—らしさ 〔近代〕やせいみ[野性味]。

—を愛し旅をたのしむ習癖 〔近世〕煙霞(えんか)の痼疾(こしつ)。煙霞の癖(へき)。風雲の情。

—を研究する学問 〔近代〕しぜんくゎがく[自然科学]。しぜんし[自然誌]。ナチュラルサイエンス(natural science)。はくぶつがく[博物学]。れんきんじゅつ[錬金術]。〔近世〕りがく[理学]。りくゎ[理科]。

海洋の—現象 かいしょう[海象]。

しぜん【自然】❷〈無作為〉〔近代〕むかう／むがう／むかいう[無何有]。〔中世〕ぶゐ[無為]。〔上代〕しぜん[自然]。むゐ[無為]。

—・に 〔近世〕ひとり[独]。ひとりでに[独]。〔中世〕おのづと[自]。〔中古〕おのづから[自]。おのれと[己]。じねんに[自然]。〔上代〕われと[我]。

—・にできたもの 〔近代〕てんさく[天作]。てんさんぶつ[天産物]。〔近世〕てんぶつ[天物]。〔上代〕てんざう[天造]。

—・にできる 〔近代〕てんさん[天産]。〔近世〕てんせい[天成]。〔中古〕てんせい[天生]。《句》〔近世〕勧学院の雀は蒙求(もうぎう)を囀る。

—のまま たくまざる[巧]。〔中世〕おのれなり[己形]。じねん[自然]。ぶじ[無事]。〔中古〕わざとならず。

じぜん【慈善】 フィランソロピー(philanthropy)。〔近代〕チャリティー(charity)。〔近世〕じぜん[慈善]。

しそ【紫蘇】 〔近世〕ちそ[紫蘇]。〔中世〕しそ[紫蘇]。

—の若い穂 ほじそ[穂紫蘇]。〔中古〕のらえ[野良荏]。

しそう【思想】 〔近代〕イデオロギー(ドイツ Ideologie)。しかう[思考]。してう[思潮]。しゅぎ[主義]。しんでう[信条]。〔中世〕しさう[思想]。しさく[思索]。しんねん[信念]。

—のしっかりした人のたとえ すじがねいり[筋金入]。〔中古〕けいさう[勁草]。

—を鍛えること れんし[練思]。

すぐれた— 〔近代〕きんしん[錦心]。

仏教以外の— 〔上代〕げだう[外道]。

しそう【志操】 〔中世〕しさう[志操]。〔中古〕せつ[節]。せつぎ[節義]。せっさう[節操]。みさを[操]。

しそう【死相】 〔近代〕ほとけづくり[仏作]。〔近世〕しにがほ[死顔]。〔中古〕しさう[死相]。

しそく【子息】 〔中古〕しそく[子息]。そく[息]。そくだん／そくなん[息男]。むすこ[息子]。

貴人の— 〔中古〕こうし[公子]。

良家の世事にうとい— 〔近世〕おばうさん[御坊]。ぼっちゃま／ぼっちゃん[坊]。

じぞく【持続】 〔近代〕そんぞく[存続]。ぢぞく[持続]。ながつづき[長続]。〔近世〕こたふ（こたえる）[堪]。ぢきう[持久]。〔中古〕たふ（たえる）[堪]。

しそこな・う【仕損】 とちる。とりこぼす[取]。〔近代〕しそんじる[仕損]。どぢる。やりそんじる[遣損]。味噌を付ける。〔近世〕かぶる[被／冠]。しくじる。しほうく（—ほうける）[為呆]。そこぬ（そこねる）[損]。そそくる（—くれる）。だりむくる。とっぱづす[取外]。はたく[叩／砕]。ふしまつ[不始末]。ふみかぶる[踏被]。ほぐる（ほぐれる）[解]。まちがふ（—がえる）[間違]。やりそこなふ[損]。やりそこぬ（—そこねる）[遣損]。石車に乗る。どじを踏む。毛氈(もうせん)をかぶる。〔中世〕うちはづす[打外]。しそんず[仕損]。そんず[損]。ぬかる[抜]。やりそんず[遣損]。鼻を突く。不覚を取る。〔中古〕あやまる[過]。しそこなふ[仕損／為損]。そこなふ[損]。つまづく[躓]。とりはづす[取

外]。もてそこなふ[持損]。上代あやまつ[過]。→あやまち

ー・って発する語 近世これはしたり。さしったり。したり。しなしたり。しまうた[仕舞]。しまった。中世なむさんぼう[南無三宝]。

▼動詞の連用形に付いて 近世そびる[そびれる]。中世にがす/のがす[逃]。はぐる[はぐれる][逸]。中古そこなふ[損]。

しそん【子孫】 近代あと[後]。近世いんし[胤子]。のち[後]。はずゑ[葉末]。ばつりう/まつりう[末流]。まごこ[孫子]。まつえふ[末葉]。流れの末。中世こういん[後胤]。こうえい[後裔]。こうえふ[後葉]。すゑば[末葉]。そん[孫]。はつえ[極枝]。ばつえい/まつえい[末裔]。ひひこ[曾孫]。べうえい[苗裔]。ゆくへ[行方]。ゐりう[遺流]。中古あとかばね[後姓]。あなすゑ[足末]。うまご[孫]。えだ[枝]。じそん[児孫]。すゑ[末]。すゑずゑ[末末]。ぞう[族]。ぞうるい[族類]。たね[種/胤]。つぎつぎ[次次/継継]。ながれ[流]。なごり[名残/余波]。よえい[余裔]。上代こはな[裔]。ししそんそん[子子孫孫]。しそん[子孫]。のち[後]。生みの子。親の子。人の子。

《句》近代児孫(じそん)のために美田を買はず。

ーが栄えること 上代しゅうし[螽斯]。

ーが絶えること 中世だんぜつ[断絶]。

ーが父祖より劣っていること 中古えだおとり[枝劣]。

ー繁栄の飾り物の台 近代いもだい[芋台]。

ーを増やし栄えさせる 中古門を広ぐ。

ーを増やす 中古うみひろぐ[生広]。わうそん[王孫]。

王のー 近代わういん[王胤]。

同じ血筋のー 近代けつえい[血裔]。けつぞく[血族]。近世けついん[血胤]。

貴人のー 中古けいしぎょくえふ[瓊枝玉葉]。みま[御孫]。わうそん[王孫]。

天皇のー 中古くゎういん[皇胤]。上代くゎうそん[皇孫]。

遠いー 近世らいえい[来裔]。ゑんえい[遠裔]。中世こうえい[後裔]。じそん[耳孫]。ばつえい/まつえい[末裔]。ゑんそん[遠孫]。中古ばつえふ/まつえふ[末葉]。ばっそん[末孫]。上代こういん[後胤]。

▼自分から見た子孫の呼び方

一代 こ[子]。

二代 まご[孫]。中世そん[孫]。中古うまご/むまご[孫]。ひこ[孫]。

三代 そうそん[曾孫]。ひいまご/ひまご[曾孫]。中世ひこ/ひこまご[曾孫]。ひひこ[曾孫]。

四代 げんそん[玄孫]。中世やしはご/やしゃご[玄孫]。鶴の子。

五代 らいそん[来孫]。

六代 こんそん[昆孫/晜孫]。

七代 じょうそん[仍孫]。

八代 うんそん[雲孫]。近世鶴の子。

じそん【自尊】 近代プライド(pride)。ほこり[誇]。近世うぬぼれ[自惚/己惚]。きぐらゐ[気位]。きょうじ/きんじ[矜持]。じしん[自信]。じそん[自尊]。中世じふ[自負]。

ー心がある 中古こころだかし[心高]。たかし[高]。

しそんじ【仕損】 →あやまち →しっぱい

しそん・じる【仕損】 →しそこな・う

した【下】 アンダー(under)。中世いか[以下]。ちょくか[直下]。ました[真下]。中古しも[下]。上代した[下]。

《枕》中古あしねはふ[葦根這]。かやりびの[蚊遣火]。上代うもれぎの[埋木]。こもりづの[隠水]。こもりぬの[隠沼]。したひもの[下紐]。はふくずの[這葛]。みなしがは/みなせがは[水無瀬川]。

ーの世界 中世げかい[下界]。

ーの方 ていへん[底辺]。近代かそう[下層]。かたん[下端]。かだん[下段]。しもて[下手]。近世かぶ[下部]。ねかた[根方]。中世かはう[下方]。げだん[下段]。したて[下手]。中古したかた[下方]。したば[下端]。すそ[裾]。上代そこ[底]。もとへ[本辺/本方]。

ーの方が大きいこと 近代しもぶくれ[下脹/下膨]。中古しもがち[下勝]。

ーへ押し遣る 中世さぐ〔さげる〕[下]。中古おしさぐ〔ーさげる〕[押下]。

ーを向いている 近代うつむきかげん[俯加減]。近世したむき[下向]。中古ふしめ[伏目]。

ーを向く 中世うつぶく/うつむく[俯]。中古うつぶす[俯]。

一番ー 近代さいか[最下]。さいてい[最低]。

した【舌】 上代した[舌]。近世べろ。中世したのね[舌根]。

ーで舐(な)めるさま 近代ぺろっと。ぺろり。近世ぺろぺろ。

牛や豚のー(料理に用いる) 近代タン(tongue)。

したい【死体】 近代 ゐがい［遺骸］。ゐし［遺屍］。近世 がいく［骸軀］。こつがい［骨骸］。したい［死体／屍体］。しにがら［死骸］。しにからだ［死体］。もぬけ［蛻／藻抜］。ゐたい［遺体］。蛻(もぬけ)の殻。中世 から［殻］。からだ［軀／骸／身］。むくろ［軀／骸／身］。ゆいがい［遺骸］。中古 から［骸］。しがい［死骸／屍骸］。しかばね［屍］。なきがら［亡骸］。上代 かばね［屍／尸］。しし［死屍］。

《尊》近世 そんがい［尊骸］。

―に生ずる斑点 近代 しはん［死斑／屍斑］。

―を片付けること 近世 とりおき［取置］。

―を土中等に埋める 近代 ばいさう［埋葬］。中世 つきこむ［築込］。はうむる［葬］。中古 はうぶる［葬］。上代 まいさう［埋葬］。

―を葬る穴 近代 くゎうけつ［壙穴］。中古 つかあな［塚穴］。はかあな［墓穴］。

―を本葬まで安置すること 中古 かりもがり［殯］。上代 あらき［荒城／殯］。ひんれん［殯斂］。もがり［殯］。

肉が腐り落ちて骨だけの― 近世 がいこつ［骸骨］。中古 はくこつ［白骨］。

腐敗せず原形を保っている― 近世 ミイラ(ポルトガル) mirra;(オランダ) mummie／木乃伊］。

▼白骨になった頭蓋骨 近世 しゃりかうべ［髑髏］。のざらし［野晒］。中世 されこうべ／しゃれこうべ［髑髏］。中古 どくろ［髑髏］。

しだい【次第】 近代 くゎてい［科程］。けいくゎ［経過］。けいゐ［経緯］。ステップ(step)。はこび［運］。プロセス(process)。近世 いきさつ［経緯］。しあはせ［仕合］。しゅび［首尾］。じょじ［序次］。せんさく［穿鑿］。だんだん［段段］。だんどり［段取］。なりゆき［成行］。中世 さう［左右］。しき［式］。じじょ［次序］。てはず［手筈］。てんまつ［顛末］。らっし／らふじ［臈次／臘次］。中古 よしぎ［儀］。しだい［次第］。ついで［序］。よし［由／因］。わざ［業／態］。上代 じゅんじょ［順序］。つぎて［次第］。

―に 少しずつ。近世 じゅんじゅんに［順順］。ちくちくと。ぼちぼち。順を追って。中世 じじこくこく［時時刻刻］。じょじょに［徐徐］。ぜんぜんと［漸漸］。だんだん［段段］。中古 おひおひ［追追］。すがひすがひ［次次］。ぜんじ［漸次］。つぎつぎ［次次／継継］。やうやう／やうやく［漸］。やや［稍／漸］。ゆくゆくと。をりをり［折折］。上代 やくやく［漸漸］。ややややに。

―に成長してゆくこと 近世 おひそだち［生育］。

―に…となる 中世 なりゆく［成行］。もてゆく［持行］。中古 なりまさる［成増／成勝］。なりもてゆく［成持行］。なる［成］。

―に滅びること ぜんめつ［漸滅］。

儀式の― しきじ［式次］。しきじゅん［式順］。近世 しきしだい［式次第］。

事の― 中世 しあはせ［仕合］。しき［式］。しまつ［始末］。わけ［訳］。中古 じじゃう［事情］。りしゅ［理趣］。わざ［業］。

しだい【至大】 近代 ぜつだい［絶大］。近世 しだい［至大］。ぢゅうだい［重大］。中世 じんだい［甚大］。

じたい【辞退】 近代 きょぜつ［拒絶］。きょひ［拒否］。近世 おじぎ［御辞儀］。じぎ［辞宜／辞儀］。中世 しんしゃく［斟酌］。ゑんりょ［遠慮］。中古 ことわり［断］。じしゃ［辞謝］。じたい［辞退］。上代 こじ［固辞］。

―・し通す 中古 すまひはつ［辞果］。

―・しない 近世 おじぎなし［御辞儀無］。戴(いただ)く物は夏も小袖。

―・しにくい 近世 さりがたし［去難／避難］。

―・すべき所 中古 いなびどころ［辞所］。

―・する 近世 ことわる［断］。中世 こばむ［拒］。中古 いなぶ／いなむ［否／辞］。かへさふ［返］。さる［避］。じす［辞］。すまふ［辞］。のがる［逃］。のく［退］。《謙》きこえいなぶ［聞否］。きこえかへす［聞返］。

―の意思 近代 じい［辞意］。

―の言葉 中世 わびごと［侘言］。

固く―・する 上代 こじ［固辞］。

酒を―・する言葉 近世 ありあり。

他人に譲って自分は―・する 中古 すいじ［推辞］。

じたい【事態】 近代 きょくめん［局面］。シチュエーション(situation)。じゃうきゃう［状況／情況］。じゃうせい［状勢／情勢］。やうさう［様相］。中世 じぎ［辞儀／辞宜］。じゃうたい［状態／情態］。中古 ことのさま［事様］。じたい［事態］。

切迫した― 近代 事ここに至る。中世 きんきふ［緊急］。

じだい【時代】 近代 エージ(age)。エポック(フランス) époque; epoch)。中世 じせつ［時節］。中古 じせい［時世］。じだい［時代］。ときよ［時世］。上代 よ［世］。

―遅れ オールドファッション(old fashioned)。近代 アウトオブデート(out-of-date)。きうしき［旧式］。近世 かびくさし［黴臭］。じだいちがひ［時代違］。ふるし［古］。

まへかた［前方］。りうかうおくれ［流行遅］。中古 ふるくさし［古臭］。《句》バスに乗り遅れる。

―遅れで不用になったもの 近世 すたりもの／すたれもの［廃物］。

―遅れの人 オールドタイマー(old timer)。

―劇 ちょんまげもの［丁髷物］。近代 きうげき［旧劇］。じだいもの［時代物］。まげもの［髷物］。近世 いちばんめきゃうげん［一番目狂言］。いちばんめもの［一番目物］。

―に合った こんにちてき［今日的］。近代 アップツーデート(up-to-date)。げんだいてき［現代的］。

―の傾向 近代 じだいせいしん［時代精神］。ツァイトガイスト(ドイ Zeitgeist)。てうりう［潮流］。ふうてう［風潮］。

―の変化 近代 かくせい［隔世］。中世 よがはり［世変］。中古 じせい［時勢］。

―の変化に気付かない 近代 アナクロニズム(anachronism)。こくしう［刻舟］。じだいさくご［時代錯誤］。《句》中世 舟に刻みて剣を求む。

新しい―の始まり 近代 エポック(フラ ンス époque; epoch)。エポックメーキング(epoch making)。くゎっきてき［画期的］。しんきげん［新紀元］。中古 げうしょう［暁鐘］。

栄えた― 近代 せいじ［盛時］。近世 せいだい［盛代］。中世 せいせい［盛世］。

古き良き― 近代 ベルエポック(フラ ンス Belle Époque)。近世 世が世なら。

したう【慕】 心を寄せる。近代 きゃうわう［嚮往］。近世 あいす［愛］。ぎゃうぼ［仰慕］。けいぼ［傾慕］。しぬぶ［偲］。思ひを寄す［―寄せる］。中世 あいぼ［愛慕］。あこがる［―がれる］［憧］。ほる［ほれる］［惚］。中古 おもひかく［思掛］。れんぼ［恋慕］。心に掛く［―掛ける］。上代 うちしのぶ［打偲］。こひす［恋］。こふ［恋］。したふ［慕］。しのぶ［偲］。しぼ［思慕］。→**こい・する**

《枕》上代 なくこなす［泣子／哭児］。

―・い敬う 近世 しんすい［心酔］。中古 ぎゃうばう［仰望］。

―・い続ける 中古 しのびわたる［偲渡］。

―・い寄る 上代 うちなびく［打靡］。

―・って心が離れない 上代 おもひまつはる［思纏］。おもひもとほる［思纏］。

聞いて―・う 中古 ききかよふ［聞通］。

互いに恋い―・う 中古 つまごひ［妻恋／夫恋］。

遠くの人を―・う 中古 うちしのぶ［打偲］。

ひそかに―・う 中古 おもひしのぶ［思忍］。

したうけ【下請】 したしごと［下仕事］。近代 したうけおひ［下請負］。近世 うけおひ［請負］。したうけ［下請］。

―の下請け まごうけ［孫請］。

したえ【下絵】 ドラフト(draft)。ラフスケッチ(rough sketch)。近代 エスキス(フラ ンス esquisse)。エチュード(フラ ンス étude)。かづ／したづ［下図］。カルトン(フラ ンス carton)。クロッキー(フラ ンス croquis)。すがき［素書／素描］。スケッチ(sketch)。そべう［素描］。デッサン(フラ ンス dessin)。近世 ふんぽん［粉本］。中世 ぐゎかう［画稿］。したゑ［下絵］。中古 ゑやう［絵様］。

したがう【従】 ❶〈服従〉近代 かくじゅん［恪遵／恪循］。くつじゅう［屈従］。近世 きょうじゅん［恭順］。ゐふく［畏服／畏伏］。中世 くっぷく［屈服／屈伏］。ふくじゅう［服従／伏従］。ふくす［服／伏］。中古 おもむく［赴］。きす［帰］。くっす［屈］。しょじゅう［所従］。ついしょう［追従］。ついずい［追随］。なびく［靡］。まかす［任］。上代 うべなふ［宜］。きじゅん［帰順］。きふく［帰服／帰伏］。したがふ［従／順］。じゅんぷく［順服］。そふ［添／副］。ついじゅう［追従］。まつろふ［服／順］。

―・わせる いいまるめる［言丸］。くっつける。近代 きゃうせい［強制］。せいふく［征服］。ときふせる［説伏］。近世 いひくるむ［―くるめる］［言包］。せいふく［制服］。やりこむ［―こめる］［込］。中世 うちなびく［打靡］。せっぷく［折伏／折服］。せめふす［責伏］。ぞくす［属］。なでつく［―つける］［撫付］。なびく［靡］。ふくす［服］。中古 おもむく［赴］。こむ［こめる］［込／籠］。とりこむ［―こめる］［取込］。なびかす［靡］。上代 おとす［落］。ことむく［言向］。まつろふ［服／順］。むく／むけ［向］。

―・わない 近代 はんかう［反抗］。はんする［反］。背を向ける。旋毛(つむじ)を曲げる。中古 うちそむく［打背］。中世 さからふ［逆］。上代 そむく［背／叛］。さかふ［逆］。たがふ［違］。

相手の主張に―・う 近世 おつ［おちる］［落］。中世 意見に付く。中古 うちなびく［打靡］。きく［聞］。しょうふく［承服／承伏］。まく［まける］［負］。

敬って―・う 近世 けいふく［敬服］。中世 しんぷく［心服］。上代 すいふく［推服］。

逆らわずに―・う 近代 しんめう［神妙］。

《近世》じゅんてき[順適]。《中世》かんじゅ[甘受]。しなふ[撓]。《中古》わじゅん[和順]。

信念なく何でもー・う　いうがまま[言儘]。《近代》だくだく[諾諾]。ふわ[付和／附和]。ふわずいかう[付和随行／附和随行]。ふわらいどう[付和雷同／附和雷同]。まうじゅう[盲従]。ゐゐだくだく[唯唯諾諾]。《近世》いひなり[言成]。ごむりごもっとも[御無理御尤]。《中世》ふくゎ[不和]。

耐え忍んでー・う　《近代》にんじゅう[忍従]。

年長者にー・わない　《近世》ふてい[不弟／不悌]。

服従するように見せてー・わない　《近代》めんじゅうふくひ[面従腹誹]。

したが・う【従】❷〈随行〉　《近代》ちょくれい[直隷]。びす[尾]。《近世》じゅうぞく[従属]。したずいはん[随伴]。《中世》おとも[御供]。したがふ[従／随／順]。ずいかう[随行]。つきしたがふ[付従／付随]。《中古》ぐす[具]。つづく[続]。

ー・わせる　↓**したが・える**

貴人のお供としてー・う　《中世》ばいじゅう[陪従]。《中古》ぐぶ[供奉]。ばいしょう[陪従]。《上代》べいじゅう[陪従]。

親しんでー・う　《中古》しんぷ[親付／親附]。

したが・う【従】❸〈立脚〉　そくする[則]。《近代》いきょ[依拠]。りっきゃく[立脚]。《中世》のっとる[則]。もとづく[基]。《中古》したがふ[従／随／順]。じゅんきょ[準拠／准拠]。《上代》よる[依]。

したが・える【従】　《近世》くはふ〔くわえる〕[銜／啣]。《中世》めしつる〔—つれる〕[召連]。ようす[擁]。《中古》ぐす[具]。したがふ〔—がえる〕[従／随]。つく〔つける〕[付]。つる〔つれる〕[連]。《上代》ともなふ[伴]。ひきゐる[率]。

したがき【下書】　ドラフト(draft)。《近世》あんじぶみ[案文]。あんぶん[案文]。かう[稿]。かうほん[稿本]。げしょ[下書]。げんかう[原稿]。《中世》あんしょ[案書]。さう[草]。さうほん[草本]。したがき[下書]。《中古》あん[案]。さうあん[草案]。さうかう[草稿]。さうし[草紙／草子]。どだい[土代]。《上代》あんもん[案文]。ぶんあん[文案]。

ーなしで直接書くこと　かきくだす[書下]。ぶっつけがき[打付書]。《近世》うちつけがき[打付書]。

ーを書く　《近世》かうす[稿]。《中世》さうす[草]。

歌のー　《近世》かかう[歌稿]。《中世》えいさう[詠草]。

したがって【従】　《近世》だから。《中世》ここをもって[是以]。したがって[従]。そこで。よって[因／依／仍]。《中古》ここをもちて[是以]。したがひて[従]。それゆゑ[故]。ゆゑに[故]。よりて[因／依／仍]。↓**だから**

したがわ【下側】　《近代》かめん[下面]。したがは[下側]。《近世》あせじゅばん[汗襦袢]。かぶ[下部]。《中世》かはう[下方]。《上代》した[下]。

したぎ【下着】　《近代》アンダーウエア(underwear)。はだへぎ[肌着]。《中世》したがさね[下襲]。はだぎ[肌着]。はだぎぬ[肌衣]。汗取りの帷(かたびら)。《中古》あせとり[汗取]。したぎ[下着]。

ズボンの下にはくー　《近代》すててこ。ズボンした〔(フランス)jupon下〕。

竹と糸を編んだー　《近世》たけじゅばん[竹襦袢]。

男子用のーの例　ブリーフ(briefs)。ランニングシャツ(running shirt)。《近代》ももひき[股引]。《近世》さるまた[猿股]。ふどし[褌]。《中世》ふんどし[褌／犢鼻褌]。肌の帯。《中古》したおび[下帯]。《上代》たふさぎ[犢鼻褌／褌]。

婦人用のー　ランジェリー(フランスlingerie)。

婦人用のーの例　ウエストニッパー(waist nipper)。オールインワン(all in one)。ガードル(girdle)。ショーツ(shorts)。パンティー(panties)。ブラジャー(brassiere)。ボディースーツ(bodysuit)。《近代》コルセット(corset)。コンビネーション(combination)。シュミーズ(フランスchemise)。スリップ(slip)。ズロース(drawers)。ブルーマー／ブルマー(bloomer)。《近世》カミソール／キャミソール(camisole)。

その他ーのいろいろ(例)　《近代》アンダーシャツ(undershirt)。シャツ(shirt)。《近世》ジバン／ジュバン(ポルトガルgibão／襦袢／襦絆)。

したく【支度】　あしがため[足固]。こうさく[工作]。《近代》おぜんだて／ぜんだて[御膳立]。したじゅんび[下準備]。だうぐだて[道具立]。てはい[手配]。はいび[配備]。ふせき[布石]。《近世》しがく[仕覚]。しかけ[仕掛／仕懸]。しこみ[仕込]。したごしらへ[下拵]。じゅんび[準備]。だんどり[段取]。てまはしてあて[手当]。てくばり[手配]。てまはし[手回]。よび[予備]。《中世》あしじろ／あしじろ[足代]。かくご[覚悟]。けっこう[結構]。こしらへ[拵]。そなへ[備／具]。てうはふ[調法]。てはず[手筈]。もよひ

[催]。中古いそぎ[急]。いでたち[出立]。いとなみ[営]。かまへ[構]。こころがまへ[心構]。こころまうけ[心設]。さうぞく/じゃうぞく[装束]。したかた[下形]。したく[支度]。したぐみ[下組]。しただめ[認]。しつらひ[設]。そなへ[備/具]。ちゃうほん[張本]。まうけ[設]。まかなひ[賄]。ようい[用意]。よそほひ[装]。上代よそひ[装]。
→じゅんび

—ができた 中古ことなる[事成]。

—・しておく 近世たしなむ[嗜]。中古こしらへおく[拵置]。

—・して送り出す 中古いだしたつ[出立]。

—・する 中世こしらふ〔—らえる〕[拵]。さしかたむ〔—かためる〕[鎖固]。しだす[仕出]。したためまうく[認設]。もよほす[催]。よそほふ[装]。中古いそぎたつ[急立]。いそぐ[急]。いでたつ[出立]。いとなぶ/いとなむ[営]。おもひまうく[思設]。けいめい[経営]。さうずく/さうぞく/しゃうぞく[装束]。したたむ〔—ためる〕[認]。しまうく[為設]。てうず[調]。とりぐす[取具]。とりたつ〔—たてる〕[取立]。とりまかなふ[取賄]。まかなふ[賄]。上代そなふ〔そなへる〕[備/具]。ととのふ〔—のへる〕[調]。とりよそふ[取装]。まうく〔もうける〕[設]。まく[設]。まけそなふ[設備]。よそふ[装]。

—を済ませる 近世しつく〔しつける〕[仕付/躾]。

心の— 中古おもひかまふ[思構]。こころがまへ[心構]。

死ぬ— しゅうかつ[終活]。近世しにじたく[死仕度]。中古いでたちいそぎ[出立急]。

十分に—・して 中世あひかまへて[相構]。

出船の— 上代ふなよそひ[船装]。

正月の— 近世しゃうぐゎつじまひ[正月仕舞]。

食事の— 近世かってもと[勝手元/勝手許]。中古まかなひ[賄]。

旅立ちの— 近代あしごしらへ[足拵]。中古いでたち[出立]。いでたちいそぎ[出立急]。

朝食の— 中古あさもよひ[朝催]。

逃げる— 中世にげまうけ[逃設]。

冬を越す— とうえい[冬営]。

身— 近世こしらへ[拵]。みじたく[身支度/身仕度]。みじまひ[身仕舞]。みづくろひ[身繕]。中世みごしらへ[身拵]。中古いでたち[出立]。さうぞく/しゃうぞく[装束]。

じたく【自宅】 しか[私家]。マイホーム(和製my home)。近代ぐうきょ[寓居]。じか[自家]。してい[私邸]。じてい[自邸]。たく[宅]。もちいへ/もちや[持家]。近世おいらが。中世うち[内]。じたく[自宅]。やどもと[宿許/宿元]。中古したく[私宅]。ふるさと[故郷/古里/故里]。わいへ[我家]。上代やど[宿]。わがや[我家]。わぎへ[我家]。→**いえ**

《謙》近代ぐうきょ[寓居]。へいか[弊家]。へいしゃ[弊舎]。近世せうたく[小宅/少宅]。せっか/せっけ[拙家]。せったく[拙宅]。中世へいをく[弊屋]。中古いほ[庵/廬]。へいたく[弊宅]。へいろ[弊廬/敝廬]。上代いほり[庵/廬]。

—にいること ざいしゅく[在宿]。中世ざいたく[在宅]。

—を離れた生活 中古たびゐ[旅居]。

したげいこ【下稽古】 近代テスト(test)。よかう[予行]。よかうえんしふ[予行演習]。リハーサル(rehearsal)。中世したげいこ[下稽古]。

したけんぶん【下検分】 →**したしらべ**

したごころ【下心】 近代せいしん[成心]。たくらみ[企]。近世いちもつ[一物]。かけご[掛子/懸籠]。げしん[下心]。こころづもり[心積]。こんたん[魂胆]。そこい[底意]。つもり[積]。もくろみ[目論見]。中世しんい[真意]。ふくちゅう[腹中]。ほんしん[本心]。中古ないしん[内心]。上代おもはく[思]。したごころ[下心]。

《句》近代旨い物食はす人に油断すな。食はせておいて扨と言ひ。

—があってする 近世為にす。

—がある 近代いうい[有意]。中古こころあり[心有]。

したごしらえ【下拵】 →**したく**

したさき【舌先】❶〈舌の先〉 近世ぜっせん[舌尖]。中世したさき[舌先]。ぜったん[舌端]。ぜっとう[舌頭]。

したさき【舌先】❷〈弁舌〉 近代いひぶり[言振]。したさき[舌先]。ぜっこう[舌口]。べん[弁]。近世かたりくち[語口]。くちまへ[口前]。はなしぶり[話振]。中世くちさき[口先/口頭]。くちぶり[口振]。中古くぜち/くぜつ[口舌/口説]。くちつき[口]。したぶり[舌風/舌振]。べんぜつ[弁舌]。

—のうまいこと したさきさんずん[舌先三寸]。近代ぜっぽう[舌鋒]。近世したさんずん[舌三寸]。三寸の舌。

したじ【下地】 近代そぢ[素地]。そやう[素

養]。近世きぢ[木地/生地]。だい[台]。中古ぢがね[地金]。中世どだい[土台]。中古したかた[下形]。したぢ[下地]。

―がしっかりしていること 中世かたぢ[堅地]。

屋根に瓦を葺くための― 近世のぢ[野地]。中世ふきぢ[葺地]。

したし・い【親】 近代ちかしい[近/親]。近世たじなし[他事無]。中世なつかし[懐]。わりなし[理無]。中古こころやすし[心安]。こし[濃]。むつまし[睦]。上代したし[親]。ちかし[近]。むつまじ[睦]。

《句》近世親しき中に垣をせよ。中世親しき中に礼儀あり。

―・いこと ラポール(フランス rapport)。近代おなじみ[御馴染]。きんしん[近親]。しんきん[親近]。しんじゅく[親熟]。しんみつ[親密]。ファミリア(familiar)。みつ[密]。近世こんい[懇意]。じっこん[入魂]。しんかう[親交]。しんかう[親好]。しんぜん[親善]。ぢっこん[昵懇]。ちなみ[因]。ねんごろあひ[懇合]。ばくぎゃく/ばくげき[莫逆]。爾汝(じじょ)の交はり。莫逆(ばくぎゃく)の交はり。中世じゅこん[入魂]。ちぐう[値遇]。なじみ[馴染]。わしん[和親]。中古しん[親]。しんぢつ[親昵]。ぢっきん[昵近]。なかよし[仲良/仲好]。むつび[睦]。上代したしみ[親]。よしみ[誼/好]。

―・いさま 近世こんしん[懇親]。中古ちかやか[近]。ねんごろ[懇]。

―・い人 近世じゅくしき[熟識]。中世しんぢつ[親昵]。なじみ[馴染]。中古なかよし[仲良/仲好]。上代いとこ[愛子]。思ふ人。

―・く 中古まのあたり[目当]。

―・く会うこと 近代しんせつ[親接]。膝を突き合はせる。近世たいご[対晤]。中世めんご[面晤]。

―・くして感化される 近世しんせき[親炙]。中世しんしゃ[親炙]。

―・くつき合う 近代肝胆相照らす。近世しんぼく[親睦]。中世ちなむ[因]。中古うちとく[―とける][打解]。かうくゎん[交歓/交驩]。くらぶ[くらべる][比]。しんぢつ[親昵]。ねんごろ[懇]。みなる[―なれる][見馴]。

―・くつき合ってきた家 中古つうか/つうけ[通家]。

―・くない 中世そくゎつ[疎闊]。中古うとし[疎]。そばそばし[稜稜]。そゑん[疎遠]。上代とほし[遠]。

―・くなったきっかけ 近世なれそめ[馴初]。

―・くなり過ぎている なれあう[馴合]。中古なる[なれる][狎]。なれすぐ[馴過]。なれなれし[馴馴]。なれむつぶ[馴睦]。

―・くなる 近代一見旧(きう)の如し。傾蓋(けいがい)故(こ)(旧(きう))の如し。近世ちかよる[近寄]。中世ゆる[ゆりる][許]。中古いひつく[言付]。うちとく[―とける][打解]。かたらひつく[語付]。けいがい[傾蓋]。ちかづく[近付]。上代やはらぐ[和]。

友人が―・く語り合うこと 中古あうめい[嚶鳴]。

昔からの―・い人 近代ふるなじみ[古馴染]。近世むかしなじみ[昔馴染]。

昔―・かった人 中古野中の清水。

したしみ【親】 近代くゎん[款/欵]。しんくゎ[親和]。しんな/しんわ[親和]。中古しん[親]。しんじゃう[親情]。むつび[睦]。上代したしみ[親]。よしみ[好/誼]。→したし・い

―がわかない 中古うるさし[煩/五月蠅]。くすし[奇]。

―を感じる 近世情が移る。中古おもひむつぶ[思睦]。

―を込めた呼び方 近世たいしゃう[大将]。ばう[坊]。ばうず[坊主]。やっこさん[奴]。中世しゅくね[宿禰]。上代すくね[宿禰]。

交際から生まれる― 近代じゃうぎ[情誼/情宜]。近世かうぎ[交誼]。上代かうじゃう[交情]。

したし・む【親】 仲良くする。中世わす[和]。中古いりたつ[入立]。うちとく[―とける][打解]。おもなる[面慣/面馴]。おもひむつぶ[思睦]。くらぶ[くらべる][比]。したしむ[親]。なじむ[馴染/昵]。ならふ[馴/慣]。なれむつぶ[馴睦]。むつる[睦]。上代なつく[懐]。なづさふ。なる[なれる][馴/慣]。にきぶ[和]。むつぶ[睦]。

―・み愛すること 中古あいげう[愛楽]。

―・み合う なれあう[馴合]。近代あひわす[相和]。

―・み近付くこと 中世しんきん[親近]。中古ぢっきん[昵近]。

―・みなつく 中古むつる[睦]。上代むつぶ[睦]。

―・みなれる 中古ねんごろがる[懇]。上代にきぶ/にきむ[和]。

―・みにくい 近代かくばる[角張]。近世け

し

うとし［気疎］。しかくばる［四角張］。中古ものうとし［物疎］。
ー・みにくいさま 近世ぎすぎす。
ー・みはじめる 中古なれそむ［ーそめる］［馴初］。
ー・み深い 中古ねんごろ［懇］。上代ねもころ［懇］。
ー・みまとわり付く 中古むつる［睦］。上代むつぶ［睦］。
ー・みやすいさま 近世くだく［くだける］［砕／摧］。中世きさく［気］。中古けぢかし［気近］。上代やはらぐ［和］。
敬いー・む 近代ゐあい［畏愛］。
俗世間の人とー・む 中世塵に同ず。塵に交はる。
男女がー・む 中古うちとく［打解］。

したじゅんび【下準備】 あしがため［足固］。あしならし［足馴］。したしごと［下仕事］。りめんこうさく［裏面工作］。近代おぜんだて／ぜんだて［御膳立］。したじゅんび［下準備］。近世したごしらへ［下拵］。中世したづくり［下作］。

したしらべ【下調】 近代したしらべ［下調］。よしふ［予習］。近世したけんぶん［下検分］。ないけん［内見］。中世したみ［下見］。ないらん［内覧］。

したそうだん【下相談】 近代うちあはせ［打合］。したさうだん［下相談］。中世ないだん［内談］。

したたか【強】❶〈強い〉 近代きゃうじん［強靱］。ぐゎんきゃう［頑強］。近世くっきゃう［屈強］。たっしゃ［達者］。中世ぐゎんぢゃう［頑丈］。したたか［強］。てごはし［手強］。上代つよし［強］。→**つよ・い**

したたか【強】❷〈甚だ〉 近代すこぶる［頗］。近世おほいに［大］。中古したたか［強］。はなはだ［甚］。上代きはめて［極］。→**はなはだ**

したたかもの【強者】 近代うみせんやません［海千山千］。らうくゎい［老獪］。海に千年山に千年。近世しれもの［痴者］。たっしゃもの［達者者］。らうかい［老黠］。らうくゎつ［老猾］。煮ても焼いても食へぬ。中世くせびと［曲人］。くせもの［曲者］。さるもの［然者］。したたかもの［強者］。中古かうのもの／がうのもの［剛者］。

したたらず【舌足】 近世したたらず［舌足］。とつべん［訥弁］。はなしべた［話下手］。中世くちべた［口下手］。中古したつき［舌］。

したたり【滴】 近代すいてき［水滴］。近世したみ［湑／釃］。たらし［垂／滴］。中世けんてき［涓滴］。てきてき［滴滴］。てんてき［点滴］。中古したたり［滴］。上代しづく［滴／雫］。→**しずく**
酒をついだ後の銚子(ちょうし)の口のー 近代あとびき［後引］。

したた・る【滴】 近代てきか／てっか［滴下］。中世しほたる［潮垂］。てきれき［滴瀝］。中古たる［垂］。上代したたる／しただる［滴］。
ー・らせる 近代したたらす［滴］。中世てんず［点］。中古したむ［湑／釃］。たる［たれる］［垂］。上代したつ／したづ［滴／瀝］。
ー・るさま てんてん［点点］。近代ぽたぽた。ぽとぽと。近世ぼとぼと。中世たらたら。てきてき［滴滴］。ぼたぼた。りんり［淋漓］。
汗や涙がー・る 中古ながる［ながれる］［流］。上代あゆ［零］。
汗や涙をー・らせる 中世あえす／あやす［零］。

したっぱ【下端】 かけだし［駆出］。近代けいはい［軽輩］。したっぱ［下端］。したづみ［下積］。ふんどしかつぎ［褌担］。中世ざっぴゃう／ざふひゃう［雑兵］。したやく［下役］。

したづみ【下積】 →**したっぱ**（前項）

したて【下手】 近代しもて［下手］。中世したて［下手］。
ーに出る 近世下端(したば)に付く。手を下げる。

したて【仕立】 近世おはり［御針］。したて［仕立］。はりしごと［針仕事］。中古さいほう［裁縫］。たちぬひ［裁縫］。ぬひもの［縫物］。ものぬひ［物縫］。

した・てる【仕立】❶〈裁縫〉 近代ぬひあげる［縫上］。中古さいほう［裁縫］。したつ［ーたてる］［仕立］。たちぬふ［裁縫］。上代ぬふ［縫］。→**さいほう** →**ぬ・う**
ー・てばかりの着物 近世したておろし［仕立下］。たちおろし［裁下］。中世きりたて［切立］。
ー・て直し てなおし［手直］。近代リフォーム（reform）。
ー・てること 中世したてもの［仕立物］。中古ぬひもの［縫物］。
特別にー・てる 近代べつじたて［別仕立］。
▼仕立屋 近代テーラー（tailor）。近世おものし［御物師］。ものぬひや［物縫屋］。

した・てる【仕立】❷〈作り上げる〉 近世つくりあぐ［ーあげる］［作上］。中世こしらふ［ーらえる］［拵］。しあぐ［ーあげる］［仕上］。中古したつ［ーたてる］［仕立］。しつく［ーつける］［仕付］。しなす［為成］。

ー・て直し 近代 リフォーム(reform)。近世 やきなほし［焼直］。

じたばた 近代 じたばた。近世 どたばた。びくしゃく。やっさもっさ。中世 あふつ［煽］。上代 あがく［足掻］。

したび【下火】 近代 せうくゎ［消火］。ふくゎっぱつ［不活発］。ふしん［不振］。近世 したび［下火］。ちんくゎ［鎮火］。ひだりまへ［左前］。中世 くだりざか［下坂］。中古 ていめい［低迷］。

したまわ・る【下回】 きる［切］。近代 くだる［下］。わる［割］。近世 けつばふ［欠乏］。中古 けつじょ［欠如］。ふそく［不足］。

したみ【下見】 →したしらべ

じだらく【自堕落】 近代 ふしだら。近世 だうらく［道楽］。ふぎゃうじゃう［不行状］。ふぎゃうせき［不行跡］。中世 じだらく［自堕落］。中古 いうたう［遊蕩］。上代 はうたう［放蕩］。→ふしだら

したりがお【顔】 近代 とくいがほ［得意顔］。近世 じまんがほ［自慢顔］。中古 えたりがほ［得顔］。したりがほ［顔］。

しだれざくら【枝垂桜】 近代 しだれひがん［枝垂彼岸］。近世 しだれざくら［枝垂桜］。中古 いとざくら［糸桜］。

しだれやなぎ【枝垂柳】 近世 しだれやなぎ［枝垂柳］。中世 いとやなぎ［糸柳］。すいりう［垂柳］。中古 すいやう［垂楊］。上代 しだりやなぎ［乗柳］。やなぎ［柳］。

したわし・い【慕】 近世 ものゆかし［物床］。中世 したはし［慕］。中古 おくゆかし［奥床］。こころにくし［心憎］。しのばし［偲］。むつまし［睦］。ものなつかし［物懐］。ゆかし［床］。上代 こひし／こほし［恋］。なつかし［懐］。むがし。

ー・いこと 中古 あはれ［哀］。

ー・く思う 近代 かうい［好意］。かうかん［好感］。近世 あいす［愛］。中世 こがる［こがれる］［焦］。中古 山鳥のはつをの鏡。

しだん【指弾】 近代 しだん［指弾］。だんがい［弾劾］。中世 ひなん［非難］。中古 そしり［謗／譏／誹］。だんし［弾指］。つまはじき［爪弾］。上代 きうだん［糾弾／糺弾］。

じだん【示談】 近世 じだん［示談］。はなしあひ［話合］。中古 さうだん［相談］。だんがふ［談合］。だんぎ［談義／談議］。わぎ［和議］。

じだんだ【地団駄】 中世 ぢだんだ［地団駄］。上代 あしずり［足摺］。

ーを踏む 近代 地踏鞴(ぢたたら)を踏む。

しち【七】 近代 セブン(seven)。中世 しち［七］。な［七］。中古 ななつ［七］。上代 なな［七］。

しち【死地】 近代 きち［危地］。きゅうち［窮地］。しにばしょ［死場所］。近世 しにば［死場］。中世 こけつ［虎穴］。ししょ［死所／死処］。しち［死地］。しちゅう［死中］。しにどこ／しにどころ［死所／死処］。中古 ここう［虎口］。

しち【質】 →しちや

ー入れした物の所有権を放棄する 中世 ながす［流］。

ー入れした物を請け出すこと 中世 しちうけ［質請］。

ー入れする物 近代 しちざい［質材］。たんぽ［担保］。たんぽひん［担保品］。ていしゃう［抵償］。ていたう［抵当］。近世 したうま［下馬］。しちぐさ［質草／質種］。しちだね［質種］。てんたう［典当］。てんぶつ［典物］。ひきあて［引当］。中世 かた［形］。上代 しちもつ／しちもの［質物］。

ーに入れる 近代 てんする［典］。にふしち［入質］。まげこむ［曲込］。近世 うちころす／ぶちころす［打殺］。ころす［殺］。しちいれ［質入］。しづむ［しずめる］［沈］。まぐ［まげる］［曲／枉］。中古 質に置く。

ーの預かり証 近世 しちふだ［質札］。中古 しちけん［質券］。

ーの期限切れ 近世 しちながれ［質流］。ながれ［流］。

ー物を入れたり出したり 近世 あげさげ［上下］。

ー物を保管する倉 近世 しちぐら［質倉／質蔵］。

他人からの抵当を更にーに入れる 近世 うはじち［上質］。したじち［下質］。またしち［又質］。

人をーとする 中世 ひとじち［人質］。

しちがつ【七月】(陰暦) 近世 あきはづき［秋初月］。おやづき／しんげつ［親月］。さうげつ／しゃうげつ［相月］。らんげつ［蘭月］。中世 あきのはづき［秋端月］。しちぐゎつ［七月］。しょしう［初秋］。しんしう［新秋］。たなばたづき［七夕月］。ななよづき［七夜月］。らんしう［蘭秋］。りゃうげつ［涼月］。をみなへしづき／をみなめしづき［女郎花月］。中古 いそく［夷則］。はつあき［初秋］。ふみひらきづき／ふみひろげづき［文開月／文披月］。めであひづき［愛逢月］。上代 ふづき／ふみづき［文月］。まうしう［孟秋］。

—七日 近代 なぬかぼん［七日盆］。ぼんはじめ［盆初］。上代 たなばた［七夕］。
—十五日 中世 ちゅうげん［中元］。
—の晦日(みそか) 近世 風の前(へ)日(び)。

しちじっさい【七十歳】 近代 こき［古稀／古希］。じゅうしん［従心］。近世 き［耆］。中世 ちし［致仕／致事］。中古 しちじゅん［七旬］。ななそぢ［七十路］。国に杖つく。上代 きらう［耆老］。けんしゃ［懸車］。《句》近世 人生七十古来稀なり。
▼七十七歳 近代 きじ／きのじ［喜字］。きじゅ［喜寿］。喜の字の祝ひ。

しちめんちょう【七面鳥】 近代 しちめんてう［七面鳥］。ターキー(turkey)。近世 うみきじ［海雉］。カラクンてう［(オランダ)kalkoen 鳥／唐国鳥］。

しちや【質屋】 近代 いちろくぎんかう［一六銀行］。しょみんぎんかう［庶民銀行］。ろくいちぎんかう［六一銀行］。近世 しちてん／しちみせ［質店］。てんぽ［典舗／典鋪］。ななつ／ななつや［七屋］。中世 くらもと［蔵元／倉本］。しちや［質屋］。つちぐら／どさう［土倉］。とくら／どくら［土倉］。中古 しち［質］。

しちゅう【市中】 近代 しじゃう［市上］。しとう［市頭］。しない［市内］。近世 いちなか［市中］。しがい［市街］。ちまた［巷］。ばうかん［坊間］。中世 してう［市朝］。てう［朝］。てうし［朝市］。まちなか［町中］。中古 しちゅう［市中］。まち［町／街］。上代 しせい［市井］。
—の賑(にぎ)わい 近代 しぢん［市塵］。上代 ざったふ［雑踏／雑沓］。

しちゅう【支柱】 近代 ささへばしら［支柱］。しちゅう［支柱］。ステー(stay)。つっかひ［突支］。近世 つっかひぼう［突支棒］。つっぱり［突張］。やたいぼね［屋台骨］。中世 ささへ［支］。すけ［助］。そへぎ［添木／副木］。つかへ［支／閊］。
—から支柱までの長さ 近代 わたりま［渡間／径間］。
植物が—に巻き付き伸びること かいせん［回旋／廻旋］。

しちょう【視聴】 ちょうし［聴視］。近世 みきき［見聞］。中世 けんぶん［見聞］。中古 けんもん［見聞］。しちゃう［視聴］。
—率 サーキュレーション(circulation)。
—率記録装置 オーディオメーター(audiometer)。
—率の高い時間帯 ゴールデンアワー(和製 golden hour)。ゴールデンタイム(和製 golden time)。プライムタイム(prime time)。

じちょう【自重】 近代 じしゅく［自粛］。じちょう［自重］。近世 じせい［自制］。中世 じかい［自戒］。せっせい［節制］。中古 きんしん［謹慎］。しんちょう［慎重］。つつしみ［慎］。

じちょう【自嘲】 近代 じこけんを［自己嫌悪］。やけっぱち［自棄］。近世 じてう［自嘲］。やけ［自棄］。自棄(やけ)の勘八。自棄のやんぱち。中世 じき［自棄］。じばうじき［自暴自棄］。

しちょく【司直】 近代 さいばんくゎん［裁判官］。しはふくゎん［司法官］。近世 しちょく［司直］。中世 はふさう［法曹］。

しつ【質】 近代 クオリティー(quality)。ひんしつ［品質］。近世 たち［質］。中世 しつ［質］。せいしつ［性質］。→**せいしつ**

じつ【実】❶〈物〉 近代 じっしつ［実質］。中世 じったい［実体］。しゃうみ［正味］。中古 じつ［実］。しんじち／しんじつ［真実］。

じつ【実】❷〈心〉 近代 ちゅうじゃう［衷情］。近世 しじゃう［至情］。中世 しんじゃう［真情］。せいしん［誠心］。ちゅうしん［衷心］。中古 しせい［至誠］。じつ［実］。せいい［誠意］。せいじつ［誠実］。せきしん［赤心］。まごころ［真心］。上代 まこと［誠／真］。

しつい【失意】 きおれ［気折］。ハートブレイク／ハートブレーク(heartbreak)。らくたん［落胆］。近代 しつい［失意］。ブロークンハート(broken heart)。近世 きおち［気落］。そさう［阻喪／沮喪］。中古 しゃうしん［傷心］。ときなし。ひたん［悲嘆］。上代 わび［侘］。
—の生活を送る 中古 わぶ〔わびる〕［侘］。
—の人 中古 わびびと［侘人］。

じつえき【実益】 近代 くろじ［黒字］。しうえき［収益］。じつえき［実益］。じっかう［実効］。じつり［実利］。りざや［利鞘］。近世 じつよう［実用］。中世 まうけ［儲］。りえき［利益］。りとく［利得］。上代 りじゅん［利潤］。
《句》近世 名を取るより徳を取れ。理詰めより重詰め。中世 花より団子。

じっか【実家】 近代 せいか［生家］。近世 おさと［御里］。おやもと［親元］。さとかた［里方］。じっか［実家］。中世 おやざと［親里］。中古 さと［里］。
—で存分に食べること 近世 さとばら［里腹］。
—に帰っていること 中古 さとずみ［里住］。

さとゐ[里居]。

ーの人 中古さとびと[里人]。

嫁がーへ帰ること 近代さとがへり[里帰]。

しっかい【悉皆】 余すところなく。近代いっさいがっさい[一切合切]。中世いっさい[一切]。ことごとく[悉]。しっかい[悉皆]。ぜんぶ[全部]。のこらず[残]。中古あまねく[遍]。上代すべて[全]。みな[皆]。↓すべて

しっかく【失格】 近代しっかく[失格]。ふがふかく[不合格]。むしかく[無資格]。中世しっきゃく[失脚]。しっつい[失墜]。

スポーツなどでーとなる 近代オミット(omit)。

しっかり【確】❶〈物的〉 近代あんこ[安固]。きゃうじん[強靱]。けんきゃう[堅強]。らうこ[牢乎]。近世けんじつ[堅実]。しっかり[確／聢]。ぢゃうぶ[丈夫]。中世きゃうこ[強固]。ぐゎんぢゃう[頑丈]。中古かたし[堅／固]。けんらう[堅牢]。すくやか／すくよか[健]。だいばんじゃく[大盤石／大磐石]。たしか[確]。ばんじゃく[盤石／磐石]。ふつつか[不束]。むねむねし[宗宗]。上代らうこ[牢固]。

ー・する 上代かたまる[固]。

ーと 近代がっちり。きちんと。ちゃんと。近世しかしか[確確]。中世しかと[確]。しっかと。はたと。はったと。ひしひしと。みしと。中古ひしと[緊／犇]。上代したたに。たしに。たしだしに。

ーと支えること 近代かくほ[確保]。

ーと持つこと 近代しつぢ[執持]。中世しふぢ[執持]。

ますますー・している 上代やがたし[弥堅]。

しっかり【確】❷〈心的〉 すじがねいり[筋金入]。近代かくこふばつ[確乎不抜／確固不抜]。けんにんふばつ[堅忍不抜]。近世けなげ[健気]。しっかり[確／聢]。だいぢゃうぶ[大丈夫]。中世おとなしやか[大人]。がうき[剛気／豪気]。がうけん[剛健]。かくたる[確]。きこつ[気骨]。けんじつ[堅実]。こうたう[公道]。さかさかし／さかざかし[賢賢]。中古かくこ[確固／確乎]。けんご[堅固]。さかし[賢]。したたか[強]。すくやか／すくよか[健]。たしやか[確]。はかばかし[果果／捗捗]。をさをさし[長長]。上代さとし[聡]。たしか[確]。とごころ[利心／鋭心]。ふとし[太]。

ー・させる 近世性根を付く[ー付ける]。性(しゃう)を付く[ー付ける]。

ー・した心 近世きぢゃう[気丈]。しつじつ[質実]。中世こころまさり[心優]。しゃうね[性根]。中古こころづよし[心強]。

ー・していない 近代きょふ[虚浮]。くにゃくにゃ。はくじゃく[薄弱]。近世あまけ[甘気]。ぐにゃぐにゃ。だらしなし。たわいなし。体(いた)もなし。中世うつつなし[現無]。しだらなし。たよりなし[頼無]。中古おぼつかなし[覚束無]。こころもとなし[心許無]。そらめく[空]。なんじゃく[軟弱]。はかなぶ[果無]。

ー・して穏やかなこと 近代をんけん[穏健]。

ー・して頼もしい 中世かひがひし[甲斐甲斐]。けなりげ[殊気]。上代がうき[剛毅／豪毅]。

ー・する 中世しまる[締]。中古うちおとなぶ[打大人]。おとなぶ[ーびる][大人]。

ーと 近代しゃきっと。しゃっきり。中古きと。

外見は柔らかだが心はー・している 近代ぐゎいじうないがう[外柔内剛]。しんしまり／しんじまり[真締]。

考えがー・している 近代かくこふばつ[確乎不抜／確固不抜]。近世きぢゃうぶ[気丈夫]。中古こころたしか[心確]。

膝がー・しなくなる わらう[笑]。

しっかん【疾患】 近代しっくゎん[疾患]。中世びゃうき[病気]。わづらひ[患]。中古いたつき[病]。上代しっぺい[疾病]。やまひ[病]。

しっき【漆器】 中古じきろう[食籠]。しっき[漆器]。ぬりもの[塗物]。

ーの仕上げに木炭で磨くこと どうずり[胴擦]。

ーの下地の例 近代にかはしたぢ[膠下地]。まきぢ[蒔地]。近世ほんかたぢ[本堅地]。

ーを乾かすための室 ぬしぶろ[塗師風呂]。中世うるしぶろ[漆風呂]。うるしむろ[漆室]。

表面に木目の凹凸を表したー やせめ[痩目]。

その他ーのいろいろ(例) あけぼのぬり[曙塗]。近世あひづぬり[会津塗]。いっかんばり[一閑張]。かまくらぼり[鎌倉彫]。わじまぬり[輪島塗]。

しっき【湿気】 ↓しっけ

しつぎ【質疑】 近世しつもん[質問]。とひただす[問質]。中世しつぎ[質疑]。中古ただす[質]。たづぬ[たづねる][尋]。上代とふ[問]。

《謙》中世うかがふ[伺]。

しっきゃく【失脚】 かくさげ［格下］。こうかく［降格］。こうにん［降任］。近代しっかく［失格］。近世いのちとり［命取］。中世しっきゃく［失脚］。しっつい［失墜］。ぼつらく［没落］。

―・させる たたきおとす［叩落］。中古なくなす［無］。上代おとしいる［―いれる］［陥／落入］。

しつぎょう【失業】 りしょく［離職］。近代しつげふ［失業］。近世あしあがり［足上］。しっしょく［失職］。むしょく［無職］。足が上がる。

―・して生活が成り立たない 近世くひあげ［食上］。

じっきょう【実況】 じったい［実態］。近代げんきゃう［現況］。近世じっきゃう［実況］。じつじゃう［実情］。中世じっさい［実際］。

じつぎょう【実業】 近代さんげふ［産業］。じげふ［事業］。じつげふ［実業］。ビジネス(business)。

―家 近代ざいかいじん［財界人］。ビジネスマン(businessman)。

しっく【疾駆】→**しっそう【疾走】**

シック(フランス chic) しゃれた［洒落］。近代いうが［優雅］。エレガント(elegant)。シック。近世あかぬけ［垢抜］。いき［粋］。じゃうひん［上品］。中古いうび［優美］。

しっけ【湿気】 モイスチャー(moisture)。近代しめりけ［湿気］。中世しっき／しっけ［湿気］。中古うるおひ［潤］。

―が多い 近代たしつ［多湿］。近世しつぶかい［湿深］。しめっぽい［湿］。中古ていしつ［低湿］。

―に強い たいしつ［耐湿］。

―を帯びたさま 近代じっとり。じめじめ。中世しっとり。

―を帯びる ウェット(wet)。近代じとつく。じめつく。中古しめる［湿］。→**しめっぽ・い**

―を吸い取ること 近代きふしつ［吸湿］。

―を除くこと じょしつ［除湿］。

―を防ぐこと 近代ばうしつ［防湿］。

しつけ【躾】 近代くんいく［薫育］。くんいく［訓育］。ディシプリン(discipline)。近世けういく［教育］。中世くんたう［薫陶］。しつけ［躾］。ふうぎ［風儀］。中古ならはし［習／慣］。

―が厳しくない 近世あまやかし［甘］。

しっけい【失敬】❶〈無礼〉 近世しっけい［失敬］。なめ［無礼］。ぶさはふ［不作法］。礼儀知らず。中世ぶらい［無礼］。ぶれい［無礼／不礼］。中古しつれい［失礼］。ひれい［非礼］。上代ふけい［不敬］。→**ぶれい**

しっけい【失敬】❷〈窃取〉→**ぬす・む**

しつ・ける【躾】 近世しこむ［仕込］。中世しいる［―いれる］［仕入］。しつく［―つける］［躾］。中古したつ［―たてる］［仕立］。

しつ・ける【仕付】 中世やりつく［―つける］［遣付］。中古しつく［―つける］［仕付］。しなる［―なれる］［慣］。

しっけん【識見】→**しきけん**

しつげん【失言】 いいまちがい［言間違］。しつご［失語］。近代いつげん［逸言］。いひすぎ［言過］。近世いひあやまり［言誤］。くゎげん［過言］。中世ごんしつ［言失］。しつげん［失言］。中古くゎごん［過言］。

じっけん【実験】 しこう［試行］。近代エクスペリメント(experiment)。しけん［試験］。テスト(test)。トライアル(trial)。近世けいけん［経験］。じっけん［実験］。ためし［試］。

―・される対象 近代ひけんしゃ［被験者／被検者］。モルモット(オランダ marmot)。

―・する部屋 近代けんきうしつ［研究室］。じっけんしつ［実験室］。ラボ／ラボラトリー(laboratory)。

―用具の例 イーエスピーカード(ESP card)。ピンチコック(pinchcock)。ふうどう［風洞］。近代ビュレット(burette)。近世フラスコ(ポルトガル frasco)。

或る―を別の人がもう一度すること ついし［追試］。

じっけん【実権】 近代けんえき［権益］。けんげん［権限］。けんりょく［権力］。とっけん［特権］。近世じっけん［実権］。りけん［利権］。

―がない 近代員に備はるのみ。

―に媚びる 近世竈(かまど)に媚ぶ［―媚びる］。

―のない地位についている 近代ばんしょく［伴食］。

政治の― 中世けんぺい［権柄］。

じつげん【実現】 近代げんじつ［現実］。じつげん［実現］。たっせい［達成］。リアライズ(realize)。中世ぐげん［具現］。げんしゅつ［現出］。じゃうじう／じゃうじゅ［成就］。中古かなふ［かなえる］［適／叶］。上代ことなる［事成］。なる［成／為］。

―・しない 近代さたやみ［沙汰止］。とりやめ［取止］。ふせいりつ［不成立］。みくゎん［未完］。みくゎんせい［未完成］。りうざん［流産］。近世おじゃん。たちぎゆ［―きえる］

［立消］。ちゅうし［中止］。ながる［ながれる］［流］。よす［止］。中古 ちゅうぜつ［中絶］。

ーの見込み 近代 かのうせい［可能性］。

ー不可能な企て 近代 大風呂敷を広げる。砂上の楼閣。バベル(Babel)の塔。

ー不可能な話 近世 くうだん［空談］。

言うばかりでー・しない 近世 歌にばかり歌ふ。

願ったとおりにー 思いを晴らす。近世 願ったり叶ったり。中古 ゑんまん［円満］。

ほとんど不可能なことをー・する 近世 炒り豆に花。鰯網(いわしあみ)で鯨捕る。中世 枯れ木に花。

しつこ・い ねちこい／ねちっこい。近代 あぶらっこい［脂／油］。しつあう／しつえう［執拗］。ねつこい。ねばっこい［粘］。のうこう［濃厚］。近世 あくどし。あこぎ［阿漕］。くだらし。したたるし［舌］。しちくどし。しつっこい。しふねんぶかし［執念深］。どぎつい。ねつい。ねづよし［根強］。ねばりづよし［粘強］。ねぶかし［根深］。ほてくろし。みそごい［味噌濃］。やにこい／やにっこい［脂］。中世 いろこし［色濃］。くどし［諄］。しつこし。しぶとし。ねちみゃく／ねぢみゃく。中古 あつかはし［熱／繚］。しふねし［執念］。上代 くだくだし。くどくどし。

ー・いさま 近世 くどくど。こってり。ごてごて。ねちねち。べたつく。べたべた。中世 ぐどぐと／ぐどぐど。

ー・くいやらしい 近世 しみしたたるし［舌］。

ー・く尋ねるさま 近世 ねほりはほり［根掘葉掘］。

ー・く頼む 近世 おひすがる［追縋］。中世 せがむ。ねだる［強請］。中古 とりすがる［取縋］。

ー・くて嫌だ 中古 うるさし［煩／五月蝿］。

しっこう【執行】 近代 かいさい［開催］。きょかう［挙行］。じっし［実施］。とる［執］。近世 いとなむ［営］。中世 しかう／せかう［施行］。しっかう［執行］。しょす［処］。せぎゃう［施行］。中古 とりおこなふ［執行］。上代 しぎゃう［施行］。

命によりー・すること(人) 中世 うけたまはり［承］。

じっこう【実行】 近代 けっかう［決行］。じっし［実施］。じっせん［実践］。すいかう［遂行］。プラクティス(practice)。りかう［履行］。近世 じっかう［実行］。せんかう［践行］。中世 しかう／せかう［施行］。しっかう［執行］。手を下す。《句》近代 言ふは易(やす)く行ふは難(かた)し。今日なし得(う)ることを明日まで延ばすな。中世 思ひ立ったが吉日。義を見てせざるは勇無きなり。

ーがまだなこと 近世 みしん［未進］。

ー・されないまま終わる 上代 やむ［止／已／罷］。→**じつげん**

ー・する力 すいしんりょく［推進力］。近代 じっかうりょく［実行力］。《句》近代 悪に強ければ善にも強し。

ー・する力の弱いこと 近代 じゃくかう［弱行］。はくしじゃくかう［薄志弱行］。

ーに移す 近代 ちゃくしゅ［着手］。賽(さい)は投げられた。中世 手を下す。手を付ける。

ーの猶予 近代 モラトリアム(moratorium)。

ーを一時的に止める 近世 おあづけ［御預］。ほりう［保留］。

思い切ってー・する 近代 かんかう［敢行］。だんかう［断行］。《句》近世 清水の舞台から飛び下りる。

規則などをー・すること 近世 れいかう［励行］。

計画をーに移す 中古 くはたつ［企］。くはだつ(くわだてる)［企］。

先を考えずにー・する ちょとつもうしん［猪突猛進］。ぼうそう［暴走］。近世 むてっぽう［無鉄砲］。やみくも［闇雲］。向かふ見ず。

分かっていてもーが伴わない 《句》近代 言ふは易(やす)く行ふは難(かた)し。近世 鸚鵡(あうむ)よく言へども飛鳥を離れず。医者の不養生。儒者の不身持ち。

じっこう【実効】 近代 かうくゎ［効果］。かうよう［効用］。じっかう［実効］。近世 ききめ［効目／利目］。中古 かうけん［効験］。かうのう［効能］。こうけん［功験］。こうのう［功能］。

しっこく【漆黒】 →**くろ・い** →**くろいろ**

しっこく【桎梏】 近代 こくしつ［梏桎］。中世 かせ［枷］。こうそく［拘束］。しっこく［桎梏］。そくばく［束縛］。

じっこん【昵懇】 →**こんい** →**したし・い**

じっさい【実際】 近世 げんじつ［現実］。中世 じっさい［実際］。中古 しんさう［真相］。ないじつ［内実］。

ー的 近代 げんじつてき［現実的］。リアリスティック(realistic)。

ー的な理論 上代 じつり［実理］。

ーに にょじつ［如実］。近代 げんじつに［現実］。じじつ［事実］。近世 じっしゃう［実正］。中古 げんに［現］。中世 たちまち［忽／乍］。上代 まのあたり［目当］。

—**に行う** 近代じっせん[実践]。りかう[履行]。じつどう[実働]。中世ふむ[踏]。

—**に感じること** 近世じっかん[現実感]。げんじつみ 近代げんじつかん[現実味]。じっかん[実感]。リアリティー(reality)。


—**に経験したこと** 近代じつれき[実歴]。

—**に試みる** 近代エクスペリメント(experiment)。近世じっけん[実験]。物は試し。

—**に役立つさま** 近代じつようてき[実用的]。プラクティカル(practical)。

—**のありさま** じったい[実態]。近世じっきゃう[実況]。じつじゃう[実情]。じゃうじゃう[情状]。じっさう[実相]。中古ありありし[有有/在在]。中世ありてい[有体]。ありのまま[有儘]。ありやう[有様]。

—**の損害** じっそん[実損]。

—**のところ** 近代実を言ふと。近世そのじつ[其実]。中世じつは[実]。

—**の場** 近代げんぢゃう/げんば[現場]。中世じっち[実地]。

—**の物** げんぶつ[現物]。近代げんぴん[現品]。中古じつぶつ[実物]。

—**の利益** 近代じつえき[実益]。じつり[実利]。

じつざい【実在】 近代ザイン(ドイツSein)。じつざい[実在]。じつぞん[実存]。近世げんじつ[現実]。中世げんざい[現在]。そんざい[存在]。まこと[誠/実/真]。上代げんそん/げんぞん[現存/見存]。

—**・する** 中古そんす[存]。世に在り。上代ある[有]。ゐる[居]。

—**の人** 中世現(うつ)つの人。

しっさく【失策】 →あやまち →しっぱい
しっし【嫉視】 →しっと
じっし【実施】 →しっこう →じっこう【実行】
じっし【実子】 近世ほんこ[本子]。生(産)みの子。中世じっし[実子]。
しつじつ【質実】 近世しつじつ[質実]。中世しっそ[質素]。そぼく[素朴]。中古しつぼく/しつぼく[質朴]。上代じゅんぼく[純朴]。
じっしつ【実質】 なかみ[中身/中味]。ほんしつ[本質]。近代サブスタンス(substance)。じっしつ[実質]。中世じったい[実体]。しゃうみ[正味]。中古ほんたい[本体]。上代しゃうたい[正体]。
—**が伴っている** 近世看板に偽りなし。
—**が伴わない** おだいもく[御題目]。さくぶん[作文]。近世ぎんながし[銀流]。みかけだふし[見掛倒]。中世えせ[似非/似而非]。→みかけ
—**と形** 近代けいしつ[形質]。
しっしょう【失笑】 中世しっせう[失笑]。ものわらひ[物笑]。れいせう[冷笑]。
じっしょう【実証】 近代しょうする[証]。りっしょう[立証]。近世かくしょう[確証]。しょうめい[証明]。中古じっしょう[実証]。
—**的に研究すること** 近世かうしょう[考証]。
じつじょう【実情】 じったい[実態]。しんじょう[真情]。近代げんきゃう[現況]。げんじつ[現実]。げんじゃう[現状/現情]。近世じゃうじゃう[情状]。中世ありさま[有様]。ありてい[有体]。じっさい[実際]。じつじゃう[実情/実状]。じゃうじつ[情実]。中古ありやう[有様]。じじつ[事実]。事の心。上代ありかた[有形/在方]。

—**によく当てはまっているさま** 近代だたう[妥当]。近世せつじつ[切実]。
—**を知らないこと** 中世ふちあんない[不知案内]。
—**を自ら見ること** 近代しさつ[視察]。けんがく[見学]。けんぶん[検分/見分]。中世しんけん[親見]。
内部の— 近代うちまく[内幕]。中古ないじつ[内実]。
しっしょく【失職】 →しつぎょう
しっしん【失神】 いしきふめい[意識不明]。近代さうしん[喪心/喪神]。じんじふせい[人事不省]。中世うつつなし[現無]。近世きぜつ[気絶]。気が遠くなる。こんすい[昏睡]。しっしん[失神/失心]。気を失ふ。中古おぼほる[惚]。きえいる[消入]。きもきゆ[肝消]。ゑふ[酔]。→きぜつ
しっしん【湿疹】 中世くさ[瘡]。
—**の例** かんさつしん[間擦疹]。かんさつせいしっしん[間擦性湿疹]。近世がんがさ[雁瘡]。中世あせぼ[汗疹]。中古あせも[汗疹]。かざばな/かざほろし[風痳]。
しっせき【叱責】 近代げんせき[厳責]。しっせき[叱責]。つうぼう[痛棒]。中世ひなん[非難]。中古さいなむ[苛/嘖]。しかる[叱]。上代こる[嘖]。せむ(せめる)[責]。とがむ(とがめる)[咎]。
しっせき【失跡】 →しっそう【失踪】
じっせき【実績】 近代げふせき[業績]。じっせき[実績]。近世はたらき[働]。中古じつ[実]。
—**を上げた事業** 近世こうげふ[功業]。
じっせん【実践】 近代じっせん[実践]。りかう

[履行]。近世けいけん[経験]。じっかう[実行]。れいかう[励行]。中世りせん[履践]。

ーが伴わない 近世きしょう[記誦]。《句》中世論語読みの論語知らず。

ー的 近代プラクティカル(practical)。

しっそ【質素】 つつましい[慎]。近代せつやく[節約]。ハンブル(humble)。近世しつじつ[質実]。ぢみ[地味]。中世くすむ[燻]。こうたう[公道]。しっそ[質素]。つづまやか。つまし[倹/約]。中古おろそか[疎]。けんそ[倹素]。しつばく/しつぼく[質朴]。上代けんやく[倹約]。

ー・で心静かなこと 中古かんそ[閑素]。

ー・な家 中世茅茨(ぼうし)剪(き)らず采椽(さいてん)削らず。中古ばうし[茅茨]。

ー・な食事 近世そしょく[素食]。中古そしょく[粗食/麁食]。

ー・にする 中世およすく/およすぐ/およずく。中古ことそぐ[事殺]。そぐ[削/殺]。やつる[窶]。

しっそう【疾走】 りきそう[力走]。近代しかう[駛行]。しそう[駛走]。しっく[疾駆]。近世くゎいそう[快走]。中世かける[駆]。しっそう[疾走]。はす[はせる][馳]。

しっそう【失踪】 しっせき[失跡]。じょうはつ[蒸発]。近代しっそう[失踪]。たうばう[逃亡]。ゆくへふめい[行方不明]。近世ゆくへしれず[行方不知]。中世かけおち[欠落/駆落]。しゅっぽん[出奔]。てうばう[逃亡]。跡を眩ます。ゆきがたしれず[行方不知]。中古ちくでん[逐電]。てうまう[逃亡]。

じっそう【実相】 じつぞう[実像]。じったい[実態]。近代やうさう[様相]。中世じつじゃう[実情/実状]。しんにょ[真如]。ふへんしんにょ[不変真如]。中古ありさま[有様]。ありやう[有様]。じっさう[実相]。ほんたい[本体]。上代ありかた[在方]。しゃうたい[正体]。

《句》近代万里一条の鉄。

じつぞう【実像】 →じっそう(前項)

じつぞん【実存】 →じつざい

しった【叱咤】 尻を叩く。近代活を入れる。発破を掛ける。近世しっせき[叱責]。中世げきれい[激励]。中古しかる[叱/呵]。しった[叱咤]。上代はげます[励]。

しったい【失態】 →あやまち →しっぱい

じったい【実体】 近代サブスタンス(substance)。じっしつ[実質]。なかみ[中身/中味]。中世じったい[実体]。しゃうみ[正味]。中古じち/じつ[実]。たい[体]。ほんたい[本体]。上代さね[実/核]。しゃうたい[正体]。むざね[正身/実]。

ーがない 中世け[仮]。中古かげ[影]。そら[空](接頭語的)。

ーが分からない 近代ふかかい[不可解]。中世ふめい[不明]。中古なぞ[謎]。ふしん[不審]。

ーの有る無し 中世くうう[空有]。中古きょじつ[虚実]。

似ていてもーは異なる 中世似て非なり。

じったい【実態】 じつぞう[実像]。近代じゃうきゃう[情況]。ないじゃう[内情]。やうさう[様相]。中世じつじゃう[実情/実状]。中古じっさう[実相]。ないじつ[内実]。

しったかぶり【知振】 はんなま[半生]。近代しったかぶり[知振]。近世なまぎき[生聞]。はんか[半可]。はんかつう[半可通]。はんつう[半通]。利いた風。中古ききがほ[聞顔]。ききしりがほ[聞知顔]。しりがほ[知顔]。

《句》近世上り知らずの下り土産。箱根知らずの江戸話。中世見ぬ京物語。

ー・する者 近代げんがくしゃ[衒学者]。すどうふ[酢豆腐]。ちょびすけ[助]。ペダント(pedant)。近世しろとすい[素人粋]。

しっち【湿地】 しっちたい[湿地帯]。近代しつげん[湿原]。近世しっち[湿地]。上代さは[沢]。

水草などの生えているー 近世くて/くで[湫]。

じっち【実地】 近代げんち[現地]。げんぢゃう/げんば[現場]。フィールド(field)。近世ぢ[地]。中世じっち[実地]。

ーから割り出すさま げんばがくしゅう[現場学習]。フィールドワーク(fieldwork)。近代じっさいてき[実際的]。じっせんてき[実践的]。プラクティカル(practical)。

ーの練習をしないこと 近代机上の空論。畳の上の水練。近世こたつすいれん[炬燵水練]。たたみすいれん[畳水練]。鞍掛け馬の稽古。畳の上の陣立て。中世はたけすいれん[畑水練]。

ーを見ること フィールドワーク(fieldwork)。近代ささつ[査察]。しさつ[視察]。中世けんがく[見学]。けんぶん[検分/見分]。

じっちゅうはっく【十中八九】 近代じっちゅうはっく[十中八九]。近世くぶくりん[九分九厘]。ほとんど[殆]。中世あらかた[粗

方]。だいたい[大体]。たいてい[大抵]。ほぼ[略/粗]。おほかた[大方]。中古 おそらく[恐]。

しっちょう【失調】 はちょう[破調]。ふしん[不振]。近代 ていちょう[低調]。近世 ふじゅん[不順]。らんてう[乱調]。らんてうし[乱調子]。中古 ふてう[不調]。

じっちょく【実直】 近代 こくめい[克明]。じっちょく[実直]。ちょくじつ[直実]。まじめ[真面目]。近世 こうたう/こうだう[公道]。じってい[実体]。じつめい[実銘/実明]。しゃうたう/せいたう[正当]。しんまく[慎莫]。しんめんもく[真面目]。たまか。てまたし[手全]。ものがたし[物堅]。中世 げにげにし[実実]。しっちょく[実直]。すぐ[直]。まて。りちぎ[律義]。中古 じちようせいじつ[誠実]。しゃうぢき[正直]。すくすくし。ぼくとつ[朴訥]。まことし[誠/実/真]。まめ/まめやか[忠実]。ものまめやか[物忠実]。上代 じゅんぼく[純朴]。

《句》近代 律義(律儀)者の子沢山。

—・な人 中古 まめひと/まめびと[忠実人]。

—・な様子である 中世 じちらし[実]。

しっつい【失墜】 近代 しっかく[失格]。中世 しっつい[失墜]。中古 地に落つ[—落ちる]。

しつづ・ける【為続】 近世 しつづく[—つづける]。上代 すす[為為]。わたる[渡]。

▼助動詞 上代 ふ。

しっと【嫉妬】 近代 ジェラシー(jealousy)。しっし[嫉視]。しゃうしつ[娼嫉]。近世 ちんちん。としんちんちんごころ[心]。へんねし。やくやきもち[焼餅]。やく[焼/妬]。りんき[悋気]。思ひの修羅。思ひの丈(けた)。中世 ねたみ[妬]。りんしゃく/りんせき[悋惜/吝惜]。中古 しっと[嫉妬]。そねみ[妬]。ものうたがひ[物疑]。ものうらみ[物恨]。ものうらやみ[物羨]。ものねたみ[物妬]。ものゑんじ[物怨]。心の鬼。

《句》焼き餅焼くとて手を焼くな。

—・する 近世 やく[妬/焼]。甚助(甚介)を起こす。中古 そねむ[妬]。ふすぶ[ふすべる][燻]。

—・する顔付き 中古 ふすべがほ[燻顔]。

—に狂う女の顔 近代 はんにゃづら[般若面]。

—による男女の喧嘩 近世 らんちきさわぎ[乱痴気騒]。

—深い女のたとえ 近代 ごてんぢょちゅう[御殿女中]。

—深い人 近世 やきもちやき[焼餅焼]。

女の— 近世 角(つの)を出す。角を生(は)やす。

自分と関係ないことに—・する 近世 ほふかい[法界]。ほふかいりんき[法界悋気]。をかやき[岡焼/傍焼]。をかやきもち[岡焼餅/傍焼餅]。

前妻の後妻に対する— 中古 うはなり[後妻]。上代 うはなりねたみ[後妻嫉妬]。

しつど【湿度】 近代 しつど[湿度]。しめりけ[湿気]。中世 しっき/しっけ[湿気]。

—が高いこと こうしつ[高湿]。

—が高いさま 近代 じっとり。しとしと。じとじと。じめじめ。たしつ[多湿]。近世 しつぶかい[湿深]。しめっぽい[湿]。中古 ていしつ[低湿]。

—を一定に保つこと ほしつ[保湿]。

—を調整すること ちょうしつ[調湿]。

—を計る計器 かんしつきゅうしつどけい[乾湿球湿度計]。ポリメーター(polymeter)。近代 しつどけい[湿度計]。

じっと 近世 しげしげ[繁繁]。つやつや。まんじり。中世 じっと。ふどう[不動]。まじまじ。中古 つくづく。つと。上代 つらつら。

—・している 近代 あんせい[安静]。せいし[静止]。近世 きょぜん[居然]。へいそく[屏息/閉息]。ゐなり[居成]。ゐすくまる[居竦]。中世 ぎょうりつ[凝立]。こつぜん[兀然]。やはり[矢張]。中古 ゐすくむ[居竦]。

—・しておれない 近世 ゐたたまらない/ゐたたまれない[居堪]。

—見る 近代 ぎょうし[凝視]。みすゑる[見据]。目を凝らす。中世 みつむ[みつめる][見詰]。中古 みいる[見入]。

立ったまま—・している 中古 たちすくむ[立竦]。

手を出さず—・している せいかん[静観]。腕を拱(こまぬ)く(「こまねく」とも)。近代 きょうしゅ[拱手]。きょうしゅばうくゎん[拱手傍観]。くゎいしゅ[懐手]。ばうけん[傍見]。近世 しうしゅぼうくゎん[袖手傍観]。ふところで[懐手]。中世 ざし[座視]。しうしゅ[袖手]。中古 かんくゎ[看過]。

しっとり ぬめやか。中世 しっとり。しんめり。

—・した趣 近代 うるみ[潤]。中古 うるほひ[潤]。

—・する 中古 しめる[湿]。上代 うるほふ[潤/霑]。ぬる[ぬれる][濡]。

じっとり 近代 じっとり。じとじと。じめじめ。

→しめっぽ・い

しつない【室内】 インドア(indoor)。[近代]をくない[屋内]。[中世]しつない[室内]。まうち[間内]。[中古]ばうちゅう[房中]。ばうない[房内]。

ーの装飾 [近代]インテリア(interior)。

じつに【実】 [近代]ほんとに[本当]。[近世]じっさいに[実際]。ほんたうに[本当]。[中世]じつに[実]。しんに[真]。[中古]げに[実]。まことに[真]。

しつねん【失念】 [近世]どわすれ[度忘]。[中古]しつねん[失念]。ばうきゃく[忘却]。ものわすれ[物忘]。[上代]わする〔わすれる〕[忘]。

じつは【実】 実際のところ。[近代]実を言へば。[近世]ありやうは[有様]。じっさいは[実際]。じつは[実]。ほんたうは[本当]。実のところ。[中世]げには[実]。はや[早]。はやう/はやく[早]。[中古]さるは[然]。

しっぱい【失敗】 くろぼし[黒星]。やりそんじ[遣損]。ぽかをやる。[近代]エラー(error)。くゎご[過誤]。しったい[失態]。しっぱい[失敗]。ておち[手落]。てんけつ[転蹶/顛蹶]。ミス(miss)。ミステーク(mistake)。やりそこなひ[遣損]。[近世]おち[落]。かぶり[被]。さてつ[蹉跌]。しくじり。しそんじ[仕損/為損]。しっさく[失策]。そつ。だりむくり/だりむくれ。てぬかり[手抜]。どぢ。とりはづし[取外]。はたき[叩]。ばれ。ふしまつ[不始末]。ふしゅび[不首尾]。へま。まちがひ/まちがへ[間違]。ゐしつ[遺失]。[中世]さち[蹉躓]。しそこなひ[為損/仕損]。しちらい/しつらい[失礼]。しつ[失]。しっけい[失計]。じょさい[如才]。そさう[粗相/疎相]。てちがひ/てちがへ[手違]。ぬかり[抜]。ぬけめ[抜目]。ぶてうはふ[不調法/無調法]。ふてぎは[不手際]。ゐろう[遺漏]。をちど[越度]。[中古]あやまり[誤/謬]。おこたり[怠]。しおち[仕落/為落]。しつごじ[失誤]。そろう[疎漏/粗漏]。つまづき[躓]。とりはづす[取外]。ひま[暇/隙]。ふかく[不覚]。[上代]あやまち[過]。くゎしつ[過失]。さくご[錯誤]。→**あやまち**

《句》[近代]九仞(きうじん)の功を一簣(いっき)に虧(か)く。失敗は成功のもと(母)。念者(ねんじゃ)の不念(ぶねん)。[近世]弘法にも筆の誤り。猿も木から落つ〔―落ちる〕。千里の山に躓(つま)かずして垤(ありづか)に躓く。上手の手から水が漏る〔―漏れる〕。千里の馬も蹶(け)躓(つま)き。知者(智者)の一失愚者の一得。七下がり七上がり。七転び八起き。竜馬(りゅうめ)の躓(つま)き。[中世]怪我の功名。前車の覆るは後車の戒め。[中古]千慮に一失有り。

ー・したときの語 [近世]これはしたり。さしったり。したり。しなしたり。しまうた[仕舞]。しまった[仕舞]。[中世]なむさん/なむさんぼう[南無三宝]。ゆみやはちまん[弓矢八幡]。

ー・して行き詰まること [近世]さてつ[蹉跌]。

ー・して終わる [近代]からぶり[空振]。[近世]むだぼね[無駄骨]。むだぼねをり[無駄骨折]。画餅(ぐわべい)に帰す。

ー・してごまかし隠す [近世]過ちを文(かざ)る。《句》[近世]暗がりの犬の糞(くそ)。屁をひって尻すぼめ。

ー・して出奔する [近世]だりむくる。

ー・して評判を落とす [近世]味噌を付く〔―付ける〕。

ー・しながら解決に近付く しこうさくご[試行錯誤]。

ー・する →**しそこな・う**

ーにくじけないたとえ [近代]しちてんはっき[七転八起/七顛八起]。[近世]七転び八起き。

ーを繰り返すたとえ [近世]焼面(やけづら)火に懲りず。火傷(やけど)火に懲りず。

大きなー [近代]だいしっぱい[大失敗]。[近世]おほかぶり[大]。[中世]たいくゎ[大過]。

才能があるためかえってー・すること きりょうまけ[器量負]。才子才に倒れる。

策を弄(ろう)し過ぎてー・する 策士策に溺れる。

生涯悔やまれるー [近代]百年の不作。

優れた人のー [中古]くじだふれ[孔子倒]。《句》[近世]河童(かっぱ)の川流れ。弘法にも筆の誤り。猿も木から落つ〔―落ちる〕。上手の手から水が漏る〔―漏れる〕。粋(すい)が川へはまる。[中古]孔子(くじ)の倒れ。

成功直前のー 《句》[近世]川口で船を破(わ)る。

責任を取るべきー [近代]せっぷくもの[切腹物]。[中世]おちど[落度]。をちど[越度]。

ちょっと手を出してー・する 《句》[近世]一口物に頬を焼く。

得意なことでー・する 《句》[近世]得手に鼻突く。

熱心のあまりしでかすー いさみあし[勇足]。[中古]はやまる[早]。

一つのわずかなー [近世]いってつ[一跌]。[中世]いっしつ[一失]。

不注意や油断でー・すること ケアレスミス(careless mistakeから)。ちょんぼ。[中世]

ふかくご［不覚悟］。不覚を掻く(取る)。中古そさう［粗相／疎相］。上代くゎしつ［過失］。《句》近世月夜に釜。月夜に釜を抜かる［—抜かれる］。

前の人の— 近代いんかん［殷鑑］。近世ぜんてつ［前轍］。中世ふくてつ［覆轍］。

前の人の—を繰り返すこと 中古にのまひ［二舞］。《句》近代轍を踏む。中世前車の轍(てつ)を踏む。前轍を踏む。

身の程をわきまえない故の— 《句》近世桂馬(けいま)の高上がり。中世鵜の真似をする烏。猿猴(えんこう)が月。猿猴月を取る(愛す)。

若さ故の— 近世若気の過ち。若気の至り。

しっぴ【失費】 近代しゅっぴ［出費］。近世かかり［掛］。しっぴ［失費］。にふよう［入用］。はまり［嵌／塡］。中世いりよう［入用］。ものいり［物入／物要］。中古つひえ［費］。↓しゅっぴ

大きな— 近世いたごと［痛事］。

しっぴつ【執筆】 近代しっぴつ［執筆］。筆を舞はす。中世ちょさく［著作］。中古かく［書］。ちょじゅつ［著述］。筆を執る。筆を走らす(馳す)。

—を中止する ペン(pen)を折る。

—をはじめる 中世筆を染む(—染める)。

思いのままに—・する 近世きさい［揮灑］。きしゃ［揮洒／揮灑］。

しっぷう【疾風】 近代ぢんぷう［陣風］。とっぷう［突風］。近世きゃうふう［強風］。中世せんぷう［旋風］。中古しっぷう［疾風］。はやて［疾風／早手］。れっぷう［烈風］。上代はやち［疾風］。↓かせ【風】

じつぶつ【実物】 げんぶつ［現物］。近代げんぴん［現品］。中古じつぶつ［実物］。しゃうぶつ［正物］。

—を見ないと売買はできない 《句》近世見ぬ商ひはできぬ。

しっぺい【疾病】 ↓びょうき

しっぽ【尻尾】 近代テール(tail)。近世しっぽ［尻尾］。しりを［尻尾］。をっぽ［尾］。上代を［尾］。

—を出す 正体を現はす。近代ぼろを出す。近世化けの皮が現れる(剝げる)。尾を現はす(見す／出す)。

鳥の羽と— 上代をは［尾羽］。

じつぼ【実母】 近代うみはは［生母／産母］。近世生みの母。中世せいぼ［生母］。中古じつぼ［実母］。

しつぼう【失望】 近代きをれ［気折］。しつい［失意］。しゃうきゃう［惝怳］。ぜつばう［絶望］。らくたん［落胆］。近世きおち［気落］。しつばう［失望］。気を落とす。

—・するさま 上代ぶぜん［憮然］。

しつぼく【質朴】 近世しつじつ［質実］。中世しっそ［質素］。しっちょく［質直］。つづまやか。つまし［倹／約］。ぼくじつ［樸実／朴実］。中古しつぼく［質朴］。ぼくとつ［朴訥］。上代じゅんぼく［純朴］。

—で丈夫なこと 近世ごそくさい［御息災］。

しつむ【執務】 近代しうげふ［就業］。しうらう［就労］。ふくむ［服務］。近世きんむ［勤務］。中世しつむ［執務］。

じつめい【実名】 中世じつめい［実名］。中古じつみゃう［実名］。上代にじ［二字］。

—を隠すこと アノニム(anonym)。近代とくめい［匿名］。

貴人の— 上代いみな［諱］。

しつもん【質問】 せつもん［設問］。といかけ［問掛］。近代クエスチョン(question)。とひ［問］。近世しつもん［質問］。中世ぎもん［疑問］。しつぎ［質疑］。しゃくもん［借問］。中古しゃもん［借問］。ただす［質／糺］。たづぬ［たずねる］［尋］。上代しじゅん［諮詢］。しもん［諮問］。↓ぎもん

《謙》中世うかがふ［伺］。

《句》近世聞くは一時(一旦)の恥、聞かぬは一生(末代)の恥。

—・して確かめる 近世ききただす［聞糺］。とひただす［問糺］。中世きつもん［詰問］。

—・する 近世ものとふ［物問］。中世とひかく［—かける］［問掛］。中古かへさふ［反］。きく［聞］。ただす［糺］。たづぬ［たずねる］［尋］。上代とふ［問］。とぶらふ［訪］。

—・する人 しつもんしゃ［質問者］。中世もんじゃ［問者］。

—と答弁 キューアンドエー(Q & A)。しつぎおうとう［質疑応答］。中世いちもんいったふ［一問一答］。

奇抜な— ちんもん［珍問］。近代きもん［奇問］。

くだらない—とくだらない答 ぐもんぐとう［愚問愚答］。

子供がしつこく—・すること 近代子供の根問ひ。

こまかくしつこく—・すること 近世根掘り葉掘り。

目上の人が下の者に—・する 中世かぶん［下聞］。中古かもん［下問］。

〈文末表現〉かい。近代かしら。近世え。

か。かね。たっけ／だっけ。上代や。↓ぎもん

しつよう【執拗】↓しつこ・い

じつようてき【実用的】 近代げんじつてき［現実的］。じっさいてき［実際的］。じつようてき［実用的］。プラクティカル(practical)。中古まめ／まめやか［忠実］。まめまめし［忠実忠実］。

―・な仕事 中古まめわざ［忠実業］。

しつら・える【設】 せつえい［設営］。近代しつらへる。せっち［設置］。そなへつける［備付］。中世よそほふ［装／粧］。中古しつらふ(四段活用)。まうく(もうける)［設］。ようい［用意］。上代よそふ［装／粧］。

じつり【実利】↓じつえき

しつりょう【質量】 エム(M／m：mass)。近代しつりゃう［質量］。中世おもみ［重］。中古おもさ［重］。

―の単位の例 ガンマ(Γ／γ：gamma)。キログラム(kg; kilogram; (フランス)kilogramme／瓩)。センチグラム(cg; (フランス)centigramme／甅)。ポンド((オランダ)pond)。ミリグラム(mg; (フランス)milligramme／瓱)。

―の比 近代ひぢゅう［比重］。

じつりょく【実力】 近代キャパシティー(capacity)。しゅわん［手腕］。そこぢから［底力］。近世ぢりき［地力］。のうりょく［能力］。中世ぎりゃう［技量］。じつりょく［実力］。りき［力］。りきりゃう［力量］。上代せいのう［性能］。

―が劣ること 中世ちからおとり［力劣］。

―がなく望みばかり高いこと 近代がんかうしゅてい［眼高手低］。

―者 ドン((スペイン)don)。近世かほやく［顔役］。

―でやってのけること 中世うでづく［腕尽］。うでどく［腕］。近世ちからづく［力］。

小人(しょうじん)が邪魔して―が発揮できない 近代叢蘭(そうらん)茂らんと欲し秋風(しゅうふう)之を敗る。《句》

表面に表れない― 中世いんぜん［隠然］。《句》近代上手の猫が爪隠す。中世能ある鷹は爪を隠す。

最も―がある人 近代だいいちにんしゃ［第一人者］。

しつれい【失礼】 近代けつれい［欠礼］。近世おりょぐゎい［御慮外］。くゎんたい［緩怠］。しっけい［失敬］。そこつ［粗忽］。そつじ［率爾］。なめ［無礼］。ぶさはふ［不作法］。りょぐゎい［慮外］。中世あし［悪］。びろう［尾籠］。ぶこつ［無骨］。ぶしつけ［不躾］。ぶらい／ぶれい［無礼］。らうぜき［狼藉］。れうじ［聊爾］。中古あいだてなし。こちなし［骨無］。しつれい［失礼］。なめげ／なめし［無礼］。はしたなし［端無］。ひれい［非礼］。上代ふけい［不敬］。ゐやなし［礼無］。↓ぶれい

じつれい【実例】 近代エグザンプル(example)。ケース(case)。じつれい［実例］。近世れい［例］。中世じれい［事例］。

しつれん【失恋】 ハートブレイク／ハートブレーク(heartbreak)。ふられる［振］。ブロークンハート(broken heart)。近代しつれん［失恋］。

じつろく【実録】↓じつわ(次項)

じつわ【実話】 ドキュメンタリー(documentary)。ノンフィクション(nonfiction)。近代じつわ［実話］。中古じっせつ［実説］。上代じつろく［実録］。

してい【指定】 近代してい［指定］。近世してき［指摘］。てんぢゃう／てんてい［点定］。中世さしづ［指図］。

ある方向を―・すること 近代しかう［指向］。

してい【私邸】↓じたく

しでか・す【仕出】 近世しでかす［仕出／為出］。中世しいだす［為出］。しだす［仕出／為出］。中古しいづ［為出］。ひきいだす［引出］。ひきいづ［引出］。

してき【指摘】 近世してき［指摘］。中古さす［指］。

―・するところ 近代うちどころ［打所］。

人の気付かない真相を―・する 近世うがつ［穿］。

してき【私的】 近代こじんてき［個人的］。してき［私的］。プライベート(private)。

じてき【自適】 近代いういうじてき［悠悠自適］。中世じてき［自適］。中古かんきょ［閑居］。たいかう［退耕］。

してん【支店】 ししょ［支所］。近代ししゃ［支社］。してん［支店］。しぶ［支部］。ブランチ(branch)。ぶんてん［分店］。近世いでみせ［出店］。でだな［出店］。でばり［出張］。でみせ［出店］。

してん【視点】 しざ［視座］。近代かくど［角度］。くゎんてん［観点］。してん［視点］。たちば［立場］。ちゃくがんてん［着眼点］。みかた［見方］。りっきゃくてん［立脚点］。中世けんち［見地］。りっきゃくち［立脚地］。みやう［見様］。

じてん【辞典】 じてん［事典］。近代じてん［字典］。じてん［辞典］。じゐ［事彙］。ディク

ショナリー(dictionary)。近世じしょ[辞書]。中世ごてん[語典]。中古じしょ[字書]。じびき[字引]。

ーと事典を区別する言葉 ことてん[事典]。ことばてん[辞典]。

類語を集めたー シソーラス(thesaurus)。るいごじてん[類語辞典]。

その他ーのいろいろ(例) わえいじてん[和英辞典]。近代えいわじてん[英和辞典]。かんわじてん[漢和辞典]。ひゃくくゎじてん[百科事典／百科辞典]。ひゃくくゎぜんしょ[百科全書]。レキシコン(lexicon)。中世せつようしふ[節用集]。ゐんしょ[韻書]。

じてんしゃ【自転車】 ぎんりん[銀輪]。ちゃりんこ。バイシクル(bicycle)。近代いちりんしゃ[一輪車]。サイクル(cycle)。じてんしゃ[自転車]。にりんしゃ[二輪車]。

ーで遠乗りすること サイクリング(cycling)。

ーの競技の例 けいりん[競輪]。スクラッチレース(scratch race)。スプリント(sprint)。タイムトライアル(time trial)。バイシクルモトクロス(bicycle motocross)。ラリー(rally)。

ー販売業 りんぎょう[輪業]。

その他ーのいろいろ(例) いちりんしゃ[一輪車]。げんどうきつきじてんしゃ[原動機付自転車]。タンデム(tandem)。ミニサイクル(minicycle)。モーターサイクル(motorcycle)。モーターバイク(motorbike)。

しと【使途】 近世ひと[費途]。ようと[用途]。近世つかひどころ[使所]。つかひみち[使道]。

しとう【死闘】 あくせんくとう[悪戦苦闘]。デスマッチ(和製death match)。近代げきせん[激戦]。げきとう[激闘]。中世しとう[死闘]。

しとう【至当】 近代じゅんたう[順当]。近世したう[至当]。中世たうぜん[当然]。中古もっとも[尤]。

しどう【指導】 近代くんいく[訓育]。くんれん[訓練]。じょげん[助言]。近世けういく[教育]。しけう[指教]。しだう[指導]。中世くんたう[薫陶]。けうくゎ[教化]。中古しなん[指南]。

ー者 コンサルタント(consultant)。近代インストラクター(instructor)。かぢとり[舵取／楫取]。リーダー(leader)。近世けうし[教師]。《句》近世船頭多くて船山に上る。

ー・する 近世しこむ[仕込]。中世ひきまはす[引回]。中古さづく[さずける][授]。みちびく[導]。上代をしふ[おしえる][教]。

ー的人物 エリート(フランス élite)。近世おやぶん[親分]。かしらぶん[頭分]。

運動競技のー・する人 近代かんとく[監督]。コーチ(coach)。

仏道に教え導くー者 中古ぜんちしき[善知識]。ちしき[知識／智識]。上代だうし[導師]。

しどう【始動】 さどう[作動]。近世きどう[起動]。スタート(start)。

じどう【児童】 近代がくどう[学童]。せうがくせい[小学生]。中古じどう[児童]。ちご[稚児]。上代こ[子／児]。こども[子供]。

→こども

じどう【自動】 オート／オートマ／オートマチック／オートマティック(automatic)。近代じどう[自動]。

ー制御 フィードバックせいぎょ[feedback 制御]。プログラムせいぎょ[program 制御]。プロセスせいぎょ[process 制御]。オート／オートメ／オートメーション(automation)。シーケンス(sequence)。セルフコントロール(self control)。

ー販売機 オートマット(automat)。じはんき[自販機]。スロットマシン(slot machine)。

じどうしゃ【自動車】 くるま[車]。近代オート／オートモビル(automobile)。カー(car)。じどうしゃ[自動車]。じょうようしゃ[乗用車]。モーターカー(motorcar)。

ーの保管場所 近代ガレージ(garage)。しゃこ[車庫]。ちゅうしゃぢゃう[駐車場]。

ーを運転すること 近代ドライブ(drive)。

ーを所有し運転する人 近代オーナードライバー(owner driver)。

その他ーのいろいろ(例)①[目的] えいぎょうしゃ[営業車]。キャンピングカー(和製camping car)。きゅうきゅうしゃ[救急車]。けいじどうしゃ[軽自動車]。しょうぼうしゃ[消防車]。はしごしゃ[梯子車]。マイカー(my car)。近代くゎもつじどうしゃ[貨物自動車]。じかようしゃ[自家用車]。ツーリングカー(touring car)。トラック(truck)。ハイヤー(hire)。バス(bus)。

その他ーのいろいろ(例)②[形] ステーションワゴン(station wagon)。ノッチバック(notchback)。ハッチバック(hatchback)。バン(van)。ライトバン(和製light van)。リフトバック(liftback)(商標名)。リムジン

(limousine)。ワゴン(wagon)。

しどけな・い 近世しどなし。中古しどけなし。

—・く着物を着ているさま 近代ぞろり。

—・くなる 近世だらける。

寝乱れて—・くなる 中古ねくたる[—くたれる][寝腐]。

しと・げる【為遂】 やりぬく[遣抜]。近世しとぐ[—とげる][為遂／仕遂]。やってのける[遣退]。中世しいづ[為出]。でかす[出来]。中古とぢむ[閉]。はたしとぐ[—とげる][果遂]。上代はたす[果]。→**と・げる**

しとね【褥】 →**しきもの**

しとやか【淑】 近代エレガント(elegant)。ていしゅく[貞淑]。近世じゃうひん[上品]。中世しっとり。しとやか[淑]。じんじゃう[尋常]。たわやか[嫋]。中古おだやか[穏]。しなやか[撓]。たをたをし。たをやか[嫋]。

—・で美しい 近代ゑんよう[婉容]。ゑんれい[婉麗]。近世ゑんぜん[婉然]。ゑんび[婉美]。しっとり。中古いうえん[優艶]。いうゑん[優婉]。上代えうてう[窈窕]。

—・で美しい女性 近世やさをんな[優女]。ゆさめ[優女]。中世いうぢょ[優女]。

—・でもの静かなこと 近代せいしゅく[静淑]。

—・な心 近世をなごぎ／をんなぎ[女気]。

—・なさま 近世しっとり。やさ[優]。中古いう[優]。いういう[優優]。上代しめやか。

—・な女性 中古たをやめ[手弱女]。上代たわやめ[手弱女]。

—・に 中古しとしとと。

—・になる 中古たをやぐ[嫋]。

しな【品】 →**しなもの**

しない【市内】 近代しない[市内]。近世しがい[市街]。ちまた[巷]。中世いちなか[市中]。まちなか[町中]。中古しちゅう[市中]。上代しせい[市井]。

しな・う【撓】 近代たうくつ[撓屈]。近世くったう[屈撓]。しなる[撓]。しわる[撓]。中世そる[反]。中古たわむ[撓]。まがる[曲]。上代しなふ[撓]。とをむ[撓]。ををる[撓／生]。

《枕》上代あきはぎの[秋萩]。

—・うさま 近代くなくな。くにゃくにゃ。近世しわしわ。へなへな。中世たわわ[撓]。中古たわ[撓]。上代たわたわ[撓撓]。

—・うほど 上代とををに[撓]。

—・わせる 中世たをます[撓]。たをむ[撓]。中古しをる[撓／萎]。たわむ[たわめる][撓]。

しなぎれ【品切】 近代うりきれ[売切]。近世しなぎれ[品切]。しまひ[仕舞]。中古ふってい[払底]。

—の物 中世きれもの[切物]。

しなさだめ【品定】 かくづけ[格付]。近代さてい[査定]。ひゃうか[評価]。ひんしつ[品隲]。近世かんてい[鑑定]。たなおろし[棚卸／店卸]。ひゃうてい[評定]。ひんだい[品題]。中世ひんぴゃう[品評]。中古ひゃうぢゃう[評定]。ひんさう[品藻]。ものさだめ[物定]。上代しなさだめ[品定]。

買う気がないのに商品を—・する 近世すけん／そけん[素見]。ひやかし[冷／素見]。

しなじな【品品】 中古くさ／くさはひ[種]。くさぐさ[種種]。さまざま[様様]。上代しなじな[品品]。

しなだ・れる【撓垂】 近世しなだれかかる[撓垂掛]。中世しなだる[—だれる][撓垂]。上代こだる[こだれる][傾／木垂]。

—・れている 中世したるし。

しな・びる【萎】 近世しわぶ[皺]。中世しなぶ[しなびる][萎]。中古なゆ[なえる][萎]。しぼむ[萎／凋]。しほる[しおれる][萎]。しわむ[皺]。

しなもの【品物】 近代グッズ(goods)。ぶっしつ[物質]。近世ぶっけん[物件]。ぶっぴん[物品]。中世しな[品]。しなもの[品物]。上代もの[物]。

—の種類 近代ひんしゅ[品種]。中世ひんもく[品目]。

いろいろな— 近代ざっぴん／ざふひん[雑品]。中世いろしな[色品]。中古しなじな[品品]。

売る— 近代さんぴん[産品]。しゃうひん[商品]。せいひん[製品]。中世うりもの[売物]。

贈る—のへりくだった言い方 近代そしな[粗品]。中世そひん[粗品／麁品]。中古けんきん[献芹]。

人に貰った— 近代ちゃうだいもの[頂戴物]。近世たうらいもの[到来物]。もらひもの[貰物]。

良い— 近代いっぴん[逸品]。かひん[佳品]。じゃうとうひん[上等品]。じゃうとうもの[上等物]。

しなやか 近代えいえい[盈盈]。フレキシブル(flexible)。近世じうなん[柔軟]。ゑんぜん[婉然]。ゑんゑん[婉婉]。中世しなしな。しんなり。たわやか[嫋]。なびやか。なびらか。ゑんじゃく[婉嫋]。中古しなやか。たをたを。たをやか[嫋]。でうだ[嫋

娜]。でうでう[嫋嫋]。なごやか[和]。なよなよ。なよびか。なよぶ。なよやか。なよよか。なよらか。なん[軟/輭]。にこやか[和]。やはやは[柔柔]。やはらか[柔/軟]。上代 にこよか[和]。

―・で美しい 近世 せんさい[繊細]。中古 せんれい[繊麗]。

―・で上品である 近世 しなっこし[撓]。しなっこらし。

―・で強い 近代 きゃうじん[強靱]。けんじん[堅靱]。じんなん[靱軟]。近世 ねばりづよし[粘強]。

―・でほっそりしている ほそづくり[細作]。近世 すんなり。ひんなり。中古 ほそやか[細]。

―・で優しいさま 中古 しゃくやく[綽約/婥約]。たをやか[嫋]。

―・な腕 上代 たわやかひな[手弱腕]。

―・な女 中古 たをやめ[手弱女]。上代 たわやめ[手弱女]。

―・な女の手 中古 せんしゅ[纖手]。

―・に 中世 なびなびと。

―・にする 中古 なやす[萎]。

―・に立つ 上代 たちしなふ[立撓]。

―・になびく 上代 とをよる[撓]。

―・になる 近世 やはらぐ[和]。

じならし【地均】 せいち[整地]。近代 ぢがため[地固]。中世 ぢならし[地均/地平]。

―の器械 ローラー(roller)。ロードローラー(road roller)。

シナリオ(scenario) 近代 ぎきょく[戯曲]。きゃくほん[脚本]。シナリオ。スクリプト(script)。だいほん[台本]。ドラマ(drama)。ほん[本]。

―の作家 スクリーンライター(screenwriter)。スクリプトライター(scriptwriter)。近代 きゃくほんか[脚本家]。げきさくか[劇作家]。シナリオライター(和製scenario writer)。

しなん【指南】→しどう【指導】

しなん【至難】 なんかん[難関]。近代 しなん[至難]。近世 こんなん[困難]。中世 かんく[艱苦]。かんなんしんく[艱難辛苦]。くなん[苦難]。

じなん【次男】 近世 じし[次子]。にばんばえ[二番生]。中古 じなん[次男/二男]。じらう[次郎]。上代 なかち/なかちこ[仲子]。なかつこ[中子]。

―以下で家督を相続できない者 近代 ひやめしぐひ[冷飯食]。近世 おとむすこ[弟息子/乙息子]。ざうしずみ[曹司住]。へやずまひ/へやずみ[部屋住]。

シニカル(cynical) 近代 アイロニー(irony)。シニカル。近世 あてくち[当口]。あてこすり[当擦]。ひにく[皮肉]。中世 あてこと[当言]。れいせう[冷笑]。

しにぎわ【死際】 近代 ちしご[知死期]。近世 いちご[一期]。おむかひ/おむかへ[御迎]。しき[死期]。しにいき[死生]。しにぎは[死際]。ちりぎは[散際]。わうじゃうぎは[往生際]。浮世の限り。しにめ[死目]。中世 ご[期]。まつご[末期]。しにざま[死様]。りんみゃうじゅう[臨命終]。中古 いまは[今際]。かぎり[限]。くわくりん[獲麟]。さいご[最期]。しご[死期]。しゅうえん[終焉]。だんまつま[断末魔/断末摩]。とぢめ[閉]。りんみゃうじゅうじ[臨命終時]。をはり[終]。今は限り。今際(いまは)の際(きは)。今際(いまは)の時。上代 きとく[危篤]。りんじゅう[臨終]。

―に唇を湿す水 近世 しにみづ[死水]。まつごのみづ[末期水]。

―の苦しそうな息 近代 しにいき[死息]。中古 いきのした[息下]。

―の苦しみ 中古 だんまつま[断末魔/断末摩]。

しにく・い【為難】 中世 しにくし[為難]。中古 …がた。…ぐるし[苦]。上代 あし。…がたし[難]。…かぬ[かねる]。

しにばしょ【死場所】 近代 しにばしょ[死場所]。近世 さいごば[最期場]。中世 さいごどころ[最期所]。ししょ/しにどころ[死所/死処]。しち[死地]。

しにめ【死目】→しにぎわ

しにものぐるい【死物狂】 近世 いのちがけ[命懸]。けっし[決死]。しにものぐるひ[死物狂]。ひっし[必死]。中世 死力を尽くす。

しにわかれ【死別】→しべつ

しにん【死人】→ししゃ【死者】

じにん【辞任】 たいじん[退陣]。りしょく[離職]。身を退(ひ)く。近代 じにん[辞任]。たいにん[退任]。リタイア(retire)。りにん[離任]。中世 いんたい[引退]。じしょく[辞職]。たいしょく[退職]。やむ[やめる][辞]。ゆうたい[勇退]。中古 いとま[暇/遑]。おる[おりる][降/下]。じす[辞]。しりぞく[退]。

―・させられること 近代 つめばら[詰腹]。

―を願う 上代 骸骨を乞ふ。

官職を―・する ちろく[致禄]。近代 くゎい

くゎん／けいくゎん［挂冠］。げや［下野］。たいくゎん［退官］。冠を挂(か)く。近世 仕を致す。中世 印綬(いんじゅ)を解く。綬を釈(と)く。上代 ちし／ちじ［致仕／致事］。

じにん【自任】 近代 じにん［自任］。にんず［任］。近世 うぬぼれ／おのぼれ［自惚／己惚］。じしん［自信］。腕に覚えがある。中世 じふ［自負］。

し・ぬ【死】 お迎えが来る。亡き数に入る。神に召される。冷たくなる。近代 いく［逝／往／行］。たびだつ［旅立］。鬼籍に入る。棺(くゎん)を覆ふ。最期を遂げる。不帰の客となる。目を瞑(つぶ)る(〔一つむる〕とも)。近世 くたばる(ののしって言う語)。ごねる。すぎゆく［過行］。てこねる(ののしって言う語)。ねぶる／ねむる［眠］。ひきとる［引取］。敢へなくなる。息を引き取る。三寸息絶ゆ〔—絶える〕。土に(と)なる。骨になる。脈が上がる。命数(めいすう)尽く〔—尽きる〕。目を塞ぐ。中世 あひはつ〔—はてる〕［相果］。おちいる［陥］。こときる〔—きれる〕［事切］。ことをはる［事終］。ばうず［亡］。ひきいる［引入］。ぼっす［没／歿］。めっす［滅］。如何にもなる。息切る〔—切れる〕。命を落とす。四大(しだい)空に帰す。歯(し)を没す。泉下(せんか)の客となる。ともかくもなる。中古 きえいる［消入］。きえうす〔—うせる〕［消失］。きえす［消］。きえはつ〔—はてる〕［消果］。きゆ〔きえる〕［消］。くつ〔くちる〕［朽］。けがらふ［汚／穢］。しす［死］。しにいる［死入］。たえいる［絶入］。たえはつ〔—はてる〕［絶果］。たふる〔たおれる〕［倒］。たまさかる［魂離］。たゆ〔たえる〕［絶］。とぢむ〔とじめる〕［閉］。なくなる［亡］。はつ〔はてる〕［果］。ほろぶ［滅］。もっす［没］。やむ［已／止／罷］。ゆく［逝］。をはる［終］。浅ましくなる。徒(いたづら)になる。命を捨つ〔—捨てる〕。言ふ甲斐なくなる。言ふ甲斐なし。甲斐なくなる。帰らぬ人となる。雲(くも)煙(けぶり)となる。煙となる。薪(焚き木)尽く〔—尽きる〕。儚(はかな)くなる。灰に(灰と)なる。空しくなる。世を去る。世を背く。終(をは)りを取る。上代 いぬ［往／去］。うす〔うせる〕［失］。かくる〔かくれる〕［隠］。くもがくる［雲隠］。しにす［死］。しぬ［死］。すぐ〔すぎる〕［過］。まかる［罷］。みまかる［身罷］。命死ぬ。命過ぐ〔—過ぎる〕。

《謙》中古 まかる［罷］。

《枕》上代 いゆししの［射猪］。

《句》近代 最期の一念は善悪の生を引く。死は或(ある)いは泰山より重く或いは鴻毛(こうもう)より軽し。死んでの長者より生きての貧乏。死んで花実が咲くものか。死んでも命があるやうに。近世 命あっての物種。命が物種。死ぬ者貧乏。門松は冥途の旅の一里塚。中世 人の将(まさ)に死なんとする其の言や善し。玉となって砕くとも瓦となって全(まった)からじ。

—・なせる 近代 しなす［死］。ちし［致死］。なくす［亡］。近世 あへなくなす。中古 いたづらになす。うしなふ［失］。なくなす［亡］。上代 ころす［殺］。とばす［飛］。→**ころ・す**

—・なないこと 中古 ふし［不死］。

—・なれる 中古 うしなふ［失］。

—・にかかっていること 近代 すいし［垂死］。中世 ひんし［瀕死］。なからじに［半死］。中古 はんし／はんじ［半死］。はんしはんしゃう［半死半生］。

—・にそうだ しにかけ［死掛］。息も絶え絶え。近代 すいし［垂死］。ひんし［瀕死］。なからじに［半死］。近世 きそくえんえん［気息奄奄］。中世 虫の息。中古 しにかへる［死返］。はんし［半死］。はんしはんしゃう［半死半生］。ほとほとし［殆］。よぜん［余喘］。よぢかし［世近］。上代 きとく［危篤］。

—・にそうな顔色 近世 ししょく［死色］。しにがほ［死顔］。中古 しさう［死相］。

—・にそうなほど 近代 ちみどり／ちみどろ［地塗］。近世 しにものぐるひ［死物狂］。中世 しにぐるひ［死狂］。中古 死ぬばかり。上代 死ぬべく。

—・に絶える 近世 しにたゆ〔—たえる〕［死絶］。中世 しめつ［死滅］。中古 しにはつ〔—はてる〕［死果］。ぜつめつ［絶滅］。→**しめつ**

—・ぬ覚悟 身命を賭す。近代 すてみ［捨身］。近世 いのちがけ［命懸］。けっし［決死］。しにみ［死身］。しにものぐるひ［死物狂］。たいしいちばん［大死一番］。馬革に尸(しかばね)を裹(つつ)む。中世 かんし［敢死］。ひっし［必死］。中古 しにまうけ［死設］。《句》近世 死地に陥(おとしい)れて後生く。中世 背水の陣。

—・ぬ覚悟で諫(いさ)めること 近代 かんし［諫死］。

—・ぬこと 近代 いのちじまひ［命終］。えいせい［永逝］。えいみん［永眠］。おだぶつ［御陀仏］。がいくゎん［蓋棺］。け［化］。ししつ［死失］。しょうてん［昇天］。ふき［不帰］。ふき［不諱／不忌］。近世 ごくらくわうじゃう［極楽往生］。じせい［辞世］。しぼ

つ[死没／死歿]。しにいき[死生]。ぜつめい[絶命]。ふかう[不幸]。らくめい[落命]。わうじゃう[往生]。死出の旅。中世 きけん[帰元]。きせん[帰泉]。かくれ[隠]。くも[雲]。ことぎれ[事切]。しつみゃう／しつめい[失命]。しで[死出]。しめつ[死滅]。しゃうじ[生死]。じゃうぶつ[成仏]。じゃくめつ[寂滅]。しゅうえん[終焉]。しゅつ[卒]。ぜつみゃう[絶命]。せんど[先途／前途]。たかい[他界]。ちゃうせい[長逝]。にふじゃく[入寂]。ねはん[涅槃]。ばんぜい[万歳]。ひつみゃう[畢命]。へいがん[閉眼]。ぼつ[没／歿]。まつご[末期]。むじゃう[無常]。めっきゃく[滅却]。もっこ[物故]。やみぢ[闇路]。りんじゅ[臨終]。ゑんかう[遠行]。ゑんせい[遠逝]。今際の際。今際の時。帰らぬ旅。帰らぬ道。中有の旅。長き眠り。西の迎へ。身の成る果て。無常の敵。無常の殺鬼。中古 いまは[今／今際]。かぎり[限]。ご[期]。さいご[最期]。さう[喪]。しご[死期]。しばう[死亡]。しゃうじ[生死]。そくせい[即世]。てんじゃう[天上]。とぢめ[閉目]。にふぢゃう[入定]。にふめつ[入滅]。ひざう／ひじゃう[非常]。みゃうじゅ／みゃうじゅう[命終]。めいもく[瞑目]。りんみゃうじゅう[臨命終]。をはり[終]。今は限り。今はの閉ぢめ。限りある道。上代 いやはて[弥終]。け[消]。し[死]。しきょ[死去]。しもん[死門]。ぶっくゎ[物化]。ぶっこ[物故]。りんじゅう[臨終]。《尊》中古 せいきょ[逝去]。

―・ぬ準備 しゅうかつ[終活]。近世 しにごしらへ[死拵]。しにじたく[死仕度]。中古 いでたちいそぎ[出立急]。しにまうけ[死設]。

―・ぬ時 しにどき[死時]。中世 しじ[死時]。中古 しご[死期]。近世 しき[死期]。上代 りんじゅう[臨終]。→**しにぎわ**

―・ぬ時に残す詩歌など 近代 絶命の辞。中世 じせい[辞世]。

―・ぬ時のありさま 近代 しにかた[死方]。中世 しにやう[死様]。中古 しにざま[死様]。

―・ぬ時の装束 近世 しにしゃうぞく[死装束]。中世 しにいでたち／しにでたち[死出立]。

―・ぬに死ねない 中世 命つれなし。

―・ぬの忌み言葉 近代 おめでたくなる。中古 なほる[直]。

―・ぬべき時に死なない人 近世 いのちぬすびと[命盗人]。

―・ぬ前 ぼつぜん[没前／歿前]。近代 せいぜん[生前]。ぞんめいちゅう[存命中]。中古 しゃうぜん[生前]。

―・ぬまで続ける 近世 死して後やむ。斃れて後已む。

―・ぬまでの間 中古 命待つ間。

―・ぬ真似 近代 きゃうげんじさつ[狂言自殺]。近世 しにてんがふ[死]。中古 そらじに[空死]。

―・んだ夫 中世 ばうふ[亡夫]。

―・んだ親への思い 中古 ふうじゅ[風樹]。

―・んだ兄弟姉妹 ばうし[亡姉]。ばうまい[亡妹]。近代 ばうてい[亡弟]。近世 ばうけい[亡兄]。

―・んだ魚 おちうお[落魚]。

―・んだ知らせ 近代 ふほう[訃報]。近世 ふ[訃]。中世 ふいん／ふおん[訃音]。

―・んだ先生 近世 ばうし[亡師]。中古 せんし／せんじ[先師]。

―・んだ祖父と父 中古 そかう[祖考]。

―・んだ祖母 近代 そひ[祖妣]。

―・んだ父 中古 せんじん[先人]。ばうふ[亡父]。

―・んだ妻 ばうふ[亡婦]。中古 ばうさい[亡妻]。ばうしつ[亡室]。

―・んだ時の年齢 ぼつねん[没年]。近世 ぎゃうねん[行年]。中世 きゃうねん[享年]。

―・んだ時の用意としての金 近代 しにぜに[死銭]。近世 しにがね[死金]。

―・んだ年 ぼつねん[没年]。

―・んだ母 近代 ばうぼ／ばうも[亡母]。中世 まうぼ／まうも[亡母]。

―・んだ日 近代 きじつ[忌日]。中世 めいにち[命日]。上代 きにち[忌日]。

―・んだ人 →**ししゃ【死者】**

―・んだ人の霊 中世 まうれい[亡霊]。中古 ばうこん[亡魂]。ばうれい[亡霊]。

―・んだ友人 近世 ばういう[亡友]。

―・んで埋葬されること 中古 ちゃうや／ぢゃうや[長夜]。

―・んで冥土に行くこと 近世 しでさんづ[死出三途]。

生き物はすべて―・ぬこと 近代 生を視ること死の如し。近世 生は死の始め。ていそ[鼎俎]。生き身は死に身。鼎俎に免れず。中世 しゃうじゃひつめつ[生者必滅]。

生きるか―・ぬか 中世 しくゎつ[死活]。近世 せいし[生死]。しにいき[死生]。中古 いきしに[生死]。そんばう[存亡]。→**しせ**

い【死生】
生きることと—・ぬこと 近世しにいき［死生］。せいし［生死］。中世しくゎつ［死活］。中古そんばう［存亡］。上代しゃうじ［生死］。→しせい【死生】
偉大な人が—・ぬ 巨星墜つ（—墜ちる）。近代将星落つ（—落ちる）。
潔く—・ぬ 近代ちる［散］。
飢えて—・ぬこと 中世うゑじに［飢死］。かつゑじに［餓死］。中古がし［餓死］。
恨みつつ—・ぬこと 中世うらみじに［怨死］。
押しつぶされて—・ぬこと 近代あっし［圧死］。
溺おぼれて—・ぬこと 近世かはながれ［川流］。できし［溺死］。中世すいし［水死］。中古かはいり［川入］。
親より先に—・ぬこと 近代逆さの別れ。逆様の別れ。逆さ別れ。近世ぎゃくえん［逆縁］。さかさごと／さかさまごと［逆様事］。親に跡をやる。中世さかさま［逆様］。
悲しんで—・ぬこと 中世しうし［愁死］。
雷に打たれて—・ぬこと 上代しんし［震死］。
急に—・ぬこと きゅうせい［急逝］。とつぜんし［突然死］。近代きふし［急死］。中古とんし［頓死］。
急に—・ぬさま ころっと。近代ぽっくり。近世ころり。
斬り合って—・ぬこと 中世うちじに［討死］。きりじに［切死／斬死］。
首をくくって—・ぬこと 近代くびつり［首吊］。近世いし［縊死］。近代くびくくり［首縊］。上代くびる［縊死］。わなく［絞］。
苦しみながら—・ぬこと 近代くし［苦死］。もだえじに［悶死］。もんし［悶死］。

恋煩ずらいで—・ぬ 中世こがれじに［焦死］。上代おもひしぬ［思死］。こひしぬ［恋死］。
凍えて—・ぬ 近世とうし［凍死］。中世こごえしぬ［凍死］。
故人（主人）の後を追って—・ぬこと 近代後を追ふ。近世おひはら［追腹］。じゅうし［従死］。中世じゅんず［殉］。となふ［殉］。ともばら［供腹］。中古たちそふ［立添］。上代じゅんし［殉死］。
困窮のうちに—・ぬこと 近代きゅうし［窮死］。
魚が—・ぬこと 近世あがる［上］。
先に—・なせる 中古さきだつ（—だてる）［先立］。
先に—・ぬ 中世さきだつ［先立］。中古おくらかす／おくらす［後／遅］。みすつ（—すてる）［見捨］。
悟った人が—・ぬこと 中世きげん［帰元］。
車輪に轢ひかれて—・ぬこと 近代れきし［轢死］。
すでに—・んでいる貴人 中古こぎみ［故君］。
正義や名誉のために—・ぬこと 近代ぎょくさい［玉砕］。《句》中古玉となって砕くとも瓦となって全まったからじ。
相愛の男女が一緒に—・ぬこと 近世あひたいじに［相対死］。じゃうし［情死］。しんぢゅう［心中］。
その地で—・ぬ 近代骨を埋うずめる。
その場ですぐ—・ぬこと 近世そくし［即死］。
高い所から落ちて—・ぬこと 近代ついし［墜死］。
戦いで—・ぬこと さんげ［散華］。近世せんぼつ［戦没／戦歿］。中世うちじに［討死］。せんし［戦死］。

戦いに負けて—・ぬこと 近世はいし［敗死］。
立ったまま—・ぬこと 中世たちじに［立死］。たちわうじゃう［立往生］。
旅先で—・ぬこと 近代異域の鬼となる。中世かくし／きゃくし［客死］。
旅先で—・んだ人 近代異郷の鬼。
妻が—・ぬこと 中世だんげん［断弦／断絃］。
年の順でなく—・ぬこと →親より先に—・ぬ
年の順に—・ぬこと 中世じゅんえん［順縁］。
年若くて—・ぬこと 近代えうさつ［夭札］。えうす［夭］。えうせい［夭逝］。近世えうせつ［夭折］。中世さうせい［早世］。はやじに［早死］。わかじに［若死］。中古はくめい［薄命］。上代えうし［夭死］。たんめい［短命］。無服むぶくの殤しゃう。《句》中世死ぬる子は眉目みめよし。
何度も—・ぬ 上代しにかへる［死返］。
残らず皆—・ぬ 近世しにたゆ（—たえる）［死絶］。中古しにはつ（—はてる）［死果］。
火に焼かれて—・ぬこと 中世せうし［焼死］。やけじに［焼死］。
深く恥じて—・ぬこと 近代きし［愧死］。ざんし［慚死／慙死］。
憤慨して—・ぬこと 近代ふんし［憤死］。
自ら首を刎はねて—・ぬこと 近世ふんし［刎死］。
目上の人に斬られて—・ぬ 近世お手にかかる。中世おてうち［手討］。
安らかに—・なせること あんしじゅつ［安死術］。あんらくし［安楽死］。そんげんし［尊厳死］。オイタナジー（ドイツ Euthanasie）。
安らかに—・ぬこと 近代以て瞑めいすべし。

行き倒れて―・ぬこと 中古めいもく[瞑目]。近世のたれじに[野垂死]。中世へいし[斃死]。

牢で―・ぬこと 近世ごくし[獄死]。らうし[牢死]。

原因のわからない死 近代くゎいし[怪死]。へんし[変死]。

▼「死」の周辺語

子供の死 上代無服の殤。

災難などでなく自宅での死 近世畳の上で死ぬ。

災難などによる死 不慮の死。近世非業の最期。中世わうし[横死]。非業の死。中古ひめい[非命]。横様の死。

死が確実なこと 中世じっし[十死]。近世釜中の魚(魚鼈)。じっしいっしゃう[十死一生]。小水(少水)の魚。

死が近付いていること 近代ひんし[瀕死]。中世羊の歩み。中古よぢかし[世近]。

死が速く来ること 近代かふえん[溘焉]。近世かふぜん[溘然]。中世むじゃうじんそく[無常迅速]。

死者に表れる相 近世しにがほ[死顔]。中古しさう[死相]。

死と生 近世しにいき[死生]。せいし[生死]。中世しせい[死生]。中古いきしに[生死]。ししゃう[死生]。しゃうめつ[生滅]。上代しゃうじ[生死]。→しせい【死生】

死に遅れる 中古おくる〔おくれる〕[後/遅]。たちおくる〔―おくれる〕[立後/立遅]。

死に装束 近世きゃうえ[経衣]。きゃうかたびら[経帷子]。じゅい[寿衣]。中世しにいでたち/しにでたち[死出立]。

死についての学問 タナトロジー(thanatology)。

死に場所 近代せいざん[青山]。わうじゃうどころ[往生所]。近世さいごば[最期場]。わうじゃうば[往生場]。中世かばねどころ[尸所]。さいごどころ[最期所]。ししょ/しにどころ[死所/死処]。しち[死地]。しにば[死場]。墳墓の地。

死に別れ 近代えいべつ[永別]。幽明境を異にする。幽明その道を異にする。近世今生の別れ。しにわかれ[死別]。永の別れ。中世えいけつ[永訣]。しべつ[死別]。幽明境を分かつ。生を隔つ〔―隔てる〕。長き別れ。終の別れ。中古わかれぢ[別路]。避らぬ別れ。上代わかる〔わかれる〕[別]。

死の神 タナトス(ギリシャ Thanatos)。近世しにがみ[死神]。上代しま[死魔]。

死の国 ハデス(ギリシャ Hādēs)。近代いうめいかい[幽冥界]。めいかい[冥界]。近世らいせ[来世]。中世みゃうふ/めいふ[冥府]。よみのくに[黄泉国]。中古あのよ[彼世]。くゎうせん[黄泉]。ごせ[後世]。めいど[冥土/冥途]。よみぢ[黄泉/黄泉路]。上代いうめい[幽冥]。よみ[黄泉]。よみつくに/よもつくに[黄泉国]。

死の国とこの世 中古いうめい[幽明]。

死の国への入口 中世さんづのかは[三途川]。上代せんもん[泉門]。よみど[黄泉戸]。

死のまぎわ →しにぎわ

死への道 近世死出の旅。中世終の道。冥土の旅。中古限りある道。限りの旅。上代せんろ[泉路]。

死亡の知らせ 近代きょうぶん[凶聞]。きょうほう[凶報]。ふほう[訃報]。近世きょういん/きょうおん[凶音]。ふ[訃/赴]。ふこく[訃告]。中世ふいん/ふおん[訃音]。

釈迦の死 中世ねはん[涅槃]。近世更衣の別れ。ぶつねはん[仏涅槃]。ぶつめつ[仏滅]。中古かくりん[鶴林]。薪(焚き木)尽く。

傷病や事故などによらない死 近代しぜんし[自然死]。中世おいじに[老死]。すいし[衰死]。らうし[老死]。

死を悼む 近代てうし[弔死]。てうたう[弔悼]。近世くやみ[悔]。てうゐ[弔慰]。をれくち[折口]。中世あいたう[哀悼]。いたむ[悼]。てうす[弔]。とむらふ[弔]。上代あいしゃう[哀傷]。中古とぶらふ[弔]。

死を悼む歌 近代てうか[弔歌]。るいか[誄歌]。近世ばんか[挽歌/輓歌]。中古あいしゃうか[哀傷歌]。

死を悼む気持ち 近代てうい[弔意]。

死を悼む言葉 近代たうし[悼詞]。たうじ[悼辞]。てうし[弔詞]。てうじ[弔辞]。てうぶん[弔文]。中世とむらひ[弔]。中古とぶらひ[弔]。

死を悼む手紙 近世くやみじゃう[悔状]。くやみぶみ[悔文]。

死を悼む電報 近代てうでん[弔電]。

死を恐れない 近世死を視ること帰するが如し。中世いのちしらず[命不知]。死を軽くす。死を軽んずる。

死を恐れるさま 近世こくそく[觳觫]。

死を悲しむ涙のたとえ 中古かいろ[薤露]。

死を繰り返す 上代しにかへる［死返］。

死を決意する 近世けっし［決死］。→ー・ぬ覚悟

死を公表すること 近代はっさう／はつも［発喪］。

死を待つ運命 中世俎上（そじやう）の魚（うを）。

死を看取る 近世死に水を取る。

死を予期して書き残すもの 近代絶命の辞。近世ゐしょ［遺書］。中世かきおき［書置］。じせい［辞世］。

僧の死 近世めつど［滅度］。中世きじゃく［帰寂］。じじゃく［示寂］。じゃくす［寂］。じゃくめつ［寂滅］。にふじゃく［入寂］。ねはん［涅槃］。ゑんじゃく［円寂］。中古せんくゎ／せんげ［遷化］。にふねはん［入涅槃］。にふめつ［入滅］。上代にふぢゃう［入定］。

天寿を全うする 中世ながらへはつ［存果］。

天皇（貴人）の死 近代そす［殂］。ほうそ［崩殂］。お隠れになる。近世そっす［卒］。そらく［殂落］。たいいう［大憂］。館（くゎん）（館舎）を捐（す）つ。中世あんが［晏駕］。えんくゎん［捐館］。おんこと［御事］。かくる［かくれる］［隠］。かみがくれ［神隠］。こうきょ［薨去］。こうず［薨］。こうせい［薨逝］。じゃうせん［上僊／上仙］。とうか［登仮／登遐／登霞］。とうせん［登仙］。群臣を棄つ。中古くうぎょ［空御］。こう［薨］。こうぎょ［薨御］。しゅっきょ／そっきょ［卒去］。しゅっす［卒］。ほうぎょ［崩御］。ほうず［崩］。まかる［罷］。上代あめしらす［天知］。いはがくる［岩隠］。かみさる／かむさる／かんさる［神去］。かむあがる［崩／神上］。かむのぼる［神登／神上］。くもがくる［雲隠］。とのごもる［殿籠］。高日（たかひ）知らす。

のたれ死に 近代かうりょびゃうしゃ［行旅病者］。かうろびゃうしゃ［行路病者］。近世いきだふれ／ゆきだふれ［行倒］。

爆撃などによる死 ばくし［爆死］。

病気による死 近代びゃうぼつ［病没／病歿］。中古びゃうし［病死］。

普通でない状態での死 近代くゎいし［怪死］。へんし［変死］。

文人の死 近代白玉楼（はくぎょくろう）中（ちゅう）の人となる（化す）。

無益な死 近世とし［徒死］。むだじに［無駄死］。命を棒に振る。中世いぬじに［犬死］。らうし［浪死］。中古いたづらじに［徒死］。

むごたらしい死 近代ざんし［惨死］。

しねん【思念】 近代しかう［思考］。しれう［思料］。しゐ［思惟］。中古しねん［思念］。しゆい［思惟］。しりゃう［思量］。しりょ［思慮］。

しの・ぐ【凌】❶〈凌駕〉 近代おひこす［追越］。りょうが［凌駕／陵駕］。中世あったう［圧倒］。おひぬく［追抜］。たく［たける］［長］。中古かつ［勝］。ひいづ［ひいでる］［秀］。上代しのぐ［凌］。

しの・ぐ【凌】❷〈忍耐〉 近代にんたい［忍耐］。近世がまん［我慢］。たいにん［耐忍］。中世けんにん［堅忍］。こらふ［こらえる］［堪］。しんばう［辛抱］。中古しのぐ［凌］。たへしのぶ［堪忍］。上代しのぶ［忍］。

しのだけ【篠竹】 中世しののはぐさ［篠葉草］。すず［篠］。中古しのだけ［篠竹］。上代しの［篠］。

すすきのように群生しているー 上代しのすすき［篠薄］。

しののめ【東雲】→あけがた

しのび【忍】 近代スパイ（spy）。みってい［密偵］。近世いぬ［犬］。くのいち［一］。さぐり［探］。しのび（の）もの［忍者］。しのびものみ［忍物見］。しばみ［芝見］。とほぎき［遠聞］。にんじゃ［忍者］。まはしもの［回者］。らっぱ［乱波］。中世おんみつ［隠密］。かんじゃ［間者］。しのび［忍］。すっぱ［透波］。ふしかまり／ふせかまり［伏］。ものみ［物見］。中古ものぎき［物聞］。上代かんてふ［間諜］。せきこう［斥候］。

ーの術 にんぽう［忍法］。近世にんじゅつ［忍術］。

しの・ぶ【忍】❶〈隠れる〉 人目を避ける。中世せんぷく［潜伏］。ひそむ［潜］。上代かくる［かくれる］［隠］。しのぶ［忍］。

ー・ばせる 中古ひそむ［ひそめる］［潜］。

ー・び歩きする 中古まぎれありく［紛歩］。

ー・び隠れる 中古はひまぎる［這紛］。

ー・びごと 中古かくろへごと［隠事］。

ー・び姿 中古びふく［微服］。やつれ［窶］。

ー・び泣き 近代いんきふ［飲泣］。近世しめなき［絞泣］。しめりなき［湿泣］。すすりなき［啜泣／歔欷］。上代したなき［下泣］。

ー・び寄る 中古はひよる［這寄］。

ー・び笑い 近代ぬすみわらひ［盗笑］。近世しめわらひ［絞笑］。中世しのびわらひ［忍笑］。

ー・んで歩くさま 近世うかがひあし［窺足］。しのびあし［忍足］。中世さしあし［差足］。中古しのび［忍］。ぬけあし［抜足］。上代ぬ

きあし[抜足]。

―・んで行く 中世 はひわたる[這渡]。

―・んで行く所 中古 しのびどころ[忍所]。

―・んで出会う女 近世 であひづま[出合妻]。
▼天皇がお忍びで出掛けること 中世 せんかう[潜幸]。

しの・ぶ【忍】❷〈堪える〉 近代 にんたい[忍耐]。 近世 がまん[我慢]。たいにん[耐忍]。 中世 けんにん[堅忍]。こらふ[こらえる][堪]。しのぐ[凌]。しんばう[辛抱]。 中古 たへしのぶ[堪忍]。 上代 しのぶ[忍]。
《句》 近世 石の上にも三年。
―・び続ける 上代 しのぶらふ[忍]。

しの・ぶ【偲】 近世 おもひしたふ[思慕]。 中世 思ひを馳す[―馳せる]。 中古 なつかしぶ/なつかしむ[懐]。 上代 うちしのぶ[打偲]。しぬふ/しぬぶ[偲]。しのふ/しのぶ[偲]。しぼ[思慕]。
―・ばれる 上代 しのはゆ/しのばゆ[偲]。
昔を―・ぶ 近世 くゎいこ[懐古]。 中古 くゎいきう[懐旧]。ついおく[追憶]。ついぼ[追慕]。

しのぶぐさ【忍草】 中古 ことなしぐさ[事無草]。しのぶぐさ[忍草]。しのぶもぢずり[忍捩摺]。

しば【柴】 近世 ふししば[伏柴]。 中古 ましば[真柴]。 上代 しば[柴]。ふし[柴]。
―を刈る人 中世 しばかり[柴刈]。しばびと[柴人]。
―を採りに行くこと 近代 さいせう[采樵]。 中世 しばかり[柴刈]。
枝葉を取り去った― 近世 ほねしば[骨柴]。
小さい― 上代 こしば[小柴]。
山から採ってきた― 中世 やましば[山柴]。

しば【芝】 グラス(grass)。ターフ(turf)。 中世 しさう[芝草]。 中古 しば[芝]。 上代 しばくさ[芝草]。
―の生えている所 中古 しばふ[芝生]。

じば【地場】 近代 げんち[現地]。ぢもと[地元]。ちゐき[地域]。ひざもと[膝元]。 中世 ぢば[地場]。

じば【磁場】 じじょう[磁場]。フィールド(field)。 近代 じかい[磁界]。じば[磁場]。
―の強さや方向を計る器械 近代 じりょくけい[磁力計]。

しはい【支配】 近代 かんとく[監督]。ぎうじる[牛耳]。コントロール(control)。さいう[左右]。とうぎょ[統御/統馭]。とうすい[統帥]。 近世 くゎんり[管理]。とうかつ[統轄]。牛耳(ぎう)を執(と)る[握る]。 中世 さいはい[采配]。さしづ[指図/差図]。しょかつ[所轄]。しんだい[進退]。せいぎょ[制御]。そうりゃう[総領/惣領]。ちぎゃう[知行]。とうりゃう[統領]。掌(たなごころ)にす。 中古 くゎんかつ[管轄]。しはい[支配]。つかさどる[司/掌]。

―下にあること よっか[翼下]。 近代 さんか[傘下]。 近世 おした[御下]。はいか[配下]。 中世 てのうち[手打]。

―下にある者 近世 てか[手下]。はいか[配下]。ぶか[部下]。 中世 てした[手下]。

―下にはいる 中世 手に落つ[―落ちる]。

―・する 中世 せいす[制]。ふまふ[ふまえる][踏]。 中古 したがふ[―がえる][従]。つかさどる[司/掌]。とる[取]。 上代 うしはく[領]。しる[領]。すぶ[すべる][統/総]。をさむ[おさめる][治]。

―・する国 中世 りゃうごく[領国]。

―力を持つ体制(組織) エスタブリッシュメント(establishment)。

直接―・すること 近代 ちょくかつ[直轄]。

領有して―・すること 中古 りゃうしゃう[領掌]。


しばい【芝居】 近代 げき[劇]。ドラマ(drama)。 近世 えんぎ[演戯]。えんげき[演劇]。しばや[芝居/芝屋]。しばゐ[芝居]。 中世 きゃうげん[狂言]。のう[能]。

―→げき
―小屋 近代 ぢゃうをく[場屋]。

―で情事の場面 近代 つやば[艶場]。ぬれまく[濡幕]。ラブシーン(love scene)。 近世 いろごと[色事]。ぬれば[濡場]。 中世 ぬれごと[濡事]。

―で役者が嘆き悲しむ場面 近世 しうたん/しうたんば[愁嘆場/愁歎場]。

―で乱闘の場面 近世 たちまはり[立回]。

―途中の休憩時間 近世 まくあひ[幕間]。

―に関わる人たち うらかた[裏方]。 近世 おもてかた[表方]。まく(の)うち[幕内]。

―の演目 近代 だしもの[出物]。 近世 でもの[出物]。

―の大道具のいろいろ(例) 近世 いはぐみ[岩組]。うちぬき[打抜]。かきわり[書割]。とほみ[遠見]。やぶだたみ[藪畳]。

―の終わり 近代 かぶる[被/冠]。 近世 しゅうえん[終演]。うちだし[打出]。うちどめ[打止]。はぬ[はねる][跳]。

―の終わり直前 近世 まくぎは[幕際]。

―の興業が行われる 近代 かかる[掛]。

ーの興業の最後の日 近世 せんざいらく［千歳楽］。せんしうらく［千秋楽］。
ーの初日 近世 いちばんだいこ［一番太鼓］。ふたあけ［蓋明］。
ーの第一幕 近世 くちまく［口幕］。じょまく［序幕］。
ーの只見 近世 のんだらう［飲太郎／呑太郎］。
ーの舞台 近代 ステージ(stage)。中世 ぎぢゃう［戯場］。
客に大受けのー 近世 あたりきゃうげん［当狂言］。
最初から最後まで通して上演するー 近世 とほしきゃうげん［通狂言］。
事件をうまく仕組んだー 近世 しくみきゃうげん［仕組狂言］。
常設のー小屋 近代 ぢゃうごや［定小屋］。
庶民生活を題材とするー 近世 せわきゃうげん［世話狂言］。せわもの［世話物］。にばんめきゃうげん［二番目狂言］。
素人のー 近世 くさしばゐ［草芝居］。しろとしばゐ［素人芝居］。ぢきゃうげん［地狂言］。ぢしばゐ［地芝居］。むらしばゐ［村芝居］。ゐなかしばゐ［田舎芝居］。
神社の境内でしたー 近世 みやしばゐ［宮芝居］。みやちしばゐ［宮地芝居］。
即興的なー 近代 にはかしばゐ［俄芝居］。近世 にはか［俄／仁輪加］。にはかきゃうげん［俄狂言］。
小さなー(江戸三座以外の) 近世 こしばゐ［小芝居］。ささやぐら［笹櫓］。
低級なー 近世 こじきしばゐ［乞食芝居］。こもばりしばゐ［薦張芝居］。
一人で演じるー 近代 ひとりしばゐ［一人芝居／独芝居］。ひとりぶたい［独舞台］。モノドラマ(monodrama)。
道端に小屋掛けしてするー 近世 つじしばゐ［辻芝居］。

しはいしゃ【支配者】 パワーエリート(power elite)。近代 しはいしゃ［支配者］。ゐせいしゃ［為政者］。近世 しゅちゃう［首長］。りゃうしゅ［領主］。中世 くゎんれい［管領］。ぬし［主］。
ーが二人いること 近代 りゃうとう［両頭］。《句》近世 両雄並び立たず。
ーに背いて乱を起こすこと ぞうはん［造反］。近代 クーデター(フランス coup d'État)。中世 はんぎゃく［反逆／叛逆］。はんらん［反乱／叛乱］。ほんぎゃく［叛逆］。上代 むほん［謀叛］。

しはいにん【支配人】 近代 マスター(master)。マネージャー／マネジャー(manager)。近世 しはいにん［支配人］。

じはく【自白】 じきょう［自供］。口を割る。近代 こくはく［告白］。じはく［自白］。中古 おつ〔おちる〕［落］。はくじゃう［白状］。
ーを記した文書 近世 くちがき［口書］。中世 はくじゃう［白状］。

しばし【暫】 近代 ざんしょ［暫且］。すゆ［須臾］。中世 ざんじ［暫時］。上代 しばし［暫］。しばらく［暫］。しまし／しましく／しまらく［暫］。しゅゆ［須臾］。
ーの間 →しばらく

しばしば【屡屡】 近代 さいさんさいし［再三再四］。近世 しきりと［頻］。しょっちゅう。ちょいちょい。ひひ［比比］。よう／よく［良／能］。中世 いくたび［幾度］。かさねがさね［重重］。しきしき［頻頻］。しげい［繁］。しげしげ［繁繁］。せつせつ［節節／折折］。ちかぢか［近近］。ひんぱん［頻繁］。ひんぴん［頻頻］。中古 じじ［時時］。たびたび［度度］。どど［度度］。上代 しきり［頻］。しげし［繁］。しば［屡］。しばしば［屡屡／数］。ましばに［真屡］。
ー言う 近世 いひならはす［言習］。
ー行く 近世 あししげく［足繁］。
ー起こる 近代 ぞくはつ［続発］。ひんぱつ［頻発］。中世 ひんぱん［頻繁］。上代 しきる［頻］。
ー見る 上代 しばみる［屡見］。

しはじ・める【仕始】 とっかかる［取掛／取懸］。のりかかる［乗掛］。近代 ちゃくしゅ［着手］。とっつく［取付］。やりだす［遣出］。指を染める。近世 しいだす［為出］。やりかく〔ーかける〕［遣掛］。中世 かかる［掛］。しはじむ〔ーはじめる〕［仕始／為始］。てはじめ［手始］。とりつく［取付］。中古 しいづ［仕出］。しかかる［仕掛］。しかく〔ーかける〕［仕掛］。しそむ［為初／仕初］。とりかかる［取掛／取懸］。
《句》近世 思ひ立つ日に人神なし。中世 思ひ立つ日が吉日。思ひ立ったが吉日。
ー・めた時 近世 しょて［初手］。とっつき［取付］。はな［端］。
ー・めること 中古 うひごと［初事］。

じはだ【地肌】 近世 きぢ［生地］。ぢはだ［地肌／地膚］。中世 すはだ［素肌］。

じはつ【自発】 じりつ［自律］。近代 じしゅてき［自主的］。せっきょくてき［積極的］。中古 じはつ［自発］。
ー的に 中古 こころづから［心］。こころより

し

[心]。上代こころから[心]。
▼助動詞 近世る。れる。中古らる。上代ゆ。

じばら【自腹】 じこふたん[自己負担]。じぶんもち[自分持]。近代しひ[私費]。じべん[自弁]。懐を痛める。身銭(みぜに)を切る。近世いれたて[入立]。じばら[自腹]。じひ[自費]。じまへ[自前]。てべんたう[手弁当]。めいめいがひ[銘銘買]。腹が痛む。中世じまひ[自前]。みぜに[身銭]。

不足分を−でする 近代もちだす[持出]。

しはらい【支払】 けっさい[決済]。近代ししゅつ[支出]。しはらひ[支払]。しべん[支弁]。ペイ(pay)。ペイメント(payment)。近世かんぢゃう[勘定]。くゎいけい[会計]。せいさん[清算]。せりふ[科白/台詞]。はらひ[払]。わけ[分/別]。

−が滞ること おそばらい/ちはらい[遅払]。中古えんたい[延滞]。

−の一部が戻ること リベート(rebate)。近代わりもどし[割戻]。

−の猶予 ユーザンス(usance)。近代モラトリアム(moratorium)。

−をしないで済ませる 近世ふみたふす[踏倒]。よこだふし/よこっだふし[横倒]。

−を済ませる 近世せりふ[科白/台詞]。わけをたてる。

大晦日の−金 近世おほはらひ[大払]。しまひがね[仕舞金]。

仮の− かりばらい[仮払]。かりわたし[仮渡]。

月末の− 近代げつまつばらひ[月末払]。みそかかんぢゃう[晦日勘定]。近世みそかばらひ[晦日払]。

十月(盆と正月の間)にする− 近世なかばらひ[中払]。

他人に−をさせること 近代もずかんぢゃう[百舌勘定]。

しはら・う【支払】 近代しはらふ[支払]。ペイ(pay)。近世しまふ[仕舞]。はらふ[払]。銭をつく。上代をさむ〔おさめる〕[納]。

−う所 近代レジ/レジスター(register)。近世かんぢゃうば[勘定場]。

−うべき金銭 いりよう[入用]。しゅっぴ[出費]。ひよう[費用]。近代かかり[掛]。でせん[出銭]。

−うべきものを支払う 中世なす[済]。

−っていない みはらい[未払]。

公費などを自分で−う 近代身銭を切る。近世自腹を切る。

品物を受け取る前に−う まえきんばらい[前金払]。近代さきばらひ[先払]。ぜんきん[前金]。近世まへがね/まへきん[前金]。

その場ですぐ現金で−う そくじばらい[即時払]。近世きんたう[金当/緊当]。そくきん[即金]。たうざばらひ[当座払]。

代金の一部を−う 近代うちばらひ[内払]。うちわたし[内渡]。内金を入れる。中世うちあげ[内揚/内上]。

何回かに分けて−うこと かっぷ/わっぷ[割賦]。ぶんかつばらい[分割払]。

しばらく【暫】 近代ざんしょ[暫且]。すゆ[須臾]。すんかん[寸間/寸閑]。すんこく[寸刻]。すんべう[寸秒]。せうか[小暇]。せうかん[少閑/小閑]。たんじかん[短時間]。たんじじつ[短時日]。ふんじ[分時]。ふんべう[分秒]。近世いちにちはんとき[一日半時]。いっくゎ[一過]。せふじ[霎時]。たうぶん[当分]。たんぼ[旦暮]。ちょんのま[間]。はんとき[半時]。ひとあし[一足]。梭(さ)を投ぐる間。中世いちじつへんじ/いちにちかたとき[一日片時]。いちぢゃう[一場]。いっくゎ[一花]。いっこく[一刻]。いったん[一旦]。いっとき[一時]。かたときへんじ[片時片時]。きゃうこく/けいこく[頃刻/頃剋]。ざうじ[造次]。ざんじ[暫時]。しば[暫]。すんいん[寸陰]。すんげき[寸隙]。すんじ[寸時]。たうざ[当座]。たじ[多時]。たまゆら[玉響]。ちと[些]。ちょっと。ときのほど[時程]。葦の節の間。踵(くびす)を回(めぐ)らさず。踵(くびす)を回(めぐ)らすべからず。時として。中古いちじ[一時]。いちにちへんじ[一日片時]。いってう[一朝]。かたとき[片時]。こま[小間]。しばし[暫]。すこぶる[頗]。すんか[寸暇]。せうじ[少時/小時]。たまのを[玉緒]。つゆのま[露間]。ときのま[時間]。とばかり。ひととき[一時]。上代しばらく[暫]。しましく/しまら/しまらく/しんばし[暫]。しゅゆ[須臾]。つかのあいだ/つかのま[束間]。ふしのま[節間]。へんし/へんじ[片時]。やや[稍]。

−して 中世稍(やや)(漸(やや))あって。

しば・る【縛】❶〈括る〉 近代ゆはく[結]。近世いはへる[結]。くくしあぐ〔−あげる〕[括上]。くくす[括]。くびる[括]。しばりあぐ〔−あげる〕[縛上]。ふんじばる[縛]。中世くくしつく〔−つける〕[括付]。くくりつく〔−つける〕[括付]。そくばく[束縛]。たばぬ〔たばねる〕/たばゆ[束]。ばくす[縛]。ひっくくる[括]。ほだす[絆]。ゆひからぐ〔−

からげる〔結紮〕。ゆひからむ〔結搦〕。中古いましむ〔―しめる〕〔縛〕。からぐ〔からげる〕〔絡〕。しばりつく〔―つける〕〔縛付〕。ゆふ〔結〕。上代からむ〔からめる〕〔絡／搦〕。くくる〔括〕。しばる〔縛〕。しまる〔結〕。ゆはふ〔ゆわえる〕〔結〕。

―・ること 近代きんばく〔緊縛〕。中世いましめ〔縛〕。けいばく／けばく〔繋縛〕。けっそく〔結束〕。てんばく〔纏縛〕。中古きそく〔羈束〕。

きつく―・る 近代きんばく〔緊縛〕。近世かなしばり〔金縛〕。しばりあぐ〔―あげる〕〔縛上〕。中世しめあぐ〔―あげる〕〔締上〕。

罪人などの―・り方の例 近世かめのこしばり〔亀子縛〕。さんずんなは〔三寸縄〕。ひしゆひ〔菱結〕。中古たかてこて〔高手小手〕。

捕らえて縄で―・る 近世なはぶつ〔縄打〕。縄を打つ。

しば・る【縛】❷〈制限〉近代きせい〔規制〕。せいやく〔制約〕。近世そくばく〔束縛〕。中世しばる〔縛〕。中古せいげん〔制限〕。

しはん【師範】→きょうし →し【師】

しはん【市販】近代しはん〔市販〕。近世こうり〔小売〕。上代はんばい〔販売〕。

じばん【地盤】近代きそ〔基礎〕。こんきょち〔根拠地〕。せいりょくはんゐ〔勢力範囲〕。中世ぢばん〔地盤〕。どだい〔土台〕。

―を突き固める道具(例) ランマー(rammer)。近代さんや。たこどうつき〔蛸胴突〕。ぼうどうつき〔棒胴突〕。近世どうづき〔胴突〕。

じひ【自費】→じばら

じひ【慈悲】中世あはれみ〔哀／憐〕。いつくしみ〔慈〕。じあい〔慈愛〕。をんじゃう〔温情〕。中古とく〔徳〕。なさけ〔情〕。上代じひ〔慈悲〕。

《句》近世鬼の空念仏。鬼の念仏。中世鬼の目にも涙。中古外面(げめん)如菩薩(にょぼさつ)内心如夜叉(にょやしゃ)。

―と忍耐 中古じにん〔慈忍〕。

―の心の厚いこと 中世じんこう〔仁厚〕。

―深い心 近世ほとけごころ〔仏心〕。中古じしん〔慈心〕。ぶっしん〔仏心〕。

―深い母 中古じぼ〔慈母〕。ひぼ〔悲母〕。

―深い目 中世じがん〔慈眼〕。

神仏の― 中古とく〔徳〕。

中途半端な―心 中世あをだうしん〔青道心〕。なまだうしん〔生道心〕。

人の世の― 近世浮き世の情け。

菩薩(ぼさつ)のように―深いこと 近世じぼさつ〔似菩薩〕。にょぼさつ〔如菩薩〕。

仏の大きな― 中世無縁の慈悲。中古だいひ〔大悲〕。

仏の―の心で見る眼 中世じげん〔慈眼〕。

シビア(severe) 近代つうれつ〔痛烈〕。近世しんこく〔深刻〕。てきびし〔手厳〕。中世しんらつ〔辛辣〕。中古きびし〔厳〕。

じひつ【自筆】近世てがた〔手形〕。にくひつ〔肉筆〕。中世じき〔自記〕。しゅひつ〔手筆〕。ぢきひつ〔直筆〕。中古じしょ〔自書〕。じひつ〔自筆〕。上代しゅしょ〔手書〕。

―の書き判 近代てはん〔手判〕。近世あふじ〔押字〕。くゎあふ〔花押〕。てがた〔手形〕。中世かきはん〔書判〕。

しひょう【指標】メルクマール(ドイツ Merkmal)。近代インデックス(index)。ししん〔指針〕。しへう〔指標〕。バロメーター(barometer)。近世へうしき〔指標〕。中世めじるし〔目印〕。めやす〔目安〕。

じひょう【辞表】じしょくねがい〔辞職願〕。たいしょくねがい〔退職願〕。近代じへう〔辞表〕。中古いとまぶみ〔暇文〕。じしょ／じそ〔辞書〕。

―を提出すること 中世しゃうへう〔正表〕。中古じゃうへう〔上表〕。

じびょう【持病】中世きうあ〔旧痾／久痾〕。しくびゃう〔宿病〕。しゅくあ〔宿痾〕。しゅくびゃう〔宿病〕。中古ぢびゃう〔持病〕。上代こしつ〔痼疾〕。

シビリアン(civilian) いっぱんしみん〔一般市民〕。ぶんみん〔文民〕。みんかんじん〔民間人〕。

しびれ【痺】近世まひ〔麻痺〕。中世しびれ〔痺〕。

しび・れる【痺】近世びりつく。中世しびる〔しびれる〕〔痺〕。中古ひるむ〔怯／痿〕。

寒さで身体が冷え切って―・れる 中世こごゆ〔こごえる〕〔凍〕。上代こごう〔こごえる〕〔凍〕。

手足が―・れる病 近世ゐしつ〔痿疾〕。

しびん【尿瓶】近世おかは〔御厠〕。おまる〔御虎子／御丸〕。くゎんづつ〔環筒〕。しうびん／しゅびん〔溲瓶〕。せうべんつぼ〔小便壺〕。ねうき〔尿器／溺器〕。中世しとづつ〔尿筒〕。しびん〔溲瓶／尿瓶〕。

しぶ【支部】ししょ〔支所〕。できさき〔出先〕。近代ししゃ〔支社〕。してん〔支店〕。しぶ〔支部〕。しゅっちょうしょ〔出張所〕。ぶんてん〔分店〕。

じふ【自負】近代こふ〔誇負〕。じじ〔自恃〕。じそんしん〔自尊心〕。じふしん〔自負心〕。

プライド(pride)。ほこり[誇]。近世うぬぼれ/おのぼれ[自惚/己惚]。きょうじ[矜持]。きょうぢ[矜持]。じしん[自信]。中世じふ[自負]。中古おもひあがる[思上]。われだのみ[我頼]。

しぶ・い【渋】❶〈けち〉近世けちけち[吝嗇]。けちくさし。けちけち。しぶし[渋]。しみたれ/しみったれ。みみっちい。中世しわし[吝]。りんしょく[吝嗇]。

しぶ・い【渋】❷〈枯淡〉近世しぶし[渋]。ゑんじゅく[円熟]。中世こたん[枯淡]。

ー・くて味わいがあるたとえ 近代いぶしぎん[燻銀]。

しぶき【飛沫】近代とばちり/とばっちり[迸]。ひまつ[飛沫]。近世しぶき[飛沫]。中世みづまり[水鞠]。中古そそき[注]。とばしり[迸]。

ーが飛び散る 近代しぶく[繁吹/重吹]。

波のー 近世しほけむり[潮煙]。中世しほけぶり[潮煙]。中古なみのはな[波花]。

しふく【至福】→**こうふく【幸福】**

しふく【私腹】近代しふく[私腹]。しり[私利]。中古りやう[利養]。

ーを肥やす 近代甘い汁を吸ふ。懐を暖める。懐を肥やす。近世腹を肥やす。

ーを肥やす役人 どんり[貪吏]。近代どんくゎん[貪官]。中世たんり[貪吏]。

しふく【紙幅】近代しふく[紙幅]。しめん[紙面]。しめん[誌面]。近世しじゃう[紙上]。しすう[紙数]。

しぶしぶ【渋渋】近代嫌嫌(いやいや)ながら。渋りながらも。しょうことなしに。不本意ながら。中世ふしょうぶしょう[不承不承]。中古しぶしぶ[渋渋]。にがむにがむ[苦苦]。上代なまじひ[慭]。なまなま[生生]。

しぶつ【私物】上代しぶつ[私物]。わたくしもの[私物]。

じふしん【自負心】→**じふ**

じぶつ【事物】近代じかう[事項]。じしゃう[事象]。近世ものごと[物事]。中世じぶつ[事物]。中古ことがら[事柄]。

全てのー 近世しょう[諸有]。

じぶつ【持仏】近世ないぶつ[内仏]。ねんぢぶつ[念持仏]。中世あがほとけ[吾仏]。中古ぢぶつ[持仏]。

しぶと・い 近代ぐゎんこ[頑固]。しつあう[執拗]。近世いぢっぱり[意地張]。しつえう[執拗]。ねばりづよし[粘強]。中世がうじゃう[強情]。しぶとし。

しぶみ【渋味】近世しぶみ[渋味]。中世しぶ[渋]。

ーが出る 中世さびる[寂/荒]。

ーを感じる 中世しぶくる[渋]。

ーを出す 近世さばす。

しぶり【仕振】近世しうち[仕打]。しぐさ[仕種/仕草]。しぶり[仕振/為振]。中世しかた[仕方]。

しぶ・る【渋】近世しりごみ[尻込]。二の足を踏む。踏ん切りが付かぬ。中世たぢろぐ。ゆらふ/ゆらゆ[緩]。後足(しりあし)を踏む。中古おもひとどこほる[思滞]。おもひやすらふ[思休]。しぶる[渋]。しゅんじゅん[逡巡]。ためらふ[躊躇]。ちうちょ[躊躇]。上代いさよふ[躊躇]。よどむ[淀]。

しぶん【詩文】近世ふうが[風雅]。中世しぶん[詩文]。中古ししゃう[詩章]。ししゃう[詞章]。上代こと[言/詞]。ひっかい[筆海]。

ーができず白紙のまま 近世えいはく[曳白]。

ーで細かな技巧に走ること 近世てうちゅうてんこく[彫虫篆刻]。

ーに面白みがないたとえ 近世蠟(らふ)を嚙(か)むが如し。

ーに技巧をこらすこと 近世ふさく[斧鑿]。

ーに巧みな人 近代しそう[詞宗]。中古ぶんしゃ/もんじゃ[文者]。

ーの才が豊かなこと 近世咳唾(がいだ)珠を成す。八斗の才。中古言葉の泉。

ーの才能 近代しさい[詩才]。中世さいさう[才藻]。ぶんさい[文才/文采]。上代ぶんさう[文藻]。

ーの師匠 近世一字の師。

ーのすぐれた語句 近代ぎょくせつ[玉屑]。

ーの添削 しっせい[叱正]。近代てんざん[添竄]。近世ふせい[斧正]。中世てんさく[添削]。中古ひっさく[筆削]。

ーの添削をしてもらうこと 近代せいふう[成風]。

ーの友 中古ぶんいう[文友]。

ーの華やかなこと 上代ぶんくゎ[文華]。

ーの風流な道 上代ぶんが[文雅]。

ーや書画を書くこと 近代かんぼく[翰墨]。中古ぶんじ[文事]。ぶんぼく[文墨]。上代ぶんぴつ[文筆]。

ーや書画を楽しむ人 近世ぶんじんぼくかく[文人墨客]。中古ぶんじん[文人]。

ーを集めたもの 近代アンソロジー(anthology)。しくゎしふ[詞華集/詞花集]。中古ぶんりん[文林]。上代しりん[詞林]。

―を苦心して練ること 近代 てうしんるこつ[彫心鏤骨]。近世 てうたく[彫琢]。中世 すいかう[推敲]。
―を作り評し合う会 中古 ぶんぢゃう[文場]。
―を作る 近代 ゐんじ[韻事]。中世 つづる[綴]。近世 えんざん[鉛槧]。さうこ[操觚]。中古 ものす[物]。
―を作る人 中世 さうかく[騒客]。さうじん[騒人]。中古 しかく[詞客]。ぶんじん[文人]。上代 しじん[詩人]。
美しい― 近代 きんしう[錦繡]。きんしんしうこう[錦心繡口]。れいひつ[麗筆]。中世 ひっくゎ[筆華]。中古 ぎょくしゃう[玉章]。上代 りんらう[琳瑯/琳琅]。
多くの― 中世 ふでのうみ[筆海]。上代 ひっかい[筆海]。
古人の語句から―を作ること 近代 だったい[脱胎/奪胎]。近世 ほてい/ほてつ[補綴]。中世 くゎんこつだったい[換骨奪胎]。
すぐれた― 近代 ゆうへん[雄編/雄篇]。光炎(光焰)万丈長し。中世 かさく[佳作]。かじふ[佳什]。
世に知られないすぐれた― 近世 ゐしゅ[遺珠]。

じぶん【時分】 近代 あたり[辺]。ころあひ[頃合]。中世 じあひ[時合]。じぶん[時分]。上代 かた[方]。ころ[頃]。ころほひ[頃]。ほど[程]。

じぶん【自分】 こ[個]。セルフ(self)。近代 じぶんじしん[自分自身]。近世 うぬ[汝/己]。じか[自家]。じしん[自親]。めんめ[面面]。よ[余/予]。われわれ[我我]。中世 じけ[自家]。中古 ここもと[此許/処許]。し[其]。じしん[自身]。じぶん[自分]。み[身]。みがら[身柄]。みづから[自]。わ[我/吾]。わがみ[我身]。われ[我/吾]。上代 おのがみ。おのれ[己]。じこ[自己]。み[身]。

《謙》近代 せんがくひさい[浅学非才]。近世 せっしゃ[拙者]。たいぐ[大愚]。ちょさい/ちょざい[樗材]。てまへ[手前]。ぺいぺい。ぺえぺえ。ゐなかもの[田舎者]。草莽(さうまう)(「さうばう」とも)の臣。中世 ぐしん[愚身]。じゃくはい[弱輩/若輩]。ちょれき[樗櫟/樗櫪]。ふぜい[風情](接尾語)。め[奴](接尾語)。やまがつ[山賤]。わらは[妾]。中古 せうしん[小臣]。せうせい[小生]。せんがく[浅学]。びく[微軀]。上代 やつがれ[奴]。

《句》近代 あたまの上の蠅を追ふ。大工の掘立(ほったて)。近くて見えぬは睫(まつげ)。我が身を立てんとせばまづ人を立てよ。近世 医者の不養生。易者身の上知らず。隗(くゎい)より始めよ。陰陽師(おんやうじ)身の上知らず。駕籠舁(かごか)き駕籠に乗らず。髪結ひ髪結はず。髪結ひの乱れ髪。臭いもの身知らず。紺屋(こうや)の白袴。我が上の星見えぬ。我が身のことは人に問へ。椀(わん)つくりの欠け椀。

―以外 たしゃ[他者]。近代 きゃく[客]。中世 た[他]。中古 たにん[他人]。上代 ひと[人]。

―勝手 むてかつりゅう[無手勝流]。近代 エゴ/エゴイスティック(egoistic)。が[我]。かってきまま[勝手気儘]。じこちゅうしん[自己中心]。じこほんゐ[自己本位]。しゅが[主我]。どくぜん[独善]。ひとりてんか[一人天下]。ひとりよがり[独善]。りこ[利己]。近世 えてかって[得手勝手]。きまま[気儘]。ていけ[手池/手生/手活]。てまへがって[手前勝手]。てまへぎはめ[手前極]。まんがち[慢勝]。みがって[身勝手]。わたくし[私]。うぬが三昧(ざんまい)。中世 みがまま[身儘]。中古 わがまま[我儘]。わがものがほ[我物顔]。

―勝手な言葉 近世 ごたく[御託]。

―勝手な人 エゴティスト(egotist)。りこしゅぎしゃ[利己主義者]。

―勝手な流儀 近世 じこりう[自己流]。じぶんめんきょ[自分免許]。中世 がりう[我流]。

―から すきこのんで[好好]。近世 わがでに[我]。中世 おのれと[己]。こころと[心]。もとめて[求]。中古 おのづから[自]。こころから[心]。てづから[手]。われから[我]。上代 みづから[自]。われと[我]。

―だけで決めて行う 近代 せんだん[専断/擅断]。どくさい[独裁]。どくだんせんかう[独断専行]。

―たち同志 近世 わがともがら[我輩]。中世 われわれ[我我]。中古 おのれら[己等]。われどち[我]。われら[我等]。

―で酒を注ぐこと 近世 てじゃく[手酌]。どくしゃく[独酌]。

―で自分の命を絶つ →じさつ
―で自分の食事を作る 近代 じすい[自炊]。てまかなひ[手賄]。

―で自分を褒める 近世 じぐゎじさん[自画自賛]。てまへみそ[手前味噌]。てみそ[手味噌]。中世 じさん[自賛/自讃]。中古 じ

まん[自慢]。みぼめ[身褒]。われぼめ[我褒]。

—で自分を守る 近代 じゑい[自衛]。中古 ごしん[護身]。

—でする 近代 手を染める。近世 わがでに[我]。中世 てがく[—がける][手掛]。てづから[手]。手を下す。

—で使う 近代 じかよう[自家用]。中世 しよう[私用]。

—で作ること 近代 じかせい[自家製]。じかせいざう[自家製造]。近世 じせい[自製]。てせい[手製]。中世 てづくり[手作]。中古 じさく[自作]。

—で飯をよそうこと 近世 てもり[手盛]。

—と同じようである 上代 われじ[我]。

—と他人 中世 しゅきゃく[主客]。中古 じた[自他]。しゅかく[主客]。上代 ひが[彼我]。

—に嫌気がさすこと 近代 じこけんを[自己嫌悪]。

—に関係すること 近世 いっしんじゃう[一身上]。

—に関係ないこと 近世 たにんこ[他人事]。中世 よそごと[余所事]。中古 ひとごと[人事/他人事]。

—に自信と誇りを持つ 近代 こふ[誇負]。じじ[自恃]。じそんしん[自尊心]。じふしん[自負心]。プライド(pride)。ほこり[誇]。近世 うぬぼれ/おのぼれ[自惚/己惚]。きぐらゐ[気位]。きょうじ[矜持]。きょうぢ[矜持]。じしん[自信]。《句》近代 人必ず自ら侮りて然る後に人これを侮る。

—に都合のいいように決めた理屈 近代 がでんいんすい[我田引水]。近世 じぶんかって[自分勝手]。てまへがって[手前勝手]。てまへぢゃうぎ[手前定規]。《句》近世 外聞より当分が大事。我が田へ水を引く。

—の 近世 おのが[己]。上代 わが[我/吾]。

—の意に従わせる 中古 なびかす[靡]。

—の意のままにすること 近代 おもひどほり[思通]。剛戻(がうれい)自ら用ふ。自家薬籠中の物。中世 じいうじざい[自由自在]。中古 わがまま[我儘]。思ひのまま。

—の居る所 上代 わがり[我許]。

—の美しさに陶酔すること じことうすい[自己陶酔]。ナルシシズム/ナルシズム(narcissism)。近代 じこあい[自己愛]。

—の考え 近代 しあん[私案]。近世 いちぞん[一存]。しい[恣意/肆意]。しけん[私見]。中世 しい[私意]。

—の考えで 中古 こころと[心]。ひとやりならず[人遣]。

—の考えに一致する 近代 我が意を得たり。

—の考えにとらわれること 中世 がしふ[我執]。

—の考えを押し通そうという気持ち 近代 が[我]。我意を通す。近世 押しが強し。我を通す。我を張る。中世 がい[我意]。がい[雅意]。がうじゃう[強情]。我が強し。我を立つ[—立てる]。中古 わがまま[我儘]。

—の欠点を棚にあげて人を笑う《句》近代 盥(たらひ)半切(はんぎり)を笑ふ。目屎(めくそ)鼻屎を笑ふ。近世 猿の尻笑ひ。不身持ちの儒者が医者の不養生をそしる。

—の心 近代 ひちゅう[鄙衷]。びちゅう[微衷]。中世 こしん[己心]。中古 びし[微志]。びしん[微心]。

—の心のまま 中古 こころづから[心]。

—のことなのに 中世 われから[我]。中古 みながら[身乍]。われながら[我]。

—の言葉で 中古 くちづから[口]。《謙》中世 うげん[迂言]。

—のことを述べること 近代 じこせうかい[自己紹介]。中世 じじょ[自叙]。

—の人格を完成させる 近代 じがじつげん[自我実現]。じこじつげん[自己実現]。

—の属する側 中世 てまへ[手前]。中古 こなたざま[此方方]。みかた[味方/御方/身方]。上代 たうはう[当方]。

—の立場 中世 てまへ[手前]。中古 めぼく/めいぼく[面目]。めんぼく/めんもく[面目]。

—の力だけ 近代 しりつ[私立]。じりょく[自力]。としゅ[徒手]。中世 じりき[自力]。どくりょく[独力]。

—の伝記 じぶんし[自分史]。中世 じじょでん[自叙伝]。じでん[自伝]。

—の物 中世 てのもの[手物]。中古 しゅちゅう[手中]。わがもの[我物]。

—の物とする 近代 いとめる[射止]。しうとく[収得]。しゅとく[取得]。せんいう[占有]。近世 つかむ[摑/攫]。ぬしづく[主付]。中世 うけいる[—いれる][受入]。くゎくとく[獲得]。せんとく[占得]。にふしゅ[入手]。まうく[もうける][儲]。手に入る[—入れる]。手に入(はひ)る(入(い)る)。中古 しゃうあく[掌握]。しょいう[所有]。つかみとる[攫取]。とる[取]。にぎる[握]。上代 うく[うける][受]。

ーの物にしようとねらう 近世 ねんがく[ーがける][念掛]。

ーの用事 中世 しよう[私用]。中古 しじ／わたくしごと[私事]。

ーの利益を得ようとする(心) 近代 がり[我利]。しり[私利]。りこ[利己]。私腹を肥やす。近世 わたくし[私]。腹を肥やす。中古 しよく[私欲／私慾]。

ーは知っているという顔 中古 われしりがほ[我知顔]。

ーは駄目だと思う気持ち インフェリオリティーコンプレックス(inferiority complex)。コンプレックス(complex)。はいぼくかん[敗北感]。近代 ひけめ[引目]。れっとうかん[劣等感]。

ーは何もしないで人にしてもらう 近世 すゑぜん[据膳]。

ー一人 中世 どくじ[独自]。中古 いっこ[一己]。たんどく[単独]。みひとつ[身一]。上代 こどく[孤独]。

ー一人の考え 近代 どくさう[独創]。中世 どくじ[独自]。

ー一人の物にする 近代 どくせん[独占]。ひとりじめ[一人占]。

ー一人を正しいと思う 近代 どくぜん[独善]。近世 ひとりよがり[独善]。中古 われかしこ[我賢]。

ーをあざ笑う 近世 じてう[自嘲]。

ーを戒め律する じりつ[自律]。近代 こくき[克己]。じしゅく[自粛]。セルフコントロール(self control)。近世 じせい[自制]。中世 じかい[自戒]。

ーを痛めつけること 近代 じぎゃく[自虐]。

ーを省みること じせう[自照]。近代 じせい[自省]。ないせい[内省]。はんせい[反省]。近世 しゃうさつ[省察]。中古 かへりみる[省／顧]。せいさつ[省察]。せいし[省思]。

ーを犠牲にして人に尽くす 近代 けんしん[献身]。めっしぼうこう[滅私奉公]。《句》近代 蠟燭は身を減らして人を照らす。近世 身を殺して以て仁を成す。

ーを優れたものと思う シュペリオリティーコンプレックス(superiority complex)。近代 いうゑつかん[優越感]。こふ[誇負]。どくぜん[独善]。近世 うぬぼれ／おのぼれ[自惚／己惚]。中世 じふ[自負]。てんじゃうてんがゆいがどくそん／てんじゃうてんげゆいがどくそん[天上天下唯我独尊]。どくそん[独尊]。中古 遼東(れうとう)の豕(ゐのこ)。我はと思ふ。→ーに自信と誇りを持つ

ーを責めること 近代 じせき[自責]。

ーを宣伝する じこけんじ[自己顕示]。能書きを並べる。近代 ばいめい[売名]。近世 じぐゎじさん[自画自賛]。てまへみそ[手前味噌]。てみそ[手味噌]。中古 じまん[自慢]。てらはす／てらふ[衒]。みぼめ[身褒]。われぼめ[我褒]。上代 てらさふ[照]。

→**じまん**

ーを粗末にすること 近代 デスパレート／デスペレート(desperate)。やけくそ[自棄糞]。やけっぱち[自棄]。近世 すてっぱち／すてばち[捨鉢]。やけ[自棄／焼]。わざくれ。天に唾(つば)す(吐く)。天を仰いで唾(つばき)す。自棄(やけ)のやんぱち。中世 じき[自棄]。じぼうじき[自暴自棄]。やぶれかぶれ[破]。

ーを大切にすること 近世 じちょう[自重]。上代 じあい[自愛]。

ーを棚にあげて人のせいにする 《句》近代 堂が歪(ゆが)んで経が読めぬ。泥棒が縄を恨む。盗人(ぬすびと)の逆恨み。近世 地が傾いて舞が舞はれぬ。

ーを曲げない人 近代 ぐゎんこもの[頑固者]。近世 いっこくもの[一刻者／一国者]。

公の物をーの物とする しぶつか[私物化]。近世 ちゃくふく[着服]。中世 わたくしす[私]。

既にーの物となっている 中世 きとく[既得]。

ねだってーの物とする 近世 かきつく[掻付]。

昔のー 中世 こご[故吾]。

しぶんのいち【四分一】 クォーター(quarter)。近世 こなから[小半／二合半]。しはんぶん[四半分]。中世 しはん[四半]。

一年のー こはんとし[小半年]。

しへい【紙幣】 近代 おさつ／さつ[札]。かみぜに[紙銭]。さつびら[札]。しへい[紙幣]。ちょせう[楮鈔]。ちょへい[楮幣]。なんくゎ[軟貨]。ぺら。近世 かうせう[交鈔]。中世 しせん[紙銭]。

ーの束 近代 さつたば[札束]。

ーの発行を増やすこと 近代 ぞうはつ[増発]。

ーを正貨と引き替えること 近世 だくゎん[兌換]。

ーをむやみに発行すること 近代 らんぱつ[乱発／濫発]。

新たに発行され初めて使用されるー しんけん[新券]。しんさつ[新札]。ぴんさつ[札]。

偽のー ぎさつ[偽札]。ぎぞうしへい[偽造紙幣]。近代 がんさつ[贋札]。にせさつ[偽札]。

し

しべつ【死別】 一生の別れ。近代えいべつ[永別]。近世今生(こんじやう)の別れ。永(なが)の別れ。中世えいけつ[永訣]。しにわかれ[死別]。しべつ[死別]。長き別れ。中古わかれぢ[別路]。避(さ)らぬ別れ。終(つひ)の別れ。

―・する 近代幽明(いうめい)相隔てる。幽明境(界)を異にする。幽明その道を異にする。中世幽明境(きやう)を分(わ)かつ。生(しやう)を隔つ(―隔てる)。上代わかる(わかれる)[別]。

親しい友人と―・すること 中世ぜつげん[絶弦/絶絃]。伯牙(はくが)琴を破(やぶ)る。中古琴の緒絶ゆ(―絶える)。琴の緒絶つ。

しべん【支弁】 →**しはらい**

しべん【思弁】 →**しこう【思考】**

しべん【至便】 近代しべん[至便]。中世ちょうほう/ぢゅうほう[重宝]。べんり[便利]。

じへん【事変】 近代いへん[異変]。中世じへん[事変]。中古さうぜう[騒擾]。さうどう[騒動]。ぜうらん[擾乱]。上代さうらん[騒乱]。

じべん【自弁】 →**じばら**

しぼ【思慕】 あまけ[甘気]。近代あこがれ[憧]。かつがう/かつぎゃう[渇仰]。しょうけい/どうけい[憧憬]。ぼじゃう[慕情]。中古れんぼ[恋慕]。

―・する 近代思ひを焦がす。上代したふ[慕]。→**おもいこが・れる**

じぼ【慈母】 近代せいぜん[聖善]。中世ひも[悲母]。中古じぼ[慈母]。ひぼ[悲母]。

しほう【四方】 近代しばうはちめん[四旁八面]。近世あちこち/あちらこちら[彼方此方]。しうへん[周辺]。中世しうゐ[周囲]。しかくはちめん[四角八面]。しかくはっぱう[四角八方]。しぐうはっぱう[四隅八方]。しこ[四顧]。しはうはちめん[四方八面]。しはうはっぱう[四方八方]。しへん[四辺]。しゐ[四囲]。ぜんごさう[前後左右]。まはり[周/回/廻]。中古しはう[四方]。しめん[四面]。しょはう[諸方]。ぜんごさいう[前後左右]。とうざいなんぼく[東西南北]。上代やも[八方/八面]。よも[四方]。よもやも[四方八方]。

―から取り囲むこと 近代しゐ[四囲]。

―の果て 近代しすい[四陲/四垂]。

蜘蛛の足のように―に出ていること 中古くもで[蜘蛛手]。

しぼう【死亡】 →**し・ぬ**

しぼう【志望】 近代きばう[希望/冀望]。しばう[志望]。中世ぐゎんばう[願望]。中古こころざし[志]。しぐゎん[志願]。

しぼう【脂肪】 近代ゆし[油脂]。近世しばう[脂肪]。中古しかう[脂膏]。上代あぶら[脂]。

―がなく痩せた感じ 中古からめく。

―の多い肉 近世あぶらみ[脂身]。

―を抜き去ること だっし[脱脂]。

固まった― 中世ぎょうし[凝脂]。

じぼうじき【自暴自棄】 近代デスパレート/デスペレート(desperate)。やけくそ[自棄糞]。やけっぱち[自棄]。近世すてっぱち/すてばち[捨鉢]。やけ[自棄/焼]。わざくれ。天に唾(つば)す(吐く)。天を仰いで唾す。自棄(やけ)の勘八。自棄の彌左衛門。自棄のやんぱち。中世じき[自棄]。じばうじき[自暴自棄]。やぶれかぶれ[破]。

―の心 近世わざくれごころ[心]。

しぼ・む【萎】 近世しなふ[しなえる][撓]。中世しなぶ[しなびる][萎]。しゃす/じゃす[謝]。すぼむ[窄]。すぼる[窄]。つぼむ[窄]。中古しひる。しほたる[―たれる][潮垂/塩垂]。上代かる[かれる][枯]。け[消]。しなゆ[萎/撓]。しぼむ[萎/凋]。しほる[しおれる][萎]。

―・ませる 中古しほる/しをる[萎]。

―・むこと 中世てうれい[凋零]。中古てうざん[凋残]。てうらく[凋落]。

―・んださま 近世しょぼり。しょんぼ。中世しょんぼり。

草木が―・み枯れること 中古こかう[枯槁]。

しぼりと・る【絞取】 近世あっさく[圧搾]。さくしゅ[搾取]。ちゅうきう[誅求]。中世しぼりとる[絞取/搾取]。

油を―・る さいゆ[採油]。さくゆ[搾油]。

重税を―・る 近代かれんちゅうきう[苛斂誅求]。近世膏血(かうけつ)を絞る。

しほん【資本】 キャピタル(capital)。近代ききん[基金]。ぐゎんきん[元金]。ぐゎんぽん[元本]。ぐんしきん[軍資金]。しきん[資金]。ストック(stock)。ファイナンス(finance)。ファンド(fund)。ほんきん[本金]。近世しほん[資本]。ほんぎん[本銀]。もときん[元金]。もとぎん[元銀]。中世もとで[元手]。

―家 きんみゃく[金脈]。近代いうさんかいきふ[有産階級]。ざいばつ[財閥]。しゅっししゃ[出資者]。ブルジョア(フランス bourgeois)。近世かねおや[金親]。かねづる[金蔓]。かねもと[金元/銀元]。きんしゅ[金主]。ぎんしゅ[銀主]。

―と財産 近代ざいほん[財本]。

ーの力 近代きんりょく[金力]。けいざいりょく[経済力]。ざいりょく[財力]。しりょく[資力]。
ーを出し合う 近代がふし[合資]。
ーを出すこと とうか[投下]。近代しゅっし[出資]。
外国からのー がいこくしほん[外国資本]。近代ぐゎいし[外資]。
企業がー金を減額すること 近代げんし[減資]。
企業がー金を増額すること 近代ぞうし[増資]。
巨額のー 近代だいしほん[大資本]。近世きょし[巨資]。
軍需産業に携わるー家 死の商人。

しま【島】 近世しまがね[島根／島峰]。上代しま[嶋]。しまね[島根]。
ーから島へ渡ること 中古しまづたひ[島伝]。
ーで育つこと 近世しまそだち[島育]。
ーで見えない所 上代しまかげ[島陰]。
ーの辺り 上代しまび／しまべ[島辺]。しまみ[島見／島廻]。
ーの陰に隠れる 上代しまがくる[島隠]。
ーの住民 近代たうみん[島民]。中古しまびと[島人]。
ーの姿 中世しまかげ[島影]。
ーの番人 中世しまもり[島守]。
ーの周り 上代しまみ[島見／島廻]。しまわ[島廻]。
ーを縫うように進む 上代やそしまがくる[八十島隠]。
ーを離れること りとう[離島]。
荒波の打ち寄せるー 中世あらいそじま[荒磯島]。
多くのー れっとう[列島]。近世ぐんたう[群島]。中世しょたう[諸島]。中古たうしょ[島嶼]。上代しまじま[島島]。ももつしま[百島]。やそしま[八十島]。
架空のー(例) 近世てながじま[手長島]。にょごが(の)しま[女護島]。中古えんぶだい[閻浮提]。中世ほうらいたう[蓬萊島]。よもぎが(の)しま[蓬島]。
小さなー 近代をじま[小島]。中世せうたう[小島]。上代こじま[小島]。
遠いー 中世ゑんたう[遠島]。上代おきつしま[沖津島]。おきつしまやま[沖津島山]。
陸から離れたー 近代こじま[孤島]。絶海の孤島。中世こたう[孤島]。中古はなれじま[離島]。りたう[離島]。

しまい【姉妹】 近代シスター(sister)。中世いもうとご[妹御]。おととい／おととえ[弟兄]。中古いもうと[妹]。せうと[兄人]。上代あね[姉]。をんなはらから[女同胞]。いも[妹]。しまい[姉妹]。
ーの年下の方 中古わかぎみ[若君]。

しまい【仕舞】 うちあげ[打上]。近世しまひ[仕舞／終／了]。だいだんゑん[大団円]。中世さいご[最後]。しまつ[始末]。中古をはり[終]。→**おわり**

しま・う【仕舞】❶〈終える〉 幕を下ろす。近代うちあげる[打上]。うちきる[打切]。幕を閉ぢる。ピリオド(period)を打つ。けりをつける。くゎんれう[完了]。近世おひらき[御開]。すます／すませる[済]。中世しまふ[仕舞／終／了]。中古しをふ[ーおえる][仕終]。上代をはる[終／了／畢]。をふ[おえる][終]。

しま・う【仕舞】❷〈納める〉 しゅうのう[収納]。近代かくなふ[格納]。近世しまふ[仕舞]。上代をさむ[おさめる][納]。
ー・っておく 近代ざうち[蔵置]。近世しょざう[所蔵]。とりおく[取置]。中古しうざう[収蔵]。ちょざう[貯蔵]。
活用せずにー・っておく しぞう[死蔵]。たいぞう[退蔵]。
大切にー・っておく 近世かばふ[庇]。ちんざう[珍蔵]。ちんしふ[珍襲]。上代きすむ[蔵]。
秘かにー・っておく たいぞう[退蔵]。近代篋底(きゃうてい)(篋底(けふてい))に秘める。近世みつざう[密蔵]。中古ひざう[秘蔵]。

じまえ【自前】 →**じばら**

しまかんぎく【島寒菊】 あぶらぎく[油菊]。はまかんぎく[浜寒菊]。

しまつ【始末】❶〈処理〉 近代あとかたづけ[後片付]。あとしまつ[後始末]。かいけつ[解決]。しゅうけつ[終結]。しょぶん[処分]。しょり[処理]。せいさん[清算]。近世あつかふ[扱]。かたづけ[片付]。しあはせ[仕合]。しうしふ[収拾]。しょち[処置]。しんまく[慎莫]。せいらく。そち[措置]。とりおき[取置]。中世さばく[捌]。しまつ[始末]。しまひ[仕舞]。せいり[整理]。はいき[廃棄]。中古さた[沙汰]。→**す・てる**
ーがつく 近世しまひつく[仕舞付](四段活用)。
ー・する 近世しまひつく[ーつける][仕舞付]。訳(わけ)を立つ[ー立てる]。中古したたむ[ーためる][認]。しょす[処]。とりおく[取

置]。とりしたたむ[取認]。
―に困る　手のつけようがない。どうしようもない。近世 慎莫(しんまく)に負(お)へず。
無理に―をつける　近世 おっつくねる。
しまつ【始末】❷〈経緯〉 近代 けいくゎ[経過]。けいゐ[経緯]。近世 いきさつ[経緯]。中世 しあはせ[幸／仕合]。なりゆき[成行]。しまつ[始末]。てんまつ[顛末]。
しまつ【始末】❸〈節約〉 近代 せつやく[節約]。近世 しまり[締]。ひきしめ[引締]。中世 しまつ[始末]。上代 けんやく[倹約]。
→**せつやく**
しまながし【島流】 近代 しまながし[島流]。りうけい[流刑]。りうざん[流竄]。近世 おくり[送]。ざんす[竄]。はいたく[配謫]。はいりう／はいる[配流]。りうたく／りうてき／るたく[流謫]。ゑんたう[遠島]。るざい[流罪]。るざん[流竄]。中世 るけい[流刑]。中古 こんる[近流]。ちゅうる[中流]。る[流]。をんる[遠流]。

しまもよう【縞模様】 ストライプ(stripe)。近代 しまもやう[縞模様]。近世 しまがら[縞柄]。

―の例　だんだらじま[段段縞]。チェッカー(checker)。近代 チェック(check)。近世 いちまつ[市松]。いちまつもやう[市松模様]。たてじま[縦縞／竪縞／立縞]。ぼうじま[棒縞]。よこじま[横縞]。中世 いしだたみ[石畳]。かうし[格子]。かうしじま[格子縞]。

しまり【締】 近代 きんちゃう[緊張]。きんぱく[緊迫]。近世 しまり[締]。ひきしめ[引締]。

―がない　そこぬけ[底抜]。近代 だれる。のはうづ[野放図／野放途]。ゆきぬけ[行抜]。ルーズ(loose)。近世 しだらなし。しどもなし。ぞろっぺえ。だらし(が)なし。たるし／だるし[懈／怠]。尻も結ばぬ糸。埒(らち)(も)なし。中世 そまん[疎慢／粗慢／粗漫]。だらける。たるむ[弛]。ぬた[沼田]。益体(やくたい)なし。中古 しどけなし。ひたたく[叨／混]。ゆるし[緩]。《句》近世 坊主の鉢巻き。

―がないさま　めろめろ。近代 ぐづぐづ。じょうまん[冗漫]。ずべら。ずぼら。でれでれ。のっぺり。まのび[間延]。近世 ずるずる。ぞべぞべ。ぞべらぞべら。中世 だらり。

―がなくなる　近世 とろく[とろける][蕩／盪]。中古 ゆるぶ[ゆるべる][緩／弛]。ゆるむ[ゆるめる][緩／弛]。

―なく振る舞う　中古 おほとる／おほどる／おぼとる[蓬]。

―なく放蕩(ほうとう)すること　近代 ぬめり[滑]。

きれいだが―のない顔のたとえ　近代 御平(おひら)の長芋。

女性に見とれて―のないさま　近代 でれっと。でれでれ。目尻を下げる。

容貌に―がないさま　近代 ずんべらぼう。のっぺり。

しま・る【閉】 近代 へいさ[閉鎖]。近世 しまる[閉]。中世 たつ[立]。ふさがる[塞]。中古 とづ[とじる][閉]。

業務を終えて建物などが―・る　クローズ(close)。へいぎょう[閉業]。へいしょ[閉所]。へいちょう[閉庁]。近代 へいくゎん[閉館]。へいてん[閉店]。へいゐん[閉院]。へいゑん[閉園]。

じまん【自慢】 近代 こしょう[誇称]。こふ[誇負]。近世 じぐゎじさん[自画自賛]。しほや[塩屋]。ぜんせい[全盛]。だみそ[駄味噌]。てみそ[手味噌]。てまへみそ[手前味噌]。みそ[味噌]。中世 かうまん[高慢]。こじ[誇示]。じさん[自賛／自讃]。中古 じまん[自慢]。はなたか[鼻高]。ふきがたり[吹語]。みぼめ[身褒]。われぼめ[我褒]。

《句》近代 乞食の系図話。自慢高慢馬鹿のうち。卑下も自慢のうち。藪医者の自慢話。近世 手前味噌で塩が鹹(から)い。

―顔　近代 とくいまんめん[得意満面]。中古 したりがほ[顔]。ほこりがほ[誇顔]。まさりがほ[優顔]。

―げ　近世 みそけ[味噌気]。中古 ほこらし／ほこりか[誇]。

―げに見せる　近代 みせじらかす[見]。近世 こじ[誇示]。みせびらかす[見]。みせぶらかす[見]。

―・する　鼻にかける。近代 とくいがる[得意]。近世 手前味噌を上ぐ[―上げる]。手前味噌を並ぶ[―並べる]。味噌を上ぐ[―上げる]。中世 じしょう[自称]。ひからかす[光]。ひけらかす。まんず[慢]。鼻に当つ[―当てる]。鼻を高くす。中古 てらふ[衒]。ほこる[誇]。上代 てらさふ[衒]。ほころふ[誇]。

―・できるもの　近代 うりもの[売物]。中古 のう[能]。

―話　近世 だみそ[駄味噌]。てんぐばなし[天狗咄]。

しきりに―・する　上代 ほころふ[誇]。

実質のないー 〈近代〉からじまん[空自慢]。

力ー 〈中世〉ちからだて[力立]。

故郷(ふるさと)ー 〈近世〉おくにじまん／くにじまん[御国自慢]。ところじまん[所自慢]。

しみ【染】 〈近代〉てんを[点汚]。をそん[汚損]。をてん[汚点]。〈近世〉しみ[染]。よごれ[汚]。〈中世〉けがれ[汚／穢]。

ーがはっきり目に付く 〈中世〉きはづく[際付]。

しみ【紙魚】 しみむし[衣魚虫]。〈近代〉きらむし[箔虫]。しょと[書蠹]。のむし[蠹／野虫]。〈近世〉きららむし[雲母虫]。とぎょ[蠹魚]。はくむし[箔虫]。〈中古〉しみ[紙魚／衣魚／蠹魚]。はくぎょ[白魚]。

じみ【地味】 つつましい[慎]。目立たない。〈近代〉飾り気がない。〈近世〉しぶし[渋]。ひねくろし[陳]。〈中世〉およすく。こうたう[公道]。しっそ[質素]。ぢみ[地味]。そぼく[素朴]。つづまやか。〈中古〉くすむ[燻]。しつばく／しつぼく[質朴]。〈上代〉じゅんぼく[純朴]。

ー・で着実なさま しこしこ。〈近代〉こつこつ[兀兀]。華を去り実に就く。〈近世〉ちだう[地道]。ぢみち[地道]。ちゃくじつ[着実]。

色などがー 〈近代〉しづむ[沈]。〈中古〉くすむ。

じみ【滋味】 〈近代〉ごちそう[御馳走]。〈近世〉うまみ[旨／旨味]。〈中世〉かんろ[甘露]。〈中古〉じみ[滋味]。びみ[美味]。〈上代〉あぢはひ[味]。

しみこ・む【染込】 →**し・みる**

しみじみ(と) 〈近世〉そめそめ[染染]。しんみり。〈中世〉しみじみ(と)。せつせつ[切切]。つくづく[熟熟]。〈中古〉さめざめ。つらつら。〈上代〉しめやか。つばらつばらに[委曲委曲]。

心もしのに。

ー思う 〈中古〉うちおぼゆ[打覚]。

ーとした味わい かんむりょう[感無量]。〈近代〉かんがいむりゃう[感慨無量]。じゃうしゅ[情趣]。じゃうち[情致]。じゃうちょ[情緒]。〈近世〉ものの哀れ。〈中世〉かんがい[感慨]。じゃうみ[情味]。ふうぜい[風情]。〈中古〉じゃうしょ[情緒]。

しみず【清水】 〈近世〉オアシス(oasis)。〈中古〉たまみづ[玉水]。はしりゐ[走井]。わきみづ[湧水]。〈上代〉いづみ[泉]。しみづ／すみづ[清水]。ましみづ[真清水]。ゐ[井]。

《枕》〈上代〉たたなめて[楯並][⇩いづみ]。

岩から流れるー 〈中古〉いしゐ[石井]。いはしみづ[岩清水]。いはみづ[岩水]。

山の中のー 〈中世〉かんせん[澗泉]。こけしみづ[苔清水]。やましみづ[山清水]。〈中古〉けいせん[渓泉]。〈上代〉やま(の)ゐ[山井]。

じみち【地道】 〈近世〉かたし[堅]。ぢみち[地道]。ちゃくじつ[着実]。〈中世〉けんじつ[堅実]。てがたし[手堅]。

しみったれ せこい。〈近代〉けちんぼ／けちんばう[坊]。しぶちん[渋]。にぎりばう[握坊]。にぎりや[握屋]。〈近世〉けち[吝嗇]。けちくさし。こみち／こみづ[小道]。しぶし[渋]。しみったれ。しゅせんど／しゅせんぬ[守銭奴]。しわたらう[吝太郎]。しわんばう[吝坊]。にぎりっこ[握]。みみっちい。〈中世〉しわし[吝]。りんしょく[吝嗇]。→**けち**

しみ・でる【染出】 〈近代〉しみだす[染出／滲出]。しみでる[染出]。しんしゅつ[滲出]。にじみでる[滲出]。〈中古〉にじむ[滲]。

し・みる【染】 〈近代〉しんせん[浸染]。しんぜん[浸漸]。〈近世〉しみこむ[染込]。しんとう[浸透／滲透]。〈中世〉しとむ[浸]。しみいる[染入／沁入]。〈中古〉しみつく[染付／染着／沁着]。しみわたる[染渡／沁渡]。しむ〔しみる〕[染]。しんじゅん[浸潤]。〈上代〉しみとほる[染通]。しむ[染]。

色(香り)などがー・みつく 〈中古〉うつる[移]。〈上代〉うつろふ[移]。しみかへる[染返／沁返]。そまる[染]。

色(香り)などをー・み込ませる 〈上代〉うつす[移]。しむ〔しめる〕[染]。そむ〔そめる〕[染]。

心にー・みる 〈中世〉骨髄に入る。骨髄に染みる。骨髄に徹す。骨髄に徹る。〈中古〉おもひしむ〔ーしめる〕[思染]。おもひそむ[思染]。

心にー・みるさま 〈近世〉しんみり。〈中世〉しみじみ。ほしほし。

しみん【市民】 シビリアン(civilian)。みんかんじん[民間人]。〈近代〉いっぱんじん[一般人]。こうみん[公民]。ブルジョアジー(フランス bourgeoisie)。みんしゅう[民衆]。〈近世〉あをひと[蒼生]。しみん[市民]。〈中世〉こくみん[国民]。たみくさ[民草]。ぢゅうみん[住民]。〈中古〉しょみん[庶民]。せじん[世人]。たいしゅう[大衆]。〈上代〉あをひとぐさ[青人草]。さうせい[蒼生]。じんみん[人民]。たみ[民]。ばんみん[万民]。

じむ【事務】 デスクワーク(desk work)。〈近世〉じむ[事務]。

ーに携わる女性 オーエル(和製ＯＬ)。オフィスガール(和製office girl)。オフィスレディー(和製office lady)。

ーに携わる人 ホワイトカラー(white-collar)。〈近代〉クラーク(clerk)。じむいん[事

務員］。中古こうたう［勾当］。

―の引き継ぎ 近代かうかつ［交割］。

―の引き継ぎの文書 中古げゆ［解由］。げゆじゃう［解由状］。

―をする所 →**じむしょ**

しむ・ける【仕向】 御輿（みこし）を担ぐ。近代けうさ［教唆］。はたらきかける［働掛］。ふっかける［吹掛］。火を付ける。近世おだつ［おだてる］［煽］。たきつく［―つける］［焚付］。中世あふりたつ［―たてる］［煽立］。かりたつ［―たてる］［駆立］。けしかく［―かける］［嗾］。さそひだす［誘出］。中古しかく［―かける］［仕掛］。しむく［―むける］［仕向／為向］。そそのかす［唆］。みちびく［導］。上代うながす［促］。

じむし【地虫】 近代にふだうむし［入道虫］。近世がと。中世ぢむし［地虫］。中古すくもむし［蠐螬］。

じむしょ【事務所】 ビューロー（bureau）。近代オフィス（office）。じむきょく［事務局］。じむしつ［事務室］。じむしょ［事務所］。

しめい【氏名】 ネーム（name）。フルネーム（full name）。近世しょうこ［称呼］。なまへ［名前］。よびな［呼名］。中古せいめい［姓名］。上代じんめい［人名］。な［名］。
《尊》近代そんめい［尊名］。近世かうめい［高名］。きめい［貴名］。中世そんしょう［尊称］。はうめい［芳名］。上代かうみゃう［高名］。

―と住所 中古などころ［名所］。

―などを記載した帳簿 近代こせき［戸籍］。上代なのふだ［名籍］。みゃうせき［名籍］。れきみゃうちゃう［歴名帳］。れきめいぼ［歴名簿］。

―を記すこと シグネチャー（signature）。近代きめい［記名］。サイン（sign）。中世めい［銘］。上代しょめい［署名］。

家の― ファミリーネーム（family name）。近世いへな［家名］。かめい［家名］。ししゃう［氏姓］。中世せいし［姓氏］。上代しせい［氏姓］。みゃうじ［名字］。めうじ［苗字］。

別名に対して本当の― じつめい［実名］。ほんみょう［本名］。

▼天皇の名 近代ぎょめい［御名］。

しめい【死命】 近代ししゃう／しせい［死生］。しめい［死命］。近世せいし［生死］。中世しくゎつ［死活］。中古いきしに［生死］。しゃうじ［生死］。

しめい【使命】 近代ぎむ［義務］。にんむ［任務］。近世しめい［使命］。やくめ［役目］。中世せきにん［責任］。中古つとめ［務］。

天から授けられた― 中古てんめい［天命］。

しめい【指名】 ノミネート（nominate）。近代しめい［指名］。中古すいせん［推薦］。なざし［名指］。

じめい【自明】 近代じめい［自明］。中世たうぜん［当然］。中古めいはく［明白］。

しめかざり【注連飾】 近代かざりもの［飾物］。近世かざりなは［飾縄］。かざりわら［飾藁］。かどかざり［門飾］。しちごさん［七五三］。中世おかざり［御飾］。かざり［飾］。しめかざり［注連飾］。ちゅうれん［注連］。としなは［年縄］。中古かど（の）まつ［門松］。しめ［注連／標］。上代しめなは［注連縄／標縄／七五三縄］。しりくべなは／しりくめなは［注連縄］。→**かざり**
《句》近世門松は冥土の旅の一里塚。

しめきり【締切】 タイムリミット（time limit）。デッドライン（deadline）。近代しめきり［締切］。中世きじつ［期日］。上代きげん［期限］。

▼締め切る 中古たてこむ［―こめる］［立籠／閉込］。

しめくくり【締括】 近代けつまつ［結末］。しうそく［収束］。そうけっさん［総決算］。とうくゎつ［統括］。むすび［結］。近世くくり［括］。しまつ［始末］。しまひ［仕舞］。しめくくり［締括］。すみすまし［済済］。そうくゎつ［総括］。中古かうき［綱紀］。
《句》近代終はり良ければすべて良し。

―の会合 近代なふくゎい［納会］。をさめくゎい［納会］。

―をつける 近代しょり［処理］。近世かたづく［―づける］［片付］。中世しまつ［始末］。

しめくく・る【締括】 近代くくる［括］。しめくくる［締括］。とりまとめる［取纏］。中世まとむ［まとめる］［纏］。中古むすぶ［結］。上代すぶ［すべる］［統］。→**しめくくり**（前項）

しめしあわ・せる【示合】 近代きょうぼう［共謀］。したさうだん［下相談］。口裏を合はせる。近世うなづきあふ［頷合］。さくおう［策応］。肌を合はす。腹を合はす。中世ないだん［内談］。ないつう［内通］。中古さうだん［相談］。しめしあはす［―あわせる］［示合］。心を合はす。

―・せて協力させる人 近代きょうぼう［共謀］。近世ぐる。さくら［桜］。

｜・せて事を運ぶ　やらせ[遣]。近代 こおう[呼応]。近世 なれあふ[馴合]。ぐるになる。

じめじめ　ウェット(wet)。近代 しつじゅん[湿潤]。じっとり。じとじと。近世 じめじめ。しめっぽい[湿]。→**しめっぽ・い**

｜・して暗い　近代 いんしつ[陰湿]。

｜・する　近代 じめつく。

土地が｜・している　中古 ひしつ[卑湿]。

しめ・す【示】　近代 きょじ[挙示]。ていじ[提示]。ていしゅつ[呈出]。へうじ[表示]。してき[指摘]。めいじ[明示]。近世 けいじ[掲示]。さししめす[指示]。じげん[示顕]。中世 かいじ[開示]。ていす[呈]。てんしゅつ[点出]。へうす[表]。中古 たる[垂]。みゆ[見]。上代 しじ[指示]。しめす[示]。しらす[しらせる][知]。みす[みせる][見]。

｜・し教える　近代 しさ[示唆]。近世 けうじ[教示]。

威勢や威力を｜・す　近代 デモンストレーション(demonstration)。中世 じゐ[示威]。

標(しるし)をつけて｜・す　近代 へうじ[標示]。

それとなく｜・す　中古 ほのめかす／ほのめく[仄]。

強く｜・す　中世 つきつく[―つける][突付]。

内々に｜・す　ないじ[内示]。

はっきり｜・す　近代 せうじ[昭示]。中世 かいじ[開示]。けんじ[顕示]。近世 みゃうしょう／めいしょう[明証]。中古 あらはす[表／現]。

皆に広く｜・す　中古 さらす[晒]。

しめた　近代 しめしめ。近世 しめこのうさぎ[占子兎]。しめた。中世 えたり[得]。えたりかしこし[得賢]。中古 えたりおう／えたりやおう[得]。

しめだ・す【締出】　近代 オミット(omit)。しめだす[締出／閉出]。シャットアウト(shut-out)。はいぢょ[排除]。近世 なかまはづれ[仲間外]。中世 おひだす[追出]。

しめつ【死滅】　近世 しにたゆ[―たえる][死絶]。中世 しめつ[死滅]。ぜつめつ[絶滅]。めつばう[滅亡]。中古 くちはつ[―はてる][朽果]。上代 ほろぶ[ほろびる][滅／亡]。

局部的に細胞などが｜・すること　近代 ゑし[壊死]。

じめつ【自滅】　じかい[自壊]。近代 墓穴を掘る。中世 じめつ[自滅]。中古 はめつ[破滅]。

《句》近代 二桃(にたう)三子を殺す。近世 研ぎ賃に身を流す。人参飲んで首縊(くく)る。中世 一朝の怒りにその身を忘る[―忘れる]。

しめつ・ける【締付】　ていちゃく[締着]。近代 かうやく[絞扼]。やくする[扼]。近世 ぶっちめる[打締]。中世 しめつく[―つける][締付]。中古 くふ[食／喰]。せむ[せめる][逼／迫]。

｜・けられる　中世 しまる[絞]。

胸が｜・けられるようだ　中古 あからしぶ[懇]。

しめっぽ・い【湿】❶〈湿り〉　ウェット(wet)。近代 しつじゅん[湿潤]。じっとり。しとしと。じとじと。じとつく。じめじめ。じめつく。たしつ[多湿]。近世 しつぶかい[湿深]。しめっぽい[湿]。中世 しっとり。→**しめりけ**

｜・くなる　近代 しける／しっける[湿気]。

露に濡(ぬ)れて｜・い　近世 うるむ[潤]。中古 しめる[湿]。中古 つゆけし[露]。

しめっぽ・い【湿】❷〈気分〉　ウェット(wet)。近代 いんしつ[陰湿]。かんしゃうてき[感傷的]。しめっぽい[湿]。センチ／センチメンタル(sentimental)。近世 ちんうつ[沈鬱]。中世 いんき[陰気]。中古 しめやか。

｜・くなる　中世 しける[時化／湿気]。

しめて【締】　合計して。全部で。近代 あはせて[合]。中世 しめて[締]。上代 つがふ[都合]。

しめなわ【注連縄】　→**しめかざり**

しめやか　しみじみ。近代 しんみり。中世 いんき[陰気]。中古 うちしめる[打湿]。しめじめ。せうでう[蕭条]。なまめかし／なまめく[艶]。ものしづか[物静]。上代 しめやか。ものがなし[物悲]。

しめりけ【湿気】　モイスチャー(moisture)。近代 うるみ[潤]。しつじゅん[湿潤]。しめりけ[湿気]。すいぶん[水分]。近世 しとり[湿]。中世 しつ[湿]。しっき／しっけ[湿気]。みづけ[水気]。中古 うるほひ[潤]。しめり[湿]。すいき[水気]。

｜を帯びる　近代 うるむ[潤]。しける／しっける[湿気]。

▼擬態語　近代 じっとり。じとじと。じめじめ。中古 しっとり。しめじめ。

し・める【占】　近代 せんいう[占有]。せんきょ[占拠]。せんりゃう[占領]。どくせん[独占]。りゃういう[領有]。中世 ぢんどる[陣取]。中古 せんきょ[占居]。上代 うしはく[領]。しむ[しめる][占]。

しめ・る【湿】　近代 しける／しっける[湿気]。近世 しとる[湿]。中世 うるふ／うるほふ[潤]。中古 しほる[湿／霑]。しめる[湿]。

｜・らす　近世 しめす[湿]。中世 うるふ／うるほす[潤]。中古 しほる[湿／霑]。

し・める【閉／締】 近世しむ［しめる］［閉］。しめあぐ［—あげる］［締上］。中世しむ［しめる］［締］。中古くくる［括］。とづ［とじる］［閉］。ひきたつ［—たてる］［引立］。上代かたむ［かためる］［固］。

—・めるさま 近代ぎゅっと。ぴしゃん。近世ぴしゃり。中世ひしひし［犇犇］。

帯を—・める むすぶ［結］。近世しめこむ［締込］。中古かく［掛／懸］（四段活用）。さす［差］。

業務を終えて建物などを—・める クローズ(close)。へいぎょう［閉業］。へいきょく［閉局］。へいしょ［閉所］。へいちょう［閉庁］。近代へいくゎん［閉館］。へいてん［閉店］。へいゐん［閉院］。へいゑん［閉園］。中世へいもん［閉門］。

首を—・める 近代かうさつ［絞殺］。くびりころす［縊死］。中世しめころす［絞殺］。中古くびる［縊］。

戸などを—・める 近世たてきる［立切／閉切］。とじまり［戸締］。中世しめきる［閉切／締切］。とざす［閉／鎖］。中古おしたつ［—たてる］［押立］。かたむ［かためる］［固］。さす［鎖］。たてこむ［—こめる］［立込／立籠／閉込］。ひきたつ［—たてる］［引立］。上代さしかたむ［—かためる］［鎖固／差固］。たつ［たてる］［立／閉］。

戸を—・めて閉じ込める 中古さしこむ［—こめる］［鎖籠］。さしとむ［—とめる］［差止／刺留／鎖留］。とぢこむ［—こめる］［閉込］。

門を—・める 近世うつ［打］。

しめん【四面】 近世しうへん［周辺］。中世しうゐ［周囲］。しへん［四辺］。しゐ［四囲］。ぜんごさう［前後左右］。まはり［周／回／廻］。中古しはう［四方］。しめん［四面］。ぜんごさいう［前後左右］。→しほう

しめん【誌面】→しめん（次項）

しめん【紙面】 スペース(space)。近代しじゃう［誌上］。しふく［紙幅］。しめん［誌面］。近世しじゃう［紙上］。中古しめん［紙面］。

じめん【地面】 近世ぢしょ［地所］。ぢはだ［地肌］。ぢべた［地］。中世ぢばん［地盤］。中古だいち［大地］。ち／ぢ［地］。ちじゃう［地上］。ちへう［地表］。ぢめん［地面］。とち［土地］。上代つち［土］。ひたつち［直土］。

—の一区画 いっぴつ／ひとふで［一筆］。

—の下 中古ちか［地下］。ちちゅう［地中］。

—の振動 ちめい［地鳴］。近代ぢなり［地鳴］。→じしん【地震】

—を固めること（方法） しんぼうどうつき［真棒胴突］。近代ぢがため［地固］。中世ぢぎゃう［地形］。

屋内で—のままの所 近世つちま／どま［土間］。

水でどろどろになった— 近代でいだう［泥淖］。近世ぬかるみ［泥濘］。中世でいねい［泥濘］。ぬかり［泥濘］。

しも【下】 近代しもて［下手］。近世かぶ［下部］。中世かはう［下方］。中古しも［下］。上代した［下］。

しも【霜】 フロスト(frost)。上代しも［霜］。

—が降りること 近代かうさう［降霜］。中世ふる［降］。上代おく［置］。

—で草木が枯れること 上代しもがれ［霜枯］。

—で変色した葉 近代しもは［霜葉］。中古さうえふ［霜葉］。

—と氷 中古ひょうさう［氷霜］。

—と露 中世つゆじも［露霜］。中古さうろ［霜露］。上代つゆしも［露霜］。

—と雪 中古さうせつ［霜雪］。せいぢょ［青女］。

—の降りたたとえ 中世霜の衣。

—の降りる寒い夜 中古さうや［霜夜］。上代しもよ［霜夜］。

—の降りる寒い夜のしじま 近世霜の声。

—の害を防ぐための手立て しもくすべ［霜燻］。じょそう［除霜］。近代しもがこひ［霜囲］。近世しもよけ［霜除］。

—や雪で一面白くなるさま 近世しもだたみ［霜畳］。中古がいがい［皚皚］。

秋の— 近世あきしも［秋霜］。中古しうさう［秋霜］。

朝の— 中古あさしも／あさじも［朝霜］。朝（あした）の霜。

四月五月ごろの— おそじも［晩霜］。ばんそう［晩霜］。

その冬初めての— 中古はつしも［初霜］。

八十八夜の頃の— 近世わかれじも［別霜］。わすれじも［忘霜］。名残の霜。

斑（まだら）に降った— 上代はだら／はだらじも／はだれ／はだれじも［斑霜］。

▼霜取り装置 デフロスター(defroster)。

じもく【耳目】 近代ちゅうもく［注目］。近世ちゅうい［注意］。ちゅうし［注視］。中古じもく［耳目］。

—を驚かす 世間を驚かせる。近代センセーション(sensation)。

しもざ【下座】 まっせき［末席］。近世ばっせき

［末席］。中世げざ［下座］。しもざ［下座］。すゑざ／まつざ［末座］。中古ばつざ［末座］。

しもじも【下下】 近代みんしゅう［民衆］。近世しみん［市民］。中世したじた［下下］。しもじも［下下］。中古しもつかた［下方］。しゅじゃう［衆生］。しょみん［庶民］。せじん［世人］。たいしゅう［大衆］。上代じんみん［人民］。ばんみん［万民］。→しょみん

じもと【地元】 近代げんち［現地］。近世ちゐき［地域］。中世ぢば［地場］。たうち［当地］。中古ぢもと［地元］。

ーの人 中世くにしゅう［国衆］。

しもやけ【霜焼】 近代とうさう［凍瘡］。とうしゃう［凍傷］。近世しもやけ［霜焼］。中世しもばれ［霜腫］。中古しもくち［霜朽］。ゆきやけ［雪焼］。

しもん【諮問】 近代せうくゎい［照会］。近世とひあはせ［問合］。中世ききあはせ［聞合］。さうだん［相談］。中古たづぬ（たずねる）［尋］。はかる［諮］。上代しじゅん［諮詢］。しもん［諮問］。とふ［問］。

ーに対して返答する文書 近世うけがき／うけしょ［請書］。中古うけぶみ［請文］。さんじゃう［散状］。

しもん【試問】 近代かうさ［考査］。テスト（test）。近世しけん［試験］。中世しもん［試問］。

しや【視野】 近代しかい［視界］。しや［視野］。パースペクティブ（perspective）。ビジョン（vision）。中古めぢ［目路］。

ーが狭いこと 中古くゎんけん［管見］。ころう［孤陋］。

広いー こうかく［広角］。近代たいしょかうしょ［大所高所］。

じゃあく【邪悪】 バイス（vice）。近代ふせい［不正］。中世あくらつ［悪辣］。かんじゃ［奸邪／姦邪］。じゃきょく［邪曲］。ふしゃう［不正］。中古ごくあく［極悪］。じゃだう［邪道］。よこさま／よこざま［横様］。よこしま［邪］。上代かんあく［奸悪／姦悪］。きょうあく［凶悪］。じゃあく［邪悪］。ひだう［非道］。まが［禍］。

ー・な思い 中古まうねん［妄念］。

ー・な者 近世かま［鎌］。だいかま［大鎌］。

ジャーナリスト（journalist） ほうどうかんけいしゃ［報道関係者］。無冠の帝王。近代きしゃ［記者］。さうこか［操觚家］。さうこしゃ［操觚者］。ジャーナリスト。

▼国際ジャーナリスト機構 アイオージェー（IOJ; International Organization of Journalists）。

ジャーナル（journal） 近代ざっし［雑誌］。ジャーナル。しんぶん［新聞］。ていきかんかうぶつ［定期刊行物］。マガジン（magazine）。→**ざっし**

シャープ（sharp） 近代えいびん［鋭敏］。シャープ。するどい［鋭／尖］。中世えいり［鋭利］。

しゃい【謝意】 近代しゃざい［謝罪］。中世かんしゃ［感謝］。しゃい［謝意］。中古ちんしゃ［陳謝］。わぶ（わびる）［詫］。

シャイ（shy） はずかしがり［恥］。近代シャイ。はにかみや［屋］。近世うちき［内気］。

ジャイアント（giant） 近代きょかん［巨漢］。きょじん［巨人］。ジャイアント。中世おほをとこ［大男］。

しゃいん【社員】 近代ほうきゅうせいかつしゃ［俸給生活者］。近代くゎいしゃゐん［会社員］。サラリーマン（salaried man）。しゃゐん［社員］。じゅうげふゐん［従業員］。上代しょくゐん［職員］。

役職のないー 近代ひらしゃゐん［平社員］。

しゃおん【謝恩】 近代しゃおん［謝恩］。しんしゃ［深謝］。近世おんがへし［恩返］。しゃれい［謝礼］。中世かんしゃ［感謝］。中古しゃす［謝］。ほうおん［報恩］。ほうとく［報徳］。

しゃか【釈迦】 近代じゃくもく［寂黙］。のうにんじゃくもく［能仁寂黙］。近世こんせん［金仙］。中世ぶっし［仏氏］。ぶっそ［仏祖］。むじゃうそん［無上尊］。中古しゃか［釈迦］。しゃくそん［釈尊］。ぶつ［仏］。ぶっだ［梵Buddha／仏陀］。ほふわう［法王］。むに［牟尼］。上代きんせん［金仙］。のうにん［能仁／能忍］。ほとけ［仏］。

ー以前の仏 中世ぜんぶつ［前仏］。中古せんぶつ［先仏］。

ーの遺骨 中世ぶっこつ［仏骨］。上代ぶっしゃり［仏舎利］。

ーの死 中世ぶつねはん［仏涅槃］。ぶつめつ［仏滅］。中古ねはん［涅槃］。薪(たきぎ)（焚き木）尽く［ー尽きる］。

しゃかい【社会】 近代ソサエティー（society）。近世しゃくゎい［社会］。中世おほやけ［公］。中古よ［世］。よのなか［世中］。上代せけん［世間］。

ー経験が豊かなこと 近代うみせんやません［海千山千］。せんぐんばんば［千軍万馬］。

ー集団 コミュニティー（community）。

ー主義 ソシアリスム(フランス socialisme)。近代ソーシャリズム(socialism)。近代さよく[左翼]。

ー主義的傾向にある人 近代さよく[左翼]。

ー主義に傾くこと 近代さけい[左傾]。さけいくゎ[左傾化]。

ー全体の流れ 近代かたむき[傾]。けいかう[傾向]。すうせい[趨勢]。てうりう[潮流]。どうかう[動向]。ふうてう[風潮]。近世かぜ[風]。じりう[時流]。すうかう[趨向]。たいせい[大勢]。中古けいせい[形勢]。じせい[時勢]。

ー的に影響力が強い人 オピニオンリーダー(opinion leader)。じつりょくしゃ[実力者]。近代いうりょくしゃ[有力者]。

ー的に高い地位につくこと 近世りっしんしゅっせ[立身出世]。中古りっしん[立身]。

ーの平安を保つこと 近代ほうあん[保安]。中世ほあん[保安]。

ーへ出て行く はばたく[羽撃／羽搏]。近代すだつ[巣立]。

ーを乱すこと 中古さうぜう[騒擾]。

ジャガいも【(オランダ)Jacatra芋】 えぞいも[蝦夷薯]。こうぼういも[弘法芋]。にどいも[二度芋]。ばかいも[馬鹿芋]。はっしょういも[八升芋]。ひゃくにちいも[百日芋]。近代ジャガいも。ポテト(potato)。近世ジャガ／ジャガタラいも[(オランダ)Jacatra芋]。ばれいしょ[馬鈴薯]。りうきういも[琉球芋]。

しゃが・む (幼児語)。近代つくなむ[蹲／蹲]。近世えんこ(幼児語)。ここまる[屈]。しゃがむ。しょっつくばふ[眈]。つくばる[蹲]。とどす[座]。下に居る。中世かがむ[屈]。こごむ[屈／踞]。つくばふ[蹲／踞]。中古うずくまる[蹲／踞]。しりうたぐ[踞]。上代ゐる[居]。

ー・むこと 近代きょそん[踞蹲]。中世そんきょ／そんこ[蹲踞／蹲居]。つくばひ[蹲]。中古うずゐ[踞／蹲居]。

しゃがれごえ【嗄声】 クループ／クルップ(ドイツ Krupp)。近世しほからごゑ[塩辛声]。しゃがれごゑ[嗄声]。中世からごゑ[枯声]。かれごゑ[嗄声]。しはがれごゑ[嗄声]。中古おいごゑ[老声]。

ーになる 近代かすれる[掠／擦]。近世しゃがれる[嗄]。中古おいかる[老嗄]。からす[嗄]。からぶ[乾／嗄／咳]。かればむ[嗄]。しはがる(ーがれる)[嗄／咳]。上代かる(かれる)[嗄]。

じゃき【邪気】 近代わるげ[悪気]。近世じゃき[邪気]。わるぎ[悪気]。中世あくい[悪意]。じゃねん[邪念]。中古あくしん[悪心]。あくねん[悪念]。じゃしん[邪心]。

→じゃしん

じゃきょう【邪教】 近世いけう[異教]。いたん[異端]。中世じゃけう[邪教]。じゃしゅう[邪宗]。じゃはふ[邪法]。上代げだう[外道]。

じゃきょく【邪曲】 →じゃあく

しゃきん【謝金】 しゃれいきん[謝礼金]。近代しゃきん[謝金]。チップ(tip)。ほうしゃう[報賞]。近世こころづけ[心付]。ちゃだい[茶代]。れいきん[礼金]。中古さかて[酒手／酒代]。だちん[駄賃]。

《謙》はくし[薄志]。近代はくしゃ[薄謝]。近世はくぎ[薄儀]。中世びい[微意]。中古すんし[寸志]。

毎月払うー 近代げっしゃ[月謝]。

しゃく【癪】 近代かん[癇／疳]。かんしゃくだま[癇癪玉]。近世かんしゃく[癇癪]。さしこみ[差込]。しゃく[癪]。

ーに障る 近代業が煎れる。近世いまいまし[忌忌]。くやし[悔]。にくらし[憎]。むかつく。むやくし[無益]。腹の虫がおさまらぬ。中世業が煮ゆ(ー煮える)。業が湧く。腹が立つ。中古ねたし／ねたげ／ねたがる[妬]。ねたむ[妬]。上代にくし[憎]。

ーに障るさま 近代こにくらしい[小憎]。にくにくし[憎憎]。近世けたい／けったい[卦体]。中古はらだたし[腹立]。

ーに障る者 近世こしゃくもの[小癪者]。

ーの病気 近世しゃくけ[癪気]。中世しゃくき[癪気]。

心配のあまりーを起こすこと 中世きじゃく[気癪]。

しゃく【酌】 中世しゃく[酌]。

互いにーをして酒を飲むこと 近世あひじゃく[相酌／合酌]。

独りでーをして酒を飲むこと 近世てじゃく[手酌]。どくしゃく[独酌]。

しゃくざい【借財】 近代さいむ[債務]。近世かりきん[借金]。かりぜに[借銭]。しゃくざい[借財]。しゃっきん[借金]。中世おひめ[負目]。しゃくせん[借銭]。ふもつ[負物]。中古おひもの[負物]。上代ふさい[負債]。

しゃくし【杓子】 →しゃもじ

じゃくたい【弱体】 近代じゃくせう[弱小]。近世はくじゃく[薄弱]。中古じゃくたい[弱体]。よわし[弱]。

じゃくてん【弱点】 アキレスけん[(ラテン)Achilles腱]。ウイークポイント(weak point)。な

きどころ［泣所］。近代けってん［欠点］。じゃくてん［弱点］。弁慶の泣き所。近世うちかぶと［内兜／内冑］。だうぐおとし［道具落］。やだ。中世たんしょ［短所］。よわみ［弱］。中古なん［難］。

《句》中世秋の鹿は笛に寄る。

―を突かれぎくっとすること 中古胸に釘。

―を見抜きつけ込む 近世足許を見る。内兜を見透かす。

しゃくど【尺度】 近代きじゅん［基準］。しゃくど［尺度］。スケール(scale)。バロメーター(barometer)。メジャー(measure)。めもり［目盛］。ものさし［物差／物指］。中世めやす［目安］。上代けんかう［権衡］。

しゃくとりむし【尺取虫】 えだしゃく［枝尺蠖蛾］。くっしんちゅう［屈伸虫］。しゃくとり［尺取］。どびんわり［土瓶割］。近世しゃくくゎ［尺蠖］。はかりむし［計虫］。中世しゃくくゎく［尺蠖］。しゃくとりむし［尺取虫］。すんとりむし［寸取虫］。つゑつきむし［杖突虫］。中古をぎむし［蚇蠖］。

しゃくなげ【石楠花】 近世うづきばな［卯月花］。さくなげ［石楠花］。しゃくなげ［石楠花］。中世しゃくなぎ［石楠花］。中古さくなむざ［石楠花］。とびらのき［扉木］。

しゃくねつ【灼熱】 近代かうをん［高温］。かうねつ［高熱］。しゃくねつ［灼熱］。中世せうねつ［焦熱］。

じゃくねん【若年】 近代けいはい［軽輩］。近世あをにさい［青二才］。じゃくはいもの［若輩者］。中世さうねん［早年］。じゃくせう［弱小／若少］。じゃくはい［若輩／弱輩］。中古じゃくねん［若年／弱年］。じゃくれい［弱齢／若齢］。上代じゃくくゎん［弱冠］。

しゃくほう【釈放】 近代かいはう［解放］。はうしゃ［放赦］。中古しゃめん［赦免］。上代しゃくはう［釈放］。はうめん［放免］。

刑務所等から―・される かりしゃくほう［仮釈放］。しゅっしょ［出所］。近代しゅつごく［出獄］。ほしゃく［保釈］。近世しゅつらう［出牢］。らうばらひ［牢払］。

しゃくめい【釈明】 近代かうべん［抗弁］。しゃくめい［釈明］。せつめい［説明］。そめい［疎明／疏明］。近世いひとく［言解］。べんかい［弁解］。まうしひらき［申開］。中世いひわけ［言訳］。ちんず［陳］。べんめい［弁明］。まうしわけ［申訳］。中古かしこまり［畏］。

しゃくや【借家】 近代かしま［貸間］。近世かりいへ［借家］。かりたく［借宅］。かりだな［借店］。しゃくたく［借宅］。たな［店］。中世かしいへ［貸家］。かしや［貸家／貸屋］。かりや［借家／借屋］。しゃくか［借家］。しゃくや［借家］。

《尊》近世おたな［御店］。

―暮らし 近代しゃくやずまひ［借家住］。近世しゃくやずみ［借家住］。たながり［店借］。やどかり［宿借］。

―の所有者(管理者) 近世おほや［大家］。中世いへぬし［家主］。

―人 近世たなこ［店子］。

―料 近代たくれう［宅料］。近世たなちん［店賃］。中古やちん［家賃］。

―を替えること 近代てんきょ［転居］。近世たながへ［店替］。

家主が同じ― 近世あひじゃくや［相借家］。

▼家主が店子を追い出すこと 近世たなだて［店立］。

しゃくやく【芍薬】 近世花の宰相。中古えびすぐさ［夷草］。えびすぐすり［夷薬］。かほよぐさ［顔佳草］。しゃくやく［芍薬］。ぬみぐすり［枸杞］。ゑびすぐさ［恵比寿草］。

しゃくよう【借用】 かりいれ［借入］。中世かり［借］。中古しゃくよう［借用］。

―の証文 しゃくけん［借券］。しゃくようしょう［借用証］。近代しゃくようしょうしょ［借用証書］。中世しゃくじゃう［借状］。中古しゃくしょ［借書］。

―料 かりりょう［借料］。近代かりちん［借賃］。しゃくれう［借料］。

しゃくりあ・げる【噦上】 近世しゃくりあぐ［―あげる］［噦上］。せぐりあぐ［―あげる］［上］。中世さくりあぐ［―あげる］［噦上］。さくる／しゃくる［噦］。せきかへす［咳返］。中古さくりもよよと。せきあぐ［―あげる］［咳上］。

しゃくりょう【酌量】 近代しゃくりゃう［酌量］。てかげん［手加減］。近世くみわく［―わける］［酌分］。中世くみとる［酌取］。てごころ［手心］。中古しんしゃく［斟酌］。どうじゃう［同情］。

じゃくれい【弱齢】 →じゃくねん

しゃげき【射撃】 近代ショット(shot)。近世しゃげき［射撃］。

一斉― 近代せいしゃ［斉射］。

高い所からの― 近代かんしゃ［瞰射］。

味方の活動を助ける― 近代えんごしゃげき［掩護射撃］。

その他―の仕方のいろいろ(例) いたくしゃ

げき［依託射撃］。きじゅうそうしゃ［機銃掃射］。しっしゃ／ひざうち［膝射］。りっしゃ［立射］。近代 かんせつしゃげき［間接射撃］。ねうち［寝射］。ふくしゃ／ふせうち［伏射］。

じゃけん【邪険】 近代 つっけんどん［突慳貪］。れいこく［冷酷／冷刻］。近世 むじひ［無慈悲］。中世 いぢわる［意地悪］。けんどん［慳貪］。じゃけん［邪険］。はくじゃう［薄情］。中古 つれなし。れいたん［冷淡］。

じゃこうそう【麝香草】 たちじゃこうそう［立麝香草］。近世 じゃかうさう［麝香草］。われもかう［吾木香］。

しゃざい【謝罪】 近代 しゃざい［謝罪］。近世 いひわけ［言訳／言分］。中世 たいじゃう［怠状］。わび［詫］。わびごと［侘言／詫言］。中古 あやまり［謝］。おこたり［怠］。かしこまり［畏］。ことわり［断］。ちんしゃ［陳謝］。けくゎ［悔過］。

―・する 近代 詫びを入れる。中世 あやまる［謝］。中古 しゃす［謝］。わぶ［わびる］［詫］。

―の言葉 エクスキューズミー（excuse me）。すまん／すまない／すみません／すんません［済］。パードン（pardon）。近世 ごめんなさい［御免］。まうしわけなし［申訳］。中世 ごめん［御免］。

―の動作 近代 ひらあやまり［平謝］。へいしんていとう［平身低頭］。近世 どげざ［土下座］。七重の膝を八重に折る。中世 手を突く。

―文 ことわりじょう［断状］。近代 しまつがき［始末書］。しまつしょ［始末書］。近世 あやまりじょうもん［謝証文］。中世 おこたりぶみ［怠文］。中古 たいじゃう［怠状］。上代 くゎじゃう［過状］。

面会して―・する 近世 めんしゃ［面謝］。

しゃし【奢侈】 ゴージャス（gorgeous）。近世 ぜいたく［贅沢］。中古 けうしゃ［驕奢］。しゃし［奢侈］。上代 おごり［傲／驕］。

しゃじ【謝辞】 中世 おれい［御礼］。かんしゃ［感謝］。しゃじ［謝辞］。中古 しゃす［謝］。

しゃじ【社寺】 →じしゃ

しゃじつ【写実】 近代 しゃじつ［写実］。べうしゃ［描写］。べうしゅつ［描出］。中世 しゃせい［写生］。中古 しゃしん［写真］。もしゃ［模写］。

―主義 近代 リアリズム（realism）。

―主義者 近代 リアリスト（realist）。

―的 近代 リアル（real）。

じゃしゅう【邪宗】 近世 いけう［異教］。いたん［異端］。中世 じゃけう［邪教］。じゃしゅう［邪宗］。じゃはふ［邪法］。上代 げだう［外道］。

しゃしゅつ【射出】 近代 はうしゅつ［放出］。はっしゃ［発射］。近世 しゃしゅつ［射出］。はうしゃ［放射］。

しゃしょう【捨象】 近代 アブストラクト（abstract）。しゃしゃう［捨象］。ちうしゃう［抽象］。

しゃしん【写真】 近代 えいざう［映像］。しゃえい［写影］。スナップ／スナップショット（snapshot）フォト／フォトグラフ（photograph）。近世 しゃしん［写真］。上代 ぐゎざう［画像］。

―に関わる言葉①［種類］ あおやき［青焼］。エックスせんしゃしん［X線写真］。カーボンしゃしん［carbon写真］。こうくうしゃしん［航空写真］。こうこくしゃしん［広告写真］。ごうせいしゃしん［合成写真］。コマーシャルフォト（commercial photo）。しょうぎょうしゃしん［商業写真］。せっしゃ［接写］。でんししゃしん［電子写真］。にっこうしゃしん［日光写真］。ピンナップ（pin-up）。レリーフしゃしん［relief写真］。近代 あをじゃしん［青写真］。かうそくどしゃしん［高速度写真］。くうちゅうしゃしん［空中写真］。スナップ／スナップショット（snapshot）。プロフィール（profile）。モンタージュしゃしん［フランスmontage写真］。りったいしゃしん［立体写真］。

―に関わる言葉②［ピント等］ あとピン［後］。アンダー（under）。ズームバック（zoom back）。ソラリゼーション（solarization）。ひき［引］。ぶれ／ぶれる。まえピン［前］。ラチチュード（latitude）。近代 オーバー（over）。ソフトフォーカス（soft focus）。ピントはづれ［オランダbrandpunt外］。ピンぼけ。フォーカス（focus）。

―に関わる言葉③［焼き付け］ ディーピーイー（DPE）。はんてん［反転］。べたやき［焼］。近代 いんぐゎ［印画］。いんぐゎ［陰画］。げんざう［現像］。トリミング（trimming）。ネガ（negative film の略）。ひきのばし［引延］。プリント（print）。ポジ（positive film の略）。みっちゃく［密着］。みっちゃくいんぐゎ［密着印画］。やうぐゎ［陽画］。やきつけ［焼付］。やきまし［焼増］。やく［焼］。近世 かさねやき［重焼］。

―に関わる言葉④［仕上がり］ がしっ［画

質］。ゴースト(ghost)。つやけし［艶消］。近代 はっしょく［発色］。ハレーション(halation)。

ーに関わる言葉⑤［用紙等］ いんがし［印画紙］。しつばん［湿板］。セミばん［semi判］。ブローニー(Brownie)。めいしばん［名刺判］。やつぎり［八切］。近代 ガラスうつし［(オランダ)glas写］。かんくゎうし［感光紙］。かんぱん［乾板］。くゎうたくし［光沢紙］。げんばん［原板］。フィルム(film)。プレート(plate)。近世 たねいた／たねばん［種板］。

ーのうつりが良いこと 近代 フォトジェニー(フランス photogénie)。

ーの撮影所(現像室) 近代 スタジオ(studio)。フォトスタジオ(photo studio)。ラボ／ラボラトリー(laboratory)。

ーを貼って保存する帳面 近代 アルバム(album)。しゃしんちょう［写真帳］。

古書などをーにして印刷すること えいいん［影印］。

故人のー いえい［遺影］。近世 ゐざう［遺像］。中世 ゆいざう［遺像］。

最近撮影したー きんえい［近影］。

人のー 近代 しんえい［真影］。近世 せうせう［小照］。《尊》近代 ぎょえい［御影］。近世 ごしんえい［御真影］。そんえい［尊影］。

じゃしん【邪心】 近代 じゃい［邪意］。どくねん［毒念］。近世 わるぎ［悪気］。中世 かんじゃ［奸邪／姦邪］。じゃねん［邪念］。心の濁り。中古 あくしん［悪心］。あくねん［悪念］。じゃき［邪気］。じゃしん［邪心］。にごり［濁］。まうねん［妄念］。上代 かんあく［奸悪／姦悪］。じゃあく［邪悪］。

《句》近世 山中の賊を破るは易く心中の賊を破るは難し。

ーがある 近代 かんとく［奸慝］。中古 こころきたなし［心汚／心穢］。

ーがない 近代 思ひ邪(よこしま)なし。清(浄)き明き心。中世 じゅんすい［純粋］。中古 こころきよし［心清］。じゅんじゃう［純情］。

ーを抱く 近世 魔が差す。中古 にごる［濁］。

じゃすい【邪推】 近代 おくそく［憶測］。ごかい［誤解］。近世 さいぎ［猜疑］。中世 じゃすい［邪推］。中古 ひがみ［僻］。

ー・する 下種(げす)(下衆／下司)の勘繰り。悪気(わるぎ)を回す。近世 うたぐる［疑］。かんぐる［勘繰］。気を回す。中世 おもひひがむ［ーひがめる］［思僻］。中古 いぶかる［訝］。《尊》中古 おぼしひがむ［思僻］。

ジャスト(just) 近代 きっかり。近世 きっちり。ぴったり。中世 ちょうど［丁度］。

しゃ・する【謝】❶〈感謝〉 礼を言う。近代 しゃおん［謝恩］。しんしゃ［深謝］。近世 たしゃ［多謝］。中世 かんしゃ［感謝］。中古 しゃす［謝］。はいしゃ［拝謝］。

しゃ・する【謝】❷〈謝罪〉 近代 しゃざい［謝罪］。中世 あやまる［謝］。中古 しゃす［謝］。ちんしゃ［陳謝］。わぶ［わびる］［詫］。→**あやま・る**

しゃせい【写生】 近代 しゃじつ［写実］。スケッチ(sketch)。そべう［素描］。デッサン(フランス dessin)。べうしゃ［描写］。べうしゅつ［描出］。中世 うつしゑ［写絵／映絵］。しゃせい［写生］。ぼしゃ［模写］。中古 しゃしん［写真］。もしゃ［模写］。

しゃぜつ【謝絶】 近代 きょぜつ［拒絶］。きょひ［拒否］。近世 ことわる［断］。中世 こばむ［拒］。しゃぜつ［謝絶］。

しゃだつ【洒脱】 近代 けいめう［軽妙］。しゃだつ［洒脱］。近世 いき［粋］。しゃれ［洒落］。中世 しゃらく［洒落］。

しゃだん【遮断】 ブロック(block)。近代 しゃへい［遮蔽］。近世 ちゅうだん［中断］。とりきる［取切］。中世 かくり［隔離］。さえぎる［遮］。しゃだん［遮断］。たつ［断／絶］。

シャツ(shirt) 近代 シャツ。中世 はだぎ［肌着］。中古 したぎ［下着］。

ーのいろいろ(例) オープンシャツ(open shirt)。だぼシャツ(shirt)。ティーシャツ(T shirt)。トレーニングシャツ(training shirt)。ドレスシャツ(dress shirt)。ランニングシャツ(running shirt)。近代 あみシャツ［網 shirt］。アンダーシャツ(undershirt)。かいきんシャツ［開襟shirt］。カッターシャツ(和製cutter shirt)。クレープシャツ(和製crepe shirt)。スポーツシャツ(sports shirt)。ポロシャツ(polo shirt)。ワイシャツ(white shirt)。

しゃっかん【借款】 →**しゃっきん**

じゃっかん【若干】 近代 なにがし［某／何某］。なにぶん［何分］。中世 いちに［一二］。たせう［多少］。中古 じゃくかん［若干］。そくばく／そこばく／そこらく［許多］。わづか［僅／纔］。上代 こきばく／ここばく［幾許］。すこし［少］。

じゃっかん【弱冠】 →**じゃくねん**

じゃっき【惹起】 近代 じゃくき［惹起］。せいき［生起］。近世 せうらい［招来］。中世 はっせい［発生］。

しゃっきん【借金】 クレジット(credit)。近代 さい[債]。さいむ[債務]。しゃくくゎん[借款]。ふざい[負財]。ローン(loan)。近世 おひ[負]。おひかた[負方]。おひがね／おひぎん[負銀]。しゃくきん[借金]。しゃくぎん[借銀]。しゃくざい[借財]。換(ごは)を背負ふ。中世 おひめ[負目]。かり[借]。しゃくせん[借銭]。中古 せめ[責]。上代 ふさい[負債]。

ーで動きが取れなくなる 近世 首が回らない。鐺(こじり)が詰まる。

ーのかた 近代 たんぽ[担保]。ていたう[抵当]。近世 しち[質]。

ーの証文 近世 鬼の手形。

ーの取りたてをする人 近代 しゃくきんとり[借金取]。近世 えんま[閻魔]。おにがみ[鬼神]。かけとり[掛取]。さがりとり[下取]。しゃくせん／しゃくせんこひ[借銭乞]。

ー返済の不機嫌な顔 近代 済(な)す時の閻魔顔。

ーを返し終える 近世 かいさい[皆済]。中世 くゎんさい[完済]。

ーをして他の借金を返す 近代 かりかへ[借換]。

ーをする 近代 かりいれる[借入]。中世 はいしゃく[拝借]。中古 おふ[負]。かりうく[―うける][借受]。しゃくよう[借用]。

ーを月毎に少しずつ返すこと 近代 げっぷばらひ[月賦払]。つきなし[月済]。近世 げっぷ[月賦]。

ーを日毎に少しずつ返すこと ひぶ[日賦]。近世 ひなし[日済]。

ーを返済しない 近世 かりたふす[借倒]。ふぎり[不義理]。ふみたふす[踏倒]。ふむ[踏]。

ーを返済する 近代 しゃうくゎん[償還]。近世 へんきん[返金]。中世 べんさい[弁済]。

朝百文のーを晩に百一文返す貸借法 近世 ひゃくいちもん[百一文]。

家を担保にーをすること 近世 いへじち／かじち[家質]。

以前からのー 上代 しゅくさい[宿債]。

一日二日のー 近世 ひがり[日借]。

内緒のー 中古 ないしゃく[内借]。

亡くなった人のー 近世 おきみやげ[置土産]。

昔のー 中世 きうさい[旧債]。

▼予定より早く一部を借りること ないしゃく[内借]。近世 うちがり[内借]。

しゃっくり【噦】 近代 きつぎゃく[吃逆]。しゃっくり[噦／吃逆]。中世 しゃくり[噦／噦噎／吃逆]。中古 さくり[噦／吃逆]。

ーをする 中世 しゃくる[噦]。中古 さくる[噦]。

ジャッジ(judge) 近代 アンパイア(umpire)。ジャッジ。しんさ[審査]。しんぱん[審判]。はんてい[判定]。レフェリー(referee)

シャットアウト(shutout) 近代 くゎんぷう[完封]。シャットアウト。ぢょぐゎい[除外]。はじきだす[弾出]。近世 しめだし[締出／閉出]。はいせき[排斥]。上代 ぢょめい[除名]。

じゃどう【邪道】 近代 うらみち[裏道]。ふせい[不正]。中世 じゃはふ[邪法]。まだう[魔道]。中古 げだう[外道]。じゃだう[邪道]。ふたう[不当]。よこさま／よこざま[横様]。よこしま[邪]。よこみち[横道]。上代 いたん[異端]。さたう／さだう[左道]。じゃあく[邪悪]。

しゃにむに【遮二無二】 近代 がういん[強引]。がむしゃら。ひたおし[直押]。むりから[無理]。むりむり[無理無理]。近世 しゃにむに[遮二無二]。むりやりさんぽう[無理遣三宝]。中世 むりむたい[無理無体]。むりやり[無理遣／無理矢理]。中古 ただいきに[唯行]。

じゃねん【邪念】 →じゃしん

じゃのひげ【蛇鬚】(ユリ科の常緑多年草) 近代 いとがや[糸萱]。近世 じゃのひげ[蛇鬚]。じょうがひげ[尉鬚]。中古 たつのひげ／りゅうのひげ[竜鬚]。ばくもんどう[麦門冬]。

しゃば【娑婆】 ぞくせかい[俗世界]。ぞくせけん[俗世間]。近代 うつしよ[現世]。にんかい[忍界]。にんど[忍土]。中世 うきよ[浮世]。げかい[下界]。ぶんだんどうご[分段同居]。中古 げんせ／げんせい[現世]。こんじゃう[今生]。さば[娑婆]。さんがい[三界]。さんぜんせかい[三千世界]。さんぜんだいせんせかい[三千大千世界]。火の宅(家)。上代 くゎたく[火宅]。このよ[此世]。しゃば[娑婆]。

しゃぶ・る 上代 しはぶる。近世 しゃぶる。中古 ねぶる[舐]。

しゃへい【遮蔽】 近代 しゃへい[遮蔽]。中世 さえぎる[遮]。しゃだん[遮断]。上代 おほふ[覆]。

しゃべ・る【喋】 近代 くゎいわ[会話]。べんずる[弁]。口を開く。近世 口が滑る。中世 しゃべる[喋]。たたく[叩]。はく[吐]。はなす[話]。中古 口を利く。ものを言ふ。

〈上代〉のぶ〔のべる〕［述］。→**はな・す【話】**
《句》〈近世〉口に風を引かす。
―・らない 〈近代〉むげん［無言］。〈近世〉だんまり［黙］。〈中古〉むごん［無言］。
―・り方が早いこと 〈中世〉はやくち［早口］。はやこと［早言］。
―・ることが少ないこと 口数が少ない。〈近代〉くちずくな［口少］。くゎげん［寡言］。〈近世〉くゎもく［寡黙］。〈中世〉くちおも［口重］。むくち［無口］。
―・ることもすることも達者 〈近代〉口八丁手八丁。〈近世〉口も八丁手も八丁。
―・るのがうまいこと(人) 弁が立つ。〈近代〉くちだっしゃ［口達者］。だいべん［大弁］。〈近世〉あぶらぐち［油口］。くちはっちゃう［口八丁］。たつべん［達弁］。のうべん［能弁］。〈中世〉ゆうべん［雄弁］。舌が回る。〈中古〉くちがしこし［口賢］。こうべん［口弁］。
―・るのがうまくなる 〈近世〉口が上がる。
意味の通じないことを―・る 〈近世〉ねごと［寝言］。〈中古〉さへづる［囀］。〈上代〉からさへづり／からさいずり［唐囀／韓囀］。
内幕などを―・って回る人 〈近世〉えどすずめ［江戸雀］。すずめ［雀］。
小声で長々と―・るさま 〈中古〉なんなん［喃喃］。
盛んに―・ること 〈近代〉しゃべりたてる［喋立］。しゃべりまくる［喋捲］。まくしたてる［捲立］。弁を弄する。〈近世〉おとがひ［頤］。くぜる［口舌／口説］。しゃべりちらす［喋散］。のりぢ［乗地］。まくしかく〔―かける〕［捲掛］。〈中世〉いひまくる［言捲］。口を叩く。
自然と―・るようにしむける 〈近世〉鎌を掛く〔掛ける〕。〈中古〉とはずがたり［不問語］。
他人の―・るのをののしる語 〈中世〉ぬかす［吐］。〈近世〉いひやがる［言］。ほざく。
長々と―・ること 〈中世〉ながぼえ〈近代〉ちゃうくゎうぜつ［長広舌］。〈中世〉ながぼえ［長吠］。
よく―・ること(人) 口数が多い。口から先に(へ)生まれる。〈近世〉えどすずめ［江戸雀］。おしゃべり［喋］。かけど／かけどくり［欠徳利］。くちまつ［口松］。くちやかまし［口喧］。しゃべくる［喋］。べらつく。ろうぜつ［弄舌］。口が軽い。頤(おとがひ)をきく(叩く)。頤(おとがひ)を鳴らす。〈中世〉かるくち［軽口］。くちまめ［口忠実］。たべん［多弁］。舌が回る。〈中古〉さへづり［囀］。ろうげん［弄言］。《句》〈近代〉鳴く猫は鼠を捕らぬ。
よく―・るさま ぺちゃぺちゃ。あぶら紙に火の付いたよう。〈近代〉べちゃりくちゃり。〈近世〉あぶらぐち［油口］。ちょびくさ。てふてふ［喋喋］。べちゃくちゃ。ぺちゃくちゃ。へらへら。べらべら。ぺらぺら。〈中古〉なんなん［喃喃］。〈中世〉がくがく［諤諤／愕愕］。

シャベル(shovel) 〈近代〉シャベル／ショベル(shovel)。スコップ(オランダ schop)。ゑんし［円匙］(旧軍隊の用語、「ゑんぴ」は誤読)。
小型の― いしょくごて［移植鏝］。こて［鏝］。

シャボテン【仙人掌】→**サボテン**

しゃほん【写本】 〈中世〉うつしぼん［写本］。うつしもの［写物］。かきほん［書本］。しゃほん［写本］。せうもち／せうもつ［抄物］。
―の系統の最初の本 そほん［祖本］。
影写による― 〈近代〉えいしゃほん［影写本］。えいせうぼん［影鈔本］。
古い― 〈近世〉こしゃほん［古写本］。

じゃま【邪魔】 〈近代〉さしさはり［差障］。ちゃちゃ［茶茶］。〈近世〉あしてまつはり［足手纏］。〈中世〉あしてまとひ［足手纏］。あしまとひ［足纏］。しゃうがい［障害／障碍／障礙］。しゃうへき［牆壁／墻壁］。じゃま［邪魔］。〈中古〉さまたげ［妨］。へだて［隔］。〈上代〉さはり［障］。

《句》〈近世〉好事(かうじ)魔(ま)多し。〈中世〉月に叢雲(むらくも)花に風。

―が入る 〈近代〉けいど／けいどう。茶茶が入る。

―・する(こと) 足を引っ張る。〈近代〉さしさはる［差障］。しょあつ／そあつ［阻遏／沮遏］。そがい［阻害／阻礙］。ばうげ［妨碍／妨礙］。故障を入れる。〈近世〉かせぐ［枷］。かちおとす［搗落］。こだはる。ささへこさへ［支小支］。しゃうげ［障碍］。じゃまだて［邪魔立］。そかく［阻格／沮格］。そし［阻止／沮止］。てんぜう［纏繞］。水を差す。茶茶を入る〔―入れる〕。茶茶を付く〔―付ける〕。出端(出鼻)を折る。出端(出鼻)を挫く。〈中世〉さしつかふ〔―つかえる〕［差支］。〈中古〉さふ〔さえる〕［障］。さまたぐ〔―たげる〕［妨］。せく［塞／堰］。たちさはる［立障］。ばうがい［妨害／妨碍／妨礙］。はばむ［阻／沮］。〈上代〉さいぎる／さえぎる［遮］。さはる［障］。ふさぐ［塞］。

―・で煩わしい 〈中世〉うったうし［鬱陶］。

―・な感じがするさま 〈近代〉じゃまっけ［邪魔気］。

―・な人(物) そだいごみ［粗大塵］。むようもの［無用者］。〈近代〉おにもつ［御荷物］。ばしょふさぎ／ばしょふさげ［場所塞］。ばふさぎ［場塞］。めざはり［目障］。やくかいもの［厄介物］。よけいもの［余計者／余計物］。

近世えせもの［似非物］。こぶ［瘤］。じゃまもの［邪魔者／邪魔物］。ばふさげ［場塞］。やくかいもの［厄介者］。鯨に鯱（しゃちほこ）。中世すんぜんしゃくま［寸善尺魔］。ましょう［魔障］。目の上のたん瘤。

ー・にする様子 中古なまふせがしげ［生防気］。

口出ししてーをする 中古いひまぎらはす［言紛］。

賢者の昇進のーをする 近代賢路を塞ぐ。

しゃみせん【三味線】 近世いろいと［色糸］。さみ／しゃみ［三味］。さみせん［三味線］。さを［竿／棹］。さんきん［三筋］。さんげん［三弦／三絃］。さんせん［三線］。ねこ［猫］。はこ［箱］。ぺんぺん。みすぢ［三筋］。みつのを［三緒］。中世しゃみせん［三味線］。

ーに張った猫皮 近世よつ／よつぢ［四乳］。

ーの音 近代つんてんしゃん。でんでん。近世てんつるてん。ぺんぺん。

ーの合奏（伴奏） 近代あひじゃみせん［相三味線］。近世つれじゃみせん［連三味線］。

ーを弾く技能 近世いとみち［糸道］。

沖縄のー（弦楽器） さんしん［三線］。中世じゃびせん［蛇皮線］。

▼助数詞 近代さを［竿／棹］。近世ちゃう［挺／梃／丁］。

しゃめん【斜面】 近代けいしゃめん［傾斜面］。しゃめん［斜面］。スロープ(slope)。中世こうばい［勾配］。上代さか［坂］。

ーで物体が滑り始める角度 まさつかく［摩擦角］。

山のー 中古やまづら［山面］。

しゃめん【赦免】 近世はうべん［放免］。ようしゃ［容赦］。中世めんず［免］。中古しゃめん［赦免］。ゆるされ［許］。上代しゃくはう［釈放］。はうめん［放免］。めんざい［免罪］。《尊》中世ごめん［御免］。

ー・される 近世ゆる（ゆれる）［許／赦］。中世ゆる（ゆりる）［許／赦］。

ーの書状 近代しゃじゃう［赦状］。近世ゆるしじゃう［許状］。中世きょじゃう［許状］。しゃめんじゃう［赦免状］。めんじゃう［免状］。ゆるしぶみ［許文／赦文］。上代しゃしょ［赦書］。

しゃもじ【杓文字】 レードル(ladle)。近世おだいがひ［御台匙］。おたま／おたまじゃくし［御玉杓子］。さもじ［杓文字］。しゃもじ［杓文字］。めしじゃくし［飯杓子］。中世かひじゃくし［貝杓子］。ひさく［杓］。ひしゃく［柄杓］。中古いひがひ［飯匙］。かひ［匙］。しゃくし［杓子］。なりひさご［生瓢］。

ーひとすくいで御飯をよそうこと（忌むべきこととされる） 近代ひとさじめし［一匙飯］。

ーのいろいろ（例） あなじゃくし［穴杓子］。近世あみじゃくし［網杓子］。中世ささく／さしゃく［茶杓］。しゃしゃく／ちゃしゃく［茶杓］。

しゃよう【斜陽】 ❶〈夕日〉 らくよう［落陽］。近代サンセット(sunset)。にちぼつ［日没］。中世じつぼつ［日没］。日の入り。中古しゃやう［斜陽］。せきじつ［夕日］。せきやう［夕陽］。にしび［西日］。らくじつ［落日］。上代いりひ［入日］。ゆふひ［夕日／夕陽］。

しゃよう【斜陽】 ❷〈衰退〉 近世おちぶれ［落］。すいたい［衰退］。ひだりまへ［左前］。身を落とす。中世おちめ［落目］。くだりざか［下坂］。なりさがる［成下］。ぼつらく［没落］。中古てうらく［凋落］。れいらく［零落］。身を沈む［ー沈める］。

しゃりょう【車両】 近代カー(car)。くるま［車］。しゃたい［車体］。しゃりゃう［車両／車輛］。

ーを置いておく所 カーポート(carport)。パーキング／パーキングエリア(parking area)。近代ガレージ(garage)。しゃこ［車庫］。ちゅうしゃぢゃう［駐車場］。

貨物を運ぶー タンクしゃ［tank車］。タンクローリー(和製tank lorry)。ゆうがいしゃ［有蓋車］。近代くゎしゃ［貨車］。トラック(truck)。むがいしゃ［無蓋車］。

客を乗せるー 近代かくしゃ［客車］。きゃくしゃ［客車］。

軍用のー 近代さうかふしゃ［装甲車］。

連なったー 近代れっしゃ［列車］。

▼助数詞 近代しゃ［車］。だい［台］。

しゃりん【車輪】 →くるま❸

しゃれ【洒落】 ❶〈おしゃれ〉 近代おめかし［御粧］。めかしこむ［込］。近世おしゃれ［洒落］。しゃれ［洒落］。めかし［粧］。中世みごしらへ［身拵］。中古きかざる［着飾］。みづくろひ［身繕］。上代よそほひ［装／粧］。
→おしゃれ →けしょう

ー者 近世だてこき［伊達］。

しゃれ【洒落】 ❷〈言葉遊び〉 近代ジョーク(joke)。ユーモア(humor)。近世いひかけ［言掛］。かるくち［軽口］。きち［機知］。ごろ／ごろあはせ［語呂合／語路合］。しうく［秀句］。しゃれ［洒落］。せうわ［笑話］。だじゃれ［駄洒落］。ちぐち［地口］。とぐ

り。とんち［頓知］。もんさく［文作］。中世 かいぎゃく［諧謔］。こせごと［言］。じょうだん［冗談］。すく［秀句］。りこう［利口］。
ーなどを言う 近世 かるくちだて［軽口立］。しゃれる［洒落］。ぢぐる［地口］。中古 あざる［狂／戯］。そぼる［戯］。ものいふ［物言］。
ーにならない下手な洒落を言う 近世 ぶしゃれる［不洒落］。
巧みなー 中世 こせごと［言］。
下手なー 近世 あくちゃり／あくぢゃり／あくちゃれ［悪茶利］。だじゃれ［駄洒落］。ぶしゃれ［不洒落］。わるじゃれ［悪洒落］。
落語などの結びのー 近世 おち［落］。さげ［下］。

しゃれい【謝礼】 おかえし［御返］。きんいっぷう［金一封］。近代 チップ(tip)。近世 おひき［御引］。こころづけ［心付］。さかしろ［酒代］。さかだい［酒代］。しゃれい［謝礼］。だちん［駄賃］。ちゃだい［茶代］。つけとどけ［付届］。つつみがね［包金］。はな［花／華］。れいぎ［礼儀］。れいきん［礼金］。中世 しうぎ［祝儀］。ひきもの［引物］。やなぎしろ／やなぎだい［柳代］。れい［礼］。れいせん［礼銭］。中古 かづけもの［被物］。さかて［酒手］。ひきでもの［引出物］。ほうおん［報恩］。ほうしう［報酬］。よろこび［喜］。ろく［禄］。上代 まひなひ［賄／幣］。ゐやしろ［礼代］。
《謙》はくし［薄志］。近代 はくしゃ［薄謝］。近世 はくぎ［薄儀］。中世 びい［微意］。中古 すんし［寸志］。
ーとしての金品 中世 てんとう／てんどう［纏頭］。
ーの酒を贈る時の樽 近世 やなぎだる［柳樽］。
ーを入れる袋 近代 さんざいぶくろ［散財袋］。しうぎぶくろ［祝儀袋］。のしぶくろ［熨斗袋］。ぽちぶくろ［袋］。
車に乗った名目で渡すー 近代 くるまだい［車代］。
芸妓(げいぎ)や茶屋女などに与えるー 近代 きょくか［玉価］。ぎょくだい［玉代］。ぽち。近世 あげだい［揚代］。ぎょく［玉］。はな［花／纏頭］。はなだい［花代］。
当座のー 中古 てんとう［纏頭］。
何人分かをまとめて出すー 近世 わりばな［割花］。
遊芸を初めて習う時の師匠に出すー 近世 ひざつき［膝突／軾］。
遊女に与えるー 近世 とこはな［床花］。

しゃれこうべ【髑髏】 近代 づがいこつ［頭蓋骨］。近世 のざらし［野晒／野曝］。中世 されかうべ［髑髏］。しゃれかうべ［髑髏］。中古 どくろ［髑髏］。ひとがしら［人頭］。

しゃれた【洒落】 けいみょうしゃだつ［軽妙洒脱］。ソフィスティケーション(sophistication)。近代 シック(フランス chic)。スマート(smart)。垢抜けした。近世 おつ［乙］。おつりき［乙］。中世 せうしゃな［瀟洒／瀟灑］。中古 からめく［唐］。ざればむ［戯］。しゃら［洒落］。ふう［風］。
ー茶屋 近世 いたりぢゃや［至茶屋］。
ー話 近世 いたりばなし［至話］。いたりものがたり［至物語］。
当世風でーさま 中古 いまめかし［今］。
どことなくー 近世 こいき［小粋／小意気］。

しゃ・れる【洒落】 近世 こびる。しゃれる［洒落］。めかす［粧］。やつす［窶／俏］。よそほふ［装］。中古 きかざる［着飾］。ざればむ［戯］。そぼる［戯］。

じゃ・れる【戯】 近世 ざればむ［戯］。じゃらける［戯］。ほたゆ［ほたえる］。中世 じゃる［じゃれる］［戯］。たはむる［—むれる］［戯］。中古 おそばふ。そばふ［そばえる］［戯］。そぼる［戯］。上代 たはぶ［—ぶれる］［戯］。

じゃんけん 近代 いしけん［石拳］。けん［拳］。じゃんけん。
ーのいろいろ(例) 近代 しゃうやけん［庄屋拳］。近世 きつねけん［狐拳］。とらけん［虎拳］。むしけん［虫拳］。

ジャンル(フランス genre) 近代 ジャンル。はんちう［範疇］。やうしき［様式］。近世 ぶもん［部門］。中古 しゅるい［種類］。ぶるい［部類］。

しゅ【主】 近世 おしょく［御職］。おも［主］。おもだつ［主立］。中世 しゅ［主］。中古 ざね［実］。ちゅうしん［中心］。むね［旨］。
ーとして 近代 職として。中世 もっぱら［専］。
ーとする 上代 おもんず［重］。むねとす［旨］。
ーとなる 中古 むねむねし［宗宗］。
ーとなる人 近代 チーフ(chief)。上代 りゃうしう［領袖］。
ーとなる部分 上代 さみ［身］。

しゅい【首位】 いっせき［一席］。いっちゃく［一着］。近代 さいじゃうきふ［最上級］。しゅせき［首席］。しゅゐ［首位］。だいいちにんしゃ［第一人者］。チャンピオン(champion)。トップ(top)。ナンバーワン(No.1; number one)。ぴかいち［光一］。ベスト(best)。わうざ［王座］。近世 いちらふ［一臈］。くゎんべん［冠冕］。しゅざ［首座］。

ひっとう[筆頭]。中世いちざ[一座]。いっとう[一等]。中古いちばん[一番]。だいいち[第一]。上代いちゐ[一位]。↓いちばん

二位以下に大差をつけてー だんとつ。ぶっちぎり[打千切]。

しゅい【趣意】 近代しゅし[趣旨]。しゅし[主旨]。近世しゅい[趣意]。中古こころばへ[心延]。むね[旨]。上代いけん[意見]。

しゅい【主意】 近代しゅし[主旨]。しゅがん[主眼]。近世しゅい[主意]。中世がんもく[眼目]。

しゅいろ【朱色】 近代しゅいろ[朱色]。バーミリオン(vermilion)。近世ひいろ[緋色]。中古あか[赤/紅/朱]。上代あかいろ[赤色]。

ーの線を引くこと 中世しゅびき[朱引]。

ーを塗ること 近世しゅぬり[朱塗]。中世かいしゅ[皆朱]。

黄味を帯びたー 近世あらひしゅ[洗朱]。

黒ずんだー 近世うるみしゅ[潤朱]。

しゆう【雌雄】❶〈動物〉 中古しゆう[雌雄]。つがひ[番]。ひんぼ[牝牡]。

ーが一緒に住むこと 上代さうせい[双棲]。

ーが仲がよいこと 中古ひよく[比翼]。羽根を交はせる鳥。比翼の鳥。

ーの鳥 近世つがひどり[番鳥]。

ーの別 近代せいべつ[性別]。セックス(sex)。

ーの別の有無 ゆうせい[有性]。近代むせい[無性]。

しゆう【雌雄】❷〈勝負〉 近世しょうはい[勝敗]。中古いうれつ[優劣]。かちまけ/しょうぶ[勝負]。かふおつ[甲乙]。しゆう[雌雄]。

じゅう【十】 エックス(X/x)(ローマ数字)。近代テン(ten)。近世りゃうて[両手]。中世つづ。中古じふ[十/拾]。上代そ[十]。と[十]。とを[十]。

ー以上の数 十指に余る。

じゅう【銃】 近代ガン(gun)。じゅうき[銃器]。じゅうはう[銃砲]。ひなはじゅう[火縄銃]。近世じゅう[銃]。とびだうぐ[飛道具]。ひなはづつ[火縄筒]。ほづつ[火筒]。中世たねがしま[種子島]。てっぱう[鉄砲/鉄炮]。

ーが弾を撃つ時出る火 近代じゅうくゎ[銃火]。

ーで撃つこと 近代しゃしゅつ[射出]。しゃてき[射的]。じゅうげき[銃撃]。はうげき[砲撃]。はっしゃ[発射]。近世しゃげき[射撃]。そげき[狙撃]。はっぱう[発砲]。

ーと剣 近代じゅうけん[銃剣]。

ーの撃ち方の例 近代そくしゃ[速射]。近世つるべうち[連打/釣瓶打]。はやうち[早撃]。

ーの先 近代じゅうこう[銃口]。近世つつぐち[筒口]。つつさき[筒先]。

ーの弾倉 マガジン(magazine)。

ーの引き金 トリガー(trigger)。

ーを撃つ姿勢の例 ざしゃ[座射]。しっしゃ[膝射]。りっしゃ[立射]。近代ねうち[寝射]。ひざうち[膝射]。ふくしゃ[伏射]。近世こしだめ[腰]。

ーを撃つ人 そげきしゅ[狙撃手]。近代うちて[撃手]。しゃしゅ[射手]。

ーをむやみに発射すること 近世らんしゃ[乱射]。

玩具のー すぎでっぽう[杉鉄砲]。やまぶきでっぽう[山吹鉄砲]。近世かみでっぽう[紙鉄砲]。まめでっぽう[豆鉄砲]。みづでっぽう[水鉄砲]。中世たけでっぽう[竹鉄砲]。

騎兵用のー 近代きじゅう[騎銃]。

狩猟用のー さんだんじゅう[散弾銃]。近代れふじゅう[猟銃]。

その他ーのいろいろ(例) エアライフル(air rifle)。ウィンチェスター(Winchester)。カービンじゅう[carbine銃]。ガスじゅう[(オランダ)gas銃]。ショットガン(shotgun)。たんぱつじゅう[単発銃]。マシンガン(machine gun)。近代きくゎんじゅう[機関銃]。きじゅう[機銃]。くうきじゅう[空気銃]。けんじゅう[拳銃]。たんじゅう[短銃]。ほへいじゅう[歩兵銃]。ライフル/ライフルじゅう[rifle銃]。れんぱつじゅう[連発銃]。近世こづつ[小筒]。せうじゅう[小銃]。たんづつ[短筒]。てうじゅう[鳥銃]。ピストル(pistol)。

▼助数詞 近代ちゃう[挺/梃/丁]。

じゆう【自由】 近代かんうんやかく[閑雲野鶴]。きままかって[気儘勝手]。くゎつだつ[滑脱]。ずいえんはうくゎう[随縁放曠]。すきかって[好勝手]。すきはうだい[好放題]。だいじざい[大自在]。フリー(free)。リバティー(liberty)。リベラル(liberal)。一糸挂(か)けず。意のまま。近世ゑんてん[円転]。中世こころまかせ[心任]。じゅうわう[縦横]。じゅうわうむげ[縦横無礙]。じゅうわうむじん[縦横無尽]。ずいい[随意]。掌(たなごころ)の中。中古じざい[自

在］。しだい／しんだい［進退］。やすらか［安］。わがまま［我儘］。思ひのまま。上代 じいう［自由］。ほしきまま［縦／恣／擅］。むげ［無碍／無礙］。

―・でないこと 近代 かいけ［界繋］。じじょうじばく［自縄自縛］。近世 してう［翅鳥］。中世 ふじいう［不自由］。

―・な時間 近世 ひま［閑／暇］。中古 よか［余暇］。

―・な生活《句》中世 石に枕し流れに漱（くちすす）ぐ。

―のない生活 近世 あてがひぜたい［宛世帯］。

―・に生きる人 近代 ボヘミアン（Bohemian）。

―・に動くこと 近世 いうどう［遊動／游動］。ほんいつ［奔逸］。

―・にさせないこと 近代 こうきん［拘禁］。せいやく［制約］。ふうずる［封］。近世 かんせい［箝制］。こうせい［控制］。しばる［縛］。そくばく［束縛］。中世 こうそく［拘束］。ばくす［縛］。中古 こうせい［拘制］。つなぐ［繋］。ふんず［封］。

―・にさせないもの ひも［紐］。近代 けいるい［繋累／係累］。中世 かせ［枷］。きづな［絆／紲］。しっこく［桎梏］。中古 ちうかい［杻械］。ほだし［絆］。

―・にさせる およがせる［泳］。ディレギュレーション（deregulation）。近代 かいはう［解放］。ときはなす［解放／解離］。中世 おひはなす［追放］。おひはなつ［追放］。およがす［泳］。中古 ときはなつ［解放］。にがす［逃］。はうめん［放免］。上代 しゃくはう［釈放］。はなす［放／離］。はなつ［放］。

―・に通過できること 近代 フリーパス（free pass）。

―・に使えて役立つ物 近代 自家薬籠中の物。近世 こま［駒］。

―・にならないこと 動きが取れない。近代 ふずいい［不随意］。ふべんり［不便利］。近世 頤（おとがひ）の雫（しづく）。中世 ふじいう［不自由］。

―・になる 中世 もとほる［廻／回］。中古 しだい［進退］。しんたい／しんだい［進退］。

―奔放な性格で束縛し得ないこと 中古 ふき［不羈／不覊］。

心理的に―を奪うこと 近世 かなしばり［金縛］。不動の金縛り。中古 じゅばく［呪縛］。

力ずくで―を奪うこと 近世 てごみ／てごめ［手込／手籠］。

じゆう【事由】 近代 げんいう／げんゆ［原由］。げんいん［原因］。りいう［理由］。近世 きいん［起因／基因］。中世 しょいう［所由］。わけ［訳］。中古 おこり［起］。こんげん［根元］。じいう［事由］。ゆゑん［所以］。

しゅうあく【醜悪】 近代 グロテスク（grotesque）。しうあく［醜悪］。しうくゎい［醜怪］。近世 みにくし［醜］。中古 あし［悪］。にくさげ［憎］。上代 けがらはし［汚／穢］。しこめし［醜］。

―・な面 近代 あんこくめん［暗黒面］。あんめん［暗面］。

しゅうい【周囲】 近代 ぐゎいかい［外界］。ぐゎいしう［外周］。くゎんきゃう［環境］。くゎんゐ［環囲］。ミリュー（フランス milieu）。近世 ぐるり。しうへん［周辺］。中世 しうゐ［周囲］。しへん［四辺］。しゐ［四囲］。まはり［周］。中古 しはう［四方］。しめん［四面］。せけん［世間］。上代 あたり［辺］。しう［周］。めぐり［巡／回］。

《句》中世 鹿を逐（お）ふ者（猟師）は山を見ず。獣（しし）を逐ふ者は目に太山を見ず。

―をぐるりと切り取る 中世 きりまはす［切回］。

―をぐるりと進む 中古 まはる［回／廻］。上代 めぐる［巡／回／廻］。

―を水で囲まれた土地 近代 ふくろ［袋／嚢］。

家の― 近代 そとまはり［外回］。

自分の居る― 近世 ゐまはり［居回］。中古 きんぺん［近辺］。

島の― 上代 しまみ［島見／島廻］。しまわ［島曲／島廻］。

じゅういちがつ【十一月】（陰暦） 近世 しんやう［新陽］。つゆごもりづき［露隠月］。ふうかん［風寒］。ふくげつ［復月］。中世 いちやうらいふく［一陽来復］。かぐらづき［神楽月］。かみかへりづき［神帰月］。かみきづき［神来月］。さうげつ［霜月］。じふいちぐゎつ［十一月］。しもふりづき［霜降月］。ちゃうげつ［暢月］。ゆきまちづき／ゆきまつづき［雪待月］。ゆきみづき［雪見月］。中古 くゎうしょう［黄鐘］。ちゅうとう［中冬／仲冬］。つゆこもりのはづき［露隠葉月］。なかのふゆ［仲冬］。ねづき［子月］。上代 しもつき［霜月］。

しゅうう【驟雨】 中世 にはかあめ［俄雨］。上代 しうう［驟雨］。むらさめ［群雨／叢雨／村雨］。ゆふだち［夕立］。→**あめ**

しゅうえき【収益】 ゲイン（gain）。さえき［差益］。近代 あがり［上］。えききん［益金］。しうえき［収益］。しうにふ［収入］。じつえき［実益］。じつり［実利］。りざや［利鞘］。中世 みいり［実入］。りえき［利益］。りとく

[利得]。りもつ[利物]。中古しょうとく／しょとく[所得]。上代り[利]。りじゅん[利潤]。

余分の— 近世よろく[余禄]。中世よとく[余得]。

しゅうえん【終演】 へいまく[閉幕]。近代かぶる[被/冠]。しゅうえん[終演]。しゅうまく[終幕]。近世うちだし[打出]。はぬ(はねる)[跳]。

じゅうおう【縦横】 中世しはうはっぱう[四方八方]。じゅうわう[縦横]。たてよこ[縦横]。はっぱう[八方]。中古しはう[四方]。とうざいなんぼく[東西南北]。はうゑん[方円]。

—に動き回るさま 中世じふもんじ[十文字]。

しゅうかい【集会】 コンベンション(convention)。近代ミーティング(meeting)。近世くゎいぎ[会議]。中世あつまり[集]。かう[講]。さんくゎい[参会]。しふくゎい[集会]。しゅゑ[衆会]。よりあひ[寄合]。中古くゎい[会]。くゎいがふ[会合]。しふゑ[集会]。ゑ[会]。

—をする所 ホール(hall)。近代くゎいくゎん[会館]。くゎいだう[会堂]。こうくゎいだう[公会堂]。しふくゎいしょ[集会所]。フォーラム(forum)。近世かうだう[講堂]。中世くゎいしょ[会所]。

仏教で説法の— 近世おざ[御座]。中古ほふざ[法座]。ほふせき[法席]。上代ほふえん[法筵]。

毎月決まった— 近世つきなみ(の)くゎい[月並会/月次会]。

しゅうかいどう【秋海棠】 近世しうかいだう[秋海棠]。だんちゃうくゎ[断腸花]。

しゅうかく【収穫】❶〈作物〉 けあげ[毛上]。近代あがり[上]。近世かりいれ[刈入]。さくげ[作毛]。とりいれ[取入]。中世け[毛]。さくもう[作毛]。でき[出来]。上代しうくゎく[収穫]。

《句》近代秋場(あきば)半作。秋日和半作。

—が多いこと 近世ほうさく[豊作]。中古ほうじゃう[豊穣]。まんさく[満作]。→ほうさく

—が少ないこと 近世きょうさく[凶作]。中世ふさく[不作]。

—が平年並みであること へいさく[平作]。近代へいねんさく[平年作]。

—・した分量 近代あがりだか[上高]。しうくゎくだか[収穫高]。しうりゃう[収量]。じっしう[実収]。できだか[出来高]。とりだか/とれだか[取高]。

—・して貯蔵中に熟させる ついじゅく[追熟]。

—・する とりいれる[取入]。近世かりこむ[刈込]。をさむ(おさめる)[収]。中世かりいる[—いれる][刈入]。中古かりとる[刈取]。とりこむ[取込]。上代とる[取/採/穫]。

—の祝い あきあげ[秋上/秋揚]。中古あきをさめ[秋収]。

秋の— 近世しうくゎく[秋穫]。中世さいしう/さいしゅ/せいしう[西収]。しうしう[秋収]。中古あきをさめ[秋収]。

公定の—高 近世こくだか[石高]。中世くゎんだか[貫高]。

自然からとれる—物 上代さち[幸]。

その季節最初の— 中世はつもの[初物]。中古はしりもの[走物]。

田畑からの— あがりもの[上物]。近世なりもの[成物]。ものなり[物成]。

しゅうかく【収穫】❷〈成果〉 近代けつじつ[結実]。げふせき[業績]。しうくゎく[収穫]。せいくゎ[成果]。みのり[実]。

しゅうがく【就学】 近代しうがく[就学]。にふかう[入校]。中世じゅがく[入学]。しんがく[進学]。中古にふがく[入学]。

しゅうがく【修学】 近代がくしう[学修]。しうがく[修学]。しうげふ/しゅげふ[修業]。近世べんがく[勉学]。中世がくしゅ[学修]。しうとく[修得]。しふとく[習得]。べんきゃう[勉強]。上代がくしふ[学習]。

じゅうがつ【十月】(陰暦) 近世かみさりづき[神去月]。かみづき[神月]。こはるづき[小春月]。ころくぐゎつ[小六月]。じゃうとう[上冬]。しんせい[秦正]。しんとう[新冬]。中世おうしょう[応鐘]。かみありづき[神在月](出雲で)。こはる[小春]。しぐれづき[時雨月]。しょとう[初冬]。せうしゅん[小春]。はつしもづき[初霜月]。やうげつ[陽月]。りゃうげつ[良月]。中古かみなかりづき[神無月]。かみなしづき[神無月]。げんとう[玄冬]。じふぐゎつ[十月]。まうとう[孟冬]。上代かみなづき[神無月]。かむなづき/かんなづき[神無月]。

—十日 近世かぜさだめ[風定]。

—十五日 近世かげん[下元]。

—の亥ぃの日 近世げんちょ[玄猪]。ゐのこ[亥子]。

—の霜の降りはじめる頃 近世しもさき[霜先]。

—の立冬の頃 近代ていせい[定星]。

しゅうかん【習慣】 近代くゎんかう［慣行］。くゎんれい［慣例］。しふせい［習性］。しふへき［習癖］。近世しふくゎん［習慣］。ならはかし／ならはし［習／慣］。ふうしふ［風習］。中世かたぎ［気質］。くゎんしふ［慣習］。さが［性］。ならし［慣／馴］。ふうぎ［風儀］。中古くせ［癖］。こころならひ［心習］。さが［性／相］。しふき［習気］。ならひ［習］。わざ［業］。上代こうれい［恒例］。《句》近代習慣は第二の天性なり。近世里に入りて里に従ふ。習慣は自然(天性)の如し。雀百まで踊りを忘れず。中世郷に入っては郷に従ふ。習ひ性と成る。

ーとなる 中世じゃうしふ［常習］。中古うちなる［打馴］。ならふ［習／慣］。

ーによる力 近代くゎんせい［慣性］。だせい［惰性］。だりょく［惰力］。

ーを付ける 中古ならはす［習／慣］。

言うのがーとなる 近世いひならはす［言習］。

家のー 中古かふう［家風］。

一般的なー 中古つうれい［通例］。

そう思うことがーとなる 中世おもひなる［思馴］。

その土地のー 近世しきたり［仕来］。ふうしふ［風習］。中世ぞく［俗］。上代しふぞく［習俗］。くにわざ／ふうぞく［風俗］。《句》近世国に入ってはまず法を聞く。中世郷に入れば郷に従ふ。

長い間のー 中世せきしふ［積習］。

日本のー 中古みくにぶり［御国風］。

古い時代のー 近代こしふ［故習／古習］。近世いにしへぶり［古風／古振］。きうしふ［旧習］。こしき［古式］。中世ゐぞく［遺俗］。中古きうくゎん［旧慣］。こふう［古風］。ゐしふ［遺習］。ゐふう［遺風］。上代きうれい［旧例］。

古くからのーに従うこと 近世いんしふ［因襲／因習］。

古くからの悪いー 中世こへき［古癖］。中古こへい［古弊］。

よいー 近代りゃうぞく［良俗］。りょうしゅう［良習］。→**ふうしゅう**

悪いー 近世あくふう［悪風］。中世あくしふ［悪習］。→**ふうしゅう**

しゅうかん【収監】 近代こうきん［拘禁］。とうごく［投獄］。近世しうかん［収監］。中世こうち［拘置］。

じゅうかん【縦貫】 じゅうそう［縦走］。近代じゅうくゎん［縦貫］。じゅうだん［縦断］。

じゅうかん【重患】 中世たいくゎん［大患］。中古たいびゃう［大病］。上代ぢゅうくゎん［重患］。ぢゅうびゃう［重病］。

しゅうき【周期】 じゅんかんかてい［循環過程］。近代サイクル(cycle)。近世しうき［周期］。

ー的な動き 近代リズム(rhythm)。りつどう［律動］。近世みゃくどう［脈動］。

ー的に振動するもの 近代しんし／ふりこ［振子］。

しゅうき【周忌】 近代きじつ［忌日］。中世くゎいき［回忌］。上代きにち［忌日］。しうき［周忌］。

しゅうき【臭気】 近世くさみ／しうみ［臭味］。中世あくしう［悪臭］。ありか［在香］。中古しうき［臭気］。

ーを感じる 中古かをる［薫／香］。上代かうばし［芳／香］。かぐはし［芳／香／馨］。にほふ［臭］。

ーが鼻を刺激する 近代鼻を突く。近世鼻に付く。

きついーで耐えられない 鼻持ちならない。

なまぐさいー 近代せいき［腥気］。

しゅうぎ【祝儀】❶〈祝典〉 近代しゅくがしき［祝賀式］。しゅくがくゎい［祝賀会］。しゅくてん［祝典］。中世しうぎ［祝儀］。

ーの席で飲む酒 近世いはひざけ［祝酒］。

しゅうぎ【祝儀】❷〈謝礼〉 →**しゃれい**

じゅうき【什器】 ちょうどひん［調度品］。近代きじふ［器什］。近世じふほう［什宝］。じふもつ［什物］。中世きぐ［器具］。じふき［什器］。中古うつはもの［器物］。かぐ［家具］。きぶつ［器物］。どうぐ［道具］。

じゅうき【銃器】 近代じゅうき［銃器］。じゅうはう［銃砲］。近世くゎき［火器］。じゅう［銃］。中世てっぱう［鉄砲／鉄炮］。→**じゅう【銃】**

じゅうきょ【住居】 近代ぢゅう［住］。てい［邸］。ねぐら［塒］。ホーム(home)。メゾン(フランスmaison)。ゐばしょ［居場所］。近世かきょ［家居］。しつか［室家］。ぢゅうか［住家］。ゐどこ［居所／居処］。中世かたく［家宅］。きょ［居］。きょをく［居屋］。しょざい［所在］。たちど［立所／立処］。ぢゅうきょ［住居］。ぢゅうをく［住屋］。てい［亭］。やどり［宿］。ゐや［居屋］。中古いへゐ［家居］。ざいしょ［在所］。しゅくしょ［宿所］。すまひ［住］。たく［宅］。ぢゅうたく［住宅］。ていたく［邸宅］。やしき［屋敷］。上代いへ［家］。いへどころ［家所］。

きょたく[居宅]。すみか[住処/栖]。ぢゅうしょ[住所/住処]。や[屋/家]。やど[宿/屋戸]。ゐどころ[居所/居処]。→**いえ**

《尊》中世 きはう[貴方]。中古 ごしょ[御所]。みむろ[御室]。

ーとする 近代 ていぢゅう[定住]。中古 すみなす[住成]。ぢゅうす[住]。上代 やどる[宿]。

ーを移す てんしょ[転所]。近代 てんきょ[転居]。ひきはらふ[引払]。近世 すみかへ[住替]。たちのく[立退]。てんたく[転宅]。てんぢゅう[転住]。ひっこす[引越]。中世 いてん[移転]。せんきょ[遷居]。

ーを構える 近代 門戸を構へる。

新しいー 中世 しんきょ[新居]。中古 しんたく[新宅]。→**しんちく**

岩穴を利用したー 上代 いはや[岩屋/窟]。

隠者のー 中世 いんじょ[隠所/隠処]。中古 瓦の窓。

仮のー 近代 けうぐう[僑寓]。近世 かきょ[仮居]。かぐう[仮寓]。かりずまひ[仮住]。中世 きぐう[寄寓]。ぐうきょ[寓居]。くさむすび[草結]。けうきょ[僑居]。中古 いほ[庵/廬]。

簡素なわびしいー 中世 草の枢(とぼそ)。中古 草の戸。草のとざし。草の宿り。

世間の騒がしさから離れたー 中古 いうせい[幽栖/幽棲]。かんきょ[閑居]。

法皇(上皇)のー 近世 せんとうごしょ[仙洞御所]。中古 せんとう[仙洞]。院の御所。

しゅうきょう【宗教】 中世 しゅうけう[宗教]。中古 ぎゃうしん[仰信]。しんかう[信仰]。

ーで歌われる歌 近代 オラトリオ(oratorio)。さんか[賛歌]。さんびか[賛美歌/讃美歌]。せいか[聖歌]。

ーの中心となる趣旨 中世 しゅうし[宗旨]。

ーの分派 近代 けうは[教派]。中世 かいさん[開山]。しゅうは[宗派]。

ーや宗派の創始者 近代 けうそ[教祖]。近世 しゅうそ[宗祖]。中世 かいそ[開祖]。中古 そし[祖師]。

ーを教え広めること 近代 ふけう[布教]。

ーを教え広める人 近代 せんけうし[宣教師]。

各ーの基本の書物の例 近代 バイブル(Bible)。近世 コーラン(Koran)。せいてん[聖典]。中世 けいてん[経典]。せいしょ[聖書]。上代 きゃう[経]。きゃうてん[経典]。

国家が認め保護するー 近代 こくけう[国教]。

自分が信ずる以外のー 近代 いしゅう[異宗]。たけう[他教]。中世 いけう[異教]。中古 たしゅう[他宗]。上代 げだう[外道]。

自分の信ずるーを捨てる 近代 はいけう[背教]。中世 かいしゅう[改宗]。なりかへる[為返]。

世界のーの例 近代 イスラムけう[アラビア Islām 教]。くゎいけう[回教]。近世 キリストけう[ポルトガル Christo 教]。上代 ぶっけう[仏教]。

多数の神々を崇拝するー 近代 たしんけう[多神教]。

日本のーの例 近世 しんたう[神道]。

一つの神だけを崇拝するー こうたいしんきょう[交替神教]。たんいつしんきょう[単一神教]。近代 いっしんけう[一神教]。ゆいいつしんけう[唯一神教]。

悪いー 近世 えうけう[妖教]。中世 あくほふ[悪法]。じゃけう[邪教]。じゃしゅう[邪宗]。

しゅうぎょう【修業】 身に付ける。近代 けんしう[研修]。しうげふ/しゅげふ[修業]。トレーニング(training)。マスター(master)。れんせい[練成/錬成]。近世 てならひ[手習]。中世 しふとく[習得]。たいとく[体得]。たんれん[鍛錬/鍛練]。れんま[錬磨]。ならひおぼゆ[一おぼえる][習覚]。中古 しうれん[修練]。れんしふ[練習]。をさむ[おさめる][修]。上代 しうしふ[修習]。

《句》近代 狭き門より入(い)れ。

しゅうぎょう【就業】 近代 しうげふ[就業]。しうにん[就任]。しうらう[就労]。じゅうげふ[従業]。ふくむ[服務]。近世 きんむ[勤務]。しつむ[執務]。中古 じゅうじ[従事]。

しゅうきょく【終極】 近代 しゅうきょく[終極]。しゅうきょく[終局]。しゅうまつ[終末]。とことん。まつび[末尾]。近世 おしまひ[御仕舞/御終]。さいしゅう[最終]。しまひ[仕舞/終/了]。とどのつまり。どんづまり。挙げ句の果て。中世 きうきょく[究極]。さいご[最後]。中古 きはまり[極]。さいはて[最果]。はて[果]。をはり[終/畢]。上代 かぎり[限]。きはみ[極]。→**しゅうきょく**(次項)

しゅうきょく【終局】 エンディング(ending)。ジエンド(the end)。しゅうえん[終焉]。しゅうばん[終盤]。へいまく[閉幕]。近代 エピローグ(epilogue)。エンド(end)。けつまつ[結末]。けつれう[結了]。しゅうきょく[終極]。しゅうきょく[終局]。しゅうけつ[終結]。しゅうそく[終息/終熄]。しゅうまく[終幕]。しゅうまつ[終末]。たうび/て

うび［掉尾］。フィナーレ(イタリア finale)。フィニッシュ(finish)。まつび［末尾］。ラスト(last)。近世おしまひ［御仕舞／御終］。おほづめ［大詰］。しまひ［仕舞／終／了］。すみくち［済口］。まくぎれ［幕切］。ろくだんめ［六段目］。中世あがり［上］。くきゃう／くっきゃう［究竟］。けっちゃく［決着］。らくちゃく［落着］。中古さいはて［最果］。すゑ［末］。とぢめ［閉］。はて［果］。をはり［終／畢］。→おわり

しゅうきん【集金】 近代しふきん［集金］。ちょうしう［徴収］。とりたて［取立］。
ー・する人 近代しふきんにん［集金人］。近世かけごひ／かけごひ［掛乞］。かけとり［掛取］。

しゅうけい【集計】 そうわ［総和］。るいけい［累計］。近代がっさん［合算］。がふけい［合計］。せきさん［積算］。トータル(total)。わ［和］。近世しむ［しめる］［締］。そうすう［総数］。つうさん［通算］。中世しめて［締／〆］。そうけい［総計］。
パソコン画面のー用紙 スプレッドシート(spreadsheet)。ひょうけいさんソフト［表計算 software］。ワークシート(worksheet)。

しゅうげき【襲撃】 近代とつげき［突撃］。近世こうげき［攻撃］。しふげき［襲撃］。しんげき［進撃］。中古うつ［撃］。上代おそふ［襲］。
急なー ぬきうち［抜打］。ふいうち［不意打］。近代きふしふ［急襲］。
虚を突いてのー 近代きしふ［奇襲］。暗夜の礫(つぶて)。
敵からのー 近代てきしふ［敵襲］。近世らいしふ［来襲］。中世しふらい［襲来］。
激しいー まうげき［猛撃］。近代きゃうしふ［強襲］。まうこう［猛攻］。まうしふ［猛襲］。
夜のー 近代やしふ［夜襲］。中世よがけ［夜駆］。中古ようち［夜討］。

しゅうけつ【終結】 近代きけつ［帰結］。けつれう［結了］。しゅうそく［終息／終熄］。しゅうけつ［終結］。近世しまひ［仕舞／終／了］。中古とぢめ［閉］。をはり［終］。→

しゅうきょく

しゅうけつ【集結】 近代しふがふ［集合］。しふけつ［集結］。中世さんしふ［参集］。らいしふ［来集］。上代あつまる［集］。けっしふ［結集］。→あつま・る

じゅうけつ【充血】 近代うっけつ［鬱血］。近世じゅうけつ［充血］。ちばしる［血走］。

しゅうげん【祝言】❶〈祝詞〉 中世しうし／しゅくし［祝詞］。しゅくじ［祝辞］。中古しうげん［祝言］。

しゅうげん【祝言】❷〈婚礼〉 ブライダル(bridal)。近代ウエディング(wedding)。けっこんしき［結婚式］。華燭(くわしよく)の典。近世こんぎ［婚儀］。中世しうげん［祝言］。中古こんれい［婚礼］。
内輪のー 近世ないしうげん［内祝言］。ないしょうしうげん［内証祝言］。

しゅうこう【周航】 クルージング(cruising)。じゅんかう［巡航］。近代しうかう［周航］。

しゅうこう【修好】 近代いうかう［友好］。しうかう［修好／修交］。しんくゎ／しんな／しんわ［親和］。近世こんしん［懇親］。しんかう［親交］。しんぜん［親善］。中古わしん［和親］。

しゅうごう【集合】 近代きうがふ［糾合／鳩合］。しふがふ［集合］。中世さんしふ［参集］。上代あつまる［集］。けっしふ［結集］。→あつま・る

じゅうこう【重厚】 中古おもおもし［重重］。だうだう［堂堂］。ぢゅうこう［重厚］。
ー・なさま 近世ずっしり。どっかと。どっしり。

じゅうこう【銃口】 近世くゎもん［火門］。じゅうこう［銃口］。つつさき［筒先］。

じゅうごさい【十五歳】 中世さんご［三五］。
火縄銃のー 近世すぐち［巣口］。
ー以上の少年 中古せいどう［成童］。しがく［志学］。→ねんれい

じゅうごにち【十五日】(陰暦) 近世ばうじつ［望日］。中古じふごにち［十五日］。上代もち［望］。中世まう［望］。もちのひ［望日］。
ーの月 近世望(もち)の月。最中(もなか)の月。中古ばうげつ［望月］。上代もちづき［望月］。→**つき【月】**
ーの満ち潮 中古もちしほ［望潮］。
八月ーの夜 中古さんご／さんごや［三五夜］。
▼十三夜 近世のちのつき［後月］。

しゅうさい【秀才】 近代ゐさい［偉才］。近世ゐざい［偉材］。中世しうさい［秀才］。てんさい［天才］。中古えいさい［英才／穎才］。しゅんさい［俊才／駿才］。すさい［秀才］。

じゅうざい【重罪】 中世だいぼん［大犯］。ぢゅうくゎ［重科］。中古たいざい／だいざい［大罪］。ぢゅうざい［重罪］。

しゅうさく【秀作】 こうへん［好編］。近代いっぴん［逸品］。かひん［佳品］。りきさく［力

作］。近世 しうさく［秀作］。中世 かさく［佳作］。かへん［佳編／佳篇］。けっさく［傑作］。めいさく［名作］。→けっさく

しゅうし【収支】 近代 さいさん［採算］。すいたふ／すいなふ［出納］。たいしゃく［貸借］。中世 しうし［収支］。だしいれ［出入］。中古 かんぢゃう［勘定］。上代 しゅつなふ［出納］。

—の計算 げんけい［現計］。近代 くゎいけい［会計］。牙籌（がち）を執る。近世 けっさん［決算］。さしひきかんぢゃう［差引勘定］。さんようあひ［算用合］。そうかんぢゃう［総勘定／惣勘定］。ちゃうあひ［帳合］。ちゃうじり［帳尻］。算盤（そろばん）を置く。中世 そうけい［総計］。

—の釣り合い 近代 さいさん［採算］。

—を記入する帳面 きんせんすいとうちょう［金銭出納帳］。きんせんすいとうぼ［金銭出納簿］。しゅうしちょう［収支帳］。すいとうちょう［出納帳］。すいとうぼ［出納簿］。近代 ちゃうぼ［帳簿］。近世 ちゃうめん［帳面］。

—を帳簿に記入すること 近代 ちゃうあひ［帳合］。

家の— 中古 かけい［家計］。せいけい［生計］。

しゅうし【宗旨】 中世 しゅう［宗］。しゅうし［宗旨］。しゅうもん［宗門］。中古 けうもん［教門］。

しゅうし【終始】 →いつも

—が一貫していないこと 中世 ふしゅび［不首尾］。

—変わらないこと つらぬきとおす［貫通］。近代 おしとほす［押通］。くゎんすい［完遂］。つきとほす［突通］。つらぬく［貫］。近世 くゎんてつ［貫徹］。中世 いっくゎん［一貫］。てっす［徹］。

しゅうし【終止】 →おわり

しゅうじ【習字】 近代 かきかた［書方］。しふじ［習字］。中世 じゅぼくだう［入木道］。てならひ［手習］。ひっぱふ［筆法］。中古 しょだう［書道］。しょはふ［書法］。りんち［臨池］。

—の手本としての巻物 中世 往来（わうらい）の巻物。

新年（通常二日）に行う— 近世 ふではじめ［筆始］。中世 かきぞめ［書初］。きっしょ／きっしょはじめ［吉書始］。しひつ［試筆／始筆］。

しゅうじ【修辞】 近代 しうじ［修辞］。しさう［詞藻］。レトリック（rhetoric）。

—の学問 近代 しうじがく［修辞学］。びじがく［美辞学］。

—を凝らした文 近代 びぶん［美文］。

いろいろな—法（例） アンチクライマックス（anticlimax）。とうちほう［倒置法］。近代 ぎじんはふ［擬人法］。ぎたいはふ［擬態法］。ぎぶつはふ［擬物法］。くゎつゆはふ［活喩法］。くゎんちはふ［換置法］。くゎんゆはふ［換喩法］。ぜんそうはふ［漸層法］。たいせうはふ［対照法］。ぢゅうぎはふ［重義法］。ちょくゆはふ［直喩法］。ていゆはふ［提喩法］。はんごはふ［反語法］。はんぷくはふ［反復法］。ひゆはふ［比喩法／譬喩法］。中世 えんご［縁語］。

▼重義法の例 近代 かけことば［掛詞］。ごろあはせ［語呂合］。近世 しゃれ［洒落］。

▼比喩法の例 近代 あんゆ［暗喩］。いんゆ［隠喩］。くゎんゆ［換喩］。ちょくゆ［直喩］。ていゆ［提喩］。めいゆ［明喩］。中古 ふうゆ［風諭／諷喩］。

じゅうし【重視】 ウエート（weight）を置く。重く見る。近代 ぢゅうえうし［重要視］。ぢゅうし［重視］。重きを置く。重きをなす。力点を置く。中世 おもくす［重］。そんぢゅう［尊重］。中古 そんちょう［尊重］。上代 おもんず［重］。たふとぶ［尊／貴］。

じゅうじ【従事】 近代 しうえき［就役］。しうげふ［就業］。しうらう［就労］。じゅうげふ［従業］。ふくする［服］。ふくむ［服務］。近世 うちかかる［打掛／打懸］。中古 あたる［当／中］。かかづらふ［係／拘］。じゅうじ［従事］。たづさはる［携］。つく［就］。ふくじ［服仕／服事］。

専らそれに—している者 せんじゅうしゃ［専従者］。

じゅうじ【十字】 近代 かうさ［交叉／交差］。クロス（cross）。じふじか［十字架］。じふじけい［十字形］。ともじ［十文字］。中世 クルス（ポルトガル cruz）。じふじ［十字］。じふもんじ［十文字］。

—の道 近代 かうさてん［交叉点］。近世 じふじがい［十字街］。よつかど［四角］。よつまた［四叉］。中世 よつつじ［四辻］。中古 つじ［辻］。つむじ［辻］。

じゅうじ【住持】 →じゅうしょく

しゅうじつ【終日】 いちにちじゅう［一日中］。朝から晩まで。近代 しろくじちゅう［四六時中］。近世 いちにちさんがい［一日三界］。ひがないちにち／ひがらいちにち［日一日］。ひがなひねもす［日終日］。ひねもす［終日］。中古 いちにち［一日］。じんじつ［尽日］。ひぐらし［日暮］。ひすがら／ひもすがら［終

日］。上代しみらに／しめらに［終］。しゅうじつ［終日］。ひとひ［一日］。よるひる［夜昼／宵昼］。朝な夕な。→**いちにちじゅう**

じゅうじつ【充実】 中世じゅうじつ［充実］。じゅうそく［充足］。中古まんぞく［満足］。

―・させる 近世くゎくじゅう［拡充］。

―・している時期 上代さかり［盛］。

じゅうしゃ【従者】 近世じゅうし［従士］。中古いへのこ［家子］。ぐさ［具者］。けにん［家人］。けらい［家来］。けんぞく［眷族／眷属］。じゅうしゃ［従者］。しょじゅう［所従］。ずさ［従者］。つかひびと［使人］。てぶり［手振］。とも［供］。らうじゅう［郎従］。らうどう［郎等］。上代つかまつりびと［仕奉人］。とも［友／伴］。ともびと［供人］。→**けらい**

―として歩くこと 中世ついばい［追陪］。

―を連れて歩く 中世めしつる〔―つれる〕［召連］。中古ともなふ［伴］。めしぐす［召具］。

貴人の牛馬の世話をした― 中古とねり［舎人］。上代とねりをとこ［舎人男］。

貴人の乗馬につき従う― 中世うまぞひ［馬添］。中古うまぞひ［馬副］。

しゅうじゃく【執着】 →**しゅうちゃく**

じゅうじゃく【柔弱】 →**にゅうじゃく**

しゅうじゅ【収受】 さしゅう［査収］。近代しうなふ［収納］。近世しうじゅ［収受］。中古うけとる［受取／請取］。じゅなふ［受納］。上代をさむ〔おさめる〕［収／納］。

しゅうしゅう【収集】 近代コレクション(collection)。コレクト(collect)。さいしゅ［採取］。近世さいしふ［採集］。さいしゅう［採聚］。中古しうしふ［収拾］。上代あつむ〔あつめる〕［集］。しうしふ［収集］。

―・する人 近代コレクター(collector)。しうしふか［収集家］。

しゅうしゅう【収拾】 近代かいけつ［解決］。けっちゃく［結着］。しうそく［収束］。しょり［処理］。近世しうしふ［収拾］。しょち［処置］。そち［措置］。中世けっちゃく［決着］。さばく［捌］。とりはからふ［取計／取図］。らくちゃく／らくぢゃく［落着］。上代をさまる［収］。をさむ〔おさめる〕［収／納］。

じゅうじゅう【重重】 中世いくへにも［幾重］。かさねがさね［重重］。くれぐれ［呉呉］。ぢゅうぢゅう［重重］。中古かさねて［重］。よくよく［善善／能能］。上代かへすがへす［返返］。

しゅうしゅく【収縮】 近代しゅくせう［縮小］。近世しうしゅく［収縮］。しうれん［収斂］。たんしゅく［短縮］。中世ちぢむ［縮］。

しゅうじゅく【習熟】 近代じゅくたつ［熟達］。たんのう［堪能］。れんたつ［練達］。堂に入る。近世ゑんじゅく［円熟］。じゅくれん［熟練］。中世しふじゅく［習熟］。ものなる〔―なれる〕［物慣］。中古じゅくす［熟］。なる〔なれる〕［慣／馴］。

―・させる 近代くんれん［訓練］。近世きたふ〔きたえる〕［鍛］。中世たんれん［鍛錬］。

―・していない 中古かたなり［片生］。たどたどし。上代たづたづし。

じゅうじゅん【柔順】 近代ゑんまん［円満］。をんけん［穏健］。近世きょうじゅん［恭順］。じゅんじゅう［順従／遵従］。をんじゅん［温順］。をんわ［穏和／温和］。中世じうじゅん［柔順］。やはらか［柔］。をんくゎ［温和／穏和］。中古すなほ［素直］。をんじう［温柔］。上代をんびん［穏便］。

―・で親孝行であること 上代かうじゅん［孝順］。

―・な民 中世じゅんみん［順民］。

みせかけだけ― めんじゅうふくはい［面従腹背］。

有力者に靡き―・であること 風に靡く草。

じゅうしょ【住所】 近代あてさき［宛先］。アドレス(address)。きょぢゅうち［居住地］。げんぢゅうしょ［現住所］。しょざいち［所在地］。ところばんち［所番地］。近世あてな［宛名］。ところがき［所書］。ゐじょ［居処］。中世ところ［所］。やどもと［宿元／宿許］。ゐどこ［居所］。中古ざいしょ［在所］。すまひ［住］。すみどころ［住所］。ゐどころ［居所／居処］。上代きょしょ／きょそ［居所］。すみか［住処／栖／棲家］。ぢゅうしょ［住所／住処］。

《尊》近代おんち［御地］。きしょ［貴所］。近世きち［貴地］。

―が一定でないこと(人) じゅうしょふてい［住所不定］。ふうたろう／ぷうたろう［風太郎］。ホームレス(homeless)。ろじょうせいかつしゃ［路上生活者］。近代はうらうしゃ［放浪者］。ルンペン(ドイツ Lumpen)。近世うきすどり［浮巣鳥］。ぢゅうしょふぢゃう［住所不定］。てんぢくらうにん［天竺浪人］。ふらうしゃ［浮浪者］。やどなし［宿無］。むしゅくもの［無宿者］。東西南北の人。中世いっしょふぢゅう［一所不住］。中古じゅんきょ［鶉居］。

ーとする 近代ぢゃうぢゅう／ていぢゅう［定住］。中古すみなす［住成］。ぢゅうす［住］。上代やどる［宿］。

ーを替える てんしょ［転所］。近代てんきょ［転居］。近世すみかへ［住替］。てんたく［転宅］。てんぢゅう［転住］。ひっこす［引越］。中世いてん［移転］。せんきょ［遷居］。

友人知人のーを記入した帳面 じゅうしょろく［住所録］。近世きんらんぼ［金蘭簿］。

しゅうしょう【周章】 近代めんくらふ［面喰］。近世まごつく。泡を食ふ（食らふ）。中世あわてふためく［慌／周章］。うろたふ（ーたえる）［狼狽］。とりみだす［取乱］。中古しうしゃう［周章］。らうばい［狼狽］。上代あわつ（あわてる）［慌／周章］。

しゅうしょう【愁傷】 なげきかなしむ［嘆悲］。近世ひつう［悲痛］。中世しうしゃう［愁傷］。つうしゃく／つうせき［痛惜］。中古うれへなげく［愁嘆］。ひあい［悲哀］。上代あいしゃう［哀傷］。

しゅうしょう【就床】 近代しうしゃう［就床］。しうしん［就寝］。しうみん［就眠］。上代いぬ［寝］。ぬ（ねる）［寝］。→**しゅうしん【就寝】**

じゅうしょう【重傷】 近世ぢゅうさう［重創］。ぢゅうしゃう［重傷］。ふかきず［深傷］。中世おほけが［大怪我］。おもで［重手］。ふかで［深手／深傷］。上代いたで［痛手］。

しゅうしょく【就職】 近代しうげふ［就業］。しうしょく［就職］。にふしゃ［入社］。

ー活動 リクルート（recruit）。

ー先 近世うれくち［売口］。

ーの周旋をする家 近代うけやど［請宿］。やとひにんうけやど［雇人請宿］。近世くちいれや［口入屋］。たにんやど［他人宿］。ひとやど［人宿］。

しゅうしょく【修飾】 近代しうじ［修辞］。ふんしょく［粉飾］。モディファイ／モディフィケーション（modification）。近世烏帽子(えぼし)を着す（ー着せる）。中古さうしょく［装飾］。しうしょく［修飾］。上代かざり［飾／餝／錺］。

ーのたとえ 中古ふんぼく［粉墨］。

じゅうしょく【住職】 近世ていばう［亭坊］。てら［寺］。てらがた［寺方］。をしゃう［和尚／和上］。中世ぢゅうしょく［住職］。はうぢゃう［方丈］。ゐんじゅ［院主］。中古じゃうぢゅうそう［常住僧］。じゃうはう［上方］。そう［僧］。そうりょ［僧侶］。ぢゅうそう［住僧］。ぢゅうりょ［住侶］。ばうず［坊主／房主］。上代ぢゅうぢ［住持］。

《尊》中世おてらさま［御寺様］。中古ごばう［御坊／御房］。上代けしゅ［化主］。

ーが寺にいないこと 近世むぢゅう［無住］。

ーの代理 近世ゐんだい［院代］。中世はんざ［半座］。

後任のー 中世こうぢゅう／ごぢゅう［後住］。

虚無僧(こむそう)寺のー ゐんだい［院代］。

しゅうしん【執心】 →**しゅうちゃく**

しゅうしん【就寝】 眠りに就く。近代しうしゃう［就床］。しうしん［就寝］。しうみん［就眠］。床に就く。中古ねむる［眠］。やすむ［休］。上代いぬ［寝］。ぬ（ねる）［寝］。

しゅうしん【終身】 →**しゅうせい【終生】**

しゅうじん【囚人】 ふくえきしゃ［服役者］。近代じゅけいしゃ［受刑者］。近世つみんど［罪人］。とらはれもの［囚者］。るいしう［累囚／縲囚］。中世いうしう［幽囚］。とがじん／とがにん［咎人／科人］。めしうと／めしうど［召人／囚人］。中古しうじん［囚人］。とらはれびと［囚人］。上代けいしう［繋囚］。ざいしう［罪囚］。ざいにん［罪人］。しうと［囚徒］。つみびと［罪人］。

脱獄したー 近代だつごくしう［脱獄囚］。

徒刑に処せられたー とけいしう［徒刑囚］。

有罪が確定したー 近代きけつしう［既決囚］。

じゅうしん【重臣】 中世げんくん［元勲］。中古ぢゅうしん［重臣］。らうしん［老臣］。社稷(しゃしょく)の臣。

しゅうせい【修正】 てなおし［手直］。ほしつ［補筆］。リダクション（reduction）。手を加える。近代けうせい［矯正］。しうせい［修正］。てうせい［調整］。てうせつ［調節］。モディファイ／モディフィケーション（modification）。リタッチ／レタッチ（retouch）。近世しうせい［修整］。ぜせい［是正］。ていせい［訂正］。中世かひつ［加筆］。中古とりなほす［取直］。なほす［直］。

しゅうせい【修整】 →**しゅうせい**（前項）

しゅうせい【習性】 近代しふへき［習癖］。せいかう［性向］。近世しふくゎん［習慣］。しふせい［習性］。しゃう［性］。中古くせ［癖］。

よくないー 中世あくへき［悪癖］。

しゅうせい【集成】 しゅうやく［集約］。近世しふせい［集成］。中世しふたいせい［集大成］。

しゅうせい【終生】 近代ライフ（life）。近世いっせい［一世］。いっせいちご［一世一期］。ひっせい［畢生］。中世いちだい［一代］。いっしゃうがい［一生涯］。いっせ［一世］。中古いっ

しゃう［一生］。しゃうがい［生涯］。しゅうせい［終生／終世］。上代 しゅうしん［終身］。

じゅうぜい【重税】 近代 かぜい［苛税］。こくぜい［酷税］。ぢゅうぜい［重税］。

ーを課す 近代 かれんちゅうきう［苛斂誅求］。近世 膏血（かうけつ）を絞る。

しゅうせん【周旋】 ちゅうかい［仲介］。近代 がほ［牙保］。近世 あっせん［斡旋］。かけはし［架橋／懸橋／梯］。くちぞへ［口添］。くちつぎ［口次］。しうせん［周旋］。せわ［世話］。はしわたし［橋渡］。中世 きもいり［肝入／肝煎］。くちいれ［口入］。くちきき［口利］。くにふ［口入］。こうじゅ［口入］。とりもち［取持］。中古 せうかい［紹介］。とりつぐ［取次］。ばいかい［媒介］。上代 なかだち［仲立］。

ー・する人 近世 いひつぎ［言継／言次］。かれこれや［彼此屋］。くちいれにん［口入人］。くちいれや［口入屋］。くちいれやど［口入宿］。中世 くにふ［口入］。

ー料 ちゅうかいてすうりょう［仲介手数料］。マージン（margin）。リベート（rebate）。近代 くちせん／こうせん［口銭］。コミッション（commission）。てすうれう［手数料］。てぶあひ［歩合］。近世 せわれう［世話料］。てまだい［手間代］。中世 てまちん［手間賃］。

しゅうぜん【修繕】 オーバーホール（overhaul）。メンテナンス（maintenance）。リノベーション（renovation）。リペア（repair）。近代 かいしう［改修］。しうざう［修造］。しうふく［修復］。しうり［修理］。ほしう［補修］。近世 こそくり。しうほ［修補］。つづくり［繕／綴］。中世 かいちく［改築］。しゅざう［修造］。しゅふく［修復］。中古 しうぜん［修繕］。しゅり／すり［修理］。つくろひ［繕］。なほし［直］。上代 えいぜん［営繕］。しうえい［修営］。

ー・する 近世 こそくる。中世 しゅす［修］。つづくる［綴／繕］。なほす［直］。中古 とりつくろふ［取繕］。上代 つくろふ［繕］。

ーを要する物 近代 なほしもの［直物］。

家などのー 近世 ざうさく［造作］。中世 ふしん［普請］。中古 さくじ［作事］。上代 しうちく［修築］。

家などの小さなー こぶしん［小普請］。

家の内部のー 近世 うちぶしん［内普請］。

金物のー 近代 いとめ［鋳留］。近世 いかけ［鋳掛］。

器物のー 中世 つぎもの［継物］。

職人を頼まないー 近世 てまへぶしん［手前普請］。

鍋や釜などのー屋 近世 いかけや［鋳掛屋］。中世 いかけし［鋳掛師］。

じゅうぜん【十全】 →**かんぜん【完全】**

じゅうぜん【従前】 まえから［前］。まえまえから［前前］。中世 いままで［今迄］。これまで［此迄］。ざいらい［在来］。じゅうぜん［従前］。中古 ねんらい［年来］。上代 いぜん［以前］。じゅうらい［従来］。たねん［多年］。

しゅうそ【愁訴】 近代 あいぐゎん［哀願］。あいそ［哀訴］。せつぐゎん［切願］。近世 たんぐゎん［嘆願］。なきつく［泣付］。中世 こんぐゎん［懇願］。中古 しうそ［愁訴］。

しゅうそ【宗祖】 近代 けうそ［教祖］。近世 しゅうそ［宗祖］。中世 かいき［開基］。かいさん［開山］。かいそ［開祖］。中古 そし［祖師］。上代 しそ［始祖］。

しゅうぞう【収蔵】 近代 かくなふ［格納］。ちくざう［蓄蔵］。びちく［備蓄］。中古 しうざう［収蔵］。しうなふ［収納］。ちょざう［貯蔵］。→**しょぞう**

しゅうぞう【修造】 →**しゅうぜん**

じゅうそう【重層】 かさなりあい［重合］。近代 かさなり［重］。ぢゅうふく［重複］。近世 ぢゅうそう［重層］。とへはたへ［十重二十重］。なへやへ［七重八重］。中世 ぢゅうでふ［重畳］。ちょうふく［重複］。ちょうでふ［重畳］。をりかさなる［折重］。

じゅうそう【重奏】 じゅうしょう［重唱］。近代 アンサンブル（フランスensemble）。がっしゃう［合唱］。れんそう［連奏］。中古 がっそう［合奏］。

しゅうそく【収束】 近代 しうそく［収束］。近世 しうしふ［収拾］。中世 おちつく［落着］。らくちゃく／らくぢゃく［落着］。中古 しづむ（しずめる）［鎮／静］。上代 しづまる［鎮／静］。ちんぶ［鎮撫］。をさまる［治／修］。をさむ（おさめる）［治／修］。

しゅうそく【終息】 →**しゅうけつ【終結】**

じゅうそく【充足】 中世 じふぶん［十分］。じゅうそく［充足］。じゅうぶん［充分］。みちたる（ーたりる）［満足］。中古 ことたる（ーたりる）［事足］。まんぞく［満足］。上代 たる（たりる）［足］。

じゅうぞく【従属】 近代 いそん／いぞん［依存］。きぞく［帰属］。ふずい［付随］。近世 じゅうぞく［従属］。ふくぞく［服属］。中世 しょくす［属］。中古 ふぞく［付属］。

ー的なもの ふくじてき［副次的］。中世 こ［子］。

し

しゅうたい【醜態】 近代 しうじゃう[醜状]。しったい[失態／失体]。ちたい[痴態]。ふていさい[不体裁]。ろうたい[陋態]。近世 しうかう[醜行]。しうたい[醜態／醜体]。ぶさいく[不細工／無細工]。ぶざま[無様]。中世 ぶかっかう[不恰好]。上代 みにくし[醜]。

逃げるときのー 近世 鼬の最後っ屁。

じゅうたい【重体】 じゅうとく[重篤]。近代 ぢゅうたい[重体／重態]。近世 ぢゅうしゃう[重症]。中世 たいくゎん[大患]。中古 たいびゃう[大病]。上代 きとく[危篤]。ぢゅうくゎん[重患]。ぢゅうびゃう[重病]。

じゅうたい【渋滞】 近代 じふたい[渋滞]。中世 ぎたい[凝滞]。たいりう[滞留]。ちたい[遅滞]。中古 えんたい[延滞／淹滞]。ていたい[停滞]。上代 ぎょうたい[凝滞]。とどこほる[滞]。

じゅうだい【重大】 クリティカル(critical)。近代 しんこく[深刻]。ちめいてき[致命的]。容易ならぬ。近世 ぢゅうだい[重大]。中世 おほき[大]。じんだい[甚大]。たいぎ[大儀]。たいへん[大変]。

ー・でない 近世 てがるし[手軽]。中古 けしうはあらず。上代 ちひさし[小]。

ー・な事 中世 いちだいじ[一大事]。だいじ[大事]。たいせつ[大節]。

ー・な事業 中古 たいげふ[大業]。

ー・な時 近代 なんきょく[難局]。いざという時。近世 ぜったいぜつめい[絶体絶命]。せとぎは[瀬戸際]。中世 危急存亡の秋。

じゅうだい【重代】 近世 せんぞだいだい[先祖代代]。でんか[伝家]。中世 かでん[家伝]。でんらい[伝来]。中古 ぢゅうだい[重代]。るいだい[累代]。

しゅうたいせい【集大成】 しゅうやく[集約]。近代 がいくゎつ[概括]。そうけっさん[総決算]。近世 しふせい[集成]。しふたいせい[集大成]。そうくゎつ[総括／綜括]。

じゅうたく【住宅】 ねぐら[塒]。やしき[屋敷]。近代 てい[邸]。ハウス(house)。近世 かきょ[家居]。きょをく[居屋]。ぢゅうか[住家]。中世 いへ[家]。いへやしき[家屋敷]。いへゐ[家居]。かたく[家宅]。じんをく[人屋]。ぢゅうきょ[住居]。ぢゅうをく[住屋]。をくたく[屋宅]。中古 かをく[家屋]。じんか[人家]。ぢゅうたく[住宅]。ていたく[邸宅]。上代 きょたく[居宅]。すみか[住処／栖／住家／棲家]。↓いえ❶

《尊》中世 きはう[貴方]。

ーの集まっている所 近代 しがいち[市街地]。中世 そんらく[村落]。中古 しふらく[集落]。しゅうらく[聚落]。上代 いへむら[家群]。しせい[市井]。

ーの管理人 近代 ハウスキーパー(house-keeper)。

ーの建設供給の総称 ハウジング(housing)。

一階を商用に使い上層階をーとした建物 げたばきじゅうたく[下駄履住宅]。

会社や官公庁が用意するー 近代 こうしゃ[公舎]。しゃたく[社宅]。しゅくしゃ[宿舎]。中古 くゎんが[官衙]。上代 くゎんしゃ[官舎]。

太陽熱を利用する設備を備えたー ソーラーハウス(solar house)。

都市周辺のー地域 じゅうたくえいせいとし[住宅衛星都市]。ベッドタウン(和製 bed town)。

中庭を持つー コートハウス(courthouse)。

普段住まないー セカンドハウス(和製 second house)。ダーチャ(ロシア dacha)。近代 コテージ(cottage)。バンガロー(bungalow)。ビラ(フランス villa)。近世 べってい[別邸]。中世 さんしゃう[山荘]。べっさう[別荘]。べったく[別宅]。中古 さんさう[山荘]。

普段住むー 近代 ほんてい[本邸]。中古 ほんたく[本宅]。

部品を現地で組み立てて作るー くみたてじゅうたく[組立住宅]。プレハブじゅうたく[prefab住宅](prefabricated house の略)。

町の中のー 近世 ちゃうたく[町宅]。

蒙古人のテント状のー パオ(モンゴル包)。中古 きゅうろ[穹廬]。

しゅうだつ【収奪】 近代 しうだつ[収奪]。りゃくだつ[略奪]。近世 ふんだくる。まきあぐ[—あげる][巻上／捲上]。中世 がうだつ[強奪]。だっしゅ[奪取]。中古 うばひとる[奪取]。上代 うばふ[奪]。

しゅうたん【愁嘆】 近代 つうたん[痛嘆]。中世 あいしう[哀愁]。かなしみ[悲／哀]。中古 いうしう[憂愁]。しうたん[愁嘆／愁歎]。しゃうしん[傷心]。ひあい[悲哀]。ひしゃう[悲傷]。ひたん[悲嘆／悲歎]。上代 あいしゃう[哀傷]。なげき[嘆]。

しゅうだん【集団】 サークル(circle)。近代 グループ(group)。しふだん[集団]。だんた

い[団体]。パーティー(party)。マス/マッス(mass)。近世しゃくゎい[社会]。たむろ[屯]。中世あつまり[集]。ぐんしふ[群集]。ぐんしゅう[群衆/群聚]。むらがり[群/叢]。むれ[群]。中古くんじゅ[群集/群衆/群聚]。上代たう[党]。

ーから外れた人 いっぴきおおかみ[一匹狼]。近代アウトサイダー(outsider)。いはうじん[異邦人]。いぶんし[異分子]。きょくぐゎいしゃ[局外者]。

ー殺害 ジェノサイド(genocide)。ホロコースト(holocaust)。近代さつりく[殺戮]。

ーとなる 近代きうがふ[糾合/鳩合]。くむ[組]。けっせい[結成]。だいどう[大同]。だいどうだんけつ[大同団結]。近世だんけつ[団結]。中古けったく[結託]。上代けっしふ[結集]。

ーに加わっている 中世ぞくす[属]。《謙》近代はしきれ[端切]。末席(ばっせき)を汚す。近世はしくれ[端]。中世末席(まっせき)を汚す。中古すゑ[末]。

ーの体操やダンス 近代マスゲーム(mass game)。

同じ考えを持つ者のー じんえい[陣営]。はばつ[派閥]。近代セクト(sect)。たうは[党派]。近世いっぱ[一派]。中世いちみ[一味]。中古いったう[一党]。

共同で仕事するー きのうしゅうだん[機能集団]。タスクフォース(task force)。プロジェクトチーム(project team)。近代くみあひ[組合]。スタッフ(staff)。たい[隊]。チーム(team)。ぶたい[部隊]。近世ざ[座]。

政治的な働きかけをするー あつりょくだんたい[圧力団体]。プレッシャーグループ(pressure group)。

排他的なー はばつ[派閥]。近代ばつ[閥]。

反社会的ー(例)ぼうそうぞく[暴走族]。近代ぐれんたい[愚連隊]。ぼうりょくだん[暴力団]。

まとまりのないー 近世あつまりぜい[集勢]。中古烏合(うがふ)の衆。《句》近世藁(わら)千本あっても柱にはならぬ。

▼接尾語的に ぞく[族]。近代そう[層]。たい[隊]。だん[壇]。だん[団]。ぶ[部]。近世かい[界]。中世くみ[組]。しゃ[社]。たう[党]。は[派]。

じゅうたん【絨毯】 近代カーペット(carpet)。じゅうたん[絨毯]。近世だんつう[緞通/段通]。中世もうせん[毛氈]。中古かも[氈]。→しきもの

じゅうだん【銃弾】 ペレット(pellet)。近代じゅうだん[銃弾]。近世じゅうぐゎん[銃丸]。だんぐゎん[弾丸]。てっぱうだま[鉄砲玉]。

ーによる傷 しゃそう[射創]。近代じゅうさう[銃創]。

ーの届く距離 近代しゃきょり[射距離]。しゃていきょり[射程距離]。

ーを装着してあるベルト 近代だんたい[弾帯]。

凶徒の撃ったー きょうだん[凶弾/兇弾]。

しゅうち【周知】 パブリシティー(publicity)。近代こうち[公知]。こくち[告知]。しうち[周知]。近世しれわたる[知渡]。

ーの 近代かの[彼]。近世れいの[例]。

ーのこと《尊》近世ごぞんじ[御存]。

しゅうちゃく【執着】 近代あいちゃく[愛着]。こうでい[拘泥]。こしつ[固執]。しふねん[執念]。近世なづみ[泥/滞]。中世おもひいれ[思入]。がしふ[我執]。けねん[懸念]。こしふ[固執]。しふしん[執心]。中古あいぜん[愛染]。あいぢゃく[愛着]。しふ[執]。しふちゃく/しふぢゃく[執着/執著]。せんぢゃく/ぜんぢゃく[染着]。《句》近世一念五百生。

ー・している 中世ちゃくさう[着相]。中古かけかけし[掛掛]。とんぢゃく[貪着]。

ー・しない 近世きれはなる[切離]。むさう[無相]。むしふ[無執]。むしょとく[無所得]。むぢゃく[無着]。

ー・しないたとえ 近世かううんりうすい[行雲流水]。

ー・する 近世うちなづむ[打泥]。中世おもひこむ[思込]。しっす[執]。せんぢゃく[染着]。ぢゃくす[着]。ぢゅうす[住]。とんあい/とんない[貪愛]。中古あいす[愛]。おもひとどむ[思止]。こころおく[心置]。こころづく[心付]。こころとどむ[心留]。しふす[執]。ぢゃくす[着]。とりす[執]。むさぼる[貪]。心に染む。上代なづむ[泥]。

ー・する心 中世ちゃくしん[着心/著心]。→しゅうねん

ー・する心のたとえ とりこ[虜]。上代やっこ[奴/臣]。

ー・する物はない 近世ほんらいむいちもつ[本来無一物]。

ーの心を持つこと 中世うしん[有心]。

ーの深いこと 近代りんね/りんゑ[輪廻]。

誤った見解にー・すること 近世いしふ[異執]。

異常な— 近代 へんきゃう［偏狂］。へんしつきゃう／へんしふきゃう［偏執狂］。モノマニア(monomania)。

異性や肉親への— 中世 あいぢゃく［愛着］。あいよく［愛欲］。中古 あいしふ［愛執］。

前世からの— 中世 しゅくしふ［宿執］。

迷う心で—・すること 近代 めいしつ［迷執］。中世 まうしふ／まうじふ［妄執］。めいまう［迷妄／冥妄］。中古 まうねん［妄念］。めいしふ［迷執］。

しゅうちゅう【集中】 コンセントレーション(concentration)。しゅうやく［集約］。近代 しふせき［集積］。しふちゅう［集中］。しゅうせき［聚積］。近世 さったう［殺到］。中世 かたまる［固］。さんしふ［参集］。上代 あつまる［集／聚］。けっしふ［結集］。ふくそう［輻輳／輻湊］。

—・させる 近代 ぎょうちゅう［凝注］。中古 かたぶく［傾］。けねん［懸念／繋念／係念／掛念］。こらす［凝］。とどむ〔とどめる〕［止／留］。

—・しているさま 近世 もっぱら［専］。中世 いちづ［一途］。じっと。中古 つくづく／つくづく［熟］。ひたと［直］。ひたぶる［頓／一向］。上代 ひたすら［只管／一向］。

—・しないさま 近代 心ここにあらず。近世 手に付かず。中世 そぞろ［漫］。

—・する 近代 そそぐ［注］。中古 となふ［調／整］。上代 あつまる［集］。

—・する所 中古 ちゅうしん［中心］。

精神の— 近代 いちいせんしん［一意専心］。いちづ［一途］。けいちゅう［傾注］。せんねん［専念］。ねっちゅう［熱中］。近世 いっしょけんめい［一所懸命］。中世 心を傾く［—傾ける］。中古 いっしん［一心］。いっしんふらん［一心不乱］。こらす［凝］。さんまい［三昧］。

じゅうちん【重鎮】 じつりょくしゃ［実力者］。近代 いうりょくしゃ［有力者］。おほごしょ［大御所］。ぢゅうちん［重鎮］。ゆうちん［雄鎮］。近世 おほだてもの［大立者］。たいと［泰斗］。中古 えうじん［要人］。おもし［重／重石］。上代 りゃうしう［領袖］。

しゅうてん【終点】 しゅうちゃく［終着］。しゅうちゃくえき［終着駅］。しゅうちゃくてん［終着点］。近代 しゅうてん［終点］。近世 いきどまり／ゆきどまり［行止］。ゴール(goal)。

じゅうてん【重点】 近代 ウエート(weight)。えうてん［要点］。おもき［重］。ぢゅうしん［重心］。ぢゅうてん［重点］。ポイント(point)。りきてん［力点］。

—を置く 重きを置く。

しゅうと【舅／姑】 近代 がくふ［岳父］。近世 ぢゃうじん［丈人］。中世 親ならぬ親。中古 しうとめ［姑］。上代 きうこ［舅姑］。しうと［舅／姑］。しひと［舅］。しひとめ［姑］。

《尊》近世 しうとご［舅御／姑御］。

▼夫の姉 あねじゅうと［姉姑］。

▼配偶者の兄弟姉妹 中古 こじうと［小姑／小舅］。

しゅうとう【周到】 近代 しうさふ［周匝］。しうたう［周到］。ねんいれ［念入］。近世 ねんいり［念入］。中世 いきとどく［行届］。しうみつ［周密］。たんねん［丹念］。にふねん［入念］。めんみつ［綿密］。至れり尽くせり。中古 ことこまか［事細］。こまごま［細細］。ていねい［丁寧／叮嚀］。上代 つぶさ［具］。

じゅうとう【充当】 近代 じゅうたう［充当］。じゅうてん［充填］。わりあてる［割当］。わりふる［割振］。中世 あておこなふ［宛行／充行］。じゅうそく［充足］。みたす［充］。中古 あつ〔あてる〕［充／当］。じゅうよう［充用］。

しゅうとく【修得】 マスター(master)。物にする。近代 えつれき［閲歴］。中世 しうとく［修得］。ゑとく［会得］。中古 おぼゆ〔おぼえる〕［覚］。ならひ［習］。をさむ〔おさめる〕［修］。上代 がくしふ［学習］。

師につかず独りで—・する 近代 どくしう［独修］。

他人の技を秘かに真似て—・する 中古 ぬすむ［盗］。

短期間で—・する 近代 そくしう［速修］。そくしふ［速習］。

しゅうとく【収得】 近代 しうとく［収得］。しゅとく［取得］。手にする。近世 らくしゅ［落手］。中世 くゎくとく［獲得］。にふしゅ［入手］。手に入る［—入れる］。上代 う〔うる／える〕［得］。

じゅうなん【柔軟】 近代 だんりょくてき［弾力的］。フレキシブル(flexible)。融通がきく。近世 しなやか。りんきおうへん［臨機応変］。中世 じうなん［柔軟］。にうなん［柔軟］。中古 なごし［和］。やはらか［柔／軟］。

《句》近代 柳に雪折れなし。近世 柔能く剛を制す。

―・でない（さま）近代かうちょく［硬直］。こちんこちん。近世けけし。中世いしあたま［石頭］。

じゅうにがつ【十二月】（陰暦）近代としみつづき［年満月］。近世おとうづき／おとづき／おとごづき［弟月］。おとごづき［乙子月］。かぎりのつき［限月］。きげつ［季月］。きとう［季冬］。きはまりづき［極月］。きゅうげつ［窮月］。くかん［苦寒］。としつみづき／としつもづき［年積月］。ゆきづき［雪月］。わうとう［黄冬］。中世うめはつづき［梅初月］。おやこづき［親子月］。かぎりづき［限月］。くれこづき［暮古月／暮来月］。じふにぐゎつ［十二月］。たいりょ／たいろ［大呂］。ぢょげつ［除月］。はるまちづき［春待月］。みふゆづき［三冬月］。中古きゅういん［窮陰］。きゅうとう［窮冬］。ごくげつ［極月］。としよつむづき［年世積月］。はてのつき［果月］。ばんとう［晩冬］。らふ［臘］。らふげつ［臘月］。上代しはす［師走］。

―の最後の日　近世おほとし［大歳］。おほみそか［大晦日／大三十日］。らふじつ［臘日］。中世おほつごもり［大晦／大晦日］。

新年から見て昨年の―　近代かくらふ［客臘］。中世きうらふ［旧臘］。

▼春がそこまで来ていること　近世はるどなり［春隣］。中古春の隣。

じゅうにし【十二支】（十干も含めて）近世かんし［干支］。ひよみ［日読］。中世えと［干支］。じふにし［十二支］。中古しかん［支干］。

しゅうにゅう【収入】近代あがり［上］。いりまへ［入前］。インカム(income)。しうえき［収益］。じっしう［実収］。近世いり［入］。うちいり［内入］。さいにふ［歳入］。しうにふ［収入］。みいり［実入］。をさまり［収／納］。中世いりまい［入米］。かせぎ［稼］。しょうとく／しょとく［所得］。まうけ［儲］。りえき［利益］。

―があること　近世うるおふ［潤］。

―がなくなる　近代飯の食ひ上げ。近世ひあがる［干上／乾上］。顎が干上がる。

―源　ドルばこ［dollar箱］。近世かねばこ［金箱］。飯の種。

―と支出　中世しうし［収支］。

―の額　近代とりだか［取高］。

一定の―　近代げっしう［月収］。ねんしう［年収］。

田畑の収穫や家賃などの―　近代あがりもの［上物］。

日々の―　にっしゅう［日収］。

副業などによる―　ふくしゅうにゅう［副収入］。

予定外の―　近世ほまち［外持／帆待］。中世よとく［余得］。

しゅうにん【就任】近代しうげふ［就業］。しうしょく［就職］。しうにん［就任］。しうらう［就労］。ふくむ［服務］。中世しつむ［執務］。中古ちゃくにん［着任］。

官職に―・する　中古綬を結ぶ。

じゅうにん【重任】近代ぢゅうせき／ちょうせき［重責］。近世たいにん［大任］。ぢゅうにん［重任］。中古えうむ［要務］。→**ちょうにん【重任】**

じゅうにん【住人】→**じゅうみん**

しゅうねん【執念】近代ねつい［熱意］。近世しふねん［執念］。中世おくねん［憶念／臆念］。がしふ［我執］。けねん［懸念］。しふしん［執心］。しふぢゃくしん［執着心］。ちゃくしん［着心／著心］。しふ［執］。中古いちねん［一念］。ねん［念］。

―深い　ねちこい／ねちっこい。近世どびつこい（近世上方語）。ねづよし［根強］。ねぶかし［根深］。りんね／りんゑ［輪廻］。中世しつこし。ねつい。中古こはし［強］。しふねし［執念］。《句》近代蟹の死にばさみ。近世女の一念岩をも通す。

―深い陰険な心　中世じゃしん／だしん［蛇心］。

―深く思う　中古しふねがる［執念］。

―を断ち切ること　中世だんぜつ［断絶］。

心の迷いからくる―　近代めいしつ［迷執］。中世めいまう［迷妄／冥妄］。中古まうしふ［妄執］。まうねん［妄念］。めいしふ［迷執］。

前世からの―　中世しゅくしふ［宿執］。

しゅうのう【収納】近代かくなふ［格納］。しうじゅ［収受］。近世じゅりゃう［受領］。中世しうなふ［収納］。もらふ［貰］。中古しうざう［収蔵］。じゅなふ［受納］。じゅり［受理］。上代うけとる［受取／請取］。とりをさむ〔―おさめる〕［取納］。をさむ〔おさめる〕［収／納］。

―・する場所　クロゼット(closet)。近世おしいれとだな［押入戸棚］。おしこみ［押込］。をさめどの［納殿］。中世おしいれ［押入］。中古なんど［納戸］。→**そうこ**

じゅうのう【十能】近世おきかき［熾搔／燠搔］。くゎと［火斗］。じふのう［十能］。中古ひかき［火搔］。

しゅうは【宗派】中世しゅう［宗］。しゅうし

［宗旨］。しゅうは［宗派］。しゅうもん／しゅもん［宗門］。もんぱ［門派］。中古けうもん［教門］。

―の祖 近代けうそ［教祖］。中世かいき［開基］。かいさん［開山］。かいそ［開祖］。しゅうそ［宗祖］。中古そし［祖師］。上代しそ［始祖］。

同じ― 中世いちもん［一門］。

しゅうは【秋波】 よこめづかひ［横目遣］。近代ウインク(wink)。近世いろめ［色目］。しうは［秋波］。ながしめ［流目］。

じゅうばこ【重箱】 近世おぢゅう［御重］。中世ぢゅう［重］。ぢゅうばこ［重箱］。
―に詰めた肴(さかな) 近世ぢゅうざかな［重肴］。
―に詰めた料理 近世ぢゅうづめ［重詰］。
いろいろ組み合わせて使う― いれこじゅう［入子重］。かさねじゅう［重重］。近世くみぢゅう［組重］。
薄い杉板で作った― 近世すぎぢゅう［杉重］。
菓子を入れた小形の― 近代かしぢゅう［菓子重］。
携帯用の― 近世さげぢゅう／さげぢゅうばこ［提重箱］。ささえ［小筒／竹筒］。ねざめ／ねざめさげぢゅう［寝覚提重］。
▼助数詞 近代かさね［重］。

じゅうはちばん【十八番】 近代おいへげい［御家芸］。とくぎ［特技］。近世おかぶ［御株］。おてのもの［御手物］。おとくい［御得意］。おはこ［十八番］。じふはちばん［十八番］。

しゅうばん【終盤】 さいしゅうだんかい［最終段階］。近代しゅうきょく［終局］。しゅうまく［終幕］。→**しゅうきょく【終局】**

じゅうびょう【重病】 近代ぢゅうたい［重態／重体］。近世おほわづらひ［大煩／大患］。ぢゅうしゃう［重症］。中世たいくゎん［大患］。中古たいびゃう［大病］。上代ぢゅうくゎん［重患］。ぢゅうびゃう［重病］。
―であるさま 近世あつし［厚／篤］。重き枕。

しゅうふく【修復】 近代かいしう［改修］。かいぜん［改善］。しうふく［修復］。しうり［修理］。ふくきう［復旧］。中世ふくす［復］。中古しうぜん［修繕］。上代しうちく［修築］。しゅざう［修造］。つくろふ［繕］。

じゅうふく【重複】→**ちょうふく**

しゅうぶん【醜聞】 近代あくめい［悪名］。しうぶん［醜聞］。しうめい［醜名］。スキャンダル(scandal)。近世あくひゃう［悪評］。をめい［汚名］。中古あくみゃう［悪名］。上代しうせい［醜声］。

じゅうぶん【十分】 近代じゅうぶん［充分］。フル(full)。ほうまん［豊満］。近世ほうふ［豊富］。まんろく［真陸］。余りあり。間に合ふ。中世じゅうそく［充足］。じゅんたく［潤沢］。たんぬ［足］。まったし［全］。みちたる［―たりる］［満足］。至れり尽くせり。中古いっぱい［一杯］。ことたる［―たりる］［事足］。じふぶん［十分］。たらふ［足］。はかばかし［果果］。まほ［真面／真秀］。まんぞく［満足］。ゆたけし［豊］。上代たしけし［確］。たる［たりる］［足］。ももだる／ももちたる／ももちだる［百千足］。ゆたか［豊］。

―過ぎる 近世じふにぶん［十二分］。中古そす［過］。身に余る。

―・でない 近代ばふけつ［乏欠／乏闕］。ものたらない／ものたらぬ／ものたりない／ものたりぬ［物足］。ろくすっぽ／ろくすっぽう／ろくそっぽ［陸／碌］。近世おかったるい。かったるい。ろくそっぽう［陸／碌］。なま［生］(接頭語)。ろくろく(…ない)［陸陸／碌碌］。中世ふぜん［不全］。ろくに(…ず)［陸／碌］。中古ばふせう［乏少］。ふそく［不足］。ぼくせう［乏少］。

―・でなく不自由する 中古ことかく［事欠］。

―・なさま(形容動詞／副詞) 近代けっこう［結構］。ちゃんと。びっしり。みっしり。みっちり。ゐかんなく［遺憾無］。近世おもふぞんぶん［思存分］。ぐっと。しこたま。しっかり［確／聢］。じっくり。たくさん［沢山］。たんまり。とくと。とっけり。どっさり。どんと。なんなん。はったり。ふんだく。ふんだん。よっぱら。ろくろく［陸陸／碌碌］。中世ぞんぶん［存分］。たっぷり。たぶやか。たんと。なみなみ。ほってと。まんまん［満満］。中古いっぱい［一杯］。ばんばん［万万］。よく［良／能］。よくよく［善善］。上代そこらくに。つばら／つばらか［委曲／詳］。まつぶさ［真具］。

―・に味わうこと 近代まんきつ［満喫］。

―・にする やりつくす［遺尽］。中古しつくす［為尽］。上代あく［飽／厭］。たらはす［足］。よくす。

―・になっていない 中世なまなり［生成］。

しゅうへき【習癖】 近代くせ［癖］。しふへき［習癖］。近世しふくゎん［習慣］。しふせい［習性］。中世じゃうしふ［常習］。せいへき［性癖］。中古ならひ［習／慣］。
悪い― 中世あくへき［悪癖］。

しゅうへん【周辺】 近代しうえん［周縁］。ふ

きん［付近］。近世かいわい［界隈］。しうへん［周辺］。中世きんじょ［近所］。きんばう／きんぱう［近傍］。しうゐ［周囲］。しへん［四辺］。しゐ［四囲］。まはり［回／廻／周］。中古きんぺん［近辺］。しはう［四方］。しめん［四面］。上代えんぺん［縁辺］。

―にあるさま マージナル(marginal)。

しゅうぼう【衆望】 近代しゅうばう［衆望］。しんばう［信望］。よばう［輿望］。近世せいばう［声望］。中世めいばう［名望］。中古じんばう［人望］。とくばう［徳望］。

じゅうほう【銃砲】 近代ガン(gun)。じゅうき［銃器］。じゅうくゎき［銃火器］。じゅうはう［銃砲］。近世くゎき［火器］。とびだうぐ［飛道具］。ほづつ［火筒］。中世てっぱう［鉄砲］。→**じゅう【銃】** →**たいほう**

―の弾の最大到達距離 だんちゃくきょり［弾着距離］。ちゃくだんきょり［着弾距離］。

―の発射 近代じゅうげき［銃撃］。はうげき［砲撃］。近世しゃげき［射撃］。そげき［狙撃］。はっぱう［発砲］。中世うつ［射／撃］。ねらひうち［狙撃］。

―をむやみに発射すること 近世らんしゃ［乱射］。

しゅうまく【終幕】 ジエンド(the end)。しゅうばん［終盤］。へいまく［閉幕］。近代エピローグ(epilogue)。しゅうきょく［終局］。しゅうまく［終幕］。ちょん。幕を閉じる。幕を引く。近世おほづめ［大詰］。だいだんゑん［大団円］。はね［跳／撥／刎］。フィナーレ(イタリア finale)。まくぎれ［幕切］。ろくだんめ［六段目］。→**おわり** →**しゅうきょく**

しゅうまつ【終末】 近代けつまつ［結末］。しゅうきょく［終局］。しゅうけつ［終結］。しゅうび［終尾］。しゅうまつ［終末］。とことん。まつび［末尾］。中世らくちゃく［落着］。中古すゑ［末］。→**おわり** →**しゅうきょく**

じゅうまん【充満】 近代はうわ［飽和］。わういつ［横溢］。中世じゅうじつ［充実］。じゅうそく［充足］。中古じゅういつ［充溢］。じゅうまん［充満］。

―・する 近世みなぎる［漲］。中世つまる［詰］。みたす［充／満］。みつ(みちる)［満］。中古たたふ(たたえる)［湛］。上代ほどこる［播／延］。

しゅうみつ【周密】 近代しうたう［周到］。ちみつ［緻密］。近世しゃうみつ［詳密］。せいち［精緻］。中世いきとどく［行届］。さいみつ［細密］。しうみつ［周密］。めんみつ［綿密］。中古ことこまか［事細］。上代せいみつ［精密］。

しゅうみん【就眠】 近代しうしゃう／じゅしゃう［就床］。しうしん［就寝］。しうみん［就眠］。床に就く。眠りに落ちる。

じゅうみん【住民】 近代きょぢゅうしゃ［居住者］。中世きょみん［居民］。ぢゅうみん［住民］。中古ぢゅうにん［住人］。

一時的に住んでいる外国の― 近代きょりうみん［居留民］。

外国へ移り住む― 近代いぢゅうしゃ［移住者］。いぢゅうみん［移住民］。いみん［移民］。

行政区画による―の名称 どうみん［道民］。近代とみん［都民］。ふみん［府民］。くみん［区民］。けんじん［県人］。けんみん［県民］。ちゃうみん［町民］。近世しみん［市民］。中世くにたみ／こくみん［国民］。そんじん／むらうど［村人］。中古そんみん［村民］。むらびと［村人］。

島の― 近代たうじん［島人］。たうみん［島民］。中世しまじん［島人］。中古しまびと［島人］。

都会の― 近世しみん［市民］。ちゃうしゅう［町衆］。中世ちゃうしゅ／まちしゅう［町衆］。

難を逃れて来た― レフュジー(refugee)。近代ひなんみん［避難民］。近世なんみん［難民］。中世りうみん／るみん［流民］。

元からの― げんちじん［現地人］。せんじゅうみん［先住民］。近代げんぢゅうみん［原住民］。中古どみん［土民］。上代どじん［土人］。

▼接尾語 っこ［子］(例＝江戸っ子)。

しゅうめいぎく【秋明菊】 こうらいぎく［高麗菊］。近世あきぼたん［秋牡丹］。きぶねぎく［貴船菊］。くさぼたん［草牡丹］。しうしゃくやく［秋芍薬］。中世しうめいぎく［秋明菊］。

じゅうめん【渋面】 近代しかめっつら／しかめつら／しかめづら［顰面］。近世しかみづら［顰面］。ふくれっつら［膨面］。ぶっちゃうづら［仏頂面］。中世じふめん［渋面／十面］。

しゅうや【終夜】 →**てつや**

しゅうやく【集約】 近代いっくゎつ［一括］。がいくゎつ［概括］。くくる［括］。しめくくる［締括］。近世しふせい［集成］。しふたいせい［集大成］。そうくゎつ［総括］。中世しふたいせい［集大成］。はうくゎつ［包括］。まとむ(まとめる)［纏］。

じゅうやく【重役】 エグゼクティブ(executive)。かんりしょく［管理職］。近代じゃう

む[常務]。しゃちゃう[社長]。せんむ／せんむとりしまりやく[専務取締役]。とりしまりやく[取締役]。近世 おもやく[重役]。中古 ぢゅうやく[重役]。

しゅうゆう【周遊】 近代 くゎいいう[回遊]。近世 まんいう[漫遊／慢遊]。中世 いうれき[遊歴]。中古 いうらん[遊覧]。しうせん[周旋]。じゅんいう[巡遊]。上代 しういう[周遊]。

しゅうよう【修養】 近代 けんしう[研修]。そやう[素養]。近世 しうやう[修養]。中世 しゅぎゃう[修行]。ねる[練／錬]。中古 をさむ[おさめる][修]。

《句》近世 玉琢(みが)かざれば器を成さず。中世 天を怨(うら)みず人を尤(とが)めず。中古 玉磨かざれば光なし。

―の極致に達した人 中古 しじん[至人]。

しゅうよう【収容】 しゅうのう[収納]。近代 かくなふ[格納]。しうよう[収容]。中世 うけいる[―いれる][受入]。中古 しうざう[収蔵]。上代 をさむ[おさめる][収／納]。

避難民などを―・する所 キャンプ(camp)。近代 しうようしょ[収容所]。

捕虜などを―・する所 きょうせいしゅうようしょ[強制収容所]。よくりゅうしょ[抑留所]。ラーゲリ(ロシア lager)。近代 しうようしょ[収容所]。

じゅうよう【重要】 インポータント(important)。近代 しゅえう[主要]。すうぢく[枢軸]。ぢゅうえう[重要]。近世 ぢゅうだい[重大]。中世 せんえう[専要]。せんえう[詮要]。だいじ[大事]。はかばかし[捗捗]。中古 おもし[重]。かんえう[肝要]。かんじん[肝心／肝腎]。たいせち／たいせつ[大切]。上代 すうえう[枢要]。

《句》近代 大の虫を生かして小の虫を殺せ。中世 小を捨てて大につく。

―人物 きちゅう[基柱]。ちゅうとう[柱棟]。ビップ／ブイアイピー(VIP; very important person)。近代 きょとう[巨頭]。近世 おほだてもの[大立者]。だいこくばしら[大黒柱]。中世 はしら[柱]。中古 えうじん[要人]。けんえう[顕要]。ちゅうせき[柱石]。

―・でない 近代 けいせう[軽少]。だいにぎてき[第二義的]。にぎてき[二義的]。にじてき[二次的]。マイナー(minor)。中古 かりそめ[仮初／苟且]。かるし[軽]。上代 ちひさし[小]。

―・でない部分 しようまっせつ[枝葉末節]。中古 えだは／しえふ[枝葉]。はし[端]。

―と見ない 近代 けいし[軽視]。

―と見る 近代 ぢゅうえうし[重要視]。ぢゅうし[重視]。上代 おもんず[重]。

―・な意義 上代 えうぎ[要義]。

―・な事柄 近代 えうもく[要目]。近世 えうけん[要件]。たてもの[立物／立者]。中世 いちだいじ[一大事]。おほごと[大事]。中古 えうじ[要事]。上代 だいじ[大事]。

―・な政務 近代 すうむ[枢務]。上代 ばんき[万機]。

―・な地位にいること 近世 おもだつ[重立／主立]。たうろ[当路]。中古 えうろ[要路]。

―・な務め 近代 えうしょく[要職]。中世 ぢゅうしょく[重職]。中古 えうむ[要務]。

―・なところ 近代 えうてん[要点]。エッセンス(essence)。きふしょ[急所]。くゎんもく[関目]。しゅがん[主眼]。ぢゅうてん[重点]。ポイント(point)。近世 かなめいし[要石]。かんじんかなめ[肝心要／肝腎要]。かんどころ[勘所／肝所／甲所]。中世 かなめ[要]。がんもく[眼目]。

―・な場所 のどもと[喉元]。近代 きふしょ[急所]。さやく[鎖鑰]。近世 えうち[要地]。へそ[臍]。中世 えうしょ[要所]。えうしょう[要衝]。しゅゐ[主位]。

―・な場所を支配下におく 近代 やくする[扼]。咽喉(いんこう)を扼(やく)する。

―・な話し合い 近代 えうだん[要談]。

―・な港 近代 えうかう[要港]。中世 えうしん[要津]。

―・な文句 中世 かんもん[肝文]。

最も― 近世 だいせん[大専／第専]。中古 しえう[至要]。ちゅうしん[中心]。

最も―・な場所 近代 きょてん[拠点]。だいいっせん[第一線]。ちゅうしんち[中心地]。ちゅうしんてん[中心点]。ちゅうすう[中枢]。

最も―・な場面 近代 クライマックス(climax)。さいかうてう[最高潮]。ぜっちゃう[絶頂]。近世 しゃうねんば[正念場／性念場]。

最も―・なもの 近代 かくしん[核心]。けっし[楔子]。ちこつ[地骨]。近世 しんずい[神髄]。しんもく[心目]。中世 おくぎ[奥義]。ずい[髄]。せいずい[精髄]。中古 あうぎ[奥義]。

しゅうらい【襲来】 近代 おそひかかる[襲掛]。近世 しふげき[襲撃]。らいしふ[来襲]。中世 しふらい[襲来]。

じゅうらい【従来】 以前から。以前より。前から。前々から。近代かうらい［向来］。近世きうらい［旧来］。しゅくせき［夙昔］。中世これまで［此迄／是迄］。ざいらい［在来］。じゅうぜん［従前］。もとから［元］。もともと［元元］。今まで。中古かねて［兼／予］。きゃうらい［向来］。こらい［古来］。しゅくせき［宿昔］。もとより［元／固］。上代ぐゎんらい［元来］。じゅうらい［従来］。

しゅうらく【集落】 近代ビレッジ(village)。近世きょそん［居村］。中世じゅらく［聚楽］。そんらく［村落］。中古しふらく［集落］。ひとざと［人里］。むら［村］。上代いふ［邑］。さと［里／郷］。むらざと［村里］。りょ［閭］。→**むら【村】**→**むらざと**

いろいろなー(例) かいそん［塊村］。がいそん［街村］。かんごうしゅうらく［環濠集落］。けいこうしゅうらく［渓口集落］。さんそん［散村］。しゅうそん［集村］。たにぐちしゅうらく［谷口集落］。

多くのー ぐんらく［群落］。

しゅうり【修理】 オーバーホール(overhaul)。リノベーション(renovation)。リペア(repair)。近代かいしう［改修］。しうふく［修復］。しうり［修理］。近世つづくり［綴］。中古しうぜん［修繕］。しゅり／すり［修理］。上代つくろふ［繕］。→**しゅうぜん**

しゅうりょう【終了】 →**おわり**

しゅうりょう【修了】 近代しうげふ［修業］。しうれう［修了］。近世そつげふ［卒業］。

じゅうりょう【重量】 近代ウエート(weight)。近世ぢゅうりゃう［重量］。めかた［目方］。中世おもたさ［重］。おもみ［重］。中古おもさ［重］。

ーに対する感覚や力 そうちせい［走地性］。へいこうかんかく［平衡感覚］。近代すうちせい［趨地性］。ばんいういんりょく［万有引力］。ふりょく［浮力］。

ーの方向 すいちょく［垂直］。近代えんちょく［鉛直］。

じゅうるい【獣類】 近代アニマル(animal)。ちきしゃう［畜生］。近世じうるい［獣類］。中世ちくるい［畜類］。中古けもの［獣］。ちくしゃう［畜生］。やじう［野獣］。上代けだもの［獣］。

しゅうれい【秀麗】 中世たんれい［端麗］。中古いうび［優美］。くゎれい［華麗］。しうれい［秀麗］。びれい［美麗］。上代うるはし［麗］。かれい［佳麗］。

しゅうれん【習練】 近代くんれん［訓練］。れんしう／れんじゅ［練修］。近世きたふ〔きたえる〕［鍛］。しふれん［習練／習錬］。中古れんしふ［練習］。

長くー・する 修練を積む。近代年季を入れる。

しゅうれん【収斂】 しゅうそく［収束］。しゅうそく［集束］。近世しうしゅく［収縮］。しうれん［収斂］。

しゅうろく【収録】 レコーディング(recording)。ろくおん［録音］。近代さいろく［採録］。ドキュメント(document)。ろくぐゎ［録画］。近世しうろく［収録］。中古きろく［記録］。

しゅうわい【収賄】 おしょく［汚職］。近代ぎごく［疑獄］。しうわい［収賄］。とくしょく［瀆職］。

しゅえい【守衛】 ガードマン(和製guardman)。けいびいん［警備員］。近代みはりばん［見張番］。近世ばんにん［番人］。中古けいご［警固／警護］。はりばん［張番］。上代しゅゑい［守衛］。

しゅえん【酒宴】 →**えんかい**

しゅかい【首魁】 近代げんぼう［元謀］。近世しゅくゎい［首魁］。しゅぼうしゃ［首謀者］。しゅりゃう［首領］。とうりゃう［頭領／棟梁］。中古かしら［頭］。ちゃうほんにん［張本人］。上代げんきょう［元凶／元兇］。

しゅかん【主幹】 →**しゅにん**

しゅかん【主管】 キャップ(captainの略)。キャプテン(captain)。近代しゅじ［主事］。せきにんしゃ［責任者］。チーフ(chief)。マネージメント(management)。近世くゎんり［管理］。しゅくゎん［主管］。中世しゅさい［主宰］。中古くゎんかつ［管轄］。

しゅがん【主眼】 近代えうてん［要点］。くゎんもく［関目］。こっかん［骨幹］。しゅがん［主眼］。しゅし［主旨］。ぢゅうてん［重点］。ポイント(point)。りきてん［力点］。近世かなめいし［要石］。こっし［骨子］。しゅい［主意］。しゅなう［主脳］。中世かなめ［要］。がんもく［眼目］。

じゅかん【樹間】 中古じゅかん［樹間］。上代このま／こま［木間］。りんかん［林間］。

しゅき【酒気】 近代さけけ［酒気］。近世さけき［酒気］。よくん［余醺］。中世さかけ［酒気］。しゅき［酒気］。

しゅき【手記】 近代しゅき［手記］。ドキュメント(document)。メモワール(フランスmémoires)。中古きろく［記録］。

しゅぎ【主義】 近代イズム(ism)。イデオロギー(ドイツ Ideologie)。オピニオン(opinion)。けんかい[見解]。じせつ[持説]。しゅぎ[主義]。しんでう[信条]。しんねん[信念]。たちば[立場]。ドクトリン(doctrine)。はたじるし[旗印]。プリンシプル(principle)。近世しゅうし[宗旨]。中世ぢろん[持論]。

ーが違うこと 近世しゅうしちがひ[宗旨違]。

ーがはっきりしていること 近代きしせんめい[旗幟鮮明]。

ーを変える せんのう[洗脳]。近代へんせつ[変節]。まげる[曲/枉]。己を枉まぐ[ー枉げる]。

ーをかたく守り続けること 近世さうぢ[操持]。

ーをことさら示す ふりかざす[振翳]。中世かかぐ[かかげる][掲]。

ーを説いて回ること 近世いうぜい[遊説]。

しゅぎょう【修行】 近代きうだう[求道]。しうだう[修道]。近世くゎしゃく[挂錫/掛錫]。しうやう[修養]。れんまん[練磨/錬磨]。ゑか/ゑげ[会下]。中世がくだう[学道]。ぎゃう[行]。ぎゃうごふ[行業]。ぐだう[求道]。くふう[工夫/功夫]。しゃうじん[精進]。たんれん[鍛錬]。れんま[練磨/錬磨]。中古おこなひ[行]。ぎゃうだう[行道]。ぎゃうほふ/ぎゃうぼふ[行法]。さうじ/さうじん[精進]。せっさたくま[切磋琢磨]。つとめ[勤]。にふだう[入道]。上代しゅぎゃう[修行]。

《句》近世玉琢みがかざれば器を成さず。中世玉磨かざれば光なし。中古仏も昔は凡夫なり、我らも終には仏なり。

ー・する 中世おこなひすます[行澄]。ごんしう[勤修]。中古ぎゃうず[行]。ごんしゅ[勤修]。をさむ[おさめる][修]。上代おこなふ[行]。つとむ[つとめる][勤]。

ー・する人 近世しゅげんじゃ[修験者]。ひしゃく[飛錫]。中世くぢゅうざ[久住者]。しゅがくしゃ[修学者]。しょけ[所化]。だうしゃ[道者]。だうじん[道人]。中古おこなひびと[行人]。ぎゃうじゃ[行者]。ぎゃうにん[行人]。げんざ/げんじゃ[験者]。すぎゃうざ[修行者]。そう[僧]。やまぶし[山伏]。

ー・する人の境遇 近世じゅかせきじゃう[樹下石上]。中世じゅげせきじゃう[樹下石上]。

ーのため山に入ること 中世とうせん[登山]。

ーの積み重ね ねんりん[年輪]。

ーばかりしていること 中古おこなひがち[行勝]。

ーを怠らず続けること 中世ぎゃうぢ[行持]。

ーを妨げるもの 中世ざふえん[雑縁]。まら[魔羅/摩羅]。中古ましゃう[魔障]。上代ま[魔]。

ーをし尽くした状態 上代むがく[無学]。

荒々しいー 中世あらぎゃう[荒行]。

一心にー・すること 近世いっさんまい/ひとつざんまい[一三昧]。

戒律を守ってー・すること 上代かいぎゃう[戒行]。

生涯続けるー 中古いっしゃうしゃうじん[一生精進]。

正しいー 近代じゅんしゅ[順修]。

つらいー 中古くぎゃう[苦行]。なんぎゃう[難行]。上代なんぎゃうくぎゃう[難行苦行]。

長くー・すること 中世くしゅ[久修]。くしゅれんぎゃう[久修練行]。

やりやすい易しいー 中世いぎゃう[易行]。

その他ーのいろいろ(例) 近世かんぎゃう[寒行]。かんごうり/かんごり[寒垢離]。かんねんぶつ[寒念仏]。たくはつ[托鉢]。中世あんぎゃ[行脚]。うでがう[腕香]。もくじき[木食]。づだ[頭陀]。とそう[抖擻/斗擻]。中古ぎゃうだう[行道]。こじき[乞食]。上代こつじき[乞食]。

しゅぎょう【修業】 →しゅうぎょう【修業】

じゅきょう【儒教】 中世じゅけう[儒教]。中古ゑんじゅけう[円珠教]。ゑんつう/ゑんづう[円通]。上代しゅし[洙泗]。

ーの経典 中世ししょごきゃう[四書五経]。上代けいしょ[経書]。けいせき[経籍]。

▼論語の異名 中古ゑんじゅきゃう[円珠経]。

じゅぎょう【授業】 近代じゅげふ[授業]。レッスン(lesson)。中世かうぎ[講義]。

ーの形式(例) いっせいじゅぎょう[一斉授業]。けんきゅうじゅぎょう[研究授業]。にぶじゅぎょう[二部授業]。ふくしきじゅぎょう[複式授業]。ほしゅうじゅぎょう[補習授業]。近代こべつしだう[個別指導]。ゼミ/ゼミナール(ドイツ Seminar)。セミナー(seminar)。

しゅぎょく【珠玉】 ジュエリー(jewelry)。近代ジュエル(jewel)。近世きせき[貴石]。中世ほうせき[宝石]。上代しゅぎょく[珠玉]。たま[玉/珠/璧]。ほうしゅ/ほうじゅ[宝珠]。

じゅく【塾】 近代けうしつ[教室]。しじゅく[私

塾]。よびかう[予備校]。近世 がくかう[学校]。ぎじゅく[義塾]。じゅく[塾]。てらこや[寺子屋]。だうぢゃう[道場]。

ーで教える 近世 帷(ゐ)を下す。

ーで学ぶ学生 近世 じゅくせい[塾生]。

ーの学生の長 近代 とかう[都講]。

ーのかしら 近代 じゅくちゃう[塾長]。じゅくとう[塾頭]。

義捐金(ぎえん)で建てられたー 近世 ぎじゅく[義塾]。

個人経営のー 近代 しじゅく[私塾]。中世 かじゅく[家塾]。

村の子弟を教育するー 近代 そんじゅく[村塾]。

その他ーのいろいろ(例) がくしゅうじゅく[学習塾]。しょどうじゅく[書道塾]。そろばんじゅく[算盤塾]。

しゅくえん【宿縁】 近代 しゅくめい[宿命]。中世 しくいん[宿因]。しくごふ[宿業]。すくせ/すぐせ[宿世]。中古 いんねん[因縁]。ごふ[業]。しゅくいん/すくいん[宿因]。しゅくえん[宿縁]。しゅくごふ/すくごふ[宿業]。ちぎり[契]。

ーがよくない 中古 宿世(すくせ)拙(つたな)し。

しゅくえん【宿怨】 近世 しゅくゑん[宿怨]。中世 しゅくい[宿意]。しゅくしふ[宿執]。ゐこん[遺恨]。

しゅくえん【祝宴】 →**えんかい**

紅葉の頃のー 中古 もみぢのが[紅葉賀]。

しゅくが【祝賀】 近代 おめでた。近世 しゅくが[祝賀]。ほぎごと[祝事]。中世 いはひごと[祝事]。けいじ[慶事]。中古 いはひ[祝]。けいが[慶賀]。よろこび[喜]。上代 きちじ[吉事]。

しゅくがかい【祝賀会】 近代 しゅくえん[祝宴]。しゅくえん[祝筵]。しゅくがくゎい[祝賀会]。中世 がえん[賀宴]。がえん[賀筵]。しうぎ[祝儀]。→**えんかい**

ーに飾る一対の鯉 近世 おきごひ[置鯉]。

ーに飾る一対の鳥 近世 おきとり[置鳥]。

しゅくがん【宿願】 ひがん[悲願]。近代 せつぐゎん[切願]。近世 しくし[宿志]。そし[素志]。中世 ぐゎんばう[願望]。しゅくい[宿意]。しゅくばう/しゅくまう[宿望]。そくゎい[素懐]。そばう[素望]。中古 しゅくぐゎん[宿願]。しゅくねん[宿念]。しょぐゎん[所願]。ねんぐゎん[念願]。ほい/ほんい[本意]。ほんくゎい[本懐]。ほんまう[本望]。上代 しゅくし[宿志]。ほんぐゎん[本願]。

ーを果たして安心して死ねる 近代 以て瞑すべし。

じゅくご【熟語】 かんようく[慣用句]。近代 イディオム(idiom)。くゎんようご[慣用語]。せいく[成句]。近世 せいご[成語]。中世 じゅくご[熟語]。

しゅくじ【祝辞】 近代 ほぎごと[祝詞/寿言/寿詞]。近世 しうげん[祝言]。しうし/しゅくし[祝詞]。中世 しゅくじ[祝辞]。中古 がし[賀詞]。ぎょけい[御慶]。ことぶき[寿]。ことほぎ[寿/言祝]。よろこび[喜/慶]。上代 よごと[寿詞/吉言]。

じゅくし【熟視】 近代 くゎんさつ[観察]。ぎょうし[凝視]。ちゅうもく[注目]。みまもる[見守]。目を凝らす。近世 ちゅうし[注視]。中世 じゅくし[熟視]。みつむ[ーつめる][見詰]。中古 みいる[見入]。

しゅくじつ【祝日】 さいじつ[祭日]。近代 しゅくさいじつ[祝祭日]。はたび[旗日]。近世 しきじつ[式日]。しゅくじつ[祝日]。ものび[物日]。中世 いはひび[祝日]。かせつ[佳節/嘉節]。

しゅくしゃ【宿舎】 近代 きしゅくしゃ[寄宿舎]。しゅくしゃ[宿舎]。れう[寮]。中古 しょくしょ[宿所]。

諸大名のー 近世 ほんぢん[本陣]。ほんぢんやど[本陣宿]。

しゅくしゃく【縮尺】 しゅくしょうひ[縮小比]。しゅくりつ[縮率]。近代 しゅくしゃく[縮尺]。しゅくせう[縮小]。近世 しゅくづ[縮図]。

しゅくじょ【淑女】 近代 きふじん[貴婦人]。レディー(lady)。中古 しゅくぢょ[淑女]。上代 ふじん[婦人]。

しゅくしょう【縮小】 さきぼそり[先細]。しゅくしゃく[縮尺]。リダクション(reduction)。近代 しゅくげん[縮減]。しゅくせう[縮小/縮少]。たんしゅく[短縮]。近世 あっさく[圧搾]。あっしゅく[圧縮]。しうしゅく[収縮]。

ー・する 近世 ちぢむ[縮](四段活用)。中世 ちぢまる[縮]。ちぢむ[ちぢめる][縮]。へらす[減]。中古 せばむ[せばめる][狭]。

予算などのー 近代 さくげん[削減]。

じゅくすい【熟睡】 近代 くゎいみん[快眠]。中世 あんみん/あんめん[安眠]。じゅくすい[熟睡]。じゅくみん[熟眠]。中古 あんしん[安寝]。上代 うまい[熟睡/味寝]。やすい[安寝]。

し

《枕》上代 ししくしろ［肉串］［⇩うまい］。

ー・しないこと 近代 かしん［仮寝］。かすい［仮睡］。かたねむり［片眠］。かみん［仮眠］。近世 ころびね［転寝］。中世 うたたねむり［転眠］。かりそめね［仮初寝］。かりぶし［仮臥］。かりまくら［仮枕］。ゐねぶり／ゐねむり［居眠］。中古 うたたね［転寝］。かたねぶり［片眠］。かりそめぶし［仮初臥］。かりね［仮寝］。まどろむ［微睡］。→**うたたね**

じゅく・する【熟】 近代 じゅくせい［熟成］。れんたつ［練達］。近世 なる［なれる］［熟］。中世 いる［熟］。うる［うれる］［熟］。じゅくれん［熟練］。しふじゅく［習熟］。せいじゅく［成熟］。つゆ［つえる］［潰／熟］。中古 うむ［熟］。じゅくす［熟］。上代 みのる［実］。→**みの・る**

ー・し切っていない 近代 はんじゅく［半熟］。近世 なまにえ［生煮］。みじゅく［未熟］。上代 ふじゅく［不熟］。

ー・し切って崩れること 近世 じゅくらん［熟爛］。中世 らんじゅく［爛熟］。

ー・して色が変わる 中世 うるむ［潤］。

ー・して落ちる 近代 ゑみこぼれる［笑零／笑溢］。中世 ゑみおつ［笑落］。

ー・して割れる 近代 うじゃける。近世 ゑみわる［ーわれる］［笑割］。

赤くー・すること こうじゅく［紅熟］。

遅くー・すること 近代 ばんじゅく［晩熟］。上代 おくて［奥手］。

果実がー・して裂け開く 近世 わらふ［笑］。中古 ゑむ［笑］。

完全にー・すること かんじゅく［完熟］。

黄色にー・すること 近代 くゎうじゅく／わうじゅく［黄熟］。

次第にー・するしてくるたとえ 近代 はっかう［発酵／醱酵］。

早くー・すること 近代 さうせい［早生］。中世 さうじゅく［早熟］。近世 はやなり［早生］。中古 わせ［早生］。

しゅくせい【粛清】 近代 だんがい［弾劾］。はいぢょ［排除］。近世 はいせき［排斥］。中古 ついはう［追放］。上代 しゅくせい［粛清］。

じゅくせい【熟成】 かんじゅく［完熟］。近代 じゅくせい［熟成］。はっかう［発酵］。近世 なる［なれる］［熟］。中世 うる［うれる］［熟］。じゅくす［熟］。せいじゅく［成熟］。上代 みのる［実］。

しゅくぜん【粛然】 近代 しゅくとして［粛］。近世 しゅくしゅく［粛粛］。中世 げんしゅく［厳粛］。中古 おごそか［厳］。上代 しづか［閑／静］。しゅくぜん［粛然］。→**しずか**

しゅくだい【宿題】 アサインメント(assignment)。近代 けんあん［懸案］。近世 しゅくだい［宿題］。

じゅくたつ【熟達】 →**じゅくれん**

じゅくち【熟知】 近代 げうつう［暁通］。ちしつ［知悉］。近世 げうたつ［暁達］。じゅくち［熟知］。中世 せいつう［精通］。つうげう［通暁］。知り尽くす。上代 はくがく［博学］。

しゅくちょく【宿直】 近代 とまり［泊］。やきん［夜勤］。やちょく［夜直］。近世 よづめ［夜詰］。中世 たうばん［当番］。中古 たうちょく［当直］。ばん［番］。よゐ［夜居］。上代 しゅくちょく［宿直］。とのゐ［宿直］。

ーが終わる 近世 あけばん［明番］。

ーの次の日の休み 近世 あけばん［明番］。とまりあけ［泊明］。

しゅくてき【宿敵】 近代 かうてき［好敵］。ライバル(rival)。近世 かうてきしゅ［好敵手］。中世 しゅくてき［宿敵］。

ーの人 中古 とのゐびと［宿直人］。

しゅくてん【祝典】 近代 しきてん［式典］。しゅくがくゎい［祝賀会］。しゅくてん［祝典］。中世 いはひごと［祝事］。しうぎ［祝儀］。

じゅくどく【熟読】 中世 じゅくどく［熟読］。ゐへんさんぜつ［韋編三絶］。中古 せいどく［精読］。

じゅくねん【熟年】 じつねん［実年］。ちゅうこうねん［中高年］。ミドルエージ(middle age)。中世 ちゅうねん［中年］。

しゅくば【宿場】 近代 つぎたてば［継立場］。近世 あひ［間］。あひ(の)しゅく［間宿］。あひのむら［間村］。しゅくえき［宿駅］。しゅくば［宿場］。つぎ［次］。つぎば［継場］。中世 しゅく［宿］。中古 うまやぢ［駅路］。まや［馬屋］。上代 いうえき［郵駅］。うまや［駅］。

ー間の距離が長いこと 近世 ながちゃうば［長丁場］。

ーで指図する役人 近世 うまさし［馬差］。

ーで取り次いで送ること 近代 ていでん［逓伝］。中世 でんそう［伝送］。中古 しゅくつぎ［宿継］。

ーの長 中世 ちゃうじゃ［長者］。中古 駅(うまや)の長(をさ)。

ーの人夫 中世 えきふ［駅夫］。

ーの宿 中古 えきか［駅家］。えきてい［駅亭］。やか［駅家］。

早馬を置いた― 上代 はゆまうまや[駅馬駅]。

文書などを取り次ぐ― 中世 いう[郵]。

しゅくはく【宿泊】 近代 きうはく[休泊]。しゅくはく[宿泊]。草鞋(わらぢ)を脱ぐ。中世 ししゅく[止宿]。しゅくす[宿]。とうしゅく[投宿]。中古 りょしゅく[旅宿]。うきまくら[浮枕]。とうりう[逗留]。とまる[泊]。宿を取る。上代 うきね[浮寝]。たびやどり[旅宿]。やどる[宿]。

―・させる 宿を貸す。中古 やどす[宿]。上代 とむ[とめる][泊]。

―・する所 ペンション(pension)。ホステル(hostel)。みんしゅく[民宿]。近代 しゅくはくしょ[宿泊所]。ホテル(hotel)。近世 えきてい[駅亭]。きちんやど[木賃宿]。しゅくば[宿場]。はたご[旅籠]。やどもと[宿元／宿許]。中世 しゅく[宿]。たびやど[旅宿]。はたごや[旅籠屋]。やどや[宿屋]。りょしゃ[旅舎]。中古 たびやかた[旅館]。りょくゎん[旅館]。りょしゅく[旅宿]。りょてい[旅亭]。りょてん[旅店]。やど[宿]。

―料金 近代 しゅくはくれう[宿泊料]。しゅくれう[宿料]。近世 はたごだい[旅籠代]。はたごちん[旅籠賃]。やどせん[宿銭]。やどだい[宿代]。中世 しゅくちん／やどちん[宿賃]。はたごせん[旅籠銭]。

朝夕の一方の食事だけする― 近世 かたどまり[片泊]。かたはたご[片旅籠]。

工事現場付近の―施設 近代 はんば[飯場]。

寺院で参詣者の―・する所 中古 しゅくばう[宿坊／宿房]。

仕事で―・する 近代 とまりこむ[泊込]。

陣をとって―・すること 近代 しゅくえい[宿営]。やえい[野営]。ろえい[露営]。

船中で―・すること 中古 ふなやどり[船宿]。

低料金の簡易―施設 近代 きせんやど[木銭宿]。近世 きちんやど[木賃宿]。どや。

野外で―・すること ビバーク(フランス bivouac)。近代 キャンピング(camping)。キャンプ(camp)。中世 いはまくら[岩枕／石枕]。ささまくら[笹枕]。ろしゅく[露宿]。中古 くさぶし[草臥／草伏]。くさ(の)まくら[草枕]。のじゅく／のやどり[野宿]。やしゅく[野宿]。上代 こもまくら[薦枕]。草を結ぶ。→のじゅく

▼助数詞 近代 はく[泊]。近世 しゅく[宿]。

しゅくふく【祝福】 近代 けいしゅく[慶祝]。しゅくふく[祝福]。ほうしゅく[奉祝]。近世 しゅくが[祝賀]。中世 たいけい[大慶]。中古 けいが[慶賀]。ほうが[奉賀]。

―・する 中世 がす[賀]。ことぶく／ことほぐ[寿]。しゅくす[祝]。中古 いはふ[祝]。ほかふ[祝]。上代 ことほく[寿／言祝]。とよほく[豊祝／豊寿]。ほく[祝／寿]。ほむ[ほめる][褒／誉]。よろこぶ[喜／慶]。

―・する行為 近代 どうあげ[胴上／胴揚]。中古 かんぱい[乾杯／乾盃]。中世 ばんざい[万歳]。

しゅくへい【宿弊】 近代 しゅくへい[宿弊]。せきへい[積弊]。近世 へいがい[弊害]。中世 きうへい[旧弊]。

しゅくぼう【宿坊】 近代 しゅくしゃ[宿舎]。しゅくばう[宿坊]。中古 しゅくしょ[宿所]。

しゅくめい【宿命】 デスティニー(destiny)。近代 さだめ[定]。しゅくめい[宿命]。めいすう[命数]。近世 ちぎり[契]。てんうん[天運]。てんめい[天命]。めいうん[命運]。中世 いんぐゎ[因果]。中古 いんねん[因縁]。うん[運]。うんめい[運命]。しゅくうん[宿運]。→うんめい

―的 近代 フェータル(fatal)。

じゅくりょ【熟慮】 近代 ちんしもくかう[沈思黙考]。近世 じゅくかう[熟考]。じゅくし[熟思]。じゅくりょ[熟慮]。しんぼうゑんりょ[深謀遠慮]。しんりょゑんぼう[深慮遠謀]。是非を凝らす。中世 けいりょ[計慮]。しんりょ[深慮]。せんりょ[千慮]。中古 ぎぎ[擬議]。ちんし[沈思]。肺肝(はいかん)を摧(くだ)く。

じゅくれん【熟練】 近代 うできき[腕利]。くゎんじゅく[慣熟]。じゅくたつ[熟達]。らうかう[老巧]。れんたつ[練達]。近世 じゃうず[上手]。しゅれん[手練]。たんのう[堪能]。らうれん[老練]。れんじゅく[練熟／錬熟]。中世 かんのう[堪能／勘能]。こっちゃう[骨頂／骨張]。しふじゅく[習熟]。じゃうたつ[上達]。じゅくれん[熟練]。せいじゅく[成熟]。せいじゅく[精熟]。てだり／てだれ[手足]。ゑんじゅく[円熟]。中古 たっしゃ[達者]。らう[労]。

―・した人 近代 エキスパート(expert)。近世 たっしゃもの[達者者]。たんのう[堪能／湛能]。中世 てしゃ[手者]。てだり／てだれ[手足]。中古 かんのう[堪能]。てきき[手利]。ものし[物師／物士]。上代 てひと[手人]。

―・していないこと 近世 なまなれ[生熟]。まへかた[前方]。みじゅく[未熟]。中古 みれん[未練]。

—・している 近代こなれる［熟］。年季がはいっている。近世手に入る。中世じゅくす［熟］。ものなる［—なれる］［物馴／物慣］。中古てなる［—なれる］［手慣／手馴］。なる［なれる］［慣／馴］。くうづく［功付／功就］。れんず［練］。労あり。

しゅくん【主君】 近世あるじ［主］。しゅこう［主公］。ひとぬし［人主］。中世くんじゃう［君上］。くんしゅ［君主］。しゅくん［主君］。しゅじん［主人］。中古きみ［君］。くんこう［君公］。しゅう［主］。じんくん［人君］。との［殿］。

《尊》中世おかみ［御上］。おしゅ／おしゅう［御主］。とのさま［殿様］。

《謙》上代くゎくん［寡君］。

—と家来 中世しゅうじゅう［主従］。中古しゅじゅう［主従］。上代くんしん［君臣］。

—に直接言上すること 中古まへまうし［前申］。

—に初めて会うこと 中世うひざん［初参］。

—に仕えること 中古禄を食(は)む。

—のあたり 近世くんぺん［君辺］。

—の意志 近代しゅい［主意］。中世ぎょい［御意］。じゃうい［上意］。

—の側に仕える人 近代おそばづき［御側付］。こじゅう［扈従］。そばづかへ［側仕］。そばづとめ［側勤］。近世おそば［御側］。おそばやく［御側役］。そばやく［側役］。そばようにん［側用人］。ぢっきんしゅう［昵近衆］。近侍(きんじ)の人。中世きんじゅ／きんず［近習］。きんじゅしゃ［近習者］。きんぺんしゅ／きんぺんしゅう［近辺衆］。こしょう［扈従］。中古きんじふ［近習］。上代きんじ［近侍］。きんしん［近臣］。じじん［侍人］。

—のためだけに厳しい政治を行う家臣 近世おためしゃ／おためもの［御為者］。

—の命で罪人を討つこと 近世じゃういうち［上意討］。

—の命令 近世ぢゃうい［諚意］。中世しゅうめい／しゅめい［主命］。

—を思う諫言(かんげん) 《句》近代明珠(めいしゅ)兼乗(けんじょう)も未だ一言に若(し)かず。

隠居した— 中古らうくん［老君］。

臣下が並んで—を補佐する 中古羽根を並ぶ。

先代の— 中世せんくん［先君］。中古せんこう［先公］。

亡くなった— 中世ばうくん［亡君］。中古せんくん［先君］。

年少の— 中世わかぎみ［若君］。わかとの［若殿］。

しゅくん【殊勲】 きんぼし［金星］。とっこう［特功］。近代しゅくん［殊勲］。中世こうげふ［功業］。たいこう［大功］。てがら［手柄］。はたらき［働］。上代かうせき［効績］。くんこう［勲功］。こうせき［功績］。こうらう［功労］。

しゅげい【手芸】 近代こうげい［工芸］。こうさく［工作］。近世しゅげい［手芸］。中古さいく［細工］。しゅこう［手工］。

—の例 アップリケ(フランス appliqué)。パッチワーク(patchwork)。ペインテックス(Paintex)(商標名)。きりぬきざいく［切抜細工］。つぎはぎざいく［継接細工］。近代きりかみざいく［切紙細工］。近世つまみざいく［撮細工］。

しゅけん【主権】 近代しゅけん［主権］。

—が人民にあること こくみんしゅけん［国民主権］。しゅけんざいみん［主権在民］。じんみんしゅけん［人民主権］。近代みんしゅ［民主］。

しゅげんじゃ【修験者】 近世しゅげんじゃ［修験者］。中世しゅぎゃうじゃ［修行者］。中古ぎゃうざ／ぎゃうじゃ［行者］。ぎゃうにん［行人］。げんざ／げんじゃ［験者］。しゅぎゃうざ［修行者］。やまぶし［山伏］。

—の荒々しい修業 中世あらぎゃう［荒行］。

—の修業の例 近代ひわたり［火渡］。近世うひやまぶみ［初山踏］。

しゅご【守護】 近代ごゑい［護衛］。そなへ［備］。近世けいび［警備］。しゅび［守備］。中古かご［加護］。けいご［警固］。しゅご［守護］。ばうぎょ［防御／防禦］。上代ごぢ［護持］。まもり［守］。

—・する 中世まぶる［守／護］。中古かたむ［かためる］［固］。まぼる［守］。上代まもらふ／まもる［守］。

神の— 中古かご［加護］。みゃうが［冥加］。

しゅこう【手工】 しゅこうげい［手工芸］。近代こうげい［工芸］。こうさく［工作］。近世しゅげい［手芸］。中古さいく［細工］。しゅこう［手工］。

しゅこう【趣向】 近代ちゃくさう［着想］。はっさう［発想］。近世いっけい［一景］。おもしろみ［面白味］。きどり［気取］。さくい［作意］。ふうじゃう［風情］。みたて［見立］。中世いっきょう［一興］。くふう［工夫］。しゅかう［趣向］。ふうりう［風流］。中古あぢはひ［味］。いしゃう［意匠］。おもむき［趣］。

くさはひ[種]。こころだくみ[心工/心匠]。こころばへ[心延]。さま[様]。すぢ[筋]。ふぜい[風情]。めうみ[妙味]。

―を凝らしていない 〔中古〕へいくわい[平懐]。

―を凝らす(こと) 〔近世〕ひねり/ひねる[捻/拈]。ひねりまはす[捻回]。〔中世〕たくむ[工/巧]。ひねくりまはす[捻回]。ものずき[物好/物数奇]。〔中古〕うしん[有心]。このむ[好]。ひとひねり[一捻]。

新奇な凝った― 〔近世〕うがち[穿]。

創作の― 〔中世〕さくい[作意]。しくみ[仕組]。

和歌などで凝り過ぎた― 〔中世〕いりほが[入穿]。

しゅこう【酒肴】 〔中古〕きゃうぜん[饗膳]。しゅにく[酒肉]。〔上代〕しゅかう[酒肴]。

饗膳で最初に出す― 〔近世〕くちとりざかな[口取肴]。くちとりもの[口取物]。〔中世〕くみざかな[組肴]。

しゅこう【首肯】 〔近代〕こうてい[肯定]。〔中世〕しゅこう[首肯]。しょうち[承知]。〔中古〕うなづく[首肯/頷]。うべなふ[諾/宜]。がへんず[肯]。しょういん[承引]。しょうだく[承諾]。

しゅごう【酒豪】 →**さけのみ**

しゅざ【首座】 〔近世〕かみざ[上座]。じゃうせき[上席]。しゅざ[首座]。

しゅざい【取材】 〔近代〕しゅざい[取材]。たねとり[種取]。

―のすさまじさ ようちあさがけ[夜討朝駆]。

しゅし【主旨】 〔近代〕しゅがん[主眼]。しゅし[主旨]。しゅし[趣旨]。〔近世〕しゅい[主意]。

→**しゅし**(次項)

しゅし【趣旨】 〔近代〕しゅし[主旨]。しゅし[趣旨]。〔近世〕しかう[趣向]。しゅい[主意]。しゅい[趣意]。たて[立]。ほんし[本旨]。〔中世〕えうし[要旨]。こころ[心]。しいしゅ/ししゅ[旨趣]。しゅかう[趣向]。〔中古〕ほい/ほんい[本意]。むね[旨]。

だいたいの― 〔近世〕たいえう[大要]。〔中世〕たいし[大旨]。〔上代〕たいい[大意]。

手紙などの― 〔上代〕らいい[来意]。

文章の― 〔近世〕ぶんい[文意]。〔上代〕らいい[来意]。

しゅし【種子】 〔上代〕しゅ[種]。〔中古〕しゅし[種子]。〔上代〕たね[種]。

―から発芽して成長した植物 〔近世〕さねおひ[実生]。みしゃう[実生]。みばえ[実生]。めばえ[芽生]。〔中世〕みうゑ[実植]。

―の選別法の例 〔近代〕えんすいせん[塩水選]。ふうせん[風選]。

―の中で発芽の養分となる部分 〔近代〕はいにゅう[胚乳]。

―の中で芽となる部分 〔近代〕はいが[胚芽]。

―を作らない花 ふとうか[不登花]。ふねんか[不稔花]。

―を保護する堅い部分 〔中古〕かく[核]。

じゅし【樹脂】 レジン(resin)。〔近世〕じゅし[樹脂]。〔中古〕やに[脂/膠]。

―のいろいろ(例) アルキドじゅし[alkyd樹脂]。かんこうせいじゅし[感光性樹脂]。けいそじゅし[珪素樹脂]。ごうせいじゅし[合成樹脂]。シェラック/セラック(shellac)。てんねんじゅし[天然樹脂]。にょうそじゅし[尿素樹脂]。ねつこうかせいじゅし[熱硬化性樹脂]。フェノールじゅし[phenol樹脂]。ホルムアルデヒドじゅし[formaldehyde樹脂]。ラック(lac)。

松脂から作る― ロージン/ロジン(rosin)。

しゅじく【主軸】 きじく[基軸]。じく[軸]。メーンシャフト(main shaft)。〔近代〕しゅぢく[主軸]。ちゅうかく[中核]。ちゅうすう[中枢]。〔中古〕ちゅうしん[中心]。

しゅしゃ【取捨】 〔中古〕しゅしゃ[取捨]。ようしゃ[用捨]。〔上代〕しんしゃく[斟酌]。→**せんたく【選択】**

じゅしゃ【儒者】 〔近世〕あをべうし[青表紙]。〔中古〕じゅしゃ[儒者]。

―で医者でもある人 〔近世〕じゅい[儒医]。いじゅ[医儒]。

中国の― 〔中世〕かんじゅ[漢儒]。

年配の学識豊かな― 〔中古〕きじゅ[耆儒]。らうじゅ[老儒]。

幕府や朝廷に仕える― 〔近世〕くゎんじゅ[官儒]。

しゅじゅ【種種】 〔近代〕かくしゅ[各種]。ざった[雑多]。たさい[多彩]。たしゅたやう[多種多様]。たやう[多様]。もろもろ[諸諸]。〔近世〕いろんな[色]。りうりう[流流]。〔中世〕あれこれ[彼此]。せんぱん[千般]。よもやま[四方山]。〔中古〕いろいろ[色色]。かずかず[数数]。さまざま[様様]。とりどり[取取]。〔上代〕しゅじゅ[種種]。ももくさ[百種]。

―さまざまな形 〔中世〕せんしばんたい[千姿万態]。

―さまざまな状態 〔近代〕せんしゅばんじゃう[千種万状]。せんしゅばんべつ[千種万別]。せんしゅばんやう[千種万様]。〔近世〕せんさばんべつ/せんさまんべつ/せんしゃば

んべつ／せんしゃまんべつ[千差万別]。せんじゃうばんたい[千状万態]。中世せんたいばんじゃう[千態万状]。

ーの事柄 近世しゅじゅざった[種種雑多]。中古せんしょばんたん[千緒万端]。

ーの役目 中世しょやく[諸役]。

じゅじゅ【授受】 近代うけわたし[受渡]。近世やりとり[遣取]。中世しうよ／じゅよ[授与]。じゃうと[譲渡]。中古じゅじゅ[授受／受授]。

しゅじゅつ【手術】 オペ(operation の略)。近代オペレーション(operation)。しゅじゅつ[手術]。

ーで腹を切り開くこと かいふく[開腹]。

ーによって治すこと 近世ぐゎいち[外治]。

ーによる接合 ふんごう[吻合]。近代ほうがふ[縫合]。

ーの後 じゅつご[術後]。

ーの道具の例 クランプ(clamp)。近代かんし[鉗子]。でんきメス[電気(オランダ)mes]。メス((オランダ)mes)。近世ひしん[披針]。

ーを行う人 しっとうい[執刀医]。じゅつしゃ[術者]。近代しじゅつしゃ[施術者]。

ーを施すこと 近代しじゅつ[施術]。しっとう[執刀]。

じゅじゅつ【呪術】 近世えうじゅつ[妖術]。きんえふ／きんえん[禁厭]。じゃじゅつ[邪術]。ふじゅ[符呪]。中世まはふ[魔法]。中古ずそ[呪詛]。のろひ[呪／詛]。まじなひ[呪]。上代げんじゅつ[幻術]。じゅじゅつ[呪術]。じゅそ[呪詛]。

ーを行う者 近代じゅじゅつし[呪術師]。中古じゅし／ずし[呪師]。のろんじ[呪師]。

しゅしょう【主唱】 しゅどう[主導]。近代イニシアチブ(initiative)。しゃうだう[唱道]。しゅしゃう[主唱]。ていしゃう[提唱]。近世しゅちゃう[主張]。中世しゅしゃう[首唱]。

しゅしょう【首相】 近代しゅしゃう[首相]。しゅはん[首班]。そうり[総理]。そうりだいじん[総理大臣]。ないかくそうりだいじん[内閣総理大臣]。近世さいしゃう[宰相]。

しゅしょう【殊勝】 近世うい[愛]。きどく[奇特]。け[異]。しゅしょう[殊勝]。しをらし。中世いし[美]。きとく[奇特]。けなげ[健気]。やさし[優]。中古かんしん[感心]。じんじゃう[尋常]。

ー・げな言い訳 《句》近世乞食の断食。

しゅじょう【衆生】 中世ぶっし[仏子]。上代しゅじゃう[衆生]。中古げんげん[元元]。しょけ[所化]。

しゅしょく【酒食】 近世さけめし[酒飯]。中世ごちそう[御馳走]。ざっしゃう／ざふしゃう[雑餉]。しゅはん[酒飯]。中古きゃう／きゃうぜん[饗膳]。しゅしょく[酒食]。

天皇のー 中古おほみあるじ[御璽]。

しゅしょく【酒色】 近世だうらく[道楽]。ふみもち[不身持]。中古いうたう[遊蕩]。上代しゅしょく[酒色]。はうたう[放蕩]。

↓あそび

しゅじん【主人】❶〈旦那〉 近代しゅこう[主公]。マスター(master)。近世おやかた[親方]。おやゆび[親指]。かみ[上]。ごてさん[御亭様]。だんな[旦那／檀那]。ひとぬし[人主]。めだま[目玉]。中世おしゅ／おしゅう[御主]。しゅうくん／しゅくん[主君]。きみ[君]。しゅじん[主人]。中古あるじ[主]。しゅう[主]。上代ぬし[主]。

ー一家の親の方 《尊》近世おほだんな[大旦那]。

ー一家の若い方 《尊》近世わかだいしゃう[若大将]。わかだんな[若旦那]。

ーが客をもてなす 中古あるじす[主]。あるじまうけ[饗設]。きゃうおう[饗応]。

ーと客 中古しゅきゃく[主客]。しゅひん[主賓]。

ーと家来 近世しゅぼく[主僕]。中世しゅうじゅう[主従]。中古しゅじゅう[主従]。

ーに仕える 近世主を取る。

ーに仕える身分 近世おやかたがかり[親方掛]。しゅじんもち[主人持]。しゅうもち[主持]。

以前仕えていたー 中世こしゅ[故主]。中古きうしゅ[旧主]。

よいー 中世りゃうしゅ[良主]。

しゅじん【主人】❷〈戸主〉 しょたいぬし[所帯主／世帯主]。ひっとうしゃ[筆頭者]。近代こしゅ[戸主]。せたいぬし[世帯主]。近世いへもち[家持]。おやゆび[親指]。たうしゅ[当主]。やぬし[家主]。中世ていしゅ[亭主]。中古いへあるじ[家主]。いへぬし[家主]。しゅじん[主人]。家の君。上代あるじ[主]。いへぎみ[家君]。いへをさ[家長]。かちゃう[家長]。ぬし[主]。

《句》近世亭主の好きな赤鰯。亭主の好きな赤烏帽子。

しゅじん【主人】❸〈夫君〉 近代ハスバンド／ハズバンド(husband)。近世おてい／ごてい[御亭]。だんな[旦那／檀那]。つれあひ[連

合〕。ていしゅ〔亭主〕。むこ〔婿/聟〕。中世ごてい〔御亭〕。りゃうじん/りゃうにん〔良人〕。をっと〔夫/良人〕。《謙》近世やど〔宿〕。

じゅしん【受信】 近代じゅしん〔受信〕。ちゃくしん〔着信〕。

テレビ電波を—・すること じゅぞう〔受像〕。

電波の—可能地域 カバレッジ(coverage)。サービスエリア(service area)。

電波を—・する装置の例 チューナー(tuner)。テレビ/テレビジョン(television)。近代じゅしんき〔受信機〕。じゅわき〔受話器〕。ラジオ/ラヂオ/ラディオ(radio)。レシーヴァ/レシーバー(receiver)。

しゅじんこう【主人公】 近代しゅこう〔主公〕。しゅじんこう〔主人公〕。ヒーロー(hero)。ヒロイン(heroine)。近世しゅやく〔主役〕。

じゅず【数珠】 近世じゅずだま〔数珠玉〕。ねず〔念珠〕。願ひの玉。中世ねんず〔念珠〕。思ひの珠。中古ずず〔数珠〕。上代じゅず〔数珠〕。ねんじゅ〔念珠〕。

—の玉 近世じゅずご/ずずご〔数珠子〕。

—の玉で一番大きいもの 近代おやだま〔親玉〕。近世いのちだま〔命玉〕。命の玉。中古だつま〔達摩〕。

—を作る職人 中世ねんじゅひき〔念珠引〕。

手首にはめる短い— てじゅず〔手数珠〕。

輪が二重になった— わじゅず〔輪数珠〕。

▼助数詞 ぐ〔具〕。中古れん〔連〕。

じゅずだま【数珠玉】(イネ科の多年草) 近世ずずごこ〔数珠子〕。中世じゅずだま/ずずだま〔数珠玉〕。中古つしだま/づしだま。

しゅせき【首席】 →いちばん →しゅい【首位】

科挙を—で合格した者 近世くゎいせい〔魁星〕。

しゅせき【酒席】 近世おざしき〔御座敷〕。しゅせき〔酒席〕。中世ざしき〔座敷〕。上代えんせき〔宴席〕。

—に招かれる 近世御座敷が掛かる。

しゅせんど【守銭奴】 近代けちんばう/けちんぼ〔坊〕。しぶちん。近世けち〔吝嗇〕。しみったれ。しゅせんど〔守銭奴〕。しわんばう〔吝坊〕。金の番人。中世りんしょく〔吝嗇〕。

→けち

じゅそ【呪詛】 中世てうぶく/でうぶく〔調伏〕。中古ずそ〔呪詛〕。のろひ〔呪/詛〕。上代じゅじゅつ〔呪術〕。じゅそ〔呪詛〕。

しゅたい【主体】 しゅかく〔主格〕。近代サブジェクト(subject)。しゅたい〔主体〕。中古ほんたい〔本体〕。

しゅだい【主題】 近代サブジェクト(subject)。しゅだい〔主題〕。テーマ(ドイツ Thema)。ほんだい〔本題〕。モチーフ(フランス motif)。中古だいもく〔題目〕。

芸術作品などの— 近代ライトモチーフ(ドイツ Leitmotiv)。

じゅたく【受託】 近代じゅたく〔受託〕。ほくゎん〔保管〕。近世うけおふ〔請負〕。中世ひきうく〔—うける〕〔引受〕。中古あづかる〔預〕。

じゅだく【受諾】 近代うけいれる〔受入〕。オーケー(OK)。オーライ(all right)。じゅだく〔受諾〕。しょうにん〔承認〕。近世うけあふ〔請合〕。うけおふ〔請負〕。ききとどく〔—とどける〕〔聞届〕。のむ〔飲〕。れうかい〔了解〕。中世おうだく〔応諾〕。じゅよう〔受容〕。しょうだく/じょうだく〔承諾〕。しょうち〔承知〕。ひきうく〔—うける〕〔引受〕。りゃうしょう〔領承/諒承〕。れうしょう〔了承〕。中古ききいる〔—いれる〕〔聞入〕。しょうふく/しょうぶく/じょうふく〔承服〕。上代うべなふ〔肯〕。きょだく〔許諾〕。

しゅだん【手段】 ぎほう〔技法〕。ノウハウ/ノーハウ(know-how)。ハウツー(how-to)。近代き〔揆〕。しょはふ〔処法〕。てぐち〔手口〕。はうさく〔方策〕。はうじゅつ〔方術〕。はうと〔方途〕。メソッド(method)。メトーデ(ドイツ Methode)。近世あだて〔術〕。いたしかた〔致方〕。いたしざま〔致様〕。かく〔格〕。きぢく〔機軸〕。ぐ〔具〕。こしらへ〔拵〕。しはふ〔仕法〕。しやうもやう〔仕様模様〕。しゅはふ〔手法〕。だうぐ〔道具〕。てぐみ〔手組〕。てすぢ〔手筋〕。はふ〔法〕。ゆきかた〔行方〕。中世いたしやう〔致様〕。ぎじゅつ〔技術〕。しかた〔仕方〕。しやう〔仕様〕。しゅだん〔手段〕。じゅつ〔術〕。せむかた〔方〕。せん〔詮〕。たつき〔方便/活計〕。たより〔便〕。て〔手〕。てだて〔手立〕。とはう〔途方〕。はうがく〔方角〕。はうべん〔方便〕。はふじゅつ〔法術〕。みち〔道/路/途〕。やりやう〔遣様〕。ようだい〔容体/容態〕。よすが〔縁〕。わざ〔業〕。中古かた〔方〕。さま〔様/方〕。はう〔方〕。はうはふ〔方法〕。やう〔様〕。上代すべ〔術〕。たづき/たどき〔方便/活計〕。ばけ〔術〕。よし〔由/因〕。

《句》近代牛刀を以て鶏を割く。木に縁りて魚を求む。大根を正宗で切る。畑に蛤

―がない（さま） 中世 橋が無ければ渡れぬ。どうしようもない。近代 頬返しが付かない。近世 しやうがない［仕様無］。手が上がる。手を焼く。万事休す。中世 しかたなし［仕方無］。じゅつなし／ずちなし／ずつなし［術無］。てづまり［手詰］。手がつけられぬ。途方に暮る［―暮れる］。中古 せむかたなし／せんかたなし［方無］。たづかなし／たづきなし［方便無］。はかりなし［計無／量無］。よしなし［由無］。上代 すべなし［術無］。《句》近代 刀折れ矢尽きる。
―にする 近世 玉に使ふ。
―を選ばない 近代 けんぼうじゅっすう［権謀術数］。マキャベリズム（Machiavellism）。《句》近世 時の用には鼻をも削ぐ。
―を講じる 手を打つ。中世 手を砕く。
―を尽くす 中世 色を易へ品（様）を易ふ［―易える］。手を易へ色を易ふ［―易える］。中古 無き手を出だす。
新しい― あらて［新手］。近代 しんぱふ［新法］。近世 しんて［新手］。
あらゆる― 近代 ばんさく［万策］。中古 ばんたん［万端］。
いざという時の最後の― きめて［決手］。近代 きりふだ［切札］。伝家の宝刀。中世 おくのて［奥手］。ごくい［極意］。中古 ひけつ［秘訣］。
いつもの決まった― 近代 くゎんしゅだん［慣手段］。くゎんようしゅだん［慣用手段］。じゃうたうしゅだん［常套手段］。
意表をついた― 近代 きだう［奇道］。近世 きしゅ［奇手］。

いろいろな― あのてこのて［彼手此手］。近代 四十八手の裏表。手を易へ品を易へる。近世 いろしな［色品］。さんだん［算段］。しじふはって［四十八手］。ももて［百手］。やりくり［遣繰］。中世 くめん［工面］。色を易へ品（様）を易ふ［―易える］。
気持ちを晴らす― 中世 やるかた［遣方］。やるせ［遣瀬］。
苦し紛れの― 近世 苦肉の策（計／謀）。
困難を切り抜ける― 近代 けつろ［血路］。中世 くゎつろ［活路］。
最初になすべき― うつて［打手］。近世 いちのて［一手］。中世 一の手だて。
至近で手っ取り早い― 近世 はやみち［早道］。中世 せふけい［捷径］。ちかみち［近道］。
すぐれた― 近代 めうはふ［妙法］。中世 りゃうはふ［良法］。
その場逃れの― 近代 いちじしのぎ［一時凌］。いっくゎしのぎ［一花凌］。いっくゎしのぎ［一過凌］。べんぱふ［便法］。近世 まにあはせ［間合］。まにあひ［間合］。
なすべき― うつて［打手］。中古 せんかた［為方／詮方］。せんずつ［為術］。上代 せんすべ［為術／詮術］。
二度めの― にだんがまえ［二段構］。中世 にのや［二矢］。
一つの― 近代 いって［一手］。いっと［一途］。近世 いっぱふ［一法］。
人を誘うよい― 近世 かうじ［香餌］。中世 かうじ［好餌］。きゃうじ［香餌］。
人を騙す― 近世 てくだ［手管］。てれん［手練］。てれんてくだ［手練手管］。
普通の― じょうほう［常法］。近代 じゃうだう［常道］。
またとない― 中世 なきて［無手］。
昔ながらの― 近世 こてつ［故轍］。こはふ［古法］。
目的達成のための便宜的な― 近代 べんぱふ［便法］。中世 けんだう［権道］。上代 はうべん［方便］。
有力な― 近代 きりふだ［切札］。伝家の宝刀。中古 ひけつ［秘訣］。
よくない― うらぐち［裏口］。近代 うらみち［裏道］。どくが［毒牙］。近世 あくはふ［悪法］。さじゅつ［詐術］。どくしゅ［毒手］。
▼格助詞等 中古 で。に。にて。もって［以］。上代 から。もちて／もて［以］。ゆ。よ。より。

しゅちゅう【手中】 近世 てのうち［手内］。中古 しゃうちゅう［掌中］。しゃうり［掌裡］。しゅちゅう［手中］。しゅり［手裏／手裡］。
―におさめる 中古 しゃうあく［掌握］。にぎる［握］。

しゅちょう【主張】❶〈持論〉 近代 きしょく［旗色］。けんかい［見解］。しゅぎ［主義］。しんねん［信念］。ぢせつ［持説］。近世 いひでう［言条］。しゅちゃう［主張］。ぢろん［持論］。上代 いけん［意見］。
―を変えること 近代 へんせつ［変説］。へんせつ［変節］。
その人独特の― 近世 いっかげん［一家言］。

しゅちょう【主張】❷〈言い張る〉 がんばる［頑張］。となえる［唱］。近代 げんめい［言明］。しゃうだう［唱道］。近代 しゅしゃう［主唱］。しゅちゃう［主張］。ていしゃう［提唱］。ふりか

ざす[振翳]。近世我を通す。我を張る。中世いひとほす[言通]。いひはる[言張]。中古いひたつ[―たてる][言立]。こっちゃう[骨頂/骨張]。

―・した者 中世こっちゃう[骨頂/骨張]。

口先だけの― 近世からねぶつ/からねんぶつ/そらねんぶつ[空念仏]。

強く―・する さけぶ[叫]。近代りきせつ[力説]。近世きゃうべん[強弁]。中世くちごは[口強]。

強く―・するさま 近代かんかんがくがく[侃侃諤諤]。

しゅちょう【首長】 近世しゅちゃう[首長]。中古かしら[頭]。ちゃう[長]。上代おびと[首]。つかさ[官/司]。をさ[長]。→**ちょう**

しゅちょう【主潮】 近代してう[思潮]。しゅてう[主潮]。しゅりう[主流]。てうりう[潮流]。

しゅつえん【出演】 近代えんずる[演]。こうえん[公演]。じつえん[実演]。しゅつえん[出演]。とうぢゃう[登場]。中世いづ/づ[でる][出]。

―・する人 しゅつえんしゃ[出演者]。近代えんしゃ/えんじゃ[演者]。キャスト(cast)。

―・する人が一人の舞台 ワンマンショー(one-man show)。近代ひとりしばゐ[一人芝居/独芝居]。ひとりぶたゐ[独舞台]。モノドラマ(monodrama)。

―料 ギャラ/ギャランティー(guarantee)。

一緒に―・すること きょうえん[共演]。

他の団体に招かれて―・すること きゃくえん[客演]。

役者総出の― 近世かほみせ[顔見世]。かほみせこうぎゃう[顔見世興行]。

臨時の―者 エキストラ(extra)。

しゅっか【出火】 ふしんび[不審火]。もらいび[貰火]。近代とびひ[飛火]。近世しゅっくゎ[出火]。はっくゎ[発火]。るいせう[類焼]。上代しっくゎ[失火]。

―・した所 中世ひぐち[火口]。ひもと[火元]。

故意に―・させること 中世つけび[付火]。ひつけ[火付]。中古はうくゎ[放火]。

しゅっか【出荷】 近代しゅっか[出荷]。はっそう[発送]。近世つみだす[積出]。

時期よりも早く― はやだし[早出]。

しゅつが【出芽】 近代はつが[発芽]。めばえる[芽生]。もえだす/もえでる[萌出]。近世めばる[芽張]。めぶく[芽吹]。中世めだつ[芽立]。中古きざす[萌/兆]。めぐむ[芽]。めざす[芽]。上代おふ[生]。はゆ[はえる][生]。もゆ[萌]。

じゅっかい【述懐】 近代こうじゅつ[口述]。近世ちんじゅつ[陳述]。中世かいちん[開陳]。中古おもひつづく[―つづける][思続]。上代じゅっくゎい[述懐]。

しゅつがん【出願】 近代しゅつぐゎん[出願]。ねがひでる[願出]。近世せいぐゎん[請願]。中古しんせい[申請]。

しゅっきん【出勤】 近代しゅっしゃ[出社]。つうきん[通勤]。中世しゅっきん[出勤]。

―・していること ざいえき[在役]。近代しゅつむ[出務]。ほうしょく[奉職]。近世ざいきん[在勤]。ざいしょく[在職]。ざいやく[在役]。中世ざいくゎん[在官]。中古ざいちゃう[在庁]。上代げんにん[現任]。ざいにん[在任]。

―・しない日 ゆうきゅうきゅうか[有給休暇]。近代こうきう/こうきうび[公休日]。ていきうび[定休日]。バケーション(vacation)。ホリデー(holiday)。近世やすみ[休]。中世かじつ[下日]。中古きうじつ[休日]。上代きうか[休暇]。

―と欠勤 近代しゅっけつ[出欠]。中古きんだ[勤惰]。上代きんたい[勤怠]。

―の記録簿 近代しゅっきんぼ[出勤簿]。中古ちゃくたう[着到]。

令制で官人が―・する日 上代じゃうにち[上日]。

しゅっけ【出家】 近代ていとう[剃頭]。近世しゅくはち[祝髪]。しゅつせけん[出世間]。ていど[剃度]。中世しゃけ[捨家]。しゃしん[捨身]。しゅくはつ[祝髪]。しゅっせ[出世]。ぜんえ[染衣]。だいじ[大事]。ちはつ[薙髪]。ていはつ[剃髪]。ていはつぜんえ[剃髪染衣]。とんせい/とんぜい[遁世]。びく[比丘]。ひっすう[苾蒭]。ほつい[発意]。ほっき[発起/発企]。ほっしん[発心]。ほふたい[法体]。中古かうぞり[髪剃]。さまこと[様異]。しゅつり[出離]。すけ[出家]。そむき[背]。とくど[得度]。ほったい[法体]。ほふしなり[法師為/法師成]。やつす[俏/窶]。らくはつ[落髪]。上代いへで[家出]。しゅっけ[出家]。らくしょく[落飾]。

―・した女性 中世にそう[尼僧]。びくに[比丘尼]。上代あま[尼]。

―・したばかりの人 中世しんぼち/しぼち[新発意]。

し

―・した人 →**そう【僧】**

―・していない姿 中世ぞくぎゃう［俗形］。

―・していない人 中古うつつびと［現人］。上代ぞく［俗］。

―・する 近世仏門に入る。髻(もとどり)を切る。元結(もとゆひ)を切る。中世うちそむく［打背］。頭(あたま)を丸む［―丸める］。飾りをおろす。頭(かしら)をおろす。門(かど)を出づ。髪を下ろす。中古いとふ［厭］。おろす［下］。すつ（すてる）［捨］。そぎすつ［削棄］。そむきすつ［背捨］。そむきはつ［背果］。そむく［背］。そりすつ［剃捨］。やつす［窶］。家を出づ。形を変ふ［―変える］。形変はる。様変はる。様変ふ［―変える］。塵を出づ。身を捨つ［―捨てる］。世を捨つ［―捨てる］。世を背く。世を遁(のが)る［―遁れる］。世を離る。

―の志 中古そくゎい［素懐］。

貴人の― 上代らくしょく［落飾］。

急に―・すること 近世にはかだうしん［俄道心］。
▼坊主頭になる 中世まろむ［丸］。
▼世捨て人 中世くはのもん／さうもん［桑門］。だうじん［道人］。とんせいしゃ［遁世者］。よすてびと［世捨人］。わびびと［侘人］。

しゅっけつ【出血】 近代いっけつ［溢血］。近世かくけつ［喀血］。中世しゅっけつ［出血］。中古とけつ［吐血］。りうけつ［流血］。
―により多量の血液を失った状態 近世しっけつ［失血］。
―を止めること 近代しけつ［止血］。近世ちどめ［血止］。
一面に―・したさま 近代ちまみれ［血塗］。近世ちまぶれ［血塗］。中世ちだらけ［血］。ちみどろ［血塗］。
出産の際の― 中世あらち［新血］。
部位による―の言い方（例） がいしゅっけつ［外出血］。のうないしゅっけつ［脳内出血］。ひかいっけつ［皮下溢血］。ちゃうしゅっけつ［腸出血］。近代がんていしゅっけつ［眼底出血］。ないしゅっけつ［内出血］。なうしゅっけつ［脳出血］。なういっけつ［脳溢血］。中世げけつ［下血］。ひかしゅっけつ［皮下出血］。中古はなぢ［鼻血］。
便中の― せんしゅっけつ［潜出血］。せんけつ［潜血］。近世けつべん［血便］。中世げけつ［下血］。

しゅつげん【出現】 近代あらはれでる［現出］。でてくる［出来］。近世たいとう［台頭／擡頭］。とうぢゃう［登場］。はっしゃう［発祥］。ろしゅつ［露出］。ろてい［露呈］。頭を擡(もた)げる。中世ぐげん［具現］。げんしゅつ［現出］。しゃうず［生］。たちあらはる［―われる］［立現］。はっせい［発生］。はつろ［発露］。中古あらはる［―われる］［現］。しゅつげん［出現］。上代あらはす［現］。げんぜん［現前］。

しゅっこう【出向】 近代でむく［出向］。はけん［派遣］。はする［派］。近世でかく［―かける］［出掛／出懸］。中世しゅっかう［出向］。中古おもむく［赴］。さしつかはす［差遣］。
しゅっこう【出港】 →**しゅっぱん【出帆】**
しゅっこう【出航】 →**しゅっぱん【出帆】**
じゅっさく【術策】 近代じゅっさく［術策］。たくらみ［企］。はうさく［方策］。近世かんせい［陥穽］。さくりゃく［策略］。じゅっすう［術数］。中世さくぼう［策謀］。中古けいりゃく［計略］。じゅっけい［術計］。はかりごと［謀］。ぼうりゃく［謀略］。上代いんぼう［陰謀／隠謀］。かんけい［奸計］。ぼうけい［謀計］。→**さくりゃく**

しゅっさん【出産】 べんしゅつ［娩出］。近代おさん［御産］。御中(おなか)を痛める。腹を痛める。近世しゅっさん［出産］。ぶんべん［分娩］。中世さん［産］。よろこび／よろこぶ［喜／慶／悦］。産の紐を解く。中古しゃうさん［生産］。身身(みみ)となる。上代うむ［生］。こむ［子産／卵産］。

―後の胎盤などの排出 近世あとざん／のちざん［後産］。中古後の事。後の物。

―前後 中世さんぜん［産前］。上代さんご［産後］。

―前後の女性 →**さんぷ**
―の祝 近世うぶいはひ［産祝］。後喜(きこう)の祝ひ。

―の際の出血 中世あらち［新血］。

―のための休暇 さんきゅう［産休］。しゅっさんきゅうか［出産休暇］。

―のための建物 近代さんでん［産殿］。近世さんしつ［産室］。ひごや［火小屋］。中世さんや［産屋］。中古さんじょ［産所］。たや［他家／他屋］。上代うぶどの［産殿］。うぶや［産屋］。

―の兆候 中世け［気］。さんけ［産気］。

―の兆候が現れる 中古けしきばむ［気色］。

―分娩の世話をする人 近代じょさんぷ［助産婦］。近世さんば［産婆］。

―予定の月 近世りんげつ［臨月］。

苦しまずに―・すること 中世あんざん［安産］。

女子を―・すること 近世ろうぐゎ［弄瓦］。

男子を―・すること 中世ろうしゃう［弄璋］。

妊娠三十七週未満の― 近代 さうざん[早産]。
妊娠四十三週以後の― ばんさん[晩産]。
しゅっし【出仕】 近代 つうきん[通勤]。近世 身代(しんだい)有り付く。身代済む。身代取り組む。中世 しゅっきん[出勤]。つむ[つめる][詰]。中古 まゐる[参]。上代 しくゎん[仕官]。しゅっし[出仕]。
―の用意をする 近世 冠を弾く。
内裏に―・すること 中古 さんだい[参内]。
しゅつじ【出自】→**しゅっしん**
しゅっしょ【出処】 近代 しゅっしゃうち[出生地]。しゅっしんち[出身地]。近世 しゅつじ[出自]。中世 しゅっしょ[出処/出所]。でどこ/でどころ[出所/出処]。
―進退 中古 かうざう[行蔵]。きょしう[去就]。けんじょ[巻舒]。
しゅっしょう【出生】→**たんじょう**
しゅつじょう【出場】 さんか[参加]。しゅっせき[出席]。近代 しゅつぢゃう[出場]。とうぢゃう[登場]。
しゅっしょく【出色】 近代 たくばつ[卓抜]。ぴかいち[光一]。近世 しゅっしょく[出色]。ばつぐん[抜群]。中世 はくび[白眉]。中古 けっしゅつ[傑出]。上代 ひぼん[非凡]。
しゅっしん【出身】 ルーツ(roots)。近世 おさと[里]。しゅつじ[出自]。しゅっしん[出身]。そだち[育]。で[出]。みもと[身許]。中世 すじゃう[素性/素姓/種姓]。でどころ[出所]。上代 うまれ[生]。
―の地 近代 しゅっしゃうち[出生地]。しゅっしんち[出身地]。せいち[生地]。近世 おくに[御国]。さん[産]。しゅつじ[出自]。中世 しゅっしょ[出所/出処]。
しゅつじん【出陣】 近代 きょへい[挙兵]。しゅっぺい[出兵]。近世 はたあげ[旗揚]。中世 うちいづ[打出]。うったつ[打立]。しゅつぢん[出陣]。しゅつば[出馬]。上代 いくさだち[軍立]。しゅっせい[出征]。
―の命令 近世 ぢんぶれ[陣触]。
大将の― 中世 どうざ[動座]。
しゅっすい【出水】 近代 しゅっすい[出水]。近世 たかみづ[高水]。中世 たいすい[大水]。でみづ[出水]。中古 おほみづ[大水]。はんらん[氾濫/汎濫]。上代 こうずい[洪水/鴻水]。
―などによる災い すいか[水禍]。中世 すいなん[水難]。上代 すいがい[水害]。
ちょっとした― 上代 いさらみづ[細小水]。
しゅっせ【出世】 近代 えいしん[栄進]。近世 あうせん[鶯遷]。けんえい[顕栄]。けんたつ[顕達]。中世 えいたつ[栄達]。しゅっしん[出身]。しゅっせ[出世]。りっしんしゅっせ[立身出世]。身を立つ。中古 いでたち[出立]。うかぶ[浮]。うんろ[雲路]。せいうん[青雲]。りっしん[立身]。
《謙》近世 桂林の一枝。
《句》近世 氏無くして玉の輿(こし)。親の光は七光。女氏無くして玉の輿に乗る。
―・させる 中古 うかぶ[うかべる][浮/泛]。
―・した人 しゅっせがしら[出世頭]。近代 立志伝中の人。近世 こものあがり[小者上]。できぼし[出来星]。中世 なりあがり[成上]。
―・して故郷に帰らないこと 《句》中世 錦を着て夜行く(帰る)が如し。
―・して故郷に帰ること 近代 錦衣(きんい)を着て故郷に帰る。近世 きんいかう[錦衣行]。故郷へ錦を飾る。
―・しない(人) 近世 あうこく[鶯谷]。うだつが上がらぬ。縁の下の小豆の木(筍)。中古 わびびと[侘人]。
―・する 近代 世に出る。近世 身を起こす。中世 へあがる[経上]。身を立つ。中古 いでたつ[出立]。なりいづ[成出]。なりたつ[成立]。なりのぼる[成上]。
―の関門 中世 とうりゅうもん/とうりょうもん[登竜門]。
―のたとえ 近世 鯉の滝登り。
―の見込みのないたとえ 近世 うだつが上がらぬ。金槌の川流れ。
―を嫌い避ける態度 近世 潁水(えいすい)に耳を洗ふ。
―を望む心 近世 青雲の志。
優れた人の知遇を得て―の機会を得る 近代 伯楽の一顧を得る。
世間から忘れられた人の― 中世 埋もれ木に花咲く。中古 枯れ木に花。
しゅっせき【出席】 近代 さんざ[参座]。りんせき[臨席]。れっせき[列席]。顔を出す。近世 かほだし[顔出]。しゅっせき[出席]。中世 さんか[参加]。のぞむ[臨]。中古 いづ/づ[でる][出]。さんくゎい[参会]。さんれつ[参列]。れっす[列]。上代 つらなる[連/列]。
《尊》近世 おでまし[御出座]。中世 かうりん[降臨]。
《謙》近代 席を汚す。末席(ばっせき)を汚す。中世 末席(まっせき)を汚す。

し

ー・しないこと ふさんか[不参加]。近世けっせき[欠席]。中古ふさん[不参]。
ーと欠席 近代しゅっけつ[出欠]。中古きんだ[勤惰]。上代きんたい[勤怠]。
休まず全部ー・すること むけっきん[無欠勤]。近代むけっせき[無欠席]。近世かいきん[皆勤]。

しゅっちょう【出張】 近代でむく[出向]。近世しゅつやく[出役]。ではり/でばり[出張]。中世しゅっかう[出向]。しゅっちゃう[出張]。
ー・させること 近代はけん[派遣]。はする[派]。上代はっけん[発遣]。
ー所 でさききかん[出先機関]。近代してん[支店]。近世ではり/でばり[出張]。
公用でー・すること 近世くゎんろ[官路]。中世くゎんいう[官遊/宦遊]。

しゅってん【出典】 げんきょ[原拠]。じょうほうげん[情報源]。近代げんてん[原典]。しゅってん[出典]。ソース(source)。近世てんきょ[典拠]。

しゅっぱつ【出発】 近代しゅったち[出立]。しゅっぱつ[出発]。スターティング(starting)。スタート(start)。はっと/ほっと[発途]。近世かどだち[門立]。しゅっそく[出足]。たびだち[旅立]。はっしゅつ[発出]。はってい[発程]。中世かしまだち[鹿島立]。しゅったつ[出立]。はっそく/ほっそく[発足]。中古いでたち[出立]。しんぱつ[進発]。はっかう[発向]。はっしん[発進]。上代かどで[門出]。かなとで[金門出]。《尊》中世おたち[御立]。《枕》上代むらとりの[群鳥][⇩いでたつ][⇩あさたつ]。
ー・させる 近世おくりだす[送出]。中古いだしたつ[出立]。上代たつ[立]。みちたつ[途立]。
ー・してくる 中世たちく[立来]。
ー・する 近代はっする[発]。ふみだす[踏出]。近世うかれたつ[浮立]。中世いづ/づ[でる][出]。うちたつ/うったつ[打立]。でたつ[出立]。上代いでたつ[出立]。たちゆく[立行]。たつ[立]。
ー・する所 しゅっぱつち[出発地]。近代きてん[起点]。しゅったつてん[出立点]。しゅっぱつてん[出発点]。スタートライン(start line)。
ー・する間際 たちまえ[立前]。近世たちぎは[立際]。
朝のー 近世ななつだち[七立]。中世さうはつ[早発]。上代あさだち[朝立]。あさとで[朝戸出]。
勇ましいー そうと[壮途]。ゆうと[雄途]。
遅れてー・すること えんぱつ[延発]。こうはつ[後発]。ちはつ[遅発]。近代でおくれる[出遅/出後]。
貴人が駕籠でー・すること 近世はつが[発駕]。
車のー 近代はっしゃ[発車]。
先にー・する 近代せんぱつ[先発]。
全員が一斉にー・すること 近世そうだち[総立]。
戦場に向けー・する 近世しゅつげき[出撃]。中世うちいづ[打出]。
旅にー・すること 近世たびだち[旅立]。

天皇がー・すること 近代はつぎょ[発御]。上代たつ[立]。はつれん[発輦]。
飛行機のー テイクオフ/テークオフ(take-off)。近代りりく[離陸]。
船のー →しゅっぱん【出帆】

しゅっぱん【出帆】 近代しゅっかう[出港]。しゅっかう[出航]。ばつべう[抜錨]。近世かいはん[開帆]。中世しゅっぱん[出帆]。でふね[出船]。上代ふなだち[船立]。ふなで[船出]。艫綱(纜)を解く。

しゅっぱん【出版】 近代こうかん[公刊]。はっかん[発刊]。近世いんかう[印行]。きけつ[剞劂]。じゃうし[上梓]。じゃうぼく[上木]。しゅっぱん[出版/出板]。はっかう[発行]。はんかう[版行/板行]。かんかう[刊行]。中世かいはん[開板/開版]。
ーがまだであること 近代みかん[未刊]。
ー・する かんする[刊]。近代こくする[刻]。公にする。世に問ふ。近世ひらく[開]。梓に上す。梓にす。梓に上す。版木(板木)に刻む。板に上す。中世あらはす[著]。
ー物の最初の版 近世しょはん[初版]。
ーを業とする会社 しょいん[書院]。近代しゅっぱんしゃ[出版社]。しょほ[書舗]。はっかうしょ[発行所]。近世しょし[書肆]。しょてん[書店]。しょばう[書房]。しょりん[書林]。はんもと[版元/板元]。ほんや[本屋]。
後から続けてー・する ついかん[追刊]。
新たなー 近代さうかん[創刊]。近世しんかん[新刊]。中世しんぱん[新版/新板]。

異なった本を一冊にまとめて—・する　ごうこく［合刻］。
最近の—　近代 きんかん［近刊］。
私費での—　しかばん［私家版］。じかばん［自家版］。近代 じひしゅっぱん［自費出版］。
初版と同じ版での再度の—　近代 ぢゅうはん［重版］。近世 さいはん［再版］。
既に—・されていること　近代 きかん［既刊］。
定期的に—・する　きかん［季刊］。デーリー(daily)。近代 ウイークリー(weekly)。クオータリー(quarterly)。げっかん［月刊］。しゅうかん［週刊］。にっかん［日刊］。ねんかん［年刊］。マンスリー(monthly)。
定期的に—・するもの　しきほう［四季報］。近代 イヤーブック(yearbook)。げっぽう［月報］。ざっし［雑誌］。ジャーナル(journal)。しんぶん［新聞］。ていきかんこうぶつ［定期刊行物］。ねんかん［年刊］。ねんかん［年鑑］。ねんぽう［年報］。マガジン(magazine)。
定期的に—・するものの既刊号　近代 バックナンバー(back number)。
定期的に—・するものを終えること　しゅうかん［終刊］。はいかん［廃刊］。
定期的に—・するものを休むこと　近代 きうかん［休刊］。
廃刊の書物の再度の—　近代 さいかん［再刊］。ふくかん［復刊］。
秘密の—　サミズダート(ロシア samizdat)。ちかしゅっぱん［地下出版］。近代 ひみつしゅっぱん［秘密出版］。
部数限定の—　近代 げんていばん［限定版］。
昔の本をそのまま—・すること　えいいんぼん［影印本］。近代 ふくせいぼん［複製本］。ほんこく［翻刻］。

しゅっぴ【出費】　近代 けいひ［経費］。ししゅつ［支出］。じっぴ［実費］。しはらひ［支払］。しゅっぴ［出費］。でせん［出銭］。にふひ［入費］。懐を痛める。身銭を切る。近世 いりまい［入米］。かかり［掛］。かかりもの［掛物］。しっぴ［失費］。はまり［嵌／塡］。はらひ［払］。めり［減／乙］。自腹を切る。中世 いりめ［入目］。ものいり［物入］。中古 つひえ［費］。ひよう［費用］。
—がかさむ　近世 せけんばる［世間張］。もめる［揉］。《句》近世 雨の宮風の宮。

しゅっぴん【出品】　エキシビション(exhibition)。てんじ［展示］。近代 しゅっちん［出陳］。しゅってん［出展］。しゅっぴん［出品］。ディスプレー(display)。近世 てんらん［展覧］。上代 ちんれつ［陳列］。

しゅっぺい【出兵】　はへい［派兵］。近代 しゅっぺい［出兵］。すいし［出師］。中世 しゅつぐん［出軍］。しゅつぢん［出陣］。

しゅっぽん【出奔】　しっせき［失跡］。じょうはつ［蒸発］。とんずら。行方を暗ます。近代 エスケープ(escape)。しっそう［失踪］。たうばう［逃亡］。ゆくへふめい［行方不明］。姿を消す。近世 かけだす［駆出］。中世 いへいで／いへで［家出］。しゅっぽん［出奔］。てうばう［逃亡］。跡を暗ます(暗む／暗ます)。中古 くもがくれ［雲隠］。ちくでん［逐電］。てうまう［逃亡］。はしる［走］。身を隠す。上代 たうそう［逃走］。にぐ［にげる］［逃］。

しゅつりょく【出力】　アウトプット(output)。近代 パワー(power)。中古 ばりき［馬力］。ちから［力］。

しゅと【首都】　近代 キャピタル(capital)。メトロポリス(metropolis)。近世 しゅと［首都］。しゅふ［首府］。輦轂(れんこく)の下。中世 こくと［国都］。れんか［輦下］。上代 みやこ［都］。

しゅどう【主導】　近代 しだう［指導］。しゃうだう［唱導］。しゅしゃう［主唱］。せんだう［先導］。中古 きゃうだう［嚮導／郷導］。せんだう［前導］。
—権　近代 イニシアチブ(initiative)。ヘゲモニー(ドイツ Hegemonie)。
—権を握る　近代 ぎゅうじる［牛耳］。近世 牛耳を執る。

じゅどう【受動】　近代 じゅどう［受動］。せうきょくてき［消極的］。パッシブ(passive)。近世 うけみ［受身］。あなた任せ。

しゅとく【取得】　近代 しうとく［収得］。しゅとく［取得］。手にする。近世 らくしゃう［落掌］。らくしゅ［落手］。中世 くゎくとく［獲得］。上代 う［うる／える］［得］。→え・る
—が困難なたとえ　中世 驪竜(りりょう)頷下(がんか)の珠。

しゅとして【主】　近代 しゅとして［主］。近世 おもに［主］。中世 むねと［宗］。中古 たてて［立］。もっぱら［専］。もはら［専］。

じゅなん【受難】　ひさい［被災］。近代 さうなん［遭難］。じゅなん［受難］。ひがい［被害］。
—の象徴　中世 けいくゎん［荊冠］。

ジュニア(junior)　キッズ／キッド(kids/kid)。近代 チャイルド(child)。ねんせうしゃ［年少者］。中世 こども［子供］。わらべ［童］。中古 じどう［児童］。上代 どうじ［童子／童児］。→こども

しゅにん【主任】 キャプテン(captain)。近代 キャップ(captain の略)。しゅかん[主幹]。しゅさいしゃ[主宰者]。しゅじ[主事]。しゅにん[主任]。せきにんしゃ[責任者]。チーフ(chief)。ヘッド(head)。マスター(master)。

―コーチ ヘッドコーチ(head coach)。

しゅのう【首脳】 ずのう[頭脳]。ちゅうすうぶ[中枢部]。トップマネージメント(top management)。近代 かんぶ[幹部]。しゅなう[首脳]。ぢゅうちん[重鎮]。トップ(top)。ヘッド(head)。中古 えうじん[要人]。かしら[頭]。りゃうしう[領袖]。

―の会議 サミット(summit)。トップかいだん[top会談]。

じゅのう【受納】 近代 しうじゅ[収受]。りゃうしう[領収]。近世 じゅりゃう[受領]。中古 じゅなふ[受納]。じゅり[受理]。なふじゅ[納受]。をさむ(おさめる)[納]。上代 うく(うける)[受]。うけとる[受取]。

《謙》近代 はいなふ[拝納]。中世 いただく[頂/戴]。さづかる[授]。はいじゅ[拝受]。中古 はいりゃう[拝領]。上代 たまはる[賜/給]。

じゅばく【呪縛】 マインドコントロール(和製 mind control)。近世 かなしばり[金縛]。中世 そくばく[束縛]。中古 じゅばく[呪縛]。

しゅはん【首班】 →**しゅしょう【首相】**

しゅはん【主犯】 近代 しゅはん[主犯]。せいはん[正犯]。近世 しゅざい[首罪]。中世 ちゃうほんにん[張本人]。

しゅび【守備】 近代 ガード(guard)。けいご[警護]。ごゑい[護衛]。じゑい[自衛]。ディフェンス(defense)。ばうび[防備]。ひご[庇護]。近世 けいび[警備]。しゅび[守備]。中世 そなへ[具/備]。中古 かげ[陰/蔭]。かため[固]。ばうぎょ[防御]。ばうゑい[防衛]。ばん[番]。まぼり[守]。上代 たて[盾/楯]。ふせぐ[防]。まもり[守/護]。

―の態勢をつくる 中古 かたむ[固]。

あの世からの― 中世 遠き守り。

しゅび【首尾】 近代 けいゐ[経緯]。けっくゎ[結果]。けつまつ[結末]。近世 いきさつ[経緯]。なりゆき[成行]。中世 しまつ[始末]。しゅうし[終始]。てんまつ[顛末]。上代 しゅび[首尾]。

―よく うまく。都合よく。中世 まんまと。

しゅひつ【主筆】 近代 しゅかん[主幹]。しゅひつ[主筆]。へんしふちゃう[編集長]。→**しゅにん**

しゅひん【主賓】 近代 しゃうきゃく/せいかく[正客]。しゅひん[主賓]。せいひん[正賓]。近世 きひん[貴賓]。中世 じゃうかく/じゃうきゃく[上客]。ひんかく[賓客]。中古 らいひん[来賓]。上代 ひんきゃく[賓客]。

―とともに招待される客 近世 ばいひん[陪賓]。

しゅふ【首府】 →**しゅと**

しゅふ【主婦】 近代 ハウスワイフ(housewife)。ミストレス(mistress)。近世 いはらじ[家主]。かみさん[上]。しゅふ[主婦]。にょうばういへぬし[女房家主]。中世 いはるじ[家主]。かか[嚊/嬶/母]。にょうばう[女房]。中古 いへとうじ/いへとじ[家刀自]。をんなとじ[女刀自]。上代 かふ[家婦]。とうじ/とじ[刀自]。

《尊》近世 おいへ/おいへさま[御家様]。

しゅべつ【種別】 近代 しゅべつ[種別]。はんべつ[判別]。近世 くべつ[区別]。しきべつ[識別]。しわけ[仕分]。中世 ぶんべつ[分別]。ぶんるい[分類]。べんべつ[弁別]。るいべつ[類別]。中古 ぶんべち[分別]。

―・した項目 近代 しゅもく[種目]。

しゅほう【手法】 ぎほう[技法]。近代 テクニック(technic)。近世 しゅはふ[手法]。中世 ぎじゅつ[技術]。ぎりゃう[技量]。しかた[仕方]。しゅだん[手段]。てぎは[手際]。中古 はうはふ[方法]。

上手な― 近世 きかう[機巧]。ぎかう[技巧]。

しゅぼうしゃ【首謀者】 近代 おんどとり[音頭取]。しゅくゎい[首魁]。しゅぼうしゃ[首謀者/主謀者]。ほっきにん[発起人]。近世 ざいくゎい[罪魁]。ぼうしゅ[謀主]。ほっとうにん[発頭人]。中世 ちゃうぼん/ちゃうぼんにん[張本人]。ちゃうほんにん[張本人]。上代 げんきょう[元凶/元兇]。

―の手助けをする 近世 後棒を担ぐ。片棒を担ぐ。

しゅみ【趣味】 ❶〈余技〉すきこのみ[好好]。近代 しゅみ[趣味]。ホビー(hobby)。近世 あいかう[愛好]。かうしゃう[好尚]。だうらく[道楽]。中世 このみ[好]。しかう[嗜好]。たしなみ[嗜]。ものずき[物好/物数奇]。

―が同じであること 近世 どうかう[同好]。どうしう[同臭]。どうしうみ[同臭味]。

―が高尚なこと 中古 きんきしょぐゎ[琴棋書画]。せいきょう[清興]。上代 きんしょ

［琴書］。

―がないこと 近代ぶしゅみ／むしゅみ［無趣味］。ぼっしゅみ［没趣味］。

―の多いこと 近代たしゅみ［多趣味］。

―を楽しむ 近代いぢくる／いぢる［弄］。

―を楽しむ人 近代アマチュア(amateur)。

しゅみ【趣味】❷〈感性〉 近代センス(sense)。ムード(mood)。近世おもしろみ［面白味］。かんせい［感性］。しゅみ［趣味］。中世あぢ［味］。中古おもむき［趣］。上代あぢ［味］。あぢはひ［味］。

―が洗練されているさま ハイセンス(和製high sense)。

―がよくない 近代あくしゅみ［悪趣味］。

―を理解する心 中古なさけ［情］。

外国の風物を好む― 近代いこくしゅみ［異国趣味］。

低俗な― ぞくしゅ［俗趣］。近代ぞくしゅみ［俗趣味］。

じゅみょう【寿命】 近世めいすう［命数］。中古しゃうみゃう／せいめい［生命］。てんじゅ［天寿］。てんめい［天命］。よのなか［世中］。上代いのち［命］。じゅみゃう［寿命］。よ［世］。→**いのち**

―のある間 中世いのちかぎり［命限］。中古命の限り。

―を延ばすこと(延びること) 中古えんねん［延年］。えんれい［延齢］。上代えんみゃう／えんめい［延命］。《句》近世初物七十五日。

前世の報いとしての決まった― 中世ぢゃうみゃう／ぢゃうめい／ていめい［定命］。ほうみゃう／ほうめい［報命］。

長い― 中世じゃうじゅ［上寿］。中古ちゃうじゅ［長寿］。ちゃうめい［長命］。ながいき［長生］。ばんじゅ／まんじゅ［万寿］。《句》中世鶴は千年亀は万年。

人間の普通の― 近代じょうみゃう［常命］。中古じんじゅ／にんじゅ［人寿］。

残りの― 近世おいさき［老先／老前］。中世よさん［余算］。中古よせい［余生］。よめい［余命］。らうご［老後］。

短い― 中古はくめい［薄命］。上代たんめい［短命］。

しゅもく【種目】 近代カテゴリー(ドイツ Kategorie)。しゅべつ［種別］。しゅもく［種目］。はんちう［範疇］。ひんしゅ［品種］。近世ぶもん［部門］。中古ぶるい［部類］。

じゅもく【樹木】 ウッド(wood)。近代ツリー(tree)。中世たちき［立木］。中古じゅもく［樹木］。上代き［木／樹］。

―が多く茂っている所 中世じゅりん［樹林］。しんりん［森林］。上代しげみ［茂］。はやし［林］。もり［森／杜］。→**じゅりん**

―が茂っているさま(こと) 中古いんしん［陰森］。さうすい［蒼翠］。しんしん［森森］。しんぜん［森然］。

―が高く聳(そび)えているさま 中古しんしん［森森］。ていてい［亭亭］。

―の枝や葉の繁ってるところ 近代じゅくゎん［樹冠］。

―の横断面の円状の輪 近代ねんりん［年輪］。

―の年齢 近代じゅれい［樹齢］。

―を植えて森林とすること りょっか［緑化］。近代ざうりん［造林］。

―を伐ること さいばつ［採伐］。近代ばっさい［伐採］。

一定間隔で植わっている― 近代がいろじゅ［街路樹］。中世いけがき［生垣］。なみき［並木］。

老いた― 中世らうぼく［老木］。中古こぼく［古木］。らうじゅ［老樹］。

大きな―の呼称の例 きょじゅ［巨樹］。近代きょぼく［巨木］。近世こぼく［巨木］。中世たいぼく［大木］。中古たいじゅ［大樹］。上代おほき［大木／大樹］。

神をまつる― 中世しんじゅ［神樹］。上代みむろ／みもろ［御諸］。

枯れた― 中古くちき［朽木］。こぼく［枯木］。上代かれき［枯木］。

新緑の― 中古しんじゅ［新樹］。

高い― うわき［上木］。近世かうぼく［高木］。

葉による―の種類 しょうようじゅ［照葉樹］。近代くゎうえふじゅ［広葉樹］。じゃうりょくじゅ［常緑樹］。しんえふじゅ［針葉樹］。らくえふじゅ［落葉樹］。らくえふぼく［落葉木］。

低い― かぼく［下木］。ていぼく［低木］。近代くゎんぼく［灌木］。

群がり生えている― 中世そうじゅ［叢樹］。上代こだち［木立］。

用途による―の呼称の例 近代がいろじゅ［街路樹］。クリスマスツリー(Christmas tree)。ざつぼく［雑木］。近世そだ［粗朶／麁朶］。はちうゑ［鉢植］。ぼんさい［盆栽］。中世いけがき［生垣］。くゎじゅ［果樹］。ざふき［雑木］。なみき［並木］。中古うゑき［植木］。しばき［柴木］。にはき［庭

木]。りんぼく[林木]。上代しば[柴]。ふし[柴]。

若い— 近代えうぼく[幼木]。近世なへぎ[苗木]。上代わかぎ[若木]。

しゅもつ【腫物】→しゅよう【腫瘍】

じゅもん【呪文】 中古じゅもん[呪文]。ずもん[誦文]。もん[文]。

—の例 近世くじ[九字]。つるかめ[鶴亀]。つるかめつるかめ[鶴亀鶴亀]。よなほし[世直]。をんてきたいさん[怨敵退散]。中世くさめ[嚔]。ぼろおん/ぼろん。

秘密の— 中古ひもん[秘文]。

しゅやく【主役】 近代しゅえん[主演]。ちゅうしんじんぶつ[中心人物]。近世しゅやく[主役]。たちやくしゃ/たてやくしゃ[立役者]。たてもの[立者]。

能の— 中世して[仕手/為手]。

しゅゆ【須臾】→しばらく

じゅよ【授与】→さず・ける

しゅよう【主要】 近代しゅえう[主要]。メイン/メーン(main)。近世おも[主]。たてもの[立者]。中世もとつ[本]。中古ちゅうしん[中心]。上代つかさ[官/司/首/長]。

—でないこと 近代さじ[些事]。しえふまっせつ[枝葉末節]。すゑ[末]。近世わき[脇/腋/掖]。中古えだは[枝葉]。しえふ[枝葉]。上代せうじ[小事]。

—・な事柄 近代えうてん[要点]。えうりゃう[要領]。しゅがん[主眼]。近世こっし[骨子]。中世がんもく[眼目]。

—・な人物 近世おほどこ/おほどころ[大所]。中世おほもの[大物]。中古えうじん[要人]。上代つかさ[官/司/首/長]。

—・な線 近代かんせん[幹線]。ほんせん[本線]。

—・な部分 みき[幹]。近代しゅがん[主眼]。しゅぶ[主部]。近世しゅなう[主脳]。

古くから関係があって—・なもの 中古もとがしは[本柏]。

しゅよう【腫瘍】 ポリープ/ポリプ(polyp)。近世おでき[御出来]。しゅやう[腫瘍]。ふきでもの[吹出物]。中古しゅもつ/はれもの[腫物]。

—のいろいろ(例) カポジーにくしゅ[Kaposi肉腫]。こっしゅ[骨腫]。こつしゅよう[骨腫瘍]。こつにくしゅ[骨肉腫]。のうしゅ[嚢腫]。近代がんしゅ[癌腫]。にくしゅ[肉腫]。ばくりふしゅ[麦粒腫]。近世がん[癌]。ものもらひ[物貰]。

じゅよう【受容】 うけいれ[受入]。近代じゅえう[需要]。近世ききとどく[—とどける][聞届]。中世じゅよう[受容]。りゃうしょう/りゃうじょう[領承/諒承]。れうしょう[了承]。中古ききいる[—いれる][聞入]。しょうち[承知]。

—力 キャパシティー(capacity)。近代だんりょく[弾力]。近世うつは[器]。

じゅよう【需要】 ニーズ(needs)。近代こうばいりょく[購買力]。じゅえう[需要]。ディマンド(demand)。ひつえう[必要]。近世ひつよう[必用]。

—と供給 じゅきょう[需供]。近代じゅきふ[需給]。

外国からの— がいじゅ[外需]。

軍事上の— 近代ぐんじゅ[軍需]。

国内の— ないじゅ[内需]。

政府の— かんじゅ[官需]。

民間の— みんじゅ[民需]。

じゅり【受理】 近代うけいれる[受入]。とりあげる[取上]。りゃうしう[領収]。近世じゅりゃう[受領]。中世うけつく[—つける][受付]。中古うく[うける][受]。じゅなふ[受納]。じゅり[受理]。

じゅりつ【樹立】 近代かくりつ[確立]。きづきあげる[築上]。きづく[築]。けんせつ[建設]。じゅりつ[樹立]。近世つくりあぐ[—あげる][造上]。中世さうりつ[創立]。じゃうじう/じゃうじゅ[成就]。中古たつ[たてる][建]。上代せいりつ[成立]。

しゅりゅう【主流】 かんりゅう[幹流]。たすうは[多数派]。近代しゅりう[主流]。しゅりょく[主力]。せいとうは[正統派]。ほんりう[本流]。メジャー(major)。

—から外れた特異な存在の人 いたんじ[異端児]。近代アウトサイダー(outsider)。いぶんし[異分子]。かはりもの[変者]。

—から分かれたもの ぼうりゅう[傍流]。近代ばうけい[傍系]。中世ぶんぱ[分派]。中古しりう[支流]。

しゅりょう【狩猟】 ハンチング/ハンティング(hunting)。中世れふ[猟]。中古ししがり[獣狩]。しゅれふ[狩猟]。せっしゃう[殺生]。上代かり[狩/猟]。

—で鳥獣の行方を推測すること(人) 上代とみ[跡見]。

—で鳥獣を狩り出したりする人 中古かりこ[狩子]。せこ[勢子/列卒]。上代かりびと[狩人/猟人]。

—に適した時期(許可されている時期) しゅ

りょうき[狩猟期]。りょうき[猟期]。

ーの道具 近世れうぐ[猟具]。

ーを禁じた場所 近世たてやま[立山]。中世とめやま[留山]。中古きんが[禁河]。きんや[禁野]。上代しめの[標野]。

ーを禁じること 近代きんれふ[禁猟]。

ーをする場所 近世れふば[猟場]。中世かりやま[狩山]。れふぢゃう[猟場]。中古かりくら[狩座/狩倉]。かりば[狩場]。上代かりには[猟庭/猟場]。

ーをする人 中世かりうど[狩人/猟人]。↓**かりうど**

網を使ってするー あみりょう[網猟]。

皇室のー場 近世ごれふば[御猟場]。中古きんが[禁河]。きんや[禁野]。上代しめの[標野]。

野でするー 近世でんれふ[田猟]。のあそび[野遊]。

▼鷹狩り 上代とがり[鳥狩]。

しゅりょう【首領】 ドン(スペイン don)。近代しゅくゎい[首魁]。とうもく[頭目]。ヘッド(head)。ボス(boss)。近世おほあたま[大頭/巨頭]。おやぶん[親分]。きょくゎい[巨魁/渠魁]。しゅぼうしゃ[首謀者/主謀者]。ちゃうぼん[張本]。とうりゃう[頭領/棟梁]。中世げいげい[鯨鯢]。しゅりゃう[首領]。ちゃうほんにん[張本人]。もんび[門楣]。中古かしら[頭]。上代げんきょう[元凶/元兇]。→**しゅぼうしゃ**

《尊》近世おかしら[御頭]。

じゅりょう【受領】 さしゅう[査収]。近代しうなふ[収納]。りゃうしう[領収]。近世じゅりゃう[受領]。らくしゅ[落手]。中世もらふ[貰]。中古じゅなふ[受納]。じゅり[受理]。上代うけとる[受取/請取]。うく(うける)[受]。りゃうなふ[領納]。→**うけとる**

《謙》中世はいじゅ[拝受]。中古はいりゃう[拝領]。上代たまはる[賜/給]。

ー書 近代うけしょ[請書]。うけとりしょう[受取証]。うけとりしょうしょ[受取証書]。りゃうしうしょ[領収書]。りゃうしうしょう[領収証]。近世をさめふだ[納札]。中世うけとり[受取]。

しゅりょく【主力】 しゅちょう[主潮]。近代しゅりう[主流]。しゅりょく[主力]。ほんりう[本流]。

じゅりん【樹林】 近代げんしりん[原始林]。げんせいりん[原生林]。ジャングル(jungle)。じゅかい[樹海]。みつりん[密林]。中世じゅりん[樹林]。しんりん[森林]。そうじゅ[叢樹]。上代こだち[木立]。はやし[林]。もり[森/杜]。

ーのいろいろ(例) うりょくじゅりん[雨緑樹林]。おんたいりん[温帯林]。かりょくじゅりん[夏緑樹林]。くりたい[栗帯]。こうようじゅりん[広葉樹林]。こうようじゅりん[硬葉樹林]。しょうようじゅりん[照葉樹林]。じょうりょくじゅりん[常緑樹林]。近代しんえふじゅりん[針葉樹林]。らくえふじゅりん[落葉樹林]。

しゅるい【種類】 近代カテゴリー(ドイツ Kategorie)。クラス(class)。しゅべつ[種別]。しゅもく[種目]。はんちう[範疇]。ひんしゅ[品種]。るいけい[類型]。近世いろかず[色数]。くち[口]。けいろ[毛色]。て[手]。ぶもん[部門]。中世しゅ[種]。つれ[連]。中古いろ[色]。くさ/くさはひ[種]。しゅるい[種類]。たぐひ[類]。ぶるい[部類]。

ーによって分けること 近代いろわけ[色分]。中世ぶんべつ[分別]。ぶんるい[分類]。

同じー ほうるい[方類]。中世どうしゅ[同種]。どうるい[同類]。中古いっしゅ[一種]。

異なったー 毛色の変わった。近代かはりだね[変種]。とくしゅ[特種]。へんしゅ[変種]。近世いしゅ[異種]。いしょく[異色]。べっしゅ[別種]。中古いるい[異類]。

事業のー ぎょうしゅ[業種]。

多様なー 近代ざっしゅ[雑種]。ざった[雑多]。たさい[多彩]。たしゅたやう[多種多様]。たやう[多様]。バラエティー(variety)。近世ごしき[五色]。なないろ[七色]。中世しょはん[諸般]。中古いろいろ[色色]。かずかず[数数]。さまざま[様様]。しなじな[品品]。しょしゅ[諸種]。たしゅ[多種]。ちくさ[千種]。上代くさぐさ/しゅじゅ[種種]。やそくさ[八十種]。やちくさ[八千種]。

一つのー 中世ひといろ[一色]。中古いっしき[一色]。いっしゅ[一種]。

文芸等における形態上のー 近代ジャンル(フランス genre)。

しゅわん【手腕】 近代しゅわん[手腕]。テクニック(technic)。近世うでまへ[腕前]。しゅれん[手練]。中世うで[腕]。ぎかう[技巧]。ぎじゅつ[技術]。ぎりゃう[技量/伎量/伎倆]。てぎは[手際]。てだり/てだれ[手足/手練]。てなみ[手並]。中古うつはもの[器物]。

―のある人 近世きれもの［切者］。中古うつはもの［器物］。

―を見せる 近代腕を振るふ。

しゅん【旬】 たべごろ［食頃］。近代さいせいき［最盛期］。せいき［盛期］。でさかり［出盛］。中世しゅん［旬］。上代さかり［盛］。たけなは［酣］。

―のはじめの魚（野菜） 中世はしり［走］。はつもの［初物］。中古はしりもの［走物］。

―を過ぎる 中世薹が立つ。

じゅん【順】 近代じゅんゐ［順位］。中世じゅん［順］。じゅんばん［順番／巡番］。中古ばん［番］。上代じゅんじょ［順序］。

―に当たること 近世かはりばん［代番］。

―に動かす 近代くりさげる［繰下］。近世くりあがる［繰上］。じゅんおくり［順送］。つぎおくり［次送］。中世しだいおくり［次第送］。まはす［回／廻］。

―に動く 近世まはる［回／廻］。

―に訪れること 上代れきはう［歴訪］。

―に知らせる 中古めぐらす［巡回／廻］。

―に成る 中世なりなる［成成］。

―に渡すこと 中世まはりもち［回持］。中古もちまはり［持回］。

じゅん【純】→**じゅんすい**

じゅんい【順位】 かくづけ［格付］。ランキング（ranking）。近代くらゐづけ［位付］。じゅんゐ［順位］。せきじ［席次］。ナンバー（number）。ランク（rank）。近世せきじゅん［席順］。ばんづけ［番付］。中世じゅんばん［順番］。じょれつ［序列］。上代じゅんじょ［順序］。

―を表す言葉の例 いちい［一位］。いちごう［一号］。いっきゅう［一級］。いっせき［一席］。だいいち［第一］。近代いうりゃうか［優良可］。てんちじん［天地人］。中世いちりう［一流］。いっとう［一等］。かふおつへいてい［甲乙丙丁］。中古いちばん［一番］。

じゅんえん【順延】 さきおくり［先送］。近代あとまはし［後回］。えんき［延期］。くりさげ［繰下］。くりのべ［繰延］。じゅんえん［順延］。近世ひのべ［日延］。中古えんいん／えんにん［延引］。

じゅんおう【順応】→**じゅんのう**

じゅんおくり【順送】 近世じゅんおくり［順送］。じゅんぐり［順繰］。じゅんじゅん［順順］。中世じゅんじ［順次］。じゅんばん［順番］。まはし［回／廻］。まはりもち［回持］。りんばん［輪番］。中古もちまはり［持回］。

しゅんが【春画】 近世しゅんぐゎ［春画］。すがたまくら［姿枕］。ひとりわらひ［独笑］。わじるし［印］。わらひゑ［笑絵］。中世かちゑ［勝絵］。

▼春本 ひほん［秘本］。近世わじるし［印］。わらひぼん［笑本］。中古まくらざうし［枕草紙］。

じゅんか【純化】 近代じゃうくゎ［浄化］。じゅんくゎ［純化］。リファイン（refine）。

じゅんかい【巡回】 パトロール（patrol）。近代じゅんくゎい［巡回／巡廻］。近世かんし［監視］。けいび［警備］。けいら［警邏］。じゅんし［巡視］。じゅんら［巡邏］。まはり［回／廻］。みまはり［見回］。中世みまふ［見舞］。中古じゅんけん［巡見］。めぐる［巡］。やけい［夜警］。上代じゅんさつ［巡察］。

―・する 中世まはる［回／廻］。中古みまはる［見回］。めぐらふ［巡／回］。

しゅんかしゅうとう【春夏秋冬】→**しき【四季】**

じゅんかつ【潤滑】 近代へいくゎつ［平滑］。ゑんくゎつ［円滑］。中世じゅんくゎつ［潤滑］。中古なめらか［滑］。

―剤 げんまざい［減摩剤］。近代グリス／グリース（grease）。近世くゎつざい［滑剤］。

しゅんかん【瞬間】→**いっしゅん**

じゅんかん【循環】 サイクル（cycle）。ローテーション（rotation）。近代サーキュレーション（circulation）。中世くりかへす［繰返］。じゅんくゎいてん［回転］。中古じゅんくゎん［循環］。

《句》近代循環端無きが如し。

しゅんぎく【春菊】 近世オランダぎく［ポルトガル Olanda菊］。きくな［菊菜］。中世しゅんぎく［春菊］。

じゅんぎゃく【順逆】 くろしろ［黒白］。近代せいひ［正否］。近世うらおもて［裏表］。しらくら［白黒］。せいご［正誤］。せいじゃ［正邪］。中世かうはい［向背］。こくびゃく［黒白］。じゅんぎゃく［順逆］。しろくろ［白黒］。

じゅんきょ【準拠】 近代いきょ［依拠］。りっきゃく［立脚］。中世じゅんよう［準用］。中古じゅんきょ［準拠］。→**じゅん・ずる【準】**

じゅんきん【純金】 にじゅうよんきん［二十四金］。近世きんむく［金無垢］。中世しんきん［真金］。やきがね／やききん［焼金］。上代じゅんきん［純金］。

―製の品物 近世いんす［印子］。

じゅんけつ【純潔】 近世じゅんけつ［純潔］。近代せいじゅん［清純］。むく［無垢］。中世

じゅんしん［純真］。じゅんすい［純粋］。じゅんぱく［純白／醇白］。中古けっぱく［潔白］。中世ていさう［貞操］。

女性が一を守ること 近世みさを［操］。

しゅんこう【竣工】 かんこう［完工］。近代しゅんこう［竣工］。中世らくせい［落成］。

じゅんこう【巡航】 クルージング(cruising)。近代しうかう［周航］。じゅんかう［巡航］。

じゅんさ【巡査】 ちゅうざいさん［駐在］。ちゅうざいじゅんさ［駐在巡査］。近代おまはりさん［巡］。かくそで／かくそでじゅんさ［角袖巡査］。けいさつくゎん［警察官］。けいくゎん［警官］。けいじ［刑事］。じゅんさ［巡査］。ポリス(police)。らそつ［邏卒］。

しゅんさい【俊才】 近代しゅんえい［俊英］。ゐさい［偉才］。近世きりん／きりんじ［麒麟児］。さいしゅん［才俊／才儁］。中世しうさい［秀才］。しゅんしう［俊秀］。中古えいさい［英才／穎才］。しゅんさい［俊才／駿才／儁才］。しゅんそく［駿足／駿速／俊足］。しんどう［神童］。

《句》近代竜は一寸にして昇天の気あり。近世蛇は寸にして人を呑む。蛇は寸にして兆し現る［一現れる］。中世紅は園生に植ゑても隠れなし。梅檀は双葉より芳し。梅花は蕾めるに香あり。中古驥尾に付す(付く)。

じゅんさい【蓴菜】 中古じゅんさい［蓴菜］。ねぬなは［根蓴菜］。上代うきぬなは［浮蓴］。ぬなは［蓴］。ぬなはくり［沼縄］。

しゅんじ【瞬時】 →いっしゅん

じゅんし【巡視】 パトロール(patrol)。近代じゅんくゎい［巡回］。近世かんし［監視］。けいび［警備］。けいら［警邏］。じゅんし［巡視］。じゅんら［巡邏］。まはり［回／廻］。みまはり［見回］。中世みまひ［見舞］。中古じゅんけん［巡見］。めぐる［巡］。やけい［夜警］。上代じゅんさつ［巡察］。

じゅんし【殉死】 近世おひはら［追腹］。ともばら［供腹］。中世じゅんず［殉］。となふ［殉／徇］。上代じゅんし［殉死］。

じゅんじ【順次】 順序通り。続いて。引き続いて。近代ちくじ［逐次］。ていじ［逓次］。順を追って。近世じゅんぐり［順繰］。じゅんじゅんに［順順］。ぞくぞく［続続］。だんだんに［段段］。ばんばん［番番］。立て続けに。中世あひついで［相次］。いしいしと［以次以次／已次已次］。しだいしだいに［次第次第］。しだいに［次第］。じゅんじ［順次］。ちくいち［逐一］。中古ついで［次］。つぎつぎに［次次］。

じゅんしゅ【遵守】 近代じゅんぱふ［遵法／順法］。近世じゅんしゅ［遵守］。中世まぶる／まぼる［守］。中古したがふ［従］。まもらふ／まもる［守］。

しゅんじゅう【春秋】 中古せいさう／せいざう［星霜］。ねんれい［年齢］。上代さいげつ［歳月］。しゅんじう［春秋］。としつき／ねんげつ［年月］。

しゅんじゅん【逡巡】 近世あとじさり／あとずさり［後退］。しりごみ［尻込／後込］。中世ためらひ［躊躇］。中古しゅんじゅん［逡巡］。ちうちょ［躊躇］。上代めぐらふ［巡／回］。

じゅんじゅん【諄諄】 中世こんせつ［懇切］。近世こんこん［懇懇／悃悃］。しんせつ［親切］。中古じゅんじゅん［諄諄］。ねんごろに［懇］。

じゅんじゅんに【順順】 →じゅんじ【順次】

じゅんじょ【順序】 近代オーダー(order)。くゎてい［科程］。シーケンス(sequence)。じゅんゐ［順位］。近世すぢみち［筋道］。てじゅん［手順］。ひゃうそく［平仄］。中世じじょ［次序］。じゅん［順］。じゅんばん［順番］。じょれつ［序列］。らっし／らふし［臈次／臘次］。中古しだい［次第］。ついで［序］。上代じゅんじょ［順序］。つぎて［次第］。

《句》近代遠きに行くは必ず邇きよりす。近世沙弥から長老にはなれぬ。

一がきちんとしている 近代じゅんじょだつ［順序立］。ちつじょだてる［秩序立］。中古ついづ［序／叙］。

一が逆になる 近代相前後する。中世後先になる。

一が乱れること 近代ふどう［不同］。近世あちこち［彼方此方］。あちらこちら［彼方此方］。ばんくるはせ［番狂］。らちがない。中世前後を失す。らっしもなし。《句》近世伊勢や日向。

一よく並ぶ 中古しだい［次第］。

一を追って行われるさま 近代せんぐり［先繰］。近世じゅんぐり。じゅんじゅん［順順］。中世じゅんじ［順次］。だんだん［段段］。ちくじ［逐次］。中古ばんばん［番番］。

一を逆にすること 近世たうち［倒置］。

一を付ける →じゅんい

一を無視して越える 近代とびこす［飛越］。中世てうゑつ／てうをつ［超越］。

式の一 しきじ［式次］。しきじゅん［式順］。近世しきしだい［式次第］。

物事の― 近代 じじょ[事序]。だんかい[段階]。近世 じょじ[序次]。だんどり[段取]。てじゅん[手順]。中世 かいきふ[階級]。てはず[手筈]。

▼助数詞 じ[次]。近世 せき[席]。中世 くゎい[回]。中古 ゐ[位]。上代 とう[等]。ばん[番]。

じゅんじょう【純情】 近代 じゅん[純]。せいじゅん[清純]。てんいむほう[天衣無縫]。てんしんらんまん[天真爛漫]。ナイーブ(naive)。近世 むく[無垢]。中世 じゅんしん[純真]。そぼく[素朴/素樸]。中古 こころわかし[心若]。じゅんじゃう[純情]。むしん[無心]。上代 じゅんぼく[純朴/淳朴/醇朴]。

―・さがなくなる 近世 する[すれる][擦/摩/磨]。

―・なさま 近世 うぶ[初/初心]。

―・でないこと 近世 ふじゅん[不純]。

じゅんしょく【潤色】 近代 きゃくしょく[脚色]。しうじ[修辞]。中古 しうしょく[修飾]。じゅんしょく[潤色]。

じゅん・じる【準】→じゅん・ずる

じゅん・じる【殉】→じゅん・ずる

じゅんしん【純真】 近代 せいじゅん[清純]。てんいむほう[天衣無縫]。てんしんらんまん[天真爛漫]。ナイーブ(naive)。むじゃき[無邪気]。近世 そぼく[素朴]。むく[無垢]。中世 じゅんしん[純真]。中古 じゅんじゃう[純情]。上代 じゅんぼく[純朴/淳朴/醇朴]。

子供の(ように)―・な心 どうしん[童心]。近代 ちき[稚気]。近世 こどもごころ[子供心]。

じゅんすい【純粋】 近代 じゅん[純]。じゅん[醇]。じゅんぜん[純然]。たんじゅん[単純]。ピュア(pure)。むざつ[無雑]。思ひ邪なし。近世 き[生]。きいっぽん[生一本]。きっすい[生粋]。じゅんせい[純精]。すい[粋]。すいぜん[粋然]。せいいつ[精一]。せいじゃう[清浄]。せいすい[清粋]。むく[無垢]。混じり気なし。中世 じゅんいち/じゅんいつ[純一]。じゅんこ[純乎/醇乎]。じゅんしん[純真]。じゅんすい[純粋]。じゅんせい[純正]。中古 じゅんじゃう[純情]。上代 しゃうじゃう[清浄]。

―・で一途な性質 近世 いっぽんぎ[一本気]。

―・で美しいこと 近世 すいび[粋美]。

―・で飾り気のない性質 中世 てんしん[天真]。

―・で白いこと 近代 せいはく[精白]。

―・で素直なこと 近世 をんじゅん[温純]。をんすい[温粋]。

―・でないこと 近世 ふじゅん[不純]。

―・なものにすること 近代 じゅんくゎ[純化]。じゅんくゎ[醇化/淳化]。

―・に精神的なさま 近代 プラトニック(Platonic)。

この上なく―・であること 近代 さいじゅん[最純]。しじゅん[至純/至醇]。

じゅん・ずる【準】 そう[沿]。そくする[則]。近代 いきょ[依拠]。りっきゃく[立脚]。中世 じゅんよう[準用]。のっとる[則]。ふまふ[ふまえる][踏]。もとづく[基]。中古 じゅんきょ[準拠/准拠]。じゅんず[準/准]。なずらふ/なぞらふ[準/准/擬]。上代 よる[依]。

じゅん・ずる【殉】 近世 おひはら[追腹]。じゅうし[従死]。中世 じゅんず[殉]。となふ[殉]。ともばら[供腹]。中古 たちそふ[立添]。上代 じゅんし[殉死]。

じゅんせい【純正】 近代 き[生]。じゅんぜん[純然]。中世 じゅんいつ[純一]。じゅんすい[純粋]。じゅんせい[純正]。

しゅんせつ【浚渫】 近代 しゅんせつ[浚渫]。中古 さらふ[さらえる][浚/渫]。

しゅんそく【俊足】❶〈駿足〉 近代 くゎいそく[快足]。中世 しゅんそく[俊足/駿足/駿速]。中古 いっそく[逸足]。

しゅんそく【俊足】❷〈俊才〉 近代 いっそく[逸足]。中世 しうさい[秀才]。中古 しゅんさい[俊才/駿才/儁才]。しゅんそく[俊足/駿足/駿速]。→しゅんさい

じゅんたく【潤沢】❶〈豊富〉 近世 ほうふ[豊富]。中世 じゅんたく[潤沢]。ほうじゅん[豊潤]。中古 とむ[富]。上代 ゆたか[豊]。

―・なさま 近代 ごまんと。わんさと。近世 たんまり。ふんだん。中世 たっぷり。

じゅんたく【潤沢】❷〈潤い〉 中古 うるおひ[潤]。じゅんたく[潤沢]。つや[艶]。

じゅんちょう【順調】 かいちょう[快調]。こうちょう[好調]。調子に乗る。波に乗る。近代 じゅんてう[順調]。じゅんてう[順潮]。じゅんぷうまんぱん[順風満帆]。スムーズ(smooth)。ゑんくゎつ[円滑]。軌道に乗る。弾みがつく。近世 油が乗る。中古 なだらか。なめらか[滑]。はかが行く。

《句》近代 だんだんよくなる法華の太鼓。近世 得手(追風/順風)に帆を上ぐ[―上げる]。

中世流れに棹さす。

—・でないこと 近代ふしん[不振]。近世ふじゅん[不順]。

—・な気候であること 中世ごふうじふう[五風十雨]。

—・な気分 近世じゅんき[順気]。

—・に事が進むさま 近世すうすう。すかすか。とんとん。どんどん。とんとんびゃうし[拍子]。中世すがやか[清]。すらすら。すらり。するする。中古すがすがし[清清]。

じゅんど【純度】 近代じゅんど[純度]。

金などの— きんい[金位]。近代カラット(carat; karat)。きんしゃう[金性]。じゅんぶん[純分]。

しゅんどう【蠢動】 近代うごめき[蠢]。中世しゅんどう[蠢動]。

—・するさま 近代もぐもぐ。もぞもぞ。近世うじゃうじゃ。うようよ。中世ごそごそ。むくむく。

じゅんとう【順当】 近代じゅんたう[順当]。せいじゃう[正常]。せいたう[正当]。だたう[妥当]。ノーマル(normal)。近世したう[至当]。じゅんろ[順路]。中世たうぜん[当然]。

—・でないこと 近世ふじゅん[不順]。

—・なやり方 中古じゅんだう[順道]。

じゅんに【順】 近代ちくじ[逐次]。順を追って。近世じゅんじゅんに[順順]。中世じゅんじ[順次]。じゅんに[順]。中古おひおひ[追追]。

じゅんのう【順応】 アダプト(adapt)。近代アダプテーション(adaptation)。じゅんくゎ[順化]。てきおう[適応]。てきがふ[適合]。ばなれ[場慣]。近世じゅんおう[順応]。じゅんち[馴致]。中世おうくゎ[応化]。しなふ[撓]。中古なじむ[馴染]。なる〔なれる〕[馴]。

じゅんぱく【純白】 近代ホワイト(white)。近世じゅんけつ[純潔]。せっぱく[雪白]。むく[無垢]。中世じゅんぱく[純白]。まっしろ[真白]。中古かうはく[皓白]。

じゅんばん【順番】 近代オーダー(order)。じゅんゐ[順位]。お鉢が回る。近世じゅんぐり[順繰]。でばん[出番]。中世じゅん[順]。じゅんばん[順番／巡番]。じょれつ[序列]。りんばん[輪番]。中古ついで[序]。ばん[番]。上代じゅんじょ[順序]。→じゅんい →じゅんじょ

—が回ってくる 近世御鉢が回る。

—に受け持つこと 中世まはりばん[回番]。まはりもち[回持]。りんばん[輪番]。

—に進んで行くこと 近世しだいおくり[次第送]。じゅんおくり[順送]。じゅんぐり[順繰]。

—を待っていること ひかえ[控／扣]。近代たいき[待機]。

▼助数詞 近世せき[席]。中古ゐ[位]。上代とう[等]。ばん[番]。

じゅんび【準備】 あしがため[足固]。ぜんだて[膳立]。近代おぜんだて[御膳立]。こうさく[工作]。したじゅんび[下準備]。しつらへ[設]。だうぐだて[道具立]。てはい[手配]。はいび[配備]。ふせき[布石]。よび[予備]。近世しがく[仕覚]。しかけ[仕掛／仕懸]。しこみ[仕込]。したごしらへ[下拵]。じゅんび[準備]。ちゃうほん[張本]。てくばり[手配]。てまはし[手回]。ふづくり[文作]。中世けっこう[結構]。こしらへ[拵]。した[下](接頭語的に)。てあて[手当]。てうはう[調法]。てはず[手筈]。もよひ[催]。中古いそぎ[急]。かまへ[構]。したく[支度／仕度]。しつらひ[設]。そなへ[備]。ちゃうぼん[張本]。まかなひ[賄]。ようい[用意]。よそひ[装／粧]。よそほひ[装／粧]。→したく

《句》近代暮れぬ先の提灯。備へあれば患ひなし。近世葬礼帰りの医者話。敵を見て矢を矧ぐ。泥棒(盗人)を捕らへて縄を綯ふ(略して「どろなは」)。裸で道中はならぬ。中世渇に臨みて井を掘る(穿つ)。食を願はば器物。難に臨んで遽に兵を鋳る。

—が十分であること 近代よういしうたう[用意周到]。中世鼻脂を引く。

—が順調に進む レール(rail)が敷かれる。

—・していない 近代ばあたり[場当]。

—・して出番を待つ 近世ひかふ〔ひかえる〕[控]。

—・する 近世いとなぶ[営]。しつく〔しつける〕[仕付／躾]。てまはす[手回]。手を回す。中世こしらふ〔—らえる〕[拵]。さしかたむ〔—かためる〕[鎖固]。しだす[仕出]。したためまうく[認設]。もよほす[催]。よそほふ[装]。中古いそぎたつ[急立]。いそぐ[急]。いとなむ[営]。おもひまうく〔—もうける〕[思設]。しまうく[為設]。とりまかなふ[取賄]。上代そなふ〔そなえる〕[具／備]。ととのふ〔ととのえる〕[整／調]。まうく〔もうける〕[設]。まけそなふ[設備]。

—の行動 ウオームアップ(warm up)。じゅんびたいそう[準備体操]。近代ウオーミン

し

グアップ(warming up)。近世あしならし[足馴]。

受け入れる― うけいれたいせい[受入態勢]。

心の中で―・する はらがまえ[腹構]。近世こころづもり[心積]。中古こころがまへ[心構]。こころまうけ[心設]。

心を込めて―・する 中古おもひいとなむ[思営]。

災害に対する― 近代びくゎう[備荒]。

出発などの― 近代スタンバイ(standby)。上代よそふ[装]。

正月の― 近世しゃうぐゎつじまひ[正月仕舞]。

じゅんぷう【順風】 近世まとも[舳真]。中古おひて[追風/追手]。じゅんぷう[順風]。上代おひかぜ[追風]。ときつかぜ[時津風]。

出発によい―を待つこと 近世かざまち/かぜまち[風待]。かぜがかり[風懸]。上代かざまもり[風守]。

しゅんぶん【春分】 中古しゅんぶん[春分]。

―点と秋分点 ぶんてん[分点]。

―の日と秋分の日 近世にぶん[二分]。中世じしゃう[時正]。ちゅうにち[中日]。

じゅんぽう【遵法】 近代じゅんぱふ[遵法]。近世じゅんしゅ[遵守/順守]。

じゅんぼく【純朴】 近代せいじゅん[清純]。てんいむほう[天衣無縫]。てんしんらんまん[天真爛漫]。むじゃき[無邪気]。中世じゅんしん[純真]。そぼく[素朴]。中古しつぼく[質朴/質樸]。じゅんじゃう[純情]。じゅんぼく[純朴]。

―で正直な人 中世またうど[全人/真人]。

しゅんめ【駿馬】 近代てってい[鉄蹄]。近世りゃうき[良驥]。りゅうば[竜馬]。りょうめ[竜馬]。中世き[驥]。きりん[騏驎/麒麟]。てんば[天馬]。ひづめ[蹄]。めいば[名馬]。りゅうてい[竜蹄]。中古きき[騏驥]。しゅんそく[駿足/駿速/俊足]。りゃうば[良馬]。りゅうめ[竜馬]。りょうてい[竜蹄]。竜の馬。上代しゅんめ[駿馬]。

じゅんれい【巡礼】 近世くゎいこく[回国/廻国]。くゎいこくじゅんれい[回国巡礼]。じゅんぱい[巡拝]。じゅんれき[巡歴]。へんろ[遍路]。中世あんぎゃ[行脚]。しゅぎゃう/すぎゃう[修行]。だうしゃ[道者]。中古じゅんれい[巡礼]。

―に金品を与えること 中世ほうしゃ[報謝]。

しゅんれつ【峻烈】 近代きゃうれつ[強烈]。さうれつ[壮烈]。しゅんれつ[峻烈]。つうれつ[痛烈]。中世げきれつ[激烈/劇烈]。

じゅんろ【順路】 近代みちじゅん[道順]。中世けいろ[経路]。じゅんだう[順道]。じゅんろ[順路]。みちすぢ[道筋]。

しょ【書】 →しょどう

じょ【序】❶〈序文〉→じょぶん

じょ【序】❷〈端緒〉でだし[出出]。近代あしがかり[足掛]。たんちょ[端緒]。ぼうとう[冒頭]。近世いとぐち[糸口/緒]。くち[口]。くちあけ[口開]。くちきり[口切]。たんしょ[端緒]。てがかり[手掛]。中世かはきり/かはきれ[皮切]。じょ[序]。はったん/ほったん[発端]。中古はな[端]。

しょいこ・む【背負込】 かかえこむ[抱込]。近代うけもつ[受持]。ふたん[負担]。近世かたげる[肩/担]。くらひこむ[食込]。しょひこむ[背負込]。中世せおふ[背負]。ひきうく[―うける][引受]。中古おふ[負]。上代になふ[担]。

しょいん【書院】 中世しょゐん[書院]。

―のいろいろ(例) 近世あかりしょゐん[明書院]。あかりどこ[明床]。おくしょゐん[奥書院]。おもてしょゐん[表書院]。つけしょゐん[付書院]。中世いだしふづくえ[出文机]。

ジョイント(joint) 近代ジョイント。つなぎめ[繋目]。近世つぎて[継手/接手]。れんけつ[連結]。中世あはせめ[合目]。中古つぎめ[継目]。

しょう【賞】 近代しゃうくん[賞勲]。中古しゃう[賞]。ちうしゃう[抽賞]。上代しゃうし[賞賜]。

―として与える金品 きんいっぷう[金一封]。せいしょう[正賞]。ふくしょう[副賞]。近代けいひん[景品]。けんしゃうきん[懸賞金]。しゃうひん[賞品]。ほうしゃうきん[報償金]。近世しゃうきん[賞金]。そくたく[属託/嘱託]。

―と罰 中世しゃうばつ[賞罰]。

―を得ること にゅうしょう[入賞]。近代じゅしゃう[受賞]。中世あたる/あてる[当/中]。

―を授けること じゅしょう[授賞]。ぞうしょう[贈賞]。近代ろんこうかうしゃう[論功行賞]。中古かうしゃう[行賞]。

最高の― たいしょう[大賞]。近代グランプリ(フランス grand prix)。

なんの―もないこと むかん[無冠]。

しょう【章】 近代しゃうせつ[章節]。せつ[節]。チャプター(chapter)。パート(part)。近世だんらく[段落]。中世しゃう[章]。しゃうだん[章段]。上代くだり[件

／条］。

しよう【止揚】 しょうか［昇華］。近代アウフヘーベン（ドイ Aufheben）。しやう［止揚］。やうき［揚棄］。

しよう【仕様】 ノウハウ／ノーハウ（know-how）。ハウツー（how-to）。近代はうと［方途］。やりかた［遣方］。やりくち［遣口］。中世しかた［仕方］。しやう［仕様］。しゅだん［手段］。やりやう［遣様］。中古はうはふ［方法］。上代すべ［術］。

しよう【使用】 近代かうし［行使］。くわつよう［活用］。やくだてる［役立］。近世りよう［利用］。中世しよう［使用］。とりあつかふ［取扱］。中古うちつかふ［打使］。つかふ［使］。もちゐる［用］。

ー・されなくなって捨てるもの くずもの［屑物］。ジャンク（junk）。そだいごみ［粗大塵］。近代はいきぶつ［廃棄物］。はいひん［廃品］。ふようひん［不用品］。ぼろ［襤褸］。近世がらくた［我楽多］。ぐわらくた［瓦落多］。はいぶつ［廃物］。ようずみ［用済］。中世ごみ［芥／塵］。中古くづ［屑］。

ー・して古くなった物 ちゅうこ［中古］。ちゅうこひん［中古品］。近代セカンドハンド／セコンドハンド（secondhand）。セコハン（セコンドハンドの略）。近世ちゅうぶる［中古］。

ー者 →**こよう**

ーに耐えること たいよう［耐用］。

ー人 ひしようしゃ［被使用者］。近代こゐん［雇員］。じゅうげふゐん［従業員］。やとひにん［雇人］。

多くの人のーに供する 近代きょうよう［供用］。

共同でー・する 近代きょうよう［共用］。

自身のためにー・する 近代じかよう［自家用］。中世しよう［私用］。じよう［自用］。

別の用途でー・する 中世りうよう［流用］。

しよう【枝葉】 近代さいぶ［細部］。さじ［些事］。しえふまっせつ［枝葉末節］。すゑ［末］。ばっせつ［末節］。まっせう［末梢］。近世まっせつ［末節］。わき［脇／腋／掖］。中古えだは［枝葉］。しえふ［枝葉］。上代せうじ［小事］。

しよう【飼養】 近代しいく［飼育］。上代かふ［飼］。しやう［飼養］。やしなふ［養］。→**しいく**

じょう【情】 近代かんじゃう［感情］。にんげんみ［人間味］。ハート（heart）。ヒューマニティー（humanity）。フィーリング（feeling）。近世じゃうあい［情愛］。中世あいじゃう［愛情］。しんじゃう［心情］。よくじゃう［欲情］。中古じゃう［情］。なさけ［情］。上代おもひ［思］。こころ［心］。にんじゃう［人情］。

《句》近世仁者に敵なし。情けに刃向かふ刃なし。

ーが相手に通じない 《句》近代落花情（心）あれども流水意（心）なし。

ーがある 上代こころあり［心有］。

ーがある人 中古じゃうじん［情人］。

ーがあるように振る舞う 中古なさけだつ［情立］。

ーが薄い 中古あさし［浅］。こころあさし［心浅］。なさけおくる［情後］。

ーが細やかなこと 近代のうじゃう［濃情］。近世てんめん［纏綿］。上代むつまし／むつまじ［睦］。

ーがこもって静かなさま 近世しんみり。中世しっとり。しっぽり。

ーがない 近代ドライ（dry）。中古こころあさし［心浅］。こころなし［心無］。

ーがない人 近代きぼとけ［木仏］。木仏金仏石仏。近世鬼とも組む。上総木綿。

ーが深い 近世ふかなさけ［深情］。中古こし［濃］。

ーが深くて感じやすいさま ウエット（wet）。中古こころよわし［心弱］。たじゃう［多情］。

ーに厚くて誠実なこと 中世とくじつ［篤実］。

ーに引かれる 中世ほださる［—される］［絆］。

ーの厚い心 近世こうし［厚志］。

ーのこもった話 近世じゃうわ［情話］。

一時のー 近代うはきごころ［浮気心］。中世ひとはなごころ［一花心］。

厳しくてーが薄い 近代しゅんこく［峻酷／峻刻］。

肉親のー 中古おんあい［恩愛］。

じょう【錠】 キー（key）。ロック（lock）。近世くゎんぎ［関木］。くゎんぬき［閂／貫木］。ぢゃうまへ［錠前］。中世あひかぎ［合鍵］。中古かきがね／かけがね［掛金］。くゎんのき［貫木／関木／閂］。くゎんやく［関鑰／関鑰］。さやく［鎖鑰］。ぢゃう［錠］。とざし［鎖］。上代かぎ［鍵］。→**かぎ**

ーを下ろす せじょう［施錠］。ロック（lock）。近代けんす［鈐］。

役に立たないー 近世そらぢゃう［空錠］。

その他ーのいろいろ（例） じげんじょう［時限錠］。シリンダーじょう［cylinder 錠］。で

んしじょう［電子錠］。はこじょう［箱錠］。近代うちつけぢゃう［打付錠］。なんきんぢゃう［南京錠］。中世えびぢゃう［海老錠／蝦錠］。

じよう【滋養】 近代やうぶん［養分］。近世えいやう［栄養］。じやう［滋養］。

じょうあい【情愛】 近世じゃうあい［情愛］。中世あいじゃう［愛情］。いつくしみ［慈］。じゃう［情］。中古あはれ［哀］。なさけ［情］。→あいじょう→じょう【情】

しょうあく【掌握】 近代しうらん［収攬］。とうくゎつ［統括］。はあく［把握］。手中にをさめる。近世おさふ［おさえる］［押／抑］。そうらん［総攬］。中古しゃうあく［掌握］。にぎる［握］。

しょうい【傷痍】 近代さうしゃう［創傷］。さっくゎしゃう［擦過傷］。ふしゃう［負傷］。近世ぐゎいしゃう［外傷］。中世けが［怪我］。しゃうびゃう［傷病］。ておひ［手負］。てきず［手傷／手疵］。中古しゃうい［傷痍］。上代いたで［痛手］。きず［傷］。→きず

じょうい【上位】 エークラス(A class)。近代いうゐ［優位］。じゃうきふ［上級］。じゃうそう［上層］。じゃうりう［上流］。近世かみざ［上座］。じゃうせき［上席］。じゃうとう［上等］。じゃうぶ［上部］。中世じゃうざ［上座］。じゃうゐ［上位］。中古うはて［上手］。

―であることを表す語 近代うよく［右翼］。近世おほ［大］。だい［大］。中世かふ［甲］。中古あがり［上］。おほい／おほき［大］。ひだり［左］。

―に位置する 中世かしらだつ［頭立］。

―の真似で分を越えること 中世せんぎ［僭偽／僭擬］。

じょうい【情意】 近代じゃうさう［情操］。近世じゃうい［情意］。中世かんじゃう［感情］。きぶん［気分］。きもち［気持］。中古しんじゃう［心情］。→かんじょう【感情】

じょうい【譲位】 たいい［退位］。近代ぜんじゃう［禅譲］。中古くにゆづり［国譲］。じゃうこく［譲国］。そんゐ［遜位］。上代じゃうゐ［譲位］。ぜんゐ［禅位］。

天皇を―・したあとの尊称 中古おほきすめらみこと／だいじゃうてんわう［太上天皇］。じゃうくゎう［上皇］。

じょうえん【上演】 板に掛ける。板に乗せる。近代こうえん［公演］。じゃうえん［上演］。ショー(show)。プレー(play)。中世こうぎゃう［興行］。

―・できる種目 近代レパートリー(repertory)。

再び―・すること 近代さいえん［再演］。

しょうおう【照応】 近代こおう［呼応］。たいおう［対応］。てきおう［適応］。近世せうおう［照応］。中世かけあはす［―あわせる］［掛合］。

しょうか【昇華】 近代しやう［止揚］。やうき［揚棄］。近世きくゎ［気化］。しょうくゎ［昇華］。

しょうか【消火】 近代せうくゎ［消火］。ひけし［火消］。近世ちんくゎ［鎮火］。中古ひしづめ［鎮火］。

―に用いる水 近代みづのて［水手］。

―用具等の例 近代スプリンクラー(sprinkler)。せうくゎき［消火器］。せうくゎせん［消火栓］。近世りゅうどすい［竜吐水］。中世りゅうこつしゃ／りゅうこしゃ［龍骨車］。

しょうか【唱歌】 近代かきょく［歌曲］。せいがく［声楽］。ソング(song)。ボーカル(vocal)。近世かえう［歌謡］。中古しゃうか［唱歌］。上代うた［歌／唄］。

しょうか【消化】 近世きふしう［吸収］。こなる［こなれる］［熟］。せうくゎ［消化］。中世こなす［熟］。せっしゅ［摂取］。上代そしゃく［咀嚼］。

―・されずに胃にたまっていること いもたれ［胃靠］。近世しょくたい［食滞］。しょくもたれ［食靠］。

―・されない状態 近代せうくゎふりゃう［消化不良］。近世ふせうくゎ［不消化］。

―を助ける運動 近世はらこなし／はらごなし［腹熟］。はらなやし［腹萎］。

しょうか【商家】 →しょうてん【商店】

しょうが【生姜】 近代ジンジャー(ginger)。中世つちはじかみ［土薑］。はじかみ［薑］。中古くれのはじかみ［呉薑］。しゃうが［生姜／生薑］。

―の根 ねしょうが［根生姜］。ひねしょうが［陳生姜］。

―の根を干したもの 近世かんきょ［干姜］。かんしゃうが［干生姜／干生薑／乾生姜］。中世かんきゃう［乾薑／干姜］。中古ほしはじかみ［干薑／乾薑］。

鮨(すし)に添えて出す― がり。

じょうか【浄化】 クレンジング(cleansing)。近代クリーニング(cleaning)。じゃうくゎ［浄化］。せんでう［洗滌］。ろくゎ［濾過］。近世せんじゃう［洗浄］。中古すすぐ［濯］。

せんてき／せんでき[洗滌]。上代きよむ[きよめる][浄／清]。

精神の― 近代カタルシス(ギリシャkatharsis)。

罪や汚れをのぞき―・する(こと) 中古はらひきよむ[―きよめる][祓清]。みそぎ[御祓／禊]。上代はらひ／はらへ[祓]。

しょうかい【紹介】 近代かほつなぎ[顔繋]。近世あっせん[斡旋]。しうせん[周旋]。せわ[世話]。ひきあはせ[引合]。中世かけはし[架橋]。きもいり[肝入／肝煎]。ひきつけ[引付]。中古すいきょ[推挙]。すいせん[推薦]。せうかい[紹介]。とりつぐ[取次]。→**あっせん** →**せわ**

しょうかい【照会】 レファレンス(reference)。近代せうがふ[照合]。せうくゎい[照会]。近世とひあはせ[問合]。中世ききあはせ[聞合]。

しょうかい【詳解】 近代しゃうじゅつ[詳述]。せいかい[精解]。近世しゃうかい[詳解]。しゃうせつ[詳説]。

しょうかい【哨戒】 近代けいかい[警戒]。せうかい[哨戒]。ばうび[防備]。近世かんし[監視]。けいび[警備]。みはり[見張]。

しょうがい【生涯】 ライフサイクル(life cycle)。近代ライフ(life)。近世いっせい[一世]。ひっせい[畢生]。中世いちご[一期]。いっしゃうがい[一生涯]。いっせ[一世]。生ける限り。中古いっしゃう[一生]。しゃうがい[生涯]。しゅうせい[終生／終世]。じんせい[人生／人世]。上代ひとよ[一世]。ひゃくねん[百年]。よ[世]。→**いっしょう**

しょうがい【障害】 かべ[壁]。なんかん[難関]。ネック(neck)。ハードル(hurdle)。バリア／バリアー／バリヤー(barrier)。近代あいろ[隘路]。さしさはり[差障]。しゃうそ[障阻]。しゃうへき[障壁]。近世けいきょく[荊棘]。さしつかへ[差支]。ししゃう[支障]。てづかへ[手支]。中世しゃうがい[障害／障碍／障礙]。じゃま[邪魔]。とどこほし[滞]。中古さまたげ[妨]。しゃうげ[障碍／障礙]。へだて[隔]。上代さはり[障]。

→**さしさわり**

―で行き詰まること こうちゃく[膠着]。デッドエンド(dead end)。近代暗礁に乗り上げる。近世こちゃく[固着／固著]。たちわうじゃう[立往生]。中世てづまり[手詰]。

―に遭う 近世つきあたる[突当]。上代つつむ[障／恙]。

―のないこと バリアフリー(barrier free)。中古ゑんゆうむげ[円融無碍]。

―を取り除く 外堀を埋ぅめる。中世だは[打破]。はねかへす[跳返]。

多くの― 中世たなん[多難]。ばんなん[万難]。

過去の行為の報いとしての― 中古ごっしゃう／ごふしゃう[業障]。

疾病等の後に長く残る― こういしょう[後遺症]。

心身に―を有する人 しんしんしょうがいしゃ[心身障害者]。

身体に―を有する人 しんしょうしゃ[身障者]。しんたいしょうがいしゃ[身体障害者]。

しょうがい【傷害】 →**きず【傷】**

しょうがい【渉外】 近代ぐゎいかう[外交]。かうせふ[交渉]。しゃかう[社交]。せっしょう[折衝]。だんぱん[談判]。近世だんぱふ[談法]。つきあひ[付合]。中世まじはり[交]。中古かうさい[交際]。

しょうがい【生害】 →**じさつ**

しょうかく【昇格】 かくあげ[格上]。近代えいしん[栄進]。しょうかく[昇格]。しょうにん[昇任／陞任]。中世えいたつ[栄達]。中古しょうしん[昇進／陞進]。

しょうがく【少額】 ていがく[低額]。近代せうがく[少額]。近世こぐち[小口]。

じょうかく【城郭】 →**しろ【城】**

しょうがつ【正月】 →**しんねん【新年】**

しょうかん【召喚】 近代せうくゎん[召喚]。めしだす[召出]。近世よびだし[呼出]。出頭さす[―させる]。中世よびたつ[―たてる][呼立]。中古よびつく[―つける][呼付]。上代よびよす[―よせる][呼寄]。

―・するための文書 近代せうくゎんじゃう[召喚状]。よびだしじゃう[呼出状]。近世めしじゃう[召状]。中世めしふ／めしぶ[召符]。めしぶみ[召文]。

しょうかん【召還】 近世よびもどす[呼戻]。帰還さす[―させる]。中世せうくゎん[召還]。中古めしかへす[召返]。

しょうかん【償還】 近代しゃうきゃく[償却]。しゃうくゎん[償還]。へんきん[返金]。近世かいさい／かいざい[皆済]。中世かいせい[皆済]。くゎんさい[完済]。へんさい[返済]。べんさい[弁済]。中古かへす[返]。へんきゃく[返却]。

しょうがん【賞玩】 近世ぐゎんみ[玩味／翫味]。中世あぢはふ[味]。しゃうみ[賞味]。上代しゃうぐゎん[賞翫／賞玩]。

し

じょうかん【情感】 近代 じゃうかん［情感］。じゃうちょ［情緒］。近世 かんせい［感性］。中世 かんじゃう［感情］。中古 かんくゎい［感懐］。じゃうさう［情操］。じゃうしょ［情緒］。上代 かんせい［感情］。

しょうき【正気】 近世 しゃうき［正気］。中世 しゃうたい／しゃうだい［正体］。しゃうね［性根］。しゃうねん［正念］。ひとごころ［人心］。ほんしゃう［本性］。ほんぢ［本地］。中古 うつしざま［現様］。こころだましひ［心魂］。ひとごこち［人心地］。ほんしん［本心］。物覚ゆ。上代 うつし／うつつ［現］。うつしごころ［現心］。

—がない →**きぜつ**

—である 中古 うつしざま［現様］。ものおぼゆ［物覚］。上代 うつし［現］。

—でしていること 中古 うつしごと［現事／顕事］。

—でない状態 中世 らんしん［乱心］。我にもあらず。中古 きゃうき［狂気］。ものぐるひ［物狂］。

—でなくなる 近世 さうしん［喪心／喪神］。気が上る。中世 ばうず［忘］。中古 おぼほる［惚］。きゃうす［狂］。上代 くるふ［狂］。たぶる［狂］。→**きぜつ**

—とは思えないさま 近世 きちがひじみる［気違染］。きゃうたい［狂態］。中古 ものぐるほし［物狂］。

—に返る 近世 きづく［気付］。中世 こころづく［心付］。気が付く。中古 さむ〔さめる〕［覚／醒］。人と成る。上代 さます［覚／醒］。

—を失わせる 中世 とらかす［蕩］。中古 まどはかす／まどはす［惑］。

ぼうっとして—をなくす 中古 ゑふ［酔］。

酔って—を失う 中古 ゑひしる［酔痴］。

しょうぎ【将棋】 きせん［棋戦］。きどう［棋道］。さししょうぎ［指将棋］。中古 しゃうぎ［将棋］。

—で王将の逃げ場がなくなること 近世 つみ［詰］。

—で指す手の例 あひ／あひごま［間駒］。おうてびしゃ［王手飛車］。しばり［縛］。すてごま［捨駒］。つぎふ［継歩］。近世 いってすき［一手透］。せっちんづめ［雪隠詰］。ふんどし［褌／犢鼻褌］。まちごま［待駒］。みやこづめ［都詰］。中世 わうて［王手］。

—の腕前 近代 きりょく［棋力］。

—の禁じ手 うちふづめ［打歩詰］。近世 にふ［二歩］。

—の駒のいろいろ（例） おおごま［大駒］。近代 きんしゃう［金将］。ぎんしゃう［銀将］。近世 ふ［歩］。ふひゃう［歩兵］。やり［槍］。中世 うま［馬］。かくかう／かくぎゃう［角行］。きゃうしゃ［香車］。ぎょくしゃう［玉将］。けいま［桂馬］。ひしゃ［飛車］。わうしゃう［王将］。

—の戦法（棋風（きふう））の例 あいがかり［相懸］。あなぐま［穴熊］。うきびしゃ［浮飛車］。ちからしょうぎ［力将棋］。てしょうぎ［手将棋］。なかびしゃ［中飛車］。ふりびしゃ［振飛車］。ぼうぎん［棒銀］。みのがこい［美濃囲］。やぐらがこい［櫓囲］。近世 うけしゃうぎ［受将棋］。ゐびしゃ［居飛車］。

—の楽しみ 近代 橘中（きっちゅう）の楽しみ。

—の強い人 近世 めいじん［名人］。中世 さして［指手］。

—のハンデの例 かくおち［角落］。こまおち［駒落］。ひしゃおち［飛車落］。近世 ふさんびゃう［歩三兵］。

—をする 中古 さす［指］。

—をする人 近代 きかく／ききゃく［棋客］。近世 きし［棋士／棋師］。中世 しゃうぎさし［将棋指］。

指し掛けの—を翌日続ける さしつぐ［指継］。

下手な— 近世 へぼしゃうぎ［将棋］。

その他—のいろいろ（例） はねしょうぎ［跳将棋］。近代 かうぐんしゃうぎ［行軍将棋］。ぐんじんしゃうぎ［軍人将棋］。せいやうしゃうぎ［西洋将棋］。チェス(chess)。近世 つめしゃうぎ［詰将棋］。とびしゃうぎ［飛将棋］。はさみしゃうぎ［挟将棋］。はじきしゃうぎ［弾将棋］。

▼王将が敵陣へはいること にゅうぎょく［入玉］。近世 いりわう［入王］。さかうま／さかわう［逆馬］。

▼駒を並べ一枚を押して順に倒すこと ドミノたおし［domino倒］。中世 しゃうぎだふし［将棋倒］。

▼敵陣にはいり金将の働きを得た駒 なりごま［成駒］。近世 なりきん［成金］（とくに歩）。

▼歩（ふ）が敵陣で成ったもの ときん［金］。近世 なりきん［成金］。なりふ［成歩］。

▼分捕っていつでも使える駒 近代 てごま［手駒］。もちごま［持駒］。

▼助数詞 近世 きょく［局］。さし［指／差］。

しょうぎ【床几】 近世 こしゃう［胡床／胡牀］。中世 しゃうぎ［床几］。中古 あぐら［胡床／胡坐］。上代 たふ［榻］。

じょうき【常軌】 近世 しゃうだう［正道］。じゃ

うだう［常道］。ぢやうせき［定石］。中古せいだう［正道］。ぢやうはふ［定法］。上代みち［道］。

―を逸した行動 近代きやうばう／きやうまう［狂妄］。だっせん［脱線］。

―を逸していること 近代むきだう［無軌道］。近世ばか［馬鹿／莫迦］。中世はうだい［放題／傍題］。

酔って―を逸すること 中世すいきやう［酔狂／粋狂］。

じょうき【蒸気】 近代スチーム(steam)。近世じやうき［蒸気］。中世いげ／ゆげ［湯気］。うすけむり［薄煙］。すいき［水気］。すいじょうき［水蒸気］。

地面から立ちのぼる― 近世ぢいき［地息］。中世ちき［地気］。

じょうき【上気】 近代かうふん［昂奮］。こうふん［興奮］。のぼせる［逆上］。近世ぎやくじやう［逆上］。中世ほめく［熱］。中古じやうき［上気］。のぼる［上］。

―・するさま 近代ぽうっと。中世かっかっ。

▼逆上する 近世かみずる［上］。かっとなる。中古けあがる［気上］。けのぼる［気上］。気が上る。

じょうき【上記】 →**じょうじゅつ**

じょうぎ【定規】 メジャー(measure)。ルーラー(ruler)。近代スケール(scale)。中世ぢやうぎ［定規／定木］。ものさし［物差／物指］。

―のいろいろ(例) いんく［印矩］。うんけいじょうぎ／くもがたじょうぎ［雲形定規］。さんしご［三四五］。ていじじょうぎ［丁字定規］。ティーじょうぎ［T定規］。近代さんかくぢやうぎ［三角定規］。近世おほがね［大矩／大曲］。かねじやく［曲尺／矩尺］。くぢらさし［鯨差］。くぢらじやく［鯨尺］。さしがね［差金／指矩］。まがりがね［曲尺／曲金］。

じょうぎ【情宜】 近代いうかう［友好］。じやうぎ［情宜／情誼］。しんな／しんわ［親和］。近世かうぎ［交誼］。しんかう［親交］。しんぜん［親善］。しんぼく［親睦］。中世つきあひ［付合］。中古かうくわん［交歓／交款］。上代かうじやう［交情］。したしみ［親］。

じょうきげん【上機嫌】 近世うちやうてん［有頂天］。ごきげん［御機嫌］。じやうきげん［上機嫌］。

しょうきゃく【正客】 近代しやうきやく［正客］。せいかく［正客］。せいひん［正賓］。近世きひん［貴賓］。中世じやうかく／じやうきやく［上客］。ひんきやく［賓客］。中古らいひん［来賓］。上代ひんかく［賓客］。

しょうきゃく【消却】❶〈消去〉 しょうきょ［消去］。近代けしさる［消去］。せうきやく［消却］。まっしょう［抹消］。中古けす［消］。なくす［無］。

しょうきゃく【消却】❷〈消費〉 近代せうきやく［消却／銷却］。せうばう／せうもう［消耗］。せうひ［消費］。ひせう［費消］。中世つかひへらす［使減］。つかふ［使／遣］。つひやす［費］。

しょうきゃく【償却】 →**しょうかん【償還】**

しょうきゅう【昇級】 近代しょうかく［昇格］。しょうきふ［昇級］。中古しょうしん［昇進］。

じょうきゅう【上級】 こうだん［高段］。じょうしつ［上質］。近代かうきふ［高級］。かうど［高度］。かうとう［高等］。じやうきふ［上級］。じやうりう［上流］。近世かうしやう［高尚］。じやうとう［上等］。中世じやうゐ［上位］。上代かうゐ［高位］。

しょうきょう【商況】 近代うれゆき［売行］。しきやう［市況］。しやうきやう［商況］。近世けいき［景気］。

しょうぎょう【商業】 近代じげふ［事業］。しやうとりひき［商取引］。しやうむ［商務］。とりひき［取引］。近世えいげふ［営業］。かねまうけ［金儲］。中世うりかひ［売買］。しやうげふ［商業］。中古あきなひ［商］。しやうばい［商売］。上代つうしやう［通商］。ばいばい［売買］。

―活動が活発になる 近代けいきづく［景気付］。

―地域 近代しやうげふち［商業地］。ダウンタウン(downtown)。近世したまち［下町］。

―デザイン グラフィックデザイン(graphic design)。

―に関すること 近代コマーシャル(commercial)。

―の学校 ビジネススクール(business school)。しやうげふがくかう［商業学校］。

国際間の―取り引き 中世けうえき［交易］。上代かうえき［交易］。ぼうえき［貿易］。

じょうきょう【情況】 近代げんきやう［現況］。シチュエーション(situation)。じやうきやう［状況／情況］。やうさう［様相］。やうたい［様態］。近世つがふ［都合］。よなみ［世並］。中世ありさま［有様］。さう［左右］。じやうたい［状態］。もやう［模様］。中古ありやう［有様］。おもむき［趣］。さはふ［作法］。事のさま。→**ようす**

―がよくなる 近世運が向く。中古ひらく〔ひらける〕〔開〕。
―が悪くなりそう 近代あれもやう〔荒模様〕。雲行きが怪しい。
―に応じるさま 機に乗ずる。近代そくおう〔即応〕。てきおう〔適応〕。近世てきぎ〔適宜〕。りんきおうへん〔臨機応変〕。機に臨み変に応ず。事と次第(場合)による。
―を終わらせる 近世局を結ぶ。
―を説明すること 中古ちんじゃう〔陳状〕。
―を見定めること 近世めかり。
大体の― 近代がいきゃう〔概況〕。

じょうきょう【上京】 近代ときゃう〔登京〕。近世あがり〔上〕。中世じゃうきゃう〔上京〕。しゃうらく/じゃうらく〔上洛〕。しゅっきゃう〔出京〕。しゅっぷ〔出府〕。のぼり〔上〕。中古まかりのぼる〔罷上〕。

しょうきょくてき【消極的】 うしろむき〔後向〕。たりつてき〔他律的〕。近代うけみてき〔受身的〕。じゅどうてき〔受動的〕。せうきょくてき〔消極的〕。たいえいてき〔退嬰的〕。ネガティブ(negative)。パッシブ(passive)。ひっこみがち〔引込勝〕。気乗り薄。事なかれ主義。近世うちき〔内気〕。ひかへめ〔控目〕。ひっこみじあん〔引込思案〕。よわき〔弱気〕。ゑんりょがち〔遠慮勝〕。
恐怖で―になる 近代おぢけづく〔怖気付〕。

しょうきん【償金】 近代しゃうきん〔償金〕。ばいしゃうきん〔賠償金〕。ほしゃうきん〔補償金〕。

じょうきん【常勤】 じょうやとい〔常雇〕。近代じゃうにん〔常任〕。

しょうぐん【将軍】 近代しゃうくゎん〔将官〕。しゃうせい〔将星〕。しれいくゎん〔司令官〕。近世ジェネラル/ゼネラル(general)。そうとく〔総督〕。中世うへ/うへさま〔上様〕。たいしゃう〔大将〕。りうえい〔柳営〕。中古こが〔虎牙〕。しゃうぐん〔将軍〕。上代しゃうすい〔将帥〕。しゃうりゃう〔将領〕。
《尊》中世くばう〔公方〕。
―の居場所 近世えいちゅう〔営中〕。でんちゅう〔殿中〕。
―の陣営 近世ちゃうか〔帳下〕。ばくか〔幕下〕。中世さいりうえい〔細柳営〕。ばくふ〔幕府〕。中古さいりう〔細柳〕。りうえい〔柳営〕。
愚かな― 近世ぐしゃう〔愚将〕。
経験豊富な― 近世らうしゃう〔老将〕。
優れた― 近代ひしゃうぐん〔飛将軍〕。近世ひしゃう〔飛将〕。りゃうしゃう〔良将〕。中世けんしゃう〔賢将〕。中古めいしゃう〔名将〕。
老年の― 近世しゅくしゃう〔宿将〕。らうしゃう〔老将〕。

じょうげ【上下】 アップダウン(和製up down)。近代のぼりおり〔上下/昇降〕。近世あがりさがり〔上下〕。中世あがりおり〔上下〕。あげおろし〔上下〕。あげさげ〔上下〕。うきしづみ〔浮沈〕。しゃうか〔上下〕。中古うへした〔上下〕。かうてい〔高低〕。じゃうげ〔上下〕。しょうかう〔昇降〕。上代かうげ〔高下〕。のぼりくだり〔上下〕。ふちん〔浮沈〕。
―・する 近代いちじゃういちげ〔一上一下〕。中古おりのぼる〔下上〕。
―の区別がないこと 近世下種(下衆/下司)も三食上臈(じゃうらふ)も三食。
波のように―・する 近代なみうつ〔波打〕。近世なみだつ〔波立〕。中世うねる。
何度も―・するたとえ 近代独り葺きの屋根。

しょうけい【小径】 近代さいけい〔細径/細逕〕。近世ろうぢ/ろぢ〔露地/露路/路地〕。中古こみち〔小道/小路/小径〕。せうけい〔小径〕。ほそみち〔細道〕。上代こうぢ〔小路〕。→みち【道】

しょうけい【小計】 けい〔計〕。しゅうけい〔集計〕。るいけい〔累計〕。近代がふけい〔合計〕。トータル(total)。わ〔和〕。近世しめだか〔締高/〆高〕。せうけい〔小計〕。中世そうけい〔総計〕。

しょうけい【捷径】 近代せふろ〔捷路〕。ちかまはり〔近回〕。中世せふけい〔捷径〕。ちかみち〔近道〕。はやみち〔早道〕。

しょうけい【憧憬】 →どうけい

じょうけい【情景】 近代けいくゎん〔景観〕。シーン(scene)。じゃうけい〔情景/状景〕。てんばう〔展望〕。近世くゎうけい〔光景〕。けしき〔景色〕。ふうしょく〔風色〕。みはらし〔見晴〕。中世けい〔景〕。てうまう〔眺望〕。中古ちゃうばう〔悵望〕。てうばう〔眺望〕。ながめ〔眺〕。ふうぶつ〔風物〕。上代ふうくゎう〔風光〕。ふうけい〔風景〕。→けしき【景色】
心に思い浮かべる― 近代イメージ(image)。

しょうけいもじ【象形文字】 いじ〔意字〕。えもじ〔絵文字〕。ぎじ〔義字〕。けいしょうもじ〔形象文字〕。ピクトグラフ(pictograph)。ピクトグラム(pictogram)。ひょういもじ〔表意文字〕。近代しゃうけいもじ〔象形文字〕。

しょうげき【衝撃】 インパクト(impact)。近代いたで[痛手]。しげき[刺激]。しょうどう[衝動]。ショッキング(shocking)。ショック(shock)。だげき[打撃]。つうげき[痛撃]。近世しょうげき[衝撃]。中世どうえう[動揺]。
—を受けるさま 近代がくん。近世ぐっと。
—を吸収しやわらげる装置 アブソーバー(absorber)。かんしょうそうち[緩衝装置]。ショックアブソーバー(shock absorber)。ダンパー(damper)。パッド(pad)。近代クッション(cushion)。くゎんしょうき[緩衝器]。バンパー(bumper)。
—を和らげる一過程 ワンクッション(one cushion)。
電流の— 近代インパルス(impulse)。でんげき[電撃]。
しょうけつ【猖獗】 近代てうりゃうばっこ[跳梁跋扈]。近世しゃうけつ[猖獗]。中世はびこる[蔓延]。わうぎゃう[横行]。中古てうりゃう[跳梁]。まんえん[蔓延]。上代わうかう[横行]。
しょうけん【証券】 近代かぶけん[株券]。さいけん[債券]。ビル(bill)。近世しょうしょ[証書]。てがた[手形]。中世しょうけん[証券]。中古しょうもん[証文]。
じょうけん【条件】 コンディション(condition)。近代しょよ[所与]。ぜんてい[前提]。よけん[与件]。近世えうけん[要件]。中世だいもく[題目]。
—が厳しい 中世やうがまし[様]。
—に合う まんぞく[満足]。近代みたす[満/充]。上代かなふ[適/叶]。
—を何もつけないこと 近代むでうけん[無条件]。
仮に成立したらという—で述べる表現 かていじょうけん[仮定条件]。
事が成立するために必要な— ひっすてきせいやく[必須的制約]。ふかけつじょうけん[不可欠条件]。近代せいやく[制約]。ぜんてい[前提]。ひつえうでうけん[必要条件]。近世えうけん[要件]。
すでに成立していることを—とする表現
近代かくていでうけん[確定条件]。
それだけで事が成立する— じゅうぶんじょうけん[十分条件]。
必要にして且つ十分な— ひつようじゅうぶんじょうけん[必要十分条件]。
しょうこ【証拠】 うらづけ[裏付]。近代うらうち[裏打]。こんせき[痕跡]。しょうさ[証左]。しんしょう[信証]。ちょうしょう[徴証]。ねた。近世あかし[証]。かたしろ[形代]。きぼ[規模]。中世さしょう[左証]。ためししょう[支証]。しょうせき/しょうぜき[証跡]。中古さう/しょう/そう[証]。ためし[例]。上代しょうけん/しょうげん[証験/証見]。しょうこ[証拠]。しるし[印/標]。
—だてる 近代きょしょう[挙証]。しょうちょう[証徴]。ちょうしょう[徴証]。ちょくしょう[直証]。りっしょう[立証]。近世めいしょう[明証]。中世みゃうしょう[明証]。中古しょうみゃう/しょうめい[証明]。
《句》近世論より証拠。
—で確認する 裏を取る。近代うらづける[裏付]。こんきょづける[根拠付]。
—として作成する書類 ほしょうしょ[保証書]。近代しょうめいしょ[証明書]。しょけい[書契]。近世しょうもん[証文]。ねんしょ[念書]。わりふ[割符]。中古へんせう[返抄]。
—として引くこと 近代しょういん[証引]。ゑんよう[援用]。近世いんしょう[引証]。ゑんいん[援引]。
—として引く例 中世れいしょう[例証]。
—となる言葉 近代げんち[言質]。しょうげん[証言]。近世ことばじち[言葉質]。
—となる書物 中古しょうほん[証本]。
—を故意になくしてしまう罪 しょうこいんめつざい[証拠湮滅罪]。しょうひょういんめつざい[証憑湮滅罪]。
疑いを晴らす— 近世あかり[明/灯]。めんぱれ[面晴]。
間接的な— じょうきょうしょうこ[状況証拠]。ぼうしょう[傍証]。
後日の— 中世こうしょう/ごしょう[後証]。
確かな— 近代かくしょう[確証]。てきしょう[的証]。近世てしょう/てっしょう[手証]。中古じっしょう[実証]。
犯罪の— 近代ざいしょう[罪証]。中世ざいせき[罪跡]。
反対の— 近代はんしょう[反証]。
人以外の有体物の— ぶっしょう[物証]。ぶってきしょうこ[物的証拠]。
人の供述、身体の— じんてきしょうこ[人的証拠]。近代じんしょう/にんしょう[人証]。
しょうご【正午】 中世しゃうご[正午]。中古うまのこく/ごこく[午刻]。うまのとき/ごじ[午時]。ていご[亭午]。ひる[昼]。ひるつかた[昼方]。

ーから午前零時まで 中古ごご［午後］。
ーで仕事を終えること 近代はんドン［半］。近世ひるじまひ［昼仕舞］。
ーに近い時分 近代こびり。近世こひる／こびる［小昼］。
ーの頃 近世ひるどき［昼時］。
ーの前 近代ごぜん［午前］。近世ひるまへ［昼前］。中古じゃうご［上午］。
ーを知らせる合図 中古うまのかひ［午貝］。
ーを少し過ぎた頃 近世ひるさがり［昼下］。ひるすぎ［昼過］。
午前零時からーまで 近世ごぜん［午前］。

じょうこ【上古】→**じょうだい**

しょうこう【昇降】→**じょうげ**

ー装置 近代エスカレーター(escalator)。エレベーター(elevator)。

しょうこう【症候】→**しょうじょう**

しょうこう【将校】 近代さんぼう［参謀］。しゃうくゎん［将官］。近世しくゎん［士官］。しゃうかう［将校］。中世しゃう［将］。上代しゃうすい［将帥］。
ーと兵士 近代しゃうへい［将兵］。近世しゃうし［将士］。しゃうそつ［将卒］。

しょうごう【照合】 近代いんせう［引照］。さんせう［参照］。せうさ［照査］。たいひ［対比］。チェック(check)。近世せうおう［照応］。たいせう［対照］。てらしあはす［―あわせる］［照合］。ひかく［比較］。中世せうけん［照験］。つきあはす［―あわせる］［突合］。ひきあはす［―あわせる］［引合］。中古かうがふ／かんがふ［考／勘］。かんがふ［勘合］。とひあはす［―あわせる］［問合］。ひきくらぶ［―くらべる］［引比／引較］。上代くらぶ［くらべる］［比／較］。→**くら・べる**

しょうごう【称号】 近代こしょう［呼称］。タイトル(title)。ネーム(name)。近世かたがき［肩書］。しょうがう［称号］。めいしょう［名称］。よびな［呼名］。中世ほふいん［法印］。中古がう［号］。しゃくゐ［爵位］。上代な［名］。
ーのいろいろ(例) しゅうし［修士］。めいよしみん［名誉市民］。近代がくし［学士］。がくゐ［学位］。はかせ／はくし［博士］。めいよけうじゅ［名誉教授］。
先祖からのー 近代いへあと［家跡］。中世みゃうせき［名跡］。

じょうこう【条項】 近代かうもく［項目］。さいもく［細目］。でうかう［条項］。でうぶん［条文］。中世かでう［箇条］。でうもく［条目］。中古だいもく［題目］。上代くだり［件］。

じょうこう【情交】 近代かうこう［交媾］。じゃうかう［情交］。じゃうじ［情事］。せいかう［性交］。セックス(sex)。近世いんぎん［慇懃］。うきよ［浮世］。なさけ［情］。なます［膾／鱠］。ぬれ／ぬれごと［濡事］。まつり［祭］。わけ［訳］。中世いろ［色］。かうがふ［交合］。かうせつ［交接］。ばうじ［房事］。中古あだごと［徒事］。すきごと［好事］。上代まく［枕／婚／纏］。まぐはひ［目合］。→**じょうじ【情事】**
ー関係 近世きみあひ［気味合］。わけあり［訳有］。
ー関係にある人 近代じゃうにん［情人］。
ーを結ぶ 近世ぬれる［濡］。中世うちものがたらふ［打物語］。枕を交はす。枕を並ぶ［―並べる］。中古かたらふ［語］。
他人の愛人などとーを結ぶ 近世ねとる［寝取］。
秘かにーを結ぶ 近代慇懃(いんぎん)を通ずる。近世情を通ず。

じょうこう【上皇】 中世だじゃうてんわう［太上天皇］。ゐんのうへ［院上］。ゐんのみかど［院帝］。中古うへ［上］。おりゐのみかど［下居帝］。じゃうくゎう［上皇］。しゃざん［射山］。せんとう［仙洞］。ゐん［院］。
ーの行う政治 近世ゐんせい［院政］。
ーの御所 近世おりゐのみや［下居宮］。中世こやさん［姑射山］。せんとうごしょ［仙洞御所］。はこやのやま［藐姑射山］。みどりのほら［緑洞］。ゐんのごしょ［院御所］。
出家したー 中世ぜんぢゃうほふわう［禅定法皇］。ほふわう［法皇］。

しょうこん【商魂】 しょうばいかたぎ［商売気質］。しょうばいぎ［商売気］。しょうばいにんこんじょう［商売人根性］。近代しゃうこん［商魂］。近世あきんどかたぎ［商人気質］。

しょうさ【小差】→**きんさ**

しょうさ【証左】→**しょうこ**

しょうさ【照査】→**しょうごう【照合】**

じょうざ【上座】 近世かみざ［上座］。じゃうせき［上席］。しゅざ［首座］。中世ざじゃう［座上］。じゃうざ［上座］。みぎ［右］。中古よこざ［横座］。
ーに座ること 近世たかあがり［高上］。

しょうさい【詳細】 近代しゃうさい［詳細］。ディテール(detail)。近世ことこまやか［事細］。こまごまし［細細］。ゐさい［委細］。中古ことごと［悉］。ことこまか［事細］。こまか［細］。さいじ［細事］。しさい［子細］。

ゐきょく［委曲］。上代くはし［詳］。つぶさに［具／備／悉］。つまびらか［詳／審］。

じょうさく【上策】じょうじゅつ［上術］。近代とくさく［得策］。近世めうあん［妙案］。めうけい［妙計］。めうさく［妙策］。りゃうさく［良策］。中古じゃうけい［上計］。上代じゃうさく［上策］。

しょうさつ【省察】→せいさつ

しょうさっし【小冊子】しょうへん［小編］。近代せうちょ［小著］。パンフ／パンフレット(pamphlet)。ブックレット(booklet)。リーフレット(leaflet)。近世せうさつ［小冊］。せうさっし［小冊子］。

しょうさん【称賛】近代さんしょう［賛称／讃称］。しゃうさん［賞賛／賞讃］。ぜっさん［絶賛／絶讃］。はくしゅかっさい［拍手喝采］。ほめたたへる［褒称］。らいさん［礼賛／礼讃］。近世かっさい［喝采］。さんび［賛美／讃美］。中世しょうさん［称賛／称讃］。たんしゃう［嘆賞／歎賞］。ほうび［褒美］。中古おうか［謳歌］。しゃうよ［賞誉］。しょうよ［称誉］。たんび［嘆美／歎美］。上代さんたん［賛嘆／讃歎／讃嘆］。

《尊》中世ぎょかん［御感］。

―・する →しょう・する【賞】

―・する価値がある 近代偉とするに足る。

ことさらに―・する 中世ほめなす［褒／誉］。

世間がこぞって―・する 中古めでゆする［愛揺］。

皆が一緒に―・する 中世かんじあふ［感合］。

しょうさん【賞賛】→しょうさん【称賛】

しょうさん【勝算】近代かちめ［勝目］。近世しょうさん［勝算］。せいさん［成算］。

しょうし【笑止】近代ふんぱんもの［噴飯物］。近世せうしせんばん［笑止千万］。ちゃんちゃらおかしい。ばかばかし［馬鹿馬鹿］。中世おもしろし［面白］。きゃうこつ［軽忽／軽骨］。せうし［笑止］。ばかげる［馬鹿］。ばからし［馬鹿］。中古かたはらいたし［傍痛］。をかし［可笑］。

しょうじ【小事】近代さじ［些事／瑣事］。中古さいじ［細事］。上代せうじ［小事］。

《句》近代木を見て森を見ず。木っぱを拾って材木流す。

―にこだわらず心が広いこと 近代らいらい［磊磊］。近世らいらいらくらく［磊磊落落］。中世らいらく［磊落］。らくらく［落落］。らくらくらいらい［落落磊磊］。

―にこだわらないこと 近代ふとばら［太腹／大腹］。

―も積もれば大事となる 近代積羽(せきう)舟を沈む。

しょうじ【障子】中古あかりしょうじ［明障子］。かみさうじ／かみしゃうじ［紙障子］。上代しゃうじ［障子／障紙］。

―と屏風(びょうぶ) 近世しゃうへい［障屏］。

―などの枠 サッシ(sash)。中古おそひ［襲］。

いろいろな―（例） あずましょうじ［東障子］。くもしょうじ［雲障子］。ひきしょうじ［引障子］。まごしょうじ［孫障子］。ゆきみしょうじ［雪見障子］。近代ガラスしゃうじ［(オランダ)glas障子／硝子障子］。すだれしゃうじ［簾障子］。近世あぶらしゃうじ［油障子］。あましゃうじ［雨障子］。かけしゃうじ［掛障子］。はんしゃうじ［半障子］。中世こししゃうじ［腰障子］。中古荒海の障子。

▼襖(ふすま) 中世からかみ［唐紙］。からかみしゃうじ［唐紙障子］。中古さうじ［障子］。

じょうし【上司】近代じゃうし［上司］。かんりしょく［管理職］。じゃうしょく［上職］。じゃうちゃう［上長］。近世うはやく［上役］。めうへ［目上］。中世じゃうくゎん［上官］。

じょうし【上肢】近代アーム(arm)。ぜんし［前肢］。近世じゃうし［上肢］。中世にのうで［二腕］。中古うで［腕］。上代かいな［腕］。

じょうじ【情事】ラブアフェアー(love affair)。近代いろざた［色沙汰］。じゃうかう［情交］。じゃうじ［情事］。れんあい［恋愛］。近世いきごと［粋事］。いろごと［色事］。いろこひ［色恋］。うきよ［浮世］。こいろ［小色］。しゃうね［性根］。ぢょしき［女色］。ちわ［痴話］。なさけ［情］。にょしき［女色］。ぬれ／ぬれごと［濡事］。りくつ［理屈］。わけ［訳］。中世いろ［色］。ぢょしょく／にょしょく［女色］。中古あだごと［徒事］。すきごと［好事］。みそかごと［密事］。

―に溺れる心 近世うきよがは［浮世川］。うきよごころ［浮世心］。

―に関すること 近世しきだう［色道］。中世いんじ［淫事］。

―に関する話 近世いろばなし［色話］。うきよばなし［浮世話／浮世咄］。ちわ［痴話］。

―に巧みな者 近世いろごとし［色事師］。ぬれごとし［濡事師］。わごとし［和事師］。

―の場 近世ぬれまく［濡幕］。

―のもつれからの争い 近世いろあらそひ［色争］。ちわ［痴話］。ちわげんくゎ［痴話喧嘩］。

―は常識で律しきれない 近世色は心(思案)

の外(ほか)。

—を好むこと(人) 近代 かうしょくかん[好色漢]。ドンファン(スペイン Don Juan)。近世 をとこずき[男好]。をんなずき[女好]。中古 いろこのみ/いろごのみ[色好]。

—を体験する 情けを知る。

人の道に外れた— 近代 ふりん[不倫]。近世 かんいん[姦淫/奸淫]。上代 じゃいん[邪淫/邪婬]。

じょうじ【常時】 →いつも

しょうじき【正直】 近世 うちぬき[打抜]。じつめい[実銘/実明]。しら[白]。ちょく[直]。またし[全]。中世 しゃうろ[正路]。すぐ[直]。すなほ[素直]。ねんごろ[懇]。りちぎ[律儀/律義]。中古 あかし[明]。しゃうぢき[正直]。上代 ねもころ[懇]。まなほ[真直]。

《句》正直者が馬鹿を見る。近代 正直は一生の宝。正直貧乏横着栄耀(えいえう)。中世 正直の頭(かうべ)に神宿る。正直は一旦の依怙(えこ)にあらざれどもつひに日月の憐れみを被(かうむ)る。

—過ぎること 近世 しゃうぢきいっぺん[正直一遍]。ばかしゃうぢき[馬鹿正直]。またし[全]。中世 ぐちょく[愚直]。

—で飾り気がないこと 上代 しんそつ[真率]。

—で潔白なこと 中古 れんせい[廉正]。れんちょく[廉直]。

—でないこと 中世 ふしゃうぢき[不正直]。ふちょく[不直]。→うそ

—で真面目なこと きんげんじっちょく[謹厳実直]。近代 かうちょく[硬直]。きんちょく[謹直]。せいちょく[誠直]。ちょくじつ[直実]。近世 じったい[実体]。しんじつ[信実]。中世 じっちょく[実直]。せいちょく[正直]。中古 じってい[実貞]。

—・な人 近世 しゃうぢきもの[正直者]。まじゃうもの[真情者]。中世 またうど[全人]。

—・に 近世 ありやうに[有様]。

親孝行で—・なこと 中古 かうれん[孝廉]。

心が強く—・なこと 中世 がうちょく[剛直]。きゃうちょく[強直]。

忠義で—・なこと 中古 ちゅうちょく[忠直]。

じょうしき【常識】 きょうつうかんかく[共通感覚]。しゃかいつうねん[社会通念]。じょうき[常軌]。りょうしき[良識]。近代 コモンセンス(common sense)。じゃうしき[常識]。じゃうだう[常道]。近世 いっち[一致]。中世 じゃうじゃう[常情]。中古 ふんべつ[分別]。

—がないこと 近代 ひじゃうしき[非常識]。ぼつじゃうしき[没常識]。常軌を逸する。中世 をこ[痴/烏滸/尾籠]。

—がないさま 近代 エキセントリック(eccentric)。おほそれた[大外]。近世 だいそれた[大外]。とんでもない。とってもつかぬ。途方もない。よくよく[善善/能能]。

—に外れた行為 近代 きちがひざた[気違沙汰]。近世 よこがみくひ[横紙食]。よこがみやぶり[横紙破]。沙汰の限り。中古 ひきたがふ[引違]。

—を越えている 近代 きせきてき[奇跡的/奇蹟的]。きょくたん[極端]。中世 理(ことわり)過ぐ[—過ぎる]。

しょうしつ【焼失】 近代 烏有(うう)に帰す。中世 灰燼(くわいじん)に帰す。中古 せうばう[焼亡]。せうしつ[焼失]。せうまう[焼亡]。煙になる。

しょうしつ【消失】 →しょうめつ

じょうしつ【上質】 近代 りゃうしつ[良質]。近世 じゃうとう[上等]。

じょうじつ【情実】❶〈つて〉→つて

じょうじつ【情実】❷〈事情〉→じじょう【事情】

しょうしゃ【勝者】 はしゃ[覇者]。近代 しょうしゃ[勝者]。しょうりしゃ[勝利者]。せんしょうしゃ[戦勝者]。チャンピオン(champion)。わうじゃ[王者]。

しょうしゃ【瀟洒】 シック(フランス chic)。近世 あかぬけ[垢抜]。いき[粋]。こいき[小粋]。しゃれ[洒落]。中世 さっぱり。すっきり。中古 せうしゃ[瀟洒]。

—らしい行動をすること 上代 かちさび[勝]。

しょうしゃ【照射】 にっしょう[日照]。近代 せうしゃ[照射]。とうしゃ[投射]。にっしゃ[日射]。近世 ひざし[日射]。

じょうしゅ【情趣】 →おもむき

じょうじゅ【成就】 かんすい[完遂]。近代 くゎんせい[完成]。じつげん[実現]。すいかう[遂行]。せいじ[成事]。そうこう[奏功]。たっせい[達成]。近世 くゎんてつ[貫徹]。しゅったい[出来]。中世 じゅがん/じゅげん[入眼]。中古 しゅつらい[出来]。上代 じゃうじゅ[成就]。せいりつ[成立]。なり[成/為]。

《句》近代 成らぬ中が楽しみ。待つうちが花。近世 一念岩をも徹す。思ふ念力岩をも徹す。成らぬ中が頼み。中世 石に立つ矢。念力岩をも徹す。

—・する 近代 やりとげる[遂]。功(効)を奏する。近世 しとぐ[—とげる][仕遂]。でき

あがる[出来上]。なしとぐ[―とげる][成遂]。中世しあぐ[―あげる][仕上]。物になる。中古ことなる[事成]。とぐ[とげる][遂]。なる[成]。

願いなどが完全に―・すること 中古ゐんまん[円満]。

しょうしゅう【召集】 出頭させる。近代こしふ[呼集]。せうくゎん[召喚]。せうしふ[召集]。中世もよほす[催]。よびいだす／よびだす[呼出]。中古せうしふ[招集]。上代めしつどふ[召集]。

《尊》中世めしいだす／めしだす[召出]。

しょうしゅう【招集】 →しょうしゅう【召集】

しょうじゅう【小銃】 近世せうじゅう[小銃]。てうじゅう[鳥銃]。中世てっぽう[鉄砲]。

→じゅう

じょうしゅう【常習】 近代しふへき[習癖]。近世くゎんしふ[慣習]。しふくゎん[習慣]。しふせい[習性]。せいへき[性癖]。中世じゃうしふ[常習]。中古くせ[癖]。ならひ[習／慣]。

しょうじゅつ【詳述】 近代ぐちん[具陳]。しゃうじゅつ[詳述]。しゃうじょ[詳叙／詳序]。るじゅつ[縷述]。近世しゃうかい[詳解]。しゃうせつ[詳説]。しゃうろん[詳論]。中世さいせつ[細説]。さいろん[細論]。

じょうじゅつ【上述】 せんじゅつ[先述]。近代きじゅつ[既述]。さき[左記]。じゃうき[上記]。じゃうけい[上掲]。じゃうげん[上言]。じゃうじゅつ[上述]。じゃうぶん[上文]。じょじゃう[如上]。じょじゃう[叙上]。ぜんけい[前掲]。ぜんしゅつ[前出]。ぜんじゅつ[前述]。ぜんぶん[前文]。近世ぜんき[前記]。ぜんげん[前言]。中世かみくだん[上件]。上代くだり[件／条]。しか言ふ。

―の件 中古じゃうけん[上件]。ぜんけん[前件]。

じょうしゅび【上首尾】 近代サクセス(success)。じゅんてう[順調]。近世じゃうしゅび[上首尾]。中古せいこう[成功]。

じょうじゅん【上旬】 近世しょじゅん[初旬]。中世じゃうくゎん[上浣／上澣]。中古ついたち[朔日／朔]。上代じゃうじゅん[上旬]。

しょうしょ【証書】 近代こうせいしょうしょ[公正証書]。ししょしょうしょ[私署証書]。しょうめいしょ[証明書]。やくぢゃうしょ[約定書]。近世しょうしょ[証書]。てがた[手形]。中世しょうけん[証券]。中古しょうもん[証文]。

売り買いの― 近世うりてがた[売手形]。中世うりけん[売券／沽券]。

しょうじょ【少女】 近代クーニャン[(中国語)姑娘]。ガール(girl)。ギャル(gal)。しぢょ[子女]。どうぢょ[童女]。メーチェン／メッチェン(ドイツ Mädchen)。近世あま[尼]。きむすめ[生娘]。こぢょらう[子女郎]。こをんな[小女]。をんなのこ[女子]。中世うなゐをとめ[髫髪少女]。くゎぢょ／くゎんぢょ／くゎんにょ[丱女]。こむすめ[小娘]。さをとめ[早乙女]。ぢょどう[女童]。にょし[女子]。めなご[女子]。めならは／めらは[女童]。めらう[女郎]。をなご[女子／女]。中古じぢょ[児女]。しょぢょ[処女]。せうぢょ[少女]。ぢょじ[女児]。どうにょ[童女]。むすめ[娘]。めこ／めのこ[女子]。めのわらは[女童]。わらはめ[童女]。をみなご／をんなご[女子]。をんなわらは／をんなわらべ[女童]。上代いらつめ[郎女]。うなゐはなり[髫髪放]。ぢゃうし[娘子／嬢子]。てこ／てご／てこな／てごな[手児名]。はなり[放]。をとめ[少女／乙女]。をとめご[少女子／乙女子]。→おとめ

《尊》近代いとさん／いとはん[嬢](関西地方で)。こいさん(関西地方で末娘の意)。近世おぢゃうさま／おぢゃうさん[嬢]。

巫(かんなぎ)をつとめる― 中世わらはみこ[童巫女]。

芸妓に仕立てるため習い事をする― 近世したぢっこ[下地子]。

純情で可愛い― 近代ニンフ(nymph)。

娼家で雑用をする― 近世おちょぼ。かぶろ／かむろ[禿]。こじょく[小職／小童]。こめろ[小女郎]。まめどん[豆殿]。

年齢の割に大人びた― 近代おしゃま。おませ。

召使いの― 中古めのわらは[女童]。めのわらはべ[女童部]。

じょうしょ【浄書】 近代きよめがき[清書]。近世じゃうしゃ[浄写]。じゃうしょ[浄書]。中世きよがき[清書]。中古せいしょ[清書]。

じょうしょ【情緒】 近代エモーション(emotion)。かんじ[感]。じゃうしゅ[情趣]。じゃうち[情致]。じゃうちょ[情緒]。じゃうてう[情調]。フィーリング(feeling)。ムード(mood)。近世ふうしゅ[風趣]。中世かんがい[感慨]。なさけ[情]。ふうち[風致]。ふうゐん[風韻]。中古おもぶき／おも

むき[趣]。かんきょう[感興]。かんくゎい[感懐]。じゃうしょ[情緒]。ふぜい[風情]。よし[由]。上代あぢはひ[味]。
―が細やかなこと 近代じゃうしょてんめん[情緒纏綿]。
―のないこと 近世ぶすい[無粋/不粋]。
後にのこる― 近世よじゃう[余情]。中古よせい[余情]。
外国のような― いこくじょうちょ[異国情緒]。近代エキゾチシズム(exoticism)。いこくじゃうてう[異国情調]。

しょうしょう【少少】 近代ささやか[細]。にさん[二三]。中世ちょっと[一寸/鳥渡]。中古じゃくかん[若干]。せうせう[少少/小小]。たせう[多少]。わづか[僅/纔]。上代いささか[聊/些]。すこし[少]。

しょうしょう【蕭蕭】 近世さみし[寂]。中世さくばく[索漠/索莫]。さっぷうけい[殺風景]。せきれう[寂寥]。中古さびし[寂]。せうせう[蕭蕭]。せうでう[蕭条]。ものさびし[物寂]。上代せきばく[寂寞]。

しょうじょう【症状】 近代びゃうせい[病勢]。近世しゃうこう[症候]。しゃうじゃう[症状]。びゃうじゃう[病状]。ようだい[容体/容態]。
―が現れる 近代はっしゃう[発症]。
―の軽重 近世けいしゃう[軽症]。ぢゅうしゃう[重症]。
―の例 近代えんしゃう[炎症]。カタル(オランダ catarrhe)。近世かんけつねつ[間欠熱/間歇熱]。中世はつねつ[発熱]。
一群の― しょうこうぐん[症候群]。シンドローム(syndrome)。
投薬や治療を止めたときの―の悪化 リバウンド(rebound)。
病気の―が軽減した状態 近代くゎんかい[緩解/寛解]。
本人だけが知覚し得る― 近代じかくしゃうじゃう[自覚症状]。

しょうじょう【清浄】 →せいじょう【清浄】

しょうじょう【賞状】 近代しゃうじゃう[賞状]。へうしゃうじゃう[表彰状]。ほうじゃう[褒状]。中世かんじゃう[勘状]。上代くんじゃう[勲状]。

しょうじょう【蕭条】 →しょうしょう【蕭蕭】

じょうしょう【上昇】 近代たかまる[高]。とうじゃう[騰上]。中世うかびあがる[浮上]。うきあがる[浮上]。中古じゃうしょう[上昇]。たちのぼる[立上]。上代あがる[上]。のぼる[上/登/昇]。

しょう・じる【生】 近代おきる[起]。しゃうじる[生]。中世せいじゃう/せいせい[生成]。はっせい[発生]。むすぶ[結]。わきづ[わきでる][涌出/湧出]。中古いでく[出来]。しゃうず[生]。なりいづ[成出/生出]。はじまる[始]。わく[涌/湧]。上代うまる[うまれる][生]。うむ[生]。おこる[起]。おふ[生]。はゆ[はえる][生]。むす[生/産]。もえいづ[萌出]。
思いが―・じる 中古きざす[兆/萌]。
雲や風などが―・じる 上代はふる[溢]。
事件などが―・じる 近代おきる[起]。ぼっぱつ[勃発]。
風波が―・じる 上代たつ[立]。
物が―・じる所 中古げんせん[源泉/原泉]。

じょう・じる【乗】 びんじょう[便乗]。近代じょうじる[乗]。りよう[利用]。近世つけこむ[付込]。中世つけいる[付入]。とうず[投]。
暗がりに―・じること 中世くらがりまぎれ[暗紛]。

しょうしん【小心】 →おくびょう

しょうしん【正真】 近世しゃうしんしゃうめい[正真正銘]。ちゃきちゃき。ちゃくちゃく[嫡嫡]。ほんたう[本当]。ほんもの[本物]。現金掛け値なし。中世げんざい[現在]。しゃうじん[正真]。しんせい[真正]。中古しんじち/しんじつ[真実]。

しょうしん【昇進】 かくあげ[格上]。近代えいしん[栄進]。しょうかく[昇格]。しょうにん[昇任]。とうしん[登進]。中世えいたつ[栄達]。しゅっせ[出世]。へあがる[経上]。中古しょうしん[昇進]。なしあぐ[成上]。なりあがる[成上]。なりのぼる[成上]。
賢者の―の邪魔をすること 近代賢路を塞ぐ。《句》近代叢蘭(そうらん)茂らんと欲し秋風之を敗る。
人を越えて―・すること 中世ゐっかい/をっかい[越階]。をつにん[越任]。中古まへわたり[前渡]。

しょうしん【傷心】 ハートブレイク/ハートブレーク(heartbreak)。近代あいせつ[哀切]。しつい[失意]。近世つうたん[痛嘆/痛歎]。ひつう[悲痛]。らくたん[落胆]。中古いうしう[憂愁]。さたん[嗟嘆/嗟歎]。しうたん[愁嘆/愁歎]。しゃうしん[傷心]。ひしゃう[悲傷]。ひたん[悲嘆/悲歎]。上代かなしみ[悲/哀]。かんしゃう[感傷]。

しょうじん【精進】❶〈精励〉 近代 いそしむ〔勤〕。近世 ふんれい〔奮励〕。中世 こくく〔刻苦〕。さんぎゃう〔鑽仰〕。せいれい〔精励〕。べんれい〔勉励〕。中古 さうじ／さうじん〔精進〕。つとむ〔つとめる〕〔努〕。上代 しゃうじん〔精進〕。どりょく〔努力〕。

しょうじん【精進】❷〈斎戒〉 近世 ぎょてうどめ〔魚鳥止〕。中世 ものいみ〔物忌〕。中古 いもふ〔斎／忌〕。けっさい〔潔斎〕。しゃうじん〔精進〕。上代 きよまはる〔清〕。きよむ〔きよめる〕〔清〕。さいかい〔斎戒〕。

—の期間が終わること 中世 しゃうじんあけ〔精進明〕。しゃうじんおち〔精進落〕。

—の心を失うこと 中古 たいくつ〔退屈〕。

—料理 中世 とき〔斎〕。中古 いもひ〔斎／忌〕。

肉食など止めて—する日 近代 きじつ〔忌日〕。さいじつ〔斎日〕。近世 しゃうじんび〔精進日〕。中世 いみび〔忌日／斎日〕。上代 さいにち〔斎日〕。

しょうじん【小人】 →**しょうじんぶつ**

じょうしん【上申】 近代 ぐしん〔具申〕。しんげん〔進言〕。まうしたて〔申立〕。近世 けんげん〔献言〕。中世 きょたつ〔挙達〕。げす〔解〕。じゃうしん〔上申〕。中古 けんさく〔献策〕。上代 けんぎ〔建議〕。

—のための文書 近代 じゃうしんしょ〔上申書〕。近世 かきあげ〔書上〕。中世 いけんじゃう〔意見状〕。しんじゃう／まうしじゃう〔申状〕。

—を取り次ぐこと 近世 しんたつ〔進達〕。

じょうじん【常人】 近代 ふつうじん〔普通人〕。近世 ぞくはい〔俗輩〕。中世 ぼんぞく〔凡俗〕。中古 じゃうじん〔常人〕。ぼんじん〔凡人〕。ぼんぷ〔凡夫〕。ぼんよう〔凡庸〕。

しょうじんぶつ【小人物】 近世 ぐじん〔愚人〕。中世 ぼんぞく〔凡俗〕。中古 せうじん〔小人〕。ぼんよう〔凡庸〕。上代 おろかひと〔愚人〕。ぞくじん〔俗人〕。

—の争い 《句》近世 小人閑居して不善をなす。《句》中世 蛮触(ばんしょく)の争ひ。中古 蝸牛(くわぎう)角上(かくじゃう)の争ひ。

—のたとえ 近世 せきあん〔斥鷃〕。

じょうず【上手】 近代 かうめう〔巧妙〕。れんたつ〔練達〕。近世 うまうまし〔旨旨〕。きく〔利〕。きめう〔奇妙〕。たんのう〔堪能〕。めいよ〔名誉〕。中世 いし〔美〕。かんのう〔堪能／勘能〕。きよう〔器用〕。きりゃう〔器量〕。たっしゃ〔達者〕。中古 いう〔優〕。うるせし。かしこし〔賢〕。らうらうじ〔労労〕。りゃうりゃうじ。上代 うまし〔上手／巧〕。じゃうず〔上手〕。たくみ〔巧〕。たへ〔妙〕。ほつて〔秀手〕。よし〔良〕。

—そうに振る舞う 中古 じゃうずめく〔上手〕。

—と下手 中世 かうせつ〔巧拙〕。

—な筆跡 近代 ぎんこう〔銀鉤〕。中世 たっぴつ〔達筆〕。

—な人 上代 てひと／てびと〔手人〕。

—にする 上代 よくす〔能／善〕。

—になる 近代 くゎんじゅく〔慣熟〕。じゅくたつ〔熟達〕。中世 しふじゅく〔習熟〕。じゃうたつ〔上達〕。じゅくれん〔熟練〕。ちゃうず〔長〕。ねる〔ねれる〕〔練〕。

しょうすい【憔悴】 中古 おとろへ〔衰〕。せうすい〔憔悴〕。せうぜん〔悄然〕。やつれ〔窶〕。

しょうずい【祥瑞】 →**きっちょう**

しょうすう【少数】 マイノリティー(minority)。近代 くゎぜい〔寡勢〕。せうにんずう〔少人数〕。マイナー(minor)。中世 こぜい／せうぜい〔小勢〕。ぶぜい／むぜい〔無勢〕。中古 せうすう〔少数〕。→**すくな・い**

しょう・する【称】❶〈号する〉 ネーミング(naming)。近代 こしょう〔呼称〕。近世 となふ〔となえる〕〔称／唱〕。中世 じしょう〔自称〕。めいうつ〔銘打〕。中古 しょうす〔称〕。上代 がうす〔号〕。なづく〔なづける〕〔名付〕。なのる〔名乗／名告〕。よぶ〔呼〕。

自身を—する 中世 じしょう〔自称〕。

しょう・する【称】❷〈褒める〉 →**しょう・する**(次項)

しょう・する【賞】 近代 しゃうさん〔賞賛／賞讃〕。ほめたたへる〔褒称〕。近世 さんび〔賛美／讃美〕。ほめそやす〔褒〕。中世 あはれむ〔憐〕。しゃうす〔賞〕。しゃうやう〔賞揚〕。しょうさん〔称賛／称讃〕。しょうす〔頌〕。中古 あはれがる／あはれぶ〔憐〕。いたがる〔痛〕。いひはやす〔言囃〕。かなしぶ／かなしむ〔愛〕。かんじののしる〔感罵〕。かんず〔感〕。しょうす〔称〕。すさむ〔荒／遊〕。ほうやう〔褒揚〕。ほめたつ〔—たてる〕〔褒立〕。ほめののしる〔褒罵〕。めでくつがへる〔愛覆〕。めでののしる〔愛罵〕。もてはやす〔囃〕。上代 さんたん〔賛嘆／賛嘆／讃歎〕。しのぶ〔賞〕。たたふ〔たたえる〕〔讃／称〕。ほうしゃう〔褒賞〕。ほむ〔ほめる〕〔褒／誉〕。めづ〔めでる〕〔愛〕。よみす〔好／嘉／善〕。→**ほ・める**

しょう・ずる【生】 →**しょう・じる**

じょうせい【情勢】 近代 かざむき〔風向〕。きょくせい〔局勢〕。きょくめん〔局面〕。くもゆ

き[雲行]。シチュエーション(situation)。じゃうせい[情勢/状勢]。やうさう[様相]。近世かざなみ[風並]。なりゆき[成行]。中世あはひ[間]。ありさま[有様]。中古けいせい[形勢]。じせい[時世]。じせい[時勢]。じたい[事態/事体]。ときよ[時世]。

ーが険悪である 近代きんぱく[緊迫]。せっぱく[切迫]。風雲急を告げる。上代うぢはやし[阻]。

現在のー 近代げんせい[現勢]。

世の中のー 中世じせつ[時節]。

じょうせき【上席】→**かみざ**

じょうせき【城跡】→**しろあと**

じょうせき【定跡】 じょうき[常軌]。スタンダード(standard)。近代おきまり[決]。じゃうたう[常套]。じゃうだう[常道]。ぢやうだう[定道]。近世ぢゃうせき[定跡]。中古ぢゃうはふ[定法]。

しょうせつ【小説】 ヌーベル(フランス nouvelle)。フィクション(fiction)。近代さうさく[創作]。ストーリー(story)。ノベル(novel)。ぶんがく[文学]。ロマンス(romance)。近世えんぎ[演義]。もののほん[物本]。中世きゃうげんきぎょ/きゃうげんきご[狂言綺語]。はいくゎん[稗官]。よみもの[読物]。中古せうせつ[小説]。ものがたり[物語]。

ー家 さっか[作家]。ぶんぴつか[文筆家]。ものかき[物書]。近代ちょさくか[著作家]。ちょじゅつか[著述家]。はいくゎんか[稗官家]。ぶんし[文士]。ライター(writer)。近世ぶんじん[文人]。→**さっか**

ーの筋 近代シノプシス(synopsis)。すぢがき[筋書]。ストーリー(story)。プロット(plot)。近世あらすぢ[粗筋]。おほすぢ[大筋]。すぢだて[筋立]。

中国の俗語によるー はくわしょうせつ[白話小説]。へいわ[平話]。へいわぼん[平話本]。

つまらないー 近代さんもんせうせつ[三文小説]。

その他ーのいろいろ(例)①[内容] エスエフ(SF; science fiction の略)。かいきしょうせつ[怪奇小説]。かがくしょうせつ[科学小説]。くうそうかがくしょうせつ[空想科学小説]。サイエンスフィクション(science fiction)。すいりしょうせつ[推理小説]。ちゅうかんしょうせつ[中間小説]。ハードボイルド(hard-boiled)。ミステリー(mystery)。近代イッヒロマン(ドイツ Ich Roman)。かていせうせつ[家庭小説]。けうやうせうせつ[教養小説]。しせうせつ[私小説]。じだいせうせつ[時代小説]。じでんせうせつ[自伝小説]。しんきゃうせうせつ[心境小説]。しんりせうせつ[心理小説]。たんていせうせつ[探偵小説]。つうぞくせうせつ[通俗小説]。テーマせうせつ[(ドイツ)Thema 小説]。でんきせうせつ[伝奇小説]。ふうぞくせうせつ[風俗小説]。ぼうけんせうせつ[冒険小説]。ユーモアせうせつ[humor 小説]。ラブストーリー(love story)。れきしせうせつ[歴史小説]。れんあいせうせつ[恋愛小説]。

その他ーのいろいろ(例)②[長短] しょうへん[小編]。しょうへん[掌編/掌篇]。ショートショート(short short story)。たいがしょうせつ[大河小説]。ノベレット(novelette)。近代コント(フランス conte)。ちゅうへん[中編/中篇]。近世たんぺん[短編]。中世ちゃうへん[長編/長篇]。

しょうせつ【詳説】 近代しゃうげん[詳言]。しゃうじゅつ[詳述]。近世しゃうかい[詳解]。しゃうせつ[詳説]。しゃうろん[詳論]。中世さいせつ[細説]。さいろん[細論]。

じょうせつ【常設】 じょうび[常備]。すえる[据]。せっち[設置]。近代ぐび[具備]。じゃうせつ[常設]。じゃうち[常置]。

じょうぜつ【冗舌】 近世おしゃべり[御喋/御饒舌]。たつべん[達弁]。ねうぜつ[饒舌]。ろうぜつ[弄舌]。中世くちがる[口軽]。たべん[多弁]。中古ぜうぜつ[饒舌]。たげん[多言]。

しょうぜん【悄然】 近代せうちん[消沈/銷沈]。近世しょげる[悄気]。中古しほたる〔ーたれる〕[潮垂/塩垂]。せうすい[憔悴]。せうぜん[悄然]。なゆ〔なえる〕[萎]。上代しほる〔しおれる〕[萎/撓]。→**がっかり**

しょうそう【焦燥】 近代せうさう[焦燥]。せうりょ[焦慮]。近世いらだつ[苛立]。いらつく[苛]。こころせく[心急]。じれる[焦]。気がせく。気を揉む。中世あせる[焦]。せく[急]。

▼**擬態語** かりかり。近世じりじり。むしゃくしゃ。やきもき。中世いらいら[苛苛/刺刺]。

しょうそう【少壮】 近代しんしんきえい[新進気鋭]。近世せいねん[青年]。中世きえい[気鋭]。わかて[若手]。わかもの[若者]。中古せうさう[少壮]。わかうど[若人]。

しょうぞう【肖像】 近代ポートレート(portrait)。近世すがたゑ[姿絵]。ゑざう[絵像]。中世えい[影]。しんえい[真影]。にせゑ[似絵]。中古えいざう[影像]。せうざう[肖像]。《尊》ぎょえい[御影]。近世ごしんえい[御真影]。そんえい[尊影]。中世ごえい／みえい[御影]。

―の学問 イコノグラフィー(フランスiconographie)。

故人の― いえい[遺影]。近世ゐざう[遺像]。《尊》中古みかげ[御影]。

自分で自分を描いた― 近代じぐゎざう[自画像]。

聖人の― せいがぞう[聖画像]。近世せいざう[聖像]。中古しゃうざう[聖像]。

小さな― 近世せうせう[小照]。

俳優などの― 近代ブロマイド(bromide)。

横顔の― 近代プロフィール(profile)。

▼彫刻 ブロンズぞう[bronze像]。てうざう[彫像]。近代きょうざう[胸像]。どうざう[銅像]。中世じゅざう[寿像]。

じょうそう【上層】 近代じゃうきふ[上級]。じゃうそう[上層]。近世じゃうりう[上流]。中世じょうゐ[上位]。

じょうそう【情操】 近代じゃうかん[情感]。じゃうしゅ[情趣]。じゃうちょ[情緒]。センチメント(sentiment)。中世かんじゃう[感情]。中古かんくゎい[感懐]。じゃうさう[情操]。じゃうしょ[情緒]。ふぜい[風情]。もののあはれ[物哀]。

じょうぞう【醸造】 近代ぢゃうざう[醸造]。ぢゃうせい[醸成]。中世うんぢゃう[醞醸]。かもす[醸]。上代かむ[醸]。

―元 近代くらもと[蔵元／倉本]。近世つくりざかや[造酒屋]。

吟味した原料を使って丁寧に―・すること ぎんじょう[吟醸]。

酒を―・すること 近世しゅざう[酒造]。ぢゃうしゅ[醸酒]。中古さかづくり／さけづくり[酒造]。

しょうそく【消息】❶〈情報〉 近代じゃうほう[情報]。中世あんぴ[安否]。いなせ[否諾]。じゃうたい[状態]。やうす[様子]。中古じじゃう[事情]。どうせい[動静]。上代せうそく[消息]。

―が分からない 近代ゆくへふめい[行方不明]。中世かきたゆ[掻絶]。跡を隠す。中古跡を絶ゆ。

―に詳しい人 じょうほうつう[情報通]。しょうそくすじ[消息筋]。近代じじゃうつう[事情通]。せうそくつう[消息通]。

どこからともなく伝わる― 中世風の便り。中古ふうぶん[風聞]。

しょうそく【消息】❷〈音信〉 近代おんしん[音信]。せいそく[声息]。れんらく[連絡]。近世おとさた[音沙汰]。中世おとづれ[訪]。さた[沙汰]。中古しょしん[書信]。せうそこ[消息]。たまづさ[玉梓／玉章]。たより[便]。ふみ[文]。雁の玉章(かりのたまづさ)。雁の便り。雁の使ひ。上代かぜくも[風雲]。こと[言]。せうそく[消息]。→てがみ

しょうそく【消息】❸〈盛衰〉→**えいこせいすい**

しょうぞく【装束】→**きもの**

しょうたい【正体】 じつぞう[実像]。近代じっしつ[実質]。近世えたい[得体／為体]。きぢ[生地／素地]。ぢがね[地金]。中世じったい[実体]。ほんしつ[本質]。ほんしゃう[本性]。中古さうじみ[正身]。ほんたい[本体]。上代しゃうたい[正体]。むざね[身実]。

―がない 近世たわいない。たわいなし。わけもなし[訳無]。正体(しょうだい)なし。中古ぜんごふかく[前後不覚]。後枕(あとまくら)も知らず。

―がなくなる 近世前後を忘る[―忘れる]。中古前後を失ふ(失する)。中世前後を知らず。

―がはっきりしない 近代ぬえてき[鵺的／鵼的]。近世ばくもの[獏物／曝物]。海の物とも山の物ともつかず。中古そのものとなし。

―を現す 近代ぼろを出す。近世尻尾を出す。化けの皮が現れる(剝げる)。

酒に酔って―がなくなる よいしれる[酔痴]。近世よひつぶる[―つぶれる][酔潰]。中古ゑひしる[―しれる][酔痴]。

▼接尾語 中古がら[柄]。

しょうたい【招待】 インビテーション(invitation)。近代せうへい[招聘]。せうらい[招来]。近世いうち[誘致]。しゃうだい[請待]。せうち[招致]。まうしうく[―うける][申受]。中世しゃうよう[請用]。せうせい[招請]。せうたい[招待]。まうしいる[―いれる][申入]。まねく[招]。中古あない[案内]。上代よびよす[―よせる][呼寄]。よぶ[呼]。をく[招]。《尊》お招きに与(あず)かる。近世およばれ[御呼]。中古かせう[嘉招／佳招]。

―の客 ゲスト(guest)。中世きゃくじん[客

し

人]。中古 きゃく[客]。→きゃく

ーの手紙 近代 せうじゃう[招状]。せうたいじゃう[招待状]。

じょうたい【状態】 近代 ありやう[有様]。げんじゃう[現状]。コンディション(condition)。シチュエーション(situation)。じゃうきゃう[状況/情況]。もやう[模様]。やうさう[様相]。やうたい[様態]。近世 ぐあひ[具合]。じゃうたい[状態/情態]。てん[点]。中世 かげん[加減]。しだら。てうし[調子]。なり[形/態]。やう[様]。やうす[様子]。中古 ありさま[有様]。けいせい[形勢]。たたずまひ[佇]。

ーが思わしくないこと 近世 しだら。中古 ふてう/ふでう[不調]。

身体のー たいちょう[体調]。近世 あんばい[塩梅/按排/按配]。きしょく/きそく[気色]。ぐあひ[具合]。中世 かげん[加減]。

病気のー 近世 しゃうじゃう[症状]。びゃうじゃう[病状]。中世 びゃうたい[病態]。中古 ようだい[容体/容態]。

じょうだい【上代】 近世 かみつよ[上世/上代]。中世 おほむかし[大昔]。じゃうせい[上世]。たいこ[太古]。中古 こだい[古代]。じゃうだい[上代]。上がりたる世。上代 いにしへ[古]。じゃうこ[上古]。せんこ[千古]。むかし[昔]。わうこ[往古]。

じょうだく【承諾】 →しょうち❷

じょうたつ【上達】 近代 じゅくたつ[熟達]。しんたつ[進達]。ぜんしん[前進]。近世 しんぽ[進歩]。中世 しふじゅく[習熟]。近世 じゃうたつ[上達]。中世 じゅくれん[熟練]。中古 すすむ[進]。

ー・した状態 近代 しんきゃう[進境]。中世 けいこ[稽古]。

ー・した人 ベテラン(veteran)。近代 エキスパート(expert)。じゅくれんしゃ[熟練者]。めいしゅ[名手]。中世 かうしゅ[巧手]。上代 じゃうず[上手]。たつじん[達人]。

ー・する 近代 腕(手)が上がる。腕(手)を上げる。中古 すすむ[進]。

しょうたん【小胆】 近代 さいしん[細心]。近世 せうたん[小胆]。中世 せうしん[小心]。→おくびょう

じょうだん【冗談】 近代 じょうわ[冗話]。ジョーク(joke)。近世 あじゃら/あじゃれ[戯]。おどけ[戯]。おどけぐち[戯口]。くちてんがう[口]。くゎいかい[詼諧]。ざれ/じゃれ[戯]。しゃれ[洒落]。じょうだん[冗談]。たはむれ[戯]。たはむれぐち[戯口]。たはむれごと[戯言]。ちゃり[茶利]。てんがうぐち[口]。へうひゃく。わざくれ。わざごと[俳諧]。中世 あだこと/あだごと[徒言]。かいぎゃく[諧謔]。くゎいぎゃく[詼諧]。ざれごと[戯言]。そぞろごと[漫言]。まさなごと[正無言]。りかう[利巧/悧巧]。りこう[利口]。中古 ぎげん[戯言]。きょうげん[興言]。さるがうごと[散楽言]。すずろごと[漫言]。たはぶれごと/たはれごと[戯言]。はかなしごと[果無言]。みだりごと[漫言/濫言]。みだれごと[乱言]。をこごと[痴言]。上代 たはごと[戯言]。

ーが事実となる 《句》近世 瓢箪(へうたん)から駒が出る。

ーにしてしまう 近世 しゃれのめす[洒落]。ちゃかす[茶]。茶にす。

ーにも 近世 あじゃらにも。

ーを言う 近世 ふざける。近代 しゃれる[洒落]。近世 せうぎゃく[笑謔]。ちゃらかす。ちゃらす。中古 さるがふ[散楽]。たはぶる/たはむる[戯]。をこめく[痴]。

つまらないー 近世 おぶしゃれる[御不洒落]。

しょうち【承知】❶〈把握〉 近代 はあく[把握]。りかい[理解]。りゃうち[諒知]。近世 しょうち[承知]。れうかい[了解]。承知の助。承知の幕。中世 がってん/がてん[合点]。ぞんじ[存]。ぞんち/ぞんぢ[存知]。ゑとく[会得]。中古 こころう[一える][心得]。上代 わきまふ[一まえる][弁]。

ー・した様子 近世 のみこみがほ[飲込顔]。

ー・してすること 近代 なっとくづく[納得尽]。近世 とくしんづく[得心尽]。

心底からー・すること 近代 かうしん[降心]。中古 とくしん[得心]。

よくー・していること 近世 百も承知。百も承知二百も合点。

しょうち【承知】❷〈承諾〉 コンプライアンス(compliance)。近代 うけいれ[受入]。こうだく[肯諾]。じゅだく[受諾]。しょういん[承允]。しょうにん[承認]。しょうりゃう[承領]。だくれう[諾了]。にんか[認可]。ゐだく[唯諾]。意を受ける。近世 ききずみ[聞済]。ぜんだく[然諾]。りゃうだく[領諾]。れうかい[了解]。れうだく[了諾]。中世 おうだく[応諾]。しょうち[承知]。てんとう[点頭]。なっとく[納得]。りゃうじゃう[領状]。りゃうしょう[諒承/領承]。れうしょう[了承]。中古 いちだく[一諾]。いんきょ[允許]。がってん/がてん[合

点]。ことうけ[事請]。しょういん[承引]。しょうだく[承諾]。しょうれう[承了]。だく[諾]。どうい[同意]。やくだく[約諾]。りゃうしゃう[領掌]。上代きょだく[許諾]。

《尊》近代かうしょう[高承]。

《謙》中世かしこまる[畏]。中古うけたまはる[承]。

《句》近代諾を宿すること無し。近世一諾千金。

—・して従うこと 中世しょうぶく[承服]。

—・しない 近世ふしょう[不承]。ふしょうち[不承知]。中世頭を振る。中古いなぶ／いなむ[否／辞]。上代かへず[不肯]。

—・する 近代りゃうする[領]。首(頸)を縦に振る。近世うけあふ[請合／受合]。うけこむ[受込／請込]。がへんず[肯]。ききずむ[聞済]。こむ[込／籠]。のみこむ[飲込／呑込]。中世うけがふ[肯]。ききひらく[聞開]。こころやる[心]。だくす[諾]。とどく[届]。頭を縦に振る。中古うく(うける)[請／受／承]。うけたまはる[承]。うけとる[受取／請取]。うけばる[受張]。うけひく[受引]。ききいる[聞入]。こころう(—える)[心得／意得]。ゆるす[許／赦]。上代あまなふ[甘]。うべなふ[宜／肯]。

—・するさま 近世ゐゐだくだく[唯唯諾諾]。唯唯として。

—と不承知 近代おうひ[応否]。だくひ[諾否]。近世いなや[否]。中世いやおう[否応]。うむ[有無]。

—の意向 だくい[諾意]。

—の言葉 ああ。おお。近代イエス(yes)。ええ。オーケー／オッケー(OK; okey)。オーライ(all right)。よしきた。よろしい[宜]。近世さしったり[然知]。はい。ふむ。まっかせ[任]。中世うん。ゐゐ[唯唯]。中古おいおい。せ[諾]。上代を[諾]。

相手に—を求める語 近世ごふしょう[御不承]。

嫌々でも脅して—・させる 近世往生尽くめ。中世あふじゃう[圧状]。

嫌々ながらの— 近代らくじゃう[落城]。中世ふしゃう[不請]。ふしゃうぶしゃう[不請不請]。ふしょう[不承]。ふしょうぶしょう[不承不承]。

固い— 近世いちだくせんきん[一諾千金]。中世きんだく[金諾]。

神が—・する 上代うづなふ[珍／諾]。

口頭の— 中古ことうけ[言承]。

快く—・すること 近代くゎいだく[快諾]。二つ返事。

条件付きの— 中古いなぶねの[稲舟]。

済んだ後からの— 近代じごしょうだく[事後承諾]。

その場ですぐに—・すること そくだく[即諾]。

頼んで—・させる なきおとす[泣落]。近代をがみたふす[拝倒]。近世くどきおとす[口説落]。

黙って—・すること 近代もくきょ[黙許]。もくだく[黙諾]。もくにん[黙認]。

内々の— 近代ないだく[内諾]。

訳を言って—・させる 近代どする[度]。中世なっとく[納得]。

しょうち【招致】 →しょうたい【招待】

じょうち【常置】 →じょうせつ

しょうちゅう【掌中】 →しゅちゅう

じょうちょ【情緒】 →じょうしょ【情緒】

しょうちょう【象徴】 近代エンブレム(emblem)。しゃうちょう[象徴]。シンボル(symbol)。へうしゃう[表象]。へうちょう[表徴／標徴]。上代しるし[証]。→シンボル

—主義 近代サンボリスム(symbolisme)。シンボリズム(symbolism)。

—・する 近代シンボライズ(symbolize)。中世かたどる[象／模]。

地位の— ステータスシンボル(status symbol)。

しょうちょう【消長】 近代えいこせいすい[栄枯盛衰]。きふく[起伏]。中世うきしづみ[浮沈]。こうばう[興亡]。せうちゃう[消長]。中古せうそく[消息]。そんばう[存亡]。ふちん[浮沈]。上代こうはい[興廃]。→えいこせいすい

じょうちょう【冗長】 近代じょうまん[冗漫]。近世ながたらしい／ながたらし[長]。中古じょうちゃう[冗長]。

—・なさま 近代ごてごて。ねちねち。近世くどくど。だらだら。

じょうちょう【情調】 →おもむき →きぶん

じょうちょう【上長】 かんりしょく[管理職]。近代シニア(senior)。じゃうし[上司]。じゃうちゃう[上長]。ねんちゃうしゃ[年長者]。近世うはやく[上役]。じゃうくゎん[上官]。としうへ[年上]。めうへ[目上]。中世じゃうしょく[上職]。ちゃうじゃう[長上]。中古せんぱい[先輩]。

しょうてん【商店】 こうりてん[小売店]。しゃうほ[商舗]。近代うりや[売屋]。しゃうば

いや［商売屋］。ショップ(shop)。ストア(store)。てんぽ［店舗］。ばいてん［売店］。はんばいてん［販売店］。みせや［店屋］。近世 あきなひや［商屋］。あきゅうどや／あきんどや［商人屋］。おたな／たな［店／棚］。たなむき［店向］。ちゃうか［町家］。中世 しゃうか［商家］。しゃうてん［商店］。まちや［町屋］。みせ［店／見世］。みせだな［店棚／見世棚］。中古 しゃうか［商賈］。しゃうこ［商賈／商估］。上代 してん［肆店／肆廛］。

―でない一般の住宅（商売を止めた家） 近世 しまうたや／しもたや［仕舞屋］。しまひや［仕舞屋］。

―の集まっているところ 近代 マーケット(market)。中世 いちば［市場］。中古 まち［町］。上代 いち［市］。

―の大売り出し バザール(フランス bazar)。

―の軒先 近世 たなした［店下］。

―の者 てんいん［店員］。近世 たなもの［店者］。

―の呼び名 →やごう【家号】

一般消費者を客とする― こうりてん［小売店］。近代 ショップ(shop)。ストア(store)。

卸売りを業とする― 近世 とひや／とんや［問屋］。

規模の大きな― 近世 おほだな［大店］。

代々続いた― 近世 しにせ［老舗］。らうほ［老舗／老舗］。

その他―のいろいろ(例) アウトレットストア(outlet store)。アウトレットモール(outlet mall)。コンビニエンスストア(convenience store)。スーパーマーケット(supermarket)。ディスカウントショップ(discount shop)。ディスカウントストア(discount store)。りょうはんてん［量販店］。近代 キオスク(kiosk)。ばいてん［売店］。ひゃくくゎてん［百貨店］。デパート(department store の略)。

▼出店 近代 ししゃ［支社］。してん［支店］。してん［子店］。ぶんてん［分店］。近世 でだな［出店］。とこみせ［床店］。

▼露店 近代 だいだうみせ［大道店］。近世 ほしみせ［干店／乾店］。やたい［屋台］。やたいみせ［屋台店］。よみせ［夜店］。

しょうてん【焦点】 ターゲット(target)。近代 かく［核］。せうてん［焦点］。ねらひどころ［狙所］。ピント(オランダ brandpunt から)。フォーカス(focus)。へうてき［標的］。もくへう［目標］。近世 ねらひ［狙］。中世 まと［的］。めあて［目当］。中古 ちゅうしん［中心］。

自動で合う― オートフォーカス(auto focus)。じどうしょうてん［自動焦点］。

しょうてん【昇天】❶〈上昇〉 中世 じゃうてん［上天］。中古 しょうてん［昇天］。てんじゃう［天上］。

しょうてん【昇天】❷〈死ぬ〉→し・ぬ

しょうでん【昇殿】 中世 だうじゃう［堂上］。のぼる［上］。中古 しょうでん［昇殿］。

―できる公卿(くぎょう)等 中世 だうじゃう／だうじゃうかた［堂上方］。中古 うへびと［上人］。てんじゃうびと［殿上人］。

―を許された子供 中古 てんじゃうわらは［殿上童］。

―を許す 中世 仙籍を許す。

じょうと【譲渡】 近代 かつじゃう［割譲］。中世 じゃうと［譲渡］。じゃうよ［譲与］。ゆづりわたす［譲渡］。中古 ふぞく［付属］。わたす［渡］。上代 ゆづる［譲］。

じょうど【浄土】→あのよ →ごくらく

しょうどう【衝動】❶〈意欲〉 近代 イモーション／エモーション(emotion)。しょうどう［衝動］。近世 どうき［動機］。むらむら［群群］。

しょうどう【衝動】❷〈衝撃〉→しょうげき

しょうどう【唱導】 しゅどう［主導］。近代 しゃうだう［唱導／唱道］。しゅしゃう［主唱］。ていしゃう［提唱］。近世 しゅちょう［主張］。中古 せんだう［先導］。

じょうとう【上等】 じょうしつ［上質］。デラックス(deluxe)。近代 いうりゃう［優良］。かうきふ［高級］。かうとう［高等］。じゃうでき［上出来］。りゃうしつ［良質］。近世 じゃうかう［上好］。じゃうとう［上等］。すてき［素敵］。といち［十一］。りっぱ［立派］。中世 けっこう［結構］。じゃうぼん［上品］。→こうきゅう【高級】

―の品 近代 ごくじゃうひん［極上品］。じゃうだま［上玉］。近世 かひん［佳品］。ごくひん［極品］。じゃうせい［上製］。じゃうもの［上物］。をりがみもの［折紙物］。

―の席 中世 いちざ［一座］。

極めて―であること とくじょう［特上］。近世 ごぜんじゃうとう［御膳上等］。中世 ごくじゃう［極上］。中古 さいじゃう［最上］。

じょうとう【上棟】 近世 たてまへ［建前］。中古 じゃうとう［上棟］。むねあげ［棟上］。

じょうとう【常套】 近代 おきまり［御決］。じゃうたう［常套］。じゃうだう［常道］。じゃう

よう[常用]。ステレオタイプ／ステロタイプ(stereotype)。近世 ありきたり。おさだまり[御定]。ぢゃうせき[定石／定跡]。中古 ぢゃうはふ[定法]。

ーの手段 近代 くゎんしゅだん[慣手段]。

じょうどう【常道】 じょうき[常軌]。近代 せいこうはふ[正攻法]。近世 い[彝]。じゃうしき[常識]。じゃうだう[常道]。ぢゃうせき[定石／定跡]。中古 せいだう[正道]。ぢゃうはふ[定法]。ほんだう[本道]。上代 しゃうだう[正道]。

しょうとく【生得】 →**うまれつき**

しょうどく【消毒】 じょきん[除菌]。近代 さっきん[殺菌]。せうどく[消毒]。めっきん[滅菌]。

じょうとくい【上得意】 →**こきゃく**

じょうとくい【常得意】 →**こきゃく**

しようとする →**いし【意志】**

しょうとつ【衝突】 インパクト(impact)。近代 げきとつ[激突]。コンフリクト(conflict)。たいりつ[対立]。ついとつ[追突]。近世 あたりあひ[当合]。しょうとつ[衝突]。はちあはせ[鉢合]。

ー・する 近代 ぶつかる。近世 かちあふ[搗合]。つきあたる[突当]。中世 いきあたる／ゆきあたる[行当]。中古 あたる[当]。うちあたる[打当]。

自動車競技のー クラッシュ(crash)。

しょうにゅうせき【鍾乳石】 近代 せきじゅん[石筍]。つららいし[氷柱石／鍾乳石]。しょうにゅうせき[鍾乳石]。石の氷柱。中世 いはつらら[岩垂氷]。中古 いしのち[石乳]。

しょうにん【承認】 近代 オーケー／オッケー(OK; okey)。こうてい[肯定]。しょうにん[承認]。ぜにん[是認]。にんか[認可]。にんきょ[認許]。にんよう[認容]。ようにん[容認]。中世 しょうち[承知]。中古 どうい[同意]。→**しょうち❷**

《尊》近代 かうしょう[高承]。

ー・する 近代 みとめる[認]。上代 ことゆるす[言許]。

会社などで関係者のーを求めること 近代 りんぎ[稟議]。

しょうにん【昇任】 →**しょうしん【昇進】**

しょうにん【商人】 近代 げふしゃ[業者]。しこ[市賈]。じつげふか[実業家]。ビジネスマン(businessman)。マーチャント(merchant)。近世 あきなひや[商屋]。あきんど[商人]。ばいにん[売人]。中世 あきうど[商人]。こじん[賈人]。しじん[市人]。しゃうばいにん[商売人]。ものうり[物売]。中古 あきびと[商人]。しゃうか／しゃうこ[商買／商估]。ひさぎびと[鬻人]。上代 いちびと[市人]。しゃうにん[商人]。

《句》近代 商人(あきんど)に系図なし。商人(あきんど)は損と原価(もと)で暮らす。近世 商人(あきんど)と屏風は曲がらねば立たず。商人(あきんど)の空誓文(からせいもん)。商人(あきんど)は損していつか蔵が建つ。百姓の不作話と商人(あきんど)の損話。

ーを卑しめて言う語 近世 こじゅ[賈豎]。近江(あふみ)泥棒伊勢乞食。

魚市場や海産物を扱うー 近世 いさば[五十集]。

教養や品位あるー 近代 しんしゃう[紳商]。

軍需産業に携わるー 死の商人。

小規模経営のー 近代 こあきうど／こしゃうにん[小商人]。近世 こあきなひ[小商]。こあきんど[小商人]。こまへ[小前]。

商品を背負って売り歩くー 近代 うきくさかげふ[浮草稼業]。たびあきなひ[旅商]。わたりどり[渡鳥]。近世 せんだつみ[千朶積]。になひあきなひ[担商]。れんじゃくあきなひ[連尺商]。中世 ぎゃうしゃう[行商]。→**ぎょうしょう**

女性のー 中古 いちめ[市女]。ひさぎめ[鬻女]。

大規模経営のー 近代 きょこ[大賈]。きょしゃう[巨商]。近世 おほあきんど[大商人]。がうしゃう[豪商]。たいか[大賈]。ふしゃう[富商]。中世 おほあきうど[大商人]。たいこ[大賈]。

他国に住む中国人のー かしゃう[華商]。近代 くゎけう[華僑]。近世 くゎじん[華人]。

旅のー →**ぎょうしょう**

舶来品を扱うー 近世 からものや／たうぶつや[唐物屋]。

古い物を扱うー 近代 こぶつしゃう[古物商]。近世 こだうぐや／ふるだうぐや[古道具屋]。ふるぎうり[古着売]。ふるぎや[古着屋]。ふるてうり[古手売]。ふるてがひ[古手買]。中世 くらまはり[蔵回]。ふるてや[古手屋]。

良いー 近代 りゃうこ[良賈]。

露店で商売するー 近代 だいだうあきんど／だいだうしゃうにん[大道商人]。ろてんしゃう[露天商]。

悪いー あくとくしょうにん[悪徳商人]。近世 かんしゃう[奸商／姦商]。

しょうにん【証人】 近世 はんにん［判人］。中古 しょうにん［証人］。中世 あひよみ［相読］。

しようにん【使用人】 おてつだいさん［御手伝］。ホームヘルパー(和製home helper)。ようむいん［用務員］。しようにん［使用人］。近代 かせいふ［家政婦］。ハウスキーパー(housekeeper)。やとひにん［雇人］。近世 げなん［下男］。こまづかひ［小間使］。やっこ［奴］。やとひもの［雇者］。中世 げにん［下人］。しもべ［下部／僕］。つぶね［奴］。ほうこうにん［奉公人］。やとひど／やとひびと［雇人］。中古 げす［下衆］。つかひびと［使人］。めしつかひ［召使］。上代 にへびと［贄人］。→**げなん** →**じょちゅう**

ーの頭 近世 ばんとう［番頭］。

商家のー 近世 てだい［手代］。でっち［丁稚］。ばんとう［番頭］。

商家の若いー 近世 わかいしゅ［若衆］。中世 わかいもの［若者］。

少年のー 中古 だうどうじ［堂童子］。

忠義なー 近世 ぎぼく［義僕］。ちゅうぼく［忠僕］。

じょうにん【情人】 近代 ラバー(lover)。近世 あいじん［愛人］。いろ［色］。いろごと［色事］。おきせん［置銭］。おっこち［落］。じゃうにん［情人］。しんてい［心底］。ぬれ［濡］。

しょうね【性根】 どう［胴］。近世 きしつ［気質］。きしゃう［気性］。こころいき［心意気］。どきょう［度胸］。どしゃうぼね／どしょっぽね［土性骨］。ねごころ［根心］。はらわた［腸］。中世 きだて［気立］。こころだて［心立］。こんじゃう［根性］。しゃう［性］。しゃうこつ［性骨］。しゃうね［性根］。せいじゃう［性情］。どしゃうね［土性根］。→**こんじょう**

ーを入れる 近世 性(しゃう)を付く〔ー付ける〕。魂を入れ替ふ〔ー替える〕。

しょうねつ【焦熱】 近代 まうしょ［猛暑］。近世 こくねつ［酷熱］。中世 こくしょ［酷暑］。ごくしょ［極暑］。しょねつ［暑熱］。せうねつ［焦熱］。中古 えんしょ［炎暑］。えんてん［炎天］。えんねつ［炎熱］。→**あつ・い**

じょうねつ【情熱】 近代 いよく［意欲］。じゃうねつ［情熱］。ねつじゃう［熱情］。パッション(passion)。パトス(ギリシャpathos)。

ーが尽きる 燃焼しきる。近世 かる〔かれる〕［涸／枯］。

ー的なさま 近代 ねっしん［熱心］。ねつれつ［熱烈］。パッショネート(passionate)。

ーのたとえ 近代 ちしほ［血潮］。ねんせう［燃焼］。もえあがる［燃上］。中世 ねっけつ［熱血］。上代 ひ［火］。

しょうねん【少年】 ボーイ(boy)。近世 こぞう［小僧］。こばうず［小坊主］。ばうや［坊］。ぼっちゃん［坊］。をとこのこ［男子］。中世 こしゃう［小姓／小性］。こせがれ［小倅］。せうじん／せうにん［小人／少人］。ほふし［法師］。中古 こをとこ［小男］。せうねん［少年］。だんし［男子］。だんじ［男児］。どうなん［童男］。わかうど［若人］。をのわらは／をのわらべ［男童］。上代 じゅし［豎子／孺子］。をぐな［童男］。をのこ［男／男子］。をのこご［男子子］。→**こども❶**

ーの頃 近代 いたづらざかり［悪戯盛］。中世 騎竹の年。

ーを卑しめて言う語 近世 あをにさい［青二才］。こぞっこ［小僧子］。小わっぱ［子童］。

貴人の側に仕えるー 中世 こしゃう［小姓／小性］。中古 いへわらは［家童］。じじゅ［侍豎］。こどねりわらは［小舎人童］。

公家や社寺などに仕えるー 近世 ちごわかしゅ［稚児若衆］。ちごわらは［稚児童］。中世 ちご［稚児］。

元服したー 中古 くゎざ／くゎんじゃ［冠者］。

元服前のー 近世 まへがみだち［前髪立］。まへぶり［前振］。わかしゅ［若衆］。

商家に仕えるー 近世 いせじま［伊勢縞］。こぞう［小僧］。ごよう［御用］。ごようきき［御用聞］。さいろく［才六／采六／賽六］。さんたらう［三太郎］。たるとり［樽取］。たるひらひ／たるひろひ［樽拾］。でっち［丁稚］。中世 こもの［小者］。

昇殿を許されたー 中古 てんじゃうわらは［殿上童］。

手紙などを配達するー 近代 メッセンジャーボーイ(messenger boy)。

寺で使うー 近世 ちゅうどうじ［中童子］。

召使いのー 近世 どうじ［童子］。どうぼく［童僕］。

じょうねん【情念】 近世 かんじゃう［感情］。中世 じゃうねん［情念］。パトス(ギリシャpathos)。中古 おもひ［思］。きょうちゅう［胸中］。

しょうねんば【正念場】 しょうぶどころ［勝負所］。近代 むなつきはっちゃう［胸突八丁］。近世 しゃうねば［性根場］。しゃうねんば［正念場］。せんど［先途］。→**しょうはい**

じょうば【乗馬】 近世 じょうめ［乗馬］。中世 のりうま［乗馬］。ばじゃう［馬上］。中古 う

まのり［馬乗］。じょうば［乗馬］。

—の巧みな人 中世 のりじり［乗尻］。

—の道具 中世 ばぐ［馬具］。中古 くら［鞍］。

—の道具の例 近代 はくしゃ［拍車］。ばべん［馬鞭］。中古 くつわ［轡］。くら［鞍］。たづな［手綱］。上代 あぶみ［鐙］。

—の下手なさま 中古 ももじり［桃尻］。

—の練習などをする所 中古 ばば［馬場］。

しょうはい【勝敗】 近代 えいゆ［贏輸］。ゆえい［輸贏］。近世 えいしゅ［贏輸］。しゅえい［輸贏］。しょうはい［勝敗］。中古 かちまけ［勝負］。しょうぶ［勝負］。→**しょうぶ【勝負】**
—の決まらない接戦 近代 こんせん［混戦］。せっせん［接戦］。
—の決まる所 しょうぶどころ［勝負所］。近代 てんわうざん［天王山］。どたんば［土壇場］。わかれめ［分目］。関ヶ原の戦ひ。近世 せとぎは［瀬戸際］。てんかわけめ［天下分目］。てんもくざん［天目山］。中世 せんど［先途］。わけめ［分目］。→**しょうねんば**

しょうはい【賞杯】 しはい［賜杯］。たて［楯／盾］。近代 いうしょうカップ［優勝cup］。いうしょうはい［優勝杯］。カップ(cup)。しゃうはい［賞牌］。トロフィー(trophy)。

しょうばい【商売】 近代 かげふ［稼業］。しゃうとりひき［商取引］。しゃうむ［商務］。とりひき［取引］。ビジネス(business)。近世 あきもの［商物］。えいげふ［営業］。中世 しゃう［商］。しゃうげふ［商業］。ばいばい［売買］。ぼうえき［貿易］。中古 あきなひ［商］。しゃうばい［商売］。
《句》近代 商ひは門門(かどかど)。近世 商ひは牛の涎(よだれ)。商ひは草の種。商ふ物は草の種。餅は餅屋。
—が大はやりになること 近代 ブーム(boom)。近世 おほあたり［大当］。
—・する 近世 店を張る。中古 あきなふ［商］。ひさく／ひさぐ［鬻／販］。
—で用いること 近代 しゃうよう［商用］。
—の採算が取れる 近代 たちゆく［立行］。割りが合ふ。中世 ひきあふ［引合］。
—の準備をする 近世 しいる［—いれる］［仕入］。しこむ［仕込］。
—のやり方 近代 しゃうしふくゎん［商習慣］。しゃうくゎんしふ［商慣習］。しゃうはふ［商法］。
—を止めた家 近世 しまうたや／しもたや［仕舞屋］。しまひや［仕舞屋］。
—を止める へいぎょう［閉業］。近代 はいげふ［廃業］。へいてん［閉店］。みせじまひ［店仕舞］。
—を始める 近世 かいてん［開店］。みせびらき［店開］。中世 さうげふ［創業］。
ある時期しか売れない物を扱う— 近世 はすのはあきなひ［蓮葉商］。
市で—・する女性 中古 いちめ［市女］。ひさぎめ［鬻女］。
違法な— みつぼうえき［密貿易］。みつゆ［密輸］。近世 ぬけあきなひ［抜商］。
客をもてなす— せっきゃくぎょう［接客業］。近代 きゃくしゃうばい［客商売］。みづかげふ［水稼業］。近世 みづあきなひ［水商］。みづしゃうばい［水商売］。
自力の— 近世 じぶんあきなひ［自分商］。一分(いち)を捌(さば)く。
巧みに儲ける— 近世 のこぎりあきなひ［鋸商］。
旅をしながらの— 近代 たびあきなひ［旅商］。近世 になひあきなひ［担商］。れんじゃくあきなひ［連尺商］。中世 ぎゃうしゃう［行商］。→**ぎょうしょう**
小さな— 近世 こあきなひ［小商］。こまへ［小前］。
抜け目ない— 近世 のこぎりあきなひ［鋸商］。
本業の合間にする— アルバイト(ドイツ Arbeit)。サイドビジネス(和製side business)。近代 ふくげふ［副業］。近世 かたしゃうばい［片商売］。ないしょく［内職］。→**ふくぎょう**
店で—・すること 近世 たなあきなひ［棚商／店商］。中世 ざしゃう［座商／坐商］。みせあきなひ［店商］。
道端で—・すること 近代 だいだうあきなひ［大道商］。ろてん［露店］。近世 つじあきなひ［辻商］。つじうり［辻売］。ほしみせ［干店／乾店］。やたい［屋台］。
利益にこだわらない— とのさましょうばい［殿様商売］。

じょうはつ【蒸発】❶〈気化〉 近世 きくゎ［気化］。きはつ［揮発］。じょうはつ［蒸発］。
植物の水分の— 近世 じょうさん［蒸散］。

じょうはつ【蒸発】❷〈失踪〉 しっせき［失跡］。行方を暗ます。近代 しっそう［失踪］。ゆくへふめい［行方不明］。跡を暗ます。姿を消す。中世 しゅっぽん［出奔］。中古 くもがくれ［雲隠］。ちくでん［逐電］。→**しゅっぽん**

しょうばん【相伴】 近世 じしょく［侍食］。ば

んしょく［伴食］。中世しゃうばん［相伴］。ばいしょく［陪食］。中古ゑが／ゑんが［垣下］。

しょうひ【消費】 近代せうかう／せうばう／せうもう［消耗］。せうきゃく［消却／銷却］。せうひ［消費］。ひせう［費消］。中世つゆ［つえる］［費／熟／潰］。つかふ［使／遣］。中古つひやす［費］。上代つひゆ［ついえる］［費］。

私用に―・すること 近代しせう［私消］。中世しよう［私用］。

▼消費者 コンシューマー(consumer)。

▼消費生活協同組合 コープ(cooperative society)。せいきょう［生協］。

しょうび【賞美】 近代さんしゃう［賛賞／讃賞］。しんび［審美］。近世ぐゎんみ［玩味］。さんび［讃美／賛美］。中世しゃうび［賞美］。しゃうやう［賞揚］。しょうさん［称賛／称讃］。ほうやう［褒揚］。

―・する 中世しゃうす［賞］。中古あはれむ［哀／憐］。めづ［めでる］［愛］。をしむ［惜］。上代しのふ／しのぶ［慕／賞］。はやす［栄／映］。

―・するに足りる 上代めづらし［珍］。

じょうひ【上皮】 ひょうひ［表皮］。近代ぐゎいひ［外皮］。スキン(skin)。中世うすかは［薄皮］。じゃうひ［上皮］。上代かは［皮］。

じょうひ【冗費】 財布の紐が緩む。近代くうひ［空費］。とひ［徒費］。らうひ［浪費］。近世さんざらんぴ［乱費］。札びらを切る。じょうひ［冗費］。むだづかひ［無い［散財］。湯水のやうに使ふ。駄遣］。

じょうび【常備】 近代ぐび［具備］。じゃうせつ［常設］。じゃうち［常置］。じゃうび［常備］。

しょうひょう【商標】 しょうひんめい［商品名］。とうろくしょうひょう［登録商標］。ブランド(brand)。近代しゃうへう［商標］。トレードマーク(trademark)。マーク(mark)。めいがら［銘柄］。

しょうひん【商品】 近代グッズ(goods)。コモディティー(commodity)。しゃうひん［商品］。せいひん［製品］。ばいひん［売品］。近世しろもの［代物］。中世あきもの［商物］。うりもの［売物］。中古あきなひもの［商物］。

《句》近代売り物には花を飾れ。

―が売れずに残ること 近代たいくゎ［滞貨］。近世うりのこり／うれのこり［売残］。たながらし［店枯／棚枯］。たなざらし［店晒］。

―が残らないようにする はかす［捌］。

―が不足気味 近代しなうす［品薄］。

―券 ギフトカード(和製 gift card)。近代しゃうひんきって［商品切手］。中世きって［切手］。

―の売り先 しじょう［市場］。近代はんろ［販路］。マーケット(market)。近世うりくち［売口］。さばきぐち／さばけぐち［捌口］。

―の寿命 ライフサイクル(life cycle)。

―の宣伝や販売各地を回ること キャラバン(caravan)。

―を買って使う人 ユーザー(user)。近代しようしゃ［使用者］。近世せうひしゃ［消費者］。

―を市場へ出すこと 近代しゅっか［出荷］。

―を実演などで宣伝する― マネキン 近代マヌカン(フランス mannequin)。マネキンガール(和製 mannequin girl)。

―を背負って売り歩く人 近世かつぎ［担］。かつぎあきなひ［担商］。せんだつみ［千朶積］。になひあきなひ［担商／荷商］。中世ぎゃうしゃう［行商］。れんじゃくあきなひ［連尺商］。→**ぎょうしょう**

―を他国と売り買いすること 近代インポート(import)。エクスポート(export)。ゆしゅつ［輸出］。ゆにふ［輸入］。近世かうえき［交易］。ぼうえき［貿易］。中世けうえき［交易］。上代つうしゃう［通商］。

―を陳列するところ 近代かざりだな［飾棚］。かざりまど［飾窓］。ショーウインドー(show window)。ちんれつだな［陳列棚］。近世あげえん［揚縁］。あげみせ［揚店］。中世みせだな［見世棚］。中古たな［店／棚］。

―を見歩くこと ウインドーショッピング(window shopping)。

いろいろな― 近代しょしな［諸品］。近世しょしき［諸式／諸色］。しょひん［諸品］。ひゃくくゎ［百貨］。

在庫処分の安売りの― 近代でこもの［出庫物］。

セットになった― パッケージ(package)。

倉庫にある― ざいこ［在庫］。ストック(stock)。

長期に渡って売れる― ロングセラー(long seller)。

有名なデザイナーやメーカーの― ディーシーブランド(DC brand)。

しょうひん【賞品】 アワード(award)。近代けいひん［景品］。しゃうひん［賞品］。ほうしゃ

う[報賞]。中世しゃうよ[賞与]。中古ほうび[褒美]。

じょうひん【上品】 ドレッシー(dressy)。近代いうが[優雅]。エレガント(elegant)。きひん[気品]。シック(フランスchic)。ノーブル(noble)。品のある。近世おかみけ[御上家]。が[雅]。しなっこらし。しなよし[品好]。じゃうびる[上]。じゃうひん[上品]。ゆかし[床]。中世いう[優]。しとやか[淑]。てんが[典雅]。中古あて／あてはか／あてやか[貴]。いう[優]。おくゆかし[奥床]。かうき[高貴]。けたかし／けだかし[気高]。こころにくし[心憎]。こまやか[細]。しなじなし[品品]。すむ[澄／清]。なまめかし／なまめく[艶]。みやびか／みやびやか／みやぶ[雅]。ものきよし[物清]。ものふかし[物深]。やさし[優]。よし[良]。上代かんが[閑雅]。

ー・で美しい 中世らふたく[﨟]。中古いうび[優美]。かんれい[閑麗]。やさし[優]。

ー・で奥深いさま 中世いうが[幽雅]。中古いうえん[幽艶]。いうゑん[幽婉]。

ー・で穏やか 上代をんが[温雅]。

ー・で落ち着いたさま 中世しとやか[淑]。

ー・で清楚なさま 近世せいが[清雅]。

ー・で都会的なこと 近世とが[都雅]。

ー・でない 近代ぞくっぽい[俗]。中古しななし[品無]。はしたなし。

ー・で華やかなさま 中世はんなら／はんなり。

ー・で風雅な趣 近代がみ[雅味]。中古がしゅ[雅趣]。

ー・で古めかしい 中古ものさぶ[ーさびる][物寂]。

ー・でほっそりしている 近世きゃしゃ[華奢／花車]。やさがた[優形]。

ー・で優雅 近代かうが[高雅]。ふうが[風雅]。近世きゃしゃ[華奢／花車]。中世いうげん[幽玄]。中古みやびか／みやびやか[雅]。上代みやび[雅]。

ー・で弱々しい 中古ひはやか[繊弱]。

ー・な男 上代みやびを[雅男]。

ー・な言葉遣い 近世きゃうだん[京談]。

ー・な趣味 中古せいきょう[清興]。

ー・な育ち 近世おほうちそだち[大内育]。

ー・な人 近世きゃしゃもの[花車者]。中古あてびと[貴人]。

ー・になる 中古あてぶ[貴]。

ーぶること 近世きゃしゃづく[花車尽]。中古あてぶ[貴]。よしばみ[由]。

女性のしとやかでー・な徳 中古しゅくとく[淑徳]。

しょうふ【娼婦】 近世いうぢょ[遊女]。いちやづま／ひとよづま[一夜妻]。いちやをんな[一夜女]。しのびをんな[忍女]。しゃうふ[娼婦／倡婦]。ぢょうろ／ぢょろ[女郎]。ぢょらふ[女﨟]。つじいうぢょ[辻遊女]。つじぎみ[辻君]。つじけいせい[辻傾城]。であひもの[出合者]。であひをんな[出合女]。よたか[夜鷹]。中世あそびをんな[遊女]。たちぎみ[立君]。ぢょらう[女郎]。中古あそびめ[遊女]。やほち／やほつ[夜発]。

ーの境遇 近代どろみづ[泥水]。どろみづかげふ[泥水稼業]。近世どろみづしゃうばい[泥水商売]。中古でいすい[泥水]。

しょうぶ【勝負】 マッチ(match)。ゆえい[輸贏]。近代きゃうぎ[競技]。近世えいしゅ[贏輸]。けっせん[決戦]。けっとう[決闘]。たちあひ[立会]。であひ[出合]。しょうはい[勝敗]。たいけつ[対決]。中世うでくらべ[腕競]。きゃうさう[競争]。しあひ[試合]。しゅえい[輸贏]。たいせん[対戦]。てあひ[手合]。まさりおとり[優劣／勝劣]。中古いうれつ[優劣]。いどみごと[挑事]。かちまけ[勝負]。しょうぶ[勝負]。ばくえき／ばくやう[博奕]。てあはせ[手合]。とりくみ[取組]。雌雄を決す。

《句》近代勝った自慢は負けての後悔。中世勝負は時の運。

ーが決まる対戦 かどばん[角番]。近代けっしょう[決勝]。ファイナル(final)。

ー・する きそいあう[競合]。近世せる[競／鞾]。中世きそふ[競]。せりあふ[競合／鞾合]。鎬を削る。手を合はす[ー合わせる]。中古たちあふ[立会]。とりくむ[取組]。雌雄を決す。

ーで事を決める うちとる[討取／打取]。近世しょうぶづく[勝負尽]。→か・つ

ーに勝つ

ーの状況 近世はたいろ[旗色]。

ーのつかないこと わけ[分／別]。近世あひこ[相子]。ひきわけ[引分]。われ[割]。中世しょうぶなし[勝負無]。

ーの判定 軍配を上げる。

ーの分かれ目 おおいちばん[大一番]。しょうぶどころ[勝負所]。近代けんこんいってき[乾坤一擲]。一擲乾坤を賭す。近世一か八か。てんかわけめ[天下分目]。のるかそるか。中世せんど[先途]。ふたつものがけ[二物掛／二物賭]。

ーをする所 近世どへう[土俵]。

一か八かの― 中世ふたつものがけ［二物掛／二物賭］。
一対一の― 中世いっきうち［一騎打］。
思い切った― 近世おほやま［大山］。
賭けてする― 近世かけごと［賭事］。中古のる［賭］。かけどく［賭徳］。かけろく［賭禄］。
熱のこもった―のさま 近代ねっせん［熱戦］。鍔(つば)迫り合ひ。中世火花を散らす。火を散らす。
二組に分かれてする― 近代こうはく［紅白］。近世げんぺい［源平］。
本気の― 近世しんけんしょうぶ［真剣勝負］。
元手なしの― 近世むほんしょうぶ［謀叛勝負］。
▼助数詞 しょう［勝］。はい［敗］。中世たて［立］。中古ばん［番］。

しょうぶ【菖蒲】 近世うたかたぐさ［泡沫草］。のきあやめ［軒菖蒲］。ふきぐさ［葺草］。中古あやめ［菖蒲］。さうぶ［菖蒲］。しゃうぶ［菖蒲］。上代あやめぐさ［菖蒲草］。

じょうふ【情夫】 近代じゃうふ［情夫］。ひも［紐］。をとこ［男］。近世いろ［色］。いろみ［色身］。いろをとこ［色男］。かくしづま［隠夫］。かくしをとこ［隠男］。まぶ［間夫］。みそかを［密男］。中世まをとこ［間男／密夫／密男］。みっぷ［密夫］。中古みそかをとこ［密男］。
―ができる 近世足が付く。男ができる。
―のある女 近代ひもつき［紐付］。
たちの悪い― 近世わるあし［悪足］。悪い虫。
遊女が―を持つこと 近世てくだ［手管］。
遊女の― 近世てくだをとこ［手管男］。まぶ［間夫］。

じょうふ【情婦】 みっぷ［密婦］。近代いろをんな［色女］。しきめ［敷女］。じゃうふ［情婦］。ミストレス(mistress)。をんな［女］。近世おもひもの［思者］。かくしづま［隠妻］。かくしをんな［隠女］。がつ。そくしつ［側室］。中世めかけ［妾］。

じょうぶ【丈夫】❶〈健康〉→**けんこう**

じょうぶ【丈夫】❷〈強固〉近代きゃうじん［強靱］。ごつい。近世だいばんじゃく［大盤石］。ぢゃうぶ［丈夫］。中世きゃうこ［強固］。きょうこ［鞏固］。ぐゎんぢゃう［頑丈］。だいぢゃうぶ［大丈夫］。頭(かしら)堅し。中古けんかう［堅硬］。けんご［堅固］。けんらう［堅牢］。したたか［強］。上代つよし［強］。らうこ［牢固］。
―で長持ちすること 近世いのちしらず［命知］。まつだいもの［末代物］。
―な上に更に強くする 近世石に根継ぎ。

じょうぶ【上部】 近代かみて［上手］。近世うはかは［上側］。中世うはは［上端］。じゃうぶ［上部］。じゃうゐ［上位］。そら［空］。中古うへざま［上方／上様］。じゃうはう［上方］。上代うへ［上］。かみ［上］。

じょうふく【承服】→**じゅだく**

しょうふだ【正札】 近代せいか［正価］。ネットプライス(net price)。近世しゃうふだ［正札］。中世ていか［定価］。

じょうぶつ【成仏】 近代うかばれる［浮］。中世いちぶつじゃうだう［一仏成道］。じゃうぶつ［成仏］。ひゃくふくしゃうごん［百福荘厳］。中古うかぶ［浮］。けしゃう［化生］。わうじゃう［往生］。→**し・ぬ**
―の妨げ 近世ごっしゃう［業障］。まよひ［迷］。

しょうぶん【性分】 近代きごころ［気心］。せいじゃう［性情］。近世きしつ［気質］。せいかく［性格］。たち［質］。てんしゃう［天性］。中世かたぎ［気質］。しゃうぶん［性分］。せいしつ［性質］。中古こころね［心根］。さが［性］。ほんしゃう［本性］。上代しゃう［性］。てんせい［天性］。

じょうぶん【条文】 近代かうもく［項目］。さいもく［細目］。でうぶん［条文］。中世かでう［箇条］。でうかう［条項］。中古せいぶん［成文］。でうもく［条目］。上代くだり［件］。

じようぶん【滋養分】 えいようぶつ［栄養物］。ナリッシュメント(nourishment)。近代じやうぶん［滋養分］。やうぶん［養分］。近世せいぶん［精分］。

しょうへい【招聘】→**しょうたい【招待】**

しょうへき【障壁】 かべ［壁］。ネック(neck)。近代バリア／バリアー／バリヤー(barrier)。ばうへき［防壁］。近世さしさはり［差障］。しゃうへき［障壁］。中世しゃうがい［障害／障碍／障礙］。じゃま［邪魔］。中古さまたげ［妨］。→**さしさわり**

しょうべん【小便】 近代おしっこ。しい／しし［尿］。しっこ。（以上幼児語）近世こよう［小用］。じんねう［人尿］。せうすい［小水］。ばり［尿］。中世いばり［尿］。ゆばり［尿］。中古しと［尿］。せうべん［小便］。上代ゆまり［尿］。
―と大便 はいしゅつぶつ［排出物］。近代はいせつぶつ［排泄物］。近世ししばば［尿糞］。しもごえ［下肥］。てうづ［手水］。ふじゃう［不浄］。りゃうべん［両便］。中古しねう［屎尿］。ふんねう［糞尿］。

ーの回数が減ること ぼうにょう[乏尿]。
ーの検査 近代けんねう[検尿]。
ーの排泄を促進すること 近世りねう[利尿]。
ーを受ける容器 近代こし[虎子]。ねうき[尿器]。近世おかは[御厠]。おまる[御虎子／御丸]。しうびん／しゅびん[溲瓶]。中世しとづつ[尿筒]。しびん[溲瓶]。中古こし[虎子]。こしのはこ[虎子筥]。しのはこ[清器／尿箱]。はこ[筥／糞器]。上代べんき[便器]。
ーをしたいという感じ 近代ねうい[尿意]。
ーをする(こと) はいにょう[排尿]。近代ようべん[用便]。近世こよう[小用]。せうよう[小用]。よう[用]。ようたし[用足／用達]。用を足す。中世はうねう[放尿]。ひる[放]。べんり[便利]。上代まる[放]。
ーを漏らす癖 近世しりくせ[尻癖]。
屋外で立ってーをする 近世たちせうべん[立小便]。
無意識でーを漏らすこと おもらし[御漏](幼児語)。にょうしっきん[尿失禁]。近世いびたれ[寝浸]。そさう[粗相]。たれながし[垂流]。中世しっきん[失禁]。ゐねう[遺尿]。
▼寝小便 やにょう[夜尿]。近代おねしょ(幼児語)。中世いびたれ[寝浸]。よじと[夜尿]。よつばり[夜尿]。よばり[夜尿]。ゐねう[遺尿]。

じょうほ【譲歩】 近代あゆみよる[歩寄]。けふてう[協調]。ごじゃう[互譲]。じゃうほ[譲歩]。だけつ[妥結]。だけふ[妥協]。をりあふ[折合]。中世ゆづりあふ[譲合]。我がを折る。中古をる[おれる][折]。上代ゆづる[譲]。

しょうぼう【消防】 近代せうくゎ[消火]。近世せうばう[消防]。ばうくゎ[防火]。ひけし[火消]。
ーの仕事に関わる人 しょうぼうだん[消防団]。近代せうばうくゎん[消防官]。せうばうし[消防士]。せうばうたい[消防隊]。せうばうふ[消防夫]。とびぐち[鳶口]。ひけし[火消]。ファイアマン(fireman)。近世いろはぐみまちびけし[伊呂波組町火消]。おてこ[御手子]。とび[鳶]。とびのもの[鳶者]。ひけしにんそく[火消人足]。まちびけし[町火消]。

じょうほう【上方】 近代かみて[上手]。近世うはかは[上側]。中世じゃうぶ[上部]。じゃうゐ[上位]。中古うへざま[上方／上様]。じゃうはう[上方]。上代うへ[上]。かみ[上]。

じょうほう【定法】 近代じょうだう[常道]。せいこうはふ[正攻法]。近世ぢゃうせき[定石／定跡]。中古せいだう[正道]。ぢゃうはふ[定法]。

じょうほう【情報】 インフォーメーション／インフォメーション(information)。近代じゃうほう[情報]。しれう[資料]。データ(data)。てふほう[諜報]。ほう[報]。近世しらせ[知／報]。ほうこく[報告]。中世いなせ[否諾]。けんぶん[見聞]。さう[左右]。上代せうそく／せうそこ[消息]。ちしき[知識]。→しらせ
ーに詳しい人 じょうほうつう[情報通]。近代せうそくつう[消息通]。
ーの出処 けんいすじ[権威筋]。しょうそくすじ[消息筋]。じょうほうげん[情報源]。近代ニュースソース(news source)。中古すぢ[筋／条]。
ーの伝達 近代コミュニケーション／コンミュニケーション(communication)。中古つうしん[通信]。
ーの不確かさの度合を表す量 近代エントロピー(entropy)。
ーを公開させる権利 アクセスけん[access権]。
ーを探す アイアール(IR; information retrieval)。サーチ(search)。近世けんさく[検索]。
ーを提供する人 エージェント(agent)。近代リポーター／レポーター(reporter)。レポ(report の略)。
ーを伝達する手段 ばいたい[媒体]。近代メディア(media)。
ーを捉える 近代ききこむ[聞込]。
ーを捉える手段 近代あし[足]。アンテナ(antenna)。中世ききみみ[聞耳]。上代みみ[耳]。
ーを発信する 中古とばす[飛]。
ーを秘密裡に集める者 とくむ[特務]。近代スパイ(spy)。たんてい[探偵]。みってい[密偵]。近世いぬ[犬]。しのび[忍]。しのび(の)もの[忍者]。にんじゃ[忍者]。まはしもの[回者]。中世おんみつ[隠密]。かんじゃ[間者]。上代かんてふ[間諜]。↓しのび →スパイ
でたらめなー がせねた。近代きょほう[虚報]。

しょうほん【抄本】 しょうき[抄記]。ぬきうつし[抜写]。りゃくほん[略本]。近代せうほ

ん［抄本／鈔本］。てきえう［摘要］。てききき［摘記］。近世せうろく［抄録］。ぬきほん［抜本］。ばっすい［抜粋］。中世かきぬき［書抜］。ぬきがき［抜書］。中古せうしゅつ［抄出／鈔出］。

じょうまん【冗漫】 近代じょうまん［冗漫］。近世ながったらしい／ながたらし［長］。まんえん［漫焉］。中世まんぜん［漫然］。中古じょうちゃう［冗長］。

しょうみ【正味】 しょうめ［正目］。近代じっしつ［実質］。なかみ［中味／中身］。ネット(net)。掛け値なし。中世じっすう［実数］。じったい［実体］。しゃうみ［正味／正身］。中古ありのまま［有儘］。じつぶつ［実物］。

しょうみ【賞味】 あじみ［味見］。がんみ［玩味］。近代ししょく［試食］。中世あぢはふ［味］。しゃうくゎん／しゃうぐゎん［賞翫／賞玩］。しゃうみ［賞味］。

じょうみ【情味】 近代あたたかさ［温］。あたたかみ［温］。じゃうみ［情味］。にんげんみ［人間味］。にんじゃうみ［人情味］。ヒューマニティー／ヒュマニティ(humanity)。中世をんじゃう［温情］。

—に欠ける 中古あざやぐ［鮮］。

じょうみゃく【静脈】 近世じゃうみゃく［静脈］。

外から見える— 近世あをすぢ［青筋］。てのすぢ［手筋］。

その他—のいろいろ(例) かんもんみゃく［肝門脈］。近代かだいじゃうみゃく［下大静脈］。けいじゃうみゃく［頸静脈］。近世はいじゃうみゃく［肺静脈］。もんみゃく［門脈］。

じょうむいん【乗務員】 とうじょういん［搭乗員］。近代クルー(crew)。じょうゐん［乗員］。のりくみゐん［乗組員］。

—のいろいろ(例) ガイド(guide)。きゃくしつじょうむいん［客室乗務員］。てんじょういん［添乗員］。バスガイド(bus guide)。近代うんてんし［運転士］。うんてんしゅ［運転手］。きくゎんし［機関士］。しゃしゃう［車掌］。スチュワーデス(stewardess)。せんゐん［船員］。ドライバー(driver)。パーサー(purser)。パイロット(pilot)。ひかうし［飛行士］。

航空機の客室— キャビンアテンダント(cabin attendant)。キャビンクルー(cabin crew)。フライトアテンダント(flight attendant)。近代エアガール(和製air girl)。スチュワーデス(stewardess)。

しょうめい【証明】 うらづけ［裏付］。近代うらがき［裏書］。かくしょう［確証］。けんしょう［検証］。さしょう［査証］。しょうちょう［証徴］。にんしょう［認証］。めいちょう［明徴］。りっしょう［立証］。中古じっしょう［実証］。しょうめい［証明］。上代しょうみゃう［証明］。しょうじゃう［証誠］。

—・する 証拠だてる。近代しょうする［証］。中古あかす［明］。上代あきらむ［—らめる］［明］。

—・する材料 うら［裏］。近代うらうち［裏打］。しょうさ［証左］。しょうひょう［証憑］。ちょうしょう［徴証］。ちょうひょう［徴憑］。近世あかし［証］。上代しょうこ［証拠］。

—・する人 中世しょうこにん［証拠人］。中古しょうにん［証人］。上代あかしびと［証人］。

—・する文書(例) 近代しょうめいしょ［証明書］。近世うらじょうもん［浦証文］。うらてがた［浦手形］。おすみつき［御墨付］。しょうもん［証文］。わうらいてがた［往来手形］。中世はんもつ［判物］。→**しょうもん**

—とするもの 近世ふだ［札］。をりがみ［折紙］。

—の印 近代しょういん［証印］。

例を引いて—・すること 中世れいしょう［例証］。

しょうめい【正銘】 中世しゃうめい［正銘］。しんせい［真正］。中古じつぶつ［実物］。しんじつ［真実］。上代ほんもの［本物］。

しょうめい【照明】 ライティング(lighting)。近代ライト(light)。近世あかり［明］。くゎうせん［光線］。ともしみ［灯火］。みあかり［御明］。中世とうくゎ［灯火］。とうくゎう［灯光］。とぼし［灯／点］。とうみゃう［灯明］。ともし［灯／照明］。中古せうめい［照射］。上代おほみあかし［大御灯明／大御灯］。ともしび［灯火／灯］。ひかり［光］。みあかし［御明／御灯］。

—器具(例) エルイーディーしょうめい［LED(light emitting diode)照明］。けいこうとう［蛍光灯］。近代アセチレンとう［acetylene灯］。ガスとう［オランダgas灯］。すいぎんとう［水銀灯］。でんとう［電灯］。とうくゎうき［投光器／投光機］。はくねつでんきう［白熱電球］。やうとう［洋灯］。ランプ(lamp)。近世あんどう／あんどん［行灯］。ちゃうちん［提灯］。中世かがり／かがりび［篝火］。たいまつ［松明］。らっそく／らんそく［蠟燭］。中古しそく［紙燭／脂燭］。上代

らふそく[蠟燭]。
自動車等のー(例) しゃないとう[車内灯]。ぜんしょうとう[前照灯]。テールランプ(tail lamp)。ハザードランプ(hazard lamp)。びとう[尾灯]。フォグランプ/フォッグランプ(fog lamp)。ヘッドライト(headlight)。
舞台ー(例) シーリングライト(ceiling light)。トップライト(top light)。ホリゾントライト(horizont light)。近代 きゃくくゎう[脚光]。スポットライト(spotlight)。バックライト(backlight)。フットライト(footlight)。ボーダーライト(border light)。
その他ー(器具)のいろいろ(例) カクテルこうせん[cocktail 光線]。コードペンダント(cord pendant)。ダウンライト(downlight)。ひょうしきとう[標識灯]。ひょうじとう[表示灯]。ブラケット(bracket)。フロアスタンド(和製 floor stand)。近代 イルミネーション(illumination)。かんせつせうめい[間接照明]。きゃくくゎう[脚光]。サーチライト(searchlight)。シャンデリア(chandelier)。たんせうとう[探照灯]。ちょくせつせうめい[直接照明]。でんしょく[電飾]。ネオンサイン(neon sign)。ぶたいせうめい[舞台照明]。フットライト(footlight)。ルームライト(和製 room light)。

しょうめつ【消滅】 しょうきょ[消去]。むさん[霧散]。影も形もない。底を突く。近代 うんさんてうぼつ[雲散鳥没]。うんさんむせう[雲散霧消]。うんせうむさん[雲消霧散]。かききえる[掻消]。こんぜつ[根絶]。影を潜める。煙になる。ふいになる。無に帰する。近世 きえさる[消去]。さうしつ[喪失]。せうばう[消亡]。めっしつ[滅失]。根を絶つ。根を絶やす。中世 せうしつ[消失/銷失]。はいぜつ[廃絶]。ばうしつ[亡失]。めっす[滅]。中古 きゆ[きえる][消]。けす[消]。せうさん[消散]。せうめつ[消滅/銷滅]。ぜつめつ[絶滅]。とだゆ[とだえる][跡絶/途絶/杜絶]。なくなる[無]。底を払ふ。地を掃ふ。上代 いんめつ[隠滅]。いんめつ[湮滅/堙滅]。うす[うせる][失]。きえうす[ーうせる][消失]。たゆ[たえる][絶]。つく[つきる][尽]。
焼けてー・する 近代 烏有に帰す。中世 灰燼に帰す。中古 煙になる。

しょうめん【正面】 近代 フロント(front)。まおもて[真表/真面]。近世 おもてがは[表側]。ましゃうめん[真正面]。まとも[真面]。中世 おもて[表]。しゃうめん[正面]。ぜんめん[前面]。まかう/まっかう[真向]。まっしゃうめん[真正面]。まむかひ/まむかへ[真向]。やおもて[矢面]。中古 まへ[前]。まむき[真向]。上代 むかひ[向]。
ーの幅 近世 おもてぐち[表口]。おもてまぐち[表間口]。

しょうもう【消耗】 近代 かうそん[耗損]。すりへる[磨滅/摩滅/擂減]。せうひ[消費]。せうもう[消耗]。そんかう/そんもう[損耗]。中世 つかひはたす[使果]。つかひへらす[使減]。中古 つひえ[費/弊]。

じょうもの【上物】 近代 いっぴん[逸品]。かひん[佳品]。ごくじゃうひん[極上品]。近世 じゃうもの[上物]。めいひん[名品]。中世 ぜっぴん[絶品]。

しょうもん【証文】 近代 しょうめいしょ[証明書]。近世 うけがき/うけしょ[請書]。けんじゃう[券状]。けんじょ[券書]。しょうしょ[証書]。てがた[手形]。中世 しょうじゃう[証状]。中古 しょうもん[証文]。
《句》近世 証文の出し遅れ。
偽りのー からしょうもん[空証文]。近代 からてがた[空手形]。中世 そらしょうもん[空証文]。
受け取りのー 近代 うけとりしょう[受取証]。うけとりしょうしょ[受取証書]。中世 うけとり[受取]。
金品を預かった証拠のー 近世 あづかり[預]。あづかりしょうもん[預証文]。中世 あづかりじゃう[預状]。
借用のー かりけん/しゃっけん[借券]。近代 しゃくようしょう[借用証]。しゃくようしょうしょ[借用証書]。近世 しゃくようしょうもん[借用証文]。
土地等売買のー 近代 うりわたししょう[売渡証]。うりわたししょうしょ[売渡証書]。近世 うりけんじゃう[売券状]。こけんてがた[沽券手形]。中世 うりけん/ばいけん[売券]。うりわたしじゃう[売渡状]。こきゃくじゃう[沽却状]。こけん[沽券]。こけんじゃう[沽券状]。こけんしょうもん[沽券証文]。さりじゃう[去状]。さりぶみ[去文]。
判決に従う旨を書いたー 近世 あげしょうもん[上証文]。うけしょうもん[請証文]。

じょうやく【条約】 近代 ぎていしょ[議定書]。けふてい[協定]。けふやく[協約]。近世 でうやく[条約]。
ーなどを結ぶこと 近代 ていけつ[締結]。ていめい[締盟]。ていやく[締約]。ていりつ

し

〔締立〕。

ーを国が承認すること 近代ひじゅん〔批准〕。

しょうゆ【醤油】 近代むらさき〔紫〕。近世おしたぢ〔御下地〕。たまり〔溜〕。中世したぢ〔下地〕。しゃうゆ〔醤油〕。

ーの諸味（もろみ） 近世醤油の実。

純粋のー 近世きじゃうゆ〔生醤油〕。

出し汁で薄めたー かけじょうゆ〔掛醤油〕。だしわり〔出割〕。わりじょうゆ〔割醤油〕。

山葵（わさび）を混ぜたー 近世わさびじゃうゆ〔山葵醤油〕。

その他ーのいろいろ（例） いかなごじょうゆ〔玉筋魚醤油〕。むえんしょうゆ〔無塩醤油〕。近代あはせじゃうゆ〔合醤油〕。うすくち〔薄口〕。こいくち〔濃口〕。近世うすしたぢ〔薄下地〕。たまりじゃうゆ〔溜醤油〕。

しょうよ【賞与】 近代いちじきん〔一時金〕。しゃうよ〔賞与〕。ボーナス(bonus)。ゐらうきん〔慰労金〕。

当座のー 中古ろく〔禄〕。

じょうよ【剰余】 近代くゎじょう〔過剰〕。ざんよ〔残余〕。じょうよ〔剰余〕。近世くゎた〔過多〕。中世よけい〔余計〕。中古よじょう〔余剰〕。よぶん〔余分〕。上代あまり〔余〕。のこり〔残〕。

しょうよう【賞揚】 近代しゃうさん〔賞賛／賞讃〕。ほめたたへる〔褒称〕。中世しゃうやう〔賞揚〕。しょうさん〔称賛／称讃〕。しょうやう〔称揚〕。ほうしょう〔褒称〕。中古ほうやう〔褒揚〕。

しょうよう【商用】 近代しゃうむ〔商務〕。中世しゃうよう〔商用〕。中古しゃうばい〔商売〕。

しょうよう【従容】 近代いうやう〔悠揚〕。たいぜんじじゃく〔泰然自若〕。ちんちゃく〔沈着〕。れいせい〔冷静〕。中世じじゃく〔自若〕。たいぜん〔泰然〕。中古いういう〔悠悠〕。しょうよう〔従容〕。

しょうよう【慫慂】 近代いうわく〔誘惑〕。近世しょうよう〔慫慂〕。中世いさなひ〔誘〕。さそひ〔誘〕。中古くゎんいう〔勧誘〕。上代くゎんしゃう〔勧奨〕。

じょうよう【常用】 近代あいよう〔愛用〕。くゎんよう〔慣用〕。じゃうたう〔常套〕。近世じゃうよう〔常用〕。中世にちよう〔日用〕。

じょうよく【情欲】 →せいよく

ーに耽（ふけ）ること 近世いろきちがひ〔色気違〕。中世いんらん〔淫乱／婬乱〕。らんいん〔濫淫／乱淫〕。

ーのままに女を弄ぶ男 近代しきき〔色鬼〕。しきじゃうきゃう〔色情狂〕。しきま〔色魔〕。近世をんなたらし／をんなだらし〔女誑〕。

激しいー 近代じゃうくゎ〔情火〕。

しょうらい【招来】 近代きたす〔来〕。じゃくき〔惹起〕。せうらい〔招来〕。もたらす〔齎〕。中世しゃうず〔生〕。せうたい〔招待〕。はっせい〔発生〕。ひきおこす〔引起〕。中古よびつく〔ーつける〕〔呼付〕。よぶ〔呼〕。上代まねく〔招〕。よびよす〔ーよせる〕〔呼寄〕。↓

しょうたい【招待】

しょうらい【生来】 →うまれつき

しょうらい【将来】 近代ごじつ〔後日〕。こんご〔今後〕。フューチャー(future)。この先。近世あとあと〔後後〕。おいさき〔老先／老前〕。かうご〔向後〕。さきいき／さきゆき〔先行〕。のちのち〔後後〕。らいしゃ〔来者〕。中世あと〔後〕。きゃうご〔向後〕。こうこく／ごこく〔後刻〕。さき〔先〕。しじゅう〔始終〕。すゑずゑ〔末末〕。せんてい／ぜんてい〔前程〕。せんど〔先途〕。ゆくて〔行手〕。ゆくゆく〔行行〕。中古うしろ〔後〕。おひさき〔生先〕。こうねん〔後年〕。こうらい〔後来〕。さきざき〔先先〕。しゃうらい〔将来〕。ぜんと〔前途〕。たうらい〔当来〕。たじつ〔他日〕。のち〔後〕。みらい〔未来〕。ゆくさき〔行先〕。ゆくすゑ〔行末〕。よのすゑ〔世末〕。上代おく〔奥〕。おくか〔奥処〕。すゑ〔末〕。のち〔後〕。のちのよ〔後世〕。ゆくへ〔行方〕。ゆり〔後〕。

《句》近代既往（きわう）は咎（とが）めず。奇貨居（お）くべし。細い目で長く見よ。

ーが心配だ お先真っ暗。近代後顧の憂ひ。養虎の患（うれ）へ。中世うしろいぶせし〔後〕。

ーが長い 近世すゑしじゅう〔末始終〕。中世すゑながく〔末長〕。中古のこりひさし〔残久〕。

ー性 中古おひさき〔生先〕。おひすゑ〔生末〕。

ー性がある せいちょうかぶ〔成長株〕。近代さきもの〔先物〕。中世すゑたのもし〔末頼〕。中古生（お）ひ先籠もる。生ひ先見ゆ〔ー見える〕。

ーに望みを掛けること 近代しょくばう〔属望／嘱望〕。しょくばう〔矚望〕。

ー望みが持てるさま 近代いうばう〔有望〕。たばう〔多望〕。やうやう〔洋洋〕。中古たのもし〔頼〕。

ーのために修業中の人 近世たまご〔卵／玉子〕。

ーを見抜くこと 近代ゑんけん〔遠見〕。中世せんけん〔先見〕。

ーを予測すること 近世みこし[見越]。

近いー あす[明日]。近世いまに／いまにも[今]。めさき[目先]。

遠いー 近代べつじ[別時]。

じょうらん【擾乱】→そうどう

しょうり【勝利】 栄冠に輝く。栄冠をいただく。勝ち星をあげる。覇権を握る。近代ウイニング(winning)。ビクトリー(victory)。うちまかす[打負]。凱歌を奏する。近世まかす[負]。凱歌を揚ぐ(ー揚げる)。中世うちやぶる[打破]。しょうり[勝利]。せいす[制]。せふり[捷利]。しょううん[理運／利運]。中古うちかつ[打勝]。りたふす[倒]。上代かつ[勝]。やぶる[破]。

ーの知らせ 中世しょうほう[勝報]。せふほう[捷報]。

ーのしるし ブイ(V)。ブイサイン(V sign)。近代げっけいくゎん[月桂冠]。

ーの判定を下す 軍配を上げる。

ーを譲る 中世花を持たす(ー持たせる)。

圧倒的なー かんしょう[完勝]。近代たいしょう[大勝]。だいしょうり[大勝利]。たいせふ[大捷]。だいせふり[大捷利]。中世あっしょう[圧勝]。おほがち[大勝]。くゎいしょう[快勝]。

思いがけないー 勝ちを拾う。近代きしょう[奇勝]。きせふ[奇捷]。

じょうり【条理】 近代みちすぢ[道筋]。近世すぢみち[筋道]。わけ[訳]。中世でうり[条理]。中古あや[文]。じゃうり[情理]。すぢ[筋]。りくつ[理屈]。上代ことわり[理]。だうり[道理]。みち[道]。

ーがない 近代ひでうり[非条理]。近世ふでうり[不条理]。中古あやなし[文無]。りふじん[理不尽]。

しょうりゃく【省略】 まびく[間引]。近代かつあい[割愛]。しゃうぢょ[省除]。しゃうやく[省約]。しゃうりゃく[省略]。せつりゃく[節略]。とばす[飛]。近世てぬき[手抜]。ぬく[抜]。はしょる[端折]。やつす[窶]。中世かんりゃく[簡略]。中古せいやく[省約]。そぎすつ[削捨]。そぐ[削]。りゃくす[略]。上代はぶく[省]。

以下をー こうりゃく[後略]。近代エトセトラ(ラテン et cetera; etc.; &c.)。とうとう[等等]。中世かりゃく／げりゃく[下略]。中古うんうん／うんぬん[云云]。など[等／抔]。

演劇で一部脚本をー・して演じる かる[刈／苅]。

字句のー 近代せいひつ[省筆]。せいぶん[省文]。近世しゃうひつ[省筆]。中世しゃうぶん[省文]。

中間をー 中世ちゅうりゃく[中略]。

じょうりゅう【上流】❶〈川〉 近世かみて[上手]。じゃうりう[上流]。中古かみ[上]。みなかみ[水上]。上代かはかみ[川上]。かみべ[上辺]。

ーの瀬 中世のぼりせ[上瀬]。

ーへ進む 上代さかのぼる[溯／遡]。のぼる[上]。

じょうりゅう【上流】❷〈地位〉 ハイクラス(high class)。近代かうきふ[高級]。じゃうきふ[上級]。じゃうりう[上流]。近世めいりう[名流]。中世じゃうゐ[上位]。中古じゃうそう[上層]。上代かみべ[上辺]。

ー社会 ハイソサエティー(high society)。中世うへつかた[上方]。かみざま[上方]。

ーの婦人 近代きふじん[貴婦人]。中世じゃうらふ[上臈／上臘]。

しょうりょ【焦慮】 近代あせり[焦]。せうしん[焦心]。せうさう[焦燥]。せうりょ[焦慮]。近世いらだつ[苛立]。じれる[焦]。気が急く。気が揉む(ー揉める)。気を揉む。

しょうりょう【少量】 近代きんせう[僅少]。中世させう／しゃせう[些少／瑣少]。せうせう[少少／小小]。せうりゃう[小量／少量]。中古上代すこし[少／寡]。

しょうりょう【渉猟】 近代あさりあるく[漁歩]。中古せふれふ[渉猟]。ばっせふ[跋渉]。

しょうりょう【精霊】 近代えうせい[妖精]。フェアリー(fairy)。中世しんれい[心霊]。せいれい[精霊]。中古こんぱく[魂魄]。しゃうりゃう[精霊]。ばうこん[亡魂]。ばうれい[亡霊]。れい[霊]。れいこん[霊魂]。上代くしみたま[奇御魂]。みたま[御霊]。→たましい

木のー 近代ニンフ(nymph)。中古こたま／こだま[木霊／木魂／谺]。

しょうりょうばった【精霊飛蝗】 近代こめつきばった[米搗飛蝗]。近世いねつきむし[稲春虫]。きちきちばった[飛蝗]。しゃうりゃうばった[精霊飛蝗]。中古いなごまろ[稲子麿]。いねつきこまろ[稲春子麿]。

じょうりょく【常緑】 近代じゃうりょく[常緑]。上代ときは／とこは[常磐]。

ーの樹木 近代じゃうりょくじゅ[常緑樹]。中古ときはぎ[常磐木]。上代しょうはく[松柏]。

しょうるい【生類】 近代 どうしょくぶつ[動植物]。近世 せいぶつ[生物]。上代 いきもの[生物]。しゃうるい[生類]。

しょうれい【奨励】 近代 くゎんしゃう[勧奨]。プロモーション(promotion)。すすむ[すすめる][勧/薦]。中古 しゃうれい[奨励]。

じょうれん【常連】 近代 こかく/こきゃく[顧客]。じゃうきゃく[常客]。じゃうれん[常連]。ぢゃうきゃく[定客]。近世 おとくい[御得意]。じゃうとくい[常得意]。ぢゃうとくい[定得意]。なじみ[馴染]。

しょうろう【鐘楼】 近代 しょうたふ[鐘塔]。つりがねだう[釣鐘堂]。近世 しょうろう[鐘楼]。中世 かねつきだう[鐘撞堂]。

しょうろく【抄録】 しょうき[抄記]。近世 せうろく[抄録]。ばっすい[抜粋]。中世 かきぬき[書抜]。ぬきがき[抜書]。中古 せうしゃ[抄写/鈔写]。→**しょうほん**

しょうろん【詳論】 近代 しゃうげん[詳言]。しゃうじゅつ[詳述]。近世 しゃうかい[詳解]。しゃうせつ[詳説]。しゃうろん[詳論]。中世 さいせつ[細説]。さいろん[細論]。

しょうわ【笑話】 こばなし[小話/小咄/小噺]。近代 コント(フランス conte)。わらひばなし[笑話]。近世 おとしばなし[落話]。かるくち[軽口]。かるくちばなし[軽口話]。せうわ[笑話]。ひとくちばなし[一口話]。

じょうわ【情話】 つやばなし[艶話]。近代 いろけばなし[色気話]。こひものがたり[恋物語]。じゃうわ[情話]。つやだね[艶種]。近世 いろばなし[色話/色咄]。えんわ[艶話]。ちわ[痴話/千話]。中世 ねものがたり[寝物語]。上代 むつごと[睦言]。

じょえん【助演】 近代 サイドプレーヤー(和製 side player)。じょえん[助演]。バイプレーヤー(和製 byplayer)。わきやく[脇役/傍役]。

ショー(show) ❶〈**興行**〉 エキシビジョン/エキジビション(exhibition)。ショービジネス(show business)。近代 えんげいくゎい[演芸会]。エンターテインメント(entertainment)。こうえん[公演]。ショー。もよほしもの[催物]。近世 みせもの[見物]。もよほし[催]。中世 こうぎゃう[興行]。

ショー(show) ❷〈**展示会**〉 エキシビジョン/エキジビション(exhibition)。てんじかい[展示会]。てんじそくばいかい[展示即売会]。ないらんかい[内覧会]。フェア(fair)。近代 てんらんくゎい[展覧会]。はくらんくゎい[博覧会]。みほんいち[見本市]。メッセ(ドイツ Messe)。

ショーウインドー(show window) 近代 ウインドー(window)。かざりだな[飾棚]。かざりまど[飾窓]。ちんれつだな[陳列棚]。ショーウインドー。ショーケース(showcase)。ちんれつまど[陳列窓]。近世 あきなひだな[商棚/商店]。中世 みせだな[見世棚/店棚]。中古 たな[店/棚]。

ジョーク(joke) →**じょうだん**

しょか【初夏】 近代 はつなつ[初夏]。近世 むぎ(の)あき[麦秋]。中古 しゅか[首夏]。しょか[初夏]。ばくしう[麦秋]。まうか[孟夏]。

―の風 近代 風青し。中世 風薫る。上代 くんぷう[薫風]。

―の木々の葉 中古 わかば[若葉]。

―の頃の暑さ 近世 うすしょ/はくしょ[薄暑]。

しょか【書架】 →**ほんばこ**

背に負う― 近世 きふ[笈]。しょきふ[書笈]。ふばこ[文箱/笈]。

▼本を立てて並べておくもの ブックエンド(book end)。

しょか【書家】 のうひつか[能筆家]。近代 しょこう[書工]。しょし[書師]。のうしょか[能書家]。中世 しょか[書家]。中古 てし[手師]。

しょが【書画】 中世 しょぐゎ[書画]。

―に技巧を凝らすこと 近代 ふさく[斧鑿]。

―の趣 中世 ひつい[筆意]。

―の署名(捺印(なついん))や書き込み ためがき[為書]。近代 いんしゅいん[引首印]。かくしらくくゎん[隠落款]。近世 らくくゎん[落款]。中世 さん[讃/賛]。中古 ぐゎさん[画賛]。

―を入れた箱の説明書き 中古 はこがき[箱書]。

―を書くこと 近代 かんぼく[翰墨]。きがう[揮毫]。中古 せんぴつ[染筆]。筆を執る。筆を揮(ふる)ふ。

―を評する言葉の例 近世 こつりき/こつりょく[骨力]。中世 しゅんいんしうだ[春蚓秋蛇]。

―をよくする人 中世 めいひつ[名筆]。中古 かきて[書手]。ぶんじん[文人]。ぼくかく/ぼくきゃく[墨客]。

宴席などで即興で書いた― 近世 せきがき[席書]。

故人の残した― 近世 ゐはう[遺芳]。ゐぼく[遺墨]。

酒に酔って書いた― 近代 すいしょ[酔書]。

すいぼく［酔墨］。近世すいひつ［酔筆］。
数人で一つの―を書くこと 近世よりあひがき［寄合書］。中世よせがき［寄書］。
表装した― 近代かけぢく［掛軸］。くゎんぢく［巻軸］。しふく［紙幅］。ふく［幅］。近世くゎんすぼん［巻子本］。中世かけもの［掛物］。ぢくもの［軸物］。中古ぢく［軸］。
本人自身が書いた― 近世にくひつ［肉筆］。中世しんしょ［親書］。中古じしょ［自書］。じひつ［自筆］。上代しゅしょ［手書］。

しょかい【初回】 近代しょくゎい［初回］。中世しょて［初手］。中古しょど［初度］。

しょかい【所懐】 →しょかん

じょがい【除外】 近代オミット(omit)。ぢょぐゎい［除外］。どかす［退］。とりのぞく［取除］。ぬきさる［抜去］。中世あます［余］。おとす［落］。ぢょきょ［除去］。とりさる［取去］。のく［のける］［除］。はいす［排］。中古けづる［削］。とりのく［―のける］［取除］。ぬく［抜］。はなつ［放］。上代おく［置／措／擱］。のぞく［除］。→じょきょ
不良品を―・する 近世はぬ［はねる］［撥］。

しょがかり【諸掛】 →ひよう

じょがくせい【女学生】 近代えびちゃしきぶ［葡萄茶式部／海老茶式部］。ぢょがくせい［女学生］。ぢょせい［女生］。ぢょせいと［女生徒］。ひさしがみ［庇髪］。むらさきゑもん［紫衛門］。をんながくせい［女学生］。

しょかつ【所轄】 近世うけもち［受持］。くゎんり［管理］。しゅくゎん［主管］。たんたう［担当］。中世くゎんかつ［管轄］。しょかつ［所轄］。中古しょくゎん［所管］。

しょかん【所感】 近代かんさう［感想］。しょかん［所感］。近世かんがへ［考］。しょしん［所信］。中世じゃうくゎい［情懐］。しょくゎい［所懐］。中古おもはく［思／思惑］。おもひ［思］。しょぞん［所存］。上代こころ［心／情／意］。

しょかん【所管】 →しょかつ

しょかん【書簡】 →しょじょう →てがみ

しょき【所期】 近代きたい［期待］。よき［予期］。近世みこみ［見込］。中世こころあて［心当］。しょき［所期］。中古きす［期］。

しょき【初期】 じょばん［序盤］。すべりだし［滑出］。近代しょき［初期］。しょとう［初頭］。近世いとぐち［糸口／緒］。はな［端］。中世しょて［初手］。中古さいしょ［最初］。たうしょ［当初］。上代はじめ［始／初］。
―化 イニシャライズ(initialize)。リセット(reset)。近代ごはさん［御破算］。

しょき【書記】❶〈記述〉 近代きじゅつ［記述］。きにふ［記入］。ひかへる［控／扣］。近世ひっき［筆記］。中世かきとむ［―とめる］［書留］。きす［記］。中古かきとどむ［―とどめる］［書留］。きろく［記録］。上代かきつく［―つける］［書付］。かきとる［書取］。しょき［書記］。しるす［記］。

しょき【書記】❷〈書記官〉 近代クラーク(clerk)。じむくゎん［事務官］。じむゐん［事務員］。セクレタリー(secretary)。近世かきやく［書役］。しゃうき［掌記］。しょき［書記］。しょきくゎん［書記官］。中世いうひつ［右筆／祐筆］。じし［侍史］。しゅひつ［執筆］。てかき［手書］。ふでとり［筆執］。ものかき［物書］。ろくじ［録事］。中古しょしゅ［書手］。

しょき【暑気】 中世しょねつ［暑熱］。ねっき［熱気］。中古あつけ［暑気］。あつさ［暑］。えんき［炎気］。えんしょ［炎暑］。えんねつ［炎熱］。しょき［暑気］。
―あたり 近世あつさあたり［暑中］。ちゅうしょ［中暑］。中古あつけ［暑気］。
―と湿気 近世しょしつ［暑湿］。

しょきゅう【初級】 近代しょきふ［初級］。しょとう［初等］。しょほ［初歩］。じょのくち［序口］。中世いろは［以呂波／伊呂波］。てはじめ［手始］。にふもん［入門］。

じょきょ【除去】 とっぱらう［取払］。近代さくぢょ［削除］。ぢょぐゎい［除外］。てっきょ［撤去］。てっしう［撤収］。とりのぞく［取除］。はいぢょ［排除］。中世ぢょきょ［除去］。とりさる［取去］。のく［のける］［除］。中古けす［消］。せうぢょ［消除］。てっきゃく［撤却］。とりのく［―のける］［取除］。とりはらふ［取払］。なくす［無］。なくなす［無］。ぬく［抜］。ふっしょく［払拭］。上代のぞく［除］。→じょがい

しょぎょう【所業】 近代かうゐ［行為］。げふてい［業体］。げんどう［言動］。中世しごと［仕事］。中古ごふいん［業因］。しょげふ［所業］。しょゐ［所為］。しわざ［仕業］。上代おこなひ［行］。ふるまひ［振舞］。

じょきょく【序曲】 オーバチュア(overture)。近代イントロダクション(introduction)。どうにゅう［導入］。じょきょく［序曲］。じょまく［序幕］。ぜんそうきょく［前奏曲］。プレリュード(prelude)。プロローグ(prologue)。

しょく【食】 →しょくじ →たべもの

しょく【職】 →しごと

ーがなくぶらぶらしていること 近代 ざしょく[座食/坐食]。としょく[徒食]。近世 あそびにん[遊人]。いうじん/いうにん[遊人]。だうらくもの[道楽者]。のらくらもの[者]。ゐぐひ[居食/居喰]。中世 いうみん[遊民/游民]。上代 いうしゅ[遊手]。いうしょく[遊食]。

ーに就いていること ゆうぎょう[有業]。近代 しうげふ[就業]。近世 ざいしょく[在職]。

ーに就くこと 近代 しうげふ[就業]。しうしょく[就職]。職を奉ず。

ーのないこと 近代 しつげふ[失業]。ひしょく[非職]。むしょく[無職]。近世 ぶしょく[無職/不職]。

ーを失うこと 近代 しつげふ[失業]。近世 しっしょく[失職]。

ーを変えること キャリアアップ(和製 career up)。ジョブホッピング(job-hopping)。トラバーユ(フランス travail)。近代 くらがへ[鞍替]。てんげふ[転業]。てんしょく[転職]。

ーを兼ねる 近代 けんげふ[兼業]。中世 けんしょく[兼職]。

ーを汚すこと おしょく[汚職]。近代 とくしょく[瀆職]。

ーを求めること リクルート(recruit)。近代 きうしょく[求職]。

ーを辞めさせること 近代 かいこ[解雇]。かくしゅ[馘首]。くび[首]。くびきり[首切]。ひめん[罷免]。べんしょく/めんしょく[免職]。→**かいこ【解雇】**

決まったーがなくいろんな事をする人 近代 かれこれや[彼此屋]。近世 かれこれし[彼此師]。

しよく【私欲】→**しりしよく**

しょくぎょう【職業】 近代 かげふ[稼業]。げふむ[業務]。つとめ[勤]。近世 しょくげふ[職業]。しょざい[所在]。中古 げふ[業]。しゃうばい[商売]。→**しごと**

ー的 近代 ビジネスライク(businesslike)。プロフェッショナル(professional)。

ーなどに関する経歴 しょくれき[職歴]。近世 キャリア(career)。りれき[履歴]。中古 けいれき[経歴]。

ーの種類 しょくしゅ[職種]。

安定したー 近代 こうさん[恒産]。ていしょく[定職]。

家のー 近世 かげふ[家業]。

自分に合ったー てきぎょう[適業]。てきしょく[適職]。近代 てんしょく[天職]。

神聖なー 近代 せいしょく[聖職]。

本来のー 中古 ほんげふ[本業]。ほんしょく[本職]。

真面目で地道なー 近代 かたぎ[堅気]。

元のーに戻ること 近世 ふくしょく[復職]。

しょくざい【贖罪】 じょうざい[浄罪]。近代 あがなひ[贖]。近世 つぐなひ[償]。つみほろぼし[罪滅]。中古 しょくざい[贖罪]。みそぎ[御祓/禊]。

しょくさん【殖産】 近代 こうげふ[興業]。しょくざい[殖財]。しょくさん[殖産]。ちくざい[蓄財]。

しょくし【食指】 近世 とうし[頭指]。中世 ひとさしゆび[人差指]。中古 しょくし[食指]。

しょくじ【食事】 ダイニング(dining)。近代 いんじき[飲食]。まかなひ[賄]。近世 あご[顎]。おこご[御供御]。おだい[御台]。おなか[御中](女房詞)。くご/ぐぎょ/こご[供御]。ごはん[御飯]。したため[認]。しょくじ[食餌]。てうせき[朝夕]。のみくひ[飲食]。はらごしらへ[腹拵]。ふしんかた[普請方]。煙火の食。中世 いんし/いんしょく[飲食]。しょく[食]。せいじ[世事]。ぜんぶ[膳部]。まうけ[設]。まへ[前]。めし[飯]。れうり[料理]。中古 じきもつ[食物]。しょくじ[食事]。ぜん[膳]。だい[台]。やしなひ[養]。上代 おんじき[飲食]。ぜんしう[膳羞]。

《尊》近世 ごぜん[御膳]。中古 おもの[御物]。まゐりもの[参物]。みだい[御台]。ものまゐり[物参]。上代 みをし[御食]。

《謙》近代 そさん[粗餐]。近世 そしょく[素食]。中古 そしょく[粗食/麁食]。

《句》近世 京の着倒れ大阪の食ひ倒れ。手盛り八杯。

ーが少ないこと 中世 せうじき[小食]。せうしょく[小食/少食]。

ー・する 近代 はんする[飯/飰]。中世 したたむ[ーためる][認]。たぶ[たべる][食]。やしなふ[養]。箸を取る。上代 くふ[食/喰]。《尊》中古 ものまゐる[物参]。

ー・する頃 近代 ごはんどき[御飯時]。近世 じぶんどき[時分時]。しょくじどき[食事時]。めしどき[飯時]。

ー・する部屋 近代 じきだう/しょくだう[食堂]。ダイニングルーム(dining room)。

ーに掛かる費用 →**しょくひ**

ーに副食物のないこと 中世 むさい[無菜]。

ーの後すぐまた食べたがる人 近世 ちかがつ

ゑ[近餓]。
―の後の休息 しょくやすみ[食休]。近世
―の準備 近代ぜんごしらへ[膳拵]。ぜんだて[膳立]。中世てうはふ[調法]。
―の準備をする所①[一般] 近代かってもと[勝手許/勝手許]。キッチン(kitchen)。てうりしつ[調理室]。てうりば[調理場]。すいじば[炊事場]。ちゅうばう[厨房]。近世いたば[板場]。いたまへ[板前]。だいどこ[台所]。中世かって[勝手]。ぜぞ[膳所]。だいどころ[台所]。中古ぜんしょ[膳所]。上代くりや[厨/廚]。→**だいどころ**
―の準備をする所②[貴人の家] 中古かしはどの[膳殿/柏殿]。しんもつどころ[進物所]。
―の世話をする 上代やしなふ[養]。
―の量を減らすこと せっしょく[節食]。近代げんしょく[減食]。
―を携帯する容器 近世おぢゅう[御重]。ぢゅうばこ[重箱]。べんたうばこ[弁当箱]。中世めんぱ。わりご[破子/破籠]。中古かれひけ[餉笥]。
―をして満腹になる(する) 近代腹ができる。中世お中を拵(こしら)ふ[―拵える]。
―を絶つこと 近世ぜっしょく[絶食]。中古だんじき[断食]。
―を用意して提供すること 中古まかなひ[賄]。
朝の― ブレックファスト(breakfast)。近世あさいひ[朝飯]。あさげ[朝食/朝餉]。てうしょく[朝食]。中世あさごはん[朝御飯]。あさめし[朝飯]。中古あさけ[朝食/朝餉]。てうさん[朝餐]。→**あさごはん**
集まって食べる― 中世くゎいしょく[会食]。→**えんかい**
あり合わせの― 近世かけあひ[掛合/懸合]。
一回の― 近世いっき[一饋]。いっぱん[一飯]。かたき/かたけ[片食]。
飲食店の― がいしょく[外食]。近代ていしょく[定食]。近世てんやもの[店屋物]。
会葬者に出す― 近代しのぎ[凌]。近世ひじ[非時]。
学校などで一斉に出す― きゅうしょく[給食]。
簡単な― けいしょく[軽食]。スナック(snack)。ファーストフード(fast food)。近代こびり。ちゃづけ[茶漬]。どんぶりめし[丼飯]。近世こひる/こびる[小昼]。中世けんずい[硯水/間水/建水]。てんしん/てんじん[点心]。
客をもてなす― 近代きゃくぜん[客膳]。
キリスト教で礼拝の後の― アガペー(ギリシャ agapē)。近代あいさん[愛餐]。
空腹を一時おさえる― 近世むしおさへ[虫押]。
携帯の― べんとう[弁当]。近世おぢゅう[重]。ぢゅうばこ[重箱]。中古かれいひ[乾飯/餉]。
行動の前の― 近代はらごしらへ[腹拵]。
三食以外の時間に食べる― ブランチ(brunch)。近代あひだぐひ[間食]。中世けんずい[硯水/間水/建水]。やしょく[夜食]。中古かんしょく[間食]。
正客に従ってともに―をすること 近代ばんしょく[伴食]。中世しゃうばん[相伴]。ばいしょく[陪食]。
贅沢(ぜいたく)な― 近代ごちそう[御馳走]。中古ぎょくしょく[玉食]。びしょく[美食]。
僧の― 中世たはん/だはん[打飯]。上代さいじき[斎食]。
粗末な― 近代ちゃづけ[茶漬]。近世いちじふいっさい[一汁一菜]。さいしょく[菜食]。そさん[粗餐]。そしょく[素食]。そしょく[粗食/麁食]。中世そさい[粗菜/麁菜]。そし[疎食/疏食]。そしい[疎食/疏食]。ぶさい[無菜]。中古かうひ[糠粃]。さいじき[菜食]。すいしゅく[水菽]。そじき[粗食/麁食]。それい[粗糲/蔬糲/麁糲]。れいかう[藜羹]。
旅立ち(出棺)の際の― 近世でたちめし/でたてめし[出立飯]。出立ちの膳。
短時間で済ませる― 近世はやめし[早飯]。
男女二人だけの― 近世とりぜん[取膳]。
茶会で出す― ちゅうじき[中食]。近世くゎいせき[懐石]。ちゃくゎいせき[茶懐石]。
天皇の― 中世ごぜん[御膳]。中古あさがれひ[朝餉]。おほみあるじ[御饗]。大床子(だいしやうじ)の御物。日の御物。威儀の御膳(おもの)。上代あさみけ[朝御食]。おほひ[大炊]。おほみあへ[大御饗]。おほみけ[大御食]。おもの[御物]。くぎょ/くご[供御]。みけ[御食]。
晩(夕方)の― 近代サパー(supper)。せいさん[正餐]。せいぜん[盛膳]。ディナー(dinner)。ばんごはん[晩御飯]。ばんさん[晩餐]。ばんしゃう[晩餉]。ゆふごはん[夕御飯]。ゆふしょく[夕食]。近世ばんめし

〔晩飯〕。ゆふげ〔夕餉〕。ゆふまま〔夕飯〕。中世 ばんしょく〔晩食〕。ゆふいひ〔夕飯〕。ゆふはん/ゆふめし〔夕飯〕。中古 ゆふけ〔夕食/夕餉〕。上代 ゆふみけ〔夕御食〕。

昼の— 近代 ごさん〔午餐〕。ちうしょく〔昼食〕。ひるごはん〔昼御飯〕。ランチ(lunch)。ランチョン(luncheon)。近世 おこご〔御供御〕。ごはん〔午飯〕。ちゅうじき〔中食〕。ひるがれひ〔昼餉〕。ひるげ〔昼食/昼餉〕。ひるやしなひ〔昼養〕。中世 おひる〔御昼〕。けんずい〔硯水/間水/建水〕。ちうじき〔昼食〕。ちうはん〔昼飯〕。ちゅうはん〔中飯〕。ひるめし〔昼飯/午飯〕。中古 ひる〔昼/午〕。ひるけ〔昼食/昼餉〕。

法会に出される— 中古 せじき〔施食〕。とき〔斎〕。

身分の高い人と—をすること 近代 ばんしょく〔伴食〕。中世 しゃうばん〔相伴〕。ばいしょく〔陪食〕。

その他—のいろいろ(例) こんしょく〔混食〕。近代 さいしょく〔菜食〕。パンしょく〔(ポルトガル)pão食〕。べいしょく〔米食〕。やうしょく〔洋食〕。わしょく〔和食〕。近世 ししくひ〔肉食/鹿食〕。にくしょく〔肉食〕。中世 ざっしょく〔雑食〕。中古 びしょく〔美食〕。

▼食欲の旺盛な人 くいしんぼう〔食坊〕。近代 けんたんか〔健啖家〕。たいしょくか〔大食家〕。たいしょくかん〔大食漢〕。近世 おほぐひ〔大食〕。

▼副食物 中世 てうさい〔調菜〕。中古 さい〔菜〕。上代 あさな〔朝菜〕。な〔菜/肴〕。ゆふな〔夕菜〕。

しょくじゅ【植樹】 近代 しょくりん〔植林〕。ざうりん〔造林〕。近世 しょくじゅ〔植樹〕。

しょくしょう【食傷】 →あ・きる

しょくしょう【職掌】 近代 にんむ〔任務〕。近世 うけもち〔受持〕。しょくぶん〔職分〕。しょくむ〔職務〕。やくめ〔役目〕。中古 やく〔役〕。上代 しょくしゃう〔職掌〕。→しょくむ

しょくじょせい【織女星】 近代 はたおりひめ〔機織姫〕。近世 あさがほひめ〔朝顔姫〕。いとかけぼし〔糸掛星〕。かぢのはひめ〔梶葉姫〕。ささがにひめ〔小蟹姫/細蟹姫〕。しょくぢょせい〔織女星〕。をんなぼし〔女星〕。中世 おりひめ〔織姫〕。おりひめぼし〔織姫星〕。しょくぢょ〔織女〕。上代 たなばた〔棚機/織女/七夕〕。たなばたつめ〔棚機津女〕。とほづま〔遠妻〕。ともしづま〔乏妻〕。

—と牽牛星 近世 めをとぼし〔夫妻星〕。中古 ぎうぢょ〔牛女〕。にせい〔二星〕。

—と牽牛星の出会い 近世 星の逢ふ瀬。中世 星の契り。中古 ほしあひ〔星逢〕。年(とし)の渡り。

しょくせき【職責】 近代 しょくせき〔職責〕。せきむ〔責務〕。近世 しょくぶん〔職分〕。中世 せきにん〔責任〕。

しょくぜん【食膳】 →しょくたく(次項)

しょくたく【食卓】 近代 しょくだい〔食台〕。しょくたく〔食卓〕。ちゃぶだい〔卓袱台〕。テーブル(table)。近世 おぜん〔御膳〕。しょくぜん〔食膳〕。中世 ぜん〔膳〕。ぜんぶ〔膳部〕。はんだい〔飯台〕。中古 かしは〔膳〕。上代 つくえ〔机〕。

中国風の— 近世 しっぽく〔卓袱〕。しっぽくだい/しっぽこだい〔卓袱台〕。

しょくたく【嘱託】 近代 いしょく〔依嘱〕。近世 しょくたく〔嘱託〕。中世 いたく〔依託〕。いらい〔依頼〕。ゐにん〔委任〕。

しょくちゅうどく【食中毒】 近代 しょくちゅうどく〔食中毒〕。近世 しょくあたり〔食当〕。しょくしゃう〔食傷〕。

しょくつう【食通】 ガストロノーム(gastronome)。グルメ(フランス gourmet)。近代 しょくつう〔食通〕。びしょくか〔美食家〕。

しょくどう【食堂】❶〈食べ物屋〉 →たべものや

しょくどう【食堂】❷〈部屋〉 近代 しょくだう〔食堂〕。ダイニングルーム(dining room)。ちゃのま〔茶間〕。

—と台所が一緒の部屋 オープンキッチン(open kitchen)。ダイニングキッチン(和製 DK; dining kitchen)。

寺院の— 中古 じきだう〔食堂〕。

しょくにん【職人】 アルチザン(フランス artisan)。クラフトマン(craftsman)。近代 しごとにん〔仕事人〕。近世 くろがも〔黒鴨〕。はんてんぎ〔半纏着〕。こうにん〔工人〕。さんじゃくおび〔三尺帯〕。しごとし〔仕事師〕。しょくこう〔職工〕。中世 こうじん〔工人〕。しゃうじん〔匠人〕。しょくにん〔職人〕。中古 たくみ〔工/匠〕。上代 こうしゃう〔工匠〕。てひと/てびと〔手人〕。

—の気質 近代 しょくにんかたぎ〔職人気質〕。

植木などの— 近代 うゑきし〔植木職〕。うゑきしょく〔植木職〕。にはし〔庭師〕。近世 うゑきや〔植木屋〕。ゑんてい〔園丁〕。

漆の— 近代 しっこう〔漆工〕。しっしゃう〔漆

匠]。中世うるしぬり[漆塗]。ぬし／ぬっし[塗師]。中古うるしぬりこう[漆塗工]。

扇を作る— 近世あふぎをり[扇折]。

貝の細工物の— 中古かひすり[貝磨／貝摺]。

家具や建具をつくる— 近世さしものし[指物師]。さしものや[指物屋]。たてぐや[建具屋]。

刀をつくる— 近世うちものし[打物師]。かたなかぢ[刀鍛冶]。こかぢ[小鍛冶]。さやし[鞘師]。たうしゃう[刀匠]。

甲冑(かっちゅう)を作る— 中世ぐそくし[具足師]。

金属を扱う— 近世おほかぢ[大鍛冶]。かたし[型師]。かなや[金屋]。中世てっぽうかぢ[鉄砲鍛冶]。中古いもじ[鋳物師]。

建築関係の— カーペンター(carpenter)。近世さくゎん[左官]。ふしんかた[普請方]。中世こうげふ[工業]。だいく[大工]。→**だいく**

自宅で仕事をする— 近世ゐじょく[居職]。

石材の加工などをする— 近世いしく[石工]。いしだいく[石大工]。いしや[石屋]。せきこう[石工]。

象眼などの— かんこう[嵌工]。

染め物をする— 近代せんしゃう[染匠]。近世せんこう[染工]。

土器の— 上代はじ[土師]。

料理の— 近世いたば[板場]。いたまへ[板前]。

轆轤(ろくろ)を使う— 近世ひきものし[挽物師]。中古ろくろし[轆轤師]。ろくろひき[轆轤挽]。

技のすぐれた— 中古かうしゃう[巧匠]。

しょくば【職場】 近代オフィス(office)。きんむさき[勤務先]。さげふぢゃう／さげふば[作業場]。しょくゐき[職域]。つとめさき[勤先]。はたらきぐち[働口]。近世しごとば[仕事場]。しょくば[職場]。ワークショップ(workshop)。

美術などの— 近代アトリエ(フランス atelier)。スタジオ(studio)。

しょくひ【食費】 くいりょう[食料]。しょくじだい[食事代]。近代くひしろ[食代]。しょくひ[食費]。しょくれう[食料]。近世くひぶち[食扶持]。くひぶん[食分]。はたご[旅籠]。はんだい／めしだい[飯代]。はんれう[飯料]。

しょくひん【食品】 いんしょくぶつ[飲食物]。しょくりょうひん[食料品]。近世しょくひん[食品]。→**たべもの**

しょくぶつ【植物】 近世うゑもの[植物]。中世さうぼく[草木]。ほんざう[本草]。中古さうもく[草木]。しょくぶつ[植物]。上代くさき[草木]。

—が群がって生えていること 中世ひとむら[一叢／一群]。

—の屈曲運動 けいこうせい[傾光性]。けいしょくせい[傾触性]。けいしんせい[傾震性]。けいせい[傾性]。せっしょくけいせい[接触傾性]。

—の成長方向のいろいろ(例) おうじつせい[横日性]。おうちせい[横地性]。くっこうせい[屈光性]。くっしつせい[屈湿性]。くっしょくせい[屈触性]。くっすいせい[屈水性]。くっせい[屈性]。くっちせい[屈地性]。こうせい[向性]。せっしょくくっせい[接触屈性]。トロピズム(tropism)。はいこうせい[背光性]。はいじつせい[背日性]。はいちせい[背地性]。近代かうじつせい[向日性]。かうちせい[向地性]。

—を育て繁殖させること 中世ばいしょく[培殖／培植]。

色による—の分類(例) えんそうしょくぶつ[炎藻植物]。おうかっしょくしょくぶつ[黄褐色植物]。おうしょくしょくぶつ[黄色植物]。

観賞用の— 近代くゎんえふしょくぶつ[観葉植物]。くゎんしゃうしょくぶつ[観賞植物]。中世かき[花卉]。

種子によって繁殖する— しゅししょくぶつ[種子植物]。近代けんくゎしょくぶつ[顕花植物]。

種子によらずに繁殖する— 近代いんくゎしょくぶつ[隠花植物]。

生育地域による—の分類(例) あねったいしょくぶつ[亜熱帯植物]。アルカリしょくぶつ(オランダ alkali 植物)。いんせいしょくぶつ[陰生植物]。いんちしょくぶつ[陰地植物]。えんせいしょくぶつ[塩生植物]。おんたいしょくぶつ[温帯植物]。かんせいしょくぶつ[乾生植物]。かんたいしょくぶつ[寒帯植物]。かんちしょくぶつ[寒地植物]。すいせいしょくぶつ[水生植物]。すいちゅうしょくぶつ[水中植物]。ふせいしょくぶつ[腐生植物]。ようせいしょくぶつ[陽生植物]。近代かうざんしょくぶつ[高山植物]。ねったいしょくぶつ[熱帯植物]。

地上の—の総称 ていくうしょくぶつ[挺空植物]。

肥厚した茎や葉を持つ— たにくしょくぶつ

［多肉植物］。
蜜蜂に蜜を取らせるー みつげんしょくぶつ［蜜源植物］。
虫などを捕らえるー しょくちゅうしょくぶつ［食虫植物］。しょくにくしょくぶつ［食肉植物］。
木部の発達しないー 近代さうほん［草本］。上代くさ［草］。
木部の発達するー ていぼく［低木］。ぼくほん／もくほん［木本］。近世かうぼく［高木］。

しょくぶん【職分】→しょくむ

しょくぼう【嘱望】近代きせい［期成］。きたい［期待］。しょくばう［嘱望／属望］。しょくばう［囑望］。たいばう［待望］。近世みこみ［見込］。中世こころあて［心当］。
大いにーできること 近代ししょく［至嘱］。

しょくみん【植民】近代いぢゅうしゃ［移住者］。いぢゅうみん［移住民］。いみん［移民］。近世しょくみん［植民］。
ー地 近代コロニー(colony)。
ー地風であること コロニアル(colonial)。

しょくむ【職務】パート(part)。やくしょく［役職］。やくわり［役割］。近代げふむ［業務］。しょくせき［職責］。せきむ［責務］。たんたう［担当］。にんむ［任務］。やくむき［役向］。近世うけもち［受持］。きんむ［勤務］。しょくげふ［職業］。しょくし［職司］。しょくぶん［職分］。しょくむ［職務］。やくめ［役目］。中世しごと［仕事］。しょしょく［所職］。つとめ［勤／務］。ほんぶん［本分］。中古そく［職］。ぶんしゃう［分掌］。やく［役］。上代しょくしゃう［職掌］。
ーに就くこと 近代しうえき［就役］。しうにん［就任］。ふくむ［服務］。中古ちゃくにん［着任］。
ーの担当を命じる 中世ほす［補］。
ーを受け継ぐこと 近代しふしょく［襲職］。
ーを遂行すること 近代べんむ［弁務］。
ーを果たす能力 近代しょくのう［職能］。
ーを離れること →じにん
ーを辞めさせる 任を解く。近代かいにん［解任］。めんずる［免］。→かいにん【解任】
代わってーを行うこと 近代だいかう［代行］。中世せっかう［摂行］。
官吏のー 中世くゎんむ［官務］。中古りむ［吏務］。
重要なー 近代えうしょく［要職］。近世おもやく［重役］。たいやく［大役］。中世ぢゅうしょく［重職］。ちょうやく［重役］。中古ぢゅうやく［重役］。
激しく忙しいー 近代げきしょく［激職／劇職］。
閑(ひま)なー 近代かんしょく［閑職］。

しょくもく【属目】近代せいし［正視］。ちゃくもく［着目］。ちゅうもく［注目］。ちょくし［直視］。近世ちゅうし［注視］。中世ちゃくがん［着眼］。上代しょくもく［属目］。

しょくもつ【食物】→たべもの

しょくよく【食欲】近代くひいぢ［食意地］。しょくき［食機］。しょくし［食思］。近世くひけ［食気］。しょくき／しょくけ［食気］。中世しょくよく［食欲／食慾］。
《句》近代理詰めより重詰め。近世色気より食ひ気。花より団子。
ーがあってよく食べる 中世食が進む。
ーが起こる 近世食指が動く。喉(咽)が鳴る。涎(よだれ)が出る。
ーが淡泊なさま くちぎれい［口綺麗］。
ーがない 中古くちあし［口悪］。
ーがなくなる 近代食が細る。
ーの異常 いしょう［異嗜症］。いしょくしょう［異食症］。いみしょう［異味症］。かしょくしょう［過食症］。きょしょくしょう［拒食症］。たしょくしょう［多食症］。
ーをそそるため食前に飲む酒 アピタイザー／アペタイザー(appetizer)。しょくぜんしゅ［食前酒］。近代アペリティフ(フランス apéritif)。

しょくりょう【食料】→たべもの

しょくりょう【食糧】中世ふち［扶持］。らうぶつ／らうもつ［粮物］。らうれう［粮料］。中古ぞく［粟］。上代かて［糧／粮］。しょくりゃう［食糧］。→たべもの
ーとしての米 中世らうまい／りゃうまい［糧米］。
ーを運ぶ道 近代しょくだう［食道］。近世らうだう［糧道／粮道］。りゃうだう［糧道］。
軍隊のー 近代へいりゃう［兵糧］。中世ひやうりゃう［兵糧］。中古ひゃうらう［兵糧／兵粮］。上代ぐんりゃう［軍糧］。
旅人や兵士がーを入れる袋 中世うちがひぶくろ／うちがへぶくろ［打飼袋］。
農民のー 近世ふじき／ぶじき［夫食］。

しょくりん【植林】近代えいりん［営林］。ざうりん［造林］。しょくりん［植林／殖林］。近世しょくじゅ［植樹］。

しょくん【諸君】きみたち［君達］。ごいちどう［御一同］。しょけいし［諸兄姉］。近代しょけい［諸兄］。しょし［諸姉］。しょし［諸

氏］。みなみなさま［皆皆様］。近世あなたがた［貴方方］。おのおのがた［各方／各々方］。かくゐ［各位］。みなさま［皆様］。中世かたがた［方方］。中古しょくん［諸君］。

じょくん【叙勲】 じょくん［叙勲］。中古じょゐ［叙位］。上代ぞうゐ［贈位］。

しょけい【処刑】 近代くゎする［科］。しょけい［処刑］。しょばつ［処罰］。しょぶん［処分］。せいさい［制裁］。近世おきめ［置目］。きょくじ［曲事］。ざいくゎ［罪科］。しおき［仕置］。せいだう［政道］。中世くせごと［曲事］。けいす［刑］。ちゅうばつ［誅罰］。ちゅうりく［誅戮］。つみなふ［罪］。中古かんだう［勘当］。せいばい［成敗］。ばっす［罰］。上代けいばつ［刑罰］。だんざい［断罪］。

—の場所 近世けいぢゃう［刑場］。しおきば［仕置場］。どだん［土壇］。どたんば［土壇場］。

他人の犯罪に連帯して—・される 近世まきぞへ［巻添］。れんざ［連座／連坐］。れんるい［連累］。中世るいざ［累坐］。

じょけつ【女傑】 近代ぢょがう［女豪］。ぢょけつ［女傑］。ぢょぢゃうふ［女丈夫］。近世をとこまさり［男勝］。

しょ・げる →がっかり

しょけん【所見】 近代けんかい［見解］。近世かんがへ［考］。しょけん［所見］。しょしん［所信］。中世けんしき［見識］。中古しょぞん［所存］。上代いけん［意見］。

しょげん【緒言】 →じょぶん

じょげん【序言】 →じょぶん

じょげん【助言】 カウンセリング(counseling)。近代アドバイス(advice)。くゎんこく［勧告］。じょげん［助言］。近世くちぞへ［口添］。じょご［助語］。ちゅうこく［忠告］。中世じょごん［助言］。そへことば［添言葉／添詞］。わざん［和讒］。

—・する人 カウンセラー(counselor)。じょげんしゃ［助言者］。チューター(tutor)。近代アドバイザー(adviser)。

しょこ【書庫】 近代うんだい［芸台］。ふぐら［文庫／書蔵］。近世しょこ［書庫］。中世しょろう［書楼］。しょをく［書屋］。中古うんかく［芸閣］。しょかく［書閣］。しょさい［書斎］。しょだう［書堂］。ふどの／ふみどの［文殿／書殿］。ふみぐら［文庫／文倉／書庫］。ぶんこ［文庫］。

宮中の— 中古ひかく［秘閣］。

しょこう【曙光】 近代きょくくゎう［旭光］。近世げうくゎう［暁光］。中世きょくじつ［旭日］。しょくゎう［曙光］。中古くゎうみゃう［光明］。

しょこう【諸侯】 近代はんこう［藩侯］。はんしゅ［藩主］。国の主(あるじ)。近世だいみゃう［大名］。中世こうこう［公侯］。こうはく［侯伯］。じゃうしゅ［城主］。しょこう［諸侯］。りゃうしゅ［領主］。上代くんこう［君侯］。

じょこう【女工】 近代いとひめ［糸姫］。ぢょこう［女工］。はたおりひめ［機織姫］。近世こうぢょ［工女］。しょくこう［織工］。中世おりこ［織子］。おりひめ［織姫］。おりめ［織女］。中古しょくぢょ［織女］。ぢょこう［女工］。

じょこう【徐行】 近代くゎんかう［緩行］。中古じょかう［徐行］。

▼ゆっくり歩く 中古くゎんぽ［緩歩／寛歩］。じょほ［徐歩］。

しょこく【諸国】 近世かくこく［各国］。しょはう［諸邦］。中古しはう［四方］。れっこく［列国］。上代くにぐに［国国］。しょこく［諸国］。

しょさ【所作】 →ふるまい

歌舞伎や能の— 近世しぐさ［仕種］。中世ふぜい［風情］。

しょさい【所載】 近代けいさい［掲載］。とうさい［登載］。中古しょさい［所載］。のす［のせる］［載］。

しょさい【書斎】 近代べんきゃうべや［勉強部屋］。近世しょだう［書堂］。しょばう［書房］。中世がくもんじょ［学問所］。しょしつ［書室］。しょゐん［書院］。しょをく［書屋］。ぶんばう［文房］。中古しょかく［書閣］。しょさい［書斎］。しょさう［書窓］。

—の窓 近世けいさう［蛍窓］。

清潔で学問するに適した— 近代めいさうじゃうき［明窓浄机］。

しょざい【所在】 ありばしょ［在場所］。近代ゐばしょ［居場所］。近世ありしょ［有所／在所］。ゐどこ［居所］。中古ありか［在処／在所］。ありどころ［在処／有処］。しょざい［所在］。すまひ［住］。ゐどころ［居所］。上代すみか［住処／栖／棲家］。ぢゅうしょ［住所］。

—ない 近世てもちぶさた［手持無沙汰］。中古つれづれ［徒然］。

じょさい【如才】 近世てぬかり［手抜］。中世じょさい［如才］。中古ふかく［不覚］。

—ない人 近代はっぱうびじん［八方美人］。近世じゃうずもの［上手者］。

しょさん【所産】 けっか［結果］。近代けつじつ

[結実]。近世さんぶつ[産物]。しょさん[所産]。

じょさんぷ【助産婦】 じょさんし[助産師]。近代じょさんぷ[助産婦]。近世さんば[産婆]。とりあげ[取上]。とりあげばば[取上婆]。→**さんば**

しょし【庶子】 中世げじゃくばら[外戚腹]。そし[庶子]。中古おとりばら[劣腹]。ほかばら[外腹]。上代しょし[庶子]。

ーの系統 近代しょけい[庶系]。しょぞく[庶族]。近世しょりう[庶流]。

しょし【初志】 近世うひごころ[初心]。うひまなび[初学]。しょし[初志]。中世しょいちねん[初一念]。しょねん[初念]。中古しょがく[初学]。しょしん[初心]。

《句》中世初心忘るべからず。

しょじ【所持】 近代ぐいう[具有]。ぐび[具備]。せんいう[占有]。ほいう[保有]。近世けいたい[携帯]。たづさふ[たずさえる][携]。中世ほぢ[保持]。中古けいぢ[携持]。しょいう[所有]。しょぢ[所持]。上代たもつ[保]。もつ[持]。

ー・する物が何もないこと 近代てぶら[手]。としゅくうけん[徒手空拳]。近世あかで[赤手]。中世からて[空手]。すで[素手]。せきしゅ[赤手]。中古としゅ[徒手]。上代くうしゅ[空手]。

しょじ【諸事】 中世しょはん[諸般]。中古かみしも[上下]。しょじ[諸事]。ばんしょ[万緒]。ばんたん[万端]。上代ばんじ[万事]。

じょし【女子】 近代ぢょし[女子]。ぢょせい[女性]。ぢょせい[女生]。近世しぢょ[子女]。をんなのこ[女子]。中世けいかふ[閨閤]。中古せうぢょ[少女]。めこ[女子]。めのわらは[女童]。めのわらはご[女童児]。上代いらつめ[郎女/郎姫]。ふじん[婦人]。をとめ[乙女/少女]。→**おんな**

じょし【助詞】 近代じょし[助詞]。中世てにをは[弖爾乎波/天爾遠波/手爾遠波]。

ーと助動詞の総称 近代じ[辞]。じょじ[助辞]。ふぞくご[付属語]。中世じょご[助語]。

じょじ【女児】 →**しょうじょ**

しょしき【書式】 近代ぶんれい[文例]。近世かきかた[書方]。中古しょしき[書式]。しょはふ[書法]。

しょじきん【所持金】 ざいのう[財嚢]。てもときん[手元金]。近代しょぢきん[所持金]。てせん[手銭]。なうちゅう[嚢中]。ふところ[懐]。ふところぐあひ[懐具合]。ふところつがふ[懐都合]。ポケットマネー(pocket money)。もちがね[持金]。近世ありがね[有金]。こづかひ/こづかひせん[小遣銭]。こづかひぎん[小遣銀]。こづかひぜに[小遣銭]。こづかひれう[小遣料]。ぽっぽ。もちあはせ[持合]。中世みぜに[身銭]。

ーがないこと 近代もんなし[文無]。近世いちもんなし[一文無]。→**いちもんなし**

しょじひん【所持品】 けいこうひん[携行品]。てまわりひん[手回品]。近代くゎいちゅうもの[懐中物]。けいたいひん[携帯品]。しょぢひん[所持品]。中世ぐそく[具足]。もちもの[持物]。

じょしゅ【助手】 すけっと[助人]。ふくしゅ[副手]。ヘルパー(helper)。近代アシスタント(assistant)。じょしゅ[助手]。すけだち[助太刀]。にょうばうやく[女房役]。ほじょいん[補助員]。中世てだすけ[手助]。てつだひ[手伝]。中古ほさ[補佐]。上代ふさ[輔佐]。

運転業務のー じょし[助士]。

しょしゅう【初秋】 近世あきぐち[秋口]。きりひとは[桐一葉]。中古しょしう[初秋]。しんしう[新秋]。上代さうしう[早秋]。まうしう[孟秋]。

《句》近世一葉落ちて天下の秋を知る。

ーの風 中古はつかぜ[初風]。

じょじゅつ【叙述】 近代きじゅつ[記述]。近世じょじゅつ[叙述]。ろんじゅつ[論述]。中古ちょじゅつ[著述]。

時間的にさかのぼってー・すること とうじょ[倒叙]。

事実をー・すること 近代きじつ[記実]。近世じょじ[叙事]。

しょしゅん【初春】 近世はるさき[春先]。中世せいやう[青陽]。中古まうしゅん[孟春]。上代さうしゅん[早春]。しょしゅん[初春]。→**しんねん**

しょしょ【諸所】 近代かくしょ[各所]。かくち[各地]。近世あちらこちら[彼方此方]。そちこち[其方此方]。中世あちこち[彼方此方]。中古ここかしこ[此処彼処]。しょしょ[諸所/諸処]。しょはう[諸方]。はうばう[方方]。上代そこここ[其処此処]。ところどころ[所]。

しょじょ【処女】 近代バージン(virgin)。マドモアゼル(フランス mademoiselle)。ミス(Miss)。メッチェン(ドイツ Mädchen)。近世あらばち[新

鉢]。おぼこむすめ[娘]。おむく[御無垢]。きむすめ[生娘]。しらぢ[白地]。しらは[白歯]。はつもの[初物]。中世おぼこ。中古しょし[処子]。しょぢょ[処女]。上代ぢゃうし[娘子/嬢子]。をとめ[乙女/少女]。
→おとめ

—地 バージンソイル(virgin soil)。近代前人未踏の地。

—でなくなる 女になる。近代男を知る。近世肌身を汚す。肌身を許す。肌(膚^{だは})を汚す。肌(膚)を許す。

しょじょう【書状】 近代しんしょ[信書]。近世いっぴつ[一筆]。かん[簡]。てがみ[手紙]。ふうしょ[封書]。中世しょいん[書音]。しょかん[書簡/書翰]。ちゅうもん[注文/註文]。ひねりぶみ[捻文/拈書]。中古しょじゃう[書状]。たてぶみ[立文/竪文]。たより[便]。→てがみ

—の内容 《尊》近世らいじ[来示]。中世らいゆ[来諭]。

—の余白 中世らいし[礼紙]。

—の封じ目 すみひき[墨引]。

—を宛名本人が開くよう指示する語 じきひ/ちょくひ[直披]。近代しんてん[親展]。

—を入れる箱 中古ふばこ/ふむばこ/ふんばこ[文箱/笈]。上代ふみばこ[文箱/笈]。

—を開いて見ること 中古ひえつ[披閲]。

一通の— 中世いちぎゃう/いっかう[一行]。

送ってきた— 中世らいてふ[来牒]。

答の— 近代たふしょ[答書]。近世へいじ[返事]。中世かへしぶみ[返文]。かへりごと[返事/返言]。へんしょ[返書]。中古へんじ[返事/返辞]。

使者に持たせる— 近世てんしょ[添書]。中世しさつ[使札]。

招待の— 近代せうじゃう[招待状]。せうたいじゃう[招状]。

天子に差し出す— 近世じゃうそ[上疏]。中世じゃうしょ[上書]。

人を紹介する— 近代せうかいじゃう[紹介状]。

人を呼び寄せる— 近代せうくゎんじゃう[召喚状]。よびだしじゃう[呼出状]。近世せうじゃう/めしじゃう[召状]。めしぶみ[召文]。中世めしぶ[召符]。

短い— 近世たんし[短紙]。中古たんさつ[短札]。

目上の人に出す— しんじょうしょ[進上書]。

郵便で送る— 近世いうしょ[郵書]。

じょしょう【序章】 近代じょしゃう[序章]。じょろん[序論]。プロローグ(prologue)。上代じょせつ[序説]。

じょじょう【叙情】 リリスム($^{フラ}_{ンス}$lyrisme)。リリシズム(lyricism)。近代じょじゃう[叙情/抒情]。

—詩の例 近代バラード/バラッド(ballade; $^{フラ}_{ンス}$ballade)。リリック(lyric)。

—的なさま 近代リリカル(lyrical)。

じょしょく【女色】 近代じゃうじ[情事]。をんなあそび[女遊]。近世いろごと[色事]。をんなどうらく[女道楽]。ぬれごと[濡事]。中世ぢょしょく[女色]。
《句》近代英雄色を好む。

—に溺^{ぼお}れること 近世はまり[嵌/塡]。をんなざんまい[女三昧]。中世にょうばうぐるひ[女房狂]。

—を漁^{さあ}る 近代ぎょしょく[漁色]。ぎょする[漁]。

じょじょに【徐徐】 近代おひおひ[追追]。こくいっこく[刻一刻]。ゆっくりと。近世じょじょに[徐徐]。ぼちぼち。中世じじこくこく[時時刻刻]。しだいに[次第]。ぜんぜん[漸]。だんだん(と/に)[段段]。中古こくこく[刻刻]。ぜんじ[漸次]。ゆるゆる[緩緩]。

しょしん【所信】 近代しんでう[信条]。近世しょかんがへ[考]。中世しょくゎい[所懐]。しょし[所思]。しんねん[信念]。中古しょけん[所見]。しょぞん[所存]。上代いけん[意見]。しょしん[所信]。

しょしん【初心】 →しょし【初志】

しょしん【書信】 →てがみ

しょしんしゃ【初心者】 かけだし/かけだしもの[駆出者]。近代いちねんせい[一年生]。にふもんしゃ[入門者]。ビギナー(beginner)。近世しょしんしゃ[初心者]。しんまい[新米]。中世しょがくしゃ[初学者]。
《句》近代下手は上手の手本、下手は上手の手本。中世上手は下手の手本。下手は上手のもと。

しょ・する【処】 たいしょ[対処]。近代しょり[処理]。近世しょち[処置]。そち[措置]。とりさばく[取捌]。片を付く(—付ける)。中世さばく[捌]。しまつ[始末]。中古しょす[処]。はからふ[計]。上代おこなふ[行]。しょぶん[処分]。

しょせい【処世】 近代くらし[暮]。じんせいかうろ[人生行路]。近世しょせい[処世]。よすぎ[世過]。中世みすぎ[身過]。中古とせい[渡世]。よわたり[世渡]。世を渡る。

—の知恵 せけんち[世間知/世間智]。近世 せち[世知/世智]。

しょせい【書生】 近世 がくせい[学生]。中古 しょせい[書生]。

年取った— 近代 らうせい[老生]。

貧乏な— 近代 かんしょせい[寒書生]。かんせい[寒生]。かんそだい[寒措大]。近世 きゅうそだい[窮措大]。そだい[措大]。ひんしょせい[貧書生]。中古 ひんせい[貧生]。

じょせい【女性】→**おんな**

—解放運動の例 だんじょきょうどうさんかく[男女共同参画]。ウーマンリブ(Women's Lib)。ジェンダーフリー(gender-free)。

—が貴人の寝所に仕えること 近世 おとぎ[御伽]。とのゐ[宿直]。よとぎ[夜伽]。

—が自分に惚れている男性を翻弄する 近世 鼻毛を数ふ[—数える]。鼻毛を読む。

—が男性に言い寄ること 近世 臼から杵。

—が男性の気を引く 近世 色を作る。しなを作る。

—が男性を受け入れる 近世 なびく[靡]。肌を許す。中世 肌身を許す。

—が操を守ること 近世 ていせつ[貞節]。中世 ていさう[貞操]。中古 てい[貞]。

—とすぐ関係する 近代 手が早い。

—と肉体関係を結ぶ たおる[手折]。近世 ものくひ[物食]。中世 ちぎる[契]。にょぼん[女犯]。手を付く[—付ける]。上代 をかす[犯]。

—に甘いこと 近代 びかちゃう[鼻下長]。近世 どうじがうし[童子格子]。にほんぼう[二本棒]。にやこい。のびすけ[伸助]。ほうしんたん[豊心丹]。鼻の下が長い。

—にうつつを抜かすこと 近世 はなげ[鼻毛]。

—に親しく呼びかける語 ねえさん[姉]。近代 あねさま[姉様]。上代 いも[妹]。いもら[妹]。いらつめ[郎女]。わぎも[吾妹]。わぎもこ[吾妹子]。

—のあるべき姿の例 近代 りゃうさいけんぼ[良妻賢母]。

—のいる気配 近代 をんなけ/をんなっけ[女気]。

—の色香に溺(おぼ)れている 近世 鼻毛が長い。鼻毛を伸ばす。

—の美しいさま 近代 えいえい[盈盈]。ゑんよう[婉容]。花も恥ぢらふ。近世 えんよう[艶容]。はな[花/華]。中世 えうたう[夭桃]。けん[妍]。たま[玉]。《句》近代 立てば芍薬座れば牡丹歩く姿は百合の花。

—の美しく見える時 近世 夜目遠目笠の内。

—の美しさを競う会 ビューティーコンテスト(beauty contest)。ミスコンテスト(和製 miss contest)。

—の書いた筆跡 近代 をんなもじ[女文字]。中古 をんなで[女手]。

—の学徒 →**じょがくせい**

—の身体 近代 ぢょたい[女体]。中世 にょたい[女体]。

—の可愛い目のさま 鈴を張ったよう。

—の居室 近代 けいばう[閨房]。中世 しんけい[深閨]。中古 しんさう[深窓]。ねや[閨/寝屋]。

—の軍隊 近世 ぢゃうしぐん/らうしぐん[娘子軍]。上代 めのいくさ[女軍]。

—の幸せ 近世 をんなみゃうが[女冥加]。をんなみゃうり[女冥利]。

—の仕事 上代 ぢょこう[女功/女紅]。

—の執念の強さのたとえ 近世 女の一念岩をも透す。

—の立ち入り禁止とその区域 中世 にょにんきんぜい[女人禁制]。にょにんけっかい[女人結界]。

—の男性的傾向 アニムス(ラテン animus)。

—の年頃の年齢 近代 はうき[芳紀]。中世 めうれい[妙齢]。《句》箸が転んでもおかしい年頃。

—の忍者 近世 くのいち[一]。

—の肌のたとえ ゆきはだ[雪肌/雪膚]。近代 たまはだ[玉肌/玉膚]。玉の膚(はだ)。近世 うすかは[薄皮]。せっき[雪肌]。黄金(わうごん)の膚(はだへ)。中世 こうぎょく[紅玉]。《句》近世 色の白いは七難隠す。

—の仏教信者 近世 ごんじにょ[近事女]。上代 うばい[優婆夷]。

—の学ぶべき学問 近代 ぢょがく[女学]。

—の魅力の強さのたとえ 近世 女の髪の毛には大象も繋がる。

—ばかりがいて男一人が愛欲を貪る所 近代 ハレム(harem)。

—ばかりがいる所 近世 にょごのしま[女護島]。

—用の下着類 ファンデーション(foundation)。

—らしいさま 近世 くなくな。たをやめぶり[手弱女振]。びらしゃら。びらびら。中世 をなごらし[女子]。中古 をんなし[女]。をんなめかし[女]。

—らしくない 中世 をんなだてら[女]。

—らしくなる 中古 をんなぶ[女]。

—を漁(あさ)ること 近代 をかづり[陸釣]。

ーを卑しいものとする考え 近代 だんそんぢょひ[男尊女卑]。
ーを卑しめていう語 近世 あま[尼／阿魔／阿摩]。あまっこ／あまっちょ[尼]。げんさい[衒妻／幻妻]。スベタ(ポルトガル espada)。とちあま[阿魔]。ばいた[売女]。ひきさかれ／ひっさかれ[引裂]。ひきずり[引摺]。ひっきり／ひっきれ[引切]。めらう[女郎]。
ーを売り飛ばすこと すけこまし。近世 ぜげん[女衒]。
ーを大切にする男 近代 フェミニスト(feminist)。
ーを騙して関係する 近世 ちょろまかす。
ーを尊いものとみなす語 近代 ぢょそんだんぴ[女尊男卑]。
ーを二人の男が争うこと 近世 さやあて[鞘当]。
一人前のー 中古 ていぢょ[丁女]。上代 せいぢょ[正女]。
後ろ姿(だけ)が美しいー 近代 バックシャン(和製 back ＋ドイツ schön)。
美しいー 近代 うつくしびと[美人]。えうくゎ[妖花]。マドンナ(イタリア Madonna)。近世 いきべんてん[活弁天]。いまこまち[今小町]。うつくしもの[美者]。かほよびと[顔佳人]。こくしょく[国色]。しなもの[品物]。すがた[姿]。ぬれもの[濡者]。べんてんむすめ[弁天娘]。中世 けいこく[傾国]。けいせい[傾城]。びんぢょ[美女／便女]。みめよし[見目好／見目佳]。中古 いうそく[有職／有識]。かうしょく[好色]。かたち[形／容／貌]。かたちびと[形人]。ぎょくぢょ[玉女]。びじん[美人]。びぢょ[美女]。上代 くはしめ[美女]。すがしめ[清女]。
美しい日本のー 近世 やまとなでしこ[大和撫子]。
宴席で興を添えるー 近代 げいぎ[芸妓]。をどりこ[踊子]。近世 くぐつめ[傀儡女]。げいこ[芸子]。げいしゃ[芸者]。ちゃや[茶屋]。ちゃやをんな[茶屋女]。まひこ[舞子]。中古 いうぢょ[遊女]。うかれめ[浮女]。ぎぢょ[妓女／伎女]。しゃうぢょ[娼女／倡女]。
宴席などで酌をするー バニーガール(bunny girl)。近代 おしゃくをんな[御酌女]。しゃくふ[酌婦]。近世 おしゃく[御酌]。
多くの男の中の一人のー 近代 いってんこう[一点紅]。こういってん[紅一点]。万緑叢中紅一点。
お洒落ばかりで働かないー 近代 おひきずり／ひきずり[引摺]。
夫と死別した若いー 近世 わかごけ[若後家]。
夫のいないー 近代 みばうじん[未亡人]。中古 ごけ[後家]。さうふ[孀婦]。びばうじん[未亡人]。やまめ／やむめ[寡／鰥]。上代 くゎふ[寡婦]。やもめ[寡／寡婦／孀／鰥／鰥夫]。→みぼうじん
男がーらしい アニマ(ラテン anima)。近代 をんなくさい[女臭]。中古 めめし[女女]。
男に飽きられたー 中世 あきのあふぎ[秋扇]。中古 だんせつのあふぎ[団雪扇]。
男勝りのー 近代 ぢょけつ[女傑]。ぢょぢゃうふ[女丈夫]。近世 ととかか。中世 牝鶏晨(ひんけいあした)す。
男を惑わすー 近代 えうふ[妖婦]。近世 外面(げめん)如菩薩(にょぼさつ)内心如夜叉(にょやしゃ)。
会社勤めのー オーエル(和製 OL; office lady)。
学問に秀でたー 近代 さいゑん[才媛]。近世 けいしう[閨秀]。さいぢょ[才女]。
賢くしっかりしたー 近代 けんふじん[賢婦人]。中世 けんぷ[賢婦]。てっぷ[哲婦]。中古 けんぢょ[賢女]。
家事の手伝いで雇われたー おてつだいさん[手伝]。かじてつだい[家事手伝]。ホームヘルパー(和製 home helper)。近代 かせいふ[家政婦]。ぢょちゅう[女中]。ハウスキーパー(housekeeper)。メード(maid)。近世 おさん[御三／御爨]。おさんどん。をなご[女子／女]。をなごし／をなごしゅう[女子衆]。中世 げぢょ[下女]。→じょちゅう
堅気のー 近世 うしろむすび[後結]。
か弱いー 上代 たわやめ／たをやめ[手弱女]。
かわいいー 上代 いらつめ[郎女／郎姫]。たわやめ／たをやめ[手弱女]。
既婚のー 近代 おくさま[奥様]。マダム(フランス madam; madame)。ミセス(Mrs.; Mistress の略)。近世 おくがた[奥方]。ていしゅもち[亭主持]。中世 ふじん[婦人]。上代 ひとづま[人妻／他妻]。ふ[婦]。
貴人に愛されるー 中世 さいはひびと[幸人]。
貴人の家に仕え裁縫するー 中古 しんめう[針妙]。
貴人の家に仕えるー 中古 家の女房。
気品高いー 近代 きふじん[貴婦人]。中世 れんちゅう[簾中]。中古 しゅくぢょ[淑女]。上代 すがしめ[清女]。
決まった男のあるー 中世 主(ぬし)ある花。

し

工場で働く— 近世こうぢょ［工女］。中古ぎょこう［女工］。
好ましい— 中古かじん［佳人］。上代よろしめ［宜女］。
子を生めない— 近世うまずめ［石女／不生女］。
在家のまま出家した— 近世あまにふだう［尼入道］。ぜんぢゃうに［禅定尼］。ぜんに［禅尼］。有髪(うはつ)の尼。
才智のすぐれた— 近代さいゑん［才媛］。近世けいしう［閨秀］。さいぢょ［才女］。中古けんぢょ［賢女］。
親しい—の所 上代いもらがり［妹許］。
嫉妬深い— 中世とふ［妬婦］。
しなやかな— 中古たをやめ［手弱女］。上代たわやめ［手弱女］。
出家した— 中世びくに［比丘尼］。中古あま［尼］。あまほふし［尼法師］。
出産前後の— →さんぷ
情事を好む— 近世いんぢょ［淫女］。かはばおり［革羽織］。をとこずき［男好］。
神聖な— 近代せいぢょ［聖女］。
正妻の外に別宅に住まわせる— 近代かこひめ／かこひをんな［囲女］。かこひもの［囲者］。てかけ［手掛／手懸／妾］。めかけ［妾］。
田植えする— 中古うゑめ［植女］。さをとめ［早乙女］。
男女一方ばかりを生む— 近世をとこばら［男腹］。をんなばら［女腹］。
貞操の固い— 中古ていぢょ［貞女］。ていふ［貞婦］。上代せっぷ［節婦］。
年老いた— 近世ばあさん(さま)［婆様］。らうあう［老媼］。らうおう［老嫗］。中世うば／むば［姥／媼］。らうぢょ［老女］。らうば［老婆］。らうふ［老婦］。中古おうな［媼／嫗］。おば［姥／御婆］。おむな［媼］。たうめ［専女］。つくもがみ［九十九髪］。をさめ［長女］。上代おみな［媼］。およな［老女］。らうう［老嫗］。
年頃の— 近世いろざかり［色盛］。しろもの［代物］。《句》近代鬼も十八番茶も出花。
年頃を過ぎた— 近世おほどしま［大年増］。としま［年増］。ちゅうどしま［中年増］。としまをんな［年増女］。
年頃を過ぎても美しい— 近代まんねんしんぞ［万年新造］。近世うばざくら［姥桜／乳母桜］。まんねんしんざう［万年新造］。
妊娠している— にんぷ［妊婦］。→さんぷ
年長の—を敬って言う語 中古おばおとど［祖母大殿／姥大殿］。おほいご［大御］。
母親代わりに子に乳を飲ませ世話する— ナニー(nanny)。近世うばちい［乳母］。おさし［御差］。おんば［御乳母］。ちうば［乳母／乳媼］。中世うば［乳母］。おちのひと［御乳人］。ちのひと［乳人］。めのうと［乳母／傅］。上代ちおも［乳母］。めのと［乳母／傅］。
パリで生まれ育った— 近代パリジェンヌ(フランス parisienne)。
一晩だけ関係した— いちやづま／ひとゆづま／ひとよづま［一夜妻］。
人目を引く— 近世だてをんな［伊達女］。はな［華／花］。
独り身を嘆く— 中古ゑんぢょ［怨女］。
未婚の— 近世うしろむすび［後結］。おぢゃうさん［嬢］。きむすめ［生娘］。中世うしろおび［後帯］。中古しょぢょ［処女］。上代をとめ［乙女］。→おとめ →しょじょ
未婚の—に愛人ができる 近世虫が刺す。虫が付く。
未婚の年取った— ハイミス(和製 high miss)。近代オールドミス(和製 old miss)。らうぢゃう［老嬢］。近世いかず［不嫁］。
淫らな心を持って—を追う男 ストーカー(stalker)。近代おほかみれん［狼連］。
醜い— ぶす。近代おかちめんこ。ふびじん［不美人］。ぶをんな［醜女］。近世おたふく［阿多福］。しみったれ。でぶく［福］。ぶえん［無塩］。フラソコ(ポルトガル frasco)。中世あくぢょ［悪女］。おとごぜ［乙御前］。中古しうぢょ［醜女］。上代しこめ［醜女］。よもつしこめ［黄泉醜女］。《句》近世酉(とり)の市の売れ残り。
身分の高い— 近代きふじん［貴婦人］。中世じゃうらふ［上﨟／上臘］。中古きぢょ［貴女］。
身分の低い— 近代ひふ［卑婦／鄙婦］。近世ひっぷ［匹婦］。めしたきをんな［飯炊女］。中世げぢょ［下女］。せんぢょ［賤女］。めらう［女郎］。中古とじ［刀自］。なまをんな［生女］。
模範となる— 近代ひめかがみ［姫鑑］。
寄席や芝居小屋などで茶を配る— 近世おちゃこ［御茶子］。
世慣れていない— 中古なまをんな［生女］。
若い— →おとめ
若い—に呼びかける語 近代ねえさん(さま)［姉様］。近世あねさん(さま)［姉様］。
若いのに性についてよく知っている— みみ

どしま[耳年増]。

悪い— 近代 えうぢょ[妖女]。えうふ[妖婦]。かんぷ[奸婦]。にょぞく[女賊]。バンパイア(vampire)。バンプ(vamp)。近世 あくふ[悪婦]。しかけもの[仕掛者]。どくふ[毒婦]。らせつにょ[羅刹女]。中世 あくぢょ[悪女]。きぢょ[鬼女]。

▼敬意を表す語(接尾語等) 近世 ぢゃう[嬢]。ぢょし[女史]。中世 ごぜ／ごぜん[御前]。まへ[前]。上代 とうじ／とじ[刀自](老女)。

じょせい【助成】 近代 じょりょく[助力]。しゑん[支援]。近世 じょせい[助成]。じょせい[助勢]。じょちゃう[助長]。じょりき[助力]。ほじょ[補助]。→**じょせい**(次項)

じょせい【助勢】 アシスト(assist)。近代 あとおし[後押]。サポート(support)。じょりょく[助力]。しゑん[支援]。ちからぞへ[力添]。バックアップ(backup)。力を貸す。一肌脱ぐ。近世 おうゑん[応援]。かただすけ[肩助]。じょせい[助勢]。じょりき[助力]。しりおし[尻押]。はうじょ[幇助]。わきろ[脇艪]。片肌脱ぐ。手を貸す。中世 かいぞへ[介添]。かせい[加勢]。かたいれ[肩入]。かたん[加担／荷担]。すけだち[助太刀]。てだすけ[手助]。ふち[扶持]。肩を貸す。力になる。中古 ゑんじょ[援助]。

しょせき【書籍】→**しょもつ**

しょせき【書跡】→**ひっせき**

じょせつ【序説】 どうにゅうぶ[導入部]。近代 イントロ／イントロダクション(introduction)。じょしゃう[序章]。しょろん[緒論]。じょろん[序論]。プロローグ(prologue)。近世 ちょろん[緒論]。まへおき[前置]。上代 じょせつ[序説]。

じょせつ【除雪】 しょうせつパイプ[消雪pipe]。はいせつ[排雪]。近代 ゆきおろし[雪下]。ゆきよけ[雪除]。中世 ゆきかき[雪掻]。

しょせん【所詮】 近代 けっきょく[結局]。近世 えうするに[要]。たうてい[到底]。つまるところ[詰所]。どうせ。中世 しょせん[所詮]。詮ずる所。中古 とてもかうても／とてもかくても。

しょぞう【所蔵】 しゅうのう[収納]。近代 ほいう[保有]。近世 しょざう[所蔵]。中世 ざうす[蔵]。中古 しうざう[収蔵]。しょいう[所有]。上代 もつ[持]。をさむ〔おさめる〕[収]。

—・している物 近代 ざうぶつ[蔵物]。中世 ざうもつ[蔵物]。

隠して—・する 近代 いんとく[隠匿／隠慝]。中古 ひざう[秘蔵]。上代 ざうとく[蔵匿]。

書物を—・すること かざう[架蔵]。近代 けふしょ[挟書]。中世 ざうしょ[蔵書]。

大切な物として—・する 近代 あいざう[愛蔵]。もんぐゎいふしゅつ[門外不出]。近世 ちんざう[珍蔵]。中古 ひさう／ひざう[秘蔵]。

ただ—・するだけ たいぞう[退蔵]。近代 しざう[死蔵]。近世 もちぐされ[持腐]。

昔から—・している 近代 きうざう[旧蔵]。

じょそう【序奏】 どうにゅうぶ[導入部]。近代 イントロ／イントロダクション(introduction)。じょきょく[序曲]。ぜんそうきょく[前奏曲]。プレリュード(prelude)。

じょそう【除草】 近代 くさむしり[草毟]。ぢょさう[除草]。中世 くさとり[草取]。中古 くさかり[草刈]。くさぎる[草切]。

田植え後の— 近世 いちばんぐさ[一番草]。にばんぐさ[二番草]。

しょぞく【所属】 近代 きぞく[帰属]。ざいせき[在籍]。さんか[傘下]。中世 しょくす／ぞくす[属]。しょぞく[所属]。中古 ふぞく[付属]。

—を変わること いせき[移籍]。近代 てんぞく[転属]。

しょぞん【所存】 近代 いかう[意向]。いと[意図]。しんさん[心算]。ぞんりょ[存慮]。近世 かんがへ[考]。しょけん[所見]。しんけい[心計]。ぞんい[存意]。つもり[積]。中世 しょくゎい[所懐]。しょぞん[所存]。ぞんねん[存念]。中古 おもはく[思／思惑]。上代 いけん[意見]。

しょたい【所帯】 近代 かてい[家庭]。近世 かぞく[家族]。中世 しょたい[所帯]。せたい[世帯]。中古 いっか[一家]。上代 いへ[家]。

—じみる 近世 しゅむ[染]。塩が侵む。糠味噌(ぬかみそ)臭し。

—のやりくり 近代 きりまはし[切回]。しんしゃうもち[身上持]。近世 きりもり[切盛]。

新しい— 近世 あらじょたい／あらぜたい[新所帯]。しんじょたい[新所帯／新世帯]。

男ばかりで女のいない— 近世 をとこじょたい[男所帯／男世帯]。をとこずまひ[男住]。中古 をとこずみ[男住]。

女ばかりで男のいない— 近世 をんなじょたい[女所帯／女世帯]。

複数の—が一か所で住むこと 近世 よりあひ

じょたい[寄合所帯]。

しょたい【書体】 フォント(font)。近世しょたい[書体]。しょふう[書風]。てぶり[手風／手振]。中世じたい[字体]。中古かきざま[書様]。

品位のないー 中世ぞくしょ[俗書]。

その他ーのいろいろ(例) かめのこもじ[亀子文字]。きょうかしょたい[教科書体]。ひっきたい[筆記体]。れんめんたい[連綿体]。近代くづしがき[崩書]。りくたい[六体]。近世かごじ[籠字]。からやう[唐様]。かんていりう[勘亭流]。きゃうさう[狂草]。さうこう[双鉤]。さうたい[草体]。しんしょ[真書]。わやう[和様]。中世かいしょ[楷書]。ていかりう[定家流]。れいしょ[隷書]。中古あしで[葦手]。しんぎゃうさう[真行草]。はっぷん[八分]。ひはく[飛白／飛帛]。りくしょ[六書]。上代ぎゃうしょ[行書]。さうしょ[草書]。てんしょ[篆書]。→**かんじ【漢字】**→**もじ**

▼楷書 せいしょ[正書]。近世しんしょ[真書]。

しょだい【初代】 いちだい[一代]。近代しょせい[初世]。近世しょだい[初代]。中世ぐゎんそ[元祖]。中古しょそ[初祖]。上代せんぞ[先祖]。

しょたいめん【初対面】 しょけん[初見]。はつかおあわせ[初顔合]。近世うひげんざん[初見参]。せいめん[生面]。中世しょたいめん[初対面]。

しょだん【処断】 近代けっさい[決裁]。しょばつ[処罰]。中世きむ[きめる][決]。中古さいだん[裁断]。さいてい[裁定]。だんず[断]。上代しょだん[処断]。だんざい[断罪]。

しょち【処置】 たいしょ[対処]。近代かいけつ[解決]。しょり[処理]。近世くりまはし[繰回／繰廻]。さはい[差配／作配]。さばき[捌]。しうしう[収拾]。しょち[処置]。せいだう[政道]。そち[措置]。てもち[手持]。とりおき[取置]。とりはからひ[取計]。とりまはし[取回]。ぬきさし[抜差]。やりくり[遣繰]。れうけん[料簡／了見／了簡]。中世しおき[仕置]。しまつ[始末]。せいばい[成敗]。はからひ[計]。中古おきて[掟]。さた[沙汰]。したため[認]。もてなし[持成]。上代ことはかり[事計]。しょぶん[処分]。→**しょり**

《尊》中古ごさた[御沙汰]。

《句》鉄は熱いうちに打て。

ーが遅れること 近世ておくれ[手遅]。

ー・しておく 中古みおく[見置]。

ー・する 手を打つ。近代かうずる[講]。近世あつかふ[扱]。とりさばく[取捌]。もちなす[持成]。方(かた)を付く[ー付ける]。中世かたづく[ーづける][片付]。したためまうく[認設]。とりあつかふ[取扱]。とりはからふ[取計]。はからふ[計]。中古おきつ[掟]。しおく[為置／仕置]。したたむ[ーためる][認]。しょす[処]。

ーなし 中世しかたなし[仕方無]。じゅつなし[術無]。ぶさた[無沙汰／不沙汰]。中古ずちなし／ずつなし[術無]。せむかたなし／せんかたなし[為方無／詮方無]。上代すべなし[術無]。《句》近代疾雷(しつらい)耳を掩(おほ)ふに及ばず。

ーに困る →**どうしようもな・い**

ーの仕方 しょほう[処方]。近代しょはふ[処法]。はうと[方途]。ふりかた[振方]。やりかた[遣方]。中世しやう[仕様]。しゅだん[手段]。てだて[手立]。やりは[遣端]。

事に応じてー・する たいしょ[対処]。近代ぜんしょ[善処]。近世りんきおうへん[臨機応変]。中世りんき[臨機]。

手をかけてー・する 近世てがへし[手返]。

じょちゅう【女中】 おてつだい[お手伝]。かじてつだい[家事手伝]。ホームヘルパー(和製home helper)。近代アマ(amah・ポルトガル ama)。ハウスキーパー(housekeeper)。はしゅつぷ[派出婦]。メード(maid)。近世おかま[御釜／御竈]。おくじゃうらふ[奥上臈／奥上臘]。おくぢょちゅう[奥女中]。おさん／おさんどん[御三／御爨]。おなべ／なべ[鍋]。かひ[下婢]。かみぢょちゅう[上女中]。ごてんぢょちゅう[御殿女中]。しもぢょちゅう[下女中]。しもづかへ[下仕]。しもをなご[下女]。せんぴ[賤婢]。ちゃのま／ちゃのまをんな[茶間女]。ちゅうひ[厨婢]。つかひめ[使女]。なかばたらき[中働／仲働]。はしため[端女／婢女]。みづし／みづしめ[水仕女]。をなご[女]。をなごし／をなごしゅう[女子衆]。をんな[女]。中世げぢょ[下女]。しもぢょ[下女]。ぢょちゅう[女中]。めらう[女郎]。中古くりやめ[厨女]。しもをんな[下女]。ひせふ[婢妾]。めのこ[女子]。上代ぬひ[奴婢]。ひ[婢]。めのこやっこ[女子奴／婢]。めやっこ[女奴]。

ーと下男 近代ぼくひ[僕婢]。近世ひぼく[婢僕]。

—を親しく呼ぶ語 近代ねえや[姉/姐]。おするゑ[御末]。
宮中の— 近世おしも[御下]。
旅籠(はたご)や茶屋などの— 近世あかまへだれ[赤前垂]。おしゃらく[御洒落]。おぢゃれ。でをんな[出女]。
姫の乗物を奥へ運ぶ— 近世をんなろくしゃく[女六尺/女陸尺]。
武家の— 近世おなか[御中]。ちゅうらふ[中臈]。やしきぢょちゅう[屋敷女中]。
若い— 近世こをんな[小女]。

じょちょう【助長】 近代はうじょ[幇助]。力を貸す。近世じょせい[助勢]。じょちゃう[助長]。手を貸す。中世かせい[加勢]。てだすけ[手助]。肩を貸す。力になる。中古しゃうれい[奨励]。ゑんじょ[援助]。

しょっかく【食客】 近代ひやめしぐひ[冷飯食]。もんかく[門客]。近世かかりうど/かかりびと[掛人]。かかりもの[掛者]。きしょく[寄食]。ごんぱち[権八]。ほいと[陪堂/乞児/乞食]。やくかい[厄介]。ゐさうらふ[居候]。ゐそ/ゐそろ[居候]。中世もんか[門下]。中古かく[客]。しょくかく[食客]。

しょっかく【触覚】 →**しょっかん**(次項)

しょっかん【触感】 近代しょくかく[触覚]。しょくかん[触感]。タッチ(touch)。近世かんしょく[感触]。はだざはり[肌触]。中世てざはり[手触]。中古てあたり[手当]。
—をつかさどる器官 近代しょくかく[触角]。しょくくゎん[触官]。しょくしゅ[触手]。中世ひげ。

しょっき【食器】 近世かぐ[家具]。しょくき[食器]。ぜんわん[膳椀]。中古ごき[御器]。じゃうき[常器]。ぢゃうき[定器]。上代かしは[柏/槲]。け[笥]。→**うつわ**
—を置いておく棚 近代カップボード(cupboard)。サイドボード(sideboard)。しょくきだな[食器棚]。
—をのせる台 近世ぜん[膳]。中古かけばん[懸盤]。ばん[盤]。
儀式用の—の総称 中古やうき[様器/楊器]。
フルーツを食べるための—のセット ベリーセット(和製berry set)。

しょっき【織機】 おりき[織機]。近世しょくき[織機]。中古たなばた[七夕/棚機]。上代はた/はたもの[機物]。
—の縦糸と横糸 上代たてぬき[経緯]。
—の部品の例 かんちょう[間丁]。ぬのまき[布巻]。近代シャトル(shuttle)。そうくゎう[綜絖]。近世あやだけ[綾竹]。きぬまき[絹巻]。ちまき[千巻]。中世あぜだけ[綜竹]。さ[梭]。中古ちきり[千切]。をさ[筬/簆]。上代かひ[梭]。ひ[杼/梭]。
—の例 いざりばた[躄機/居坐機]。近代ておりばた[手織機]。てばた[手機]。りきしょくき[力織機]。
▼機を織る工員 おりこう[織工]。はたおりひめ[機織姫]。近世しょくこう[織工]。中世おりこ[織子]。おりひめ[織姫]。おりめ[職女]。中古しょくぢょ[織女]。しょくふ[織婦]。

ショッキング(shocking) インパクト(impact)。しょうげきてき[衝撃的]。パンチ(punch)。近代しげきてき[刺激的]。ショッキング。

ショック(shock) →**しょうげき**

しょっけん【職権】 近代けんげん[権限]。しょくけん[職権]。しょくむけんげん[職務権限]。

しょっちゅう 近代のべつ。昼夜をおかず。止めどなく。のべつ幕なし。近世しょっちゅう。ちょいちょい。ちょくちょく。中世しげしげ[繁繁]。ひんぱんに[頻繁]。ひんぴんと[頻頻]。中古たびたび[度度]。上代しげく[繁]。しばしば[屢屢]。
—通うこと かよいづめ[通詰]。→**いつも**

しょっぱ・い【塩】 近世しょっぱい[塩]。中世しははゆし/しほはゆし[鹹]。中古しほからし[塩辛]。上代からし[辛]。

しょっぱな【初端】 近代しょっぱな[初端]。じょのくち[序口]。近世しょて[初手]。ではじめ[出始]。とっつき[取付]。ピンぞろ[(ポルトガル)pinta揃]。中世でばな[出端/出鼻]。はったん/ほったん[発端]。ほたん[発端]。中古さいしょ[最初]。

ショッピング(shopping) 近代あがなふ[購]。こうにふ[購入]。こうばい[購買]。ショッピング。中世かひもの[買物]。上代かふ[買]。

ショップ(shop) こうりてん[小売店]。近代ショップ。ストア(store)。てんぽ[店舗]。ばいてん[売店]。しゃうてん[商店]。近世あきなひみせ[商店]。中世みせ[店]。みせや[店屋]。→**しょうてん**

しょてん【書店】 しょいん[書院]。しょおく[書屋]。ブックストア(book store)。近代しょせきしょう[書籍商]。しょほ[書舗/書鋪]。近世しょか/しょこ[書賈]。しょし[書肆]。しょてん[書店]。しょぼう[書房]。しょりん[書林]。ふみや[文屋]。ほんや[本

屋］。

書籍を料金を取って貸すー 近世 かしほんや［貸本屋］。

古い書籍を売買するー こしょてん［古書店］。近世 ふるほんや［古本屋］。

見切り本を売るー 近代 ぞっきや［屋］。

しょとう【初等】 近代 エービーシー(ABC)。じょのくち［序口］。しょほ［初歩］。しょとう［初等］。近世 いろは［伊呂波／以呂波／色葉］。中世 てはじめ［手始］。にふもん［入門］。
しょきふ［初級］。

しょとう【初頭】 じょばん［序盤］。近代 しょき［初期］。しょとう［初頭］。とうしょ［頭初］。近世 とっつき［取付］。中世 はじまり［初］。中古 さいしょ［最初］。たうしょ［当初］。上代 はじめ［初］。↓**はじめ**

しょどう【書道】 カリグラフィー(calligraphy)。近代 かきかた［書方］。近世 うんぴつ［運筆］。しふじ［習字］。中世 じゅぼくだう［入木道］。ひっぱふ［筆法］。中古 しょだう［書道］。しょはふ［書法］。てならひ［手習］。りんち［臨池］。

《句》近代 墨を磨(す)るは病夫の如くし、筆を把(と)るは壮士の如くす。近世 墨は餓鬼に磨らせ筆は鬼に持たせよ。

ーで朱筆を加えて直すこと 近代 てんざん［添竄／添刪］。近世 ふせい［斧正］。中世 てんさく［添削］。てんそ［点竄］。

ーの専門家 近代 しょこう［書工］。中世 しょか［書家］。

ーのたくみなこと(人) てだっしゃ［手達者］。のうひつか［能筆家］。近代 しょし［書師］。のうしょか［能書家］。中古 てかき［手書］。てし［手師］。のうひつ［能筆］。上代 のうしょ［能書］。

ーの拙いたとえ おれくぎりゅう［折釘流］。近代 かなくぎやう［金釘様］。雀の躍り足。かなくぎりう［金釘流］。近世 金釘の折れ。中古 鳥の跡(足)。

ーの学び方の例 いりん［意臨］。はいりん［背臨］。近代 ちょくひつ［直筆］。近世 えいじはっぱふ［永字八法］。そくひつ［側筆］。ちんわん［枕腕］。はっとうはふ［撥鐙法］。りんしゃ［臨写］。中古 りんしょ［臨書］。

▼なぞり書きすること 近世 てうちんや［提灯屋］。

▼細い筆で細かい字を書くこと けがき［毛描／毛書］。

▼筆勢が伸び伸びしているさま 近代 うんえんひどう［雲煙飛動］。

しょとく【所得】 アーニング(earning)。近代 あがり［上］。いり［入］。インカム(income)。しうえき［収益］。しうにふ［収入］。じつえき［実益］。じっしうにふ［実収入］。じゅんえき［純益］。ていしう［定収］。とりだか［取高］。近世 みいり［実入］。中世 しょとく［所得］。りえき［利益］。

じょのくち【序口】 ↓**しょとう** ↓**はじめ**

しょばつ【処罰】 くんかい［訓戒］。近代 しょばつ［処罰］。しょぶん［処分］。お灸を据ゑる。鉄槌(鉄鎚)を下す。近世 きんしん［謹慎］。中世 いましめ［戒］。こらしめ［懲］。中古 せいばい［成敗］。ちょうかい［懲戒］。とがめ［咎］。↓**しょけい**

寛大なー 中古 くゎんてん［寛典］。

正当でないー ふとうしょぶん［不当処分］。

全体を統制するためのー 《句》近代 泣いて馬謖(ばしょく)を斬る。

朝廷によるー 上代 あまつつみ［天罪］。

その他ー(処分)のいろいろ(例) いほうしょぶん［違法処分］。いやくしょぶん［違約処分］。けいじしょぶん［刑事処分］。近代 ちょうかいしょぶん［懲戒処分］。

しょはん【諸般】 近代 かくはん［各般］。中世 しょはん［諸般］。↓**いろいろ**

じょばん【序盤】 ↓**はじめ**

しょふう【書風】 近代 ひっち［筆致］。ふでつき［筆付］。近世 しょたい［書体］。しょふう［書風］。中世 ふでやう［筆様］。中古 ふでづかひ［筆遣］。↓**しょたい**

しょぶん【処分】❶〈処理〉↓**しょち** ↓**しょり**

しょぶん【処分】❷〈処罰〉↓**しょばつ**

じょぶん【序文】 リード(lead)。近代 くゎんとうげん［巻頭言］。しょげん［緒言］。じょし［序詞］。ぜんぶん［前文］。ちょげん［緒言］。プロローグ(prologue)。ぼうとう［冒頭］。近世 かしらがき［頭書］。くちがき［口書］。じょげん［序言］。じょぶん［序文］。たんしょ［端書］。まへおき［前置］。まへがき［前書］。中古 はしがき［端書］。上代 じょ［序］。

ーとしての歌 近代 じょか［序歌］。

仮名で書かれたー 中古 かなじょ［仮名序］。

漢文で書かれたー まなじょ［真名序］。

自分で書いたー 中世 じじょ［自序］。

短いー 近代 せういん［小引］。中古 せうじょ［小序］。

和歌のー 中世 ことばがき［詞書］。中古 じょ

だい［序題／序代］。

しょほ【初歩】〔近代〕エービーシー(ABC)。いちねんせい［一年生］。しょきふ［初級］。しょとう［初等］。だいいっぽ［第一歩］。じょのくち［序口］。しょほ［初歩］。〔近世〕いろは［伊呂波／以呂波／色葉］。〔中世〕しょしん［初心］。てはじめ［手始］。にふもん［入門］。

ーの人のための参考書　あんないしょ［案内所］。てびきしょ［手引書］。にゅうもんしょ［入門書］。プライマー(primer)。

ーを教えること〔近世〕てほどき［手解］。

しょほう【処方】　ノウハウ／ノーハウ(know-how)。ハウツー(how-to)。〔近代〕しょはう［処方］。しょはふ［処法］。はうと［方途］。〔近世〕はふ［法］。〔中世〕しかた［仕方］。しやう［仕様］。しゅだん［手段］。てだて［手立］。〔中古〕はうはふ［方法］。〔上代〕すべ［術］。

薬のー〔中世〕てうがふ［調合］。はいがふ［配合］。

しょほう【書法】　カリグラフィー(calligraphy)。ふでさばき［筆捌］。ふではこび［筆運］。〔近代〕しふじ［習字］。タッチ(touch)。ふでつき［筆付］。〔近世〕うんぴつ［運筆］。かきかた［書方］。ようひつ［用筆］。〔中世〕じゅぼくだう［入木道］。ひっぽふ［筆法］。ふでやう［筆様］。〔中古〕しょだう［書道］。しょはふ［書法］。てならひ［手習］。ひったん［筆端］。ひっぽう［筆鋒］。ふでづかひ［筆使／筆遣］。りんち［臨池］。

いろいろなー(例)　かすりふで［掠筆］。かんぼく［乾墨］。〔近代〕かっぴつ［渇筆］。ざうほう［蔵鋒］。さっぴつ［擦筆］。せうぼく［焦墨］。ちょくひつ［直筆］。ろほう［露鋒］。〔近世〕さうこう［双鉤］。そくひつ［側筆］。〔中世〕じゅんぴつ［潤筆］。

しょぼう【書房】→しょてん

じょまく【序幕】　すべりだし［滑出］。でだし［出］。〔近代〕しょとう［初頭］。じょまく［序幕］。ぼうとう［冒頭］。まくあけ［幕開］。〔中世〕でばな［出端／出鼻］。

しょみん【庶民】　ピープル(people)。フォーク(folk)。〔近代〕いっぱんじん［一般人］。じゃうみん［常民］。しょにん［庶人］。たいしゅう［大衆］。みんしゅう［民衆］。〔近世〕かみん／げみん［下民］。しもじも［下下］。市井の臣。市井の人。〔中世〕しただた［下下］。しも［下］。せうじん［小人／少人］。せぞく［世俗］。はくせい／ひゃくしゃう／ひゃくせい［百姓］。ぼんげ［凡下］。ぼんぞく［凡俗］。〔中古〕しもつかた［下方］。しゅじゃう［衆生］。しょみん［庶民／諸民］。せじん［世人］。にんみん［人民］。〔上代〕さうせい［蒼生］。しゅうしょ［衆庶］。しょじん［庶人］。じんみん［人民］。たみ［民］。ばんみん［万民］。もろびと［諸人］。よひと［世人］。→たみ

しょむ【庶務】〔近代〕げふむ［業務］。じむ［事務］。そうむ［総務］。ようむ［用務］。〔近世〕ざつむ［雑務］。ようむき［用向］。〔上代〕しょむ［庶務］。

しょめい【署名】　シグネチャー(signature)。ししょ［私署］。ていん［手印］。〔近代〕きめい［記名］。サイン(sign)。じしょ［自署］。〔近世〕あふじ［押字］。かきはん［書判］。くゎあふ［花押］。しょす［署］。らくくゎん［落款］。〔中世〕しゅいん［手印］。〔上代〕しゅしょ［手署／手書］。しょめい［署名］。〔近代〕しんしょ［親署］。

貴人が手ずからー・すること〔近代〕しんしょ［親署］。

書画のなかに紛れ込ませたー〔近世〕かくしらくくゎん［隠落款］。

複数の人が並べてー〔上代〕れんしょ／れんじょ［連署］。

連判状などの最後のー〔近世〕くゎんぢく［巻軸］。

しょめい【書名】〔近代〕タイトル(title)。〔近世〕きゃうだい［経題］。しょもく［書目］。〔中世〕げだい［外題］。だいがう［題号］。へうだい［表題／標題］。〔中古〕しょめい［書名］。だいもく［題目］。

じょめい【除名】　むらはちぶ［村八分］。〔近代〕オミット(omit)。しめだす［閉出］。シャットアウト(shutout)。ぢょぐゎい［除外］。どかす［退］。はいぢょ［排除］。はじきだす［弾出］。〔近世〕どける［退］。なかまはづれ［仲間外］。のけもの［除者］。はいせき［排斥］。〔中世〕はいす［排］。〔中古〕ぬくはぶく［省］。〔上代〕ぢょめい［除名］。ぬく［抜］。

じょめい【助命】　レスキュー(rescue)。〔近代〕きうしゅつ［救出］。きうじょ［救助］。きうめい［救命］。きうらう［救撈］。〔近世〕じょめい［助命］。〔中世〕きうご［救護］。〔中古〕きふなん［急難］。〔上代〕きうきふ［救急］。きうゑん［救援］。

しょめん【書面】〔近代〕しょめん［書面］。ドキュメント(document)。ぶんけん［文献］。〔近世〕しょるい［書類］。ぶんめん［文面］。〔中世〕かきもの［書物］。しめん［紙面］。ぶんしょ［文書］。

しょもう【所望】 近代 きばう[希望/冀望]。近世 ちゅうもん[注文]。中世 ぐゎんばう[願望]。このむ[好]。中古 しょまう[所望]。上代 こひねがふ[乞願/希/冀]。ねがふ[願]。のぞむ[望]。→**きぼう**

しょもつ【書物】 しょし[書誌]。近代 さつ[冊]。しゅっぱんぶつ[出版物]。しょし[書史]。しょせき[書籍]。たんかうぼん[単行本]。ちゃうもくひじ[長目飛耳]。ちょさくぶつ[著作物]。としょ[図書]。ぶんけん[文献]。ぶんてん[文典]。近世 くゎんしぼん/くゎんすぼん[巻子本]。しょさつ[書冊]。せいちつ[青帙]。ちくそ[竹素]。づせき/とせき[図籍]。ブック(book; オランダ boek)。へんちつ[篇帙]。もののほん[物本]。中世 くゎん[巻]。くゎんちつ[巻帙]。しょもつ[書物]。ちょ[著]。てんじゃく[典籍]。ばいえふ[貝葉]。ばいしょ[貝書]。ばいたら[貝多羅]。ばいたらえふ[貝多羅葉]。ほん[本]。よみもの[読物]。中古 くゎうくゎん[黄巻]。さうし[草紙/草子/双紙/冊子]。さっし[冊子]。しょ[書]。しょくゎん[書巻]。しょじゃく[書籍]。しょちつ[書帙]。ふみ[文]。もんじゃく[文籍]。もんじょ[文書]。ゐへん[韋編]。上代 さいせき[載籍]。しるしぶみ[伝記/文史]。ちくはく[竹帛]。てんせき[典籍]。

《句》近世 悉く書を信ずれば則ち書なきに如かず。

—がうずたかく積んであること 近世 ちんしゃ/ちんせき[枕藉/枕籍]。

—が多いこと 近世 かんぎうじゅうとう[汗牛充棟]。上代 ごしゃ[五車]。

—がよく売れること 近代 紙価を高める。洛陽の紙価を高める。

—に備忘のために挟む紙等 近世 しほり[栞]。しをり[枝折]。中世 はさみがみ[挟紙]。

—の厚さ 近代 つか[束]。

—の大きさの例 しんしょばん[新書判]。ぶんこばん[文庫判]。近代 きくばん[菊判/菊版]。きくはんさい[菊半截]。ポケットばん[pocket判]。

—の巻頭の書き付け 近代 まへづけ[前付]。

—の巻末の書き付け 近代 あとづけ[後付]。おくしょ[奥書]。おくづけ[奥付]。しきご[識語]。中世 おくがき[奥書]。

—の最後 近世 くゎんばつ/くゎんまつ[巻末]。くゎんび[巻尾]。中世 くゎんぢく[巻軸]。

—の最後の巻 しゅうかん[終巻]。奥の巻。

—の出版を中止すること 近世 ぜっぱん[絶版]。

—の上下欄の注 フットノート(footnote)。近代 きゃくちゅう[脚注/脚註]。ただしがき[但書]。とうちゅう[頭注/頭註]。近世 がうとう[鼇頭]。かしらづけ[頭付]。へうちゅう[標注]。中古 かしらがき[頭書]。ちゅう[注/註]。ちゅうかい[注解/註解]。ちゅうき[注記/註記]。

—の所有者を示す紙片 近代 エクスリブリス(ラテン ex libris)。ざうしょへう[蔵書票]。

—の題 近世 うはぶみ[上文]。中世 へうだい[表題/標題]。中古 げだい[外題]。しょめい[書名]。

—の綴じ方 →**せいほん**

—の内容を手直しすること しゅうてい[修訂]。近代 かいてい[改訂]。ぞうてい[増訂]。ほてい[補訂]。《句》近代 書を校するは塵を掃ふが如し。

—の初めの部分 近代 くゎんしょ[巻初]。ぼうとう[冒頭]。近世 かいくゎん[開巻]。くゎんしゅ[巻首]。しゅくゎん[首巻]。中世 かきだし[書出]。くゎんとう[巻頭]。

—の批評 しょひょう[書評]。近代 ブックレビュー(book review)。レビュー(review)。

—の表紙(例) ソフトカバー(softcover)。ハードカバー(hardcover)。ペーパーバック(paperback)。近代 かはべうし[革表紙]。ぬのへうし[布表紙]。

—の標題紙 近代 タイトルページ(title page)。近世 とびら[扉]。

—のページ数が多いこと 中古 かうかん[浩瀚]。

—を商う店(人) →**しょてん**

—を集める癖 近代 しょち[書痴/書癡]。ビブリオマニア(bibliomania)。近世 しょへき[書癖]。

—を書きあらわすこと 近代 しっぴつ[執筆]。竹帛に著す。中世 あらはす[著]。じゅっさく[述作]。せんす[撰]。ちょ[著]。ちょさく[著作]。中古 ちょじゅつ[著述]。ものす[物]。筆を執る。

—を繰り返し読むこと 近代 巻帙を繙く。

—を携帯するための袋 近世 ふぶくろ/ふみぶくろ[文袋]。中古 しょなう[書嚢]。

—を探し漁ること りょうしょ[猟書]。

—を所蔵する かぞう[架蔵]。近代 けふしょ[挟書]。近世 ざうほん[蔵書]。中世 ざうしょ[蔵書]。

—を所蔵する所 ブックケース(bookcase)。

近代うんだい[芸台]。ふぐら[文庫／書蔵]。ほんばこ[本箱]。近世しょか[書架]。しょこ[書庫]。ふみだな[書棚]。ほんだな[本棚]。中世しょだな[書棚]。しょろう[書楼]。しょをく[書屋]。中古うんかく[芸閣]。しょかく[書閣]。しょさい[書斎]。しょだう[書堂]。ふどの／ふみどの[文殿／書殿]。ふみぐら[文庫／文倉／書庫]。ぶんこ[文庫]。→**しょこ** →**ほんばこ**

―を作ること 近代へんしう[編修]。近世さんしふ[纂輯]。せんしふ[選集]。へんさん[編纂]。へんちょ[編著]。中世へんしふ[編集／編輯]。中古あむ[編]。せんしう[撰修]。せんてい[撰定]。上代せんじゅつ[撰述]。

―を並べる棚 ブックケース(bookcase)。ブックシェルフ(book shelf)。ほんたて[本立]。ほんばこ[本箱]。近世しょか[書架]。ほんだな[本棚]。中世しょだな／ふみだな[書棚]。中古ふみづし[文厨子]。→**しょか【書架】**

―を載せる台 中古ぶんだい[文台]。

―を運ぶ車 中世ふぐるま／ふみぐるま[文車]。

―をよく読み覚えていること 近代はくらんきゃうき[博覧強記]。

―を読み進む 巻を追う。

―を読むこと 近代はんしょ[繙書]。帙(ちつ)を繙(ひもと)く。近世はんどく[繙読]。中世ひもとく[繙]。中古じょくゎん[舒巻]。せふれふ[渉猟]。どくしょ[読書]。

―を読むだけで理解も活用もできない者 近世とぎょ[蠹魚]。

愛読している― 近代あいしょ[愛書]。あいどくしょ[愛読書]。

新しく出版された― 近代さうかん[創刊]。しんかんしょ[新刊書]。近世しんかん[新刊]。しんちょ[新著]。しんぽん[新本]。

ある事についてまとめた便利な― びんらん／べんらん[便覧]。ほうてん[宝典]。ようらん[要覧]。近代ハンドブック(handbook)。ひっけい[必携]。

ある分野やある作家のすべてを集めた― たいかん[大鑑]。近代ぜんしゅう[全集]。ぜんしょ[全書]。近世たいぜん[大全]。

医術に関する― 近世いせき[医籍]。中古くすしぶみ[薬師書]。

一部を抜き書きした― 近代せうほん[抄本／鈔本]。

一定期間に一番多く売れた― 近代ベストセラー(best seller)。

印刷された― かっこくぼん[活刻本]。もくはんずりぼん[木版刷本]。近代くゎっぱんぼん[活版本]。もくはんぼん[木版本]。近世いんしょ[印書]。うゑじぼん[植字本]。かんぽん[刊本]。くゎつじぼん[活字本]。はんぽん[版本]。中世いんぽん[印本]。中古すりほん[摺本／刷本]。

歌の― 近世うたしょ[歌書]。中世かしょ[歌書]。上代かしふ[歌集]。

営利を目的としない個人的な― かこくぼん[家刻本]。かじゅくぼん[家塾本]。しかばん[私家版]。じかばん[自家版]。じひしゅっぱんぼん[自費出版本]。近代しはん[私版]。

絵図と― 近世づせき／とせき[図籍]。

絵を集めた― 近代ぐゎしふ[画集]。ぐゎちゃう[画帳]。近世ぐゎでふ[画帖]。ぐゎふ[画譜]。

絵を主とした幼児向けの― 近代ゑほん[絵本]。

多くの― 近代ばんくゎん[万巻]。中古ぐんせき[群籍]。ひゃくみ[百味]。上代ぐんしょ[群書]。まんぐゎん[万巻]。

多くの興味ある話を集めた― 近代そうだん[叢談／叢譚]。近世だんそう[談叢／談藪]。

同じ種類の―を集めてまとめたもの 近代シリーズ(series)。そうしょ[叢書]。近世るいさん[類纂]。るいじゅう[類聚]。るいじゅう[類従]。中世るいじゅ[類聚]。

学者の論文等を集めた― 近代きえう[紀要／記要]。ぜいりん[説林]。ろんさん[論纂]。

学習のための― がくしゅうさんこうしょ[学習参考書]。がくしゅうしょ[学習書]。きょうそくぼん[教則本]。きょうほん[教本]。近代けうくゎしょ[教科書]。さんかうしょ[参考書]。テキスト／テキストブック(textbook)。とくほん[読本]。ふくどくほん[副読本]。近世けうしょ[教書]。

刊行された―など 近代かんかうぶつ[刊行物]。

漢文で書かれた― 近世かんせき[漢籍]。中世からぶみ[漢籍／唐文]。中古まんなぶみ[真名書／真字書]。

くだらない― だほん[駄本]。近代ぐしょ[愚書]。

くだらない雑多な― 近世ざっぽん[雑本]。中世ざっしょ[雑書]。

古書を写真によって複製した― えいいんぼ

ん［影印本］。

写真や絵を主とした― ずかん［図鑑］。〔近代〕ぐゎしふ［画集］。ゑかがみ［絵鑑］。〔近世〕ぐゎでふ［画帖］。づゑ［図絵］。

初学者のための― けいもうしょ［啓蒙書］。てびきしょ［手引書］。にゅうもんしょ［入門書］。べんもう［便蒙］。マニュアル(manual)。〔近代〕ガイドブック(guidebook)。

所蔵する― 〔近世〕ざうほん［蔵本］。〔中世〕ざうしょ［蔵書］。

全部揃っている― まるほん［丸本］。〔近代〕くゎんぽん［完本］。

大切に所蔵している― ひぞうぼん［秘蔵本］。〔近代〕ひきふ［秘笈］。〔中世〕ひほん［秘本］。〔中古〕ひしょ［秘書］。

ためになるよい― 〔近代〕りゃうしょ［良書］。〔近世〕ぜんしょ［善書］。

単独に刊行される― 〔近代〕たんかうぼん［単行本］。

小さい― 〔近代〕こほん［小本］。ハンドブック(handbook)。まめほん［豆本］。〔近世〕くゎいちゅうほん［懐中本］。けしぼん［芥子本］。しうちんぼん［袖珍本］。せうほん［小本］。

中国から渡来した― 〔近世〕かんせき［漢籍］。〔中世〕たうほん［唐本］。

低俗でいかがわしい― 〔近世〕あくしょ［悪書］。

手書きで写した― 〔中世〕うつしぼん／しゃほん［写本］。かきほん［書本］。

手本となるものを集めた― 〔近代〕ほうかん［宝鑑］。〔近世〕ぶんぱん［文範］。

綴じて作った― 〔近代〕とぢまき［綴巻］。ふくろさうし［袋草紙／袋草子］。〔中古〕さうし［草紙／草子／双紙／冊子］。とぢほん［綴本］。

長い紙を折りたたんだ― 〔近代〕でふし［帖子］。〔近世〕をりでほん［折手本］。〔中世〕をりほん［折本］。〔中古〕でふ［帖］。

花を分類してその絵を掲げた― 〔中世〕くゎふ［花譜］。

版木でつくった― 〔近代〕もくはんぼん［木版本］。〔近世〕いんしょ［印書］。こくほん［刻本］。せいはんぼん［整版本］。はんぽん［版本／板本］。〔中世〕いんぽん［印本］。〔中古〕すりほん［刷本／摺本］。

秘蔵している― ひぞうぼん［秘蔵本］。〔近代〕ひきふ［秘笈］。〔中世〕ひせき［秘籍］。ひほん［秘本］。〔中古〕ひしょ［秘書］。

仏教以外の― 〔上代〕げしょ［外書］。げてん［外典］。

古い― 〔近世〕ふるほん［古本］。〔中世〕こほん［古本］。〔中古〕こしょ［古書］。

ページ数の多い― 〔近代〕たいちょ［大著］。〔中世〕だいくゎん［大巻］。たいさつ［大冊］。たいぶ［大部］。

ページ数の少ない― リブレ(フランス livret)。〔近代〕パンフレット(pamphlet)。ブックレット(booklet)。リーフレット(leaflet)。〔近世〕せうさつ［小冊］。せうさっし［小冊子］。〔中世〕せうぶ［小部］。

巻物仕立ての― 〔近世〕くゎんしぼん／くゎんすぼん［巻子本］。〔中世〕まきほん［巻本］。

猥(みだ)らなことを書いた― いんぽん［淫本］。わいしょ［猥書］。〔近代〕いんしょ［淫書／婬書］。ポルノ／ポルノグラフィー(pornography；フランス Pornographie)。わいほん［猥本］。〔近世〕えんぽん［艶本］。かうしょくぼん［好色本］。しゅんぽん［春本］。

民間で出版された― 〔近代〕ちゃうはん［町版］。ばうこく／ばうこくぼん［坊刻本］。ばうほん［坊本］。〔近世〕まちはん［町版］。

昔の― 〔近代〕ぜんし［前志］。〔近世〕いにしへぶみ［古文／古典］。〔中世〕こてん［古典／故典］。

珍しい― きしょ［希書／稀書］。〔近代〕きこうしょ［稀覯書］。きこうぼん［稀覯本］。ちんせき［珍籍］。ちんぽん［珍本］。〔近世〕いしょ［異書］。〔中世〕きしょ［奇書］。ちんしょ［珍書］。

歴史の― 〔中古〕ししょ［史書］。しせき［史籍］。

廉価普及を目的とした小型の― 〔近代〕ぶんこ［文庫］。ぶんこぼん［文庫本］。

和綴じの― わしょ［和書］。〔中世〕わほん［和本］。

▼助数詞 〔近代〕さつ［冊］。〔中古〕くゎん［巻］。ちつ［帙］。ぶ［部］。へん［編／篇］。

じょや【除夜】 〔近世〕ぢょせき［除夕］。年越しの夜。〔中世〕年の夜。〔中古〕ぢょや［除夜］。

しょゆう【所有】 〔近代〕せんいう［占有］。ほいう［保有］。ようする［擁］。りゃういう［領有］。〔近世〕ぐそく［具足］。しょざう［所蔵］。〔中世〕いうす［有］。ざうす［蔵］。たもつ［保］。ほぢ［保持］。〔中古〕しょいう［所有］。しょぢ［所持］。らうず／りゃうず［領］。〔上代〕もつ［持］。

―権を放棄する 〔近代〕はうき［放棄／抛棄］。〔近世〕てばなす［手放／手離］。

―となる 〔近代〕手に帰す。〔中世〕手に落つ〔―落ちる〕。

―のしるし 〔上代〕注連(しめ)(標)結ふ。

ーの土地 近世かかへち[抱地]。りゃういふ[領邑]。中古りゃうち[領地]。
ーの範囲 近代もちまへ[持前]。中世もちぶん[持分]。
公の機関のー 近代こういう[公有]。
共同でのー 近代きょういう[共有]。
個人のー 近代しいう[私有]。
分割してー 近代かついう[割有]。

しょゆうしゃ【所有者】 オーナー(owner)。しょじしゃ[所持者]。近代しょいうしゃ[所有者]。しょいうぬし[所有主]。中世もちぬし[持主]。中古ぬし[主]。
株のー 近世かぶぬし[株主]。
借家のー 近世いへぬし[家主]。おほや[大家／大屋]。やぬし[家主]。

しょゆうち【所有地】 近代きょういうち[共有地]。くゎんいうち[官有地]。くゎんち[官有地]。こういうち[公有地]。こくいうち[国有地]。しいうち[私有地]。しょいうち[所有地]。もちぢ[持地]。近世しち[私地]。みんち[民地]。上代しめの[標野]。

しょゆうぶつ【所有物】 近代しょいうひん[所有品]。しょいうぶつ[所有物]。しょざうひん[所蔵品]。近世てのもの[手物]。中世もちもの[持物]。
ーが何もないこと 近代はだかいっくゎん[裸一貫]。むいちぶつ[無一物]。中世するすみ[匹如身／単己]。みすがら[身]。むいちもつ[無一物]。
個人のー 上代しぶつ[私物]。

しょよう【所用】 近代ようけん[用件]。ようむ[用務]。近世ようむき[用向]。中世しょよう[所用]。ようしょ／ようじょ[用所／用処]。中古よう[用]。ようじ[用事]。

しょよう【所要】 ニーズ(needs)。近代しょえう[所要]。にふよう[入用]。ひつえう[必要]。中世いりよう[入用]。中古いる[要]。

しょり【処理】 近代しょり[処理]。マネージ(manage)。近世きりもり[切盛]。くゎんり[管理]。しまつ[始末]。そち[措置]。とりおき[取置]。中世しょべん[処弁]。せいばい[成敗]。せいり[整理]。とりさた／とりざた[取沙汰]。中古さた[沙汰]。上代しょぶん[処分]。れうり[料理]。↓しょち
ーが簡単である 近代けいい[軽易]。けいべん[軽便]。近世てがる[手軽]。中世かんい[簡易]。
ーがてきぱきしている 近代ゑんてんくゎつだつ[円転滑脱]。中世きりどほし[切通]。手が早い。中古てばやし[手早]。
ー・する しきる[仕切]。近世あつかふ[扱]。こなす[熟]。さばく[捌]。方を付く[ー付ける]。訳(わけ)を立つ[ー立てる]。中世さばくる[捌]。とりはからふ[取計]。とりまはす[取回]。まかなふ[賄]。中古おこなふ[行]。したたむ[ーためる][認]。しょす[処]。つくる[作]。とりあつかふ[取扱]。とりさばく[取捌]。とりしたたむ[取認]。べんず[弁]。
ー・する人 近世しおきしゃ[仕置者]。
ーに窮する 近世持ちも提げもならぬ。中世つまる[詰]。
ーの困難な事 近代なんけん[難件]。なんてん[難点]。中世なんじ[難事]。
うまくー・する やりこなす[遣熟]。近代とりこなす[取熟]。近世あげさげ[上下]。こなす[熟]。しこなす。れうる[料]。中世あひしらふ。きりぬく[ーぬける][切抜]。とりなす[取成／執成]。
思い切ってー・する 近代大鉈(おほなた)を振るふ。中世いったうりゃうだん[一刀両断]。
手心を加えてー・するさま 近世てかげん[手加減]。中世えんみ[塩味]。中古しんしゃく[斟酌]。上代をんびん[穏便]。
内々のー 中世うちざた[内沙汰]。
変化に応じたー 近世りんきおうへん[臨機応変]。中世りんき[臨機]。

じょりょく【助力】 えんご[援護]。近代あとおし[後押]。サポート(support)。じょりょく[助力]。しゑん[支援]。ちからぞへ[力添]。力を貸す。近世おうゑん[応援]。かただすけ[肩助]。じょせい[助勢]。はうじょ[幇助]。中世かせい[加勢]。かたいれ[肩入]。かたん[加担／荷担]。すけだち[助太刀]。てだすけ[手助]。てつだひ[手伝]。ふえき[扶掖]。ふじょ[扶助]。肩を貸す。力になる。中古かふりょく／がふりょく[合力]。たすく[たすける][助]。ふち[扶持]。よりき[与力]。ゑんじょ[援助]。上代すく[すける][助]。
少しのー 近世ひとかた[一肩]。中世いっぴ[一臂]。
他人のー 中古おかげ[御蔭／御陰]。

しょるい【書類】 近代ドキュメント(document)。ぶんけん[文献]。近世しょめん[書面]。しょるい[書類]。中世かきもの[書物]。ぶんしょ[文書]。中古かきつけ[書付]。ふみ[文]。もんじょ[文書]。

ーの次のページ 近代 じえふ[次葉]。

ーを入れておく箱 中古 ふばこ[文箱／文筥]。近代 てぶんこ[手文庫]。

ーを入れる鞄 ブリーフケース(briefcase)。

▼助数詞 中古 つう[通]。

じょれつ【序列】 かくづけ[格付]。じゅんいづけ[順位付]。ランキング(ranking)。ランクづけ[rank付]。近代 オーダー(order)。ランク(rank)。近世 せきじゅん[席順]。せきじ[席次]。じゅんじょ[順序]。中世 じゅんばん[順番]。じょれつ[序列]。中古 しな[品]。上代 じゅんゐ[順位]。

ーの第一 いちい[一位]。いっきゅう[一級]。中世 いっとう[一等]。中古 いちばん[一番]。

じょろう【女郎】 近世 いうぢょ[遊女]。おいらん[花魁]。それしゃ[其者]。ぢょらう[女郎]。てんやもの[店屋者]。びり。

ーのいる部屋 近世 つぼね[局]。

ーを買う 近世 はなす[話／咄]。ひめかひ[姫買]。

ーを抱え遊興させる店 近代 かしざしき[貸座敷]。近世 あげや[揚屋]。いうぢょや[遊女屋]。ぎろう[妓楼]。しゃうか[娼家]。せいろう[青楼]。ぜにみせ[銭店／銭見世]。ぢょらうや[女郎屋]。

下級のー 近世 からかみ[唐紙]。きりみせぢょらう[切店女郎]。くつわぢょらう[轡女郎]。つぼね／つぼねぢょらう[局女郎]。ながやぢょらう[長屋女郎]。

位の高いー 近世 おいらん[花魁]。たいふ[大夫／太夫]。

しょろん【緒論】 →じょろん

じょろん【序論】 どうにゅうぶ[導入部]。近代 イントロ／イントロダクション(introduction)。じょしゃう[序章]。しょろん[緒論]。まへおき[前置]。近世 ちょろん[緒論]。上代 じょせつ[序説]。

しょんぼり しょぼっと。しょぼんと。近代 しをしを。つっぽり。近世 がっかり。げっそり。げんなり。しょぼしょぼ。しょんぼり。すごすご。中世 しほしほ[萎萎／悄悄]。中古 せうぜん[悄然]。→がっかり

《句》近代 土仏の夕立に逢ったやう。蛞蝓(なめくぢ)に塩。近世 青菜に塩。

ー・する 近世 そげたつ[立]。中古 しをる[しおれる][萎]。上代 うらぶる[ーぶれる]。さぶ[寂／荒]。

じらい【爾来】 →いご

しらが【白髪】 ロマンスグレー(和製romance grey)。白い物。近代 ぎんぱつ[銀髪]。中世 秋の霜。中古 かくはつ[鶴髪]。ゆき[雪]。上代 しらか[白髪]。しらかみ／しろかみ[白髪]。

《枕》上代 ふるゆきの[降雪][⇩しろかみ]。

《句》近代 白髪は冥土への使ひ。

ーの頭 近世 しらがあたま[白髪頭]。上代 はくしゅ[白首]。はくとう[白頭]。

ーの老人 中古 はくとうをう[白頭翁]。

ーまじり 近世 いさは[斑葉]。ごましほ[胡麻塩]。

すっかりーになること 中世 もろしらが[諸白髪]。

年老いてーになる 中古 おいしらむ[老白]。

老女のー 中古 つくもがみ[九十九髪]。

▼共白髪 中世 かいらう[偕老]。もろしらが[諸白髪]。

しらかば【白樺】 しろざくら[白桜]。近世 かばのき[樺木]。しらかば[白樺]。中古 かば[樺]。上代 かには[樺]。

しら・ける【白】 しらむ[白]。近代 はなじろむ[鼻白]。天使が通る。近世 いひしらける[言白]。きょうざめ[興醒]。中世 ある[荒]。さむ[さめる][冷]。ことさむ[事醒]。中古 しらく[しらける][白]。ふきょう[不興]。しらじらし[白白]。なさけなし[情無]。

ー・けさせる 近代 座をさます。中世 しらかす／しらまかす／しらます[白]。中古 さます[冷]。

しらじらし・い【白白】 近世 しらばくれる／しらばっくれる[白]。そらぞらし[空空]。まざまざし。みえすく[見透]。白(しら)を切る。まざ 中世 しらじらし[白白]。そらとぼけ[空惚]。→しらばく・れる

ー・い態度で人を愚弄すること 近世 しらごかし。

じら・す【焦】 近代 いらだたす[苛立]。いらだつ[ーだてる][苛立]。近世 きしめる[軋]。じらす[焦]。中世 きしませる[軋]。

しらずしらず【不知不識】 近代 いつかしら[何時知]。めいめいり[冥冥裡]。近世 おぼえず[覚]。しらずしらず[不知不識]。冥冥(めいめい)の裡(うち)。中世 おもはず[思]。覚えずして。覚えず知らず。思はず知らず。中古 おのづから[自]。そぞろ[漫]。上代 しらに[知]。

しらせ【知】 インフォーメーション／インフォメーション(information)。近代 こくち[告知]。じゃうほう[情報]。つうこく[通告]。つうち[通知]。つうてふ[通牒]。てふほう[諜報]。ほう[報]。れんらく[連絡]。近世 しらせ[知／報]。ほうこく[報告]。ほうだう

［報道］。ほうち［報知］。［中世］さう［左右］。さた［沙汰］。つうほう［通報］。てふそう［牒送／牒奏］。せうそく／せうそこ［消息］。［中古］あんない［案内］。つうたつ［通達］。らいほう［来報］。

新しい― ［近代］しんぽう［新報］。

後からの― こうほう／ごほう［後報］。

急ぎの― きゅうこく［急告］。［近代］きふほう［急報］。

一般の人への― こうほう［広報／弘報］。［近代］くゎうこく［広告］。→**こうこく【広告】**

うれしい― ろうほう［朗報］。［近代］きっぽう［吉報］。くゎいほう［快報］。ふくいん［福音］。［近世］きっさう［吉左右］。［中世］かうびん［好便］。

悲しい― ［近代］ひほう［悲報］。

危険を知らせる― ちゅういほう［注意報］。［近世］けいしょう［警鐘］。けいほう［警報］。

死去の― ［近代］きょうほう［凶報］。ふほう［訃報］。［近世］きょういん／きょうおん［凶音］。［中世］ふいん／ふおん［訃音］。ふ［訃／赴］。

商品などの― ［近代］くゎうこく［広告］。コマーシャル(commercial)。［近世］うりこみ［売込］。［上代］せんでん［宣伝］。→**こうこく【広告】**

確かな― ［近世］かくほう［確報］。

ちょっとした― ［近代］いっぽう［一報］。

到着の― ちゃくしん［着信］。

花の咲いた― ［近代］はなだより［花便］。［近世］くゎしん［花信］。

前もっての― ［近世］さきぶれ［先触］。まへぶれ［前触］。

し

間違った― ［近代］ごほう［誤報］。

悪い― ［近代］きょうほう［凶報］。［中古］あくほう［悪報］。

しら・せる【知】 ［中古］つげこす［告］。つげしらす［―しらせる］［告知］。つたふ［つたえる］［伝］。ほうず［報］。［上代］しめす［示］。しらす［しらせる］［知］。つぐ［つげる］［告］。のる［宣／告］。

―・せてくれる ［中古］つげこす［告］。

―・せにくる ［中古］つげく［告来］。

合図して―・せる ［中古］くはす［交］。

公的な事を広く―・せること ピーアール(PR public relations)。［近代］こうこく［公告］。こうじ［公示］。こうふ［公布］。こうへう［公表］。こくたつ［告達］。はっぷ［発布］。はっぺう［発表］。ふたつ［布達］。［中世］ふるる［触］。ふれ［触／布令］。［中古］せんぷ［宣布］。つうたつ［通達］。［上代］ふこく［布告］。

それとなく―・せる ［中古］つたへほのめかす［伝仄］。ほのめかす［仄］。［近代］あんじ［暗示］。

内々に―・せる ［中世］ないほう［内報］。

秘密を―・せる ［中古］もらす［漏／洩］。

広く―・せる ピーアール(PR; public relations)。［近代］うりこむ［売込］。くゎうこく［広告］。こうへう［公表］。しうち［周知］。とどろかす［轟］。パブリシティー(publicity)。［近世］うる［売］。ことぶれ［事触／言触］。顔を売る。名を売る。［中世］いひひろむ［―ひろめる］［言広］。ひろめ［広／弘］。ふれ［触／布令］。［中古］いひふらす［言触］。たつ［立］。ひろう［披露］。ふらす［触］。［上代］ひろむ［ひろめる］［広／弘］。

前もって―・せる ［近代］よこく［予告］。

マスコミなどで―・せる ［近代］ほうだう［報道］。

しらぬかお【知顔】 →**しらばく・れる**(次項)

しらばく・れる【白】 すっとぼける［素惚］。しらんかお →**しらんかお**

［近代］おとぼけ［御惚］。しらんぷり［知振］。ほほかぶり／ほほかむり［頰被／頰冠］。どこ吹く風。［近世］かまとと［蒲魚］。しらく［しらける］［白］。しらばくれる［白］。しらばけ［白化］。そらうそぶく［空嘯］。そらぞらし［空空］。そらとぼける［空惚］。はくくゎ［白化］。口を拭ぬぐふ。権輿けんによもなし。娑婆で見た弥三郎。白しらを切る。涼しい顔。素知らぬ顔。空を使ふ。［中世］うそむく［嘯］。うちおぼめく［朧］。しらしらし／しらじらし［白白］。そらしらず［空知］。とぼく［とぼける］［惚／恍］。［中古］うそぶく／うそむく［嘯］。おぼめかし／おぼめく［朧］。ことなしぶ［事］。さりげなし［然］。しらずがほ／しらぬかほ［知顔］。そらおぼめき［空朧］。そらしらず［空知］。つれなしがほ［顔］。よそげ［余所気］。［上代］みかくす［見隠］。空吹く風。《句》［近世］知らぬ顔の半兵衛。半兵衛を決め込む。

―・れている者 ［中世］とぼけもの［恍者］。

平気で―・れるさま ［近代］のんこのしゃあ。のんこのしゃんこ。

しらびそ【白檜曾】(マツ科の常緑高木) えぞもみ［蝦夷樅］。［近代］しらべ［白檜］。［近世］しらびそ［白檜曾］。

しらふ【素面】 ［近世］しらふ［素面］。すめ／すめん［素面］。［中世］すがほ［素顔］。

しらべ【調】❶〈調査〉 リサーチ(research)。［近代］けんさ［検査］。けんたう［検討］。しら

べ[調]。しんあん[審案]。たしかめる[確]。たんきう[探究]。たんきう[探求]。てうさ[調査]。近世ぎんみ[吟味]。しらべもの[調物]。せんさく[詮索]。たんさ[探査]。たんたう[探討]。中世けんきう[研究]。上代てんけん[点検]。

しらべ【調】❷〈訊問〉 近代さうさ[捜査]。たんきう/だんきう[弾糾]。近世とりしらべ[取調]。中世かん[勘]。きうめい[糾明/糺明]。ぎんみ[吟味]。しらべ[調]。中古きうかう[糾行/糺行]。きうもん[糾問/糺問]。上代じんもん[訊問]。

しらべ【調】❸〈旋律〉 近代がくてう[楽調]。せんりつ[旋律]。ふしまはし[節回]。メロディー(melody)。中世きょくせつ[曲節]。きょくてう[曲調]。中古しらべ[調]。ふし[節]。上代きょく[曲]。

しら・べる【調】❶〈調査〉 あんずる[案]。近代せうがふ[照合]。たしかめる[確]。だしん[打診]。とりしらべる[取調]。近世あらたむ[—ためる][改]。あらふ[洗]。あんず[按]。しらぶ[しらべる][調]。中世うかがふ[窺]。しらむ[調]。せんぎ[詮議]。せんさく[穿鑿]。ためす[試]。てんず[点]。とぶらふ[訪]。中古けんす[検]。さがす[捜/探]。さぐる[探/捜]。ただす[糾]。上代あなぐる[探/索]。たづぬ[たずねる][尋]。

—・べあげる 近代あらひたてる[洗立]。近世あらひあぐ[—あげる][洗上]。中古あばく[暴]。

—・べ糾ただす 近代さもん[査問]。近世とひただす[問質]。中古かうがふ/かんがふ[考/勘]。けんえつ[検閲]。

—・べて明らかにする 近世かうきう[講究]。けんし[検視]。しゃうしつ[詳悉]。中世かうめい[講明]。

—・べて考えること 近代けいさ[稽査]。けんあん[検案]。けんかう[検校]。けんたう[検討]。中世せんず[詮]。てうはふ[調法]。上代れうけん[料簡/了見/了簡]。

—・べて定める 近代かうさ[考査]。さてい[査定]。近世しんてい[審定]。

—・べて罰する 中古かんず[勘]。

—・べて回る 近世じゅんし[巡視]。上代じゅんけん[巡検]。じゅんさつ[巡察]。

詳しく—・べる 近代おしきはめる[押究]。せいしゃうさ[詳査]。しゃうさつ[詳察]。せいさ[精査]。近世ぎんみ[吟味]。さっす[察]。上代しんさつ[審察]。てんけん[点検]。

その場で—・べる 近代りんけん[臨検]。

それとなく—・べる 近世しびく。

他と突き合わせて—・べる 近代いんせう[引照]。かんさ[勘査]。せうがふ[照合]。せうさ[照査]。近世さんかう[参考]。

他人について秘かに—・べる 近代たんてい[探偵]。

内々で—・べる 近代ないけん[内検]。

見て—・べる 近代えっけん[閲見]。中世けんぶん[検分/見分]。

しら・べる【調】❷〈演奏〉 近代えんそう[演奏]。近世いとさばき[糸捌]。かなづ[かなでる][奏]。中世だんず[弾]。中古かきならす[掻鳴]。しらぶ[しらべる][調]。そうす[奏]。ひく[弾]。上代つまびく[爪弾]。

しらみ【虱】 近代はんぷうし[半風子]。近世あづまむし[東虫]。はんぷうせんせい[半風先生]。中世しらむし[白虫]。中古しらみ[虱]。

花見の頃繁殖する— 近世はなみじらみ[花見虱]。

しら・む【白】 近代あかるむ[明]。中古しらむ[白]。

空が—・むさま 近世がんがり。

しらん【紫蘭】 しゅらん[朱蘭]。びゃくぎゅう[白及]。近世しらん[紫蘭]。

しらんかお【知顔】 近代ポーカーフェース(poker face)。ほほかぶり/ほほかむり[頬被/頬冠]。何食はぬ顔。近世しらばくれる/しらばっくれる[白]。しらんかほ[知顔]。素知らぬ顔。中古しらずがほ/しらぬかほ[知顔]。つれなし[強顔/強面]。つれなしがほ[顔]。空吹く風。→**しらばく・れる**

《句》近世知らぬ顔の半兵衛。半兵衛を決め込む。

—のさま 近代あっけらかん。へいぜん[平然]。近世けろり。

しらんぷり【知振】 →**しらばく・れる**

しり【尻】❶〈臀部〉 近代でんぶ[臀部]。ヒップ(hip)。近世おかま[御釜]。かま[釜]。けつ[尻/穴]。中世おゐど[御居処]。にゃけ/にやけ[若気]。ゐさらひ[尻/臀]。ゐしき[居敷/臀]。中古ゐざらひ[尻/臀]。上代しり[尻/臀]。

—が軽い女 近世はりまなべ[播磨鍋]。

—に当てる布等 近世しりあて[尻当]。ゐしきあて[居敷当]。中世ひっしき[引敷]。

—の上部 近世さんのづ[三図/三頭]。

ーの肉の盛り上がった部分 近世しりこぶた／しりこぶら［尻臀］。しりたぶ／しりたぶら／しりたむら［尻臀］。しりっぺた／しりべた［尻臀］。中古しりむた［尻臀］。
ーの骨 中世しりぼね［尻骨］。びこつ［尾骨］。
ーの様子 中世しりざし［尻刺／尻差］。
ーを地面につけて座る 近世へたる。
逃げて行く人のー 近世にげじり［逃尻］。
しり【尻】❷〈後尾〉さいかい［最下位］。さいこうび［最後尾］。近代こうび［後尾］。びり。びりっけつ。近世あとべ［後方］。しまひ［仕舞］。どんけつ。中古うしろ［後］。上代しり［尻／後］。しりへ［後方／後］。
馬などのーの方 中世おっさま［追様］。
しり【私利】→**しりしよく**
じり【事理】近世すぢみち［筋道］。中世でうり［条理］。わけ［訳］。中古じり［事理］。上代だうり［道理］。
しりあい【知合】近代かほみしり［顔見知］。しりあひ［知合］。中世さうしき［相識］。ちいん［知音］。ちじん［知人］。中古さうち［相知］。しりうと／しるひと［知人］。しりびと［知人］。しるべ［知辺］。上代ちき［知己］。
→**ちじん【知人】**
《謙》近世じょくかう［辱交］。じょくち［辱知］。
《句》近代冥土(冥途)にも知る人。近世知らぬ仏(神)より馴染みの鬼。中世萍水(へいすい)相逢ふ。
ーが多い 近代顔が広い。
ーであること 近代しき［識］。
ーになる 顔を繋ぐ。中世しりあふ［知合］。
新しいー 上代しんち［新知］。
互いにーの仲 近代みしりあひ［見知合］。

中古こころしり［心知］。
シリアス(serious) 近代シリアス。しんこく［深刻］。ぢゅうだい［重大］。近世まじめ［真面目］。中世げんしゅく［厳粛］。
シリーズ(series) 近代けい［系］。けいれつ［系列］。シリーズ。ライン(line)。近世けいとう［系統］。
しりからげ【尻絡】近代しりっぱしょり［尻端折］。ぢんぢんばしょり［端折］。近世しりはしょり［尻端折］。中世あづまからげ［東絡／東紮］。あづまをり［東折］。しりからげ［尻絡］。
じりき【地力】近代そこぢから［底力］。近世ぢりき［地力］。のうりょく［能力］。中世じつりょく［実力］。
しりごみ【尻込】きおじ［気怖］。近代たいえい［退嬰］。たぢたぢ。にげごし［逃腰］。よわごし［弱腰］。近世あとじさり／あとずさり［後退］。しりごみ［尻込／後込］。でぐすみ［出］。ひっこみじあん［引込思案］。中世きおくれ［気後］。ためらひ［躊躇］。へきえき［辟易］。中古しゅんじゅん［逡巡］。ちうちょ［躊躇］。→**ためら・う**
ー・しない 近世いさまし［勇］。
ー・する あとずさる［後退］。近代しりごむ［尻込］。三舎を避(さ)く(—避ける)。近世たぢろぐ。びびる。二の足を踏む。中世すくむ［竦］。たぢろく。ためらふ［躊躇］。中古ひるむ［怯／痿］。
恥じてー・する 近世わにる。
しりしよく【私利私欲】しふく［私腹］。近代がり［我利］。しえき［私益］。しり［私利］。近代じり［自利］。よくばう［欲望］。りこしん［利己心］。近世がよく［我欲］。ししん［私心］。わたくし［私］。中世えこ［依怙］。中古しよく［私欲］。よくしん［欲心］。
《句》近代己(おの)に克(か)ち礼に復(かへ)る。
ーがなくなること 中世紅炉上(こうろじやう)一点の雪。
ーのないさま 中世せいすい［清粋］。むし［無私］。中古れんちょく［廉直］。上代せいれん［清廉］。
ーを捨てること めっし［滅私］。
じりじり❶〈いらだつさま〉近代じれじれ。近世うずうず。じりじり。むずむず。やきもき。中世いらいら［苛苛］。中古かりかり。
じりじり❷〈少しずつのさま〉近代じわり。じわりじわり。近世じわじわ。中世じりじり。そろそろ。そろり。のろのろ。中古ゆらゆら。ゆるゆる［緩緩］。
しりぞ・く【退】❶〈下がる〉近代きゃくかう［却行］。こうたい［後退］。さがる［下］。体(たい)を引く。近世あとじさり／あとびさり［後退］。あとずさり［後退］。あともどり［後戻］。おしすさる［押退］。どく［退］。中世しさる／しざる／すさる［退］。ひきあし［引足］。ひきしりぞく［引退］。中古さしのく［差退／差除］。しぞく［退］。のく［退］。ひきさがる［引下］。ひく［引］。上代しりぞく［退］。そく［退］。
ー・かせる 近世ひきさぐ(—さげる)［引下］。中世やりのく(—のける)［遣退］。中古さしのく［差退／差除］。
ー・き立つ 上代そきたつ［退立］。
恐縮してー・く 近代しゅくたい［縮退］。
決してー・かないこと 中古ふたい［不退］。ふたいてん［不退転］。

少しー・く 近代すんたい[寸退]。

飛ぶようにしてー・く はねのく[跳退]。近世とびすさる[飛退]。中世とびしさる[飛退]。とびのく[飛退/跳退]。中古とびさる[飛去]。

しりぞ・く【退】❷〈退却〉 近代さがる[下]。ひきとる[引取]。近世ひきこむ/ひっこむ[引込]。中世さしのく[差退/差除]。すっこむ。たいきょ[退去]。ひきのく[引退]。中古さる[去]。しりぞく[退]。たいしゅつ[退出]。はづる〔はずれる〕[外]。ひきいる[引入]。ひく[引]。まかづ[罷]。まかる[罷]。ゐのく[居退]。上代たいきゃく[退却]。たちさる[立去]。→**たいしゅつ**

ー・くのに都合のよい頃合い のきしお[退潮]。ひきぎわ[引際/退際]。

軍隊などがー・く 近代てったい[撤退]。中世たいくつ[退屈]。

困難を恐れー・く

両軍ともー・く 近代かうすい[交綏]。

しりぞ・く【退】❸〈辞職〉 たいじん[退陣]。近代じにん[辞任]。たいにん[退任]。リタイア(retire)。中世いんたい[引退]。じしょく[辞職]。じす[辞]。しりぞく[退]。やむ〔やめる〕[辞]。ゆうたい[勇退]。中古いとま[暇/遑]。いんきょ[隠居]。おる〔おりる〕[下/降]。→**じにん【辞任】**

しりぞ・ける【退】 近代きゃくさう[却掃]。はいた[排他]。近世どく〔どける〕[退]。はいせき[排斥]。中世しりぞく〔ーぞける〕[退]。はいす[廃]。はいす[排]。ひんせき[擯斥]。中古おしのく〔ーのける〕[押除]。おしやる[押遣]。さぐ〔さげる〕[下]。ついはう[追放]。とほざく〔ーざける〕[遠]。のく〔のける〕[除/退]。上代おひはらふ[追払]。くぢょ[駆除]。そく[退]。まく[罷]。

ー・け罵ること 近代せきば[斥罵]。

意見を取り上げないでー・ける 近代きゃくか[却下]。

攻撃してー・けること 近代げきたい[撃退]。近世はいげき[排撃]。

強くー・ける 近世つうせき[痛斥]。

じりつ【自律】 じしゅかんり[自主管理]。じしゅく[自粛]。近代こくき[克己]。じしゅ[自主]。じじょ[自助]。セルフコントロール(self control)。近世じせい[自制]。

じりつ【自立】 近代どくかう[独行]。どくりつ[独立]。ひとりだち[独立]。近世いっぽんだち[一本立]。ちちばなれ/ちばなれ[乳離]。ひとりあるき[一人歩]。一国一城の主ある。中世じくゎつ[自活]。じりつ[自立]。中古どくほ[独歩]。上代じそん[自存]。

親からー・できないこと 近世おやがかり[親掛]。親の臑(脛)を嚙る。

しりつく・す【知尽】 ちぎょう[知暁]。近代げうつう[暁通]。じゅくつう[熟通]。ちしつ[知悉]。とうしつ[洞悉]。近世しりぬく[知抜]。みきはむ〔ーきわめる〕[見極]。中世しりつくす[知尽]。せいつう[精通]。ちれう[知了]。つうてつ[通徹]。中古つうじゅく[通熟]。

しりとり【尻取】 近世あとつけ[後付/跡付]。しりとり[尻取]。

ーで詠む歌 近世あとつけ[後付/跡付]。中世もじぐさり[文字鎖]。中古つらねうた[連歌]。

じりひん【貧】 さきぼそり[先細]。近代じりひん[貧]。じりやす[安]。近世ひだりまへ[左前]。中世おちめ[落目]。くだりざか[下坂]。

しりもち【尻餅】 近世へたる。中世しりもち[尻餅]。しりゐ[尻居]。

しりめつれつ【支離滅裂】 しっちゃかめっちゃか。近代しりめつれつ[支離滅裂]。めちゃくちゃ[滅茶苦茶]。近世むちゃくちゃ[無茶苦茶]。中古こんらん[混乱]。

しりゅう【支流】 ぼうりゅう[傍流]。中世えだがは[枝川]。えだながれ[枝流]。ようりう[余流]。中古しりう[支流/枝流]。ぶんりう[分流]。

じりゅう【時流】 トレンド(trend)。近代てうりう[潮流]。ふうてう[風潮]。近世じりうう[時流]。中世じふう[時風]。中古じせい[時勢]。ときよ[時世]。

定見なくーに合わせる態度 かざみどり[風見鶏]。近代オポチュニズム(opportunism)。ごつがふしゅぎ[御都合主義]。ひよりみしゅぎ[日和見主義]。

ーにうまく乗る 近代てうじょう[超乗]。時機に投ずる。中世時を得う〔ー得える〕。流れに棹さす。《句》中古時の花を挿頭にせよ。

ーに敏感であるさま ジャーナリスティック(journalistic)。

しりょ【思慮】 近代かうりゃう[考量]。かうりょ[考慮]。しれう[思料]。しゐ[思惟]。近世かうさつ[考察]。かんがへ[考]。しんりょ[心慮]。ねんりょ[念慮]。わかち[分/別]。中世あん[案]。おもんぱかり[慮]。ねん[念]。ふんべつ[分別]。中古おもはく

[思/思惑]。おもひ[思]。おもひやり[思遣]。おもふさま[思様]。きも[肝/胆]。こころここち[心地]。こころぎも[心肝]。こころばせ[心馳]。しねん[思念]。しりゃう[思量]。しりょ[思慮]。たどり[辿]。たましひ[魂]。わき[分/別]。上代 こころ[心]。

《尊》中世 けんりょ[賢慮]。

《謙》近代 あさぢゑ[浅知恵]。ぐかう[愚考]。近世 せんけん[浅見]。中世 ぐけん[愚見]。せんりょ[浅慮]。中古 ぐあん[愚案]。ぐい[愚意]。くゎんけん[管見]。たんりょ[短慮]。

ーが浅い 近世 あまくち[甘口]。中世 こけ[虚仮]。こころあさし[心浅]。そこつ[粗忽]。はかなし[果無/果敢無/儚]。中古 あうなし[奥無]。あさはか[浅]。あさふ[浅]。あはつけし[淡]。おもひぐまなし[思隈無]。こころをさなし[心幼]。

ーがあること 中世 こころばせあり[心馳有]。中古 いうしん/うしん[有心]。こころあり[心有]。

ーがない 分別がない。近代 むかんがへ[無考]。近世 あいたてなし/あいだてなし。きなし[気無]。たあいなし/たわいなし。むねんむさう[無念無想]。やみくも[闇雲]。中世 ぶゑんりょ[無遠慮]。思ふところなし。中古 おほなおほな。ここちなし[心地無]。こころおくる[心後]。こころなし[心無]。むしん[無心]。やみ[闇]。

ーがない行動 まうきょ[妄挙]。近代 ばうきょ[妄挙]。

ーが深い 近代 かんがへぶかい[考深]。中古 いたりかしこし[至賢]。いたりふかし[至深]。おもひぐま[思隈]。こころおもし[心重]。こころふかし[心深]。ふかし[深]。ものふかし[物深]。心の至り。

ーが深く落ち着いていること 中世 ちんしん[沈深]。

ー・する 中古 かうがふ/かんがふ[考/勘]。

ー分別 中世 れうけん[料簡/了簡]。上代 こころ[心]。

ー分別を失う 中世 文目(あやめ)も分かず。闇に暮る[ー暮れる]。闇に惑ふ(迷ふ)。中古

幼くてーがない 近世 たわいなし。

さまざまなー 近世 せんしばんりょ[千思万慮]。中世 せんりょ[千慮]。中古 ばんりょ[万慮]。

年齢相応のー 近世 としがひ[年甲斐]。

わが子を思う故にーを失う 近世 子故の闇。

しりょう【資料】 近代 げんれう[原料]。ざいれう[材料]。じゃうほう[情報]。しれう[資料]。そざい[素材]。データ(data)。

ーの提供者 インフォーマット(informant)。

しりょう【飼料】 近世 しれう[飼料]。ゑさ[餌]。中世 かひれう[飼料]。上代 ゑ[餌]。

→えさ

ーを与える 中古 とりかふ[取飼]。

牛馬のー 近世 かひば[飼葉]。上代 ばりゃう[馬糧]。ばれう[馬料]。まぐさ[秣/馬草]。

その他ーのいろいろ(例) あおがりしりょう[青刈飼料]。あおがりだいず[青刈大豆]。いじしりょう[維持飼料]。エンシレージ(ensilage)。サイレージ(silage)。はいごうしりょう[配合飼料]。まいすう[埋芻]。まいそう[埋草]。近代 いきゑ[生餌]。中世 あぶらかす[油粕/油糟]。

しりょう【死霊】 近代 おばけ[化]。中世 つきもの[憑物]。中古 しりゃう[死霊]。もののけ[物怪/物気]。→ばけもの

しりょく【資力】 近代 きんりょく[金力]。けいざいりょく[経済力]。ざいりょく[財力]。しりょく[資力]。

《句》近世 長袖(ちゃうしう)善く舞ひ多銭(たせん)善く賈(あきな)ふ。

しりょく【死力】 近世 いのちがけ[命懸]。けっし[決死]。しにものぐるひ[死物狂]。ひっし[必死]。中世 しりょく[死力]。

ーを尽くす 中世 ここを先。ここを先途。

しりょく【視力】 近代 しりょく[視力]。近世 めかい[目界]。中世 がんせい[眼精]。がんりき/がんりょく[眼力]。上代 めい[明]。

↓しかく【視覚】

ーが強い若い時 近世 めどき[目時]。

ーの衰え 近代 しじふくらがり[四十暗]。らうし[老視]。らうしがん[老視眼]。中古 らうがん[老眼]。

ーの検査 けんがん[検眼]。

ーの優れているたとえ 近世 離婁(りろう)の明(めい)。

ーを失うこと 中世 しつめい[失明]。

しる【汁】 近代 おすまし[御澄]。おつゆ[御汁]。しゃうえき[漿液]。スープ(soup)。ソップ(オランダ sop)。近世 すましじる[澄汁/清汁]。つゆ[汁/液]。中世 すひもの[吸物]。すまし[澄/清]。中古 しる[汁]。上代 あつもの[羹]。

ーに入れるもの 近代 ぐ[具]。近世 うかし[浮]。こ[子]。み[実/子]。

ーの多いこと たじゅう[多汁]。

ーを掛けただけの食べ物 近世 ぶっかけ[打

掛]。
一品の― 近世いちじふ[一汁]。
魚肉を味噌で煮詰めた― 近代こひこく[鯉濃]。近世こくしほ/こくしゃう[濃漿]。
米を煮た― 中古おもゆ[重湯]。こんづ[漿/濃漿]。上代こみづ[濃水/白飲]。
昆布などを煮出した― 近世こぶだし[昆布出汁]。だしじる[出汁]。中世せんじふ[煎汁]。だし[出]。
搾って作った― あおじる[青汁]。ジュース(juice)。近代くゎじふ[果汁]。にくしゃう[肉漿]。近世えきじふ[液汁]。中世しぼりじる[絞汁]。にくじふ[肉汁]。
蕎麦などを食べるときの― つけしる/つけじる[付汁]。近代あぶらすまし[油清汁]。かけしる/かけじる[掛汁]。つゆ[汁/液]。近世たれ[垂]。
橙(だいだい)を搾った― 近代ポンス(オランダpons)。ポンず[酢]。
鉄を水に長く浸してできる黒い― 近世てっしゃう[鉄漿]。
苦い― くじゅう[苦汁]。
豚肉入りの味噌仕立ての― 近代とんじる[豚汁]。ぶたじる[豚汁]。
豆で作る― あめ[豆汁/灝]。近代あづきじる[小豆汁]。近世ごじる[呉汁/豆汁]。なっとじる/なとうじる[納豆汁]。中世ご[豆汁/豆油]。なっとうじる[納豆汁]。
その他―のいろいろ(例) おきじる[沖汁]。おきなじる[沖魚汁]。そばつゆ[蕎麦汁]。とめわん[止椀]。ふきよせじる[吹寄汁]。近代かすじる[粕汁/糟汁]。けんちんじる[巻繊汁]。コンソメ(フランスconsommé)。ポタージュ(フランスpotage)。近世ちゃわん/ちゃわんもり[茶碗盛]。ねぎまじる[葱鮪汁]。ねぶかじる[根深汁]。はしらかし/はしらかしじる[走汁]。みそしる[味噌汁]。中世おつけ[御汁/御付]。ざふに[雑煮]。たぬき/たぬきじる[狸汁]。どぢゃうじる[泥鰌汁]。とろろじる[薯蕷汁]。
▼味噌汁 なめこじる[滑子汁]。近世おつけ[御汁/御付]。おみおつけ[御御御付]。

し・る【知】

知]。りかい[了解]。近代ちとく[知得]。めいち[明知]。りゃうち[諒知]。わかる[分/解]。近世しょうち[承知]。れうかい[了解]。中世かくご[覚悟]。ゑとく[会得]。中古ぞんち/ぞんぢ[存知]。上代さとる[悟]。しる[知]。たなしる[知]。

《尊》中世ごぞんじ[御存]。中古しろしめす[知食]。上代しらしめす[知]。しらす[知]。

《謙》近世ぞんじあぐ[―あげる][存上]。中世ぞんず[存]。

《枕》上代しらすげの[白菅][⇩しら]。

《句》近代知る者は言はず言ふ者は知らず。近世隠れたるより現るるはなし。知らぬが仏。知らぬは亭主ばかりなり。見ぬがこころにくし。見ぬが花。見ぬが仏。中世好事(じかう)門を出でず。知らざるを知らずとせよ是知れるなり。

―・っている 近代おなじみ[御馴染]。きち[既知]。近世しょうち[承知]。中世ぞんじ[存]。ぞんち[存知]。

―・っている事柄 上代しょち[所知]。

―・っている人 近代しりあひ[知合]。中世しると[知人]。ちじん[知人]。中古しりびと/しるひと[知人]。→ちじん【知人】

―・らない 中世ぶさた[無沙汰]。ふしき[不識]。ふち[不知]。みち[未知]。上代くらし[暗]。むち[無知/無智]。

―・らないことを知ったふうにすること 近代しったかぶり/しったぶり[知振]。中世なまものしり[生物知識]。

―・らないで 上代しらに[知]。

―・らないふりをする →しらばく・れる →しらんかお
―・られていない事柄 中世いつじ[逸事/軼事]。

―・られていない土地 近代ひきゃう[秘境]。

―・られていない話 うらばなし[裏話]。近代ひわ[秘話]。

―・られないように 近代あんあんり[暗暗裏/暗暗裡]。中古しのびしのび[忍忍]。

―・られるようになる ひょうめんか[表面化]。近代おもてざた[表沙汰]。中古あらはる[―われる][現]。

―・りたい 中古いぶかし[訝]。おくゆかし[奥床]。ゆかし[床]。

―・りたがること 近代いたりぜんさく[至穿鑿]。中古ゆかしがる[床]。

以前から―・っている ききおよぶ[聞及]。近代きち[既知]。

一部を―・る 中世うかがふ[窺]。中古うかがひしる[窺知]。かいまみる[垣間見]。

推し量って―・る 中世すいち[推知]。

聞いて―・る 中古ききつく[―つける][聞付]。

先んじて―・る 近代よち[予知]。中世せんち[先知]。ぜんち[前知]。

事情をよく―・っている けんいすじ[権威筋]。中古あない/あんない[案内]。こころ

しり[心知]。
十分に—・る 近代 あぢはふ[味]。中古 いりたつ[入立]。上代 たなしる[知]。
上品ぶって—・らないふりをする(多く女性について言う) 近世 かまとと。
全部—・っている 近世 しりぬく[知抜]。中世 いっさいち[一切知]。しりつくす[知尽]。《句》近代 始めを原(たづ)ね終はりに反(かへ)る。
それとなくほのかに—・る 中古 ふうぶん[風聞]。ほのしる[仄知]。上代 ほのきく[仄聞]。
確かに—・る 近代 かくち[確知]。
当人だけ—・らない 《句》近世 知らぬは亭主ばかりなり。
はじめて—・ったというふり 近代 いまさららしい[今更]。
はじめて—・る 中古 しりそむ[—そめる][知初]。
秘密が—・られる 中古 はっかく[発覚]。もりいづ[漏出]。ろけん[露顕/露見]。上代 もる[もれる][漏/洩]。
秘密の筈が皆に—・られていること 公然の秘密。
広く—・られている ファミリア(familiar)。近代 おほやけ[公]。おもてざた[表沙汰]。こうち[公知]。しうち[周知]。しれわたる[知渡]。近世 うる[うれる][売]。こうぜん[公然]。とほる[通]。なる[鳴]。人口に膾炙(くわいしや)す。中世 かくれもなし[隠無]。きこゆ[きこえる][聞]。くゎいしゃ[膾炙]。ちょめい[著明]。るふ[流布]。中古 かくれなし[隠無]。つたはる[伝]。ひびく[響]。ひろまる[広/弘]。音に聞こゆ。口に乗る。上代 とどろく[轟]。

深くは—・らない 中古 かいなで[掻撫]。
皆がよく—・っている 近世 くちぢかし[口近]。
目で見て—・る 中世 けんち[見知/検知]。中古 みしる[見知]。みとる[見取]。
よく—・っている 近代 しゃうち[詳知]。せうそくつう[消息通]。近世 くはし[詳/委/精]。ことしり[事知]。じゅくしき[熟識]。じゅくち[熟知]。たしき[多識]。つうち[通知]。はくしき[博識]。中世 くもりなし[曇無]。せいつう[精通]。つうげう[通暁]。つうず[通]。ものしり[物知/物識]。中古 かよふ[通]。くまなし[隈無]。はくぶん[博聞]。上代 こころしらふ[心知]。はくがく[博学]。
シルエット(フランス silhouette) 近代 シャドー(shadow)。シルエット。近世 かげゑ[影絵]。りんかく[輪郭]。中世 かげぼふし[影法師]。
しるこ【汁粉】 近代 あかだし[赤出汁]。しるこ[汁粉]。中世 ぜんざい/ぜんざいもち[善哉餅]。
—の例 おきなじるこ[翁汁粉]。近世 ゐなかじるこ[田舎汁粉]。
しるし【徴】❶〈前兆〉→**きざし**
しるし【徴】❷〈効果〉 近代 エフェクト(effect)。かうくゎ[効果]。かうよう[効用]。そうかう[奏効]。そうこう[奏功]。近世 ききめ[効目]。中世 かう[効]。きぼ[規模]。ごりしゃう[御利生]。中古 かうけん[効験]。かうのう[効能]。かひ[甲斐/詮]。こうのう[功能]。ごりやく[御利益]。上代 げん[験]。しるし[徴/験]。
しるし【印】 しょうひょう[章票]。マーカー(marker)。近代 サイン(sign)。マーク(mark)。近世 ふがう[符号]。ふちゃう[符丁/符帳]。ふてふ[符牒]。へうがう[表号/標号]。へうしき[標識]。まじるし[目印/目標]。中世 あひづ[合図]。きがう[記号]。めじるし[目印/目標]。上代 しるし[印/験]。
—だけ 中古 けしきばかり[気色許]。
—を付ける器具 マーカー(marker)。ルレット(フランス roulette)。
関係者を表す— 近代 きしゃう[徽章/記章]。しゃう[章]。
書物に付ける— ぼうせん[傍線]。ぼうてん[傍点]。近代 アンダーライン(underline)。中古 さうてん/つまてん[爪点]。つまじるし[爪標/爪印]。
点検済の— 近代 チェック(check)。
天子の— 中世 けんぷ[乾符]。じんぎ[神器]。上代 みしるし[御璽]。
何かの— 中古 けしき[気色]。近代 けはい[気配]。上代 あと[跡/迹]。しょうこ[証拠]。
へらで布につける— 近代 あひじるし[合印/合標]。あひべら[合篦]。
焼いて付ける— 近世 やきはん[焼判]。らくいん[烙印]。中世 くゎいん[火印]。やきじるし[焼印]。上代 やきいん[焼印]。
しる・す【印】 跡を残す。近世 いんす[印]。点を掛く[—掛ける]。中古 しるす[印/記]。とむ[とめる][止/留]。上代 つく[つける][付]。
しる・す【記】 近代 きじゅつ[記述]。きにふ[記入]。ひかへる[控]。メモ(memo)。近世 ひっき[筆記]。中世 かきとむ[—とめる][書留]。きす[記]。中古 かいつく[書付]。か

きしるす［書記］。かく［書］。したたむ〔―ためる〕［認］。上代かきつく〔―つける〕［書付］。かきとる［書取］。きさい［記載］。きろく［記録］。しるす［記］。

誤ってー・す 中世かきあやまる［書誤］。かきそんず［書損］。中古かきそこなふ［書損］。上代ごき［誤記］。

しるべ【標】 近代ししん［指針］。中世てびき［手引］。中古あない／あんない［案内］。しなん［指南］。上代しるべ［導／標］。

しるべ【知辺】 近代しりあひ［知合］。中世ちじん［知人］。中古しるべ［知辺］。→**しりあい**

しれい【指令】 コマンド(command)。近代インストラクション(instruction)。かめい［下命］。近世しれい［指令］。中世いひつけ［言付］。げぢ［下知］。さう［左右］。さしづ［指図］。めいず［命］。めいれい［命令］。上代げぢ［下司］。しじ［指示］。

しれい【司令】 近代かんとく［監督］。コントロール(control)。しれい［司令］。とうすい［統帥］。とうそつ［統率］。中世さいはい［采配］。中古しき［指揮］。

ー部 ヘッドクォーター(headquarters)。

しれい【死霊】 →**しりょう【死霊】**

じれい【事例】 近代ケース(case)。じつれい［実例］。中世じれい［事例］。中古ためし／れい［例］。

しれつ【熾烈】 かれつ［苛烈］。近代きゃうれつ［強烈］。さうれつ［壮烈］。しれつ［熾烈］。つうれつ［痛烈］。中世げきれつ［激烈］。中古まうれつ［猛烈］。

じれった・い【焦】 近代いらだち［苛立］。せっしゃくわん［切歯扼腕］。まだるこい／まだるっこい［間怠］。まどろこい／まどろこしい。近世かくくゎさうやう［隔靴掻痒］。こじれたい／こじれったい［小焦］。しゃまだるし。じれったし［焦］。しんきくさい［辛気臭］。はがゆし［歯痒］。まだるし［間怠］。まちどほし［待遠］。中世いらいらし［苛苛］。いらだたし［苛立］。中古こころもとなし［心許無］。こころやまし［心疚］。もどかし。わびし［侘］。

《句》近代塗り箸で素麺(さうめん)を食ふ。

しれもの【痴者】 →**ばかもの**

じ・れる【焦】 近世いらつく［苛］。こころせく［心急］。じれ［焦］。じれこむ［焦込］。じれる［焦］。焦(じ)れがくる。辛気(心気)が湧く。辛気(心気)を燃やす。中世あせる［焦］。いらだつ［苛立］。いりもむ［入揉］。中古おぼしいらる［思厭］。こころもとながる［心許無］。

ー・れるさま かりかり。近世じりじり。むしゃくしゃ。やきもき。中世いらいら［苛苛］。

しれん【試練】 ハードル(hurdle)。近世ためし［試］。中世くなん［苦難］。中古くぎゃう［苦行］。上代しれん［試練］。なんぎゃう［難行］。

ーのたとえ ふうせつ［風雪］。

ーを乗り越えること 近世せごし［瀬越］。

ジレンマ(dilemma) 近代ジレンマ。むじゅん［矛盾］。りゃうたうろんぱふ［両刀論法］。近世いたばさみ［板挟］。

しろ【城】 キャッスル(castle)。近代じゃうかく［城閣］。じゃうるい［城塁］。シャトー(フランス château)。ほうるい／ほるい［堡塁］。近世かきあげ／かきあげじろ［掻揚城］。しをり［栞／枝折］。ほうさい［堡塞／堡砦］。まる［丸］。中世くるわ［廓］。くゎく［郭］。じゃう［城］。じゃうくゎく［城郭］。じゃうるい［城塁］。とりで［砦／塁／寨］。中古きど［木戸／城戸］。上代き［城］。さし［城］。しき［城／磯城］。じゃうさい［城塞］。しろ［城］。そこ［塞］。

ーが攻め落とされる 近代かんらく［陥落］。近世こうりゃく［攻略／攻掠］。中世らくじゃう［落城］。

ーと砦(とりで) 近代じゃうほ／じゃうほう［城堡］。上代じゃうさい［城塞／城砦］。

ーに籠(こも)って守ること 近世ろうじゃう［籠城］。

ーに参上すること 近世とうじゃう／とじゃう［登城］。

ーの周囲の堀 中古ほりき［塹］。

ーの中心の大櫓 近世てんしゅ／てんしゅかく［天守閣］。

ーの主 中世じゃうしゅ［城主］。

ーの本丸の内部 近世まるのうち［丸内］。

ーの門のいろいろ(例) 近世おほてもん［大手門］。中世おふて［追手］。おほて［大手］。からめて［搦手］。からめてもん［搦手門］。中古きど［木戸／城戸］。上代かきや［垣屋］。

ーを攻め落とす 上代ぬきとる［抜取］。

ーを攻めるために近くに築いた城 近世つけじろ［付城］。むかひじろ［向城］。

ーを作ること 近世しろどり［城取］。ちくじゃう［築城］。

荒れたー 近代くゎうじゃう［荒城］。

援軍のあてなく敵に囲まれたー 近世こじゃう［孤城］。

すぐれたー 中世めいじゃう［名城］。

小さなー 中世 たち［館］。とりで［砦／塁／塞］。中古 たて［館］。
古いー 中世 こじゃう［古城］。
堀や外郭をなくしたー 中世 はだかじろ［裸城］。
本拠となるー 近代 ほんるい［本塁］。近世 ほんじゃう［本城］。中世 ねじろ［根城］。
本城とは別に築いたー 近世 えだじろ［枝城］。しじゃう［支城］。つけじろ［付城］。でまる［出丸］。中世 でじろ［出城］。でばり［出張］。はしじろ／はじゃう／はじろ［端城］。
守りの固いー 近代 難攻不落の城。南山不落の城。近世 きんじゃうてっぺき［金城鉄壁］。鉄(くろがね)の城。中世 きんじゃう［金城］。きんじゃうたうち［金城湯池］。けんじゃう［堅城］。上代 えうがい［要害］。
山の上のー 上代 たかき［高城］。
その他ーのいろいろ(例) 近代 みづじろ［水城］。りょうほ［稜堡］。中世 ひらじゃう／ひらじろ［平城］。ひらやまじろ［平山城］。やかたじろ［屋形城／館城］。やまじろ［山城］。

しろ【白】 近代 じゅんぱく［純白］。せいはく［精白］。ホワイト(white)。まっしろけ［真白］。中世 しろいろ／はくしょく［白色］。まっしろ［真白］。中古 しらら［白］。しららか／しろらか［白］。ひたしろ［直白］。上代 しろ［白］。しろたへ［白妙／白栲］。ましろ［真白］。
青みがかったー せいはくしょく［青白色］。中世 あをじろし［青白／蒼白］。
一部がー 近世 かたしろ［片白］。
薄くぼかしたー 中古 うすじろし［薄白］。
黄色がかったー ミルクホワイト(milk white)。近代 ちちいろ［乳色］。とりのこ［鳥子］。とりのこいろ［鳥子色］。にゅうはくしょく［乳白色］。ミルクいろ［milk色］。近世 たんくゎうしょく［淡黄色］。中古 ねりいろ［練色］。
銀色を帯びたー 近代 ぎんはくしょく［銀白色］。しろがねいろ［白銀色］。中古 はくぎん［白銀］。
純白でないー オフホワイト(off white)。
灰色がかったー オイスターホワイト(oyster white)。近代 くゎいはく／はひじろ［灰白］。近世 くゎいはくしょく［灰白色］。中古 をばないろ［尾花色］。

しろあと【城跡】 近代 じゃうせき［城跡／城蹟］。近世 じゃうし［城址／城趾］。しろあと［城跡］。

しろ・い【白】 上代 しろし［白］。
《枕》上代 あをくもの［青雲］。しろたへの［白妙］。たくづぬの／たくづのの［栲綱］。たくひれの［栲領布］。たくぶすま［栲衾］［⇩しら］。ゆふづつみ［木綿裏］。
ー・い壁 近代 しろかべ［白壁］。はくあ［白亜／白堊］。中世 しらかべ［白壁］。
ー・い紙 近世 しらっかみ［白紙］。中古 しらかみ／はくし［白紙］。
ー・い雲 上代 しらくも／はくうん［白雲］。
ー・い衣 近世 びゃくい［白衣］。中世 しらえ［白衣］。はくえ［白衣］。中古 はくい［白衣］。びゃくえ［白衣］。
ー・いさま(たとえ) 近代 がいぜん［皚然］。ゆきじろ［雪白］。近世 せっぱく［雪白］。はくはく［白白］。ゆき［雪］。中世 雪を欺(あざむ)く。中古 かうかう［皓皓／皎皎］。がもう［鵝毛］。しらら／しららか［白］。上代 けうけう［皎皎］。
ー・い砂 近代 はくさ［白砂／白沙］。中古 しらすな［白砂］。はくしゃ［白砂／白沙］。上代 しらまなご［白真砂］。
ー・い玉 中世 はくへき［白璧］。中古 はくぎょく［白玉］。上代 しらたま［白玉］。
ー・い布 中世 はくふ［白布］。中古 しらぬの／しろぬの［白布］。
ー・い蓮 はくれん［白蓮］。近世 しらはす［白蓮］。中古 びゃくれん［白蓮］。
ー・い服 近世 びゃくい［白衣］。中世 しらえ［白衣］。はくえ［白衣］。中古 そふく［素服］。はくい［白衣］。びゃくえ［白衣］。
ー・い鳳凰 中古 はくほう［白鳳］。
ー・い頬髭 近代 はくぜん［白髯］。中古 さうぜん［霜髯］。上代 しらひげ［白髭／白鬚］。
ー・い竜 中世 はくりゅう［白竜］。中古 はくりょう［白竜］。
ー・く美しいさま 近世 しろやか［白］。
ー・く輝くさま 近代 けう［皎］。しらしら［白白］。中古 かうかう［皓皓／皎皎］。上代 けうけう［皎皎］。
ー・く清らかなこと 中古 かうけつ［皎潔］。けうけつ［皎潔］。けっぱく［潔白］。
ー・くする 近世 へうはく［漂白］。中古 しろむ［白］。上代 さらす［晒／曝］(日光で)。
ー・くて鮮やか 中古 しろらか［白］。てきれき［的皪］。
ー・くなる 近代 しろばむ［白］。中世 しらむ［白］。中古 しらばむ［白］。しらみわたる［白渡］。しろむ［白］。上代 しらく［白］。
ー・く見えるさま 近代 しらしら。中古 がいが

い[皚皚]。しらじら[白白]。
ー・っぽい 中古 しらじらし[白白]。
色褪せてー・くなる 中古 うはじらむ[上白]。
なんとなくー・い 近代 しろっぽい[白]。ほのじろい[仄白]。近世 なまっちろし[生白]。中世 なまじろし[生白]。
肌がー・い 近世 せっき[雪肌]。中世 はくせき[白皙]。中古 せっぷ[雪膚]。

しろうと【素人】 ノンプロ/ノンプロフェッショナル(nonprofessional)。近代 アマ/アマチュア(amateur)。とうしらう/とうしろ[藤四郎]。もんぐゎいかん[門外漢]。近世 しろと[素人]。たらうしらう/たろしろ[太郎四郎]。はくじん[白人]。中世 しろうと[素人]。ひか/ひけ[非家]。
本職が恥じる程うまいー 近代 くろうとはだし[玄人跣]。

しろうり【白瓜】 ほんうり[本瓜]。近世 かたうり[瓜]。つけうり[漬瓜/菜瓜]。なうり[菜瓜]。もみうり[揉瓜]。中世 あさうり[浅瓜]。中古 あをうり[青瓜]。しろうり[白瓜]。

しろくじちゅう【四六時中】 →いちにちじゅう

しろくろ【白黒】❶〈色〉 たんさい[単彩]。近代 たんしょく[単色]。モノクロ/モノクローム(monochrome)。近世 しろくろ[白黒]。中世 くろしろ[黒白]。中古 こくびゃく[黒白]。

しろくろ【白黒】❷〈正否〉 近代 せいひ[正否]。近世 せいご[正誤]。せいじゃ[正邪]。ぜっぴ[是非]。りゃうひ[良否]。中世 しろくろ[白黒]。中古 かひ[可否]。めいあん[明暗]。よしあし[善悪]。上代 ぜひ[是非]。ぜんあく[善悪]。

しろつめくさ【白詰草】 近代 オランダげんげ[ポルトガル Olanda 紫雲英]。クローバー(clover)。しろつめくさ[白詰草]。つめくさ[詰草]。

じろん【持論】 近代 ぢせつ[持説]。近世 しゅちゃう[主張]。中世 しょろん[所論]。ぢろん[持論]。

しわ【皺】 近代 しうへき[皺襞]。しふへき[褶襞]。中古 なみ[波]。老いの波。面(おもて)の波。上代 しわ[皺]。
ーが寄る 近代 しわばむ[皺]。近世 しぼよる[皺寄]。しわぶ[皺]。中世 しかむ[顰]。にがむ[苦]。上代 しわむ[皺]。
ーだらけ →しわくちゃ
ーになる 中古 よる[撚/縒]。
ーを伸ばす 中古 のす[伸]。
ーを寄せる 中世 しわむ[しわめる][皺]。
細かいー 近世 こじわ[小皺]。ちりめん/ちりめんじわ[縮緬皺]。
年老いてーが寄る 近世 おいしわむ[老皺]。
布や皮のー 近世 しぼ[皺]。中古 ひだ[襞]。
目尻にできる細かいー 鳥の足跡。

しわ【私話】 近世 ないしょばなし[内緒話]。ひそひそばなし[話]。

しわ・い【吝】 近代 けちんばう/けちんぼ[坊]。近世 けち。しみったれ。しわんばう[吝坊]。みみっちい。中世 しわし[吝]。りんしょく[吝嗇]。→けち

しわくちゃ【皺苦茶】 しわしわ[皺皺]。近代 くしゃくしゃ。くちゃくちゃ。もみくた。近世 ぐしぐし。しわくちゃ[皺苦茶]。せせくしゃ。もみくさ/もみくしゃ/もみくちゃ。もめくしゃ/もめくちゃ。
ー・にする 近世 たたくる。

しわけ【仕分】 近代 えりわけ[選分]。くわけ[区分]。ぶんかつ[分割]。よりわけ[選分]。近世 くべつ[区別]。しわけ[仕分]。中世 ぶんべつ[分別]。ぶんるい[分類]。中古 くぶん[区分]。ぶんべち[分別]。

しわざ【仕業】 近代 げんどう[言動]。かうゐ[行為]。近世 ぎゃうぎ[行儀]。しなせ[為成]。しょぎゃう[所行]。しょげふ[所業]。しょさ[所作]。しょざい[所在]。しょゐ[所為]。てわざ[手業]。中世 げんかう[言行]。しごと[仕事]。しなし[為成]。どうさ[動作]。中古 ことわざ[事業]。しわざ[仕業/為業]。上代 おこなひ[行]。ふるまひ[振舞]。わざ[業]。
神のー 近代 かみわざ[神業/神事]。

しわす【師走】 →じゅうにがつ

しん【芯】 コア(core)。近代 かく[核]。ちゅうかく[中核]。ちゅうぢく[中軸]。中世 しん[芯/心]。まんなか[真中]。中古 ちゅうしん[中心]。なかご[中子/中心]。ほね[骨]。
ーのないさま ふにゃふにゃ。
鉄の入ったー 中世 てっしん[鉄心]。

しん【真】 近代 しんり[真理]。ほんと[本当]。近世 しゃうしんしゃうめい[正真正銘]。ほんたう[本当]。ほんもの[本物]。中世 しんせい[真正]。中古 しんじち/しんじつ[真実]。上代 しん[真]。
ーに迫っていること はくしん[迫真]。近代 リアリスティック(realistic)。
ーの状態 じったい[実態]。近世 じつじゃう[実状/実情]。

じん【仁】 近世 じょ[恕]。中世 ちゅうじょ[忠恕]。中古 おもひやり[思遣]。じあい[慈愛]。じんしん[仁心]。じんとく／にんとく[人徳]。上代 じん[仁]。じんあい[仁愛]。とく[徳]。

ーと義 近代 あんたくせいろ[安宅正路]。上代 じんぎ[仁義]。

じん【陣】 近代 ぢんち[陣地]。近世 ぢんえい[陣営]。へいえい[兵営]。中世 ぢんしょ[陣所]。中古 えいしょ[営所]。ぢん[陣]。ぢんや[陣屋]。上代 ぐんえい[軍営]。→じんえい

ーの構え→**じんだて**

ーを構える 中世 ぢんす[陣]。ぢんどる[陣取]。陣を取る。

堅固なー 鉄壁の陣。

しんあい【親愛】 近代 しんみつ[親密]。近世 かうい[好意]。じっこん[入魂／入懇]。ぢっこん[昵懇]。中世 こんい[懇意]。じゅこん[入魂]。しんあい[親愛]。なじみ[馴染]。中古 なかよし[仲良]。ねんごろ[懇]。上代 したしみ[親]。

ーの気持ちを表す接頭語 中世 お[御]。中古 わ[我／吾]。を[小]。

ーの気持ちを表す接尾語 近世 ごぜん[御前]。しゅ／しゅう[衆]。す[主]。ぼ[坊]。上代 こ[小／児]。な。のら。まろ[麿／麻呂]。ろ。

じんあい【仁愛】 近世 じょ[恕]。中世 ちゅうじょ[忠恕]。中古 じあい[慈愛]。じんしん[仁心]。じんとく／にんとく[人徳]。はくあい[博愛]。上代 じんあい[仁愛]。とく[徳]。

ーがあって忠実なこと 中世 ちゅうあい[忠愛]。

ーと知恵があること 上代 じんち[仁知／仁智]。

ーと武勇 じんぶ[仁武]。

じんあい【塵埃】 近代 ダスト(dust)。近世 ごみ[塵／芥]。ごみあくた[塵芥]。ごもく[芥]。中世 あくたもくた。えんぢん[煙塵]。ちり[塵]。ほこり[埃]。中古 かす[滓]。くづ[屑]。ちりあくた[塵芥]。ぢんかい[塵芥]。上代 あくた[芥]。ぢんあい[塵埃]。→**ごみ**

しんあん【新案】 おもいつき[思付]。そうしゅつ[創出]。近代 アイディア(idea)。インベンション(invention)。さうあん[創案]。しんきじく[新機軸]。どくさう[独創]。近世 さうい[創意]。さうざう[創造]。しだし[仕出]。しんあん[新案]。はつめい[発明]。中世 あんしゅつ[案出]。

しんい【真意】 きょうおう[胸奥]。近代 ほんね[本音]。近世 きょうり[胸裡／胸裏]。じつい[実意]。中世 しんい[真意]。しんじゃう[真情]。そこい[底意]。ないい[内意]。ほんい[本意]。ほんしん[本心]。中古 きょうおく[胸臆]。きょうきん[胸襟]。きょうちゅう[胸中]。しんじ[心事]。ないしん[内心]。はら[腹]。ほい[本意]。胸の内。上代 したごころ[下心]。しんちゅう[心中]。

しんい【神意】 近代 せつり[摂理]。中世 しんい[神意]。てんい[天意]。

じんい【人為】 近代 かうゐ[行為]。近世 じんこう[人工]。じんざう[人造]。じんゐ[人為]。中世 そゐ[所為]。中古 しょゐ[所為]。しわざ[仕業／為業]。ひとで[人手]。

ーが加わらないこと 中古 しぜん／じねん[自然]。

ー的なさま じんこうてき[人工的]。近代 アーティフィシャル(artificial)。

しんいき【神域】 しんせんきょう[神仙境]。近代 しんゐき[神域]。中世 せいゐき[聖域]。れいゐき[霊域]。中古 れいち[霊地]。上代 いはさか[磐境]。けいだい[境内]。神の御門(みかど)。

しんいり【新入】 →**しんじん【新人】**

じんいん【人員】 近代 こうすう[口数]。近世 あたまかず[頭数]。じんゐん[人員]。にんずう[人数]。中世 ゐんじゅ[員数]。中古 にんじゅ／にんず[人数]。ゐんず／ゐんずう[員数]。

ーの確認 近代 てんこ[点呼]。

ーの配列 中世 にんじゅだて[人数立]。

現在のー 近代 げんゐん[現員]。じつゐん[実員]。

余分なー 近代 じょうゐん[冗員／剰員]。

じんえい【陣営】 ほんきょち[本拠地]。近代 ぢんち[陣地]。ばくえい[幕営]。近世 ぢんえい[陣営]。へいえい[兵営]。中世 ぢんしょ[陣所]。とんえい[屯営]。中古 えいしょ[営所]。ぐんぢん[軍陣]。ぢん[陣]。ぢんや[陣屋]。上代 ぐんえい[軍営]。せんぢん[戦陣]。たむろ[屯]。

ーの外 近代 えいぐゎい[営外]。

ーの中 近代 ぢんない[陣内]。

ーの門 近代 ぢんもん[陣門]。中世 えいもん[営門]。ゑんもん[轅門]。

大将のいるー 近世 がえい[牙営]。中世 ほん

えい[本営]。ゐあく[帷幄]。ゐばく[帷幕]。中古 ほんぢん[本陣]。

野外に張る— 近代 ばくえい[幕営]。中世 のぢん[野陣]。ろえい[露営]。

夜に野外に張る— 近代 やえい[夜営]。

しんえん【深遠】 近世 えうぜん[窅然]。かうゑん[高遠]。しんちゃう[深長]。中世 しんあう[深奥]。中古 おくふかし[奥深]。れうゑん[遼遠]。上代 おぎろ[頤]。しんゑん[深遠]。

—・で静かなこと 近代 しんすい[深邃]。せいすい[静邃]。

—・な道理 中世 げん[玄]。

しんおう【深奥】 おくそこ[奥底]。しんずい[神髄/真髄]。しんぶ[深部]。近世 おく[奥]。中世 あうひ[奥秘]。しんあう[深奥]。せいずい[精髄]。中古 あうぎ[奥義]。おくふかし[奥深]。上代 しんゑん[深遠]。

しんおう【心奥】 →**しんてい【心底】**

しんか【真価】 近世 しんか[真価]。しんめんぼく/しんめんもく[真面目]。

《句》近代 棺(くゎん)を蓋(ほお)ひて事定まる。胡椒の丸呑み。

しんか【進化】 近代 エボリューション(evolution)。しんくゎ[進化]。しんこう[振興]。しんてん[進展]。にっしんげっぽ[日進月歩]。はってん[発展]。近世 はったつ[発達]。中世 しんぽ[進歩]。

しんか【臣下】 →**けらい**

じんか【人家】 →**じゅうたく**

しんかい【新開】 近世 かいたく[開拓]。中世 かいはつ[開発]。中古 かいほつ[開発]。しんかい[新開]。上代 かいこん[開墾]。

—地 近世 しんち[新地]。

しんがい【心外】 近代 ふほんい[不本意]。近世 ざんねん[残念]。中世 いぐゎい[意外]。しんぐゎい[存外]。しんげ[心外]。しんぐゎい[心外]。ぞんぐゎい[存外]。ぶっきゃう[物狂]。中古 あんぐゎい[案外]。すずろ[漫]。むねん[無念]。めざまし[目覚]。思はず。思はずなり。思ひの外。心のほか。上代 りょぐゎい[慮外]。→**いがい**

しんがい【侵害】 近代 かがい[加害]。きがい[危害]。ふみにじる[踏躙]。近世 しんしょく[侵食/侵蝕]。しんぱん[侵犯]。中世 ぼうとく[冒瀆]。中古 けがす[汚]。じうりん[蹂躙]。しんがい[侵害]。をかす[侵]。

しんがい【震駭】 近代 肝を拉(ひし)ぐ。しんかん[震撼]。近世 しんがい[震駭]。びっくりぎゃうてん[仰天]。たまげる[魂消]。肝を飛ばす。肝を減らす。腰を抜かす。中世 きゃうがく[驚愕]。きゃうたう[驚倒]。たまがる/たまぎる[魂消]。どうてん[動転/動顚]。びっくり。肝を消す。中古 ぎゃうてん[仰天]。肝を潰(つぶ)す。胸が潰(つぶ)る[—潰れる]。

しんがお【新顔】 →**しんじん【新人】**

しんがく【進学】 すすむ[進]。近代 しんがく[進学]。中古 あがる[上]。

じんかく【人格】 にんげん[人間]。近代 キャラ/キャラクター(character)。じんかく[人格]。パーソナリティー(personality)。ひんせい[品性]。中世 こつがら[骨柄]。ことがら[事柄]。じんたい[人体/仁体]。じんぴん[人品]。ペルソナ(ラテン persona)。中古 ひとけはひ。しな[品]。ひとがら[人柄]。ひとざま[人様]。ひんゐ[品位]。ふうかく[風格]。人と為(な)り。上代 じんぶつ[人物]。ひと[人]。→**せいしつ**

《句》中世 絵の事は素(しろ)きを後にす。

すぐれた—のさま 近代 できた[出来]。近世 ゑんじゅく[円熟]。中古 せいけつ[清潔]。上代 かうふう[高風]。とくばう[徳望]。とく[徳]。

しんがた【新型】 ニューモード(和製 new mode)。ニュールック(new look)。近代 アラモード(フランス à la mode)。近世 しんがた[新型/新形]。中世 しんしき[新式]。

しんがり【殿】 さいかい[最下位]。さいこうび[最後尾]。近代 こうび[後尾]。どんけつ[穴/尻]。まつび[末尾]。ラスト(last)。近世 あとおさへ[後押]。しっぱらひ[尻払/後払]。でんご[殿後]。どんじり[尻]。びり。中世 うしろ[後]。しんがり[殿]。

—の部隊 近世 でんぐん[殿軍]。

しんかん【新刊】 近代 しんかんしょ[新刊書]。しんかん[創刊]。近世 しんかん[新刊]。しんしょ[新書]。しんぽん[新本]。中世 しんぱん[新版]。

—の書の批評 しょひょう[書評]。近代 ブックレビュー(book review)。

しんかん【震撼】 近世 しんかん[震撼]。ふるへあがる[震上]。中古 せんりつ[戦慄]。ふるふ[ふるえる][震]。ゆるがす[揺]。上代 しんどう[震動]。

しんかん【森閑】 近代 せいしゅく[静粛]。せいひつ[静謐]。せいをん[静穏]。近世 じゃうじゃく/せいじゃく[静寂]。中世 かんじゃう/かんせい[閑静]。かんじゃく[閑寂]。し

んかん［森閑／深閑］。中古かんせき［閑寂］。しづやか［静］。上代しづか［静］。↓しずか

しんかん【神官】↓**しんしょく【神職】**

しんがん【心眼】近代がんしき［眼識］。近世たつがん［達眼］。中世がんりき／がんりょく［眼力］。けんしき［見識］。しんがん［心眼］。

しんがん【真贋】近世じっぴ［実否］。しんぴ［真否］。中世しんがん［真贋］。中古じっぷ［実否］。しんぎ［真偽］。上代きょじつ［虚実］。

ーを確かめること近代けんしょう［検証］。

ーを判定する眼識が確かなこと近世めずいしゃう［目水晶］。中世めきき［目利］。

ーを判定すること近世かんしき［鑑識］。

しんがん【心願】中世ぐゎんばう［願望］。しんぐゎん［心願］。中古ねがひ［願］。のぞみ［望］。↓**かんぼう**

しんき【心悸】しんぱく［心拍］。はくどう［拍動／搏動］。近代こどう［鼓動］。近世しんき［心悸］。どうき［動悸］。みゃくはく［脈搏／脈拍］。中世みゃく［脈］。

しんぎ【信義】近代しんらい［信頼］。中古しんぎ［信義］。しんよう［信用］。だうぎ［道義］。まごころ［真心］。

ーに背くこと近代はいしん［背信］。ふしん［不信］。近世ぶしんぢゅう［不心中］。中世うらぎり［裏切］。

ーを重んずる心が強い近世ぎづよい［義強］。中世ぎりがたし［義理堅］。りちぎ［律儀］。

しんぎ【真偽】↓**しんがん【真贋】**

しんぎ【審議】近代けふぎ［協議］。しんぎ［審議］。しんさ［審査］。たうぎ［討議］。中世ぎす［議］。ぎろん［議論］。せん［詮］。中古たうろん［討論］。ひゃうぎ［評議］。

ー・すべき事柄近代あんけん［案件］。

先にー・するせんぎ［先議］。

じんぎ【仁義】近代あんたくせいろ［安宅正路］。中世ぎり［義理］。しゃうぎ／せいぎ［正義］。中古しんぎ［信義］。だうぎ［道義］。上代じんぎ［仁義］。

《句》近世大道廃れて仁義あり。

しんきげん【新紀元】近代エポック(epoch)。しんきげん［新紀元］。しんじだい［新時代］。

しんきじく【新機軸】いちきじく［一機軸］。イノベーション(innovation)。ぎじゅつかくしん［技術革新］。しんきかく［新企画］。近代しんきぢく［新機軸］。しんせいめん［新生面］。近世しんしゅかう［新趣向］。しんぱん［新版］。

しんきゅう【新旧】中世しんこ［新古］。中古しんきう［新旧］。

ーの交代期近代はざかひき［端境期］。

しんきょう【心境】近代しんきゃう［心境］。近世きゃう［境］。きょうちゅう［胸中］。中世きもち［気持］。きゃうち［境地］。さかひ［境］。中古おもひ［思］。ここち［心地］。しんじゃう［心情］。上代そら［空］。

しんきょう【信教】近代きしん［帰信］。しゅうけう［宗教］。中世しんけう［信教］。しんじん［信心］。しんねん［信念］。だうねん［道念］。中古ぎゃうしん［仰信］。けいしん［敬神］。しんかう／しんがう［信仰］。だうしん［道心］。上代かうしん［仰信］。きえ［帰依］。

しんきろう【蜃気楼】近代ミラージュ(mirage)。近世かいし［海市］。かひのしろ［貝城］。くうちゅうろうかく［空中楼閣］。しんきろう［蜃気楼］。

しんきん【親近】近代きやすい［気安］。しんみつ［親密］。気が(の)置けない。近世こんい［懇意］。こんしん［昵懇］。ぢっこん［昵懇］。中世しんきん［親近］。中古こころやすし［心安］。なじみ［馴染］。上代したしみ［親］。

しんぎん【呻吟】近代くもん［苦悶］。中世うめく［呻］。しんぎん［呻吟］。中古によぶ［呻吟］。上代くるしむ［苦］。さまよふ［吟／呻吟］。

しんく【辛苦】近代くじふ［苦渋］。くりょ［苦慮］。ぐゎしんしゃうたん［臥薪嘗胆］。らうく［労苦］。苦汁を嘗める。骨身を削る。近世くそ［苦楚］。こんなん［困難］。しんそ［辛楚］。しんらう［辛労］。せんしんばんく［千辛万苦］。りふりふしんく［粒粒辛苦］。中世くなん［苦難］。こんく［困苦］。なんぎ［難儀］。骨折る［一折れる］。中古くつう［苦痛］。しんさん［辛酸］。心を砕く。上代かんなん［艱難］。くるしび／くるしみ［苦］。しんく［辛苦］。↓**くるしみ**

しんく【真紅】近代しゃうこう［猩紅］。しんこう／しんこうしょく［深紅色］。スカーレット(scarlet)。近世しゃうじゃうひ［猩猩緋］。しんく［真紅／深紅］。ひいろ［緋色］。中世まっか［真赤］。上代ひ［緋］。

しんぐ【寝具】近代いきん［衣衾］。きんじょく［衾褥］。しんぐ［寝具］。近世こよぎ［小夜着］。さよふとん／さよぶとん［小夜布団／小夜蒲団］。しきぶすま［敷衾］。ねだうぐ

し

［寝道具］。ひたたれぶすま［直垂衾］。ふとん［布団／蒲団］。やぐ［夜具］。中世 おひえ［御冷］（女性語）。かいまき［掻巻］。じんせき［衽席］。よぶすま［夜衾］。夜の衾。中古 おんぞ［御衣］。ぐぁぐ［臥具］。しきたへ［敷妙］。しとね［褥／茵］。しんせき［枕席］。ひしき／ひしきもの［引敷物］。ふすま［衾／被］。夜の物。上代 ちんせき［枕席］。まとこおふふすま［真床追衾］。→ふとん

しんくう【真空】 近代 しんくう［真空］。バキューム(vacuum)。

—管 でんしかん［電子管］。バルブ(valve)。

—管の例 近代 エーコンくゎん［acorn管］。ねつでんし［熱電子］。ねつでんしくゎん［熱電子管］。

—にする器具 イオンポンプ(ion pump)。かいてんポンプ［回転pump］。かくさんポンプ［拡散pump］。しんくうポンプ［真空pump］。ぶんしポンプ［分子pump］。ロータリーポンプ(rotary pump)。

シングル(single) 近代 シングル。ソロ(イタリア solo)。ゆいつ［唯一］。近世 たんいつ［単一］。中世 たん［単］。ゆいいつ［唯一］。中古 たんどく［単独］。上代 ひとつ［一］。ひとり［一人／独］。

▼独身 近代 ひとりぐらし［一人暮／独暮］。ひとりみ［独身］。ひとりもの［独者］。近世 どくしんもの［独身者］。

しんけい【神経】 近世 しんけい［神経］。

—が過敏(な人) 近代 しんけいか［神経家］。しんけいしつ［神経質］。ナーバス(nervous)。近世 きぼそし［気細］。

—が高ぶる 近代 かうふん［昂奮／亢奮］。かんだつ［癇立］。こうふん［興奮］。のぼせる［上／逆上］。

—が疲れる 近世 気骨が折れる。中古 心を尽くす。

—が太い 近世 きぶとし［気太］。づぶとし［図太］。のぶとし［野太／篦太］。

—系の病 近代 しょけい［書痙］。風の病。近世 しんけいすいじゃく［神経衰弱］。しんけいつう［神経痛］。ヒステリー(ドイツ Hysterie)。中古 ふうびゃう／ふびゃう［風病］。

—にさわる言動 近代 さかなで［逆撫］。近世 きやり。

—の例 かんかくしんけい［感覚神経］。じりつしんけい［自律神経］。ふくこうかんしんけい［副交感神経］。近代 うんどうしんけい［運動神経］。かうかんしんけい［交感神経］。くゎっしゃしんけい［滑車神経］。ざこつしんけい［坐骨神経］。さんさしんけい［三叉神経］。ちゅうすうしんけい［中枢神経］。なうしんけい［脳神経］。まっせうしんけい［末梢神経］。ゑんしんせいしんけい［遠心性神経］。近世 ししんけい［視神経］。

しんげき【進撃】 近代 しんぐん［進軍］。近世 こうげき［攻撃］。しふげき［襲撃］。しゅつげき［出撃］。しんげき［進撃］。しんこう［進攻］。

しんけつ【心血】 近代 ぜんりょく［全力］。近世 しんけつ［心血］。たんせい［丹精］。中世 せいけつ［精血］。せいこん［精根］。

—をそそぐ 近代 膏血(かうけつ)を絞る。

しんげつ【新月】 近世 さく／さくげつ［朔月］。中世 ぎんこう［銀鉤］。はつづき［初月］。初三(しょさん)の月。中古 しょげつ［初月］。しんげつ［新月］。

—から十五日までの称 中世 はくげつ／びゃくげつ［白月］。

—から満ちて行く月 近世 のぼりづき［上月］。

—と満月 中世 さくばう［朔望］。

しんけん【真剣】 ほんごし［本腰］。近代 しんし［真摯］。近世 しん［真］。しんけん［真剣］。中世 ほんき［本気］。中古 ねむごろ／ねんごろ［懇］。まめまめし［忠実］。まめやか［忠実］。上代 ねもころ［懇］。

—・な顔 中世 まがほ［真顔］。

—・なこと 近世 じつごと［実事］。

—・なさま 中古 おほなおほな。まめざま［忠実様］。

—・になる 本腰を入れる。近代 腰を入れる。近世 身を入れる。中古 まめだつ［忠実立］。

—味がない 中古 かるがるし／かろがろし［軽軽］。なほざり［等閑］。

しんげん【進言】 近代 けんげん［献言］。けんげん／けんごん［建言］。しんげん［進言］。ていげん［提言］。中世 じゃうしん［上申］。

しんげん【森厳】 近代 げんしゅく［厳粛］。さうちょう［荘重］。近世 さうごん［荘厳］。中世 しんげん［森厳］。中古 いかめし［厳］。

しんげん【箴言】 しょせいくん［処世訓］。すんげん［寸言］。近代 アフォリズム(aphorism)。エピグラム(epigram)。けいく［警句］。しんげん［箴言］。すんてつ［寸鉄］。マキシム(maxim)。座右の銘。近世 げんご［諺語］。中世 きんく［金句］。しん［箴］。中古 きんげん［金言］。めいく［名句］。めいげん［名言］。上代 かくげん［格言］。けうく

ん［教訓］。ことわざ［諺］。

じんけん【人権】 近代 じんけん［人権］。みんけん［民権］。

―を踏みにじること じんけんしんがい［人権侵害］。近代 じんけんじうりん［人権蹂躪］。

しんこう【信仰】 近代 しゅうけう［宗教］。しんけう［信教］。中世 こんがうしん［金剛心］。しんねん［信念］。だうねん［道念］。中古 けいしん［敬神］。しん［心］。しん［信］。しんかう／しんがう［信仰］。しんじん［信心］。だうしん［道心］。

《句》近世 伊勢へ七度熊野へ三度。鰯の頭も信心から。後生(ごしやう)は徳の余り。信心過ぎて極楽を通り越す。信心は徳の余り。信心も欲から。竹箒も五百羅漢。

―心の篤(あつ)いこと 中世 けつぢゃうしん［決定信］。ごくしん［極信］。こんがうしん［金剛心］。中古 とくしん［篤信］。

―心のないこと 近代 むしんじん［無信心］。中世 ふしんじん［不信心］。中古 ふしん［不信］。

―・する 近代 すうはい［崇拝］。中世 きがう［帰仰］。きす［帰］。中古 かつがう／かつぎゃう［渇仰］。きえ［帰依］。きえかつがう［帰依渇仰］。信を致す。信をなす。

―・する人 近代 けうと［教徒］。しんと［信徒］。中世 しんじゃ［信者］。しんじんしゃ［信心者］。中古 しんじんか［信心家］。↓しんじゃ

―に神が応えること 中世 なふじゅ［納受］。中古 かんおう［感応］。

―に励むこと 中世 しゃうじん［精進］。中古 さうじ／さうじん［精進］。

―に向かわせること 中世 くゎんげ［勧化］。しゃくぶく［折伏］。中古 けうけ［教化］。

―の力 中古 しんりき／しんりょく［信力］。

―の道に入ること 近世 にふしん［入信］。

―の喜び 近代 ほふえつ［法悦］。中古 ほふき［法喜］。

―を思い立つこと 近世 にふしん［入信］。中世 いちねんほっき［一念発起］。ほっしん［発心］。中古 心を起こす。

―を捨てること ききょう［棄教］。近代 はいけう［背教］。

―を広めること 近代 ふけう［布教］。中世 でんだう［伝道］。

しんこう【振興】 近代 しょくさん［殖産］。しんこう［振興］。しんてん［進展］。しんてん［伸展］。はってん［発展］。ふるひおこす［振起／振興］。近世 ぼっこう［勃興］。りゅうせい［隆盛］。中世 こうき［興起］。中古 おこす［興］。こうりゅう［興隆］。

しんこう【親交】 近代 いうかう［友好］。かうぎ［好誼］。じゃうぎ［情誼／情宜］。しゃかう［社交］。しんくゎ［親和］。しんな／しんわ［親和］。フレンドシップ(friendship)。近世 かうぎ［交誼］。こうぎ［厚誼］。こんしん［懇親］。じゃうかう［情交］。しんかう［親交］。しんぜん［親善］。しんぼく［親睦］。つきあひ［付合］。ばくぎゃく［莫逆］。ひとづきあひ［人付合］。中世 ばくげき［莫逆］。まじはり［交］。よしみ［好／誼］。中古 かういう［交友］。かうくゎん［交歓／交款］。かうさい［交際］。わしん［和親］。

しんこう【進行】 プログレス(progress)。近代 しんかう［進行］。しんちょく［進捗／進陟］。しんてん［進展］。てんかい［展開］。はこぶ［運］。近世 はかどる［捗／果取］。中世 はかゆく［果行／捗行］。中古 はかが行く。上代 すすむ［進］。

―が妨げられる 近代 そがい［阻害／阻礙］。はどめ［歯止］。ブレーキ(brake)。中古 せく［塞／堰］。上代 なづむ［泥］。

―が妨げられるさま 中古 なづまし［泥］。

―が止まること 近代 暗礁に乗り上げる。

―が早いこと ハイピッチ(high pitch)。ハイペース(和製high pace)。近代 ちゃうそく［長足］。

―が早いさま 近代 ぐんぐん。近世 ぐいぐい。さっさと。ずんずん。どしどし。どんどん。めっきり。とんとん拍子。中世 さっと［颯］。すらすら。ちゃくちゃく［着着／著著］。とっとと。めきめき。中古 くるくる。ゆくゆく。

―・させる 近代 とりはこぶ［取運］。中世 すすむ(すすめる)［進］。中古 はこぶ［運］。

―中 しんこうけい［進行形］。近代 さなか［最中］。近世 とじゃう［途上］。よる(補助動詞)。中世 さいちゅう［最中］。

―役を務める人 きょうげんまわし［狂言回］。

―を早める 拍車を掛ける。拍車を加える。

次第に―・する 近代 しんぜん［浸漸］。

すらすらとは―・しない 中世 しぶる［渋］。つかふ(つかえる)［支／閊］。中古 ていたい［停滞］。上代 とどこほる［滞］。よどむ［淀／澱］。

しんこう【侵攻】 近世 さんしょく［蚕食］。しんぱん［侵犯］。しんりゃく［侵略／侵掠］。中古 をかす［侵］。→**しんりゃく**

しんこう【深更】 近代 うしみつどき［丑三時］。ミッドナイト(midnight)。近世 まよなか［真

夜中］。まよる［真夜］。よふけ［夜更］。中古 うしみつ［丑三］。しんかう［深更］。しんや［深夜］。やはん［夜半］。上代 よなか［夜中］。

しんこう【新興】 近代 しんこう［新興］。たいとう［台頭／擡頭］。頭を擡げる。近世 こうき［興起］。ぼっこう［勃興］。中世 しんしん［新進］。中古 こうりゅう［興隆］。

しんごう【信号】 近代 サイン(sign)。シグナル(signal)。しんがう［信号］。シンボル(symbol)。ふがう［符号］。近世 ふちゃう［符丁／符帳］。へうしき［標識］。中世 あひづ［合図］。きがう［記号］。

―を送ること 近代 そうしん［送信］。

危険を知らせる― あかしんごう［赤信号］。近代 きけんしんがう［危険信号］。けいきふしんがう［警急信号］。けいてき［警笛］。近世 けいしょう［警鐘］。

助けを求める― 近代 エスオーエス(SOS)。

その他―のいろいろ(例)①［音］ おんきょうしんごう［音響信号］。きりぶえ［霧笛］。クラクション(klaxon)。むちゅうしんごう［霧中信号］。近代 がうおん［号音］。がうしょう［号鐘］。きてき［汽笛］。サイレン(siren)。むてき［霧笛］。近世 がうはう［号砲］。はんしょう［半鐘］。らっぱ［喇叭］。上代 かね［鐘］。

その他―のいろいろ(例)②［光］ かせん／かせんしんごう［火箭信号］。さいこうだん［彩光弾］。せんこうしんごう［閃光信号］。てんめつしんごう［点滅信号］。はっこうしんごう［発光信号］。

その他―のいろいろ(例)③［光と音以外］ きりゅうしんごう［旗旒信号］。近世 てばたしんがう［手旗信号］。中世 のろし［狼煙／狼烟／烽火］。

じんこう【人工】 近世 じんこう［人工］。じんざう［人造］。じんさく［人作］。じんゐ［人為］。中世 にんさく［人作］。

―衛星 うちゅうステーション［宇宙station］。うちゅうせん［宇宙船］。うちゅうたんさき［宇宙探査機］。うちゅうロケット［宇宙rocket］。じんこうてんたい［人工天体］。

―衛星のいろいろ かがくえいせい［科学衛星］。きしょうえいせい［気象衛星］。せいしえいせい［静止衛星］。つうしんえいせい［通信衛星］。

―が加わっていないさま りゅうりょくかこう［柳緑花紅］。近世 むゐしぜん［無為自然］。中世 柳は緑花は紅(くれなゐ)。中古 てんねん［天然］。

―呼吸器 レスピレーター(respirator)。

―臓器の例 じんこうしんぱい［人工心肺］。しんぱい［心肺］。

―知能 エーアイ(AI; artificial intelligence)。

―的 近代 アーティフィシャル(artificial)。じんゐてき［人為的］。ふしぜん［不自然］。

じんこう【人口】 ポピュレーション(population)。近代 くちかず／こうすう［口数］。近世 あたまかず［頭数］。にんずう［人数］。にんとう［人頭］。中世 じんこう［人口］。じんとう［人頭］。にんじゅ／にんず［人数］。ゐんじゅ／ゐんず［員数］。ゐんずう［員数］。

―と戸数 上代 ここう［戸口］。

―についての学問 じんこうとうけいがく［人口統計学］。デモグラフィー(demography)。

―の基本調査 近代 こくせいちょうさ［国勢調査］。センサス(census)。

―の増加 上代 しゃうえき［生益］。

―の調査のいろいろ(例) がくれいじんこう［学齢人口］。じんこうせいたい［人口静態］。じんこうどうたい［人口動態］。ちゅうかんじんこう［昼間人口］。どうたいじんこう［動態人口］。やかんじんこう［夜間人口］。

年齢階層別―の図 じんこうピラミッド［人口pyramid］。

しんこく【深刻】 シビア(severe)。ただならぬ。近代 シリアス(serious)。しんこく［深刻］。せつじつ［切実］。近世 ぢゅうだい［重大］。中世 おほごと［大事］。中古 だいじ［大事］。ゆゆし［由由］。上代 おもし［重］。

―・になること 近代 しんくゎ［深化］。

しんこく【申告】 ねがいいで／ねがいで［願出］。近代 しんこく［申告］。まうしいで／まうしで［申出］。まうしたて［申立］。近世 さしぐち［指口／差口］。とどけ［届］。中古 しんせい［申請］。

しんこん【心根】 近代 ほんせい［本性］。中世 しんじゃう［真情］。しんそこ［心底］。中古 しんこん［心根］。しんてい［心底］。ほんしゃう［本性］。

しんこん【新婚】 近代 ハネムーン(honeymoon)。みつげつ［蜜月］。中世 しんこん［新婚］。

―家庭 近代 スイートホーム(sweet home)。近世 あらじょたい／あらぜたい／しんじょたい［新所帯］。

ー旅行 みつげつりょこう[蜜月旅行]。近代ハネムーン(honeymoon)。

しんこん【心魂】 ガッツ(guts)。近世きもったま[肝玉]。こころだま[心魂]。こんじょ[根性]。たましひ[魂]。どきょう[度胸]。中世きがい[気概]。きこつ[気骨]。きこん[気魂]。せいしん[精神]。中古こんじゃう[根性]。しんこん[心魂]。上代こころだましひ[心魂]。

しんさ【審査】 近代かんさ[鑑査]。けんさ[検査]。けんてい[検定]。しんぎ[審議]。しんさ[審査]。しんり[審理]。てうさ[調査]。テスト(test)。近世かんてい[鑑定]。しけん[試験]。しらぶ[しらべる][調]。

じんざい【人材】 じんてきしげん[人的資源]。近代いつざい[逸材]。近世ゐざい[偉材]。中世ざい[材]。じんざい[人材]。中古うつはもの[器物]。→**じんぶつ**

《句》近代死馬の骨を買ふ。

ーの育成 近代せいが[菁莪]。

ーの募集 リクルート(recruit)。

ーを他から引き抜く人 スカウト(scout)。ヘッドハンター(headhunter)。

埋もれたー 近代ふくりょうほうすう[伏竜鳳雛]。中世ぐゎりゅう/ぐゎりょう[臥竜]。中古ゐけん[遺賢]。

埋もれたーを見つけること 近代はっくつ[発掘]。はらてきけつ[爬羅剔抉]。

自分が取り立てた優れたー 中世たうり[桃李]。

将来が期待できるー 金の卵。

優れたー 近代きょざい[巨材]。近世ゐざい[偉材]。中古うざい[有才]。上代りゃうざい[良才]。

優れたーの多いこと(さま) 中世ひゃくくゎれうらん[百花繚乱/百花撩乱]。中古たしさいさい/たしせいせい[多士済済]。上代たし[多士]。

しんさく【新作】 しんせいひん[新製品]。そうしゅつ[創出]。近代さうさく[創作]。さうせい[創生]。近世さうざう[創造]。さうせい[創製]。しんせい[新製]。中世しんさく[新作]。

しんさつ【診察】 みる[診/見]。近代けんしん[検診]。しんれう[診療]。中世しんさつ[診察]。しんみゃく[診脈]。→**しんだん**

《謙》近代はいしん[拝診]。

ー方法の例 ししん[視診]。ししん[指診]。しょくしん[触診]。だしん[打診]。ちょうしん[聴診]。もんしん[問診]。よしん[予診]。

ーを受ける 近世かかる[掛/懸]。じゅしん[受診]。

初めてのー 近代しょしん[初診]。

病院で病室を回ってー・すること 近代くゎいしん[回診/廻診]。

病人の家へ行ってー・すること 近代くゎいしん[回診]。たくしん[宅診]。近世わうしん[往診]。中世らいしん[来診]。

しんさん【心算】 つもり[積]。近代しんさん[心算]。近世けいくゎく[計画]。こころぐみ[心組]。こころさんよう[心算用]。こころづもり[心積]。むなざんよう/むねざんよう[胸算用]。みつもり[見積]。もくろみ[目論見]。

しんさん【辛酸】 →**しんく【辛苦】**

しんざん【深山】 中古しんざん[深山]。上代おくやま[奥山]。みやま[深山]。

しんし【紳士】 カバリエ(フランス cavalier)。近代きしん[貴紳]。ジェントルマン/ゼントルマン(gentleman)。しんし[紳士]。じんし[人士]。とのがた[殿方]。中世きけん[貴顕]。とのご[殿御]。

ー気取り スノビズム(snobbism)。

ーの名簿 近代しんしろく[紳士録]。フーズフー(Who's Who)。近世じんめいろく[人名録]。

田舎のー ごうしん[郷紳]。近代きゃうしん[郷紳]。でんしん[田紳]。ゐなかしんし[田舎紳士]。ゐなしん[田紳]。

しんし【真摯】 近代しんし[真摯]。ひたむき[直向]。近世しんけん[真剣]。まじめ[真面目]。中世とくじつ[篤実]。ほんき[本気]。中古しせい[至誠]。せいじつ[誠実]。

しんじ【神事】 中古かみわざ/かむわざ/かんわざ[神業/神事]。さいじ[祭事]。しんじ[神事]。上代まつり[祭]。

ーの際に着る衣 中古あかは/あかはとり[明衣]。しんぷく/じんぶく/じんぷく[神服]。上代めいい[明衣]。

ーを司る人 中世しんしょく[神職]。ふしゅく[巫祝]。中古はふりこ[祝子]。みこ[巫女/神子]。上代はふり[祝]。→**しんしょく【神職】**

じんじ【仁慈】 中世いつくしみ[慈]。中古じあい[慈愛]。じひ[慈悲]。じんじ[仁慈]。なさけ[情]。上代めぐみ[恵]。

しんしつ【寝室】 近代しんしつ[寝室]。しんしゃう[寝床]。しんばう[寝房]。ねべや[寝

部屋]。ベッドルーム(bedroom)。をんじうきゃう[温柔郷]。近世ぐゎばう[臥房]。けいばう[閨房]。ちんせき[枕席]。ちんせき[枕藉/枕籍]。どうばう[洞房]。ねま[寝間]。ばうしつ[房室]。中世ぐゎしゃう[臥床]。しゃう[牀/床]。しゃうか[床下/牀下]。じんせき[衽席]。ふしど/ふしどころ[臥所]。むしろ[筵/席/蓆/莚]。中古けいかふ[閨閤]。けいもん[閨門]。しんじょ[寝所]。ねや[閨/寝屋]。よどの[夜殿]。上代さねど/さねどこ[寝床]。さよどこ[小夜床]。つまや[妻屋]。とこ[床]。ねど[寝所]。ねどこ/ねどころ[寝所]。ねやど[閨所/寝屋処]。よどこ[夜床]。をどこ[小床]。

ーの中 近世けいちゅう[閨中]。ちゅうこう[中冓]。

ー用の衣 ナイトウエア(nightwear)。近代しんい[寝衣]。ナイトガウン(nightgown)。ネグリジェ(フランスnégligé)。パジャマ(pajamas)。中世ねまき[寝巻/寝間着]。

男に捨てられた女のー 近世班女(はんじょ)が閨(ねや)。中世くうばう[空房]。中古くうけい[空閨]。こけい[孤閨]。

貴人のー 中古すいちゃうこうけい[翠帳紅閨]。ちゃうだい[帳台]。夜の御座(おまし)。

女性のー 近世しんけい[深閨]。中古こうけい[紅閨]。

天皇のー 中古夜の御殿(おとど)。夜の御座(おまし)。

ひとり寝のー 近世こきん[孤衾]。中世くうばう[空房]。中古かんけい[寒閨]。くうけい[空閨]。

夫婦のー 近代をんじうきゃう[温柔郷]。中世ばうしつ[房室]。中古けいばう[閨房]。上代くみど[隠処]。つまや[妻屋]。ねや[寝屋/閨]。

夫婦のーのいとなみ 近世いんだう[陰道]。とこ[床]。ねやごと[閨事]。中世ばうじ[房事]。ばうない[房内]。

しんじつ【真実】 じったい[実態/実体]。りょう[諒]。近代ほんと[本当]。近世きんぱくつき[金箔付]。じつごと[実事]。しゃうしんしゃうめい[正真正銘]。しんせい[真成/真誠]。ほんたう[本当]。ほんもの[本物]。中世じつ[実]。じっしゃう[実正]。しゃう[正]。しゃうしん/しゃうじん[正真]。じり[事理]。しんこ[真個/真箇]。しんせい[真正]。しんり[真理]。たんてき[端的]。ぢゃう[定]。ほんぼん[本本]。まこと/まことし[誠/実/真]。中古じじつ[事実]。じち[実]。しんじち/しんじつ[真実]。ほんたい[本体]。まさし[正]。上代うつし[現]。しん[真]。

《句》近世嘘から出たまこと。

ーか虚偽か 中世じっぴ/じっぷ[実否]。しんか[真仮]。中古ありやなしや。しんぎ[真偽]。しんまう[真妄]。

ーでない 中世ごん[権]。そらぞらし[空空]。中古なほざりごと[等閑言]。むじち/むしつ/むじつ[無実]。

ーの意義 近代しんぎ[真義]。中世じつぎ[実義]。

ーの教え 近代しんもん[真門]。

ーの姿 じったい[実態]。近世しんざう[真像]。中世じっさう[実相]。中古しんさう[真相]。

ーのとおりであること にょじつ[如実]。

ーを見通す目 中世しんがん[心眼]。めいかん[明鑑]。めいがん[明眼]。中古しんげん[心眼]。上代めいさつ[明察]。

しんしゃ【深謝】 近代しんしゃ[深謝]。近世たしゃ[多謝]。中世かんしゃ[感謝]。↓あやま・る【謝】↓かんしゃ

しんじゃ【信者】 しんかうしゃ[信仰者]。近代けうと[教徒]。しゅうと[宗徒]。しんし[信士]。しんと[信徒]。中世しんじゃ[信者]。

キリスト教のー 近代キリストけうと[ポルトガルChristo教徒]。クリスチャン(Christian)。せいと[聖徒]。中世キリシタン[ポルトガルChristão/切支丹]。

仏教のー 近代ぶっけうと[仏教徒]。近世だんと[檀徒]。ぶっと[仏徒]。中世だんか[檀家]。中古ぜんなんぜんにょ[善男善女]。だうしんじゃ[道心者]。もんと[門徒]。

じんじゃ【神社】 近世いはひどの[斎殿]。おみや[御宮]。ひもろぎ[神籬]。べうう[廟宇]。中世しんしょ[神所]。しんべう[神廟]。ちんじゅ[鎮守]。鎮守の社。中古かみがき[神垣]。しう[祠宇]。じんぐう[神宮]。みやゐ[宮居]。やしろ[社]。上代いはひのみや[斎宮]。おほみや[大宮]。じんじゃ[神社]。みや[宮]。神の宮。↓かみ【神】(ーを祭る所)

ーなどにお参りすること 近代みやまゐり[宮参]。近世おまゐり[御参]。中世かみまうで[神詣]。かみまゐり[神参]。しゃさん[社参]。中古さんけい[参詣]。さんぱい[参拝]。ものまうで[物詣]。

ーなどにお参りする道 近代 さんだう［参道］。中世 みやぢ［宮道／宮路］。

ーの移転 中世 せんぎょ［遷御］。中古 みやうつし［宮移］。せんぐう［遷宮］。

ーの垣根 近世 かみがき／しんゑん［神垣］。中世 いがき［斎垣］。たまがき［玉垣］。みづがき［瑞垣／水垣／瑞籬］。

ーの敷地の内側 近代 しんゐき［神域］。近世 みやち／みやぢ［宮地］。中世 きゅうちゅう［宮中］。しんゑん［神苑］。しゃない［社内］。しんきゃう［神境］。中古 けいだい［境内］。しめのうち［標内］。しんち［神地］。

ーの建物 中世 かみどの［神殿］。べうう［廟宇］。中古 かんどの［神殿］。しう［祠宇］。じゃでん［社殿］。しんでん［神殿］。上代 じんぐう［神宮］。

ーの前の手を浄める所 近世 てうづしょ／てうづどころ［手水所］。中世 みづや［水屋］。中古 みたらし［御手洗］。

ーや寺 中古 じしゃ［寺社］。しゃじ［社寺］。れいげんしょ［霊験所］。

赤ん坊が初めてーに参ること 近世 うぶすなまうで［産土詣］。みやまゐり［宮参］。中世 うぶすなまゐり［産土参］。

赤ん坊が初めてーに参る時の衣類 近代 えなぎ［胞衣着］。

氏神をまつるー 中世 うぢやしろ［氏社］。

多くのー 中古 せんじゃ［千社］。上代 しょしゃ［諸社］。

奥にあるー おくしゃ［奥社］。おくみや［奥宮］。

小さなー 近代 いっけんしゃ［一間社］。せうしゃ［小社］。中世 こやしろ［小社］。つまやしろ［端社／妻社］。ほこら［祠／叢祠］。中古 ほくら［神庫／宝倉］。

本宮から分かれたー 近代 ぶんしゃ［分社］。近世 えだみや／えだやしろ［枝宮］。中古 いまみや［今宮］。しんぐう［新宮］。べつぐう［別宮］。まっしゃ［末社］。わかみや［若宮］。

しんしゃく【斟酌】 近代 さんしゃく［参酌］。しゃくりゃう［酌量］。てかげん［手加減］。ひかう［比考］。中世 えんみ［塩味］。くみとる［酌取／汲取］。てごころ［手心］。りゃうさつ［諒察］。れうさつ［了察］。中古 おもひとく［思解］。くみはかる［酌量］。すいさつ［推察］。上代 くむ［酌／汲］。しんしゃく［斟酌］。

しんしゅ【進取】 プログレス（progress）。フロンティアスピリット（frontier spirit）。近代 せんしん［先進］。ぜんしん［前進］。近世 かうじゃう［向上］。しんぽ［進歩］。中世 しんしゅ［進取］。

ーの姿勢がない 近代 たいえい［退嬰］。

しんじゅ【真珠】 近代 パール（pearl）。中世 あこやのたま［阿古屋珠］。貝の玉。中古 あこやだま［阿古屋珠］。上代 あはびしらたま［鮑白玉］。あはびたま［鮑玉／鰒玉］。おきつしらたま［沖白珠］。しゅぎょく［珠玉］。しらたま［白玉］。しんじゅ［真珠］。たま［玉］。

じんしゅ【人種】 近代 ぶぞく［部族］。みんぞく［民族］。近世 しゅぞく［種族］。じんしゅ［人種］。

しんじゅう【心中】 近世 あひたいじに［相対死］。じゃうし［情死］。しんぢゅう［心中］。

ー・した男女の墓 近世 ひよくづか［比翼塚］。

しんしゅつ【進出】 でてくる［出来］。近代 しんしゅつ［進出］。たいとう［擡頭／台頭］。やくしん［躍進］。中世 しんしん［新進］。

しんしゅつ【滲出】 近代 しんしゅつ［浸出］。近世 しみでる［染出］。にじみでる［滲出］。しんしゅつ［滲出］。

しんしゅん【新春】 →しんねん【新年】

しんじょ【神助】 近代 しんいう［神佑／神祐］。中世 てんいう［天佑／天祐］。てんじょ［天助］。中古 しんじょ［神助］。

しんしょう【心証】 いんしょう［印象］。インプレッション（impression）。かくしん［確信］。にんしき［認識］。近代 しんしょう［心証］。

しんしょう【心象】 近代 イマージュ（フランス image）。イメージ（image）。いんしゃう［印象］。インプレッション（impression）。しんざう［心像］。しんしゃう［心象］。

しんしょう【身上】 近代 しさん［私産］。とみ［富］。近世 しんしょ［身上］。中世 しざい［私財］。しんだい［身代］。しんしゃう［身上］。中古 ざいさん［財産］。上代 かさん［家産］。しさん［資産］。→ざいさん

しんじょう【身上】 うじすじょう［氏素性］。近代 うまれ［生］。しんじゃう［身上］。近世 おさと［御里］。おひたち［生立］。しゅつじ［出自］。みもと［身元／身許］。中世 すじゃう［素性］。中古 しんしゃう［身上］。上代 みのうへ［身上］。

しんじょう【心情】 →きもち

しんじょう【信条】 イズム（ism）。きょうじょう［教条］。近代 イデオロギー（ドイツ Ideologie）。しゅぎ［主義］。しんでう［信条］。ドグマ（dogma）。モットー（motto）。近世 しょ

し

しん［所信］。しんねん［信念］。中世ぢろん［持論］。

しんじょう【真情】 近代しんあう［心奥］。ちゅうじゃう［衷情］。近世こころいき［心意気］。こころね［心根］。しじゃう［至情］。しじゃう［至誠］。じつい［実意］。じつじゃう［実情／実状］。しんてい［心底］。中世しんじゃう［真情］。せいしん［誠心］。ちゅうしん［衷心］。中古ししん［至心］。しせい［至誠］。せいい［誠意］。まごころ［真心］。上代まこと［誠］。

《句》近代至誠天に通ず。人生意気に感ず。

しんじょう【進上】→**けんじょう【献上】**

じんじょう【尋常】 近代つきなみ［月並］。へいぼん［平凡］。近世ありきたり［在来］。つねてい［常体］。中古じんじゃう［尋常］。なほし［直］。ふつう［普通］。上代なみ［並］。世の常。

ーでない 近代きゃうしんてき［狂信的］。中古けやけし。まさなし［正無］。

ーでない行動 かみがかり［神懸／神憑］。

ーの者 中古ただもの［徒者／只者］。

しんしょうぼうだい【針小棒大】 らっぱを吹く。近代オーバー(over)。しんせうぼうだい［針小棒大］。近世おほげさ［大袈裟］。おほぶろしき［大風呂敷］。たいげんさうご［大言壮語］。中世おほくち［大口］。こだい［誇大］。こちゃう［誇張］。尾鰭(をひれ)を付く［ー付ける］。中古くわちゃう［過張／誇張］。

《句》近世一寸のことも一丈に言ひなす。針ほどのことを棒ほどに言ふ。針を棒にとりなす。

しんしょく【侵蝕】 しんしゅつ［侵出］。近代しんにふ［侵入］。近世しんしょく［侵蝕／侵食］。しんしょく［浸蝕／浸食］。

しんしょく【浸蝕】 しんしょく［侵蝕／侵食］。近世しんしょく［浸蝕／浸食］。

ーの例 うしょく［雨食］。かいしょく［海食／海蝕］。かこく［下刻］。かしょく［河食／河蝕］。近代すいしょく［水蝕／水食］。ひょうしょく［氷蝕／氷食］。ふうしょく［風蝕／風食］。

しんしょく【寝食】 近代にちじゃうせいくゎつ［日常生活］。中古しんしょく［寝食］。上代しんぜん［寝膳］。

しんしょく【神職】 近代しゃじん［社人］。近世かんしゅ［神主］。たいふ［太夫／大夫］。中世しくゎん［祠官］。しゃけ［社家］。しゃし［社司］。しゃにん［社人］。しんしゅ［神主］。じんにん［神人］。しんやく［神役］。ふげき［巫覡］。ふしゅく［巫祝］。みやじ［宮仕］。中古かうぬし［神主］。かみづかさ／かんづかさ［神司／神官／神祇官］。かみびと［神人］。ぐうじ［宮司］。しゃし［社司］。しんくゎん／じんくゎん／じんぐゎん［神官］。ねぎ［禰宜］。はふりこ［祝子］。みやづかさ［宮司］。やしろづかさ［社司］。社(やしろ)の司(つかさ)。上代いはひぬし［斎主］。いはひびと［斎人／忌人］。かむなぎ［巫］。かむぬし／かんぬし［神主］。はふり［祝］。はふりべ［祝部］。神の祝(はふり)。神の宮人。

ーを卑しめていう語 中世みやすずめ［宮雀］。

▼巫女 中世いちこ［市子／神巫］。いちどの［一殿］。中古かうなぎ／かみなぎ［巫］。きね［巫覡／宜禰］。みこ［巫女／神子］。

しん・じる【信】 近代かくしん［確信］。しんじる［信］。しんぽう［信奉］。しんらい［信頼］。中古しんよう［信用］。信を取る。上代たのむ［頼］。信を為(な)す。

《句》近代千万人と雖(いへど)も吾往かん。

ー・じ敬うこと 近代しんけい［信敬］。しんぽう［信奉］。中古しんきゃう［信敬］。

ー・じ頼ること 近代しんい［信倚］。しんらい［信頼］。

ー・じて疑わない 近代かくしん［確信］。きめこむ［決込／極込］。中世おもひこむ［思込］。けちぢゃう／けつぢゃう［決定］。

ー・じて疑わない心 近代しんねん［信念］。

ー・じて拠り所とすること 近世しんきょ［信拠］。

しんしん【心身】 中世しんこつ［心骨］。しんたい［心体］。中古しんしん［心身／神心］。しんしん［身心／身神］。

《句》近代心広く体胖(ゆた)かなり。

ーに汚れがあること 近代ダーティー(dirty)。中世ふけつ［不潔］。ふじゃう［不浄］。

ーに汚れのないこと 近世せいじゃう［清浄］。むく［無垢］。上代しゃうじゃう［清浄］。

ーの力 近代くゎつりょく［活力］。中世しんき［神気］。

ーの調和が破れること 中世ゐわ［違和］。

ーを清める 近世さいかいもくよく［斎戒沐浴］。せんじゃう［洗浄］。垢離(こり)を取る。中世こり［垢離］。しゃうじん［精進］。垢離を掻く。中古しゃうじんけっさい［精進潔斎］。

ーを休める 近代あんせい［安静］。あんそく［安息］。近世せいやう［静養］。中古のべる［延／伸］。

川でーを清める 近世せんごり［川垢離］。

中世かはごり[川垢離]。

しんしん【新進】 近代しんえい[新鋭]。しんこう[新興]。しんしんきえい[新進気鋭]。フレッシュ(fresh)。近世しんしん[新進]。上代しんじん[新人]。

しんじん【信心】 →しんこう【信仰】

しんじん【新人】 かけいり[駆入／駈入]。ニューフェース(和製new face)。近代いちねんせい[一年生]。しょねんへい[初年兵]。しんにふせい[新入生]。しんまへ[新前]。フレッシュマン(freshman)。近世いまで[今出]。おさき[御先]。かけだし[駆出]。しんいり[新入]。しんがほ[新顔]。しんざしゅう[新座衆]。しんざもの[新座者]。しんざんもの[新参者]。しんしん[新進]。しんべ[新米／新部]。しんまい[新米]。とりで[取出]。ぴいぴい。中世しんざ[新座]。しんざん[新参]。中古いままゐり[今参]。にひまゐり[新参]。上代しんじん[新人]。

—の宮仕え 中世なまにょうばう[生女房]。

将来が期待できる— ホープ(hope)。近代しんえい[新鋭]。しんしんきえい[新進気鋭]。

プロ野球などの— ルーキー(rookie)。

しんじん【深甚】 近世たいそう[大層]。中世しごく[至極]。しごくじんしん[至極甚深]。しんじん[深甚]。たいへん[大変]。すこぶる[頗]。中古じんしん／じんじん[甚深]。上代いたく[痛／甚]。きはめて[極]。はなはだし[甚]。

じんしん【人心】 近代にんげんみ[人間味]。中世みんい[民意]。みんしん[民心]。中古じんい[人意]。じんしん[人心]。上代にんじゃう[人情]。

—が荒れて不健全なさま 近代きょむてき[虚無的]。デカダン(フランスdécadent)。デカダンス(フランスdécadence)。近世たいはい[退廃／頽廃]。

—を安定させること 上代ちんぶ[鎮撫]。

じんしん【人身】 中世じんしん[人身]。にくたい[肉体]。にんじん[人身]。中古からだ[身体]。上代しんたい[身体]。にくしん[肉身]。→からだ

—売買 近世ひとあきびと[人商人]。中世ひとうり[人売]。ひとかひ[人買]。

しんすい【心酔】 近代たうすい[陶酔]。ほれる[惚]。よふ[酔]。熱を上げる。近世しんすい[心酔]。たんでき[耽溺]。ちんかん[沈酣]。中世けいたう[傾倒]。しんぷく[心服]。中古おぼる[おぼれる][溺]。ふける[耽]。ゑふ[酔]。

しんずい【神髄】 近代エッセンス(essence)。しんずい[神髄／真髄]。近世せいくゎ[精華]。せいすい[精粋]。だいじ[大事]。中世ずい[髄]。せいずい[精髄]。ほんしつ[本質]。中古こころ[心]。しんずい[心髄]。

—の知り尽くせないさま 近代いうゑん[幽婉]。

しんずい【心髄】 コア(core)。近代かく[核]。かくしん[核心]。すうぢく[枢軸]。ちゅうかく[中核]。ちゅうすう[中枢]。ちゅうぢく[中軸]。近世しんずい[神髄／真髄]。ちゅうあう[中央]。中古しんずい[心髄]。ちゅうしん[中心]。

しんせい【申請】 ねがいいで／ねがいで[願出]。近代しゅつぐゎん[出願]。しんこく[申告]。せいぐゎん[請願]。せいきう[請求]。とどけで[届出]。ひんせい／りんせい[稟請]。近世まうしこみ[申込]。まうしで[申出]。中古うかがひ[伺]。しんせい[申請]。

しんせい【神聖】 近代せい[聖]。近世さうごん[荘厳]。さうちょう[荘重]。中世しんせい[神聖]。中古かうがうし[神神]。上代いつ[厳／稜威]。ゆ[斎]。ゆつ[斎]。ゆゆし[忌忌／由由]。

—・な歌 近代さんびか[賛美歌]。せいか[聖歌]。

—・な獣 中古しんじう[神獣]。

—・な職業 近代せいしょく[聖職]。

—・な女性 近代せいじょ[聖女]。

—・な宝物 中古しんぽう[神宝]。上代かむたから／かんだから[神宝]。

—・な殿堂 近代せいでん[聖殿]。

—・な場所 近代しんゐき[神域]。中世じゃうゐき[浄域]。せいゐき[聖域]。中古ふんゆ[枌楡]。上代あまついはさか[天磐境]。

—・な火 近代じゃうくゎ[浄火]。せいくゎ[聖火]。

—・な水 中古しんすい／じんすい／じんずい[神水]。

—なものを汚すこと 中世ぼうとく[冒瀆]。もったいなし[勿体無]。

—・な山 中世しんざん[神山]。中古れいさん／れいざん[霊山]。上代かみやま[神山]。

しんせい【新生】 近代せいたん[生誕]。中世かうせい[更生／稟請]。しんせい[新生]。中古しゅっしゃう／しゅっせい[出生]。上代たんじゃう[誕生]。

しんせい【新星】 ニューフェース(和製new face)。ノバ(nova)。近世しんしん[新進]。

上代しんじん[新人]。

しんせい【新製】 そうしゅつ[創出]。近代うみだす[生出／産出]。クリエート(create)。さうせい[創生]。近世さうざう[創造]。さうせい[創製]。しんせい[新製]。中世しんさく[新作]。上代しんざう[新造]。

じんせい【人生】 ライフサイクル(life cycle)。近代じんせいかうろ[人生行路]。ライフ(life)。レーベン(ドイツLeben)。近世浮き世の旅。中世いっしゃうがい[一生涯]。中古いっしゃう[一生]。しゃうがい[生涯]。じんせい[人生]。とせい[渡世]。よ[世]。よわたり[世渡]。人の世の旅。

《句》近世一生は糾へる縄の如し。一生は風の前の灯。浮き世は一分五厘。七転び八起き。鱧も一期海老も一期。人の一生は重荷を負うて遠き道を行くが如し。水の流れと身のゆくへ。中古昨日の淵ぞ今日は瀬になる。

ーが長いさま 中古老い先遠し。

ーに対する明るい予想 近代らくてん[楽天]。

ーに対する暗い予想 近代えんせい[厭世]。

ーの終わり 近世まつろ[末路]。中古よぢかし[世近]。→**し・ぬ**

ーの画期的な業績 マイルストーン(milestone)。

ーのはかないたとえ 近代人生朝露の如し。人生僅か五十年。浮世夢の如し。近世ふゆ[蜉蝣]。蜉蝣の一期。中世てうえいぼらく[朝栄暮落]。てうかいぼらく[朝開暮落]。むげんはうやう[夢幻泡影]。浮き世は夢。中古ふいう[蜉蝣]。

ーの華やかな時代 近代くゎねん[華年]。

ーをかけてする仕事 畢生の事業。近代ライフワーク(lifework)。

ーを全うする 近世末遂ぐ。

苦難のー 近代茨の道。

それぞれのー 中古おのがよよ[己世世]。

つまらない者のー 近代ぐゎぜん[瓦全]。せんぜん[甎全]。

年老いて隠居後のー 中古ざんせい[残生]。ざんぜん[残喘]。よせい[余生]。よめい[余命]。→**いのち**(▼余命)

じんせい【仁政】 中世じんせい[仁政]。中古とくせい[徳政]。上代ぜんせい[善政]。

しんせき【親戚】 えんすじ[縁筋]。近代えんせき[縁戚]。けいるい[係累]。けつえん[血縁]。けつぞく[血族]。しん[親]。ぞくしん[族親]。ちつづき[血続]。近世えんびき[縁引]。しんえん[親縁]。ぞくせき[族戚]。みより[身寄]。やうち[家内]。中世えんじゃ[縁者]。えんるい[縁類]。したしみ[親]。ないしょう[内証]。みうち[身内]。中古けちえん[血縁]。けんぞく[眷属]。しぞく[親族／親属]。しんけん[親眷]。しんるい[親類]。ゆかり[縁]。上代うから／うがら[親族]。うからやから[親族]。しんせき[親戚]。しんぞく[親族]。

→**かぞく**

《句》近世親の泣き寄り他人は食ひ寄り。遠い一家(親類)より近い他人。

ーと旧友 中古しんきう[親旧]。

夫のー筋 中古をとこがた[男方]。

結婚によってーになった家 えんすじ[縁筋]。近代えんつづき[縁続]。近世いんか[姻家]。いんぞく[姻族]。中世えんか[縁家]。上代いんせき[姻戚]。

近いー 上代きんしん[近親]。

父方のー 中古ないしゃく／ないせき[内戚]。ないしん[内親]。

妻のー筋 中古をんながた[女方]。

遠いー 近代ゑんせき[遠戚]。近世ゑんるい[遠類]。中古なましぞく[生親族]。

母方のー 中世げさく[外戚]。中古げしゃく[外戚]。上代ぐゎいせき[外戚]。

嫁や養子のー筋 近世さとかた[里方]。

▼自分より後代の親族 近代ひぞく[卑属]。

▼祖父母の従兄弟(従姉妹) 近世いとこおほをぢ[従兄弟大小父]。いとこおほをば[従兄弟大小母]。

▼他家に嫁いだ姉妹の子 近代ぐゎいせい[外甥]。

▼父方の曾祖父の兄弟の孫 中古ぞくふ[族父]。

▼妻の姉 近代ぐゎいし[外姉]。

▼妻の父 近代がくふ[岳父]。がくをう[岳翁]。中古ぐゎいきう[外舅]。

▼妻の母 近代がくぼ[岳母]。ぐゎいこ[外姑]。

▼配偶者の父 上代しうと／しひと[舅／姑]。

▼配偶者の母 中古しうとめ／しひとめ[姑]。上代こ[姑]。

▼母の弟 近世ぐゎいしゅく[外叔]。

▼母の兄弟 中古きう[舅]。

▼母の実家 中世ぐゎいけ[外家]。

▼母方の祖父母 上代ぐゎいそ[外祖]。

▼父母と同列以上の親族 上代そんぞく[尊属]。

▼父母の従兄弟(従姉妹) 近代いとこはん[従

兄弟半］。じゅうそぼ［従祖母］。近世いとこちがひ［従兄弟違］。中古いとこをぢ［従兄弟小父］。いとこをば［従兄弟小母］。

▼父母の従兄弟（従姉妹）の子 中世ふたいとこ［二従兄弟／二従姉妹］。中古いやいとこ［弥従兄弟／弥従姉妹］。またいとこ［又従兄弟／又従姉妹］。

▼両親のおじ 中古おほをぢ［大伯父／大叔父／従祖父］。

▼両親のおば 中古おほをば［大伯母／大叔母／従祖母］。

▼接頭語 上代いろ。

しんせつ【親切】 グッドウィル(goodwill)。近代こんたう［懇到］。近世かうい［好意］。こうし［厚志］。こうじゃう［厚情］。とくし［篤志］。中世こうい［厚意］。こんい［懇意］。こんじゃう／こんせい［懇情］。こんせつ［懇切］。しんせつ［親切］。はうしん／はうじん［芳心］。中古かずかず［数数］。こころざし［志］。こまか／こまやか［細］。こんし［懇志］。こんとく［懇篤／悃篤］。ねんごろ［懇］。まめやか［忠実］。上代ねもころ［懇］。

—を尽くすこと 中世はうしん［芳心］。

肉親のような— 近世しんみ［親身］。

行き届いた— 近世ばしん［婆心］。中世らうばしん［老婆心］。らうばしんせつ［老婆心切］。

しんせつ【新設】 近代かいせつ［開設］。さうせつ［創設］。しんせつ［新設］。せっち［設置］。せつりつ［設立］。中世さうりつ［創立］。上代さうけん［創建］。

しんせん【新鮮】 近代せいせん［生鮮］。はつらつ［溌剌／溌溂］。フレッシュ(fresh)。みづみづしい［瑞瑞］。中世あたらし［新］。ざんしん［斬新］。しんせん［新鮮］。しんぷう［新風］。せいき［生気］。なまなま［生生］。ぶえん［無塩］。中古あざやか／あざやけし／あざらか／あざらけし［鮮］。あらたし［新］。いきいき［生生］。しんみ［新味］。せいしん［清新］。なまし［生］。上代とこめづらし［常珍］。

—でない 中古わろし［悪］。上代ふるし［古］。

—でなくなる 中古世に旧る。

—な魚貝類 中世ぶえん［無塩］。

—な空気 上代せいふう［清風］。

—な魚 近世いきうを［生魚］。中世くわつぎょ［活魚］。せいぎょ［生魚］。せんぎょ［鮮魚］。

—に思う 中古なまめく［艶］。

—に見える 中古あざやぐ［鮮］。

しんぜん【神前】 中古しんぜん［神前］。

—に邪気を払うため撒く米 近代ちらしよね［散米］。

—に供える飲食物の総称 中世しんせん［神饌］。

—に供えること 近代けんせん［献饌］。中古ほうへい［奉幣］。

—に供える物品(例) 近世へいそく［幣束］。中古ごへい［御幣］。しんもつ／じんもつ［神物］。ぬさ［幣］。上代にきて［和幣］。へいはく［幣帛］。みてぐら［幣］。

—に供える水 中古しんすい／じんずい［神水］。

—の供物を下げること 近代てっせん［撤饌］。

しんぜん【親善】 近代いうかう［友好］。こんしん［懇親］。しんくゎ／しんな／しんわ［親和］。近世しんかう［親交］。しんぜん［親善］。しんぼく［親睦］。中古かうくゎん［交歓／交款］。したしむ［親］。わしん［和親］。

じんせん【人選】 近代えりぬき［選抜］。じんせん［人選］。近世せんしゅつ［選出］。せんばつ［選抜］。中世よる［選／択／撰］。上代えらぶ／えらむ［選／択／撰］。える［選／択／撰］。せんかう［選考］。

しんそう【真相】 近代ファクト(fact)。リアル(real)。中世じっさい［実際］。中古ありやう［有様］。じじつ［事実］。しんさう［真相］。しんじつ［真実］。ほんたい［本体］。

しんそう【新装】 リニューアル(renewal)。近代かいさう［改装］。かいしう［改修］。しんさう［新装］。リフォーム(reform)。

しんそう【深層】 おうてい／おくそこ［奥底］。しんぶ［深部］。中世しんあう［深奥］。

しんぞう【心臓】 ちゅうしんぶ［中心部］。ハート(heart)。中世しんざう［心臓］。にくだん［肉団］。にくだんしん［肉団心］。心の臓。中古しん［心］。むね［胸］。上代こころ［心］。

—近くの深奥部 上代かうくゎう［膏肓］。

—と肺 しんぱい［心肺］。

—の鼓動 しんぱく［心拍／心搏］。しんぱくどう［心拍動］。近世しんき［心悸］。どうき［動悸］。みゃくはく［脈拍］。

—の拍動を記録する装置 カイモグラフ／キモグラフ(kymograph)。

—の弁膜を調べる器具 カルジオスコープ(cardioscope)。しんぞうきょう［心臓鏡］。

じんぞう【腎臓】 中古むらと［腎］。中世じんざう［腎臓］。腎の臓。

し

じんぞう【人造】 近世 じんこう[人工]。じんざう[人造]。じんゐ[人為]。

しんぞく【親族】 →**しんせき**

じんそく【迅速】 クイック[quick]。近代 いっしゃせんり[一瀉千里]。じんしつ[迅疾]。近世 じんきふ[迅急]。中世 じんそく[迅速]。すばやし[素早]。上代 すみやか[速]。はやし[速]。

しんそこ【心底】 →**しんてい【心底】**

しんたい【身体】 →**からだ**

しんたい【進退】 近代 身の振り方。近世 すうしゃ[趨舎]。たちかた[立方]。中世 しゅっしょしんたい[出処進退]。中古 きょしう[去就]。しんたい[進退]。

—きわまる 近世 ぜったいぜつめい[絶体絶命]。後へも先へも行かぬ。動きがとれぬ。二進(にっち)も三進(さっち)もいかぬ。のっぴきならぬ。弁慶の立ち往生。中世 石で手を詰む[—詰める]。

しんだい【身代】 近世 しんしょ[身上]。しんだい[身代]。中世 いっせき[一跡]。さんさん[産]。しょたい[所帯/世帯]。しんしゃう[身上]。せけん[世間]。中古 かし[家資]。ざい[財]。ざいさん[財産]。上代 かさん[家産]。しさん[資産]。とみ[富]。→**ざいさん**

—を使い果たす 身上をはたく。近世 たたきあぐ[—あげる][叩上]。竈(かま)を破る。

—を作る 近世 御釜を起こす。

しんだい【寝台】 近代 しゃうたふ[床榻/牀榻]。ベッド(bed)。しんだい[寝台]。近世 ぐゎたふ[臥榻]。ねだい[寝台]。

一人用の— 近代 シングルベッド(single bed)。

二人用の— ダブルベッド(double bed)。

船や列車の— 近代 バース(berth)。

じんたい【人体】 近代 たいく[体軀]。中世 じんしん[人身]。じんたい[人体]。にくたい[肉体]。中古 からだ[身体]。しゃうじん[生身]。上代 しんたい[身体]。にくしん[肉身]。み[身]。→**からだ**

—の胴部分 近代 たいかん[体幹]。

—の肉 上代 しし[肉/宍]。

美術で使う—像 ペルソナ(ラテン persona)。

洋裁で使う—模型 じんだい[人台]。ボディー(body)。

じんだい【甚大】 たいりょう[大量]。近代 ごまんと。ぜつだい[絶大]。ばうだい[膨大]。近世 しだい[至大]。むすう[無数]。中世 おびただし[夥]。じんだい[甚大]。ただい[多大]。山ほど。中古 ばくだい[莫大]。上代 むりゃう[無量]。

しんたく【新宅】❶〈新居〉 近代 しんやしき[新屋敷]。中世 しんきょ[新居]。中古 しんたく[新宅]。

しんたく【新宅】❷〈分家〉 しんけ[新家]。近代 しんたく[新宅]。しんやしき[新屋敷]。近世 ぶんけ[分家]。にひや[新屋]。

しんたく【神託】 近代 オラクル(oracle)。中世 おつげ[御告]。かみがたり[神語]。さとし[諭]。しんたく[神託]。中古 じげん[示現]。上代 かむごと[神言]。しんご[神語]。たくせん[託宣]。

しんたく【信託】 近代 しんたく[信託]。しんにん[信任]。よたく[預託]。近世 ゐたく[委託]。中世 たくす[託]。ゐにん[委任]。

じんだて【陣立】 上代 ゆだぬ[ゆだねる][委]。じんがまえ[陣構]。ふじん[布陣]。近代 たいせい[態勢]。たいれつ[隊列]。ぢんけい[陣形]。ぢんご[陣伍]。ぢんよう[陣容]。はいぢん[配陣]。近世 いくさだて[軍立]。おほぞなへ[大備]。ぢんぞなへ[陣備]。ぢんれつ[陣列]。中世 ぢん[陣]。ぢんだち[陣立]。ぢんだて[陣立]。ぢんぱふ[陣法]。はいち[配置]。ふち[布置]。上代 いくさだち/いくさだて[軍立]。

—の例 近世 はうぢん[方陣]。まるぞなへ[丸備]。中世 かくよく[鶴翼]。がんかう[雁行]。ゑんぢん[円陣]。

しんたん【心胆】 近世 たましひ[魂]。どきょう[度胸]。中世 かんたん[肝胆]。中古 こころ[心]。しんたん[心胆]。

しんだん【診断】 近代 けんしん[検診]。しんだん[診断]。しんれう[診療]。てうさ[調査]。近世 みたて[見立]。中世 しんさつ[診察]。中古 はんだん[判断]。→**しんさつ**

—結果を記載した書類 近代 しんだんしょ[診断書]。近世 ようだいがき[容体書]。

—・する みる[診/見]。近世 みたつ[みたてる][見立]。

—の記録カード カルテ(ドイツ Karte)。近代 しんれうぼ[診療簿]。

間違った— 近代 ごしん[誤診]。

じんち【陣地】 近代 ぢんち[陣地]。近世 ぢんえい[陣営]。へいえい[兵営]。中世 ぢん[陣]。ぢんしょ[陣所]。中古 ぢんや[陣屋]。上代 ぐんえい[軍営]。

—に閉じ籠もって戦うこと 中世 たてこもる[立籠/楯籠]。ろうじゃう[籠城]。

ーの中 中世 ぢんちゅう［中］。ぢんない［陣内］。

ーを退けること 近代 てったい［撤退］。中世 たいぢん［退陣］。

ーをとって宿営すること 中世 しゅくぢん［宿陣］。

堅い守りのー 中世 けんぢん［堅陣］。

自分のー じじん［自陣］。

じんち【人智】 中世 ち［知］。ちりょく［知力］。中古 えいち［英知］。さいち［才知／才智］。じんち［人知／人智］。ちゑ［知恵／智恵］。

しんちく【新築】 近代 しんてい［新邸］。近世 しんだち［新建］。しんちく［新築］。しんや／にひや［新屋］。ちくざう［築造］。中世 しんきょ［新居］。中古 しんたく［新宅］。上代 にひむろ［新室］。

ーで初めて柱を立てる儀式 中世 はしらだて［柱立］。やがため［屋固］。

ーで棟木を上げる儀式 近代 じゃうとうしき［上棟式］。近世 たてまへ［建前］。中古 むねあげ［棟上］。

ーの家を祝って訪問すること 近世 いへみ［家見］。

ーの家を寿(こと)ぐこと 上代 むろほき［室寿］。

ーの家を披露すること 近世 しんたくびらき［新宅開］。

寺社のーの祝い 近世 らくけい／らくげふ［落慶］。

しんちゅう【心中】→きょうちゅう

しんちゅう【真鍮】 近代 ブラス(brass)。中世 しんちう［真鍮］。中古 ちうざく／ちうじゃく［鍮石］。

廃品回収業仲間などで言うー ひかりもの［光物］。

しんちょう【身長】 近代 うはぜい［上背］。近世 せたけ［背丈］。中世 しんちゃう［身長］。せい［背］。中古 たき［丈／長］。たけだち［丈立］。上代 たけ［丈］。みたけ［身丈］。みのたけ［身丈］。

ーと風采 中古 たけすがた［丈姿／長姿］。

ーの高い(こと) せいたかのっぽ［背高］。近代 ちゃうく［長駆］。中世 せいたか［背高］。中古 そそろか。

しんちょう【伸長】 近代 しんちゃう［伸長］。近世 のばす［伸］。中古 のぶ［のびる］［伸］。

しんちょう【深長】 近世 かうゐん［高遠］。しんちゃう［深長］。中世 じんをん［深遠］。しん ゐん［深遠］。中古 おくふかし［奥深］。上代 しんゑん［深遠］。ふかし［深］。

しんちょう【慎重】 近代 じちょう［自重］。考へ深い。注意深い。近世 よくよく［翼翼］。大事を取る。用心深し。中古 おもし［重］。おもりか［重］。こころおもし［心重］。しんちょう［慎重］。づしやか。上代 つつしむ［慎］。

《句》近世 石橋をたたいて渡る。一度が大事。一度が末代。転ばぬ先の杖。念には念を入れよ。

ー・でない 近代 けいけい［軽軽］。中古 かるし［軽］。きゃうきゃう［軽軽］。

しんちょう【新調】 近世 しんせい［新製］。中世 きりたて［切立］。しんてう［新調］。上代 しんざう［新造］。

ーの衣服 近代 したてあがり［仕立上］。近世 したておろし［仕立下］。

じんちょうげ【沈丁花】 ちょうじ［丁子／丁字］。近代 ぢんちゃう［沈丁］。近世 ずいかう［瑞香］。中世 ぢんちゃうげ［沈丁花］。

しんちょく【進捗】 近代 しんかう［進行］。しんちょく［進捗］。しんてん［進展］。はこぶ［運］。近世 はかどる［捗］。中古 はかばかし［捗捗／果果］。はかが行く。上代 すすむ［進］。

しんちんたいしゃ【新陳代謝】 メタボリズム(metabolism)。近代 しんちんたいしゃ［新陳代謝］。中古 たいしゃ［代謝］。

しんつう【心痛】 近代 ふしん［腐心］。近世 いうりょ［憂慮］。きぐらう［気苦労］。きづかれ［気疲］。しんぱい［心配］。気に病む。気骨が折る［—折れる］。苦にす。苦に病む。胸を痛む［—痛める］。中世 しんつう［心痛］。つうしん［痛心］。中古 うれふ［うれえる］［憂／愁］。くなう［苦悩］。しんらう［心労］。

じんつう【陣痛】 さんつう［産痛］。生みの苦しみ。近代 ぢんつう［陣痛］。近世 いきみ［息］。

じんつうりき【神通力】 近代 まりょく［魔力］。れいりょく［霊力］。中世 じんつうりき／じんづうりき［神通力］。まりき［魔力］。中古 じんづう［神通］。じんりき［神力］。つう［通］。つうりき［通力］。

ーを持った人 上代 しんせん［神仙／神僊］。

しんてい【心底】 近代 きょうてい［胸底］。しんあう［心奥］。しんずい［心髄］。ふ［腑］。近世 げしん［下心］。しんこつ［心骨］。そこい［底意］。そこしん［底心］。ねざし［根差］。中世 おくい［奥意］。しんそこ［心底／真底］。ちゅうしん［衷心］。はいかん［肺肝］。はいふ［肺腑］。中古 いちゅう［意中］。かんたん［肝胆］。こころね［心根］。

し

こつずい[骨髄]。したごこち[下心地]。しんこん[心根]。しんてい[心底]。そこ[底]。はら[腹]。ふくしん[腹心]。まごころ[真心]。心の奥。心の隈。心の底。底の心。上代したごころ[下心]。しんちゅう[心中]。

ーから しんから[心]。衷心より。中古こころより[心]。上代こころから[心]。沖を深めて。

ーから思うこと 上代しんせつ[深切]。ねぶかし[根深]。

ーを明かす 近代こくはく[告白]。肝胆を披く。胸襟を開く。底を割る。腹を割る。腹心を敷く。本音を吐く。近世うちあく[ーあける][打明]。ひれき[披瀝]。ぶちまく[ーまける][打]。中世とろ[吐露]。中古あかす[明]。はくじゃう[白状]。

しんてい【進呈】→**けんじょう【献上】**

しんてん【進展】 ブレークスルー(break-through)。近代しんかう[進行]。しんちょく[進捗]。しんてん[進展]。ぜんしん[前進]。てんかい[展開]。のばす[伸]。はってん[発展]。近世かうじゃう[向上]。のぶ[のびる][伸]。

ー・しない 近代あしぶみ[足踏]。いきづまり/ゆきづまり[行詰]。からまはり[空回]。中世いきどまり/ゆきどまり[行止]。近世だうだうめぐり[堂堂巡]。中古いきなやむ/ゆきなやむ[行悩]。しぶく[渋]。ていたい[停滞]。上代とどこほる[滞]。

ー・する 中古いでたつ[出立]。

しんてん【伸展】 近代しんてん[伸展]。近世のばす[伸]。しんちゃう[伸長]。中古のぶ[のびる][伸]。

しんてん【親展】 じきひ/ちょくひ[直披]。近代しんてん[親展]。

しんでん【新田】 中世あらた[新田]。あらをだ[新小田]。しんかいち[新開地]。しんでん[新田]。中古にひはりた[新墾田]。はりた[墾田]。上代あらきだ[新墾田]。あらきはり。にひばり[新墾/新治]。

しんでん【神殿】 近世しんがん[神龕]。中世しんきゅう[神宮]。中古かみとの/かむとの[神殿]。かんとの/かんどの[神殿]。しんでん[神殿]。上代かんみや/じんぐう[神宮]。ほうでん[宝殿]。

ー建築に用いる木 中古ふぼく[扶木]。

しんと【信徒】→**しんじゃ**

しんど【深度】 近代しんど[深度]。中古あささ[浅]。ふかさ[深]。

しんとう【浸透】 近代しんし[浸漬]。しんせん[浸染]。ふきふ[普及]。近世しみこむ[染込/沁込]。しんとう[浸透]。ひろがる[広/拡]。中世しみいる[染入/沁入]。中古しむ[しみる][染]。しんじゅん[浸潤]。上代しみとほる[染通/沁透]。るふ[流布]。

しんどう【神童】 近代てんさいじ[天才児]。近世きりんじ[麒麟児]。中古しんどう[神童]。

《句》近代十で神童十五で才子二十過ぎれば只の人。

しんどう【振動】 近代さゆらぐ[揺]。バイブレーション(vibration)。みゃくどう[脈動]。ゆらぐ[揺]。ゆれうごく[揺動]。近世ゆる[ゆれる][揺]。中古しんどう[振動]。ふるふ[ふるえる][震]。ゆする[揺]。ゆるぐ[揺]。上代しんどう[震動]。

ーが次々と伝わる現象 近代はどう[波動]。

ーが伝わる 中世ひびく[響]。

ー・させる ふるわせる[震]。近世ゆすぶる[揺]。中世ゆさぶる[揺]。中古ゆらす[揺]。ゆるがす[揺]。上代ゆする[揺]。

ーの幅 ふりはば[振幅]。近代しんぷく[振幅]。

▼**擬態語** 近代びんびん。ぶらんぶらん。近世ぐらぐら。ぶるぶる。中世ぐらり。ふらふら。ぶらぶら。ぶらりぶらり。ゆらゆら。ゆらりゆらり。中古ゆさゆさ。

じんとう【人頭】 近代にんとう[人頭]。近世にんずう[人数]。中世じんこう[人口]。じんとう[人頭]。にんず[人数]。中古にんじゅ[人数]。

じんとう【陣頭】 近代だいいっせん[第一線]。近世せんとう[先頭]。中世ぢんとう[陣頭]。まさき/まっさき[真先]。やおもて[矢面]。

じんどう【人道】 近代たいぎめいぶん[大義名分]。近世にんだう[人道]。りんり[倫理]。中世ぎ[義]。しゃうぎ/せいぎ[正義]。じんだう[人道]。中古じんりん[人倫]。せいだう[正道]。だいだう[大道]。上代しゃうだう[正道]。だうぎ[道義]。

《句》近世大道廃れて仁義有り。

ー主義者 近代ヒューマニスト(humanist)。

ー的 近代ヒューマニスティック(humanistic)。

ーに外れた心 中古じうしん[獣心]。

ーに外れること 近代はうぐゎい[方外]。ふとく[不徳]。ふとくぎ[不徳義]。近世にんぐゎい[人外]。ぶきよう[不器用/無器

用］。ふじゅん［不順］。もぎだう［没義道］。中世 たいぎゃくむだう［大逆無道］。上代 はふはふ［不法］。中古 むはふ［無法］。はいとく［背徳］。ふぎ［不義］。

じんとく【人徳】 にんとく［人徳］。近代 しんばう［信望］。中世 じんとく［仁徳］。中古 じんとく［人徳］。じんばう［人望］。

《句》近世 徳(とく)孤(こ)ならず必ず隣(となり)あり。

じんとく【仁徳】 中世 じんとく［仁徳］。上代 とく［徳］。

《句》近代 市に帰するが如し。

―があって長命なこと 中古 じんじゅ［仁寿］。

―と功績 中世 とくげふ［徳業］。

―による政治 中世 じんせい［仁政］。中古 わうだう［王道］。

―の及ぶさま 中古 とくふう［徳風］。上代 じんぷう［仁風］。

―をそなえた人 中古 じんしゃ［仁者］。じんじん［仁人］。《句》近代 仁者は敵なし。

高い― 中世 かうとく［高徳］。中世 仁者は憂へず。

しんに【真】 近代 じっさいに［実際］。近世 ほんとうに［本当］。嘘偽りなく。中世 じつに［実］。しんこ［真個／真箇］。しんに［真］。中古 げに［実］。まことに［実／真］。まさしく［正］。

しんにゅう【侵入】 しんこう［侵攻］。近代 くひこむ［食込］。しんにふ［進入］。しんにふ［侵入］。しんにふ［浸入］。近世 しんりゃく［侵略／侵掠］。ちんにふ［闖入］。中世 おっこむ［込］。せめこむ［攻込］。中古 おしいる［押入］。せめいる［攻入］。らんにふ［乱入］。

―・し攻撃すること 近代 しんげき［侵撃］。しんこう［侵寇］。近世 しんしふ［侵襲］。

―を防ぎ戦うこと 中世 しゅせん［守戦］。ばうせん［防戦］。

しんにょ【真如】 中古 いちじつ［一実］。いちにょ［一如］。上代 しんにょ［真如］。

しんにん【信任】 近代 しんたく［信託］。しんにん［信任］。近世 ゐたく［委託／委托］。しん中世 いたく［依託／依托］。

しんにん【新任】 近代 にんめい［任命］。近世 じょにん［叙任］。ほにん［補任］。中世 ほすにん［補］。中古 しんにん［新任］。上代 にんよう［任用］。

しんねん【信念】 近代 しゅぎ［主義］。しんでう［信条］。しんねん［信念］。近世 しょしん［所信］。

《句》近世 一念岩をも通す。一念天に通ず。

―を変えないこと 近世 さうしゅ［操守］。中世 さうせつ［操節］。中古 せつ［節］。みさを［操］。上代 せっさう［節操］。

―を変えること 近代 てんこう［転向］。己を枉(ま)ぐ［―枉げる］。へんせつ［変節］。

―を変える人 近代 へんせつかん［変節漢］。へんせつもの［変節者］。

―を貫くさま 近代 かくこふばつ［確乎不抜］。節を全うする。中世 がうちょく［剛直］。きぜん［毅然］。

しんねん【新年】 ニューイヤー(new year)。近代 げいさい［迎歳］。げいしゅん［迎春］。げいねん［迎年］。しんやう［新陽］。近世 かいさい［開歳］。かいれき［改暦］。ぐゎんたん［元旦］。としのは［年端］。ねんしょ［年初］。まつのうち［松内］。明けの春。中世 ぐゎかいさい［改歳］。ぐゎんじつ［元日］。ぐゎんてう［元朝］。しゅさい［首歳］。としあけ［年明］。ねんし［年始］。ねんとう［年頭］。ねんぽ［年甫］。中古 ぐゎんざん［元三］。ぐゎんざんにち［元三日］。さいしゅ［歳首］。しんさい［新歳］。しゃうぐゎち／しゃうぐゎつ［正月］。しんしゅん［新春］。ねんしゅ［年首］。はる［春］。上代 しゅくき［淑気］。しょしゅん［初春］。しんねん［新年］。はつはる［初春］。ゆきむかふ［行迎］。→いちがつ

《句》近世 門松は冥土の旅の一里塚。

―が来ること 近代 くゎいれき［回暦］。中世 いちやうらいふく［一陽来復］。かいねん［改年］。中古 くゎいしゅん［回春］。たちかへる［立返］。年明く［―明ける］。年改まる。年立つ。年を越す。上代 年替はる。年返る。

―の一連の行事 近世 おこと［御事］。

―の縁起物 中世 としとりもの［年取物］。

―の縁起物の例 近代 かけのうを［懸魚］。だんごさし［団子挿］。近世 かどかざり［門飾］。しだかざり［歯朶飾］。てかけ［手掛／手懸］。ほうらいかざり［蓬萊飾］。まいだま／まゆだま［繭玉］。まつかざり［松飾］。まゆだんご［繭団子］。中世 はまや［破魔矢］。中古 かどまつ［門松］。わかまつ［若松］。

―の行事の終わり 近世 あがりしゃうぐゎつ［上正月］。おことをさめ［御事納］。しゃうぐゎつおくり［正月送］。まつをさめ［松納］。

―を祝う言葉 近世 ねんし［年始］。ねんれい［年礼］。

―を祝う言葉の例 近代 がしゅん［賀春］。がせい［賀正］。きょうが［恭賀］。きんが［謹賀］。きんがしんねん［謹賀新年］。けいしゅ

ん[慶春]。げいしゅん[迎春]。しょうしゅん[頌春]。近世 しんき[新禧]。ねんが[年賀]。
ーを祝って贈る金品 上代 がしゃう[賀正]。近世 としだま[年玉]。ねんぎょく[年玉]。
ーを祝って送る葉書など 近代 ねんがじゃう[年賀状]。近世 ねんしじょう[年始状]。中世 がじゃう[賀状]。
ーを迎える げいしゅん[迎春]。中古 かへる[返]。としたつ[年立]。上代 としかへる[年返]。ゆきむかふ[行迎]。
ーを迎える準備 近世 しゃうぐゎつじまひ[正月仕舞]。としようい[年用意]。歳の設け。
陰暦のー 近代 ほんしゃうぐゎつ[本正月]。
年老いてーを迎えるのを祝う語 中世 老いの春。
めでたいー 近代 きっしゅん[吉春]。

シンパ(sympathizer) 近代 こうゑんしゃ[後援者]。きょうめいしゃ[共鳴者]。しぢしゃ[支持者]。サポーター(supporter)。シンパ／シンパサイザー(sympathizer)。

しんぱい【心配】 近代 うれはしい[憂]。きぐ[危惧]。近世 あんじ[案]。いうりょ[憂慮]。うれひ／うれへ[憂／愁]。きあつかひ[気扱]。きぐらう[気苦労]。きづかはし／きづかひ[気遣]。けんにょ。けんよ[権輿]。こころくばり[心配]。こころづかひ[心遣／心使]。こりょ[顧慮]。しんぱい[心配]。づつう[頭痛]。づつうはちまき[頭痛鉢巻]。むなづらはし[胸]。ものあんじ[物案]。気が気でなし。中世 いうし[憂思]。おそれ[恐]。きがかり[気掛]。けんねん[懸念]。こころがかり[心掛]。とんちゃく／とんぢゃく[頓着]。ふあん[不安]。むなさわぎ[胸騒]。わづらはし／わづらひ[煩]。中古 あやふし[危]。いうしん[憂心]。いうねん[憂念]。うしろめたし[後]。うしろめたなし[後]。おそり[恐]。おぼつかなし[覚束無]。おもひ[思]。けねん[懸念]。こころぼそし[心細]。こころもとなし[心許無]。上代 いふかし[訝]。きく[危懼]。→**ふあん**
《句》近世 明日(あす)の事は明日(あす)案じよ。明日(あした)は明日(あした)の風が吹く。案ずるより生むが易し。
ーがなくなる 近代 眉を伸べる。中古 愁眉を開く。眉を開く。眉を広ぐ。
ー・させる 近代 泣きを見せる。中世 思ひを懸く〔ー懸ける〕。上代 さわがす[騒]。
ー・し恐れること 近世 いうく[憂懼]。いうぐ[憂惧／憂虞]。いうしょう[憂悚]。いうてき[憂惕]。
ー・し悩むこと 頭が痛い。近代 くりょ[苦慮]。近世 いうく[憂苦]。いうもん[憂悶]。中世 いうくゎん[憂患]。
ー・する 近代 頭を痛める。頭を悩ます。心が騒ぐ。胸が病む。近世 気合ひに当たる。気に病む。気が揉む〔ー揉める〕。気を揉む。臓腑(ざうふ)を揉む。中世 あんず[案]。うれふ[憂／愁]。きづかふ[気遣]。気に掛かる。気に掛く〔ー掛ける〕。気にす。肝膾(きもなます)を作る。中古 あつかふ[扱]。あやふがる／あやぶむ[危]。おぼつかながる[覚束無]。おもひあつかふ[思扱]。おもひかかづらふ[思拘]。おもひこうず[思困]。おもふ[思]。こころばむ[心]。こころもとながる[心許無]。むねつぶらはし[胸潰]。やむ[病]。心を惑はす。胸騒ぐ。胸走る。胸潰る〔ー潰れる〕。胸拉(ひし)ぐ〔ー拉げる〕。上代 わづらふ[煩]。《尊》おぼしさわぐ[思騒]。
ー・するさま 近世 きなきな。はらはら。ひやひや。中世 きやきや。くやくや。
ー・するな 近代 ドンマイ(don't mind から)。ネバーマインド(never mind)。
ー・そうな顔 顔を曇らせる。近代 眉根を顰める。眉を寄せる。近世 あんじがほ[案顔]。うれひがほ／うれへがほ[憂顔]。くったくがほ[屈託顔]。眉根を寄す〔ー寄せる〕。眉を集む〔ー集める〕。中世 いうしょく[憂色]。おもたげ[思気]。眉をしかむ〔ーしかめる〕。中古 しうび[愁眉]。眉を顰(ひそ)む〔ー顰める〕。
ー・で落ち着かない 近世 気が気でない。
ー・で気が塞ぐ 近世 うっす[鬱]。頭が重し。気が重し。
ーない 屈託ない。近代 はうしん[放心]。はうねん[放念]。近世 あんき[安気]。きらく[気楽]。中世 あんしん[安心]。中古 おもひなし[思無]。こころやすし[心安]。
ー・なこと 近代 しんぱいごと[心配事]。近世 あんじごと[案事]。かんがへごと[考事]。けんびき／けんぺき[痃癖／肩癖]。たいいう[大憂]。中古 ものおもひ[物思]。
ー・なことがないさま 近世 のんき[暢気／呑気／暖気]。
ーを忘れさせるもの 上代 わすれぐさ[忘草／忘種／萱草]。
後のことはーない こころおきなく[心置無]。

近代後顧の憂ひなし。中古うしろかるし［後軽］。うしろやすし［後安］。

あれこれと―・すること 近世づつうはちまき［頭痛鉢巻］。まはりぎ［回気］。中古はんりょ［煩慮］。

内からの― 近世ないいう［内憂］。ないくゎん［内患］。蕭牆(せうしやう)の患(うれ)へ。蕭牆(せうしやう)の禍(わざはひ)。

大きな― 近世たいいう［大憂］。中世たいくゎん［大患］。

家族や家事上の― かるい［家累］。

将来が― 近代こういう［後憂］。後顧の憂ひ。中世うしろいぶせし［後鬱悒］。中古うしろめたし［後］。上代あやぶむ［危］。こうくゎん［後患］。

外からの― 近代ぐゎいいう［外憂］。近世ぐゎいくゎん［外患］。

前々からの― しゅくかん［宿患］。中世せきうつ［積鬱］。

深い― 近代しんいう［深憂］。

無用な― 近代きいう［杞憂］。とりこしじあん［取越思案］。近世とりこしくらう［取越苦労］。中世うれへ［憂／愁］。《句》近世案ずるより産むが易し。人の疝気を頭痛に病む。

世の中を―・すること 近代いうせい［憂世］。近世いうこく［憂国］。

喜んだり―・したり 近代いっきいちいう［一喜一憂］。

しんぱん【侵犯】 しんこう［侵攻］。近代くひこむ［食込］。しんこう［侵寇］。むしばむ［蝕］。近世しんしょく［侵蝕／侵食］。しんしょく［浸蝕／浸食］。しんにふ［侵入］。しんぱん［侵犯］。しんりゃく［侵略］。中古じうりん［蹂躙］。しんがい［侵害］。をかす［侵］。

しんぱん【審判】 近代ジャッジ(judge)。ジャッジメント(judgment)。しんさ［審査］。しんぱん［審判］。しんり［審理］。中世けんじょ［見証］。さばき［裁］。はんじゃ［判者］。中古さいけつ［裁決］。さいばん［裁判］。けんぞ［見証］。はんざ［判者］。

球技などの― せんしん［線審］。ふくしん［副審］。近代しゅしん［主審］。ラインズマン(linesman)。レフェリー／レフリー(referee)。

柔剣道の― 近世はんし［判士］。

相撲の― 中世ぎゃうじ［行司］。

野球の― 近代アンパイア(umpire)。きうしん［球審］。しゅしん［主審］。るいしん［塁審］。

しんび【審美】 近代しんび［審美］。中世しゃうび［賞美］。中古しゃうぐゎん［賞翫／賞玩］。

しんぴ【神秘】 オカルト(occult)。近代てうしぜん［超自然］。なぞ［謎］。ふかかい［不可解］。ミステリー(mystery)。近世くゎいき［怪奇］。しんめう［神妙］。中世しんぴ［神秘］。中古きくゎい［奇怪］。くし［奇］。くしぶ［霊／奇］。くゎいい［怪異］。じんしん／じんじん［甚深］。ふかしぎ［不可思議］。ふしぎ［不思議］。上代いかし［厳］。くすし／くすばし［奇］。

―的 近代ミスティック(mystic)。

―的で知りがたいこと 中古いうび［幽微］。

―的な気配 近代れいふん［霊氛］。中古れいき［霊気］。

しんぴ【真否】 近世じっぴ［実否］。しんぴ［真否］。中世しんがん［真贋］。中古じっぷ［実否］。しんぎ［真偽］。上代きょじつ［虚実］。

しんぴつ【真筆】 中世しんしょ［親書］。しんぴつ［真筆］。しんぴつ［親筆］。ぢきしょ［直書］。ぢきひつ［直筆］。中古じしょ［自書］。じひつ［自筆］。上代しゅしょ［手書／手署］。しんせき［真跡／真蹟］。

天皇の― 近代しんかん［宸翰］。しんかん［親翰］。中世ちょくひつ［勅筆］。中古しんぴつ［宸筆］。しんぴつ［神筆］。

じんぴん【人品】 近代きひん［気品］。じんかく［人格］。ひんかく［品格］。ひんせい［品性］。近世しほめ［塩目］。にんてい［人体］。ふうがら［風柄］。中世こつがら［骨柄］。ことがら［事柄］。じんこつ［人骨］。じんたい［人体／仁体］。じんぴん［人品］。ひんゐ［品位］。ふうかく［風格］。中古ひとがら［人柄］。ひとざま［人様／人状］。上代じんぶつ［人物］。ひととなり［為人］。

―が卑しくない 近代じんてい［人体］。近世じんたいらし／じんていらし［人体／仁体］。中世じんたい［人体］。

しんぶ【深部】 中世おくそこ［奥底］。おうてい［奥底］。しんあう［深奥］。上代おく［奥］。

しんぷ【新婦】 ブライド(bride)。近世はなよめ［花嫁］。中世しんぷ［新婦］。中古よめ［嫁］。

シンフォニー(symphony) → **こうきょうきょく**

しんぷく【心服】 近代しんぽう［信奉］。近世けいふく［敬服］。ししゅく［私淑］。中世かんぷく［感服］。しんぷく［心服］。そんけい［尊敬］。上代すいふく［推服］。

し

しんぶつ【神仏】 〔近世〕ののさま／のんのさま(幼児語)。〔中古〕しんぶつ［神仏］。ぶっしん［仏神］。

—がこの世に現れること 〔近代〕かげん［仮現］。〔中古〕げしゃう［下生］。けしん［化身］。へげ／へんげ［変化］。やうがう［影向］。らいがう［来迎］。

—が罰を与える 〔近代〕いんぐゎおうほう［因果応報］。口が曲がる。〔近世〕ぶつばつ［仏罰］。〔中世〕しんばつ［神罰］。てんばち［天罰］。ばち［罰］。罰が当たる。〔中古〕てんばつ［天罰］。てんちゅう［天誅］。〔上代〕たたる［祟］。むくい［報］。《句》〔近世〕人衆ければ天に勝つ。人盛んにして神祟らず。仏力も強力に勝たず。〔中世〕天網恢恢疎にして漏らさず。

—が人の願いを聞き入れること 〔中世〕なふじゅ［納受］。〔中古〕かんおう［感応］。

—が守ってくれること 〔中世〕おかげ［御陰］。〔中古〕かご［加護］。とく［徳］。みゃうご／めいご［冥護］。

—が守ってくれるたとえ 〔近世〕ひかへづな［控綱］。

—が見ていること 〔中世〕みゃうかん［冥鑑］。〔中古〕せうかん［照鑑］。せうらん［照覧］。せうりん［照臨］。

—が宿る木 〔近代〕りゃうぼく［霊木］。〔中古〕しんぼく［神木］。れいぼく［霊木］。〔上代〕かみき／かんき［神木］。

—が宿る山 〔中古〕れいざん［霊山］。

—に朝夕参詣すること 〔近代〕てうきぼさい［朝祈暮賽］。

—に祈ること 〔中古〕いのり［祈／禱］。きぐゎん［祈願］。きねん［祈念］。〔上代〕きたう［祈禱］。

—に願をかけること 〔中世〕ぐゎんだて［願立］。りつぐゎん／りふぐゎん［立願］。〔上代〕せいぐゎん［誓願］。ほつぐゎん［発願］。

—に授かった子 〔中世〕まうしご［申子］。

—に供えること 〔中世〕ほうなふ［奉納］。〔中古〕ほうが［奉加］。

—に供える米など 〔近代〕せんまい［饌米］。〔中世〕おくま［御供米／御糈］。せんまい［洗米］。〔中古〕くまい［供米］。くましね［糈米］。はつほ［初穂］。さんぐ［散供］。さんまい［散米］。はなしね［花稲／花米］。

—に供える花 〔近世〕手向けの花。〔中古〕たてはな／たてばな［立花］。

—に供える火 〔近代〕けんとう［献灯］。ほうとう［奉灯］。〔近世〕ほうとう［宝灯］。〔中古〕とうみゃう［灯明］。みあかし［御明／御灯／御灯明］。

—に供える物 〔近代〕おくもつ［御供物］。〔近世〕おもりもの［御盛物］。さんもつ［散物］。〔中世〕じゃうぶん［上分］。〔中古〕くもつ［供物］。もりもの［盛物］。

—に誓う 〔中世〕かねうつ［金打］。

—に願うこと 〔中古〕ねぎごと［祈事／願事］。

—に参ること 〔近世〕さんてう［参朝］。〔中古〕さんけい［参詣］。さんぱい［参拝］。

—に見放される 〔近世〕冥加に尽く［—尽きる］。〔中世〕みゃうがなし［冥加無］。

—によって望みがかなえられること 〔中古〕かんとく［感得］。

—のお考え 〔中世〕みゃうりょ／めいりょ［冥慮］。

—の言葉 〔中世〕しんちょく［神勅］。〔中古〕ちょく［勅］。

—の座を他へ移すこと 〔中世〕せんざ［遷座］。せんぐう［遷宮］。みやうつし［宮移］。

—の前 〔中世〕しんぜん［神前］。そんぜん［尊前］。〔中古〕おんまへ［御前］。〔上代〕ぶつぜん［仏前］。

—の恵み 〔中世〕けいう［恵雨］。恵みの雨。

—の来臨を願うこと 〔中古〕くゎんじゃう［勧請］。

—の利益 〔中世〕げんやく［現益］。りしゃう［利生］。〔中古〕げん［験］。しょうり［勝利］。せふり［捷利］。れいげん［霊験］。

—を信じすがること 〔上代〕きえ［帰依］。

▼願掛けの期限が来ること 〔中世〕まんぐゎん［満願］。

▼祈願の文 〔近世〕ぐゎんじゃう［願状］。つげぶみ［告文］。〔中世〕かうぶん／かうもん［告文］。

じんぶつ【人物】 〔近代〕キャラクター(character)。じんかく［人格］。にんげん［人間］。パーソナリティー(personality)。〔近世〕たま［玉］。〔中古〕ひとがら［人柄］。〔上代〕じんぶつ［人物］。ひと［人］。ひととなり［為人］。《句》〔近世〕燕雀安んぞ鴻鵠の志を知らんや。年問はんより世を問へ。

—の評(評論) 〔近代〕プロフィール(profile)。よこがほ［横顔］。〔近世〕げったんひゃう［月旦評］。

重きをなす— ビップ／ブイアイピー(VIP; very important person)。〔近代〕ぢゅうちん［重鎮］。〔中世〕おほもの［大物］。〔中古〕えうじん［要人］。

こちらの思い通りになる— 〔近世〕好い鴨。

正体不明の— 〔中世〕ぬえ［鵺／鵼］。

正体不明のすぐれたー 近代くゎいけつ[怪傑]。
すぐれたー →すぐ・れる
すぐれた多くのー 中古たしさいさい／たしせいせい[多士済済]。
節操のかたいー 近代れっぷ[烈夫]。中世れっし[烈士]。
たいしたーでない人 こもの[小物]。ざこ[雑魚／雑喉]。近代ざっぱい[雑輩]。中世せうじん[小人／少人]。中古えんじゃく[燕雀]。
中心となるー 近世いちまいかぶ[一枚株]。いちまいかんばん[一枚看板]。
非凡で魅力あるー 近世せんりゃうやくしゃ[千両役者]。
文武にたけたー 近世ゆうけつ[雄傑]。中世えいけつ[英傑]。
民間にいるすぐれたー 近代ふくりょう[伏竜]。湖海の士。中世ぐゎりゅう／ぐゎりょう[臥竜]。中古ゐけん[遺賢]。
悪知恵にたけたー 近代かんぶつ[奸物／姦物]。

シンプル(simple) 近代かんけつ[簡潔]。シンプル。たんじゅん[単純]。近世かんたん[簡単]。てみじか[手短]。中世かんそ[簡素]。そぼく[素朴]。

しんぶん【新聞】 近代かはらばん[瓦版]。ニュースペーパー(newspaper)。プレス(press)。ペーパー(paper)。みんぽう[民報]。近世しんぶん[新聞]。よみうり[読売]。
ーに記事として載ること 近代けいさい[掲載]。とうさい[登載]。
ー発行に関わる人 ぶんや[聞屋]。近代きしゃ[記者]。ジャーナリスト(journalist)。しゅひつ[主筆]。つうしんゐん[通信員]。へんしふしゃ[編集者]。
ーを構成する紙面の例 ローカルばん[local版]。近代いちめん[一面]。おほぐみ[大組]。かていらん[家庭欄]。さんめん[三面]。しゃくゎいめん[社会面]。しゃせつ[社説]。ぶんげいらん[文芸欄]。
その他ーのいろいろ(例)①[発行間隔] きかん[季刊]。げっかん[月間]。近代ウイークリー(weekly)。しうかん[週刊]。てうかん[朝刊]。にっかん[日刊]。にっぽう[日報]。ゆふかん[夕刊]。
その他ーのいろいろ(例)②[読者層] がっこうしんぶん[学校新聞]。ぎょうかいし[業界紙]。クオリティーペーパー(quality paper)。スポーツし[sport紙]。せんもんし[専門紙]。たいしゅうし[大衆紙]。近代イエローペーパー(yellow paper)。かべしんぶん[壁新聞]。きくゎんし[機関紙]。
その他ーのいろいろ(例)③[地域] ぜんこくし[全国紙]。ちほうし[地方紙]。

しんぺん【身辺】 近代しうゐ[周囲]。みぢか[身近]。身の回り。近世しんぺん[身辺]。てぢか[手近]。てまはり[手回／手廻]。中世てもと[手元]。中古あしもと[足下／足元／足許]。かたはら[傍]。かたへ[片方／傍]。ざいう／ざう[座右]。そば[側]。
ーをよく処理すること 近世しんまく[慎莫]。

しんぽ【進歩】 ステップアップ(step up)。プログレス(progress)。近代アップ(up)。かいくゎ[開化]。かいてん[開展]。しんくゎ[進化]。しんたつ[進達]。しんてん[進展]。せいちゃう[成長]。ぜんしん[前進]。だっぴ[脱皮]。にっしんげっぽ[日進月歩]。はってん[発展]。近世かいめい[開明]。かうじゃう[向上]。しんぽ[進歩]。のぶ[のびる][伸]。はったつ[発達]。中世じゃうたつ[上達]。ひらく[開／拓]。中古すすむ[進]。
ーがないこと きゅうたいいぜん[旧態依然]。のびなやむ[伸悩]。近代ちんたい[沈滞]。ちんぷ[陳腐]。近世きうたう[旧套]。ちんたう[陳套]。中古しゅしゅ[守株／株守]。《句》近世舟に刻して剣を求む[—求める]。中世呉下の阿蒙。
ー・した境地 近代しんきゃう[進境]。
ー・したものがもとに戻ること たいこう[退行]。近代たいくゎ[退化]。
ーの機運 近代しんうん[進運]。
ーのめざましいさま 近代ぐんぐん。近世ずんずん。中世めきめき。→すす・む
ーをはかること 近代かくしん[革新]。近世へんかく[変革]。上代かいしん[改新]。
更なるーを目指す 《句》近代百尺竿頭(かんとう)一歩進む。百丈の竿頭(かんとう)。
他よりもー・している 上代せんしん[先進]。
日々ー・している 近代にっしん[日新]。にっしんげっぽ[日進月歩]。中世じっしん[日新]。《句》中古日日に新なり。
めざましいー 近代ひやく[飛躍]。やくしん[躍進]。

しんぼう【辛抱】 近代にんたい[忍耐]。近世かに[堪忍]。がまん[我慢]。ふしゃう[不請]。中世いんにん[隠忍]。けんにん[堅忍]。こらふ[こらえる][堪／怺]。しんばう

[辛抱]。中古かんにん[堪忍]。たへしのぶ[堪忍]。→かんにん
《句》近代辛抱する木に金がなる。近世石の上にも三年。
ー・して軽々しく動かない 近代いんにんじちょう[隠忍自重]。
ーづよい 近世かんにんづよし[堪忍強]。むしづよい[虫強]。
ーづよい人 近世がまんもの[我慢者]。しんぼうにん[辛抱人]。
ー・できない 中世たまりかぬ(ーかねる)[堪兼]。

じんぼう【人望】 プレスティージ/プレステージ(prestige)。近代しゅうぼう[衆望]。しんぼう[信望]。のぞみ[望]。近世うけ[承/請]。おもひいれ[思入]。せいぼう[声望]。中世めいぼう[名望]。中古おぼえ[覚]。おもひなし[思]。じんとく[人徳]。じんぼう[人望]。めいせい[名声]。よおぼえ[世覚]。よせ[寄]。
《尊》中古れいぼう[令望]。
ーと威光 中世ゐぼう[威望]。
ーを得ている人 とくぼうか[徳望家]。
家柄とー 近世しぼう[資望]。

しんぼく【親睦】 近世かうぎ[交誼]。こんしん[懇親]。しんかう[親交]。しんぜん[親善]。しんぼく[親睦]。中古かうくゎん[交歓/交款]。

シンポジウム(symposium) こうかいとうろんかい[公開討論会]。パネルディスカッション(panel discussion)。近代たうろんくゎい[討論会]。

シンボル(symbol) 近代エンブレム(emblem)。しゃうちょう[象徴]。シンボル。ふちゃう[符帳/符丁]。へうしゃう[表象]。へうちょう[表徴/標徴]。近世ふがう[符号]。へうしき[標識]。中世きがう[記号]。上代しるし[標/証]。

しんまい【新米】❶〈米〉 近世ことしごめ/ことしまい[今年米]。中世しんまい[新米]。中古しんこく[新穀]。
一般のーに先駆けて出される米 はやばまい[早場米]。

しんまい【新米】❷〈新人〉 →しんじん【新人】

しんみ【新味】 近代オリジナリティー(originality)。中世しんぷう[新風]。中古しんみ[新味]。
ーがない 近代ちんぷ[陳腐]。つきなみ[月並]。へいぼん[平凡]。近世ありきたり[在来]。せけんなみ[世間並]。毒にも薬にもならぬ。何の変哲もない。《句》近世沈香も焚かず屁もひらず。
ーがなくなる 中古うちなる[打慣]。
ーのないもの 近世にばんせんじ[二番煎]。

しんみ【親身】 近世こうじゃう[厚情]。しんみ[親身]。中世こうい[厚意]。しんせつ[親切/深切]。
ーの世話 中古うちとけわざ[打解]。

しんみつ【親密】 近代きやすい[気安]。しんみつ[親密]。ちかしい[近/親]。気の置けない。近世こんい[懇意]。じっこん/じゅこん/じゅっこん[入魂]。しんかう[親交]。しんぼく[親睦]。ぢっこん[昵懇]。ばくぎゃく/ばくげき[莫逆]。むつまじ[睦]。中世しんあい[親愛]。しんきん[親近]。魚と水。中古うちとけ[打解]。こころやすし[心安]。こし[濃]。なかよし[仲良/中好]。ねんごろ[懇]。ふかし[深]。むつまし[睦]。上代したし[親]。したしみ[親]。ちかし[近]。
《句》近代生みの親より育ての親。遠くの火事より背中の灸。遠水近火を救はず。近世負うた子より抱いた子。遠い親類(一家)より近くの他人。
ーでないこと 中古そゑん[疎遠]。
ー・で離れがたいこと 中古かうしつ[膠漆]。
ー・な交際 みつげつ[蜜月]。近代こんしん[懇親]。肝胆相照らす。近世いうぎ[友誼]。かうぎ[交誼]。こんい[懇意]。しんかう[親交]。しんぼく[親睦]。よしみを通ず。中世じゃうかう[情交]。ちかづき[近付]。上代よしみ[好/誼]。《句》近代忘形の交はり。近世水魚の思ひ(心)。水魚の交はり。中世金蘭の契り。金蘭の交はり。刎頸の交はり。

しんみょう【神妙】❶〈殊勝〉 近世きょうじゅん[恭順]。しんめう[神妙]。中世けなげ[健気]。じうじゅん[柔順]。中古かんしん[感心]。きとく[奇特]。しゅしょう[殊勝]。
ー・な様子をする 中古くすしがる[奇]。

しんみょう【神妙】❷〈神秘〉 →しんぴ

しんみり 近世しんみり。ひっそり。中世さめざめ。しっぽり。しんめり。中古つれづれと[徒然]。しみじみ。しめじめ。しめやか。上代しのに。心もしのに。

じんみん【人民】 →たみ

しんめ【新芽】 近代しんめ[新芽]。どんが[嫩芽]。近世わかめ[若芽]。中世みどり[緑/翠]。中古このめ[木芽]。わかだち[若立]。わかばえ[若生]。

ーの葉 近世どんえふ[嫩葉]。
ーの緑 中世どんりょく[嫩緑]。
赤みを帯びた草木のー あかめ[赤芽]。あしわか[葦若]。中古あしづの[葦角]。
葦のー 上代あしかび[葦牙]。
樹木のー 近世つのめ[角芽]。
盛夏の頃のー 近代どようめ[土用芽]。
蕾のままのー 近代つぼみめ[蕾芽]。
土用の頃出るー 近代どようめ[土用芽]。

しんめい【身命】 中世いちめい[一命]。しんめい[身命]。中古しゃうみゃう／せいめい[生命]。しんみゃう[身命]。上代いのち[命]。
→**いのち**

じんめい【人名】 近代こしょう[呼称]。しめい[氏名]。ネーム(name)。近世なまへ[名前]。中世しょう[称]。せいし[姓氏]。中古せいめい[姓名]。な[名]。上代かばね[姓]。かばねな[姓名]。じんめい[人名]。みゃうじ[名字]。めうじ[苗字]。→**な【名】**
ーを記載した帳簿等 じんめいじてん[人名辞典]。じんめいちょう[人名帳]。近代しんしろく[紳士録]。じんめいぼ[人名簿]。じんめいろく[人名録]。フーズフー(Who's Who)。近世めいぼ[名簿]。
死者のーの記録 近世きせき[鬼籍]。くゎこちゃう[過去帳]。てんきぼ[点鬼簿]。
実名以外のーの例 つうめい[通名]。ハンドルネーム(和製handle name)。近代あいしょう[愛称]。いしょう[異称]。いめい[異名]。ぎめい[偽名]。げいめい[芸名]。とくめい[匿名]。ニックネーム(nickname)。ひつめい[筆名]。べつめい[別名]。ペンネーム(pen name)。へんみゃう／へんめい[変名]。近世あだな[渾名／綽名]。いへな[家名]。がう[号]。がめい[雅名]。げんじな[源氏名]。しこな[醜名／四股名]。ぞくしょう[俗称]。ぞくな[俗名]。つうしょう[通称]。とほりな[通名]。はいがう[俳号]。べっしょう[別称]。やがう[屋号]。よびな[呼名]。中世いみゃう[異名]。ががう[雅号]。かりな[仮名]。けみゃう[仮名]。ぞくみゃう[俗名]。べつがう[別号]。べつみゃう[別名]。中古かめい[仮名]。上代またのな[又名]。
大名家臣団のー録 中世ぶげんちゃう／ぶんげんちゃう[分限帳]。
注意を要する人物のー録 ブラックブック(black book)。ブラックリスト(blacklist)。

じんめい【人命】 中世しんみゃう／しんめい[身命]。中古しゃうみゃう／せいめい[生命]。じんめい[人命]。上代いのち[命]。→**いのち**

シンメトリー(symmetry) 近代きんせい[均整／均斉]。シンメトリー。たいしょう[対称]。

しんめんもく【真面目】 近代しんこっちゃう[真骨頂]。近世しんか[真価]。しんめんぼく／しんめんもく[真面目]。

しんもつ【進物】 →**おくりもの**

しんもん【審問】 近代しんもん[審問]。近世しつもん[質問]。中古ただす[質／糺]。たづぬ(たずねる)[尋]。
《句》近世聞くは一時(一旦)の恥聞かぬは一生(末代)の恥。

じんもん【訊問】 近代さもん[査問]。しつもん[質問]。しらべ[調]。しんじん[審尋／審訊]。もんせき[問責]。近世ぎんみ[吟味]。ついきふ[追及]。とひただす[問質]。とりしらべ[取調]。中世きうめい[糾明／糺明]。きうもん[糾問／糺問]。きつもん[詰問]。せんぎ[詮議]。とがむ(とがめる)[咎]。もんじん[問訊]。中古かんもん[勘問]。ただす[質／糺]。上代じんもん[訊問／尋問]。
呼び出してー・する かんもん[喚問]。

しんや【深夜】 ミッドナイト(midnight)。やはん[夜半]。よなか[夜中]。よふけ[夜更]。近代うしみつどき[丑三時]。近世ていや[丁夜]。まよなか[真夜中]。中世しんかう[深更]。よふか／よぶか[夜深]。中古しんや[深夜]。よぶかし[夜深]。上代よごもり[夜籠]。
《句》近代草木も眠る丑三つ時。

しんゆう【親友】 近代莫逆(ばくぎゃく)の友。近世しんいう[心友]。ばくぎゃく[莫逆]。中世ちき[知己]。ちこ[知己]。ばくげき[莫逆]。心の友。中古しんいう[親友]。しんぽう[親朋]。ちいん[知音]。
ーと死別すること 中世ぜつげん[絶弦／絶絃]。だんきん[弾琴]。伯牙(はくが)琴を破(やぶ)る。中古琴の緒絶つ。琴の緒絶ゆ(ー絶える)。

しんゆう【神佑】 かみだすけ[神助]。近代しんいう[神佑／神祐]。中世てんいう[天佑／天祐]。てんじょ[天助]。中古しんじょ[神助]。
ーの付き合い →**こうさい【交際】**

しんよう【信用】 →**しんらい**
ー・できないもの まゆつば[眉唾]。近代まゆつばもの[眉唾物]。《句》近世女郎の千枚起請(せんまいきしやう)。

―と人望 近代しんぼう[信望]。

―に関わる 近代沽券(こけん)に関はる。

―をなくすこと 近代世間を狭くする。中世しっつい[失墜]。

商売の― 近世しにせ[老舗]。

じんよう【陣容】 近代かほぶれ[顔触]。せいゐん[成員]。ぢんよう[陣容]。ラインアップ(lineup)。

意気盛んな整った― 近世堂堂の陣。

しんらい【信頼】 近代いしん[倚信]。しんい[信倚]。しんにん[信認]。しんぴょう[信憑]。しんらい[信頼]。近世こころだのみ[心頼]。しんあい[信愛]。中世しん[信]。しんかう/しんがう[信仰]。中古しんよう[信用]。よせ[寄]。

―・して任せる 近代しんたく[信託]。しんにん[信任]。

―・しない 中古ふしん[不信]。

―・する 頼りとする。中世もちふ[用]。もちゆ[用]。肌(膚)(はだ)を許す。中古うちたのむ[打頼]。しんず[信]。もちゐる[用]。上代たのむ[頼]。

―性 しんぴょうせい[信憑性]。リライアビリティー(reliability)。

―・できそう 中古たのもしげ[頼]。

―・できない 近代あやしい[怪]。近世あぶなし[危]。中世たよりなし[頼無]。

―・できなくなる 近世愛想(あいそ)が尽く[―尽きる]。愛想(あいそ)も小想(こそ)も尽き果つ[―果てる]。愛想(あいそ)を尽かす。中世みかぎる[見限]。

―・できるさま 近世大船に乗ったやう。上代たしか[確]。

人から寄せられる― 近代しゅうぼう/しゅぼう[衆望]。よばう[輿望]。近世おもひいれ[思入]。中古じんばう[人望]。

深く―・する人 中古ふくしん[腹心]。

目上の人からの― 中世けしき[気色]。

しんらつ【辛辣】 かれつ[苛烈]。シビア(severe)。近代かこく[過酷]。しゅんれつ[峻烈]。つうれつ[痛烈]。仮借(かしゃく)ない。容赦(用捨)ない。近世げんかく[厳格]。しんらつ[辛辣]。てきびし[手厳]。

しんり【心理】 近代サイコロジー(psychology)。しんけい[神経]。しんり[心理]。ないめん[内面]。中古しんき[心機]。ないしん[内心]。

―的な 近代メンタル(mental)。

―の病的症状の例 しんきしょう[心気症]。しんてきがいしょう[心的外傷]。トラウマ(ドイ Trauma)。ネクロフォビア(necrophobia)。ノイローゼ(ドイ Neurose)。近代パラノイア(ドイ Paranoia)。ヒポコンドリ(ドイ Hypochondrie)。近世しんけいすいじゃく[神経衰弱]。ヒステリー(ドイ Hysterie)。

―療法 サイコセラピー(psychotherapy)。近代せいしんれうはふ[精神療法]。

―療法の例 かいがりょうほう[絵画療法]。かぞくりょうほう[家族療法]。さいみんりょうほう[催眠療法]。じりつくんれんほう[自律訓練法]。ないかんりょうほう[内観療法]。はこにわりょうほう[箱庭療法]。ゆうぎりょうほう[遊戯療法]。

しんり【真理】 近代じゃうだう[常道]。ぢゃうだう[定道]。てつり[哲理]。中世いちじつ[一実]。いんも[恁麼]。こうり[公理]。しゃうり[正理]。じり[事理]。しんにょ[真如]。しんり[真理]。にょじつ[如実]。ほっかい/ほふかい[法界]。ほふ[法]。ほふゐ[法位]。まこと[誠/実/真]。めうたい/めうてい[妙諦]。中古しんじち/しんじつ[真実]。上代しん[真]。→しんじつ

《句》すべての道はローマに通ず。近代亡羊の嘆。

―と知恵の光 中世じゃくくゎう[寂光]。

―に達すること 近代てんめいかいご[転迷開悟]。中世けんとく[見得]。さとる[悟]。さんきう[参究]。とくほふ[得法]。中古かいげん[開眼]。かいご[開悟]。ぼだい[菩提]。悟りを開く。上代げご[解悟]。りゃうげ[領解]。

―を悟った人 中世真(まこと)の人。中古かくしゃ[覚者]。しんじん[真人]。ちさ/ちしゃ[知者/智者]。

―を見通す心の働き 中古ゑ[慧]。上代ちゑ[知恵/智慧]。はんにゃ[般若/波若]。

―を求めること 近世きうだう/ぐだう[求道]。

最高の― 中世しょうぎ[勝義]。

仏が―をあらわにすること 中世せうは[照破]。

しんり【審理】 近代しらべ[調]。しんぎ[審議]。しんり[審理]。中世せんぎ[詮議]。中古さいばん[裁判]。

じんりき【人力】 →**じんりょく【人力】**

しんりゃく【侵略】 しんこう[侵攻]。近代しんこう[侵寇]。しんにふ[侵入]。どんぺい[呑併]。近世こうりゃく[攻略]。しんしょく[侵蝕/侵食]。しんしょく[浸蝕/浸食]。しんぱん[侵犯]。しんりゃく[侵略/侵掠]。中世こうす[寇]。しんだつ[侵奪]。せめとる[攻取]。へいどん[併呑]。

中古さんしょく［蚕食］。じうりん［蹂躙／蹂躙］。しんがい［侵害］。上代をかす［侵］。

しんりょ【深慮】 じゅくりょ［熟慮］。近世こりょ［顧慮］。じゅくし［熟思］。中世しんりょ［深慮］。せんりょ［千慮］。中古おもひめぐらす［思巡］。ちんし［沈思］。

しんりょう【診療】→**しんさつ**

しんりょく【新緑】 中世しんりょく［新緑］。どんりょく［嫩緑］。中古わかば［若葉］。上代あをば［青葉］。

―の木々 中古しんじゅ［新樹］。

じんりょく【尽力】 近代けんしん［献身］。じんりょく［尽力］。近世きもせい［肝精］。じんすい［尽瘁］。せいりき［精力］。中世くち［駆馳］。こころづくし［心尽］。せっかく［折角］。せわ［世話］。ふんこつさいしん［粉骨砕身］。ほねをり［骨折］。中古ふんこつ［粉骨］。上代こうけん［貢献］。

―・する 近代つくす［尽］。力を貸す。一骨(ひとほね)折る。近世肌(膚(はだ))を脱ぐ。諸肌(もろはだ)を脱ぐ。中世力になる。中古身を砕く。

じんりょく【人力】 マンパワー(manpower)。近世じんこう［人工］。じんざう［人造］。じんりょく［人力］。じんゐ［人為］。にんげんわざ［人間業］。中古じんりき［人力］。ひとで［人手］。

―で動かす車 近代じんりきしゃ［人力車］。つじぐるま［辻車］。トロッコ(truck)。ヤンチョ［(中国語)洋車］。リヤカー(rearcar)。わんしゃ［腕車］。ワンポーツ［(中国語)黄包車］。中古てぐるま［手車／輦／輦車］。

しんりん【森林】 近代ジャングル(jungle)。じゅかい［樹海］。タイガ(ロシア taiga)。みつりん［密林］。中世じゅりん［樹林］。しんりん［森林］。中古さんりん［山林］。上代もり［森］。

―の樹冠間に隙間がなくなった状態 うっぺい［鬱閉］。

―と野原 上代りんや［林野］。

異種の樹木が混生している― こんこうりん［混交林］。こんごうりん［混合林］。こんりん［混林］。

自然のままの― 近代げんしりん［原始林］。げんせいりん［原生林］。しょぢょりん［処女林］。てんねんりん［天然林］。

樹冠が一種類の― じゅんりん［純林］。たんじゅんりん［単純林］。

樹齢がほぼ同じ― どうれいりん［同齢林］。

人工の― しょくさいりん［植栽林］。じんこうりん［人工林］。

保存すべき― ほごりん［保護林］。近代ぼうふうりん［防風林］。ふうちりん［風致林］。ほあんりん［保安林］。

じんりん【人倫】 近代りんだう［倫道］。近世りんり［倫理］。中世じんだう［人道］。中古いりん［彝倫］。じんりん［人倫］。上代だうとく［道徳］。

しんるい【親類】→**しんせき**

じんるい【人類】 中世ひとだね［人種］。万物の霊長。中古じんるい［人類］。せいれい［生霊］。にんげん［人間］。上代じんりん［人倫］。→**にんげん**

化石― えんじん［猿人］。きゅうじん［旧人］。しんじん［新人］。近代げんじん［原人］。

現在の― しんじん［新人］。ホモサピエンス(ラテン Homo sapiens)。

しんれい【心霊】 中世しんれい［心霊］。せいれい［精霊］。中古こんぱく［魂魄］。れい［霊］。れいこん［霊魂］。上代せいしん［精神］。たましひ［魂／魄］。→**たましい**

しんれい【神霊】 中世しんれい［神霊］。中古れい［霊］。上代みかげ［御影］。みたま［御霊］。→**たましい**

―が乗り移ること 近代かみがかり［神懸／神憑］。中古よる［寄］。

―が宿る物 近代ぶっしん［物神］。よりしろ［依代／憑代］。

―がよりつく人間 ものつき［物憑］。近代よりまし［憑坐／尸童］。

荒々しい― 上代あらみたま［荒御霊］。

穏やかな― 上代にきみたま［和御霊］。

山中で人に取り憑く― 近世ひだるがみ［神］。

しんろ【進路】 近代コース(course)。しんろ［進路］。はうかう［方向］。ろせん［路線］。近世しんろ［針路］。中世しんがく［進学］。みちすぢ［道筋］。中古ぜんと［前途］。ゆくて［行手］。

―が定まらない めいそう［迷走］。

―を変えて曲がる ターン(turn)。近代をれまがる［折曲］。

正しい― 中世じゅんろ［順路］。中古じゅんだう［順道］。

しんろ【針路】 近代ししん［指針］。しんろ［進路］。はうしん［方針］。ポリシー(policy)。

しんろう【心労】 近代きぼね［気骨］。近世きぐらう［気苦労］。きづかれ［気疲］。こころづかひ［心遣］。気骨(きぼね)が折る［―折れる］。中古しんらう［心労］。

―の原因となるもの ストレス(stress)。

しんろう【辛労】 中世 くしん[苦心]。くしん[苦辛]。くらう[苦労]。しんらう[辛労]。なやみ[悩]。中古 くなう[苦悩]。上代 しんく[辛苦]。

ーによる病気 近世 しんしつ[心疾]。

しんわ【親和】 近代 いうかう[友好]。しうかう[修好/修交]。しんわ[親和]。近世 こんしん[懇親]。しんかう[親交]。しんぜん[親善]。しんぼく[親睦]。中古 かうくゎん[交歓/交款]。

しんわ【神話】 近代 しんわ[神話]。ミュトス(ギリシャ mythos)。近世 むかしばなし[昔話/昔噺]。中世 せつわ[説話]。でんしょう[伝承]。でんせつ[伝説]。

ーの時代 中古 じんだい[神代]。上代 かみよ[神代/神世]。

ーの例①[内容] えいゆうしんわ[英雄神話]。けんこくしんわ[建国神話]。こうずいしんわ[洪水神話]。そうせいしんわ[創世神話]。てんちそうぞうしんわ[天地創造神話]。

ーの例②[民族] アイヌしんわ[神話]。いずもしんわ[出雲神話]。エジプトしんわ[Egypt神話]。ギリシャしんわ[(ラテン)Graecia神話]。ぶっきょうしんわ[仏教神話]。ローマしんわ[Roma神話]。

す

す【巣】 近代 すあな[巣穴]。中古 さうくつ[巣窟]。ねぐら[塒]。上代 す[巣/栖/窠]。

ーに籠もる 巣に就く。

ーをつくる すづくり[巣作]。近代 えいさう[営巣]。中古 すくふ[巣食]。巣を食ふ。上代 すむ[棲]。

蜘蛛(くも)がーをかける 中古 いがく/すがく[糸構]。

蜘蛛のー 中古 い[蜘糸]。ささがに/ささがね[細蟹/笹蟹]。すがき[巣]。蜘蛛の網(い)。

水面に浮いているー 中古 うきす[浮巣]。浮き寝の床。

鷹(たか)や鶏が晩夏ーに籠もっていること 近世 とやいり[鳥屋入]。とやごもり[鳥屋籠]。鳥屋(やと)(塒(やと))に就く。

鳥のー 中古 ねぐら[塒]。上代 とぐら[鳥栖/鳥座/塒]。

元のー 中古 ふるす[古巣]。

す【州】 近代 さしう/さす[砂州/砂洲]。上代 す[州/洲]。ひし/ひじ[州/洲]。

入り江にあるー 上代 うらす[浦州/浦洲]。

浮いたように見えるー 中世 うきす[浮州]。

河口付近のー 近代 さんかくしう/さんかくす[三角州/三角洲]。デルタ(delta)。

風や波が寄せて作ったー 近世 よりす[寄州/寄洲]。

川の中のー なかす[中州/中洲]。

白い砂のー しらす[白州/白洲]。

陸から離れた所にあるー 中世 はなれす[離州/離洲]。

す【酢】 近代 しょくす/しょくず[食酢]。ビネガー(vinegar)。近世 きず[生酢]。中古 からざけ[苦酒/辛酒]。上代 す[酢]。

調味したー かげんず[加減酢]。近世 あはせず[合酢]。あんばいず[塩梅酢]。

調味したーの例 しょうがず[生姜酢]。近代 あまず[甘酢]。近世 くろず[黒酢]。さんばいず[三杯酢]。にはいず[二杯酢]。中世 たでず[蓼酢]。わさびず[山葵酢]。

その他ーのいろいろ(例) あかうめず[赤梅酢]。あかず[赤酢]。かきず[柿酢]。かじつす[果実酢]。かすず[滓酢/糟酢]。しろうめず[白梅酢]。しろず[白酢]。バルサミコす[(イタリア)balsamico酢]。よねず[米酢]。りんごす[林檎酢]。ワインビネガー(wine vinegar)。近代 ポンス[(オランダ)pons]。近世 うめず[梅酢]。きず[木酢]。中世 あをず[青酢]。

ず【図】 チャート(chart)。近代 ダイヤグラム(diagram)。づはん[図版]。づへう[図表]。づめん[図面]。中世 づぐゎ[図画]。中古 づけい[図形]。上代 づ[図]。ゑ[絵]。

ーと書物 近代 とせき[図籍]。中古 づせき[図籍]。

ーによる説明 近代 づかい[図解]。づし[図示]。近世 づせつ[図説]。

ーを中心とした書物 近代 づかん[図鑑]。づふ[図譜]。づろく[図録]。

上から見下ろしたように描いたー 近代 てうかんづ[鳥瞰図]。とりめゑ[鳥目絵]。ふかんづ[俯瞰図]。

絵入りのー 近代 ゑづめん[絵図面]。

形をーに表すこと 近代 づどり[図取]。

簡略化したー 中世 りゃくづ[略図]。

縮めたー 近世 しゅくづ[縮図]。

すあし【素足】 近世 からあし[空足]。しゃくきゃく/せききゃく[赤脚]。せんそく[跣足]。中古 とせん[徒跣]。はだし[裸足/

跣足]。

ずあん【図案】 〔上代〕すあし[素足／跣]。〔近代〕いしゃう[意匠]。えがら[絵柄]。イラスト／イラストレーション(illustration)。づあん[図案]。づがら[図柄]。デザイン(design)。パターン／パタン(pattern)。〔近世〕ゑぐみ[絵組]。〔中古〕さうしょく[装飾]。づけい[図形]。ゑやう[絵様]。

―を描くプロ イラストレーター(illustrator)。さしえがか[挿絵画家]。デザイナー(designer)。〔近代〕づあんか[図案家]。〔上代〕ゑかき[絵描]。

団体等を象徴するー シンボルマーク(和製symbol mark)。

すい【粋】❶〈精髄〉 〔近代〕エッセンス(essence)。〔近世〕エキス(オランダ extract)。きっすい[生粋]。しんずい[真髄／神髄]。すい[粋]。せいくゎ[精華]。せいすい[精粋]。〔中世〕せいずい[精髄]。ほんしつ[本質]。

すい【粋】❷〈風流〉 〔近代〕シック(フランス chic)。〔近世〕いき[粋]。おつ[乙]。しゃれ[洒落]。すい[粋]。すし。つう[通]。〔中世〕だて[伊達]。ふうりう[風流]。〔中古〕ふりう[風流]。

―・であるように振る舞う 〔近世〕すいがる[粋]。

すいい【推移】 いこう[移行]。〔近代〕うつりゆき[移行]。〔近世〕へんい[変移]。〔中世〕うつりかはり[移変]。せんい[遷移]。へんせん[変遷]。〔中古〕すいい[推移]。たちかはる[立代]。てんぺん[転変]。へんてん[変転]。へんどう[変動]。

ずいい【随意】 思いのまま。〔近代〕おもひどほり[思通]。てきい[適意]。〔近世〕かって[勝手]。きまま[気儘]。しい[恣意／肆意]。じぶんかって[自分勝手]。〔中世〕きずい[気随]。こころまかせ[心任]。じいうじざい[自由自在]。じゅうわう[縦横]。じゅうわうむげ[縦横無碍]。ずいい[随意]。掌(たなごころ)の中。〔中古〕じざい[自在]。しだい[進退]。にんい[任意]。やすらか[安]。心に任す。

ずいいち【随一】 〔近代〕たくばつ[卓抜]。〔近世〕さいかう[最高]。しゅっしょく[出色]。ずいいち[随一]。ただなか[直中／只中]。〔中世〕せんいつ[専一]。だいいちばん[第一番]。はくび[白眉]。〔中古〕けっしゅつ[傑出]。ばつぐん[抜群]。

すいうん【衰運】 〔近代〕すいせい[衰勢]。たいうん[頽運]。たいせい[退勢／頽勢]。〔近世〕すいうん[衰運]。すいたい[衰頽／衰退]。〔中世〕おちめ[落目]。めどき[女時]。→このうえな・い

すいえい【水泳】 〔近代〕かいすいよく[海水浴]。きゃうえい[競泳]。スイミング(swimming)。すいよく[水浴]。みづあび[水浴]。〔近世〕すいえい[水泳]。みづおよぎ[水泳]。〔中世〕すいれん[水練]。〔中古〕いうえい[遊泳／游泳]。およぎ[泳／游]。

―競技の種目 ウオーターポロ(water polo)。シンクロ／シンクロナイズドスイミング(synchronized swimming)。せおよぎ／はいえい[背泳]。バタ／バタフライ(butterfly)。ひらおよぎ[平泳]。メドレーリレー(medley relay)。〔近代〕クロール(crawl)。じいうがた[自由形]。すいきう[水球]。たかとびこみ[高飛込]。バックストローク(backstroke)。

―の心得 〔中世〕みづごころ[水心]。

―の達人 〔近世〕かっぱ[河童]。かはだち[川立]。〔中世〕すいれん[水練]。

▼泳法の例 ドルフィンキック(dolphin kick)。ブレスト／ブレストストローク(breaststroke)。〔近代〕サイドストローク(sidestroke)。のしおよぎ[泳]。バックストローク(backstroke)。よこおよぎ[横泳]。よこのしおよぎ[横泳]。〔中古〕たちおよぎ[立泳]。

すいえん【水煙】 みずしぶき[水飛沫]。〔近代〕スプラッシュ(splash)。ひまつ[飛沫]。〔近世〕すいじょうき[水蒸気]。みづけむり[水煙]。〔中世〕すいき[水気]。〔中古〕すいえん[水煙／水烟]。

すいがい【水害】 かんすい[冠水]。すいか[水禍]。〔近世〕すいやく[水厄]。〔中世〕すいさい[水災]。〔中古〕かんすい[旱水]。〔上代〕すいがい[水害]。すいなん[水難]。

―を防ぐこと 〔近世〕すいばう[水防]。

すいかく【酔客】 →すいきゃく

すいかずら【忍冬】 〔近世〕きんぎんくゎ[金銀花]。〔中古〕すひかづら[忍冬]。にんどう[忍冬]。

すいきゃく【酔客】 〔近世〕すいかん[酔漢]。ずだいばう[坊]。ずぶしち。とら[虎]。のんだくれ[飲]。ぼうだら[棒鱈]。よっぱらひ[酔払]。よひどれ／ゑひどれ[酔]。〔中世〕くらひだふれ[食倒]。すいかく[酔客]。すいじん[酔人]。〔上代〕ゑひびと[酔人]。→さけ【酒】

すいきょ【推挙】 〔中世〕おす[推]。すいしゃう[推奨]。すいしゃう[推賞]。すいしょう[推称]。すいばん[推輓／推挽]。ひきたつ[―たてる][引立]。〔中古〕きょ[挙]。すいきょ[推挙／吹挙]。すいこく[推轂]。すいせん[推

薦］。すすむ［勧／薦］。〖上代〗せんきょ［薦挙］。

すいきょう【酔狂】〖近代〗かうきしん［好奇心］。ディレッタント(dilettante)。〖近世〗かうじ／かうず［好事］。すいきゃう［酔狂／粋狂］。〖中世〗ものずき［物好］。

—・な奴〖近世〗きなやつ［気奴］。

すいぎん【水銀】〖近代〗マーキュリー(Mercury)。〖中世〗すいぎん［水銀］。〖上代〗みづかね［水銀］。

すいぐん【水軍】〖近世〗せんぐん［船軍］。ふなて［船手］。〖中古〗すいぐん［水軍］。〖上代〗ふないくさ［船軍］。

すいけい【推計】〖近代〗すいそく［推測］。〖中古〗すいさん［推算］。

すいげん【水源】〖近代〗げんせん［源泉］。すいげんち［水源地］。〖中世〗すいげん［水源］。〖中古〗げんりう［源流］。〖上代〗みなもと［源］。

すいこう【遂行】〖近代〗かんかう［敢行］。くゎんすい［完遂］。すいかう［遂行］。たっせい［達成］。やりきる［遣切］。やりとげる［遣遂］。パフォーマンス(performance)。〖近世〗しとぐ［—とげる］［仕遂］。なしとぐ［—とげる］［成遂］。やってのける［遣］。〖中世〗じゃうじう／じゃうじゅ［成就］。やりとほす［遣通］。

すいこう【推敲】〖近代〗かいさん［改刪］。さんしう［刪修］。るこく／ろうこく［鏤刻］。〖近世〗さんせい［刪正］。〖中世〗かいさく［改削］。すいかう［推敲］。〖上代〗さんてい［刪定］。

職務を—・すること べんむ［弁務］。

ずいこう【随行】〖近世〗おつき［御付］。〖中世〗おとも［御供］。ずいかう［随行］。ずいはん［随伴］。〖上代〗つきしたがふ［付従］。つきそふ［付添］。どうかう［同行］。〖中古〗うちつる［—つれる］［打連］。したがふ［従］。つれだつ［連立］。どうだう［同道］。ひきつる［—つれる］［引連］。〖上代〗どうはん［同伴］。

すいこ・む【吸込】〖近代〗きふいん［吸引］。きふにふ［吸入］。〖近世〗きふしう［吸収］。〖中世〗すひこむ［吸込］。すひとる［吸取］。〖中古〗すふ［吸］。

すいさつ【推察】〖近代〗けいせき［景迹］。さうさつ［相察］。すいそく［推測］。すいてい［推定］。とうさつ［透察］。よさつ［予察］。意を汲む。察しが付く。〖近世〗けんみゃく［見脈］。さっしる［察］。すい［推］。どうさつ［洞察］。〖中世〗きゃうざく［景迹／還迹］。くみしる［汲知］。くみとる［汲取］。みとほし［見通］。〖中古〗きゃうじゃく［景迹／還迹］。さっす［察］。すいさつ［推察］。すいりゃう［推量］。そんたく［忖度］。〖上代〗おしはかる［推量］。はかる［量］。

《尊》〖近代〗おさっし［察］。〖中世〗けんさつ［賢察］。〖中古〗かうさつ［高察］。〖上代〗めいさつ［明察］。

《謙》〖近代〗きょうさつ［恐察］。はいさつ［拝察］。

《句》〖中世〗一事が万事。

すいさん【推参】〖近世〗はいそう［拝走］。〖中世〗はうもん［訪問］。〖中古〗おとづる［—ずれる］［訪］。おとなふ［訪］。さんじゃう［参上］。すいさん［推参］。はいすう［拝趨］。

すいさん【炊爨】→**すいじ**

すいさんぶつ【水産物】〖近代〗かいさんぶつ［海産物］。ぎょかい［魚介］。シーフード(seafood)。すいさんぶつ［水産物］。〖中古〗ぎょべつ［魚鼈］。〖上代〗うみさち［海幸］。

すいし【水死】〖近世〗おぼれじに［溺死］。魚腹に葬らる［—葬られる］。〖中世〗すいし［水死］。できし［溺死］。

—・した死体すいしたい［水死体］。〖近代〗できしたい［溺死体］。〖近世〗どざ／どざゑむ／どざゑもん［土左衛門］。汨羅の鬼。

すいじ【炊事】〖近代〗おさん／おさんどん［御三／御爨］。かっぱう［割烹／割亨］。クッキング(cooking)。すいじ［炊事］。にたき［煮炊／煮焚］。〖近世〗しんすい［薪水］。すいはん［炊飯］。火を吹く。〖中世〗てうり［調理］。〖中古〗かしき［炊］。すいさん［炊爨］。まかなひ［賄］。れうり［料理］。

—・する〖近世〗れうる［料／料理］。〖中世〗たく［炊］。〖中古〗まかなふ［賄］。〖上代〗かしぐ［炊／爨］。

—・する女性〖近代〗すいじふ［炊事婦］。すいふ［炊婦］。〖近世〗おさん／おさんどん［御三／御爨］。めしたきをんな［飯炊女］。

—・する男性〖近代〗すいふ［炊夫］。めしたきをとこ［飯炊男］。

—・する所→**だいどころ**

—・する人〖近世〗かしき［炊］。〖上代〗くゎとう［火頭］。

—の煙〖近世〗朝夕(てうせき)の煙。〖中世〗すいえん［炊煙／炊烟］。朝夕(あさゆふ)の煙(けぶり)。〖中古〗じんえん［人煙］。ゆふけぶり［夕煙］。

—の道具 すいぐ［炊具］。

自ら—・すること〖近代〗じすい［自炊］。〖近世〗てせんじ［手煎］。

ずいじ【随時】〖近代〗じゃうじ［常時］。〖近世〗いつでも［何時］。〖中古〗時を分かず。

すいじば【炊事場】〖近代〗キッチン(kitchen)。

すいじば［炊事場］。ちゅうばう［厨房］。てうりば［調理場］。近世かしきや［炊屋］。だいどこ［台所］。中世かって［勝手］。だいどころ［台所］。上代くりや［厨／廚］。→だいどころ

すいしゃ【水車】 近代みづくみぐるま［水汲車］。近世すいしゃ［水車］。みづなるこ［水鳴子］。中古みづぐるま［水車］。

―のいろいろ（例） しょうどうすいしゃ［衝動水車］。はんどうすいしゃ［反動水車］。フランシスすいしゃ［Francis 水車］。プロペラすいしゃ［propeller 水車］。

すいじゃく【衰弱】 じゃくたいか［弱体化］。近代げんたい［減退］。ていらく［低落］。近世すいじゃく［衰弱］。中世きょらう［虚労］。るいじゃく［羸弱］。中古せうすい［憔悴］。てうらく［凋落］。上代すいび［衰微］。

―・させる 中古そこなふ［損］。上代をやす［瘁］。

―・しているさま 中古あつし［篤］。よわし［弱］。あるかなきか。

―・する 近世よわりきる［弱切］。中世すたる［すたれる］［廃］。むつく［むつける］［憒］。中古おとろふ［―ろえる］［衰］。しらむ［白］。やせおとろふ［―ろえる］［痩衰］。やつる［やつれる］［窶］。よわる［弱］。上代あつしる［篤］。をゆ［瘁］。

暑さのための― 近世あつさあたり［暑中］。しょきあたり［暑気中］。しょきわづらひ［暑気煩］。中古あつけ［暑気］。

房事過度などのための― 近世いんきょくゎどう［陰虚火動］。くゎどう［火動］。じんきょくゎどう［腎虚火動］。中世じんきょ［腎虚］。

すいじゅん【水準】 ライン（line）。近代きじゅん［基準］。すいじゅん［水準］。レベル（level）。近世へうじゅん［標準］。

―に達しないこと 近代らくだい［落第］。わる［割］。

―を超えること クリア／クリヤー（clear）。近代とっぱ［突破］。中古がふかく［合格］。

ずいしょ【随所】 近世そこらぢゅう［其処等中］。中世あちこち［彼方此方］。いたるところ［至所］。ずいしょ［随所／随処］。

すいしょう【推奨】 リコメンド（recommend）。中世おす［推］。すいしゃう［推奨］。すいしゃう［推賞］。すいしょう［推称］。すいばん［推輓／推挽］。中古しゃうれい［奨励］。すいきょ［推挙／吹挙］。すいきょ［吹嘘］。すいこく［推轂］。すいせん［推薦］。すすむ［すすめる］［勧／薦］。上代くゎんしゃう［勧奨］。せんきょ［薦挙］。

すいしょう【水晶】 クオーツ（quartz）。近代クリスタル（crystal）。ろくはうせき［六方石］。中古すいぎょく［水玉］。すいさう［水晶］。すいしゃう［水晶］。みづとるたま［水取玉］。

曇りのない―やガラス 近代じゃうはり［浄玻璃］。

いろいろな―（例） くさいりずいしょう［草入水晶］。みずいりずいしょう［水入水晶］。近代けむりずいしゃう［煙水晶］。

すいじょう【水上】 近代みなも［水面］。中古すいじゃう［水上］。すいめん［水面］。みのも［水面］。

ずいしょう【瑞祥】→**きっちょう**

すいじょうき【水蒸気】→**じょうき【蒸気】**

すいしん【推進】 近代あとおし［後押］。おしすすめる［推進］。しんこう［振興］。すいしん［推進］。すすめる［進］。そくしん［促進］。プッシュ（push）。プロモーション（promotion）。

中心となって―・する人 近代はたふり［旗振］。近世げうしゃう［驍将］。中世おんどうとり／おんどとり［音頭取］。

すいじん【粋人】 近代かうじしゃ／かうずしゃ［好事者］。近世かうずか［好事家］。すいじん［粋人］。すいはう［粋方］。すきしゃ［好者／数寄者／数奇者］。つうじん［通人］。とほりもの［通者］。ぬれもの［濡者］。ふうりうじん［風流人］。中古すきもの［好者／数寄者／数奇者］。

―ぶる 近世すいがる［粋］。

すいせい【衰勢】→**すいうん**

すいせい【彗星】 コメット（comet）。近世あふぎぼし［扇星］。いなぼし［稲星］。中世はうきぼし［箒星］。中古ほこぼし［桙星］。ほたれぼし［穂垂星］。上代すいせい［彗星］。ははきぼし［箒星／帚星］。

すいせい【水星】 マーキュリー（Mercury）。近世すいせい［水星］。中世しんせい［辰星］。

すいせん【推薦】 ノミネート（nominate）。リコメンド（recommend）。近代こうしん［貢進］。中世おす［推］。きょ［挙］。すいしゃう［推奨］。すいしゃう［推賞］。すいしょう［推称］。すいばん［推輓／推挽］。すすむ［薦］。中古すいきょ［推挙／吹挙］。すいきょ［吹嘘］。すいこく［推轂］。すいせん［推薦］。ひきたて［引立］。上代せんきょ［薦挙］。

自分を―・する 近代じせん［自薦］。

他から—・される　たせん［他薦］。
人を—・して自分は退くこと　上代すいじゃう［推譲］。

すいせん【水仙】　はるたま［春玉］。近世がかく［雅客］。せっちゅうくゎ［雪中花］。中世すいせん［水仙］。

すいぜん【垂涎】　近代すいぜん［垂涎］。せつばう［切望］。ねつばう［熱望］。喉から手が出る。中古かつばう［渇望］。ほしがる［欲］。上代もとむ［もとめる］［求］。

すいそう【水槽】　近代すいさう［水槽］。タンク(tank)。中世みづぶね［水船］。中古きつ［槽］。さう［槽］。ふね［船／舟］。上代をけ［桶］。
船に設けた魚介類を入れる—　かつぎょそう［活魚艙］。近代いけま［生間／活間］。中古いけす［生簀］。

ずいそう【瑞相】→きっちょう

ずいそう【随想】→ずいひつ

すいそく【推測】　近代きそく［窺測］。さうさつ［想察］。すいそく［推測］。すいてい［推定］。すいり［推理］。近世けんみゃく［見脈］。さっち［察知］。すい［推］。つもり［積］。中世おくさう［憶想／臆想］。おくだん［憶断／臆断］。きゃうざく［景迹／還迹］。たんげん［端倪］。中古おしあて［押当］。きゃうじゃく［景迹／還迹］。さげすむ［下墨］。すいさつ［推察］。すいりゃう［推量］。そくりゃう［測量］。上代すいだん［推断］。→**すいりょう【推量】**
—・して知ること　近世さっち［察知］。
—・する　近代よむ［読］。見当を付ける。中世すいす［推］。中古はかる［量］。上代おしはかる［推量／推測］。
根拠のない—　近代おくそく［憶測／臆測］。
先のことについての—　近代ぐゎいさふ［外挿］。よそく［予測］。近世みこし［見越］。
様子を見て—・する　近代くゎんそく［観測］。
悪い方へ—・する　中世じゃすい［邪推］。

すいたい【衰退】　かこうせん［下降線］。しゃよう［斜陽］。近代げんたい［減退］。すいせい［衰勢］。たいくゎ［退化］。たいてう［退潮］。ていか［低下］。近世すいたい［衰退／衰頽］。中世おちめ［落目］。おとろへ［衰］。たいはい［退廃］。ちんたい［沈滞］。上代すいび［衰微］。
—の気運　近代たいうん［頽運］。

すいだん【推断】　近代すいてい［推定］。中世すいさつ［推察］。上代すいだん［推断］。→**すいてい【推定】**

すいちゅう【水中】　すいめんか［水面下］。中古すいちゅう［水中］。
—に隠れること　近代ちんせん［沈潜］。中古みごもる［水籠］。
—に住むこと　近代すいせい［水生／水棲］。
—に潜り込むこと　近代せんすい［潜水］。せんぼつ［潜没／潜歿］。
—に潜るスポーツ　スキューバ／スキューバダイビング(scuba diving)。スキンダイビング(skin diving)。ダイブ(dive)。
—を見る器具　はこめがね［箱眼鏡］。近世のぞきめがね［覗眼鏡］。
器具をつけず—に潜ること　すもぐり［素潜］。
水生植物で—にある葉　すいよう［水葉］。ちんすいよう［沈水葉］。近世みなは［水葉］。
人を—に投げ入れること　近世みづざふすい［水雑炊］。

ずいちょう【瑞兆】→きっちょう

すいちょく【垂直】　近代えんちょく［鉛直］。すいちょく［垂直］。ちょくかく［直角］。近世ちょくりつ［直立］。中世たて［縦／竪／経］。中古たたさま／たださま［縦様］。
—になる　上代たつ［立］。
—を調べる器具　しょうじき［正直］。すいじゅう［錘重］。近世さげふり［下振］。

すいつ・く【吸付】　近世きふちゃく［吸着］。しゃぶりつく［付］。ひっつく［引付］。中世ふちゃく［付着／附着］。中古すひつく［吸付］。

すいてい【推定】　近代さうてい［想定］。すいてい［推定］。みなす［見做／看做］。見当を付ける。近世さしづ［指図］。中世すいさつ［推察］。中古おもひなす［思為／思做］。上代すいだん［推断］。

すいてい【水底】　上代すいてい［水底］。みなそこ［水底］。

すいてき【水滴】　近代すいてき［水滴］。中世みづたま［水玉］。中古たま［玉］。上代みつぼ［水粒］。
飛び散る—　近代しぶき［飛沫］。ひまつ［飛沫］。
物の表面の—　中世あせ［汗］。

すいでん【水田】　中古みづた［水田］。上代すいでん［水田］。
—の水をめぐる争い　近代みづあらそひ［水争］。近世かはろん［川論］。みづげんくゎ［水喧嘩］。みづろん［水論］。
傾斜地の階段状の—　せんまいだ［千枚田］。中世たなだ［棚田］。
泥深い—　近世どろた［泥田］。

すいとう【出納】 にゅうしゅっきん［入出金］。近世くゎいけい［会計］。すいたふ［出納］。中世しうし［収支］。だしいれ［出入］。中古けいり［経理］。上代かんぢゃう［勘定］。

すいどう【水道】 じょうげすいどう［上下水道］。近代きふすい［給水］。近世げすい／げすいだう［下水道］。じゃうすい／じゃうすいだう［上水道］。中世すいだう［水道］。すいろ［水路］。→**かいきょう**

すいと・る【吸取】 近世きふしう［吸収］。中世すひこむ［吸込］。中古すひとる［吸取］。すふ［吸］。

すいなん【水難】 近代かいなん［海難］。近世すいやく［水厄］。上代すいなん［水難］。→**すいがい**

—の例 かんすい［冠水］。近代ざせう［座礁］。中世すいし［水死］。できし［溺死］。中古ちんぼつ［沈没］。上代こうずい［洪水／鴻水］。

すいはん【炊飯】 近代すいじ［炊事］。近世すいはん［炊飯］。めしたき［飯炊］。

ずいはん【随伴】 →**ずいこう**

すいび【衰微】 →**すいたい**

ずいひつ【随筆】 近代エッセー(essay; フランス essai)。ぐうかん［偶感］。ずいかん［随感］。ずいさう［随想］。まんぶん［漫文］。まんろく［漫録］。近世まんぴつ［漫筆］。中世ずいひつ［随筆］。

—を書く人 近代エッセイスト(essayist)。ずいひつか［随筆家］。

すいぶん【水分】 近代しめりけ［湿気］。すいぶん［水分］。近世しめり［湿］。中世しっき／しっけ［湿気］。みづけ［水気］。中古うるほひ［潤］。すいき［水気］。

—がなくなりしぼむ 中世しなぶ［しなびる］［萎］。

—がなくなること 近代こけつ［枯竭／涸竭］。近世からからになる。中世かわききる［乾切／渇切］。かわらぐ［乾］。かんさう［乾燥］。こかつ［枯渇／涸渇］。ひあがる［干上／乾上］。ひからぶ［—からびる］［干涸／乾涸］。中古ひる［干／乾］。上代かわく［乾／渇］。

—をなくすこと 中世かわらかす［乾］。中古かわかす［乾］。

—を分離する だっすい［脱水］。近代きる［切］。中古しぼる［絞／搾］。

ずいぶん【随分】 近代きょくりょく［極力］。さうたう［相当］。たいへん［大変］。とっても／とても。ひじゃうに［非常］。近世おほいに［大］。たいそう［大層］。だいぶ／だいぶん［大分］。よっぽど［余程］。中世かなり［可成／可也］。なかなか［中中］。よほど［余程］。ずいぶん［随分］。すこぶる［頗］。

すいへい【水平】 近代すいへい［水平］。ホリゾンタル(horizontal)。近世ろく［陸］。

—・に置く 近代ねかす／ねかせる［寝］。中世よこたふ［—たえる］［横］。

—の線 レベル(level)。近代すいへいせん［水平線］。

—を量る機器等 きほうかんすいじゅんき［気泡管水準器］。きほうすいじゅんき［気泡水準器］。近代すいじゅんき［水準器］。すいじゅんぎ［水準儀］。すいへい［水平］。すいへいき［水平器］。近世すいしゃく［水尺］。みづもり［水盛］。中世すみづ［角水］。みづいと［水糸］。みづなわ［水縄］。上代みづばかり［水準／水計］。

天地を分かつ—の線 近代ちへいせん［地平線］。近世ちへい［地平］。

すいほう【水泡】 →**あわ**

—に帰す 《句》近代九仞(きうじん)の功を一簣(いっき)に虧(か)く。近世百日の説法屁一つ。→**だいなし**

すいぼう【衰亡】 →**めつぼう**

すいぼくが【水墨画】 近世かんぐゎ［漢画］。すみゑ［墨絵］。中古からゑ［唐絵］。

—の技法の例 かすりふで／かすれふで［掠筆］。さっぴつ［擦筆］。近代かっぴつ［渇筆］。こひつ［枯筆］。はつぼく［潑墨］。ひましゅん［披麻皴］。近世はぼく［破墨］。

すいみん【睡眠】 近世すいみん［睡眠］。中世ねむり［眠］。中古すいめん［睡眠］。上代い［寝］。→**ね・る【寝】**

すいめん【水面】 近代みなも［水面］。中古すいじゃう［水上］。すいめん［水面］。みのも［水面］。

—が静まっているさま 近世とろむ［瀞］。

—に映った姿 上代かげ［影／景］。みづかげ［水影］。

—に降り立つこと 近代ちゃくすい［着水］。

—に姿が映ること 中古みづかがみ［水鏡］。上代すいきゃう［水鏡］。

—の位置 近代すいゐ［水位］。

—の霧や靄(もや) 近世みづけむり［水煙］。中古すいえん［水煙／水烟］。

—の波 中古すいは［水波］。はもん［波紋］。上代はらう［波浪］。

—の光 中古すいくゎう［水光］。

―の広がるさま 近代 べうまん[淼漫]。中古 べうべう[淼淼]。

川の― かわも[川面]。中古 かはづら[川面]。

氷の張った― 中古 ひも[氷面]。

波立っている― 近代 はめん[波面]。

靄(もや)の立ちこめた― 中世 えんたう[煙濤]。えんらう[煙浪/烟浪]。中古 えんぱ[煙波]。

陸地を分ける川などの― 近世 いったいすい[一帯水]。

すいもの【吸物】 近世 すましじる[澄汁/清汁]。つゆ[汁/液]。つゆもの[汁物]。汁の物。中世 おつけ[御汁](女性語)。かん[羹]。すひもの[吸物]。すまし[澄]。中古 しる[汁]。上代 あつもの[羹]。

―に浮かせて香りを添える物 中世 すひくち[吸口]。

―の実 近代 わんだね[椀種]。

―の例 はしあらい[箸洗]。近代 いりゆ[炒湯/煎湯]。かきたま[掻卵/掻玉]。近世 うしほ[潮]。うしほじる[潮汁]。中世 うしほに[潮煮]。藜(あかざ)の羹(あつもの)。→スープ

▼助数詞 わん[椀]。

すいもん【水門】 ひもん[樋門]。近代 かふもん[閘門]。ひのくち[樋口]。中古 すいかふ[水閘]。すいもん[水門]。ひぐち[樋口]。みと[水門/水戸]。上代 ひ[樋]。

すいり【推理】 近代 すいかう[推考]。すいそく[推測]。すいり[推理]。中世 たんげい[端倪]。中古 すいさつ[推察]。すいりゃう[推量]。→すいりょう

―小説 ディテクティブストーリー(detective story)。ハードボイルド(hard-boiled)。ミステリー(mystery)。近代 たんていせうせつ[探偵小説]。

すいりょう【水量】 近世 すいりゃう[水量]。中古 みかさ[水嵩]。みづかさ[水嵩]。

―豊富で広々としているさま 近代 わうやう[汪洋]。

すいりょう【推量】 近代 さうさつ[想察]。すいかう[推考]。すいそく[推測]。すいてい[推定]。すいり[推理]。近世 けんみゃく[見脈]。さっち[察知]。すい[推]。つもり[積]。むねあて[胸当]。中世 おくさう[憶想/臆想]。おくだん[憶断/臆断]。きゃうざく[景迹/還迹]。しま[揣摩]。たんげい[端倪]。みとほし[見通]。中古 おしあて[押当]。おもひやり[思遣]。きゃうじゃく[景迹/還迹]。すいさつ[推察]。すいりゃう[推量]。心の裏。上代 すいだん[推断]。

―・する 近世 かんぐる[勘繰]。つもる[積]。中世 おしあつ[―あてる][推当]。おもふ[思]。はかる[量/計]。中古 おす[推]。おもひなす[思]。おもひやる[思遣]。くみはかる[酌量]。くむ[酌/汲]。さっす[察]。上代 おしはかる[推量]。はかる[量]。

根拠のない― かべごしすいりょう[壁越推量]。近代 しまおくそく[揣摩臆測]。近世 あてずいりゃう[当推量]。あてずっぽう。おしあてがひ[推宛行]。中古 おしあて/すいあて[推当]。こころあて[心当]。

▼推量や推定の助動詞(古語) 中古 なり。まじ。めり。上代 けむ。じ。べし。まし。む。らし。らむ。

▼接尾語等 中世 ふぜい[風情]。中古 がはし。がまし。だつ[立]。めかし。上代 やか。

ありそうだ 中古 あなり。あべかめり。あんなり。

あるに違いない 中古 あべし。ありなむ。あんべし。

あるようだ 中古 あべかめり。あめり。あんなり。あんめり。上代 あらし。

あるらしい 中古 あめり。あらし。

いくだろう 中古 いなむず[往/去]。

いることだろう 中古 つらむ。

きっとあるだろう 中古 ありなむ。

きっと…しただろう 上代 てけむ。にけむ。

きっと…だろう 上代 てむ。

きっと…違いない 上代 つべし。

きっと…ているだろう 中古 ぬらむ。

きっとなりそうだ 中古 なりぬべし。

見当をつける 中世 すいしいだす[推出]。

しそうだ 中世 ほっす[欲]。中古 べう。べし。べらなり。

しそうな様子だ 中世 べかんなり。中古 べかなり。

しそうにない 中古 べうもあらず。べくもあらず。まじ。

しただろう 上代 てけむ。

したようだ 中古 ためり。

しているようだ 中古 ためり。

してしまいそうだ 中古 ぬべし。

してしまったのだろう 中古 ぬらむ。

してしまったようだ 中古 ぬめり。

してしまったらしい 上代 ぬらし。

しないだろう 中古 まじ。

しなかっただろう 中古 ざらまし。

するに違いない 中古 べらなり。

そうだろう 中世 さはさうず。

そうではあるまい 中世 しかはあらじ。

そうらしい 中古さななり。

そのようだ 中古さななり。さり。

…たであろう 上代つらむ。

…たに違いない 上代けらし。

…たのであろう 中古たりけむ。上代つらむ。にけむ。

…たようだ 中古たなり。ためり。つめり。ぬなり。

…たらしい 上代けらし。にけらし。ぬらし。

…だろう 中世うず。中古なむ。なむず。なむず。べらむ。なん。なんず。べう。べからむ。べし。むず。むずらむ。上代てむ。むとす。

…だろうか 中世やらむ。

…であるだろう 中古あらむずらむ。

…であると思われる 中古あめり。あんめり。

…であるに違いない 中古なるべし。

…であるようだ 中古あべかめり。あめり。なめり。なんめり。上代あらし。まし。

…ているだろう 中古たらむ。

…ているようだ 中古ためり。たんめり。

…ているらしい 中古たんめり。

…できそうだ 中古ぬべし。

…できるだろう 上代てむ。

…てしまいそうだ 上代つべし。

…てしまうだろう 中古なまし。なん。なんず。上代なむ。

…てしまっただろう 中古にけむ。

…でしょう 中世さうず［候］。

どんなだろう 中古いかならむ。

ないだろう 中古ざらむ。ざるべし。上代じ。まじ。ましじ。

ないようだ 中古ざなり。ざめり。ざんなり。ざんめり。なかめり。


…なのだろう 中古ならむ。

…なのだろうか 上代なれや。

なるに違いない 中古なりぬべし。

…に違いない 上代らし。

…に違いないようだ 中古べかめり。べかんめり。

…になるだろう 中古あらむずらむ。

…のようだ 中古あなり。ごとくなり。なめり。ならし。なんめり。めり。やうなり。

上代ごとし。なり。

…のようなもの 上代じもの。

…のように 中古がに。ごと［如］。上代じもの。

…のようにする 中古めかす。

…はずであろう 中古べからむ。

…らしくする 中古めかす。

…らしくなる 上代さぶ。づく。

…らしく見える 中古だつ。めく。

すいれん【睡蓮】 しごれん［子午蓮］。近世こ れんげ［小蓮華］。すいれん［睡蓮］。ひつじぐさ［未草］。

すいろ【水路】❶〈送水路〉 そうすいろ［送水路］。どうすいろ［導水路］。近代クリーク(creek)。そすい［疎水／疏水］。だうすいきょ［導水渠］。近世ほりわり［掘割］。ようすいろ［用水路］。中世うんが［運河］。すいだう［水道］。すいろ［水路］。上代ほり［堀／濠］。ほりえ［堀江］。みぞ［溝］。

貝などの養殖のため―を掘ること さくれい［作澪］。

川から田へ水をあげる― かわあげようすい［川揚用水］。

魚を上らせる― ぎょてい［魚梯］。ぎょどう［魚道］。

水量調節のための― よすいはき［余水吐］。近代はうすいろ［放水路］。よすいろ［余水路］。

地下の― あんこう［暗溝］。かんきょ［函渠］。こうきょう［溝橋］。近代あんきょ［暗渠］。

堤防の下の― ひもん［樋門］。

蓋のない― めいきょ［明渠］。近代かいきょ［開渠］。

すいろ【水路】❷〈航路〉 チャンネル(channel)。クリーク(creek)。近代かいけふ［海峡］。近世すいり［水理］。中世うんが［運河］。中古すいみゃく［水脈］。すいろ［水路］。上代みを［水脈／澪］。

すう【数】 こすう［個数］。近代すう［数］。すうち［数値］。ナンバー(number)。中古けいすう［計数］。上代かず［数］。→かず

す・う【吸】 近代きふいん［吸引］。中世すひこむ［吸込］。すひとる［吸取］。中古すふ［吸］。

―・い入れる 近代すすりこむ［啜込］。中古すする［啜］。

すうがく【数学】 近代わさん［和算］。近世さんがく［算学］。さんすう［算数］。さんぱふ［算法］。すうがく［数学］。やうさん／やうざん［洋算］。上代さんじゅつ［算術］。

―のいろいろな分科(例) いそうかいせき［位相解析］。いそうすうがく［位相数学］。トポロジー(topology)。びぶんきかがく［微分幾何学］。近代かいせきがく［解析学］。かいせききかがく［解析幾何学］。きかがく［幾何学］。つるかめざん［鶴亀算］。びせきぶん［微積分］。びぶんがく［微分学］。近世てんげんじゅつ［天元術］。てんざんじゅつ［点

窟術]。

すうき【枢機】→すうじく

すうき【数奇】 ひうん[否運/非運]。近世 ひうん[悲運]。中世 はらん[波瀾/波乱]。ふしあはせ[不幸]。中古 すうき[数奇]。ふうん[不運]。ふぐう[不遇]。上代 ふかう[不幸]。

すうけい【崇敬】 近代 すうけい[崇敬]。すうはい[崇拝]。ゐけい[畏敬]。近世 けいぼ[敬慕]。中世 そんけい[尊敬]。たっとぶ[尊/貴]。中古 そんきゃう[尊敬]。うやまふ[敬]。たふとぶ/たふとむ[尊/貴]。上代 あがむ〔あがめる〕[崇]。

すうこう【崇高】 近代 すうかう[崇高]。近世 さうごん[荘厳]。中世 うはかさ[上嵩]。中古 かうがうし[神神]。かうき[高貴]。けだかし[気高]。上代 たふとし[尊/貴]。

すうこう【趨向】→すうせい

すうじ【数字】 近代 すう[数]。すうち[数値]。ナンバー(number)。近世 すうじ[数字]。

—や記号で表現すること デジタル(digital)。

電卓などの—のキー テンキー(ten key)。

すうじく【枢軸】 近代 すうぢく[枢軸]。すうみつ[枢密]。ちゅうかく[中核]。ちゅうすう[中枢]。中世 かなめ[要]。中古 かんえう[肝要]。上代 すうえう[枢要]。すうき[枢機]。

ずうずうし・い【図図】 しんぞう[心臓]。心臓が強い。近代 あつがほ[厚顔]。こうがんむち[厚顔無恥]。づぶとい[図太]。のんこのしゃあ/のんこのしゃんこ。近世 あたたか[温/暖]。あつかまし[厚]。あつし[厚/篤]。いけづうづうし[図図]。いけどうずり[掏摸]。おしづよし[推強]。せんまいばり[千枚張]。づうづうし[図図]。てつめん[鉄面]。てつめんぴ[鉄面皮]。ぬくぬく[温温]。ぬけぬけ[抜抜]。のぶとし[篦太/野太]。ふてぶてし[太太]。ふてらっこい。ふとし[太]。臆面が(も)なし。押しが強し。顔が厚し。面(つら)の皮千枚張り。中世 わうちゃく[横着]。面の皮厚し。中古 こうがん[厚顔]。

—・く構える 胡座(あぐら)をかく。近世 たかあぐら[高胡座]。

すうせい【趨勢】 トレンド(trend)。近代 かたむき[傾]。けいかう[傾向]。すうせい[趨勢]。どうかう[動向]。ふうてう[風潮]。近世 きび/きみ[気味]。じりう[時流]。すうかう[趨向]。たいせい[大勢]。なりゆき[成行]。中古 じせい[時勢]。

ずうたい【図体】 近代 がら[柄]。近世 かっぷく[恰幅]。たいかく[体格]。づうたい[図体]。なり[形/態]。中世 がかい。中古 からだ[体]。

すうち【数値】 データ(data)。近代 あたひ[価/値]。すうち[数値]。ナンバー(number)。中世 すうりゃう[数量]。上代 かず/すう[数]。

—を得る 近代 さんする[算]。上代 かぞふ〔かぞえる〕[数]。

数えて得た— 中古 けいすう[計数]。

資料でよく出てくる— さいひんち[最頻値]。なみすう[並数]。モード(mode)。

すうねん【数年】 近代 すうねん[数年]。中古 すねん[数年]。

ここ— 近世 すうねんらい[数年来]。中世 きんねん[近年]。ねんらい[年来]。中古 としごろ[年頃/年比]。上代 頻(しき)りの年。

すうはい【崇拝】 近代 ぎゃうぼ[仰慕]。きゃうわう[嚮往]。すうけい[崇敬]。すうはい[崇拝]。ゐけい[畏敬]。近世 けいぼ[敬慕]。中世 けいはい[敬拝]。中古 うやまふ[敬]。そんきゃう[尊敬]。たふとぶ/たふとむ[尊/貴]。上代 あがむ〔あがめる〕[崇]。きえ[帰依]。そうきゃう[崇敬]。

スープ(soup) 近代 スープ。近世 すましじる[澄汁/清汁]。ソップ(オランダ sop)。つゆ[汁]。つゆもの[汁物]。中世 すひもの[吸物]。すまし[澄]。中古 しる[汁]。しるもの[汁物]。上代 あつもの[羹]。

—の例 ガスパチョ(スペイン gazpacho)。コーンスープ(corn soup)。コンソメ(フランス consommé)。チャウダー(chowder)。ビシソワーズ(フランス Vichyssoise)。ポタージュ(フランス potage)。ボルシチ(ロシア borshch)。

すうよう【枢要】→すうじく

すうりょう【数量】 ぶつりょう[物量]。近代 すう[数]。すうち[数値]。近世 たか/だか[高]。りゃう[量]。中世 すうりゃう[数量]。ぶんりゃう[分量]。中古 かさ[嵩]。上代 かず[数]。

すえ【末】❶〈未来〉 中世 さき[先]。さきざき[先先]。ぜんと[前途]。ゆくゆく[行行]。中古 しゃうらい[将来]。みらい[未来]。ゆくすゑ[行末]。ゆくて[行手]。上代 すゑ[末]。ゆくさき[行先]。

《枕》上代 あづさゆみ[梓弓]。

すえ【末】❷〈先端〉 近代 しえふまっせつ[枝葉

末節]。せんたん[先端／尖端]。まっせう[末梢]。まったん[末端]。まつび[末尾]。近世 ばっせつ／まっせつ[末節]。上代 うら[末]。しり[尻]。すゑ[末]。すゑへ[末辺]。はし[端]。

—と本(とも) 中古 しかん[枝幹]。

—の末 中古 箸が端。

—の方 近代 すゑかた[末方]。中古 しも[下]。すゑつかた[末方]。

—の娘 近代 すゑむすめ[末娘]。ばつぢょ／まつぢょ[末女]。近世 きぢょ[季女]。中世 おとごぜ[乙御前]。↓**すえっこ**

木の枝の— 近代 まっせう[末梢]。中古 こずゑ[梢]。上代 こぬれ[木末]。

草木の茎や枝の—の葉 中古 すゑば[末葉]。上代 うらば[末葉]。

すえ【末】❸〈結末〉 近代 けっくゎ[結果]。けつまつ[結末]。しゅうきょく[終局]。しゅうまつ[終末]。まっき[末期]。を[尾]。近世 さいしゅう[最終]。中世 さいご[最後]。まつご[末期]。中古 さいまつ[最末]。すゑ[末]。

—の世 近代 きせい[季世]。ばつざう／まつざう[末造]。ばつりう／まつりう[末流]。近世 ばんせつ[晩節]。中世 まつねん[末年]。中古 げうき[澆季]。げうまつ[澆末]。まつだい[末代]。まっぽふ[末法]。流れての世。世の末。

すえたのもし・い【末頼】 しょうらいせい[将来性]。近代 いうばう[有望]。すゑおそろしい[末恐]。みこみ[見込]。中世 すゑたのもし[末頼]。中古 みどころ[見所]。

すえつけ【据付】 セッティング(setting)。近代 じゃうせつ[常設]。じゃうち[常置]。じゃうび[常備]。すゑつけ[据付]。せっち[設置]。

すえっこ【末子】 近代 すゑこ[末子]。すゑっこ[末子]。中世 きし[季子]。ばっし／まっし[末子]。血の余り。中古 おとご[乙子／弟子]。す[末]。上代 おと[弟／乙]。

《句》近世 弟(おと)は血の緒(余り)。

す・える【据】 セッティング(setting)。近代 じゃうせつ[常設]。せっち[設置]。近世 すゑつく[—つける][据付]。中世 あんち[安置]。すゆ[据]。そなふ[そなえる][備／具／供]。はいち[配置]。中古 うちすう[—すえる][打据]。まうく[もうける][設]。上代 おく[置]。すう[すえる][据]。すゑおく[置]。

きちんと—・える 上代 しすう[—すえる][為据]。

す・える【饐】 近世 すゆ[すえる][饐]。ふらん[腐爛／腐乱]。中世 いたむ[傷]。中古 くさる[腐]。ふはい[腐敗]。上代 すゆる[酸]。

ずが【図画】 近代 イラスト／イラストレーション(illustration)。くゎいぐゎ[絵画]。タブロー(フランス tableau)。ピクチャー(picture)。近世 ぐゎ[画]。づゑ[図絵]。中世 づぐゎ[図画]。ゑづ[絵図]。上代 ゑ[絵]。

ずかい【図解】 シェーマ(ドイツ Schema)。近代 イラスト／イラストレーション(illustration)。づかい[図解]。づかん[図鑑]。づし[図示]。近世 づせつ[図説]。中世 ゑとき[絵解]。

ずがいこつ【頭蓋骨】 近代 づがいこつ[頭蓋骨]。中世 されかうべ／しゃりかうべ／しゃれかうべ[髑髏]。のざらし[野晒]。中古 かはら[骨／骬]。

スカウト(scout) じんざいはっくつ[人材発掘]。ヘッドハンティング(headhunting)。ひきぬき[引抜]。近世 ばってき[抜擢]。中世 とりたて[取立]。

すがお【素顔】 すっぴん。近世 しらふ[素面]。ぢがほ[地顔]。中世 すがほ[素顔]。そめん[素面]。

すか・す【賺】 近代 なだめすかす[宥賺]。近世 たらす[誑]。中世 だます[騙]。ゐぶ[慰撫]。中古 すかす[賺]。とりなす[取成／執成]。なだむ[なだめる][宥]。

すがすがし・い【清清】 近代 さっぱり。さやさやし[清清／明明]。しんせん[新鮮]。すがしい[清]。せいせい[清清／晴晴]。近世 さえざえし[冴冴]。中世 こころすずし[心涼]。さうくゎい[爽快]。しゃうりゃう[清涼]。すずやか[涼]。中古 さはやか[爽]。すずし[涼]。せいさう[清爽]。せいしん[清新]。せいらう[清朗]。せいりゃう[清涼]。上代 いさぎよし[潔／清]。すがし。すがすがし[清清]。

すがた【姿】 たいじょう[体状]。ふうがら[風柄]。近代 からだつき[体]。ぐゎいくゎん[外観]。ぐゎいけい[外形]。けいさう[形相]。けいたい[形態]。したい[姿態]。スタイル(style)。ふうばう[風貌]。フォーム／フォルム(form; フランス forme; ドイツ Form)。ポーズ(pose)。やうさう[様相]。近世 かっぷく／かっぽく／かっぽこ[恰幅]。ぐゎいけん[外見]。しゃう[象]。たい[態]。なりさま[形様]。ふうたい[風体]。みぶり[身振]。やうす[様子]。中世 かくかう[格好]。かっか

う［恰好］。けいじゃう［形状］。さう［相］。しよう［姿容］。たい［体］。なり［形／態］。なりふり［形振］。にんてい［人体］。ふうてい［風体］。ふり［振／風］。中古 けいしゃう［形象］。けいばう［形貌］。ざう［像］。さま［様］。てい［体／躰］。なりかたち［形姿］。やう［様］。やうだい［様体］。ようし［容姿］。ようだい［容体／容態］。上代 かげ［影］。かたち［形］。じゃうばう［状貌］。すがた［姿］。ふうこつ［風骨］。ふうさい［風采］。ふうし［風姿］。

―が変わること 近代 へんばう［変貌］。へんよう［変容］。

―と顔立ち 近世 たいばう［体貌］。

―と声 近世 えいきゃう［影響］。中世 おんよう［音容］。

―も心も 近世 色も香も。中古 花も実も。

―を変える 近代 へんさう［変装］。へんばう［変貌］。中世 つくりたつ［―たてる］［作立／造立］。中古 ばく［ばける］［化］。へんげん［変現］。へんしん［変身］。やつす［窶］。

―を消す しっせき［失跡］。近代 しっそう［失踪］。ずらかる。もぐる［潜］。近世 じょうはつ［蒸発］。影を隠す。どろん。ふける。ふんしつ［紛失］。雲を霞。中世 いへで［家出］。しゅっぽん［出奔］。跡を隠す。跡を暗くらます。中古 くもがくれ［雲隠］。ちくでん［逐電］。はしる［走／奔］。跡を暗くす。身を隠す。

―を整えること 近代 せいよう［整容］。

―を見せる 近世 顔を出す。中世 たちあらはる［―あらわれる］［立現／立顕］。中古 かへりいづ［帰出］。ぬきいづ［―いでる］［抜出］。

異様な― 中世 いふう［異風］。ひぎゃう［非形］。中古 いぎゃう［異形］。いさう［異相］。いてい［異体］。

いろいろな― 近代 ひゃくたい［百態］。中世 せんしばんたい［千姿万態］。

後ろから見た― 近代 こうえい［後影］。中世 うしろかげ［後影］。うしろすがた［後姿］。うしろつき［後付］。中古 うしろで［後手］。

薄いものを通して見える― 中古 すきかげ［透影］。

美しい― あですがた［艶姿］。近代 けいし［瓊姿］。近世 えんよう［艶容］。中世 えんし［艶姿］。中古 れいよう［麗容］。

仮の― 中世 けさう［仮相］。

記憶に残る― 上代 おもかげ［面影／俤］。

写真などに映った― 近代 えいざう［映像］。

真の― 近世 えたい［得体］。しんざう［真像］。ほんたい［本態］。上代 しゃうたい／しゃうだい［正体］。

ただ一つの― 中世 こえい［孤影］。せきえい［隻影］。

横からの― 中古 かたはらめ［傍目］。そばめ［側目］。

ずがら【図柄】 えがら［絵柄］。ずへい［図柄］。パターン(pattern)。近代 づがら［図柄］。近世 もんやう［文様／紋様］。中世 づやう［図様］。もやう［模様］。

すが・る【縋】 近代 よりすがる［寄縋］。近世 かかぐる。かぐりつく［着］。中世 しがみつく［付］。すがりつく［縋付］。中古 かいつく［掻付］。かかる［掛／懸］。すがる［縋］。たよる［頼］。とりすがる［取縋］。まとはる［纏］。上代 とりつく［取付］。まつはる［纏］。

《枕》上代 こしぼその［腰細］。

《句》近世 杖の下から回る児(犬)は打てぬ。

―・るところ 近代 とりつきは［取付端］。近世 とりつきどころ［取付所］。とりつくしま［取付島］。中世 てがかり［手掛］。

ずかん【図鑑】 近代 づかん［図鑑］。づふ［図譜］。づろく［図録］。

すかんぴん【素寒貧】 →いちもんなし

すき【隙】 →すきま

―だらけ 中世 はっぱうやぶれ［八方破］。

―に乗じる 近世 つけこむ［付込］。中世 つけいる［付入］。

―を狙うこと 近代 くぐる［潜］。こまたすくひ［小股掬］。小股を掬ふ(取る)。近世 すきまかぞへ［隙間数］。中古 きゆ［窺窬］。上代 ぬすまふ［盗］。

つけいる―がない 近代 鉄桶てっとう水を漏らさず。

すき【好】 近世 あいかう［愛好］。すき［好］。中世 しかう［嗜好］。中古 このまし／このもし［好］。このみ［好］。→あい【愛】 →このみ

《句》好きこそ物の上手なれ。近世 好く道より破る［―破れる］。

―・でないこと ふえて［不得手］。中世 ぶすき［不好］。

―と嫌い 近代 えりごのみ［選好］。すききらい［好嫌］。近世 すきぶすき［好不好］。中世 かうを［好悪］。→すききらい

―・な女 近世 おもはくをんな［思女］。

―・な物を選び取ること 近世 よりどり［選取］。よりどりみどり［選取見取］。

―・なようにすること きままかって［気儘勝手］。手盛り八杯。近代 したいはうだい［為

放題］。しはうだい［仕放題］。すきはうだい［好放題］。はうらつざんまい［放埒三昧］。近世きまま［気儘］。中世ぶゑんりょ［無遠慮］。上代じゅうし［縦恣］。

―・になる 中世ほる［ほれる］［惚］。みそむ［―そめる］［見初］。

うまくもないのに― 近世よこずき［横好］。中世下手の横好き。
▼好きずき 中世おもひおもひ［思思］。ひきひき［引引］。《句》近代人食ひ馬にも合ひ口。中世蓼食ふ虫も好き好き。蓼虫苦きを知らず。
すき【数寄】 近世ふうが［風雅］。中世すき［数寄／数奇］。中古ふうりう［風流］。
すき【鋤】 上代すき［鋤／犂］。
唐鋤と― 近代りじょ［犁鋤］。
いろいろな―（例）近代プラウ（plow）。近世ふみぐは／ふんぐは［踏鍬］。中古うしぐは［牛鍬］。からすき［唐鋤／犂］。上代かなすき［金鋤／鉄鋤］。
▼助数詞 近代ちゃう［挺／梃／丁］。
すぎ【杉】 上代すぎ［杉／椙］。

―が生えていること 中世すぎふ［杉生］。

―が群がって生えている所 近世すぎばやし［杉林］。上代すぎむら［杉叢］。

―で造った船 中世すぎぶね［杉船］。

―の葉の玉 →すぎだま
年老いた― 近世おいすぎ［老杉］。中古らうさん［老杉］。

木目を強調した―板 近代あらひだし［洗出］。近世やきすぎ［焼杉］。

スキー（ski）近代スキー。

―滑降の跡 近代シュプール（ドイツ Spur）。

―競技の例 アルペンしゅもく［ドイツ Alpen 種目］。かいてんきょうぎ［回転競技］。かっこうきょうぎ［滑降競技］。ジャンプきょうぎ［jump 競技］。スラローム（slalom）。だいかいてん［大回転］。たいきゅうきょうぎ［耐久競技］。ダウンヒル（down hill）。ふくごうきょうぎ［複合競技］。

―をする所 近代ゲレンデ（ドイツ Gelände）。スキーぢゃう［ski 場］。

―をする人 近代スキーヤー（skier）。
▼滑降技術の例 ウェーデルン（ドイツ Wedeln）。クリスチャニア（ドイツ Kristiania）。サイドスリップ（sideslip）。シュテムターン／ステムターン（和製ドイツ Stemm ＋turn）。シュテムボーゲン（ドイツ Stemm bogen）。シュブング（ドイツ Schwung）。ちょっかっこう［直滑降］。テレマーク（ドイツ Telemark）。ボーゲン（ドイツ Bogen）。よこすべり［横滑］。近代パラレル（parallel）。
▼斜面の横断 トラバース（traverse）。
▼斜面の上り方 かいきゃくとこう［開脚登行］。ヘリンボーン（herringbone）。
▼平地の滑り方 スケーティング（skating）。
すききらい【好嫌】 近代えごのみ／えりごのみ／よりごのみ［選好］。近世えりきらひ［選嫌］。すききらひ［好嫌］。すきぶすき［好不好］。中世さりきらひ［去嫌］。中古かうを［好悪］。上代あいぞう［愛憎］。

すぎさ・る【過去】 中古いぬ［去／往］。さる［去／避］。すぎさる［過去］。

―・ったこと 近世わうしゃ［往者］。中古わうじ［往事］。

―・った時 近世いんじころ［往頃］。すぎこしかた［過来方］。中世くゎこ［過去］。中古きしかた／こしかた［来方］。きわう［既往］。そのかみ［其上］。むかし／むかしへ［昔］。上代いにしへ［古］。

―・った年 近代きょさい［去歳］。中世さいつとし［先年］。中古いにしとし／いぬるとし［往年］。せんねん［先年］。わうねん［往年］。上代さきつとし［先年］。

―・った日 近代ありしひ［在日］。近世くゎじつ［過日］。中古きうじつ［旧日］。せんじつ［先日］。たじつ［他日］。

―・る速さのたとえ《句》近代歳月人を待たず。中世矢の如し。→とき【時】

すぎだま【杉玉】 近世さかばうき［酒箒］。すぎばやし［杉林］。中世さかばた［酒旗］。さかばやし［酒林］。ほて。

すきとお・る【透通】 すどおし［素通］。近代すかす［透］。せいちょう［清澄］。近世とうめい［透明］。中世とうくゎ［透過］。とうてつ［透徹］。中古すきとほる［透通／透徹］。すむ［澄］。

―・った音のさま 中古れいれい［冷冷］。

―・っているさま すけすけ［透透］。

―・って美しいたとえ 上代あきづは［蜻蛉羽］。

―・って高らか 中古かうらう［高朗］。

すぎな【杉菜】 まつな［松菜］。まつばぐさ［松葉草］。近世つぎくさ［接草］。つぎまつ［接松／継松］。中世すぎな［杉菜］。

すきま【隙間】 スリット（slit）。ニッチ（niche）。近代ギャップ（gap）。きれつ［亀裂］。きん［釁］。けつげき［穴隙］。ひび［罅］。近世かんげき［間隙］。中世あきま［空間／明間］。あひま［合間］。中世いとま［暇／遑］。き

んげき［釁隙］。くうげき［空隙］。すきめ［隙目／透目］。そらざや［空鞘］。ま［間］。われめ［割目］。中古すき［隙／透］。すきま［隙間／透間］。ひま［隙］。上代げき［隙］。

—が多いさま 中世あばら［荒／疎］。すかすか。中古まばら［疎／疏］。

—ができる 間隙が生ずる。中古すく［透］。上代きる［きれる］［切］。

—がなくなる 近代つむ［詰］。中世つまる［詰］。

—なく接しているさま 近代きっちり。びっしりと。みっしり。近世ぎっしり。ぴたり。ぴったり。べた。中世しかと［確］。ひしと［緊／犇］。ひしひし［犇犇］。中古ひたと［直］。《句》近代蟻の這ひ出る隙間もない。

—のあるさま 近世がんがり。

—をつくる 中世すかす［透］。

—をなくす 近代じゅうてん［充塡］。中古つむ［つめる］［詰］。ふさぐ［塞］。

—をなくすもの つめもの［詰物］。パッキン／パッキング(packing)。近世めばり［目張／目貼］。中世つめ［詰］。

一杯につまって—がない 近代きつい。近世ぎっしり。中世ひしひし［犇犇］。立錐の余地もなし。中古こむ［込／籠］。ところなし［所無］。

垣根の— 上代かきま［垣間］。

風の出入りする— 近世かざあな［風穴］。

大根などで時期を過ぎてできる— 中世す［鬆］。

戸の— 近世こげき［戸隙］。

軒先瓦の下の— 近代すずめぐち［雀口］。

光や電子の流れを制御する— スリット(slit)。近代さいげき［細隙］。

揺すって—をなくす 中世ゆりあはす［揺合］。

わずかな— 近代いっぱつ［一髪］。近世せうげき［小隙］。中世寸の間。中古さま［狭間］。

スキャンダル(scandal) 近代あくめい［悪名］。ゴシップ(gossip)。しうぶん［醜聞］。スキャンダル。近世あくひゃう［悪評］。をめい［汚名］。中古あくみゃう［悪名］。

す・ぎる【過】❶〈時間〉中世けいくゎ［経過］。すぎさる［過去］。めぐる［巡／回］。わたる［渡］。中古あけくる［—くれる］［明暮］。いぬ［往］。うちすぐ［—すぎる］［打過］。うつる［移］。さだすぐ［時過］。さる［去］。たつ［経］。ながる［ながれる］［流］。ふく［ふける］［更］。ゆく［行］。時移る。上代すぎゆく［過行］。すぐ［すぎる］［過］。すぐる［過］。ふ［へる］［経］。ふる［故／旧］。→**すぎさ・る**

《枕》上代つゆしもの／つゆじもの［露霜］。もみぢばの［紅葉］。ゆくかはの［行川］。ゆくふねの［行船］。ゆくみづの［行水］。

《句》近世喉元過ぎれば熱さを忘る［—忘れる］。

—・ぎて行く 中古おしうつる［推移］。上代うつりゆく［移行］。

季節が—・ぎる 中古くる［くれる］［暮／昏］。

盛りを—・ぎる 上代ふる［故／旧］。

長い年月が—・ぎる 中古斧の柄朽つ［—朽ちる］。

何かをしながら—・ぎる 中古しありく［為歩］。

日数が—・ぎる 中古つもる［積］。

す・ぎる【過】❷〈場所〉近代つうくゎ［通過］。とほりこす［通越］。中世とほりすぐ［—すぎる］［通過］。中古すぎさる［過去］。ふ［へる］［経］。よきる／よぎる［過］。わたる［渡］。上代うつる［移］。こゆ［こえる］［越／超］。さる［去］。すぎゆく［過行］。すぐ［すぎる］［過］。ゆきすぐ［—すぎる］［行過］。

—・ぎて行く人 近世くゎかく［過客］。上代たびと／たびびと［旅人］。

▼素通りしにくい 中古すぎうし［過憂］。すぎがてに［過］。

す・ぎる【過】❸〈程度〉うわまわる［上回］。近代どはづれ［度外］。近世くゎた［過多］。中世くゎど［過度］。こす［越／超］。てうくゎ［超過］。はふぐゎい［法外］。度を超す（過ごす）。上代あまる［余］。こゆ［こえる］［超／越］。すぐ［すぎる］［過］。

《句》近世身に過ぎた果報は災ひの基。

スキン(skin) 近代スキン。ひかく［皮革］。上代かは［皮／革］。はだ［肌］。はだへ［肌／膚］。ひふ［皮膚］。

ずきん【頭巾】 近代ボンネット(bonnet)。近世きん［巾］。フード(hood)。中世かぶりもの［被物］。上代ちきり［巾］。づきん［頭巾］。

頭にのせるだけの— 近世おきづきん［置頭巾］。

顔を隠す— めだしぼう／めでぼう［目出帽］。近世かめやづきん［亀屋頭巾］。がんだうづきん［強盗頭巾］。しのびづきん［忍頭巾］。たけだづきん［武田頭巾］。ちょっぺいづきん［直平頭巾］。ふくめんづきん［覆面頭巾］。めばかりづきん［目計頭巾］。

火事のとき被る— 近世くゎじづきん［火事頭巾］。

からむしの茎で作った—（猟師などの） 近世

からむしづきん［苧頭巾］。ほくそづきん／をくそづきん［苧屑頭巾］。をがらづきん［麻幹頭巾／苧殻頭巾］。

後方に垂れのあるー 近世 かくづきん／すみづきん／つのづきん［角頭巾］。すみぼうし［角帽子］。

四角の袋状で前を立て後ろへ垂らしたー 近世 あねかはづきん［姉川頭巾］。くろふねづきん［黒船頭巾］。なげづきん［投頭巾］。

戦時中身を守るために被ったー 近代 ばうくうづきん［防空頭巾］。

僧の被ったー 近世 もうす［帽子］。

茶人が被ったー 近世 そうしゃうづきん［宗匠頭巾］。ちゃじんぼう［茶人帽］。

婦人が前髪から垂らすー 近世 おもりづきん［錘頭巾］。おもりぼうし［錘帽子］。さはのじょうづきん［沢之丞頭巾］。なまりづきん［鉛頭巾］。

焙烙(ほうろく)の形をしたー 近世 だいこくづきん［大黒頭巾］。はうらくづきん／はうろくづきん［焙烙頭巾］。まるづきん［丸頭巾］。

山伏の被るー 近世 ときん［兜巾／頭巾／頭襟］。

老人が被るー 近代 もうろくづきん［耄碌頭巾］。近世 まるづきん［丸頭巾］。中世 くくりづきん［括頭巾］。けづきん［毛頭巾］。

その他ーのいろいろ(例) 近世 かみこづきん［紙子頭巾］。とっぱいづきん［頭盔頭巾］。中世 かますづきん［叺頭巾］。たこづきん［蛸頭巾］。ますづきん［枡頭巾］。中古 かっきん［葛巾］。

す・く【好】 心を寄せる。近世 あいかう［愛好］。中世 ほる［ほれる］［惚］。気に入る。中古 あいす［愛］。すく［好］。めづ［めでる］［愛］。上代 このむ［好］。→**あい【愛】**→**すき【好】**

すぐ【直】→**すぐに**

ー近く ちょっきん［直近］。近世 もくぜん［目前］。中世 ちかぢか［近近］。はなさき［鼻先］。中古 がんぜん［眼前］。

すく・う【救】 近代 きうしゅつ［救出］。きうじょ［救助］。きうなん［救難］。すくひだす［救出］。近世 じょせい［助勢］。じょめい［助命］。中世 きうご［救護］。中古 ゐんじょ［援助］。上代 きうきふ［救急］。きうさい［救済］。きうゑん［救援］。すくふ［救／済／拯］。たすく［たすける］［助］。→**たす・ける**

ー・いがたい どうしようもない。近世 どしがたし［度難］。縁なき衆生は度し難し。

ー・い恵むこと 近代 きうじゅつ［救恤］。

ー・われる 中古 うかぶ／うかむ［浮］。

悪を正してー・う 近代 きゃうきう［匡救］。中古 きゃうさい［匡済］。

命をー・う 近代 きうめい［救命］。中古 さいせい［済生］。

苦境からー・い出すこと 近代 きうばつ［救抜］。中古 うかぶ［うかべる］［浮］。

財を施し災害などからー・う 近世 しんきう［賑救／振救］。

貧乏な人々をー・う 近代 きうひん［救貧］。

弁護してー・う 近代 きうかい［救解］。

世の人々をー・う せいみん［済民］。近代 あんせいさいみん［愛世済民］。きうせい［救世］。近世 さいせい［済世］。中世 くせ／くぜ／ぐせ／ぐぜ［救世］。中古 さいみん［済民］。世を渡す。

すく・う【掬】 近世 しゃくふ［杓］。中世 きくす［掬］。くみあぐ［—あげる］［汲上］。しゃくる［決／抉／剞］。すくひあぐ［—あげる］［掬上］。中古 さしくむ［差汲］。すくひとる［掬取］。すくふ［掬］。上代 くみとる［汲取］。くむ［汲］。むすびあぐ［—あげる］［掬上］。むすぶ［掬］。

▼ひとすくい 中世 いっきく［一掬］。

スクエア(square) オープンスペース(open space)。プラザ(plaza)。近代 しかくけい／しかっけい［四角形］。しへんけい［四辺形］。スクエア。ひろっぱ［広場］。中世 しかく［四角］。ひろば［広場］。

すぐさま【直様】→**すぐに**

すくすく ぐんぐん。近世 ずんずん。どんどん。にょきにょき。中世 めきめき。上代 すくすく。

すくな・い【少】 薬にするほど。近代 くゎ［寡］。せこ／せこい。近世 けいせう［軽少］。すけない［少］。すこしく［少］。中世 きせう［希少／稀少］。くゎせう［寡少］。けいび［軽微］。させう／しゃせう［些少／瑣少］。すこしき［少］。せんせう［鮮少／尠少］。ばふせう／ぼくせう［乏少］。中古 いささか。いささけし。しゃくすん／せきすん［尺寸］。すこし［少］。せうすう［少数］。せうせう［少少／小小］。せうりゃう［少量／小量］。たせう［多少］。つゆ［露］。つゆちり［露塵］。ともし［乏／羨］。とぼし［乏］。びせう［微少］。ほのか［仄］。わづか［僅／纔］。上代 すくなし［少］。→**すこし**

ー・いさま ちょこっと。ぽっちり。近世 ちびちび。ちびりちびり。ちょびっと。ちょっぴら／ちょっぴり。ていちがふ［手一合］。ほんの

［本］。中世たった。ちょっと。ひとつかみ［一掴］。ひとつまみ［一摘］。中古ひとにぎり［一握］。

—・くする→**すくなく・する**

—・くて腹の足しにならない 近世蛇が蚊。蛇が蚊を呑んだやう。

—・くとも さいていげん［最低限］。近代さいせうげん［最小限］。中世せめては。せめても。中古せめて。上代すくなくも［少］。

—・くなる→**すくなくな・る**

金額が—・い 近世こぐち［小口］。近代せうがく［少額／小額］。

広さの割りに集まっている人が—・い 近代がらあき［空］。がらがら。中古すく［空］。

稀で—・い 中世きせう［希少／稀少］。中古まれ［希／稀］。まれまれ［希希／稀稀］。

…よりも—・いこと 近世みまん［未満］。中世いか［以下／已下］。うちば［内端］。

▼接頭語 中古いささ［細小／細］。かた［片］。こ［小］。

▼接頭語（接尾語）的に うす［薄］。

すくなく・する【少】 近代けいげん［軽減］。さくげん［削減］。ていげん［低減］。近世げんさい／げんさつ［減殺］。中世げんせう［減少］。すかす［透］。へぐ［剝／折］。へらす［減］。中古げんず［減］。へす［減］。

間隔等を—・する 中古つむ［つめる］［詰］。

余分を除き—・する 近代しゃうりゃく［省略］。上代はぶく［省］。

すくなくな・る【少】 近代げんたい［減退］。中世そんず［損］。める［減］。中古へがる［へがれる］［剝］。へる［減］。上代へつる／へづる［剝］。

すぐに【直】 そく［即］。近代すぐ［直］。ちょくご［直後］。まなし［間無］。まもなく［間無］。あっと言うまに。…が早いか。時を移さず。みるみるうちに。近世いっきに［一気］。ぐっと。すぐさま［直様］。すぐと［直］。そくじ［即時］。ぢきさま［直様］。ぢきに［直］。とたんに［途端］。みるみる［見見］。取ったか見たか。中世おっつけ［追付］。きっと［急度／屹度］。きときと。くと。こんにちただいま［今日唯今］。さうそく［早速］。さっそく［早速］。すぐに［直］。そくか［即下］。そくこく［即刻］。そくざに［即座］。そくせき［即席］。そのまま［其儘］。ただちに［直］。ぢきげに［直下］。ちゃくじ［着時］。ちゃくと。つい。とっさに［咄嗟］。はやくも［早］。やにはに［矢場／矢庭］。間（に）髪を容れず。…や否や。踵を回らすべからず。手の下に。…と同時に。中古いま［今］。いまいま［今今］。いまのま［今間］。かたらか。かつ［且］。…からに。きと。さうさう［早早］。しゅくこつ［倏忽］。すなはち［即］。すみやかに［速］。ただ［直］。ただいま［只今／唯今］。たちかへり［立返］。たちどころに［立所］。たちまち［忽］。とう／とく［疾］。とくとく［疾疾］。とみに［頓］。とりあへず／とりあへず［取敢］。はじめて［初］。はや［早］。ふと。やがて［軈］。…より。立ちどころに。ほどこそありけれ。見る間に。上代あからさま。ただち［直道］。ただに［直］。たちまちに［忽］。

—消えるもののたとえ 近代せんかうはなび［線香花火］。近世あぶく［泡］。シャボンだま［ポルトガル sabão玉］。中古うたかた［泡沫］。上代はうまつ［泡沫］。みなわ［水泡／水沫］。

—決める 近代そくけつ［即決］。そくだん［即断］。

—答える 近代ふたつへんじ［二返事／二返辞］。近世そくたふ［即答］。

—する 近代そくかう［即行］。をりかへし［折返］。近世おいそれ。つっかけ［突掛］。《句》中世思ひ立ったが吉日。思ひ立つ日が吉日。

—作る そくせい［即成］。近代そくせい［即製］。中世そくせき［即席］。

言って— 言うや否や。舌の根も乾かぬうちに。近代げんか［言下］。中世ごんか［言下］。言ふ口の下から。言葉の下から。

すると— なり（接続助詞）。近代や（接続助詞）。するが早いか。するや否や。時を移さず。中世間（に）髪を容れず。中古から。ほどこそありけれ。ほどこそあれ。ままに。

入って—の頃 近世さしいり［差入］。

▼接頭語 近世ぐい。ずい。

▼接尾語 中世しだい［次第］。

すく・む【竦】 近代ゐしゅく［萎縮］。近世すくばる／すくまる［竦］。ちぢかむ［縮］。中世たちすくむ［立竦］。ちぢこまる［縮］。ちぢみあがる［縮上］。中古おくす［臆］。すくむ［竦］。ひるむ［怯］。

《句》蛇に遇うた蛙。蛇に見込まれた蛙。

スクラップ（scrap） 近代きりぬき［切抜］。くづてつ［屑鉄］。スクラップ。近世がらくた［我楽多／瓦落多］。中世てつくづ［鉄屑］。

スクリーン（screen） 近代えいしゃまく［映写幕］。エクラン（フランス écran）。ぎんまく［銀

幕］。スクリーン。

大型の― シネマスコープ(CinemaScope)(商標名)。シネラマ(Cinerama)(商標名)。ワイドスクリーン(wide screen)。

すぐ・れる【優】 近代 いう［尤］。いうしう［優秀］。いうせい［優勢］。いうとう［優等］。いうりゃう［優良］。いうゑつ［優越］。がいせ／がいせい［駭世］。くっし［屈指］。さうぜつ［双絶］。しういう［秀優］。しうえい［秀英］。ぜっか［絶佳］。びめう／みめう［美妙］。ゐ［偉］。ゐだい［偉大］。異彩を放つ。近世 あやぎれ［文切］。いっかい。えらし［偉］。かうざく［警策］。かくべつ［格別］。しういつ［秀逸］。しうぜつ［秀絶］。じゃうじょう［上乗］。しゅっしょく［出色］。しゅんい［俊異／儁異］。たちあがる［立上］。てうぼん［超凡］。てうまい［超邁］。とくい［特異］。ぶん［分］。めいよ［名誉］。めうめう［妙妙］。ゆびをり［指折］。裸足で逃ぐ〔―逃げる〕。中世 いちりう［一流］。か［佳］。かうめう［高妙］。きせい［希世／稀世］。くきゃう／くっきゃう［究竟］。け［異］。けっこう［結構］。こころまさり［心勝］。こよなし。しうしゅつ［秀出］。しうばつ［秀抜］。しかるべし［然］。しゅぜつ［殊絶］。じんじゃう［尋常］。たく〔たける〕［長／闌］。ただならず。たちこゆ〔―こえる〕［立越］。たふ〔たえる〕［勝］。てうくゎ［超過］。てうせ／てうせい［超世］。てうぜち／てうぜつ［超絶］。ひとかど［一角／一廉］。めう［妙］。ゆゆし［忌忌／由由］。わりなし［理無］。中古 ありがたし［有難］。いう［優］。いうそく［有職／有識］。いし［美］。いたし［甚］。いみじ／いみじげ。うるせし。かしこし［賢］。きどく［奇特］。きはなし［際無］。きゃうざく［警策］。けっしゅつ［傑出］。こころにくし［心憎］。こころはづかし［心恥］。こゆ〔こえる〕［超／越］。さかし［賢］。しかるべし［然可］。しゅしょう［殊勝］。しょうぜつ［勝絶］。しょうめう［勝妙］。すぐる〔すぐれる〕［優／勝］。すすむ［進］。ぜつめう［絶妙］。たけし［猛］。ただならず［徒］。たちまさる［立勝］。ちゃうず［長］。どくほ［独歩］。ぬく［抜］。はづかし［恥］。ひいづ〔ひいでる〕［秀］。ひぼん［非凡］。ふたつなし［二無］。まか［摩訶］。まさざま／まさりざま［勝様］。めでたし［愛］。よし［良］。よろし［宜］。をかし。をさをさし［長長］。事もなし。世に越ゆ。上代 きさう［奇相］。けやけし［尤］。けん［賢］。たかし［高］。たへ［妙］。まさる［優／勝］。めづらし［珍］。

《句》近世 花は桜木人は武士。花はみ吉野人は武士。瑠璃(るり)も玻璃(はり)も照らせば光る。中世 昔の剣(つるぎ)今の菜刀(ながたな)。

―・れた 中世 さるべき／しかるべき［然］。中古 ありがたし［有難］。きはめたる［極］。さんべき［然］。

―・れた味わい めうち［妙致］。中古 めうしゅ［妙趣］。めうみ［妙味］。

―・れた芸 近世 てんかげい［天下芸］。

―・れた見識 近世 せきがん［隻眼］。

―・れた才気 近代 しゅち［殊智］。近世 えいき［英気］。かうち［巧知／巧智］。

―・れた才能(の持ち主) 近代 いっさい／いつざい［逸材］。いっそく［逸足］。えいし［英資］。しゅんえい［俊英］。しゅんさう［俊爽］。しゅんそく［俊足］。近世 うでこき［腕扱］。さいしゅん［才俊／才儁］。しゅんまい［俊邁］。ゐさい［偉才］。ゐざい［偉材］。中世 えいしゅん［英俊］。えいまい［英邁］。きさい［鬼才］。きさい［奇才］。ざい［材］。しうさい［秀才］。しゅんいつ［俊逸／儁逸］。しゅんしう［俊秀］。りき［利器］。中古 いのう［異能］。えいさい［英才／穎才］。かうさい［高才］。くゎうさい［宏才／広才］。こうさい［鴻才／洪才］。さいくゎ［才華］。しゅんさい［俊才／駿才／儁才］。たいさい［大才］。てんさい［天才］。ゆうさい［雄才／雄材］。上代 たいち［大知］。りゃうさい［良才］。

―・れた作品 ゆうさく［優作］。近代 いっぴん［逸品］。しんぴん［神品］。しんゐん［神韻］。ゆうへん［雄編／雄篇］。近世 しうさく［秀作］。めいひん［名品］。中世 かさく［佳作］。かじふ［佳什］。けっさく［傑作］。

―・れた品物 ゆうひん［優品］。近代 いっぴん［逸品］。中古 いちのもの［一物］。

―・れた詩文 近代 いつぶん［逸文／佚文］。近世 しうぎん［秀吟］。中世 かく［佳句］。

―・れた弟子 近代 かうそく［高足］。中世 かうてい［高弟］。

―・れたところ 近代 びてん［美点］。近世 かうしょ［好処／好所］。しょちゃう［所長］。てがら［手柄］。中世 ちゃうしょ［長所］。とりえ［取柄］。中古 せいくゎ［精華］。とりどころ［取所］。

―・れた場所 上代 まほら／まほらま／まほろば。

―・れた人 エース(ace)。できぶつ［出来

物」。近代 えらもの「偉物／豪物」。けつじん「傑人」。けつぶつ「傑物」。じんし「人士」。てんさい「天才」。めいき「明器」。ゆうしゅん「雄俊／雄儁」。人中の騏驥。人中の獅子。近世 えいれい「英霊」。くゎいけつ「魁傑」。けっし「傑士」。えらぶつ「偉物／豪物」。このかみ「兄」。たま「玉／珠」。できもの「出来者」。まれもの「稀者」。をしゃう「和尚」。人中の竜。中世 えいけつ「英傑」。きき「騏驥」。じゃうし「上士／上子」。じゃうち「上知／上智」。しゅんげん「俊彦」。しゅんし「俊士」。しゅんばう「俊髦」。じんけつ「人傑」。じんさい「人才」。じんざい「人材」。すぐれびと「勝人」。てがらもの「手柄者」。とうくゎ「登科」。中古 いちのもの「一者」。えいれい「英霊」。かうし「高士」。けんじん「賢人」。たくせん「謫仙」。ひじり「聖」。めいしゅ「明珠」。ゆうさい「雄才／雄材」。上代 きそく「驥足」。けんじゃ「賢者」。しゅんけつ「俊傑」。たいき「大器」。《句》近世 蛇は一寸にして兆しを現はる「一現われる」。竜は一寸にして昇天の気あり。中世 紅は園生に植ゑても隠れなし。梅檀は双葉より芳し。中古 驥尾に付す（付く）。

ー・れた物 近代 いっぴん「一品」。いっぴん「逸品」。近世 しゅぎょく「珠玉」。すい「粋」。せいくゎ「精華」。できもの「出来物」。をりがみだうぐ「折紙道具」。中世 いちのもの「一物」。いちもち／いちもつ「逸物」。いつぶつ「逸物」。ぜっぴん「絶品」。中古 いうぶつ「尤物」。たま「玉／珠」。たらう「太郎」。上代 ほ「秀」。

ー・れた者(物)が揃っている 近代 かほぞろひ「顔揃」。つぶぞろひ「粒揃」。近世 粒が揃ふ。

ー・れた技 近代 しょくにんげい「職人芸」。ちゃうぎ「長技」。めうぎ「妙技／妙伎」。しんぎ「神技」。近世 かうぎ「巧技」。にふしん「入神」。中世 めうぜつ「妙絶」。中古 かみわざ「神業」。上代 ほつて「最手／秀手」。

ー・れていつまでも残る 中古 ふきう「不朽」。

ー・れていて気高い 近世 かういつ「高逸」。中世 かうまい「高邁」。がうまい「豪邁」。

ー・れていて自由なこと 近代 たくらくふき「卓犖不羈」。

ー・れていて強いこと 近世 せいきゃう「精強」。

ー・れて美しい 近代 しうび「秀美」。

ー・れて奥深い 近世 あうめう／おくめう「奥妙」。中世 しんめう／じんめう「深妙」。

ー・れて賢い 近世 えいめい「英明」。

ー・れて巧みなこと 近世 せいめう「精妙」。中世 けうめう「巧妙」。しめう「至妙」。

ー・れて見える 中世 みます「見増」。中古 ひかる「光」。

意表をついてー・れている 近世 きばつ「奇抜」。けいばつ「警抜」。

多くのー・れた人物 近代 たしさいさい「多士済済」。中古 たしせいせい「多士済済」。

多くの中でー・れている →ずばぬ・ける

多くの中のー・れた者(物) 近代 えりぬき／よりぬき「選抜」。ざんぜん「嶄然」。つぶより「粒選」。近世 すぐれもの「勝物」。ぬけもの「抜物」。ひっこぬき「引抜」。魚は鯛。鶏群の一鶴。中世 いちぶつ／いちもつ「逸物」。きょはく「巨擘」。すぐれびと「勝人」。中古 わう「王」。

巻中で最もー・れた作品 近代 くゎんぢく「巻軸」。くゎんとう「巻頭」。

技芸がー・れている 近代 かうめう「巧妙」。近世 沖を漕ぐ。沖を越す。沖を越ゆ「一越える」。中古 うるさし／うるせし「煩」。かんのう「堪能／勘能」。たんのう「堪能」。上代 うまし「旨／巧／上手」。じゃうず「上手」。

国の中で特にー・れた人物 中世 こくしむさう「国士無双」。上代 こくし「国士」。

芸術や学問などでー・れた大家 近代 オーソリティー(authority)。おほごしょ「大御所」。きょしゃう「巨匠」。近世 たいと「泰斗」。中世 けんゐ「権威」。たいか「大家」。中古 めいしゃう「名匠」。

この上なく最高にー・れている 右に出る者はいない。近代 ここんむさう「古今無双」。さいかうほう「最高峰」。しち「至知／至智」。だいいちりう「第一流」。てんかいっぴん「天下一品」。近世 くっきゃういつ「究竟一」。ここんどくほ「古今独歩」。さいかう「最高」。しかう「至高」。ぜっせい「絶世」。ただなか「直中／只中」。ぶさう／むさう「無双」。ふせいしゅつ「不世出」。一と言って二とない。中世 くゎんぜつ「冠絶」。くゎん「冠」。ここんぶさう「古今無双」。さいしん「最深」。さいちゃう「最長」。さんごくいち「三国一」。さんごくぶさう／さんごくむさう「三国無双」。てんかいち「天下一」。てんかぶさう「天下無双」。中古 かぎりなし「限無」。きはなし「際無」。さいじゃう「最上」。

さいしょう[最勝]。たぐひなし[類無]。てんかむさう[天下無双]。になし[二無]。むるい[無類]。上代 たくぜつ[卓絶]。

才知や容姿が―・れている 中古 しうはつ[秀発]。

詩文や歌などが―・れている 中古 うたがまし[歌]。きゃうさく／きゃうざく[警策]。しういつ[秀逸]。

近くで見ると―・れて見える 中古 ちかまさり[近優]。

つまらない物の中の―・れた物 近代 こういってん[紅一点]。瓦中(ぐわちゆう)の玉。

表現できないほど―・れている 中古 ごんごだうだん[言語道断]。

部分的に―・れている 近世 へんしょう[偏勝]。

文武に―・れている 近代 いんぶんいんぶ[允文允武]。中世 ぶんぶにだう[文武二道]。ぶんぶりゃうだう[文武両道]。

より―・れている 中古 まさりざま[優様／勝様]。

▼**接頭語** いち[逸]。スーパー(super)(接頭語的に使い複合語を作る)。だい[大]。たま[玉]。めい[名]。上代 ふと[太]。

▼**接尾語** 近世 きって[切]。

ずけい【図形】 パターン(pattern)。近代 づあん[図案]。フィギュア(figure)。近世 づしき[図式]。中古 づ[図]。づけい[図形]。

―の描き方の例 近代 フリーハンド(freehand)。じざいぐゎ[自在画]。ひとふでがき[一筆書]。ようきぐゎ[用器画]。ひとふでがき[一筆書]。近世 いっぴつがき[一筆書]。中古 ひとふで[一筆]。

―を描く器具 近代 しゃづき[写図器]。パンタグラフ(pantograph)。

家や団体を表すしるしとしての― 近代 きしょう[徽章／記章]。もんしゃう[紋章]。中世 かもん[家紋]。

その他―のいろいろ(例) くうかんずけい[空間図形]。コンピュータグラフィックス／シージー(CG；computer graphics)。たぎずけい[多義図形]。へいめんずけい[平面図形]。はんてんずけい[反転図形]。りったいずけい[立体図形]。

スケート(skate) アイススケート(ice skate)。近代 スケート。

―をする所 スケートリンク／リンク(skate rink)。近代 アイスリンク(ice rink)。ぎんばん[銀盤]。スケートぢゃう[skate場]。

―をする人 近代 スケーター(skater)。

スケープゴート(scapegoat) 近代 ぎせい[犠牲]。中古 いけにへ[生贄]。みがはり[身代]。

―により責任を転移すること あくだまか[悪玉化]。スケープゴーティング(scapegoating)。

スケール(scale)❶〈規模〉 近代 スケール。中世 こうざう[構造]。中古 おほきさ[大]。上代 きぼ[規模]。

スケール(scale)❷〈計器〉 けいき[計器]。けいそくき[計測器]。近代 けいりゃうき[計量器]。ルーラー(ruler)。ゲージ(gauge)。スケール。はかり[秤]。メジャー(measure)。めもり[目盛]。近世 しゃくど[尺度]。中世 ぢゃうぎ[定規]。

すげか・える【挿替】 近代 かうくゎん[交換]。かうてつ[更迭]。きりかへる[切替]。くみかへる[組替]。だいがへ／だいたい[代替]。中世 ふりかふ[―かえる][振替]。中古 いれかふ[―かえる][入換／入替]。さしかふ[―かえる][差替]。すげかふ[―かえる][挿替]。すりかふ[―かえる][付替]。つけかふ[―かえる][替]。上代 かふ[かえる][替／代／換]。とりかふ[―かえる][取替／取換]。

スケジュール(schedule) よていひょう[予定表]。近代 じかんへう[時間表]。スケジュール。タイムテーブル(timetable)。にっていへう[日程表]。にってい[日程]。

すけだち【助太刀】 アシスト(assist)。すけっと[助人]。近代 じょりょく[助力]。ちからぞへ[力添]。近世 じょせい[助勢]。じょりき[助力]。手を貸す。中世 かせい[加勢]。じょりき[助力]。てだすけ[手助]。すけだち[助太刀]。すけて[助手]。中古 すけ[助]。てつだひ[手伝]。ゑんじょ[援助]。上代 たすけ[助／扶]。

スケッチ(sketch) すんびょう[寸描]。近代 エスキス(フランス esquisse)。スケッチ。せうひん[小品]。そべう[素描]。デッサン(フランス dessin)。しゃせい[写生]。中世 したゑ[下絵]。上代 ゑ[絵]。

小型の―板 サムホール(thumb hole)。

すげな・い【素気無】 愛想がない。味もそっけもない。近代 つっけんどん。つんけん。ぶあいさう／ぶあいそ[無愛想]。近世 けんけん。つんつん。つんつんぜん[然]。つんと。ぶっきらぼう[打切棒]。中世 けんもほろろ。そっけなし[素気無]。中古 すげなし[素気無]。よそよそし[余所余所]。れいたん[冷淡]。上代 つれなし。→れいたん

―・くする 中古 うとまし／うとむ[疎]。近世 袖になす。中世 袖にす。

スケルトン(skeleton) 近代こっかん[骨幹]。スケルトン。中世こっかく[骨格]。ほねぐみ[骨組]。

スコア(score)❶〈ゲーム〉ポイント(point)。近代スコア。とくてん[得点]。中世てんすう[点数]。

スコア(score)❷〈音楽〉そうふ[総譜]。近代スコア。中世がくふ[楽譜]。

すご・い【凄】❶〈著しい〉ものすごい[物凄]。近代きゃうれつ[強烈]。しれつ[熾烈]。近世えらし[偉]。すごし[凄]。すさまじ[凄]。どえらい[偉]。中世いちじるし[著]。げきれつ[激烈/劇烈]。じんだい[甚大]。中古おどろおどろし。すさまし[凄]。はげし[激/烈]。まうれつ[猛烈]。上代はなはだし[甚]。

すご・い【凄】❷〈素晴らしい〉近代ワンダフル(wonderful)。近世えらし[偉]。すてき[素敵/素的]。すばらし[素晴]。中古すごし[凄]。

すごうで【凄腕】近代うできき[腕利]。びんわん[敏腕]。やりて[遣手]。らつわん[辣腕]。中世いうのう[有能]。中古てきき[手利]。

すこし【少】ちょこっと。数えるほど。近代いくぶん[幾分]。いっしいちがう[一糸一毫]。かいえん[介焉]。がうもう[毫毛]。きんきん[僅僅]。きんせう[僅少]。これっぽっち[此/是]。さ[些]。なみだ[涙]。ちょっとやそっと。近世いくばく[幾許/幾何]。いちがふ[一合]。いっぺん[一片]。けいせう[軽少]。けちりん。こころもち[心持]。こつび[忽微]。これっぱかり[此/是]。これほど[是程/此程]。ささ[些些]。しもん[四文]。すこ[少]。すん[寸]。ちくと。ちっくり。ちびり。ちゃくと。ちょっきり。ちょっこり。ちょっぴら/ちょっぴり。ちょっぽり。ちょと[一寸/鳥渡]。ちょぴり/ちょぽり。ちょんびり。ちょんぼり。なけなし。ふんりん/ぶんりん[分厘]。りんもう[厘毛]。わざっと/わざと[態]。中世いくらか[幾]。いちがう[一毫]。いちに[一二]。いちる[一縷]。いっかい[一介/一芥]。いっきく[一掬]。いっすい[一水]。おろおろ。がうはつ[毫髪]。くゎせう[寡少]。ささい[些細/瑣細]。させう/しゃせう[些少/瑣少]。さたう[左道]。すんがう[寸毫]。せんかい[繊芥]。せんがう[繊毫]。そっと/そと。ちいと/ちっと/ちと[些]。ちゃっと/ちゃと。ちょっと[一寸/鳥渡]。ひとつ[一]。びび[微微]。ふんがう[分毫]。みぢん[微塵]。ゆめがまし[夢]。ゆめゆめし[夢夢]。中古いささか[聊/些]。いささけし[聊/些]。いちぢん[一塵]。いちまつ[一抹]。いってん[一点]。がう[毫]。がうり[毫釐/毫厘]。かごとばかり[託言許]。けしきばかり[気色許]。こればかり[此許/是許]。しうがう[秋毫]。じゃくかん[若干]。しゃくすん/せきすん[尺寸]。すこしく[少]。すこぶる[頗]。すんぶん[寸分]。せうすう[少数]。せうせう[小小/少少]。せうぶん[少分/小分]。たせう[多少]。たんせき[儋石/担石]。ちり[塵]。ちりばかり[塵許]。つゆ[露]。つゆちり[露塵]。つゆばかり[露許]。ともし[乏]。はつか[僅]。ほそし[細]。ほのか[仄]。ほのぼの[仄仄]。まれまれ[希希/稀稀]。ゆめばかり[夢許]。わづか[僅/纔]。草のはつか。上代いささ[細小/細]。すくなし[少]。すこし[少/寡]。すこしき[少]。ただ[唯/只]。はつはつ/はつはつに[端端]。やや[漸/稍]。千重(ちへ)の一重(ひとへ)。《枕》中古はつかりの[初雁][⇨はつか]。《句》近代毫釐(がうり)(毫厘)の差は千里の繆(あやま)り。近世滴(したた)り(瀝(した)り)積りて淵(ふち)となる。鼠(ねずみ)が塩を引く。

—ずつ 近代こきざみ[小刻]。じょじょに[徐徐]。じんわり。ぜんしんてき[漸進的]。ぽつりぽつり。近世こだし[小出]。じわじわ。ちくちく(と)。ちびちび。ちびりちびり。ちょびちょび。ぽちぽち。ぼつぼつ。ぽつぽつ。中世かつがつ[且且]。しだいしだい[次第次第]。じりじり。ほしほし。ほつほつ。

—ずつ行う 近世ぜんしん[漸進]。中古くづす[崩]。

—ずつ食べる 中古つづしる[啜]。

—であるさま 近代せいぜい。べう[眇]。ぽっつり。まんぶいち[万分一]。近世あれしき[彼式]。あれしころ。こころもち[心持]。こじょく[小職/小童]。それしき[其式]。それしこ。たかだか。ちくり。ちっこ。ぽっちり。ほんの。中世たった。ちょぼちょぼ。十に一二。中古万分の一。

—でも 中古かけても[掛/懸]。

—の援助 近世いちじょ[一助]。中世いっぴ[一臂]。

—の金 近代せうがく[少額/小額]。たばこせん[煙草銭]。近世いちもん[一文]。なみ

だがね／なみだきん［涙金］。はしぜに／はしせん［端銭］。はしたがね［端金］。はしたぜに［端銭］。めくさりがね／めくされがね［目腐金］。めくされぜに［目腐銭］。中世いっせん［一銭］。はんせん［半銭］。はんもん［半文］。

―の金を借りること　すんがり／すんしゃく［寸借］。

―の気持ち　中古すんし［寸志］。中世びい［微意］。すんい［寸意］。

―の事　近代さじ［瑣事／些事］。中古いささけわざ［聊業］。

―の言葉　中世いちごんはんく［一言半句］。いちべん［一弁］。

―の米　中古たんせき［儋石／担石］。とべい［斗米］。

―の時間　→いっしゅん　→しばらく
―のたとえ　いっし［一糸］。蚊の涙。近代いちぶ［一分／一歩］。いちぶいちりん［一分一厘］。げうせい［暁星］。けほど［毛程］。暁天の星。雀の涙。近世けすぢ［毛筋］。しんせい［晨星］。ちりっぱ［塵葉］。ちりひとは［塵一葉］。髪筋ほども。爪の垢。中世いちもう［一毛］。いっすん［一寸］。けんてき［涓滴］。紙一重。露ほど。中古石峰の花。九牛の一毛。

―の違い　きんさ［僅差］。はなのさ［鼻差］。中世かみひとへ［紙一重］。

―の力　近世びりき［微力］。中世びりょく［微力］。

―の月日　近代たんじつげつ［短日月］。中古じゅんげつ［旬月］。

―の土地　かたち［片地］。方寸の地。中世しゃくち／せきち［尺地］。すんど［寸土］。中古すんち［寸地］。せきど［尺土］。立錐の地。

―の涙　近代一掬の涙。

―の人数　近代せうにんずう［少人数］。中世こぜい［小勢］。ぶぜい［無勢］。

―の部分　近代いちぶ［一部］。へんりん［片鱗］。近世かたっぱし［片端］。中古いったん［一端］。上代かたはし［片端］。

―の水　中世さざみづ［細水］。

―のもの　近代すいたう［錐刀］。近世もじきなか［文字寸半］。もじひらなか［文字片半］。中古いちもつ［一物］。

―の物が散らばっているさま　近世ちょぼくさ。ちょぼちょぼ。

―の量　近代びりゃう［微量］。近世きなか［半銭／寸半］。めぐすり［目薬／眼薬］。中世いっさつ［一撮］。かたし［片／片足］。すん［寸］。ひとくち［一口］。ひとつかみ［一摑］。ひとつまみ［一撮］。中古いっき［一簣］。ひとにぎり［一握］。

―の労力　近代いっきょしゅいっとうそく［一挙手一投足］。いっしゅいっそく［一手一足］。

作品が―であること　かさく［寡作］。
▼接頭語　こ［小］。ほろ。近代ささ［細／小］。近世おろ［疎］。なま［生］。中古いささ／いさら［細小／細］。上代さざれ［細］。

すこしでも【少】　中世かりにも［仮］。ちっとも［些］。中古かけても［掛／懸］。すこしも［少］。

すこしも【少】（…ない）　かけらも［欠／欠片］。なんら［何］。近代がうも［毫］。ずんと／づんと。ぜんぜん［全然］。近世かたきし。しづくも［雫］。すっきり。とんと。ばんばん［万］。みぢん［微塵］。もっとも［尤］。ゆめいささか［夢聊］。ゆめさら［夢更］。髪筋ほども。そっとも。中世あへて［敢］。おほかた［大方］。そっとも。ちっとも［些］。つゆばかり［露許］。なんにも［何］。むげに［無下］。もうとう［毛頭］。ゆめゆめ［努努／夢夢］。露ほども。時として。中古いささかも［聊／些］。いっかう［一向］。さらさら［更更］。さらに［更］。すこしも［少］。たえて［絶］。つぶと。つゆちり［露塵］。つゆも［露］。まったく［全］。ゆめに［夢］。ゆめにも［夢］。ゆめばかり［夢許］。上代いささ［細小／細］。うたがたも。かつて［曾／嘗］。さね。
―ない　→ぜんぜん

すご・す【過】　あゆむ［歩］。近代けみする［閲］。つひやす［費］。近世ふむ［踏］。中世けいくゎ［経過］。こす［越］。中古おくる［送］。すぐす／すごす［過］。へだつ［隔］。上代くらす［暮］。ふ（へる）［経］。
―・した日々　中古きしかた／こしかた［来方］。
―・した日々とこれから　中古来（来）し方行く末。
あてにして―・す　中古たのみすぐす［頼過］。
言いながら―・す　近代いひくらす［言暮］。中古いひわたる［言渡］。
生きて年月を―・す　中古あけくらす［明暮］。ありふ［有経］。上代ありわたる［在渡］。
心奪われて―・す　中古まぎれくらす［紛暮］。
時を―・す　近代せうくゎ［消過］。せうする［消／銷］。中世うつす［移］。中古たつ［経］。
日を―・す　近世せうくゎう［消光］。中世しゅくや［夙夜］。中古せうじつ［消日］。ひくらす［日暮］。上代かがなぶ［日日並］。

無駄にだらだらと―・す 近代くゎうじつ［曠日］。近世べんべんと。

物思いに沈み―・す 中古おもひすぐす［思過］。ながめくらす［眺暮］。ながめふ［眺経］。《尊》中古おぼしすぐす［思過］。

すごすご 近世がっかり。がっくり。中世しほしほ。しょぼしょぼ。しょんぼり。すごすご。中古せうぜんと［悄然］。

すこぶる【頗】 近代すこぶる［頗］。たいへん［大変］。とっても／とても。ひじゃうに［非常］。近世おほいに［大］。中世なかなか［中中］。中古ずいぶん［随分］。はなはだ［甚］。上代きはめて［極］。

すご・む【凄】 近代すごむ［凄］。どうかく［恫嚇］。ゐかく［威嚇］。近世どうかつ［恫喝］。中古おどす［脅／威／嚇］。上代きょうかつ［恐喝］。けふはく［脅迫］。

すこやか【健】 近代けんかう［健康］。けんぜん［健全］。せいしょう［清勝］。近世けんざい［健在］。けんしょう［健勝］。つつがなし［恙無］。中世かうきゃう［康強］。さうけん［壮健］。すこやか［健］。そくさい［息災］。たっしゃ［達者］。ぢゃうぶ［丈夫］。むびゃう［無病］。ゆうけん［雄健］。中古くゎくしゃく［矍鑠］。げんき［元気］。→**けんこう【健康】**

―・で勇ましい 上代ゆうけん［勇健］。

―・で平穏なこと 中世けんあん［健安］。

―・に赤子が育つ 近世すくだつ［健立］。

すごろく【双六】 近代いちろく［一六］。さいぎ［采戯］。近世梅の花。中世すごろく［双六／双陸］。中古ろくさい［六采］。上代すぐろく［双六］。

―の駒 中古うま［馬］。

―をする 中古うつ［打］。

いろいろな―(例) 近代まはりすごろく［回双六］。近世だうちゅうすごろく［道中双六］。たびすごろく［旅双六］。ゑすごろく［絵双六］。

すさまじ・い【凄】 かれつ［苛烈］。ドラスティック(drastic)。近代きゃうれつ［強烈］。くゎげき［過激］。しれつ［熾烈］。すごい［凄］。つうれつ［痛烈］。ラジカル(radical)。近世せいぜつ［凄絶］。中世げきれつ［激烈］。ものすごし［物凄］。中古いみじ。けあし［気悪］。すさまじ［凄］。まうれつ［猛烈］。上代せいさう［悽愴］。とし［利／鋭］。はなはだし［甚］。

―・い風 中古せいふう［凄風／凄風］。

―・い気配 近代せいき［凄気］。

―・いまでにさびしいさま 近代せいれう［凄寥］。

―・く荒れ果てるさま 近世れうらく［寥落］。

すさ・む【荒】 近代すさむ［荒］。中世さつばつ［殺伐］。中古あれはつ［―はてる］［荒果］。くゎうりゃう［荒涼］。くゎうはい［荒廃］。上代ある［あれる］［荒］。ただる［ただれる］［爛］。

―・んだ生活をすること 上代ちんめん［沈湎］。

心が―・む 近代ささくれだつ［立］。上代うらさぶ［心荒］。中古くゎうりゃう［荒涼］。

ずさん【杜撰】 イージー(easy)。イージーゴーイング(easygoing)。近代そざつ［粗雑］。近世あらっぽい［粗］。いいかげん［好加減］。ざつ［雑］。中世あだおろそか／あだやおろそか［徒疎］。およそ［凡］。づさん［杜撰］。れうじ［聊爾］。中古あらし［粗］。おほざう／おほぞう。おろそか［疎］。そろう［疎漏／粗漏］。なのめ［斜］。なほざり［等閑］。そりゃく［粗略／疎略］。上代おほろか／おぼろか。

すし【鮨】 中世おすもじ［御文字］。上代すし［鮨／鮓／寿司］。

―のいろいろ(例) くされずし［腐鮨］。バッテラ(ポルトガル bateira)。ばらずし［散鮨］。近代おほさかずし［大阪鮨］。きつねずし［狐鮨］。さばずし［鯖鮨］。すがたずし［姿鮨］。ちらし／ちらしずし［散鮨］。てっくゎまき［鉄火巻］。てっぽう／てっぽうまき［鉄砲巻］。まきずし［巻鮨／巻鮓］。むしずし［蒸鮨］。近世いちやずし［一夜鮨］。いなりずし［稲荷鮨］。いひずし［飯鮨］。いひなしずし［飯無鮨］。おいなりさん［御稲荷］。おしずし［押鮨］。ごもくずし［五目鮨］。しのだずし［信太鮨］。なまなり［生成］。なれずし［熟鮨］。にぎり／にぎりずし［握鮨］。はこずし［箱鮨］。はやずし［早鮨／早鮓］。中世あゆずし［鮎鮨］。ふなずし［鮒鮨］。中古いずし［飯鮨］。

すじ【筋】❶〈線〉 近代ライン(line)。近世せんでう［線条］。中世せん［線］。中古いちでう［一条］。すぢ［筋／条］。ひとすぢ［一筋］。

すじ【筋】❷〈筋道〉 近代ろんり［論理］。近世すぢめ［筋目］。すぢあひ［筋合］。すぢみち［筋道］。つじつま［辻褄］。わけあひ［訳合］。中世じり［事理］。でうり［条理］。りくつ［理屈／理窟］。中古あやめ［文目］。ことわり［理］。すぢ［筋／条］。上代だうり［道理］。みち［道］。→**すじみち**

すじ【筋】❸〈系統〉 近代ライン(line)。近世い

へがら[家柄]。けいとう[系統]。中世かけい[家系]。中古うまれ[生]。すぢ[筋/条]。

すじ【筋】❹〈筋書き〉近代シノプシス(synopsis)。すぢがき[筋書]。ストーリー(story)。プロット(plot)。近世あらすぢ[粗筋]。すぢ[筋/条]。すぢだて[筋立]。中世あらまし。おほすぢ[大筋]。中古かうがい[梗概]。→**すじがき**

ずし【図示】近代づかい[図解]。づし[図示]。近世づせつ[図説]。

―・するカード フリップ(flip chart)。

ずし【厨子】近世ぶつがん[仏龕]。中古ぶつだん[仏壇]。上代がん[龕]。づし[厨子/廚子]。

石造りの― 中古いしむろ[石室]。

すじあい【筋合】近代りろ[理路]。ロジック(logic)。ろんり[論理]。近世すぢあひ[筋合]。すぢみち[筋道]。中世じり[事理]。すぢでうり[条理]。中古ことわり[理]。すぢ[筋]。りくつ[理屈/理窟]。上代だうり[道理]。

すじかい【筋交】近代はすかひ[斜交]。近世なぞへ[傾斜]。ぶっちがひ[打違]。中世すぢかひ[筋交]。すぢちがひ[筋違]。すみちがひ[隅違]。のだめがた[篦撓形]。

―になる 近代かうさ[交差/交叉]。中世うちちがふ[打違]。

すじがき【筋書】近代きくゎく[企画]。こうさう[構想]。シナリオ(scenario)。シノプシス(synopsis)。スクリプト(script)。すぢがき[筋書]。ストーリー(story)。プラン(plan)。プロジェクト(project)。プロット(plot)。近世けいくゎく[計画]。すぢだて[筋立]。だんどり[段取]。もくろみ[目論見]。中世しくみ[仕組]。もくさん[目算]。中古すぢ[筋]。

だいたいの― 近代がいえう[概要]。近世あらすぢ[荒筋/粗筋]。たいえう[大要]。中世あらまし。おほすぢ[大筋]。中古かうがい[梗概]。たいりゃく[大略]。

ずしき【図式】シェーマ(ドイツSchema)。近代こうづ[構図]。づかい[図解]。近世づしき[図式]。中古づけい[図形]。

すじちがい【筋違】ほうこうちがい[方向違]。近代けんたうはづれ[見当外]。近世すぢちがひ[筋違]。まとはづれ[的外]。中世すぢかひ/すぢかへ[筋違]。

すしづめ【鮨詰】ぎゅうづめ[詰]。近代ぎゅうぎゅうづめ[詰]。すしづめ[鮨詰]。近世ぎっしり。くゎみつ[過密]。ごったがへす[返]。たてこむ[立込]。押し合ひ圧へし合ひ。→**こんざつ**

すじみち【筋道】ぶんみゃく[文脈]。近代いとすぢ[糸筋]。せつり[節理]。せん[線]。りろ[理路]。りろん[理論]。ロジック(logic)。ろんり[論理]。近世すぢあひ[筋合]。すぢみち[筋道]。すぢめ[筋目]。たて[立]。たてわけ[立分]。つじつま[辻褄]。ほんすぢ[本筋]。りくぎ[六義]。わけ[訳]。わけあひ[訳合]。中世ぎり[義理]。けいらく[経絡]。じり[事理]。でうり[条理]。とてつ[途轍]。とはう[途方]。り[理]。りち[理致]。中古あや[文/綾]。あやめ[文目]。ことわり[理]。じゃうり[情理]。すぢ[筋]。りくつ[理屈]。上代だうり[道理]。みち[道]。

―が通らない 近代しりめつれつ[支離滅裂]。ふがふり[不合理]。ふでうり[不条理]。ふとくえうりゃう[不得要領]。めちゃ[目茶/滅茶]。めちゃくちゃ[滅茶苦茶]。めちゃめちゃ[滅茶滅茶]。途方途轍(とはうとてつ)もない。近世でたらめ[出鱈目]。べらぼう[箆棒]。やたら[矢鱈]。わや。わっけもない[訳無]。途轍もない。平仄(ひゃうそく)が合はない。中世すぢなし[筋無]。りふじん[理不尽]。わやく。要領を得ず。途方もなし。訳もなし。中古あやなし[文無]。わりなし[理無]。

―が通らない議論 近代ばうぎ[妄議]。

―が分からなくなる 近代こんがらかる/こんがらがる。中世まぎる[紛]。

―に合わない 近代はんする[反]。近世ふすぢ[不筋]。上代もとる[悖]。

―の通らぬことを言う 近代せんげん[譫言]。近世うはごと[譫言]。せんご[譫語]。ねごと[寝言]。唐人(たうじん)の寝言。上代たはこと/たはごと[戯事]。

―を立てる すじだてる[筋立]。近世事を分(わ)く[―分ける]。中世つうり[通理]。

―を無視して結論を急ぐ たんらく[短絡]。

一貫した― 近世みゃくらく[脈絡]。

正しい― 近世ほんすぢ[本筋]。中世せいぎ[正義]。中古たいぎ[大義]。

文章の― 近代ぶんみゃく[文脈]。ぶんり[文理]。

すじょう【素性】うじすじょう[氏素性]。せいいくれき[生育歴]。近代うまれ[生]。おひたち[生立]。しんじゃう[身上]。で[出]。近世おさと[御里]。さと[里]。したぞめ[下

染]。しゅつじ[出自]。すぢめ[筋目]。そせい[素性]。そだち[育]。そだちがら[育柄]。みもと[身元]。中世じゅくこん[熟根]。しゅこん[種根]。しゅっしゃう[出生]。すじゃう[素性]。ぞくしゃう[俗姓]。ゆくすゑ[行末]。中古すぢ[筋]。ねざし[根差]。もと[本/元]。上代みのうへ[身上]。

《句》近世蛇は寸にして人を呑む。姿は俗性を現す。竜は一寸にして昇天の気あり。中世栴檀は双葉より芳し。梅花は莟めるに香あり。

―の卑しい者 中古げしゃう[下姓]。げす[下種/下衆/下司]。

―の分からない者 近世牛の骨。馬の骨。

ずじょう【頭上】 とうちょう[頭頂]。近世すてっぺん[素天辺]。づちゃう[頭頂]。中世づじゃう[頭上]。中古いただき[頂]。

すす【煤】 ばいじん[煤塵]。近代ばいえん[煤煙]。中世えんばい[煙煤]。ゆえん[油煙]。上代すす[煤]。

―で黒くする 中世いぶす[燻]。

―で汚れる →**すす・ける**

―のまじった空気 近代ばいき[煤気]。

―払い 近世ささばたき[笹叩]。すすとり/すすとりせっく[煤取節句]。すすはき[煤掃]。よごれとし[汚年]。

―払い後の入浴 近世すすゆ[煤湯]。

―払いに使う竹 近世すすだけ[煤竹]。

鍋や釜についた― 中世なべずみ[鍋墨]。

松を燃やした― 近世しょうばい[松煤]。中古しょうえん[松煙/松烟]。

すず【鈴】 近世ぼくたく[木鐸]。中世りん/れい[鈴]。上代すず[鈴/鐸]。→**ふうりん**

《枕》中古はしたかの[鷂]。

―の音(例) 近世りんりん。中世ころころ。

―を鳴らす 中世しんれい[振鈴]。

金の― 中古きんれい[金鈴]。

銀の― 近代ぎんれい[銀鈴]。

土製の― 近世つちすず/どれい[土鈴]。

人を呼ぶための― 近代ベル(bell)。よびすず/よびりん[呼鈴]。

すすき【芒】 つゆみぐさ[露見草]。中世そでふりぐさ[袖振草]。みだれぐさ[乱草]。上代すすき[芒/薄]。はなすすき[花薄]。をばな[尾花]。

―の穂 上代をばな[尾花]。

秋初めて穂の出た― 上代はつをばな[初尾花]。

風に吹かれる― 上代はたすすき[旗薄]。

枯れた― 近世かれをばな[枯尾花]。

穂の出た― 近世ほすすき[穂薄/穂芒]。上代はなすすき[花薄]。

穂の出ていない― 中古しのすすき[篠薄]。

すずき【鱸】 中世ろぎょ[鱸魚]。上代すずき[鱸]。

―の若魚 近世ふっこ。中世せいご[鮬]。

すす・ぐ【濯】 近世いすぐ/ゆすぐ[濯]。中世きよむ[清]。そそぐ[濯/雪]。中古すすぐ[濯/雪]。上代あらふ[洗]。そそく[灌/灑]。

汚名を―・ぐ めいよばんかい[名誉挽回]。近代せつじょく[雪辱]。近世垢が抜く(―抜ける)。

口を―・ぐ 近代がんそう[含嗽/含漱]。近世くちすすぎ[漱/嗽]。中世そうこう[嗽口]。中古うがひ[嗽/含嗽]。上代すすぐ[漱]。

すす・ける【煤】 近代すすばむ[煤]。近世くすぶる[燻/薫]。すすぶ[煤]。すすぶる/すすぼる[煤]。中世くすぼる。ふすぼる[燻]。中古すすく〈すすける〉[煤]。上代すす[煤]。

―・けさせる 中世いぶす[燻]。くすぶ[くすべる][燻/薫]。中古くゆらす[燻/薫]。ふすぶ[ふすべる][燻]。

すずし・い【涼】 りょうかん[涼感]。れいりょう[冷涼]。近世すずやか[涼]。りゃうみ[涼味]。中世しゃうりゃう[清涼]。りゃう[涼]。中古せいりゃう[清涼]。上代すずし[涼]。れいれい[冷冷]。

―・い秋 中古りゃうしう[涼秋]。

―・い朝 近世あさすず[朝涼]。中古あさすずみ[朝涼]。

―・い風 近世すずかぜ[涼風]。中古ゆうふう[雄風]。上代りゃうふう[涼風]。

―・い気配 中世すずけ[涼気]。りゃうい[涼意]。中古りゃうき[涼気]。

―・い木陰など 近代りょういん[涼陰/涼蔭]。中古せいいん[清陰]。上代なつかげ[夏陰]。

―・い夜 中世りゃうや[涼夜]。上代せいや[清夜]。

―・くさわやか 近世さうりゃう[爽涼]。中世しゃうりゃう[清涼]。中古せいりゃう[清涼]。

―・くする 中世すずしむ[涼/清]。

―・さを味わうこと 近世なふりゃう[納涼]。中古すずみ[涼]。

初秋の―・さ 中世しんりゃう[新涼]。中古しょりゃう[初涼]。

暑中の夕の―・さ 中古ばんりゃう[晩涼]。

ゆふすず［夕涼］。

すすみ・でる【進出】 近代 さしでる［差出］。しんしゅつ［進出］。近世 すすみでる［進出］。中古 いづ［いでる］［出］。さしいづ［差出／射出］。づ［でる］［出］。

―・でるさま 近世 ずかずか。

すす・む【進】❶〈進行〉 近代 ゴー(go)。しんかう［進行］。しんちょく［進捗］。しんてん［進展］。ぜんしん［前進］。中世 むかふ［向／対］。中古 あゆぶ［歩］。いでたつ［出立］。上代 あゆむ［歩］。すすむ［進］。むく［向］。

―・ませない はばむ［阻］。中世 しゃだん［遮断］。中古 せきとどむ［―とどめる］［堰止］。せきとむ［―とめる］［堰止］。上代 さえぎる［遮］。

―・まない 近代 あしぶみ［足踏］。近世 うったい［鬱滞］。中世 ぎたい［凝滞］。だうだうめぐり［堂堂巡／堂堂回］。つかふ［つかえる］［支／閊］。中古 ていたい［停滞］。とうりう［逗留］。なんじふ［難渋］。上代 ぎょうたい［凝滞］。とどこほる［滞］。なづむ［泥］。よどむ［淀／澱］。

―・み方 ペース(pace)。近代 しんど［進度］。スピード(speed)。そくど［速度］。テンポ(イタリアtempo)。近世 そくりょく［速力］。中世 はやさ［速］。

―・みかねる 後ろ髪を引かれる。踏ん切りがつかない。近世 二の足を踏む。中世 いざよふ［躊躇］。てきちょく［躑躅］。しぶる［渋］。ためらふ［躊躇］。中古 しゅんじゅん［逡巡］。ちうちょ［躊躇］。上代 いさよふ［躊躇］。

―・みも退きもできない 近代 しんたいりゃうなん［進退両難］。中古 進退維谷まる。近世 たちわうじゃう［立往生］。

―・めない 近代 つっかへる［支］。近世 いきあたる／ゆきあたる［行当］。いきづまる／ゆきづまる［行詰］。つきあたる［突当］。ゆきつむ［行詰］。中世 いきどまる／ゆきどまる［行止］。つかふ［つかえる］［支／閊］。ゆきまよふ［行迷］。上代 はばかる［憚］。

―・んだり退いたり 近代 いっしんいったい［一進一退］。すんしんしゃくたい［寸進尺退］。近世 すうしゃ［趨舎］。中古 きょしう［去就］。上代 しんたい［進退］。

―・んでやろうとする気持ち 積極的に。前向きに。近代 いきぐみ［意気込］。きのり［気乗］。近世 いきごみ［意気込］。のりき［乗気］。ふるって［奮］。中世 きせい［気勢］。中古 きおひ［気負］。人遣りならず。上代 あへて［敢／肯］。

あちこち回り―・む 上代 ゆきみる［行回］。

ある方向にますます―・む 中世 すさぶ［荒］。

一気に―・む 近代 いっしゃせんり［一瀉千里］。近世 いっそくとび［一足飛］。

後ろへ―・む こうしん［後進］。近代 こうたい［後退］。はいしん［背進］。近世 あとじさり［後退］。あとずさり［後退］。

押し分けて―・む 近代 おしすすむ［押進］。上代 さぐくむ。さくむ。しのぐ［凌］。

次第に―・むさま 近世 じわじわ。ぜんしん［漸進］。中古 ぜんぜん［漸漸］。上代 かうかう［行行］。ぜんぜん［冉冉］。

少しずつ―・むさま いっぽいっぽ［一歩一歩］。近代 ほいっぽ［歩一歩］。

すらすらと―・む 近世 はかどる［捗］。中世 はかゆく［果行／捗行］。中古 ゆきやる［行遣］。ゆくゆく［行行］。はかが行く。

先頭を―・む 近世 いちはなかく［一端駆］。いちはなだつ［一端立］。

隊列を組んで―・む パレード(parade)。中世 かうしん［行進］。

東西南北に―・む せいしん［西進］。とうしん［東進］。近代 なんか［南下］。なんしん［南進］。ほくしん［北進］。近世 きたす［北］。にしす［西］。ひがしす［東］。みなみす［南］。中古 ほくじゃう［北上］。

どんどん―・む 近代 いきほひづく［勢付］。つきすすむ［突進］。つっぱしる［突走］。とっしん［突進］。ふんしん［奮進］。まいしん［邁進］。まうしん［猛進］。ゆうわうまいしん［勇往邁進］。風を切る。近世 ばくしん［驀進］。まっしぐら／まっしぐら［驀地］。中世 はづむ［弾］。中古 ゆきゆく［行行］。

はやく―・む 近代 きふし［急駛］。

伏して―・む ほふくぜんしん［匍匐前進］。中古 はふ［這］。

船が浅瀬をのろのろ―・む 中古 ゐざる［膝行］。

舟を―・ませる 上代 棹(竿)差す。

ほんの少し―・む 近代 すんしん［寸進］。

まっすぐでない―・み方 近代 ぬふ［縫］。ねる［練］。中古 ありく［歩］。

まっすぐに―・む ちょとつもうしん［猪突猛進］。近代 ちょくしん［直進］。ちょくわうまいしん［直往邁進］。

ものに沿って―・む 中古 たどる［辿］。上代 つたふ［伝］。

▼擬態語 近代 ぐんぐん。じゃんじゃん／ぢゃ

んぢゃん。じわり。じんわり。どんどん。ぬらぬら。近世ぐいぐい。じわじわ。ずんずん。どしどし。にょろにょろ。中世ぬらりぬらり。

すす・む【進】❷〈進歩〉 近代しんくゎ［進化］。しんてん［進展］。しんぽ［進歩］。はってん［発展］。近世かうじゃう［向上］。のぶ（のびる）［伸］。はったつ［発達］。中世じゃうたつ［上達］。中古すすむ［進］。

すす・む【進】❸〈昇進〉 近代えいしん［栄進］。しょうかく［昇格］。しょうにん［昇任］。中世えいたつ［栄達］。中古しょうしん［昇進／陞進］。すすむ［進］。

順序を踏まず―・む 近世いっそくとび［一足飛］。

次々と上位に―・む 近代るいしん［累進］。

すず・む【涼】 涼を呼ぶ。近世なふりゃう［納涼］。中古だふりゃう［納涼］。上代すずむ［涼］。

―・み方（例） 近世ふなすずみ／ふねすずみ［船涼］。かはすずみ［川涼］。中古ゆふすずみ［夕涼］。

―・むための台 のうりょうゆか［納涼床］。近代おきざ［置座］。近世かはどこ／かはゆか［川床／河床］。こしかけだい［腰掛台］。しゃうぎ［床几／牀几／将几］。すずみだい［涼台］。すずみどこ［涼床］。中世おきえん［置縁］。

すずむし【鈴虫】 近代げつれいし［月鈴子］。中古すずむし［鈴虫］。まつむし［松虫］。

すずめ【雀】 近代たはたつ。中古しじめ［雀］。上代すずみ／すずめ［雀］。

―と燕 中古えんじゃく［燕雀］。

―の子 近代くゎうじゃく［黄雀］。近世きすずめ［黄雀］。中世こすずめ［子雀］。

―の群れ 近代ぐんじゃく［群雀］。中古むらすずめ［群雀］。

争っている― 中世とうじゃく［闘雀］。

寒気に羽をふくらましている― 中世ふくらすずめ［脹雀／膨雀／福良雀］。

寒中の― 近世かんすずめ［寒雀］。

騒いでいる― 近世すずめがっせん［雀合戦］。

神社に住む― 近世みやすずめ［宮雀］。

村里に住む― 近世さとすずめ［里雀］。

藪（やぶ）に住む― 近代やぶすずめ［藪雀］。

すす・める【進】 近代おしすすめる［推進］。すいしん［推進］。すいかう［遂行］。流れに棹さす。拍車を掛ける。馬力を掛ける。中世すすむ（すすめる）［進］。

すす・める【勧】 近代くゎんこく［勧告］。しょうよう［慫慂］。近世うながす［促］。しょうゆ［慫慂］。中世くゎんれい［勧励］。中古いうゐん［誘引］。くゎんいう［勧誘］。さそふ［誘］。しゃうれい［奨励］。すすむ（すすめる）［勧］。そそのかす［唆／嗾］。もよほし［催］。上代いざなふ［誘］。くゎんしゃう［勧奨］。

―・めるときの語 近世ささ。

酒を―・める 中古さす［差／指］。

無理に―・める 近世しひつく（―つける）［強付］。

良い行いを―・める 中世くゎんぜん［勧善］。

良い物を選んで―・める せんしゃう［選奨］。

すす・める【薦】 中世おす［推］。すいしゃう［推奨］。すいしゃう［推称］。すいしょう［推賞］。すいばん［推輓／推挽］。中古あぐ（あげる）［挙］。すいきょ［推挙／吹挙］。すいせん［推薦］。上代すすむ（すすめる）［薦］。

すずらん【鈴蘭】 近代きみかげさう［君影草］。谷間の姫百合。近世さはらん［沢蘭］。すずらん［鈴蘭］。

すずり【硯】 近代石の使ひ。近世筆の海。中世いしだより［石便］。けんでん［硯田／研田］。すずりいし［硯石］。ひっかい［筆海］。中古すずり［硯］。すみすり［墨磨］。

―で墨を磨（す）る部分 近代けんめん［硯面］。をか［陸］。

―で水をためるくぼんだ所 近代けんかい［硯海］。近世うみ［海］。中世いけ［池］。けんち［硯池］。すずりのうみ［硯海］。中古ぼくち［墨池］。

―と筆 中世ひっけん［筆硯］。

―に入れる水の容器 近世みづさし［水差］。中世すいてき［水滴］。中古すずりがめ［硯瓶］。すみすりがめ［墨磨瓶］。みづいれ［水入］。

―の箱 近代あたりばこ［当箱］。かさねすずり［重硯］。近世かけすずりばこ［掛硯箱］。中世かけすずり［掛硯］。中古すずりばこ［硯箱／硯筥］。

―の水 中古けんすい［硯水］。

瓦製の― 中世かはらすずり［瓦硯］。

携行できる― 近世くゎいちゅうすずり［懐中硯］。ふところすずり［懐硯］。中世たびすずり［旅硯］。やたて［矢立］。矢立の硯。

陶製の― 近代ぐゎけん［瓦硯］。たうけん［陶硯］。

その他―のいろいろ（例） 近代たんけいけん［端渓硯］。ばていけん［馬蹄硯］。ふうじけん［風字硯］。ゑんめんけん［猿面硯／円面

硯]。
▼助数詞 こ[個]。中古 めん[面]。

すすりな・く【啜泣】 近代 ききふ[欷泣]。なきじゃくる[泣噦]。近世 しゃくりあぐ[━あげる][噦上]。しゃくりなく[噦泣]。すすりなく[啜泣]。ないじゃくる[泣噦]。中世 ききょ[欷歔]。さくりあぐ[噦上]。中古 むせびなく[噎泣]。上代 きょき[歔欷]。
━・くさま 近世 めそめそ。めそりめそり。中世 しくしく。中古 さめざめ。しうしう[啾啾]。しし。よよ。

ずせつ【図説】 シェーマ(ドイツ Schema)。近代 イラスト/イラストレーション(illustration)。えづかい[図解]。づし[図示]。中世 ゑとき[絵解]。

すそ【裾】❶〈着物の〉 上代 すそ[裾]。
《枕》中古 からころも[唐衣]。
━が長すぎる着方 近世 すそなが[裾長]。
━が短いさま 中世 すそみじか[裾短]。
━が横に広がっていること 近世 すそばり[裾張]。
━と帯 中古 くんたい[裙帯]。
━と履き物 近代 くんげき[裙屐]。
━の扱い方 近代 すそさばき[裾捌]。
━の具合 中古 すそつき[裾付]。
━の端 近代 すそぐち[裾口]。
━の模様 近世 すそがた[裾形]。すそもやう[裾模様]。
━をからげて帯に挟む 近代 しりがらみ[尻絡]。しりつまげ。しりはしょり[尻端折]。すそからげ[裾絡]。ひっからげる[引絡/引紮]。近世 はしょり/はしょる[端折]。中世 しりからげ[尻絡]。つまぐ[つまげる][褄]。
歩く時に━が返って裏が見える 近世 けかへす[蹴返]。

すそ【裾】❷〈山の〉 →ふもと

すその【裾野】 近代 がくろく[岳麓]。中古 すその[裾野]。上代 ふもと[麓]。を[尾]。→ふもと

スター(star) アイドル(idol)。近代 エトワール(フランス étoile)。スター。ちょうじ[寵児]。りうかうじ[流行児]。近世 うれっこ[売子]。にんきもの[人気者]。はながた[花形]。→ほし

スタイル(style) 近代 かた[型/形]。からだつき[体付]。スタイル。タイプ(type)。デザイン(design)。やうしき[様式]。近世 やうす[様子]。中世 けいじゃう[形状]。中古 かたち[形]。上代 すがた[姿]。

スタジアム(stadium) 近代 うんどうぢゃう[運動場]。きゃうぎぢゃう[競技場]。コロシアム(colosseum)。スタジアム。

スタジオ(studio) ほうそうしつ[放送室]。近代 アトリエ(フランス atelier)。ぐゎしつ[画室]。こうばう[工房]。さつえいじょ[撮影所]。しゃしんくゎん[写真館]。スタジオ。

ずたずた【寸寸】 近代 すんだん[寸断]。中世 ずたずた[寸寸]。すんずん[寸寸]。上代 つだつだ[寸寸/段段]。

すだ・つ【巣立】 近代 どくりつ[独立]。はばたく[羽撃/羽搏]。中世 すばなれ[巣離]。中古 うひだつ[初立]。上代 すだつ[巣立]。

スタッフ(staff) ゼネラルスタッフ(general staff)。たんとうしゃ[担当者]。よういん[要員]。近代 こうせいゐん[構成員]。スタッフ。せいゐん[成員]。ぢんよう[陣容]。メンバー(member)。

スタミナ(stamina) じきゅうりょく[持久力]。近代 くゎつりょく[活力]。にんたいりょく[忍耐力]。パワー(power)。近世 こんき[根気]。たいりょく[体力]。中世 せいき[精気]。せいりき/せいりょく[精力]。中古 げんき[元気]。

すた・る【廃】 近代 きうはい[朽廃/朽敗]。ていらく[低落]。よわまる[弱]。近世 さびる[さびれる][寂/荒]。しはい[弛廃]。はいし[廃弛]。はいめつ[廃滅]。中世 すいじゃく[衰弱]。すたる[廃](四段活用)。はいくゎい[廃壊/廃潰]。はいぜつ[廃絶]。はいたい[廃退/廃頽]。中古 おとろふ[━ろえる][衰]。くちす[朽]。すたる(すたれる)[廃]。てうらく[凋落]。ふりす[旧]。上代 くつ(くちる)[朽]。すいび[衰微]。
━・ること 近代 すたり[廃]。
時代遅れで━った物 近世 すたり[廃]。すたりもの[廃物]。中世 すたれもの[廃物]。

すだれ【簾】 近代 れん[簾]。中古 こす[小簾]。す[簾]。上代 すだれ[簾]。たれす[垂簾]。をす[小簾]。
《尊》中古 ぎょれん[御簾]。みす[御簾]。
━の下から女房が装束の一部を出すこと 中古 いだしぎぬ[出衣]。うちいで/うちいでのきぬ[打出衣]。おしいだしぎぬ[押出衣]。
━の中 中世 れんちゅう[簾中]。れんない[簾内]。
━を垂らすこと 中世 すいれん[垂簾]。
━を隔てて見る 中古 すだれごし[簾越]。
青竹で編んだ━ 近代 あをす[青簾]。ちくれ

ん［竹簾］。近世あをすだれ［青簾］。たけすだれ［竹簾］。

葦(あし)で編んだ― 近代じょれん［如簾］。近世よしず［葦簀／葭簀］。よしすだれ［葭簾／葦簾］。上代あしすだれ［葦簾］。

美しい― 中世ぎょくれん［玉簾］。たますだれ［玉簾］。中古しゅれん［珠簾］。たまだれ［玉垂］。

牛車(ぎっしゃ)の前後に掛ける― 中古うしろすだれ［後簾］。うはすだれ［上簾］。まへすだれ［前簾］。

衣更えの日内裏の柳に掛ける― 中古青葉の簾。

篠竹で編んだ― 近世おにすだれ［鬼簾］。

マコモで編んだ― 中古こもすだれ［薦簾］。

ミクリの干した茎で編んだ― 中古三稜(みくり)の簾。

目の粗い― 近世それん［疎簾］。

▼助数詞 中古ちゃう［張］。れん［連］。

すた・れる【廃】→**すた・る**

スタンス(stance) 近代しせい［姿勢］。スタンス。たいど［態度］。中世みがまへ［身構］。中古かまへ［構］。

スタンダード(standard) 近代きじゅん［基準］。スタンダード。てんけい［典型］。近世てほん［手本］。へうじゅん［標準］。中世きはん［規範］。

スタンバイ(standby) じゅんびかんりょう［準備完了］。近代スタンバイ。たいき［待機］。近世じゅんび［準備］。まちかまふ［―かまえる］［待構］。

すっからかん 近代すっからかん。近世からっけつ［空穴］。からっぽ／からっぽう［空］。がらんど／がらんどう。中世うつろ［虚／空］。

すっかり 余すところなく。近代ありったけ［有丈］。いっさいがっさい［一切合切／一切合財］。ぜんぶ［全部］。のきなみ［軒並］。近世あらひざらひ［洗浚］。がら。がらい。がらら。ぐっすり。ぐっと。すっかり。すっきり。すっくり。すっぱり。すっぺり。そっくり。だいなし［台無］。てんと。とんと。ねこそぎ［根刮］。ねこんざい［根金際］。はったり。まるまる［丸丸］。中世ありとあらゆる。ありとある［有有］。うむに［有無］。えんてい［淵底］。くっと。しっかい［悉皆］。すきと。つぶと。つやつや。てんに。とうと。はたと／はったと。ぱらり。ひたすら［只管／一向］。ふっつり(と)。中古あらゆる［所有］。あるかぎり［有限］。いっさい［一切］。うちたえて［打絶］。ことと。さらに［更］。たえて［絶］。のこらず［残］。のこりなく［残無］。ひたぶる［一向／頓］。上代ことごと／ことごとく［悉／尽］。すでに［既／已］。すべて［全／凡／総］。ふつくに［悉］。ふつに。→**すべて**

―変わってしまうさま 近世からり。がらり。

―なくなる 近世きれいさっぱり。

―の意を添える動詞の例 近代こむ［込］。中世さる［去／避］。近世こかす［転／倒］。中世すます［清／澄］。はたす［果］。中古おほす［おおせる］［果／遂］。はつ［はてる］［果］。上代かへる［返／反］。

―やめる 近世さらけやめる［止］。

▼接頭語 近世ずぶ／づぶ。中古もろ［諸］。上代うつ［全］。たな。との。

すっきり 近世いさぎよい［潔］。さえざえ［冴冴／冱冱］。せいそ［清楚］。中世さっぱり。すきと。すっきり。中古すずし［涼］。せうしゃ［瀟洒／瀟灑］。

―・させる 中世はらす［晴／霽］。

―・した気分 近代すがすが［清清］。せいせい［晴晴／清清］。近世はれやか［晴］。中世さばさば。はればれ［晴晴］。はれらか［晴］。中古さはやか［爽］。

―・しない しこり［凝／痼］。近代わだかまる［蟠］。近世うやむや［有耶無耶］。ひっかかる［引掛／引懸］。もやくや。中世もやもや。上代いぶせし［鬱悒］。

―・する はればれする［晴晴］。心が晴れる。中古はる［はれる］［晴／霽］。

心が―・する 中古胸開く。

服装などが―・している 中古あざやか／あざやけし［鮮］。

ずっしり 近世ずしり。ずっしり。どかっと。どっかと。どっかり。どっしり。

すったもんだ 近代あつれき［軋轢］。すったもんだ。もめごと［揉事］。近世いざこざ。ごたごた。ごたつき。ごちゃごちゃ。ふんかう［紛淆］。ふんきう［紛糾］。もつれ［縺］。中世ふんさう［紛争／紛諍］。もんちゃく／もんぢゃく［悶着］。上代ふんらん［紛乱］。

すってんてん →**いちもんなし**

ずっと 近世とっと。やっと。中世しゅうし［終始］。ずっと。上代すがらに。

―以前 近代つとに［夙］。疾(と)う(疾(と)くの昔。近世とうに／とくに［疾］。中古さきざき［先先］。ふるく［古］。上代はやく(に)［早］。

―先まで 近世すゑしじゅう［末始終］。中世

どこまでも。

—…する 中世わたる[渡]。

—続くこと 中世しょくす[属]。中古ふだん[不断]。

—泣いている 中古なきくらす[泣暮]。

すっぱ・い【酸】 近世さんみ／すみ[酸味]。すっぱい[酸]。中世さん[酸]。中古すい[酸]。上代からし[辛]。

—・味と甘み 中世かんさん[甘酸]。

—・がる 中古すがる[酸]。

すっぱぬ・く【素破抜】 あばきだす[暴出]。近代あばきたてる[暴立]。すっぱぬく[素破抜]。ばらす。中世あばく[暴]。ばくろ[暴露]。

すっぽん【鼈】 とちがめ[鼈亀]。近世かはちどり[川千鳥]（遊里語）。すっぽん[鼈]。だんぎょ[団魚]。どろがめ[泥亀]。どんがめ[団亀]。ぬまたらう[沼太郎]。ふた[蓋]。べつ[鼈]。まる[丸]（関西で）。中世どうがめ[胴亀]。上代かはかめ[川亀]。

—の甲羅 中古べっかふ[鼈甲]。

すで【素手】 にぎりこぶし[握拳]。近代としゅくうけん[徒手空拳]。近世あかで[赤手]。くうしゅ[空手]。てぶら[手]。てぶらこ[手]。てぶり[手振]。むて[無手]。中世からて[空手]。くうけん[空拳]。すで[素手]。せきしゅ[赤手]。中古としゅ[徒手]。上代むなで[空手]。

すていし【捨石】 近代いけにへ[生贄]。近世すていし[捨石]。中世ぎせい[犠牲]。

日本庭園の— けいせき[景石]。

すてうり【捨売】 ダンピング(dumping)。近代とくばい[特売]。バーゲンセール(bargain sale)。みきりうり[見切売]。近世おほやすうり[大安売]。すてうり[捨売]。なげうり[投売]。

ステータス(status) 近世ぶんげん[分限]。みぶん[身分]。ぶんざい[分際]。中世かいきふ[階級]。中古みのほど[身程]。ちゐ[地位]。

すてがね【捨金】 近代しにぜに[死銭]。近世しにがね[死金]。むだがね[無駄金]。

すてき【素敵】 →**すばらし・い**

ステップ(step) 近代ステップ。だんかい[段階]。ほてう[歩調]。近世あしどり[足取]。

すでに【既】 近代まへもって[前]。以前から。近世せんこく[先刻]。はやばやと[早早]。中世いまはや[今早]。とっく(に)。とっと。もはや[最早]。中古かねがね[予予／兼兼]。かねて[予／兼]。かねてより。とう／とく[疾]。はや／はやう／はやく[早]。上代あらかじめ[予]。すでに[既／已]。

—できている きせい[既成]。近代きせい[既製]。きせつ[既設]。中世できあひ[出来合]。

すてばち【捨鉢】 近代やけっぱち[自棄]。近世すてばち[捨鉢]。やけ[自棄]。やけくそ[自棄糞]。自棄のやんぱち。中世じき[自棄]。じぼうじき[自暴自棄]。なげやり[投遣]。やぶれかぶれ[破被]。

—・になる 近代ふてくされる。

▼どうとでもなれ 中世さもあれ[然有]。にんた[任他]。ままよ[儘]。中古さはれ／さばれ[然]。さもあらばあれ[然有有]。

すてみ【捨身】 近代けんしん[献身]。すてみ[捨身]。近世いっしゃうけんめい[一生懸命]。いっしょけんめい[一所懸命]。いのちがけ[命懸]。けっし[決死]。しにみ[死身]。しにものぐるひ[死物狂]。ひっし[必死]。中世けんめい[懸命]。上代息の緒に。

—で悟りを得ること 近世しゃしんじゃうだう[捨身成道]。

—で対する 近代ぶつかる。肉を切らせて骨を切る（断つ）。

す・てる【捨】 近代ききゃく[棄却]。はいひ[廃罷]。はうき[放棄]。はうむる[葬]。はき[破棄]。近世うっちゃる[打遣／打棄]。おはらひばこ[御祓箱／御払箱]。さしすつ[差捨／挿捨]。はふりだす[放出]。中世かきすつ[掻捨]。きりすつ〔—すてる〕[切捨]。きえん[棄捐]。とうき[投棄]。はいき[廃棄]。はうか／はうげ[放下]。はうてき[放擲／抛擲]。ほかす[放／放下]。ゐき[遺棄]。ゐき[委棄]。中古あぶす[溢]。うちおく[打置]。うちやる[打遣]。うつ[棄]。すてさる[捨去]。はうぶる[葬]。はふらかす[放]。はふらす[放]。はふる[放]。ふつ[捨／棄]。上代うつ[棄]。すつ〔すてる〕[捨／棄]。すておく[捨置]。なげすつ〔—すてる〕[投捨]。

《尊》中古おぼしはなつ[思放]。

《句》近世捨てる神あれば助ける（拾ふ）神あり。

—・てがたい 中古をし／をしけし[惜]。

—・ててしまった物 近代はいきぶつ[廃棄物]。中世すてもの[捨物]。

—・ててはおけない 中古やうごとなし／やごとなし／やむごとなし／やんごとなし[止事無]。

液体を—・てる 上代こぼす[零／溢]。

選んで—・てる 中古えりすつ[選捨]。

思い切って—・てる 近世かなぐりすつ〔—すて

る］［捨］。《中古》うちすつ［―すてる］［打捨］。ふりすつ［―すてる］［振捨］。

考えなどを―・てる ぬぎすてる［脱捨］。ふっきる［吹切］。

信仰を―・てる ききょう［棄教］。《近代》はいけう［背教］。《近世》ころぶ［転］。

役に立たないが―・てるのは惜しい物 《中世》けいろく［鶏肋］。

世を―・てる 《近世》いんせい［隠棲／隠栖］。《中世》いんたい［隠退］。《中古》いんとん［隠遁］。《上代》いんいつ［隠逸］。そむく［背］。

ステレオタイプ(stereotype) 《近代》きまりもんく［決文句］。じゃうたう［常套］。ステレオタイプ／ステロタイプ(stereotype)。《近世》もんきりがた［紋切形／紋切型］。

ストア(store) こうりてん［小売店］。《近代》ショップ(shop)。ストア。てんぽ［店舗］。ばいてん［売店］。みせや［店屋］。《近世》あきなひみせ／しゃうてん［商店］。こうりみせ［小売店］。《中世》みせ［店／見世］。→**しょうてん【商店】**

すどおり【素通】 《中古》よぎる［過］。

―・しにくい 《近代》すぎがて［過難］。《中古》すぎうし［過憂］。

ストーリー(story) 《近代》ストーリー。《近世》すぢ［筋］。すぢだて［筋立］。はなし［話／咄／噺］。《中古》ものがたり［物語］。

ストック(stock) ざいこ［在庫］。《近代》ストック。たいくゎ［滞貨］。《上代》ちくせき［蓄積］。ちょちく［貯蓄］。

ストップ(stop) 《近代》ストップ。ていし［停止］。《近世》ちゅうし［中止］。《上代》とまる［止］。とむ［とめる］［止］。

ストライキ(strike) じつりょくこうし［実力行使］。《近代》ストライキ。どうめいひこう［同盟罷工］。どうめいひげふ［同盟罷業］。ひげふ［罷業］。ひこう［罷工］。

―の例 《近代》ゼネスト／ゼネラルストライキ(general strike)。どうめいきうかう［同盟休校］。ハンガーストライキ／ハンスト(hunger strike)。

ストリート(street) 《近代》ストリート。まちかど［街角］。《中世》とほり［通］。《上代》がいろ［街路］。ちまた［巷］。

ストレート(straight) 《近代》いっちょくせん［一直線］。ストレート。ちょくせつ［直接］。フランク(frank)。《近世》そっちょく［率直］。ちょくせん［直線］。《中世》じゅんすい［純粋］。まいちもんじ［真一文字］。まっすぐ［真直］。

ストレス(stress) 《近代》いらだち［苛立］。きぼね［気骨］。きんちゃう［緊張］。《近世》きぐらう［気苦労］。きづかれ［気疲］。しんぱい［心配］。《中古》しんらう［心労］。

すな【砂】 《近代》サンド(sand)。《中世》す［砂／沙］。すな［砂／沙］。《中古》すなご［砂子］。まさご［真砂］。《上代》いさご［砂／砂子／沙／沙子］。すひぢ［沙土］。まなご［真砂］。

―と小石 させき［砂石／沙石］。しゃれき［砂礫］。《中世》されき［砂礫］。《上代》しゃせき［砂石／沙石］。

―の上 《中世》しゃとう［砂頭／沙頭］。《中古》さじゃう［砂上］。さとう［砂頭／沙頭］。

―の多い道 《近世》いさごみち［砂道］。すなみち［砂道／砂路］。《中世》いさごぢ［砂路］。《中古》まさごぢ［真砂路］。

―の丘 《近世》さきう［砂丘］。《中古》たかすなご［高砂子］。

―の浜 《近世》すなはま［砂浜］。《中世》しゃとう［砂頭／沙頭］。《中古》さとう［砂頭／沙頭］。さひん［砂浜］。はま［浜］。

―の原 さばく［砂漠］。《近世》すなば［砂場］。《中世》すなはら［砂原］。へいさ［平沙］。

―ばかりの地 《中世》すなぢ［砂地］。《上代》まなごつち［真砂地］。

―を入れた子供の遊び場 すなば［砂場］。

―を含んだ暴風 サンドストーム(sandstorm)。すなあらし［砂嵐］。

鋳物に使う― いものずな［鋳物砂］。

風に舞い上がる― 《近世》さぢん［砂塵］。すなけむり［砂煙］。すなぼこり［砂埃］。つちぼこり［土埃］。《中世》しゃぢん［砂塵／沙塵］。

細かい― 《中古》まさご［真砂］。《上代》まなご［真砂］。

白い― 《近代》ぎんさ／ぎんしゃ［銀砂］。《中世》はくさ［白砂／白沙］。《中古》しらすな［白砂］。はくしゃ［白砂／白沙］。《上代》しらまなご［白砂］。

砂浜の― 《上代》浜の真砂まさご（真砂まなご）。

線路や道路に敷く―や小石 《近代》バラス／バラスト(ballast)。

流されてきた― 《近代》りうさ／りうしゃ［流砂／流沙］。

日に焼かれた熱い― 《近世》ねっさ／ねっしゃ［熱砂］。

仏教で加持に使う― 《近世》おどさ／おどしゃ［御土砂］。

その他―のいろいろ(例) いろすな［色砂］。かざんさ［火山砂］。けいしゃ［珪砂］。《中古》

くゎうさ［黄砂］。

すなお【素直】 〈近代〉じうゑん［柔婉］。をんけん［穏健］。〈近世〉しゃうだう［正道］。じゅんいつ［純一］。しんべう／しんめう［神妙］。ちょく［直］。またし［全］。をんじゅん［温順］。をんわ［穏和］。〈中世〉じうじゅん［柔順］。じゅうじゅん［従順］。またうど［全人／真人］。をんりゃう［温良］。〈中古〉おいらか。こころうつくし［心美］。じっぱふ／じはふ［実法］。しつぼく［質朴／質樸］。じゅんじゃう［純情］。じゅんりゃう［順良／循良］。すぐ［直］。なほし［直］。〈上代〉じゅんぼく［醇朴／淳朴／純朴］。すなほ［素直］。なほなほし［直直］。

—・でない 〈近代〉ねぢくれる［拗／捩］。ねぢれる［捩／捻／拗］。〈近世〉ひねくる［—くれる］［捻］。へんくつ［偏屈］。〈中世〉かたくな［頑］。きょくせつ［曲折］。〈中古〉くせぐせし［曲曲］。ねぢく〔ねじける〕［拗］。ねぢけがまし［拗］。

—・でない人 〈近代〉つむじねぢれ［旋毛捩］。つむじまがり［旋毛曲］。ひねくれもの／ひねれもの［捻者］。〈上代〉ねぢけひと［拗人］。

—・で年長者に従うこと 〈近世〉てい［悌］。

—・になる 〈中古〉やはらぐ［和］。

すなどり【漁】 〈近代〉ぎょげふ［漁業］。れふ［漁］。〈上代〉いさり［漁］。ぎょ［漁］。すなどり［漁］。

すなわち【即】 言うなれば。言ってみれば。要（うぇ）するに。〈近代〉そく［即］。〈近世〉つまり［詰］。つまるところ。取りも直さず。〈中世〉やがて。〈中古〉いはば［言］。〈上代〉かれ［故］。すなはち［即／乃］。

すね【脛】 〈中世〉すね［脛］。すねはぎ［臑脛］。むかふずね［向脛］。〈中古〉こはぎ［小脛］。はぎ［脛］。むかはぎ［向脛］。〈上代〉すね［髄］。〈中古〉こぶら／こむら［腓］。

—のうしろ側 〈近世〉ふくらはぎ［脹脛］。〈中古〉こぶら／こむら［腓］。

毛の生えた— 〈近代〉けずね［毛脛］。

むき出しの— 〈近世〉からずね［空脛］。からはぎ［空脛］。〈中世〉はぎだか［脛高］。

す・ねる【拗】 〈近代〉ひねくれる［捻］。ふてくされる［不貞腐］。〈近世〉いぢける。じくねる。ひぞる［乾反／干反］。〈中世〉すぬ〔すねる〕［拗］。すねし［拗］。〈中古〉うちむつかる［打憤］。くねる［曲／拗］。そばむ［側］。ねぢく〔ねじける〕［拗］。ひがむ［僻］。ふすぶ［燻］。むつかる［憤］。

—・ねているようだ 〈近世〉すねくろし［拗］。

—・ねてごねる 〈近世〉あくたれる［悪］。じぶくる。〈中世〉すねはたばる［拗］。

—・ねてごねる言葉 〈近世〉ひぞりごと［乾反言］。

—・ねること 〈近世〉ひぞり［乾反／干反］。〈中世〉いぶり。

—・ねるさま 〈近代〉ぷんと。〈近世〉いぢむぢ。ぴんと。ぶりしゃり。

ずのう【頭脳】 〈近代〉なう［脳］。なうしゃう［脳漿］。はんだんりょく［判断力］。ブレーン(brain)。〈近世〉なうみそ［脳味噌］。〈中世〉あたま［頭］。ちりょく［知力／智力］。づなう［頭脳］。〈中古〉ちのう［知能］。

—集団 シンクタンク(think tank)。

—労働 〈近代〉ヘッドワーク(headwork)。

すのこ【簀子】 〈近代〉ゆかのこ［床子］。〈近世〉さく［簀］。〈中古〉えん［縁］。〈上代〉す［簀］。すのこ［簀子］。

竹で作った— 〈近世〉たけす［竹簀］。〈中古〉たけすがき［竹簀掻］。たけすのこ［竹簀子］。

風呂場などの— 〈近世〉あげいた［上板／揚板］。あげぶた［上蓋］。

スパート(spurt) 〈近代〉スパート。おいこみ［追込］。ぜんそくりょく［全速力］。

スパイ(spy) エージェント(agent)。ちょうほういん［諜報員］。とくむこうさくいん［特務工作員］。〈近代〉スパイ。てふじゃ［諜者］。〈近世〉いぬ［犬／狗］。おんみつ［隠密］。くさかまり［草屈］。しのび［忍］。しのびのもの［忍者］。しのびものみ［忍物見］。すっぱ［素破／透波］。とほぎき［遠聞］。とほみ［遠見］。とほめ［遠目］。とほめつけ［遠目付］。とほものみ［遠物見］。にんじゃ［忍者］。はんかん［反間］。まはしもの［回者］。ものみ［物見］。らっぱ［乱破］。〈中世〉かまり。かんじゃ［間者］。けごみ［警固見］。けんみ［検見］。めつけ［目付］。ふせかまり［臥屈］。〈上代〉うかみ［窺見／候／間諜］。かんてふ［間諜］。せきこう［斥候］。

—・する 〈近代〉てふす［諜］。〈近世〉てふち［諜知］。

—を防ぐ 〈近代〉ばうてふ［防諜］。

すばしこ・い →すばや・い

すはだ【素肌】 〈近世〉きぢ［素地／生地］。ぢはだ［地肌］。〈中世〉すはだ［素肌／素膚］。

ずばぬ・ける【抜】 〈近代〉かくりつ［角立］。すいなう［錐嚢］。たくいつ［卓逸］。たくしゅつ［卓出］。たくばつ［卓抜］。たくゐ［卓偉］。ていりつ［挺立］。てうばつ［超抜］。とくしゅつ［特出］。ぴかいち［光一］。ひかる［光］。異彩を放つ。頭角を現す。指を折る。〈近世〉きばつ［奇抜］。しうぜつ［秀絶］。しゅっ

とう[出頭]。ずばぬける[抜]。たくりつ[卓立]。たくゑつ[卓越]。てうぼん[超凡]。とびきり[飛切]。とびぬく[―ぬける][飛抜]。光彩を放つ。中世しうばつ[秀抜]。しゅつぐん[出群]。しゅんばつ[峻抜]。づぬく[―ぬける][図抜/頭抜]。ぜつるい[絶類]。たくぜん[卓然]。ていしゅつ[挺出]。てうしゅつ[超出]。てうぜつ[超絶]。てうたく[超卓]。ぬきいづ[抜出]。ぬきんづ[―んでる][抜出/抽/擢]。ぬけづ[ぬけでる][抜出]。はくび[白眉]。群を抜く。中古いさい[異彩]。いつぐん[逸群]。えいだつ[穎脱]。かくりふ[角立]。きははなる[際離]。げうそ[翹楚]。けっしゅつ[傑出]。しういつ[秀逸]。たくらく[卓犖]。だつえい[脱穎]。てうゑつ[超越]。ばつぐん[抜群]。ひいづ[ひいでる][秀]。上代ぜつりん[絶倫]。たくぜつ[卓絶]。ひぼん[非凡]。《句》近代一頭地を出す。一頭地を抜く。錐囊中に処るが如し。囊中の錐。万緑叢中紅一点。深山木の中の楊梅。

すばや・い【素早】 クイック(quick)。近代きびん[機敏]。くゎいせふ[快捷]。しゅんびん[俊敏]。すばしこい。てっとりばやい[手取早]。はしこい/はしっこい[捷/敏捷]。びんくゎつ[敏活]。びんそく[敏速]。近世こころばや[心早]。さそく[早速/早足]。しりがる[尻軽]。せふそく[捷速]。てかしこし[手賢]。てばし/てばしこし[手捷]。中世じんそく[迅速]。すすどし[鋭]。すばやし[素早]。てばしかし[手捷]。てばや[手早]。びんせふ[敏捷]。みがる[身軽]。中古いちはやし[逸早]。うるせし。けいせふ[軽捷]。上代とし[疾/敏]。はやし[早]。

―・い兎 中古かうと[狡兎]。

―・い決断 ばっさり。近代くゎけつ[果決]。

―・く 近代いちはやく[逸速/逸早]。近世ちゃんと。中世くと。ちゃっと。ちゃと。ちんと。

―・く動く 近代びんわん[敏腕]。中世いそめく[急]。《句》近世生き牛の目を抜く(抉る)。中世生き馬の目を抜く(抉る)。

―・く替える 近世はやがはり[早変/早替]。

―・く強い 中世へうかん[剽悍/慓悍]。

―・くて身軽 近世へうけい[剽軽]。

―・く見て取る 近世目端が利く。中世めばや[目早]。

簡単で―・い 近世かんせふ[簡捷]。

巧みで―・い技 中古はやわざ[早業/早技]。

次々と―・く行うさま 近世てきぱき。やつぎばや[矢継早]。

動作が―・いさま さあっと。近代しゃきしゃき。近世ちょきちょき。ちょろと。ついと。中世さっと。すいと。すっと。ちょろっと。ちょろり。はらり。中古きと。つと。ふと。上代びん[敏]。

激しく―・いさま 近世しっぷうじんらい[疾風迅雷]。中世いなづま[稲妻/電]。

勇敢で―・い 中世すすどし[鋭]。

すばらし・い【素晴】 近代ごくめう[極妙]。じゃうでき[上出来]。ハラショー(ロシア khorosho)。ファイン(fine)。ブラボー(フランス bravo)。ワンダフル(wonderful)。近世きびし[厳]。きょとい。けうとし[気疎]。ごんめう[権妙]。すてき[素敵/素的]。すばらし[素晴]。りっぱ[立派]。中世きめう[奇妙]。さうなし[双無]。ぜっせ[絶世]。たっとし[尊]。みごと[見事]。ゆゆし[由由]。れいめう[霊妙]。わりなし[理無]。斜めならず。中古いたし[甚]。いひしらず[言知]。いみじ/いみじげ。えん[艶]。かしこし[賢/畏]。けやけし[尤]。すごし[凄]。せち/せつ[切]。ぜっせい[絶世]。たへ[妙]。になし[二無]。はづかし[恥]。みめう[微妙]。めざまし[目覚]。めでたし[愛]。よろし[宜]。えならず。えも言はず。えも言はれず。この世ならず。並べてならず。並めてならず。上代あたらし[可惜]。うまし[甘/旨/美]。うるはし[麗]。かぐはし[芳/馨]。くはし[細/美]。たふとし[尊]。めづらし[珍]。

―・い景色 近代けいしょう[景勝]。近世きしょう[奇勝]。せいくゎん[盛観]。中世きけい[奇景]。しょうけい[勝景]。ぜっけい[絶景]。中古しょうがい[勝概]。しょうけい[勝形]。→**けしき【景色】**

―・い夜 上代あたらよ[可惜夜]。

―・く大きいさま 近世くゎうれい[宏麗]。

あきれるほど―・い 中古めざまし[目覚]。

他に例がないほど―・い 中世さうなし[双無]。中古世に知らず。世に似ず。

憎たらしいほど―・い 中古ねたげ[妬]。

華々しく―・い 中古かがやかし/かかやかし[輝/耀]。

珍しく―・い 中世ちんめう[珍妙]。

すばる【昴】 プレアデス(Pleiades)。むつらぼし[六連星]。近代ばうしゅく[昴宿]。近世すばるぼし/すまるぼし[昴星]。すまる

[昴]。中世ばう[昴]。ばうせい[昴星]。
中古すばる[昴]。

スピーチ(speech)　トーク(talk)。近代えんぜつ[演説]。スピーチ。近世はなし[話]。

スピード(speed)　近代スピード。そくど[速度]。はやさ[速]。近世そくりょく[速力]。

ずひょう【図表】　チャート(chart)。近代グラフ(graph)。づへう[図表]。へう[表]。リスト(list)。中古づ[図]。づけい[図形]。

主たる資料に付す―　ふず[付図／附図]。

スピリット(spirit)　近代スピリット。近世きしゃう[気性]。上代こころ[心／情]。せいしん[精神]。たましひ[魂]。

ずぶと・い【図太】→ずうずうし・い

―・い根性　近世どこんじゃう[根性]。

ずぶぬれ【濡】　近代ぐしょぬれ[濡]。近世ずぶぬれ[濡]。びしょぬれ[濡]。中世ひとしぼり[一絞]。上代しとど。

雨で―になり走り回ること　近世しっぷうもくう[櫛風沐雨]。

雨で―になること　近世もくう[沐雨]。

すべ【術】　近代はうと[方途]。やりかた[遣方]。近世しかけ[仕掛]。しかた[仕方]。中世しゅだん[手段]。じゅつ[術]。はうべん[方便]。みち[道]。やりやう[遺様]。中古せむかた[為方]。てだて[手立]。たづき[方便]。よし[由]。上代すべ[術]。はうはふ[方法]。

―があればいい　中古よしもが／よしもがな[由]。

―がない　中世じゅつなし／ずちなし／ずつなし[術無]。中古せむかたなし／せんかたなし[為方無]。たづきしらず[方便知]。たづきなし[方便無]。よしなし[由無]。

スペア(spare)　バックアップ(backup)。ひかえ[控]。近代スペア。ふくせい[複製]。近世かへよび[予備]。中世かけがへ[掛替]。かへ[替]。中古かはり[代／替]。

スペース(space)　近代くうかん[空間]。スペース。よはく[余白]。近世ばしょ[場所]。へいめん[平面]。中古よち[余地]。

スペクタクル(spectacle)　近代スペクタクル。近世せいくゎん[盛観]。みせどころ[見所]。みせば[見場]。中古さうくゎん[壮観]。

スペシャリスト(specialist)　ベテラン(veteran)。近代エキスパート(expert)。スペシャリスト。せんもんか[専門家]。プロフェッショナル(professional)。近世くろうと[玄人／黒人]。たいと[泰斗]。

スペシャル(special)　近代スペシャル。とくしゅ[特殊]。とくせい[特製]。とくべつ[特別]。中世かくべつ[格別]。べっかく[別格]。

すべすべ【滑滑】　近代すべらか[滑]。すべすべ[滑滑]。近世ぬらくら。中世さらさら。すべやか[滑]。つるつる。中古なめらか[滑]。

絹のように―　シルキー(silky)。

すべて【全】　余すところなく。近代ありったけ[有丈]。いっさいがっさい[一切合切]。オール(all)。ひゃくパーセント(100%; percent)。まるごと[丸]。もれなく[漏無]。アルファ(alpha; Α／α)でありオメガ(omega; Ω／ω)である。細大漏らさず。残る限なく。近世あらひざらひ[洗浚]。いっせつ[一切]。かいしき[皆式／皆色]。かいむ[皆無]。がっさい[合切]。がっしき[合式]。がらり。ごっそり。すっかり。すっきり。すっくり。すっぱり。ぜんぜん[全然]。そうぞう[総総／惣惣]。そうなみ[総並]。そっくり／ぞっくり。ねこそぎ／ねこそげ[根刮]。はらり／ばらり。まるぐち[丸]。まるまる[丸丸]。みんな[皆]。かまどの下の灰まで。竈(かま)の下の灰まで。なんでもかんでも。皆が皆。中世あらんかぎり／あるかぎり[有限]。ありきり[有限]。ありたけ[有丈]。いちいち[一一]。いちゑん[一円]。いっかう[一向]。かいぜ[皆是]。かぎり[限]。くっと。ことごとく[悉]。しじゅう[始終]。しっかい[悉皆]。ぜん[全]。ぜんぶ[全部]。ぜんめん[全面]。そうたい[総体／惣体]。たけ[丈／長]。つがふ[都合]。つぶと。よろづ[万]。一から十まで。何から何まで。中古あげて[挙]。あらゆる[所有]。ありとある[有有]。いっさい[一切]。おして[押]。かつて[曾／嘗]。こぞりて[挙]。さながら。しかしながら[然乍／併乍]。そうじて[総]。ながらに[乍]。なべて／なめて[並]。ならびに[並]。のこらず[残]。のこりなく[残無]。まったく[全]。みながら／みながらに／みなながら[皆]。数を尽くす。何もかも。上代ことごと[悉]。すでに[既／已]。すべて[全／総]。ふつくに[悉]。ふつに。みな[皆]。

―が含まれること　そうぐるみ[総]。

―か無か　近代オールオアナッシング(all or nothing)。近世一か八か。伸(の)るか反(そ)るか。

―出す　中世尽くす。中古数を尽くす。

―なくなる　中古たえはつ[―はてる][絶果]。つきはつ[―はてる][尽果]。

―にわたるさま　近世べたいちめん[一面]。

中世はらり。ひしと[緊／犇]。中古あまねく[普／遍]。上代あまねし[遍]。

―の 中古ありとあらゆる／ありとある／ありとしある。あらゆる。

―の家 ぜんこ[全戸]。近代のきなみ[軒並]。

―の生き物 中古うじゃう[有情]。生きとし生けるもの。上代しゅじゃう[衆生]。

―の事 近世じじぶつぶつ[事事物物]。中古そうべつ[総別／惣別]。ばんたん[万端]。上代ばんじ[万事]。

―の事物や現象 近代しょう[諸有]。ばんぽふ[万法]。中古まんぼふ[万法]。上代しょほふ[諸法]。

―の民 上代てうみん[兆民]。ばんせい[万姓]。ばんみん[万民]。

―の力 近代ぜんりょく[全力]。そうりょく[総力]。

―の人 近代ぜんゐん[全員]。ばんじん[万人]。中世さしもぐさ[指焼草／揷艾]。どれどれ。まんにん[万人]。中古ばんにん[万人]。上代みなひと[皆人]。

―の人への呼びかけ 近代しょけい[諸兄]。しょけいし[諸兄姉]。みなさまがた[皆様方]。みなのしゅう[皆衆]。近世みなさま／みなさん[皆]。中古しょくん[諸君]。しょけん[諸賢]。

―の物 近代しんらばんざう[森羅万象]。近世うざうむざう[有象無象]。しんらばんしゃう[森羅万象]。ばんいう[万有]。ばんもつ[万物]。中世うざう[有象]。しんらまんざう[森羅万象]。ばんしゃう／まんざう[万象]。上代ばんぶつ[万物]。もろもろ[諸諸]。

―を負かすこと そうなめ[総嘗]。ふはい[不敗]。近世ぜんしょう[全勝]。ぜんせふ[全捷]。

あり金などの― 近世ねだきり／ねだっきり[根太切]。

だいたい― 中世あらかた[粗方]。ほとんど[殆]。中古おほよそ[大凡／凡]。

▼残らず ねきりはきり[根切葉切]。近世しっかい[悉皆]。すっからかん。すっぺらぽん。ねこそぎ[根刮]。ねだきり[根太切]。中世いちいち[一一]。中古あげて[挙]。みながら／みながらに／みながら[皆]。上代すでに[既／已]。

▼接頭語 近代ずぶ／づぶ。ぜん[全]。近世べた。まる[丸]。中世ひた[直]。中古そう[総]。たな。との。もろ[諸]。上代うつ[全]。

▼接尾語 近世ぐるみ／ぐるめ。中世ながら[乍](助詞)。

すべりひゆ【滑莧】 とんぼぐさ[蜻蛉草]。ほとけのみみ[仏耳]。近世ごぎゃうさう[五行草]。すべりひゆ[滑莧]。中古うまびゆ[馬莧]。

すべ・る【滑】 かっこう[滑降]。スライド(slide)。近代くゎっそう[滑走]。スライディング(sliding)。スリップ(slip)。近世ずる[ずれる]。中世すべる[滑]。中古なめる[滑]。ぬめる[滑]。

―・ってはいり込む 近世ずりこむ[込]。ぬめりこむ[滑込]。

―・らせる 近代ずらす。近世すべらす[滑]。中古すべす[滑]。すべらかす[滑]。

―・り落ちる かつらく[滑落]。近世こける[転／倒]。

―・りやすそうなさま 近世なめら[滑]。ぬるぬる。中世つるつる。ぬらぬら。中古なめらか[滑]。

―・るさま 近代つるり。近世ずるずる。中世するり。ずるり。つるつる。

試験に―・る 近代おちる[落]。ふがふかく[不合格]。中古らくだい[落第]。

表面を―・る 近代うはっすべり[上滑]。近世うはすべり[上滑]。

雪などが―・り落ちる 中世しづる[垂／雪崩]。なだれ[雪崩／傾]。

横に―・ること サイドスリップ(sideslip)。近代よこすべり[横滑]。

▼滑り止めの例 アイゼン／シュタイクアイゼン(ドイ Steigeisen)。クランポン(フラ crampon)。シール／シールスキン(seal skin)。ロジンバッグ(rosin bag)。中世かんじき／がんじき[橇]。中古かじき[樏]。

す・べる【統】 近代しめくくる[締括]。とうぎょ[統御]。とうそつ[統率]。とうち[統治]。中世たばぬ[たばねる][束]。上代すぶ[すべる][統／総]。をさむ[おさめる][治]。

スポイル(spoil) 台無しにする。近代スポイル。中古そこなふ[損／害]。そんず[損]。上代がいす[害]。

スポークスマン(spokesman) ほうどうかん[報道官]。近代スポークスマン。だいべんしゃ[代弁人]。

スポーツ(sports) フィットネス(fitness)。近代アスレチック／アスレチックス(athletics)。きゃうぎ[競技]。スポーツ。たいいく[体育]。たいさう[体操]。近世うんどう[運動]。

ーをする人 うんどうせんしゅ[運動選手]。近代スポーツマン(sportsman)。

屋外のー アウトドアスポーツ(outdoor sports)。

屋内のー インドアスポーツ(indoor sports)。

冬のー 近代ウインタースポーツ(winter sports)。

スポーティー(sporty) かつどうてき[活動的]。近代けいくわい[軽快]。スポーティー。びんくわつ[敏活]。

ずぼし【図星】 近世くろぼし[黒星]。つぼ[壺]。づぼし[図星]。思ふ壺。中世きふしょ[急所]。ただなか[只中/直中]。

ーをさす 近世てきちゅう[的中/適中]。めいちゅう[命中]。星を指す。

ずぼら 近代ずべら/ずべらぼう[坊]。ずぼら。ちゃらんぽらん。ルーズ(loose)。近世ぐうたら。だらしなし。なまかは[生皮]。なまくら[鈍]。のうらくもの[能楽者]。のら。のらくら。のらりくらり。ほねぬすびと[骨盗人]。中世なまく[なまける][怠]。ものぐさ[物臭/懶]。

ズボン(フランスjupon) スラックス(slacks)。トラウザーズ(trousers)。パンタロン(pantalon)。パンツ(pants)。近代ズボン。近世だんぶくろ[段袋]。

ー下の例 近世すててこ。中世ももはばき[股脛巾]。ももひき[股引]。

裾が広がっているー パンタロン(pantalon)。近代セーラーズボン(和製sailor＋フランスjupon)。らっぱズボン[喇叭フランスjupon]。

丈の長いー 近代ながズボン[長フランスjupon]。

丈の短いー ショーツ(shorts)。ショートパンツ(short pants)。近代キュロット(フランスculotte)。はんズボン[半フランスjupon]。

婦人用の脚にぴったりのー トレアドールパンツ(toreador pants)。

胸当て付きのー オーバーオール(overall)。サロペット(フランスsalopette)。

その他ーのいろいろ(例) ジーパン(和製jeans pants)。トレーニングパンツ(training pants)。ニッカーズボン(和製knicker＋フランスjupon)。ニッカーボッカー(knickerbockers)。バミューダパンツ(和製Bermuda pants)。マンボズボン(和製スペインmambo＋フランスjupon)。

▼下半身に着用する衣服 ボトム(bottom)。

スポンサー(sponsor) しえんしゃ[支援者]。近代くわうこくぬし[広告主]。こうゑんしゃ[後援者]。しゅっししゃ[出資者]。パトロン(patron)。

すまい【住】 近代ぐうきょ[寓居]。近世きょをく[居屋]。ぢゅうか[住家]。ゐたく[居宅]。中世いへゐ[家居]。かたく[家宅]。きょ[居]。ぢゅうきょ[住居]。中古すまひ[住]。ぢゅうたく[住宅]。上代いへ[家]。きょたく[居宅]。すみか[住処/住家/栖]。やど[宿]。→**いえ**→**じゅうきょ**

《句》近世江戸は諸国の入り込み。住めば都。地獄も住み家。

スマイル(smile) 近代スマイル。びせう[微笑]。ほほゑみ[微笑]。近世わらひがほ[笑顔]。中世ゑがほ[笑顔]。中古わらひ[笑]。上代ゑみ[笑]。

すま・す【澄】 近代きどる[気取]。ポーズ(pose)。近世すます[澄]。中世とりすます[取澄]。

ー・した顔 近世をさめがほ[納顔]。

ー・している人 すましや[澄屋]。近代おすまし[御澄]。

▼取り澄ましている 中古けけし。

すま・す【済】 近代うちきる[打切]。くゎんれう[完了]。しゅうれう[終了]。すませる[済]。べんずる[弁/辨]。近世きりあぐ[ーあげる][切上]。すます[済]。なしとぐ[ーとげる][為遂/成遂]。中世しまふ[仕舞/終]。中古しをふ[ーおえる][為終]。すぐす/すごす[過]。とぢむ[閉]。上代をふ[おえる][終]。

滞りなくー・す 中古しやる[為遣]。

すみ【隅】 へんぐう[片隅]。近代かど[角]。ぐうかく[隅角]。コーナー(corner)。中世つまり[詰]。はし[端]。中古いちぐう[一隅]。かたすみ[片隅]。上代くま[隈/曲/阿]。すみ[隅/角]。

ーを円くした方形 近世なでかく[撫角]。

一方のー 中世いちぐ[一隅]。中古いちぐう[一隅]。

座席のー 中古ざぐう[座隅/坐隅]。

▼隅っこ 近世こすみ[小隅/小角]。中古かたすみ[片隅]。

すみ【炭】 こずみ[木炭]。近世もくたん[木炭]。中世きずみ[木炭]。やきすみ/やきずみ[焼炭]。上代すみ[炭]。

ーでおこした火 近代したん[熾炭]。近世おきずみ[熾炭]。中世すみび[炭火]。中古おきび[熾火/燠火]。上代おこしずみ[熾炭]。おこしび[熾火]。

ーにする木 たんざい[炭材]。中世すみぎ[炭

木]。

—に火がつく 近代 いこる[熾]。中世 おこる[熾]。

—に火をつける いこす[熾]。中古 おこす[熾]。

—の粉を固めた物 近代 れんたん[練炭]。中世 たどん/たんどん[炭団]。

—の火を運ぶ道具 近代 じふの[十能]。近世 じふのう[十能]。

—の火をもて遊ぶこと 近世 ひいぢり[火弄]。ひぜせり[火拼]。

—を小出しにする籠 中世 すみいれ[炭入]。すみかご[炭籠]。中古 すみとり[炭取/炭斗]。

—を焼く窯 近代 いしがま[石窯]。すみやきがま[炭焼窯]。近世 どがま[土窯/土竈]。中古 すみがま[炭窯/炭竈]。

—を焼くこと(人) せいたん[製炭]。中古 すみやき[炭焼]。

赤くおこった—のさま 近代 かんかん。

鍛冶屋で使う— かじやずみ[鍛冶屋炭]。かなやずみ[金屋炭]。中古 にきすみ[和炭]。上代 にこずみ[和炭]。

砕いて細かくなった— 近代 こなずみ[粉炭]。近世 こずみ[粉炭]。

白い灰に覆われた—の火 中世 じょう[尉]。近世 はひかつぎ/はひかづき[灰被]。

小さくなった—の火 近世 ほたるび[蛍火]。

灰の中に埋めた—の火 近世 いけずみ[埋炭/活炭]。いけび[埋火]。うづみ[埋]。中古 うづみび[埋火]。

火がおこってパチパチと飛んでいる— 近世 はしりずみ[走炭]。はねずみ[跳炭]。

その他—のいろいろ(例) かっしょくもくたん[褐色木炭]。かっせいたん[活性炭]。チャコール(charcoal)。まめたん[豆炭]。近代 あらずみ[荒炭]。こずみ[小炭]。ばらずみ[散炭]。れんたん[練炭/煉炭]。近世 あさぎずみ[浅木炭]。えだずみ[枝炭]。かざりずみ[飾炭]。かたずみ[堅炭]。きりずみ[切炭]。けしずみ[消炭]。しらずみ/しろずみ[白炭]。はくたん[白炭]。中古 いりずみ[煎炭]。

すみ【墨】 中世 うきん[烏金]。じゃばい[麝煤]。しょうえん[松煙]。中古 するすみ[摺墨/磨墨]。上代 すみ[墨]。
《句》近代 墨を磨るは病夫の如くし、筆を把(と)るは壮士の如くす。近世 墨は餓鬼に磨らせ筆は鬼に持たせよ。
—で書いたもの すみじ[墨字]。中世 すみがき[墨書/墨描]。中古 すみゑ[墨絵]。ぼくじ[墨字]。ぼくしょ[墨書]。
—と筆 近代 かんぼく[翰墨]。
—の色 近代 ぼくしょく[墨色]。近世 すみいろ/ぼくしょく[墨色]。中古 するすみ[摺墨/磨墨]。
—の香り 近代 ぼくかう[墨香]。
—のかすれ 近代 かっぴつ[渇筆]。かんぼく[乾墨]。せうぼく[焦墨]。
—のすれ具合 近代 はつぼく[発墨]。
—をすった汁 近世 ぼくしん[墨瀋]。ぼくすい[墨水]。中世 ぼくじふ[墨汁]。
色の薄い— 中古 うすずみ[薄墨]。
色の濃い— 近代 こねずみ[練墨]。中古 こずみ[濃墨]。
香りのよい— 近代 はうぼく[芳墨]。近世 かうぼく[香墨]。にほひずみ[匂墨]。
香りの悪い— 近世 くさずみ[臭墨]。
乾拓(かんたく)(拓本の一方法)用の— 近代 つりがねずみ[釣鐘墨]。近世 かんだひ[乾打碑]。
書道以外の— 近代 あゐずみ[藍墨]。近世 はいずみ[掃墨]。はひずみ[灰墨]。
中国から渡来した— 近代 たうずみ/たうぼく[唐墨]。中古 からすみ[唐墨]。
短くなった—を挟むもの 近世 すみづか[墨柄/墨束]。すみつぎ[墨継]。すみばさみ[墨挟]。ひかく[秘閣]。
油煙で作った— 近世 ゆえんずみ[油煙墨]。

すみか【住処】 近代 ぐうきょ[寓居]。すみと[住所]。近世 きょをく[居屋]。ぢゅうか[住家]。中世 いへゐ[家居]。かたく[家宅]。きょ[居]。ぢゅうきょ[住居]。中古 さうくつ[巣窟]。すまひ[住]。すみどころ[住所]。ぢゅうたく[住宅]。ねぐら[塒]。上代 いへ[家]。きょたく[居宅]。す[巣/栖]。すみか[住処/栖]。やど[宿]。→**いえ** →**じゅうきょ**
—とする 近代 ぢゅうせい[住棲]。上代 やどる[宿]。

—に帰る本能 かいきせい[回帰性]。きかせい[帰家性]。きそうせい[帰巣性]。きそうほんのう[帰巣本能]。ホーミング(homing)。

—の定まらぬ人 →**じゅうしょ**
—のない鳥 近世 のらがらす[烏]。

—を離れる 中古 すみはなる[住離]。

死ぬまで住む— 中古 終(つひ)のすみか。

仙人の— 近世 せんか[仙家]。

盗賊などの隠れ住む— 近世 さうくつ[巣窟]。

すみずみ【隅隅】 かどかど[角角]。中世 やすみ[八隅]。中古 すみずみ[隅隅/角角]。

そばそば［側側／端端］。つまづま［端端］。はしばし［端端］。上代くまぐま［隈隈］。

―まで行き渡る 近世まんべんなし［満遍／万遍］。中古あまねく［普／遍］。くまなし［隈無］。残る隈なし。上代あばねし／あまねし［普／遍］。

―まで分かるさま 中古せうせう［昭昭／照照］。

すみつ・く【住着】 近代ぢゃうぢゅう／ていぢゅう［定住］。近世おちつく［落着］。中世ゐつく［居着］。中古ありつく［有付］（四段活用）。あんぢゅう［安住］。すみつく［住着］。すみなる［―なれる］［住慣／住馴］。上代すまふ［住］。

―・かせる 中世ありつく［有付／在付］（下二段活用）。

女の家に―・く 中古かよひすむ［通住］。

何代も―・いている 近代ぢつき［地着］。近世どちゃく［土着］。

すみつづ・ける【住続】 上代すまふ［住］。すみすむ［住住］。すみわたる［住渡］。

すみな・れる【住慣】 近世おちつく［落着］。中世ゐつく［居着］。中古ありならふ［有習］。すみつく［住着／住付］。すみなる［―なれる］［住慣／住馴］。

すみやか【速】 クイック（quick）。時を移さず。近代げんか［言下］。きふきょ［急遽］。スピーディー（speedy）。そくきふ［即急／速急］。脱兎の勢ひ。近世さっきゃく［早却］。すぐさま［直様］。中世きふそく［急速］。さっそく［早速］。じんそく［迅速］。すがやか［清］。はやらか／はやりか［速］。中古かたらか。さうさう［早早］。上代すみやか［速］。すむやけし［速］。はやし［早／速／疾］。→すぐに

―・に行われるさま 近代カイカイデー［（中国語）快快的］。どんどん。近世さっさと。ずいと。ずんずん。中世こつこつ［忽忽／惚忽］。すっと。すんすん。ちゃくと。ちゃちゃと。ちゃっちゃっと。ちゃっちゃと。ちゃっと。てばやし［手早］。とっく［疾］。ひたひたと。中古とう／とく［疾］。上代はや［早］。

すみれ【菫】 近代バイオレット（violet）。近世すまふとりばな［相撲取花］。中世すまふとりぐさ［相撲取草］。たむけぐさ［手向草］。ひとはぐさ［一葉草］。ひとよぐさ［一夜草］。ふたばぐさ［二葉草］。ふたよぐさ［二夜草］。上代すみれ［菫］。

す・む【住】 中世きょす［居］。ぢゅう［住］。中古しむ［しめる］［占］。すみつく［住着／住付］。すみなす［住］。ぢゅうす［住］。ゐる［居］。上代すまふ［住］。すむ［住／棲／栖］。やどる［宿］。

―・み続ける 中古すまふ［住］。すみく［住来］。上代すみすむ［住住］。すみわたる［住渡］。

―・み慣れた所 中世じゅくしょ［熟所］。《句》近世住めば都。地獄も住み家。

―・みにくい 近世せちがらし［世知辛］。中古ありがたし［有難］。ありわぶ［在侘／有侘］。すみうし［住憂］。すみわぶ［―わびる］［住侘］。上代すみあし［住悪］。

―・みよい 上代ありよし［在良］。

―・むこと 近代せいぢゅう［棲住］。ぢゅうせい［住棲］。中世ゐぢゅう［居住］。中古いへゐ［家居］。すまひ［住］。上代きょぢゅう［居住］。

―・んでいたい 上代ありがほし［在欲］。

―・んでいられる 中世あらる［あられる］［有］。

―・んでいること ざいきょ［在居］。近代ざいぢゅう［在住］。

安心して―・むこと 中古あんぢゅう［安住］。

庵を作って―・む 中古いほりさす［庵］。上代いほりす／いほる［庵］。

生き物が―・んでいること 近代せいそく［生息］。中古せいそく［棲息／栖息］。

一緒に―・むこと 近代どうせい［同棲］。どうぢゅう［同住］。上代どうきょ［同居］。

田舎に―・んでいること 近代ゐなかぐらし［田舎暮］。中古さとずみ［里住］。さとゐ［里居］。

仮に―・むこと 近代きょりゅう［居留］。ぐう［寓］。けうぐう［僑寓］。近世かきょ／かりゐ［仮居］。かぐう［仮寓］。かりずまひ［仮住］。中世けうきょ［僑居］。中古やどり［宿］。

苦しみに耐えて―・む 中古しのびすぐす［忍過］。

恋しく思いながら―・む 上代おもひくらす［思暮］。

先に―・んでいること 近世せんぢゅう［先住］。

静かに―・むこと 近世せいきょ［静居］。

他人の家に一時的に―・むこと 近代げしゅく［下宿］。まがり［間借］。中世きぐう［寄寓］。ぐうきょ［寓居／偶居］。

長く―・むこと 近世えいぢゅう［永住］。中世くぢゅう［久住］。中古ありつく［有付／在付］。上代をりをりて［居居］。

人里離れて―・む 近世いんせい［隠棲／隠

栖]。〔中古〕いんとん[隠遁]。かくれすむ[隠住]。かんきょ[閑居]。さくきょ[索居]。よばなる[―ばなれる][世離]。世を捨つ[―捨てる]。《句》〔近世〕山中に暦日なし。

夫婦(雌雄)が―・む 〔中世〕つまごもる[妻籠/夫籠]。

古くから―・んでいること 〔近代〕くぢゅう[旧住]。

満足して―・む 〔中古〕すみみつ[住満]。

す・む【澄】 クリア/クリヤー(clear)。〔近代〕せいちょう[清澄]。ちょうせい[澄清]。ちょうてつ[澄徹]。めいちょう[明澄]。〔近世〕とうめい[透明]。〔中世〕すみきる[澄切]。とうてつ[透徹]。〔中古〕さやか[清]。さゆ[さえる][冴/冱]。すきとほる[透通/透徹]。〔上代〕きよし[清]。すむ[澄/清]。

―・み切る クリア/クリヤー(clear)。〔近世〕さえざえし[冴冴/冱冱]。〔中世〕とうてつ[透徹]。ますみ/まそみ[真澄]。〔中古〕くまなし[限無]。くもりなし[曇無]。さえわたる[冴渡]。すみわたる[澄渡]。

―・み渡る 〔中古〕さえまさる[冴勝]。

―・んだ月 〔中古〕らうげつ[朗月]。

―・んで明るいこと 〔近世〕ちょうめい[澄明]。〔中古〕せいめい[清明]。〔上代〕あきらけし[明]。

―・んでいるさま 〔中古〕たまかがみ[玉鏡]。

一面に―・む 〔中古〕さえわたる[冴渡]。すみわたる[澄渡]。

す・む【済】 〔近代〕かいけつ[解決]。けりが付く。〔近世〕かたづく[片付]。〔中世〕けっちゃく[決着]。すぐ[過]。すむ[済]。〔上代〕をはる[終/了/卒/畢]。をふ[おえる][終/畢]。↓**おわ・る**

スムーズ(smooth) かいちょう[快調]。〔近代〕かうてう[好調]。じゅんてう[順調]。スムーズ。ゑんくゎつ[円滑]。淀みなく。〔中古〕なめらか[滑]。

すめん【素面】 すっぴん[素]。〔近世〕しらふ[素面/白面]。〔中世〕すがほ[素顔]。すめん[素面]。

ずめん【図面】 〔近代〕ずめん[図面]。プラン(plan)。ゑづめん[絵図面]。〔中世〕ゑづ[絵図]。〔中古〕づ[図]。づゑ[図絵]。〔上代〕ゑ[絵]。

―を作ること すみいれ[墨入]。〔近代〕さくづ[作図]。せいづ[製図]。せっけい[設計]。

建築(工作)関係の― げんず[現図]。こうていず[工程図]。せいさくず[製作図]。せこうず[施工図]。〔近代〕せっけいづ[設計図]。

小さく縮めた― 〔近世〕しゅくづ[縮図]。

すもう【相撲】 かくぎ[角技]。〔中世〕すまふ[相撲/角力]。ちからあはせ[力合]。〔中古〕かくりょく[角力]。すまひ[相撲/角力]。

―興行最後の日 〔近世〕けちぐゎん/けつぐゎん[結願]。せんしうらく[千秋楽]。せんざいらく[千歳楽]。らく[楽]。らくび[楽日]。

―興行の太鼓 〔近世〕おひだし/おひだしだいこ[追出太鼓]。ふれだいこ[触太鼓]。

―で行司が判定を下す 軍配(団扇)を上げる。

―で負けなし 〔近代〕土付かず。

―の組合せ わり[割]。〔近世〕とりくみ[取組]。

―の勝敗 かちぼし[勝星]。きんぼし[金星]。くろぼし[黒星]。しろぼし[白星]。たどん[炭団]。まけぼし[負星]。〔近代〕ほし[星]。

―の好きな人 こうかくか[好角家]。

―の世界 かっかい[角界]。

―の西方 〔中古〕みぎのかた[右方]。

―の東方 〔中古〕ひだりのかた[左方]。

―をすること とる[取]。〔近世〕すまふ[争]。〔中世〕てあひ[手合]。

祭礼などで行う― 〔近世〕しんじずまふ[神事相撲]。みやずまふ[宮相撲]。

素人の― のずもう[野相撲]。〔近世〕くさずまふ[草相撲]。

余興としての― 〔近世〕はなずまふ[花相撲]。

その他―いろいろ(例) かみずもう[紙相撲]。〔近世〕あしこかし[足転]。あしずまふ[足相撲]。けんずまふ[拳相撲/拳角力]。すわりずまふ[座相撲]。ゐずまふ[居相撲]。〔中世〕うでずまふ[腕相撲]。

▼勝負の中断 〔近代〕みづ[水]。みづいり[水入]。

すもうとり【相撲取】 〔近世〕せきとり[関取]。とりてき[取的]。りきし[力士]。〔中世〕すまひ[相撲]。すまふとり[相撲取]。りきしゃ[力者]。りきじん[力人]。〔上代〕すまひびと[相撲人]。

―が土俵に上ること 〔近世〕かたやいり[方屋入]。

―の階級(例) さんだんめ[三段目]。じょにだん[序二段]。〔近世〕おほぜき[大関]。こむすび[小結]。じふりゃう[十両]。じょのくち[序口]。せきわき/せきわけ[関脇]。まくした[幕下]。まへがしら[前頭]。よこづな[横綱]。

位の低い― まくじり[幕尻]。むしめがね[虫眼鏡]。〔近世〕とりてき[取的]。ふんどしかつぎ[褌担]。

小結以上の― 〔近代〕やくりきし［役力士］。

十両筆頭の― 〔近代〕びんばふがみ［貧乏神］。

すもも【李】 プルーン(prune)。よねもも［米桃］。〔近代〕とがりすもも［尖酸桃］。プラム(plum)。ぼたんきゃう［牡丹杏］。〔中古〕さもも［早桃］。〔上代〕すもも［李／酸桃］。

―の木の下 〔近世〕りか［李下］。

―の花 〔近世〕りくゎ［李花］。

すらすら 〔近代〕スムーズ(smooth)。すんなり。〔近世〕とんとん。どんどん。〔中世〕すかすか。〔中古〕すがすが［清清］。ちゃくちゃく［着着］。すらすら。すらり。ゆくゆく。

―と書く 〔中古〕筆を馳す(走らす／舞はす)。

―と事が運ぶ 〔近代〕ゑんてんくゎつだつ［円転滑脱］。〔中古〕すがすがし［清清］。なめらか［滑］。

―と話すさま 〔近世〕いひくだす［言下］。べらべら。ぺらぺら。〔中世〕立て板に水。

―と読む 〔中古〕よみながす［読流］。

スランプ(slump) ていちょう［低調］。〔近代〕スランプ。ふしん［不振］。〔近世〕ふじゅん［不順］。〔中古〕ふてう［不調］。

すり【掏摸】 〔近代〕ぬきし［抜師］。〔近世〕きんちゃくきり［巾着切］。きんちゃくすり［巾着掏摸］。ちぼ。ちゃっきり。はたらき［働］。ひるとんび［昼鳶］。透(す)っ波(ぱ)の皮。〔中世〕すっぱ［素破／透波］。すり［掏摸／掏児］。

―を罵る語 〔近世〕いけどうずり［掏摸］。どうずり［掏摸］。

子供の― ちゃりんこ。

列車などの― 〔近代〕はこし［箱師］。

すりガラス【磨(オランダ)glas／磨硝子】 〔近代〕くもりガラス［曇硝子］。けしガラス［消硝子］。すりガラス［磨硝子］。〔近世〕つやけし［艶消］。つやけしガラス［艶消硝子］。

すりきず【擦傷】 さっしょう［擦傷］。〔近代〕さうしゃう［創傷］。さっくゎしゃう［擦過傷］。すりきず［擦傷］。

すりこぎ【擂粉木】 〔近代〕あたりぎ［当木］。あたりぼう［当棒］。〔近世〕おめぐり［御廻／御回］(女房詞)。こがらし［木枯／凩］(近世女性語)。れんぎ［連木］。〔中世〕すりぎ［擂木／摺木］。はちのみ［鉢実］(中世女性語)。〔中古〕すりこぎ［擂粉木／摺粉木］。

すりばち【擂鉢】 〔近代〕あたりばち［当鉢］。〔近世〕しらじ［白瓷］。〔中世〕すりこばち［擂粉鉢］。すりばち［擂鉢／摺鉢］。らいぼん［擂鉢］。

すりへ・る【磨減】 げんま［減摩］。〔近代〕すりへる［磨減／摩滅］。せうかう／せうもう［消耗］。そんかう／そんもう［損耗］。まそん［摩損／磨損］。〔中世〕すりきる〔―きれる〕［磨切］。まもう［摩耗／磨耗］。ちぶ〔ちびる〕［禿］。つぶ［禿］。つぶる〔つぶれる〕［潰］。〔中古〕せうま［消磨／銷磨］。まめつ［摩滅］。〔上代〕つぶれ［潰］。

―・らす さくま［削磨］。〔近代〕さくはく［削剝］。

―・らすことのたとえ ささら［簓］。

スリム(slim) 〔近代〕そうしん［痩身］。やせがた［痩形］。〔近世〕きゃしゃ［華奢／花車］。ほそづくり［細造／細作］。ほっそり［細］。やせがたち［痩形］。〔中世〕すらり。〔中古〕ほそし［細］。

スリル(thrill) 〔近代〕おののき［戦］。スリル。〔中古〕おそれ［恐］。きょうふ［恐怖］。せんりつ［戦慄］。

する【為】 〔近世〕やっつける。やらかす［遣］。やる［遣］。〔中古〕ごつ(接尾語的に)。なす［為／成］。〔上代〕おこなふ［行］。す［為］。

《尊》〔近世〕さある。さしゃる。さしゃんす。さっしゃる。される。さんす。しゃます。しゃんす。なある。なさいす。なさいます。なさいやす。なさります。なさりやす。なさんす［為］。なせいす／なせえす。なはます。なはる。なる。なんす。はんす。やしゃます。やしゃる。やしゃんす。やす。やりんす。やんす。〔中世〕あすばす［遊］。さします。さる。めさる〔めされる〕［召］。〔中古〕あそばす［遊］。たうぶ／たまふ［給／賜］。なさる〔なされる〕［為］。はべりたうぶ／はべりたまふ［侍給／侍賜］。〔上代〕せす［為］。

《謙》〔近世〕いたす［致］。〔中古〕つかうまつる／つかまつる［仕］。まゐる［参］。〔上代〕まうす［申］。

―・るかのように 〔上代〕がに。

―・るかもしれない 兼ねない。しそうだ。

―・ることができそうだ 〔中古〕ぬべし。

―・ることができる 〔近代〕できう［出来得］。なしうる／なしえる［為得／成得］。

―・ることができるだろう 〔中世〕なむ。

―・ることができるならば 〔中古〕べくは。

―・ることすべて 〔近世〕する事なす事。〔中世〕一から十まで。何から何まで。

―・るその時 しな(接尾語)。

―・るために 〔上代〕がね。

―・るつもりだ 〔近世〕べくさうらふ［候］。〔中古〕むとす。

―・るとおりに 〔中古〕ままに。

―・るとすぐ なり(接続助詞)。〔近代〕や(接続助詞)。するが早いか。するや否や。時を

移さず。中世 間(かん)(に)髪(はつ)を容(い)れず。中古 から。ほどこそありけれ。ほどこそあれ。ままに。

ー・るにちがいない 中世 つべしい。中古 つべし。

ー・るにちがいないから 上代 べみ。

ー・るにつれて 中古 ままに。

ー・るのが適当だ 中世 ぬべし。

ー・るのが難しい やりにくい。中世 しにくし。上代 しかぬ〔しかねる〕［為兼］。

ー・るのに慣れている 中世 やりつく〔ーつける〕［遣付］。中古 しつく〔ーつける〕［為付］。

ー・るはずがない 中世 あるべうもなし。べくもあらず。べくもなし。

ー・るはずだ 中古 べかなり。べかんなり。

ー・るはずならば 中古 べくは。

ー・るべきだ 中世 てむ。中古 べし。

ー・るほどに 上代 がに。

ー・るまでもない 中古 さら［更］。

一気にー・る やっつける。

▼しなさい 近世 さっし。さっせい／さっせえ。

す・る【刷】 近代 いんさつ［印刷］。プリント／プリンティング(printing)。近世 じゃうし［上梓］。中世 する［刷］。

す・る【擦】 近世 なする［擦］。まさつ［摩擦］。中世 こする［擦］。さする［摩／擦］。上代 する［擦／摩］。

ずる・い【狡】 トリッキー(tricky)。近代 かうくゎい［狡獪］。こすからい／こすっからい［狡辛］。ちゃくい。らうくゎい［老獪］。近世 おぞし［悍］。かうかつ［巧黠］。かうくゎつ［狡猾］。すこい。ずる［狡］。ずるし［狡］。ひすし。ひすらし。らうくゎつ［老猾］。中世 こすし［狡辛］。

ー・くてけち 近代 こすからい／こすっからい［狡辛］。

ー・くて悪賢い 近代 うみせんやません［海千山千］。ずるがしこい［狡賢］。近世 かうち［狡知／狡智］。さるがしこし［猿賢］。わるがしこし［悪賢］。

ー・くて悪賢い知恵 近世 ねいち［佞知／佞智］。中世 かんち［奸知］。

ー・くて悪賢くなる 近世 すりからし［擦枯］。すれからし／すれっからし［擦枯］。する〔すれる〕［擦］。

ずうずうしくー・い 中世 ふるぎつね［古狐］。わうちゃく［横着］。

するど・い【鋭】 近代 えい［鋭］。くゎびん［過敏］。シャープ(sharp)。せんえい［先鋭／尖鋭］。中世 えいり［鋭利］。きつし。しんぜん［森然］。すすどし［鋭］。するどし［鋭／尖］。やいば［刃］。中古 きびし［厳］。せいえい［精鋭］。とし［利／鋭］。上代 と［利／疾］。

ー・い攻め方 近代 えいほう［鋭鋒］。中世 きほう［機鋒］。

ー・い兵器 近世 えいへい［鋭兵］。

ー・く言うこと 近代 せつげん［切言］。

ー・くなる 近代 さえる［冴／冱］。中古 とがる［尖］。

ー・さの程度 きれ［切］。中世 きれあぢ［切味］。

頭の働きがー・い かみそり［剃刀］。近代 さいり［犀利］。さんずんみとほし［三寸見通］。しゅんびん［俊敏］。ぜんさい［燃犀］。近世 さえ［冴／冱］。ねんさい［燃犀］。中世 きる〔きれる〕［切］。上代 さとし［敏／聡］。

意気込みがー・い 近世 えいき［鋭気］。中世 きえい［気鋭］。

感覚がー・い 近代 えいかん［鋭感］。えいびん［鋭敏］。びんかん［敏感］。

眼光がー・い 近代 蛇の目を灰汁(あく)で洗ったよう。近世 けいぜん［炯然／烱然］。はたしまなこ［果眼］。中古 こし［虎視］。

眼光のー・いさま 近代 ぎょろり。近世 ぎらぎら。中世 ぎろぎろ。けいけい［炯炯／烱烱］。中古 らんらん［爛爛］。

声がー・く高い 近代 かんだかい［甲高／疳高］。

性格がー・いさま 近世 げんかく［厳格］。中世 りょうりょう［稜稜］。

するめ【鯣】 近世 あたりめ［当］。中世 するする(女房詞)。するめ［鯣］。

ずれ ふれ［振］。近代 いきちがひ／ゆきちがひ［行違］。ギャップ(gap)。さ［差］。近世 くひちがひ［食違］。ずれ。ちがひ［違］。中世 さい［差異］。さゐ［差違］。そご［齟齬］。

すれすれ かすかす。きょうかいせんじょう［境界線上］。せんじょう［線上］。近世 きはどし［際疾］。ぎりぎり。すれすれ／すれずれ［擦］。中世 かつかつ。

すれちがい【擦違】 近代 いきちがひ／ゆきちがひ［行違］。いりちがひ／いれちがひ［入違］。すれちがひ［擦違］。中世 そぎょ／そご［齟齬］。中古 みちかひ［道交］。上代 ゆきぶり［行触］。

道でのー いきずり［行摺／行摩］。中古 みちゆきずり［道行摺］。ゆきずり［行摺／行摩］。

すれちが・う【擦違】 近代 やりちがふ［遣違］。近世 すりちがふ／すれちがふ［擦違］。中古

ゆきたがふ［行違］。

すれっからし【擦枯】 近世 あばずれ［阿婆擦］。すりからし［擦枯］。すれからし／すれっからし［擦枯］。ばくれん［莫連］。

す・れる【擦】 タッチ(touch)。近代 こすれる［擦］。せっしょく［接触］。せっする［接］。ふれあふ［触合］。中世 する［すれる］［擦／摩］。上代 ふる［ふれる］［触］。

ず・れる 近代 ずりおちる［落］。ずれる。中世 おめる。

基準から—・れる ぶれる。中世 ふる［ふれる］［振］。中古 はづる［はずれる］［外］。

スロー(slow) 近代 スロー。ゆっくり。ゆるやか［緩］。中世 じょじょ［徐徐］。のろし［鈍］。中古 くゎんまん［緩慢］。上代 おそし［遅］。ちち［遅遅］。

スローガン(slogan) うたいもんく［謳文句］。近代 キャッチフレーズ(catchphrase)。スローガン。へうご［標語］。モットー(motto)。

スロープ(slope) 近代 しゃめん［斜面］。スロープ。近世 さかみち［坂道］。中世 けいしゃ［傾斜］。こうばい［勾配］。上代 さか［坂］。

すわ・る【座】 腰を下ろす。近代 ちゃくせき［着席］。近世 かがむ［屈］。しゃがむ。とどす［座］。へたる。ゐしかる［居敷］。下に居る。中世 こしかく［—かける］［腰掛］。すわる［座／坐］。ただ［打座］。なほる［直］。中古 いそむ［居］。ざす［座／坐］。ちゃくざ［着座］。ついゐる［突居］。座に着く。上代 う［居］。ゐる［居］。をり［居］。

—・っている姿勢 中古 ゐざま［居様］。ゐずまひ［居住］。

—・って動かない 近代 へたりこむ［込］。根を生やす。近世 すわりこむ［坐込］。ゐびたれる［居浸］。腰を据う［—据える］。中世 こつざ［兀坐］。ゐすわる［居座／居坐］。中古 ゐそむ［居］。

—・り方(例) かたひざたち［片膝立］。かまあし［鎌足］。たんざ［単座／単坐］。近代 かたひざだて［片膝立］。ていざ［鼎座／鼎坐］。よこずわり［横座］。近世 あぐら［胡座］。うずゐ［踞／蹲居］。うたひざ［歌膝］。おったてじり［押立尻］。きざ［跪坐／跪座］。しゃがむ。たてひざ［立膝］。たひら［平］。なげあし［投足］。へいざ［平座］。らんざ［乱座／乱坐］。ろざ［露座／露坐］。わりひざ［割膝］。中世 あんざ［安座］。いぬゐ［犬居］。せいざ［正座］。ゐまはる［居回］。中古 ききょ［箕踞］。たいざ［対座／対坐］。

—・ることと立つこと 近代 ざさ［座作／坐作］。上代 ききょ［起居］。たちゐ［立居］。

—・ることと寝ること 中世 きぐゎ［起臥］。ねおき［寝起］。中古 おきふし［起臥／起伏］。ざぐゎ［座臥］。

—・るさま へなへなと。近代 ちょこなんと。ちょこりんと。ちょこんと。ちょんと。でんと。べたり。ぺたんと。近世 どっかと。どっかり。どっしり。ぺたりと。中世 へたへた。

—・る場所 近世 おしも［御下］。中世 くら［座］。せき［席］。むしろ［筵／席／蓆／莚］。上代 ざ［座／坐］。ざせき［座席／坐席］。

板敷にじかに—・る 中世 ただゐ［直居］。

大勢が詰めて—・る 中古 ゐこむ［居込／居籠］。

起き上がって—・る 中古 おきなほる［起直］。上代 きざ［起坐／起座］。

隠れて—・る 中古 ゐかくる［居隠］。

崩れるように—・る 近世 くづほれる［頽］。

静かに—・る 近世 せいざ［静座／静坐］。

黙って—・っている 中世 ねまる。もくざ［黙座］。

力ずくで—・らせる 中古 ひきすう［—すえる］［引据］。

ちょこんと—・る 中世 ついゐる［突居］。

並んで—・らせる 中世 なみすう［—すえる］［並据］。中古 なめすう［—すえる］［並据］。

並んで—・る 中世 れつざ［列座］。ゐながる［—ながれる］［居流］。ゐならぶ［居並］。中古 ゐなむ［居並］。

庭の近くまで出て—・る 中古 いでゐ［出居］。

一人寂しく—・っている 近代 こざ［孤座］。中世 どくざ［独座］。

無遠慮に胡座(あぐら)を組んで—・る 近世 おほあぐら［大胡座］。たかあぐら［高胡座］。

仏の—・る場所 近世 けいざ［猊座］。中古 はすのうてな［蓮台］。れんげだい［蓮華台］。れんだい［蓮台］。獅子の座。上代 ししざ［獅子座］。れんげざ［蓮華座］。

丸く輪になって—・ること 近世 だんざ［団座／団坐］。ゑんざ［円座］。中世 くるまざ［車座］。中古 くゎんざ［環座］。だんらん［団欒］。まどゐ［円居／団居］。

ゆったり—・る 中世 あんざ［安座］。

寄りかかって—・る 中世 ゐかかる［居掛］。

▼仏教の座法の例 近代 はんか［半跏］。近世 はんかざ［半跏坐］。中世 がうまざ［降魔坐］。かふ［跏趺］。はんかふざ［半跏趺

坐]。ふざ[趺坐]。中古けっか[結跏]。けっかふざ[結跏趺坐]。

すわ・る【据】 近代あんてい[安定]。スタビリティー(stability)。中世おちつく[落着]。すわる[据]。

すんいん【寸陰】→**すんじ** →**じかん**

すんか【寸暇】 近代すんかん[寸間/寸閑]。せうか[小暇]。せうかん[小閑/少閑]。近世すんげき[寸隙]。中古すんか[寸暇]。

すんげき【寸劇】 スキット(skit)。近代コント(フランス conte)。すんげき[寸劇]。にはかしばゐ[俄芝居]。近世こうじゃうちゃばん[口上茶番]。たちちゃばん[立茶番]。ちゃばん[茶番]。ちゃばんきゃうげん[茶番狂言]。にはか[俄/仁輪加]。にはかきゃうげん[俄狂言]。

→**ひま**

すんげん【寸言】→**きんげん【金言】**

すんごう【寸毫】 中世すんがう[寸毫]。ふんがう[分毫]。中古すんぶん[寸分]。→**すこし**

すんこく【寸刻】→**すんじ** →**じかん**

すんし【寸志】 へんし[片志]。すんい[寸意]。近代はくし[薄志]。はくしゃ[薄謝]。ひちゅう[鄙衷]。びちゅう[微衷]。中世すんきょう[寸胸]。すんしん[寸神]。びい[微意]。中古すんし[寸志]。すんじゃう[寸情]。びし[微志]。びしん[微心]。上代すんしん[寸心]。

すんじ【寸時】 近代すんこく[寸刻]。すんべう[寸秒]。中世いっこく[一刻]。ざんじ[暫時]。すんげき[寸隙]。すんじ[寸時]。中古かたとき[片時]。すんか[寸暇]。せうじ[少時/小時]。ひとしきり[一頻]。へんじ[片時]。上代しばし[暫]。しばらく[暫]。すんいん[寸陰]。つかのま[束間]。→**しばらく** →**じかん**

すんぜん【寸前】 近代すんぜん[寸前]。ちょくぜん[直前]。近世まぎは[間際]。中世まぢか[間近]。めのまへ[目前]。やさき[矢先/矢前]。中古もくぜん[目前]。

すんだん【寸断】 近代すんだん[寸断]。中世きりきざむ[切刻]。せつだん[切断]。

すんでのこと【既事】 近世あはや。あやふく[危]。すでのこと。すんでのこと[既事]。ほとんど[殆]。中世すでに[既/已]。上代ほとほと/ほとほとし[殆/幾]。

すんなり 近代じゅんてう[順調]。じゅんてう[順潮]。スムーズ(smooth)。すんなり。ゑんくゎつ[円滑]。中世さらりと。すらすら。

すんびょう【寸秒】→**すんじ**

すんびょう【寸描】 近代スケッチ(sketch)。そべう[素描]。てんがき/てんべう[点描]。

すんぶん【寸分】→**すこし**

すんぽう【寸法】 近代サイズ(size)。しゃくど[尺度]。ましゃく[間尺]。モジュール(module)。中世すんしゃく[寸尺]。のり[矩/法]。中古すんぱふ[寸法]。ぢゃうじゃく[丈尺]。ながさ[長]。上代たけ[丈]。

管などの内側のさしわたしの— ないけい[内径]。近世うちのり[内法]。

管などの外側のさしわたしの— がいけい[外径]。近世そとのり[外法]。

首の付け根のまわりの— 中世くびまはり[首回]。

工事などの— 近代ましゃく[間尺]。

木材の実際の— じっすん[実寸]。近代ありすん[有寸]。

腰部周囲の— 近代ウエスト(waist)。

和服の襟から裾までの— 近代みたけ[身丈]。近世きたけ[着丈]。

せ

せ【背】❶〈背中〉 近代こうはう[後方]。はいぶ[背部]。はいめん[背面]。バック(back)。近世せがふ[背甲]。はいご[背後]。中世せな[背]。中古うしろ[後]。上代せ[背]。せなか[背中]。そ[背]。そびら[背]。

—にする 近世おぶふ[負]。おんぶ[負]。中世せおふ[背負]。上代ふたん[負担]。

—を丸める 中世せぐくまる/せぐくむ[跼]。上代せくぐまる[跼]。

—を向けて逃げようとすること 中世うしろあし[後足]。中古にげあし[逃足]。

—を向けて走り去ること 中世はいち[背馳]。

—を向ける 中古うしろす[後]。うちそむく[打背]。そむく[背/叛]。

互いに—を向け合うこと 中世かうはい[向背]。

せ【背】❷〈背丈〉 たいちょう[体長]。近代うはぜい[上背]。せ[背]。近世せたけ[背丈]。中世しんちゃう[身長]。せい[背]。せいだけ[背丈]。みのたき[身丈/身長]。中古たかさ[高]。たけだち[丈立]。ちゃうだい[長大]。上代たけ[丈]。みたき/みたけ/みのたけ[身丈]。

―が高いこと(さま) せいたかのっぽ。近代 ちゃうく[長軀]。のっぽ。のっぽそっぽ。のっぽんぽん。近世 雲を衝く。素股(すまた)が切れ上がる。中世 せいたか[背高]。中古 そそろか。そびやか/そびやぐ[聳]。そびゆ[そびえる][聳]。ちゃうしん[長身]。

―が高く堂々としている 上代 いこよか[岐嶷]。

―が低いこと(さま) 近代 すんたらず[寸足]。すんづまり[寸詰]。たんく[短軀]。ちび。近世 せびく[背低]。たんしん[短身]。中世 ひきらか[低]。中古 ひきやか[低]。

―が低く肥っているさま 近世 ずんぐり。

―の高いのを嘲る言葉 近世 はんしょうどろぼう[半鐘泥棒]。はんしょうぬすっと[半鐘盗人]。中世 臑脛(すねはぎ)の延びた奴。

―の高さや体つき 近世 せかっかう[背恰好]。中古 ゐたけ[居丈]。

―ほどの高さがある 近代 丈(たけ)なす。

座った時の― ざこう[座高]。

せ【瀬】❶〈川瀬〉 近代 きふたん[急湍]。げきたん[激湍]。ひたん[飛湍]。近世 きふだん/きふなん[急灘]。中世 きふりう[急流]。ほんたん[奔湍]。中古 あさせ[浅瀬]。じんらい[迅瀬]。せぎり[瀬切]。たかせ[高瀬]。たきがは[滝川]。たきつせ[滝瀬]。ほんりう[奔流]。上代 いはせ[岩瀬]。かはせ[川瀬]。げきりう[激流]。せ[瀬/湍]。たき/たぎ[滝]。たぎち[滾/激]。たぎつせ[激瀬]。はやかは[早川]。はやせ[早瀬]。

―の終わるあたり 近代 せじり[瀬尻]。

―の始まるあたり 中世 せがしら[瀬頭]。

―を溯ること 中世 のぼりせ[上瀬]。

多くの― 上代 せぜ[瀬瀬]。ななせ[七瀬]。やそせ[八十瀬]。

下流の― 上代 のちせ[後瀬]。

平らで穏やかな― 上代 ひらせ[平瀬]。

幅の広い― 上代 ひろせ[広瀬]。

梁(やな)の掛けてある― 近代 やなせ[梁瀬]。

せ【瀬】❷〈時機〉 近代 かうき[好機]。タイミング(timing)。チャンス(chance)。近世 きうん[気運]。きっかけ。しほどき[潮時]。中世 き[機]。きくゎい[機会]。じき[時機]。中古 せ[瀬]。上代 じせつ[時節]。

ぜ【是】 近代 せいたう[正当]。ぜ[是]。中古 せいだう[正道]。中世 しゃうたう[正当]。ただし[正]。上代 しゃうだう[正道]。

―とする 中世 ぜす[是]。

せい【正】 ぜ[是]。せいとう[正当]。せいどう[正道]。ただしい[正]。中古 せい[正]。

せい【生】 中世 いく[いきる][生]。しゃうめい[生命]。せい[生]。中古 しゃうみゃう/せいめい[生命]。上代 いのち[命]。

せい【性】❶〈性格〉 近代 ほんせい[本性]。近世 きしつ[気質]。きしゃう[気性]。せいかく[性格]。たち[質]。てんしゃう[天性]。中世 きだて[気立]。しゃうぶん[性分]。せいしつ[性質]。せいじゃう[性情]。中古 こころね[心根]。さが[性]。せい[性]。てんせい/てんぜい[天性]。ほんしゃう[本性]。上代 しゃう[性]。

せい【性】❷〈性別〉 近代 ジェンダー(gender)。せい[性]。せいべつ[性別]。セックス(sex)。

―に関する淫らな話 近代 わいだん[猥談]。近世 しもがかり[下掛]。

せい【姓】 ファミリーネーム(family name)。近代 うぢな/しめい[氏名]。近世 いへな[家名]。かみゃう[家名]。しじゃう[氏姓]。中世 うぢ[氏]。かめい/けみゃう[家名]。しゃうじ/せいし[姓氏]。上代 しせい[氏姓]。せい[姓]。みゃうじ[名字]。めうじ[苗字]。

―をかえること 上代 かいせい[改姓]。

―をもとへ戻す 近代 ふくせい[復姓]。

母方の― 近代 ぐゎいせい[外姓]。

せい【精】 スタミナ(stamina)。エッセンス(essence)。近代 エキス(オランダ extract の略)。くゎつりょく[活力]。近世 えいき[英気]。くゎっき[活気]。中世 せい[精]。せいき[生気]。せいこん[精魂]。せいりき/せいりょく[精力]。はき[覇気]。中古 げんき[元気]。しゃうき[生気]。せいき[精気/勢気]。

―を出して励むこと 近代 れいせい[励精]。馬力を出す(掛ける)。近世 しゅっせい[出精]。はりこむ[張込]。中世 せいれい[精励]。ほねをり[骨折]。気を尽くす。骨を折る。はげむ[励]。中古 いそしむ[勤]。せいきん[精勤]。上代 いさをし[功]。きんべん[勤勉]。つとむ[つとめる][努]。どりょく[努力]。

せい【所為】 中世 せゐ[所為]。そゐ[所為]。中古 しょゐ[所為]。ため[為]。上代 ゆゑ[故]。

ぜい【税】 →ぜいきん

ぜい【贅】 →ぜいたく

せいあつ【制圧】 近代 あっぱく[圧迫]。おさへこむ[抑込]。せいは[制覇]。せいふく[征服]。だんあつ[弾圧]。よくあつ[抑圧]。

近世 しはい［支配］。せいあつ［制圧］。せきけん［席巻］。中世 あっす［圧］。ちんあつ［鎮圧］。中古 しづむ〔しずめる〕［鎮］。上代 おさふ〔おさえる〕［抑］。

せいい【誠意】 ちゅうじゃう［衷情］。近代 しせい［至誠］。ちゅうじょう［衷情］。近世 じつ［実］。気は心。中世 じつぎ［実義］。近世 じつじゃう［真情］。しんぢゅう［心中］。せいしん［誠心］。せいせい［精誠］。ちゅうしん［衷心］。りゃうしん［良心］。中古 こころざし［志］。じち［実］。せいい［誠意］。せいじつ［誠実］。まごころ［真心］。上代 まこと［真／実／誠］。

《句》近代 巧詐(かうさ)は拙誠(せつせい)に如(し)かず。上手な嘘(うそ)より下手な実意。赤心を推して人の腹中に置く。中古 長者の万灯より貧者の一灯。

—があって手厚いこと 中古 こんとく［懇篤］。中世 こんせつ［懇切］。

—がない 近世 いっぺん［一遍］(接尾語的に)。ぶしんちゅう［不心中］。中世 あだし［徒／空］(接頭語的に)。中古 かたまし［佞］。

—のない言葉 中世 あだしことば［徒言葉］。

—のない約束 中世 あだしちぎり［徒契］。

—を表すこと ちせい［致誠］。

—を尽くす 中世 肝胆を砕く。

せいい【勢威】 近世 きせい［気勢］。せいゐ［勢威］。中世 きえん［気炎／気焔］。せいりょく［勢力］。中古 ゐせい［威勢］。上代 いきほひ［勢］。せいりき［勢力］。→**いきおい**

—が輝きあらわれること 中世 はつやう［発揚］。

—を示す 中世 威(ゐ)を振ふ。

—を奮う 中世 はびこる［蔓延］。

せいいき【聖域】 サンクチュアリ(sanctuary)。近代 しんゐき［神域］。せいち［聖地］。せいゐき［聖域］。

せいいく【生育】 近代 せいいく［生育］。中世 おひそだつ［生育］。しゃうちゃう［生長］。中古 おひいづ［生出］。せいちゃう／せいぢゃう［生長］。上代 おひたつ［生立］。

せいいく【成育】 近代 せいいく［生育］。せいちょう［生長］。近世 せいいく［成育］。はついく［発育］。中世 せいじゅく［成熟］。中古 せいちゃう［成長］。そだつ［育］。

心身が十分に—していない 中古 かたなり［片生］。

せいいっぱい【精一杯】 近代 きょくりょく［極力］。けんめい［懸命］。力の限り。近世 いっしょうけんめい［一生懸命］。せいいっぱい［精一杯］。せいぎり［精切］。ちからいっぱい［力一杯］。心(こころ)一杯。関の山。できるだけ。中世 いっしょけんめい［一所懸命］。がいぶん［涯分］。中古 たけし［猛］。心の限り。

分に応じて— 中古 あふなあふな。おふなおふな。おほなおほな。

せいいん【成員】 スタッフ(staff)。よういん［要員］。近代 くゎいゐん［会員］。こうせいゐん［構成員］。せいゐん［成員］。ぢんよう［陣容］。ぶゐん［部員］。ぶんし［分子］。メンバー(member)。

せいいん【成因】 近代 いんし［因子］。えういん［要因］。えうそ［要素］。げんいん［原因］。げんゆ［原由］。せいいん［成因］。そいん［素因］。ファクター(factor)。近世 きいん［起因／基因］。げんいう［原由］。

せいうん【星雲】 ネビュラ(nebula)。近代 せいうん［星雲］。せいむ［星霧］。

—の例 あみじょうせいうん［網状星雲］。あんこくせいうん［暗黒星雲］。オリオンだいせいうん［Orion 大星雲］。ガスじょうせいうん［gas 状星雲］。かにせいうん［蟹星雲］。かんじょうせいうん［環状星雲］。ぎんがけいないせいうん［銀河系内星雲］。さんこうせいうん［散光星雲］。

せいえい【盛栄】 近代 せいえい［盛栄］。せいきゃう［盛況］。りゅうしゃう［隆昌］。近世 りゅうせい［隆盛］。中世 せいだい［盛大］。はんえい［繁栄］。→**さか・える**

せいえい【清栄】 →**せいしょう【清祥】**

せいえい【精鋭】 近代 せいかん［精悍］。近世 くっきゃう［屈強］。せいきゃう［精強］。中世 せいびゃう／せいへい［精兵］。中古 せいえい［精鋭］。

—ばかりの軍 中世 えいし［鋭師］。

せいえき【精液】 ザーメン(ドイツ Samen)。スペルマ(ラテン sperma)。近代 うはみづ［上水］。近世 じんすい［腎水］。せい［精］。せいすい［精水］。中古 いん［淫／婬］。せいえき［精液］。

—を射出すること 近代 しゃせい［射精］。

—を消耗してしまうこと 近世 じんきょ［腎虚］。すいそん［水損］。

—を漏らすこと 中世 ろうせい／ろせい［漏精］。

初めて—を出すこと せいつう［精通］。

せいえん【声援】 近代 エール(yell)。近世 せいゑん［声援］。中世 げきれい［激励］。

せいおう【西欧】 オクシデント(Occident)。近代 おうしう［欧州／欧洲］。おうべい［欧

米」。せいおう[西欧]。ヨーロッパ[(ポルトガル)Europa／欧羅巴]。〈近世〉せいやう[西洋]。たいせい[泰西]。

せいおん【静穏】 せいいつ[静逸]。〈近代〉せいをん[静穏]。〈近世〉せいじゃく[静寂]。〈中世〉せいひつ[静謐]。へいをん[平穏]。〈中古〉あんをん[安穏]。おだやか[穏]。のどやか[長閑]。〈上代〉やすらか[安]。

せいか【生花】 はないけ[花生／花活]。〈近世〉くゎだう[花道／華道]。せいくゎ[生花]。〈中世〉いけばな[生花／活花／挿花]。

せいか【精華】 〈近代〉エキス(オランダ extract の略)。エッセンス(essence)。〈近世〉しんか[真価]。しんずい[真髄／神髄]。すい[粋]。せいくゎ[精華]。せいすい[精粋]。〈中世〉せいずい[精髄]。

せいか【生家】 →じっか

せいか【成果】 〈近代〉かうくゎ[効果]。けっくゎ[結果]。げふせき[業績]。じっせき[実績]。せいくゎ[成果]。せんくゎ[戦果]。たまもの[賜／賜物]。みのり[実]。汗の結晶。〈近世〉けっしゃう[結晶]。〈中世〉けつじつ[結実]。じつ[実]。てがら[手柄]。蛍雪の功。〈中古〉しゅび[首尾]。〈上代〉こうせき[功績]。しうくゎく[収穫]。

―が上がる 功を奏する。実を結ぶ。〈近代〉みのる[実]。

―がないこと ふもう[不毛]。

―が無駄になる 〈近代〉水泡に帰する。〈中世〉水になる。

―を無駄にする 〈近世〉水になす。〈中世〉水にす。

必ず―を上げる 〈近代〉行くとして可ならざるはなし。

継続してこそ―が上がる 《句》〈近代〉一暴(ばく)十寒。涓滴(けんてき)岩を穿つ。

せいか【正価】 〈近代〉せいか[正価]。ネット／ネットプライス(net price)。〈近世〉しゃうふだ[正札]。〈中世〉ていか[定価]。

せいか【声価】 〈近世〉せひゃう[世評]。ひゃうばん[評判]。ふうひゃう[風評]。〈中古〉せいか[声価]。めいせい[名声]。世の覚え。世の聞こえ。

せいか【青果】 ベジタブル(vegetable)。〈中世〉あをもの[青物]。くゎじつ[果実]。やさい[野菜]。〈中古〉くだもの[果物]。

せいかく【正確】 〈近代〉かくじつ[確実]。せいかく[正確]。せいかく[精確]。めいかく[明確]。〈近世〉てきかく[的確]。

―であることのたとえ 〈中古〉掌(たなごころ)を指す。

―でなく差があること 〈近代〉くるひ[狂]。ふせいかく[不正確]。〈近世〉ずれ。

―に 〈近世〉りんと。

狂いなく―・なさま どんぴしゃ／どんぴしゃり。ぴしゃり。〈近代〉きちんと。ぴたり。〈中古〉つぶと。

▼接頭語 〈中世〉ま[真]。

せいかく【性格】 きっぷ[気風]。〈近代〉きごころ[気心]。キャラクター(character)。せいかう[性向]。たいしつ[体質]。パーソナリティー(personality)。ひんせい[品性]。ほんせい[本性]。〈近世〉かたぎ[気質]。きしつ[気質]。きしゃう[気性]。きふう[気風]。こころいき[心意気]。しせい[資性]。せいかう[性向]。せいかく[性格]。たち[質]。はだ[肌]。はだあひ[肌合]。〈中世〉きだて[気立]。こころだて[心立]。しゃうぶん[性分]。せいしつ[性質]。せいじゃう[性情]。〈中古〉こころおきて[心掟]。こころざま[心様]。こころね[心根]。こころばへ[心延]。てんぴん[天稟]。ふうど[風度]。ほんじゃう[本性]。〈上代〉てんし[天資]。てんせい／てんぜい[天性]。

《句》〈近代〉三つ子の魂百まで。〈近世〉雀百まで踊りは忘れぬ。

―が明るくさっぱりしている 〈近代〉からり。

―が穏やかなこと 〈近代〉ゑんまん[円満]。をんじうとんこう[温柔敦厚]。〈近世〉またし[全]。をんこう[温厚]。

―が強いこと 我が強い。〈近代〉ぐゎんこいってつ[頑固一徹]。〈近世〉かちき[勝気]。〈中世〉きつし。〈中古〉おしから[押柄]。おぞまし[悍]。

―がひねくれている 〈近代〉旋毛(つむじ)が曲がる。

―がよくなる 〈中古〉おひなほる[生直]。

どぎつい― 〈近代〉あく[灰汁]。

風変わりな― 〈中世〉きこつ[気骨]。

せいがく【声楽】 〈近代〉せいがく[声楽]。ソング(song)。ボーカル／ボーカルミュージック(vocal music)。〈中世〉かえう[歌謡]。〈中古〉かしゃう[歌唱]。しゃうか[唱歌]。〈上代〉うた[歌]。うたふ[歌]。

―家 〈近代〉かしゅ[歌手]。シンガー(singer)。ジンゲル(ドイツ Singer)。せいがくか[声楽家]。ボーカリスト(vocalist)。〈中世〉うたひて[歌手]。〈中古〉うたうたひ[歌歌／歌謡／歌唄]。

―の技巧の例 バイブレーション(vibration)。メリスマ(ギリシャ melisma)。レシタティーブ(recitative)。レチタティーボ(イタリア recitativo)。

せいかつ【生活】 近代きょくゎ[挙火]。くらしむき[暮向]。しょせい[処世]。せいそく[生息]。ライフ(life)。レーベン(ドイツLeben)。口を糊(のり)する。近世いしょく[衣食]。いしょくぢゅう[衣食住]。くらし[暮]。たたずみ[佇]。みすぎ[身過]。みすぎよすぎ[身過世過]。よすぎ[世過]。中世きぐゎ[起臥]。くちすぎ[口過]。しょたい[世帯/所帯]。じんせい[人生]。ねおき[寝起]。中古せいくゎつ[生活]。せいけい[生計]。とせい[渡世]。よわたり[世渡]。上代ききょ[起居]。ここう[糊口]。わたらひ[渡/活]。

《句》近代恒産なきものは恒心なし。近世ここばかりに日は照らぬ。中世石に枕し流れに漱(くちすす)ぐ。

―が苦しい 近世くひかぬ[―かねる][食兼]。せちがらし[世知辛]。せつなし[切]。ふかって[不勝手]。ふにょい[不如意]。頤(おとがひ)の先が枯る[―枯れる]。虎の子渡し。火の車。中世びんばふ[貧乏]。中古とうたい[凍餒]。ひんこん[貧困]。上代ひんきゅう[貧窮]。ひんく[貧苦]。

―ができる 近代いきたつ/ゆきたつ[行立]。近世くへる[食]。上代つぐ[給]。

―がままならない者 近世くひつめもの[食詰者]。ならずもの[者]。

―環境に関する言葉 アメニティー(amenity)。シビルミニマム(和製 civil minimum)。ナショナルミニマム(national minimum)。

―環境を変えること 近代てんしゃう[転生]。てんしん[転身]。近世てんせい[転生]。

―・する やってゆく[遣行]。近代おしまはす[押回]。近世くふ[食]。くらふ[食]。たぶ[たべる][食]。頤(おとがひ)を養ふ。口を過ごす。飯を食ふ。中世いく[いきる][生]。くらす[暮]。すぐ[すぎる][過]。上代すむ[住/棲/栖]。わたらふ[渡]。

―・する力 せいかつのうりょく[生活能力]。近代くゎつりょく[活力]。せいくゎつりょく[生活力]。バイタリティー(vitality)。近世かひしゃう[甲斐性]。かんにん[堪忍]。中古わたらひごころ[渡心]。

―・する力がない 近代ほそうで[細腕]。甲斐性がない。近世やせうで[瘦腕]。

―に規律がないこと 近代ふけんかう[不健康]。ふしだら。

―に必要な物 近代コモディティー(commodity)。中世なべかま[鍋釜]。

―の糧(かて) 近代こうりゃう[口糧]。ぶっし[物資]。中古べいえんのし[米塩資]。

―のさま ライフスタイル(lifestyle)。近代いきかた[生方]。くらしむき[暮向]。せいくゎつやうしき[生活様式]。近世ひんかう[品行]。中世みもち[身持]。

―のために働く 近代衣食に奔走す。

―の手立て 近代かしき[炊/爨]。くゎつろ[活路]。りゃうと[糧途]。近世ありつき[有付/在付]。ごきのみ[御器実]。りゃうだう[糧道]。飯の種。中世くちすぎ[口過]。すぎはひ[生業]。せけん[世間]。中古くゎっけい[活計]。せいけい[生計]。上代たづき[方便/活計]。

―の慣わし 近世しふくゎん[習慣]。ふうしふ[風習]。上代しふぞく[習俗]。→**しゅうかん【習慣】**

―の根を張る 中古所に付く。

―の場所 近代きょぢゅうち[居住地]。上代ぢゅうしょ[住所]。→**じゅうしょ**

―の費用 せいけいひ[生計費]。近代せいくゎつひ[生活費]。近世かってもと[勝手許]。かんにん[堪忍]。くひぶち[食扶持]。

―を健康で豊かにすること 中世こうせい[厚生]。

苦労のない― ほうしょく[飽食]。近代だんいはうしょく[暖衣飽食]。中世鄭白(ていはく)の衣食に飽く。中古をんぱう[温飽]。

経済的に―ができなくなる 口が上がる。飯の食い上げ。近世くひあがり/くひあげ[食上]。くひつめる[食詰]。口が干上がる。路頭に迷ふ。

個人の― プライバシー(privacy)。近代しせいかつ[私生活]。

刺激のない―のたとえ ぬるまゆ[微温湯]。

自力で―・する 近代じすいせいくゎつ[自炊生活]。中世じくゎつ[自活]。じりつ[自立]。

贅沢な― 近代ええうぐらし[栄耀暮]。

世間からかけ離れた― 中古よばなれ[世離]。→**いんせい**

天災や戦禍で―できなくなった人々 近世なんみん[難民]。

共に―・する 同じ釜の飯を食う。近代きょうどうせいくゎつ[共同生活]。

働かずに―・する げっきゅうどろぼう[月給泥棒]。近代ざしょく[座食/坐食]。としょく[徒食]。りうれんくゎうばう[流連荒亡]。近世ろくぬすびと[禄盗人]。ゐぐひ

［居食］。【中世】いたづらぐひ［徒食］。《句》【近世】座して食らへば山も空し。

貧乏でやっと―・する　くいつなぐ［食繋］。たけのこせいくゎつ［筍生活］。【近代】こする／のりする［糊］。糊口を凌ぐ。露命を繋ぐ。【近世】そのひぐらし［日暮］。口食うて一杯。口に糊（のり）する。口を濡らす。【中世】てうさんぼし［朝三暮四］。

不安定な―のたとえ　【中古】うきくさ［浮草］。

安らかな―　【近代】いういうじてき［悠悠自適］。せいかううどく［晴耕雨読］。【近世】いういうじとく［優遊自得］。【中古】あんきょ［安居］。

せいかん【静観】【近代】きょうしゅばうくゎん［拱手傍観］。もくし［黙視］。【近世】せいくゎん［静観］。【中世】ざし［座視］。【中古】ぼうくゎん［傍観］。

せいかん【精悍】【近代】せいかん［精悍］。【近世】いさまし［勇］。くっきゃう［屈強］。せいえい［精鋭］。せいきゃう［精強］。【中世】へうかん［剽悍／標悍］。ゆうかん［勇敢］。ゆうまう［勇猛］。【中古】ゆうみゃう［勇猛］。

せいがん【誓願】　きがん［祈願］。きしょう［起請］。【近世】ぐゎんかけ［願掛］。【中世】ぐゎんたて［願立］。りふぐゎん［立願］。【上代】せいぐゎん［誓願］。

せいがん【請願】【近代】せいぐゎん［請願］。たんぐゎん［嘆願／歎願］。【中世】こんぐゎん［懇願］。【中古】こんばう／こんまう［懇望］。【上代】こひねがふ［冀／希／乞願］。

せいき【生気】【近代】いぶき［息吹／気吹］。くゎつりょく［活力］。バイタリティー（vitality）。【近世】きせい［気勢］。くゎっき［活気］。せいい［生意］。【中世】せいき［生気］。【中古】きりょく［気力］。げんき［元気］。せいき［精気／勢気］。→**げんき**

―があふれるさま　【近代】くゎいはつ［快発］。フレッシュ（fresh）。やくどう［躍動］。【近世】ぴちぴち。ぴんぴん。【中世】いきいき［生生／活活］。はつらつ［溌剌／溌溂］。→**いきいき**

―のないさま　しゅん。【近代】影が薄い。【近世】とぼとぼ。【中世】しほしほ／しぼしぼ。しょぼしょぼ。すごすご。たよたよ。【中古】かれがれ［枯枯］。せうせう［悄悄］。なえなえ［萎萎］。

―のない人のたとえ　うらなり［末生／末成］。【近世】かうぼくしくゎい［槁木死灰］。喪家（さうか）の狗（いぬ）。【中古】しくゎい［死灰］。

―がなくなる　【中世】しほる／しをる［しおれる］［萎／撓／霑］。ふすぼる［燻］。【中古】かじかむ［悴］。きえいる［消入］。ひえいる［冷入］。【上代】かじける［悴］。

せいき【精気】【近代】きあひ［気合］。きはく［気魄／気迫］。【近世】えいき［英気］。きじゃう／きせい［気勢］。【中世】きがい［気概］。しき［志気］。せいき［生気］。せいりき／せいりょく［精力］。【中古】きりょく［気力］。げんき［元気］。せいき［精気］。【上代】いき［意気／粋］。

せいき【正規】　せいとう［正統］。レギュラー（regular）。【近代】こうにん［公認］。せいき［正規］。せいじゃう［正常］。ノーマル（normal）。【近世】せいしき［正式］。

せいき【性器】　こうせつき［交接器］。こうびき［交尾器］。【近代】きょくしょ［局所］。きょくぶ［局部］。せいき［性器］。せいしょくき［生殖器］。せいしょくきくゎん［生殖器官］。セックス（sex）。ちぶ［恥部］。【近世】かふくぶ［下腹部］。【中世】いんぶ［陰部］。かくしどころ［隠所］。臍の下。

処女の―　【近世】あなばち／あらばち［新鉢］。はち［鉢］。

女性の―（部分の名称も含む）　ちつぜんてい［膣前庭］。まんこ。ヨニ（梵yoni）。【近代】いんかく［陰核］。ちつ［膣］。【近世】あかがひ［赤貝］。うつは［器］。おかんこ。おめこ。けせった［毛雪駄］。さや［鞘］。ぢょいん［女陰］。はまぐり［蛤／蚌］。まめ［豆］。【中世】くぼ［窪／凹］。へへ。べべ。ぼぼ。【上代】ほと［陰］。

男性の―（部分の名称も含む）　さお［竿］。ちんこ／ちんぽ／ちんぽこ（幼児語）。ペニス（ラテン penis）。【近代】だんこん［男根］。をはせ［男茎］。【近世】いちもつ［一物］。いんきゃう／いんけい［陰茎］。かりくび［雁首］。きとう［亀頭］。すずぐち［鈴口］。にぶいっぽん［二分一本］。ぬきみ［抜身］。やうぶつ［陽物］。【中古】なんこん［男根］。まら［魔羅／摩羅］。→**いんけい**

せいき【世紀】　ひゃくねん［百年］。【近代】せいき［世紀］。センチュリー（century）。【中古】じだい［時代］。

せいぎ【正義】【近代】ジャスティス（justice）。せいたう［正当］。【中世】せいぎ［正義］。【中古】たいぎ［大義］。だうぎ［道義］。《句》【近代】勝てば官軍負ければ賊軍。【中世】神明（しんめい）に横道（わうだう）なし。

―のための戦い　【近代】ぎきょ［義挙］。せいせん［聖戦］。【中世】ぎぐん［義軍］。ぎせん［義戦］。

―の兵　【中世】ぎぐん［義軍］。【中古】ぎへい［義

兵］。上代 理(ことわり)の兵(つはもの)。

ーを重んじる心 近代 ぎけふしん［義侠心］。中世 ぎたん［義胆］。せいぎかん［正義感］。ぎき［義気］。ぎしん［義心］。

せいきゅう【請求】 リクエスト(request)。近代 えうきう［要求］。えうせい［要請］。中世 えうばう［要望］。近世 せいきう［請求］。ちゅうもん［注文／註文］。中古 しんせい［申請］。上代 はたる［徴］。

ー書 近代 かんぢゃうがき／かんぢゃうしょ［勘定書］。つけ［付／附］。近世 かきだし［書出］。つけだし［付出］。

ー書を書いて出す 近世 つけだす［付出］。

せいきゅう【性急】 近世 きぜはし［気忙］。せいきふ［性急］。せっかち。中世 きばやし［気早］。たんき［短気］。たんぺいきふ［短兵急］。中古 きふ［急］。ひききり［引切］。上代 をそろ。

せいぎょ【制御】 近代 コントロール(control)。中世 とうぎょ［統御］。とうせい［統制］。ぎょす［御］。せいぎょ［制御／制禦］。

ー装置 近代 コントローラー(controller)。

離れてするー えんかくせいぎょ［遠隔制御］。リモートコントロール(remote control)。

せいきょう【盛況】 かっきょう［活況］。近代 かうきゃう［好況］。かうけいき［好景気］。せいきゃう［盛況］。りゅうしゃう［隆昌］。近世 りゅうせい［隆盛］。りゅうりゅう［隆隆］。中世 せいだい［盛大］。

せいきょう【精強】 近代 ぐゎんけん［頑健］。せいかん［精悍］。近世 きゃうさう［強壮］。くっきゃう［屈強］。せいきゃう［精強］。中世 きゃうけん［強健］。ぐゎんぢゃう［頑丈］。中古 せいえい［精鋭］。

せいぎょう【生業】 近代 かげふ［稼業］。つとめ［勤］。近世 しょくげふ［職業］。中世 しごと［仕事］。しゃうがい［生涯］。しょさ［所作］。中古 とせい［渡世］。なりはひ［生業］。わたらひ［渡］。上代 せいげふ［生業］。なり［業］。→しごと

せいきょく【政局】 せいじょう［政情］。近代 じきょく［時局］。せいきょく［政局］。

せいきん【精勤】 近世 しゃうじん［精進］。中世 せいれい［精励］。中古 かっきん／かくごん［恪勤］。せいきん［精勤］。上代 きんべん［勤勉］。

ぜいきん【税金】 デューティー(duty)。近代 ぜいぎん［税銀］。タックス(tax)。ねんぜい［年税］。近世 うんじゃう／うんじゃうきん［運上金］。かかりもの［掛物］。しょせい［所済］。ぜいきん［税金］。ちうぶん［抽分］。ねんそ［年租］。みゃうが／みゃうがきん［冥加金］。やく［役］。やくぎ［役儀］。中世 えうきゃく［要脚］。かえき／かやく［課役］。かけせん［掛銭／賭銭］。ざふもつ［雑物］。しょたう［所当］。ようきゃく［用脚］。中古 いだしもの［出物］。おほやけごと［公事］。上代 えつき［役調／課役］。ぜい［税］。そ［租］。そぜい［租税］。つき［調］。みつき［貢／調／御調］。みつぎもの［貢物］。をさめもの［納物］。

ーとして納める米 中古 そまい［租米］。中世 ねんぐごめ／ねんぐまい［年貢米］。

ーとして納める銭 近世 えいせん［永銭］。えいせん［穎銭］。上代 てうせん［調銭］。

ーのかけ方の例 ぶんりかぜい［分離課税］。るいしんぜい［累進税］。近代 ぎゃくしんぜい［逆進税］。そうがふくゎぜい［総合課税］。

ーの種類の例 おうえきぜい［応益税］。おうのうぜい［応能税］。こうゐぜい［行為税］。ふつうぜい［普通税］。もくてきぜい［目的税］。近代 かんぜい［間税］。かんせつぜい［間接税］。じんぜい［人税］。ちょくぜい［直税］。ちょくせつぜい［直接税］。ないこくぜい［内国税］。ぶつぜい［物税］。

ーの納入 近代 のうぜい［納税］。ぶつなふ［物納］。近世 きんなふ［金納］。べいなふ［米納］。上代 ゆそ［輸租］。

ーの免除 タックスフリー(tax free)。デューティーフリー(duty free)。近世 めんそ［免租］。上代 めんぜい［免税］。

ーを納めないこと 上代 ふゆそ［不輸租］。

ーを取り立てること 近代 ちょうしう［徴収］。しうぜい［収税］。せいぜい［征税］。ちょうぜい［徴税］。近世 ちょうそ［徴租］。中世 しうなふ／すなふ［収納］。上代 しゅなふ［収納］。

ーを逃れること 近代 だつぜい［脱税］。ほぜい［逋税］。

ーを負担すること たんぜい［担税］。ふぜい［負税］。

油業者に課したー 近世 あぶらしめみゃうが［油絞冥加］。あぶらぶねうんじゃう［油船運上］。

家を単位として課したー 中世 いへやく［家役］。

外国からの輸入に課するー こっきょうぜい［国境税］。近代 くゎんぜい［関税］。近世

ゆにゅうぜい［輸入税］。

家屋や土地に課した━ かおくぜい［家屋税］。こていしさんぜい［固定資産税］。近代ちそ［地租］。近世ちぜい［地税］。

苛酷な━ 近代けつぜい［血税］。こくぜい［酷税］。ぢゅうぜい［重税］。近世かぜい［苛税］。

苛酷な━の取り立て 近代かれん［苛斂］。かれんちゅうきう［苛斂誅求］。近世膏血(かうけつ)を絞る。中古しゅうれん［聚斂］。

駕籠屋(かご や)に課した━ 近世かごやく［駕籠役］。

河岸(かし)の問屋に課した━ 近世かしやく［河岸役］。

灌漑(かんがい)用水に課した━ 中世ゐれう［井料］。

漁獲等に課した━ 近代かいそ［海租］。あみやく［網役］。いけうんじゃう［池運上］。うみだか［海高］。

国が賦課する━ 近代こくぜい［国税］。

酒や酒屋に課した━ 近代しゅぜい［酒税］。近世さかやく［酒屋役］。中世さかつぼせん［酒壺銭］。つぼせん［壺銭］。

田畑に課した━ 近世ねんぐ［年貢］。ほんとものなり［本途物成］。上代そ［租］。たちから／たぢから［田力／田租／税］。ちから［税］。でんそ［田租］。

地方公共団体の━ ちほうぜい［地方税］。

通行に関わる━ 近代つうかうぜい［通行税］。近世うはまい［上米］。かはて［川手］。つれう［津料］。やまて［山手］。中世せきせん［関銭］。

年貢以外の━ 近世こものなり［小物成］。

人を単位として課した━ 近代じんとうぜい／にんとうぜい［人頭税］。

船に課した━ 近代トンぜい［ton税］。近世ふなやく［船役］。

窓の数に応じて課した━ 中世まどせん［窓銭］。

▼関税の例 近世おきのくちこうせん［沖口口銭］。

▼間接税の例 せきゆせきたんぜい［石油石炭税］。たばこぜい［煙草税］。しゅぜい［酒税］。近代せうひぜい［消費税］。

▼行為税の例 ちょくせつしょうひぜい［直接消費税］。とうろくめんきょぜい［登録免許税］。ゆうかしょうけんとりひきぜい［有価証券取引税］。りゅうつうぜい［流通税］。近代いんしぜい［印紙税］。

▼国税の例 ほうじんぜい［法人税］。近代さうぞくぜい［相続税］。しゅぜい［酒税］。しょとくぜい［所得税］。せうひぜい［消費税］。

▼雑税(小物成)の例 近世いろだか［色高］。いろなり［色成］。うきやく［浮役］。うんじゃう／うんじゃうきん［運上金］。しょやく［諸役］。みゃうが／みゃうがきん［冥加金］。中世ざふもつ［雑物］。

▼人税の例 ほうじんぜい［法人税］。近代しょとくぜい［所得税］。

▼地方税の例 しちょうそんぜい［市町村税］。じゅうみんぜい［住民税］。どうふけんみんぜい［道府県民税］。近代じどうしゃぜい［自動車税］。

▼直接税の例 じぎょうぜい［事業税］。どうふけんみんぜい［道府県民税］。ほうじんぜい［法人税］。近代しょとくぜい［所得税］。

▼物税の例 こていしさんぜい［固定資産税］。近代せうひぜい［消費税］。ぶっぴんぜい［物品税］。

▼目的税の例 こくみんけんこうほけんぜい［国民健康保険税］。ちほうどうろぜい［地方道路税］。

せいく【成句】 かんようく［慣用句］。近代イディオム(idiom)。くゎんようご［慣用語］。せいく［成句］。フレーズ(phrase)。近世せいご［成語］。中世じゅくご［熟語］。

せいけい【生計】 近代くらしむき［暮向］。近世かってむき［勝手向］。くちすぎ［口過］。くひかた［食方］。くらし［暮］。くゎっけい［活計］。だいどころ［台所］。たたずみ［佇］。みすぎ［身過］。よすぎ［世過］。朝夕の煙。中世あさゆふ［朝夕］。かって［勝手］。くやう［口養］。けむり［煙］。しゃうくゎつ［生活］。しんだい［身代］。たつき／たづき［方便／活計］。てうさんぼし［朝三暮四］。中古かけい［家計］。くゎっけい［活計］。せいくゎつ［生活］。せいけい［生計］。わたらひ［渡］。上代ここう［糊口／餬口］。たどき［方便］。

《句》近世生業(すぎはひ)は草の種。

━が立たなくなる 口が上がる。近代くひっぱぐれる／くひはぐれる［食逸］。飯の食ひ上げ。遣り繰りがつかない。近世くひあがり／くひあげ［食上］。くひかぬ［━かねる］［食兼］。くひつむ［━つめる］［食詰］。せつなし［切］。ひあがる［干上］。ふかって［不勝手］。ふにょい［不如意］。頤(おとがひ)の先が枯る［━枯れる］。口が干上がる。首が回らぬ。路頭に迷ふ。

━を立てる 近代えいせい［営生］。おしまは

す[押回]。きょくゎ[挙火]。ちさん[治産]。こする／のりする[糊／餬]。口を糊する。口を濡らす。近世 すごす[過]。くふ[食]。たぶ[たべる][食]。浮世を立つ。頤(おとがひ)を養ふ。口を食ふ。口を過ぐ[—過ぎる]。口を過ごす。火を吹く。飯を食ふ。中世 くらす[暮]。すぐ[すぎる][過]。中古 いとなむ[営]。世を渡る。上代 わたらふ[渡]。

—を立てるための職業 近世 すぎあひ[生業]。中世 みすぎ[身過]。中古 なりはひ[生業]。上代 たどき[方便]。なり[業]。

—人で—を立てること 近代 ひとりぐらし[一人暮／独暮]。近世 ひとりぐち[一人口]。ひとりすぎ[一人過]。一分(いちぶん)を捌(さば)く。

せいけい【成型】 近代 けいせい[形成]。ざうけい[造形／造型]。せいけい[成型／成形]。

せいけつ【清潔】 クリーン(clean)。近代 けっぺき[潔癖]。サニタリー(sanitary)。近世 せいじゃう[清浄]。中世 きよげ[清]。きれい[綺麗]。中古 きよらか[清]。けっぱく[潔白]。しゃうじゃう[清浄]。せいけつ[清潔]。上代 いさぎよし[潔]。きよし[清]。しゃうじゃう[清浄]。せいれん[清廉]。

—・な感じ 近世 こぎれい[小綺麗]。こざっぱり。さっぱり。

—・にする 近代 クリーニング(cleaning)。じゃうくゎ[浄化]。近世 せんじゃう[洗浄]。中世 きよまる[清]。中古 すすぐ[濯／滌／漱／洒]。上代 あらふ[洗]。

せいけん【政権】 近世 せいけん[政権]。中世 せいへい[政柄]。

—を争うこと 近代 ちくろく[逐鹿]。ちくろくぢゃうり[逐鹿場裡]。《句》近代 中原に鹿を逐(お)ふ。

—を握ること 中世 しっぺい[執柄]。中古 しっけん[執権]。しふへい[執柄]。

つかの間の— ひゃくにちてんか[百日天下]。みっかだいみょう[三日大名]。みっかてんか／みっかでんか[三日天下]。

せいげん【制限】 きせい[規制]。わく[枠／框]。近代 げんてい[限定]。せいやく[制約]。よくし[抑止]。近世 しばり[縛]。そくばく[束縛]。よくせい[抑制]。中世 こうそく[拘束]。せっす[節]。中古 おさふ[おさえる][押／抑]。げんせい[限制]。こうせい[拘制]。せいげん[制限]。せいす[制]。ひかふ[ひかえる][控／扣]。

—・されないこと 近代 オープン(open)。ずいい[随意]。ぜったい[絶対]。たんじゅん[単純]。フリー(free)。むせいげん[無制限]。上代 じいう[自由]。

—・する力 ひも[紐]。近代 こうそくりょく[拘束力]。

一定の— 近代 げんど[限度]。ぢゃうげん／ていげん[定限]。→**げんど**

厳しく—・すること 近代 きんそく[緊束]。

せいげん【誓言】→**せいごん**

ぜいげん【贅言】 近代 じょうげん[冗言]。ぜいご[贅語]。近世 じょうご[冗語]。ぜいげん[贅言]。だべん[駄弁]。中古 たげん[多言]。

せいご【正誤】 くろしろ[黒白]。せいひ[正否]。近世 せいご[正誤]。せいじゃ[正邪]。中世 こくびゃく[黒白]。じゅんぎゃく[順逆]。上代 ぜひ[是非]。

せいご【成語】→**せいく**

せいこう【成功】 実を結ぶ。近代 かいくゎ[開花]。クリーンヒット(clean hit)。けつじつ[結実]。サクセス(success)。そうこう[奏功]。たっせい[達成]。やりとげる[遣遂]。功を奏する。近世 なしとぐ[—とげる][成遂]。中世 こうあり[功有]。しおほす[—おおせる][為果]。しとぐ[—とげる][為遂]。末通る。中古 せいこう[成功]。上代 ことなる[事成]。じゃうじゅ[成就]。

《句》近代 失敗は成功の母(もと)。近世 網無くて淵をのぞくな。風に順ひて呼ぶ。中世 功成り名遂ぐ[—遂げる]。尺蠖(しゃくくわく)の屈(かが)めるは伸びんがため。

—・しないこと 近代 しっぱい[失敗]。ふせいこう[不成功]。→**しっぱい**

—・するか失敗するか 近世 せいひ[成否]。一か八か。伸(の)るか反(そ)るか。中世 あたりはづれ[当外]。中古 せいひ[済否]。上代 せいはい[成敗]。

—と失敗 中世 とくしつ[得失]。

—の兆しが見える 近代 いい目が出る。近世 目が出る。

—の秘訣 うんこんどん[運根鈍]。うんどんこん[運鈍根]。

—のめどのあること 近代 せいちく[成竹]。胸中に成竹あり。近世 せいさん[成算]。

邪魔をして—・させない 近世 かちおとす[搗落]。

小さな— 近世 せうせい[小成]。

年老いてからの— 中古 ばんせい[晩成]。

まぐれで—・すること 近代 フロック(fluke)。近世 まぐれあたり／まぐれあたり[紛中／紛当／偶中]。

予想以上の— 近代 あたりもの[当物]。おほ

あたり［大当］。

せいこう【性向】→**せいかく【性格】**

せいこう【精巧】 近代 かうち［巧緻］。近世 こまかし［細］。せいかう［精巧］。せいち［精緻］。せいめう［精妙］。ちみつ［緻密］。中世 こむ［込／籠］。せいさい［精細］。せいりゃう［精良］。めんみつ［綿密］。上代 せいみつ［精密］。

せいこう【性行】 近代 せいかう［性行］。そかう［素行］。近世 ぎゃうせき［行跡］。ひんかう［品行］。中世 ぎゃうじゃう［行状］。みもち［身持］。

せいこう【性交】 コイタス／コイトス(coitus)。こうごう［媾合］。こうじょう［交情］。ファック(fuck)。近代 かうこう［交媾］。くゎんけい［関係／関繋］。じゃうかう［情交］。せいかう［性交］。セックス(sex)。どうきん［同衾］。近世 あもつき［餅搗］。いちぎ［一儀］。おまつり／まつり［御祭］。かうくゎい［交会］。てううんぼう［朝雲暮雨］。ねはん［涅槃］。ねやごと［閨事］。ひとつね［一寝］。ひとところね［一所寝］。びり。臼と杵。巫山（ふざん）の雲雨。巫山（ふざん）の夢。中世 いんやうわがふ［陰陽和合］。かうがふ［交合］。けうくゎい［交会］。ばうじ［房事］。中古 かうせつ［交接］。かたらひ［語］。くながひ［婚］。ともね［共寝］。なからひ［仲］。まじはり［交］。よ［世］。わがふ［和合］。上代 とつぎ［嫁］。まぐはひ［目合］。みとのまぐはひ［目合］。

ー・する 近代 帯を解く。近世 しげる。しめこむ［締込］。だく［抱］。とぼす／ともす［点］。なます［膾／鱠］。ぬる〔ぬれる〕［濡／沾］。手が付く。手を付く〔―付ける〕。肌を許す。餅を搗く。中世 あひみる［相見］。いんす［淫］。くなぐ［婚］。まじはる［交］。肌（膚（だは））を合はす〔―合わせる〕。枕を並ぶ〔―並べる〕。中古 うちものがたらふ［打物語］。かたらふ［語］。くながふ［婚］。ちぎる［契］。つうず［通］。とつぐ［嫁］。枝を交はす。上代 まく［枕／婚／纏］。まぐはふ［目合］。みとあたはす。

雌雄のー 近代 かうはい［交配］。かうび［交尾］。つがふ［番］。上代 つるむ［交尾／遊牝／孳尾］。

女性が初めてー・する 近代 はくゎ［破瓜］。男を知る。

人倫にもとるー 近代 じゃいん［邪淫／邪婬］。近世 かんいん［姦淫］。しつう［私通］。ねとる［寝取］。ふぎ［不義／不儀］。中世 みっつう［密通］。中古 かんつう［姦通］。

男性が初めてー・する 近代 ふでおろし［筆下］。女を知る。

秘かにー・する 近代 慇懃（いんぎん）を通ずる。

婦女の意思に反するー りょうじょく［陵辱／凌辱］。レイプ(rape)。近代 かんする［姦／奸］。はづかしめ［辱］。ぼうかう［暴行］。近世 がういん［強淫］。てごめ［手籠／手込］。中古 がうかん［強姦］。上代 をかす［犯／冒］。

せいごう【整合】 近代 せいがふ［整合］。近世 がふいつ［合一］。中古 あふ［合］。上代 がふせい［合成］。

せいこううどく【晴耕雨読】 近代 いういうじてき［悠悠自適］。せいかううどく［晴耕雨読］。魚は江湖に相忘る。近世 いういうじとく［優遊自得］。かんうんやかく［閑雲野鶴］。中古 あんきょ［安居］。

せいこく【正鵠】 近代 えうてん［要点］。しゅがん［主眼］。しゅし［主旨］。ねらひどころ［狙所］。近世 かんどころ［甲所／勘所／肝所］。きうしょ［灸所］。中世 えうしょ［要所］。がんもく［眼目］。きふしょ［急所］。中古 せいこく［正鵠］。

せいこん【精魂】 中世 せいこん［精魂］。せいしん［精神］。

ーを傾ける 《句》近世 思ふ念力岩をも通す。

ーを傾ける 近代 ねっちゅう［熱中］。↓**ねんりき** 中世 気を尽くす。上代 心を尽くす。

ーを傾ける人 おに［鬼］。

せいこん【精根】 近世 こん［根］。こんき［根気］。こんじゃう／こんじょ［根性］。どこんじゃう［根性］。どしゃうぼね［土性骨］。中世 きこつ［気骨］。しゃうね［性根］。せいこん［精魂］。せいこん［精根］。せいりき／せいりょく［精力］。中古 きりょく［気力］。

せいごん【誓言】 近世 せいし［誓詞］。せんせい［宣誓］。中世 せいげん［誓言］。せいぶん／せいもん［誓文］。せいやく［誓約］。中古 せいごん［誓言］。上代 ちかひ［誓］。

せいざ【正座】 膝を正す。近世 わりひざ［割膝］。中世 きざ［危坐／危座］。たんざ［端座］。なほる［直］。中古 せいざ［正座／正坐］。

ーを止めて楽にする 近世 膝を崩す。

足を開き尻を畳につけるー 近代 とんびあし［鳶足］。中古 かめゐ［亀居／瓶居］。

せいざ【星座】 近世 せいざ［星座］。中世 しゅく／やどり［宿］。しんしゅく［辰宿］。せいと［星斗］。中古 せいしゅく／ほしのやどり［星宿］。

宿］。せいしん［星辰］。せいてん［星躔］。

せいさい【精細】 近代しゃうさい［詳細］。近世こまかし［細］。せいち［精緻］。ゐさい［委細］。中世せいさい［精細］。めんみつ［綿密］。上代くはし［詳／精］。

せいさい【制裁】 近代しょばつ［処罰］。しょぶん［処分］。せいさい［制裁］。ペナルティー(penalty)。鉄槌を下す。焼きを入れる。近世しおき［仕置］。中世こらしむ［―しめる］［懲］。ばつ［罰］。中古いましめ［戒］。ちょうかい［懲戒］。上代けいばつ［刑罰］。

私的なー 近代しけい［私刑］。リンチ(lynch)。

せいさい【正妻】 近代せいさい［正妻］。近世ちゃくふ［嫡婦］。伽羅(きゃら)の御方(おんかた)。中世せいしつ［正室］。中古きみざね［君］。ちゃくさい／てきさい［嫡妻］。ちゃくしつ／てきしつ［嫡室］。とまり［止／留］。ほんさい［本妻］。上代むかひめ［正妃／嫡妻］。

貴人のー 中世れんちゅう／れんぢゅう［簾中］。

せいさく【制作】 そうしゅつ［創出］。プロデュース(produce)。近代さうさく［創作］。プロダクション(production)。中世つくりだす［作出／創出］。中古せいさく［制作］。上代つくる［作／造／創］。→**つく・る**

せいさく【製作】 近代せいさん［生産］。中世こしらふ［―らえる］［拵］。さくす［作］。さくせい［作成／作製］。せいさく［製作］。つくりだす［作出］。中古せいざう［製造］。せいす［製］。上代つくる［作／造／創］。→**つく・る**

ー・した物 こうさくぶつ［工作物］。近代せいさくひん［製作品］。せいひん［製品］。プロダクト(product)。

神が作ったような霊妙なー 中古しんこう［神工］。

せいさつ【省察】 じしょう［自照］。近代じせい［自省］。ないせい［内省］。はんせい［反省］。近世しゃうさつ［省察］。中世せいさつ［省察］。中古かへりみる［省／顧］。

せいさん【生産】 かこう［加工］。近代さんする［産］。せいさん［生産］。プロダクション(production)。中世さくせい［作製／作成］。さんしゅつ［産出］。せいさく［製作］。

ー者が直接消費者に売ること ダイレクトセール(direct sale)。ちょくはん［直販］。

ーに要した費用 せいさんコスト［生産cost］。近代げんか［原価］。コスト(cost)。せいさんひ［生産費］。

ーの自動化(無人化) エフエー(FA; factory automation)。

ーを増やし産業を興すこと 近代しょくさんこうげふ［殖産興業］。

需要量を超えるー 近代くゎじょうせいさん［過剰生産］。

大量にー・する りょうさん［量産］。

せいさん【成算】 みとおし［見通］。近代せいちく［成竹］。みこみ［見込］。近世せいさん［成算］。むなさんよう／むなざんよう／むねさんよう／むねざんよう［胸算用］。中世あて［当／宛］。けんたう［見当］。

《句》近代胸中に成竹あり。

せいさん【清算】 けっさん［決算］。ペイオフ(payoff)。ペイメント(payment)。近代しはらひ［支払］。近世せいさん［清算］。中世さんよう［算用］。しまひ［仕舞］。

せいさん【正餐】 近代せいさん［正餐］。ディナー(dinner)。ばんさん［晩餐］。

せいさん【精算】 近世かんぢゃう［勘定］。近代せいさん［精算］。中世けいさん［計算］。

せいさん【凄惨】 近代せいさん［凄惨／悽惨］。近世むごたらし［惨／酷］。中世いたまし［傷／痛］。ひさん［悲惨］。むごし［酷／惨］。むざん［無残／無惨］。

せいし【生死】 近代しめい［死命］。近世しにいき［死生］。せいし［生死］。中世しくゎつ［死活］。しせい［死生］。中古いきしに［生死］。ししゃう［死生］。しゃうじ［生死］。しゃうめつ［生滅］。そんぼつ［存没］。

《句》近代生を視ること死の如し。近世生きる身は死に身。生は死の始め。中世生ある者は死あり。中古しゃうじゃひつめつ［生者必滅］。

ーに関わる問題 近代しくゎつもんだい［死活問題］。

ーの境 しせん［死線］。近代はんしはんせい［半死半生］。近世生きる瀬死ぬる瀬。中世はんしゃう／はんせい［半生］。一期(いちご)の浮沈。中古はんしはんしゃう［半死半生］。

ーを繰り返すこと しょうじょうるてん／せいせいるてん［生生流転］。中世るてんしゃうじ［流転生死］。るてんりんゑ［流転輪廻］。中古ぶんだん［分段］。ぶんだんりんゑ［分段輪廻］。りんゑ［輪廻］。上代ぶんだんしゃうじ［分段生死］。へんやくしゃうじ［変易生死］。

せいし【正視】 近代ぎょうし［凝視］。せいがん［正眼］。せいし［正視］。ちょくし［直視］。目を凝らす。近世ちゅうみすゑる［見据］。中世みつむ［―つめる］［見詰］。し［注視］。

〘中古〙みいる［見入］。〘上代〙しょくもく［嘱目／属目］。

せいし【制止】 〘近代〙よくし［抑止］。〘近世〙そし［阻止／沮止］。とめだて［留立］。ひかへ［控／扣］。よくせい［抑制］。〘中世〙きんず［禁］。〘中古〙いさむ〔いさめる〕［諫］。おさふ〔おさえる〕［抑］。せいし［制止］。せいす［制］。とむ〔とめる〕［止］。〘上代〙きんし［禁止］。きんせい［禁制］。とどむ〔とどめる〕［止／留］。

せいし【誓紙】 〘近代〙けいやくしょ［契約書］。〘近世〙せいしょ［誓書］。〘中世〙きしゃうもん［起請文］。せいし［誓紙］。せいもん［誓文］。

せいし【誓詞】 →**せいごん**

せいじ【政治】 〘近代〙ちだう［治道］。とうち［統治］。〘近世〙たいせい［大政］。〘中世〙ぎゃうせい［行政］。けいりん［経綸］。せいぢ［政治］。せいばい［成敗］。ち［治］。ちせ［治世］。ちせい／ぢせい［治世］。ばんき［万機］。〘中古〙おほやけごと［公事］。けいこく［経国］。こくじ［国事］。すぶ〔すべる〕［統］。せいたう／せいだう［政道］。〘上代〙ちこく［治国］。まつりごと［政］。をさむ〔おさめる〕［治］。

《尊》〘上代〙きこしめす［聞知］。

《句》〘近代〙上(かみ)漏(も)り下潤ふ。天下の憂ひに先立ちて憂ひ天下の楽しみに後れて楽しむ。天下は一人の天下にあらず。万機公論に決すべし。〘中世〙苛政(かせい)は虎よりも猛(たけ)し。

—上の仲間 〘近代〙せいいう［政友］。

—上の変化 〘近代〙せいへん［政変］。

—と宗教 〘近代〙さいせい［祭政］。〘中古〙せいけう［政教］。

—に関する談話 〘近代〙せいだん［政談］。せいろん［政論］。

—に関与しないことのたとえ 〘近世〙箕山(きざん)の志(こころざし)。箕山の節(せつ)。

—に参加すること 〘近代〙さんせい［参政］。

—に熱心なことのたとえ 〘近世〙一饋(いっき)に十起。

—には金がかかること いどべい［井戸塀］。

—に無関心なこと アパシー(apathy)。ノンポリ(nonpolitical の略)。

—の基本方針 〘近代〙せいさく［政策］。〘近世〙せいかう［政綱］。

—の策略 〘近代〙ポリシー(policy)。〘中古〙せいりゃく［政略］。

—の動向 せいじょう［政情］。〘近代〙せいきゃう［政況］。せいきょく［政局］。

—を行う 〘近代〙しせい［施政］。〘中世〙せいばい［成敗］。〘中古〙まつりごつ［政］。ゐせい［為政］。〘上代〙しっせい［執政］。

—を私利私欲に利用する人 〘近代〙せいぢごろ［政治ゴロ］。せいぢや［政治屋］。〘近代〙ポリティシャン(politician)。

—をする人 〘近代〙けいせいか［経世家］。ステーツマン(statesman)。せいぢか［政治家］。せいかく［政客］。ゐせいしゃ［為政者］。

議論して行う— 〘上代〙ぎせい［議政］。

庶民に密着した— どぶいたせいじ［溝板政治］。

天皇に代わって—を行うこと 〘近世〙すいれん［垂簾］。れんせい［簾政］。〘中世〙垂簾の政(まつりごと)。

天皇の— 〘中古〙おほまつりごと［太政］。

よい— けいせいさいみん［経世済民］。〘近代〙みんせい［民政］。〘近世〙りゃうせい［良政］。〘中世〙じんせい［仁政］。びせい［美政］。〘中古〙わうだう［王道］。〘上代〙ぜんせい［善政］。

悪い— あっせい［圧政］。きょうふせいじ［恐怖政治］。〘近代〙どくさいせいぢ［独裁政治］。ひせい［秕政／粃政］。〘近世〙けっせい［闕政］。しっせい［失政］。ぼうせい［暴政］。〘中世〙ぎゃくせい［虐政］。〘中古〙かせい［苛政］。〘上代〙あくせい［悪政］。

その他—のいろいろ（例） 〘近代〙ぎくゎいせいぢ［議会政治］。きんけんせいぢ［金権政治］。くゎんれうせいぢ［官僚政治］。せいたうせいぢ［政党政治］。せんせいせいぢ［専制政治］。たとうせいぢ［多頭政治］。ていせい［帝政／帝制］。どくさいせいぢ［独裁政治］。ぶだんせいぢ［武断政治］。まちあひせいぢ［待合政治］。りっけんせいぢ［立憲政治］。

せいじ【盛時】 〘近世〙せいじ［盛時］。〘上代〙さかり［盛］。さだ［時］。→**さかり**

せいしき【正式】 こうしき［公式］。レギュラー(regular)。〘近代〙こうにん［公認］。せいき［正規］。フォーマル(formal)。〘近世〙せいしき［正式］。ほんて［本手］。〘中世〙おもて［表］。ほんしき［本式］。ほんぼん［本本］。まことし［真／誠／実］。〘中古〙はれ［晴／霽］。

—・でない 〘近世〙うら［裏／裡］。

—・なことになる 〘中世〙おもてだつ［表立］。

—・に 〘近世〙はれて［晴］。〘中古〙わざと［態］。

せいしつ【性質】❶〈人の〉 きっぷ［気風］。〘近代〙エトス／エートス(ギリシャ ēthos)。きごころ［気心］。せいかう［性向］。せいじゃう［性状］。〘近世〙がら［柄］。きしつ［気質］。きふう［気風］。こころいき［心意気］。しゃうあひ［性合］。すじゃう［素性］。せいかく［性

格］。たち［質］。はだ［肌］。中世かたぎ［気質］。きぜん［気前］。きだて［気立］。こころだて［心立］。したぢ［下地］。しね。しゃう［性］。じんぴん［人品］。せいしつ［性質］。せいじゃう［性情］。中古こころがら［心柄］。こころぎは［心際］。こころざま［心様］。こころね［心根］。さが［性／相］。すぢ［筋］。ひとがら［人柄］。ひととなり［為人］。上代こころおきて［心掟］。こころばせ［心馳］。こころばへ［心延］。さが［祥］。

→**せいかく【性格】**

—が明るく活発なこと 中世やうき［陽気］。

—が穏やかなこと 近代わじゅん［和順］。近世くゎじゅん［和順］。

—が穏やかなたとえ 近世虫も殺さない。

—が純粋であること 近代てんいむほう［天衣無縫］。近世むく［無垢］。中世じゅんしん［純真］。てんしん［天真］。中古じゅんじゃう［純情］。じゅんぼく［淳朴／純朴／醇朴］。

—が素直なさま 近世をんじゅん［温順］。中世じうじゅん［柔順］。中古じゅんりゃう［順良／循良］。むしん［無心］。

—が反対であるたとえ 近代墨と雪。近世水と(に)油。

—が病的であること 近代へんしつ［変質］。

—が悪い 近世あくしゃう［悪性］。しゃうわる［性悪］。ねいあく［佞悪］。ひとわる［人悪］。筋が悪い。中古こころあし［心悪］。さがなし。

—が悪い人 中古さがなもの［者］。

—の偏り 中世せいへき［性癖］。中古くせ［癖］。

—を持っている 近代ぐいう［具有／俱有］。

飽きやすい— 近代あきしゃう［飽性］。

生まれつきの— 近代しゃうらい／せいらい［性来］。せいらい［生来］。たいしつ［体質］。ほんせい［本性］。近世うまれしゃう［生性］。きぢ［素地／生地］。ししつ［資質］。しせい［資性］。しひん［資稟］。すじゃう［素性／素性］。ぢたい［地体］。てんし［天資］。てんしゃう［天性］。ひんし［稟資］。ひんぷ［稟賦］。ふしつ［賦質］。ほんしょく［本色］。ほんぶん［本分］。ほんりゃう［本領］。もちまへ［持前］。中世うまれつき［生］。きぶん［機分］。しゃうらい［生来］。そしつ［素質］。中古こんじゃう［根性］。さが［性］。そせい［素性］。ひんしつ［稟質］。ほんしゃう［本性］。上代てんせい［天性］。ひんせい［稟性］。→**てんせい**

浮気な— 近世うはきしゃう［浮気性］。

清らかな心を持った— 近代うんしんげっせい［雲心月性］。

洗練された好ましい— 近代ひんかく［品格］。近世ひん［品］。中世ふうかく［風格］。

本能のままの— 近世やせい［野性］。

▼接尾語 中世ぎ［気］。中古がら［柄］。けし。ばむ。上代から［柄］。

せいしつ【性質】❷〈物の〉近代クオリティー(quality)。せいじゃう［性状］。せいのう［性能］。とくしつ［特質］。とくせい［特性］。とくちょう［特徴］。ひんしつ［品質］。近世しつ［質］。しながら［品柄］。せいしつ［性質］。ぞくせい［属性］。上代しゃう［性］。

—が硬いこと 近代かうしつ［硬質］。

—が変わること 近世へんしつ［変質］。近代へんせい［変性］。

—が異なること いしつ［異質］。近代いせい［異性］。

—が軟らかいこと 近代なんしつ［軟質］。

木の— きだち［木質］。近代もくしつ［木質］。

もとの— 近代げんしつ［原質］。

せいじつ【誠実】 近代かうちょく［硬直］。しじつ［摯実］。せいちょく［誠直］。ちょくじつ［直実］。近世じつい［実意］。中世げにげにし［実実］。ごくしん［極信］。しじゃう［至誠］。じつ［実］。じつぎ［実義］。じっちょく［実直］。せいしん［誠心］。せいしん［誠信］。とくじつ［篤実］。ほんだう［本道］。中古まこと［誠／実／真］。まめし［忠実］。せいい［誠意］。しせい［至誠］。しゃうぢき［正直］。せいじつ［誠実］。まごころ［真心］。まめ／まめやか［忠実］。まめまめし［忠実忠実］。ものまめやか［物忠実］。《句》上手な嘘より下手な実意。近代巧詐(かうさ)は拙誠(せっせい)に如かず。

—で思い遣りのあること 中世ちゅうじょ［忠恕］。

—で情にあついこと 中世じゅんこう［醇厚／淳厚／純厚］。とくこう［篤厚］。とくじつ［篤実］。上代とんこう［敦厚］。

—でないこと 近代ふせいじつ［不誠実］。近世ぶしんぢゅう［不心中］。中世むじつ［無実］。中古あだ［徒］。あだあだし［徒徒］。《句》近世あきんどの空誓文(からせいもん)。

—な男 中古まめをとこ［忠実男］。

—な心 中古まめごころ［忠実心］。

—なさま 近代りゃうしんてき［良心的］。中世じちらし［実］。たまか。中古心の杉。

この上なくー 中古 ししん[至信]。しせい[至誠]。

柔和でー・な人柄 近世 をんじうとんこう[温柔敦厚]。

せいじゃ【正邪】 くろしろ[黒白]。近代 かあく[佳悪]。せいひ[正否]。近世 せいご[正誤]。せいじゃ[正邪]。たうひ[当否]。中世 かふか[可不可]。きょくちょく[曲直]。こくびゃく[黒白]。じゅんぎゃく[順逆]。しろくろ[白黒]。りゃうひ[良否]。中古 かひ[可否]。せいだく[清濁]。よしあし[善悪]。りひ[理非]。上代 ぜひ[是非]。ぜんあく[善悪]。

《句》近代 邪正一如(じやしやういちによ)。

ーを判断する 中世 黒白(こくびやく)を争ふ。中古 名を正す。

せいじゃ【聖者】 →せいじん【聖人】

せいじゃく【静寂】 近代 せいひつ[静謐]。中世 せいをん[静穏]。近世 せいじゃく[静寂]。中世 かんじゃう／かんせい[閑静]。かんじゃく[閑寂]。しんかん[森閑]。中古 しじま[無言]。つれづれ[徒然]。上代 しづか[静]。

→しずか

ー・なさま 近代 しいんと。近世 しんと。ひっそり。中世 しんしん[深深／沈沈]。しんしん[森森]。中古 ひそやか[密]。

ぜいじゃく【脆弱】 バルネラビリティー(vulnerability)。近代 やはい[柔]。近世 ぜいじゃく[脆弱]。はくじゃく[薄弱]。中世 きゃしゃ[華奢]。中古 なんじゃく[軟弱]。上代 もろし[脆]。よわし[弱]。

せいしゅく【静粛】 →しずか

せいじゅく【成熟】 かんじゅく[完熟]。近代 じゅくせい[熟成]。じゅくたつ[熟達]。近世 ゑんじゅく[円熟]。中世 あがる[上]。いろづく[色付]。うる〔うれる〕[熟]。じゅくす[熟]。せいじゅく[成熟]。中古 なりあふ[成合]。ねびととのふ[整]。ねびまさる[勝]。

ー・し過ぎること 近代 じゅくらん[熟爛]。近世 らんじゅく[爛熟]。

遅れてー・すること 近代 ばんじゅく[晩熟]。ばんせい[晩生]。上代 おくて[晩生／晩稲]。

女性の最もー・した年頃 近世 をんなざかり[女盛]。

早い時期にー・すること 中世 さうじゅく[早熟]。上代 わせ[早生／早稲]。

せいしゅん【青春】 ヤングアダルト(young adult)。近代 はる[春]。中古 はうねん[芳年]。上代 せいしゅん[青春]。

ー期の男女 近世 せいねん[青年]。中世 わかもの[若者]。中古 わかうど[若人]。

ー時代のはかない夢 近代 池塘(ちたう)春草の夢。

ーを偲ぶ老人の思い 近代 鬢糸(びんし)茶烟(さえん)の感。

せいじゅん【清純】 近代 せいじゅん[清純]。せいそ[清楚]。近世 じゅんけつ[純潔]。ピュア(pure)。むく[無垢]。中世 じゅんしん[純真]。じゅんすい[純粋]。中古 きよらか[清]。せいけつ[清潔]。上代 きよし[清]。せいれん[清廉]。

せいしょ【清書】 近代 きよめがき[清書]。近世 じゃうしょ[浄書]。じゃうしゃ[浄写]。中世 きよがき[清書]。中古 せいしょ[清書]。

せいしょ【聖書】 近代 けうてん[教典]。バイブル(Bible)。ふくいんしょ[福音書]。近世 せいきゃう／せいけい[聖経]。せいてん[聖典]。中世 きゃうてん[経典]。しゃうぎゃう[聖教]。上代 せいけう[聖経]。せいしょ[聖書]。

ーの例 アベスタ(ペルシャ Avesta)。スートラ(梵 sūtra)。テスタメント(testament)。近代 きうやくせいしょ[旧約聖書]。しんやくせいしょ[新約聖書]。近世 コーラン(Koran)。ゴスペル(gospel)。中世 ぶってん[仏典]。上代 きゃう[経]。

せいしょう【清祥】 近代 せいてき[清適]。近世 きゃうさう[強壮]。けんかう[健康]。けんしょう[健勝／堅勝]。けんぜん[健全]。せいえい[清栄]。中世 きゃうけん[強健]。げんき[元気]。さうけん[壮健]。すこやか[健]。そくさい[息災]。たっしゃ[達者]。ぢゃうぶ[丈夫]。中古 くわくしゃく[矍鑠]。→けんこう【健康】

せいしょう【斉唱】 近代 がっしゃう[合唱]。コーラス(chorus)。ユニゾン(unison)。近世 せいしゃう[斉唱]。

せいじょう【正常】 じょうき[常軌]。まとも[真面／正面]。近代 せいじゃう[正常]。せいたう[正当]。ノーマル(normal)。

ー・でない 近代 アブノーマル(abnormal)。いじゃう[異常]。近世 ひが[僻]。中世 へん[変]。中古 いじゃう[異状]。ひがひがし[僻僻]。をかし。上代 くるひ[狂]。

ー・でなくなる 中世 ゆがむ〔ゆがめる〕[歪]。中古 ゆがむ[歪](四段活用)。

せいじょう【清浄】 クリーン(clean)。近代 せいちょう[清澄]。近世 せいじゃう[清浄]。中世 きれい[綺麗／奇麗]。むく[無垢]。

じゅんすい[純粋]。中古いさぎよし[潔]。きよげ[清]。きよらか[清]。しゃうじゃう[清浄]。せいけつ[清潔]。上代きよし[清]。ゆつ[斎]。→**きよらか**

ー・でない 上代けがらはし[汚/穢]。

ー・にする 近代じゃうくゎ[浄化]。上代きよむ[きよめる]。[清]。

ー・になる 中古きよまる[清/浄]。

この上なくー 中世じゃうめう[浄妙]。

水がー・であること 近代せいれつ[清冽]。

▼接頭語 上代い[斎]。

せいじょう【政情】 せいじじょうせい[政治情勢]。近代せいきょく[政局]。

せいじょう【性状】❶〈人の〉 近代せいかう[性行]。せいじゃう[性状]。そかう[素行]。近世ぎゃうせき[行跡]。ひんかう[品行]。中世ぎゃうじゃう[行状]。せいしつ[性質]。みもち[身持]。中古じゃうせい[情性]。

せいじょう【性状】❷〈物の〉 近代とくしつ[特質]。とくちょう[特徴]。近世しつ[質]。ぞくせい[属性]。

せいしょく【生殖】 近代リプロダクション(reproduction)。近世せいしょく[生殖]。上代はんしょく[繁殖]。

ー能力をなくすこと 近代きょせい[去勢]。だんしゅ[断種]。

いろいろなー(例) じしょく[自殖]。しょじょせいしょく[処女生殖]。たんいせいしょく[単為生殖]。むせいせいしょく[無性生殖]。ゆうせいせいしょく[有性生殖]。

せいしん【精神】 近代いしき[意識]。エスプリ(フランス esprit)。ガイスト(ドイツ Geist)。きはく[気魄/気迫]。しんせい[神性]。スピリット(spirit)。ソウル(soul)。マインド(mind)。近世き[気]。こころだま[心魂]。こんき[根気]。中世きこん[気魂]。きもだましひ[肝魂]。しゃう[性]。しん[神]。しんき[神気]。しんれい[心霊]。せいき[精気]。中古きもこころ[肝心]。きりょく[気力]。こころだましひ[心魂]。しんい[心意]。しんこん[心魂/神魂]。たましひ[魂]。上代こころ[心]。しんしん[心神]。せいしん[精神]。

《句》近代人はパンのみにて生くるものに非ず。陽気発するところ金石また透る。近世山中の賊を破るは易く心中の賊を破るは難し。

ーが緊張を欠いている 近代ふやける。

ーが堕落する 近代腸(はらわた)が腐る。

ーから起こる病気 中世きやみ[気病]。気の病ひ。

ー錯乱 中古こころあやまち[心過]。こころあやまり[心誤]。

ー集中 にゅうこん[入魂]。気合いを入れる。近世しゅいつむてき[主一無適]。せんせい[専精]。是非をこらす。中世すます[澄/清]。中古さんまい[三昧]。せっしん/せふしん[摂心]。

ーと身体 しんこん[身魂]。近世かんなう[肝脳]。しんけつ[心血]。しんたい[心体]。中古しんしん[心身/神身/身心]。

ーに関するさま 近代しんりてき[心理的]。せいしんてき[精神的]。メンタル(mental)。

ーの活動に含まれる三要素 近代ちじゃうい[知情意]。

ーの浄化 近代カタルシス(ギリシャ katharsis)。

ーの障害や異常の例 アメンチア(ラテン amentia)。カタレプシー(catalepsy)。スキゾフレニア(schizophrenia)。トラウマ(ドイツ Trauma)。そうびょう[躁病]。近代きうつしゃう[気鬱症]。コンプレックス(complex)。近世うつびゃう[鬱病]。きうち[気打]。きつねつき[狐憑]。しんけいすいじゃく[神経衰弱]。中世ふうてん[瘋癲]。中古あやまり[誤/謬]。きゃうき[狂気]。上代てんきゃう[癲狂]。

ーの力 こんじょう[根性]。近代きあひ[気合]。きはく[気魄]。せいしんりょく[精神力]。れいりょく[霊力]。中世せいこん[精魂]。中古きりょく[気力]。《句》近代心頭滅却すれば火もまた涼し。精神一到(いったう)何事か成らざらん。近世思ふ念力岩をも透(とほ)す。中世石に立つ矢。

ーの力のすべて 近代ぜんれい[全霊]。

ーや肉体に負担となるもの ストレス(stress)。

ー療法 サイコセラピー(psychotherapy)。近代しんりれうはふ[心理療法]。

▼接頭辞 サイコ(psycho)。

せいしん【清新】 近代せいせん[生鮮]。フレッシュ(fresh)。中世あたらし[新]。しんせん[新鮮]。せいき[清奇]。中古あらたし[新]。うらめづらし[心珍]。せいしん[清新]。なまめかし[艶]。めづらし[珍]。

せいじん【成人】 アダルト(adult)。近代さうてい[壮丁]。せいてい[成丁]。せいねん[成年]。だいにん[大人]。近世おほども[大供]。さうふ[壮夫]。中世たいじん[大人]。中古おとな[大人]。せいじん[成人]。ていねん[丁年]。上代ひと[人]。

ー・して親許を離れる 近代すだつ[巣立]。

すばなれ［巣離］。
ーになったことを祝う式　イニシエーション(initiation)。せいじんしき［成人式］。近代 せいねんしき［成年式］。→**▼成人式**①②
ーのようになる　中古 ひとだつ［人立］。ひとめく［人］。→**おとな・びる**
童女がー・する　近世 肩上げを下ろす。中古 かみあげ［髪上］。
▼大人になる　中世 としたく［年長］。ひとなる［人成］。中古 おとなぶ［大人］。ちゃうだい［長大］。ねぶ［老成］。ひとだつ［人立］。
▼成人式①［男子］　中世 かくゎん［加冠］。しょくゎん［初冠］。とりあぐ［―あげる］［取上］。中古 うひかうぶり／うひかがふり／うひかぶり／うひかむり［初冠］。げんぷく［元服］。はつもとゆひ［初元結］。
▼成人式②［女子］　近世 おはぐろはじめ［御歯黒始］。せいぢょしき［成女式］。中世 びんそぎ［鬢除］。中古 うひも［初裳］。かみあげ［髪上］。もぎ［裳着］。

せいじん【聖人】　中世 せい［聖］。せいじゃ［聖者］。中古 しゃうじゃ［聖者］。せいてつ［聖哲］。たいせい［大聖］。ひじり［聖］。上代 くんし［君子］。せいじん［聖人］。
ーたち　中世 サントス(ポルトガル santos)。
ーと賢人　中世 けんせい［賢聖］。中古 せいけん［聖賢］。
ーに次ぐすぐれた人　中世 あせい［亜聖］。
ーの教え　中世 せいもん［聖門］。中古 しゃうげう［聖教］。せいくん［聖訓］。上代 せいけう［聖教］。
ーの書いた書物　近世 せいてん［聖典］。中世 せいしょ［聖書］。中古 しゃうてん［聖典］。→**せいしょ**
ーの書いた書物と賢人の説明　中世 せいけいけんでん［聖経賢伝］。
ーの言葉　中世 せいげん［聖言］。
ーの政治　近代 無為にして化す。
ーの人に接する態度　近世 をんりゃうきょうけんじゃう［温良恭倹譲］。
ーの道　中古 しだう［斯道］。上代 せいだう［聖道］。
昔のー　中世 ぜんせい［前聖］。上代 せんせい［先聖］。

せいず【製図】　近代 あをじゃしん［青写真］。さくづ［作図］。せいづ［製図］。づひき［図引］。ドロー／ドローイング(drawing)。
ーのための用具の例　せいずき［製図器］。ディバイダー(dividers)。とうしゃだい［透写台］。ドローイングペーパー(drawing paper)。近代 からすぐち［烏口］。かうひつ［鋼筆］。せいづばん［製図板］。ゑんき［円規］。近世 コンパス(オランダ kompas)。中世 ぶんまはし［回］。
いろいろなー（例）　近代 しゃうめんづ［正面図］。そくめんづ［側面図］。へいめんづ［平面図］。りつめんづ［立面図］。

せいすい【清水】　きよみず［清水］。中世 すいせん［水泉］。せいすい［清水］。上代 しみづ［清水］。ましみづ［真清水］。
《句》近世 清水に魚棲まず。中世 水清ければ魚棲まず。

せいすい【盛衰】　近代 きふく［起伏］。近世 せうそく［消息］。中世 うきしづみ［浮沈］。えいこ［栄枯］。こうすい［興衰］。こうばう［興亡］。せいすい［盛衰］。せうちゃう［消長］。りゅうたい［隆替］。中古 そんばう［存亡］。上代 こうはい［興廃］。ふちん［浮沈］。
《句》近世 月満つれば則ち虧く［―虧ける］。七転び八起き。

せいすい【精粋】　→**せいずい**（次項）
せいずい【精髄】　近代 エッセンス(essence)。しんずい［真髄／神髄］。近世 エキス(オランダ extract の略)。しんか［真価］。すい［粋］。せいすい［精粋］。中世 うんあう［蘊奥］。せいずい［精髄］。ほんしつ［本質］。中古 せいくゎ［精華］。

せいすう【正数】　近代 しぜんすう［自然数］。せいすう［正数］。プラス(plus)。

せい・する【制】　近代 けんせい［牽制］。しはい［支配］。近世 けってい［決定］。せいあつ［制圧］。中世 きむ［きめる］［決］。きんず［禁］。中古 おさふ［おさえる］［抑］。けつ［消］。せいす［制］。上代 とむ［とめる］［止／留］。
動きをー・する　せいどう［制動］。近代 はどめ［歯止］。ブレーキ(brake)を掛ける。
他人の行動をー・する　近世 頭を押さふ［―押える］。

せいせい【生成】　近代 うみだす［生出］。近世 うむ［生］。中世 こしらふ［―らえる］［拵］。しゃうず［生］。せいせい［生成］。できる［出来］。はっせい［発生］。上代 つくる［作／造］。

せいせい【精製】　近代 やきん［冶金］。近世 せいせい［精製］。せいれん［精錬］。中世 しらぐ［しらげる］［精］。
玄米をー・する　近代 せいはく［精白］。中世 せいまい［精米］。中古 しらぐ［しらげる］［精］。

せいせい【清清】　近代 からっと／からり。近世

おしはる〔―はれる〕[押晴]。中世さうくゎい[爽快]。さっぱり。すっきり。せいせい[清清／晴晴]。はればれ[晴晴]。中古さはやか[爽]。上代さやけし[清／明]。すがすがし[清清]。

せいぜい【精精】 近代きょくりょく[極力]。せいぜい[精精]。ちからいっぱい[力一杯]。できるかぎり[出来限]。なるべく。やまやま[山山]。近世せいいっぱい[精一杯]。せいぎり[精切]。たかが[高]。たかだか[高高]。たかで[高]。できるだけ[出来]。なるたけ。中世せめての。中古せめて。

せいせき【成績】 アセスメント(assessment)。さてい[査定]。じっせき[実績]。せいか[成果]。ひゃうか[評価]。近代げふせき[業績]。せいか[成果]。近世せいせき[成績]。できばえ[出来映]。中世こうげふ[功業]。上代かうくゎ[考課]。こうせき[功績]。こうか[功科]。

―がよくない 近代ふしん[不振]。ふせいせき[不成績]。

―の順 近代せきじ[席次]。近世せきじゅん[席順]。

試合の― 近代きろく[記録]。スコア(score)。せんせき[戦績]。

せいぜつ【凄絶】 →すさまじ・い

せいせん【生鮮】 なまあたらしい[生新]。近代せいせん[生鮮]。せいしん[生新]。ビビッド(vivid)。フレッシュ(fresh)。中世あたらし[新]。しんせん[新鮮]。中古せいしん[清新]。上代あらたし[新]。

せいせん【精選】 篩(ふるひ)にかける。近代げんせん[厳選]。つぶより[粒選]。近世えりぬく[選抜]。せんばつ[選抜]。ひとつぶえり／ひとつぶより[一粒選]。中世せいせん[精選]。ねる[練／錬／煉]。中古せうす[抄／鈔]。えりすぐる[選選]。かんたく[簡択]。

せいぜん【生前】 近代ざいせいちゅう[在世中]。せいぜん[生前]。ぞんめいちゅう[存命中]。ありし日。中世ざいせぢゅう[在世中]。しゃうぜん[生前]。せいぞん[生存]。中古さうぜん[生前]。ありし世。

―の功業をたたえる言葉 近代るいし[誄詞]。るいじ[誄辞]。上代しのびごと[誄]。るい[誄]。

―の功業をたたえる詩歌 近代るいか[誄歌]。るいし[誄詩]。

せいぜん【整然】 きちんと。近代ちつじょだつ[秩序立]。一糸乱れず。近世せいぜん[整然／井然]。中世ちゃんと。

せいそ【清楚】 近代せいじゅん[清純]。近世せいが[清雅]。せいそ[清楚]。中古きよらか[清]。

せいそう【清掃】 近代さうぢょ[掃除]。近世ふく[拭]。中世ぬぐふ[拭]。中古さうぢ[掃除]。上代きよむ〔きよめる〕[清]。せいさう[清掃]。はく[掃／刷]。

いろいろな―(例) 近代おほさうぢ[大掃除]。からぶき[乾拭]。にはさうぢ[庭掃除]。ふきさうぢ[拭掃除]。はきさうぢ[掃掃除]。中世すすはらひ[煤払]。中古すすはき[煤掃]。

せいそう【正装】 フォーマルウエア(formal wear)。りゃくれいふく[略礼服]。近代しきふく[式服]。せいさう[正装]。ドレスアップ(dress up)。はれいしゃう[晴衣装]。近世はれぎぬ[晴衣]。れいさう[礼装]。中世はれぎ[晴着]。れいふく[礼服]。上代らいふく[礼服]。

せいそう【盛装】 近代ぐゎいしゅつぎ[外出着]。せいさう[盛装]。ドレスアップ(dress up)。中世きらめく[煌]。はれぎ[晴着]。びさう[美装／美粧]。中古きかざる[着飾]。

せいそう【悽愴】 近代いんさん[陰惨]。せいさん[凄惨]。中世いたまし[傷／痛]。ひさん[悲惨]。上代せいさう[悽愴／凄愴]。

せいそう【星霜】 にちげつ[日月]。近世くゎういん[光陰]。せきねん[積年]。中世しゅんじう／はるあき[春秋]。つゆじも[露霜]。ふうさう[風霜]。中古じつげつ[日月]。せいさう[星霜]。つゆしも[露霜]。上代さいげつ[歳月]。つきひ[月日]。としつき／ねんげつ[年月]。→さいげつ

せいぞう【製造】 近代せいさん[生産]。せいさん[製産]。プロダクション(production)。せいさく[製作]。中世こしらふ〔―らえる〕[拵]。さくせい[作製]。つくりだす[造出]。中古せいざう[製造]。上代つくる[造]。→つく・る

《謙》きんせい[謹製]。

―・する所 ファクトリー(factory)。近代こうぢゃう／こうば[工場]。せいざうしょ[製造所]。

―・する人 近代せいさんしゃ[生産者]。メーカー(maker)。

―もと 近代ほんぽ[本舗]。

せいそく【生息】 近代いきてゐる[生]。せいそく[生息]。近世せいぞん[生存]。中古せいそく[棲息／栖息]。

生物の―場所 ハビタット(habitat)。

せいそく【棲息】 すんでいる[住]。近代せいそく[棲息/栖息]。中古せいそく[生息]。

せいぞろい【勢揃】 近代オンパレード(on parade)。近代でそろふ[出揃]。中世せいぞろひ[勢揃]。

せいぞん【生存】 近代じつざい[実在]。じつぞん[実存]。せいそく[生息]。いきてゐる[生]。中世いく[いきる][生]。近世せいぞん[生存]。中古ざいせ/ざいせい[在世]。しゃう[生]。ぞんじゃう[存生]。そんす/ぞんす/ぞんず[存]。ぞんめい[存命]。上代あり[有]。世にあり。

—・するもの 近世うじゃう[有情]。しゅじゃう[衆生]。

—の反応 せいかつはんのう[生活反応]。せいたいはんのう[生体反応]。

今—・していること 中古ありふ[有経]。ざいせ/ざいせい[在世]。上代ありわたる[有渡]。

せいたい【生体】 近代せいたい[生体]。中世いきみ[生身]。なまみ[生身]。中古しゃうじん[生身]。

—の検査 せいけん[生検]。バイオプシー(biopsy)。

—の検査の記録装置 ポリグラフ(polygraph)。

—反応の例 インビボ(in vivo)。めんえきはんのう[免疫反応]。

せいたい【生態】 いきざま[生様]。せいかつけいたい[生活形態]。近代せいたい[生態]。

—の学問 エコロジー(ecology)。

せいだい【盛大】 近代せいえい[盛栄]。せいきゃう[盛況]。近世りゅうせい[隆盛]。せいだい[盛大]。中世しんしん[振振]。はいぜん[沛然]。中古いかめし[厳]。さかん[盛]。

—な行事 近世せいきょ[盛挙]。中世せいぎ[盛儀]。中古せいじ[盛事]。

せいだい【正大】 近世せいだい[正大]。中古こうへい[公平]。だうだう[堂堂]。

せいだく【清濁】 近代せいひ[正否]。近世せいご[正誤]。せいじゃ[正邪]。中世きょくちょく[曲直]。中古せいだく[清濁]。りひ[理非]。上代ぜんあく[善悪]。

ぜいたく【贅沢】 デラックス(deluxe)。ラグジュアリー(luxury)。近代がうせい[豪勢]。ゴージャス(gorgeous)。しゃた[奢汰]。近世ぜい[贅]。ぜいたく[贅沢]。わがまま[我儘]。栄耀らし。中世おごり[驕]。がうしゃ[豪奢]。くゎしょく[華飾/過職/花色]。くゎっけい[活計]。くゎんらく[歓楽/懽楽]。せんしゃう/せんじゃう[僭上]。中古けうしゃ[驕奢]。しゃし[奢侈]。

—・する 上代おごる[奢/驕]。

—・でない つつましい[慎]。→しっそ

—・で華やかなこと 近世がうくゎ[豪華]。中世くゎしくゎ[華侈]。くゎんくゎつ[寛闊]。中古くゎび[華美/花美]。きら[綺羅]。

—・な金の遣い方 近世ええうづかひ[栄耀使]。

—・な酒宴 近世しゅちじりん[酒池肉林]。中世しゅちにくりん[酒池肉林]。

—・な生活をすること 近代ぐゎんこ[紈袴]。びいびしょく[美衣美食]。ひがみひぶろ[日髪日風呂]。近世ええうぐらし[栄耀暮]。おかひこぐるみ[御蚕]。きんいぎょくしょく[錦衣玉食]。

—・な人 かねくい[金食]。近代おだいみゃうや[御大名]。ぜいたくか[贅沢家]。ぜいたくや[贅沢屋]。近世かねくひむし[金食虫]。

《句》近代奢る者は心嘗に貧し。

—・なもの ぜいぶつ[贅物]。近代ええうだうぐ[栄耀道具]。がうくゎばん[豪華版]。しゃしひん[奢侈品]。ぜいたくひん[贅沢品]。

—・な旅行 近代だいみゃうりょかう[大名旅行]。

—・に見せかけること 近世からぜい[空贅]。

—の限りを尽くした好み 近世いたりぜんさく[至穿鑿]。

—のたとえ 近世ななつぶとん[七布団]。栄耀に餅の皮を剝く。

衣服で—・すること 近世いしゃうづくし[衣装尽]。きだふれ[着倒]。

食べ物に—・なさま 近世ええうぐひ[栄耀食]。口が奢る。

食べ物の—・なさま 近代ごちそう[御馳走]。近世ええうぐひ[栄耀食]。中世しょくぜんはうぢゃう[食前方丈]。

見えない所を—・にしてある 近世そこいたり[底至]。

身に過ぎた— 近世ええうぐるひ[栄耀狂]。せんしゃう/せんじゃう[僭上]。しゃび[奢靡]。中古くゎさ[過差]。

せいだ・す【精出】 精魂を傾ける。近代骨身を削る。骨身を惜しまず。近世いっしょうけんめい[一生懸命]。しゃうじん[精進]。せいだす[精出]。骨身を砕く。中世せいれい[精励]。ふんこつさいしん[粉骨砕身]。身を粉にす。中古しゃうじ[精進]。はげむ[励]。べんれい[勉励]。肝胆を砕く。身

を砕く。身を尽くす。上代いそしむ[勤]。

せいたん【生誕】 産声を上げる。呱呱(ここ)の声を上げる。近代せいたん[生誕]。中世しんせい[新生]。中古うまれ[生]。しゅっせい[出生]。上代たんじゃう[誕生]。

せいち【生地】 しゃうち[生地]。近代しゅっしゃうち[出生地]。しゅっしんち[出身地]。せいち[生地]。ぢもと[地元]。近世うまれこきゃう[生故郷]。おくに/くに[御国]。ざいしょ[在所]。しゃうこく/しゃうごく[生国]。中世きゃうり[郷里]。くにもと[国元/国許]。中古かきゃう[家郷]。ここく[故国]。上代うまれ[生]。さと[里]。ふるさと[古里/故郷]。
《句》中古越鳥(えつてう)南枝(なんし)に巣くひ胡馬(こば)北風(ほくふう)に嘶(いな)く。 →こきょう

せいち【精緻】 近代さいち[細緻]。しゃうさい[詳細]。近世さいしん[細心]。しゃうみつ[詳密]。せいかう[精巧]。せいち[精緻]。せいめう[精妙]。ちみつ[緻密]。中世さいみつ[細密]。めんみつ[綿密]。中古ことこまか[事細]。上代せいみつ[精密]。

せいちゅう【掣肘】 かいにゅう[介入]。近代かんせふ[干渉]。けんせい[牽制]。せいちう[掣肘]。せいやく[制約]。中世こうそく[拘束]。中古せいげん[制限]。

せいちょう【成長】 うまれそだつ[生育]。近代せいいく[生育]。せいいく[成育]。近世おひたち[生立]。なりたち[成立]。はついく[発育]。ひだち[肥立]。中世せいじゅく[成熟]。そだち[育]。ちゃうだい[長大]。中古せいちゃう[成長]。せいちゃう[生長]。上代おふ[生]。

―が不十分 みせいじゅく[未成熟]。中古かたおひ[片生]。かたなり[片生]。

―・させる 中世そだつ[そだてる][育]。そだてあぐ[―あげる][育上]。中古なしたつ[成立]。上代おほす[生]。

―・して親から離れること おやばなれ[親離]。近世ちちばなれ/ちばなれ[乳離]。ちばなる[乳離]。中世すばなれ[巣離]。中古すだち[巣立]。

―・してゆく 中世おひそだつ[生育]。中古おひたつ[生立]。おひやる[生遣]。おひゆく[生行]。

―・してよくなる 中古おひなほる[生直]。おひまさる[生優]。

―・する 近世おがる。ころだつ[頃経]。中古おひいづ[生出]。おひたつ[生立]。およく/およすぐ/およずく。そだつ[育]。ちゃうず[長]。なりあふ[成合]。なりいづ[成出]。ねびゆく[行]。上代おひなる[生成]。

―・する様子 近世なりさま[形様]。

―に必要な成分 せいちょうホルモン[成長(ドイツ)Hormon]。ソマトトロピン(somatotropin)。近代えいやうぶん[栄養分]。じやうぶん[滋養分]。やうぶん[養分]。近世えいやう[栄養]。こやし[肥/肥汁]。中世じやう[滋養]。中古こえ[肥]。

―を助けること 近世じょちゃう[助長]。

子の無事な― 近世牛にも馬にも踏まれぬ。

十分に―・する 中古なりあふ[成合]。

幼児の―・するさま 中世をさなおひ[幼生]。

せいちょう【生長】 うまれそだつ[生育]。近代せいいく[生育]。中世のぶ[のびる][伸]。せいちゃう[成長]。中古せいちゃう[生長]。

上代おふ[生]。

人工的に―を早める 近代そくせい[促成]。

せいちょう【清澄】 近代せいちょう[清澄]。近世せいれつ[清冽]。中世さうくゎい[爽快]。さはやか[爽]。中古きよらか[清]。

せいちょう【整調】 アレンジ(arrange)。コンディショニング(conditioning)。チューニング(tuning)。近代てうせつ[調節]。近世せいてう[整調]。てうくゎ[調和]。てかげん[手加減]。中古てうわ[調和]。

せいちょう【静聴】 聞き耳を立てる。近代せいちゃう[静聴]。近世けいちゃう[傾聴]。中世耳を澄ます。耳を欹(そばだ)つ[―欹てる]。

せいつう【精通】 近代じゅくつう[熟通]。ちしつ[知悉]。近世あかるい[明]。くはし[詳]。じゅくち[熟知]。せいつう[精通]。造詣が深し。中世くもりなし[曇無]。つうげう[通暁]。つうず[通]。中古つうたつ[通達]。上代つう[通]。

―・していない 上代くらし[暗]。

―・している人 中世つうじん[通人]。ものしり[物知]。

せいてい【制定】 エスタブリッシュメント(establishment)。近代せいりつ[制立]。上代けっす[決]。せいてい[制定]。中世きむ[きめる][決]。さだむ[さだめる][定]。

せいてき【性的】 セクシュアル(sexual)。近代せいてき[性的]。くゎんのうてき[官能的]。

―な愛 近代せいあい[性愛]。中古あいよく[愛欲]。

―な関係 にくたいかんけい[肉体関係]。近代じゃうかう[情交]。せいかう[性交]。

―・なことに走りやすいこと 近代いんわい

[淫猥]。近世ひわい[卑猥]。みだら[淫／猥]。わいせつ[猥褻]。中古いんぽん[淫奔]。

—・な魅力がある　セクシー(sexy)。近代エロチック(erotic)。近世いろけ[色気]。濡(ぬ)れが利く。

—・な欲望　近代しゅんき[春機]。せいよく[性欲]。セックス(sex)。れつじゃう[劣情]。近世しきじゃう[色情]。しきしん[色心]。中世いんき[淫気]。じゃうよく[情欲]。じゃよく[邪欲]。中古いんよく[淫欲]。しきよく[色欲]。

—・な欲望から異常な行動をする人　近代しきじゃうきゃう[色情狂]。近世いろきちがひ[色気違]。

—・な欲望に耽(ふけ)ること　近代いんぎゃく[淫虐]。中世いんらん[淫乱]。

—・に相手を満足させること　中古いんとく[陰徳]。

—・に目覚める　近世いろけづく[色気付]。

—魅力によって男性を悩ませること　近代いろっぽい[色]。セックスアピール(sex appeal)。近世なまめかし[艶]。中古なうさつ[悩殺]。

芸術作品のテーマが—・であること　近代エロチシズム(eroticism)。

男性の—不能　インポテンツ(ドイツImpotenz)。

せいてつ【製鉄】　近代せいかう[製鋼]。せいてつ[製鉄]。やきん[冶金]。

せいてん【晴天】　こうてん[好天]。てり[照]。近代かうせい[好晴]。にほんばれ[日本晴]。近世じゃうてんき[上天気]。中世てんき[天気]。はれあがる[晴上]。はれわたる[晴渡]。中古くゎいせい[快晴]。せいくう[晴空]。せいてん[晴天]。せいてん[青天]。はれ[晴]。ひより[日和]。上代ひでり[日照／旱]。

《句》近代夕虹は百日の旱(ひで)り。

—が続くこと　近世かたでり[偏照／片照]。ひよりつづき[日和続]。

—でうららかなこと　近世せいらう[晴朗]。

—で太陽が輝くこと　中世せいてんはくじつ[青天白日]。

—で眺めがよいこと　中世せいかう[晴好]。

—と雨天　近世てりふり[照降]。

—と曇り　近代せいどん[晴曇]。

—を祈る行事　近代てんきまつり[天気祭]。近世ひよりまうし[日和申]。

季節の—　近代あきばれ[秋晴]。きくびより[菊日和]。こはるびより[小春日和]。ふゆばれ[冬晴]。近世あきびより[秋日和]。さつきばれ[五月晴]。ふゆびより[冬日和]。《句》近代天高く馬肥ゆ。

土用の間続く—　近代てりどよう[照土用]。

せいてん【青天】　近世あをぞら[青空]。あをてんじゃう[青天井]。中古さうきゅう[蒼穹]。せいてん[晴天]。せいてん[青天]。

せいてん【盛典】　近代せいくゎい[盛会]。近世せいてん[盛典]。中世せいぎ[盛儀]。

せいてん【聖典】　→**せいしょ【聖書】**

せいと【生徒】　近代がくと[学徒]。近世がくせい[学生]。上代せいと[生徒]。

女性の—　近代えびちゃしきぶ[葡萄茶式部]。ぢょがくせい[女学生]。ぢょせいと[女生徒]。ひさしがみ[庇髪]。むらさきゑもん[紫衛門]。をんながくせい[女学生]。

せいど【制度】　レジーム(regime)。近代システム(system)。たいせい[体制]。中古せい[制]。上代せいど[制度]。のり[法／則／矩]。

—の範囲外　近代せいぐゎい[制外]。

—を他国から取り入れること　近代いしょく[移植]。

新しい今の—　近代げんせい[現制]。中古しんせい[新制]。

学校に関する—　近代がくせい[学制]。

古い時代の—　きゅうせいど[旧制度]。中世きうせい[旧制]。上代きうてん[旧典]。ゐせい[遺制]。

法律と—　上代はふせい[法制]。

せいとう【正当】　せいとう[正統]。近代がふはふ[合法]。じゅんたう[順当]。せいじゃう[正常]。せいたう[正当]。近世したう[至当]。まとも[正面]。中世ちゅうせい[中正]。中古りうん[理運／利運]。上代こうせい[公正]。

—・でないこと　近代ふせい[不正]。やみ[闇](接頭語的に)。中古ふたう[不当]。

—・でないさま　中世ひが[僻]。

—化すること　近代ジャスティファイ(justify)。

—と判断すること　近代オーソライズ(authorize)。こうにん[公認]。しょうにん[承認]。

せいとう【政党】　パルタイ(ドイツPartei)。近代けっしゃ[結社]。こうたう[公党]。せいたう[政党]。たうは[党派]。パーティー(party)。上代たう[党]。

—内の分派　はばつ[派閥]。近代たうは[党派]。たうばつ[党閥]。ばつ[閥]。フラクション(fraction)。

ーの幹部に追従する議員 近代ぢんがさ［陣笠］。ぢんがされん［陣笠連］。近世ぢんがさぐみ［陣笠組］。

新たにーを結成すること りっとう［立党］。

新たにできたー 近代しんたう［新党］。

政権を担当しているー 近代よたう［与党］。

与党以外のー 近代やたう［野党］。

せいとう【征討】 せいあつ［征圧］。近代せいふく［征服］。中世たうばつ［討伐］。中古せいす［征］。せいばつ［征伐］。上代せいたう［征討］。たひらぐ［—らげる］［平］。

せいとう【正統】 オーソドックス(orthodox)。近代がふはふ［合法］。じゅんたう［順当］。せいけい［正系］。せいじゃう［正常］。せいたう［正当］。ちょくけい［直系］。近世きっすい［生粋］。したう［至当］。ちゃきちゃき。ほんかく［本格］。中世しゃうたう［正当］。せいぎ［正義］。せいとう［正統］。たうぜん［当然］。ちゅうせい［中正］。上代こうせい［公正］。

ーの家系 近代ちゃくか／ちゃくけ［嫡家］。中世ちゃくりう［嫡流］。中古ちゃくちゃく［嫡嫡］。

せいどう【正道】 じょうき［常軌］。近代じゃうだう［常道］。せいけい［正経］。近世しゃうだう［正道］。中世しゃうろ［正路］。じんだう［人道］。せいぎ［正義］。めいぶん［名分］。中古しんぎ［信義］。せいだう［正道］。たいぎ［大義］。上代だうり［道理］。《句》近代行くに径(こみち)に由(よ)らず。

ーを外れる 近代ふみはづす［踏外］。ふみまよふ［踏迷］。中古そばむ［側］。ふみまどふ［踏惑］。

せいどう【制動】 近代はどめ［歯止］。ブレーキ(brake)。よくし［抑止］。近世よくせい［抑制］。中古せいし［制止］。

せいどう【青銅】 近世ブロンズ(bronze)。中世からかね［唐金］。こどう［胡銅］。中古せいどう［青銅］。

せいとく【生得】 →**うまれつき**

せいとん【整頓】 近代あとかたづけ［後片付］。あとしまつ［後始末］。近世かたづけ［片付］。しうしふ［収拾］。中世しまつ［始末］。せいとん［整頓］。せいり［整理］。

ー・する 近世とりかたづく［—かたづける］［取片付］。中世かたづく［—づける］［片付］。中古したたむ［—ためる］［認］。上代ととのふ［—のえる］［整／調／斉］。

せいねん【生年】 うまれどし［生年］。近代せいねん［生年］。中古しゃうねん［生年］。ねんれい［年齢］。

せいねん【成年】 アダルト(adult)。近代せいてい［成丁］。せいねん［成年］。近世いちにんまへ［一人前］。中古おとな［大人］。せいじん［成人］。ていねん［丁年］。上代人と成る。→**せいじん【成人】**

ーに達すること 中古ちゃうだい［長大］。

せいねん【青年】 近代ヤングマン(young man)。わかざう［若造／若蔵］。わかぞう［若僧］。近世せいねん［青年］。中世じゃくはい［若輩／弱輩］。わかいしゅ［若衆］。わかいもの［若者］。わかて［若手］。わかもの［若者］。中古じゃくねん［弱年／若年］。わかうど［若人］。わかしゅ［若衆］。

せいねん【盛年】 中世せいねん［盛年］。近代はたらきざかり［働盛］。ちゅうねん［中年］。中古さうれい［壮齢］。上代さうねん［壮年］。

せいのう【性能】 近代きのう［機能］。しゅわん［手腕］。近世うでまへ［腕前］。のうりょく［能力］。はたらき［働］。中世ぎりゃう［技量／伎倆／技倆］。じつりょく［実力］。りきりゃう［力量］。上代さいのう［才能］。せいのう［性能］。

せいは【制覇】 せいあつ［征圧］。近代いうしょう［優勝］。せいは［制覇］。せいふく［征服］。覇権を握る。

せいばい【成敗】 近代ざんかん［斬奸］。しょばつ［処罰］。せいさい［制裁］。ペナルティー(penalty)。中世ちゅう［誅］。中古せいばい［成敗］。ばっす［罰］。上代しょぶん［処分］。

せいはつ【整髪】 りよう［理容］。近代さんぱつ［散髪］。せいはつ［整髪］。てうはつ［調髪］。中古りはつ［理髪］。

ー剤 コスメチック／チック(cosmetic)。コンディショナー(conditioner)。トニック(tonic)。ヘアスティック(hair-stick)。ヘアスプレー(hair spray)。ポマード(pomade)。リキッド(liquid)。

せいばつ【征伐】 せいあつ［征圧］。近代せいふく［征服］。へいてい［平定］。中世しへたぐ［虐］。たいぢ［退治］。たうばつ［討伐］。ぢばつ［治罰］。ふゑつ［斧鉞］。中古うつ［討／撃］。せいす［征］。たうず［討］。上代せいたう［征討］。せいばつ［征伐］。せめうつ［攻討］。たひらぐ［—らげる］［平］。

ーの軍を向ける 中世ついばつ［追伐］。上代ついたう［追討］。

長い道程を進んでー・する 近代ちゃうせい

[長征]。ゑんせい[遠征]。

せいはんたい【正反対】 ひゃくはちじゅうど[百八十度]。近代 せいはんたい[正反対]。たいしょ／たいせき[対蹠]。近世 あべこべ。はんたい[反対]。雪と墨。中世 ぎゃく[逆]。中古 うらはら[裏腹]。上代 さかさま[逆様]。→さかさま

―に一気に変わること 近代 どんでんがへし[返]。

せいひ【正否】 くろしろ[黒白]。近代 てきひ[適否]。近世 せいご[正誤]。せいじゃ[正邪]。せいひ[正否]。たうひ[当否]。てきふてき[適不適]。中世 きょくちょく[曲直]。こくびゃく[黒白]。じゅんぎゃく[順逆]。しろくろ[白黒]。りゃうひ[良否]。中古 かひ[可否]。せいだく[清濁]。よしあし[善悪]。りひ[理非]。上代 ぜひ[是非]。ぜんあく[善悪]。

せいび【整備】 メンテナンス(maintenance)。近代 しょり[処理]。ほしゅ[保守]。近世 しうしふ[収拾]。中世 しまつ[始末]。せいり[整理]。中古 しつらふ[設]。はらひしつらふ[払設]。上代 せいび[整備]。ととのふ[―のえる][整／調／斉]。

せいひつ【静謐】 近代 せいしゅく[静粛]。せいをん[静穏]。近世 せいじゃく[静寂]。中世 かんじゃく[閑寂]。かんせい[閑静]。しんかん[森閑]。へいをん[平穏]。中古 しづか[静]。せいひつ[静謐]。

せいびょう【性病】 エスティーディー(STD; sexually transmitted disease)。おみやげ[御土産]。ろっぴゃくろくごう[六百六号]。近代 くゎりうびゃう[花柳病]。せいびゃう[性病]。ぶんめいびゃう[文明病]。中世 びんばふ[貧乏]。

せいひん【清貧】 近世 食ふや食はず。中古 せいひん[清貧]。ひんこん[貧困]。上代 まづし[貧]。

《句》近代 空馬に怪我なし。原憲(げんけん)の貧。近世 武士は食はねど高楊枝(たかやうじ)。中世 一箪(いったん)の食(し)一瓢の飲(いん)。中古 肘(肱(ひぢ)／臂(ひぢ))を曲ぐ[―曲げる]。

せいひん【製品】 近代 グッズ(goods)。さんぴん[産品]。しゃうひん[商品]。せいさんひん[生産品]。せいさんぶつ[生産物]。せいひん[製品]。プロダクト(product)。中世 うりもの[売物]。

せいふ【政府】 近代 ないかく[内閣]。近世 おかみ[御上]。ぎゃうせい[行政]。せいふ[政府]。中古 おほやけ[公]。くゎん[官]。てうてい[朝廷]。上代 くに[国]。べうだう[廟堂]。

―が作ること 近代 くゎんせい[官製]。

―が許し認めること 近代 こうにん[公認]。近世 くゎんきょ[官許]。

―関係者 かんぺんすじ[官辺筋]。

―関係の要人 ビップ／ブイアイピー(VIP; very important person)。

―と民間 近代 くゎんみん[官民]。中古 くし[公私]。上代 こうし[公私]。てうや[朝野]。

―と結びついて商売する商人 近代 せいしゃう[政商]。

―に関係ある事柄 近代 くゎんぺん[官辺]。

―を尊び民を軽く扱う 近代 くゎんそんみんぴ[官尊民卑]。

せいふく【征服】 せいあつ[征圧]。近代 こうらく[攻落]。せいは[制覇]。せいふく[征服]。たふす[倒]。近世 きりしたがふ[切従]。こうりゃく[攻略]。しんりゃく[侵略]。中世 うちやぶる[撃破]。くだす[下]。しへたぐ[虐]。たうばつ[討伐]。中古 したがふ[―がえる][従]。せいす[征]。上代 せいたう[征討]。せいばつ[征伐]。たひらぐ[―らげる][平]。

せいふく【制服】 近代 せいふく[制服]。ひょうじゅんふく[標準服]。ユニホーム(uniform)。

学校の― 近代 かうふく[校服]。がくせいふく[学生服]。

軍の― 近代 ぐんぷく[軍服]。

せいぶつ【生物】 せいめいたい[生命体]。近代 いうきたい[有機体]。せいるい[生類]。どうしょくぶつ[動植物]。近世 せいぶつ[生物]。中古 生きとし生けるもの。上代 いきもの[生物]。しゃうるい[生類]。→いきもの

―学 近代 バイオロジー(biology)。

―学の例 エソロジー(ethology)。せいたいこうがく[生体工学]。せいぶつこうがく[生物工学]。どうぶつこうどうがく[動物行動学]。バイオテクノロジー(biotechnology)。バイオニクス(bionics)。ひかくこうどうがく[比較行動学]。ぶんしせいぶつがく[分子生物学]。

―の個体が増えること 近世 せいしょく[生殖]。ぞうしょく[増殖]。上代 はんしょく[繁殖／蕃殖]。

―分類の区分 かい[界]。ぞく[族]。れん[連]。近代 あかう[亜綱]。かう[綱]。くゎ[科]。しゅ[種]。ぞく[属]。もく[目]。もん[門]。

エネルギー源としての―体 バイオマス(biomass)。**近代**いうきたい[有機体]。

せいぶん【成分】 **近代**エレメント(element)。そせい[組成]。**近代**ファクター(factor)。**近世**せいぶん[成分]。

純粋の― **近世**せいぶん[精分]。

有効― **近世**エキス(オランダ extract の略)。

せいへき【性癖】 **近代**しふへき[習癖]。**近世**しふくゎん[習慣]。しふせい[習性]。**中世**じゃうしふ[常習]。せいへき[性癖]。**中古**くせ[癖]。こころぐせ[心癖]。こころならひ[心習]。

せいべつ【性別】 せいさ[性差]。だんじょべつ[男女別]。**近代**ジェンダー(gender)。せい[性]。せいべつ[性別]。セックス(sex)。

せいぼ【生母】 生みの母。**中世**せいぼ[生母]。**中古**じつぼ[実母]。

せいぼ【歳暮】 **近世**くれ[暮]。ねんまつ[年末]。**中古**さいまつ[歳末]。年の暮れ。**上代**せいぼ[歳暮]。→**ねんまつ**

せいほう【製法】 **近代**せいざうはふ[製造法]。**近世**せいはふ[製法]。つくりかた[作方]。

せいぼう【声望】 **近代**しゅうばう[衆望]。しんばう[信望]。**近世**せいばう[声望]。めいばう[名望]。**中古**じんばう[人望]。とくばう[徳望]。ほまれ[誉]。めいせい[名声]。

せいほうけい【正方形】 じゅんぽう／ずんぽう[巡方]。スクエア(square)。**近代**せいはう[正方]。せいはうけい[正方形]。**近世**ましかく[真四角]。

―と円形 **中古**はうゑん[方円]。

―に数字を並べたもの ほうじん[方陣]。

―の面積 **近代**へいはう[平方]。

せいほん【製本】 そうほん[装本]。ぞうほん[造本]。**近代**さうてい[装丁／装釘／装幀]。やうとぢ[洋綴]。わとぢ[和綴]。**近世**せいほん[製本]。

―方法や様式の例 いととじ[糸綴]。うちぬきとじ[打抜綴]。せんそう[線装]。てんのり[天糊]。**近代**ほんとぢ[本綴]。**中世**かりとぢ[仮綴]。

―ミスの例 らんちょう[乱丁]。**中世**らくちゃう[落丁]。

―用語の例 **近代**つか[束]。のど[喉／咽]。みみ[耳]。

みかへし[見返]。**中世**こぐち[小口]。

洋装本の―(例) じょうせいぼん[上製本]。なみせいほん[並製本]。ほんせいほん[本製本]。

和装本の―の綴じ方(例) あじろとじ[網代綴]。なかとじ[中綴]。ひらとじ[平綴]。みんちょうとじ[明朝綴]。むせんとじ[無線綴]。よつめとじ[四目綴]。

せいまい【精米】 **近代**せいはく[精白]。せいはくまい[精白米]。たうせい[搗精]。**近世**つきごめ[搗米]。**中世**こめつき[米搗]。せいまい[精米]。**中古**いねつき[稲舂]。しらげよね[精米]。しらよね[白米]。**上代**はくまい[白米]。

―・する人 **近世**うすをとこ[臼男]。

せいみつ【精密】 ファイン(fine)(接頭語的に)。**近代**さいち[細緻]。しゃうさい[詳細]。**近世**こまかし[細]。さいしん[細心]。しゃうみつ[詳密]。せいかう[精巧]。せいち[精緻]。ちみつ[緻密]。**中世**さいみつ[細密]。せいさい[精細]。めんみつ[綿密]。**中古**ことこまか[事細]。こまやか[細／濃]。**上代**せいみつ[精密]。

―機械 せいき[精機]。

―・でないさま **近世**ざつ[雑]。

せいみょう【精妙】 **近代**かうち[巧緻]。かうめう[巧妙]。しせい[至精]。**近世**せいかう[精巧]。せいめう[精妙]。せんさい[繊細]。

せいむ【政務】 **近代**ぎゃうせいじむ[行政事務]。せいばい[成敗]。**中世**こうよう[公用]。せいむ[政務]。**中古**おほやけごと[公事]。こうむ[公務]。せいむ[政務]。

―を執る **上代**まうしたまふ[申給]。

―を執るところ **近世**おもてむき[表向]。

君主に代わって―を行うこと **中古**せっしょう[摂政]。

君主を助けて―をよく行うこと **上代**えんばい[塩梅]。

重要な― **近代**すうむ[枢務]。**中世**きむ[機務]。すうき[枢機]。

朝廷の― **中古**あさまつりごと[朝政]。

せいめい【生命】 →**いのち**

せいめい【声明】 メッセージ(message)。**近代**げんめい[言明]。コミュニケ(フランス communiqué)。ステートメント(statement)。せいめい[声明]。はっぺう[発表]。マニフェスト(manifesto)。**近世**しゅちゃう[主張]。せんげん[宣言]。**中世**こうげん[公言]。せんこく[宣告]。めいげん[明言]。

せいめい【姓名】 →**しめい【氏名】**

せいめい【声名】 **近世**ひゃうばん[評判]。**中古**せいか[声価]。せいめい[声名]。ほまれ[誉]。めいせい[名声]。

せいめい【盛名】 **近代**めいぶん[名聞]。**近世**

かうひゃう［高評］。かうひゃう［好評］。かうぶん［好聞］。ひゃうばん［評判］。中世えいめい［英名］。かうみゃう／かうめい［高名］。せいめい［盛名］。みゃうもん［名聞］。れいめい［令名］。中古えいめい［栄名］。ほまれ［誉］。めいよ［名誉］。上代みゃうもん［名聞］。

せいやく【制約】 わく［枠］。近代げんてい［限定］。せいちう［掣肘］。せいやく［制約］。でうけん［条件］。近世そくばく［束縛］。中世しばる［縛］。中古せいげん［制限］。

—・し統制すること 近世せいとう［制統］。

せいやく【誓約】 かくやく［確約］。近代せんせい［宣誓］。近世ちかひ［誓］。中世きしゃう［起請］。しんやく［信約］。せいやく［誓約］。中古せいめい［誓盟］。やくそく［約束］。

—書 近代かためぶみ［固文］。ちかひぶみ［誓文］。近世せいしょ［誓書］。せいもんだて［誓文立］。中世きしゃうもん［起請文］。せいし［誓紙］。せいじゃう［誓状］。せいもん［誓文］。

—の堅さを示す血の押判 中世けっぱん／ちばん［血判］。

一度の— 中世いちやく［一約］。

▼酒杯を交わし堅く誓い合うこと 近世かためのさかづき［固杯］。上代うきゆひ［盞結］。

せいよう【西洋】 オクシデント(Occident)。近代おうしう［欧州］。おうべい［欧米］。せいおう［西欧］。ヨーロッパ［ポルトガルEuropa／欧羅巴］。近世せいやう［西洋］。たいせい［泰西］。

—からの客 近世やうかく／やうきゃく［洋客］。

—人 近代あかひげ［赤髭］。あをめ［青目／青眼］。あをめだま［青目玉］。ぐゎいこくじん［外国人］。ぐゎいじん［外人］。こうぜん［紅髯］。へきがん［碧眼］。近世いじん［異人］。こうもう／こうもうじん［紅毛人］。こうもうへきがん［紅毛碧眼］。せいい［西夷］。ぜんりょ［髯虜］。なんばんじん［南蛮人］。やうじん［洋人］。

—人の目 近代あをめ［青目／青眼］。あをめだま［青目玉］。へきがん［碧眼］。中古りょくがん［緑眼］。

—的な建物 近代いじんくゎん［異人館］。やうくゎん［洋館］。

—的な食べ物 近代せいやうれうり［西洋料理］。やうしょく［洋食］。

—的な部屋 近代やうしつ［洋室］。やうま［洋間］。

—的な様式 近代ハイカラ(high collar)。バタくさい［butter臭］。やうしき［洋式］。やうふう［洋風］。近世せいやうふう［西洋風］。

—で出版された書物 近代やうしょ［洋書］。やうほん［洋本］。

—にかぶれていること 近代バタくさい［butter臭］。やうへき［洋癖］。

—に旅行すること 近代やうかう［洋行］。近世さいいう／せいいう［西遊］。

—の音楽 近代やうがく［洋楽］。

—の学問 近代せいがく［西学］。近世やうがく［洋学］。

—の菓子 近代やうぐゎし［洋菓子］。

—の国々 近代さいこく／さいごく［西国］。

—の言葉 よこもじ［横文字］。近代やうご［洋語］。

—の文字 近代やうじ［洋字］。ローマじ［Roma字］。近世よこもじ［横文字］。

—の物 近代はくらいもの［舶来物］。やうもの［洋物］。

せいよう【静養】 近代きうやう［休養］。近世せいやう［静養］。ほやう［保養］。中古ためらふ［躊躇］。やうじゃう［養生］。れうやう［療養］。

老軀（ろうく）をいたわり—・する 中世老いを養ふ。

せいよく【性欲】 しゅんき［春機］。近代せいよく［性欲］。にくじゃう［肉情］。にくよく［肉欲］。れつじゃう［劣情］。近世じうよく［獣欲］。しきじゃう［色情］。ちじゃう［痴情］。中世あいよく［愛欲］。じゃうよく［情欲］。よくねん［欲念］。中古いん［淫／婬］。いんよく［淫欲］。しきよく［色欲／色慾］。しゅんじゃう［春情］。よくじゃう［欲情］。よくしん［欲心］。

—が旺盛なさま 近世じんすけ［甚助／甚介］。じんばり［腎張］。すそっぱり／すそばり［裾張］（女性）。すそぶげん［裾分限］（男性）。ちかがつゑ［近餓］。つよざう［強蔵］。中古たいん［多淫］。

—がなくなる 中世きょす［虚］。じんきょ［腎虚］。

—を起こさせる薬 近代さいいんざい［催淫剤］。さいいんやく［催淫薬］。さいしゅんやく［催春薬］。近世いんやく［淫薬／婬薬］。びやく［媚薬］。

尋常でない— いじょうせいよく［異常性欲］。せいてきとうさく［性的倒錯］。せいとうさく［性倒錯］。近代へんたい［変態］。

せいらい【生来】 近代せいらい［生来］。近世てんしゃう［天性］。中世うまれつき［生

付］。しゃうぶん［性分］。せいとく［生得］。中古 しゃうとく［生得］。上代 てんし［天資］。てんせい［天性］。→うまれつき

せいり【整理】 近代 あとかたづけ［後片付］。あとしまつ［後始末］。かいけつ［解決］。しょり［処理］。せいさん［清算］。せいび［整備］。近世 しうしふ［収拾］。中世 しまつ［始末］。せいとん［整頓］。せいり［整理］。中古 したため［認］。

一・する 近代 けいとうだてる［系統立］。ちつじょだてる［秩序立］。とりまとめる［取纏］。近世 かたす［片］。中世 かたづく［一づける］［片付］。まとむ［まとめる］［纏］。中古 したたむ［一ためる］［認］。上代 ととのふ［一のえる］［整／調／斉］。

せいり【生理】→**げっけい**

せいりつ【成立】 近代 けいせい［形成］。たっせい［達成］。なりたつ［成立］。近世 あひなる［相成］。できあがる［出来上］。なしとぐ［一とげる］［成遂］。中世 じゃうじう［成就］。上代 じゃうじゅ［成就］。せいりつ［成立］。なる［成］。

せいりょう【清涼】 近世 さうりゃう［爽涼］。中世 さうくゎい［爽快］。中古 さはやか［爽］。せいりゃう［清涼］。上代 すがすがし［清清］。

せいりょう【声量】 ボリューム(volume)。近代 おんりゃう［音量］。せいりゃう［声量］。

せいりょく【精力】 スタミナ(stamina)。ばりき［馬力］。近代 エネルギー(ドイツ Energie)。くゎつどうりょく［活動力］。くゎつりょく［活力］。せいめいりょく［生命力］。バイタリティー(vitality)。近世 きこん［気根］。くゎっき［活気］。げんき［元気］。こん［根］。こんき［根気］。せいこん［精根］。せいぶん［精分］。中世 せい［精］。せいき［精気］。せいこん［精魂］。せいりき［精力］。せいりょく［精力］。りき［力］。中古 きりょく［気力］。上代 ちから［力］。

せいりょく【勢力】

一的 近代 エネルギッシュ(ドイツ energisch)。近世 せいゐ［勢威］。はば［幅／巾］。はぶり［羽振］。虎に翼。中世 せいりょく［勢力］。中古 せい［勢］。ゐせい［威勢］。ゐりき［威力］。上代 いきほひ［勢］。けんせい［権勢］。ちから［力］。

一があるさま 近代 おほきい［大］。はばきき［幅利］。わうせい［旺盛］。近世 きる［きれる］［切］。顔が利く。幅を利かす。中世 いうりょく［有力］。きんじゃうたうち［金城湯池］。中古 きんたう［金湯］。さかん［盛］。

一が及ぶ範囲 テリトリー(territory)。近世 なはばり［縄張］。りゃうぶん［領分］。中世 ぢばん［地盤］。中古 しゃうちゅう［掌中］。

一が伸びて進出すること 近代 たいとう［擡頭／台頭］。

一が弱まること じばんちんか［地盤沈下］。近代 すいせい［衰勢］。

一のある家 中世 せいけ［勢家］。中古 けんもん［権門］。せいか［勢家］。上代 せいもん［勢門］。

一のある人 じつりょくしゃ［実力者］。ドン(スペイン don)。近代 いうりきしゃ／いうりょくしゃ［有力者］。せいりょくか［勢力家］。ボス(boss)。近世 あにき［兄貴］。かほやく［顔役］。中世 おほもの［大物］。

一を張って動かないこと 近代 ばんきょ［盤踞／蟠踞］。根を張る。

一を広め盛んにする 近代 くゎうちゃう［広張］。こうちゃう［弘張］。近世 羽根を伸ばす。

一をふるう 近世 幅を利かす(利かせる)。中古 いきまく［息巻］。

一を弱めること 近世 さくじゃく［削弱］。中古 なくなす［無］。

国の一 中古 こくりょく［国力］。

軍の一 中古 ぐんぜい［軍勢］。

他人の一の下 かざしも［風下］。近世 しはいか［支配下］。中古 かふう［下風］。

他人の一の下に入る 中世 つきしたがふ［付従］。

残りの一 中世 よせい［余勢］。

非常な一 中世 よせい［余勢］。

せいれい【精励】 近代 精を励ます。近世 しゃうじん［精進］。ふんれい［奮励］。中世 こくく［刻苦］。せいれい［精励］。精を出す。中古 せいきん［精勤］。上代 きんべん［勤勉］。

せいれい【精霊】→**しょうりょう【精霊】**

せいれつ【清冽】 クリーン(clean)。近代 せいちょう［清澄］。近世 せいれつ［清冽］。中世 きよやか［清］。中古 きよらか［清］。

せいれん【精錬】 近代 きたへる［鍛］。近世 せいれん［精錬］。中世 ねる［練／錬／煉］。中古 なやす［萎］。ねやす［黏／粘／錬］。上代 ふく［吹］。

一法の例 アマルガムほう［amalgam法］。あらぶき［荒吹］。近代 こんこうはふ［混汞法］。はひふきはふ［灰吹法］。近世 たたら［踏鞴］。たたらぶき［踏鞴吹］。

一前の金属 中古 あらがね［粗金／鉱］。

せいれん【清廉】 クリーン(clean)。近代けっぺき[潔癖]。せいじゅん[清純]。中古せいけつ[清潔]。れんちょく[廉直]。上代いさぎよし[潔]。せいれん[清廉]。れんけつ[廉潔]。
—過ぎて世間から孤立すること 《句》近代濁りに染まぬ蓮(はちす)。《句》中世水清ければ魚(うを)棲まず。中世せいかい[清介]。
—・な人 中古せいりう[清流]。
せいろ【蒸籠】 近世せいろ／せいろう[蒸籠]。中古どう[筒]。上代こしき[甑]。
せいろう【晴朗】 中古うららか[麗]。せいてん[晴天]。せいらう[晴朗]。
せいろん【正論】 上代だうり[道理]。近世すぢみち[筋道]。せいろん[正論]。り[理]。
セーブ(save)❶〈**節約**〉近代きりつめる[切詰]。セーブ。せつやく[節約]。ひきしめる[引締]。中世しまつ[始末]。上代けんやく[倹約]。→**せつやく**
セーブ(save)❷〈**抑制**〉近代セーブ。よくあつ[抑圧]。よくし[抑止]。近世あっす[圧]。おさへつく[—つける][抑付]。よくせい[抑制]。
セール(sale) ディスカウントセール(discount sale)。れんかはんばい[廉価販売]。わりびきはんばい[割引販売]。近代うりだし[売出]。おほうりだし[大売出]。セール。とくばい[特売]。れんばい[廉売]。バーゲンセール(bargain sale)。近世やすうり[安売]。上代はんばい[販売]。→**やすうり**
セールスマン(salesman) えいぎょうマン[営業man]。がいこうはんばいいん[外交販売員]。はんばいいん[販売員]。近代ぐゎいかうゐん[外交員]。セールスマン。中古あきんど[商人]。

せお・う【背負】 近代うけもつ[受持]。近世おんぶ[負](幼児語)。かたぐ[かたげる][担]。かろふ[担]。しょひこむ[背負込]。中世うく[うける][受／請]。うけいる[—いれる][受入／受容]。かかふ[かかえる][抱]。かつぐ[担]。かるふ[担]。せおふ[背負]。中古おひかづく[負被]。おひもつ[負持]。かたん[荷担／加担]。になふ[担／荷]。上代おふ[負]。

—・わせる 上代おほす[負／課]。

—・われる 近世おぶさる[負]。

一緒に—・う 上代おひなめもつ[負並持]。

セオリー(theory) 近代がくせつ[学説]。がくり[学理]。セオリー。中古せつ[説]。りろん[理論]。ろん[論]。

せかい【世界】 近代ワールド(world)。中世いってん[一天]。えほう[依報]。さんごく[三国]。てんか[天下]。てんち[天地]。ど[土]。ひのした[日下]。四つの海。中古せかい[世界]。りくきょく[六極]。上代うだい[宇内]。うちう[宇宙]。かいだい[海内]。しかい[四海]。ばんこく[万国]。りくがふ[六合]。

—一 中世さんごくいち[三国一]。

—共通の時刻 せかいじ[世界時]。ユニバーサルタイム(UT; universal time)。

—市民 近代こくさいじん[国際人]。コスモポリタン(cosmopolitan)。

—中 てんがい[天涯]。中世てんか[天下]。近代洋の東西を問はず。上代ふてん[普天]。ふてんそっと[普天率土]。


—地図 近代ばんこくちづ[万国地図]。よちづ[輿地図]。近世よづ[輿図]。

—的 グローバル(global)。近代こくさいてき[国際的]。ユニバーサル(universal)。

—の終わり アルマゲドン(Armageddon)。近代ハルマゲドン(ギリシャ Harmagedōn)。中世ごふまつ[劫末]。

—のはじめ 近代さうせい[創世]。てんちかいびゃく[天地開闢]。中古ごふしょ[劫初]。

—の果て 中世こんりんざい[金輪際]。

—の人は皆兄弟 近代しかいけいてい[四海兄弟]。しかいどうはう[四海同胞]。

—を一つの家とする考え 近代はっくゎういちう[八紘一宇]。

生きるのが苦しい— 近世くがい[苦界]。中古生死(しゃうじ)の海。上代くかい[苦海]。

今生きている— 近代うつしよ[現世]。げんざいせ[現在世]。げんじつかい[現実界]。じっせかい[実世界]。近世くがい[苦界]。中世くがい[公界]。げかい[下界]。げんざいしゃう[現在生]。ぢょくせ[濁世]。よ[世]。中古げんしゃう[現生]。げんせ[現世]。上代うはつくに[上国]。よのなか[世中]。

全— 中世いってんしかい[一天四海]。さんがい[三界]。さんぜんせかい[三千世界]。じっぱうせかい[十方世界]。中古いってんか[一天下]。はっくゎう[八紘]。ほふかい[法界]。上代はっくゎう[八荒]。

迷いの— 近世くかい[九界]。

せか・す【急】 →**せか・せる**
せかせか 近世あくせく[齷齪／偓促]。きぜはし[気忙]。せいきふ[性急]。せっかち。せ

りせり。そはそは。とつかは／ととかは。とっぱかは／とはかは。とっぱくさ／どっぱさっぱ。中世 こせこせ。せかせか。中古 せはせは［忙忙］。

ー・して落ち着かない 中世 せはしなし［忙］。中古 せはし［忙］。

ー・する 中世 せせかむ／せせがむ。せせくる。

せか・せる【急】 近世 おひたつ［ーたてる］［追立］。せかす［急］(四段活用)。せきたつ［ーたてる］［急立］。せく［急］。せたぐ［虐］。せっつく［責付］。せりたつ［ーたてる］［迫立］。せる［迫］。中世 せかす［せかせる］［急］。せつく［責付］。もみたつ［ーたてる］［揉立］。中古 いそがす［ーがせる］［急］。さいそく［催促］。せめたつ［ーたてる］［責立］。そそのかす／すすのかす［唆］。もよほす［催］。

ー・せている感じ 中古 いそがはし［忙］。

せが・む リクエスト(request)。近世 こんまう［懇望］。せびらかす／せぶらかす。せぶる。せわる。中世 こんせい［懇請］。せがむ。せびる。ねだる［強請］。中古 こんばう［懇望］。せむ［せめる］［責］。ほしがる［欲］。上代 こひねがふ［乞願／希／冀］。こふ［請］。

せがれ【倅】 ジュニア(junior)。中世 せがれ［倅］。中古 あいそく［愛息］。しそく［子息］。むすこ［息子］。

《尊》近代 ぼっちゃま［坊］。近世 ぼっちゃん［坊］。れいそく［令息］。れいらう［令郎］。中世 おんざうし［御曹司］。

《謙》近代 とんじ［豚児］。中古 ぐそく［愚息］。

せき【籍】 上代 こせき［戸籍］。中古 せき［籍］。

ーから除くこと 中世 ぢょしゃく［除籍］。中古 ぢょせき［除籍］。

学校にーがある 近代 ざいがく［在学］。ざいせき［在籍］。

せき【堰】 近代 ダム(dam)。ていたう［堤塘］。中世 せき［堰／塞］。どて［土手］。中古 えんてい［堰堤］。ゐせき［堰／井堰］。上代 せきゐで［堰／井手］。

ーの水を落とす所 中世 せきぐち［堰口／関口］。上代 ひ［樋］。

石を積み上げたー 近世 いしつみ／いしづみ［石積］。

角材で水流を調整する構造のー かくおとし［角落］。かくおとしぜき［角落堰］。

河口に設けたー かこうぜき［河口堰］。

川水が上を流れるように造ったー 近世 あらひぜき［洗堰］。

水位の調節ができるー かどうせき［可動堰］。

せき【席】 シート(seat)。中世 ざ［座］。ば［場］。むしろ［筵／蓆／席］。中古 せき［席］。上代 あぐら［胡床／胡坐］。ざせき［座席］。

ーがふさがりいっぱいになる まんせき［満席］。

ーにつくこと 近代 ちゃくせき［着席］。中世 しゅっし［出仕］。中古 ちゃくざ［着座］。

ーに列なること 近代 れっせき［列席］。中世 れつざ［列座］。《謙》中世 末席を汚す。

ーの近く 中古 ざいう［座右］。ざか［座下］。

ーを立つ 近代 席を外す。近世 ちゅうざ［中座］。中世 たいせき［退席］。

ーを譲ること 中世 半座を分く［ー分ける］。

空いているー 近代 くうせき［空席］。中世 くうゐ［空位］。

いつも決まったー 近代 ぢょうせき［定席］。

祝いの宴会のー 近世 がえん［賀筵］。

下位のー まっせき［末席］。中世 しもざ［下座］。すゑざ／まつざ［末座］。中古 ばつざ［末座］。

貴人のー 中古 おまし［御座］。ござ［御座］。

劇場などのー かんきゃくせき［観客席］。きゃくせき［客席］。していせき［指定席］。たちせき［立席］。たちみせき［立見席］。近代 たちみば［立見場］。

芝生に設けられたー 中世 しばゐ［芝居］。

上位のー 近代 じゃうせき［上席］。しゅせき［首席］。近世 かみざ［上座］。しゅざ［首座］。中世 かみ［上］。じゃうざ［上座／上坐］。中古 いちざ［一座］。よこざ［横座］。

座ったまま順にーを詰めること ひざぐり［膝繰］。近代 ひざおくり［膝送］。

天皇のー 中世 ぎょくざ［玉座］。ぎょざ［御座］。

隣のー 近代 となりせき／りんせき［隣席］。

法会に参会した人のー 中世 ゑざ［会座］。

老人など優先のー シルバーシート(和製 silver seat)。

せき【咳】 近代 さかいき［逆息］。そうがい［嗽咳］。近世 がいき［咳気］。中世 がいそう［咳嗽］。すはぶき［咳］。せき［咳］。せきばらひ［咳払］。中古 けいがい［謦咳］。しはぶき［咳］。

ーと唾 中世 がいだ［咳唾］。

ー止めの薬 せきどめ［咳止］。ちんがいざい［鎮咳剤］。ちんがいやく［鎮咳薬］。

ーの出る病気 中古 がいしつ［咳疾］。がいびゃう［咳病］。しはぶきやみ［咳病］。

ーをする 近世せく[咳]。たぐる[吐]。中古うちしはぶく[打咳]。しはぶく[咳]。上代しはぶかふ[咳]。しはぶる[咳]。

しきりにーをする 近世せきいる[咳入]。近代せきこむ[咳込]。中古せきあぐ〔ーあげる〕[咳上]。上代しはぶかふ[咳]。

▼擬音語 近代こん。こんこん。近世ごつごつ。ごほごほ。ごほんごほん。中世くつくつ。中古こほこほ。

▼咳払い →せきばらい

せきあ・げる【咳上】 近世せぐりあぐ〔ーあげる〕[上]。たぐる[吐]。中古せきあぐ〔ーあげる〕[咳上]。

せきがく【碩学】 近代オーソリティー(authority)。近世がいはく[該博]。だいがくしゃ[大学者]。たいと[泰斗]。はくしき[博識]。中世けんゐ[権威]。たいか[大家]。ものしり[物知]。中古いうしき／いうそく[有識／有職]。上代せきがく[碩学]。はくがく[博学]。

せきがはら【関ヶ原】 けっせんじょう[決戦場]。しょうぶどころ[勝負所]。近代せきがはら[関ヶ原]。てんわうざん[天王山]。近世てんかわけめ[天下分目]。危急存亡の秋(とき)。

せきご【隻語】 へんげんせきく[片言隻句]。へんげんせきご[片言隻語]。近代せきご[隻語]。中世いちごんはんく[一言半句]。中古へんげん[片言]。

せきこ・む【咳込】 近代せきこむ[咳込]。近世せきいる[咳入]。せきたぐる[咳吐]。せく[咳]。たぐる[吐]。むせぶ[噎／咽]。中古せきあぐ〔ーあげる〕[咳上]。上代むす〔むせる〕[噎／咽]。

せきさい【積載】 さいせき[載積]。近代とうさい[登載]。のっける[乗／載]。中古せきさい[積載]。つむ[積]。のす〔のせる〕[載]。

せきざい【石材】 せきざい[石材]。近世がんせき[岩石]。中世いし[石]。上代いし[石]。

ーの運搬 中世いしひき[石引／石曳]。

ーの切り出し さいせき[採石]。中世いしきり[石切]。

ーの細工 中世いしきり[石切]。

ーの仕上げ方の例 近代えどぎり[江戸切]。

ーを切り出す所 いしやま[石山]。近代いしきりば[石切場]。

ーを運ぶ船 近世いしぶね[石船]。

ーのいろいろ(例) あかしろけいせき[赤白珪石]。いずみいし[和泉石]。いずみさがん[和泉砂岩]。へげいし[剝石]。近代おほやいし[大谷石]。くゎかうがん[花崗岩]。近世あをいし[青石]。かくざい[角材]。だいりせき[大理石]。みかげいし[御影石]。

せきさん【積算】 るいけい[累計]。るいさん[累算]。近代がっさん[合算]。がふけい[合計]。せきさん[積算]。トータル(total)。

せきじ【席次】 近代ざなり[座成／座形]。せきじ[席次]。ランク(rank)。近世せきじゅん[席順]。中世ざつき[座付]。ざなみ[座並／座次]。じょれつ[序列]。中古ざじ[座次]。

せきじつ【昔日】 中世せきねん[昔年]。中古せきじつ[昔日]。そのかみ[其上]。なうじつ[曩日]。わうじ[往時]。わうじ[往事]。わうじつ[往日]。わうねん[往年]。上代むかし[昔]。わうこ[往古]。

せきじゅん【席順】 →せきじ

せきしょ【関所】 近世くゎんもん[関門]。くゎん[関]。中世せきしょ[関所]。ばんしょ[番所]。やくしょ[役所]。上代せき[関]。

ーのある道 中古せきぢ[関路]。

ーの通行許可証 近世せきしょてがた[関所手形]。せきしょふだ[関所札]。せきふだ[関札]。とほりきって[通切手]。とほりてがた[通手形]。上代くゎしょ[過書／過所]。

ーの門 中世きど[木戸／城戸]。中古せきど[関門／関戸]。

ーの役人 上代せきもり[関守]。

ーを避けて他国へ行くこと 近世せきしょやぶり[関所破]。やまごえ[山越]。をっくゎん[越関]。中古をつど[越度]。

高所にあるー 近世うんくゎん[雲関]。

せきじょう【席上】 近世ざかん[座間]。近世そのば[其場]。中古ざじゃう[座上]。上代せきじゃう[席上]。

せきぜん【寂然】 近世ひっそり。中世かんじゃく[閑寂]。しんかん[森閑／深閑]。中古さびし[寂／淋]。せきぜん[寂然]。

せきた・てる【急立】 近世せかす[急]。せきたつ〔ーたてる〕[急立]。せっつく[責付]。せりたつ〔ーたてる〕[迫立]。とくそく[督促]。中世いらつ[苛]。おひまくる[追捲]。かはふ[苛法]。せたぐ[虐]。せつく[責付]。もみたつ〔ーたてる〕[揉立]。中古さいそく[催促]。せめたつ〔ーたてる〕[責立]。もよほす[催]。上代うながす[促]。→せか・せる

せきたん【石炭】 くろダイヤ[黒diamond]。コール(coal)。近代からすいし[烏石]。

近世あぶらいし[油石]。いしずみ[石炭]。うにはしば[岩柴]。うきんせき[烏金石]。うるしいし[漆石]。ごへいだ[五平太]。せきたん[石炭]。ばいたん[煤炭]。もえいし[燃石]。

—を採掘する人 近代たんかうふ[炭坑夫]。近世かうふ[坑夫]。

—を採掘する山 近代たんかう[炭坑]。たんくゎう[炭鉱/炭礦]。たんでん[炭田]。

乾留した— 近代がいたん[骸炭]。コークス(Koks)。

その他—のいろいろ(例) こうたん[硬炭]。そたん[粗炭]。ゆうえんたん[有煙炭]。近代かったん[褐炭]。ずり[硑]。ぼた。むえんたん[無煙炭]。れきせいたん[瀝青炭]。

せきちく【石竹】 中世ひぐらしぐさ[日暮草]。中古いしたけ/いしのたけ[石竹]。からなでしこ[唐撫子]。くばく[瞿麦]。せきちく[石竹/瞿麦]。

せきと・める【堰止】 えんそく[堰塞/偃塞]。しゃだん[遮断]。中世くひとむ[—とめる][食止]。中古せきとむ[—とめる][堰止/塞止]。せきやる[堰遣]。せぎる[瀬切]。上代さえぎる[遮]。せかふ[塞敢]。せく[堰/塞]。ふせぐ[防]。

—・めかねる 《枕》上代はやかはの[早川][⇩せく]。中古せきわぶ[堰侘]。

—・めて我慢する 中古せきあふ[塞敢]。

—・めて分流させる 中世せきわく[—わける][塞分]。

—・めて導き入れる 中古せきいる[—いれる][塞入/堰入]。せきる[塞入/堰入]。

—・める所 えんてい[堰堤]。ダム(dam)。

中古ゐせき/ゐぜき[堰/井堰]。上代せき[関]。ゐで[堰/井手]。

—・める物 中古しがらみ[柵]。

せきにん【責任】 に[荷]。レスポンシビリティー(responsibility)。近代しょくせき[職責]。せき[責]。せきむ[責務]。にんむ[任務]。ふたん[負担]。近世かた[肩]。しめい[使命]。中世せきにん[責任]。せめ[責]。

—が重すぎること におも[荷重]。小舟に荷が勝つ。近世荷が勝つ。上代荷重し。

—がなくなる 近代肩の荷が下りる。近世かたぬけ[肩抜]。

—の一半 かたに[片荷]。

—の重い役目 近代おもやく[重役]。ぢゅうせき[重責]。中古ぢゅうやく[重役]。

—逃れ 近世みぬけ[身抜]。《句》蜥蜴のしっぽ切り。近代堂が歪んで経が読めぬ。近世地が傾いて舞が舞はれぬ。

—逃れの言葉 近世こうじつ[口実]。にげぐち[逃口]。にげこうじゃう[逃口上]。ぬけ[抜]。ぬけぐち[抜口]。

—逃れの用意をする 近代にげごし[逃腰]。逃げを打つ(張る)。

—を負う うけいれ[受入]。近代のしかかる[伸掛]。近世肩に掛かる。中世うけおふ[請負]。

—を負う人 近代せきにんしゃ[責任者]。中古ちゃう[長](接尾語的に)。

—を負わせる きせき[帰責]。近代かする[嫁]。近世かづく[かずける][被]。

—を他に押し付ける 近代てんか[転嫁]。近世なすりつく[—つける][擦付]。なする[擦]。ぬる[塗]。中世ぬりつく[—つける][塗付]。

—を追及すること 近代だんがい[弾劾]。もんせき[問責]。

—を取る 泥を被る。腹を切る。近代いんせき[引責]。責めを負ふ。

—を果たす 上代ふさぐ[塞]。

—をもって行う 近世とりしきる[取仕切]。上代とりもつ[取持]。

重い— 近代おもやく[重役]。ぢゅうせき[重責]。中古ぢゅうやく[重役]。

共同で—を取る 近代れんたい[連帯]。

不本意に—を取らされる 泥を被る。中世つめばら[詰腹]。

せきねん【積年】 近代ながねん[長年]。近世せきねん[積年]。中古るいねん[累年]。上代えいねん[永年]。たねん[多年]。

せきばく【寂寞】 中世さくばく[索漠]。さっぷうけい[殺風景]。中古さびし[寂]。上代せきばく[寂寞]。

せきばらい【咳払】 近代からせき[空咳]。近世がいいちがい[咳一咳]。中世すはぶき[咳]。せきばらひ[咳払]。中古けいがい[謦咳]。こわづくろひ[声繕]。しはぶき[咳]。

—・する 近代がいす[咳]。中古うちしはぶく[打咳]。こわづくる[声作]。しはぶく[咳]。

—の声 中古がいだ[咳唾]。上代しはぶる[咳]。

せきはん【赤飯】 あずきまま[小豆飯]。近代赤の御飯。近世あかがしは[赤柏]。おこは[御強]。がうはん[強飯]。こはめし[強飯]。むしめし[蒸飯]。赤の飯。中世あづきめし[小豆飯]。こはくご[強供御]。せきはん[赤飯]。

せきひ【石碑】 **近世**せきけつ[石碣]。ひせき[碑石]。**中世**いしぶみ[碑]。**上代**ひけつ[碑碣]。せきひ[石碑]。ゑりいし[碑]。**中古**ひぶん[碑文]。ひめい[碑銘]。

―に刻みつけた文 **中古**ひぶん[碑文]。ひめい[碑銘]。

―の字に墨を入れる **近世**すみなほし[墨直]。

俳句を彫った― **近代**くひ[句碑]。

和歌を彫った― かひ[歌碑]。

せきひん【赤貧】 **近代**かんぴん[寒貧]。ひんかん[貧寒]。むいちもん[無一文]。**近世**すかんぴん[素寒貧]。**中世**ごくひん[極貧]。せきひん[赤貧]。びんばふ[貧乏]。**中古**ひんこん[貧困]。

せきへい【積弊】 **近代**しゅくへい[宿弊]。せきへい[積弊]。**中世**きうへい[旧弊]。

せきべつ【惜別】 **近世**あいせき[哀惜]。せきべつ[惜別]。つうしゃく/つうせき[痛惜]。**中世**

―の情 **近世**名残(なごり)の袖。名残(なごり)の袂(たもと)。**中古**なごり[名残/余波]。

せきむ【責務】 オブリゲーション(obligation)。レスポンシビリティー(responsibility)。**近代**ぎむ[義務]。しょくせき[職責]。せきむ[責務]。にんむ[任務]。**中世**せきにん[責任]。

せきめん【赤面】 **近代**ざんしう[慚羞]。たんがん[赧顔]。**近世**もみぢ[紅葉]。**中世**かんがん[汗顔]。きたん[愧赧]。たんぜん[赧然]。**中古**せきめん[赤面]。はづ[はじる][恥]。**上代**はづかし[恥]。

―・する **近代**頰を染める。満面朱を注ぐ。**近世**あからむ[―らめる][赤]。**中世**面(おもて)熱(ほて)る。面(おもて)を赤む。顔に紅葉を散らす。**中古**おもてる[面照]。おもほてる[面火照/面熱]。はちかかやく/はぢかかやく[恥赫]。

せきゆ【石油】 **近代**オイル(oil)。石の油。せきゆ[石油]。**近世**くさうづ[臭水]。**上代**もゆるみづ[燃水]。

―が油井から噴き出すこと ふんゆ[噴油]。

―を産出する地域 ゆでん[油田]。

―を貯蔵する施設 **近代**せきゆタンク[石油tank]。ゆさう[油槽]。

セキュリティー(security) **近代**ばうはん[防犯]。ほうぜん[保全]。ほしゃう[保障]。**近世**けいび[警備]。**中世**あんぜん[安全]。ほぜん[保全]。

せきらら【赤裸裸】❶〈丸裸〉 すっぽんぽん。**近代**すっぱだか/すはだか[素裸]。せきらら[赤裸裸]。ぜんら[全裸]。**近世**せきら[赤裸]。まるはだか[丸裸]。**中古**あかはだか[赤裸]。

せきらら【赤裸裸】❷〈露骨〉 **近代**せきらら[赤裸裸]。ろこつ[露骨]。**近世**あからさま。ありてい[有体]。むきだし[剝出]。**中世**ありやう[有様]。**上代**あらは[露/顕]。

せきらんうん【積乱雲】 **近代**にふだうぐも[入道雲]。**近世**いたちぐも[鼬雲]。

せきりょう【寂寥】 **近世**わびし[侘]。**中世**さくばく[索漠/索莫/索寞]。さっぷうけい[殺風景]。**中古**うらさびし[寂]。くゎうりゃう[荒涼]。さびし[寂]。じゃくまく[寂寞]。せきれう[寂寥]。れうれう[寥寥]。**上代**せきばく[寂寞]。

せきりょう【席料】 カバーチャージ(cover charge)。テーブルチャージ(table charge)。**近世**ざれう[座料]。せきれう[席料]。ばせん[場銭]。ばだい[場代]。

せきれい【鶺鴒】 はますずめ[浜雀]。**近代**いもせどり[妹背鳥]。**近世**かはらすずめ[川原雀]。こひしりどり[恋知鳥]。こひをしへどり[恋教鳥]。しりびき[後引/尻引]。をしへどり[教鳥]。**中世**いしたたき[石叩/石敲]。せきれい[鶺鴒]。にはたたき[庭叩]。むぎまきどり[麦蒔鳥]。**中古**いなおほせどり[稲負鳥]。とつぎどり[嫁鳥]。とつぎをしへどり[嫁教鳥]。**上代**つつ[鶺鴒]。つつなはせどり[鳥]。にはくなぶり/にはなぶり[庭/鶺鴒]。まなばしら[鶺鴒]。

せ・く【急】 **近代**さうきふ[躁急]。**中世**あせる[焦]。せく[急]。**中古**いそぐ[急]。はやむ[はやめる][早]。またく[急]。

セクシー(sexy) **近代**くゎんのうてき[官能的]。せいてき[性的]。

セクショナリズム(sectionalism) なわばりこんじょう[縄張根性]。**近代**セクトしゅぎ[sect主義]。はばつしゅぎ[派閥主義]。

セクション(section) **近代**くかく[区画/区劃]。くわけ[区分]。セクション。ディビジョン(division)。**近世**ぶもん[部門]。**中世**しきり[仕切]。ぶぶん[部分]。**中古**くぶん[区分]。はんゐ[範囲]。

セクト(sect) はばつ[派閥]。**近代**セクト。たうは[党派]。**近世**ぶんぱ[分派]。

せけん【世間】 ぞくせけん[俗世間]。**近代**いっぱん[一般]。かうかん[巷間]。こかい[湖海]。じっしゃくゎい[実社会]。しゃくゎい[社会]。ぞくせ/ぞくせい[俗世]。つうぞく[通俗]。**近世**こうぎ[公儀]。ちり[塵]。ちりのよ[塵世]。てうや[朝野]。ひとなか

［人中］。中世うきよ［浮世］。おほやけ［公］。かうこ［江湖］。くがい［公界］。しかい［四海］。じぞく［時俗］。しゃば［娑婆］。ぢょくせ［濁世］。中古このよ［此世］。じんかん／にんげん［人間］。じんくゎん［人寰］。じんせい［人世］。せかい［世界］。せじゃう［世上］。ぞくかい［俗界］。ちまた［巷／岐／衢］。てんか［天下］。よもやま［四方山］。りうぞく［流俗］。上代うつせみ／うつそみ［現身］。しせい［市井］。せけん［世間］。せぞく［世俗］。ぞく［俗］。よ［世］。よのなか［世中］。→**ぞくせけん**《枕》中古かはたけの［川竹］。くれたけの［呉竹］。上代あしのねの［葦根］。うつせみの［空蟬］。ささたけの［笹竹］。たまきはる［霊極］。《句》近世渡る世間に鬼はなし。中世捨てる神あれば助ける神あり。

―から隠れて暮らすこと（人） 近世ひかげもの［日陰者］。中世いつみん［逸民］。いんきょ［隠居］。かうぐゎ［高臥］。だうじん［道人］。わぶ［わびる］［侘］。世を忍ぶ。中古いうじん［幽人］。いうせい［幽栖／幽棲］。かんきょ［閑居］。すみはなる［住離］。世を憚る。上代だうにん［道人］。《句》近世王侯に事(かっ)へずその事を高尚(かうしやう)にす。

―から超然としていること（さま） 近代うきよばなれ［浮世離］。しゅつせけん［出世間］。てうぜん［超然］。てうぞく［超俗］。へうへう［飄飄］。近世へういつ［飄逸］。中世かうたふ［高踏］。てうだつ［超脱］。上代はうぐゎい［方外］。霞を食ふ。

―から離れる 近代だつぞく［脱俗］。中古いんとん［隠遁／隠遯］。しゅつぞく［出俗］。

―知らず 近代あをっぽい［青］。をんしつそだち［温室育］。近世あをくさし［青臭］。うちねずみ［内鼠］。公界(くがい)知らず。世間見ず。中世おぼこ。井の中の蛙(かはづ)。中古よごもる［世籠］。《句》近代井の中の蛙(かはづ)大海を知らず。近世芋の煮えたもご存じない。

―知らずで幼稚 ぼうや［坊］。ぼっちゃん［坊］。ぼっちゃんそだち［坊育］。近代おだいみゃう［御大名］。ねんね／ねんねえ。ぼんぼん。

―全体 近代世を挙げて。近世きょせい［挙世］。

―付き合い 近代しゃかう［社交］。近世ひとまじはり［人交］。

―慣れして厚かましい 近世ばくれん［莫連］。

―慣れしていない 近世うぶ［初／初心］。おぼこぎ。むく［無垢］。

―慣れしている 近代せけんずれ［世間磨］。ひとずれ［人擦］。甲羅を経る。近世こなる［こなれる］［熟］。する［すれる］［擦／磨／摩］。てずれる［手擦／手摩］。わるずれ［悪摺］。中世よなる［―なれる］［世慣／世馴］。中古ものなれ［物慣］。よづく［世付］。

―に疎い人（学者） 近世うじゅ［迂儒］。しょち［書痴／書癡］。だうがくせんせい［道学先生］。

―に気に入られること 近代ぞくうけ［俗受］。近世うけ［受］。きうけ［気受］。じんき／にんき［人気］。

―に逆らわない 中世じゅんりう［順流］。

―に知らせ明らかにすること 近代けんしゃう［顕彰］。はっぺう［発表］。へうけん［表顕］。

―に知らせること 近世うりだす［売出］。ことぶれ［事触／言触］。ひろめ［広／弘］。

―に知られていること 近代ちょめい［著名］。名が通る。近世ちめい［知名］。りうでん［流伝］。中世くゎいしゃ［膾炙］。ちょぶん［著聞］。中古いうめい［有名］。上代とどろく［轟］。るふ［流布］。→**ゆうめい【有名】**

―に知られている人 ちめいじん［知名人］。ちょめいじん［著名人］。ゆうめいじん［有名人］。近代とほりもの［通者］。

―に知られないでいる 近世うもる［うもれる］／むもる［埋］。中古うづもる［―もれる］［埋］。

―に知れるようになる 近代おほやけ［公］。表沙汰になる。日の目を見る。中世おもてだつ［表立］。中古名に立つ。世に聞こゆ［―聞こえる］。

―に認められている人 近世くがいにん［公界人］。くがいもの［公界者］。

―に認められる 近代こうにん［公認］。近世しゃうふだつき［正札付］。中古つうようす［通用］。世に在り。

―に忘れられた人のたとえ 中古うもれぎ［埋木］。

―のありさま →**せじょう【世情】**

―の言い伝え ぞくでん［俗伝］。

―の考え じんしん［人心］。せろん［世論］。つうねん［通念］。よろん［世論／輿論］。近代ぞくがん［俗眼］。中世せじゃう［世情］。

―の関心の集まる所 日の当たる場所。

―のこと 近代せいこ［世故］。とうざい［東西］。近世せこ［世故］。中世せじ［世事］。中古せいじ［世事］。ぢんじ［塵事］。

―の困難 近代浮世の風。中世浮世の波。

—の耳目 しちょう［視聴］。ひとめ［人目］。うしろの目。近代 ぞくがん［俗眼］。ぞくじ［俗耳］。りじ［俚耳］。

—の耳目のうるさいこと 近世 見る目嗅ぐ鼻。

—の耳目を憚(はばか)る 中古 ひとめづつみ［人目包］。

—の中 中古 紅(くれなゐ)の塵(ちり)。

—の慣わし ごたぶん［御多分］。近代 せいこ［世故］。近世 せこ［世故］。ぞくしふ［俗習］。中古 つうれい［通例］。ならひ［習／慣］。世の例(ためし)。世の常。世の習ひ。

—の人 近代 いっぱんじん［一般人］。げみん［下民］。ぞくじん［俗人］。みんしゅう［民衆］。りうぞく［流俗］。近世 あをひと［蒼生］。せけん［世間］。せぞく［世俗］。中古 おほよそびと［大凡人］。かみん［下民］。じゃうじん［常人］。せじん［世人］。にんみん［人民］。上代 さうせい［蒼生］。じんみん［人民］。ぞく［俗］。ばんみん［万民］。ひと［人］。よひと［世人］。→たみ
—の評価 近代 とほりさうば［通相場］。近世 にんき［人気］。中古 せいか［声価］。めいせい［名声］。

—の評判 →せひょう
—の広さのたとえ 近世 十人寄れば十国(とくに)の者。中古 さんぜんせかい［三千世界］。さんぜんだいせんせかい［三千大千世界］。

—の目をさける 近世 肩身を窄(すぼ)める。中古 いとふ［厭］。ひとめづつみ［人目包］。世を憚る。

—離れしている ぞくばなれ［俗離］。近代 うきよばなれ［浮世離］。てうぞく［超俗］。中古 けどほし［気遠］。よばなる［—ばなれる］［世離］。

—離れして役に立たない 近世 うふ［迂腐］。

—への体面 近代 こけん［沽券］。たいめん［体面］。ていさい［体裁］。メンツ［(中国語)面子］。めんぼくだま［面目玉］。近世 かくかう［格好］。かっかう［恰好］。せけんてい［世間体］。みえ［見栄］。みば［見場］。中世 おもてむき［表向］。ぐゎいぶん［外聞］。中古 めいぼく／めんぼく［面目］。《句》近世 内裸でも外錦。

—への体面を重んじる人 近代 ぞくじん［俗人］。近世 くがいにん［公界人］。くがいもの［公界者］。中古 ぞくぶつ［俗物］。

—への体面を繕う 近世 そとにしき［外錦］。世間を張る。《句》近世 内裸でも外錦。

—を驚かせること しんてんどうち［震天動地］。近代 きゃうてんどうち［驚天動地］。センセーション(sensation)。近世 しんがい［震駭］。しんかん［震撼］。上代 耳目を驚かす。

—をよく知っている(人) 近代 うみせんやません［海千山千］。せけんし［世間師］。世間が広い。世故(せこ)に長(た)ける。近世 すいじん［粋人］。すれもの［擦者］。中世 山に千年海に千年。

本ばかり読んで—知らず 近代 しょち［書痴／書癡］。

せけんなみ【世間並】 近代 つうぞく［通俗］。近世 あたりまへ［当前］。いへなみ［家並］。せけんなみ［世間並］。そうなみ［総並］。つねなみ［常並］。ひととほり［一通］。わたりなみ［渡並］。中世 ぼんぞく［凡俗］。よなみ［世並／世次］。よのつね［世常］。中古 おしなぶ［押並］。おほよそ［大凡］。ひとなみなみ［人並並］。よづく［世付］。上代 なみ［並］。ひとなみ［人並］。

せけんばなし【世間話】 近代 ぞくわ［俗話］。ゐどばたくゎいぎ［井戸端会議］。ちゃのみぐさ［茶飲種］。近世 うきよばなし［浮世話］。かうだん［巷談］。せうはさばなし［噂話］。せけんぐち［世間口］。せけんばなし［世間話］。せわ［世話］。ちゃのみばなし［茶飲話］。よもやまばなし［四方山話］。中世 げせつ［下説］。こばなし［小咄／小話／小噺］。中古 かうせつ［巷説］。ぞくだん［俗談］。

せじ【世辞】 しゃこうじれい［社交辞令］。リップサービス(lip service)。近代 あいさう／あいそ［愛想］。おべんちゃら。かんご［甘語］。かんじ［甘辞］。ぐゎいかうじれい［外交辞令］。近世 おべっか。せじ［世辞］。ちゃうちんもち［提灯持］。中世 あゆ［阿諛］。かんげん［甘言］。けいはく［軽薄］。へつらひ［諂］。中古 ついしょう［追従］。
《句》近代 後から剝げる正月言葉。
口先だけの— 近代 からせじ［空世辞］。

せじ【世事】 近代 せいこ［世故］。ぢんこう［塵垢］。近世 せこ［世故］。ぞくよう［俗用］。中世 せじ［世事］。中古 ぢんがう［塵囂］。上代 ぞくじ［俗事］。ぞくぢん［俗塵］。

—に疎いこと(学者) 近代 しょち［書痴／書癡］。近世 う［迂］。うぐ［迂愚］。うじゅ［迂儒］。うせつ［迂拙］。だうがくせんせい［道学先生］。

—に疎い人を嘲る言葉 近代 ぼっちゃんそだち［坊育］。近世 芋の煮えたも御存じない。

—に通じ世渡りする能力 近代 せさい［世

才］。近世うろち［有漏智］。ぞくさい［俗才／俗材］。中世せち［世知／世智］。

ーに慣れている人 近代やりて［遣手］。近世ものし［物師］。

せし・める 近世ありつく［有付］。せしめる。ふんだくる。まきあぐ［ーあげる］［巻上］。上代うばふ［奪］。中古ぬすむ［盗／偸］。

せしゅ【施主】 けんちくぬし［建築主］。近世だんな［檀那］。中世だんか［檀家］。だんゑつ［檀越］。上代せしゅ［施主］。だんをち／だんをつ［檀越］。

せしゅう【世襲】 近世おやゆづり［親譲］。中世さうでん［相伝］。上代せしふ［世襲］。

ーの家業 近代せいしょく［世職］。上代せいげふ／せげふ［世業］。

ーの家禄 近世せいろく／せろく［世禄］。

ーの官職 近世せいくゎん［世官］。せいしょく［世職］。

せじょう【世情】 近代せいじゃう［世情］。せさう［世相］。近世せみ［世味］。ぞくじゃう［俗情］。せいたい［世態］。ぶったい［物態］。よがら［世柄］。中世せいみ［世味］。せたい［世態］。中古じせい［時勢］。せじゃう［世情］。ぶつじゃう［物情］。よのなか［世中］。上代みんじゃう［民情］。

ーに疎く人情を解さない人 近世やぼ［野暮］。

ーに通じていること 中世わかる［分］。中古世を知る。

ーに通じている人 近世すいじん［粋人］。すいかた／すいはう［粋方］。つうじん［通人］。とほりもの［通者］。中世せけんしゃ［世間者］。

せじょう【世上】 近代かうかん［巷間］。中古せじゃう［世上］。上代せけん［世間］。↓**せけん**

せじん【世人】 近代いっぱんじん［一般人］。みんしゅう［民衆］。近世しみん［市民］。せぞく［世俗］。中古せじん［世人］。上代じんみん［人民］。ぞく［俗］。↓**たみ**

ゼスチュア(gesture) →**ジェスチャー**

ぜせい【是正】 近代かいぜん［改善］。しうせい［修正］。ぜせい［是正］。中古あらたむ［ーためる］［改］。上代かいせい［改正］。ただす［正］。なほす［直］。

せせこまし・い 近代せせこましい。せまくるしい／せまぐるしい［狭苦］。中世けふあい［狭隘］。けふせう［狭小］。せまし［狭］。中古せばがる［狭］。

せせらぎ 中古さいりう［細流］。せせらぎ。上代かはと／かはのと［川音］。をがわ［小川］。→**おがわ**

せせらわら・う【笑】 近世えせわらひ［似非笑］。せせらわらふ［笑］。てうせう［嘲笑］。中世れいせう［冷笑］。中古てうろう［嘲弄］。上代あざける［嘲］。あざわらふ［嘲笑］。

せそう【世相】 近代せさう［世相］。近世せいたい［世態］。中世せたい［世態］。よがら［世柄］。中古じせい［時勢］。せじゃう［世情］。ぶつじゃう［物情］。上代みんじゃう［民情］。→**せじょう**

せぞく【世俗】 近代つうぞく［通俗］。中古りうぞく［流俗］。上代せぞく［世俗］。ぞくじ［俗事］。↓**せけん**

ーじみる 中世よづく［世付］。

ー的な心情 中世ぞくねん［俗念］。中古ぞくりょ［俗慮］。上代ぞくじゃう［俗情］。

ーと離れた世界 近代たうげんきゃう［桃源郷］。べつけんこん［別乾坤］。べってんち［別天地］。近世べつせかい［別世界］。

ーにこだわらないさま 近代うきよばなれ［浮世離］。しゅつせけんてき［出世間的］。中世てうだつ［超脱］。上代てうぜん［超然］。

ーの栄達を避ける 近世穎水(えいすい)に耳を洗ふ。流れに耳を洗ふ。

ーの言葉 近世さとびごと［俚言／俗言］。

ーの汚れ 中世ちり［塵］。

せたい【世帯】 近代かてい［家庭］。中世せたい［世帯］。中古こ［戸］。しょたい［所帯］。

ー主 中世やどぬし［宿主］。

ーの数 近世かまどかず［竈数］。

▼**助数詞** 上代こ［戸］。

せだい【世代】 ねんれいそう［年齢層］。近代エージ(age)。ジェネレーション(generation)。ねんだい［年代］。中世せだい［世代］。中世せい［世］。中古だい［代］。近代だいめ［代目］。

せたけ【背丈】 近代たいちょう［体長］。近代うはぜい［上背］。近世せたけ［背丈］。中世しんちゃう［身長］。せ／せい［背］。中古たかさ［高］。たけだち［丈立］。ちゃうだい［長大］。上代たけ［丈／長］。みたけ／みのたけ［身丈／身長］。↓**せ【背】**

せち【世智】 せけんち［世間知／世間智］。近代うろち［有漏智］。せさい［世才］。近世ぞくさい［俗才］。ぞくち［俗知／俗智］。中世せち［世智／世知］。中古ふんべち／ふんべつ［分別］。

ーに長(た)けている 近代せけんずれ［世間擦］。近世せちがしこし［世知賢］。中世せちべん

[世知弁／世智弁]。中古こざかし[小賢]。

せちがら・い【世知辛】 すみにくい[住]。近代ださんてき[打算的]。近世かんぢゃうだかし[勘定高]。けち。せちがらし[世知辛]。みみっちい。

せつ【説】 近代けんかい[見解]。セオリー(theory)。りろん[理論]。近世げんせつ[言説]。しゅちゃう[主張]。中世けんしき[見識]。しょろん[所論]。中古しょぞん[所存]。せつ[説]。ろん[論]。上代いけん[意見]。しょせつ[所説]。

一般的でないー いっせつ[一説]。近世きせつ[奇説]。中世いせつ[異説]。

一般に広まっているー 近代りうせつ／るせつ[流説]。近世つうせつ[通説]。

学問上のー 近代がくせつ[学説]。がくり[学理]。

片寄ったー はせつ[跛説]。

根拠のある確かなー 近代かくせつ[確説]。

根拠のない不確かなー 近代くうせつ[空説]。ばうせつ[妄説]。中古まうせつ[妄説]。

自分のー 中世じせつ[自説]。ぢろん[持論]。

優れたー たくせつ[卓説]。めいせつ[名説]。りょうせつ[良説]。

正しいと認められているー 近世ていろん[定論]。中世ていせつ[定説]。中古ぢゃうせつ[定説]。

古いー 近代ちんせつ[陳説]。中古きうせつ[旧説]。

せつ【節】❶〈時期〉 近代じき[時期]。近世ばあひ[場合]。中世さい[際]。中古きせつ[季節]。せつ[節]。みぎり[砌]。上代ころ[頃]。ころほひ[頃]。じせつ[時節]。をり[折]。

せつ【節】❷〈節操〉 中世しさう[志操]。せつど[節度]。中古せつ[節]。みさを[操]。上代せつぎ[節義]。せっさう[節操]。

《句》近世渇しても盗泉の水は飲まず。中世鷹(たか)は飢ゑても穂をつまず。

ーを変えること 近代へんせつ[変節]。

ーを守って屈しないこと 中古けいせつ[勁節]。

ーを守る人 中世ぎじん[義人]。中古せっし[節士]。上代ぎし[義士]。せっぷ[節婦]。

せつ【節】❸〈区切り〉 近代くわけ[区分]。セクション(section)。せつ[節]。わかち[別／分]。近世くべつ[区別]。中世くぎり[区切]。中古くぶん[区分]。

文のー 近代セクション(section)。チャプター(chapter)。パラグラフ(paragraph)。近世だんらく[段落]。中世しゃう[章]。中古だん[段]。

ぜつえん【絶縁】 近代ぜつえん[絶縁]。てぎれ[手切]。近世えんきり[縁切]。だんぜつ[断絶]。ひま[暇]。中世ぎぜつ[義絶]。中古ぜっかう[絶交]。なかたえ[仲絶]。

ー・する 近代たちきる[断切]。袂(たもと)を分かつ。近世挨拶切る。足を洗ふ。手を切る。

ーとなる 中古仲絶ゆ。

親が子をー・する 近世かんだう[勘当]。勘当切る。中世きうり[久離]。久離を切る。

電流のーに使う物(その例) エンパイアチューブ(empire tube)。がいかん[碍管]。近代がいし[碍子]。ぜつえんたい[絶縁体]。ぜつえんぶつ[絶縁物]。ふだうたい[不導体]。近世ぜつえん[絶縁]。

ぜっか【絶佳】 近代ぜっか[絶佳]。ベスト(best)。近世しかう[至高]。中世しじゃう[至上]。中古さいじゃう[最上]。しうれい[秀麗]。上代むじゃう[無上]。

ぜっかい【絶海】 近代おきあひ[沖合]。近世ぐゎいかい[外海]。ぐゎいやう[外洋]。ぜっかい[絶海]。ゑんやう[遠洋]。中世ゑんかい[遠海]。

せっかく【折角】 近世せっかく[折角]。中世あったら[惜]。中古あたら[惜]。

せっかち 近代きぜはしない[気忙]。きふさう[急躁]。近世いっこく[一刻]。きぜはし[気忙]。こころばや[心早]。せいきふ[性急]。せっかち。まんがち。中世きばやし[気早]。きみじか[気短]。こころとし[心疾]。たんき[短気]。たんりょ[短慮]。ものさわがし[物騒]。中古こころみじかし[心短]。はやりか[逸]。ひききり[引切]。みじかし[短]。上代をそろ。

せっかん【折檻】 つるしあげる[吊上]。近世いじめる[苛／虐]。おしおき[御仕置]。中世こらしめ[懲]。せっかん[折檻]。中古しをる[責]。上代せむ[せめる][責]。

せつがん【切願】 近代せつぐゎん[切願]。せつばう[切望]。ねつばう[熱望]。近世たんぐゎん[嘆願]。中世ぐゎんばう[願望]。こんぐゎん[懇願]。中古ひぐゎん[悲願]。

せっき【石器】 近世せきき[石器]。

ーのいろいろ①[種類] きゅうせっき[旧石器]。だせいせっき[打製石器]。チョッピングツール(chopping tool)。はくへんせっき[剝片石器]。れきせっき[礫石器]。れっき[礫器]。近代チョッパー(chopper)。ま

せいせきき［磨製石器］。
ーのいろいろ②［道具］あくふ［握斧］。いしがま［石鎌］。いしこがたな［石小刀］。いしざら［石皿］。いしづち［石鎚］。クードポアン（フランス coup de poing）。こうだき［敲打器］。スクレーパー（scraper）。せきじん［石刃］。せきすい［石錘］。せきひ［石匕］。せっぴ［石匙／石匕］。にぎりおの［握斧］。ハンドアックス（hand ax）。ブレード（blade）。近代 いしきり［石錐］。いしさじ［石匙］。せきふ［石斧］。近世 らいふ［雷斧］。雷の鉞（まさかり）［斧］。
ーのいろいろ③［武器］せきそう［石槍］。せっけん［石剣］。近代 いしやじり／せきぞく［石鏃］。いしやり［石槍］。せきふ［石斧］。近世 せきたう［石刀］。
せっきゃく【接客】→せったい
せっきょう【説教】❶〈小言〉近代 くんかい［訓戒／訓誡］。くんじ［訓辞］。せっけう［説教］。近世 いひきかす［言聞］（ーきかせる）。おめだま［御目玉］。せつゆ［説諭］。だんぎ［談義］。中世 いけん［意見］。いましめ［戒］。こごと［小言］。上代 さとす［諭］。
せっきょう【説教】❷〈説法〉近代 かうわ［講話］。近世 ほふわ［法話］。中世 だんぎ［談義］。ほふだん［法談］。中古 けうかい［教戒／教誡］。せっけう［説教］。上代 せっぽふ［説法］。
ーを聞くこと 近代 ちゃうぶん［聴聞］。中古 ちゃうもん［聴聞］。
ーを聞く人 中古 かうしゅ／かうしゅう［講衆］。
僧のー 近世 ほふわ［法話］。中世 おんぜち［演説］。

ぜっきょう【絶叫】近代 どがう［怒号］。わめき［喚］。近世 がなる。ぜっけう［絶叫］。ひめい［悲鳴］。中世 さけび［叫］。さけびごゑ［叫声］。中古 けうくゎん［叫喚］。
せっきょくてき【積極的】アクティブ（active）。アグレッシブ（aggressive）。いよくてき［意欲的］。がいこうてき［外向的］。こうどうてき［行動的］。まえむき［前向］。近代 けんせつてき［建設的］。じっせんてき［実践的］。しゃかうてき［社交的］。すすんで［進］。せききょくてき［積極的］。のうどうてき［能動的］。ポジティブ（positive）。近世 のりき［乗気］。中世 すすまし［進］。
《句》近代 叩けよさらば開かれん。求めよさらば与へられん。
ー・でない →しょうきょくてき
ー・な気持ち 近代 いろけ［色気］。中世 やしん［野心］。
ー・な性格 がいこうせい［外向性］。近世 やうせい［陽性］。
ー・に 近世 ふるって［奮］。
ー・に進めるさま 近世 おせおせ［押押］。中世 陽に開く。
せっきん【接近】アプローチ（approach）。近代 せっきん［接近］。せっしょく［接触］。近世 きんせつ［近接］。にくはく［肉薄］。→ちかづく
ー・する 近代 さしせまる［差迫］。中世 ちかよる［近寄］。中古 あゆみよる［歩寄］。上代 せまる［迫］。ちかづく［近付］。よる［寄］。
貴人にー・すること 中古 しせき［咫尺］。
極めてー・しているさま 近代 目睫（もくせふ）の間。近世 かべひとへ［壁一重］。

せっく【節句】中世 せっく［節句／節供］。中古 せく［節句／節供］。せちく［節句／節供］。せつ［節］。
▼五節句
正月七日 中古 じんじつ［人日］。
三月三日 近世 ひなまつり［雛祭］。桃の節句。中古 じゃうし／じゃうみ［上巳］。ぢゅうさん［重三］。ひひなあそび［雛遊］。
五月五日 近世 菖蒲（あやめ）の節句。中世 たんやう［端陽］。中古 くすりび［薬日］。たんご［端午］。ちょうご［重五］。五月（さつき）の節（せち）。
七月七日 中世 ほしまつり［星祭］。中古 あきのなのか［秋七日］。きかうでん／きっかうでん［乞巧奠］。たなばた［七夕］。ほしあひ［星会］。ほしのいもせ［星妹背］。
九月九日 近代 菊の節句。九月の節句。中古 ちょうきう／ちょうく［重九］。ちょうやう［重陽］。菊の宴。重陽の節句。
ぜっく【絶句】中世 ぜっく［絶句］。近世 だまる［黙］。中古 つぐむ［噤／鉗］。口を閉ざす。
せつぐう【接遇】→せったい
セックス（sex）近代 ジェンダー（gender）。せい［性］。せいべつ［性別］。セックス。→せいこう【性交】→せいき【性器】
せっけい【設計】近代 きくゎく［企画］。こうさう［構想］。せっけい［設計］。デザイン（design）。プラン（plan）。プランニング（planning）。近世 けいくゎく［計画］。中世 くはだて［企］。
ー図 近代 あをじゃしん［青写真］。ブループリント（blueprint）。中世 さしづ［指図］。
組み立てて立体にするー 近世 おこしゑづ［起絵図］。

実物と同寸法の― げんしゃく［現尺］。げんすん［現寸］。

ぜっけい【絶景】 近代きしょう［奇勝］。けいしょう［景勝］。ぜっか［絶佳］。ふうくゎうめいび［風光明媚］。近世びくゎん［美観］。中世きくゎん［奇観］。ぜっけい［絶景］。ぜっしょう［絶勝］。中古びけい［美景］。↓**けしき【景色】**

せっけん【接見】 近代めんせつ［面接］。近世くゎいけん［会見］。中世めんくゎい［面会］。中古せっけん［接見］。たいめ［対面］。上代あふ［会］。たいめん［対面］。

《尊》近代はいし［拝芝］。近世おめどほり［御目通］。はいび［拝眉］。中世えつ［謁］。はいえっけん［謁見］。おめみえ［御目見］。はいがん［拝顔］。中古いんけん［引見］。

せっけん【席巻】 近代せめまくる［攻］。近世しんりゃく［侵略］。せいあつ［制圧］。せきけん［席巻／席捲］。中世せめとる［攻取］。

せっけん【石鹸】 せんざい［洗剤］。近代サボン(ポルトガル sabão)。ソープ(soap)。近世シャボン(スペイン jabón)。せきけん［石鹸］。

―の泡 近世シャボンだま［ポルトガル sabão 玉］。

その他―のいろいろ(例) アルミナせっけん［alumina 石鹸］。かいすいせっけん［海水石鹸］。クレゾールせっけん［ドイツ Kresol 石鹸］。こなせっけん［粉石鹸］。じゅしせっけん［樹脂石鹸］。せんぱつざい［洗髪剤］。ソープレスソープ(soapless soap)。ちゅうせいせんざい［中性洗剤］。まつやにせっけん［松脂石鹸］。近代けしゃうせきけん［化粧石鹸］。シャンプー(shampoo)。やくようせきけん［薬用石鹸］。リゾール(ドイツ Lysol)。

せっけん【節倹】 財布の口を締める。近代きりつめる［切詰］。せつやく［節約］。ひきしめる［引締］。中古けんせつ［倹節］。上代けんやく［倹約］。せっけん［節倹］。↓**せつやく**

せつげん【節減】 近代がふりくゎ［合理化］。きりつめる［切詰］。きんしゅく［緊縮］。せつげん［節減］。近世きんけん［勤倹］。上代けんやく［倹約］。

せっこう【拙稿】 しょうこう［小稿］。近世せっかう［拙稿］。ださく［駄作］。↓**ださく**

せつごう【接合】 ジャンクション(junction)。せっちゃく［接着］。近代ジョイント(joint)。せつがふ［接合］。近世がふいつ［合一］。けつがふ［結合］。せつぞく［接続］。れんけつ［連結］。中古がったい［合体］。上代がふせい［合成］。

―・する 近世くっつく／くっつける。中世つなぎあはす［―あわせる］［接合］。上代つく［つける］［付］。つなぐ［繋］。

傷口が―・され治癒すること 近代ゆがふ［癒合］。

手術による― 近世ふんがふ［吻合］。

溶かして―・する ようせつ［溶接／熔接］。近代ゆうがふ［融合］。

ぜっこう【絶交】 近代けつぜつ［訣絶］。ぜつえん［絶縁］。だんかう［断交］。てぎれ［手切］。近世あいさうづかし／あいそづかし［愛想尽］。えんきり［縁切］。ひま［暇］。ふつう［不通］。中世ぎぜつ［義絶］。だんぜつ［断絶］。中古ぜっかう［絶交］。なかたえ［仲絶］。

《句》金の切れ目が縁の切れ目。

―・する 近代たちきる［断切］。袂(たもと)を分かつ。近世挨拶切る。手を切る。中古うちたゆ［―たえる］［打絶］。

―となる 中古仲絶ゆ。

ぜっこう【絶好】 さいてき［最適］。近代さいかう［最高］。さいぜん［最善］。中世かくかう［格好］。かっかう［恰好］。ぜっかう［絶好］。

―の時 近代かうき［好機］。かうき［好期］。タイミング(timing)。チャンス(chance)。中世きくゎい［機会］。じき［時機］。中古じせつ［時節］。せんざいいちぐう［千載一遇／千歳一遇］。

せっこく【石斛】 近世いはとくさ［岩木賊］。いはまめ［岩豆］。中古いはぐすり［石斛］。せきこく［石斛］。

せっさく【拙作】 げさく［下作］。近世せっさく［拙作］。中世ぼんさく［凡作］。中古ぐさく［愚作］。↓**ださく**

ぜっさん【絶賛】 近代しゃうさん［賞賛／賞讃］。ぜっさん［絶賛／絶讃］。はくしゅかっさい［拍手喝采］。ほめたたへる［褒称］。らいさん［礼賛］。近世ほめそやす［褒／誉］。ほめちぎる［誉］。中世しょうさん［称賛／称讃］。はやしたつ［―たてる］［囃立］。中古ほめたつ［―たてる］［誉立］。上代たたふ［たたえる］［称／讃］。

せっし【切歯】 近世はぎり［歯切］。中世せっし［切歯］。はぎしり［歯軋］。中古はがみ［歯噛］。

せつじつ【切実】 近代しんこく［深刻］。せつじつ［切実］。つうせつ［痛切］。ふじゅ［膚受］。近世ほとんど［殆］。中世せっぱく［切迫］。ふしう［膚受］。

ーに訴えること 近世 あいきう[哀求]。中古 ぬすむ[盗／偸]。上代 うばふ[奪]。せっしゅ[窃取／竊取]。せったう[窃盗]。→どろぼう

せっしゅ【摂取】 近代 とる[摂]。中世 せっしゅ[摂取]。中古 とりいる[—いれる][取入]。とりこむ[取込]。

せっしゅう【接収】 近代 あふしう[押収]。せっしう[接収]。ぼっしう[没収]。近世 とりあぐ[—あげる][取上]。まきあぐ[—あげる][巻上]。中世 だっしゅ[奪取]。中古 めしあぐ[—あげる][召上]。上代 うばふ[奪]。

せっしょう【折衝】 近代 かうせふ[交渉]。せっしょう[折衝]。だんぱん[談判]。ネゴシエーション(negotiation)。近世 かけあふ[掛合]。中世 かけひき[駆引]。中古 だんがふ[談合]。

せっしょう【殺生】 近代 さつがい[殺害]。上代 ころす[殺]。せっしゃう[殺生]。→ころ・す

せっしょう【摂政】 中世 せつろく[摂籙]。中古 あかう[阿衡]。せっしゃう[摂政]。たいろく[大麓]。公(おほやけ)の後ろ見。

ー関白 中古 しっせい[執政]。一の所。一の人。

ぜっしょう【絶勝】 近世 びくゎん[美観]。近代 けいしょう[景勝]。中世 ぜっけい[絶景]。ぜっしょう[絶勝]。中古 びけい[美景]。→けしき[景色]

せっしょく【接触】❶〈触れる〉 タッチ(touch)。近代 せっしょく[接触]。

ー・する場所 せってん[接点／切点]。

円や球がー・すること ないせつ[内接]。近代 ぐゎいせつ[外接]。

地面にー・すること ちゃくち[着地]。近代 せっち[接地]。

直接ー・すること 近代 ちょくめん[直面]。

せっしょく【接触】❷〈交わり〉 コンタクト(contact)。ふれあい[触合]。近代 しょくせつ[触接]。せっしょく[接触]。中世 つきあひ[付合]。まじはり[交]。中古 かういう[交友]。かうさい[交際]。上代 かういう[交遊]。

ーの機会が多いこと 中古 したしむ[親]。

せっ・する【接】❶〈触れる〉 近世 くっつく[付]。つながる[繋]。中世 せっす[接]。中古 さはる[触]。つづく[続]。上代 つく[付]。ふる[ふれる][触]。

一方にー・する 上代 かたつく[片付]。

ぴたりとー・するさま 中古 ひたと[直]。上代 あふ[合]。

せっ・する【接】❷〈交際〉 中世 せっす[接]。つきあふ[付合]。中古 かかはる[関]。上代 まじはる[交]。

せっ・する【節】 近代 きりつめる[切詰]。せつやく[節約]。中世 しまつ[始末]。せっす[節]。せっせい[節制]。ひかふ[ひかえる][控]。中古 せいげん[制限]。→せつやく

ぜっ・する【絶】❶〈絶える〉 中世 ぜっす[絶]。中古 きゆ[きえる][消]。とだゆ[とだえる][途絶]。なくなる[無]。上代 たゆ[たえる][絶]。つく[つきる][尽]。

ぜっ・する【絶】❷〈越える〉 中古 かけはなる[—はなれる][懸離]。ぜっす[絶]。上代 こゆ[こえる][越／超]。

せっせい【節制】 じしゅく[自粛]。よくし[抑止]。近代 こくき[克己]。たしなみ[嗜]。近世 じせい[自制]。せっせい[節制]。よくせい[抑制]。中世 せっす[節]。ひかふ[ひかえる][控]。上代 つつしむ[慎／謹]。

《句》近代 腹八分目に医者いらず。

せっせい【摂生】 近世 せっせい[摂生]。てうせつ[調摂]。中世 ほやう[保養]。やうじゃう[養生]。やしなふ[養]。

ぜっせい【絶世】 近代 くうぜん[空前]。くうぜんぜつご[空前絶後]。ここんみぞう[古今未曾有]。近世 ふせいしゅつ[不世出]。みぞう[未曾有]。中世 きせい[希世／稀世]。中古 きたい[希代／稀代]。ぜっせい[絶世]。ぜんだいみもん[前代未聞]。みぞう[未曾有]。

せつせつ【切切】 近代 せつじつ[切実]。つうせつ[痛切]。ねっしん[熱心]。ひたむき[直向]。中世 いちづ[一途]。せつ[切]。せつせつ[切切]。上代 ひたすら[只管／一向]。

せっせと こつこつ[兀兀]。たえまない[絶間無]。近代 せっせと。近世 じじ[孳孳]。中世 ひたと[直]。中古 しし[孜孜]。

ー働くさま 中古 えいえい[営営]。まめまめし[忠実忠実]。

せっせん【接戦】 ぜんせん[善戦]。はくねつせん[白熱戦]。近代 クロスゲーム(close game)。げきせん[激戦]。シーソーゲーム(seesaw game)。せっせん[接戦]。デッドヒート(dead heat)。→ごかく

ぜっせん【舌戦】 いいあい[言合]。近代 いひあらそひ[言争]。かふろんおつばく[甲論乙駁]。くちあらそひ[口争]。くちいさかひ[口諍]。くちげんくゎ[口喧嘩]。ろんさう[論

争］。ろんせん［論戦］。近世ぜっせん［舌戦］。中世ぎろん［議論］。中古こうろん［口論］。ろんぎ［論議／論義］。

せっそう【節操】 近世こうしん［恒心］。さうしゅ［操守］。さうぢ［操持］。とくさう［徳操］。中世さうせつ［操節］。しさう［志操］。せいせつ［清節］。せつ［節］。中古しんさう［心操］。ていさう［貞操］。みさを［操］。れんせつ［廉節］。上代せっさう［節操］。

ーが固いこと 近代きぼね［気骨］。中世きこつ［気骨］。きせつ［気節］。ていじつ［貞実］。

ーが固く逞しい男子 近代れっぷ［烈夫］。近世れつぢゃうふ［烈丈夫］。中世れっし［烈士］。

ーが固く激しい女性 近代れっぷ［烈婦］。近世れつぢょ［烈女］。

ーが変わらないこと 中古しょうゐん［松筠］。

ーがないこと(人) 近代むせっさう［無節操］。むちゃう［無腸］。むちゃうかん［無腸漢］。近世いぢくさり［意地腐］。ふたまたがうやく［二股膏薬］。中世うちまたかうやく／うちまたがうやく［内股膏薬］。どこともなし。内股の膏薬。

ーの堅固な人 中古けいさう［勁草］。せっし［節士］。《句》近代松菊猶存す。王侯に事へずその事を高尚にす。近世歳寒(雪中)の松柏。

ーをなくさせること 近代ほねぬき［骨抜］。

ーを守ること(さま) 近代てい［貞］。節を全うする。近世さうしゅ［操守］。しゅせつ［守節］。せっかい［節介］。ていせつ［貞節］。ていれつ［貞烈］。中世ていじつ［貞実］。中古こうてう［後凋／後彫］。ていさう［貞操］。

高く大きいー 中世かうせつ［高節］。中古たいせつ［大節］。

つまらないー 中世せうせつ［小節］。

晩年のー 中古ばんせつ［晩節］。

せつぞく【接続】 近代せつがふ［接合］。れんけい［連係］。れんさ［連鎖］。近世けつがふ［結合］。せつぞく［接続］。むすびつく［結付］(四段活用)。れんけつ［連結］。れんらく［連絡／聯絡］。中世つなぎあはす〔ーあわせる〕［繋合］。中古むすびつく〔ーつける〕［結付］。上代つぐ［接］。つづく［続］。つなぐ［繋］。むすぶ［結］。

せったい【接待】 アテンド(attend)。近代あつかひ［扱］。おかまひ［御構］。しょぐう［処遇］。せっきゃく［接客］。せっぱん［接伴］。近世きゃくあしらひ［客］。くゎっけい［活計］。ざうさ［造作］。しなし［為成］。とりあつかひ［取扱］。中世あひしらひ。おうせつ［応接］。せっす［接］。せったい［接待］。たいぐう［待遇］。ふるまひ［振舞］。中古きゃうおう［饗応］。きょうおう［供応］。とりもつ［取持／執持］。もてなし［持成］。上代おうたい［応対］。せつぐう［接遇］。↓**もてなし**

ーの係の人 中世ちそうにん［馳走人］。

ぜったい【絶対】❶〈唯一〉 近代オールマイティー(almighty)。ぜったい［絶対］。ぜんのう［全能］。中世くゎんぜん［完全］。ゆいいつ［唯一］。

ぜったい【絶対】❷〈必ず〉 近代ぜったい［絶対］。だんこ［断固／断乎］。だんじて［断］。まるきり／まるっきり［丸切］。近世いじゃう［已上］。きつう。けっして［決］。こんりんざい［金輪際］。こんりんならく［金輪奈落］。だんぜん［断然］。中世けんご［堅固］。どうしても。中古さらさら［更更］。まったく［全］。上代かならず［必］。

ぜつだい【絶大】 ジャンボ(jumbo)。マンモス(mammoth)。近代ぜつだい［絶大］。てうどきふ［超弩級］。とくだい［特大］。ばかでかい。マクロ(macro)。近世しだい［至大］。でっかい。中世じんだい［甚大］。ただい［多大］。

ぜったいぜつめい【絶体絶命】 けんがみね［剣ヶ峰］。近代きゅうきゃう［窮境］。きゅうち［窮地］。どたんば［土壇場／土断場］。ピンチ(pinch)。近世おてちん。きふば［急場］。ぜったいぜつめい［絶体絶命］。のっぴきならない。中世きき［危機］。中古ここう［虎口］。

《句》近代肝胆地に塗る。肝脳地に塗る。危殆に瀕する。近世前門に虎を防ぎ後門に狼を進む〔ー進める〕。前門の虎後門の狼。中世危急存亡の秋。中古風前の灯。

せったく【拙宅】 ↓**じたく**

せつだん【切断】 カットオフ(cut off)。さいだん［裁断］。近代だんさい［断裁］。だんせつ［断截／断切］。ぶんだん［分断］。中世きりはなす［切離］。せつだん［切断／截断］。中古たちきる［断切／裁切］。だんず［断］。上代きる［切］。たつ［断／絶／裁／截］。

ー面 だんせつめん［断切面／断截面］。近代せつだんめん［切断面］。だんめん［断面］。

せ

近世きれくち[切口／截口]。中古きりくち[切口／截口]。

食材の― スライス(slice)。ひょうしぎきり[拍子木切]。ぶつぎり[切]。近代うすぎり[薄切]。みぢんぎり[微塵切]。近世せんぎり[千切]。たんざくぎり[短冊切]。ほそぎり[細切]。らんぎり[乱切]。中世わぎり[輪切]。

▼擬音語(擬態語) すかっと。近代ざくり。ずばり。ちょきん。ぷっつり。ぶつり。ぷつり。ぷつん。近世ちょきちょき。ばっさり。ふっつり。

せっち【設置】 せつえい[設営]。セッティング(setting)。近代かいせつ[開設]。かせつ[架設]。さうせつ[創設]。しく[敷]。じゃうせつ[常設]。すゑつけ[据付]。せっし[設施]。せっち[設置]。せってい[設定]。せつりつ[設立]。はいび[配備]。中世さうりつ[創立]。中古おく[置]。まうく〔もうける〕[設]。ふせつ[敷設／布設]。上代さうけん[創建]。すう〔すえる〕[据]。

新たに―・する 近代さうせつ[創設]。

仮に―・する 近代かせつ[仮設]。

付け加えて―・する へいせつ[併設]。近代へいち[併置]。

せっちゃく【接着】 近代せつがふ[接合]。近世くっつける。のりづけ[糊付]。ひっつく〔―つける〕[引付]。中世はりつく〔―つける〕[貼付]。ふちゃく[付着]。中古はる[貼]。上代つぐ[接]。つなぐ[繋]。

―剤の例 うおにかわ[魚膠]。ねんちゃくざい[粘着剤]。近代ぎょかう[魚膠]。セメント(cement)。上代にかは[膠]。のり[糊]。

せっちゅう【折衷】 近代しふがふ[習合]。中世とりあはせ[取合]。上代せっちゅう[折衷／折中]。

せっちょ【拙著】 近代せうちょ[小著]。せっちょ[拙著]。とゑんさつ[兎園冊]。近世ぐさく[愚作]。せっさく[拙作]。

ぜっちょう【絶頂】 やまば[山場]。近代かうてう[高潮]。クライマックス(climax)。さいかうてう[最高潮]。ぜっちゃう[絶頂]。ちゃうてん[頂点]。ピーク(peak)。近世さいかう[最高]。たうげ[峠]。中世きはめ[極]。ぜんぢゃう[禅定]。ちゃうじゃう[頂上]。→**このうえな・い**

―の状態を保つ 近世満を持す。

性交時の― アクメ(フランス acmé)。近代オルガスムス(ドイツ Orgasmus)。

催し物の― あっかん[圧巻]。

せってい【設定】 セッティング(setting)。近代かいせつ[開設]。せっち[設置]。せってい[設定]。せつりつ[設立]。上代まうく〔もうける〕[設]。

セット(set) 近代セット。ひとそろひ[一揃]。近世いっしき[一式]。中世ひとくみ[一組]。

せつど【節度】 おりめ[折目]。近代ころあひ[頃合]。どあひ[度合]。近世ていど[程度]。てきど[適度]。ほどあひ[程合]。中世かげん[加減]。せっせい[節制]。せつど[節度]。ほどらひ[程合]。中古せつ[節]。

―がない 締まりがない。近代ルーズ(loose)。近世あらし[荒]。だらしなし。めたと。

―がなく淫らなこと 近代いんぴ[淫靡]。

せっとう【窃盗】 近世どろばう[泥坊]。どろぼう[泥棒]。中世しのび[忍]。中古ぬすむ[盗]。ものとり[物取]。上代うばふ[奪]。かすむ〔かすめる〕[掠]。せっしゅ[窃取]。せったう[窃盗／竊盗]。たうせつ[盗窃]。→**どろぼう**

せっとく【説得】 近代くゎんこく[勧告]。せつげん[切言]。近世せつゆ[説諭]。ちゅうこく[忠告]。中世かたらひ[語]。せっけう[説教]。せっとく[説得]。せっぷく[折伏]。上代せっぽふ[説法]。

―して従わせる 中古かたらひなびかす[語靡]。

―しても応じない 近世梃子(てこ)(梃)でも動かない。

―・する 近代ときこむ[説込]。ときふす〔―ふせる〕[説伏]。近世いひかす〔―きかせる〕[言聞]。いひこむ〔―こめる〕[言込]。くくむ〔くくめる〕[銜／哺]。因果を含む〔―含める〕。中世くどく[口説]。こしらふ[慰／喩]。つめふす[詰伏]。宣命(せみゃう)を含む〔―含める〕。中古いひくくむ[言含]。いひふくむ〔―ふくめる〕[言含]。とく[説]。申し聞かす〔―聞かせる〕。上代さとす[諭]。

従わせようと―・する 中世おもぶく／おもむく[赴／趣／趨]。かたらひとる[語取]。かたらふ[語]。

一人ずつ―・する かっこげきは[各個撃破]。

せつな【刹那】 →**いっしゅん**

せつな・い【切】 近代なやましい[悩]。近世きじゅつない／きずつない[気術無]。せつい。てきない。遣る瀬(が)なし。中世せつなし[切]。たまらぬ[堪]。中古からし[辛]。やらむかたなし／やるかたなし[遣方無]。わび

し［侘］。上代うし［憂］。かなし［悲／哀］。くるし［苦］。こころぐし［心苦］。こころぐるし［心苦］。つらし［辛］。ものがなし［物悲］。

―・いので 上代こころぐみ［心］。

―く悩む 中古わぶ［侘］。

―・そうなさま 中古わびしら［侘］。

せつに【切】 近代せつじつ［切実］。つうせつ［痛切］。ふじゅ［膚受］。近世くれぐれも。しきって［頻］。ぜっぴ［是非］。中世せつに［切］。ぜひ［是非］。たって［達］。たりふし。ふしう［膚受］。上代こころから［心］。

→ひたすら

せっぱく【切迫】 足許に火がつく。抜き差しならない。近代かんいっぱつ［間一髪］。きゅうち［窮地］。きんぱく［緊迫］。さしせまる［差迫］。しきん［至緊］。しんこく［深刻］。せうび［焦眉］。どたんば［土壇場／土断場］。ねんび［燃眉］。危殆(きたい)に瀕(ひん)する。焦眉(せうび)の急。近世いっしゃうけんめい［一生懸命］。ききふ［危急］。きふば［急場］。きふはく［急迫］。くゎんきふ［緩急］。せつなし［切］。せはし［忙］。たんせき［旦夕］。旦夕に迫る。中世きき［危機］。きふせつ［急切］。さしつむ［差詰］。せっぱく［切迫］。たんぼ［旦暮］。ひっぱく［逼迫］。背水の陣。中古うぢはやし［阻］。きふなん［急難］。たいせつ［大切］。上代せまる［迫／逼］。

《句》近代朝(あした)に夕べを謀らず。溺れる者は藁をも摑む。

せっぱつま・る【切羽詰】 近世せっぱつまる［切羽詰］。にっちもさっちも行かない。中世きゅうす［窮］。きゅうはく［窮迫］。中古きはまる［窮］。

せっぱん【折半】 近代にとうぶん［二等分］。近世せっぱん［折半］。はんぶんわけ［半分分］。やまわけ［山分］。中世にぶん［二分］。中古とうぶん［等分］。

せつび【設備】 近代しせつ［施設］。せつび［設備］。近世さうち［装置］。中世そなへ［具／備］。

―をさらに追加する ぞうび［増備］。近代ぞうせつ［増設］。

―を設置する 近代そなへつく［―つける］［備付］。だうにふ［導入］。上代そなふ［そなえる］［具／備］。

部屋などの― 中古しつらひ［設］。

ぜっぴつ【絶筆】 近代ゐえい［遺詠］。絶命の辞。中世じせい［辞世］。ぜっぴつ［絶筆］。中古くゎくりん［獲麟］。

ぜっぴん【絶品】 近代いっぴん［逸品］。かひん［佳品］。ごくじゃうひん［極上品］。近世いちぶつ［一物／逸物］。じゃうもの［上物］。近世いめいひん［名品］。中世いちもつ／いつぶつ／いつもつ［逸物］。ぜっぴん［絶品］。中古いちのもの／ひとつのもの［一物］。

せっぷく【切腹】 近世かっぷく［割腹］。とふく［屠腹］。中世せっぷく［切腹］。はらきり［腹切］。

《尊》中世腹を召す。

―・するように見せかけること 中世そらばら［空腹］。

―を強制される 中世つめばら［詰腹］。

後を追って―・すること 近世おひばら［追腹］。ともばら［供腹］。

扇で―の形をとり介錯する 近世あふぎばら［扇腹］。せんすばら［扇子腹］。

先だって―・すること 近世さきばら［先腹］。

立ったままで―・すること 近世たちばら［立腹］。

無益な― 近世むだばら［無駄腹／徒腹］。

せつぶん【拙文】 近代だぶん［駄文］。らんぶん［乱文］。らんぴつ［乱筆］。近世あくぶん［悪文］。中古せつぶん［拙文］。

せつぶん【節分】 近世おにうち［鬼打］。中世せつぶ［節分］。中古おにやらひ［鬼遣］。せちぶ／せちぶん／せつぶん［節分］。ついな［追儺］。なやらひ［追儺］。

―にまく豆 近世おにうちまめ［鬼打豆］。ふくまめ［福豆］。

―に豆をまくこと 近代まめまき［豆蒔／豆撒］。中世なまめ［儺豆］。近世まめうち［豆打］。

―の夜 近世としこし［年越］。

せっぷん【接吻】 近代キス／キッス(kiss)。くちづけ［口付］。ベーゼ(フランス baiser)。近世くちくち［口口］。くちすひ［口吸］。こうじるし［口印］。こうちゅう［口中］。せっぷん［接吻］。中世すふ［吸］。

ぜっぺき【絶壁】 近代ぜつがい［絶崖］。へきりつ［壁立］。近世がんぺき［岸壁］。中世いはかべ［岩壁］。がけ［崖］。きりきし／きりぎし［切岸］。けんがい［懸崖］。ぜっぺき［絶壁］。そば［岨］。だんがい［断崖］。へきりふ［壁立］。やまそは［山岨］。ろうだん［壟断］。中古いはがき［岩垣］。おとしがけ。そは［岨］。ほき［崖］。上代あず［崩崖］。きし［岸］。

↓がけ

せつぼう【切望】 近代あいきう［哀求］。あいぐゎん［哀願］。えうばう［要望］。ききう［希

求]。げうばう[翹望]。せつばう[切望]。ねつばう[熱望]。近世こんまう[懇望]。たんぐゎん[嘆願/歎願]。中世こんぐゎん[懇願/悃願]。中古かつばう[渇望]。こんばう[懇望]。上代こひねがふ[乞願/希/冀/庶幾]。

せっぽう【説法】 中世せっけう[説教]。だんぎ[談義/談議]。ほふだん[法談]。中古せっきゃう[説経]。上代せっぽふ[説法]。
ーや読経の声 中世ほふおん[法音]。
ーを聞く人々 中古ちゃうしゅ/ちゃうじゅ[聴衆]。
辻に立ってー・すること 近代つじせっぽふ[辻説法]。近世つじだんぎ[辻談義]。
長いー ながだんぎ[長談義]。

ぜつぼう【絶望】 近代おしまひ[御仕舞]。げんめつ[幻滅]。しつい[失意]。ぜつばう[絶望]。らくたん[落胆]。近世しつばう[失望]。
ー・しているさま お先真っ暗。近代デスペレート(desperate)。目の前が真っ暗になる。近世あんたん[暗澹]。

ぜっぽう【舌鋒】 近代したさき[舌先]。ぜっせん[舌尖]。ぜっぽう[舌鋒]。中世べんぜつ[弁舌]。中古くちさき[口先]。ぜったん[舌端]。

ぜつみょう【絶妙】 近代かうめう[巧妙]。近世たんのう[堪能]。中世かんのう[堪能/勘能]。しめう[至妙]。たっしゃ[達者]。中古ぜつめう[絶妙]。上代じゃうず[上手]。たくみ[巧]。
詩歌などがー・なこと 近世てんらい[天籟]。中古きぜつ[奇絶]。

ぜつむ【絶無】 近代から[空]。くうはく[空白]。ゼロ(zero)。ひつむ[必無]。ブランク(blank)。近世かいむ[皆無]。ぜつむ[絶無]。上代なし[無]。

せつめい【説明】❶〈解説〉 近代えんぎ[演義]。かいめい[解明]。せつめい[説明]。ときあかす[解明]。レクチャー(lecture)。近世ときわく[ーわける][説分]。べん[弁]。中世かい[解]。かいしゃく[解釈]。かうしゃく[講釈]。げ[解]。ことわる[理]。とく[説]。ろんせつ[論説]。中古かいせつ[解説]。かうず[講]。ときかす[ーきかせる][説聞]。ろんず[論]。上代かうせつ[講説]。
《謙》中古きこえしらす[聞知]。きこえやる[聞遣]。
あらましのー 近代がいせつ[概説]。
絵を使ってー・する 近世づせつ[図説]。中世ゑとき[絵解]。
補ってー・する ほせつ[補説]。
詳しいー 近代しゃうじゅつ[詳述]。近世しゃうせつ[詳説]。ふえん[敷衍/布衍/敷延]。中世さいせつ[細説]。上代ちゅうそ[注疏/註疏]。
証拠をあげてー・する 近代しょうこだてる[証拠立]。
新入生等に対するー オリエンテーション(orientation)。ガイダンス(guidance)。
筋道を立ててー・する 近世事を分く[ー分ける]。中古ろんず[論]。
注記によってー・する 中世ちゅうす[注/註]。ちゅうせつ[注説/註説]。
難解なことを易しくー・する 中世やはらげ[和]。
難語を易しくー・する 近世くんどく[訓読]。
批評を加えながらのー 近世ひゃうせつ[評説]。中古ひゃうろん[評論]。
間違ったー 近代びうせつ[謬説]。近世きょくせつ[曲説]。

せつめい【説明】❷〈弁明〉 近代しゃくめい[釈明]。べんかい[弁解]。近世まうしひらき[申開]。中世いひわけ[言訳]。べんめい[弁明]。

ぜつめい【絶命】 →し・ぬ

ぜつめつ【絶滅】 近代こんぜつ[根絶]。ぜんぼつ[全没/全歿]。ぜんめつ[全滅]。ねだやし[根絶]。ぼくめつ[撲滅]。近世しにたゆ[ーたえる][死絶]。しにはつ[ーはてる][死果]。中世しめつ[死滅]。はいぜつ[廃絶]。中古せうめつ[消滅]。ぜつめつ[絶滅]。たやす[絶]。ほろぼす[滅]。めつばう[滅亡]。

せつもん【設問】 近代クエスチョン(question)。せつだい[設題]。とひ[問]。近世しつもん[質問]。中世しゅつだい[出題]。

せつやく【節約】 エコノミー(economy)。近代けいざい[経済]。セーブ(save)。せつげん[節減]。せつやく[節約]。近世きんけん[勤倹]。中世しまつ[始末]。上代けんやく[倹約]。せっけん[節倹]。
《句》近代焼け跡の釘拾ひ。
ー・する 財布の紐を締める。近代きりつめる[切詰]。しまる[締]。近世つむ[つめる][詰]。ひきしむ[ーしめる][引締]。爪に火をともす。中世しむ[しめる][締]。せっす[節]。つづむ[つづめる][約]。中古はぶく[省]。
日頃からー・する人 せつやくか[節約家]。近代けいざいか[経済家]。

せつゆ【説諭】 近代 かいこく［戒告］。くんかい［訓戒］。くんじ［訓辞］。まうしきかせる［申聞］。ゆし［諭旨］。近世 せつゆ［説諭］。中世 せっけう［説教］。中古 いひきかす［―きかせる］［言聞］。いましめ［戒］。上代 さとす［諭］。
《尊》近世 かうゆ［高論］。

せつり【摂理】 プロビデンス(providence)。近代 せつり［摂理］。中世 しんい［神意］。てんい［天意］。

せつりつ【設立】 せつえい［設営］。近代 しんせつ［新設］。せっち［設置］。せつりつ［設立］。近世 かいせつ［開設］。中古 おく［置］。ふせつ［敷設／布設］。まうく［もうける］［設］。上代 たつ［たてる］［建］。
初めてー・する 近代 さうせつ［創設］。中世 さうりつ［創立］。上代 さうけん［創建］。
複数の人が共同でー・する 近代 きょうりつ［共立］。

ぜつりん【絶倫】 近代 たくばつ［卓抜］。近世 ずばぬける［抜］。たくゑつ［卓越］。中世 しうばつ［秀抜］。づぬく［―ぬける］［図抜］。ぬきんづ［―んでる］［抜出］。中古 ばつぐん［抜群］。上代 ひぼん［非凡］。ぜつりん［絶倫］。たくぜつ［卓絶］。→**ずばぬ・ける**

せつれつ【拙劣】 まずい［不味／拙］。近代 せつあく［拙悪］。近世 せつれつ［拙劣］。ちせつ［稚拙］。てづつ［手］。へたくそ［下手糞］。中世 つたなし［拙］。へた［下手］。中古 あし［悪］。上代 おとる［劣］。

せつわ【説話】 いいきたり［言来］。みんだん［民譚］。レジェンド(legend)。近代 しんわ［神話］。トラディション(tradition)。フォークロア(folklore)。ミュトス(ギリシャ mythos)。みんわ［民話］。むかしばなし［昔話／昔噺］。近世 こうひ［口碑］。わせつ［話説］。中世 いひつたへ［言伝］。せつわ［説話］。むかしものがたり［昔物語］。中古 つたへ［伝］。でんしょう［伝承］。でんせつ［伝説］。ふるごと［故事／古事］。むかしがたり［昔語］。上代 ものがたり［物語］。
神仙と結婚する内容のー しんこんせつわ［神婚説話］。
仏教信仰を内容とするー ぶっきょうせつわ［仏教説話］。

せと【瀬戸】 すいどう［水道］。近世 かいけふ［海峡］。中世 かいもん［海門］。すいろ［水路］。上代 おほと［大門］。しまと［島門］。せと［瀬戸］。と［戸／門］。なると［鳴門］。

せどうか【旋頭歌】 近代 さうほんか［双本歌］。中古 せんどうか［旋頭歌］。首(かうべ)(頭)を旋(めぐ)らす歌。上代 せどうか［旋頭歌］。ひたもと［双本］。

せとぎわ【瀬戸際】 かどばん［角番］。かんとう［関頭］。近代 けんがみね［剣ヶ峰］。どたんば［土壇場／土断場］。近世 ぜったいぜつめい［絶体絶命］。せとぎは［瀬戸際］。せん［先］。つばぎは［鍔際］。どへうぎは［土俵際］。ものぎは［物際］。中世 せんど［先途］。
《句》近世 一期(いちご)の浮沈(ふちん)。中世 危急存亡の秋(とき)。此処(ここ)を最後。此処を先途(せんど)。

せとないかい【瀬戸内海】 せとうち［瀬戸内］。近代 せとないかい［瀬戸内海］。
ーの島々 近代 げいよしょたう［芸予諸島］。

せともの【瀬戸物】 セラミックス(ceramics)。ボーンチャイナ(bone china)。近代 たうじき［陶磁器］。近世 やきもの［焼物］。中世 せともの［瀬戸物］。

せなか【背中】 こうら［甲羅］。近代 はいぶ［背部］。バック(back)。近世 はいご［背後］。中世 せがふ［背甲］。はいめん［背面］。中古 うしろ［後］。せな［背］。上代 せ［背］。せなか［背中］。そ［背］。そびら［背］。→**せ**
ー合わせ 近世 うらあはせ［裏合］。中古 うしろあはせ［後合］。
ーを丸める 近世 くる［佝僂］。ねこぜ［猫背］。ねこせなか／ねこぜなか［猫背中］。中世 せくぐむ［跼］。上代 せくぐまる［跼］。

ぜにん【是認】 近代 こうてい［肯定］。しょうにん［承認］。ぜにん［是認］。みとめる［認］。中古 どうい［同意］。

ゼネレーション(generation)　→**ジェネレーション**

せのび【背伸】 近世 せのび［背伸］。中古 くはだつ［―だてる］［企］。のびあがる［伸上］。

ぜひ【是非】❶〈可否〉 くろしろ［白黒］。近代 かあく［佳悪］。だくひ［諾否］。近世 せいじゃ［正邪］。たうひ［当否］。中世 うむ［有無］。こくびゃく［黒白］。しろくろ［白黒］。せいひ［成否］。中古 かひ［可否］。よしあし［善悪］。りひ［理非］。上代 ぜひ［是非］。ぜんあく［善悪］。
ーをはっきりさせる 中世 すます［澄／清］。

ぜひ【是非】❷〈きっと〉 なんとしてでも。近世 あはれ［哀］。とかく［左右／兎角］。ひらさら［平更］。是が非でも。なにがなんでも。理が非でも。中世 いかさま［如何様］。きっと［急度／屹度］。ぜひ［是非］。ぜひと

も[是非]。どうしても。なにとぞ[何]。ひらに[平]。まげて[枉]。嫌でも応でも。中古 いかで[如何/争]。いかにも[如何]。かまへて[構]。せちに[切]。ゆめゆめ[努努]。われて[破]。上代 かならず[必]。

せひょう【世評】 おと[音]。ぞくひょう[俗評]。近代 ひょうせつ[評説]。めいぶん[名聞]。近世 かうだん[巷談]。きうけ[気受]。こうひゃう[公評]。しゅうひゃう[衆評]。せひゃう[世評]。ひゃうばん[評判]。ふうひゃう[風評]。中世 うはさ[噂]。おとなひ。きき[聞/聴]。きこえ[聞]。くち[口]。ぐゎいぶん[外聞]。さた[沙汰]。せつ[説]。とりざた[取沙汰]。ふうせつ[風説]。ぶつろん[物論]。よそぎき[余所聞]。中古 おぼえ[覚]。かうせつ[巷説]。せいか[声価]。せいろん/せろん[世論]。な[名]。ひとぎき[人聞]。ひびき[響]。ふうぶん[風聞]。ぶつぎ[物議]。みゃうもん[名聞]。よおぼえ[世覚]。世の覚え。世の聞こえ。上代 ひとごと[人言]。→**うわさ**

せび・る 近世 せびりとる[取]。中世 せがむ。せびらかす/せぶらかす。せびる。ねだる[強請]。

せぶみ【瀬踏】 近代 テスト(test)。トライ(try)。近世 ためし[試]。中世 せぶみ[瀬踏]。中古 こころみ[試]。

せぼね【背骨】 近代 せきちゅう[脊柱]。バックボーン(backbone)。近世 うしろぼね[後骨]。ついこつ[椎骨]。中世 せきりゃう[脊梁]。せすぢ[背筋]。中古 せぼね[背骨]。

—や肋骨(ころつ) 中世 どうぼね[胴骨]。

せま・い【狭】 近代 せせこましい。せばくるしい[狭苦]。せまくるしい/せまっくるしい[狭苦]。ろうけふ[陋狭]。近世 けふさく[狭窄]。てぜま[手狭]。ねこのひたひ/ねこびたひ[猫額]。はひり[這入]。へんせう[偏小/褊少]。中世 けふあい[狭隘]。けふせう[狭小]。すぼし[窄]。せまし[狭]。中古 きゅうくつ[窮屈]。せし[狭]。せばせばし[狭狭]。ところせし[所狭]。ほどなし[程無]。上代 さし[狭]。せ[狭]。せばし[狭]。

—い家 近代 ろうたく[陋宅]。ろうをく[陋屋]。近世 くしゃくだな/くしゃくみせ[九尺店]。くしゃくにけん[九尺二間]。中世 ろうきょ[陋居]。→**いえ**

—いと思う せまがる[狭]。近代 せばくるしい[狭苦]。せまくるしい/せまっくるしい[狭苦]。せせこましい。中古 せばがる[狭]。

—い所 近代 だんぐゎん[弾丸]。立錐(りっすい)の地。近世 はざま[狭間/迫間/間]。弾丸黒子(こく)の地。中古 くゎかく[蝸角]。

—い所で混み合う 中世 せきあふ[塞合]。

—い所にまとまる 近世 つぼむ[窄]。

—い部屋 近代 こま[小間]。

—い町 中古 ろうかう[陋巷]。

—い道 近代 あいろ[隘路]。近世 ろうぢ[路地/露道]。ろぢ[路地/露地]。中古 こみち[小道]。上代 こうぢ[小路]。

—くすぼまっていること 近世 けふさく[狭窄]。

—くする しぼる[絞/搾]。中世 すぼむ[すぼめる][窄]。ちぢむ[ちぢめる][縮]。つぼむ[つぼめる][窄]。中古 せばむ[せばめる][狭]。

—くて十分動けない 《句》近世 縁の下の鍬使ひ。

—くなる 近世 すぼける。せばまる[狭]。ちぢむ[縮]。つぼまる[窄]。中世 すばる/すぼる[窄]。すぼまる/すぼむ[窄]。ちぢまる[縮]。つぼむ[窄]。中古 せまる[逼/迫]。

—くまとまる 中世 つぼむ[窄]。

—くゆとりのないさま 中世 こせこせ。せかせか。

考え方が—いこと 近代 いちめんくゎん[一面観]。近世 けち。しみったれ。ろうけん[陋見]。井蛙(せいあ)の見(けん)。中世 けふあい[狭隘]。へんけふ[偏狭/褊狭]。《句》近代 貝殻で海を量る。管(くだ)を用ゐて天を窺(うかが)ふ。近世 葦(よし)(蘆/葭)の髄(ずい)(管)から天井を覗(のぞ)く。中世 鍵の孔から天覗く。井蛙(せいあ)大海を知らず。

土地が—いこと 近代 へんけふ[偏狭/褊狭]。近世 猫の額。

せま・る【迫】❶〈近付く〉 近代 せっきん[接近]。近世 きんせつ[近接]。中古 せむ[迫]。ちかよる[近寄]。上代 せまる[迫/逼]。ちかづく[近付]。よる[寄]。

多くの人が—る 中世 おしよす[—よせる][押寄]。

目前に—るさま 近代 いよいよ[愈/愈愈/弥弥]。中古 いまいま[今今]。

せま・る【迫】❷〈切迫〉 近代 きんぱく[緊迫]。近世 さしせまる[差迫]。せっぱく[切迫]。せせきふはく[急迫]。さしつまる[差詰]。せせくる。せっぱ[切羽]。つめかく[—かける][詰掛]。中世 ます[摩]。中古 きふ[急]。ほとほとし[殆殆]。上代 いどむ[挑]。せまる[迫/逼]。

—ってくるさま 近世 ひたひた。

激しく―・る 近代 つっこむ［突込］。近世 くってかかる［食掛］。せりつむ〔―つめる〕［迫詰］。そくはく［促迫］。つめよる［詰寄］。にくはく［肉迫／肉薄］。

せみ【蟬】 上代 せみ［蟬］。せび［蟬］。中古 うつせみ［空蟬］。
―の鳴き声 近世 せみしぐれ［蟬時雨］。中世 せんせい［蟬声］。中古 せみごゑ［蟬声］。
―の抜け殻 近世 せんだつ［蟬脱］。中世 せんぜい［蟬蛻］。中古 うつせみ［空蟬］。
―や蛙が騒がしいこと 近代 あめいせんさう［蛙鳴蟬噪］。
秋に鳴く― 近世 あきぜみ［秋蟬］。中古 かんぜみ［寒蟬］。上代 かんせん［寒蟬］。しうせん［秋蟬］。
鳴かない― 近世 おしぜみ／おふしぜみ［唖蟬］。
鳴く― 中古 めいせん［鳴蟬］。
夏の― 近世 なつぜみ［夏蟬］。
麦の刈り入れの頃鳴く― 近代 むぎぜみ［麦蟬］。
夕方に鳴く― 近世 ゆふぜみ［夕蟬］。
▼つくつくぼうし 近代 ほふしぜみ［法師蟬］。近世 つくしこひし［筑紫恋］。中古 かんぜみ／かんぜん［寒蟬］。くつくつぼふし。
▼ひぐらし 近世 かなかな。

ゼミナール（ドイツ Seminar）　セミナー（seminar）。近代 くんれん［訓練］。ゼミ（ドイツ Seminar の略）。ゼミナール。近世 えんしふ［演習］。

せめ【責】❶〈責任〉 近代 せめ［責］。にんむ［任務］。中世 せきにん［責任］。中古 つとめ［勤／務／努／勉］。→**せきにん**

せめ【責】❷〈問責〉 近代 しっせき［叱責］。めんせき［面責］。もんせき［問責］。中世 めんきつ［面詰］。中古 せめ［責］。めんせつ［面折］。上代 かしゃく［呵責］。中古 ...

せめ【責】❸〈迫害〉 近代 ぎゃくたい［虐待］。はくがい［迫害］。近世 せめく［責苦］。中世 せっかん［折檻］。せめ［責］。中古 がうもん［拷問］。なぶる［嬲］。上代 がうじん［拷訊］。かうりゃう［拷掠］。がうりゃく［拷掠］。

せめて…だけでも 近代 すくなくとも［少］。→**せ・める**
近世 でも。中世 せめて…だにも。せめては。中古 さだに。しも。だも。をだに。上代 だに。だにも。

せ・める【攻】 オフェンス（offense）。近代 アタック（attack）。おそひかかる［襲掛］。しんばつ［侵伐］。とっくゎん［突貫］。近世 おしかかる［押掛］。おっこむ。こうげき［攻撃］。しふげき［襲撃］。にふこう［入寇］。中世 うちいる［討入］。うちかかる［打掛］。うちかく〔―かける〕［打掛／打懸］。うつ［撃］。かく〔かける〕［駆／駈］。こうす［寇］。こうせん［攻戦］。せめかかる［攻掛］。せめかく〔―かける〕［攻掛］。せめこむ［攻込］。せめたつ〔―たてる〕［攻立］。とりかく〔―かける〕［取掛］。よす［寄］。よせかく〔―かける〕［寄掛］。中古 うちよす〔―よせる〕［打寄］。かかる［掛］。せいす［征］。せむ〔せめる〕［攻／迫］。せめいる［攻入］。せめよす〔―よせる〕［攻寄］。はくげき［搏撃］。上代 おそふ［襲］。つく［突］。をかす［侵／犯］。
―・め落とすこと せめぬく［攻抜］。近代 かんらく［陥落］。近世 こうりゃく［攻略／攻掠］。ぬく［抜］。中世 うちおとす［打落］。くだす［降］。どんぜい［呑噬］。らくじゃう［落城］。中古 せめおとす［攻落］。上代 おとしいる〔―いれる〕［陥／落入］。おとす［落］。りゃくす［略］。
―・め落とすのが難しい 近代 なんこうふらく［難攻不落］。
―・めかかる場所 とっぱこう［突破口］。近世 かかりくち［掛口］。中世 せめくち［攻口］。
―・めて討つこと 近世 こうばつ［攻伐］。ちゅうめつ［誅滅］。中世 うつ［討］。たうばつ［討伐］。中古 ちゅうす［誅］。上代 うちほろぼす［討滅］。せいたう［征討］。せいばつ［征伐］。
―・めて乱すこと 近代 しんぜう［侵擾］。中世 うちちらす［打散］。
―・める勢い 近代 こうせい［攻勢］。
―・める道具 近世 せめぐ［攻具］。
馬に乗って―・める 中世 かける［駆／駈］。
外国から―・めて来ること 近世 ぐゎいこう［外寇］。
囲んで―・めること 近代 こうゐ［攻囲］。とほよせ［遠寄］。
最初に―・めること 近世 いちばんのり［一番乗］。中古 さきがけ［先駆］。
守勢転じて―・める はんこう［反攻］。
すばやく―・める そっこう［速攻］。
前後から―・める 中世 きかく［掎角］。
早朝に―・める 中世 あさがけ［朝駆／朝駈］。
次々と―・めて広範囲で猛威をふるう 近世 せきけん［席巻／席捲］。
激しく―・める 近代 つうれつ［痛烈］。まうこう［猛攻］。中世 せめたつ〔―たてる〕［攻

立］。てづめ［手詰］。もみたつ［―たてる］［揉立］。

ひたすら―・める 中世 ひらぜめ［平攻］。

不意をついて―・める 中世 ふいうち［不意討］。近代 きしふ［奇襲］。中世 ぬきうち［抜打／抜撃］。

不利を覚悟で―・める きょうこう［強攻］。

身をもって―・める 近世 にくはく［肉薄］。

夜に―・める 中世 よがけ［夜駆］。中古 ようち［夜討］。

弱っている者をさらに―・める 近世 おひうつ［追討／追撃］。

せ・める【責】 近代 つるしあげる［吊上／釣上］。近代 しっせき［叱責］。しひたげる［虐］。だんずる［弾］。ついきふ［追及］。なんきつ［難詰］。はくがい［迫害］。めんさう［面争］。めんせき［面責］。もんせき［問責］。油を絞る。近世 いためつく［―つける］［痛付］。いぢめる［苛］。いびる。くすぶ［くすべる］［燻］。せきもん［責問］。せごす［瀬越］。せちがふ。せめせちがふ［責］。たたむ［畳］。とぐる。とっちめる。ひづむ［歪］。めっきしゃくき［滅鬼積鬼］。ゑじめる。中世 かうず［勘／拷］。かっす［喝］。きつもん［詰問］。こみつく［込付］。すさむ［荒］。せがむ。せこむ［せこめる］。せっかん［折檻］。せめさいなむ［責苛］。せめつく［―つける］［責付］。とりつむ［―つめる］［取詰］。ひなん［非難］。めんきつ［面詰］。中古 いひけつ［言消］。うちひく。かうがふ［考／堪］。きむ［きめる］［決／極］。さいなむ［苛／嘖］。しをる［責］。せせる［拵］。せたむ［責］。せめぐ［鬩］。せめたつ［―たてる］［責立］。なじる［詰］。なぶる［嬲］。なんず［難］。めんせつ［面折］。りょうず［凌／陵］。上代 かしゃく［呵責］。くるしむ［―しめる］［苦］。けんせき［譴責］。ころふ［嘖］。せむ［せめる］［責］。とがむ［とがめる］［咎］。とふ［問］。

―・められる 近代 きざむ［刻］。近世 方寸を責む［―責める］。

互いに―・め合う 近世 つめあふ［詰合］。

▼お咎め 中古 かしこまり［畏］。かんき［勘気］。

▼良心の呵責 中古 心の鬼。

せり【競】→せりうり

せり【芹】 近代 おばぜり［婆芹］。近世 しろねぐさ［白根草］。つみましぐさ［摘草］。中世 ねじろぐさ［根白草］。中古 たぜり［田芹］。ねぜり［根芹］。上代 せり［芹］。

野の― 近世 のぜり［野芹］。

せりあ・う【競合】 きょうごう［競合］。つばぜりあい［鍔迫合］。デッドヒート(dead heat)。近代 かくちく［角逐］。きそひあふ［競合］。きそひたつ［競立］。角突き合はす。近世 きっかう［拮抗／頡頏］。中世 きゃうさう［競争］。せりあふ［競合／糶合］。はりあふ［張合］。鎬を削る。中古 きそふ［競］。きほふ［競］。上代 あらそふ［争／諍］。

せりうり【競売】 オークション(auction)。きょうばい［競売］。けいばい［競売］。せりばいばい［競売買／糶売買］。ちょうてきばいばい［糶糴売買］。近代 せりうり［競売／糶売］。てうばい［糶売］。近世 せり［競／糶］。

せりふ【台詞】 近代 くゎはく［科白］。だいし［台詞］。だいじ［台辞］。ダイアローグ(dia-logue)。はく［白］。近世 せりふ［台詞／科白／白］。

―の言いまわし 近世 こうせき［口跡］。

思いを相手なしで一人で言う― 近代 どくはく［独白］。モノローグ(monologue)。

観客に聞こえ相手役には聞こえない― 近代 ばうはく［傍白］。

舞台外の― かげぜりふ［陰台詞］。

役者が即興ではさむ― アドリブ(ad lib)。近世 すてぜりふ［捨台詞］。

せりょう【施療】 近代 せれう［施療］。中世 かれう［加療］。中古 ちれう［治療］。れうぢ［療治］。

せ・る【競】 近代 かくちく［角逐］。せりあふ［競合／糶合］。近世 せりあげる［競上／糶上］。せる［競／糶］。

―・り落とす 近代 きゃうらく［競落］。近世 せりかつ［競勝］。

セルフコントロール(self control) じこきせい［自己規制］。じしゅく［自粛］。じりつ［自律］。近代 こくき［克己］。じちょう［自重］。セルフコントロール。近世 じせい［自制］。せっせい［節制］。

セレクト(select) 近代 オプション(option)。セレクション(selection)。セレクト。せんたく［銓択］。せんべつ［選別］。チョイス(choice)。近世 せんばつ［選抜］。中世 えらむ［選］。たうた［淘汰］。よる［選／撰／択］。中古 せんたく［選択／撰択］。上代 えらぶ［選］。える［選／択／撰］。

セレモニー(ceremony) 近代 ぎてん［儀典］。しきてん［式典］。セレモニー。近世 くゎんこんさうさい［冠婚葬祭］。中世 しき［式］。中古 ぎしき［儀式］。上代 ぎ［儀］。てんれい

[典礼]。

ゼロ（フランス zero） 近代 かいむ[皆無]。から[空]。ゼロ。ナッシング(nothing)。 近世 からっぽ[空]。ぜつむ[絶無]。 中世 なし[無]。む[無]。れい[零]。 中古 くうきょ[空虚]。

—より大きい数 せい[正]。せいすう[正数]。

—より小さい数 ふ[負]。ふすう[負数]。

せろん【世論】 せろん／よろん[世論／輿論]。パブリックオピニオン(public opinion)。 近代 オピニオン(opinion)。こうぎ[公議]。しゅうろん[衆論]。みんろん[民論]。 近世 こくろん[国論]。 中世 こうろん[公論]。しゅうろん[衆論]。よろん[輿論]。 中古 せいろん[世論]。

当時の— 近世 じろん[時論]。

せわ【世話】❶〈面倒見〉 かいご[介護]。ケア(care)。めんどうみ[面倒見]。 近代 ちゅうかい[仲介]。つきそひ／つきそへ[付添]。 近世 あっせん[斡旋]。かんご[看護]。きもいり[肝煎／肝入]。くちぞへ[口添]。しうせん[周旋]。しんぱい[心配]。せわ[世話]。とりあつかひ[取扱]。ふくじ[伏侍／服侍]。 中世 かいぞへ[介添]。かいはう[介抱]。かんびゃう[看病]。とりもち[取持]。はぐくみ[育]。ふち[扶持]。やくかい[厄介]。 中古 あつかひ[扱]。いたはり[労／功]。うしろみ[後見]。かいしゃく[介錯]。かしづき[傅]。かへりみ[顧]。くちきき[口利]。ちそう[馳走]。なかだて[仲立]。 上代 なかだち[仲立]。

—がしにくい 中古 みわづらふ[見煩]。

—が好きな人 近世 せわずき[世話好]。せわやき[世話焼]。 中古 ものあつかひ[物扱]。

—が行き届く 近世 手が届く。

—・したい 中古 あつかはし[扱]。

—・する 近世 かまふ[構]。きもいる[肝煎／肝入]。さばくる[捌]。とりあはす[取合]。みたつ（—たてる）[見立]。めがく（—がける）[目掛]。肝精(きもせい)を焼く。世話を掛く（—掛ける）。手塩に掛く（—掛ける）。手を（に）掛く（—掛ける）。面倒を見る。 中世 そひみる[添見]。はごくむ[育]。まぶる／まぼる[守]。肝を煎る。不便(ふびん)にす。目を掛く（—掛ける）。 中古 あつかふ[扱]。いたつく[病／労]。いたはりかしづく[労傅]。いたはる[労]。いろふ[労／綺／弄]。うしろみる／うしろむ[後見]。うちかしづく[内傅]。おもひあつかふ[思扱]。おもひうしろみる[思後見]。おもひかしづく[思傅]。おもひはぐくむ[思育]。かしづく[傅]。かへりみる[顧]。しる[知]。とりまかなふ[取賄]。とりもつ[取持]。はぐくむ[育]。まもる[守]。みあつかふ[見扱]。みいる[見入]。みなす[見]。みる[見／看]。もてあつかふ[持扱]。もてなす[成]。やしなふ[養]。陰に隠す。 上代 いつく[斎／傅]。とりみる[取見]。はぐくもる[羽含]。まもらふ[守]。《尊》 中古 おぼしあつかふ[思扱]。おぼしいたづく[思労]。おぼしかへりみる[思顧]。ごらんず[覧]。 上代 おぼしあつかふ[思扱]。

—・する人 近代 つきそひ／つきそへ[付添]。 近世 かいぞへ[介添]。きもいり[肝煎／肝入]。さいりゃう[宰領]。せわにん[世話人]。つきびと／つけびと[付人]。 中世 うしろだて[後盾]。おもり[御守]。かいしゃく[介錯]。こうけん[後見]。ちそうにん[馳走人]。よせ[寄]。 中古 うしろみ[後見]。かしづき[傅]。

—に対する料金 リベート(rebate)。 近代 てすうれう[手数料]。 近世 せわれう[世話料]。

—になる 近代 手を煩はす。面倒を掛ける。 中古 かかる[掛]。手に掛かる。

—の焼き過ぎ 近代 おせっかい[御節介]。でしゃばり。余計なお世話。 近世 さしいでぐち／さしでぐち[差出口]。さへいじ[左平次]。ですぎ[出過]。大きなお世話。おせせの蒲焼き。 中古 みそす[見過]。

—を人に任せる 中古 おもひゆづる[思譲]。みゆづる[見譲]。

あらゆることで人の—になること あげぜんすえぜん[上膳据膳]。

忙しく—・する 中古 けいめい[経営]。

貴人の— 中古 まかなひ[賄]。

最後まで—・する 中古 みはつ（—はてる）[見果]。

指導して—・する 中世 ひきまはす[引回]。

親身になって大事に—・する 近世 世話を病む。手塩に掛く（—掛ける）。 中世 まぶる／まぼる[守]。 中古 うちとけわざ[打解業]。おもひあつかふ[思扱]。おもひいたづく[思労]。おもひかしづく[思傅]。かしづきたつ[傅立]。まもる[守]。 上代 いつく[傅]。まもらふ[守]。

抱いて—・する 中古 いだきあつかふ[抱扱]。

尋ねて行って—・する 中古 とぶらふ[訪]。

他人の—で生きている人（子） 近代 親の脛齧(すねかじ)り。 近世 かかりご／かかりうど／かかりびと[掛人]。かかりっこ[掛子]。ゐさうらふ[居候]。

二者の間を—・する 近代ちゅうかい[仲介]。中世とりもつ[取持]。中古くちいる[口入]。上代なかだち[仲立/媒]。

病人や怪我人の— かいご[介護]。近代みとり[看取]。近世かんご[看護]。中世かいはう[介抱]。きうご[救護]。上代かんびゃう[看病]。

せわ【世話】❷〈厄介〉 近代やくかい[厄介]。近世しちめんだう[面倒]。せわ[世話]。はんざつ[煩雑]。中世めんだう[面倒]。手が掛かる。

—の焼ける人 近代やくかいもの[厄介者]。

せわし・い【忙】 近代きぜはしない[気忙]。こぜはしい[小忙]。たじたたん[多事多端]。たばう[多忙]。近世きぜはし[気忙]。けはし[険]。せいきふ[性急]。たよう[多用]。ものせはし[物忙]。中世せはしなし[忙]。中古あわただし[慌/遽]。いそがし[忙/急]。いそがはし[忙]。せはし[忙]。上代はんばう[繁忙/煩忙]。→**いそがし・い**

—・いさま ちゃかちゃか。近代こちょこちょ。近世あくせき/あくせく[齷齪]。どさくさ。とばくさ/とっぱかは/とっぱくさ。とっぱさっぱ。ばたばた。中世せかせか。

—・く動き回る 中世くるめく[眩]。

—・く呼吸する せく[急]。上代あへぐ[喘]。

戦争で—・いこと へいばこうそう[兵馬倥偬]。

せん【線】 近代けいせん[罫線]。じっせん[実戦]。せん[線]。ライン(line)。近世けい[罫]。せんでう[線条]。中古け[罫/界]。すぢ[筋]。

—だけで描くこと せんがき[線描]。近代すがき[素描]。せんべう[線描]。はくぐゎ[白画]。はくべうぐゎ[白描画]。中世くゎくす[画/劃]。

—をひく せんびき[線引]。

形を表す境目の— 近代きゃうかいせん[境界線]。べうせん[描線]。近世りんかく[輪郭]。

幾何学の— 近代えんちょくせん[鉛直線]。げん[弦]。こ[弧]。さうきょくせん[双曲線]。しゃせん[斜線]。すいせん[垂線]。すいちょくせん[垂直線]。すいへいせん[水平線]。せっせん[接線]。せんぶん[線分]。たいかくせん[対角線]。はうぶつせん[放物線/抛物線]。へいかうせん[平行線]。ゑんこ[円弧]。ゑんしう[円周]。

経緯度を示す仮想の— 近代けいせん[経線]。ゐせん[緯線]。

縦に—をひくこと 近代けいくゎく[経画]。

電気信号が通る— 近代くゎいせん[回線]。

複数の— 近代ふくせん[複線]。

文中の部分を強調する— かせん[下線]。サイドライン(sideline)。ぼうせん[傍線]。近代アンダーライン(underline)。

その他—のいろいろ(例)①[種類] かんてんせん[間点線]。させん[鎖線]。近代きょくせん[曲線]。じっせん[実線]。せっせん/をれせん[折線]。てんせん[点線]。はせん[破線]。はせん/なみせん[波線]。近世ちょくせん[直線]。

その他—のいろいろ(例)②[色] 近代あかせん[赤線]。あをせん[青線]。近世はくせん[白線]。

その他—のいろいろ(例)③[光等] えんせきがいせん[遠赤外線]。近代アルファせん[alpha; α線]。うちうせん[宇宙線]。エックスせん[X線]。ガンマせん[gamma; γ線]。しぐゎいせん[紫外線]。せきぐゎいせん[赤外線]。はうしゃせん[放射線]。ベータせん[beta; β線]。近世くゎうせん[光線]。

▼直線 ストレート(straight)。ぼうせん[棒線]。近代ぼう[棒]。中世いちもんじ[一文字]。いっちょくせん[一直線]。かね[矩]。まいちもんじ[真一文字]。

せん【詮】 近世ききめ[効目/利目]。中世せん[詮]。中古かひ[甲斐/詮]。上代しるし[印/験]。

せん【栓】 近代くゎっし[活嘴]。くゎっせん[活栓]。コック(cock)。わうくゎん[王冠]。中世せん[栓]。中古ふた[蓋]。

固く—をすること みっせん[密栓]。

コルクの— 近世コロップ(オランダ prop)。

ぜん【全】 近代オール(all)。ぜんぶ[全部]。中世ぜん[全]。ぜんたい[全体]。上代すべて[全/総/凡]。

ぜん【善】 近世しぜん[至善]。中世しいぜん[至善]。せいぎ[正義]。中古ぜん[善]。上代だうとく[道徳]。みち[道]。りゃう[良]。

《句》近代善に従ふこと流るるが如し。近世善は急げ。

—の行いは邪魔が入りやすい 中世すんぜんしゃくま[寸善尺魔]。

—を行う心 近代だうとくいしき[道徳意識]。だうとくしん[道徳心]。

—を行うこと 中世しゅぜん[修善]。

—を勧め悪を制すること 中世くゎんぜんちょうあく[勧善懲悪]。中古くゎんかい[勧誡]。

うわべの― 近代ぎぜん［偽善］。

ぜん【膳】 近代しょくだい［食台］。しょくたく［食卓］。ちゃぶだい［卓袱台］。テーブル(table)。近世おぜん［御膳］。しっぽくだい［卓袱台］。しょくぜん［食膳］。中世ぜん［膳］。ぜんぶ［膳部］。はんだい［飯台］。中古かしは［膳］。上代つくえ［机］。

―を客に出すこと 近代あげぜん［上膳］。

脚のない会席用の― 近世くゎいせきぜん［会席膳］。

貴人の―を下げる 中世まかり［罷］。

死者に供える― そばぜん［側膳］。よこぜん［横膳］。

祝儀の席に出す― いわいぜん［祝膳］。祝いの膳。近世饗(きゃう)の膳。

食後に下げる― 近世あがりぜん［上膳］。

食事ができるように―を整えること 近代ぜんごしらへ［膳拵］。近世おぜんだて［御膳立］。

吸い物椀ののった― 近世すひものぜん［吸物膳］。

中国風の― 近世しっぽく［卓袱］。

非礼な―の据え方の例 近世えびすぜん［夷膳］。ひだりぜん［左膳］。

▼助数詞 中世こん［献］。

ぜんあく【善悪】 くろしろ［黒白］。近代かあく［佳悪］。近世せいじゃ［正邪］。たうひ［当否］。一の裏は六。中世きょくちょく［曲直］。こくびゃく［黒白］。じゃしゃう／じゃせい［邪正］。りゃうひ［良否］。ぜんまく［善悪］。しろくろ［白黒］。中古かひ［可否］。せいだく［清濁］。よしあし［善悪］。りひ［理非］。上代ぜひ［是非］。ぜんあく［善悪］。

《句》近世蛇(じゃ)の目を灰汁(あく)で洗ったやう。善悪は水波の如し。善悪は友を見よ。天は高きにゐて卑きに聴く。天は見通し。中世善悪は友による。

―の行い 上代ざいふく［罪福］。

―を区別しないこと 近代くそみそ［糞味噌］。糞も味噌も一緒。

―を見分ける力 近世めがね［眼鏡］。

せんい【繊維】 ファイバー(fiber)。フィラメント(filament)。近代せんゐ［繊維］。

―のいろいろ(例) アクリルせんい［(ドイツ)Acryl繊維］。カーボンせんい［carbon 繊維］。かがくせんい［化学繊維］。ガラスせんい［glass 繊維］。グラスファイバー(glass fiber)。ごうせいせんい［合成繊維］。しょくぶつせんい［植物繊維］。しょくもつせんい［食物繊維］。じんぴせんい［靭皮繊維］。たんそせんい［炭素繊維］。てんねんせんい［天然繊維］。どうぶつせんい［動物繊維］。ナイロンせんい［nylon 繊維］。

せんい【戦意】 ファイティングスピリット(fighting spirit)。ファイト(fight)。近代せんい［戦意］。とうそうしん［闘争心］。近世とうし［闘志］。

ぜんい【善意】 グッドウィル(goodwill)。近代しんせつしん［親切心］。ぜんい［善意］。だうとくしん［道徳心］。近世かうい［好意］。中世こうい［厚意］。

ぜんいき【全域】 近代いったい［一帯］。ぜんゐき［全域］。中古いちゑん［一円］。

せんいつ【専一】 近代いちい［一意］。近世ずいいち［随一］。中世せんいち［専一］。だいいち［第一］。中古せんいつ［専一］。せんしん［専心］。

せんいん【船員】 近代かいゐん［海員］。セーラー(sailor)。近世マドロス(オランダ matroos)。せんゐん［船員］。中世すいしゅ［水手］。すいふ［水夫］。ふなかた［船方］。ふなのり［船乗］。上代かこ［水夫／水手］。ふなこ［船子］。→**ふなのり**

高級な― 近代オフィサー(officer)。

ぜんいん【全員】 近代こぞって［挙］。そうがかり［総掛］。そうぜい［総勢］。そうゐん［総員］。近世ぜんゐん［全員］。そうやう［総様］。そうよう［総容］。みんな［皆］。中世そうぞう［総総／惣惣］。中古あげて［挙］。上代みな［皆］。もろびと［諸人］。→**みな**

―が出ること 近代そうで［総出］。

―が笑い転げること 中世笑壺(えつぼ)の会。

―で開く会 近代そうくゎい［総会］。

―の意見や意思 近代そうい［総意］。

家の者― 近代いへぢゅう［家中］。中古かちゅう［家中］。

そこに居る者― 近代ぜんくゎい［全会］。近世いちどう［一同］。中世いちざ［一座］。上代いちめん［一面］。中古まんざ［満座］。ひとみな［人皆］。みなひと［皆人］。

せんうん【戦雲】 雲行きが怪しい。近代いっしょくそくはつ［一触即発］。せんうん［戦雲］。風雲急を告げる。近世せんき［戦機］。上代ふをん［不穏］。

せんえい【先鋭】 近代シャープ(sharp)。せんえい［先鋭／尖鋭］。中世えいり［鋭利］。きつし。けはし［険］。するどし［鋭／尖］。中古きびし［厳］。

ぜんえい【前衛】 近代アバンギャルド(フランス avant garde)。せんくしゃ［先駆者］。ぜ

んせん［前線］。ぜんゑい［前衛］。フォワード(forward)。中世いちぢん［一陣］。いちばんぞなへ［一番備］。せんぢん［先陣］。せんぽう［先鋒］。

せんえつ【僭越】 身の程をわきまえない。近代でしゃばり。ゑっけん／をっけん［越権］。近世いんげん。ですぎ［出過］。中世くゎぶん［過分］。さしでがまし［差出］。せんゑつ［僭越］。

せんおう【専横】 近代かってきまま［勝手気儘］。せんけん［専権／擅権］。せんだん［専断／擅断］。どくさい［独裁］。どくだんせんかう［独断専行］。わうぼう［横暴］。近世きまま［気儘］。せんし［専恣／擅恣］。せんわう［専横］。てまへがって［手前勝手］。みがって［身勝手］。中世きずい［気随］。中古わがまま［我儘］。上代せんせい［専制／擅制］。

せんか【戦火】 ウオー(war)。近代じゅうくゎ［銃火］。バトル(battle)。近世せんえき［戦役］。せんさう［戦争］。せんらん［戦乱］。はうくゎ［砲火］。中世せんとう［戦闘］。へいくゎ［兵火］。へいせん［兵燹］。中古たたかひ［戦］。へいらん［兵乱］。

せんか【戦禍】 近代せんさい［戦災］。せんくゎ［戦禍］。近世へいくゎ［兵禍］。中世ひゃうぢゃう［兵仗］。

ぜんか【前科】 近代ぜんれき［前歴］。ぜんくゎ［前科］。中古ぜんぴ［前非］。

―のある者 近代ぜんくゎもの［前科者］。近世おちゃうつき［御帳付］。きょうじゃうもち［凶状持］。中世けいじん［刑人］。けいよ［刑余］。

せんかい【旋回】 スピン(spin)。中世くゎいてん［回転］。せんくゎい［旋回］。てんくゎい［転回］。中古まはる［回］。上代まふ［舞］。

せんかい【仙界】 中世せんかい［仙界］。中古いうきゃう［幽境］。せんきゃう［仙境／仙郷］。→**せんきょう**

せんがい【選外】 近代とうぐゎい［等外］。ばんぐゎい［番外］。

ぜんかい【全快】 かんち／かんぢ［完治］。近代ぜんゆ［全癒］。ちゆ［治癒］。近世くゎいぜん［快然］。くゎいふく［回復／恢復／快復］。こんち／こんぢ［根治］。ぜんくゎい［全快］。ぜんち［全治］。ふっきる［吹切］。みなほす［見治］。中世おつ［おちる］［落］。くゎいき［快気］。くゎいゆ［快癒］。ほんぷく［本復］。中古おこたりはつ［怠果］。おこたる［怠］。さはやぐ［爽］。たひらぐ［平］。ぢす［治］。なほる［治］。やむ［已］。をさまる［治］。上代いゆ［いえる］［癒］。へいゆ［平癒］。

せんかく【先覚】 近代かいたくしゃ［開拓者］。せんかくしゃ［先覚者］。せんくしゃ［先駆者］。パイオニア(pioneer)。中世せんだち／せんだつ［先達］。中古さきがけ［先駆］。せんかく［先覚］。

せんがく【先学】 近代がくけい［学兄］。せんかくしゃ［先覚者］。せんくしゃ［先駆者］。近世せんがく［先学］。中古せんぱい［先輩］。上代せんしん［先進］。

せんがく【浅学】 近代ぼんさい［凡才］。近世ひりき／ひりょく［非力］。中世せんさい［浅才］。むがく［無学］。中古せんがく［浅学］。ひさい［非才／菲才］。むさい［無才］。もうまい［蒙昧］。上代ふさい［不才／無才］。むち［無知／無智］。

ぜんがく【全額】 近代がふけい［合計］。ぜんがく［全額］。そうがく［総額］。トータル(total)。

せんかん【専管】 近代せんくゎん［専管］。ちょくかつ［直轄］。近世しゅくゎん［主管］。

せんぎ【詮議】❶〈取り調べ〉 近世あらひかた［洗方］。せんぎ［詮議］。とりしらべ［取調］。中世ぎんみ［吟味］。中古ただす［糺］。上代じんもん［尋問／訊問］。

せんぎ【詮議】❷〈評議〉 近代けふぎ［協議］。けんたう［検討］。しんぎ［審議］。たうぎ［討議］。近世ぎんみ［吟味］。せいらく。中世せんぎ［詮議］。中古ひゃうぎ［評議］。

長い― 近世をだはらひゃうぢゃう［小田原評定］。中世ながせんぎ［長詮議］。

ぜんき【前記】 近代じゃうけい［上掲］。じゃうじゅつ［上述］。じゃうぶん［上文］。ぜんけい［前掲］。近世じゃうけん［上件］。ぜんき［前記］。ぜんげん［前言］。中世くだん［件／条］。上代くだり［件／条］。しか言ふ。→**じょうじゅつ**

せんきゅう【川芎】 近世うしくさ［牛草］。をんなぐさ［女草］。中世せんきゅう［川芎］。中古をんなかづら［女葛］。をんなかづらぐさ［女葛草］。

せんきょ【占拠】 近代せんいう［占有］。せんきょ［占拠］。せんりゃう［占領］。りゃういう［領有］。近世かっきょ［割拠］。中世ぢんどる［陣取］。上代しむ［しめる］［占］。

せんぎょ【鮮魚】 近世いきうを／いけうを［生魚］。むえん［無塩］。中世せいぎょ［生魚］。せんぎょ［鮮魚］。ぶえん［無塩］。

せんきょう【戦況】 近代 せんきゃう［戦況］。中世 はたいろ［旗色］。せんきょく［戦局］。

せんきょう【仙境】 とうげんきょう［桃源郷］。近代 ユートピア（Utopia）。近世 かくれざと［隠里］。壺中(こちゅう)の天地。中世 しんきゃう［神境］。せんかい［仙界］。中古 いうきゃう［幽境］。せんいう［仙遊］。せんきゃう［仙境／仙郷］。上代 たうげん［桃源］。無何有(むかう)の郷(さと)。

—に遊ぶこと 近世 つぼいり［壺入］。

せんきょう【宣教】 近代 ふけう［布教］。ミッション（mission）。近世 せんけう［宣教］。中世 でんだう［伝道］。

せんぎょう【専業】 近世 せんげふ［専業］。中古 ほんげふ［本業］。ほんしょく［本職］。

せんく【先駆】 近代 しゅくゎい［首魁］。パイオニア（pioneer）。近世 つゆはらひ［露払］。みちおさへ［道押］。中世 さきつかひ［先使］。せんく［先駆］。せんぢん［先陣］。みちばらひ［道払］。中古 けいひち／けいひつ［警蹕］。さきがけ［先駆／魁］。せんかう［先行］。ぜんく／ぜんくう／ぜんぐう［前駆］。上代 さきおひ［先追／前追］。さきばらひ［先払／前払］。

賢者が多く輩出する時代の— 中世 百花の魁(さきがけ)。

ぜんく【前駆】→せんく（前項）

ぜんぐん【全軍】 近代 そうぐんぜい［総軍勢］。そうぜい［総勢］。そうへい［総兵］。中世 いちぐん［一軍］。近世 ぜんぐん［全軍］。そうぐん［総軍］。

—で攻撃すること そうこうげき［総攻撃］。中世 そうがかり［総掛］。

ぜんけい【前掲】→ぜんき

せんげつ【先月】 近世 あとげつ／あとのつき［後月］。中世 きょげつ［去月］。せんげつ［先月］。ぜんげつ［前月］。

▼先々月 近世 あとあとげつ［後後月］。

せんけん【先見】 近世 どうけん［洞見］。どうさつ［洞察］。中世 せんけん［先見］。上代 めいさつ［明察］。

《句》近世 さき知れば長者。三寸俎板(さんずんまないた)を見抜く。

せんけん【浅見】 近代 あさぢゑ［浅知恵］。ちかめ［近目／近眼］。近世 さるぢゑ［猿知恵］。せんけん［浅見］。たんけん［短見］。中世 せんりょ［浅慮］。中古 くゎぶん［寡聞］。くゎんけん［管見］。たんりょ［短慮］。

せんけん【専権】 近代 せんけん［擅権］。せんだん［専断／擅断］。どくさい［独裁］。わうぼう［横暴］。近世 せんけん［専権］。せんしい［専恣／擅恣］。せんわう［専横］。上代 せんせい［専制／擅制］。

せんげん【宣言】 近代 げんめい［言明］。せいめい［声明］。へうめい［表明］。マニフェスト（manifesto）。近世 せんげん［宣言］。中世 こうげん［公言］。せんめい［宣明］。めいげん［明言］。上代 せんこく［宣告］。せんすん［宣］。

ぜんげん【前言】 近代 じゃうげん［上言］。じゃうじゅつ［上述］。ぜんけい［前掲］。ぜんじゅつ［前述］。中世 ぜんげん［前言］。→じょうじゅつ

—を訂正するときの言葉 近代 もとへ［元］。近世 いやさ［否］。

—をひるがえす 近代 とりけし［取消］。近世 言を食(は)む。中世 しょくげん［食言］。

せんこ【千古】❶〈大昔〉 中世 おほむかし［大昔］。たいこ［太古］。中古 こだい［古代］。上代 せんこ［千古］。ばんこ［万古］。

せんこ【千古】❷〈永遠〉→えいえん

ぜんご【前後】❶〈前後〉 中世 あとさき［後先］。こしかたゆくすゑ［来方行末］。まへうしろ［前後］。せんご／せんこう［先後］。中古 うらうへ［裏表］。こうせん［後先］。しりさき［後前］。ふくはい［腹背］。上代 ぜんご［前後］。

—とも美しく立派 近世 めんかうふはい［面向不背］。

—も知らず 近代 じんじふせい［人事不省］。近世 きぜつ［気絶］。しっしん［失神／失心］。中世 こんすい［昏睡］。中古 ぜんごふかく［前後不覚］。後枕(あとまくら)も知らず。

ぜんご【前後】❷〈程度〉 近代 がらみ［絡／搦］。けんたう［見当］。ないぐゎい［内外］。近世 さいう［左右］。ぜんご［前後］。ていど［程度］。中世 かれこれ［彼此］。くらゐ［位］。中古 おほむね［概］。ころ［頃］。ほど［程］。ほぼ［略／粗］。

せんこう【先行】 さきどり［先取］。はたふり［旗振］。近代 せんべん［先鞭］。近世 せんく［先駆］。先手を打つ。先(せん)を越す。中古 さいだつ［先立］。さきがけ［先駆／魁］。さきだち［先立］。さきばしる［先走］。せんかう［先行］。せんだう［先導］。せんぢん［先陣］。上代 せんしん［先進］。

せんこう【専行】 近代 せんかう［専行］。せんだん［専断］。どくさい［独裁］。上代 どくだん［独断］。

せんこう【選考】 えりぬき[選抜]。近代じんせん/にんせん[人選]。近世せんばつ[選抜]。中世えらむ[選]。上代えらぶ[選]。せんかう[選考/銓衡]。せんしゅつ[選出/撰出]。

せんこう【戦功】 近代ぶくん[武勲]。近世こうみゃう[功名]。汗馬の労。中世せんこう[戦功]。てがら[手柄]。中古ぐんこう[軍功]。ぶこう[武功]。上代いさを[勲]。

せんこう【潜行】 近代せんにふ[潜入]。みっかう[密行]。中世おしのび[御忍]。せんかう[潜行]。せんぷく[潜伏]。中古しのびあるき[忍歩]。びかう[微行]。

せんこう【潜航】 ダイビング(diving)。近代せんすい[潜水]。もぐる[潜]。

せんこう【線香】 近代かうれう[香料]。中世せんかう[線香]。中古かう[香]。くんもつ/たきもの[薫物]。

蚊を追い払う― 近代かとりせんかう[蚊取線香]。かやりせんかう[蚊遣線香]。近世かやりかう[蚊遣香]。

蚊を追い払う―の火 近世かいぶし[蚊燻]。かくすべ[蚊燻]。中世かやり[蚊遣]。中古かやりび[蚊遣火]。

せんこう【閃光】 近代いっせん[一閃]。スパーク(spark)。フラッシュ(flash)。中世きらめき[煌]。中古せんくゎう[閃光]。

せんこう【穿孔】 近代くっさく[掘削/掘鑿]。あなあけ[穴開]。さんこう[鑽孔]。パンチ(punch)。ボーリング(boring)。近世ほじくる[穿]。ほじる[穿]。ゑぐる[抉/剔]。中世くりぬく[刳抜/刳貫]。中古くる[刳]。上代うがつ[穿]。

ぜんこう【善行】 近代びかう[美行]。ボランティア(volunteer)。近世とくかう[篤行]。中世ぜんかう[善行]。中古いんとく[陰徳]。ぜんこん[善根]。上代くどく[功徳]。とくかう/とくぎゃう[徳行]。《句》近世孝は百行の本。善は急げ。中世陰徳あれば陽報あり。好事(かうじ)門を出でず。積善(しゃくぜん)の家に必ず余慶(よけい)あり。積善(しゃくぜん)の余慶(よけい)。

―に見えて当然のこと 《句》中世餓鬼の断食。

―によって罪を償う 近世つみほろぼし[罪滅]。中古しょくざい[贖罪]。

―を積むこと 近代しうぜん[修善]。中古さぜん[作善]。しゃくぜん/せきぜん[積善]。しゅぜん[修善]。

―を広く知らせること しょうとく[彰徳]。近代けんしゃう[顕彰]。へうばう[標榜]。近世へうせい[表旌]。中世せいへう[旌表]。

あらゆる― 近世まんぜん[万善]。

うわべだけの― 近代ぎぜん[偽善]。

前世で積んだ― 中古しゅくぜん[宿善]。中世しうぜん[宿善]。上代しゅくとく[宿徳]。

昔の― 中古きうとく[旧徳]。

せんこく【宣告】 近代かうち/こくち[告知]。せいめい[声明]。つうこく[通告]。近世せんげん[宣言]。めいげん[明言]。中古いひわたす[言渡]。上代せんこく[宣告]。つぐ〔つげる〕[告]。

せんこく【先刻】 ついさっき[先]。近世いまがた[今方]。いましがた[今方]。くゎこく[過刻]。さっき[先]。中世さいぜん[最前]。さきほど[先程]。せんこく[先刻]。たったいま[今]。

―の 中古ありける[有]。ありつる[有]。

ぜんこく【全国】 近代まんてんか[満天下]。近世ぜんこく[全国]。中世つづうらうら[津津浦浦]。ななつのみち[七道]。中古くにぢゅう[国中]。てうや[朝野]。てんか[天下]。上代きょこく[挙国]。

センサー(sensor) かんちき[感知器]。かんちそうち[感知装置]。けんしゅつき[検出器]。けんしゅつそうち[検出装置]。

せんさい【戦災】 近代せんくゎ[戦禍]。近世へいくゎ[兵禍]。中世ひゃうぢゃう[兵仗]。

せんさい【繊細】 近代しび[至微]。デリカシー(delicacy)。デリケート(delicate)。びめう[微妙]。近世こまかし[細]。せいめう[精妙]。せんさい[繊細]。中世さいみつ[細密]。中古あえか。こまか[細]。こまごま[細細]。こまやか[細/濃]。

―・でしかも奥深く壮大 中世とほしろし。

せんさい【先妻】 中古せんさい[先妻]。ぜんさい[前妻]。上代こなみ[嫡妻/前妻]。

―の子 近世さきばら[先腹]。中世せんばら/せんぷく[先腹]。

―の去ったあと いにあと[往後]。

せんざい【千歳】 →せんねん【千年】

せんざい【潜在】 すいめんか[水面下]。近代ふくざい[伏在]。近世せんざい[潜在]。ひそむ[潜]。中世せんぷく[潜伏]。

―的な能力 ポテンシャル(potential)。

せんさく【詮索】 近代きうめい[究明]。たんきう[探求]。てうさ[調査]。近世せんさく[詮索]。中世しらぶ〔しらべる〕[調]。たん

だふ[―だえる][探題]。たんだゆ[―だゆる][探題]。

せんさく【穿鑿】 近代 あらさがし[粗探／粗捜]。近世 ほじくる／ほじる[穿]。中古 せんさく[穿鑿]。上代 あなぐる[索／探]。うがつ[穿]。

―・し過ぎること 中世 いりほがし[入穿]。

―・するさま 近世 ねほりはほり[根掘葉掘]。

細かいところまで―・する 近代 重箱の隅を楊枝でほじくる。近世 かさつ[苛察]。

センサス(census) じったいちょうさ[実態調査]。じんこうちょうさ[人口調査]。とうけいちょうさ[統計調査]。近代 こくせいていうさ[国勢調査]。センサス。

せんさばんべつ【千差万別】 近代 せんしゅばんじゃう[千種万状]。せんしゅばんべつ[千種万別]。せんしゅばんやう[千種万様]。近世 せんさばんべつ／せんさまんべつ[千差万別]。ふそろひ／ふぞろひ[不揃]。

ぜんざん【全山】 近代 ぜんざん[全山]。中世 いっさん[一山]。

せんし【先史】 しぜん[史前]。プレヒストリー(prehistory)。近代 いうしいぜん[有史以前]。中古 ぜんし[前史]。

せんし【戦士】 コマンド(commando)。ファイター(fighter)。近代 きし[騎士]。しゃうへい[将兵]。ナイト(knight)。へいゐん[兵員]。近世 とうし[闘士]。へいし／へいじ[兵士]。へいそつ[兵卒]。へいたい[兵隊]。中世 せんし[戦士]。中古 ぐんびゃう／ぐんぴゃう[軍兵]。ぶじん[武人]。上代 いくさびと／ぐんじん[軍人]。しそつ[士卒]。つはもの[兵]。ひゃうじ[兵士]。

せんし【戦死】 さんげ[散華]。近代 ぢんぼつ[陣没]。近世 せんぼつ[戦没／戦歿]。中世 うちじに[討死]。せんし[戦死]。

ぜんじ【漸次】 少しずつ。近代 おひおひ[追追]。中世 だんだん[段段]。中古 じょじょに[徐徐]。しだいに[次第]。ぜんじ[漸次]。

せんじつ【先日】 近代 くゎはん[過般]。さきつひ[先日]。近世 くゎじつ[過日]。こなひだうち／このあひだうち[此間内]。このあひだ[此間]。さきごろ[先頃]。さきだって[先達／先立]。せんだって[先達]。中世 いにしころ[往頃]。こなひだ[此間]。このぢゅう[此中]。このほど[此程]。せんど[先度]。せんぱん[先般]。中古 いつぞや[何時]。きうじつ[旧日]。さいつころ／さきつころ[先頃]。さきのひ[先日]。せんじつ[先日]。ひとひ[一日]。

―の夜 近代 せんばん[先晩]。中世 せんや[先夜]。

ぜんじつ【前日】 近世 まへび[前日]。中古 ぜんじつ[前日]。

―の夜 中世 ぜんや[前夜]。

盆暮れなどの― 近世 ものぎは[物際]。ものまへ[物前]。

ぜんじつ【全日】 いちにちじゅう[一日中]。まるいちにち[丸一日]。近代 ぜんじつ[全日]。近世 いっちうや[一昼夜]。→いちにちじゅう

センシビリティー(sensibility) 近代 かんじゅせい[感受性]。かんど[感度]。センシビリティー。近世 かんせい[感性]。

せんしゅ【船首】 バウ(bow)。近世 ぢく[軸]。中世 せみおし／みよし[船首／水押／舳]。中古 へさき[舳先]。ろんしゅ[船首]。上代 ふなのへ[船舳]。へ[舳]。

―と船尾 上代 ぢくろ[舳艫]。

―に飾る像 せんしゅぞう[船首像]。はろうじん[波浪神]。

センシュアル(sensual) 近代 くゎんのうてき[官能的]。センシュアル。にくかんてき[肉感的]。にくよくてき[肉欲的]。

せんじゅう【専従】 近代 せんげふ[専業]。せんぞく[専属]。せんにん[専任]。

せんしゅつ【選出】 近代 じんせん／にんせん[人選]。近世 えりぬく[選抜]。せんしゅつ[選出／撰出]。せんばつ[選抜]。中古 えらびすぐる／えらみすぐる[選選]。上代 えらぶ[選]。せんかう[選考]。せんにん[選任]。

せんじゅつ【戦術】 オペレーション(operation)。タクティクス(tactics)。ようへいじゅつ[用兵術]。近代 きりゃく[機略]。さくせん[作戦／策戦]。ストラテジー(strategy)。近世 ぐんじゅつ[軍術]。ぐんりゃく[軍略]。さくりゃく[策略]。せんじゅつ[戦術]。せんぱふ[戦法]。せんりゃく[戦略]。ひゃうはふ／へいはふ[兵法]。中世 ぐんぱふ[軍法]。ちうさく[籌策]。ひゃうじゅつ／へいじゅつ[兵術]。ぶりゃく[武略]。中古 へいりゃく[兵略]。

《句》中世 謀(はかりごと)を帷幄(ゐあく)の中に運(めぐ)らし勝つことを千里の外に決す。

―の学問 近世 ぐんがく[軍学]。へいがく[兵学]。中世 へいはふ[兵法]。

―をたてる人 せんりゃくか[戦略家]。せんじゅつか[戦術家]。近代 さんぼう[参謀]。近世 ぐんし[軍師]。中世 ひゃうはふしゃ／

へいはふしゃ［兵法者］。
思いも寄らない— おにで／きしゅ［鬼手］。

ぜんじゅつ【前述】→**じょうじゅつ**

ぜんしょ【全書】 たいけい［大系］。近代 ぜんしふ［全集］。そうしょ［叢書］。ゑんぽん［円本］。近世 ぜんしょ［全書］。

ぜんしょ【善処】 たいしょ［対処］。近代 しふしう［拾収］。しょそ［処措］。しょり［処理］。ぜんしょ［善処］。近世 かたづく［—づける］［片付］。しうしふ［収拾］。しょち［処置］。そち［措置］。とりさばく［取裁］。中世 さばく［裁／捌］。せいばい［成敗］。中古 しょす［処］。はからふ［計／図］。

せんしょう【先蹤】 中世 せんれい［先例］。中古 せんしょう［先蹤］。ぜんしょう［前蹤］。上代 ぜんれい［前例］。

せんしょう【僭称】 近代 こしょう［誇称］。さしょう［詐称］。せんしょう［僭称］。

せんじょう【洗浄】 ウォッシュ(wash)。クリーニング(cleaning)。近代 せんでう［洗滌］。てきじゃう［滌浄］。近世 せんじゃう［洗浄］。中古 せんたく［洗濯］。せんでき［洗滌］。上代 あらふ［洗］。
家屋の柱や天井などの— 近代 あくあらひ［灰汁洗］。

せんじょう【線上】 ボーダーライン(borderline)。近代 オンライン(on-line)。きゃうかいせん［境界線］。せんじゃう［線上］。

せんじょう【線条】→**せん【線】**

せんじょう【戦場】 せいや［征野］。フロント(front)。やせん［野戦］。近代 くゎまう［火網］。せんせん［戦線］。ぜんせん［前線］。せんや［戦野］。せんれつ［戦列］。近世 しゅらば［修羅場］。せんち［戦地］。やりした［槍下］。千軍万馬の間。中世 いくさば［軍場］。ぢんちゅう［陣中］。軍の園。軍の庭。修羅の巷。中古 せんぢゃう［戦場］。やには［矢庭］。戦ひの庭。上代 せんぢん［戦陣］。
—に出かけること 上代 しゅっせい［出征］。中世 しゅつぢん［出陣］。
昔の— 近代 せんせき［戦跡］。中世 こせんぢゃう［古戦場］。
▼対峙している両軍の間 近世 ばなか［場中］。

せんじょう【煽情】 近代 かりたてる［駆立］。せんじゃう［煽情／扇情］。せんどう［扇動／煽動］。火を付ける。近世 あふる［煽／呷］。けしかく［—かける］［嗾］。たきつく［—つける］［焚付］。中世 あふりたつ［—たてる］［煽立］。
—主義 こだいほうどう［誇大報道］。近代 センセーショナリズム(sensationalism)。
—的 近代 エロ／エロチック(erotic)。センセーショナル(sensational)。

ぜんしょう【全勝】 ひゃくせんひゃくしょう［百戦百勝］。ふはい［不敗］。むはい［無敗］。近代 グランドスラム(grand slam)。土付かず。近世 ぜんしょう［全勝］。

ぜんしょう【全焼】 近代 ぜんせう［全焼］。焦土と化す。近世 まるやけ［丸焼］。中世 やけおつ［—おちる］［焼落］。灰燼に帰す。

ぜんしょうせん【前哨戦】 しょせん／ちょせん［緒戦］。じょばんせん［序盤戦］。近代 こてさだめ［小手定］。こてしらべ［小手調］。こてだめし［小手試］。ぜんせうせん［前哨戦］。近世 こてがため［小手固］。

せんしょく【染色】 近世 いろぞめ［色染］。近代 せんしょく［染色］。そめ［染］。中世 そめつけ［染付］。ちゃくしょく［着色］。上代 そむ［そめる］［染］。→**そ・める**
《句》近世 江戸紫に京鹿子。
—の仕上がり具合 そめあがり［染上］。近代 はっしょく［発色］。近世 そめあげ［染上］。
—の職人 近世 せんこう［染工］。そめものし［染物師］。中世 すりし［摺師］。
意匠を凝らした— 近世 いたりぞめ［至染］。
模様を染め出す— 近世 がらぞめ［柄染］。
▼染め色のいろいろ(例) 近世 あかねぞめ［茜染］。うぐひすぞめ［鶯染］。うぐひすちゃ［鶯茶］。うこんいろ［鬱金色］。うつぶしいろ［空五倍子色／空柴色］。えどむらさき［江戸紫］。かちぞめ／かちんぞめ［褐染］。きくぢん［麹塵］。きゃうむらさき［京紫］。どんじき［鈍色］。ふたへぞめ［二重染］。もくらんじき［木蘭色］。中世 あかばな［赤花］。あをちゃ［青茶］。うすあを［薄青］。うすもえぎ［薄萌葱／薄萌黄］。かきぞめ［柿染］。ふたへもの［二重物］。みるいろ［海松色／水松色］。中古 あかいろ［赤色］。あかくちば［赤朽葉］。あかしらつるばみ［赤白橡］。あさあけ［浅緋］。あをいろ［青色／蒼色］。あをくちば［青朽葉］。あをしらつるばみ［青白橡］。あをにび［青鈍］。いっこんぞめ［一斤染］。うすいろ［薄色］。うすにび［薄鈍］。うすはなぞめ［薄花染］。うつしいろ［移色］。うつぶしぞめ［空五倍子染］。ちゃうじぞめ［丁子染］。にびいろ［鈍色］。ふたあゐ［二藍］。やまばといろ［山鳩色］。わうた

ん／わうに［黄丹］。上代あさひ［浅緋］。あをに［青丹］。えびぞめ［葡萄染］。きつるばみ［黄橡］。

▼**染め方のいろいろ①［染色法］** プリント(print)。近代うはがけ［上掛］。うはぞめ［上染］。おしがたづけ［押型付］。おしぞめ［押染］。かきいうぜん［描友禅］。かたがみなっせん［型紙捺染］。しんせん［浸染］。なっせん［捺染］。ぬきぞめ［抜染］。ばうせん［防染］。ばっせん［抜染］。バティック(マレ batik)。らふけちぞめ／らふけつぞめ［﨟纈染］。らふぞめ［蠟染］。近世いたじめ［板締］。かたぞめ［型染］。くくしぞめ［括染］。しぼり／しぼりぞめ［絞染］。中世すりこみぞめ［摺込染］。すりぞめ［摺染］。中古くくりぞめ［括染］。ゆはた［纈］。ゆひはた［結機］。上代かうけち／かうけつ［纐纈］。らふけち／らふけつ［﨟纈／蠟纈］。

▼**染め方のいろいろ②［模様］** あいがた［藍型］。あおだけ［青竹］。いろながし［色流］。うすぞめ［薄染］。えばしぼり［絵羽絞］。ひとつぶかのこ［一粒鹿子］。ぼかしぞめ［暈染］。近代うしほぞめ［潮染］。うすやう［薄様］。こんしぼり［紺絞］。近世あけぼのぞめ［曙染］。あふぎぞめ［扇染］。あふぎやぞめ［扇屋染］。あられこもん／あられごもん［霰小紋］。あゐがへし［藍返］。あゐみるちゃ［藍海松茶］。いちまつぞめ［市松染］。いよぞめ［伊予染］。うづまきこもん［渦巻小紋］。えどこもん［江戸小紋］。えどぞめ［江戸染］。おぼろぞめ［朧染］。かのこしぼり［鹿子絞］。かのこぞめ［鹿子染］。きゃうぞめ［京染］。だんぞめ［段染］。だんだらぞめ［段段染］。てっぱうしぼり［鉄砲絞］。中世はなしぼり［花絞］。まめしぼり［豆絞］。中世おもだかずり［沢瀉摺］。からまきぞめ［絡巻染／唐巻染］。こんくくり［紺括］。しぶぞめ［渋染］。とりぞめ［取染］。めゆひ［目結］。中古あゐずり［藍摺］。あをくさずり［青草摺］。あをすそご［青裾濃］。かのこゆひ［鹿子結］。すそご［裾濃／末濃］。すりもどろかす［摺斑］。むらご［斑濃／叢濃／村濃］。むらさきすそご［紫裾濃］。

せん・じる【煎】 近世せんじる［煎］。中世にだす［煮出］。中古せんず［煎］。上代にる［煮］。

ー・じつめる 近世につむ［―つめる］［煮詰］。

▼**一番煎じ** 近世［頭煎］。

▼**煎じ薬** せんざい［煎剤］。中世せんやく［煎薬］。中古ゆ［湯］。上代たうやく［湯薬］。

せんしん【先進】❶〈進歩〉 近代あゆむ［歩］。ぜんしんきゃう［進境］。せんしん［先進］。ぜんしん［前進］。近世かうじゃう［向上］。中世しんぽ［進歩］。すすむ［すすめる］［進］。中古せんかう［先行］。

せんしん【先進】❷〈先輩〉 近代がくけい［学兄］。近世せんがく［先学］。中世せんかく［先覚］。せんだち／せんだつ［先達］。中古せんぱい［先輩］。上代せんしん［先進］。

せんしん【専心】 近代けいちゅう［傾注］。せんい［専意］。せんねん［専念］。ぼっとう［没頭］。ぼつにふ［没入］。近世いっしゃうけんめい［一生懸命］。いっしょけんめい［一所懸命］。中世せんいち［専一］。中古いちねん［一念］。いっしん［一心］。さんまい［三昧］。せんいつ［専一］。せんしん［専心］。ひとすぢ［一筋／一条］。ふける［耽］。あからめもせず。

せんじん【先人】 近世そせん［祖先］。中世いにしへびと［古人］。ぜんじん［前人］。そ［祖］。中古せんじん［先人］。上代こじん［古人］。せんぞ［先祖］。ふそ［父祖］。

ーの行いのあと きせき［軌跡］。近世きてつ［軌轍］。中世せんれい［先例］。中古てほん［手本］。上代ぜんれい［前例］。

ーの失敗 中世ふくてつ［覆轍］。

ーの失敗を戒めとする 近世覆車の戒め。

ーの精神を受け継ぐこと 中世せうじゅつ［紹述］。中古そじゅつ［祖述］。

ーの遺した教え等 近世せんとく［先徳］。よくゎう［余光］。中世よたく［余沢］。中古よとく［余徳］。ゐふう［遺風］。

ーの遺した言葉 近世こげん［古言］。ゐげん［遺言］。中古せんげん［先言］。

せんじん【先陣】 →さきがけ

せんじん【戦陣】 近代ぢんち［陣地］。ばくえい［幕営］。近世ぢんえい［陣営］。中世ぢん［陣］。ぢんしょ［陣所］。ほんえい［本営］。中古ぢんや［陣屋］。ほんやくしょ［役所］。ほんぢん［本陣］。上代せんぢん［戦陣］。

せんじん【戦塵】 ウオー(war)。せんか［戦火］。近代へいらん［兵乱］。近世せんさう［戦争］。せんらん［戦乱］。中世せんぢん［戦塵］。中古かんくゎ［干戈］。ひゃうらん［兵乱］。上代えんぢん［煙塵］。

ぜんしん【前進】 あるく［歩］。のりこえる［乗越］。プログレス(progress)。一歩進める。近代あゆむ［歩］。しんかう［進行］。しんくゎ［進化］。しんしゅつ［進出］。しんちょく［進捗］。しんてん［進展］。ぜんしん［前進］。

てんかい[展開]。にっしんげっぽ[日進月歩]。はってん[発展]。ふみこえる[踏越]。やくしん[躍進]。近世 かうじゃう[向上]。中世 しんぽ[進歩]。すすむ〔すすめる〕[進]。

ぜんしん【前身】 ぜんれき[前歴]。近代 ぜんしん[前身]。近世 おさと[御里]。しゅつじ[出自]。しゅっしん[出身]。みもと[身元/身許]。中世 すじゃう[素性]。中古 けいれき[経歴]。

ぜんしん【全身】 頭の天辺から足の爪先まで。近世 からだぢゅう[身体中/体中]。ぜんく[全軀]。そうしん/そうみ[総身]。ひたみ[直身]。ひゃくがいきうけう[百骸九竅]。ほねみ[骨身]。まんかう/まんくう[満腔]。中世 ござう[五臓]。ござうろくふ[五臓六腑]。こんしん[渾身]。ぜんたい[全体]。ひとみ[人身]。へんしん[遍身]。まんしん[満身]。みうち[身内]。中古 ごたい[五体]。したい[四体]。ぜんしん[全身]。むくろごめ[身籠]。

ーが水などに浸かるさま 近代 どっぷり。近世 ずっぷり。

ー全霊を注いで行う 近代 心血を注ぐ。

ーに強く感じる 骨に沁みる。骨に徹する。骨身にこたえる。骨身に沁みる。

ーの美容 エステティック(aesthetic)。

センス(sense) 近代 かんかく[感覚]。かんじかた[感方]。かんじゅせい[感受性]。センス。だいろくかん[第六感]。ちょくかん[直感]。近世 かん[勘]。かんせい[感性]。

ーがよいこと ハイセンス(high sense)。

せんすい【潜水】 すもぐり[素潜]。せんこう[潜航]。ダイビング(diving)。近代 せんすい[潜水]。もぐる[潜]。上代 かづく[潜]。くぐる[潜]。

ー・する艦艇 サブマリン(submarine)。近代 せんかうてい[潜航艇]。せんすいかん[潜水艦]。せんすいてい[潜水艇]。

ー・する人 フロッグマン(frogman)。近代 ダイバー(diver)。近世 せんすいふ[潜水夫]。

ーによる病気 せんかんびょう[潜函病]。近代 せんすいびゃう[潜水病]。

ーの際に着る服 ウエットスーツ(wet suit)。近代 せんすいふく[潜水服]。

ーの際の給排気装置 シュノーケル/スノーケル(ドイツ Schnorchel)。

ーの際の自給気装置 スキューバ(scuba; self contained underwater breathing apparatus の略)。

ー用の足ひれ フィン(fin)。

せんすい【泉水】 →しみず

ぜんせ【前世】 近世 くゎこぜ[過去世]。さきせ[前世]。中世 くゎこしゃう[過去生]。さうぜん/しゃうぜん[生前]。しらぬよ[知世]。たしゃう[多生]。むかしのよ[昔世]。中古 かつて[曾/嘗]。さきのよ[先世]。しゅくせ/すくせ[宿世]。せんじゃう[先生]。ぜんしゃう[前生]。ぜんせ[前世]。むかし[昔]。上代 いぜん[以前/已前]。くゎこ[過去]。

《句》中世 一樹の陰一河の流れも他生の縁。

ーからの 近世 此の世ならず。

ーからの因縁 近代 ぜんえん[前縁]。中世 さだまりごと[定事]。ぜんいん[前因]。多生(他生)の縁。中古 しゅくいん/すくいん[宿因]。しゅくえん[宿縁]。

ーからの願 中世 しゅくぐゎん[宿願]。

ーと現世 中古 くゎげん[過現]。

この世の苦楽の原因となるーの行い 近代 いんぐゎおうほう[因果応報]。近世 ぜんあく[前悪]。せんごふ[先業]。中古 ぜんごふ[前業]。上代 しゅくごふ/すくごふ[宿業]。

せんせい【先生】 きょうしょくいん[教職員]。近代 おんし[恩師]。けういくしゃ[教育者]。けうゆ[教諭]。けうゐん[教員]。しだうしゃ[指導者]。ティーチャー(teacher)。近世 かうし[講師]。けうくゎん[教官]。けうし[教師]。せんせい[先生]。中世 しし[師資]。せんだち[先達]。中古 し[師]。しか/しけ[師家]。ししゃう[師匠]。しなん[指南]。しへう[師表]。せんだつ[先達]。もののし[物師]。上代 くんだう[訓導]。けうじゅ[教授]。しはん[師範]。せんじゃう[先生]。

《尊》近世 うし[大人]。おしさん[御師様]。おっしょさん/おっしょうさん[御師匠様]。たいじん[大人]。中世 しふ[師父]。そんし[尊師]。ふうし[夫子]。中古 しくん[師君]。

《句》近代 三年学ばんより三年師を撰べ。中世 三尺下がって(去って)師の影を踏まず。

ーから授けられること 近世 しじゅ[師授]。中世 ししょう[師承]。瓶水(びゃうすい)を移す。上代 しでん[師伝]。

ーと教え子 中古 してい[師弟]。

ーと友人 近代 しいう[師友]。

ーに優る教え子 近世 しゅつらん[出藍]。出藍の誉れ。《句》近代 青は藍より出でて藍より青し。中世 氷は水より出でて水よりも寒し。

ーの家 中世しもん［師門］。
ーの学風 しふう［師風］。
ーの席 中古かうちゃう［絳帳］。
ーの門に入り教えを受ける 中世にふもん［入門］。中古にっしつ／にふしつ［入室］。
年老いたー 中古らうし［老師］。
亡くなったー 近世ばうし［亡師］。中古せんし［先師］。
秘かにーと仰ぐこと 近世ししゅく［私淑］。
昔教えてもらったー 近代きうし［旧師］。
よいー 中古りゃうし［良師］。

せんせい【先制】 近代せんせい［先制］。機先を制する。近世先手を打つ（取る）。中古さきんず［先］。

せんせい【専制】 近代せんだん［専断／擅断］。近世しい［恣意／肆意］。せんわう［専横］。上代せんせい［専制］。どくだん［独断］。
ー君主 近代タイラント(tyrant)。デスポット(despot)。どくさいしゃ［独裁者］。近世ぼうくん［暴君］。
ー主義 近代アブソリューティズム(absolutism)。ぜったいしゅぎ［絶対主義］。デスポティズム(despotism)。
ー政治 近代オートクラシー(autocracy)。どくさいせいぢ［独裁政治］。

せんせい【宣誓】 近代せいぶん［誓文］。せんせい［宣誓］。近世せいし［誓詞］。中世せいげん［誓言］。せいもん［誓文］。せいやく［誓約］。ちかごと［誓言］。中古せいごん［誓言］。上代ちかひ［誓］。
ーの文 近代せいぶん［誓文］。中世せいもん［誓文］。中古ちかごとぶみ［誓言文］。

ぜんせい【善政】 近世りゃうせい［良政］。中世じんせい［仁政］。中古とくせい［徳政］。上代ぜんせい［善政］。

ぜんせい【全盛】 近代せいきゃう［盛況］。近世はんじゃう／はんせい［繁盛／繁昌］。中世せいだい［盛大］。ぜんせい［全盛］。はんえい［繁栄］。まっさかり［真盛］。中古さいせい［最盛］。さかん［盛］。

ぜんせい【前世】 →**ぜんせ**

ぜんせいき【全盛期】 ぜっちょうき［絶頂期］。やまば［山場］。近代クライマックス(climax)。ゴールデンエージ(golden age)。さいかうてう［最高潮／最高調］。さいせいき［最盛期］。ぜんせいき［全盛期］。ピーク(peak)。わうごんじだい［黄金時代］。近世せいじ［盛時］。たうげ［峠］。ひる［昼］。中世しゅん［旬］。世が世。上代さかり［盛］。たけなは［酣／闌］。

センセーショナル(sensational) 近代げきてき［劇的］。しげきてき［刺激的］。せんじゃうてき［扇情的］。センセーショナル。ドラマチック(dramatic)。

ぜんせかい【全世界】 グローバル(global)。近代てんじゃうてんが［天上天下］。ユニバース(universe)。近世ぜんせかい［全世界］。よち［輿地］。中世てんか／てんが［天下］。中古てんじゃうてんげ［天上天下］。はっくゎう［八紘］。へんかい［遍界］。上代はっきょく［八極］。はっくゎう［八荒］。ふてん［普天］。

せんせん【戦線】 →**せんじょう【戦場】**

ぜんせん【前線】 フロント(front)。近代いっせん［一線］。さいぜんせん［最前線］。せんせん［戦線］。ぜんせん［前線］。ぜんゑい［前衛］。だいいっせん［第一線］。

ぜんせん【善戦】 かんとう［敢闘］。近代けんとう［健闘］。近世せっせん［接戦］。ふんせん［奮戦／憤戦］。ふんとう［奮闘／憤闘］。

ぜんぜん【全然】（…ない） 近代がうも［毫］。からきし。ぜんぜん［全然］。てんで。まるきし［丸］。まるきり［丸切］。近世いかう／いっかう［一向］。いっかうしき［一向式］。かたきし／かたっきし。かつふつ。かつもって［且以］。からきり／からっきり。さっぱり。しっかい［悉皆］。すきと。ずだい。すっきり。だいなし［台無］。つんと／つんど。てんから。とうと。とんと。ねから／ねっから［根］。ねからはから／ねっからはっから［根葉］。ふっつり。まるっきり［丸切］。もっとも［尤／最］。中世いかな［如何］。いちゑん［一円］。いっさい［一切］。おほかた［大方］。かいもく［皆目］。けんご［堅固］。さながら。すべて［凡／総／全］。そっとも。ちっとも［些］。てんと。まったく［全］。もうとう［毛頭］。ゆめゆめ［努努］。中古あへて［敢］。いささか［聊／些］。うちたへて［打絶］。うつたへに［未必］。かけても。さらさら［更更］。さらに［更］。すこしも［少］。たえて［絶］。つぶと。つやつや。つゆ／つゆも［露］。つゆばかり［露許］。ひとつ［一］。ふっと。むげに［無下］。もはら／もはらに［専］。ゆめ／ゆめに［夢］。ゆめにも［夢］。上代うたかた／うたがた(も)。かつて［嘗／曾］。はなはだ［甚］。ふつに。よに／よにも［世］。→**すこしも**

せんぞ【先祖】 かそ［家祖］。近世せん［先］。だいそ［乃祖］。中世そ［祖］。ないそ［乃祖］。中古なうそ［曩祖］。上代おや［親／

祖］。かみるき／かみるみ［神］。かみろき／かむろみ［神祖］。かむおや［神祖］。さきつおや［先祖］。しそ［始祖］。せんぞ［先祖］。そせん［祖先］。とほつおや［遠祖］。とほつかみ［遠神］。ひとのおや［人祖］。ふそ［父祖］。

―の悪事の報いから起こる災難 中古 よあう［余殃］。

―の功績 中世 せんれつ［先烈］。ぜんれつ［前烈］。

―の善行から得る幸運 中世 よけい［余慶］。

―の霊 中世 それい［祖霊］。

―の霊をまつる建物 そどう［祖堂］。近世 おたまや／みたまや［御霊屋］。中世 べうう［廟宇］。べうしょ［廟所］。中古 たまどの［霊殿］。たまや［霊屋］。れいべう［霊廟］。上代 べう［廟］。

天皇の― 近世 くゎうそ［皇祖］。上代 あまつみおや［天御祖］。くゎうそう［皇宗］。

遠い― 近世 ゐんそ［遠祖］。中古 かうそ［高祖］。上代 とほつおや［遠祖］。とほつかみ［遠神］。

自分から見た先祖の呼び方	
1代	ふぼ【父母】
2代	そふぼ【祖父母】
3代	そうそふぼ【曾祖父母】
4代	こうそふぼ【高祖父母】

せんそう【戦争】 ウォー(war)。せんか［戦火］。ぶりょくとうそう［武力闘争］。ホットウオー(hot war)。近代 かふへい［甲兵］。せんうん［戦雲］。バトル(battle)。へいげき［兵戟］。へいらん［兵乱］。近世 いうじ［有事］。かっせん［合戦］。きんかく［金革］。ぐんやく［軍役］。せんえき［戦役］。せんさう［戦争］。せんらん［戦乱］。中世 きゅうせん［弓箭］。ぐんぢん［軍陣］。ぐんりょ［軍旅］。げきぢん［戟塵］。こうせん［攻戦］。しりょ［師旅］。どうらん［動乱］。せんとう［戦闘］。せんぢん［戦塵］。へいかく／へいがく［兵革］。へいくゎ［兵火］。へいば［兵馬］。中古 いくさ［戦／軍］。えき［役］。たいらん［大乱］。たたかひ［戦／闘］。ひゃうらん［兵乱］。へいくゎ［兵戈］。らん［乱］。上代 あらそひ［争／諍］。えんぢん［煙塵］。かんくゎ［干戈］。ぐんえき［軍役］。へい［兵］。

―が終わること しゅうせん［終戦］。矛(ほこ)を収める。中古 えんぶ［偃武］。

―に行くこと 中世 しゅっちゃう［出張］。しゅつぢん［出陣］。中古 せいと［征途］。上代 しゅっせい［出征］。

―に軍人以外の者が行くこと 中古 じゅうぐん［従軍］。

―による災害 せんさい［戦災］。近代 へいなん［兵難］。中世 へいやく［兵厄］。

―の記録 近代 せんき［戦記］。せんし［戦史］。

―の形勢 近代 きょくめん［局面］。せんきゃう［戦況］。せんきょく［戦局］。中世 はたいろ［旗色］。

―の気配 きなくさい［臭］。せんたん［戦端］。近代 へいき［兵気］。へいたん［兵端］。近世 せんき［戦機］。

―の準備 近世 ぐんび［軍備］。へいび［兵備］。中古 ぶび［武備］。

―の直前 近世 ものまへ［物前］。

―を始める 近代 かいせん［開戦］。せんせんふこく［宣戦布告］。中世 干戈(かんくゎ)を動かす。

大きな― 近代 おほたたかひ［大戦］。中世 おほいくさ［大軍］。中古 たいせん［大戦］。

武力を用いない― れいせん［冷戦］。コールドウォー(cold war)。

ぜんそう【前奏】 じょそう［序奏］。近代 プレリュード(prelude)。

ぜんそくりょく【全速力】 近代 スパート(spurt)。ぜんそくりょく［全速力］。フルスピード(full speed)。

センター(center) 近代 かくしん［核心］。こんかん［根幹］。センター。中世 まんなか［真中］。中古 ちゅうあう［中央］。ちゅうしん［中心］。

ぜんたい【全体】 近代 いっさいがっさい［一切合切／一切合財］。ぜんばう［全貌］。ぜんぱん［全般］。ぜんぱん［全班］。ぜんぶ［全部］。ぜんよう［全容］。近世 まるまる［丸丸］。中世 ぜんたい［全体］。ぜんめん［全面］。そうたい［総体］。中古 いっさい［一切］。上代 すべて［凡／総／全］。みな［皆］。もろもろ［諸諸］。

《句》近代 一斑(いっぱん)を見て全豹(ぜんぴょう)を卜(ぼく)す(知る)。木を見て森を見ず。鹿を逐(お)ふ者は山を見ず。

―的なさま きょしてき［巨視的］。ぜんぱんてき［全般的］。トータル(total)。近代 がいして［概］。ぜんてき［全的］。ぜんめんてき［全面的］。中世 まんべん［満遍］。其処(そこ)と無し。どこもかしこも。中古 そうじて［総］。つぶと。

―に行き渡らせる 中古 あまねはす［遍］。上代 あまねし［普／遍］。

―のありさま 近代 ぜんばう［全貌］。ぜんよ

う[全容]。近世ぜんけい[全形]。ぜんぺう[全豹]。

―をひっくるめること そうぐるみ[総]。近代とうくゎつ[統括]。近世そうくゎつ[総括]。とういつ[統一]。中世はうくゎつ[包括]。まろむ[丸]。

ぜんだいみもん【前代未聞】 近代くうぜん[空前]。近世はてんくゎう[破天荒]。みぞう[未曾有]。中世くゎうこ[曠古]。ぜんだいみもん[前代未聞]。中古みぞうう[未曾有]。

せんたく【洗濯】 ウォッシュ(wash)。クリーニング(cleaning)。近代あらひすすぎ[洗濯]。せんでう[洗滌]。てきじゃう[滌浄]。てきたう[滌蕩]。近世すすぎ[雪／濯]。せんじゃう[洗浄]。中世くゎんたく[澣濯／浣濯]。すすぎせんたく[濯洗濯]。すすぎもの[濯物]。せんぢょ[洗除]。中古すましせんたく[洗濯]。せんでき[洗滌]。たうでき[盪滌／蕩滌]。

―・する 近世いすぐ／ゆすぐ[濯]。ながす[流]。中古すます[清／澄]。そそぐ[濯／滌]。上代あらふ[洗]。すすぐ[濯／滌]。

―の店 クリーニングや[cleaning屋]。近代ランドリー(laundry)。近世せんたくや[洗濯屋]。

―物 近世ほしもの[干物]。

足で踏んでする― 中世あしあらひ[足洗]。

有機溶剤による― かんしきせんたくほう[乾式洗濯法]。かんそうせんたく[乾燥洗濯]。ドライクリーニング(dry cleaning)。

せんたく【選択】 近代オプション(option)。セレクション(selection)。セレクト(select)。せんべつ[選別]。チョイス(choice)。天秤に掛く[―掛ける]。近世せんたく[銓択]。せんてい[選定]。たうた[淘汰]。中世せん[詮]。中古せんたく[選択／撰択]。とる[採／取]。上代えらぶ[選]。

―のまずいさま 選ょりに選って。

せんだつ【先達】 ガイド(guide)。リードオフマン(lead-off man)。近代あんないにん[案内人]。せんかくしゃ[先覚者]。せんだうしゃ[先導者]。ぼくたく[木鐸]。リーダー(leader)。せんかく[先覚]。中世あんないしゃ[案内者]。中古せんだつ[先達]。せんぱい[先輩]。上代せんしん[先進]。

せんだって【先達】 近代くゎはん[過般]。近世くゎじつ[過日]。このあひだ[此間]。中世さきごろ[先頃]。せんだって[先達]。いにしころ[往頃]。せんぱん[先般]。中古いつぞや[何時]。さいつごろ／さきつころ[先頃]。さきのひ[先日]。せんじつ[先日]。

ぜんだて【膳立】 →せんじつ 近代てはい[手配]。近世したごしらへ[下拵]。じゅんび[準備]。ぜんだて[膳立]。てくばり[手配]。中古したく[仕度]。ようい[用意]。

せんたん【先端】❶〈末端〉 エンド(end)。近代こじり[鐺]。せんたん[先端／尖端]。とったん[突端]。はしっこ[端]。まっせう[末梢]。まったん[末端]。中古すゑすゑ[末末]。中世たんまつ[端末]。つま[端]。はし[端]。はな[端]。はなさき[鼻先／端先]。上代うら／うれ[末]。さき[先／前]。すゑ[末]。はし[端]。

せんたん【先端】❷〈先頭〉 近代せんたん[先端／尖端]。近世せんて[先手]。せんとう[先頭]。上代さき[先／前]。せんしん[先進]。

―の技術 ハイテク(high technology の略)。

せんだん【栴檀】 中世あふち[楝／樗]。くもみぐさ[雲見草]。中古せんだん[栴檀]。びゃくだん[白檀]。

せんだん【専断】 近代せんかう[専行]。せんだん[専断]。どくさい[独裁]。近世せんけん[専権]。上代せんせい[専制／擅制]。どくだん[独断]。

せんち【戦地】 →せんじょう【戦場】

ぜんち【全治】 →ぜんかい

センチメンタル(sentimental) 近代かんしゃうてき[感傷的]。かんじやすい[感]。センチメンタル。たかん[多感]。中古なみだもろし[涙脆]。

センチメント(sentiment) 近代じゃうちょ[情緒]。センチメント。中世かんじゃう[感情]。きもち[気持]。中古じゃうさう[情操]。じゃうしょ[情緒]。上代かんしゃう[感傷]。

せんちゃ【煎茶】 近代あがり[上]。あがりばな[上花]。中世せんちゃ[煎茶]。

入れたばかりの― 近世いればな[入花／入端]。でばな[出花]。にばな[煮花]。

元日に点てる― 近世おほぶくちゃ[大福茶／大服茶]。ふくちゃ[福茶]。

上等の― 近代かんろ[甘露]。ぎょくろ[玉露]。

せんちょう【船長】 スキッパー(skipper)。近代かんちゃう[艦長]。キャプテン(captain)。ていちゃう[艇長]。近世カピタン(ポルトガル capitão)。せんしゃう[船将]。せん

ちゃう[船長]。中世 ふなぬし[船主]。上代 ふなをさ[船長]。→**せんどう【船頭】**

ぜんちょう【前兆】→**きざし**

せんて【先手】 近世 せんせい[先制]。機先を制す。近代 せんべん[先鞭]。中世 せんて[先手]。

《句》中世 先んずれば人を制す。

せんてい【選定】 近世 みたて[見立]。中世 せんてい[選定/撰定]。中古 えらびさだむ[選定]。せんたく[選択/撰択]。てんず[点]。→**せんたく**

せんてい【先帝】 中世 せんくゎう[先皇]。せんてう[先朝]。中古 きうしゅ[旧主]。せんだい[先帝]。上代 せんてい[先帝]。

ーの妃 近世 くゎうたいひ[皇太妃]。

ぜんてい【前提】 近代 かてい[仮定]。ぜんてい[前提]。でうけん[条件]。近世 えうけん[要件]。

せんてん【先天】→**うまれつき**

せんでん【宣伝】→**こうこく【広告】**

せんど【先途】 けんがみね[剣峰]。しょうねんば[正念場/性念場]。近世 せとぎは[瀬戸際]。中世 せん[先]。せんど[先途]。

せんど【鮮度】 しんせんさ[新鮮]。しんせんど[新鮮度]。中世 あたらしさ[新]。

ーが落ちる 近世 だれる。よわる[弱]。

ぜんと【前途】 近代 こんご[今後]。近世 かうご[向後]。これから[此/是]。さきゆき[先行]。中世 きゃうこう[向後/嚮後]。このさき[此先]。さき[先/前]。さきざき[先先/前前]。せんてい/ぜんてい[前程]。せんど[前途/先途]。ゆくて[行手]。ゆくへ[行方]。ゆくゆく[行行]。中古 しゃうらい[将来]。ぜんと[前途]。みらい[未来]。ゆくすゑ[行末]。上代 ゆくさき[行先]。

ーが長い 近代 ぜんとれうゑん[前途遼遠]。中古 残り久し。

ーが長く困難 近世 任重くして道遠し。中世 日暮れて道遠し。

ーが有望なこと しょうらいせい[将来性]。せいちょうかぶ[成長株]。近世 かうばう[好望]。中古 おひまさる[生優]。

ーの予測が付かない 近代 鬼が出るか蛇が出るか(仏が出るか)。近世 一手先も見えぬ。

国のー 中世 こくほ[国歩]。

せんとう【先頭】 いちい[一位]。さいせんたん[最先端/最尖端]。近代 いっとう[一等]。きふせんぽう[急先鋒]。しゅゐ[首位]。せんたん[先端/尖端]。ぢんとう[陣頭]。トップ(top)。近世 せんとう[先登]。せんとう[先頭]。ひっとう[筆頭]。中世 さきがけ[魁。先駆]。せんぢん[先陣]。まっさき[真先]。中古 いちばん[一番]。

ーに立って行うこと(人) きしゅ[旗手]。けんいんしゃ[牽引車]。はたふり[旗振]。リードオフマン(lead-off man)。近代 おんどとり[音頭取]。げうしゃう[驍将]。しゅっせん[率先]。ていする[挺]。リーダー(leader)。先棒(さきぼう)を振る。近世 はなぼう[端棒]。上代 さきだつ[先立]。そっせん[率先/師先]。

ーを進む 近世 いちはなだつ[一端立]。一端(いちはな)駆く[ー駆ける]。

部隊のー 中世 てさき[手先]。

せんとう【戦闘】 コンバット(combat)。せんか[戦火]。近代 バトル(battle)。近世 かうせん[交戦]。せんらん[戦乱]。中世 せんとう[戦闘]。はたらき[働]。中古 いくさ[戦]。とうさう[闘争]。上代 あらそひ[争]。たたかひ[戦/闘]。

ーに参加しない人 みんかんじん[民間人]。近代 ひせんとうゐん[非戦闘員]。

ーの行われた跡 近代 せんせき[戦跡/戦蹟]。

ーの行われている区域 近代 せんせん[戦線]。ぜんせん[前線]。近世 せんち[戦地]。せんゐき[戦域]。中世 いくさば[軍場]。中古 せんぢゃう[戦場]。→**せんじょう【戦場】**

ーの経験が豊富なこと 近代 せんぐんばんば[千軍万馬]。

ーの始まり 砲火を交える。近代 せんたん[戦端]。戦端を開く。

ーを一時的に中止すること 近代 きうせん[休戦]。ていせん[停戦]。

ーを止める しゅうせん[終戦]。矛(ほこ)を収める。

火器を使わず双方入り乱れてのー 近代 にくだんせん[肉弾戦]。はくへいせん[白兵戦]。

銃砲で戦うー 近代 くゎへいせん[火兵戦]。

戦闘機による激しいー くうせん[空戦]。ドッグファイト(dogfight)。近代 くうちゅうせん[空中戦]。

大兵力によるー 近世 くゎいせん[会戦]。

小さなー 近世 こぜりあひ[小競合]。

激しいー 中世 しゅら[修羅]。

せんとう【銭湯】 近代 こうしゅうよくぢゃう[公衆浴場]。近世 ゆや[湯屋]。よくぢゃう[浴場]。中世 せんたう[銭湯]。ふろや[風呂屋]。→**ふろ**

ーで客の背中を流したりする男 近世 さんす

け[三助]。
—の脱衣場 近世 いたのま[板間]。
—の泥棒 近代 いたばかせぎ[板場稼]。近世 いたのまかせぎ[板間稼]。

せんどう【船頭】 近代 とせんし[渡船師]。ふなし[船師]。近世 カピタン(ポルトガル capitão)。ふながしら[船頭]。ふなでがしら[船手頭]。中世 しうし[舟子]。すいしゅ[水主／水手]。中古 かぢとり／かんどり[楫取]。かはをさ[川長]。せんどう[船頭]。ふなかた[船方]。ふなぎみ[船君]。ふなこ[船子／舟子]。ふなびと[船人／舟人]。ふなこ みづをさ[水長]。わたしもり[渡守]。上代 かこ[水夫／水手]。ふなをさ[船長]。↓**せんちょう**
—の歌う歌 中世 さをうた[棹歌]。中古 たうか[棹歌]。ふなうた[舟歌／船歌]。
川舟の— 近世 わたしもり[渡守]。中世 とねり[刀禰]。中古 かはもり[川守]。
▼船に乗る航海の責任者 近世 おきせんどう[沖船頭]。のりせんどう[乗船頭]。
▼船の持ち主 近世 ふなし[船師]。ゐせんどう[居船頭]。

せんどう【先導】 ガイド(guide)。じんとうしき[陣頭指揮]。近代 リード(lead)。近世 いうだう[誘導]。けいかう[啓行]。せんく[先駆]。だうしゃ[導者]。中世 あんない[案内]。さきだち[先立]。てびき[手引]。中古 きゃうだう[嚮導]。ぜんく／ぜんぐ[前駆]。せんだう[先導]。上代 みちびく[導]。
貴人の外出の— →さきばらい❷

せんどう【扇動】 近代 アジテーション(agitation)。アジる(agitation の略を動詞化)。いうどう[誘動]。かりたてる[駆立]。かる[駆／駈]。けうさ[教唆]。せんき[扇起／煽起]。せんどう[扇動／煽動]。近世 あふぎたつ[—たてる][扇立／煽立]。あふる[煽／呷]。おだつ[おだてる][嗾]。けしかく[—かける][嗾]。しむく[—むける][仕向]。しゃくる[決／抉]。たきつく[—つける][焚付]。中世 あふりたつ[—たてる][煽立]。酢を買ふ。酢を乞ふ。中古 そそのかす[唆]。をしふ[おしえる][教]。上代 あざむく[欺]。さすふ／さそふ[誘]。
—・する人 近代 アジテーター(agitator)。デマゴーグ(ドイツ Demagog)。
—的に宣伝すること 近代 アジプロ(和製 agitation＋ロシア propaganda の略)。
—のためのびら アジびら(アジは agitation の略)。

ぜんどう【善導】 近代 おしへみちびく[教導]。くんいく[訓育]。けういく[教育]。近世 かんくゎ[感化]。中世 くんたう[薫陶]。ぜんだう[善導]。中古 ほだう[補導]。上代 くんだう[訓導]。けうだう[教導]。

ぜんどう【蠕動】 中世 うごめく[蠢]。しゅんどう[蠢動]。中古 おごめく[蠢]。ぜんどう[蠕動]。

セントラル (central) センター(center)。近代 セントラル。中古 ちゅうしんの[中心]。ちゅうあうの[中央]。

せんにゅう【潜入】 近代 せんにふ[潜入]。もぐりこむ[潜込]。近世 しのびこむ[忍込]。せんかう[潜行]。

せんにゅうかん【先入観】 近代 いろめがね[色眼鏡]。しゃうじん／せいしん[成心]。せんにふくゎん[先入観]。近世 おもひこみ[思込]。中古 おもひなし[思為／思做]。
《句》近代 人には添うて見よ馬には乗って見よ。
—を持たないこと 中古 きょしん[虚心]。

せんにん【専任】 近代 せんげふ[専業]。せんじゅう[専従]。せんぞく[専属]。せんにん[専任]。

せんにん【選任】 近代 じんせん／にんせん[人選]。近世 せんしゅつ[選出]。上代 せんかう[選考／銓衡]。せんにん[選任]。

せんにん【仙人】 近代 うんかく／うんがく[雲客]。近世 せんしゃ[仙者／僊者]。中世 うかく[羽客]。だうし[道士]。だうしゃ[道者]。やまうど[山人]。中古 えんかく[煙客]。しんじん[神人]。しんせん[神仙／神僊]。せん[仙]。せんかく[仙客]。はうじ[方士]。やまびと[山人]。裁ち縫はぬ衣(きぬ)着る人。上代 せんにん[仙人／僊人]。ひじり[聖人]。
—になること 近代 うくゎとうせん[羽化登仙]。中世 うけ[羽化]。じゃうせん[上僊／上仙]。中古 うくゎ[羽化]。上代 とうせん[登仙]。
—の行う術 しんせんじゅつ[神仙術]。近世 せんだう[仙道／僊道]。中古 せん[仙]。せんじゅつ[仙術]。せんぱう[仙方]。はうじゅつ[方術]。はふじゅつ[法術]。
—の住む所 しんせんきょう[神仙境]。近代 せんけ[仙家]。近世 藐姑射(はこや)の山。中世 せんかい[仙界]。霞(かすみ)の洞(ほら)。中古 こやさん[姑射山]。せんか[仙家]。せんきゃう[仙境／仙郷]。せんくつ[仙窟]。せんとう[仙洞]。上代 せんきゅう[仙宮]。

ーの生活 近代風を吸ひ露を飲む。

ーの乗物 近世かくが[鶴駕]。中世ほうれん[鳳輦]。中古ほうが[宝駕]。上代ほうが[鳳駕]。

ーのような風体 近世せんぷう[仙風]。

蝦蟇を使うー 近世がませんにん[蝦蟇仙人]。

最上位のー 近代じゃうせん[上僊/上仙]。

女性のー 近代フェアリー(fairy)。中世せんぢょ/せんにょ[仙女]。中古ぎょくぢょ[玉女]。じゃうが[嫦娥]。せんが[仙娥]。そが[素鵝/素娥]。やまひめ[山姫]。

優れた尊いー 中古たいせん[大仙/大僊]。

仙界から人間界に追われたー 中古たくせん[謫仙]。

地上にいるー 中古ちせん[地仙]。

天にいて自由に飛行するー 近世ひせん[飛仙]。中古てんせん[天仙]。

ぜんにん【善人】 近代おひとよし[御人好]。近世かうじんぶつ[好人物]。ぜんだま[善玉]。中世ぜんしゃ[善者]。ぜんにんなん[善男善女]。中古ぜんなんぜんにょ[善男善女]。ぜんにん[善人]。

ーと悪人 中世くんいう[薫蕕]。近世せいじゃ[正邪]。上代ぜんあく[善悪]。中世薫蕕器を同じうせず。《句》近代地獄は壁一重。

大勢のー 中世しゅうぜん[衆善]。

ぜんにんしゃ【前任者】 せんにんしゃ[先任者]。近代せんにん[先任]。ぜんにんしゃ[前任者]。中世ぜんくゎん[前官]。ぜんしょく[前職]。中古せんぱい[先輩]。

ーに代わる人 近代あとがま[後釜]。こうにん[後任]。

せんぬき【栓抜】 コークスクリュー(corkscrew)。近代くちぬき[口抜]。せんぬき[栓抜]。ぬき[抜]。

せんねん【千年】 せんねんき[千年紀]。ミレニアム(millennium)。中古ちよ[千代/千世]。やちよ[八千代]。上代せんざい[千歳/千載]。せんしう[千秋]。せんねん[千年]。ちとせ[千歳/千年]。

ー後まで栄える趣がある 中世千代を籠む。

せんねん【先年】 近世いにしころ[往頃]。中世いんじ[往]。いにしとし[往年]。さいつとし[先年]。せんねん[先年]。中古ぜんねん[前年]。ひととせ[一年]。上代さきつとし[先年]。

せんねん【専念】 近代いちいせんしん[一意専心]。うちこむ[打込]。せんねん[専念]。ぼっとう[没頭]。ぼつにふ[没入]。近世いっさんまい[一三昧]。中世こととす[事]。よねんなし[余念無]。中古せんしん[専心]。心に入る。→ぼっとう

ぜんねん【前年】 近代かくねん/きゃくねん[客年]。近世かくさい/きゃくさい[客歳]。さくねん[昨年]。中古きうねん[旧年]。きょねん[去年]。前の年。上代こぞ[去年]。さいつとし/さきつとし[先年]。

元日に言うー 近世はつむかし[初昔]。中古きうねん[旧年]。ふるとし[旧年]。

せんのう【洗脳】 マインドコントロール(和製 mind control)。中世けうくゎ[教化]。

せんのう【仙翁】 近代ふしぐろせんをう[節黒仙翁]。近世せんをう[仙翁]。中世こうばいぐさ/こうばいさう[紅梅草]。せんをうけん[仙翁花]。

ぜんのう【全能】 近代オールマイティー(almighty)。オールラウンド(all round)。ぜんのう[全能]。ばんのう[万能]。

せんぱい【先輩】 近代オールドボーイ(old boy)。オービー(OB)。ねんちゃうしゃ[年長者]。近世せんだち/せんだつ[先達]。めうへ[目上]。中古せんぱい[先輩]。上代せんしん[先進]。

学問上のー 近世せんがく[先学]。中古せんかく[先覚]。

男女のー 近代けいし[兄姉]。しょけいし[諸兄姉]。

同門のー 中世あにでし[兄弟子]。

風雅の道のー 近世がけい[雅兄]。

せんぱい【戦敗】 →はいせん →ま・ける

せんぱく【浅薄】 近代あさぢゑ[浅知恵]。たんけん[短見]。近世うすがく[薄学]。ちょろし。中世あさま[浅]。けいそつ[軽率]。けいはく[軽薄]。せんりょ[浅慮]。ふせん[膚浅]。中古あさはか[浅]。せんがく[浅学]。せんぱく[浅薄]。せんぷ[浅膚]。たんりょ[短慮]。→あさはか

せんぱく【船舶】 →ふね

《句》近世百様を知って一様を知らず。

せんばつ【選抜】 近代セレクション(selection)。セレクト(select)。せんたく[銓択]。たくばつ[択抜]。チョイス(choice)。ピックアップ(pickup)。近世せんしゅつ[選出]。せんばつ[選抜]。中世せん[詮]。とうた[淘汰]。中古せんたく[選択/撰択]。上代せんかう[選考/銓衡]。

ー・する 近代よりぬく[選抜]。近世えりぬく[選抜]。中古とる[採/取]。上代えらぶ[選抜]。

［選］。ふるふ［篩］。

せんぱつ【洗髪】 近代 シャンプー(shampoo)。せんぱつ［洗髪］。近世 かみあらひ［髪洗］。

せんばん【旋盤】 ばんこ。レース(lathe)。近代 せんばん［旋盤］。ダライばん［draaibank（オランダ）盤］。

―の例 タレットせんばん［turret 旋盤］。ほうとうせんばん［砲塔旋盤］。

せんぱん【先般】 近代 くゎはん［過般］。近世 くゎじつ［過日］。さきごろ［先頃］。中世 いぜん［以前］。このあひだ［此間］。せんぱん［先般］。中古 いつぞや［何時］。さいつころ［先頃］。せんじつ［先日］。上代 このごろ［此頃］。

ぜんぱん【全般】 近代 ぜんぱん［全般］。ぜんぷく［全幅］。近世 いったい［一体］。しょじ［諸事］。ひゃくはん［百般］。中世 いっぱん［一般］。しょはん［諸般］。ぜん［全］。ぜんたい［全体］。ぜんぶ［全部］。ぜんめん［全面］。中古 いっさい［一切］。ばんたん［万端］。ばんぱん［万般］。上代 すべて［凡／総／全］。ばんじ［万事］。みな［皆］。

せんび【船尾】 近世 せんろ［船艫］。まとも［真艫］。中世 せんび［船尾］。ろ［艫］。上代 とも［艫］。ふなども［船艫］。

船首と― 上代 ぢくろ［舳艫］。

ぜんぴ【前非】 近代 ぜんくゎ［前科］。中世 せんぴ［先非］。中古 しゅくあく［宿悪］。ぜんぴ［前非］。

ぜんぶ【全部】 →すべて

―で あわせて［合／併］。のべ［延］。近代 がふけい［合計］。そうわ［総和］。近世 そうかず／そうすう［総数］。中世 そうけい［総計］。つがふ［都合］。中古 こぞりて［挙］。しめて［締／〆］。上代 すべて［凡／総／全］。

―の金額 近代 ぜんがく［全額］。そうがく［総額］。

せんぷう【旋風】 近代 ぢんぷう［陣風］。とっぷう［突風］。近世 たつまき［竜巻］。中世 きふふう［急風］。しまき［風巻］。せんぷう［旋風］。中古 しっぷう［疾風］。つじかぜ［辻風／旋風］。はやて［疾風／早手］。上代 つむじ／つむじかぜ［旋風］。

せんぷく【潜伏】 近代 ふくざい［伏在］。近世 せんざい［潜在］。中世 にげかくれ［逃隠］。せんぷく［潜伏］。ひそむ［潜］。ふくす［伏］。中古 身を隠す。身を潜む〔―潜める〕。上代 かくる〔かくれる〕［隠］。しのぶ［忍］。

ぜんぷく【全幅】 近代 ぜんぷく［全幅］。あらん限り。中世 ぜんたい［全体］。ぜんぶ［全部］。ぜんめん［全面］。まんぷく［満幅］。

せんぶり【千振】 せんぶり［千振］。近世 いしゃだふし［医者倒］。たうやく［当薬］。

ぜんぶん【前文】❶〈前書〉 リード(lead)。近代 ぜんぶん［前文］。ちょげん［緒言］。近世 じょげん［序言］。じょぶん［序文］。まへおき［前置］。まへがき［前書］。中古 はしがき［端書］。中世 しょげん［緒言］。上代 じょ［序］。

ぜんぶん【前文】❷〈前記〉 →ぜんき

せんべつ【選別】 ぶんきゅう［分級］。近代 セレクション(selection)。セレクト(select)。せんべつ［選別］。近世 くべつ［区別］。ふるひわく〔―わける〕［篩分］。中世 えりわく〔―わける〕［選分］。ゆる［淘／汰］。中古 せんたく［選択／撰択］。上代 えらぶ［選］。ふるふ［篩］。

せんべつ【餞別】 近世 わらぢせん［草鞋銭］。中古 うま(むま)のはなむけ［餞／餞別］。せん［餞］。せんべつ［餞別］。たむけ［手向］。はなむけ［餞］。

せんべん【先鞭】 中世 たむく〔たむける〕［手向］。

―をする 近代 せんしん［先進］。先を越す。近世 さきがく〔―がける〕［先駆／魁］。せんく［先駆］。せんべん［先鞭］。つゆはらひ［露払］。先手を打つ。中世 さきばしる［先走］。さきんず［先］。せんて［先手］。中古 せんかう［先行］。ぜんかう［前行］。せんく／せんぐ／ぜんく［前駆］。せんぢん［先陣］。上代 さきだつ［先立］。

せんぼう【羨望】 近代 せんばう［羨望］。中世 せんぼ［羨慕］。中古 うらやみ［羨］。上代 そねむ［嫉／妬／猜］。ねたむ［妬／嫉］。

せんぽう【先方】 あちらさま［彼方様］。近世 さきかた［先方］。あひてかた／あひてがた［相手方］。中世 さきさま［先様］。せんぱう［先方］。むかふ［向］。

せんぽう【戦法】 →せんじゅつ

せんぽう【先鋒】 近代 きふせんぽう［急先鋒］。近世 せんとう［先頭］。ぜんゑい［前衛］。中世 いちぢん［一陣］。さきて［先手］。ぜんぽう［前鋒］。せんぢん［先陣］。せんぽう［先鋒］。てさき［手先］。中古 さきがけ［先駆］。

ぜんぽう【前方】 中世 せんぱう［先方］。ぜんめん［前面］。中古 さき［先］。ぜんぱう［前方］。まへ［前］。

―と後方 中古 まへしりへ［前後］。

―の道 中古 ぜんと［前途］。ぜんろ［前路］。ゆくかた［行方］。ゆくて［行手］。上代 ゆく

さき[行先]。ゆくへ[行方]。

ぜんまい【発条】 近代 だんき[弾機]。はつでう[発条]。近世 ぜんまい[発条／撥条]。

ーのいろいろ(例) うずまきばね[渦巻発条]。ひげぜんまい[髯発条]。

せんめい【鮮明】 近代 シャープ(sharp)。めいかく[明確]。近世 くきやか。くっきり。はっきり。まざまざし。中古 あざやか[鮮]。くもりなし[曇無]。せんめい[鮮明]。そそ[楚楚]。

ーでないさま 近代 ふせんめい[不鮮明]。近世 にごる[濁]。

せんめつ【殲滅】→**ぜんめつ**(次項)

ぜんめつ【全滅】 近代 こんぜつ[根絶]。ぜんめつ[全滅]。ぼくめつ[撲滅]。近世 せんめつ[殲滅]。ねだやし[根絶]。中古 ぜつめつ[絶滅]。ほろぼす[滅]。上代 たゆ[たえる][絶]。ほろぶ[ほろびる][滅]。

ぜんめん【前面】 近代 フロント(front)。まっかう[真向]。むかふじゃうめん[向正面]。中世 おほて[大手]。しゃうめん[正面]。ぜんめん[前面]。まむかひ[真向]。中古 おもて[表]。ぜんぽう[前方]。まへ[前]。

ぜんめん【全面】 近代 いったい[一帯]。ぜんぱん[全般]。ぜんぷく[全幅]。中世 ぜんたい[全体]。ぜんぶ[全部]。ぜんめん[全面]。中古 いっさい[一切]。ばんたん[万端]。ばんぱん[万般]。

せんめんじょ【洗面所】 トイレ／トイレットルーム(toilet room)。近代 けしゃうしつ[化粧室]。ラバトリー(lavatory)。中世 せんめんじょ[洗面所]。べんじょ[便所]。→**べんじょ**

せんもん【専門】 近代 テクニカル(technical)。プロ／プロフェッショナル(professional)。プロパー(proper)。中世 しょだう[諸道]。中古 せんもん[専門]。

《句》近世 商売(芸)は道によって賢し。船は船頭に任せよ。餅は餅屋。

ー家 近代 エキスパート(expert)。くろうとすぢ[玄人筋]。スペシャリスト(specialist)。近世 くろうと[玄人／黒人]。すいはう[粋方]。中古 し[師]。みちのもの[道者]。

ー外の技能 近代 よぎ[余技]。

ー外のこと(人) 近代 はたけちがひ[畑違]。もんぐゎい／もんぐゎいかん[門外漢]。お門(かど)が違ふ。中世 しろうと／しらびと[素人]。ひか[非家]。ひだう[非道]。《句》近代 陸(をか)に上がった河童(かっぱ)。

ー家の鑑定 近代 きはめつき[極付]。

ー語 がくじゅつようご[学術用語]。ジャーゴン(jargon)。ターミノロジー(terminology)。近代 ターム(term)。テクニカルターム(technical term)。

ーとする事業 近代 せんげふ[専業]。中古 ほんしょく[本職]。

ーの道 近代 しかい[斯界]。しだう[斯道]。中古 みち[道]。

▼接尾語 や[屋]。近世 し[師]。

ぜんや【前夜】 中世 ぜんや[前夜]。ゆふべ[夕]。

祭のー イブ(eve)。近代 よひみや[宵宮]。近世 よひまつり[宵祭]。よみやまつり[夜宮祭]。よみや[夜宮／宵宮]。

せんゆう【専有】 近代 せんいう[占有]。せんいう[専有]。どくせん[独占]。ひとりじめ[独占]。

せんゆう【占有】 近代 しょぢ[所持]。せんいう[占有]。せんいう[専有]。せんきょ[占拠]。せんりゃう[占領]。ぢんどる[陣取]。どくせん[独占]。ひとりじめ[独占]。ほいう[保有]。りゃういう[領有]。中世 せんとく[占得]。中古 しょいう[所有]。上代 しむ[しめる][占]。しめさす[標刺]。

ー地 上代 かきつ[垣内]。

人より先にー・すること 近代 せんせん[先占]。

せんよう【宣揚】 たかめる[高]。もりあげる[盛上]。近代 しんこう[振興]。中世 はつやう[発揚]。中古 せんやう[宣揚]。

ぜんら【全裸】 すっぽんぽん。近代 すっぱだか／すはだか[素裸]。ぜんら[全裸]。近世 せきら[赤裸]。中世 まっぱだか／まはだか[真裸]。まるはだか[丸裸]。中古 あかはだか[赤裸]。

せんらん【戦乱】 せんか[戦火]。近代 へいらん[兵乱]。近世 せんさう[戦争]。せんらん[戦乱]。中世 げきぢん[戟塵]。せんぢん[戦塵]。どうらん[動乱]。ふうぢん[風塵]。へいかく[兵革]。中古 さわぎ[騒]。ひゃうらん[兵乱]。上代 えんぢん[煙塵]。ないらん[内乱]。→**せんそう**

《句》近世 治(ち)に居て乱を忘れず。

せんりつ【戦慄】 身の毛がよだつ。近代 スリル(thrill)。りつぜん[慄然]。近世 しんかん[震撼]。しんりつ[震慄]。中古 おそる[おそれる][恐]。おののく[戦]。せんりつ[戦慄]。みぶるひ[身震／身振]。上代 おびゆ[おびえる][怯]。せんせんきょうきょう[戦戦兢兢／戦戦恐恐]。わななく[戦慄]。

せんりつ【旋律】 メロス(ギリシャ melos)。近代 お

んてう［音調］。せんりつ［旋律］。ふしまはし［節回］。メロディー(melody)。中世おんりつ［音律］。きょく［曲］。きょくせつ［曲節］。きょくてう［曲調］。てうし［調子］。中古しらべ［調］。ふし［節］。

せんりゃく【戦略】 近代きりゃく［機略］。さくせん［作戦／策戦］。ストラテジー(strategy)。近世ぐんりゃく［軍略］。せんじゅつ［戦術］。せんぱふ［戦法］。せんりゃく［戦略］。中世かけひき／かけひけ［駆引］。ちうさく［籌策］。ぶりゃく［武略］。中古へいりゃく［兵略］。→**せんじゅつ**

《句》中世謀(はかりごと)を帷幄(ゐあく)の中に運(めぐ)らし勝つことを千里の外に決す。

ぜんりゃく【前略】(手紙用語) かんしょう［冠省］。近代ぜんりゃく［前略］。近世うちつけがき［打付書］。→**てがみ**

せんりゅう【川柳】 近代きゃうく［狂句］。近世かはやなぎ［川柳］。せんりう［川柳］。

卑猥な— 近代ばれく［句］。

せんりょ【浅慮】 のどもとしあん［喉元思案］。近代あさぢゑ［浅知恵］。近世せんけん［浅見］。せんりょ［浅慮］。たんけん［短見］。中古あさはか［浅］。たんりょ［短慮］。

せんりょ【千慮】 近世じゅくかう［熟考］。じゅくりょ［熟慮］。中世せんりょ［千慮］。

せんりょう【染料】 ちゃくしょくりょう［着色料］。近代せんれう［染料］。そめこ［染粉］。中世そめしる［染汁］。

—の種類 ごうせいせんりょう［合成染料］。こうぶつせいせんりょう［鉱物性染料］。しょくぶつせいせんりょう［植物性染料］。てんねんせんりょう［天然染料］。どうぶつせいせんりょう［動物性染料］。近代えんきせいせんれう［塩基性染料］。じんざうせんれう［人造染料］。

—を採る草木 中古そめくさ［染草］。上代そめき［染木］。

その他—のいろいろ(例) アイスせんりょう［ice染料］。アゾせんりょう［azo染料］。インダンスレンせんりょう［indanthrene染料］。エオシン(eosine)(商標名)。しろあい／はくらん［白藍］。てんねんあい［天然藍］。フクシン(fuchsine)。ぼろあい［襤褸藍］。ローズアニリン(rosaniline)。近代アニリンせんりょう［aniline染料］。インジゴ(indigo)。オーラミン(auramine)。カテキュー(catechu)。近世うこん［鬱金］。中古あかね［茜］。あゐ［藍］。あゐしる［藍汁］。

せんりょう【占領】 近代せんいう［占有］。せんきょ［占拠］。せんりゃう［占領］。ぢんどる［陣取］。りゃういう［領有］。上代しむ［しめる］［占］。

せんりょう【選良】 近代ぎゐん［議員］。こくくゎいぎゐん［国会議員］。せんりゃう［選良］。だいぎし［代議士］。

ぜんりょう【善良】 近代じゅんりゃう［淳良］。ひとよし［人好］。ぶこ［無辜］。中世ぜんりゃう［善良］。むこ［無辜］。

—・で賢い 上代けんりゃう［賢良］。

—・で気が良すぎる 近代おひとよし［御人好］。おめでたい。

—・で気が弱い 近世ぜんじう［善柔］。

—・な心 近代ぜんい［善意］。中世ぜんしん［善心］。

—・な人(民) 近代しゅくじん［淑人］。近世かうじんぶつ［好人物］。中世いつみん［逸民］。りゃうみん［良民］。中古ぜんにん［善人］。ぜんじん［善人］。

せんりょく【戦力】 ぐんじりょく［軍事力］。せんとうりょく［戦闘力］。近代せんりょく［戦力］。へいりょく［兵力］。近世ぐんび［軍備］。中世ぶりき［武力］。中古ぶりょく［武力］。→**ぶりょく**

ぜんりょく【全力】 近代きょくりょく［極力］。ぜんしんぜんれい［全身全霊］。ぜんりょく［全力］。そうりょく［総力］。ベスト(best)。中世こんしん［渾身］。

—でぶつかる 近代すてみ［捨身］。たいあたり［体当］。

—を傾ける 力の限り。近代肝脳(かんなう)を絞る。近世いっしゃうけんめい［一生懸命］。こんかぎり［根限］。じんすい［尽瘁］。ちからいっぱい［力一杯］。ひっし［必死］。息精(いきせい)張る。諸肌(もろはだ)を脱ぐ。中世いっしょけんめい［一所懸命］。ここを最後。上代心を尽くす。

ぜんりん【善隣】 近代いうかう［友好］。しんみつ［親密］。ぜんりん［善隣］。近世こんい［懇意］。しんぜん［親善］。ぢっこん［昵懇］。中古なかよし［仲良］。

せんれい【先例】 近代てんれい［典例］。近世きてつ［軌轍］。こしつ／こじつ［故実］。こてつ［故轍／古轍］。中世しょうせき［蹤跡］。せんき／せんぎ［先規］。せんしょう／せんじょう［先蹤］。ぜんしょう［前蹤］。てんこ［典故］。中古ためし［例］。れい［例］。上代きうれい［旧例］。せんれい［先例］。ぜんれい［前例］。

ーがない 近代くうぜん[空前]。近世ふれい[不例]。みぞう[未曾有]。中世くゎうこ[曠古]。類無し。中古いれい[異例]。ゐれい[違例]。ぜんだいみもん[前代未聞]。

ーとなる試み テストケース(test case)。

ーに従うこと 中古いんしゅん／いんじゅん[因准]。そついう[率由]。

ーに外れること 近代はかく[破格]。

従うべきー じゅんれい[準例／准例]。

良いー 中世きつれい[吉例]。中古きちれい[吉例]。

悪いー 中世あくれい[悪例]。

せんれい【洗礼】 近代せんれい[洗礼]。バプティズム(Baptism)。バプティズモ(ポルトガル baptismo)。バプテスマ(ギリシャ baptisma)。

ーを受けること 近代じゅせん[受洗]。

ーを授ける人 せんれいしゃ[洗礼者]。バプテスト(baptist)。

せんれい【鮮麗】 中世せんれい[鮮麗]。りうれい[流麗]。中古くゎび[華美]。くゎれい[華麗]。しうれい[秀麗]。上代かれい[佳麗]。

ぜんれい【前例】 →**せんれい【先例】**

ぜんれき【前歴】 まえ[前]。近代いはくけだしつき[曰蓋付]。いはくつき[曰付]。かたがきつき[肩書付]。くゎこ[過去]。ぜんくゎ[前科]。ぜんしん[前身]。ふだつき[札付]。

▼接尾語 近世あがり[上]。

せんれつ【戦列】 近代せんれつ[戦列]。たいけい[隊形]。たいれつ[隊列]。上代たいご[隊伍]。

せんれつ【鮮烈】 近代せんれつ[鮮烈]。近世はっきり。中世れきぜん[歴然]。中古あざやか[鮮]。せんめい[鮮明]。

せんれん【洗練】 エレガンス(elegance)。ソフィスティケーション(sophistication)。ソフィスティケート(sophisticate)。近代せんれん[洗練／洗煉／洗錬]。リファイン(refine)。垢(あか)が抜ける。渋が抜ける。渋皮が剝(む)ける。近世あかぬけ[垢抜]。じゃうひん[上品]。ひん[品]。中世みがき[磨]。らふたく[臈闌]。中古らうらうじ[労労]。

ー・された言葉 近世がご[雅語]。中古がげん[雅言]。

ー・された服装や態度 近代スマート(smart)。ダンディー(dandy)。

ー・されていない ごつい。近代どろくさい[泥臭]。田舎臭い。田舎じみている。近世やぼ[野暮]。中世こはらか[強]。そや[粗野]。ぶこつ[無骨／武骨]。むさく[無作]。や[野]。中古いやし[卑／賤]。こちごちし[骨骨]。こはごはし[強強]。なまあらあらし[生荒荒]。

ー・されていない言葉 中世ぶじ[蕪辞]。中古ぶし[蕪詞]。

ー・されていない人 中古やじん[野人]。

せんろ【線路】 近代きだう[軌道]。きでう[軌条]。せんろ[線路]。てつだう[鉄道]。レール(rail)。近世てつろ[鉄路]。

そ

そ【祖】 近代かいそ[開祖]。近世そせん[祖先]。中世ぐゎんそ[元祖]。そ[祖]。上代せんぞ[先祖]。ふそ[父祖]。→**せんぞ**

そ【粗】 近代そざつ[粗雑]。近世あらっぽい[粗]。中世そまつ[粗末／麁末]。中古そ[粗／麁／麤]。上代あらし[粗]。そりゃく[粗略／疎略／麁略]。

そ【疎】 中世そ[疎]。中古そゑん[疎遠／疏遠／麁遠]。へだつ〔へだてる〕[隔]。まばら[疎／疏]。上代おろそか[疎]。

そあく【粗悪】 あくしつ[悪質]。近代せつあく[拙悪]。そざつ[粗雑／疎雑]。れつあく[劣悪]。近世ふりゃう[不良]。わるし[悪]。中世そまつ[粗末／麁末]。中古あし[悪]。あららか[粗]。そあく[粗悪／麁悪]。上代そりゃく[粗略／疎略／麁略]。

ー・な物 近代そしな[粗品]。近世どうみゃく[銅脈]。中世そひん[粗品／麁品]。中古けんきん[献芹]。

そあん【素案】 たたきだい[叩台]。近代げんあん[原案]。近世したがき[下書]。中古さうあん[草案]。

そいね【添寝】 近世かたはらぶし[傍臥]。まくらぞひ[枕添]。中世そひぶし[添臥／副臥]。中古そひね[添寝]。

ー・して乳を飲ませる 近世そへぢ[添乳]。

そいん【素因】 近代いんし[因子]。えういん[要因]。げんいん[原因]。げんゆ[原由]。ファクター(factor)。近世いういん[誘因]。きいん[起因／基因]。そいん[素因]。中古いん[因]。しんいん[真因]。

そう【然】 そのように。近世あんまり[余]。そんな。中世さう[然]。しかなり[然]。それほど[其程]。中古あまり[余]。さ[然]。さして。さなり／さり[然]。さほど[然程]。上代しか[然]。

ーあってはじめて そうしてこそ。そうだから

こそ。〔中古〕さてこそ。
ーあってほしい 〔中世〕のぞまし［望］。〔中古〕ねがはし［願］。
ーあるべきだ 〔中古〕さべし／さるべし／さんべし［然可］。しかるべし［然可］。
ーあるべきでない 〔中古〕さならぬ［然］。
ーいう そのような。〔中古〕さる［然］。〔近世〕さうした［然］。そんな。
ーいうことなら 〔中世〕さては［扨］。〔上代〕しからば［然］。
ーいうわけで 〔近代〕ついては［就］。よって［因／依／仍］。〔中世〕かるがゆゑに［故］。
ーこうするうちに 〔近代〕すでにして［既］。〔近世〕さるからに。〔中古〕さるあひだ［然間］。さるほどに［然程］。しかるあひだ［然間］。
ーして 〔近代〕さて［扨］。〔近世〕そして。〔中世〕しかうして［而］。してして。それから。〔中古〕さて／さては［然］。さてさて。
ーしてこそ 〔中古〕さてこそ［然］。
ーしなければ 〔中世〕しからずんば。〔中古〕さらずは。〔上代〕しからずば。
ーすべきではない 〔中古〕さるまじ［然］。
ーすることができる 〔中古〕しかるべし［然可］。
ーすれば それなら／そんなら。〔近世〕してみると。してみれば。左様しからば。〔中世〕すりゃ。〔中古〕さらば［然］。〔上代〕しからば［然］。
ーだ 〔近世〕さやう［左様／然様］。しかり［然］。〔中世〕さあり［然有］。しかなり［然］。〔中古〕さなり／さり［然］。〔上代〕しか［然／爾］。
ーだから 〔近世〕しからば［然］。それだから。だから。然かるが故に。〔中世〕さすれば。さるから［然］。されば［然］。しかれば［然］。〔中古〕さてこそ。しかあれば［然有］。

ーだけれど 〔中古〕されど。されども。しかあれど／しかはあれど［然］。
ーだと言っても それでも。〔中古〕さりとては［然］。さりとても［然］。
ーだとは 〔近世〕さりとは［然］。〔中世〕さりとては［然］。
ーだね 〔中古〕さかし。
ーだろう 〔近世〕さもあらん／さもありなん。さもそうず。〔中世〕さはさうず［然］。
ーであっても それでも。それにしても。〔中世〕さてもやは［然］。〔中古〕さりとても［然］。さりとも［然］。
ーであるなら 〔中世〕さらんには。〔中古〕さもあらば［然有］。
ーであるのに そのくせ。それでいて。それなのに。ところが。それにも拘わらず。〔中古〕さるに［然］。〔上代〕しかるに［然］。
ーで(は)ない 〔近代〕ひつむ［必無］。〔中世〕さならず［然］。さもさうず［然］。さらず［然］。
ーでなくて 〔中古〕さらで［然］。〔上代〕いな［否］。
ーでなくてさえ 〔近代〕さらでだに。〔中世〕いとど。さなきだに［然無］。〔中古〕さらぬだに［然］。
ーでなくても 〔中世〕さなくは［然］。〔中古〕いとど。さらでは［然］。さらでも。
ーでなければ 〔近代〕さもなければ。さなくば。〔中世〕さらでは。〔中古〕さらずは。
ーではあるが しかし。だって。〔近世〕さりながら［然］。〔中世〕さりとては。〔中古〕さはあれ。さばれ。さるは［然］。されど／されども［然］。しかはあれど［然］。そながら［其乍］。
ーではあるまい 〔中世〕しかあらじ［然］。〔中古〕さるまじ［然］。
ーでもない 〔中古〕さしもなし。さすが［流石／遉］。
ーなるはずの 〔中世〕しかるべき［然］。〔中古〕さるべき／さんべき［然］。
ーは 〔中古〕さは［然］。
ーは言うものの もっとも［尤］。さればと言って。そうは言っても。とは言いながら。とは言うもの。とは言え。〔近代〕いひでう［言条］。さりとて。〔近世〕さはいへ／さはいへど［然言］。〔中世〕いふぢゃう［言定］。いふでう［言条］。ぢゃう［定］。〔中古〕さすが［遉］。しかはあれど［然］。はた［将］。さこそ言へ。〔上代〕しかすがに。
ーまで 〔中古〕さまで［然］。
ー無闇に 〔中古〕さのみ［然］。
ーも 〔中古〕さも［然］。
ーもいかない 〔近世〕そむない。〔中古〕さすが［流石／遉］。
ーらしい 〔中古〕さなり［然］。
次第にーなる 〔近代〕おもむく［赴／趣／趨］。
なるほどーだった 〔中世〕さることあり［然事有］。
▼肯定する時の語 そうそう。そのとおり。〔近世〕さやう［左様／然様］。〔中世〕なかなか［中中］。〔中古〕しかしか［然然］。〔上代〕しか［然／爾］。
▼何かに気付いた時の語 そうそう。そうだ。〔中古〕そよや。

そう【相】❶〈様相〉ようそう［容相］。〔近代〕コンディション(condition)。やうさう［様相］。〔中世〕じゃうたい［状態］。〔中古〕ありさま［有様］。ありやう［有様］。さう［相］。

そう【相】❷〈人相〉〘近世〙つらがまへ[面構]。〘中世〙さうがう[相好]。〘近世〙つらだましひ[面魂]。〘中古〙おももち[面持]。かほつき[顔付]。さう[相]。めんよう[面容]。

そう【僧】〘近代〙しい[緇衣]。しだふ/しとつ[緇衲]。なふえ[衲衣]。ぶっし[仏氏]。〘近世〙しゅうもん[宗門]。すみぞめ[墨染]。だうしゃ[道者]。ぶっけ[仏家]。ぶっと[仏徒]。ふと[浮屠/浮図/仏図]。ぼん[坊]。ゑんろ[円顱]。をしゃう[和尚]。〘中世〙かはごろも[皮衣/裘]。くはのかど/さうもん[桑門]。くゎしゃう/わじゃう/をしゃう[和尚/和上]。ざうす[蔵主]。しゃうにん[上人/聖人]。しゃくし[釈氏]。しゃくもん[釈門]。しゅっけ[出家]。しょけ[所化]。ぜんりょ[禅侶]。ぜんりん[禅林]。そうほふし[僧法師]。だうし[道士]。だうにん[道人]。はうぐゎい[方外]。ばうず[坊主]。ぶっしゃ[仏者]。ゑんちゃう[円頂]。〘中古〙あじゃり[阿闍梨]。きゃうよみ[経読]。くうもんし[空門子]。さもん[沙門]。しえ[緇衣]。じそう[寺僧]。すけ[出家]。ぜじ/ぜんじ[禅師]。そう[僧]。そうと[僧徒]。そうりょ[僧侶]。だいとく/だいとこ[大徳]。だうし[導師]。ばう[坊]。ばう[房]。びく[比丘]。ひじり[聖]。ほっし[法師]。ぼんそう[梵僧]。〘上代〙しと[緇徒]。しゃくし[釈子]。しゃみ[沙彌]。しゃもん[沙門]。ほふし[法師]。法(のり)の師。

—が戒律を破って妻帯などすること〘近世〙にくじきさいたい[肉食妻帯]。〘中世〙らくだ[落堕]。

—が戒律を破っても恥と思わないこと〘近代〙はかいむざん[破戒無慚]。

—が各地を巡ること〘近代〙じゅんしゃく[巡錫]。〘近世〙あんぎゃ[行脚]。うんすい[雲水]。ひしゃく[飛錫]。〘中古〙じゅん[巡]。ゆぎゃう[遊行]。

—が還俗(げんぞく)して髪を伸ばすこと〘近世〙ちくはつ[蓄髪]。

—が時間外にとる食事〘中古〙ひじ/ひじき[非時食]。

—が俗人となること〘近世〙ばうずおち[坊主落]。ばうずがへり[坊主還]。ふくしょく[復飾]。〘中世〙げんぞく[還俗]。ほふしがへり[法師還]。らくだ[落堕]。〘中古〙男になる。

—が食べ物の施しを受けること〘近世〙たくはつ[托鉢]。〘中世〙じゅじき[受食]。

—が寺を出ること〘中世〙りざん[離山]。

—が眠ること〘中世〙ためん/だめん[打眠]。

—が門前で経を読み食などを求めること〘近代〙ぎゃうこつ[行乞]。〘近世〙かどぎゃう[門経]。かどぎゃうよみ[門経読]。づだ[頭陀]。たくはつ[托鉢]。〘中世〙かねたたき[鉦叩]。〘中古〙こつしゃ[乞者]。

—でない一般の人〘近世〙ざいせ[在世]。〘中世〙ぞくしゅう[俗衆]。〘中古〙うつしびと[現人]。〘上代〙ぞくじん[俗人]。

—でない一般の人の姿〘中世〙ぞくぎゃう[俗形]。ぞくたい[俗体]。

—と俗人〘中世〙しんぞく[真俗]。〘中古〙そうぞく[僧俗]。だうぞく[道俗]。

—に金品を贈ること〘中古〙ほうしゃ[報謝]。〘上代〙ふせ[布施]。

—になってからの年数〘中世〙ほふさい[法歳]。ほふらふ[法臘/法﨟]。らっし/らふじ[﨟次/臘次]。〘中古〙かいらふ[戒臘]。

—になること〘近代〙しゃけ[捨家]。〘近世〙しゃしん[捨身]。ていど[剃度]。〘中世〙ていはつ[剃髪]。頭を丸む(—丸める)。〘中古〙かうぞり[髪剃]。しゅっけ/すけ[出家]。ほふしなり[法師成/法師為]。らくはつ[落髪]。形変はる。様変はる。〘上代〙いへで[家出]。とくど[得度]。らくしょく[落飾]。

—になる前の名〘近代〙ぞくせい[俗姓]。〘近世〙ぞくしょう[俗称]。ぞくめい[俗名]。〘中世〙ぞくみゃう[俗名]。〘上代〙ぞくしゃう[俗姓]。

—の家や部屋〘近世〙ぶっか[仏家]。〘中世〙そうか/そうけ[僧家]。ぢゅうばう[住房]。ばう[房]。ばうしゃ[坊舎]。ぶっけ[仏家]。〘中古〙しゅくばう[宿坊/宿房]。そうばう[僧坊]。ばう[坊]。〘上代〙むろ[室]。

—の学校〘中世〙がくりん[学林]。〘中古〙だんりん[檀林/談林]。

—の位〘中世〙ほふゐ[法位]。〘中古〙そうがう[僧綱]。そうゐ[僧位]。

—の位の例〘中世〙くゎしゃう/わじゃう/をしゃう[和尚/和上]。しゅぎゃうゐ[修行位]。そうじゃう[僧正]。そうづ[僧都]。だいほふしゐ[大法師位]。ほふいん[法印]。ほふけう[法橋]。りっし[律師]。

—の衣 →ころも❷

—の死 →し・ぬ(僧の死)

—の集団〘近代〙そうが[僧伽]。〘中世〙わがふしゅう[和合衆]。わがふそう[和合僧]。そうぎゃ[僧伽]。〘中古〙そうぎ[僧祇]。

—の姿〘近代〙ゑんちゃうこくい[円頂黒衣]。〘中世〙そうぎゃう[僧形]。そうたい[僧体]。

ほったい［法体］。

―の妻　近代 だうねん［道念］。近世 ぼんさい［梵妻］。中世 だいこく［大黒］。

―の剃髪した頭　中世 ゑんとう［円頭］。

―の雰囲気がある　近世 まっかうぐさし［抹香臭］。中世 ほとけくさし［仏臭］。

―の蔑称　近代 かんかんばうず［坊主］。みそすりばうず［味噌擂坊主］。近世 えせほふし［似非法師］。げん［玄］（遊里で）。すてばうず［捨坊主］。ずばう。すりこぎ［擂粉木］。たこ［蛸］。なまぐさばうず［生臭坊主］。やせほふし［痩法師］。中世 こじきばう／こじきばうず／こつじきばうず［乞食坊主］。こつじきほふし［乞食法師］。しっつう［漆桶］。

―の身　近代 ほっかいしん［法界身］。近世 ほふしん［法身］。中世 ほっしゃうしん［法性身］。中古 ほっしん［法身］。

―の飯（精進料理）　中世 ほふはん［法飯］。

―の礼服　中古 そうかり／そうぎゃり［僧伽梨］。たいえ／だいえ［大衣］。

―を敬い親しんで呼ぶ語　近代 をっさん［和尚様］。近世 あじゃり［阿闍梨］。おばうさま［御坊様］。ばうさま／ばうさん［坊］。ぼんさま／ぼんさん［坊様］。中世 おてらさま／おてらさん［御寺］。ごそう［御僧］。しゃうにん［上人］。わそう［我僧／和僧］。わにふだう［和入道］。わほふし［和法師］。中古 あざり［阿闍梨］。ごばう［御坊／御房］。わごばう［我御房］。上代 ぜんし／ぜんじ［禅師］。

行脚して回る―　近代 うんすいそう［雲水僧］。かくり［客裡／客裏］。近世 こむそう［虚無僧］。たびそう［旅僧］。中世 あんぎゃそう［行脚僧］。うんすい［雲水］。すいうん［水雲］。ひじりほふし［聖法師］。ゆぎゃうしゃうにん［遊行上人］。ゆぎゃう(の)ひじり［遊行聖］。りょそう［旅僧］。中古 うんなふ［雲衲］。きゃくそう［客僧］。しゅぎゃうじゃ／すぎゃうざ［修行者］。

田舎の―　近世 やそう［野僧］。やだふ／やなふ［野衲］。

浮かれ歩く―　近世 うかればうず［浮坊主］。

多くの―　中世 しゅうと／しゅと［衆徒］。そうじゅ／そうしゅう［僧衆］。そうと［僧徒］。だいしゅ［大衆］。中古 せんそう／せんぞう［千僧］。

落ちぶれた―　近世 しはすばうず［師走坊主］。

愚かな―　中世 ぼんそう［凡僧］。中古 ぐそう［愚僧］。

戒律を守る―　中世 せいそう［清僧］。りっし［律師］。りっそう［律僧］。中古 ぼんそう［梵僧］。

学問に長じた―　近代 がくそう［学僧］。中世 がくりょ［学侶］。中古 がくしゃう［学生］。上代 がくもんそう［学問僧］。

頑固で融通のきかない―　中世 いしひじり［石聖］。

勧進して歩く―　近世 くゎんじんそう［勧進僧］。くゎんじんばうず［勧進坊主］。くゎんじんひじり［勧進聖］。

経典などに通じた―　中古 ちしゃ［知者／智者］。

位の低い―　近世 おときばうず［御斎坊主］。中古 げらふ［下臈］。ぼんそう［凡僧］。

好色な―　近世 ぬればうず［濡坊主］。

雑用に使われる身分の低い―　中世 ちゅうげんほふし［中間法師］。

山野で修行する―　近世 やまぶし［山伏］。中古 のぶし［野伏／野臥］。

師のもとで修行する―　近世 ゑか［会下僧］。中世 ゑげ／ゑげそう［会下僧］。

出家したばかりの―　近世 あをだうしん［青道心］。いまだうしん［今道心］。中世 しんかい［新戒］。しんぼち［新発意］。中古 しぼち［新発意］。

商売をする堕落した―　近世 まいすばうず［売僧坊主］。まいすぼん［売僧坊］。中世 まいす［売僧］。

女性の―　中世 ぜんに［禅尼］。にそう［尼僧］。中古 あまほふし［尼法師］。上代 あま［尼］。びくに［比丘尼］。

説教のおもしろい―　近世 だんぎそう［談義僧］。だんぎばう［談義坊］。

禅宗の―　なふし［衲子］。中世 なっす／なふす［衲子］。中古 ぜんそう［禅僧］。

葬儀で導師に付き添う―　中古 ばんそう［伴僧］。

葬儀や法会で中心的な―　中古 だうし［導師］。

堕落した―　近代 ぞくそう［俗僧］。近世 しゅっけおち［出家落］。中世 まいす［売僧］。らくだ［落堕］。中古 あくそう［悪僧］。

妻もあり肉食もする―　近代 くゎたくそう［火宅僧］。なまぐさ［生臭／腥］。近世 ざいけそう［在家僧］。さいたいそう［妻帯僧］。なまぐさばうず［生臭坊主］。中世 はかいそう［破戒僧］。

通夜のとき読経する―　近世 おときばうず［御伽坊主］。

剃髪(ていはつ)していない― 近世 うはつそう［有髪僧］。はんぞく［半俗］。をとこひじり［男聖］。中世 やぶれそう［破僧］。中古 けばうず［毛坊主］。ぞくひじり［俗聖］。

寺で雑役をする― 中世 だうしゅ／だうしゅう［堂衆］。せんたう／せんたうほふし［専当法師］。

寺でなく俗間に住む― ざいぞくそう［在俗僧］。

寺に住む― 近世 てら［寺］。てらがた［寺方］。中古 じけ［寺家］。ぢゅうそう［住僧］。

寺の会計や庶務などをする― 近世 なっしょばうず［納所坊主］。やくそう［役僧］。中世 てうしゅ［頭首］。中古 しょし［所司］。上代 ちじ［知事］。

寺の長である― 中世 ぢゅうしょく［住職］。上代 ぢゅうぢ［住持］。

天竺(てんじく)へ渡る― 中世 とてんそう［渡天僧］。

天皇に仏法を説く― 中世 こくし［国師］。

徳のある(位の高い)― 近代 せいそう［聖僧］。だいをしゃう［大和尚／大和上］。近世 いきにょらい［生如来］。くわつぶつ［活仏］。こぶつ［古仏］。ぜんし／ぜんじ［禅師］。中世 いきぼさつ［生菩薩］。いきぼとけ［生仏］。きそう［貴僧］。くゎしゃう／わじゃう／をしゃう［和尚／和上］。けしゅ［化主］。しゃうにん［上人／聖人］。ぜんちしき［善知識］。ちしき［知識］。ちゃうらう［長老］。ほっとう／ほふとう［法灯］。めいしゃう［明匠］。中古 いちらふ［一臈］。かうそう［高僧］。しゃうそう［聖僧］。じゃうらふ［上臈／上臘］。せきとく［碩徳］。だいし［大師］。だいとく／だいとこ［大徳］。ちしゃ［知者］。ひじり［聖］。めいそう［名僧］。上代 だいし／だいじ［大士］。ちとく［知徳／智徳］。

年老いた― 近世 らうなふ［老衲］。中世 そんしゅく［尊宿］。中古 しうとく［宿徳］。らうそう［老僧］。上代 しゅくとく［宿徳］。

年の若い― 近世 じゃくそう［若僧／弱僧］。中世 すうそう［雛僧］。にゃくそう［若僧］。中古 こぞう［小僧］。

布教活動をする― かいきょうし［開教師］。

武勇にすぐれた勇猛な― 中世 あくそう［悪僧］。あらほふし［荒法師］。

法会に―を招くこと 中世 くっしゃう［屈請］。中古 しゃうそう［請僧］。

昔の徳の高い― 中世 ことく［古徳］。

乱暴な― 中世 あらひじり［荒聖］。あらほふし［荒法師］。

▼行者 中古 おこなひびと［行人］。

▼住職 近世 ていばう［亭坊］。中世 ぢゅうぢ［住持］。はうぢゃう［方丈］。中古 ぢゅうそう［住僧］。ぢゅうりょ［住侶］。→じゅうしょく

そう【層】 かいそう［階層］。近代 かいきふ［階級］。そう［層］。

―を重ねること ラミネート(laminate)。近代 せきそう［積層］。近世 ぢゅうそう［重層］。

合板やタイヤを構成する― プライ(ply)。

上下の― 近代 かそう［下層］。ぐゎいそう［外層］。ないそう［内層］。へうそう［表層］。中古 じゃうそう［上層］。

そ・う【添】 中世 そぐふ。つきしたがふ［付従］。つれそふ［連添］。中古 さしそふ［差添］。したがふ［従］。てきす［適］。よりそふ［寄添］。上代 かなふ［適／叶］。そふ［添／副／沿／傍］。つく［付／就］。

ぞう【増】 かさあげ［嵩上］。近代 ぞう［増］。ぞうだい［増大］。ます［増］。近世 ぞうか［増加］。ふゆ［ふえる］［増］。中古 くははる［加］。上代 くはふ［くわえる］［加］。ふやす［増］。

ぞう【像】 中世 せうざう［肖像］。中古 ざう［像］。上代 かたち［形］。すがた［姿］。《尊》中世 そんたい［尊体］。上代 そんざう［尊像］。

―を造ること 中古 ざうざう［造像］。

意識のなかにできる― 近代 イメージ(image)。けいしゃう［形象］。しんざう［心像］。しんしゃう［心象］。へうしゃう［表象］。

凹レンズ背面などの仮相の― 近代 きょざう［虚像］。

鏡に映る― 中世 きゃうざう［鏡像］。

神や仏をかたどった― 近代 ぐうざう［偶像］。

実際に映る― 近代 じつざう［実像］。

人物の― ブロンズぞう［bronze像］。近代 きょうざう［胸像］。てうざう［彫像］。中世 じゅざう［寿像］。どうざう［銅像］。

座った姿の― 中世 ざざう［座像］。

生前に造っておく― 中世 じゅざう［寿像］。

立った姿の― 近代 りつざう［立像］。りふざう［立像］。

中国の墳墓の副葬品としての― 近世 よう［俑］。

跪(ひざまず)いた形の― きざう［跪像］。きざぞう［跪坐像］。

その他―のいろいろ(例)①［材料］ でいしょ

う［泥象］。ひょうぞう［氷像］。中世どうざう［銅像］。中古せきざう［石像］。もくざう［木像］。

その他―のいろいろ(例)②［造り方］ちゅうぞう［鋳像］。近代そざう［塑像］。てうざう［彫像］。

そうあい【相愛】 あいしあう［愛合］。こいしあう［恋合］。そうしそうあい［相思相愛］。近世こひなか［恋仲］。さうあい［相愛］。中古さうし［相思］。もろごひ［諸恋］。

そうあん【草案】 そあん［素案］。たたきだい［叩台］。近代げんあん［原案］。しょあん［書案］。近世あんじぶみ［案文］。あんぶん［案文］。したがき［下書］。中世さう［草］。中古さうあん［草案］。さうかう［草稿］。上代あんもん［案文］。ぶんあん［文案］。

―の文章 あんぶん［案文］。

―をつくること 近代きあん［起案］。りつあん［立案］。近世きさう［起草］。

そうあん【創案】 しんきかく［新企画］。近代アイディア(idea)。かうあん［考案］。さうあん［創案］。ちゃくさう［着想］。はつあん［発案］。近世さうい［創意］。しんあん［新案］。はつめい［発明］。

そうあん【草庵】 近世くさのと［草戸］。くさのとぼそ［草枢］。さうろ［草廬］。中世あん［庵／菴］。さうだう［草堂］。さうてい［草亭］。さうをく［草屋］。中古さいひ［柴扉］。さいもん［柴門］。さうあん［草庵］。草のとざし。上代くさや［草屋］。

―の主人 近世あんしゅ／あんじゅ［庵主］。

―の戸 中古さいひ［柴扉］。さいもん［柴門］。しばのかど［柴門］。しばのと［柴戸］。

―をつくること 中世けっさう［結草］。

そうい【創意】 近代オリジナリティー(originality)。さうさくりょく［創作力］。しんきぢく［新機軸］。どくさう［独創］。はつい［発意］。ひらめき［閃］。近世さうい［創意］。

そうい【創痍】 とうしょう［刀傷］。近代さうい［創痍／瘡痍］。さうしゃう［創傷］。ふしゃう［負傷］。近世かたなきず［刀傷］。上代きず［傷／疵／瑕］。

そうい【相違】 いしつ［異質］。近代ギャップ(gap)。ことなる［異］。さ［差］。近世くひちがひ［食違］。ちがひ［違］。ひらき［開］。中世かはりめ［変目］。さい［差異］。さゐ［差違］。わけ［分／別］。中古けぢめ。さうゐ［相違］。たがひ［違］。へだたり［隔］。→さ

大きな― 近代かけへだて［懸隔］。だんちがひ［段違］。天地の相違(差)。近世うんじゃう［雲壌］。けいてい［径庭／逕庭］。けたちがひ［桁違］。げつべつ［月鼈］。提灯に釣鐘。月と(に)鼈(すっぽん)。瓢箪に釣鐘。雪と墨。中世せうじゃう［霄壌］。中古うんでい［雲泥］。うんでいばんり［雲泥万里］。かけはなる［―はなれる］［懸離］。

そうい【僧衣】 →ころも

そういん【総員】 近代ぜんゐん［全員］。そうぜい［総勢］。そうゐん［総員］。近世いちどう［一同］。みな／みんな［皆］。中世いっとう［一統］。

《尊》近代みなみなさま［皆皆様］。近世ごいちどうさま［御一同様］。みなさま［皆様］。

―で 近代そうがかり［総掛］。近世こぞって［挙］。中古あげて［挙］。

ぞうえい【造営】 近代けんざう［建造］。けんせつ［建設］。けんりつ［建立］。近世けんちく［建築］。ざうちく［造築］。中世ふしん［普請］。中古こんりふ［建立］。上代えいざう［営造］。ざうえい［造営］。

ぞうえん【造園】 ガーデニング(gardening)。ちくてい［築庭］。近世にはいぢり［庭］。中世にはづくり［庭作］。

―などを業とする人 ガーデナー(gardener)。ぞうえんか［造園家］。近代うゑきし［植木師］。にはし［庭師］。近世うゑきや［植木屋］。ゑんてい［園丁］。

ぞうお【憎悪】 にくみきらう［憎嫌］。近代けぎらひ［毛嫌］。けんを［嫌悪］。近世にくしみ［憎］。中世いむ［忌］。しつを［疾悪］。中古うとむ［疎］。うとんず［疎］。にくさ［憎］。上代いとふ［厭］。きらふ［嫌］。ぞうを［憎悪］。にくむ［憎］。

―する物 近世ぶす［付子／附子］。

そうおう【相応】 近代てきおう［適応］。バランス(balance)。マッチ(match)。近世かねあひ［兼合］。ころあひ［頃合］。てきせつ［適切］。中世さうたう［相当］。しょたう［所当］。つりあひ［釣合］。てきたう［適当／的当］。中古さうおう［相応］。

―・する 近世かねあふ［兼合］。中世つりあふ［釣合］。中古おふ［負］。たる［足］。にあふ［似合］。にる［似］。

―・な あれなりの。近世それなりの。中世かくかうの［格好］。かっかうの［恰好］。さる［然］。しかるべき［然］。さるべき／さんべき［然］。さべし［然］。中古につかはし［似付］。ふさはし［相応］。

―・に 近世いっぱし。ひとかど［一角／一廉］。

中古 さるかたに[然方]。
—の能力 中世 ぶんげん[分限]。
—のもの 中古 さるもの[然]。
そうおん【騒音】 ハウリング(howling)。近代 さうおん[雑音]。さうおん[噪音]。ざつおん[雑音]。ざわめき。ノイズ(noise)。上代 さわぎ[騒]。
—のレベル ホン(phon)。
—を計る計器 そうおんけい[騒音計]。
—を防ぐこと サウンドプルーフ(soundproof)。しゃおん[遮音]。ぼうおん[防音]。
ぞうか【増加】 かさあげ[嵩上]。近代 ぞうだい[増大]。のび[伸/延]。近世 ぞうか[増加]。ぞうしょく[増殖]。ふやす[増/殖]。ふゆ[ふえる][増/殖]。中古 ぞうしん[増進]。上代 くはる[加]。くはふ[くわえる][加]。まさる[増/勝/優]。ます[増]。
ぞうか【造化】 近代 しんらばんざう[森羅万象]。近世 ざうぶつしゅ[造物主]。しんらばんしゃう[森羅万象]。てんかう[天巧]。てんねん[天然]。中世 しんらまんざう[森羅万象]。てんたい[天帝]。ばんしゃう/まんざう[万象]。ばんもつ[万物]。中古 しぜん[自然]。てんてい[天帝]。上代 うちう[宇宙]。ざうくゎ[造化]。ばんぶつ[万物]。
—の神秘 中古 てんき[天機]。
ぞうか【造花】 中古 ざうくゎ[造花]。つくりばな[造花]。
絹糸を結んでつくった— 近世 いとばな[糸花]。中世 むすびばな[結花]。中古 はなむすび[花結]。
祭礼などで軒先に飾る— 近世 かざりばな[飾花]。
水中で開花する— 近代 すいちゅうくゎ[水中花]。
葬儀用の紙でつくった— かみばな[紙花]。のばな[野花]。中古 しくゎ[紙花]。しくゎ[死花]。
仏前に供える金属製または金色の— 近代 きんれんげ[金蓮花]。中古 こんれんげ[金蓮華]。
そうかい【爽快】 近代 くゎいてき[快適]。せいしん[生新]。フレッシュ(fresh)。近世 さうぜん[爽然]。中世 さうくゎい[爽快]。さっぱり。しゃうりゃう[清涼]。すずやか[涼]。中古 こころよし[快]。さはやか[爽]。せいしん[清新]。せいりゃう[清涼]。上代 すがすがし[清清]。
そうがく【総額】 近代 ぜんがく[全額]。そうか[総価]。そうがく[総額]。そうわ[総和]。トータル(total)。近世 しめだか[締高/〆高]。そうかず/そうすう[総数]。そうだか[総高]。中世 そうけい[総計]。
そうかつ【総括】 しゅうやく[集約]。近代 がいくゎつ[概括]。とうくゎつ[統括]。まとめ[纏]。近世 おほぐくり[大括]。しふせい[集成]。しゅうせい[聚成]。そうがふ[総合/綜合]。そうくゎつ[総括/綜括]。中世 しふたいせい[集大成]。はうくゎつ[包括]。
—・する 近代 くくる[括]。しめくくる[締括]。とりまとめる[取纏]。近世 ひっくるむ[—くるめる][引括]。中世 まとむ[まとめる][纏]。上代 ふさぬ[総]。
—的 近代 そうがふてき[総合的]。はうくゎつてき[包括的]。
そうかつ【総轄】 近代 くゎんせい[管制]。とうせい[統制]。とりしまる[取締]。近世 とりしきる[取仕切]。中世 しょかつ[所轄]。そうかつ[総轄]。中古 しょくゎん[所管]。
そうかん【壮観】 スペクタクル(spectacle)。近世 せいくゎん[盛観]。中世 ぜっけい[絶景]。ゐかん[偉観]。中古 さうくゎん[壮観]。びけい[美景]。
そうかん【相関】 近代 かかはり[関]。かかはりあひ[係合/関合]。くゎんれん[関連]。さうくゎん[相関]。つながり[繋]。れんくゎん[連関]。近世 れんけい[連係/連繋/聯繋]。中世 くゎんけい[関係/関繋]。
そうかん【創刊】 近代 さうかん[創刊]。はっかん[発刊]。近世 じゃうし[上梓]。しんかん[新刊]。はっかう[発行]。
そうかん【総監】 かんとく[監督]。しれいかん[司令官]。そうむ[総務]。ディレクター(director)。近代 そうかん[総監]。
ぞうかん【増刊】 ぞうはん[増版]。近代 ぞうかん[増刊]。ぞうさつ[増刷]。
そうがんきょう【双眼鏡】 近代 さうがんきゃう[双眼鏡]。りゃうがんきゃう[両眼鏡]。フィールドグラス(field glass)。
—の例 かにめがね[蟹眼鏡]。近代 オペラグラス(opera glass)。
そうき【早期】 近代 しょき[初期]。近世 さうさう[早早]。上代 はやし[早]。
そうき【想起】 意識にのぼせる。近代 アナムネーシス(ギリシャ anamnēsis)。おもひうかめる[思浮]。よびおこす[呼起]。近世 さうき[想起]。中世 おもひうかぶ[—うかべる][思浮]。おもひおこす[思起]。おもひいだす/おもひだす[思出]。中古 おもひつく[思付]。

過去のことをー・すること 近代くゎいこ[回顧]。くゎんさう[喚想]。近世くゎいさう[回想]。

そうぎ【葬儀】 近世さうしき[葬式]。上代さうぎ[葬儀／喪儀]。さうれい[葬礼／喪礼]。→**そうしき**

そうぎ【争議】 ぶつぎ[物議]。近代ごたごた。さうぎ[争議]。トラブル(trouble)。もめごと[揉事]。近世いざこざ。中世もんちゃく[悶着]。

ぞうき【雑木】 近代ざつぼく[雑木]。近世ざふき[雑木]。中世ざふぼく[雑木]。中古しば[柴]。上代いちしば／いつしば[厳柴]。ふし[柴]。

ーを刈ること 中世したがり[下刈]。しばかり[柴刈]。

節の多いー 中古あさぎ[浅木]。

ぞうき【臓器】 →**ないぞう【内臓】**

移植でーの提供者 ドナー(donor)。

そうきゅう【早急】 →**さっきゅう**

そうきょ【壮挙】 近代くゎいきょ[快挙]。さうきょ[壮挙]。びきょ[美挙]。

そうぎょう【創業】 近代オープン(open)。きげふ[起業]。こうげふ[興業]。さうせつ[創設]。近世かいげふ[開業]。かいせつ[開設]。くさわけ[草分]。さうし[創始]。ひらく[開／拓]。中世さうげふ[創業]。さうさう[草創]。さうりつ[創立]。

そうぎょう【早暁】 中世さうげう[早暁]。上代あけがた[明方]。→**あけがた**

そうぎょう【操業】 かどう[稼働]。さくげふ[作業]。近代さうげふ[操業]。中世うんてん[運転]。さげふ[作業]。

ぞうきょう【増強】 近代ぞうきゃう[増強]。つよまる[強]。ほきゃう[補強]。中古ぞうしん[増進]。つよむ[つよめる][強]。上代きゃうくゎ[強化]。

そうく【痩躯】 スリム(slim)。近代そうく[痩躯]。そうしん[痩身]。ほそみ[細身]。やさがた[優形]。やせがた[痩形／痩型]。近世ほそづくり[細作]。

そうぐう【遭遇】 近世きぐう[奇遇]。さうぐう[遭遇]。でくはす／でっくはす[出会／出交]。中世であふ[出会／出合]。かいこう[邂逅]。中古いきあふ／ゆきあふ[行会]。さいくゎい[際会]。ほうちゃく[逢着]。

そうくずれ【総崩】 かんぱい[完敗]。将棋倒し。中世ぐゎかい[瓦解]。そうくづれ[総崩]。ほうくゎい[崩壊／崩潰]。中古ついゆ[ついえる][潰／弊]。

そうくつ【巣窟】 ねぐら[塒]。ほんきょち[本拠地]。悪の温床。近代アジト(agitating point から)。さうくつ[巣窟]。ねじろ[根城]。近世す[巣]。中古かくれが[隠家]。

ぞうげ【象牙】 近代アイボリー(ivory)。上代きさのき[象牙]。ざうげ[象牙]。

ーの軸 近世げぢく[牙軸]。

ーの彫刻 近代げぼり[牙彫]。近世げてう[牙彫]。

そうけい【総計】 近代がっさん[合算]。がふけい[合計]。そうがく[総額]。そうわ[総和]。トータル(total)。近世しめ[締／〆]。そうかんぢゃう[総勘定]。そうしめ／そうじめ[総締]。そうだか[総高]。中世そうけい[総計]。上代つうけい[通計]。

ぞうけい【造型】 上代? 近代かたちづくる[形作]。ざうけい[造型／造形]。さうさく[創作]。せいけい[成型／成形]。中世せいさく[制作]。

ぞうけい【造詣】 近世がいはく[該博]。たしき[多識]。つうげう[通暁]。はくしき[博識]。中世ざうけい[造詣]。ものしり[物知]。中古いうそく[有職／有識]。上代せきがく[碩学]。はくがく[博学]。

そうけっさん【総決算】 近代そうけっさん[総決算]。近世しめくくり[締括]。せいさん[清算]。そうかんぢゃう[総勘定]。中世しふたいせい[集大成]。

そうけん【壮健】 タフ(tough)。近代ぐゎんけん[頑健]。けんかう[健康]。近世けんざい[健在]。りちぎ[律義／律儀]。中世きゃうけん[強健]。けなげ[健気]。さうけん[壮健]。ぢゃうぶ[丈夫]。中古くわくしゃく[矍鑠]。げんき[元気]。たっしゃ[達者]。頭(かしら)堅し。→**けんこう【健康】**

そうけん【創建】 近代オープン(open)。さうせつ[創設]。せっち[設置]。せつりつ[設立]。近世かいせつ[開設]。くさわけ[草分]。中世こうぎゃう[興行]。さうさう[草創]。さうりつ[創立]。上代さうけん[創建]。

そうげん【草原】 ステップ(steppe)。近代くさち[草地]。くさふ[草生]。さうげん[草原]。のっぱら[野原]。はらっぱ[原]。中世くさはら[草原]。中古りょくや[緑野]。草の原。上代のはら[野原]。

ーと湿地 中古さうたく[草沢]。

ぞうげん【雑言】 →**ぞうごん**

ぞうげん【増減】 かじょ[加除]。近世かげん[加減]。さしひき[差引]。上代ぞうげん[増減]。

そうこ【倉庫】 デポ(フランス dépôt)。トランクルーム(trunk room)。ほかんこ[保管庫]。かくなふこ[格納庫]。近代 ウエアハウス(warehouse)。ものいれ[物入]。ものおきごや[物置小屋]。近世 なや[納屋]。ものおき[物置]。中世 どざう[土蔵]。なんど[納戸]。上代 くら[蔵/倉/庫]。さうこ[倉庫]。→くら

―にしまうこと 近代 かくなふ[格納]。にふこ[入庫]。

穀物の― 近代 こくぐら[穀倉]。上代 こくさう[穀倉]。

火薬の― 近代 くゎやくこ[火薬庫]。

米の― 中世 こめぐら/よねぐら[米蔵]。

土や漆喰でつくった― 中世 どざう[土蔵]。中古 つちぐら[土倉]。上代 どさう[土倉]。

防湿のため高床にした― 近世 あしだぐら[足駄蔵]。

味噌や醤油などの― 近代 えんそうべや[塩噌部屋]。

港などで一時保管する― 近代 うはや[上屋]。

木材を井桁(いげた)に組んで作った― 中古 あぜくら[校倉]。かふくら[甲倉]。

そうご【壮語】 うそぶく[嘯]。近代 おほぶろしき[大風呂敷]。がうご[豪語]。ほら[法螺]。近世 たいげんさうご[大言壮語]。くゎうげん[広言]。さうご[壮語]。ほふら[法螺]。

そうご【相互】 近代 おたがひさま[御互様]。かうご[交互]。近世 あひみたがひ[相身互]。おたがひ[御互]。中古 さうご[相互]。

そうこう【草稿】 近世 あんぶん[案文]。げんかう[原稿]。したがき[下書]。中世 さう[草]。さうほん[草本]。中古 あん[案]。さうあん[草案]。さうかう[草稿]。上代 あんもん[案文]。ぶんあん[文案]。《謙》中世 ぐさう[愚草]。

―ができ上がること 近代 かきあげる[書上]。せいかう[成稿]。筆を擱(お)く。近世 だっかう[脱稿]。中世 かくひつ[擱筆]。

―をきれいに書き改めること 近世 じゃうしょ[浄書]。中世 きよがき[清書/浄書]。中古 せいしょ/せいじょ[清書]。

―を作る 中世 さうす[草]。

そうこう【壮行】 近代 くゎんそう[歓送]。上代 そうべつ[送別]。

そうこう【倉皇】 近代 しうしゃううらうばい[周章狼狽]。近世 あたふた。中古 さうくゎう[倉皇/蒼惶]。しうしゃう[周章]。上代 あわつ(あわてる)[慌/周章]。

そうごう【相好】 ルックス(looks)。近代 へうじゃう[表情]。近世 かほだち[顔立]。つらがまへ[面構]。中世 さうがう[相好]。つら[面]。めんさう[面相]。めんばう[面貌]。中古 おももち[面持]。かほ[顔/貌]。かほかたち[顔貌]。かほつき[顔付]。めんよう[面容]。上代 おもて[面]。

―を崩す →にこやか →にっこり

そうごう【総合】 近代 がいくゎつ[概括]。ジンテーゼ(ドイツ Synthese)。とうがふ[統合]。とうくゎつ[統括]。まとめる[纏]。近世 そうがふ[総合/綜合]。そうくゎつ[総括]。とういつ[統一]。

そうこうげき【総攻撃】 近代 いっせいこうげき[一斉攻撃]。そうこうげき[総攻撃]。中世 そうがかり[総掛/総懸]。そうぜめ[総攻]。

そうこく【相克】 まさつ[摩擦]。中世 いさかひ[諍/闘諍]。こくす[剋/克]。さうこく[相克/相剋]。上代 あらそひ[争/諍]。

そうごん【荘厳】 近世 さうごん[荘厳]。さうちょう[荘重]。中世 げんしゅく[厳粛]。げんぜん[厳然/儼然]。中古 おごそか[厳]。おもおもし[重重]。

ぞうごん【雑言】 近代 あくたれぐち[悪口]。ののしり[罵]。近世 あくぐち[悪口]。あくごん[悪言]。あくたい[悪態]。あくたいぐち[悪態口]。かげぐち[陰口]。にくまれぐち[憎口]。中世 あくげん[悪言]。あくこう[悪口]。わるくち/わるぐち[悪口]。中古 いかめし[厳]。ざふごん[雑言]。そしり[謗/譏/誹]。上代 ひはう/ひばう[誹謗]。

そうさ【捜査】 リサーチ(research)。近代 ききこみ[聞込]。さうさ[捜査]。近世 たんさ[探査]。たんさく[探索]。中世 しらべ(しらべる)[調]。

―・されるようになる 近世 手が入る。手が回る。

―・する人 そうさいん[捜査員]。そうさかん[捜査官]。近代 ジーメン(G-men)。

そうさ【操作】 オペレーション(operation)。近代 さうさ[操作]。近世 うんよう[運用]。さうじゅう[操縦]。中世 あつかひ[扱]。うごかす[動]。うんてん[運転]。ぎょす[御]。せいぎょ[制御/制禦/制馭]。とりあつかふ[取扱]。中古 あやつる[操]。

―のやり方 近代 さうはふ[操法]。

離れた場所からの― えんかくせいぎょ[遠隔

制御]。えんかくそうさ[遠隔操作]。リモコン／リモートコントロール(remote control)。

そうさい【相殺】 〔近代〕うめあはせ[埋合]。さうさい[相殺]。ぼうびき[棒引]。〔近世〕さしひき[差引]。ちゃうけし[帳消]。

そうさい【総裁】 〔近代〕そうかん[総監]。そうすい[総帥]。そうとう[総統]。そうり[総理]。プレジデント(president)。〔近世〕そうさい[総裁]。

そうざい【惣菜】 ふくしょく[副食]。〔近代〕ふくしょくぶつ[副食物]。〔中世〕おかず[御数／御菜]。そうざい[惣菜]。〔近世〕おさい[御菜]。〔中古〕さい[菜]。

そうさく【捜索】 サーチ(search)。〔近代〕さうさ[捜査]。たんばう[探訪]。〔近世〕たんさく[探索]。〔中古〕さうさく[捜索]。さがす[探／捜]。

そうさく【創作】 そうしゅつ[創出]。〔近代〕きょこう[虚構]。クリエーション(creation)。さうざう[創造]。さうさく[創作]。さうせい[創成]。フィクション(fiction)。〔近世〕こしらへごと[拵事]。〔中世〕しんさく[新作]。〔中古〕つくりごと[作事]。〔上代〕つくる[創]。

―・する人 〔近代〕クリエーター(creator)。さうさくか[創作家]。→さくしゃ

ぞうさく【造作】 ないそうこうじ[内装工事]。〔近代〕とりつけ[取付]。リフォーム(reform)。〔中世〕かいちく[改築]。ていれ[手入]。〔中古〕ざうさく[造作]。つくり[造]。

ぞうさつ【増刷】 ぞうはん[増版]。ましずり[増刷]。〔近代〕ぞうさつ[増刷]。〔近世〕おひずり[追刷]。

そうし【壮士】 〔近代〕きゃうしゃ[強者]。れっぷ[烈夫]。〔近世〕さうてい[壮丁]。さうふ[壮夫]。もさ[猛者]。れつぢゃうふ[烈丈夫]。〔中世〕こはびと[強人]。こはもの[剛者]。てざかり[手盛]。まうざ[猛者]。ゆうしゃ[勇者]。れっし[烈士]。〔中古〕がうけつ[豪傑]。つはものかうのもの／がうのもの[剛者]。〔上代〕さうし[壮士]。ゆうし[勇士]。[兵]。

そうし【相思】 あいしあう[愛合]。そうしそうあい[相思相愛]。愛し愛される。〔近世〕あひぼれ[相惚]。こひなか[恋仲]。さうあい[相愛]。〔中古〕さうし[相思]。もろごひ[諸恋]。

―のたとえ 〔中世〕おもひば[思葉]。

そうし【創始】 そうしゅつ[創出]。〔近代〕かいし[開始]。かいせつ[開設]。さうせい[創成]。さうせつ[創設]。端を開く。〔近世〕かいげふ[開業]。くさわけ[草分]。ことはじめ[事始]。さうざう[創造]。さうし[創始]。しだす[仕出／為出]。〔中世〕かいき[開基]。さうげふ[創業]。さうさう[草創]。さうりつ[創立]。はじまり／はじめ[始]。

そうじ【掃除】 〔近代〕きしう[箕帚]。さうぢょ[掃除]。さらへ[浚／渫]。〔近世〕かたづけ[片付]。〔中世〕せいとん[整頓]。せいり[整理]。〔中古〕かきはらふ[掻払]。きよめ[清／浄]。さうぢ[掃除]。さらひ[浚／渫]。〔上代〕さいさう[灑掃／洒掃]。せいさう[清掃]。

―が行き届かないこと 〔中世〕ふさうぢ[不掃除]。

―・して間がないこと はきたて[掃立]。

―・する 〔近代〕ふきこむ[拭込]。ふきとる[拭取]。〔近世〕ふく[拭]。〔中世〕ぬぐふ[拭]。〔中古〕はるく[晴]。〔上代〕はく[掃]。はらふ[払]。

―をする器具や用具(例) クリーナー(cleaner)。しんくうそうじき[真空掃除機]。そうじき[掃除機]。でんきそうじき[電気掃除機]。〔近代〕ちりはたき[塵叩]。はたき[叩]。〔近世〕ごみとり[塵取／芥取]。〔中世〕ざふきん[雑巾]。ちりとり[塵取]。はうき[箒／帚]。〔中古〕ちりはらひ[塵払]。

朝の― 〔中古〕あさぎよめ[朝清]。

雑巾を使う― 〔近代〕ふきさうぢ[拭掃除]。〔近世〕ざふきんがけ[雑巾掛]。

年末の大― 〔近代〕すすをさめ[煤納]。〔近世〕すすとり[煤取]。〔中古〕すすはき[煤掃]。すすはらひ[煤払]。

そうじ【相似】 〔近代〕うりふたつ[瓜二]。きんじ[近似]。るいじ[類似]。〔中古〕にかよふ[似通]。〔上代〕さうじ[相似]。にる[似]。

そうしき【葬式】 ちょうじ[弔事]。〔近代〕こくべつしき[告別式]。さうさい[葬祭]。じゃんぼう。じゃんぼん。〔近世〕さうしき[葬式]。じゃらんぼろん。じゃらんぽん。ともらひ[弔]。とりおき[取置]。〔中世〕とむらひ[弔]。〔中古〕かぎり[限]。さうそう[葬送]。さうれん[葬斂]。とぢめ[閉]。はふり[葬]。限りのこと。閉ぢめの事。後(のち)の業(わざ)。〔上代〕さうぎ[葬儀]。さうれい[葬礼／喪礼]。そうさう[送葬]。はぶり[葬]。→そうそう

―でおくる金品 〔近世〕かうれう[香料]。ぶしうぎ[不祝儀]。〔中世〕かうし[香資]。かうでん[香典／香奠]。→こうでん

―で死者に引導を渡す僧 〔近世〕だうし[導師]。

―で泣くために雇った老女 〔近代〕ともらひば

ば[弔婆]。近世 なきばば[泣婆]。上代 なきをとこ[泣男]。なきをんな[泣女]。上代 なきめ[泣女/哭女]。

ーで額に付ける三角形の白紙 近代 かみえぼし[紙烏帽子]。近世 ひたひがみ[額紙]。

ーで用いる車 近代 れいきうしゃ[霊柩車]。中古 そしゃ[素車]。

ーに関わる職業 近代 さうぎしゃ[葬儀社]。さうぎや[葬儀屋]。近世 くゎんや[棺屋]。こしや[輿屋]。てんがいや[天蓋屋]。

ーに参列すること 上代 くゎいさう[会葬]。

ーのあった家 近世 さうか[葬家]。中古 さうか[喪家]。

ーの行列 近代 さうれつ[葬列]。

ーの道具 上代 さうぐ[葬具/喪具]。

ーの時の親族代表挨拶 のれい[野礼]。

ーや忌日(きにち)の前夜 中世 たいや[逮夜]。

ーを営む当主 中世 さうしゅ[喪主]。せしゅ[施主]。もしゅ[喪主]。

ーを内々ですること 近代 かりさう[仮葬]。近世 みっさう[密葬]。

ーを行う式場 近代 さいぢゃう[斎場]。近世 さうぢゃう[葬場/喪場]。

死体のない仮のー 近代 からとむらひ[空葬]。

神式のー 近世 しんさう[神葬]。しんさうさい[神葬祭]。

天皇のー 中世 たいさう[大葬]。上代 おほみはふり[大御葬]。

仏式によるー 近代 ぶっさう[仏葬]。

立派なー 近世 しにびかり[死光]。

その他ーのいろいろ(例) 近代 かうさう[校葬]。こくさう[国葬]。しゃさう[社葬]。

▼火葬 中世 だび[荼毘]。

▼供養 近世 こころざし[志]。中古 けう[孝]。ついぜん[追善]。ついふく[追福]。

▼出棺前後に門口で焚く火 中古 あとび[跡火]。かどび[門火]。

▼埋葬する 中世 つきこむ[ーこめる][築込]。中古 すつ[すてる][捨/棄]。上代 はふる/はぶる[葬]。をさむ[おさめる][納/収]。

そうしゃ【創始者】 ちち[父]。近代 かいそ[開祖]。かいたくしゃ[開拓者]。さうしゃ[創始者]。さうせつしゃ[創設者]。さうりつしゃ[創立者]。せんかくしゃ[先覚者]。せんくしゃ[先駆者]。パイオニア(pioneer)。近世 くさむすび[草結]。くさわけ[草分]。ぐゎんそ[元祖]。中世 かいさん[開山]。びそ[鼻祖]。中古 おや[祖/親]。そし[祖師]。上代 しそ[始祖]。

そうしつ【喪失】 近代 しつばう[失亡]。無に帰す。近世 きえさる[消去]。なくす[無]。中世 さうしつ[喪失]。ばうしつ[亡失]。せうしつ[消失]。しっつい[失墜]。中古 きゆ[きえる][消]。せうめつ[消滅]。上代 うしなふ[失]。うす[うせる][失]。きえうす[ーうせる][消失]。

気力などがー・すること 近世 せうちん[消沈/銷沈]。

そうして【然】 →そして

そうじて【総】 近代 がいして[概]。近世 いったい[一体]。中世 いっぱんに[一般]。だいたい[大体]。中古 おほむね[概/大旨]。おほよそ/およそ[凡]。すべて[総/全/凡]。そうじて[総/惣]。たいがい[大概]。たいてい[大抵/大体/大底]。たいりゃく[大略]。なべて/なめて[並]。

そうじゅう【操縦】 近代 さうさ[操作]。近世 さうじゅう[操縦]。中世 うんてん[運転]。とりあつかふ[取扱]。中古 あつかふ[扱]。あやつる[操]。

航空機のー室 コックピット(cockpit)。

航空機をー・する人 エアロノート(aeronaut)。近代 パイロット(pilot)。

船のー 近代 さうだ[操舵]。上代 楫(かぢ)を取る。

そうじゅく【早熟】 近代 おませ。さうせい[早成]。近世 しゅくせい[夙成]。中世 さうじゅく[早熟]。中古 わせ[早稲/早生]。

ーで脅威を感じさせる子供 アンファンテリブル(フランス enfant terrible)。

そうしゅつ【創出】 近代 クリエート(create)。さうさく[創作]。さうせい[創成]。近世 さうざう[創造]。さうせい[創製]。中世 しんさく[新作]。

そうしゅん【早春】 近世 はるさき[春先]。中古 せんしゅん[浅春]。まうしゅん[孟春]。上代 さうしゅん[早春]。しょしゅん[初春]。

ーに木々の芽が出る頃 このめどき[木芽時]。

ーに田畑を耕すこと しゅんこう[春耕]。

そうしょ【叢書】 ぶんこ[文庫]。ライブラリー(library)。近代 さうしょ[双書]。シリーズ(series)。そうしょ[叢書]。

そうしょ【草書】 そうひつ[草筆]。つづけじ[続字]。近代 くづし/くづしがき[崩書]。近世 さうたい[草体]。中古 さう[草]。上代 さうしょ[草書]。

ーなどで各文字が繋がった書き方 れんめんたい[連綿体]。

ぞうしょ【蔵書】 近代 ライブラリー(library)。近世 ざうほん[蔵本]。中世 ざうしょ[蔵

書］。中古かしょ［家書］。

ーが多いこと 近世かんぎうじゅうとう［汗牛充棟］。

そうしょう【創傷】 近代さうしゃう［創傷］。すりきず［擦傷／擦疵］。ふしゃう［負傷］。近世ぐゎいしゃう［外傷］。さうい［創痍］。中世けが［怪我］。てきず［手傷／手疵］。上代きず［傷／疵／瑕／創］。→**きず❶**

そうしょう【総称】 近代はんしょう［汎称／泛称］。近世そうしょう［総称］。中古そうみゃう／そうめい［総名］。

そうしょう【相称】 近代きんかう［均衡］。さうしょう［相称］。シンメトリー(symmetry)。たいしょう［対称］。近世へいかう［平衡］。中世つりあひ［釣合］。

そうしょう【相承】 近代あとがま［後釜］。しふめい［襲名］。近世たふしふ［踏襲］。中古さうしょう［相承］。でんしょう［伝承］。流れを汲む。

そうじょう【騒擾】 近代けんぜう［喧擾］。ぼうどう［暴動］。中古さうぜう［騒擾］。さうどう［騒動］。ぜうらん［擾乱］。上代さうらん［騒乱］。さわぎ［騒］。→**そうらん【争乱】**

そうじょう【奏上】 中世じゃうしん［上申］。中古ごんじゃう［言上］。そうす［奏］。まうしおこなふ［申行］。上代そうじゃう［奏上］。まうしあぐ［―あげる］［申上］。まうしたまふ［申給］。まうす／まをす［申］。

皇后などにー・する 中古けいす［啓］。

天子などに直接ー・すること 中古ぢきそう［直奏］。上代めんそう［面奏］。

天子にー・すること 近代しんそう［申奏］。中世しんそう［進奏］。上代そうじゃう［奏上］。

天皇にー・すること 中世そうもん［奏聞］。

取り次いでもらってー・する てんそう／でんそう［伝奏］。上代しっそう［執奏］。

秘かにー・すること 中世みっそう［密奏］。

そうしょく【装飾】 近代オーナメント(ornament)。デコレーション(decoration)。近世かざりつけ［飾付］。中古いろどり［彩／色取］。さうしょく［装飾］。さうぞく／しゃうぞく［装束］。しうしょく［修飾］。しつらひ。よそほひ［装／粧］。上代かざり［飾］。よそひ［装／粧］。

ー・する 近代しつらへる。近世よそほふ［装／粧］。中世いろどる［彩／色取］。中古かざりたつ［―たてる］［飾立］。しつらふ。上代よそふ［装／粧］。

ー的 近代デコラティブ(decorative)。

ーとしての絵柄 近代いしゃう［意匠］。近世もんやう［文様］。中世あや［文／彩］。もやう［模様］。

ーとしての武器 中古ぎぢゃう［儀仗］。

ーの模様の例 いぼかなもの［疣金物］。モールディング(moulding／molding)。近代アラベスク(フランス arabesque)。うけばな［請花］。じゃばら［蛇腹］。近世ゐのめすかし［猪目透］。中世くりかた［刳形］。ゐのめ［猪目］。

儀式のためのー 近世ぎさう［儀装］。

室内のー 近代インテリア(interior)。

身に付けるー品 →**そうしんぐ**

ぞうしょく【増殖】 近代ぞうだい［増大］。ばいやう［培養］。近世ぞうか［増加］。ぞうしょく［増殖］。ふやす［増／殖］。中世ふゆ［ふえる］［増／殖］。中古ぞうしん［増進］。

そうしん【総身】 中世こんしん［渾身］。近世そうしん［総身］。まんしん［満身］。中古ごたい［五体］。ぜんしん［全身］。

そうしん【痩身】 スリム(slim)。ほそみ［細身］。近代そうく［痩軀］。そうしん［痩身］。近世やさがた［優形］。やせがた［痩形］。中世ほそづくり［細作］。

そうしん【喪心】 近代はうしん［放心］。ばうぜんじしつ［茫然自失］。近世きぬけ［気抜］。さうしん［喪心／喪神］。中世しっしん［失神／失心］。ばうぜん［茫然］。中古じしつ［自失］。

そうしんぐ【装身具】 アクセサリー(accessory)。ふくしょくひん［服飾品］。近代オーナメント(ornament)。さうしょくひん［装飾品］。さうしんぐ［装身具］。ファンシーグッズ(fancy goods)。中世こまもの［小間物／細物］。

ーの例 イヤリング(earring)。ピアス(pierce)。ブレスレット(bracelet)。近代うでかざり［腕飾］。うでわ［腕輪］。ネックレス(necklace)。ブローチ(broach)。ペンダント(pendant)。リボン(ribbon)。リング(ring)。ロケット(locket)。近世おびかけ［帯掛］。おびどめ［帯留］。くびかざり［首飾］。みみかざり［耳飾］。みみわ［耳輪］。ゆびわ［指輪］。中世いんろう［印籠］。おびもの［佩物／珮］。中古かんざし［簪／髪挿］。上代えうはい［腰佩］。まがたま［曲玉／勾玉］。みすまる［御統］。

そうすい【総帥】 →**そうだいしょう**

ぞうすい【増水】 近代 さしみづ［差水］。しゅっすい［出水］。ぞうすい［増水］。近世 たかみづ［高水］。中世 たいすい［大水］。でみづ［出水］。中古 おほみづ［大水］。はんらん［氾濫／汎濫］。上代 こうずい［洪水／鴻水］。→こうずい

雪解けでー・した川の水 中世 たうくゎすい［桃花水］。

そうすう【総数】 近代 がっさん［合算］。がふけい［合計］。ぜんがく［全額］。そうがく［総額］。そうわ［総和］。トータル(total)。近世 しめだか［締高］。そうすう［総数］。そうだか［総高］。つうさん［通算］。つばめあはせ［燕合］。つばめざんよう［燕算用］。中世 ぜんすう［全数］。そうけい［総計］。上代 つうけい［通計］。

そう・する【奏】❶〈奏上〉 近世 いひあげ［言上］。中古 ごんじゃう［言上］。上代 そうじゃう［奏上］。そうす［奏］。まうしあぐ［―あげる］［申上］。まうす／まをす［申］。

そう・する【奏】❷〈演奏〉 近代 えんそう［演奏］。近世 かなづ［かなでる］［奏］。中世 だんず［弾］。中古 しらぶ［しらべる］［調］。そうす［奏］。ひく［弾］。上代 つまびく［爪弾］。

ぞう・する【蔵】 近代 ほいう［保有］。近世 しょざう［所蔵］。中世 ざうす［蔵］。中古 しうざう［収蔵］。

そうせい【早世】 近代 えうさつ［夭札］。えうせい［夭逝］。近世 えうせつ［夭折］。中世 さうせい［早世］。はやじに［早死］。わかじに［若死］。中古 えうす［夭］。上代 えうし［夭死］。たんめい［短命］。

そうせい【創世】 近代 さうせい［創世］。中世 かいびゃく［開闢］。げんしょ［原初／元初］。中古 さいしょ［最初］。

そうせい【創成】 →**そうせい**(次項)

そうせい【創製】 そうしゅつ［創出］。近代 うみだす［生出］。クリエート(create)。さうさく［創作］。さうせい［創成］。さうせい［創生］。近世 さうざう［創造］。さうせい［創製］。しんせい［新製］。中世 しんさく［新作］。つくりだす［作出］。中古 つくりいだす［作出］。

そうせい【早成】 →**そうせい**(次項)

そうせい【早生】 近代 おませ。さうせい［早成］。さうせい［早生］。近世 しゅくせい［夙成］。中世 さうじゅく［早熟］。中古 わせ［早稲／早生］。

そうぜい【総勢】 近代 ぜんゐん［全員］。そうゐん［総員］。近世 いちどう［一同］。ぜんぐん［全軍］。そうかず／そうすう［総数］。そうぐん［総軍］。そうぐんぜい［総軍勢］。そうぜい［総勢］。中世 いっとう［一統］。そうがかり［総掛／総懸］。上代 みな［皆］。

ぞうせい【造成】 せいち［整地］。近代 かいたく［開拓］。中世 かいはつ［開発］。しんかい［新開］。

そうせつ【創設】 近代 オープン(open)。さうせつ［創設］。せっち［設置］。せつりつ［設立］。近世 かいせつ［開設］。くさむすび［草結］。くさわけ［草分］。さうし［創始］。中世 さうげふ［創業］。さうりつ［創立］。上代 さうけん［創建］。さうさう［草創］。

そうせつ【総説】 近代 はんろん［汎論／泛論］。近世 そうせつ［総説］。中世 そうろん［総論］。

そうぜつ【壮絶】 近代 きゃうれつ［強烈］。さうぜつ［壮絶］。さうれつ［壮烈］。近世 いさまし［勇］。中世 げきれつ［激烈／劇烈］。中古 はげし［激］。まうれつ［猛烈］。

そうぜん【騒然】 近代 けんさう［喧騒／喧噪］。近世 うるさし［煩／五月蠅］。やかまし［喧］。中世 かまびすし［喧／囂］。さうざうし［騒騒］。中古 かしがまし［喧／囂］。かしまし［喧／姦／囂］。さわがし［騒］。上代 さうぜん［騒然］。→**うるさ・い❶**

そうそう【草創】 →**そうせつ【創設】**

そうそう【葬送】 近世 のべ［野辺］。のべおくり［野辺送］。中世 のおくり［野送］。のべのおくり［野辺送］。中古 おくり［送］。かぎり［限］。さうそう［葬送］。はふり［葬］。やまおくり［山送］。上代 そうさう［送葬］。はぶり［葬］。→**そうぎ【葬儀】**→**そうしき**

―歌 そうそうこうしんきょく［葬送行進曲］。ちんこんきょく［鎮魂曲］。フューネラルマーチ(funeral march)。レクイエム(ラテン Requiem)。中世 ばんか［挽歌］。

―で墓に持って行く団子 近代 すぎだんご［杉団子］。だんごめし［団子飯］。のべおくりだんご［野辺送団子］。みやげだんご［土産団子］。

―で棺(ひつぎ)の前後に長く引く綱 近世 をしみづな［惜綱］。

―の時の役割の例 中古 なきをとこ［泣男］。なきをんな［泣女］。ひともし［火点］。上代 なきめ［泣女／哭女］。ははきもち［帚持］。

そうぞう【想像】 思いを致す。近代 イマジネーション(imagination)。おくそく［憶測］。おもひゑがく［思描］。かさう［仮想］。くうさう［空想］。げんさう［幻想］。さうてい［想

定］。すいそく［推測］。ファンシー(fancy)。近世さうけん［想見］。中世おくさう［憶想／臆想］。思ひを馳す［—馳せる］。中古おしはかる［推量］。おもひやる［思遣］。さうざう［想像］。すいさつ［推察］。すいりやう［推量］。

—がつく 中古心及ぶ。

—・したとおり 近世てっきり。

—でつくられた動物(例) つちのこ［槌子］。ネッシー(Nessie)。ゆきおとこ［雪男］。近代サラマンダー(salamander)。ドラゴン(dragon)。ペガサス(Pegasus)。近世かっぱ［河童］。からじし［唐獅子］。てんま［天馬］。中世さちほこ／しゃちほこ［鯱］。しゃうじゃう［猩猩］。てんば［天馬］。てんろく／てんろくじう［天禄獣］。ぬえ［鵺／鵼］。ねこまた［猫又／猫股］。のつち／のづち［野槌／野雷］。中古あまりょう［雨竜］。かはく［河伯］。たつ／りゅう／りょう［竜］。ばく［獏／貘］。へきじゃ［辟邪］。上代きりん［麒麟］。→**かいぶつ**

—でつくられた鳥(例) ふしちょう［不死鳥］。ロック(roc)。近代フェニックス(phoenix)。近世たまどり［霊鳥］。ひよくのとり［比翼鳥］。らんきゃう［鸞鏡］。中世かんくてう［寒苦鳥］。くゎいてう［怪鳥］。げき［鴃］。けてう［怪鳥／化鳥］。ずずどり［鸑］。びんが［頻伽］。びんてう［頻鳥］。みゃうみゃうてう／めいめいてう［命命鳥］。らんてう［鸞鳥］。れいてう［霊鳥］。中古かりょうびんが［迦陵頻伽］。せんきん［仙禽］。たいほう［大鵬］。ほう［鵬］。ほう［鳳］。ほうわう［鳳凰］。らん［鸞］。らんけい［鸞鏡］。上代かるら［迦楼羅］。

—でつくられた人間(例) うちゅうじん［宇宙人］。かせいじん［火星人］。はんじゅう［半獣］。はんにんはんじゅう［半人半獣］。近代きふけつき［吸血鬼］。バンパイア(vampire)。マーメード(mermaid)。中世ゆきをんな［雪女］。中古おに［鬼］。てんぐ［天狗］。にんぎょ［人魚］。→**かいぶつ**

—でつくること(もの) 近代かくう［架空］。かこう［仮構］。きょこう［虚構］。フィクション(fiction)。近世かせつ［仮設］。

そうぞう【創造】 そうしゅつ［創出］。近代うみだす［生出］。クリエーション(creation)。クリエート(create)。さうさく［創作］。さうせい［創成］。さうせい［創生］。近世さうざう［創造］。さうせい［創製］。しんせい［新製］。中世しんさく［新作］。つくりだす［作出］。中古つくりいだす［作出］。

—的 クリエーティブ(creative)。近代どくさうてき［独創的］。

そうぞうし・い【騒騒】 →**うるさ・い❶**

そうぞく【相続】 こうけい［後継］。近代けいしょう［継承］。しょうけい［承継］。せうけい［紹継］。近世あとしき［跡式／跡職］。あととり［跡取］。あとめさうぞく［跡目相続］。いへつぎ［家継］。おやゆづり［親譲］。よとり［世取］。中世あとつぎ［跡継］。かとく［家督］。さうぞく［相続］。しゃうでん［相伝］。よつぎ［世継／世嗣］。上代さうでん［相伝］。

—・する 中世うけつぐ［受継］。中古あひつぐ［相継］。つぐ［継］。

—・する者 つぎて［継手］。近代けいいしょうしゃ［継承者］。近世さうぞくにん［相続人］。しし［嗣子］。中世あとつぎ［跡継／後継］。《尊》中世れいし［令嗣］。

—の争い そうぞくあらそい［相続争］。近世あとめあらそひ［跡目争］。あとめろん［跡目論］。

そうそふ【曾祖父】 ひいじいさん［曾祖父］。近世ひぢぢ［曾祖父］。中世ひおほぢ［曾祖父］。中古おほおほぢ［大祖父］。そうそふ［曾祖父］。上代そうそ［曾祖］。→**せんぞ**

そうそぼ【曾祖母】 ひいばあさん［曾祖母］。中世そうそぼ［曾祖母］。中古おほおば［大祖母］。おほおほば［大祖母］。ひおほば［曾祖母］。→**せんぞ**

そうそん【曾孫】 子の孫。孫の子。近代ひこまご［曾孫］。中世ひまご［曾孫］。上代そうそん［曾孫］。ひこ／ひひこ［曾孫］。→**しそん**

—の子 中世つるのこ［鶴子］。

そうたい【早退】 近代はやびき／はやびけ［早引］。近世はやじまひ［早仕舞］。上代さうたい［早退］。

そうたい【総体】 近代ぜんぱん［全般］。近世まるまる［丸丸］。中世いっぱん［一般］。すべて［総／全］。ぜんたい［全体］。そうじて［総］。そうたい［総体／惣体］。

—的な 近代ジェネラル／ゼネラル(general)。

そうだい【壮大】 近代がうさう［豪壮］。だいきぼ［大規模］。ゆうだい［雄大］。近世おほがかり［大掛］。おほじかけ［大仕掛］。さうだい［壮大］。中世おほきい［大］。ゑんだい［遠大］。

―・で美しいこと 近代さうび[壮美]。
―・な計画 近代たいきょ[大挙]。
―・な景色 スペクタクル(spectacle)。近世たいくぁん[大観]。中世ゐくぁん[偉観]。中古さうくぁん[壮観]。

ぞうだい【増大】 近代ぞうだい[増大]。近世ぞうか[増加]。ぞうしょく[増殖]。中世ぞうちゃう/ぞうぢゃう[増長]。ふゆ[ふえる][増/殖]。中古ぞうしん[増進]。上代ます[増]。

そうだいしょう【総大将】 近代しれいくぁん[司令官]。そうしれいくぁん[総司令官]。そうすい[総帥]。ととく[都督]。中世じゃうしゃうぐん[上将軍]。そうだいしゃう[総大将]。中古たいしゃうぐん[大将軍]。上代いくさのきみ[軍君]。

そうたつ【送達】 近代そうたつ[送達]。そうち[送致]。そうふ[送付]。近世おくりこむ[送込]。中世おくりとどく[―とどける][送届]。中古おくりつく[―つける][送付]。上代おくる[送]。

そうだつ【争奪】 近代うばひあふ[奪合]。中世さうだつ[争奪]。中古とりあふ[取合]。

そうだん【相談】 近代けふぎ[協議]。しんぎ[審議]。たうぎ[討議]。近世だんぎ[談義]。とひだんかふ[問談合]。はなしあひ[話合]。中世くゎいだん[会談]。だんぎ[談義/談議]。ようだん[用談]。中古けいぎ[計議]。こもん[顧問]。さうだん[相談]。だんかふ/だんがふ[談合]。ひとかたらひ[人語]。上代こととひ[言問]。
《謙》中古きこえあはす[聞合]。まうしあはす[申合]。
《句》近世物は相談。物は談合。
―相手 カウンセラー(counselor)。コンサルタント(consultant)。ブレーン/ブレーントラスト(brain trust)。近代こもん[顧問]。さうだんやく[相談役]。近世だんかふばしら[談合柱]。中古かたらひびと[語人]。
―して決めること 近世ひゃうてい[評定]。中古ひゃうぢゃう[評定]。
―・する 近世はなしあふ[話合]。中世かたりあふ[語合]。中古いひあはす[―あわせる][言合]。いひふる[言触]。かたらひあはす[語合]。かたらふ[語]。ぎす[議]。たばかる[謀]。はからふ[計]。まうしあはす[―あわせる][申合]。まうしかはす[申交]。上代はかる[図/諮]。
―に乗ること 近世さんよ[参与]。
―の上ですること 近世さうだんづく[相談尽]。だんがふづく[談合尽]。
あらかじめする予備の― 近代したさうだん[下相談]。近世うちあはせ[打合]。したばなし[下話]。中世ないだん[内談]。中古しめしあはす[―あわせる][示合]。
多くの人でする― 近代きうしゅ[鳩首]。近世額を集む[―集める]。中世しゅぎ[衆議]。ひゃうぢゃう[評定]。中古ひゃうぎ[評議]。上代しゅうぎ[衆議]。
金銭の貸借についての― 近代きんだん[金談]。
軍事上の機密の―に加わる 近代帷幄に参ず。
十分な― 近世じゅくぎ[熟議]。
大事な― 近代えうだん[要談]。
内々の― 中世ないぎ[内議/内義/内儀]。ないだん[内談]。
長くて結論の出ない― 近世をだはらひゃうぢゃう[小田原評定]。
悩みなどの― カウンセリング(counseling)。
耳元でひそひそする― ひそひそがたり[語]。近世ひそひそばなし[話]。みみさうだん[耳相談]。
文字による― 近世ひつだん[筆談]。

そうち【装置】 ハードウエア(hardware)。近代きき[機器/器機]。さうび[装備]。近世からくり[絡繰]。さうち[装置]。しかけ[仕掛]。中古さいく[細工]。

ぞうちく【造築】 近代けんざう[建造]。けんせつ[建設]。近世ざうちく[造築]。中世ふしん[普請]。上代たつ[たてる][建]。つくる[造/作]。

ぞうちく【増築】 ぞうかいちく[増改築]。近代ぞうちく[増築]。たてまし[建増]。
平屋の上に―・した二階 近代おかぐら[御神楽]。

そうちゃく【装着】 近代さうちゃく[装着]。さうび[装備]。ちゃくさう[着装]。上代つく[つける][付]。とりつく[―つける][取付]。

そうちょう【荘重】 近世さうごん[荘厳]。さうちょう[荘重]。中世げんしゅく[厳粛]。中古いかめし[厳]。いつかし[厳]。おごそか[厳]。おもおもし[重重]。げんぜん[厳然/儼然]。
―・で立派なこと 中世しきしゃう[式正]。

そうちょう【早朝】 →あけがた
―から 近世あさっぱら[朝腹]。あさはら[朝腹]。中古あさまだき[朝未来]。つとめて。上代つとに。

—から出る 近代はやで[早出]。中世はやだち[早立]。中世さうしゅつ[早出]。さうはつ[早発]。上代あさとで[朝戸出]。

ぞうちょう【増長】 近代おもひあがる[思上]。ぞうじゃうまん[増上慢]。近世つきあがる／つけあがる[付上]。ほとぶ[潤]。図に乗る。鼻に掛く[—掛ける]。中世おごり[驕／傲]。かうまん[高慢]。がうまん[傲慢]。ぞうちゃう[増長]。中古けうまん[驕慢／憍慢]。

そうで【総出】 近代そうがかり[総掛]。そうぜい[総勢]。そうで[総出]。そうゐん[総員]。

そうてい【想定】 近代かさう[仮想]。かてい[仮定]。さうてい[想定]。中古さうざう[想像]。

そうてい【装丁】 そうほん[装本]。近代いしゃう[意匠]。さうてい[装丁／装幀]。

そうてい【壮丁】 近代さうてい[壮丁]。ていだん[丁男]。近世さうしゃ[壮者]。さうふ[壮夫]。上代さうし[壮士]。ていなん[丁男]。

そうてい【送呈】 →**ぞうてい**(次項)

ぞうてい【贈呈】 きんてい[謹呈]。けんてい[献呈]。そうてい[送呈]。近代きそう／きぞう[寄贈]。しんてい[進呈]。ぞうてい[贈呈]。ぞうよ[贈与]。プレゼント(present)。近世けんしん[献進]。中世さしあぐ[—あげる][差上]。ぞうしん[贈進]。ていしゃう／ていじゃう[呈上]。はいそう／はいぞう[拝贈]。中古あぐ[あげる][上]。けんじゃう[献上]。けんなふ[献納]。しんじゃう[進上]。ていす[呈]。ほうず[奉]。上代けんず[献]。ささぐ[ささげる][捧]。たてまつる[奉]。→**けんじょう【献上】**

自著を—・すること けんぽん[献本]。近代デディケート(dedicate)。

そうてん【装塡】 近代さうてん[装塡]。じゅうてん[充塡]。はめこむ[塡込]。近世つめこむ[詰込]。中古つむ[つめる][詰]。

そうてん【蒼天】 →**あおぞら**

そうでん【相伝】 近代せいしふ[世襲]。中世うけつぐ[受継]。かでん[家伝]。上代さうでん[相伝]。せしふ[世襲]。

そうと【壮途】 ゆうと[雄途]。→**しゅっぱつ**

そうと【壮図】 近代さうきょ[壮挙]。近世ゆうと[雄図]。中世さうと[壮図]。

そうとう【相当】❶〈釣り合い〉 近代がいたう[該当]。きんかう[均衡]。たいおう[対応]。だたう[妥当]。中世しょたう[所当]。てきたう[適当]。中古さうおう[相応]。さうたう[相当]。

—・する みあう[見合]。近代値する。近世がの。中古あたる[当]。さりぬべし[然]。さるべし[然]。たぐふ[比／類]。にあふ[似合]。ふさはし[相応]。むかはる。むかふ[向／対]。

—・な 中世しかるべき[然]。中古さる／さるべき／さんべき[然]。

そうとう【相当】❷〈かなり〉 近代さうたう[相当]。たいした[大]。たいへん[大変]。近世たいそう[大層]。だいぶん[大分]。中世かなり[可成／可也]。ずいぶん[随分]。だいぶ[大分]。なかなか[中中]。よほど[余程]。中古すこぶる[頗]。

—・な者 近世しれもの[痴者]。中世さるもの／さるものにて[然者]。したたかもの[強者／健者]。中古けしうはあらず。

—・な者らしい 中古ひとがまし[人]。

そうとう【掃蕩】 近代さうめつ[掃滅／剿滅]。はいぢょ[排除]。中世くちく[駆逐]。さうたう[掃蕩／掃討]。たいぢ[退治]。上代おひはらふ[追払]。たひらぐ[—らげる][平]。

そうどう【騒動】 近代トラブル(trouble)。ふんかう[紛淆]。ぼうどう[暴動]。もめごと[揉事]。もんちゃくごと[悶着事]。近世いがみあひ[啀合]。いさくさ。いざこざ。ごたごた。さうらん[争乱]。ふんきう[紛糾]。中世くゎらん[禍乱]。じへん[事変]。はらん[波乱／波瀾]。ふんさう[紛争]。ふんぜう[紛擾]。みだれ[乱]。もんちゃく[悶着]。中古いさかひ[諍]。さうぜう[騒擾]。さうどう[騒動]。ぜうらん[擾乱]。まよひ[迷]。上代あらそひ[争]。さうらん[騒乱／喪乱]。さわぎ[騒]。ふんらん[紛乱]。

—が起こる気配 一雨ありそう。雲行きが怪しい。

ぞうとう【贈答】 近世やりとり[遣取]。中世とりやり[取遣]。中古じゅじゅ[授受／受授]。わうらい[往来]。上代ぞうたふ[贈答]。

そうどういん【総動員】 総力をあげる。近代そうがかり[総掛]。そうで[総出]。そうどうゐん[総動員]。近世こぞって[挙]。中古あげて[挙]。上代こぞりて[挙]。

そうなん【遭難】 ひさい[被災]。近代さうなん[遭難]。じゅなん[受難]。

そうにゅう【挿入】 近代インサート(insert)。はさみこむ[挟込]。近世さふにふ[挿入]。つっこむ[突込]。つめこむ[詰込]。中世さしこむ[差込]。中古おしこむ[—こめる][押込／押籠]。こむ[こめる][込／籠]。はさむ

［挟］。〈上代〉いる［いれる］［入］。さす［挿］。をさむ［おさめる］［収／納］。

そうねん【壮年】 〈中世〉せいねん［盛年］。〈近代〉はたらきざかり［働盛］。としざかり［年盛］。てざかり［手盛］。〈上代〉さうねん［壮年］。〈中古〉さうれい［壮齢］。

そうば【相場】 マーケットプライス(market price)。〈近代〉しか［市価］。しぢゃうかかく［市場価格］。〈近世〉じか［時価］。〈中世〉さうば［相場］。→**とりひき**

—が上がって止まらない あおてんじょう［青天井］。〈近代〉天井知らず。

—が上がり気味 うわぢょうし［上調子］。けんちょう［堅調］。こうちょう［硬調］。しっかり［確］。〈近代〉うはばひ［上這］。うはむき［上向］。かうくゎ［硬化］。きゃうてう［強調］。じりだか［高］。たかてうし［高調子］。つよふくみ［強含］。

—が上がる あげあし［上足］。じょうしん［上伸］。〈近代〉かうとう［高騰］。とうき［騰貴］。ぼうとう［暴騰］。

—が上がる勢い とうせい［騰勢］。

—が上がると予想すること 〈近世〉つよき［強気］。

—が一本調子で上がること 〈近代〉ぼうあげ［棒上］。〈近世〉ぼうだち［棒立］。

—が一本調子で下がること 〈近代〉ぼうさげ［棒下］。

—が大きく下がる おおだいわれ［大台割］。がら／がらおち［落］。〈近代〉さんらく［惨落］。ぼうらく［暴落］。

—が下降に向かうこと くずれあし［崩足］。〈近代〉きおも［気重］。さげあし［下足］。さげあしどり［下足取］。だれぎみ［気味］。

—が急に上がる きゅうしん［急伸］。〈近代〉きゅうとう［急騰］。はんとう［反騰］。つきあげ［突上］。〈近世〉ほんとう［奔騰］。

—が急に下がる きゅうらく［急落］。つっこむ［突込］。はんらく［反落］。〈近代〉くずれ［崩］。ほうらく［崩落］。

—が小刻みに変動すること 〈近代〉もみあひ［揉合］。

—が固定して変化しなくなる 〈近代〉こげつく［焦付］。

—が下がらないこと 〈近代〉あくぬけ［灰汁抜］。

—が下がりきった状態 なげものいちじゅん［投物一巡］。〈近代〉そこいれ［底入］。底値になる。底を入れる。底を打つ。底を叩く。底を突く。

—が下がり気味 なんじゃく［軟弱］。なんちょう［軟調］。らくせい［落勢］。らくちょう［落潮］。〈近代〉こあまい［小甘］。したあぢ［下味］。したおし［下押］。したむき［下向］。よわふくみ［弱含］。

—が下がりそうで下がらない 〈近代〉そこがたい［底堅］。底が堅い。

—が下がる ぜんらく［漸落］。〈近代〉くずれる［崩］。げらく［下落］。さげ［下］。さげあし［下足］。じりひん［貧］。じりやす［安］。なんくゎ［軟化］。

—が下がると予想すること 〈近世〉よわき［弱気］。

—が上昇に向かうこと あげあし［上足］。

—がとめどなく下がること 〈近代〉そこぬけ［底抜］。

—が始まる 〈近世〉よる［寄］。

—が引き続いて上がること ぞくしん［続伸］。〈近代〉ぞくとう［続騰］。

—が引き続いて下がること 〈近代〉ぞくおち／ぞくらく［続落］。

—が変化しない よこばい［横這］。〈近代〉おしあひ［押合］。もちあふ［持合］。

—で一番安い時に売ること そこうり［底売］。

—で売り方が共同行動をすること 〈近代〉うりれんがふ［売連合］。

—で買い方が共同行動をすること 〈近代〉かひれんがふ［買連合］。

—で人気が変動すること 〈近代〉きがはり［気変］。

—で人気の逆をいくやり方をすること ぎゃくばり［逆張］。

—で安値をかまわず売り進むこと つっこみうり［突込売］。

—に疎い一般投資家 しろうとすじ［素人筋］。

—に影響力を持つ売り方の集団 〈近代〉うりてすぢ［売手筋］。

—に影響力を持つ買い方の集団 〈近代〉かひてすぢ［買手筋］。

—に活気がない 〈近代〉きおも［気重］。〈近世〉だれる。

—に好悪材料の影響がある 〈近代〉おりこむ［織込］。

—に値動きがあって面白みのあること 〈近代〉おほあぢ［大味］。

—に値動きは小さいが面白みのあること 〈近代〉こあぢ［小味］。

—の上がり下がり ねうごき［値動］。〈近代〉とうらく［騰落］。わうらいさうば［往来相場］。

—の下落を食い止めること 〈近代〉てこいれ

〔梃子入〕。

―の下落を目的に盛んに売る【近代】うりたたく〔売叩〕。【近世】うりくづす〔売崩〕。

―の下落を予想させる事件や風説　やすざいりょう〔安材料〕。よわざいりょう〔弱材料〕。【近代】あくざいれう〔悪材料〕。うりざいれう〔売材料〕。

―の下落を予想して売りに出るグループ　なんぱ〔軟派〕。よわきすじ〔弱気筋〕。

―の下落を予想して売ること　おもわくうり〔思惑売〕。みこしうり〔見越売〕。【近代】うり〔売〕。

―の最高値　おおてんじょう〔大天井〕。てんじょうね〔天井値〕。

―の最低値　ボトムアウト(bottom out)。【近代】おほぞこ〔大底〕。そこいれ〔底入〕。【近世】そこ〔底〕。そこね〔底値〕。

―の底値より更に下がる【近代】底を割る。

―の騰貴を予想させる事件や風説【近代】かひざいれう〔買材料〕。かうざい〔好材〕。かうざいれう〔好材料〕。つよざいれう〔強材料〕。

―の騰貴を予想して売るのを控える【近代】うりしぶる〔売渋〕。

―の騰貴を予想して買いに出るグループ【近代】かうは〔硬派〕。つよきすぢ〔強気筋〕。

―の騰貴を予想して買うこと　みこしがい〔見越買〕。【近代】おもはくがひ〔思惑買〕。かひ〔買〕。

―の騰落が不安定【近代】うきあし〔浮足〕。らんかうげ〔乱高下〕。らんてうし〔乱調子〕。

―の人気が落ちること　いやき〔嫌気〕。

―の変動【近代】あゆみ〔歩〕。

―の変動の表【近代】あしどりへう〔足取表〕。

―の変動を予想すること【近代】おもはく〔思/思惑〕。

―の予想が付かず迷う状態【近代】きまよひ〔気迷〕。

―を動かす要因【近代】ざいれう〔材料〕。

―をつり上げるために大量に買うこと　あおりがい〔煽買〕。

上げ基調の―が一時下がること【近代】きくづれ〔気崩〕。【近世】おしめ〔押目〕。

ある銘柄の市場による―の差【近代】さや〔鞘〕。

ある銘柄の―で一業種だけ高いこと【近代】うはざや〔上鞘〕。

ある銘柄の―で一業種だけ低いこと【近代】したざや〔下鞘〕。

売手が有利な―　うりてしじょう〔売手市場〕。

買手が有利な―　かいてしじょう〔買手市場〕。

下落―が一転はね上がること　はんとう〔反騰〕。【近代】はんぱつ〔反発/反撥〕。

下落―を更に安く売る【近代】うりたたく〔売叩〕。

公定価格以外の―　やみそうば〔闇相場〕。

在庫が多くて―が下がること　にもたれ〔荷凭〕。

上昇気配の―が一時止まること　なかだるみ〔中弛〕。

多量に売って―の値上がりを抑える　うりおさえ〔売抑〕。

多量に買って―の値下がりを防ぐ【近代】かひささへ〔買支〕。

取り引き予定の株に予想でつけられた―【近代】うちきはい/うちけはい〔内気配〕。

値が長い間固定して動かない―　くぎづけそうば〔釘付相場〕。【近代】こげつきさうば〔焦付相場〕。

年末の最終―【近代】をさめさうば〔納相場〕。

年末の激しく動く―【近代】もちつきさうば〔餅搗相場〕。

農産物の―　せいさんちそうば〔生産地相場〕。にわさきそうば〔庭先相場〕。
▼取引所での最終立ち会いとその相場　おわりね〔終値〕。【近世】おほびけ〔大引〕。【近代】おほびけねだん〔大引値段〕。
▼取引所での最初の立ち会いとその相場【近世】よりつき〔寄付〕。

そうはく【蒼白】【近代】さうはく〔蒼白〕。【近世】つちいろ〔土色〕。つちけいろ〔土気色〕。【中世】あをざむ〔―ざめる〕〔青褪〕。【中古】さうぜん〔蒼然〕。そうぜん〔葱然〕。

そうばん【早晩】　近いうちに。【近世】いつかは。いづれ〔何/孰〕。おそかれはやかれ〔遅早〕。そのうち〔其内〕。とほからず〔遠〕。【中世】おっつけ〔追付/押付〕。きんきん〔近近〕。【中古】さうばん〔早晩〕。ちかぢか〔近近〕。ふじつ〔不日〕。やがて〔頓〕。

ぞうはん【造反】【近代】はいはん〔背反/悖反〕。反旗を翻す。【中世】はんぎゃく〔反逆/叛逆〕。【上代】むほん〔謀叛〕。

そうび【装備】【近代】さうちゃく〔装着〕。さうび〔装備〕。そなへつけ〔備付〕。ちゃくさう〔着装〕。【近世】さうち〔装置〕。みじたく〔身支度/身仕度〕。【中世】みごしらへ〔身拵〕。【中古】しつらひ〔設〕。

ぞうひょう【雑兵】【近代】ざっぴゃう〔雑兵〕。ほし〔歩士〕。【近世】ざっそつ〔雑卒〕。ぢんがさ〔陣笠〕。【中世】あしがる〔足軽〕。あらしこ〔荒子/嵐子〕。あをばもの〔青葉者/白歯者〕。かちむしゃ〔徒武者〕。さうとう〔蒼

頭］。ざふにん［雑人］。ざふひゃう［雑兵］。そつ［卒］。はむしゃ［端武者／葉武者］。ぶ［歩／夫］。ほへい［歩兵］。中古ほそつ［歩卒］。

―たち 中世ざふにんばら［雑人輩／雑人原］。

そうふ【送付】 近代そうたつ［送達］。そうふ［送付］。近世そうち［送致］。中世とどく［とどける］［届］。上代おくる［送］。

ぞうふ【臓腑】 →**ないぞう【内臓】**

そうふうき【送風機】 近代そうふうき［送風機］。つうふうき［通風機］。ファン(fan)。ベンチレーター(ventilator)。中世ふいご［鞴／吹子／吹革］。上代たたら［踏鞴／炉／鑪］。

ぞうふく【増幅】 近代ぞうだい［増大］。近世かそく［加速］。ぞうか［増加］。

ぞうぶつ【造物】 近世ざうくゎ［造化］。中世ざうぶつ［造物］。中古しぜん［自然］。てんねん［天然］。上代あめつち［天地］。うちう［宇宙］。てんち［天地］。ばんぶつ［万物］。

ぞうぶつしゅ【造物主】 近世ざうぶつしゅ［造物主］。中世ざうぶつしゃ［造物者］。てんたい［天帝］。中古たいくゎい［大塊］。てん［天］。てんてい［天帝］。上代じゃうてい［上帝］。しゃうてん／じゃうてん［上天］。

―が造ったもの 中古てんねん［天然］。上代てんざう［天造］。

そうへい【僧兵】 近世そうへい［僧兵］。中世あらひじり［荒聖］。ほふしむしゃ［法師武者］。中古あらほふし［荒法師］。くゎとうしゅ［裹頭衆］。じへい［寺兵］。しゅうと／しゅと［衆徒］。上代だいしゅ［大衆］。

そうべつ【送別】 そうこう［壮行］。近代くゎんそう［歓送］。近世おくりだす［送出］。中世せんべつ［餞別］。みたて［見立］。もくそう［目送］。上代そうべつ［送別］。みおくる［見送］。→**わかれ【別】**

―の宴 近世そだう［祖道］。中世いでたち［出立］。りえん［離宴／離筵］。中古うまのはなむけ［餞／餞別］。べつえん［別宴］。

―の会 近代よせんくゎい［予餞会］。

―の式 近代こくべつしき［告別式］。

ぞうほ【増補】 近代ほそく［補足］。近世ぞうほ［増補］。ほてん［補塡］。中世ほゐ［補遺］。上代ほじゅう［補充］。

そうほう【双方】 近代にはう［二方］。りゃうしゃ［両者］。りゃうめん［両面］。近世おたがひ［御互］。にしゃ［二者］。中世さうはう［双方］。りゃうはう［両方］。

そうぼう【双眸】 近代りゃうめ［両目］。中世さうぼう［双眸］。りゃうがん［両眼］。りゃうもく［両目］。

そうぼう【相貌】 中古かほかたち［顔形／顔貌］。かほつき［顔付］。さうばう［相貌］。上代ようばう［容貌］。→**ようぼう【容貌】**

そうぼう【蒼茫】 近代ばう［茫］。ばうばく［茫漠］。近世くゎうばく［広漠／宏漠］。中古さうばう［蒼茫］。ばうばう［茫茫］。ばくばく［漠漠］。へうべう［縹渺／縹緲／縹眇］。べうべう［渺渺］。

そうほんざん【総本山】 近代そうほんざん［総本山］。だいほんざん［大本山］。中古ほんざん［本山］。ほんじ［本寺］。

そうみ【総身】 近世そうしん［総身］。そうみ［総身］。中世こんしん［渾身］。まんしん［満身］。中古ごたい［五体］。ぜんしん［全身］。

そうめい【聡明】 近世えいめい［英明］。中世りこう［利口］。りはつ［利発］。れいり［怜悧／伶俐］。中古えいてつ［英哲］。けんめい［賢明］。そうけい［聡慧］。めいびん［明敏］。上代かしこし［賢］。さとし［聡／敏］。そうめい［聡明／聰明］。めいてつ［明哲］。

《句》中古一を聞いて十を知る（悟る）。一を以て万を知る（察す）。

―で進歩的なこと 近世かいめい［開明］。

そうめん【素麵】 近世いともの［糸物］。中世さうめん［素麵／索麵］。ぞろ。ほそもの［細物］。

―やうどん 近世めんす［麵子］。

―を煮込んだ料理 中世にうめん［煮麵／入麵］。

冷やして付け汁で食べる― 近世ひやさうめん［冷素麵］。ひやぞろ［冷］。中世ひやむぎ［冷麦］。

ぞうもつ【臓物】 →**ないぞう【内臓】**

そうもとじめ【総元締】 近代ちゅうしんじんぶつ［中心人物］。近世そうもとじめ［総元締］。

ぞうよ【贈与】 きんてい［謹呈］。けんてい［献呈］。近代きそう／きぞう［寄贈］。しんてい［進呈］。ぞうてい［贈呈］。ぞうよ［贈与］。プレゼント(present)。中世ていしゃう／ていじゃう［呈上］。中古あぐ［あげる］［上］。けんじゃう［献上］。しんじゃう［進上］。ていす［呈］。ほうけん［奉献］。ほうず［奉］。上代おくる［贈］。けんず［献］。→**けんじょう【献上】**

そうらん【騒乱】 →**そうらん**（次項）

そうらん【争乱】 近代かっとう［葛藤］。トラブル(trouble)。ふんかう［紛淆］。ぼうどう［暴動］。もめごと［揉事］。近世ごたごた。さうらん［争乱］。もつれ［縺］。らんぜう［乱

擾]。中世 いさくさ。いざこざ。どうらん[動乱]。なみ[波]。はらん[波乱/波瀾]。ふんさう[紛争]。ふんぜう[紛擾]。みだれ[乱]。もんちゃく/もんぢゃく[悶着]。中古 いさかひ[諍]。さうぜう[騒擾]。さうどう[騒動]。さわぎ[騒]。ぜうらん[擾乱]。まよひ[迷]。らん[乱]。上代 あらそひ[争]。さうらん[騒乱]。さわき[騒]。

―の起こる兆し 一雨ありそう。雲行きが怪しい。近代 くわてい[禍梯]。らんかい[乱階]。

国内の― 近代 こくらん[国乱]。上代 ないらん[内乱]。

そうらん【総覧】 たいかん[大鑑]。近代 がいくゎん[概観]。つうくゎん[通観]。近世 つうらん[通覧]。

そうり【総理】 近代 しゅしゃう[首相]。しゅはん[首班]。そうり[総理]。ないかくそうりだいじん[内閣総理大臣]。近世 さいしゃう[宰相]。

ぞうり【草履】 中世 じゃうり[草履]。中古 わらうづ/わらぐつ[藁沓]。上代 ざうり[草履]。

葬礼の時に履く― 近代 のざうり[野草履]。

その他―のいろいろ(例) いたわりざうり[板割草履]。近代 あしなか/あしなかざうり[足半草履]。いたざうり[板草履]。いたつきざうり/いたつけ/いたつけざうり[板付草履]。こっとひざうり[特牛草履]。ゴムざうり(オランダgom)[草履]。つっかけざうり[突掛草履]。近世 あさうら/あさうらざうり[麻裏草履]。うらつけ/うらつけざうり[裏付草履]。かさねざうり[重草履]。かはざうり[皮草履](竹の皮)。ひやめしざうり[冷飯草履]。ふぢくら/ふぢくらざうり[藤倉草履]。へちまざうり[糸瓜草履]。ものぐさ/ものぐさざうり[懶草履]。やれざうり[破草履]。わらざうり[草履]。をぶと[緒太]。中世 いたこんがう[板金剛]。いたじゃうり[板草履]。うらなし[裏無]。かはざうり/かはじゃうり[皮草履]。げげ[下下]。こんがうざうり[金剛草履]。はんものぐさ[半物草]。藁の下下(げげ)。中古 ゐぐつ[藺履]。

そうりつ【創立】 近代 オープン(open)。かいせつ[開設]。さうせつ[創設]。近世 くさわけ[草分]。さうし[創始]。中世 さうげふ[創業]。さうさう[草創]。さうりつ[創立]。上代 さうけん[創建]。

寺院の― 中世 かいき[開基]。かいさん[開山]。

そうりょ【僧侶】→**そう【僧】**

そうりょう【総量】 近代 そうがく[総額]。そうりゃう[総量]。近世 そうかず/そうすう[総数]。中世 ぜんりゃう[全量]。

そうりょう【総領】 近世 あととり[跡取]。しし[嗣子]。中世 あとつぎ[跡継]。かとく[家督]。そうりゃう[総領]。よつぎ[世継/世嗣]。中古 ちうし[冑子]。ちゃうなん[長男]。上代 えこ[長子]。ちゃうし[長子]。ちゃくし[嫡子]。

そうりょう【爽涼】 近代 せいろう[清涼]。近世 さうりゃう[爽涼]。中世 しゃうりゃう[清涼]。中古 さはやか[爽]。せいりゃう[清涼]。

ぞうりょう【増量】 近代 ぞうだい[増大]。近世 ぞうか[増加]。ふやす[増]。中世 ぞうてん[増添]。ぞうりゃう[増量]。ふゆ[ふえる][増]。中古 かぞう[加増]。

そうりょく【総力】 近代 きょくりょく[極力]。ぜんりょく[全力]。そうりょく[総力]。ベスト(best)。渾身(こんしん)の力。中世 しりょく[死力]。

ぞうりん【造林】 近代 えいりん[営林]。ざうりん[造林]。しょくりん[植林]。

そうれい【壮麗】 近代 さうび[壮美]。近世 がうくゎ[豪華]。中世 がうしゃ[豪奢]。りんくゎん[輪奐]。上代 さうれい[壮麗]。

そうれい【壮齢】→**そうねん【壮年】**

そうれい【葬礼】→**そうしき**

そうれつ【壮烈】 かれつ[苛烈]。近代 きゃうれつ[強烈]。さうぜつ[壮絶]。さうれつ[壮烈]。しれつ[熾烈]。つうれつ[痛烈]。中世 げきれつ[激烈/劇烈]。中古 まうれつ[猛烈]。

そうろん【総論】 近代 はんろん[汎論/泛論]。近世 がいろん[概論]。そうせつ[総説]。中世 そうろん[総論]。つうろん[通論]。

そうろん【争論】 論陣を張る。近代 いひあらそひ[言争]。ろんせん[論戦]。口角泡を飛ばす。中世 ぎろん[議論]。上代 さうろん[争論/諍論]。

そうわ【総和】→**そうすう**

そうわ【挿話】 うらばなし[裏話]。こぼればなし[零話]。近代 アネクドート(anecdote)。エピソード(episode)。いつわ[逸話]。さふわ[挿話]。ひわ[秘話]。よぶん[余聞]。よわ[余話]。近世 よだん[余談]。よろく[余録]。

ぞうわい【贈賄】 おしょく[汚職]。近代 ぞうわい[贈賄]。とくしょく[瀆職]。ばいしう[買収]。近世 ぎごく[疑獄]。

そ

そえじょう【添状】 近代 そへてがみ［添手紙］。つけじゃう［付状］。近世 しんたつしょ［進達書］。そへがき／そへしょ［添書］。そへふだ［添札／添簡／添翰］。てんしょ［添書］。中世 そひぶみ／そへぶみ［添文］。そへじゃう［添状／副状］。

そえもの【添物】 近代 つけたし／つけたらはし［付足］。近世 おまけ［御負］。ふろく［付録］。中世 そへ［添］。つけたり［付］。中古 そへもの［添物］。ひれ［鰭］。

そ・える【添】 つけあわせる［付合］。近代 つけくはへる［付加］。つけたす［付足］。てんか［添加］。ふか［付加］。中世 そゆ［添］。ふす［付］。中古 うちそふ［打添］。かいそふ［搔添］。さしそふ〔―そえる〕［差添］。つく〔つける〕［付］。とりぐす［取具］。上代 そふ〔そえる〕［添／副］。とりそふ〔―そえる〕［取添］。

主たるものに―・える物 近代 ぐ［具］。近世 あしらひ。つま［妻］。中世 ぐそく［具足］。

そえん【疎遠】 中世 そくゎつ［疎闊］。近世 ごぶさた［御無沙汰］。中古 うとうとし［疎疎］。うとし［疎］。かれがれ［離離］。かれやう［離様］。けどほし［気遠］。そゑん［疎遠］。とほし［遠］。とほとほし［遠遠］。はるか［遥］。ぶいん［無音］。ものとほし／ものどほし［物遠］。よそ［余所］。よそよそ［余所余所］。

―・にする 中古 あはむ［淡］。さしはなつ［差放］。とほざく〔―ざける〕［遠］。はなつ［放］。へだつ〔へだてる〕［隔］。

―・になる 近世 とほのく［遠退］。中古 あくがる［憧］。かけはなる〔―はなれる〕［懸離］。さしはなる［差離］。とほざかる［遠離］。のく［退］。へだたる［隔］。余所（よそ）になる。はなる〔はなれる〕［離］。上代 あらぶ［荒］。かる［離］。

人の訪れが―・になる 中世 ひとま［人間］。

ソース(source) 近代 ソース。近世 きげん［起原］。しゅつじ［出自］。でどこ［出所］。中世 しゅっしょ［出所］。でどころ［出所］。中古 げんせん［源泉／原泉］。ほんげん［本源］。みなもと［源］。ゆらい［由来］。よりどころ［拠所／拠］。

ゾーン(zone) エリア(area)。近代 ゾーン。ちたい［地帯］。りゃうゐき［領域］。近世 くゐき［区域］。ちゐき［地域］。中古 ちはう［地方］。はんゐ［範囲］。

そがい【疎外】 近代 けいゑん［敬遠］。そせき［疎斥］。ぢょぐゎい［除外］。はいた［排他］。中古 うとぶ／うとむ［疎］。うとんず［疎］。おもひへだつ［思隔］。とほざく〔―ざける〕［遠避］。のぞく［除］。上代 さく〔さける〕［避］。そぐゎい［疎外］。

そがい【阻害】 近代 そがい［阻害］。近世 さしつかへ［差支］。ししゃう［支障］。そし［阻止］。中世 しゃうがい［障害／障碍／障礙］。じゃま［邪魔］。中古 さまたげ［妨］。しゃうげ［障礙／障碍］。ばうがい［妨害／妨碍／妨礙］。はばむ［阻］。上代 さはり［障］。

そく【即】 時を移さず。中世 さっそく［早速］。すぐさま［直様］。すぐに［直］。そくこく［即刻］。そくざ［即座］。そくせき［即席］。間（かん）に髪（はつ）を容（い）れず。中古 ただちに［直］。上代 そくじ［即時］。

そ・ぐ【削】 近代 そぎとる［削取］。はぎとる［剝取］。近世 へぐ［剝／折］。中世 こそぐ［刮］。すく［剝］。中古 けづる［削］。そぐ［削］。はつる［斫／削／剝］。上代 はぐ［剝］。

片方を―・ぐ 中世 かたそぎ［片削］。

ぞく【俗】 ていぞく［低俗］。近代 ぞくしう［俗臭］。つうぞく［通俗］。近世 ひきん［卑近］。ぼんぞく［凡俗］。中世 ぞくき／ぞくけ［俗気］。中古 ぞく［俗］。ひぞく［卑俗／鄙俗］。

―・でないこと 近代 だつぞく［脱俗］。近世 ふうが［風雅］。中世 ふうりう［風流］。

―・な心 近代 しゃばき／しゃばけ／しゃばっけ［娑婆気］。ぞくしん［俗心］。中世 ぞくねん［俗念］。ぞくき／ぞくけ［俗気］。中古 ぢんしん［塵心］。ぢんりょ［塵慮］。

―・なさま 近代 ぞくろう［俗陋］。近世 ぞくあく［俗悪］。

―・な趣味 ぞくしゅ［俗趣］。近代 あくしゅみ［悪趣味］。ぞくしゅみ［俗趣味］。

―を離れた所 近代 しんきゃう［神境］。せいぐゎい［世外］。せぐゎい［世外］。中世 かんち［閑地］。せんかい［仙界］。ぢんぐゎい［塵外］。塵の外（ほか）。中古 いうきゃう［幽境］。せんきゃう［仙境／仙郷］。せんくつ［仙窟］。壺中（こちゅう）の天地。この世の外（ほか）。

―を離れた風流な話 上代 せいだん［清談］。

―を離れること だつぢん［脱塵］。近代 ぜつぢん［絶塵］。だつぞく［脱俗］。てうぞく［超俗］。塵を絶つ。中世 ぜつぞく［絶俗］。りぞく［離俗］。塵を出（い）づ。中古 しゅつぞく［出俗］。すつ〔すてる〕［捨／棄］。上代 えんり［厭離］。

ぞく【賊】 近代 あくかん［悪漢］。ひぞく［匪賊］。近世 くせもの［曲者／癖者］。どろば

う［泥坊］。どろぼ［泥棒／泥坊］。どろぼう［泥棒］。ぬすっと／ぬすと［盗人］。中世 あくしゃ［悪者］。がうだう［強盗／豪盗］。わるもの［悪者］。中古 がうたう［強盗／豪盗］。がんだう［強盗］。たうじん［盗人］。上代 あくたう［悪党］。ぎゃくぞく［逆賊］。ぎゃくたう［逆党］。ぎゃくと［逆徒］。きょうぞく［凶賊／兇賊］。きょうと［凶徒／兇徒］。ぞく［賊］。たうぞく［盗賊］。ぬすびと［盗人］。

—の頭 近世 ぞくくゎい［賊魁］。中古 ぞくしゅ［賊首］。

—の軍勢 近世 ぞくぐん［賊軍］。

—の仲間 近世 ぞくと［賊徒］。上代 ぞくたう［賊党］。

馬に乗って荒らし回る— 近代 ばぞく［馬賊］。

諸国を渡り歩く— 近世 りうぞく［流賊］。

朝廷にはむかう— 近世 てうてき［朝敵］。

強い勢力を持つ— きょうぞく［強賊］。中古 がうぞく［強賊］。

土着民で武装した— 近代 どひ［土匪］。

北方の— 中古 ほくてき［北狄］。

ぞくあく【俗悪】 キッチュ(ドイツ Kitsch)。近代 ぞくあくしゅみ［悪趣味］。げひん［下品］。ぞくろう［俗陋］。ていきふ［低級］。ていれつ［低劣］。近世 ぞくあく［俗悪］。中古 ぐれつ［愚劣］。げれつ［下劣］。

そくい【即位】 近代 たいくゎん［戴冠］。上代 せんそ［践祚／践阼］。そくゐ［即位］。

退位して再び—・すること 近代 ふくそ［復祚］。近世 さいそ［再祚］。ふくへき［復辟］。中世 かへりつく［復即］。かへりてんじゃう［還殿上］。ぢゅうそ／ちょうそ［重祚］。中古 かうゐ［更位］。

そくいん【惻隠】 中世 あはれみ［憐］。中古 どうじゃう［同情］。上代 そくいん［惻隠］。

ぞくうけ【俗受】 いっぱんうけ［一般受］。近代 ぞくうけ［俗受］。たいしゅうてき［大衆的］。つうぞく［通俗］。ポピュラー(popular)。

ぞくけ【俗気】 近代 ぞくけ［俗気］。ぞくしう［俗臭］。ぞくっぽい［俗］。やまき／やまっけ［山気］。近世 さんき［山気］。やまけ［山気］。中世 ぼんぞく［凡俗］。中古 ぞく［俗］。やしん［野心］。

ぞくげん【俗言】 →**ぞくご**(次項)

ぞくご【俗語】 つうぞくご［通俗語］。近代 スラング(slang)。はくわ［白話］(中国で)。ひご 近世 かたこと［片言］。げんご［諺語］。［卑語／鄙語］。中世 せわ［世話］。ぞくげん［俗言］。中古 ひげん［鄙言／卑言］。上代 ぞくご［俗語］。

そくざ【即座】 近代 きふきょ［急遽］。げんか［言下］。時を移さず。近世 そく［即］。そくじ［即時］。てきめん［覿面］。とたんに［途端］。みるみる［見見］。中世 ごんか［言下］。さっそく［早速］。すぐさま［直様］。すぐに［直］。すなはち［則／即／乃］。そくこく［即刻］。そくざ［即座］。そくせき［即席］。たうざ［当座］。ただちに［直］。ちゃくじ［着時］。とっさに［咄嗟］。やにはに［矢場／矢庭］。間髪(かんはつ)を容(い)れず。中古 うちつけ［打付］。すみやかに［速］。たちどころに［立所］。たちまち［忽］。→**すぐに**

—・に機転をきかすこと 中世 たういそくめう［当意即妙］。

—・に作ること 中世 そくせき［即席］。中古 とんさく［頓作］。

そくさい【息災】 →**けんこう【健康】**

そくじ【即時】 リアルタイム(real time)。近世 そく［即］。中世 そくこく［即刻］。そくざ［即座］。そくせき［即席］。中古 どうじ［同時］。上代 そくじ［即時］。→**そくざ**

ぞくじ【俗事】 近代 せいこ［世故］。ぞくよう［俗用］。近世 せこ［世故］。ぞくむ［俗務］。中世 せじ［世事］。中古 せいじ［世事］。せぢん［世塵］。上代 ぞくじ［俗事］。ぞくぢん［俗塵］。

—に拘(かか)わらないこと 近代 てうぞく［超俗］。一竿(いっかん)の風月。近世 せいいう［清幽］。中古 せいうん［青雲］。上代 りょううん［凌雲］。

—に関する知恵 近世 ぞくち［俗知／俗智］。

—に関する話 近世 せけんばなし［世間話／世間咄］。せじばなし［世事話／世事咄］。中古 ぞくだん［俗談］。

ぞくしゅう【俗臭】 近代 せぞくてき［世俗的］。ぞくけ［俗気］。ぞくしう［俗臭］。ぞくっぽい［俗］。つうぞくてき［通俗的］。中世 ぞくき［俗気］。

ぞくしゅつ【続出】 近代 ぞくしゅつ［続出］。ぞくはつ［続発］。ひんしゅつ［頻出］。中世 はいしゅつ［輩出］。

—・するさま 近代 ひきつづき［引続］。近世 たてつづけ［立続］。りくぞく［陸続］。中世 つづけざま［続様］。中古 つぎつぎ［次次］。れんめん［連綿］。

ぞくしょう【俗称】 →**ぞくみょう**

そくしん【促進】 プロモート(promote)。近代 すいしん［推進］。そくしん［促進］。プロモーション(promotion)。拍車を掛ける。中世 すすむ［すすめる］［進］。中古 たすく［たすける］

［助／扶／援］。上代うながす［促］。

ぞくじん【俗塵】 こうじん［巷塵］。近代せいぢん［世塵］。中世こうぢん［紅塵］。中古えんぢん［煙塵］。せぢん［世塵］。上代ぞくじ［俗事］。ぞくぢん［俗塵］。→ぞくじ

ーを離れて静かなこと 近世せいいう［清幽］。

ぞくじん【俗人】 近代スノッブ(snob)。せいぞく［世俗］。りうぞく［流俗］。近世ぞくはい［俗輩］。ぼんじん［凡人］。中世せけんじゃ［世間者］。せぞく［世俗］。ぞく［俗］。ぞくかん［俗漢］。ぞくけ［俗家］。ぞくしゅう［俗衆］。ぼんぞく［凡俗］。中古ざいけ［在家］。ざいぞく［在俗］。ぞくか［俗家］。ぞくかく［俗客］。ぞくし［俗士］。ぞくぶつ［俗物］。ぼんぷ［凡夫］。上代しろぎぬ［白衣］。ぞくじん［俗人］。ただびと［徒人／直人／只人］。

仙人に対してー 近代煙火中の人。

そく・する【即】 近代あてはまる［当嵌］。がっち［合致］。そくおう［即応］。そくす［即］。てきがふ［適合］。中古いっち［一致］。

そく・する【則】 近代いきょ［依拠］。りっきゃく［立脚］。中世もとづく［基］。中古じゅんきょ［準拠］。

ぞく・する【属】 近代ざいせき［在籍］。近世じゅうぞく［従属］。中世しょぞく［所属］。ぞくす［属］。中古したがふ［従］。

ぞくせ【俗世】 →せけん →ぞくせけん

そくせい【即製】 近代そくせい［即製］。にはかごしらへ［俄拵］。にはかじたて［俄仕立］。にはかづくり［俄作］。近世きふごしらへ［急拵］。中世そくせき［即席］。

ぞくせい【属性】 近代せいじゃう［性状］。とくせい［特性］。近世きしつ［気質］。せいかく［性格］。ぞくせい［属性］。中世せいしつ［性質］。ほんしつ［本質］。

そくせき【即席】 インスタント(instant)。近代にはかじたて［俄仕立］。中世そくせき［即席］。→そくせい

そくせき【足跡】 きせき［軌跡］。近代あしあと［足跡］。こんせき［痕跡］。近世あしどり［足取］。中世じんせき［人跡］。そうせき［踪跡］。そくせき［足跡］。中古あしあと［足跡］。あしがた［足形］。けいせき［形跡］。じんせき［人跡］。上代あと［跡］。

ーを残す 中古ふみとむ［踏留］。

ぞくせけん【俗世間】 ぞくせかい［俗世界］。近代ぞくせ／ぞくせい［俗世］。近世うきよ［浮世］。中世かうこ［江湖］。しゃば［娑婆］。ぢんせ［塵世］。にんげんかい［人間界］。中古げんせ［現世］。せけん［世間］。ぞくかい［俗界］。ぞくかん［俗間］。ぞくきゃう［俗境］。ぢょくせ［濁世］。ちりのよ［塵世］。ぢんかい［塵界］。ぢんきゃう［塵境］。ぢんくゎん［塵寰］。ぢんせい［塵世］。ぢんちゅう［塵中］。にんがい［人界］。冥き途。上代このよ［此世］。せぞく［世俗］。ぞく［俗］。ぢんぞく［塵俗］。よ［世］。よのなか［世中］。ゑど［穢土］。→せけん

ーと交わること 近世げんどう［玄同］。中世どうぢん［同塵］。わくゎうどうぢん［和光同塵］。塵に交はる。

ーに出て行くこと 中世げざん［下山］。

ーにひかれる心 近代しゃばけ／しゃばっけ［娑婆気］。ぞくしん［俗心］。中世ぞくねん［俗念］。中古ぞくりょ［俗慮］。ぢんしん［塵心］。ぢんりょ［塵慮］。

ーの栄達にとらわれない心 中世じゃくねん［寂念］。耳を滌ぐ。

ーの苦労 中古ぢんらう［塵労］。

ーの煩わしい仕事 近世ぢんむ［塵務］。

ーを避けようとする心 中古かくれごころ［隠心］。

ーを超越していること 近代てうぞく［超俗］。近世せいいう［清幽］。中古せいうん［青雲］。上代りょううん［凌雲］。

ーを逃れて暮らすこと 中世おうめい［鷗盟］。中古かんきょ［閑居］。せんいう［仙遊］。上代いうきょ［幽居］。

ーを逃れて暮らす人 近世山中暦日なし。中世とんせいしゃ［遁世者］。中古いうかく［幽客］。いんし［隠士］。いんじゃ［隠者］。よすてびと［世捨人］。

ーを逃れること 中世とんせい／とんぜい［遁世］。りぞく［離俗］。塵を出づ。中古いんとん［隠遁］。上代かくる［かくれる］［隠］。

ぞくぞく❶〈興奮〉 近世ぞくぞく。どきどき。わくわく。中世うかる［うかれる］［浮］。うきうき［浮浮］。うきたつ［浮立］。

ぞくぞく❷〈寒気〉 近世ぞくぞく。をかん［悪寒］。上代さむけ［寒気］。

ぞくぞく【続続】 近代ぞくしゅつ［続出］。近世ぞくぞく［続続］。りくぞく［陸続］。中古すぎすぎ［次次］。つぎつぎ［継継／次次］。めんめん［綿綿］。れんめん［連綿］。

ーと出るたとえ 近代雨後の筍。

そくだく【即諾】 近代くゎいだく［快諾］。ふたつへんじ［二返事］。

そくだん【即断】 近代そくけつ［即決］。そく

だん［速断］。そくだん［即断］。さいすん［採寸］。近世 けいりゃう［計量］。じっそく［実測］。そくてい［測定］。そくりゃう［測量］。中古 はかる［測／計／量］。

そくど【速度】 ペース(pace)。近代 しんど［進度］。スピード(speed)。そくど［速度］。テンポ(イタリア tempo)。はやさ［速］。ピッチ(pitch)。近世 そくりょく［速力］。中世 てうし［調子］。

ーが遅いこと 近代 ていそく［低速］。

ーが加わること 近代 スピードアップ(speed-up)。近世 かそく［加速］。中古 はやむ〔はやめる〕［速］。

ーが速いこと こうそくりょく［高速力］。近代 かうそく［高速］。かうそくど［高速度］。くゎいそく［快速］。ぜんそくりょく［全速力］。ハイスピード(high speed)。フルスピード(full speed)。

ーを変えること へんそく［変速］。

ーを計る計器 かいてんけい［回転計］。かいてんそくどけい［回転速度計］。近代 スピードメーター(speedometer)。そくどけい［速度計］。そくりょくけい［速力計］。タコメーター(tachometer)。

ーを緩める げんそく［減速］。スピードダウン(和製 speed down)。スローダウン(slow down)。

運動する物体の初めのー しょそくど［初速度］。近代 しょそく［初速］。

自分に合ったー マイペース(和製 my pace)。

その他ーのいろいろ(例) うちゅうそくど［宇宙速度］。えいせいそくど［衛星速度］。おんそく［音速］。かんけいそくど［関係速度］。こうそく［光速］。じそく［時速］。じゅんこうそくど［巡航速度］。そうたいそくど［相対速度］。びょうそく［秒速］。ふんそく［分速］。マッハすう［mach 数］。近代 かくそくど［角速度］。ノット(knot)。ふうそく［風速］。りうそく［流速］。近世 ふなあし［船足］。

そくばく【束縛】 近代 きばく［羈縛］。きやく［羈軛／羈厄］。せいばく［制縛］。近世 かんせい［箝制］。中世 けいばく／けばく［繋縛］。こうそく［拘束］。そくばく［束縛］。中古 きそく［羈束］。きづな［絆／紲］。きはん［羈絆］。きび［羈縻］。せいげん［制限］。ほだし［絆］。

《句》中世 子は三界(さんがい)の首枷。

ーがないこと 近代 フリー(free)。中世 ずいい［随意］。はうじゅう［放縦］。ほんぱう［奔放］。中古 ふき［不羈］。上代 じいう［自由］。はうしょう［放縦］。

ー・する 中世 ひっこむ〔ーこめる〕［引込］。ほだす［絆］。中古 しばる［縛］。

ー・するもの 近代 くびき［軛／頸木／衡］。けいるい［係累／繋累］。近世 かせぐひ［枷杭］。ほだ［絆］。中世 あしかせ／あしがせ［足枷］。かせ［枷］。きづな［絆／紲］。くびかせ［首枷／頸枷］。しっこく［桎梏］。てかせ／てがせ［手桎／手械／手枷］。中古 きはん［羈絆］。きび［羈縻］。ほだし［絆］。まうら［網羅］。上代 かし［枷］。てかし／てがし［手桎／手梏］。

金銭で人をー・すること かなしばり［金縛］。

ぞくはつ【続発】 たはつ［多発］。近代 ぞくしゅつ［続出］。ぞくはつ［続発］。ひんぱつ［頻発］。れんぱつ［連発］。

ぞくぶつ【俗物】→ぞくじん【俗人】

そくぶつてき【即物的】 ザッハリッヒ(ドイツ sachlich)。近代 ぶっしつてき［物質的］。

そくぶん【仄聞】 近世 ききづたへ［聞伝］。中世 そくぶん［仄聞／側聞］。中古 つたへきく［伝聞］。でんぶん［伝聞］。ひとづて［人伝］。風の便り。

そくほう【速報】 きゅうこく［急告］。近代 きふほう［急報］。近世 そくほう［速報］。中古 ちゅうしん［注進］。

そくみょう【即妙】 近代 きち［機知］。近世 きてん［機転］。そくめう［即妙］。りんきおうへん［臨機応変］。中世 気が利く。機転が利く。

ぞくみょう【俗名】 近世 ぞくしょう［俗称］。ぞくみゃう［俗名］。つうしょう［通称］。とほりな［通名］。よびな［呼名］。中世 けみゃう［仮名］。つうめい［通名］。

そくめん【側面】 近代 いちぶぶん［一部分］。サイド(side)。はんめん［半面］。はんめん［反面］。よこはら［横腹］。近世 そくめん［側面］。よこ［横］。わきて［脇手／腋手］。中世 いちめん［一面］。そばざま［側方／側様］。中古 いったん［一端］。わき［脇］。

そくりょう【測量】 けいそく［計測］。サーベイ(survey)。近代 そくち［測地］。近世 けんづもり［間積］。じっそく［実測］。そくてい［測定］。そくりゃう［測量］。ちゃうけんじゅつ［町間術］。ぢゃうりゃう［丈量］。なはあらため［縄改］。なはいれ［縄入］。ぶんけん［分見／分間］。りゃうち［量地］。中世 け

んち[検地]。さげすみ[下墨/垂墨]。なはうち[縄打]。なはとり[縄取]。

―・する 近世 縄を入る[―入れる]。縄を打つ。中世 さげすむ[下墨]。中古 はかる[測/量]。

―の機器の例 アリダード(alidade)。そくばん[測板]。近代 けいゐぎ[経緯儀]。すいじゅんき[水準器]。そくかくき[測角器]。てんきゃうぎ[転鏡儀]。トランシット(transit)。ポール(pole)。レベル(level)。ろくぶんぎ[六分儀]。

―の基準地点 すいじゅんげんてん[水準原点]。てんぴょう[覘標]。近代 さんかくてん[三角点]。そくてん[測点]。

―法の例 たかくそくりょう[多角測量]。トラバースそくりょう[traverse 測量]。へいばんそくりょう[平板測量]。

そくりょく【速力】 近代 スピード(speed)。そくど[速度]。近世 そくりょく[速力]。中世 はやさ[速/早]。

最高の― 近代 ぜんそく[全速]。ぜんそくりょく[全速力]。フルスピード(full speed)。

そぐわな・い 近代 アンバランス(unbalance)。ふきんかう[不均衡]。ふむき[不向]。近世 ふつりあひ[不釣合]。ふにあひ[不似合]。中世 そぐはぬ。ふさうおう[不相応]。ゐわ[違和]。→**ふつりあい** →**ふにあい**

そこ【其処】 近世 そちら[其方]。中世 そっち[其方]。中古 そこどころ[其処所]。そこもと[其処許/其許]。そのへん[其辺]。上代 そこ[其処/其所/其]。→**そちら**

―にある(いる) 近世 そな。それなる[其]。中世 そこな[其処]。

―の 近世 そな。

▼その辺 そこらへん[其処辺]。そのあたり[其辺]。近代 そんぢょそこら[其処]。近世 そこいら[其処等]。そこらあたり[其処等辺]。そのかた[其方]。よそよそ[余所余所]。中世 そこほど[其処程]。そこら[其処等]。中古 そなた[其方]。

そこ【底】 ていへん[底辺]。近代 かそう[下層]。かめん[下面]。きてい[基底]。ていぶ[底部]。ていりう[底流]。ボトム(bottom)。上代 そこ[底]。そこひ[底方]。

《枕》中古 かくれぬの[隠沼]。かやりびの[蚊遣火]。わたつみの[海神]。

―が知れないほど深い所 近世 奈落の底。中世 しんたん[深潭]。上代 しんえん[深淵]。

―がないこと 近代 そこなし[底無]。近世 そこぬけ[底抜]。

―に沈んでたまる 近代 よどむ[澱]。近世 そこだめ[底溜]。ちんでん[沈殿]。をどむ[澱/淀]。

―の底 近世 どんぞこ[底]。

靴などの― ソール(sole)。近代 くつぞこ[靴底]。

茶入れや水差しの― 近代 ぼんつき[盆付]。

引き出しなどの―の板 じいた[地板]。

そご【齟齬】 近代 はいはん[背反/悖反]。むじゅん[矛盾]。近世 くひちがひ[食違]。ずれ。中世 そご[齟齬]。てちがひ[手違]。どうちゃく[撞着]。

そこい【底意】 きょうおう[胸奥]。近代 ほんね[本音]。近世 きょうちゅう[胸中]。きょうり[胸裏/胸裡]。腹の中。中世 きょうきん[胸襟]。しんい[真意]。そこい[底意]。ふくちゅう[腹中]。ほんしん[本心]。中古 いちゅう[意中/意衷]。きょうおく[胸臆]。きょうくゎい[胸懐]。しんてい[心底]。ないしん[内心]。胸の内。上代 しんちゅう[心中]。

そこいじ【底意地】 近世 きしつ[気質]。せいかく[性格]。中世 きだて[気立]。こんじゃう[根性]。しゃうぶん[性分]。そこいぢ[底意地]。中古 こころね[心根]。ほんしゃう[本性]。

そこう【素行】 近代 そかう[素行]。近世 ぎゃうせき[行跡]。ひんこう[品行]。中世 かうせき[行跡]。ぎゃうじゃう[行状]。みもち[身持]。中古 さうかう[操行]。上代 おこなひ[行]。ふるまひ[振舞]。

―が乱れる 近世 ぐれる。ぞける。

―の悪い者 近世 だうらくもの[道楽者]。ならずもの[不成者]。むらい[無頼]。やくざもの[者]。よた[与太]。中古 ぶらい[無頼]。

そこう【遡行】 そじょう[遡上]。近代 そかう[遡行/溯行]。上代 ぎゃくかう[逆行]。さかのぼる[溯/遡]。

そこく【祖国】 近代 そこく[祖国]。ぼこく[母国]。中世 じこく[自国]。ほんぱう[本邦]。中古 ここく[故国]。上代 ほんごく[本国]。我が国。

そこここ【其処此処】 中世 ざいざいしょしょ[在在所所]。ところどころ[所所]。はづれはづれ[外外]。中古 あたりあたり[辺辺]。かのもこのも[彼面此面]。ここかしこ[此処彼処]。このもかのも[此面彼面]。そこそこ[其処其処]。はしばし[端端]。上代 こちごち[此方]。そこここ[其処此処]。をち

こち[彼方此方]。

そこぢから【底力】 近代 そこぢから[底力]。近世 ぢりき[地力]。中世 じつりょく[実力]。

そこつ【粗忽】 近代 ふちゅうい[不注意]。近世 かるはづみ／かろはづみ[軽]。けいてう[軽佻]。そさう[粗相／疎相]。そそっかし。そそくさい。中世 けいそつ[軽率]。そこつ[粗忽／楚忽]。そまつ[粗末]。ぶてうはふ[不調法]。そそかし。上代 あやまち[過／誤]。→**けいそつ**

—者 近世 うろたへばう[狼狽坊]。中世 うつけもの[空者]。うろたへもの[狼狽者]。

そこで【其処】 近代 きゃくせつ[却説／卻説]。近世 だから。つきましては。中世 されば[然]。しかるあいだ[然間]。したがうて／したがって[従]。して。すなはち[即／則／乃]。そこで[其処]。それで。ところで[所]。中古 さて[然]。さるあいだ[然間]。それゆゑ[其故]。ゆゑに[故]。よって／よって[因／依／仍]。上代 したがひて[従]。かれ[故]。そこゆゑ[其処故]。

—初めて 中古 さてこそ[然]。

そこな・う【損】 近代 いためる[傷]。きそん[毀損／棄損]。そんかう／そんもう[損耗]。近世 そこぬ[そこねる][損]。そんくゎい[損壊]。中世 きずつく〔—つける〕[傷付]。こはす[毀／壊]。ざんめつ[残滅]。ぞくす[賊]。そんしつ[損失]。とがい[蠹害]。はくゎい[破壊]。はむ[食]。やぶる[破]。中古 がいす[害]。くだく[砕／摧]。けつ[消]。しゃうがい[傷害]。そんがい[損害]。そんず[損]。つぶす[潰]。はそん[破損]。上代 そこなふ[損／害]。そんしゃう[損傷]。そんゑ[損壊]。はゑ[破壊]。

—・われる 近世 いたむ[傷]。

機嫌を—・う 中古 心を破(やぶ)る。

心身を—・う 中古 どくす[毒]。上代 をかす[冒]。

名誉などを—・う 上代 けがす[汚／穢]。

そこなし【底無】 近代 そこなし[底無]。むげん[無限]。むさいげん[無際限]。底知れない。近世 そこぬけ[底抜]。中世 ぶきゅう[無窮]。中古 はてしなし[果無]。上代 かぎりなし[限無]。そこひなし[底無]。むきゅう[無窮]。

そこね【底値】 さいやすね[最安値]。フロアプライス(floor price)。ボトムアウト(bottom out)。近代 そこいれ[底入]。近世 そこね[底値]。

—になる 近代 底を入れる。底を打つ。底を叩く。底を突く。

そこね・る【損】 →**そこな・う**

そこら【其処等】 近代 そんぢょそこら。近世 そこいら。そこらあたり[其処等辺]。よそよそ[余所余所]。中世 そこほど[其処程]。そこら[其処等]。中古 そのへん[其辺]。

そさい【蔬菜】 ようさいるい[葉菜類]。ベジタブル(vegetable)。近世 あをな[青菜]。中世 あをもの[青物]。やさい[野菜]。中古 そさい[蔬菜]。

そざい【素材】 げんざいりょう[原材料]。近代 げんれう[原料]。ざいれう[材料]。しれう[資料]。そざい[素材]。マチエール(フランスmatière)。マテリアル(material)。中古 ものぐさ[物種]。れう[料]。

絵にする— 近代 ぐゎざい[画材]。中世 ぐゎほん[画本]。

そざつ【粗雑】 アバウト(about)。近代 そざつ[粗雑／疎雑]。ラフ(rough)。らんぼう[乱暴]。近世 あらっぽい[粗]。おほざっぱ[大雑把]。おほまか[大]。ざつ[雑]。ぞんざい。中世 あらかた[粗方]。づさん[杜撰]。中古 あらあらし[粗粗]。あらし[粗]。そあく[粗悪／麁悪]。上代 そりゃく[粗略／疎略]。→**そりゃく**

—・な切り方 中世 あらぎり[粗切／荒切]。

—・な作り そさく[粗作]。近代 そざう[粗造／麁造]。近世 そせい[粗製]。

そさん【粗餐】 →**そしょく**

そし【阻止】 チェック(check)。近代 きょし[拒止]。ストップ(stop)。よくし[抑止]。近世 おさへ[押／抑]。そし[阻止]。中世 くひとむ〔—とめる〕[食止]。中古 せいし[制止]。せいす[制]。せきとむ〔—とめる〕[塞止]。はばむ[阻]。上代 とむ〔とめる〕[止]。

そし【素志】 近世 しくばう[宿望]。そし[素志]。中世 しくぐゎん[宿願]。しゅくい[宿意]。しゅくまう[宿望]。そくゎい[素懐]。そばう[素望]。中古 しゅくぐゎん[宿願]。しゅくしん[宿心]。しゅくばう[宿望]。上代 しゅくし[宿志]。

そじ【素地】 近代 きぢ[生地]。そぢ[素地]。中世 したぢ[下地]。ぢ[地]。

そじ【措辞】 近代 いひかた[言方]。ことばさま[言葉様]。そじ[措辞]。はなしかた[話方]。近世 いひまはし[言回]。ことばがら[言葉柄]。中世 いひやう[言様]。ことばつき[言葉付]。中古 ものいひ[物言]。上代 げんじ[言辞]。

そしき【組織】 フレームワーク(framework)。近代 アソシエーション(association)。オーガニゼーション(organization)。きくゎん[機関]。きこう[機構]。くみたて[組立]。こうせい[構成]。そしき[組織]。そしょく[組織]。たいせい[体制]。メカニズム(mechanism)。中世 こうざう[構造]。

―・する 近代 あむ[編]。オーガナイズ／オルガナイズ(organize)。くむ[組]。中世 くみたつ[―たてる][組立]。けっせい[結成]。中古 へんせい[編成]。

―的であるさま 近代 システマチック／システマティック(systematic)。たいけいてき[体系的]。

―を改めること たいしつかいぜん[体質改善]。近代 かいそ[改組]。かいへん[改編]。

遊びやスポーツなど同志の― どうこうかい[同好会]。近代 クラブ(club／倶楽部)。

学生や地域住民などの― 近代 じちくゎい[自治会]。

助け合いの― 近代 ごじょくゎい[互助会]。

そしつ【素質】 近代 そぢ[素地]。近世 きぢ[生地／素地]。ししつ[資質]。しせい[資性]。中世 したぢ[下地]。しゃうこつ[性骨]。そしつ[素質]。中古 さい[才]。したかた[下形]。すぢ[筋]。上代 さいのう[才能]。たましひ[魂]。

《句》近代 瑠璃(るり)の光も磨きから。近世 瓦も磨けば玉となる。瑠璃(るり)も玻璃(はり)も照らせば光る。

―がない 筋が悪い。中世 ぶき[不器／無器]。

ある事に適している― てきせい[適性]。

優れた― 中世 じゃうき[上機]。じゃうこん[上根]。

そして 近代 しかりしかうして[然而]。近世 すると。そして。中世 かうして[斯]。さうして[然]。さてさて。さてまた[扨又]。して。してして。してまた。それから。それで。また[又／亦／復]。中古 かくて[斯]。さて[然]。ついで[次]。上代 かくして[斯]。しかうして／しかして[然／而]。つぎに[次]。

―また 中古 さては[然／扨]。

そしな【粗品】 かとうひん[下等品]。近代 いかもの[如何物／偽物]。そあくひん[粗悪品]。そしな[粗品]。近世 ふてん[不腆]。やすもの[安物]。中古 けんきん[献芹]。

そしゃく【咀嚼】 中世 かみくだく[嚙砕]。かみこなす[嚙熟]。中古 そしゃく[咀嚼]。

そしょう【訴訟】 近代 さいばんざた[裁判沙汰]。近世 いでいり／でいり[出入]。しょうごく[訟獄]。中世 うったへ[訴]。くじ[公事]。さた[沙汰]。しうそ[愁訴]。しょうそ[訟訴]。もんぢゅう[問注]。上代 うたへ[訴]。そしょう[訴訟]。

―で争うこと 上代 さうしょう[争訟／諍訟]。

―提起の書面 中世 うたへぶみ[訴文]。てふじゃう[牒状]。上代 そじゃう[訴状]。

―の相手方 中世 てきがた[敵方]。てきじん／てきにん[敵人]。

―を起こす ていそ[提訴]。近代 ていき[提起]。近世 しゅっそ[出訴]。目安を上ぐ[―上げる]。

―を起こす計画 近世 くじだくみ[公事工]。

一般に知られない― 中世 うちざた[内沙汰]。

小さい種々の― 中古 ざっそ[雑訴]。

▼判決 中世 くじざた[公事沙汰]。

そじょう【遡上】 近代 そかう[遡行／溯行]。上代 ぎゃくかう[逆行]。さかのぼる[溯／遡／泝]。

そしょく【粗食】 近代 あくじき[悪食]。そさん[粗餐]。近世 さいこん[菜根]。しゅくすい[菽水]。そし／そしい[疎食／疏食]。そはん[粗飯／麁飯]。れいかう[藜羹]。中古 そしょく[粗食／麁食]。

そしらぬ【素知】 近世 そしらぬ[素知]。なにげなし。中世 さあらぬ[然]。中古 さりげなし。

―ふり 近代 しらんぷり[知振]。知らぬ顔の半兵衛。近世 しかながほ[然無顔]。しらばくれる／しらばっくれる[知]。しらばけ[白化]。そらぞらし[空空]。そらとぼける[空惚]。白(しら)を切る。涼しい顔。何食はぬ顔。中世 そらおぼめき[空]。ほほかぶり[頰被／頰冠]。よそげ[余所]。中古 さりげなし[然]。しらずがほ[知顔]。そらしらず[空知]。つれなし[強顔／強面]。空吹く風と聞き流す。→**しらばく・れる**

―ふりで事を行う 近世 ぬけぬけ[抜抜]。ぬっぺり。

そしり【誹】 近代 あくば[悪罵]。しだん[指弾]。ちゅうしゃう[中傷]。なんきつ[難詰]。近世 あくぐち[悪口]。あくたい[悪態]。そしりぐち[謗口]。そしりはしり。たなおろし[棚卸／店卸]。ていき[詆毀／詆譏]。ひぎ[非議／誹議]。中世 あくこう[悪口]。あくこうざふごん[悪口雑言]。きし[譏刺]。きばう[毀謗]。せんばう[訕謗]。ひなん[非難]。わるくち／わるぐち[悪口]。中古 そしり[誹／謗／譏]。ばうき[謗毀]。上代 ひはう／ひばう[誹謗]。→**ひぼ**

う【誹謗】
《句》近世衆口(しゅうこう)金を鑠(と)かす。人を謗(そし)れば影さす。人を謗るは鴨の味。
多くの— 近代せきき［積毀］。
後世の— 中世こうなん［後難］。

そし・る【誹】 近代こきおろす［扱下］。へんする［貶］。あしざまに言ふ。憎まれ口を叩く。近世くさす［腐］。けなす［貶］。けちを付く〔—付ける〕。難癖を付く〔—付ける〕。非を打つ。中世くたす［腐］。中古いひくたす［言腐］。おろす［下／降］。けつ［消］。そしる［誹／謗／譏］。なじる［詰］。なんず［難］。ののしる［罵］。はうず［謗］。
—・る材料 近世そしりぐさ［誹種］。
陰で秘かに—・ること 近代かくれごと［隠言］。しぎ［私議］。めんじゅうふくひ［面従腹誹］。近世かげぐち［陰口］。

そすい【疏水】 ［疏水／疎水］。近代クリーク(creek)。そすい［疏水／疎水］。近世ほりわり［掘割］。ようすいろ［用水路］。中世うんが［運河］。すいろ［水路］。上代ほり［堀］。

そせい【蘇生】 近代ふくくゎつ［復活］。近世さいせい［再生］。よみぢがへり［黄泉帰］。息を吹き返す。中世いきあがる［生上］。くゎいせい［回生］。さいしゃう［再生］。中古いきいづ［生出］。いきかへる［生返］。そせい［蘇生／甦生］。上代いのちいく［命生］。しにかへる［死返］。よみがへる［甦］。
—・させる 近代活(くゎつ)を入れる。

そぜい【租税】 近代デューティー(duty)。近代こうそ［公租］。ぜいきん［税金］。タックス(tax)。上代ぜい［税］。そぜい［租税］。↓ぜいきん

そせき【礎石】 きせき［基石］。きそ［基礎］。どだい［土台］。近代ベース(base)。近代くついし［沓石］。はしらいし［柱石］。中世どだい［土台］。ねいし［根石］。中古いしずゑ［礎］。そせき［礎石］。ちゅうせき［柱石］。つみいし［積石］。
—を据え工事開始とすること ていそ［定礎］。
仏塔の中心柱の— 上代しんそ［心礎］。

そせん【祖先】 近代ルーツ(roots)。近代かそ［家祖］。近世おやおや［親親］。中世そ［祖］。中古せんくん［先君］。せんじん［先人］。そせん［祖先］。なうそ［曩祖］。せんぞ［先祖］。上代おやおや［親］。さきつおや［先祖］。ふそ［父祖］。人の親。↓せんぞ
—が同じ 近代どうそう［同宗］。どうとう［同統］。上代どうそ［同祖］。どうぞく［同族］。どうたう［同党］。
—の恩に報いること 近代ほうほんはんし［報本反始］。
—の善行による子孫の幸運 中世よけい［余慶］。
—の墓 中世墳墓の地。中古せんえい［先塋］。
—の名誉を汚す 近世位牌を汚す。
家の— かそ［家祖］。
草花の— 中古くさかやひめ［草茅姫］。
天皇の— 近代くゎうそくゎうそう［皇祖皇宗］。中世てんそ［天祖］。
遠い— 中古かうそ［高祖］。

そそう【粗相】❶〈過ち〉 近代しっぱい［失敗］。ふちゅうい［不注意］。近世しくじり。そこつ［粗忽］。中世そさう［粗相／麁相］。中古とりはづす［取外］。上代あやまち［過］。↓あやまち ↓しっぱい

そそう【粗相】❷〈粗略〉 近世おそまつ［御粗末］。かるはづみ［軽］。そそこし。そそっかし。そそっくさい。中世けいそつ［軽率］。ぶてうはふ［不調法／無調法］。そまつ［粗末］。中古そこつ［粗忽］。そさう［粗相／疎相］。ふかく［不覚］。上代そりゃく［粗略／疎略］。↓けいそつ

そそ・ぐ【注】 近世さす［注／点］。ちゅうにふ［注入］。つぎこむ［注込］。中世くむ［汲／酌］。したつ／したづ［滴／瀝］。そそぐ［注／灌］。中古いる［沃］。つぐ［注］。上代いる〔いれる〕［入］。かく〔かける〕［掛／懸］。さす［差］。そそく［注／灌］。
—・ぎ掛ける 近代ひっかける［引掛／引懸］。中古いかく［沃掛］。しかく〔—かける〕［仕掛］。
—・ぐ音 中世さくさく。
気持ちを—・ぐ 中古こらす［凝］。
知識を—・ぐ 近代蘊蓄(うんちく)を傾ける。

そそ・ぐ【濯】 ↓すす・ぐ

そそけだ・つ【立】❶〈けばだつ〉 近世けばだつ［毛羽立／毳立］。そそけだつ［立］。中古そそく〔そそける〕。

そそけだ・つ【立】❷〈総毛立つ〉 背筋が寒くなる。近世そそけだつ［立］。中世そうけだつ［総毛立］。鳥肌が立つ。身の毛もよだつ。

そそ・ける 近世けばだつ［毛羽立／毳立］。そそけだつ［立］。中世ほほく〔ほおける〕［蓬］。中古そそく〔そそける〕。

そそっかし・い 近世かるはづみ／かろはづみ［軽］。けいてう［軽佻］。そさう［粗相］。そそこし。そそっかし。そそかし。そそっくさい。そまつ［粗末］。中世けいそつ［軽率］。ぶてうはふ［不調法］。中古そこつ［粗忽］。

→けいそつ

—・い人 近代 あわてもの［慌者］。中世 そこつもの［粗忽者］。

そそのか・す【唆】 近代 アジテーション(agitation)。アジる(アジテーションの略を動詞化)。てけうさ［教唆］。せんどう［扇動／煽動］。てうき［挑起］。てうはつ［挑発］。知恵(智慧／智恵)を付ける。火をつける。近世 あふる［煽］。いれぢゑ［入知恵］。おだつ［おだてる］［煽］。けしかく［—かける］［嗾］。こしおし［腰押］。しそう［指嗾／使嗾］。しゃくる［決／抉／刳］。しりおし［尻押］。そやす。たきつく［—つける］［焚付］。たてごかし［立］。ふきつく［—つける］［吹付／吹着］。藁を焚く。中世 あふぎたつ［—たてる］［扇立］。あふりたつ［—たてる］［煽立］。かりたつ［—たてる］［駆立］。中古 さそふ［誘］。そそのかす［唆］。をしふ［教］。上代 あざむく［欺］。さすふ［誘］。

—・されて動く おどらされる［踊］。

そそりた・つ【立】 近代 しょうりつ／しょうりふ［聳立］。そそりたつ［立］。そびえたつ［聳立］。近世 そびゆ［そびえる］［聳］。そりたつ［立］。中世 きつりつ［屹立］。上代 あまそそる［天聳］。そそる。そばだつ［峙／聳］。

そそ・る 近世 かきたつ［—たてる］［掻立］。そそる。中世 うかれる［浮］。うきたつ［浮立］。

そぞろ【漫】 わけもなく。近世 そはそは。どこやら。どことなく。なんだか［何］。なんとなく［何］。まんえん［漫焉］。中世 まんぜん［漫然］。中古 そぞろ［漫］。そぞろがまし［漫］。

そぞろあるき【漫歩】 近代 まんぽ［漫歩］。近世 いうほ［遊歩］。そぞろあるき［漫歩］。ぶらつく。中世 さんさく［散策］。さんぽ［散歩］。上代 せうえう［逍遥］。→うろうろ・する →さまよ・う

そだ【粗朶】 近世 そだ［粗朶］。中古 しばき［柴木］。上代 しば［柴］。

そだい【粗大】 近世 おほざっぱ［大雑把］。おほまか［大］。そだい［粗大／疎大］。

そだち【育】 せいいくれき［生育歴］。近代 うまれ［生］。おさと［御里］。みもと［身元］。近世 おひたち［生立］。しゅつじ［出自］。そだち［育］。中世 すじゃう［素性］。

《句》近世 お里が知れる。中世 氏より育ち。栴檀(せんだん)は双葉(ふたば)より芳(かんば)し。梅花は莟(つぼ)めるに香(か)あり。

そだ・つ【育】 近代 せいいく［成育］。せいいく［生育］。近世 はついく［発育］。はったつ／はつだつ［発達］。中世 おゆ［生］。せいじゅく［成熟］。ちゃういく［長育］。中古 おひいづ［生出］。おひなる［生成］。おひゆく［生行］。おふ［生］。せいちゃう［成長］。せいちゃう［生長］。そだつ［育］。ちゃうず［長］。なりたつ［成立］。上代 おひたつ［生立］。なりいづ［成出］。ねびゆく［行］。

赤子が健やかに—・つ 近世 すくだつ［健立］。

月日の経過に従って—・つ 中世 ひだつ［肥立］。

そだ・てる【育】 近代 いくじ［育児］。いくする［育］。いくせい［育成］。いくやう［育養］。しいく［飼育］。ふいく［扶育］。ふやう［扶養］。やうせい［養成］。近世 きくいく［鞠育］。こそだて［子育］。つちかふ［培］。中世 かんやう［涵養］。そだつ［そだてる］［育］。はごくむ［育］。もりたつ［—たてる］［守立］。やうず［養］。やしなひそだつ［—そだてる］［養育］。やしなふ［養］。中古 およすく／およすぐ／およずく。かしづく［傅］。つくる［作］。はぐくむ［育］。ほいく［保育］。やういく［養育］。上代 はぐくもる［育］。ひたす／ひだす［養］。

—・て上げる 中世 おふす［生］。中古 おほしたつ［生立］。なしたつ［成立］。なでおほす［撫生］。上代 おほす［生］。

親元で大事に—・てられること 近世 ふところそだち［懐育］。

過保護に—・てること 近世 おんばひがさ［御乳母日傘］。

かわいがって—・てる 近代 じやう［慈養］。近世 あいいく［愛育］。中世 いだきおほす［抱生］。中古 おもひかしづく［思傅］。なでかしづく［撫傅］。なでやしなふ［撫養］。上代 ぶいく［撫育］。

草木を—・てる しょくさい［植栽］。近代 さいしょく［栽植］。中世 さいばい［栽培］。近世 ばいやう［培養］。中古 つちかふ［培］。上代 おほす［生］。

大切に守り—・てる 近代 ふいく［傅育］。近世 手塩に掛ける。中世 もりたつ［—たてる］［守立］。中古 おもひかしづく［思傅］。かしづきたつ［傅立］。かしづく［傅］。もてかしづく［持傅］。《尊》中古 おぼしかしづく［思傅］。おぼしはぐくむ［思育］。

動物などを—・てること ひいく［肥育］。近代 しいく［飼育］。近世 かひそだつ［—そだてる］［飼育］。上代 かふ［飼］。しやう［飼養］。

動物を子供の時から—・てる 中古 かひたつ

［―たてる］［飼立］。こがひ［子飼］。

苗を―・てる いくびょう［育苗］。

そち【措置】 たいしょ［対処］。近代しょり［処理］。近世しょち［処置］。そち［措置］。とりさばく［取捌］。とりはからひ［取計］。片(方)を付く［―付ける］。中世かたづく［―づける］［片付］。さばく［捌］。しょす［処］。とりあつかひ［取扱］。中古はからふ［計／量／図］。

そちら【其方】 そのあたり［其辺］。近世そこいら［其処等］。そちら［其方］。そのかた［其方］。中世そこら［其処等］。そっち［其方］。そのかたざま［其方様］。中古そなた［其方］。そなたざま［其方様］。そのへん［其辺］。上代そち［其方］。

そつ 近代ておち［手落］。近世てぬかり／てぬけ［手抜］。むやく［無益］。中世おちど［落度］。そつ。てちがひ［手違］。むえき［無益］。むだ［無駄］。をつど［越度］。上代くゎしつ［過失］。→**あやまち** →**しっぱい**

そつう【疎通】 近代とほる［通］。近世そつう［疎通／疏通］。中世つうず［通］。上代かよふ［通］。

ぞっか【俗化】 つうぞくか［通俗化］。近代ぞくくゎ［俗化］。中世ぞくれう［俗了］。

そっきょう【即興】 アドリブ(ad lib)。近世ばあたり［場当］。中世ざきょう［座興］。そくきょう［即興］。たういそくめう［当意即妙］。

―演奏 インプロビゼーション(improvisation)。

―の曲 アンプロンプチュ(フランス impromptu)。

そつぎょう【卒業】 近代しうれう［修了］。しゅげふ［修業］。近世そつげふ［卒業］。

―を証明するもの 近代そつげふしょうしょ［卒業証書］。ディプロマ(diploma)。

学校を―・する 近代すだつ［巣立］。でる［出］。

今年―・した者 しんそつ［新卒］。

そっきん【即金】 近世そくきん［即金］。たうきん［当金］。たうぎん［当銀］。たうざぎん［当座銀］。

そっきん【側近】 近代セクレタリー(secretary)。ひしょ［秘書］。近世おつき［御付］。おひざもと［御膝元／御膝下］。つきびと［付人］。とりまき［取巻］。中古ふくしん［腹心］。

そっくり❶〈全て〉 近代あらんかぎり［有限］。ありったけ［有丈］。いっさいがっさい［一切合切］。まるごと［丸］。近世あらひざらひ［洗浚］。ありきり［有切］。がらり。ごっそり。すっかり。そっくり。ねこそぎ／ねこそげ［根刮］。まるまる［丸丸］。中世ことごとく［悉］。しっかい［悉皆］。それながら。中古あるかぎり［有限］。さしながら／さながら［然］。しかしながら［然乍／併乍］。それながら［其］。ただ［只／唯／徒］。のこらず［残］。上代すべて［全／総］。

そっくり❷〈似る〉 近代うりふたつ［瓜二］。こくじ［酷似］。ぴったり。近世そっくり。中世そのまま［其儘］。中古さながら［宛］。

ぞっけ【俗気】 →**ぞくけ**

そっけつ【即決】 近代そくけつ［即決］。そくだん［速断］。そくだん［即断］。

そっけな・い【素気無】 近代ぶあいさう／ぶあいそ［無愛想］。近世たにんむき［他人向］。にべなし［鰾膠無］。ぶっきらぼう［打切棒］。木で鼻を括る。塵も灰もつかぬ。取り付く島もなし。にべもしゃしゃりもない。鼻であしらふ。中世うとし［疎］。けんもほろろ。すげなし［素気無］。そっけなし［素気無］。そでなし［然無］。付きもなし。中古うとうとし［疎疎］。けにくし［気憎］。すくすくし。すげなし［素気無］。つらし［辛］。はしたなし。よそよそし［余所余所］。れいたん［冷淡］。上代つれなし。

▼擬態語 近代つんけん。近世つんつん。つんと。ぷいと。中世けんけん。

そっこく【即刻】 →**そくざ**

ぞっこん 近世すっかり。ぞっこん。心の底から。中世しんそこ［心底］。ほんき［本気］。まったく［全］。中古しんてい［心底］。

そっせん【率先】 しゅどう［主導］。じんとうしき［陣頭指揮］。近代イニシアチブ／イニシアティブ(initiative)。おんどとり［音頭取］。せんべん［先鞭］。リード(lead)。先に立つ。中世さきがけ［先駆／魁］。中古せんだう［先導］。上代そっせん［率先］。

そつぜん【卒然】 近代こつじょ［忽如］。ひょっくら。近世いきなり。だしぬけ［出抜］。ひょっくり／ひょっこり。中世こつねん［忽然］。だしぬき［出抜］。とつじょ［突如］。とつぜん［突然］。やにはに［矢庭／矢場］。中古きふ［急］。こつじ［忽爾］。そつぜん［卒然／率然］。たうとつ［唐突］。にはか［俄］。ふい［不意］。上代こつぜん［忽然］。

《句》近代隗より始めよ。

そっちょく【率直】 ストレート(straight)。遠慮がない。近代フランク(frank)。近世あけすけ。うらなし［心無／裏無］。そっちょく［率直］。ざっくばらり／ざっくばらん。たんたうちょくにふ［単刀直］。中世きさく［気］。

入]。歯に衣着せぬ。**中古**ありのまま。おいらか。すくすくし。忌憚無し。**上代**すなほ[素直]。

そっと❶〈静かに〉 **近世**こっそり。**中古**さりげなく。**中世**そっと。そろそろ。やはらやはら。**中古**さりげなく。しのびやか[忍]。つと。ひそかに[密/私/窃]。ひそやかに[密]。やはら/やをら。**上代**しづかに[静]。人知れず。

—歩く **近世**ぬきあしさしあし[抜足差足]。**中古**ぬけあし[抜足]。はひわたる[這渡]。**上代**ぬきあし[抜足]。

そっと❷〈そのまま〉 **近代**あるがまま。そっと。**近世**そっくり。そのまんま[其儘]。**中世**そと。**中古**そのまま[其儘]。

ぞっと **近代**ぎくりと。ぞくっと。どきんと。びくっと。ひやっと。**近世**ぎょっと。ぞくぞく。はらはら。**中世**ぞっと。ひやり。

—させる **近代**肝胆を寒からしめる。心胆を奪ふ。心胆を寒からしめる。

—する 背筋が寒くなる。**近代**怖ぢ気を震ふ。肌に粟を生ずる。**近世**おぞけだつ[怖気立]。さむけだつ[寒気立]。そそけだつ[立]。肝を飛ばす。肝を冷やす。肝を減らす。ぞぞ髪立つ。**中世**そうけだつ[総毛立]。肝を消す。鳥肌が立つ。身の毛がよだつ。**中古**肝を潰す。

—すること(さま) **近代**かんりつ[寒慄]。りつぜん[慄然]。**中古**かんしん[寒心]。

—するほど美しい **中古**そぞろさむし[漫寒]。

—するほど寂しいさま **近代**せいれう[凄寥]。**中古**せいりゃう[凄涼]。

—するほど凄い **中古**こころすごし[心凄]。

そっとう【卒倒】 **近代**こんたう[昏倒]。じんじふせい[人事不省]。そったう[卒倒]。**中世**しっしん[失神]。→**きぜつ**

そで【袖】 **近代**スリーブ(sleeve)。**中世**たもと[袂]。**上代**ころもで[衣手]。そで[袖]。《枕》**上代**からころも[唐衣]。しろたへの[白妙]。しきたへの[敷栲/敷妙]。

—のないこと(服) ノースリーブ(和製 no sleeve)。

—を振るときの風 **中世**袖の羽風。

—を枕に寝ること **中世**そでまくら[袖枕]。

左右の— **中世**りゃうそで[両袖]。**中古**さうしう[双袖]。**上代**まそで[真袖]。

鎧の— **中世**がいしう[鎧袖]。

その他—のいろいろ(例) しちぶそで[七分袖]。**近代**げんろくそで[元禄袖]。**近世**かくそで[角袖]。そぎそで[削袖]。つつそで[筒袖]。つっぽうそで[筒袍袖]。とめそで[留袖]。はんそで[半袖]。ひらそで[平袖]。まるそで[丸袖]。**中世**つぼそで[壺袖]。ながそで[長袖]。ひろそで[広袖]。ふりそで[振袖]。**中古**おほそで[大袖]。たんしう[短袖]。

そてつ【蘇鉄】 **近世**からなつめ[唐棗]。てっせう[鉄蕉]。ほうびせう[鳳尾蕉]。**中世**そてつ[蘇鉄]。

そと【外】 アウト(out)。**近代**ぐゎいかい[外界]。ぐゎいぶ[外部]。**中世**へうめん[表面]。**中古**おもて[表]。そと[外]。と[外]。**上代**ほか[外]。

—から見た様子 そとめ[外目]。**近代**ぐゎいくゎん[外観]。そとみ[外見]。めんぼく/めんもく[面目]。**近世**ぐゎいけん[外見]。みてくれ[見呉]。みば[見場]。**中世**ていさい[体裁]。みかけ[見掛]。**中古**うはべ[上辺]。

—にあらわれたもの **上代**ほ[秀]。

—に出ない **中世**ふしゅつ[不出]。**上代**こもる[籠]。

—に出る **近世**はみだす[食出]。はみでる[食出]。**中古**こぼる[こぼれる][零/溢]。もぬく[もぬける][蛻]。

—に向いた面 **近代**ぐゎいそく[外側]。ぐゎいめん/そとづら[外面]。**近世**そとがは[外側]。**中世**げめん[外面]。

—の方 **中世**ぐゎいはう[外方]。**中古**そとも[外面]。と[外]。とかた[外方]。とざま[外様/外方]。とのかた[外方]。

—へ出す **近世**つかみだす[摑出]。つまみだす[摘出/撮出]。はふりだす[放出]。ひりだす[放出]。**中世**つきいづ[突出]。はきだす[吐出]。

朝に家の—へ出ること **上代**あさとで[朝戸出]。

そっと—に出る **中古**すべりいづ[滑出]。

建物の— **近代**アウトドア(outdoor)。のてん[野天]。ろてん[露天]。をくぐゎい[屋外]。**中世**おもて[表]。そとも[外面]。**中古**かぐゎい[家外]。こぐゎい[戸外]。やぐゎい[野外]。

そとうみ【外海】 **近世**おきあひ[沖合]。ぐゎいかい[外海]。ぐゎいやう[外洋]。ぜっかい[絶海]。**中世**ゑんかい[遠海]。そとうみ[外海]。ゑんやう[遠洋]。**上代**おき[沖]。

そとがわ【外側】 **近代**アウトサイド(outside)。ぐゎいえん[外縁]。ぐゎいしう[外周]。ぐゎいそく[外側]。ぐゎいぶ[外部]。ぐゎいめ

ん／そとづら［外面］。近世ぐゎいゐ［外囲］。そとべ［外方］。近世ぐゎいへん［外辺］。そとがは［外側］。そとまはり［外回］。そとも［背面／外面］。中世ぐゎいくゎく［外郭］。ぐゎいはう［外方］。中古おもて［表］。

—の装い 近代ぐゎいさう［外装］。

—の輪 近代ぐゎいりん［外輪］。中世そとわ［外輪］。

—を囲むもの そとわく［外枠］。近代ぐゎいしう［外周］。ぐゎいひ［外被］。ぐゎいへき［外壁］。そとばり［外張］。そとわく［外枠］。中世ぐゎいくゎく［外郭］。そとぐるわ［外郭］。

そとば【卒塔婆】 中世たふ［塔］。たふば［卒婆］。はかじるし［墓標］。れいべう［霊廟］。中古そたふば［卒塔婆］。そとば［卒塔婆／卒都婆］。

板状の石造りの— 近代いたび［板碑］。

板の— 近代いたたふば［板塔婆］。

石塔ができるまでの角形の— 近代かくたふば［角塔婆］。

土の— 中古でいたふ［泥塔］。

そなえ【備】 中古そうび［装備］。近代ぐいう［具有］。はいび［配備］。ばうび［防備］。近世したごしらへ［下拵］。じゅんび［準備］。だんどり［段取］。てくばり［手配］。てまはし［手回］。中世てあて［手当］。中古かため［固］。したく［仕度］。そなへ［備／具］。ようい［用意］。→**じゅんび**

《句》近代備へあれば憂ひなし。

—がない 中世きょ［虚］。はっぱうやぶれ［八方破］。中古ふび［不備］。

災害などに対する— びこう［備荒］。ぼうさい［防災］。近代ばうび［防備］。近世びきふ［備急］。

実際に役に立つ— 近代じつび［実備］。

そなえ【供】 近世おそなへ［御供］。中古くもつ［供物］。ささげもの［捧物］。そなへ［供］。上代たむけ［手向］。→**おそなえ**

—もの 近世さんもつ［散物］。

そな・える【備】 近代せっち［設置］。はいび［配備］。近世くゎんび［完備］。中古ぐす［具］。とりぐす［取具］。ひきぐす［引具］。せもてつく［付］。上代すう〔すえる〕［据］。せいび［整備］。そなふ〔そなえる〕［備／具］。

—・えてある物 びひん［備品］。近代せつび［設備］。

常に—・えている 近代じゃうび［常備］。

身に—・える 中古つく［付］。まうく〔もうける〕［設］。

そな・える【供】 近代きょうせん／ぐせん［供饌］。けんせん［献饌］。近世あげごと［上事］。中世くうず［供］。くぶつ［供仏］。けんなふ［献納］。さしあぐ〔—あげる〕［差上］。ほうだふ／ほうなふ［奉納］。中古けんじゃう［献上］。そなふ〔そなえる〕［供］。ほうてん［奉奠］。むく〔むける〕［向］。上代けんず［献］。ささぐ〔ささげる〕［捧］。たてまつる［奉］。たむく〔たむける〕［手向］。とりむく［取向］。にへす［贄／饗］。

—・えるための季節のもの 近代じしう［時羞］。時羞の奠(てん)。

—・えるための米など 近世はなよね［花米］。中古さんぐ［散供］。はなしね［花稲／花米］。

盂蘭盆(うらぼん)に無縁仏に—・える食べ物 近世餓鬼の飯。

初漁でとれた魚を—・えること 懸けの魚(うを)（魚(いを)）。

花を—・えること きょうか［供花］。近世たむけばな［手向花］。中世くうげ［供花／供華］。中古くげ［供花／供華］。

そなわ・る【備】 近代ぐいう［具有］。ぐび［具備］。近世身に付く。中古うちぐす［打具］。ぐす［具］。ぐそく［具足］。そなはる［備／具］。ととのふ［調］。ととのほる［調／整］。

十分に—・っている 近代めぐまれる［恵］。ゑんまんぐそく［円満具足］。近世くゎんび［完備］。じゅうび［充備］。中世ぜんび［全備］。そろふ［揃］。中古うちぐす［打具］。たらふ［足］。上代ぐそく［具足］。そだる［具足］。つぶさ［具／悉］。

そね・む【嫉】 近代ジェラシー（jealousy）。しっし［嫉視］。近世としん［妬心］。やきもち［焼餅］。やく［焼／妬］。やっかむ。中世りんき［悋気］。中古しっと［嫉妬］。にくむ［憎］。上代うらやむ［羨］。そねむ［嫉／妬／嫌］。ねたむ［妬／嫉］。

自分と関係ないことを—・むこと 近世ほふかいりんき［法界悋気］。をかやき［傍焼／岡焼］。をかやきもち［傍焼餅／岡焼餅］。

その【園】 近代ガーデン（garden）。近世ていゑん［庭園］。中古はなぞの［花園］。上代その［園／苑］。には［庭］。→**ていえん**

《尊》近世みその［御園］。

その【其】 近代たう［当］（接頭語的に）。中世かの［彼］。まっその［真其］。上代その［其］。

そのあたり【其辺】 近世そこいら［其処等］。そこらあたり［其処等辺］。そのかた［其

方」。そんぢょそこら「其処等」。よそよそ「余所余所」。中世そこほど「其処程」。そこら「其処等」。そのかたざま「其方様」。中古そなた「其方」。そなたざま「其方様」。そのへん「其辺」。→**そちら**

▼**接尾語** べ「辺／方」。

そのうえ【其上】 近代なほかつ「猶且」。そこへ持って来て。そればかりか。近世おまけに「御負」。かつ「且」。かててくはへて「糅加」。くはへて「加」。そのくせ「其癖」。ことに「殊」。しかも。中世あまつさへ／あまりさへ。それから。なほ「尚／猶」。なほまた「尚又」。はたまた「将又」。ひときは「一際」。また「又／亦」。中古あまさへ。かつまた「且又」。さらに「更」。しかのみならず。そのうへ「其上」。それに。なほも「猶」。はた「将」。

そのうち【其内】 近代ごじつ「後日」。近世いづれ「何／孰」。とほからず「遠」。遅かれ疾かれ。おっつけ「追付／押付」。中世いつか「何時」。きんじつ「近日」。こうこく／ごこく「後刻」。そのうち「其内」。のちほど「後程」。中古さうばん「早晩」。さるあひだ「全間」。しかるあひだ「全間」。ちかぢか「近近」。ふじつ「不日」。

上代いま「今」。

そのおり【其折】 そのころ「其頃」。そのせつ「其節」。そのとき「其時」。近世つがひ「番」。中世たうじ「当時」。その時分。中古すなはち「則／即／乃」。そのかみ「其上」。そのをり「其折」。ついで「序」。上代せ「瀬」。そのとき「其時」。

上代すでにして「既」。

そのくせ【其癖】 近代それなのに。近世そのくせ「其癖」。中古さりとて「然」。さるは「然」。

そのくらい【其位】 そのへん「其辺」。そのあたり「其辺」。その程度。近代そこいら「其処等」。そればかし「其許」。近世そこら「其処」。そのくらゐ「其位」。それくらゐ「其位」。中世それてい「其体」。中古それればかり「其許」。

そのころ【其頃】 中世ころしも「頃」。そのせつ「其節」。その時分。中古すなはち「即／則／乃」。そのかみ「其上」。そのころ「其頃」。そのほど「其程」。そのをり「其折」。上代たうじ「当時」。

—**の数** 近世うちそと「内外」。中世うちと「内外」。

そのた【其他】 近世いぐゎい「以外」。中世そのた「其他」。中古さらぬ「然」。じよ「自余／爾余」。

—**の** 中古さらぬ「然」。

—**の事** 中古ことごと「異事」。

—**の方面** 中古ことざま「異様」。

そのたび【其度】 まいかい「毎回」。まいじ「毎次」。近代そのつど「其都度」。つど「都度」。近世つぎつぎ「次次／継継」。中世たびごとに「度毎」。まいど「毎度」。まいまい「毎毎」。中古たびごとに「度毎」。

そのため【其為】 近代ですから。近世それだから。だから。中世それで。よって「因／依／仍」。中古それゆゑ「其故」。ゆゑに「故」。よて「因／依／仍」。

—**だけに** 中世わざわざ「態態」。

そのとおり【其通】 どんぴしゃ／どんぴしゃり。近代ぴったり。近世さうとも「然」。さやう「左様／然様」。そのとほり「其通」。そのまんま「其儘」。間違ひなし。中世いかにも「如何」。さあり「然有」。さう「然」。さもそうず。しるし「著」。ぢゃう「定」。なかなか「中中」。相違なし。中古さもあり。さら「更」。さり「然」。さりや「然」。しかしか「然然」。そのまま「其儘」。上代うべしこそ「宜」。うべも。しか／しかり「然有」。

《尊》近世ぎょい「御意」。

—**である** 中世さるもの「然物」。

—**ではあるが** 中古しかはあれど「然」。

—**に** 中世さぞな「嘸」。中古さも「然」。

—**の** 近世さやう「左様／然様」。中古それなる。

そのとき【其時】 →**そのおり**

そのときどき【其時時】 近世をりせつ「折節」。中古をりふし「折節」。をりをり「折折」。上代じじ「時時」。

そのば【其場】 その席上。近世そのば「其場」。中世そくざ「即座」。そくせき「即席」。たうざ「当座」。中古ただちに「直」。

—**限り** 近世かけながし「掛流」。中世いちぢゃう「一場」。中古かりそめ「仮初／苟且」。

—**限りの行い** 近代オポチュニズム(opportunism)。ごつがふしゅぎ「御都合主義」。べんぎしゅぎ「便宜主義」。べんぱふ「便法」。近世こそく「姑息」。中古なほざりごと「等閑事」。

—**で** →**そくざ**

—**逃れ** そのばしのぎ「其場凌」。近代いちじしのぎ「一時凌」。いっくゎしのぎ「一花凌」。いっくゎしのぎ「一過凌」。ばあたり「場当」。近世いっすんぬけ「一寸抜」。いっすんのがれ「一寸逃」。いっときのがれ「一時逃」。おざなり「御座成」。そろべくそろ「候候」。たう

ざしのぎ［当座凌］。たうざのがれ［当座逃］。とりつくろふ［取繕］。まにあはせ［間合］。

—のこと 近世めさき［目先／目前］。

そのひぐらし【其日暮】 たけのこせいかつ［筍生活］。近世そのひぐらし［其日暮］。そのひすぎ［其日過］。取ったか見たか。

そのほうめん【其方面】 そのむき［其向］。中古さるかた［然方］。すぢ［筋］。そのすぢ［其筋］。そのへん［其辺］。

そのまま【其儘】 にょじつに［如実］。近代まるごと［丸］。リアル(real)。あるが儘。近世ずいと。そのまんま［其儘］。つい。まるぐち［丸］。中世ありてい［有体］。それながら／それなり。中古ありのまま［有儘］。さしながら／さながら［然］。さて。そながら／それながら［其乍］。そのまま［其儘］。ただ［只／唯／徒］。つと。やがて［軈／頓］。

—ずっと 中古つれづれ［徒然］。

—で 中古さて(も)［扨／扠／偖］。

—でいる 中世ついゐる［突居］。中古おちとまる［落留］。上代とどまる［止／留／停］。

—では 中古さては［然］。

—でも 中古さても［然］。

—でよい 中世さてしもあるべし。

—にしておく うっちゃっておく。近代もくくゎ［黙過］。近世うちやる［打遣］。さておく［扨措／扨置］。中世うちおく［打置］。中古うちすつ［—すてる］［打捨］。すゑおく［据置］。みすぐす［見過］。もだす［黙］。上代すごす［過］。

—にしておくさま 中世そっと。

—になってしまう 近世それなりけり。

▼接尾語 近世すがら。

そのみち【其道】 その専門。その分野。近代しかい［斯界］。しだう［斯道］。中古そのすぢ［其筋］。そのみち［其道］。

そのよう【其様】 中世そのやう［其様］。中古さなり［然］。さやう［左様／然様］。さり／さる［然］。上代しかり［然／然有］。→そんな

—な 近世さういふ［然言］。さうした［然］。そんな。中世さらん。中古さる［然］。

—なこと そのて［其手］。近世そのぎ［其儀］。中世そのつれ［其連］。中古さること［然事］。

—なさま 中古さりげ［然］。

—に 近世そがいに。そんなに。中世さう［然］。さぞ［嘸］。さぞな［嘸］。さしもやは。中古さ［然］。さこそ。さのみ［然］。さも［然］。しかく［然／爾］。しかばかり［然］。上代しか［然］。

—には 中古さは［然］。

—にも 中古さしも［然］。さも［然］。上代しかも。

そば【側】 そくへん［側辺］。ちかば［近場］。ねき［根際］。近代がは［側］。ちかま［近間］。みぢか［身近］。近世おひざもと［御膝元］。中世かたかた［片方］。かたはらざま［傍様］。かたへ［片方／傍］。きは［際］。きんばう［近傍］。さう［左右］。そばざま［側様］。ちかく［近］。つめ［詰］。つら［面］。はた［側／端／傍］。わき［脇］。わきひら［側辺］。中古かたはら［傍／旁／側／脇］。きんぺん［近辺］。きんりん［近隣］。ざいう／ざう［座右］。そば［側／傍］。そばひら［側平］。ほとり［辺／畔］。もと［許／元／本］。上代そひ［傍］。へ／へた［辺／端］。もとこ［左右］。

—から見た様子 中古そばつき［側付］。

—に居る 中古ひかふ［控］。

—を離れない 中世つきそふ［付添］。中古うちそふ［打添］。よりそふ［寄添］。影のごとく。上代そふ［添］。

そば【蕎麦】 近世そばきり［蕎麦切］。まそば［真蕎麦］。中世そば［蕎麦］。中古くろむぎ［黒麦］。そばむぎ／そまむぎ［蕎麦］。

—の実の殻 近世そばかす［蕎麦滓／蕎麦糟／雀斑］。そばがら［蕎麦殻］。

—やうどんの店 近世けんどんや［慳貪屋］。

—をゆでたあとの湯 近世そばゆ［蕎麦湯］。

大晦日の夜に食べる— 近代としこしそば［年越蕎麦］。近世つごもりそば［晦日蕎麦］。みそかそば［三十日蕎麦］。

豪華な器に盛る— 近世だいみゃうけんどん［大名慳貪］。

引っ越し先の近所に配る— 近世ひっこしそば［引越蕎麦］。

その他—のいろいろ(例) あつもり［熱盛／敦盛］。あわゆきそば［泡雪蕎麦］。つきみそば［月見蕎麦］。つゆそば［汁蕎麦］。にくなんばん［肉南蛮］。ねぎなんばん［葱南蛮］。ひやしちゅうか［冷中華］。近代あられそば［霰蕎麦］。おかめそば［御亀蕎麦／阿亀蕎麦］。かけ／かけそば［掛蕎麦］。ごもくそば［五目蕎麦］。さらしなそば［更科蕎麦］。ちゃそば［茶蕎麦］。ちゅうくゎそば［中華蕎麦］。もりそば［盛蕎麦］。やきそば［焼蕎麦］。ラーメン［(中国語)老麺／

拉麺]。らんぎり[卵切]。をだまきむし[苧環蒸／小田巻蒸]。近世 いかきそば[笊蕎麦]。おやこなんばん[親子南蛮]。かもなんば[鴨南蛮]。きそば[生蕎麦]。けんどんそばきり[慳貪蕎麦切]。ごぜんそば[御膳蕎麦]。ざる／ざるそば[笊蕎麦]。しっぽく[卓袱]。そばかき／そばがき[蕎麦掻]。テンプラそば[天麩羅蕎麦]。はなまきそば[花巻蕎麦]。むしそば[蒸蕎麦]。やぶそば[藪蕎麦]。よたかそば[夜鷹蕎麦]。よなきそば[夜鳴蕎麦]。らんめん[卵麺]。

そばかす【雀斑】 じゃくらんはん[雀卵斑]。近代 かじつはん[夏日斑]。じゃくはん[雀斑]。近世 そばかす[雀斑]。中世 おもくさ[面瘡]。

そばだ・つ【峙】 →そび・える

そばづえ【側杖】 近代 とばちり／とばっちり[迸]。るい[累]。近世 とばしり／とばっちり[迸]。まきぞえ[巻添]。中世 るい[累]。

そび・える【聳】 近代 くっき[崛起／屈起]。さんぐゎん[巑岏]。しょうぢ[聳峙]。しょうりつ[聳立]。せうりつ[峭立]。そそりたつ[立]。そびえたつ[聳立]。ちくりふ[矗立]。ちょくりつ[直立]。近世 そびく[聳]。中世 きったつ／きりたつ[切立]。きつりつ[屹立]。そびやぐ[聳]。ひひる[沖／沖]。中古 そびゆ[そびえる][聳]。上代 あまそそる[天聳]。そぎたつ[削立]。そそる[聳]。そばたつ／そばだつ[峙／聳]。

—・え立つさま 近代 きつきつ[屹屹]。ざんぜつ[嶄絶／巉絶]。ざんぜん[嶄然]。ちくちく[矗矗]。近世 きつぜん[屹然]。ついつい。中世 ぎが[巍峨]。きぜん[巋然]。

中古 えんけん[偃蹇]。がが[峨峨]。

そびょう【素描】 すんびょう[寸描]。近代 エスキス(フランス esquisse)。クロッキー(フランス croquis)。スケッチ(sketch)。そべう[素描]。デッサン(フランス dessin)。中世 したゑ[下絵]。

そふ【祖父】 近代 あをう[阿翁]。たいこう[太公]。近世 おぢ[祖父]。おぢいさん／ぢいさん[祖父／爺]。おやぢ[親父／親爺／親仁]。だいそ[乃祖]。たいふ[大父]。ぢい[祖父／爺]。ぢぢ／ぢぢい[祖父／爺]。中世 ないそ[乃祖]。中古 おほぢ[祖父]。おほてて[大父]。くゎうかう[皇考]。そふ[祖父]。

—と祖母 近代 ぢいばあ[爺婆]。近世 ぢぢばば[爺婆]。

—の兄弟 近代 じゅうそふ[従祖父]。中古 おほをぢ[大伯父／大叔父／従祖父]。

—の姉妹 近代 じゅうそぼ[従祖母]。中古 おほをば[大伯母／大叔母／従祖母]。

—の祖父 中古 かうそふ[高祖父]。

—の祖母 近代 かうそぼ[高祖母]。

—の父 近世 ひいぢぢ[曾祖父]。中古 おほおほぢ[大祖父]。そうそふ[曾祖父]。ひおほぢ[曾祖父]。

—の父の兄弟 中古 おほおほぢをぢ[曾祖伯父]。

—の母 近代 ひおほば[曾祖母]。近世 ひいばば[曾祖母]。中世 そうそぼ[曾祖母]。中古 おほおば[大祖母]。

亡くなった— 近世 わうふ[王父]。中古 そかう[祖考]。

母方の— 上代 ぐゎいそふ[外祖父]。

ソフト(soft) 近代 ソフト。やはらかい[柔]。近世 じうなん[柔軟]。をんわ[温和]。中古 にうわ[柔和]。

そぶり【素振】 近代 けはい[気配]。近世 けぶらひ[気振]。けぶり[気振]。こなし[熟]。しぐさ[仕草／仕種]。そぶり[素振]。みぶり[身振]。中世 けすらひ。たいど[態度]。どうさ[動作]。ふり[振]。やうす[様子]。よし[由]。中古 きょどう[挙動]。けはひ。しょさ[所作]。上代 ふるまひ[振舞]。

—を見せない 中世 おくびにも出(い)ださず。

人を試すような— 中古 こころみがほ[試顔]。

そぼ【祖母】 近代 たいぼ[大母／太母]。近世 おばあさん／ばあさん[祖母／婆]。ばば[祖母]。中世 うば[姥]。おほば[祖母]。中古 おば[祖母]。上代 そぼ[祖母]。

—の兄弟 近代 じゅうそふ[従祖父]。中古 おほをぢ[大伯父／大叔父／従祖父]。

—の姉妹 近代 じゅうそぼ[従祖母]。中古 おほをば[大伯母／大叔母／従祖母]。

—の祖父 中古 かうそふ[高祖父]。

—の祖母 近代 かうそぼ[高祖母]。

—の父 近世 ひいぢぢ[曾祖父]。中古 おほおほぢ[大祖父]。そうそふ[曾祖父]。ひおほぢ[曾祖父]。

—の父の兄弟 近代 おほおほぢをぢ[曾祖伯父]。

—の母 近代 ひおほば[曾祖母]。近世 ひいばば[曾祖母]。中世 そうそぼ[曾祖母]。中古 おほおば[大祖母]。

祖父と— 近代 ぢいばあ[爺婆]。近世 ぢぢばば[爺婆]。

亡くなった— 近代 わうぼ[王母]。

母方の— 上代 ぐゎいそぼ[外祖母]。

そぼう【粗暴】 近代 やばん［野蛮］。ラフ(rough)。そぼう［粗暴］。近世 あらくまし［荒］。あらっぽい［荒］。そぼう［粗暴］。らんぼう［乱暴］。中世 あらくもし［荒］。がさつ。中古 あらあらし［荒荒］。きゃうぼう［狂暴］。

―・で向こう見ずなさま 中古 ひたぶる［頓／一向］。

―・な気性 中世 あらめ［荒目／粗目］。

そほうか【素封家】→かねもち

そぼく【素朴】 近代 シンプル(simple)。たんじゅん［単純］。とつぼく［訥朴］。ナイーブ(naive)。プリミティブ(primitive)。近世 ぼくとつ［朴訥］。中世 じっちょく［実直］。じゅんしん［純真］。すなほ［素直］。そぼく［素朴］。ぼくちょく［朴直／樸直］。中古 きすぐ［生直］。じゅんじゃう［純情］。上代 じゅんぼく［純朴／醇朴／淳朴］。

古風で―・なさま 近代 こせつ［古拙］。

そまつ【粗末】❶〈品質〉 あくしつ［悪質］。近代 そざつ［粗雑／疎雑］。ていきふ［低級］。やすっぽい［安］。れつあく［劣悪］。近世 くだりて。ざつ［雑］。そろ［粗鹵／疎鹵／麁鹵］。ちゃち。中世 あさま［浅］。あやし［怪／卑］。さたう［左道］。おろそか［疎］。そまつ［粗末／麁末］。ふてん［不腆］。中古 あし［悪］。あらあらし［粗粗］。おろそか［疎］。そあく［粗悪／麁悪］。はかなし［果無／果敢無］。やつる［窶］。上代 いやし［卑／賤］。

―・な 中世 けしかる［怪／異］。

―・な物 近代 そしな／そひん［粗品］。蓮の葉物。中古 けんきん［献芹］。

▼接頭語 近世 かず［数］。だ［駄］。

そまつ【粗末】❷〈扱い〉 近代 そざつ［粗雑／疎雑］。あらし［粗／荒］。近世 あだやおろそか［徒疎］。おさうさう［御草草］。いいかげん［好加減］。おそうそう［御怱怱］。おほざっぱ［大雑把］。さうさう［草草］。ざっぱく［雑駁］。すてさんぼう［捨三宝］。ぞんざい。たくさんさう［沢山］。なげやりさんぼう［投遣三宝］。中世 あだおろそか［徒疎］。そまつ［粗末／麁末］。づさん［杜撰］。中古 あららか［粗］。おろそか［疎］。上代 そさう［粗相］。なほざり［等閑］。そりゃく［粗略／疎略］。

―・に 中世 ざっと。

―・にする 中世 かろんず［軽］。

そま・る【染】 中世 そまる［染］。中古 そむ［染］。上代 いろづく［色付］。うつろふ［移］。しむ［染］。にほふ［匂］。

深く―・る 中古 しみかへる［染返／沁返］。

そむ・く【背】❶〈反逆〉 近代 はんかう［反抗］。はんぱつ［反発］。ぼつれい［悖戻］。近世 うらぎる［裏切］。はいはん［背叛］。はむかふ［歯向／刃向］。はんそく［反側］。中世 さからふ［逆］。たてつく［楯突］。てむかふ［手向］。はんす［反］。弓を引く。中古 さかふ［逆］。てきたい［敵対］。上代 そむく［背／叛］。たがふ［違］。

―・き離れること 近代 くゎいり［乖離］。きり［睽離］。はいり［背離］。りしん［離心］。りはい［離背］。りはん［離反／離叛］。

―・き乱れること 近代 くゎいらん［乖乱］。

―・く心 近代 たし［他志］。はんじゃう［反情］。中世 いし［異志］。ぎゃくい［逆意］。ぞくしん［賊心］。中古 いしん［異心］。ぎゃくしん［逆心］。にしん［二心］。上代 こころ［心］。ふたごころ［二心］。

―・くことと従うこと 近代 はいかう［背向／背郷］。近世 はんぷく［叛服］。中世 かうはい［向背］。中古 きゃうはい［向背／嚮背］。

心の中で―・く めんじゅうふくはい［面従腹背］。

体制に―・く ぞうはん［造反］。レジスタンス(フランス résistance)。近代 クーデター(フランス coup d'État)。はいはん［背反／悖反］。中世 はんぎゃく［反逆］。上代 たいぎゃく［大逆］。むほん［謀叛／謀反］。

そむ・く【背】❷〈違反〉 近代 くゎいはい［乖背］。はんす［反］。近世 はいれい［背戻／悖戻］。中古 あやまつ［過］。くゎいゐ［乖違］。もてたがふ［持違］。上代 そむく［背］。をかす［犯／侵／冒］。

規則などに―・く 近代 はいはん［背反］。はんする［反］。ゐはい［違背］。ゐはふ［違法］。ゐれい［違戻］。中世 ゐはん［違反］。中古 ゐやく［違約］。上代 たがふ［違］。もとる［悖］。

天命に―・くこと 中古 ゐちょく［違勅］。

命令に―・くこと 近世 ゐめい［違命］。

約束に―・く 中古 ひきたがふ［引違］。ゐはい［違背］。ゐやく［違約］。上代 やぶる［破］。

そ・める【染】 近代 さいしょく［彩色／綵色］。せんしょく［染色］。ちゃくしょく［着色］。近世 いろぞめ［色染］。そめいだす／そめだす［染出］。中世 そめなす［染成］。ちゃくしき［着色］。上代 いろづく〔―づける〕［色付］。いろどる［彩］。さいしき［彩色／綵色］。そむ〔そめる〕［染］。そめつく〔―つける〕［染付］。にほ

す／にほはす／にほふ[匂]。→せんしょく
━・めてしまう 近世 そめあぐ[━あげる][染上]。

━・めなおす 近世 いろあげ[色揚]。めひき[目引]。中世 かへす[━かえる][返]。そめなほす[染直]。中古 そめかふ[━かえる][染変]。

一度染め液に浸して━・めること 中古 ひとしほ[一入]。

衣服などを解かずそのまま━・める 近代 まるぞめ[丸染]。

織物にする糸を━・めること いとぞめ[糸染]。さきぞめ[先染]。

草花で━・めること 中古 くさずり[草摺]。

黒く━・める 近世 かねぞめ[鉄漿染]。からすぞめ[烏染]。中古 くろむ[くろめる][黒]。

何度も染料に浸して━・めること 中世 いちじふさいじふ[一入再入]。ちしほ[千入]。上代 やしほ[八入]。
▼染料に利用するものの例 近世 うつぶし[空五倍子／空柴]。中古 あゐ[藍]。うつしばな[移花]。藜(あかざ)の灰。上代 つるばみ[橡]。
▼染物屋 近世 あゐぞめや[藍染屋]。あゐや[藍屋]。ちゃや[茶屋]。中世 あをや[青屋]。こうかき／こんかき[紺掻]。こうや[紺屋]。そめや[染屋]。

そもそも【抑】 近代 だいたい[大体]。近世 いったい[一体]。たかで[高]。だたい[大体]。中世 じたい[自体]。そもやそも。それ[夫]。もともと[元元]。中古 およそ[凡]。さて[扨／扠／偖]。さても。されば[然]。そも[抑]。ほんらい[本来]。上代 ぐゎんらい[元来]。そもそも[抑]。

そや【粗野】 近代 ばんカラ[蛮collar]。ばんこつ[蛮骨]。ばんてき[蛮的]。やせいてき[野性的]。やばん[野蛮]。ラフ(rough)。ゐなかくさい[田舎臭]。近世 あらけづり[荒削]。ぎこつなし／ぎごつなし。そぼう[粗暴／麁暴／疎暴]。でんぷ[田夫]。の[野](接頭語的に)。中世 あらうち[荒打]。そや[粗野／疎野]。中古 あらまし[荒]。かたくな[頑]。しこぶち／しこぶつ。そろう[粗陋／麁陋／疎陋]。品(しな)無し。
━・なさま 近代 がさつく。がらっぱち。近世 がさがさ。
━・な中のゆかしい風情 近世 薪(焚き木)に花。

そよう【素養】 近代 うんちく[蘊蓄]。けうやう[教養]。そやう[素養]。中世 こころえ[心得]。ざうけい[造詣]。たしなみ[嗜]。
和歌についての━ うたごころ[歌心]。

そよかぜ【微風】 近代 なんぷう[軟風]。近世 そよかぜ[微風]。中古 けいふう[軽風]。びふう[微風]。→かぜ【風】
━が吹くさま 中世 そよめく。中古 しふしふ[習習]。そよそよ。でうでう[嫋嫋]。

そら【空】 近代 きゅうさう[穹蒼]。スカイ(sky)。そらぢ[空路]。てんきゅう[天穹]。てんくう[天空]。近世 きゅうりゅう[穹窿]。くう[空]。ちうろくてん[宙六天]。てんじゃう[天上]。びんてん[旻天]。中世 ちう[宙]。ちゅう[中]。中古 あまつそら[天空]。うはのそら[上空]。こくう[虚空]。さうきゅう[蒼穹]。じゃうてん[上天]。てん[天]。てんぢく[天竺]。ひさかた[久方]。へきらく[碧落]。上代 あま／あめ[天]。あまぢ[天路]。あまつみそら[天御空]。あまのはら[天原]。おほぞら[大空]。くうちゅう[空中]。くものうへ[雲上]。そら[空]。みそら[御空]。ひさかたの[久方]。《枕》
━が曇っているさま 近代 もうめい[濛溟]。近世 たなぐもり[棚曇]。とのぐもり[曇]。どんめり。どんより。中世 どんみり。
━が雲や霧で曇ること 中古 あまぎる[天霧]。上代 あまぎらふ[天霧]。
━が寒々とする 上代 さえわたる[冴渡]。
━が白むさま あからむ[明]。近世 がんがり。
━が澄み渡った秋 中古 せいしう[清秋]。
━が晴れてうらうらしているさま 近世 せいらう[晴朗]。中古 せいわ[清和]。
━全体 中世 いってん[一天]。ぜんてん[全天]。まんてん[満天]。上代 あまたらす[天足]。
━高く上がること 中古 ちゅうてん[沖天／冲天]。上代 とびあがる[飛上]。
━高く鳥が飛ぶこと 近代 かうしゃう[翱翔]。
━と海 中古 てんすい[天水]。
━にかかる 中世 たつ[立]。
━の上 近代 じゃうくう[上空]。中古 うはのそら[上空]。きうてん[九天]。
━の高い所 近代 かうくう[高空]。じゃうくう[上空]。中世 かうそう[高層]。
━の中心 近代 きょくう[虚空]。ちゅうくう[中空]。近世 はんくう[半空]。中世 ちゅうてん[中天]。てんしん[天心]。中古 こくう[虚空]。なかぞら[中空]。はんてん[半天]。
━の中の道 中古 くもぢ[雲路]。くもゐぢ[雲居路]。
━のはるかかなた 近代 くうさい[空際]。中古 てんがい[天涯]。てんさい[天際]。て

んぺん［天辺］。
—の様子 →そらもよう
青い— 近世あをぞら［青空］。さうくう［蒼空］。中古さうきゅう［蒼穹］。せいてん［晴天］。せいてん［青天］。へきらく［碧落］。上代あをくも［青雲］。さうてん［蒼天］。
→あおぞら
秋の— 中古びんてん［旻天］。上代しうてん［秋天］。
秋の曇り— 中古しういん［秋陰］。
秋の初めの頃の— 中古ゆきあひのそら［行合空］。
天の川が見える— 中世かんてん［漢天］。
雨が降りそうな— 泣き出しそうな空模様。近代あめもよほし［雨催］。中世あまもよひ／あめもよひ［雨催］。
雨天の—が時々明るくなること 近世ときあかり［時明］。
大きな— 中世いってん［一天］。きうせう［九霄］。きうてん［九天］。ちう［宙］。中古きうてん［九天］。きょむ［虚無］。こくう［虚空］。せうかん［霄漢］。へきらく［碧落］。上代あまのはら［天原］。あめのうみ［天海］。うんかん［雲漢］。おほぞら［大空］。
元日の— 中世はつぞら［初空］。
北の— 近代ほくてん［北天］。
雲のある遠くの— 中古雲居の空。上代くもゐ［雲居］。
雲の切れ目の— 上代くもま［雲間］。
澄み切った— 中古へききょ［碧虚］。へきせう［碧霄］。上代へきくう［碧空］。へきてん［碧天］。→あおぞら
澄み切って高く見える— 近代たかぞら［高空］。
月の出る前の白い— 近世ひたひじろ［額白／戴白］。中古つきしろ［月白］。
夏の— 中世かうてん［昊天］。
夏の暑い— 中古えんてん［炎天］。
西の— 中世さいてん／せいてん［西天］。
日没後の—の明るさ 近代はくめい［薄明］。近世にしあかり［西明］。
春の— 近代はるぞら［春空］。中世さうてん［蒼天］。
日照りの— 中世かんてん［干天／旱天］。
日の出前の—の明るさ 近代はくめい［薄明］。
冬の— 近代かんくう［寒空］。近世こはるぞら［小春空］。ふゆぞら［冬空］。ふゆびより［冬日和］。中世さむぞら［寒空］。中古かんてん［寒天］。じゃうてん［上天］。
冬の霜のおりた— 中古さうてん［霜天］。
星の輝く— 近代ほしぞら［星空］。
夕方の— 近世ゆふぞら［夕空］。
雪が降りそうな— 近世ゆきぐもり［雪曇］。ゆきぞら［雪空］。ゆきもよひ［雪催］。中古ゆきげ［雪気］。
夜の— 近代やてん［夜天］。よぞら［夜空］。
▼天上 中古きうてん［九天］。くもゐ［雲居］。上代あめ［天］。くものうへ［雲上］。たかひ［高日］。

そらごと【空事】 でっちあげ［捏上］。近代フィクション(fiction)。近世でたらめ［出鱈目］。ねつざう［捏造］。中世きょせつ／きょぜつ［虚説］。ゑそらごと［絵空事］。中古そらごと［空事／空言］。つくりごと［作事／作言］。
→うそ

そら・す【逸】 いなす［往／去］。近代ずらす。近世かはす［躱］。そむく［そむける］［背］。どく［退］。ながす［流］。中世そらす［逸］。よく［よける］［避／除］。上代はづす［外］。ひきはづす［引外］。中古くゎいひ［回避］。さく［さける］［避］。
目を—・す 中古そばむ［そばめる］［側］。
野球などで球を後ろに—・す 近代こういつ［後逸］。トンネル(tunnel)。

そらぞらし・い【空空】 近世しらばくれる。そらぞらし［空空］。そらったばける［空］。そらとぼける［空惚］。まざまざし。白を切る。中世しらしらし／しらじらし［白白］。中古しれじれし［痴痴］。
—・いお世辞 近世そらけいはく［空軽薄］。

そらだのみ【空頼】 近代かはざんよう［皮算用］。中古あいなだのみ［頼］。そらだのみ［空頼］。ひとだのめ［人頼］。

そらとぼ・ける【空惚】 しらばくれる。しらんぷり［知］。とぼける［恍／惚］。しらをきる。知らん顔。素知らぬ顔。近代そらうそぶく［空嘯］。そらっとぼける［空惚］。空を使ふ。近世しらばけ［白化］。そらとぼける［空惚］。中世うちおぼめく［打］。そらしらず［空知］。中古そらおぼめく［空］。
—・けた顔 近代たぬきがほ［狸顔］。近世筒転かしの顔。

そらなき【空泣】 なきまね［泣真似］。近代うそなき［嘘泣］。中古そらなき［空泣］。

そらね【空寝】 寝たふり。近世たぬき［狸］。たぬきね［狸寝］。たぬきねいり［狸寝入］。たぬきねぶり／たぬきねむり［狸眠］。中古そらね［空寝］。

そらまめ【空豆】 近代てっぽうまめ［鉄砲豆］。

近世えどまめ[江戸豆]。かひこまめ/さんとう[蚕豆]。てんぢくまめ[天竺豆]。なつまめ[夏豆]。のらまめ[野良豆]。はじきまめ/はじけまめ[弾豆]。やまとまめ[大和豆]。ゆきわりまめ[雪割豆]。中世そらまめ[空豆]。たうまめ[唐豆]。

―の一品種 近世おたふくまめ[阿多福豆]。

―を用いた味噌 近世たまみそ[玉味噌]。

そらみみ【空耳】 近代げんちゃう[幻聴]。近世ききちがひ[聞違]。中古そらね[空音]。そらみみ[空耳]。

そらもよう【空模様】 近代そらいろ[空色]。そらもやう[空模様]。てんこう[天候]。てんしゃう[天象]。てんしょく[天色]。近世くもあひ[雲合]。くもゆき[雲行]。そらあひ[空合]。てんきあひ[天気合]。ひより[日和]。中古そら[空]。てんき[天気]。ていけ/てけ/てんけ[天気]。
雨が降りそうなー 泣き出しそうな空模様。近代あめもよほし[雨催]。中世あまもよひ/あめもよひ[雨催]。
雪が降りそうなー 近世ゆきぐもり[雪曇]。ゆきぞら[雪空]。ゆきもよひ[雪催]。中古ゆきげ[雪気]。

そらん・ずる【諳】 近世あんき[暗記]。きしょう[記誦]。中世しょうす[誦]。そらよみ[空読]。そらんず[諳]。ちう[宙]。中古空に覚ゆ(―覚える)。空に読む。上代あんしょう[暗誦/諳誦]。

そり【橇】 中古そり[橇]。
―のいろいろ(例) うまそり/うまぞり[馬橇]。スノーボート(snow boat)。スノーモービル(snowmobile)。近代いぬぞり[犬橇]。トボガン(toboggan)。ばそり[馬橇]。リュージュ(フランス luge)。

そりゃく【粗略】 アバウト(about)。近代そざつ[粗雑/疎雑]。ラフ(rough)。近世あさま[浅]。あらっぽい[粗]。いいかげん[好加減]。いけぞんざい。おほあしらひ[大]。おほざっぱ[大雑把]。ざつ[雑]。じょさい/にょざい[如才/如在]。ざっぱく[雑駁]。そぼう[粗末/麁末]。ぞんざい。てあらし[手荒]。ぶさた[無沙汰/不沙汰]。中世およそ[凡]。おろおろ。そまつ[粗末/麁末]。てあら[手荒]。中古あだ[徒]。あらし[粗]。おろか/おろそか[疎]。そさう[粗相]。なほざり[等閑]。上代おほろか/おぼろか。そりゃく[粗略/疎略]。

そりゅうし【素粒子】 かくし[核子]。近代りふし[粒子]。
―の例 クォーク(quark)。ちゅうかんし[中間子]。ちゅうせいし[中性子]。ニュートリノ(neutrino)。ニュートロン(neutron)。ハドロン(hadron)。はんりゅうし[反粒子]。ミューりゅうし[μ粒子]。メソン(meson)。ようし[陽子]。ラムダりゅうし[Λ粒子]。レプトン(lepton)。近代でんし[電子]。プロトン(proton)。

そ・る【反】 近代わんきょく[湾曲]。近世くっせつ[屈折]。しなふ(しなえる)[撓]。しなる[撓]。そっくりかへる[反返]。はんきょく[反曲]。中世うちかへる[打返]。くっきょく[屈曲]。のけぞる[仰反]。のる[伸/反]。中古そりかへる[反返]。そる[反]。まがる[曲]。上代しなふ[撓]。
―・りかえらせる 近世反りを打つ。
板などが乾いてー・る 中世ひぞる[干反/乾反]。

そ・る【剃】 近世する[剃]。上代そる[剃]。

―・った髪が再び生え始めた状態 近世ひつぢばえ[穭生]。

―・り落とす 近世こぼつ[毀/壊]。

頭頂から下へ―・る 近世そりさぐ(―さげる)[剃下]。

生え際をより広く(深く)―・る 近世そりこむ[剃込]。

髭(げ)をー・る(こと) シェービング(shaving)。近代あたる[当]。

額をー・る 近世額(ひた)を垂る。


それ【其】 中古さ[然]。上代し[其/汝]。そ[其/夫]。それ[其/夫]。

―以外 中世そのた[其他]。そのほか[其外]。中古じよ[自余/爾余]。

―以来 近代そのご[其後]。中世いらい[以来/已来]。じご[爾後]。中古いかう[以降/已降]。いご[以後/已後]。いわう[以往]。こなた[此方]。上代このかた[此方]。→いご
―が原因で ひいて。近代ひいては[延]。中世ひいて[延]。

―かそれでないか 中古それかあらぬか[其]。

―しかないこと 近世なけなし。

―相応に 中古さるかたに[然方]。

―相応の 近世それだけの。中古さべき/さるべき/さんべき[然]。

―とともに 中世どうじに[同時]。中古あはせて[合]。上代かつ[且]。

―にしても 中世そも/そもや[抑]。そもそも。[抑/抑抑]。中古さても[然]。さりと

も［然］。さるにても［然］。

—はそれとして 〈近代〉ところで。〈近世〉さいな。〈中古〉しかし［然／併］。〈中世〉さるものにて。〈中古〉さるかた［然方］。〈上代〉しかすがに。

—はともかく 〈近世〉かんわきうだい［閑話休題］。あだしごとはさておき／あだしものがたりはさておきつ［閑話休題］。〈中世〉さもあれ。それはともあれ。とにかくに。〈中古〉さて。さるものにて。

—もそうだ 〈中世〉さもさうず［然候］。

—よりは 〈近世〉よしか。

—らしいさま 〈近世〉ぽい（接尾語）。さまになる。〈近世〉じ（接尾語）。〈中古〉さも［然］。〈上代〉じもの（接尾語）。

—らしく言う 〈中世〉いひなし［言倣］。

—らしくする 〈中世〉ぶる（接尾語）。〈近世〉めかす［粧］（接尾語）。〈中古〉したつ〔—たてる〕［仕立］。

それ【其】（感動詞） 〈近代〉そら。〈近世〉さあ。そらそら。〈中世〉すはすは。それ［其］。それそれ［其其］。〈中古〉いざさらば。いで。いでや。くはや。すは。そそ／そそや［其其］。そよ。そよそよ。〈上代〉いざ。

それから →**そして**

それぞれ【其其】 ひとりひとり［一人一人］。〈近代〉かくこ［各個］。かくじん［各人］。ここべつべつ［個個別別］。こべつに［個別］。〈近世〉かくじ［各自］。それぞれ［其其／夫夫］。〈中世〉こもごも［交／交交／更］。てんでに［手手］。てんでん［手手］。めいめい［銘銘］。めんめん［面面］。〈中古〉おのおの［各／各各］。おのもおのも。しなじな［品品］。ひとつひとつ［一一］。〈上代〉おのがじし［己自］。

—の家 〈近代〉かくこ［各戸］。

—の思い 〈中古〉おもひおもひ［思思］。こころごころ［心心］。

—の気質 〈中世〉きぎ［気気］。

—の句 〈中古〉くく［句句］。

—の新聞 かくし［各紙］。

—の方面 〈近代〉かくはうめん［各方面］。かくはん［各般］。〈中世〉しょはん［諸般］。

それだけ 〈近代〉ゆいつ［唯一］。〈近世〉それかぎり［其限］。それきり／それぎり／それっきり［其切］。それのみ［其］。ゆいいち［唯一］。〈中世〉さてのみ［然］。そのぶん［其分］。ゆいつ［唯一］。〈中古〉そればかり［其許］。ひとへに［偏］。

—で終わり たんぱつ［単発］。〈近代〉たんなる［単］。

—でなく それに加えて。〈近代〉なほかつ［猶且］。〈近世〉おまけに［御負］。それのみか。〈中世〉あまっさへ／あまつさへ［剰］。〈中古〉しかのみならず［加之］。それに。のみならず。

—でもせめて 〈中古〉さだに。

—とする 〈近代〉オンリー(only)。〈中古〉かぎる［限］。

—を 〈中世〉いちづ／いっと［一途］。もっぱら［専］。〈中古〉やくと［役］。事とす。

▼接尾語 〈近世〉すがら。〈中世〉づく［尽］。

それで だもんで。〈近世〉だから。〈中世〉そこで。それで。ぢゃほどに。〈近世〉ここに［此処／是／爰／茲］。〈中古〉それゆゑ［其故］。→**そこで**

—いて 〈近代〉それでゐながら。それなのに。〈上代〉そのくせ［其癖］。

—終わり 〈近世〉それかぎり。それきり／それっきり［其切］。〈中世〉それなりけり［其］。〈近世〉それ

まで［其迄］。

—なくても 〈中古〉さらぬだに。〈近世〉ただでさへ。〈中世〉さなきだに。

—は 〈近代〉そいぢゃ。〈近世〉すれば。すんなら。それぢゃ／それぢゃあ。そんなら。ぢゃ／ぢゃあ。左様しからば。〈中世〉さあらば。さすれば。それなら。〈中古〉さては［然］。さは［然］。さば。さらば［然］。よしさらば［縦然］。〈上代〉しからば［然］。

—も 〈近代〉なほかつ［猶且］。〈中世〉でも。なほもって［尚以／猶以］。〈中古〉さりとては。さりとも。なほなほ［尚尚／猶猶］。なほも［尚／猶］。〈上代〉なほし［尚／猶］。

それとなく 〈近代〉あんじ［暗示］。あんもくに［暗黙］。サジェスチョン／サゼッション(suggestion)。それとなく。〈近世〉言はず語らず。さりげなく。よそながら［余所乍］。〈中世〉それとはなしに。〈中古〉あんに［暗］。

—分からせる言い方 なぞかけ［謎掛］。〈近世〉とほまはし［遠回］。ゑんきょく［婉曲］。謎を掛く〔—掛ける〕。〈中世〉そへこと［諷言］。なぞだて［謎立］。〈中古〉うちほのめく［打仄］。なぞなぞ［謎謎］。にほはす〔—わせる〕［匂］。ほのめかす［仄］。

それとも 〈近世〉それとも。ただし［但］。〈中世〉ただしは［但］。はたまた［将又］。

それなのに だのに。〈近代〉それなのに。〈近世〉そのくせ［其癖］。それだのに。〈中世〉さらばを［然／而］。さるは［然］。しかるに［然］。しかるを。にも拘はらず。〈中古〉それに。

それほど【其程】 〈近代〉ことほどさやうに［事程左様］。たいして［大］。〈近世〉あんまり［余］。そらほど［程］。それくらゐ／それぐらゐ［其

位]。中世さした[然]。さのみ[然]。さばかり[然許]。それほど[其程]。中古あまり[余]。さしたる[然]。さして[然]。さほど[然程]。さまで[然迄]。

―でもない 中古いとさも。いとしも。さならぬ[然]。

―の 中古させる[然]。

―までに 中世さしも[然]。さばかり[然許]。中古さまで[然]。

それゆえ【其故】 近世から。されば[然]。だから。ために[為]。ので。中世さすれば。されば[然]。しかるがゆゑに[然故]。したがって[従]。よって/よて[因/依/仍]。中古かるがゆゑに[故]。しかるあひだ[然間]。それゆゑ[其故]。そゑに[所以/故]。よりて[因/依]。ゆゑに[故]。上代そこゆゑ[其処故]。

そ・れる【逸】 いつだつ[逸脱]。近代いっする[逸/佚]。ずれる。中世きる[きれる][切]。そる[それる][逸]。なぐる[なぐれる]。はづる[はずれる][外]。上代たがふ[違]。

横に―・れる 近世よこぎれ[横切]。

脇道に―・れること 近世よこぎれ[横切]。

そろい【揃】 セット(set)。近世そろひ[揃]。中世いっしき[一式]。いっつい[一対]。ひとくみ[一組]。→くみ❸

装束などのひと― 中古ひとかさね[一重/一襲]。

鎧(よろい)などのひと― 中世いっしく[一支具]。いっしゅく[一縮]。上代いちりゃう[一領]。

そろ・う【揃】 近世いっせい[一斉]。うちそろふ[打揃]。くゎんび[完備]。中世そろふ[揃]。中古いっち[一致]。うちぐす[打具]。ぐす[具]。ととのふ[整/調/斉]。ならぶ[並]。そなはる[備]。たちならぶ[立並]。

―・って 近世いっせいに[一斉]。こぞって[挙]。中古ともども。ひとしく[斉]。もろともに[諸共]。等しうす。上代こぞりて[挙]。

―・っていないこと はんま[半間]。近代ふいっち[不一致]。近世ちぐはぐ。ふぞろひ[不揃]。中世かたしがたし[片片]。ところまだら[所斑]。はんぱ[半端]。ふせい[不斉]。むら[斑]。中古しんし[参差]。ふぐ[不具]。ふび[不備]。

―・っていない物 近代はんぱもの[半端物]。中世はしたもの[端物]。はもの[端物]。

―・っている 近代ぐび[具備]。中世かいぐ[皆具]。中古ぐそく[具足]。せいいつ[斉一]。

―・っている物 近世まるもの[丸物/円物]。

同志がずらりと―・う 近代かほぞろひ[顔揃]。中世轡(くつわ)を並べる。

整い―・っている 上代せいせい[整斉/斉整]。中古そなはる[具/備]。

残らず―・う 中古こぞる[挙]。

不足なく―・う 中古ととのふ/ととのほる[調/整]。

そろう【疎漏】 近代そざつ[粗雑/疎雑]。ておち[手落]。近世づさん[杜撰]。てぬかり[手抜]。中世そろう[疎漏/粗漏]。ゐろう[遺漏]。中古だつろう[脱漏]。上代そりゃく[粗略/疎略]。

そろう【粗陋】 近代やばん[野蛮]。ラフ(rough)。近世あらけづり[荒削]。そぼう[粗暴/麁暴/疎暴]。中世そや[粗野/疎野]。ひや[卑野]。やひ[野卑]。中古そろう[粗陋/麁陋]。

そろ・える【揃】 近世てうたつ[調達]。中世とりそろふ[―そろえる][取揃]。中古ぐす[具]。とりぐす[取具]。ならぶ[ならべる][並]。上代せいび[整備]。そなふ[そなえる][備]。そろふ[そろえる][揃]。ととのふ[―のえる][調/整/斉]。とりなむ[取並]。

―・えて持つ 上代おひなめもつ[負並持]。

買って―・える 近代かひそろへる[買揃]。

金額などを―・える 近世耳を揃ふ[―揃える]。

人員を―・える 上代そなふ[そなえる][具/備]。

そろそろ❶〈そっと〉 近代ゆっくり。近世そろりと。ぼちぼち/ぽちぽち。ほつほつ/ぼつぼつ。中世じょじょに[徐徐]。そっと。そろそろ。やうやう/やうやく[漸]。やはらやはら。ゆるりと。中古しづかに[静]。しづしづ。やはら。ゆるゆる。上代もそろもそろ(に)。

そろそろ❷〈まもなく〉 ぼつぼつ。ほどなく[程無]。まもなく[間無]。近世そろそろ。ぼちぼち。中世おっつけ[追付/押付]。おひおひ[追追]。きんきん[近近]。ちかぢか[近近]。中古おって[追]。

ぞろぞろ 近世ぞよぞよ。ぞろぞろ。どろどろ。中世ぞろめく。蟻の熊野参り(伊勢参り/百度参り)。

そろばん【算盤】 近代さん[算]。近世がちう[牙籌]。さんばん[算盤]。中世そろばん[算盤]。

―を使っての計算 みとりざん[見取算]。よみあげざん[読上算]。近代しゅざん[珠算]。たまざん[珠算/玉算]。

▼助数詞 近代中世めん[面]。

そわそわ 近代そはそはしい。もそもそ/もぞもぞ。居ても立っても居られない。近世あた

ふた。きょろきょろ。さわさわ。そそくさ。そはそは。とばとば。もぢかは。もぢもぢ。〘中世〙すずろはし／そぞろはし［漫］。せかせか。〘中古〙うきうき［浮浮］。

―・した心　〘中古〙すずろごころ／そぞろごころ［漫心］。なかぞら［中空］。

―・する　落ち着きがない。〘近世〙そそる。そぞろ［漫］。そはつく。とばつく。〘中世〙うきたつ［浮立］。そそく［そそける］。そぞろく［漫］。〘中古〙うかる［うかれる］［浮］。すずろく／すずろぶ［漫］。そそめく。そぞろはし［漫］。

―とあたりを見回すさま　〘近世〙きょときょと。きょろきょろ。

そん【損】　さそん［差損］。〘近代〙あかじ［赤字］。けっそん［欠損］。しょそん［所損］。ダメージ(damage)。ふりえき［不利益］。マイナス(minus)。ロス(loss)。〘近世〙あな［穴］。かづき［被／被衣］。かぶり［被］。くひこみ［食込］。はたき［叩］。めり［滅］。〘中世〙きそん［虧損］。しち／しつ［失］。そんまう［損亡］。〘中古〙しっつい［失墜］。そん［損］。そんがい［損害］。そんばう［損亡］。つひえ［費］。もっきゃく［没却］。〘上代〙そんしつ［損失］。

《句》〘近代〙空馬（からうま）に怪我なし。裸馬に怪我なし。損して得とれ。〘近世〙百姓の不作話と商人（あきんど）の損話。

―・した金額　〘近世〙そんきん［損金］。そんぎん［損銀］。

―の上の損　〘近代〙泥棒に追ひ（銭（せん））。盗人に追ひ（銭（せん））。

―をする　〘近代〙足が出る。足を出す。算盤が取れない。算盤が持てない。〘近世〙はたく［叩／砕］。へこむ［凹］。穴を開く［―開ける］。下がりを請く［―請ける］。損がいく。間尺（ましゃく）に合はぬ。割に合はぬ。割を食ふ。持ち出しになる。〘中世〙いたむ［痛／傷］。鼻を欠く。〘中古〙かく［かける］［欠／缺／闕］。〘上代〙おとる［劣］。

―を招く気性　〘近世〙そんき［損気］。《句》〘近世〙短気は損気。

大きな―　〘近世〙おほあな［大穴］。おほぞん［大損］。〘中世〙たいそん／だいそん［大損］。

商売で―をする　〘近世〙けこむ［蹴込］。

全部―をする　〘近世〙まるぞん［丸損］。元も子も失ふ。元も子もない。

そんえき【損益】　→**そんとく**

そんがい【損害】　しゅっけつ［出血］。〘近代〙いたで［痛手］。けっそん［欠損］。だげき［打撃］。ダメージ(damage)。ひがい［被害］。〘中世〙そんしつ［損失］。そんまう［損亡］。〘中古〙がい［害］。そん［損］。そんがい［損害］。そんばう［損亡］。はそん［破損］。

―の埋め合わせ　〘近代〙ほしゃう［補償］。〘近世〙ばいしゃう［賠償］。〘中世〙つぐなふ［償］。べんしゃう［弁償］。〘中古〙つぐのふ［償］。

―を与える　〘近世〙うちのめす［打］。げきは［撃破］。

大きな―　だいそんがい［大損害］。〘近代〙だいだげき［大打撃］。〘中古〙たいがい／だいがい［大害］。

風による―　〘近代〙ふうがい［風害］。〘中古〙ふうさい［風災］。ふうそん［風損］。

実際の―　じっそん［実損］。〘近代〙じつがい［実害］。

自分の責任による―　〘近代〙じそん［自損］。

精神的―の賠償金　〘近代〙ゐしゃれう［慰謝料］。

戦争などによる―　けっさい［血債］。せんさい［戦災］。

他人の責任による―　たそん［他損］。

日照りによる―　〘近代〙かんがい［干害／旱害］。〘中古〙かんそん［旱損］。

物的な―　ぶっそん［物損］。

水による―　〘近世〙すいくゎん［水患］。〘中世〙すいさい［水災］。〘中古〙すいそん［水損］。〘上代〙すいがい［水害］。

ぞんがい【存外】　〘近代〙いさうぐゎい［意想外］。よさうぐゎい［予想外］。〘近世〙はしなく［端無］。〘中世〙いぐゎい［意外］。ぞんぐゎい［存外］。期せずして。〘中古〙あんぐゎい［案外］。おもひがけず［思掛］。はからずも［不計／不図］。ゆくりなく。思ひの外（ほか）。思ひも寄らず。〘上代〙りょぐゎい［慮外］。

そんけい【尊敬】　オマージュ（フランス hommage）。すうはい［崇拝］。ゐけい［畏敬］。〘近代〙けいぼ［敬慕］。すうけい［崇敬］。〘近世〙けいふく［敬服］。〘中世〙しんすい［心酔］。しんぷく［心服］。そんけい［尊敬］。〘中古〙そんきゃう［尊敬］。

―・される人　〘中古〙しちゃう［師長］。そんざ／そんじゃ［尊者］。

―・し羨（うらや）む　〘中世〙きんせん［欽羨］。

―・し慕うこと　〘近代〙けいぼ［敬慕］。

―・し親しみの気持ちを持つ　〘上代〙けいあい［敬愛］。

―・し信頼する　〘中世〙けいしん［敬信］。

―・する　〘中世〙あがまふ［崇］。けいす［敬］。たっとぶ／たっとむ［尊］。〘中古〙あふぐ［仰］。〘上代〙あがむ［あがめる］［崇］。うやまふ［敬］。

そ

たふとぶ[尊]。ゐやまふ[礼]。

ー・する人に会う 近代 謦咳(けいがい)に接する。

ーの気持ち 近代 けいい[敬意]。

ーの助動詞 近代 られる/れる。中古 さす。しむ。す。らる。る。

▼**接頭語** おほ[大]。中世 おみ[御御]。ぎょ[御]。中古 お/ご/み[御]。おん[御]。おほみ[大御]。おほん[御/大御]。

▼**接尾語** 近代 し[氏]。ぢょらう[女郎]。近世 うぢ[氏]。ぎょらう[女郎]。し[姉]。ぢょらふ[女﨟]。中世 ご[御]。こう[公]。ごぜ/ごぜん[御前]。さま[様]。しゅ/しゅう[衆]。中古 どの[殿]。上代 し[師]。たち[達]。

▼**補助動詞等** お…になる。近世 あそばす[遊]。ごらんなさる[御覧]。なさります。なさる。なされます。なしゃれる。やんす。中世 あすばす[遊]。中古 おぼす[思]。おもほす[思]。ごらんず[御覧]。たまはす[給]。たまふ[給]。はべりたうぶ/はべりたぶ[侍給/侍賜]。上代 います[在/座]。

そんげん【尊厳】 近代 ディグニティー(dignity)。中世 そんげん[尊厳]。ゐげん[威厳]。中古 いかめし[厳]。おごそか[厳]。上代 かみさぶ/かむさぶ/かんさぶ[神]。

そんこう【損耗】→**そんもう**

そんざい【存在】 近代 いう[有]（哲学用語）。ザイン(ドイツ Sein)（哲学用語）。じつざい[実在]。じつぞん[実存]。中世 う[有]。げん[現]。そんざい[存在]。中古 しょざい[所在]。上代 げんそん/げんぞん[現存/見存]。

ー・する ある[在/有]。中古 うちあり[打有]。そんす[存]。ものす[物]。上代 あり[有]。ゐる[居]。

ーを感じさせるもの 近代 けはい[気配]。中古 け[気]。上代 かげ[影]。

ーを支えるもの 中古 いのち[命]。せいめい[生命]。

ある価値を持ってー・すること 近代 せいぞん[成存]。レーゾンデートル(フランス raison d'être)。

永久にー・すること 近代 えいぞん[永存]。中古 ふしゃうふめつ[不生不滅]。中世 ふしゃう[不生]。上代 じゃうぢゅう[常住]。

偏ってー・すること 近代 へんざい[偏在]。

確かにー・すること 近代 げんそん[厳存]。中古 げんざい[現在]。

どこにでもー・すること 近代 へんざい[遍在]。

内部にー・すること 近代 ないざい[内在]。

引き続きー・すること 近代 そんぞく[存続]。

複数のものが同時にー・すること 近代 きょうざい[共在]。きょうぞん[共存]。へいそん/へいぞん[併存/並存]。

物質的なー 上代 しき[色]（仏語）。

ぞんざい 近代 そざつ[粗雑/疎雑]。らんぼう[乱暴]。近世 あらっぽい[粗]。ざつ[雑]。そほん[粗笨]。ぞんざい。たくさんさう[沢山]。中世 ざまく。そはう[粗放/疎放]。そらく[疎略/疏略]。づさん[杜撰]。なげやり[投遣]。上代 あらし[粗]。そりゃく[粗略/疎略/麁略]。

そんしつ【損失】→**そんしょう**

そんしょう【損傷】 近代 きそん[毀損/棄損]。さうしゃう[創傷]。ダメージ(damage)。ふしゃう[負傷]。をそん[汚損]。近世 ぐゎいしゃう[外傷]。こはる[こわれる][壊/毀]。そんくゎい[損壊]。中世 いたむ[いためる][痛/傷]。きずつく[傷付/疵付]。こはす[壊]。そこぬ[そこねる][損]。つぶる[つぶれる][潰]。はくゎい[破壊]。中古 そこなふ[損/害]。そんず[損]。はそん[破損]。上代 いたで[痛手]。きず[傷/疵/瑕]。そんしゃう[損傷]。はゑ[破壊]。

そんしょく【遜色】 近代 そんしょく[遜色]。ひけめ[引目]。れっとうかん[劣等感]。近世 肩身が狭い。肩身窄(すぼ)まる。中世 きおくれ[気遅/気後]。中古 みおとり[見劣]。

そん・ずる【損】→**そんしょう**

そんぞく【存続】 近代 けいぞく[継続]。そんぞく[存続]。ぢぞく[持続]。上代 つづく[つづける][続]。

ーと滅亡 近代 そんぱい[存廃]。中古 そんばう[存亡]。中世 そんまう[存亡]。

▼**存続表現**(…ている) 中古 にたり。ものす[物]。上代 たり。

…ているそうだ 中世 たんなり。

…ているだろう 中古 たらむ。

…ているようだ 中古 ためり。たんめり。

…ているらしい 中古 ためり。たんめり。

そんだい【尊大】 近代 こうしせい[高姿勢]。なまいき[生意気]。がうぜん[豪然]。じだい[自大]。やらうじだい[夜郎自大]。近世 おほづら[大面]。おほひれ[大鰭]。がうがん[傲岸]。たかぶり[高高]。くとまる。中世 いたか[威高/居高]。かうまん[高慢]。がうまん[傲慢]。くゎうりゃう[荒涼]。けんぺい[権柄]。こしだか[腰高]。ぞうちゃう/ぞうぢゃう[増長]。そんだい[尊大]。わうへい[横柄]。中古 けうま

ん［驕慢／憍慢］。ふそん［不遜］。

そんたく【忖度】 →**すいさつ**

そんちょう【尊重】 近代 ぢゅうえうし［重要視］。ぢゅうし［重視］。中世 そうちょう［崇重］。中古 しゃうくゎん／しゃうぐゎん［賞玩／賞翫］。すうちょう［崇重］。

ー・する 近世 一目を置く。中世 おもくす［重］。中古 たっとぶ／たっとむ［尊］。たふとぶ［尊］。もちふ／もちゆ／もちゐる［用］。もてあがむ［崇］。上代 おもんず［重］。たふとむ［尊］。

そんちょう【村長】 近世 むらをさ［村長］。中世 そんちゃう［村長］。上代 さとをさ［里長］。むらぎみ［村君］。

そんとく【損得】 中世 そんえき［損益］。そんとく［損得］。とくしつ［得失］。中古 りがい［利害］。

《句》近世 損して得取れ。安物買ひの銭失ひ。一文吝しみの百知らず(百失ひ)。

ーが釣り合う とんとん。近世 ごぶごぶ［五分五分］。割に合ふ。中世 ひきあふ［引合］。

ーで行動する(さま) けいさんだかい［計算高］。近代 そんとくづく［損得尽］。ださんてき［打算的］。近世 かんぢゃうだかい［勘定高］。かんぢゃうづく［勘定尽］。そろばんづく［算盤尽］。歌と読み。中世 りかん［利勘］。

ーの計算 そろばんかんじょう［算盤勘定］。近代 ださん［打算］。ましゃく［間尺］。近世 かんぢゃう［勘定］。そろばん［算盤］。算盤を弾く。

そんな 近世 さういふ［然言］。さうした［然］。そない。そんな。中世 そのやう［其様］。中古 さる［然］。→**そのよう**

ーこと 近世 そのぎ［其儀］。中世 そのつれ［其連］。中古 さること［然事］。

ーことだろう 近世 さもありなん。中世 さもあらん。

ー程度 近世 それしき［其式］。

ーに そうそう［然然］。近代 事ほど左様に。近世 そがいに。中世 さぞ［嘸］。それほど［其程］。中古 さほど［然程］。しかく［然／爾］。

ーにまで 中世 それまで［其迄］。中古 さまで［然迄］。上代 しかばかり［然許］。

ーにも 中世 さぞや［嘸］。

ぞんねん【存念】 →**しょぞん**

そんぴ【存否】 近代 そんぱい［存廃］。中世 うむ［有無］。そんぴ［存否］。中古 ありなし［有無］。あんぴ［安否］。せうそく［消息］。どうせい［動静］。

ぞんぶん【存分】 近代 おもひきり［思切］。こころいっぱい［心一杯］。じふぶん［十分］。遺憾なく。心行くまで。近世 おもふぞんぶん［思存分］。じふにぶんに［十二分］。せいいっぱい［精一杯］。中世 ぞんぶん［存分］。たっぷり。ほってと。まんぞく［満足］。中古 思ひのまま。

ー・にする 中古 心を遣る。

ー・に貪りたい気持ち 中古 しょよく［嗜欲］。

そんぼう【存亡】 そんめつ［存滅］。近代 きふく［起伏］。中世 うきしづみ［浮沈］。こうばう［興亡］。じゃうすい／せいすい［盛衰］。せうちゃう［消長］。中古 ありなし／ありやなしや［有無］。えいこ［栄枯］。そんばう［存亡］。上代 こうはい［興廃］。ふちん［浮沈］。→**えいこせいすい**

ぞんめい【存命】 近代 せいそく［生息］。近世 けんざい［健在］。中世 いきながらふ［ーらえる］［生永］。いきのぶ［ーのびる］［生延］。せいぞん［生存］。ぞんじゃう［存生］。中古 ありふ［有経］。ざいせ［在世］。ぞんめい［存命］。上代 ありわたる［有渡］。ながらふ［ーらえる］［永／長］。

ー中 近代 せいぜん［生前］。中古 ざいせ［在世］。さうぜん［生前］。しゃうぜん［生前］。

そんもう【損耗】 近代 せうかう／せうがう［消耗］。せうばう／せうまう［消耗］。そんかう／そんもう［損耗］。中古 へる［減］。

そんらく【村落】 近代 そんりょ［村閭］。ビラージュ(フランス village)。ビレッジ(village)。近世 ぶらく［部落］。中世 じゅらく［聚落］。そんらく［村落］。りりょ［里閭］。中古 しふらく［集落］。しゅうらく［聚落］。ひとざと［人里］。むら［村］。むらざと［村里］。上代 あれ／ふれ［村］。さと［里／郷］。そんいふ［村邑］。りょり［閭里］。

《句》近世 千軒あれば共暮らし。千軒あれば共過ぎ。

ーに近いこと 近世 ぢさき［地先］。

ーの長 中世 そんちゃう［村長］。上代 さとをさ［里長］。むらぎみ［村君］。むらをさ［村長］。

そんりつ【存立】 中世 じりつ［自立］。せいそん／せいぞん［生存］。そんざい［存在］。そんりつ［存立］。

そんりょう【損料】 かりりょう［借料］。しゃくようりょう［借用料］。近代 かりちん［借賃］。しようりょう［使用料］。しゃくれう［借料］。中古 そんれう［損料］。

た

た【田】 りくでん［陸田］。近世たんぼ［田圃］。の［野］。のら［野良］。中世たしろ［田代］。中古しろ［代］。たづら［田面］。でんち／でんぢ［田地］。でんばく［田畠］。上代こなた［水田／熟田］。すいでん［水田］。た［田］。たゐ［田居］。つくだ［佃］。でんゑん［田園］。ぬなた［渟浪田］。をだ［小田］。

—が荒廃して耕作できないこと 中古ふかん［不堪］。ふかんでん［不堪田］。ふかんでんでん［不堪佃田］。

—で作物を作ること 近代かうしゅ［耕種］。上代かうさく［耕作］。

—と宅地 上代でんたく［田宅］。なりどころ［業所］。

—と野原 中世でんや［田野］。

—と畑 近代かうさくち［耕作地］。近世でんぱた［田畑／田畠］。中世たはた［田畑］。中古でんばく［田畠］。上代でんゑん［田園］。

—の雑草（稗など） 近世たびえ［田稗］。中古たぐさ［田草］。たのひえ［田稗］。たのみの。

—の仕切り 中古あぜ［畦／畔］。くろ［畔］。上代あ［畔／畦］。

—の仕事 たほどき［田解］。のうさぎょう［農作業］。近代のうかう［農耕］。ひゃくしゃう［百姓］。近世のらしごと［野良仕事］。中世でんさく［田作］。のうさ［農作］。中古たつくり／たづくり［田作］。上代かうさく［耕作］。

—の収穫高 中世くゎん［貫］。こく［石］。

—の中 近世でんかん［田間］。中古たなか［田中／田間］。

—の表面 中世たのむ［田面］。上代たのも［田面］。

—のほとり 中古たづら［田面］。

—の水垢 近世たしぶ［田渋］。

—の水の取り入れ口 中世たぐち［田口］。

—の道 近世たんぼうみち／たんぼみち［田圃道］。中世あぜみち［畔道］。なはてみち［縄手路］。中古なはて［畷／縄手］。

—を新たに開墾すること 上代にひばり［新治／新墾］。

—を耕す人 近代かうふ［耕夫］。中古たご［田子］。でんぶ／でんぷ［田夫］。のうふ［農夫］。ひゃくしゃう［百姓］。

新たに開いた— 近代しんこんち［新墾地］。中世あらた［新田］。しんかいち［新開地］。しんでん［新田］。はつた［初田］。中古あらきばり。あらをだ［新小田］。にひばりた［新墾田］。上代あらきだ［新墾田］。にひばり［新墾／新治］。はりた［墾田］。

荒れた— 中世あらた［荒田］。中古あらはた［荒畑］。あらをだ［荒小田］。

一斉に稲穂が出た— 上代ほだ［穂田］。

稲が青々と育つ— 近世あをた［青田］。

稲の苗を作る— 近世さなへだ［早苗田］。中世くさだ［草田］。上代なはしろ［苗代］。

稲を刈りとった— 中古かりた［刈田］。かりをた［刈小田］。

丘の上の— 上代をろた［峰田］。

耕作している— 近世てさく［手作］。上代かうでん［耕田］。つくだ［佃］。つくりだ［作田／佃］。

耕作を休んでいる— きゅうかんでん［休閑田］。きゅうこうでん［休耕田］。きゅうでん［休田］。近代かんでん［間田］。

洪水などで荒廃した— 中世かはなり［川成／河成］。

雑草の茂った— 中古くさだ［草田］。

鹿や猪が荒らす— 上代ししだ［鹿田／猪田］。

租税を納めない隠した— 近世かくしだ［隠田］。しのびだ［忍田］。中世いんでん／おんでん［隠田］。

田植え前の— 近代しろた［代田］。

高い所にある— 上代あげた［高田／上田］。

耕した— 中古こなた［熟田］。はりた［墾田］。はりをた［墾小田］。

地味の肥えた良い— 近代びでん［美田］。中古りゃうでん［良田］。

低地にある— 上代くぼた［凹田／窪田］。

泥の浅い— 近世あさだ［浅田］。

泥の深い— 近代ひどろた［田］。中世ぬまだ［沼田］。ふかだ／ふけ／ふけだ［深田］。ぬた［沼田］。中古うきた［浮田］。さはだ［沢田］。上代ぬなた［渟浪田］。

日照りで乾いた— 近世かんでん［旱田］。かれた［涸田］。中世ひやけだ［日焼田］。ひでりた［旱田］。

広い— 近世ちまちだ［千町田］。上代いほしろをだ［五百代小田］。

古い荒れた— 中古ふるた［古田］。

水がなく乾いた— 近世かたた［堅田］。

水はけが悪く年中水の抜けない— しつでん［湿田］。

水はけのよいー 近代かんでん[乾田]。上代あげた[上田]。

門の近くのー 上代かどた[門田]。かなとだ[金門田]。

山の中のー 上代やまだ[山田]。をやまだ[小山田]。

わずかな狭いー 中世としろだ[十代田]。としろをだ[十代小田]。中古そしろ[十代]。そしろだ[十代田]。

早稲の稲を作るー 上代わさだ／わせだ[早稲田]。

▼助数詞 近世たんぶ[反歩／段歩]。まい[枚]。せ[畝]。上代きだ[段／常]。たん[反／段]。

た【他】 中世いぐゎい[以外]。べつ[別]。中古た[他]。べち[別]。上代ほか[外]。

ーの事 中古ことごと[異事]。

ーの時 中古ことどき[異時]。

ーの場合 中古ことをり[異折]。

ーの人 中世べちじん[別人]。中古ことざま[異様]。ことひと[異人]。べつじん[別人]。

ーの方面 中古ことざま[事様]。

そのーの 中古さらぬ[然]。

ターゲット(target) 近代へうてき[標的]。もくへう[目標]。近世ねらひ[狙]。まじるし[目印／目標]。もくてき[目的]。中世めあて[目当]。めじるし[目印／目標]。上代まと[的]。

ターニングポイント(turning point) おりかえしてん[折返点]。かんとう[関頭]。近代ターニングポイント。てんくゎんき[転換期]。ぶんきてん[分岐点]。わかれめ[分目]。近世まがりかど[曲角]。わかれみち[分道]。中世てんき[転機]。中古つじ[辻]。上代きろ[岐路]。

ターミナル(terminal) しゅうちゃくてん[終着点]。たんし[端子]。近代しゅうてん[終点]。上代うまや[駅]。えき[駅]。

コンピューターのー たんまつ[端末]。たんまつきき[端末機器]。たんまつそうち[端末装置]。ポート(port)。

たい【他意】 中世あくい[悪意]。べつい[別意]。中古あだごころ／あだしごころ[徒心／他心]。いしん[異心]。ことごころ[異心]。じしん／にしん[二心]。たしん[他心]。上代ぎしん[疑心]。たい[他意]。ふたごころ[二心]。

たい【隊】 近代ぐんたい[軍隊]。しふだん[集団]。たい[隊]。だんたい[団体]。中古ぶたい[部隊]。

たい【鯛】 おおだい[大鯛]。近世かすご／かすごだひ[鯛]。まだひ[真鯛]。中世おひら[御平](女房詞)。上代あかめ[赤女]。たひ[鯛]。

ーの頭の三つの骨 近世みつだうぐ[三道具]。鯛の三道具。

ーの頭を焼いた料理 近代かぶとやき[兜焼]。

祝儀に使うーの例 中世かけこだひ[懸小鯛]。かけだひ[掛鯛／懸鯛]。すわりだひ[坐鯛]。

小さなー 中世こだひ[小鯛]。中古をだひ[小鯛]。

冬にとれるー かんだい[寒鯛]。

だい【台】 近代カウンター(counter)。スタンド(stand)。中世さんぱう[三方]。しはう[四方]。中古あん[案]。おきくら[置座]。だい[台]。ばん[盤]。

足場のー うま[馬]。近代かだい[架台]。近世あしだか[足高]。ふみつぎ[踏継]。中世あしつぎ[足継]。きゃたつ[脚立]。ふみだい[踏台]。

足をのせるー オットマン(ottoman)。

鏡を立てるー かがみだい[鏡台]。近世かがみたて[鏡立]。中古きゃうだい[鏡台]。

花瓶を載せるー はなだい[花台]。中世くゎだい[花台]。

献上物を載せるー 近世しんじゃうだい[進上台]。

実験を行うー じっけんだい[実験台]。

食器などを載せるー 近世おぜん[御膳]。しょくぜん[食膳]。中世ぜん[膳]。中古だいばん[台盤]。ばん[盤]。

書物などを載せるー 近世しょけんだい[書見台]。中世けんだい[見台]。中古ぶんだい[文台]。

涼むために置くー のうりょうゆか[納涼床]。近代おきざ[置座]。近世かはどこ／かはゆか[川床／河床]。こしかけだい[腰掛台]。しゃうぎ[床几／牀几／将几]。すずみだい[涼台]。すずみどこ[涼床]。中世おきえん[置縁]。

竹や板を間をあけて打ち付けたー 上代すのこ[簀子]。

帳(とばり)を垂らして寝所とするー 中世はまゆか[浜床]。

仏前に供える物を載せるー 近代けそくだい[華足台／花足台]。近世くげ[供笥]。上代けそく[華足／花足]。

蠟燭(ろうそく)などを立てて灯すー 近世しょくか

[燭架]。らふそくたて[蠟燭立]。中世しょくだい[燭台]。らふそくだい[蠟燭台]。

タイアップ(tie up) ジョイント(joint)。れんけい[連携]。近代きょうどう[共同]。けふどう[協同]。けふりょく[協力]。タイアップ。ていけい[提携]。近世けっそく[結束]。

たいい【大意】 近代アウトライン(outline)。えうかう[要綱]。レジュメ(フランス résumé)。近世がいえう[概要]。えうてん[要点]。がいりゃく[概略]。たいえう[大要]。中世あらまし。えうし[要旨]。えうやく[要約]。上代おほむね[大旨/概]。たいい[大意]。

たいい【体位】 近代しせい[姿勢]。たいかく[体格]。たいゐ[体位]。近世たいりょく[体力]。

たいいく【体育】 近代アスレチック(athletic)。うんどう[運動]。たいいく[体育]。たいさう[体操]。

だいいち【第一】 いっきゅう[一級]。がしら[頭](複合語をつくる)。トップ(top)。ナンバーワン(No.1; number one)。ピン(ポルトガル pinta)。近代エース(ace)。しゅせき[首席]。しゅゐ[首位]。ぴかいち[光一]。ファースト(first)。わうざ[王座]。近世ずいいち[随一]。せんとう[先頭]。てんじゃう[天上]。ひっとう[筆頭]。中世いちりう[一流]。いちゐ[一位]。いっとう[一等]。さき[先/前]。せんいち/せんいつ[専一]。そういち[総一]。はつ[初]。中古いちばん[一番]。さいじゃう[最上]。さいしょ[最初]。はじめ[初]。ひときざみ[一刻/一階]。むね[旨]。上代だいいち[第一]。

ー印象 近代とっつき/とりつき[取付]。ファーストインプレッション(first impression)。

ーに 中世むねと[宗]。中古たてて[立]。もっとも[尤/最]。

ーの 近世おもな[主]。たて[立](接頭語)。中古さいたる[最]。

だいいちにんしゃ【第一人者】 ナンバーワン(No.1; number one)。近代エース(ace)。エキスパート(expert)。オーソリティー(authority)。おほごしょ[大御所]。だいいちにんしゃ[第一人者]。近世おほだてもの[大立者]。たいと[泰斗]。はなのもと[花下/花本]。中世けんゐ[権威]。たいか[大家]。中古いちのもの[一者/一物]。

ーの地位 近代わうざ[王座]。

だいいっせん【第一線】 じんとう[陣頭]。さいせんたん[最先端]。近代さいぜんせん[最前線]。ぜんせん[前線]。だいいっせん[第一線]。

たいえい【退嬰】 近代せうきょくてき[消極的]。たいえい[退嬰]。たいかう[退行]。ほしゅてき[保守的]。

たいおう【対応】 こおう[呼応]。たいしょ[対処]。みあう[見合]。近代たいおう[対応]。たいす[対]。てきおう[適応]。近世せうおう[照応]。せうたい[照対]。中世おうず[応]。中古あたる[当]。こたふ[こたえる][応]。さうたう[相当]。

《句》近世鐘(かね)も撞木(しゅもく)の当たりがら。

正面を避けてことさらずれたー 斜(しゃ)に構える。

その場に応じてー 近世そくめう[即妙]。りんきおうへん[臨機応変]。中世きてん[機転/気転]。たういそくめう[当意即妙]。

たいおん【体温】 近代しんねつ[身熱]。たいねつ[体熱]。たいをん[体温]。

ーを計る器具 近代たいをんき[体温器]。たいをんけい[体温計]。近世けんをんき[検温器]。

ーを計ること 近代けんをん[検温]。

健康な人のー 近代へいねつ[平熱]。へいをん[平温]。

発熱したーを下げること 近代げねつ[解熱]。

病気でーが上がる 中世はつねつ[発熱]。

中古ぬるむ[温/微温]。

だいおんじょう【大音声】 近世かみなりごゑ[雷声]。たいせい[大声]。どうばりごゑ[胴張声]。どうまごゑ[胴間声]。どらごゑ[銅鑼声]。中世かうしゃう[高声]。だいおんじゃう[大音声]。われがね[破鐘/割鐘]。中古おほごゑ[大声]。こわだか[声高]。↓こえ

たいか【大火】 ↓かじ【火事】

たいか【大過】 ↓あやまち

たいか【大家】❶〈巨匠〉 近代オーソリティー(authority)。おほごしょ[大御所]。きょしゃう[巨匠]。だいいちにんしゃ[第一人者]。ぢゅうちん[重鎮]。めいしゅ[名手]。近世きょじゅ[巨儒]。けんゐ[権威]。たいか[大家]。たいと[泰斗]。中世たいざんほくと[泰山北斗]。中古めいじん[名人]。上代せきがく[碩学]。

たいか【大家】❷〈家/家柄〉 ↓いえ ↓いえがら

たいか【対価】 近代たいか[対価]。だいか[代価]。ほうしう[報酬]。近世しゃれいきん[謝

礼金]。

たいか【退化】 近代こうたい[後退]。ていか[低下]。近世あとじさり[後退]。あともどり[後戻]。すいたい[衰退]。たいかう[退行]。中世うしろさがり[後退]。きゃくたい[却退/卻退]。中古たいきゃく[退却]。たいほ[退歩]。

たいか【滞貨】 ざいこ[在庫]。近代ストック(stock)。たいくゎ[滞貨]。近世うれのこり[売残]。

たいが【大河】 中世かうが[江河]。こせん[巨川]。たいかう[大江]。たいせん[大川]。中古え[江]。こせん[巨川]。たいが[大河]。たいすい[大水]。上代おほかは[大川]。

だいか【代価】 近代かかく[価格]。だいか[代価]。れうきん[料金]。近世うりしろ[売代]。だいきん[代金]。だいせん[代銭]。だいれう[代料]。ねだん[値段]。中世うりね[売値]。かひね[買値]。ね[値]。中古しろ[代]。れう[料]。上代あたひ[値/価]。→**だいきん**

たいかい【大会】 コンベンション(convention)。近代そうくゎい[総会]。たいくゎい[大会]。

たいかい【大海】 近世かいやう[海洋]。中世たいやう[大洋]。中古がいかい[蓋海]。きょかい/こかい[巨海]。たいかい[大海]。わたのはら[海原]。大海(おほうみ)の原。上代あをうなばら[青海原]。うなばら/うのはら[海原]。おほうなばら[大海原]。さうかい[滄海]。おほうみ/おほきうみ[大海]。

▼太平洋 近世たいへいかい[太平海/大平海]。

たいかい【退会】 近代たいくゎい[退会]。だっくゎい[脱会]。だったい[脱退]。りだつ[離脱]。

たいがい【大概】❶〈あらまし〉 近代がいえう[概要]。がいりゃく[概略]。りんくゎく[輪郭]。中世あらまし。おほすぢ[大筋]。中古おほよそ[大凡/凡]。たいがい[大概]。たいりゃく[大略]。上代おほむね[概]。

たいがい【大概】❷〈ほとんど〉 近代だいぶぶん[大部分]。中世あらかた[粗方]。だいたい[大体]。ほとんど[殆/幾]。中古おほかた[大方]。たいがい[大概]。たいてい[大方/大抵]。

たいかく【体格】 近代がら[柄]。からだつき[体付]。たいかく[体格]。たいく[体軀]。近世づうたい[図体]。中世こつがら[骨柄]。こつにく[骨肉]。ことがら[事柄]。すぢぼね[筋骨]。中古こつじく[骨肉]。たいけい[体形/体型]。上代きんこつ[筋骨]。しんたい[身体]。

—が大きいさま 近世おほがら[大柄]。おほぐれ[大塊]。

—が大きく立派なこと いく[偉軀]。近世くゎいけつ[魁傑]。中世くゎいゐ[魁偉]。上代くゎいご[魁梧]。

だいがく【大学】 キャンパス(campus)。近代カレッジ(college)。さいかうがくふ[最高学府]。だいがく[大学]。ユニバーシティー(university)。

—間の対抗試合 近代インカレ/インターカレッジ(intercollegiate game)。

—の敷地内 近代がくない[学内]。キャンパス(campus)。

—のいろいろ(例) こうりつだいがく[公立大学]。こくりつだいがく[国立大学]。しりつだいがく[市立大学]。たんきだいがく[短期大学]。ほうそうだいがく[放送大学]。近代しりつだいがく[私立大学]。そうがふだいがく[総合大学]。たんくゎだいがく[単科大学]。

だいかつ【大喝】 近代しった[叱咤/叱咤]。近世かつ[喝]。だいかつ[大喝]。中世いちかつ/いっかつ[一喝]。→**しか・る**

たいかん【大観】 近代そうらん[総覧/綜覧]。つうくゎん[通観]。近世たいくゎん[大観]。つうらん[通覧]。

たいかん【退官】 ちろく[致禄]。近代たいくゎん[退官]。近世たいしん[退身]。上代ちし/ちじ[致仕]。→**たいしょく【退職】**

たいがん【対岸】 近世かはむかふ[川向]。たいがん[対岸]。むかひぎし/むかふぎし[向岸]。むかふがし[向河岸]。中世かはむかひ[川向]。

たいき【大気】 近代アトモスフィア(atmosphere)。エア/エヤー(air)。ぐゎいき[外気]。近世くうき[空気]。たいき[大気]。中古け[気]。

—の圧力 近世きあつ[気圧]。

—の流れ 近代きりう[気流]。

天体を取りまく— 近世ふんゐき[雰囲気]。

たいき【待機】 近代スタンバイ(standby)。たいき[待機]。つめきる[詰切]。満を持す。近世まちかまふ[—かまえる][待構]。中世つむ[つめる][詰]。中古ひかふ[ひかえる][控/扣]。ひかゆ[控]。まちかく[待掛]。上代さもらふ[候/侍]。

たいき【大器】 近代いつざい[逸材]。けつぶつ[傑物]。近世ゐざい[偉材]。中世おほもの[大物]。上代たいき[大器]。
《句》近代たいきせうよう[大器小用]。中古たいきばんせい[大器晩成]。

たいぎ【大義】 近代せいろん[正論]。近世すぢみち[筋道]。でうり[条理]。中世ぎ[義]。しゃうぎ／せいぎ[正義]。じんだう[人道]。めいぶん[名分]。中古しんぎ[信義]。せいどう[正道]。たいせつ[大節]。だいだう[大道]。だうぎ[道義]。上代ことわり[理]。しゃうどう[正道]。じんぎ[仁義]。たいぎ[大義]。だうり[道理]。り[理]。

たいぎ【大儀】 近代けだるい。めんどうくさい[面倒臭]。近世おくくふ[億劫]。中世くたびる〔—びれる〕[草臥]。けんたい[倦怠]。たいぎ[大儀]。だるし[怠／懈]。中古ものうし[物憂]。ものくさし／ものぐさし[物臭／懈]。つかる〔つかれる〕[疲]。

たいぎご【対義語】 アントニム(antonym)。近代はんたいご[反対語]。はんいご[反意語]。中世たいご[対語]。

だいきぼ【大規模】 近代がうさう[豪壮]。だいきぼ[大規模]。だいだいてき[大大的]。近世おほがかり[大掛]。おほじかけ[大仕掛]。中古おほのか[大]。
—・な作品 たいちょ[大著]。ちょうたいさく[超大作]。近代きょへん[巨編／巨篇]。たいさく[大作]。ゆうへん[雄編／雄篇]。
—・な仕事 近代ゐげふ[偉業]。近世せいきょ[盛挙]。せいげふ[盛業]。中世たいえい[大営]。たいかう[大行]。たいこう[大功]。中古たいげふ[大業]。上代こうげふ[鴻業／洪業]。だいじ[大事]。

たいきゃく【退却】 近代こうたい[後退]。てったい[撤退]。中世おひらき[御開]。きゃくたい[却退／卻退]。たいきょ[退去]。たいさん[退散]。たいぢん[退陣]。中古たいきゃく[退却]。
—・させる(味方を) 中世うちいる[打入]。
—・する ひきはらう[引払]。近世ひきとる[引取]。尻尾を巻く。尻に帆を掛く〔—掛ける〕。中世うちいる[打入]。のく[退]。ひく[引]。後ろを見す〔—見せる〕。上代しりぞく[退]。にぐ〔にげる〕[逃]。
—・する道 近代たいろ[退路]。中世にげみち[逃道]。
—の最後尾 近世あとおさへ[後押]。しんがり[殿]。中世しっぱらひ[尻払／後払]。
—の際に伏兵として残しておく兵 近世くさかまり[草屈]。中世すてかまり[捨屈]。ふしかまり／ふせかまり[伏屈]。
—の時機 ひきしおどき[引潮時]。
陣を引き払い—・する 中世ぢんばらひ[陣払]。ぢんびらき[陣開]。
両方とも—・する 近代かうすい[交綏]。

たいきゅう【耐久】 たいよう[耐用]。近代たいきう[耐久]。近世ぢきう[持久]。ながもち[長持]。もちこたふ〔—こたえる〕[持堪]。

たいきょ【退去】 近代たいざ[退座]。近世ちゅうざ[中座]。中世たいきょ[退去]。たいさん[退散]。たいせき[退席]。たいぢゃう[退場]。中古じきょ[辞去]。たいきゃく[退却]。たいしゅつ[退出]。
—・する 近代さがる[下]。ひきはらふ[引払]。中世じす[辞]。まかりいづ／まかんづ[罷出]。中古あかる[別／散]。おりる[下／降]。かへりまかづ[帰罷]。しぞく[退]。しりぞく[退]。すべる[滑／辷／退]。たちのく[立退]。ひきさがる[引下]。ひく[引]。まかづ[罷]。まかりあかる[罷散]。まかりかへる[罷帰]。上代さる[去]。たちさる[立去]。はなる〔はなれる〕[離／放]。まかる[罷]。

たいきょ【大挙】 そろって[揃]。近世いっせいに[一斉]。こぞって[挙]。たいきょ[大挙]。中世いっしょに[一緒]。そうがかり[総掛]。中古あげて[挙]。上代こぞりて[挙]。

たいぎょう【怠業】 近代サボタージュ(フランス sabotage)。たいげふ[怠業]。→**なま・ける**

たいきょく【大局】 近代きょくめん[局面]。じゃうきゃう[状況]。じゃうせい[情勢／状勢]。すうせい[趨勢]。たいきょく[大局]。たいしょかうしょ[大所高所]。たいせい[大勢]。どうかう[動向]。中古けいせい[形勢]。
—が見えない 《句》近代木を見て森を見ず。

たいきん【大金】 近代さつたば[札束]。近世おほがね[大金]。たいきん[大金]。たかがね[高金]。中世せんきん[千金]。たいまい[大枚]。まんきん／まんぎん[万金]。中古ばんきん[万金]。
—を使う 近代いってきせんきん[一擲千金]。ふんぱつ[奮発／憤発]。札片(さつびら)を切る。近世はりこむ[張込]。

だいきん【代金】 近代たいか[対価]。だいか[代価]。れうきん[料金]。近世うりしろ[売代]。かんぢゃう[勘定]。こけん[沽券]。しろもの[代物]。だいきん[代金]。だいせん[代銭]。だいれう[代料]。中世かはり

［代］。しろ［代］。だい／だいもつ［代物］。上代 て［手］。中古 ちん［賃］。れう［料］。あたひ［値］。

ーが不要なこと 近代 むしゃう［無償］。むだい［無代］。むれう［無料］。ロハ。中古 ただ［只／徒］。

ーの一部とする品物 近世 した［下］。

ーの一部を受け取ること 近世 うちどり［内取］。

ーの徴収 近代 コレクト(collect)。

ーを頭割りにすること 近代 へいたいかんぢゃう［兵隊勘定］。わりかん［割勘］。

ーを先に払うこと(金) まえかん／まえかんじょう［前勘定］。近代 ぜんきん［前金］。まへばらひ［前払］。近世 さきがね［先金／前金］。まへがね／まへきん［前金］。まへせん［前銭］。

ーを支払うこと 近世 かんぢゃう［勘定］。はらひ［払］。

ーを何度かに分けて支払う ぶんかつばらい［分割払］。

ーを払わず掛けで買う 中世 おきのる［賒］。

ーを払わず逃げること 近代 ただぐひ［只食］。近世 くひにげ［食逃］。のみにげ［飲逃］。のりにげ［乗逃］。まんびき［万引］。

売上げのー 近代 うりあげ［売上］。うりあげきん［売上金］。うりあげだか［売上高］。

掛け売りのー 近代 かけだいきん［掛代金］。近世 かけきん［掛金］。かけぎん［掛銀］。かけさき［掛先］。

たいく【体軀】 せかっこう［背格好］。近代 からだつき［体付］。くかん［軀幹］。くたい［軀体］。こっかん［骨幹］。たいかく［体格］。たいく［体軀］。近世 かっぷく［恰幅］。中古 たいけい［体形／体型］。上代 きんこつ［筋骨］。↓たいかく

だいく【大工】 カーペンター(carpenter)。近代 ぼくしゃう／もくしゃう［木匠］。近世 しゃうにん［匠人］。中世 きのみちのたくみ［木道匠］。こうし［工師］。しゃうじん［匠人］。だいく［大工］。中古 たくみ［匠／工］。もく［杢／木工］。飛騨(ひだ)の匠(たくみ)。上代 こだくみ［木工／木匠］。ばんじゃう［番匠］。ひだひと［飛騨人］。

ーの頭 近世 とうりゃう［棟梁］。中世 こうし［工師］。しじん［梓人］。もくのかみ［木工頭］。中古 むくのかみ［木工頭］。

下手なー 近代 あなほり／あなほりだいく［穴掘大工］。近世 たたきだいく［叩大工］。

その他ーのいろいろ(例) 近代 せんしゃう［船匠］。近世 くるまだいく［車大工］。みやだいく［宮大工］。やだいく［家大工］。中世 くるまつくり［車作］。ふなだいく［船大工］。ふなばんじゃう［船番匠］。

たいぐう【待遇】 アテンド(attend)。近代 きゃくあつかひ［客扱］。ぐうする［遇］。しょぐう［処遇］。せっきゃく［接客］。近世 あしらひ。あつかひ［扱］。きゃくあしらひ［客］。しむけ［仕向］。とりあつかひ［取扱］。中世 おうせつ［応接］。せったい［接待］。たいぐう［待遇］。中古 もてなし［持成］。上代 せつぐう［接遇］。

手厚いー 近代 ちょうぐう［重遇］。上代 ちょうぐう［寵遇］。

特別なー とっけい［特恵］。近代 とくぐう［特遇］。とくたい［特待］。とくてん［特典］。近世 いすう［異数］。

ひどいー 近代 こくぐう［酷遇］。

名誉あるー 中古 えいぐう［栄遇］。

たいくつ【退屈】 近代 アンニュイ(フランス ennui)。きょぜん［居然］。ダル(dull)。むれう［無聊］。近世 あきる［飽］。しょざいなし［所在無］。だれる。てもちぶさた［手持無沙汰／手持不沙汰］。ぶれう［無聊］。中世 あぐむ［倦］。けんたい［倦怠］。たいくつ［退屈］。つれづれ／とぜん［徒然］。中古 うちたゆむ［打弛］。上代 うむ［倦］。

ー・なさま 近世 あきあき［飽飽］。のつそつ／のっそっ。中世 つれづれ［徒然］。

たいけい【大系】 たいかん［大鑑］。近代 シリーズ(series)。ぜんしふ［全集］。ぜんしょ［全書］。そうしょ［叢書］。近世 せんしふ［選集］。せんしょ［選書］。たいぜん［大全］。

たいけい【体型】 近代 からだつき［体付］。中古 たいけい［体型／体形］。上代 かた［型］。かたち［形］。↓からだつき

ーを整えること シェープアップ(shape-up)。

たいけい【体系】 ストラクチャー(structure)。近代 きこう［機構］。けい［系］。こうせい［構成］。コンストラクション(construction)。システム(system)。そしき［組織］。そせい［組成］。近世 けいとう［系統］。中世 こうざう［構造］。中古 へんせい［編成］。

だいけい【台形】 近代 ていけい［梯形］。はしごがた［梯子形］。近世 はかまごし［袴腰］。

たいけつ【対決】 近代 たいかう［対抗］。たいぢ［対峙］。向かふを張る。四つに組む。近世 たいけつ［対決］。向かふに回す。中世 たちうせりあふ［競合］。たいぢん［対陣］。

ち［太刀打］。はりあふ［張合］。わたりあふ［渡合］。上代あらそふ［争］。

呼び出して—・させる 中世めしあはす［召合］。

たいけん【体験】 エクスペリエンス(experience)。近代けいれき［経歴］。近世けいけん［経験］。たいけん［体験］。みきき［見聞］。中世けんぶん［見聞］。たいとく［体得］。目に遭ふ。中古けんもん［見聞］。め［目］。

《句》近代百聞は一見に如しかず。

昔のにがい— 中世ふるきず［古傷／古疵］。

たいげん【体現】 近代じつげん［実現］。たいげん［体現］。中世ぐげん［具現］。けんげん［顕現］。げんしゅつ［現出］。はつげん［発現］。

たいげんそうご【大言壮語】 うそぶく［嘯］。近代おほぶろしき［大風呂敷］。がうご［豪語］。気炎を揚げる。気炎を吐く。喇叭らっぱを吹く。近世おほくぜつ［大口説］。せんじゃう［僭上］。たいげんさうご［大言壮語］。ふきたつ［—たてる］［吹立］。舌長し。熱を吹く。中世おほくち［大口］。かうげん［高言］。くゎうげん［広言／荒言］。こちゃう［誇張］。はうげん［放言］。中古法螺ほらを吹く。

たいこ【太古】 近世むかしむかし［昔昔］。中世おほむかし［大昔］。せきねん［昔年］。たいこ［太古］。中古こだい［古代］。じゃうだい［上代］。わうじ［往時］。わうじゃく／わうせき［往昔］。上代いにしへ［古／往古］。せんこ［千古］。むかし［昔］。わうこ［往古］。

たいこ【太鼓】 近代タンブール(フランス tambour)。ドラム(drum)。中古うちもの［打物］。上代たいこ［太鼓］。

—と笛 近世こてき［鼓笛］。

—の音の擬音語 近代てんつくてん。でんでん。近世すってんてれつく。てれつく。でんでん。中世たうたう［鏜鏜］。たうたふ［鞺鞳］。とうとう［鼕鼕］。どんどん。

—を打つ人 近代こしゅ［鼓手］。たいこたたき［太鼓叩］。近世うちて［打手］。

—を打つ棒 中古ばち［桴／枹］。

合図としての— 近代ひとよせだいこ［人寄太鼓］。近世いちばんだいこ［一番太鼓］。うちだし／うちだしだいこ［打出太鼓］。おひだし［追出］。しまひだいこ［仕舞太鼓］。ちらしだいこ［散太鼓］。ぢんだいこ［陣太鼓］。ときだいこ［時太鼓］。はてだいこ［果太鼓］。ふれだいこ［触太鼓］。やぐらだいこ［櫓太鼓］。中世かかりだいこ［掛太鼓］。せめだいこ［攻太鼓］。せんこ［戦鼓］。よせだいこ［寄太鼓］。

雷神が持っている— 中世らいこ［雷鼓］。

その他—のいろいろ（例） タブラ／タブラバヤ(tabla-baya)。トムトム(tom-tom)。バスドラム(bass drum)。近代うちはだいこ［団扇太鼓］。しゅこ［手鼓］。たうこ［唐鼓］。だうこ［堂鼓］。近世えだいこ［柄太鼓］。かぐらだいこ［神楽太鼓］。かんからだいこ［太鼓］。くゎえんだいこ［火焔太鼓］。ぐんこ［軍鼓］。でんでんだいこ［太鼓］。まめだいこ［豆太鼓］。ろうこ［漏鼓］。中世おほだいこ［大太鼓］。からつづみ［唐鼓］。こだいこ［小太鼓］。やつばち［八桴／八撥］。

▼打楽器の総称 パーカッション(percussion)。バッテリー(battery)。中古うちもの［打物］。

▼助数詞 はり［張］。

たいご【大悟】 近世ごれう［悟了］。中世ごにふ［悟入］。たいご［大悟］。中古かいご［開悟］。ねはん［涅槃］。上代さとり［悟］。

たいこう【大功】 近代しゅくん［殊勲］。ゐせき［偉績］。中世こうげふ［功業］。てがら［手柄］。ひせき［丕績］。上代いさを［勲／功］。くんこう［勲功］。こうせき［功績］。たいこう［大功］。

たいこう【大綱】 近代えうかう［要綱］。がいえう［概要］。中世おほすぢ［大筋］。中古たいえう［大要］。たいかう［大綱］。

たいこう【対向】 中世たいかう［対向］。むかひあはせ［向合］。むきあふ［向合］。中古あひたいす［相対］。上代たいめん［対面］。むかふ［向／対］。

たいこう【対抗】 近代かうさう［抗争］。かうせん［抗戦］。たいりつ［対立］。たいぢ［対峙］。たいかう［対抗］。近世きっかう［拮抗／頡頏］。中世きゃうさう［競争］。はりあひ［張合］。中古てきたい［敵対］。

—・する きそいあう［競合］。近代向かふを張る。四つに組む。近世はる［張］。向かふに回す。中世せりあふ［競合］。たいす［対］。はりあふ［張合］。面おもてを向かふ。中古あたる［当］。うちあふ［打合］。きそふ［競］。上代たちむかふ［立向］。

—・できない 近世歯が立たぬ。

同じ仕打ちで—・する 近代目には目を歯には歯を。

たいこう【退行】 こうしん［後進］。こうたい［後退］。たいえい［退嬰］。近代こうたい［後退］。たいくゎ［退

化］。近世あとじさり／あとずさり［後退］。中世あともどり［後戻］。たいかう［退行］。中世たいほ［退歩］。中古ぎゃくかう［逆行］。上代しりぞく［退］。

だいこう【代行】 近代だいかう［代行］。だいり［代理］。中世せっす［摂］。

たいこく【大国】 近代れっきゃう［列強］。近世ふこく［富国］。中世きゃうこく［強国］。中古たいこく［大国］。たいはう［大邦］。

だいこくばしら【大黒柱】 近世だいこくばしら［大黒柱］。中古ささへ［支］。ちゅうりゃう［柱梁］。心の柱。

たいこばし【太鼓橋】 近代アーチけう［arch橋］。近世たいこばし［太鼓橋］。めがねばし［眼鏡橋］。中古そりはし［反橋］。

たいこもち【太鼓持】 近世あとつけ／あとづけ［後付／跡付］。おたいこ［御太鼓］。くつびと［沓人］。くつもち［沓持］。げいしゃ［芸者］。たいこもち［太鼓持／幇間］。とりまき［取巻］。はうかん［幇間］。べんけい［弁慶］。をとこげいしゃ［男芸者］。

大勢の― 近世ひゃくにじふまっしゃ［百二十末社］。

女の― 近世をんなたいこ［女太鼓］。

そつのない― 近世いたりまっしゃ［至末社］。

だいこん【大根】 近代こころぶと［心太］。すずしろな［清白菜］。近世はたまぐろ［畑鮪］（盗人の隠語）。ゆき［雪］（女房詞）。中世おはがた［御歯形］（女性語）。からみぐさ［辛草］。からもの／からもん［辛物］（女房詞）。すずしろ［蘿蔔／清白］。だいこん［大根］。中古つちおほね［土大根］。らふく［蘿蔔］。かがみぐさ［鏡草］。上代おほね［大根］。

―と人参（唐辛子）をおろし混ぜたもの 近世もみぢおろし［紅葉卸］。

―の若芽 中古さはやけ［黄菜］。

―の若芽（徒長させたもの） かいわれだいこん［貝割大根］。

二度目に間引いた― うろぬきだいこん／おろぬきだいこん［疎抜大根］。近世なかぬきだいこん［中抜大根］。

花の咲いた― 近代はなだいこん［花大根］。

干した― 近代かけだいこん［掛大根］。つるしだいこん［吊大根］。わりぼしだいこん［割干大根］。近世きりぼし［切干］。きりぼしだいこん［切干大根］。中世ほしだいこん［干大根／乾大根］。

その他―のいろいろ（例） あおくびだいこん［青首大根］。もりぐちだいこん［守口大根］。近代あかおほね［赤大根］。しゃうごゐんだいこん［聖護院大根］。ほそねだいこん［細根大根］。近世みやしげだいこん［宮重大根］。をはりだいこん［尾張大根］。中世あかだいこん［赤大根］。

たいさ【大差】 近代かけへだたる［懸隔］。たいさ［大差］。だんちがひ［段違］。とびはなる［飛離］。桁が違ふ。近世けたちがひ［桁違］。けたはづれ［桁外］。だんち［段違］。てんち［天地］。ゆきすみ［雪墨］。中古かけはなる［―はなれる］［懸離］。こよなし。

《句》近代天地の差。近世提灯に釣鐘。月と鼈。日を同じくして論ぜず。瓢箪に釣鐘。雪と墨。中世雲泥の差。雲泥万里。

たいざ【対座】 近代たいぢ［対峙］。ひざづめ［膝詰］。むかひあひ［向合］。近世むきあひ［向合］。中古さしむかひ［差向］。たいざ［対座／対坐］。たいめ［対面］。中世むかひゐる［向居］。上代たいめん［対面］。

だいざ【台座】 近世だいざ［台座］。

仏や菩薩の座する― 近代かえふざ／かせふざ［荷葉座］。くちきざ［朽木座］。中世けざ［華座／花座］。れんげだい［蓮華台］。れんざ［蓮座］。れんだい［蓮台］。はすのうてな／はちすのうてな［蓮台］。上代れんげざ［蓮華座／蓮華坐］。

たいざい【滞在】 近代ちゅうざい［駐在］。近世ざいりう［在留］。ざんりう［残留］。中世たいざい［滞在］。たいりう［滞留］。やすらふ［休］。上代とうりう［逗留］。とどまる［留］。

行脚の途中寺に―・すること 中世かしゃく／けしゃく［挂錫／掛錫］。

高貴な人の― 近代ちゅうが［駐駕］。ちゅうれん［駐輦］。中世ちゅうひつ［駐蹕］。

長く―・すること 中世ながとうりう［長逗留］。上代えんりう［淹留］。

陸軍部隊の― 近代ちゅうとん［駐屯］。ちゅうりう［駐留］。

だいざい【題材】 近代しゅだい［主題］。そざい［素材］。だいざい［題材］。テーマ（ドイツ Thema）。近世ねた。

絵の― 近代ぐゎだい［画題］。ぐゎなう［画嚢］。近世ぐゎれう［画料］。

俳句の― くざい［句材］。

たいさく【大作】 ちょうたいさく［超大作］。近代きょへん［巨編／巨篇］。たいさく［大作］。たいちょ［大著］。ゆうへん［雄編／雄篇］。

たいさく【対策】 たいおうさく［対応策］。手

を打つ。近代ぜんごさく[善後策]。はうさく[方策]。策を講じる。近世たいさく[対策]。中古てだて[手立]。近代策を回らす。

―を考える 近代策を回らす。

だいさく【代作】 中世だいさく[代作]。だいしょ[代書]。だいひつ[代筆]。

―・した俳句 近世ふでく[筆句]。

―・する人 ゴーストライター(ghost writer)。

たいさん【退散】 近代こうたい[後退]。てったい[撤退]。中世たいきょ[退去]。たいさん[退散]。ひきのく[引退]。ひらく[開](武士の忌み詞)。中古あかる[別/散]。さんず[散]。しぞく[退]。上代しりぞく[退]。たいきゃく[退却]。たちさる[立去]。にぐ[にげる][逃]。→に・げる

だいさんしゃ【第三者】 ぶがいしゃ[部外者]。だいさんしゃ[第三者]。近代きょくぐゎいしゃ[局外者]。中世たにん[他人]。

―の立場 近代きょくぐゎい[局外]。近世をか[岡]。

―の目 そばめ[側目]。わきめ[脇目]。近世をかめ[傍目/岡目]。

―の利益 近代鷸蚌の争ひ。漁夫の利。

たいし【大志】 中世たいし[大志]。たいまう[大望]。やしん[野心]。鴻鵠の志。中古こころだかし[心高]。たいばう[大望]。

《句》近代少年よ大志を抱け。近世韓信の股くぐり。

―を抱くさま いよくてき[意欲的]。近代アンビシャス(ambitious)。やしんてき[野心的]。

たいじ【退治】 近代さうめつ[掃滅]。中世くちく[駆逐]。さうたう[掃討/掃蕩]。たいぢ[退治]。たうばつ[討伐]。上代くぢょ[駆除]。せいたう[征討]。せいばつ[征伐]。やっつける。

―・する 近世たいぢる[退治]。中世うちはたす[討果]。中古うちとる[討取]。上代うちほろぼす[討滅]。たひらぐ[―らげる][平]。

たいじ【対峙】 近代たいかう[対抗]。たいぢ[対峙]。たいりつ[対立]。近世にらみあひ[睨合]。はりあふ[張合]。中世たいぢん[対陣]。むきあふ[向合]。

両雄―・して争うこと 近代きかく[掎角]。→たいこう【対抗】

たいじ【胎児】 エンブリオ(embryo)。近代たいじ[胎児]。中世はらごもり[腹籠]。

―が十か月に満たないで生まれること 近代さうざん[早産]。中古つきたらず[月足]。

―が無事出産できなかったこと ちゅうぜつ[中絶]。近代しざん[死産]。中古りうざん[流産]。近世ながれざん[流産]。

―の便 たいし[胎屎]。たいべん[胎便]。近世かにくそ/かにばば[蟹屎]。

―を生むこと べんしゅつ[娩出]。近世ぶんべん[分娩]。中世しゅっさん[出産]。

―をおろすこと だったい[奪胎/脱胎]。にんしんちゅうぜつ[妊娠中絶]。近世こおろし[子下/子堕]。中世おろし[下]。ちおろし[血下]。中古だたい[堕胎]。

―を二人以上宿すこと たたい/たたいにんしん[多胎妊娠]。

―を宿す 近世くゎいぶく[懐腹]。にんしん[妊娠]。みごもる[身籠/妊]。中世くゎいたい[懐胎]。じゅたい[受胎]。中古くゎいにん[懐妊/懐姙]。上代くゎいよう[懐孕]。はらむ[孕/妊/胎]。

頭を上にした― 中世さかご[逆子/逆児]。近代だいじ[題辞]。近世だいげん[題言]。だいし[題詞]。

だいじ【題辞】 エピグラフ(epigraph)。近代だいじ[題辞]。近世だいげん[題言]。だいし[題詞]。

だいじ【大事】 近代しぢゅう[至重]。だいじけん[大事件]。ぢゅうえう[重要]。ぢゅうだいじ[重大事]。近世かんじんかなめ[肝心要/肝腎要]。かんもん[肝文]。たいぎ[大儀]。ぢゅうだい[重大]。中世おほごと[大事]。せっかく[折角]。たいせつ[大節]。たいへん[大変]。中古かんじん[肝心/肝腎]。たいせち/たいせつ[大切]。上代しちょう[至重]。だいじ[大事]。→たいせつ

《句》近世霜を履んで堅氷至る。小の虫を殺して大の虫を助く[―助ける]。大事の前の小事。大の虫を生かして小の虫を殺す。鳶に油揚げを攫はる[―攫われる]。中世大行は細謹を顧みず。大事の中に小事なし。

―・なきまりや法律 中古きんくゎぎょくでう[金科玉条]。

―・なことの強調 近代一にも二にも。近世いのちがはり/いのちがへ[命代]。命から二番目。中古命に替ふ[―替える]。

―・な時 近世しゃうねんば[正念場/性念場]。てんかわけめ[天下分目]。

―・なところ かなめ[要]。近代きふしょ[急所]。しんざう/しんざうぶ[心臓部]。せいこう[正鵠]。ちゅうすう[中枢]。近世えうけつ[要訣]。おほば[大場]。かんじんかなめ[肝心要/肝腎要]。かんじんかんもん[肝心肝文]。きうしょ[灸所]。きんけつ[禁穴]。中世あうひ[奥秘]。えうしょう[要

衝]。つぼ[壺]。中古 あうぎ[奥義]。しんずい[心髄]。せいこく[正鵠]。

―・なもののたとえ 近世 掌中(しゃうちゅう)の珠(たま)。手の内の珠。天にも地にもかけがへ無し。中古 疵(きず)(瑕(きず))なき玉。

―・に至らずに済む 近代 事なきを得る。

―・にする 近代 けいちょう[敬重]。近世 いとふ[厭]。中世 あいご[愛護]。いつくしぶ/いつくしむ[慈/愛]。かはいがる[可愛]。そんぢゅう[尊重]。たっとむ[尊/貴]。中古 いたはし[労]。いたはる[労]。そんちょう[尊重]。上代 たふとぶ/たふとむ[尊/貴]。→**たいせつ**

―・にすること 近世 ごしゃうだいじ[後生大事]。中古 しょうあい[鍾愛]。

―・に育てられたこと 深窓に育つ(娘)。坊ちゃん育ち(男子)。近世 ふところそだち[懐育]。

―・に育てられている 近代 箸より重い物を持ったことがない。上代 はぐくもる[羽]。

―・に育てる 中古 おもひかしづく[思傅]。かしづく[傅]。なでおほす[撫生]。はごくむ[育]。上代 はぐくむ[育]。

一番の― さいじゅうよう[最重要]。中世 いのち[命]。中古 だいいち[第一]。

一生の― 近世 いっしゃういっせ[一生一世]。いのちがはり/いのちがへ[命代]。中世 一期(いちご)の浮沈。

簡単そうで―・なこと 中世 やすだいじ[易大事]。

小事を捨て―を成し遂げる 《句》近代 寸を詘(ま)げて尺を信(の)ぶ。近世 小の虫を殺して大の虫を助く[―助ける]。中世 小を捨て大に就く。

使わずに―・にする おんぞん[温存]。近世 かばふ[庇]。

ダイジェスト(digest) 近代 えうてん[要点]。がいえう[概要]。たいえう[大要]。近世 あらすぢ[粗筋]。えうやく[要約]。がいりゃく[概略]。りんくゎく[輪郭]。中世 あらまし。えうし[要旨]。中古 かうがい[梗概]。たいりゃく[大略]。

だいじぎょう【大事業】 近代 ゐげふ[偉業]。近世 せいきょ[盛挙]。せいげふ[盛業]。だいじげふ[大事業]。中世 たいえい[大営]。たいかう[大行]。たいこう[大功]。中古 たいげふ[大業]。上代 こうげふ[鴻業/洪業]。だいじ[大事]。

《句》中世 大廈(たいか)の材は一丘(いっきう)の木にあらず。

遠くで―を起こす計画 近世 図南の翼(つばさ)。

遠くで起こす― 近世 となん[図南]。

たいした【大】 近代 さうたう[相当]。ひじゃう[非常]。一方(ひとかた)ならぬ。近世 おほいに[大]。たいした[大]。中世 たいそう[大層]。たいへん[大変]。ろくな[陸/碌]。中古 させる。すこぶる[頗]。はなはだ[甚]。上代 きはめて[極]。はなはだし[甚]。

―こと 中世 さること[然事]。

―ことない 目じゃない/目でない。近代 ちょろっかい。近世 ちょろっか。てがるし[手軽]。知れたこと。高が知れてゐる。手が見える。中世 けいび[軽微]。ことなし[事無]。ことよろし[事宜]。さしもなし。はかなし[果無/果敢無/儚]。数よりほか。さらぬ。何するものぞ。中古 くちをし[口惜]。せうせう[少少/小小]。いとしもなし。けしうはあらず。ことにもあらず。さるまじ。何となでふことかあらむ。なでふことなし。ものならず。何ならず。ものげなし。ものならず。上代 なみなみ[並並]。

―ものだ 近世 きつし。きびし[厳]。けうとし[気疎]。中古 いし[美]。けう[稀有/希有]。

たいしつ【体質】 近代 きごころ[気心]。たいしつ[体質]。近世 きしつ[気質]。きしゃう[気性]。ししつ[資質]。たち[質]。中世 きだて[気立]。しゃうぶん[性分]。ぢ[地]。ほんしつ[本質]。中古 さが[性]。ほんしゃう[本性]。上代 しゃう[性]。ひととなり[為人]。

たいして【大】 近代 たいして[大]。どれほども。どれほどのことも。近世 あんまり[余]。いたくそんなに。中世 いくばく[幾許]。いたく[甚]。いとも。さしたる。さして。さのみ[然]。さばかり[然許]。さほど[然程/左程]。さまで[然迄]。それほど[其程]。なにほど[何程]。中古 いと。ことに[殊]。さしも。さまで[然迄]。さも[然]。とばかり。上代 あまり[余]。

たいしゃ【退社】 近代 じにん[辞任]。たいきん[退勤]。たいしゃ[退社]。リタイア(retire)。中世 じしょく[辞職]。やむ[やめる][辞]。

だいじゃ【大蛇】 おうじゃ[王蛇]。近世 うはばみ[蟒蛇]。おかばみ。やまかがち[蟒蛇]。中世 じゃ[蛇]。たいじゃ[大蛇]。中古 はは/はば[大蛇]。上代 をろち[大蛇]。八岐(やまた)の大蛇(をろち)。

たいじゅ【大樹】 近代 きょぼく[巨木]。中世

たいぼく［大木］。中古 たいじゅ［大樹］。

たいしゅう【大衆】❶〈大勢〉 近代 おほにんずう［大人数］。たにんずう［多人数］。マス(mass)。近世 たにんず［多人数］。中世 おほぜい［大勢］。おほにんじゅ［大人数］。ぐんしゅう［群衆］。中古 くんじゅ［群集／群衆／群聚］。たぜい［多勢］。たにんじゅ［多人数］。たいしゅう［大衆］。

—の力 近代 しゅうりき／しゅうりょく［衆力］。

たいしゅう【大衆】❷〈民衆〉 いっぱんしみん［一般市民］。近代 いっぱんじん［一般人］。こうしゅう［公衆］。しゅうぞく［衆俗］。たいしゅう［大衆］。みんしゅう［民衆］。近世 しみん［市民］。しもじも［下下］。中世 くにたみ［国民／国人］。こくみん［国民］。しゅ［衆］。ぢげにん［地下人］。中古 しゅう［衆］。しゅじゃう［衆生］。しゅうみん［衆民］。しょみん［庶民］。せじん［世人］。上代 じんみん［人民］。たみ［民］。ばんみん［万民］。

—社会 マスソサエティ(mass society)。

—的(なもの) 近代 げてもの［下手物］。つうぞく［通俗］。ポピュラリティ(popularity)。

たいじゅう【体重】 近代 ウエート(weight)。たいぢゅう［体重］。たいりゃう［体量］。

—を計る器械 たいじゅうけい［体重計］。ヘルスメーター(和製health meter)。近代 たいぢゅうばかり［体重秤］。たいりゃうき［体量器］。たいりゃうばかり［体量秤］。

—を減らすこと 近代 げんりゃう［減量］。

—を減らす方法の例 ダイエット(diet)。近代 しょくじれうはふ［食事療法］。

たいしゅつ【退出】 近世 たいきん［退勤］。中世 たいきょ［退去］。たいぢゃう［退場］。中古 じきょ［辞去］。たいしゅつ［退出］。↓

たいきょ【退去】

—・させる 上代 まく［罷］。

—・する 近代 さがる［下］。中世 じす［辞］。まかりいづ／まかんづ［罷出］。中古 あかる［別／散］。おりる［下／降］。かへりまかづ［帰罷］。しりぞく［退］。ひく［引］。まかづ［罷］。まかりあかる［罷散］。上代 まかる［罷］。

—・する時刻 近代 ひけどき［引時／退時］。

慌てて—・する 中古 まどひいづ［惑出］。

城から—・する 近世 げじゃう［下城］。たいじゃう［退城］。

そっと—・する 中世 すべる［滑］。中古 すべりいづ［滑出］。ゐざりいづ［膝行出］。

定刻より早く—・すること 近代 はやびけ［早引／早退］。近世 はやびき［早引／早退］。上代 さうたい［早退］。

たいしょ【対処】 近代 しょり［処理］。たいおう［対応］。近世 しょち［処置］。そち［措置］。中世 しょす［処］。

うまく—・する 上代 たばかる［謀］。

世の中のことに—・する 近代 おしまはす［押回］。

たいしょ【対蹠】 →**たいせき【対蹠】**

たいしょう【対照】 近代 コントラスト(contrast)。せうがふ［照合］。たいひ［対比］。つきあはせ［突合］。近世 たいせう［対照］。ひかく［比較］。

たいしょう【対象】 近代 オブジェクト(object)。かくたい／きゃくたい［客体］。たいしゃう［対象］。中世 あひて［相手］。まと［的］。

研究—にせまること アプローチ(approach)。

研究の— ざいりょう［材料］。

たいしょう【対称】❶〈釣り合い〉 近代 うちかへし［打返］(建築で)。そうしょう［相称］。きんかう［均衡］。きんせい［均斉／均整］。シンメトリー(symmetry)。たいぐう［対偶］。バランス(balance)。近世 へいかう［平衡］。中世 つりあひ［釣合］。

たいしょう【対称】❷〈二人称〉 →**あなた**

たいしょう【大将】 近世 ぐんすい［軍帥］。中世 たいしゃう［大将］。中古 しゃうぐん［将軍］。上代 ぐんしゃう［軍将］。しゃうすい［将帥］。しゃうりゃう［将領］。

《句》近世 万卒は得やすく一将は得難し。勇将(強将)の下に弱卒無し。

—にふさわしい人物 近世 しゃうき［将器］。

—の家柄 中世 しゃうもん［将門］。

—の居るところ 近代 ちゃうか［帳下］。中世 ほんえい［本営］。中古 ばくか［幕下］。

—の支配下 近世 きか［旗下］。中世 きか［麾下］。

—の周囲 中世 うまはり［馬廻］。

ある団体を支配する— 近代 おんたい［御大］。

女性の— 近代 ぢょしゃう［女将］。

水軍の— 近世 ふなだいしゃう［船大将］。

全軍を統率する— 近代 しゅしゃう［首将］。近世 だいげんすい［大元帥］。そうだいしゃう［総大将］。中世 しゅしゃう［主将］。上代 いくさ(の)きみ［軍君］。

知略に長(た)けた— 中世 ちしゃう［知将／智将］。

強い―　近代きゃうしゃう［強将］。近世がうしゃう［強将／剛将／豪将］。げうしゃう［驍将］。中世ゆうしゃう［勇将］。

闘志盛んな―　中世とうしょう［闘将］。

武士の―　中世ぶしゃう［武将］。

立派な―　中古りゃうしゃう［良将］。

たいしょう【大笑】　近代たかゑみ［高笑］。ばかわらひ［馬鹿笑］。ばくせう［爆笑］。近世こうせう［哄笑］。中世おほわらひ［大笑］。かかたいせう［呵呵大笑］。たいせう［大笑］。たかわらひ［高笑］。中古たかゑ［高笑］。

たいしょう【大勝】　かんしょう［完勝］。らくしょう［楽勝］。近代たいしょう［大勝］。だいしょうり［大勝利］。中世あっしょう［圧勝］。くゎいしょう［快勝］。

たいじょう【退場】　近代たいしつ［退室］。中世たいきょ［退去］。たいせき［退席］。たいぢゃう［退場］。中古たいしゅつ［退出］。上代さる［去］。たちさる［立去］。→**たいきょ【退去】**

だいしょう【代償】　近代だいしゃう［代償］。ほしゃう［補償］。近世かはり／だい［代］。きぼ［規模］。

―にする　中世あかなふ／あがなふ［贖／購］。つぐなふ［償］。つのる［贖］。

だいしょう【大小】　近代きょさい［巨細］。大］。近世こうせん［洪繊］。中世さいだい［細大］。中古こさい［巨細］。上代だいせう［大小］。

《句》近世大は小を兼ぬ［―兼ねる］。長持ちは枕にならず。

―が組になっているもの　近世こもち［子持］。

―の差はあるが…　近代多かれ少なかれ。近世大なり小なり。

―の島々　中古たうしょ［島嶼］。

だいじょうぶ【大丈夫】　近代ドントマインド／ドンマイ(don't mind)。近世あんかう［安康］。だいぢゃうぶ［大丈夫］。へいき［平気］。中世あんぜん［安全］。あんたい［安泰］。別条なし。中古あんをん［安穏］。上代あんねい［安寧］。たしか［確］。ぶじ［無事］。

―のたとえ　太鼓のような判を捺す。太鼓判を捺す。

たいしょく【退職】　たいじん［退陣］。りしょく［離職］。身を引く。近代じにん［辞任］。たいくゎん［退官］。たいにん［退任］。りにん［離任］。リタイア(retire)。中世じしょく［辞職］。たいしょく［退職］。やむ［やめる］［辞］。ゆうたい［勇退］。中古いとま［暇／遑］。おる［おりる］［降］。じす［辞］。しりぞく［退］。上代ちし／ちじ［致仕／致事］。→**じしょく**

―が決まっている年齢　ていげんねんれい［停限年齢］。近代ていねん［定年／停年］。

―するかしないか　中古しんたい［進退］。

―を勧めること　かたたたき［肩叩］。たいしょくかんしょう［退職勧奨］。

たいしょく【大食】　近代ぎういんばしょく［牛飲馬食］。近世けんたん［健啖］。中世おほぐひ［大食］。中古たいしょく［大食］。

―しか芸のない人　近世むげいたいしょく［無芸大食］。

―・する人　近代けんたんか［健啖家］。たいしょくかん［大食漢］。近世くらひぬけ［食抜］。

たいじん【退陣】　近代じにん［辞任］。中世いんたい［引退］。じしょく［辞職］。たいしょく［退職］。→**しりぞ・く❷❸**

だいじん【大臣】　近代かくれう［閣僚］。しゅしゃう［首相］。そうりだいじん［総理大臣］。中世いうぼくや／うぼくや［右僕射］。くゎいじゅ［槐樹］。くゎいてい［槐鼎］。くゎいもん［槐門］。くゎいゐ［槐位］。けい［卿］。さいさう／さいしゃう［宰相］。さうこく／しゃうこく［相国］。しゃう［相］。しょうじゃう／じょうしゃう［丞相］。たいかい［台階］。ていじん［鼎臣］。中古おとど［大殿／大臣］。おほいどの［大殿］。おほいまうちぎみ［大臣］。おほとの［大殿］。こう［公］。上代おほいぎみ［大臣］。だいじん［大臣］。

―に適した人物　近代らうべうのうつは［廊廟器］。

―の家柄　中世しゃうもん［相門］。

―の位　中世れんぷ［蓮府］。

太政―　中世たいし［太師／大師］。たいしゃうこく［大相国］。中古おほきおとど［太政大臣］。おほきおほいどの［太政大臣］。おほきおほいまうちぎみ［太政大臣］。おほまつりごとのおほまへつぎみ［太政大臣］。そくけつのくゎん［則闕官］。

だいじんぶつ【大人物】　きょせい［巨星］。じつりょくしゃ［実力者］。近代きょとう［巨頭］。だいじんぶつ［大人物］。ぢゅうちん［重鎮］。中世おほもの［大物］。こうこく［鴻鵠］。呑舟の魚。

《句》近代清濁併せ呑む。呑舟の魚は枝流に游がず。近世燕雀安んぞ鴻鵠の志を知らんや。高木（喬木）は風に折らる［―折られる］。韓信の股くぐり。

大魚は小池に棲(す)まず。鶴は枯木に巣をくはず。猫は虎の心を知らず。中世 大海は塵(ちり)(芥)を択(えら)ばず。中古 泰山(たいざん)は土壌を譲らず(選ばず)。

在野の— 中世 ぐわりゅう／ぐわりょう［臥竜］。

世間に知られていない— 近代 ふくりょう［伏竜］。ふくりょうほうすう［伏竜鳳雛］。

だいず【大豆】 近世 あきまめ［秋豆］。あぜまめ［畦豆］。えだまめ［枝豆］。とうふまめ［豆腐豆］。みそまめ［味噌豆］。中古 おほまめ［大豆］。上代 だいづ［大豆］。

—の油 だいずあぶら／だいずゆ［大豆油］。近代 まめあぶら［豆油］。

—の煮汁 近世 あめ［瀕／豆汁］。

—をいってひいた粉 中世 きなこ［黄粉］。豆の粉。

—を水に浸しすりつぶした汁 近代 とうにゅう［豆乳］。まめあぶら［豆油］。近世 まめのご［豆汁／豆油］。中世 ご［豆汁／豆油］。

たい・する【対】❶〈対面〉 近代 たいおう［対応］。たいち［対置］。ちょくめん［直面］。近世 さし［差／指］。中世 おうず［応］。たいかう［対向］。むかひあふ［向合］。中古 あひたいす［相対］。さしむかひ［差向］。たいざ［対座］。たいす［対］。のぞむ［臨］。上代 おうたい［応対］。

たい・する【対】❷〈対抗〉 近代 おうせん［応戦］。かうてき［抗敵］。たいかう［対抗］。たいぢ［対峙］。たいりつ［対立］。近世 たいけつ［対決］。中世 たいす［対］。たいせん［対戦］。てきたい［敵対］。にらみあふ［睨合］。

たいせい【大勢】 近代 すうせい［趨勢］。たいきょく［大局］。てうりう［潮流］。どうかう［動向］。近世 じりう［時流］。すうかう［趨向］。たいせい［大勢］。なりゆき［成行］。中古 けいせい［形勢］。じせい［時勢］。

《句》近世 大廈(たいか)の顚(ふた)れんとするは一木(いちぼく)の支ふる所にあらず。

—に従う 中世 世に従ふ。

—を決める第三の勢力 キャスティングボート(casting vote)。

たいせい【体制】 フレームワーク(framework)。近代 こうせい［構成］。しくみ［仕組］。システム(system)。そしき［組織］。たいせい［体制］。ぢんよう［陣容］。ほねぐみ［骨組］。

たいせい【態勢】 ふじん［布陣］。近代 たいせい［態勢］。中世 じゃうたい［状態］。中古 かまへ［構］。

—を整える 中世 みつくろふ［見繕］。

たいせい【退勢】 近代 すいせい［衰勢］。たいせい［退勢／頽勢］。たいてう［退潮］。れっせい［劣勢］。

たいせい【体勢】 近代 しせい［姿勢］。たいせい［体勢］。フォーム(form)。ポーズ(pose)。

たいせい【耐性】 たいりょく［耐力］。ていこうせい［抵抗性］。近代 きゃうど［強度］。たいせい［耐性］。

たいせい【大成】❶〈成功〉 近代 くゎんせい［完成］。けつじつ［結実］。しあがる［仕上／為上］。たっせい［達成］。功を奏する。近世 できあがる［出来上］。中世 じゃうじう／じゃうじゅ［成就］。中古 せいこう［成功］。たいせい［大成］。

たいせい【大成】❷〈出世〉 近代 えいしん［栄進］。たいせい［大成］。名を立てる。世に出る。近世 しゅっせい［出世］。しあがる［仕上／為上］。中世 えいたつ［栄達］。しゅっせ［出世］。世に出づ。

《句》近世 松は寸にして棟梁(とうりやう)の機あり。

たいせい【泰西】 近代 おうしう［欧州］。おうべい［欧米］。せいおう［西欧］。ヨーロッパ［Europe／欧羅巴］。近世 せいやう［西洋］。たいせい［泰西］。

たいせき【退席】 近代 たいざ［退座］。近世 ちゅうざ［中座］。中世 たいきょ［退去］。たいせき［退席］。たいぢゃう［退場］。たいしゅつ［退出］。中古 すべる［滑／辷／退］。ひく［引］。→**たいきょ【退去】**

たいせき【堆積】 近代 たいせき［堆積］。近世 るいせき［累積］。上代 つむ［積］。つもる［積］。

—・した土 うんせきど［運積土］。たいせきど［堆積土］。近代 たいど［堆土］。

—・した物の例 あおどろ［青泥］。ねんどがん［粘土岩］。へどろ。近代 がいすい［崖錐］。けいさうど［珪藻土］。れきがん［礫岩］。

水中に—・すること 近代 ちんせき［沈積］。

たいせき【体積】 近代 たいせき［体積］。ボリューム(volume)。ようりゃう［容量］。近世 ようせき［容積］。中世 ぶんりゃう［分量］。りゃう［量］。中古 かさ［嵩］。

—が大きい(こと) かさだかい［嵩高］。近世 かさばる［嵩張］。上代 ももさか［百積／百石］。

—と重量 近代 さいりゃう［才量］。

—の単位(例) つぼ［坪］。バーレル(barrel)。パイント(pint)。りっぽうセンチメートル［立方centimeter／cm^3］。りっぽうメートル

［立方meter／m³］。りゅうつぼ［立坪］。りゅうべい［立米］。近代 オンス(fl.oz.; ounce)。ガロン(gallon)。リッター／リットル[l; liter／立]。近世 さい［才］。せき［勺］。トン[t; ton／屯／噸／瓲]。中世 せき［石］。中古 しゃく［勺］。上代 がふ［合］。こく［石／斛］。しょう［升］。と［斗］。

木材や石材の— ざいせき［材積］。

たいせき【滞積】 近代 たいくゎ［滞貨］。中世 たいりう［滞留］。たまる［溜］。中古 ていたい［停滞］。上代 とどこほる［滞］。

たいせき【対蹠】 近代 コントラスト(contrast)。せいはんたい［正反対］。たいせき［対蹠］。たいち［対置］。たいひ［対比］。近世 たいせう［対照］。つきあはす［—あわせる］［突合］。

たいせつ【大切】 インポータント(important)。近代 いうえう［有要］。しゅえう［主要］。ぢゅうえう［重要］。近世 えうきん［要緊］。かんもん［肝文］。きんえう［緊要］。たいせつなし［大切］。中世 いつくし［厳／美］。かんじん［肝心／肝腎］。さいえう［最要］。さいよう［最用］。せつなし［切］。たいよう［大用］。中古 あったら［惜］。いたはし［労］。かんえう［肝要］。しえう［至要］。せち／せつ［切］。せつえう［切要］。だいじ［大事］。たいせつ［大切］。たっとし／たふとし［尊］。やうごとなし／やごとなし／やむごとなし／やんごとなし［止事無］。上代 あたら［惜］。きちょう［貴重］。こきだし。ぬま／ぬみ［要／要害］。→**だいじ【大事】**

《句》近代 九仞の功を一簣に虧く。画竜点睛を欠く。仏作って魂入れず。

—・な客 近世 いっきゃく［一客］。

—・なことと瑣末なこと 近世 ほんばつ／ほんまつ［本末］。

—・な子供 中世 いとしご［愛子］。

—・なたとえ 近世 天にも地にも掛け替へ無し。

—・な時 かんとう［関頭］。近代 しゃうねんば［正念場／性念場］。てんわうざん［天王山］。近世 せとぎは［瀬戸際］。てんかわけめ［天下分目］。どへうぎは［土俵際］。中世 危急存亡の秋。

—・なところ 近代 えうてん［要点］。かうえう［綱要］。しゅえうてん［主要点］。ちゅうすう［中枢］。近世 おさへどころ［押所］。かんじんかなめ［肝心要／肝腎要］。かんどこ／かんどころ［勘所／肝所／甲所］。きんけつ［禁穴］。中世 えうしょ［要所］。かなめ［要］。がんもく［眼目］。きふしょ［急所］。くゎんけん［関鍵］。けつずい［血髄］。すうき［枢機］。つぼ［壺］。のどくび［喉頸］。中古 ぢゅうてん［重点］。上代 すうえう［枢要］。

—・な人 近世 だいこくばしら［大黒柱］。中世 わがほとけ［我仏］。中古 あがほとけ［吾仏／我仏］。ほとけ［仏］。

—・な方法 近世 えうけつ［要訣］。中世 おくぎ［奥義／奥儀］。ごくい［極意］。中古 あうぎ［奥義／奥儀］。ひけつ［秘訣］。おくのて［奥手］。

—・な物 近代 ぢゅうぶつ［重物］。手底の玉。近世 いのちがはり／いのちがへ［命代］。かなめいし［要石］。命の綱。虎の子。掌中の玉。中世 ぢゅうほう／ちょうほう［重宝］。中古 ぢゅうもつ［重物］。上代 ほうき［宝器］。

—・な役目 近世 しょう［衝］。

—・にかわいがる 中古 あいぐゎん［愛玩／愛翫］。

—・にしまっておく おんぞん［温存］。とっておく／とっとく［取置］。近代 あいざう［愛蔵］。中世 たばふ［貯／庇］。中古 ひさう／ひざう［秘蔵］。

—・にする 近代 ぢゅうし［重視］。重きを置く。重くみる。近世 いとふ［厭］。いとほしむ［愛］。手車(輦)に乗す［—乗せる］。中世 あいご［愛護］。あいす［愛］。いつくしぶ／いつくしむ［慈］。おもくす［重］。しっす［執］。たっとむ［尊／貴］。もっちょうず。中古 あがむ［崇］。いたはる［労］。おもくす［重］。はぐくむ［育］。もてあそぶ［玩／弄］。もてかしづく［持傅］。もてなす［持成］。もてはやす［持囃／持栄］。ものめかす［物］。わきばむ［腋］。をしむ［惜］。上代 いはふ［斎］。うちなづ［打撫］。おもんず［重］。たふとぶ［尊／貴］。とりなづ［取撫］。はぐくもる［育］。

—・にすること 近代 いうぐう［優遇］。近世 あいせき［愛惜］。あいちょう［愛重］。いうたい［優待］。ごしゃうだいじ［後生大事］。しゃうぐゎん［賞翫／賞玩］。はこいり［箱入］。ほんそう［奔走］。中世 あいご［愛護］。あいじゃく［愛惜］。ちょうほう［重宝］。中古 いたはり［労］。きちょう［貴重］。

—・にするたとえ 濡れ紙をはがすよう。近代 掌の中。近世 はこいり［箱入］。

一層—・に育てる →**そだ・てる**

一層—・に思う 中古 おもひます［思増］。

差し迫ってー・なこと 近代きっきん[喫緊/吃緊]。近世きんせつ[緊切]。

詩句の中のー・なところ 近世くがん[句眼]。

代々伝わるー・なもの 近代いへぢゅうだい[家重代]。でんじゅごと[伝授事]。でんじゅもの[伝授物]。

珍しいものをー・にする 中古ちんちょう[珍重]。

最もー・な 中世いのち[命]。

たいぜん【泰然】 近代いうやう[悠揚]。たいぜんじじゃく[泰然自若]。ちんちゃく[沈着]。ふとばら[太腹]。へいせい[平静]。へいぜん[平然]。れいせい[冷静]。悠揚迫(いうやう)らず。近世おちつき[落着]。じゅうよう[従容]。しんしょくじじゃく[神色自若]。ふとっぱら[太腹]。中世じじゃく[自若]。たいぜん[泰然]。怖(お)めず臆せず。中古いういう[悠悠]。いうぜん[悠然]。しょうよう[従容]。

たいそう【体操】 たいいくじつぎ[体育実技]。近代アスレチックス(athletics)。うんどうきゃうぎ[運動競技]。スポーツ(sport)。たいさう[体操]。近世うんどう[運動]。

たいそう【大層】 近代いやに。ぐっと/ぐんと。さうたう[相当]。たいした[大]。だいぶん[大分]。とっても/とても[迚]。ひじょうに[非常]。近世いかい[厳]。うんと。おびただし[夥]。おほいに[大]。おほきに[大]。がうせい[強勢]。がうてき[強的/豪的]。ごく[極]。しっかり[確/聢]。じつに[実]。すてきと[素敵]。せんど[千度]。それはそれは。たいてい[大抵]。たんと。づんど。とびきり[飛切]。とんだ。ほとんど[殆]。めっぽふ[滅法]。めっぽふかい[滅法界]。やくと[役]。やまやま[山山]。よっぽど[余程]。中世いかにも[如何]。いたって[至]。きつう。ぎゃうさん[仰山]。ごくごく[極極]。さばかり[然許]。しごく[至極]。ずいぶん[随分]。たいそう[大層]。たいへん[大変]。ちかごろ[近頃/近比]。ばつぐん[抜群]。やくやくと[役役]。よによに[世世]。よほど[余程]。えも言はず。甚だ以て。中古いたりて[至]。いと/いといと。いとしも。いとも。いみじ/いみじげ。うたた[転]。おそろし[恐]。おびたたし[夥]。かしこし[賢]。からく[辛]。きはめて[極]。ここら[幾許]。ことのほか[殊外/事外]。すこぶる[頗]。せめて。そくばく/そこばく/そこら/そこらく[許多]。ところせし[所狭]。はなはだ[甚]。むげに[無下]。もっとも[最/尤]。よう[良/善/能]。よに[世]。よにも[世]。愚かならず。一方(ひとかた)ならず。上代あまた[数多/許多]。いたく[痛/甚]。いたも[甚]。いや[弥]。こきし[幾許]。こきだ/こきだく/こきばく/ここだ/ここだく/ここば/ここばく[幾許]。そきだく。そこらくに。はだ。よく[能]。

ーらしい 近世もったいくさし[勿体臭]。もったいらし[勿体]。

▼接頭語 近世えら[偉/豪]。

たいぞう【退蔵】 近代いんとく[隠匿]。しざう[死蔵]。ひとく[秘匿]。

だいそれた【大】 近世だいそれた[大]。とてつもない。とんだ。中世とんでもない。中古おほけなし。

ー企て 近世だいじ[大事]。

ーことながら 中世おおそれながら[恐乍]。

たいだ【怠惰】 サボり(sabotage)。近代かいたい[懈怠]。だみん[惰眠]。近世ぐうたら。けたい[懈怠]。けまん[懈慢]。ずるける。どら。中世けだい[懈怠]。けんたい[倦怠]。たいだ[怠惰]。としょく[徒食]。なまく(なまける)[怠]。ぶしゃう[不精/無精]。らんだ[懶惰]。上代おこたる[怠/惰]。たいまん[怠慢]。

ーと勤勉 中古きんだ[勤惰]。上代きんたい[勤怠]。

ー・な眠気 近世らんみん[懶眠]。

咎(とが)めるべきー 中古くゎたい[科怠]。くゎたい[過怠]。

だいたい【大体】 ❶〈大雑把〉 近代がいして[概]。がいりゃく[概略]。だいたい[大体]。近世おほざっぱ[大雑把]。かれこれ[彼此]。そちこち[其方此方]。とほりいっぺん[通一遍]。ひとどほり[一通]。むりょ[無慮]。大抵や大方。中世あらかた[粗方]。あらまし。おほすぢ[大筋]。およそ[凡]。ざっと。そうべつ[総別/惣別]。たいやく[大約]。中古あらあら[粗粗]。おほし[凡]。おほやう[大様]。おほよそ[凡/大凡]。けりゃう[仮令]。すべて[凡/総]。たいりゃく[大略]。

ーのありさま 近代アウトライン(outline)。がいえう[概要]。がいきゃう[概況]。がいくゎん[概観]。りんくゎく[輪郭/輪廓]。

ーの内容 近代がいえう[概要]。近世たいえう[大要]。中古たいかう[大綱]。

ーの方向 近世けんたう[見当]。

▼接頭語 近代おほ[大]。

▼助詞／接尾語 近代かた［方］。がらみ［絡／搦］。中古ばかり。ほどばかり。

だいたい【大体】❷〈大抵〉おしなべて［押並］。近代じっちゅうはっく［十中八九］。だいぶぶん［大部分］。りゃくりゃく［略略］。近世およそ［凡］。まづ［先］。中世そうじて［総／惣］。だいたい［大体］。ほとんど［殆／幾］。よっぽど［余程］。中古おほかた［大方］。おほむね［概］。くゎはん［過半］。たいがい［大概］。たいてい［大抵］。なべて［並］。ほぼ［粗／略］。上代たいはん［大半］。→**たいてい**

だいたい【代替】 オルターナティブ(alternative)。シフト(shift)。だいがえ［代替］。チェンジ(change)。リプレース(replace)。近代かうくゎん［交換］。だいかう［代行］。だいたい［代替］。だいぶつ［代物］。だいよう［代用］。だいり［代理］。中世いれかへ［入換／入替］。かけがへ［掛替］。中古かはり［代／替］。とりかへ［取替／取換］。ひきかへ［引替］。上代かうたい［交代／交替］。かふ［かえる］［代／換／替］。

—の土地 だいたいち［代替地］。近世たいち［代地］。中世かへち［替地］。

だいだい【代代】 近代せいせい［世世］。近世れっせい［列世］。中世えきえふ［奕葉］。中古せぜ［世世］。だいだい［代代］。るいせい［累世］。るいたい／るいだい［累代］。れきだい［歴代］。上代えきせい［奕世］。よよ［世世］。

—伝えてゆくこと 近代せいでん／せでん［世伝］。

—伝えられたもの 中世でんらい［伝来］。中古わたりもの［渡物］。

家に—伝わっていること せんぞでんらい［先祖伝来］。近代いへぢゅうだい［家重代］。おやだいだい［親代代］。近世おやぢゅうだい［親重代］。中世かでん［家伝］。でんか［伝家］。中古ぢゅうだい［重代］。しゃうでん［相伝］。上代さうでん［相伝］。

主君に—伝えること 近代れきし［歴仕］。れきじ［歴事］。

だいだいいろ【橙色】 こうじいろ［柑子色］。オレンジ(orange)。近代だいだいいろ［橙色］。たうくゎうしょく［橙黄色］。たうしょく［橙色］。

だいだいてき【大大的】 ジャンボサイズ(jumbo size)。近代だいきぼ［大規模］。だいだいてき［大大的］。近世おほがかり［大掛］。おほじかけ［大仕掛］。中世さうだい［壮大］。中古おほのか［大］。

たいだん【対談】 近代くゎいわ［会話］。めんぎ［面議］。近世くゎいけん［会見］。ざだん［座談］。じめんづく［自面尽］。たいご［対語］。中世くゎいだん［会談］。たいだん［対談］。たいわ［対話］。めんわ［面話］。中古だんわ［談話］。めんだん［面談］。

だいたん【大胆】 ごうふく［剛腹］。近代がうたん［豪胆］。肝が据わる。近世いさまし［勇］。きぶとし［気太］。こころぶとし［心太］。たんだい［胆大］。づぶとし［図太］。のふず。はうたん［放胆］。ふてきない［不敵］。ふとっぱら［太腹］。度胸がある。度胸が据わる。中世いのちしらず［命知］。がうはう［豪放］。きもぎもし［肝肝］。だいたん［大胆］。中古ふてき［不敵］。肝が太し。上代ふとし［太］。

《句》近代たんだいしんせう［胆大心小］。胆(たん)は大ならんことを欲し心は小ならんことを欲す。

—で知略に富んでいること 近世たんりゃく［胆略］。

—で勇気のあること 近代たんゆう［胆勇］。

—なことのたとえ 近代胆(たん)斗の如し。

—な者 中世ふてきもの［不敵者］。中古がうけつ［豪傑］。

—に行う 近代大鉈(おほなた)を振るふ。近世おもひきる［思切］。

向こう見ずの—さ 近代ばんゆう［蛮勇］。

だいだんえん【大団円】 エンディング(ending)。近代エピローグ(epilogue)。しゅうきょく［終曲］。しゅうまく［終幕］。ハッピーエンド(happy ending)。フィナーレ(イタリアfinale)。近世おほぎり［大切］。おほづめ［大詰］。だいだんゑん［大団円］。

たいち【対置】 近代コントラスト(contrast)。たいしょ［対蹠］。たいせう［対照］。たいち［対置］。たいひ［対比］。

だいち【台地】 近代かうち［高地］。だいち［台地］。たかだい［高台］。中古かうだい［高台］。上代きうりょう［丘陵］。をか［岡／丘］。

だいち【大地】 アース(earth)。近代ちよ［地輿］。ちゐ［地維］。近世こんよ［坤輿］。よち［輿地］。中世くが／くがち［陸地］。こくど［国土］。ろくぢ［陸地］。中古たいくゎい［大塊］。だいち［大地］。ぢ［地］。ぢめん［地面］。とち［土地］。はうよ［方輿］。りくち［陸地］。上代おほつち［大地］。かど［下土］。くに［国／邦］。くにつち［国土］。こ

んぎ[坤儀]。つち[土]。

―がいつまでも変わらないこと　近代 てんじゃうむきゅう[天壌無窮]。中古 ちきう[地久]。てんちゃうちきう[天長地久]。

―が動くこと　中世 ちどう[地動]。なゐ[地震]。ふる[震]。上代 ぢしん[地震]。なゐ[地震]。

―に起こる現象　ちしょう[地象]。

―の下　近代 ちてい[地底]。近世 こんりんならく[金輪奈落]。中世 こんがうざい[金剛際]。こんりんざい[金輪際]。ふうりん[風輪]。ふうりんざい[風輪際]。

―の果て　中古 ちかく[地角]。へんがい[辺涯]。

―の響き　近世 ちらい[地雷]。

平らなー　近世 ちへい[地平]。

豊かなー　中古 ちふ[地府]。

たいちょう【退潮】❶〈干潮〉近代 かんてう[干潮]。たいてう[退潮]。近世 さげしほ[下潮]。中世 いりしほ[入潮]。ひきしほ[引潮]。

たいちょう【退潮】❷〈退勢〉近代 げんたい[減退]。こうたい[後退]。たいせい[退勢]。たいてう[退潮]。たいほ[退歩]。近世 すいたい[衰退]。

たいちょう【体調】コンディション(condition)。近世 あんばい[塩梅]。ぐあひ[具合]。中世 かげん[加減]。
―を崩す　中古 あやまつ[過]。あやまる[過]。

だいちょう【台帳】げんぼ[原簿]。近代 ちゃうぼ[帳簿]。近世 だいちゃう[台帳]。だいふくちゃう[大福帳]。つうちゃう[通帳]。ねちゃう[根帳]。もとちゃう[元帳]。中世 ちゃうめん[帳面]。

たいてい【大抵】近代 じっちゅうはっく[十中八九]。だいぶぶん[大部分]。ふつう[普通]。りゃくりゃく[略略]。近世 およそ[凡]。くぶくりん[九分九厘]。まづ[先]。中世 あらかた[粗方]。たぶん[多分]。たいりゃく[大略]。だいたい[大体]。ほとんど[殆]。よっぽど[余程]。中古 おそらくは[恐]。おほかた[大方]。おほく[多]。おほむね[概]。おほよそ[凡/大凡]。くゎはん[過半]。たいがい[大概]。たいてい[大抵/大底]。たいと[大都]。なかば[半]。ほとど[殆]。ほぼ[粗/略]。上代 たいはん[大半]。ほとほと[殆]。

―しそうだ　上代 ほとほとし[殆/幾]。

―…(ない)　上代 をさをさ。

たいてき【大敵】なんてき[難敵]。近世 きゃうてき[強敵]。中世 たいてき[大敵]。

たいと【泰斗】近代 エキスパート(expert)。オーソリティー(authority)。おほごしょ[大御所]。きょしゃう[巨匠]。けんゐしゃ[権威者]。ぢゅうちん[重鎮]。だいいちにんしゃ[第一人者]。近世 たいと[泰斗]。中世 せきがく[碩学]。たいか[大家]。

たいど【態度】しせい[姿勢]。近代 けはい[気配]。近世 しうち[仕打]。しぐさ[仕種/仕草/為種]。しこなし。そぶり[素振]。みぶり[身振]。ものごし[物腰]。中世 ぎゃうぎ[行儀/行義]。たいど[態度]。とりなり[取成]。中古 かまへ[構]。きょどう[挙動]。けしき[気色]。もてなし[持成]。ゐずまひ[居住]。上代 ありさま[有様]。すがた[姿]。
《句》中世 思ひ内にあれば色外に現はる[―現われる]。
―が活発で手際よいさま　近代 しゃきしゃき。近世 しゃんと。てきぱき。
―が毅然(きぜん)としているさま　近代 ぴりっと。
―が定まらないさま　ふらふら。近代 ぐづりぐづり。近世 うぢうぢ。もぢかは。もぢもぢ。叛服(はんぷく)常無し。中世 ぐづぐづ。
―や身なり　中世 なりふり[形振]。
―を変える　近代 尻(けつ)を捲(まく)る。近世 ひらきなほる[開直]。ゐなほる[居直]。中世 をる[折]。手の裏を返す。手を反(かへ)す。中古 掌(たなごころ)を反(かへ)(返)す。上代 あらたむ[―ためる][改]。
―を都合よく変えること　かわりみ[替身]。
―をとる　中古 かまふ[かまえる][構]。
荒々しい―　中世 たつみあがり[辰巳上]。
改まった―をとる　近世 斜(しゃ)に構ふ[―構える]。
あるがままの―　しぜんたい[自然体]。
偽りの―　えんぎ[演技]。
追い詰められ諦める―　近世 わうじゃうぎは[往生際]。
大きな―をとる　近代 はだかる[開]。近世 おほひれ[大鰭]。中世 たつみあがり[辰巳上]。
家族に見せる―　近代 うちづら[内面]。
気持ちを―に表す　中古 けしきだつ[気色立]。
強硬な―　つよごし[強腰]。はなっぱし[鼻端]。近代 きゃうき[強気]。まけんき[不負気]。むかふいき[向意気]。近世 かくき[客気]。かちき[勝気]。
消極的で弱気な―　うけごし[受腰]。近代 よわごし[弱腰]。
そっけない―　近代 ぶあいさう/ぶあいそ[無愛想]。れいれいぜん[冷冷然]。近世 いで

ゆけがし［出行］。たにんむき［他人向］。ぶっきらぼう［打切棒］。木で鼻をくくる。木で鼻をこくる。中世けんもほろろ。中古すげなし［素気無］。よそよそし［余所余所］。れいたん［冷淡］。上代つれなし。

正しく立派なー 近代せいせいだうだう［正正堂堂］。

敵意や憎悪のーをとる 上代いのごふ［期剋］。

何気ないー 中古ことなしび［事無］。

非常識なー 中世かぶく［傾］。中古ふてう［不調］。

人に接するー 近代そとづら［外面］。でかた［出方］。近世でやう［出様］。中世てあたり［手当］。ものごし［物腰］。中古もてなし［持成］。

表面的なー 近世うはつら［上面］。中古うはべ［上辺］。うへ［上］。

礼儀にかなったー 中古ようぎ［容儀］。上代ゐぎ［威儀］。

たいとう【台頭】 近代しんこう［新興］。たいとう［台頭／擡頭］。頭を擡(もた)げる（持ち上げる）。近世しんしゅつ［進出］。ぼっこう［勃興］。中世こうき［興起］。中古こうりゅう［興隆］。もたぐ［もたげる］［擡］。上代おこる［興］。

たいとう【対等】 どっこいどっこい。肩を並べる。横並び。近代へいりつ［並立］。近世ごぶごぶ［五分五分］。はくちゅう［伯仲］。中世あひたい［相対］。ごかく［互角／牛角］。たいたい［対対］。たいやう［対揚］。どうれつ［同列］。ならびたつ［並立］。中古どうとう［同等］。ひけん［比肩］。甲乙なし。

たいとう【駘蕩】 近世たいたう［駘蕩］。中世はれやか［晴］。中古うらら。うららか。のどか［長閑］。上代うらうら。

たいどう【胎動】 近代たいどう［胎動］。てうこう［兆候］。はうが［萌芽］。めばえる［芽生］。中世きざす［兆］。

たいどう【帯同】 近代たいどう［帯動］。つれあふ［連合］。中世つれそふ［連添］。どうかう［同行］。中古つれだつ［連立］。どうだう［同道］。上代どうはん［同伴］。

だいどう【大道】❶〈大通り〉 めぬきどおり［目抜通］。近代アベニュー(avenue)。こうだう［公道］。メーンストリート(main street)。近世おほどほり［大通］。おもてどほり［表通］。ひろこうぢ［広小路］。中世だいだう［大道］。中古おほぢ［大路］。上代おほち［大路］。

ーで演じる芸 近代だいだうげい［大道芸］。近世どばげい［土場芸］。

ーで演じる芸の例 近代さんずん［三寸］。近世うでがう［腕香］。かどうたひ［門謡］。しもんや［四文屋］。でくつかひ［木偶遣］。ゐあひぬき［居合抜］。中世さるかひ［猿飼］。さるつかひ［猿遣］。さるまはし［猿回］。はうか［放下］。

ーでの商い 近代だいだうあきんど［大道商人］。だいだうしゃうにん［大道商人］。近世つじあきなひ［辻商］。つじうり［辻売］。

ーの店 近代ろてん［露店］。近世てんたうぼし［天道干］。ろし［露肆］。

だいどう【大道】❷〈人道〉 近代たいぎめいぶん［大義名分］。近世たいけい［大経］。中世こうたう／こうだう［公道］。じんだう［人道］。せいぎ［正義］。中古たいぎ［大義］。だいだう［大道］。だうぎ［道義］。

たいとく【体得】 身に付ける。近代マスター(master)。中世しうとく［修得］。しふとく［習得］。たいとく［体得］。ゑとく［会得］。中古きはむ［きわめる］［究／窮］。じとく［自得］。をさむ［おさめる］［修］。

だいどころ【台所】 近代かってもと［勝手元］。キチン／キッチン(kitchen)。すいじば［炊事場］。ちゅうばう［厨房］。てうりしつ［調理室］。てうりば［調理場］。近世いたば［板場］。いたまへ［板前］。かってかた［勝手方］。かまもと［釜元／竈元］。だいや［台屋］。ないしょう［内証／内所］。中世いたもと［板元］。かって［勝手］。ぜぞ［膳所］。ぜんどころ［膳所］。だいどころ［台所］。ちゅうか［厨下］。にへどの［贄殿］。中古かしきどの［炊殿］。かしきや［炊屋］。ぜんしょ［膳所］。だいばんどころ［台盤所］。みづしどころ［御厨子所］。上代くりや［厨／廚］。はうちゅう［庖厨］。

ーと食堂を兼ねた部屋 オープンキッチン(open kitchen)。ダイニングキッチン(和製DK; dining kitchen)。

ーと食堂や居間を兼ねた部屋 リビングキッチン(和製living kitchen)。

ーの仕事 近代すいじ［炊事］。みづし［水仕］。近世おさん／おさんどん［御三／御爨］。

ーの流し 近世はしり［走］。

船内や機内のー ガレー／ギャレー(galley)。

▼神に供える食物を調理する所 中古みくりや［御厨］。

タイトル(title) 近代タイトル。近世かたがき［肩書］。だいめい［題名］。中世しょうがう［称

号］。へうだい［標題／表題］。中古 しょめい［書名］。だいもく［題目］。

たいない【体内】 中世 たいない［体内］。

—にある液体 近代 たいえき［体液］。中世 しんえき［津液］。

—に口から入ること けいこう［経口］。

—に生じる石 近世 けっせき［結石］。

—に生じる管のような通路 ろうかん［瘻管］。ろうこう［瘻孔］。

—に取り込む 中世 せっしゅ［摂取］。とる［取／摂］。

だいなし【台無】 お釈迦にする。お釈迦になる。近代 かたなし［形無］。ふい。近世 おじゃん。だいなし［台無］。たまなし［玉無］。らり［乱離］。らりこっぱひ［乱離粉灰／羅利骨灰］。わや。水の泡。

—・にする(さま) 近代 ささらさっぽう［簓先穂］。ちゃちゃほうちゃ［茶茶］。ぶちこはし［打壊］。近世 ささほうさ。ちゃちゃくる。ちゃちゃむちゃ［茶茶無茶］。ちゃちゃむちゃく／ちゃちゃむちゃこ［茶茶無茶苦］。ちゃちゃむちゃくちゃ［茶茶無茶苦茶］。《句》 近代 九仞(きゅうじん)の功を一簣(いっき)に虧(か)く。近世 百日の説法屁一つ。

—・になる 近世 臼になる。お釈迦(しゃか)になる。

ダイナミック(dynamic) 近代 くゎつどうてき［活動的］。やくどうてき［躍動的］。

だいなん【大難】 だいさいなん［大災難］。中世 だいなん［大難］。中古 たいがい［大害］。たいやく［大厄］。

だいに【第二】 セカンド(second)。近代 にりう［二流］。中古 にばん［二番］。上代 だいに［第二］。

たいにん【大任】 近代 ぢゅうせき［重責］。近世 たいやく［大役］。中世 たいにん［大任］。ぢゅうにん［重任］。

たいにん【退任】 身を引く。近代 じにん［辞任］。たいにん［退任］。リタイア(retire)。中世 いんたい［引退］。じしょく［辞職］。たいしょく［退職］。→じしょく

たいのう【滞納】 近代 たいなふ［滞納／怠納］。中世 みさい［未済］。中古 みはらひ［未払］。えんたい［延滞／淹滞］。上代 みなふ［未納］。

たいは【大破】 →はそん

たいはい【頽廃】 近代 たいたう［頽唐］。近世 くゎうはい［荒廃］。すいたい［衰退／衰頽］。中世 はいたい［廃退／廃頽］。たいはい［頽廃］。

たいはい【大敗】 かんぱい［完敗］。近代 さんぱい［惨敗］。中世 おほまけ［大負］。たいはい［大敗］。一敗地に塗(まみ)る［—塗れる］。

—・するさま けちょんけちょん。こてんこてん。こてんぱん。近世 さんざっぱら。さんざん。

たいはん【大半】 だいぶぶん［大部分］。近世 くぶくりん［九分九厘］。中世 あらかた［粗方］。だいたい［大体］。なかば［半］。ほとんど［殆］。中古 おほかた［大方］。くゎはん［過半］。たいがい［大概］。たいてい［大抵］。なから［半］。ほとど［殆］。ほぼ［粗／略］。上代 たいはん［大半］。→たいてい

たいひ【対比】 近代 たいち［対置］。たいひ［対比］。ひ［比］。近世 たいせう［対照］。ひかく［比較］。中世 ひす［比］。上代 くらぶ［くらべる］［比］。ならぶ［ならべる］［並］。

たいひ【退避】 たいひ［待避］。近代 ひなん［避難］。近世 たいひ［退避］。上代 くゎいひ［回避］。さく［さける］［避］。にぐ［にげる］［逃］。

たいひ【待避】 →たいひ(前項)

たいひ【堆肥】 近代 たいひ［堆肥］。つみごえ［積肥］。ひれう［肥料］。

—がよく発酵して腐ること 近世 ふじゅく［腐熟］。

だいひつ【代筆】 中世 だいさく［代作］。だいしょ［代書］。だいひつ［代筆］。たひつ［他筆］。

たいびょう【大病】 近世 おほわづらひ［大患］。ぢゅうあ［重痾］。中世 たいくゎん［大患］。たいびゃう［大病］。上代 ぢゅうくゎん［重患］。ぢゅうびゃう［重病］。

だいひょう【大兵】 きょかん［巨漢］。近代 きょく［巨軀］。きょたい［巨体］。近世 おほがら［大柄］。だいひゃう［大兵］。中世 おほをとこ［大男］。

だいひょう【代表】 近代 かほ［顔］。だいへう［代表］。近世 そうみゃうだい［総名代］。中世 そうだい［総代］。

—団 近代 デレゲーション(delegation)。ミッション(mission)。

—的 プロトタイプ(prototype)。近代 ティピカル(typical)。てんけい［典型］。

—的な二人 にまいかんばん［二枚看板］。

村落の— 中世 おとな［乙名］。

タイプ(type) 近代 スタイル(style)。けいしき［形式］。タイプ。パターン(pattern)。やうしき［様式］。るいけい［類型］。上代 かた［型］。

だいぶ【大分】 近代 さうたう［相当］。だいぶぶん［大部分］。近世 だいぶん［大分］。なかば

［半］。よっぽど［余程］。中世 かなり［可成／可也］。ずいぶん［随分］。すこぶる［頗］。だいぶ［大分］。なかなか［中中］。よほど［余程］。

たいふう【台風】 ウィリウィリ(willy-willy)。こうてん［荒天］。サイクロン(cyclone)。ねったいていきあつ［熱帯低気圧］。近代 たいふう［台風／颱風］。タイフーン(typhoon)。ハリケーン(hurricane)。中世 ぼうふうう［暴風雨］。中古 のわき／のわけ［野分］。野分の風。上代 あらし［嵐］。
《句》近世 二百十日は農家の厄日。二百二十日は荒れ仕舞ひ。

ーのいろいろ(例) あめたいふう［雨台風］。かぜたいふう［風台風］。まめたいふう［豆台風］。めいそうたいふう［迷走台風］。

だいぶぶん【大部分】 近代 だいたすう［大多数］。だいぶぶん［大部分］。たすう［多数］。マジョリティー(majority)。中世 あらまし。だいたい［大体］。たいてい［大抵］。たいりゃく［大略］。たぶん［多分］。ほとんど［殆］。中古 おほかた［大方］。おほく［多］。くゎはん［過半］。たいがい［大概］。ほとどど。ほぼ［粗／略］。上代 たいはん［大半］。ほとほと。

だいぶん【大分】 →だいぶ

たいへい【泰平】 近代 ばんりどうふう［万里同風］。ピース(peace)。近世 あんかう［安康］。せんりどうふう［千里同風］。中世 あんたい［安泰］。せいひつ［静謐］。ちへい［治平］。へいわ［平和］。へいをん［平穏］。中古 あんをん［安穏］。上代 あんねい［安寧］。たいへい［泰平／太平］。へいあん［平安］。→へいわ
《句》近代 安きに危ふきを忘れず。近世 治ちに居て乱を忘れず。上代 道に遺ゐを拾はず。

ーの世 中世 せいせい［清世］。せうだい［昭代］。中古 ちせい［治世］。

たいべつ【大別】 近代 くわけ［区分］。近世 くべつ［区別］。しわけ［仕分］。たいべつ［大別］。中世 ぶんべつ［分別］。ぶんるい［分類］。るいべつ［類別］。

たいへん【大変】❶〈大層〉 近代 たいへん［大変］。とっても／とても［迚］。ひじゃうに［非常］。近世 おそるべき［恐］。おびただし［夥］。おほいに［大］。ごく［極］。たいそう［大層］。とびきり［飛切］。とんだ。まうめっぽふ［滅法］。中世 いたって［至］。きつう。ごくごく［極極］。さばかり［然許］。しごく［至極］。ずいぶん［随分］。ちかごろ［近頃／近比］。はなはだもって［甚以］。中古 いと。いとも。いみじ／いみじげ。おびたたし［夥］。ここら［幾許］。すこぶる［頗］。せめて。はなはだ［甚］。愚かならず。上代 あまた［数多／許多］。きはめて［極］。ここだ／ここだく／ここば／ここばく［幾許］。
→たいそう【大層】

ー・な 近代 たいした［大］。近世 おほきな［大］。

たいへん【大変】❷〈大事〉 近代 しんこく［深刻］。ぢゅうえう［重要］。ぢゅうだい［重大］。近世 えらし［偉］。中世 いちだいじ［一大事］。おほごと［大事］。しょうじ［勝事］。せうし［笑止］。ぜんだい［前代］。ぜんだいみもん［前代未聞］。たいへん［大変］。厳かいいこと。ただならぬ。ゆゆし［由由／忌忌］。中古 おどろおどろし。徒事ただこと(只事)にあらず。一方ひとかたならず。上代 だいじ［大事］。

そうなったらー 中古 もこそ。もぞ。もぞする。

だいべん【大便】 うんち(幼児語)。ふんべん［糞便］。近代 をあい／をわい［汚穢］。近世 うんこ(幼児語)。じんぷん［人糞］。だいよう［大用］。ばば［糞／屎］(幼児語)。べん［便］。中世 ふん［糞］。ゑど［穢土］。中古 だいべん［大便］。はこ［箱／筥］。上代 くそ［糞／屎］。

ーが液状になること 近代 はらくだし［腹下］。中世 はらくだり［腹下］。中古 げり［下痢］。

ーがしたくなる気持ち 近代 べんい［便意］。

ーが出ること 近世 つうじ［通］。べんつう［便通］。

ーが何日も出ないこと 近代 べんぴ［便秘］。近世 ふんづまり［糞詰］。中世 ひけつ［秘結］。

ー等を受ける容器 近世 おかは［御厠］。おまる［御虎子］。しうびん［溲瓶］。ねうきん［尿器］。中世 しびん［溲瓶］。中古 しとづつ［尿筒］。はこ［筥／糞器］。

ーと小便 はいせつぶつ［排泄物］。りょうよう［両用］。近代 おしも［御下］。しもごい［下肥］。近世 しもごえ［下肥］。しばば［尿糞］。てうづ［手水］。べんり［便利］。りゃうべん［両便］。中古 こえ［肥］。しねう［屎尿］。だいせうべん［大小便］。はこ［箱／筥］。ふじゃう［不浄］。ふんねう［糞尿］。

ーをする →はいべん

赤ん坊の生まれて初めてのー たいべん［胎便］。近世 かにくそ［蟹屎］。かにばば［蟹糞］。

液状のー えきべん［液便］。げりべん［下痢

便］。

血の混ざった― 近世 けつべん［血便］。中世 げけつ［下血］。

便秘のあとの― しゅくべん［宿便］。

やわらかい― なんべん［軟便］。

たいほ【退歩】 近代 ぎゃくコース［逆course］。こうたい［後退］。たいくゎ［退化］。近世 あとじさり［後退］。あとずさり［後退］。あともどり［後戻］。たいかう［退行］。中世 うしろじさり［後退］。たいほ［退歩］。中古 うしろむき［後向］。上代 ぎゃくかう［逆行］。

たいほ【逮捕】 ぱくる。近代 けんきょ［検挙］。こういん［勾引／拘引］。こうきん［拘禁］。しうかん［収監］。ほばく［捕縛］。近世 ごよう［御用］。たいほ［逮捕］。中古 からむ［からめる］［絡／搦］。けんそく［検束］。こうりう［拘留］。めしとる［召捕／召取］。上代 とらふ［とらえる］［捕／捉］。

たいほう【大砲】 近代 ぢゅうはう［重砲］。はうこう［砲熕］。近世 くゎはう［火砲］。くゎんめづつ［貫目筒］。たいはう［大砲］。つつ［筒］。中世 いしびや［石火矢］。おほづつ［大筒］。くにくづし［国崩］。

―の先 近代 はうこう［砲口］。近世 じゅうこう［銃口］。つつぐち［筒口］。つつさき［筒先］。

―の弾 近代 はうだん［砲弾］。近世 はうぐゎん［砲丸］。

―を撃ち合って戦うこと 近世 はうせん［砲戦］。

―を撃つこと 近世 がうはつ［轟発］。

―を撃った音 近世 はうせい［砲声］。

―を撃ったときの煙 近代 はうえん［砲煙／砲烟］。

―を撃ったときの火 近世 はうくゎ［砲火］。

―を撃つ人 近代 はうしゅ［砲手］。

―を据える台 近代 はうか［砲架］。はうざ［砲座］。

大きな― 近世 きょはう［巨砲］。中世 おほづつ［大筒］。

野戦用の― 近代 やはう［野砲］。

その他―のいろいろ(例) ちょくしゃほう［直射砲］。ていそうほう［底装砲］。近代 かうかくはう［高角砲］。かうしゃはう［高射砲］。かのうはう／カノンはう［(オランダ)kanon砲／加農砲］。さんぱう［山砲］。へいしゃはう［平射砲］。

▼助数詞 ちょう［挺］。もん［門］。

たいぼう【待望】 近代 ききう［希求］。きたい［期待］。きばう［希望］。しょくばう［嘱望／属望］。たいばう［待望］。中世 ぐゎんばう／ぐゎんまう［願望］。まちのぞむ［待望］。上代 こひねがふ［冀／希］。

―・するさま 近代 かくしゅ［鶴首］。まちあぐねる［待倦］。一日千秋の思ひ。痺(しび)れが切れる。近世 おまちかね［御待兼］。まちあぐむ［待倦］。まちくたびる［―くたびれる］［待草臥］。待てど暮らせど。中世 こころまち［心待］。まちこがる［―こがれる］［待焦］。中古 まちわぶ［―わびる］［待侘］。上代 まちかぬ［―かねる］［待兼］。

たいぼう【大望】 →たいもう

たいぼう【耐乏】 →た・える【耐】

たいぼく【大木】 近代 きょぼく［巨木］。近世 こぼく［巨木］。中世 たいぼく［大木］。中古 たいじゅ［大樹］。上代 おほき［大木］。

架空の― 中世 えんぶじゅ［閻浮樹］。

だいほん【台本】 えコンテ［絵continuity］。コンテ／コンティニュイティ(continuity)。スクリプト(script)。近代 ぎきょく［戯曲］。きゃくほん［脚本］。シナリオ(scenario)。だいほん［台本］。ドラマ(drama)。

―を書く人 近代 きゃうげんさくしゃ［狂言作者］。きゃくほんか［脚本家］。げきさくか［劇作家］。シナリオライター(和製scenario writer)。

たいまつ【松明】 近代 トーチ(torch)。近世 てび［手火］。中世 きょしょく［炬燭］。しょうきょ［松炬］。しょうくゎ［松火］。しょうめい［松明］。中古 うちまつ［打松］。きょくゎ／こくゎ［炬火］。さいまつ［割松］。たいまつ［松明］。ついまつ／つぎまつ［続松／継松］。まつ［松］。上代 たひ［手火］。

―の煙 しょうえん［松煙］。

雨中の鵜飼いに用いる― うだいまつ［鵜松明］。

地に刺して立てておく― 中古 たちあかし／たてあかし［立明］。はしらたいまつ［柱炬火／柱松明］。はしらまつ［柱松］。

たいまん【怠慢】 →たいだ

だいみょう【大名】 近代 一国一城の主。近世 だいみゃう［大名］。とのさま［殿様］。はんしゅ［藩主］。りゃうしゅ［領主］。国の主(あるじ)。中世 こうはく［侯伯］。やかた［館／屋形］。

《尊》近世 ごぜん［御前］。

城を持たない― 近世 むじゃう［無城］。

城を持っている― 近世 しろもち［城持］。し

ろもちだいみゃう［城持大名］。
タイミング(timing) 近代かうき［好機］。ころあひ［頃合］。タイミング。チャンス(chance)。はづみ［弾／勢］。近世きっかけ［切掛］。しほどき［潮時］。中世きくゎい［機会］。じき［時機］。しほあひ［潮合］。まあひ［間合］。中古じぎ［時宜］。じせつ［時節］。しほ［潮］。
だいめい【題名】 近代タイトル(title)。近世だいめい［題名］。みゃうだい［名題］。中世へうだい［標題／表題］。中古だい［題］。だいもく［題目］。
演劇などの― えんもく［演目］。近世げだい［外題］。なだい［名題］。
絵画の― 近代ぐゎだい［画題］。
外国作品に日本語でつけた― ほうだい［邦題］。
仮につけた― かだい［仮題］。
たいめん【対面】 近代めんせつ［面接］。近世くゎいけん［会見］。めんじゃう［面上］。中世えっけん［謁見］。しゃうかん［相看］。しゃうけん［相見］。めんくゎい［面会］。中古いんけん［引見］。上代あふ［会］。たいめん［対面］。
《謙》近代はいし［拝芝］。近世はいび［拝眉］。中世きめん［貴面］。はいがん［拝顔］。中古げざん／げんざん［見参］。まみゆ［まみえる］［見］。
―・させる 近代ひきあはせる［引合］。中古むかふ［向／対］。
―・する 中世あひあふ［相会］。むかひあふ［向合］。めんす［面］。中古あひみる［相見］。みいであふ［出逢］。みる［見］。
直接―・する 中世あひたい［相対］。
出て行って―・する 中古いでむかふ［出向］。
初めての― 近世うひけんざん［初見参］。
たいめん【体面】 メンツ［(中国語)面子］。近代かたみ［肩身］。かほ［顔］。こけん［沽券］。たいめん［体面］。ていさい［体裁］。めんぼくだま［面目玉］。近世いちぶん［一分］。きっかけ［切掛］。せけんてい［世間体］。たちば［立場］。めんもく［面目］。ぐゎいぶん［外聞］。めんぴ［面皮］。中世おもてむき［表向］。かんばせ［顔］。中古おもて［面］。めいぼく／めぼく／めんぼく［面目］。
―が損なわれること 面目まるつぶれ。近代かたなし［形無］。しったい［失体／失態］。近世一分が廃(すた)る。一分を捨つ［―捨てる］。外聞を失ふ。中世面(おも)を汚す。名を折る。中古おもなし［面無］。おもぶす［面伏］。かたじけなし［忝］。面(おも)を伏す。
―が保たれる 近代面目が立つ。近世一分立つ。顔が立つ。
―にさしさわる 近代沽券(こけん)に関はる。
国の― 近世こくたい［国体］。
たいもう【大望】 アンビシャス(ambitious)。やばう［野望］。中世たいし［大志］。たいまう［大望］。やしん［野心］。中古たいばう［大望］。
《句》近代少年よ大志を抱け。
―を抱いた心 近世さうし［壮志］。さうしん［壮心］。
だいもく【題目】 近代タイトル(title)。テーマ(ドイツ Thema)。近世だいめい［題名］。みゃうだい［名題］。中世へうだい［標題］。中古だい［題］。だいもく［題目］。
演劇などの― えんもく［演目］。近世げだい［外題］。なだい［名題］。
主要な― メーンタイトル(main title)。近代しゅだい［主題］。チャプター(chapter)。ほんだい［本題］。
タイヤ(tire) 近代タイヤ。
―の路面に接する面 トレッド(tread)。
―の路面に対する密着性 ロードホールディング(road holding)。
その他―のいろいろ(例) スタッドレスタイヤ(studless tire)。スノータイヤ(snow tire)。スパイクタイヤ(和製spike tire)。ソリッドタイヤ(solid tire)。チューブレスタイヤ(tubeless tire)。ラジアルタイヤ(radial tire)。
たいやく【大役】 近代ぢゅうせき［重責］。近世たいやく［大役］。中世たいにん［大任］。ぢゅうにん［重任］。
だいやく【代役】 かわりやく［代役］。スタンドイン(stand in)。ピンチヒッター(pinch hitter)。近代だいべん［代弁］。だいやく［代役］。だいり／だいりにん［代理人］。近世かげむしゃ［影武者］。かへだま［替玉］。ふきかへ［吹替］。中古みがはり［身代］。みゃうだい［名代］。
ダイヤモンド(diamond) 近代こんがう／こんがうせき［金剛石］。ダイヤモンド。近世ギヤマン(オランダ diamant)。ばさら［伐折羅／跋折羅／縛日羅］。
不透明の工業用― カルボナード(ポルトガル carbonado)。近代くろダイヤ［黒 diamond］。
たいよ【貸与】 かしだし［貸出］。近代ようだて［用立］。近世かしつけ［貸付］。上代たいよ

[貸与]。

たいよう【太陽】 近代 ソーラー(solar)。ソレイユ(フランス soleil)。しゃくじつ[赤日]。てんぴ[天日]。近代 サン(sun)。近世 えんてい[炎帝]。おてんたうさま／おてんとさま[御天道様]。おひさま[御日様]。くゎりん[火輪]。こんにちさま[今日様]。ひかげ[日影／日景]。日の烏。中世 きんう[金烏]。こうきゃう／こうけい[紅鏡]。じっしょく[日色]。せきう[赤烏]。てんじつ[天日]。中古 あまつひ[天日]。せきじつ[赤日]。たいやう[太陽]。てんたう／てんだう[天道]。にちりん[日輪]。にってん[日天]。はくじつ[白日]。ふさう[扶桑]。上代 にっくゎ[日華]。にっしょく[日色]。にってんし／にってんじ[日天子]。ひ[日]。まひ[真日]。
→ひ【日】

たいよう【大洋】 近代 オーシャン(ocean)。近世 かいやう[海洋]。ぐゎいやう[外洋]。中世 たいやう[大洋]。中古 たいかい[大海]。上代 おほうみ／おほきうみ[大海]。

たいよう【大要】 ようらん[要覧]。近代 アウトライン(outline)。えうかう[要綱]。がいえう[概要]。近世 えうやく[要約]。たいえう[大要]。中世 あらまし。たいし[大旨]。中古 おほよそ[大凡]。かうがい[梗概]。たいかう[大綱]。上代 おほむね[大旨]。たい[大意]。→あらまし

たいよう【態様】 近代 コンディション(condition)。やうさう[様相]。近世 たいやう[態様／体様]。中世 じゃうたい[状態／情態]。中古 ありさま[有様]。やうす[様子]。

たいよう【耐用】 近代 たいきう[耐久]。もち[持]。近世 もちこたふ〔ーこたえる〕[持堪]。

だいよう【代用】 近代 くゎんよう[換用]。だいかへ／だいたい[代替]。近世 だい[代]。だいよう[代用]。てんよう[転用]。中世 りうよう[流用]。中古 かはり[代]。しきたい／しきだい[色代／色体／式体]。上代 しろ[代]。

たいら【平】 フラット(flat)。近代 ひらべったい[平]。へい[平]。近世 ひらたし[平]。へい[平夷]。まんろく[真陸]。中世 たんい[坦夷]。ひらし[平]。へいたん[平坦]。ろく[陸]。中古 なほし[直]。ひら[平]。上代 たひら[平]。

ー・でないこと 近代 でこぼこ[凸凹]。近世 あふとつ[凹凸]。きふく[起伏]。

ー・で滑らかなこと 近代 へいくゎつ／へいこつ[平滑]。

ー・で広々としていること 近代 へいくゎつ[平闊]。

ー・なさま 近代 ぺしゃんこ／べちゃんこ／ぺっちゃんこ。近世 たんたん[坦坦]。のっぺらぼう／のっぺらぽう。のっぺり。中世 へいへい[平平]。へいへいたんたん[平平坦坦]。中古 たひらか[平]。なだらか。ひららか。

ー・な土地 中世 ひらち[平地]。へいち／へいぢ[平地]。

ー・な道 近代 たんだう[坦道]。中世 たんろ[坦路]。中古 たんと[坦途]。

ー・にする 近代 プレス(press)。近世 おしならす[押均]。中世 おしひらむ[押平]。おしなぶ／おしなむ[押靡]。ひらむ[平]。中古 ひらめかす[平]。上代 たひらぐ〔ーらげる〕[平]。ならす[均／平]。

ー・になる 中古 たひらぐ[平]。ひらがる[突平]。ひらぶ／ひらむ[平]。

ー・に広げる 中古 のぶ〔のべる〕[伸／延]。上代 しく[敷／布]。

岩などでー・な所 近代 いはだな[岩棚]。上代 いはとこ[石床／磐床]。

埋めてー・にする 中世 うづむ〔うずめる〕[埋]。上代 うめる[埋／塡]。

耕地や土地などをー・にする せいち[整地]。中世 ぢならし[地均／地平]。ちんあつ[鎮圧]。

水準器でー・にする 近代 へいじゅん[平準]。

大地がー 中世 ろく[陸／碌]。

比較的ー・であること 近世 ひらめ[平目]。

表面がー 近世 へいめん[平面]。

踏んでー・にする 上代 ふみならす[踏均]。

全くー・であること 中世 まったひら[真平]。中古 まひら[真平]。

たいら・げる【平】 せいあつ[征圧]。近代 せいは[制覇]。せいふく[征服]。へいてい[平定]。近世 たいぢる[退治]。ちんてい[鎮定]。中世 くちく[駆逐]。さうたう[掃討]。たいぢ[退治／対治]。中古 うつ[討]。しづむ[しずめる][鎮]。ちんあつ[鎮圧]。上代 うちほろぼす[討滅]。おひはらふ[追払]。せいばつ[征伐]。たひらぐ〔ーらげる〕[平]。はらふ[払／掃]。

だいり【代理】 だいやく[代役]。近代 かたがはり[肩代]。だいかう[代行]。だいたい[代替]。中世 だいむ[代務]。だいり[代理]。中古 かだい[代]。てがはり[手替／手代]。中古 かはり[代]。みがはり[身代]。みゃうだい[名代]。

ー・する 中世 せっす［摂］。

ーとなる 中古 なりかはる［成代］。

ーの人 近代 エージェント(agent)。だいりしゃ［代理者］。だいりにん［代理人］。だいゐん［代員］。近世 だいにん［代人］。中世 てがはり［手替／手代］。中古 かはり［代］。みゃうだい［名代］。めしろ［目代］。

だいり【内裏】→**きゅうちゅう**

だいりせき【大理石】 近代 なめいし［大理石］。マーブル(marble)。近世 だいりせき［大理石］。

たいりつ【対立】 近代 かうてき［抗敵］。かっとう［葛藤］。たいかう［対抗］。たいぢ［対峙］。たいりつ［対立］。近世 いがみあひ［啀合］。きっかう［拮抗／頡頏］。しょうとつ［衝突］。にらみあひ［睨合］。はんもく［反目］。中古 てきたい［敵対］。ふわ［不和］。

ー・する 近代 あひはんする［相反］。ぶつかる。中世 にらみあふ［睨合］。はりあふ［張合］。

多くの者がー・するさま たきょく［多極］。

三者のー 近代 ていそく［鼎足］。近世 ていりつ［鼎立］。中世 ていぢ［鼎峙］。

たいりゃく【大略】→**おおよそ**

たいりゅう【対流】 近代 たいりう［対流］。中世 りうどう［流動］。中古 じゅんくゎん［循環］。

たいりゅう【滞留】 近代 たいせき［滞積］。近世 ざんりう［残留］。たいざい［滞在］。とうりう［逗留］。中世 たいりう［滞留］。中古 ていたい［停滞］。上代 とどこほる［滞］。

たいりょう【大量】 マス(mass)。→**おお・い**

ー生産 りょうさん［量産］。近代 マスプロ／マスプロダクション(mass production)。

ー販売 マスセール(mass sale)。

たいりょう【大漁】 たいぎょ［大漁］。ほうりょう［豊漁］。近世 たいれふ［大漁］。

ーの祝い 近代 まいはひ［間祝］。まんいはひ［万祝］。まんごしいはひ［万越祝］。

たいりょく【体力】 スタミナ(stamina)。ばりき［馬力］。近代 くゎつりょく［活力］。パワー(power)。近世 たいりょく［体力］。中世 せいりき／せいりょく［精力］。りき［力］。中古 ちから［力］。

ーが衰える 中古 よわる［弱］。上代 くづほる［頽］。

ーが続かない 身が持たない。

ーの要る仕事 近代 きんにくらうどう［筋肉労働］。ちからしごと［力仕事］。にくたいらうどう［肉体労働］。りきえき／りょくえき［力役］。近世 ほねしごと［骨仕事］。

ーの強いこと タフ(tough)。近代 ぐゎんきゃう［頑強］。ぐゎんけん［頑健］。近世 きゃうさう［強壮］。くっきゃう［屈強］。中世 ぐゎんぢゃう［頑丈］。たっしゃ［達者］。

ーの弱いこと 近世 ぜいじゃく［脆弱］。中古 かよわし［弱］。だじゃく［惰弱／懦弱］。

ダイレクト(direct) ストレート(straight)。近代 ダイレクト。ちょくせつ［直接］。

たいれつ【隊列】 近代 たいれつ［隊列］。ぢんけい［陣形］。せんれつ［戦列］。たいけい［隊形］。はいぢん［排陣／配陣］。近世 ぢんぞなへ［陣備］。中世 ぢんだて［陣立］。上代 たいご［隊伍］。

たいろ【退路】 近代 たいろ［退路］。とんろ［遁路］。中世 にげみち［逃道］。

だいろっかん【第六感】 近代 インスピレーション(inspiration)。センス(sense)。だいろくかん［第六感］。ちょくかく［直覚］。ちょくかん［直感］。ちょくくゎん［直観］。ひらめき［閃］。近世 かん［勘］。

たいわ【対話】→**かいわ**

たいわん【台湾】 近代 ほうらい［蓬莱］。近世 かうざんこく［高山国］。たかさご［高砂］。

たうえ【田植】 近代 さふあう［挿秧］。近世 うゑつけ［植付］。しつけ［仕付］。中世 たうゑ［田植］。

ーに関わる行事 近代 うしくやう［牛供養］。さなびらき［早開］。はなたうゑ［花田植］。はやしだ［囃田／囃子田］。近世 おたうゑ／おたうゑまつり［御田植祭］。おほたうゑ［大田植］。さなぶり／さなぼり［早苗饗］。さびらき［早開］。しろみて［代満］。中世 さおり［早降］。さのぼり［早上］。

ーの時期 近世 しつけどき［仕付時］。

ーを囃す音楽 中古 でんがく［田楽］。

タウン(town) 近代 しがい［市街］。シティー(city)。タウン。とし［都市］。まちかど［街角］。近世 ちまた［巷］。上代 とくゎい［都会］。まち［町／街］。→**まち**

たえがた・い【堪難】 我慢できない。怺(堪)えられない。音を上げる。近代 しのびない［忍］。近世 意地にも我にも。中世 しのびあへず［忍敢］。たまらぬ［堪］。中古 あへず［敢］。たへがたし［堪難］。たまらぬ［堪］。つらし［辛］。ねんじわぶ［念侘］。わびし［侘］。わりなし［理無］。上代 たへかぬ［―かねる］［耐兼／堪兼］。やさし［恥／優］。

ー・い苦しみ 近代 さんく［酸苦］。中世 ちゅ

うく［重苦］。

―・いので 上代 かてに／がてに［難］。

―・いほど 中古 きびし［厳］。しぬばかり／しぬべく［死］。

恋しくて―・い 上代 おもひかぬ［―かねる］［思］。

だえき【唾液】 近代 だえき［唾液］。 近世 しんえき［津液］。 中世 つ［唾］。つは／つば［唾］。 上代 つばき［唾］。

―が口外に流れ出たもの 中世 よだれ［涎］。

たえず【絶】 じょうじゅうざが［常住坐臥］。れんじつれんや［連日連夜］。切れ目なく。絶え間なく。止め処ど なく。 近代 のべつ。のべつひまなし［暇無］。のべつまくなし［幕無］。ひっきりなし［引切無］。ぶっつづけ［続］。間断なく。ひっきりなしに。 近世 いつでも［何時］。しょっちゅう。まくなし［幕無］。 中世 しげい［繁］。しじゅう［始終］。じゃうぢゅうふだん［常住不断］。たえせず［絶］。ぬのびき［布引］。櫛くしの歯を挽ひく如し。引きも切らず。 中古 いとまなく［暇無］。おきふし［起伏］。つねづね［常常］。ふだん［不断］。世と共。夜を日に継ぐ。 上代 いつも［何時］。かぎりなし［限無］。しきり［頻］。しくしく［頻頻］。しげし［繁］。すまに。たえず［絶］。たびまねし［度遍］。ちうや［昼夜］。つね［常］。ときなし［時無］。まなし［間無］。→**いつも**

《枕》 上代 たまかづら［玉葛］。なつくずの［夏葛］。はふくずの［這葛］。ゆくみづの［行水］。

―居ること 近世 じゃうづめ［常詰］。つめきり／つめっきり［詰切］。 中世 ぢゃうづめ［定詰］。

―思う 上代 おもひわたる［思渡］。

たえま【絶間】 近世 とぎれ［途切］。 中世 あひま［合間］。かんだん［間断］。きれま［切間］。きれめ［切目］。 中古 たえま［絶間］。ひま［暇／隙］。

《枕》 中世 わすれみづ［忘水］。

―がない →**たえず**

た・える【耐】 近世 こたふ［こたえる］［堪］。もちこたふ［―こたえる］［持堪］。 中世 おさふ［押／抑］。こたゆ［堪］。こらふ［こらえる］［堪／怺］。しのぐ［凌］。 中古 うちしのぶ［打忍］。おもひねんず［思念］。しのびかへす［忍返］。たへしのぶ［堪忍］。 上代 あふ［敢］。しのぶ［忍］。たふ［たえる］［耐／堪／勝］。→**がまん**

―・え続ける 中古 ねんじすぐす［念過］。

―・えて従う 近代 じゅにん［受忍］。にんじゅう［忍従］。 中世 にんじゅ［忍受］。

―・える気力 近代 にんたいりょく［忍耐力］。

―・えること 近世 こらへしゃう［堪性］。

近代 たいにん［耐忍］。にんたい［忍耐］。たいばふ［耐乏］。 近世 がまん［我慢］。けんにん［堅忍］。 中世 いんにん［隠忍］。かんにん［堪忍］。しんばう［辛抱］。しんぼう［辛棒］。 中古 にんにく［忍辱］。 にんく［忍苦］。ものねんじ［物念］。

そのままで―・える 上代 ありかつ。

何度も―・える 中古 ねんじかへす［念返］。

た・える【絶】 近代 ぜんめつ［全滅］。とぜつ［途絶］。底をつく。 中世 せうしつ［消失／銷失］。とぎる［とぎれる］［途切］。 中古 かるる［離］。きゆ［きえる］［消］。せうめつ［消滅／銷滅］。ぜつめつ［絶滅］。たやす［絶］。だんぜつ［断絶］。だんめつ［断滅］。とだゆ［とだえる］［途絶］。とどまる［止］。ひききる［引切］。ほろぶ［滅／亡］（四段活用）。めつばう［滅亡］。やむ［止／罷］。 上代 たえす［絶］。たつ［絶］。たゆ［たえる］［絶］。つく［つきる］［尽］。ほろぶ［ほろびる］［滅／亡］。

《枕》 中古 しらいとの［白糸］。 上代 なつくずの［夏葛］／はふくずの［這葛］／ゆくみづの［行水］［⇩たえず］。しらくもの［白雲］／たまかづら［玉葛］／たまのをの［玉緒］／みなしがは［水無川］［⇩たゆ］。まつがねの［松根］／ゆくみづの［行水］［⇩たゆることなく］。

―・えそうな息 中古 よぜん［余喘］。

―・えそうなさま 近世 とぎれとぎれ［途切途切］。 中世 たえだえし［絶絶］。

―・えないこと 近世 じゃうふだん［常不断］。 中古 ふだん［不断］。

―・えないで続くさま 中古 れんれん［連連／聯聯］。

―・えるようにする 中古 たやす［絶］。 上代 たえす［絶］。たつ［絶］。

交際などが―・える 近世 いたちの道切り。 中古 うちたゆ［―たえる］［打絶］。きえはつ［―はてる］［消果］。

消息などが―・える 中古 かきたゆ［掻絶］。

だえん【楕円】 ちょうえんけい［長円形］。 近世 ちやうゑん［長円］。そくゑん［側円］。だゑん［楕円］。

―に似た形 たまごがた［卵形］。 近代 こばんがた［小判形］。たまごなり［卵形］。

―の軸 近代 たんぢく［短軸］。ちゃうぢく［長軸］。 近世 たんけい［短径］。ちゃうけい［長径］。

―を回転させた立体 かいてんだえんたい［回

転楕円体]。近代へんきう[扁球]。

たお・す【倒】 ころがす[転]。近代うちまかす[打負]。ふくす[覆]。近世うちのめす[打]。かたづく[—づける][片付]。だたう[打倒]。はふる[屠]。ひっくりかへす[引繰返]。やっつける[遣付]。中世くだす[下]。こかす[転/倒]。ころばす[転]。まかす[負]。中古うちたふす[打倒]。うちやぶる[打破]。たふす[倒]。てんぷく[転覆/顛覆]。上代かつ[勝]。くつがへす[覆]。ふす[臥/伏]。やぶる[破]。

—・して押さえ付ける 中世くみしく[組敷]。くみふす[—ふせる][組伏]。

勢いよく—・す 近代ぶったふす[打倒]。近世なぎたふす[薙倒]。

押して—・す 近代つっころばす[突転]。近世おしこかす[押倒]。つきたふす[突倒]。中古おしたふす[押倒]。

切って—・す 上代きりたふす[切倒/斬倒]。きりふす[—ふせる][切伏/斬伏]。

殴って—・す 近世うちのめす[打]。たたきのめす[叩]。なぐりたふす[殴倒]。はりたふす[張倒]。ぶちのめす[打]。

投げて—・す 中世なげたふす[投倒]。

踏んで—・す 中古ふみたふす[踏倒]。

矢で射て—・す 中世いすう[射据]。いたふす[射倒]。中古いふす[射倒]。

横にはらって—・す 近世なぎたふす[薙倒]。

たおやか 近世ゑんぜん[婉然]。中世しなやか。中古たをやか。→しなやか

たお・れる【倒】 おうてん[横転]。ダウン(down)。近代ころがる/ころげる[転]。たうくゎい[倒壊/倒潰]。近世のたる。ひっくりかえる[返]。へたばる。中世くたばる。こく[転/倒]。こける[転/倒]。ころぶ[転]。てんたう[転倒/顛倒]。中古てんぷく[転覆/顛覆]。まろぶ[転]。上代たふる[たおれる][倒/斃]。

—・れかかる 近世つんのめる。のめる。中世のめずる。中古よろぼふ[蹌踉/蹣跚]。

—・れさせる 上代なびく[靡]。

—・れるさま ごろっと。近代ごろん。どさっと。ばたっと。ばたり。ばたん。近世ずでんどう/ずんでんど。どさり。ばったり。ぱったり。中世かっぱと。ころり。ごろり。ずでいどう。どうと。らくらく[落落]。らくらくらいらい[落落磊磊]。

仰向けに—・れること 近世びゃうぶがへし[屏風返]。びゃうぶだふし[屏風倒]。

勢いよく—・れる 近世ぶったふる[—たおれる][打倒]。

後ろに尻から—・れること 中世しりもち[尻餅]。

会社が—・れる 近世しんだいかぎり[身代限]。しんだいぎり[身代切]。たうさん[倒産]。はざい[破財]。中世つぶる[つぶれる][潰]。中古はさん[破産]。

風で—・れること 近代ふうたう[風倒]。

気を失って—・れること 近代そったう[卒倒]。

崩れるように—・れる 近世くづほる[くずおれる][頽]。

酒に酔って—・れる 近世ゑひたふる[—たおれる][酔倒]。

直立の姿勢で—・れること 近世ほとけだふし[仏倒]。

疲れて—・れる 近世こんとん[困頓]。

次々と順に—・れること 近世しゃうぎだふれ[将棋倒]。中世しゃうぎだふし[将棋倒]。

流されるような形で—・れる 上代なびく[靡]。

複数の人が同じ所に—・れているさま 枕を並べる。中世同じ枕。

目が眩^らく^んで—・れること 近世こんたう[昏倒]。

たか【高】 りゃう[量]。近世いきたけ[裄丈]。がく[額]。ていど[程度]。中世すうりゃう[数量]。たか[高]。ぶんりゃう[分量]。

たか【鷹】 中世かいとうせい[海東青]。かしこどり[畏鳥]。こゐどり[木居鳥]。だい[弟鷹]。中古せう[兄鷹]。上代くち[鷹]。たか[鷹]。

—狩り 近世さくらがり[桜狩](交野^かたの^での狩猟)。はうよう[放鷹]。上代とがり[鳥狩]。

—狩りをする人 近世たかし[鷹師]。中古たかがひ[鷹飼]。たかじゃう[鷹匠]。たかすゑ[鷹居]。たかつかひ[鷹使]。

—の羽が抜け替わる 中世とかへる[鳥返]。とやがへる[鳥屋返]。

羽に斑のある— 近世うづらふ[鶉斑]。上代ましらふ[真白斑]。

腹や背など白い— 中世ゆきじろ[雪白]。

冬に捕らえた— 中世のざらし/のざれ[野晒]。

▼助数詞 わ[羽]。近世もと[元/本]。れん[連/聯]。

たが【箍】 近世かづら[葛/蔓]。たが[箍/篐]。わく[枠]。中世わ[輪/環]。

一番下の— 近世なきわ[泣輪]。

だが 近代だけど。近世けど。けれど。しかし[然/併]。しかるに[然]。しかれども[然]。だ

が。だけれど。だけれども。ぢゃが。中世が。けれども。しかしながら［然乍／併乍］。それでも。中古さりながら［然乍］。
《丁》ですが。ですけれど。

たかい【他界】→し・ぬ

たか・い【高】❶〈高さ〉 近代ハイ(high)。上代たかし［高］。
《枕》上代こもまくら［薦枕］。ころもでを［衣手］。

―・い木の上 近世木の空。

―・い建造物 こうそうけんちく［高層建築］。ビルディング(building)。まてんろう［摩天楼］。近代タワー(tower)。中古かうだい［高台］。上代たかどの［高殿］。

―・い声 中世かうおん［高音］。かうしゃう［高声］。かうだん［高談］。

―・いことと低いこと 中世たかひく［高低］。中古かうてい［高低］。

―・いさま 近代ざんぜつ［嶄絶／巉絶］。ざんぜん［嶄然］。しょうぜん［聳然］。そそりたつ［立］。天を摩する。近世いよやか。きふきふ［岌岌］。きうじん［九仭］。くもつく［雲衝］。しゅうぜん［聳然］。にょっきり。にょっこり。にょっぽり。雲を衝っく。天を衝く。中世あめやま［天山］。きぜん［巋然］。ぎぜん［巍然］。中古そびく［聳］。そびやぐ［聳］。そびゆ〔そびえる〕［聳］。たからか／たかやか［高］。たかだかと［高高］。たかばんじん［万尋／万仞］。上代いよよか。せんじん［千尋／千仞］。そばだつ［峙／聳］。ばんぢゃう［万丈］。りょううん［凌雲］。

―・い空 近代かうくう［高空］。中世かうそう［高層］。上代雲の上。

―・い所 近代だいち［台地］。たかだい［高台］。たかど［高処］。近世たかみ［高］。てんぢく［天竺］。中世かうしょ［高所］。かさ［嵩］。さんかん［三竿］。中古くろ［畔］。やま［山］。上代かみ［上］。くもゐ［雲居／雲井］。

―・い波 中世かたをなみ［片男波］。

―・い山 近代しゅんぽう［峻峰］。中世かうほう［高峰］。雲居の峰。上代かうざん［高山］。かうれい［高嶺］。しゅんれい［峻嶺］。たかね［高嶺／高根］。

―・く上げる 中古帆に上ぐ〔―上げる〕。

―・く険しいこと 近代ささ［嵯峨］。しゅんせう［峻峭］。近世かうしゅん［高峻］。がんがん［巌巌］。せうぜつ［峭絶］。中古けんしゅん［険峻／嶮峻］。けんそ［険阻］。しゅんけん［峻嶮］。

―・くする かさあげ［嵩上］。中古さしあぐ〔―あげる〕［差上］。上代あぐ〔あげる〕［上］。かかぐ〔かかげる〕［掲］。ささぐ〔ささげる〕［捧］。

―・く聳(そび)える（さま） 近代きつきつ［屹屹］。近世きつぜん［屹然］。そそりたつ［聳立］。中古えんけん［偃蹇］。ひひる［冲］。上代そそる。そばだつ［峙／聳］。

―・くて大きいさま 近代ぎこ［巍乎］。中古かうだい［高大］。ぎぎ［巍巍／魏魏］。

―・くて遠いこと 近世かうゑん［高遠］。上代くもゐ［雲居／雲井］。

―・くなる 近代たかまる［高］。中世りゅうき［隆起］。

―・く上る 近代ちゅうする［沖／冲］。

気位が―・く一人いること 近世こかう［孤高］。中世かうたふ［高踏］。

声や音が―・い 近代かんだかい［甲高／疳高］。中古たかやか［高］。たからか［高］。

木立や梢(こずえ)が―・いさま 中古ていてい［亭亭］。上代こだかし［木高］。

この上なく―・い 近代さいじゃうきふ［最上級］。ぜっかう［絶高］。ちゃうてん［頂点］。近世さいかう［最高］。

座高が―・い 中古ゐたけだか／ゐだけだか［居丈高］。

背が―・いさま 中古そそろか。そびやか［纖／聳］。

太陽が―・くなる 中古たく〔たける〕［長／闌］。

ちょっと―・い 中古こだかし［小高］。

細くて丈が―・いさま 中古すはやか。

ますます―・い 上代いやたか［弥高］。

たか・い【高】❷〈値段〉 近代ふれん［不廉］。値が張る。近世たかね［高値］。中世かうか［高価］。たかし［高］。中古あたひせんきん［値千金］。

―・過ぎる値段で売る ぶったくる［打手繰］。ふんだくる。近世たかばる［高張］。

他に比べて―・い 近代わりだか［割高］。

物価が―・くなること 近代かうとう［高騰／昂騰］。とうき［騰貴］。

たか・い【高】❸〈身分〉 近代ノーブル(noble)。中古かうき［高貴］。かみ［上］。たっとし［尊］。上代たかし［高／貴］。たふとし［尊］。

―・い位にある人 近代きじん［貴人］。中世きけん［貴顕］。けんき［顕貴］。れきれき［歴歴］。中古あてびと［貴人］。上(かみ)つ方。上代うまひと［貴人］。きにん［貴人］。雲の上人(うへびと)。

ー・いことと低いこと 中世かうひ［高卑］。じゃうげ［上下］。たかきいやしき［高卑］。上代かうげ［高下］。

ー・いたとえ 中古くも［雲］。雲の上。

たか・い【高】❹〈品位／品質〉 近代いうしう［優秀］。かうきふ［高級］。かうど［高度］。中古かうしゃう［高尚］。しういつ［秀逸］。上代たかし［高／貴］。

たがい【互】 近代あひみたがひみ［相身互身］。かうご［交互］。近世あひみたがひ［相身互］。こもごも［交／交交］。中世あひたがひ［相互］。たがひちがひ［互違］。中古かたみに［互］。こもごも［交／交交／相／更］。さうご［相互］。たがひ［互］。

ー違いにすること さしちがえ［差違／刺違］。近代かうご［交互］。てれこ。入れ代はり立ち代はり。近世かはりばんこ［代番］。中古かはりがはり／かはるがはる［代代］。中世とりちがふ［—ちがえる］［取違］。

ーに相手を刺す 中世さしちがふ［—ちがえる］［刺違］。

ーに言う 中古いひあふ［言合］。

ーに打つこと 中世うちあひ［打合］。

ーに語る 中世かたりあふ［語合］。中古あひかたらふ［相語］。

ーに恋しく思う 中古おもひかはす［思交］。さうし［相思］。

ーに知っていること 中世さうしき［相識］。しりあふ［知合］。中古あひしる［相知］。さうち［相知］。

ーに…する 中古あふ／あはす［合］。うちかはす［打交］。上代かはす／かふ［交］。

ーに提携し援助し合うこと 近世さていいうけつ［左提右挈］。

ーに反対であること 中古さうはん［相反］。

ーに見る 中古みかはす［見交］。

ーに向き合う 中古あひたいす［相対］。

ーに結びついていること 近代れんたい［連帯］。

言葉なしでーに分かること 近代いしんでんしん［以心伝心］。

▼接頭語 中古あひ［相］。

▼接尾語 近代あひ［合］。こ。

だかい【打開】 近代かいけつ［解決］。かいたく［開拓］。きりひらく［切開］。だは［打破］。とっぱ［突破］。中世だかい［打開］。

《句》近世櫓櫂（ろかい）の立たぬ海もなし。

たが・える【違】 →**まちが・う**

たかが【高】 いいところ。近代せいぜい［精精］。近世あれしき［彼式］。あれしこ／あれしころ。たかが［高］。たかだか［高高］。たかで［高］。

たかく【多角】 近代たはうめん［多方面］。ためん［多面］。たやう［多様］。中世たき［多岐］。たじ［多事］。中古たたん［多端］。

たがく【多額】 近代かうがく［高額］。きょがく［巨額］。たがく［多額］。中古きょまん［巨万］。

たかげた【高下駄】 近世たかげた［高下駄］。たかぼくり［高木履］。中世たかあし［高足］。中古たかあしだ［高足駄］。

たかさ【高】 近代かうど［高度］。たっぱ［立端］（建築で）。中世かさ［嵩］。中古たかさ［高］。上代たけ［丈］。

階段一段のー 近代けあげ［蹴上］。

草のー くさたけ［草丈］。

水平面のーが違うこと 近代だんちがひ［段違］。

▼身長 たいちょう［体長］。中世せたけ［背丈］。中古たけだち［丈立］。上代たけ［丈］。

たかさぶろう【高三郎】（キク科の一年草） 近世いたちぐさ［鼬草］。うなぎころし［鰻殺］。うなぎだし［鰻出］。たかさぶらう［高三郎］。れいちゃう［鱧腸］。

たかしお【高潮】 近代かぜつなみ［風津波］。近代まんてう［満潮］。中世たかなみ［高波］。つなみ［津波］。みちしほ［満潮］。中古たかしほ［高潮］。

たかだい【高台】 ハイツ(heights)。近代かうち［高地］。だいち［台地］。たかだい［高台］。上代きうりょう［丘陵］。をか［丘］。

ーで耕作に適さない所 中世のかた［野方］。

ーの方 近世やまて［山手］。

たかだか【高高】 おおくても［多］。いいところ。近代きんきん［僅僅］。せいぜい。ものの［物］。近世たかが［高］。たかだか［高高］。たかで［高］。

だがっき【打楽器】 パーカッション(percussion)。バッテリー(battery)。中世なりもの［鳴物］。中古うちもの［打物］。→**がっき**

たかどの【高殿】 近代かうそうけんちく［高層建築］。でんろう［殿楼］。ビルジング／ビルディング(building)。まてんろう［摩天楼］。中世ごてん［御殿］。でんう［殿宇］。でんだう［殿堂］。ろうくゎん［楼館］。ろうけつ［楼闕］。中古かうだい［高台］。かうろう［高楼］。かうをく［高屋］。だい［台］。たいかく／だいかく［台閣］。ろうかく［楼閣］。

うだい[楼台]。ろうでん[楼館]。上代かうかく[高閣]。だうう[堂宇]。たかどの[高殿]。たかや[高屋]。ろう[楼]。

石造りのー 中古せきろう[石楼]。

展望のためのー てんぼうだい[展望台]。近代ものみだい[物見台]。中古ものみ[物見]。ろうくゎん[楼観]。

たかな【高菜】 近代いせな[伊勢菜]。近世えどな[江戸菜]。おほばがらし[大葉芥子]。中古たかな[高菜]。

たかなみ【高波】 近代きゃうらんどたう[狂瀾怒濤]。近世うねり。中世どたう[怒濤]。中古げきらう[激浪]。たかなみ[高波/高浪]。はたう[波濤]。上代あらなみ[荒波]。おほなみ[大波]。

たかね【高値】 近代かうがく[高額]。値が張る。近世たかね[高値]。中世かうか[高価]。かうぢき[高直]。

たかね【高嶺】 中世かうほう[高峰]。上代かうざん[高山]。たかね[高嶺]。

たかのぞみ【高望】 近世たかのぞみ[高望]。お庭の桜。高嶺の花。

《句》近世花は折りたし梢(こずゑ)は高し。中世犬が星を守る(見る)。

たかは【鷹派】 きょうこうは[強硬派]。近代かうは[硬派]。

たかひく【高低】 近世きふく[起伏]。中世たかひく[高低]。中古かうてい[高低]。上代かうげ[高下]。

たかびしゃ【高飛車】 こうしせい[高姿勢]。近代うはて[上手]。かうあつてき[高圧的]。ゐあつてき[威圧的]。ゐたけだか[居丈高/威丈高]。近世あたまごなし[頭]。たかびしゃ[高飛車]。中世嵩にかかる。

たかぶ・る【高】❶〈尊大〉 近世おほふう[大風]。中世かうまん[高慢]。がうまん[傲慢]。ぞうちゃう[増長]。そんだい[尊大]。わうふう[横風]。中古たかぶる[高]。ふそん[不遜]。上代おごる[驕/奢]。

たかぶ・る【高】❷〈興奮〉 血が騒ぐ。近代たぎつ[滾/激]。近世気が立つ。中世かうず[高/昂/嵩]。たかぶる[高/昂]。たぎる[滾/沸]。中古すすむ[進]。のぼす〔のぼす〕[逆上]。

ー・った感情 近代かうふん[亢奮/昂奮]。こうふん[興奮]。中世げきじゃう[激情]。げきかう[激昂/激高]。

ー・った雰囲気 中世ねっき[熱気]。

ー・らせる 中世もやす[燃]。

たかま・る【高】 エスカレート(escalate)。レベルアップ(和製level up)。近代かうやう[高揚/昂揚]。ぞうだい[増大]。たかまる[高]。つよまる[強]。もえさかる[燃盛]。もりあがる[盛上]。こうき[興起]。近世かうしん[亢進/昂進]。中世かうず[高/昂/嵩]。つのる[募]。中古おこる[興]。上代あがる[上/揚]。もゆ〔もえる〕[燃]。

情熱がー・る 近代しゃくねつ[灼熱]。上代もゆ〔もえる〕[燃]。

たがめ【田鼈】 近世かうやひじり[高野聖]。がご。かっぱむし。かひるはさみ[蛙挟]。たがめ[田鼈/水爬虫]。どんがめむし[団亀虫]。

たか・める【高】 近代かうやう[高揚/昂揚]。しんこう[振興]。たかむ〔たかめる〕[高]。中世しんき[振起]。

ー・めるために励むこと 近世けんま[研摩/研磨]。中古けんさん[研鑽]。しうれん[修練/修錬/修煉]。せっさたくま[切磋琢磨]。

たがや・す【耕】 近世うつ[打]。中世すきおこす[鋤起]。すく[鋤]。たがやす[耕]。中古うちかへす[打返]。すきかへす[鋤返]。うなふ[耡/耕]。たがへす[田返]。上代かく[掻]。つくる[作]。

ー・して草木をなくすこと 近代ちゅうじょ[誅鋤]。

ー・して種をまくこと 上代かうしゅ[耕種]。

ー・すこと のうさぎょう[農作業]。近代くれうち[塊打]。せうは[耖耙]。たほどき[田解]。近世はたうち[畑打]。はたしごと[畑仕事]。中世かうじょ[耕鋤/耕耡]。のうさ[農作]。中古たづくり[田作]。のうかう[農耕]。上代かいこん[開墾]。かううん[耕耘]。かうさく[耕作]。のうさく[農作]。

ー・す人 上代たびと[田人]。中世たうど[田人]。たご[田子]。

秋にー・すこと 近代しうかう[秋耕]。

馬でー・すこと 近代ばかう[馬耕]。

おおざっぱにー・すこと 近代あらくれおこし[荒塊起]。中世あらおこし[粗起/荒起]。

休耕田を再びー・すこと 中世かいさく[改作]。

作物成育の途中にー・すこと 近代ちゅうかう[中耕]。

田植え前にー・すこと 近代あらしろ[粗代/荒代]。

春にー・すこと 中世しゅんかう[春耕]。

深くー・すこと 近代しんかう[深耕]。

▼畝(ねう)を作る 中世さく。中古うなふ[耕/

勅]。さくり。

たから【宝】 近代 たいほう[大宝]。めいほう[名宝]。近世 おたから[御宝]。ざいくゎ[財貨]。じふほう[什宝]。和氏(くゎし)の璧(たま)。中世 しいほう／しほう[至宝]。しざい[資財]。じふもつ[什物]。ちょうほう[重宝]。ほうもつ[宝物]。中古 ざいほう[財宝]。ほうぶつ[宝物]。連城の璧(たま)。上代 たから[宝／財]。たからもの[宝物]。ほうき[宝器]。

《枕》上代 ありきぬの[織衣]。

《句》中世 宝は身の差し合はせ。

ーの埋めてある地中の蔵 中古 ふくざう[伏蔵]。

ーの剣 中古 ほうけん[宝剣]。

ーの玉 上代 ほうしゅ／ほうじゅ[宝珠]。

ーを入れておく蔵 ほうもつでん[宝物殿]。近世 たからぐら[宝庫]。中古 たからどの[宝殿]。中世 ほうこ[宝蔵]。ほうざう[宝蔵]。ほうでん[宝殿]。

国のー 上代 こくほう[国宝]。

神社のーを入れた建物 中古 じんこ[神庫]。上代 ほくら[神庫／宝倉]。

神聖なー 中古 しんぽう[神宝]。れいほう[霊宝]。

先祖代々のー 近世 いへぢゅうだい[家重代]。中世 かうかつもの[交割物]。かほう[家宝]。ぢゅうだい[重代]。

たくさんのー 近代 ばんぽう[万宝]。中世 しっちんまんぽう[七珍万宝]。

寺のー 中世 かうかつ[交割]。かうかつもの[交割物]。

珍しいー 上代 ちんぽう[珍宝]。

だから 近代 だもんだから／だもんで。であるから。なので。近世 しからば[然]。それだから。だから。だに。てに。なれば。中世 さすれば。されば[然]。したがうて／したがって[従／随]。そこで。それで。ぢゃによって／ぢゃほどに。よって／よて。中古 かかれば[斯]。かるがゆゑに[故]。しかれば[然]。そしたがひて[従／随]。それゆゑ[其故]。ゆゑに[其故／所以]。ゆゑに[故]。よりて。上代 かれ[故]。

《丁》ございますから。ございますので。ですから。ですので。

ーといって 中古 さりとて(も)[然]。近世 ぢゃてて。中世 ぢゃといふて。

ーなのだろうか 上代 なれや。

たからくじ【宝籤】 近世 けんとく[見徳／見得]。とみ[富]。とみくじ[富籤]。ほうびき[宝引]。→くじ

ー売り 近世 けんとくや[見徳屋]。

ーの興行をする場所 近世 とみば[富場]。

ーの札 近世 とみふだ[富札]。

共同で購入したーの札 近世 わりふだ[割札]。

たがらし【田芥】 近世 うしぜり[牛芹]。うばぜり[姥芹]。たぜり[田芹]。蛙の気付け。中世 たがらし[田芥]。

たか・る 近代 たかる。近世 かたり[騙／衒]。もがり[虎落／強請]。ゆする[強請]。上代 きょうかつ[恐喝]。

ー・る人 近世 あぶらむし[油虫]。

たかん【多感】 近代 かんしゃうてき[感傷的]。くゎびん[過敏]。せんさい[繊細]。センチメンタル(sentimental)。たかん[多感]。デリケート(delicate)。中古 たじゃう[多情]。

たき【多岐】 たかく[多角]。たきょく[多極]。近代 たはうめん[多方面]。ためん[多面]。たやう[多様]。中世 たき[多岐]。たじ[多事]。中古 いろいろ[色色]。たたん[多端]。

ーで思案にくれること 近代 たきばうやう[多岐亡羊]。

たき【滝】 近代 カスケード(cascade)。中世 すいれん[水簾]。ひせん[飛泉]。中古 たきつせ[滝瀬]。ばくふ[瀑布]。上代 たき[滝]。たぎつせ[滝瀬]。たる／たるみ[垂水]。ひばく[飛瀑]。

《枕》上代 いはばしる[石走]。

ー壺(ぼっ) 中古 いはつぼ[岩壺]。たきもと[滝本]。

ーの音 近世 ばくせい[瀑声]。

ーの流れ落ちる所 近世 おちぐち[落口]。中世 たきぐち[滝口]。

ーの水 中世 たきなみ[滝浪]。中古 滝の糸。滝の白糸。

すだれ状のー 中世 すいれん[水簾]。

大小二つのー 近世 めだき[雌滝]。をだき[雄滝]。

庭園で段のあるー かさねおち[重落]。近代 カスケード(cascade)。

水のなくなったー かれたき[涸滝／枯滝]。

だき【唾棄】 近代 いみにくむ[忌憎]。けんを[嫌悪]。だき[唾棄]。近世 けんき[嫌忌]。中世 いみきらふ[忌嫌]。いやがる[嫌]。中古 いむ[忌]。うとむ[疎]。うとんず[疎]。きひ[忌避]。上代 いとふ[厭]。ぞうを[憎悪]。

だきあ・う【抱合】 近代 はうがふ[抱合]。はうよう[抱擁]。中世 いだきあふ[抱合]。だきあふ[抱合]。

だきあわせ【抱合】 からませる／からめる[絡]。

近代くみあはせ[組合]。コンビネーション(combination)。だきあはせ[抱合]。中世からます[絡]。とりあはせ[取合]。はいがふ[配合]。

たきぎ【薪】 近代しんさい[薪柴]。たきもつ[焚物]。もしき[燃木]。近世かけぎ[掛木]。くろき[黒木]。さいしん[柴薪]。わりまつ[割松]。中世かまぎ[竈木]。そまぎ[杣木]。わりき[割木]。中古たきもの[焚物]。まき[薪]。上代たきぎ[薪/焚木]。つまぎ[爪木]。

—と炭 近世しんたん[薪炭]。

—と水(生活維持の必需品) 近世しんすい[薪水]。中世すいぼく[水木]。

—にする木の枝 近世そだ[粗朶/麁朶]。中古ほた[榾/榾柮]。中世ほたぎ/ほだき[榾木]。

—の採取 近代しばかり[芝刈]。中世さいしん[采薪/採薪]。上代しば[柴]。

—を売る(人) 近世くろきうり[黒木売]。上代きこる[樵]。

—を売る家 近世きや[木屋/樹屋]。たきぎや[薪屋]。まきや[薪屋]。

秋に刈った— 中古あきごり[秋伐]。

正月に焚く— 近世いはひぎ[祝木]。

製塩のとき焚く— 中古もしほぎ[藻塩木]。

束ねた— 近世たばねぎ[束木]。

春に刈った— 中古はるごり[春伐]。

燃え残りの— 中世おき[熾]。おきび[熾火]。上代もえくひ[燃杭]。

だきこ・む【抱込】 近代てなづける[手懐]。ばいしう[買収]。まるめこむ[丸込]。近世いひくるむ[—くるめる][言]。だきこむ[抱込]。とりこむ[取込]。中世ひきいる[—いれる][引入]。ひきこむ[引込]。ろうらく[籠絡]。中古くゎいじう[懐柔]。

たきつ・ける【焚付】 近代アジ/アジテーション(agitation)。けうさ[教唆]。せんどう[扇動/煽動]。知恵を付ける。火に油を注ぐ。近世あふる[煽/呷]。おだつ[おだてる][煽]。たきつく[—つける][焚付]。ふきつく[—つける][吹付/吹着]。薪に油を添ふ[—添へる]。中世あふりたつ[—たてる][煽立]。かりたつ[—たてる][駆立]。藁を焚く。中古そそのかす[唆]。

たきもの【焚物】 ↓たきぎ

たきもの【薫物】 中世あはせがう[合香]。ねりこう[練香]。中古かう[香]。くんかう[薫香]。くんきゃう[薫香]。たきもの[薫物]。

衣服にたきしめるための— 近代くのえかう[薫衣香]。

たきょう【他郷】 近代かくきゃう[客郷]。かくど/きゃくど[客土]。近世かくち[客地]。中世いきゃう[異郷]。中古いこく[異国]。たこく[他国]。上代あだしくに[他国]。たきゃう[他郷]。

だきょう【妥協】 近代あゆみあひ[歩合]。あゆみより[歩寄]。けふてう[協調]。じゃうほ[譲歩]。だけふ[妥協]。近世をりあひ/をれあひ[折合]。中世ちゅうぶん[中分]。上代せっちゅう[折衷]。わよ[和与]。

—・する 近代あゆみよる[歩寄]。をれあふ[折合]。中世ゆづりあふ[譲合]。をりあふ[折合]。

たきょくか【多極化】 近代ぶんかつ[分割]。ぶんくゎ[分化]。近世ぶんれつ[分裂]。中世かっきょ[割拠]。

たぎ・る【滾】 近代にえくりかへる[煮繰返]。ふっとう[沸騰]。近世しゃふつ[煮沸]。にえかへる[煮返]。中世にえたつ[煮立]。わきあがる[沸上]。中古にえたぎる[煮滾]。わくたぎる[滾/沸]。にゆ[にえる][煮]。わく[沸]。

た・く【炊】 近代すいじ[炊事]。中世たく[炊]。上代かしぐ[炊/爨]。にる[煮]。

だ・く【抱】 近世だきしむ[—しめる][抱締]。だっこ[抱](幼児語)。中世だきかかふ[—かかえる][抱]。だきつく[抱付]。だきとむ[—とめる][抱止]。中古いだく/うだく[抱/懐]。だく[抱]。上代かかふ[かかえる][抱]。むだく[抱/懐]。

—・いて育てる 中世いだきおほす[抱生]。

—・いて寝かせる 中世かきふす[掻臥]。

—・いて寝る 近世だきね[抱寝]。

—・き抱える 近代かかへこむ[抱込]。はうよう[抱擁]。ようする[擁]。近世だかふ[抱]。中世かいいだく/かきうだく[掻抱]。中古いだかふ[抱]。くゎいはう[懐抱]。かきいだく/かきだく[掻抱]。上代かきむだく[掻抱]。

—・き締める 中世だきすくむ[—すくめる][抱竦]。上代そだたく。

—・き付く 近世ふるいつく[奮付]。むしゃぶりつく[貪付]。中古かいつく[掻付]。かかる[掛/懸]。とびつく[飛付]。

—・き寄せる 中世いだきよす[抱寄]。中古かきよす[掻寄]。

たぐい【類】 近代ゐるい[彙類]。近世くち[口]。中世しゅ[種]。ひりん[比倫]。中古くさ[種]。くさはひ[種]。しゅぞく[種

族]。しゅるい[種類]。たぐひ[類／比]。ひるい[比類]。るい[類]。→しゅるい

—なし 類がない。上代ふたつなし[二無]。中古こよなし。ならびなし[並無]。

同じ— 近代なかま[中間／仲間]。中世つれ[連]。どうるい[同類]。上代ともがら[輩]。《句》近世蛇の道は蛇。一つ穴の貉(狐／狸)。類は友を呼ぶ(友を以て集まる)。

天下に—なし 中古あめのした[天下]。

たくえつ【卓越】 近世ずばぬける[抜]。たくばつ[卓抜]。たくゑつ[卓越]。てうぼん[超凡]。ふせいしゅつ[不世出]。中世づぬく〔ずぬける〕[図抜]。てうぜち／てうぜつ[超絶]。ぬきんづ〔—んでる〕[抜出／抽]。中古けっしゅつ[傑出]。たくらく[卓犖]。てうゑつ[超越]。どくほ[独歩]。ばっくん／ばつぐん[抜群]。上代たくぜつ[卓絶]。ひぼん[非凡]。→ずばぬ・ける

たくさん【沢山】 →おお・い

たくしあ・げる【上】 近世たくしあぐ〔—あげる〕[上]。中世うでまくり[腕捲]。そでまくり[袖捲]。たくりあぐ〔—あげる〕[上]。中古はこゆ。ひきはこゆ[引]。まくりあぐ〔—あげる〕[捲上]。

だくすい【濁水】 近代だくすい[濁水]。近世どろをすい[汚水]。中世だくりう[濁流]。どろみづ[泥水]。中古ぢょくすい[濁水]。でいすい[泥水]。にごりみづ[濁水]。

たく・する【託】 近代いしょく[依嘱]。近世しょくす[嘱]。ゐたく[委託／委托]。中世いたく[依託／依托]。かく[掛／懸]。たくす[託]。ふす[付]。中古あづく〔あずける〕[預]。たのむ[頼]。つく[付]。上代ふたく[付託]。まかす〔まかせる〕[任]。ゆだぬ〔ゆだねる〕[委]。

話をして—・する 中古かたらひつく[語付]。

だく・する【諾】 →しょうち【承知】❷

たくせつ【卓説】 近代かうせつ[高説]。たくせつ[卓説]。たくろん[卓論]。たっけん[達見]。近世たくけん[卓見]。たくしき[卓識]。

たくぜつ【卓絶】 →たくえつ

たくせん【託宣】 中世おつげ[御告]。かみがたり[神語]。しんたく[神託]。しんちょく[神勅]。中古じげん[示現]。上代かみごと／かむごと／かんごと[神言]。しんせん[神宣]。たくせん[託宣]。

たくち【宅地】 近代ぢゅうたくち[住宅地]。近世ぢしょ[地所]。中世しきち[敷地]。やしき[屋敷]。上代たくち[宅地]。

建物の建っていない— きゅうかんち[休閑地]。近世さらち[更地]。中世あきち[空地]。あきやしき[空屋敷／明屋敷]。しんやしき[新屋敷]。上代かんち[閑地]。

たくはつ【托鉢】 近代ぎゃうこつ[行乞]。近世たくはつ[托鉢]。中世こつじき[乞食]。づだ[頭陀]。はち[鉢]。中古しゅぎゃう／すぎゃう[修行]。

—・する 中世鉢を托く。

—・する僧 近世はちばうず／はっちばうず[鉢坊主]。はちひらき[鉢開]。はちひらきばうず[鉢開坊主]。中世しゅぎゃうじゃ[修行者]。とそう[抖擻／斗擻]。中古すぎゃうざ[修行者]。

だくひ【諾否】 近代さんぴ[賛否]。だくひ[諾否]。近世いなや[否]。中世いやおう[否応]。上代ぜひ[是非]。

たくほん【拓本】 近代だひ[打碑]。近世かんだひ[乾打碑]。せきほん[石本]。たくほん[拓本]。中世いしずり[石摺／石搨]。

—をとること たくぼく[拓墨]。近代しゅたく[手拓]。

—をまとめた本 近代たふほん[搨本]。

魚の— ぎょたく[魚拓]。

たくまし・い【逞】 タフ(tough)。近代ぐゎんきゃう[頑強]。せいかん[精悍]。近世がうけん[豪健]。くっきゃう[屈強]。くゎいけつ[魁傑]。ゆうゐ[雄偉]。中世がうけん[剛健]。くっきゃう[究竟]。くゎいゐ[魁偉]。ぐゎんぢゃう[頑丈]。けんご[堅固]。したたか[強]。ゆうまう／ゆうみゃう[勇猛]。中古こはし[強]。たくまし[逞]。たけし[猛]。

《句》近世衣は骭に至り袖腕に至る。

—い男子 近代れっぷ[烈夫]。近世れつぢゃうふ[烈丈夫]。中世れっし[烈士]。

たくみ【巧】 近代かうち[巧緻]。かうめう[巧妙]。たいかう[大巧]。たんのう[堪能]。近世うまうまし[旨旨]。きめう[奇妙]。はっちゃう[八丁／八町]。中世いし[美]。かうしゅ[巧手]。かんのう[堪能／勘能]。きよう[器用]。しめう[至妙]。たっしゃ[達者]。中古うるせし。かしこし[賢]。さかし[賢]。ぜつめう[絶妙]。れんず[練]。上代うまし[旨／上手／巧]。じゃうず[上手]。たくみ[巧]。たへ[妙]。よし[良]。

《句》近代大巧は拙なるが若し。

—・で美しい 近世せいび[精美]。

—・で細やか 近世せんかう[繊巧]。

—・でないこと 中古ぶこう[無功/不功]。へた[下手]。中古みじゅく[未熟]。

—・な技術 近世かうぎ[巧技]。きかう[機巧]。中世かうしゅ[巧手]。かうしゅ[好手]。

—・なことと下手なこと じょうずへた[上手下手]。中世かうせつ[巧拙]。

—・に 近世いみじくも。中古よう[良/能]。上代よく[良/能]。

経験を積んで— 近代うできき[腕利]。らうかう[老巧]。近世らうれん[老練]。れんじゅく[練熟]。中世じゅくれん[熟練]。

言葉が— 近代くゎいべん[快弁]。近世くちぐるま[口車]。くちぼこ[口鉾]。さくさく[鑿鑿]。したさんずん[舌三寸]。はなしじゃうず[話上手]。中世かうべん[巧弁]。ことばのはな[言葉花]。

多方面に— 近代オールラウンド(all round)。ばんのう[万能]。中世まんのう[万能]。

物事に—・な人 近世さいかくもの[才覚者]。中世かうしゃ[巧者]。きようじん[器用人]。さいかくしゃ[才覚者]。中古ものし[物仕/物師]。

たくらみ【企】 近代たくらみ[企]。近世かうさ/けうさ[巧詐]。けいくゎく[計画]。こんたん[魂胆]。さくりゃく[策略]。ねぐみ[根組]。もくろみ[目論見]。中世くはだて[企]。さくい[作意]。さくぼう[策謀]。たくみ[工/企]。づ[図]。てうぎ[調義/調儀]。中古けいりゃく[計略]。したぐみ[下組]。たくみ[巧/工]。はからひ[計/図]。はかりこと/はかりごと[謀]。ぼうりゃく[謀略]。上代いんぼう[陰謀/隠謀]。

—のある心 近代せいしん[成心]。近世したごころ[下心]。

かねてからの— 中古したごこち[下心地]。近世したごころ[下心]。

密かな— 中古いちもつ[一物]。

人を欺くための— 近代さるしばゐ[猿芝居]。近世きゃうげん[狂言]。

悪い— 近世わるだくみ[悪巧]。

たくら・む【企】 近世からくむ[絡組]。しかく[しかける][仕掛]。しくむ[仕組]。たくなむ[巧]。たくらむ[企]。もくろむ[目論]。中世からくる[絡繰]。さくす[策]。たくむ[巧/工]。はかる[計/測/謀]。中古かたむ[佞]。かまふ[構]。くはだつ[—だてる][企]。はかる[謀/計]。

《尊》中古おぼしかまふ[—かまえる][思構]。

悪事を—・むこと 中世ざうい[造意]。

複数の者が相談して悪事を—・むこと 近代きょうぼう[共謀]。

だくりゅう【濁流】 どせきりゅう[土石流]。近代でいりう[泥流]。中世だくりう[濁流]。

たぐ・る【手繰】 近代かいぐる[掻繰]。くりこむ[繰込]。てぐる[手繰]。近世くりよす[—よせる][繰寄]。たぐりこむ[手繰込]。たくしこむ[込]。中世かいくる[掻繰]。たぐりよす[—よせる][手繰]。中古たぐる[手繰]。上代くる[繰]。

—・り上げる 中古たく[綰]。

たくろん【卓論】 →たくせつ

たくわえ【貯】 セービング(saving)。近代ストック(stock)。せきちょ[積蓄]。ちょきん[貯金]。びちく[備蓄]。近世かくまひ/かくまへ[匿]。しがく[仕覚]。中古ちょちく[貯蓄/儲蓄]。上代たくはへ[貯/蓄]。ちくせき[蓄積]。ちくせん[蓄銭]。

たくわ・える【貯】 近世かこふ[囲]。たばふ[貯/庇]。たむ[ためる][貯/蓄]。中古たくはふ[—わえる][溜/貯]。上代たくはふ[貯](四段活用)。

—・えること ちくざい[蓄財]。プール(pool)。近代せきちょ[積蓄]。ちくざう[蓄蔵]。近世うんちく[蘊蓄/薀蓄]。しうざう[収蔵]。中古せきちょ[積貯]。ちょざう[貯蔵]。上代ちくせき[蓄積]。ちくせん[蓄銭]。

個人的に—・えること 近代しちく[私蓄]。

たけ【丈】 たいちょう[体長]。近代うはぜ/うはぜい[上背]。近世しゃく[尺]。せたけ[背丈]。中世しんちゃう[身長]。すんしゃく[寸尺]。すんぱふ[寸法]。せいだけ[背丈]。中古たかさ[高]。上代たけ[丈/長]。みのたけ[身丈]。

—が短いこと 近代すんたらず[寸足]。すんづまり[寸詰]。

たけ【竹】 バンブー(bamboo)。近世かくばしら[角柱]。せんじんさう/ちひろぐさ[千尋草]。ちくじゅ[竹樹]。中世かはたまぐさ[川玉草]。中古このきみ/しくん[此君]。上代たけ[竹]。

—が群がって生えている所 →たけやぶ

—で作った垣根 近代あぼしがき[網干垣]。中古すがき[簀垣]。たかすがき[竹簀垣]。たけがき[竹垣]。上代たかがき[竹垣]。

—で作った粗末な家 中世たけや[竹屋]。

—の籠 近代あみすてかご[編捨籠]。近世ざる[笊]。中世たけかご[竹籠]。中古いかき

［笊／笊籬］。いざる［笓／篅］。かたみ［筐］。上代かつま［勝間］。
ーの刀 近世しなへ［竹刀］。たけみつ［竹光］。中世しなひ［竹刀］。たけがたな［竹刀］。中古ちくたう［竹刀］。
ーの筒①［酒を入れる］ 中世おほづつ［大筒］。こづつ［小筒］。ささえ［小筒／竹筒］。たけづつ［竹筒］。ちくえふ［竹葉］。つつ［筒］。
ーの筒②［蒔絵で使う］ 近代ふんづつ［粉筒］。まきづつ［蒔筒］。
ーの筒③［銭を入れる］ 近世ぜにづつ［銭筒］。
ーの葉 上代ささば［笹葉］。たかば／ちくえふ［竹葉］。
ーの節 中古よ［節］。
ーの実 近世じねんがう／じねんご［自然杭］。
ーの幹の中の薄皮 ちくし［竹紙］。近代たけがみ［竹紙］。
ーを細かく割って削った棒 たけひご［竹籤］。ひご［籤］。
ーを細かく割って束ねたもの 中世ささら［簓］。
青いー 中世なまだけ［生竹］。中古あをだけ［青竹］。すいちく［翠竹］。りょくちく［緑竹］。
美しいー 中古らうかん［琅玕］。
壁の下地のー 中古こまひ［木舞］。こまひだけ［木舞竹］。
川辺のー 中世かはたけ［川竹／河竹］。
空中に伸びたーの根 じっちく［実竹］。
群生する小さなー 上代しの［篠］。しのだけ［篠竹］。
小さなーの総称 近世ささたけ［笹竹／篠竹］。中世いざさ［笹］。上代ささ［笹／篠］。
中国渡来のー 近世あはたけ／はちく［淡竹］。中世かんちく［漢竹］。まだけ［真竹］。中古からたけ［漢竹／唐竹／幹竹］。にがたけ［苦竹］。上代くれたけ［呉竹］。
斜めに切断してとがらせたー 近代ちくさう［竹槍］。近世そぎだけ［削竹／殺竹］。ひっそぎだけ［引殺竹］。ひっそぎやり［引殺槍］。中世たけやり［竹槍］。
冬のー 中古かんちく［寒竹］。
細くしなやかなー 中古なゆたけ／なよたけ［弱竹］。
矢に用いるー 中古の［箆］。上代やだけ［矢竹／箭竹］。
雪の重みで折れたー 中世ゆきをれだけ［雪折竹］。
若いー 近世ことしだけ［今年竹］。中古しんだけ／しんちく［新竹］。わかたけ［若竹］。
その他ーのいろいろ（例） 近世ほていちく［布袋竹］。めだけ［女竹／雌竹］。をなごだけ［女子竹］。をんなだけ［女竹］。中世かはたけ［川竹］。かんちく［漢竹］。くれたけ［呉竹］。中古なゆだけ／なよだけ［弱竹］。
上代はんちく［斑竹］。
▼黒竹 近世しちく［紫竹］。
▼笹 近世ささたけ［笹竹／篠竹］。ねざさ［根笹］。中世いざざ［笹］。をざさ［小笹］。
▼篠竹 中世しのはぐさ［篠葉草］。すずたけ／すずだけ［篠竹］。中古すず［篠／篶］。上代しの［篠］。

だけ 近代オンリー(only)。ぽち／ぽっち。近世ばっての。ばか。ばかし／ばっかし。ばっか。ばっかり。まで。中古かぎり［限］。ばかり。中世きり［切／限］。べい／べえ。近世ばってのの

ーでなく 近世のみか。ばかりか［許］。中古のみならず。
ーでも でも。上代だに(も)。
ーなのに 上代からに。
ーのためで 上代からに。
たげい【多芸】 マルチタレント(和製multi talent)。近代たぎ［多技］。中古たげい［多芸］。たのう［多能］。上代たさい［多才］。
《句》多芸は無芸。近代きようびんばふ［器用貧乏］。碩鼠(せきそ)五能一技を成さず。百芸は一芸の精(くは)しきに如(し)かず。
ーでもどれも未熟なこと 近代けらげい［螻蛄芸］。近世いしうすげい［石臼芸］。ひきうすげい［碾臼芸］。中古けらざい［螻蛄才］。
ーの人 中世げいにん［芸人］。
たけうま【竹馬】 近代たかあし［高足］。中古たけうま［竹馬］。ちくば［竹馬］。
ーに乗ること 中古きちく［騎竹］。
だげき【打撃】 近代おうだ［殴打］。きゃうだ［強打］。ショック(shock)。だげき［打撃］。パンチ(punch)。びんた／ぴんた。
近世しょうげき［衝撃］。だぼく［打撲］。中世だてき［打擲］。ちゃうちゃく［打擲］。上代いたで［痛手］。
ーを与える 近世くらはす［食］（四段活用）。ぶつ［打／撲］。中世くらはす［―わせる］［食］。たたく［叩］。なぐる［殴／擲］。はる［張］。上代うつ［打］。
双方にーを与える可能性 近代両刃(りやうば)の剣(つるぎ)。近世諸刃(もろは)の剣(つるぎ)。

手ひどいー つうだ［痛打］。近代 つうげき［痛撃］。つうぼう［痛棒］。まうだ［猛打］。らんだ［乱打］。近世 めったうち［滅多打］。

二度のー ダブルパンチ(和製double punch)。

▼スポーツ用語 カウンター(counter)。カウンターパンチ(counterpunch)。カウンターブロー(counterblow)。キル(kill)。キルショット(kill shot)。スパイク(spike)。ブロー(blow)。ボディーブロー(body blow)。近代 ストローク(stroke)。スマッシュ(smash)。ノックアウト(knockout)。バッティング(batting)。フック(hook)。ローブロー(low blow)。

たけざお【竹竿】 中世 さをだけ［竿竹］。中古 竹たけざを［竹竿／竹棹］。上代 ちくかん［竹竿］。

間数を測るー 近世 けんざを［間竿／間棹］。

長いー 近世 ながさを／ながざを［長竿］。

たけだけし・い【猛猛】 近代 いさましい［勇］。げうまう［驍猛］。せいかん［精悍］。近世 きゃうまう［強猛］。だうまう［獰猛］。まうゆう［猛勇］。中世 いかいかし［厳厳］。がうまう［剛猛／豪猛］。たけだけし［猛猛］。ゆうまう［勇猛］。ゐまう［威猛］。中古 あらあらし［荒荒］。いかし［厳］。がうきゃう［剛強］。こはし［強］。

ー・い神 中古 あらがみ［荒神］。

ー・くする 上代 ちはやぶ［千早］。

荒っぽくー・い 中世 そがう［粗豪／粗剛］。

だけつ【妥結】 近代 せいやく［成約］。だけつ［妥結］。だけふ［妥協］。ていけつ［締結］。をりあふ［折合］。をれあふ［折合］。近世 とりむすぶ［取結］。

たけなわ【酣】 近世 ただなか［直中／只中］。中世 さいちゅう［最中］。さなか［最中］。ちゃうず［長］。なかば［半］。まっさかり［真盛］。まっただなか［真直中］。中古 もなか［最中］。上代 さかり［盛］。たけなは［酣／闌］。まさかり［真盛］。みさかり。

ーになる 中世 たく〔たける〕［長／闌］。中古 ふく〔ふける〕［更］。

季節や夜のー 中古 ふかし［深］。

たけのこ【筍】 近世 かっぽう。たけ［竹］(女房詞)。中古 たかうな／たかむな／たかんな［筍］。たけのこ［筍／竹子］。

ーの加工食品 しなちく［支那竹］。メンマ［(中国語)麺媽］。

ーの先端 がんさき［雁先］(料理用語)。

篠竹のー 中世 すず［篶／篠］。

たけやぶ【竹藪】 近代 たかばやし［竹林］。近世 ささやぶ［笹藪］。たかやぶ［竹藪］。たけむら［竹叢］。中世 たけばやし［竹林］。たけやぶ［竹藪］。ちくゑん［竹園／竹苑］。竹の園。中古 あをたかむら［青竹群］。たかむら［竹叢／篁］。ちくそう［竹叢］。やぶ［藪］。上代 いささむらたけ［群竹］。たかはら。たかふ［竹生］。ちくりん［竹林］。むらたけ［群竹／叢竹］。

奥深く静かなー 近世 いうくゎう［幽篁］。

たけ・る【猛】 近代 いきぐむ／いきごむ［意気込］。けしきばむ［気色］。こうふん［興奮］。近世 いきりたつ［熱立］。たけりたつ［猛立］。中世 いきまく［息巻］。げきかう［激昂／激高］。げきす［激］。上代 たけぶ［建］。たける［猛］。

ー・り狂うこと 中世 しゃうきゃう［猖狂］。

た・ける【長】❶〈時が経過する〉 かれい［加齢］。年を重ねる。日が高くなる。近世 としとる［年取］。中古 たく〔たける〕［長／闌］。ちゃうず［長］。薹が立つ。

た・ける【長】❷〈優れている〉 中世 しのぐ［凌］。たく〔たける〕［長／闌］。ぬきんづ〔ーんでる〕［抜出］。中古 すぐる〔すぐれる〕［優］。ひいづ〔ひいでる〕［秀］。上代 まさる［勝／優］。

たげん【多言】 近世 おしゃべり。ぜいげん［贅言］。中世 くちがる［口軽］。くちまめ［口忠実］。たべん［多弁］。中古 ぜうぜつ［饒舌］。たげん［多言］。

たげん【他言】 近代 ばらす。ろうえい［漏洩／漏泄］。口を滑らす。近世 口が滑る。中世 たげん／たごん［他言］。中古 こうぐゎい［口外］。ちらす［散］。上代 もらす［漏］。

たこ【蛸】 オクトパス(octopus)。近代 いもどろぼう［芋泥棒］。近世 たこにふだう［蛸入道］。たこばうず［蛸坊主］。中古 たこ［蛸／章魚］。

▼助数詞 ひき［匹］。近世 はい［杯］。

たこ【凧】 カイト(kite)。近世 いか／いかのぼり［凧／紙鳶］。たこ［凧／紙鳶］。中古 しえん［紙鳶］。

ーのいろいろ(例) 近代 けんくゎだこ［喧嘩凧］。近世 あふぎいか［扇紙鳶］。あふぎだこ［扇凧］。じだこ［字凧］。すがだこ［絓凧／管凧］。とんびだこ［鳶凧］。やっこいか［奴凧］。やっこだこ［奴凧］。ゑだこ［絵凧］。

たこ【胼胝】 べんちしゅ［胼胝腫］。近代 けいがん［鶏眼］。近世 いれほ［肬目］。うをのめ［魚目］。そこまめ［底豆／底肉刺］。中世 いを

のめ[魚目]。たこ[胼胝]。まめ[肉刺]。中古 いをめ[魚目]。

―のいろいろ(例) ふみよせ[踏寄]。ペンだこ[pen胼胝]。近世 すわりだこ[座胼胝]。そこまめ[底豆]。

たこう【多幸】 近世 たしゃう[多祥]。中世 たふく[多福]。上代 たかう[多幸]。→**こうふく【幸福】**

だこう【蛇行】 ダッチロール(Dutch roll)。近代 うねる。きょくりう[曲流]。じゃかう[蛇行]。だかう[蛇行]。をれまがる[折曲]。近世 まがりくねる[曲]。中世 くねる。ちどりあし[千鳥足]。

―・するさま くねくね。近代 ジグザグ。

たこく【他国】 →**がいこく**

たごん【他言】 →**たげん【他言】**

たさい【多才】 →**たげい**

たさい【多彩】 カラフル(colorful)。近代 たさい[多彩]。たやう[多様]。近世 いろんな[色]。中世 いろとりどり[色取取]。中古 とりどり[取取]。さまざま[様様]。たしゅ[多種]。くさぐさ[種種]。しゅしゅ／しゅじゅ[種種]。上代 いろいろ[色色]。

ださく【駄作】 げさく[下作]。近世 せっかう[拙稿]。せっさく[拙作]。ださく[駄作]。中世 ぼんさく[凡作]。中古 ぐさく[愚作]。

たさつ【他殺】 →**ころ・す**

ださん【打算】 近代 さいさん[採算]。ださん[打算]。近世 かんぢゃう[勘定]。

―的 計算高い。近代 こうりてき[功利的]。そろばんだかい[算盤高]。そろばんづく[算盤尽]。ドライ(dry)。近世 かんぢゃうたかし[勘定高]。よくとくづく[欲得尽]。りかん[利勘]。

―的でこせこせしている 近世 せちがらし[世知辛]。

―的で抜け目がない 近世 せちがしこし[世知賢]。

たし【足】 近代 つぎたし[継足]。つけたし[付足]。つけたらはし[付足]。てんぽ[塡補]。ほそく[補足]。ほてん[補塡]。近世 おぎなひ[補]。たしまへ[足前]。中世 たし[足]。たり[足]。上代 ほじゅう[補充]。

何かの― 近世 いちじょ[一助]。中世 たすけ[助]。

たじ【多事】 近代 たばう[多忙]。近世 たよう[多用]。中世 ことしげし[事繁]。たじ[多事]。中古 こちたし[事痛／言痛]。たたん[多端]。

だし【出】 近代 にだし[煮出]。にだしじる[煮出汁]。近世 だしじる[出汁]。中世 だし[出]。

―に調味料を加えたもの 近代 わりした[割下]。

だし【山車】 近代 さんしゃ[山車]。ひきやま[曳山]。ほこだし[鉾山車]。近世 だし[山車／花車]。だんじり[檀尻／楽車]。中世 ほこ[矛／鉾]。まひぐるま[舞車]。やま[山]。やまぼこ[山鉾]。

たしか【確】 シュア(sure)。近代 かくじつ[確実]。かくたう[確当]。めいかく[明確]。近世 ひつぢゃう[必定]。屹度(きっと)した。中世 いちぢゃう[一定]。かく[確]。かくぜん[確然]。ちょめい[著明]。まさし[正]。めいれう[明瞭]。中古 かくこ[確固]。さだか[定]。はかばかし[捗捗]。むねむねし[宗宗]。上代 あきらか[明]。うつし[現]。うつなし。かたし[堅／硬]。たしか[確／慥]。たしけし[確]。

―・でない 近代 ふかくじつ[不確実]。近世 あやふや。ふたしか[不確]。中古 あいまい[曖昧]。ふうん[浮雲]。

―・なこと 近代 きはめつき[極付]。ごくいんづき[極印付]。近世 石に根継ぎ。中世 じっしゃう[実正]。

―・なことの証明 近代 しょうちょう[証徴]。

―・なさま 近代 れきと[歴]。近世 かたかた[堅堅]。ぎゃうぶ[丈夫]。てきかく[的確／適確]。はきはき。はっきり。れっきと[歴]。確とした。中世 かく[確]。中古 したたか[強]。上代 しかと[確]。

―・に 紛れもなく。間違いなく。近代 まさしく[正]。近世 かならずや[必]。かみはちまん／しんはちまん[神八幡]。きっさり。しかじ[如]。しっかり。ずいぶん[随分]。だいぢゃうぶ[大丈夫]。てっきり。どうでも。はったり。中世 いかさま[如何様]。いよいよ[愈／愈愈]。きっかと。きっと[急度／屹度]。きときと。げんざい[現在]。しかと。ぢゃう[定]。ていと／ていど。とうと。はたと／はったと。ひしと。相違なく。中古 きと。さださだと[定定]。すでに[既／已]。そこはかと。なほ[猶／尚]。むげに[無下]。をさをさ。上代 かならず[必]。けだし[蓋]。したたに。たしだしに。たしに。まさでに／まさに[正]。

―・にそうだ 近代 ほかならない／ほかならぬ。

―・に…できそうだ 中古 つ。つべし。ぬ。

―らしさ かくど[確度]。近代 がいぜんせい

［蓋然性］。プロバビリティー(probability)。

ーらしさの度合い かくど［確度］。[近代]がいぜんりつ［蓋然率］。かくりつ［確率］。

▼前の言葉に肯(うな)ずく語 なるほど［成程］。[近世]ござんなれ。

たしか・める【確】 [近代]かくにん［確認］。けんしょう［検証］。たしかむ［たしかめる］［確］。念を押す。[近世]みきはむ〔―きわめる〕［見極］。根(ね)を押す。[中世]しらぶ〔しらべる〕［調］。ためす［試］。みとどく〔―とどける〕［見届］。[中古]みさだむ〔―さだめる〕［見定］。

多くの人が見てー・める [上代]めならぶ［目並］。

計算結果をー・める [近代]けんざん［検算／験算］。

尋ねてー・める [近世]ききあはす［聞合］。きただす［聞糺／聞質］。とひただす［問糺］。[中古]とひあはす〔―あわせる〕［問合］。

直接接してー・める [中世]あたる［当］。

目でー・める [中世]けんち［見知／検知］。

たしざん【足算】 [近代]かさん［加算］。かはふ［加法］。くはへざん［加算］。プラス(plus)。よせる［寄］。わ［和］。[近世]よせざん［寄算］。[中古]あはす〔あわせる〕［合］。[上代]くはふ〔くわえる〕［加］。たす［足］。

ーと引き算 [近代]かげんざん［加減算］。[中世]ちざん／ぢざん［地算］。

たじたじ →たじろ・ぐ

たしつ【多湿】 こうしつ［高湿］。[近代]しつじゅん［湿潤］。たしつ［多湿］。

ー・なさま [近代]じとつく。じめじめ。じめつく。[近世]むしむし。

たじつ【他日】 [近世]いづれ［何／孰］。そのうち［其内］。とほからず［遠］。ひならず［日成］。近いうちに。日ならずして。[中世]いじ［異時］。いつか［何時］。おっつけ［押付／追付］。きんじつ［近日］。きんきん［近近］。ごじつ［後日］。ちかぢか［近近］。[中古]おって［追］。たじつ［他日］。ふじつ［不日］。

たしなみ【嗜】❶〈趣味〉 [近代]しゅみ［趣味］。[中世]しこう［嗜好］。たしなみ［嗜］。[中古]このみ［好］。

たしなみ【嗜】❷〈心掛け〉 [近代]けうやう［教養］。そやう［素養］。[中世]こころえ［心得］。こころがけ［心掛］。せっせい［節制］。たしなみ［嗜］。[中古]つつしみ［慎］。ようい［用意］。

ーがある [中古]こころう〔―える〕［心得］。

ーがない [近代]ふこころえ［不心得］。[中世]こころなし［心無］。ぶたしなみ［不嗜／無嗜］。ふつつか［不束］。ぶてうはふ［不調法／無調法］。

たしな・む【嗜】 [近世]あいかう［愛好］。[中世]こころがく〔―がける〕［心掛］。[中古]このむ［好］。たしなむ［嗜］。たしぶ／たしむ［嗜］。つつしむ［慎］。

たしな・める【窘】 [近代]ちゅうい［注意］。[近世]たしなむ〔―なめる〕［窘］。[中古]さいなむ［苛／嘖］。しかる［叱／呵］。はしたなむ［端］。[上代]いましむ〔―しめる〕［戒］。とがむ〔とがめる〕［咎／尤］。

だしぬ・く【出抜】 [近代]すっぱぬく［素破抜］。[近世]くはす［食］。すぽんぬき［抜］。生き馬の目を抜く。裏の裏を行く。裏をかく。裾を掻く。鼻をあかす。[中世]さきばしる［先走］。だしぬく［出抜］。ぬけがけ［抜駆］。生き牛(馬)の目を抉(じく)る。鼻毛を抜く。

うまくー・いたさま [中世]うまうま［旨旨］。まんまと。

だしぬけ【出抜】 →とつぜん

だしもの【出物】 [近代]アトラクション(attraction)。うりもの［売物］。えんだい［演題］。だしもの［出物］。よびもの［呼物］。レパートリー(repertory)。[近世]でもの［出物］。ばんぐみ［番組］。

最後より一つ前のー [近代]きりまへ［切前］。

寄席で特別に加えるー [近代]のせもの［載物］。

たしゃ【多謝】 →あやま・る【謝】 →かんしゃ

だじゃく【惰弱】 ヴァルネラビリティー／バルネラビリティー(vulnerability)。[近代]いくぢなし［意気地無］。きよわ［気弱］。[近世]ぜいじゃく［脆弱］。なんじゃく［軟弱］。ひよわ［弱］。よわむし［弱虫］。[中古]かよわし［弱］。[中世]じうじゃく［柔弱］。だじゃく［惰弱／懦弱］。にうじゃく［柔弱］。

たしゅ【多種】 →たさい【多彩】

だしゅ【舵手】 そうだしゅ［操舵手］。[近代]コックス(cox)。だしゅ［舵手］。[上代]かぢとり［舵取］。

たじゅう【多重】 [中世]たぢゅう［多重］。とへはたへ［十重二十重］。

たしょう【多少】 [近代]いくぶん［幾分］。多かれ少なかれ。[中世]いくらか［幾］。[中古]じゃくかん［若干］。せうせう［少少］。そくばく／そこばく［許多］。たせう［多少］。[上代]いくばく［幾許］。すこし［少］。そこらく［許多］。

たじょう【多情】 [近代]たかん［多感］。[近世]うはきしゃう［浮気性］。たじゃう［多情］。びは

えふたう［枇杷葉湯］。中世 うつりき／うつりぎ［移気］。中古 いろごのみ［色好］。近代 たじゃうたこん［多情多恨］。

―・で恨みや悔やみも多いこと

―・な人 近世 うはきもの［浮気者］。

たじろ・ぐ きおじ［気怖］。近世 おぢける［怖］。しりごみ［後込／尻込］。近世 うけだち［受太刀］。きおくれ［気後／気遅］。中世 しろむ［白］。たぢろく／たぢろぐ。中古 しゅんじゅん［逡巡］。ひるむ［怯］。

―・ぐさま 近代 たぢたぢ。近世 おどおど。こはごは［怖怖］。びくびく。

だしん【打診】 近代 だしん［打診］。鼻息を窺ふ。近世 探りを入る［―入れる］。腹を探る。中世 しらべ［調］。

た・す【足】 近代 つけくはへる［付加］。つけたす［付足］。てんか［添加］。てんぷ［添付］。ふか［付加］。プラス(plus)。よせる［寄］。近世 かみ［加味］。つぎたす［継足］。中世 ついか［追加］。つく［つける］［付］。中古 あはす［あわせる］［合］。しくはふ［為加］。そふ［そえる］［添］。上代 くはふ［くわえる］［加］。たす［足］。

減った分を―・す 近代 ほきふ［補給］。ほそく［補足］。近世 ほてん［補塡］。中世 おぎなふ［補］。上代 つぐ［継］。ほじゅう［補充］。

だ・す【出】❶〈排出〉 近代 ちうしゅつ［抽出］。てきしゅつ［摘出］。はうしゅつ［放出］。りうしゅつ［流出］。近世 はいしゅつ［排出］。ゆうしゅつ［湧出／涌出］。中世 だす［出］。とりだす［取出］。中古 いづ［出］。うちいづ［打出］。かきいづ［搔出］。とりいづ［取出］。上代 いだす［出］。

―・し切る だしつくす［出尽］。近世 はたく［叩／砕］。底を叩く。底をはたく。中古 つくしはつ［尽果］。ふるふ［振／揮］。底を払ふ。上代 つくす［尽］。

えぐって―・すこと 中世 けっしゅつ［抉出］。

押して―・す 中世 おしだす［押出］。

音や光を―・す 中世 はっす［発］。上代 はなつ［放］。

気体や液体を―・す ふく［吹／噴］。近代 ふんしゅつ［噴出］。近世 ふきだす［吹出／噴出］。ゆうしゅつ［湧出／涌出］。中世 わきでる［湧出／涌出］。中古 はく［吐］。

絞って―・す 近代 ふりしぼる［振絞］。中世 しぼりだす［絞出］。中古 しぼる［絞］。

身体の外へ―・す 近世 はいせつ［排泄／排洩］。ひりだす［放出］。中世 たる［たれる］［垂］。中古 こく［放］。はく［吐］。ひる［放／痢］。

少しずつ―・すこと 近世 こだし［小出］。

長いものを次々に―・す 近世 くりだす［繰出］。

激しく―・す 近世 たたきだす［叩出］。はふりだす［放出］。中世 つんだす［突出］。なげだす［投出］。

はじいて―・す 近代 はじきだす［弾出］。

引っ張って―・す 中世 ひきだす［引出］。中古 ひきいづ［引出］。

だ・す【出】❷〈提出〉 近代 しゅっぴん［出品］。ていきょう［提供］。中世 さしだす［差出］。ていしゅつ［提出］。中古 いだす［出］。さしいづ［差出］。だす［出］。

―・し惜しみする(さま) 近代 だししぶる［出渋］。近世 けち［吝嗇］。ちびる。近代 けちくさし［臭］。しぶし［渋］。しみったれる。みみっちい。中世 しわし［吝］。なんじふ［難渋］。りんしょく［吝嗇］。

―・し惜しみする人 近世 しみったれ。

たすう【多数】 →おお・い

たすか・る【助】 すくわれる［救］。窮地を脱する。近代 活路を開く。九死に一生。死中に活を求む。近世 いのちびろひ［命拾］。いのちみゃうが［命冥加］。いのちみゃうり［命冥利］。炒り豆に花。万死を出でて一生に遇ふ。万死に一生を得る。中世 いく［いきる］［生］。中古 たすかる［助］。俎上の魚江海に移る。まぬがる［―がれる］［免］。虎口を脱す。上代 命生く。

たすき【襷】 クロスベルト(crossbelt)。上代 たすき［襷／手繦］。

《枕》上代 しろたへの［白妙］。

―の美称 上代 たまだすき［玉襷］。ふとだすき［太襷］。

―をかけて働くこと 中古 たすきがけ［襷掛］。

―を十文字に結ぶ 近代 あやどる［綾取／操］。

紅白の― あかだすき［赤襷］。しろだすき［白襷］。

背中を十文字に結ぶ― 近代 あやだすき［綾襷］。

縄を代用とした― 近世 なはだすき［縄襷］。

たすけ【助】 アシスト(assist)。かいじょ［介助］。てこいれ［梃入］。近代 あとおし［後押］。いうじょ［佑助］。かいほ［介補］。がふりき［合力］。こうゑん［後援］。さんじょ［賛助］。じょりょく［助力］。しゑん［支援］。じんりょく［尽力］。すくひ［救］。すくひぶね［救船］。すけだち［助太刀］。ちか

らぞへ[力添]。ヘルプ(help)。近世かうばり[交張]。かせい[加勢]。かふばり[甲張]。こうばり[勾張]。じょせい[助勢]。じょりき[助力]。しりおし[尻押]。ひいん[庇蔭/庇陰]。ほしゃう[輔相]。ほじょ[補助/輔助]。地獄に仏。中世うしろだて[後盾]。かたいれ[肩入]。かたん[加担/荷担]。じんりき[尽力]。たすけぶね[助船]。てだすけ[手助]。てつだひ[手伝]。ふじょ[扶助]。ふち[扶持]。中古うしろみ[後見]。がふりょく[合力]。すけ[助]。ひき[引]。ふよく[扶翼]。ほさ[補佐/輔佐]。ゑんじょ[援助]。上代たすけ[助/扶/佐]。

《句》近代杖に縋るとも人に縋るな。上代百足の虫は死して倒れず。

ーとなること 近世ひえき[裨益]。中世しす[資]。ほえき[補益]。

ーにすがる 中世たよる[頼]。

君主のー 中古ほよく[輔翼]。

神仏のー 中世おかげ[御蔭/御陰]。中古かご[加護]。

多少のー 近世いちじょ[一助]。

他人のー 中世たりき[他力]。

同情をひいてーを求める 近代あいぐゎん[哀願]。中世袖に縋る。

たす・ける【助】❶〈援助〉 近代けふさん[協賛]。けふりょく[協力]。さんする[賛/讃]。ようご[擁護]。力を貸す。一肩脱ぐ。一肌脱ぐ。近世おうゑん[応援]。じょちゃう[助長]。よなふ。片棒を担ぐ。一肩入れる。中世かばふ[庇]。たばふ[庇]。みつぐ[貢/見継]。肩を貸す。力になる。上代あななふ。いだく[抱]。すく[すける][助]。たすく[たすける][助/扶/援/佐]。よくさん[翼賛]。

《句》近代同舟相救ふ。渡る世間に鬼はなし。近世兄弟は左右の手なり。兄弟は手足なり。杖の下に回る犬は打たれぬ。武士は相見互ひ。中世窮鳥懐に入れば猟師も殺さず。捨つる神あれば助くる(拾ふ)神あり。

ー・け合う そうごふじょ[相互扶助]。そうふ[相扶]。近代きょうさい[共済]。きょうじょ[共助]。けふしん[協心]。ごじょ[互助]。ていけい[提携]。ていけつ[提挈]。輔車相依る。近世あひみたがひ[相身互]。中世くみあふ[組合]。ひきあふ[引合]。中古ていけつ[提挈]。

ー・け合う間柄であること 近代しんしほしゃ[唇歯輔車]。持ちつ持たれつ。中世ほしゃ[輔車]。

ー・け補うこと 中古ひほ[裨補]。

ー・けて事を成就させること 近代さんじゃう[賛襄]。よくせい[翼成]。近世さんせい[賛成]。

ー・け導くこと 近世いうえき[誘掖]。中古しるべ[導/標]。ほさ[補佐]。

ー・け養う 近代ふいく[扶育]。ふやう[扶養]。近世面倒を見る。中古ふち/ふぢ[扶持]。

ー・け利すること 近代しえき[資益]。

金品を与えてー・ける 近代きふじょ[給助]。中世ふじょ[扶助]。ほどこし[施]。

田植えや屋根替えなどでー・け合うこと 近世てまがへ[手間替]。中古ゆひ[結]。

たす・ける【助】❷〈救助〉 近代きうしゅつ[救出]。きうじょ[救助]。きうなん[救難]。きうらう[救撈]。すくひだす[救出]。ひとだすけ[人助]。近世たすけいだす/たすけだす[助出]。中世きうご[救護]。中古たすく[たすける][助]。上代きうきふ[救急]。きうさい[救済]。きうゑん[救援]。さいど[済度]。すくふ[救/済]。

命をー・ける じんめいきゅうじょ[人命救助]。近代きうめい[救命]。くゎつじん[活人]。近世じょめい[助命]。

困っている人々をー・ける 近代きうみん[救民]。ひとだすけ[人助]。

たずさ・える【携】❶〈携帯〉 近代けいかう[携行]。けっする[挈]。けふぢ[挟持]。近世けいたい[携帯]。さぐ[さげる][提]。よこたふ[横]。中世たづさふ[ーさえる][携]。ひっさぐ[ーさげる][引提]。肌身離さず。中古うちぐす[打具]。ぐす[具]。けいぢ[携持]。しょぢ[所持]。ぢさん[持参]。ひきぐす[引具]。

たずさ・える【携】❷〈提携〉 ににんさんきゃく[二人三脚]。れんけい[連携]。手を繋ぐ。近代きょうどう[共同]。けふりょく[協力]。タイアップ(tie up)。パートナーシップ(partnership)。中世あひたづさふ[ーたずさえる][相携]。たづさふ[ーさえる][携]。中古ていけい[提携]。

たずさわ・る【携】 近代きりまはす[切回]。さんち[参知]。しうげふ[就業]。しうらう[就労]。じっし[実施]。近世くゎんよ[関与]。たちいる[立入]。中世さばく[捌]。中古かかづらふ[係/拘]。かかはる[関/係]。かかる[掛/係]。じゅうじ[従事]。たづさは

る［携］。とりおこなふ［執行］。

たず・ねる【尋】 近代 クエスチョン(question)。近世 しつもん［質問］。しらぶ〔しらべる〕［調］。たたく［叩／敲］。ものとふ［物問］。中世 しつぎ［質疑］。とひかく〔―かける〕［問掛］。中古 きく［聞］。こととふ［言問／事問］。じんえき［尋繹］。ただす［質］。たづぬ〔たずねる〕［尋／訊］。上代 きく［聞］。ことどひ［言問］。しじゅん［諮詢／咨詢］。しもん［諮問］。じんもん［尋問］。とふ［問］。とむ〔とめる〕［求／覓／尋］。まぐ［求／覓］。

《謙》お聞きする。お尋ねする。中世 うかがふ［伺］。

《句》近世 聞くは一時(いっとき)(一旦)の恥聞かぬは一生(末代)の恥。

―・ね探す 近世 せんさく［詮索］。中世 うかがふ［窺］。中古 たどる［辿］。

―・ね調べること 中古 じんえき［尋繹］。

―・ね求める 上代 とめゆく［尋行］。

景勝地を―・ね歩くこと 近代 さいしょう／せいしょう［済勝］。近世 たんしょう［探勝］。

事情を―・ねること 中古 あない／あんない［案内］。

しつこく―・ねること 近世 根問ひ葉問ひ。根掘り葉掘り。

互いに―・ね合う 中古 さうもん［相聞］。

内々に―・ねること 中世 ないもん［内問］。

病状を―・ねる 中世 みまふ［見舞］。

目下の者に―・ねること 中世 かぶん［下聞］。中古 かもん［下問］。

たず・ねる【訪】 近世 顔を出す。中世 とむらふ［弔／訪］。はうもん［訪問］。みまひ［見舞］。中古 ありく［歩］。おとづる〔―ずれる〕［訪］。おとなふ［訪］。さしのぞく［差覗］。じんぱう［尋訪］。たづぬ〔たずねる〕［訪］。とぶらふ［弔／訪］。上代 いたどる［辿］。とふ［問／訪］。

《謙》お訪ねする。近代 うかがふ［伺］。中世 しこう［伺候］。中古 さんじゃう［参上］。まうでとぶらふ［詣訪］。まかりとぶらふ［罷訪］。

《枕》中古 なくたづの［鳴鶴］［⇩たづね］。上代 ところづら［冬薯蕷］［⇩とめゆく］。

―・ね来る 中古 とめく［尋来］。らいはう［来訪］。

―・ねて衣食の世話をする 中古 とぶらふ［訪］。

―・ねて来た人 近世 らいきゃく［来客］。中世 らいしゃ［来者］。中古 らいかく［来客］。

―・ねて来たわけ 上代 らいい［来意］。

―・ねて慰める 上代 ゐもん［慰問］。

方々を―・ね回る れきじゅん［歴巡］。上代 れきはう［歴訪］。

わざわざ―・ねる 中古 とむ〔とめる〕［求／覓／尋］。

だ・する【堕】 近代 おちいる［陥／落入］。だらく［堕落］。ふはい［腐敗］。中世 だす［堕］。

たぜい【多勢】 →**おおぜい**

だせい【惰性】 近代 くゎんせい［慣性］。しふへき［習癖］。だせい［惰性］。まんせい［慢性］。近世 しふくゎん［習慣］。しふせい［習性］。なれ［慣／馴］。中世 くゎんしふ［慣習］。中古 ならひ［習］。

―の力 近代 だりょく［惰力］。

たそがれ【黄昏】 近代 にちぼつ［日没］。トワイライト(twilight)。中古 くれがた［暮方／晩方］。くゎうこん［黄昏］。たそがれ［黄昏］。ひぐれ［日暮］。ゆふがた［夕方］。ゆふつかた［夕方］。ゆふづく［夕］。ゆふぐれ［夕暮］。ゆふさる［夕］。上代 ゆふ［夕］。ゆふべ［夕］。→**ゆうがた**

《枕》中古 すみぞめの［墨染］。

―どき 近世 すずめいろどき［雀色時］。ひとぼしどき［火灯時］。ひともしごろ［火灯頃］。ひともしじぶん［火灯時分］。ゆふぐれどき［夕暮時］。中古 あれはたそどき／あれはたれどき［彼誰時］。なまゆふぐれ［生夕暮］。

だそく【蛇足】 近代 よけい［余計］。近世 むだ［無駄］。中世 だそく［蛇足］。中古 むよう［無用］。よぶん［余分］。

ただ【唯】 近代 オンリー(only)。たんなる［単］。たんに［単］。中世 ただただ［只只／唯唯］。たった。たんだ［唯］。中古 ただし［但］。上代 ただ［唯／只］。ただしく［但］。

―でさえ 中世 さらぬだに。中古 いとど。さらでだに。

―の人 近世 ぼんじん［凡人］。中古 なほびと［直人］。はんじん［凡人］。ぼんにん［凡人］。ぼんぷ［凡夫］。

――つ 近代 ゆいいつ／ゆいつ［唯一］。近世 ひとつもの［一物］。中世 むにむさん［無二無三］。ゆいいち［唯一］。ゆいいつむに［唯一無二］。

ただ【只】 近代 ただもんめ［只匁］。むか［無価］。むしゃう［無償］。むちん［無賃］。むれう［無料］。ろは。中古 ただ［只］。

《句》只より高い物はない。

―で芝居を見物すること 近世 あをた［青田］。ただみ［只見］。

―で手に入れること 近世 只取り山のほとと

ぎす。中世ただどり[只取]。

ーで乗物に乗ること キセル[煙管／(カンボジア)khsier]。近代むちんじょうしゃ[無賃乗車]。近世さつまのかみ[薩摩守]。

ーではすまない 中古猶(尚)あらじ。

ただい【多大】 たいりょう[大量]。近代ぜつだい[絶大]。ばうだい[厖大]。ばうだい[膨大]。近世おびただし[夥]。くゎだい[過大]。さはやま[沢山]。たりゃう[多量]。むすう[無数]。中世おびたたし[夥]。ぎゃうさん[仰山]。じんだい[甚大]。たくさん[沢山]。ただい[多大]。中古ばくだい[莫大]。むす[無数]。→**おお・い**

だたい【堕胎】 ちゅうぜつ[中絶]。にんしんちゅうぜつ[妊娠中絶]。近世こおろし[子堕]。水にす。中世ちおろし[血下]。中古おろす[降／下]。だたい[堕胎]。

ーの薬 中世さしぐすり[差薬／注薬]。

ただいま【只今】❶〈現在〉 近代げんか[現下]。じか[時下]。もくか[目下]。近世もくこん[目今]。中世げんこん[現今]。こんらい[今来]。中古たうぎん[当今]。ただいま[只今]。上代たうこん[当今]。

ただいま【只今】❷〈今すぐ〉 いますぐ[今]。近代げんか[言下]。近世いまにも[今]。すぐさま[直様]。中世さっそく[早速]。すぐに[直]。そくこく[即刻]。そくざに[即座]。中古ただいま[只今]。ただちに[直]。上代そくじ[即時／速時]。

たた・える【称】 近代げきしゃう[激賞／劇賞]。ぜっさん[絶賛]。らいさん[礼賛／礼讃]。近世さんび[賛美／讃美]。中世しゃうやう[賞揚]。しょうさん[称賛／称讃]。しょうやう[称揚]。ほうず[褒]。中古しゃうす[賞]。しょうす[称]。はやす[栄／映／囃]。上代さんたん[賛嘆／讃嘆]。たたふ[たたえる][称／讃]。ほき[祝／寿]。ほむ[ほめる][誉／褒]。

ー・える言葉(例) 近代ブラボー(フランス bravo)。中世あっぱれ[天晴／適]。でかいた／でかした。

たた・える【湛】 一杯にする。近代みちる[満]。中世みたす[満]。中古じゅういつ[充溢]。じゅうまん[充満]。たたふ[たたえる][湛]。みなぎる[漲]。上代たたふ[溢／盈]。

たたかい【戦】 コンバット(combat)。せんか[戦火]。近代トラブル(trouble)。ファイト(fight)。へいげき[兵戟]。近世せんえき[戦役]。せんさう[戦争]。ぢん[陣]。中世かっせん[合戦]。きゅうせん[弓箭]。きゅうば[弓馬]。さうとう[争闘]。せんとう[戦闘]。ふんさう[紛争]。へいがく[兵革]。中古いくさ[戦／軍]。いさかひ[諍／闘諍]。えき[役]。とうさう[闘争]。とうじゃう[闘諍]。上代あらそひ[争]。かんくゎ[干戈]。たたかひ[戦／闘]。

《句》近代彼を知り己を知れば百戦殆ふからず。兵は拙速を尊ぶ。近世兵は神速を貴ぶ。

ーが始まる 近世火蓋を切る。

ーで死ぬこと 近代せんぼつ[戦没]。中世うちじに[討死]。せんし[戦死]。せんばう[戦亡]。

ーで早く勝つ戦法 そくせんそっけつ[速戦即決]。

ーに行くこと 中世しゅつぢん[出陣]。せいせん[征戦]。

ーに勝つこと 近代凱歌を揚ぐ[―揚げる]。凱歌を奏する。近世かちいくさ[勝軍／勝戦]。

ーに負けて生き残ること 近代はいざん[敗残]。

ーに負けて死ぬこと 近世はいし[敗死]。

ーに負けて総崩れとなる 中世くゎいさん[潰散]。中古つひゆ[ついえる][潰／弊]。

ーに負けること 近代せんぱい[戦敗]。近世はいぢく[敗衄]。中世はいせん[敗戦]。はいぐん[敗軍]。まけいくさ[負軍]。

ーの糸口 近代せんたん[戦端]。近世せんき[戦機]。

ーの形勢 きしょく[旗色]。近代せんきょく[戦局]。中世はたいろ[旗色]。

ーの場 せんいき[戦域]。やせん[野戦]。近世せんち[戦地]。中世いくさば[戦場]。かっせんば[合戦場]。戦(いくさ)の庭。中古せんぢゃう[戦場]。上代せんぢん[戦陣]。

ーのはじめ しょせん／ちょせん[緒戦]。中世やりさき[槍先]。

ーの場面(歌舞伎などで) 近世あれば[荒場]。しゅらば[修羅場]。

ーの分岐点 近代てんわうざん[天王山]。

ーの方法(作戦) 近世ぐんりゃく[軍略]。さくせん[作戦／策戦]。せんぱふ[戦法]。せんりゃく[戦略]。中世せんぢん[戦陣]。へいはふ[兵法]。中古ひゃうほふ[兵法]。へいりゃく[兵略]。→**せんじゅつ**

ーの真っ最中 近世かんせん[酣戦]。

ーを挑む 近代チャレンジ(challenge)。中世ていせん[挑戦]。

ーを起こす 近代きょへい[挙兵]。近世はた

あげ［旗揚］。中世旗を揚ぐ［—揚げる］。

後がない— 中世背水の陣。

馬に乗って行う— 近代きせん［騎戦］。きばせん［騎馬戦］。中世かけあはす［駆合／駈合］。

多くの— 中古ひゃくせん［百戦］。

刀等で戦う— 近代はくへいせん［白兵戦］。近世けんげき［剣戟］。中世うちものわざ［打物業］。

危険な— 中世こぐち［虎口／小口］。

強敵との苦しい— 近代あくせん［悪戦］。くとう［苦闘］。なんせん［難戦］。中世くせん［苦戦］。

航空機どうしの— くうせん［空戦］。こうくうせん［航空戦］。近代くうちゅうせん［空中戦］。

山野での— 中世のいくさ［野戦］。中古やせん［野戦］。

自分の領土内の— 中世ぢだたかひ［地戦］。

勝敗を決める— けっしょうせん［決勝戦］。近世けっせん［決戦］。天下分け目の戦ひ。中古雌雄を決す。

素手での— 近世かくとう［格闘］。くみうち［組討］。はくせん［搏戦］。

正義のための聖なる— ジハード（アラビア jihād）。近代せいせん［聖戦］。中世ぎせん［義戦］。

双方入り乱れての— 近代こんせん［混戦］。はくへいせん［白兵戦］。らんせん［乱戦］。近世らんぐん［乱軍］。中世うちこみ［打込］。もみあひ［揉合］。うちこみの軍（いくさ）。

大砲等を撃ち合う— かへいせん［火兵戦］。近代くゎせん［火戦］。せうえんだんう［硝煙弾雨］。近世はうせん［砲戦］。

小さな— 近代こぜめあひ［小攻合］。近世こぜりあひ［小競合］。せうせん［小戦］。中世こいくさ［小戦］。

力が拮抗（きっこう）した— 近代せっせん［接戦］。

力を出し切ったよい— かんとう［敢闘］。ぜんせん［善戦］。近代けんとう［健闘］。りきとう［力闘］。りょくせん［力戦］。近世ふんせん［奮戦］。ふんとう［奮闘］。上代りきせん［力戦］。

次々続く— 近世れんせん［連戦］。

敵の領土内での— 近代かくせん／きゃくせん［客戦］。

徒歩の兵の— 近代ほへいせん［歩兵戦］。上代かちいくさ［徒歩軍／歩軍］。

激しい— デスマッチ（和製death match）。げきせん［激戦］。げきとう［激闘］。ねっせん［熱戦］。ねっとう［熱闘］。近代かんせん［敢戦］。近世あうせん［鏖戦］。しにいくさ［死軍］。中世けっせん［血戦］。火花を散らす。

初めての— 中世うひぢん［初陣］。

船での— 近世かいせん［海戦］。中世ふないくさ［船軍］。中古すいぐん［水軍］。

まずい— せっせん［拙戦］。

味方の死者を弔う— 近世とむらひいくさ［弔戦］。中世とむらひがっせん［弔合戦］。

弓矢の— 中世やいくさ［矢軍］。

夜の— 近代やせん［夜戦］。中世よいくさ［夜軍］。

たたか・う【戦】 砲火を交える。近代干戈（かんくゎ）を交へる。砲門を開く。近世かうせん［交戦］。はたらく［働］。中世あひうつ［相打／相撃］。さうとう［争闘］。せんとう［戦闘］。たいせん［対戦］。とうせん［闘戦］。とりむすぶ［取結］。わたりあふ［渡合］。血を血で洗ふ。中古あふ［合］。あらそふ［争］。うちあふ［打合］。上代たたかふ［戦／闘］。

—・う意気込み とうこん［闘魂］。ファイティングスピリット（fighting spirit）。近代せんい［戦意］。とうさうしん［闘争心］。とうし［闘志］。ファイト（fight）。中古まけじだましひ［不負魂］。

—・わせる 上代あはす［あわせる］［合］。

相手の攻撃に対して—・う 近代おうせん［応戦］。

共同で—・う きょうとう［共闘］。

軍勢がぶつかりあって—・う 近世せっせん［接戦］。中世もみあふ［揉合］。もむ［揉］。

死を覚悟で—・う 近世しせん［死戦］。しゅし［殊死］。中世しとう［死闘］。

死を覚悟で—・うさま 近代すてみ［捨身］。近世けっし［決死］。中世はいすい［背水］。糧（かて）を捨てて船を沈む。

何回も—・ったこと 近代れきせん［歴戦］。

二強が—・う 竜虎相打つ。中古雌雄を決す。

激しく—・う 近代鍔迫（つばぜ）り合ひを演ず。中世鎬（しのぎ）を削る。

場所を変えて—・う 近世てんせん［転戦］。

たたきだい【叩台】 しあん［試案］。したがき［下書］。そあん［素案］。近代あん［案］。げんあん［原案］。

たた・く【叩】 近代おうだ［殴打］。だげき［打撃］。パンチ（punch）。近世きせる［着］。しばく。だぼく［打撲］。どやす。にやす。

ぶつ[打/撃/撲]。中世かつ[搗]。くらはす[ーわせる][食]。しらぐ。ちゃうず[打]。ちゃうちゃく[打擲]。どうづく[突]。どつく/どづく[突]。なぐる[殴/擲/撲]。はる[張]。中古はたく[叩/砕]。はらふ[払]。上代うつ[打]。たたく[叩]。

ー・いて入れる 近世ぶっこむ[打込]。中世たたきこむ[叩込]。

ー・いて壊す 近世うちこはす[打壊/打毀]。たたきこはす[叩壊]。たたきつぶす[叩潰]。はたく[叩]。ぶちこはす[打壊/打毀]。ぶっかく[打欠]。中世うちみしゃぐ[打]。たたきわる[叩割]。中古うちかく[打欠]。うちわる[打割]。

動けなくなるほどー・く 中世うちすう(ーすえる)[打据]。

大勢が一人をさんざんにー・くこと 近世ふくろだたき[袋叩]。

強くー・く 近世ぶったたく[打叩]。

ただし【但】 近世しかし。もっとも[尤]。中世ただ[唯/只]。なほ[尚/猶]。中古ただし[但]。

ー書き 近世ことわりがき[断書]。

ただし・い【正】 近代しんかく[真確]。せいかく[正確]。せいたう[正当]。てきせい[適正]。ほんと[本当]。近世しゃうたう[正当]。しゃうだう[正道]。せいだい[正大]。てきかく[的確/適確]。ほんたう[本当]。中世うるはし[麗]。じっしゃう[実正]。ぜ[是]。中古しんじち/しんじつ[真実]。せい[正]。ぜん[善]。ただし[正]。ちょく[直]。なほし[直]。まことし[誠/実/真]。まさ/まさし[正]。上代こうせい[公正]。

せいじつ[正実]。よし[良]。

ー・い行い 近代ちょくかう[直行]。中世ぜんさ[善作]。上代とくかう[徳行]。

ー・い議論 近代せいぎ[正議]。せいろん[正論]。

ー・い答え 近代せいたふ[正答]。せいかい[正解]。

ー・いことと間違っていること 近代せいひ[正否]。りひ[理否]。近世せいご[正誤]。せいじゃ[正邪]。たうひ[当否]。中世きょくちょく[曲直]。じゅんぎゃく[順逆]。中古りひ[理非]。上代ぜひ[是非]。ぜんあく[善悪]。

ー・いことを明らかにすること 中古しょうめい[証明]。

ー・いことを遠慮せずに述べたてるさま 近代がくがく[諤諤/愕愕]。

ー・い状態 近代せいじゃう[正常]。せいじゃう[正状]。

ー・い説 中古しんせつ[真説]。

ー・い調子 せいちょう[正調]。

ー・い道理 中世しんり[真理]。せいぎ[正義]。

ー・いと認められる説 中世ていせつ[定説]。中古ぢゃうせつ[定説]。

ー・い道 近世しゃうろ[正路]。中世しゃうり[正理]。じゅんだう[順道]。じゅんろ[順路]。中古せいだう[正道]。せいり[正理]。ぜんだう[善道]。上代しゃうだう[正道]。だうり[道理]。

ー・い道に適っていること 上代いうだう[有道]。

ー・く 上代まさに[正]。

ー・く偏りがないさま 中世ちゅうせい[中正]。ちゅうだう[中道]。ちゅうよう[中庸]。

ー・くきちんとしているさま 近代せいせい[正正]。近世せいせい[整整]。

ー・く私心がないこと 近代こうめいせいだい[公明正大]。近世せいれん[正廉]。

ー・くする 近世しうせい[修整]。ぜせい[是正]。中古きゃうせい[匡正]。なほす[直]。上代すくふ[済/拯]。ただす[正]。

ー・く慎み深いこと 近代せいしゅく[正粛]。

ー・く整っているさま 近代せいせい[井井]。近世せいせい[整整]。せいぜん[整然]。

ー・くない心 近代じゃい[邪意]。中古じゃしん[邪心]。

ー・くないこと 近代くせ[曲]。中世じゃきょく[邪曲]。ふしゃう[不正]。ふちょく[不直]。よこしま[邪/横]。中古あやまり[誤/謬]。きょく[曲]。じゃ[邪]。よこさま/よこざま[横様]。わろし[悪]。

ー・くない道 中世わうだう[横道]。中古じゃだう[邪道]。よこみち[横道]。上代さたう[左道]。

ー・くなる 中古なほる[直]。

ー・く立派な振る舞い 近代フェアプレー(fair play)。

規則に従ってー・く改めること 近代きせい[規正]。

この上なくー・い 近世しせい[至正]。しぜん[至善]。

世間がー・いと認める事柄 近代こうぜ[公是]。

もとのー・い状態に返すこと 近代じゃうくゎ[浄化]。中古はつらんはんせい[撥乱反

正]。はんせい[反正]。

ただ・す【糺】 近世 あんさつ[按察]。あんもん[按問]。ぎんみ[吟味]。中世 きうめい[糾明]。せんぎ[詮議]。上代 ただす[糺]。

ただ・す【正】 近代 けうせい[矯正]。しうせい[修正]。ていする[訂]。近世 かうせい[更正]。ぜせい[是正]。たむ〔ためる〕[矯/揉]。ていせい[訂正]。中古 あらたむ〔―ためる〕[改]。上代 かいせい[改正]。ただす[正]。なほす[直/治]。

政治のあり方などを―・す 近代 かうきしゅくせい[綱紀粛正]。

悪い所を治し―・す 近代 きうぢ[救治]。

ただ・す【質】 近世 しつもん[質問]。中古 きく[聞]。ただす[質]。たづぬ〔たずねる〕[尋]。上代 とふ[問]。

たたずまい【佇】 近代 くらし[暮]。ふんゐき[雰囲気]。近世 やうす[様子]。中古 ありさま[有様]。たたずまひ[佇]。なりはひ[生業]。

たたず・む【佇】 近世 ちょりふ[佇立]。中古 えんちょ[延佇]。たたずまふ[佇]。たたずむ[佇/彳]。たちやすらふ[立休]。ちょりつ[佇立]。てきちょく[彳亍]。とまる[止/留/停]。

思うように進めず―・むこと 近代 せんくゎい[儃佪]。

ただちに【直】 →すぐに

ただならぬ【只】 近代 しんこく[深刻]。近世 ぢゅうだい[重大]。中世 たいへん[大変]。中古 ただならぬ[只]。

たたみ【畳】 近世 しきだたみ[敷畳]。上代 たたみ[畳]。

―の上に敷く畳 近世 あげだたみ[上畳]。中世 ござだたみ[御座畳]。中古 ござ[御座]。

―の下地 中世 とこ[床]。

―の職人 たたみしょく[畳職]。中世 たたみさし[畳刺]。たたみさししょくにん[畳刺職人]。

―表面のござ 中世 たたみおもて[畳表]。

―表面のござを替えること 近世 たたみがへ[畳替]。中世 おもてがへ[表替]。

新しい― 近世 あをだたみ[青畳]。

板を芯に入れた床の間用の― 近代 いただたみ[板畳]。いたどこ[板床]。近世 とこだたみ[床畳]。

宮殿で春夏に用いた薄い― 中世 うすべり[薄縁]。中古 うすだたみ[薄畳]。うすでふ[薄帖]。

高級な縁をつけた― 近世 うげんべり/うんげんべり[繧繝縁]。にしきべり[錦縁]。中古 にしきはし[錦縁]。

正方形に近い御座などに用いる― 中古 たんでふ[短畳/短帖]。

長い藺草(いぐさ)を使った上等の― 近代 ひきとほし/ひきとほしおもて[引通表]。

真菰(まこも)で編んだ― 上代 こもだたみ[薦畳]。

▼助数詞 中世 でふ[畳]。中古 でふ[帖]。

ただもの【只者】 中世 ぼんぞく[凡俗]。中古 ただもの[只者]。なほびと[直人]。ぼんじん[凡人]。ぼんぷ[凡夫]。ぼんよう[凡庸]。

ただよ・う【漂】 近代 さまよふ[彷徨]。近世 さすらひ[流離]。りうらう[流浪]。中世 はうらう[放浪]。へうはく[漂泊]。中古 へうらく[漂落/飄落]。るらう[流浪]。上代 いさよふ[躊躇]。ただよふ[漂/漲]。たゆたふ[揺蕩/猶予]。つたよふ[蕩]。なづさふ。りうり[流離]。

《枕》上代 あまぐもの[天雲][⇩たゆたふ]。

―・うさま 近世 ふふ[浮浮]。中世 ふらふら。

煙や霧が―・う 上代 かをる[薫/香/馨]。

水に―・う 近代 ふへう[浮漂]。上代 なづさふ。へうたう[漂蕩]。へうりう[漂流]。

たたり【祟】 中世 おうほう[応報]。てんばち[天罰]。ばち[罰]。わざ[業/態/事]。をんがい[怨害]。中古 たたり[祟]。てんばつ[天罰]。上代 たたる[祟]。むくい[報]。

《句》近代 人盛んにして神祟らず。近世 人多ければ天に勝つ。仏力(ぶつりき)も強力(がうりき)に勝たず。

―をする 近世 みいる[見入/魅入]。上代 たたる[祟]。

―をするもの 中世 あくれい[悪霊]。じゃき[邪鬼]。中古 あくき[悪鬼]。あくりゃう[悪霊]。かみのけ[神気]。もののけ[物怪/物気]。をんりゃう[怨霊]。

たた・る【祟】 →たたり(前項)

ただれ【爛】 近世 ただれ[爛]。びらん[糜爛]。ふらん[腐乱/腐爛]。

子供の口脇にできる― こうかくえん[口角炎]。近代 鳥の灸。鳥の口真似。

ただ・れる【爛】 →ただれ(前項) 上代 ただる〔ただれる〕[爛]。

灸(きゅう)のあとが―・れる 近世 いぼゆ〔いぼえる〕。いぼる。中世 いぼふ。

だだをこ・ねる【駄駄捏】 近代 ごねる。近世 あくたれる[悪]。ぐづる[愚図]。だだける[駄駄]。石臼を箸にさす。駄駄を捏ねる。中世 すぬ〔すねる〕[拗]。中古 わがまま[我儘]。

たたん【多端】 近代 たばう[多忙]。近世 たよ

う[多用]。《中世》たじ[多事]。はんた[繁多]。《中古》たたん[多端]。《上代》はんばう[繁忙/煩忙]。

たち【質】 《近世》しゃうあひ[性合]。たち[質]。《中古》すぢ[筋]。→**せいしつ**

ーが悪い 《近代》あくしつ[悪質]。筋が悪い。盗人の上前を取る。《近世》あくどし。《中世》あくらつ[悪辣]。《中古》こころあし[心悪]。さがなし。

ーの悪い者 《中古》さがなもの[者]。

たち【太刀】 《中古》けん[剣]。たうけん[刀剣]。たち[太刀]。つるぎ[剣]。《上代》かたな[刀]。たち[太刀/大刀]。→**かたな**

たちあい【立合】 《近代》マッチ(match)。《近世》たちあひ[立合]。《中世》しあひ[試合/仕合]。しょうぶ[勝負]。たいせん[対戦]。《中古》てあはせ[手合]。とりくみ[取組]。

たちあおい【立葵】 《近世》おほからあふひ[大柄葵]。たちあふひ[立葵]。つゆあふひ[梅雨葵]。《中世》はなあふひ[花葵]。《中古》からあふひ[唐葵/蜀葵]。

たちあが・る【立上】 腰を上げる。《近代》けっき[決起/蹶起]。《中古》おく〔おきる〕[起]。きりつ[起立]。たちあがる[立上]。《上代》おこる[起/興]。たつ[立/起]。

ー・るさま →**た・つ【立】**

勢いよくー・ること 《近代》けっき[決起/蹶起]。

馬などがー・ること 《近代》ぼうだち[棒立]。《中世》さをだち[棹立/竿立]。

全員がー・ること 《近世》そうだち[総立]。

たちい【立居】 《中世》どうさ[動作]。《中古》きょどう[挙動]。しょさ[所作]。しょゐ[所為]。《上代》しんたい/しんだい[進退]。たちゐ[立居]。ふるまひ[振舞]。

たちいふるまい【立居振舞】 《近代》ききょしんたい[起居進退]。ききょどうさ[起居動作]。ざさしんたい[座作進退/坐作進退]。すそさばき[裾捌]。とりこなし[取熟]。みごなし[身熟]。身のこなし。《近世》きょし[挙止]。つめひらき[詰開]。とりまはし[取回]。をりかがみ/をれかがみ[折屈]。《中世》ぎゃうぎ[行儀]。しんし[進止]。たちふるまひ[立振舞]。たちゐふるまひ[立居振舞]。どうさ[動作]。ものごし[物腰]。《中古》ぎゃうぢゅうざぐゎ[行住坐臥]。きょそ[挙措]。きょどう[挙動]。ふぎゃう[俯仰]。《上代》ききょ[起居]。

たちい・る【立入】 かいにゅう[介入]。《近代》かんせふ[干渉]。はひりこむ[入込]。首を突っ込む。《近世》たちさはる[立障]。てだし[手出]。わりこむ[割込]。《中世》たちいる[立入]。ふみこむ[踏込]。《中古》いりたつ[入立]。

ー・らない(入らせない) オフリミット(off-limits)。《近代》ふかいにゅう[不介入]。《近世》しめだす[閉出]。シャットアウト(shutout)。たちいりきんし[立入禁止]。《近世》ふだどめ[札止/札留]。《中世》ふにふ[不入]。

ー・るのを禁止した川 《上代》きんが[禁河]。

ー・るのを禁止した所 《上代》きんや[禁野]。しめの[標野]。

たちうち【太刀打】 《近代》きそひあふ[競合]。たいかう[対抗]。事を構ふ。向かふを張る。四つに組む。《近世》たいけつ[対決]。たちうち[太刀打]。向かふに回す。《中世》はりあふ[張合]。わたりあふ[渡合]。《上代》たちむかふ[立向]。

たちおうじょう【立往生】 こうちゃく[膠着]。《近代》しんたいりゃうなん[進退両難]。とんざ[頓挫]。暗礁に乗り上げる。動きがとれぬ。《近世》たちわうじゃう[立往生]。にっちもさっちも行かぬ。《中世》いきづまる[行詰]。進退事尽く[ー尽きる]。《中古》ていたい[停滞]。進退維谷(これきはまる)。

たちおく・れる【立後】 《近代》でおくれる[出遅]。後塵を拝す。時機を失する。《近世》おそまき[遅蒔/晩蒔]。《中世》ごて[後手]。《中世》おくればせ[遅馳]。《中古》おくる[おくれる][遅/後]。おもひおくる[思後]。たちおくる[ーおくれる][立後/立遅]。

たちぎえ【立消】 《近代》おながれ[御流]。さたやみ[沙汰止]。とりやめ[取止]。りうくゎい[流会]。《近世》きえさる[消去]。たちぎえ[立消]。ちゅうし[中止]。ちゅうだん[中断]。《中古》きゆ[きえる][消]。せうめつ[消滅]。ちゅうぜつ[中絶]。→**き・える**

たちき・る【断切】 さいだん[裁断]。《近代》カット(cut)。ぜつえん[絶縁]。だんさい[断裁]。だんせつ[断截/断切]。《中世》せつだん[切断/截断]。せんだん[剪断]。はうしゃ[放捨]。だんぜつ[断絶]。《中古》たちきる[断切/裁切]。《上代》きる[切]。たつ[断/絶]。

ー・るさま 《近代》すぱっと。ぶつり。ぷつり。《中世》すっぱと。すっぱり。ふっつと。ふつと。《中古》ふつふつ。

途中でー・ること 《近世》ちゅうだん[中断]。

半分にー・ること はんせつ[半切/半截]。《近代》はんさい[半裁]。はんさい[半截]。

たちこ・める【立込】 《中古》こむ[籠/込]。じゅ

ういつ［充溢］。じゅうまん［充満］。たちこむ〔―こめる〕［立込／立籠］。たちみつ［立満］。上代 かをる［薫］。

霧や煙などが―・める 近世 うちけぶる／うちけむる［打煙］。きりしぐれ［霧時雨］。中世 こむ〔こめる〕［込／籠］。たちまよふ［立迷］。上代 きらふ［霧］。

たちさ・る【立去】 中世 たいきょ［退去］。たいさん［退散］。中古 いぬ［往］。じきょ［辞去］。たちいづ〔―いでる〕［立出］。たちのく［立退］。のく［退］。上代 さる［去］。たちさる［立去］。はなる〔はなれる〕［離］。

―・りにくい 中古 すぎうし［過憂］。すぎがてに［過］。

遠くに―・る 中世 ゑんせい［遠逝］。

たちどま・る【立止】 近代 ストップ(stop)。ていりつ［停立］。足を止める。近世 ちょりふ［佇立］。中世 やすらふ［休］。中古 えんちょ［延佇］。たたずむ［佇／彳］。たちやすらふ［立休］。ちょりつ［佇立］。ゆきとまる／ゆきどまる［行止］。上代 たちとまる／たちどまる［立止／立留］。

たちなお・る【立直】 さいけん［再建］。近代 さいき［再起］。ふくこう［復興］。よみがへる［蘇／甦］。近世 くゎいふく［回復］。中世 さいこう［再興］。たちなほる［立直］。もりかへす［盛返］。

たちなら・ぶ【立並】 近代 へいりつ［屏立］。中古 たちつづく［立続］。たちつらぬ［立並］。たちなむ［立並］。たちならぶ［立並／立列］。肩を並ぶ〔―並べる〕。上代 なみゐる［並居］。

人が多く―・ぶさま 中世 沓(くつ)の子を打つ。

むやみに―・ぶ 近世 らんりつ［乱立／濫立］。てんち［転地］。

たちの・く【立退】 近代 てんきょ［転居］。てんぢゅう［転住］。近世 いてん［移転］。どく［退］。ひっこし［引越］。中世 たいきょ［退去］。中古 いぢゅう［移住］。さしのく［差退／差除］。しりぞく［退］。たちのく［立退］。のく［退］。ゐのく［居退］。上代 さる［去］。たちさる［立去］。はなる〔はなれる〕［離］。

―・かせる 近世 どく〔どける〕［退］。中古 おひたつ〔―たてる〕［追立］。さしのく〔―のける〕［差退／差除］。

たちのぼ・る【立上】 近世 じゃうとう［上騰］。たちのぼる［立上］。中世 うきたつ［浮立］。

たちば【立場】 じげん［次元］。しざ［視座］。してん［視点］。近代 かくど［角度］。くゎんてん［観点］。きし［旗幟］。きしょく［旗色］。きゃうぐう［境遇］。スタンドポイント(standpoint)。たつせ［立瀬］。ちほ［地歩］。はたじるし［旗印］。りっきゃくくち［立脚地］。りっきゃくてん［立脚点］。近世 きゃうがい［境涯］。たちかた［立方］。たつめ［立目］。たてば［立場］。はたいろ［旗色］。やくがら［役柄］。中世 けんち［見地］。たちど［立所／立処］。たちば［立場］。ちせい［地勢］。ちゐ［地位］。りっち［立地］。中古 よりどころ［拠所］。上代 み［身］。

《句》中世 地を易(か)ふれば皆然(しか)り。

―を失う 中世 しっきゃく［失脚］。

―を占める 地歩を固める。近代 地歩を占める。

言えば言うほど―が悪くなる 近世 いひおち［言落］。

大きな― 近代 たいしょ［大所］。たいしょかうしょ［大所高所］。

重要な― 近世 しょう［衝］。

たちはだか・る【立】 近世 かけふさがる［駆塞］。とりゐだち［鳥居立］。中世 たちさふ［立塞］。たちはだかる［立］。はたかる／はだかる［開］。中古 たちふさがる／たちふたがる［立塞］。はばむ［阻］。上代 さえぎる［遮］。さやる［障］。ふさがる［塞］。

たちばな【橘】 やまとたちばな［大和橘］。中世 むかしぐさ［昔草］。上代 たちばな［橘］。とこよもの［常世物］。

《枕》中古 さつきまつ［五月待］。上代 からころも［唐衣］。

―の花 近世 とこよばな［常世花］。中古 はなたちばな［花橘］。

―の実 中世 とこよのこのみ［常世木実］。上代 かくのこのみ／かくのみ／かぐのみ［香実］。さつきのたま［五月珠］。ときじくのかくのこのみ［非時香菓］。

赤く実が熟した― 上代 あからたちばな［赤橘］。

右近の― 中世 御階(みはし)の橘。

花の咲いている― 中古 はなたちばな［花橘］。

たちまち【忽】 近代 あっと言ふまに。みるみるうちに。近世 いっきに［一気］。みるみる［見見］。中古 たちどころに［立所］。見る間に。上代 たちまち［忽］。→**すぐに**

たちまわり【立回】 近代 たちまはり［立回］。らんとう［乱闘］。近世 かくとう［格闘］。中古 けんくゎ［喧嘩］。

芝居の― 近代 くゎつげき［活劇］。さつぢん［殺陣］。ちゃんちゃんばらばら。ちゃんば

ら。近世たて［殺陣］。
芝居の—を教える人 近世たてし［立師／殺陣師］。
たちまわ・る【立回】 近代かけずりまはる［駆回／駈回］。ほっつく。近世うろつく［彷徨］。うろつく［彷徨］。中世あるきまはる［歩回］。うごきまはる［動回］。くるめく［眩／転］。たちまはる［立回］。中古くるべく［眩／転］。上代はいくゎい［徘徊］。
巧みに—・る 近代要領がいい。近世きよう［器用］。
人の世話に—・る 近世しうせん［周旋］。
たちむか・う【立向】 近代たいかう［対抗］。はんぱつ［反発］。ぶつかる。事を構へる。向かふを張る。近世くってかかる［食掛］。はむかふ［歯向］。ゆきむかふ［行向］。中世あふ［合］。いであふ［出逢］。おちあふ［落合］。たちうち［太刀打］。たちかかる［立掛］。たてつく［楯突］。てむかふ［手向］。はりあふ［張合］。ゆきむかふ［行向］。わたりあふ［渡合］。中古あふ［会］。とりかかる［取掛］。とりくむ［取組］。上代あたる［当］。いどむ［挑］。たちむかふ［立向］。むかふ［向］。
—・う姿勢 中世みがまへ［身構］。
だちょう【駝鳥】 近世だてう［駝鳥］。ほうごらう［鳳五郎］。
—の革 オストリッチ(ostrich)。
たちよ・る【立寄】 中世はうもん［訪問］。中古さしのぞく［差覗］。たちよる［立寄］。たづぬ［たずねる］［訪／尋］。よる［寄］。上代よきる／よぎる［過］。
—・らない 近世ながす［流］。中古よきる／よぎる［過］。
ちょっと—・る 中世とよる［寄］。中古のぞく［覗／覘］。ほのめく［仄］。
目的外の所に—・る 近代よりみち［寄道］。近世みちくさ［道草］。より［寄］。中世みちより［道寄］。
だちん【駄賃】 近代かみひねり［紙捻］。チップ(tip)。はくし［薄志］。はくしゃ［薄謝］。てまだい［手間代］。近世おひねり［御捻］。だちん［駄賃］。はくぎ［薄儀］。はな［花／纏頭］。中世こころづけ［心付］。しうぎ［祝儀］。てまちん［手間賃］。てまれう［手間料］。中古すんし［寸志］。てんとう／てんどう［纏頭］。
た・つ【立】 近世おったつ［立］。ちょくりつ［直立］。身を起こす。中世うったつ［打立］。つったつ［突立］。中古うちたつ［打立］。きりつ［起立］。たちあがる［立上］。上代たつ［立／起］。
《枕》中世かりころも［狩衣］。中古あきぎりの［秋霧］。しらなみの［白波］。なつごろも［夏衣］。上代おきつなみ［沖波］。さざれなみ［小波］。しらくもの［白雲］。はるがすみ［春霞］。ふぢなみの［藤波／藤浪］。みづとりの［水鳥］。むらとりの［群鳥］。
—・たせる 中古ひきたつ［—たてる］［引立］。
—・ち上がるさま 近代うっそり。ぬっと。近世けつぜん［蹶然］。すっくり。ぬっくと。のっそり。中世かぱっと。がばと。すくと。すっくと。むくと。むっくと。
—・ち続ける 近代たちづくめ［立尽］。たちんばう［立坊］。近世たちづめ［立詰］。たちどほし［立通］。中世たちつくす［立尽］。
中古たたずまふ［佇／イ］。たたずむ［佇／イ］。たちすくむ［立竦］。上代ありたつ［在立］。
—・ったり座ったり 近代ざさ［座作／坐作］。中古たちゐ［立居／起居］。ゐたつ［居立］。上代ききょ［起居］。
—・っている 中古たちゐる［立居］。
—・っている姿 近世たちみ［立身］。たてり［立］。中世たちすがた［立姿］。中古たたずまひ［佇］。
—・っている場所 中世たちば［立場］。ふまへどころ［踏所］。中古たちどころ［立所］。上代たちど［立所／立処］。
あちらこちらで—・つ 上代たちたつ［立立］。
驚いて—・ったまま動かない 近代ぼうだち［棒立］。中古たちすくむ［立竦］。
腰が—・たないこと 中世こしぬけ［腰抜］。こしゐ［腰居］。こしをれ［腰折］。腰が抜く［—抜ける］。
さっと—・つ 中世ついたつ［突立］。
頻(しき)りに—・つ(波などが) 上代しばたつ［屢立］。たちしく［立頻］。
しっかりと—・っている(さま) 近世しゃんと。ふんまへる［ふまえる］［踏］。中古ふまふ［踏］。
じっと—・っている 中世ぎょうりつ［凝立］。
しなやかに—・つ 上代たちしなふ［立撓］。
次々と—・つ 上代たちたつ［立立］。
爪先で—・つ 近代つまさきだつ［爪先立］。つまだち／つまだて［爪立］。中古くはたつ［翹／跂］。上代つまだつ［爪立］。
堂々と—・っている 近代ていりつ［挺立］。中世きつりつ［屹立］。
仁王像のように—・つ 近世びしゃもんだち

［毘沙門立］。りきしだち［力士立］。中世おしたつ［押立］。にわうだち［仁王立］。

股を広げてー・つ　たちはだかまる［立］。近世たちはたばる［立］。とりゐだち［鳥居立］。中世たちはだかる［立］。中古はだかる［開］。

まっすぐにー・つ　近代きったて［切立］。じゅりつ［竪立／竪立］。すぐだち［直立］。ちょくりふ［直立］。近世ちょくりつ［直立］。中世つったつ［突立］。

よろよろとー・つ　中世ゆるぎたつ［揺立］。

た・つ【絶】　近代ぶんだん［分断］。中世せつだん［切断］。中古たちきる［断切］。たやす［絶］。だんず［断］。上代うちきる［打切］。きる［切］。さえぎる［遮］。たつ［絶／断／截／裁］。たゆ〔たえる〕［絶］。やむ〔やめる〕［止］。《枕》中古からころも［覗／覘］。からにしき［唐錦］。

た・つ【経】　近世けみす［閲］。中世けいくゎ［経過］。すぎさる［過去］。たつ［経］。中古えっす［閲］。くる〔くれる〕［暮］。ながる〔ながれる〕［流］。上代すぎゆく［過行］。すぐ〔すぎる〕［過］。ふ〔へる〕［経］。

だっかい【脱会】　近代たいくゎい［退会］。だっくゎい［脱会］。だったい［脱退］。りだつ［離脱］。中世やむ〔やめる〕［辞］。

だっかい【奪回】　近代だっくゎい［奪回］。近世だっくゎん［奪還］。中世うばひかへす［奪返］。だっしゅ［奪取］。中古とりかへす［取返］。

たっかん【達観】　近代かいがん［開眼］。たっくゎん［達観］。ていくゎん［諦観］。中世ごにふ［悟入］。たいくゎん［諦観］。中古かいげん［開眼］。上代さとり［悟］。

だっかん【奪還】　↓だっかい【奪回】

たつき【方便】　↓しゅだん　↓せいけい【生計】

だっきゃく【脱却】　近代ききゃく［棄却］。だったい［脱退］。ぬけだす／ぬけでる［抜出］。りだつ［離脱］。中世だっきゃく［脱却］。だっしゅつ［脱出］。だっす［脱］。ゐき［遺棄］。中古ぬぎすつ〔—すてる〕［脱捨］。

たっけん【卓見】　近代かうせつ［高説］。たくせつ［卓説］。たくろん［卓論］。たっけん［達見］。近世たくけん［卓見］。たくしき［卓識］。中世けんしき［見識］。しきけん［識見］。

だっこう【脱稿】　かきおえる［書終］。近代かきあげる［書上］。せいかう［成稿］。筆を擱ぉく。近世だっかう［脱稿］。中世かくひつ［擱筆］。

だっこく【脱穀】　近世いなこき［稲扱］。こなす［熟］。中世いねこき［稲扱］。中古こく［扱］。

ーに用いる道具　近世くるりぼう［棒］。ごけだふし［後家倒］。せんば［千把／千歯］。せんばいなこき［千把稲扱］。せんばこき［千把扱］。まひぎね［舞杵］。やもめだふし［寡倒］。中古からざを［殻竿／唐竿／連枷］。れんか［連枷／連架］。

だつごく【脱獄】　近代だつごく［脱獄］。だつらう［脱牢］。はごく［破獄］。はらう［破牢］。近世らうやぶり［牢破］。中世らうぬけ［牢抜］。

たっし【達】　近代たっし［達］。中世さしづ［指図］。ふれ［触］。めいれい［命令］。中古さた［沙汰］。つうたつ［通達］。上代ふこく［布告］。

たっしゃ【達者】❶〈健康〉　タフ(tough)。近代ぐゎんけん［頑健］。けんかう［健康］。さうけん［壮堅］。近世けんざい［健在］。けんしょう［健勝／堅勝］。けんぜん［健全］。ゆうけん［雄健］。中世ぐゎんぢゃう［頑丈］。げんき［元気］。さうけん［壮健］。すこやか［健］。たっしゃ［達者］。ぢゃうぶ［丈夫］。ゆうけん［勇健］。中古すくやか／すぐやか［健］。すくよか［健］。そくさい［息災］。

老年になってもー・なさま　中古くゎくしゃく［矍鑠］。

たっしゃ【達者】❷〈巧み〉　近代じゅくたつ［熟達］。たんのう［堪能／湛能］。れんたつ［練達］。中世いし［美］。きよう［器用］。じゅくれん［熟練］。たっしゃ［達者］。中古かんのう［堪能］。てなれ［手慣］。上代うまし［旨］。じゃうず［上手］。たくみ［巧］。

ー・でない　中世ぶたっしゃ［不達者］。

たっしゃ【達者】❸〈達人〉　中世てしゃ［手者］。みちのもの［道者］。中古たっしゃ［達者］。みちのひと［道人］。上代たつじん［達人］。↓たつじん

だっしゅ【奪取】　近代しうだつ［収奪］。ぼっしう［没収］。近世とりあぐ〔—あげる〕［取上］。ふんだくる。まきあぐ〔—あげる〕［巻上］。中世がうだつ［強奪］。だっしゅ［奪取］。ひったくる［引］。めしあぐ〔—あげる〕［召上］。中古うばひとる［奪取］。ぬすみとる［盗取］。上代うばふ［奪］。

ダッシュ(dash)　近代きふしん［急進］。ダッシュ。つきすすむ［突進］。つっこむ［突込］。近世とっしん［突進］。ばくしん［驀進］。

だっしゅつ【脱出】　近代だったい［脱退］。ぬけだす／ぬけでる［抜出］。りだつ［離脱］。

近世にげだす[逃出]。のがれでる[逃出]。中世だっしゅつ[脱出]。だっす[脱]。ぬきいづ[抜出]。ぬく[ぬける][抜]。のがれいづ[逃出／遁出]。中古だっきゃく[脱却]。もぬく[もぬける][蛻]。上代にぐ[にげる][逃]。

たつじん【達人】 近代うできき[腕利]。エキスパート(expert)。きょしゃう[巨匠]。めいしゅ[名手]。近世てしゃ[手者]。めいこう[名工]。中世うでこき[腕扱]。かうしゃ[巧者]。かうしゅ[巧手]。かうしゅ[好手]。中古みちのもの[道者]。めうしゅ[妙手]。みちのひと[道人]。めいしゃう[名匠]。めいじん[名人]。上代じゃうず[上手]。たつじん[達人]。

囲碁や将棋の— きせい[棋聖／碁聖]。

剣術の— 近代けんがう[剣豪]。

たっ・する【達】 近代たうたつ[到達]。たっせい[達成]。中世とどく[届]。もとづく[基]。中古いきつく／ゆきつく[行着]。およぶ[及]。きはむ[きわめる][極]。こぎつく[—つける][漕着]。たうちゃく[到着]。たっす[達]。上代いたる[至／到]。たうらい[到来]。

だっ・する【脱】 近代ぬけだす／ぬけでる[抜出]。近世にげだす[逃出]。中世だっしゅつ[脱出]。だっす[脱]。中古だっきゃく[脱却]。もぬく[もぬける][蛻]。上代にぐ[にげる][逃]。

たっせい【達成】 近代くゎんすい[完遂]。じつげん[実現]。すいかう[遂行]。せいふく[征服]。たっせい[達成]。近世くゎんてつ[貫徹]。中世じゃうじう／じゃうじゅ[成就]。中古せいこう[成功]。

—・する 近代しあがる[仕上]。やりとげる[遂]。近世しでかす[仕出／為出来]。しとぐ[—とげる][仕遂]。なしとぐ[—とげる][成遂]。中世しあぐ[—あげる][仕上]。しおほす[—おおせる][為果]。しはたす[為果]。たっす[達]。まったうす[全]。中古じゃうず[成]。みつ[充／満]。上代はたす[果]。

—・できそうもない企て 《句》近代貝殻で海をはかる。貝殻で海を干す。針を以て地を刺す。

だっせん【脱線】 いつだつ[逸脱]。だつりん[脱輪]。近代だっせん[脱線]。近世みちくさ[道草]。

だっそう【脱走】 近代たうばう[逃亡]。だつごく[脱獄]。近世だっそう[脱走]。中世しゅっぽん[出奔]。だっしゅつ[脱出]。てうばう／てうまう[逃亡]。中古ちくてん／ちくでん[逐電]。上代たうそう[逃走]。とんそう[遁走]。にぐ[にげる][逃]。→だつごく

だったい【脱退】 近代だっくゎい[脱会]。だったい[脱退]。近世どく[退]。中世だっしゅつ[脱出]。だっす[脱]。中古だっきゃく[脱却]。だつらく[脱落]。ぬけいづ[抜出]。のく[退]。

—・させること 近代ぢょめい[除名]。

タッチ(touch)❶〈接触〉近代せっしょく[接触]。タッチ。近世かんしょく[感触]。くゎんよ[関与]。はだざはり[肌触]。しょっかん[触感]。中世くゎんけい[関係]。せっす[接]。てざはり[手触]。さはる[触]。中古あたる[当／中]。上代ふる[ふれる][触]。

タッチ(touch)❷〈筆致〉ふではこび[筆運]。近代タッチ。ふでつき[筆付]。ひっしょく[筆触]。近世うんぴつ[運筆]。ふでさき[筆先]。ようひつ[用筆]。中世ひっぱふ[筆法]。中古ふでづかひ[筆遣]。

たって【達】 近世否応なし。折り入って。中世ぜひ[是非]。たって[達]。つとめて[勤／勉／努]。むりに[無理]。中古しひて[強]。まげて[曲／枉]。上代あへて[敢／肯]。

たづな【手綱】 近世くち[口]。くちとりなは[口取縄]。中世くつわ[轡]。たんな[手綱]。中古くつわづら[轡蔓]。たづな[手綱]。馬の口輪。上代馬の口。

—の真ん中 中世まがり[曲／勾]。

—の両端 近世みづつき[水付／七寸]。

—を操る 上代たく[綰]。

—を取る手 中世めて[馬手／右手]。

たつのおとしご【龍落子】 近世うみうま[海馬]。おくじのまへ。たつのおとしご[龍落子]。中古かいば[海馬]。

だっぴ【脱皮】 近世一皮剝むく[—剝ける]。中世しんぽ[進歩]。だっぴ[脱皮]。中古せいちゃう[成長]。だっきゃく[脱却]。もぬけ[蛻]。

—・する 中古もぬく[もぬける][蛻]。

たっぴつ【達筆】 近代りゃうひつ[良筆]。れいひつ[麗筆]。中世たっぴつ[達筆]。中古のうひつ[能筆]。上代のうしょ[能書]。

たつぶん【達文】 近代さいひつ[才筆]。たつぶん[達文]。のうぶん[能文]。中世めいぶん[名文]。

だつらく【脱落】 ドロップアウト(dropout)。近代だったい[脱退]。りだつ[離脱]。近世おち[落]。もれ[漏／洩／泄]。らくご[落

伍］。中世けつらく［欠落］。ゐろう［遺漏］。中古だつらく［脱落］。だつろう［脱漏］。

ー・する　近世ぬく〔ぬける〕［抜］。中古ぬけおつ〔ーおちる〕［抜落］。もれおつ〔ーおちる〕［漏落］。上代もる［漏／洩］。

字句のー・した文章　中世けつぶん［欠文／闕文］。

たて【盾】 近代シールド(shield)。上代たて［盾／楯］。をだて［小楯］。

車輪を付けたー 近代くるまだて［車楯］。

据えておくー 中世おきだて［置楯］。

鉄製のー 近代鉄(くろがね)の楯。

背後を守るー 中世うしろだて［後楯］。

兵士が持つー 中世もちだて［持楯］。

砲手を守るためのー ぼうじゅん［防楯］。

褒め称えて与えるー 近代しゃうはい［賞牌］。

たて【縦】 中世たてざま［縦様］。中古たたさま／たたざま［縦様］。上代たたさ／たたし［縦］。たて［縦／経］。

ーと横 中世じゅうわう［縦横］。たてぬき［経緯］。中古けいゐ［経緯］。

ーに割ること 中世たてわり［縦割］。

ーの線を引くこと 近世けいくゎく［経画］。

たで【蓼】 近世かしこぐさ［賢草］。中世りこんそう［利根草］。上代たで［蓼］。

だて【伊達】 近代きざ［気障］。きどり［気取］。きょえい［虚栄］。ダンディー(dandy)。近世いき［粋］。きざっぽい［気障］。みえ［見栄／見得］。中世きょしょく［虚飾］。だて［伊達］。

ーを好む人 みえっぱり［見栄張］。近世しゃれもの［洒落者］。だてし／だてしゅ／だてしゅう［伊達衆／達衆］。だてもの［伊達者］。だてをとこ［伊達男］。みえばう［見栄坊］。みえばり［見栄張］。

たてかえ【立替】 近代だいべん［代弁］。ようだて［用立］。近世たてかへ［立替］。たてひく［立引／達引］。とりかへ［取替］。中世いれたて［入立］。

たてかえ【建替】 リフォーム(reform)。近代かいざう［改造］。たてかへ［建替］。たてなほし［建直］。近世さいけん［再建］。中世かいちく［改築］。

たてこ・む【立込】 ラッシュ(rush)。近代たばう［多忙］。近世ごったがへす［返］。たてこむ［立込］。押し合ひ圧へし合ひ。中世こみあふ［込合／混合］。こんざつ［混雑］。中古いそがし［忙］。こむ［込／混／籠］。たちこむ［立込／立籠］。ひしめく［犇］。上代にぎはふ［賑］。

一時にー・むさま 近代おせおせ［押押］。

たてこも・る【立籠】 近代ろうじゃう［籠城］。近世こもりゐ［籠居］。中世ひきこもる［引籠］。中古たてこもる［立籠］。とぢこもる［閉籠］。上代こもる［籠／隠］。ろうきょ［籠居］。

たてつ・く【盾突】 近代はんかう［反抗］。はんぱつ［反発］。近世くちへんたふ［口返答］。くってかかる［食掛］。ていかう［抵抗］。はむかふ［歯向］。中世あらがふ［抗／争／諍］。くちごたへ［口答］。さからふ［逆］。たてつく［盾突／楯突］。ていきょ［抵拒］。てむかふ［手向］。はりあふ［張合］。

たてつづけ【立続】 近代ぶっつづけ［打続］。止めどなく。のべつ幕なし。ひっきりなしに。近世ぞくぞく［続続］。たてつづけ［立続］。やつぎばや［矢継早］。りくぞく［陸続］。中世ひといき［一息］。むげんだん［無間断］。相次いで。間断なく。続けざま。引きも切らず。中古しきしき［頻頻］。しきなみ［頻並］。つぎつぎと［次次／継継］。上代しくしく［頻頻］。しげし［繁］。たえず［絶］。

たてなおし【立直】 さいしゅっぱつ［再出発］。まきかえし［巻返］。近代やりなほし［遣直］。近世さいけん［再建］。でなほし［出直］。中世しなほし［仕直］。中古たてなほし［立直］。

ほとんど駄目なもののー 近世きしくゎいせい［起死回生］。《句》中世枯れ木に花咲く。

たてなおし【建直】 ぞうかいちく［増改築］。リフォーム(reform)。近代かいざう［改造］。たてなほし［建直］。近世さいけん［再建］。中世かいちく［改築］。さいざう［再造］。

たてふだ【立札】 近代ばうさつ［榜札］。近世かうさつ［高札］。つじふだ［辻札］。中世うちふだ［打札］。かけふだ［掛札］。せいさつ［制札］。たてふだ［立札］。

禁制の条項を書いたー 中世きんさつ［禁札］。

たてまえ【建前】❶〈上棟〉 近世たてまへ［建前］。中古じゃうとう［上棟］。むねあげ［棟上］。

たてまえ【建前】❷〈表向き〉 近代ぐゎいくゎん［外観］。ていさい［体裁］。近世かくかう［格好］。かっかう［恰好］。かんばん［看板］。せいしき［正式］。せけんてい［世間体］。たてまへ［建前］。みせかけ［見掛］。みてくれ［見］。中世おもてむき［表向］。中古うはべ［上辺］。

たてまつ・る【奉】 近代しんてい［進呈］。ぞうてい［贈呈］。近世けんしん［献進］。中世け

んず［献］。けんなふ［献納］。しんじゃう［進上］。しんぽう［進奉］。中古 けんじゃう［献上］。たつ［奉］。たてまだす［立遣／奉遣］。ほうけん［奉献］。ほうず［奉］。上代 ささぐ［ささげる］［捧］。たてまつる［奉］。まつる［奉］。

たてもの【建物】 近代 えいざうぶつ［営造物］。けんざうぶつ［建造物］。けんちくぶつ［建築物］。たてや［建屋］。ビル／ビルディング(building)。中世 をくう［屋宇］。中古 かをく［家屋］。たてもの［建物］。ろうかく［楼閣］。をくしゃ［屋舎］。上代 いへ［家］。くゎんしゃ［館舎］。や［家／屋／舎］。→**いえ**

―で折れ曲がった部分 中古 まがりどの［曲殿］。

―内部の仕上げ インテリア(interior)。ないそう［内装］。

―内部の建具等 近世 ざうさく［造作］。

―に手を加えること けしょうなおし［化粧直］。近代 かいさう［改装］。しんさう［新装］。ぞうちく［増築］。たてまし［建増］。もやうがへ［模様替］。中世 かいちく［改築］。上代 えいぜん［営繕］。

―の住み心地 きょじゅうせい［居住性］。

―の外から見える部分 近代 エクステリア(exterior)。ぐゎいへき［外壁］。そとかべ［外壁］。中世 そとがまへ［外構］。

―の地階 ビー(B: basement)。

―の土台 近代 くつういし［沓石］。どだいいし［土台石］。近世 ねいし［根石］。中古 いしずゑ［礎］。そせき［礎石］。ちゅうせき［柱石］。つみいし［積石］。

―の中で水を使う所 みずまわり［水回］。

―の張り出し部分の例 アプス(apse)。近代 テラス(terrace; フランス terrasse)。バルコニー(balcony)。バルコン(フランス balcon)。ベランダ(veranda; フランス véranda)。

―の広さ のべめんせき［延面積］。近代 ゆかめんせき［床面積］。近世 たてつぼ［建坪］。

―の立面図 すがたず［姿図］。たてず［建図］。近代 たちゑづ［建絵図］。

―や敷地の外 近代 アウトドア(outdoor)。こうぐゎい［構外］。のてん［野天］。ろてん［露天］。をくぐゎい［屋外］。中古 かぐゎい［家外］。こぐゎい［戸外］。やぐゎい［野外］。

―や敷地の中 インドア(indoor)。近代 くゎんない［館内］。こうない［構内］。をくない［屋内］。

―を新たに造ること 近世 しんちく［新築］。

―を壁で仕切ること 近代 むねわり［棟割］。

―を造ること 近代 けんせつ［建設］。けんざう［建造］。けんりつ［建立］。中世 こんりふ［建立］。ざうりふ［造立］。上代 しうえい［修営］。

一時的な仮の― かせつじゅうたく［仮設住宅］。パビリオン(pavilion)。中世 かりごや［仮小屋］。中古 こや［小屋］。上代 をや［小家／小屋］。

一階と二階が同面積の― そうにかい［総二階］。

美しく大きな― 近代 きんでんぎょくろう［金殿玉楼］。

大きな― ていたく［邸宅］。近代 たいをく［大屋］。中世 おほや［大屋］。でん［殿］。でんう［殿宇］。でんだう［殿堂］。やかた［館］。上代 おほやけ［大宅］。くゎん［館］。だうう［堂宇］。

神や仏をまつる― 中世 でんだう［殿堂］。中古 いはひどの［斎殿］。れいでん［霊殿］。れいべう［霊廟］。上代 だう［堂］。

貴人の家で食物を調理する― 中古 おほひどの［大炊殿］。

宮殿の脇にある― 中古 えきだい／えきてい［掖庭］。

芝居などを興行する― 近世 こや［小屋］。

宿駅の― 中古 えきか［駅家］。えきくゎん［駅館］。えきてい［駅亭］。

主要な― 近代 ほんをく［本屋］。近世 ほんや［本屋］。中古 おもや［母屋］。

書物を入れておく― 近世 しょこ［書庫］。中世 しょろう［書楼］。しょをく［書屋］。中古 しょかく［書閣］。しょさい［書斎］。しょだう［書堂］。→**しょもつ**

先祖の霊をまつる― 近世 おたまや／みたまや［御霊屋］。中古 れいべう［霊廟］。

高く造った― 近代 たふ［塔］。近世 たかどの［高殿］。中世 ろうくゎん［楼館］。中古 かうだい［高台］。かうろう［高楼］。たいかく／だいかく［台閣］。ろうかく［楼閣］。ろうだい［楼台］。ろうでん［楼殿］。上代 かうかく［高閣］。たかや［高屋］。ろう［楼］。

貯蔵や保管のための― 中世 ざうこ［蔵庫］。どざう［土蔵］。中古 あぜくら［校倉］。上代 くら［蔵／倉／庫］。さうこ［倉庫］。

通路などに使用する長い― 中世 らうぶ［廊廡］。中古 ほそどの［細殿］。わたどの［渡殿］。上代 らう［廊］。

出口の分からない― 近代 めいきゅう［迷宮］。

長くて尖(とが)った屋根の― 近代 せんたふ［尖塔］。

庭に設けた小さな― 中世 ちん［亭］。中古

あづまや［東屋］。
橋のように架け渡したー 中古 はしどの［橋殿］。
水辺のー 中世 すいろう［水楼］。
屋根だけで壁のないー 近代 しゃうしゃ［廠舎］。近世 あづまや［四阿／東屋］。中世 ちん［亭］。中古 あばらや［荒屋／亭］。
洋風のー 近代 やうくゎん［洋館］。
立派なー 近代 きんでんぎょくろう［金殿玉楼］。上代 ほうかく［鳳閣］。
▼助数詞 近代 とう［棟］。近世 けん［軒］。中古 う［宇］。
▼助数詞（階層） エフ(F; floor)。近代 かい［階］。そう［層］。

たてやくしゃ【立役者】 近代 ちゅうしんじんぶつ［中心人物］。近世 おほだてもの［大立者］。しゅやく［主役］。しんうち［真打／心打］。たてもの［立者］。たてやく［立役］。たてやくしゃ［立役者］。中世 して［仕手］。

た・てる【立】 近世 おったつ［—たてる］［立］。中世 うったつ［—たてる］［打立］。中古 おこす［起］。上代 うちたつ［—たてる］［打立］。たつ［たてる］［立］。
ー・てる所 中世 たてど［立所／立処］。
勢いよくー・てる 近代 つったてる［突立］。近世 おったつ［—たてる］［立］。ぼったつ［—たてる］［追立］。
主人としてー・てる 中古 ようす［擁］。
柱などをしっかりー・てる 上代 ひろしく［広敷］。ひろしる［広知］。
柱を地面に打ち込んでー・てる 中世 ほりたつ［—たてる］［掘立］。上代 さしたつ［—たてる］［差立］。
寄り掛からせてー・てる 近世 もたせかく［—かける］［凭掛］。

た・てる【建】 近代 けんざう［建造］。けんせつ［建設］。けんりつ［建立］。せつりつ［設立］。ちくさく［築作］。近世 けんちく［建築］。こうちく［構築］。ざうちく［造築］。ちくざう［築造］。とりたつ［取立］。ふしん［普請］。中世 くみたつ［—たてる］［組立］。こんりふ［建立］。上代 かまふ［構］。きづく［築］。ざうえい［造営］。しうえい［修営］。たつ［たてる］［建］。ふとしく［太敷］。
初めてー・てること 近代 さうせつ［創設］。中世 さうりつ［創立］。上代 さうけん［創建］。
再びー・てること 近代 さいちく［再築］。近世 さいけん／さいこん［再建］。
立派にー・てる 上代 たかしる［高知］。

たとい【仮令】→**たとえ【仮令】**

だとう【妥当】 近代 だたう［妥当］。てきせい［適正］。リーズナブル(reasonable)。近世 てきせつ［切適］。中世 さうたう［相当］。てきたう［適当］。をんたう［穏当］。中古 さうおう［相応］。
ー・でないさま 中古 ふたう［不当］。
ーと認める 近代 こうてい［肯定］。ぜにん［是認］。

だとう【打倒】 近代 たふす［倒］。ノックアウト(knockout)。近世 うちのめす［打］。げきは［撃破］。だたう［打倒］。中世 くだす［下］。だは［打破］。まかす［負］。中古 うちやぶる［打破］。せめおとす［攻落］。上代 やぶる［破］。

たとえ【例】 近世 れい［例］。中世 せんれい［先例］。中古 たとへ［例］。ためし［例］。上代 ぜんれい［前例］。

たとえ【譬】 中世 たとしへ［譬］。上代 たとへ［譬／喩］。ひゆ［比喩／譬喩］。
ーの例 シミリ(simile)。近代 あんゆ［暗喩］。いんゆ［隠喩］。ぎじんはふ［擬人法］。くゎんゆ［換喩］。ちょくゆ［直喩］。ていゆ［提喩］。ふうゆ［諷喩／風諭］。めいゆ［明喩］。メタファー(metaphor)。

たとえ【仮令】 近世 よしんば［縦］。中世 けりゃう［仮令］。たとへ［仮令／縦］。中古 かりに／かりにも［仮］。よしや［縦］。よしよし［縦縦］。上代 たとひ［仮令／縦］。よし／よしも［縦］。よしゑやし［縦］。

たとえばなし【喩話】 近代 ぐうわ［寓話］。れいわ［例話］。近世 たとへばなし［譬話］。中世 ぐうげん［寓言］。たとへごと［譬事／譬言］。

たと・える【譬】 近世 みたつ［—たてる］［見立］。中世 ひきゃう［比況］。中古 なぞらふ［—らえる］［準／准／擬］。上代 ぎす［擬］。たとふ［たとえる］［譬／喩］。そふ［そえる］［添］。なずらふ［—らえる］［準／准／擬］。みなす［見做／看做］。よそふ［寄／比］。
ー・えようがない 中世 いふばかりなし［言許無］。中古 いはんかたなし［言方無］。たとしへなし［譬無］。物に似ず。
ー・えようがないほど 上代 あやに。

たどたどし・い 近代 ぎこちない。近世 せつれつ［拙劣］。へぼ。中世 つたなし［拙］。へた［下手］。中古 おぼおぼし［朧］。たどたどし。上代 たづたづし。

たど・る【辿】 近代 あとづける［跡付］。ついせき［追跡］。ついび［追尾］。中古 かかぐる。

たづぬ［たずねる］［訪／尋］。たどる［辿］。[上代]いたどる［辿］。

—・ってきた跡　きせき［軌跡］。

—・り着く [上代]しく［如／若／及］。

最後に—・り着くこと [近代]きけつ［帰結］。

たな【棚】 シェルフ(shelf)。ラック(rack)。[中古]おきくら［置座］。たな［棚］。

—の上 [中古]かじゃう［架上］。

盂蘭盆(うらぼん)で先祖を祭る— [近世]しゃうりゃうだな／しょらいだな［精霊棚／聖霊棚］。たまだな［魂棚］。

蚕を飼う— [近世]かひこだな／こだな［蚕棚］。

神を祭る— [近世]えんぎだな［縁起棚］。かみだな［神棚］。としだな［年棚］。としとくだな［歳徳棚］。ゑはうだな［恵方棚］。

貴人の食膳を納める— [中古]おものだな［御物棚］。

茶道用の— [近代]すみだな［隅棚／角棚］。[近世]ちゃだな［茶棚］。

商品を飾るための— [近代]かざりだな［飾棚］。ショーウインドー(show window)。ショーケース(showcase)。ちんれつだな［陳列棚］。[中世]みせ［店／見世］。みせだな［店棚／見世棚］。[中古]たな［棚／店］。

食器等を置く— みずや［水屋］。[近世]ぜんだな［膳棚］。

書物を置く— かんか［函架］。[近代]ほんばこ［本箱］。[近世]しょか［書架］。ふみだな［書棚］。ほんだな［本棚］。[中世]しょだな［書棚］。→**ほんばこ**

高い— [近代]かうかく［高閣］。

吊り下げた— [中世]つりだな［吊棚／釣棚］。

床脇の—の例 おとしだな［落棚］。おとしちがひだな［落違棚］。とこわきだな［床脇棚］。てんぶくろ［天袋］。[近代]ぶっしゅだな［仏守棚］。[近世]ぢぶくろ［地袋］。つぼねだな［局棚］。ふくろとだな［袋戸棚］。[中世]ちがひだな［違棚］。

藤の蔓(つる)を這(は)わせる— [近世]ふぢだな［藤棚］。

葡萄(ぶどう)の蔓を這わせる— [近世]ぶだうだな［葡萄棚］。

仏に供える水を置く— [中世]みづだな［水棚］。[中古]あかだな［閼伽棚］。

炉の上に吊った— あまだ／あまだな［天棚］。ひあま［火天］。[近世]ひだな［火棚］。[中世]あま／あまざら［天皿］。

たなあげ【棚上】 さきおくり［先送］。さきのばし［先延］。[近代]えんき［延期］。けいゑん［敬遠］。ほりう［保留］。りうほ［留保］。[近世]おあづけ［預］。

たなおろし【棚卸】 [近代]こきおろす［扱下］。[近世]くさす［腐］。けなす［貶］。たなおろし［棚卸］。けちを付く［—付ける］。難癖を付く［—付ける］。[中古]しなさだめ［品定］。そしる［謗／譏／誹］。なんず［難］。[上代]ひはう／ひばう［誹謗］。

たなこ【店子】 [近代]テナント(tenant)。[近世]しゃくかにん／しゃくやにん［借家人］。たなこ［店子］。

たなざらえ【棚浚】 [近代]クリアランスセール(clearance sale)。[近世]くらばらひ［蔵払］。やすうり［安売］。

たなざらし【店晒】 たなあげ［棚上］。[近世]たなざらし［店晒／棚晒］。はうち［放置］。

たなばた【七夕】 [近世]たなばたまつり［七夕祭］。星の逢ふ瀬。[中世]ほし(の)まつり［星祭］。[中古]きかうでん／きっかうでん［乞巧奠］。ほしあひ［星逢／星合］。秋の七日。[上代]たなばた［七夕］。

—に鵲(かささぎ)が天の川に架ける橋 [中古]うじゃくばし［烏鵲橋］。かささぎのはし／じゃくけう［鵲橋］。

—に願いをかけて供える物の例 [近世]かしこそで［貸小袖］。しちしゅのふね／ななくさのふね［七種船］。[中古]願ひの糸。

—に彦星が織り姫を迎えに行く船 [上代]つまむかへぶね［妻迎船］。

—の飾りを川へ流すこと [近代]たなばたおくり［七夕送］。[近世]ささながし［笹流］。たなばたながし［七夕流］。

—の供物(くもつ)を供える棚 [近世]きっかうだな［乞巧棚］。

—の竹 [近世]たんざくだけ［短冊竹］。

▼牽牛星 →**けんぎゅうせい**

▼織女星 →**しょくじょせい**

たなび・く【棚引】 [中古]そびく［聳］。[上代]たなびく［棚引］。

—・かせる [中世]たなびく［棚引］。

—・く雲 [中世]はたぐも［旗雲］。[上代]たなぐも［棚雲］。

雲が—・くさま [中世]あいぜん［靄然／藹然］。[中古]あいたい［靉靆］。

たに【谷】 [近代]けいかん［渓間］。けふかん［峡間］。けふこく［峡谷］。さんけふ［山峡］。[中世]けいかん［渓澗／谿澗］。けいこく［渓谷／谿谷］。たにあひ／たにま［谷間］。はざま［峡間／迫間］。[中古]かんこく［澗谷］。さんこく［山谷］。ほら［洞］。やつ［谷］。やまあひ［山間］。[上代]かひ［峡］。たに［谷／

渓]。はさま[峡間/迫間]。やまかひ[山峡]。中古 けいせん[渓泉]。
ーに湧く清水 中世 かんせん[澗泉]。
ーの辺り 上代 たにべ[谷辺]。
ーの入口 中世 たにぐち[谷口]。中古 たにのと[谷戸]。
ーの美称 上代 みたに[深谷]。
ーの深い所 中世 かんてい[澗底]。たにふけ[谷深]。
ーの最も深い所 中古 たにそこ[谷底]。
鶯のいるー 近代 あうこく[鶯谷]。
夏でも雪のあるー 近代 せっけい[雪渓]。
人のいない寂しいー 中古 くうごく[空谷]。
深いー 近代 がいこく[崕谷/崖谷]。上代 いうこく[幽谷]。みたに[深谷]。
山とー 中世 さんがく[山壑]。中古 さんこく[山谷]。
山に囲まれたー 中古 たにふところ[谷懐]。
湾曲したー 中世 わんけい[湾渓]。
その他ーのいろいろ(例) かこうこく[火口谷]。しんしょくこく[浸食谷/浸蝕谷]。すいしょくこく[水食谷/水蝕谷]。だんそうこく[断層谷]。ブイじこく[V字谷]。フィヨルド(fjord)。ユーじこく[U字谷]。近代 かこく[河谷]。じゅうこく[縦谷]。わうこく[横谷]。

たにあい【谷間】 →たに

たにがわ【谷川】 近世 けいかん[渓澗/谿澗]。中古 けいりう[渓流]。上代 さは[沢]。たにがは[谷川]。
ーの水 中世 さんすい[山水]。中古 かんすい[澗水]。けいすい[渓水/谿水]。やまみづ[山水]。
水のないー かれだに[涸谷]。

たにし【田螺】 中世 たにし[田螺]。中古 たつび[田中螺]。つび/つぶ[螺]。

たにま【谷間】 →たに

たにん【他人】 たしゃ[他者]。近代 だいさんしゃ[第三者]。近世 ひとさま[人様]。赤の他人。中世 た[他]。よじん/よにん[余人]。中古 たにん[他人]。よそ/よそびと[余所人]。上代 あだしびと/あだびと[他人]。ひと[人]。
《尊》近世 ひとさま[人様]。中古 そんかく[尊閣]。
《句》近代 杖に縋るとも人に縋るな。隣の花は赤い。近世 陰陽師身の上知らず。隣の他人は食ひ寄り。他人は時の花。糂粏味噌。
ーが見た感じ そとめ[外目]。近代 そとみ[外見]。近世 うけ[受]。ひとうけ[人受]。
ーと自分 中古 じた[自他]。上代 ひが[彼我]。
ーとの関係 近代 たいじんくゎんけい[対人関係]。
ーに劣らない 近代 人後に落ちない。近世 ひけをとらぬ。中世 遅れを取らぬ。
ーに関すること たにんごと[他人事]。中古 ひとごと[人事/他人事]。
ーの家 中古 たけ[他家]。
ーの思い通りになる人 近世 あやつりにんぎゃう[操人形]。中世 にんぎゃう[人形]。中古 くぐつ/くゎいらい[傀儡]。
ーのことに口出しすること 近代 かんせふ[干渉]。近世 くゎんせふ[関渉]。
ーの所有 近世 ひとで[人手]。
ーの助け 中世 たりき[他力]。ひとで[人手]。
ーの助けを当てにすること 近代 たりきほんぐゎん[他力本願]。ひとだより[人頼]。近世 ひとだのみ[人頼]。中世 ひとまかせ[人任]。
ーの名を勝手に名乗ること 近代 さしょう[詐称]。上代 ぼうしょう[冒称]。
ーの見る目 近代 はため[傍目]。よそみ[余所見]。中古 ぐゎいけん[外見]。よそめ[余所目]。上代 ひとめ[人目]。
ーの利益をはかろうとする態度 近代 あいたしゅぎ[愛他主義]。りたしゅぎ[利他主義]。
ーを食いものにするもの 近代 きせいちゅう[寄生虫]。
無縁のー 近世 ほふかい[法界]。赤の他人。

たにんぎょうぎ【他人行儀】 近世 たにんぎゃうぎ[他人行儀]。みづくさし[水臭]。中世 とざまがまし[外様]。中古 おぼおぼし。へだてがまし[隔]。よそよそし[余所余所]。
ー・に振る舞う 近世 くゎいしょめく[会所]。

たにんず【多人数】 近代 おほにんずう[大人数]。近世 たにんず/たにんずう[多人数]。中世 おほぜい[大勢]。たぜい[多勢]。↓おおぜい

たぬき【狸】 中世 たたけ/たたげ[狸/貍]。たのき[狸]。むじな[狢/貉]。中古 たぬき[狸/貍]。
ーと狐 中古 こり[狐狸]。
小さなー 近代 まめだぬき[豆狸]。
年取ったー 中世 ふるだぬき[古狸]。

たぬきねいり【狸寝入】 近世 たぬきねいり[狸寝入]。中世 そらねむり[空眠]。中古 そらね[空寝]。

たね【種】 近代 げんいん[原因]。近世 ねた。

中古 くさ／くさはひ［種］。さね［実］。しゅし／しゅじ［種子］。もよほしぐさ［催種］。れう［料］。上代 しゅ［種］。たね［種］。み［実］。ものだね［物種］。

《句》近世 品玉も種から。

—から芽生え生長した植物 近世 さねおひ／みおひ［実生］。みしゃう／みばえ［実生］。

—と苗 近代 しゅべう［種苗］。

—に施す肥料 たねごえ［種肥］。近世 はだごえ［肌肥］。

—のまき方(例) じょうは［条播］。てきは［摘播］。てんぱ［点播］。

—をまいたり苗を植えたりすること 近代 はしょく［播植／播殖］。中古 はんしょく［播植／播殖］。

—をまく さっぱ／さんぱ［撒播］。はしゅ［播種］。近世 まきつく［—つける］［蒔付］。たねまき［種蒔］。中世 たなおろし／たねおろし［種下］。上代 うう［うえる］［植］。

果実の— 中古 さね［実／核］。

話の— 近代 わだい［話題］。近世 かたりぐさ［語草］。ことぐさ［言種／言草］。中世 わへい［話柄］。中古 ためし［例］。

たねん【多年】 しゅくねん［宿年］。近代 ながねん［長年／永年］。近世 せきねん［積年］。中世 すねん［数年］。るいねん［累年］。中古 としひさに［年久］。上代 たねん［多年］。としころ／としごろ［年頃／年比］。としつき［年月］。

たねん【他念】 近代 ざつねん［雑念］。ばうさう［妄想］。中世 ざふねん［雑念］。じゃねん［邪念］。にねん［二念］。めいまう［迷妄］。よねん［余念］。中古 たねん［他念］。ぼんなう［煩悩］。まうさう［妄想］。

たねん【他年】 中世 たねん［他年］。中古 こうねん［後年］。しゃうらい［将来］。

たのう【多能】 →たげい

たのし・い【楽】 近世 たぬし［楽］。中世 うまし［旨／美／甘］。こころおもしろし［心面白］。ゆくゎい［愉快］。中古 こころよし［心良］。上代 うただのし［転楽］。うれし［嬉］。おもしろし［面白］。こころよし［快］。たのし［楽］。よし［良］。

—・い会合 近代 くゎんだん［歓談］。中世 くゎんご［歓語］。中古 くゎんくゎい［歓会］。

—・い世の中 中世 うきよ［浮世］。

—・く生きようとする立場 近代 オプチミズム(optimism)。らくてんくゎん［楽天観］。らくてんしゅぎ［楽天主義］。

—・くおもしろい 中世 おもしろおかし［面白可笑］。

—・くない 近代 つまらない［詰］。ふゆくゎい［不愉快］。近世 ぶれう［無聊］。中世 ふよ［不予］。上代 うらさぶ［心荒］。さぶし［淋］。すかなし。

—・くなる 中世 うきたつ［浮立］。

—・く平和な日々 中世 日日(日日)是好日。

—・そうなさま 近代 あかるい［明］。きき［熙熙］。スイート(sweet)。心が弾む。近世 わさわさ(と)。中世 いい［怡怡］。うかる［うかれる］［浮］。うきうき［浮浮］。きんきん［欣欣］。中古 いぜん［怡然］。きんぜん［欣然／忻然］。

—・そうに笑う 中古 ゑらく［笑］。

たのしみ【楽】 近代 きたい［期待］。たいばう［待望］。はうらく［放楽］。近世 なぐさみ［慰］。ほふらく［法楽］。中世 くゎいらく［快楽］。くゎんご［歓娯］。ごらく［娯楽］。ゆらく［愉楽］。中古 いつらく［逸楽／佚楽］。きょうみ［興］。くゎん［歓］。けらく［快楽］。たのしみ［楽］。たのもし／たのもしげ［頼］。ゆげ［遊戯］。らくじ［楽事］。上代 くゎんらく［歓楽／懽楽］。たのしび［楽］。

《句》近代 あの世千日この世一日。曲肱の楽しみ。楽あれば苦あり。近世 歓楽(楽しみ)極まりて哀情多し。君子の三楽。中古 楽しみ尽きて悲しみ来る。

—と悲しみ 中古 あいらく［哀楽］。

—と苦しみ →くらく

—に耽ること 近代 たんらく［耽楽］。

永遠の— 上代 じゃうらく［常楽］(悟りの境界)。

長く続く— 中世 ちゃうらく［長楽］。

風雅な— 中古 せいきょう［清興］。

たのし・む【楽】 近代 エンジョイ(enjoy)。きゃうじゅ［享受］。きゃうらく［享楽］。まんきつ［満喫］。歓を尽くす。近世 あいかう［愛好］。あまんず［甘］。えつらく［悦楽］。中世 いえつ［怡悦］。なぐさむ［慰］。ゆらく［愉楽］。中古 おもしろがる［面白］。きょうず［興］。たのしぶ［楽］。ゆげす［遊戯］。上代 たのしむ［楽］。

—・ませる 近代 ゐあん［慰安］。上代 うらがす。なぐさむ［—さめる］［慰］。

—・み遊ぶこと 近代 きいう［喜遊／嬉遊］。中世 ばんいう［盤遊］。

多くの人と共に—・む 近代 かいらく［偕楽］。

かつて—・んだこと 近代 きうくゎん［旧歓］。

気ままに—・む 近代 いっする［逸］。

心静かに―・む 中古かんてき［閑適］。

酒など飲んで―・み遊ぶこと 中古えんあん［宴安］。上代えんいう［宴遊／燕遊］。えんらく［宴楽／燕楽］。

自分の考えを得意に思ってひとり―・む 近代こんあんいらく［今案意楽］。

寿命が延びるほど―・む 中古えんねん［延年］。

なごやかに―・むこと 中世わらく［和楽］。

目を―・ませる 中世こやす［肥］。

たのみ【頼】 近代いぞん［依存］。中世いにん［委任］。いらい［依頼］。こじ［怙恃］。こひ［請／乞］。中古あて［当／宛］。たより［頼］。ちから［力］。上代たのみ［頼／恃］。

―とする 近代はんゑん［攀援］。ひょうい［憑依／馮依］。よりすがる［寄縋］。中世たよる［頼］。中古かたかく［片掛］。すがる［縋］。たのむ［頼］。

―とする所 近世しま［島］。中古かかりどころ［掛所］。たのみどころ［頼所］。よりどころ［拠所］。よるせ［寄瀬］。

―とする人 近代こころだのみ［心頼］。ちゅうりゃう［柱梁］。近世しま［島］。だいこくばしら［大黒柱］。中世ふくしん［腹心］。中古たのもしびと［頼人］。たより［頼］。よすが［縁／因／便］。

―とするもの 近代こころだのみ［心頼］。中世つゑはしら［杖柱］。中古たより［頼］。つな［綱］。つより［強］。

―に思う 中古おもひたのむ［思頼］。

―に思うたとえ 近世杖とも柱とも。

―に思わせる 中古たのむ／たのめ［頼］。

―に思わせること 近世たのもしだて［頼立］。中古たのめ［頼］。

―にならない者 中古おほぞらもの［大空者］。

―になる 中古たのもし／たのもしげ［頼］。

当てにならない― 近世からだのみ／そらだのみ［空頼］。中世筐(かたみ)の水。中古あいなだのみ［頼］。そらだのめ［空頼］。

してはならない― 中古あいなだのみ［頼］。

互いに信じ合って―とする 近世たのもしづく［頼尽］。

たの・む【頼】❶〈依頼〉 近代いぞん／いぞん［依存］。近世こんまう［懇望］。しょくす［嘱］。しょくたく［嘱託］。中世いたく［依託］。いらい［依頼］。こんぐゎん［懇願／悃願］。こんせい［懇請］。せがむ。ぞくす［属］。たくす［託／托］。ふたく［付託／附託］。ゐにん［委任］。中古いひよる［言寄］。こんばう［懇望］。たのむ［頼／恃／憑］。上代こふ［請／乞］。

《枕》上代おほぶねの［大船］。

《句》近世頼めば鬼も人食はず。

―・み甲斐がある 中古はかばかし［捗捗］。

―・むときの言葉 近世ごしゃう［後生］。ごしゃういっしゃう［後生一生］。

―・むときの動作の例 かたたたき［肩叩］。近世もみで［揉手］。

―・んで自分の物とする 中古こひうく〔―うける〕［請受／乞受］。

―・んで何かをしてもらう つかいだて［使立］。

金品を乞い求めて―・む 近世ものごひ［物乞］。中世せびる／せぶる。ねだる［強請］。

死後のことを―・むこと 中世ゐたく［遺託］。

執拗(しつよう)に―・む 近代おひすがる［追縋］。

助命を―・む 中古いのちごひ［命乞］。

それとなく―・む 近世かべそしょう／かべぞしょう［壁訴訟］。

泣いて―・むこと 近代あいきう［哀求］。あいぐゎん［哀願］。なきおとし［泣落］。なきこむ［泣込］。泣きを入れる。近世なきごかし［泣転］。なきつく［泣付］。

何度も―・む 近世お百度を踏む。

無理矢理せがんで―・む 近代きゃうせい［強請］。近世むりだのみ［無理頼］。

たの・む【頼】❷〈注文〉 はっちゅう［発注］。近代オーダー(order)。ようめい［用命］。中世ちゅうもん［注文／註文］。中古あとふ［誂／聘］。いひつく〔―つける〕［言付］。上代あつらふ〔―らえる〕［誂］。あとらふ［誂／聘］。

《謙》中古きこえつく［聞付］。

たの・む【頼】❸〈期待〉 近代きたい［期待］。近世あつ〔あてる〕［当］。みこみ［見込］。当てにす。上代たのむ［頼／憑／恃］。

たのもし・い【頼】 頼みになる。近代頼み甲斐がある。中世かひがひし［甲斐甲斐］。けなりげ［殊気］。中古こころづよし［心強］。ちからづよし［力強］。はかばかし［果果］。上代たのもし［頼］。

―・いと思わせること 近世たのもしだて［頼立］。たのもしづく［頼尽］。中古ひとだのめ［人頼］。

―・く思う 中世ちからだのみ［力頼］。

―・そうな男 近代ゐぢゃうふ［偉丈夫］。

たば【束】 パック(pack)。近世たば［束／把］。ひとからめ［一搦］。中世ひとからげ［一絡］。中古つか／つかね［束］。上代たばり［束／把］。

稲を刈った― いなたば／いなづか［稲束］。

光や電子などの— ビーム(beam)。
▼助数詞 たば[束／把]。わ[把]。

だは【打破】 ブレークスルー(breakthrough)。げきたい[撃退]。近代 うちまかす[打負]。たふす[倒]。とっぱ[突破]。近世 うちのめす[打]。げきは[撃破]。だたう[打倒]。やっつける[遣付]。中世 くだす[下]。だは[打破]。まかす[負]。中古 うちやぶる[撃破]。上代 やぶる[破]。

たばか・る【謀】 →だま・す

タバコ【煙草】 近代 けむりぐさ[煙草]。シガー(cigar)。シガレット(cigarette)。わすれぐさ[忘草]。近世 あひおもひぐさ[相思草]。うすまひ[薄舞]。おもひぐさ[思草]。けぶりぐさ[煙草]。タバコ[煙草／ポルトガル tabaco]。はんごんさう[反魂草／返魂草]。めざましぐさ[目覚草]。もく。中世 えんさう[煙草／烟草]。

《謙》近代 そは[粗葉]。

—に火をつける 近世 すひつく[—つける][吸付]。

—の煙 近代 しえん[紫煙／紫烟]。

—の吸い殻 しけもく。

—の吸い殻を拾って歩くこと もくひろい[拾]。

—の灰などを入れる容器 近代 だこ[唾壺]。はひがら[灰殻]。はひざら[灰皿]。近世 とげっぽう[吐月峰]。はひふき[灰吹]。

—を吸う 近代 きつえん[喫煙／喫烟]。きふえん[吸煙／吸烟]。すふ[吸]。スモーキング(smoking)。のむ[飲／呑]。

—を吸うさま 近代 ぷかぷか。ぷかりぷかり。近世 すぱすぱ。

—を吸う人 きつえんしゃ[喫煙者]。近代 あいえんか[愛煙家]。きつえんか[喫煙家]。スモーカー(smoker)。

—をよく吸う人 チェーンスモーカー(chain smoker)。ヘビースモーカー(heavy smoker)。

主人が客をもてなす— 近世 おさきタバコ[御先煙草]。

上等の— 近世 あぶらひかず[油引]。うすまひ[薄舞]。

西洋の— ようもく[洋]。

その他—のいろいろ(例) スナッフ(snuff)。近代 かみまき／かみまきたばこ[紙巻煙草]。はまきたばこ[葉巻煙草]。りゃうぎりたばこ[両切煙草]。近世 かぎたばこ[嗅煙草]。かみたばこ[嚙煙草]。きざみ／きざみたばこ[刻煙草]。はたばこ[葉煙草]。はまき[葉巻]。まきたばこ[巻煙草]。

たはた【田畑】 ほじょう[圃場]。近代 かうさくち[耕作地]。さくば[作場]。のうち[農地]。のうぢゃう[農場]。のうゑん[農園]。近世 かうち[耕地]。たどころ[田所]。たんぼ[田圃]。でんばた／でんぱた[田畑／田畠]。の[野]。のうほ[農圃]。ろうほ[壟畝／隴畝]。中世 たはた[田畑／田畠]。でんばく[田畠]。のら[野良]。中古 しろ[代]。たしろ[田代]。でんち／でんぢ[田地]。上代 でんぽ[田畝／田圃]。でんゑん[田園]。 →た【田】

—の収穫物 近世 なりもの[生物]。

—を耕す男 近代 かうふ[耕夫]。中古 たご[田子]。のうふ[農夫]。

山野を切りひらいて—をつくること 中古 かいさく[開作]。上代 かいこん[開墾]。

初めて—を開いた者 近世 くさきり[草切]。

たはつ【多発】 ぐんぱつ[群発]。近代 ぞくはつ[続発]。ひんぱつ[頻発]。中古 たびかさなる[度重]。

たば・ねる【束】 近代 きんそく[緊束]。近世 つくぬ[つくねる][捏]。とういつ[統一]。ひっからぐ[—からげる][引絡／引紮]。中世 けっそく[結束]。たばぬ[たばねる][束]。まとむ[まとめる][纏]。中古 からぐ[からげる][絡]。上代 かたぬ[かたねる][結]。くくる[括]。すぶ[すべる][統／総]。たがぬ[たがねる][綰]。つかぬ[つかねる][束]。とりつかぬ[取束]。ふさぬ[総]。

—・ねたもの 近代 いっそく[一束]。近世 たば[束]。中古 たばね[束]。上代 ゆひ[結]。

髪を—・ねる 近世 かいつのぐる[搔角繰]。

縄で—・ねる 近世 なはからげ[縄紮]。なはがらみ[縄絡]。

一つに—・ねる 近世 じっぱひとからげ[十把一絡]。中世 ひとからげ[一絡]。

たび【度】 近代 くゎいすう[回数]。つど[都度]。近世 たんび[度]。中世 ど[度]。中古 たび[度]。をり[折]。

たび【旅】 ツアー(tour)。トラベル(travel)。近代 ジャーニー(journey)。だんたいりょかう[団体旅行]。トリップ(trip)。近世 だうちゅう[道中]。中世 あんぎゃ[行脚]。かうり[行李／梱]。かくりょ／きゃくろ[客旅]。げきりょ[逆旅]。ささまくら[笹枕]。りょじ[旅次]。わうらい[往来]。中古 くさ(の)まくら[草枕]。たびぢ[旅路]。みち[道]。りょかう[旅行]。上代 かうりょ[行旅]。かうろ[行路]。きりょ[羈旅／羇旅]。しうい

う［周遊］。たび［旅］。たびゆき［旅行］。みちゆき［道行］。

《枕》上代 くさまくら［草枕］。

《句》近代 上り大名下り乞食。近世 旅は憂いもの辛いもの。旅は道連れ世は情け。

―案内の冊子 近代 あんないしょ［案内書］。ガイドブック(guidebook)。近世 だうちゅうき［道中記］。みちのしをり［道枝折］。

―から旅に渡り歩く人 近代 せけんし［世間師］。近世 たびがらす［旅烏］。

―からの手紙 近代 りょしん［旅信］。

―先で死ぬこと 中世 かくし／きゃくし［客死］。

―先での暮らし 近代 きぐう［羇寓］。たびずまひ［旅住］。中世 たいりう［滞留］。中古 たびずみ［旅住］。たびゐ［旅居］。とうりう［逗留］。りょはく［旅泊］。

―先の土地 近代 かくど［客土］。中世 ごてん［呉天］。中古 旅の空。上代 たきゃう［他郷］。たこく［他国］。

―であちこち回ること 近代 くゎいいう［回遊／回游／洄遊］。上代 しういう［周遊］。

―で海の近くで宿ること 中世 いそね［磯寝］。いそまくら［磯枕］。なみまくら［波枕］。

―で自然を楽しむこと 中世 せいいう［清遊／清游］。

―での思い →**りょじょう**

―に出たい気持ち 近世 たびごころ［旅心］。風雲の情。中古 たびごこち［旅心地］。

―の安全を祈ること 近世 そだう［祖道］。

―の安全を守る神 中世 だうそじん［道祖神］。だうろくじん［道陸神］。

―の苦労 近世 旅は憂いもの辛いもの。野に伏し山に伏す。

―の準備 たびじたく［旅仕度］。近代 あしごしらへ［足拵］。中古 いでたちいそぎ［出立急］。

―の相談所 インフォメーション(information)。かんこうあんないしょ［観光案内所］。ツーリストビューロー(tourist bureau)。

―の途中 中世 かくり［客裡／客裏］。だうちゅう［道中］。りょじ［旅次］。りょちゅう［旅中］。ろし［路次］。中古 せいと［征途］。道の程。上代 みちなか［道中］。みちゆき［道行］。

―の途中で日が暮れる 中世 ゆきくる［―くれる］［行暮］。中古 ゆきくらす［行暮］。

―の日記(記録) 近代 きかう［紀行］。きかうぶん［紀行文］。りょかうき［旅行記］。近世 だうちゅうき［道中記］。だうちゅうづけ［道中付］。たびにき／たびにっき［旅日記］。みちのき［道記］。みちのにき［道日記］。みちゆきぶり［道行触］。

―の日程 りょこうにってい［旅行日程］。近代 かうてい［行程］。中世 みちのり［道程］。りょてい［旅程］。中古 だうてい［道程］。上代 ろてい［路程］。

―の荷物 中世 あんり［行李］。かうり［行李／梱］。中古 はたご［旅籠］。

―の費用 りょこうだいきん［旅行代金］。近代 りょかうひ［旅行費］。りょよう［旅用］。近世 りょひ［旅費］。りょれう［旅料］。ろきん［路金］。ろぎん［路銀］。ろよう［路用］。中世 ろせん［路銭］。ろひ［路費］。わらぢせん［草鞋銭］。

―の服装 近代 たびじたく［旅支度］。りょさう［旅装］。近世 だうちゅうすがた［道中姿］。たびよそほひ［旅装］。中世 かうさう／ぎゃうさう［行装／行粧］。みちゆきごろも［道行衣］。中古 かくい［客衣］。かりごろも［狩衣］。せいい［征衣］。たびしゃうぞく［旅装束］。たびすがた［旅姿］。上代 たび(の)ごろも［旅衣］。

―の宿 イン(inn)。みんしゅく［民宿］。近代 ホテル(hotel)。近世 きちんやど［木賃宿］。はたご［旅籠］。はたごや［旅籠屋］。りょしょ［旅所］。仮の宿。中世 たびやど［旅宿］。りょぐう［旅寓］。りょしゃ［旅舎］。中古 たびどころ［旅所］。やどや［宿屋］。りょくゎん［旅館］。りょしゅく［旅宿］。りょてい［旅亭］。りょてん［旅店］。上代 たびやどり［旅宿］。

―の宿り 近代 しゅくはく［宿泊］。草鞋(わらぢ)を脱ぐ。近世 いはがねまくら［岩根枕］。中世 かりね［仮寝］。かりぶし［仮臥］。かりまくら［仮枕］。ささまくら［笹枕］。たびまくら［旅枕］。枕結ぶ。中古 くさぶし［草臥／草伏］。くさ(の)まくら［草枕］。りょはく［旅泊］。上代 いはまくら［岩枕／石枕］。こもまくら［薦枕］。たびね［旅寝］。たびやどり［旅宿］。草を結ぶ。→**のじゅく**

―の行き先 近代 たびさき［旅先］。

―を終えた祝の宴 中古 はたごぶるひ［旅籠振］。

―を終える 近代 草鞋(わらぢ)を脱ぐ。

―を好む習癖 近世 煙霞(えんか)の痼疾(こしつ)。煙霞(えんか)の癖(へき)。

―を仕事としている人 近代 りょかうか［旅行家］。

―をする 近世 杖(つゑ)を曳(ひ)く。草鞋(わらぢ)を穿(は)

く。中古 錫(しゃく)を飛ばす。上代 あそぶ［遊］。

あてのないー →ただよ・う

各地をー・して興行などをする芸人(例) ジョングルール(フランス jongleur)。近代 ぎんいうしじん［吟遊詩人］。たびげいにん［旅芸人］。近世 いたこ。ごぜ［瞽女］。はうかし［放下師］。中世 びくに［比丘尼］。びはほふし［琵琶法師］。はうかそう／はうかぞう／はうげそう［放下僧］。

各地をー・する芸人のたとえ 近代 うきくさかげふ［浮草稼業］。近世 わたりどり［渡鳥］。

こころもとないー 上代 そらぢ［空路］。

新婚夫婦のー みつげつりょこう［蜜月旅行］。近代 しんこんりょかう［新婚旅行］。ハネムーン(honeymoon)。

贅沢(ぜいたく)なー 近代 だいみゃうりょかう［大名旅行］。

西洋にー・すること 近代 とおう［渡欧］。近世 さいいう／せいいう［西遊］。

絶えずーをしていること 近代 なんせんほくば［南船北馬］。

小さなー 近代 せうりょかう［小旅行］。トリップ(trip)。近世 ゑんそく［遠足］。

遠いー 近代 ジャーニー(journey)。中世 くもゐぢ［雲居路］。ちゃうと［長途］。ながたび［長旅］。ゑんりょ［遠旅］。中古 のくれやまくれ［野暮山暮］。上代 まただび［真旅］。

遠いーの空 中世 ごてん［呉天］。

徒歩で山麓などをー・すること トレッキング(trekking)。バックパッキング(backpacking)。近代 やまあるき［山歩］。中古 やまぶみ［山踏］。

徒歩のー ワンデルング(ドイツ Wanderung)。中古 かちぢ［徒路］。ひざくりげ［膝栗毛］。

長いー 近世 ながちゃうば［長丁場］。中世 ながたび［長旅］。中古 のくれやまくれ［野暮山暮］。上代 まただび［真旅］。

博打打(ばくちうち)などのー 近世 またたび［股旅］。

風景などを見て歩くー サイトシーイング(sightseeing)。近世 ゆさんたび［遊山旅］。中世 くゎんくゎう［観光］。

船のー 中世 しほぢ［潮路］。ふなたび［船旅］。波の通ひ路。八重の潮路。中古 かいだう［海道］。かぢまくら［楫枕］。なみぢ［波路］。なみまくら［波枕］。ふなぢ［船路］。ふなて［船手］。ふなみち［船路］。

船のーの宿り 中古 うきまくら［浮枕］。上代 うきね［浮寝］。

宿を決めない気ままなー 近世 やどなしたび［宿無旅］。

たび【足袋】

中古 たび［足袋／単皮］。

ーのままで外を歩くこと 近代 たびはだし［足袋跣］。

ーを作る職人 近世 たびし［足袋師］。

大きなー 近代 もんなし［文無］。

その他ーのいろいろ(例) 近代 うらじろ［裏白］。さしたび［刺足袋］。しろたび［白足袋］。ぢかたび［地下足袋］。はだしたび［跣足袋］。近世 くつたび［靴足袋］。なつたび［夏足袋］。ふくろたび［袋足袋］。ほうしょたび［奉書足袋］。中世 かはたび［革足袋］。中古 したうづ［下沓／襪］。

だび【茶毘】

中古 だび［茶毘／茶毗］。雲煙(くもけぶり)となす。上代 くゎさう［火葬］。

ーの煙 中古 くもけぶり［雲煙］。

たびかさな・る【度重】

たはつ［多発］。近代 ぞくはつ［続発］。つみかさなる［積重］。ひんぱつ［頻発］。中古 あひつぐ［相次］。うちしきる［打頻］。くりかへす［繰返］。たびかさなる［度重］。上代 かさなる［重］。さまねし。まねし［数多］。

たびだち【旅立】

近代 しゅっと［出途］。近世 かしまだち［鹿島立］。きてい［起程］。けいかう［啓行］。しゅったつ／でだち［出立］。しゅと［首途］。たびだち［旅立］。たびで［旅出］。中世 はっそく［発足］。中古 いでたち／いでたつ［出立］。かどで［門出］。上代 かなとで［金門出］。たちゆく［立行］。たびゆき［旅行］。ゆき［行］。

ーに贈る言葉や金品 中世 ぬさ［幣］。中古 うまのはなむけ［餞／餞別］。せんべつ［餞別］。たむけ［手向］。はなむけ［餞／贐］。

ーに無事を祈って飲む酒 中世 かさねがはらけ［重土器］。

ーの準備 中古 いでたちいそぎ［出立急］。

ーを見送る 近世 柳を折る。上代 みたつ［見立］。

早朝のー 近世 はやだち［早立］。中世 さうかう［早行］。上代 あさだち［朝立］。あさとで［朝戸出］。

たびだ・つ【旅立】

近世 草鞋(わらぢ)を穿(は)く。中古 いでたつ［出立］。たつ［立］。たびだつ［旅立］。上代 たちゆく［立行］。

ー・たせる 上代 たつ［立］。

ー・つ気配 中世 かうしょく［行色］。

朝早くー・つ 上代 あさだつ［朝立］。

急に思い立ってー・つ 近世 うづらだち［鶉立］。

別れてー・つ 中古 たちわかる［立別］。

たびたび【度度】

近代 さいさんさいし［再三再

四]。近世くりかへし[繰返]。せんど[千度]。ちょいちょい。ちょくちょく。よう[良/善/能]。中世かさねがさね[重重]。さいさい[再再]。しけしけ/しけじけ/しげしげ[繁繁]。すたび[数度]。せっせつ[折折/節節]。どど[度度]。ひんぱん[頻繁]。ひんぴん[頻頻]。あまたかへり[数多返]。あまたたび[数多度]。いくそたび[幾十度]。しばしば[屡/屡屡/数/数数]。たびたび[度度]。どど[度度]。上代さいさん[再三]。しきり[頻]。しくしく[頻頻]。しじに。しば[屡]。しみみ/しみら[茂]。まねし[多]。よく[良/能]。

―になる 中古うちしきる[打頻]。

たびびと【旅人】 近代いかく/いきゃく[異客]。くゎんくゎうきゃく[観光客]。ツーリスト(tourist)。トラベラー(traveler)。りょかうしゃ[旅行者]。近世いうかく[遊客]。うんすい[雲水]。くゎかく[過客]。へうかく[漂客]。りょきゃく[旅客]。中世かうじん[行人]。かく/きゃく[客]。かくりょ[客旅]。中古いうし[遊子/游子]。りょかく[旅客]。りょじん[旅人]。をちかたびと[遠方人]。上代たびと[旅人]。たびびと[旅人]。みちゆきびと[道行人]。

―から金品を盗む人 近世だうちゅうかせぎ[道中稼]。だうちゅうし[道中師]。ごまのはひ[護摩灰/胡麻灰]。

―の寝床 中古こけ(の)むしろ[苔筵]。

あちこち渡り歩く― 近代せけんし[世間師]。近世たびがらす[旅烏]。上代ほうかく[蓬客]。

外国からの― 近代いはうじん[異邦人]。エトランゼ(フランス étranger)。よそもの[他所者]。

遠くからの― 遠来の客。近世万里の客。中古ゑんかく[遠客]。上代をちかたびと[遠方人]。

▼行商する人 近代かうしゃうにん/ぎゃうしゃうにん[行商人]。たびしゃうにん[旅商人]。りょしゃう[旅商]。近世たびあきうど/たびあきんど[旅商人]。たびあきなひ[旅商]。

たびらこ【田平子】 近代こおにたびらこ[小鬼田平子]。近世かはらけな[土器菜]。たびらこ[田平子]。中世ほとけのざ[仏座]。

タフ(tough) 近代きゃうじん[強靱]。ぐゎんきゃう[頑強]。近世くっきゃう[屈強]。ふじみ[不死身]。中世がうけん[剛健]。ぐゎんぢゃう[頑丈]。中古けんご[堅固]。たくまし[逞]。ちからづよし[力強]。上代つよし[強]。

―・な人 タフガイ(tough guy)。てつじん[鉄人]。

タブー(taboo) 近代タブー。中世きんく[禁句]。中古いみ[忌]。きんき[禁忌]。きんせい[禁制]。上代きんだん[禁断]。

たぶらか・す【誑】 近世あやかす。こわく[蠱惑]。たらかす/たらす[誑]。尻(けつ)の毛を抜く。中世だます[騙]。ばかす[化/魅]。中古くらます[暗]。くるはかす[狂]。たぶらかす[誑]。まどはかす/まどはす[惑]。まよはす[迷]。上代あざむく[欺]。→**だま・す**

ダブ・る(doubleを動詞化した語) 近代ダブる。ぢゅうふく[重複]。中世ちょうふく[重複]。上代かさなる[重]。

ダブル(double) 近代ダブル。近世にぢゅう[二重]。にばい[二倍]。

たぶん【他聞】 中古きこえ[聞]。ぐゎいぶん[外聞]。たぶん[他聞]。ひとぎき[人聞]。よそぎき[余所聞]。

たぶん【多分】❶〈大方〉 近世よもや。中世たぶん[多分]。中古おそらく[恐]。おのづから[自]。おほかた[大方]。たいてい[大体/大抵]。たしか[確]。うたがふらくは[疑]。上代けだし[蓋]。けだしく(も)[蓋]。

たぶん【多分】❷〈多数〉 近代わんさ。近世たりゃう[多量]。たいりょう[大量]。たんまり。どっさり。ほうふ[豊富]。中世たっぷり。たんと。中古たすう[多数]。たぶん[多分]。上代おほし[多]。

たべすぎ【食過】 ぼういんぼうしょく[暴飲暴食]。近代ぎうういんばしょく[牛飲馬食]。たべすぎ[食過]。くひすぎ[食過]。くゎしょく[過食]。中世はうしょく[飽食]。

たべもの【食物】 フーズ(foods)。フード(food)。近代いんしょくぶつ[飲食物]。しょくれうひん[食料品]。近世あご[顎]。くちくひもの[口食物]。くはせもの[食物/食者]。くひれう[食料]。しょくじ[食餌]。しょくぜん[食膳]。しょくひん[食品]。中世うか/うけ[食]。えんそ[塩噌]。かて[糧/粮]。くひごと[食事]。さん[餐]。しょく[食]。しょくぶつ/しょくもつ[食物]。まうけ[設]。らうもつ[糧物/粮物]。中古おんじき[飲食]。じき[食]。じきもつ[食物]。しょくじ[食事]。だい[台]。たべもの[食物]。みだい[御台]。りゃうしょく[糧食]。上代かりて[糧]。くひもの[食

物］。くらひもの［食物］。け［食］。けごと［食事／餔］。しょくりゃう［食糧］。しょくれう［食料］。

《尊》近代 あがりもの［上物］。中古 めしあがりもの［召上物］。近代 くご［供御］。ごれう［御料］。まゐりもの［参物］。めしもの［召物］。上代 おほひ［大炊］。おほみけ［大御食］。みけ［御食］。みけつもの［御食物］。をしもの［食物］。

《謙》近世 くちよごし［口汚］。

《句》近代 飢ゑたる者は食を選ばず。飢ゑたる者は食をなし易し。近世 生き身に餌食。好物に祟りなし。佳肴ありと雖も食らはずんばその旨きを知らず。

―で贅沢をすること（人）近代 びしょくか［美食家］。近世 口が奢る。中古 びしょく［美食］。

―と貨幣 近世 しょくくゎ［食貨］。

―と酒 中世 ざっしゃう［雑餉／雑掌］。しゅし／しゅしい［酒食］。中古 きゃう［饗］。きゃうぜん［饗膳］。しゅしょく［酒食］。

―にくわしいこと（人）グルメ（フランス gourmet）。近代 しょくつう［食通］。

―に不自由しないこと 中世 はうしょく［飽食］。

―に全くありつけない餓鬼 中古 むざいがき［無財餓鬼］。

―のあまりに少ないたとえ 近世 蛇が蚊を呑んだやう。

―の選り好み たべずぎらい［食嫌］。近代 くはずぎらひ［食嫌］。

―の選り好みによる偏り 近代 へんしょく［偏食］。

―の神 上代 うけもちのかみ［保食神］。

―の屑 ちゅうかい［厨芥］。なまごみ［生塵／生芥］。

―の下に敷く木の葉 中古 かいしき［搔敷／皆敷／苴］。

―の煮炊き 近代 かっぱう［割烹］。クッキング（cooking）。すいじ［炊事］。にたき［煮炊］。中世 てうり［調理］。中古 まかなひ［賄］。上代 かしぐ［炊］。

―を器に盛る 近代 もりこむ［盛込］。近世 もりつける［盛付］。よそる［装］。中古 よそふ［装／粧］。上代 もる［盛］。

―を噛むこと 中古 そしゃく［咀嚼］。上代 はむ［食］。

―を口にふくむこと 中古 ほ［哺］。

―を種々器に盛る 近世 もりあはせ［盛合］。

―をとらないこと きょしょく［拒食］。ファスティング（fasting）。近世 ぜっしょく［絶食］。中世 むじき［無食］。中古 こくだち［穀断］。だんじき［断食］。

―をのせる器 中世 だい［台］。ばん［盤］。

―を人に贈る時の語 しょうみ［笑味］。

―を持ち帰ること テイクアウト／テークアウト（takeout）。

―を求めること 中世 くじき［求食］。だい［朶頤］。

一時しのぎの― くちしのぎ［口凌］。

飲食店から取り寄せる― 近世 てんやもの［店屋物］。

栄養のある― エンリッチフード（enrich food）。近代 えいやうしょく［栄養食］。近世 じいみ［滋味］。中古 じみ［滋味］。

おいしい― 近世 かみ［佳味］。中世 かうみ［好味］。しいみ／しみ［至味］。中古 ちんみ［珍味］。上代 ためつもの［味物］。

おいしく珍しい― 中古 ちんみ［珍味］。上代 ひゃくみ［百味］。

軽い― けいしょく［軽食］。スナック（snack）。ファーストフード（fast food）。中世 こづけ／こづけめし［小漬飯／小付飯］。

軍隊の― 中古 ひゃうらう［兵糧／兵粮］。へいしょく［兵食］。上代 ぐんりゃう［軍糧］。

携帯する― けいこうしょく［携行食］。けいたいしょく［携帯食］。近代 けいたいしょくりゃう［携帯食糧］。中世 べんたう［弁当］。中古 かうちゅう［行厨］。上代 かりて［糧］。

酒を飲むときに添える― 近世 つまみ［摘／撮／抓］。上代 さかな［肴］。

種々の珍しい― 中古 百味の飲食。上代 ひゃくみ［百味］。

食事で最後に出る― 中世 をんざ［穏座］。

食卓に揃えられた― 近代 しょくせん［食饌］。中世 ぜんぶ［膳部］。

供え物にする― 近代 ぎょせん［御饌］。中世 ごせん［御饌］。しんせん［神饌］。中古 くもつ［供物］。せん［饌］。上代 みけ［御食／御饌］。

粗末な― 近代 さいしょく［菜食］。そさん［粗餐／麁餐］。そぜん［粗膳］。ちゃづけ［茶漬］。近世 いちじふいっさい［一汁一菜］。くちよごし［口汚］。しゅくすい［菽水］。そしいひ［疎食飯］。そじき［粗食／麁食］。中世 そし／そしい［疎食／疏食］。藜の羹。中古 さうかう［糟糠］。そしょく［粗食／麁食］。

天皇など高貴な人の― 近代 ぎょせん［御

饌」。上代くぎょ／くご［供御］。みけ［御食／御饌］。

動物などが―をとること せっしょく［摂食］。近世ゐさ［餌］。上代ゑ［餌］。

肉や魚を使わない― 中世しゃうじもの［精進物］。中古しゃうじんもの［精進物］。

引っ越しのときの― 近世ひっこしそば［引越蕎麦］。やうつりがゆ［家移粥］。やわたりがゆ［家渡粥］。

容器等に詰めた― 近代くゎんづめ［缶詰］。ちゃうづめ［腸詰］。びんづめ［瓶詰／壜詰］。近世たるづめ［樽詰］。ぢゅうづめ［重詰］。をりづめ［折詰］。

たべものや【食物屋】 さいかん［（中国語）菜館］。ファミリーレストラン（和製family restaurant）。プルニエ（フランス premier）。近代いんしょくてん［飲食店］。かっぽう［割烹］。カフェテリア（cafeteria）。きっさてん［喫茶店］。されう［茶寮］。しょくだう［食堂］。たべものや［食物屋］。やうしょくや［洋食屋］。れうりてん［料理店］。レストラン（restaurant）。近世きてい［旗亭］。これうりや［小料理屋］。しだしや［仕出屋］。ちゃづけや［茶漬屋］。ちゃみせ［茶店］。ちゃや［茶屋］。はたご［旅籠］。はんてん［飯店］。れうりや［料理屋］。

大衆向きの― 近代いちぜんめしや［一膳飯屋］。かんいしょくだう［簡易食堂］。たいしゅうしょくだう［大衆食堂］。

▼**軽食堂** ビストロ（フランス bistro）。近代グリル（grill room）。パーラー（parlor）。ビュッフェ（フランス buffet）。ミルクホール（milk hall）。

た・べる【食】 とる［摂］。箸を付ける。近代口にする。近世たひらぐ［―らげる］［平］。のみくひ／のみくらひ［飲食］。はらごしらへ［腹拵］。やりつく［―つける］［遣付］。底を入れる。中世あぢはふ［味］。いんしょく［飲食］。したたむ［―ためる］［認］。しょく［食］。しょくす［食］。せっしゅ［摂取］。たうぶ［食］。中古くふ／くらふ［食］。けごと［食事／餔］。しょくじ［食事］。すく［食］。たぶ［たべる］［食］。ふくす／ぶくす［服］。まぼる。上代たぐ［食］。はむ［食］。をす［食］。→**しょくじ**

《尊》近世あがる［上］。中世おまゐる［御参］。めさる［召］。めしあがる［召上］。中古きこしめす［聞召］。たてまつる［奉］。まうぼる／まぼる。まつる［奉］。まゐる［参］。ものまゐる［物参］。上代きこしをす［聞食］。めす［召］。をす［食］。

《謙》近世ちゃうだい［頂戴］。中世いただく［頂］。たうぶ［食］。中古たぶ［食］。

《句》近代小食（少食）は長生きのしるし。大食は命の取り越し。大食は病の基。腹八分に医者いらず。近世食後の一睡万病円（まんびやうゑん）。河豚（ふぐ）（鰒）食ふ無分別食はぬ無分別。

―・べさせる くらわす［食］。中古くはす［くわせる］［食］。

―・べ過ぎたりとめどなく食べる症状 かしょくしょう［過食症］。

―・べたい気持ち 近代しょくき［食機］。しょくけ［食気］。しょくし［食思］。近世くひけ［食気］。しょくき［食気］。喉（咽）が鳴る。

―・べたいだけ食べる たべほうだい［食放題］。中世しょくよく［食欲／食慾］。だい［朶頤］。中世くひはうだい［食放題］。

―・べていないこと 近代くひっぱぐれる／くひはぐれる［食逸］。中世すくち／すぐち［素口／虚口］。

―・べて満足する量 たべで［食出］。近世くひで［食出］。

―・べないこと きょしょく［拒食］。ファスティング（fasting）。近世ぜっしょく［絶食］。中世むじき［無食］。中古こくだち［穀断］。だんじき［断食］。

―・べ残し たべかす［食滓］。近代ざんかう［残肴］。たべあまし［食余］。たべがら［食殻］。中世ざんぱん［残飯］。ねこおろし［猫下］。わけ［分／別］。中古くひのこし［食残］。

―・べ始める（こと） 箸をつける。近代くひかかる／くひかける［食掛］。近世箸を下（お）ろ（下（だく））す。中世くひぞめ［食初］。

―・べるのに丁度よい頃 たべごろ［食頃］。近代くひごろ［食頃］。

―・べる喜び 近世しょくえつ［食悦］。

―・べる量が普段から少ないこと こぐい／こしょく［小食］。中世せうしょく［小食／少食］。

飽きるほど十分に―・べる 近代くひあきる［食飽／食厭］。中世はうしょく［飽食］。中古はうまん［飽満］。

味わい―・べる 中世あぢはふ［味］。しゃうみ［賞味］。

あちこち少しずつ―・べる 近代くひかじる［食囓］。

異常な物を好んで―・べる症状 いししょう［異嗜症］。いしょくしょう［異食症］。いみしょう［異味症］。

一度にたくさん—・べる 近代くひためる［食溜］。
餌を—・べる 近世ゐばむ［餌食］。
おいしい物をたくさん—・べること 近世しょくえつ［食悦］。
おいしい物を—・べること グルメ(フランス gourmet)。近代くひだらく［食道楽］。中古びしょく［美食］。
子供が自分で食べ物を買って—・べること 近世かひぐひ［買食］。
思う存分—・べる 近世してやる［為遣］。
さっさと—・べる 中古うちくふ［打食］。
仕事も何もせず—・べるだけ 中世としょく［徒食］。むだぐひ［無駄食／徒食］。
実家へ帰って存分に—・べること 近世さとばら［里腹］。
食後すぐ—・べたがる人 中世ちかがつゑ［近餓］。
少しずつ—・べる こぐい［小食］。中古つづしる［嘰］。上代つづしろふ［嘰］。
全部—・べてしまう たべつくす［食尽］。近代たいぢる［退治］。近世くひきる［食切］。たひらぐ［—らげる］［平］。中世くひつくす［食尽］。
粗末な物を—・べること 近代さいしょく［菜食］。中古そしょく［粗食／麁食］。
たくさん—・べること 近世あばれぐひ［暴食］。けんたん［健啖］。たらふく［鱈腹］。どかぐひ［食］。とちくらふ［食］。中世おほぐひ［大食］。はうしょく［飽食］。中古たいしょく［大食］。
たくさん—・べるだけで無芸 近世むげいたいしょく［無芸大食］。
たくさん—・べる人 近代けんたんか［健啖家］。たいしょくかん［大食漢］。
立ったまま—・べること 近代りっしょく［立食］。近世たちぐひ［立食］。
試しに—・べる あじみ［味見］。近代ししょく［試食］。近世どくみ［毒味］。
常に—・べたがる病気 がきびょう／がきやみ［餓鬼病］。
何でも—・べること こんしょく［混食］。中世ざっしょく［雑食］。
煮炊きして—・べること 近世くゎしょく［火食］。
箸を使わず手で直に—・べること 近世てのくぼ［手窪］。中世てづかみ［手摑／手捉］。
腹一杯—・べる 近代腹を拵(こしら)へる。中世はうしょく［飽食］。まんぷく［満腹］。
人の食べない物を—・べる 近世あくじき［悪食］。あくものぐひ［悪物食］。いかものぐひ［如何物食］。中世あくしょく［悪食］。
無闇に—・べたがる(人) 近代食ひ意地が張る。近世くひしんばう［食坊］。
幼児に—・べさせる 上代いひかみ［飯嚼］。
その他—・べ方のいろいろ(例) ぱくる。近代つめこむ［詰込］。つつく［突］。つっつく［突付］。ぱくつく。ばしょく［馬食］。近世かきこむ［掻込］。かじる［齧］。くひあらす［食荒］。つまみぐひ［摘食］。ぬすみぐひ［盗食］。まるのみ［丸吞］。むさぼる［貪］。中世うのみ［鵜吞］。せせる［挵］。ほほばる［頰張］。中古くひちらす［食散］。ついばむ［啄］。
▼**摂食障害**(例) いししょう［異嗜症］。いしょくしょう［異食症］。いみしょう［異味症］。がきびょう／がきやみ［餓鬼病］。かしょくしょう［過食症］。きょしょくしょう［拒食症］。ブリミア(bulimia)。
▼**擬態語** 近代かぶり／がぶり。さらさら。ぱくぱく。ぺろっと。もりもり。近世ぱくり。ぺろぺろ。ぺろり。むしゃむしゃ。もぐもぐ。中世がつがつ。すばすば。

たべん【多弁】 近代ちゃうぜつ［長舌］。近世おしゃべり［喋］。口が軽い。中世たべん［多弁］。ねうぜつ［饒舌］。中古ぜうぜつ［饒舌］。たげん［多言］。
《句》近代口自慢の仕事下手。多弁能なし。近世頤(おとがひ)が落つ［—落ちる］。能なし犬の高吠え。
—で早口の人 近世よしきり［葦切／葦雀］。
だべん【駄弁】 近代ざつだん［雑談］。ぜいご［贅語］。近世ざつわ［雑話］。じょうげん［冗言］。じょうご［冗語／剰語］。ぜいげん［贅言］。せけんばなし［世間話］。だべん［駄弁］。むだぐち［無駄口］。むだばなし［無駄話］。よもやまばなし［四方山話］。中古ざふだん［雑談］。上代たはこと／たはごと［戯言］。→**むだぐち**
—を弄する だべる［駄弁］。
だほ【拿捕】 近代だほ［拿捕／拏捕］。近世つかまふ［捕／摑／捉］。中世ほくゎく［捕獲］。中古ほそく［捕捉］。上代とらふ［捕／捉］。
たほう【他方】 近代ためん［他面］。はんめん［半面］。中世たはう［他方］。中古いっぱう［一方］。かたつかた［片方］。
たぼう【多忙】→**いそがし・い**
たほうめん【多方面】 たかく［多角］。近代た

はうめん［多方面］。ためん［多面］。中世たき［多岐］。てびろし［手広］。
―で手腕を発揮すること はちめんろっぴ［八面六臂］。中世さんめんろくひ［三面六臂］。

だぼく【打撲】 近代きゃうだ［強打］。だげき［打撃］。ぶつかる／ぶつける。近世だぼく［打撲］。中世なぐる［殴］。上代うつ［打］。たたく［叩／敲］。

だぼくしょう【打撲傷】 近代だぼくしゃう［打撲傷］。近世うちきず［打傷］。うちみ［打身］。

たま【偶】 中世たま［偶／適］。をりふし［折節］。中古たまたま［偶偶］。上代まれ［稀／希］。わくらば［邂逅］。

たま【玉】 近代きう［球］。ボール(ball)。近世ゑんきう［円球］。上代たま［玉／珠／球］。に／ぬ［瓊］。またま［真玉］。
《枕》中世おくつゆの［置露］。上代しらつゆの［白露］。たちのしり［太刀後］。
―となって飛び散る熱湯 近代ゆばな［湯花］。中世ゆだま［湯玉］。
―に疵(きず) 近世白璧(はくへき)の微瑕(びか)。
―の触れあう美しい音 近代りんらう［琳瑯／琳琅］。上代ぬなと［瓊音］。
―の実がなる珍しい木 近世けいし［瓊枝］。
―を加工する職人 中世ぎょくこう［玉工］。ぎょくじん／たまびと［玉人］。
―を産する山 近世ぎょくざん［玉山］。
―を磨くこと 近代こうぎょく［攻玉］。
青または緑の― 近世りょくぎょく［緑玉］。中古へきぎょく［碧玉］。
赤い― 上代あかだま［赤玉／赤珠］。に［瓊］。
美しい― 中古らうかん［琅玕］。上代びぎょく［美玉］。りんらう［琳瑯／琳琅］。
海に投げると潮が干る― 中世かんじゅ［干珠］。しほひるたま［干潮珠］。
円形の― 上代くゎん［鐶／環］。
大きな― 上代やさかに［八尺瓊］。
火炎の形の― 中古ほうじゅ［宝珠］。宝珠の玉。
黒い― 上代ぬばたま［射干玉／野干玉／烏玉／烏珠］。
触ると記憶がよみがえる― 近世かんじゅ［紺珠］。
数珠などの緒が抜けて―が散乱する 中古ぬきみだる［貫乱］。
白い― 上代しらたま［白玉］。
神秘的な力を持つ― 中世にょいほうじゅ［如意宝珠］。まに［摩尼］。まにじゅ［摩尼珠］。
繋(つな)ぎ並べた― 上代れんじゅ［連珠／聯珠］。
鉄の― 近代はうぐゎん［砲丸］(砲丸投げの球)。中古てつぐゎん［鉄丸］。
光り輝く― 中古みゃうしゅ／めいしゅ［明珠］。
掘り出したままの― 近代はくぎょく［璞玉］。中古あらたま［新玉／粗玉／荒玉／璞］。
珍しく貴重な― 中世ほうぎょく［宝玉］。ほうせき［宝石］。
持つ人を長生きさせる― 中古いくたま［生玉］。

たま【弾】 近代じゅうだん［銃弾］。はうだん［砲弾］。近世じゅうぐゎん［銃丸］。たま［弾］。だんぐゎん［弾丸］。てっぽうだま［鉄砲玉］。はうぐゎん［砲丸］。

たま・げる →おどろ・く

たまご【卵】 近代エッグ(egg)。近世おたま［御玉］(女性語)。中世けいらん［鶏卵］。中古かひ［卵］。こ［子］。たまご［卵／玉子］。とりのこ［鳥子］。上代かひこ／かひご［卵子］。
―がかえること 近代ふくゎ［孵化］。ふらん［孵卵］。
―から雛(ひな)が出ること 中世だっかく［脱殻］。
―のかたまり 近代らんかい［卵塊］。
―の殻 近代らんかく［卵殻］。中古かひ［殻］。かひご［卵子］。
―を産むこと 近代さんらん［産卵］。
親鳥が―を温めること 近代はうらん［抱卵］。
固茹(かたゆ)での― 近世にぬき［煮抜］。にぬきたまご［煮抜卵］。
魚が腹に―を持っていること こもち［子持］。
魚の― 近代ぎょらん［魚卵］。はらこ［腹子／腹児］。中世はらご［鮞］。
魚の―を加工した食品の例 近代イクラ(ロシア ikra)。キャビア(caviar)。からすみ［鱲子］。たらこ／たらのこ［鱈子］。めんたいこ［明太子］。近世うに［雲丹］。かずのこ［数子］。
魚の非常に小さい― 近代あはこ［粟子］。
受精した― じゅせいらん［受精卵］。ゆうせいらん［有精卵］。
受精していない― むせいらん［無精卵］。
繁殖用の― たねたまご［種卵］。近代しゅらん［種卵］。
ミジンコなどの― からん［夏卵］。
水鳥の― 中古かのこ［雁子］。雁(かり)の子。

たましい【魂】 近代ガイスト(ドイツ Geist)。スピリッツ／スピリット(spirit)。せいはく［生魄］。ソウル(soul)。プシケ／プシュケー(ギリシャ psykhē)。すだま［魑魅］。中世こころだま［心魂］。アニマ(ラテン anima)。き

[鬼]。きこん[気魂]。こん[魂]。しゃう[性]。しゃうりゃう[精霊]。しんき[神気]。しんたん[心胆]。しんれい[神霊]。せい[精]。せいき[精気／勢気]。せいこん[精魂]。せいしん[精神]。せいれい[精霊]。はく[魄]。はくれい[魄霊]。中古 かげ[影]。こころ[心]。こころぎも[心肝]。こんぱく[魂魄]。しんこん[心魂／神魂]。しんれい[心霊]。せいれい[性霊]。りゃう[霊]。れい[霊]。れいこん[霊魂]。上代 たま[魂／霊／魄]。たましひ[魂／魄]。→**れいこん**

《尊》上代 くしみたま[奇御魂]。みたま[御霊]。

《句》近世 刀は武士の魂、鏡は女の魂。中世 一寸の虫にも五分の魂。

—が抜けた状態 近代 だっこん[脱魂]。ひょうい[憑依／凴依]。ひょうれい[憑霊]。蛻(もぬけ)の殻。中世 ぬけがら[抜殻／脱殻／蛻]。中古 たまさかる[魂離]。むなし[空／虚]。上代 うつく[うつける][空／虚]。

—が結ばれる 上代 魂(たま)(霊／魄)合ふ。

—を妖怪などが奪う 中古 けどる[気取]。

生きている人の— 中古 いきすだま[生霊／生魑魅]。いきりゃう[生霊]。

死者の— 中古 こんぱく[魂魄]。しりゃう／しれい[死霊]。なきかげ[亡影]。ばうこん[亡魂]。ばうれい[亡霊]。

戦死者の— 近代 えいれい[英霊]。

人間以外の物の— 中世 せい[精]。せいれい[精霊]。

人にたたりをする— 中世 あくれい[悪霊]。中古 あくりゃう[悪霊]。もののけ[物怪／物気]。をんりゃう[怨霊]。

だま・す【騙】 近代 ぺてんに掛ける。近世 あやかす。おためごかし[御為]。おっかぶす[—かぶせる][押被]。かすむ[掠]。かたる[騙／衒]。かつぐ[担]。きこしめす[聞召]。くらはす[—わせる][食]。こかす[転／倒]。ごまかす[誤魔化]。してやる[為遣]。だまかす[騙]。だまくらかす[騙]。たらかす[誑]。つもる[積]。はむ[はめる][嵌／填]。ふづくる[文作]。まやかす。わだかまる[蟠]。ゑじめる。一杯食はす[—食わせる]。一杯参らす。御強(おこは)に掛く[—掛ける]。口車に乗す[—乗せる]。口三味線に乗す[—乗せる]。だまを食はす[—食わせる]。目を賦(くば)る。尻(けつ)の毛を抜く。狙公(そこう)の椽(とち)を抜く。罠に掛く[—掛ける]。中世 おとしいる[—いれる][陥／落入]。くはす[くわせる][食]。くるはかす[狂]。たばかる[謀]。たらす[誑]。ぬく[抜]。ばかす[化]。わわく[枉惑]。鼻毛を抜く。中古 あざむく[欺]。いつはる[偽／詐]。かく[かける][掛／懸]。くらます[晦／暗]。すかす[賺]。たばかる[謀]。たぶらかす／たぶろかす[誑]。だます[騙]。はかす[魅]。はかりごつ[謀]。はかる[謀]。まどはかす／まどはす[惑]。上代 ぬすまふ[盗]。

《句》近代 狸が人に化かされる。騙す騙すで騙される。

—・されないこと 近世 誑(たら)しが誑しに誑される。《句》近世 その手は桑名の焼き蛤。塗り箸とろろ。

—・されないよう用心すること まゆつば[眉唾]。

—・されやすい 中世 あまし[甘]。

—・される おちいる[陥／落入]。近代 ひっかかる[引掛／引懸]。口に乗る。近世 おはまり[御塡]。くふ[食／喰]。すかたん。はまる[嵌／塡]。一杯食ふ(食らふ)。御強(おこは)に掛かる。口車に乗る。だまを食ふ。睫(まつげ)を読まる[—読まれる]。中世 牛に食らはる。愚案に落つ。上代 罠に掛かる。

—・して取った物 おうりょうひん[横領品]。近代 ざうひん[贓品]。近世 ざうぶつ[贓物]。

—・して取ること すんしゃくさぎ[寸借詐欺]。とりこみ[取込]。とりこみさぎ[取込詐欺]。近代 さしゅ[詐取]。へんしゅ[騙取]。近世 かたり[騙]。やまこかし[山]。中世 いかさま[如何様]。上代 さぎ[詐欺]。

—・して人を誘う 中世 おびきだす[誘出]。おびきよす[—よせる][誘寄]。おびく[誘]。中古 おびきいる[—いれる][誘入]。をこつる／をこづる[誘]。

—・して惑わすこと 中古 きゃうわく[狂惑]。きゃうわく[誑惑]。わうわく[枉惑／誑惑]。

—・して悪い状態にすること 近代 かんがい[陥害]。中世 おとしいる[—いれる][陥／落入]。

—・し通す 中世 すかしふす[賺]。

—・しやすい相手 近世 かも[鴨／鳧]。

—・す以外に手がない 近世 騙すに手なし。

—・す側が巧みで防ぐ手がない 中世 騙すに手なし。

—・すこと 近代 きばう／きまう[欺罔]。くちざみせん／くちじゃみせん[口三味線]。てうさんぼし[朝三暮四]。ぺてん。へんさ[騙詐]。近世 いっぱい[一杯]。おこは[御強]。かうさ[巧詐]。くちぐるま[口車]。こかし。ひとたらし[人誑]。まんちゃく[瞞着]。

中世いかさま［如何様］。ぎまん［欺瞞］。けうさ［巧詐］。だまし［騙］。たらし［誑］。ばけ［化］。中古わうわく［枉惑／横惑］。

ー・す手段や方法 近代きさく［詭策］。トリック(trick)。ひとしばい［一芝居］。ぺてん。近世さくりゃく［策略］。さぼう［詐謀］。ひときゃうげん［一狂言］。中世きけい［詭計］。中古はかりごと［謀］。

ー・すための言葉 中世うそ［嘘］。中古さげん［詐言］。→**うそ**

ー・すつもりが騙される 近世手盛りを食ふ。

甘い言葉でー・す 近代まるめこむ［丸込］。近世いひくるむ［―くるめる］［言包］。くるむ［くるめる］［包］。たらしこむ［誑込］。まるむ［まるめる］［丸］。飴をしゃぶらせる。飴をなめさせる。飴をねぶらせる。

色仕掛けで男をー・す女 近世しかけもの［仕掛者］。

すぐばれる嘘でー・そうとする人 近代ちゃばんし［茶番師］。

狡賢(ずるがしこ)い者どうしのー・し合い 近代狐と狸の化かし合ひ。

似せてー・すこと 近代いかもの［如何物／偽物］。近世ぎぶつ［偽物／疑物］。中世にせもの［偽物／贋物］。

年齢や経歴などを偽ってー・すこと 近代かぼう［仮冒］。さしょう［詐称］。中世ぎしょう［偽称］。

人をー・す人 近代さぎし［詐欺師］。近世いかさまし［如何様師］。かたり［騙］。しかけもの［仕掛者］。てくろもの［手暗者／手暗物］。ぺてんし［師］。中世だまし［騙］。たらしたら［誑誑］。まいす［売僧］。中古こり［狐狸］。

儲(もう)け話で人をー・す人 近世やまし［山師］。

たまたま【偶】 たまひま［適間］。近代どうかして。近世おもひがけなし［思掛無］。かりそめに［仮初］。けりゃう［仮令］。てんねき。ときをり［時折］。中世ぐうぜん［偶然］。たまに［偶／適］。中古おのづから［自］。たまたま［偶／適／会］。ゆくりなし。上代たけそかに。たまさか［偶／適］。まれに［稀／希］。わくらば［邂逅］。

ーそうであること 中古じねん［自然］。

ーそこに有る物 近世ありあはせ［有合］。中世ありあひ［有合］。

たまに【偶】 近代ときに(は)［時］。ときより［時折］。近世ときたま［時偶］。ときをり［時折］。をりに［折］。中世たまに［偶／適］。をりふし［折節］。時として。中古おのづから［自］。たまたま［偶／適／会］。上代たまさか［偶／適］。ときどき［時時］。わくらば［邂逅］。

ーあるさま ぱらっと。近代ぱらぱら。近世ちらほら。ちらりほらり。ぽつぽつ。

たまもの【賜物】 近代いただきもの［頂物］。おんてん［恩典］。近世くだされもの［下物］。さづかりもの［授物］。とくし［特賜］。もらひもの［貰物］。中世おかげ［御蔭／御陰］。中古おんけい［恩恵］。おんこ［恩顧］。たうばり［賜］。ゑんじょ［援助］。上代たまもの［賜物／賜］。

たまりば【溜場】 プール(pool)。近代たまりば［溜場］。近世たてば［立場／建場］。

馬子や駕籠(かご)かきのー 近世ちゃうば［町場／丁場／帳場］。

たま・る【溜】 中世つかふ［つかえる］［支／閊］。つむ［積］。中古ていたい［停滞］。上代あつまる［集／聚］。たまる［溜］。つもる［積］。とどこほる［滞］。よどむ［淀／澱］。

ー・った水 近世かうらう［行潦］。中世みづたまり［水溜］。中古たまりみづ［溜水］。上代にはたづみ［潦／行潦／庭水］。

ー・ったもの 近世おどもり。中古たまり［溜］。

底にー・ること 近世そこだめ［底溜］。

たくさんー・ること 近代さんせき［山積］。やまづみ［山積］。

中に物がー・ること 近世うったい［鬱滞］。

だま・る【黙】 かんこう［緘口］。サイレント(silent)。近代かんこう［箝口／鉗口］。かんする［箝］。かんする［緘］。ちんもく［沈黙］。もくひ［黙秘］。口を箝(かん)する。口を結ぶ。腹に納める。近世だまりこくる［黙］。だまりん。だまる［黙］。だんまり。口を閉ざす。胸に納む［納める］。胸に畳む。中世おしだまる［押黙］。かんもく［緘黙］。ぜっく［絶句］。つぐむ［噤／鉗］。もくす［黙］。口を噤(つぐ)む。中古ぜく［絶句］。口を閉づ［―閉じる］。上代つくふ／つくぶ［噤］。もだす［黙］。→**ちんもく**

《句》近代沈黙は金、雄弁は銀。近世言はぬが花。言はぬは言ふにまさる。中世言はねば腹脹(ふく)る。

ー・っているさま 近代むっつと。むっつり。近世むつむつ。むつり。中世もくぜん［黙然］。もくもく［黙黙］。中古もくねん［黙然］。

ー・っている人 いしぼとけ［石仏］。近世だまりん。だんまり［黙］。

ー・って思いにふけること 近代ちんしもくか

う［沈思黙考］。もくかう［黙考］。もくさう［黙想］。もくし［黙思］。

ー・って聞き入ること 近代 もくちゃう［黙聴］。

ー・って答えないこと 中世 へいこう［閉口］。

ー・って従うこと 近代 もくじゅう［黙従］。

ー・って座っていること 中世 もくざ［黙座／黙坐］。

ー・ってそのままにする 近代 もくくゎ［黙過］。中世 もだす［黙］。上代 もくし［黙止］。

ー・って見ていること 近代 もくし［黙視］。

ー・らせる 近代 かんこう［箝口／鉗口］。かんする［箝］。口を箝（かん）する。

話の途中でー・る 近世 くごもる［口籠］。中世 くちごもる［口籠］。

たまわりもの【賜物】 近代 たまはりもの［賜物］。近世 さづかりもの［授物］。とくし［特賜］。中古 たうばり［賜］。→たまもの

たまわ・る【賜】 近世 とくし［特賜］。中世 いただく［頂］。くださる［ーされる］［下］。さづかる［授］。ちゃうだい［頂戴］。はいじゅ［拝受］。もらふ［貰］。中古 じゅなふ［受納］。たうばる［賜］。はいりゃう［拝領］。上代 うく［うける］［受］。たばる［賜／給］。たまはる［賜／給］。たまふ［賜／食］。

功労を賞してー・ること 中世 けんじゃう［勧賞］。

天皇や主君からー・ること 中古 かし［下賜］。上代 おんし［恩賜］。

たみ【民】 ピープル(people)。フォーク(folk)。みんかんじん［民間人］。近代 いっぱんじん［一般人］。こうみん［公民］。さうばう［蒼氓］。じゃうみん［常民］。しょにん［庶人］。せいし［生歯］。みんしゅう［民衆］。りうぞく［流俗］。近世 かみん／げみん［下民］。しみん［市民］。じんこ［人戸］。ぞく［俗］。ひゃくせい［百姓］。市井の臣。市井の人。中世 くにひと／くにびと［国人］。げげ／したじた［下下］。けんしゅ［黔首］。こくみん［国民］。しも［下］。しもじも［下下］。しゅじん［衆人］。じょうみん［蒸民／烝民］。せうじん［小人／少人］。せぞく［世俗］。たみくさ［民草］。はくせい［百姓］。ばんしょ［万庶］。ぼんげ［凡下］。ぼんぞく［凡俗］。ますひと［益人］。中古 おくてう［億兆］。おほよそびと［大凡人］。げんげん［元元］。じゃうじん［常人］。しゅじゃう［衆生］。しょみん［庶民／諸民］。せいみん［生民］。せいれい［生霊］。せうみん［小民］。せきし［赤子］。せじん［世人］。たいしゅう［大衆］。上代 あをひとくさ［青人草］。おほみたから／おほんたから［大御宝］。さうせい［蒼生］。しゅうしょ［衆庶］。しゅうじん［衆人］。しょじん［庶人］。じんみん［人民］。ぞくじん［俗人］。たみ［民］。ばんせい［万姓］。ばんみん［万民］。ひと［人］。ひとくさ［人草］。ひゃくしゃう［百姓］。もろびと［諸人］。よひと［世人］。れいげん［黎元］。れいしゅ［黎首］。れいしょ［黎庶］。れいみん［黎民］。天（あま）の益人（ますひと）。

ーが安心して住む 近代 堵（と）に安んずる。上代 あんど［安堵］。

ーの戸籍 近代 みんせき［民籍］。

ーの生活 近世 みんせい［民生］。

ーの生活のさま みんど［民度］。上代 かじゃう［下情］。

ーを安心させること 近代 ぶあん［撫安］。

ーを治めること 近代 とうりん［登臨］。中世 りみん［理民］。中古 はうせん［烹鮮］。上代 ちみん［治民］。

ーを困窮から救うこと 中古 さいみん／せいみん［済民］。

ーを支配する側 近世 おかみ［上］。中世 こうぎ［公儀／公義］。

ーを富ませること 中世 ふみん［富民］。

多くのー 近代 ぐんみん［群民］。中世 ばんしょ［万庶］。中古 おくてう［億兆］。上代 てうみん［兆民］。ばんみん［万民］。

愚かなー 上代 ぐみん［愚民］。

国が滅んだ後のー 中古 ゐみん［遺民］。

国の保護から切り離されたー 近世 きみん［棄民］。

国王の治下にあるー 中世 わうみん［王民］。

善良なー 中世 いつみん［逸民］。じゅんみん［順民］。

天皇の臣としてのー 中世 しんみん［臣民］。中古 せきし［赤子］。上代 くゎうみん［皇民］。

身分の低いー 中世 しも［下］。しもじも［下下］。中古 ざふにん［雑人］。しもざま［下様］。しもつかた［下方］。

無冠のー 近代 はくい［白衣］。近世 ふい［布衣］。上代 へいみん［平民］。

世のすべてのー 中世 ばんしょ／まんしょ［万庶］。ばんそ［万庶］。上代 ばんみん［万民］。

ダミー(dummy) レプリカ(replica)。近代 ダミー。もざうひん［模造品］。近世 かげむしゃ［影武者］。かへだま［替玉］。ふきかへ［吹替］。中古 みがはり［身代］。

だみごえ【濁声】 近代 だくせい［濁声］。近世 だみごゑ［濁声／訛声］。中世 なまりごゑ［訛

声］。

ダム(dam) い［堰］。近代ダム。ていたう［堤塘］。中世せき［堰］。どて［土手］。中古ゑんてい［堰堤］。ゐせき［井堰］。上代ていばう［堤防］。

ー建設の敷地 ダムサイト(damsite)。ダムようち［dam用地］。

ーの上を水が流れること えつりゅう［越流］。

ーのいろいろ(例)①［構造］ アースダム(earth dam)。アーチダム(arch dam)。じゅうりょくダム［重力dam］。バットレスダム(buttress dam)。ロックフィルダム(rock-fill dam)。

ーのいろいろ(例)②［目的］ さぼうダム［砂防dam］。たもくてきダム［多目的dam］。

たむけ【手向】 近世おそなへ［御供］。中世ゐかう［回向／廻向］。中古せんべつ［餞別］。はなむけ［餞／餞別］。上代たむけ［手向］。たむけくさ［手向草］。

《枕》上代ゆふだたみ［木綿畳］。

たむ・ける【手向】 中古むく［むける］［向］。上代たむく［たむける］［手向］。とりむく［取向］。

たむし【田虫】 がんせん［頑癬］。ぜにむし［銭虫］。近代いんきんたむし［陰金田虫］。中世たむし［田虫］。中古ぜにがさ［銭瘡］。せんさう［銭瘡］。

たむらそう【田村草】 しらたまほうき［白玉箒］。近代たまばうき［玉箒］。近世たむらさう［田村草］。

たむろ・する【屯】 近代しふがふ［集合］。しふけつ［集結］。しゅうがふ［聚合］。とんざい［屯在］。とんする［屯］。近世塒(とぐろ)(蜷局)を巻く。中世くゎいす［会］。さんしふ［参集］。たむろす［屯］。つどふ［集］。とんしふ［屯集］。とんしゅう［屯聚］。よりあつまる［寄集］。上代あつまる［集／聚］。すだく［集］。むらがる［群／叢］。むる［むれる］［群］。

よからぬものがー・する 上代すくふ［巣］。

よからぬものがー・する所 中世す［巣／栖］。

ため【為】 近代げんいん［原因］。もくへう［目標］。りいう［理由］。近世きいん［起因／基因］。もくてき［目的］。中世せゐ［所為］。わけ［訳］。中古おこり［起］。け［故］。よう［用］。れう［料］。上代から［故］。た。ため［為］。

ーだけに 上代からに。

ーにならない 近代マイナス(minus)。近世ふため［不為］。むえき［無益］。

ーにならないもの 近代がいあく［害悪］。中世どく［毒］。上代わざはひ［禍／災／殃］。

ーになる 近代プラス(plus)。身になる。中世えきす［益］。りす［利］。

ーになること 近代うえき［有益］。ためすぢ［為筋］。りえき［利益］。近世いうえき［有益］。中世えき［益］。

ーになる人 近代えきしゃさんいう［益者三友］。中古えきいう［益友］。えきしゃ［益者］。

ーのもの 上代がね。

貴人のー 中古ごれう［御料］。

だめ【駄目】 さっぱり。近代しっぱい［失敗］。ポコペン［(中国語)不彀本］。れつあく［劣悪］。れっとう［劣等］。近世だめ［駄目］。ふでかし［不出来］。ふりゃう［不良］。ペケ。まんざら［満更］。むえき［無益］。中世せこ。ふか［不可］。ふでき［不出来］。中古ふよう［不用］。

ー・だと覚悟する 観念の臍(ほぞ)を固める。

ー・だろう おぼつかない［覚束無］。

ー・にする 近代スポイル(spoil)。近世たまなし［玉無］。中世こはす［壊／毀］。中古そこなふ［損／害］。つぶす［潰］。上代あらす［荒］。くたす［腐］。

ー・になりそうな事柄 近代ついしょ［墜緒］。

ー・になる おくらいり［御蔵入］。お釈迦になる。近代とらう［徒労］。とんざ［頓挫］。ふい。水泡に帰する。近世あがったり［上］。おじゃん。おだぶつ［御陀仏］。こはる［こわれる］［壊／毀］。ざせつ［挫折］。じゃみる。だいなし［台無］。ながる［ながれる］［流］。水の泡。中世すたる［廃］。中古くさる［腐］。つひゆ［ついえる］［潰／弊／費］。はめつ［破滅］。やぶる［破］。→**だいなし**→**むだ**

ーを押す 近代念を押す。近世裏釘を返す。

ためいき【溜息】 近代たんせい［嘆声／歎声］。中世ためいき［溜息］。といき［吐息］。中古たんそく［嘆息／歎息］。上代おきそ［息嘯］。なげき［嘆］。

ーが出そうな気持ち 上代いきづかし［息衝］。

ーを大きくつくこと 近代ちゃうく［長吁］。中世おほいき［大息］。といき［吐息］。中古いきづき［息衝］。ちゃうそく［長息］。ちゃうたいそく［長大息］。ちゃうたん［長嘆／長歎］。ちゃうたんそく［長嘆息／長歎息］。上代たいそく［大息］。

ーを苦しそうにつくさま 近世あをいきといき［青息吐息］。

ーをつく 中世うそぶく［嘯］。中古うちうめ

た

く［打呻］。うちなげく［打嘆］。うめく［呻］。上代 いきづく［息衝］。なげかふ／なげく［嘆／歎］。

—をつくこと 中古 たんそく［嘆息／歎息］。なげき［嘆／歎］。

—をつくさま 近世 ほうと。中世 ほっと。中古 きぜん［喟然］。

—をつくだけでは嘆ききれない 上代 いきづきあまる［息衝余］。

ダメージ(damage) 近代 きそん［毀損／棄損］。だげき［打撃］。ダメージ。ひがい［被害］。ロス(loss)。中世 そんまう［損亡／損毛］。中古 そんがい［損害］。そんばう［損亡］。上代 いたで［痛手］。そんしゃう［損傷］。

だめおし【駄目押】 近代 かくにん［確認］。念を押す。近世 裏釘を返す。

ためし【例】 中世 せんれい［先例］。中古 たとひ／たとへ［譬／喩］。ならはし／ならひ［習／慣］。よのためし［世例］。れい［例］。上代 ぜんれい［前例］。ためし［例／様］。

ためし【試】 しこう［試行］。しこうさくご［試行錯誤］。近代 こてしらべ［小手調］。テスト(test)。近世 こてがため［小手固］。しけん［試験］。ためし［試／験］。中世 しゃうし［嘗試］。せぶみ［瀬踏］。中古 こころみ［試］。

—に 近世 いちばん［一番］。いっちゃう［一丁／一梃］。上代 こころみに［試］。

—に計算すること しさん［試算］。近代 じっけんてき［実験的］。

—に使ってみる 近代 しよう［試用］。

—に作ってみる 近代 しさく［試作］。しせい［試製］。

—にやってみる 近代 しけんてき［試験的］。

ため・す【試】 近代 トライ(try)。近世 しらぶ［しらべる］［調］。中世 あたる［当］。こころむ［—みる］［試］。ためす［試］。ひきみる［引見］。上代 けんす［験］。こころみる［試］（上一段活用）。
味などを—・す 中世 きく［聞］。
運の善し悪しを—・す 近代 うんだめし［運試］。
刀の切れ味を—・す 中世 かなびく［金引］。
自分で—・すこと 近世 しんけん［親験］。中世 ちからだめし［力試］。
能力や腕力を—・すこと 近世 うでだめし［腕試］。
人の心を—・す 中世 かなびく［金引］。

ためらい【躊躇】 近代 うこさべん［右顧左眄］。さこうべん［左顧右眄］。こばう［顧望］。近世 しりごみ［尻込／後込］。にのあし［二足］。ねずみまひ［鼠舞］。中世 しんしゃく［斟酌］。ためらひ［躊躇］。やぶさか［吝］。中古 いざよひ［猶予］。しゅんじゅん［逡巡］。ちうちょ［躊躇］。ちぎ［遅疑］。ちちゅう［踟躕］。てきちょく／てきぢょく［躑躅］。やすらひ［休］。上代 いさよひ［猶予］。

ためら・う【躊躇】 近代 しりごむ［尻込］。近世 うぢつく。二の足を踏む。踏ん切りがつかぬ。中世 しろむ［白］。たぢろく／たぢろぐ。ためらふ［躊躇］。ゆらふ［揺］。後足(しりあし)を踏む。中古 いざよふ［猶予］。おもひたゆたふ［思］。おもひやすらふ［思休］。かかづらふ［拘］。しぶる［渋］。とうりう［逗留］。とどこほる［滞］。やすらふ［休］。上代 いさよふ［猶予］。たゆたふ［揺蕩／猶予］。めぐらふ［巡／回］。よどむ［淀］。《尊》中古 おぼしやすらふ［思休］。

—・い留まること 上代 ばんくゎん［盤桓］。

—・いながら思う 中古 おもひたゆむ［思弛］。

—・うさま 近代 いぢいぢ。近世 まじまじ。もぢかは。もぢもぢ。

—・う様子をする 中古 はなじろむ［鼻白］。

—・って立ったまま 近世 たちよどむ［立淀］。

—・わないこと（さま） 近代 すぱっと。ちょくわうまいしん［直往邁進］。どんどん。近世 ずかずか／づかづか。ずんと。中世 つかつか。中古 さうなし［左右無］。

あれこれ思って—・う 中古 おもひやすらふ［思休］。

遠慮して—・う 中古 おもひつつむ［思包／思慎］。

決断を—・う 中古 おもひとどこほる［思滞］。

たたずんで—・う 中古 たちやすらふ［立休］。

た・める【溜】 とっておく［取置］。プール(pool)。近代 ストック(stock)。ためこむ［溜込］。びちく［備蓄］。中古 たむ［ためる］［溜／留］。ちょざう［貯蔵］。上代 たくはふ［—わえる］［貯／蓄］。ちくせき［蓄積］。つむ［積］。
書いて—・める 中古 かきたむ［—ためる］［書溜］。
買って—・める 中世 かひおき［買置］。
金(かね)を—・めるだけの人 中世 しゅせんど［守銭奴］。金の番。金の番人。
たくさん—・める 近世 しこたむ［—ためる］。しこたまため込む。
水などを—・める 近代 ちょすい［貯水］。近世 ちょりう［貯留／瀦留］。

た・める【矯】 近代 けうせい［矯正］。近世 ぜせ

い[是正]。なほす[直]。〘上代〙たくはふ[貯／蓄]。ただす[正]。

ためん【他面】 〘近代〙ためん[他面]。はんめん[半面]。はんめん[反面]。ひるがへって[翻]。〘中世〙たはう[他方]。〘中古〙いっぱう[一方]。かたつかた[片方]。

ためん【多面】 たかく[多角]。〘近代〙たはうめん[多方面]。ためん[多面]。たやう[多様]。

たも・つ【保】 おんぞん[温存]。キープ(keep)。〘近代〙けいぞく[継続]。ぢぞく[持続]。ほうしゅ／ほしゅ[保守]。ほいう／ほういう[保有]。〘近世〙えいぞく[永続]。ほうぞん／ほぞん[保存]。ぢきう[持久]。もちこたふ[―こたえる][持堪]。ゐじ[維持]。〘中世〙ほうぢ／ほぢ[保持]。もたす[もたせる][持]。〘上代〙〘中古〙そんす／ぞんす[存]。ぢす[持]。〘上代〙たもつ[保]。つぐ[継]。もつ[持]。

関係を―・つ 〘中世〙つなぎとむ[―とめる][繋止]。

たや・す【絶】 芽を摘む。〘近代〙こんぜつ[根絶]。ねだやし[根絶]。〘近世〙きらす[切]。〘中古〙ぜつめつ[絶滅]。たやす[絶]。だんめつ[断滅]。ほろぼす[滅]。めつばう[滅亡]。〘上代〙たえる[絶]。たつ[絶]。

たやす・い【容易】 らくらく[楽楽]。苦もなく。〘近代〙いい[易易]。イージー(easy)。たはやし[容易]。へいちゃら／へっちゃら。わけない[訳無]。お茶の子さいさい。〘近世〙あさがけ[朝駆]。あさめしまへ[朝飯前]。おやすい[安]。かんたん[簡単]。こやすい[小安]。てがるし[手軽]。なまやさし[生易]。へいい[平易]。むざうさ[無造作]。むざふさ[無雑作]。朝駆けの駄賃。酢でさいて飲む。寝鳥(ねとり)を刺す。念もない。〘中世〙あさし[浅]。かんい[簡易]。こと(も)なし[事無]。ざうさなし[造作無]。さうなし[左右無]。ねんなし[念無]。やすし[易]。やすやす[安安／易易]。ようい[容易]。造作もない。掌(たなごころ)を反(かへ)す。手を反(かへ)す。〘中古〙こころやすし[心安]。たはやすし[容易]。はんしゃう[反掌]。ふと。やさし[易]。やすらか[安]。〘上代〙かやすし[易]。たやすし[容易]。やすし[安／易]。

《句》〘近世〙案ずるより産むが易し。

―・くらくらく[楽楽]。〘近代〙すぱすぱ。〘中世〙かるがる[軽軽]。手もなく。〘中古〙ふと。やすやす[安安／易易]。

―・くすること 〘近代〙いくゎ[易化]。

―・くは 〘中古〙ふとしも。

―・くはないこと 〘近代〙容易ならぬ。〘中古〙だいじ[大事]。

たゆ・む【弛】 サボる。〘近世〙ずるける。たるむ[弛]。〘中世〙たいだ[怠惰]。だらける。なまく[なまける][怠]。ゆだん[油断]。ゆるむ[弛]。〘上代〙おこたる[怠／惰]。たいまん[怠慢]。たゆむ[弛]。

たよう【多用】 〘近代〙たばう[多忙]。〘近世〙たよう[多用]。はんよう[繁用]。〘中世〙たじ[多事]。〘中古〙たたん[多端]。→**いそがし・い**

たよう【多様】 たかく[多角]。〘近代〙ためん[多面]。たやう[多様]。たき[多岐]。〘中古〙いろいろ[色色]。さまざま[様様]。たしゅ[多種]。

たより【便】 〘近代〙おんしん[音信]。しんしょ[信書]。せいそく[声息]。はがき[葉書／端書]。レター(letter)。〘近世〙いっさう[一左右]。おとさた[音沙汰]。しょめん[書面]。しらせ[知]。てがみ[手紙]。びん[便]。びんぎ[便宜]。ふうしょ[封書]。〘中世〙いんしょ[音書]。いんしん[音信]。おとづれ[訪]。がんさつ[雁札]。がんしょ[雁書]。さう[左右]。さた[沙汰]。じゃう[状]。しゅかん[手簡／手翰]。しょ[書]。しょかん[書簡]。しょさつ[書札]。しょし[書紙]。雁(かり)の便り。雁の玉章(たまづさ)。〘中古〙おと[音]。おとなひ[音]。がんし[雁使]。こと[言]。しょじゃう[書状]。しょしん[書信]。せうそく／せうそこ[消息]。せうそこぶみ[消息文]。たまづさ[玉梓／玉章]。たより[便]。つうしん[通信]。ふみ[文]。みづぐき[水茎]。雁の使ひ。〘上代〙おんぢん[音塵]。つたへ[伝]。→**てがみ**

《枕》〘中古〙ふくかぜの[吹風]。

―がずっとある 〘中古〙おとづれわたる[訪渡]。

―がない 〘近世〙音沙汰なし。沙汰無し。梨の礫(つぶて)。〘中世〙ぶさた[無沙汰]。〘中古〙音もせず。

―をする 〘中古〙おとづる[―ずれる][訪]。おとなふ。きこえかよふ[聞通]。

―を取り交わす 〘中古〙ききかはす[聞交]。

家からの― 〘近代〙かしん[家信]。〘中古〙かしょ[家書]。〘上代〙いへごと[家言]。

一度の― 〘中世〙いっさう[一左右]。

うれしい― 〘近代〙きっぽう[吉報]。〘中世〙きっさう[吉左右]。

郷里からの― 〘近代〙きゃうおん[郷音]。〘中世〙きゃうしょ[郷書]。〘中古〙きゃうしん[郷信]。

最近の― 〘近代〙きんしん[近信]。

長く―がないこと 〘中世〙きうくゎつ[久闊]。

そいん／そおん［疎音］。

花が咲いたという― 近代はなだより［花便］。近世くゎしん［花信］。中古花の便り。

人の死を知らせる― 近代ひほう［悲報］。ふぶん［赴聞］。ふほう［訃報］。中世ふいん／ふおん［訃音］。

たより【頼】 近代ちからづな［力綱］。近世ちからぐさ［力草／力種］。てづる［手蔓］。頼みの綱。中世あて［当］。いらい［依頼］。こじ［怙恃］。中古えこ［依怙］。たのみ［頼］。ちから［力］。つな［綱］。つより［強］。よすが［縁］。上代たつき／たづき／たどき［方便］。たより［頼／便］。つゑ［杖］。よるべ［寄辺／寄方］。

《枕》中古ふくかぜの［吹風］。

《句》近代遠くの親戚より近くの他人。

―に思う所 中古たのもしどころ［頼所］。

―にさせる 中古たのむ［頼］。

―にして近付く 中古よりつく［寄付］。

―にする →**たよ・る**

―にすること 中古たのみ［頼］。たのみどころ［頼所］。

―にする所 中世ふまへどころ［踏所］。中古かかりどころ［掛所］。たのみどころ［頼所］。上代しょえ［所依］。よすが［縁／因／便］。よりどころ［拠所］。よるべ［寄辺／寄方］。

―にする人 中世かかり［掛／懸］。はしら［柱］。中古たのみ［頼］。たのみどころ［頼所］。たのもしびと［頼人］。

―にならない →**たよりな・い**

―になりそう 中古たのもしげ［頼］。

―になる 中世かひがひし［甲斐甲斐］。中古たのもし／たのもしげ［頼］。

あてにならない― 近世そらだのみ［空頼］。

《句》近代頼みがたきは人心。

親のように―にする人 中古おやざま［親様］。

心強い― 中古つより［強］。

全面的に―にすること（さま） おんぶに抱っこ。近世あなたまかせ［貴方任／彼方任］。べったり。中世たのみきり［頼］。

たよりな・い【頼無】 近代当てにならない。近世かいゃうなし／かいしょなし［甲斐性無］。はくじゃく［薄弱］。餓鬼に苧殻(をがら)。蚊の臑(すね)。中世よわよわし［弱弱］。中古あだ［徒］。あとはかなし［跡無］。うかぶ／うかむ［浮］。おぼおぼし。おぼつかなし［覚束無］。くびほそし［頸細］。くゎうりゃう［広量］。こころぼそし［心細］。こころもとなし［心許無］。たづかなし／たづきなし［方便無］。たのもしげなし［頼無］。たよりなし［頼無／便無］。つきなし［付］。ぬか［糠］。はかなし／はかなげ［儚／果無］。ものはかなし［物儚］。わびし［侘］。上代おほほし／おぼほし［鬱］。

―・い物 中古うきぐも［浮雲］。はかなもの［果無物］。ふうん［浮雲］。ゆめ［夢］。鳰(にほ)の浮き巣。

―・く思う 中古はかなぶ／はかなむ［果敢］。

―・く滅び行くもの 近代こじゃうらくじつ［孤城落日］。

―・さそう 中古はかなだつ［果無］。有るか無きか。

男女の契りの―・さ 中古井手の玉水。

たよ・る【頼】 頼みとする。拠り所とする。近代いしゃ［倚藉］。いしん［倚信］。いそん／いぞん［依存］。ひょうい［憑依／馮依］。よりかかる［寄掛／倚懸／凭掛］。近世おんぶ［負］。ぶらさがる［下］。もたる〔もたれる〕［凭／靠］。れうらい［聊頼］。中世いらい［依頼］。中古いひよる［言寄］。かかる［掛］。かいつく／かきつく［掻付］。かたかく［片掛］。すがる［縋］。たちよる［立寄］。たのむ［頼］。たよる［頼／便］。よりつく［寄付］。よる［寄］。

《句》近代大所(おほどこ)の犬となるとも小家(こいへ)の犬となるな。溺(おぼ)れる者は藁(わら)をも摑(つか)む。親の臑(すね)を嚙(かじ)る。近世老いては子に従へ。大木の下で笠をぬげ。頼らば大木の陰。寄らば大樹の陰。中古驥尾(きび)に付す。蒼蠅(そうよう)驥尾(きび)に付して千里を致す。

―・って生きること 近代いそん／いぞん［依存］。上代たくしゃう［托生／託生］。

―・ってそのもとに行くこと 近代てきき［適帰］。中古てきじゅう［適従］。よりつく［寄付］。

―・る所 近世かかりくち［掛口］。しま［島］。中古よりどころ［拠所］。事の便り。上代よるべ［寄辺］。

―・る所がない 中世ぶらい［無頼］。取り付く島もなし。中古けいけい［煢煢］。よりどころなし［拠所無］。

―・る所がない独り身 近代一身に味方なし。中世こしん［孤身］。中古こりつ［孤立］。

―・る所がなくなる 近世足が上がる。

―・るもの →**たより【頼】**

たら【鱈】 近世たいこうぎょ［大口魚］。たら［鱈］。中世ゆき［雪］（女房詞）。

―の子 たらこ［鱈子］。もみじこ［紅葉子］。中世こずこず（女房詞）。

―の腸 近世 きくわた［菊腸］。くもわた［雲腸］。

―の干物 近世 ひだら／ほしだら［干鱈］。

たらい【盥】 中古 たらひ［盥］。
足を洗う― 中世 あしあらひ［足洗］。
馬を洗う大きな― 近世 ばだらひ［馬盥］。中世 うまだらひ［馬盥］。
行水に使う― 近代 ぎゃうずいだらひ［行水盥］。よくばん［浴盤］。
手や顔を洗う― 近世 てだらひ［手盥］。中世 てうづだらひ［手水盥］。
その他―のいろいろ（例）①［目的］ 近世 しもだらひ［下盥］。はんざふ［半挿／楾］。
その他―のいろいろ（例）②［形状／材質］ 近代 どうばん［銅盤］。近世 かなだらひ［金盥］。はんぎり［半切］。みみだらひ［耳盥］。半切の桶。中世 つのだらひ［角盥］。

だらく【堕落】 ぐれる。てんらく［転落／顛落］。近代 ふはい［腐敗］。もちくづす［持崩］。近世 たいはい［退廃／頽廃］。中古 おつ［おちる］［落］。中世 身を持ち崩す。だらく［堕落］。りんらく［淪落］。れいらく［零落］。上代 はうたう［放蕩］。
―した僧 近世 なまぐさばうず［生臭坊主／腥坊主］。中古 あくそう［悪僧］。

だら・ける サボる。近代 だれる。螺子(ねぢ)（捻子／振子）がゆるむ。横着を決め込む。近世 ずるける。どれる。ゆるむ［緩／弛］。だらける。だらしなくなる。中世 たいだ［怠惰］。たるむ［弛］。なまく［なまける］［怠］。ぬかる［抜］。上代 おこたる［怠］。たゆむ［弛］。
↓**おこた・る**

だらしな・い 近代 いくぢなし［意気地無］。近世 しだらなし。しどがない。しどなし。しどもなし。しょだいなし［正体無］。だらしなし。たわいなし。中世 しまりなし［締無］。のろし［鈍］。ふがひなし［不甲斐無／腑甲斐無］。臈次(らっし)（臘次）も無し。中古 おぼとる。しどけなし。

―・いこと そこぬけ［底抜］。近代 ふきりつ［不規律］。ふしだら。ゆきぬけ［行抜］。ルーズ（loose）。近世 ずぼら。づろう［杜漏］。中世 じだらく［自堕落］。たいだ［怠惰］。ぬた［沼田］。はうらつ［放埒］。

―・いさま 近代 ごろごろ。ごろちゃら。ダル（dull）。ちゃらんぽらん。でれっと。でれでれ。近世 ぐうたら。ぞべぞべ。ぞろっぺい。のらくら。のらりくらり。のんべんぐらり。のんべんだらり。中世 だらだら。

―・い姿 近代 おびときすがた［帯解姿］。

―・い人 近世 なまくらもの［鈍者］。ぼうだら［棒鱈］。中古 にょでいにん［如泥人］。

―・く汚い 近世 むさくるし。中世 むさくろし。

―・く崩れている 近代 うじゃける。近世 うじゃじゃける。

―・くする 中古 うちみだる［打乱］。おほとる／おぼとる［蓬］。ひたたく［叨／混］。

―・く投げ遣(や)り 中世 なまづけなし。

―・くなる 近世 ずるける。どれる。ゆるむ［緩／弛］。中世 さまたる／さまだる［乱］。だらける。たるむ［弛］。なまく［なまける］［怠］。ぬかる［抜］。上代 ゆるふ／ゆるぶ［緩／弛］。

―・く寝ている ねくさる［寝腐］。

異性に―・くまとわりつくさま 近代 でれでれ。近世 びろびろ。

恥を知らず―・い 近世 のめのめ。中世 おめおめ。

不健康で―・い 上代 ただる（ただれる）［爛］。

酔って―・くなる 上代 ゑひさまたる［酔］。中古 ゑひみだる［酔乱］。

酔って―・くなるさま べろんべろん。近代 べろべろ。

たら・す【垂】 近代 すいか［垂下］。近世 ぶらさぐ［―さげる］［下］。中世 つりさぐ［―さげる］［吊下／釣下］。つるす［吊］。中古 うちたる［打垂］。たらす［垂］。たる［垂］。つる［吊／釣］。上代 おしたる［押垂］。さぐ（さげる）［下／提］。しづ［垂］。とりしづ［取垂］。
血や汗を―・す 中世 あやす［零／落］。

だらだら 近代 ぐづりぐづり［愚図愚図］。のべったら。近世 ずるずる。のらりくらり。のんべんぐらり。べんべん（と）［便便］。べんべんだらり［便便］。中世 ぐづぐづ［愚図愚図］。だらだら。だらり。のろのろ。のんべんだらり。まだまだ。

―・したさま 近代 じょうまん［冗漫］。

―長引かせる 近世 ひきずる［引摺］。

たらのき【楤木】 近代 たらぼ［楤穂］。近世 おにぐい［鬼］。中古 たら［楤］。たらのき［楤木］。
―の芽 近代 うどめ［独活芽］。たらぼ［楤穂］。近世 うどもどき［独活擬］。

ダリア（ラテン Dahlia） 近代 ダリア。てんぢくぼたん［天竺牡丹］。

たりょう【多量】 たいりょう［大量］。近世 しごくだま。しこたま／しこだめ。たりゃう［多量］。たんまり。どっさり。ほうふ［豊富］。中世 ぎゃうさん［仰山］。じんだい［甚大］。たくさん［沢山］。ただい［多大］。たっぷり。

た

中古いっぱい［一杯］。上代あまた［数多］。おほし［多］。→**おお・い**

―・に盛ってあること 近代もりだくさん［盛沢山］。

―の酒 中世おほざけ［大酒］。としゅ［斗酒］。

た・りる【足】 近代みたす［満］。近世たりる［足］。まにあふ［間合］。中世じゅうそく［充足］。たんのう［堪能］。中古こころゆく［心行］。たたはし。まんぞく［満足］。上代たたはし。たる［足／満］。

―・りない 近代けつ［欠］。けつ［闕］。ふじふぶん［不十分］。中古とぼし［乏］。ふそく［不足］。みじかし［短］。

《枕》上代もちづきの［望月］。

思慮が―・りない 中古うすし［薄］。おもひぐまなし［思隈無］。

だる・い【怠】 近代けだるい［気怠］。だれる。近世かったるい。たるし［怠／懈］。ものぐさし［物臭／懈］。中世けんたい［倦怠］。たいぎ［大義］。だるし［怠／懈］。中古ものうし［物憂／懶］。

―・くなる 中世たゆむ［弛］。中古たる［疲］。

―・そう 中古たゆげ／たゆし［弛／懈］。なやましげ［悩］。

足が―・い 近代さんきゃく［酸脚］。中古あしたゆし［足懈］。

腕が―・い 中古かひなだゆし［腕弛］。

なんとなく―・い 近代けだるい［気怠］。

たる・む【弛】 近代しくゎん／ちくゎん［弛緩］。だれる。近世だらける。中世たゆむ［弛］。たるむ［弛］。なまく［なまける］［怠］。ゆるむ［緩／弛］。中古ゆたふ。→**ゆる・む**

―・まずきりっとしたさま 近世ことりまはし［小取回］。

―・ませる 上代ゆるふ／ゆるぶ［緩］。

―・んでいる 中世ゆるし［緩］。

心が―・む 上代ゆるふ／ゆるぶ［緩］。

だれ【誰】 近世だれ［誰／孰］。どちら［何方］。なにやつ［何奴］。なんぴと［何人］。中世どなた［何方］。どれ［何］。誰(た)れやの人。誰(た)れやの者。中古た［誰］。たれびと［誰人］。なにもの［何者］。上代たれ［誰］。誰(たれ)の人。

《尊》近代どちらさま［何方様］。近世どちら［何方］。中世どなた［何方］。中古いづかた［何方］。

―か 中世たぞ［誰］。

―が 中古たぞ［誰］。上代たが［誰］。

―かと問うこと 中古すいか［誰何］。

―の 上代たが［誰］。

―も行ったことがない 近代じんせきみたふ［人跡未踏］。ぜんじんみたう［前人未到］。ぜんじんみたふ［前人未踏］。

―もいない 誰一人いない。近代むじん［無人］。近世人っ子一人いない。中古ひとめなし［人目無］。

―もかれも 近世何奴(どいつ)も此奴(こいつ)も。猫も杓子(しゃくし)も。

▼**卑しめて言う語** 近世どいつ［何奴］。どやつ［何奴］。なにやつ［何奴］。

だれそれ【誰某】 だれかれ［誰彼］。だれだれ［誰誰］。なにぼう［何某］。近世だれ［誰／孰］。たれそれ／だれそれ［誰某］。中世かれがし［彼某］。たれがし［誰某］。どれどれ。中古かがし［何某］。くれ／くれがし［某］。これかれ［此彼／是彼］。そのひと［其人］。それがし［某］。それがしかがし［其彼某］。それがしかれがし［其彼某］。それかれ［其彼］。それそれ［其其］。たれかれ［誰彼］。たれたれ［誰誰］。なにがし［何某］。なにがしかがし［何某彼某］。なにがしくれがし［何某］。なにがしそれがし［某某］。なにくれ［何］。上代たれ［誰／孰］。

―の家 中古なんけ［何家］。

たれぬの【垂布】 中世ゐ［帷］。中古きちゃう［几帳］。たれぎぬ［垂衣］。たれぬの［垂布］。上代とばり［帳／帷／幄／幌］。

た・れる【垂】 近代かすい［下垂］。すいか［垂下］。近世けんすい［懸垂］。しなだる［―だれる］［撓垂］。中世つりさがる［吊下］。ぶらさがる［下］。中古うちたる［打垂］。かかる［懸／掛］。しだる［しだれる］［垂］。たれさがる［垂下］。上代かきたる［掻垂］。さがる［下］。たる［たれる］［垂］。

《枕》上代いはそそぐ［岩注］。

―・れているさま 近代だらん。ぶらん。ぶらんぶらん。近世さんさん［毿毿］。ふっさり。中世だらり。びらびら。ぶらり。中古ふさふさ［総総／房房］。

―・れて地面に触れること 中世しばうち［芝打］。

枝などが―・れる 中世しだる［しだれる］［枝垂］。

古木の枝が―・れる 上代こだる［木垂］。

力なく―・れる 近世しなだる［―だれる］［撓垂］。

まっすぐに―・れる 近世けんすい［懸垂］。

水が―・れる 上代したたる／しただる［滴／瀝］。

水が―・れるまま たれながし［垂流］。近世かけながし［掛流］。

だ·れる 近世だらける。だるし［怠／懈］。だれる。中世たるむ［弛］。上代うむ［倦］。

ー·れている様子 近代だれぎみ［気味］。

タレント(talent) エンターテイナー(entertainer)。げいのうじん［芸能人］。中世げいにん［芸人］。

だろう(推量) う。でしょう。近世だらう。だんべい。べい。中世あらまし。うず。らう。中古ならむ。上代べし。むとす。らむ。↓すいりょう

ーか 近世かしらぬ［知］。中世とよ。中古やらん。

たわいな·い 近代児戯に等しい。手応へがない。分別がない。近世かんたん［簡単］。しどなし。だらしなし。たわいなし。つがなし。よねんなし［余念無］。わけなし［訳無］。埒(ちら)もなし。埒(ちらっ)もなし。中世あどなし。いひがひなし［言甲斐無］。ふがひなし［腑甲斐無／不甲斐無］。中古いふかひなし［言甲斐無］。しどけなし。

ー·い思い 中古よしなしごころ［由無心］。

ー·いこと 近世こっぱのひ［木端火］。中世じぎ［児戯］。まさなごと［正無事］。

子供っぽくー·い 中世いひがひなし［言甲斐無］。中古いふかひなし［言甲斐無］。

たわけ【戯】 近世あほ［阿呆／阿房］。ふぬけ［腑抜］。中世あはう［阿呆／阿房］。たはけ［戯］。ばか［馬鹿］。

たわけもの【戯者】 近世おろかもの［愚者］。中世うつけもの［空者］。たはけもの［戯者］。ばかもの［馬鹿者］。中古ぐしゃ［愚者］。しれもの［痴者］。

たわ·ける【戯】 近世ふざく［ふざける］［巫山戯］。中世おどける［戯］。たはむる［ー·むれる］［戯］。中古たはる［戯／狂］。上代たはく［たわける］［戯］。

たわごと【戯言】 近代げいげん［囈言］。げいご［囈語］。せんげん［譫言］。ちげん［痴言］。近世うはごと［囈語／譫言］。せんご［譫語］。だべん［駄弁］。ねごと［寝言］。のたまく。むだぐち［無駄口］。中世きゃうげん［狂言］。しれごと［痴言］。びご［寐語］。中古みだりごと［漫言／濫言］。をこごと［痴言］。上代たはこと［戯言］。

たわ·む【撓】 近世しわる［撓］。中世たをむ［撓］。中古まがる［曲］。ゆがむ［歪］。上代しなふ［撓］。たわむ［撓］。とをむ［撓］。とをよる［撓］。をををる［撓］。

《枕》中古おきつなみ［沖浪］［⇩とをむ］。上代さきたけの［裂竹］［⇩とをむ］。

ー·ませて折る 中世へしをる［圧折］。

ー·ませる 中世しをる［萎／萎］。たをむ［撓］。中古たわます［撓］。たわむ［たわめる］［撓］。わぐ［わげる］［綰］。上代おしまぐ［ーまげる］［押曲］。

ー·むさま 近代くなくな。近世しなくな。中世しなしな。中古たわ［撓］。たわわ［撓］。上代たわたわ［撓撓］。とををを［撓］。

風に吹かれてー·む 中世ふきしをる［吹枝折／吹栞］。上代ふきしなふ［吹撓］。

たわむれ【戯】 近代じょうだんごと［冗談事］。近世あじゃら［戯］。おどけ［戯］。ぎぎゃく［戯謔］。ざれ／じゃれ［戯］。ざれごと［戯事］。じょうだん［冗談］。はいかい［俳諧］。わざくれ。わざごと［俳諧］。中世きょう［興］。中古あだごと［徒事］。さるがう［猿楽／申楽］。そばえ／そばへ［戯］。たはぶれごと／たはむれごと［戯事］。たはぶれ／たはむれ［戯］。をこごと［痴言］。上代あそび［遊］。

ー事を言う 中古うちざる［打戯］。

ーの書物 近代ざれがき［戯書］。近世ぎしょ［戯書］。

ー半分に言う 中古いひすさぶ［言荒］。

その場のー 中世きょう［興］。ざきょう［座興］。

たわむ·れる【戯】 近世じゃらける［戯］。とちぐるふ［狂］。ふざく［ふざける］［巫山戯］。ほたゆ。中世おどける［戯］。じゃる［じゃれる］［戯］。たはむる［ー·むれる］［戯］。中古あざる［戯］。あだふ［徒］。おもひたはる［思戯］。ざる［ざれる］［戯］。そばふ［戯］。そぼる［戯］。上代あそぶ［遊］。いそばふ［戯］。たはく［たわける］［戯］。たはぶる［ーぶれる］［戯］。たはる［戯／狂］。

ー·れて言う言葉 近世おどけぐち［戯口］。じょうだん［冗談／戯談］。たはむれぐち［戯口］。中古たはごと［戯言］。たはむれごと［戯言］。たはれごと［戯言］。

ー·れてもてあそぶ 中世ぎろう［戯弄］。

ー·れる心 近代あそびごころ［遊心］。たはむれごころ［戯心］。中古たはれごころ［戯心］。

ー·れ笑う 上代ぎせう［戯笑］。

異性にー·れ掛かる 近世あだつく［徒付／婀娜付］。いちゃつく。

打ち解けてー·れる 中古おもひたはる［思戯］。

男女がー·れる 近代でれでれする。近世いちゃつく。じゃらつく。ちちくる［乳繰］。ててくる。

たわわ【撓】 中世 たわ［撓］。中古 たわわ［撓］。上代 とをを［撓］。

たん【胆】 近代 きもったま［肝玉］。たん［胆］。たんりき／たんりょく［胆力］。近世 どきょう［度胸］。中古 しんたん［心胆］。上代 きも［肝／胆］。

たん【単】 近代 シングル(single)。たんいつ［単一］。中世 たん［単］。中古 ひとり［独］。

たん【端】 近世 いとぐち［糸口／緒］。近代 たんちょ［端緒］。たんしょ［端緒］。きっかけ［切掛］。たん［端］。はじまり［始］。中世 しょ［緒］。中古 はし［端］。

たん【痰】 中世 たん［痰］。

ーと咳 近世 たんがい［痰咳］。

ーと唾 近代 たんつば／たんつばき［痰唾］。

ーを止めること 近世 たんきり［痰切］。

ーを吐くこと 近代 かくたん［喀痰］。

血のまじったー 近代 けったん［血痰］。

だん【壇】 近代 だんぢゃう［壇場］。中古 だい［台］。だん［壇］。

ーに上がること 中古 とうだん［登壇］。

ーを降りること 近代 かうだん［降壇］。

教えたり講演したりするー 近代 えんだん［演壇］。かうだん［講壇］。けうだん［教壇］。

人が並ぶー 近代 ひなだん［雛壇］。

だん【断】 近代 だんかう［断行］。中古 さいけつ［裁決］。さいだん［裁断］。上代 けつだん［決断］。

だん【段】 近世 かいだん［階段］。中世 きざみばし［刻階］。だん［段］。中古 きざはし［階］。しな［品］。

いくつもーがあること 近代 だんだら［段］。中世 だんだん［段段］。

▼形式名詞 近代 かど［廉］。中世 でう［条］。上代 くだり［件／条］。

だんあつ【弾圧】 せいあつ［征圧］。近代 きゃうあつ［強圧］。よくあつ［抑圧］。ゐあつ［威圧］。近世 あっす［圧］。あっぱく［圧迫］。おさへつく〔ーつける〕［押付］。中古 だんあつ［弾圧］。

たんいつ【単一】 近代 シングル(single)。たんいつ［単一］。たんしき［単式］。たんじゅん［単純］。たんすう［単数］。ゆいいつ［唯一］。中世 たん［単］。ゆいいち［唯一］。中古 たんどく［単独］。

たんか【短歌】 中世 ことのはぐさ［言葉草］。さんじふいちじ［三十一字］。松の言の葉。中古 うた［歌］。ことのは［言葉］。みじかうた［短歌］。みそぢひともじ／みそひともじ［三十一文字］。三十文字(みそもじ)余り一文字(ひともじ)。上代 たんか［短歌］。→わか

ーが入選すること 近世 にっしふ［入集］。

ーの格調が高い 中古 たけたかし［長高］。

ーの上(かみ)と下(しも)の句 中古 もとすゑ［本末］。

ーの下の二句 中世 しものく［下句］。中古 しも［下］。すゑ［末］。

ーの前半の三句 近代 かみのく［上句］。中古 かみ［上］。もと［本］。

ーの草稿 近世 かかう［歌稿］。中世 えいさう［詠草］。

ーの第一句 近代 しょく［初句］。中古 いつもじ［五文字］。まくらもじ［枕文字］。

ーの第三句 中古 こし［腰］。やすめどころ［休所］。腰の句。

ーの添削や批評 近世 てん［点］。

ーの腹案 近代 もちく［持句］。近世 はらみく［孕句］。

ーの前書き 近世 はしことば［端詞］。中世 ことがき［事書／言書］。ことばがき［詞書］。

ーを歌う 中世 ぎんず［吟］。中古 えい／えいず［詠］。くちずさぶ／くちずさむ［口遊］。

ーをつくる(こと) 近世 ながめ［詠］。中世 ぎんず［吟］。中古 えい／えいず［詠］。よむ［詠］。上代 うたよみ［歌詠］。

ーをつくる人 中世 かじん［歌人］。中古 うたぬし［歌主］。うたびと［歌人］。うたよみ［歌詠］。

苦労してーをつくる 中世 くぎん［苦吟］。中古 うちうめく［打呻］。うめく［呻］。

恋のー 上代 さうもん［相聞］。

滑稽味のあるー 中世 ざれうた［戯歌］。

死に際につくるー 中世 じせい［辞世］。

優れたーらしい 中古 うたがまし［歌］。

即興のー 中世 たうざ［当座］。

つまらないー 近代 せつえい［拙詠］。近世 せつぎん［拙吟］。中世 うたくづ［歌屑］。ぐえい［愚詠］。むしんしょぢゃく［無心所着］。中古 こしをれ［腰折］。こしをれうた［腰折歌］。

古いー 中古 ふるうた［古歌］。ふること［古言］。上代 こか［古歌］。

だんか【檀家】 近代 だんけ［檀家］。中世 だんか［檀家］。だんゑつ［檀越］。中古 だんな［檀那］。上代 せしゅ［施主］。だんをち／だんをつ［檀越］。

ーの人々 近世 だんちゅう［檀中］。だんと［檀徒］。

一番多く喜捨するー 近世 いちだんな［一檀那］。

有力な― 中世 おほだんな／だいだんな［大檀那］。

たんかい【坦懐】 拘(こだわ)りがない。蟠(わだかま)りがない。中世 たんくゎい［坦懐］。むしん［無心］。中古 きょしん［虚心］。

だんかい【団塊】 だんかい［団塊］。中世 あつまり［集］。上代 かたまり［塊］。

だんかい【段階】 かいそう［階層］。グレード(grade)。ステップ(step)。近代 きふ［級］。クラス(class)。だんかい［段階］。ランク(rank)。レベル(level)。近世 はしご［梯子／梯］。中世 かいきふ［階級］。ぢゅう［重］。ぢゅうぢゅう［重重］。中古 きざみ［刻］。しなじな［品品］。上代 とうきふ［等級］。

―を追って事を進める いっぽいっぽ［一歩一歩］。近代 ステップバイステップ(step by step)。

最終の― しゅうきょく［終局］。しゅうまく［終幕］。近世 おほづめ［大詰］。

人生のそれぞれの― ライフステージ(life stage)。

プロセスの一つの― 近代 いちりづか［一里塚］。

学ぶ― 中世 かいてい［階梯］。

だんがい【弾劾】 近代 しだん［指弾］。だんがい［弾劾］。ついきふ［追及］。もんせき［問責］。中世 きうめい［糾明］。ひなん［非難］。中古 きうもん［糾問］。上代 きうだん［糾弾］。

―・して上奏すること 上代 そうだん［奏弾］。だんそう［弾奏］。

だんがい【断崖】 →**がけ**

たんがん【嘆願】 近代 あいぐゎん［哀願］。あいそ［哀訴］。しゃうぐゎん［請願］。せつぐゎん［切願］。ちんじゃう［陳情］。近世 こんまう［懇望］。せいぐゎん［請願］。たんぐゎん［嘆願／歎願］。なきつく［泣付］。をがむ［拝］。膝を抱く。中世 こんぐゎん［懇願］。なげく［嘆／歎］。わびごと［侘事］。中古 いりもむ［揉］。うれふ［憂／愁］。こんばう［懇望］。しうそ［愁訴］。→**ねがい**

―書 中世 うれひじゃう［愁状］。うれひぶみ［愁文］。くゎじゃう［款状］。中古 くゎんじゃう［款状］。

―・するさま 近世 七重の膝を八重に折る。

―・するときの言葉 近代 ごしゃういっしゃう［後生一生］。近世 ごしゃう［後生］。

―の言葉 近世 なきごと［泣言］。中世 くどきごと［口説言］。中古 わびごと［侘言］。

だんがん【弾丸】 きょうだん［凶弾］。ペレット(pellet)。近代 じゅうぐゎん［銃丸］。じゅうだん［銃弾］。たま［弾］。はうぐゎん［砲丸］。はうだん［砲弾］。近世 だんぐゎん［弾丸］。てっぱうだま［鉄砲玉］。

―がある地点に達すること 近代 だんちゃく［弾着］。ちゃくだん［着弾］。

―が盛んに飛んでくること だんまく［弾幕］。近代 うひ［雨飛］。だんう［弾雨］。中世 あめあられ［雨霰］。

―が達した地点 近代 だんちゃくてん［弾着点］。

―が爆発しないこと 近代 ふはつ［不発］。

―に当たること ひだん［被弾］。

―による傷 近代 くゎんつうじゅうさう［貫通銃創］。じゅうさう［銃創］。だんさう［弾創］。

―の当たったあと 近代 だんこん［弾痕］。

―の描く曲線 近代 だんだう［弾道］。

―の先端 近代 だんとう［弾頭］。

―の届く最大距離 近代 しゃていきょり［射程距離］。

―の被害を防ぐもの ぼうだんガラス［防弾オランダglas］。近代 さうかふしゃ［装甲車］。ばうくうがう［防空壕］。ばうくうづきん［防空頭巾］。ばうだんチョッキ［防弾jacket］。

―を銃につめること 近代 さうてん［装塡］。さうだん［装弾］。

―を発射すること 近世 ショット(shot)。はっぱう［発砲］。

―を発射するときの火 近代 じゅうくゎ［銃火］。てっくゎ［鉄火］。はうくゎ［砲火］。

催涙剤を充塡した― 近代 さいるいだん［催涙弾］。

実際に撃てる― じっぽう［実包］。近代 じつだん［実弾］。

多数の鉛玉が飛び散る― 近代 さんだん［散弾／霰弾］。ばらだま［散弾］。

敵の撃った― 近代 てきだん［敵弾］。

狙いが外れた― むだだま［無駄玉／徒玉］。近代 ながれだま［流玉／流弾］。りうだん［流弾］。近世 それだま［逸玉／逸弾］。

光を放つ― 近代 えいくゎうだん［曳光弾］。

たんき【短気】 近代 おこりっぽい［怒］。かんぺき［癇癖］。けんくゎっぱやい［喧嘩早］。近世 かんしゃう［癇性／疳性］。せいきふ［性急］。せっかち。たんりょ［短慮］。ちゅうっぱら［中腹］。みじかし［短］。中世 きみじか［気短］。たんき［短気］。気短し。中古 きふ［急］。こころみじかし［心短］。たちばら［立腹］。はらあし［腹悪］。

《句》近世短気は損気。短気は未練の初め(元)。

—・な人 近代おこりんばう[怒坊]。近世かんしゃくもち[癇癪持]。

だんき【暖気】 近代をんき[温気]。近世あたたかさ/あたたかみ[温/暖]。中古うんき[温気]。だんき[暖気]。

だんぎ【談義】 中世せっけう[説教]。中古だんぎ[談義]。上代せっぽふ[説法]。

たんきゅう【探求】 近代たんきう[探求]。ついきう[追求]。近世せんさく[詮索]。たんさく[探索]。中古たづぬ[尋/訪]。ついじん[追尋]。

たんきゅう【探究】 近代かうきう[考究]。きうめい[究明]。たんきう[探究]。ついきう[追究]。ついきゅう[追窮]。中世けんきう[研究]。中古さぐる[探]。

たんく【短軀】 近代たんく[短軀]。近世こがら[小柄]。こぶり[小振]。こづくり[小作]。こつぶ[小粒]。中世こひゃう[小兵]。たんしん[短身]。

たんげい【端倪】 近代すいそく[推測]。中世たんげい[端倪]。中古さっす[察]。すいさつ[推察]。すいりゃう[推量]。上代おしはかる[推量]。

だんけつ【団結】 近代きうがふ[糾合/鳩合]。けっしふ[結集]。けっしゃ[結社]。しふけつ[集結]。一丸となる。近世けつがふ[結合]。けっそく[結束]。だんけつ[団結]。中世よりあつまる[寄集]。中古けったく[結託/結托]。

《句》近世五指のこもごも弾くは捲手の一挃に若かず。中世地の利は人の和に如かず。

—の強さのたとえ いちまいいわ[一枚岩]。

たんけん【探険】 近代たふさ[踏査]。たんけん[探険/探検]。近世たんさ[探査]。たんさく[探索]。

たんけん【短見】 近世せんけん[浅見]。たんけん[短見]。中世ぐけん[愚見]。せんりょ[浅慮]。中古くゎんけん[管見]。

洞窟や鍾乳洞の— ケービング(caving)。

たんけん【短剣】 近代あひくち[匕首/合口]。近世どす。わきざし[脇差]。中世くすんごぶ[九寸五分]。くゎいけん[懐剣]。こだち[小太刀]。せうたう[小刀]。たんけん[短剣]。たんたう[短刀]。ひしゅ[匕首]。ふところがたな[懐刀]。まぼりがたな/まもりがたな[守刀]。わきがたな[脇刀]。中古こがたな[小刀]。こしがたな[腰刀]。上代たうし/たうす[刀子]。をだち[小太刀]。

—を懐に隠し持つ 近代どすを呑む。

一本の— 近代いっぴ[一匕]。

だんげん【断言】 近代かっぱ[喝破]。げんめい[言明]。だんげん[断言]。ていげん[定言]。近世だんてい[断定]。中世いひきる[言切]。めいげん[明言]。中古いひとぢむ[言閉]。

たんご【単語】 近代ご[語]。たんご[単語]。ワード(word)。中古ことば[言葉]。

—が二つ以上連結した語 近代がふせいご[合成語]。ふくがふご[複合語]。れんご[連語]。中世じゅくご[熟語]。上代く[句]。

ある体系の—の総体 近代ごゐ[語彙]。ボキャブラリー(vocabulary)。

だんこ【断固】 近代かんぜん[敢然]。きっぱり。だんこ[断固/断乎]。だんだんこ[断断固/断断乎]。近世だんぜん[断然]。中世けつぜん[決然]。中古あくまで[飽迄]。上代あへて[敢/肯]。

—・たる姿勢 近代かいぜん[介然]。中世きぜん[毅然]。

だんご【団子】 近代からこ[殻粉]。中世いしいし(女房詞)。だんご[団子]。

—のいろいろ(例) くさだんご[草団子]。近代つきみだんご[月見団子]。ゐなかだんご[田舎団子]。近世あみがさだんご[編笠団子]。あみがさもち[編笠餅]。あやめだんご[菖蒲団子]。いときりだんご[糸切団子]。くしだんご[串団子]。ささだんご[笹団子]。しらたま/しらたまだんご[白玉団子]。つけやきだんご[付焼団子]。みたらしだんご[御手洗団子]。やきだんご[焼団子]。中世きびだんご[吉備団子/黍団子]。

だんこう【断行】 近代かんかう[敢行]。きゃうかう[強行]。けっかう[決行]。すいかう[遂行]。だんかう[断行]。

《句》近代賽(采)は投げられた。

だんごう【談合】 近代うちあはせ[打合]。かうせふ[交渉]。けふぎ[協議]。したさうだん[下相談]。近世おりのり[降乗]。じだん[示談]。中世くゎいだん[会談]。だんぎ[談義/談議]。中古だんがふ[談合]。

たんごのせっく【端午節句】 →せっく

—に疫病除けの呪いの菖蒲 中古軒の菖蒲。

—に飾る菖蒲で作った兜 近世かざりかぶと[飾兜]。

ーに立てる幟(のぼり) 〔近代〕こひのぼり［鯉幟］。鯉の吹き流し。〔近世〕のぼり［幟］。

たんさ【探査】 サーベイ(survey)。リサーチ(research)。〔近代〕じっちたふさ［実地踏査］。たふさ［踏査］。たんけん［探検／探険］。たんさつ［探察］。ていさつ［偵察］。てうさ［調査］。〔近世〕たんさ［探査］。たんさく［探索］。〔中世〕けんぶん［検分］。

たんざ【端座】 〔中世〕きざ［危坐／危座］。たんざ［端座／端坐］。〔中古〕せいざ［正座／正坐］。

だんさ【段差】 らくさ［落差］。〔近代〕ギャップ(gap)。さ［差］。〔中世〕さい［差違］。

だんざい【断罪】 〔近代〕しょばつ［処罰］。〔中世〕けんだん［検断］。さばき［裁］。〔上代〕しょだん［処断］。だんごく［断獄］。だんざい［断罪］。

たんさく【探索】 〔近代〕たんきう［探求］。〔近世〕たんさ［探査］。たんさく［探索］。〔中古〕さぐる［探］。→**たんさ**

だんし【男子】 ボーイ(boy)。〔近代〕し［士］。だんせい［男性］。マン(man)。〔近世〕やらう［野郎］。〔中世〕とのご［殿御］。なんし［男子］。らう［郎］。〔中古〕だんし［男子］。だんじ［男児］。とのがた［殿方］。をのこご［男子子］。〔上代〕いらつこ［郎子］。ひこ［彦］。をとこ［男］。をのこ［男／男子］。→**おとこ**

だんじ【男児】 ボーイ(boy)。〔近世〕おばうさん［御坊］。ばうや［坊］。ぼっちゃん［坊］。ぼん［坊］。〔中古〕だんじ［男児］。とうなん／どうなん［童男］。〔上代〕をぐな［童男］。→**おとこ**

《謙》〔中世〕かなほふし／かなぼふし［法師］。

だんじき【断食】 〔近代〕ぐゎんだち［願断］。〔近世〕ぜっしょく［絶食］。〔中古〕だんじき［断食］。

ー療法 〔近代〕きがれうはふ［飢餓療法］。ぜっしょくれうはふ［絶食療法］。

完全なー 〔中世〕いっかうだんじき［一向断食］。

たんじじつ【短時日】 たんきかん［短期間］。〔近代〕たんじじつ［短時日］。たんじつげつ［短日月］。〔中世〕いってういっせき［一朝一夕］。

だんじて【断】 〔近代〕ぜったいに［絶対］。だんじて［断］。〔近世〕きつう。こんりんざい［金輪際］。はちまん［八幡］。はちまんだいぼさつ［八幡大菩薩］。をとこみゃうり［男冥利］。〔中世〕きっと［急度／屹度］。ふっつりと。ゆみやはちまん［弓矢八幡］。〔上代〕かならず［必］。→**けっして**

ー…(するな) 〔近世〕けっして［決］。〔中古〕ゆめさらさら［夢更更］。〔上代〕ゆめゆめ［努努］。

ー…(ない) 〔近世〕くされ［腐］。はったと。〔中世〕はたと。〔中古〕つゆも［露］。〔上代〕よに／よにも［世］。→**ぜんぜん**

たんしゅく【短縮】 〔近代〕しゅくせう［縮小］。つづめ［約］。〔近世〕たんしゅく［短縮］。〔中世〕すぼる［窄］。ちぢく［ちぢける］［縮］。ちぢむ［ちぢめる］［縮］。つむ［つめる］［詰］。〔中古〕しじかむ［蹙］。しじまる［縮／蹙］。しじむ［しじめる］［蹙］。ひきしじむ［引縮］。つづまる［約］。つづむ［つづめる］［約］。

たんじゅん【単純】 たんさいぼう［単細胞］。〔近代〕いっぽんでうし［一本調子］。シンプル(simple)。たんかん［単簡／短簡］。たんしき［単式］。たんじゅん［単純］。たんてう［単調］。〔近世〕かんたん［簡単／簡短］。たんいつ［単一］。へいい［平夷］。〔中世〕かんりゃく［簡略］。こころをさなし［心幼］。

たんしょ【短所】 ウイークポイント(weak point)。〔近代〕けっかん［欠陥］。けってん［欠点／闕点］。じゃくてん［弱点］。なんてん［難点］。〔近世〕あら［荒／粗］。〔中世〕たん［短］。たんしょ［短所／短処］。よわみ［弱］。〔中古〕かきん［瑕瑾］。つみ［罪］。なん［難］。

たんしょ【端緒】 ひきがね［引金］。〔近代〕あしがかり［足掛］。けいき［契機］。たんちょ［端緒］。ちょ［緒］。〔近世〕いとぐち［糸口］。きっかけ［切掛］。くちび［口火］。こぐち［小口］。じたん［事端］。たんしょ［端緒］。てがかり［手掛］。〔中世〕あししろ［足代］。あしば［足場］。き［機］。しょ［緒］。はったん／ほったん［発端］。〔中古〕はし［端］。

だんじょ【男女】 〔近代〕アベック(フランスavec)。カップル(couple)。だんぢょ［男女］。ペア(pair)。りゃうせい［両性］。〔中世〕をとこをんな［男女］。〔上代〕なんにょ［男女］。

《句》〔近世〕縁は異なもの味なもの。遠くて近きは男女の仲。燃え杭(ひくい)(燼(もえくひ))には火が付きやすし。

ーが一緒に仲良く歩く 〔近世〕いかけ［鋳掛］。〔中世〕手に手を取る。〔上代〕どうはん［同伴］。

ーが一緒に寝た翌朝 〔中古〕きぬぎぬ［衣衣／後朝］。のちのあさ／のちのあした［後朝］。

ーが一緒に寝る(こと) 〔近代〕どうきん［同衾］。〔近世〕さしまくら［差枕］。ひとつね［一寝］。帯紐解く。〔中世〕どうしゃう［同床］。枕交はす。〔中古〕がふくゎん［合歓］。ともね［共寝］。まろびあふ［転合］。〔上代〕さぬ［寝］。まきぬ［枕寝／纏寝］。まく［枕／婚／

纏]。みとあたはす。ゐぬ[率寝]。→ともね

—が関係する(契る) 近世 しげる。しめこむ[締込]。だく[抱]。餅を搗く。中世 あひみる[相見]。くなぐ[婚]。肌(膚)を合はす[—合わせる]。中古 くながふ[婚]。ちぎる[契]。つうず[通]。とつぐ[嫁]。枝を交はす。《尊》上代 とつぎ[婚]。みとあたはす。→せいこう【性交】

—が結婚せずに一緒に暮らすこと 近代 どうせい[同棲]。近世 ひっつく[引付]。中世 やがふ[野合]。

—が親しくなりはじめる 近世 なれそめ[馴初]。

—が親しく交わる 近世 しげる。訳(わけ)を立てる。中古 あひかたらふ[相語]。ねんごろ[懇]。みかはす[見交]。ものいふ[物言]。ものがたらふ[物語]。羽根を交はす。上代 こととふ[言問/事問]。

—が互いに愛し合うこと そうしそうあい[相思相愛]。近代 落花流水の情。近世 あひぼれ[相惚]。さうあい[相愛]。つうくつ[通屈]。中世 あひおもひ[相思]。中古 さうし[相思]。

—が戯れてする甘い話 近代 じゃうじ[情事]。じゃうわ[情話]。なんご[喃語]。みつご[蜜語]。近世 いろばなし[色話]。ちわ[痴話]。中世 ささめごと[私語]。中古 えんげん[艶言]。むつごと[睦言]。

—が戯れる 近代 ふざける。近世 いちゃつく。せせくる。ちちくりあふ[乳繰合]。ちちくる[乳繰]。ちゃちゃくる。びたつく。ほめく[熟]。もたつく。

—が仲睦(なかむつ)まじいさま 近世 ちんちん。ちんちんかも。ちんちんかもかも。

—が並んで腰掛ける席 ロマンスシート(和製romance seat)。

—が初めて一緒に寝ること 中古 にひまくら[新枕]。上代 にひたまくら[新手枕]。

—が初めて触れあう肌 上代 にひはだ[新肌]。

—が密かに出会うこと ひあそび[火遊]。近代 できあひ[出来合]。みつじ[密事]。近世 しつう[私通]。しのびあひ[忍逢]。しんねこ。できる[出来]。どれあふ[合]。ないつう[内通]。まちあひ[待合]。中世 みっくゎい[密会]。みっつう[密通]。

—が密かに出会う宿 ラブホテル(和製love hotel)。近代 つれこみ[連込]。つれこみやど[連込宿]。近世 であひぢゃや[出合茶屋]。であひやど[出会宿]。

—が密かに逃げること 近代 かけおち[駆落/欠落]。

—が約束して出会うこと デート(date)。近代 ランデブー(フランス rendez-vous)。近世 あひびき[逢引]。中古 あふせ[逢瀬]。

—間の欲情 →せいよく

—の区別がないこと(服装など) ユニセックス(unisex)。

—の差違 せいさ[性差]。だんじょさ[男女差]。近代 ジェンダー(gender)。

—のその場限りの契り 近世 あだぶし[徒臥]。あだまくら[徒枕]。

—の契り こうごう[媾合]。近代 かうこう[交媾]。せいかう[性交]。近世 てうんぼう[朝雲暮雨]。ねやごと[閨事]。臼と杵。中世 かうがふ[交合]。けうくゎい[交会]。ばうじ[房事]。中古 かうせつ[交接]。くながひ[婚]。まじはり[交]。上代 まぐはひ[目合]。→せいこう【性交】

—の契りが成就しないたとえ くめのいはばし[久米岩橋]。

—の仲が絶えること 近世 てきり/てぎれ[手切]。中古 いはばし[岩橋/石橋]。とこはなる[床離]。よがる[夜離]。

—の仲が深いこと(さま) 近世 びたびた。ふかま[深間]。べたべた。中世 ひよくれんり[比翼連理]。比翼の契り。中古 ひよく[比翼]。比翼の鳥。水も漏らさぬ。連理の枝。

—の仲が元へ戻る 近世 縒(よ)り(撚)が戻る。焼棒杭(やけぼっくひ)に火が付く。

—の仲を取り持つ(こと) 近代 ばいがふ[媒合]。中世 とりもち[取持]。

—の仲を取り持つ人 →なこうど

—の情け 近代 つやごと[艶事]。近世 いきちょん[粋/意気]。いろごと[色事]。うきよ[浮世]。じゃうじ[情事]。ちじゃう[痴情]。なさけ[情]。ぬれごと[濡事]。ひぎ[秘戯]。中世 情けの道。中古 いろ[色]。よ[世/代]。人の世(代)。《句》近世 色は思案の外(ほか)。

—の情けが分かる 近世 ことしり[事知]。なさけしり[情知]。わけしり[訳知]。中古 よづかはし/よづく[世付]。よなる[世馴/世慣]。世心が付く。世に経(ふ)。世を知る。

—の情けが分かる人 近世 すいじん[粋人]。つうじん[通人]。

—の情けを知らないさま 近代 うぶ[初]。近世 なさけしらず[情知]。ぶすい[無粋/不粋]。中古 よごもる[世籠]。

—の房事を描いた絵 ひが[秘画]。近世 しゅ

んぐゎ[春画]。まくらざうし[枕草紙／枕冊子]。まくらゑ[枕絵]。わらひゑ[笑絵]。

―の道に外れること 近代 ふりん[不倫]。中世 いんかん[淫姦]。近世 ふぎ[不義]。

―の別れ 近世 扇(あふぎ)の別れ。

心中した―の墓 近世 ひよくづか[比翼塚]。

仏教に帰依した― 中古 ぜんなんぜんにょ[善男善女]。

身分の低い― 中世 ひっぷひっぷ[匹夫匹婦]。

たんしょう【探勝】 サイトシーイング(sight-seeing)。ツアー(tour)。近世 たんしょう[探勝]。中世 くゎんくゎう[観光]。ものみゆさん[物見遊山]。中古 いうらん[遊覧]。けんぶつ[見物]。上代 しういう[周遊]。↓かんこう

たんしょう【嘆賞】 近代 さんしゃう[賛賞／讃賞]。しゃうさん[賞賛／賞讃]。近世 さんび[賛美]。たんしょう[嘆称／歎称]。ほめそやす[誉]。中世 しょうさん[称賛／称讃]。しゃうやう[賞揚]。たんしゃう[嘆賞／歎賞]。ほむ(ほめる)[褒]。中古 しゃうす[賞]。ほうやう[褒揚]。ほめたつ[―たてる][誉立]。もてはやす[持囃]。上代 かんたん[感嘆]。さんたん[賛嘆／讃歎／讃嘆]。めづ(めでる)[愛]。

たんしょう【短小】 近代 せうきぼ[小規模]。ちいぽけ。わいせう[矮小]。近世 こがら[小柄]。こぢんまり。こぶり[小振]。ちっぽけ。中世 たんせう[短小]。中古 こがた[小型]。ちひさし[小]。

たんじょう【誕生】 近代 しゅっせい[出生]。せいたん[生誕]。産声(うぶごゑ)を上げる。呱々(ここ)の声を上げる。臍(へそ)の緒を切る。近世 しゅっさん[出産]。中世 しんせい[新生]。中古 しゅっしゃう[出生]。上代 うまる[うまれる][生]。たんじゃう[誕生]。

―・した月日 近代 せいじつ[生日]。せいしん[生辰]。バースデー(birthday)。近世 せいげつ[生月]。たんじゃうび[誕生日]。たんしん[誕辰]。中世 たんじゃうにち[誕生日]。

―の地 近代 しゅっしゃうち[出生地]。しゅっしんち[出身地]。せいち[生地]。近世 おくに[御国]。さん[産]。はたけ[畑／畠]。中世 しゃうしょ[生所／生処]。しゅっしょ[出所／出処]。中古 しゃうこく／しゃうごく[生国]。上代 うまれ[生]。

神仏や貴人の― 中世 せいたん[聖誕]。みあれ[御生／御阿礼]。中古 かうたん[降誕]。かうりん[降臨]。

だんしょう【談笑】 近代 くゎんだん[歓談／款談]。こんだん[懇談]。こんわ[懇話]。近世 はなしあひ[話合]。中古 だんせう[談笑]。

だんしょく【男色】 近世 うりこ[売子]。おかま[御釜／御竈]。かま[釜／竈]。かんうんまうりょう[韓雲孟竜]。きくざ[菊座]。けいかん[鶏姦]。じゃくだう／にゃくだう[若道]。しゅだう[衆道]。なんしょく[男色]。ひだう[非道]。びだう[美道]。わかしゅだう[若衆道]。御釜を掘る。家尻(やじり)を切る。

―に溺(おぼ)れること 近世 ねんごろ[懇]。わかしゅぐるひ[若衆狂]。

―の相手 近世 ぐゎんどう[頑童]。ねんいう[念友]。ねんごろぶん[懇分]。ねんじん[念人]。中世 にやけ[若気]。

―の相手で年長者 近世 あにぶん[兄分]。ねんじゃ[念者]。

―の関係を持つこと 近世 じゃくけい[若契]。

―を売る者 近世 かげこ[陰子／蔭子]。かげま[陰間]。かげまひ[陰舞]。かげらう[陰郎]。すばりわかしゅ[窄若衆]。だんしゃう[男娼]。やらう[野郎]。わかしゅ[若衆]。をとこけいせい[男傾城]。中世 すばりかわき[窄乾]。

たん・じる【嘆】 →たん・ずる

だん・じる【断】 →だん・ずる【断】

だん・じる【弾】 →だん・ずる【弾】

だん・じる【談】 →だん・ずる【談】

たんしん【単身】 シングル(single)。中世 ひとりもの[独者]。中古 たんどく[単独]。どくしん[独身]。ひとりみ[独身]。みひとつ[身一]。上代 たんしん[単身]。ひとり[独]。

たんしん【丹心】 中世 まごころ[真心]。中古 せきしん[赤心]。たんせい[丹誠]。上代 たんしん[丹心]。

たんす【簞笥】 中世 たんす[簞笥／担子]。

衣服などを入れておく― 近代 いしゃうだんす[衣装簞笥]。やうふくだんす[洋服簞笥]。ワードローブ(wardrobe)。

鏡の付いた化粧用の― ドレッサー(dresser)。

漢方医が薬を入れる― 近世 ひゃくみだんす[百味簞笥]。やくみだんす[薬味簞笥]。

桐を使った― 近代 さんばうきり[三方桐]。そうぎり[総桐]。まへぎり[前桐]。

手回り品を入れる小さな― 近代 せいりだんす[整理簞笥]。近世 てだんす[手簞笥]。ようだんす[用簞笥]。

二つ以上重ねた― 近世 かさねだんす[重簞

筲］。

船の船室に置く― 近代ふなだんす［船簞笥］。

▼助数詞 だい［台］。近代ほん［本］。中世さを［竿／棹］。

ダンス(dance) 近代しゃかうダンス［社交dance］。ダンシング(dancing)。ダンス。ぶよう［舞踊］。やうぶ［洋舞］。ゑんぶ［円舞］。中世をどり［踊］。上代ぶたふ［舞踏］。まひ［舞］。

大勢が輪になって踊る― りんぶ［輪舞］。近代スクエアダンス(square dance)。フォークダンス(folk dance)。

男女が頬を寄せて踊る― 近代チークダンス(和製cheek dance)。

氷上の― 近代アイスダンス(和製ice dancing)。

その他―のいろいろ(例) ゴーゴー(go-go)。ジルバ(jitterbug)。ストリートダンス(street dance)。スパニッシュダンス(Spanish dance)。パドドゥ(フランス pas de deux)。ツイスト(twist)。フラメンコ(スペイン flamenco)。ブレークダンス(break dance)。フレンチカンカン／カンカン(French cancan)。モダンダンス(modern dance)。ラインダンス(和製line dance)。ルンバ(スペイン rumba)。近代ジャズダンス(jazz dance)。タップダンス(tap dance)。バレエ(フランス ballet)。フラダンス(和製hula dance)。ワルツ(waltz)。

たんすい【淡水】 近世まみづ［真水］。中古たんすい［淡水］。

―の海 上代あはうみ／あふみ［近江／淡海］。みづうみ［湖］。

たん・ずる【嘆】❶〈感心〉 近代かんめい［感銘／肝銘］。近世えいたん［詠嘆］。けいふく［敬服］。中世かんぷく［感服］。たんず［嘆／歎］。中古かんしん［感心］。かんず［感］。上代かんたん［感嘆／感歎］。

たん・ずる【嘆】❷〈慨嘆〉 近代ふんがい［憤慨］。中世がいたん［慨嘆／慨歎］。たんず［嘆／歎］。中古かこつ［託］。たんそく［嘆息］。上代かうがい［慷慨／忼慨］。なげく［嘆］。

だん・ずる【断】 近世きめつく［―つける］［決付／極付］。だんてい［断定］。中世きむ［きめる］［決］。中古さいだん［裁断］。だんず［断］。

だん・ずる【弾】 近代えんそう［演奏］。だんそう［弾奏］。近世かなづ［かなでる］［奏］。中世たんず／だんず［弾］。中古かきならす［掻鳴］。

だん・ずる【談】 近代せっしょう［折衝］。だんぱん［談判］。近世かけあふ［掛合］。中世はなす［話］。中古かたらふ［語］。さうだん［相談］。だんがふ［談合］。だんず［談］。

たんせい【丹精】 近代心血を注ぐ。近世たんせい［丹精］。中世たんねん［丹念］。中古心を致す。上代心を尽くす。

たんせい【丹誠】 中世まごころ［真心］。中古せきしん［赤心］。たんせい［丹誠］。上代たんしん［丹心］。

たんせい【端正】 近代きちんと。中世たんれい［端麗］。中古いつくし［美］。うるはし［美／麗］。ことうるはし［事美／事麗］。たんじゃう［端正］。上代たんせい［端正／端整］。はうせい［方正］。

だんせい【男性】→**おとこ**

たんせき【旦夕】 近世あさばん［朝晩］。中世しじゅう［始終］。中古あけくれ［明暮］。あさゆふ［朝夕］。たんせき［旦夕］。たんぼ［旦暮］。てうぼ［朝暮］。上代あさなゆふな［朝夕］。てうせき［朝夕］。

だんぜつ【断絶】 近代ぜつえん［絶縁］。だんかう［断交］。とぜつ［途絶］。袂を分かつ。近世うちたゆ［―たえる］［打絶］。だりむくる。ちゅうだん［中断］。手を切る。中世たちきる［断切／裁切］。とぎる［とぎれる］［途切］。中古ぜっかう［絶交］。だんぜつ［断絶］。ちゅうぜつ［中絶］。とだゆ［とだえる］［途絶］。上代たつ［絶／断］。たゆ［たえる］［絶］。

だんぜん【断然】 近代ぜったい［絶対］。だんこ［断固／断乎］。だんじて［断］。近世きっぱり。けっして［決］。だんぜん［断然］。中世けつぜん［決然］。ふっつり。どうしても。何としても。

だんそう【断層】 近代だんそう［断層］。近世くひちがひ［食違］。ずれ。

―撮影 エムアールアイ(MRI; magnetic resonance imaging)。シーティー(CT; computed tomography)。トモグラフィー(tomography)。

たんそく【嘆息】 中世しさ［咨嗟］。ためいき［溜息］。といき［吐息］。中古うめく［呻］。たんそく［嘆息／歎息］。上代おきそ［息嘯］。なげき［嘆］。

―・するさま 中古きぜん［喟然］。

だんぞく【断続】 近世とぎれとぎれ［途切途切／跡切跡切］。とびとび［飛飛］。中世かんけつ［間欠／間歇］。中古たえだえ［絶絶］。だんぞく［断続］。

だんたい【団体】 近代ギルド(guild)。グループ(group)。くゎい［会］。くゎいは［会派］。けっしゃ［結社］。ソサエティー(society)。そしき［組織］。だん［団］。だんたい［団体］。しふだん［集団］。チーム(team)。はふじん［法人］。ブロック(bloc)。近世くみあひ［組合］。中世あつまり［集］。かう［講］。

ーに属する 中古にゅうだん［入団］。近代きぞく［帰属］。中古つらなる［連／列］。《謙》中世末席を汚す。

女性のー 近世ぢゃうしぐん［娘子軍］。

その他ーのいろいろ(例) エヌジーオー(NGO; nongovermental organization)。エヌピーオー(NPO; nonprofit organization)。がくじゅつだんたい［学術団体］。しょくぎょうだんたい［職業団体］。ぶんかだんたい［文化団体］。近代けうだん［教団］。げきだん［劇団］。こうきょうだんたい［公共団体］。こうはふじん［公法人］。こうゑんくゎい［後援会］。じぜんだんたい［慈善団体］。しゅうけうだんたい［宗教団体］。ちゐきだんたい［地域団体］。近世たのもし／たのもしかう［頼母子講］。中世いちざ［一座］。

たんたん【淡淡】 近代かううんりうすい［行雲流水］。近世たんじょ［淡如／澹如］。中世あっさり。たんたん［淡淡］。たんぱく［淡泊］。中古きょしん［虚心］。上代あさらか［浅］。たんぜん［淡然／澹然］。

たんたん【坦坦】 近代へいたん［平坦］。へいぼん［平凡］。近世たんたん［坦坦］。中世へいたん［平坦］。上代たひら［平］。

だんだん【段段】❶〈漸次〉少しずつ。近代おひおひ［追追］。こくいっこく［刻一刻］。じょじょに［徐徐］。近世じわじわ。ちくちく。ぼちぼち。中世しだいに［次第］。じりじり。だんだん［段段］。をりをり［折折］。中古ぜんじ［漸次］。ぜんぜん［漸漸］。やうやう［漸］。やうやく［漸］。上代やくやく［漸漸］。

ーにそうなる 近世おもむく［赴／趣］。中古おもぶく［赴／趣］。

ーに減っていくこと 中古ぜんげん［漸減］。

だんだん【段段】❷〈階段〉近代だんだら［段］。近世かいだん［階段］。中世だん［段］。だんだん［段段］。中古きざはし［階／段階］。

たんち【探知】 近代たんち［探知］。近世ていち［偵知］。

水中の物体をー・する機器 ソナー(SONAR; sound navigation and ranging)。

だんちがい【段違】 近代たいさ［大差］。だんちがひ［段違］。桁が違ふ。近世けたちがひ［桁違］。→たいさ

たんちょ【端緒】→**たんしょ【端緒】**

たんちょう【単調】 ワンパターン(和製 one pattern)。近代いっぽんでうし［一本調子］。たんてう［単調］。へんばん［平板］。ぼう［棒］。モノトナス(monotonous)。モノトーン(monotone)。近世いちりつ［一律］。たんいつ［単一］。

ー・で趣がない様子 中世さっぷうけい［殺風景］。

ー・で長く細く続くたとえ 近世牛の涎(よだれ)。

だんてい【断定】 きめつけ［決付／極付］。だんげん［断言］。近代げんめい［言明］。だ。近世だんてい［断定］。とくてい［特定］。である。中世いひきる［言切］。さだむ［定］。めいげん［明言］。《丁》であります。でございます。近世ざます。でげす。中世でござります。です。ます。

〈**古語の断定表現**〉近世ぢゃまで。ならし。中世げな。ことぞかし。たり。よな。中古さり［然］。さなり［然］。とあり。なり。なりけり。ものぞ。上代ならし。なり［也］。にし。まくのみ［耳／而已］。

▼「だ」「である」を含む表現の古語の例

…あるのだ 中世あるぞかし。

きっと…だろうに 中古てまし。

…だということだ 中古なり。

…だとしたら 中古ばや。

…だな 中世よな。

…だなあ 中世とよ。やな。中古かな。上代かも。

…だね 中世よな。

…だよ 中世とよ。中古ぞや。

…だろう 中世うず。てむ。なんず。むずらむ。中古なん。べう。べからむ。むず。むとす。上代なむ。べし。む。

…だろうか 中世もや。やらむ／やらん。をや。中古かは。ものか／ものかは。やは。

…だろうか、いや… 中世てむや。やは。中古めや。ものかは。ものかも。上代やも。

…だろうこと 上代まし。

…だろうに 上代まく。

…であった 中世なりき。中古たりけり。なりけり。

…であったことには 上代けらく。

…であったことよ 上代けらく。けらし。

…であったとしても 中古でまれ。

た

…であったなあ 〈中古〉なりけり。

…であったら…することだろう 〈中古〉なまし。

…であったらなあ 〈中古〉にもがな。〈上代〉にもが。

…であったろう 〈中古〉なりけむ。

…であって 〈中古〉にて。〈上代〉にして。

…であってほしい 〈中世〉ばや。〈中古〉ともがな。
→がんぼう
…であっても 〈近代〉たりとも。〈近世〉だって。て。〈中世〉でまり。といへども。とても。〈中古〉でまれ。まれ。

…でありたい 〈上代〉まくほし。

…でありません 〈近世〉おざんない。〈中世〉ござなし[御座無]。

…である(尊敬/丁寧表現を含む) 〈近代〉ごわす。〈近世〉いす/いんす。えす/えんす。おざいす。おざます[御座]。おざりいす。おざる/おざんす。おす。おぢゃる。おます。げえす。げす。げんす。ごあんす。ございす。ござえす[御座]。ござりんす[御座]。ござんやす[御座]。ごぜいす。ざいます。ざえす。ざす。ざます。ざんす。だす/だんす。であらっしゃる。でありんす。であんす。でえす。でえんす。でげす。でござります。でごんす。でやす。でやる/でやんす。でんす。まする。まらする。まゐらす[参/進]。やす/やんす。わす[座/坐]。御入り候ふ。御座候ふ。候べく候。参らせ候。〈中世〉おりゃる。ざう[候]。さうらふ/ざうらふ/そろ[候]。でござる。てさう/でさう[候]。てす。まっす。まっする。〈中古〉おはさうず[御座]。おはしまさふ[御座]。おはします/おはす[御座]。はべり[侍]。ましまます[在/坐]。


…であるから 〈近世〉なれば。〈上代〉がね。

…であるけれど 〈中古〉こそあれ。

…であること 〈近世〉ならく。〈上代〉けく。らく。

…であることよ 〈中古〉かな。なれや。ものかは。

…であるそうだ 〈中古〉あなり/あんなり。なんなり。

…であるだろう 〈中世〉あらむずらむ。〈中古〉あめり/あんめり。

…であると思われる 〈中古〉あめり/あんめり。

…であるにせよ 〈中古〉でまれ。

…であるのか 〈中古〉なれや。

…であるのに 〈中古〉こそあれ。〈上代〉すらを。

…であるよ 〈中世〉ことぞかし。

…であるようだ 〈中世〉ござんなれ。ござんめれ。むず。〈中古〉あべかめり。あめり。ななり。なめり。なんなり。なんめり。べらなり。〈上代〉あらし。まし。

…であるらしい 〈中世〉ござんなれ。〈中古〉あめり/あんめり。なり。〈上代〉あらし。ならし。

…であればなあ 〈中古〉もがな。〈上代〉もが。もがも。もがもな。

…であろうか 〈中世〉とよ。べきや。〈中古〉ぞや。にかあらむ。にや。にやあらむ。ものかは。

…であろうから 〈上代〉がに。がね。

…でさえ 〈中古〉だに。〈上代〉すら。

…でさえあるのに 〈上代〉すらを。

…でさえも 〈中古〉だも。

…でないならば 〈近世〉ずば。〈中世〉ずんば。〈中古〉ずは。

…でないのだから 〈中古〉ならなくに。

…でないのに 〈中古〉ならなくに。

…でないものかなあ 〈上代〉ぬかも。

…でなくて 〈中古〉ならで。


…でなくては 〈中世〉ならでは。

…ではあるが 〈近代〉こととて。しかれども。〈中世〉ものの。〈上代〉とも。

…ではない 〈中世〉ならず。にてはなし。〈上代〉あらず。

…ではないか 〈中古〉ものか。ものかは。

…ではないから 〈中古〉ならなくに。

…ではないのに 〈中古〉ならなくに。

…ではなくて 〈中古〉あらで。ならで。

…なのかなあ 〈中世〉なれや。

…なのだ 〈近世〉ござんなれ。〈中世〉たり。

…なのだろう 〈中古〉ならむ。

…なのだろうか 〈中古〉なれや。

…なので 〈近代〉こととて。〈近世〉ものから。

…なのに 〈近代〉にもかかはらず。〈近世〉だに。〈上代〉ゆゑ[故]。

たんてき【端的】 〈近代〉かんけつ[簡潔]。〈近世〉そっちょく[率直]。ちょくさい/ちょくせつ[直截]。〈中世〉たんたうちょくにふ[単刀直入]。たんてき[端的]。〈上代〉しんそつ[真率]。

たんでき【耽溺】 〈近代〉たんめん[耽湎]。ちんでき[沈溺]。ねっちゅう[熱中]。ぼっとう[没頭]。むちゅう[夢中]。〈近世〉たんでき[耽溺]。ちんかん[沈酣]。わくでき[惑溺]。憂き身を寠す。〈中世〉いんす[淫]。ざんまい[三昧](接尾語)。〈中古〉おぼる[おぼれる][溺]。せんしん[専心]。ふける[耽]。

たんとう【担当】 にないて[担手]。〈近代〉くゎんしゃう[管掌]。しゃうり[掌理]。たんたう[担当]。たんにん[担任]。てんしゃう[典掌]。ぶんたん[分担]。〈近世〉うけもち[受持]。しょくぶん[職分]。〈中世〉かかり[係]。〈中古〉くゎんかつ[管轄]。たうばん[当番]。

ー者 ぶんたんしゃ[分担者]。近代かかりくゎん[係官]。かかりゐん[係員]。スタッフ(staff)。近世うけもち[受持]。中世かかり[係]。中古あづかり[預]。ぎやうじ[行事]。
ー・する 近代うけもつ[受持]。近世あつかふ[扱]。中世うけとる[受取]。とりあつかふ[取扱]。上代つかさどる[司/掌]。
ーを決める 近代ふりあてる[振当]。近世わりふる[割振]。
自分のー分 中世たうぶん[当分]。

たんとうちょくにゅう【単刀直入】 ストレート(straight)。近代すぱっと。ちょくさい[直截]。フランク(frank)。忌憚のない。近世そっちょく[率直]。ちょくせつ[直截]。中世たんたうちょくにふ[単刀直入]。たんてき[端的]。歯に衣を着せぬ。腹蔵(覆蔵)なし。

たんどく【単独】 近代シングル(single)。たんいつ[単一]。中世どくじ[独自]。中古たんどく[単独]。上代たんしん[単身]。
ーで存在すること 近代どくそん[独存]。
ーの行動 中世どくほ[独歩]。中古たんかう[単行]。

だんどり【段取】 近代てはい[手配]。はこび[運]。近世けいくゎく[計画]。だんどり[段取]。てくばり[手配]。てぐみ[手組]。てじゅん[手順]。てつがひ[手結/手番]。てつがふ[手都合]。まどり[間取]。中世すんぱふ[寸法]。てはず[手筈]。中古しだい[次第]。したく[仕度/支度]。ようい[用意]。上代じゅんじょ[順序]。

だんな【旦那】 《句》生まれぬ前の襁褓定め。近代セニョール(スペイン señor)。ボス(boss)。マスター(master)。近世おていしゅ[御亭主]。おやだんな[親旦那]。おやぶん[親分]。中世しゅじん[主人]。だんな[旦那]。中古あるじ[主]。
ーを侮って言う語 近世だんつく[旦]。
第一のー 近世いちだんな[一旦那]。

たんなる【単】 近代たんじゅん[単純]。たんなる[単]。たんに[単]。中古ただの[唯]。

たんに【単】 近代たんじゅん[単純]。たんに[単]。中古ただに[只/唯]。ただの[只/唯]。ひとへに[偏]。

たんにん【担任】 近代たんたう[担当]。中古たんにん[担任]。近世うけもち[受持]。中古たうばん[当番]。
学校のーの例 がっきゅうたんにん[学級担任]。きょうかたんにん[教科担任]。クラスたんにん[class担任]。

たんねん【丹念】 近代こくめい[克明]。しうたう[周到]。しうみつ[周密]。微に入り細を穿つ。近世さいしん[細心]。たんせい[丹精]。ねんいり[念入]。痒いところに手が届く。中世たんねん[丹念]。にふねん[入念]。まめやか[忠実]。至れり尽くせり。中古こまか/こまやか[細]。ていねい[丁寧/叮嚀]。ねんごろ[懇]。上代ねもころ[懇]。

だんねん【断念】 おてあげ[御手上]。ギブアップ(give up)。近代ぜつねん[絶念]。だんねん[断念]。近世あきらめ[諦]。きればなれ[切離]。わうじゃう[往生]。中世くゎんねん[観念]。
ー・する 近世あきらむ[ーらめる][諦]。みきる[見切]。匙を投ぐ[ー投げる]。中世おもひきる[思切]。おもひとどまる[思止]。みかぎる[見限]。中古おもひかぎる[思限]。おもひとぢむ[思閉]。おもひとどむ[思留]。おもひはなる[思放]。みはなす[見放]。上代おもひたゆ[思絶]。《尊》中古おぼしとどむ[思止]。

たんのう【堪能】❶〈満足〉 近代まんきつ[満喫]。みちたりる[満足]。中世じふぶん[十分]。じゅうそく[充足]。たんのう[堪能]。中古まんぞく[満足]。

たんのう【堪能】❷〈熟達〉 近代うできき[腕利]。じゅくたつ[熟達]。たんのう[堪能]。中古かんのう[堪能/勘能]。上代じゃうず[上手]。たくみ[巧]。→**たくみ**
ーでないこと 中古ふかん[不堪]。

たんぱく【淡泊】 近代さっくり。さっぱり。たんたん[淡淡]。中古うすし[薄]。中世あっさり。たんぱく[淡泊/淡薄]。上代てんたん[恬淡/恬澹]。

だんぱん【談判】 近代かうせふ[交渉]。せっしょう[折衝]。だんぱん[談判]。ろんさう[論争]。近世かけあひ[掛合/懸合]。せりふ[台詞/科白]。つうくち[通口]。つめひらき[詰開]。中世かけひき[駆引]。つうくつ[通屈]。
ー・する 近世かけあふ[掛合/懸合]。だんじこむ[談込]。だんず[談]。つめひらく[詰開]。はなしあふ[話合]。
厳しくー・する 近代げんだん[厳談]。
強引なー 近代こはだんぱん[強談判]。中世がうだん[強談]。
直接ー・すること 近代ぢかだん[直談]。ぢかだんぱん/ぢきだんぱん[直談判]。近世ぢ

た

せっぱばき[切羽鎺]。中世あひたい[相対]。ぢきだん[直談]。

ダンピング(dumping) ふとうれんばい[不当廉売]。近代ダンピング。みきりうり[見切売]。近世すてうり[捨売]。なげうり[投売]。やすうり[安売]。

たんぺいきゅう【短兵急】 近代だしぬけ[出抜]。近世せいきふ[性急]。せっかち。たんぺいきふ[短兵急]。中古きふ[急]。にはか[俄]。

たんぺん【短編】 しょうへん[小編／小篇]。ショートショート(short short story)。近世たんぺん[短編／短篇]。

だんぺん【断片】 近代かけら[欠片]。だんぺん[断片]。はへん[破片]。はんぱもの[半端物]。フラグメント(fragment)。近世きれっぱし[切端]。せっぺん[切片]。中世きれはし[切端]。はしたもの[端物]。中古きれぎれ[切切]。ざんぺん[残片]。上代はし[端]。

ー的な思い 近代だんさう[断想]。

布を切ったー はぎれ[端切／端布]。近代はしぎれ[端切]。

文章のー 近代だんかん[断簡]。

たんぼ【田圃】→**た【田】**

たんぽ【担保】 モーゲージ(mortgage)。近代たんぽ[担保]。ていたう[抵当]。てんたう[典当]。近世ひきあて[引当]。まげもの[曲者]。中世かた[形]。中古しち[質]。

家のー 近世かじち[家質]。

人のー 中世ひとじち[人質]。

たんぼう【探訪】 近代さぐる[探]。しゅざい[取材]。たんばう[探訪]。近世たんさく[探索]。中古さうさく[捜索]。

ーの報告 ルポ／ルポルタージュ(フランス reportage)。

たんぽぽ【蒲公英】 近世つづみぐさ[鼓草]。ほこうえい[蒲公英]。中世たんぽぽ[蒲公英]。中古たな[田菜]。ふぢな[藤菜]。

だんまつま【断末魔】 近代まつご[末期]。近世しき[死期]。しにぎは[死際]。わうじゃうぎは[往生際]。中古いまは[今際]。さいご[最期]。だんまつま[断末魔]。上代りんじゅう[臨終]。→**しにぎわ**

たんまり がっぽり。わんさと。近代うんと。どっさり。近世しこたま／しこだめ。ふんだん。中世たくさん[沢山]。たんと。たんまり。やまほど[山程]。中古いっぱい[一杯]。

たんめい【短命】 近代たんせつ[短折]。中世はくめい[薄命]。はやじに[早死]。わかじに[若死]。上代えうせつ[夭折]。たんめい[短命]。→**わかじに**

だんめん【断面】 近代せつだんめん[切断面]。だんめん[断面]。近世こぐち[小口]。中世きりこぐち[切小口]。中古きりくち[切口]。

ー図 クロスセクション(cross section)。

たんらく【短絡】 ショート(short)。ショートサーキット(short circuit)。

だんらく【段落】 近代くぎり[区切／句切]。セクション(section)。せつ[節]。パラグラフ(paragraph)。近世だんらく[段落]。中世しゃうだん[章段]。ぶんだん[分段]。中古だん[段]。

だんらん【団欒】 中古だんらん[団欒]。まとゐ／まどゐ[団居]。→**あつまり❷**

ー・する 中古まとゐる[円居]。

たんりょ【短慮】 近代せんりょ[浅慮]。近世せいきふ[性急]。せっかち。中世きみじか[気短]。たんき[短気]。気短し。中古たんりょ[短慮]。

たんりょく【胆力】 近代きりき[気力]。どぎも[度肝／度胆]。どりゃう[度量]。はら[腹]。近世きもだま／きもったま[肝玉／肝魂]。たんりょく[胆力]。どうぼね[胴骨]。どきょう[度胸]。中世きもだましひ[肝魂]。ゆうき[勇気]。中古きも[肝／胆]。きりょく[気力]。しんたん[心胆]。

ーを鍛えること 近代れんたん[練胆]。

だんりょく【弾力】 近代クッション(cushion)。だんせい[弾性]。はんぱつりょく[反発力]。近世だんりょく[弾力]。中世こし[腰]。

ーがあること こしづよ[腰強]。腰が強い。

ーがあるさま 近世ぷりぷり。

ーがない(さま) ふにゃふにゃ。腰が弱い。中古こはし[強]。

ーがなくなって長くなる 近世のぶ〔のびる〕[伸／延]。

ー性 じんせい[靭性]。近代じうなんせい[柔軟性]。ゆうづうせい[融通性]。

たんれい【端麗】 近代てんれい[典麗]。中世たんれい[端麗]。中古うるはし[麗]。上代かれい[佳麗]。たんせい[端正／端整]。

たんれん【鍛錬】 近代きたへる[鍛]。くんれん[訓練]。ついれん[鎚錬]。トレーニング(training)。中世けいこ[稽古]。しゅぎゃう[修行]。たんれん[鍛錬／鍛練]。れんま[錬磨]。中古しうれん[修練]。せっさたくま[切磋琢磨]。れんしふ[練習]。

武芸の技をー・すること うでがため[腕固]。中古れんぶ[練武]。

だんろ【暖炉】 近代 カミン(ドイツ Kamin)。シュミネ(フランス cheminée)。だんしつろ[暖室炉]。ひぶくろ[火袋]。ファイアプレース(fireplace)。ペーチカ／ペチカ(ロシア pechka)。中古 だんろ[暖炉／煖炉]。

ーの焚(た)き口を囲む装飾枠 近代 マントルピース(mantelpiece)。

だんろん【談論】 近代 たうぎ[討議]。ディスカッション(discussion)。中世 ぎろん[議論]。中古 たうろん[討論]。だんわ[談話]。ろんぎ[論議]。上代 だんろん[談論]。

だんわ【談話】 ディスクール(フランス discours)。近代 かたらふ[語]。カンバセーション(conversation)。くゎいわ[会話]。近世 ざだん[座談]。はなし[話]。はなしあふ[話合]。中世 くゎいだん[会談]。たいだん[対談]。たいわ[対話]。中古 だんわ[談話]。めんだん[面談]。わだん[話談]。上代 だんろん[談論]。ものがたり[物語]。

《尊》近代 がだん[雅談]。中世 かうだん[高談]。

ー・する部屋 近代 サルーン／サロン(フランス salon)。しゃかうしつ[社交室]。だんわしつ[談話室]。ラウンジ(lounge)。

ーの一部 近代 だんぺん[談片]。

言いたいことを言うー 近代 はうだん[放談]。

上品なー 近代 がだん[雅談]。

退屈な時のー 中世 くちなぐさみ[口慰]。

ち

ち【血】 ブラッド(blood)。近世 いきち／せいけつ[生血]。せいけつ[腥血]。せんけつ[鮮血]。中世 けつえき[血液]。せいけつ[精血]。ちしほ[血潮／血汐]。ちしる[血汁]。なまち[生血]。上代 ち[血]。

ーが固まること 近代 ぎょうけつ[凝血]。

ーが体内で流れ出る 近代 いっけつ[溢血]。ないしゅっけつ[内出血]。

ーが流れ出る がいしゅっけつ[外出血]。中世 しゅっけつ[出血]。中古 あゆ[零]。りうけつ[流血]。

ーがにじむ 近代 ちばむ[血]。

ーで赤くなる 近代 ちぞめ[血染]。中世 朱(あけ)に染まる。

ーでしるされた文書 近世 ちぶみ[血文]。中世 けっぱん[血判]。

ーと汗 中世 かんけつ[汗血]。

ーと肉 中世 けつにく[血肉]。

ーにまみれること ちだるま[血達磨]。近代 ちまぶれ／ちまみれ[血塗]。近世 ちみどろ ちんがい[血塗]。中世 ちだらけ[血]。ちみどろ[血塗]。

ーのあと 近代 けっこん[血痕]。

ーの塊 中世 けっかい[血塊]。

ーのつながらない間柄 近世 赤の他人。中世 たじん[他人]。ままし[継]。中古 たにん[他人]。

ーのつながり 近世 けっとう[血統]。けつみゃく[血脈]。さしわたし[差渡]。中世 ちすぢ[血筋]。ながれ[流]。

ーの涙 中世 けつるい[血涙]。中古 紅(くれなゐ)の涙。上代 きふけつ[泣血]。

ーの臭い 近世 ちくさし[血臭]。ちなまぐさし[血生臭／血腥]。中古 なまぐさし[生臭／腥]。

ーの巡り けつりゅう[血流]。近代 血の気(け)。近世 けっかう[血行]。

ーを止めること 近代 しけつ[止血]。近世 ちどめ[血止]。

ーを流す 中世 あえす[零]。

斬った相手のー 近代 かへりち[返血]。

口からーを吐くこと 近世 かくけつ[喀血／咯血]。ちへど[血反吐]。中古 とけつ[吐血]。

新鮮なー 近世 いきち／せいけつ[生血]。せいけつ[腥血]。せんけつ[鮮血]。中世 せいけつ[精血]。なまち[生血]。

飛び散るー 中世 ちけぶり／ちけむり[血煙]。

粘りけのあるー 近代 ちのり[血糊]。近世 ちのり[血／生血]。

人のあぶらとー 中古 かうけつ[膏血]。

病毒に冒されたー 近代 どくち[毒血]。近世 をけつ[悪血／汚血]。中世 あくち[悪血]。

わずかに混入しているー せんけつ[潜血]。せんしゅっけつ[潜出血]。

ち【知】 近代 けうやう[教養]。そやう[素養]。ちせい[知性]。りち[理知]。中世 あたま[頭]。ち[知]。ちりょく[知力／智力]。づなう[頭脳]。中古 さいかく[才学／才覚]。さいち[才知／才智]。ちのう[知能／智能]。ちゑ[知恵／智恵]。上代 ちしき[知識／智識]。→**ちえ**

ち【地】 近代 アース(earth)。近世 ちしょ／ぢしょ[地所]。ぢべた[地]。ばしょ[場所]。中世 ろくぢ[陸地]。中古 せかい[世界]。だいち[大地]。ぢめん[地面]。とち[土地]。上代 さかひ[境]。その[園]。そのふ[園生]。ち[地]。つち[土]。

ーの神 近世 ぢがみ[地神]。中世 ちじん[地神]。中古 おほとこぬしのかみ[大地主神]。上代 くにつかみ[国神/地祇]。ちぎ[地祇]。

ーの恵み 近代 ちとく[地徳]。

ーの利 中古 ちり/ぢり[地利]。

所有し支配するー 中古 りゃうち[領地]。

ぢ【地】 近代 そち/そぢ[素地]。ほんせい[本性]。近世 ぢ[地]。ぢがね[地金]。中世 きぢ[生地/素地]。中古 したぢ[下地]。ほんしゃう[本性]。ほんたい[本体]。上代 しゃうたい[正体]。

ちあん【治安】 近代 こうあん[公安]。中世 あんぜん[安全]。へいわ[平和]。へいをん[平穏]。ほあん[保安]。中古 ちあん[治安]。上代 あんねい[安寧]。いうだう[有道]。たいへい[太平/泰平]。

ーの悪い地域 近代 あんこくがい[暗黒街]。

ちい【地位】 しょっかい[職階]。ステータス(status)。近代 いす[椅子]。くゎんとう[官等]。しかく[資格]。しんぶん[身分]。ちほ[地歩]。ポジション(position)。ポスト(post)。ゐち[位置/位地]。近世 かたがき[肩書]。しんしゃう[身上]。しんだい[身代]。みぶん[身分]。中世 くゎん[官]。しょたい[所帯]。ちゐ[地位]。ぶんざい[分際]。中古 くらゐ[位]。しな[品]。すぢ[筋]。ぶん[分]。上代 かいきふ[階級]。くゎんゐ[官位]。

《句》近代 千鈞(せんきん)も船を得ば則(すなは)ち浮かぶ。大木(喬木)は風に折らる[ー折られる]。近世 高木(かうぼく)風に憎まる。高木は風に折らる[ー折られる]。

ーが高く重要であること(人) 近世 たうろ[当路]。中古 けんえう[顕要]。

ーが高くなる 近代 えいしん[栄進]。しょうかく[昇格]。近世 じゃうしん[上進]。中世 いたる[至/到]。えいたつ[栄達]。きょす[挙]。きょたつ[挙達]。しゅっせ[出世]。中古 しょうしん[昇進/陞進]。なりあがる[成上]。のぼる[昇]。りっしん[立身]。

ーが次々と高くなる 近代 るいしん[累進]。

ーと権勢 近代 せいゐ[勢位]。

ーにつく 近代 をさまる[収/納]。はる[張]。中世 きょす[居]。すわる[座/坐/据]。中古 そなはる[具/備]。ゐる[居]。《謙》けがす[汚]。

ーにつける 近代 まつりあげる[祭上]。まつりこむ[祭込]。中世 そなふ(そなえる)[具/備]。中古 しすう[ーすえる][為据]。すう[すえる][据]。

ーにとどまるか辞めるか 近代 身の振り方。中世 しゅっしょしんたい[出処進退]。

ーに戻ること 近世 ふくゐ[復位]。中世 ふくき[復帰]。

ーや職務が変わること じんじいどう[人事異動]。

ーを失う 中世 しっきゃく[失脚]。

ーを失わせる 近代 ひめん[罷免]。めんしょく[免職]。めんちゅつ[免黜]。

ーを下げる かくさげ[格下]。こうかく[降格]。近代 めんちゅつ[免黜]。上代 さかう[左降]。させん[左遷]。

ーを失墜させる 近代 はうむりさる[葬去]。はうむる[葬]。

ーを退く たいじん[退陣]。近代 たいにん[退任]。中世 たいしょく[退職]。

ーを引き継ぐ 近代 あとがま[後釜]。近世 たふしふ[踏襲]。中古 つぐ[継]。ふむ[踏]。

ーを譲る 近代 席を譲る。

多くの人が目指すー 近代 ちくろく[逐鹿]。中原の鹿。

官僚が退職して関連の他団体のーにつく あまくだり[天下/天降]。

急に高いーにつく 近代 をどりでる[躍出]。

才能があってーが上がらないこと(人) 近代 えんたい[淹滞]。

才能がないのにーが高いこと 近世 桂馬(けいま)の高あがり。桂馬の高跳び。中世 沐猴(もくこう)にして冠す。中古 ひきょ[非拠]。

自分のーの程度 中世 ぶんざい[分際]。中古 みのほど[身程]。

重要なー 近世 おもやく[重役]。中世 しゅゐ[主位]。中古 えうろ[要路]。ぢゅうやく[重役]。

重要なーに用いること 近代 ぢゅうよう[重用]。近世 ちょうよう[重用]。

高いー 近代 えいゐ[栄位]。中世 えいしょく[栄職]。中古 けんくゎん[顕官]。上代 かうゐ[高位]。

高いーのシンボル ステータスシンボル(status symbol)。

他を押さえて高いーになる 近世 のしあがる[伸上]。

長く同じーにとどまる 中世 ゐすわる[居座/居坐]。

低いー 中世 げぢ[下地]。《謙》中古 ひくゎん[卑官]。

低いーにいること 近代 したづみ[下積]。

低いーの人 近代 したっぱ[下端]。近世 ざこ

／じゃこ[雑魚]。中世 こもの[小物]。中古 げす[下衆／下種]。

低い—の役人 近代 かきふくゎんり[下級官吏]。せうくゎんり[小官吏]。近世 こやくにん[小役人]。中世 したづかさ[下司]。中古 せうり[小吏]。

人よりも低い— 中古 かふう[下風]。

暇な— まどぎわ[窓際]。近代 かんしょく[閑職]。かんち[閑地]。

ふさわしい—につく 中古 所を得う〔—得る〕。

皆で盛り立てて—につける 近世 ようりつ[擁立]。

名目だけの— 近代 きょゐ[虚位]。近世 きょき[虚器]。

わずかな期間で終わった— 近代 みっかてんか[三日天下]。近世 みっかだいみゃう[三日大名]。

ちい【地異】 近代 いへん[異変]。ちい[地異]。ちへん[地変]。中古 ちえう[地妖]。てんぺん[天変]。上代 さいがい[災害]。てんさい[天災]。

ちいき【地域】 エリア(area)。近代 いっくゎく[一郭／一廓]。いったい[一帯]。く[区]。くくゎく[区画]。ゾーン(zone)。ちく[地区]。ちたい[地帯]。テリトリー(territory)。ブロック(block)。りゃうゐき[領域]。近世 くゐき[区域]。ちゐき[地域]。とち[土地]。中古 ち[地]。ちはう[地方]。上代 さかひ[境]。ところ[所／処]。

—の外 ちがい[地外]。

一般的でない限られた— ゲットー(ghetto)。

一般にまだ知られていない— 近代 ひきゃう[秘境]。中世 まきゃう[魔境]。

天子直轄の— 近世 くゎんだい／くゎんない[寰内]。上代 くゎんちゅう[寰中]。

ちいく【知育】 近代 くんいく[訓育]。けうだう[教道]。ちいく[知育／智育]。近世 いくえい[育英]。けういく[教育]。中世 けうくゎ[教化]。中古 をしふ〔おしえる〕[教]。上代 けうだう[教導]。

ちいさ・い【小】❶〈大小〉 マイクロ／ミクロ(micro)。ミニ(mini)。近代 こまい[細]。せうきぼ[小規模]。ちひちゃい[小]。べうこ[渺乎]。べうぜん[眇然]。べうべう[眇眇]。マイナー(minor)。わいせう[矮小]。近世 こぢんまり。こつぶ[小粒]。こはば[小幅]。こぶり[小振]。こまかし[細]。こまへ[小前]。こみづ[小水]。さまつ[瑣末／些末]。ちくい。ちっさい／ちっちゃい[小]。ちっぽけ。ちんまり。中世 けふせう[狭小]。こまごまし[細細]。さいじ[蕞爾]。ささい[些細]。中古 くく[区区]。こがた[小形／小型]。こまか[細]。こまやか[細／濃]。ささ[瑣瑣]。ささやか[細]。すこしき[少]。せう[小]。ちさし[小]。ちひさやか[小]。つぼし。ほどなし[程無]。上代 いささ[細小]。さし[狭]。ちひさし[小]。

《句》近代 大山（たいざん）(太山／泰山)鳴動して鼠一匹。大山(太山／泰山)も蟻穴（ぎけつ）より崩る。近世 滄海（さうかい）(蒼海)の一粟（いちぞく）。山椒（さんせう）は小粒でもぴりりと辛い。中世 轄（くさび）を以（も）って千里を駆く〔—駆ける〕。大海の一滴。

—・い家 中古 こへ[小家]。上代 をや[小屋]。→**いえ**

—・い石 近世 いしこ／いしなご[石子]。中世 さざれ[細]。上代 さざれいし[細]。→**いし【石】**

—・い川 上代 をがは[小川]。→**かわ【川】**

—・いことをゆるがせにしない 近代 ちくとうぼくせつ[竹頭木屑]。

—・いさま 近世 けつけつ[孑孑]。ちっこ。ちっぽけ。ちまちま。ちんまり。中古 さいさい[細細]。

—・い流れ 近世 いささせ[細瀬]。中世 せせらぎ／せせなぎ[細流／小流]。→**かわ【川】**

—・い波 中古 さざなみ[小波]。上代 ささなみ／さざれなみ[細波]。→**なみ【波】**

—・いひとみ 中古 すんぼう[寸眸]。

—・い舟 中古 はしぶね[端舟]。上代 さをぶね[小舟]。→**ふね**

—・い道 上代 こうぢ[小路]。→**みち【道】**

—・い峰 上代 さをを[小峰]。

—・くきびきびしているさま 中世 ちっこと。

—・くする しぼる[絞]。中古 せばむ〔せばめる〕[狭]。ひきしじむ[引縮]。

—・くてつまらないたとえ 中世 ろうぎ[螻蟻]。

—・くなる スケールダウン(scale down)。ゐしゅく[萎縮]。近代 しゅくせう[縮小／縮少]。近世 きょくてんせきち[跼天蹐地]。ちょちょこなる。中世 きょくそく[局促]。しじむ[蹙／縮]。すぼむ[窄]。すぼる[窄]。ちぢく〔ちぢける〕[縮]。ちぢむ[縮]。つづまる[約]。つぼまる／つぼむ[窄]。中古 きょくせき[跼蹐]。すばる[窄]。

—・くまとまっているさま 近世 こぢんまり。ちんまり。

—・くみすぼらしいこと 近世 ひんせう[貧小]。中古 ひんじゃく[貧弱]。

ー・く弱いこと 中世 せうじゃく[小弱]。中古 ねずみおひ[鼠生]。
一対のもののうちでー・い方 近世 め[雌]。
衣類や紙のー・いサイズを表す記号 エス(S／s)。エスサイズ(S size; small size)。エスばん[S判]。
恐れてー・くなる 近世 ゐしゅく[畏縮]。
限りなくー・いこと むげんしょう[無限小]。
極めてー・いこと きょくび[極微]。近代 きょくせう[極小]。近世 れいさい[零細]。こなみぢん／こみぢ[粉微塵]。中世 ごくせう[極小]。こみぢん[粉微塵]。しび[至微]。びせう[微小]。中古 ごくび[極微]。びさい[微細]。
極めてー・いもののたとえ 近代 いちぞく[一粟]。近世 あはつぶ[粟粒]。兎(う)の毛で突いた程。滄海(さうかい)の一粟(いちぞく)。大海の一粟(いちぞく)。中世 うのけ[兎毛]。けしつぶ[芥子粒]。せんがう[繊毫]。大海の一滴。中古 せうめい[焦螟／蟭螟]。九牛(きうぎう)の一毛。
声がー・い(さま) 近代 ぼそぼそ。中古 かぼそし[細]。ほそし[細]。
声をー・くする 中世 ひそむ〔ひそめる〕[潜]。
身体がー・いこと 近世 こがら[小柄]。こつぶ[小粒]。中世 せうしん[小身]。
土地がー・い 中世 けふあい[狭隘]。せましー[狭]。上代 せばし[狭]。
最もー・い 近世 さいせう[最小]。
▼接頭語的 ミニ(mini)。リトル(little)。近代 プチ(フランス petit)。まめ[豆]。中世 けし[芥子]。ひな[雛]。中古 ささ／さざ[細／小]。上代 いささ[細小／細／小]。こ／を[小]。ささら／さざれ[細]。

ちいさ・い【小】❷〈少ない〉 近代 きんせう[僅少]。マイナー(minor)。近世 こぐち[小口]。ほんの。中世 ささい[些細／瑣細]。させう[些少／瑣少]。中古 いささか[聊／些]。かるし[軽]。ささやか[細]。わづか[僅／纔]。上代 いささけし[聊]。すくなし[少]。

ちいさ・い【小】❸〈年少〉 近代 ちび。近世 ぐゎんぜなし[頑是無]。年端も行かぬ。裄丈(けよだ)もなし。中世 いたいけ[幼気]。こまい[細]。中古 えうせう[幼少]。じゃくねん[若年／弱年]。ちひさし[小]。ねんせう[年少]。をさなし[幼]。えうち[幼稚]。上代 いときなし／いとけなし[幼]。おときなし。

チーズ(cheese) 近代 フロマージュ(フランス fromage)。近世 かんらく[乾酪]。チーズ。
ーのいろいろ(例) カッテージチーズ(cottage cheese)。カマンベール(フランス camembert)。クリームチーズ(cream cheese)。スモークチーズ(smoked cheese)。ナチュラルチーズ(和製 natural cheese)。なまチーズ[生cheese]。パルメザンチーズ(Parmesan cheese)。プロセスチーズ(process cheese)。

チーフ(chief) トップ(top)。近代 キャップ／キャプテン(captain)。しゅにん[主任]。せきにんしゃ[責任者]。チーフ。ヘッド(head)。ボス(boss)。中古 かしら[頭]。

チーム(team) 近代 グループ(group)。しふだん[集団]。たい[隊]。だん[団]。だんたい[団体]。チーム。中世 くみ[組]。

ちえ【知恵】 ソフィア(ギリシャ sophia)。近代 インテリジェンス(intelligence)。けいびん[慧敏]。ちせい[知性]。づなう[頭脳]。りち[理知]。近世 きち[機知]。みゃう[明]。さいかく[才覚]。ゑみゃう[慧命]。ち[知]。中世 きてん[機転]。ちりき／ちりょく[知力／智力]。ちりょ[知慮／智慮]。中古 えいち[英知／叡知]。さいち[才知／才智]。じんち[人知／人智]。ちのう[知能／智能]。ちぶん[知分／智分]。ちゑ[知恵／智慧]。りゃく[略]。上代 さいかん[才幹]。ちしき[知識]。
《句》近代 知恵の持ち腐れ。知恵は小出しにせよ。近世 三人寄れば文殊の知恵。知者は惑はず勇者は恐れず。知恵は万代の宝。中世 知恵出でて大偽あり。
ーがあってかえって失敗すること 近代 ちゑまけ[知恵負]。
ーがないこと(人) ぬけ[抜]。近代 てんぽうせん[天保銭]。近世 くひゃく[九百]。よたよ[与太]。中世 ぐちむち[愚痴無知]。ふち[不知／不智]。上代 むち[無知／無智]。
ーと徳 上代 ちぎゃう[智行]。ちとく[知徳／智徳]。
ーと勇気 中古 ちゆう[知勇／智勇]。
ーのある人 近代 ちなう[知嚢／智嚢]。中世 けんせい[賢聖]。じゃうち[上知]。だいち[大知／大智]。中古 ちゑしゃ[知恵者]。いうち／うち[有知／有智]。せいけん[聖賢]。ちしゃ[知者／智者]。上代 けんじゃ[賢者]。けんじん[賢人]。
ーをことさらに示すこと 中世 ちゑだて[知恵立]。
浅はかなー 近代 あさぢゑ[浅知恵]。近世 まはりぢゑ[回知恵]。鼻の先。鼻の先知恵。中世 せんさい[浅才]。はしりぢゑ[走

知恵］。中古せんち［浅知／浅智］。たんさい［短才］。ひさい［菲才］。
後からの一《句》近世下衆(げす)の後知恵。下衆の知恵は後から。
ありったけの一 近代脳漿(なうしやう)を絞る。脳味噌を絞る。近世ちゑぶくろ［知恵袋］。
多くの人の一 中古しゅうち［衆知／衆智］。
奥深い一 中古しんち［深知／深智］。
奇抜な一 近代きち［奇知／奇智］。近世とんち［頓知／頓智］。
優れた一 近代しゅち［殊智］。中世じゃうち［上知］。たいち／だいち［大知／大智］。めいち［明智］。中古えいち［英知／英智／叡知／叡智］。
ずる賢い一 近世くゎっち［猾知／猾智］。ねいち［佞知／佞智］。
世俗の一 近世うろち［有漏智］。中世せち［世知］。
巧みな一 近世かうち［巧知／巧智］。
とっさに働く一 近世とんち［頓智／頓知］。めはし［目端］。
仲間で一番一のある人 近世ちゑぶくろ［知恵袋］。
仏の一 中古ぼだい［菩提］。上代ふかしぎ［不可思議］。ぶっち［仏智］。
煩悩(ぼんのう)に打ち勝つ一 中世りけん［利剣］。中古ちけん［智剣］。ゑけん［慧剣］。智慧の剣(けん)。
昔の人の一 近世こち［故知／故智］。
よこしまな一 かんち［奸智／姦智／奸知］。近世わるぢゑ［悪知恵／悪智慧］。中世じゃち［邪知／邪智］。
チェーン(chain) 近代チェーン。れんさ［連鎖］。上代くさり［鎖］。
チェック(check) ❶〈点検〉近代けんさ［検査］。チェック。近世てんさ［点査］。中世けんぶん［検分／見分］。上代てんけん［点検］。
チェック(check) ❷〈格子〉→**しまもよう**
ちえん【遅延】 近代えんき［延期］。くりのべ［繰延］。近世ひのべ［日延］。中世ちたい［遅滞］。のびのび［伸伸／延延］。中古えんいん［延引］。えんたい［延滞／淹滞］。おくる［おくれる］［遅］。ちえん［遅延］。ながびく［長引］。
チェンジ(change) 近代かうくゎん［交換］。チェンジ。近世てんくゎん［転換］。へんくゎん［変換］。中世いれかはる［入替］。きりかへ［切換］。すりかふ［─かえる］［掏替］。中古けうたい［交代／交替］。上代かうたい［交代／交替］。とりかふ［─かえる］［取替／取換］。へんかう［変更］。→**かえる**
ちか【地下】 近代ちてい［地底］。中世こんりんざい［金輪際］。ぢちゅう［地中］。どちゅう［土中］。中古ちか［地下］。ちちゅう［地中］。上代きうち［九地］。そこつした［底下］。
一の国 上代かたすくに［堅洲国］。したつくに［下国］。したへ［下辺］。そこのくに［底国］。ねのくに［根国］。根の堅洲国(かたすくに)。底つ根の国。
一の水 じゆうちかすい［自由地下水］。ちすい［地水］。ちゅうすい／ちゅうみず［宙水］。ひあつちかすい［被圧地下水］。近代ちかすい［地下水］。ぢみづ［地水］。近世くゎうせん［鉱泉］。れいせん［冷泉］。中古すいみゃく［水脈］。上代をんせん［温泉］。→**いずみ**
一の道 近代ちかだう［地下道］。ちだう［地道］。トンネル(tunnel)。
一を走る電車 サブウエー(subway)。メトロ(フランス métro)。近代ちかてつ［地下鉄］。
ちか【治下】 とうちか［統治下］。近代ちか［治下］。近世しはいか［支配下］。
ちかい【誓】 近世かねうち／きんちゃう［金打］。中世きしゃう［起請］。せいやく［誓約］。めいやく［盟約］。中古せいめい［誓盟］。やくそく［約束］。上代うけひ［誓］。ちかひ［誓］。
一の固さのしるし 近代けつめい［血盟］。近世いちみれんぱん［一味連判］。けっしょ［血書］。しんもんてっくゎ［神文鉄火］。ちがき［血書］。ちざけ［血酒］。腕を突く。腕を引く。中世けっぱん［血判］。中古血を歃(すす)る。
一の言葉 近世うけひごと［誓言］。せいし［誓詞］。中世せいげん［誓言］。ちかひごと［誓言］。中古かねこと／かねごと［予言］。せいごん［誓言］。ちかごと［誓言］。
一の言葉を書いた文 近世うけひぶみ［誓書］。せいしょ［誓書］。中世きしゃうもん［起請文］。せいし［誓紙］。せいぶん／せいもん［誓文］。中古ちかごとぶみ［誓言文］。
一の言葉を述べること 近代せんせい［宣誓］。
一の水 中世じんすい［神水］。
一を立てること 近世せいもんだて［誓文立］。ちかひだて［誓立］。上代ことだて［言立］。
一を立てる時の言葉 近世けいせいみゃうが［傾城冥加］。しょてんさんぼう［諸天三宝］。だいせいもん［大誓文］。中世みゃうが［冥加］。冥加有らせ給へ。

偽りの— 近世 そらぎしゃう[空起請]。そらせいもん[空誓文]。

神仏に—を立て祈願すること 中世 ぐゎんだて[願立]。中古 きせい[祈誓／祈請]。上代 せいぐゎん[誓願]。

ちか・い【近】❶〈場所〉 ちかば[近場]。近代 きんじょきんぺん[近所近辺]。きんせつ[近接]。ちかま[近間]。ひざもと[膝元／膝下]。びせふ[眉睫]。ふきん[付近]。みぢか[身近]。もくせふ[目睫]。目睫もくせふの間かん。近世 あたりとなり[辺隣]。いちいたいすい[一衣帯水]。かいわい[界隈]。きんきょり[近距離]。きんざい[近在]。しうへん[周辺]。しこ[指呼]。ちかまはり[近回]。ぢき[直]。てぢか[手近]。となりきんじょ[隣近所]。ばうきん[傍近]。もより[最寄]。目と鼻の先(間)。中世 きんじょ[近所]。きんばう[近傍]。ちかく[近]。ちかぢか[近近]。てもと[手元]。まぢか[間近]。中古 かたはら[傍]。きんぺん[近辺]。きんりん[近隣]。きんきん[近近]。ざいう／ざう[座右]。しせき[咫尺]。そば[側]。つら[面／頰]。ほどちかし[程近]。ほとり[辺／畔]。上代 あたり[辺]。ちかし[近]。まちかし[間近]。《枕》上代 いはばしの[石橋]。

—・いさま 中古 ちかやか[近]。

—・いのに 中古 ちかながら[近]。

—・く感じられる 中古 けぢかし[気近]。

—・くで寄り合う 近代 鼻を突き合はせる。鼻を突く。

—・くと遠く 近世 ゑんじ[遠邇]。上代 ゑんきん[遠近]。

—・くにある 近代 きんせつ[近接]。近世 ひかふ〔ひかえる〕[控]。

—・くに人がいる気配 中古 ひとぢかし[人近]。

—・くの村 近代 きんきゃう[近郷]。中世 きんがう[近郷]。

音が—・い 中古 みみぢかし[耳近]。

ごく—・い ちょっきん[直近]。近代 目睫もくせふの間かん。近世 しきん[至近]。ひとあし[一足]。中古 まぢかし[間近]。影踏むばかり。

ちか・い【近】❷〈近似〉 近代 きんじ[近似]。近世 そっくり。似たり寄ったり。中世 だいどうせうい[大同小異]。上代 ちかし[近]。にる[似]。

ちか・い【近】❸〈時間〉 ぼつぼつ。近世 いまに[今]。そのうち[其内]。そろそろ。ぢきに[直]。とほからず[遠]。中世 おっつけ。きんじつ[近日]。中古 おって[追／追而]。きんきん／ちかぢか[近近]。ふじつ[不日]。もくぜん[目前]。上代 ちかし[近]。

ちか・い【近】❹〈間柄〉 →したし・い

ちがい【違】 いしつ[異質]。かくさ[格差]。ごさ[誤差]。さ[差]。らくさ[落差]。近世 くひちがひ[食違]。ずれ。中世 いどう[異同]。さい[差異]。さゐ[差違]。ちがひ[違]。わけ[分／別]。中古 けぢめ。さうい[相異]。さうゐ[相違]。

—がはっきりしている 中世 きはだつ[際立]。

—がわずかであること 鼻の差。近代 せうさ[小差]。中世 かみひとへ[紙一重]。せうい[小異]。

大きな—がある 近代 かけへだたる[懸隔／駆隔]。たいさ[大差]。相撲にならない。近世 うってんばってん／うんてんばんてん。うんじゃう[雲壌]。げつべつ[月鼈]。てんえん[天淵]。とびちがふ[飛違]。駿河するがの富士と一里塚。霄壌せうじゃうの差。提灯ちゃうちんに釣鐘。月と鼈すっぽん。膝枕と頰杖。氷炭相容れず。瓢簞へうたんに釣鐘。中世 けんぜつ[懸絶]。せうじゃう[霄壌]。うんでいばんり[雲泥万里]。中古 うんでい[雲泥]。かけはなる[掛離／懸離]。こよなし。

それぞれ—があること 中古 くく[区区]。まちまち[区区]。

ちがいな・い【違無】 近世 ちがひなし[違無]。まちがひなし[間違無]。中世 さうゐなし[相違無]。中古 ものぞ／ものぞかし。上代 らし。

—・いようだ 中世 べかんめり。中古 べかめり。

ちか・う【誓】 近代 けっしん[決心]。中世 かねうつ[金打]。きんちゃう[金打]。中古 きす[期]。ちぎる[契]。やくそく[約束]。上代 ちかふ[誓／盟]。

—・って 雨が降ろうが槍が降ろうが。雨が降ろうと槍が降ろうと。間違いなく。近代 ぜったいに[絶対]。近世 かならずや[必]。きっと[急度／屹度]。是が非でも。せいもんくされ[誓文腐]。中世 あたごはくさん[愛宕白山]。せいもん[誓文]。はちまん[八幡]。ゆみやはちまん[弓矢八幡]。神掛けて。どうしても。上代 かならず[必]。

固く—・う 中古 血を歃すする。

言葉に出して—・う 近代 せんせい[宣誓]。上代 ことだつ[言立]。

ちが・う【違】❶〈異なる〉 近代 こと／ことなる[異]。異にする。事変はる。中世 くひちがふ[食違]。中古 くゎいゐ[乖違]。ちがふ[違]。さうい[相異]。さうゐ[相違]。上代

たがふ［違］。→**ちがい**

—・うようにさせる　ちがわせる［違］。中世 ひきちがふ［—ちがえる］［引違］。中古 ひがむ［僻］。ひきたがふ［引違］。上代 たがふ［たがえる］［違］。

—・ったありさま　中古 ことざま［異様］。ことやう［異様］。さまこと［様異］。

—・った形　近代 いけい［異形／異型］。中古 いぎゃう［異形］。

—・った性質　いしつ［異質］。

—・った風俗　中古 あらぬさま［有様］。いぞく［異俗］。しゅぞく［殊俗］。

—・っている所　中世 かはりめ［変目］。中古 たがひめ［違目］。

事実と—・っているさま　中古 ひがざま［僻様］。

ちが・う【違】❷〈間違う〉　近代 エラー(error)。くゎご［過誤］。しっぱい［失敗］。近世 まちがふ［—ちがへる］［間違］。やりそこなふ［遣損］。中世 しそんず［仕損］。やりそんず［遣損］。ちがふ［違］。ふかく［不覚］。中古 あやまつ［過］。あやまる［誤］。上代 くゎしつ［過失］。さくご［錯誤］。

ちが・う【違】❸〈否定〉　ナイン(ドイツ nein)。近代 いいえ。いえ。ノー(no)。ノン(フランス non)。近世 いやさ。中世 いいや。中古 あらず［非］。いでや。なにか［何］。上代 いで。いな／いなや［否］。

ちかく【地殻】　近代 ちかく［地殻］。中世 ちばん［地盤］。中古 ちへう［地表］。

—が波状になること　近代 しうきょく［皺曲］。しふきょく［褶曲］。

—の相対的な上下　ぞうりくうんどう［造陸運動］。近代 ちんかう［沈降］。中世 りゅうき［隆起］。

—の中の高温の水　ねっすい［熱水］。

—の表面が傾く運動　近代 けいどう［傾動］。

ちかく【知覚】　パーセプション(perception)。近代 かんじ［感］。ごかん［五感］。センス(sense)。にんしき［認識］。にんち［認知］。近世 かんかく［感覚］。中世 いしき［意識］。ちかく［知覚］。

—が鈍る　近代 ぼける［惚／呆］。近世 もうろく［耄碌］。中古 ほうく［ほうける］［惚／耄／蓬］。ほく［ほける］［惚／呆］。

ちかごろ【近頃】　こんせつ［此節］。近代 けいらい［頃来］。さいきん［最近］。近世 きゃうじつ［頃日］。きんこん［近今］。けふび［今日日］。このあひだ［此間］。このところ［此所］。たうせつ［当節］。ばんきん［輓近］。中世 いまどき［今時］。いまほど［今程］。きゃうねん／けいねん［頃年］。きんじ［近時］。きんだい［近代］。きんねん［近年］。このひだ［此間］。ちかごろ［近頃／近比］。中古 きのふけふ［昨日今日］。きんらい［近来］。けいじつ［頃日］。このごろ［此頃］。このほど［此程］。さくこん［昨今］。上代 けのころごろ［日頃頃］。このころ［此頃］。たうこん［当今］。→**このごろ**

—つくった詩歌や文　近代 きんじふ［近什］。

—の状況　近代 きんきゃう［近況］。きんじゃう［近情］。近世 きんじゃう［近状］。

—の出来事　近代 きんじ［近事］。

ちかし・い【近】　→**したし・い**

ちかぢか【近近】　→**ちか・い❶❸**

ちかづき【近付】　近代 せっしょく［接触］。中世 ちかづき［近付］。つきあひ［付合］。まじはり［交］。中古 かうくゎん［交歓］。

ちかづ・く【近付】　アプローチ(approach)。近代 せっきん［接近］。ふきん［付近／附近］。近世 きんせつ［近接］。はひよる［這寄］。中世 すべりよる［滑寄］。ちかよる［近寄］。中古 いひよる［言寄］。さしよる［差寄］。たちよる［立寄］。とよる［寄］。よりつく［寄付］。上代 きむかふ［来向］。せまる［逼／迫］。ちかづく［近付］。よす［寄］。よる［寄］。

—・かせる　→**ちかづ・ける**

—・かないこと　近代 けいゑん［敬遠］。

—・き難いさま　ちかよりがたい［近寄難］。近代 しゅんけん［峻険／峻嶮］。中古 おごそか［厳］。けだかし［気高］。げんぜん［厳然／儼然］。

—・くと劣って見える　中古 ちかおとり［近劣］。

—・けて触れ合わせる　中世 きしる［軋／轢］。

家に—・く　上代 いへつく［家着］。

追い掛けて—・く　近代 おひせまる［追迫］。

季節や時が—・く　中世 むかふ［向］。上代 かたまく［片設］。さる［去］。

親しんで—・く　中古 なれよる［馴寄］。

じわじわと—・く　中世 ねぢよる［捩寄］。

そっと—・く　中古 すべりよる［滑寄］。

互いに—・く　中古 あゆみよる［歩寄］。上代 よりあふ［寄合］。

ちょっと—・く　中古 とよる［寄］。

時が—・く　中世 むかふ［向］。

這(は)うようにして—・く　中古 はひよる［這寄］。

密かに—・く　中古 しのびよる［忍寄］。はひよる［這寄］。

触れるほど—・く　近世 すりよる［擦寄／摩

寄］。中世せっす［接］。

拠(よ)り所として―・く 中古よりつく［寄付］。

ちかづ・ける【近付】 中世せっす［接］。ちかづく［―づける］［近付］。ちかよす［―よせる］［近寄］。中古さしよす［差寄］。ひく［引］。よせつく［―つける］［寄付］。上代よす［寄］。

ちかみち【近道】 ショートカット(shortcut)。近代せふろ［捷路］。ちかまはり［近回］。近世すぐぢ［直道］。ぬけみち［抜道］。中世うらみち［裏道］。せふけい［捷径］。ちかみち［近道］。ぢきろ［直路］。はやみち［早道］。わきみち［脇道］。中古かんだう［間道］。上代すぐみち［直道］。ただち［直路］。

ちがや【茅】 近代しらはぐさ［白葉草］。上代ち［茅］。ちがや［茅／茅萱］。ちばな［茅］。

―と茨(いばら) 中古ばうし［茅茨］。

―の生えている所 上代ちふ［茅生］。

―の花 上代ちばな［茅］。つばな［茅花］。

丈の低い― 中古あさぢ［浅茅］。

ちかよ・る【近寄】 →ちかづ・く

ちから【力】 ダイナミズム(dynamism)。ボルテージ(voltage)。近代あつりき／あつりょく［圧力］。エネルギー(ドイツ Energie)。かうりょく［効力］。かぢゅう［荷重］。くゎつどうりょく［活動力］。くゎつりょく［活力］。げんどうりょく［原動力］。けんりき／けんりょく［権力］。ストレングス(strength)。はくりょく［迫力］。ばりき［馬力］。パワー(power)。ひりょく［臂力］。フォース(force)。わんりょく［腕力］。ゐりょく［偉力］。近世せいこん［精根］。たいりょく［体力］。どうりょく［動力］。のうりょく［能力］。中世うで［腕］。さよう［作用］。じつりょく［実力］。せいりょく［勢力］。そこ［底］。りきりゃう［力量］。わんりき［腕力］。中古きりょく［気力］。せい［勢］。ゐりょく［威力］。上代いきほひ［勢］。きんりょく［筋力］。せいりき［勢力］。たぢから［手力］。ちから［力］。

《句》近代力(ちから)山を抜き気は世を蓋(おほ)ふ。近世色男金と力は無かりけり。

―があること →ちからづよ・い

―がないこと 近代じゃくせう［弱小］。近世ひよわ［弱］。ひりき／ひりょく［非力］。中世ぶりょく［無力］。中古なんじゃく［軟弱］。むりょく［無力］。上代よわし［弱］。

―がなくなる 中世しらむ［白］。すいじゃく［衰弱］。中古なゆ［なえる］［萎］。

―が抜けたさま ぐたっと。ぐにゃっと。近代へなへな。近世がっくり。ぐったり。ぐにゃぐにゃ。ぐにゃり。ぐんにゃり。中世ぐなぐな。ぐんなり。へろへろ。

―自慢 近代うでじまん［腕自慢］。近世ちからじまん［力自慢］。ちからだて［力立］。

―で得た権力 近代はけん［覇権］。

―に余る 近世てあます［手余］。

―の入れ加減 近世てかげん［手加減］。

―の及ぶ範囲 近代せいりょくけん［勢力圏］。せいりょくはんゐ［勢力範囲］。テリトリー(territory)。りゃうゐき［領域］。近世なはばり［縄張］。中世りゃうぶん［領分］。

―の限り そうりょく［総力］。近代きょくりょく［極力］。しゃちほこだち［鯱立］。ぜんしんぜんれい［全身全霊］。ちからづくし［力尽］。りきかう［力行］。近世せいいっぱい［精一杯］。ちからいっぱい［力一杯］。できるだけ。中世がうりき［協力］。ちからまかせ［力任］。ちからまさり［力勝］。りょくかう［力行］。

―の単位 エヌ(N／n)。グラムじゅう［gram重］。近代ばりき［馬力］。

―の釣り合いがとれないこと 《句》近世泥鰌(どぢやう)の地団駄。中古蟷螂(たうらう)の斧。竜車(りゆうしや)に向かふ蟷螂(たうらう)の斧。

―の程度を試すこと 近代テスト(test)。近世うでだめし［腕試］。しけん［試験］。中世ちからだめし［力試］。

―を合わせること 近代けふてう［協調］。けふどう［協同］。けふりょく［協力］。手を取り合って。近世きょうどう［共同］。けっそく［結束］。中世もちあひ［持合／保合］。中古けったく［結託／結托］。りくりょく［戮力］。

―を入れる 近代力を込める。近世いきばる［息張］。いきむ［息］。はりこむ［張込］。りきむ［力］。中世いけむ［息］。きばる［気張］。精を出す。力を立つ。

―を入れるさま 近代ぎゅっと。ぎりぎり。ぐんと。しっかと。ぐいと。しっかり。中世ぐっと。じっと。近世うんと。みしと［緊］。

―を入れる時の掛け声(例) 近代うんうん。えっさ。えっさっさ。えんやこら。む。よいしょ。近世うん。えいやらやあ。えっ。えんやらや。やっこらさ。中世えい。えいえい。えいえいおう。えいや。えいやっと。

―を入れる時の声 えいごゑ［声］。えいやごゑ［声］。中世えいえいごゑ［声］。

—を入れる所 さようてん［作用点］。近代 してん［支点］。りきてん［力点］。
—を奪う 中古 なやす［萎］。
—を競うこと 近世 うでずまふ［腕相撲］。中世 うでおし［腕押］。うでくらべ［腕競］。かくてい［角觝／角抵］。中古 かくりょく［角力］。すまひ［相撲］。上代 ちからくらべ［力競］。
—を加える 中古 しをる［責］。
—を出したく思う 近代 いきごむ［意気込］。いきほひこむ［勢込］。ふるひたつ［奮立］。腕が鳴る。腕を鳴らす。腕を撫ぶす。髀肉ひにくの嘆を託かこつ。近世 いさみたつ［勇立］。腕に縒よりをかける。中世 むずむず。腕をさする。
—を出す 近世 はっき［発揮］。中古 ふるふ［振揮］。
—を使い果たす ちからつきる［力尽］。油が切れる。中世 弓折れ矢尽く（—尽きる）。
—を使う仕事 近代 ちからしごと［力仕事］。りきえき／りょくえき［力役］。近世 あらしごと［荒仕事］。あらわざ［荒業］。中古 ちからわざ［力業］。
—を尽くす 近代 じんりょく［尽力］。中世 じんりき［尽力］。ほねをり［骨折］。
—を付ける 中世 げきれい［激励］。上代 いさむ［勇］。はげます［励］。
いざというときの— 近代 そこぢから［底力］。
簡潔で—があること 近世 かんけい［簡勁］。
経験豊富で—のある人 ベテラン（veteran）。近世 こがう［古豪］。中世 ふるつはもの［古兵／古強者］。
自分ひとりの— 近代 じりょく［自力］。近世 びりき［微力］。中世 いちりき［一力］。じりき［自力］。どくりょく［独力］。びりょく［微力］（へりくだって言う語）。
神秘的な— 中世 じんつうりき／じんづうりき［神通力］。中古 じんづう［神通］。つうりき［通力］。上代 くしび［奇］。しんりき／じんりき［神力］。
戦う— ぐんじりょく［軍事力］。近代 ぐんりょく［軍力］。せんとうりょく［戦闘力］。せんりょく［戦力］。近世 へいりょく［兵力］。
ちょっとした— 近世 こぢから［小力］。中古 ぶりょく［武力］。
反対に押し返す— 近代 はんさよう［反作用］。はんぱつりょく［反発力／反撥力］。
人の後ろで—を出して助ける 近代 こうゑん［後援］。近世 こしおし［腰押］。しりおし［尻押］。しりもち［尻持］。
人のために—を出す 近代 サポート（support）。じょりょく［助力］。しゑん［支援］。ちからぞへ［力添］。ヘルプ（help）。近世 かせい［加勢］。がふりき／がふりょく［合力］。じょせい［助勢］。じょりき［助力］。肩を脱ぐ。手を貸す。中世 かふりょく［合力］。すけだち［助太刀］。てだすけ［手助］。てつだふ［手伝］。よどう［与同］。中古 ゑんじょ［援助］。上代 たすく（たすける）［助］。
人よりも—が強いこと 中世 ちからまさり［力優］。
人よりも—が弱いこと 中世 ちからおとり［力劣］。ちからまけ［力負］。

ちからづよ・い【力強】 近代 がうぜん［豪然］。せいかん［精悍］。パワフル（powerful）。中世 したたか［強］。中古 たくまし［逞］。ちからぢからし［力力］。ちからづよし［力強］。鼎かなへを扛あぐ（—扛げる）。上代 おこごし。おごし［厳］。つよし［強］。

—・いこと 近代 きゃうりょく［強力］。くそぢから［糞力］。くゎいりき［怪力］。近世 くっきゃう［屈強］。せんにんりき［千人力］。ばかぢから［馬鹿力］。ひゃくにんりき［百人力］。やぶぢから［藪力］。ゆうくゎい［雄快］。ゆうこん［雄渾］。ゆうりき［勇力］。中世 いうりょく［有力］。きゃうだい［強大］。くきゃう／くっきゃう［究竟］。くゎいりょく［怪力］。だいりき［大力］。りきりゃう［力量］。中古 がうりき［強力／剛力／豪力］。たりょく［多力］。ゆうりょく［勇力］。

—・いさま 近代 がっちり。ぐんぐん。近世 がっしり。ぐいぐい。

—・い人 近代 ちからもち［力持］。近世 がうのもの［剛者］。だいりきしゃ［大力者］。りきしゃ［力者］。中世 かうのもの［剛者］。がうりき［強力］。したたかもの［強者］。ちからまさり［力勝］。りきじん［力人］。中古 りきし［力士］。上代 ちからびと［力人］。

筆跡や文章が—・い 近世 さうけい［蒼勁］。ゆうこん［雄渾］。中世 しうけい［遒勁］。ゆうけん［雄健］。

ちかん【弛緩】 →しかん【弛緩】

ちかん【置換】 コンバート（convert）。近代 おきかへる［置換］。かうくゎん［交換］。くゎんち［換置］。ちくゎん［置換］。とりかへ［取換／取替］。近世 てんくゎん［転換］。へんくゎん［変換］。

ちき【知己】 近代 かほなじみ［顔馴染］。しりあひ［知合］。ぞんじより［存寄］。中世 さうし

き[相識]。ちじん[知人]。なじみ[馴染]。しるひと[知人]。しんいう[親友]。ちいう[知友]。ちいん[知音]。ちこ[知己]。上代 ちき[知己]。中古 こころしり[心知]。さうち[相知]。

ちき【稚気】 どうしん[童心]。近代 ちき[稚気]。てんいむほう[天衣無縫]。むじゃき[無邪気]。近世 こどもごころ[子供心]。中古 をさなごこち[幼心地]。をさなごころ[幼心]。

ちきゅう【地球】 近代 アース(earth)。こんよ[坤輿]。こんゑんきう[渾円球]。近世 ちきう[地球]。ぢたい[地体]。よち[輿地]。中古 たいくゎい[大塊]。だいち[大地]。はうよ[方輿]。

―的であるさま グローバル(global)。近代 せかいてき[世界的]。

―の運動 近代 こうてん[公転]。近世 じてん[自転]。中世 ちどう[地動]。

―の各部の名称(例) コア(core)。プレート(plate)。マントル(mantle)。近代 けいせん[経線]。しごせん[子午線]。ちそう[地層]。近世 たいけん[大圏]。ちしん[地心]。中古 ちぢく[地軸]。

―の固体部分 近代 がんけん[岩圏]。がんせきけん[岩石圏]。

―の表面 近代 ちかく[地殻]。近世 ちひ[地皮]。中世 ぢばん[地盤]。中古 ちへう[地表]。ぢめん[地面]。

―の表面の液体部分 中世 すいかい[水界]。すいけん[水圏]。

―の模型 近世 ちきうぎ[地球儀]。

ちぎ・る【契】 中世 けいやく[契約]。ちなむ[因]。中古 ちかふ[誓]。やくそく[約束]。上代 ちぎる[契/期]。

男女が―・る 近代 うんう[雲雨]。近世 てうんぼう[朝雲暮雨]。中世 ちなむ[因]。中古 うちかたらふ[打語]。かたらふ[語]。上代 みあふ[御合]。枝を交はす。

男女が初めて―・る 中古 みそむ[―そめる][見初]。

夫婦(主従)が―・ること 近世 かため[固]。

別れていた男女がめぐり合って―・る 中世 井手(でゐ)の下帯(したおび)。

ちぎ・る【千切】 ぶっちぎる[打千切]。近世 もぎりとる[捥取]。もぎる[捥]。中世 ちぎる[千切]。ひっちぎる[引千切]。もぎとる[捥取]。中古 ひきちぎる[引千切]。

ちぎ・れる【千切】 近代 すんれつ[寸裂]。中世 ちぎる[ちぎれる][千切]。もぐ[もげる][捥]。

―・れた一片 近代 だんぺん[断片]。近世 きれっぱし[切端]。ちぎれ[千切]。中世 きりくづ[切屑]。きりはし/きれはし[切端]。

―・れた雲 近代 ちぎれぐも[千切雲]。中古 へんうん[片雲]。上代 だんうん[断雲]。

ちく【地区】 近代 くかん[区間]。くくゎく[区画]。ゾーン(zone)。ちく[地区]。りゃうゐき[領域]。近世 くゐき[区域]。ちゐき[地域]。中古 ちはう[地方]。

ちくいち【逐一】 近代 ちくじ[逐次]。中世 じゅんじ[順次]。ちくいち[逐一]。→**ちくじ**

ちぐう【知遇】 近代 いうぐう[優遇]。くゎんたい[歓待]。近世 いうたい[優待]。こうぐう[厚遇]。ちぐう[知遇]。中世 ちぐう[値遇]。

ちくざい【蓄財】 ざいテク[財technology]。近代 しょくざい[殖財]。しょくさん[殖産]。ちょきん[貯金]。ちょざい[貯財]。つみたて[積立]。よきん[預金]。りしょく[利殖]。近世 たむ[ためる][溜]。ちくざい[蓄財]。中古 たくはふ[―わえる][貯/蓄]。上代 くゎしょく[貨殖]。しょくくゎ[殖貨]。

ちくさん【畜産】 ひいく[肥育]。らくのう[酪農]。近代 いうぼく[遊牧]。しいく[飼育]。ぼくちく[牧畜]。近世 ぼくやう[牧養]。中世 ちくやう[畜養]。中古 はうぼく[放牧]。上代 かふ[飼]。しやう[飼養]。ちくさん[畜産]。

ちくじ【逐次】 近代 ちくじ[逐次]。順を追って。近世 じゅんぐり[順繰]。じゅんじゅんに[順順]。中世 じゅんじ[順次]。ちくいち[逐一]。中古 しだいに[次第]。つぎつぎに[次次]。ひとつひとつ[一一]。

ちくしょう【畜生】 近代 アニマル(animal)。かちく[家畜]。じう[獣]。じうるい[獣類]。どうぶつ[動物]。中世 しそく[四足]。ちくるい[畜類]。中古 けもの[獣]。ちくしゃう[畜生]。ばうしゃう[傍生]。やじう[野獣]。よつあし[四足]。上代 うしうま/ぎうば[牛馬]。けだもの[獣]。しし[獣/鹿/猪]。→**けだもの**

ちくせき【蓄積】 近代 しふせき[集積]。しゅうせき[聚積]。ストック(stock)。つみたて[積立]。近世 たむ[ためる][溜]。るいせき[累積]。中古 ちょざう[貯蔵]。上代 たくはへ[貯]。ちくせき[蓄積]。

ちくぞう【築造】 近代 きづきあげる[築上]。けんせつ[建設]。けんざう[建造]。けんりつ[建立]。近世 けんちく[建築]。こうちく[構築]。しんちく[新築]。ちくざう[築

造］。つくりあぐ〔―あげる〕［造上］。〈中世〉ふしん［普請］。〈中古〉こんりふ［建立］。〈上代〉きづく［築］。ざうえい［造営］。たつ〔たてる〕［建］。つくる［造］。

ちくでん【逐電】 しっせき［失跡］。とんずら。〈近代〉エスケープ(escape)。しっそう［失踪］。たうばう［逃亡］。どろん。行方を晦（くら）ます。〈中世〉かけおち［駆落／駈落］。しゅっぽん［出奔］。〈中古〉くもがくれ［雲隠］。ちくてん／ちくでん［逐電］。身を隠す。〈上代〉たうそう［逃走］。とんそう［遁走］。にぐ〔にげる〕［逃］。

ちくねん【逐年】 〈中世〉まいねん［毎年］。〈中古〉ちくねん［逐年］。ねんねん［年年］。

ちぐはぐ アンバランス(unbalance)。いわかん［違和感／異和感］。〈近代〉いきちがひ／ゆきちがひ［行違］。とんちんかん。ふきんかう［不均衡］。〈近世〉かたちぐ［片］。がっくりそっくり。ぐいち［五一］。くひちがひ［食違］。ちぐはぐ。ふぞろひ［不揃］。ふつりあひ［不釣合］。〈中世〉ゐわ［違和］。→ふつりあい

ちくび【乳首】 にゅうしゅ［乳首］。〈近代〉ちちくび［乳首］。にゅうし［乳嘴］。〈近世〉にゅうとう［乳頭］。〈中世〉ち［乳］。ちくび［乳首］。

―周りの褐色の輪状部 にゅううん［乳暈］。〈近世〉にゅうりん［乳輪］。

ちけい【地形】 ちそう［地相］。〈中世〉ちけい［地形］。〈中古〉ちぎゃう［地形］。〈上代〉ちせい［地勢］。

―を表す図 ちけいず［地形図］。りくず［陸図］。

チケット(ticket) 〈近代〉けん［券］。じょうしゃけん［乗車券］。にふぢゃうけん［入場券］。〈近世〉きっぷ［切符］。チケット。

ちご【稚児】 〈中世〉どうぎゃう［童形］。もうとう［毛頭］。〈中古〉ちご［稚児］。

―の舞い 〈近世〉ちごまひ［稚児舞］。〈中古〉わらはまひ［童舞］。

祭礼などで―が練り歩くこと 〈近代〉ちごぎゃうだう［稚児行道］。〈近世〉おちごなり［御児成］。

祭礼のときの― 〈中世〉てんどう［天童］。

ちこく【治国】→ちせい【治世】

ちこく【遅刻】 〈近世〉おそまき［遅蒔］。ちこく［遅刻］。のりおくれ［乗遅］。〈中世〉ちたい［遅滞］。〈中古〉ちえん［遅延］。ちさん［遅参］。おくる〔おくれる〕［遅］。

ちしき【知識】 インフォーメーション／インフォメーション(information)。エピステーメー（ギリシャ epistēmē）。〈近代〉うんちく［蘊蓄／薀蓄］。けうやう［教養］。そやう［素養］。〈近世〉がくしき［学識］。がくしょく［学殖］。ちけん［知見／智見］。もじ［文字］。〈中世〉こころえ［心得］。こしつ／こじつ［故実］。ざうけい［造詣］。たしなみ［嗜］。〈中古〉けんもん［見聞］。けんぶん［見聞］。さいかく／さいがく／ざいがく［才覚］。〈上代〉がく［学］。ちしき［知識］。

《句》〈近世〉百様を知って一様を知らず。

―が多方面であること 〈中古〉くゎうはく［広博］。

―が中途半端なこと 〈近世〉はんち［半知］。

―が開け進歩すること 〈近世〉かいめい［開明］。

―が不十分であること 〈近代〉にんしきぶそく［認識不足］。

―が豊かなこと 〈近世〉たしき［多識］。〈中古〉はくぶつ［博物］。はくぶん［博聞］。はくらん［博覧］。〈上代〉はくがく［博学］。

―が豊かな人 〈近代〉いうしきしゃ［有識者］。インテリ／インテリゲンシャ／インテリゲンチャ（ロシア intelligentsiya）。ちしきじん［知識人］。ハイブラウ／ハイブロー(highbrow)。ぶんくゎじん［文化人］。〈上代〉しきしゃ［識者］。

―と才能 〈中古〉ちのう［知能／智能］。

―と道徳 〈上代〉ちとく［知徳／智徳］。

―や学問のないこと 〈近代〉むけうやう［無教養］。〈近世〉むちゃ［無茶］。やみ［闇］。〈中世〉ものしらず［物知］。〈中古〉むしき［無識］。むちもんまう［無知文盲］。

―を得ようとする心 きゅうちしん［求知心］。〈近代〉かうじゃうしん［向上心］。

―を傾注する 〈近代〉蘊蓄を傾ける。

―を目立たぬように隠すこと 〈中世〉くゎいざう［晦蔵］。

浅い― じびきがくもん［字引学問］。〈中古〉せんがく［浅学］。せんしき［浅識］。

ある分野に関する― リテラシー(literacy)。

聞きかじりの― 〈近世〉みみがくもん［耳学問］。

実際には役に立たない― 〈近代〉机上の空論。〈近世〉きもんのがく［記問学］。

自分の―をへりくだって言う語 〈近世〉せんけん［浅見］。〈中世〉ぐけん［愚見］。〈中古〉くゎぶん［寡聞］。くゎんけん［管見］。

広く皆が知っている― りょうしき［良識］。〈近代〉コモンセンス(common sense)。〈近世〉じゃうしき［常識］。

深い― 〈近代〉しんしき［深識］。

まことの― 〈近世〉しんち［真知／真智］。

間に合わせの― 〈近代〉いちやづけ［一夜漬］。〈近世〉つけやきば［付焼刃］。にはかじこみ［俄仕込］。

焼刃]。

ちしつ【地質】 近代 どしつ[土質]。近世 ちしつ[地質]。中世 ちみ[地味]。

ちしつ【知悉】 近代 げうつう[暁通]。ぜんち[全知]。ちしつ[知悉]。近世 げうたつ[暁達]。じゅくち[熟知]。中世 しりつくす[知尽]。せいつう[精通]。つうげう[通暁]。

ちしゃ【知者】 近代 いうしきしゃ[有識者]。中世 ちしきじん[知識人]。ちゑしゃ[知恵者]。ものしり[物知]。中古 けんじん[賢人]。ちしゃ[知者/智者]。上代 けんじゃ[賢者]。しきしゃ[識者]。せきがく[碩学]。はくがく[博学]。めいてつ[明哲]。

《句》近代 知者も千慮に一失あり。中世 知者は惑はず勇者は恐れず。

ちしゃ【治者】 近代 けんりょくしゃ[権力者]。しはいしゃ[支配者]。せいぢか[政治家]。ちしゃ[治者]。ゐせいしゃ[為政者]。近世 しゅちゃう[首長]。

ちしょう【知将】 めいしょう[名将]。近代 げうしゃう[驍将]。中世 ちしゃう[知将]。

ちしょう【致傷】 近代 いためる[傷]。中世 きずつく[ーつける][傷付]。そこぬ[そこねる][損]。中古 しゃうがい[傷害]。そこなふ[損]。そんず[損]。

ちじょう【地上】 近世 ぢべた[地]。中古 げぢ[下地]。だいち[大地]。ち/ぢ[地]。ちじゃう[地上]。ちへう[地表]。ぢめん[地面]。をか[陸]。上代 つち[土/地]。

ーのすべてのもの 近代 ちぶつ[地物]。

ーの世界 近世 ちかい[地界]。中世 げかい[下界]。上代 あめのした[天下]。

ちじょう【痴情】 近代 じゃうち[情痴]。せいよく[性欲]。にくよく[肉欲]。れつじゃう[劣情]。近世 しきじゃう[色情]。ちじゃう[痴情]。中世 よくじゃう[欲情]。中古 あいよく[愛欲]。しきよく[色欲]。じゃうよく[情欲]。

ちじょく【恥辱】 近代 ふめいよ[不名誉]。ふめんぼく/ふめんもく[不面目]。近世 しうじょく[羞辱]。はづかしめ[辱]。をじょく[汚辱]。中世 かきん[瑕瑾]。ひけ[引]。中古 ちじょく[恥辱]。上代 はぢ[恥]。

ーと寵愛(ちょうあい) 中古 ちょうじょく[寵辱]。

敗北のー 中古 会稽の恥。

ちじん【知人】 近代 かほなじみ[顔馴染]。かほみしり[顔見知]。しりあひ[知合]。ぞんじより[存寄]。中世 さうしき[相識]。しると[知人]。ちいん[知音]。ちかづき[近付]。ちしき[知識/智識]。ちじん[知人]。中古 さうち[相知]。しりうと[知人]。しりびと/しるひと[知人]。しるべ[知辺]。ちこ[知己]。上代 おもしる[面知]。ちき[知己]。

《謙》近世 じょくかう[辱交]。じょくち[辱知]。

《句》近代 冥土(冥途)にも知る人。近世 知らぬ仏(神)より馴染(なじみ)の鬼。白頭新(しん)の如(ごと)く傾蓋(けいがい)故(こ)の如し。中世 地獄にも知る人。萍水(へいすい)相逢(あひあ)ふ。

家に出入りするー 中古 いへびと[家人]。

昔からのー 近代 きうさうしき[旧相識]。近世 むかしなじみ[昔馴染]。中世 きうえん[旧縁]。中古 きうしき[旧識]。きうち[旧知]。きうちき[旧知己]。こじん[故人]。上代 いにしへびと[古人]。こきう[故旧]。ふるびと[古人/旧人/故人]。

ちじん【痴人】 近世 おろかもの[愚者]。ぐしゃ[愚者]。ぐじん[愚人]。ちじん[痴人]。中世 しれびと[痴人]。ばかもの[馬鹿者]。中古 しれもの[痴者]。上代 ぐにん[愚人]。

ちず【地図】 近代 マップ(map)。近世 ぶんけん[分見/分間]。ぶんけんゑづ[分見絵図/分間絵図]。中世 さしづ[指図]。中古 ちけいづ[地形図]。上代 ちづ[地図]。づ[図]。

ーの作図法の例 エイトフずほう[Aitoff図法]。えんすいずほう[円錐図法]。えんとうずほう[円筒図法]。しんしゃずほう[心射図法]。せいけいずほう[星形図法]。たいけんずほう[大圏図法]。とうかくとうえいず[等角投影図]。とうしゃずほう[投射図法]。ボンヌずほう[Bonne図法]。メルカトルずほう[Mercator図法]。モルワイデずほう[Mollweide図法]。近代 とうしづはふ[透視図法]。

海洋のー 近代 チャート(chart)。近世 かいづ[海図]。

世界のー 近代 アトラス(ギリシャ Atlās)。近世 ちきうぎ[地球儀]。

測量して描いたー 近代 そくりゃうづ[測量図]。

大陸や国などの輪郭だけのー はくず[白図]。近代 しろちづ/はくちづ[白地図]。

月の地形を表したー げつめんず[月面図]。

都道府県別のー ぶんけんちず[分県地図]。

ドライブ用のー どうろちず[道路地図]。ドライブマップ(和製drive map)。ロードマップ(road map)。

ちすじ【血筋】 近代 けつえん[血縁]。すぢなは[筋縄]。せけい[世系]。近世 いへすぢ[家

筋]。けちみゃく[血脈／血脉]。けっとう[血統]。けつみゃく[血脈]。中世かけい[家系]。せいけい[世系]。そん[孫]。ちすぢ[血筋]。ながれ[流]。中古けちえん[血縁]。すぢ[筋]。たね[種]。ち[血]。↓けっとう【血統】

—の末 中世まつりう[末流]。上代しそん[子孫]。

—のつながっている人 近代るいえん[類縁]。中世こつにく[骨肉]。中古にくしん[肉親]。

—を受け継ぐ 近代血を受ける。血を引く。

正統な— 近代せいけい[正系]。

ちせい【地勢】 ちそう[地相]。近代ぢなり[地形]。中世ちけい[地形]。中古ぢぎゃう[地形]。上代ちせい[地勢]。

—が険しいさま 中古けんそ[険阻／嶮岨]。上代けんなん[険難／嶮難]。

ちせい【知性】 インテリジェンス(intelligence)。近代けうやう[教養]。ごせい[悟性]。ちせい[知性]。りせい[理性]。りち[理知]。中世ち[知]。中古えいち[英知／英智／叡知／叡智]。

—的 ↓ちてき

ちせい【治世】 近代しせい[施政]。とうち[統治]。中世けいせい[経世]。けいりん[経綸]。せいぢ[政治]。ちせ[治世]。中古ちせい／ぢせい[治世]。上代ちこく[治国]。

《尊》中世ごよ[御代]。上代みよ[御代]。

—の方針がくるくる変わること 近代てうれいぼかい[朝令暮改]。

ちせき【地積】 近代ちせき[地積]。めんせき[面積]。上代ひろさ[広]。

ちせつ【稚拙】 近世せつれつ[拙劣]。ちせつ[稚拙]。へたくそ[下手糞]。まづし[拙]。中世えうち[幼稚]。つたなし[拙]。へた[下手]。みじゅく[未熟]。上代をさなし[幼]。

ちそう【馳走】 ↓ごちそう

ちそう【地相】 近世ぢなり[地形]。中世ちけい[地形]。上代ぢぎゃう[地形]。ちせい[地勢]。

ちたい【地帯】 エリア(area)。近代ちたい[地帯]。ゾーン(zone)。近世くゐき[区域]。ちゐき[地域]。

帯状の広がりを持つ— ベルト(belt)。

ちたい【遅滞】 中世じゅたい[濡滞]。ちいん[遅引]。ちたい[遅滞]。中古えんいん[延引]。えんたい[延滞]。おくる[おくれる][遅]。ちえん[遅延]。ちりう[遅留]。ていたい[停滞]。ながびく[長引]。上代とどこほる[滞]。

ちたい【痴態】 近代ちたい[痴態]。近世きゃうたい[狂体／狂態]。しうたい[醜体／醜態]。

ちち【父】 近代おっとう。パパ(papa)。ファーザー(father)。近世おとっさん。おとっちゃん。おやぢ[親父]。かふ[家父]。ちちおや／ておや[父親]。ちちぢゃひと／てておや[父親]。ちちぢゃひと[父者人]。ちゃん[父](江戸庶民語)。ちんだう[椿堂]。やぢ[親父]。中世おててい[御父上]。たいこう[太公]。だいふ[乃父]。ちんてい[椿庭]。中古かぞ[父]。たらちね[垂乳根]。たらちを[垂乳男]。ててをとこおや[男親]。上代かそ[父]。しし(上代東北方言)。しんぶ／しんぷ[親父]。ち[父]。ちち[父]。とと[父]。

《尊》近代ごそんぷ[御尊父]。そんくん[尊君]。ふくん[父君]。らうたいじん[老大人]。れいげん[令厳]。近世あふ[阿父]。おとうさん／おとうさま／とうさま[御父様]。そんぷ[尊父]。てて[父御]。とっさま[父様]。れいそん[令尊]。中世おもうさま[御父様](貴族の家の幼児語)。ごしんぶ／ごしんぷ[御親父]。たた[多多]。ちちご[父御]。ととさま[父様]。中古げんくん[厳君]。げんぷ[厳父]。そんかく[尊閣]。ちちご[父御]。ちちぬし[父主]。てて／てぎみ[父君]。上代ちちぎみ[父君]。ちちのみこと[父命]。

《謙》中古ぐふ[愚父]。

《枕》上代ちちのみの[実]。

《句》近世父父たれば子も子たり。中世父の恩は山より高し。

—が子に自分のことを言う語 近世だいふ[乃父]。

—と兄 中古ふけい[父兄]。

—と子 近代ふじ[父児]。上代ふし[父子]。

—と先祖 上代ふそ[父祖]。

—と母 近代げんくん[厳君]。近世ちんけん[椿萱]。中世ぶも[父母]。中古てては[母父]。上代あもしし／おもちち[父母]。ちちはは[父母]。かぞいろ／かぞいろは[父母]。ふぼ[父母]。↓ふぼ ↓りょうしん【両親】

—の呼称 近代おっとう。とうさん[父]。パパ(papa)。近世おちちうへ／ちちうへ[御父上]。おとうさま／おとうさん[御父様]。おとっさん。おとっちゃん。ちゃん[父](江戸庶民語)。

厳しい― 中古 げんぷ［厳父］。

血縁関係のない― 中世 ままてて［継父］。やうふ［養父］。やしなひちち［養父］。中古 けいふ／ままちち［継父］。

実の― 中世 じっぷ［実父］。

自分の―を敬って言う語 近代 かそん［家尊］。近世 かげん［家厳］。かたいじん［家大人］。中古 かくん［家君］。

妻の― 近代 がくふ［岳父］。がくをう［岳翁］。近世 がくぢゃう［岳丈］。中古 ぐゎいきう［外舅］。上代 しうと［舅／姑］。

年老いた― 近代 らうたいじん［老大人］。中古 らうふ［老父］。

亡くなった― 近世 せんくんし［先君子］。中古 せんくん［先君］。せんじん［先人］。せんぷ［先父］。ばうふ［亡父］。上代 せんかう［先考］。

亡くなった―と祖父 中古 そかう［祖考］。

配偶者の― ぎふ［義父］。中古 あをう［阿翁］。上代 しうと［舅／姑］。

優しい― 中古 じふ［慈父］。

ちち【乳】 ぱいぱい(幼児語)。近世 おっぱい(幼児語)。ちち［乳］。上代 ち［乳］。むなち／むなぢ［胸乳］。

―を搾ること 近代 さくにゅう［搾乳］。ちちしぼり［乳搾］。

―を乳児に与えること 近代 じゅにゅう［授乳］。

―を飲ませ育てること 中古 ほにゅう［哺乳］。

―を初めて飲ませること 中古 ちつけ［乳付］。

牛の― 近代 ミルク(milk)。中世 ぎうにゅう［牛乳］。

搾りたての新しい― なまちち［生乳］。近代 せいにゅう［生乳］。

生母に代わって―を飲ませること 近代 さしぢち［差乳］。近世 さしぢ［差乳］。

生母に代わって―を飲ませる女性 近世 ちうば［乳母／乳媼］。中世 うば［乳母］。にゅうぼ／にゅうも［乳母］。上代 ちおも／ちも［乳母］。めのと［乳母／傅］。

生母より先に―を飲ませる女性 近世 ちおや［乳親］。ちしろ［乳代］。ちづけおや［乳付親］。ちのみおや［乳飲親］。

▼乳汁 近代 ちちしる［乳汁］。上代 ち［乳］。ちしる［乳汁］。

ちち【遅遅】 近世 ぐづつく［愚図］。じょじょに［徐徐］。スロー(slow)。もたつく。ゆるやか［緩］。中世 あしぶみ［足踏］。つかふ(つかえる)［支／閊］。のろし［鈍］。ゆっくり。上代 おそし［遅］。ちち［遅遅］。とどこほる［滞］。

ちちはは【父母】 →ふぼ →りょうしん【両親】

ちぢ・む【縮】 小さくなる。近代 ぎょうしゅく［凝縮］。しゅくせう［縮小／縮少］。シュリンク(shrink)。近世 しうしゅく［収縮］。しうれん［収斂］。すばる［窄］。すぶ／すぼる［窄］。すぼける。ちぢかまる［縮］。つぼまる［窄］。中世 しじく［蹙］。しじむ［蹙／縮］。すぼまる／すぼむ［窄］。ちぢく(ちぢける)［縮］。ちぢこまる［縮］。ちぢまる［縮］。ちぢむ［縮］。つぼむ［窄］。中古 しじかまる／しじかむ［縮／蹙］。しじまる［縮／蹙］。つづまる／つづむ［約］。

―・み強ばる 中古 すくむ［竦］。

間隔が―・む 中世 つまる［詰］。

ひどく―・む 中世 ちぢみあがる［縮上］。

ちぢ・める【縮】 しゅくやく［縮約］。小さくする。近代 しゅくげん［縮減］。しゅくしゃく［縮尺］。しゅくせう［縮小／縮少］。たんしゅく［短縮］。ちぢこめる［縮］。近世 あっしゅく［圧縮］。しうしゅく［収縮］。しうれん［収斂］。はしょる［端折］。中世 ちぢむ(ちぢめる)［縮］。つむ(つめる)［詰］。中古 しじむ(しじめる)［蹙／縮］。つづむ(つづめる)［約］。ひきしじむ［引縮］。

―・めたもの 近世 やく［約］。

―・めたり伸ばしたり 近世 のびちぢみ［伸縮］。中古 くっしん［屈伸］。

おそれ謹み身体を―・めること 近代 きょくてんせきち［跼天蹐地］。中古 きょくせき［跼蹐／局蹐］。

身体を―・める 中世 かがむ／こごむ［屈］。中古 かがまる［屈］。すくむ(すくめる)［竦］。

ちちゅう【地中】 近代 ぢぞこ［地底］。ちてい［地底］。中世 どちゅう［土中］。中古 ちか［地下］。ちちゅう［地中］。

―に埋まっている物 ちかしげん［地下資源］。まいぞうぶんかざい［埋蔵文化財］。近代 まいざうぶつ［埋蔵物］。

―の水 ちすい［地水］。近代 ちかすい［地下水］。ぢみづ［地水］。

調査のため―深く穴を掘ること しさん［試鑽］。近代 しすい［試錐］。ボーリング(boring)。

ちぢ・れる【縮】 近代 けんしゅく［捲縮／巻縮］。ちぢくれる［縮］。近世 ちぢる(ちぢれる)［縮］。中古 ちぢむ［縮］。

―・れているさま 中世 ちりちり。

ちつじょ【秩序】 近代ちつじょ[秩序]。近世きりつ[規律]。らち[埒]。中世きそく[規則]。中古かうき[綱紀]。

ーがない 近代むちつじょ[無秩序]。近世みだり[乱/妄/濫/猥]。らんみゃく[乱脈]。伊勢や日向(ひうが)。埒(らち)(も)なし。らっちもない。中古みだりがはし/みだれがはし[濫/猥]。みだれ[乱/紊]。やみ[闇]。らんざつ[乱雑]。

ー立てて整えること 近代せいじょ[整序]。

ーなく 中古みだりに[濫/猥/乱/妄]。

ーのあるさま 近代せいせい[井井]。一糸乱れず。近世じゅんじゅん[循循]。せいせい[整整]。ちつぜん[秩然]。中世やくたい[益体]。

ーのないさま 近代くゎんりたうち[冠履倒置]。くゎんりてんたう[冠履顛倒]。近世ごたごた。ごちゃごちゃ。むさくさ。やたら[矢鱈]。中古しどろ。しどろもどろ。

ーを回復すること 近代へいてい[平定]。近世しうしふ[収拾]。

ーを乱す 近代ひっかきまはす[引掻回]。中古ゐらん[違乱]。上代あらす[荒]。みだる[乱/紊]。

既成の特権階層のー エスタブリッシュメント(establishment)。しはいたいせい[支配体制]。近代たいせい[体制]。

道徳的なー こうじょりょうぞく[公序良俗]。中古じんりん[人倫]。

ちっとも →**すこしも** →**ぜんぜん**

チップ(tip) 近代かみひねり[紙捻]。チップ。はくし[薄志]。はくしゃ[薄謝]。近世おひねり[御捻]。さかしろ/さかだい[酒代]。さかて[酒手]。しうぎ[祝儀]。ちゃだい[茶代]。てあて[手当]。はくぎ[薄儀]。はな[花]。中世こころづけ[心付]。中古てんとう/てんどう[纏頭]。

ちてき【知的】 ちせいてき[知性的]。近代インテレクチュアル(intellectual)。ちてき[知的]。ハイブラウ/ハイブロー(highbrow)。りちてき[理知的]。りろんてき[理論的]。中古らうらうじ[労労]。りゃうりゃうじ。

ー・な仕事 近代づなうらうどう[頭脳労働]。

ー労働に携わる人々 ちしきそう[知識層]。近代インテリ/インテリゲンシャ/インテリゲンチャ(ロシア intelligentsiya)。ちしきかいきふ[知識階級]。

ちてん【地点】 スポット(spot)。近代かしょ[箇所/個所]。ちてん[地点]。ポイント(point)。近世ばしょ[場所]。ゐち[位置]。

一定のー ていてん[定点]。

重要なー のどもと[喉元]。近世えうち[要地]。しょう[衝]。中世えうしょ[要所/要処]。えうしょう[要衝]。

ちどめぐさ【血止草】 近代ぜにぐさ[銭草]。近世かがみぐさ[鏡草]。中世うづらぐさ[鶉草]。ちどめぐさ[血止草]。

ちどり【千鳥】 近代いとくり[糸繰]。上代ちどり[千鳥]。ももちどり[百千鳥]。

海辺のー 中世いそちどり[磯千鳥]。中古はまちどり[浜千鳥]。上代ゆふなみちどり[夕波千鳥]。

川辺にいるー 上代かはちどり[川千鳥]。

群れているー 中世むらちどり/むれちどり[群千鳥]。中古ともちどり[友千鳥]。

夕べに飛び立つー 中古ゆふちどり[夕千鳥]。

夜に鳴くー 中古さよちどり[小夜千鳥]。

ちどりあし【千鳥足】 近世すいほ[酔歩]。中世ちどりあし[千鳥足]。中古十文字(ともじ)に履(ふ)む。

ちなまぐさ・い【血腥】 近世ちくさし[血臭]。ちなまぐさし[血腥/血生臭]。中古さつばつ[殺伐]。

ー・い雰囲気 殺伐な気。中世せいふう[腥風]。

ちなみ【因】 近代くゎんれん[関連]。つながり[繋]。近世えんこ[縁故]。中世えん[縁]。くゎんけい[関係]。中古いんえん[因縁]。えにし[縁]。きえん[機縁]。ちなみ[因]。ゆかり[縁]。

ちなみに【因】 関連して言えば。中世ついでながら。中古ちなみに[因]。ついでに[序]。

ちのう【知能】 ちてきのうりょく[知的能力]。近代インテリジェンス(intelligence)。ちせい[知性]。ブレーン(brain)。血の巡り。近世なうみそ[脳味噌]。中世あたま[頭]。ち[知]。ちりき/ちりょく[知力]。づなう[頭脳]。中古えいち[叡知/叡智/英知/英智]。さい[才]。ちのう[知能]。上代さいち[才知/才智]。

ーがすぐれていること 中古かしこ[畏/賢]。→**かしこ・い**

ーが足りないこと →**おろか**

ー検査 近代メンタルテスト(mental test)。

ー指数 アイキュー(IQ; intelligence quotient)。エーキュー(AQ; achievement quotient)。

為政者を取りまくー集団 近代ブレーントラスト(brain trust)。

ち

ちのみご【乳飲子】 近代 がいえい［孩嬰］。しんせいじ［新生児］。にゅうじ［乳児］。中世 えうがい［幼孩］。がいじ［孩児］。せきし［赤子］。ちのみご［乳飲子］。中古 あかご［赤子］。えいがい［嬰孩］。えいじ［嬰児］。ちご［稚児］。上代 みどりこ／みどりご［嬰児］。わかこ／わかご／わくご［若子］。→**あかんぼう**

ちばし・る【血走】 近世 じゅうけつ［充血］。ちばしる［血走］。中古 じゃうき［上気］。

—・った目 中世 ちまなこ［血眼］。中古 ちめ［血目／血眼］。

ちひょう【地表】 近代 ちかく［地殻］。近世 ちひ［地皮］。中古 ちへう［地表］。ぢめん［地面］。

—を覆う植物の総称 ちひしょくぶつ［地被植物］。

ちぶさ【乳房】 ぱいぱい（幼児語）。ぼいん（俗語）。近代 にゅうばう［乳房］。近世 おっぱい（幼児語）。ちち［乳］。ちぶくろ［乳袋］。中世 ち［乳］。中古 ちぶさ［乳房］。上代 むなち／むなぢ［胸乳］。

形のよい— 近世 さしぢ／さしぢち［差乳］。

乳のよくでる— 近世 さしぢ／さしぢち［差乳］。

ちへいせん【地平線】 スカイライン（skyline）。近代 くうさい［空際］。ちへいせん［地平線］。

ちほ【地歩】 ステータス（status）。近代 たつせ［立瀬］。ちほ［地歩］。ポジション（position）。りっきゃくち［立脚地］。近世 ゐち［位置］。中世 たちば［立場］。ぢばん［地盤］。ちゐ［地位］。

ちほう【地方】❶〈田舎〉 近代 カントリー（country）。ぐんぶ［郡部］。ちはう［地方］。へきすう［僻陬］。へきど［僻土］。へきち［僻地］。ローカル（local）。近世 ざいご［在郷］。かたへんど［片辺土］。中世 あがた［県］。きゃうり［郷里］。ざい［在］。ざいがう［在郷］。ざいしょ［在所］。中古 かたゐなか［片田舎］。せかい［世界］。へんち［辺地］。へんど［辺土］。ゐなかせかい［田舎世界］。上代 きゃうど［郷土］。くに［国］。ひな［鄙］。みち［道］。ゐなか［田舎］。

—から都へ行くこと（人） 近世 おのぼり［御上］。中古 きゃうのぼり［京上］。じゃうらく［上洛］。

—巡業 近代 たびこうぎゃう［旅興行］。たびまはり［旅回］。どさまはり［回］。

—のあちこち 近世 はしばし［端端］。

—の者 近世 おくにもの［御国者］。上代 くにひと／くにびと［国人］。

都から—へ行くこと 中世 くだり［下］。げこく［下国］。げらく［下洛］。中古 きゃうくだり［京下］。げかう［下向］。じゃうぐゎい［城外］。

ちほう【地方】❷〈地域〉 エリア（area）。近代 ゾーン（zone）。ちく［地区］。ちたい［地帯］。りゃうゐき［領域］。近世 くいき［区域］。ぢ［地］。ちゐき［地域］。とこ［所／処］。中古 ちはう［地方］。上代 ところ［所／処］。

この— 中世 たうち［当地］。

米のよくとれる— こめどころ［米所］。

ちまた【巷】❶〈岐路〉 ワイじろ［Y字路］。わかれみち［分道］。近代 さんさろ［三叉路／三差路］。ていじろ［丁字路］。ぶんきてん［分岐点］。まちかど［街角］。中世 おひわけ［追分］。よつつじ［四辻］。中古 つじ［辻］。上代 ちまた［巷／岐／衢］。

ちまた【巷】❷〈街路〉 近代 しがい［市街］。とほし［通］。中世 まちなか［町中］。中古 がいとう［街頭］。ちまた［巷／衢］。上代 がいく［街衢］。しせい［市井］。わうらい［往来］。

ちまた【巷】❸〈世間〉 近代 かうかん［巷間］。ぞくせけん［俗世間］。中世 かうこ［江湖］。ちまた［巷／衢］。中古 さば［娑婆］。ぞくかん［俗間］。上代 しゃば［娑婆］。せけん［世間］。せぞく［世俗］。よのなか［世中］。

ちまなこ【血眼】 中世 きゃうほん［狂奔］。ちまなこ［血眼］。中古 ちめ［血目］。むちゅう［夢中］。

ちまみれ【血塗】 近代 ちまみれ［血塗］。近世 ちまぶれ［血塗］。中世 ちだらけ［血］。ちみどろ［血塗］。朱に染まる。

ちまよ・う【血迷】 近代 クレージー（crazy）。近世 ぎゃくじゃう［逆上］。のぼす〔のぼせる〕［逆上］。のぼせあがる［逆上］。中世 ちまどふ［血迷］。ちまよふ［血迷］。らんしん［乱心］。中古 きゃうき［狂気］。きゃうらん［狂乱］。上代 くるふ［狂］。

ちみ【地味】 近代 ちしつ［地質］。どしつ［土質］。中世 ちみ［地味］。

—が肥えていること（土地） 近代 ほうよく［豊沃］。よくど［沃土］。近世 ひよく［肥沃］。中古 ほうぜう／ほうねう［豊饒］。

—が痩せた土地 近代 せきち［瘠地］。中世 せきど［瘠土］。やせち［痩地］。

—がよくなる 上代 こゆ〔こえる〕［肥］。

ちみつ【緻密】 近代 かうち［巧緻］。きめこまかい［木目細／肌理細］。さいち［細緻］。

近世さいしん［細心］。せいち［精緻］。ちみつ［緻密］。中世さいみつ［細密］。めんみつ［綿密］。

ー・で堅いこと 近代けんち［堅緻］。

ちみどろ【血塗】 近代ちまみれ／ちまめり［血塗］。ちみどり／ちみどれ［血塗］。近世ちまぶれ［血塗］。中世ちだらけ［血］。ちみどろ［血塗］。ちみどろけ［血塗気］。朱(あけ)に染まる。

ちめい【知名】 →**ゆうめい【有名】**

ちめい【致命】 近代ちし［致死］。ちめい［致命］。近世いのちとり［命取］。

ー的なさま 近代フェータル（fatal）。

ちゃ【茶】 あがり［上］。グリーンティー（green tea）。近代あがりばな［上花］。しゅんうん［春雲］。ティー（tea）。でばな［出花］。近世ゆちゃ［湯茶］。中世おちゃ［御茶］。けんけい［建渓］。ちゃたう［茶湯］。めざましぐさ［目覚草］。鷹の爪。中古ちゃ［茶］。めい［茗］。

ーでもてなすこと 近世ふさ／ふちゃ［普茶］。

ーと菓子 近世さくゎ［茶菓］。中古ちゃくゎ［茶菓］。

ーと飯 中世さはん［茶飯］。

ーの灰汁(あく) 近世ちゃしぶ［茶渋］。

ーの木を植えた畑 近代さほ／ちゃほ［茶圃］。近世さゑん［茶園］。さゑんば［茶園場］。ちゃのきばたけ［茶木畑］。ちゃのきばら［茶木原］。ちゃばたけ［茶畑］。めいゑん［茗園］。中古ちゃゑん［茶園］。

ーの産地 近代おちゃどころ［御茶所］。近世ちゃどころ［茶所］。

ーの販売店 近代さし［茶肆］。ちゃてん［茶店］。ちゃほ［茶舗］。ちゃみせ［茶店］。ちゃゑん［茶園］。近世ちゃし［茶肆］。中世ちゃや［茶屋］。

ーの湯の会 →**ちゃかい**

ーの湯を好む（茶道に通じた）人 →**ちゃじん**

ーを製する人 近代おつめ［御詰］。近世ちゃし［茶師］。

ーを点(た)てる 中世てんず［点］。ちゃたて［茶立］。

ーを点てる作法 →**ちゃのゆ**

ーを摘む季節 近世ちゃつみどき［茶摘時］。ちゃどき［茶時］。

ーをのむこと 近代きっさ［喫茶］。中世いっぷく［一服］。きっちゃ［喫茶］。

朝飲むー あさちゃ［朝茶］。中世あさぢゃ［朝茶］。

下級のー 近世にばんちゃ［二番茶］。中世うんきゃく［雲脚］。しぶちゃ［渋茶］。そちゃ［粗茶／疎茶／麁茶］。

菓子がなくーだけを出すこと からちゃ［空茶］。

最初に煎じたー いちばんちゃ［一番茶］。近代でばな［出花］。近世いちばんせんじ［一番煎］。いればな［入花／入端］。さんちゃ［散茶］。にばちゃ［煮端茶］。にばな［煮端］。はなが［花香］。

死者の霊前に供えるー 近世てんちゃ［奠茶］。

自分の出すーをへりくだって言う語 近代そちゃ［粗茶］。

社寺でーを供する場所 近世おちゃしょ／おちゃどころ［御茶所］。中世ちゃじょ／ちゃどころ［茶所］。

正月の縁起物のー 近代だいふくちゃ［大福茶／大服茶］。近世おほぶくちゃ［大福茶／大服茶］。ふくちゃ／ふくぢゃ［福茶］。

煎じた後のー 近代でがら［出殻］。でがらし［出涸］。せんじかす［煎滓］。近世せんじがら［煎殻］。だしがら［出殻］。ちゃかす［茶滓］。ちゃがら［茶殻］。

前年のー 近世ひねちゃ［陳茶］。中世こちゃ［古茶］。

その年の最初のー 中世しんちゃ［新茶］。

出がらしに新しい葉を加えて煎じたー 近代さしちゃ［差茶］。近世くちぢゃ［口茶］。

名のあるー 近世めいちゃ［銘茶］。

二番目に煎じたー 近世にばんせんじ［二番煎］。

飲み残しのー 近世あまりちゃ［余茶］。

冷やしたー 近代れいちゃ［冷茶］。

品質の悪い苦いー 中世くめい［苦茗］。

門前で通行人をもてなすー 近世かどちゃ［門茶］。せったいちゃ［接待茶］。

野外でのーの湯 近代のだて［野点］。近世のがけ［野掛／野駆］。

その他ーのいろいろ（例） あかちゃ［赤茶］。近代ウーロンちゃ［烏龍茶］。ぎょくろ［玉露］。こうちゃ［紅茶］。てんちゃ［碾茶］。ほうじちゃ［焙茶］。りょくちゃ［緑茶］。近世うすちゃ［薄茶］。おうす［御薄］。せんじちゃ［煎茶］。まめちゃ［豆茶］。むぎちゃ［麦茶］。むぎゆ［麦湯］。中世あらちゃ［荒茶／粗茶］。あをちゃ［青茶］。うぢちゃ［宇治茶］。こぶちゃ［昆布茶］。せんちゃ［煎茶］。ばんちゃ［番茶］。ひきちゃ［挽茶／碾茶］。まっちゃ［抹茶］。

▼煎茶を淹(い)れる器具 近代きふす［急須］。

近世きびしょ／きびせう[急焼]。ちゃだし[茶出]。

▼助数詞 中世くち[口]。はい／ぱい[杯]。ふく／ぷく[服]。

チャート(chart) 近代チャート。づへう[図表]。近世かいづ[海図]。

チャーミング(charming) 近代チャーミング。みりょくてき[魅力的]。みわくてき[魅惑的]。近世かはいげ[可愛]。

ちゃいろ【茶色】 近代かっしょく[褐色]。ブラウン(brown)。近世ちゃいろ[茶色]。

ーがかる 近代うすちゃける[薄茶]。

ー系の色の例 あかちゃ／あかちゃいろ[赤茶色]。きゃらいろ[伽羅色]。くるみいろ[胡桃色]。コーヒーブラウン(coffee brown)。こがらしちゃ[木枯茶]。ベージュ(フランス beige)。近代あかがねいろ[銅色]。あかつちいろ[赤土色]。あまいろ[亜麻色]。えびちゃ[葡萄茶]。オーカー(ochre)。オークル(フランス ocre)。カーキいろ[khaki色]。きんちゃ[金茶]。くろちゃいろ[黒茶色]。コーヒーちゃ[coffee茶]。こくかっしょく[黒褐色]。こげちゃ／こげちゃいろ[焦茶色]。こむぎいろ[小麦色]。しゃかっしょく[赭褐色]。しゃくどういろ[赤銅色]。セピア(sepia)。たいしゃいろ[代赭色]。チョコレートいろ[chocolate色]。はひかっしょく[灰褐色]。りきうちゃ[利休茶]。れんぐゎいろ[煉瓦色]。わうかっしょく[黄褐色]。わうどいろ[黄土色]。近世うすちゃ／うすちゃいろ[薄茶色]。かばいろ[蒲色／樺色]。かれいろ[枯色]。しらちゃ[白茶]。せきかっしょく[赤褐色]。ちゃかっしょく[茶褐色]。とびいろ[鳶色]。中世かういろ[香色]。からちゃ[枯茶／唐茶]。きつねいろ[狐色]。くりいろ[栗色]。くりかはちゃ[栗皮茶]。さびいろ[錆色]。みるちゃ[海松茶／水松茶]。中古くちば／くちばいろ[朽葉色]。にがいろ[苦色]。

ちゃかい【茶会】 近代わびすき[侘数寄／侘好]。近世さくゎい[茶会]。ちゃせき[茶席]。めいえん[茗宴]。中世さじ／ちゃじ[茶事]。ちゃくゎい[茶会]。ちゃのゆ[茶湯]。ちゃのゑ[茶会]。

ーで出す食事 近代ちゅうじき[中食]。

ーなどの茶菓子 →**ちゃがし**(次項)

ーの主催者 近世しゅじん[主人]。中世ていしゅ[亭主]。

早朝のー 中世あさくゎい[朝会]。あさぢゃ[朝茶]。

ちゃがし【茶菓子】 近代てんしん[点心]。ちゃぐゎし[茶菓子]。近世ちゃおけ[茶請]。中世ちゃうけ[茶請]。ちゃのこ[茶子]。てんじん[点心]。

ちゃか・す おちょくる。近代おちゃらかす。ちょろかす。まぜかへす／まぜっかへす[混返／雑返]。近世からかふ。じゃらす[戯]。ちゃ[茶]。ちゃうらかす。ちゃかす。ちょらかす。ひゃうまづく。ひやかす[冷]。まず[まぜる][混／交]。やゆ[揶揄]。茶にする。

ちゃがま【茶釜】 近世かま[釜]。中世うばくち[姥口]。くゎんす[鑵子]。ちゃがま[茶釜]。ちゃたう[茶鐺]。

ーの湯が煮えたぎること 近代かいがん[蟹眼]。

ちゃきちゃき ちゃきちゃき。近世きすい／きっすい[生粋]。中世じゅんすい[純粋]。はえぬき[生抜]。

ちゃくい【着衣】 →**いふく** →**きもの**

ちゃくがん【着眼】 近代ちゃくさう[着想]。ちゃくもく[着目]。ちゅうもく[注目]。目を注ぐ。中世ちゃくがん[着眼]。中古目を付く[ー付ける]。目を留む[ー留める]。上代しょくもく[嘱目／属目]。

ちゃくざ【着座】 席に座る。席に着く。近代ちゃくせき[着席]。中古ちゃくざ[着座]。腰を下ろす。

ちゃくし【嫡子】 近代せいてき[正嫡]。近世あとつぎ[跡継]。あととり[跡取]。しし[嗣子]。中世あとつぎ[跡継]。かちゃく[家嫡]。けちゃく[家嫡]。せいちゃく[正嫡]。そうりゃう[総領]。よつぎ[世継]。中古かとく[家督]。ちゃくし[嫡子]。ちゃくなん[嫡男]。→**あとつぎ**

ー以外の子 近代しし[支子]。上代しょし[庶子]。

ちゃくじつ【着実】 近代かくじつ[確実]。じっちゃく[実着]。近世けんじつ[堅実]。しっかり[確／聢]。ぢみち[地道]。ちゃくじつ[着実]。中世ちゃくちゃく[着着]。てがたし[手堅]。中古かくこ[確固]。

《句》近代騏驥の跼躅は駑馬の安歩に如かず。

ちゃくしゅ【着手】 たちあげる[立上]。ちゃっこう[着工]。とっかかる[取付]。腰を上げる。近代かいし[開始]。きげふ[起業]。きこう[起工]。ちゃくしゅ[着手]。のりだす[乗出]。緒に就く。端を開く。手を染

める。指を染める。近世でかく[でかける][出掛／出懸]。御輿(みこし)(神輿)を上ぐ[ー上げる]。中世とりつく[取付]。ふみだす[踏出]。手を付く[ー付ける]。中古とりかかる[取掛]。上代はじむ[はじめる][始]。

ちゃくしょく【着色】 カラーリング(coloring)。近代いろづけ[色付]。ちゃくしょく[着色]。さいしょく[彩色]。中古さいしき[彩色]。

ー・する 中世ゑどる[絵取]。中古さいしく[彩色]。上代いろどる[彩／色取]。そむ[そめる][染]。

ちゃくせき【着席】 席に座る。席に着く。近代ちゃくせき[着席]。中古ちゃくざ[着座]。腰を下ろす。

ちゃくそう【着想】 近代アイデア／アイディア(idea)。インスピレーション(inspiration)。ちゃくい[着意]。ちゃくさう[着想]。はつい[発意]。はっさう[発想]。ひらめき[閃]。れいかん[霊感]。近世おもひつき[思付]。さうい[創意]。しかう[趣向]。みたて[見立]。中世くふう[工夫]。こころづく[心付]。しゅかう[趣向]。ぞんじつき[存付]。ちゃくがん[着眼]。中古あん[案]。上代はかりごと[策／謀]。

《尊》中古おぼしよる[思寄]。おもほしよる[思寄]。

新しいー 近代しんあん[新案]。

ちゃくち【着地】 こうちゃく[降着]。ランディング(landing)。近代せっち[接地]。ちゃくりく[着陸]。

跳躍競技でー・する所 近代ピット(pit)。

ちゃくちゃく【着着】 いっぽいっぽ[一歩一歩]。近代かくじつに[確実]。ステップバイステップ(step by step)。中世ちゃくちゃく[着着]。近世ちゃくじつ[着実]。

ちゃくふく【着服】 近代わうりゃう[横領]。近世しこたむ[ーためる]／しこだむ[ーだめる]。ちゃくふく[着服]。ねこばば[猫]。わだかまる[蟠]。中古ぬすみ[盗]。上代かすむ[かすめる][掠]。↓ぬす・む

ちゃくもく【着目】 近代ちゃくもく[着目]。中世ちゃくがん[着眼]。ちゅうもく[注目]。目を注ぐ。目を付く[ー付ける]。目を遣る。中古目を配る。目を留む[ー留める]。上代しょくもく[嘱目／属目]。

ちゃくよう【着用】 近代さうちゃく[装着]。さうび[装備]。近世ちゃくい[着衣]。身に付く[ー付ける]。中古おぶ[おびる][帯]。ちゃくふく[着服]。ちゃくよう[着用]。上代つく[つける][着／付]。

ちゃくりく【着陸】 こうちゃく[降着]。ちゃくち[着地]。ランディング(landing)。近代せっち[接地]。ちゃくりく[着陸]。

航空機の計器によるー方式 アイエルエス(ILS; instrument landing system)。

衝撃を受けないー ソフトランディング(soft landing)。なんちゃくりく[軟着陸]。

ちゃくりゅう【嫡流】 近代せいけい[正系]。ちゃくとう[嫡統]。ちょくけい[直系]。中世しゃうとう／せいとう[正統]。そうりゃうすぢ[総領筋]。ちゃくりう[嫡流]。

ちゃしつ【茶室】 近代されう／ちゃれう[茶寮]。近世かこひ／かこひのま[囲間]。すきや[数寄屋／数奇屋]。ちゃざしき[茶座敷]。ちゃしつ[茶室]。ちゃせき[茶席]。れう[寮]。中世ちゃのま[茶間]。

ーに続く庭 近代ちゃてい[茶庭]。ろぢには[露地庭]。近世ちゃには[茶庭]。ろうぢ／ろぢ[露地／路地]。

ーの客の出入り口 近代にじり[躙／躪]。にじりあがり[躙上]。近世くぐり[潜]。にじりぐち[躙口]。中世

ーの主人 近代あんじゅ[庵主]。中世ていしゅ[亭主]。

ーの床(とこ)に掛ける書画の掛け物 近代ちゃせきがけ[茶席掛]。近世ちゃがけ／ちゃがけもの[茶掛物]。

ー風の建築様式 すきやづくり[数寄屋造]。すきやぶしん[数寄屋普請]。

▼茶席の待合い 近代よりつき[寄付]。

▼茶席の待合いに敷く敷物 近代ゐんざ[円座／円坐]。

ちゃじん【茶人】 近代さじん[茶人]。わびすき[侘数寄／侘好]。近世ちゃじん[茶人]。中世すきしゃ[好者／数奇者／数寄者]。ちゃのゆしゃ[茶湯者]。

ー風であること 近世りきうごのみ[利休好]。

ちゃだい【茶代】 近代かみひねり[紙捻]。しゃれい[謝礼]。チップ(tip)。はくし[薄志]。はくしゃ[薄謝]。近世おひねり[御捻]。さかしろ／さかだい[酒代]。さかて[酒手]。しうぎ[祝儀]。ちゃだい[茶代]。てあて[手当]。はな[花]。中世こころづけ[心付]。中古すんし[寸志]。だちん[駄賃]。てんとう／てんどう[纏頭]。↓しゃれい

ちゃっかり 近代ちゃっかり。近世づうづうし[図図]。抜け目なく。中世うまうまと[旨旨]。まんまと。

ちゃっこう【着工】 たちあげる[立上]。とっか

かる[取付]。近代きこう[起工]。ちゃくしゅ[着手]。中世とりつく[取付]。手を付く(―付ける)。中古とりかかる[取掛]。

ちゃどう【茶道】 近代さだう[茶道]。近世ちゃだう[茶道]。中世ちゃのゆ[茶湯]。→**ちゃのゆ**

ちゃのま【茶間】 リビング/リビングルーム(living room)。近代シッティングルーム(sitting room)。近世おうへ[御上]。中世きょしつ[居室]。けゐ[家居/褻居]。ちゃのま[茶間]。ゐま[居間]。

ちゃのみばなし【茶飲話】 近代ざつだん[雑談]。ちゃわ[茶話]。近世さわ/ちゃばなし[茶話]。せけんばなし[世間話]。ちゃのみがたり[茶飲語]。ちゃのみばなし[茶飲話]。ちゃのみものがたり[茶飲物語]。ちゃものがたり[茶物語]。よもやまばなし[四方山話]。中古ざふだん[雑談]。→**ざつだん**

ちゃのゆ【茶湯】 近代さだう[茶道]。近世ちゃせき[茶席]。ちゃだう[茶道]。てまへ[点前]。めいえん[茗宴]。中世おちゃ[御茶]。さくゎい/ちゃくゎい[茶会]。さじ/ちゃじ[茶事]。ちゃ[茶]。ちゃのゆ[茶湯]。ちゃのゑ[茶会]。てんちゃ[点茶/奠茶]。わびすき[侘数寄/侘好]。

《句》近世一期一会(いちごいちゑ)。

―で茶を点(た)てる所作 中世おてまへ[御手前/御点前]。てまへ[手前/点前]。

―で末席の客 近代おつめ[御詰]。

―で湯を沸かす炉 近代ふうろ[風炉]。近世ちゃろ[茶炉]。のぶろ[野風炉]。中世いたぶろ[板風炉]。中古ふろ[風炉]。

―と禅 ちゃぜん[茶禅]。

―の稽古日 近世かまび[釜日]。

―の心得 近代ちゃき[茶気]。

―の心得のある人 →**ちゃじん**

―の作法 近世さはふ/ちゃはふ[茶法]。

―の道具の例 近代うんとん[雲屯]。おほくち[大口]。近世けんすい[建水]。中世いもがしら[芋頭]。ちゃせん[茶筅/茶筌]。みづこぼし[水翻]。

―の流派の例 近世うら/うらせんけ[裏千家]。えどせんけ[江戸千家]。おもて/おもてせんけ[表千家]。おりべりう[織部流]。むしゃのこうぢせんけ[武者小路千家]。

野外で行う― 近代のだて[野点]。近世のがけ[野掛]。

ちゃぶだい【卓袱台】 近代しょくたく[食卓]。近世おぜん[御膳]。しょくぜん[食膳]。ちゃぶだい[卓袱台]。中世ぜん[膳]。はんだい[飯台]。

ちやほや・する 近代ちやほやする。近世おだつ(おだてる)[煽]。もっちょうず。中世あまやかす[甘]。上代ほむ(ほめる)[褒]。

ちゃみせ【茶店】 →**ちゃや**(次項)

ちゃや【茶屋】 ちゃほ[茶舗]。近代きっさてん/きっちゃてん[喫茶店]。さし[茶肆]。さてい/ちゃてい[茶亭]。近世おちゃしょ[御茶所]。おちゃどころ[御茶所]。さてん/ちゃてん[茶店]。ちゃし[茶肆]。ちゃみせ[茶店]。ちゃやみせ[茶屋店]。中世ちゃや[茶屋]。

江戸谷中(やなか)にあった― 近世いろはぢゃや[伊呂波茶屋]。

往来の人に湯茶を出して休ませた― 近世みづちゃや/みづぢゃや[水茶屋]。やすみぢゃや[休茶屋]。

大阪道頓堀(どうとんぼり)にあった芝居を見せる― 近世いろはぢゃや[伊呂波茶屋]。

高級な― 近世いたりぢゃや[至茶屋]。

煎茶一杯一銭の― 近世いっせんちゃや[一銭茶屋]。

男女が逢(あ)い引きに用いた― 近世であひ/であひぢゃや[出合茶屋]。であひや[出合屋]。であひやど[出合宿]。ぼんや[盆屋]。まちあひぢゃや[待合茶屋]。

煮売りを兼ねた― 近世にうりちゃみせ[煮売茶店]。にうりぢゃや[煮売茶屋]。

道端に葦簀(よしず)などを掛けてつくった― 近世かけちゃや[掛茶屋]。でぢゃや[出茶屋]。のがけぢゃや[野掛茶屋]。

遊女を抱えた― 近世いろぢゃや[色茶屋]。うきよぢゃや[浮世茶屋]。ゆさんぢゃや[遊山茶屋]。

遊里の裏通りにあった― 近世うらぢゃや[裏茶屋]。

遊里の客に顔を隠す編み笠を貸した― 近世あみがさぢゃや[編笠茶屋]。

チャレンジ(challenge) 近代アタック(attack)。チャレンジ。中世てうせん[挑戦]。上代いどむ[挑]。

ちゃわ【茶話】 →**ざつだん** →**ちゃのみばなし**

ちゃわん【茶碗】 近代ちゃのみ/ちゃのみぢゃわん[茶飲茶碗]。めしぢゃわん[飯茶碗]。近世いし[石]。いしごき[石御器]。ちゃづけちゃわん[茶漬茶碗]。ゆのみ/ゆのみぢゃわん[湯飲茶碗]。中世いひわん[飯椀]。中古いひけ[飯笥]。ちゃわん[茶碗/茶

椀]。めしわん[飯椀]。

ーの評価 近代 一楽(いちらく)二萩(にはぎ)三唐津(さんからつ)。

朝ミルクなどを飲むー 近代 モーニングカップ(morning cup)。

献茶用の天目ー 中世 うさん[烏盞／胡盞]。

高麗(こうらい)ーの例 近代 かきのへた[柿蔕]。近世 あまもり／あまもりで[雨漏手]。うんかく／うんかくで[雲鶴手]。うんかくせいじ[雲鶴青磁]。

擂鉢(すりばち)形のー 中世 てんもく[天目]。

大小のある対のー 近代 めをとぢゃわん[夫婦茶碗]。

茶会で大勢に出す揃いのー かずちゃわん[数茶碗]。

朝鮮ーの例 中世 おほゐど[大井戸]。めいぶつで[名物手]。ゐどちゃわん[井戸茶碗]。

対の一方がこわれたー 近代 ごけぢゃわん[後家茶碗]。

抹茶ーの例 近代 ひらちゃわん[平茶碗]。

楽焼きのー 近世 らくぢゃわん[楽茶碗]。

その他ーのいろいろ(例) 近世 あをいきり／あをきり[青切]。てんもく／てんもくぢゃわん[天目茶碗]。はひかつぎ[灰被]。中世 いせてんもく[伊勢天目]。かうらいちゃわん[高麗茶碗]。

チャンス(chance) グッドタイミング(good timing)。近代 かうき[好機]。ころあひ[頃合]。チャンス。中世 きくゎい[機会]。じき[時機]。中古 じぎ[時宜]。じせつ[時節]。てきじ[適時]。→**きかい【機会】**↓**こうき【好機】**

《句》近代 得難きは時逢(あ)ひ難きは友。好機逸すべからず。近世 得手に帆を上ぐ[―上げる]。

ーにめぐり合う 中世 折りを得(う)[―得る]。

ーを逃すこと いっき[逸機]。

勝つー 近世 しょうき[勝機]。

またとないー 絶好のチャンス。千載一遇のチャンス。近代 かうき[好機]。

チャンネル(channel) 近代 くゎいせん[回線]。くゎいろ[回路]。チャンネル。ルート(route)。中世 けいろ[経路]。

チャンピオン(champion) 近代 いうしょうしゃ[優勝者]。せんしょうしゃ[戦勝者]。だいいちにんしゃ[第一人者]。チャンピオン。中世 はしゃ[覇者]。上代 わうしゃ／わうじゃ[王者]。

ちゆ【治癒】 かんち[完治]。ふくちょう[復調]。近代 ちゆ[治癒]。近世 くゎいき[快気]。くゎいふく[快復]。こんち／こんぢ[根治]。ぜんくゎい[全快]。ぜんち／ぜんぢ[全治]。とこばなれ[床離]。中世 いゆ[いえる][癒]。くゎいゆ[快癒]。ほんぷく[本復]。中古 なほる[治]。上代 へいゆ[平癒]。

医学的な治療をしないでー・すること しぜんちゆ[自然治癒]。

ちゅう【注】 コメント(comment)。近代 せんちゅう[箋注／箋註]。ノート(note)。近世 かんもつ[勘物]。そちゅう[疏注／疏註]。びかう[備考]。中古 ちゅう[注／註]。ちゅうかい[注解／註解]。ちゅうき[注記／註記]。ちゅうしゃく[注釈／註釈]。上代 ちゅうそ[注疏／註疏]。

ーを示す符号(†) たんけんふ[短剣符]。ダガー(dagger)。

ーを付けること 近世 ふちゅう[付注／付註／附注]。

原本に最初から付いていたー 近代 げんちゅう[原注]。

校訂して記されたー こうちゅう[校注／校註]。

注釈して批評を加えたー 近代 ひゃうちゅう[評注／評註]。

抜き出してー・する 中世 せうす[抄／鈔]。

筆者自ら記したー 中世 じちゅう[自注／自註]。

本文下方に記したー 近代 きゃくちゅう[脚注／脚註]。

本文左方に記したー さちゅう[左注／左註]。

本文上方に記したー とうしょ[頭書]。とうちゅう[頭注／頭註]。近代 くゎんちゅう[冠注]。近世 がうとう[鼇頭]。中古 かしらがき[頭書]。しゅしょ[首書]。

本文の間に割り書きしたー 近代 わりちゅう[割注／割註]。中世 ちゅうきゃく[注脚／註脚]。

本文の脇に付けたー 近世 ばうちゅう[傍注／旁註]。

ちゅう【宙】 近代 くうかん[空間]。中世 ちうう[宙]。上代 くうちゅう[空中]。そら[空]。

ちゆう【知友】 中古 しんいう[親友]。ちいう[知友]。→**ともだち**

ちゅうい【中位】 ちゅうくらい[中位]。近代 ちゅうきふ[中級]。近世 ちゅうかん[中間]。中世 ちゅうとう[中等]。ちゅうゐ[中位]。

ちゅうい【注意】❶〈留意〉 近代 アテンション(attention)。くゎんしん[関心]。けいかい[警戒]。ちゃくい[着意]。ちゅうもく[注目]。マーク(mark)。りうい[留意]。近世

こころいれ［心入］。こころづけ［心付］。ちゅうい［注意］。ちゅうし［注視］。ちゅうしゃ［注射］。ねんいり［念入］。はいりょ［配慮］。めくばり［目配］。中世こころがけ［心掛／心懸］。にふねん［入念］。ねん［念］。中古えうじん［要心］。こころす［心］。ようい［用意］。ようじん［用心］。

━が行き届いていること 芸が細かい。近代しうたう［周到］。ちみつ［緻密］。気が回る。近世さいしん［細心］。せうしん［小心］。気が付く。念には念を入る［━入れる］。目が届く。中世しうみつ［周密］。めんみつ［綿密］。念が入る。

━が行き届かないこと 近代そざつ［粗雑］。ふちゅうい［不注意］。中世うはのそら［上空］。ぶさた［無沙汰］。ゆだん［油断］。中古さんまん［散漫］。

━が集中しない 近代きうつり［気移］。気が散る。近世気を奪はる［━奪われる］。

━が足りない 近世そそっかし。中世そこつ［粗忽］。中古そそかし。

━が必要なこと ようちゅうい［要注意］。

━・して 中世あひかまへて［相構］。かまへて［構］。中古こころして［心］。

━・して聞く 聞き耳を立てる。中世ききすます［聞澄］。ききとどく［━とどける］［聞届］。耳を澄ます。中古ききたつ［聞立］。ききとがむ［━とがめる］［聞咎］。ききとどむ［聞留］。

━・してする 近世大事に懸く［━懸ける］。中世すます［澄／清］。

━・して見る 目を注ぐ。近代くゎつがん［刮眼］。みはる［見張］。近世くゎつもく［刮目］。ちゅうし［注視］。中世みつむ［━つめる］［見詰］。中古もる［守］。目を掛く［━掛ける］。

━・して見るさま 中世じっと。中古つくづく。

━人物 近代きけんじんぶつ［危険人物］。近世おちゃうつき［御帳付］。

━・する 近代こころづける［心付］。ちゃくする［着］。意を用ゐる。気に留める。心を配る。手が回る。目を配る。近世気を配る。気を付く［━付ける］。心を用ゐる。中世心に心を付く。中古こころおく［心置］。こころす［心］。つつしむ［謹／慎］。とどむ［とどめる］／とむ［とめる］［留／止］。心を留む［━留める］。上代心を付く［━付ける］。

━の及ぶ範囲 中世がんちゅう［眼中］。

━深い 中世ようじんぶかし［用心深］。中古こころばせ［心馳］。

━深くする 近代しゃうしん［詳慎］。中世たいせつ［大切］。ていちょう［丁重／鄭重］。中古しんちょう［慎重］。ていねい［丁寧／叮嚀］。

━を促すこと 警笛を鳴らす。近代けいこく［警告］。けいせい［警醒］。けいたく［警柝］。中世けいさく［警策］。袖を引く。中古おどろかす［驚］。くゎんき［喚起］。

━を促す語など 近代すはこそ。そうら／そら。中世えへん。すはすは。せきばらひ［咳払］。それ［其］。それそれ［其其］。中古すは。

━を引く 近代目を引く。近世気を引く。中古目に留まる(留どまる)。

人々の━ 近代しちゃう［視聴］。じもく［耳目］。

ちゅうい【注意】❷〈訓辞〉近代アドバイス(advice)。かいこく［戒告］。くんかい［訓戒／訓誡］。くんこく［訓告］。くんわ［訓話］。けいこく［警告］。じょげん［助言］。せっけう［説教］。ちゅうい［注意］。近世きんかい［訓戒］。せつゆ［説諭］。ちゅうこく［忠告］。中世かんげん［諫言］。くげん［苦言］。中古いさめ［諫］。いましめ［戒／警］。くんじ［訓示］。ちゅうげん［忠言］。上代けうくん［教訓］。をしへ［教］。

━・して慎ませること 近世かいちょく［戒飭］。

━・する 近世たしなむ［━なめる］。中古いひきかす［━きかせる］［言聞］。上代いさむ［いさめる］［諫］。いましむ［━しめる］［戒／誡／警］。さとす［諭］。とがむ［とがめる］［咎］。

厳しい━ 近代つうばう［痛棒］。近世さんじふぼう［三十棒］。

ちゅうおう【中央】 コア(core)。近代かく［核］。すうぢく［枢軸］。セントラル(central)。ちゅうかく［中核］。ちゅうすう［中枢］。ちゅうぢく［中軸］。近世さいちゅう［最中］。ちゅうぶ［中部］。ふくら［膨／脹］。中世しん［心／芯］。すうき［枢機］。ちゅう［中］。なかば［半］。なかほど［中程］。まんなか［真中］。中古ちゅうあう［中央］。ちゅうしん［中心］。まなか［真中］。もなか［最中］。上代なか［中］。

━が膨らんでいること 近世どうぶくら［銅脹］。

━の 近代セントラル(central)。上代なかつ［中］。

━の座席 中世なかざ［中座］。

━の地 中世ちゅうしう［中州］。

━の部分 ふくぶ［腹部］。近世ちゅうぶ［中

部]。どうなか[胴中]。へそ[臍]。中世 はら[腹]。

ー付近が高いこと 中古 なかだか[中高]。

公園などのー広場 コンコース(concourse)。

ちゅうかい【仲介】 ちゅうりつ[仲立]。近代 かほつなぎ[顔繋]。くちきき[口利]。ちゅうかい[仲介]。ばいじょ[媒助]。近世 あいさつ[挨拶]。あつかひ[扱]。あっせん[斡旋]。うちはし[打橋]。かけはし[掛橋/懸橋/梯]。くちあひ[口合]。くちぞへ[口添]。くにふ[口入]。しうせん[周旋]。せわ[世話]。なかじゃく[仲酌]。はしわたし[橋渡]。ひきあはせ[引合]。わたり[渡]。中世 かけはし[架橋/掛橋/懸橋/梯]。きもいり[肝入/肝煎]。くちいれ[口入]。とりなし[取成]。とりもち[取持]。ばいかい[媒介]。わざん[和讒]。中古 ちゅうばい[仲媒/中媒]。なかだて[中立]。上代 なかだち[仲立/媒]。

ー・する 近代 かいす[介]。間に立つ。橋を渡す(かける)。渡りを付ける。近世 とりむすぶ[取結]。口を利く。中に立つ。中世 とりもつ[取持/執持]。中古 くちいる[口入]。とりつぐ[取次]。とりなす[取成]。なかだつ[仲立/媒]。

ー・する人 パイプやく[pipe役]。近代 ちゅうかいしゃ[仲介者]。なかだちにん[仲立人]。ばいかいしゃ[媒介者]。近世 くちいれにん[口入人]。すあひ/すわひ[牙儈]。中世 かいしゃ[介者]。中古 うちはし[打橋]。上代 なかびと[中人/仲人/媒]。

ーの料金 くちききりょう[口利料]。ちゅうかいてすうりょう[仲介手数料]。ちゅうかいりょう[仲介料]。リベート(rebate)。近代 てすうりょう[手数料]。コミッション(commission)。近世 きもいりちん[肝煎賃]。こうせん[口銭]。さいとり[才取]。すあひ/すわひ[牙儈]。せわれう[世話料]。てまだい[手間代]。てまれう[手間料]。中世 てまちん[手間賃]。

金銭の貸し借りのー 近世 かねくにふ[金口入/銀口入]。

ちゅうかい【注解】 コメント(comment)。近代 せつめい[説明]。ちゅうき[注記]。中古 かいせつ[解説]。ちゅう[注/註]。ちゅうかい[注解/註解]。ちゅうしゃく[注釈]。↓

ちゅう

ちゅうがえり【宙返】 近世 ちうがへり[宙返]。とんぼ[蜻蛉/筋斗]。とんぼがへり[蜻蛉返]。ひっくりかへる[引繰返]。反(そ)りを打つ。翻筋斗(もんどり)を切る。中世 翻筋斗を打つ。

航空機のー ループ(loop)。

ちゅうかく【中核】 きじく[基軸]。コア(core)。近代 かく[核]。かくしん[核心]。しんずい[心髄]。ちゅうかく[中核]。ちゅうすう[中枢]。ちゅうぢく[中軸]。近世 きぢく[機軸]。しんずい[神髄/真髄]。中世 しん[心/芯]。ずい[髄]。まんなか[真中]。中古 ちゅうあう[中央]。ちゅうしん[中心]。まなか[真中]。上代 さね[実/核]。

ちゅうかん【中間】 なかごろ[中頃]。近代 あひなか[相中]。ちゅうばん[中盤]。ニュートラル(neutral)。ミディアム(medium)。ミドル(middle)。近世 ちゅうかん[中間]。中世 あひ[間]。ちゅうげん[中間]。なかほど[中程]。まんなか[真中]。中古 ちゅうと[中途]。とちゅう[途中]。なかば[半]。上代 あひだ[間]。

ー管理職 ミドルマネージメント(middle management)。

ー色 パステルカラー(pastel color)。中世 かんしょく[間色]。

ーで折り合う 中世 中を取る。

ーのあたり 中世 なから[中/半]。

ーの地点 近世 ふりわけ[振分]。

ーの程度 近世 ちゅうどほり[中通]。中世 ちゅうとう[中等]。

ーを抜くこと ちゅうりゃく[中略]。なかぬき[中抜]。はいちゅう[排中]。

ちゅうかん【昼間】 近世 ちうかん[昼間]。ひるひなか[昼日中]。まっぴるま[真昼間]。中古 あかひる[明昼/白昼]。にっちゅう[日中]。はくちう[白昼]。ひるなか[昼中]。ひるま[昼間]。上代 ひる[昼/午]。

ちゅうき【注記】→ちゅう【注】

ちゅうぎ【忠義】 中世 たんきょく[丹棘]。ちゅうしん[忠心]。ちゅうせい[忠誠]。上代 ちゅう[忠]。ちゅうぎ[忠義]。ちゅうせつ[忠節]。

ー・で正直なこと 中古 ちゅうちょく[忠直]。

ー・で善良なこと 中世 ちゅうりゃう[忠良]。

ーと親孝行 中古 ちゅうかう[忠孝]。

ーと勇気 中世 ちゅうゆう[忠勇]。

ー・な心 近代 じゅんちゅう[純忠]。ちゅうこん[忠魂]。近世 せいちゅう[誠忠/精忠]。ちゅうかん[忠肝]。ちゅうかんぎたん[忠肝義胆]。犬馬の心。中世 ちゅうしん[忠心]。ちゅうたん[忠胆]。

ー・な心が非常に厚いこと 中世 ちゅうれつ

［忠烈］。

ー・な臣下 中世ぎしん［義臣］。上代ちゅうしん［忠臣］。

ーを尽くさないこと 中古ふちゅう［不忠］。

ーを尽くし勤めること 上代ちゅうきん／ちゅうぎん［忠勤］。

ーを尽くして死ぬこと 中世ちゅうし［忠死］。

ーを尽くすこと 近代けんけんひきゅう［蹇蹇匪躬］。じんちゅう［尽忠］。ちゅうぎだて［忠義立］。近世けんきん［献芹］。中古けんけん［蹇蹇］。

君主にーを尽くし国家に報いること 近代じんちゅうほうこく［尽忠報国］。

君主にーを尽くすこと 近代ちゅうくん［忠君］。

自分のーをへりくだって言う語 近世けんきん［献芹］。すんちゅう［寸忠］。中古ぐちゅう［愚忠］。びちゅう［微忠］。

私利私欲のない純粋なー 近代じゅんちゅう［純忠］。

ちゅうきゅう【中級】 近代ちゅうきふ［中級］。近世ちゅうかん［中間］。ちゅうくらゐ［中位］。中世ちゅうとう［中等］。ちゅうゐ［中位］。

ちゅうくう【中空】 近代から［空］。ちゅうくう［中空］。なかぞら［中空］。はんてん［半天］。近世からっぽ［空］。がらんどう。ちうろくてん［宙六天］。ちゅうてん［中天］。中世うつろ［虚］。くうどう［空洞］。中古こくう［虚空］。

ちゅうくらい【中位】 ミディアム(medium)。近世ちゅうくらゐ［中位］。中世ちゅうとう［中等］。ちゅうゐ［中位］。なかほど［中程］。上代なみ［並］。

ちゅうけい【中継】 リレー(relay)。近代ちゅうけい［中継］。ひきつぐ［引継］。中世なかつぎ［中継／中次］。

テレビ電波をー・する施設 サテライトきょく［satellite局］。サテライトスタジオ(satellite studio)。

ちゅうげん【忠言】 →ちゅうこく

ちゅうこ【中古】 近代セカンドハンド／セコンドハンド(secondhand)。セコハン(セコンドハンドの略)。つかひふるし［使古］。近世ちゅうぶる［中古］。ふるもの［古物］。中世おふる［御古］。中古こぶつ［古物／故物］。

ーの着物 中世ふるぎ［古着］。中古ふるぎぬ［古衣］。

ちゅうこく【忠告】 近代アドバイス(advice)。せつくゎんこく［勧告］。じょげん［助言］。ちゅうい［注意］。面(おもて)を冒す。近世かんげん［諫言］。ちゅうこく［忠告］。中世いけん［意見］。いさめ［諫／禁］。ちゅうかくげん［苦言］。せっとく［説得］。ちゅうげん［忠諫］。中古いましめ［戒］。ちゅうげん［忠言］。上代いさめごと［諫言］。さとす［諭］。

《句》近代下種(げす)(下衆／下司)の逆恨み。近世兎(うさぎ)の逆立ち(耳が痛い)。中世金言耳に逆らふ。良薬口に苦し、忠言は耳に逆らふ。

ー・する人 コンサルタント(consultant)。じょげんしゃ／じょごんしゃ［助言者］。近代アドバイザー(adviser)。こもん［顧問］。さうだんやく［相談役］。ちゅうこくしゃ［忠告者］。

ーを無視して失敗等をした者に言う語 近代それ見たことか。近世それ見たか。それ見ろ。

上の人へのー 中世かんげん［諫言］。上代いさむ［いさめる］［諫／禁］。

手厳しいー 近世こはいけん［強意見］。

何度もー・する 中古ていねい［丁寧／叮嚀］。

ちゅうごく【中国】 チャイナ(China)。ちゅうかじんみんきょうわこく［中華人民共和国］。近代うゐき［禹域］。たいりく［大陸］。近世しな［支那］。ちゅうくゎみんこく［中華民国］。たうざん［唐山］。文字(もんじ)の国。中世かん［漢］。かんか［漢家］。かんてう［漢朝］。かんど［漢土］。くれ［呉］。たうど［唐土］。ちゅうか［中夏］。中古から［唐／韓／漢］。しんたん／しんだん［震旦］。たう［唐］。ちゅうくゎ［中華］。ちゅうごく［中国］。人の国。日の入る国。上代からくに［唐国／韓国］。もろこし［唐土／唐］。

《枕》中世ことさやぐ［言騒］［⇩から［唐］］。

ーから輸入された物 中世たうもつ［唐物］。中古からもの／たうぶつ［唐物］。

ーとインド ちゅうにち［中日］。近世からてんぢく［唐天竺］。

ーと日本 にっちゅう［日中］。中世かんな／かんわ［漢和］。中古わかん［和漢］。

ーの学術 近世からまなび［唐学／漢学］。かんがく［漢学］。

ーの言葉 チャイニーズ(Chinese)。ちゅうごくご［中国語］。近代くゎご［華語］。上代かんご［漢語］。

ーの自称 上代くゎか［華夏］。

ーの書物 近世かんせき［漢籍］。中世からぶみ［漢書／唐文］。中古もろこしぶみ［唐土

書]。

ーの人 チャイニーズ(Chinese)。ちゅうごくじん[中国人]。近代 かんぞく[漢族]。かんみんぞく[漢民族]。近世 かんじん[漢人]。くゎじん[華人]。中古 たうじん[唐人]。もろこしびと[唐土人]。上代 からひと/からびと[唐人/韓人/漢人]。

ーの船 中古 からふね[唐船]。もろこしぶね[唐土船]。

ーの文字 近世 くゎじ[華字]。中世 かんじ[漢字]。

ー風 近代 たうふう[唐風]。近世 からざま[唐様]。からふう[唐風]。中世 からやう[唐様]。中古 からめく[唐]。もろこしだつ[唐土]。

長く海外にいるーの人 近代 くゎけう[華僑]。

ちゅうざ【中座】 近代 たいざ[退座]。なかざ[中座]。席を外す。近世 ちゅうざ[中座]。はんざ[半座]。中世 たいせき[退席]。たいぢゃう[退場]。中古 たいしゅつ[退出]。↓たいきょ【退去】

ちゅうさい【仲裁】 かいにゅう[介入]。近代 ちゅうさい[仲裁]。てうてい[調停]。近世 あいさつ[挨拶]。なかじゃく[仲酌]。中世 あつかひ[扱]。ちゅうぶん[中分]。とりあはせ[取合]。とりなし[取成]。とりもち[取持]。なかなほし[中直]。

《句》近代 仲裁は時の氏神。

ー・する 中世 とりさふ[取障]。とりなす[取成]。わく〔わける〕[分/別]。中古 あつかふ[扱]。

ー・する人 近世 あいさつ[挨拶]。あいさつにん[挨拶人]。あたまやく[頭役]。あつかひしゅ[扱衆]。ちゅうさいにん[仲裁人]。中世 あつかひて[扱手]。さいにん[裁人]。さへにん/さへびと[支人]。ちゅうにん[中人/仲人]。中古 ちゅうじん[中人/仲人]。

ー・する人を入れる 近世 割を入る[ー入れる]。

芝居で喧嘩(けんか)をー・する役 近世 とめをとこ[留男]。とめをんな[留女]。

ちゅうざい【駐在】 近代 ちゅうざい[駐在]。ちゅうとん[駐屯]。ちゅうりう[駐留]。近世 とうりう[逗留]。中世 たいざい[滞在]。上代 とどまる[停/留]。

ー・する所 近代 たむろ[屯]。ちゅうざいしょ[駐在所]。

いつもー・している じょうちゅう[常駐]。

役人が他国に派遣されー・すること 近代 ちゅうさつ[駐箚]。

ちゅうさつ【誅殺】 中世 ちゅうさつ[誅殺]。上代 ちゅうす[誅]。ちゅうりく[誅戮]。

ちゅうし【中止】 近代 うちきり[打切]。おながれ[御流]。さたやみ[沙汰止]。ストップ(stop)。ていし[停止]。とぜつ[途絶]。とりやめ[取止]。なかをれ[中折]。近世 さたなし[沙汰無]。たちぎえ[立消]。ちゅうし[中止]。ちゅうだん[中断]。中世 たいてん[退転]。ちゃうはい[停廃]。中古 きうし[休止]。だんぜつ[断絶]。ちゅうぜつ[中絶]。

ー・させる 上代 やすむ〔やすめる〕[休]。

ーとなる(とする) 近代 とりやめる[取止]。やまる[止]。近世 ながる〔ながれる〕[流]。よす[止]。中世 うちとどむ[打留/打止]。うちやむ[打止]。とぎる〔とぎれる〕[途切]。中古 とだゆ〔とだえる〕[途絶]。とどまる[留/止]。とどむ〔とどめる〕[留/止]。とまる[止/留/停]。上代 うちきる[打切]。やむ〔やめる〕[已/止/罷]。

悪天候などによる運行のー けっこう[欠航]。

雨などで興行をー・すること 近世 いれかけ[入掛]。

映画や演劇の上演がーとなる おくらいり[御蔵入]。近代 おくら[御蔵/御倉]。

ちゅうし【注視】 近代 ぎょうし[凝視]。くゎつがん[刮眼]。ちゅうもく[注目]。みすゑる[見据]。みまもる[見守]。目を凝らす。目を曝(さら)す。目を注ぐ。近世 くゎつもく[刮目]。ちゅうし[注視]。目を光らす。中世 じゅくし[熟視]。みつむ〔ーつめる〕[見詰]。目を澄ます。中古 みいる[見入]。目を付く〔ー付ける〕。目を留む〔ー留める〕。上代 しょくもく[嘱目]。→ちゅうもく

ちゅうじく【中軸】 きじく[基軸]。コア(core)。じく[軸]。近代 かく[核]。かくしん[核心]。しんずい[心髄]。すうぢく[枢軸]。ちゅうかく[中核]。ちゅうすう[中枢]。ちゅうぢく[中軸]。近世 きぢく[機軸]。中世 ずい[髄]。すうき[枢機]。中古 ちゅうしん[中心]。

ちゅうじつ【忠実】 近代 しんし[真摯]。近世 こころまめし[心実]。ちゅうじつ[忠実]。中世 とくじつ[篤実]。中古 せいじつ[誠実]。まめやか[忠実]。上代 ちゅうぎ[忠義]。

ー・で柔順なこと 中古 ちゅうじゅん[忠順]。

ー・で仁愛のあること 中世 ちゅうあい[忠愛]。

ー・で人情に厚いこと 中古 ちゅうこう[忠厚]。

ー・に勤めること 上代 ちゅうきん[忠勤]。

ちゅうしゃ【駐車】 近代 ちゅうしゃ[駐車]。ていしゃ[停車]。パーキング(parking)。

パーク(park)。
―場 スカイパーキング(和製sky parking)。パーキングエリア(parking area)。モータープール(motor pool)。
―場で車輌の向きを変える装置 ターンテーブル(turntable)。
牛車(ぎっしゃ)を牛から外して―・する 中古 おろしたつ[下立]。
▼高貴な人の乗物を停めること 中世 ちゅうが[駐駕]。ちゅうひつ[駐蹕]。ちゅうれん[駐輦]。

ちゅうしゃく【注釈】 コメント(comment)。近代 せんちゅう[箋注/箋註]。ノート(note)。近世 かんもつ[勘物]。そちゅう[疏注/疏註]。中古 ちゅう[注/註]。ちゅうかい[注解/註解]。ちゅうき[注記/註記]。ちゅうしゃく[注釈/註釈]。上代 ちゅうそ[注疏/註疏]。→**ちゅう【注】**
―書 コメンタリー(commentary)。コンメンタール(ドイ Kommentar)。中世 せうもち/せうもつ[抄物]。せうもつがき[抄物書]。せうもの[抄物]。
―と批評 近代 ひゃうちゅう[評注/評註]。
―を集めまとめたもの 近代 しっちゅう[集注/集註]。しふちゅう[集注]。
―を補うもの 中世 ほちゅう[補注/補註]。
―を加える 中世 ちゅうす[注/註]。
経典などの―書 上代 しょ/そ[疏]。
校訂と― こうちゅう[校注/校註]。
細かに説いた― しょうちゅう[詳注/詳註]。近世 さいちゅう[細注/細註]。
自分の― 近世 しちゅう[私注/私註]。中世 じちゅう[自注/自註]。
正統的でない― 近世 ぐゎいでん[外伝]。
翻訳者が付けた― 近代 やくちゅう[訳注/訳註]。

ちゅうしゅつ【抽出】 近代 ちうしゅつ[抽出]。近世 ばっすい[抜粋/抜萃]。ひろひだす[拾出]。中世 えらびいだす[選出]。中古 えらびいづ[選出]。せうしゅつ[抄出/鈔出]。ぬきいだす[抜出]。ぬきとる[抜取]。ひきいづ[引出]。ひろひあぐ[―あげる][拾上]。上代 ぬきいづ[抜出]。ぬく[抜]。ひきいだす[引出]。
作為なしに―・する方法 にんいちゅうしゅつほう[任意抽出法]。にんいぬきとり[任意抜取]。むさくいちゅうしゅつほう[無作為抽出法]。ランダムサンプリング(random sampling)。

ちゅうじゅん【中旬】 げつおう[月央]。近代 つきなか[月中]。つきなかば[月半]。中世 ちゅうくゎん[中浣/中澣]。中古 ちゅうじゅん[中旬]。上代 なか[中]。なかのとをか[中十日]。

ちゅうしょう【中傷】 近代 ちゅうしゃう[中傷]。なかぐち[中口]。近世 かくれごと[隠言]。かげぐち[陰口]。ささひこさひ/ささへこさへ[支小支]。ささへ[支]。ささへぐち[支口]。そしりぐち[謗口]。つげぐち[告口]。中世 あくこう[悪口]。かげごと[陰言]。ざんそう[讒奏]。わるくち[悪口]。中古 ざうげん/ざんげん[讒言]。ひはう/ひばう[誹謗]。上代 なかごと[中言]。よこごと[横言]。よこし[讒]。よこしごと[邪言]。
―・する 近世 くさす[腐]。けちを付く[―付ける]。難癖を付く[―付ける]。藁(わら)を焚(た)く。中世 くたす[腐]。けなす[貶]。ささふ/ささへる/ささゆ[支]。中古 こきおろす[扱下]。そしる[謗/譏/誹]。なじる[詰]。なんず[難]。上代 よこす[讒]。

ちゅうしょう【抽象】 アブストラクト(abstract)。近代 ちうしゃう[抽象]。

ちゅうじょう【衷情】 近代 ちゅうじゃう[衷情]。近世 しじゃう[至情]。中世 せいしん[誠心]。ちゅうしん[衷心]。中古 しせい[至誠]。せいい[誠意]。まごころ[真心]。上代 まこと[誠]。→**ちゅうしん【衷心】**

ちゅうしょく【昼食】 近代 ごさん[午餐]。ちうさん[昼餐]。ちうしょく/ひるしょく[昼食]。ひるごはん[昼御飯]。ひるはん[昼飯]。ランチ(lunch)。近世 おこご[御供御]。おひる[御昼]。ごしゃう[午餉]。けんずい[硯水/間水/建水]。ちうじき[昼食]。ちゅうじき[中食]。てんしん[点心]。中世 ちうはん[昼餉]。ひるがれひ[昼餉]。ひるやしなひ[昼養]。ちゅうはん[中飯]。ひるげ[昼餉/昼食]。ひるめし[昼飯]。中古 ひる[昼]。
―を共にする会 ちゅうしょくかい[昼食会]。近代 ごさんくゎい[午餐会]。
格式張った― 近代 ランチョン(luncheon)。
少し早い目の― 近世 はやひる/はやびる[早昼]。

ちゅうしん【中心】 きじく[基軸]。コア(core)。センター(center)。近代 かくじく[軸]。かく[核]。かくしん[核心]。きかん[基幹]。こんかん[根幹]。しんずい[心髄]。すうじく[枢軸]。せうてん[焦点]。ちゅうかく[中核]。ちゅうすう[中枢]。ちゅうぢく[中

軸]。まっしん[真心/真芯]。近世 きぢく[機軸]。しんずい[神髄/真髄]。ずん[髄]。ただなか[直中/只中]。ぢゅうしん[重心]。へそ[臍]。中世 しん[芯/心]。せいちゅう[正中]。むね[宗]。なかご[中子]。まんなか[真中]。中古 こころ[心]。ちゅうあう[中央]。ちゅうしん[中心]。なから[半]。まなか[真中]。上代 なか[中]。

—から離れた所 近世 しも[下]。そくめん[側面]。上代 はし[端]。

—として栄えている所 近代 メッカ(Mecca)。近世 えんそう[淵藪/淵叢]。

—となって活動する 近代 きりまはす[切回]。しゅだうてき[主導的]。

—となる 重きをなす。近世 おもだつ[主立/重立]。中世 かしらだつ[頭立]。

—となる考え 近代 しゅがん[主眼]。しゅし[主旨]。近世 しゅい[主意]。

—となる人 にないて[担手]。近代 かんぶ[幹部]。げうしゃう[驍将]。しちゅう[支柱]。しゅかん[主幹/主監]。しゅぢく[主軸]。しゅなう[首脳]。ちゅうけん[中堅]。ちゅうしんじんぶつ[中心人物]。ボス(boss)。おやだま[親玉]。近世 いちまいかんばん[一枚看板]。おやぶん[親分]。そう[宗]。そうしゅ[宗主]。そうもとじめ[総元締]。だいこくばしら[大黒柱]。たいしゃう[大将]。たてやくしゃ[立役者]。ほね[骨]。中世 ほんぞん[本尊]。むねと[宗徒]。めいしゅ[盟主]。

—となる部分 近代 ごくずい[極髄]。近世 さはり[触]。中世 ふくら[膨/脹]。もとき[本木]。

—となるもの 近世 おや[親]。中世 しんぎ[心木]。中古 そう[宗]。ほんたい[本体]。むね[宗/旨]。上代 ざね[実]。

悪事の—人物 近世 しゅぼうしゃ[首謀者]。上代 げんきょう[元凶/元兇]。

円の— 近世 ゑんしん[円心]。

会などの— 近世 さいしゅ[催主]。

全体を活かす— 近代 ぐゎりゅうてんせい/ぐゎりょうてんせい[画竜点睛]。

組織的な活動の— 近代 そうほんざん[総本山]。

ちゅうしん【衷心】 近代 ちゅうじゃう[衷情]。ほんね[本音]。近世 しじゃう[至情]。中世 しせい[至誠]。しんい[真意]。しんじゃう[真情]。せいしん[誠心]。ちゅうしん[衷心]。中古 いちゅう[意中]。しんてい[心底]。せいい[誠意]。ほんい[本意]。ほんしん[本心]。まごころ[真心]。上代 しんちゅう[心中]。まこと[誠]。

ちゅうすう【中枢】 コア(core)。近代 かく[核]。かくしん[核心]。こんかん[根幹]。こんぽん[根本]。しんざう[心臓]。しんずい[心髄]。ちゅうかく[中核]。ちゅうすう[中枢]。ちゅうぢく[中軸]。近世 すうぢく[枢軸]。中世 すうき[枢機]。中古 ちゅうあう[中央]。ちゅうしん[中心]。

組織やある勢力の— しれいとう[司令塔]。近代 がじゃう[牙城]。

ちゅうせい【中正】 せいとう[正統]。近代 てきせい[適正]。近世 ちゅうりつ[中立]。中世 せいちゅう[正中]。ちゅうせい[中正]。ちゅうだう[中道]。ちゅうよう[中庸]。中古 ちゅうわ[中和]。上代 こうせい[公正]。こうへい[公平]。ちゅうくゎ[中和]。

ちゅうせい【忠誠】 中世 ちゅう[忠]。ちゅうせい[忠誠]。上代 ちゅうぎ[忠義]。ちゅうせつ[忠節]。明き心。清(浄)き明き心。

—心のたとえ 中世 へきけつ[碧血]。

ちゅうせき【柱石】❶〈石〉 近代 くついし[沓石]。どだいいし[土台石]。近世 ねいし[根石]。中古 いしずゑ[礎]。そせき[礎石]。つみいし[積石]。

ちゅうせき【柱石】❷〈人〉 じつりょくしゃ[実力者]。近代 かんぶ[幹部]。しちゅう[支柱]。しゅなう[首脳]。ぢゅうちん[重鎮]。ちゅうしんじんぶつ[中心人物]。ヘッド(head)。近世 そうもとじめ[総元締]。だいこくばしら[大黒柱]。たいと[泰斗]。中世 けんゐ[権威]。中古 えうじん[要人]。ちゅうせき[柱石]。

ちゅうせつ【忠節】 近代 けんしん[献身]。中世 ちゅう[忠]。上代 ちゅうぎ[忠義]。ちゅうせつ[忠節]。

ちゅうぜつ【中絶】 近代 うちきり[打切]。とぜつ[途絶]。とりやめ[取止]。なかをれ[中折]。近世 ちゅうし[中止]。ちゅうだん[中断]。よす[止]。中世 ちゅうぜつ[中絶]。とぎる[とぎれる][途切]。中古 とだえ[途絶/跡絶]。

妊娠— アボーション(abortion)。近代 だったい[奪胎]。中古 おろす[下]。だたい[堕胎]。→**ちゅうだん**

ちゅうせん【抽籤】 近代 くじびき[籤引]。ちゅうせん[抽籤/抽選]。中世 くじとり[籤取]。上代 くじ[籤]。→**くじ**

試合の順序などを決める— ドローイング

(drawing)。

ちゅうぞう【鋳造】 〈近代〉しうきん／ちうきん［鋳金］。ようや［溶冶／鎔冶］。〈中世〉ふく［吹／噴］。〈中古〉いる［鋳］。ちうざう［鋳造］。ようちう［鎔鋳］。

―・し直すこと 〈近代〉かいちう［改鋳］。

―に使う型 〈中古〉いがた［鋳型］。

新しく―・すること 〈近世〉しんちう［新鋳］。しんぶき［新吹］。

貨幣を―・すること 〈中古〉じゅせん［鋳銭］。〈上代〉ちうせん［鋳銭］。

ちゅうたい【紐帯】 つながり［繋］。〈近代〉けつえん［血縁］。ちうたい［紐帯］。れんたい［連帯］。〈中古〉きづな［絆／紲］。けちえん［血縁］。→**きずな**

ちゅうだん【中断】 〈近代〉うちきり［打切］。えうざん［腰斬／要斬］。ストップ(stop)。ちゅうはい［中廃］。なかをれ［中折］。〈近世〉たちぎえ［立消］。ちゅうし［中止］。ちゅうだん［中断］。〈中世〉しゃだん［遮断］。たいてん［退転］。ちゅうぜつ［中絶］。〈中古〉だんぜつ［断絶］。とだえ［途絶／跡絶］。

―・してなくなる 〈近代〉しりきれとんび［尻切鳶］。しりきれとんぼ［尻切蜻蛉］。

―・しない 〈中古〉つづく［続］。ひきつづく［引続］。をやみなし［小止無］。

―・する ほうる［放／抛］。〈近代〉とぎらす／とぎらせる［途切／跡切］。なげだす［投出］。尻(けつ)を割る。〈近世〉ほる［放／抛］。〈中世〉おこたる［怠］。たちぎゆ（―ぎえる）［立消］。とぎる［とぎれる］［途切］。〈中古〉とだゆ［とだえる］［途絶］。ひききる［引切］。〈上代〉たゆ［たえる］［絶］。やむ［止／罷］。

―・できないたとえ 乗り掛かった船。

言い掛けて―・した状態 いいかけ［言掛］。

書きかけて―・する 〈中古〉かきさす［書止］。

球技で試合が―・する ボールデッド(ball dead)。

食べかけて―・する たべさす［食止］。〈中世〉くひさす［食止］。

▼接尾語 かけ。〈中古〉さす。

ちゅうちょ【躊躇】 〈近代〉うこさべん［右顧左眄］。さこうべん［左顧右眄］。踏ん切りが付かぬ。〈近世〉しりごみ［尻込／後込］。たちよどむ［立淀］。二の足を踏む。〈中世〉ぎぎ［擬議］。たぢろく／たぢろぐ。ためらひ［躊躇］。〈中古〉おもひとどこほる［思滞］。しゅんじゅん［逡巡］。ちうちょ［躊躇］。てきちょく／てきぢょく［躑躅］。ひるむ［怯／痿］。やすらふ［休］。→**ためらい**

ちゅうてん【中天】 〈近代〉ちゅうくう［中空］。〈中世〉ちうてん［中天］。てんしん［天心］。〈中古〉ちゅうせう［中霄］。なかぞら［中空］。〈上代〉そら［空］。

ちゅうと【中途】 ハーフウエー(halfway)。〈近代〉くゎとき［過渡期］。とじ［途次］。〈近世〉ちゅうかん［中間］。とじゃう［途上］。〈中世〉なかば［半］。なかほど［中程］。はんと［半途］。〈中古〉とちゅう［途中］。なかごろ［中頃］。ちゅうだう［中道］。ちゅうと［中途］。なかぞら［中空］。なかなか［中中］。〈上代〉なか［中］。

―で妨げる 〈近世〉腰を折る。

―で駄目になる 〈近世〉おじゃん。じゃみる。

―で途切れる 〈近代〉しりきれとんび［尻切鳶］。しりきれとんぼ［尻切蜻蛉］。

―で止められない …かけ。〈近代〉引っ込みがつかない。ほうりなげる［放投／放抛］。ほっちらかす［散］。ほっぽらかす。〈近世〉うっちゃらかす［打遣］。ほったらかす。〈中古〉…さす。→**ちゅうだん**

ちゅうとう【中等】 〈近代〉ちゅうきふ［中級］。〈近世〉ちゅうくらゐ［中位］。ちゅうどほり／なかどほり［中通］。〈中世〉ちゅうとう［中等］。ちゅうぶん［中分］。ちゅうゐ［中位］。

―をとる 〈近世〉ちゅうす［中］。

ちゅうどく【中毒】 どくあたり［毒当／毒中］。〈近世〉ゑふ［酔］。〈中古〉あたる［当／中］。ちゅうどく［中毒］。

―を防ぐこと 〈近世〉どくけし［毒消］。どくよけ［毒除］。

ガス等による―の例 いっさんかたんそちゅうどく［一酸化炭素中毒］。ガスちゅうどく［gas中毒］。

嗜好品(しこうひん)による―の例 ニコチンちゅうどく［nicotine中毒］。〈近代〉アルコールちゅうどく／アルちゅう［alcohol中毒］。

自分の体内でつくられたものによる― 〈近代〉じかちゅうどく［自家中毒］。

食物による―とその例 しょくひんちゅうどく［食品中毒］。ふぐちゅうどく［河豚中毒］。〈近代〉しょくちゅうどく［食中毒］。〈近世〉しょくあたり［食当／食中］。しょくしゃう［食傷］。

薬物等による―の例 おしろいちゅうどく［白粉中毒］。まやくちゅうどく［麻薬中毒］。おしろいやけ［白粉焼］。〈近世〉あへんちゅうどく［阿片中毒］。〈近世〉くすりなやみ［薬悩］。

ちゅうとはんぱ【中途半端】 〈近代〉ちゅうとは

んぱ［中途半端］。なまじっか［慭］。なまはんか［生半可］。はんぱ［半端］。近世どっちつかず［何方付］。なからはんじゃく［半半尺］。なまなか［生半］。なまになか［生半］。なまにんじゃく［生人尺］。なまはんじゃく［生半尺］。はんか［半可］。中世なまじひ［生強／慭］。波にも磯にも付かず。中古ちゅうげん［中間］。なかぞら［中空］。なかなか［中中］。なま［生］。なまかたほ［生片］。なまはしたなし［生］。はし［端］。はした［端］。はしたなし。

《句》近世帯に短し襷きたすに長し。

ー・で終わること 近代しりきり／しりきれ［尻切］。しりきれとんび［尻切鳶］。しりきれとんぼ［尻切蜻蛉］。

ー・なさま 宙に浮く。近代いいかげん［好加減］。びをんてき［微温的］。近世ちうぶらり／ちうぶらりん［宙］。ちゅうぶらり／ちゅうぶらりん［中］。なまごろし［生殺］。

ー・に 中世そこそこに［其処其処］。なまじひ［生強／慭］。上代なかなかに［中中］。

知識や理解がー・なこと 近代はんちはんかい［半知半解］。

▼接頭語 近世なま［生］。

ちゅうとん【駐屯】 近代ちゅうとん［駐屯］。ちゅうりう［駐留］。近世たいざい［滞在］。たいりう［滞留］。とうりう［逗留］。

ちゅうにゅう【注入】 近代とうにふ［投入］。近世ちゅうにふ［注入］。つぎこむ［注込］。中世そそぐ［注］。中古こむ［こめる］［込／籠］。つぐ［注］。上代いる［いれる］［入］。さす［注／点］。そそく［注］。

ちゅうねん【中年】 じつねん［実年］。じゅくねん［熟年］。ミドルエージ(middle age)。近世ねんぱい［年配］。中世せいねん［盛年］。ちゅうねん［中年］。中古しょらう［初老］。上代さうねん［壮年］。

ー以上の好色な男 近代ひひ［狒狒］。ひひぢぢい［狒狒爺］。

ーの婦人 近代ちゅうばあさん／ちゅうばば［中婆］。

ちゅうばん【中盤】 近代さなか［最中］。近世さいちゅう［最中］。ちゅうかん［中間］。中世ただなか［直中／只中］。なかほど［中程］。まっさいちゅう［真最中］。まっただなか［真直中／真只中］。

ちゅうふく【中腹】 近世さんぷく［山腹］。ちゅうふく［中腹］。中古すいび［翠微］。

ちゅうぶる【中古】 →ちゅうこ

ちゅうぼう【厨房】 近代かってもと［勝手元］。キチン／キッチン(kitchen)。すいじば［炊事場］。ちゅうばう［厨房］。てうりしつ［調理室］。てうりば［調理場］。中世かって［勝手］。近世いたば［板場］。だいどころ［台所］。中古だいばんどころ［台盤所］。上代くりや［厨／廚］。はうちゅう［庖厨］。→だいどころ

ちゅうみつ【稠密】 近代みっしふ［密集］。中世こみあふ［込合］。中古ちうみつ［稠密］。みつ［密］。

ちゅうもく【注目】 近代アテンション(attention)。くゎつがん［刮眼］。ちゅうもく［注目］。もくする［目］。近世くゎつもく［刮目］。しもく［指目］。ちゅうし［注視］。目が留まる。中世ちゃくがん［着眼］。みつむ［ーつめる］［見詰］。目見立つ。中古じもく［耳目］。みとがむ［ーとがめる］［見咎］。目に留まる。目を掛く［ー掛ける］。目を立つ［ー立てる］。上代しょくもく［嘱目］。↓

ちゅうし【注視】

ー・される 脚光を浴びる。注目の的。近代うかびあがる［浮上］。近世めだつ［目立］。人目に立つ。

ーに価する 近代めぼしい。中古もののかず［物数］。

ちゅうもん【注文】 はっちゅう［発注］。リクエスト(request)。近代いらい［依頼］。オーダー(order)。せいきふ［請求］。ようめい［用命］。中世しょうまう［所望］。ちゅうもん［注文］。もとめ［求］。中古あつらへ［誂］。このみ［好］。しょまう［所望］。

ーが多い 中世やうがまし［様］。

ー・した物 オーダーメード(和製 order made)。ちゅうもんひん［注文品］。中世あつらへもの［誂物］。

ー・する 中世このむ［好］。上代あつらふ［ーらえる］［誂］。のぞむ［望］。

ーどおりであること 近世あつらへむき［誂向］。

ーを聞き回る者 ちゅうもんきき［注文聞］。近代ごようきき［御用聞］。ちゅうもんとり［注文取］。とくいまはり［得意回］。近世ごよう［御用］。たるひろひ［樽拾］。

ーを付ける 近世題を出す。

特別なー とくちゅう［特注／特註］。近代べつあつらへ［別誂］。

無理なー 中世なんだい［難題］。

ちゅうや【昼夜】 近代しろくじちゅう［四六時中］。にっせき［日夕］。中世にろくじちゅう［二六時中］。上代ちうや［昼夜］。にちや

〔日夜〕。よるひる〔夜昼〕。

ーのたとえ 上代にそ〔二鼠〕。

ーを問わず 朝に夕に。昼夜の別なく。夜となく昼となく。近世昼夜を舎(お)かず。昼夜を分かたず。中世昼夜を捨てず。夜を日に継ぐ。中古夜を昼になす。上代朝な夕な。

ちゅうよう【中庸】 近代ふへん〔不偏〕。近世ちゅうりつ〔中立〕。中世ちゅうせい〔中正〕。ちゅうだう〔中道〕。ちゅうよう〔中庸〕。上代せっちゅう〔折衷〕。

ちゅうりつ【中立】 近代きょくぐゎいちゅうりつ〔局外中立〕。げんせいちゅうりつ〔厳正中立〕。ニュートラル(neutral)。ふへん〔不偏〕。近世ちゅうりつ〔中立〕。中世ちゅうせい〔中正〕。ちゅうよう〔中庸〕。上代ふへんふたう〔不偏不党〕。

国と国との間のーの地帯 近代くゎんしょうちたい〔緩衝地帯〕。

ちゅうりゅう【駐留】 しんちゅう〔進駐〕。近代ちゅうざい〔駐在〕。ちゅうとん〔駐屯〕。ちゅうりう〔駐留〕。中世たいざい〔滞在〕。たいりう〔滞留〕。上代とうりう〔逗留〕。とどまる〔留〕。

ちゅうりゅう【中流】 近代ちゅうさんかいきふ〔中産階級〕。ちゅうりう〔中流〕。ミドルクラス(middle class)。中世ちゅうぶん〔中分〕。ちゅうゐ〔中位〕。

ーの生活をしている人 中世ちゅうじん〔中人〕。

ちゅうわ【中和】 近代ゆうがふ〔融合〕。中世ちゅうくゎ〔中和〕。ちゅうせい〔中正〕。中古ちゅうわ〔中和〕。→**ちゅうせい【中正】**

ちょ【緒】 近代ちょ〔緒〕。とっかかり／とりかかり〔取掛〕。近世いとぐち〔糸口／緒〕。きっかけ。たん〔端〕。たんしょ／たんちょ〔端緒〕。てがかり〔手掛〕。とっつき／とりつき〔取付〕。中世はじめ〔初〕。ほったん〔発端〕。

ちょう【長】 近代キャップ／キャプテン(captain)。くみちゃう〔組長〕。しだうしゃ〔指導者〕。しゅくゎい〔首魁〕。しゅせき〔首席〕。しゅはん〔首班〕。チーフ(chief)。とうそつしゃ〔統率者〕。とうもく〔頭目〕。とうりゃう〔頭領〕。ヘッド(head)。ボス(boss)。リーダー(leader)。近世おやぢ〔親父〕。おやぶん〔親分〕。しゅちゃう〔首長〕。とうどり〔頭取〕。中世おやかた〔親方〕。かしら〔頭〕。とうりゃう〔統領〕。中古くゎいしゅ〔魁首〕。とうりゃう〔棟梁〕。りゃうしう〔領袖〕。をさ〔長〕。上代おびと〔長〕。このかみ〔兄〕。ちゃう〔長〕。つかさ〔官／司〕。

《句》近代鼎(かなえ)の軽重を問ふ。上(かみ)清ければ下(しも)濁らず。近世頭(かしら)動かねば尾が動かぬ。上(かみ)の悦び下(しも)の痛み。鶏口(けいこう)となるも牛後となる勿(なか)れ。中世上(かみ)の好む所下(しも)之(これ)よりも甚だし。

ちょう【超】 メタ(meta)。近代ウルトラ(ultra)。スーパー(super)。てう〔超〕。中世てうくゎ〔超過〕。てうぜち／てうぜつ〔超絶〕。中古てうゑつ〔超越〕。上代いじゃう〔以上〕。

▼接頭語 ハイパー(hyper)。メタ(meta)。近代ウルトラ(ultra)。オーバー(over)。スーパー(super)。どか。ばか〔馬鹿／莫迦〕。

ちょう【蝶】 近世おにのくるま〔鬼車〕。かっかべ。てふてふ〔蝶蝶〕。ゆめみどり〔夢見鳥〕。ゆめむし〔夢虫〕。中古かはひらこ〔蝶〕。こてふ〔胡蝶／蝴蝶〕。上代てふ〔蝶〕。

ちょうあい【寵愛】 近代ねつあい〔熱愛〕。近世おきにいり〔気入〕。おんぐう〔恩遇〕。できあい〔溺愛〕。中世おなさけ〔御情〕。きしょく／きそく〔気色〕。けしき〔気色〕。中古あいす〔愛〕。おぼえ〔覚〕。おんちょう〔恩寵〕。上代ちょう〔寵〕。ちょうあい〔寵愛〕。ちょうぐう〔寵遇〕。

ー・する 中世かはいがる〔可愛〕。ときめかす〔時〕。気に入る。中古あがむ〔あがめる〕〔崇〕。もてあがむ〔崇〕。もてあそぶ〔弄／玩／翫〕。《尊》中古おぼしあがむ〔思崇〕。

ーの対象のたとえ 近世つきはな〔月花〕。

ーを受けて栄えること 近代えいちょう〔栄寵〕。中古ちょうえい〔寵栄〕。

ーを受ける 近世しゅっとう〔出頭〕。中世ちょうかう〔寵幸〕。中古ときめかし〔時〕。ときめく〔時〕。

今ーを受けている 近世今をときめく。上代愛(め)での盛り。

君主からのー 中世くんちょう〔君寵〕。

君主からのーを受けている女性 中世ちょうき〔寵姫〕。

ちょうえき【懲役】 近代くえき〔苦役〕。ちょうえき〔懲役〕。とけい〔徒刑〕。とざい〔徒罪〕。中古づ〔徒〕。づけい〔徒刑〕。づざい〔徒罪〕。

ーの刑に服していること ざいえき〔在役〕。近代ふくえき〔服役〕。

ちょうえつ【超越】 近代てう〔超〕。たくばつ〔卓抜〕。中世づぬく〔―ぬける〕〔図抜〕。てうくゎ〔超過〕。中古てうゑつ〔超越〕。ばつ

ぐん［抜群］。上代 てうぜん［超然］。

—主義 ちょうぜつしゅぎ［超絶主義］。トランセンデンタリズム(Transcendentalism)。

世俗を—していること 近代 うきよばなれ［浮世離］。せけんばなれ［世間離］。てうぞく［超俗］。中世 てうだつ［超脱］。

ちょうか【超過】 うわまわる［上回］。近代 オーバー(over)。くゎじょう［過剰］。てうくゎ［超過］。ゆきすぎ［行過］。近世 くゎた［過多］。中世 くゎたう［過当］。くゎど［過度］。こす［超］。度を超す。中古 くゎぶん［過分］。こゆ［こえる］［超］。上代 あまる［余］。すぐ(すぎる)［過］。

ちょうかい【懲戒】 近代 せいさい［制裁］。ちょうばつ［懲罰］。ペナルティー(penalty)。お灸(きう)を据ゑる。中世 こらしむ［—しめる］［懲］。中古 いましむ［—しめる］［戒］。ちょうかい［懲戒］。上代 こらす［懲］。

ちょうかん【鳥瞰】 近代 てうかん［鳥瞰］。てんばう［展望］。ふかん［俯瞰］。みおろす［見下］。

—図 近代 とりめゑ［鳥目絵］。ふかんづ［俯瞰図］。

ちょうかん【長官】 近代 ちゃうじゃう［長上］。れい［令］。中古 かうのとの／かんのとの［長官殿］。くゎんちゃう［官長］。上代 きゃう［卿］。ちゃうくゎん［長官］。

右衛門府の— 中古 うゑもんのかみ［右衛門督］。

行政組織の独任制の— 近代 しゅちゃう［首長］。

国司の— 中古 くにのかみ［国守］。くにのつかさ［国司］。

植民地を統括する— 近代 そうとく［総督］。

諸国の— 中古 くにのをさ［国長］。こくしゅ［国主］。

大宰府(だざいふ)の— 中世 おほみこともちのかみ［太宰帥］。上代 だざいのそつ(そち)［太宰帥］。

弾正台(だんじょうだい)の— 中古 ゐん［尹］。

ちょうき【長期】 近代 ちゃうき［長期］。ちゃうきかん［長期間］。ロング(long)。中古 ちゃうじ［長時］。

ちょうきゅう【長久】 →えいえん

ちょうきょう【調教】 とっくん［特訓］。近代 くんれん［訓練］。けうれん［教練］。てうけう［調教］。トレーニング(training)。近世 しこむ［仕込］。中世 かひならす［飼馴］。しつく［しつける］［躾／仕付］。中古 れんず［練］。

—・する人 くんれんしゃ［訓練者］。ちょうきょうし［調教師］。近代 トレーナー(trainer)。

ちょうきん【超勤】 オーバータイム(overtime)。かきん［過勤］。じかんがいろうどう［時間外労働］。ちょうかきんむ［超過勤務］。近代 ざんげふ［残業］。

ちょうく【長駆】 とおで［遠出］。近代 ちゃうく［長駆］。中世 とほがけ［遠駆］。ながばせ［長馳］。

ちょうけし【帳消】 ぼうけし［棒消］。近代 さうさい［相殺］。ぼうびき［棒引］。近世 すみちゃう［済帳］。ちゃうけし［帳消］。棒を引く。

ちょうこう【兆候】 →きざし

ちょうごう【調合】 ブレンド(blend)。まぜあわせ［混合］。近代 しょはう［処方］。てうやく［調薬］。近世 さじさき［匙先］。てうざい［調剤］。はうやく［方薬］。中世 てうがふ［調合］。はいざい［配剤］。中古 あはす［あわせる］［合／併］。こんがふ［混合］。ひちくる。上代 まず［まぜる］［混］。

—・した薬 近世 はうやく［方薬］。中世 あはせぐすり［合薬］。中古 がふやく［合薬］。

ちょうこうぜつ【長広舌】 近代 ちゃうくゎうぜつ［長広舌］。だべん［駄弁］。近世 おしゃべり［御喋／御饒舌］。むだぐち［無駄口］。中世 たべん［多弁］。ちゃうぜつ［長舌］。ながだんぎ［長談義］。ながばなし［長話］。中古 ぜうぜつ［饒舌／冗舌］。たげん／たごん［多言］。

ちょうこく【彫刻】 スカルプチャー(sculpture)。近代 てうそ［彫塑］。近世 ほる［彫］。中古 きけつ［剞劂］。きざむ［刻］。てうこく［彫刻］。ほりもの［彫物］。ゑる［彫］。

—・した肖像 近代 きょうざう［胸像］。スタチュー(statue)。てうざう［彫像］。トルソ(イタリア torso)。らざう［裸像］。りつざう［立像］。

—・する人 近代 てうこくか［彫刻家］。てうこくし［彫刻師］。近世 てうこう［彫工］。てうしゃう［彫匠］。中世 ほりものし［彫物師］。

—の習作 近代 エチュード(フランス étude)。

石に施す— 近代 せきこく［石刻］。

鋳物に彫りを加えた— いものぼり［鋳物彫］。

木を素材とした— いためぼり［板目彫］。こぐちぼり［木口彫］。近代 もくてう［木彫］。近世 きぼり［木彫］。

小刀の痕跡を生かした素朴な— 近代 いったうぼり［一刀彫］。

刀身に施した— 近世 きりもの［切物］。

梁(はり)や木鼻(きばな)などの浅い— 中世 ゑやう［絵

様］。

平面から浮き出すように彫った― うすにく／うすにくぼり［薄肉彫］。近代 うきぼり［浮彫］。うすうきぼり［薄浮彫］。やうこく［陽刻］。レリーフ(relief)。中世 うけぼり［浮彫］。

平面から沈み込むように彫った― しずみぼり［沈彫］。近代 いんこく［陰刻］。インタリヨ(イタリア intaglio)。

欄間のように透かして彫る― 近代 かごぼり［籠彫］。近世 すかしぼり［透彫］。
▼人体が左右非対称で調和する構図 コントラポスト(イタリア contraposto)。
▼肉付け 近代 モデリング(modeling)。

ちょうさ【調査】 サーベイ(survey)。リサーチ(research)。近代 おしきはめる［押究］。けんかう［検校］。しゅざい［取材］。しらべ［調］。てうさ［調査］。近世 たんさ［探査］。中世 かんちゅう［勘注］。中古 じんえき［尋繹］。
―・し監督すること 近代 かんさつ［監察］。
―・して数的にまとめること 近代 とうけい［統計］。
継続的に―・すること ついせきちょうさ［追跡調査］。
現地― フィールドワーク(fieldwork)。やがいちょうさ［野外調査］。近代 しさつ［視察］。じっさ［実査］。たふさ［踏査］。上代 はうさつ［訪察］。
国勢― 近代 センサス(census)。
準備的な― 近代 よびてうさ［予備調査］。
消費者の需要を―・すること マーケティング(marketing)。
対象を漏れなく―・すること しっかいちょうさ［悉皆調査］。ぜんすうちょうさ［全数調査］。
田地の― 中世 けんち［検地］。上代 かうでん［校田］。
人々の意見を―・すること アンケート(フランス enquête)。せろんちょうさ［世論調査］。よろんちょうさ［輿論調査／世論調査］。

ちょうざい【調剤】 近代 てうざい［調剤］。てうやく［調薬］。やくはう［薬方］。中世 てうがふ［調合］。
昔から決まった― 中世 ほんぱう［本方］。

ちょうし【調子】❶〈具合〉 近代 コンディション(condition)。じゃうきゃう［状況／情況］。近世 あんばい［塩梅／按排／按配］。おつ［乙］。ぐあひ［具合］。中世 かげん［加減］。てうし［調子］。中古 ありさま［有様］。て［手］。

―が上向きである のぼりちょうし［上調子］。

―が同じである 近世 どうてう［同調］。

―が同じで変化がない 近代 せんぺんいちりつ［千篇一律］。近世 いちりつ［一律］。

―が出る 近代 てうしづく［調子付］。近世 あぶらが乗る。乗りが来る。中古 のる［乗］。

―が外れていること すっとんきょう［素頓狂］。近代 とっぴ［突飛］。どはづれ［度外］。近世 とっぴゃうし［突拍子］。中世 とんきゃう［頓狂］。

―が乱れていること 近世 らんてう［乱調］。らんてうし／らんでうし［乱調子］。

―がよい ぜっこうちょう［絶好調］。近代 かうてう［好調］。かうてう［高潮］。じゅんてう［順調］。中世 順風に帆を上ぐ［―上げる］。

―が悪い ぎゃくちょう［逆調］。しっちょう［失調］。近世 ふぐあひ［不具合］。中古 ひがひがし［僻僻］。

―に乗せる 中世 のす［のせる］［乗］。中古 すかす［賺］。

―に乗りすぎ わるのり［悪乗］。

―に乗る 近代 うかれだす［浮出］。近世 のりぢ［乗地］。図に乗る。波に乗る。乗りが来る。拍子に掛かる。中世 おこづく。中古 うちはやる［打逸］。しらべる［調］。のる［乗］。はやる［逸］。

―のよい人を嘲る語 近代 おてうしもの［御調子者］。近世 さいざう［才蔵］。

―のよい物言い 近世 くちびゃうし［口拍子］。

―を合わせる 近代 ばつを合はせる。近世 どうてう［同調］。とりあはす［取合］。中世 きゃうよう［饗応］。筈を合はす。中古 きゃうおう［饗応］。とりなす［取成／執成］。わす［和］。

―を強める きょうちょう［強調］。

―を整える 近代 せいてう［整調］。てうせい［調整］。上代 せいび［整備］。

勝って―づく 近代 勝ちに乗ずる。中世 勝つに乗る。

声の― 中古 こわづかひ［声遣］。

言葉の― 近代 くてう［句調］。ごてう［語調］。近世 いひまはし［言回／言廻］。くてう［口調］。ことばがら［言葉柄］。ろれつ［呂律］。中世 くちぶり［口振／口吻］。ことばつき［言葉付］。

詩歌などの整った― 近代 かてう［佳調／嘉調］。

身体の― 近世 かげん［加減］。

本来の― 中世 ほんてうし［本調子］。

ちょうし【調子】❷〈音楽〉 近代 せんりつ［旋律］。テンポ(イタリアtempo)。トーン(tone)。ピッチ(pitch)。リズム(rhythm)。 中世 ひゃうし［拍子］。 中古 しらべ［調］。てうし［調子］。

―が合う 中世 のる［乗］。 中古 ととのふ［整／調／斉］。

―が合わない 中世 そる［それる］［逸］。てうしはづれ［調子外］。

―がよい 中古 くせづく［曲付］。

―をとること ひょうし［拍子］。

音楽の― 近代 がくてう［楽調］。

楽器の―を合わせる 中世 しらむ［調］。 中古 かきあはす［掻合］。しらぶ［調］。しらべあはす［調合］。

急な― 近代 きふてう［急調］。きふてうし［急調子］。きふテンポ［急(イタリア)tempo］。きふピッチ［急pitch］。

ちょうし【弔詞】→ちょうじ【弔辞】

ちょうし【長子】 近世 いちばんこ［一番子］。 中世 そうりゃう［総領］。 中古 ちゃうなん［長男］。ちゃくなん［嫡男］。 上代 えこ［長子］。ちゃうし［長子］。ちゃうぢょ［長女］。

ちょうじ【寵児】❶〈愛児〉 近代 あいじ［愛児］。いとしご［愛子］。ちょうじ［寵児］。

→こども

ちょうじ【寵児】❷〈花形〉 近代 アイドル(idol)。スター(star)。ちょうじ［寵児］。りうかうじ［流行児］。 近世 うれっこ［売子］。にんきもの［人気者］。はながた［花形］。はやりっこ［流行子］。

ちょうじ【弔辞】 ついとうぶん［追悼文］。 近代 たうじ［悼辞］。てうし［弔詞］。てうぶん［弔文］。 近世 あいじ［哀辞］。おくやみ／くやみ［御悔］。くやみごと［悔言］。しぬびごと［誄］。 中古 しのびごと［誄］。るい［誄］。 上代 しのひこと［誄］。

ちょうしぜん【超自然】 オカルト(occult)。 近代 てうしぜん［超自然］。 中世 しんぴ［神秘］。れいめう［霊妙］。 上代 れいい［霊異］。

―的な力 近代 マナ(mana)。れいりょく［霊力］。 中世 じゅりょく［呪力／咒力］。

ちょうじゃ【長者】→かねもち →ちょうろう【長老】

ちょうしゅ【聴取】 リスニング(listening)。 近世 ききとり［聞取］。 中世 ちゃうしゅ［聴取］。

ちょうじゅ【長寿】 じゅれい［寿齢］。 近代 えいせい［永生］。かうじゅ［高寿］。かくじゅ［鶴寿］。ちんじゅ［椿寿］。喬松(けうしょう)の寿。 近世 かうれい［高齢］。霞の命。 中世 えいじゅ［永寿］。かれい［遐齢］。 中古 ことぶき［寿］。じゅかう［寿考］。ちゃうじゅ［長寿］。ちゃうせい［長生］。ちゃうねん［長年］。ちゃうめい［長命］。ちゃうれい［長齢］。ながいき［長生］。松の齢(よはひ)。

―と夭折(ようせつ) 上代 じゅえう［寿夭］。

―の祝い 近世 がじゅ［賀寿］。じゅが［寿賀］。ねんが［年賀］。 中世 賀の祝ひ。

―のたとえ 中世 西王母が桃。

―を祝い健康を祈る 中古 寿(じゅ)を上(たてまつ)る。

―を祝う会 中古 しゃうしくゎい［尚歯会］。

―を祝う言葉 中世 せんしう［千秋］。せんしうばんざい［千秋万歳］。老いせぬ門(かど)。 中古 だいちん［大椿］。ちんえふ［椿葉］。ばんぜい［万歳］。鶴の子。南山の寿。 上代 せんしうばんぜい［千秋万歳］。

―を祝う酒宴 近世 じゅえん［寿宴］。

―を祝う短歌 中古 いはひうた［祝歌］。

ちょうしゅう【徴集】 近代 せうしふ［召集］。ちょうしふ［徴集］。ちょうぼ［徴募］。 中古 つのる［募］。よびあつむ［―あつめる］［呼集］。 上代 ちょうはつ［徴発］。

ちょうしゅう【徴収】 近代 しふきん［集金］。ちょうしう［徴収］。とりたて［取立］。

ちょうしゅう【聴衆】 しちょうしゃ［視聴者］。ちょうしゅしゃ［聴取者］。 近代 オーディエンス(audience)。ギャラリー(gallery)。くゎんかく／くゎんきゃく［観客］。くゎんしゅう［観衆］。けんぶつにん［見物人］。 中世 ききて［聞手］。 中古 ちゃうしゅう／ちゃうじゅう［聴衆］。

ちょうじゅう【鳥獣】 中世 きんじゅ［禽獣 中古 てうじう［鳥獣］。どうぶつ［動物］。 上代 きんじう［禽獣］。とりしし［鳥獣］。

―が発情する ふける［更／深］。 近世 さかり［盛］。

―を追い払う仕掛け 近代 とりおひ［鳥追］。 近世 ししおどし［鹿威］。ひきいた［引板］。 中世 おどし［脅／嚇／威］。かかし［案山子／鹿驚］。 中古 おどろかし［驚］。そほづ［案山子］。なるこ［鳴子］。ひた［引板］。→おどし

―を切り裂く 中古 ほふる／ほぶる［屠／宰］。 上代 はふる［屠］。

▼助数詞 中古 ひき［匹／疋］。

ちょうしょ【長所】 近代 とくちゃう［特長］。びてん［美点］。メリット(merit)。りてん［利

点］。近世 かうしょ［好処］。中世 ちゃうしょ［長所］。つよみ［強］。とりえ［取柄／取得］。中古 とりどころ［取所］。
《句》近代 短を捨て長を取る。長所は短所。中世 君子は人の美を成す。
―と短所 中世 いっちゃういったん［一長一短］。ちゃうたん［長短］。
いささかの― 中古 かたかど［片才］。

ちょうじょ【長女】 近代 いちぢょ／いちにょ［一女］。近世 そうりゃうむすめ［総領娘］。中古 おほあね［大姉］。おほいこ［大子］。上代 えひめ［兄姫］。ちゃうぢょ［長女］。
《尊》中古 おほいぎみ［大君］。おほひめぎみ［大姫君］。中古 おほひめごぜん［大姫御前］。上代 おほいらつめ［大郎女／大嬢／大娘］。
正妻が生んだ― 中世 ちゃくぢょ［嫡女］。

ちょうしょう【嘲笑】 近代 せせらわらひ［笑］。れいてう［冷嘲］。近世 てうせう［嘲笑］。中世 あざわらひ［嘲笑］。ものわらひ［物笑］。れいせう［冷笑］。上代 しせう［嗤笑］。
―・する 近世 ほてがくねる。中古 あざけりわらふ［嘲笑］。あさみわらふ／あざみわらふ［嘲笑］。あさむ［浅］。あざむ［嘲］。あざわらふ［嘲笑］。をこつく［痴付］。上代 あざける［嘲］。わらふ［笑／嗤］。
―の種 中世 おわらひぐさ［御笑種］。

ちょうじょう【頂上】❶〈山頂〉 近代 ちゃうてん［頂点］。てんちゃう［天頂］。ピーク(peak)。近世 てっぺい／てへん［天辺］。てっぺん［天辺］。中古 いただき［頂］。さんちゃう［山頂］。さんてん［山巓］。さんとう［山頭］。ちゃうじゃう［頂上］。上代 すゑのへ／すゑへ［末辺／末方］。たけ／だけ［岳／嶽］。ね／みね［峰］。をのへ［尾上］。
山の―近くの正面 近代 こびたひ［小額］。
霊山の― 中世 ぜんぢゃう［禅定］。

ちょうじょう【頂上】❷〈絶頂〉 やまば［山場］。近代 クライマックス(climax)。さいかうてう［最高潮］。ちゃうてん［頂点］。トップ(top)。ピーク(peak)。近世 さいかう［最高］。中世 ちゃうじゃう［頂上］。中古 さいじゃう［最上］。ぜっちゃう［絶頂］。

ちょうじょう【長上】 近代 シニア(senior)。ねんちゃう［年長］。近世 としうへ［年上］。めうへ［目上］。中世 ちゃうじゃう［長上］。としかさ［年嵩］。中古 ちゃうらう［長老］。

ちょうしょく【朝食】 近世 あさはん［朝飯］。てうしょく［朝食］。中世 あさいひ［朝飯］。あさめし［朝飯］。中古 あさがれひ［朝餉］。あさげ［朝餉／朝食］。
―のおかず 上代 あさな［朝菜］。
―の時間 中世 あさもよひ［朝催］。
禅家で―のこと 近代 しゅく［粥］。
天皇の― 上代 あさみけ［朝御食］。

ちょうじり【帳尻】 近代 かんぢゃうじり［勘定尻］。きけつ［帰結］。けつまつ［結末］。近世 しり［尻］。ちゃうじり［帳尻］。ちゃうづら［帳面］。中世 しうし［収支］。

ちょう・じる【長】 →**ちょう・ずる**

ちょうしん【長身】 せいたかのっぽ［背高］。近代 ちゃうく［長軀］。のっぽ。のっぽそっぽ。近世 のっぽんぽん。中古 そそろか／そびやか／そびやぐ［聳］。ちゃうしん［長身］。

ちょうじん【超人】 近代 スーパーマン(superman)。てうじん［超人］。ゐじん［偉人］。上代 きじん［鬼神］。
―的な力 近代 じんつうりき［神通力］。近世 じんそく［神足］。じんそくつう［神足通］。中世 じんづうりき［神通力］。つうりき［通力］。中古 じんづう［神通］。ほふりき［法力］。
▼超能力者 エスパー(和製esper)。サイキック(psychic)。

ちょうず【手水】 中古 てうづ［手水］。
―の代わりの草木 近世 からてうづ［空手水］。しばてうづ［柴手水／芝手水］。
―の前の置き石 中世 かがみいし［鏡石］。
―を入れる盥 中世 てうづだらひ［手水盥］。
茶室の庭などの―の鉢 近代 つくばひ［蹲／蹲踞］。

ちょう・ずる【長】 近世 たく［たける］［長／闌］。中世 ちゃうじる［長］。中古 すぐる［すぐれる］［優］。せいちゃう［成長］。そだつ［育］。ちゃうず［長］。上代 たくみ［巧］。→**すぐ・れる** →**そだ・つ**

ちょうせい【調製】 近世 てうせい［調製］。中世 こしらふ［―らえる］［拵］。さくせい［作製／作成］。せいさく［制作／製作］。てうたつ［調達］。中古 せいざう［製造］。上代 つくる［造／作］。

ちょうせい【調整】 かんり［管理］。コンディショニング(conditioning)。近代 コーディネート(coordinate)。コントロール(control)。てうせい［調整］。てうせつ［調節］。てうりつ［調律］。近世 てうり［調理］。中古 ととのふ［整／調／斉］。
―器 近代 レギュレーター(regulator)。
―・する すりあわせ［摺合／擦合］。中古 のべしじむ［伸縮］。上代 ととのふ［―のえる］

［整］。
相手の状況に合わせる— 近代 てかげん［手加減］。中世 てごころ［手心］。
機械の— 中世 せいぎょ［制御／制禦／制馭］。
事前の— ねまわし［根回］。近世 ぢならし［地均］。
照明の明るさなどの— ちょうこう［調光］。
微妙な— びちょうせい［微調整］。
ちょうせき【潮汐】 近代 てうせき［潮汐］。まんかん［満干］。中世 かんまん［干満］。みちひ［満干］。みちひき［満引］。
太陽の引力による— たいようちょう［太陽潮］。
太陽や月の引力による— てんもんちょう［天文潮］。
月の引力による— たいいんちょう［太陰潮］。
ちょうせつ【調節】 アジャスト(adjust)。かんり［管理］。コンディショニング(conditioning)。近代 アレンジ(arrange)。コントロール(control)。せいてう［整調］。てうせい［調整］。てうせつ［調節］。てうりつ［調律］。中世 かげん［加減］。せいぎょ［制御］。
ちょうぜつ【超絶】 近代 くゎんぜつ［冠絶］。たくばつ［卓抜］。中世 てうぜつ［超絶］。中古 ばつぐん［抜群］。上代 たくぜつ［卓絶］。
ちょうぜつ【長舌】 近代 ちゃうくゎうぜつ［長広舌］。近世 おしゃべり［御喋］。だべん［駄弁］。むだぐち［無駄口］。中世 たべん［多弁］。ちゃうぜつ［長舌］。ながだんぎ［長談義］。ながばなし［長話］。中古 ぜうぜつ［饒舌／冗舌］。たげん／たごん［多言］。
ちょうせん【挑戦】 近代 アタック(attack)。チャレンジ(challenge)。近世 こうげき［攻撃］。中世 てうせん［挑戦］。上代 いどむ［挑］。
ちょうせん【朝鮮】 近代 かんど［韓土］。中世 かうらい［高麗］。てうせん［朝鮮］。上代 からくに［唐国／韓国］。けいりん［鶏林］。こま［高麗］。とよくに［豊国］。
—人参 近代 やくようにんじん［薬用人参］。近世 おたねにんじん［御種人参］。ちせい［地精］。海老手(えびで)の人参。中古 くまのい［熊胆］。上代 にんじん［人参］。
—人参を煮詰めたもの じんせい［蔘精］。にんじんエキス［人参オランダextract］。
—の 中古 から［韓］(接頭語的に)。
—の人 近世 かんじん［韓人］。上代 からびと［韓人］。
ちょうぜん【超然】 近代 うきよばなれ［浮世離］。うんしんげっせい［雲心月性］。てうぞく［超俗］。近世 せんだつ［蟬脱］。てんぜん［恬然］。中世 だつぜん［脱然］。てうだつ［超脱］。中古 てうゑつ［超越］。上代 せんぜい［蟬蛻］。てうぜん［超然］。
—とした味わい 近代 せんみ［仙味］。
—としているさま 近代 我関せず。我関せず焉(えん)。
—を目指す志 近代 凌雲(りょううん)の志。
ちょうだい【頂戴】 近代 ご恵贈にあずかる。ご恵投を賜る。ご恵与に接する。近世 くださる［下］。はいたい［拝戴］。中世 あづかる［与］。いただく［頂］。かうむる［被］。さづかる［授］。ちゃうだい［頂戴］。はいじゅ［拝受］。もらふ［貰］。中古 うけたまはる［承］。かうぶる［被］。かづく［被］。たうぶ［賜／給］。たまはる［賜／給］。はいす［拝］。はいりゃう［拝領］。まうしうく［申受］。上代 たばる［賜／給］。
—・した物 中世 いただきもの［戴物］。たまはりもの［賜物］。近代 ちゃうだいもの［頂戴物］。もらひもの［貰物］。近世 たうらいもの［到来物］。
ちょうたつ【調達】 近代 きょうきふ［供給］。近世 くめん［工面］。じゅんび［準備］。中世 てうたつ［調達］。中古 てうしん［調進］。ようい［用意］。
—・する 近世 こしらふ［—らえる］［拵］。たんそく［短息］。ととのふ［—のえる］［整／調／斉］。わきまふ［—まえる］［弁］。中古 てうず［調］。中世 とりそろふ［—そろえる］［取揃］。上代 そろふ［そろえる］［揃］。まかなふ［賄］。
—・できる 中古 とりあふ［取敢］。
金銭の— きんさく［金策］。きんと［金途］。
ちょうだつ【超脱】 →ちょうぜん
ちょうたん【長嘆】 →ためいき
ちょうたん【長短】 中古 たんちゃう［短長］。ちゃうたん［長短］。
—が等しくないさま 中古 しんし［参差］。
ちょうちゃく【打擲】 近代 おうだ［殴打］。なぐりつける［殴付］。なぐりとばす［殴飛］。はたく［叩］。パンチ(punch)。びんた［鬢］。近世 うちのめす［打］。たたきのめす［叩］。はりたふす［張倒］。はりとばす［張飛］。ひっぱたく［引叩］。ふくろだたき［袋叩］。ぶつ［打］。ぶんなぐる［打殴］。中世 うちすう［—すえる］［打据］。ちゃうちゃく［打擲］。なぐる［殴］。はる［張］。上代 たたく［叩］。
ちょうちん【提灯】 中世 ちゃうちん［提灯］。近代 ていとう［提灯］。
盂蘭盆(うらぼん)で供養のための— 近世 ぼんぢゃう

ちん［盆提灯］。

柄でぶら下げて持つー 近世 ぶら／ぶらちゃうちん／ぶらりちゃうちん［提灯］。

柄を腰にさすー 近世 こしざしちゃうちん 近代 こしぢゃうちん［腰挿提灯］。

家紋をつけたー 近世 もんぢゃうちん［紋提灯］。

小形の丸いー 近世 きうとう［球灯／毬灯］。

軒先などにつるすー 近世 つりぢゃうちん［釣提灯］。のきぢゃうちん［軒提灯］。

その他ーのいろいろ（例） 近代 てまる／てまるちゃうちん［手丸提灯］。ふぐちゃうちん［河豚提灯］。 近世 かごちゃうちん［籠提灯］。たかぢゃがんだうちゃうちん［強盗提灯］。たかぢゃうちん［高提灯］。たかはり／たかはりぢゃうちん［高張提灯］。てぢゃうちん［手提灯］。はこぢゃうちん［箱提灯］。ほほづきちゃうちん［酸漿提灯］。まるぢゃうちん［丸提灯／円提灯］。ゆみはり／ゆみはりぢゃうちん［弓張提灯］。をだはらぢゃうちん［小田原提灯］。

▼助数詞 近世 はり［張］。

ちょうてい【調停】 近代 ちゅうさい［仲裁］。てうせい［調整］。てうせつ［調節］。てうてい［調停］。 近世 あつかひ［扱］。 中世 とりなす［取成］。

ー・する 中世 なほす［直］。 中古 あつかふ［扱］。

ー・する人を入れる 近世 割を入る［ー入れる］。

ちょうてい【朝廷】 近世 かみ［上］。くゎんぷ［官府］。 中世 くげ［公家］。くばう［公方］。くゎうてう［皇朝］。くゎん［官］。こう［公］。こうか／こうけ［公家］。こうぎ［公儀］。しゃしょく［社稷］。せいてう［聖朝］。ちゅうてう［中朝］。てう［朝］。てうざ［朝座］。てんてう［天朝］。べうだう［廟堂］。 中古 あいたどころ／あいたんどころ［朝所／朝食所／朝膳所／朝政所］。あめのみかど［天御門］。おほやけ［公］。おほやけどころ［公所］。てうてい［朝廷］。よ［世／代］。 上代 あめのした［天下］。かみのみかど［神御門］。すめらおほもとを［社稷］。みやけ［屯倉／官家］。

ーと幕府 中世 こうぶ［公武］。

ーと民間 中古 おほやけわたくし［公私］。 上代 てうや［朝野］。

ーに関すること 中古 おほやけざま［公様］。

ーに仕えること 中世 ざいてい［在廷］。ざいてう［在朝］。 中古 世に仕ふ。

ーに仕える女性 中世 きうじん［宮人］。にょうくゎん／にょくゎん［女官］。

ーの臣 中世 ていしん［廷臣］。てうしん［朝臣］。 中古 おほやけびと［公人］。 上代 おほみやびと［大宮人］。

ーの領地 近世 てんりゃう［天領］。 中古 おほやけどころ［公所］。

代々のー 中世 るいてう［累朝］。れきてう［歴朝］。

ちょうてん【頂点】 きょくげん［極限］。 近代 きょくど［極度］。クライマックス（climax）。げんど［限度］。さいかうてう［最高潮］。ちゃうてん［頂点］。トップ（top）。ピーク（peak）。 近世 さいかう［最高］。てっぺん［天辺］。 中世 てんちゃう［天頂］。 中古 いただき［頂］。さいじゃう［最上］。ぜっちゃう［絶頂］。ちゃうじゃう［頂上］。はなざかり［花盛］。

ちょうと【長途】 近代 ゑんせい［遠征］。 中古 ゑんろ［遠路］。ちゃうと［長途］。

ちょうど【丁度】 近代 かっきり。きっかり。ジャスト（just）。ぴったり。まるで［丸］。 近世 まさしく［正］。 中世 ちゃう［丁］。ちゃうど［丁度］。とうと。なほさながら。程良く。 中古 ことしも［事］。 上代 あたかも［恰／宛］。［猶］。

ーある 近世 ありあはす［ーあわせる］［有合］。ありあふ［有合］。

ー今 今も今。 中世 今しもあれ。 中古 いまし［今］。いましも［今］。まさに［正／将］。

ー今ごろ 中古 今もかも。 上代 はうこん［方今］。

ー後ろ 近世 まうしろ［真後］。

ーそのころ 中世 ころしも［頃］。

ーその時 近代 あたかも／あだかも［恰／宛］。 近世 とたん［途端］。はづみ［弾／勢］。折りも折り。 中世 ときしも［時］。ひゃうし［拍子］。やさき［矢先］。をりこそあれ［折］。をりふし［折節］。 中古 たまたま［偶／適］。をりから［折］。をりしまれ／をりしも／をりしもあれ［折］。 上代 なへに。

ーの程度 ほどほど［程程］。 近代 ころあひ［頃合］。 近世 てきど［適度］。ほどあひ［程合］。 中世 せつど［節度］。てごろ［手頃］。よっぽど／よほど［余程］。

ーよい 近世 あたかもよし。出ず入らず。ほどよし［程好／程良］。過不足なし。 中世 かっかうこ［好個］。かくかう［格好］。かっかう［恰好］。よろしき［宜］。過不及なし。 上代 かなふ［適／叶］。

ーよい時 近代 ころあひ［頃合］。タイムリー（timely）。 近世 じせつがら［時節柄］。しほ

どき［潮時］。〔中古〕しほ［潮］。しほあひ［潮合］。をりから［折柄］。をりよく［折好/折良］。

ちょうど【調度】 てまわりどうぐ［手回道具］。〔近代〕ファーニチャー(furniture)。〔近世〕かざいだうぐ［家財道具］。〔中世〕かざい［家財］。ぐそく［具足］。てぐそく［手具足］。てだうぐ［手道具］。〔中古〕かぐ［家具］。てうど［調度］。もののぐ［物具］。

ーや服飾に美を凝らす 〔中世〕綺羅を磨く。

▼助数詞 〔近代〕そろひ［揃］。〔中世〕よろひ［具］。〔中古〕よそひ［装/粧］。

ちょうなん【長男】 〔近世〕じんろく［甚六］。そうりゃうむすこ［総領息子］。〔中世〕そうりゃう［総領/惣領］。〔中古〕いちなん［一男］。たらう［太郎］。たらうぎみ［太郎君］。ちゃうなん［長男］。ちゃくなん［嫡男］。〔上代〕えこ［長子］。このかみ［兄］。ちゃうし［長子］。ちゃくし［嫡子］。

貴人のー 〔中古〕いちのみや［一宮］。一の御子(みこ)。

ちょうにん【重任】 〔近代〕りうにん［留任］。〔中世〕さいにん［再任］。ぢゅうにん［重任］。〔中古〕えんにん［延任］。ちょうにん［重任］。

→じゅうにん

ちょうにん【町人】 〔近世〕いちびと［市人］。まちかた［町方］。〔中世〕ちゃうにん［町人］。まちじん/まちにん［町人］。

ーの家 〔近代〕ちゃうか［町家］。

ーを罵って言う語 〔近世〕すちゃうにん［素町人］。

ちょうば【嘲罵】 〔近代〕ばたう［罵倒］。ばり［罵詈］。めんば［面罵］。れいば［冷罵］。〔近世〕てうば［嘲罵］。悪態を吐っく。〔中世〕あくこうざふごん［悪口雑言］。

ちょうはつ【調髪】 りよう［理容］。〔近代〕せいはつ［整髪］。てうはつ［調髪］。〔中世〕さんぱつ［散髪］。〔中古〕りはつ［理髪］。

剃刀(かみそり)によるー レザーカット(razor cut)。

鋏(はさみ)によるー シザーカット(scissors cut)。

ちょうはつ【徴発】 〔近代〕ちょうしう［徴収］。ちょうはつ［徴発］。〔近世〕とりたつ［ーたてる］。〔中世〕とりあぐ［ーあげる］［取上］。〔上代〕うばふ［奪］。

ちょうはつ【挑発】 〔近代〕アジテーション(agitation)。しむく［ーむける］［仕向］。せんどう［煽動］。てうはつ［挑発］。〔近世〕あふる［煽］。そび［誘］。〔中古〕そそのかす［唆］。

ちょうばつ【懲罰】 〔近代〕せいさい［制裁］。ちょうばつ［懲罰］。〔中世〕こらしめ［懲］。〔中古〕いましめ［戒］。せいばい［成敗］。ちょうかい［懲戒］。ばつ/ばっす［罰］。

ちょうび【掉尾】 しゅうきょく［終局］。とうび［掉尾］(「ちょうび(掉尾)」の慣用読み)。〔近代〕てうび［掉尾］。〔近世〕さいしゅう［最終］。〔中世〕さいご［最後］。

ちょうふ【貼付】 〔近代〕てふふ［貼付］。てんぷ［添付］。〔近世〕はりつけ［貼付/張付］。〔中世〕ふちゃく［付着］。

ちょうふく【重複】 〔近代〕かさなり［重］。ダブり/ダブる(double)。ぢゅうふく［重複］。にぢゅう［二重］。〔近世〕かさなりあふ［重合］。ぢゅうそう［重層］。ぢゅうでふ［重畳］。〔中世〕ちょうふく［重複］。〔中古〕ちょうでふ［重畳］。

ー・してできること ふくせい［複成］。

同じ事がー・して出ること 〔近代〕ちょうしゅつ［重出］。〔近世〕ぢゅうしゅつ［重出］。

ちょうぶく【調伏】 〔中古〕がうぶく［降伏］。たいぢ［退治］。てうず［調］。てうぶく［調伏］。〔上代〕しゃくぶく［折伏］。

ちょうぼ【帳簿】 〔近代〕うりあげちゃう［売上帳］。ちゃうぼ［帳簿］。〔近世〕おしきりちゃう［押切帳］。おぼえちゃう［覚帳］。かんぢゃうちゃう［勘定帳］。だいちゃう［台帳］。だいふくちゃう［大福帳］。もとちゃう［元帳］。よろづありちゃう［万有帳］。よろづうりちゃう［万売帳］。よろづおぼえちゃう［万覚帳］。〔中世〕ちゃうめん［帳面］。〔上代〕ちゃう［帳］。

ーに記入された範囲 〔近代〕ちゃうめんづら［帳面面］。〔近世〕ちゃうづら［帳面］。〔中世〕ちゃうだい/ちゃうない［帳内］。

ーに記入すること ブッキング(booking)。〔近代〕きちゃう［記帳］。ちゃうあひ［帳合］。〔近世〕ちゃうつけ［帳付］。

一時的なー 〔近世〕たうざちゃう［当座帳］。つけこみちゃう［付込帳］。ひかへちゃう［控帳］。

家庭のー 〔近代〕かけいぼ［家計簿］。

出勤や出席を記録するー 〔近代〕しゅっきんぼ［出勤簿］。しゅっせきぼ［出席簿］。

入金を記入するー しゅうにゅうぼ［収入簿］。〔近世〕いりちゃう［入帳］。

売買などを記録するー 〔近代〕かよひちゃう［通帳］。つうちゃう［通帳］。

日々書き記すー 〔中世〕にっきちゃう［日記帳］。〔中古〕にき/にっき［日記］。

もとのー げんぼ［原簿］。

ちょうほう【諜報】 ひみつじょうほう［秘密情

報]。近代 てふほう[諜報]。

—員 エージェント(agent)。→**スパイ**

ちょうほう【重宝】 ユースフル(useful)。近代 しべん[至便]。べんえき[便益]。近世 いうえき[有益]。いうよう[有用]。てうはふ[調法]。中世 ちょうほう[重宝]。べんり[便利]。

ちょうぼう【眺望】 けいかん[景観]。パースペクティブ(perspective)。近代 いちぼう[一眸]。てんばう[展望]。近世 いちばう[一望]。みはらし[見晴]。中世 てうまう[眺望]。ばうけん[望見]。中古 けしき[景色]。てうばう[眺望]。ながめ[眺]。ながめやる[眺遣]。みやる[見遣]。ゑんけん[遠見]。ゑんばう[遠望]。上代 くゎんばう[観望]。のぞみ[望]。みわたす[見渡]。→**てんぼう**

ちょうほうけい【長方形】 ながしかく[長四角]。近代 くけい[矩形]。さしがた[矩形]。ちゃうはうけい[長方形]。たんざくけい[短冊形]。中古 たんじゃく[短冊/短籍/短尺]。上代 たんざく[短冊/短籍/短尺]。

—に切ること たんざくぎり[短冊切]。

ちょうほんにん【張本人】 近代 しゅくゎい[首魁]。しゅはん[主犯]。近世 ざいくゎい[罪魁]。しゅぼうしゃ[首謀者/主謀者]。中世 げしゅにん[下手人]。こっちゃう[骨頂/骨張]。しゅりゃう[首領]。ちゃうぼん[張本]。ちゃうほんにん[張本人]。ほんにん[本人]。上代 げんきょう[元凶/元兇]。

ちょうみ【調味】 あじかげん[味加減]。あじつけ[味付]。近世 さじかげん[匙加減]。中古 てうみ[調味]。

ちょうめい【長命】 →**ちょうじゅ**

ちょうめん【帳面】 カイエ(フランス cahier)。メモちょう[memo帳]。近代 ちゃうぼ[帳簿]。つうちゃう[通帳]。ノート(note)。ノートブック(notebook)。ブック(book)。もとちゃう[元帳]。近世 だいちゃう[台帳]。中世 ちゃうめん[帳面]。中古 ちゃう[帳]。

—に記入すること 近代 きちゃう[記帳]。近世 ちゃうつけ[帳付]。

絵を書きためる— 近代 ぐゎちゃう[画帳]。しゃせいちゃう[写生帳]。スケッチブック(sketchbook)。近世 ぐゎでふ[画帖]。

寄付を集める趣旨を記した— 近世 くゎんげちゃう[勧化帳]。中世 くゎんじんちゃう[勧進帳]。

心覚えを記入する小形の— 近代 ポケットブック(pocket book)。メモ(memo)。メモランダム(memorandum)。近世 てちゃう[手帳]。てでふ[手帖]。てびかへ[手控]。

雑多なことを書く— 近代 ざっきちゃう[雑記帳]。

葬儀で香典を記録する— いろちょう[色帳]。えこうちょう[回向帳]。こうでんちょう[香典帳/香奠帳]。

手習いに使う— 近世 てならひざうし[手習草紙]。

宿で宿泊者の氏名などを書く— 近代 しゅくちゃう[止宿帳]。近世 やどちゃう[宿帳]。

▼助数詞 さつ[冊]。

ちょうもん【聴聞】 ヒアリング(hearing)。近代 ききとり[聞取]。近世 けいちゃう[傾聴]。中古 ちゃうもん[聴聞]。

ちょうやく【跳躍】 近代 ジャンプ(jump)。をどりあがる[躍上]。近世 てうやく[跳躍]。ひやく[飛躍]。中世 とびはぬ[—はねる][飛跳]。はぬ[はねる][跳]。はねあがる[跳上]。上代 とびあがる[飛上]。とぶ[跳/飛]。

ちょうよう【長幼】 中古 ちゃうえう[長幼]。近代 らうじゃく[老若]。らうえう[老幼]。らうせう[老少]。らうにゃく[老若]。

—の序 ねんじ[年次]。

ちょうらく【凋落】 おちこむ[落込]。しゃようじつ[斜陽]。らくじつ[落日]。近代 せうちん[消沈/銷沈]。近世 さびる[さびれる][寂]。すいたい[衰退/衰頽]。左前になる。身を落とす。中世 おちめ[落目]。くだりざか[下坂]。すいじゃく[衰弱]。すたる[すたれる][廃]。なりさがる[成下]。ぼつらく[没落]。身を持ち崩す。中古 おちぶる[—ぶれる][落/落魄/零落]。おとろふ[—ろえる][衰]。てうらく[凋落]。れいらく[零落]。上代 すいび[衰微]。

ちょうり【調理】 近代 かっぽう[割烹]。クッキング(cooking)。すいじ[炊事]。まかなひ[賄]。近世 てうみ[調味]。にたき[煮炊]。れうり[料理]。れうる[料]。中世 てうず[調]。てうり[調理]。中古 くひものす[食物]。→**りょうり**

ちょうりし【調理師】 →**りょうりにん**

ちょうりつ【調律】 おとあわせ[音合]。チューニング(tuning)。近代 てうせい[調整]。てうりつ[調律]。

ちょうりゅう【潮流】 トレンド(trend)。近代 かいりう[海流]。カレント(current)。してう[思潮]。すうせい[趨勢]。てうりう[潮

流]。どうかう[動向]。ながれ[流]。ふうてう[風潮]。近世じりう[時流]。すうかう[趨向]。たいせい[大勢]。てうせい[潮勢]。中古じせい[時勢]。上代うしほ[潮]。しほせ[潮瀬]。しほぢ[潮路]。せ[瀬]。

ーがぶつかる所 中古しほあひ[潮合]。

干満の境でーが一時止まる状態 けいちょう[憩潮]。けいりゅう[憩流]。

流れのはやいー 近代きふてう[急潮]。中世はやしほ[早潮]。

表面に表れないー 近世あんてう[暗潮]。

二つのーの接する帯状の筋 近代しほめ[潮目]。潮の目。

船の進行と逆のー むかいしお[向潮]。近代ぎゃくてう[逆潮]。

船を推し進めるー つれしお[連潮]。近代じゅんてう[順潮]。近世おひしほ[追潮]。中世じゅんりう[順流]。

ちょうりょう【跳梁】 近世しゃうけつ[猖獗]。てうりゃう[跳梁]。のさばる。中世はびこる[蔓延]。中古ばっこ[跋扈]。まんえん[蔓延]。りくりゃう[陸梁]。わうかう[横行]。

ちょうりょく【聴力】 近代ちゃうかく[聴覚]。ちゃうりょく[聴力]。上代みみ[耳]。

ー測定装置 オーディオメーター(audiometer)。

ちょうるい【鳥類】 中世つばさ[翼/翅]。てうるい[鳥類]。にそく[二足]。中古きんてう[禽鳥]。ひきん[飛禽]。上代とり[鳥/禽]。

ちょうろう【長老】 近代ねんちゃうしゃ[年長者]。らうたいか[老大家]。近世いちらふ[一臈]。中世おとな[大人]。そう[叟]。ちゃうじゃ[長者]。中古きしゅく[耆宿]。げんらう[元老]。しゅくらう[宿老]。だいとく[大徳]。ちゃうらう[長老]。上代きらう[耆老]。こらう[古老/故老]。→ろうじん

ちょうろう【嘲弄】 近代ぐろう[愚弄]。ぶべつ[侮蔑]。近世せせらわらふ[笑]。てうさいばう[嘲斎坊]。てうす[嘲]。てうせう[嘲笑]。虚仮(こけ)にする。中古あざけり[嘲]。てうろう[嘲弄]。ろうす/ろうず[弄]。上代あざわらふ[嘲笑]。

ちょうわ【調和】 きょうわ[協和]。プロポーション(proportion)。近代だけふ[妥協]。ハーモニー(harmony)。バランス(balance)。マッチ(match)。わ[和]。近世うつり[映]。をさまり[収/納]。中世いちわ/いっくゎ[一和]。つりあひ[釣合]。とりあはせ[取合]。中古あはひ[間]。ぶんしつひんぴん[文質彬彬]。ちゅうわ[中和]。てうわ[調和]。わかい[和諧]。

ー・させる 近代わする[和]。中世くゎす[和]。中古とりあふ[取合]。

ー・していない アンバランス(unbalance)。しっちょう[失調]。近代ふてうわ[不調和]。近世氷炭相容れず。中世木に竹を接(つ)ぐ。水火(すいくゎ)器物を一つにせず。

ー・していない音 近代ふけふわおん[不協和音]。

ー・している 中古つきづきし[付付]。

ー・する かみあう[嚙合]。なじむ[馴染]。近世うつる[映]。中世つりあふ[釣合]。とりあふ[取合]。中古あふ[合]。にあふ[似合]。上代ととのふ/ととのほる[調]。ふさふ[相応]。

ー・する声 かいせい[諧声]。

ー・するさま アンサンブル(フランス ensemble)。

ー・するように作る 中古つくりあはす[ーあわせる][作合]。

ー良く 上代よろしなへ[宜]。

ちょきん【貯金】 近代ちくざい[蓄財]。ちょきん[貯金/儲金]。ちょちく[貯蓄]。つみたてきん[積立金]。よきん[預金]。近世つみきん[積金]。中世たくはへ[貯/蓄]。

ーが少しであること 近世儋石(たんせき)の貯へ。儋石の儲(まう)け。

ー・する 近代つみたてる[積立]。近世たむ[ためる][溜]。中古たくはふ[ーわえる][貯/蓄]。上代つむ[積]。

使ったつもりでー・する つもりちょきん[積貯金]。

ちょくげん【直言】 近代ていげん[定言]。ふき[不諱/不忌]。中世ちょくげん[直言]。

ちょくさい【直截】 →ちょくせつ

ちょくし【直視】 近代ぎょうし[凝視]。せいし[正視]。ちょくし[直視]。近世ちゅうし[注視]。中世みつむ[ーつめる][見詰]。

ちょくし【勅使】 中世てんし[天使]。中古くゎうくゎ[皇華]。甘栗(あまぐり)の使(つかひ)。上代ちょくし[勅使]。

ちょくしゃ【直射】 近世ちょくしゃ[直射]。上代ただざす[直射]。

ちょくじょう【直情】 近代ちょくじゃう[直情]。近世いっぽんぎ[一本気]。中古じゅんじゃう[純情]。

ちょくせつ【直接】 ストレート(straight)。ちょく[直]。近代ダイレクト(direct)。ちょく

さい[直截]。ちょくせつ[直接]。近世ぢか[直]。ぢかづけ[直付]。ぢきぢき[直直]。ちょくせつ[直截]。中世ぢき[直]。中古まのあたり[目当/眼当]。上代ただ[直]。

―体験する 中古ふる[ふれる][触]。

―に もろに。近世さしつけて[差付]。ぢかに[直]。面と向かって。中世さしあてて[差当]。中古ただちに[直]。ひたと[直]。まのあたり[目当/眼当]。上代ただに[直]。

―に向き合う 上代ただむかふ[直向]。

仲介なしで―売買すること 近代あひたいばいばい[相対売買]。

ちょくせん【直線】 ストレート(straight)。ぼうせん[棒線]。近世いっちょくせん[一直線]。ちょくせん[直線]。中世いちもんじ[一文字]。かね[矩]。まいちもんじ[真一文字]。中古ひとすぢ[一筋]。

一点で交わる二― こうせん[交線]。

競技場などの―走路 バックストレッチ(backstretch)。ホームストレッチ(homestretch)。近代ストレッチ(stretch)。

曲線と二点で交わる― 近代かっせん[割線]。

同一平面上で交わらない二本の― 近代へいこうせん[平行線/並行線]。

両端が有限の― せんぶん[線分]。ゆうげんちょくせん[有限直線]。

ちょくぜん【直前】 近代すんぜん[寸前]。ちょくぜん[直前]。近世まぎは[間際/真際]。中世きせん[機先]。さいさき[最先]。すぐ[直]。やさき[矢先]。中古きは[際]。

ちょくつう【直通】 ちょっけつ[直結]。近代ちょくかう[直行]。ちょくつう[直通]。

ちょくひ【直披】 近代しんてん[親展]。→わ

きづけ

ちょくめい【勅命】 近世ていめい[帝命]。中古ちょくめい[勅命]。ほうせう[鳳詔]。みことのり[詔/勅]。上代せい[制]。

―によって賜ること 中古ちょくろく[勅禄]。

―の趣旨 中古ちょくし[勅旨]。

―を承る 上代ほうちょく[奉勅]。

内々の― 中古ないちょく[内勅]。

秘密の― 近世みっちょく[密勅]。

ちょくめん【直面】 近代たうめん[当面]。ちょくめん[直面]。ぶつかる。近世かちあふ[搗合]。中世むかひあふ/むきあふ[向合]。中古さしあたる[差当]。のぞむ[臨]。目の当たり。

ちょくやく【直訳】 近代ちくごやく[逐語訳]。ちょくやく[直訳]。中古ほんやく[翻訳]。

ちょくりつ【直立】 近代すぐだち[直立]。中世きつりつ[屹立]。近世ちょくりつ[直立]。中古きりつ[起立]。気を付け。

―・して伸びるさま 近代ちくちく[矗矗]。

ちょげん【緒言】 →じょぶん

ちょさく【著作】 近代しっぴつ[執筆]。近世かきもの[書物]。ちょしょ[著書]。ものす[物]。中世あらはす[著]。かきあらはす[書著]。じゅっさく[述作]。ちょさく[著作]。ものかき[物書]。中古あむ[編]。しゅひつ[執筆]。ちょじゅつ[著述]。筆を執(と)る。筆を走らす。筆を馳(は)す。上代ぶんぴつ[文筆]。→ちょしょ

―権 近代コピーライト(copyright)。

―権の使用料 近代いんぜい[印税]。ロイヤリティー(royalty)。

―権を侵して販売されるもの かいぞくばん[海賊版/海賊盤]。

―に誤りの多いこと 近世づさん[杜撰]。

―に取り掛かる きひつ[起筆]。中世筆を染む[―染める]。

ちょしゃ【著者】 ぶんぴつか[文筆家]。ものかき[物書]。近代オーサー(author)。さくか[作家]。しっぴつしゃ[執筆者]。ちょさくか[著作家]。ちょさくしゃ[著作者]。ちょしゃ[著者]。ちょじゅつか[著述家]。ライター(writer)。近世ちょじゅつしゃ[著述者]。さくしゃ[作者]。中世かきて[書手]。ひっしゃ[筆者]。→ぶんぴつか

ちょじゅつ【著述】 →ちょさく

ちょしょ【著書】 近代さくひん[作品]。しゅひつ[手筆]。ちょさくぶつ[著作物]。近世かきもの[書物]。しょもつ[書物]。ちょさく[著作]。ちょしょ[著書]。

《尊》こうしょ[高書]。こうちょ[高著]。ごしょ[御書]。近代たいちょ[大著]。めいちょ[名著]。ゆうへん[雄編/雄篇]。近世きちょ[貴著]。

《謙》近代せうちょ[小著]。せっちょ[拙著]。とゑんさつ[兎園冊]。近世ぐさく[愚作]。せっさく[拙作]。

―がよく売れること 近代紙価(しか)を高める。洛陽(らくよう)の紙価を高める。

―についての解説 近代かいだい[解題]。上代かいだい[開題]。

古人の残した― 近代ゐへん[遺編/遺篇]。

最近の― 近代きんげふ[近業]。きんちょ[近著]。近世きんさく[近作]。しんちょ[新著]。

優れた― 近代めいちょ[名著]。近世めいへ

ん［名編／名篇］。

著者の死後出版された― 近代 ゐちょ［遺著］。

古い― 近代 きうちょ［旧著］。

ちょぞう【貯蔵】 ぞう［蔵］。近代 しふせき［集積］。ストック(stock)。ためこむ［溜込］。近世 かこひ［囲］。しうざう［収蔵］。たむ〔ためる〕［溜］。上代 たくはへ［貯］。ちくせき［蓄積］。ちょざう［貯蔵］。ちょちく［貯蓄］。

―しておく物 近代 かこひもの［囲物］。

買って―・する 近代 かひだめる［買溜］。中世 かひおき［買置］。

凶年の備えとして―・すること 近代 びくゎうちょちく［備荒貯蓄］。びちく［備蓄］。

サイレージを作るための―庫 近代 サイロ(silo)。

低温で―・すること 近代 れいざう［冷蔵］。

米価調節のための米の― 近世 かこひごめ／かこひまい［囲米］。かこひもみ［囲籾］。

ちょちく【貯蓄】→ちょきん

ちょっか【直下】 中世 ぢきげ［直下］。中古 がんか［眼下］。ちょくか［直下］。ました［真下］。

ちょっかく【直角】 近代 ちょくかく［直角］。中世 かね［矩］。

―に曲がった形 近代 かぎがた［鉤形／鍵形］。

平面に対して― 近代 すいちょく［垂直］。

ちょっかん【直感】 近代 インスピレーション(inspiration)。だいろくかん［第六感］。ちゃくさう［着想］。ちょくかく［直覚］。ちょくかん［直感］。ひらめき［閃］。やまかん［山勘］。れいかん［霊感］。ぴんと来る。近世 おもひつき［思付］。かん［勘］。

―で気付く 中世 かんづく［感付／勘付］。

ちょっけい【直系】 中古 こころづく［心付］。近代 せいけい［正系］。ちゃくとう［嫡統］。ちょくけい［直系］。中世 ちゃくりう［嫡流］。しゃうとう／せいとう［正統］。

ちょっけい【直径】 近代 けい［径］。わたし［渡］。近世 こうけい［口径］。ちょくけい［直径］。中世 さしわたし［差渡］。

管や容器の内側の― 近世 ないけい［内径］。うちのり［内法］。

管や容器の外側の― 近世 がいけい［外径］。そとのり［外法］。

楕円形(だえんけい)**の長い方の―** 近代 ちゃうぢく［長軸］。近世 ちゃうけい［長径］。

楕円形の短い方の― 近代 たんぢく［短軸］。近世 たんけい［短径］。

ちょっけつ【直結】 近代 ちょくつう［直通］。近世 けつがふ［結合］。れんけつ［連結］。

ちょっこう【直行】 近代 ちょくしん［直進］。ちょくつう［直通］。近世 ちょくかう［直行］。

ちょっと【一寸】 ちょこっと。近代 きもち［気持］。近世 きと。しばらく［暫］。すこ。そっと。ちいと。ちくと。ちっくり。ちゃくと。ちゃっと。ちょい／ちょいと。ちょっきり。ちょっくら。ちょっこり。ちょっぴら／ちょっぴり／ちょっぽり。ちょと［一寸／鳥渡］。ちょびっと。ほんの［本］。中世 いくらか［幾］。いったん［一旦］。すこしき［少］。そと。ちと［些］。ちょっと［一寸／鳥渡］。中古 あからさま。かつ［且］。せうせう［少少］。たせう［多少］。びび［微微］。わづか［僅／纔］。上代 いささめに。すこし［少］。

―赤くなる 上代 あからむ［赤］。

―嫌だ 中古 なまわづらはし［生煩］。

―うるさい 近世 こうるさし［小煩］。

―した 近代 どうかした。近世 ついした。ふとした。

―した関係 《句》近世 袖振り合ふも他生(多生)の縁。

―したこと 近世 かりそめ［仮初／苟且］。

―した言葉 近代 へんげんせきご［片言隻語］。へんげんせきく［片言隻句］。中古 へんげん［片言］。

―した才能 近世 こさい［小才］。

―…する 中古 ほのめく［仄］。

―でも 近代 多少なりとも。

―の間 →いっしゅん →しばらく

―見たところ 近世 うちみ［打見］。中世 いっけん［一見］。中古 うちつけ［打付］。うちつけめ［打付目］。

―耳にする 近世 小耳に挟(はさ)む。

ちょとつ【猪突】 近代 ちょとつ［猪突］。近世 さきみず［先見］。むかふみず［向見］。むてっぱう［無鉄砲］。むてっぱふ［無手法］。

ちょめい【著名】 名の知れた。近代 ちょめい［著名］。呼び声が高い。近世 ちめい［知名］。なだたる［名立］。中世 かうめい［高名］。音に聞こゆ。中古 いうめい［有名］。かうみゃう［高名］。なだかし［名高］。なだたり［名立］。なにおふ／なにしおふ［名負］。音に聞く。世に聞こゆ。

―・になる 近代 名を馳せる。近世 顔が売れる。名を売る。中世 名を現す。名を成す。中古 名を揚ぐ〔―揚げる〕。名を得(う)〔―得る〕。

ちょりつ【佇立】 中世 たちつくす［立尽］。つったつ［突立］。中古 たたずむ［佇／亻］。ちょ

りつ［佇立］。

ちょろぎ【草石蚕】 しないも［支那芋］。ちょうろぎ［草石蚕／甘露子］。ねじいも［捩芋］。ほらいも［法螺芋］。近世ちょろぎ［草石蚕］。

ちらか・す【散】 中世とりちらかす［取散］。みだらす［乱］。中古あかつ／あがつ［頒］。うちちらす［打散］。かきみだす［搔乱］。さんず［散］。さんらん［散乱］。したく／しだく。ちらかす［散］。ちらす［散］。とらく［盪／蕩］。とりちらす［取散］。まきちらす［撒散］。みだす［乱］。みだらかす［乱］。らんざつ［乱雑］。上代あだす。はららかす［散］。

落としー・す 近世ぶちまく［ーまける］［打］。まく［撒］。中世ふる［振］。中古まきちらす［撒散］。

搔き回してー・す 近代かきさばく［搔捌］。

風がー・す 中古ふきちらす［吹散］。

しごいてー・す 中古こきちらす［扱散］。

ちらか・る【散】 近代きふ［棋布］。近世うちみだる［打乱］。ちらかる［散］。ちらばる［散］。てんてつ［点綴］。とりちらかる［取散］。ばらける［散］。ばらつく。算を乱す。中世さんまん［散満］。さんらく［散落］。てんてい［点綴］。中古うちちる［打散］。さんかい［散開］。さんざい［散在］。さんまん［散漫］。さんらん［散乱］。しさん［四散］。ちりぼふ［散］。ちる［散］。らんざつ［乱雑］。上代あらく［散］。みだる［みだれる］［乱］。

ー・っている 中世らうじゃく［狼藉］。中古らうぜき［狼藉］。上代ちらふ［散］。

ちらし【散】 近代びらがみ［片紙］。をりこみ／をりこみくゎうこく［折込広告］。近世ちらし［散］。ひきふだ［引札］。びら［片／枚］。

ちら・す【散】 →ちらか・す

ちらつ・く てんめつ［点滅］。近世ちらつく。中世かげろふ。ちらめく。めいめつ［明滅］。中古ひらめく［閃］。ほのみゆ［ーみえる］［仄見］。またたく／まだたく［瞬］。上代かがよふ［耀］。

ちらば・る【散】 →ちらか・る

ー・くさま 中世ちらちら。ちらりちらり。

ー・ってあること 近代さんてん［散点］。てんざい［点在］。てんさん［点散］。近世ちらほら。中古さんざい［散在］。

ー・っているさま 中古さんさんごご［三三五五］。近代ごろちゃら／ごろっちゃら。ちらばら。ぽつぽつ。ぽつりぽつり。ぽつんぽつん。近世ちょぼくさ。てんてん［点点］。ばらばら。ぱらり。ぼつぼつ。

ー・っている度合い さんぷど［散布度］。ひょうじゅんへんさ［標準偏差］。ぶんさん［分散］。

ー・って逃げる 中古にげちる［逃散］。

一面にー・る 中古ちりしく［散敷］。

小さな物がー・ること 中古そくさん／ぞくさん［粟散］。

飛んでー・る 中世とびちる［飛散］。

ちらほら 近代さんさんごご［三三五五］。ちらばら。ぽつんぽつん。近世ちらほら。ちらりほらり。てんてんと［点点］。ぼつぼつ。中世まばら［疎］。

ちらりと ちらっと。近世ちらと。中世たまゆら［玉響］。ちょっと［一寸／鳥渡］。ちらちら。ちらりちらり。ちらりと。中古きと。

ー現れる 中古うちほのめく［打仄］。

ー見る 近代ちょっとみ［一寸見］。近世いちべつ［一瞥］。べっけん［瞥見］。中世いっけん［一見］。中古いっこ［一顧］。かいまみる［垣間見］。ほのみゆ［ーみえる］［仄見］。ほのみる［仄見］。上代ひとめ［一目］。

ちり【塵】 →ごみ

《句》近代積羽（せきう）舟を沈む［ー沈める］。塵も積もれば山。

ーにまみれる 中古ちりばむ［塵］。

ちり【地理】 近世ちし［地誌］。上代ちせい［地勢］。ちり［地理］。

ちりがみ【塵紙】 ティッシュ／ティッシュペーパー(tissue paper)。近代うすえふがみ［薄葉紙］。近世おとしがみ［落紙］。こがみ［小紙］。袖の紙。中世くゎいし［懐紙］。ざっし［雑誌］。ちりがみ［塵紙］。ちりし［塵紙］。はながみ［鼻紙／花紙］。中古たたうがみ／たたんがみ［畳紙］。たたみがみ［畳紙］。ふところがみ［懐紙］。

上等のー 近世のべ［延］。のべがみ［延紙］。のべはながみ［延鼻紙］。

▼助数詞 しめ［締］。

ちりぢり【散散】 てんでばらばら。近代さんさんごご［三三五五］。近世ちらばる［散］。ちりぢりばらばら［散散］。ばらばら。わかれわかれ［別別］。中世はなればなれ［離離］。中古さんざん［散散］。さんらん［散乱］。しさん［四散］。ちりぢり［散散］。上代りさん［離散］。

ー・になる 中世算を散らす。算を乱す。中古ある［散／離］。ちりあかる［散別］。ちりぼふ［散］。ゆきちる［行散］。上代あらける［散／粗］。くづる［くずれる］［崩］。みだる［みだれる］［乱］。

ー・になること 中古 ほかほか[外外]。上代 りさん[離散]。

ー・になるさま 上代 はらら。ほろに。

ちりみだ・れる【散乱】 近代 ちらける[散]。中古 ちりかふ[散交]。ちらかる[散]。ばらつく。近世 ちりぼふ[散]。はららく／はららぐ[散]。上代 ちりまがふ[散紛]。ちりみだる[—みだれる][散乱]。

ー・れるさま 近代 らくくゎらうぜき[落花狼藉]。中世 わらわら。

木の葉がー・れる 中古 きほふ[競]。

花がー・れるさま 中古 らくくゎらうぜき[落花狼藉]。

ちりゃく【知略】 近世 さくりゃく[策略]。中世 さくぼう[策謀]。中古 けいりゃく[計略]。ちぼう[知謀／智謀]。はうりゃく[方略]。はかりごと[謀]。ぼうりゃく[謀略]。上代 ちけい[知計／智計]。ちりゃく[知略／智略]。ぼうけい[謀計]。

ーに長けた大将 中世 ちしゃう[知将／智将]。

ーに富み大胆なこと 近世 たんりゃく[胆略]。

ちりょう【治療】 キュア(cure)。トリートメント(treatment)。近代 きうやく[救薬]。近世 さじかげん[匙加減]。中世 かれう[加療]。てあて[手当]。やうじゃう[養生]。れうぢ[療治]。中古 い[医]。いぢ[医治]。ち[治]。ちれう[治療]。たいぢ[退治／対治]。やくせき[薬石]。れうち[療治]。れうやう[療養]。上代 いれう[医療]。

ー・する 近世 くする[薬]。ちす／ぢす[治]。中世 いす[医]。くすす[薬]。つたふ[繕]。なほす[治]。中古 いたはる[労]。いやす[癒／治]。つくろふ[繕]。れうす[療]。上代 をさむ[治]。

ーの効果 ちけん[治験]。

ーの費用 いりょうひ[医療費]。ちりょうひ[治療費]。ちれうだい[治療代]。近代 くすりしろ／くすりだい[薬代]。近世 いれう[医料]。かうやくだい[膏薬代]。中世 やくだい[薬代]。やくれい[薬礼]。《句》近代 食ふに倒れず病むに倒れる。

ーの方法 セラピー(therapy)。近世 れうはふ[療法]。中古 ちじゅつ／ぢじゅつ[治術]。上代 いじゅつ[医術]。いはう[医方]。ちはふ／ぢはふ[治法]。

ーの方法の例 おんがくりょうほう[音楽療法]。おんねつりょうほう[温熱療法]。かがくりょうほう[化学療法]。てんてき[点滴]。ほうしゃせんりょうほう[放射線療法]。近代 オペ／オペレーション(operation)。しっぷ[湿布]。しゅじゅつ[手術]。でんきちれう[電気治療]。にっくゎうれうはふ[日光療法]。ゆけつ[輸血]。れいしっぷ[冷湿布]。をんあんぱふ[温罨法]。をんしっぷ[温湿布]。をんせんれうはふ[温泉療法]。近世 せいこつ[整骨]。せっこつ[接骨]。ちゅうしゃ[注射]。ハップ／パップ(^(オランダ)pap)。ほねつぎ[骨接／骨継]。やくよう[薬用]。中世 きんさう[金瘡／金創]。しんぢ[鍼治]。中古 たうぢ[湯治]。とうやく[投薬]。やく[焼](灸をすえること)。上代 しんきう[鍼灸／針灸]。

医者にかからないー みんかんりょうほう[民間療法]。近世 てまへれうぢ[手前療治]。

祈りでー・する 中古 まじなふ[呪]。

初期のー プライマリーケア(primary care)。

手荒なー 近世 あられうぢ[荒療治]。

貧困者の傷病をー・すること 上代 きうれう[救療]。

貧しい人のために無料でするー 近代 せれう[施療]。

▼湯治 中古 ゆあみ[湯浴]。

ちりょく【知力】 近代 ちせい[知性]。づなう[頭脳]。血の巡り。近世 がくりき[学力]。なうみそ[脳味噌]。ちゑ[智慧／知恵]。さい[才]。中世 あたま[頭]。がくりょく[学力]。ち[知]。ちりょく[知力／智力]。中古 さいち[才知／才智]。ざえ[才]。ちのう[知能]。ちぶん[知分]。

ーが冴えていること ずのうめいせき[頭脳明晰]。

仏の超人的なー 近世 じふりき[十力]。

ち・る【散】 ちりぢりになる。ばらばらになる。近世 ちらばる[散]。中世 さんいつ[散逸]。さんらん[散乱]。中古 こぼる[零／溢]。さんず[散]。しさん[四散]。上代 うつる[移]。ちる[散]。ぶんさん[分散]。りさん[離散]。

ー・っている 上代 ちらふ[散]。

ー・って落ちる 中古 こぼれおつ[—おちる][零落]。

ー・って萎^(おし)れる 中世 ちりしをる[散萎]。

ー・って敷き詰めたようになる 中古 ちりしく[散敷]。

ー・ってしまう 中世 ちりすぐ[散過]。

ー・って積み重なる 中古 ちりつむ[散積]。ちりつもる[散積]。

ー・ってゆく 中古 ゆきちる[行散]。

ー・り残っている花 中世 名残の花。

ち

ー・り始める　ちりかかる［散掛］。中古ちりそむ［ーそめる］［散初］。

ー・る時　中古ちりがた［散方］。

ー・る花のたとえ　中世はなのゆき［花雪］。

しきりにー・る　上代ちらふ［散］。

花がー・って曇る　中古ちりかひくもる［散交曇］。

花がー・り乱れるさま　→ちりみだ・れる

花がー・ること　上代うつろふ［移］。

花がー・ろうとする時　近世ちりぎは［散際］。

葉や花弁がー・ること　近世へうれい［漂零／飄零］。

水や露が玉のようにー・る　近世たまちる［玉散］。

ちん【珍】 中世ちん［珍］。中古ちんじ［珍事／椿事］。めづらし［珍］。上代うづ［珍］。ちんき［珍奇］。→めずらし・い

ちんあつ【鎮圧】 せいあつ［征圧］。近代へいてい［平定］。近世ちんてい［鎮定］。中古しづむ［しずめる］［鎮］。ちんあつ［鎮圧］。上代ちんぶ［鎮撫］。

ちんうつ【沈鬱】 ブルー(blue)。気が晴れない。気が塞ぐ。近代あんうつ［暗鬱］。ちんうつ［沈鬱］。メランコリー(melancholy)。気が沈む。近世いううつ［憂鬱］。いふうつ［悒鬱］。いんうつ［陰鬱］。うつぜん［鬱然］。中世しうしゃう［愁傷］。めいる［滅入］。中古いうしう［憂愁］。ものおもひ［物思］。上代うれへ［憂／愁］。

ちんか【沈下】 近代かんらく［陥落］。ちんか［沈下］。ちんかう［沈降］。ちんせん［沈潜］。ていか［低下］。中古さがる［下］。しづむ［沈］。ちんぼつ［沈没］。上代かんぼつ［陥没］。

ちんか【鎮火】 近代せうくゎ［消火］。近世けしとむ［ーとめる］［消止］。しめり［湿］。ちんくゎ［鎮火］。

ーを知らせる半鐘　近世しめりばん［湿半］。

ちんがし【賃貸】 リース(lease)。レンタル(rental)。近代ちんがし［賃貸］。ちんたい［賃貸］。近世そんれうがし［損料貸］。

ちんき【珍奇】 近代とっぴ［突飛］。へんちきりん／へんちくりん［変］。へんてこりん［変梃］。近世きてれつ［奇天烈］。きばつ［奇抜］。ふがはり［風変］。へんちき［変］。へんてこ／へんとこ［変梃］。中世ちん［珍］。中古ちんめう［珍妙］。ふうがはり［風変］。めづらしきい［奇異］。きめう［奇妙］。めづらし［珍］。上代ちんき［珍奇］。

ー・な物　近代げてもの［下手物］。

ちんぎん【賃金】 ウエイジ(wage)。ギャラ／ギャランティー(guarantee)。ペイ(pay)。近代サラリー(salary)。ほうしう［報酬］。らうちん［労賃］。近世あげせん［揚銭］。きふきん［給金］。ちんぎん［賃金／賃銀］。てあて［手当］。ほうきふ［俸給］。中世ちんせん［賃銭］。中古きふよ［給与］。ちん［賃］。

ーの支払日　近代きふれうび［給料日］。げっきふび［月給日］。近世かんぢゃうび［勘定日］。

ーの引き上げ　ちんあげ［賃上］。ベア／ベースアップ(和製base up)。

ーを仕事の前に支払うこと　さきわたし［先渡］。近代まへわたし［前渡］。近世まへばらひ［前払］。

その他ーのいろいろ(例)　うけおいちんぎん［請負賃金］。おうだんちんぎん［横断賃金］。しょていがいちんぎん［所定外賃金］。しょていないちんぎん［所定内賃金］。ねんれいきゅう［年齢給］。のうりつきゅう［能率給］。のうりょくきゅう［能力給］。よこくてあて［予告手当］。近代じかんきふ［時間給］。できだかきふ［出来高給］。できだかばらひ［出来高払］。にっきふ［日給］。にったう［日当］。ねんぽう［年俸］。ぶあひ［歩合］。近世ねんきふ［年給］。中世げっきふ［月給］。げっぽう［月俸］。中古ひだまひ［日給］。

ちんこう【沈降】 →ちんか【沈下】

ちんざ【鎮座】 中世おちつく［落着］。すわる［座］。中古しづまる［鎮］。ちんざ［鎮座］をさまる［納］。

神がー・する　上代しづまる［鎮］。

ちんし【沈思】 近代しかう［思考］。しゐ［思惟］。せいし［静思］。ちんせん［沈潜］。めいさう［瞑想／冥想］。もくかう［黙考］。もくさう［黙想］。近世じゅくりょ［熟慮］。しんりょ［深慮］。中古ちんし［沈思］。中世しさく［思索］。

ちんしごと【賃仕事】 近世てましごと［手間仕事］。ないしょく［内職］。中世ちんしごと［賃仕事］。てしごと［手仕事］。

ちんしゃ【陳謝】 近代しゃざい［謝罪］。中世わぶ［わびる］［詫／侘］。あやまる［謝］。中古ちんしゃ［陳謝］。

ちんじゅつ【陳述】 近代こうじゅつ［口述］。じゅっこく［述告］。しんこく［申告］。せつじゅつ［説述］。近世ちんじゅつ［陳述］。ろんじゅつ［論述］。中世かいちん［開陳］。は

なす[話]。[上代]のぶ〔のべる〕[述]。

ちんしょ【珍書】→ちんぽん

ちんじょう【陳情】 [近代]そぐゎん[訴願]。ちんじゃう[陳情]。[近世]せいぐゎん[請願]。たんぐゎん[嘆願]。

ちんせい【沈静】 [近世]ちんせい[沈静]。[中世]おちつく[落着]。[中古]しづまる[静]。ちんせい[鎮静]。[上代]をさまる[治]。

ちんたい【沈滞】 おちこみ[落込]。活気がない。[近代]いきせうちん[意気消沈]。いきそさう[意気沮喪／意気阻喪]。せうちん[消沈]。ふくゎっぱつ[不活発]。ふしん[不振]。[近世]意気が上がらぬ。左前になる。[中古]ちんたい[沈滞]。ていたい[停滞]。ていめい[低迷]。[上代]とどこほる[滞]。よどむ[淀／澱]。

ちんたい【賃貸】 かしだし[貸出]。リース(lease)。レンタル(rental)。[近代]ちんがし[賃貸]。ちんたい[賃貸]。[近世]かしつけ[貸付]。[上代]たいよ[貸与]。

―料 [近世]あげせん[揚銭]。

ちんだん【珍談】 [近代]アネクドート(anecdote)。いつぶん[逸聞]。いつわ[逸話]。エピソード(episode)。きたん[奇譚]。ちんぶん[珍聞]。ひわ[秘話]。よぶん[余聞]。[近世]きだん[奇談]。よろく[余録]。[中世]いぶん[異聞]。ちんだん[珍談／椿談]。

ちんちゃく【沈着】 [近代]いうやう[悠揚]。たいぜんじじゃく[泰然自若]。れいせい[冷静]。[近世]ちんちゃく[沈着]。[中世]じじゃく[自若]。たいぜん[泰然]。[中古]いういう[悠悠]。いうぜん[悠然]。しづまる[静／鎮]。しょうよう[従容]。[上代]おここし。

ちんちょう【珍重】 [中世]しゃうくゎん／しゃうぐゎん[賞翫]。ちょうほう[重宝]。ちんぐゎん[珍玩]。もてなす[持成]。[中古]じあい[自愛]。そんちょう[尊重]。ちんちょう[珍重]。めづらし[珍]。

―・する物のたとえ [近代]きんぎょく[金玉]。

ちんつう【沈痛】 [近代]あいせつ[哀切]。ひさう[悲愴]。ひさう[悲壮]。[近世]ひつう[悲痛]。[中古]ちんつう[沈痛]。ひあい[悲哀]。

―・な思いのたとえ [近世]断腸の思ひ。腸(はらわた)がちぎれる。胸が張り裂ける思ひ。[中世]身も世もあらず(あられず)。

ちんてい【鎮定】 [近代]へいてい[平定]。[近世]せいあつ[制圧]。ちんてい[鎮定]。[中世]すます[清／澄]。とりしづむ〔―しずめる〕[取鎮]。[中古]しづむ〔しずめる〕[鎮]。ちんあつ[鎮圧]。[上代]ちんぶ[鎮撫]。

ちんでん【沈殿】 [近代]ちんか[沈下]。ちんかう[沈降]。よどむ[淀／澱]。[近世]ちんでん[沈殿／沈澱]。をどむ[澱]。[上代]しづむ[沈]。

―・したもの スラッジ(sludge)。[近代]よどみ[淀／澱]。[近世]さし[渣滓]。へどろ。[中世]おり[澱]。[中古]かす[糟／滓／粕]。

―・して積もっていくこと [近代]せきたい[積堆]。たいせき[堆積]。

ちんとう【枕頭】 [近世]しんしゃう／ちんじゃう[枕上]。[中世]まくらもと[枕元／枕許]。[中古]ちんぺん[枕辺]。まくらがみ[枕上]。[上代]ちんとう[枕頭]。まくらべ[枕辺]。

ちんにゅう【闖入】 [近代]しんにふ[侵入]。[近世]あばれこむ[暴込]。ちんにふ[闖入]。[中古]らんにふ[乱入／濫入]。

ちんぷ【陳腐】 かたりふるされる[語古]。マンネリ(mannerism)。[近代]おきまり[御決]。じゃうたう[常套]。ステレオタイプ／ステロタイプ(stereotype)。つきなみ[月並]。マンネリズム(mannerism)。[近世]ありきたり[在来]。ありふる〔―ふれる〕[有触]。きうたう[旧套]。ちんたう[陳套]。ちんぷ[陳腐]。ふるし[古]。もんきりがた[紋切型]。[中世]ことふる[事旧／言旧]。へいくゎい／へいぐゎい[平懐]。[中古]いひふるす[言古]。

―・な言葉 [近代]ちんたうご[陳套語]。[中世]ちんげん[陳言]。

―・な説 [近代]ちんせつ[陳説]。

ちんぼつ【沈没】 すいぼつ[水没]。[近代]ちんか[沈下]。ちんかう[沈降]。ちんせん[沈潜]。[中世]ぼっす[没／歿]。[中古]ちんぼつ[沈没]。[上代]しづむ[沈]。

―・した船の引き揚げ サルベージ(salvage)。

ちんぽん【珍本】 きしょ[希書／稀書]。[近代]きこうしょ[希覯書]。きこうぼん[稀覯本]。ちんせき[珍籍]。ちんぽん[珍本]。[近世]いしょ[異書]。ちんしょ[珍書]。[中世]きしょ[奇書]。

―を探し歩くこと [近代]れふしょ[猟書]。

ちんまり こぢんまり。こぶり[小振]。ミニ(mini)。[近世]ちっぽけ。ちんまり。

ちんみ【珍味】 [中世]かかう[佳肴／嘉肴]。[中古]ちんみ[珍味]。びしょく[美食]。びみ[美味]。ひゃくみ[百味]。

ちんみょう【珍妙】→ちんき

ちんもく【沈黙】 かんこう[緘口]。[近代]かんこう／けんこう[箝口／鉗口]。くゎげん[寡言]。サイレント(silent)。むげん[無言]。

近世だまる［黙］。だんまり［黙］。ちんもく［沈黙］。口を閉ざす。中世かんもく［緘黙］。せいもく［静黙］。もだし［黙］。口を噤(つぐ)む。中古しじま［黙／無言］。ぶいん［無音］。むごん［無言］。上代もだ［黙］。

―・しているさま 中世もくぜん［黙然］。近代むっつり。近世だんまり。中世もくもく［黙黙］。中古もくねん［黙然］。

―・する 近世だまりこくる［黙］。だまりこむ［黙込］。中世おしだまる［押黙］。上代もだす［黙］。

▼歌舞伎のだんまり 近世あんとう［暗闘］。

ちんれつ【陳列】 ウインドードレッシング(window dressing)。てんじ［展示］。近代エキジビション(exhibition)。ちんずる［陳］。ディスプレー(display)。近世かざりつけ［飾付］。てんらん［展覧］。上代ちんれつ［陳列］。

―・する棚 近代ウインドー(window)。かざりだな［飾棚］。かざりまど［飾窓］。ショーウインドー(show window)。ショーケース(show case)。ちんれつだな［陳列棚］。ちんれつまど［陳列窓］。

―・する部屋 てんじしつ［展示室］。近代ショールーム(showroom)。ちんれつしつ［陳列室］。

つ

ツアー(tour) だんたいりょこう［団体旅行］。りょこう［旅行］。→**たび【旅】**

つい【対】 アベック(フランス avec)。ツイン(twin)。近代くみあはせ［組合］。コンビ／コンビネーション(combination)。ペア(pair)。近世くみ［組］。中世たいぐう［対偶］。つい［対］。車の両輪。中古つがひ［番］。

―になる 中古つがふ［番］。

―の物で片方をなくして残った方 ごけ［後家］。

▼助数詞 しき［式］。くみ［組］。近代そろひ［揃］。中世つい［対］。中古さう［双］。りゃう［両］。

つい 近世うかうか［浮浮］。がら／がらい。がらら。しらずしらず［知識／識知］。つい。ついつい。われしらず［我知］。中世うっかと。うっかり。おぼえず［覚］。おもはず［思］。思はず知らず。

ついえ【費】 近代しゅっぴ［出費］。にふひ［入費］。ものいり［物入］。近世かかり［掛］。しっぴ［失費］。中世いりめ［入目］。中古つひえ［費］。ひよう［費用］。→**しゅっぴ**

つい・える【費】 近代せうばう／せうもう［消耗］。せうひ［消費］。ひせう［費消］。中世つかひへらす［使減］。上代つひゆ［ついえる］［費］。

つい・える【潰】 近代きそん［毀損］。近世こはる［こわれる］［壊／毀］。中世くゎいめつ［壊滅／潰滅］。ぐゎかい［瓦解］。つぶる［つぶれる］［潰］。はくゎい［破壊］。ほうくゎい［崩壊］。中古つひゆ［ついえる］［潰］。はそん［破損］。やぶる［やぶれる］［破］。

ついおく【追憶】 近世くゎいこ［懐古］。くゎいさう［回想］。ついさう［追想］。中世ついくゎい［追懐］。くゎいきう［懐旧］。中古おもひいで／おもひで［思出］。ついおく［追憶］。ついし［追思］。

―・する 上代しのふ／しのぶ［偲／慕］。

ついか【追加】 うわのせ［上乗］。近代うはづみ［上積］。かさん［加算］。つぎたし［継足］。てんぷ［添付］。プラス(plus)。近世あとつけ［後付／跡付］。つけくはへる［付加］。つけたし［付足］。ぞうか［増加］。ふやす［増／殖］。中世ぞうてん［増添］。ついか［追加］。上代くはふ［くわえる］［加］。たす［足］。ほじゅう［補充］。

期間や長さの― 中古えんちゃう［延長］。

ついかい【追懐】 →**ついおく**

ついき【追記】 近代ついき［追記］。ついろく［追録］。近世ふき［付記］。ふさい［付載／附載］。中世かきそふ［―そえる］［書添］。かきたす［書足］。

ついきゅう【追究】 近代きうめい［究明］。かうきう［考究］。たんきう［探求］。ついきう［追究］。近世ぎんみ［吟味］。中世つきつむ［―つめる］［突詰］。中古きはむ［きわめる］［究］。

ついきゅう【追求】 近代たんきう［探求］。ついきう［追求］。つっこむ［突込］。上代もとむ［もとめる］［求］。

ついきゅう【追及】 近代くひさがる［食下］。だんがい［弾劾］。ついきふ［追及］。もんせき［問責］。ゑぐる［抉／刳／剔］。近世せきもん［責問］。つめよる［詰寄］。とひただす［問質］。中世きうめい［糾明／糺明］。きつもん［詰問］。中古きうもん［糾問／糺問］。上代けんせき［譴責］。じんもん［尋問］。せむ［せめる］［責］。とがむ［とがめる］［咎］。

ついげき【追撃】 近代しんげき［進撃］。近世おひうち［追打／追撃］。ついげき［追撃］。

びげき［尾撃］。

ついじ【築地】 中世つちゐ／どゐ［土居］。中古ついかき／ついがき［築墻］。ついぢ［築地］。ついひぢ［築地］。→**へい【塀】**

石造りの― 中世いしついぢ［石築地］。

瓦と土で作った― 近世ねりべい［練塀］。

白い横線を入れた― 近世すぢべい［筋塀］。ねりついぢ［練築地／煉築地］。

門の脇の― 中世わきつぢ［脇築地］。

ついじゅう【追従】 近世どうてう［同調］。中古したがふ［従］。ついずい［追随］。上代ついじゅう［追従］。

―・する者 イエスマン(yes man)。

ついしょう【追従】 近代おせじ［御世辞］。おべんちゃら。げいがふ［迎合］。ごますり［胡麻擂］。近世おべっか。けいあん［桂庵／慶庵］。けいはく［軽薄］。けいはくぐち［軽薄口］。さへいじ［左平次］。せじ［世辞］。ちょうちんもち［提灯持］。てんとり［点取］。とりあはせ［取合］。べんちゃら。中世あゆ［阿諛］。けいはく［軽薄］。しきだい［式代／式体／色代／色体］。へつらひ［諂／諛］。中古ついしょう［追従］。→**へつら・う**

《句》近代追従も世渡り。近世お前追従。お前軽薄。

―・する 近世そだてる［育］。油を乗す。意に投ずる。意を迎へる。襟(衿／領)に付く。襟元に付く。御機嫌を伺ふ。媚びを売る。胡麻を擂る。尻尾を振る。提灯を持つ。味噌を擂る。尾を振る。中世こびへつらふ［媚諂］。とりいる［取入］。腕首を取る。中古こぶ［こびる］［媚］。上代おもねる［阿］。へつらふ［諂］。

―を言う人 イエスマン(yes man)。近代ありがたや［有難屋］。近世けいあん［桂庵／慶庵］。ごへいもち［御幣持］。

見え透いた― 近世槌で庭掃く。槌で庭にて箔を打つ。

ついしん【追伸】 近代おひがき［追書］。さいしん［再伸］。ついき［追記］。ついしん［追伸］。ついちん［追陳］。ついはく［追白］。にしん［二伸］。ピーエス(PS/P.S.; post-script)。近世そでがき［袖書］。そへがき［添書］。ついろく［追録］。にはく［二白］。ふくけい［副啓］。中世おってがき［追書／追而書］。そでがき［袖書］。なほなほがき［尚尚書］。中古ついけい［追啓］。はしがき［端書］。

ついずい【追随】 近代くつじゅう［屈従］。にんじゅう［忍従］。ふずい［付随／附随］。近世きょうじゅん［恭順］。こんずい［跟随］。中世つきしたがふ［付従／付随］。中古したがふ［従］。ついずい［追随］。上代きじゅん［帰順］。ついじゅう［追従］。

―流のものを模倣し―・するだけの人 近代エピゴーネン(ドイツ Epigonen)。近世ありう［亜流］。

強者に―・する態度 近代じだいしゅぎ［事大主義］。

ついせき【追跡】 フォロー(follow)。近代ついかう［追行］。ついしょう［追蹤］。ついせき［追跡］。ついび［追尾］。びかう［尾行］。近世ついでふ［追躡］。中世おひかく［―かける］［追掛／追懸／追駆］。しょうせき［蹤跡／縦迹］。跡を付く［―付ける］。中古つく［つける］［付］。

自動車どうしの― カーチェイス(car chase)。

ついぜん【追善】 中世こころざし［志］。とむらひ［弔］。中古けうず［孝］。ついぜん［追善］。ほふじ［法事］。ゑかう［回向］。上代ついふく［追福］。

ついそう【追想】 →**ついおく**

ついたち【一日】 いちにち［一日］。近世さくげつ［朔月］。じゃうじつ［上日］。中世いちじつ［一日］。げったん［月旦］。中古さくじつ［朔日］。ついたち［一日／朔］。ひとひ［一日］。上代さく［朔］。

―の朝 中古さくたん［朔旦］。

ついで【次】 つづいて［続］。ひきつづいて［引続］。ほどなく［程無］。まもなく［間無］。中古ついで［次］。近世そして。上代つぎに［次］。→**そして** 中世さうして［然］。中古つい

ついで【序】 近代かうき［好機］。かうつがふ［好都合］。中世かうびん［好便／幸便］。きくゎい［機会］。しだい［次第］。じゅんじ［順次］。中古たより［頼／便］。ついで［序］。つて［伝］。びん［便］。びんぎ［便宜］。事の便り。事の序で。物の序で。上代じゅんじょ［順序］。べんぎ［便宜］。

―に 近代かたがた［旁／旁旁］。かたはら［傍］。中世かねて［兼］。迚ものことに。

―に言えば 中古ちなみに［因］。中古ちなみに［因］。

外出の― 近世あしついで［足序］。

何かをする― 近世行き掛けの駄賃。中世てついで［手序］。

行く― 近世いきしな／ゆきしな［行］。

▼**接続助詞／接尾語** がかり［掛］。中世がけ

[掛]。中古すがら。上代がてら。がてり。

ついとう【追悼】 近代てうたう[弔悼]。とむらひ[弔]。近世あいせき[哀惜]。おくやみ／くやみ[御悔]。中世あいたう[哀悼]。いたむ[悼]。ついたう[追悼]。

ついに【遂】 近代いよいよ[愈／愈愈]。けっきょく[結局]。近世たうてい[到底]。たうとう[到頭]。つまるところ。中世しじゅう[始終]。つまり[詰]。上代おそはやも[晩早]。つひに[遂／終]。

ーは 近代さては[扨]。中古はては[果]。

ついび【追尾】→ついせき

ついぼ【追慕】→した・う

ついほう【追放】 パージ(purge)。近世おはらひ[御払]。はいせき[排斥]。やくかいばらひ[厄介払]。中世くちく[駆逐]。ついしゅつ[追出]。中古ついはう[追放]。ひんせき[擯斥]。ついちく[追逐]。はうちく[放逐]。ひんしゅつ／ひんじゅつ[擯出]。

ー・する 近世かまふ[構]。中世おひだす[追出]。おひはなす／おひはなつ[追放]。中古おっぱらふ[追払]。おひすつ[追捨／追棄]。おひたつ[ーたてる][追立]。しりぞく[ーぞける][退]。はなつ[放]。上代おひはらふ[追払]。はふる[放]。はらふ[払／掃]。やらふ[遣]。

ーの刑 近世おかまひ[御構]。おはらひ[御払]。ところがまへ[所構]。ところばらひ[所払]。

主人などからー・されること 近世ぼんてんこく／ぼんでんこく[梵天国]。

神意によりー・する 上代かむやらふ[神遣]。

僧が寺からー・されること 近世からかさいっぽん[傘一本]。

ついや・す【費】 しょうきゃく[消却／銷却]。近代せうひ[消費]。ひせう[費消]。らうひ[浪費]。近世する[擦／摩]。はらふ[払]。中世おごる[奢]。つかふ[使／遣]。つやす[潰]。上代つひやす[費／弊／潰]。つひゆ[ついえる][費]。

時間をー・す 近代つぶす[潰]。近世かく[かける][掛／懸]。けみす[閲]。中古おくる[送]。けす[消]。すごす[過]。

▼使い道 近世ゆきみち[行道／行路]。

ついらく【墜落】 近代ついらく[墜落]。てんらく[転落]。らくか[落下]。上代おつ[おちる][落／墜／堕]。

ついろく【追録】 近代ついき[追記]。近世ついろく[追録]。ふき[付記]。ふさい[付載／附載]。

つう【通】 近世いき[粋]。すい[粋]。つう[通]。

→つうじん

つういん【痛飲】 近代がぶのみ[飲]。げいいん[鯨飲]。のみすぎ[飲過]。ぼういん[暴飲]。近世あばれのみ[暴飲]。がのみ[我飲]。中世おほざけのみ[大酒飲]。ぎういん[牛飲]。つういん[痛飲]。

つううん【通運】 近代うんぱん[運搬]。うんゆ[運輸]。しゅそう[輸送]。つううん[通運]。近世ゆそう[輸送]。中古はこぶ[運]。上代うんそう[運送]。

つうか【通過】 近代けいゆ[経由]。つうくゎ[通過]。パス(pass)。中世うちすぐ[ーすぎる][打過]。さしすぐ[差過]。とほりすぐ[ーすぎる][通過]。わたる[渡]。中古つうかう[通行]。とほす[通]。ふ[経]。よぎる[過]。上代すぐ[すぎる][過]。とほる[通]。ゆきすぐ[ーすぎる][行過]。

ー・させる 中古すぐす[過]。とほす[通]。やりすごす[遣過]。わたす[渡]。

つうか【通貨】→かへい

つうかい【痛快】 近代くゎいかん[快感]。こきみよい[小気味好]。近世くゎいさい[快哉]。くゎいじ[快事]。さうくゎい[壮快]。つうくゎい[痛快]。胸がすく。中世いさぎよし[潔]。ゆくゎい[愉快]。中古おもしろし[面白]。上代こころよし[快]。

ー・な行動 近代くゎいきょ[快挙]。

つうき【通気】 ベンチレーション(ventilation)。近代かざとほし／かぜとほし[風通]。くゎんき[換気]。つうふう[通風]。**→つうふう**

つうぎょう【通暁】❶〈精通〉 近代いうしき[有識]。くゎんせふ[関渉]。げうつう[暁通]。じゅくたつ[熟達]。近世あかるし[明]。がいはく[該博]。くはし[詳／精]。くゎんせん[貫穿]。くゎんつう[貫通]。じゅくち[熟知]。はくしき[博識]。中世しりつくす[知尽]。せいつう[精通]。つうげう[通暁]。ものしり[物知]。中古いうそく[有職／有識]。上代せきがく[碩学]。はくがく[博学]。めいてつ[明哲]。

つうぎょう【通暁】❷〈徹夜〉→てつや

つうきん【通勤】 近代しゅっしゃ[出社]。つうきん[通勤]。近世かよひ[通]。中世しゅっきん[出勤]。

つうげき【痛撃】 インパクト(impact)。近代きゃうしふ[強襲]。ショック(shock)。つうげき[痛撃]。つうだ[痛打]。まうこう[猛攻]。近世しょうげき[衝撃]。

つうこう【通交】 近代ぐゎいかう［外交］。こくかう［国交］。近世つうかう［通交／通好］。

つうこう【通行】 近代しんかう［進行］。トラフィック(traffic)。近代うんかう［運行］。近世とほり［通］。中世いきき［行来／往来］。ひとどほり［人通］。中古つうかう［通行］。ゆきき［行来／往来］。上代かうつう［交通］。わうくゎん［往還］。わうらい［往来］。

ー許可 上代かんくゎ［勘過］。

ー禁止 近世あしどめ［足留］。わうらいどめ［往来止］。

ー・する 中古まかる［罷］。上代とほる［通］。

ー・する人 近代つうかうにん［通行人］。中世ろせい［路生］。上代かうじん［行人］。みちゆきびと［道行人］。

ー・する人のための飲み水 近世ふるまひみづ［振舞水］。

ーの途中 近代とじゃう［途上］。中古ろしゃう／ろじゃう［路上］。

関所などのー券 近代パス(pass)。近世きって［切手］。せきしょきって［関所切手］。せきしょとほりてがた［関所通手形］。せきしょふだ［関所札］。せきふだ［関札］。つうかうてがた［通行手形］。つうけん［通券］。てがた［手形］。てはん［手判］。とほりきって［通切手］。わうらいてがた［往来手形］。

関所などのー料 中世せきせん［関銭］。せきて［関手］。

船のー券 近世ふなぎって［船切手］。ふなわうらい［船往来］。

つうこう【通航】 近代かうかう［航行］。近世うんかう［運航］。かうかい［航海］。つうかう［通航］。

つうこく【通告】 近代こうこく［公告］。こうじ［公示］。こくち［告知］。つうこく［通告］。つうち［通知］。メッセージ(message)。中世せんこく［宣告］。ふれ［触］。中古つうたつ［通達］。上代こくじ［告示］。

つうこん【痛恨】 近代くゎいご［悔悟］。くゎいこん［悔恨］。つうこん［痛恨］。中古ざんき［慚愧／慙愧］。上代くやし［悔］。

つうさん【通算】 しゅうけい［集計］。るいけい［累計］。るいさん［類算］。近代がっさん［合算］。がふけい［合計］。そうわ［総和］。わ［和］。近世そうかず／そうすう［総数］。つうさん［通算］。中世そうけい［総計］。上代つうけい［通計］。

つうじて【通】 全体として。近世いっぱんに［一般］。つうじて［通］。中古そうじて［総］。なべて［並］。

つうしょう【通称】 近代こしょう［呼称］。近世ぞくしょう［俗称］。ぞくみゃう［俗名］。とほりな［通名］。めいしょう［名称］。よびな［呼名］。中世けみゃう［仮名］。つうがう［通号］。つうしょう［通称］。つうめい［通名］。中古あざな［字］。

つうしょう【通商】 近代しゅしゅつ［輸出］。しゅにふ［輸入］。ゆしゅつにふ［輸出入］。近世ゆしゅつ［輸出］。ゆにふ［輸入］。中世けうえき［交易］。上代かうえき［交易］。つうしゃう［通商］。ぼうえき［貿易］。

つうじょう【通常】 近代ノーマル(normal)。近世つうじゃう［通常］。中世つうづ［通塗／通途］。中古おほよそ［凡／大凡］。じんじゃう［尋常］。つうれい［通例］。ふつう［普通］。へいじゃう［平常］。上代つね［常］。なみ［並］。→**ふつう【普通】**

ーのありさま 中古うつしざま［現様］。

ーのもの 近世なみもの［並物］。

つう・じる【通】❶〈開通〉 近代たっする［達］。つうじる［通］。れんらく［連絡］。近世そつう［疎通／疏通］。つながる［繫］。中世かいつう［開通］。つうず［通］。中古とほす［通］。とほる［通］。上代いたる［至］。かよふ［通］。

ー・じ合うこと 中世あひつうず［相通］。ゆうづう／ゆづう［融通］。

ー・じなくなること 近世かうそく［梗塞］。

ー・じることと塞がること 中古つうそく［通塞］。

気持ちがー・じる 中世とどく［届］。上代かよふ［通］。

交通が四方にー・じていること 近代しつう［四通］。しつうはったつ［四通八達］。

言葉がー・じる 上代ことかよふ［言交］。

互いにー・じ合う 中古かはす［交］。

つう・じる【通】❷〈熟知〉 近代くゎんせふ［関渉］。近世あかるし［明］。くはし［詳／精］。じゅくち［熟知］。中世しりつくす［知尽］。せいつう［精通］。つうげう［通暁］。つうず［通］。中古いりたつ［入立］。→**つうぎょう❶**

つうしん【通信】 こうしん［交信］。コレスポンデンス(correspondence)。近代おんしん［音信］。コミュニケーション(communication)。でんしん［電信］。近世ぶんつう［文通］。中古いんしん［音信］。たより［便］。つうしん［通信］。

ー手段の例 テレックス(telex)。トランシー

バー(transceiver)。パソコンつうしん[personal computer 通信]。パルスつうしん[pulse通信]。ひかりつうしん[光通信]。近代でんぽう[電報]。でんわ[電話]。近世いうびん[郵便]。てがみ[手紙]。ひきゃくびん[飛脚便]。ビデオテックス(videotex)。

—による販売 つうはん[通販]。メールオーダー(mail order)。近代つうしんはんばい[通信販売]。

急を要する— きゅうしん[急信]。近代ウナでん[電]。中世きふびん[急便]。きふほう[急報]。

二か国の元首が直接話せる—回線 ホットライン(hot line)。

—つの回線で複数の信号を伝える— たじゅうつうしん[多重通信]。マルチチャンネル(multi channel)。

つうじん【通人】 近世いきじん/すいじん[粋人]。かうずか[好事家]。つう[通]。つうか[通家]。つうかく[通客]。ふうりうじん[風流人]。中世つうじん[通人]。中古すきもの[好者]。

—のようなふりをする 近代つうがる[通]。つうぶる[通]。近世しろとすい[素人粋]。はんかつう[半可通]。

楽屋に出入りして—ぶっている人 近世がくやすずめ[楽屋雀]。がくやとんび[楽屋鳶]。

つう・ずる【通】 →つう・じる

つうせき【痛惜】 近代くゎいご[悔悟]。近世あいせき[哀惜]。中世つうせき[痛惜]。中古ざんき[慚愧/慙愧]。上代くやし[悔]。

つうせつ【痛切】 近代せつじつ[切実]。つうせつ[痛切]。つうれつ[痛烈]。中世せつせつ[切切]。せつに[切]。中古あからし[愍]。せち[切]。

—な訴え 近代膚受(ふじゅ)の愬(うった)へ。

—なさま 近世ひしひし。よくよく。中古つくづく。

つうせつ【通説】 近代セオリー(theory)。つうせつ[通説]。中世つうろん[通論]。中古ていせつ[定説]。

つうぞく【通俗】 ていぞく[低俗]。近代ぞくうけ[俗受]。近世せけんなみ[世間並]。ぞくあく[俗悪]。つうぞく[通俗]。てんとり[点取]。ひきん[卑近]。中世ぼんぞく[凡俗]。中古ぞく[俗]。ひぞく[卑俗/鄙俗]。

—的 なにわぶしてき[浪花節的]。近代せぞくてき[世俗的]。ぞくっぽい[俗]。たいしゅうてき[大衆的]。ポピュラー(popular)。

—的な絵画 近世ぞくぐゎ[俗画]。

—的な学問 中世ぞくがく[俗学]。

—的な見解 近世ぞくかい[俗解]。ぞくけん[俗見]。

—的な書物 中世ぞくほん[俗本]。中古ぞくしょ[俗書]。

つうだ【痛打】 近代きゃうだ[強打]。つうげき[痛撃]。つうだ[痛打]。まうだ[猛打]。らんだ[乱打]。近世めったうち[滅多打]。

つうたつ【通達】 じたつ[示達]。近代こくち[告知]。つうこく[通告]。つうち[通知]。つうてふ[通牒]。近世おたっし/たっし[御達]。おふれ[御触]。中世ふれ[触]。つうほう[通報]。でんたつ[伝達]。中古つうたつ/つうだつ[通達]。→つうち(次項)

官庁からの— 近代こうたつ[公達]。

厳しい— 近代げんたつ[厳達]。

内々の— ないたつ[内達]。

つうち【通知】 こうほう[広報]。近代インフォメーション(information)。こうほう[公報]。こくち[告知]。しんたつ[申達]。つうこく[通告]。つうち[通知]。つうてふ[通牒]。ほう[報]。れんらく[連絡]。近世いっさう[一左右]。いてふ[移牒]。おたっし/たっし[御達]。おふれ[御触]。しらせ[知/報]。ほうち[報知]。中世つうほう[通報]。てふそう[牒送/牒奏]。でんたつ[伝達]。ふれ[触]。中古あない/あんない[案内]。つうたつ/つうだつ[通達]。上代こくじ[告示]。せんこく[宣告]。

定期的な— 近代げっぽう[月報]。にっぽう[日報]。

喜ばしい— ろうほう[朗報]。近代きっぽう[吉報]。中世きっさう[吉左右]。

つうちょう【通帳】 近世かよひ/かよひちゃう[通帳]。つうちゃう[通帳]。中世ちゃうめん[帳面]。

つうちょう【通牒】 →つうたつ

つうどく【通読】 よみくだし[読下]。近代いちどく[一読]。つうどく[通読]。

つうば【痛罵】 →ののし・る

つうふう【通風】 つうき[通気]。ドラフト(draft)。ベンチレーション(ventilation)。近代かざとほし/かぜとほし[風通]。くゎんき[換気]。つうふう[通風]。

—のための穴 かんきこう[換気口]。つうきこう[通気孔]。つうふうこう[通風口]。近代かざぬき/かぜぬき[風抜]。かざまど[風窓]。近世かざあな[風穴]。

—の道 ダクト(duct)。ふうどう[風道]。

近代つうふうとう［通風筒］。近世かざみち／かぜみち［風道］。

ーをよくする機器　かんきせん［換気扇］。そうふうき［送風機］。つうふうき［通風機］。ベンチレーター（ventilator）。

つうほう【通報】→**つうち**

つうぼう【通謀】 近代きょうぼう［共謀］。だいおう［内応］。つうぼう［通謀］。中世ないつう［内通］。上代ないおう［内応］。

つうやく【通訳】 近代つうべんにん［通弁人］。つうやく［通訳］。近世しゃうしょ［象胥］。ぜつじん［舌人］。つうじ［通事／通詞／通辞］。つうべん［通弁］。上代をさ［訳語／通事］。

オランダ語のー　近世らんつうじ［蘭通詞］。

見習いのー　近世けいこつうじ［稽古通詞］。

つうよう【通用】 近代きょうよう［共用］。りうつう［流通］。上代つうよう［通用］。

つうらん【通覧】 近代がいくゎん［概観］。そうらん［総覧］。りうらん［劉覧／瀏覧］。近世たいくゎん［大観］。つうらん［通覧］。中古いちらん［一覧］。

ツーリスト（tourist）近代くゎんくゎうきゃく［観光客］。ツーリスト。りょかうしゃ［旅行者］。近世りょきゃく［旅客］。中古りょかく［旅客］。→**たびびと**

つうれい【通例】 近代くゎんかう［慣行］。くゎんれい［慣例］。近世しきたり［仕来］。ていれい［定例］。中古つうれい［通例］。上代こうれい／ごうれい［恒例］。じゃうれい［常例］。

つうれつ【痛烈】 かれつ［苛烈］。ドラスティック（drastic）。近代きゃうれつ［強烈］。げきゑつ［激越］。しゅんれつ［峻烈］。つうせつ［痛切］。つうれつ［痛烈］。ラジカル（radical）。近世くゎげき［過激］。てきびし［手厳］。中世げきれつ［激烈］。しんらつ［辛辣］。中古かこく［苛酷］。まうれつ［猛烈］。

つうろ【通路】 近代しょう［衝］。近世とほりみち［通道］。ろうぢ［路地／露地／露路］。中世とほり［通］。らうか［廊下］。中古かよひぢ［通路］。ろぢ［路地／露地／露路］。上代だうろ［道路］。つうろ［通路］。みち［道／路］。→**みち【道】**

ーを塞ぐ　近代とほせんばう［通坊］。

アーチ形の天井を持つー　アーケード（arcade）。

地下のー　近代かうだう［坑道］。

門から玄関までのー　アプローチ（approach）。

料亭などの客のー　近世きゃくろうぢ／きゃくろぢ［客路地］。

つうろん【通論】 つうせつ［通説］。はんろん［汎論］。近代がいせつ［概説］。近世がいろん［概論］。中世そうろん［総論］。つうろん［通論］。

つえ【杖】 近代ステッキ（stick）。中古しもと［笞／楚］。たより［頼］。ぢゃう［杖］。上代つかなぎ［棓］。つゑ［杖／笻／丈］。

ーの先の地面に当たる部分　中世いしづき［石突］。

ーの代用としての弓　中世ゆんづゑ［弓杖］。中古ゆみづゑ／ゆづゑ［弓杖］。

足が不自由な人の歩行を助けるー　近代まつばづゑ［松葉杖］。

刀を仕込んだー　近世しこみづゑ［仕込杖］。

鹿の角を握りにしたー　中古かせづゑ［鹿杖］。

正月上卯（かみのう）の日に悪鬼を払ったー　中古うづゑ［卯杖］。

鉄のー　中世てっかい［鉄枴］。中古てつぢゃう［鉄杖］。

手に持ったー　中世てぼう［手棒］。上代たつかづゑ［手束杖］。

鳩の飾りの付いたー　中世きうぢゃう／はとづゑ［鳩杖］。鳩の杖。

山伏のー　近世かいぢゃう［戒杖］。さくぢゃう／しゃくぢゃう［錫杖］。

夜回りなどが持つ鉄のー　近世かなぼう［金棒／鉄棒］。

老人が持つ中風除けのー　中古れいぢゃう［藜杖］。藜（あかざ）の杖。

つか【塚】 たかつか／たかづか［高塚］。どもり［土盛］。もりつち［盛土］。中世つむれ［培塿］。どふん［土墳］。どまんぢゅう［土饅頭］。上代つか［塚／冢］。はか［墓］。→**はか【墓】**

ーの中　中世ちょうちゅう［冢中］。

円形のー　中古ゑんきう［円丘］。

多くの死者を供養するー　近世せんにんづか［千人塚］。ばんにんづか［万人塚］。

首を埋めたー　中世くびづか［首塚］。

恋のため死んだ人のー　中世こひづか［恋塚］。

詩文の草稿などを埋めたー　近代ふみづか［文塚］。

つかい【使】 近代つかひばしり［使走］。メッセンジャー（messenger）。中古ししゃ［使者］。上代しじん［使人］。せいてう［青鳥］。たまづさ［玉梓／玉章］。つかひ［使／遣］。

《尊》近世きし［貴使］。

《枕》上代たまづさの［玉梓］。

行ったまま帰らぬー 中世かたびんぎ[片便宜]。上代雉子(きぎし)の頓使(ひたつかひ)。

急なー 近代きふし[急使]。中世きふびん[急便]。近世鳥の使ひ。矢の使ひ。

恋の仲立ちをするー 中古花鳥の使ひ。

天皇のー 中古ちょくし[勅使]。

つがい【番】 近代カップル(couple)。近世くみ[組]。すがひ[番/次]。中世つい[対]。中古しゅう[雌雄]。つがひ[番]。

ーの一方を言う語 上代つま[夫/妻]。

つかいはしり【使走】 近代つかひはしり/つかひばしり[使走]。近世おひまはし[追回]。こもの[小者]。つかひばん[使番]。中世そうそつ[走卒]。つかひやく[使役]。中古ざふし[雑仕]。ざふしめ[雑仕女]。

楽屋のー 近世がくやばん[楽屋番]。

つかいみち【使道】 近代かうよう[効用]。ようと[用途]。しと[使途]。近世つかひみち[使道]。ゆきみち[行道/行路]。中世つかひかた[使方]。ようしょ/ようじょ[用所/用処]。

ーがある 中世役に立つ。用に立つ。

つか・う【使】❶〈活用〉 近代いかす[生/活]。やくだてる[役立]。近世くわつよう[活用]。りよう[利用]。中世しよう[使用]。とりあつかふ[取扱]。もちゆ[用]。ようだつ[ーだてる][用立]。中古あつかふ[扱]。つかふ[使]。もちふ/もちゐる[用]。

《句》近代馬鹿と鋏(はさみ)は使いよう。近世薬(くすり)人を殺さず薬師(くすし)人を殺す。

ー・いつける 近代あいよう[愛用]。近世たべつく[ーつける][食付]。つかひこむ[使込]。つかひこなす[使熟]。中古つかひならす[使慣]。てならす[手慣]。てなる[ーなれる][手慣/手馴]。もてならす[馴]。上代たなれ[手馴]。

ー・い古したもの ちゅうこ[中古]。ちゅうこひん[中古品]。近代おさがり[御下]。セカンドハンド/セコンドハンド(second-hand)。セコハン(セコンドハンドの略)。つかひふるし[使古]。ふる[古/旧/故]。近世さがり[下]。ちゅうぶる[中古]。ふるて[古手]。ふるもの[古物]。中古こぶつ[古物/故物]。中世おふる[御古]。

ー・い古す 中世もちふるす[持古]。上代ふるす[旧/古]。

ー・う具合 つかいがって[使勝手]。近代てがって[手勝手]。中古てづかひ[手使/手遣]。

ー・って役立つ物 近世すぐれもの[優物/勝物]。中世つかひもの[使物]。

一緒にー・うこと 近代へいよう[併用]。

自分の家でー・うこと 近代じかよう[自家用]。

自由にー・う 近代くし[駆使]。中世さばく[捌]。中古あやつる[操]。

自由にー・うことのできるもの 近代自家薬籠中の物。

中身は分からずー・うだけの装置 ブラックボックス(black box)。

よい目的でー・うこと 近代ぜんよう[善用]。

悪い目的でー・うこと 近代あくよう[悪用]。

つか・う【使】❷〈消費〉 しょうきゃく[消却/銷却]。近代かうそん[耗損]。すりへらす[磨減]。せうかう/せうばう[消耗]。せうひ[消費]。せうもう[消耗]。ひせう[費消]。中世つかふ[使]。上代つひやす[費/弊/潰]。つひゆ[ついやす][費]。

ー・い捨て 近世かけながし[掛流]。

ー・い残りの金 近代ざんきん[残金]。じょうよきん[剰余金]。近世よざい[余財]。中古よし[余資]。

ー・い初め 近世手が付く。中古おろす[下]。

ー・い果たす 近代せうもう[消耗]。近世けつじん[竭尽]。財布の底をはたく(たたく)[叩/砕]。皆になす。中世げじく。すりきる[摩切/擦切]。つかひきる[使切/遣切]。中古せうじん[消尽]。

ー・わずにしまって置く物 近世ねかしもの[寝物]。

惜しみながら少しずつー・うこと 中世をしみづかひ[惜使]。

金銭などをー・い込む 近世しすごす[仕過/為過]。ひきおふ[引負]。ひきこむ[引込]。

財産をすっかりー・い果たす くいたおす[食倒]。近世くひつぶす[食潰]。しはて[為果]。ゆきつく[行着]。中世する[摩/擦]。

でたらめにー・う 近代ばうよう/まうよう[妄用]。

博打(ばくち)に金をー・い果たす 中世うちこむ[打込]。

服などのー・い捨て 中世きすて[着捨]。

ふんだんにー・う 中古あかす[あかせる][飽]。

つか・う【使】❸〈使役〉 近代こよう[雇用/雇傭]。近世がぎょ[駕御/駕馭]。さいよう[採用]。ばってき[抜擢]。中世えきす[役]。しえき[使役]。しよう[使用]。中古やとふ[雇/傭]。にんよう[任用]。もちゐる[用]。上代つかふ[使]。

人をあごでー・う 中世いし［頤指／頤使］。
容赦なくー・う 近代こくし［酷使］。近世こきつかふ［扱使］。上代くし［駆使］。

つか・える【仕】 近世ぎょす［御］。さんし［参仕］。し［仕］。しくゎん［仕官］。ほうこ［奉公］。中世こうず［候］。さうらふ／ざうらふ［侍］。しこう［祇候／伺候］。じす［侍］。ふくす［服］。中古さぶらふ／さむらふ［侍］。したがふ［従］。つかうまつる／つかまつる［仕］。つとむ［つとめる］［勤／勉］。はべり／はんべり［侍］。ほうこう［奉公］。ほうず［奉］。上代つかふ［つかえる］［仕］。つかへまつる［仕］。

ー・え従うこと 近代れいじゅう［隷従］。
ー・える人 近世こしもと［腰元］。ほうこにん［奉公人］。中世じゅうさ［従者］。てまはり［手回］。ほうこうにん［奉公人］。中古いへのこ［家子］。おもと［御許］。さぶらひびと［侍人］。じしゃ［侍者］。じぢょ［侍女］。じゅうしゃ［従者］。ずさ［従者］。つかへびと［仕人］。めしつかひ［召使］。上代おみ［臣］。つかまつりびと［仕奉人］。
新たにー・えること 中世しんざん［新参］。中古いまゐり［今参］。うひざん［初参］。しょさん［初参］。
神にー・える 上代いつく［斎］。
宮中にー・えること 中世さんだい［参内］。中古みやづかへ［宮仕］。上代おほみやつかへ［大宮仕］。
在野の者が官にー・える 近代褐（かつ）を釈（と）く。
弱者が強者にー・えること 近代じだい［事大］。
主家を離れた者が再び帰ってー・えること 中世きさん［帰参］。
主君の近くにー・えること（者） 近代ほうじ［奉侍］。近世かしん［家臣］。きんじ［近侍］。きんじゅ［近習］。けらい［家来／家礼／家頼］。そばやく［側役］。ぢっきんしゅう［昵近衆］。ぶじ［奉侍］。ほうじ［奉事］。中世しこう［祇候／伺候］。ばいじ［陪侍］。中古さいう［左右］。ほうし［奉仕］。
臣下としてー・えること 近世しんじ［臣事］。中古ほくめん［北面］。
代々の主君にー・えること 近代れきし［歴仕］。れきじ［歴事］。
天子の近くにー・えること 中世てんゐしせき［天威咫尺］。

つか・える【支】 近世こだはる。中世つかふ［つかえる］［支／閊］。つまる［詰］。上代とどこほる［滞］。ふさがる［塞］。ふたがる［塞］。

ー・えながらものを言うたとえ 近世横板に雨垂れ。
喉にー・える 中古むせぶ［咽／噎］。むせる［咽／噎］。

つが・える【番】 中世さしつむ［差詰］。つがふ［つがえる］［番］。中古はぐ［矧］。上代やさす［矢刺］。

つかさど・る【掌】 近代しゃうくゎん［掌管］。たんたう［担当］。てんしゃう［典掌］。近世くゎんしゃう［管掌］。しゅくゎん［主管］。中世しゅさい［主宰］。中古くゎんかつ［管轄］。上代しる［領］。つかさどる［掌／司］。

つかのま【束間】 中世ときのま［時間］。上代つかのあひだ［束間］。つかのま［束間］。↓**いっしゅん**

ーの政権 近代ひゃくにちてんか［百日天下］。みっかてんか／みっかでんか［三日天下］。

つかま・える【捕】 ぱくる。近代キャッチ(catch)。だくゎく［拿獲］。だほ［拿捕］。はぢゅう［把住］。近世つらまへる［捉］。とかまへる［摑］。とっつかまへる［取捉］。とりおさふ［―おさえる］［取押］。中世うちとる［打取／討取］。ほくゎく［捕獲］。めしとる［召捕］。中古ついぶ［追捕］。つかまふ［つかまえる］［捕／摑／捉］。つかむ［摑／攫］。ほそく［捕捉］。上代とらふ［とらえる］［捕／捉］。とる［捕／獲］。

ー・えて殺すこと 近代ほさつ［捕殺］。
ー・えて縄を掛けること 近代ほばく［捕縛］。
生きたままー・える 中古いけどる［生捕］。
一度に全部をー・えること 近代いちまうだじん［一網打尽］。
追い掛けてー・える 中古おひとる［追取］。
鳥黐（もち）を塗った竿（さお）で鳥をー・える さす［刺］。
犯人をー・える 近代あげる［挙］。中世ひっくくる［引括］。

つかみあい【摑合】 近代たちまはり［立回］。とっくみあい［取組合］。中世つかみあひ［摑合］。近世かくとう［格闘］。くみうち［組討／組打］。

つか・む【摑】 近代キャッチ(catch)。けっしゅ［攫取］。つかまる［摑／捉］。はあく［把握］。近世くゎくしゅ［獲取／攫取］。つらまる［捉］。とらまる［捕］。中世かかぐる。しがみつく。はそく［把捉］。ひこづらふ［引］。中古しゃうあく［掌握］。すがる［縋］。つかまふ［―まえる］［捕／摑／捉］。つかむ［摑／攫］。とらふ［捕］。上代にぎる［握］。中世ひこづら

ー・ませる 近代つかます［摑］。

ふ[引]。

―・みどころがないこと(さま) 近代 ヌーボー(フランス nouveau)。近世 なまづ[鯰]。のらくら。のらりくらり。中世 ばうぜん[茫然]。ばくぜん[漠然]。

―・みにくいさま 近代 ぬるぬる。近世 ぬらりくらり。

―・んで自分のものとする 近世 つかみどり[摑取]。

―・んで離さない 中世 しがみつく[付]。すがりつく[縋付]。上代 とりつく[取付]。

―・んでよじ上ること 近代 はんえん[攀縁]。中古 はんゑん[攀援]。

勢いよく―・む 中世 おっとる[押取]。

片手で一度―・むこと 中世 ひとつかみ[一摑]。

たくさんのものを―・むこと 近世 おほづかみ[大摑]。

力を入れて―・むさま 近代 ぎゅっと。中世 うでづく[腕]。ぐっと。むずと/むんずと。

手で―・むこと 中世 てづかみ[手摑]。

乱暴に―・むこと 近世 ひきつかむ/ひっつかむ[引摑]。中世 わしづかみ[鷲摑]。

つか・る【漬】 かんすい[冠水]。すいぼつ[水没]。近代 しんすい[浸水]。近世 ひづ[漬/沾]。みづびたし[水浸]。中世 しとむ[浸]。ひたつかる[漬]。中古 くぐる[潜]。ひたる[浸]。ほとぶ[潤]。みづつく[水漬]。上代 くくる[潜]。つく[漬/浸]。なづさふ。ひつ[漬/沾]。みづく[水漬]。

水に―・るさま 近代 どっぷり。どぶん。どぼん。近世 ずっぷり。中世 どぶり。どんぶり。

水にちょうど―・るさま 中世 ひたひた。

つかれ【疲】 近代 くったく[屈託/屈托]。けんらう[倦労]。こんたい[困殆]。こんぱい[困憊]。こんぴ[困疲]。こんぺい[困弊]。ひへい[疲弊]。近世 しょらう[所労]。中世 きゅうくつ[窮屈]。くたびれ[草臥]。けんたい[倦怠]。たんそく[短息]。つひえ[弊]。ひはい[疲憊]。中古 たゆさ[弛]。つかれ[疲]。上代 ひらう[疲労]。

―を癒やす 中世 いす[医]。中古 いやす[癒]。

心の― 近世 きぐらう[気苦労]。きづかれ[気疲]。中古 しんらう[心労]。

入浴の― 近代 ゆづかれ[湯疲]。

つか・れる【疲】 近代 ばてる。ひへい[疲弊]。近世 しんど。ねれける[練]。よだるし[弥怠]。中世 いたつく[労]。くたばる。くたびる(―びれる)[草臥]。たゆむ[弛/懈]。だるし[怠/懈]。ひはい[疲憊]。よる。中古 いたつく[労/病]。こうず[困]。たる[疲]。上代 うむ[倦]。たゆし[弛/懈]。つからし[疲]。つかる[つかれる][疲]。つひゆ[ついえる][費/弊]。みつる[羸]。

《句》近世 夢は五臓六腑の煩ひ(疲れ)。夢は五臓六腑の疲れ。

―・れさせる 中世 つからかす[疲]。つからす[疲]。つひやしそこなふ[費損]。

―・れたさま 近代 くたり。グロッキー(groggy)。へとへと。心が疲れる。膝が笑ふ。近世 あっぷあっぷ。がっくり。きそくえんえん[気息奄奄]。ぐたぐた/ぐだぐだ。ぐだり。ぐったり。げんなり。顎(鰐/頤)を出す。足が擂粉木になる。足が棒になる。鍬を抜かす。粉になる。綿の如し。中世 くたくた。ぐたり。ろうろう[労労]。中古 くだくだ。

―・れて動けなくなること ダウン(down)。のびる[伸/延]。ばてる。近代 こんとん[困頓]。近世 へこたる(―たれる)。へたばる。足が棒になる。中世 へばる。

―・れてしまう 中世 つかれきる[疲切]。つかれはつ(―はてる)[疲果]。

―・れて何もする気にならない たいぎい[大儀]。近世 かったるい。中世 かひだるし[腕弛]。たいぎ[大儀]。中古 かひだゆし[腕弛]。

―・れて痩せること 近世 るいそう[羸痩]。近代 るいしう[羸痩]。上代 みつる[羸]。

飽きて―・れる 近代 くったく[屈託]。中世 うみつかる(―つかれる)[倦疲]。たいくつ[退屈]。中古 ひけん[疲倦]。上代 うむ[倦]。

手が―・れてだるい 中古 てだゆし[手懈]。

つかわ・す【遣】 近代 さけん[差遣]。はけん[派遣]。はす[派]。中世 さしむく(―むける)[差向]。中古 さしつかはす[差遣]。上代 つかはす[遣/使]。やる[遣]。→**はけん【派遣】**

―・し申し上げる 中古 たてまつる[奉]。上代 たてまだす[立遣/奉遣]。

地方へ―・す 中古 くだす[下/降]。

つき【付】❶〈付属〉 近代 てんか[添加]。ふか[付加]。中世 ふちゃく[付着]。中古 ふぞく[付属]。→**つ・く【付】**

つき【付】❷〈付添〉 近代 つき[付]。ふずい[付随]。近世 ずいはん[随伴]。ふたい[付帯]。中世 じゅうぞく[従属]。つきそひ[付添]。→**つきそい**

つき【付】❸〈幸運〉 近代 ラッキー(lucky)。中世 かううん[幸運/好運]。上代 げうかう

[僥倖]。→こううん【幸運】

つき【月】❶〈天体の〉 ルーナ／ルナ(ラテン luna)。ムーン(moon)。〔近代〕げっきゅう[月球]。ぎょくせん[玉蟾]。〔近世〕かつらのはな[桂花]。ぎょくりん[玉輪]。けいげつ[桂月]。げっけい[月桂]。げんと[玄兎]。げつりん[月輪]。たいいん[太陰]。〔中世〕ぎょくと[玉兎]。げつりん[月輪]。せんが[仙娥]。つきのわ[月輪]。鵲(かささぎ)の鏡。月の色人(いろびと)。〔中古〕あめのおしで[天印]。かつらを／かつらをとこ[桂男]。ぐゎちりん[月輪]。ぐゎってん／ぐゎってんし[月天子]。こうが／ごうが[姮娥]。こうが／じゃうが[嫦娥]。しまぼし。せんじょ[蟾蜍]。そが[素娥／素鵝]。たまかつら[玉桂]。つきしろ[月代]。つきのかほ[月顔]。つきのみや[月宮]。つきよ[月夜]。ひさかた[久方]。〔上代〕ささらえをとこ[小愛男／細壮士／細好男]。たまかつら[玉桂]。つき[月]。つきひと[月人]。つきひとをとこ[月人男]。つきよみ／つくよみ[月夜見／月読]。つくよ[月夜]。つきよみをとこ[月夜見男]。月の船。

《枕》〔中世〕にほてる[鳰照]。〔上代〕あらたまの[新玉／荒玉]。しろたへの[白妙]。ぬばたまの[射干玉]。ひさかたの[久方]。ゆくかげの[行影]。

—が恒星を隠すこと えんぺい[掩蔽]。せいしょく[星食／星蝕]。

—が澄んで高くのぼる 〔中古〕すみのぼる[澄昇]。

—が地球の影に入ること 〔中古〕げっしょく[月食／月蝕]。

—が地球の反射光で光る現象 ちきゅうしょう[地球照]。

—が照らしている所 〔中世〕げっか[月下]。げっちゅう[月中]。〔中古〕げつぜん[月前]。

—が出ること 〔近代〕月の出。〔上代〕つきたつ[月立]。

—が出るまでの闇 〔近世〕よひやみ[宵闇]。〔上代〕ゆふやみ[夕闇]。

—が西に沈むこと 月の入り。

—(満月)が見えないこと 〔近代〕あめめいげつ[雨明月]。〔近世〕むげつ[無月]。〔中世〕うげつ[雨月]。〔中古〕雨夜の月。

—で明るいこと 〔近世〕つきあかり[月明]。

—と太陽 〔近世〕きんうぎょくと[金烏玉兎]。〔中古〕じつげつ[日月]。〔上代〕つきひ[月日]。

—と花 〔中世〕うと[烏兎]。げっくゎ[月華]。〔中古〕くゎげつ[花月]。つきはな[月花]。

—にある宮殿 〔近代〕ぐゎっくゎうでん[月光殿]。〔中世〕くゎうかんきゅう[広寒宮]。ぐゎっくうでん／ぐゎっぐでん／げっきゅうでん[月宮殿]。〔中古〕月の都。

—に住む仙女 〔中古〕こうが／ごうが[姮娥]。こうが／じゃうが[嫦娥]。そが[素娥／素鵝]。

—に住むヒキガエル 〔中古〕せんじょ[蟾蜍]。

—に生えている桂(かつら) 〔中古〕月の桂。〔上代〕げっけい[月桂]。

—の明るい夜 〔中世〕げっせき[月夕]。〔中古〕つきよ／つくよ[月夜]。りゃうや[良夜]。〔上代〕げつや[月夜]。

—の神 〔近代〕ソーマ(梵 soma)。〔上代〕つきよみ／つくよみ[月夜見／月読]。

—の姿 〔中古〕つきかげ[月影]。

—の出る前の空 〔中古〕つきしろ[月白／月代]。

—のない明け方 〔中世〕あかつきやみ[暁闇]。〔上代〕あかときやみ[暁闇]。

—のない夕方の闇 〔近世〕よひやみ[宵闇]。〔上代〕ゆふやみ[夕闇]。

—の光 〔中世〕ぐゎっくゎう[月光]。〔近世〕つきあかり[月明]。〔中古〕げっくゎ[月華]。げつえい[月影]。げっけい[月桂]。げつぜん[月前]。げつめい[月明]。せいくゎう[清光]。つきかげ[月影]。桂(かつら)の影。月の顔。〔上代〕げっくゎう[月光]。

—の光が漏れて来る 〔中世〕もりいる[漏入]。

—の表面 〔近代〕げつめん[月面]。〔中古〕月の顔。

—の周りにできる光の輪 げっこうかん[月光冠／月光環]。〔近代〕げんげつ[幻月]。〔近世〕げつうん[月暈]。〔中古〕月の暈(かさ)(笠)。

—の満ち欠け 〔近代〕げっさう[月相]。げつれい[月齢]。〔中世〕えいき[盈虧]。さくばう[朔望]。白衣黒衣の天人。〔中古〕えいきょ[盈虚]。きえい[虧盈]。

—の都 〔近代〕桂の都。〔中世〕ぐゎっくうでん／ぐゎっくでん／げっきゅうでん[月宮殿]。げっきゅう[月宮]。

—や星が輝くさま 〔中世〕らんかん[闌干／欄干]。

—や星が夜が明けても残っていること 〔中世〕あけのこる[明残]。

—を観賞すること 〔近代〕月見の宴。〔中世〕くゎんげつ[観月]。〔中古〕月の宴。つきみ[月見]。

—を観賞する人 〔近世〕月の客。

—を見ながら飲む酒 〔近世〕つきみざけ[月見酒]。

青白い— 〔近代〕せいげつ[青月]。

明るい— 〔中古〕かうげつ[皓月／皎月]。つき

のかがみ［月鏡］。

秋の夜の― 【中古】しうげつ［秋月］。

明け方の― 【上代】あさづくよ［朝月夜］。

雨上がりに出る― 【中世】くゎうふうせいげつ［光風霽月］。せいげつ［霽月］。

薄雲のかかった― 【近世】うすづき［薄月］。【中世】おぼろづき［朧月］。

海上の空に出る― 【中世】かいげつ［海月］。

欠けた― 【近代】きげつ［虧月］。【中古】はきゃう［破鏡］。

下弦の― 【中世】くだりづき［降月］。しもつゆみはり／しものゆみはり［下弓張］。【上代】もちくだち［望降］。

霞んだ淡い― 【中世】えんげつ［煙月／烟月］。おぼろづき［朧月］。たんげつ［澹月／淡月］。【中古】おぼろづきよ［朧月夜］。

川の上にかかる― 【中古】かうげつ［江月］。

九月十三日の― 【近世】くりめいげつ［栗名月］。なごりのつき［名残月］。のちのつき［後月］。まめめいげつ［豆名月］。【中古】じふさんや［十三夜］。

湖水に映った― 【中世】こげつ［湖月］。

霜の降りた寒い夜の― 【中古】さうげつ［霜月］。

上弦の― 【近世】のぼりづき［上月］。【中世】かみつゆみはり／かみのゆみはり／かんつゆむはり［上弓張］。

白くさえた― 【中古】そげつ［素月］。はくげつ［白月］。

新月から十五日までの― 【近世】のぼりづき［上月］。【中世】はくげつ／びゃくげつ［白月］。

澄み切った― 【近代】そらのかがみ［空鏡］。らうげつ［朗月］。

太陽と― →**にちげつ**

黄昏(たそがれ)どきの― 【中世】たそがれづき［黄昏月］。

月初めの― 【中世】さく／さくげつ［朔月］。【近世】はつづき［初月］。初三(しょさん)の月。【中古】ぎんこう［銀鉤］。しょげつ［初月］。しんげつ［新月］。

冷たく輝く― 【中世】ひょうりん［氷輪］。

西に沈もうとする― 月の入り。【中世】入るさの月。【中古】しゃげつ［斜月］。

二十三日の― 【近世】真夜中の月。

八月十四日の― 【近世】きばう［幾望］。【中世】こもちづき［小望月］。

八月十五日の― 【近代】えいげつ［盈月］。【近世】いもめいげつ［芋名月］。ばう［望］。はつめいげつ［初名月］。最中(もなか)の月。【中世】いちりん［一輪］。かげつ［佳月／嘉月］。げつりん／つきのわ［月輪］。さんごのつき［三五月］。さんごやつき［三五夜月］。なかばのつき［半月］。まんぐゎつ［満月］。めいげつ［名月／明月］。【中古】ぐゎちりん／ぐゎつりん［月輪］。じふごや［十五夜］。ばうげつ［望月］。もち［望］。もちづき［望月］。空の鏡。月の鏡。【上代】げっきゃう［月鏡］。まんげつ［満月］。ゑんきゃう［円鏡］。《句》【近世】満つれば虧(か)く［―虧ける］。

八月十六日の― 【近代】せいはく［生魄］。【中世】きばう［既望］。【中古】いさよひ／いさよひのつき／いさよふつき［十六夜月］。

八月十七日の― 【中世】たちまち／たちまちづき／たちまちのつき［立待月］。

八月十八日の― 【中世】ゐまち／ゐまちづき／ゐまちのつき［居待月／座待月］。

八月十九日の― 【中世】ねまちづき［寝待月］。ふしまちのつき［臥待月］。【中古】ねまちのつき［寝待月］。

八月二十日の― 【近世】ふけまちづき［更待月］。ゐなかのつき［亥中月］。【中世】ふけまちのつき［更待月］。

春の夜の― 【中古】しゅんげつ［春月］。

半分の形の― 【近代】わんげつ［彎月］。【近世】げんげつ［弦月］。【中世】えんげつ［偃月］。ゆみはり／ゆみはりづき［弓張月］。【中古】かたわれづき［片割月］。はんげつ［半月］。半ばの月。

一つ寂しげに見える― 【中古】こげつ［孤月］。

一つひとつの田に映る― 【中世】田毎(たご)の月。

冬の― ふゆみかづき［冬三日月］。【中古】かんげつ［寒月］。とうげつ［冬月］。

細い― 【近世】ふつかづき［二日月］。【中世】しょさんのつき［初三月］。【中古】がび［蛾眉／娥眉］。しんげつ［新月］。せんげつ［繊月］。びげつ／まゆづき［眉月］。【上代】みかづき［三日月］。

満月から欠けてゆく― 【中世】くだりづき［降月］。【中古】こくげつ［黒月］。

水に映る― 【中古】すいげつ［水月］。たんげつ［潭月］。

水に映る―の光 【上代】りうくゎう［流光］。

山にかかる― 【中古】さんげつ［山月］。

夕方の― 【近世】よひづき［宵月］。【中古】ゆふづきよ［夕月夜］。【上代】ゆふづき［夕月］。ゆふづくよ［夕月夜］。

夜明けに残る― 【近世】残(のこ)んの月。【中世】名残の月。【中古】あかつきづくよ［暁月夜］。あさゆくづき［朝行月］。ありあけ／ありあけのつき［有明月］。ざんげつ［残月］。【上代】あかときづくよ［暁月夜］。あさづくよ［朝月夜］。

▼三日月 中世 しょさんのつき［初三月］。中古 がび［蛾眉／娥眉］。せんげつ［繊月］。びげつ／まゆづき［眉月］。上代 つき［月］。

つき【月】❷〈暦の〉マンス(month)。上代 たつ［立］。つきかふ［月替］。つきたつ［月立］。

―が改まる 中世 つきがはり［月代］。

―ごとに →**つきごと**

―の終わり 近代 げつばつ／げつまつ［月末］。中世 つきごもり［月隠／晦］。つきじり［月尻］。つきずゑ［月末］。つごもり［晦／晦日］。つもごり［晦］。中古 じんじつ［尽日］。みそか［三十日／晦日］。

―の終わり頃 中古 つごもりがた［晦日方］。

―の下旬 中世 かくゎん／げくゎん［下浣／下澣］。中古 つごもりがた［晦日方］。下(しも)の十日。

―の下旬の夜 中古 しもつやみ［下闇］。

―の上旬 中世 じゃうくゎん［上澣／上浣］。中古 ついたち［朔日］。上(かみ)の十日。

―の中旬 げつおう［月央］。中世 ちゅうくゎん［中浣／中澣］。中古 中の十日。

―の初め じょうじゅん［上旬］。しょじゅん［初旬］。近代 げったん［月旦］。中世 つきがしら［月頭］。中古 ついたち［一日／朔日／朔］。上代 さく［朔］。

―をまたぐこと つきごし［月越］。つきまたがり［月跨］。近世 つきまたぎ／つきまたげ［月跨］。

この― 近代 ほんげつ［本月］。近世 こんげつ［今月］。たうのつき［当月］。中世 こんぐゎち／こんぐゎつ［今月］。たうぐゎつ［当月］。上代 たうげつ［当月］。

▼一か月 近世 いちぐゎつ［一月］。くゎいさく［晦朔］。中世 いちげつ［一月］。中古 きげつ［期月］。じゅんげつ［旬月］。

▼三月の晦日(かみそ)（春の終わりの日） 近世 やよひじん［弥生尽］。中古 さんぐゎつじん［三月尽］。

▼十二月の最後の日 近世 おほみそか［大晦日］。らふじつ［臘日］。中世 おほつごもり［大晦／大晦日］。

▼数か月来 上代 つきごろ［月頃］。

つぎ【次】 上代 つぎ［次］。

―から次へ 近代 いもづるしきに［芋蔓式］。入れ代はり立ち代はり。近世 じゅんぐり［順繰］。じゅんじゅんに［順順］。ぞくぞくと［続続］。中世 あひついで［相次］。じゅんじ［順次］。つづけざま［続］。中古 つぎつぎ［次次］。

―に 中古 ついで［次］。

―に続く 中古 さしつぐ［差次］。

―の ポスト(post)。中世 あくる［明］。きたる［来］。

―の言葉 にのく［二句］。

―の時期 近代 じき［次期］。らいき［来期］。

―の週 じしゅう［次週］。近代 よくしう［翌週］。らいしう［来週］。

―の便り 近代 じびん［次便］。中世 こうしん［後信］。こうびん［後便］。

―の月 あくるつき［明月］。中世 よくげつ［翌月］。中古 らいぐゎつ／らいぐゎち［来月］。らいげつ［来月］。

―の次 よくよく［翌翌］。近世 らいらい［来来］。

―の次の週 さらいしゅう［再来週］。

―の次の月 近代 よくよくげつ［翌翌月］。近世 さらいげつ［再来月］。

―の次の年 近代 よくよくねん［翌翌年］。近世 さらいねん［再来年］。

―の次の日 近代 よくよくじつ［翌翌日］。中世 あさって［明後日］。みゃうごにち［明後日］。中古 あさて［明後日］。

―の年 近代 よくとし［翌年］。中世 よくねん［翌年］。かへるとし［返年］。みゃうねん［明年］。らいねん［来年］。中古 あくるとし［明年］。上代 くるつとし［来年］。こんとし［来年］。

―の日 近代 みゃうじつ［明日］。中世 つぐひ［次日］。中古 あくるけふ［明今日］。あくるひ［明日］。よくじつ［翌日］。みゃうにち［明日］。上代 あした／あす［明日］。

―の日の朝 近代 よくあさ［翌朝］。みゃうあさ［明朝］。近世 あくるあさ［明朝］。よくてう［翌朝］。中古 あくるつとめて［明］。またのつとめて。みゃうてう［明朝］。上代 あした［明日］。

―の日の夜 近世 あくるばん［明晩］。中世 みゃうばん［明晩］。中古 またの夜。

―の世 近世 くるよ［来世］。みらいせ［未来世］。中古 ごしゃう［後生］。ごせ［後世］。上代 らいせ［来世］。またの世。

▼接頭語的に複合語を作る語 中世 よく［翌］。らい［来］。中古 みゃう［明］。

つきあい【付合】 近代 いきき／ゆきき［行来／往来］。かう［交］。しゃかう［社交］。しんせつ［親接］。わうらい［往来］。近世 かういう［交遊／交游］。ちなみ［因］。であひ［出会］。ひとづきあひ［人付合］。ゆきかひ［行

交/往交]。中世かうくゎい/けうくゎい[交会]。かうせつ[交接]。つきあひ[付合]。にんじ[人事]。ひとあひ[人間]。まじはり[交]。中古かういう[交友]。かうさい[交際]。まじらひ[交]。上代よしみ[好/誼]。

→こうさい【交際】

《句》近世知らぬ仏より馴染(なじみ)の鬼。

ーが絶える 近代だんかう[断交]。りはん[離反]。袂(たもと)を分かつ。近世あいさうづかし/あいそづかし[愛想尽]。手を切る。中世だんぜつ[断絶]。中古うちたゆ[打絶]。ぜっかう[絶交]。

ーに馴れる 中古ひとなる[ーなれる][人馴]。

ーの費用 近代かうさいひ[交際費]。

ーの広い人 近代かうさいか[交際家]。しゃかうか[社交家]。

うちうちのー 近代しかう[私交]。

義理のー 近世ぎりあひ[義理合]。

親しいー 近代肝胆(かんたん)相照らす。莫逆(ばくぎゃく)の交はり。

真心のこもったー 近代じゃうぎ[情誼/情宜]。

昔からのー 中世きうかう[旧交]。

つきあ・う【付合】 近代あひせっする[相接]。近世好(よし)み(誼み)を通ず。中世せっす[接]。いつきあふ[付合]。中古あひしる[相知]。いりたつ[入立]。かたる[語]。くらぶ[くらべる][比]。さしまじる[差交]。しる[知]。まじらふ[交]。上代まじはる[交]。

《尊》中古きこえなる[聞]。きこえまつはす[聞]。まうしむつぶ[申睦]。

ー・いにくい 中古くらべぐるし[比苦]。

ー・いにくい人 近代きむづかしや[気難屋]。

ー・い易い 中世きさく[気]。さくい。

世間とー・う 近世せけんす[世間]。中古いでまじらふ[出交]。たちまふ[立舞]。

俗世間の人とー・う 中世塵に同ず。塵に交はる。

つきあたり【突当】 デッドエンド(dead end)。近代いきあたり[行当]。いきづまり/ゆきづまり[行詰]。ふくろこうぢ[袋小路]。近世いきどまり/ゆきどまり[行止]。たちわうじゃう[立往生]。つきあたり[突当]。ゆきあたり[行当]。

つきあた・る【突当】 近代しょうとつ[衝突]。ていしょく[抵触/牴触/觝触]。ぶつかる。近世つきあたる[突当]。どうちゃく[撞着]。中世いきづまる/ゆきづまる[行詰]。いきどまる[行止]。ゆきあたる[行当]。中古あたる[当]。ゆきどまる[行止]。

後ろからー・る 近代ついとつ[追突]。

激しくー・ること 近代げきとつ[激突]。中古げきす[激]。

つきあわ・せる【突合】 マッチング(matching)。近代せうがふ[照合]。せうさ[照査]。近世てらしあはす[ーあわせる][照合]。中世つきあはす[ーあわせる][突合]。

ー・せて考えること 近代かんする[鑑]。さんがふ[参合]。中世せうけん[照験]。中古かんがふ[勘合]。

つぎあわ・せる【継合】 はぎあわせる[接合]。近代せつがふ[接合]。近世けつがふ[結合]。せつぞく[接続]。中世つぎあはす[ーあわせる][継合]。中古つぐ[継/接]。つづる[綴]。ぬひあはす[ーあわせる][縫合]。はぐ[接/綴]。

つきかげ【月影】 近代ムーンライト(moonlight)。月の光。近世つきあかり[月明]。中世ぐゎっくゎう[月光]。中古げつえい[月影]。つきかげ[月影]。上代げっくゎう[月光]。

つぎき【接木】 中世つぎき[接木/継木]。

ーに使う小枝 ぎし[義枝]。ほ[穂]。中世つぎほ[接穂]。

ーの台となる木 近代だいぎ[台木/砧木]。近世おやぎ[親木]。だい[台]。つぎだい[接台]。

ーの接ぎ方の例 あわせつぎ[合接]。えだつぎ[枝接]。じかつぎ[直接]。そぎめつぎ[削芽接]。たかつぎ[高接]。めつぎ[芽接]。わりつぎ[割接]。近代よびつぎ[呼接]。近世よせつぎ[寄接]。

ーをする 中古つぐ[接]。

台木が植わったままでのー いつぎ[居接]。

台木を掘り揚げてするー あげつぎ[揚接]。

つきごと【月毎】 かくげつ[各月]。近代げつじ[月次]。げつれい[月例]。近世れいげつ[例月]。中世つきづき[月月]。まいぐゎち/まいぐゎつ[毎月]。まいげつ[毎月]。まいつき[毎月]。中古つきごと[月毎]。つきなみ[月並/月次]。上代月に異(け)に。

ーのお参り 中世つきまうで[月詣]。つきまゐり[月参]。

ーの当番 近世つきばん[月番]。

ーの割当 近代つきわり[月割]。中世げっぷ[月賦]。

つぎこ・む【注込】 ❶〈注入〉近代とうにふ[投入]。近世ちゅうにふ[注入]。つぎこむ[注込]。中世そそく/そそぐ[注]。中古いれこ

む［—こめる］［入込］。つぐ［注］。

つぎこ・む【注込】❷〈浪費〉 近代 らうひ［浪費］。近世 いりあげる／いれあげる［入揚］。つぎこむ［注込］。らんぴ［濫費／乱費］。中古 うちいる［打入］。

つきさ・す【突刺】 近代 しとつ［刺突］。つったてる［突立］。近世 ししょう［刺衝］。つっこむ［突込］。中世 つきさす［突刺］。中古 うがつ［穿］。さしとほす［刺通］。ついたつ［突立］。つきいる［—いれる］［突入］。上代 さす［刺］。たつ［たてる］［立］。つきたつ［—たてる］［突立］。つく［突／衝］。→**つきとお・す**

—・して殺す 中古 つきころす［突殺］。上代 さしころす［刺殺］。

—・すさま ぐさっと。ぶすっと。近代 ぶすり。ぷすり。ぶつり。ぷつり。近世 ぐさり。ぐっすり。中世 ぐさと。ぐっさり。ずぶ。中古 ずぶり／づぶり。

何度も—・すさま ぶすぶす。ぶつぶつ。ぷつぷつ。中世 ずぶずぶ。

矢を射て—・す 中世 いこむ［射込］。

つきしたが・う【付従】 近代 きじゅう［帰従］。ぞくじゅう［属従］。つききり／つきっきり［付切］。はんずい［伴随］。ふずい［付随／附随］。れいする［隷］。近世 くっつく［付］。こんずい［跟随］。じゅうぞく［従属］。ずいはん［随伴］。ふくぞく［服属］。中世 きふ［帰付］。ずいかう［随行］。ついばい［追陪］。つきしたがふ［付従／付随］。ばいす［陪］。中古 うちそふ［打添］。ずいじゅう［随従］。ずいちく［随逐］。ついしょう［追従］。ふぞく［付属／附属］。上代 きふく［帰服／帰伏］。ついじゅう［追従］。

—・う人 近代 ずいゐん［随員］。中古 ばんるい［伴類］。上代 とも［伴／供］。

多くの者が—・うたとえ 近世 金魚の糞。

影のように—・うこと 中古 えいじゅう［影従］。

貴人に—・うこと 中古 こしょう［扈従］。ずいじん［随身］。上代 とも［伴／供］。

つきそい【付添】 近代 アテンダント(attendant)。エスコート(escort)。つき［付］。近世 おつき［御付］。さしぞひにん／さしぞへにん［差添人］。ずいはん／ずいばん［随伴］。つきそひ［付添］。つきづき［付付］。ひきそふ［引添］。中世 おとも［御供］。かいしゃく［介錯］。かいぞへ［介添］。こうけんにん［後見人］。ずいかう［随行］。ともなひ［伴］。

—の者たち 近世 つきづき［付付］。

観光客の— てんじょう［添乗］。

つきそ・う【付添】 アテンド(attend)。中世 つきしたがふ［付従／付随］。つきそふ［付添］。ひっそふ［引添］。中古 うちそふ［打添］。そひたつ［添立］。そひゐる［添居］。そふ［添］。たちそふ［立添］。つく［付］。よりそふ［寄添］。

—・い守ること 近代 ごゑい［護衛］。中古 ゐいご［衛護］。

—・って離れないもののたとえ 中古 かげ［影］。

—・わせる 中古 つく［つける］［付］。まつはす［纏］。上代 そふ［そえる］［添／副］。

ずっと—・うさま つきっきり［付切］。

つきだ・す【突出】 近代 ていする［挺］。近世 つきだす［突出］。中世 つきいづ［突出］。ぬきだす［抜出］。

つきづき【月月】 →**つきごと**

つぎつぎ【次次】 近代 ぞくしゅつ［続出］。ちくじ［逐次］。近世 じゅんぐり［順繰］。じゅんじゅん［順順］。せんぐり［先繰］。りくぞく［陸続］。中世 じゅんじ［順次］。中古 いしいし［以次以次］。かつ［且］。すぎすぎ［次次］。上代 こもごも［交／交交／更／相］。つぎつぎ［次次］。

《枕》上代 つがのきの［栂木］。

—と 近世 かたっぱしから［片端］。どしどし。中古 ゆくゆく。

—と行われるさま 近世 てきぱき。どんどん。中世 ひしひし［犇犇］。中古 おひおひ［追追］。上代 つぎつ［継］。

—と関連して起こるさま たまつき［玉突］。れんさはんのう［連鎖反応］。中世 しゃうぎだふし［将棋倒］。

—と来る 中古 来(き)と来(く)。

—と立つ 上代 たちたつ［立立］。

—と続くさま 近代 ひんぱつ［頻発］。近世 だんだん［段段］。踵(きびす)を接す。中世 ひんぴん［頻頻］。中古 しきしき［頻頻］。しきなみ［頻並］。れきれき［歴歴］。

—と出てくるたとえ 近代 雨後(ごう)の筍(たけのこ)。

—に いもづるしきに［芋蔓式］。入れ代はり立ち代はり。それからそれ(へ)と。次から次に。ひっきりなしに。近世 じゅんじゅんに［順順］。ぞくぞくと［続続］。立て続けに。中世 あひついで［相次］。すがひすがひ［次次］。ひきもきらず［引切］。間断なく。続けざまに。

—に言い立てる 近世 ならぶ［ならべる］［並］。

—に移るさま 近世 ぐるぐる。中古 てんてん［転転］。

草木が—と生える 上代 おひしく［生及］。

災難が―と起こるさま 近代 一難去ってまた一難。

つきつ・める【突詰】 近代 きゅうじん［窮尋］。ついきう［追究］。中世 きうきゃう［究竟］。きうきょく［究極］。つきつむ〔―つめる〕［突詰］。

つぎて【継手】 ジョイント(joint)。近代 つなぎめ［繋目］。近世 つぎて［継手／接手］。中古 つぎめ［継目］。

建築で―の形の例 かさねつぎて［重継手］。かまつぎ［鎌継］。かまつぎて［鎌継手］。じざいつぎて［自在継手］。ばんのうつぎて［万能継手］。ユニバーサルジョイント(universal joint)。ラップジョイント(lap joint)。近代 あり［蟻］。ありつぎ［蟻継］。

つき・でる【突出】 はりだす［張出］。近代 せりあがる［迫上］。つきでる［突出］。でっぱる［出張］。でる［出］。とっき［突起］。とっしゅつ［突出］。近世 つきだす［突出］。つんでる［出］。としゅつ［斗出］。中世 でばる［出張］。とびでる［飛出］。りゅうき［隆起］。中古 さしいづ［差出／射出］。

―・でた先端 せんたん［先端／尖端］。とっさき［突先］。とったん／とっぱし／とっぱな［突端］。

―・でた所(部分) 近代 でばな［出鼻］。でっぱり［出張］。とっかく［突角］。中世 でばり［出張］。中古 かど［角］。はなは［塙］。ひたひ［額］。

―・でた所と窪(くぼ)んだ所 近代 でこぼこ［凸凹］。近世 あふとつ［凹凸］。でくまひくま［凸間凹間］。

―・でるさま 近代 とっこ［突乎］。にゅっと。ぴょこん。近世 こつ［兀］。ひょっと。中世 こつぜん［兀然］。とっこつ［突兀］。

小さく―・でた部分 ぽち／ぽつ／ぽっち。

横に―・でた部分 近代 アーム(arm)。うで［腕］。近世 うでぎ［腕木］。

つきとお・す【突通】 つらぬきとおす［貫通］。近代 とっくゎん［突貫］。近世 くゎんつう［貫通］。つっこむ［突込］。中世 つきさす［突刺］。つきとほす［突通］。つきぬく［突抜］。つなぬく［貫］。中古 さしつらぬく［刺貫］。さしとほす［刺通］。つらぬく［貫］。ぬく［抜］。→**つきさ・す**

つきとお・る【突通】 近代 つきとほる［突通］。つきぬける［突抜］。近世 くゎんつう［貫通］。とほりぬける［通抜］。中世 でぬく〔―ぬける〕［出抜］。上代 とほる［通］。

矢や槍(やり)が裏まで―・る 中世 うらかく［裏］。裏をかく。

つきと・める【突止】 近代 かくにん［確認］。たしかめる［確］。近世 つきあつ〔―あてる〕［突当］。つきとむ〔―とめる〕［突止］。つけいだす［付出］。つけこむ［付込］。中世 さがしだす［探出］。つきつむ〔―つめる〕［突詰］。みいだす［見出］。みきはむ〔―きわめる〕［見極］。

根本を―・めること 近代 さくげん／そげん［遡源／溯源］。

つきなみ【月並】❶〈月毎〉 近代 げつじ［月次］。げつれい［月例］。近世 れいげつ［例月］。中世 まいげつ［毎月］。まいつき［毎月］。中古 つきごと［月毎］。つきなみ［月並／月次］。→**つきごと**

つきなみ【月並】❷〈陳腐〉 近代 ありきたり。コンベンショナル(conventional)。ちんぷ［陳腐］。つきなみ［月並］。へいへいぼんぼん［平平凡凡］。へいぼん［平凡］。何の変哲もない。近世 ありふれ。ざら。中世 ぼんぞく［凡俗］。中古 なほなほし［直直］。ふつう［普通］。ぼん［凡］。上代 なみ［並］。

つきぬ・ける【突抜】→**つきとお・る**

つきの・ける【突除】 肘鉄砲(ひじでっぽう)を食わせる。近代 ひぢてつ［肘鉄］。ひぢでっぱう［肘鉄砲］。肘(肱／臂)を食はせる。中世 つきのく〔―のける〕［突除／突退］。中古 おしのく〔―のける〕［押除／押退］。

つぎはぎ【継接】 近代 つぎはぎ［継接］。近世 つぎつぎ［継継／次次］。はぎはぎ［接接］。中古 しうぜん［修繕］。

―だらけの衣服 近代 ぼろとぢ［襤褸綴］。近世 ぼろそ［襤褸衣］。中古 つづれ［綴］。つづれごろも［綴衣］。ぼろ［襤褸］。らんる［襤褸］。

つきひ【月日】 近世 ぐゎっぴ［月日］。ひがら［日柄／日次］。中世 うと［烏兎］。くゎういん［光陰］。ねんくゎう［年光］。中古 じじつ［時日］。じつげつ［日月］。せいさう［星霜］。ひづけ［日付］。ふうせつ［風雪］。上代 さいくゎう［歳光］。さいげつ［歳月］。しゅんじう［春秋］。つきひ［月日］。としつき［年月］。としつきひ［年月日］。ねんぐゎっぴ［年月日］。ねんげつ［年月］。ひつき［日月］。

―が経つ 近世 せうくゎう［消光］。中世 りうくゎう［流光］。れきじつ［歴日］。中古 あけくらす／あけくれる［明暮］。ありく［歩］。上代 きふ［来経］。

―の早いたとえ 近世 うとそうそう［烏兎匆匆］。中世 月日に関守なし。月日の鼠(ねずみ)。

中古月の鼠(ねずみ)。斧(をの)の柄朽つ〔―朽ちる〕。
→とき

長い― 中古まんごふ〔万劫〕。

ひまな― 近代かんじつげつ〔閑日月〕。

物思いにふけって―が経つ 中古おもひくる〔思暮〕。

つきまと・う【付纏】 近代まつはりつく〔纏付〕。近世ついてまはる〔付回〕。中世つきまとふ〔付纏〕。まとひつく〔纏付〕。まとふ〔纏〕。中古かかづらふ〔拘／係〕。まつはす／まとはす〔纏〕。まつはる／まとはる〔纏〕。

―・って邪魔するたとえ 近代バチルス(ドイツ Bazillus)。近世鯨に鯱(しゃち)。

つきみそう【月見草】 よとうばな〔夜盗花〕。近代おほまつよひぐさ〔大待宵草〕。つきみさう〔月見草〕。つきよぐさ〔月夜草〕。よひまちぐさ〔宵待草〕。近世ゆふげしゃう〔夕化粧〕。

つぎめ【継目】 シーム(seam)。せっちゃくめん〔接着面〕。近代ジョイント(joint)。つなぎめ〔繋目〕。近世つぎて〔継手〕。中世あはせめ〔合目〕。中古つぎめ〔継目〕。

タイルや煉瓦(れんが)などの― めじ〔目地〕。

つきもの【憑物】 中世じゃき〔邪気〕。つきもの〔憑物〕。中古いきすだま〔生霊／窮鬼〕。いきりゃう〔生霊〕。しりゃう／しれい〔死霊〕。もののけ〔物怪〕。れい〔霊〕。

―がついているという妄想 近代ひょういまうさう〔憑依妄想〕。

―がつく 近世とっつく〔取付／取憑〕。中世のりうつる〔乗移〕。中古おそふ〔襲〕。とりつく〔取付／取憑〕。→とりつ・く

―が離れる おちる〔落〕。

―の例 近世おさきぎつね〔御先狐〕。くだぎつね〔管狐〕。とうびょう。をさきぎつね〔尾裂狐〕。

つきもの【付物】 近代ふぞくひん〔付属品〕。近世つきもの〔付物〕。ふろく〔付録〕。中古そへもの〔添物〕。

つきやぶ・る【突破】 つきでる〔突出〕。近代つきとほる〔突通〕。つきぬける〔突抜〕。とっぱ〔突破〕。中世つきやぶる〔突破〕。とっしゅつ〔突出〕。

難関や障害などを―・ること ブレークスルー(breakthrough)。

つきやま【築山】 近世にはやま〔庭山〕。中世かざん〔仮山〕。つきやま〔築山〕。中古やま〔山〕。上代しま〔山斎〕。しまやま〔島山〕。

―と泉水 中世かさんすい／かりさんすい〔仮山水〕。

つきよ【月夜】 中古つきよ〔月夜〕。上代げつや〔月夜〕。つくよ〔月夜〕。

《枕》上代ひさかたの〔久方／久堅〕。

卯の花の咲いている― 上代うのはなづくよ〔卯花月夜〕。

月に薄雲のかかった― 近世うすづきよ〔薄月夜〕。中世おぼろよ〔朧夜〕。中古おぼろづきよ／おぼろづくよ〔朧月夜〕。

春の―の景色 近代くゎてんげっち〔花天月地〕。

つ・きる【尽】 でつくす〔出尽〕。近世きはる〔極〕。きる〔切〕。けつじん〔竭尽〕。しじん〔澌尽〕。中世きはまる〔窮／極〕。きる〔きれる〕〔切〕。こかつ〔枯渇／涸渇〕。ぜっす〔絶〕。たうじん〔蕩尽〕。皆に成る。中古せうめつ〔消滅〕。つきす〔尽〕。つきはつ〔―はてる〕〔尽果〕。なくなる〔無〕。はつ〔はてる〕〔果〕。ふってい〔払底〕。上代かる〔かれる〕〔涸〕。たえす〔絶〕。たゆ〔たえる〕〔絶〕。つく〔つきる〕〔尽／竭〕。をはる〔終〕。

―・きることがない 近世つきしなし〔尽無〕。中古つきせぬ〔尽〕。上代かぎりなし〔限無〕。むじん〔無尽〕。奥処(おくか)無し。

つ・く【付】 せっちゃく〔接着〕。近代ふか〔付加〕。近世くっつく〔付〕。ひっつく〔引付〕。中世ふす〔付〕。ふちゃく〔付着／附着〕。中古ふぞく〔付属／附属〕。上代つく〔付／憑〕。

―・いて行く 近代ついかう〔追行〕。びかう〔尾行〕。中世つきしたがふ〔付従／付随〕。跡を付く〔―付ける〕。中古ぐす〔具〕。→ついせき

―・いて行く人 近代ごへいもち〔御幣持〕。

しっかりと―・く 近世かじりつく〔齧付〕。

つ・く【突】 近代つきぬける〔抜抜〕。中世つきさす〔突刺〕。つきとほす〔突通〕。つきやぶる〔突破〕。上代つく〔突／衝〕。つつく〔突〕。

―・いて入れる 中古つきいる〔―いれる〕〔突入〕。

―・いて押し上げる 中古つきあぐ〔―あげる〕〔突上〕。

―・いて崩す 中古つきくづす〔突崩〕。

―・いて外に出す 近世つきだす〔突出〕。

―・いて倒す 中古つきたふす〔突倒〕。

―・いて通す 中世つきぬく〔突抜〕。

―・いてとばす 近世つきとばす〔突飛〕。

―・いてのける 中世つきはなす〔突放〕。

―・いて元へ戻す 近代つっかへす〔突返〕。近世つきもどす〔突戻〕。上代つきかへす〔突

返]。
激しく一・く 中世 つきまくる[尽捲]。上代 つきたつ[一たてる][突立]。
むやみに一・くこと 近世 めったづき[滅多突]。
指先や拳骨(げんこつ)で少し一・く 近代 こづく[小突／小衝]。中世 どつく／どづく[突]。

つ・く【就】 近代 しゅうにん[就任]。ふくむ[服務]。中世 しつむ[執務]。中古 じゅうじ[従事]。ちゃくにん[着任]。つく[就]。

つ・く【着】 近代 たうたつ[到達]。たっする[達]。近世 たどりつく[辿着]。中世 ちゃくす[着]。とどく[届]。中古 きつく[来着]。たうちゃく[到着]。ゆきつく[行着]。上代 いたる[至]。たうらい[到来]。つく[着]。らいちゃく[来着]。
必ず一・く ひっちゃく[必着]。
舟が岸に一・く 中古 さしつく[差着]。

つ・く【搗】 中古 かつ[搗]。上代 つく[搗／舂]。
一・いて混ぜ合わせる 中古 つきまず[一まぜる][搗交]。
餅に他のものを入れて一・く 近世 つきこむ[搗込]。

つ・ぐ【接】 近代 せつがふ[接合]。せっちゃく[接着]。近世 せつぞく[接続]。中世 つぎあはす[一あわせる][継合]。上代 つぐ[接]。つなぐ[繋]。

つ・ぐ【注】 そそぎこむ[注込]。近代 ちゅうすい[注水]。近世 ちゅうにふ[注入]。つぎこむ[注込]。中世 そそぐ[注]。中古 さす[注／点]。つぐ[注]。

つ・ぐ【継】❶〈継承〉 こうけい[後継]。近代 けいしょう[継承]。ひきつぐ[引継]。近世 たふしふ[踏襲]。中世 うけつぐ[受継]。おそふ[襲]。さうぞく[相続]。流れを汲(く)む。中古 すがふ[次]。つぐ[継]。上代 せしふ[世襲]。つぎつ[継]。
代々の家業を一・ぐこと 近世 しにせ[老舗]。
《枕》上代 たまのをの[玉緒]。

つ・ぐ【継】❷〈繕い〉 近代 つぎあて[継当]。中古 おきぬふ／おぎぬふ[補]。はぐ[接／綴]。上代 つぐ[継]。

つくえ【机】 近代 たくし[卓子]。テーブル(table)。デスク(desk)。中世 たく[卓]。中古 あん[案]。おしまづき[几]。きあん[几案／机案]。しょあん[書案]。ふづくえ[文机]。ぶんあん[文案]。ぶんだい[文台]。上代 つき[机]。つくえ[机／案]。
《尊》ぎょくあん[玉案]。
一に向かってする仕事 近代 じむ[事務]。デスクワーク(desk work)。
一の上 近世 きじゃう[机上／上]。たくじゃう[卓上]。中古 あんじゃう[案上]。あんとう[案頭]。
一のそば そで[袖]。近世 きへん[机辺／几辺]。中世 あんか[案下]。きいう[机右／几右]。
多くの飲食物をのせた一 上代 百取(ももとり)の机。百取の机代(つくえしろ)。
書き物や読書をする一 近代 しょづくえ[書机]。近世 ていかづくえ[定家机]。中古 しょあん[書案]。ふづくえ／ふみづくえ[文机]。ぶんあん[文案]。
壁などに作り付けの一 近世 いだしづくえ[出机]。いだしふみだな[出文棚]。中世 いだしふづくえ[出文机]。
教室で教師が使う一 近代 けうたく[教卓]。
書物や短冊をのせておく一 中古 ふだい／ぶんだい[文台]。
整頓された一 近代 じゃうき[浄几／浄机]。
中国風の一 近世 たうづくえ[唐机]。
机の横に置いて補助にする一 そでづくえ[袖机]。そばづくえ[傍机]。中世 わきづくえ[脇机]。
読経の際に経典などを置く一 中世 きゃうあん[経案]。中古 きゃうづくえ[経机]。
八本の足のついた儀式用の一 中古 はっそくのつくえ／やつあしのつくえ[八足机]。やつあし[八足]。
引き出しが片側だけの一 かたそで[片袖]。かたそでづくえ[片袖机]。
引き出しが両側にある一 りょうそで[両袖]。りょうそでづくえ[両袖机]。
仏前で供え物などを置く一 近世 しょく[卓]。
和室で座って使う一 ざたく[座卓]。
▼助数詞 上代 ぜん[前]。

つくし【土筆】 近代 つくしんばう／つくしんぼ[土筆坊]。近世 ひっとうさい[筆頭菜]。ふでつばな／ふでのはな[筆花]。中世 つくし[土筆]。つくづくしばな[土筆花]。どひつ[土筆]。中古 つくつくし／つくづくし[筆頭菜]。

つく・す【尽】❶〈出し切る〉 近代 せうかう／せうもう[消耗]。近世 だしきる[出切]。中世 皆にす。中古 いたす[致]。きはむ〔きわめる〕[極]。はつ〔はてる〕[果]。ふってい[払底]。上代 つく〔つきる〕[尽]。つくす[尽／竭]。

つく・す【尽】❷〈献身〉 近代 けんしん[献身]。こうけん[貢献]。ささげる[捧]。じんりょく[尽力]。つくす[尽]。ほうし[奉仕]。近世 じんすい[尽瘁]。つとむ〔つとめる〕[努

／勉］。犬馬の労。中世 じんりき［尽力］。ぶし［奉仕］。

《句》近代 蠟燭(らふそく)は身を減らして人を照らす。

命懸けで━・す 中古 身を尽くす。

国のために━・す 中古 ほうこう［奉公］。近世 ためづく［為尽］。

自身の利益のために━・すこと

見せ掛けで━・すこと 近世 おためごかし［御為］。おためづく［御為尽］。

つくづく 近世 しげしげ［繁繁］。じっと。つやつや。ほっしり。中世 しみじみ／しめじめ。つやつと。中古 たちかへり［立返］。つくつく／つくづく。つれづれ［徒然］。上代 つばらつばらに。つらつら［熟／倩］。

つくつくぼうし【法師】 近代 おうしいつくつく。つくつくし。ほふしぜみ［法師蟬］。近世 つくしこひし［筑紫恋］。中古 かんぜみ／かんせん［寒蟬］。くつくつぼふし［法師］。つくつくぼふし［法師］。

つぐない【償】 近代 あなうめ［穴埋］。うめあはせ［埋合］。しゃうくゎん［償還］。だいしゃう［代償］。ていしゃう［抵償］。ほうしゃう［報償］。ほしゃう［補償］。近世 あがなひ［贖］。うめかた［埋方］。うめくさ［埋草］。つぐなひ［償］。つみほろぼし［罪滅］。ばいしゃう［賠償］。中世 あがひ［贖／償］。くゎたい［過怠］。べんしゃう［弁償］。わきまへ［弁］。中古 かはり［代］。しょくざい［贖罪］。つぐのひ［償］。つみしろ［罪代］。はらへ［祓］。

━の金 しょうきん［償金］。ばいしょうきん［賠償金］。

つぐな・う【償】 近代 まよふ［償］。中世 あがふ［贖／償］。うめあはす［─あわせる］［埋合］。つのる［贖］。まどふ［償］。中古 つぐなふ［償］。わきまふ［─まえる］［弁］。上代 あがなふ［贖］。

他人に代わって━・うこと 近代 だいしゃう［代償］。だいべん［代弁］。

つくねいも【捏薯】 こぶしいも［拳薯］。てのひらいも［掌薯］。とろろいも［薯蕷芋］。近世 つくいも［仏掌薯］。つくね［捏］。つくねいも［捏薯／仏掌薯］。

つくばね【衝羽根】 近世 つくばね［衝羽根］。はごのき［羽子木］。中世 こぎのこ［胡鬼子］。

つくり【作】 近世 しかけ［仕掛］。中世 かまへ［構］。こうざう［構造］。こしらへ［拵］。中古 つくり［作／造］。

つくりごと【作事】 かさくものがたり［仮作物語］。近代 きょこう［虚構］。はなし［話］。フィクション(fiction)。近世 きょたん［虚誕］。こしらへごと［拵事］。つくりばなし［作話］。ふづくりごと［文作事］。中世 きょだん［虚談］。さくゐ［作為］。しひごと［誣言］。中古 きゃうげんきご［狂言綺語］。そらごと［空事／虚事］。つくりごと［作事］。つくりごと［作言］。→うそ

つくりだ・す【作出】 そうしゅつ［創出］。近代 うみだす［生出／産出］。きづきあげる［築上］。クリエート(create)。けいせい［形成］。ざうしゅつ［造出］。したてあげる［仕立上］。せいさん［生産］。でっちる［捏］。プロダクション(production)。近世 うむ［生／産］。しだす［仕出］。したて［仕立］。せいしゅつ［製出］。つくりあぐ［─あげる］［作上］。でかす［出来］。中世 いとなみいだす／いとなみいづ［営出］。うちいだす［打出］。かまへいだす［構出］。ざうさ［造作］。ざふさ［雑作］。しいだす［為出］。せいさく［製作］。つくりいだす［作出］。つくりだす［作出］。つくりたて［作立］。つくりなす［作成］。中古 おりなす［織成］。しいづ［為出］。したつ［─たてる］［仕立］。しなす［為成］。つくりいづ［作出］。つくりいとなむ［作営］。つくりたつ［─たてる］［作立］。つくりまうく［作設］。上代 ようちう［鎔鋳］。

━・される 中世 さんしゅつ［産出］。さんす［産］。

つくりばなし【作話】 →つくりごと

つくりわらい【作笑】 中世 そらわらひ［空笑］。つくりわらひ［作笑］。中古 かうせう［巧笑／巧咲］。

つく・る【作】 かこう［加工］。プロデュース(produce)。近代 こうさく［工作］。ざうけい［造形／造型］。さうさく［創作］。ざうせい［造成］。せいざう［成造］。せつりつ［設立］。近世 さうざう［創造］。さうせい［創製］。中世 くみたつ［─たてる］［組立］。くむ［組］。こしらふ［拵］。ざうさく［造作］。さくす［作］。さくせい［作成］。さくせい［作製］。さくゐ［作為］。せいさく［制作／製作］。中古 いとなむ［営］。かまへいづ［構出］。さいく［細工］。せいざう［製造］。せいす［製］。なす［成／為］。まうく［もうける］［設］。上代 おる［織］。きづく［築］。つくる［作／造］。

━・った人 近世 さいくし［細工師］。中世 さいくにん［細工人］。つくりて［作手］。中古 さいく［細工］。上代 さくしゃ［作者］。

つ

―・った物 中古 つくりごと[作事]。上代 つくりもの[作物]。

―・り改める 近代 かいざう[改造]。したてかへし[仕立返]。したてなほし[仕立直]。リフォーム(reform)。中世 かいちく[改築]。かいへん[改変]。ざうたい[造替]。中古 かいさく[改作]。しかふ[―かえる][仕替]。つくりかふ[―かえる][作替]。つくりなほす[作直]。へんかい/へんがい[変改]。

―・り終える 近代 くゎんせい[完成]。しゅんこう[竣工/竣功]。近世 つくりあぐ[―あげる][作上]。中世 らくせい[落成]。中古 ざうひつ[造畢]。

―・り添える 中古 しそふ[―そえる][為添]。

―・り付ける 中古 しつく[―つける][仕付]。上代 とりつく[―つける][取付]。ゆふ[結]。つくりまうく[作設]。

一面に―・る 中古 しわたす[為渡]。つくりわたす[作渡]。

美しく立派に―・る 中古 けっこう[結構]。上代 たかしる[高知]。つくりみがく[作磨]。

苦心して―・る 近代 てうしんるこつ[彫心鏤骨]。

工夫して―・る 中世 かまへいだす[構出]。中古 かまへいづ[構出]。

組み立てて―・る 中世 からくむ[絡繰]。くむ[組]。上代 かまふ[かまえる][構]。ゆふ[結]。

建造物を―・ること 近代 けんざう[建造]。けんせつ[建設]。つきたて[築立]。近世 けんちく[建築]。ちくざう[築造]。上代 たつ[たてる][建]。

細かく念入りに―・る 近世 せいせい[精製]。

最近―・られた粗悪な物 近世 いまでき[今出来]。

自分で―・ること 近世 じせい[自製]。てせい[手製]。中古 じさく[自作]。てづくり[手作]。

詩文などを―・る 近代 えいしゅつ[詠出]。さうさく[創作]。さくし[作詩]。近世 ながめ[詠]。中世 ぎんず[吟]。ふす[賦]。つらぬ[つらねる][連]。ふうげつ[風月]。中古 えいくゎい[詠懐]。さくもん[作文]。つづる[綴]。よむ[詠]。

すぐ―・る 近代 きふざう[急造]。そくせい[即製/速製]。近世 きふごしらへ[急拵]。中古 とんさく[頓作]。

巣を―・る 上代 くふ[構/作]。

鍛錬して少しずつ―・る やしなう[養]。

調和するように―・る 中古 つくりあはす[―あわせる][作合]。

陶器を―・ること さくとう[作陶]。中古 すゑものづくり[陶物作/陶器作]。

俄(にわか)に―・る 近代 にはかづくり[俄作]。

初めて―・ること 近代 さうざう[創造]。てうざう[肇造]。上代 さうさう[草創]。

破損した箇所を―・り直す 近代 しうふく[修復]。中世 しゅふく[修復]。

むやみに―・ること 近代 らんざう[乱造/濫造]。らんせい[乱製/濫製]。

もう一度―・る 近世 さいけん[再建]。中世 さいざう[再造]。

やっと―・り出す 中古 ひねりいだす[捻出]。

よく捏(こ)ねて―・る 近代 こねあげる[捏上]。

立派に―・る 中世 つくりみがく[作磨]。みがきなす[磨成]。上代 たかしく[高敷]。たかしる[高知]。

つくろ・う【繕】❶〈修繕〉 近代 しうざう[修造]。しうふく[修復]。しうり[修理]。しゅぜん[修繕]。しゅふく[修復]。ほしう[補修]。近世 こそくる。つづくる[繕]。ていれ[手入]。をさめる[修]。中世 しゅす[修]。つぎもの[継物]。なほす[直]。中古 しうぜん[修繕]。しうち/しうぢ[修治]。すり[修理]。上代 えいぜん[営繕]。しゅざう[修造]。しゅり[修理]。つくろふ[繕]。

衣服の破れに布をあてて―・う 近世 ほてつ[補綴]。ほてい[補綴]。中世 ふせ[伏]。中古 つぎ[継]。

衣服を―・うこと 近代 つくろひもの[繕物]。

裂けた布を元通りに―・う 近代 かけはぎ[掛接/掛矧]。近世 かけつぎ[掛継]。

つくろ・う【繕】❷〈取り繕う〉 近代 いちじしのぎ[一時凌]。近世 とりつくろふ[取繕]。よそほふ[装]。中世 けつらふ。中古 つくろふ[繕]。とりなす[取成]。びほう[弥縫/彌縫]。

―・った顔つき 中古 したてがほ[仕立顔]。

―・わないありのまま 近代 かりぬひ[仮縫]。中古 ただあり[徒有]。

当座を―・うこと 近世 過(あやま)ちを文(かざ)る。

表面だけ―・う

つけ【付】 近代 かひかけ[買掛]。つけ[付]。かひがかり[買掛]。中世 うりかけ[売掛]。かけ[掛]。

つけあが・る【付上】 好い気になる。近代 おもひあがる[思上]。近世 あまゆ[あまえる][甘]。つけあがる[付上]。ほたゆ[ほたえる]。我(が)に成る。図に乗る。中世 ぞうちゃ

う［増長］。勝ちに乗る。

つけい・る【付入】 機に乗じる(ずる)。泣き所を押さえる。近代漁夫の利。足元を見る。釁(きん)に乗ず。弱みに付け込む。近世つけこむ［付込］。中世じょうず［乗］。つけいる［付入］。とうず［投］。

—・る隙がない 近代鉄桶(てっとう)水を漏らさず。

—・るべきところ →**つけめ**

つげぐち【告口】 近代ざんき［讒毀］。みっこく［密告］。近世かげぐち［陰口］。つげぐち［告口］。中世かげごと［陰言］。ざんばう［讒謗］。上代ひばう［誹謗］。

—をする たれこむ［垂込］。中古いひつく（—つける）［言付］。いひつぐ（—つげる）［言告］。いひなす［言做］。

つけくわ・える【付加】 近代つけくはふ（—くわえる）［付加］。つけたす［付足］。てんか［添加］。てんぷ［添付］。ふか［付加／附加］。プラス(plus)。ほそく［補足］。近世あとづけ［後付／跡付］。かみ［加味］。つぎたす［継足］。中世ついか［追加］。ふす［付］。中古うちくはふ［打加］。うちそふ［打添］。さしそふ（—そえる）［差添］。しそふ（—そえる）［為添］。そふ（そえる）［添］。上代くはふ（くわえる）［加］。ほじゅう［補充］。

—・えて 中世なほ［尚／猶］。なほなほ［尚尚／猶猶］。中古おって［追／追而］。

—・えて言う言葉 近世ふげん［付言／附言］。ふご［付語／附語］。中世そへことば［添詞／添言葉］。

—・えて記すこと 近代ふき［付記／附記］。

つけくわわ・る【付加】 近代つけくははる［付加］。ふくゎい［付会／附会］。中古そふ［添］。たちそふ［立添］。

—・る物 中古そへもの［添物］。

つけこ・む【付込】 →**つけい・る**

つげしら・せる【告知】 近代つうこく［通告］。ほうち［報知］。近世ほうこく［報告］。ほうだう［報道］。中世つうほう［通報］。中古ほうち［報知］。つげしらす［告知］。

口頭で—・せること 近代ゆこく［諭告］。

広く—・せること 近世せんげん［宣言］。中世となふ［徇］。ふれ［触／布令］。上代せんこく［宣告］。せんす［宣］。

前もって—・せること 近世さきぶれ［先触］。まへぶれ［前触］。

つけたし【付足】 うわのせ［上乗］。近代けいぶつ［景物］。つけたし［付足］。てんか［添加］。ふか［付加］。まし［増］。わりまし［割増］。近世おまけ［御負］。かみ［加味］。ひれ［鰭］。ふろく［付録］。をひれ［尾鰭］。

尾鰭が付く。尾鰭を付ける。中世たし［足］。ついか［追加］。つけたり［付足］。

—の書き加え 近代ついき［追記］。

無用な— 近世じゃそく［蛇足］。ていとう［飣餖］。中世だそく［蛇足］。

つけた・す【付足】 →**つけくわ・える**

つけめ【付目】 ねらいめ［狙目］。近代じゃくてん［弱点］。なきどころ［泣所］。ねらひどころ［狙所］。近世つけめ［付目］。中世めあて［目当］。よわみ［弱］。

つけもの【漬物】 近代おしんこ［御新香］。しんこ［新香］。中世かうかう／かうこ［香香］。かうのもの［香物］。しほおし［塩押］。中古つけもの［漬物］。

—が食べごろになる つかる［漬］。近世つく［漬］。

—にした瓜 近世つけうり［漬瓜／菜瓜］。

—にする 近世つけこむ［漬込］。中古つく（つける）［漬］。

—の桶 おしおけ［押桶］。

材料を丸のまま—にしたもの 近世まるづけ［丸漬］。

塩辛く漬けた— 近世からづけ［辛漬／鹹漬］。

西洋の— ピクルス(pickles)。

短時日で漬けた— 近世いちやづけ［一夜漬］。たうざづけ［当座漬］。中世あさあさ［浅浅］。あさづけ［浅漬］。

何種類もの野菜を刻んで漬けた— 近世やたらづけ［矢鱈漬］。

白菜など菜の— 近世おはづけ［御葉漬］。なづけ［菜漬］。

その他—のいろいろ(例)①［材料］ 近代あはづけ［粟漬］。はりはりづけ［漬］。ひゃくいちづけ［百一漬］。ひゃっぽんづけ［百本漬］。ふくじんづけ［福神漬］。近世アチャラづけ［阿茶羅漬］。いんろうづけ［印籠漬］。うづまきづけ［渦巻漬］。しばづけ［柴漬］。たくあん［沢庵］。はつゆめづけ［初夢漬］。べったらづけ［漬］。

その他—のいろいろ(例)②［漬け床］ 近代わさびづけ［山葵漬］。近世かうぢづけ［麹漬］。からしづけ［芥子漬］。どぶづけ［漬］。ぬかみそづけ［糠味噌漬］。中古かすづけ［粕漬／糟漬］。ひしほづけ［醤漬］。みそづけ［味噌漬］。

つけやきば【付焼刃】 どろなわしき［泥縄式］。近代いちじしのぎ［一時凌］。いっくゎしのぎ［一花凌／一過凌］。にはかじこみ［俄仕

込]。近世いちやづけ[一夜漬]。つけやきば[付焼刃]。まにあはせ[間合]。まにあひ[間合]。

つ・ける【点】 近世てんず[点]。中古つく〔つける〕[点]。とぼす/ともす[灯]。上代さす[注/点]。

ー・けたり消したり てんめつ[点滅]。

つ・ける【付】❶〈付着〉 近代てんか[添加]。てんぷ[添付]。ふか[付加]。近世くっつける[付]。中世ひっつく〔—つける〕[引付]。ふす[付/附]。ふちゃく[付着]。中古うちつく〔—つける〕[打付]。かいつく[搔付]。つく〔つける〕[付]。

ー・けたり外したり だっちゃく[脱着]。ちゃくだつ[着脱]。

糊やピンでー・ける 近代せっちゃく[接着]。てふふ[貼付]。中世はりつく〔—つける〕[張付/貼付]。

つ・ける【付】❷〈記入〉 近代かきこむ[書込]。つけこむ[付込]。中世かきとむ〔—とめる〕[書留]。中古かきいる〔—いれる〕[書入]。かきしるす[書記]。きろく[記録]。上代かきつく〔—つける〕[書付]。きさい[記載]。つく〔つける〕[付]。

つ・ける【付】❸〈尾行〉 フォロー(follow)。近代ついかう[追行]。ついしょう[追蹤]。ついせき[追跡]。ついび[追躡]。びかう[尾行]。近世ついでふ[追尾]。つけまはす[付回]。中世おひかく〔—かける〕[追掛]。しょうせき[蹤跡]。つきしたがふ[付従]。中古つく〔つける〕[付]。跡を付く〔—付ける〕。

つ・ける【漬】 中古おしひたす[押浸]。かす[淅/浸/漬]。ひたす[浸]。ひつ/ひづ[漬]。上代つかす[漬]。つく〔つける〕[漬]。

水にー・けておく さらす[晒/曝]。

つ・げる【告】 近代かうち/こくち[告知]。こくはく[告白]。つうこく[通告]。つうち[通知]。近世うったふ〔—たえる〕[訴]。ほうこく[報告]。中世でんたつ[伝達]。はなす[話]。中古つげこす[告]。つたふ〔つたえる〕[伝]。上代いふ[言]。しらす〔しらせる〕[知]。つぐ〔つげる〕[告]。つげやる[告遣]。のぶ〔のべる〕[述]。のる[宣/告]。

秘密をー・げる 上代もらす[漏/洩]。

つごう【都合】 近代じゃうきゃう[状況/情況]。近世ぐあひ[具合]。しゅび[首尾]。つがふ[都合]。てがた[手形]。てしゅび[手首尾]。めんく[面工]。中世あはひ[間]。きげん[機嫌]。つがひ[番]。びん[便]。中古じじゃう[事情]。

ーがよい 近代かうつがふ[好都合]。これ幸ひ。近世うまし[旨]。おいしい[旨味]。ちょうでふ[重畳]。はうべん[方便]。べんぎ[便宜]。中世あはよし。さいはひ[幸]。びん[便]。びんぎ[究竟]。くきゃう/くっきゃう[便宜]。びんよし[便良]。べん[便]。べんり[便利]。り[利]。をんびん[穏便]。中古いうり[有利]。かしこし[賢]。よし[良]。

ーがよい時 近代かうき[好機/幸機]。中古たより[便]。上代びんぎ[便宜]。

ーがよい船 中世びんせん[便船]。

ーが悪い ぎゃくちょう[逆調]。近代ふべん[不便]。近世あやにく[生憎/可憎]。おさし[御差]。ふべんぎ[不便宜]。ふべんり[不便利]。まづし[不味]。中世あらぬ。さはり[障]。びんあし[便悪]。ふつがふ[不都合]。中古あし[悪]。つきなし[付無]。びなし/びんなし[便無]。ふびん[不便/不憫/不愍]。よしなし[由無]。をりあし[折悪]。

ーが悪い時に 折りもあろうに。よりによって。

ーが悪くなる 中古さはる[障]。

ーで誰にでもつく人(こと) かざみどり[風見鶏]。近代ほらがたうげ[洞峠]。近世ひよりみ[日和見]。中世うちまたがうやく[内股膏薬]。

ーよく 近世けりゃう[仮令]。中世ちゃうど[丁度]。首尾よく。中古をりよく[折良]。

ーよくいく 近代渡りに船。近世願ってもない。中古ことあふ[事合]。

ーをつける 近代くりあはせる[繰合]。さしくり/さしくる[差繰]。てぐり[手繰]。近世やりくり[遣繰]。

自分にーのよいようにする そうさ[操作]。近世てまへがって[手前勝手]。近代がでんいんすい[我田引水]。

最もーがよい 近世くっきゃういち[究竟一]。

よいーに乗じること 近代びんじょう[便乗]。

つじ【辻】 ワイじろ[Y字路]。近代かうさてん[交叉点]。さんさろ[三叉路]。ていじろ[丁字路]。まちかど[街角/町角]。近世じふじがい[十字街]。じふじろ[十字路]。よつかど[四角]。中世づし[途子/図子]。まちなか[町中]。みちばた[道端]。よつじ/よつつじ[四辻]。四つの辻。中古がいとう[街頭]。つじ[辻]。つむじ[辻/十字]。上代きろ[岐路]。ちまた[巷/岐]。→ぶんき❶

つじつま【辻褄】 近世すぢみち[筋道]。つじつ

ま［辻褄］。つばめ。ひゃうそく［平仄］。上代 だうり［道理］。

—が合わない 近代 ぜんごどうちゃく［前後撞着］。ぜんごはいはん［前後背反］。とんちんかん［頓珍漢］。むじゅん［矛盾］。近世 どうちゃく［撞着］。平仄（ひゃうそく）が合はぬ。中世 伊勢や日向（ひうが）。中古 ていご［牴牾］。

—を合わせる 近代 ばつを合はせる。

話の— 近代 ばつ。

つた【蔦】 なつづた［夏蔦］。近代 あまづる［甘蔓］。中世 まつなぐさ［松無草］。上代 つた［蔦］。

つたえ【伝】 近世 こうひ［口碑］。中世 いひつたへ［言伝］。でんげん［伝言］。中古 ことづて［言伝］。ことづけ［言付］。でんごん［伝言］。でんせつ［伝説］。上代 つたごと／つてごと［伝言］。つたへ［伝］。→いいつたえ

誤った— 近代 ごでん［誤伝］。近世 くゎでん［訛伝］。

昔からの— 近代 いひきたり［言来］。でんせつ［伝説］。中古 でんしょう［伝承］。ふるごと［故事／古事］。

つたえき・く【伝聞】 中世 かへりきく［還聞］。ことづて［言伝］。中古 ききおよぶ［聞及］。ききかよふ［聞通］。ききつたふ［聞伝］。つたへきく［伝聞］。でんしょう［伝承］。でんぶん［伝聞］。上代 ききつぐ［聞継］。

《尊》中古 おほせつかはす［仰遣］。

《謙》中世 うけたまはる［承］。

つた・える【伝】 コミュニケート（communicate）。近代 つうち［通知］。でんゆ［伝輸］。中世 でんげん［伝言］。でんたつ［伝達］。中古 つうたつ［通達］。つたふ［つたえる］［伝］。でんごん［伝言］。上代 かたりつぐ［語継］。しらす［しらせる］［知］。つぐ［つげる］［告］。つぐ［継］。つつ［伝］。

《謙》中古 きこえつたふ［聞伝］。まうしつたふ［申伝］。

語り—・える 中古 かたりつたふ［—つたえる］［語伝］。上代 かたりつぐ［語継］。

口頭で—・える くちづたえ［口伝］。近代 くちづて［口伝］。中世 くけつ［口訣］。こうじゅ［口授］。近世 くたつ［口達］。くじゅ［口授］。こうたつ［口達］。中古 いひおくる［言送］。いひつたふ［—つたえる］［言伝］。くちうつし［口移］。くでん［口伝］。

師が弟子に教え—・える 中古 さづく［さずける］［授］。でんじゅ［伝授］。

全てを—・えること 近代 かいでん［皆伝］。

代々—・えられてきたもの 近世 いへぢゅうだい［家重代］。もちきたり［持来］。上代 しょでん［所伝］。

代々—・えること 近代 せいでん／せでん［世伝］。近世 でんせい［伝世］。

次々と—・えること 近代 ていでん［逓伝］。でんてい［伝逓］。近世 ていそう［逓送］。中世 でんそう［伝送］。

天皇に—・える 中古 じゃうちゃう［上聴］。上代 じゃうぶん［上聞］。

つたな・い【拙】 近代 ぶきっちょ／ぶきっちょう［不器用／無器用］。近世 せつれつ［拙劣］。ちせつ［稚拙］。へぼ。まずし［不味］。中世 いまだし［未］。おろか［愚／疎］。せんれつ［浅劣］。ふかん［不堪］。ぶきよう［不器用／無器用］。ぶこう［無功／不功］。ぶてうはふ［不調法］。へた［下手］。中古 あさはか［浅］。あし［悪］。おろそか［疎］。ぐせつ［愚拙］。つたなし［拙］。てづつ［手］。にぶし［鈍］。ふとくい［不得意］。みじゅく［未熟］。わろし［悪］。上代 をぢなし［怯］。

つたわ・る【伝】 近代 でんぱん［伝播］。ふきふ［普及］。近世 いきわたる［行渡］。でんぱ［伝播］。中世 たっす［達］。つうず［通］。中古 きこゆ［聞］。つたはる［伝］。でんらい［伝来］。ひろまる［広］。上代 るふ［流布］。

言葉によらず—・る 近代 いしんでんしん［以心伝心］。

下の意見が上の人に—・る 近世 じゃうつう［上通］。上代 じゃうたつ［上達］。

遠くまで—・る 中世 ゑんぶん［遠聞］。

どこからともなく—・る 近代 ふうでん［風伝］。

秘密が他に漏れ—・る 近世 つつぬけ［筒抜］。

つち【土】 近代 じゃうど［壌土］。中古 こひぢ［小泥］。だいち［大地］。ち［地］。ぢめん［地面］。どじゃう［土壌］。とち［土地］。どろ［泥］。上代 つち［土／地］。つちくれ［土塊／壌］。に［丹］。ひぢ［泥］。

《枕》中古 あらがねの［荒金］。

—が崩れること どしゃくずれ［土砂崩］。どせきりゅう［土石流］。近世 どほう［土崩］。やましほ［山潮］。やまつなみ［山津波］。

—が盛り上がっている所 どもり［土盛］。もりつち／もりど［盛土］。中世 どまんぢゅう［土饅頭］。中古 つか［塚／冢］。

—が盛り上がる 中古 うごもつ／うごもる［墳］。上代 うぐもつ［墳］。

—で作った物 近世 つちざいく［土細工］。つちにんぎゃう［土人形］。どろにんぎゃう［泥人形］。中古 どぐう［土偶］。

つ

ーで作る 近代つちづくり［土作］。どせい［土製］。
ーと石 中古どせき［土石］。
ーと砂 近代どさ［土砂］。中古どしゃ［土砂］。
ーの固まり かいど［塊土］。中世どくゎい［土塊］。上代つちくれ／つちぐれ［土塊］。
ーの性質 近代どしつ［土質］。どせい［土性］。近世つちき［土気］。中世つちけ［土気］。
ーの匂い 近代どき［土気］。中世つちけ［土気］。
ーの熱気 近代つちいきれ［土］。
ーを入れた袋 近代どのう［土嚢］。
ーを掘る道具 近代シャベル(shovel)。スコップ(schop)。中世つる(の)はし［鶴嘴］。ほぐせ［掘串］。上代ふくし［掘串］。
赤いー 近代しゃど［赭土］。上代あかつち［赤土／赭土］。そほ［赭］。そほに［赭土］。に［丹］。ますほ／まそほ［真赭］。
園芸用のー さくど［作土］。ばいやうど［培養土］。やうど［養土］。ようど［用土］。近世つくりつち［作土］。
火山灰のー けいそうど［軽鬆土］。
壁塗りに使うー かわねば［川粘／河粘］。中古かべつち［壁土］。
腐ったー 中世ふんど［糞土］。
小石の混ざったー れきど［礫土］。
耕作に適する良質のー ひよくど［肥沃土］。中世まつち［真土］。
耕作や園芸に適さないー 近代ほけつち［惚土］。近世にがつち［苦土］。やせつち［痩土／瘠土］。中世せきど［瘠土］。
下の方のー そこつち［底土］。上代しはに［底土］。
陶磁器の素地となるー たいど［胎土］。近代じど［磁土］。しらはに［白埴］。
土壌改良などで持ち込んだー いれつち［入土］。きゃくど［客土］。近代かくど［客土］。近世おきつち［置土］。
表面のー 近代へうど［表土］。近世うはつち［上土］。
腐植質の多いー けいそうど［軽鬆土］。ふようど［腐葉土］。近世ろど［壚土］。
水底によどむ黒いー へどろ。中古くり［涅］。
わずかなー 近世いっさつど［一撮土］。いっぽうのつち／いっぽうのど［一抔土］。
その他ーのいろいろ(例) アンツーカー(フランス en-tout-cas)。おおつ［大津］。かっしょくしんりんど［褐色森林土］。くりいろど［栗色土］。こくしょくど［黒色土］。近代くゎうじゃう［黄壌］。くゎうど／わうど［黄土］。ねんど［粘土］。近世あらきだ［荒木田］。くろぼく／くろぼこ［黒］。ねばりつち［粘土］。まさつち［正土］。中世ねばつち［粘土］。中古くろつち［黒土］。上代あをに［青丹］。しらつち／はくど［白土］。
▼泥 中古こひぢ［小泥］。つち［土］。でい［泥］。上代ひぢ［泥］。
▼ぬかるみ 上代ひぢ［泥］。
▼粘土 近世へな［埴／粘土］。へなつち［埴土／粘土］。中世ねばつち［粘土］。上代はに［埴］。

つち【槌】 近代きづち［木槌］。ハンマー(hammer)。近世かきや／かけや［掛矢］。中世こづち［小槌］。よこづち［横槌］。中古さいづち［才槌］。てっつい［鉄槌／鉄鎚］。上代つち［槌／鎚／椎］。
ーを相手に合わせて打つこと 中世あひづち［相鎚／相槌］。相の槌。向かひ鎚。
幸せを招くー 中古うちでのこづち［打出小槌］。

つちか・う【培】 近代いくせい［育成］。ふやう［扶養］。やうせい［養成］。近世ばいやう［培養］。手塩に掛く［ー掛ける］。中世さいばい［栽培］。そだつ［そだてる］［育］。中古つちかふ［培］。はぐくむ［育］。やういく［養育］。上代やしなふ［養］。

つちけいろ【土気色】 近代さうはく［蒼白］。近世つちいろ［土色］。つちけいろ［土気色］。

つちけむり【土煙】 近代くゎうあい［黄埃］。くゎうぢん［黄塵］。すなけむり［砂煙］。近世さぢん［砂塵］。すなけぶり［砂煙］。すなぼこり［砂埃］。つちけぶり／つちけむり［土煙］。つちぼこり［土埃］。中古くゎうさ［黄砂］。
ーが高く上がるさま 近代くゎうぢんばんぢゃう［黄塵万丈］。
馬が走るときのー 中世うまけむり［馬煙］。
車馬の走ったあとのー 近代こうぢん［後塵］。

つつ【筒】 近代くゎん［管］。パイプ(pipe)。ゑんとう［円筒］。中世くだ［管］。中古つつ［筒］。
ーの後部 つつじり［筒尻］。
ーの先 近世つつぐち［筒口］。つつさき［筒先］。
顕微鏡などのー きゃうどう［鏡胴］。
酒を入れるー 中世さかづつ／さけづつ／ささづつ［酒筒］。
小さなー 中世こづつ［小筒］。
物を覆って保護するー 近代キャップ(cap)。

サック(sack)。近世さや［鞘］。

つづいて【続】 近世ぞくぞくと［続続］。ひきつづき［引続］。中世あひついで［相次］。じゅんじ［順次］。中古すぎすぎ／つぎつぎ［次次］。ついで［次］。

つっかいぼう【突支棒】 近代しちゅう［支柱］。近世しんばりぼう［心張棒］。つっかひぼう［突支棒］。つっぱり［突張］。中世かふばり［甲張］。こうばり［勾張］。ささへ［支］。すけ［支柱／助柱］。すけばしら［助柱］。

つつがな・い【恙無】 近代けんかう［健康］。中世ことなし［事無］。中古そくさい［息災］。たひらか［平］。つつがなし［恙無］。つつみなし［恙無］。なだらか。やすし／やすらか［安］。上代こともなし。たひらけし［平］。ぶじ［無事］。やすらけし［安］。

―・く 中世ひらに［平］。上代さきく［幸］。まさきく［真幸］。

つづき【続】 つながり［繫］。近世ぞく［続］。上代つぎ［継］。つつき／つづき［続］。

前文を受けて―を書き出す語 中古しょうぜん［承前］。

つづ・く【続】 近代けいぞく［継続］。ぢぞく［持続］。近世せつぞく［接続］。たちつづける［立続］。つながる［繫］。りくぞく［陸続］。中世くさる［鎖／鏈］。けんれん［牽連］。れんぞく［連続］。中古うちつづく［打続］。さしつぐ［差次］。さしつづく［差続］。たちつづく［立続］。上代いつぐ［継／次］。つつく／つづく［続］。つらなる［連／列］。つららく［連］。とりつづく［取続］。

―・いて起こる 近代きゃうき［競起］。けいき［継起］。ぞくはつ［続発］。れんぱつ［連発］。近世踵(きびす)を接す。中古うちしきる［打頻］。うちすがふ［打次］。たびかさなる［度重］。上代しきる／しく［頻］。→**つぎつぎ**

―・いて来る 上代きしく［来及］。

―・かないこと 中世とぎる〈とぎれる〉［途切／跡切］。中古だんぜつ［断絶］。上代たゆ〈たえる〉［絶］。

―・くこと 近世ぞく［続］。中世つづき［続］。

―・くさま 近世ぴょこぴょこ。るる［縷縷］。中世つづけざま［続様］。中古しきなみ［頻並］。すぎすぎ／つぎつぎ［次次］。れんれん［連連］。

幾日も―・く 中古るいじつ［累日］。れんじつ［連日］。

いつまでも―・く 近代ちゃうゑん［長遠］。上代うちはふ［打延］。ちゃうをん［長遠］。とこし［常］。

かろうじて―・くさま 近代ほそぼそ［細細］。

変わらず―・く 近代けいじゃう［経常］。中世ありつく［在付／有付］。

切れ切れながら―・くさま 近世ぢんぢん［陣陣］。中世ちくちく。

切れ目なく―・く 近代のべつ。のべつ暇無し。のべつ幕無し。ひっきりなし。近世ぞくぞく［続続］。みゃくみゃく［脈脈］。中世じゃうぢゅうふだん［常住不断］。櫛の歯の如し。櫛の歯を挽(ひ)く如し。中古ふだん［不断］。めんめん［綿綿］。上代たえず［絶］。

すぐ後に―・く 近代こうぞく［後続］。中古うちすがふ［打次］。すがふ［次］。ひきつづく［引続］。上代つぐ［次／亜］。

長く―・く(こと) 近代れんこう［連亘／聯亘］。近世えいぞく［永続］。中世えんえん［延延］。ぞろめく。めんこう［綿亘／綿亘］。中古れんめん［連綿］。上代ありく［在来］。つがふ［継］。ながらふ〈―らえる〉［長／永］。

長く―・くたとえ 近世牛の小便。牛の涎(よだれ)。金魚の糞。上代を［緒］。

つづけざま【続様】 近代ストレート(straight)。近世たてつづけ［立続］。やつぎばや［矢継早］。中世つづけざま［続様］。

―に打つこと 近世つるべうち［連打／釣瓶打］。

―に起こる 近代ぞくしゅつ［続出］。近世たてつづけ［立続］。

―にする 近世たてつく〈―つける〉［立付］。

つづ・ける【続】 近代けいしょう［継承］。けいぞく［継続］。ぞくかう［続行］。ひきつぐ［引継］。ぶっつづけ［打続］。近世たふしふ［踏襲］。中世うけつぐ［受継］。さしつづく［差続］。中古うちつづく［打続］。つらぬ〈つらねる〉［連／列］。上代つぐ［継］。つつく／つづく〈つづける〉［続］。

―・けて来る 上代きしく［来及］。

―・けている 中古もてゆく［持行］。わたる［渡］。上代すす［為為］。ふ。

―・けてする 近代二の矢を継ぐ。上代つぐ［継］。

―・けて用いる 近代ぞくよう［続用］。近世れんよう［連用］。

間をあけずに―・ける 中古おひつぐ［追次／追継］。

命のある限り―・ける 近世死してのち已(や)む。

語り―・ける 上代いひつぐ［言継］。

最後まで―・ける 中古つらぬく［貫］。とほ

つ

す［通／徹］。
長く―・ける 中古をりはふ［織延］。
長く―・けるさま 近世たらたら。だらだら。
父祖の業を受け継いで―・ける 近世しにす［仕似］。

つっけんどん【突慳貪】 近代つっけんどん［突慳貪］。つんけん。ぶあいさう／ぶあいそ［無愛想］。鰾膠(にべ)(も)ない。近世つんつん。ひっしょなし。鰾膠(にべ)にもしゃしゃりもなし。中世けんもほろろ。じゃけん［邪険］。ゐたけだか［居丈高］。わうへい［横柄］。中古つれなし。

―・なさま 近代つんけん。近世けんけん。つんつん。中世けんもほろろ。

―・な物言い 近世つかうどごゑ［声］。

つっこみ【突込】 近代たんきう［探究］。ついきう［追究］。

つっこ・む【突込】 近代とつげき［突撃］。とつにふ［突入］。ほりさげる［掘下］。近世つっこむ［突込］。ぶっこむ［打込］。をどりこむ［躍込］。中世かけこむ［駆込／駈込］。とびこむ［飛込］。ふみこむ［踏込］。中古つきいる［―いれる］［突入］。

つつじ【躑躅】 近代つつはな［杜鵑花］。中世てきちょくくゎ［躑躅花］。ひとりぐさ［火取草］。中古つつじ［躑躅］。

つつしみ【慎】 近代じしゅく［自粛］。じちょう［自重］。中世せっせい［節制］。たしなみ［嗜］。ゑんりょ［遠慮］。中古つつしみ［慎／謹］。つつみ［謹］。はばかり［憚］。

―がない 近代はねかへり［跳返］。はねあがり［跳上］。近世ひっしょなし。ふきんしん［不謹慎］。中古あいだちなし。

―の心 近世たしなみごころ［嗜心］。


つつし・む【慎】 近代きんす［欽］。近世つづまやか［約］。中世たしなむ［嗜］。ひかふ［ひかえる］［控］。中古いむ［忌／斎］。きんしん［謹慎］。上代かしこまる［畏］。つつしまる［謹］。つつしむ［慎／謹］。

―・み敬うこと 近代けいぎゃう［敬仰］。近世しゅくけい［粛敬］。中世きうきゃう／きょうけい［恭敬］。くぎゃう［恭敬］。

―・み畏(かしこ)まること 近世きくきゅうじょ［鞠躬如］。中古けいくつ［敬屈／磬屈］。じょさい［如在／如才］。

―・み深い 近代きょうきん［恭謹］。きんちょく［謹直］。きんちょく［謹飭／謹勅］。しゅくせい［粛正］。せいしゅく［正粛］。中古きょうけん［恭倹］。つしやか／づしやか。

―・み深く細かい配慮をする 近世せうしんよくよく［小心翼翼］。

―・み深く人情に厚い 中世とくけい［篤敬］。中古きんこう［謹厚］。

―・んで受ける 近代はいなふ［拝納］。中世はいじゅ［拝受］。中古はいす［拝］。

―・んで聞く 近代けいちゃう［敬聴］。近世はいちゃう［拝聴］。

―・んで差し上げる 近代ほうてい［奉呈］。

―・んで従う 近世きょうじゅん［恭順］。

―・んで守り行う 近代かくじゅん［恪遵／恪循］。

―・んで見る 中世はいす［拝］。はいらん［拝覧］。中古はいけん［拝見］。

恐れ―・む 中古おぢはばかる［恐憚］。

穏やかで―・み深い 近世をんきょう［温恭］。

穢(けが)れを避けて―・む 中古ゆまはる［斎］。上代さいかい［斎戒］。

自ら進んで―・む 近代じしゅく［自粛］。じちょう［自重］。

つっぱ・ねる【突撥】 近代きょぜつ［拒絶］。きょひ［拒否］。はねかへす［跳返］。近世ことわる［断］。つっぱぬ［―ぱねる］［突撥］。はねつく［―つける］［撥付］。もんぜんばらひ［門前払］。中世こばむ［拒］。中古おしはなつ［押放］。

つつまし・い【慎】 近代ゑんりょぶかい［遠慮深］。けいけん［敬虔］。けんきょ［謙虚］。つつましやか［慎］。ハンブル(humble)。つづまやか［約］。近世たまか。つつしみぶかし［謹深］。ひかへめ［控目］。中世しっそ［質素］。ぢみ［地味］。中古こまやか［細］。つつまし［慎］。やさし［優］。
―・い生活 近世こてい［小体］。
無駄を省いて―・くすること 近代せつやく［節約］。上代せっけん［節倹］。

つつみ【堤】 近代ダム(dam)。ていたう［堤塘］。中世せき［堰／塞］。どて［土手］。中古えんてい［堰堤］。ゐ［堰］。ゐせき［堰／井堰］。上代つつみ［堤］。ていばう［堤防］。
―を築く 上代ちくてい［築堤］。つつむ［包］。
石で築いた― 近代せきてい［石堤］。
土を積み上げて築いた― 中世どて［土手］。中古どゐ［土居］。
土砂の流出を防ぐ― ぼうさてい［防砂堤］。

つつみ【包】 パッケージ(package)。ラッピング(wrapping)。近代カバー(cover)。はうさう［包装］。中世うはづつみ［上包］。中古おほひ［覆］。つつみ［包／裹］。
―紙 パッキングペーパー(packing paper)。

ほうそうし[包装紙]。中世うはがみ[上紙]。

つづみ【鼓】 近世かは[皮]。上代つづみ[鼓]。

ーと軍旗 近世きこ[旗鼓]。

ーと角笛 中世こかく[鼓角]。

ーの音を表す擬音語 近世ていとう。

ーや太鼓 中世うちもの[打物]。

ーや太鼓の音 上代こせい[鼓声]。

打たなくても妙音を発するー 中古てんく[天鼓]。

大型のー 近世えつづみ[兄鼓]。おほかは[大鼓/大革]。おほつづみ[大鼓]。中世おほどう[大胴]。

小さいー 近代おとつづみ[弟鼓]。中世こつづみ[小鼓]。上代せうこ[小鼓]。

撥を使わず手で打つー 中世てつづみ[手鼓]。

つつみかく・す【包隠】 近代いんとく[隠匿]。秘密にする。近世しぬぶ[忍]。中世おほふ[覆/被/蔽/蓋/掩]。中古おしつつむ[押包]。おほひかくす[覆隠]。おもひつつむ[思包]。しのぶ[忍]。しのびこむ[忍籠]。つつみかくす[包隠]。上代かくす[隠]。こむ[こめる][込/籠]。→**かく・す**

ー・さず話す 近代こくはく[告白]。肝胆を披く。胸襟を開く。腹を割る。本音を吐く。近世うちあく[ーあける][打明]。ひれき[披瀝]。ぶちまく[ーまける][打]。中世とろ[吐露]。中古あかす[明]。

ー・さない 近代あけはなし[明放/開放]。あけっぴろげ[開広/明広]。せきら[赤裸]。せきらら[赤裸裸]。近世あけっぱなし[明放/開放]。うちぬき[打抜]。

自分の才能や地位をー・すこと 中世くゎいざう[晦蔵]。たうくゎい[韜晦]。

つつ・む【包】 パック(pack)。ラップ(wrap)。はうゐ[包囲]。近代はうさう[包装]。はうひ[包被]。くるめる[包]。中世きせる[着]。くるむ[くるめる][包]。とりかこむ[取囲]。はうがん[包含]。中古おしくくむ[押包]。かこむ[囲]。ゐぜう/ゐねう[囲繞]。上代おほふ[覆/被/掩/蓋/蔽]。しなむ[匿]。つつむ[包/裹]。

ー・まれる 中世くるまる[包]。

ー・み込む 近世おしくるむ[押包]。中古かいくくむ[掻包]。はうよう[包容]。

ー・み保つ 近代はういう[包有]。中世はうがん[包含]。

ー・み持つ 中古くくむ[銜/含]。

紙でー・んだ物 近世かみづつみ[紙包]。

しっかりー・む 中古おしつつむ[押包]。

外側を覆いー・んでいるもの ひょうひ[表皮]。近代ぐゎいひ[外皮]。上代かは[皮]。

つづ・める【約】 短くする。近代おしつめる[押詰]。きりつめる[切詰]。はしょる/はしをる[端折]。近世えうやく[要約]。たんしゅく[短縮]。中世ちぢむ[ちぢめる][縮]。つむ[つめる][詰]。中古つづむ[つづめる][約/縮/促]。

ー・めて言うこと 近代やくげん[約言]。

つづら【葛籠】 近世かはご[皮籠/革籠]。中世つづら[葛籠]。

旅行用のー 近世あけに[明荷]。

つづらおり【九十九折】 ヘアピンカーブ(hair-pin curve)。中古きうせつ[九折]。つづらをり[九十九折/葛折]。やうちゃう[羊腸]。やそすみさか[八十隅坂]。→**みち【道】**

つづ・る【綴】❶〈製本〉 近代つづりこむ[綴込]。てんてつ[点綴]。とぢこむ[綴込]。近世せいほん[製本]。つづりあはす[ーあわせる][綴合]。中世てんてい[点綴]。中古とぢあはす[ーあわせる][綴合]。とぢつく[ーつける][綴付]。とづ[とじる][綴]。

ー・ったもの つづり[綴]。中古さっし[冊子]。

つづ・る【綴】❷〈作文〉 近代かきおろす[書下]。しっぴつ[執筆]。筆を進める。筆を運ぶ。近世筆を耕す。中世あらはす[著]。さくぶん[作文]。ちょさく[著作]。つづる[綴]。中古ものす[物]。筆を執る。筆を馳す(走らす)。

ー・った文 近代ていぶん[綴文]。中世さくぶん[作文]。中古てつぶん[綴文]。

詩文をー・る 近世つつくる/つづくる[綴/緝]。

つて【伝】 コネ/コネクション(connection)。近代じゃうじつ[情実]。つながり[繫]。近世えんこ[縁故]。つて[伝]。つる[蔓]。てすぢ[手筋]。てづる[手蔓]。ひき[引]。中世えにし[縁]。くゎんけい[関係]。てがかり[手掛]。びん[便]。中古えに[縁]。えん[縁]。きえん[機縁]。しんりゃう[津梁]。たより[頼]。よし[由/因]。上代よしみ[好/誼]。

つどい【集】 近代しふがふ[集合]。ミーティング(meeting)。中世あつまり[集]。しふくゎい[集会]。よりあひ[寄合]。中古くゎいがふ[会合]。だんらん[団欒]。まどゐ[団居/円居]。上代つどひ[集]。→**あつまり❷**

つど・う【集】 一堂に会する。中世くゎいす[会]。たむろす[屯]。よりあつまる[寄集]。

中古こぞる[挙]。さしつどふ[差集]。上代すだく[集]。つどふ[集]。むる[むれる][群]。よりあふ[寄合]。よる[寄]。→**あつま・る**

つとに【夙】 以前から。早くから。前から。近代つとに[夙]。近世せんこく[先刻]。とうに。中世とうから。とっくに。上代すでに[既/已]。

つとめ【務】 やくわり[役割]。近代ぎむ[義務]。しめい[使命]。しょくせき[職責]。せきむ[責務]。せめ[責]。にんむ[任務]。ようむ[用務]。近世しょくぶん[職分]。やくめ[役目]。中世せきにん[責任]。ほんぶん[本分]。中古つとめ[務]。上代にん[任]。

つとめ【勤】 ジョブ(job)。近代げふむ[業務]。しうらう[就労]。つとめ[勤]。ワーク(work)。近世きんし[勤仕]。きんむ[勤務]。し[仕]。しょくむ[職務]。やくぎ[役儀]。中世しごと[仕事]。中古いとなみ[営]。上代きんらう[勤労]。しょくしゃう[職掌]。しょむ[所務]。わざ[業]。→**きんむ** →**しごと**

ーに出ること 中世しゅっきん[出勤]。しゅっし[出仕]。みやづかへ[宮仕]。中古きんし/ごんし[勤仕]。

ーの様子 近世つとめむき[勤向]。

ーを辞める 近代たいにん[退任]。近世ひく[引/退]。中世たいしょく[退職]。→**じしょく**

忙しく煩わしいー 中古はんむ[繁務/煩務]。

急を要するー 近世きふむ[急務]。せんむ[先務]。

つらいー 中古しんきん[辛勤]。

激しいー 近代げきしょく[激職/劇織]。上代げきむ[激務/劇務]。

本来のー 近世ほんむ[本務]。中世ほんぶん[本分]。中古ほんしょく[本職]。

役人のー 近代こうよう[公用]。中古りむ[吏務]。上代くよう[公用]。こうむ[公務]。

つとめて【努】 できるだけ。努力して。近世えいい[鋭意]。中世せっかく[折角]。つとめて[努]。上代ゆめゆめ[夢夢/努努]。

つと・める【努】 がんばる[頑張]。近代じんりょく[尽力]。近世しゃうじん[精進]。せいだす[精出]。ふんれい[奮励]。中世しゅっし[出仕]。じんりき[尽力]。せいぜい[精精]。せいれい[精励]。つむ[つめる][詰]。精を出す。中古いそしむ[勤]。いたつく[労]。さうじ[精進]。はげむ[励]。べんれい[勉励]。上代つとむ[つとめる][努]。どりょく[努力]。

一心にー・めるさま 近代きつきつ[拮拮]。上代いさをし[功/勲]。いそし[勤]。

自らー・め励むこと 近代じきゃう[自彊]。自彊息まず。

つと・める【勤】 近代つとめる[勤]。近世きんむ[勤務]。中世あひつとむ[ーつとめる][相勤]。はたらく[働]。中古じゅうじ[従事]。上代らうす[労]。→**きんむ** →**しごと**

ー・める所 きんむち[勤務地]。近代きんむさき[勤務先]。しうしょくぐち[就職口]。つとめぐち[勤口]。つとめさき[勤先]。近世しょくば[職場]。つとめむき[勤向]。

ー・める人 近代ほうきゅうせいかつしゃ[俸給生活者]。きんらうしゃ[勤労者]。くゎいしゃゐん[会社員]。げっきふとり[月給取]。サラリーマン(salaried man)。しゃゐん[社員]。つとめにん[勤人]。近世こしべんたう[腰弁当]。

つな【綱】 近代ケーブル(cable)。さく[索]。ロープ(rope)。近世じょうさく[縄索]。上代さを[緒]。つな/つの[綱]。なは[縄]。ひも[紐]。

ーで繋ぎ止める 中世けいさく[繋索]。中古ほだす[絆]。

麻のー あさづな[麻綱]。中世をづな[苧綱]。

海女が潜水の時につけるー いきづな[息綱]。

色や太さなどの違うものを一本のーにする 近世なひまぜ[綯交]。

牛の鼻に付けるー はなづな[鼻綱]。はななわ[鼻縄]。

馬などを繋ぐー 中古きづな[絆/紲]。ほだし[絆]。上代ふもだし[絆]。

川にーを張り船を渡すこと 近世つなわたし[綱渡]。

楮などの繊維で作ったー 上代たくづの[栲綱]。

鋼鉄を合わせて作ったー ワイヤロープ(wire rope)。近代かうさく[鋼索]。

生命の安全をはかるため用いるー いのちづな[命綱]。

橇や車を引くー 中古はやを[早緒]。

立てた物を支えるー 近世ひかへづな[控綱]。

釣瓶のー 近代ゐどなは[井戸縄]。近世ゐづな[井綱]。ゐどづな[井戸綱]。中古つるべなは[釣瓶縄]。

天を支えている四本のー 近世てんゐ[天維]。

動物を繋ぎ止めておくー 中古きづな[絆/

紲］。

登山用の― 〘近代〙ザイル（ドイツ Seil）。

藤蔓(ふじづる)を縒(よ)って作った― 〘近世〙ふぢづな［藤綱］。

太い― 〘中世〙おほづな［大綱］。〘中古〙あしつを［足緒］。

船など物を引くのに使う― 〘近世〙ひきなは［引縄］。〘中世〙ひきづな［引綱／曳綱］。

船を繋(つな)ぎ止める― けいせんさく［係船索］。〘近世〙もやひづな［舫綱］。〘中世〙もやひ［舫］。〘中古〙ともづな［纜／艫綱］。

帆を上下したり繋ぎ止めたりする― 〘近代〙さくぐ［索具］。リギン／リギング（rigging）。

つながり【繋】 コネクション（connection）。〘近代〙えんあひ［縁合］。えんつづき［縁続］。くゎんれん［関連］。ちうたい／ぢうたい［紐帯］。つながり［繋］。つなぎ［繋］。つらなり［連］。れんくゎん［連関／聯関］。れんさ［連鎖］。れんたい［連帯］。〘近世〙えんこ［縁故］。くひあひ［食合］。てつづき［手続］。みゃくらく［脈絡］。ゆかりかかり［縁係］。れんけい［連係／連繋／聯繋］。〘中世〙えん［縁］。かかはり［関／係］。くゎんけい［関係］。たより［頼］。ちなみ［因］。〘中古〙きづな［絆／紲］。ゆかり［縁］。〘上代〙かすがひ［鎹］。

―がある 〘近代〙縁に繋がる。

―がしっかりしていること 〘中世〙きんみつ［緊密］。

―がない 〘上代〙つれもなし。

―を付ける 渡りを付ける。

―をもつ 〘中古〙契りを結ぶ。

統一された― 〘近世〙けいとう［系統］。

何かの― 〘中世〙草の便り。〘中古〙草の縁(ゆかり)。紫の縁(ゆかり)。

一筋の― 〘近代〙いちみゃく［一脈］。

人と人との感情の― 〘中世〙きみゃく［気脈］。

つなが・る【繋】 〘近代〙くゎんれん［関連］。けいぞく［継続］。けいぞく［係属／繋属］。〘近世〙せつぞく［接続］。つながる［繋］。〘中世〙けんれん［牽連］。つうず［通］。〘中古〙くさる［鎖／鏈］。つがる［繋／連／鎖］。つづく［続］。つらなる［連／列］。〘上代〙いつがる［繋］。

つな・ぐ【繋】 〘近代〙けいぞく［継続］。つなげる［繋］。〘近世〙けつがふ［結合］。せつぞく［接続］。れんけい［連係／連繋／聯繋］。れんらく［連絡］。渡りを付く（―付ける）。〘中世〙つくさる［鎖／鏈］。れんぞく［連続］。〘中古〙つづる［綴］。むすびつく（―つける）［結付］。〘上代〙かく［掛／懸／繋］。つなぐ［繋］。つぐ［継］。つづく［つづける］［続］。むすぶ［結］。

―・ぎ合わせる 〘近代〙せつがふ［接合］。〘近世〙れんけつ［連結］。〘中世〙くみあはす（―あわせる）［組合］。ふくゎい［付会／附会］。

―・ぎ止める 〘近代〙けいるい［係累］。〘中古〙かけとむ［掛留／懸留］。ほだす［絆］。〘上代〙かく［繋／掛／懸］。

―・ぎ止めるもの 〘近代〙かすがひ［鎹］。ちうたい／ぢうたい［紐帯］。てふつがひ［蝶番］。〘近世〙ほだ［絆］。〘中世〙そくばく［束縛］。〘中古〙きづな［絆／紲］。きはん［羈絆］。きび［羈縻］。くさび［楔／轄］。ほだし［絆］。

麻などの繊維を長く―・ぐ 〘上代〙うむ［績］。

魂を―・ぐもの 〘中古〙玉（魂(たま)）の緒。〘上代〙を［緒］。

船を―・ぎ止めること 〘近代〙けいりう［係留／繋留］。〘中世〙けいせん［係船／繋船］。もやひ［舫］。〘中古〙むやひ［舫］。

船を―・ぎ止める綱 けいせんさく［係船索］。〘近代〙てやすづな［手安綱］。〘近世〙もやひづな［舫綱］。〘中世〙もやひ［舫］。〘中古〙ともづな［纜／艫綱］。

船を―・ぎ止める柱 けいせんちゅう［係船柱］。

つね【常】 〘近代〙じゃうじ［常時］。じゃうじつ［常日］。〘近世〙きょこう［居恒］。きょじゃう［居常］。つうじゃう［通常］。つねひごろ［常日頃］。にちじゃう［日常］。〘中世〙ふだん［普段／不断］。〘中古〙つうれい［通例］。つねづね［常常］。ふしおき［臥起］。ふつう［普通］。へいじ［平時］。へいじゃう［平常］。へいそ［平素］。世と共。〘上代〙いつも［何時］。つね［常／恒］。へいぜい［平生］。

―と異なること べつだん［別段］。ゐれい［違例］。〘中古〙いれい［異例］。

―の考え 〘近世〙そし［素志］。〘中古〙がい［雅意］。しゅくしん［宿心］。しゅくばう［宿望］。そい［素意］。そくゎい［素懐］。ほい／ほんい［本意］。〘上代〙しゅくし［宿志］。

―のさま 〘中古〙れいざま［例様］。

つねづね【常常】 日頃から。〘近世〙しょっちゅう。〘中世〙ふだん［普段／不断］。〘中古〙つねづね［常常］。ひごろ［日頃／日比］。へいじゃう［平常］。れい［例］。〘上代〙いつも［何時］。いつもいつも［何時何時］。へいぜい［平生］。→**つねに**（次項）

つねに【常】 〘近代〙ねんがらねんぢゅう［年年中］。のべつひまなし［暇無］。のべつまくなし［幕無］。昼夜を舎(お)かず。〘近世〙いつでも［何時］。じゃうじ［常時］。しょっちゅう。

中世 明けても暮れても。中古 あさゆふ[朝夕]。つねづね[常常]。寝ても覚めても。上代 いつも[何時]。たえず[不絶]。つね/つねに[常]。→いつも

—居ること 中世 じゃうきょ[常居]。

—居る所 じょい/じょうい[常居]。中世 つねゐ[常居]。中古 へいきょ[平居]。

—通う 上代 ありがよふ[在通]。

—必要なもの ひつじゅひん[必需品]。

つね・る【抓】 近世 つねる[抓]。中世 つめつめ[抓抓]。中古 つむ[摘]。

—・るさま 中世 ふっつり。

つの【角】 近世 つぬ[角]。上代 つの[角]。

—で作った笛 近代 ホーン/ホルン(horn)。近世 つのぶえ[角笛]。中世 かく[角]。

枝のない中空の— どうかく[洞角]。

夏に自然に落ちた鹿の— 近代 おとしづの[落角]。中世 おちつの[落角]。

生え替わったばかりの— 中世 ふくろづの[袋角]。中古 わかづの[若角]。

つの・る【募】❶〈高まる〉 激しくなる。ひどくなる。近代 ぞうだい[増大]。たかまる[高]。近世 おもひつのる[思募]。かうしん[亢進/昂進/高進]。中世 かうず[高/昂/嵩]。こがる[こがれる][焦]。つのる[募]。中古 つむ/つもる[積]。上代 おもひます[思増]。すすむ[進]。

つの・る【募】❷〈募集〉 近代 ちょうぼ[徴募]。近世 ぼしふ[募集]。中古 つのる[募]。上代 あつむ[あつめる][集]。

つば【唾】 近代 だえき[唾液]。中世 つ[唾]。つは/つば[唾]。上代 つばき[唾]。

—・する 上代 つはく/つばく[唾/唾吐]。

食欲や緊張などによって口中に出る— かたず[固唾]。からつば/からつばき[空唾]。近代 なまつば[生唾]。近世 なまつばき[生唾]。

つばき【椿】 おとめつばき[乙女椿]。近代 カメリア(camellia)。さんちゃ[山茶]。近世 やぶつばき[藪椿]。やまつばき[山椿]。中古 たまつばき[玉椿]。上代 つばき[椿/海石榴]。

白い花の咲く— 上代 しらたま/しらたまつばき[白玉椿]。

花が咲いている— 中世 はなつばき[花椿]。上代 つらつらつばき[列列椿]。

冬に咲く— 近世 かんつばき[寒椿]。

つばさ【翼】 ウイング(wing)。近代 よく[翼]。中世 はがひ[羽交]。中古 は[羽]。上代 つばさ[翼]。はね[羽根]。

—を上下に動かす 近代 はばたく[羽撃/羽搏]。

—を広げた形 近代 よくじゃう[翼状]。中世 よくぜん[翼然]。

両方の— 中世 さうよく[双翼]。りゃうよく[両翼]。

つばめ【燕】 近世 おってう/おつどり[乙鳥]。中世 げんてう[玄鳥]。やどかしどり[宿貸鳥]。中古 えんし[燕子]。つばくら/つばくらめ/つばくろ[燕]。つばびらこ[燕]。上代 つばひ/つばひらく[燕]。つばめ[燕]。

—と雀(すずめ) 中古 えんじゃく[燕雀]。

—の尾 えんび[燕尾]。

—の子 近代 えんし[燕子]。

—の巣 近世 えんくゎ[燕窩]。えんず[燕巣]。上代 えんさう[燕巣]。

秋になって南方に帰る— 中世 きえん[帰燕]。

飛んでいる— 中古 ひえん[飛燕]。

つぶ【粒】 ごま[胡麻]。近代 くゎりふ[顆粒]。りふし[粒子]。近世 つぶ[粒]。つぶつぶ[粒粒]。中古 つび[粒]。

—が集まった形の個体 ふんたい[粉体]。

—が揃っていること 近代 つぶぞろひ[粒揃]。

—がたくさんあるさま 近代 ぷつぷつ。近世 ぶつぶつ。中世 ちりちり。

—がたくさんできる 中古 いららぐ[苛]。上代 つぶだつ[粒立]。

細かい— 近代 さいりふ[細粒]。びりふし[微粒子]。近世 こつぶ[小粒]。こな[粉]。中古 こ[粉]。

細かい—の集まり 近世 ふんまつ[粉末]。

一つの— 中世 ひとつぶ[一粒]。中古 いちりふ[一粒]。いっくゎ[一顆]。

つぶさ【具】 近代 ぐたいてき[具体的]。しゃうさい[詳細]。中古 ことこまか[事細]。しさい[子細]。上代 くはし[詳]。つばら/つばらか[委曲]。つばらつばら[曲曲]。つぶさ[具/備]。つまびらか[詳/審]。まつぶさ[真具]。

つぶ・す【潰】 近代 いためる[傷]。とりつぶす[取潰]。近世 ぶっつぶす[打潰]。中世 きりくづす[切崩]。こはす[毀/壊]。そこぬ[そこねる][損]。つやす[潰]。はくゎい[破壊]。ひさぐ[拉]。めっす[滅]。中古 くだく[砕/摧]。くづす[崩]。そこなふ[損]。つぶす[潰]。はそん[破損]。上代 こぼつ[毀/壊]。やぶる[破]。

押して—・す 中世 おしつぶす[押潰/圧潰]。ひしぐ[拉]。

噛んでー・す 中世 かみくだく［噛砕］。かみつぶす［噛潰］。中古 くひつぶす［食潰］。
力づくでー・す 近世 もみつぶす［揉潰］。
捻ってー・す 中世 ひねりつぶす［捻潰］。
踏みー・す 中古 ふみしだく［踏］。

つぶぞろい【粒揃】 えりすぐり［選］。えりぬき［選抜］。近代 つぶぞろひ［粒揃］。つぶより［粒選］。よりぬき［選抜］。

つぶて【礫】 中古 たびいし［礫］。つぶて［礫／飛礫］。上代 たぶて［礫］。
紙を丸めたー 近代 かみつぶて［紙礫］。
目標もなく投げるー 近世 そらつぶて［空礫］。

つぶや・く【呟】 どくわ［独話］。近代 どくげん［独言］。どくはく［独白］。びげん［微言］。モノローグ(monologue)。近世 どくご［独語］。中古 うちつぶやく［打呟］。つぶやく［呟］。ひとりごつ［独言］。ひとりごと［独言］。
ー・くさま 近世 ぶつくさ。ぶつぶつ。
かすかにー・くこと 近代 びげん［微言］。
溜息(いきため)混じりにー・く 中古 うちなげく［打嘆］。

つぶより【粒選】 えりすぐり［選］。えりぬき［選抜］。近代 つぶぞろひ［粒揃］。つぶより［粒選］。よりぬき［選抜］。近世 ひっこぬき［引抜］。

つぶら【円】 中世 つぶら［円］。まるし［丸］。中古 つづらか／つぶらか［円］。

つぶ・れる【潰】 近代 たうくゎい［倒壊］。ポシャる。近世 こはる〔こわれる〕［毀／壊］。ひしゃぐ〔―しゃげる〕［拉］。中世 はくゎい［破壊］。中古 くだく〔くだける〕［砕／摧］。つひゆ〔ついえる〕［潰／弊］。つぶる〔つぶれる〕［潰］。つゆ［潰］。はめつ［破滅］。めっす［滅］。上代 くづる〔くずれる〕［崩］。はゑ［破壊］。
ー・れそうだ 中古 つぶらはし［潰］。
ー・れたさま くしゃっと。ぐしゃっと。近代 ぐしゃぐしゃ。ぐじゃぐじゃ。ぐちゃぐちゃ。ぐちゃり。ぺちゃん。ぺちゃんこ。ぺっちゃんこ。近世 ぐしゃり。
押されてー・れる 中世 ひさぐ／ひしぐ［拉］。
会社がー・れる 近代 とうさん［倒産］。近世 しんだいかぎり［身代限］。中古 はさん［破産］。
完全にー・れること 近代 まるつぶれ［丸潰］。

つべこべ 近世 がみがみ。しのごの［四五］。つべこべ。どうのかうの。とやかく。やいのやいの。中世 なんのかの／なんのかんの［何彼］。

つぼ【壺】❶〈容器〉 中世 へい［瓶］。へいじ［瓶子］。上代 かめ［瓶／甕］。つふ／つぶ［壺］。つほ／つぼ［壺］。
ーの口 近世 つぼくち［壺口］。
ーの中 中古 こちゅう［壺中］。
火葬の遺骨を納めるー 近代 こつつぼ［骨壺］。近世 こつがめ［骨瓶］。
髪油などを入れるー 中古 あぶらつぼ［油壺］。
金属製のー 中世 かなつぼ［金壺］。
酒を入れるー 近世 しゅこ［酒壺］。上代 さかつぼ［酒壺］。
炭や薪の火を消すためのー 近代 けしつぼ［消壺］。近世 けしずみつぼ［消炭壺］。ひけしつぼ［火消壺］。
薫(た)き物の香を入れるー 中古 かうご［香壺］。
小さいー 近世 ささべ［細瓮］。
銅鑼(らど)状の胴をしたー 近代 へんこ［扁壺］。
花を入れて仏前に供えるー 近世 けびゃう［花瓶／華瓶］。
花を入れるー 近世 くゎへい［花瓶］。中古 くゎびん／はながめ［花瓶］。

つぼ【壺】❷〈要点〉 近世 かんどこ／かんどころ［勘所］。こつ［骨］。中世 きふしょ［急所］。つぼ［壺］。
灸(きゅう)などのー 近代 けいけつ［経穴］。中世 きうけつ［灸穴］。きうしょ［灸所］。

つぼみ【蕾】 中世 つぼみ［蕾／莟］。
ーが出る 中古 つぼむ［蕾］。
ーが開く 近世 わらふ［笑］。中世 ゑむ［笑／咲］。中古 ひもとく［繙／紐解］。ほほゑむ［微笑／頰笑］。
ーがふくらむ 上代 ふふむ［含］。
ーがふくらんでまだ開かずにいる 中古 ほほむ［含］。上代 ふふむ［含］。
ーのまま開かない 上代 ふふまる／ふふむ［含］。ほほまる［含］。
ーを付ける 中世 つぼむ［蕾］。中古 ふくむ［含］。

つま【妻】 近代 かさい［家妻］。フラウ(ドイツ Frau)。ベターハーフ(better half)。ワイフ(wife)。近世 おく［奥］。おご／おごう［御御］。かま［竈／窯］。かまどがみ［竈神］。かもじ［文字］。にょうぼ［女房］。をんな［女］。竈(かま)の神。中世 うち［内］。さいくん［細君］。さいしつ［妻室］。にょうばう［女房］。めぢゃもの［妻者者］。やどもり［宿守］。やまのかみ［山神］。中古 ぐ［具］。さいし［妻子］。さいぢょ［妻女］。め［妻］。めこ［妻子］。めのをんな［妻女／女女］。よすが［縁／因］。上代 いへ［家］。かふ［家婦］。つま［妻］。

《尊》近代おかみ[御内儀/内儀]。ないくん[内君]。れいけい[令閨]。れいしつ[令室]。れいふじん[令夫人]。近世おいへさま[御家様]。おうちかた[御内方]。おかかさま[御嬶様/御母様]。おかさま。おかた[御方]。おかみさん[御上/御内儀]。おくごぜん[奥御前]。おくさん[奥]。おごさま[御御様]。おんにょぎ[御女儀]。ごしんぞ[御新造]。ごないしつ[御内室]。ごないしょう[御内証]。ごないはう[御内方]。ないしょう[内証]。ふじん[夫人]。中世うちぎみ[内君]。おうへさま[御上様]。おかっさま[御方様]。おくがた[奥方]。おくさま[奥様]。おごうさま[御御様]。おないぎ/ごないぎ[御内儀]。かみさま[上様]。ごしんざう[御新造]。しっか[室家]。ないしつ[内室]。中古うちかた[内方]。ないぎ[内儀/内義]。ないはう[内方]。みめ[御妻/妃]。めぎみ[女君/妻君]。上代つまのみこと[妻命]。

《謙》ぬかみそにょうぼう[糠味噌女房]。近代けいふ[荊婦]。せっさい[拙妻]。近世うちのやつ[内奴]。おかか[御嬶/御母]。おく[奥]。かない[家内]。ぐさい[愚妻]。ぐふ[愚婦]。くゎさい[寡妻]。けいさい[荊妻]。さんさい[山妻]。つれあひ[連合]。やまのかみ[山神]。中世さいくん[細君/妻君]。をな[女]。中古わらはべ[童部]。上代あづま[吾妻/吾嬬]。いへのいも[家妹]。おのづま[己妻]。わぎも/わぎもこ[吾妹子]。

《枕》中古わかくさの[若草]。

《句》近代糟糠(さうかう)の妻は堂より下さず。女房十八われ二十(はたち)。女房と畳は新しい方がいい。女房と味噌は古いほどよい。女房と鍋釜は古いほどよい。

—がいること 近代いうふ[有婦]。中世さいたい[妻帯]。

—が夫より強い家庭の状態 きょうさい[恐妻]。近代かかあでんか[嚊天下]。近世ととかか[爺嚊]。にょうばうてんか[女房天下]。中世尻に敷く。《句》近代雌鳥(めんどり)歌へば家滅ぶ。近世雌鳥(めんどり)勧(すす)めて雄鳥(をんどり)時をつくる。

—が夫を助けること 近代ないじょ[内助]。

—が所帯じみていること 近世ぬかみそくさし[糠味噌臭]。

—と夫 中世めうと/めをと[夫婦]。めを[女男/陰陽]。をっとめ[夫婦]。中古ふうふ[夫婦]。めをとこ[女男/妻男]。上代をひとめ[夫婦]。

—と子 中世つまこ[妻子]。上代さいし[妻子]。めこ[妻子/女子]。

—とする 中古みる[見]。めとる[娶]。めまうけ[妻儲]。上代あとふ[聘]。まく[枕]。

→けっこん

—となる 中古みゆ[見]。《謙》近代きしうのせふ[箕帚妾]。

—と密通した男 中世めがたき[女敵/妻敵]。

—と娘 上代さいぢょ[妻女]。

—と妾(めかけ) 近世かけいやぼく[家鶏野鶩]。上代さいせふ[妻妾]。

—に頭の上がらぬ男 近世ほうしんたん[豊心丹]。

—の姉 がいし[外姉]。

—のいない男 近世むさい[無妻]。上代やもめ[鰥/鰥夫]。やもを[鰥夫/寡男]。

—の死 近代だんげん[断弦/断絃]。

—の姉妹 中古いもしうとめ[妹姑]。

—の父 近代がくふ[岳父]。がくをう[岳翁]。近世ぢゃうじん[丈人]。ふをう[婦翁]。中古ぐゎいきう[外舅]。上代しうと/しひと[舅]。

—の母 近世がくぼ[岳母]。中古ぐゎいこ[外姑]。しうとめ[姑]。上代こ[姑]。しうと/しひとめ[姑]。

—を親しんで言う語 近世おかか[御嚊/御嬶/御母]。かかあ[嚊/嬶]。かみさん[上]。中世わにょうばう[吾女房]。上代いも/も[妹]。いもなね[妹]。つまのこ[妻子]。まこ[真子]。わぎも/わぎもこ[吾妹子]。

—をぞんざいに言う語 近世かかあ[嚊/嬶]。

—を寝取られた男 近代コキュ(フランス cocu)。

—を迎えたことを披露する宴 ひろうえん[披露宴]。近世おくさまびろめ[奥様広]。

愛する— 近代あいさい[愛妻]。近世こひにょうばう[恋女房]。上代おくづま[奥妻]。おもひづま[思妻]。こひづま[恋妻]。はしづま[愛妻]。めづま[愛妻]。よそりづま[寄妻]。

一生—をめとらない男 中世をとこひじり[男聖]。

一夫多妻制で先にめとった— 中古もとのうへ[本上]。上代こなみ[嫡妻/前妻]。

美しい— 上代うつくしいも[愛妹]。うつくしづま[愛夫]。はなづま[花妻]。

夫が兄弟である—どうし 中古あひよめ[相嫁]。

夫のいないー 近代 ウイドー(widow)。みばうじん[未亡人]。中世 びばうじん[未亡人]。上代 くゎさい[寡妻]。くゎふ[寡婦]。ごけ[後家]。やもめ[寡/寡婦/孀]。

夫の面倒をよく見るー 近世 せわにょうぼう[世話女房]。

夫の留守中身を清め夫の無事を祈るー 上代 いはひづま[斎妻]。

夫より年上のー あねさんにょうぼう[姉様女房]。近世 あねにょうぼう[姉女房]。

男勝りのー 近世 かかあざゑもん[嬶左衛門]。

親分などのー 近世 あねさん[姉]。中世 あねご[姉御/姐御]。

賢いー 近世 けんさい[賢妻]。

かわいいー 上代 はしづま[愛妻]。

貴人のー 近世 うらかた[裏方]。中世 おくがた[奥方]。近世 かみさま[上様]。きたのだい[北台]。ないしつ[内室]。みだい[御台]。みだいどころ[御台所]。みだいばんどころ[御台盤所]。中古 うへ[上]。きたのかた[北方]。しつ[室]。だいばんどころ[台盤所]。をんなぎみ[女君]。上代 みめ[御妻/妃]。

器量のよい女性をーに望むこと 近代 きりゃうごのみ[器量好]。きりゃうのぞみ[器量望]。めんくひ[面食/面喰]。

公卿(くぎょう)や大名のー 中世 ごれんぢゅう[御簾中]。

君主のー 中世 げんぴ[元妃]。

結婚したばかりのー 近代 うひづま[初妻]。しんさい[新妻]。近世 ごしんぞ[御新造]。中世 ごしんざう[御新造]。しんぷ[新婦]。にひづま[新妻]。

皇帝のー 近代 エンプレス(empress)。中古 きさい[后]。上代 きさき[后]。くゎうごう[皇后]。

国王のー 近世 わうひ[王妃]。

心の中でーと思う人 上代 こころつま/こころづま[心妻]。

再婚してめとったー 近代 あといり[後入/後妻]。あとめ[後妻]。けいさい[継妻]。近世 こうさい/ごさい[後妻]。のちぞひ/のちぞへ[後添]。のちづれ[後連]。上代 うはなり[後妻]。けいしつ[継室]。

死んだー ばうふ[亡婦]。中古 ばうさい[亡妻]。ばうしつ[亡室]。

世間に隠しているー 中世 しのびづま[忍妻]。中古 かげめ[陰妻]。かくしづま/かくれづま[隠妻]。

摂政関白のー 中古 きたのまんどころ[北政所]。まんどころ[政所]。

僧のー 近代 だうねん[道念]。近世 おくり[御庫裏]。おくりさま[御庫裏様]。ばうもり[坊守]。ぼんさい[梵妻]。中世 だいこく[大黒]。

他人のー ひとづま[人妻]。近代 けいしつ[閨室]。ないしつ[内室]。中古 かしつ[家室]。上代 ひとのこ[人子]。

他人のーを卑しめる語 近世 したば[下歯]。

町人のー 近世 ないぎ[内儀]。

天皇のー 近代 ひでんか[妃殿下]。中古 おきさき[御妃]。きさい[后]。くゎうひ[后妃]。上代 きさき[后]。くゎうごう[皇后]。

遠くのー 上代 とほづま[遠妻]。

年上のー あねさんにょうぼう[姉様女房]。近世 あねにょうぼう[姉女房]。《句》近世 姉女房蔵建てる。姉女房は身代(しんだい)(世帯(しょたい))の薬。

年取ったー 近代 ふるにょうぼう[古女房]。近世 おいづま[老妻]。ふるづま[古妻]。中世 おいめ[老妻]。らうさい[老妻]。

内縁関係のー 近代 ないさい[内妻]。

長く連れ添ったー 近代 ふるにょうぼう[古女房]。中古 ふるめ[古妻]。

なまめいた様子で浮かれ歩くー 近世 ぬめりづま[滑妻]。

密かにーとする 中古 ぬすむ[盗]。

前のー 近代 せんぷ[先婦]。ぜんぷ[前婦]。中世 ふるめ[古妻]。中古 せんさい[先妻/前妻]。ぜんさい[前妻]。上代 こなみ[前妻]。

貧しい頃から苦労を共にしたー 中古 糟糠(さうかう)の妻。

息子のー 中古 よめ[嫁/娵]。

遊女や妾(めかけ)がーとなること 近世 おかたなり[御方成]。

よいー 中世 りゃうさい[良妻]。

若いー 近代 わかづま[若妻]。をさなづま[幼妻]。中古 わらはべ[童部]。をな[女]。

悪いー 中世 あくさい[悪妻]。

▼御婦人がた 中古 ごたち[御達]。

▼主婦 中古 いへとうじ/いへとじ[家刀自]。上代 とうじ/とじ[刀自]。

▼本妻 → **ほんさい**

つまさき【爪先】 トー(toe)。中古 つまさき[爪先]。

ーで立つ 近代 つまさきだつ[爪先立]。上代 つまだつ[ーだてる][爪立]。

ーで立つこと 近代 つまだち/つまだて[爪立]。

ーを内側に向けること うちまた[内股]。

近代うちわ[内輪]。

つまさ・れる 近世つまさる[─される]。中世ほだされる[─される][絆]。中古どうじゃう[同情]。

つまし・い【倹】 近代つつましやか[慎]。ハンブル(humble)。近世しつじつ[質実]。中世しっそ[質素]。つづまやか[約]。つまし[倹]。上代けんやく[倹約]。

つまずき【躓】 やりそんじ[遣損]。近代しっぱい[失敗]。とんざ[頓挫]。近世ざせつ[挫折]。しくじり。どぢ。とちり。へま。中世さち[蹉躓]。しそこなひ/しぞこなひ[為損/仕損]。中古さだ[蹉跎]。しっきゃく[失脚]。つまづき[躓]。上代さてつ[蹉跌]。

一度の― 近世いってつ[一跌]。

つまず・く【躓】 近代しっぱい[失敗]。どぢを働く。近世しくじる。とちる。やりそこなふ[遣損]。どぢを食ふ。どぢを組む。どぢを張る。こく[こける][転/倒]。中世けつまづく[蹴躓]。不覚を取る。上代つまづく[躓]。

―・き倒れること 近代てんけつ[転蹶/顛蹶]。中古てんぱい[顛沛]。

つまはじき【爪弾】 近代しだん[指弾]。しめだす[締出]。のけものあつかひ[除者扱]。近世なかまはづれ[仲間外]。はいせき[排斥]。はじき[弾]。中古だんし[弾指]。つまはじき[爪弾]。

つまびらか【詳】 近代こまかい[細]。しゃうさい[詳細]。近世しゃうしつ[詳悉]。しゃうみつ[詳密]。せいしゃう[精詳]。せいち[精緻]。ゐさい[委細]。中世こまか[細]。さい[細]。せいさい[精細]。中古ことこまか[事細]。こまごま[細細]。こまやか[細]。せいび[精微]。つぶさ[具/悉]。つぶつぶ。ゐきょく[委曲]。上代くはし[詳]。せいみつ[精密]。つばひらけし/つまびらけし[詳]。つばら/つばらか/つまびらか[委曲]。つぶさ[具/備]。つまひらか/つまびらか[詳/審]。まつぶさ[真具]。→**くわし・い【詳】**

つま・む【摘】 近世つねる[抓]。中世つまむ[摘/抓/撮]。つめる[抓]。中古はさむ[挟]。上代つむ[抓]。

―・み出す 近代てきしゅつ[摘出]。近世つかみだす[摑出]。

―・み取る 中世もぐ[捥]。もる[捥]。

―・む道具 近代せっし[鑷子]。ピンセット(オランダ pincet)。やっとこ/やとこ[鋏]。近世てふし[鑷子]。

つまようじ【爪楊枝】 近世くろもじ[黒文字]。こやうじ[小楊枝]。つまやうじ[爪楊枝]。

つまらな・い【詰】 味も素っ気もない。価値がない。近代あぢけない[味気無]。くだらない/くだらん[下]。近世おもくろし[面黒]。しがなし。ちょろし。つがもなし。つまらぬ[詰]。ばかくさし[馬鹿臭]。むえき[無益]。やくたい[益体]。杭(くひ)でもない。芸もなし。取るに足りぬ。埒(らち)もなし。臈次(らっし)(臘次)もなし。らっちもなし。中世いひがひなし[言甲斐無]。えせ[似非]。きょうざめ[興醒]。しげない。ばからし[馬鹿]。念も無し。偏(へん)無し。益体(やくたい)もなし。中古あいなし/あひなし。あさまし[浅]。あぢきなし/あづきなし[味気無]。あやなし[文無]。いふかひなし[言甲斐無]。すさまじ/すさまじげ[凄/荒]。やくなし[益無]。わびし[侘]。なほなほし[直直]。数ならず。などふことなし。何ならず。ものにもあらず。上代かずなし[数無]。数にもあらず。

《枕》上代しづたまき[倭文手纏]。

《句》近世鳩を憎み豆を作らぬ。

―・い遊び 近代だだらあそび[駄駄羅遊]。

―・い争い 中世蛮触(ばんしょく)の争ひ。中古蝸牛(くわぎう)角上(かくじゃう)の争ひ。

―・い生き方 近世すいせいむし[酔生夢死]。

―・い歌 中世うたくづ[歌屑]。えせうた[似非歌]。むしんしょぢゃく[無心所着]。中古こしをれ[腰折]。こしをれうた[腰折歌]。

―・い考え 中古よしなしごころ[由無心]。

―・い義理立て 中世せうせつ[小節]。

―・いこと 近代ぐいちさぶろく[五一三六]。さじ[瑣事/些事]。近世さいこ[細故]。さまつ[瑣末]。じゃけら[邪気乱]。せうぶん[小分/少分]。やくざ。河童の屁。中世きゃうせん[軽賤]。ひきょう[比興]。中古あだごと[徒事]。さいじ[細事]。すずろごと/そぞろごと[漫事/漫言]。どん[鈍]。よしなしごと[由無事]。上代ぞくじ[俗事]。ぞくぢん[俗塵]。

―・いことを軽はずみに言う 中世くちとし[口疾]。

―・いことを自慢すること 近世だみそ[駄味噌]。

―・いことをやかましく言い立てること 近代せんさうあめい[蟬噪蛙鳴]。

―・い言葉 近代だく[駄句]。中古すずろご

と［漫言］。よしなしごと［由無言］。中世ぼんさく［凡作］。

ー・い作品 近世ださく［駄作］。中古ぐさく［愚作］。

ー・いさま 近代べう［眇］。べうぜん［眇然］。中世あだ［徒］。ささい［些細／瑣細］。へんぺん［片片］。中古すずろ／すぞろ／そぞろ［漫］。

ー・い洒落 近世だじゃれ［駄洒落］。

ー・い小説 近代さんもんせうせつ［三文小説］。

ー・い話 近世さだん［瑣談］。中古よしなしものがたり［由無物語］。

ー・い文章 しょうぶん［小文］。近代だぶん［駄文］。

ー・い法螺 近代だぼら［駄法螺］。

ー・い巡り合わせ 近世びんばふくじ［貧乏籤］。

ー・い者（物） じんど［塵土］。はえ［蝿］。へ［屁］。れきかい［礫塊］。近代くづもの［屑物］。だぶつ［駄物］。へなちょこ［埴猪口］。いちもんやっこ［一文奴］。近世あくたもくた［芥］。くづ［屑］。こっぱ［木端／木片］。このは［木葉］。これてい［此体／是体］。スベタ（ポルトガル espada）。せうはい［小輩］。ぞくはい［俗輩］。そはい［鼠輩］。だもの［駄物］。はもの［端者／葉者］。へっぴり［屁放］。中世いっかい［一介］。けんやう［犬羊］。こもの［小物］。すてもの［捨物］。せっぷ［拙夫］。ちりあくた／ぢんかい［塵芥］。よしなしもの［由無者］。中古えせもの［似非者］。かうひ［糠粃］。きのはし［木端］。ぐゎれき［瓦礫］。ぞくし［俗士］。ちり［塵］。でいど［泥土］。はかなもの［果無者］。はしばし［端端］。塵の末。箸が端。上代あくた［芥］。ちりひぢ［塵泥］。《句》近代蝙蝠も鳥のうち（鳥の真似）。近世餓鬼も人数。中世蒼蠅驥尾に付して千里を致す。

ー・いものがうごめくさま 上代しゅんしゅん［蠢蠢］。

ー・い者が高官になること 近代くびぞくてう［狗尾続貂］。

ー・いものが騒ぐさま 中古しゅんじ［蠢爾］。

ー・い者たち 近世うざうむざう／うざうもざう／うぞもぞ［有象無象］。

ー・い者でも仲間 近代蝙蝠も鳥のうち（鳥の真似）。近世目高も魚（魚）の内。

ー・いもののたとえ 近世へちま［糸瓜／天糸瓜］。痩せ山の雑木。中世こけらくづ［柿屑］。ろうぎ［螻蟻］。中古ぶんばう［蚊虻］。

ー・い者をののしる語 はえ［蝿］。近世みそだま［味噌玉］。

ー・い料理 近世くちふさぎ［口塞］。くちよごし［口汚］。

ー・くごたついていること 近世わいさ［猥瑣］。

型どおりでー・い 中世曲もなし。

似たりよったりでー・い 近代ぐいちさぶろく［五一三六］。

見掛けと違ってー・い 近世みかけだふし［見掛倒］。中世えせえせし［似非似非］。

▼接頭語／連体詞 近世だ［駄］。ほんの。

つまり【詰】❶〈行き止まり〉 しゅうきょく［終曲］。近代いきづまり／ゆきづまり［行詰］。どんづまり［詰］。近世けっきょく［結局］。しまひ［仕舞／終］。とどの詰まり。中世つまり［詰］。中古おはり［終］。はて［果］。ひっきゃう［畢竟］。

つまり【詰】❷〈要するに〉 近代くっきゃう［究竟］。そく［即］。帰するところ。換言すれば。端的に言えば。近世けっきょく［結局］。たうてい［到底］。たかで［高］。つまり［詰］。要するに。つまるところ。中世したがって［従］。しょせん［所詮］。詮ずるところ。中古いはば［言］。すなはち［即／則／乃］。ひっきゃう［畢竟］。→**けっきょく**

つま・る【詰】 近代おしつまる［押詰］。近世かうそく［梗塞］。せっぱづまる［切羽詰］。中世いきづまる／ゆきづまる［行詰］。いきどまる［行止］。たいりう［滞留］。つかふ（つかえる）［支／閊］。つまる［詰］。へいそく［閉塞］。中古じゅうまん［充満］。つづまる／つづむ［約］。ていたい［停滞］。ふたがる［塞］。ゆきどまる［行止］。上代ふさがる［塞］。

ー・っていること（さま） 近代すしづめ［鮨詰］。びっしり。近世ぎちぎち。ぎっしり。ぎっちり。中世かたかた［堅堅］。中古きびし［厳］。みつ［密］。

話が途中でー・る 近代いひよどむ［言淀］。

つまるところ →**けっきょく** →**つまり❷**

つみ【罪】 近代ふはふかうゐ［不法行為］。しょくほう［触法］。近世けいざい［刑罪］。けいへき［刑辟］。ざいれい［罪戻］。中世くゎんたい［緩怠］。ざいあく［罪悪］。ざいきう［罪咎］。ざいくゎ［罪過］。ざいごふ［罪業］。中古あやまち［過］。おこたり［怠］。ざいくゎ［罪科］。とが／とがめ［咎／科］。上代あくぎゃう［悪行］。くゎしつ［過失］。つみ［罪］。はんざい［犯罪］。をかし［犯］。《句》近代天罰覿面。近世汁を啜って（吸うても）同罪。罪を悪んで人を悪まず。

ーがあらわになること 中世ほつろ［発露］。

中古 はっかく[発覚]。ろけん[露顕/露見]。

—ある者を殺すこと 近世 ちゅうめつ[誅滅]。中世 ちゅうさつ[誅殺]。上代 ちゅうす[誅]。

—があること 中世 いうざい[有罪]。うざい[有罪]。

—が縁者に及ぶこと 近代 ざんるい[罪累]。れんざ[連座]。上代 えんざ[縁座/縁坐]。

—がないこと 近世 むきず[無傷/無疵]。むしつ/むじつ[無実]。中世 むこ[無辜]。中古 むざい[無罪]。

—がないのに罰せられること 近世 えんざい[冤罪]。中古 ぬれぎぬ[濡衣]。

—から逃れるところ 中古 つみさりどころ[罪避所]。

—に陥ること 中世 だざい[堕罪]。

—によって官職を追われること 中古 たくらく[謫落]。

—による穢れ 中古 ざいく[罪垢]。

—のある人 →**ざいにん【罪人】**

—の軽減 近代 おんいう[恩宥]。げんけい[減刑]。中古 いうめん[宥免]。おんしゃ[恩赦]。上代 おんかう[恩降]。

—の償い 近世 つみほろぼし[罪滅]。中世 とがおくり[咎送/科送]。中古 しょくざい[贖罪]。つみしろ[罪代]。

—のないことが証明される 疑いが晴れる。中世 あかりが立つ。近世 垢が抜く[—抜ける]。

—を犯すこと 近世 ゐはん[違犯]。中古 あやまつ[過]。をかし[犯]。上代 はんざい[犯罪]。

—を重ねること 中古 ざいるい[罪累]。

—を告白し悔い改めること 近世 さいげ[懺悔]。上代 さんげ/ざんげ[懺悔]。

—を裁くこと 上代 だんごく[断獄]。だんざい[断罪]。

—を他人に押し付ける 近代 てんか[転嫁]。近世 いひかぶす[—かぶせる][言被]。《句》近世 寝た牛に芥(あくた)をかくる。

—を問いただすこと 近代 もんざい[問罪]。きうもん[糾問/糺問]。中古 かんもん[勘問]。上代 じんもん[尋問]。

—を引き受ける 中世 きる[着]。中古 おふ[負]。

—を許して放す 近代 はうしゃ[放赦]。近世 はうめん[放免]。上代 しゃくはう[釈放]。

—を許すこと 上代 めんざい[免罪]。

—をわびること 中世 ふけい[負荊]。

大きな功績によって—が許される 功罪相償う。

重い— 中世 だいぼん[大犯]。ぢゅうくゎ[重科]。中古 たいざい/だいざい[大罪]。ぢゅうざい[重罪]。

親や主人に対する— 中古 ぎゃくざい[逆罪]。逆様(さかさま)の罪。

軽い— けいはんざい[軽犯罪]。近代 びざい[微罪]。近世 けいざい[軽罪]。

讒言(ざんげん)して—に陥れること 近代 ざんかん[讒陥]。

再び—を犯すこと 近世 さいはん[再犯]。中世 さいぼん[再犯]。

容疑以外の— 近代 よざい[余罪]。

つみあ・げる【積上】 中世 つみあぐ[—あげる][積上]。中古 うちもる[打盛]。たたみあぐ[—あげる][畳上]。もる[盛]。

—・げたもの 中世 つみもの[積物]。中古 やま[山]。

—・げること 近代 やまづみ[山積]。近世 はへる[挫]。

材木や俵を—・げる

土や石を—・げる 中世 つきあぐ[—あげる][築上]。

つみかさね【積重】 近代 しふせき[集積]。せきたい[積堆]。近世 うはづみ[上積]。たたまり[畳]。るいせき[累積]。せきるい[積累]。くりかへし[繰返]。中世 つみかさね[積重]。

《句》近代 雨垂れ石を穿(うが)つ。鶴の粟(あは)蟻(あり)の塔。鶴の粟を拾ふが如(ごと)し。中世 塵も積もれば(積もりて)山となる。

つみかさ・ねる【積重】 近代 たたみあげる[畳上]。中世 つみあぐ[—あげる][積上]。つみかさぬ[—かさねる][積重]。つもる[積]。中古 たたぬ/たたむ[畳]。たびかさなる[度重]。上代 いつもる[積]。つむ[積]。

つみたて【積立】 近代 つみたて[積立]。上代 たくはへ[貯/蓄]。ちくせき[蓄積]。

つみに【積荷】 カーゴ(cargo)。近代 くゎもつ[貨物]。近世 つみに[積荷]。中世 にもつ[荷物]。

つみびと【罪人】 近代 はんざいしゃ[犯罪者]。はんざいにん[犯罪人]。中世 とがにん[咎人/科人]。ぼんにん[犯人]。中古 はんにん[犯人]。上代 ざいにん[罪人]。つみびと[罪人]。 →**ざいにん【罪人】**

つ・む【摘】 中世 つまむ[摘]。上代 つむ[摘/採/抓]。とる[採]。

つ・む【積】❶〈乗せる〉 近代 たふさい[搭載]。中古 せきさい[積載]。のっける[乗/載]。

のす〔のせる〕［乗／載］。上代つむ［積］。近代さいくゎ［載貨］。

船舶などに貨物を―・むこと 近代たふさい［搭載］。

飛行機などに機器を―・むこと

つ・む【積】❷〈積み上げる〉 近代さんせき／やまづみ［山積］。しふせき［集積］。たいせき［堆積］。近世るいせき［累積］。中世たたみあぐ〔―あげる〕［畳上］。つみあぐ〔―あげる〕［積上］。つみかさぬ〔―かさねる〕［積重］。中古つむ［積］。上代かさぬ〔かさねる〕［重］。

高く―・むこと やまかけ［山掛］。

つむ・ぐ【紡】 近世いとくり［糸繰］。いととり［糸取］。中古つむぐ［紡］。上代くる［繰］。糸を引く。

つむじ【旋毛】 もうか［毛渦］。近代せんもう［旋毛］。近世ぎりぎり。つむじげ［旋毛］。中世つじ［旋毛／辻］。上代つむじ［旋毛］。

―が二つ並んでいること とりいつむじ［鳥居旋毛］。ふたつつむじ［二旋毛］。近世になひつじ［担旋毛／荷旋毛］。になひつむじ［担旋毛］。

つむじかぜ【旋風】 近世たつまき［竜巻］。てんぐかぜ［天狗風］。はやて［旋風］。まひかぜ［舞風］。中世しまき［風巻／風捲］。せんぷう［旋風］。中古くゎいふう［回風］。つじむかぜ［旋風］。つむじかぜ［旋風］。ふきまはし［吹回］。上代つじかぜ［辻風／旋風］。つじつむじ［旋風］。へうふう［飄風／飆風］。

つむじまがり【旋毛曲】 へそまがり［臍曲］。臍を曲げる。近代つむじまがり［旋毛曲］。冠を曲げる。近世あまのじゃく／あまのじゃこ［天邪鬼］。はなまがり［鼻曲］。中世すねもの［拗者］。

つめ【爪】 ネイル／ネール(nail)。近代しかふ［指甲］。近世さうかふ［爪甲］。中世しさう［指爪］。上代つめ［爪］。

―で搔(か)くこと 中世はさう［爬搔］。

―でつけた傷あと 近代さうこん／つめあと［爪痕］。中世つめがた［爪形］。

―の根元の白い部分 こづめ［小爪］。つめはんげつ［爪半月］。

―を深く切りすぎること 近世ふかづめ［深爪］。

牛などの― 中古ひづめ［蹄］。

縁起の悪い―切り でづめ［出爪］。よづめ［夜爪］。

ギターなどの弦をはじく― ぎそう［義爪］。ピック(pick)。近代ぎかふ［義甲］。

苦労しているときは―の伸びが早いこと 近代くづめ［苦爪］。

獣が怒ってむき出す― 近世いかりづめ［怒爪］。

鳥などの曲がった― かぎづめ［鉤爪］。

武器としての―と牙 中世さうげ［爪牙］。中古さうが［爪牙］。

指に生えているままの― 上代なまづめ［生爪］。

楽をしているときは―の伸びが早いこと 近代らくづめ［楽爪］。

つめか・ける【詰掛】 近世さったう［殺到］。中世おしよす〔―よせる〕［押寄］。つめよす〔―よせる〕［詰寄］。つめかく〔―かける〕［詰掛］。

つめこ・む【詰込】 近代さうてん［装塡］。じゅうてん［充塡］。さうにふ［装入］。近世つめこむ［詰込］。中古おしいる〔―いれる〕［押入］。おしこむ［押込／押籠］。おしつむ〔―つめる〕［押詰］。つむ〔つめる〕［詰］。

―・むさま ぎちぎち。きゅうきゅう。ぎゅうぎゅう。ぎゅうぎゅうづめ［詰］。近世ぎしぎし。すしづめ［鮨詰］。中世ひしひし［犇犇］。

口に食べ物を―・む 中世ほほばる［頰張］。

つめしょ【詰所】 近代ひかへしつ［控室］。近世つめしょ［詰所］。中世かがりや［篝屋］。ぢんや［陣屋］。中古おほとのゐ［大宿直］。

つめた・い【冷】 近代コールド(cold)。つべたい［冷］。近世ちめた［冷］。ひやこし／ひやっこし［冷］。中世ひやか［冷］。れい［冷］。中古すずし［涼］。つめたし［冷］。ひややか［冷］。上代さむし［寒］。

―・い風 近世しもかぜ［霜風］。れいふう［冷風］。中古かんぷう［寒風］。

―・い風の音 かんせい［寒声］。

―・い感じ れいかん［冷感］。近代ひんやり。近世ひやつく［冷］。中世ひえびえ［冷冷］。中古ひいやり。ひややか［冷］。ひやり。

―・い空気 中世れいき［冷気］。

―・い態度をするさま 中世けんけん。

―・いたとえ 近世かなこほり［金氷］。中古いし［石］。

―・い水 近世おひや［御冷］。ひや［冷］。中世ひやし［冷］。ひやみづ［冷水］。中古かんすい［寒水］。れいすい［冷水］。

―・い目で見る 中世側目(そばめ)にかく。中古目を側(そば)む。

―・い物 中世ひえもの［冷物］。

―・く扱う 近世でていけがし／でてゆけがし［出行］。でていねがし［出往］。無下(むげ)にす。中世つきはなす［突放］。中古あはむ［淡］。

つらし［辛］。

—・く清らかなこと 中世 せいりゃう［清冷］。中古 せいれい［清冷］。近世 れいさく［冷索］。

—・く寂しいさま 中世 せいせい［凄凄］。

—・く寒いこと 中世 かんれい［寒冷］。れいかん［冷寒］。

—・くする 近代 れいきゃく［冷却］。中古 ひやす［冷］。

—・くなる 近世 ひやく〔ひやける〕［冷］。中古 さむ〔さめる〕［冷］。ひえいる［冷入］。ひゆ〔ひえる〕［冷］。

心地よく—・い 上代 すずし［涼］。

心が—・い 近代 せきしん［石心］。近世 ふにんじゃう［不人情］。むじひ［無慈悲］。むじゃう［無情］。中世 うし［憂］。中古 つらし［辛］。ひじゃう［非情］。上代 つれなし。↓

つれな・い

水が—・く清らかなこと 近世 せいれつ［清冽］。中世 ひや［冷］。

▼複合語として

つめよ・る【詰寄】 近代 ひざづめ［膝詰］。近世 すりよる［擦寄］。せりつむ〔—つめる〕［迫詰］。つめかく〔—かける〕［詰掛］。つめよる［詰寄］。にくはく［肉迫］。中世 せまる［迫／逼］。にじりよる［躙寄］。

つ・める【詰】❶〈待機〉 じょうきん［常勤］。じょうちゅう［常駐］。近代 たいき［待機］。中世 しこう［伺候］。つむ〔つめる〕［詰］。中古 はべり［侍］。ひかふ〔ひかえる〕［控］。

つ・める【詰】❷〈詰め込む〉 そうてん［装塡］。一杯にする。近代 じゅうてん［充塡］。近世 つめこむ［詰込］。中古 おしこむ［押込／押籠］。こむ〔こめる〕［込／籠］。つむ〔つめる〕［詰］。

隙間などに—・める物 コーキング(caulking)。パッキン／パッキング(packing)。パテ(putty)。近代 こめもの［込物］。つめもの［詰物］。

つ・める【詰】❸〈詰め寄る〉 近代 ついきふ［追及］。近世 つめよる［詰寄］。中世 つむ〔つめる〕［詰］。

つ・める【詰】❹〈節約〉 きりつめ［切詰］。しめる［締］。近代 せつやく［節約］。ひきしめる［引締］。近世 たんしゅく［短縮］。はしょる［端折］。中世 ちぢむ〔ちぢめる〕［縮］。つむ〔つめる〕［詰］。中古 しじむ〔しじめる〕［縮］。つづむ〔つづめる〕［約］。上代 けんやく［倹約］。

つもり【積】 近代 いかう［意向］。いと［意図］。おもはく［思／思惑］。きと［企図］。しんさん［心算］。もくろみ［目論見］。近世 かんがへ［考］。けいくわく［計画］。こころさんよう［心算用］。こころづもり［心積］。つもり［積］。むなざん／むなざんよう［胸算用］。むねざんよう［胸算用］。中世 くはだて［企］。中古 いし［意思］。

▼助動詞 中古 む。

つも・る【積】 近世 たたまる［畳］。中古 よる［寄］。上代 かさなる［重］。たまる［溜］。つむ［積］。つもる［積］。

—・り集まること 中古 しゃくじふ／せきしふ［積集］。しゃくじゅう／せきしゅう［積聚］。《句》中世 塵積もりて山となる。

—・ること 近代 たい［堆］。たいせき［堆積］。近世 せきるい［積累］。るいせき［累積］。中古 つもり［積］。

雪が—・る 中古 ふりつむ／ふりつもる［降積］。

つや【艶】 ラスター(luster)。近世 かがやき［輝］。くゎうたく［光沢］。てり［照］。中世 じゅんたく［潤沢］。中古 いろつや［色艶］。つや［艶］。

—があってあでやかなこと 中古 にほひやか／にほやか［匂］。

—があって美しいさま 中古 つやつや［艶艶］。つやめく［艶］。つややか［艶］。

—があって滑らかなさま 近世 くゎったく［滑沢］。

—があって光っているさま 近代 たくたく［沢沢］。近世 いういう［油油］。てかてか。てらてら。ぴかぴか。中古 ひかりか［光］。

—のある色 中古 ぬれいろ［濡色］。

黒く—のあること 近代 こくしつ［黒漆］。近世 しっこく［漆黒］。

手垢(てあか)による— 近世 しゅたく［手沢］。

濡(ぬ)れたように—があるさま 中世 ぬれぬれ［濡濡］。

つやけし【艶消】 近代 つやけし［艶消］。近世 いろけし［色消］。ぶいき［不粋］。ぶす／ぶすい［無粋／不粋］。やぼ［野暮］。

つややか【艶】 近代 たくたく［沢沢］。つやらし［艶］。みづみづしい［瑞瑞／水水］。近世 あでやか［艶］。いういう［油油］。中世 えんえん［艶艶］。てこらけし。中古 かをり［薫／香］。つやつや［艶艶］。つやめく［艶］。つややか［艶］。にほはし［匂］。にほひ［匂］。にほひやか／にほやか［匂］。のうえん［濃艶］。上代 てる［照］。

—・な色合い 中古 えんしょく［艶色］。

—・なさま 中古 いろ［色］。

—・に見える 中古 かをる［薫／香／馨］。

つゆ【露】 近世 月の雫。中古 ぎょくろ[玉露]。雁の涙。露の玉。上代 しらつゆ／はくろ[白露]。つゆ[露]。

―が多くつくさま 中古 たんたん[湛湛]。だんだん[団団]。

―がかたまって玉になる 中古 むすぼほる／むすぼる[結]。

―が凍って霜のようになったもの とうろ[凍露]。中古 みづしも[水霜]。上代 つゆしも[露霜]。

―が生じる(こと) 近代 けつろ[結露]。近世 おる[おりる][降／下]。上代 おく[置]。むすぶ[結]。

―と霜 上代 つゆしも[露霜]。

―などが滴るさま 近世 とくとく。

―に濡(ぬ)れる 中世 つゆけし[露]。中古 わけそぼつ[分濡]。

明け方の― 中古 あかつきつゆ[暁露]。上代 あかときつゆ[暁露]。

雨と― 中世 あめつゆ／うろ[雨露]。

風と― 中古 ふうろ[風露]。

きらめいている美しい― 中古 ぎょくろ[玉露]。ろくゎ[露華]。

草木などに結んだ― 近代 しょうろ[松露]。中古 うはつゆ[上露]。このしたつゆ[木下露]。さうろ[草露]。したつゆ[下露]。稲葉の露。草葉の玉。草葉の露。笹の露。

草木を枯らす― 中古 したつゆ[下露]。

時雨のあとのように一面に降りた― 近代 つゆしぐれ[露時雨]。

早朝―でしっとり濡(ぬ)れていること 中世 あさじめり[朝湿]。

早朝の草葉の― 中古 朝(あした)の露。上代 あさつゆ[朝露]。

冷たい― 中古 かんろ[寒露]。

晩秋から初冬の頃の― 中古 かんろ[寒露]。

夜間に降りる― 近世 よつゆ[夜露]。

山の木々の枝葉から落ちる― 上代 やましたつゆ[山下露]。

つゆ【梅雨】 近代 ばくう[麦雨]。中世 うのはなくたし[卯花腐]。うめのあめ[梅雨]。さつきあめ[五月雨]。つゆ[梅雨／黴雨]。中古 さみだれ[五月雨]。ながめ[長雨]。ばいう[梅雨／黴雨]。ばいりん[梅霖]。黄梅(くわうばい)の雨。

―が終わって晴れること 近世 ついりばれ[梅雨入晴]。つゆばれ[梅雨晴]。

―が終わってまたぶり返すこと かえりづゆ[返梅雨]。近代 もどりづゆ[戻梅雨]。

―が終わってもまだぐずついている天気 のこりづゆ[残梅雨]。

―が終わること 近代 つゆあがり[梅雨上]。近世 しゅつばい[出梅]。つゆあけ[梅雨明／出梅]。

―が終わるときの雨 近世 おくりづゆ[送梅雨]。

―どきの寒さ 近代 つゆざむ[梅雨寒]。つゆびえ[梅雨冷]。

―どきの空 近世 つゆぞら[梅雨空]。中古 ばいてん[梅天]。

―になる前のぐずつく天気 はしりづゆ[走梅雨]。梅雨の走り。

―の間の一時的な晴れ 近代 さつきばれ[五月晴]。近世 ついりばれ[梅雨入晴]。つゆばれ[梅雨晴]。

―の季節 近代 つゆどき[梅雨時]。

―の季節に雨が少ないこと てりつゆ[照梅雨]。近世 からつゆ[空梅雨]。

―の季節になること つゆいり[梅雨入]。近世 にふばい[入梅]。中世 ついり[梅雨入／墜栗花]。

―の頃に空が明るく晴れそうになること 近世 しろばえ[白映]。

▼秋に梅雨のように雨が降ること 近世 あきついり[秋梅雨入]。

▼菜の花の頃の長雨 近代 なたねづゆ[菜種梅雨]。

つゆ【汁】 つけじる[付汁]。近代 しゃうえき[漿液]。近世 えきじふ[液汁]。つゆ[汁／液]。上代 しる[汁]。

つゆくさ【露草】 うつしぐさ[移草]。近世 あゐばな[藍花]。あをばな[青花]。うつしばな[移花]。はなだぐさ[縹草]。ぼうしばな[帽子花]。ほたるぐさ[蛍草]。中世 つみくさ[鴨跖草]。中古 かまつか[鎌柄]。つゆくさ[露草]。上代 つきくさ[月草／鴨跖草]。ももよぐさ[百夜草]。

―の栽培品種 おおぼうしばな[大帽子花]。

―の花で染めること 中古 はなぞめ[花染]。

つよ・い【強】❶〈心〉 近代 きゃうかう[強硬]。きゃうけん[強堅]。きゃうじん[強靭]。ちからづよい[力強]。近世 きぢゃう[気丈]。つよき[強気]。中世 がうき[剛気]。きつし。きゃうこ[強固]。きょうこ[鞏固]。したたか[強]。たけだけし[猛猛]。中古 おぞし[悍]。おぞまし[悍]。かたし[堅／固／硬]。たけし[猛]。上代 おずし[悍]。つよし[強]。

―・く言う 中古 いひそす[言過]。

━・く盛んであること 中世がうじゃう[強盛]。

━・くする 中世つよむ[つよめる][強]。

━・くなる 中世つよる[強]。

我が━・い 中古おぞし／おぞまし[悍]。上代おずし[悍]。

つよ・い【強】❷〈身〉 きょうごう[強豪]。タフ(tough)。近代きゃう[強]。きゃうじん[強靱]。きゃうりょく[強力]。ぐゎんきゃう[頑強]。ぐゎんけん[頑健]。けんがう[健剛]。さうけん[壮堅]。しきゃう[至強]。ストロング(strong)。近世きゃうさう[強壮]。せいきゃう[精強]。むてき[無敵]。鬼を欺く。中世いちにんたうせん[一人当千]。いっきたうせん[一騎当千]。がうがう[剛強／豪剛]。がうけん[剛健]。きゃうけん[強健]。ぎりゃう[技量／伎倆／技倆]。くっきゃう[屈強]。ぐゎんぢゃう[頑丈]。さうけん[壮健]。したたか[強／健]。だいかう／だいがう[大剛]。たうせん[当千]。たっしゃ[達者]。ぢゃうぶ[丈夫]。てごはし[手強]。ゆうみゃう[勇猛]。中古いらなし[苛／苛甚]。こはし[強]。せいえい[精鋭]。たくまし[逞]。たけし[猛]。つよつよ[強強]。上代しこ[醜]。つよし[強]。鼎を扛ぐ[―扛げる]。

━・いさま 近代がっちり。近世がっしり。しっかり。

━・い大将 中世ゆうしゃう[勇将]。

━・い力 近代くゎいりき[怪力]。近世こんがうりき[金剛力]。にわうりき[仁王力]。ゆうりき[勇力]。山を抜く。中世くゎいりょく[怪力]。中古ゆうりょく[勇力]。

━・い敵 近世きゃうてき[強敵]。

━・い者 きょうごう[強豪]。近代きゃうしゃ[強者]。れっぷ[烈夫]。近世もさ[猛者]。れつぢゃうふ[烈丈夫]。中世いっきたうせん[一騎当千]。がうのもの[剛者]。したたかもの[強者]。だいかう[大剛]。まうざ[猛者]。れっし[烈士]。中古がうけつ[豪傑]。つはもの[兵]。

━・い者が勝ち弱い者が負けること 近代ゆうしょうれっぱい[優勝劣敗]。近世じゃくにくきゃうしょく[弱肉強食]。

━・い者がますます強くなること《句》近世得手に棒。駈け馬に鞭。中世鬼に金棒。上代虎に翼。竜に翼を得たる如し。

━・い者どうしが戦うこと 近代りゅうじゃうこはく／りょうじゃうこはく[竜攘虎搏]。

━・いものと弱いもの 近世しゆう[雌雄]。中古がうじう[剛柔]。きゃうじゃく[強弱]。

━・い者の獲物の独り占め 近代獅子の分け前。

━・い者のたとえ りゅうこ[竜虎]。近世べんけい[弁慶]。中世りょうこ[竜虎]。

━・く勇ましいこと 近代ゆうがう[勇剛]。近世がう[剛／豪]。がうゆう[剛勇／豪勇]。きゃうゆう[強勇／彊勇]。ばんぷぶたう[万夫不当]。ゆうき[雄毅／勇毅]。中世ゆうまう[勇猛]。ゆうみゃう[勇猛]。中古げうゆう[驍勇]。上代ぶゆう[武勇]。

━・く大きい 中世きゃうだい[強大／彊大]。

━・くて雄々しいこと 近代ゆうがう[雄剛]。

━・くて残忍なこと 近代けうゆう[梟勇]。

━・そうで実際は弱い者のたとえ 中世おにみそ[鬼味噌]。

荒々しく━・いこと 近代けいかん[勁悍]。げうまう[驍猛]。近世がうかん[剛悍／豪悍]。きゃうまう[強猛]。だうまう[獰猛]。中世きゃうぼう[強暴／彊暴]。へうかん[剽悍／慓悍]。

老いて━・いさま 中古くゎくしゃく[矍鑠]。

最も━・いこと 近代さいきゃう[最強]。

▼接頭語 近世くま[熊]。中世あく[悪]。おに[鬼]。

つよ・い【強】❸〈物〉 近代きゃうれつ[強烈]。けいけん[勁健]。けんじん[堅靱]。中世きゃうこ[強固]。きゃうだい[強大／彊大]。きょうこ[鞏固]。ぐゎんぢゃう[頑丈]。けんご[堅固]。中古かたし[堅／固／硬]。けんらう[堅牢]。つよし[強]。はげし[激]。

━・い勢い 近代きゃうせい[強勢]。中世がうせい[強勢／豪勢／剛勢]。中古はげし[激]。上代いつ[厳／稜威]。

━・い風 近世きゃうふう[強風]。↓かぜ【風】

━・い草 中古けいさう[勁草]。

━・い酒(悪酔いする) 近世おにころし[鬼殺]。おによけ[鬼除]。

━・くてしなやかなこと 近代じんなん[靱軟]。

多くの━・い国 近代れっきゃう[列強]。

最後の━・い手段 近代きりふだ[切札]。近世とっておき。

つよがり【強】 近代からげんき[空元気]。からゐばり[空威張]。つよがり[強]。近世きょせい[虚勢]。まけをしみ[負惜]。りきみ[力]。中世ぎせい[擬勢／義勢／儀勢]。

《句》負け惜しみの減らず口。近世引かれ者の小唄。

つよき【強気】 →つよごし(次項)

つよごし【強腰】 はなっぱし[鼻端]。つよき[強気]。近代きゃうかう[強硬/強梗]。つよき[強気]。むかふいき[向意気]。近世かちき[勝気]。きづよし[気強]。つよき[強気]。はなっぱしら/はなばしら[鼻柱/鼻梁]。鼻息荒し。中古たけし[猛]。

つよま・る【強】 ぞうきょう[増強]。近代きゃうくゎ[強化]。つよまる[強]。中古つよる[強]。

《句》近世得手に棒。駈(かけ)馬に鞭(むち)。竜に翼を得たる如(ごと)し。中世鬼に金棒。上代虎に翼。

勢いがー・る 近代いきほひづく[勢付]。

つよ・める【強】 パワーアップ(和製power up)。近代きたへる[鍛]。きゃうくゎ[強化]。中世つよむ[つよめる][強]。

▼強めの助詞、接頭語など からして。おして[押]。近代どん。近世から。中世かし。もて[以]。中古こそ。ぞ。つい。なむ。もって[以]。や。上代うち[打]。

つら【面】 マスク(mask)。近代フェース(face)。近世がんめん[顔面]。中世へうめん[表面]。めん[面]。中古かほ[顔]。上代おもて[面]。つら[面/頬]。→**かお**

つらあて【面当】 近代あてつけ[当付]。いやがらせ[嫌]。近世あてくち[当口]。あてこすり[当擦]。中世つらあて[面当]。

つら・い【辛】 近代くじふ[苦渋]。にがい[苦]。近世いううつ[憂鬱]。えらし[偉]。かなし[悲]。さんく[惨苦]。しんどし。せつい[切]。てきない。むごし[酷]。やるせなし[遣瀬無]。中世いたまし[痛/傷/悼]。うたてし。きぐるし[気苦]。きつし。きのどく[気毒]。じゅつなし[術無]。せつなし[切]。なんぎ[難儀]。ものうし[物憂]。中古いたし[痛/甚]。うれはし[憂]。からし[辛]。こころうし[心憂]。ずちなし/ずつなし[術無]。たへがたし[堪難]。なやまし[悩]。むねいたし[胸痛]。わびし[侘]。わりなし[理無]。上代いらなし[苛/苛甚]。うし[憂]。くるし[苦]。こころぐるし[心苦]。しんく[辛苦]。たしなし[窘]。つらし[辛]。やさし[恥]。

《枕》中古あしねはふ[葦根這]〔⇩うき〕。をしどりの[鴛鴦]〔⇩うき〕。上代あしのねの[葦根]〔⇩うき〕。うのはなの[卯花]〔⇩うき〕。みづどりの[水鳥]〔⇩うき〕。からくにの[韓国/唐国]〔⇩からく〕。やくしほの[焼塩]〔⇩からき〕。

ー・い思い 泣きの涙。痩せる思い。近代くちゅう[苦衷]。にがみ[苦/苦味]。血を吐く思ひ。近世つらみ[辛]。中古うさ[憂]。うれへ[憂/愁]。からきめ[辛目]。ひたん[悲嘆]。

ー・い思いのたとえ 近世くゎすい[火水]。腸(はらわた)がちぎれる。中世けつるい[血涙]。ぢごく[地獄]。中古血の涙。身を切る。

ー・い思いをさせる 泣きを見せる。中古目を見す。上代くるしむ[―しめる][苦]。

ー・い境遇 近世うきかはたけ[浮河竹]。中古うきせ[憂瀬]。うきみ[憂身]。

ー・いこと 近代くはい[苦杯]。さんそ[酸楚/惨楚]。近世しんそ[辛楚]。なき[泣]。中世こめ[小目]。なんぎ[難儀/難義]。中古うきふし[憂節]。うきめ[憂目]。うさ[憂]。しんさん[辛酸]。上代うけく[憂]。かんなん[艱難]。けんなん[険難/嶮難]。しんく[辛苦]。たしなみ[窘]。

ー・い目に合う 苦杯を嘗(な)める(喫す)。近代辛酸を嘗(な)める。近世きゅうめい[窮命]。中世憂き目に逢ふ。上代くるしむ[苦]。

ー・い世の中 中世うきよ[憂世]。

ー・く思う 中世ながめわぶ[眺侘]。中古おもひうんず[思倦]。なやましがる[悩]。わぶ[わびる][侘]。上代おもひわぶ[思侘]。なやむ[悩]。《尊》中古おぼしうんず[思倦]。

生きるのがー・い 近代えんせい[厭世]。中古ありわぶ[在侘/有侘]。

起きるのがー・い 中世おきわぶ[起侘]。

聞いてー・く思う 中古ききわづらふ[聞煩]。

積もり積もったー・い思い 中世せきいう[積憂]。

物がなくてー・い 上代たしなし[窘]。

つらがまえ【面構】 近世つらがまへ[面構]。中世つらがまち[輔/面框]。つらだましひ[面魂]。中古かほつき[顔]。→**かお**

つらな・る【連】 近代れんさ[連鎖]。近世たてつづく[立続]。つながる[連]。へいれつ[並列]。れんけつ[連結]。れんせつ[連接]。中世ゐならぶ[居並]。中古たちつづく[立続]。つづく[続]。つらなる[連/列]。つらぬ[つらねる][連]。つる[つれる][連]。ならぶ[並]。れっす[列]。上代つららく[列]。なぶ/なむ[並]。なみゐる[並居]。

ー・り続くこと 中世めんこう[綿亙/綿亘]。

ー・ること 近代つらなり[連]。中古られつ[羅列]。上代つら[列/連]。れつ[列]。

ー・るさま 近代ずらっと。近世ずらり。ぞろっと。上代つららに[列]。

整然と━・るさま 中古れきれき［歴歴］。
星のように━・る 上代せいれつ［星列］。
つらぬ・く【貫】 つらぬきとおす［貫通］。近代くゎんすい［完遂］。くゎんつう［貫通］。すいかう［遂行］。つきとほる［突通］。やりとげる［遂］。押しの一手。近世くゎんせん［貫穿］。くゎんてつ［貫徹］。つうくゎん［通貫］。なしとぐ［━とげる］［成遂］。ぶちぬく［打抜］。中世いっくゎん［一貫］。おしとほす［押通］。つうてつ［通徹］。つきとほす［突通］。つきぬく［━ぬける］［突抜］。つなぬく［貫］。てっす［徹］。中古うがつ［穿］。さす［刺］。つらぬく［貫］。ぬく［貫］。上代とほす［通］。とほる［通］。はたす［果］。
━・いて流れること 近代くゎんりう［貫流］。
緒で━・いて玉などを止める 中古つらぬきとむ［貫止］。
光線や視線が裏側まで━・く 中世いぬく［射貫］。上代いとほす［射通］。
たくさん━・く 上代しじぬく［繁貫］。
縦に━・く 近代じゅうくゎん［縦貫］。
弾丸などが━・く 近代うちぬく［撃抜］。
道(精神)を━・くこと 中世くゎんだう［貫道］。近世くゎんつう［貫通］。
横に━・く 近代わうくゎん［横貫］。
つら・ねる【連】 近世つるぶ／つるむ［連］。中古つらぬ［つらねる］［連／列］。上代つづく［つづける］［続］。なぶ／なむ［並］。
一本で━・ねる 中古さしとほす［刺通］。
次々と━・ねる 中古かきつらぬ［━つらねる］［搔連］。
つらよごし【面汚】 近代ふめいよ［不名誉］。ふめんぼく／ふめんもく［不面目］。をてん［汚点］。沽券(こけん)に関はる。近世つらよごし［面汚］。はぢさらし［恥晒］。顔が潰る［━潰れる］。顔が汚る［━汚れる］。顔に泥を塗る。中世なをれ［名折］。
つらら【氷柱】 けんぴょう［懸氷］。近世かなこほり／かなこり［金氷］。ひょうちゅう［氷柱］。中世つらら［氷柱］。中古たるひ［垂氷］。
つり【釣】 さかなつり［魚釣］。近代フィッシング(fishing)。近世うをつり［魚釣］。中世すいてう［垂釣］。上代つり［釣］。つる［釣］。
━で一度掛かった魚を逃がすこと 近代つりおとす［釣落］。ばらす／ばれる。
━で一匹も釣れないこと おでこ。ぼうず［坊主］。
━で大物の魚 ねんなし［年無］。
━で俗事を忘れる境地 一竿(いっかん)の風月。
━で目的外の魚を釣ること げどう［外道］。
━に用いる舟 上代つりぶね［釣船］。
━の糸が他の人の糸ともつれること おまつり［御祭］。
━の糸がたるむ ふける。
━の腕を自慢する人 つりてんぐ［釣天狗］。
━の仕方の例 いっか［一荷］。いっぽんづり［一本釣］。うちこみ［打込］。おきばり［置針］。かけづり［掛釣］。ころがしづり［転釣］。ごろびき／ごろびきづり［転引釣］。サーフキャスティング(surf casting)。さびきづり［釣］。すれづり［釣］。せづり［瀬釣］。そこづり［底釣］。たぐりづり［手繰釣］。どぶづり［淵釣］。ドライフライ(dry fly)。トローリング(trolling)。ひきづり［引釣］。ぶっこみづり［打込釣］。近代うみづり［海釣］。しもり／しもりづり［釣］。ともづり［友釣］。なげづり［投釣］。ふかしづり［釣］。ふなづり／ふねづり［船釣］。みゃくづり［脈釣］。近世あなづり［穴釣］。いそづり［磯釣］。おきづり［沖釣］。かはづり［川釣］。さをづり［竿釣］。てづり［手釣］。ねづり［根釣］。のづり［野釣］。よづり［夜釣］。をかづり［陸釣］。
━の成果 ちょうか［釣果］。
━の友達 近代てういう［釣友］。
━を終えること さおじまい［竿仕舞］。のうかん［納竿］。
━をする人 近世たいこうばう［太公望］。つりし［釣師］。中古つりびと［釣人］。
▼魚が餌をつつく感触 ぎょしん［魚信］。近代あたり［当］。近世いとみゃく［糸脈］。
つりあい【釣合】 近代きんかう［均衡］。きんせい［均斉／均整］。てうわ［調和］。バランス(balance)。プロポーション(proportion)。近世うつり［映］。かねあひ［兼合］。けんかう［権衡］。中世つりあひ［釣合］。にあひ［似合］。
つりあ・う【釣合】 近世うつる［映］。かけあふ［掛合］。かねあふ［兼逢］。そぐなふ。中世かけあふ［掛合］。かなふ［叶／適］。そぐふ。つりあふ［釣合］。とりあふ［取合］。中古あふ［合］。たぐふ［比／類］。にあふ［似合］。ふさはし［相応］。上代ふさふ［相応］。
━・うこと たいおう［対応］。近代かうへい［衡平］。ひてき［比敵］。近世ていたう［抵当］。そへいかう［平衡］。中世さうたう［相当］。それさうおう［其相応］。たいたう［対当］。たいやう［対揚］。ひってき［匹敵］。もちあひ

［持合］。中古 ふさひ［相応］。

―・うようにする 近代 てうせい［調整］。てうせつ［調節］。てうせつ［調摂］。重心を取る。

―・わない →ふつりあい

つりいと【釣糸】 中世 はりす［鉤素］。みきいと［幹糸］。みちいと［道糸］。近世 てぐす／てんぐす［天蚕糸］。近代 てぐすいと［天蚕糸］。中世 いと［糸］。つりいと［釣糸］。つりのを［釣緒］。

つりがね【釣鐘】 しょう［鐘］。中世 つきがね［撞鐘］。つりがね［釣鐘］。ぼんしょう［梵鐘］。中古 げいしょう［鯨鐘］。上代 かね［鐘］。

―のつり手 中古 りゅうづ［竜頭］。

―のような形 しょうけい［鐘形］。近代 しょうじゃう［鐘状］。

―表面の突起 中世 ち［乳］。

大きな― 近代 きょしょう［大鐘］。中古 こうしょう［鴻鐘／洪鐘］。上代 おほがね［大鐘］。

警報などに使う― 近世 はんしょう［半鐘］。

つりがねにんじん【釣鐘人参】 やまだいこん［山大根］。近世 つりがねさう［釣鐘草］。つりがねにんじん［釣鐘人参］。

―の漢方薬 近世 しゃじん［沙参］。

つりざお【釣竿】 のべざお［延竿］。近代 ロッド(rod)。近世 さを［竿］。つぎざを［継竿］。中世 てうかん［釣竿］。中古 つりざを［釣竿］。

つりばり【釣針】 中世 つりばり［釣針］。中古 はり［鉤］。上代 ち［鉤／鈎］。

―の返し あぎと／あぐ［逆鉤／鐖］。かえし［返］。近代 かかり［掛］。

釣果の上がらない― 上代 おぼち［鉤］。まぢち［貧鉤］。

よく釣れる― 上代 さちぢ［幸鉤］。

その他―のいろいろ(例) かけばり［掛鉤］。かばり［蚊鉤／蚊針］。ぎじばり［擬餌針］。けばり［毛鉤］。フライ(fly)。ルアー(lure)。近世 ゑぎ［餌木］。

つる【鶴】 近世 ちとせどり［千歳鳥］。中世 げんしゃうかうい［玄裳縞衣］。せんかく［仙客］。せんきん［仙禽］。中古 つる［鶴］。上代 あしたづ［葦田鶴］。たづ［田鶴］。たづがね［田鶴音］。

―が鳴くこと 中古 かくれい［鶴唳］。

―の鳴き声 上代 たづがね［田鶴音］。

折り紙の― 近世 をりづる［折鶴］。

霜のように白い― 中古 しものつる［霜鶴］。

雌雄の― 中古 ともづる［友鶴］。

野にいる― 中古 やかく［野鶴］。

春北へ帰る― 近世 ひきづる［引鶴］。

夜に巣籠もりしている― 中世 よづる［夜鶴］。中古 やかく［夜鶴］。よるのつる［夜鶴］。

つる【蔓】 中世 つる［蔓］。上代 つら［蔓］。

―が一面にのびる 中古 はひわたる［這渡］。

―がのびること 近代 つるだち［蔓立／蔓質］。まんせい［蔓生］。

―の先の方になる実 近世 うらなり［末生／末成］。中古 すゑなり［末生／末成］。

―を這はわせるもの 中古 たな［棚］。

芋類の― 中古 いもづる［芋蔓］。

地上を這う― ランナー(runner)。近代 ふくし［匐枝］。ほふくけい［匍匐茎］。

つ・る【釣】 →つり

つるぎ【剣】 →かたな

つるくさ【蔓草】 かずらぐさ［葛草］。中世 かっとう［葛藤］。つたかづら［蔦葛］。中古 かづら［葛／蔓］。つづら［葛］。つるくさ［蔓草］。むぐら［葎］。上代 たまかづら［玉葛／玉蔓］。つら［蔓］。ふぢかづら［藤葛］。

つる・す【吊】 近代 たらす［垂］。近世 ぶらくる。ぶらさぐ［―さげる］［吊下］。中世 つりさぐ［―さげる］［下］。中古 さぐ［さげる］［提／下］。つるす［吊／釣］。つる［吊］。

腰に―・す 上代 かけはき［懸佩］。

つるな【蔓菜】 いわな［岩菜］。近代 はまな［浜菜］。近世 つるな［蔓菜］。はまあかざ［浜藜］。

つるれいし【蔓茘枝】 近世 つるれいし［蔓茘枝］。れいし［茘枝］。中古 にがうり［苦瓜］。

つれ【連】 近代 あひぼう［相棒］。いちぎゃう［一行］。ごはん［伍伴／伍班］。コンパニオン(companion)。つれあひ［連合］。どうかうしゃ／どうぎゃうしゃ［同行者］。どうはんしゃ［同伴者］。れんちゅう［連中］。近世 いっかう［一行］。つれびと［連人］。どうぜい［同勢］。なかま［仲間］。中世 つれ［連］。どうかう／どうぎゃう［同行］。どし［同志／同士］。はんりょ［伴侶］。みちづれ［道連］。れんぢゅう［連中］。中古 どうし［同志／同士］。

つれあい【連合】 近代 ちゃのみなかま［茶飲仲間］。つれそひ［連添］。はいぐうしゃ［配偶者］。近世 かうきう［好逑］。ちゃのみともだち［茶飲友達］。つれあひ［連合］。中世 ひつぐう［匹偶］。めをと［夫婦］。中古 かうれい［伉儷］。ぐ［具］。上代 つま［夫／妻］。

つれそ・う【連添】 近代 つれあふ［連合］。中世 あひぐす［相具］。あひともなふ［相伴］。つれそふ［連添］。中古 ぐす［具］。たぐふ［たぐえる］［比／類］。つれだつ［連立］。ともなふ

[伴]。みる[見]。上代たちそふ[立添]。

—・う人 近代つれあひ[連合]。はいぐうしゃ[配偶者]。中古ぐ[具]。→**はいぐうしゃ**

—・わせる 中古たぐふ〔たぐえる〕[比/類]。

最後まで—・うこと 中古とこふる[床旧]。中古とまり[止/留]。

長く—・う

夫婦として—・う 中古そふ[添]。

昔—・った人 中世いにしへびと[古人]。

つれだ・つ【連立】 近代つれあふ[連合]。近世ずいはん[随伴]。つるむ[連]。袖を連ぬ〔—連ねる〕。中世あひともなふ[相伴]。ずいかう[随行]。たづさふ〔—さえる〕[携]。どうつる〔つれる〕[連]。つれそふ[連添]。どうかう/どうぎゃう[同行]。ともなふ[伴]。中古うちぐす[打具]。うちそふ[打添]。うちつる〔—つれる〕[打連]。かいつらぬ[搔連]。ぐす[具]。たぐふ〔たぐえる〕[比/類]。つれだつ[連立]。つらなる/つらぬ〔つらねる〕[連]。つれだつ[連立]。どうだう[同道]。ゆきつる〔—つれる〕[行連]。るいす[類]。上代あともふ/あどもふ[率]。

—・つこと 中世ぐそく[具足]。

—・って行く 近世どうぜい[同勢]。中世たづさふ〔—さえる〕[携]。中古どうだう[同道]。ともなふ[伴]。ゆきつる〔—つれる〕[行連]。

—・っている人 近代あひぼう[相棒]。どうはんしゃ[同伴者]。れんちゅう[連中]。近世いっかう[一行]。つれびと[連人]。どうぜい[同勢]。中世つれ[連]。れんぢゅう[連中]。→**つれ**

いつも—・っている人たち 近世じゃうれん[常連]。

男女が—・つ 近世いかけ[鋳掛]。つるむ[連]。

▼接尾語 中世づれ[連]。

つれづれ【徒然】 近代アンニュイ(フランス ennui)。きょぜん[居然]。近世てもちぶさた[手持無沙汰]。ぶれう[無聊]。中世しょざいなし[所在無]。たいくつ[退屈]。中古つれづれ[徒然]。とぜん[徒然]。むゐ[無為]。

つれてゆ・く【連行】 れんこう[連行]。近代いんち[引致]。つれさる[連去]。つれだす[連出]。中世あひともなふ[相伴]。ぐす[具]。ぐそく[具足]。ひっぱる[引張]。中古ともなふ[伴]。ひきぐす[引具]。ひきたつ〔—たてる〕[引立]。ひきつる〔—つれる〕[引連]。上代どうはんひきはる[引張]。ゐる[率]。

[同伴]。ひきゐる[率]。

—・き共に寝る 上代ゐぬ[率寝]。

あちこち—・く 中世ひきまはす[引回]。

誘って—・く 上代いざなふ[誘]。

誘って旅館などに—・く 近代くはへこむ[銜込]。つれこむ[連込]。

無理矢理に—・く しょっぴく[引]。近代いうかい[誘拐]。らち/らっち[拉致]。らちらち[羅致]。近世さらふ[攫/掠]。しぶく。しょびく[引]。ひっさらふ[引攫/引浚]。らっす[拉]。中世かどはかす[勾引/拐]。そびく[誘]。ひったつ〔—たてる〕[引立]。中古かどはす[勾引/拐]。かどふ[勾引/拐]。とりゐる[取率]。ひきたつ〔—たてる〕[引立]。

容疑者などを—・く れんこう[連行]。

つれな・い 近代せきしん[石心]。ひにんじゃう[非人情]。ひややか[冷]。ぶあいさう/ぶあいそ[無愛想]。れいけつ[冷血]。近世きづよし[気強]。そでない[然無]。ひっしょなし。ふにんじゃう[不人情]。むじひ[無慈悲]。むじゃう[無情]。情け知らず。中世いろなし[色無]。じゃけん[邪見]。すげなし[素気無]。そっけなし[素気無]。はくじゃう[薄情]。曲もなし。中古あいだちなし。うし[憂]。こころごはし[心強]。こころづよし[心強]。つらし[辛]。なさけなし[情無]。にくし[憎]。はしたなし。ひじゃう[非情]。れいたん[冷淡]。上代うはへなし。こころなし[心無]。つれなし。つれもなし。

—・い態度をとる 近世さます[冷]。上代あらぶ[荒]。

—・い手紙 近世石の文(ふみ)。

—・い人 中古うたてびと[人]。

つ・れる【連】 近代けっする[挈]。ひっさげる[引下/引提]。近世ていけつ[提挈]。つるぶ/つるむ[連]。中世どうかう[同行]。ひきしろふ[引]。中古あひぐす[相具]。いんそつ[引率]。うちぐす[打具]。うちつる〔—つれる〕[打連]。かいつらぬ[搔連]。ぐす[具]。さそふ[誘]。したがふ〔—がえる〕[従]。そっす[率]。たぐふ〔たぐえる〕[比/類]。つらなる[連/列]。つらぬ〔つらねる〕[連/列]。つらつる〔つれる〕[連]。つれだつ[連立]。どうだう[同道]。ともなふ[伴]。ひきぐす[引具]。ひきさぐ〔—さげる〕[引下/引提]。ひきつづく〔—つづける〕[引続]。ひきつる〔—つれる〕[引連]。ひきゐる[率]。ひく[引]。るいす[類]。上代あともふ/あどもふ[率]。いざなふ[誘]。さすふ[誘]。そふ〔そえる〕[添]。たづさはる[携]。たづさふ〔たずさえる〕

〔携〕。どうはん〔同伴〕。ひきゐる〔率〕。ゐる〔率／将〕。

《尊》中世めしぐす〔召具〕。

《句》近世木菟引きが木菟にひかれる。木乃伊取りが木乃伊になる。

ー・れて歩く 近世ひきまはす〔引回〕。

こっそりー・れて出る 中古ぬすみいづ〔盗出〕。

無理にー・れて行く →**つれてゆ・く**

▼同行者 近代あひぼう〔相棒〕。いちぎゃう〔一行〕。どうはんしゃ〔同伴者〕。近世いっかう〔一行〕。どうぜい〔同勢〕。中世つれ〔連〕。どうかう／どうぎゃう〔同行〕。→**つれ**

つわぶき【石蕗】 近世つはぶき〔石蕗／槖吾〕。中世くゎんとう〔款冬〕。やまぶき〔山蕗〕。上代つは〔槖吾〕。

つわもの【兵】❶〈兵士〉 近世へいそつ〔兵卒〕。へいたい〔兵隊〕。中世さぶらひ／さむらひ〔侍／士〕。へいし／へいじ〔兵士〕。中古むさ／むしゃ〔武者〕。もののふ〔武士〕。上代いくさびと／ぐんじん〔軍人〕。つはもの〔兵〕。ぶけ〔武家〕。ぶし〔武士〕。

つわもの【兵】❷〈強者〉 きょうごう〔強豪〕。近代きゃうしゃ〔強者〕。近世もさ〔猛者〕。中世したたかもの〔強者〕。だいかう〔大剛〕。まうざ〔猛者〕。中古つはもの〔兵〕。

て

て【手】 近代アーム(arm)。ハンド(hand)。近世じゃうし〔上肢〕。ちょっかい。てぶし〔手節〕。中世おほで〔大手〕。中古うで〔腕〕。上代かひな〔腕／肱〕。た〔手〕(接頭語的に)。ただむき／ただむぎ〔腕〕。たぶさ〔腕／手房〕。て〔手〕。

ーが空いていること 中世てすき〔手隙／手透〕。

ーが付けられない 手に負えない。手も足も出ない。箸にも棒にもかからない。

ーが届かない 近世てあき〔手明／手空〕。てどほし〔手遠〕。

ーが何度も触れて傷むこと 近代てずれ〔手擦／手摩〕。

ーが何度も触れてついた汚れ てあか〔手垢〕。

ーが早い 近世てかしこし〔手賢〕。てばしこし〔手捷〕。中世てばやし〔手早〕。

ーが回らないこと 中古てはなち〔手放〕。

ーから手に受け渡しすること 近世てぐり〔手繰〕。虎の子渡し。中世てわたし〔手渡〕。

ーで扱う器具 近代ハンドル(handle)。

ーで来るように合図する 中世てまねき〔手招〕。

ーで触った感じ 近世てあたり〔手当〕。中世てごたへ〔手応〕。てざはり〔手触〕。

ーでする仕事 近世てわざ〔手業〕。中世てしごと〔手仕事〕。

ーで操作すること しゅどう〔手動〕。

ーで摑むこと 近代はあく〔把握〕。中世てづかみ〔手摑〕。

ーで握ること 中古しゃうあく〔掌握〕。上代たにぎる〔手握〕。

ーで花などを折る 上代たをる〔手折〕。

ーでもてあそぶこと 近世てそぶり／てそぼくり／てそぼり〔手〕。中世てあそび〔手遊〕。てすさみ〔手遊〕。てなぐさみ〔手慰〕。中古てすさび〔手遊〕。

ーに汗を握る 近世はらはら。中世手を握る。

ーに余る →**ーに負えない**

ーに入れようとする 上代ねらふ〔狙〕。もとむ〔もとめる〕〔求〕。

ーに入れる 金的を射落とす(射当てる)。手中に収める。近代いとめる〔射止〕。いる〔射〕。かくほ〔確保〕。しうとく〔収得〕。しうにふ〔収入〕。しゅとく〔取得〕。はくしゅ〔博取〕。ものにする。近世ありつく〔有付〕。くゎくしゅ〔獲取／攫取〕。せしめる。つかむ〔摑／攫〕。てまはる〔手回〕。らくしゃう〔落掌〕。らくしゅ〔落手〕。中世くゎくとく〔獲得〕。とりこむ〔取籠〕。にふしゅ〔入手〕。まうく〔もうける〕〔儲〕。中古たづねとる〔尋取〕。まちう〔待得〕。をさむ〔おさめる〕〔収／納〕。懐に（ふところに）す。上代う〔える〕〔得〕。

ーに負えない 近世てこずる〔手張〕。てばる〔手〕。もちあます〔持余〕。負へぬ。腕（かひな）に余る。しようがなし。酢でも蒟蒻でも。手を焼く。煮ても焼いても食へぬ。中世かなはず〔叶／適〕。もてあます〔持余〕。手に余る。中古さがなし。

ーに負えない人 近世もてあましもの〔持余者〕。中古さがなもの〔者〕。

ーになじませる 中古てならす〔手慣／手馴〕。

ーに慣れていること 中古てなる〔ーなれる〕〔手慣／手馴〕。上代たなれ〔手馴〕。

ーに持つ 上代たづさふ〔ーさえる〕〔携〕。

ーの跡 近世てがた〔手形〕。

ーの動かし方 近代てさばき〔手捌〕。中世てざし〔手差〕。てもち〔手持〕。てもと〔手元

／手許］。中古てづかひ［手遣／手使］。てつき［手付］。てぶり［手振］。

―の甲 近世しゅはい［手背］。

―の甲を覆うもの 近世てかふ／てっかふ［手甲］。

―の先 近代たなさき［手先］。近世ゆびさき［指先］。中世てさき［手先］。上代たなすゑ［手先］。

―のしぐさ 中古てぶり［手振］。

―の届かないさま 中古てぢか［手近］。中古雲居遥か。

―の届く所 近世てぢか［手近］。中世てのした［手下］。てまはり［手回］。てもと［手元／手許］。

―も足も出ない 近世薬缶（薬鑵）で茹でた蛸のやう。中世魚木に登る。

―を洗う 近代おすまし［御澄］。近世ちりてうづ［塵手水］。塵を結ぶ。中古くゎんそう［盥漱］。てあらひ［手洗］。てうづ／てみづ［手水］。

―を洗う所 近代くゎんじょ［灌所］。

―を洗う水 中古てうづ／てみづ［手水］。

―を入れる 近世いらふ［弄］。中世いろふ［弄］。

―を打ち合わす 近世はくしゅ［拍手］。中世かしはで［柏手／拍手］。てびゃうし［手拍子］。中古しだら。ひらて［開手］。

―を掛けるところ てかけ［手掛／手懸］。中世てがかり［手掛／手懸］。

―を翳す 中世目蔭をさす。

―を貸す 近代よなふ。力を貸す。上代たすく〔たすける〕［助］。→たす・ける
―を加えない 近世おきすゑ［置据］。中古うちおく［打置］。すゑおく［据置］。


―を加える かこう［加工］。近世ていれ［手入］。中古てがへし［手返］。中世さくゐ［作為］。しくはふ［為加］。

―をこまねいている 近代きょうしゅ［拱手］。そくしゅ［束手］。近世しゃしゅ［叉手］。腕をこまぬく（こまねく）。中古さしゅ［叉手］。手を束ぬ〔―束ねる〕。たうだく［拱］。上代たむだく［拱］。

―を添える 上代たすく〔たすける〕［助］。↓たす・ける
―を出す 近世てざし［手差］。てだし［手出］。指を差す。

―を付ける 近代そめる［染］。ちゃくしゅ［着手］。近世かかる［掛／懸］。せんし［染指］。中世てつけ［手付］。

―をつなぐ 手を取り合う。近代けふりょく［協力］。タイアップ（tie up）。手を組む。中世ひきあふ［引合］。とりくむ［取組］。手に手を取って。中古ていけい［提携］。上代たづさふ［携］。

―を抜く 近世てぬき［手抜］。ほねをしみ［骨惜］。骨を盗む。中世なまく〔なまける〕［怠／懶］。

―を引く 近世肩を抜く。中古ひきさがる［引下］。

―を引く時機 近世しほどき［潮時］。中世おきしほ［置潮］。

―を休めずに 上代手もすまに。

あちこち少しずつ―を付ける 中世くひさす［食止］。中古くひちらす［食散］。

荒れた― 上代さきで［裂手］。

美しい― 中古ぎょくしゅ［玉手］。上代またまで［真玉手］。

思いがけず―に入れること 近代ころがりこむ［転込］。中世かんとく［感得］。上代ひろふ［拾］。
固く握った― 近代げんこつ［拳骨］。てっけん［鉄拳］。近世かなこぶし［鉄拳］。げんこ［拳固］。中世にぎりこぶし［握拳］。中古こぶし［拳］。
刀に―をかける 近世あんず［按］。
神を拝するとき打つ― 中世かしはで［柏手／拍手］。中古ひらて［開手］。
自分の―で書いたもの てがき［手書］。中世しんしょ［親書］。上代しゅしょ［手書／手署］。
自分の―で作ること 近世てわざ［手業］。中世てざいく［手細工］。中古しゅこう［手工］。てづくり［手作］。
定規などを当てず―で自在に書くこと フリーハンド（freehand）。
女性の細い― 中古せんしゅ［繊手］。
様子を―で表すこと 近世てまね［手真似］。てやう［手様］。
両方の― 近世りゃうて［両手］。中世りゃうしゅ［両手］。中古もろて／もろで［諸手］。
てあい【手合】❶〈仲間〉 近代あひぼう［相棒］。近世てあひ［手合］。なかま［仲間］。れんぢゅう［連中］。れんちゅう［連中］。中世つれ［連］。中古やから［輩／族］。
てあい【手合】❷〈勝負〉→しょうぶ【勝負】
であい【出会】 近代まみえ［目見／見］。近世しゅっくゎいけん［会見］。さうぐう［遭遇］。しゅっくゎい［出会］。であひ［出会／出合］。中世かいこう［邂逅］。さうほう［遭逢］。たいがん［対顔］。ほうちゃく［逢着］。めんくゎい

［面会］。中古 ちぐう［値遇］。上代 たいめん［対面］。ゆきあひ［行合］。
《謙》お目にかかる。近代 おめどほり［御目通］。近世 おめもじ／めもじ［御目文字］。はいび［拝眉］。中世 見参に入る。中古 えっす［謁］。げざん／げんざん［見参］。はいえつ［拝謁］。

前世の宿縁による― 中世 ちぐ／ちぐう［値遇］。

男女の― デート(date)。近代 ランデブー(フランス rendez vous)。近世 あひびき［逢引／媾曳］。しのびあひ［忍会］。中古 あふせ［逢瀬］。

初めての一回だけの― 中世 いちめん［一面］。

久し振りの― 中世 さいくゎい［再会］。

であ・う【出会】 中世 くゎいす［会］。さんくゎい［参会］。せっす［接］。であふ［出会／出合］。みあふ［見合］。みえあふ［見逢］。面を向かふ。中古 かかる［掛／懸］。さしあふ［差合］。ひきあふ［引合］。ゆきあふ［行合］。上代 あひあふ［相会］。あふ［会／遭／逢］。ふる［触］。→**あ・う【会】**

―・うところ 中世 くゎいしょ［会所］。

―・う約束 アポ／アポイント／アポイントメント(appointment)。

―・った最初の印象 近代 だいいちいんしゃう［第一印象］。

―・って話すこと 上代 めこと［目言］。

―・って喜びを交わす 中古 くゎんくゎい［歓会］。

思いがけず―・うこと 近代 きあはせる［来合］。めぐりあふ［巡合］。近世 きぐう［奇遇］。さうぐう［遭遇］。でくはす／でっくはす［出会／出交］。中世 かいこう［邂逅］。中古 ありあふ［有合］。さいくゎい［際会］。ゆきあふ［行合］。

思いがけず―・うさま 近代 ぱったり。ひょっくら。近世 ばったり。ひょっこり。

貴人に私事で―・うこと 中世 しえつ［私謁］。

重要なことに―・うこと 中古 さいくゎい［際会］。

戦場で敵味方になって―・う 近代 旗鼓(きこ)の間(かん)に相見(あいまみ)ゆ(―見(まみ)える)。

ばったり―・うこと 近世 であひがしら［出会頭］。はちあはせ［鉢合］。中世 はなじろ［鼻白］。はなつき［鼻突／鼻衝］。

物事に―・う 近代 さいする［際］。近世 たいけん［体験］。中世 ほうちゃく［逢着］。中古 目を見る。

てあし【手足】 中世 えだぼね［枝骨］。中古 あして［足手］。しゅそく［手足］。上代 え［肢］。えだ［枝］。しし［四肢］。したい［肢体］。てあし［手足］。

―が故障などで動かない 中世 なふ［萎］。中古 なゆ(なえる)［萎／痿］。

―が寒さなどでしびれる 近世 かじかむ［悴］。かじける［悴］。はじかむ。中世 かしく［悴］。中古 ひるむ［怯］。

―が冷えて冷たくなるたとえ 近世 くぎこほり［釘氷］。

―とからだ 上代 したい［肢体］。

―となって働く人 近代 こしゃう［股掌］。上代 ここう［股肱］。

―の先 したん［肢端］。

―の骨 しこつ［肢骨］。近世 えだぼね［枝骨］。

―を伸ばして寝る 近世 のえふす［偃］。

―を広げて立つ 中古 はだかる［開］。

―を広げる 中世 はぢかる。

であし【出足】 近代 しょそく［初速］。であし［出足］。

てあたりしだい【手当次第】 近代 アトランダム(at random)。近世 ありべかかり。てあたりしだい［手当次第］。中世 当たるを幸ひ。

てあつ・い【手厚】 近世 てあつし［手厚］。ねんいり［念入］。中世 いうあく［優渥］。こんせつ［懇切］。ていちょう［丁重／鄭重］。中古 こんとく［懇篤／悃篤］。ていねい［丁寧］。ねんごろ［懇］。一方ならず。→**ていねい**

―・いもてなし 近代 しゅぐう［殊遇］。ちょうぐう［重遇］。近世 いうたい［優待］。ちぐう［知遇］。中世 たふはい［答拝］。ちぐう［値遇］。

てあて【手当】❶〈準備〉 近世 じゅんび［準備］。中世 てあて［手当］。中古 ようい［用意］。→**じゅんび**

てあて【手当】❷〈治療〉 近代 しょち［処置］。近世 てあて［手当］。中世 かれう［加療］。中古 いたはる［労］。ちれう［治療］。→**ちりょう**

―が遅れること 近世 ておくれ［手遅］。

手荒な― 近世 あられうぢ［荒療治］。

てあて【手当】❸〈処置〉 ケア(care)。メンテナンス(maintenance)。近代 てあて［手当］。ほしゅ［保守］。ほしゅう［補修］。近世 しょち［処置］。せわ［世話］。中世 ていれ［手入］。上代 せいび［整備］。つくろふ［繕］。→**しょち**

てあて【手当】❹〈手段〉 中世 しゅだん［手段］。中古 てだて［手立］。はうはふ［方法］。→**しゅだん**

てあて【手当】❺〈給与〉ギャラ／ギャランティー(guarantee)。近代 きふよ［給与］。ペイ(pay)。らうちん［労賃］。近世 きふきん［給金］。ちんぎん［賃金／賃銀］。てあて［手当］。ふち［扶持］。ほうきふ［俸給］。ろく［禄］。中世 おん［恩］。こころづけ［心付］。中古 ほうしう［報酬］。上代 ほうろく［俸禄］。→**きゅうよ【給与】**

雇用主が一方的に決めるー あてがいぶち［宛扶持］。

扶養家族へのー かぞくてあて［家族手当］。

てあら・い【手荒】 近世 そぼう［粗暴］。てあらし［手荒］。てきびし［手厳］。てひどし［手酷］。らんぼう［乱暴］。中世 しんらつ［辛辣］。ていたし［手痛］。はういつ［放逸］。中古 あらあらし［荒荒］。→**らんぼう**

ー・い治療 近世 あられうぢ［荒療治］。

ー・く入れる 近世 ぶちこむ［打込］。はふりこむ［放込］。

てあらい【手洗】→**べんじょ**

…である→**だんてい**

であるく【出歩】 近代 ぐゎいしゅつ［外出］。近世 であるく［出歩］。中古 ありき［歩］。まかりあるく［罷歩］。ゆぎゃう［遊行］。

ー・いてばかりいる人 近世 あしまめ［足］。うかれびと［浮人］。うかれもの［浮者］。とびすけ［飛助］。

気軽にー・くさま 近世 ひょいひょい。ひょこひょこ。

心落ち着かずー・く うかれあるき［浮歩］。

遠くまでー・く 中世 とほあるき［遠歩］。

身分などを隠してー・く 中世 おしのび［御忍］。中古 しのびありく［忍歩］。びかう［微行］。

てあわせ【手合】 近代 ゲーム(game)。マッチ(match)。中世 うでくらべ［腕比］。きゃうさう［競争］。しあひ［試合］。たちあひ［立合］。てあひ［手合］。中古 しょうぶ［勝負］。てあはせ［手合］。→**しょうぶ【勝負】**

碁や将棋のー 近代 たいきょく［対局］。

てい【体】 中世 たいど［態度］。ていさい［体裁］。やうす［様子］。中古 てい［体／躰］。上代 すがた［姿］。

ていあん【提案】 近代 けんげん［建言］。けんぱく［建白］。ていあん［提案］。ていき［提起］。ていぎ［提議］。ていげん［提言］。ていしゃう［提唱］。ていしゅつ［提出］。どうぎ［動議］。はつあん［発案］。はつぎ［発議］。

ていい【帝位】 近代 せいそ［聖祚］。わうざ［王座］。中原の鹿。中世 くんゐ［君位］。南面の位。中古 うんそ［運祚］。くらゐ［位］。ていゐ［帝位］。てんそ［天祚］。限りなき御位(みくらゐ)。玉の台(うてな)。上代 くゎうそ［皇祚］。くゎうゐ［皇位］。ほうそ［宝祚］。わうゐ［王位］。

ーにつくこと 中世 こしょう［孤称］。

ーを争うこと 近代 中原に鹿を逐(お)ふ。中世 ちくろく［逐鹿］。

ーを奪い取ること 近世 さんだつ［簒奪］。

ーを将来継ぐ皇子 中古 くゎうたいし［皇太子］。たいし［太子］。→**こうたいし**

ーを退くこと たいい［退位］。

譲位を受けてーにつくこと 中世 じゅぜん［受禅］。

ていいん【定員】 中古 ていゐん［定員］。上代 ていすう［定数］。

ーに達すること 近代 まんゐん［満員］。

ーのうちに数えられないこと ていいんがい［定員外］。中世 数(かず)の外(ほか)。数(かず)より外(ほか)。中古 ゐんぐゎい［員外］。

ーを増やす 近代 ぞうゐん［増員］。

ていえん【庭園】 近代 ガーデン(garden)。近世 ていゑん［庭園］。中世 おてい［御亭］。かさんすい［仮山水］。ゑんてい［園庭］。中古 せんざい［前栽］。上代 その［園／苑］。そのふ［園生］。には［庭］。

《尊》上代 みそのふ［御園生］。

ー一面に 中古 庭も狭(せ)に。

ー全体 中世 ひとには［一庭］。

ーと泉水 中古 ゑんち［園池］。

ーに外部の景色を取り入れること しゃっけい［借景］。

ーの石(例) いしだんいし［石段石］。けいせき［景石］。さわわたり［沢渡］。しゅごいし／しゅごせき［守護石］。ふみわけいし［踏分石］。近代 おきいし［置石］。てしょくいし［手燭石］。ゑんざんせき［遠山石］。近世 くつぬぎいし［沓脱石］。すていし［捨石］。にはいし［庭石］。ふみいし［踏石］。やくいし［役石］。中世 とびいし［飛石］。中古 たていし［立石］。上代 せんせき［泉石］。

ーの石の配置 近代 いしくばり［石配］。いしぐみ［石組］。近世 とらのこわたし［虎子渡］。中世 いはぐみ［岩組］。中古 いしだて［石立］。

ーの植え込み 中古 せざい／せんざい［前栽］。

ーの中心になる石 しゅごいし／しゅごせき［守護石］。

ーの中心になる植木 しょうしんぎ［正真木］。

ーの築垣(ついがき) 〔中古〕はうじ／ばうじ［榜示］。
ーの中に築いた山 〔近世〕にはやま［庭山］。〔中世〕つきやま［築山］。〔中古〕やま［山］。〔上代〕しま［山斎］。しまやま［島山］。
ーの中に導き入れた流れ 〔中世〕きょくすい［曲水］。〔中古〕やりみづ［遣水］。
ーの踏み石 いしだんいし［石段石］。
ーを造ること ぞうえん［造園］。ちくてい［築庭］。〔近世〕さくてい［作庭］。
荒れたー 〔中古〕のらやぶ［野藪］。
家の後ろにあるー 〔中世〕こうほ［後圃］。〔中古〕こうゑん［後園］。
公共のー 〔近代〕こうゑん［公園］。
皇居のー 〔近代〕ぐゎいゑん［外苑］。ないゑん［内苑］。〔中世〕くもゐのには［雲居庭］。〔中古〕ぎょゑん［御苑］。みかきのはら［御垣原］。りゃうゑん［梁園／梁苑］。〔上代〕きんゑん［禁苑／禁園］。
小さなー 〔中古〕せうゑん［小園］。
茶室露地の手法を取り入れたー ちゃてい［茶庭］。〔近世〕ちゃには［茶庭］。
築山のあるー 〔上代〕しま［島］。
名所などを模して造られたー しゅくけい［縮景］。
立派なー めいえん［名園］。
その他ーのいろいろ(例)①**［場所］** 〔近代〕こうてい［後庭］。まへには［前庭］。〔近世〕うらには［裏庭］。おくには［奥庭］。なかには［中庭］。〔中世〕ひろには［広庭］。〔中古〕ぜんてい［前庭］。まへ［前］。
その他ーのいろいろ(例)②**［植物］** 〔近世〕うめぞの［梅園］。はなやしき［花屋敷］。〔中古〕くゎゑん［花園］。はなぞの［花園］。〔上代〕ばいゑん［梅園］。
その他ーのいろいろ(例)③**［形式］** かいゆうしきていえん［回遊式庭園］。かれせんすい／こさんすい［枯山水］。ちせんかいゆうしき［池泉回遊式］。〔近世〕ひらには［平庭］。〔中世〕かれさんすい［枯山水］。

ていおう【帝王】 〔近代〕エンペラー(emperor)。キング(king)。〔近世〕げんこう［元后］。〔中世〕くんしゅ［君主］。しゅくん［主君］。〔中古〕くんわう［君王］。わう［王］。〔上代〕ていわう［帝王］。てんし［天子］。わうしゃ／わうじゃ［王者］。
ーが国を治める根本 〔中世〕ていいう［帝猷］。ていぼ［帝謨］。
ーの意見 〔中古〕せいし［聖旨］。
ーを僭称(せんしょう)**する者** せんしゅ［僭主］。
偉大なー 〔近代〕たいてい［大帝］。
女性のー 〔近代〕ぢょわう［女王］。〔中古〕ぢょてい［女帝］。

ていか【定価】 〔近代〕せいか［正価］。〔近世〕しゃうふだ［正札］。〔中世〕ていか［定価］。

ていか【低下】 さきぼそり［先細］。したまわる［下回］。れっか［劣化］。〔近代〕あくくゎ［悪化］。おちこむ［落込］。げらく［下落］。こうたい［後退］。たいかう［退行］。たいくゎ［退化］。ていか［低下］。ていらく［低落］。〔近世〕かうか［降下］。すいたい［衰退］。〔中世〕くだりざか［下坂］。さがる［下］。める［減］。〔中古〕かかう［下降］。くだる［降／下］。

ていかずら【定家葛】 いわつな［岩葛／石綱／岩綱］。〔近世〕つるくちなし［蔓梔子］。〔中世〕ていかかづら［定家葛］。〔中古〕まさきのかづら［真析葛］。

ていかん【諦観】 〔近代〕せいくゎん［静観］。ていくゎん［諦観］。〔近世〕あきらめ［諦］。たっくゎん［達観］。〔上代〕さとり［悟］。

ていき【定期】 〔近代〕ていき［定期］。ていじ［定時］。〔近世〕ていれい［定例］。

ていき【提起】 〔近代〕けんげん［建言］。けんぱく［建白］。ていあん［提案］。ていき［提起］。ていぎ［提議］。ていげん［提言］。ていしゃう［提唱］。ていしゅつ［提出］。どうぎ［動議］。はつあん［発案］。はつぎ［発議］。〔上代〕けんぎ［建議］。

ていぎ【提議】 〔近代〕ていぎ［提議］。ていげん［提言］。はつあん［発案］。はつぎ［発議］。
→ていき

ていきゅう【低級】 ていじげん［低次元］。ていぞく［低俗］。〔近代〕かきふ［下級］。かとう［下等］。げひん［下品］。さんりう［三流］。ていきふ［低級］。れっとう［劣等］。
ー・な見識 〔中古〕ぞくがん［俗眼］。

ていきょう【提供】 きょうよ［供与］。〔近代〕きょうする［供］。きょうよう［供用］。ていき［提起］。ていきょう［提供］。ていしゅつ［提出］。〔近世〕だす［出］。〔中世〕さしだす［差出］。〔中古〕さしいづ［差出／射出］。
移植のための臓器のー者 ドナー(donor)。
客に試してもらうためにー・する物 しきょうひん［試供品］。
実験などにー・する きょうし［供試］。

ていきん【庭訓】 〔近代〕かけん［家憲］。〔中世〕庭の訓(をし)へ。〔中古〕かきん／かくん［家訓］。ていきん［庭訓］。

テイクオフ(take off) 〔近代〕ふみきる［踏切］。りりく［離陸］。

ていけい【提携】 ジョイント(joint)。近代 きょうどう[共同]。けふどう[協同]。けふりょく[協力]。タイアップ(tie up)。近世 さていいうけつ[左提右挈]。中世 あひたづさふ[—さえる][相携]。どうめい[同盟]。中古 ていけい[提携]。

ていけつ【締結】 近代 せいやく[成約]。だけつ[妥結]。ていけつ[締結]。ていやく[締約]。ていりつ[締立]。近世 とりむすぶ[取結]。中古 とりかはす[取交]。

ていけん【定見】 近代 けんかい[見解]。ていけん[定見]。近世 かんがへ[考]。しょしん[所信]。中古 しょぞん[所存]。

—のないこと(さま) またぐらごうやく[股座膏薬]。近世 ふたまたがうやく[二股膏薬]。中世 うちまたがうやく[内股膏薬]。朝題目に夕念仏。

ていげん【提言】 近代 きあん[起案]。けんげん[献言]。けんげん[建言]。しんげん[進言]。ていあん[提案]。ていき[提起]。ていぎ[提議]。ていげん[提言]。どうぎ[動議]。はつあん[発案]。はつぎ[発議]。

ていげん【低減】 少なくする。近代 けいげん[軽減]。げらく[下落]。げんたい[減退]。さくげん[削減]。せつげん[節減]。ていげん[低減]。ていげん[逓減]。ていらく[低落]。中世 げんせう[減少]。さがる[下]。へらす[減]。中古 へる[減]。

ていこう【抵抗】 レジスタンス(フランス résistance)。近代 かうてい[抗抵]。かうてき[抗敵]。たいかう[対抗]。たいりつ[対立]。はんかう[反抗]。はんぱつ[反発]。近世 ていかう[抵抗]。中古 てきたい[敵対]。てむかひ[手向]。上代 たむかひ[手向]。

《句》近代 窮鼠(きゅうそ)猫を噛(か)む。近世 蟷螂(たうらう)(螳螂)が斧(をの)を取りて隆車(りゅうしゃ)に向かふ。蟷螂(螳螂)の斧。

—・して拒むこと 上代 かうきょ[抗拒]。

—・して戦うこと 近代 かうさう[抗争]。かうせん[抗戦]。

—・する 異を唱える。近代 かうする[抗]。反旗を翻す。背を向ける。さからふ[逆]。近世 くってかかる[喰掛]。わたりあふ[渡合]。はむかふ[刃向/歯向]。はりあふ[張合]。中世 あらがふ[抗/争/諍]。すまふ[争]。たてあふ[立合]。たてつく[盾突]。弓を引く。てむかふ[手向]。中古 あらそふ[争]。言葉を返す。すまふ[争]。上代 いどむ[挑]。

流体中の— こうりょく[抗力]。

流動に対する— 近代 ねんせい[粘性]。

ていこく【定刻】 じょうじ[定時]。近代 ていこく[定刻]。ていじ[定時]。中古 こくげん[刻限]。

ていさい【体裁】❶〈外見〉 そとめ[外目]。近代 ぐゎいけい[外形]。ぐゎいもく[外目]。そとみ[外見]。近世 かくかう[格好]。かっかう[恰好]。ぐゎいけん[外見]。しょていい[所体]。てしゅび[手首尾]。みてくれ[見呉]。やうす[様子]。中世 いでたち[出立]。ていさい[体裁]。ていたらく[為体]。みかけ[見掛]。ものがらなりふり[形振]。中古 つくり[作/造]。てい[体/態]。上代 ふうさい[風采]。みなり[身形]。

ていさい【体裁】❷〈体面〉 近代 かたみ[肩身]。こけん[沽券]。たいめん[体面]。ていさい[体裁]。ひとまへ[人前]。近世 せけんてい[世間体]。めんもく[面目]。中世 ぐゎいぶん[外聞]。てまへ[手前]。中古 きこえ[聞]。ひとぎき[人聞]。めいぼく/めんぼく[面目]。上代 な[名]。

《句》近世 見栄張るより頬張れ。

—がよい 近世 しなよし[品良]。中古 さまよし[様良]。

—が悪い 近代 ふていさい[不体裁]。ざま(様/態)はない。みっともよくない。近世 しうたい[醜態/醜体]。じんたい[人体/仁体]。ぶざま[無様/不様]。みっともない/みっともない。みとむなし/みともなし。中世 はしたなし。ぶかっかう[不恰好]。ぶさいく[不細工]。中古 かたくなし[頑]。なまはしたなし[生]。にくし[憎]。ひとわろし/ひとわろし[人悪]。わろぶ[悪]。

—だけ めいもくてき[名目的]。近代 かたちばかり[形許]。けいしきてき[形式的]。びめい[美名]。近世 きれいごと[綺麗事]。中古 しるしばかり[印許]。

—を保つ 中古 操(みさを)を作る。

—を作る 近代 ぎしきばる[儀式張]。近世 とりつくろふ[取繕]。綺羅を飾る。中古 けしきばむ[気色]。

—を繕うこと(さま) 近世 みえ[見栄/見得]。中世 みやうもん[名聞]。よせい[余情]。

ていさつ【偵察】 近代 ていさつ[偵察]。ないてい[内偵]。近世 ものみ[物見]。中世 さぐる[探]。上代 うかかふ/うかがふ[窺]。

草むらに隠れて—・する者 中世 ふしかまり/ふせかまり[伏屈]。

ていし【停止】 近代 ストップ(stop)。せいし[静

止］。ていし［停止］。近世ちゅうし［中止］。中世たまる［堪］。中古きうし［休止］。せいし［制止］。ちゃうじ［停止］。上代とまる［止］。とむ［とめる］［止］。

ー・させる装置　近代せいどうき［制動機］。ブレーキ(brake)。

ていじ【定時】じょうじ［定時］。近代ていこく［定刻］。ていじ［定時］。中古こくげん［刻限］。

ていじ【提示】近代ていじ［提示］。てんしゅつ［点出］。へうじ［表示］。中世もちいだす／もちだす［持出］。上代しめす［示］。みす［みせる］［見］。

ていしゃ【停車】近代ちゅうしゃ［駐車］。ていしゃ［停車］。ていりゅう［停留］。パーキング(parking)。

ていしゅ【亭主】近代ハズ／ハズバンド(husband)。近世だんな［旦那］。てい［亭］。とと［父］。ぬし［主］。中世りゃうじん／りゃうにん［良人］。をっと［夫／良人］。中古あるじ［主］。しゅじん［主人］。ていしゅ［亭主］。

ーが絶対的権力を持つこと　近代ていしゅくゎんぱく［亭主関白］。中世あるじくゎんぱく［主関白］。

ーとしてのもてなしが悪いこと　近世ぶていしゅ［無亭主］。

茶室のー　近世あんじゅ［庵主］。

女房に甘いーを嘲る語　近世にほんぼう［二本棒］。

ていじゅう【定住】根を下ろす。近代ていぢゅう［定住］。近世えいぢゅう［永住］。おちつく［落着／落付］。ざいぢゅう［在住］。中古あんぢゅう［安住］。じゃうぢゅう［常住］。すみつく［住着］。

ていしゅつ【提出】近代ていき［提起］。ていきょう［提供］。ていじ［提示］。ていしゅつ［提出］。ていしゅつ［呈出］。とどけでる［届出］。近世だす［出］。とどく［とどける］［届］。中世さしだす［差出］。

ていじょ【貞女】中古ていぢょ［貞女］。ていふ［貞婦］。上代せっぷ［節婦］。

ていしょう【提唱】近代しゅしゃう［主唱］。ていあん［提案］。ていしゃう［提唱］。近世となふ［となえる］［唱］。中世しゃうだう［唱道／唱導］。しゅちょう［主張］。

ていしょく【定職】近代ていしょく［定職］。近世ていげふ［定業］。中古じゃうしょく［常職］。

ーなくうろつくさま　近世ぶらぶら。

ーなくうろつく人　ふうてん［瘋癲］。近代ふうらいばう［風来坊］。ふらうしゃ［浮浪者］。近世ふうらいじん［風来人］。中古ぶらい［無頼］。

ーを失った人　近代しつげふしゃ［失業者］。しっしょくしゃ［失職者］。

ていしょく【抵触】近代さしさはる［差障］。ていしょく［抵触／牴触］。はんする［反］。近世ふる［ふれる］［触］。中世ゐはん［違反］。上代そむく［背］。もとる［悖／戾］。

ていしん【挺身】近代けんしん［献身］。すてみ［捨身］。ていしん［挺身］。

でいすい【泥酔】近代よひしれる［酔痴］。近世ずぶ。ずぶろく。よひつぶる［ーつぶれる］［酔潰］。中世たいすい［大酔］。だりむくる。ちんすい［沈酔］。でいすい［泥酔］。らんすい［乱酔／爛酔］。中古じょでい［如泥］。上代めいてい［酩酊］。

ー・した人　近代おほとら［大虎］。でいすいしゃ［泥酔者］。近世すいかん［酔漢］。のたまく。のたまくもの［者］。よっぱらひ［酔払］。よひどれ／ゑひどれ［酔］。中世くらひだふれ［食倒］。

ーのさま　近代ぐでぐで。へべれけ。べろべろ。べろんべろん。近世ぐでんぐでん。とろっぺき。ふらふら。中世めたと／めとと。中古泥の如し。

ていすう【定数】コンスタント(constant)。近代ていそくすう［定足数］。近世じゃうすう［常数］。中世ゐんじゅ／ゐんず［員数］。中古ていゐん［定員］。ゐんずう［員数］。上代こうすう［恒数］。ていすう［定数］。

ディスカウント(discount)　近代ディスカウント。とくばい［特売］。ねさげ［値下］。ねびき［値引］。べんきゃう［勉強］。れんかはんばい［廉価販売］。れんばい［廉売］。わりびき［割引］。近世やすうり［安売］。→**ねびき**

ディスカッション(discussion)　近代たうぎ［討議］。ディスカッション。ディベート(debate)。近世はなしあひ［話合］。中世ぎろん［議論］。中古たうろん［討論］。ろんぎ［論議］。上代だんろん［談論］。もんだふ［問答］。

ディスプレー(display)　てんじ［展示］。へうじ［表示］。近代ディスプレー。近世かざりつけ［飾付］。上代ちんれつ［陳列］。

てい・する【呈】近代きそう／きぞう［寄贈］。しんてい［進呈］。ぞうてい［贈呈］。ぞうよ［贈与］。プレゼント(present)。中世さし

だす[差出]。中古さしあぐ[—あげる][差上]。ていす[呈]。上代おくる[贈]。《謙》きんてい[謹呈]。けんてい[献呈]。中世しんじゃう[進上]。ていじゃう[呈上]。中古けんじゃう[献上]。上代けんずる[献]。

ていせい【訂正】 朱筆を入れる(加える)。近代かいてい[改訂]。かうえつ[校閲]。けうがふ[校合]。しうせい[修正]。手を入れる(加える)。近世かうせい[更正]。かうてい[校訂]。かうてい[考訂]。ぜせい[是正]。ていせい[訂正]。中世かひつ[加筆]。中古なほす[直]。上代かうせい[校正]。

コンピュータプログラムの誤りを—・する デバッグ(debug)。

自分の言論を—・すること 近世口中の雌黄(しわう)。

再び—・すること さいてい[再訂]。

ていせつ【定説】 近代つうせつ[通説]。近世ていろん[定論]。中世ぢゃうせつ[定説]。ていせつ[定説]。

ていせつ【貞節】 近代てい[貞]。ていしゅく[貞淑]。中古ていけつ[貞潔]。ていさう[貞操]。みさを[操]。上代ていせつ[貞節]。

—を固く守る女性 中古ていぢょ[貞女]。上代せっぷ[節婦]。ていふ[貞婦]。

—を守らないこと 近世にちゃうのゆみ[二張弓]。ふてい[不貞]。

—を守る 近世操を立てる。操を守る。

ていそう【貞操】 →ていせつ【貞節】

ていぞく【低俗】 近代つうぞく[通俗]。ていきふ[低級]。げひん[下品]。近世くだらぬ[下]。中古ぐれつ[愚劣]。げれつ[下劣]。ひぞく[卑俗/鄙俗]。→げひん

—・な趣味 近代ぞくしゅみ[俗趣味]。ぞくしゅ[俗趣]。

—・な書物 近世ぞくしょ[俗書]。

ていたい【停滞】 もたつく。近代じふたい[渋滞]。ちょたい[豬滞]。ていとん[停頓]。近世たちわうじゃう[立往生]。なんかう[難航]。中世あしぶみ[足踏]。たいりう[滞留]。ちたい[遅滞]。ぢゅうす[住]。中古滞えんたい[延滞]。ていたい[停滞]。ていめい[低迷]。とどこほる[滞]。上代とどまる[止/留/停]。よどむ[淀]。りうたい[留滞]。

ていたく【邸宅】 近代きょてい[居邸/居第]。ていたく[邸]。やしき[屋敷]。レジデンス(residence)。近世きょくゎん[居館]。中世いへやしき[家屋敷]。でん[殿]。やかた[屋形/館]。中古ていたく[邸宅/第宅]。との[殿]。上代きょたく[居宅]。→いえ

大きな立派な— ごうてい[豪邸]。近代シャトー(フランス château)。中古みつばよつば[三四]。

貴人の— 中世ごてい[御亭]。しゅもん[朱門]。たて[館]。やかた[館/屋形]。中古ごてん[御殿]。たち[館]。

大臣の— 中世れんぷ[蓮府]。中古おほいどの[大殿]。

でいたん【泥炭】 ピートモス(peat moss)。ピート(peat)。近世近代でいたん[泥炭]。うに。すくも。

—が堆積している土地 でいたんち[泥炭地]。やち[谷地/野地]。

—地の中の小さな湖沼 近代ちたう[池塘]。

—でできている土壌 でいたんど[泥炭土]。

ていちゃく【定着】 ねづく[根付]。近代あんてい[安定]。ていちゃく[定着]。根を下ろす。近世こてい[固定]。

ていちょう【低調】 スランプ(slump)。近代ていか[低下]。ていてう[低調]。ふしん[不振]。中古ていめい[低迷]。ふてう[不調]。

ていちょう【丁重】 中世ていちょう[丁重/鄭重]。ていねい[丁寧]。ねんごろ[懇]。中古いんぎん[慇懃]。上代うやうやし[恭]。→ていねい

—・にもてなすこと(さま) 近代けいたい[敬待]。下にも置かない。近世いうたい[優待]。手車(輦)に乗せる。

ディテール(detail) 近代さいぶ[細部]。さいもく[細目]。しゃうさい[詳細]。ディテール。近世ゐさい[委細]。中世こまごま[細細]。せいさい[精細]。中古ことこまか[事細]。しさい[子細]。びさい[微細]。ゐきょく[委曲]。上代つばら/つばらか[委曲/審]。つぶさ[具/備]。つまひらか/つまびらか[詳/審]。

ていど【程度】 近代けんたう[見当]。どあひ[度合]。レベル(level)。ゐき[域]。近世いきたけ/いきだけ[裄丈]。ころ[頃/比]。ころあひ[頃合]。たか[高]。つもり[積]。つれ[連]。ていど[程度]。へん[辺]。ゆきたけ[裄丈/裄長]。中世かげん[加減]。くらゐ/ぐらゐ[位]。たけ[丈]。ぢゃう[定]。ぶん[分]。ぶんざい[分際]。中古きは[際]。ほど[程]。ほどらひ[程]。

—が落ちること 近世どかおち[落]。中古たちくだる[立下]。

—が同じであること 中世ひってき[匹敵]。中古どうじつ[同日]。どうとう[同等]。な

みなみ［並並］。ひけん［比肩］。上代たぐひ［比／類］。なみ［並］。

―が中間ぐらいであること 近代ちゅうきふ［中級］。近世ちゅうくらゐ／ちゅうぐらゐ［中位］。中世ちゅうとう［中等］。なかほど［中程］。

―がちょうどよいこと 近世てきど［適度］。中世よほど［余程］。

―が甚だしい どはずれる［度外］。近代さうたう［相当］。たいした［大］。むちゃ［無茶］。むちゃくちゃ［無茶苦茶］。めちゃ［滅茶／目茶］。めちゃくちゃ［滅茶苦茶］。めちゃめちゃ［滅茶滅茶］。近世かくべつ［格別］。そこぬけ［底抜］。底(が)知れぬ。中世いちだんと［一段］。かくべち［格別］。とっと。なみはづれ［並外］。ほうど。

―が低く価値がないこと 近代さいかきふ［最下級］。ていれつ［低劣］。

―が分かる 近世数が知れる。

―を超えている(さま) 近代むやみ［無闇］。近世よっぽど［余程］。中世よほど［余程］。中古あまる［余］。すずろ［漫］。むはふ［無法］。 酢が過ぐ［―過ぎる］。

最高の― 近代さいかうてう［最高潮］。ピーク(peak)。

ていとう【抵当】 モアゲージ／モーゲージ(mortgage)。近代たんぽ［担保］。ていしゃう［抵償］。ていたう［抵当］。近世しちぐさ［質草］。ひきあて［引当］。中世かた［形］。しち［質］。上代しちもつ［質物］。

―として預けること 近世しちいれ［質入］。

―にする 中世つのる［贖］。

―の家 近世かじち［家質］。

ディナー(dinner) 近代せいさん［正餐］。ディナー。ばんさん［晩餐］。→**しょくじ**

ていねい【丁寧】 きめこまか［木目細／肌理細］。近世てあつし［手厚］。ねんいり［念入］。中世いんぎん［慇懃］。こんせつ［懇切］。たんねん［丹念］。ていぢゅう［丁重／鄭重］。にふねん［入念］。ていちょう［丁重／鄭重］。至れり尽くせり。手取り足取り。中古こまか／こまやか［細］。こんとく［懇篤／悃篤］。ていねい［丁寧］。ねんごろ［懇］。ゐややか［礼］。上代ねもころ［懇］。

―・でない 近世いけぞんざい。てあらし［手荒］。上代そりゃく［粗略］。

―・なさま 近代みっしり。みっちり。近世じっくり。とっくり。中世とくと。上代たしだしに。

―・に教えるさま 近世噛んで含む［―含める］。中世手取り足取り。中古手を取る。

―・に説くさま 近世こんこん［懇懇／悃悃］。

過度に―・であること 近代ごねん［御念］。近世ばかていねい［馬鹿丁寧］。ばかいんぎん［馬鹿慇懃］。わるていねい［悪丁寧］。

▼丁寧語(例) 近代ごわす。近世あんす。います／いんす。えす／えんす。おざいす。おざます［御座］。おざりいす。おざる／おざんす。おす。おます。おぢゃる。ごあんす。ございす。ござえす［御座］。ござりんす［御座］。ござんやす［御座］。ごぜいす。ごわんす。ざいます。ざえす。ざす。ざます。さん［様］(接尾語)。ざんす。だす／だんす。であります。でありんす。であんす。でえす。でえんす。でげす。でござります。でございます。でごんす。です。でやす／でやんす。でやる。でんす。まする。まらする。まゐらす［参／進］。やす／やんす。わす［座／坐］。御入り候ふ。御座候ふ。候べく候。参らせ候。中世いたす／いたします［致］。お［御］(接頭語)。さま［様］(接尾語)。ざう［候］。さうらふ／そろ［候］。でござる。てさう／でさう［候］。てす。ます。まっす。まっする。中古おはさうず［御座］。おはしまさふ［御座］。おはします［御座］。ご［御］(接頭語)。はべり［侍］。まします［在／坐］。

でいねい【泥濘】 近代でいだう［泥淖］。どろんこ。近世ぬかるみ［泥濘］。上代うひぢ［泥土］。ひぢ［泥／埿］。中世でいねい［泥濘］。

ていはく【停泊】 近代きかう［寄港］。とうべう［投錨］。近世ていはく［停泊／碇泊］。にふかう［入港］。中世ふながかり［船繋］。上代ふなはて［船泊］。錨を下ろす。

―・させる 上代とむ［―とめる］［泊］。中古さしとむ［―とめる］［差止／差留］。

―・している船 もよりぶね［最寄船］。近世かかりぶね［繋船］。かけぶね［掛船］。

―・する 中世かかる［掛／懸］。中古とまる［泊］。上代いはつ［泊］。はつ［泊］。

―・する所 ふなだまり［船溜］。近代べうち［錨地］。中世かかりば［繋場］。上代ふなせ［船瀬］。ふなつ［船津］。

一時的な― 近代かはく［仮泊］。

沖合の― 近世おきがかり［沖繋／沖掛］。

他の船に繋いで―・する もやいかかり［舫繋］。

風雨をさけて― ハーバリング(harboring)。ひはく［避泊］。上代ふなせ［船瀬］。

ていはつ【剃髪】 →**しゅっけ**

ティピカル(typical) 近代 だいへうてき[代表的]。ティピカル。てんけいてき[典型的]。もはんてき[模範的]。

ていひょう【定評】 近代 きはめつき[極付]。ていひゃう[定評]。とほりさうば[通相場]。近世 さうば[相場]。ふだつき[札付]。をりがみつき[折紙付]。

ーが付く 近世 ふだつく[札付]。札が付く。

ーのあるさま 中世 さしもの[然]。さすが[流石/遉]。

ディフェンス(defense) 近代 ガード(guard)。ごゑい[護衛]。ディフェンス。ばうび[防備]。近世 しゅび[守備]。中古 しゅご[守護]。ばうぎょ[防御]。ばうご[防護]。ばうゑい[防衛]。上代 まもる[守]。

ていへん【底辺】 ていい[低位]。ていそう[低層]。近代 かそう[下層]。上代 そこ[底]。

ていぼう【堤防】 近代 ごがん[護岸]。ダム(dam)。ていたう[堤塘]。とってい[突堤]。バンク(bank)。中世 せき[堰/塞]。どて[土手]。中古 えんてい[堰堤]。ゐ/ゐせき[井堰]。上代 つつみ[堤]。ていばう[堤防]。

ーが切れること 近代 くゎいけつ[潰決]。けっくゎい[決壊/決潰]。

川のー 近代 かはどて[川土手]。中世 かはづつみ[川堤]。

高潮や波を防ぐー ぼうちょうてい[防潮堤]。近代 ばうはてい[防波堤]。

流れの制御などのためのー どうすいてい[導水堤]。どうりゅうてい[導流堤]。

ていめい【低迷】 もたつく。ふしん[不振]。冴えない。振るはない。近代 ていてう[低調]。近世 ひだりまへ[左前]。ぱっとせず。中古 ていたい[停滞]。ていめい[低迷]。ふてう[不調]。

ていめん【底面】 近代 かめん[下面]。ていぶ[底部]。ていめん[底面]。ボトム(bottom)。上代 そこ[底]。

ていよう【提要】→**がいよう【概要】**

ていらく【低落】 近代 げらく[下落]。ていらく[低落]。近世 ぼつらく[没落]。中古 おとろふ[ーろえる][衰]。すいび[衰微]。くだる[下]。上代 おつ[おちる][落]。

でいり【出入】 近世 ではひり[出入]。やまやまいり[山山入](主に商家で言う)。中世 でいり[出入]。中古 いでいり[出入]。ないげ[内外]。上代 しゅつにふ[出入]。

ー・させる 中古 いれたつ[入立]。

ー・する 近世 でいる[出入]。中世 いづさいるさ[出入]。中古 いりたつ[入立]。ゆきかふ[行交]。ゆきまじる[行交/行雑]。上代 かよふ[通]。

ーの人の多いたとえ 中古 門前市を成す。

ーをさせない オフリミット(off-limits)。近代 ふうさ[封鎖]。

ーを自由にさせる オンリミット(on-limits)。近代 かいはう[開放]。もんこかいはう[門戸開放]。

ある家に親しくー・すること たちいり[立入]。

貴人の家へー・する 中世 いづさいるさ[出入]。中古 ないげ[内外]。

▼出たり入ったり 中古 いでいり[出入]。

でいりぐち【出入口】 近代 ゲート(gate)。とばくち[口]。近世 かどぐち[門口]。げんくゎん[玄関]。さしくち/さしぐち[差口/指口]。でいりぐち[出入口]。とぼぐち[口]。中世 もんしゃう[門墻/門牆]。中古 くちもと[口許/口元]。とぐち[戸口]。はひいり/はひり[這入]。もんこ[門戸]。やりどぐち[遣戸口]。上代 かど/もん[門]。くち[口]。と[戸/門]。をかなと[小金門]。

→いりぐち

ーを閉める 封をする。近代 ふうさ[封鎖]。へいさ[閉鎖]。中世 ふさぐ[塞]。中古 さしこむ[ーこめる][鎖籠]。たてこむ[ーこめる][立籠]。ふうず[封]。上代 さしかたむ[ーかためる][差固]。さす[鎖]。たつ[立]。

あちこちのー 中世 くちぐち[口口]。

家の奥に通じるー 中世 おくぐち[奥口]。

一方だけに設けられたー 近世 いっぱうぐち[一方口]。

裏のー 近世 うらぐち[裏口]。うらせど[裏背戸]。かってぐち[勝手口]。中世 したぐち[下口]。せと[背戸]。せとぐち[瀬戸口]。中古 しもぐち[下口]。

壁などに作った上部が半円形のー 近世 くゎとうぐち[火灯口]。中世 ひたひつき[額突]。

緊急避難のためのー 近世 ひじゃうぐち[非常口]。

古墳石室のー 中世 あけずのもん[開門]。中古 えんもん/せんもん[羨門]。

正面のー 近世 おもてぐち[表口]。中世 げんくゎん[玄関]。

寝室のー 中古 けいもん[閨門]。

僧のー 中世 ぢん[陣]。

普段のー 近代 つうようぐち[通用口]。近世 かってぐち[勝手口]。

村のー 近世 ざいぐち[在口]。

門の脇の小さなー 上代 わきど[脇戸]。

▼潜り戸 近世 くぐり/くぐりど[潜戸]。

中世 きりど[切戸]。

ていりゅう【底流】 すいめんか[水面下]。ていりう[底流]。近代 せんかう[潜行]。ていりう[底流]。近世 せんざい[潜在]。

でいりゅう【泥流】 てっぽうみず[鉄砲水]。どせきりゅう[土石流]。近代 でいりう[泥流]。中世 だくりう[濁流]。中古 どろみづ[泥水]。

ていれ【手入】 トリートメント(treatment)。メンテナンス(maintenance)。近代 しうふく[修復]。しうり[修理]。ほしう[補修]。近世 いらふ[綺/弄]。ていれ[手入]。中古 しうぜん[修繕]。つくろふ[繕]。とりつくろふ[取繕]。上代 なほす[直]。

ていれい【定例】 近代 くゎんれい[慣例]。近世 しきたり[仕来/為来]。ぢゃうしき[定式]。ていれい[定例]。中古 つうれい[通例]。ならひ[習]。上代 こうれい[恒例]。じゃうれい[常例]。

ていれつ【低劣】 近代 げひん[下品]。ていれつ[低劣]。近世 ぞくあく[俗悪]。中古 げれつ[下劣]。

ディレッタント(dilettante) 近代 ディレッタント。近世 かうずか[好事家]。すいきゃう[酔狂/粋狂]。中世 ものずき[物好]。

テークオフ(take off) →**テイクオフ**

テーゼ(ドイツ These) 近代 テーゼ。めいだい[命題]。中世 かうりゃう[綱領]。

データ(data) 近代 じゃうほう[情報]。しれう[資料]。すうち[数値]。データ。

—処理の基準となるファイル マスターファイル(master file)。

—の管理に関する言葉 かいそう[階層]。ツリーこうぞう[tree構造]。データバンク(data bank)。データベース(data base)。ファイル(file)。

—の記憶装置(例) じきテープ[磁気tape]。ハードディスク(hard disk)。ラム(RAM; randomaccess memory)。ロム(ROM; readonly memory)。近代 メモリー(memory)。

—をコンピューターに送り込むこと インプット(input)。にゅうりょく[入力]。

—をコンピューターに入力する人 キーパンチャー(keypuncher)。

事故などに備え—を別に保存すること バックアップ(backup)。

通信回線で—のやりとりをすること データつうしん[data通信]。

紛れ込んだ無関係な— ノイズ(noise)。

デート(date) 近代 ランデブー(フランス rendez-vous)。近世 あひびき[逢引]。しのびあひ[忍会]。中古 あふせ[逢瀬]。みるめ[見目]。

テーブル(table) 近代 しょくたく[食卓]。たくし[卓子]。ちゃぶだい[卓袱台]。テーブル。近世 おぜん[御膳]。中世 たく[卓]。つくえ[机]。はんだい[飯台]。→**つくえ**

—にかける布 近代 クロース(cloth)。たくふ[卓布]。テーブルかけ[table掛]。テーブルクロス(table cloth)。

主たる—の横に置く小型の机 近代 サイドテーブル(side table)。中世 わきづくえ[脇机]。

ベッドの傍の小さな— ナイトテーブル(night table)。

丸い— 近代 ゑんたく[円卓]。

▼助数詞 中古 きゃく[脚]。

テーマ(ドイツ Thema) 近代 ぎだい[議題]。しゅがん[主眼]。しゅだい[主題]。だいざい[題材]。テーマ。中世 だいもく[題目]。

ておくれ【手遅】 いっき[逸機]。近世 あしへん[足偏]。ごて[後手]。ておくれ[手遅/手後]。てのび[手延]。臼になる。中世 おくればせ[遅馳]。てのべ[手延]。後の祭り。中古 たちおくれ[立後]。《句》近代 証文の出し後れ。近世 葬礼(さうれい)帰りの医者話。賊(ぞく)去りて後門を閉づ(—閉じる)。泥棒を捕らへて縄を綯(な)ふ。屁を放(ひ)ってしりすぼめ。中世 諍(いさか)ひ果てての乳切木(ちぎりぎ)。難に臨んで遽(にはか)に兵を鋳る。

ておしぐるま【手押車】 →**くるま**

ておち【手落】 しりぬけ[尻抜]。ちょんぼ。しっぱい[失敗]。近代 エラー(error)。きん[舋]。ミス/ミステーク(mistake)。近世 おち[落]。しくじり。しっさく[失策]。じょさい[如在/如才]。そつ[率]。ておち[手落]。てぬかり/てぬけ[手抜]。どぢ。ふしまつ[不始末]。へま。まちがひ[間違]。もれ[漏/洩]。どぢを食ふ。どぢを組む。どぢを踏む。中世 おちど[落度]。じょさい[如才]。てちがひ[手違]。ぬかり[抜]。ぬけめ[抜目]。ふてぎは[不手際]。ぶねん[不念/無念]。ふようい[不用意]。ゐろう[遺漏]。をちど/をつど[越度]。中古 あやまり[誤]。しおち[仕落/為落]。そろう[疎漏/粗漏]。ふかく[不覚]。上代 くゎしつ[過失]。→**あやまち** →**しっぱい**

《句》近代千里の堤も蟻の穴から。近世蟻の穴から堤も崩る[―崩れる]。千里の馬も蹴躓(けつまづ)く。

―が多くいい加減なさま 近世おろかなし[疎無]。近世づさん[杜撰]。そつなし。ばんぜん[万全]。

てがかり【手掛】 きょうとうほ[橋頭堡]。近代かぎ[鍵]。キー(key)。つかみどころ[摑所]。とっかかり/とりかかり[取掛]。ヒント(hint)。近世あたり[当/中]。いとぐち[糸口]。きっかけ[切掛]。たつき[方便/活計]。たんしょ[端緒]。つかまへどころ[摑所]。つる[蔓]。てすぢ[手筋]。てつづき[手続]。てづる[手蔓]。とりつきどころ[取付所]。とりつきは[取付端]。中世あしがかり[足掛]。あししろ/あしじろ[足代]。たづき[機]。たづき[方便/活計]。つま[褄/端]。てがかり[手掛/手懸]。よすが[縁/因/便]。中古つき[付]。とらへどころ[捉所]。はかり[計/量]。

―がない 中古つきなし[付無]。

―を得る 中世とりつく[取付]。

文章理解の― キーワード(key word)。

物事を始める― かかりくち[掛口]。

でか・ける【出掛】 近代ぐゎいしゅつ[外出]。そとで[外出]。たかう[他行]。でむく[出向]。近世あいぶ[歩]。あゆぶ[歩]。でかく[でかける][出掛]。よそいき/よそゆき[余所行]。足を運ぶ。中世たぎゃう[他行]。たちこゆ[立越]。でたつ[出立]。むかふ[向/対]。中古ありく[歩]。おもむく[赴]。

《尊》近世おでましになる。

《謙》中古まかりいづ[罷出]。

―・けた先 近世でさき[出先]。中世さきざき[先先]。

―・けて遊び楽しむこと 近代かうらく[行楽]。

―・けて仕事をする職人 近代でしょく[出職]。でしょくにん[出職人]。

―・けてその日に帰ること 中世ひがへり[日帰]。

―・けようとする時 近代たちぎは[発際]。近世でぎは[出際]。近世でじり[出尻]。中世でがけ[出掛]。

―・ける時の装い 近代がいしゅつぎ[外出着]。よそいき/よそゆき[余所行]。近世でかけすがた[出掛姿]。

朝早く―・ける 近代はやで[早出]。中世あさで[朝出]。上代あさとで[朝戸出]。

あちこち―・ける 近世であるく[出歩]。中古ありく[歩]。

あてもなく―・ける 近世うかれたつ[浮立]。

一緒に―・ける 中古うちつる[打連]。

一旦引き返し改めて―・ける 近世でなほす[出直]。

馬に乗って―・ける 中世しゅつば[出馬]。

大勢で―・ける 近代くりだす[繰出]。近世おしだす[押出]。

宿泊を予定して―・ける 近世とまりがけ[泊掛]。

他所へ―・ける 近代たかう[他行]。中世たしゅつ[他出]。中古たぎゃう[他行]。

手弁当で―・ける 近代こしべん[腰弁]。近世こしべんたう[腰弁当]。

天皇などが―・ける 中古しゅつぎょ[出御]。上代ぎょす[御]。みゆき[行幸/御幸]。

遠くへ―・ける とおで[遠出]。上代ゑんかう[遠行]。ゑんせい[遠征]。

和歌などを作るために―・ける 中世ぎんかう[吟行]。

てかげん【手加減】 近代てかげん[手加減]。てがって[手勝手]。近世さじかげん[匙加減]。はからふ[計]。ようしゃ[容赦]。ようしゃ[用捨]。中世えんみ[塩味]。かしゃく[仮借]。てごころ[手心]。中古しんしゃく[斟酌]。

―・しない 近世てきびし[手厳]。中世容赦(用捨)なし。

てかず【手数】 近代てすう[手数]。近世てま[手間]。めんだう[面倒]。らうりょく[労力]。中世てかず[手数]。てまひま[手間暇]。ほねをり[骨折]。

てかせ【手枷】 近世てがね[手鉄]。てぐさり[手鎖]。てぢゃう[手錠]。中世こうそく[拘束]。そくばく[束縛]。てかせ[手枷/手桎]。中古ほだし[絆]。

―と足枷(あしかせ) 近代こくしつ[梏桎]。中世しっこく[桎梏]。中古ちうかい[杻械]。

てがた【手形】 近代けんじゃう[券状]。ビル(bill)。近世きって[切手]。せっぷ[節符]。ふせつ[符節]。中世けんしょ[券書]。わりふだ[割札]。てがた[手形]。わりふ[割符]。中古しゅいん[手印]。しょうもん[証文]。ふけい[符契]。

―証券など取り引きの仲介をする人 近代てがたなかがひにん[手形仲買人]。ビルブローカー(bill broker)。

―で支払いを受けられないこと 近代ふわたり[不渡]。

ーで支払いを受けるべき人 [近代]うけとりにん［受取人］。

ーの支払いをすべき人 [近代]てがたしはらひにん［手形支払人］。

ーを発行した人 [近代]てがたふりだしにん［手形振出人］。

資金の裏付けのないー [近代]からてがた／くうてがた［空手形］。

両替店が出したー [近世]あづかりてがた［預手形］。

でかた【出方】 [近代]でかた［出方］。[近世]でやう［出様］。やうす［様子］。[中世]たいど［態度］。

てがた・い【手堅】 [近代]かくじつ［確実］。[近世]かたし［堅／固／硬］。ちだう［地道］。てまたし［手全］。ぢみち［地道］。ちゃくじつ［着実］。[中世]かくぜん［確然］。けんじつ［堅実］。てがたし［手堅］。[中古]かくこ［確固／確乎］。[上代]たしか［確］。

デカダン（フランス décadent）[近代]きゃうらくてき［享楽的］。たいはいてき［退廃的］。デカダン。

てがみ【手紙】 [近代]きしょ［寄書］。しんしょ［信書］。せいそく［声息］。レター（letter）。[近世]おとさた［音沙汰］。じゃうぶみ［状文］。しょとく［書牘］。しょめん［書面］。せっかん［折簡］。つけ［付／附］。てがみ［手紙］。びん［便］。びんぎ［便宜］。らいかん［来簡／来翰］。ふもじ［文字］。ふうしょ［封書］。参らせ候。[中世]いっさう［一左右］。いんしょ［音書］。いんしん［音信］。おとづれ［訪］。かんさつ［簡札］。がんさつ［雁札］。がんじ［雁字］。がんしょ［雁書］。かんどく［簡牘／竿牘］。がんぱく［雁帛］。さう［左右］。さうぎょ［双魚］。さうり［双鯉］。さた［沙汰］。しじゃう［紙上］。しめん［紙面］。じゃう［状］。しゅかん［手簡／手翰］。しょいん［書音］。しょかん［書簡／書翰］。しょさつ［書札］。しょし［書紙］。せいてう［青鳥］。らいしん［来信］。雁(かり)の玉章(たまづさ)。雁の便り。雁の文(ふみ)。鳥の跡。[中古]おと［音］。おとなひ［音］。おんしん［音信］。かん［簡］。がんし［雁使］。こと［言］。しょじゃう［書状］。しょしん［書信］。せうそく／せうそこ［消息］。せうそこぶみ［消息文］。たまづさ［玉梓／玉章］。たより［便］。ふみ［文］。みづぐき［水茎］。雁(かり)の使ひ。[上代]おんぢん［音塵］。しゃくどく／せきとく／せきどく［尺牘］。しょ［書］。つたへ［伝］。らいしょ［来書］。↓**たより【便】**

《尊》[近代]かうしょ［高書］。ぎょくしょ［玉書］。くゎせん［華箋］。くゎぼく［華墨］。ごかくせい［御鶴声］。たいかん［台翰］。たいぼく［台墨］。ほうせい［鳳声］。[近世]ぎょくいん［玉音］。くゎかん［華翰］。だうん［朶雲］。だかん［朶翰］。[中世]かうさつ［高札］。きかん［貴翰／貴簡］。きしょ［貴書］。ぎょくさつ［玉札］。ぎょくしゅ［玉手］。ぎょさつ［御札］。ごじゃう［御状］。ごしょ［御書］。そんかん［尊翰］。そんさつ［尊札］。そんしょ［尊書］。そんぴつ［尊筆］。そんぼく［尊墨］。たいしょ［台書］。はうかん［芳翰］。はうし［芳紙］。はうしょ［芳書］。はうしん［芳信］。はうぼく［芳墨］。きさつ［貴札］。[中古]おんかん［恩簡］。きほう［貴報］。ぎょくえふ［玉葉］。ぎょくかん［玉簡／玉翰］。ぎょくしゃう［玉章］。ごしょ［御書］。はうさつ［芳札］。

《謙》[近代]すんかん［寸簡］。すんし［寸紙］。すんしょ［寸書］。[近世]すんちょ［寸楮］。たんさつ［短札］。[中世]ぐじゃう［愚状］。ぐしょ［愚書］。[中古]ぐさつ［愚札］。[上代]ふじ［不次］。

《枕》[中古]ふくかぜの［吹風］［⇩たより］。

《句》[近代]家書(かしょ)万金(ばんきん)に抵(あた)る。便りのないのはよい便り。無沙汰は無事の便り。

ーで相手の健康などを祝う語の例 [近代]せいてき［清適］。[近世]けんしょう［健勝］。せいえい［清栄］。せいしゃう［清祥］。せいしょう［清勝］。

ーで宛名の左下に書き添える語 [近代]わきがき［脇書］。[中世]そばづけ［傍付］。わきづけ［脇付］。→**わきづけ**

ーでいきなり用件を書くこと [近世]うちつけがき［打付書］。

ーで署名などの下に付ける語 したつけ／したづけ［下付］。

ーで尋ねる [中古]おとづる［訪］。

ーで伝える [中古]いひおくる［言送］。

ーで本文に添える儀礼的な白紙 [近代]てんし［点紙］。[中古]らいし［礼紙］。

ーで本文を書き終えた後付け足すこと →**ついしん**

ーの宛名書き [中世]おもてがき［表書］。[中古]うはがき［上書］。

ーの結語（留め書き）の例 [近代]あらあらかしこ。きうはい［九拝］。きんげん［謹言］。きんぱく［謹白］。さうさう［草草］。はいはく［拝白］。ふじ／ふに［不二］。ふじん［不

尽〕。【近世】きょうく〔恐懼〕。くゎうく〔惶懼〕。けいぐ〔敬具〕。けいしゅ〔稽首／啓首〕。さうさうふいつ〔草草不一〕。はいぐ〔拝具〕。ふいつ〔不一／不乙〕。めでたくかしこ。【中世】かしく／かしこ〔畏〕。きょうくゎう〔恐惶〕。きょうくゎうけいはく〔恐惶敬白〕。きんじゃうさいはい〔謹上再拝〕。せいくゎう〔誠惶〕。ふしつ〔不悉〕。【中古】あなかしく／あなかしこ〔畏〕。きょうきょうきんげん〔恐恐謹言〕。きょうくゎうきんげん〔恐惶謹言〕。けいはく／けいびゃく〔敬白〕。そうそう〔怱怱／匆匆〕。とんしゅさいはい〔頓首再拝〕。ふせん〔不宣〕。ふび〔不備〕。【上代】さいはい〔再拝〕。せいくゎうせいきょう〔誠惶誠恐〕。とんしゅ〔頓首〕。

—の最後に添える文 とめふで〔止筆／留筆〕。【近代】まっぴつ〔末筆〕。【中古】まつぶん〔末文〕。【上代】おく〔奥〕。

—の最後に添える文(例) 以上とりあえずお知らせまで。まずはとり急ぎご報告まで。右御礼まで。略儀ながら書中をもって…。

—の下付けの例 【近世】きうはい〔九拝〕。【中古】さいはい〔再拝〕。

—の頭語の例 【近代】きんぱく〔謹白〕。くゎんしゃう／くゎんせい〔冠省〕。しゅくけい〔粛啓〕。しゅくてい〔粛呈〕。しゅくはく〔粛白〕。ぜんりゃく〔前略〕。【近世】はいけい〔拝啓〕。【中世】いっぴつけいじゃう〔一筆啓上〕。はいてい〔拝呈〕。【中古】きんけい〔謹啓〕。けいはく〔敬白〕。

—の封 【近世】ひだりふうじ〔左封〕(凶事に用いる)。まきふう〔巻封〕。【中古】ふうかん〔封緘〕。

—の封じ目 【近世】しめ〔締／〆〕。すみひき〔墨引〕。

—の文体 つうぞくぶん〔通俗文〕。【近代】かんどくぶん〔簡牘文〕。しょかんぶん〔書簡文〕。しょとくたい〔書牘体〕。せうそくぶん〔消息文〕。ぶんげん〔文言〕。【近世】しょとくぶん〔書牘文〕。ふみづら〔文面〕。【中古】せうそこぶみ〔消息文〕。みづくき〔水茎〕。

—の文例集 【中古】わうらいもの〔往来物〕。

—のやりとり 【近世】しょつう〔書通〕。ふみかよひ〔文通〕。ぶんつう〔文通〕。【中古】かきかはす〔書交〕。わうらい〔往来〕。

—のやりとりをしている相手 ペンパル(pen pal)。ペンフレンド(pen-friend)。

—の脇付の例 【近代】おてもと〔御手元／御手許〕。おんもと〔御許〕。じじ〔侍史〕。しんてん〔親展〕。【上代】きか〔机下／几下〕。↓**わきづけ**

—を入れる箱など 【近世】じゃうさし〔状差〕。じゃうばこ〔状箱〕。しょかん〔書函〕。【中世】ふんばこ〔文箱〕。【中古】ふばこ／ふみばこ〔文箱／文筥〕。

—を入れる袋 【近代】ふうづつ〔封筒〕。【近世】じゃうぶくろ〔状袋〕。ふうとう〔封筒〕。【中世】ふみぶくろ〔文袋／書袋〕。

—を書く 【近世】さいす〔裁〕。しめす〔湿〕。【中古】かきしたたむ〔—ためる〕〔書認〕。

—を書く紙 【近代】しょかんせん〔書簡箋〕。はがき〔葉書〕。びんせん〔便箋〕。ようせん〔用箋〕。レターペーパー(letter paper)。【近世】まきがみ〔巻紙〕。

—をくれる 【中世】かきこす〔書越〕。【中古】いひおこす〔言〕。かきおこす〔書遣〕。

—を出したいと思う 【中古】せうそこがる〔消息〕。

—を出す 【中古】おとなふ〔音／訪〕。かきやる〔書遣〕。かよはす〔通〕。

—を開いて見ること 【近代】ひてん〔披展〕。【近世】かいふう〔開封〕。

挨拶だけの中身のない— 【中世】すてぶみ〔捨文〕。

家や故郷からの— 【近代】かしん〔家信〕。きゃういん／きゃうおん〔郷音〕。【中世】きゃうしょ〔郷書〕。【中古】かしょ〔家書〕。きゃうしん〔郷信〕。

急ぎの— そくたつ〔速達〕。【近代】ひしん〔飛信〕。【中世】ひさつ〔飛札〕。ひしょ〔飛書〕。

祝の— 【近代】いはひじゃう〔祝状〕。【中世】がじゃう〔賀状〕。

うれしい— 【近世】空谷(くうこく)の跫音(きょうおん)(足音(そくおん))。【中古】きっさう〔吉左右〕。

お悔やみの— 【近世】くやみじゃう〔悔状〕。くやみぶみ〔悔文〕。

贈り物に添える— 【中世】おくりじゃう〔送状〕。

絹に書かれた— 【中古】はくしょ〔帛書〕。

最近の— 【近代】きんしん〔近信〕。

催促の— 【近代】とくそくじゃう〔督促状〕。

謝罪の— 【近代】しゃざいじゃう〔謝罪状〕。わびじゃう〔詫状〕。【中世】くゎじゃう〔過状〕。【中古】おこたりぶみ／たいじゃう〔怠状〕。

女性の— 【中古】をんなぶみ〔女文〕。

死を前にして書く— 【近世】ゆいげんじゃう〔遺言状〕。ゐしょ〔遺書〕。【中世】かきおき〔書置〕。ゆいごんじゃう〔遺言状〕。

誠意のない形式的な— 【近世】すてぶみ〔捨文〕。

そっけない— 【近世】石の文(ふみ)。

手書きの— 【中世】しんしょ〔親書〕。【上代】しゅ

しょ[手書]。
匿名の― 近代 天狗の投げ文。中世 かくしぶみ[隠文]。
何もかも打ち明ける親しい― 中古 うちとけぶみ[打解文]。
偽の― 中世 つくりぶみ[作文]。中古 ぎしょ[偽書]。
初めての― 近世 しょつう[初通]。
花の咲いたのを知らせる― 近代 はうしん[芳信]。はなだより[花便]。近世 くゎしん[花信]。
秘密の― 近世 みっしょ[密書]。中世 かくしぶみ[隠文]。
封をした― 近世 ふうじぶみ[封書/封文]。ふうじゃう[封状]。ふうしょ[封書]。
不在の人に書き置く― 近代 おきてがみ[置手紙]。近世 かきおき[書置]。
不満を述べる― 近世 くぜつぶみ[口舌文]。
返事が来ない― 近世 梨の礫(つぶて)。中古 かただより[片便]。
返事の― 近代 かんへんじゃう[勘返状]。くゎいしん[回信]。へんしん[返信]。中世 かへしぶみ/かへりぶみ[返文]。くゎいがん[回雁]。くゎいしゃう[回章/廻章]。くゎいしょ[回書]。くゎいほう[回報/廻報]。へんかん[返簡/返翰]。へんさつ[返札]。へんしょ[返書]。中古 おと[音]。たふしょ[答書]。へんじゃう[返状]。へんぽう[返報/返奉]。《尊》近世 きしう[貴酬]。中世 そんぽう[尊報]。
返事の―の頭語(例) 近代 けいふく[敬復]。ふくけい[復啓]。中世 はいたふ[拝答]。はいふく[拝復]。
細く折って結んだ― 近世 むすびじゃう[結状]。むすびぶみ[結文]。
前に出した― ぜんしん[前信]。近世 せんびん[先便]。中世 ぜんしょ[前書]。
真心のこもった― 中世 こんしょ[懇書]。中古 まめぶみ[忠実文]。
短い― 近代 すんかん[寸簡]。すんし[寸紙]。すんしょ[寸書]。せきし[尺紙]。近世 すんちょ[寸楮]。たんし[短紙]。中世 せきしょ[尺書]。中古 せきそ[尺素]。たんさつ[短札]。上代 たんしゃう[短章]。
昔の― こじょう[古状]。
矢に付けて射て届ける― 中世 やぶみ[矢文]。
よそから来た― 近世 らいかん[来簡]。中世 らいじゃう[来状]。らいしん[来信]。中古 らいさつ[来札]。らいしゃう[来章]。上代 らいしょ[来書]。
読み終えた不用の― 近世 ふみがら[文殻]。ふみほうご[文反古]。
▼恋文 →こいぶみ
▼助数詞 近代 さつ[札]。中古 つう[通]。

てがら【手柄】 近代 じせき[事績]。メリット(merit)。中世 きぼ[規模]。くんらう[勲労]。こうげふ[功業]。こうみゃう[功名]。てがら[手柄]。はたらき[働]。中古 かうみゃう[高名]。こう[功]。らう[労]。上代 いさを/いさをし[功/勲]。いたはり[労/功]。くう[功]。くんこう[勲功]。くんせき[勲績]。こうくん[功勲]。こうせき[功績]。こうらう[功労]。
《句》近世 過(あや)まちの功名。中世 怪我の功名。
―と過ち 近世 こうざい[功罪]。中古 こうくゎ[功過]。
―と骨折り 中世 らうこう[労功]。
―を自慢する顔 近代 てがらがほ[手柄顔]。近世 じまんがほ[自慢顔]。
―を立てた 上代 いさをし[功/勲]。
―を逃す 大魚を逸する。
勇ましい― 上代 いさみ[勇]。
大きな― おおてがら[大手柄]。近代 きんぼし[金星]。しゅくん[殊勲]。ゐくん[偉勲]。近世 ゐこう[偉功]。ゐせき[偉績]。ひせき[丕績]。中世 たいくん[大勲]。鬼の首。上代 たいこう[大功]。
学問や政治上の― 近代 ぶんくん[文勲]。
最高の― 近世 しゅこう[首功]。
戦争で立てた― 近代 せんくん[戦勲]。ぶくん[武勲]。槍先の功名。近世 汗馬(かんば)の労。中世 せんこう[戦功]。中古 ぐんこう[軍功]。ぶこう[武功]。
小さな― 近世 せうこう[小功]。中古 びこう[微功]。

てがる【手軽】 インスタント(instant)。近代 あんちょく[安直]。イージー(easy)。けいい[軽易]。けいべん[軽便]。近世 おちゃのこ[御茶子]。かるゆき[軽行]。かんたん[簡単]。かんべん[簡便]。けいはくらし[軽薄]。こみじかし[小短]。ちゃづけめし[茶漬飯]。ちょく[直]。てがる[手軽]。てみじか[手短]。中世 あんい[安易]。かんい[簡易]。かんりゃく[簡略]。中古 かやすし[易]。かるがるし[軽軽]。かろらか[軽]。
―に 近世 つい。ひょいと。中世 ちゃくと。
―にする 中古 そぎすつ[削棄]。

てき【敵】 近世 きうてき[仇敵]。中世 てきじん/てきにん[敵人]。中古 かてき[敵]。

て

たき［敵／仇］。上代 あた／あだ［仇］。《句》近代 男子家(家門)を出づれば七人の敵あり。中世 捨つる神あれば助くる(拾ふ)神あり。

―とする 近代 たいかう［対抗］。近世 はむかふ［歯向／刃向］。中古 たいす［対］。てきす［敵］。てきたい［敵対］。上代 あたむ［仇］。

―となる方 てきがわ［敵側］。近世 むかふづら［向面］。中世 てきがた［敵方］。

―に一番近い所 近代 さいぜんせん［最前線］。だいいっせん［第一線］。

―に内応して後ろから矢を射ること 中世 うしろや［後矢］。

―に向かうこと 近世 たいてき［対敵］。

―に有利なことをする りてき［利敵］。りてきこうい［利敵行為］。《句》近代 敵に糧(かて)。敵に塩を送る。中世 盗人(ぬすびと)に鍵を預く（―預ける）。

―の国 中世 てきこく／てっこく［敵国］。

―の軍勢 近世 てきへい［敵兵］。中世 てきぐん［敵軍］。てきせい／てきぜい［敵勢］。

―の攻撃 近代 てきしふ［敵襲］。

―の陣営 近世 てきえい［敵営］。中世 てきぢん［敵陣］。

―の勢力下 近代 てきしゅ［敵手］。中世 てきち［敵地］。

―の攻めてくる道筋 近世 しょうろ［衝路］。

―の砦(とりで) てきほう［敵堡］。近世 てきるい［敵塁］。

―の中 近世 てきちゅう［敵中］。

―の本拠地 近代 がじゃう［牙城］。中古 ほんぢん［本陣］。

―の様子を探ること（人） 近代 スパイ(spy)。ていさつ［偵察］。てふほう［諜報］。近世 いぬ［犬］。くのいち［一］。てふじゃ［諜者］。さぐり［探］。しのび［忍］。しのび(の)もの［忍者］。とほみ［遠見］。とほめ［遠目］。とほめつけ［遠目付］。とほものみ［遠物見］。にんじゃ［忍者］。中世 かんじゃ［間者］。けごみる［警固見］。とほぎき［遠聞］。ふしかまり／ふせかまり［伏屈］。上代 かんてふ［間諜］。中古 ものぎき［物聞］。せきこう［斥候］。↓しのび ↓スパイ

―の様子を知ること 敵情を知る。近代 しょくせつ［触接］。

―の領土 中世 てきち［敵地］。

―の領土で戦うこと アウエー(away)。近代 かくせん／きゃくせん［客戦］。

―を討ち取った記録 近世 しるしもくろく［首目録］。中世 くびちゃう［首帳］。しるしちゃう［首帳］。

―を打ち払うこと 近代 がいしういっしょく［鎧袖一触］。げきじゃう［撃攘］。中世 いっしう［一蹴］。

―を打ち払う呪文 近世 をんてきたいさん［怨敵退散］。

―を追い詰めて戦うこと 中世 つめいくさ［詰軍］。

―を懲らしめること 近世 ようちょう［膺懲］。

―を平らげること 近代 へいぢゃう／へいてい［平定］。

恨みのある― 中古 をんてき［怨敵］。

追手を差し向けて―を討つこと 近世 ついたう［追討］。中世 ついばつ［追伐］。ついばつ［追罰］。

外国からの― 近世 ぐゎいこう［外寇］。

外部からの― 近代 ぐゎいてき［外敵］。

朝廷に背く― 中世 てうてき［朝敵］。

強い― 近世 きゃうてき［強敵］。

憎い― 近世 ぐふたいてん［倶不戴天］。ふぐたいてん［不倶戴天］。

古くからの― 近代 きうてき［旧敵］。中世 こてき［故敵］。しゅくてき［宿敵］。

周りが―ばかり 近代 こりつむゑん［孤立無援］。中古 しめんそか［四面楚歌］。

弱い― 近世 じゃくてき［弱敵］。せうてき［小敵／少敵］。中世 よわてき［弱敵］。

わざと―に目立つ行動 ようどうさくせん［陽動作戦］。

できあい【出来合】 近代 きせいひん［既成品／既製品］。レディーメード(ready-made)。中世 できあひ［出来合］。近世 しいれもの［仕入物］。まちもの［待物］。

できあい【溺愛】 かほご［過保護］。近代 ねつあい［熱愛］。猫可愛がり。近世 できあい［溺愛］。上代 ちょうあい［寵愛］。《句》近世 田にも畦(あぜ)にも腥物(なまぐさもの)つけて。田も遣(や)らう畦も遣らう。

親の子に対する― 中古 しとく［舐犢］。

できあがり【出来上】 近代 できあがり［出来上］。近世 あがり［上］。しあげ［仕上］。

―が早いこと そうせい［早成］。

―の様子 近世 できばえ［出来映／出来栄］。

できあが・る【出来上】 中世 こしらへ［拵］。→できばえ 近代 くゎんせい［完成］。しあがる［仕上］。なりたつ［成立］。近世 しゅったい［出来］。できあがる［出来上］。できる［出来］。中世 じゃうじう／じゃうじゅ［成就］。じゃうず［成］。中古 いでく

［出来］。うちなる［打為／打成］。しゅつらい［出来］。なりたつ［成立］。上代せいりつ［成立］。なりあふ［成合］。なりなる［成成］。なる［成］。

ー・ったばかり 近世つくりたて［作立］。できたて［出来立］。中古あたらし［新］。

ー・っていない 近代みくゎん［未完］。みくゎんせい［未完成］。みせい［未成］。

ー・っている 近代きせい［既成］。中世げんじゃう［現成／見成］。

ー・るまでの苦しみ 近代ぢんつう［陣痛］。

すぐにー・る 近代そくせい［速成］。

建物がー・る 近代しゅんこう［竣工／竣功］。しゅんせい［竣成］。らくする［落］。中世らくせい［落成］。

だんだんとー・る 上代なりなる［成成］。

初めてー・ること 近代さうせい［創成］。

てきい【敵意】 近代がいい［害意］。てきい［敵意］。てきがいしん［敵愾心］。てきし［敵視］。てきたいしん［敵対心］。はんかん［反感］。中世どくしん［毒心］。中古がいしん［害心］。

ーを表す 牙を剝むく。近代牙を鳴らす。中世牙を嚙む。上代いのごふ［期剋］。

ーを心に秘めているたとえ《句》近代米の飯に骨。衣の袖から鎧が見える。近世奥歯に剣。真綿に針を包む。

てきおう【適応】 アダプテーション(adaptation)。近代こおう［呼応］。そくおう［即応］。たいおう［対応］。てきおう［適応］。てきがふ［適合］。近世じゅんおう［順応］。じゅんち［馴致］。中古かなふ［適／叶］。さうおう［相応］。折りにつく。

場に応じてー・すること 近世じゅんおう［順応］。中世おうくゎ［応化］。中古へんつう［変通］。

てきがいしん【敵愾心】 近代てきい［敵意］。てきがいしん［敵愾心］。てきし［敵視］。はんかん［反感］。

てきかく【適格】 てきざい［適材］。てきせい［適性］。近代てきかく［適格］。てきにん［適任］。

てきかく【的確】 近代かくじつ［確実］。せいかく［正確］。めいかく［明確］。近世てきかく［的確／適確］。

てきぎ【適宜】 近世てきぎ［適宜］。てきせつ［適切］。中世てきたう［適当］。中古じぎ［時宜］。

できぐあい【出来具合】 近代さくがら［作柄］。しあがり［仕上］。できあがり［出来上］。できぐあひ［出来具合］。近世あがり［上］。せいせき［成績］。できばえ［出来栄］。中世でき［出来］。→**できばえ**

農作物などのー 近代さくきゃう［作況］。近世さくがら［作柄］。中世さく［作］。

てきごう【適合】 →**てき・する**

ー・しない ミスマッチ(mismatch)。近世ふつりあひ［不釣合］。ふにあひ［不似合］。

できごころ【出来心】 近世できごころ［出来心］。できふんべつ［出来分別］。魔が差す。中古うちつけごころ［打付心］。

できごと【出来事】 近代げんざう／げんしゃう［現象／現像］。じけん［事件］。じしゃう［事象］。できごと［出来事］。近世さわぎ［騒］。中世じへん［事変］。中古ひとふし［一節］。上代こと［事］。

いたましいー 近代さんげき［惨劇］。さんじ［惨事］。

思いがけないー ハプニング(happening)。中古ちんじ［珍事／椿事］。上代へんじ［変事］。

変わったー 中世いじ［異事］。いへん［異変］。中古へんい［変異］。上代へんじ［変事］。

甘美なー ローマン／ロマン(フランスroman)。

最近のー 近代きんじ［近事］。

時代を区切るようなー かっき［画期／劃期］。

社会の時々のー ニュース(news)。中世じじ［時事］。

重大なー 近代だいじけん［大事件］。中世おほごと［大事］。たいへん［大変］。上代だいじ［大事］。

悪いー 近代あくむ［悪夢］。じへん［事変］。中世きょうへん［凶変／兇変］。中古さうどう［騒動］。上代じこ［事故］。

てきし【敵視】 近代きうし［仇視］。てきい［敵意］。てきがいしん［敵愾心］。てきし［敵視］。てきたいしん［敵対心］。はくがんし［白眼視］。近世目の敵。上代あたむ［仇］。

てきじ【適時】 近代かうき［好期］。かうき［好機］。タイムリー(timely)。近世いつでも［何時］。しほどき［潮時］。てきじ［適時］。

できし【溺死】 近世おぼれじに［溺死］。かはながれ［川流］。中世すいし［水死］。できし［溺死］。

ー・した人 すいしたい［水死体］。近代ながれぼとけ［流仏］。近世かはながれ［川流］。どざ／どざゑもん［土左衛門］。汨羅べきらの鬼。

ー・した人を弔う仏事 近世かはせがき［川施餓鬼］。

てきしゅ【敵手】 きょうそうあいて［競争相手］。〔近代〕たいしゃ［対者］。たいしゅ［対手］。ライバル(rival)。〔中世〕あひて［相手］。てきがた［敵方］。てきしゅ［敵手］。〔中古〕かたき［敵］。

てきしゅつ【摘出】 てきしゅつ［剔出］。てきじょ［摘除］。〔近代〕てきしゅつ［摘出］。〔近世〕つまみだす［摘出］。〔中世〕とりだす［取出］。

てきず【手傷】 〔近代〕ふしょう［負傷］。〔近世〕ぐゎいしゃう［外傷］。〔中世〕けが［怪我］。ておひ［手負］。てきず［手傷／手疵］。なまきず［生傷／生疵］。〔中古〕しゃうい［傷痍］。〔上代〕いたで［痛手］。

―を負わせること ちしょう［致傷］。〔中古〕しゃうがい［傷害］。

テキスト(text) きょうほん［教本］。げんてん［原典］。〔近代〕けうくゎしょ［教科書］。テキスト。とくほん［読本］。ほんぶん［本文］。〔近世〕げんぶん［原文］。

てき・する【適】 アダプト(adapt)。そう［添］。フィット(fit)。マッチ(match)。〔近代〕あてはまる［当嵌］。がいたう［該当］。かうてき［好適］。がっち［合致］。てきおう［適応］。てきがふ［適合］。〔近世〕あたふ［能］。てきぎ［適宜］。てきせつ［適切］。むく［向］。〔中世〕あふ［合］。かうこ［好個］。そぐふ。てきす［適］。てきたう［適当／的当］。はまる［嵌／塡］。〔中古〕あたる［当］。うちあふ［打合］。ふさはし［相応］。〔上代〕かなふ［適］。

―・していない ミスマッチ(mismatch)。〔近世〕ふつりあひ［不釣合］。ふにあひ［不似合］。

―・しているかいないか 〔近代〕てきひ［適否］。〔近世〕てきふてき［適不適］。

―・している性質 てきせい［適性］。

最も―・する さいてき［最適］。

てきせい【適正】 〔近代〕てきせい［適正］。〔中世〕ちゅうせい［中正］。ちゅうよう［中庸］。

てきせい【適性】 〔近代〕てきかく［適格］。

―がそれぞれ異なっていること 〔上代〕むきむき［向向］。

てきせつ【適切】 さいてき［最適］。〔近代〕がいせつ［剴切］。かうてき［好適］。だたう［妥当］。〔近世〕うってつけ［打付］。せつじつ［切実］。てきぎ［適宜］。てきせつ［適切］。〔中世〕かうこ［好個］。しかるべき。せったう［切当］。てきたう［適当］。〔中古〕さうおう［相応］。

―な程度を超えていること 〔中古〕よぶん［余分］。

―な批評 〔近代〕てきひゃう［適評］。

―な表現をする 〔中世〕いひかなふ［言叶］。

―に 〔中世〕よしなに。

―に処置する 〔中世〕とりはからふ［取計］。〔中古〕はからふ［計］。

確かで―・であること 〔近世〕かくせつ［確切］。

てきたい【敵対】 〔近代〕たいりつ［対立］。〔近世〕たいけつ［対決］。たいてき［対敵］。ていかう［抵抗］。てきたふ［敵対］。はむかふ［刃向／歯向］。はむく［歯向］。〔中世〕たいかん［対捍］。むじゅん［矛盾］。面(おも)を向かふ。弓を引く。〔中古〕あたす／あだす［寇／仇］。うちあふ［打合］。てきす［敵］。てきたい［敵対］。〔上代〕あたなふ［寇］。いむかふ［向］。てむかふ［手向］。むかふ［向］。

てきちゅう【的中】 どんぴしゃ／どんぴしゃり。〔近代〕づぼし［図星］。〔近世〕あたり［当／中］。くろぼし［黒星］。てきちゅう［的中／適中］。めいちゅう［命中］。〔中世〕的を射る。《句》〔近世〕当たらずと言へども遠からず。

偶然に―・すること 〔近世〕ぐうちゅう［偶中］。まぐれあたり［紛当］。

てきど【適度】 ほどほど［程程］。〔近代〕ころあひ［頃合］。〔近世〕てきど［適度］。てきりゃう［適量］。ほど［程］。ほどよし［程良］。出ず入らず。いい加減／よい加減。〔中世〕せつど［節度］。てきたう［適当／的当］。てごろ［手頃］。

―・で度を超さない 〔中世〕せっせい［節制］。

てきとう【適当】 〔近代〕かうてき［好適］。だたう［妥当］。〔近世〕うってつけ［打付］。したう［至当］。てきぎ［適宜］。てきせつ［適切］。もってこい。はったり。ほどよし［程好／程良］。〔中世〕かうこ［好個］。かくかう［格好］。かっかう［恰好］。しかるべし。しょたう［所当］。てきたう［適当］。てごろ［手頃］。〔中古〕さりぬべし［然］。ふさはし［相応］。よろし［宜］。

―か否か 〔近代〕てきひ［適否］。〔近世〕てきふてき［適不適］。

―で正しいこと 〔近代〕てきせい［適正］。

―でない 〔近代〕しったう［失当］。ふてきたう［不適当］。当を失す。〔中世〕ふつがふ［不都合］。〔中古〕さるまじ［然］。ふたう［不当］。わろし［悪］。

―な 〔中世〕しかるべき。〔中古〕さるべき／さんべき［然］。

―な時期 てっき［適期］。〔近代〕ころ［頃］。ころあひ［頃合］。〔近世〕しほどき［潮時］。

―な程度 〔近世〕ころあひ［頃合］。てきりゃう

［適量］。ほどあひ［程合］。中世ほどらひ［程］。よろしき［宜］。

―・に 中世しかるべく。よろしく［宜］。

〈文末表現〉中世うず。しかるべし［然］。べし。中古さりぬべし［然］。べかし。べしや。

てきにん【適任】 てきざい［適材］。近代てきかく［適格］。てきにん［適任］。てきやく［適役］。はまりやく［嵌役］。近世うってつけ［打付］。

―者 中古そのひと［其人］。

できばえ【出来栄】 近代かうくゎ［効果］。さくがら［作柄］。しあがり［仕上］。せいくゎ［成果］。できあがり［出来上］。できぐあひ［出来具合］。近世あがり［上］。できばえ［出来栄／出来映］。中世でき［出来］。てぎは［手際］。

―が不十分なこと 中古なまなり［生成］。

―がよいこと 近代じゃうでき［上出来］。じゃうでもの［上手物］。中世おほでき［大出来］。じゃうさく［上作］。てぎは［手際］。

―の悪いこと(もの) 近世ださく［駄作］。へぼ。中古そ［粗］。

仕立ての― 近世したてぎは［仕立際］。

てきぱき 近代きびんに［機敏］。近世てきぱき。らちあき／らちあけ［埒明］。中世かひがひし［甲斐甲斐］。すばやし［素早］。てばやし［手早］。中古あざやぐ［鮮］。はかばかし［果果］。ものはかばかし［物果果］。

―・したさま 近代しゃきしゃき。ちゃんちゃん。近世きびきび。さっさと。中世きりきり。さっと［颯］。しゃんしゃん。はきはき。ひしひし［犇犇］。

―・していない 中世ぐづぐづ［愚図愚図］。のろし［鈍］。のろのろ。

―とする能力がある 近代びんわん［敏腕］。らつわん［辣腕］。

―と働くこと 近世てまめ［手忠実］。

てきはつ【摘発】 近世てきはつ［摘発］。中世ばくろ［暴露］。中古あばく［暴］。ただす［正／糾］。

てきひ【適否】 むきふむき［向不向］。近代てきひ［適否］。近世たうひ［当否］。てきふてき［適不適］。中世りゃうひ［良否］。中古かひ［可否］。よしあし［善悪］。

てきびし・い【手厳】 シビア(severe)。近代つうれつ［痛烈］。近世てきびし［手厳］。てしぶい［手渋］。てひどし［手酷］。中世しんらつ［辛辣］。ていたし［手痛］。てづよし［手強］。中古きびし［厳］。

―・い言葉 近代つうげん［痛言］。

てきふてき【適不適】→**てきひ**

てきめん【覿面】 中世そくざ［即座］。たちどころに。てきめん［覿面］。中古うちつけ［打付］。

できもの【出来物】 近代やう［瘍］。近世おでき［御出来］。しゅやう［腫瘍］。はっしん／ほっしん［発疹］。ふきでもの［吹出物］。中世できもの［出来物］。でもの［出物］。くさ［瘡］。中古かさぶた［瘡蓋／痂］。しゅもつ［腫物］。そ［疽］。はれもの［腫物］。ようそ［癰疽］。上代かさ［瘡］。

悪性の― 近世じんめんさう［人面瘡］。どくさう［毒瘡］。中世にんめんさう［人面瘡］。上代あくさう［悪瘡］。

口腔内の― アフタ(aphtha)。

▼皹(あかぎれ) 中古しもくち［霜朽］。上代あかがり［皹／皸］。

▼疣(いぼ) 上代こくみ［瘜肉］。中古あましし［余肉］。いひぼ［飯粒］。

▼瘤(こぶ) 中古あましし［余肉］。しひね［瘤］。ふしべ／ふすべ［贅］。上代こくみ［瘜肉］。

▼霜焼け 近代しもばれ［霜腫］。中古しもくち［霜朽］。

▼胼胝(たこ)(肉刺(まめ))の類 けいがん［鶏眼］。ふみよせ［踏寄］。ペンだこ［pen胼胝］。近代ちまめ［血豆］。近世うをのめ［魚目］。すわりだこ［座胼胝］。そこまめ［底豆］。中世いをのめ［魚目］。まめ［肉刺］。

▼面皰(にきび) 近世おもくさ［面瘡］。

▼腫れ物 しゅりゅう［腫瘤］。めんそ［面疱］。近代えんしゃう［炎症］。しゅちゃう［腫脹］。やう［瘍］。わうげん［横痃］。近世おでき［御出来］。しゅやう［腫瘍］。ぜっそ［舌疽］。どくさう［毒瘡］。ねぶと［根太］。はれ［腫］。ふきでもの［吹出物］。ふしゅ［浮腫］。べんどく［便毒］。むくみ［浮腫］。中世あくち。はすね［蓮根］。よこね［横根］。中古かさ［瘡］。かたね［固根］。かぶれ［気触］。しゅもつ［腫物］。そ［疽］。にきみ［面皰］。ようそ［癰疽］。上代あくさう［悪瘡］。

▼疱瘡(ほうそう) 中古いもがさ［疱瘡］。もがさ［疱瘡］。

▼黒子(ほくろ) 中世ははくそ［黒子］。ははくろ。

てきやく【適役】 やくどころ［役所］。近代あたりやく［当役］。てきにん［適任］。てきやく［適役］。はまりやく［嵌役］。

てきよう【適用】 アプリケーション(application)。近代あてはめる［当嵌］。てきよう［適

て

用］。わうはふ［枉法］。近世うんよう［運用］。中世じゅんよう［準用］。

てきよう【摘要】 がいよう［概容］。しょうき［抄記］。ダイジェスト(digest)。近代てきえう［摘要］。てきき［摘記］。てきろく［摘録］。レジュメ(フランス résumé)。近世がいりゃく［概略］。ばっすい［抜粋］。中世かきぬき［書抜］。ぬきがき［抜書］。中古えうりゃく［要略］。せうしゅつ［抄出／鈔出］。

で・きる【出来】❶〈生成〉 近代うまれる［生］。中世しゃうず［生］。せいせい［生成］。できる［出来］。でく［でくる］［出来］。中古むすぶ［結］。

で・きる【出来】❷〈結実〉 近世できる［出来］。実を結ぶ。中世けつじつ［結実］。なる［生］。みのる［実］。上代しうくゎく［収穫］。

で・きる【出来】❸〈可能〉 ポシブル(possible)。近代かのう［可能］。できうる［出来得］。近世できる［出来］。でく［でくる］［出来］。中世かなふ［敵／適／叶］。中古あたふ［能］。う［うる／える］［得］。よくす。上代え［得／能］。→**かのう**

《句》中世彼も人なり予も人なり。

―・きそうだ 中世つべしい。べかめり／べかんめり。

―・きそうもない 中古べくもあらず。

―・きそこないの品 おしゃか［御釈迦］。

―・きない 近代インポシブル(impossible)。ふかのう［不可能］。ふのう［不能］。中世べからず。よう…ず。中古え…ず。えしも。えしもや。えせず。えも。えや。えやは。がてぬ。べからず。上代あへず［敢］。かてに。かてぬ。《句》近代嬰児の貝を以て巨海を測る。近世石亀の地団太。竿竹で星を打つ。中古魚(をう)の木にのぼる如し。→**ふかのう**

―・きないで 中古えに。がてに［難］。えや。

―・きること出来ないこと 近代のうひ［能否］。

―・きることなら 近代なるべく［成可］。近世なるたけ／なるだけ［成丈］。成らうこと（ば）。成らうなら（ば）。

―・きるだけ 近代かきふてき［可及的］。きょくりょく［極力］。さいぜん［最善］。せいぜい［精精］。あらん限り。近世せいいっぱい［精一杯］。なるたけ／なるだけ［成丈］。なりたけ／なりったけ／なりったけ［成丈］。思ふ存分。中世ありたけ［有丈］。ずいぶん［随分］。つとめて［努／勉］。なるほど［成程］。中古あるべき限り。手を尽くす。上代心を尽くす。

しようとして―・きない 上代かぬ［かねる］［兼］。

てぎれ【手切】 近代ぜつえん［絶縁］。たちきる［断切］。近世だんぜつ［断絶］。てぎれ［手切］。手を切る。身を退(ひ)く。

わずかな―金 近世なみだがね／なみだきん［涙金］。

てきれいき【適齢期】 近代てきれいき［適齢期］。としごろ［年頃］。近世やりどき［遣時］。中世めうれい［妙齢］。

てぎわ【手際】 近代ぎのう［技能／伎能］。ぎはふ［技法］。さいわん［才腕］。しゅわん［手腕］。テクニック(technic)。近世うでまへ［腕前］。ぎかう［技巧］。しゅはふ［手法］。しゅれん［手練］。中世うで［腕］。ぎじゅつ［技術］。ぎりゃう［技量／伎倆／技倆］。てぎは［手際］。てなみ［手並］。

―がよい 近代うできき［腕利］。要領がいい。近世あざやか［鮮］。中世かひがひし［甲斐甲斐］。てがるし［手軽］。てぎよう［手器用］。てぎれい［手奇麗／手綺麗］。中古たくみ［工／巧／匠］。てきき［手利］。

―が悪いこと 近世への字形(なり)な。中世ふてぎは［不手際］。へた［下手］。中古てづつ［手］。

―よく 近代しゃきしゃき。近世さっさと。すべよく［術良］。てきぱき。中世ちんと。

―よく処理すること 近代はこぶ［運］。ゑんてんくゎつだつ［円転滑脱］。

てきん【手金】 近代うちきん［内金］。近世さしきん［差金］。てきん［手金］。てつけがね／てつけきん［手付金］。

てぐち【手口】 近代てぐち［手口］。はうと［方途］。やりかた［遣方］。やりくち［遣口］。中世しかた［仕方］。しやう［仕様］。しゅだん［手段］。中古しざま［為様］。はうはふ［方法］。

でぐち【出口】 近代エクジット(exit)。アウトレット(outlet)。はけぐち［捌口］。近世いでどこ［出所］。でどこ［出所／出処］。中世でぐち／でぐち［出口］。でどころ［出所／出処］。中古いでどころ［出所／出処］。とぐち［戸口］。

―の分からないたとえ 近代八幡(やはた)知らず。八幡(やはた)の藪(やぶ)知らず。

逃げるときの― にげぐち［逃口］。

テクニカル(technical) 近代がくじゅつてき［学術的］。がくもんてき［学問的］。ぎじゅつてき［技術的］。せんもんてき［専門的］。テクニカル。

テクニック(technic) 近代 ぎのう[技能]。ぎはふ[技法]。テクニック。近世 ぎかう[技巧]。中世 ぎじゅつ[技術]。

てくばり【手配】 →**てはい**

てくび【手首】 リスト(wrist)。中世 うでくび[腕首]。てくび[手首/手頸]。上代 たぶさ[腕/手房]。たもと[袂/手本]。

肘から—までの部分 かはく[下膊]。ぜんわん[前腕]。近代 ぜんはく[前膊]。中世 こて[小手/籠手]。

でくわ・す【出会】 近代 かちあふ[搗合]。きあはせる[来合]。めぐりあふ[巡合]。近世 きぐう[奇遇]。さうぐう[遭遇]。でくはす/でっくはす[出会/出交]。中世 かいこう[邂逅]。ほうちゃく[逢着]。中古 ありあふ[有合]。いでく[出来]。さしあふ[差合]。みあふ[見合]。ゆきあふ[行合]。→**あ・う**

—・すさま 近代 ぱったり。ひょっくら。近世 ばったり。ひょっこり。

てごころ【手心】 近代 さんしゃく[参酌]。しゃくりゃう[酌量]。てかげん[手加減]。てがって[手勝手]。近世 さじかげん[匙加減]。中世 てごころ[手心]。中古 しんしゃく[斟酌]。

てこず・る【手子摺】 近世 てこずる[手子摺]。手を焼く。中世 てごり[手懲]。もてあます[持余]。

てごたえ【手応】 近代 はごたへ[歯応]。はんおう[反応]。はんきゃう[反響]。近世 くぎごたへ[釘応]。中世 てごたへ[手応/手答]。てのうち[手内]。中古 てあたり[手当]。

—がある 近世 釘が利く。中古 しりこたふ[尻答/後答]。

—があるさま 近代 ずしん。近世 ずしり/ずっしり。

—がない 近世 たあいなし/たわいなし。《句》近代 暖簾(のれん)に腕押し。影を搏(う)つ。近世 石(土)に灸(きう)。豆腐に鎹(かすがひ)。糠(ぬか)に釘(くぎ)。鹿の角を蜂が刺す。石に謎かける。

相手として—がある 中世 手に立つ。

釣り糸を伝わる— ぎょしん[魚信]。近代 あたり[当]。近世 いとみゃく[糸脈]。

でこぼこ【凸凹】 近代 ごつごつ。でこでこ。でこぼこ[凸凹]。とつあふ[凸凹]。ぼこぼこ。近世 あふとつ[凹凸]。きふく[起伏]。だくぼく。だくりぼくり。だっくりぼっくり。でくまひくま/でこまひこま[凸間凹間]。中世 たかひく[高低]。

—の道 近世 いしだかみち[石高道]。

—を均(なら)すこと 近代 へんじゅん[平準]。中古 へいきん[平均]。

道が— 中世 いしだか[石高]。上代 たぎたぎし。

てごろ【手頃】 近世 かくかう[格好]。かっかう[恰好]。ころあひ[頃合]。てきど[適度]。中世 てごろ[手頃]。

てごわ・い【手強】 きょうごう[強豪]。近世 てしぶい[手渋]。中世 したたか[強/健]。だいじ[大事]。てごはし[手強]。てづよし[手強]。ねばし[粘]。→**つよ・い**

—・い相手 なんてき[難敵]。

デザイン(design) えがら[絵柄]。近代 いしゃう[意匠]。スタイル(style)。づあん[図案]。デザイン。

—で目立つところ アクセント(accent)。

—等を変えること モデルチェンジ(和製model change)。

でさかり【出盛】 近代 さいせいき[最盛期]。さなか[最中]。せいき[盛期]。でさかり[出盛]。近世 ただなか[直中/只中]。中世 しゅん[旬]。まっただなか[真只中]。上代 たけなは[闌/酣]。

てさき【手先】❶〈指先〉 近世 こてさき[小手先]。たなさき[手先]。てづま[手爪/手妻]。ゆびさき[指先]。中世 てさき[手先]。上代 たなすゑ[手末]。

—が器用でないこと 近代 ぶきっちょ[不器用/無器用]。近世 ぶき[不器/無器]。ぶきっちょう[不器用/無器用]。中世 ぶきよう[不器用/無器用]。

—が器用なこと 近世 てまめ[手忠実]。中世 てぎよう[手器用]。

—の細々した細工 近世 こざいく[小細工]。中世 てざいく[手細工]。

—の技 近代 しゅじゅつ[手術]。てさばき[手捌]。

—をもてあそぶ 近代 てまさぐる[手弄]。中世 てなぐさみ[手慰]。中古 てすさび/てすさみ[手遊]。

てさき【手先】❷〈手下〉 てごま[手駒]。近代 おさきもの[御先者]。そうく[走狗]。てさき[手先]。近世 おさき[御先]。→**てした**

—となって働く さきぼう[先棒]。先棒を担ぐ。近代 提灯を持つ。

でさき【出先】 近代 たびさき[旅先]。りょかうさき[旅行先]。近世 しゅっちょうしょ[出張所]。でさき[出先]。

てさぐり【手探】 近代 あんちゅうもさく[暗中模索]。中世 もさく[模索]。中古 てさぐり[手探]。上代 あなぐる[探/索]。かきさぐ

る[搔探]。 中古 かかぐる。

ーで進む 中古 さぐる[探]。

てさばき【手捌】 近代 しゅじゅつ[手術]。てさばき[手捌]。 中世 あつかひ[扱]。さばき[捌]。 中古 てづかひ[手使/手遣]。てつき[手]。

てざわり【手触】 近代 しょくかん[触感]。タッチ(touch)。 近世 かんしょく[感触]。はだざはり[肌触]。 中世 てざはり[手触]。 中古 てあたり[手当]。

でし【弟子】 近代 きふもん[及門]。 近世 をしへご[教子]。 中世 しもん[師門]。ていし[弟子]。とてい[徒弟]。もんか[門下]。もんかせい[門下生]。もんと[門徒]。 中古 でし[弟子]。もんじん[門人]。もんせい[門生]。もんてい[門弟]。もんていし[門弟子]。

《句》 近代 青は藍より出でて藍より青し。出藍(しゅつらん)の誉れ。桃李門に満つ[―満ちる]。 中世 氷は水より出でて水よりも寒し。

ーとして扱われる者 近世 でしぶん[弟子分]。

ーとなる 近世 でしいり[弟子入]。門に入(い)る。 中世 にふもん[入門]。

ーの弟子 またでし[又弟子]。 中古 まごでし[孫弟子]。

ーの中ですぐれた者 近代 かうそく[高足]。 中世 かうてい[高弟]。 近世 いちばんでし[一番弟子]。しんそく[神足]。 中古 じゃうそく[上足]。

新しいー 近世 しんでし[新弟子]。

幼いー 近世 でしご[弟子子]。

同じ師についているー きょうだいでし[兄弟弟子]。 近代 おとうとでし[弟弟子]。 中世 あにでし[兄弟子]。あひでし[相弟子]。

師に直接教えを受けたー 中古 どうもん[同門]。ぢきもん[直門]。 近代 ぢきでし[直弟子]。 中世 ぢきてい[直弟]。

師の家に住み込んでいるー 近世 うちでし[内弟子]。

師の死後残されたー 中世 ゆいてい[遺弟]。

大事にしているー 近代 ひざうっこ[秘蔵子]。まなでし[愛弟子]。 近世 ひざうこ[秘蔵子]。

てしごと【手仕事】 てさぎょう[手作業]。ハンディクラフト(handicraft)。ハンドメード(handmade)。 近代 しゅぎ[手技]。しゅこうげふ[手工業]。 近世 てしごと[手仕事]。てしょく/てじょく[手職]。てづくね[手捏]。てせい[手製]。てわざ[手業]。 中世 てざいく[手細工]。てづま[手爪/手妻]。 中古 しゅこう[手工]。てづくり[手作/手造]。

てした【手下】 てごま[手駒]。 近代 おさきもの[御先者]。さんか[傘下]。そうく[走狗]。れいか[隷下]。 近世 おさきてさき[手先]。おさき[御先]。こぶん[子分]。てか[手下]。はいか[配下]。ぶか[部下]。 中世 きか[麾下]。てした[手下]。てのもの[手者]。ばくか[幕下]。 中古 けらい[家来]。しゅそく[手足]。 上代 ここう[股肱]。 →けらい →ぶか

てじな【手品】 近代 マジック(magic)。 近世 えうじゅつ[妖術]。きじゅつ[奇術]。しなだま[品玉]。てじな[手品]。てづま[手爪/手妻]。めくらまし[目眩]。 中世 まじゅつ[魔術]。まはふ[魔法]。 上代 げんじゅつ[幻術]。

ーの仕掛け ねた。 近世 しかけ[仕掛]。たね[種]。

ーの仕掛けを明らかにすること たねあかし[種明]。

ーをして見せる芸人 ジャグラー(juggler)。トリックスター(trickster)。 近代 きじゅつし[奇術師]。てじなし[手品師]。てじなつかひ[手品遣]。マジシャン(magician)。まじゅつし[魔術師]。 近世 てづまつかひ[手爪遣/手妻遣]。

でしゃばり【出】 近代 でしゃばり[出]。 近世 さしこみ[差込]。をこがまし[痴]。 中古 さかしら[賢]。さしいで[差出]。すいさん[推参]。

ー者 近世 すいさんもの[推参者]。ですぎもの[出過者]。 中世 さしで[差出]。さしでもの[差出者]。でもの[出者]。さかしらもの[賢者]。

ー者のたとえ 近代 鋳掛け屋の天秤棒(てんびんぼう)。

でしゃば・る【出】 近代 おせっかい[御節介]。でしゃばりでる[出]。ですぎる[出過]。ゑっけん/をっけん[越権]。 近世 さへいじ[左平次]。しゃしゃりいづ[出]。しゃしゃりでる[出]。せんゆ[僭踰]。でしゃばる[出]。四文と出る。 中世 さしでがまし[差出]。さしでる[差出]。さやばしる[鞘走]。しゅつ[出]。せんゑつ[僭越]。 中古 うけばる[受張]。さいまくる/さいまぐる/さきまくる/さきまぐる。さかしら[賢]。さくじる。さしいづ[差出]。さしすぐ/さしすぐす[差過]。

ー・っておせっかいを言うこと 近世 さしいでぐち/さしでぐち[差出口]。 中世 さしで[差

出］。
ー・って越える 中古 さしこゆ〔ー・こえる〕［差越］。

てじゅん【手順】 近代 プロセス(process)。てじゅん［手順］。てつがひ［手結／手番］。てつがふ［手都合］。てつづき［手続］。中世 けいろ［経路］。じゅんろ［順路］。てはず［手筈］。上代 じゅんじょ［順序］。
ーを調える 近世 だんどる［段取］。
最善のー 近世 ぢゃうせき［定石／定跡］。
図式化したー ながれず［流図］。フローシート(flow sheet)。フローチャート(flow chart)。
問題解決のー アルゴリズム(algorithm)。

てすう【手数】 近代 てすう［手数］。近世 せわ［世話］。めんだう［面倒］。らうりょく［労力］。中世 ざうさ［造作］。てかず［手数］。てま［手間］。ほねをり［骨折］。中古 て［手］。らうく［労苦］。
ーが掛からない 近世 せわなし［世話無］。中世 よういに［容易］。手もなく。上代 たやすく［容易］。
ーが掛かる 近代 めんだうくさい／めんどくさい［面倒臭］。近世 てまどる／てまどれる［手間取］。世話が焼ける。上代 わづらふ［煩］。
ーを省く 近世 てぬき［手抜］。手を抜く。

てすうりょう【手数料】 フィー(fee)。マージン(margin)。リベート(rebate)。近代 こうせん［口銭］。コミッション(commission)。てすうれう［手数料］。近世 あひぎん［間銀］。あひせん［間銭／合銭］。いれめ［入目］。せわれう［世話料］。ちゅう［中］。てまだい［手間代］。中世 てまちん［手間賃］。

為替振り出しのー かわせりょう［為替料］。

てずから【手】 じぶんで［自分］。近世 ぢきぢき［直直］。中古 てづから［手］。上代 みづから［自］。

です・ぎる【出過】 近世 しゃしゃりでる［出］。でしゃばる［出］。をこがまし［痴／烏滸］。中世 さしでがまし［差出］。さやばしる［鞘走］。ですぐ〔ですぎる〕［出過］。度を超す。中古 さしすぐ［差過］。すぐ〔すぎる〕［過］。
→**でしゃば・る**
ー・ぎること 近世 ですぎ［出過］。ゑつそ［越俎］。中世 くゎたう［過当］。くゎど［過度］。せんゑつ［僭越］。中古 くゎぶん［過分］。
ー・ぎることながら 中世 はばかりながら［憚乍］。
ー・ぎることを言う 近世 顎(あご)が過ぐ〔ー過ぎる〕。頤(おとがひ)が伸ぶ〔ー伸びる〕。
ー・ぎる人 近代 でしゃばり。近世 ですぎもの［出過者］。中世 さしで／さしでもの［差出者］。

デスク(desk) →**つくえ**

テスト(test) オーディション(audition)。こうさ［考査］。近代 テスト。近世 しけん［試験］。じっけん［実験］。ためし［試］。中世 しもん［試問］。せぶみ［瀬踏］。中古 こころみ［試］。
材料の変形力のー まげしけん［曲試験］。

てすり【手摺】 ガードレール(guardrail)。近代 パラペット(parapet)。近世 てすり［手摺］。中古 おばしま［欄］。かうらん［高欄］。こうらん［勾欄］。らん［欄］。らんかん［欄干／欄杆／闌干］。

てせい【手製】 →**てづくり**

てだし【手出】 かいにゅう［介入］。近代 かんせふ［干渉］。口を挟む。首を突っ込む。近世 くちだし［口出］。さしでぐち［差出口］。ちょっかい。てざし［手差］。てだし［手出］。口を出す。手を出す。
ーはしない 中世 ざし［座視／坐視］。中古 ばうくゎん［傍観］。

でだし【出出】 すべりだし［滑出］。近代 さいし［最始］。で［出］。でぎは［出際］。近世 では［出端］。中世 ではな［出端／出鼻］。はじまり／はじめ［初］。中古 さいしょ［最初］。

てだすけ【手助】 →**てつだい**

てだて【手立】 うつて［打手］。近代 さくりゃく［策略］。はうさく［方策］。はうと［方途］。やりかた［遣方］。近世 あだて［当］。いたしかた［致方］。せうこと［事］。とはう［途方］。中世 しかた［仕方］。しやう［仕様］。しゅだん［手段］。わざ［業］。中古 てだて［手立］。はうはふ［方法］。上代 すべ［術］。たづき［方便］。はうべん［方便］。ばけ／はけ［術］。
物を得るまでのー 中古 せんてい［筌蹄］。

でたとこしょうぶ【出勝負】 成り行き任せ。ぶっつけ本番。近代 でたとこしょうぶ［出勝負］。ばあたり［場当］。近世 行き当たりばったり。

でたらめ【出鱈目】 近代 くゎうたうふけい［荒唐不稽］。くゎうたうむけい［荒唐無稽］。じじつむこん［事実無根］。まうたん［妄誕］。めちゃくちゃ［滅茶苦茶］。めちゃめちゃ［滅茶滅茶］。よた［与太］。をまん［汚漫］。近世 あたくち／あだぐち［徒口／仇口］。おほはず［大筈］。くゎうたん［荒誕］。

すか。たいへいらく[太平楽]。ちゃら。ちゃらぽこ／ちゃらっぽこ。ちょぼいち[樗蒲一]。でたらめ[出鱈目]。てっぽう[鉄砲／鉄炮]。ではうだい[出放題]。でまかせ[出任]。ばうたん[妄誕]。ふけい[不稽]。むけい[無稽]。むちゃくちゃ[無茶苦茶]。やみくも[闇雲]。中世 あとなし[跡無]。なめんだら。中古 あだごと／あだごと[徒言／仇言]。きょたん[虚誕]。しひごと[誣言]。たはぶれごと／たはれごと[戯言]。みだりごと／みだれごと[漫言／濫言]。上代 たはこと[戯言]。ふじつ[不実]。→**うそ**

―・な情報 近代 がせねた。デマ(ドイツ Demagogie の略)。りうげんひご[流言飛語／流言蜚語]。中世 きょせつ[虚説]。くうげん[空言]。中古 ふせつ[浮説]。上代 りうげん[流言]。→**デマ**

―・な話 近代 ばうせつ[妄説]。よたばなし[与太話]。近世 てっぽうばなし[鉄砲話]。まうげん[妄言]。中古 そらものがたり[空物語]。ばうげん[妄言]。まうせつ[妄説]。

―を言う 近代 よたる[与太]。与太を飛ばす。

奇怪な― 中世 くゎいたん[怪誕]。

その場逃れの― 近世 まにあひ[間合]。

てだれ【手練】 近代 うできき[腕利]。じゅくれんしゃ[熟練者]。びんわんか[敏腕家]。らうかう[老巧]。らうくゎい[老獪]。近世 らうれん[老練]。中世 うでこき[腕扱]。てだれ[手練／手足]。

てぢか【手近】 近代 みぢか[身近]。近世 しんぺん[身辺]。てぢか[手近]。ひきん[卑近]。中古 かたはら[傍]。中世 ちかく[近]。てもと[手元]。ざいう[座右]。そば[傍／側]。

→ちか・い

《句》近代 高きに登るは必ず低きよりす。近世 秘事は睫(まつげ)。

てちがい【手違】 近代 いきちがひ／ゆきちがひ[行違]。ておち[手落]。やりそこなひ[遣損]。近世 しそんじ[為損／仕損]。てちがひ[手違]。てぬかり／てぬけ[手抜]。中世 しそこなひ[為損／仕損]。

てちょう【手帳】 近代 しゅさつ[手冊]。ポケットブック(pocket book)。近世 てちゃう[手帳]。てびかへ[手控]。中世 ちゃうめん[帳面]。→**ちょうめん**

てつ【鉄】 近代 アイアン(iron)。うきん[烏金]。かう[鋼]。かうてつ[鋼鉄]。せんてつ[銑鉄]。なんかう[軟鋼]。なんてつ[軟鉄]。近世 てっかう[鉄鋼]。中世 はがね[鋼]。中古 くろがね[鉄]。まかね／まがね[真金]。上代 てつ[鉄]。

―の板 おびてつ[帯鉄]。近世 トタン。ブリキ(オランダ blik)。中世 てっぱん[鉄板]。

―の屑(くず) スクラップ(scrap)。近代 くづてつ[屑鉄]。中世 てつくづ[鉄屑]。

―の管 近代 てっくゎん[鉄管]。

―の銹(さび) 近代 てつい[鉄衣]。

―を鍛えること ロートアイアン(wrought iron)。近代 たんてつ[鍛鉄]。

板や棒状に加工された― こうざい[鋼材]。近代 てつざい[鉄材]。

磁鉄鉱が風化した砂状の― 近世 さてつ[砂鉄]。

十分に鍛えていない― 中世 なまがね[生鉄]。

使い古した― 近代 こてつ[故鉄／古鉄]。ふるてつ[古鉄]。中世 ふるかね／ふるがね[古鉄／古金]。

よく鍛えた― 近代 たんてつ[鍛鉄]。上代 ねりかね[錬金]。れんてつ[錬鉄]。

てつ【轍】 中世 せんれい[先例]。てつ[轍]。わだち[轍]。

てっかい【撤回】 キャンセル(cancel)。白紙に戻す。近代 うちけし[打消]。てっくゎい[撤回]。とりけし[取消]。とりさげ[取下]。とりやめ[取止]。はき[破棄]。近世 ねがひさげ[願下]。

てっかく【適格】→**てきかく【適格】**

てっかく【的確】→**てきかく【的確】**

てつがく【哲学】 近代 てつがく[哲学]。近世 フィロソフィー(philosophy)。りがく[理学]。

西洋の― せいてつ[西哲]。

てっきょ【撤去】 近代 てっきょ[撤去]。てっしう[撤収]。どかす[退]。とりのぞく[取除]。はいぢょ[排除]。近世 どく[退]。どく〔どける〕[退]。中世 いっさう[一掃]。ぢょきょ[除去]。とりさる[取去]。ひきはらふ[引払]。中古 てっきゃく[撤却]。とりのく〔―のける〕[取除]。とりはらふ[取払]。のく〔のける〕[退／除]。上代 のそく／のぞく[除]。

てづくり【手作】 ハンディクラフト(handicraft)。近代 ハンドメード(handmade)。ホームメード(homemade)。近世 じせい[自製]。てせい[手製]。てづくね[手捏]。てわざ[手業]。中世 てさく[手作]。てしごと[手仕事]。中古 じさく[自作]。しゅこう[手工]。てづくり[手作／手造]。

―の工芸品 クラフト(craft)。近代 てびねり[手捻]。近世 てづくね[手捏]。

てつけきん【手付金】 ハンドマネー(hand

money)。近代あたまきん[頭金]。うちきん[内金]。さきわたし[先渡]。ぜんきん[前金]。近世さきがね[先金]。さしきん[差金]。てきん[手金]。てつけきん[手付金]。なげがね[投金／投銀]。まへきん[前金]。まへせん[前銭]。まへわたし[前渡]。

ーを渡す 中古あきさす[贉]。

てっけん【鉄拳】 近代げんこつ[拳骨]。てっけん[鉄拳]。近世げんこ[拳固]。にぎりこぶし[握拳]。中古こぶし[拳]。

てっこう【鉄鋼】 →**てつ【鉄】**

デッサン(フランス dessin) ドラフト(draft)。近代そべう[素描]。デッサン。ふんぽん[粉本]。中世したゑ[下絵]。

てっしゅう【撤収】 近代てっしう[撤収]。てったい[撤退]。とりのぞく[取除]。近世ひきあぐ[―あげる][引上／引揚]。中世たいきょ[退去]。たいさん[退散]。たいぢん[退陣]。ぢょきょ[除去]。とりさる[取去]。ひきはらふ[引払]。ひく[引／退]。中古しぞく[退]。上代しりぞく[退]。たいきゃく[退却]。

てっしょう【徹宵】 →**てつや**

てつじん【鉄人】 タフガイ(tough guy)。近世ふじみ[不死身]。

てっ・する【徹】 →**てってい**

てっせん【鉄線】(キンポウゲ科の植物の名) 近代きくからくさ[菊唐草]。てっせんかづら[鉄線葛／鉄線蔓]。近世てっせん[鉄線]。

てっそう【鉄窓】 近代ごくさう[獄窓]。てっさう[鉄窓]。→**けいむしょ**

てったい【撤退】 近代こうたい[後退]。てっしう[撤収]。てったい[撤退]。てっぱい[撤廃]。近世ひきあぐ[―あげる][引上／引揚]。中世たいきょ[退去]。たいぢん[退陣]。ぢんばらひ[陣払]。中古しぞく[退]。上代しりぞく[退]。たいきゃく[退却]。

てつだい【手伝】 アシスト(assist)。近代じょりょく[助力]。すけだち[助太刀]。ちからぞへ[力添]。近世おうゑん[応援]。かこう[加功]。かせい[加勢]。かただすけ[肩助]。じょせい[助勢]。じょりき[助力]。はうじょ[幇助]。わきろ[脇艪]。中世てだすけ[手助]。てつだひ[手伝]。中古すけ[助]。ほさ[補佐／輔佐]。ゐんじょ[援助]。上代たすけ[助／扶]。

ー・する人 ヘルパー(helper)。近代アシスタント(assistant)。じょしゅ[助手]。近世てこ[梃子／手子]。てこのしゅう[手子衆]。中世すけて[助手]。中古ほさ[補佐／輔佐]。

ーで楽になること 近世てだすかり[手助]。

てつだ・う【手伝】 近代後棒(あとぼう)を担ぐ。腕を貸す。力を貸す。近世片肌脱ぐ。手を貸す。中世てつだふ[手伝]。肩を貸す。力になる。中古たすく[たすける][助]。上代すく[すける][助]。

でっち【丁稚】 近世いせじま[伊勢縞]。こもの[小者]。ごよう[御用]。ごようきき[御用聞]。さいろく[才六／采六／賽六]。さんたらう[三太郎]。たるひろひ[樽拾]。でっち[丁稚]。

でっちあげ【捏上】 近代こねあげる[捏上]。でつざう／ねつざう[捏造]。フレームアップ(frame-up)。中世こねあはす[―あわせる][捏合]。中古つくりごと[作事／作言]。

てっつい【鉄槌】 近代せいさい[制裁]。てっつい[鉄槌]。中世こらしめ[懲]。

てつづき【手続】 近代はこび[運]。近世だんどり[段取]。てじゅん[手順]。てつづき[手続]。中世てはず[手筈]。

てってい【徹底】 つらぬきとおす[貫通]。近代くゎんすい[完遂]。つらぬく[貫]。近世くゎんてつ[貫徹]。そこいたり[底至]。たてとほす[立通]。ねぬけ[根抜]。中世いっくゎん[一貫]。おしとほす[押通]。てっす[徹]。中古てってい[徹底]。とほす[通]。

《句》近世毒を食らはば(舐めれば)皿まで。

ー・しない なまっちょろい。近代いいかげん[好加減]。なまはんか[生半可]。近世なまなか[生半]。なまはんじゃく[生半尺]。中世ふてってい[不徹底]。

ー的に ドラスティック(drastic)。完膚(かんぷ)無きまでに。近代くゎんぺきに[完璧]。とことん。近世おもひいれ[思入]。すっかり。てっとうてつび[徹頭徹尾]。中世どこまでも。まったく[全]。中古あくまで[飽迄]。もはらに。上代すべて[全／総]。

ー的にするさま 近世こりしゃう[凝性]。

てつどう【鉄道】 レールロード(railroad)。近代きだう[軌道]。きでう[軌条]。せんろ[線路]。てっき[鉄軌]。レール(rail)。ろせん[路線]。近世てつだう[鉄道]。てつろ[鉄路]。

ーの一閉塞区間 ブロック(block)。

ーの二本の線の距離 近代きかん[軌間]。ゲージ(gauge)。

ーの向きを替える装置 近代スイッチ(switch)。てんてつき[転轍機]。てんろき[転路器]。ポイント(point)。

上下線共用の― 近代 たんせん［単線］。たんせんきだう［単線軌道］。

地下の― サブウエー(subway)。メトロ(フランス métro)。近代 ちかてつ［地下鉄］。

並行に複数敷設された― ふくせん［複線］。ふくせんきどう［複線軌道］。

その他―のいろいろ(例) しんりんてつどう［森林鉄道］。とざんてつどう［登山鉄道］。みんえいてつどう［民営鉄道］。近代 かうさくてつだう［鋼索鉄道］。ケーブルカー(cable car)。こくいうてつだう［国有鉄道］。こくてつ［国鉄］。してつ［私鉄］。ちかてつ／ちかてつだう［地下鉄道］。ばしゃてつだう［馬車鉄道］。

てっとりばや・い【手取早】 近世 かんべん［簡便］。てっとりばやし［手取早］。中世 かんりゃく［簡略］。すばやし［素早］。たんてき［端的］。てばやし［手早］。

―・く言えば 手短に言えば。近世 要するに。早い話が。

てっぱい【撤廃】 近代 てっきょ［撤去］。てったい［撤退］。てっぱい［撤廃］。中世 はいぜつ［廃絶］。

でっぱり【出張】 近代 つきだし［突出］。でっぱり［出張］。とっき［突起］。とっきぶつ［突起物］。とっけい［凸形］。とっしゅつ［突出］。近世 はりだし［張出］。中世 ではり／でばり［出張］。

―とへこみ 近代 でこぼこ［凸凹］。近世 あふとつ［凹凸］。

でっぱ・る【出張】 はりだす［張出］。近代 せりだす［迫出］。つきだす［突出］。でっぱる［出張］。中世 いづ［出］。ではる／でばる［出張］。

てっぺん【天辺】 近代 ちゃうてん［頂点］。ピーク(peak)。近世 てっぺん［天辺／頂辺］。てへん［天辺／頂辺］。中世 そら［空］。てんちゃう［天頂］。中古 いただき［頂］。さんちゃう［山頂］。さんてん［山巓］。さんとう［山頭］。ぜっちゃう［絶頂］。ちゃうじゃう［頂上］。

頭の― 近代 とうちゃう［頭頂］。中世 づちゃう［頭頂］。近世 すてっぺん［素天辺］。

てっぽう【鉄砲】 近代 ガン(gun)。じゅうき［銃器］。じゅうはう［銃砲］。ひなはじゅう［火縄銃］。ひなはづつ［火縄筒］。近世 くゎき［火器］。じゅう［銃］。せうじゅう［小銃］。ひづつ／ほづつ［火筒］。中世 たねがしま［種子島］。てっぱう［鉄砲／鉄炮］。

―の音 近代 じゅうせい［銃声］。近世 つつおと［筒音］。

―の弾 近代 じゅうだん［銃弾］。近世 たま［弾］。だんがん［弾丸］。

―の激しい撃ち合い 近代 せうえんだんう［硝煙弾雨］。

―をつるべ撃ちにする 近世 つるぶ［連］。つるべかける［連掛／釣瓶掛］。

―をむやみに撃つこと 近世 のでっぱう［野鉄砲］。

合図として撃つ― 近世 がうはう［号砲］。

玩具の― えのみてっぽう［榎実鉄砲］。やまぶきでっぽう［山吹鉄砲］。近代 すぎでっぽう［杉鉄砲］。りゅうどすい［竜吐水］。近世 かみでっぽう［紙鉄砲］。まめでっぽう［豆鉄砲］。みづでっぽう［水鉄砲］。みづはじき［水弾］。中世 たけでっぽう［竹鉄砲］。

小型の― 近代 けんじゅう［拳銃］。たんじゅう［短銃］。近世 たんづつ［短筒］。てづつ［手筒／手銃］。ピストル(pistol)。ふところでっぽう［懐鉄砲］。

てっぽうゆり【鉄砲百合】 いわゆり［岩百合］。近代 てっぽうゆり［鉄砲百合］。近世 さつまゆり［薩摩百合］。ためともゆり［為朝百合］。はかたゆり［博多百合］。りうきうゆり［琉球百合］。

てづまり【手詰】 こうちゃく［膠着］。近代 いきづまり／ゆきづまり［行詰］。はっぽうふさがり［八方塞］。暗礁に乗り上げる。近世 たちわうじゃう［立往生］。てづかへ［手支］。中世 てづまり［手詰］。

てつめんぴ【鉄面皮】 心臓に毛が生えている。面(つら)の皮が厚い。近代 こうがんむち［厚顔無恥］。はれんち［破廉恥］。近世 あつかは［厚皮］。あつかまし［厚］。いけづうづうし。づうづうし［図図］。てつめんぴ［鉄面皮］。のづら［野面］。中世 はぢしらず［恥知］。

てつや【徹夜】 オールナイト(all night)。ひとばんじゅう［一晩中］。夜から朝まで。近代 つうげう［通暁］。てっせう［徹宵］。近世 てつや［徹夜］。よっぴいて［夜一夜］。よっぴて［夜一夜］。よどほし［夜通］。よひごし［宵越］。中古 しゅうせう［終宵］。つうや［通夜］。よごし［夜越］。よごめ［夜籠］。よもすがら［夜］。上代 しゅうや［終夜］。よあかし［夜明］。

―・する 中古 をりあかす［居明］。夜を明かす。夜を徹す。上代 あかす［明］。ゐあかす［居明］。

死者を葬る前夜の― 近代 おつや［御通夜］。よとぎ［夜伽］。近世 つや［通夜］。

中世つうや［通夜］。
外で立ったままー・する 中古たちあかす［立明］。
もの思いでー・する 中古おもひあかす［思明］。ながめあかす［眺明］。
▼一晩中 →**ひとばんじゅう**

てづる【手蔓】 コネクション(connection)。近代あしがかり［足掛］。あしかけ［足掛］。ルート(route)。近世いとぐち［糸口］。えんこ［縁故］。すうき［枢機］。たんしょ／たんちょ［端緒］。つる［蔓］。てすぢ［手筋］。てづる［手蔓］。ひき［引］。中世あて［当／宛］。てがかり［手掛］。びん［便］。中古えん［縁］。くゎんけい［関係］。たより［便／頼］。つて［伝］。よし［由／因］。

でどころ【出所】 きょうきゅうげん［供給源］。じょうほうげん［情報源］。でばしょ［出場所］。近代オリジン(origin)。ソース(source)。近世いでど［出所］。しゅつじ［出自］。しょしゅつ［所出］。でどこ［出所／出処］。中世しゅっしょ［出所／出処］。でどころ［出所／出処］。しょしゃう［所生］。中古いでどころ［出所／出処］。

てなおし【手直】 近代しうせい［修正］。やりなほし［遣直］。リフォーム(reform)。近世ぜせい［是正］。ていれ［手入］。中古あらたむ［—ためる］［改］。

でなおし【出直】 さいしゅっぱつ［再出発］。近代でなほし［出直］。やりなほし［遣直］。

てなぐさみ【手慰】 近世てそぞぶり。てそぼくり／てそぼり。中世てなぐさみ［手慰］。中古てすさび／てすさみ［手遊］。てまさぐり［手弄］。

ーでする 近世いじる［弄］。
ーに書くこと 近世ふでなぐさみ［筆慰］。

てなず・ける【手懐】 近代てうけう［調教］。近世いひくるむ［—くるめる］。まるめこむ［丸込］。いひくろむ［—くろめる］［言黒］。［言包］。だきこむ［抱込］。てなづく［てなずける］［手懐］。中世かひならす［飼慣］。こまづく［—ずける］。ろうらく［籠絡］。中古かたらひつく［語付］。かたらひとる［語取］。くゎいじう［懐柔］。てならす［手慣／手馴］。上代なつく［なつける］［懐］。

てなみ【手並】 →**うでまえ**

てならい【手習】 近代しうげふ［修業］。近世しふじ［習字］。中古けいこ［稽古］。てならひ［手習］。れんしふ［練習］。
《句》近世六十の手習ひ。

てな・れる【手慣】 中世じゅくれん［熟練］。中古たなる［手馴］。てなる［てなれる］［手慣／手馴］。なる［なれる］［慣］。上代じゃうず［上手］。

てぬかり【手抜】 →**ておち**
ーがない 抜け目がない。中世目の鞘(さや)が抜く［—抜ける］。目の鞘が外る［—外れる］。

てぬき【手抜】 ぽか。体(身体／軀)を惜しむ。近代しゃうりゃく［省略］。ておち［手落］。近世てぬき［手抜］。なまけ［怠］。ほねをしみ［骨惜］。もれ［漏／洩］。手を抜く。中世ぬかり［抜］。ゐろう［遺漏］。上代たいまん［怠慢］。

てぬぐい【手拭】 近代あせふき［汗拭］。かんきん［汗巾］。タオル(towel)。ハンカチ／ハンカチーフ(handkerchief)。近世あせてぬぐひ［汗手拭］。てふき［手拭］。てんてん［天天］(幼児語)。ゆて［湯手］。中世あせぬぐひ［汗拭］。てぬぐひ［手拭］。中古きん［巾］。しゅきん［手巾］。たなごひ／たのごひ／てのごひ［手拭］。

柿渋で染めたー 近世かきてのごひ［柿手拭］。しぶてのごひ［渋手拭］。
湿して絞ったー 近代おしぼり［御絞］。
手や顔を洗い清めるー 近世てうづてぬぐひ［手水手拭］。
鉢巻きや頬被(ほおかぶ)りに使う長いー 近世さんじゃくてぬぐひ／さんじゃくてのごひ［三尺手拭］。
木綿のー 近代にほんてぬぐひ［日本手拭］。

てぬる・い【手緩】 あまっちょろい［甘］。近代くゎんまん［緩慢］。びをん［微温］。近世あまくち［甘口］。おかったるい。ちょろし。ぬるし［温］。まだるし［間怠］。中世あまし［甘］。くゎんだい［寛大］。てぬるし［手緩］。なまぬるし［生温］。中古くゎんよう［寛容］。

てのうち【手内】❶〈掌〉 →**てのひら**
てのうち【手内】❷〈腕前〉 近代さいわん［才腕］。しゅわん［手腕］。近世うでまへ［腕前］。てのうち［手内］。中世ぎりゃう［技量］。てなみ［手並］。
てのうち【手内】❸〈内情〉 近代きと［企図］。近世うちかぶと［内兜／内冑］。てのうち［手内］。もくろみ［目論見／目論］。中世くはだて［企］。

てのひら【掌】 近代しゅしゃう［手掌］。近世てのなか［手中］。中世てのうち［手内］。てのくぼ［手窪］。てのした［手下］。てのはら［手腹］。てのひら［掌／手平］。中古たなうら

［掌］。てのうら［手裏］。上代たなうち［手中／掌中］。たなごころ［掌］。たなそこ／たなぞこ［手底］。

—で押した印 近世てがた［手形］。中古しゅいん／ていん［手印］。

—の筋 てすじ［手筋］。近世しゃうもん［掌紋］。近代しゅもん［手紋］。

—の中 中古しゃうちゅう［掌中］。しゃうり［掌裡］。

デパート(department storeの略) 近代デパート。なんでもや［何屋］。ひゃくくゎてん［百貨店］。近世よろづみせ［万見世／万店］。よろづや［万屋］。

てはい【手配】 アレンジ(arrange)。近代てはい［手配］。はいび［配備］。ふせき［布石］。近世じゅんび［準備］。だんどり［段取］。てあひ［手合］。てくばり［手配］。てはず［手筈］。てまはし［手回］。中世はいりふ［配立］。中古さうす［左右］。したく［仕度］。もよほし［催］。ようい［用意］。

ではいり【出入】 アクセス(access)。近世ではひり［出入］。中世しゅつぼつ［出没］。だしいれ［出入］。でいり［出入］。中古いでいり［出入］。上代しゅつにふ［出入］。

てはじめ【手始】 近代エービーシー(ABC)。しょきふ［初級］。じょのくち［序口］。しょほ［初歩］。だいいっぽ［第一歩］。ちゃくしゅ［着手］。とっかかり［取掛］。近世きっかけ［切掛］。くちあけ［口開］。さんばそう［三番叟］。しょて［初手］。とりかかり［取掛］。中世いろは［伊呂波］。かはきり［皮切］。てはじめ［手始］。にふもん［入門］。ものはじめ［物始］。中古さいしょ［最初］。はじめ［初］。

ではじめ【出始】 近世ではじめ［出始］。中世はしり［走］。はつもの［初物］。

てはず【手筈】 近代したじゅんび［下準備］。てはい［手配］。ふせき［布石］。近世したごしらへ［下拵］。じゅんび［準備］。だんどり［段取］。つがふ［都合］。てくばり［手配］。てぐみ［手組］。てつがひ［手結／手番］。てつがふ［手都合］。てづかひ［手遣／手使］。てまはし［手回］。中世したづくり［下作］。中古したく［支度］。したぐみ［下組］。てはず［手筈］。ようい［用意］。

—を整える アレンジ(arrange)。

—を整えて待つ 中世手薬煉(てぐすね)引く。

でばな【出端】 すべりだし［滑出］。でだし［出出］。近代でぎは［出際］。ふりだし［振出］。ぼうとう［冒頭］。近世いとぐち［糸口］。でしな［出］。では［出端］。とっつき［取付］。はな［端］。中世でがけ［出掛］。でばな［出端］。はじまり［始］。中古さいしょ［最初］。

番茶などの— 近世にばな［煮端］。中世にえばな［煮端］。

てばな・す【手放】 近代はうき［放棄］。近世うっちゃる［打遣／打棄］。てばなす［手放／手離］。中古うちすつ［—すてる］［打捨］。上代すつ［すてる］［捨］。とばす［飛］。はなつ［放］。はなす［放］。ゆるす［許／赦］。

—・さないさま 近世くびっぴき／くびひき［首引］。

てばや・い【手早】 クイック(quick)。近代きびん［機敏］。すばしこい／すばしっこい。スピーディー(speedy)。そくきふ［速急／即急］。近世てかしこし［手賢］。はしこし［捷／敏捷］。中世てばやし［手早］。上代はやし［速／捷］。

—・いさま 近世さっさと。ぱっぱと。中世ちゃちゃと。

でばん【出番】 出る幕。近世あたりばん［当番］。でばん［出番］。中古たうばん［当番］。

てびき【手引】 ガイダンス(guidance)。ガイド(guide)。近代ししん［指針］。近世せんてい［筌蹄］。てほどき［手解］。ひきあはせ［引合］。ひきいれ［引入］。中世あんない［案内］。いんだう［引導］。しなん［指南］。てびき［手引］。みちしるべ［道標／道導／路導］。中古きゃうだう［嚮導］。しるべ［導／標］。しんりゃう［津梁］。てほん［手本］。上代せんだう［先導］。みちびく［導］。

—書 しなんしょ［指南書］。にゅうもんしょ［入門書］。プライマー(primer)。マニュアル(manual)。近代あんないしょ［案内書］。ガイドブック(guidebook)。カタログ(catalog; catalogue)。ハンドブック(handbook)。びんらん／べんらん［便覧］。近世しほり［栞］。しをり［枝折］。そでかがみ［袖鑑］。わうらいもの［往来物］。

—・する人 近代せんだうしゃ［先導者］。ガイド(guide)。リーダー(leader)。中世せんだち／せんだつ［先達］。ひきて［引手］。

—となる物 近代しなんしゃ［指南車］。

てひど・い【手酷】 近世こっぴどい。てあらし［手荒］。てきびし［手厳］。てひどし［手酷］。ひどし［酷／非道］。中世ていたし［手痛］。むごし［酷］。

デビュー(フランスdebut) おめみえ［御目見］。はつ

とうじょう［初登場］。近代デビュー。近世はつぶたい［初舞台］。

てぶくろ【手袋】 グローブ(glove)。近代ぐんて［軍手］。しゅたう［手套］。ミトン(mitten)。近世てぶくろ［手袋］。

弓を射るときの― 近世つるはじき［弦弾］。中世ゆがけ［弓懸］。中古てぶくろ［手袋］。ゆみかけ［弓懸］。

でふね【出船】 近代しゅっかう［出航］。しゅっかう［出港］。中世しゅっぱん［出帆］。でふね［出船］。帆を揚ぐ［―揚げる］。

―の用意 上代ふなよそひ［船装］。

てぶら【手】 →すで

てぶり【手振】 近代ジェスチャー／ジェスチュア／ゼスチャー(gesture)。てさばき［手捌］。みごなし［身熟］。身のこなし。近世しょさ［所作］。てじな［手品］。てまね［手真似］。みぶり［身振］。中世あひづ［合図］。中古てつき［手付］。てぶり［手振］。上代ふるまひ［振舞］。

てべんとう【手弁当】 きんろうほうし［勤労奉仕］。じこふたん［自己負担］。むりょうほうし［無料奉仕］。近代じべん［自弁］。ボランティア(volunteer)。身銭(みぜに)を切る。近世じばら［自腹］。じひ［自費］。じまひ／じまへ［自前］。てべんたう［手弁当］。自腹を切る。

てほん【手本】 てびき［手引］。近代てんけい［典型］。はん［範］。はんしき［範式］。ふんぽん［粉本］。へうしき［表式］。ほうかん［宝鑑］。モデル(model)。近世かね［矩］。きてつ［軌轍］。じゅんじょう［準縄］。てかがみ［手鑑］。ひながた［雛形］。もやう［模様］。中世きくじゅんじょう［規矩準縄］。ききょう［亀鏡］。ぎけい［儀刑／儀型］。きはん［規範］。きぼ［規模］。はかせ［博士］。みほん［見本］。亀の鑑(かがみ)。中古あえもの［肖者］。かたぎ［形木／模］。きかん［亀鑑］。きく［規矩］。ぎはん［儀範］。ためし［例］。てほん［手本］。ほん［本］。もはん［模範］。上代かがみ［鑑／鑒］。ぎへう［儀表］。のり［法／則］。

―として従うこと 近代ふむ［踏］。中世のっとる［法／則］。中古じゅんよう［遵用］。上代ならふ［倣／慣］。

―として尊ぶ 近世きょうしょく［矜式］。

―となる人 上代しはん［師範］。

―となる文章 近代ぶんぱん［文範］。

―になること 近代範を垂れる。中古しへう［師表］。すいはん［垂範］。

―を写し書くこと 近世りんしゃ［臨写］。りんぼ／りんも［臨模］。中古もしゃ［模写］。りんしょ［臨書］。

写し書くための― 近代もほん［模本／摸本］。りんでふ［臨帖］。りんぽん［臨本］。

絵の― 近世ゑでほん［絵手本］。中世ぐゑほん［画本］。ゑほん［絵本］。

図示された― 中古ゑやう［絵様］。

先人の残した― 中世ぜんかん［前鑑］。

てま【手間】 近代てすう［手数］。らうりょく［労力］。近世くでま［工手間］。ござうさ［御造作］。ざうさ［造作］。ざふさ［雑作］。めんだう［面倒］。中世てかず［手数］。てま［手間］。てまひま［手間暇］。中古らうく［労苦］。

―が掛からない 近代分けない。近世てがる／てがるし［手軽］。中世造作(ざうさ)なし。

―が掛からないさま 近代手っ取り早い。

―が掛かる →てまど・る

―の掛かること 近世てましごと［手間仕事］。中世たいぎ［大儀］。

―の割に効果がない 近代てまつぶし［手間潰］。近世てまぞん［手間損］。《句》近代骨折り損のくたびれ儲(まう)け。近世古屋(ふるや)（古家）の造作(ざうさく)。

―を掛けないさま 近代あんちょく［安直］。近世てがる［手軽］。

―を無駄に掛ける 近世てまだうな［手間］。

デマ（(ドイ) Demagogie の略） 近代きょせい［虚声］。くうせつ［空説］。デマ。ひげん［飛言］。ふひゃう［浮評］。りうげんひご［流言飛語］。りうせつ／るせつ［流説］。近世うきな［浮名］。ねなしごと［根無言］。中世きょせつ［虚説］。きょでん［虚伝］。くうげん［空言］。ざうせつ［造説］。ふうせつ［風説］。ふげん［浮言］。ふせつ［浮説］。中古あだな［徒名］。きょぶん［虚聞］。なきな［無名］。ぬれぎぬ［濡衣］。ひご［飛語］。上代およづれ［妖言］。りうげん［流言］。

でまかせ【出任】 近代行き当たりばったり。近世からづつ［空筒］。からでっぽう［空鉄砲］。ちゃら。ちゃらくら。ちゃらぽこ。ちょちょら。であひ［出会／出合］。でたらめ［出鱈目］。ではうだい［出放題］。でまかせ［出任］。のでっぽう［野鉄砲］。まにあひことば［間合言葉］。中世きぎょ／きご［綺語］。きゃうげん［狂言］。くちまかせ［口任］。→でたらめ

―で誤魔化す 近世ちゃらつかす。

—の物語 中古そらものがたり[空物語]。上代たまくら[手枕]。中世てまくら[手枕]。

他人(夫婦／恋人以外)の— 上代あだしたまくら[他手枕]。

男女が初めて共寝するときの— 上代にひたまくら[新手枕]。

てましごと【手間仕事】 近代しあげだかばらひ[仕上高払]。しごとだかばらひ[仕事高払]。できだかきふ[出来高給]。できだかばらひ[出来高払]。ピースワーク(piece-work)。近世てましごと[手間仕事]。中世ちんしごと[賃仕事]。

てまちん【手間賃】 マージン(margin)。リベート(rebate)。近代くちせん[口銭]。こうせん[口銭]。こうせん[工銭]。こうちん[工賃]。コミッション(commission)。てすうれう[手数料]。らうちん[労賃]。近世こうれう[工料]。てまだい[手間代]。中世てまちん[手間賃]。中古さくれう[作料]。だちん[駄賃]。上代こうせん[功銭]。

—を取ってする仕事 近世てましごと[手間仕事]。

—を貰(もら)って雇われること 中世てまとり[手間取]。

てまど・る【手間取】 近代手間が掛かる。近世てまだう[手間]。てまどる／てまどれる[手間取]。手を焼く。中世ひまいり[隙入]。骨折(を)る[—折れる]。中古ながびく[長引]。わづらはし[煩]。

—・ってじれったい 近代まだるっこい。まどろこい／まどろこしい。近世まだるし[間怠]。

てまね【手真似】 近代ジェスチャー／ジェスチュア／ゼスチャー(gesture)。近世てまね[手真似]。みぶり[身振]。中世ふり[振]。まね[真似]。中古しょさ[所作]。てぶり[手振]。

てまねき【手招】 近代おいでおいで(子供の動作)。近世こてまねく[小手招]。中世てまねく[手招]。中古うちまねく[打招]。さしまねく[差招／麾]。

てまめ【手忠実】 近世こまめ。てまめ[手忠実]。上代きんべん[勤勉]。まめ[実／忠実]。

てまわし【手回】 →**てはい**

でまわ・る【出回】 近代ふきふ[普及]。りうつう[流通]。近世いきわたる／ゆきわたる[行渡]。中古ひろまる[広]。上代るふ[流布]。

てみじか【手短】 近代かんけつ[簡潔]。かんやく[簡約]。シンプル(simple)。たんかん[単簡／短簡]。近世かんたん[簡単]。こみじかし[小短]。つづまやか[約]。てがる[手軽]。てみじか[手短]。中世かんそ[簡素]。かんりゃく[簡略]。

でみせ【出店】 近代してん[支店]。だいだうみせ[大道店]。ろてん[露店]。近世いでみせ[出店]。だしみせ[出店／出見世]。でだな[出店]。でばりみせ[出張店]。でみせ[出店]。とこみせ[床店／床見世]。やたい[屋台]。やたいみせ[屋台店]。

てみやげ【手土産】 近代スーブニール(souvenir)。近世そでみやげ[袖土産]。てみやげ[手土産]。中世おもたせ[御持]。おもたせもの[御持物]。みやげ[土産]。みやげもの[土産物]。もたせ[持]。わうらい[往来]。中古つと[苞／苞苴]。→**みやげ**

てむか・う【手向】 近代かうする[抗]。かうてい[抗抵]。かうてき[抗敵]。はんかう[反抗]。はんぱつ[反発]。反旗を翻す。近世くゎいろふ[弄／綺]。くってかかる[食掛]。くゎいれい[乖戻]。つっかかる[突掛]。ていかう[抵抗]。てむかふ[手向]。はむかふ[刃向／歯向]。もがる[強請／虎落]。右と言へば左。山と言へば川。弓を引く。中世あらがふ[抗／争／諍]。うちむかふ[打向]。さかふ[逆]。さからふ[逆]。そむく[背／叛]。たがふ[違]。たてつく[楯突]。はむく[刃向]。もどく[抵牾／牴牾]。をかす[犯／侵]。中古すまふ[争]。てきたい[敵対]。むかふ[向]。上代あらそふ[争]。さかる[逆]。たちむかふ[立向]。たむかふ[手向]。

でむかえ【出迎】 近代ウエルカム(welcome)。くゎんげい[歓迎]。でむかへ[出迎]。中世だうむかへ[道迎]。上代げいせつ[迎接]。むかへ[迎]。

—の酒宴 近代くゎんげいくゎい[歓迎会]。レセプション(reception)。中世さかむかへ[坂迎／境迎]。近世さかむかひ[酒迎]。

村境まで行っての— 中世さかむかへ[坂迎／境迎]。

嫁を迎えるのに婿自らの— 近世しんげい[親迎]。

でむ・く【出向】 近代ぐゎいしゅつ[外出]。でむく[出向]。はっかう[発行／発向]。近世でかく[—かける][出掛]。足を運ぶ。中世うちむかふ[打向]。しゅっかう[出向]。中古おもむく[赴]。さしいづ[差出／射出]。ゆきむかふ[行向]。上代ゆく[行]。《尊》近代しゅつば[出馬]。

《謙》中古さんじゃう[参上]。はいすう[拝趨]。上代さんかう[参向]。

仕事などのため―・かせる 近代はけん[派遣]。はしゅつ[派出]。

デメリット(demerit) 近代けってん[欠点]。なんてん[難点]。ふりえき[不利益]。マイナス(minus)。近世ふぐあひ[不具合]。中世たんしょ[短所]。ひ[非]。中古なん[難]。

でも だって。であっても。近世でも。中世にても。ばしも。中古にも。まれ。

てもち【手持】 ざいこ[在庫]。ざいこひん[在庫品]。近代ストック(stock)。近世てもち[手持]。中世もちあはせ[持合]。

てもちぶさた【手持無沙汰】 近代アンニュイ(フランス ennui)。近世しょざい[所在]。てもちぶさた[手持無沙汰]。所在なし。手持ち悪(わる)し。中世たいくつ[退屈]。つれづれ[徒然]。とぜん[徒然]。中古いたづら[徒]。かんさん[閑散]。ぶれう[無聊]。

―・なさま 近世にぎりぎんたま[握金玉]。中世畳の縁(へり)を毟(むし)る。

てもと【手元】 近代みぢか[身近]。近世しんぺん[身辺]。てぢか[手近]。てまはり[手回/手廻]。中世てもと[手元/手許]。中古かたはら[傍/旁/側]。ざいう[座右]。そば[傍/側]。わき[脇]。上代もとこ[許処]。

―が暗いこと 近世てくらがり[手暗]。

―が苦しいこと 近世てづまり[手詰]。中世ふつがふ[不都合]。

―にあっていつでも使える物 もちごま[持駒]。もちふだ[持札]。近代(自家(じか))薬籠中(やくろうちゅう)の物。

―にある品物 げんぶつ[現物]。近代げんぴん[現品]。→**てもち**

―に置く 中古あづかる[預/与]。とりよす〔―よせる〕[取寄]。

―に近づける 中古ひきよす〔―よせる〕[引寄]。上代よす〔よせる〕[寄]。

てら【寺】 近世かはら[瓦](斎宮の忌み詞)。かはらぶき[瓦葺](斎宮の忌み詞)。じゃうゐん[浄院]。ぼんぐう[梵宮]。ぶっさつ[仏刹]。ぶっけ[仏家]。中世さんもん[山門]。じゃうせつ[浄刹]。ぜんばう[禅坊/禅房]。ぜんりん[禅林]。ぶつう[仏宇]。中古しゃうじゃ/せいしゃ[精舎]。そうしゃ[僧舎]。だうぢゃう[道場]。ぶつじ[仏寺]。ぶっせつ[仏刹]。ほふう[法宇]。みだう[御堂]。上代じけ[寺家]。じゐん[寺院]。てら[寺]。

《尊》中世おてら[御寺]。おてらさま[御寺様]。

―全体 ぜんざん[全山]。中世いっさん[一山]。まんざん[満山]。

―で裁縫をする女(秘かに置いた妻女) 近世しんめう[針妙]。めう[妙]。

―で雑役や力仕事をする男 近世てらをとこ[寺男]。中世のうりき[能力]。

―で雑用をする少年 近世どうじ[童子]。

―と檀家 近世じだん[寺檀]。

―の建物 中世くり[庫裏/庫裡]。ぜんばう[禅坊/禅房]。そうか/そうけ[僧家]。はうぢゃう[方丈]。中古そうがらん[僧伽藍]。そうがらんま[僧伽藍摩]。そうゐん[僧院]。ぶっかく[仏閣]。上代がらん[伽藍]。さんばう[山房]。じゐん[寺院]。そうばう[僧坊/僧房]。

―の中 近世さんない[山内]。中世じない[寺内]。中古じちゅう[寺中]。

―の番人 近世ばうもり[坊守]。

―の門 中世さんもん[山門]。

―や神社 中古じしゃ[寺社]。しゃじ[社寺]。れいげん[霊験]。

―を建立した人(こと) 中世かいき[開基]。かいさん[開山]。

尼の住む― 近代しうだうゐん[修道院]。近世をんなでら[女寺]。中世びくにでら[比丘尼寺]。上代あまでら[尼寺]。

大きな― 近世きょさつ[巨刹]。そうりん[僧林]。中世たいさつ/たいせつ[大刹]。だいじ[大寺]。

他の― 中世たざん[他山]。

名高い― 中世めいさつ[名刹]。

生臭坊主のいる― 近世うきよでら[浮世寺]。せけんでら[世間寺]。なまぐさでら[生臭寺]。

野にある― 中古のでら[野寺]。

古い― 中世こさつ[古刹]。中古こじ[古寺]。ふるでら[古寺]。

身元の知れない人を葬った― 近世なげこみ[投込]。なげこみでら[投込寺]。

山の中の― 中古さんもん[山門]。やまでら[山寺]。

霊験あらたかな― 中古れいじ[霊寺]。

てら・う【衒】 近世みせびらかす[見]。中世こじ[誇示]。ひけらかす。中古じまん[自慢]。上代てらさふ[照/衒]。てらはす[衒]。てらふ[衒]。ほこる[誇]。

―・う気持ち 近代げんき[衒気]。

てらしあわ・せる【照合】 とつごう[突合]。近代かんす[鑑]。さんがふ[参合]。さんせ

う［参照］。せうがふ［照合］。せうさ［照査］。たいひ［対比］。てりあはせる［照合］。近世 たいせう［対照］。てらしあはす［―あわせる］［照合］。中世 かんがふ［勘合］。せうけん［照験］。つきあはす［―あわせる］［突合］。ひきあはす［―あわせる］［引合］。中古 ちょうす［徴］。ひきくらぶ［―くらべる］［引比］。上代 くらぶ［くらべる］［比／較］。

―・せて誤りを正すこと 近世 かうしょ［校書］。中世 けうしょ［校書］。中古 かうがふ／けうがふ［校合］。かんかう［勘校］。上代 かうかん［校勘］。

先例や規範に―・せる 中世 かがみる［鑑］。かんがみる［鑑］。

てら・す【照】 あかるくする［明］。とうこう［投光］。ライトアップ(light up)。光を当てる。近代 せうしゃ［照射］。中古 せうめい［照明］。上代 てらす［照］。→**て・る**

あまねく―・す 中古 へんぜう［遍照］。

じかに―・す 近世 ちょくしゃ［直射］。

すみずみまで―・す 中古 てりわたる［照渡］。上代 てりとほる［照徹］。

日月が四方を―・す 中古 せうりん［照臨］。

光が強く―・す 近世 てりつく［―つける］［照付］。

テラス(terrace) 近代 テラス。バルコニー(balcony)。バルコン(フランス balcon)。ベランダ(veranda)。中古 ろだい［露台］。

デラックス(deluxe) ラグジュアリー(luxury)。近代 かうきふ［高級］。がうせい［豪勢］。ゴージャス(gorgeous)。じゃうとう［上等］。近世 がうくゎ［豪華］。ぜいたく［贅沢］。中世 がうしゃ［豪奢］。中古 けうしゃ［驕奢］。しゃし［奢侈］。

てりかえし【照返】 近代 てりかへし［照返］。はんえい［反影］。近世 はんしゃ［反射］。中世 へんせう［返照］。中古 はんせう［反照］。

てりかがや・く【照輝】 近代 えいしゃ［映射］。中古 ひかりかがやく［光輝］。上代 てりかかやく／てりかがやく［照輝］。にほふ［匂］。

―・くさま 近世 てらてら。中世 かっかっ。中古 きき［輝輝／暉暉］。

他の物の色に染まり―・く 上代 にほふ［匂］。

月が―・く 中古 すみはつ［澄果］。

天に―・く 上代 あまてらす［天照］。あまてる［天照］。

デリカシー(delicacy) 近代 えいびん［鋭敏］。びんかん［敏感］。デリカシー。デリケート(delicate)。近世 えいびん［穎敏］。せんさい［繊細］。びめう［微妙］。中古 こまやか［細］。

テリトリー(territory) 近代 せいりょくけん［勢力圏］。せいりょくはんゐ［勢力範囲］。テリトリー。なはばり［縄張］。近世 りゃうぶん［領分］。

て・る【照】 にっしょう［日照］。近代 てりはえる［照映］。てりつける［照付］。上代 てらす［照］。てりかかやく／てりかがやく［照輝］。てる［照］。

《枕》上代 あかねさし［茜］。まそかがみ［真澄鏡］。

―・って白くなる 中古 てりしらむ［照白］。

―・り出す 中古 さしいづ［差出／射出］。

―・りつける(こと) かんかんでり［照］。近代 くんかく［薫赫］。せうしゃ［照射］。中古 てりはたたく［照］。

―・りつけるさま 近世 かんかん。

―・りつける太陽 近世 れつじつ［烈日］。

―・り映える 近世 せうえい［照映］。中世 てこらけし。上代 にほふ［匂］。

―・ることと雨が降ること 近世 てりふり［照降］。中古 せいう［晴雨］。

赤く―・り映える 上代 につらふ［丹］。

あまねく―・る 上代 おしてる［押照］。

花の下など―・り映える 上代 したてる／したでる［下照］。

日が明るく―・る 中古 てりさかる［照盛］。

猛烈に―・るさま 近世 かうかう［杲杲］。

夕日を受けて―・り映える 中古 ゆふばゆ［―ばえる］［夕映］。

で・る【出】❶〈外へ出る〉 中古 さしいづ［差出］。たちいづ［立出］。上代 いづ［出］。うちいづ［打出］。づ［でる］［出］。→**がいしゅつ**

《尊》中世 ぎょしゅつ［御出］。ごかう［御幸］。わたり［渡］。中古 とぎょ［渡御］。上代 いでます［出座］。

《謙》中世 まかりでる［罷出］。中古 まかづ［罷］。まかりいづ［罷出］。まかる［罷］。まかんづ［罷］。

《枕》上代 あをくもの［青雲］。いもがかど［妹門］。

―・たばかり 近代 できは［出際］。でたて［出立］。近世 ではじめ［出初］。中世 でかけ［出掛］。でがけ［出掛］。でさま［出様］。でばな［出鼻／出端］。

―・たり入ったり 中世 いづさいるさ［出入］。中古 いでいり［出入］。

―・て行く 近代 ぐゎいしゅつ［外出］。中古 いでたつ［出立］。たちいづ［立出］。上代 いでむかふ［出向］。

━・て行くとき 近世 いにぎは［往際］。いにしな［往］。

━・て来る 中世 でく［出来］。中古 いづ［出］。うちいづ［打出］。たちいづ［立出］。《謙》中古 いでく［出来］。いでまうでく［出詣来］。

━・にくく 上代 いでかてに［出］。

━・るきっかけ 近代 でては［出端］。

━・ることと入ること 近世 ではひり［出入］。でいり［出入／出這入］。中世 だしいれ［出入］。でいり［出入］。上代 いでいり［出入］。しゅつにふ［出入］。

━・る時 近代 でぎは［出際］。近世 でしな［出］。中世 でがけ［出掛］。でさま［出様］。

━・るにまかせる でっぱなし［出放］。近世 であひ［出合］。ではうだい［出放題］。でまかせ［出任］。

━・るのに手間取ること 近世 でぐすみ［出］。

━・るべき時 近世 でどき［出時］。中古 でしほ［出潮］。

━・るべき所 近世 でんど［出所］。中世 でどころ［出所／出処］。

━・る様子 近代 でかた［出方］。近世 でやう［出様］。

あわてて━・る 中古 まどひいづ［惑出］。

家から━・る 近世 敷居を跨ぐ。

勢いよく━・る 近代 ふきだす［噴出］。ふきでる［噴出］。中世 わきたつ［湧立／涌立］。

今にも━・ようとする 中世 でかかる［出掛／出懸］。

うきうきと陽気に━・る 中古 うかれづ〔━でる〕［浮出］。

大勢が━・る 上代 おこる［起］。

急に━・る 近世 とびだす［飛出］。とびでる［飛出］。

さっと━・る 中世 つきいづ［突出］。

隙間などから液体や光などが━・る 近代 ろうしゅつ［漏出］。上代 こぼる〔こぼれる〕［零］。もる〔もれる〕［洩／漏］。

進んで━・て行く 中世 うっていづ［打出］。

世間に━・て行く 近代 おしだす［押出］。

そこから━・ること 中世 たいぢゃう［退場］。

中から外へ━・る 近代 ぬけでる［抜出］。中世 ぬく〔ぬける〕［抜］。中古 ぬけいづ［抜出］。

流れ━・ること 近代 りうしゅつ［流出］。

走って━・る 近世 かけだす［駆出／駈出］。中世 はしりづ〔━でる〕［走出］。

振り切って━・て行く 中古 ふりいづ［振出］。

ほとばしり━・ること 近代 はうはつ［迸発］。へいしゅつ［迸出］。

悠然と━・る 中古 ゆるぎいづ［揺出］。

で・る【出】❷〈出現〉 中世 ぐげん［具現］。げんしゅつ［現出］。たちあらはる〔━われる〕［立現］。はつろ［発露］。中古 あらはる〔━われる〕［現］。けんげん［顕現］。しゅつげん［出現］。上代 づ〔でる〕［出］。

新しく━・ること 近世 しんしゅつ［新出］。

全部━・る 近世 でそろふ［出揃］。

表面に━・る 近世 せりだす［迫出］。

湧いて━・る 上代 たきつ／たぎつ［滾］。

で・る【出】❸〈発生〉 はっしょう［発祥］。近代 おく〔おきる〕［起］。中世 しゃうず［生］。づ〔でる〕［出］。はっせい［発生］。上代 おこる［起］。

てるてるぼうず【照照坊主】 近世 てりてりばうず／てるてるばうず［照照坊主］。をみながみ［女神］。

てれくさ・い【照臭】 近代 きまりわるい［極悪］。くすぐったい［擽］。てれくさい［照臭］。近世 きはづかし［気恥］。こそばゆし。中世 おもはゆし［面映］。かかはゆし。中古 うひうひし［初初］。かかやかし／かがやかし［輝／赫］。はづかし［恥］。まばゆし［眩］。

テレパシー(telepathy) えんかん［遠感］。れいてきこうかん［霊的交感］。近代 テレパシー。

て・れる【照】 近代 きまりわるい［極悪］。てれくさい［照臭］。ばつが悪い。近世 かがやく［輝／耀／赫］。てれる［照］。はにかむ。間が悪い。中世 おもはゆし［面映］。中古 あまゆ［甘］。かかやく［輝／耀／赫］。はぢらふ［恥］。はづ［恥］。はなじろむ［鼻白］。

━・れさせる 近世 てらす［照］。

━・れる性格の人 近代 てれしょう［照性］。

▼照れ隠し 上代 おもがくし［面隠］。

で・れる 節度がない。秩序がない。近代 ずべら。ちゃらんぽらん。でれつく。でれでれ。ルーズ(loose)。近世 ぐうたら。しだらなし。じゃらつく。ずぼら。だらしなし。でれる。びろつく。中世 しまりなし。

━・れるさま 近世 じゃらくら。じゃらじゃら。びろびろ／びれびれ。

てわけ【手分】 わけもつ［分持］。近代 てはい［手配］。ぶんげふ［分業］。ぶんたん［分担］。近世 てくばり［手配］。中世 はいりふ［配立］。中古 てわけ［手分］。ぶんしゃう［分掌］。

てわた・す【手渡】 近代 しゅかう［手交］。てわたす［手渡］。中古 さしとらす［差取］。

次々と━・すたとえ 近世 さるがもち［猿餅］。猿の餅買うやう。虎の子渡し。

てん【天】❶〈天空〉 近代 スカイ(sky)。てんくう[天空]。ヘブン(heaven)。近世 びんてん[旻天]。中世 たいくう[大空／太空]。ちう[宙]。てんじゃう[天上]。中古 じゃうてん[上天]。てん[天]。てんこう[天公]。上代 あま／あめ[天]。あまつみそら[天御空]。おほそら／おほぞら[大空]。げん[玄]。そら[空]。たいきょ[太虚]。てんてい[天庭]。みそら[御空]。→**そら**

《枕》上代 ひさかたの[久方]。

―と地 近代 ふくさい[覆載]。近世 うんじゃう[雲壌]。中世 てんじゃう[天壌]。にぎ[二儀]。ふうさい[覆載]。りゃうぎ[両儀]。上代 あめつち[天地]。けんこん[乾坤]。てんち[天地]。

―と地の境 近代 ちへいせん[地平線]。上代 あまつしるし[天印／天璽]。

―と地をつなぐ橋 上代 天(あま)の浮き橋。

―にのぼること 中古 じゃうてん[上天]。しょうてん[昇天]。ちゅうてん[沖天／冲天]。

―の 上代 あまつ[天]。あまの／あめの[天]。

―の高い所 近代 きうちょうのてん[九重天]。中古 きうてん[九天]。

―の真ん中 中世 ちゅうてん[中天]。てんすう[天枢]。上代 きんてん[鈞天]。

てん【天】❷〈天帝〉 近世 ざうぶつしゅ[造物主]。中世 てん[天]。てんたい[天帝]。中古 くゎうてん[皇天]。さうてん[蒼天]。てんくゎう[天皇]。てんこう[天公]。てんだう[天道]。てんてい[天帝]。上代 ざうくゎ[造化]。じゃうてい[上帝]。じゃうてん[上天]。

《句》近代 天は見通し。天を敬ひ人を愛す(敬天愛人(けいてんあいじん))。近世 天は高きに居て卑しきに聴く。中世 天道人を殺さず。天の与ふるを取らざれば反(かへ)って其の咎(とが)めを受く。天網恢恢(てんまうくゎいくゎい)疎にして漏らさず。

―が下す罰 中世 てんばつ[天罰]。中古 てんけい[天刑]。てんちゅう[天誅]。

―から授かった幸い 近世 てんかう[天幸]。てんぷく[天福]。

―から授かった徳 中古 てんしゃく[天爵]。

―からの授かりもの 近代 てんぷ[天賦]。中世 うまれつき[生付]。てんしつ[天質]。てんじゅ[天授]。中古 てんしゃく[天錫]。てんぴん[天稟]。てんよ[天与]。上代 てんし[天資]。てんせい[天性]。

―の教え 近代 てんけい[天啓]。

―の神がいる神聖な場所 上代 あまついはさか[天磐境]。

―の宮殿 近代 てんきゅう[天宮]。中世 てんぐう[天宮]。中古 てんぐ[天宮]。

―の宮殿の門 中世 てんもん[天門]。

―の声 てんせい[天声]。

―の心 中世 てんい[天意]。上代 てんしん[天心]。

―の助け 中世 てんいう[天祐／天佑]。てんじょ[天助]。

―の使い 中世 てんし[天使]。中古 はくりゅう／はくりょう[白竜]。

―の働き 近世 てんせい[天成]。てんゐ[天為]。中古 てんこう[天工／天功]。

―の火 中世 かうひ[神火]。中古 てんくゎ[天火]。上代 あめのひ[天火]。しんくゎ[神火]。

―の法則 近代 けんかう[乾綱]。てんりつ[天律]。中古 あめのおきて[天掟]。

―の道 近代 てんりん[天倫]。中世 けんだう[乾道]。中古 てんり[天理]。上代 てんたう／てんだう[天道]。

―の恵み 近代 てんけい[天恵]。てんちょう[天寵]。ふくさい[覆載]。中世 てんおん[天恩]。中古 ふうさい[覆載]。ふくいう[福祐]。

切支丹(キリシタン)の― 中世 だいうす[提宇子／大宇須]。デウス(ポルトガル Deus)。

てん【天】❸〈天界〉 近代 てんかい[天界]。てんじゃうかい[天上界]。九重(きうちょう)の天。中世 てんしゅ[天趣]。てんだう[天堂]。中古 きうてん[九天]。てん[天]。てんじゃう[天上]。上代 あまぢ[天路／天道]。あまのはら[天原]。あめ[天]。あめのたけち[天高市]。

―が永久であること 中古 てんちゃう[天長]。

―から下った人(神) 中古 あまくだりびと[天降人]。上代 あまつかみ[天神]。

―から来ること 中世 てんらい[天来]。

―にいる人 →**てんにょ** →**てんにん【天人】**

てん【天】❹〈天命〉 近世 ていめい[帝命]。てん[天]。てんめい[天命]。めいうん[命運]。中世 あまのいのち[天命]。中古 うんめい[運命]。てんうん[天運]。

《句》近代 ひりはふけんてん[非理法権天]。

―を知ること 中古 ちめい[知命]。

―を全うしないこと 中世 わうし[横死]。中古 ひめい[非命]。

―を全うすること 近代 りつめい[立命]。

てん【点】❶〈印〉 近代 ごま[胡麻]。ごまてん[胡麻点]。ちょぼ[点]。ちょん。ドット(dot)。ぽち。ぽつ。中世 ほし[星]。中古 てん[点]。

ーを付ける 中古てんず[点]。
赤いー 中古しゅてん／しゅでん[朱点]。
複数のー てんてん[点点]。ぽちぽち。
てん【点】❷〈地点〉 スポット(spot)。ポイント(point)。近代かしょ[箇所／個所]。ゐち[位置]。中古とこ[所]。近世ばしょ[場所]。上代ところ[所／処]。
てん【点】❸〈点数〉 ポイント(point)。近代スコア(score)。てん[点]。とくてん[得点]。
基準以下のー あかてん[赤点]。らくだいてん[落第点]。
てん【点】❹〈事項〉 近代じかう[事項]。てん[点]。上代こと[事]。
でんあつ【電圧】 ボルテージ(voltage)。近代でんあつ[電圧]。でんゐさ[電位差]。
ーの単位 近代ボルト(V; volt)。
ーを変えること へんあつ[変圧]。
ーを計る計器 近代でんあつけい[電圧計]。でんゐけい[電位計]。エレクトロメーター(electrometer)。ボルトメーター(voltmeter)。
高いー 近代かうあつ[高圧]。
短時間続く大きなー インパルス(impulse)。
低いー 近代ていあつ[低圧]。
てんい【転移】 いこう[移行]。シフト(shift)。近代いどう[移動]。中世てんい[転移]。上代うつす／うつる[移]。
てんいむほう【天衣無縫】 じゅんしんむく[純真無垢]。近代てんいむほう[天衣無縫]。てんしんらんまん[天真爛漫]。むじゃき[無邪気]。近世むく[無垢]。中世じゅんしん[純真]。中古じゅんじゃう[純情]。
てんいん【店員】 はんばいいん[販売員]。近代クラーク(clerk)。てんゐん[店員]。

てんうん【天運】 近代さだめ[定]。しゅくめい[宿命]。近世てんめい[天命]。めいうん[命運]。中古うんめい[運命]。しゅくうん[宿運]。てんうん[天運]。
でんえん【田園】❶〈田畑〉 近代かうさくち[耕作地]。近世かうち[耕地]。でんばた／でんぱた[田畑／田畠]。中世けんぽ[畎畝]。でんぱた[田畑／田畠]。上代でんゑん[田園]。
でんえん【田園】❷〈田舎〉 →**いなか**
ーの 近代カントリー(country)。
ーを歌った詩 ぼっか[牧歌]。近代でんゑんし[田園詩]。パストラル(pastoral)。
てんか【天下】 近代となん[斗南]。近世ぜんせかい[全世界]。近代とくゎんちゅう[寰中]。中世あめがした[天下]。じつゐき[日域]。せかい[世界]。しかい[四海]。ひのした[日下]。ふてんそっと[普天率土]。よもやま[四方山]。普天の下。中古じちゐき[日域]。しはう[四方]。しへう[四表]。せけん[世間]。てうや[朝野]。てんか／てんが／てんげ[天下]。四方の海。上代あめのした[天下]。うだい[宇内]。かいだい[海内]。てんち[天地]。はっくゎう[八荒]。ふてん[普天]。よのなか[世中]。りくがふ[六合]。
ー全体 近代まんてんか[満天下]。中古いってん[一天]。いってんが[一天下]。
ー太平であること(さま) 近代すいしゃう[垂裳]。ばんりどうふう[万里同風]。海波を揚げず。近世せんりどうふう[千里同風]。ぶんてんぶき[文恬武熙／文恬武嬉]。弓は袋に太刀は鞘。中世ごふうじふう[五風十雨]。ちへい[治平]。中古枝も動かず。枝を鳴らさず。上代いうだう[有道]。すいきょう[垂拱]。たいへい[太平／泰平]。

ーで第一 せかいいち[世界一]。よいち[世一]。中世てんかいち[天下一]。
ーで第一等の人物 斗南の一人。
ーの 中古よの[世]。
ーを治める 中世ぢてん[治天]。ぢてんか[治天下]。中古あまてらす[天照]。
ーを治める君主 中世ふてんそっと[普天率土]。
ーを君主が治めること 中世せうりん[照臨]。
ーを一つにまとめること 中世てんかいっとう[天下一統]。
てんか【点火】 きばく[起爆]。近代ちゃくくゎ[着火]。てんくゎ[点火]。ひいれ[火入]。近世いんくゎ[引火]。はっくゎ[発火]。中世つけび[付火]。
ー・する 中古つく[つける][付]。てんず[点]。とぼす／ともす[灯／点]。上代さす[注／点]。
ー・する口 近世ひぐち[火口]。
ーに使う火 近代くちび[口火]。
ーを導く線条 近代だうくゎせん[導火線]。
火薬類のー装置 近世らいくゎん[雷管]。
内燃機関のー装置 イグニッション(ignition)。
火縄銃の火蓋を開いてー・する 近世火蓋を切る。
てんか【添加】 近代つけくはへる[付加]。てんか[添加]。プラス(plus)。てんぷ[添付]。ふか[付加]。中世ついか[追加]。近世つぎたす[継足]。中古そふ[そえる][添]。そへに。つぐ[注]。上代くはふ[くわえる][加]。たす[足]。

て

てんか【転嫁】 おわせる[負]。尻を持ち込む。近代かする[嫁]。てんか[転嫁]。近世あぶす[あぶせる][浴]。おしつく[—つける][押付]。かづく[かずける][被]。かぶす[かぶせる][被]。なすりつく[—つける][擦付]。中世きす[帰]。ぬりつく[—つける][塗付]。

てんかい【展開】 近代かいてん[開展]。しんかう[進行]。しんちょく[進捗]。しんてん[進展]。てんかい[展開]。はってん[発展]。中世しんぽ[進歩]。上代ふえん[敷衍/布衍/敷延]。

《句》近代伏せる牛に芥(あくた)。

—・する 近代くりひろげる[繰広]。中世ひらく[ひらける][開]。中古ひらく[開/拓]。上代すすむ[進]。

てんかい【転回】 ターン(turn)。中世くゎいてん[回転]。せんくゎい[旋回]。てんくゎい[転回]。中古まはる[回/廻]。めぐる[巡]。

てんかい【天界】 近代てんかい/てんがい[天界]。てんじゃうかい[天上界]。九重(きうちよう)の天。中世てんしゅ[天趣]。てんたう/てんだう[天道]。てんだう[天堂]。中古きうてん[九天]。上代あまぢ[天路/天道]。あまのはら[天原]。あめ[天]。あめのたけち[天高市]。

てんかん【転換】 トランスフォーメーション(transformation)。近世てんくゎん[転換]。へんかく[変革]。へんくゎん[変換]。中世きりかへ[切替/切換]。てんくゎ[転化]。はんてん[反転]。中古かはり[変/代/替]。てんず[転]。へんくゎ[変化]。

てんき【天気】❶〈日和〉 ウエザー(weather)。近代きしゃう[気象]。そらもやう[空模様]。てんこう[天候]。てんしょく[天色]。近世くもあひ[雲合]。くもゆき[雲行]。そらあひ[空合]。てんきあひ[天気合]。ひより[日和]。やうき[陽気]。中世せいう[晴雨]。中古そら[空]。ていけ/てけ[天気]。てんき[天気]。ひ[日]。

《句》近代秋場半作(あきばはんさく)。秋日和半作(あきびよりはんさく)。

—が荒れそうな様子 雲行きが怪しい。近代あれもやう[荒模様]。

—がよくなる 上代はる[はれる][晴]。

—がよくなるように神に祈ること 近世ひよりごひ[日和乞]。ひよりまうし[日和申]。

—が悪くなる くずれる[崩]。

—に関係なく 近世照れ降れ無し。

—の予想 近代くゎんてんばうき[観天望気]。

荒れた— こうてん[荒天]。近代あくてんこう[悪天候]。

海路の— 中古ひより[日和]。

定まらない— 近世いちこくびより[一石日和]。いちりゃうびより[一両日和]。

日射しの暑い— 中古えんてん[炎天]。

冬の— 中古とうてん[冬天]。

▼雲行き 近世くも(の)あし[雲足]。

てんき【天気】❷〈好天〉 こうてん[好天]。近代かうてんき[好天気]。近世じゃうてんき[上天気]。てんき[天気]。中古せいてん[晴天]。上代はれ[晴]。ひより[日和]。

海路によい— 中古ひより[日和]。

てんき【転機】 近代ターニングポイント(turning point)。てんくゎんき[転換期]。ぶんき[分岐]。まがりかど[曲角]。わかれめ[分目]。てんき[転機/転期]。中世かはりめ[変目/替目]。上代きろ[岐路]。

てんき【転記】 近代かきうつし[書写]。てんき[転記]。ひっしゃ[筆写]。上代てんしゃ[転写]。→**てんしゃ**

でんき【伝記】 めいめいでん[銘銘伝]。近代ひゃうでん[評伝]。りっしでん[立志伝]。バイオグラフィー(biography)。近世いちだいき[一代記]。ぎゃうじゃうき[行状記]。中世れつでん[列伝]。中古きでん[紀伝]。でん[伝]。でんき[伝記]。

絵と詞書(ことばがき)で表した— 近世ゑでん[絵伝]。

簡単な— 近代せうでん[小伝]。近世りゃくでん[略伝]。

詳しい— 中世しゃうでん[詳伝]。

極楽往生をした人々の—集 中古わうじゃうでん[往生伝]。

自分の— こじんし[個人史]。じぶんし[自分史]。中世じじょでん[自叙伝]。じでん[自伝]。

正史から漏れた逸話などを集めた— 近世ぐゎいでん[外伝]。

帝王一代の— 近代ていき[帝紀]。

でんき【電気】 近代でんりう[電流]。でんりょく[電力]。近世エレキ/エレキテル(オランダ elektriciteit)。でんき[電気]。

—の流れの道筋 かいろ[回路]。近代サーキット(circuit)。でんろ[電路]。

でんきゅう【電球】 バルブ(bulb)。近代きう/たま[球]。でんきう[電球]。

笠などのない—だけ 近代はだかでんきゅう[裸電球]。

その他ーのいろいろ(例)ガスいりでんきゅう[gas入電球]。せんこうでんきゅう[閃光電球]。フラッシュバルブ(flashbulb)。まめでんきゅう[豆電球]。[近代]はくねつでんきう[白熱電球]。まめランプ[豆lamp]。

てんきょ【転居】てんしゅつ[転出]。[近代]てんきょ[転居]。てんち[転地]。[近世]すみかへ[住替]。たながへ[店替]。てんたく[転宅]。てんぢゅ／てんぢゅう[転住]。ところがへ[所替]。ひっこし[引越]。やごし[家越]。[中世]いてん[移転]。さとうつり[里移]。せんきょ[遷居]。やうつり[家移]。[中古]いぢゅう[移住]。いへうつり[家移]。うつり[移]。うつろひ[移]。とのうつり[殿移]。

ー・する [近世]こす[越]。たちのく[立退]。ひっこす[引越]。[中世]うつりすむ[移住]。[中古]うつろひすむ[移住]。ひきうつる[引移]。[上代]うつろふ[移]。

ーを祝う訪問 [中世]いへみ[家見]。

貴人のー [中世]わたまし[移徙／渡座]。

てんきょ【典拠】[近代]しゅってん[出典]。ソース(source)。ろんきょ[論拠]。[近世]こんきょ[根拠]。てんきょ[典拠]。[中世]ほんせつ[本説]。[中古]よりどころ[拠所]。

ーを示す [中世]れいす[例]。

てんぎょう【転業】[近代]てんげふ[転業]。てんしょく[転職]。てんしん[転身]。

てんきん【転勤】てんぞく[転属]。[近代]いどう[異動]。えいてん[栄転]。てんきん[転勤]。[近世]てんにん[転任]。

てんぐ【天狗】❶〈妖怪〉[近世]はなたか／はなだか[鼻高]。[中世]ぐひん[狗賓]。[中古]てんぐ[天狗]。

ーの面 [近世]はなだかめん[鼻高面]。

威力のないー [近世]こっぱてんぐ／このはてんぐ[木葉天狗]。

てんぐ【天狗】❷〈高慢〉→うぬぼ・れる →じまん

てんくう【天空】→そら

てんぐさ【天草】かんてんぐさ[寒天草]。[近代]てんぐさ[天草]。[近世]せきくゎさい[石花菜]。ところてんぐさ[心太草]。

てんけい【天啓】アポカリプス(apocalypse)。[近代]けいじ[啓示]。てんけい[天啓]。もくじ[黙示]。

てんけい【典型】スタンダード(standard)。だいひょうれい[代表例]。[近代]かた[型]。タイプ(type)。てんけい[典型]。パターン(pattern)。はん[範]。モデル(model)。もはん[模範]。るいけい[類型]。[近世]ぼはん[模範]。[中世]きはん[規範]。へうじゅん[標準]。みほん[見本]。[中古]てほん[手本]。

ー的なさま [近代]ティピカル(typical)。

でんげき【電撃】[近代]きふしふ[急襲]。きゃうしふ[強襲]。つうげき[痛撃]。でんげき[電撃]。

てんけん【点検】[近代]けんさ[検査]。せうがふ[照合]。チェック(check)。てうさ[調査]。[近世]しらぶ[しらべる][調]。[上代]てんけん[点検]。てんず[点]。

てんこう【天候】ウエザー(weather)。[近代]きしゃう[気象]。そらもやう[空模様]。てんこう[天候]。[近世]くもあひ[雲合]。くもゆき[雲行]。そらあひ[空合]。ひより[日和]。やうき[陽気]。[中世]きこう[気候]。[中古]そら[空]。ひ[日]。ていけ／てけ[天気]。てんき[天気]。[上代]じこう[時候]。

てんこう【転向】[近代]くらがへ[鞍替]。コンバート(convert)。てんかう[転向]。てんしん[転身]。へんせつ[変節]。[近世]てんくゎん[転換]。てんしん[転進]。

てんこう【転校】[近代]てんかう[転校]。てんがく[転学]。てんにふ[転入]。へんにふ[編入]。

でんこう【電光】[中世]いなだま[稲魂]。せんでん[閃電]。らいくゎう[雷光]。[中古]いなづま[稲妻]。いなびかり[稲光]。でんくゎう[電光]。らいくゎ[雷火]。りうでん[流電]。→いなずま

紫のー [中世]しでん[紫電]。

てんごく【天国】[近代]エデン(Eden)。てんごく[天国]。パラダイス(paradise)。ヘブン(heaven)。らくゑん[楽園]。エデンの園。[中世]ハライソ／パライソ(ポルトガル paraiso)。[上代]ごくらく[極楽]。らくど[楽土]。→ごくらく

酒飲みのー [中古]すいきゃう[酔郷]。

でんごん【伝言】いいつたえ[言伝／託]。[近代]メッセージ(message)。[近世]でんせい[伝声]。[中世]ことつて／ことづて[言伝]。ひとづて[人伝]。[中古]ことづけ[言付]。せうそこ[消息]。たくげん[託言]。つて[伝言]。でんごん[伝言]。[上代]つたへ[伝]。つてこと[伝言]。

ー・する [近世]しょくす[嘱]。[中世]ことよす[ーよせる][言寄／事寄]。[中古]いひつたふ[ーつたえる][言伝]。ことづつ[ーづてる][言伝]。ことづく[ーづける][言付／託]。こと

づけやる［言付遣］。上代いひつぐ［言継］。

―を頼む 中古いひつく［―つける］［言付］。

てんさい【天災】 しぜんさいがい［自然災害］。てんぺん近代ちい［天変地異］。ちへん［地変］。近世へんさい［変災］。上代さいい［災異］。さいへん［災変］。てんさい［天災］。

てんさい【天才】 近代いっさい［逸才］。いつざい［逸材］。ゐさい［偉才］。近世ゐざい［偉材］。中世えいしゅん［英俊］。しうさい［秀才］。しゅんしう［俊秀］。中古えいさい［英才／穎才］。てんこつ［天骨］。てんさい［天才］。

てんざい【点在】 近代てんざい［点在］。近世らんてん［乱点］。中古さんざい［散在］。

―・するさま ぱらっと。近世ちらばら。ちらほら。ちらりほらり。てんてん［点点］。ぱらぱら。ぱらり。ぽつぽつ。中世まばら［疎］。

接しながら―・すること 近代てんせつ［点接］。

てんさく【添削】 ほひつ［補筆］。リライト(re-write)。近代しくゎう［雌黄］。てんさん／てんざん［添竄／添刪］。朱を入れる。筆を入れる。近世さんぽ［刪補］。ていせい［訂正］。てん［点］。ふせい［斧正］。中世かひつ［加筆］。じょひつ［助筆］。すいかう［推敲］。てんさく［添削］。てんざん［点竄］。ふゑつ［斧鉞］。点を打つ。中古ひっさく［筆削］。上代しわう［雌黄］。

―を願う言葉 近代えいせい［郢正］。えいたく［郢斲］。えいふ［郢斧］。玉斧(ぎょくふ)を乞ふ。

てんし【天使】 近代エンジェル／エンゼル(angel)。近世てんし［天使］。アンジョ(ポルトガル anjo)。中古あまくだりびと［天降人］。上代あめひと［天人］。てんにん［天人］。

てんし【天資】 近代てんぶん［天分］。てんりん［天稟］。近世てんしゃう［天性］。中古てんぴん［天稟］。上代てんし［天資］。てんせい［天性］。

てんし【天子】 近世げんこう［元后］。せいてんし［聖天子］。中世いちじん［一人］。いってんばんじょう［一天万乗］。きんていさま［禁庭様］。きんりさま［禁裏様］。くんしゅ［君主］。しそん［至尊］。じふぜん［十善］。じふぜんばんじょう［十善万乗］。せいじゃう［聖上］。たいじゃう［太上］。ばんじょう［万乗］。国の主(あるじ)。十善の主(あるじ)。十善の君。十善の王。中古くゎうをく［黄屋］。しゃが［車駕］。せいてい［聖帝］。みかど［御門／帝］。上代あきつかみ［現神］。あきつみかみ［現御神］。あまつかみ［現神］。あまつみかど［天御門］。おほきみ［大君／大王／王］。すべら／すめら［皇］。すめみま［皇孫／皇御孫］。すめらみこと［天皇／皇尊］。せいわう［聖王］。ていわう［帝王］。てんし［天子］。てんてう［天朝］。ひじり［聖］。→てんのう

―がいる所 近世しんけつ［宸闕］。中世きんけつ［禁闕］。きんじゃう［禁城］。けいじゃう［京城］。しきょく［紫極］。しきん［紫禁］。上代きゅうじゃう［宮城］。ししん［紫宸］。

―がいる都 近世輦轂(れんこく)の下(もと)。中世れんか［輦下］。

―が聞くこと 近代てんぶん［天聞］。中古てんちゃう［天聴］。中世えいぶん［叡聞］。

―が国を治めること 近世てんげふ［天業］。中古てんしょく［天職］。てう［朝］。上代なんめん［南面］。

―が位を譲ること 中世ぜんじゃう［禅譲］。中古そんゐ［遜位］。上代いふじゃう［揖譲］。じゃうゐ［譲位］。ぜんゐ［禅位］。

―が死ぬこと 近代ほうそ［崩殂］。中古ほうぎょ［崩御］。近世たいいう［大憂］。

―が心配すること 近代しんねん［軫念］。近世しんいう［宸憂］。

―が寝ること 近代しんぎょ［寝御］。

―が見ること 中古えいらん［叡覧］。せいらん［聖覧］。てんらん［天覧］。

―が臨席すること 上代しんりん［親臨］。りんかう［臨幸］。

―直筆の文書 近代しんかん［親翰］。中古しんぴつ［宸筆］。上代しんかん［宸翰］。

―に拝謁すること 近世てうきん［朝覲］。中古てうけん［朝見］。てうす［朝］。

―に申し上げること 中世そうしん［奏進］。中古そうしん［奏申］。上代じゃうそう［上奏］。そうじゃう［奏上］。そうせん［奏宣］。

―の威光 近代ていゐ［帝威］。りょうゐ［稜威］。ゐりょう［威稜］。近世みいつ［御稜威／御厳］。ゐりゃう［威霊］。中世くゎうゐ［皇威］。ゐれい［威霊］。

―の一族 中世きんしぎょくえふ［金枝玉葉］。

―の印章 近代ぎょじ［御璽］。しんじ［神璽］。ほうじ［宝璽］。れいじ［霊璽］。中世ぎょくじ［玉璽］。

―の顔 近世せいがん［聖顔］。りゅうがん［竜顔］。中古てんがん［天顔］。上代りょうがん［竜顔］。

―の考え 近代しんい［宸意］。しんしん［宸旨］。しんねん［軫念］。しんねん［宸念］。

近世しんりょ[宸慮]。ちょくい[勅意]。中古中世せいい[聖意]。てんりょ[天慮]。しんきんえいし[叡旨]。えいりょ[叡慮]。しんりょ[神慮]。しんちゅう[宸衷]。せいりょ[聖慮]。ちょ…

[授]。しなん[指南]。つたへ[伝]。上代 でんじゅ[伝授]。
—の印として授けられる 近世 扇を請ぅく[—請ける]。
師から直接—・されること 中古 ぢきでん[直伝]。上代 しでん[師伝]。

てんしゅつ【転出】 近代 いどう[異動]。てんきょ[転居]。てんきん[転勤]。てんしゅつ[転出]。てんぞく[転属]。てんち[転地]。近世 てんたく[転宅]。てんぢゅ/てんぢゅう[転住]。ひっこし[引越]。中世 いてん[移転]。中古 いぢゅう[移住]。てんにん[転任]。

てんしょ【添書】 近世 そへがき/そへしょ[添書]。てんしょ[添書]。中世 そへじゃう[添状/副状]。

てんじょう【天上】 近代 たかひ[高日]。中古 てんじゃう[天上]。上代 あまのはら[天原]。たかまがはら/たかまのはら[高天原]。にっぺん[日辺]。→**そら** →**てん【天】**
—にある世界 近代 てんかい[天界]。てんじゃうかい[天上界]。九重(きうちょう)の天。中世 てんたう/てんだう[天道]。中古 きうてん[九天]。上代 あまぢ[天路/天道]。あまのはら[天原]。
—の 上代 あまつ[天]。
—の国 上代 あまつくに[天国]。
—の宮 上代 あまつみや[天宮]。
—の理想郷 てんごく[天国]。

てんじょう【天井】 ボールト(vault)。中古 そら[空]。上代 てんじゃう[天井]。
—がなく屋根裏が見える屋根 さらしやね[晒屋根]。近代 けしゃうやねうら[化粧屋根裏]。
—の上(二階のこと) 近代 あまだな[天棚]。
屋根と—の間 近世 やねうら[屋根裏]。
その他—のいろいろ(例) 近代 おちてんじゃう/おとしてんじゃう[天井]。ドーム(dome)。ひらぶちてんじゃう[平縁天井]。近世 あじろてんじゃう[網代天井]。がうてんじゃう[格天井]。きゅうりゅう[穹窿]。つりてんじゃう[釣天井]。ふなぞこてんじゃう[船底天井]。をりあげ[折上]。をりあげてんじゃう[折上天井]。中世 かがみてんじゃう[鏡天井]。くみいれてんじゃう[組入天井]。まるてんじゃう[丸天井]。中古 くみいれ[組入]。

でんしょう【伝承】 いいきたり[言来]。近代 こうしょう[口承]。トラディション(tradition)。近世 こうひ[口碑]。中世 いひつたへ[言伝]。せつわ[説話]。中古 でんしょう[伝承]。でんせつ[伝説]。ふること/ふるごと[古言/古事]。上代 つたへ[伝]。
珍しい— 近代 きたん[奇譚]。

てんしょく【天職】 てきぎょう[適業]。てきしょく[適職]。近代 しめい[使命]。てんしょく[天職]。

てんしょく【転職】 ジョブホッピング(job-hopping)。デューダ(雑誌名『DODA』から)。トラバーユ(フランス travail)(雑誌名による日本独自の用法)。近代 てんかう[転向]。てんげふ[転業]。てんしょく[転職]。てんしん[転身]。中古 てんにん[転任]。

てんしん【転身】 近代 てんかう[転向]。てんげふ[転業]。てんしん[転身]。

てんしん【転進】 ターン(turn)。近代 てんかう[転向]。近世 てんくゎん[転換]。てんしん[転進]。

でんしん【電信】 近代 つうしん[通信]。テレグラフ(telegraph)。でんしん[電信]。でんぽう[電報]。
—の符号 近代 モールスふごう[Morse符号]。
—を受けること 近代 じゅしん[受信]。ちゃくしん[着信]。
—を発すること 近代 そうしん[送信]。はっしん[発信]。

てんすう【点数】 ポイント(point)。近代 スコア(score)。とくてん[得点]。中世 てんすう[点数]。
—を稼ぐ 星を稼ぐ。
基準以下の— あかてん[赤点]。らくだいてん[落第点]。

てんせい【天性】 近代 せんてんてき[先天的]。てんぷ[天賦]。てんぶん[天分]。ふしつ[賦質]。ほんせい[本性]。近世 うまれじゃう[生性]。うまれだち[生立]。きひん[気稟]。ししつ[資質]。しせい[資性]。しひん[資稟]。すじゃう[素性]。ひんぷ[稟賦]。ふせい[賦性]。もちまへ[持前]。中世 うまれつき[生付]。きぶん[機分]。じしゃう[自性]。したぢ[下地]。しゃう[性]。しゃうこつ/せいこつ[性骨]。しゃうぶん[性分]。せいしつ[性質/生質]。せいとく[生得]。せいらい[生来]。てんこつ[天骨]。てんしつ[天質]。てんじゅ[天授]。とく[徳]。ナツーラ/ナツラ(ポルトガル natura)。中古 うまれながら[生]。さが[性]。しゃうとく[生得]。しんせい[真性]。たましひ[魂]。てんしゃく[天錫]。てんねん[天然]。てんぴん[天稟]。ひんしつ[稟質]。ほんしゃう/

ほんじゃう［本性］。上代 てんし［天資］。てんせい［天性］。ひととなり［人／為人］。ひんせい［稟性］。

《句》近代 蛇は寸にして人を呑む。竜は一寸にして昇天の気あり。中世 紅は園生に植ゑても隠れなし。梅檀は双葉より芳し。中古 驥尾に付す（付く）。

ーの 近世 持って生まれた。

てんせき【典籍】 →しょもつ

でんせつ【伝説】 いひきたり［言来］。レジェンド(legend)。近代 こうしょう［口承］。しんわ［神話］。トラディション(tradition)。フォークロア(folklore)。ミュトス（ギリシャmythos）。みんわ［民話］。近世 こうひ［口碑］。むかしばなし［昔話／昔噺］。中世 いひつたへ［言伝］。せつわ［説話］。むかしものがたり［昔物語］。中古 でんしょう［伝承］。でんせつ［伝説］。ふるごと／ふるごと［故事／古事］。むかしがたり［昔語］。上代 つたへ［伝］。→せつわ

てんせん【点線】 させん［鎖線］。てんてん［点点］。近代 きょせん［虚線］。てんせん［点線］。はせん［破線］。リーダー(leader)。

てんぜん【恬然】 近代 てうぜん［超然］。へいぜん［平然］。近世 てんぜん［恬然］。

でんせん【電線】 そうでんせん［送電線］。近代 かくうせん［架空線］。かせん［架線］。ケーブル(cable)。コード(cord)。だうせん［導線］。でんせん［電線］。でんらん［電纜］。でんわせん［電話線］。はりがね［針金］。ワイヤ(wire)。

ーを円筒形に巻いたもの 近代 コイル(coil)。せんりん［線輪］。

絶縁体で覆っていないー はだかせん［裸線］。

通電しているー かっせん［活線］。

でんせん【伝染】 近代 かんせん［感染］。近世 でんせん［伝染］。でんぱ［伝播］。はきふ［波及］。ひろがる［広］。中世 およぶ［及］。りうかう［流行］。中古 うつる［移］。つたはる［伝］。はびこる［蔓延］。まんえん［蔓延］。

→かんせん

ー性の病気 →**でんせんびょう**（次項）

ーの仕方の例 けいひでんせん［経皮伝染］。すいけいでんせん［水系伝染］。ひふでんせん［皮膚伝染］。

でんせんびょう【伝染病】 かんせんしょう［感染症］。近代 えきびゃう［疫病］。りうかうびゃう［流行病］。近世 えき［疫］。てんかう［天行］。でんせんびゃう［伝染病］。はやりやまひ／はやりやみ［流行病］。中世 うつりやまひ［移病］。えきれい［疫癘］。じえき［時疫］。てんぎゃう［天行］。ときのけ［時気］。よごこち［世心地］。中古 え［疫］。ときのえ［時疫］。世の中心地。上代 えのやまひ／えやみ［疫病／瘧］。しつえき［疾疫］。ときのけ［時気］。やくびゃう［疫病］。

悪性のー 近代 あくえき［悪疫］。せつぎゃく［截瘧］。

突然発症するー きゅうせいでんせんびょう［急性伝染病］。

法で特定されているー ほうていでんせんびょう［法定伝染病］。

慢性の経過をとるー まんせいでんせんびょう［慢性伝染病］。

悪い気に当たって起こるー 近世 かぜやまひ［風病］。中古 ふう［風］。ふうびゃう［風病］。

てんぞく【転属】 はいちてんかん［配置転換］。近代 てんきん［転勤］。

てんたい【天体】 中世 じつげつせい［日月星］。中古 じつげつせいしん／にちぐゎちしゃうしん［日月星辰］。てんたい［天体］。上代 ほし［星］。

ーが他の天体を隠す現象 せいしょく［星食］。近代 えんぺい［掩蔽］。中古 しょく［食／蝕］。

ーに関する学問 近代 てんもんがく［天文学］。中世 れきがく［暦学］。

ーの動き 近代 うんてん［運転］。こうてん［公転］。近世 うんかう［運行］。じてん［自転］。てんうん［天運］。中古 かうだう［行道］。れきうん［暦運］。

ーの動く道 中世 てんたう／てんだう［天道］。

ーの動く様子 中古 れきしゃう［暦象］。

ーの高度を測る器械 近代 ろくぶんぎ［六分儀］。近世 セクスタント(sextant)。ろくぶんゑんき［六分円器］。

ーの見える球面 近世 てんきう［天球］。

ーを観測する施設 近世 てんもんだい［天文台］。

ーを見せる装置 てんしょうぎ［天象儀］。近代 プラネタリウム(planetarium)。

てんたい【転貸】 てんがし［転貸］。近代 てんたい［転貸］。中世 またがし［又貸］。

でんたつ【伝達】 いしそつう［意思疎通］。近代 コミュニケーション(communication)。つうち［通知］。つたへる［伝］。れんらく［連絡］。中世 でんたつ［伝達］。中古 つうたつ［通達］。上代 つぐ［つげる］［告］。

ー・する役目の者 近世 ありき／あるき［歩］。

ーの媒体 近代 メディア(media)。

言葉以外の━手段の例 しゅわ[手話]。中世けつじょう[結縄]。のろし[狼煙／烽火]。らうえん[狼煙]。→**のろし**

てんたん【恬淡】 中世たんぱく[淡泊]。中古むよく[無欲]。上代てんたん[恬淡／恬澹]。

てんち【転地】 近代てんきょ[転居]。近世すみかへ[住替]。たちのく[立退]。てんたく[転宅]。てんち[転地]。てんぢゅ／てんぢゅう[転住]。ところがへ[所替]。ひっこす[引越]。中世いてん[移転]。うつりすむ[移住]。やどかへ／やどがへ[宿替]。中古うつろひすむ[移住]。ひきうつる[引移]。

━療養 近世でやうじゃう[出養生]。

てんち【天地】 近世うんじゃう[雲壌]。ざうくゎ[造化]。じっぱう[十方]。じっぱうせかい[十方世界]。てんえん[天淵]。中世せうじゃう[霄壌]。てんじゃう[天壌]。にぎ[二儀]。ふうさい[覆載]。りゃうぎ[両儀]。中古げんくゎう[玄黄]。上代あめつち[天地]。うちう[宇宙]。けんこん[乾坤]。てんち[天地]。

《句》近世天地は万物の逆旅(げきりょ)。

━に広がる気(万象の根本) 近代せいき[正気]。中世せいき[精気]。

━の恩恵 近代てんけい[天恵]。てんちょう[天寵]。ふくさい／ふさい[覆載]。中世てんおん[天恩]。てんけん[天眷]。ふくいう[福祐]。中古ふうさい[覆載]。

━の神 近代てんちしんめい[天地神明]。中世くゎうてんこうど[皇天后土]。中古てんだう[天道]。てんてい[天帝]。上代てんじんちぎ[天神地祇]。

━のひらけはじめ 近代たいし[太始]。近世たいしょ[太初]。上代かいびゃく[開闢]。

小さな━ 近世いっこてん[一壺天]。せうてんち[小天地]。中古壺中の天。

でんち【電池】 近代ちくでんち[蓄電池]。でんち[電池]。バッテリー(battery)。

━から電流が流れ出ること 近代はうでん[放電]。

━のいろいろ(例) アルカリでんち[alkali電池]。かぎゃくでんち[可逆電池]。カドミウムちくでんち[cadmium 蓄電池]。きたいでんち[気体電池]。ふかぎゃくでんち[不可逆電池]。ボルタでんち[Volta電池]。近代いちじでんち[一次電池]。ガスでんち[gas電池]。かんでんち[乾電池]。にじでんち[二次電池]。

てんてい【天帝】→**かみ【神】**→**てん【天】**

てんてき【点滴】 ゆえき[輸液]。中世したたり[滴]。てんてき[点滴]。上代しづく[雫／滴]。

てんでに ここじん[個個人]。近代かくじん[各人]。こべつに[個別]。てんでんばらばら。近世かくじ[各自]。中世かってに[勝手]。てんでに。てんでん。ひきひき[引引]。ひとりひとり／ひとりびとり[一人一人]。めいめい[銘銘]。中古おのおの[各各]。己(おの)が散り散り。思ひ思ひに。

テント(tent) ツェルト(ドイ Zelt)。ツェルトザック(ドイ Zeltsack)。パオ[(中国語)包]。近代テント。てんまく[天幕]。中世あく[幄]。あくのや[幄屋]。ゆばく[油幕]。中古あげばり[幄／揚張]。

▼助数詞 近世はり[張]。

てんとう【店頭】 近世たなさき[店前]。てんとう[店頭]。みせさき[店先]。

てんとう【転倒】 おうてん[横転]。近世こく[こける][転／倒]。ころげる[転]。ひっくりかへる[返]。中世ころぶ[転]。中古ころがる[転]。てんたう[転倒]。まろぶ[転]。上代たふる[たおれる][倒]。

でんとう【伝統】 近代くゎんかう[慣行]。くゎんれい[慣例]。しふくゎん[習慣]。でんとう[伝統]。トラディション(tradition)。近世きうしふ[旧習]。しきたり[仕来]。ふうしふ[風習]。中世くゎんしふ[慣習]。ふうりう[風流]。中古きうくゎん[旧慣]。ならはし／ならひ[習／慣]。ゐふう[遺風]。

《句》近世古川(ふるかは)に水絶えず。

━的なさま トラッド(trad)。

代々伝わった家の━ 近世かれい[家例]。中古かふう[家風]。家の風。上代いへかぜ[家風]。

でんとう【電灯】 けいこうとう[蛍光灯]。近代でんとう[電灯]。はくねつとう[白熱灯]。→**あかり**→**とうか【灯火】**

携帯用の小型の━ ペンライト(penlight)。近代くゎいちゅうでんとう[懐中電灯]。

道端を明るくする━ 近代がいとう[街灯]。

でんどう【殿堂】→**ごてん**

てんとして【恬】 へっちゃら。近代へいぜん[平然]。へいちゃら。近世てんとして[恬]。なんのその。涼しい顔。平気の平左(へいざ)。屁とも思はず。中世じじゃく[自若]。中古事とも思はず。事ともせず。

てんなんしょう【天南星】 まむしぐさ[蝮草]。近世へびのだいはち[蛇大八]。やまにんじん[山人参]。中世てんなんしゃう[天南

星]。へびこんにゃく[蛇蒟蒻]。

てんにゅう【転入】 近代 いにふ[移入]。てんかう[転校]。てんきょ[転居]。近世 てんがく[転学]。てんぢゅう[転住]。へんにふ[編入]。中世 てんにふ[転入]。

てんにょ【天女】 中世 あまつをとめ／あまをとめ[天少女]。しんにょ[神女]。ひてん[飛天]。中古 ぎょくぢょ[玉女]。上代 てんにょ[天女]。

てんにん【天人】 近代 エンジェル／エンゼル(angel)。中古 あまくだりびと[天降人]。アンジョ(ポルトガル anjo)。上代 あまびと／あめひと[天人]。てんしゅ／てんじゅ／てんしゅう[天衆]。てんにん[天人]。

—の衣 中古 あまごろも[天衣]。はごろも[羽衣]。中世 てんい／てんえ／てんね[天衣]。

楽器を持った— 中世 かてん[歌天]。

こだまを返す— 中世 あまびこ[天彦]。

子供の姿で現れた— 中古 てんどう[天童]。

てんにん【転任】 てんしゅつ[転出]。近代 いどう[異動]。てんきん[転勤]。近世 てんにん[転任]。中世 てんにふ[転入]。

てんねん【天然】 近代 ナチュラル(natural)。ネーチャー(nature)。近世 じせい[自生]。中世 ざうくゎ[造化]。中古 しぜん[自然]。てんねん[天然]。

てんねんとう【天然痘】 近世 とうさう[痘瘡]。はうそ[疱瘡]。中世 いも／いもい[疱瘡／痘瘡]。おとなごと[大人事]。中古 いもがさ[疱瘡／痘瘡]。もがさ[疱瘡]。

—に罹ったあとのあばた 近世 じゃんこ。

てんのう【天皇】 近代 きんていさま[禁廷様]。中世 いちじん[一人]。いってんばんじょう[一天万乗]。かみいちにん[神一人／上一人]。かみごいちにん[上御一人]。きんりさま[禁裏様]。くげ[公家]。くばう[公方]。くゎうくゎ[皇華]。くゎうてん[皇天]。こくしゅ[国主]。ごしょ[御所]。しそん[至尊]。じふぜん[十善]。じふぜんばんじょう[十善万乗]。だいり[内裏]。てんか[天下]。わう[王]。一天の主(あるじ)。十善の主(あるじ)。十善の君。十善の王。照る日。中古 うち[内]。うちのうへ[内上]。うちのみかど[内帝]。うちわたり[内辺]。うへ[上]。おほやけ[公]。おほやまとねこのすめらみこと[大倭根子天皇]。きんり[禁裏／禁裡]。すべらぎ[天皇]。ばんじょう[万乗]。みかど[御門／帝]。天(あめ)の御門。限りなき御(み)位。国の親。御孫(みま)の命(みこと)。上代 あきつかみ[現神]。あきつみかみ[現御神]。あらひとがみ[現人神]。うちのへ[内上]。おほきみ／おほぎみ[大君／大王／王]。かみ[神]。きみ[君]。しゅしゃう／しゅじゃう[主上]。すべらみこと／すめらみこと[天皇／皇尊]。すめみま[皇御孫]。すめらぎ／すめろき／すめろぎ[天皇]。てんし[天子]。てんわう[天皇]。てんわうへいか[天皇陛下]。ひじり[聖]。やまとねこ[倭根子]。一天の君。日の御門(みかど)。日の御子(みこ)。 →**てんし【天子】**

—が移動すること 中古 せんかう[遷幸]。せんぎょ[遷御]。上代 いぎょ[移御]。→**—の外出**

—が治める国 近世 くゎうこく[皇国]。中世 きみがよ[君世／君代]。くゎうど[皇土]。中古 すべらみくに／すめらみくに[皇御国]。

—が位につくこと 中世 そくゐ[即位]。中古 せんそ[践祚]。とうきょく[登極]。

—が位を譲ること 中古 くにゆづり[国譲]。じゃうこく[譲国]。上代 じゃうゐ[譲位]。

—が御覧になること 中古 えいらん[叡覧]。てんらん[天覧]。

—が退位すること 中世 おりゐ[下居／降居]。上代 じゃうゐ[譲位]。

—が再び皇位につくこと 近代 ふくそ[復祚]。近世 さいそ[再祚]。ぢゅうそ[重祚]。ふくへき[復辟]。中世 ちょうそ[重祚]。

—からの咎(とが)め 中古 ちょくかん[勅勘]。

—となるべき皇子 中古 ちょくん[儲君]。はるのみや[春宮]。上代 くゎうたいし[皇太子]。とうぐう[春宮／東宮]。ひつぎのみこ[日嗣御子]。みこのみや[春宮／東宮]。儲(ま)けの君。

—に御覧に入れる 中古 そうらん[奏覧]。

—に忠義を尽くすこと 中古 きんわう[勤王／勤皇]。

—に仕える貴人 中古 まうちぎみ[公卿]。

—に仕えること 上代 おほみやつかへ[大宮仕]。

—に仕える人 上代 おほまへつぎみ[大臣]。神の宮人(みやひと)。

—に申し上げること 近代 しんそう[申奏]。中世 しんそう[進奏]。そうじ[奏事]。そうぶん[奏聞]。そうもん[奏聞]。中古 そうす[奏]。そうたつ[奏達]。ぢきそう[直奏]。上代 じゃうそう[上奏]。そうしゃう／そうせい[奏請]。そうじゃう[奏上]。

—に申し上げる文 中古 そうぶん[奏文]。

—の威光 中世 くゎうゐ[皇威]。

—の一族 中世 きんしぎょくえふ[金枝玉

葉]。くゎうとう[皇統]。しんえい[神裔]。上代 きゅうしつ[宮室]。きんし[金枝]。くゎうしつ[皇室]。くゎうしん[皇親]。くゎうぞく[皇族]。そうしつ[宗室]。

—の居場所 中世 ぎょくざ[玉座]。ござしょ[御座所]。御座(ござ)の間。中古 うへ[上]。おはしどころ/おはしましどころ/おましどころ[御座所]。ぎょくい[玉扆]。昼(ひ)(昼(ひる))の御座(おまし)。昼の御座(ござ)。上代 たかくら[高座]。たかみくら[高御座]。みかど[御門/帝]。

—の衣服 中世 いはう[位袍]。こんい/こんえ[袞衣]。こんりょう[袞竜]。袞竜(こんりょう)の御衣(ぎょい)。中古 ごれう[御料]。

—の印章 近代 おほみしるし/ぎょじ[御璽]。しんじ[神璽]。れいじ[霊璽]。上代 ないいん[内印]。→**てんし【天子】**

—の印と国家の印 中世 いんじ[印璽]。

—の歌 中古 ごせい[御製]。上代 おほみうた[大御歌]。ぎょせい[御製]。

—の行う治政 中世 くゎうだう[皇道]。くゎうとう[皇統]。中古 おほまつりごと[太政]。

—の外出 中世 ごかう[御幸]。上代 かうす[幸]。ぎゃうかう[行幸]。じゅんかう[巡幸]。みゆき[行幸/御幸]。

—の外出する所 上代 いでましどころ[出座処/行幸処]。

—の外出の際の臨時の休憩所 中世 びんでん/べんでん[便殿]。

—の顔 中世 ぎょくがん[玉顔]。りゅうがん/りょうがん[竜顔]。

—の狩り場 上代 きんや[禁野]。しめの[標野]。

—の考え 中古 えいかん[叡感]。えいりょ[叡慮]。おほみごころ[大御心]。しんりょ[神慮]。せいし[聖旨]。せいりょ[聖慮]。

—の機嫌 近世 てんき[天機]。中古 てんき[天気]。

—の位 中世 おほみくらゐ[大御位]。くに[国]。くんゐ[君位]。ほうそ[宝祚]。十善の天位。中古 ていゐ[帝位]。玉の台(うてな)。上代 くゎうそ[皇祚]。くゎうゐ[皇位]。たかみくら[高御座]。たかみくらゐ[高御位]。てんゐ[天位]。

—の軍隊 上代 すめらみいくさ/すめらみくさ[皇御軍]。

—の敬称(尊称) 近世 せいてんし[聖天子]。中世 うへさま[上様]。中古 せいくゎう[聖皇]。せいてい[聖帝]。上代 かみのみこと[神命]。ひじり[聖]。へいか[陛下]。

—の系統 近代 くゎうけい[皇系]。中世 くゎういん[皇胤]。くゎうえい[皇裔]。しんえい[神裔]。たいとう[大統]。上代 くゎうとう[皇統]。

—の結婚 近代 たいこん[大婚]。

—の子 中古 おほきみをんな[大君女/王女]。くゎうし[皇子]。くゎうぢょ[皇女]。しんわう[親王]。ないしんわう[内親王]。わうじ[皇子]。わうぢょ[皇女]。上代 かみのみこ[神御子]。すめみこ[皇子]。ひめみこ[姫御子]。

—の声 近代 ぎょくおん[玉音]。中世 ぎょくいん[玉音]。

—の言葉 中世 せんげ[宣下]。りんげん[綸言]。中古 りんし/りんじ[綸旨]。りんめい[綸命]。上代 おほみこと[大御言]。みことのり[詔]。

—の死 中世 あんが[晏駕]。ほうぎょ[崩御]。→**し・ぬ**

—の直筆の書 近代 しんかん[親翰]。中世 ちょくひつ[勅筆]。中古 しゅせう[手詔]。しゅちょく[手勅]。しんぴつ[宸筆]。ぼくちょく[墨勅]。上代 しんかん[宸翰]。

—の死後諡(おくりな)が付けられるまでの敬称 中古 たいかう[大行]。たいかうてんわう[大行天皇]。さきのすめらみこと[前天皇]。

—の自称 中古 ちん[朕]。

—の食事 中古 おほひ[大炊]。ひのおもの[日御物]。ひのみく[日御供]。上代 おほみあへ[大御饗]。みけ[御食/御饌]。みけつもの[御食物]。

—の食事を納めておく所 中古 おものやどり[御物宿]。

—の寝所 中古 夜の御殿(おとど)。夜の御座(おまし)。

—の寝所に侍する官女 中古 みやすどころ/みやすんどころ[御息所]。

—の身体 近世 ぎょくたい[玉体]。せいたい[聖体]。

—の住まい →**きゅうちゅう**

—の先祖 中世 くゎうそ[皇祖]。くゎうそう[皇宗]。てんそ[天祖]。上代 あまつみおや[天御祖]。

—の葬儀 近代 たいさう[大葬]。たいさうのれい[大喪礼]。たいも[大喪]。

—のそば 上代 すめらへ[皇辺]。

—の治世 近代 しゃうせい[昌世]。しゃうだい[昌代]。中古 おほんとき[御時]。きみがよ[君代]。上代 みよ[御代]。

—の使い 中世 中古 ちょくし[勅使]。

—の妻 中世 くゎうぐう[皇后]。中古 きさい

［后／皇后］。くゎうひ［皇妃］。ひ［妃］。〔上代〕きさき［后／妃］。くゎうごう［皇后］。ひん［嬪］。妃(きさき)の宮。

―の乗物　〔中世〕ぎょくれん［玉輦］。〔中古〕くゎれん［華輦］。ごれうしゃ［御料車］。そうくゎれん［葱花輦］。そうくゎ［葱花］。なぎのはな［水葱花］。水葱(なぎ)の花の御輿(みこし)。

―の墓　〔近代〕くゎうりょう［皇陵］。〔近世〕ごりょう［御陵］。〔中古〕おほみはか［大御陵］。みやま［御山］。〔上代〕さんりょう［山陵］。みささぎ／みさざき［陵／山陵］。りょう［陵］。りょうぼ［陵墓］。

―の母　〔中古〕こくぼ／こくも［国母］。国の母。

―の母で皇后であった人　〔上代〕おほきさき［太后／大后］。くゎうたいごう［皇太后］。くゎうたいこうぐう［皇太后宮］。

―の耳に達すること　〔中古〕じゃうちゃう［上聴］。〔上代〕じゃうそう［上奏］。じゃうぶん［上聞］。

―の命令　〔近世〕ていめい［帝命］。〔中世〕せうせう［詔］。せうめい［詔命］。ちょくぢゃう［勅諚］。ちょくめい［勅命］。〔中古〕ごさた［御沙汰］。せんじ［宣旨］。せんみゃう［宣命］。ちょく［勅］。〔上代〕みことのり［詔／勅］。

―の命令を書いた文書　〔中世〕ちょくじゃう［勅状］。ちょくしょ［勅書］。〔上代〕せうしょ［詔書］。せんみゃう［宣命］。

―の恵み　〔中世〕てうおん［朝恩］。

―みずからの選定　〔近代〕ちょくせん［勅選］。〔中古〕ちょくせん［勅撰］。

―や皇室のこと　〔近代〕かしこき辺り。〔中古〕おほやけざま［公様］。

―を守る者　〔上代〕しこのみたて［醜御楯］。

新しく位についた―　〔中世〕しんわう［新皇］。

今の―　〔近代〕きんじゃうへいか［今上陛下］。〔近世〕くゎうじゃう［皇上］。〔中世〕きんじゃう［今上］。きんじゃうてんわう［今上天皇］。たうぎん［当今］。たうだい［当代］。〔中古〕いますべらぎ［今皇］。いまのうへ［今上］。

女の―　〔近世〕ひめみかど［姫帝］。

譲位後の―　〔中世〕じゃうくゎう［上皇］。せんとう［仙洞］。せんゐん［仙院］。はうけつ［茅闕］。〔中古〕おりゐのみかど［下居帝］。しゃうくゎう［上皇］。だいじゃうてんわう［太上天皇］。だじゃうくゎう［太上皇］。〔上代〕おほきすめらみこと［太上天皇］。

神武天皇以後の―　〔中世〕じんくゎう［人皇］。〔中古〕にんわう［人皇］。にんわう［仁王］。

先代の―　〔中世〕せんくゎう［先皇］。〔中古〕せんだい／せんてい［先帝］。

代々の―　〔中古〕れっせい［列聖］。

てんのうざん【天王山】　けっせんじょう［決戦場］。しょうぶどころ［勝負所］。〔近代〕てんわうざん［天王山］。〔近世〕てんかわけめ［天下分目］。〔中世〕危急存亡の秋(とき)。

▼天下分け目の戦い　関ヶ原の戦い。

でんぱ【伝播】　〔近代〕かんせん［感染］。でんせん［伝染］。はきふ［波及］。〔近世〕でんぱ［伝播］。りうかう［流行］。るふ［流布］。ひろがる［広］。〔中古〕およぶ［及］。つたはる［伝］。つたふ〔つたえる〕［伝］。

でんぱ【電波】　ウエーブ(wave)。たんぱ［短波］。ちょうたんぱ［超短波］。ちょうは［長波］。でんじは［電磁波］。ブイエッチエフ(VHF; very high frequency)。マイクロウエーブ(microwave)。メートルは(フランス mètre 波)。〔近代〕でんぱ［電波］。

―で方位を知らせる装置　むせんひょうしき［無線標識］。ラジオビーコン(radio beacon)。

―による通信　〔近代〕むせん［無線］。むせんでんしん［無線電信］。むでん［無電］。

―による目標物の探知　でんぱたんちき［電波探知機］。レーダー(radar)。

―の束　ビーム(beam)。

―や電流の変化　パルス(pulse)。プルス(ドイツ Puls)。

―を中継する施設　ちゅうけいきょく［中継局］。サテライトきょく［satellite局］。

周波数や時間尺度の基準となる―　ひょうじゅんでんぱ［標準電波］。

大気外からの―　うちゅうざつおん［宇宙雑音］。てんたいでんぱ［天体電波］。

てんばい【転売】　てんばい［転売］。〔中世〕またうり［又売］。〔上代〕ころがし［転］。

土地の―　ころがし［転］。

不正な―　よこながし／よこながれ［横流］。

でんぱた【田畑】　〔近代〕かうさくち［耕作地］。のうち［農地］。のうぢゃう［農場］。のうゑん［農園］。〔近世〕かうち［耕地］。でんばた／でんぱた［田畑／田畠］。〔中世〕たはた［田畑］。のら［野良］。↓**たはた**

てんばつ【天罰】　〔中世〕しんばち／しんばつ［神罰］。〔中古〕てんちゅう［天誅］。てんばつ［天罰］。《句》〔近代〕天罰覿面(てきめん)。

てんびょう【点描】　すんびょう［寸描］。〔近代〕クロッキー(フランス croquis)。スケッチ(sketch)。そべう［素描］。デッサン(フランス dessin)。てんべう［点描］。

てんびんぼう【天秤棒】 近世おこ[朸]。てんびんぼう[天秤棒]。になひぼう[担棒]。らこ[朸]。上代あふこ[朸]。

てんぷ【添付】 近代つけくはへる[付加]。つけたし/つけたらはし[付足]。てんか[添加]。てんぷ[添付]。ふか[付加]。ふたい[付帯]。中世ついか[追加]。上代そふ[そえる][添]。

てんぷ【貼付】→**ちょうふ**

てんぷく【転覆】 おうてん[横転]。近代てんぷく[転覆]。近世ころげる[転]。ひっくりかへす/ひっくりかへる[返]。中世ころぶ[転]。中古くつがへす/くつがへる[覆]。ころがる[転]。たふす[倒]。まろぶ[転]。上代たふる[たおれる][倒]。

車が―・すること 中世ふくしゃ[覆車]。

てんぶん【天分】→**てんせい**

でんぶん【伝聞】 近世そくぶん[仄聞/側聞]。中世ききおよぶ[聞及]。ききづて[聞伝]。ききつたふ[―つたえる][聞伝]。つたへきく[伝聞]。中古でんぶん[伝聞]。

〈古語の伝聞表現〉 近代うんぬん[云云]。近世となり。中世かとよ。げな。中古かや。けむ。けり。てふ。とあり。なり。らむ。上代とふ。

…あるそうだ 中古あなり。あんなり。

…たそうだ 中世たんなり。中古たなり。ななり。にけり。ぬけり。

…であるそうだ 中古あなり。なんなり。

…ているそうだ 中世たんなり。

…という 近代うんぬん[云々]。近世ってえ。てえ。中世とかや。中古てふ。上代とふ。

…ということ 中世ならく。

…ということだ 近代てな。とさ。近世といな。といなあ。といの。とな。とよ。中世てへり。やらむ。中古とかや。とぞ。となむ。となり。とや。

…ということも 中世としも。

…という名で 中古とて。

…というのか 中古とや。

…というわけで 中世ていれば。てへれば。

…というわけである 中世てへり。

…というわけではない 中世とにはあらず。

…というわけでもない 中世とにもあらず。

…といったって 近世かて。かとて。

…といっては 中古とては。

…といっても 中世ぢゃう[定]。中古とても。

…とはいうものの 中世いふぢゃう[言定]。いふでう[言条]。

…ないそうだ 中古ざなり。ざんなり。

…のはずだそうだ 中世べかんなり。中古べかなり。

てんぽ【店舗】 しょうほ[商舗]。近代ショップ(shop)。ストア(store)。てんぽ[店舗]。ばいてん[売店]。ほ[舗/鋪]。みせや[店屋]。近世こうりみせ[小売店]。してん[肆店/肆廛]。しょうてん[商店]。たな[店]。みせ[店/見世]。中古たな[店/棚]。中世てんや[店屋]。

てんぽ【塡補】 近代うめあはせ[埋合]。てんぽ[塡補]。近世ほせい[補正]。ほそく[補足]。ほてん[補塡]。中世おぎなふ[補]。上代ほじゅう[補充]。

テンポ(イタリア tempo) 近代テンポ。中世てうし[調子]。はやさ[速]。

―を示す器具 近代はくせつき[拍節器]。メトロノーム(ドイツ Metronom)。

てんぼう【展望】 けいかん[景観]。パースペクティブ(perspective)。ビスタ(vista)。みとおし[見通]。みらいぞう[未来像]。近代いちぼう[一眸]。てうかん[鳥瞰]。てんばう[展望]。パノラマ(panorama)。ビジョン(vision)。近世いちぼう[一望]。たいくゎん[大観]。みこみ[見込]。みはらし[見晴]。中世ばうけん[望見]。中古けしき[気色]。てうばう[眺望]。ながめ[眺]。ばうゑん[望遠]。みやる[見遣]。ゑんけん[遠見]。ゑんばう[遠望]。上代くゎんばう[観望]。のぞみ[望]。みわたす[見渡]。

―がひらける 中古はる[はれる][晴/霽]。

―のための台 てんぼうだい[展望台]。みはらしだい[見晴台]。近代たいくゎん[台観]。パノラマだい[panorama台]。みはらし[見晴]。ものみだい[物見台]。近世ものみやぐら[物見櫓]。中世せいろう[井楼]。ものみ[物見]。中古うてな[台]。ろうくゎん[楼観]。上代ろう[楼]。

でんぽう【電報】 近代テレグラフ(telegraph)。でんぽう[電報]。

―が来ること 近代らいでん[来電]。

―の文 近代でんぶん[電文]。

―の文を書く紙 でんぽうはっしんし[電報発信紙]。近代らいしんし[頼信紙]。

―を打つこと 近代だでん[打電]。

祝いの気持ちを述べた― 近代しゅくでん[祝電]。

至急の― 近代ウナでん[―電]。ひでん[飛電]。

特派員からの― 近代とくでん[特電]。

てんまつ【顛末】 近代けいゐ[経緯]。近世い

きさつ［経緯］。中世いちぶしじゅう［一部始終］。しまつ［始末］。てんまつ［顛末］。中古けいくゎ［経過］。しさい［子細／仔細］。しゅび［首尾］。

てんまど【天窓】 トップライト(top light)。近代スカイライト(skylight)。近世てんまど［天窓］。やまとまど［大和窓］。

―付きの乗用車の屋根 サンルーフ(sunroof)。

てんめい【天命】 近代しゅくめい［宿命］。近世てんうん［天運］。てんじゅ［天寿］。めいうん［命運］。中世めいみゃく［命脈］。中古てんめい［天命］。上代じゅみゃう［寿命］。

《句》近代天之(これ)に年を仮す。

てんめつ【点滅】 中世めいめつ［明滅］。

―・させる機器 てんめつき［点滅器］。フラッシャー(flasher)。

てんもん【天文】 上代てんもん［天文］。

―学(例) エックスせんてんもんがく［X線天文学］。でんぱてんもんがく［電波天文学］。近世せいがく［星学］。

―を観測する装置(例) アストロラーブ(フランス astrolabe)。近世イスタラビ(フランス astrolabe)。かんてんぎ［簡天儀］。こんてんぎ［渾天儀］。

でんや【田野】→たはた

てんよう【転用】 近世だいよう［代用］。てんよう［転用］。中世りうよう［流用］。

でんらい【伝来】 近代ぐゎいらい［外来］。近世はくらい［舶来］。中古でんらい［伝来］。とらい［渡来］。

―の品物 近代はくらいひん［舶来品］。近世でんじゅもの［伝授物］。中古わたりもの［渡物］。

てんらく【転落】 こうかく［降格］。こうしょく［降職］。こうにん［降任］。近代ついらく［墜落］。てんらく［転落］。らくか［落下］。近世おつ〔おちる〕［堕／落］。おっこちる［堕／落］。ころがりおつ〔―おちる〕［転落］。ころげおつ〔―おちる〕［転落］。中世しっきゃく［失脚］。なりさがる［成下］。ぼつらく［没落］。もちくづす［持崩］。中古おちぶる〔―ぶれる〕［零落／落魄］。ちんりん［沈淪］。てうらく［凋落］。りんらく［淪落］。れいらく［零落］。

―・させる 近代ひきずりおとす［引摺落］。

てんらん【展覧】 エキシビション／エキジビション(exhibition)。てんじ［展示］。近代ディスプレー(display)。近世てんくゎん［展観］。てんらん［展覧］。上代ちんれつ［陳列］。

―の催し アンデパンダン(フランス Indépendants)。てんじかい［展示会］。てんじそくばいかい［展示即売会］。ばんぱく［万博］。フェア(fair)。近代ショー(show)。てんらんくゎい［展覧会］。はくらんくゎい［博覧会］。ばんこくはくらんくゎい［万国博覧会］。みほんいち［見本市］。

絵画の―会 がてん［画展］。近代こてん［個展］。近世ぐゎくゎい［画会］。

個人の―会 近代こてん［個展］。

美術品などの―会 近代サロン(フランス salon)。

美術品などの―場 近代ギャラリー(gallery)。ぐゎらう［画廊］。

でんりゅう【電流】 近代かうりう［交流］。ちょくりう［直流］。でんりう［電流］。りうでん［流電］。

―に衝撃を受けること 近代かんでん［感電］。

―の大きさを計る電気計器 ガルバノメーター(galvanometer)。近代アンペアけい［ampere計］。アンメーター(ammeter)。けんりうけい［検流計］。でんりうけい［電流計］。

―の基本単位 アンペア(ampere)。

―の流れにくさ インピーダンス(impedance)。でんきていこう［電気抵抗］。

―の流れやすさ アドミタンス(admittance)。

―を一定以上流さないようにする装置 ブレーカー(breaker)。

―を起こすこと 近代はつでん［発電］。

―を流す金属線 近代でんせん［電線］。

―を流すこと つうでん［通電］。

―を変換する装置 インバーター(inverter)。コンバーター(converter)。

生体内部の微弱な― かつどうでんりゅう［活動電流］。

短時間に変化する― パルス(pulse)。プルス(ドイツ Puls)。

でんりょく【電力】 近代でんりょく［電力］。近世エレキ(オランダ electriciteit の略)。でんき［電気］。

―を需用者に供給すること きゅうでん［給電］。近代はいでん［配電］。

―を動力源にすること 近代でんくゎ［電化］。

―を計る機器 せきさんでんりょくけい［積算電力計］。ワットけい［watt計］。近代でんりょくけい［電力計］。

―を発生する機械 近代はつでんき［発電機］。

工業などで使う大きな― きょうでん［強電］。

てんれい【典例】 近代くゎんれい［慣例］。てんれい［典例］。中世せんれい［先例］。てんこ

[典故]。〔中古〕つうれい[通例]。〔上代〕こうれい[恒例]。ぜんれい[前例]。

てんれい【典礼】 〔近代〕ぎてん[儀典]。しきてん[式典]。セレモニー(ceremony)。ぢゃうしき[定式]。れいてん[礼典]。〔中古〕ぎしき[儀式]。ぎれい[儀礼]。さはふ[作法]。〔上代〕てんれい[典礼]。

でんわ【電話】 〔近代〕テレホン(telephone)。でんわ[電話]。フォーン(phone)。

―で音声を電流に変換する装置 〔近代〕そうわき[送話器]。

―で電流を音声に変換する装置 〔近代〕じゅわき[受話器]。レシーバー(receiver)。

―で料金受信人払いの通話 コレクトコール(collect call)。

その他―のいろいろ(例) けいたい/けいたいでんわ[携帯電話]。ピービーエックス(PBX; private branch exchange)。プッシュホン(和製push phone)。ホットライン(hot line)。ゆうせんでんわ[有線電話]。るすばんでんわ[留守番電話]。〔近代〕こうしゅうでんわ[公衆電話]。こくさいでんわ[国際電話]。じどうでんわ[自動電話]。ちゃうきょりでんわ[長距離電話]。ちょくつうでんわ[直通電話]。テレビでんわ[television電話]。むせんでんわ[無線電話]。

と

と【戸】 〔近代〕ガラスど[硝子戸]。こ[戸]。ドア(door)。〔近世〕かどぐち[門口]。きど[木戸]。でいりぐち[出入口]。とばぐち/とぼぐち[口]。はひりぐち[入口/這入口]。とぐち[戸口]。〔中世〕たつ[闥]。とぼそ[枢]。〔中古〕つまど[妻戸]。ひらきど[開戸]。もんこ[門戸]。ひきど[引戸]。やりど[遣戸]。〔上代〕かど/もん[門]。くち[口]。と[戸/門]。とびら[扉]。やど[屋戸]。

―の開け閉め 〔中世〕あけたて[開閉]。

―の上下につける車(ガラス戸など 〔近世〕とぐるま[戸車]。

―を開けること 〔近代〕かいひ[開扉]。〔中世〕はいたつ[排闥]。

―を閉めること とじめ[戸締]。〔近代〕とだて[戸立]。〔近世〕とじまり[戸締]。〔中世〕へいこ[閉戸]。へいもん[閉門]。

朝開ける― 〔上代〕あさと[朝戸]。

裏に桟を取り付けた― さんど[桟戸]。

縁側や窓の外側に付ける― 〔近代〕がらりど[戸]。シャッター(shutter)。よろひど[鎧戸]。〔近世〕あまど[雨戸]。

大きな扉などの脇の小さな― 〔近世〕さるど[猿戸]。〔中世〕きりど[切戸]。くぐりど[潜戸]。

帯桟(おびざん)付きの板の― 〔近代〕おびざんど[帯桟戸]。おびど[帯戸]。

折り畳めるようにした― 〔中世〕かたをりど[片折戸]。もろをりど[諸折戸]。をりきど[折木戸]。をりつまど[折妻戸]。をりど[折戸]。

折れ釘(ぎく)などに掛けてつるす― 〔近世〕かけど[掛戸]。

車のついている― 〔中古〕くるまど[車戸]。

格子に組んだ― 〔近世〕かうしど[格子戸]。くみど[組戸]。

桟を使わず鏡板をはめた― 〔近世〕かがみど[鏡戸]。

柴(しば)で作った― 〔近世〕しばからど[柴唐戸]。〔中世〕柴の枢(とぼそ)。〔中古〕さいもん[柴門]。しばと/しばど/しばのと[柴戸]。柴の扉。

蛇腹の伸縮で開閉する― アコーディオンドア(accordion door)。スラッター(和製slatter)。

水平に釣り上げて開く― 〔中古〕しとみ[蔀]。はじとみ[半蔀]。

前後に開きばねで自然に閉まる― 〔近代〕スイングドア(swing door)。

竹や葦(あし)などで編んだ― 〔近世〕あじろど[網代戸]。あみど[網戸]。〔中世〕たけど[竹戸]。

竹や木で作った簡単な― 〔中世〕しばからど[柴唐戸]。つりど[釣戸]。〔近世〕しばからど。〔中世〕しをり/しをりど[枝折戸]。

たてみぞに沿って上下する― 〔近代〕あげど[揚戸]。〔中世〕おとしだて[落閉]。

鉄でできた― 〔中古〕てっぴ[鉄扉]。

戸締まりの仕掛けをした― 〔近世〕よこさるど[横猿戸]。

土蔵などの漆喰(しっくい)塗りの― 〔近代〕おほさかど[大阪戸]。〔中古〕つちど[土戸]。

戸袋から次々に繰り出し繰り入れる― 〔近代〕くりど[繰戸]。

虫よけのための― 〔近代〕あみど[網戸]。

その他材質による―のいろいろ(例) 〔中世〕すぎしゃうじ[杉障子]。すぎど[杉戸]。すぎやりど[杉遣戸]。〔上代〕いたど[板戸]。やまざくらど[山桜戸]。

▼引き戸 ひきわけど[引分戸]。〔中古〕くるま

ど[車戸]。やりど[遣戸]。

▼**開き戸** 近代 いたからど[板唐戸]。かたびらき[片開]。くゎんおんびらき[観音開]。をりからと[折唐戸]。近世 ひらき[開]。りゃうびらき[両開]。中世 かたど[片戸]。からと[唐戸]。中古 くるるど[枢戸]。つまど[妻戸]。

ど【度】 近代 くゎいすう[回数]。どあひ[度合]。どすう[度数]。近世 ていど[程度]。中世 ど[度]。中古 たび[度]。へん[遍/返]。

―が過ぎているさま 中世 ぎゃうに[仰]。しすごす[仕過/為過]。めたと。中古 くゎさ[過差]。こちたし。《句》近世 寵愛かうじて尼にす。

―を超さない程度 近世 てきど[適度]。中古 ほどほど[程程]。

―を超す うわまわる[上回]。近代 とほりこす[通越]。度が過ぎる。近世 羽目を外す。中世 度を超す(越ゆ/過ぐす)。中古 さしいづ[差出/射出]。さしすぐ[差過]。すごす[過]。上代 こす[超/越]。こゆ[こえる][超/越]。すぐ[すぎる][過]。ゆきすぐ[―すぎる][行過]。→**かど【過度】**

どあい【度合】 近代 どあひ[度合]。近世 かげん[加減]。ていど[程度]。ほどあひ[程合]。中世 せつど[節度]。ど[度]。ほどらひ[程合]。中古 ほど[程]。

とい【樋】 ひ[樋]。中世 とひ[樋]。中古 うちひ[打樋]。かけどひ[掛樋]。かけひ[筧/懸樋]。上代 したび[下樋]。

―の水の出口 近世 たつのくち[竜口]。中古 ひぐち[樋口]。

雨を受けて流す― そとどい[外樋]。近代 あまどひ[雨樋]。近世 のきどひ[軒樋]。

建築で外から見えない― 近代 うちどひ[内樋]。

竹製の― 近世 とひだけ[樋竹]。

地下の― 近代 あんきょ[暗渠]。うめどひ[埋樋]。ふせとゆ[伏樋]。近世 うづみひ[埋樋]。ふせどひ/ふせひ[伏樋]。中世 うづみび[埋樋]。中古 いひ[楲]。上代 したび[下樋]。

箱のように四角の― 近世 はこどひ/はこひ[箱樋]。

丸木をくりぬいた― 近代 ほりどひ[彫樋]。

とい【問】 クイズ(quiz)。せつもん[設問]。近代 クエスチョン(question)。せいもん[請問]。とひ[問]。近世 しつもん[質問]。中世 ぎもん[疑問]。しつぎ[質疑]。しもん[試問]。中古 もんだい[問題]。上代 しじゅん[諮詢/咨詢]。しもん[諮問]。しゃうもん[請問]。とふ[問]。

―と答え 中世 もんたい[問対]。上代 もんだふ[問答]。

―を発すること 中世 はつもん[発問]。

といあわせ【問合】 レファレンス(reference)。近代 せうくゎい[照会]。近世 とひあはせ[問合]。中世 ききあはせ[聞合]。

といき【吐息】 中世 おほいき[大息]。ためいき[溜息]。といき[吐息]。ふといき[太息]。中古 たんそく[嘆息/歎息]。上代 たいそく[太息]。

といし【砥石】 近代 しれい[砥礪]。中古 といし[砥石]。上代 と[砥]。

油で研ぐ― あぶらと[油砥]。あぶらといし[油砥石]。オイルストーン(oilstone)。

刀を研ぐ― 近代 かたなと[刀砥]。

その他―のいろいろ(例) しあげと[仕上砥]。ちゅうと/なかと[中砥]。近世 うちぐもり[内曇]。中世 あはせど[合砥]。中古 あをと[青砥]。まと[真砥]。上代 あらと[荒砥]。

といたず・ねる【問尋】 中古 とひたづぬ[―たずねる][問尋]。上代 しじゅん[諮詢/咨詢]。しもん[諮問]。しゃうもん[請問]。せいもん[請問]。

といただ・す【問質】 近代 きつぶん[詰問]。なんきつ[難詰]。近世 しつもん[質問]。しらぶ[しらべる][調]。ついきふ[追及]。とひただす[問質]。中世 きうめい[糾明/糺明]。きうもん[糾問/糺問]。きつもん[詰問]。すいもん[推問]。とひつむ[―つめる][問詰]。とぶらふ[訪]。もんじん[問訊]。もんなん[問難]。中古 かへさふ[返]。ただす[糺]。とふ[問]。なじる[詰]。上代 きうさつ[糾察]。きうだん[糾弾/糺弾]。けんもん[検問]。じんもん[尋問/訊問]。とがむ[とがめる][咎]。

根本まで―・すこと 近世 ねどひ[根問]。

罪人に―・すこと 近代 きくじん[鞠訊/鞫訊]。しんもん[審問]。中古 じんきく[訊鞠/訊鞫]。上代 きくもん[鞠問/鞫問]。じんもん[尋問/訊問]。

呼び出して―・す かんもん[喚問]。

といつ・める【問詰】 近代 きっせき[詰責]。きつぶん[詰問]。きゅうつい[窮追]。なんきつ[難詰]。近世 きつなん[詰難]。ことばづめ[言葉詰]。中世 きつもん[詰問]。せめふす[責伏]。とひつむ[―つめる][問詰]。

罪人を—・める 近代きくする[鞫]。

トイレ(toilet の略) →**べんじょ**

とう【党】 はばつ[派閥]。近代せいたう[政党]。セクト(sect)。たうは[党派]。だんたい[団体]。パーティー(party)。ぶんぱ[分派]。近世なかま[仲間]。中世は[派]。ともがら[輩／儕]。中古どうし[同志／同士]。上代たう[党]。

—に入ること 近代にふたう[入党]。

—の勢い 近代たうせい[党勢]。

—の規則 とうき[党規]。とうき[党紀]。近代たうそく[党則]。

—の基本方針 とうぜ[党是]。

—の最高責任者 近代たうしゅ[党首]。

—の仕事 近代たうむ[党務]。

—を組織すること 近代けったう[結党]。

—を脱退すること 近代だったう[脱党]。

とう【塔】 近代せんたふ[尖塔]。タワー(tower)。近世やぐら[櫓]。中古ふと[浮屠／浮図／仏図]。上代たふ[塔]。

—を建立すること 上代ざうたふ[造塔]。

石で造った— 中世しゃくたふ[石塔]。中古せきがん[石龕]。

火災を見張るための— 近世ひのみやぐら[火見櫓]。

鉄で造った— 中古てったふ[鉄塔]。

仏教関係の— パゴダ(pagoda)。近代ごりんたふ[五輪塔]。近世ごぢゅうのたふ[五重塔]。中古がんたふ[雁塔／鴈塔]。たほうたふ[多宝塔]。ぶったふ[仏塔]。ほうたふ[宝塔]。

方形の— 近世はうたふ[方塔]。

と・う【問】 →**たず・ねる**

どう【胴】 近代どうぶ[胴部]。ボディー(body)。近世からだ[体／身体／躰]。中世どう[胴]。どうたい[胴体]。

—上げする 中世揺(ゆ)りに上ぐ[—上げる]。

—が長いこと 近代どうなが[胴長]。中古をせなが[小背長]。

生きた人間の— 近世いきどう[生胴／活胴]。

腋(きわ)から少し下の— 近世いちのどう[一胴]。

どう【銅】 近代どう[銅]。中古あか[赤]。上代あかがね[銅]。

—と錫(すず)の合金 近世ブロンズ(bronze)。中古せいどう[青銅]。

—の錆(びさ) どうせい[銅青]。中古ろくしゃう[緑青]。

どう【堂】 中世でんだう[殿堂]。中古ぶっかく[仏閣]。みだう[御堂]。上代だう[堂]。だうう[堂宇]。だうたふ[堂塔]。

—と塔 上代だうたふ[堂塔]。

—の上 中古だうじゃう[堂上]。

絵馬を掲げておく— 近代ゑまでん[絵馬殿]。中世ゑまだう[絵馬堂]。

閻魔(えんま)をまつる— 中世ゑんまだう[閻魔堂]。

開祖をまつる— 近世かいさんだう[開山堂]。中世そしだう[祖師堂]。中古みえいだう[御影堂]。

鐘をつっておく— 近世しょうろう[鐘楼]。中世かねつきだう[鐘撞堂]。上代しゅろう[鐘楼]。

貴人の霊をまつる— れいでん[霊殿]。近世おたまや／みたまや[御霊屋]。中世れいだう[霊堂]。

多角形の— 中世ゑんだう[円堂]。

仏像等をまつってある— 中世くゎんおんだう[観音堂]。中古あみだだう[阿弥陀堂]。ぢゃうろくだう[丈六堂]。

どうあっても どうあろうと。近世何が何でも。ぜんあく[善悪]。中世うむに[有無]。どうあっても。ぜひとも[是非]。中古とまれかうまれ／とまれかくまれ。ともあれかくもあれ。

どうい【同意】 アグリーメント(agreement)。近代オーケー(OK)。きょうかん[共感]。きょうめい[共鳴]。こうてい[肯定]。さんい[賛意]。さんどう[賛同]。じゅだく[受諾]。しょうにん[承認]。ぜにん[是認]。どうかん[同感]。近世がふい[合意]。さんせい[賛成]。どうてう[同調]。中世おうだく[応諾]。かんしん[甘心]。しょうち[承知]。中古しょうだく[承諾]。どうい[同意]。もろごころ[諸心]。

—・させる 中世なびく[靡]。

—・する 近代さんする[賛／讃]。中世なびく[靡]。中古うなづく[領／首肯]。おもむく[赴／趣／趨]。ききいる[聞入]。くみす[与]。どうず[同]。上代あまなふ[和／甘]。うべなふ[宜／諾]。

相手に—であることを表す語 そうね。近代さうさう[然然]。そのとほり。近世さうとも[然]。それそれ[其其]。中世ゐゐ[唯]。中古そそや。

外交使節任命に際し相手国に求める— 近代アグレマン(フランス agrément)。

即座に—・する 近代一議もない。中世一議も言はず。

どういう 近世どういふ。どうした。中世なんの。中古なにぞ[何]。なにぞの[何]。

―こと(もの)か 中世 なにとやらん[何]。中古 なぞ[何]。上代 なに[何]。

―人 中古 なにびと[何人]。近世 なんぴと[何人]。上代 たれのひと[誰人]。たれやしひと[誰人]。

―わけか 近代 なぜか[何故]。近世 なにやら[何]。めいよ[名誉]。中世 なんぞ[何]。なんで[何]。なんとやら[何]。中古 いかで[如何]。

―わけで 中世 なにとかして[何]。中古 なでふ。なんでふ。上代 なにしか[何]。なにすれぞ[何為]。なにゆゑ[何故]。

どういご【同意語】 いいかえご[言替語]。近代 シノニム(synonym)。どういご[同意語]。どうぎご[同義語]。

とういそくみょう【当意即妙】 近世 りんきおうへん[臨機応変]。中世 きてん[機転]。とういそくめう[当意即妙]。気が利く。

とういつ【統一】 いちげんか[一元化]。ユニファイ(unify)。近代 いっくゎつ[一括]。いっぽんくゎ[一本化]。とうがふ[統合]。とうくゎつ[統括]。とりまとめる[取纏]。ユニティー(unity)。近世 そうがふ[総合]。とういつ[統一]。中世 いっとう[一統]。たばぬ[たばねる][束]。まとむ[まとめる][纏]。→**とうかつ**

―・していること(さま) ぜんいつ[全一]。近代 いちげんてき[一元的]。

天下が―・する(こと) 近代 どうてつ[同轍]。軌(き)を一に(同じく)する。

どういつ【同一】 近代 あひひとしい[相等]。イコール(equal)。いっしょ[一緒]。どうき[同軌]。近世 どうてつ[同轍]。中世 いちやう[一様]。いつ[一]。いっとう[一等]。どういつ[同一]。どうやう[同様]。中古 ふじ[不二]。上代 おなじ[同]。そく[即]。ひとし[等／均／斉]。

―性 アイデンティティー(identity)。

―・にみなすこと 近代 どういつし[同一視]。どうし[同視]。

図形の― ごうどう[合同]。

どういん【動因】 モチベーション(motivation)。けいき[契機]。どういん[動因]。近代 えういん[要因]。近世 どうき[動機]。

とうえい【投影】 近代 うつす[映]。えいきゃう[影響]。しゃえい[射影]。とうえい[投影]。とうしゃ[投射]。はんえい[反映]。はんえい[反影]。

―図法による図形 ステレオとうえい[stereo投影]。そくがめん[側画面]。とうえいず[投影図]。とうかくとうえいず[等角投影図]。近代 とうえいぐゎ[投影画]。へいめんづ[平面図]。りつめんづ[立面図]。

平面に―・すること へいしゃ[平射]。

とうか【灯火】 近代 けいとう[檠灯]。やうとう[洋灯]。ライト(light)。ランプ(lamp)。中世 あかり[灯／明]。とうくゎ[灯火]。中古 あかし[灯／明]。おほきとなぶら／おほとなぶら／おほとのあぶら[大殿油]。おんとのあぶら[御殿油]。せうめい[照明]。とうみゃう[灯明]。となぶら／とのあぶら[殿油]。とぼし／ともし[灯]。とぼしび／ともしび[灯／灯火／燭]。上代 かげ[影]。とうしょく[灯燭]。ひ[火]。みあかし[御明／御灯]。→**あかり**

―が物に映ずること 近世 ひうつり[火映／灯映]。

―の油皿をのせる台 近世 くもで[蜘蛛手]。とうか[灯架]。とうけい[灯檠]。中古 とうがい[灯蓋]。とうだい[灯台]。

―の光 近世 しょくえい[燭影]。ひかげ／ほかげ[火影]。中古 とうえい[灯影]。

―を掲げること 近世 けいとう[挂灯]。

―を消すこと 中世 しめす[湿]。

美しい― 中古 ぎんくゎ[銀華／銀花]。ぎんしょく[銀燭]。らんとう[蘭灯]。

神をまつる― 近代 けんとう[献灯]。ほうとう[奉灯]。近世 おみあかし[御神灯／御神明]。ごしんとう[御神灯]。みあかり[御明]。中古 とうみゃう[灯明]。上代 おほみあかし[大御灯明／大御灯]。みあかし[御明／御灯]。

漁業に用いる― 近世 あさりひ[漁火]。中世 ぎょとう[漁灯]。中古 ぎょくゎ[漁火]。上代 いさりび[漁火]。

暗い中の一つだけの― 中古 ことう[孤灯]。

寒そうな― 中古 かんとう[寒灯]。

自動車等の― クリアランスライト(clearance light)。しゃはばとう／しゃふくとう[車幅灯]。ぜんしょうとう[前照灯]。びとう[尾灯]。近代 ぜんとう[前灯]。テールライト(taillight)。テールランプ(tail lamp)。ヘッドライト(headlight)。

船舶が夜間に点ける― せんびとう[船尾灯]。ひょうしきとう[標識灯]。近代 かうかいとう[航海灯]。げんとう[舷灯]。

探索のための― 近代 サーチライト(searchlight)。たんかいとう[探海灯]。たんせうとう[探照灯]。

と

一つの― 中古 いっすい[一穂]。

門柱や入口の― 近代 もんとう[門灯]。

とうか【投下】 とうにふ[投入]。近代 とうか[投下]。近世 はふりなげる[放投/放抛]。中世 なげおとす[投落]。はふる[放/抛]。中古 おとす[落]。上代 なぐ〔なげる〕[投]。

とうか【透過】 近世 すける[透]。中世 すきとほす[透通]。とうくゎ[透過]。中古 すきとほる[透通]。すく[透]。

どうか【同化】 いったいか[一体化]。近代 かうえき[交易]。くゎする[化]。どうくゎ[同化]。とけこむ[溶込/融込]。中古 がったい[合体]。

どうか(願うときの語) 近世 どうか。なにぶん[何分]。ひらにひらに[平平]。中世 どうぞ。なにとぞ[何卒]。ひらに[平]。

とうかい【倒壊】 近代 ぜんくゎい[全壊]。たうくゎい[倒壊/倒潰]。近世 こはる〔こわれる〕[壊]。中世 くゎいめつ[潰滅]。つぶる〔つぶれる〕[潰]。ほうくゎい[崩壊]。上代 くづる〔くずれる〕[崩]。たふる〔たおれる〕[倒]。

とうがい【当該】 近代 あてはまる[当嵌]。がいたう[該当]。たうがい[当該]。

とうがい【等外】 せんがい[選外]。わくがい[枠外]。近代 とうぐゎい[等外]。ばんぐゎい[番外]。らちぐゎがい[埒外]。

どうかく【同格】 近代 あひひとしい[相等]。どういつ[同一]。近世 どうかく[同格]。中世 どうやう[同様]。中古 おなじ[同]。どうとう[同等]。

どうかせん【導火線】 きばくざい[起爆剤]。だうくゎせん[導火線]。近代 くちび[口火]。みちび[道火]。みちびなは[道火線]。

縄]。近世 きっかけ[切掛]。

とうかつ【統括】 近代 がいくゎつ[概括]。ていとく[提督]。とうくゎつ[統括]。とうとく[統督]。とりまとめる[取纏]。近世 そうくゎつ[総括]。とりしきる[取仕切]。中世 くゎんりゃう/くゎんれい[管領]。たばぬ〔たばねる〕[束]。はうくゎつ[包括]。まとむ〔まとめる〕[纏]。→**とういつ**

どうかつ【恫喝】 近代 ゐかく[威嚇]。近世 どうかつ[恫喝]。きょうかつ[恐喝]。上代 きゃうはく[強迫]。けふかつ[脅喝]。けふはく[脅迫]。

とうがらし【唐辛子】 近世 かうらいこせう[高麗胡椒]。たうがらし[唐辛子/唐芥子]。てんじゃうまもり[天井守]。なんばん[南蛮]。なんばんがらし[南蛮辛子]。なんばんこせう[南蛮胡椒]。ばんせう[蕃椒]。

―の栽培品種 パプリカ(フランス paplica)。ピーマン(フランス piment)。

とうかん【等閑】 近代 いいかげん[加減]。ルーズ(loose)。近世 おざなり[御座形/御座成]。かんきゃく[閑却]。中世 づさん[杜撰]。とうかん[等閑]。なほざり[等閑]。中古 おろそか[疎]。上代 そりゃく[粗略]。

とうがん【冬瓜】 近世 とうがん[冬瓜]。中古 かもうり[冬瓜/氈瓜]。中世 とうぐゎ[冬瓜]。

どうかん【同感】 近代 きょうかん[共感]。きょうめい[共鳴]。シンパシー(sympathy)。近世 あひづち[相槌]。どうかん[同感]。どうてう[同調]。中古 どうい[同意]。どうじゃう[同情]。

―の気持ちを表す語 近代 ほんたうに/ほんとに[本当]。中世 なるほど[成程]。

とうき【陶器】 近世 やきもの[焼物]。中世 いまやき[今焼]。せともの[瀬戸物]。たうき[陶器]。中古 すゑもの[陶物]。上代 すゑ[陶]。→**とうじき**

―作り さくとう[作陶]。中古 すゑものづくり[陶物作]。たうや[陶冶]。

―の底の部分 近世 いとぞこ[糸底]。いとどこ[糸床]。中世 いときり[糸切]。いとじり[糸尻]。

―の道具 近代 どがめ[土瓶/土甕]。中古 どびん[土瓶]。上代 すゑざら[陶皿/陶盤]。すゑつき[陶坏]。

―を作ることを業とする人 →**とうこう【陶工】**

―を轆轤(ろくろ)を使わずに作ること てびねり[手捻]。近世 てづくね[手捏]。てづくり[手作]。

釉薬(ゆうやく)をかけずに焼いた― 近代 しらやき[白焼/素焼]。近世 すやき[素焼]。中古 かはらけ[土器]。

その他―のいろいろ(例)①[産地] 近代 あかづやき[赤津焼]。いづもやき[出雲焼]。いんべやき[伊部焼]。たうさんさい[唐三彩]。近世 あかはだやき[赤膚焼]。あはぢやき[淡路焼]。おりべやき[織部焼]。すさやき[須佐焼]。つつみやき[堤焼]。てうせんやき[朝鮮焼]。はくあん[伯庵]。びぜんやき[備前焼]。むみゃういやき[無名異焼]。をんこやき[温故焼]。はぎやき[萩焼]。中世 あがのやき[上野焼]。中古 あをじ[青瓷/青磁]。

その他―のいろいろ(例)②[質等] らくやき[楽焼]。近代 うづらで[鶉手]。うづらふ[鶉

斑]。ラスターさい[luster彩]。近世ゑかうらい／ゑがうらい[絵高麗]。

とうき【騰貴】 ねあがり[値上]。ぶっかじょうしょう[物価上昇]。近代かうとう[高騰／昂騰]。近世とうき[騰貴]。

とうき【投機】 近代あてこみ[当込]。とうき[投機]。スペキュレーション(speculation)。とうし[投資]。中世かけ[賭]。

ー的なことで金儲(かねもう)けを企む人 近代きょぎょうか[虚業家]。とうきし[投機師]。さうばし[相場師]。近世きはものし[際物師]。やまし[山師]。

ー的なことをする 近世山を掛く〔ー掛ける〕。山を張る。

ー的な事業 近世やまごと[山事]。やましごと[山仕事]。

とうき【投棄】 近代ききゃく[棄却]。はうき[放棄／抛棄]。はき[破棄]。近世とうき[投棄]。中世はいき[廃棄]。ゐき[遺棄]。中古うちすつ〔ーすてる〕[打捨]。上代すつ〔すてる〕[捨]。なげすつ〔ーすてる〕[投捨]。

とうぎ【討議】 近代しんぎ[審議]。たうぎ[討議]。ディスカッション(discussion)。ろんせん[論戦]。中世ぎろん[議論]。せんぎ[詮議]。中古けいぎ[計議]。たうろん[討論]。ひゃうぎ[評議]。ろんぎ[論議]。ろんず[論]。上代さうろん[争論]。

大勢でのー 中世しゅぎ[衆議]。上代しゅうぎ[衆議]。

どうき【動機】 近代けいき[契機]。そいん[素因]。どういん[動因]。モチーフ(フランス motif)。近世きっかけ[切掛]。どうき[動機]。中世とりえ[取柄／取得]。

ーや目的がないさま 中世そら[空]。

芸術作品などの主要ー ライトモチーフ(ドイツ Leitmotiv)。

どうき【動悸】 しんぱく[心拍／心搏]。はくどう[拍動／搏動]。近代きゃうき[驚悸]。どうき[鼓動]。近世しんき[心悸]。中古こころさわぎ[心騒]。こころはしり[心走]。→**どき・する**

こどう[鼓動]。をどり[踊／躍]。

ーがする 近代ときめく。近世だくつく。中世だくめく。中古こころさわぐ[心騒]。こころときめく[心]。はしる[走]。むねつぶる[胸潰]。むねはしる[胸走]。むねひしぐ[胸拉]。→**どきどき・する**

ーがするさま 近代どきっと。どきり。どきん。近世どきどき。中世だくだく。中古つぶつぶ。

ーがするたとえ 中世はやがね[早鐘]。

ーが激しくなること しんきこうしん[心悸高進]。

どうぎ【動議】 近代ていあん[提案]。ていき[提起]。ていげん[提言]。どうぎ[動議]。はつあん[発案]。はつぎ[発議]。

どうぎ【道義】 近代モラル(moral)。近世りんり[倫理]。中世ぎり[義理]。じんだう[人道]。せいぎ[正義]。中古しんぎ[信義]。せいだう[正道]。だいだう[大道]。上代しゃうだう[正道]。じんぎ[仁義]。だうぎ[道義]。だうとく[道徳]。だうり[道理]。とくぎ[徳義]。みち[道]。

《句》中世日月(じつげつ)地に墜(お)ちず。

ーに反し乱れること 近代はれんち[破廉恥]。ふせい[不正]。やみ[闇]。近世ふだう[不道]。ぶだう[無道]。中古ぼあく／ぼうあく[暴悪]。上代ふてい[不逞]。

ーの衰え乱れた世 近世きせい[季世]。まっせ[末世]。中古げうき[澆季]。げうまつ[澆末]。

ーを守る心 近代だうぎしん[道義心]。だうとくしん[道徳心]。近世こうしん[恒心]。中古だうしん[道心]。

とうきゅう【等級】 グレード(grade)。ディグリー(degree)。近代クラス(class)。だんかい[段階]。とうゐ[等位]。ランク(rank)。中世かいきふ／かいぎふ[階級]。かく[格]。中古かい[階]。しな[品]。上代とうきふ[等級]。

ーが上がること しょうきふ[昇級]。しょうとう[昇等／陞等]。しんきふ[進級]。

ーが上であること 近代かうきふ[高級]。じゃうきふ[上級]。近世じゃうとう[上等]。

ーが低いこと 近代かきふ[下級]。かとう[下等]。ていきふ[低級]。れっとう[劣等]。

ーの呼称の例 じょうちゅうげ[上中下]。近代いうりゃうか[優良可]。かふおつへい[甲乙丙]。しょうちくばい[松竹梅]。てんちじん[天地人]。中古かみなかしも[上中下]。

ーを決めること かくづけ[格付]。

最初のー 近代しょきふ[初級]。しょとう[初等]。

乗物の客室などのー(例) エコノミークラス(economy class)。グリーンしゃ[green車]。ツーリストクラス(tourist class)。ビジネスクラス(business class)。ファースト

クラス(first class)。近代 いっとうしゃ[一等車]。

▼助数詞 近代 きふ[級]。だん[段]。りう[流]。中古 ゐ[位]。上代 とう[等]。ばん[番]。

とうきゅう【投球】 スローイング(throwing)。近代 とうきう[投球]。ピッチング(pitching)。

とうぎょ【統御】 近代 コントロール(control)。とうぎょ[統御]。とうくゎつ[統括]。とうすい[統帥]。とうせい[統制]。とうそつ[統率]。近世 しはい[支配]。中世 ぎょす[御/馭]。せいぎょ[制御]。せいす[制]。中古 すぶ[すべる][総/統]。上代 かとる。

どうきょ【同居】 近代 どうせい[同棲]。中古 どうしゅく[同宿]。上代 どうきょ[同居]。

どうきょう【同郷】 中古 どうきゃう[同郷]。

ーの人 近世 くにもの[国者]。中世 きゃうじん[郷人]。きゃうたう[郷党]。くにしゅ/くにしゅう[国衆]。

どうぐ【道具】 ツール(tool)。びひん[備品]。近代 きざい[器材]。ぶつぐ[物具]。近世 さしもの[指物]。じふぐ[什具]。中世 きぐ[器具]。きざい[器財]。ぐそく[具足]。じふき[什器]。じふもつ[什物]。てだうぐ[手道具]。ようぐ[用具]。中古 うつはもの[器物]。きぶつ[器物]。ぐ[具]。だうぐ[道具]。てうど[調度]。もののぐ[物具]。

《句》近代 弘法筆を択ばず。下手の道具調べ(道具立て)。

ーの扱い方 中世 てもち[手持]。

ーの一式 キット(kit)。中世 ななつだうぐ[七道具]。

ーを入れる箱 近代 しごとばこ[仕事箱]。近世 だうぐばこ[道具箱]。

遊びに使うー 近世 いうぐ[遊具]。おもちゃ[玩具]。中世 あそびだうぐ[遊道具]。→**あそび** →**おもちゃ**

家にあるー 近世 かざいざふぐ[家財雑具]。かざいだうぐ[家財道具]。中世 かざい[家財]。じふもつ[什物]。中古 かぐ[家具]。→**ちょうど**

獲物をとるー 上代 さち[幸]。

学習効果を高めるー きょうぐ[教具]。きょうべん[教弁]。きょうべんぶつ[教弁物]。

家庭用の雑多なー ざつぐ[雑具]。近世 あらだうぐ[荒道具]。あらもの[荒物]。ざっくゎ[雑貨]。中古 ざふぐ[雑具]。

家宝のー 近世 じふほう[什宝]。

魚類をとるためのー 近代 ぎょぐ[漁具]。上代 うみさち[海幸]。

こまごましたー 中世 こだうぐ[小道具]。こもの[小物]。

商売に必要なー 近世 しゃうばいだうぐ[商売道具]。

すぐれた立派なー 近代 りき[利器]。近世 をりがみだうぐ[折紙道具]。

使い古したー 近世 ふるて[古手]。中世 ふるだうぐ[古道具]。

農業で使うー のうきぐ[農機具]。近世 かうぐ[耕具]。中世 のうぐ[農具]。

必要なー 近代 えうぐ[要具]。ひつえうひん[必要品]。ひつじゅひん[必需品]。

身につけるー 近代 さうぐ[装具]。

身の回りのー てまわりひん[手回品]。てまわりどうぐ[手回道具]。近世 てまはり[手回]。中世 てぐそく[手具足]。→**ちょうど【調度】**

優雅で贅沢なー 近世 きゃしゃだうぐ[花車道具]。

読み書きに使うー 近代 ぶんぐ[文具]。ぶんばうぐ[文房具]。

嫁入りの時持ってゆくー 近世 よめいりだうぐ/よめりだうぐ[嫁入道具]。

▼家具 中古 いへのぐ[家具]。ぐ[具]。

どうくつ【洞窟】 近代 どうくつ[洞窟]。近世 どうけつ[洞穴]。ほらあな[洞穴]。中世 くうどう[空洞]。中古 ほら[洞]。むろ[室]。

岩のー 中古 がんくつ[岩窟]。上代 いはつぼ[岩壺]。いはむろ[岩室/石室]。いはや[岩屋/石屋/窟]。

鬼の住んでいるー 近世 きくつ[鬼窟]。

山中のー さんくつ[山窟]。

地下の石灰岩のー せっかいどう[石灰洞]。近代 しょうにゅうどう[鍾乳洞]。

波によってできたー 近代 かいしょくどう[海食洞]。

とうげ【峠】 コル(フランス col)。のっこし[乗越]。近世 やま[山]。中世 たを[撓]。中古 たうげ[峠]。上代 たむけ[手向]。たわ/たをり[撓]。

どうけ【道化】 近代 クラウン(clown)。コミカル(comical)。ちゃめ[茶目]。近世 くゎいかい[詼諧]。だうけ[道化]。へうきん[剽軽]。へうげ[剽]。中世 おどける[戯]。かいぎゃく[諧謔]。たはむれ[戯]。上代 こっけい[滑稽]。

ーをする人(役者) 近代 さんまいめ[三枚目]。ジョーカー(joker)。ピエロ(フランス pierrot)。フール(fool)。近世 さるわか[猿若]。だうけがた[道化方]。だうけし[道化師]。

だうけもの［道化者］。だうけやくしゃ［道化役者］。ちゃり［茶利］。

とうけい【統計】 近代 スタティスティーク／スタティックス(statistics)。とうけい［統計］。

—の分類幅 かいきゅう［階級］。レンジ(range)。

人口— 近代 こくせいてうさ［国勢調査］。センサス(census)。

とうけい【闘鶏】 近世 けあひ［蹴合］。中古 とうけい［闘鶏／闘雞］。とりあはせ［鶏合］。

木製の— 近代 ぼくけい［木鶏］。

どうけい【憧憬】 近代 あこがれ［憧］。しょうけい［憧憬］。どうけい［憧憬］。上代 しぼ［思慕］。

とうけつ【凍結】 フローズン(frozen)。フロスト(frost)。近代 ひょうけつ［氷結］。れいとう［冷凍］。近世 こほりつく［凍付］。とうけつ［凍結］。中世 いてつく［凍付］。こごゆ［こごえる］［凍］。中古 いつ［いてる］［凍／冱］。しむ［しみる］［凍］。上代 こほる［凍／氷］。こゆ［凍］。こる［凝］。

とうけん【刀剣】 ながどす［長］。近代 たう［刀］。近世 たいたう［帯刀］。ちゃうたう［長刀］。にしゃくはっすん［二尺八寸］。ひときりばうちゃう［人斬包丁］。腰間（えうかん）の秋水。男の魂。中世 おほわきざし［大脇差］。こしがたな［腰刀］。こしのもの／こしもの［腰物］。ながわきざし［長脇差］。中古 けん［剣］。たうけん［刀剣］。たうじん［刀刃］。上代 かたな［刀］。たち［太刀］。つるぎ［剣］。→**かたな**

《尊》ぎょけん［御剣］。上代 みはかし［御佩刀］。

—を腰につけること 近世 たいたう［帯刀］。上代 はいたう［佩刀］。

とうけん【闘犬】 近世 とうけん［闘犬］。中世 いぬあはせ［犬合］。いぬくひ［犬食］。

とうげんきょう【桃源郷】 近代 エデン(Eden)。せんくゎん［仙寰］。パラダイス(paradise)。べつけんこん［別乾坤］。べってんち［別天地］。ユートピア(Utopia)。らくゑん［楽園］。りさうきゃう［理想郷］。エデンの園。近世 べっせかい［別世界］。壺中の天。壺中の天地。中世 せんかい［仙界］。中古 せんきゃう［仙境／仙郷］。上代 ごくらく［極楽］。

とうこう【投降】 近代 とうかう［投降］。轅門（ゑんもん）に下る。中世 かうさん［降参］。軍門に下る。手を上ぐ［—上げる］。中古 かうす［降］。上代 かうふく［降伏］。

—・した大将 近世 かうしゃう［降将］。

—・した人 中世 かうじん／かうにん［降人］。

とうこう【陶工】 とうげいか［陶芸家］。近世 たうこう［陶工］。やきものし［焼物師］。中古 すゑものし［陶物師］。すゑものづくり［陶物作］。上代 すゑつくり［陶工］。すゑびと［陶人］。

とうごう【統合】 インテグレート(integrate)。近代 がいくゎつ［概括］。きうがふ［糾合］。きうがふ［鳩合］。とうがふ［統合］。とうくゎつ［統括］。近世 がふいつ［合一］。がふどう［合同］。けつがふ［結合］。そうがふ［総合］。そうくゎつ［総括］。とういつ［統一］。中世 はうくゎつ［包括］。中古 あはす［あわせる］［合］。がったい［合体］。上代 へいがふ［併合］。

どうこう【同行】 近代 たいどう［帯同］。中世 ぐそく［具足］。ずいかう［随行］。どうかう［同行］。みちづれ［道連］。中古 どうだう［同道］。上代 どうはん［同伴］。

《謙》ごいっしょ［御一緒］。

—者 近代 どうはんしゃ［同伴者］。近世 つれびと［連人］。どうぜい［同勢］。ともなひ［伴］。中世 つれ［連］。みちづれ［道連］。中古 とも［友］。

—・する 中世 ゆきつる［—つれる］［行連］。袖を連ぬ［—連ねる］。中古 つれだつ［連立］。つる［つれる］［連］。ともなふ［伴］。

どうこう【動向】 トレンド(trend)。近代 きすう［帰趨］。くもゆき［雲行］。けいかう［傾向］。じゃうせい［情勢／状勢］。すうせい［趨勢］。どうかう［動向］。近世 うごき［動］。きうん［気運］。じりう［時流］。たいせい［大勢］。なりゆき［成行］。中古 けいせい［形勢］。じせい［時勢］。どうせい［動静］。

—を見極めるための静観 もようながめ［模様眺］。

隠れた不穏な— 近代 あんりう［暗流］。

相場の— 近世 あしどり［足取］。さきいき／さきゆき［先行］。

どうこう【瞳孔】 近代 どう［瞳］。近世 くろだま［黒玉］。くろめだま［黒目玉］。どうこう［瞳孔］。どうじ［童子］。中世 くろめ［黒目］。どうし［瞳子］。中古 くろまなこ［黒眼］。ひとみ［瞳／眸］。ぼうし［眸子］。

—が開くこと さんどう［散瞳］。近代 さんだい［散大］。

とうごく【東国】 中世 とうど［東土］。上代 あ

づま[東]。あづまぢ[東路]。とうごく[東国]。

—育ち 近世あづまそだち[東育]。

—の人 中世あづまえびす[東夷]。えびす[夷]。中古あづまうど[東人]。あづまをとこ/あづまをのこ[東男]。あづまをとめ[東少女]。上代あづまびと[東人]。

—の方言 近世あづまなまり[東訛]。中世あづまことば[東言葉]。

どうこく【慟哭】 近代こくどう[哭慟]。中世がうきふ[号泣]。中古どうこく[慟哭]。

とうこん【闘魂】→**とうし【闘志】**

とうこん【当今】 近代げんか[現下]。じか[時下]。もくか[目下]。近世けふび[今日日]。げんざい[現在]。たうせつ[当節]。中世いまどき[今時]。げんこん[現今]。中古こんにち[今日]。たうせい[当世]。この日頃。上代いま[今]。このごろ[此頃]。たうこん[当今]。たうだい[当代]。

とうさ【踏査】 じっちちょうさ[実地調査]。近代たふさ[踏査]。たんけん[探検/探険]。近世たんさ[探査]。

とうざ【当座】 近代いちじてき[一時的]。いまのところ[今所]。おうきふ[応急]。さしづめ[差詰]。その場限り。近世さしむき[差向]。たうぶん[当分]。まにあはせ[間合]。めさき[目先/目前]。中世たうざ[当座]。たうめん[当面]。ひとまづ[一先/一旦]。中古さしあたり[差当]。上代かり[仮]。

—の貸し 近世ときがし[時貸]。

—の借り 近世ときがり[時借]。

—をしのぐこと 中世こうしょ[苟且]。

どうさ【動作】 近代アクション(action)。モーション(motion)。身のこなし。近世かうどう[行動]。きょし[挙止]。しぐさ[仕草/仕種/為種]。しょざい[所在]。つまはづれ[褄外]。ふり[振/風]。ものごし[物腰]。中世しょさ[所作]。しんだい[進退]。たちふるまひ[立居振舞]。どうさ[動作]。ゐぎ[威儀]。中古いでいり[出入]。きょどう[挙動]。たちゐ[立居]。ふるまひ[振舞]。上代おこなひ[行]。ききょ[起居]。→**おこない**

—がきびきびしていない(さま) スローモー(slow motion の略)。近代のそり。もさもさ。近世おもたし[重]。しりおも[尻重]。どんくさし[鈍臭]。のそのそ。のっそり。のろくさ[鈍臭]。尻が重し。中世おもし[重]。ておもし[手重]。てねばし[手粘]。ねそねそ。のどのど。のろのろ。中古ちどん[遅鈍]。

—がきびきびしている(さま) 近世しりがる[尻軽]。てきぱき。尻が軽い。中世かひがひし[甲斐甲斐]。

—が緩やかなさま 近世くゎんじょ[緩徐]。

—を始める 近代スタート(start)。近世やりかける[遣掛]。中世たちあがる[立上]。

—を始める掛け声 さて。近代どら。よいしょ。中世どりゃ。どれ。

いちいちの— 近代いっきょいちどう[一挙一動]。いっきょしゅいっとうそく[一挙手一投足]。近世箸の上げ下ろし。

静かに—を始めるさま 中世そっと。そろそろと。ゆっくりと。中古おもむろに[徐]。しづしづ[静静]。やはら。やをら[徐]。

芝居がかった— 近世おもひいれ[思入]。

すべての— 近世する事なす事。

一つの— 中古いっきょ[一挙]。

人を欺くための— 近世しばゐ[芝居]。

とうさい【登載】 近代けいさい[掲載]。とうさい[登載]。とうろく[登録]。中古きろく[記録]。しょさい[所載]。上代きさい[記載]。

とうさい【搭載】 近代たふさい[搭載]。中古せきさい[積載]。のす[のせる][載]。

とうざい【東西】 近世ばういう[卯酉]。中古とうざい[東西]。上代ひのたたし/ひのたて[日縦]。

—南北 中世しぐうはっぱう[四隅八方]。しはうはちめん[四方八面]。しばうはちめん[四旁八面]。しはうはっぱう[四方八方]。しへん[四辺]。じゅうわう[縦横]。はっぱう[八方]。よもやも[四方八方]。中古ししう[四周]。しめん[四面]。ぜんごさいう[前後左右]。上代よも[四方]。

とうさく【盗作】 近代たうさく[盗作]。へうぞく[剽賊]。近世がんさく[贋作]。中世ぎさく[偽作]。へうせつ[剽窃]。

どうさつ【洞察】 近代どうくゎん[洞観]。近世けんみゃく[見脈]。どうけん[洞見]。とうさつ/どうさつ[洞察]。みてとる[見取]。みやぶる[見破]。中世かんぱ[看破]。みすかす[見透]。みとほす[見通]。みぬく[見抜]。

《句》近世三寸俎板(まないた)を見抜く。

—・する力 近代けいがん[慧眼]。近世けいがん[炯眼]。上代ゑげん[慧眼]。

鋭い— 近代さんずんみとほし[三寸見通]。

とうさん【倒産】 けいえいはたん[経営破綻]。近代はさん[破産]。たうさん[倒産]。近世

はざい[破財]。しんだいかぎり[身代限]。しんだいぎり[身代切]。中世 たふる〔たおれる〕[倒]。つぶる〔つぶれる〕[潰]。

とうし【投資】 インベストメント(investment)。近代 しゅっし[出資]。とうし[投資]。はうし[放資]。

とうし【闘志】 ガッツ(guts)。とうこん[闘魂]。ファイティングスピリット(fighting spirit)。近代 きはく[気魄]。せんい[戦意]。てきがいしん[敵愾心]。とうさうしん[闘争心]。ファイト(fight)。まけんき[負気]。近世 いきぢ[意気地]。いきはり[意気張]。かちき[勝気]。中世 きがい[気概]。きこつ[気骨]。とうし[闘志]。はき[覇気]。中古 いぢ[意地]。まけじだましひ[負魂]。

—のある人 ファイター(fighter)。近世 とうし[闘士]。

とうし【闘士】 ファイター(fighter)。近世 とうし[闘士]。中世 せんし[戦士]。

とうじ【当時】 中古 すなはち[則/乃/即]。そのかみ[其上]。上代 たうじ[当時]。

—の人 中古 じはい[時輩]。ときのひと[時人]。上代 じじん[時人]。

—のまま 中古 ありしながら。

とうじ【湯治】 中古 たうぢ[湯治]。ゆあみ[湯浴]。ゆゆで[湯茹]。

—・する 中古 ゆあむ[湯浴]。ゆづ〔ゆでる〕[茹]。

—・する所 近代 をんせんば[温泉場]。近世 たうぢば[湯治場]。

とうじ【悼辞】 ついとうぶん[追悼文]。近代 たうじ[悼辞]。てうし[弔詞]。てうじ[弔辞]。てうぶん[弔文]。近世 くやみ[悔]。

とうじ【蕩児】 近代 いうたうじ[遊蕩児]。いうやらう[遊冶郎]。たうじ[蕩児]。近世 ごくだうもの[極道者]。じだらくもの[自堕落者]。だうらくもの[道楽者]。はうたうもの[放蕩者]。ろくでなし[陸無/碌無]。中古 たうし[蕩子]。たはれを[戯男]。

とうじ【冬至】 近代 ちゅうや[中夜]。近世 からのしゃうぐゎつ[唐正月]。中世 いちやうらいふく[一陽来復]。上代 とうじ[冬至]。

どうし【同士】 近代 あひぼう[相棒]。タワーリシチ(ロシア tovarishch)。めいいう[盟友]。近世 いちみとたう[一味徒党]。なかま[仲間]。どうじん[同人]。中世 いちみ[一味]。いちみどうしん[一味同心]。どうるい[同類]。どし[同志]。とたう[徒党]。中古 どうし[同士/同志]。どち[共]。はうじ[方士]。みかた[味方]。上代 とも[友/朋]。よたう[与党]。→**なかま**

—討ち 近世 みかたうち[味方討]。中世 どしいくさ[同士軍]。中古 どしうち[同士討]。

—がまとまること 近世 けっそく[結束]。中世 いちみどうしん[一味同心]。

どうじ【同時】 いちじ[一時]。リアルタイム(real time)。近代 いちどき[一時]。シンクロナイズ(synchronize)。近世 いっとき[一時]。中古 どうじ[同時]。ひととき[一時]。

—に いっせいに[一斉]。近世 いっときに[一時]。おっつかっつ。中世 ほどこそありけれ。やいなや[否]。中古 いちどに[一度]。からに。ままに。やがて。上代 なへ。

—に起こる 近代 へいはつ[併発]。

どうじ【童子】 だんじ[男児]。近代 どうぢょ[童女]。中世 えうじ[幼児]。せうし[小子]。をさなご[幼子]。中古 せうじ[小児]。ちご[稚児]。ぢょじ[女児]。わらべ[童]。上代 こども[子供]。せうに[小児]。どうじ[童子/童児]。どうにょ[童女]。わらは[童]。→**こども**

とうじき【陶磁器】 セラミックス(ceramics)。チャイナ(China)。近代 たうじき[陶磁器]。近世 からつもの[唐津物]。やきもの[焼物]。中世 せともの[瀬戸物]。中古 ちゃわん[茶碗]。→**とうき【陶器】**

—の上絵に関する語 近代 いろゑ[色絵]。うはゑつけ[上絵付]。ごさい[五彩]。やきつける[焼付]。ゑづけ[絵付]。近世 あかゑ[赤絵]。うんきんもやう[雲錦模様]。にしきで[錦手]。

—の上薬や絵の具 うわえぐすり[上絵釉]。うわえのぐ[上絵具]。グレーズ(glaze)。すいきん/みずきん[水金]。ほんきん[本金]。ゆうやく[釉薬]。中世 いろぐすり[色釉/色薬]。うはぐすり[釉/上薬]。

—の焼成中の変形や変色 ひがわり[火変]。近代 えうへん[窯変]。

—を作ること 近代 せいたう[製陶]。

—を作ることを業とする人 とうげいか[陶芸家]。近世 とうこう[陶工]。やきものし[焼物師]。

轆轤(ろくろ)を使わず型にはめて作ったー かたもの[型物]。

とうじしゃ【当事者】 近代 たうじしゃ[当事者]。中世 たうにん[当人]。ほんにん[本人]。

—以外の人 近代 だいさんしゃ[第三者]。中古 たにん[他人]。

─**以外の人の見た感じ** 近代 はため[傍目]。近世 をかめ[傍目/岡目]。中古 よそめ[余所目]。上代 ひとめ[人目]。《句》近代 他人の正目(まさめ)。近世 岡目八目。

─**を差し置いて事が進むこと** あたまごし[頭越]。

どうしたこと 近世 どうしたこと。中世 いかなこと。上代 なにごと[何事]。

とうしつ【等質】 近代 とうしつ[等質]。きんしつ[均質]。どうしつ[同質]。

とうじつ【当日】 そくじつ[即日]。その日。中古 あたりび[当日]。たうじつ[当日]。

どうしつ【同質】 きんしつ[均質]。とうしつ[等質]。ホモジニアス(homogeneous)。近代 どうしつ[同質]。

どうして❶〈理由〉 いかなる理由で。どういうふうにして。どういうわけで。どのようにして。どんなふうに。どんなわけで。何のために。近世 どうして。なぜ[何故]。なにとして[何]。なにとて[何迚]。中世 いかにぞや。いかんが。いづくんか/いづくんぞ[安/焉/悪/爰]。なっと[何]。なにとして[何]。なんぞ[何]。なんで[何]。中古 いかなれば[如何]。いかに[如何]。いかに/いかにして/いかにしてか/いかにぞ/いかんぞ[如何]。なじか。なぜに[何故]。なぞ/なでふ[何]。など/などかは/などて/などや[何]。なにかは[何]。なにしに[何]。なにぞ[何]。なにと[何]。なにの[何]。上代 うれむぞ。などか[何]。なにか[何]。なにしか/なにしかも[何]。なにすれぞ[何為]。なにせんに[何]。なにゆゑ[何故]。

どうして❷〈反語〉 近代 なんで[何]。近世 どうして。なんすれぞ[何為]。なんと[何]。なんの[何]。中世 いかが[如何]。いかんが。いづくんぞ[安/焉/悪/爰]。などかは。なにが[何]。なにとして[何]。なんぞ[何/争]。なんでふ[何]。やはか。よう[良/善/能]。中古 いかがは[如何]。いかで[如何/争]。いかでか/いかでかは[如何]。いかにか。いかにぞ。えや。なじかは[何]。なぞや[何]。などか[何]。などてか。なにかは[何]。なにしに[何為]。まさに[正]。上代 あど[何](東国方言)。あに[豈]。なぞ[何]。なにしか[何]。

どうしても どんなことがあっても。近代 だんじて[断]。泣いても笑っても。近世 きっと[急度/屹度]。どうしても。どうでも。どうにも。なんでも[何]。ほっても。是が非でも。何が何でも。何でもかんでも。中世 いかな[如何]。いかにも[如何]。ぜひ[是非]。ぜひとも[是非共]。ぜひに[是非]。ぜんあく[善悪]。たって[達]。とかく。どうあっても。何がさて。何としても。中古 えしも。せちに[切]。せめて[切]。とてもかうても/とてもかくても。→ぜひ❷

どうじな・い【動】 →たいぜん

とうしゃ【投射】 近代 せうしゃ[照射]。とうくゎう[投光]。とうしゃ[投射]。中世 てりつく[─つける][照付]。

とうしゅ【当主】 しょたいぬし[所帯主/世帯主]。近代 せたいぬし[世帯主]。近世 たうしゅ[当主]。ぬし[主]。中古 あるじ[主]。いへあるじ[家主]。しゅじん[主人]。上代 いへぎみ[家君]。いへをさ[家長]。かちゃう[家長]。こしゅ[戸主]。

とうしゅう【踏襲】 近代 けいしょう[継承]。けいぞく[継続]。近世 たふしふ[踏襲]。中世 うけつぐ[受継]。→けいしょう【継承】→けいぞく

とうしゅく【投宿】 近代 しゅくはく[宿泊]。中世 とうしゅく[投宿]。とうず[投]。中古 宿をとる。上代 やどる[宿]。

どうしゅく【同宿】 近世 あひざしき[相座敷]。あひどまり[相泊]。あひべや[相部屋]。あひやど[相宿/合宿]。中古 どうしゅく[同宿]。

─**の客** 中世 あひきゃく[相客]。

とうしょ【当初】 近代 しょき[初期]。しょとう[初頭]。中世 はじめ[初]。中古 さいしょ[最初]。たうしょ[当初]。はじめつかた[始方]。

とうしょ【投書】 近代 きかう[寄稿]。きしょ[寄書]。とうかう[投稿]。近世 とうしょ[投書]。

どうじょ【童女】 近代 ガール(girl)。しぢょ[子女]。ぢょし[女子]。どうぢょ[童女]。近世 をんなのこ[女子]。中世 くゎんぢょ/くゎんにょ[丱女]。ぢょどう[女童]。をなご[女子]。中古 うなゐをとめ[髫髪少女]。せうぢょ[少女]。ぢょじ[女児]。どうにょ[童女]。めこ/めのこ[女子]。めのわらは[女童]。わらはめ[童女]。をうなご/をんなご[女子]。をんなわらは/をんなわらべ[女童]。上代 うなゐはなり[髫髪放]。→おとめ →しょうじょ

とうしょう【闘将】 近代 とうしゃう[闘将]。近世 きゃうしゃう[強将]。げうしゃう[驍将]。中世 まうしゃう[猛将]。ゆうしゃう[勇将]。

とうしょう【刀匠】 とうこう［刀工］。近代たうしゃう［刀匠］。近世かたなかぢ［刀鍛治］。

とうしょう【刀傷】 近代たうはん［刀瘢］。近世かたなきず［刀傷］。中世たちきず［太刀傷／太刀疵］。中古たうこん［刀痕］。

とうしょう【凍傷】 近代とうさう［凍瘡］。とうしゃう［凍傷］。中古ゆきやけ［雪焼］。
→**しもやけ**

とうじょう【登場】 近代しゅつぢゃう［出場］。デビュー(フランス début)。とうぢゃう［登場］。中古あらはる［現］。しゅつげん［出現］。づ〔でる〕［出］。上代いづ［出］。

どうしよう 中古いかがせむ［如何］。いかがはせむ［如何］。いかにせむ［如何］。

—人物 近代キャラクター(character)。

どうじょう【同情】 近代シンパシー(sympathy)。れんびん［憐憫］。近世じょ［恕］。なさけごころ［情心］。中世あはれみ［哀／憐／愍］。きのどく［気毒］。ひとはなごころ［一花心］。中古おもひぐま［思隈］。おもひやり［思遣］。じひ［慈悲］。どうじゃう［同情］。上代そくいん［惻隠］。→**あわれみ**

《尊》中世おぼしめしやる［思召遣］。

《句》近世人の痛いのは三年でも我慢する。他人の疝気(せんき)を頭痛に病む。中世同病相憐(あひあはれ)む。

—・して世話する 中古おもひうしろみる［思後見］。

—・して手加減する 近代じゃうじゃうしゃくりゃう［情状酌量］。しゃくりゃう［酌量］。中古しんしゃく［斟酌］。

—・して慰める 中世いしゃ［慰藉］。

—・して涙を流すこと 近世いたはしなみだ［労涙］。ともなみだ［共涙］。中世もらひなき［貰泣］。

—・して許す 中世じょす［恕］。

—・しないさま 近代れいたん［冷淡］。近世未練未酌無し。中世そっけない。中古すげなし［素気無］。

—・する 近世せうしがる［笑止］。涙を掛く［—掛ける］。我が身につまされる。中古あはれがる［哀］。あはれぶ／あはれむ［憐／哀］。おもひやる［思遣］。さっす［察］。哀れを掛く［—掛ける］。

—・する顔 近世せうしがほ［笑止顔］。

—・するさま 近代そくそく［惻惻］。中世そくぜん［惻然］。

—のおこぼれ 近世よせい［余情］。

—を表す言葉 近世おきのどくさま［御気毒様］。

—を一身に集める 近代哀れを止(とど)める。

上辺だけの— 中古無げの哀れ。

私的な—はしない 近代涙をふるふ。

弱い者に—・する傾向 近世そがびいき［曾我贔屓］。はうぐゎんびいき／はんぐゎんびいき［判官贔屓］。

どうじょう【同乗】 近代あひのり［相乗］。のりあはす［乗合］。中古どうしゃ［同車］。どうじょう［同乗］。のりあひ［乗合］。

どうしようもな・い 処置なし。手の施しようがない。手も足も付けられず。近代こまりぬく［困抜］。はっぱうふさがり［八方塞］。あがきが取れない。頭を抱へる。刀折れ矢尽きる。事ここに至る。頬返しが付かない。近世いかんせん。おへない［負］。こまりきる［困切］。こまりはつ［—はてる］［困果］。しあんなげくび［思案投首］。せうことなし。てこずる［手子摺／梃子摺］。思案に暮る［—暮れる］。是非に適(かな)はず。前後に暮る［—暮れる］。手に負へず。手は出ず。手はなし。手も足も出ず。手も足もなし。手を焼く。無い袖は振られぬ。二進(にっち)も三進(さっち)もいかず。煮ても焼いても食へぬ。抜き差しならぬ。のっぴきならぬ。万事休す。遣(や)る瀬もなし。已(や)んぬる哉(かな)。中世いかがせむ。きゅうす［窮］。しあつかふ［為扱］。しょせんなし［所詮無］。しわぶ［為侘］。ぜひなし［是非無］。どしがたし［度難］。もてあます［持余］。思案に余る。是非に及ばず。前後を忘(ばう)ず。力なし。手が付けられぬ。途方に暮る［—暮れる］。何かはせむ。やめがたし。中古あつかふ［扱］。あひなし。あへなし［敢無］。いふかひなし［言甲斐無］。おもひこうず［思困］。おもひまどふ［思惑］。きえまどふ［消惑］。くれまどふ［暗惑］。じゅつなし／ずちなし／ずつなし［術無］。せんかたなし［為方無／詮方無］。たづかなし／たづきなし［方便無］。たどりあふ［辿合］。たどる［辿］。みあつかふ［見扱］。もてなやむ［悩］。もてわづらふ［煩］。よしなし［由無］。後枕(あとまくら)も知らず。いかがはせむ。いかにせむ。せん術(すべ)なし。物も覚えず。やらむ方なし／やる方なし。行方なし。上代こんきゅう［困窮］。すべなし［術無］。術(すべ)も術(すべ)なさ。↓

とほう(—に暮れる)

—・いこと(さま) おてあげ［手上］。へいこうとんしゅ［閉口頓首］。近世たちわうじゃう

［立往生］。中世てづまり［手詰］。やみやみ［闇闇］。

―・いことのたとえ《句》近世薬缶(やかん)(薬鑵)で茹(ゆ)でた蛸(たこ)のやう。薬缶(薬鑵)の蛸。

―・くなる 中世あぐむ［倦］。

因縁によるもので自分では―・い 近世いんぐゎづく［因果尽］。いんねんづく［因縁尽］。

過ぎてしまったことは―・い 近代往者諫むべからず。

人の力では―・いこと 近代ふかかう［不可抗］。ふかかうりょく［不可抗力］。

とう・じる【投】 →**とう・ずる**

どう・じる【動】 ゆらぐ［揺］。中世たぢろく。どうえう［動揺］。中古たぢろぐ。どうず［動］。ゆるぐ［揺］。上代あわつ［あわてる］［慌／周章］。

とうしん【答申】 近代ぐしん［具申］。けんげん［献言］。けんさく［献策］。じゃうしん［上申］。たふしん［答申］。中世くゎいたふ［回答］。上代けんぎ［建議］。

とうしん【投身】 近代とうしんじさつ［投身自殺］。とびこみじさつ［飛込自殺］。中世じゅすい［入水］。とうしん［投身］。みなげ［身投］。魚腹に葬らる［―葬られる］。

とうしん【灯心】 中世とうすみ［灯心］。中古とうしみ／とうじみ［灯心］。とうしん［灯心］。

―の燃えさし 近世ちゃうじあたま／ちゃうじがしら［丁子頭］。中古とうくゎ［灯花］。

とうじん【蕩尽】 近代ひせう［費消］。近世さんざい［散財］。たうじん［蕩尽］。らんぴ［乱費］。

どうしん【道心】 しんこうしん［信仰心］。近代だうぎしん［道義心］。だうとくしん［道徳心］。中古しんじん［信心］。だうしん［道心］。ひじりごころ［聖心］。

どうしん【童心】 近代ちき［稚気］。どうしん［童心］。近世こどもぎ［子供気］。こどもごころ［子供心］。中古をさなごころ［幼心］。

どうじん【同人】 近世どうじん［同人］。同好の士。中古どうし［同士／同志］。

とうすい【陶酔】 近代エクスタシー(ecstasy)。たうすい［陶酔］。ばうが［忘我］。ほふえつ［法悦］。近世しんすい［心酔］。中世うっとり。たうねん［陶然］。中古くゎうこつ［恍惚］。上代たうぜん［陶然］。

とう・ずる【投】 そそぎこむ［注込］。近代とうか［投下］。とうじる［投］。とうてき［投擲］。とうにふ［投入］。近世つぎこむ［注込］。中世なげこむ［投込］。はふる［放／抛］。中古とうず［投］。上代なぐ［なげる］［投］。なげいる［―いれる］［投入］。

資金を―・ずる 近代きょしゅつ［醵出／拠出］。しゅっし［出資］。とうし［投資］。ゆうし［融資］。

どうせ 近代いづれにせよ。どっちみち［何方道］。どのみち［何道］。近世どうせ。どうで。中世いづれ［何／孰］。しょせん［所詮］。とても［迚］。中古おなじくは［同］。とてもかくても。

―なら 近世いっそのこと。一層(いっそ)のくされ。中世いっそ。中古おなじくは［同］。

とうせい【当世】 近代げんだい［現代］。こんせつ［今節］。近世うきよ［浮世］。たうせつ［当節］。中世いまどき［今時］。げんこん［現今］。中古いまいま［今今］。いまのよ［今世］。げんせ［現世］。たうせい［当世］。上代こんにち［今日］。たうこん［当今］。たうだい［当代］。

―の人 中古こんじん［今人］。

―風 こんにちてき［今日的］。近代げんだいてき［現代的］。ハイカラ(high collar)。モダニズム(modernism)。モダン(modern)。近世いまふう［今風］。うきよ［浮世］。たうせいふう［当世風］。たうりう［当流］。中世このごろやう［此頃様］。たうせいやう［当世様］。たうふう［当風］。中古いまめかし／いまめく［今］。いまやう［今様］。

―風で気のきいていること 近世きんきん［金金］。しゃれ［洒落］。

―風の様式 中世しんせいづくり［新世作］。

とうせい【統制】 きせい［規制］。近代くゎんせい［管制］。コントロール(control)。とうせい［統制］。とうそつ［統率］。近世くゎんり［管理］。とりしまり［取締］。中世せいぎょ［制御／制馭］。

―をなくすこと 近代じゆうか［自由化］。

どうせい【動静】 近代うごき［動］。かうはい［向背］。くもゆき［雲行］。すうせい［趨勢］。どうかう［動向］。近世すうかう［趨向］。なりゆき［成行］。中世やうす［様子］。中古ありさま［有様］。けいせい［形勢］。せうそく［消息］。どうせい［動静］。

どうぜい【同勢】 近代どうかうしゃ／どうぎゃうしゃ［同行者］。どうはんしゃ［同伴者］。近世いっかう［一行］。どうぜい［同勢］。ともなひ［伴］。中世つれ［連］。→**つれ**

どうせいあい【同性愛】 ホモ(ギリシャ homo)。ホモセクシャル(homo sexual)。近代どうせいあい［同性愛］。

女性の―(者) 近代 サッフィズム(sapphism)。レズ／レスビアン(Lesbian)。
男性の―(者) ゲイ(gay)。近代 しゅだう[衆道]。近世 けいかん[鶏姦]。じゃくだう[若道]。わかしゅだう[若衆道]。中世 だんしょく／なんしょく[男色]。にゃくだう[若道]。
どうせき【同席】 あいせき[相席]。中世 どうせき[同席]。膝を組む。中古 いちざ[一座]。どうざ[同座／同坐]。ならぶ[並／双]。膝を交ふ[―交える]。
身分の高い人と―・すること 近代 ばいせき[陪席]。
とうせつ【当節】 →**とうせい【当世】**
とうぜん【当然】 近代 じゅんたう[順当]。ほんらい[本来]。言はずもがな。言を俟たない。近世 あたぼう。あたりまへ[当前]。いっち[一致]。したう[至当]。そのはず[其筈]。なにが[何]。むろん[無論]。もちろん[勿論]。言はずと知れた。理の当然。論を俟たず。中世 ありありし[有有／在在]。しかるべし[然可]。じゅんだう[順道]。たうぜん[当然]。もっとも[尤]。言ふまでもなし。おんぞろか。おんでもなし。中古 ことわり[理]。さるべし[然]。さるもの[然]。さもありぬべし。ひつぜん[必然]。もとより[元]。りうん[利運／理運]。上代 うべ[宜]。うべこそ[宜]。うべしこそ[宜]。
―の 中世 しかるべき[然]。中古 さるべき／さんべき[然]。
―のこと 中古 さること[然事]。
〈古語の当然表現〉 中世 うず。すべからく…べし[須]。中古 べかし。べし。まじ。むず。よろしく[宜]。上代 うべ[宜]。
あるはずがない 中古 あるまじ。
あるはずだ 中古 あべかめり。あべし。あんべし。
しかるべき 中古 さべき。さんべき。
…すべきだ 中古 てむ。なむ。なん。
…すべきであった 中古 べかりけり。
…すべきであるらしい 中古 べかんなり。
…すべきではないか 上代 べからずや。
…するのがよい 中世 うず。べきなり。中古 べかし。むず。
当然…そうだ 中古 つべし。
…はずがない 上代 ましじ。
…はずだ 中世 べきなり。べし。
…はずであろう 中古 べからむ。
…べきだったのだ 中古 べかりけり。
とうぜん【陶然】 近代 エクスタシー(ecstasy)。たうすい[陶酔]。ばうが[忘我]。ほふえつ[法悦]。近世 しんすい[心酔]。中世 うっとり。たうねん[陶然]。中古 くゎうこつ[恍惚]。上代 たうぜん[陶然]。
どうぜん【同然】 中世 どうぜん[同然]。どうだん[同断]。どうやう[同様]。
どうぞ プリーズ(please)。近世 くれぐれも[呉呉]。どうか。なにとぞ[何]。なにぶん[何分]。ここはひとつ。中世 どうぞ。どうぞして。
とうそう【逃走】 ゲッタウエー(getaway)。とんずら。近代 エスケープ(escape)。ずらかる。たうばう[逃亡]。とぶ[飛]。はいそう[背走]。近世 たかとび[高飛]。だっそう[脱走]。中世 おつ[おちる][落]。かけおち[欠落／駆落／駈落]。しゅっぽん[出奔]。後ろを見す[―見せる]。中古 くもがくれ[雲隠]。ちくでん[逐電]。てうまう[逃亡]。はしる[走]。上代 たうそう[逃走]。とんそう[遁走]。にぐ[にげる][逃]。にげさる[逃去]。のがる[のがれる][逃／遁]。
とうそう【闘争】 コンバット(combat)。近代 コンフリクト(conflict)。ストラッグル(struggle)。トラブル(trouble)。中世 さうとう[争闘]。せんとう[戦闘]。とうじゃう[闘諍]。ふんさう[紛争]。中古 いさかひ[諍]。しゅら[修羅]。たたかひ[戦]。とうさう[闘争]。上代 あらそひ[争／諍]。→**たたかい**
―の現場 近代 せんせん[戦線]。
―を避けようとする傾向 はいぼくしゅぎ[敗北主義]。
組織内部の― うちゲバ[内ドイGewalt]。
どうそう【同窓】 近代 どうさう[同窓]。中古 どうがく[同学]。どうもん[同門]。
―の友 近代 かういう[校友]。どうさうせい[同窓生]。どうきふせい[同級生]。中世 がくいう[学友]。
とうぞく【盗賊】 近代 どざうやぶり[土蔵破]。近世 くまさか[熊坂]。じら。しらなみ[白波／白浪]。ぞくと[賊徒]。どろぼう[泥坊]。どろぼう[泥棒]。ぬすっと[盗人]。透っ波の皮。梁上の君子。中世 はくは[白波]。りょくりん[緑林]。をんぞく[怨賊]。中古 ぞく[賊]。たうじん[盗人]。ぬすと／ぬすびと[盗人]。ものとり[物取]。上代 たうぞく[盗賊]。→**どろぼう**
―の心 近世 くまさかごころ[熊坂心]。ぬすみごころ[盗心]。中古 たうしん[盗心]。
奪った金品を窮民に分け与える― 近世 ぎぞく[義賊]。
馬に乗って荒らし回る― 近代 ばぞく[馬賊]。

と

女のー 近代 ぢょぞく［女賊］。
海上で略奪を働くー 中世 かいぞくにん［海賊人］。ばはんじん［八幡人］。上代 かいぞく［海賊］。
山中を根城に旅人を襲うー 近世 やまぬすびと［山盗人］。上代 さんぞく［山賊］。
集団をなしているー 近代 ぞくひ［賊匪］。ひぞく［匪賊］。中古 ぐんたう［群盗］。
正体不明のー かいどう［怪盗］。
悪賢いー 中世 かんぞく［奸賊／姦賊］。上代 かんたう［奸盗／姦盗］。

どうぞく【同族】 中世 いちぞう［一族］。いちるい［一類］。どうみゃう［同名］。ひとつら［一連／一行］。ひとまき［一巻］。もんえふ［門葉］。中古 いちぞく［一族］。ぞくるい［族類］。どうめう［同苗］。るいはん／るいばん［類伴］。上代 いちもん［一門］。うからやから［親族］。うぢうど／うぢびと／うぢんど［氏人］。どうぞく［同族］。どうたう［同党］。
ーと家来たち いちぞくろうどう［一族郎党］。

とうそつ【統率】 近代 コントロール(control)。つかねる［束］。とうぎょ［統御／統馭］。とうくゎつ［統括］。とうすい［統帥］。とうそつ［統率］。近世 そうじめ［総締］。とうかつ［統轄］。とうさい［統裁／統宰］。中世 ぎょす［御／馭］。せいす［制］。たばぬ〔たばねる〕［束］。まとむ〔まとめる〕［纏］。中古 あふりゃう［押領］。しき［指揮］。すぶ〔すべる〕［総／統］。とくす［督］。ひきゐる［率］。
ーがとれないたとえ 《句》近代 末大(まつだい)なれば必ず折る。近世 船頭多くして船山へ上る。
ー・する腕前 近代 たづなさばき［手綱捌］。
ー・する力 ガバナビリティー(governability)。
ー・する人 近代 ぢんがしら［陣頭］。ととく［都督］。リーダー(leader)。近世 しゅちゃう［首長］。中世 かしらやく［頭役］。上代 おびと［首］。

とうた【淘汰】 中世 たうた［淘汰］。近世 よなぐ〔よなげる〕［淘］。
園芸などで品種改良のためのー じんいせんたく［人為選択］。近代 じんゐたうた［人為淘汰］。

とうだい【当代】 →とうせい【当世】

とうだい【灯台】❶〈航路標識〉 近世 とうだい［灯台］。とうみゃうだい［灯明台］。
ーの番をする人 近代 とうだいばん［灯台番］。とうだいもり［灯台守］。
ーの光 せんこうとう［閃光灯］。
灯火を掲げーの役目を果たす船 とうみょうせん［灯明船］。近代 うきとうだい［浮灯台］。とうだいせん［灯台船］。近世 とうせん［灯船］。

とうだい【灯台】❷〈室内照明具〉 近代 とうみゃうだい［灯明台］。むじんとう［無尽灯］。近世 とうか［灯架］。とうけい［灯檠］。中世 たかとうだい［高灯台］。中古 とうだい［灯台］。
《句》近代 提灯(ちゃうちん)持ち足元暗し。近世 灯台下(もと)暗し。

どうたい【同体】 中世 いったい［一体］。近世 どういったい［同一体］。中古 どうたい［同体］。

どうたい【胴体】 近代 くかん［軀幹］。ボディー(body)。中世 どう［胴］。どうたい［胴体］。上代 むくろ［軀／骸／身］。

とうたつ【到達】 近代 たうたつ［到達］。たっしる／たっする［達］。近世 こぎつく〔—つける〕［漕着］。中世 とどく［届］。中古 いきつく［行着］。およぶ［及］。きはむ〔きわめる〕［極］。たうちゃく［到着］。ちゃくたう［着到］。上代 いたる［至／到］。
最後にー・する所 近代 しゅうきょく［終極］。中世 きうきょく［究極］。くっきゃう［究竟］。中古 きはまり［極］。くきゃう［究竟］。はて／はてし［果］。上代 きはみ［極］。

どうだんつつじ【満天星】 近代 どうだん［満天星］。近世 どうだんつつじ［満天星／灯台躑躅］。まんてんせい［満天星］。

とうち【当地】 このへん［此辺］。近代 ぢもと［地元］。近世 ここいら［此処］。中世 ここら［此処］。たうしょ［当所／当処］。たうち［当地］。ぢば［地場］。上代 ここ［此処］。

とうち【統治】 →おさ・める【治】
ーの及ばぬ所 中古 けぐゎい［化外］。

とうちゃく【到着】 近代 たうたつ［到達］。たうちゃく［到着］。中古 さんちゃく［参着］。ちゃくたう［着到］。上代 たうらい［到来］。らいちゃく［来着］。
ー・した順番 ちゃくじゅん［着順］。
ー・したという知らせ ちゃくしん［着信］。
ー・した荷物 ちゃくか［着荷］。近代 ちゃくに［着荷］。
ー・しないこと 近代 ふちゃく［不着］。中世 みちゃく［未着］。
ー・する 近代 たっしる／たっする［達］。つく［着］。近世 たどりつく［辿着］。中世 ちゃくす［着］。とどく［届］。中古 きつく［来着］。ゆきつく［行着］。上代 いたる［至］。とく［着］。
ーの時刻 ちゃくじ［着時］。

終わりの地点に―・すること　しゅうちゃく［終着］。

貴人の―　近世おなり［御成］。おはれ［御晴］。

出発と―　近代ちゃくはつ［着発］。はっちゃく［発着］。

走って―・する　中世かけつく［―つける］［駆着］。はしりつく［走着］。はせつく［―つける］［馳着］。

無事に―・したこと　近代あんちゃく［安着］。

真っ先に―・すること　近世せんとう［先登］。

どうちゃく【撞着】 近代どうちゃく［撞着］。むじゅん［矛盾］。近世くひちがひ［食違］。辻褄が合はぬ。中世そご［齟齬］。はいち［背馳］。

とうちゅう【頭注】 近代くゎんちゅう［冠注］。ちゅうき［注記／註記］。とうちゅう［頭注／頭註］。中古ちゅうかい［注解／註解］。ちゅうしゃく［注釈／註釈］。→**ちゅう【注】**

どうちゅう【道中】 近代とじ［途次］。とじゃう［途上］。中世だうちゅう［道中］。中古とちゅう［途中］。みちすがら［道］。みちみち［道道］。上代みちゆき［道行］。ろし［路次］。道の空。

―ずっと　中古ひとみち［一道］。

―の記録　近代りょかうき［旅行記］。近世だうちゅうき［道中記］。たびにっき［旅日記］。みちのにき［道日記］。みちゆきぶり［道行触］。

とうちょう【盗聴】 バッギング(bugging)。近代ぬすみぎき［盗聞］。ばうじゅ［傍受］。中古たちぎき［立聞］。

とうちょう【登頂】 とうこう［登高］。近代とざん［登山］。やまのぼり［山登］。

どうちょう【同調】 近代きょうどう［共同］。けふきょうめい［共鳴］。けふてう［協調］。けふどう［協同］。けふりょく［協力］。さんどう［賛同］。ていけい［提携］。気脈を通じる。近世さんせい［賛成］。どうてう［同調］。腹を合はす［―合わせる］。中古どうい［同意］。心を合はす［―合わせる］。

―者　きょうめいしゃ［共鳴者］。きょうりょくしゃ［協力者］。近代サポーター(supporter)。さんせいしゃ［賛成者］。しぢしゃ［支持者］。シンパ／シンパサイザー(sympathizer)。

無定見に―・すること　近代ふわらいどう［付和雷同／附和雷同］。ふわずいかう［付和随行／附和随行］。中世尻馬に乗る。中古らいどう［雷同］。

とうちょく【当直】 やちょく［夜直］。近代にっちょく［日直］。中古たうちょく［当直］。たうばん［当番］。上代しゅくちょく［宿直］。

とうつう【疼痛】 中世うづき［疼］。中古いたみ［痛］。くつう［苦痛］。とうつう［疼痛］。上代つうく［痛苦］。

とうてい【到底】 とっても。近代たうてい［到底］。近世しょせん［所詮］。どうしても。中世とても。

どうてい【道程】 近代くゎてい［過程］。近世けいくゎ［経過］。中世みちのり［道程］。りょてい［旅程］。中古かうてい［行程］。だうてい［道程］。ろてい［路程］。道の程。

とうてき【投擲】 →**な・げる**

どうてき【動的】 近代くゎつどうてき［活動的］。ダイナミック(dynamic)。どうたい［動態］。どうてき［動的］。近世くゎっぱつ［活発］。

とうてつ【透徹】 近世とうてつ［透徹］。中古とうめい［透明］。中世とうくゎ［透過］。中古すきとほる［透通／透徹］。

どうでも 近代いやが応でも。近世どうでも。中世いやでも応でも。中古いかにも［如何］。

―よい　近世後は野となれ山となれ。中古よしよし［縦縦］。

どうてん【動転】 近代いっきゃう［一驚］。息をのむ。近世しんがい［震駭］。たまげる［魂消］。てんどう［転動／顚動］。びっくりぎゃうてん［仰天］。肝を冷やす。腰を抜かす。目の玉が飛び出る(抜け上がる)。中世きゃうがく［驚愕］。きゃうたう［驚倒］。どうてん［動転／動顚］。びっくり。中古ぎゃうてん［仰天］。肝を潰す。→**おどろ・く**

どうてん【同点】 イーブン(even)。タイ／タイスコア(和製tie score)。近代どうてん［同点］。

とうと・い【貴】 近代ノーブル(noble)。中世ありがたし。うづたかし［堆］。しんせい［神聖］。そんき［尊貴］。たっとし／たとし［貴／尊］。中古あて［貴］。あはれ。おほけなし。おもし［重］。かうき［高貴］。かしこし［賢］。けだかし［気高］。きちょう［貴重］。上代かみさぶ［神］。かむさぶ［神］。たふとし［貴／尊］。やうごとなし／やごとなし／やむごとなし／やんごとなし［止事無］。

《枕》上代はるはなの［春花］。

《句》近代尊い寺は門から見ゆる。

―・い家柄　中世くゎちう［華冑］。

―・い神　中世そんしん［尊神］。

―・いことと卑しいこと　上代きせん［貴賤］。中古かうひ［高卑］。そんぴ［尊卑］。

と

—・い僧 中古 そんざ／そんじゃ[尊者]。

—・いものたとえ 近世 しゅぎょく[珠玉]。

—・くおごそかなこと 中世 そんげん[尊厳]。

—・く汚れのないこと 中世 しんせい[神聖]。

—・く勝れていること 中古 そんしょう[尊勝]。

—・く珍しいこと 上代 うづ[珍]。

—・く立派なこと 中世 いつくし[厳／美]。

この上なく—・い 中世 しき[至貴]。上代 しそん[至尊]。

身分が高く—・いこと 中古 かうき[高貴]。

とうとう【等等】 近代 エトセトラ(etc.; &c.; ラテン et cetera)。とうとう[等等]。中世 なぞ。中古 うんうん／うんぬん[云云]。など[等]。

とうとう【到頭】 しまいには。近代 いよいよ[愈／愈愈]。けっきょく[結局]。近世 たうとう[到頭]。とど。とどのつまり。中古 ありありて[有有]。上代 つひに[遂／終]。

どうとう【同等】 とうしつ[等質]。どうていど[同程度]。パー(par)。近代 ごする[伍]。どうち[同値]。とうか[等価]。ひとつら[一連／一行]。近世 どうかく[同格]。中世 ごかく[互角／牛角]。どうぜん[同然]。どういつ[同一]。どうやう[同様]。どうれつ[同列]。びゃうどう[平等]。中古 どうとう[同等]。なぞらふ[—らえる][準／准／擬]。ひとしなみ[等並]。ひけん[比肩]。ひってき[匹敵]。肩を並ぶ[—並べる]。上代 なずらふ[—らえる][準／准／擬]。なみなみ[並並]。ひとし[等／均]。

—・に扱う(こと) 中世 ちゅうぶん[中分]。中古 たちならぶ[立並]。ひとつくち[一口]。

将棋の力が—・であること 近世 たいま[対馬]。

どうどう【堂堂】 近世 せいだい[正大]。ぢゅうこう[重厚]。中世 ゆゆし[忌忌／由由]。中古 おもおもし[重重]。だうだう[堂堂]。ところせし[所狭]。むねむねし[宗宗]。よそよそ。

—・たる態度 近代 おもみ[重]。くゎんろく[貫禄]。ゐよう[偉容／威容]。中世 ゐげん[威厳]。ゐしん[威信]。怖ぉめず臆せず。上代 いこよか[岐嶷]。

—・として力強いさま 近代 がうくゎい[豪快]。

—・と振る舞うこと 近代 おほゐばり[大威張]。近世 てんかごめん[天下御免]。

建物などの—・たるさま 近代 がうさう[豪壮]。

どうどう【同道】 中世 どうかう／どうぎゃう[同行]。中古 ぐす[具]。つる[つれる][連]。ともなふ[伴]。ひきつる[—つれる][引連]。上代 つれだつ[連立]。どうだう[同道]。どうはん[同伴]。

どうどうめぐり【堂堂巡】 近代 いたちごっこ[鼬]。いっしんいったい[一進一退]。からまはり[空回]。くうてん[空転]。中世 だうだうめぐり[堂堂巡]。

どうとく【道徳】 近代 モラル(moral)。近世 りんり[倫理]。中世 しうしん[修身]。じんぎ[仁義]。とく[徳]。のり[法／則]。中古 だうぎ[道義]。上代 じんりん[人倫]。だうとく[道徳]。だうり[道理]。とくぎ[徳義]。みち[道]。

—がくずれ秩序が乱れること 近代 くゎいあく[壊悪]。

—教育 近代 くんいく[訓育]。とくいく[徳育]。

—にかなった行い 中世 ぜんかう／ぜんぎゃう[善行]。びとく[美徳]。上代 とくかう／とくぎゃう[徳行]。

—にかなったこととはずれたこと 近代 りひきょくちょく[理非曲直]。

—に背きもとること 近代 ふだうとく[不道徳]。ふりん[不倫]。上代 はいとく[背徳／悖徳]。

—の廃れた世の中 中古 すゑのよ[末世]。

—を守る性質 近代 とくき[徳器]。近世 とくせい[徳性]。

—を守ろうとする心 近代 こうとくしん[公徳心]。だうぎしん[道義心]。どうとくしん[道徳心]。どくち[独知]。近世 とくせい[徳性]。中世 だうねん[道念]。りゃうしん[良心]。中古 だうしん[道心]。

交通機関を利用する者の守るべき— こうつうどうとく[交通道徳]。

社会で守るべき— 近代 こうとく[公徳]。せだう[世道]。

性に関する— せいどうとく[性道徳]。

とうとつ【唐突】 近世 いきなり[行成]。だしぬけ[出抜]。ひょっくり／ひょっこり。藪から棒。中世 いへう[意表]。だしぬき[出抜]。とつじょ[突如]。とつぜん[突然]。中古 きと。きふに[急]。たうとつ[唐突]。にはか[俄]。ふい[不意]。→**とつぜん**

とうと・ぶ【貴】 近代 おもんじる[重]。けいぎゃう[敬仰]。けいぼ[敬慕]。しんぽう[信奉]。すうきゃう／すうけい[崇敬]。すうはい[崇拝]。ゐけい[畏敬]。近世 けいふく[敬服]。すいちょう[推重]。そんしゃう[尊尚]。そんすう[尊崇]。そんぽう[尊奉]。中世 あがまふ[崇]。しんぷく[心服]。そう

ちょう〔崇重〕。そんけい〔尊敬〕。そんそう〔尊崇〕。そんぢゅう〔尊重〕。たっとぶ／たっとむ〔尊〕。もちゐる〔用〕。中古 おそる〔恐／畏〕。きんぎゃう〔欽仰〕。すうちょう〔崇重〕。そんきゃう〔尊敬〕。そんちょう〔尊重〕。もてあがむ〔―あがめる〕〔崇〕。上代 あがむ〔あがめる〕〔崇〕。いつく〔斎〕。うやまふ〔敬〕。おもんず〔重〕。かしゃう〔嘉尚〕。かたつ〔崇〕。たふとぶ〔貴／尊〕。たふとむ〔貴／尊〕。ゐやぶ／ゐやまふ〔礼〕。

―・び信じること 近世 すうしん〔崇信〕。そんしん〔尊信〕。

―・び守ること 上代 ごぢ〔護持〕。

―・ぶべき規則 上代 ぎょくでう〔玉条〕。

どうなのか 中世 そも〔作麼／什麼〕。そもさん〔作麼生／什麼生〕。中古 いかならむ。

どうにか かすかす。からくも〔辛〕。どうにかかうにか。なんとか〔何〕。ほそぼそと〔細細〕。近代 どうにか。近世 どうか。どうかかうか。どうがな。どうやら。どうやらかうやら。なんとかかんとか〔何彼〕。やっと〔漸〕。やっとこさ。やっとのことで。曲がりなりにも。中世 なにとぞ〔何〕。やうやう〔漸〕。やうやく〔漸〕。中古 からうじて〔辛〕。

どうにでもなれ どうとでもなれ。なるようになれ。中世 さもあれ〔然有〕。にんた〔任他〕。ままよ〔儘〕。中古 さはれ／さばれ〔然〕。さもあらばあれ〔然有有〕。

どうにも 近世 いかんとも。どうにも。酢でも蒟蒻(こんにゃく)でも。中古 えも。

―しようがない →**どうしようもな・い**

とうにゅう【投入】 →**とう・ずる**

どうにゅう【導入】 近代 うけいれる〔受入〕。だうにふ〔導入〕。近世 いうだう〔誘導〕。中世 もちこむ〔持込〕。中古 さいたく〔採択〕。さいよう〔採用〕。とりいる〔―いれる〕〔取入／採入〕。みちびきいる〔―いれる〕〔導入〕。

―部 じょそう〔序奏〕。近代 イントロ／イントロダクション(introduction)。

とうにん【当人】 とうがいしゃ〔当該者〕。近代 たうじしゃ〔当事者〕。中世 たうにん〔当人〕。ほんぞん〔本尊〕。ほんにん〔本人〕。中古 さうじみ〔正身〕。

とうねん【当年】 とうさい〔当歳〕。この年。近世 ほんねん〔本年〕。中古 たうねん〔当年〕。上代 ことし〔今年〕。

どうねん【同年】 どうねんぱい〔同年配〕。近代 どうかふ〔同甲〕。どうし〔同歯〕。近世 あひどし〔相年〕。どうかう〔同庚〕。中世 おないどし〔同年〕。どうれい〔同齢〕。中古 どうねん〔同年〕。上代 よち。

とうは【党派】 はばつ〔派閥〕。パルタイ(ドイツ Partei)。近代 せいたう〔政党〕。せいは〔政派〕。セクト(sect)。たうは〔党派〕。パーティー(party)。近世 ぶんぱ〔分派〕。

―などに所属しないで行動する者 ノンセクト(和製 non sect)。上代 ふへんふたう〔不偏不党〕。

いろいろな― 近代 しょは〔諸派〕。

多くの― 近代 ぐんたう〔群党〕。

急進的な― きゅうしんは〔急進派〕。近代 くゎげきは〔過激派〕。

とうは【踏破】 近代 こくふく〔克服〕。ふみやぶる〔踏破〕。近世 のりきる〔乗切〕。中古 たふは〔踏破〕。ばっせふ〔跋渉〕。

どうはい【同輩】 近代 さいはい〔儕輩〕。近世 なかま〔仲間〕。中世 かたへ〔傍／片方〕。つれ〔連〕。どうはい〔同輩〕。どうれい〔同隷〕。れんちゅう／れんぢゅう〔連中〕。中古 せいはい〔儕輩〕。どうし〔同志／同士〕。とうはい〔等輩〕。はうばい〔傍輩〕。ほうばい〔朋輩〕。上代 どうれう〔同僚〕。ともがら〔輩〕。→**なかま**

とうはつ【頭髪】 近代 ヘア／ヘアー／ヘヤ(hair)。近世 あたま〔頭〕。かみかしら／かみがしら〔髪頭〕。かみのけ〔髪毛〕。めんめ(幼児語)。中世 かみすぢ〔髪筋〕。つむり〔頭〕。びんづら〔鬢頬〕。中古 かしら〔頭〕。くし〔髪〕。け〔毛〕。とうはつ〔頭髪〕。もうはつ〔毛髪〕。上代 かみ〔髪〕。びんぱつ〔鬢髪〕。→**かみ【髪】**

―と皮膚 中古 はっぷ〔髪膚〕。

とうばつ【討伐】 近世 うつ〔討〕。こうばつ〔攻伐〕。中世 たうばつ〔討伐〕。中古 たいぢ〔退治〕。上代 せいたう〔征討〕。せいばつ〔征伐〕。

とうはん【登攀】 とうこう〔登高〕。とはん〔登攀〕。近世 とざん〔登山〕。中古 とうはん〔登攀〕。

とうばん【当番】 近代 たんとう〔担当〕。中世 かかり〔係〕。中古 たうちょく〔当直〕。たうばん〔当番〕。ばん〔番〕。

―が欠席して代わりを勤めること 中世 すけばん〔助番〕。

―でないこと 中世 ひばん〔非番〕。

どうはん【同伴】 近代 つれあふ〔連合〕。中世 うちつれだつ〔打連立〕。どうかう／どうぎゃう〔同行〕。はんりょ／ばんりょ〔伴侶〕。みちづれ〔道連〕。中古 うちつる〔―つれる〕〔打

連］。つれ［連］。つれそふ［連添］。つれだつ［連立］。どうだう［同道］。ひきつる［—つれる］［引連］。上代どうはん［同伴］。→つ・れる

とうひ【当否】 近代せいひ［正否］。てきひ［適否］。近世せいご［正誤］。せいじゃ［正邪］。たうひ［当否］。中世かふか［可不可］。くろしろ［黒白］。りゃうひ［良否］。中古かひ［可否］。よしあし［善悪］。上代ぜひ［是非］。ぜんあく［善悪］。

とうひ【逃避】 たいひ［待避］。近代たいひ［退避］。たうばう［逃亡］。ひなん［避難］。近世たうひ［逃避］。中世おつ［おちる］［落］。中古よく［よける］［避／除］。上代くゎいひ［回避］。さく［さける］［避］。にぐ［にげる］［逃］。のがる［のがれる］［逃］。

とうび【掉尾】 しゅうばん［終盤］。近代しゅうきょく［終極］。近世さいしゅう［最終］。中世さいご［最後］。中古をはり［終］。→おわり

とうひょう【投票】 近代とうへう［投票］。

—・する いれる［入］。

—の結果を調べること 近代かいへう［開票］。

—用紙 近世いれふだ［入札］。

投票者の氏名を記入しない— 近代とくめいとうへう［匿名投票］。むきめいとうへう［無記名投票］。

投票者の氏名を記入する— 近代きめいとうへう［記名投票］。

白紙の— はくひょう［白票］。

いろいろな—（例）じゅうみんとうひょう［住民投票］。近代けっせんとうへう［決選投票］。こくみんとうへう［国民投票］。リファレンダム／レファレンダム（referendum）。

とうびょう【投錨】 近代けいりう［係留］。とうべう［投錨］。近世ていはく［停泊／碇泊］。にふかう［入港］。

どうひょう【道標】 ガイドポスト（guidepost）。近代だうへう［道標］。みちじるし［道標］。ろへう［路標］。近世みちあんない［道案内］。中世みちしるべ［道標］。

登山路や山頂などに石を積み上げる— 近代ケルン（cairn）。

とうひん【盗品】 近代ざうひん［贓品］。たうひん［盗品］。ぬけもの［抜物］。近世ざうぶつ［贓物］。上代ざうもつ［贓物］。

—や麻薬を運搬する役の者 はこびや［運屋］。

—を売り買いすること 近代けいづかひ［系図買］。近世けいずかひ［窩主買］。上代こばい［故買］。

とうふ【豆腐】 近世なむあみどうふ／なむおみどうふ［南無阿弥豆腐］。やた［弥太］。ろくやた［六弥太］。笹の雪。中世おかべ［御壁］。かべ［壁］。しらかべ［白壁］。しろもの［白物］。とうふ［豆腐］。

—のしぼりかす 近世うのはな［卯花］。おから［御殻］。きらず［雪花菜］。とうふがら［豆腐殻］。

一夜で凍らせた— いちやどうふ［一夜豆腐］。

重しで水気を切った— おしどうふ［押豆腐］。とうふガン［豆腐干］（ガンは中国語）。

きめ細かな柔らかい— 近代きぬごし／きぬごしどうふ［絹漉豆腐］。近世あわゆき／あわゆきどうふ［泡雪豆腐］。笹の雪。

高野（こうや）— こごりどうふ［凝豆腐］。しみどうふ［凍豆腐］。近世かうやどうふ［高野豆腐］。こほりどうふ［凍豆腐］。

賽（さい）の目に切った— あられどうふ［霰豆腐］。

四角に切った— 近世やっこ［奴］。やっこどうふ［奴豆腐］。

▼豆腐料理（例）あげだし／あげだしどうふ［揚出豆腐］。あんぺいどうふ［餡平豆腐］。いたやきどうふ［板焼豆腐］。がんせきどうふ［岩石豆腐］。近世いしやきどうふ［石焼豆腐］。いせどうふ［伊勢豆腐］。うどんどうふ［饂飩豆腐］。おぼろどうふ［朧豆腐］。くみどうふ［汲豆腐］。ひやどうふ［冷豆腐］。ひややっこ［冷奴］。やっこどうふ［奴豆腐］。中世あぶりどうふ［炙豆腐］。やきどうふ［焼豆腐］。

▼助数詞 近世ちゃう［丁］。

とうぶ【頭部】 近代とうぶ［頭部］。ヘッド（head）。近世なうてん［脳天］。中世あたま［頭］。とうかく［頭角］。上代かうべ［頭］。

—の骨 とうこつ［頭骨］。近代づがい／づがいこつ［頭蓋骨］。とうがい／とうがいこつ［頭蓋骨］。

どうぶつ【動物】 近代アニマル（animal）。じうるい［獣類］。ちくしゃう［畜生］。近世せいぶつ［生物］。中世しそく［四足］。ちくるい［畜類］。中古けもの［獣］。てうじう［鳥獣］。どうぶつ［動物］。よつあし［四足／四脚］。上代いきもの［生物］。けだもの［獣］。しゃうるい［生類］。

—が体色や形を周囲に合わせること ミメーシス／ミメシス（ギリシャ mimēsis）。近代ぎたい［擬態］。

—が幼生から成体へ変わること 近代へんたい［変態］。

ーに餌を与えて育てること ひいく［肥育］。近世しいく［飼育］。上代しやう［飼養］。

ーの体表面の色 たいしょく［体色］。ひょうしきしょく［標識色］。

ーの体表面の色の例 いかくしょく［威嚇色］。けいこくしょく［警告色］。にんしきしょく［認識色］。

足先の白いー 中世つまじろ［端白］。

鱗(うろこ)のあるー 中古いろくづ／いろこ［鱗］。

山野にすむー やせいどうぶつ［野生動物］。近世のどり［野鳥］。やてう［野鳥］。中古やきん［野禽］。やじう［野獣］。

想像上のー →**そうぞう【想像】**

人間に飼われているー ようちく［用畜］。ペット(pet)。近代あいぐゎんどうぶつ［愛玩動物］。かきん［家禽］。かちく［家畜］。

その他ーのいろいろ(例)①［用途］ じっけんどうぶつ［実験動物］。近代あいぐゎんどうぶつ［愛玩動物］。かちく［家畜］。

その他ーのいろいろ(例)②［食性］ 近代にくしょくどうぶつ［肉食動物］。近世さうしょくどうぶつ［草食動物］。

その他ーのいろいろ(例)③［体温］ こうおんどうぶつ［恒温動物］。ていおんどうぶつ［定温動物］。へんおんどうぶつ［変温動物］。近代れいけつどうぶつ［冷血動物］。をんけつどうぶつ［温血動物］。

その他ーのいろいろ(例)④［生態］ えんがんどうぶつ［沿岸動物］。かいようせいぶつ［海洋生物］。かんせいどうぶつ［乾生動物］。すいせいせいぶつ［水生生物］。すいせいどうぶつ［水生動物］。やせいどうぶつ［野生動物］。りょうせいどうぶつ［両棲動物／両生動物］。近代きせいせいぶつ［寄生生物］。きせいどうぶつ［寄生動物］。りゃうせいるい［両棲類／両生類］。

▼助数詞 中古とう［頭］。上代かしら［頭］。

とうぶん【当分】 近代さしづめ［差詰］。たうめん［当面］。近世たうぶん［当分］。中世さしあたって／さしあたり［差当］。しばらく［暫］。たうざ［当座］。

とうぶん【等分】 きんとうわり［均等割］。中古とうぶん［等分］。上代きんぶん［均分］。

人数にあててー・すること 上代くぶん［口分］。

二つにー・する 近代にとうぶん［二等分］。近世せっぱん［折半］。

とうぶん【糖分】 近代たうぶん［糖分］。たうるい［糖類］。近世あまみ［甘味］。

とうべん【答弁】 →**べんかい**

とうほう【当方】 近世こちとら［此方人等］。中世こちら［此方］。たうち［当地］。上代たうはう［当方］。→**とうち【当地】**

とうほう【東方】 近代オリエント(Orient)。中古とうはう［東方］。

ー趣味 近代オリエンタリズム(orientalism)。

ーの 近代オリエンタル(oriental)。

ーの海 中古とうかい［東海］。

ーの国 中世とうしう［東州］。とうど［東土］。上代あづまのくに［東国］。とうごく［東国］。

ーの敵を征伐すること 中世とうせい［東征］。中古せいとう［征東］。

ーの山 近代とうれい［東嶺］。

ーを向くこと 中古とうめん［東面］。

とうぼう【逃亡】 ゲッタウエー(getaway)。とんずら。近代エスケープ(escape)。ずらかる。たうばう［逃亡］。とぶ［飛］。近世たうひ［逃避］。たかとび［高飛］。だっそう［脱走］。中世おつ［おちる］［落］。しゅっぽん［出奔］。だっしゅつ［脱出］。中古くもがくれ［雲隠］。ちくてん／ちくでん［逐電］。はしる［走］。上代たうそう［逃走］。とんそう［遁走］。にぐ［にげる］［逃］。にげさる［逃去］。のがる［のがれる］［逃］。

ー者 ランナウェー(runaway)。中世おちうど／おちびと［落人］。はしりもの［走者］。

他国にー・する 上代ばうめい［亡命］。

戦いに負けてー・する 中世おちうす［ーうせる］［落失］。おつ［おちる］［落］。はいそう［敗走］。

どうほう【同胞】 ウタリ(アイヌ語)。近代はうじん［邦人］。近世はらから［同胞］。中古どうはう［同胞］。上代きゃうだい［兄弟］。しまい［姉妹］。どうき［同気］。→**きょうだい**

とうほん【謄本】 コピー(copy)。近代うつし［写］。とうほん［謄本］。ふくしゃ［複写］。近世ひかへ［控］。ふくほん［副本］。中古もしゃ［模写］。

とうほんせいそう【東奔西走】 近代かけずりまはる［駆回／駈回］。たじたたん［多事多端］。たばう［多忙］。とうほんせいそう［東奔西走］。はしりまはる［走回］。中世とびあるく［飛歩］。とびまはる［飛回］。はんたばう［繁多］。中古ほんそう［奔走］。上代はんばう［繁忙／煩忙］。

とうみょう【灯明】 中古あかし［灯／灯火］。近世あかり［明／灯］。とうみゃう［灯明］。

―をのせる台 近代 とうみゃうだい[灯明台]。とうか[灯架]。とうけい[灯檠]。中世 たかとうだい[高灯台]。中古 とうだい[灯台]。

神仏に奉納する― 近代 けんとう[献灯]。

神仏の前にある― 近代 れいとう[霊灯]。近世 おみあかし[御御灯/御神明]。中古 おほみあかし[大御灯明/大御灯]。上代 みあかし[御灯/神明]。

仏前の― 中世 ほふとう[法灯]。

とうみん【冬眠】 近代 きうみん[休眠]。とうみん[冬眠]。中古 すごもり[巣籠]。ふゆごもり[冬籠]。

とうめい【透明】 近世 すける[透]。とうめい[透明]。中古 すきとほる[透通]。とほる[透]。

―・でないこと 近代 ふとうめい[不透明]。

―・なガラス すどおし[素通]。

少し―・であること 近世 はんとうめい[半透明]。

どうめい【同盟】 アライアンス(alliance)。近代 がっしょう[合従]。けふどう[協同]。ユニオン(union)。リーグ(league)。れんめい[連盟]。近世 どうてう[同調]。中世 どうめい[同盟]。中古 ていけい[提携]。

―国 かめいこく[加盟国]。近代 めいはう[盟邦]。中世 よこく[与国]。

―や条約を結ぶこと けつめい[結盟]。近代 ていめい[締盟]。

とうめん【当面】 近代 いまのところ[今所]。おうきふ[応急]。さしづめ[差詰]。たうめん[当面]。もくか[目下]。近世 さしむき[差向]。たうぶん[当分]。まにあはせ[間合]。中世 たうざ[当座]。ひとまづ[一先/一旦]。中古 さしあたり[差当]。まさに[正]。上代 かり[仮]。

《句》近代 一寸延びれば尋(ひろ)延びる。

どうもう【獰猛】 近代 きょうぼう[凶暴/兇暴]。近世 だうまう[獰猛]。らんぼう[乱暴]。中世 きゃうぼう[強暴]。たけだけし[猛猛]。中古 あらあらし[荒荒]。きゃうぼう[狂暴]。上代 きょうあく[凶悪/兇悪]。

とうもく【頭目】 近代 とうもく[頭目]。近世 きょくゎい[巨魁/渠魁]。中世 しゅりゃう[首領]。中古 かしら[頭]。ことり[部領]。

→かしら

どうもく【瞠目】 目を瞠(はみ)る。近世 目を剝(む)く。中世 だうもく[瞠目]。中古 みはる[見張/瞠]。みひらく[見開]。

とうもろこし【玉蜀黍】 近代 コーン(corn)。まきび[真黍]。近世 かうらいきび[高麗黍]。たうもろこし[玉蜀黍]。たかきび[高黍]。たまきび[玉黍]。なんばん/なんばんきび[南蛮黍]。なんばんたうのきび[南蛮唐黍]。中世 たうきび[唐黍]。

―の粉 コーンミール(corn meal)。

どうもん【同門】 きょうだいでし[兄弟弟子]。近代 どうさう[同窓]。中世 あひでし[相弟子]。いちもん[一門]。がくいう[学友]。中古 どうがく[同学]。どうもん[同門]。

とうや【陶冶】 近代 いくせい[育成]。くんいく[訓育]。れんせい[練成]。近世 きたふ[きたえる][鍛]。けういく[教育]。中世 かんやう[涵養]。くんたう[薫陶]。たんれん[鍛錬]。中古 たうや[陶冶]。

とうやく【投薬】 とうよ[投与]。近世 せやく[施薬]。中古 とうやく[投薬]。

とうよ【投与】 近代 とうずる[投]。近世 とうよ[投与]。中古 とうやく[投薬]。

とうよう【当用】 近代 さしづめ[差詰]。近世 じゃうよう[常用]。中世 たうざ[当座]。たうよう[当用]。にちよう[日用]。中古 さしあたり[差当]。

とうよう【東洋】 たいとう[泰東]。近代 オリエント(Orient)。きょくとう[極東]。とうしう[東州]。近世 アジア[Asia/亜細亜]。とうやう[東洋]。

とうよう【登用】 きよう[起用]。近世 とりたて[取立]。ばってき[抜擢]。中世 ひきあぐ[―あげる][引上]。ひきたつ[引立]。中古 とうよう[登用/登庸]。上代 きょよう[挙用]。にんよう[任用]。もちゐる[用]。

どうよう【同様】 近代 どういつ[同一]。どういつやう[同一様]。どうき[同軌]。どうれつ[同列]。近世 いちぶん[一分]。いちりつ[一律]。どうじ[同事]。どうてつ[同轍]。中世 いちゃう[一様]。おなじい[同]。どうぜん[同然]。どうだん[同断]。どうやう[同様]。中古 いっぱん[一般]。どうとう[同等]。ひとしなみ[等並]。上代 おなじ[同]。

―・でないこと 中世 かくべち/かくべつ[格別]。べつ[別]。中古 べち[別]。上代 こと[異]。

―・に 近代 例外でなく。近世 御多分に洩れず。中古 また[又/亦]。

どうよう【動揺】 近代 しょうげき[衝撃]。ショック(shock)。ふあんてい[不安定]。近世 えうたう[揺蕩]。中世 ふあん[不安]。中古 たぢろき。どうえう[動揺]。

―・させる 近代 ゆさぶり/ゆさぶる[揺]。

近世ゆすぶる[揺]。ゆりうごかす[揺動]。中世しょうどう[聳動]。もむ[揉]。ゆする[揺]。中古ゆるがす[揺]。上代さわがす[騒]。

ー・しない へっちゃら。痛くも痒くもない。事もなげに。近世平気の平左。中世へいき[平気]。何かあらん。何事かあらむ。中古たしか[確]。事ともせず。ものともせず。

ー・し始める 近世いろめきたつ[色立]。中世いろめく[色]。

ー・する 近代ぐらつく。どよめく[響]。ゆらぐ[揺]。ゆれうごく[揺動]。近世さわだつ[騒立]。ゆる〔ゆれる〕[揺]。中世はたらく[働]。中古あやかる[肖]。うかる〔うかれる〕[浮]。うきたつ[浮立]。うちゆるぐ[打揺]。こころゆらぐ[心揺]。さわぐ[騒]。どうず[動]。むねさわぐ[胸騒]。ゆらめく[揺]。ゆるぐ[揺]。わきかへる[沸返/湧返]。わななく[戦慄]。胸潰(つぶ)る〔ー潰れる〕。上代あゆく/あよく[揺]。たゆたふ[揺蕩/猶予]。

ー・するさま 近世一文凧の切れたやう。中世えうえう[揺揺]。上代たゆた/たゆら/たよら。ゆたにたゆたに。ゆたのたゆたに。

心のーのたとえ 上代うきぬなは/うきねなは[浮蓴]。

どうよく【胴欲】 近代どんよく[貪欲]。欲と二人連れ。欲の皮が張る。近世あこぎ[阿漕]。いぢきたなし[意地汚]。がうつくばり[強突張]。がうよく[強欲/剛欲]。ごふつくばり[業突張]。よくばり[欲張]。欲と道連れ。中世どうよく[胴欲/胴慾]。よくふか[欲深]。中古たいよく[大欲]。たよく[多欲]。上代どんらん[貪婪]。

《句》中世大欲は無欲に似たり。

とうらい【到来】 近世やってくる[来]。中世とどく[届]。中古きつく[来着]。たうちゃく[到着]。上代いたる[至/到]。くる[来]。たうらい[到来]。らいちゃく[来着]。

突然ー・する とびこむ[飛込]。

とうらく【騰落】 近代とうらく[騰落]。らんかうげ[乱高下]。近世あがりおり[上下]。あがりさがり[上下]。中世あげさげ[上下]。中古かうてい[高低]。上代かうげ[高下]。

どうらく【道楽】 近代しゅみ[趣味]。ホビー(hobby)。ディレッタンティズム(dilettantism)。近世あそび[遊]。だうらく[道楽]。どら。中古いうきょう[遊興]。いうたう[遊蕩]。上代はうたう[放蕩]。

《句》近代飲む打つ買ふの三拍子。近世売り家と唐様(からやう)で書く三代目。

ー息子 近代はうたうむすこ[放蕩息子]。近世どらむすこ[息子]。のらむすこ[息子]。

ー者 近代いうたうじ[遊蕩児]。近世あくしゃうもの[悪性者]。あそびにん/いうじん/いうにん[遊人]。うかれびと[浮人]。うかれもの[浮者]。どらもの[者]。のら。のらもの[者]。のんこ。はうたうもの[放蕩者]。

食べることで贅沢をするー 近代くひだうらく/しょくだうらく[食道楽]。近世くひだふれ[食倒]。

どうらん【動乱】 近世じゃうらん[諍乱]。せんらん[戦乱]。中世じへん[事変]。どうらん[動乱]。中古さうぜう[騒擾]。ぜうらん[擾乱]。へいらん[兵乱]。上代さうらん[騒乱]。さわぎ[騒]。

どうり【道理】 近代せいろん[正論]。せつり[節理]。だうぎ[道義]。みちすぢ[道筋]。近世おつ[乙]。すぢあひ[筋合]。すぢみち[筋道]。すぢめ[筋目]。たてわけ[立分]。りかた[理方]。りかい[理解]。りくぎ[六義]。わけ[訳]。わり[割]。中世ぎり[義理]。でうり[条理]。とてつ[途轍]。とはう[途方]。のり[法/則]。はず[筈/弭]。り[理]。中古あや[文]。あやめ[文目]。ぎ[義]。じゃうり[情理]。じり[事理]。すぢ[筋]。りくつ[理屈/理窟]。ものの心。上代ことわり[理]。たいぎ[大義]。だうり[道理]。みち[道]。

《句》近代盗人(ぬすっと)にも三分の理。論語読みの論語知らず。近世柄の無い所に柄をすげ。縁なき衆生は度し難し。道理そこのけ無理が通る。道理に向かふ刃(やいば)なし。道理百遍義理一遍。泣く子と地頭には勝てぬ。非理の前には道理もなし。無理が通れば道理引っ込む。論より証拠。中世人と屏風は直には立たず。

ーが分かること(人) 近世りくゎい[理会]。中世ちべん[知弁/智弁]。べんち[弁知]。中古こころあり[心有]。ちしゃ[知者/智者]。

ーが分かるようになる 中古かいがん/かいげん[開眼]。

ーに合うことと合わないこと 近世せいじゃ[正邪]。中世じゅんぎゃく[順逆]。中古りひ[理非]。上代ぜひ[是非]。ぜんあく[善悪]。

ーに明るい 中世あきらか[明]。ふまい[不昧]。中古あきらけし[明]。

と

—に明るい人 中古 せいてつ［聖哲］。上代 けんてつ［賢哲］。《句》中世 知者(智者)は惑はず、勇者は懼(おそ)れず。

—に合った趣旨 中世 りち［理致］。

—に合った法則 中古 りはふ［理法］。

—に合ったやり方 中古 せいだう［正道］。上代 しゃうだう［正道］。

—に合っている(こと) 近代 がふりてき［合理的］。じゅんたう［順当］。せいぜん［正善］。せいたう［正当］。たう［当］。近世 まとも［正面］。もっともしごく［尤至極］。もっともせんばん［尤千万］。中世 げにげにし［実実］。しゃうたう［正当］。ぜ［是］。もっとも［尤］。りうん［理運／利運］。中古 ぜん［善］。みちみちし［道道］。

—に合わない(こと／さま) みちはずれ［道外］。めちゃくちゃ［滅茶苦茶］。近代 ぎゃくしたうかう［逆施倒行］。たうかうぎゃくし［倒行逆施］。はいり［背理／悖理］。ふがふり［不合理］。ふすぢ［不筋］。ふでうり［不条理］。めちゃめちゃ［滅茶滅茶］。当(たう)を失す。とてっぱうもない。途方途轍(とはうとてつ)もない。近世 あいだてなし。すぢちがひ［筋違］。ふつがふ［不都合］。ふにんじゃう［不人情］。へこたこ。むちゃ［無茶］。むちゃくちゃ［無茶苦茶］。むとくしん［無得心］。めちゃ［滅茶／目茶］。めっぽふ［滅法］。よこがみやぶり［横紙破］。よこぐるま［横車］。途轍(とてつ)もない。途方もない。わっけもない。中世 あまさかさま［天逆様］。きっくゎい［奇怪］。くせごと［曲事］。すぢなし［筋無］。ひ［非］。ひが［僻］。ひがごと［僻事］。ひぎ［非義］。ひきょ［非拠］。ひだう［非道］。ぶけんばふ［無憲法／不憲法］。ふじゅん［不順］。ふはう［不法］。ぼう［暴］。むたい／むだい［無体／無代／無台］。むはふ［無法］。よこしま［邪／横］。りぐゎい［理外］。わうぎゃく［横逆／枉逆］。わけなし／わけもなし［訳無］。中古 あいなし／あひなし。あやなし［文無］。きくゎい［奇怪］。ことわりなし［理無］。さかさま／さかしま［逆］。ひがさま［僻様］。ひぶん［非分］。ひり［非理］。ふたう［不当］。むだう［無道］。りふじん［理不尽］。れいだう［戻道］。わりなし［理無］。上代 ふぎ［不義］。もとる［悖］。

—に合わない言葉 近代 きょくろん［曲論］。へきろん［僻論］。近世 きべん［詭弁］。はうぼふ［謗法］。ぼうろん［暴論］。中世 きゃうげん［狂言］。わうげん［横言］。中古 きゃうげんきご［狂言綺語］。上代 たはごと［戯言］。

—に暗い田舎者 近代 せいとうやじん［斉東野人］。

—に暗いこと 近世 ぼうまい［蒙昧］。中世 こんまい［昏昧］。もう［蒙］。思ひの闇。中古 あんぐ［暗愚］。あんどん［暗鈍／闇鈍］。ぐまい［愚昧］。ふめい［不明］。もうまい［蒙昧］。やみ［闇］。

—に暗い人(たち) 近代 どんかつかん［鈍瞎漢］。近世 くらがりなかま［暗仲間］。たうじん［唐人］。わからずや［分屋］。《句》近世 泣く子と地頭には勝てぬ。

—に背き荒々しいこと 中古 ぼうれい［暴戻］。

—に背く 近代 はいり［背理／悖理］。中世 ぶけんばふ［無憲法／不憲法］。ふじゅん［不順］。中古 さかさま／さかしま［逆］。上代 もとる［悖］。

—の通らぬ理屈 近代 へりくつ［屁理屈］。

—を明らかにする(こと) 中世 すます／すむ［澄／清］。中古 はつめい［発明］。上代 さとる［悟／覚］。

—を知る 中古 こころしる［心知］。

—を正しく表し示すこと 近代 けんしゃう［顕正］。

—を説く 近代 理を分ける。近世 ときさとす［説諭］。中世 理を砕く。

—をまげて押さえつけること 近代 わうくつ［枉屈］。

—をわきまえず頑固なこと 近世 わからずや［分屋］。中古 ぐゎんろう［頑陋］。

—をわきまえないこと 近代 ぼつぶんげう［没分暁］。近世 むめんもく［無面目］。西も東も分からぬ(知らぬ)。むふんけう［無分暁］。中世 ふとくしん［不得心］。めいまう［迷妄］。中古 文目(あやめ)も知らず。

明らかな— 近代 自明の理。

一般に通用する— 近代 つうり［通理］。中世 こうり［公理］。つうぎ［通義］。

生まれながら—に明るいこと 中世 しゃうち［生知］。中古 せいち［生知］。

永久に変わらない— 近世 じゃうけい［常経］。

大きな— 上代 たいり［大理］。

奥深い— 中古 げんし［玄旨］。

幼くて—の分からない者 中古 どうもう［童蒙］。

学芸などの奥深い— 近代 こちゅう［個中／箇中］。

真実の— 中世 じつぎ［実義］。

人生の根本にかかわる— 近代 てつり［哲理］。

正しいー 中世しんり［真理］。上代しり［至理］。
天地万物の深遠なー 近世しゅうめう［衆妙］。中古てんり［天理］。
当然のー 中世じゅんだう［順道］。
人が従うべき正しいー 中世ぎり［義理］。こうだう［公道］。しゃうり／せいり［正理］。せいぎ［正義］。中古だいだう［大道］。
一つのー 中世いちぎ［一義］。いちり［一理］。
普通のー 近世いっち［一致］。
普通の道理では説明のつかないー 近世理外の理。
物のー 中古じり［事理］。ぶつり［物理］。りしゅ［理趣］。

とうりゅう【逗留】 近代きょりう［居留］。きりう［寄留］。しゅくはく［宿泊］。中世たいざい［滞在］。たいりう［滞留］。中古とうりう［逗留］。

とうりょう【頭領】 近代しゅくゎい［首魁］。とうりゃう［頭領］。中世おやかた［親方］。かとく［家督］。くゎんりゃう／くゎんれい［管領］。しゅりゃう［首領］。もんび［門楣］。中古かしら［頭］。たいしゃうぐん／だいしゃうぐん［大将軍］。とう［頭］。上代りゃうしう［領袖］。
大工のー 中世しじん［梓人］。→**かしら❷**

どうりょう【同僚】 近代あひやく［相役］。はうばい［傍輩］。ほうばい［朋輩］。近世あひぼう［相棒］。どうじん［同人］。どうやく［同役］。なかま［仲間］。中世つれ［連］。どうし［同志／同士］。どうはい［同輩］。どうれい［同隷］。上代どうれう［同僚］。→**なかま**

どうりょく【動力】 近代げんどうりょく［原動力］。ばりき［馬力］。パワー(power)。近世どうりょく［動力］。
ーを起こすこと はつどう［発動］。
ーを他に伝えること でんどう［伝動］。
ーを伝えるのに必要な部品 しらべおび［調帯］。トランスミッション(transmission)。近代ギア／ギヤ(gear)。くゎっしゃ［滑車］。シャフト(shaft)。しらべがは［調革］。チェーン(chain)。てうたい［調帯］。はぐるま［歯車］。ベルト(belt)。

どうるい【同類】 近代いちれついったい［一列一体］。どうけつ［同穴］。ひ［比］。ゐるい［彙類］。近世ありう［亜流］。いっぽん［一本］。おなじくち［同口］。ぞく［属］。てぐみ［手組］。どうしう［同臭］。どうしうみ［同臭味］。とうるい［等類］。なかま［仲間］。中世いちるい［一類］。いちれつ［一列］。ととう［徒党］。中古たぐひ［類］。つら［連／列］。どうるい［同類］。なみ［並］。ばんるい［伴類］。やう［様］。るい［類］。上代どうき［同気］。ともがら［輩］。なみ［並］。
《句》近世同じ穴の貉（むじな）(狸／狐)。鬼の女房に鬼神がなる。蛇（じゃ）の道は蛇（へび）。同気（どうき）相求（あひもと）む。光ある物は光ある物を友とす。一つ穴の貉（むじな）。蓑（みの）のそばへ笠が寄る。類は友を呼ぶ(以て集まる)。同病相憐（あひあは）れむ。中世馬は馬連れ牛は牛連れ。似るを友。
ーでないもの 中古ひるい［非類］。

とうれい【答礼】 中世たふれい［答礼］。へんれい［返礼］。中古かへりこと［返事］。

どうれつ【同列】 近代たいとう［対等］。どうかく［同格］。ひとつら［一連／一行］。近世ごかく［互角／牛角］。どうやう［同様］。どうれつ［同列］。中古つら［連／列］。どうとう［同等］。ひとしなみ［等並］。上代なみなみ［並並］。
ーにする 近代おなじうする／おなじくする［同］。
ーに並ぶ 近世しす［歯］。

どうろ【道路】 近代アベニュー(avenue)。ウエー(way)。バーン(ドイツ Bahn)。ストリート(street)。ルート(route)。ロード(road)。近世だうと［道途／道塗］。とほりみち［通道／通路］。わうらい［往来］。中世かいだう［街道］。と［途］。とほり［通］。みちすぢ［道筋］。上代がいろ［街路］。だうろ［道路］。つうろ［通路］。みち［道／路／途／径］。→**みち【道】**
ーが交差(結合)する所 インター／インターチェンジ(interchange)。ティーじろ［T字路］。ふたまたみち［二股道］。ランプ／ランプウエー(rampway)。りったいこうさ［立体交差］。近代かうさてん［交差点／交叉点］。さんさろ［三叉路］。しつう［四通］。しつうはったつ［四通八達］。ジャンクション(junction)。しろ［支路］。はったつしつう［八達四通］。ロータリー(rotary)。わかれぢ［別路］。近世えだみち［岐路／枝道］。じふじろ［十字路］。よつかど［四角］。わかれみち［別道／分道］。中世せんぱく［阡陌］。よつじ／よつつじ［四辻］。四つの辻。中古つじ［辻］。上代きろ［岐路］。ちまた［巷／岐／衢］。
ーが四方八方に通じていること 近代しつう［四通］。しつうはったつ［四通八達］。はったつしつう［八達四通］。中世はったつ［八

達]。

―が通じる 近代 つく[付]。はしる[走]。ひらける[開]。

―工事 近代 みちぶしん[道普請]。

―として整備されていない所 オフロード(off road)。

―の安全地帯 近代 セーフティーゾーン(safety zone)。

―の上 近代 ろめん[路面]。

―の中央に引かれた線 センターライン(center line)。ちゅうおうせん[中央線]。ちゅうおうぶんりたい[中央分離帯]。

―の有効幅員の外側 かた[肩]。ろかた/ろけん[路肩]。

新たに―を作る(こと) とおす[通]。近代 つける[付]。上代 にひばり[新治/新墾]。はる[開墾]。

大きな― おもてかいどう[表街道]。かんせんどうろ[幹線道路]。めぬきどおり[目抜通]。近代 アベニュー(avenue)。ブールバード(boulevard)。ブールバール(フランス boulevard)。メーンストリート(main street)。近世 おほどほり[大通]。おもてどほり[表通]。ひろこうぢ[広小路]。ほんどほり[本通]。中世 だいだう[大道]。ほんかいだう[本街道]。中古 おほみち[大道]。たいろ[大路]。上代 おほち/おほぢ[大路]。

公の― 近代 こうだう[公道]。こうろ[公路]。

国及び自治体が管理する―(例) ちょうどう[町道]。近代 けんだう[県道]。こくだう[国道]。

高速―の出入口 オフランプ(off ramp)。オンランプ(on ramp)。

市街地の混雑をさけるための迂回(うかい)― バイパス(bypass)。
自動車専用の高速― ハイウエー(highway)。ゆうりょうどうろ[有料道路]。
主要な― 近世 おもてどほり[表通]。
鉄道などの下を横切る上部を開放した― かいきょ[開渠]。
舗装された― 近代 ペーブメント(pavement)。
舗装されていない― オフロード(off road)。
前からあった― 上代 きうだう[旧道]。
屋根を付けた― アーケード(arcade)。

とうろう【灯籠】 中古 とうろう[灯籠]。
美しい― 中古 らんとう[蘭灯]。
盂蘭盆(うらぼん)で使う―の例 近世 はなどうろう[花灯籠]。ぼんどうろう[盆灯籠]。
回転するようにした― 近世 からくりどうろう[絡繰灯籠]。そうまとう[走馬灯]。まひどうろう[舞灯籠]。中世 かげどうろう[影灯籠]。まはりどうろう[回灯籠]。
金属製の― 中世 かなどうろう[金灯籠]。
吊(つ)り―の例 近世 るりとう[瑠璃灯]。
庭に置かれる―(例) かがりどうろう[篝灯籠]。かさぎがたどうろう[笠置形灯籠]。中世 いしどうろう[石灯籠]。
水に浮かべて流す― 近代 りうとう[流灯]。近世 すいとう[水灯]。とうろうながし[灯籠流]。
雪を固めて作った― ゆきどうろう[雪灯籠]。

とうろく【登録】 近代 エントリー(entry)。とうろく[登録]。上代 きさい[記載]。

とうろん【討論】 シネクティクス(synectics)。シンポジウム(symposium)。ティーチイン(teach in)。バズセッション(buzz session)。パネルディスカッション(panel discussion)。フォーラム/フォーラムディスカッション(forum discussion)。近代 しんぎ[審議]。たうぎ[討議]。ディスカッション(discussion)。ディベート(debate)。ろんせん[論戦]。中世 ぎろん[議論]。せんぎ[詮議]。つめあひ[詰合]。中古 たうろん[討論]。ひゃうぎ[評議]。ろんぎ[論議]。上代 さうろん[争論]。
公に―・すること 中世 こうぎ[公議]。

どうわ【童話】 近代 ぐうわ[寓話]。どうわ[童話]。フェアリーテール(fairy tale)。メルヘン(ドイツ Märchen)。近世 おとぎばなし[御伽話/御伽噺]。むかしばなし[昔話/昔噺]。

とうわく【当惑】 近代 こんわく[困惑]。近世 たうわく[当惑]。ゐきゃく[違格/違却]。中世 きのどく[気毒]。
―・する 近代 とまどふ[戸惑]。近世 まごつく。中古 しわぶ[為侘]。上代 わぶ〔わびる〕[侘]。《尊》中古 おぼしまどふ[思惑]。

とお・い【遠】 中古 かけはなる[―はなれる][懸離]。とほらか[遠]。はるか[遥]。はるけし[遥]。ほどとほし[程遠]。ものとほし/ものどほし[物遠]。眺めの末。上代 さどほし[遠]。たどほし[遠]。とほし[遠]。とほどほし[遠遠]。とほながし[遠長]。まどほし[間遠]。
《枕》上代 あられふり[霰降]。いはばしの[石橋]。かぜのとの[風音]。くもゐなす[雲居]。さなかづら[狭名葛]。はふくずの[這葛]。たまかづら[玉葛]。[⇨みちとほし]。
《句》中世 遠きは花の香近きは糞の香。
―・いこと(さま) 近代 えうてう[杳窕]。えう

ばう［杳茫］。ぜつゑん［絶遠］。ばくえん［邈焉／藐焉］。ばくばく［邈邈］。近世 いうゑん［悠遠］。えうゑん［遥遠］。ていてい［亭亭］。ゑんきょり［遠距離］。中世 べうゑん［渺遠］。ゑんぱう［遠方］。中古 てうてう［迢迢］。とほぢ［遠地］。とほらか［遠］。はるばる［遥遥］。べうべう［渺渺］。へきゑん［僻遠］。まんまん［漫漫］。やへやへ［八重八重］。やほへ［八百重］。れうゑん［遼遠］。をち［遠方］。上代 えうぜん［杳然］。そきへ／そくへ／そぐへ［退方］。べうえん［渺焉／眇焉］。めんばく［綿邈／緬邈］。ゑんかく［遠隔］。をちかた［遠方］。遠き境。

―・い所　近代 てんがいちかく［天涯地角］。中世 うんぐゎい［雲外］。くもゐのよそ［雲居余所］。ぜつゐき［絶域］。せんり［千里］。ふうばぎう［風馬牛］。へきらく［碧落］。ゑんち［遠地］。ゑんぱう［遠方］。中古 あまつそら［天空］。くものはたて［雲果］。くもゐぢ［雲居路］。くもゐのそら［雲居空］。しらぬよ［知世］。てんがい［天涯］。上代 あまつみそら［天空］。ぜっきゃう［絶境］。にっぺん［日辺］。やそくまぢ［八十隈路］。をちかた［遠方］。

―・い所のたとえ　近世 からてんぢく［唐天竺］。中世 こゑつ［胡越］。

―・い道のり　近世 くもゐぢ［雲居路］。ながぢ／ながみち［長路］。中世 ちさと［千里］。ちゃうと［長途］。とほぢ［遠路］。ほうてい［鵬程］。中古 ゑんろ［遠路］。上代 ながち［長路］。ながて［長手］。ばんり［万里］。

―・い昔　近世 ぜつだい［絶代］。中世 おほむかし［大昔］。たいこ［太古］。中古 わうじゃく／わうせき［往昔］。上代 せんこ［千古］。ばんこ［万古］。→むかし

―・く　中古 はるに［遥］。はるばる［遥遥］。上代 はろはろ／はろばろ［遥遥］。

―・くから来ること　中古 ゑんらい［遠来］。

―・くからの旅人　近代 ゑんりょ［遠旅］。

―・く高い所　上代 うんたん［雲端］。

―・くてかすかなさま　近代 ばくえん［邈焉／藐焉］。近世 えうべう［杳渺／杳眇］。

―・くなる　中古 さしのく［差退］。さしはなる［差離］。

―・くに聞こえる音　中世 とほなり［遠鳴］。とほね［遠音］。上代 とほと［遠音］。

―・くに聞こえる鳴き声　近世 とほなき［遠鳴］。

―・くに続いているさま　中古 たたさま［縦方］。

―・くの海　近世 ぜっかい［絶海］。ゑんやう［遠洋］。中世 ゑんかい［遠海］。

―・くの河川　中古 ゑんすい［遠水］。

―・くの雷　中世 ゑんらい［遠雷］。

―・くの国　中世 ごてん［呉天］。ぜつゐき［絶域］。ゑんごく／をんごく［遠国］。中古 とつくに［外国］。上代 とほつくに／とほのくに［遠国］。

―・くの景色　中世 ゑんけい［遠景］。

―・くの島　中世 ゑんたう［遠島］。

―・くの人　中世 ゑんじん［遠人］。上代 をちかたびと［彼方人］。

―・くの山　近世 ゑんらん［遠巒］。中古 ゑんざん［遠山］。上代 とほやま［遠山］。

―・く離れている　上代 きへなる［来隔］。

―・くへ行く(こと)　→とおで

―・くへ逃げること　近世 たかとび［高跳／高飛］。

―・くを思い遣る　近代 はせる［馳］。中世 飛び立つばかり。中古 心を遣る。

―・くを見る(こと)　近世 ばうやう［望洋］。中古 とほみ［遠見］。ばうゑん［望遠］。ふりさけみる［振放見］。みのぶ［見延］。みやり［見遣］。ゑんけん［遠見］。ゑんばう［遠望］。上代 ふりさく［振放］。みやる［見遣］。

―・くを見る光学装置　近代 さうがんきゃう［双眼鏡］。近世 せんりきゃう［千里鏡］。とほめがね［遠眼鏡］。ばうゑんきゃう［望遠鏡］。

―・くを見るための構築物　てんばうだい［展望台］。みはらしだい［見晴台］。近代 パノラマだい［panorama台］。みはらし［見晴］。ものみだい［物見台］。中古 ものみ［物見］。ろうくゎん［楼観］。

―・くを見る力　近世 せんりがん［千里眼］。中世 てんがんつう／てんげんつう［天眼通］。

馬による―・い道のり　近代 ちゃうく［長駆］。近世 とほのり［遠乗］。中世 とほがけ［遠駆］。

慕い合う者同士が―・く離れていること　中世 ふうばぎう［風馬牛］。

それより更に―・いこと　いえん［以遠］。

近いものが―・くに感じられるたとえ　中世 しせきせんり［咫尺千里］。

敵を討つため―・くへ行くこと　近代 ゑんせい［遠征］。

手元から―・い　近世 てどほ［手遠］。中世 てどほし［手遠］。

ますます―・くに　上代 いやとほに［弥遠］。

都から離れた―・い所　近世 くゎうへき［荒

と

僻]。ゑんすう[遠陬]。〘中世〙ぐゎいど[外土]。〘中古〙おく[奥]。

とおからず【遠】 近いうちに。そのうちに[其内]。〘近世〙いづれ[何/孰]。とほからず[遠]。まもなく[間無]。日ならず。日ならずして。〘中世〙おっつけ[追付/押付]。きんきん[近近]。〘中古〙おって[追]。ちかぢか[近近]。ふじつ[不日]。

とおざか・る【遠離】 〘中世〙かたさる[片去]。とほのく[遠退]。〘中古〙かれまさる[離増]。さしのく[差退]。さしはなる[差離]。さる[去]。へだたる[隔]。めかれ[目離]。〘上代〙さかる[散/離]。かる[離]。そく[退]。とほざかる[遠離]。とほそく[遠]。はなる〔はなれる〕[離]。へだつ[隔]。

《枕》〘上代〙なぐるさの[投]。

《句》去る者は追わず。〘中世〙去る者は日々に疎し。

ー・ってこちらに来る 〘上代〙さかりく[離来]。

映画などでー・る撮影 ズームバック(zoom back)。

ますますー・る 〘中古〙あういく[奥行]。〘上代〙いやざかる[弥離]。

都からー・る 〘上代〙ひなさかる[鄙離]。

とおざ・ける【遠】 〘近代〙けいゑん[敬遠]。〘中世〙おっぱらふ[追払]。とほのく〔ーのける〕[遠退]。ゑんり/をんり[遠離]。〘中古〙うちへだつ[打隔]。うとむ[疎]。うとんず[疎]。さしはなつ[差放]。さる[去]。しりぞく〔ーぞける〕[退/斥]。そかく[疎隔]。とほざく〔ーざける〕[遠]。のく〔のける〕[退]。はなつ[放]。ひきのく〔ーのける〕[引退]。もてはなる[離]。よく[避]。〘上代〙おひはらふ[追払]。さく[離/放]。へだつ〔へだてる〕[隔]。さく〔さける〕[避]。

《尊》〘中古〙おぼしはなる[思離]。

ー・けたい 〘近代〙けんを[嫌悪]。〘中世〙いやがる[嫌/厭]。うったうしがる[鬱陶]。うるさがる。〘中古〙うとまし[疎]。〘上代〙いとふ[厭]。

押してー・ける 〘中古〙おしやる[押遣]。

人と人との間をー・ける 〘近世〙せく[塞/堰]。

不快に思ってー・ける 〘中世〙いむ[忌/斎]。

とお・す【通】❶〈貫通〉 〘近代〙つうくゎ[通過]。ぶちぬく[打抜]。〘近世〙くゎんつう[貫通]。つうず[通]。ぶっとほす[打通]。〘中世〙てっす[徹]。〘中古〙つらぬく[貫]。てってい[徹底]。〘上代〙とほす[通]。とほる[通]。

電気などをー・す つうでん[通電]。ながす[流]。

とお・す【通】❷〈貫徹〉 つらぬきとおす[貫通]。〘近代〙つらぬく[貫]。〘近世〙くゎんてつ[貫徹]。てってい[徹底]。〘中世〙いってつ[一徹]。おしとほす[押通]。てっす[徹]。〘中古〙とほす[通/徹]。

トータル(total) しゅうけい[集計]。るいけい[累計]。〘近代〙がふけい[合計]。せきさん[積算]。ぜんがく[全額]。そうがく[総額]。そうわ[総和]。トータル。わ[和]。〘近世〙しめ[締/〆]。しめだか[締高/〆高]。そうだか[総高/惣高]。つうさん[通算]。〘中世〙そうけい[総計]。〘上代〙つうけい[通計]。

とおで【遠出】 〘近代〙のす[伸]。〘近世〙とほっぱしり[遠走]。ゑんせい[遠征]。ゑんそく[遠足]。〘中世〙あしなが[足長]。〘中古〙ゆきやる[行遣]。〘上代〙ゑんかう[遠行]。

馬やバイクなどでー・する ツーリング(touring)。〘近代〙ちゃうく[長駆]。〘近世〙とほのり[遠乗]。〘中世〙とほがけ[遠駆]。

トーナメント(tournament) かちぬきせん[勝抜戦]。〘近代〙トーナメント。

とおの・く【遠退】 →**とおざか・る**

とおまわし【遠回】 それとなく。それとなしに。〘近代〙かんせつ[間接]。〘近世〙あてこと[当言]。うきょく[迂曲/紆曲]。とほまはし[遠回]。ゑんきょく[婉曲]。

ー・でないさま ずばっと。〘近代〙ずばり。たんてき[端的]。〘中世〙たんたうちょくにふ[単刀直入]。歯に衣(ぬき)着せぬ。〘中古〙ただ[直]。

ー・に言う(こと) オブラート(オランダ oblaat)に包む。〘近代〙きょくげん[曲言]。ゑんご[婉語]。〘近世〙あてこと[当言]。まはりくどし[回]。もってまはる[持回]。ゑんきょく[婉曲]。謎を掛く〔ー掛ける〕。〘中世〙いひまはす[言回]。〘中古〙うちほのめかす[打仄]。にほはす〔ーわせる〕[臭]。

ー・に断ること 〘近世〙ゑんりょ[遠慮]。

とおまわり【遠回】 〘近代〙うろ[迂路]。〘近世〙うきょく[迂曲/紆曲]。うゑん[迂遠]。とほまはり[遠回]。まはりどほし[回遠]。〘中世〙うくゎい[迂回]。まはりみち[回道]。まはる[回/廻]。〘上代〙たもとほる[徘徊]。

ドーム(dome) 〘近代〙ドーム。まるやね[丸屋根]。ゑんがい[円蓋]。〘近世〙きゅうりゅう[穹窿]。〘中世〙まるてんじゃう[丸天井]。

とおり【通】❶〈往来〉 モール(mall)。〘近代〙ストリート(street)。まちかど[町角/街角]。ロード(road)。〘近世〙とほりみち[通道/通路]。わうらい[往来]。〘中世〙とほり[通]。〘中古〙かよひぢ/かよひみち[通路]。〘上代〙が

いろ［街路］。つうろ［通路］。みち［道／路］。→みち【道】

主要なー 近代アベニュー(avenue)。メーンストリート(main street)。めぬきどほり［目抜通］。近世おほどほり［大通］。おもてどほり［表通］。ほんどほり［本通］。上代おほち／おほぢ［大路］。

とおり【通】❷〈評判〉 近代とほり［通］。近世うけ［受］。せひゃう［世評］。中古きこえ［聞］。ひゃうばん［評判］。世の覚え。→ひょうばん

とおりいっぺん【通一遍】 近代いいかげん［好加減］。けいしきてき［形式的］。なみひととほり［並一通］。近世おざなり［御座形／御座成］。とほりいっぺん［通一遍］。中世うちまかせて［打任］。中古おほぞう。おほよそ［大凡］。おぼろけ［朧気］。おろか［疎］。おろそか［疎］。かいなで／かきなで［掻撫］。なほざり［等閑］。なまなま［生生］。なみなみ［並並］。言(こと)も愚か。上代おほろか。

ー・でない 中古並(な)べてならず。

とおりす・ぎる【通過】 近代いっくゎ［一過］。つうくゎ［通過］。とほりこす［通越］。近世とほりぬける［通抜］。中世さしすぐ［差過］。でぬく［ーぬける］［出抜］。とほりすぐ［ーすぎる］［通過］。中古うちすぐ［ーすぎる］［打過］。ひきすぐ［引過］。ふ［へる］［経］。よぎる［過］。上代すぎゆく［過行］。すぐ［すぎる］［過］。ゆきすぐ［ーすぎる］［行過］。

勢いよく素早くー・ぎる 近代とっくゎ［突過］。中世かけぬく［ーぬける］［駆抜］。つっきる［突切］。

今にも触れそうな所をー・ぎる 中古かすむ［かすめる］［掠］。

上をー・ぎる 中世とびこす［飛越］。のりこゆ［ーこえる］［乗越］。上代とびこゆ［ーこえる］［飛越］。ふみこゆ［ーこえる］［踏越］。

互いに近くをー・ぎる 近世すれちがふ［擦違］。

立ち寄らずにー・ぎること 近世すぐどほり［直通］。中世すどほり［素通］。

とおりぬ・ける【通抜】 近代つきぬける［突抜］。とっぱ［突破］。近世くゎんつう［貫通］。とほりぬける［通抜］。中世でぬく［ーぬける］［出抜］。ゆきぬく［ーぬける］［行抜］。中古すく［透］。上代くくる［潜］。

ー・けることができない道 ふくろみち［袋道］。近代ふくろこうぢ［袋小路］。

ー・けることができる場所 ぬけぐち［抜口］。近世ぬけみち［抜道］。

ー・けることができる道 ショートカット(short cut)。ぬけこうじ［抜小路］。近世ぬけみち［抜道］。ぬけろぢ［抜路地］。中世ちかみち［近道］。わきみち［脇道］。中古かんだう［間道］。

ー・けるのが難しい所 ネック(bottleneck の略)。近代あいろ［隘路］。中世せきしょ［関所］。

くぐってー・ける 近世くぐりぬける［潜抜］。中古くぐる［潜］。

光線などがー・ける 中世とうくゎ［透過］。

縦横にー・ける 近代じゅうだん［縦断］。わうだん［横断］。

狭い隙間をー・ける 中世すりぬける［擦抜］。中古すきとほる［透通／透徹］。

とおりみち【通道】 近世とほりすぢ［通筋］。とほりみち［通道／通路］。中世かうろ［行路］。みちすぢ［道筋］。上代つうろ［通路］。

天体のー かうだう［行道］。

とお・る【通】❶〈通行〉 近代つうくゎ［通過］。つきぬける［突抜］。近世くゎんつう［貫通］。とほりぬける［通抜］。中世つうず［通］。とほりすぐ［ーすぎる］［通過］。わたる［渡］。中古うちわたる［打渡］。つうかう［通行］。つらぬく［貫］。よぎる［過］。上代すぎゆく［過行］。すぐ［すぎる］［過］。とほる［通］。ゆく［行］。

《尊》近世おとほり［御通］。

《謙》中世まかりとほる［罷通］。

たまたまそこをー・る 近世とほりすがり［通］。中世さしかかる［差掛］。とほりあはす［通合］。とほりかかる［通掛］。とほりがけ［通掛］。中古ゆきずり［行摺／行摩］。

途中にそこをー・る 近代けいゆ［経由］。つうくゎ［通過］。中古ふ［へる］［経］。上代ゆ。

人や車がー・る いきかう［行交］。中古ゆきかふ［行交］。

とお・る【通】❷〈合格〉 近代うかる［受］。つうくゎ［通過］。とほる［通］。パス(pass)。中古がふかく［合格］。きふだい［及第］。

トーン(tone) 近代おんしつ［音質］。おんてう［音調］。トーン。しきてう［色調］。せいてう［声調］。近世ねいろ［音色］。中世いろめ［色目］。てうし［調子］。中古いろあひ［色合］。

とが【咎】 中世くゎんたい［緩怠］。ざいあく［罪悪］。中古あやまち［過］。ざいくゎ［罪過］。ざいくゎ［罪科］。つみとが［罪科］。とが［咎／科］。とがめ［咎］。上代つみ［罪］。→つみ

と

とかい【都会】 アーバン(urban)。シティー(city)。タウン(town)。近代 しいふ[市邑]。とし[都市]。近世 おほば[大場]。中古 まち[町/街]。上代 といふ[都邑]。とくゎい[都会]。とふ[都府]。みやこ[都]。
ーから離れた土地 中世 ゑんかう[遠郊]。
ーで低地にある地区 近世 したまち[下町]。
ーの雑踏 近代 とぢん[都塵]。
ーの周辺 近代 しぐゎい[市外]。
ーの人口集中を防ぐ施策 近世 きうりきのう[旧里帰農]。ひとがへし[人返]。
ーの人 シティーボーイ(和製city boy)。メトロポリタン(metropolitan)。近代 とくゎいじん[都会人]。近世 しみん[市民]。とじんし[都人士]。中古 とじん[都人]。
ーの人(例) カリオカ(ポルトガル Carioca)。コックニー(cockney)。ニューヨーカー(New Yorker)。近代 とうきゃうじん[東京人]。パリジェンヌ(フランス parisienne)。パリジャン(フランス parisien)。パリっこ[Paris子]。近世 えどっこ[江戸子/江戸児]。えどもの[江戸者]。
ーの風俗 近世 とぞく[都俗]。
ー風で上品なこと 近世 とが[都雅]。渋皮剝(む)く[ー剝ける]。
田舎からーへ出てきたばかり 近代 おのぼりさん[御上]。近世 はひで[這出]。ぽっとで[出]。
王宮のあるー 近代 わうと[王都]。中古 ていと[帝都]。
大きなー しゅと[主都]。近代 だいとし[大都市]。メトロポリス(metropolis)。近世 だいと[大都]。だいとくゎい[大都会]。

学校を中心としたー がくえんとし[学園都市]。がくと[学都]。
城壁に囲まれたー じょうかくとし[城郭都市]。近代 じゃうふ[城府]。中古 じゃういふ[城邑]。上代 じゃうし[城市]。

どがいし【度外視】 けいさんがい[計算外]。相手にしない。眼中にない。取り合わない。見向きもしない。目じゃない。目もくれない。近代 どぐゎいし[度外視]。むし[無視]。もくさつ[黙殺]。もんだいぐゎい[問題外]。

とかく【兎角】 近代 あれやこれや。ともかく。ややもすると。近世 えてして[得]。えては[得]。つい。中世 えて[得]。中古 いろいろ。とかく[兎角]。とにかくに。ともすると。なにやかや。ややもせば。

とか・す【溶】 近世 とかす[溶/解/融]。ようかい[溶解]。中世 とろかす[蕩/盪]。ようくゎ[溶化/熔化]。中古 とく[溶]。とらかす[蕩]。
ー・すのに用いる液体 ようざい[溶剤]。近代 ようばい[溶媒]。

とがめ【咎】 近代 きつもん[詰問]。しっせき[叱責]。しった[叱咤/叱咜]。近世 さっと[察度]。せきばつ[責罰]。とがめだて[咎立]。ものとがめ[物咎]。中世 かしゃく[譴責]。こらしめ[懲]。ひなん[非難/批難]。中古 いましめ[戒/誡]。ざいくゎ[罪科]。せめ[責]。とがめ[咎]。上代 きうだん[糾弾]。けんせき[譴責]。
ーを受けて自宅に引き籠もること 近世 ちっきょ[蟄居]。中世 たくきょ[謫居]。
後日のー 近代 ついきう[追咎]。中古 こうかん[後勘]。
天皇のー 中世 ちょくかん[勅勘]。
目上の人のー 中世 かんき[勘気]。近代 痛棒を食らはす。

とが・める【咎】 近世 たしなむ[ーなめる][窘]。中世 きめつく[ーつける][決付/極付]。こらしむ[ーしめる][懲]。せめつく[ーつける][責付]。中古 あはむ[淡]。いましむ[ーしめる][戒/誡]。いひけつ[言消]。かうがふ[考/堪]。きむ[きめる][決/極]。しかる[叱/呵]。なじる[詰]。なんず[難]。はしたなむ[端]。上代 こらす[懲]。せむ[せめる][責]。とがむ[とがめる][咎]。
ー・めだてしない 近代 くゎんか[寛仮]。沙汰なし。不問に付する。近世 大目に見る。中古 ゆるす[許/赦]。
些細(ささい)なことをー・める 中世 角水(ずみ)を突く。

とが・る【尖】 近世 かどだつ[角立]。とんがる[尖]。中古 いらく/いらぐ[苛]。とがる[尖]。
ー・った峰 エギーユ(フランス aiguille)。中世 せんぽう[尖峰]。
ー・ったものの先 近代 せんたん[尖端]。せんちゃう[尖頂]。とったん[突端]。近世 とっさき[突先]。中世 けんさき[剣先]。とがり[尖]。ほ[穂]。ほさき[穂先]。中古 えいほう[鋭鋒]。せんとう[尖頭]。そば[稜]。
ー・っているさま 近世 つんと。中世 するど[鋭]。
ー・って見える 近代 かどだてる[角立]。中世 いらめく[苛]。
ー・らせる 近世 とがらす[尖]。とんがらかす[尖]。中世 いらら

がす［苛］。中古 いららぐ／いららぐ［苛］。

とき【時】❶〈時間〉 近代 アワー(hour)。タイム(time)。きかん［期間］。じかん［時間］。中世 ねんねんさいさい［年年歳歳］。中古 そのかみ［其上］。せいさう［星霜］。上代 くゎういん［光陰］。さいくゎう［歳光］。さいげつ［歳月］。しゅんしう／しゅんじう［春秋］。つきひ［月日］。とき［時］。としつき／ねんげつ［年月］。ひ［日］。ふうさう［風霜］。
→じかん

ーが経つ 中古 ふ［へる］［経］。上代 うつる［移］。ふく［更］。

ーの過ぎる早さのたとえ 近代 うとそうそう［烏兎匆匆］。駟（し）の隙を過ぐるが若（ごと）し。中世 くげき［駒隙］。光陰人を待たず。光陰矢の如し。月の鼠。月日に関守なし。月日の鼠。白駒（はくく）隙（げき）を過ぐ。隙（ひま）過ぐる駒。隙（ひま）の駒。隙（ひま）行く駒。中古 斧（をの）の柄朽つ［―朽ちる］。

とき【時】❷〈時刻〉 近代 じき［時期］。じてん［時点］。近世 じあひ［時合］。じげん［時限］。じぶん［時分］。せつ［節］。だん［段］。ばあひ［場合］。中世 きは［際］。じせつ［時節］。みぎり［砌］。中古 きざみ［刻］。きはめ［極目］。ご［期］。こく［刻］。こくげん［刻限］。さい［際］。じ［時］。じしん［時辰］。たび［度］。ほど［程］。をり［折］。をりふし［折節］。上代 さだ。じこく［時刻］。とき［時］。→じこく【時刻】

ーが来る 上代 かたまく［片設］。

ーには 中世 ときんば［時］。時として。

ーの移り変わり 近代 ふうてう［風潮］。近世 じりう［時流］。ときよじせつ［時世時節］。

中古 じせい［時勢］。

ーを同じくする 中世 どうじ［同時］。

ーを限らず 近世 いつでも［何時］。中世 ときしらず［時知］。上代 ときじ［時］。ときなし［時無］。

あるー 近代 けじ［仮時］。中古 さんまや／さんまいや［三摩耶／三昧耶］。

ぐずぐずしてーを失うこと 中古 さだ［蹉跎］。

ちょうどそのー 近代 ときあたかも［時恰］。中古 ときに［時］。時しもあれ。

とき【関】 →ときのこえ

どき【怒気】 近世 けんまく［剣幕］。けんみゃく［見脈］。ごふはら［業腹］。中世 けんさう［険相］。どき［怒気］。はらだち［腹立］。りっぷく［立腹］。上代 いきどほり［憤］。

どき【土器】 近世 やきもの［焼物］。中古 すゑき［須恵器／陶器］。どき［土器］。上代 ひらか［平瓮］。ほとぎ［缶］。

ーを作る職人 上代 はじ［土師］。

食物を盛るー 上代 つき［坏／杯］。

素焼きのー 近代 ぐゎき［瓦器］。どやき［土焼］。近世 つちやき［土焼］。中古 かはらけ［土器］。

ときあか・す【解明】 近代 かいめい［解明］。せつべん［説弁］。せつめい［説明］。ときあかす［解明］。近世 ときあかす［説明］。中世 かいしゃく［解釈］。かうしゃく［講釈］。中古 とく［説］。べんぜつ［弁説］。

ときおり【時折】 →ときどき

ときき か・せる【説聞】 近代 かうわ［講話］。中世 こくゆ［告諭］。中古 いひきかす［―きかせる］［言聞］。ときかす［―きかせる］［説聞］。

ときたま【時偶】 →ときどき

どぎつ・い 近世 あくどし。あざとし。どぎつい。どくどくし［毒毒］。中世 あくらつ［悪辣］。くどし。

ー・い性格 近代 あく［灰汁］。

ー・いほどきらびやか 近世 けばけばし。

ー・くて精力的 中世 あぶらぎる［脂］。

ときどき【時時】 近代 ときに(は)［時］。ときより［時折］。近世 ときたま［時偶］。ときをり［時折］。まま［間間］。をりに［折］。中世 せつせつ［節節／折折］。たまたま［偶／適／会］。時として。中古 せぜ［瀬瀬］。たまたま［偶偶／偶／適］。つぶつぶ。まれまれ［稀稀］。わうわう［往往］。をりふし［折節］。をりをり［折折］。上代 たまさか［偶／適］。ときどき［時時］。よりより［度度］。

ーあるさま ぱらっと。近代 ぱらぱら。近世 ちょいちょい。ちょくちょく。ちょびちょび。ちらほら。ちらりほらり。ぽつぽつ。中世 ちょぼちょぼ。

どきどき・する 動悸がする。近代 きゃうき［驚悸］。たかなる［高鳴］。ときめく。近世 だくつく。どきつく。どきどきす。わくわくす。をどる［躍］。中世 だくめく。中古 うちさわぐ［打騒］。こころうごく［心動］。こころときめく［心］。はしる［走］。むねつぶる［胸潰］。むねはしる［胸走］。むねひしぐ［胸拉］。

ー・するさま はやがね［早鐘］。中世 だくだく。中古 つぶつぶ。

ー・する胸 近世 とむね［胸］。

ときならぬ【時】 思いもよらない。時節外れの。近世 はからずも［図］。おもひがけなし［思掛無］。上代 ときならず［時］。

ときのうん【時運】 →うんめい

と

ときのこえ【鬨声】 ウォークライ(war cry)。中世 いくさよばひ[戦喚]。かちどき[勝鬨]。かんせい[喊声]。げいは[鯨波/鯢波]。とき[鬨]。中古 がいか[凱歌]。ときのこゑ[鬨声]。上代 をたけび[雄叫]。

—をあげること 近世 とっかん[吶喊]。中世 いくさよばひ[戦喚]。鬨(鯨波)を挙ぐ[—挙げる]。鬨(鯨波)を作る。中古 こさう[鼓騒/鼓譟]。

ときふ・せる【説伏】 近代 せっぷく[説伏/説服]。ときふせる[説伏]。近世 くどきおとす[口説落]。ときつく[—つける][説付]。ろんぱ[論破]。中世 せっとく[説得]。つめふす[—ふせる][詰伏]。中古 かたらひとる[語取]。かたらひなびかす[語靡]。せめふす[—ふせる][責伏]。上代 ことむく[言向]。

どぎまぎ おたおた。近代 どまどま。近世 うろたへ[狼狽]。どぎどぎ。どぎまぎ。へどもど。まごまご。中世 うろうろ。らうばい[狼狽]。

ときめ・く【時】 近世 はやる[流行]。羽振りがよい。中世 はなめく[花/華]。中古 いきほふ[勢]。いきまく[息巻]。えいえう[栄耀]。ときめく[時]。はなめく/はなやぐ[花]。上代 さかゆ[さかえる][栄]。

—・く人 中古 ときなるひと[時人]。

ときめ・く →**どきどき・する**

どぎも【度肝】 近代 きもったま[肝玉/肝魂]。たんりき/たんりょく[胆力]。どぎも[度肝/度胆]。はら[腹]。近世 どきょう[度胸]。中世 がうき[豪気/剛気/強気]。中古 しんたん[心胆]。上代 がうき[剛毅/豪毅]。きも[肝]。

—を抜く 近代 生き肝を抜く。近世 気を抜く。中世 荒肝を抜く。

ドキュメンタリー(documentary) きろくえいが[記録映画]。きろくぶんがく[記録文学]。じつわしょうせつ[実話小説]。ノンフィクション(nonfiction)。ルポ/ルポルタージュ(フランス reportage)。近代 じじつだん[事実談]。上代 じつろく[実録]。

ドキュメント(document) 近代 ドキュメント。近世 しょめん[書面]。ぶんけん[文献]。中世 かきもの[書物]。ぶんしょ[文書]。中古 きろく[記録]。

どきょう【度胸】 近代 きもったま[肝玉]。たんりき/たんりょく[胆力]。はら[腹]。肝が据わる。腹が据わる。近世 こころだま[心魂]。どう[胴]。どうぼね[胴骨]。どきょう[度胸]。中世 きもだましひ[肝魂]。中古 きも[肝/胆]。しんたん[心胆]。

—がある ごうふく[剛腹]。近代 がうたん[剛胆]。ゆうたん[勇胆]。近世 こころぶとし[心太]。だいたん[大胆]。どうづよし[胴強]。ふとっぱら[太腹]。中世 きもふとし[肝太]。

—がない 心臓が弱い。中古 おくだかし[臆高]。

思慮の浅い— 近代 くそどきょう[糞度胸]。わるどきょう[悪度胸]。

どきょう【読経】 近世 かんきん[看経]。きゃうよみ[経読]。ふぎん[諷経]。中世 ごんぎゃう[勤行]。中古 くゎんぎゃう[観経]。ずきゃう[誦経]。つとめ[勤]。てんぎゃう[転経]。上代 てんどく[転読]。どきゃう[読経]。どくじゅ[読誦]。

—の声 近世 だぶだぶ。ぼんおん/ぼんのん[梵音]。中世 のりのこゑ[法声]。

とぎれとぎれ【途切途切】 近世 とぎれとぎれ[途切途切]。中古 たえだえ[絶絶]。とだゆ[途絶]。をやむ[小止]。

とぎ・れる【途切】 ふっきる/ふっきれる[吹切]。中世 おこたる[怠]。とぎる[とぎれる][途切]。中古 かきたゆ[—たえる][掻絶]。かれはつ[—はてる][離果]。きる[きれる][切]。たえはつ[—はてる][絶果]。とだゆ[とだえる][途絶]。をやむ[小止]。跡を絶つ。上代 たゆ[たえる][絶]。やむ[止/已/罷]。

—・れがち 中古 かれがれ[離離]。

—・れそうなさま 中世 たえだえし[絶絶]。

—・れない 近世 ひっきりない[引切無]。上代 いとまなし[暇無]。

—・れないで続くこと 中古 めんめん[綿綿]。れんめん[連綿]。

—・れながら続くこと 中古 だんぞく[断続]。

—・れること 近代 えうざん[腰斬/要斬]。たゆみ[弛]。近世 ちゅうだん[中断]。とぎれ[途切]。とぜつ[途絶]。中世 かんだん[間断]。中古 たえま[絶間]。だんぜつ[断絶]。ちゅうぜつ[中絶]。とだえ[途絶/跡絶]。

—・れるさま ばたっと/ぱたっと。近代 ぶつり/ぷつり。ぷっつん/ぷつん。近世 ばったり/ぱったり。

とく【得】 近代 とくさく[得策]。近世 とくよう[徳用]。りかん[利勘]。中世 ひろひもの[拾物]。まうけ[儲]。りえき[利益]。りとく[利得]。中古 とく[得]。り[利]。

—をする 近世 まうかる[儲]。為になる。

〘中世〙りす［利］。〘中古〙しょうとく［所得］。まうく〔もうける〕［儲］。

—をするやり方　〘中世〙りかた［利方］。

ごねて—をすること　ごてどく［得］。ごねどく［得］。

とく【徳】　〘近代〙いとく［懿徳］。〘近世〙せいとく［成徳］。たっとく［達徳］。〘中世〙かさ［嵩］。こうとく［厚徳］。じん［仁］。じんとく［仁徳］。〘中古〙げんとく［玄徳］。〘上代〙だうとく［道徳］。とく［徳］。《句》〘近代〙怨みに報ゆるに徳を以てす。大徳は小怨を滅す。〘中世〙徳を以て怨みに報ゆ。富は屋(をく)を潤(うるほ)し徳は身を潤す。

—が高く人望があること　〘中古〙とくばう［徳望］。ゐとく［威徳］。

—によって人を教えること　〘中古〙ふうくゎ［風化］。ふうけう［風教］。

—のある君主　〘中古〙せいくん［聖君］。

—のあること　〘近世〙いうとく／うとく［有徳］。かうめい［高明］。ぐとく［具徳］。

—のある先人　〘近世〙せんとく［先徳］。

—のある人　とくばうか［徳望家］。〘近代〙しゅくじん［淑人］。とくじん／とくにん［徳人］。〘中世〙うとく［有徳／有得］。しくんし［士君子］。ちゃうじゃ［長者］。とくにん［徳人］。ひじり［聖］。〘中古〙けんじん［賢人］。しうとく／しゅくとく［宿徳］。たいじん［大人］。たいとく／だいとく［大徳］。〘上代〙とくせい［徳星］。《句》〘中世〙大人(たいじん)は赤子(せきし)の心を失はず。

—のある人のもとに人が集まる　〘中古〙いうりん［有隣］。せいけい［成蹊］。《句》〘近世〙声なくして人を呼ぶ。〘中世〙桃李(たうり)もの言はざれども下自ら蹊(みち)を成す。徳は孤ならず必ず隣有り。

—のないこと　〘近代〙うかうしゅんすう［禹行舜趨］。〘上代〙ふとく［不徳］。

—を褒め称えること　〘中古〙しょうとく［頌徳］。

皇后の—　〘中世〙こんとく［坤徳］。

最高の—　〘中世〙しいとく［至徳］。〘上代〙しとく［至徳］。せいとく［聖徳］。

自分の—をへりくだって言う語　〘近代〙ひとく［菲徳］。〘中古〙はくとく［薄徳］。〘中世〙くゎじん［寡人］。〘上代〙くゎとく［寡徳］。ふとく［不徳］。

女性が身に付けるべき—　〘近世〙ぢょとく［女徳］。〘中古〙ふとく［婦徳］。

先人の残した—　〘中世〙よくん［余薫］。〘中古〙よけい［余慶］。よたく［余沢］。ゐとく［遺徳］。よとく［余徳］。

前世で積んだ—　〘中世〙しくふく／しゅくふく［宿福］。〘上代〙しゅくとく［宿徳］。

天子の—　〘中古〙けんとく［乾徳］。〘上代〙せいとく［聖徳］。

とく【疾】　〘中古〙きふに［急］。とく［疾］。〘上代〙はやく［早］。

と・く【解】❶〈解釈〉　〘近代〙かいけつ［解決］。かいする［解］。かいめい［解明］。ときあかす［解明］。ときほぐす［解］。〘近世〙えんぎ［衍義］。〘中世〙かいしゃく［解釈］。げす［解］。とく［解］。

数式を—・くこと　〘近代〙かいしき［解式］。

と・く【解】❷〈解任〉　〘近代〙かいきん［解禁］。かいこ［解雇］。かいぢょ［解除］。かいにん［解任］。かいはう［解放］。とく［解］。〘中世〙げす［解］。ときほどく［解］。〘中古〙うちとく［打解］。ときはなつ［解放］。ときさく［解放］。〘上代〙しゃくはう［釈放］。はなつ［放］。

と・く【説】　〘近代〙ときふせる［説伏］。〘中世〙くどく［口説］。せっとく［説得］。委曲(ゐきよく)を尽くす。〘中古〙かたらふ［語］。〘上代〙さとす［諭］。とく［説］。

—・いて明らかにする　〘近代〙ときあかす［説明］。〘近世〙ときあきらめる［説明］。

—・いて自分の考えに従わせる　〘近代〙ときふせる［説伏］。〘近世〙ときつく〔—つける〕［説付］。→**ときふ・せる**

繰り返し—・くこと　〘中世〙ぢゅうせつ［重説］。

熱心に—・くこと　〘近代〙りきせつ［力説］。

広く全体にわたって—・くこと　はんせつ［汎説］。〘近代〙はんろん［汎論］。

と・ぐ【研】　〘近世〙けんま［研摩／研磨］。まれい［磨礪］。〘中世〙とぎすます［研澄］。寝刃(ねたば)を合はす。〘中古〙しれい［砥礪］。たくま［琢磨］。てうたく［彫琢］。〘上代〙とぐ［研／磨］。《枕》〘上代〙つるぎたち［剣太刀］。まそかがみ［真澄鏡］。

米を—・ぐ(こと)　〘近代〙こめかし［米淅］。〘中古〙かす［淅／浸／漬］。

どく【毒】　ポイズン(poison)。〘近代〙どくそ［毒素］。〘中世〙どくぶつ［毒物］。〘中古〙どく［毒］。〘上代〙どくやく［毒薬］。《句》〘近代〙毒を以て毒を制す。〘近世〙毒を食はば皿まで。〘中世〙悪に強きは善にも強し。毒薬変じて薬(甘露)となる。

—があること　〘近代〙いうどく［有毒］。

—となる成分　どくせい［毒性］。どくっけ［毒気］。〘中世〙どくけ［毒気］。〘中古〙どくき［毒

気]。
ーのある感じだ 近世どくどくし[毒毒]。
ーのある植物 ゆうどくしょくぶつ[有毒植物]。
ーのあるなしを見ること 近世どくみ[毒味／毒見]。
ーの作用を消すこと 近代ちゅうわ[中和]。近世げどく[解毒]。どくけし[毒消]。
ーの強い医薬品 近代げきざい[劇剤]。げきやく[劇薬]。上代どくやく[毒薬]。
ーを飲むこと ふくどく[服毒]。
ーを含む液体 どくみず[毒水]。近代どくえき[毒液]。どくじふ[毒汁]。中世どくすい[毒水]。
赤血球を破壊するー けつえきどく[血液毒]。しゅっけつどく[出血毒]。
強いー どくげきぶつ[毒劇物]。近代げきどく[劇毒]。げきやく[劇薬]。ちんどく[鴆毒／酖毒]。まうどく[猛毒]。中世ちん[鴆／酖]。
鏃(やじり)にーを塗った矢 近代どくし[毒矢]。どくや[毒矢]。近世どくせん[毒箭]。

とくい【特異】 近代いじゃう[異常]。とくしゅ[特殊]。どくとく[独特]。近世とくい[特異]。中世いっきょう[逸興]。中古いやう[異様]。きい[奇異]。きめう[奇妙]。
ー・な人 いたんじ[異端児]。

とくい【得意】❶〈自慢〉 近代とくい[得意]。プライド(pride)。ほこらか[誇]。ほこり[誇]。近世はなたかだか[鼻高高]。鼻高し。鼻に掛く[ー掛ける]。中世おごり[驕]。かうまん[高慢]。きしょくばむ[気色]。中古じまん[自慢]。たかあふぎ[高扇]。ほこらし／ほこらしげ[誇]。ほこりか[誇]。
ー顔 近代とくいまんめん[得意満面]。近世時を得顔。中世えたりがほ[得顔]。おのれがほ[己顔]。きしょくがほ[気色顔]。中古こころえがほ[心得顔]。したりがほ[顔]。ところえがほ[所得顔]。まさりがほ[優顔]。われはがほ[我顔]。
ーげに大威張りで歩く 近世肩で風を切る。
ーそうなさま(をする) 顎(あご)(齶／頤)を撫(な)でる。大見得を切る。近代したりげ。小鼻をうごめかす。近世うちゃうてん[有頂天]。おぼめかす。でかしだて[出来立]。ひげなで[髭撫]。やにさがり[脂下]。反身(そりみ)になる。髭(ひげ)(鬚／髯)を撫(な)づ[ー撫でる]。中世とくとく[得得]。はなたかだか[鼻高高]。はりひぢ[張臂]。中古いきやうやう[意気揚揚]。やうやう[揚揚]。上代ほこる[誇]。
ーそうに見せつけること 近世これみよがし[此見]。
ー・な気分になる 中世うそやぐ。
ー・になる 近代てうしづく[調子付]。よがる[善／良]。近世やにさがる[脂下]。調子に乗る。中世ほほめく。まんず[慢]。肩が怒(いか)る。鼻を高くす。我猛(けた)し。中古おごる[驕]。心を遣る。上代おもひほこる[思誇]。ほころふ[誇]。
いつもー・になってする話 取って置きの話。近世ひとつばなし[一話]。
勝ってー・になる 中世かちほこる[勝誇]。
自分が物知りであることをーがる顔 中古ものしりがほ[物知顔]。
自分一人ー・になること 近代ひとりよがり[独善]。近世うぬぼれ[自惚／己惚]。きなやつ[気奴]。じぶんめんきょ[自分免許]。中古遼東の豕(ゐのこ)。
他人の権威を借りてー・になるたとえ 近世晏子(あんし)の御(ぎょ)。

とくい【得意】❷〈得手〉 近代とくぎ[特技]。近世えて[得手]。えてきち[得手吉]。えてもの[得手物]。えもの[得物]。おはこ[御箱／十八番]。てのもの[手物]。はなだか[鼻高]。みそ[味噌]。てとりもの[手取物]。中世じゅくれん[熟練]。とくい[得意]。中古かんのう[堪能／勘能]。たっしゃ[達者]。上代じゃうず[上手]。→**とくぎ**
《句》近世得手に帆柱。得手に帆を揚ぐ[ー揚げる]。川立ちは川で果つ[ー果てる]。
ー・でない よわい[弱]。近代にがて[苦手]。ふえて[不得手]。中古ふとくい[不得意]。
ー・な上にさらによくなる 近世得手に棒。駈け馬に鞭。中世鬼に金棒(金梃(かなてこ))。上代虎に翼(羽)。
ー・な芸 もちげい[持芸]。近代おいへげい[御家芸]。近世あたりげい[当芸]。おかぶ[御株]。おはこ／じふはちばん[十八番]。かぶ[株]。
ー・な武器 中世えだうぐ[得道具]。えもの[得物]。
ーの絶頂期 我が世の春。

とくい【得意】❸〈顧客〉 →**とくいさき**

とくいさき【得意先】 おとくい[御得意]。近代あきなひぐち[商口]。こかく／こきゃく[顧客]。近世だんなば[旦那場]。でいりば[出入場]。とくい[得意]。とくいさき[得

意先］。とくいば［得意場］。まはりば［回場］。

一番大事なー 〔近世〕いちだんな［一旦那］。いっきゃく［一客］。

掛け売りしたー 〔近世〕かけさき［掛先］。

通いなれているー 〔近世〕なじみきゃく［馴染客］。

どくえん【独演】 どくだんじょう［独壇場］。〔近代〕どくえん［独演］。どくせんぢゃう［独擅場］。ひとりぶたい［独舞台］。

どくが【毒牙】 〔近代〕きょうじん［凶刃／兇刃］。どくが［毒牙］。どくじん［毒刃］。ましゅ［魔手］。〔近世〕どくしゅ［毒手］。

どくがく【独学】 じしゅう［自習］。どくしゅう［独習］。どくしゅう［独修］。〔中世〕どくがく［独学］。

とくぎ【特技】 とくいわざ［得意技］。〔近代〕とくぎ［特技］。〔近世〕えてもの［得手物］。てのもの［手物］。はこいり［箱入］。〔中世〕えて［得手］。えもの［得物］。おしもの［押物］。とくい［得意］。

たった一つのー 〔近世〕いっぽんやり［一本槍］。

どくさい【独裁】 〔近代〕オートクラシー(autocracy)。せんけつ［専決］。せんだん［専断］。デスポティズム(despotism)。どくさい［独裁］。〔上代〕せんせい［専制］。どくだん［独断］。

とくさんひん【特産品】 〔中世〕めいさん［名産］。めいぶつ［名物］。〔上代〕くにつもの［国物］。

とくし【特使】 アンバサダー(ambassador)。クーリエ(courier)。メッセンジャー(messenger)。〔近代〕とくし［特使］。〔中世〕せんし［専使］。〔中古〕ししゃ［使者］。しせつ［使節］。

とくし【篤志】 〔近代〕ほうし［奉仕］。〔近世〕こうし［厚志］。じぜん［慈善］。とくし［篤志］。〔中世〕こうい［厚意］。〔中古〕はうし［芳志］。

ーのある人 〔近代〕とくしか［篤志家］。

どくじ【独自】 〔近代〕オリジナル(original)。とくいう［特有］。どくさうてき［独創的］。ユニーク(unique)。〔近世〕いっせき［一跡］。こいう［固有］。どくとく［独特］。〔中世〕どくじ［独自］。どくりょく［独力］。〔中古〕たんどく［単独］。

ーの考えで行動をする人 いっぴきおおかみ［一匹狼］。はんぎゃくじ［反逆児／叛逆児］。〔近代〕アウトサイダー(outsider)。

ーの存在 〔中世〕しゃべち／しゃべつ［差別］。〔中古〕さべつ［差別］。

発想がー・であること 〔中世〕ざんしん［斬新］。

とくしつ【特質】 〔近代〕とくしつ［特質］。とくしょく［特色］。とくせい［特性］。とくちょう［特徴］。〔近世〕たいしつ［体質］。ほんりゃう［本領］。〔中世〕ほんしつ［本質］。

本来持っているー 〔近世〕こいう［固有］。〔中世〕せいとく［生得］。〔中古〕しゃうとく［生得］。〔上代〕ほんいう［本有］。

とくしつ【得失】 〔近代〕いちりいちがい［一利一害］。いっしついっとく［一失一得］。プラスマイナス(plus minus)。〔中古〕そんえき［損益］。そんとく［損得］。とくしつ［得失］。りがい［利害］。

ーの差が大きいたとえ 〔近世〕千貫(せんぐわん)のかたに編み笠一蓋(いっかい)。

ーを無視して同じ扱いにすること あくびょうどう［悪平等］。

とくじつ【篤実】 とくしん［篤心］。〔近代〕しんし［真摯］。まじめ［真面目］。〔近世〕こうし［厚志］。こうじゃう［厚情］。しじゃう［至誠］。〔中世〕ちゅうじつ［忠実］。をんこう［温厚］。〔中世〕じちめ［実目］。とくじつ［篤実］。〔中古〕しせい［至誠］。せいじつ［誠実］。

とくしゅ【特殊】 〔近代〕スペシャル(special)。とくいう［特有］。どくじ［独自］。とくしゅ［特殊］。とくべつ［特別］。

どくしゅう【独習】 〔近代〕じしふ［自習］。どくしう［独修］。〔中世〕どくがく［独学］。ひとりまなび［独学］。

とくしゅつ【特出】 〔近代〕とくしゅつ［特出］。〔近世〕ずばぬける［抜］。たくゑつ［卓越］。〔中世〕づぬく［―ぬける］［図抜］。〔中古〕けっしゅつ［傑出］。ばつぐん［抜群］。〔上代〕たくぜつ［卓絶］。

どくしょ【読書】 〔近代〕しょけん［書見］。はんしょ［繙書］。リーディング(reading)。巻帙(くわんちつ)を綻(ほころ)ぶ。帙(ちつ)を繙(ひもと)く。〔近世〕ほんよみ［本読］。ものよみ［物読］。〔中世〕かんどく［看読］。ひもとく［繙／紐解］。もくかう［目耕］。〔中古〕とくしょ／どくしょ［読書］。

《句》〔近代〕読書亡羊。読書百遍義自(おのづか)ら見(あら)はる(意自(おのづか)ら通ず)。

ーによって昔の賢人と友になること 〔近代〕どくしょしゃうゆう［読書尚友］。

ーの好きな人 〔近代〕しょと［書蠹］。どくしょじん［読書人］。〔近世〕ほんよみ［本読］。

ーはするが身に付かない人 〔近世〕しょちゅう［書厨］。

ー力の優れていること 〔近代〕いちもくじふぎゃう［一目十行］。

秋はーに適している 〔近代〕灯火親しむべし。

家に籠もってーに耽る人 中古 へいこせんせい[閉戸先生]。

本があってもー・しない 近代 つんどく[積読]。近世 高閣に束ぬ[ー束ねる]。たちよみ[立読]。

その他ーのいろいろ(例) よみこむ[読込]。近代 ざつどく[雑読]。そくどく[速読]。たどく[多読]。たんどく[耽読]。みどく[味読]。よみすてる[読捨]。よみふける[読耽]。らんどく[乱読]。近世 あいどく[愛読]。中世 じゅくどく[熟読]。近世

どくしょう【独唱】 ボーカル ソロ(vocal solo)。近代 ソロ(イタリア solo)。どくしゃう[独唱]。

ー歌 近代 アリア(イタリア aria)。

ー会 近代 リサイタル(recital)。

ー曲 近代 カバティーナ(イタリア cavatina)。

とくしょく【特色】 近代 とくしつ[特質]。とくしょく[特色]。とくせい[特性]。とくちゃう[特長]。とくちょう[特徴]。

国や地方のー ふうどしょく[風土色]。上代 くにがら[国柄]。

特に目立ったーのある存在 近代 かはりだね[変種]。近世 いしょく[異色]。

とくしょく【瀆職】 おしょく[汚職]。近代 しうわい[収賄]。とくしょく[瀆職]。近世 ぞうわい[贈賄]。

とくしん【得心】 近代 かうしん[降心]。たんねん[堪念]。りかい[理解]。近世 しょうち[承知]。れうかい[了解]。中世 ゑとく[会得]。がってん/がてん[合点]。なっとく[納得]。中古 とくしん[得心]。

ー・しないこと 近世 むとくしん[無得心]。中世 ふとくしん[不得心]。

ー・する 近世 のみこむ[飲込/呑込]。中古 ききわく[ーわける][聞分]。

どくしん【独身】 近代 シングル(single)。みこん[未婚]。近世 賽の河原。中世 けいどく[煢独/惸独]。ひとりもの[独者]。中古 どくしん[独身]。ひとりみ[独身]。上代 たんしん[単身]。ひとり[独/一人]。

ーの女性 近代 みばうじん[未亡人]。近世 いかずごけ[不嫁後家]。中古 ごけ[後家]。やもめ[寡/寡婦/孀]。ゑんぢょ[怨女]。上代 くゎふ[寡婦]。→みぼうじん

ーの男性 くゎふ[寡夫]。チョンガー[(朝鮮語)総角]。近代 バチェラー(bachelor)。近世 をとこやもめ[男鰥]。中古 やもめ[鰥/鰥夫]。上代 やもを[寡夫/寡男]。

相手が見つからずーでいる 近世 えんどほし[遠遠]。

▼一生妻帯しない男 中世 をとこひじり[男聖]。

▼未婚の女性 →みこん

どく・する【毒】 中古 がいす[害]。そこなふ[損]。どくす[毒]。むしばむ[蝕]。

とくせい【特性】 近代 とくいせい[特異性]。とくしゅせい[特殊性]。とくしょく[特色]。とくせい[特性]。とくちょう[特徴]。もちあぢ[持味]。

とくせい【特製】 近代 とくせい[特製]。とくべつせい[特別製]。べっせい[別製]。

とくせい【徳性】 近代 だうとくしん[道徳心]。モラリティー(morality)。近世 とくせい[徳性]。

どくぜつ【毒舌】 憎まれ口をたたく。近代 あくたれぐち[悪口]。近世 あくたい/あくたいぐち[悪態口]。あくたれ[悪口]。あくこう[悪口]。どくぐち[毒口]。どくづく[毒突]。にくまれぐち[憎口]。悪態を吐っく。どくぜつ[毒舌]。わるぐち[悪口]。中世 あくこうざふごん[悪口雑言]。上代 ひばう[誹謗]。

どくせん【独占】 近代 いって/ひとて[一手]。せんいう[占有]。せんいう[専有]。どくせん[独占]。ひとりじめ[独占]。モノポリー(monopoly)。

ー・して使うこと 近代 せんよう[占用]。

どくぜん【独善】 どくそう[独走]。近代 どくぜん[独善]。ひとりよがり[独善]。近世 じぶんかって[自分勝手]。せんわう[専横]。上代 どくだん[独断]。

どくせんじょう【独擅場】 どくだんじょう[独壇場]。近代 どくえん[独演]。どくせんぢゃう[独擅場]。ひとりぶたい[独舞台]。

どくそう【独創】 近代 アイディア(idea)。オリジナリティー(originality)。クリエーティブ(creative)。クリエート(create)。さうざう[創造]。どくさう[独創]。近世 さうい[創意]。

ー性のないことのたとえ《句》 近代 様によりて葫蘆を画く。

ー的な考え 近代 さうけん[創見]。

どくそう【独走】 ぼうそう[暴走]。近代 どくぜん[独善]。上代 どくだん[独断]。

とくそく【督促】 とくする[督]。近世 せかす[急]。せきたつ[ーたてる][急立]。せっつく[責付]。とくそく[督促]。中古 いそがす[ーがせる][急]。さいそく[催促]。上代 うながす[促]。けんせき[譴責]。

ドクター(doctor) はかせ[博士]。はくし[博士]。近代ドクター。中古いし[医者]。近世いさ[医者]。くすし[薬師]。→**いしゃ【医者】**

どくだみ【蕺草】 いしゃごろし[医者殺]。うまくわず[馬不食]。ほとけぐさ[仏草]。近代どくだめ[蕺草]。近世どくだみ[蕺草／蕺]。犬のへどぐさ。中古しぶき[蕺]。じふやく[十薬]。

とくだん【特段】 スペシャル(special)。近代とくべつ[特別]。近世かくだん[格段]。中世かくべつ[格別]。べっかく[別格]。

どくだん【独断】 近代せんだん[専断]。どくさい[独裁]。ドグマ(dogma)。ひとりぎめ[独決]。近世いちぞん[一存]。じこりう[自己流]。せんけつ[専決]。せんわう[専横]。中世てづくり[手作]。中古どくぜん[独善]。へんけん[偏見]。上代せんせい[専制]。どくだん[独断]。

―的なさま 近代ドグマチック(dogmatic)。

―で組織を動かす人 ワンマン(one man)。近代どくさいしゃ[独裁者]。

統治者が―で政治を行うこと 上代せんせい[専政]。

どくだんじょう【独壇場】 近代どくえん[独演]。どくせんぢゃう[独擅場]。ひとりぶたい[独舞台]。

とぐち【戸口】 近代とばくち[口]。近世おもてぐち[表口]。かどぐち[門口]。とぼくち／とぼぐち[口]。中世こ[戸]。中古とぐち[戸口]。上代くち[口]。と[門／戸]。やど[屋戸]。**→と**

とくちょう【特長】 近代とくちゃう[特長]。びてん[美点]。りてん[利点]。中世ちゃうしょ[長所]。とりえ[取柄]。

とくちょう【特徴】 近代とくいせい[特異性]。とくしつ[特質]。とくしゅせい[特殊性]。とくしょく[特色]。とくせい[特性]。とくちゃう[特長]。とくちょう[特徴]。

―づけること フィーチュア(feature)。

―を無くす 形(かた)(型)に嵌(は)める。

その人を際立たせるよい― 近代トレードマーク(trademark)。

その物に備わっている― 近世ぞくせい[属性]。

一つの―で全体の評価が変わること こうはいこうか[光背効果]。ごこうこうか[後光効果]。ハローこうか[halo 効果]。

とくてい【特定】 近代してい[指定]。とくてい[特定]。近世してき[指摘]。だんてい[断定]。

―できない 中世何となし。

―の場所 近代きょくぶ[局部]。

―の人だけが所有すること 近代せんいう[専有]。

―の人だけが使うこと 近代せんよう[専用]。

―の目的だけに使うこと 近代せんよう[専用]。

とくてん【得点】 かてん[加点]。ポイント(point)。近代とくてん[得点]。

―が等しいこと 近代タイ(tie)。どうてん[同点]。

―・されること しってん[失点]。

―・すること うばふ[奪]。スコア(score)。とる[取]。近代ゴール(goal)。

―の記録係 マーカー(marker)。

―やゲームの記録表 せいせきひょう[成績表]。とくてんひょう[得点表]。近代スコアブック(score book)。

花ガルタで―の多いこと 近代いしだか[石高]。

とくてん【特典】 近代おんてん[恩典]。とくけん[特権]。とくてん[特典]。中古おんけい[恩恵]。おんこ[恩顧]。上代おんたく[恩沢]。

とくと【篤】 近代じふぶんに[十分]。みっちり。近世じっくり。とっくり。中世とくと[篤]。中古よくよく。

どくとく【独特】 プロパー(proper)。近代こせいてき[個性的]。とくいう[特有]。どくじ[独自]。とくしゅ[特殊]。どくとく[独特]。とくべつ[特別]。ユニーク(unique)。近世とくい[特異]。中世こいう[固有]。

どくどくし・い【毒毒】 けばけばしい。近世あくどし。どぎつい。どくどくし[毒毒]。

ドクトリン(doctrine) きょうじょう[教条]。近代げんそく[原則]。しゅぎ[主義]。しんでう[信条]。ドクトリン。ドグマ(dogma)。

とくに【特】 近代とくに[特]。とくべつに[特別]。中世さして。すぐれて[勝]。とりわきて[取分]。とりわけ[取分]。なかんづく／なかんづくに[就中]。べっして[別]。わきて[分／別]。中古うちはへ／うちはへて[打延]。ことさら[殊更／故]。ことと[事]。せち[切]。たえて[絶]。たてて[立]。なかに[中]。わいて／わけて[分／別]。わざと[態]。上代いとのきて。ことたへに[故]。ことに[殊]。

―…(ない) 近代たいして[大]。中世さして

も。それほど[其程]。**中古**あまり[余]。いとしも。さして。さほど[然程]。**上代**あへて[敢]。

どくは【読破】 かんどく[完読]。よみおえる[読終]。**近世**どくくゎ[読過]。どくは[読破]。どくれう[読了]。**中世**よみおほす[—おおせる][読果]。よみあぐ[—あげる][読上]。よみきる[読切]。よみとほす[読通]。よみやぶる[読破]。

とくばい【特売】 クリアランスセール(clearance sale)。ディスカウントセール(discount sale)。とっかはんばい[特価販売]。わりびきはんばい[割引販売]。**近代**おほうりだし[大売出]。くらざらへ[蔵浚]。とくばい[特売]。バーゲンセール(bargain sale)。れんばい[廉売]。**近世**おほやすうり[大安売]。くらばらひ[蔵払]。やすうり[安売]。↓やすうり

とくべつ【特別】 とくだん[特段]。**近代**スペシャル(special)。とくいう[特有]。とくしゅ[特殊]。とくしょく[特色]。とくに[特]。とくべつ[特別]。はかく[破格]。**近世**かくだん[格段]。とくい[特異]。どくとく[独特]。ぶん[分]。**中世**かくべち/かくべつ[格別]。ひじゃう[非常]。べちだん[別段]。べつ[別]。べっかく[別格]。**中古**とりわけ[取分]。ひざう[非常]。べち[別]。べつだん[別段]。**上代**ことさら[殊更]。ことに[殊]。

—・でないこと **中世**いっぱん[一般]。**中古**おほぞう。ふつう[普通]。

—・な扱いはしない **中古**態(わざ)となし。態(わざ)とならず。

—・な扱いをする とくべつたいぐう[特別待遇]。べんぎ[便宜]。**近代**とくたい[特待]。**中世**とりわく[—わける][取分]。**中古**さしわく[差分]。

—・な扱いをする人物 ビップ/ブイアイピー(VIP; very important person)。

—・なこと **近代**エキストラ(extra)。べつ[別]。**中古**べち[別]。べつじ[別事]。

—・な事情 **近世**きみあひ[気味合]。**中古**べつぎ[別儀]。

—・な品 **近代**べっぴん[別品]。

—・な賞 **近代**とくしゃう[特賞]。

—・な注文 カスタムメード(custom made)。とくちゅう[特注/特註]。

—・に アドホック(ラテ ad hoc)。とりたてて[取立]。**中世**ことさら[殊更/故]。とりわけ[取分]。べっして[別]。べつに[別]。わざわざ[態態]。**中古**とりわき[取分]。**上代**すぐれて[勝]。→とくに

とくほん【読本】 **近代**けうくゎしょ[教科書]。けうほん[教本]。テキスト/テクスト(text)。テキストブック(textbook)。とくほん[読本]。リーダー(reader)。

ドグマ(dogma) きょうじょう[教条]。**近代**ドクマ。**中世**けうぎ[教義]。けうり[教理]。

どくみ【毒味】 あじみ[味見]。**近世**かげんみ[加減見]。どくみ[毒味/毒見]。**中古**おに[鬼]。おにぐひ[鬼食]。おにのみ[鬼飲]。

—をする少女 **中古**くすこ/くすりこ[薬子]。

—をする役目 **近世**おに[鬼]。おにやく[鬼役/御煮役]。

貴人に薬を勧めるときの— **中世**なめ[嘗]。

とくめい【匿名】 アノニム(anonym)。**近代**とくめい[匿名]。へんみゃう/へんめい[変名]。**中世**かくしな[隠名]。

—の作家 **近代**ふくめんさっか[覆面作家]。

—の手紙 **中世**かくしぶみ[隠文]。

歌集などの— **中古**よみびとしらず[読人知/詠人知]。

世相などを風刺した—の文書 **中世**おとしぶみ/らくしょ[落書]。らくしゅ[落首]。

どくやく【毒薬】 ポイズン(poison)。**近代**げきざい[劇剤]。げきやく[劇薬]。どくざい[毒剤]。**上代**どくやく[毒薬]。→どく

—で殺すこと **近世**どくさつ[毒殺]。一服盛る。

—で死ぬこと **近代**どくし[毒死]。

—の一包み **近世**いっぷく[一服]。

とくゆう【特有】 **近代**とくいう[特有]。どくじ[独自]。とくしゅ[特殊]。とくせい[特性]。とくちょう[特徴]。とくべつ[特別]。プロパー(proper)。ユニーク(unique)。**近世**とくい[特異]。どくとく[独特]。**中世**こいう[固有]。

—の癖 **近世**おかぶ[御株]。

とくり【徳利】 **近世**てうし[銚子]。**中世**とくり/とっくり[徳利]。**中古**かめ[瓶/甕]。へいし/へいじ[瓶子]。

—を卓上に置くときの器 **近世**はかま[袴]。

酒を燗する— **近代**かんつぼ[燗壺]。**近世**かんどくり/かんどっくり[燗徳利]。

神前に供える— **近世**おみきどくり[御神酒徳利]。

どくりつ【独立】 はなれ[離](接尾語的に)。**近世**いっぽんだち[一本立]。どくりつ[独立]。**中世**じくゎつ[自活]。じりつ[自

立〕。とくりつ〔特立〕。中古ひとりだち〔独立〕。

―・させる 近世おしはなす〔押放〕。しつく〔―つける〕〔仕付／躾〕。

―・して事を行うこと 近世ひとりあるき〔独歩〕。中世どくほ〔独歩〕。

国の― 近代りっこく〔立国〕。上代かいこく〔開国〕。けんこく〔建国〕。

仕事上の― 近代じえい〔自営〕。のれんわけ〔暖簾分〕。

どくりょく【独力】 中世いちりき〔一力〕。じりき〔自力〕。どくりょく〔独力〕。

とくれい【督励】 しったげきれい〔叱咤激励〕。活を入れる。近代とくれい〔督励〕。発破を掛ける。中世げきれい〔激励〕。はげまし〔励〕。中古しゃうれい〔奨励〕。べんたつ〔鞭撻〕。

どくろ【髑髏】 とうがいこつ〔頭蓋骨〕。近代づがいこつ〔頭蓋骨〕。とうこつ〔頭骨〕。近世のざらし〔野晒〕。中世されかうべ／しゃりかうべ／しゃれかうべ〔髑髏〕。中古どくろ〔髑髏〕。

とげ【棘】 近世いばら〔茨／荊〕。くひぜ〔杭／株〕。そげ〔削／殺〕。とげ〔棘／刺〕。中古いら〔刺／苛〕。

―があること ゆうし〔有刺〕。

―が多い 近代とげとげしい〔刺刺〕。

―のある草木 中古いばら／うばら／むばら〔荊／茨〕。

―のある人のたとえ 中古ききょく〔枳棘〕。

草木の―状の茎 けいしん〔茎針〕。

栗の―のある皮 中古いが〔毬／栗毬〕。

魚の背びれの― いら〔刺／苛〕。

毒のある― どくしん／どくばり〔毒針〕。

とけあ・う【溶合】 近代こんゆう〔渾融〕。とけこむ〔溶込〕。ゆうがふ〔融合〕。ゆうわ〔融和〕。近世ゆうかい〔融解〕。ようかい〔溶解〕。中世こんぜん〔渾然／混然〕。とけあふ〔溶合／融合〕。中古うちとく〔―とける〕〔打解〕。

―・って一つになること 中古わどう〔和同〕。

―・わないたとえ 水と油。近世油に水。

とけあ・う【解合】 気安くなる。親密になる。仲良くなる。近代とけあふ〔解合〕。近世くだく〔くだける〕〔砕〕。中古うちとく〔―とける〕〔打解〕。なごむ〔和〕。なじむ〔馴染〕。

完全に―・うこと 中古ゑんゆう〔円融〕。中世ゑんにゅう〔円融〕。

とけい【時計】 近代ウオッチ(watch)。クロック(clock)。中世とけい〔時計〕。

―の音 近代かちかち。こちこち。チクタク(ticktack)。

―の針 じしん〔時針〕。たんけん〔短剣〕。ちゃうけん〔長剣〕。ふんしん〔分針〕。近代たんしん〔短針〕。ちゃうしん〔長針〕。べうしん〔秒針〕。

携帯しない― 近代おきどけい〔置時計〕。はしらどけい〔柱時計〕。近世かけどけい〔掛時計〕。

携帯用の― 近代ウオッチ(watch)。うでどけい〔腕時計〕。クロノグラフ(chronograph)。くゎいちゅうどけい〔懐中時計〕。そでどけい〔袖時計〕。近世たもとどけい〔袂時計〕。ねつけどけい〔根付時計〕。

航海用の― 近代クロノメーター(chronometer)。近世ふなどけい〔船時計〕。

滴る水の量で計る― 近世みづどけい〔水時計〕。中古きゅうろう〔宮漏〕。こくろう〔刻漏〕。やろう〔夜漏〕。ろうこく〔漏刻／漏剋〕。上代ときのきざみ〔時刻〕。

所用時間を計るための― 近代ストップウオッチ(stop watch)。

砂の落ちる量で計る― 近世さろう／しゃろう〔砂漏／沙漏〕。すなどけい〔砂時計〕。

生物体内に備わっている― せいぶつどけい〔生物時計〕。たいないどけい〔体内時計〕。

時を音で知らせる― 近代アラーム(alarm)。はとどけい〔鳩時計〕。ぼんぼんどけい〔時計〕。めざましどけい〔目覚時計〕。近世まくらどけい〔枕時計〕。中世じめいしょう〔自鳴鐘〕。

その他―のいろいろ(例) クオーツ／クオーツウオッチ(quartz watch)。すいしょうどけい〔水晶時計〕。デジタルどけい〔digital時計〕。でんしどけい〔電子時計〕。でんぱどけい〔電波時計〕。てんもんどけい〔天文時計〕。はなどけい〔花時計〕。ふりこどけい〔振子時計〕。やこうどけい〔夜光時計〕。近代じしんぎ〔時辰儀〕。でんきどけい〔電気時計〕。ひどけい〔火時計〕。りゅうづまき〔竜頭巻〕。近世ひどけい〔日時計〕。わどけい〔和時計〕。上代きしん〔晷針〕。

とけこ・む【溶込】 一体となる。近代とけこむ〔溶込／融込〕。中世とけあふ〔溶合／解合／融合〕。→**とけあ・う**

とげとげし・い【刺刺】 近代つっけんどん〔突慳貪〕。とげとげしい〔刺刺〕。ぶあいさう／ぶあいそ〔無愛想〕。近世するどし〔鋭〕。角を入る〔―入れる〕。中世かどばる〔角張〕。

と

たてたてし［立立］。角が立つ。中古かどかどし［角角］。とがとがし。

ー・い言い方 近世けんつく。けんのみ。とがりごゑ［尖声］。剣の峰。

ー・いこと(さま) 近世ぎすぎす。つんけん。どくしゃう［毒性］。中世けんけん。けんそ［険阻／嶮岨］。

ー・くなる 近代ささくれだつ［立］。とげだつ［刺立］。近世かどだつ［角立］。つのめだつ［角目立］。

と・ける【融】 近代ようゆう［溶融／熔融］。近世ゆうかい［融解］。ようかい［溶解］。中世とろく［とろける］［蕩／盪］。中古うちとく［打溶］。とく［とける］［融／溶］。とらく［盪／蕩］。

《枕》中古あさごほり［朝氷］［⇩とく］。

ー・けて一つになること 近代ゆうがふ［融合］。近世ゆうくゎい［融会］。中世とけあふ［溶合／解合］。

ー・けて変化すること 近世ゆうくゎ［融化］。

ー・けるさま 中世とろとろ。とろり。

氷などがー・ける ゆるむ［緩／弛］。中古ゆるぶ［緩／弛］。

水にー・けること すいよう［水溶］。

と・ける【解】 近代かいけつ［解決］。かいせう［解消］。かいぢょ［解除］。くゎんさん［渙散］。近世さばく［さばける］［捌］。ほぐる［ほぐれる］［解］。渙然(くゎんぜん)氷釈(ひょうしゃく)する。中古きゆ［きえる］［消］。なくなる［無］。ほどく［ほどける］［解］。上代とく［とける］［解］。

《枕》中古しらいとの［白糸］［⇩とけぬ］。

ー・けにくくなる 中世むすぼる［結］。中古むすぼほる［結］。

疑いがー・ける 近世明かりが立つ。垢が抜く［ー抜ける］。中世はる［はれる］［晴］。

緊張がー・ける 中古ほころぶ［綻］。

さっとー・けること 中世くゎんぜん［渙然］。

と・げる【遂】 かんすい［完遂］。やりおおせる［遣果］。やりぬく［遣抜］。近代すいかう［遂行］。たっせい［達成］。やりきる［遣切］。近世くゎんてつ［貫徹］。しとぐ［ーとげる］［仕遂］。なしとぐ［ーとげる］［成遂］。やってのける［遣退］。中世しあぐ［ーあげる］［仕上］。しおほす［ーおおせる］［為果］。まっとうす［全］。中古おほす［おおせる］［果］。しいづ［為出］。とぐ［とげる］［遂］。とぢむ［閉］。はたしとぐ［果遂］。上代じゃうじゅ［成就］。はたす［果］。をふ［おえる］［終／畢］。

目的をー・げる 中世はらす［晴／霽］。

ど・ける【退】 近代どかす。とりのぞく［取除］。近世かたす［片］。どく［どける］［退］。とりさる［取去］。はねのく［ーのける］［撥除］。中世ぢょきょ［除去］。中古おしのく［ーのける］［押退］。とりのく［ーのける］［取除］。のく［のける］［除／退］。ひきのく［ーのける］［引退］。

とこ【床】❶〈床の間〉→**とこのま**

とこ【床】❷〈フロア〉 フロア(floor)。近世とこ［床］。上代ゆか［床］。

ーに敷く物の例 近代カーペット(carpet)。じゅうたん［絨緞／絨毯／絨氈］。中世もうせん［毛氈］。中古いた［板］。上代たたみ［畳］。

納涼のため川に張り出したー 近世かはゆか［川床］。すずみどこ［涼床］。とこすずみ／ゆかすずみ［床涼］。

とこ【床】❸〈寝床〉 近代しんだい［寝台］。ベッド(bed)。中古ぐゎしゃう［臥床］。上代とこ［床］。ねど［寝所］。ねどこ［寝床］。よどこ［夜床］。をどこ［小床］。

《枕》上代しきたへの［敷栲］。まそかがみ［真澄鏡］［⇩とこのべ］。

ーにつく 近代ぐゎじょく［臥褥］。しうしゃう［就床］。しうじょく［就褥］。しうしん［就寝］。近世しんじゃう［枕上］。中古ぐゎしゃう［臥床］。上代ぬ［ねる］［寝］。

ーに伏す 中古うちふす［打伏］。

ーの美称 上代たまどこ［玉床］。

病人の寝ているー 近世びゃうか［病架］。びゃうじゃく［病褥］。中古びゃうしゃう［病床］。びゃうせき［病席］。病(やまひ)の床。

どこ【何処】 どこらへん［辺］。どのへん［辺］。近世どこいら［何処］。どちら［何方］。どっち。中世いづち［何処］。どこもと［何処許／何所許］。どこら［何処］。どち［何方］。どれ［何］。なへん［奈辺／那辺］。中古いづかた［何方］。いづこ［何処］。いづれ［何］。いどこ［何処／何所］。どこ［何処／何所］。いづれの方。上代いづく［何処］。いづし［何方］。いづへ／いづべ［何処］。いづら［何］。

ーそこ 中古そこどころ［其処処］。

ーで 中古いづくにか［何処］。

ーでも 近代所構はず。所嫌はず。中世さんぜじっぱう［三世十方］。

ーどこ 中古そこそこ［其処其処］。

ーとなく 近代いづこともなく。近世なんとなく。中世何とやらん。

ーとも分からず 近世其処とも分かず。上代

行方なし。
—へ 中世いづくんか[安/焉]。いづち[何処]。中古いづくにか[何処]。
—へなりと 中古いづちもいづちも[何処何処]。
—へもやることができない 中古やらんかたなし/やるかたなし[遣方無]。

とこう【渡航】 近代とかう[渡航]。近世かうかい[航海]。上代とかい[渡海]。

どごう【怒号】 近代どがう[怒号]。どせい[怒声]。どなりごゑ[怒鳴声]。中世いかりごゑ[怒声]。

どこか【何処】 近代どこか[何処]。近世どこやら[何処/何所]。どっか[何処]。上代いづら[何]。
—分からない 中世其処(そこ)とも知らず。

とこしえ【永久】 →えいえん

どこでも どこにでも。近世いたるところ[至所]。ずいしょ[随所]。中世どこもかしこも。どこもかも。

とこのま【床間】 近世とこのま[床間]。中世とこ[床]。
—と床脇棚の境にある柱 近世とこばしら[床柱]。
—の前端の横木 近世とこぶち[床縁]。中世とこがまち[床框]。
—の代用 近世おきどこ[置床]。つけどこ[付床]。
板張りの— 近代いたどこ[板床]。
右方に床脇棚がある— 近世ほんがって[本勝手]。みぎがって[右勝手]。
左方に床脇棚がある— 近世ぎゃくかって[逆勝手]。ひだりがって[左勝手]。
畳と同じ平面で段を付けない— しきこみどこ[敷込床]。ふみこみどこ[踏込床]。
間口より奥が広い— 近世ほらどこ[洞床]。
その他—のいろいろ(例) おりべどこ[織部床]。ふくろどこ[袋床]。近代けこみどこ[蹴込床]。つりどこ[釣床/吊床]。近世ほんどこ[本床]。

どこまでも やれるだけ。とことん。近代てっていてきに[徹底的]。頑として。骨の髄まで。近世こんりんざい[金輪際]。てっとうてつび[徹頭徹尾]。中世どこまでも。中古あくまで。はてはて[果果]。
—追う 中世ふかおひ[深追]。
—する 中世ほうく(ほうける)[惚/耄]。
—やまない 近代あくなき[飽]。

どこもかも どこでも。近代のきなみ[軒並]。中世いたるところ[至所]。どこもかしこも。どこもかも。

とこや【床屋】 りようてん[理容店]。近代あたりや[当屋]。さんぱつや[散髪屋]。バーバー(barber)。りはつてん[理髪店]。りはつしょ[理髪所]。りはつほ[理髪舗]。りはつどこ[理髪床]。近世いっせんしょく[一銭職]。いっせんぞり[一銭剃]。いっせん[一銭]。うきよどこ[浮世床]。かみどこ[髪床]。かみゆひどこ[髪結床]。とこ[床]。とこかみゆひ[床髪結]。とこば[床場]。とこや[床屋]。
—の看板 近代あめんぼう[飴棒]。
—の徒弟 近世したぞり[下剃]。

ところ【所】❶〈居所〉 近代ゐばしょ[居場所]。近世ゐどこ[居所]。中古ありか[在処/在所]。ざいしょ[在所]。ところ[所/処]。ゐどころ[居所]。上代ぢゅうしょ[住所]。

ところ【所】❷〈場所〉 近世ちゐき[地域]。ばしょ[場所]。中世ちまた[巷/岐]。とち[土地]。中古かた[方]。ちはう[地方]。みぎり/みぎん[砌]。上代と[所/処]。ところ[所/処]。→ばしょ
美しい— 中世たましき[玉敷]。
よい— 上代まほら/まほらま/まほろば。
▼ところどころ 中世はつれはつれ/はづれはづれ[外外]。

ところ【所】❸〈場合〉 さい[際]。近代じき[時期]。じぶん[時分]。ばあひ[場合]。中世だん[段]。中古じせつ[時節]。せつ[節]。ところ[所/処]。をり[折]。みぎり/みぎん[砌]。

ところが 近世ところが。中世さらば[然]。中古さるに/さるを/しかるに/しかるを[然]。それに[其]。→しかし

ところで 近世そこで。それはさておき。中世ここに[此処/是/爰/茲]。さて。しかるを[然]。しかれば[然]。して。ときに[時]。ところで。さる程に。中古さてさて。さても/さるを[然]。しかるに[然]。ただし[但]。此の間に。

ところどころ【所所】 近世あちらこちら[彼方此方]。あっちこっち[彼方此方]。中世あちこち[彼方此方]。ここかしこ[此処彼処]。はづれはづれ[外外]。上代しょしょ[所所/処処]。そこここ[其処此処]。ところどころ[所所/処処]。
—消えていること 中古むらぎえ[斑消]。

とさか【鶏冠】 近代けいくゎん[鶏冠]。近世にくくゎん[肉冠]。中古さか[冠/鶏冠]。と

さか[鶏冠]。

とざ・す【閉】 近代 さへい[鎖閉]。ふうさ[封鎖]。へいさ[閉鎖]。みっぺい[密閉]。 中世 へいそく[閉塞]。 近世 しむ[しめる][閉]。たてきる[立切／閉切]。 中古 さす[鎖]。とざす[閉／鎖]。とづ[とじる][閉]。 上代 ふさぐ[塞]。

固く—・す 近代 さしかたむ[—かためる][差固／鎖固]。

門に錠をかけて—・す 中古 かけこむ[—こめる][掛込／掛籠]。

とさつ【屠殺】 近代 とぎう[屠牛]。とちく[屠畜]。ぽんこつ。 上代 とさつ[屠殺]。

—・した獣の肉 近代 とにく[屠肉]。

—・する所 近代 とぢゃう[屠場]。とちくぢゃう[屠畜場]。 中世 としょ[屠所]。

とざん【登山】 近代 アルピニズム(alpinism)。さんかう[山行]。とうかう[登高]。とざん[登山]。やまのぼり[山登]。やまゆき[山行]。

—で行動を共にする仲間 近代 パーティー(party)。

—で根拠地として設けるキャンプ ベースキャンプ(base camp)。

—で露営すること ビバーク(フランス bivouac)。

—で露営する時の寝具 シュラーフザック(ドイツ Schlafsack)。スリーピングバッグ(sleeping bag)。ねぶくろ[寝袋]。

—用具(例) あぶみ[鐙]。アルペンシュトック(ドイツ Alpenstock)。カラビナ(ドイツ Karabiner)。ザイル(ドイツ Seil)。ハーケン(ドイツ Haken)。ピッケル(ドイツ Pickel)。ピトン(フランス piton)。

—用語(例) アンザイレン(ドイツ Anseilen)。くさりば[鎖場]。エイドクライミング(aid climbing)。グリセード(glissade)。ジッヘル(ドイツ Sicherung)。じんこうとうはん[人工登攀]。ステップ(step)。デポ(フランス dépôt)。トレース(trace)。ビレー(belay)。フリークライミング(free climbing)。ホールド(hold)。みずば[水場]。ルンゼ(ドイツ Runse)。ろうか[廊下]。わるば[悪場]。

—をする人 クライマー(climber)。やまおとこ[山男]。 近代 アルピニスト(alpinist)。とざんか[登山家]。

▼尾根伝いに歩くこと じゅうそう[縦走]。

▼岩壁で覆い被さる部分 オーバーハング(overhang)。

▼岩壁の途中の棚状の場所 たな[棚]。テラス(terrace; フランス terrasse)。

▼岩壁の割れ目 シュミネ(フランス cheminée)。チムニー(chimney)。

▼岩壁をよじ上ること いわのぼり[岩登]。ロッククライミング(rock climbing)。クライミング(climbing)。

▼雪中緊急避難用の穴 せつどう[雪洞]。 近代 ゆきあな[雪穴]。

▼氷河や雪渓の割れ目 近代 クレバス(crevasse)。シュルント(ドイツ Schrund)。

とし【年】❶〈暦年〉 イヤー(year)。れきねん[暦年]。 中古 いちねん[一年]。しゅんかしうとう[春夏秋冬]。ねんさい[年歳]。 上代 さいくゎう[歳光]。さいげつ[歳月]。とし[年／歳]。としつき[年月]。ねん[年]。ねんげつ[年月]。

《枕》 上代 あらたまの[新玉]。

—が明ける 近世 かいさい[開歳]。 中世 かいさい[改歳]。 中古 かはる[変]。かへる[返／帰]。たちかへる[立返]。としたつ[年立]。年が立つ。年が替はる。年が返る。 上代 あく[あける][明]。

—が経つこと 近代 れきさい[歴歳]。 中古 れきねん[歴年]。

—が経つにつれ 年を追うごとに。 中古 ちくねん[逐年]。としどし／ねんねん[年年]。

—の暮れ →**ねんまつ**

—の初め 近世 ねんしょ[年初]。明けの春。 中世 しゃうぐゎち[正月]。しゅさい[首歳]。ねんし[年始]。ねんとう[年頭]。 中古 さいしゅ[歳首]。ねんしゅ[年首]。しゃうぐゎち／しゃうぐゎつ[正月]。ねんぽ[年甫]。 上代 しんねん[新年]。はる[春]。はつはる[初春]。→**しんねん【新年】**

—を重ねる(こと) 近代 るいさい[累載]。 中世 へあがる[経上]。るいさい[累歳]。 中古 るいねん[累年]。れんねん[連年]。

—を越すこと 近代 おほとしこし[大年越]。 中世 としこし[年越]。ゑつねん／をつねん[越年]。

多くの— 中古 としひさに[年久]。としふかし[年深]。 上代 ももとせ[百年]。

穏やかな— 近代 ねいさい[寧歳]。

暮れようとする— 中古 ゆくとし[行年]。

とし【年】❷〈年齢〉 中古 としよはひ[年齢]。 上代 とし[年／歳]。よはひ[年／歯]。→**ねんれい**

—の順 近代 しじょ[歯序]。

—を取る(こと) 近世 年を食ふ。 中世 おいなみ[老波]。すごす[過]。年が行く。

寄る。中古おとなぶ〔―なびる〕〔大人〕。すぐす〔過〕。としたる〔年足〕。としよる〔年寄〕。ふく〔ふける〕〔老〕。ふる〔旧〕。ふるめく〔旧／古〕。老いの波。年を積む。上代おゆ〔おいる〕〔老〕。ふりゆく〔旧行〕。→**おいる**

無駄に―をとる（こと） 近代馬齢を重ねる（加える）。近世犬馬の齢（年）。

とし【都市】 アーバン（urban）。近代しいふ〔市邑〕。シティー（city）。タウン（town）。とし〔都市〕。中古まち〔町／街〕。上代といふ〔都邑〕。とくゎい〔都会〕。みやこ〔都〕。→**とかい**

―が拡大して他と連続すること コナーベーション（conurbation）。

―計画 アーバンデザイン（urban design）。としせっけい〔都市設計〕。

―の周辺 中世きんかう〔近郊〕。まちはづれ〔街外〕。中古かうぐゎい〔郊外〕。

その他―のいろいろ（例） えいせいとし〔衛星都市〕。かいじょうとし〔海上都市〕。かんこうとし〔観光都市〕。こうぎょうとし〔工業都市〕。こくさいとし〔国際都市〕。しまいとし〔姉妹都市〕。しょうひとし〔消費都市〕。せいさんとし〔生産都市〕。ふくとしん〔副都心〕。近代でんゑんとし〔田園都市〕。メトロポリス（metropolis）。

とじ【途次】 みちなかば〔道半〕。近代とじ〔途次〕。近世とじゃう〔途上〕。中世はんと〔半途〕。中古ちゅうと〔中途〕。とちゅう〔途中〕。みちすがら〔道〕。

どじ 近代ておち〔手落〕。とちる。近世しくじり。しっさく〔失策〕。てぬかり〔手抜〕。てぬけ〔手抜〕。どぢ。へま。→**あやまち** →**しっぱい**

とじあわ・せる【綴合】 近代とぢこむ〔綴込〕。近世つづりあはす〔―あわせる〕〔綴合〕。中古つづる〔綴〕。とぢあはす〔―あわせる〕〔綴合〕。ゆふ〔結〕。

としうえ【年上】 近代シニア（senior）。としだか〔年高〕。ねんちゃう〔年長〕。近世うへ〔上〕。としうへ〔年上〕。中世ちゃうじゃう〔長上〕。としかさ〔年嵩〕。としたけ〔年長〕。としづよ〔年強〕。中古おとなおとなし〔大人大人〕。

―の女房 あねさんにょうぼう〔姉女房〕。近世かはづにょうばう／かへるにょうばう〔蛙女房〕。

《句》近世亀（烏賊）の甲より年の劫。

―の人 近代じゃうちゃう〔上長〕。ねんちゃうしゃ〔年長者〕。目上の人。近世としがしら〔年頭〕。中世おとな〔大人〕。ちゃうじゃ〔長者〕。ちゃうじゃう〔長上〕。中古かみ〔上〕。このかみ〔兄〕。上代え〔兄〕。

としかっこう【年格好】 近代としごろ〔年頃〕。近世としかくかう〔年格好〕。としかっかう／としがっかう〔年恰好〕。としばい／としばへ〔年延〕。ねんぱい〔年配〕。中世としばい〔年配／年輩〕。中古ねんれい〔年齢〕。

としこし【年越】 近代おほとしこし〔大年越〕。ゑつねん〔越年〕。中世をつねん〔越年〕。中古としこし〔年越〕。

―の準備 近世年の設け。

―の費用 もちだい〔餅代〕。中世としとりもの〔年取物〕。

としごと【年毎】 近世まいとし〔毎年〕。中世としなみ〔年並／年次〕。ねんねんさいさい〔年年歳歳〕。まいねん〔毎年〕。中古さいさい〔歳歳〕。さいさいねんねん〔歳歳年年〕。ちくねん〔逐年〕。つゐねん〔追年〕。としごと〔年毎〕。れいねん〔例年〕。ねんねん〔年年〕。としどし〔年年〕。上代いやとし〔弥年〕。いやとしのは〔弥年端〕。としに〔年〕。としのは〔年端〕。としのはごと〔年端事〕。

とじこ・める【閉込】 近代かんきん〔監禁〕。くゎんづめ〔缶詰〕。こす〔錮〕。なんきん〔軟禁〕。ふうさ〔封鎖〕。へいきん〔屏禁〕。近世ふうじこむ〔―こめる〕〔封込〕。中世おっこむ〔―こめる〕〔込〕。ゐこむ〔居籠／居込〕。中古いましむ〔―しめる〕〔戒〕。うちはむ〔打嵌／打塡〕。おしこむ〔―こめる〕〔押込〕。こむ〔こめる〕〔籠／込〕。こめすう〔込据〕。さしこむ〔―こめる〕〔鎖籠〕。さしとむ〔―とめる〕〔鎖留〕。とざす〔閉〕。とぢこむ〔―こめる〕〔閉込〕。とづ〔とじる〕〔閉〕。とりこむ〔―こめる〕〔取籠〕。ふうず〔封〕。

神仏の力で―・める 中古ふうず／ふんず〔封〕。

中に物を入れて―・める 中世ぬりこむ〔―こめる〕〔塗込／塗籠〕。

不満などを―・める 近世うっぺい〔鬱閉〕。

牢に―・める 中世きんろう〔禁籠〕。

とじこも・る【閉籠】 中世かけこもる〔掛籠〕。たてこもる〔立籠〕。とりこもる〔取籠〕。ねまる。ひきこもる〔引籠〕。ひっこむ〔引込〕。中古いこもる〔斎籠／忌籠〕。かきこもる〔掻籠〕。こもる〔籠〕。さしこむ／さしこもる〔鎖籠〕。たれこむ〔―こめる〕〔垂籠／垂込〕。とぢこもる〔閉籠〕。

家に―・ってあまり外へ出ない 近代ひっこみ

がち[引込勝]。

家に—・る 近世こもりゐ[籠居]。へいきょ[閉居]。中世ちっくつ[蟄屈]。へいこ[閉戸]。中古うもれ[埋]。ちっきょ[蟄居]。ろうきょ[籠居]。

一室に—・る 近世へいきょ[屏居]。中古たれこむ[—こめる][垂籠/垂込]。しけこむ[込]。

金がなくて家に—・る

寺社などに—・る 近世おこもり[御籠]。中古さんろう[参籠]。

蔀や御簾などを下ろして—・る 中古おろしこむ[下籠]。たれこむ[—こめる][垂籠/垂込]。

としごろ【年頃】❶〈年の頃〉 近代としまはり[年回]。近世としかくかう[年格好]。としかっかう[年恰好]。としばへ[年延]。ねんぱい[年輩/年配]。年の頃。中世としごろ[年頃]。としばい[年配/年輩]。中古よはひ[齢]。

活力が盛んな— 近世けっきざかり[血気盛]。

子供の最もかわいい— 近世いたいけざかり[幼気盛]。

子供の悪さしがちな— 近代いたづらざかり[悪戯盛]。

女性の最も美しくなる— 近世いろざかり[色盛]。をんなざかり[女盛]。

道理をわきまえた— 近世ふんべつざかり[分別盛]。

生意気な言動が盛んな— 近代なまいきざかり[生意気盛]。

若くて元気な— 中古せうさう[少壮]。

としごろ【年頃】❷〈適齢期〉 近代けっこんてきれいき[結婚適齢期]。こんき[婚期]。てきれいき[適齢期]。としごろ[年頃]。近世えんづきころ[縁付頃]。ふりそで[振袖]。むすめざかり[娘盛]。めうねん[妙年]。中世じぶん[時分]。めうれい[妙齢]。

《句》近世鬼も十八番茶も出花。小袋と小娘は油断がならぬ。

—が過ぎる 近世薹(うた)が立つ。上代さだすぐ[時過]。

—になったばかりの娘 近世はつはな[初花]。

—の女性の年齢 近代はうき[芳紀]。

—の男女《句》近世面皰(にきび)男に雀斑(そばかす)女。

—を過ぎた女性 近世おほどしま[大年増]。ちゅうどしま[中年増]。としま[年増]。

娘が—になる 女になる。

とした【年下】 ジュニア(junior)。近世としした[年下]。としわか[年若]。中世こうはい[後輩]。としよわ[年弱]。中古おとるい[劣]。ねんせう[年少]。上代おと[弟/乙]。

兄弟や一族で—の者 中古するゑずゑ[末末]。

年長者が—の法事をすること 近世ぎゃくえん[逆縁]。

としつき【年月】 にちげつ[日月]。近代さいじ[歳時]。中世くゎういん[光陰]。しゅんじう/はるあき[春秋]。せいさう/せいざう[星霜]。つゆじも[露霜]。中古じつげつ[日月]。つゆしも[露霜]。ときよ[時世]。ほど[程]。上代さいげつ[歳月]。つきひ/つくひ[月日]。とし[年/歳]。としつき[年月]。ねんげつ[年月]。→**ねんげつ**

としなみ【年波】 近代エージ(age)。近世としは[年歯/年端]。中世としなみ[年波]。中古ねんれい[年齢]。上代よはひ[齢]。

としのくれ【年暮】 →**ねんまつ**

としのせ【年瀬】 →**ねんまつ**

とじまり【戸締】 近代くゎんけん[関鍵]。近世しまり[締]。とじまり[戸締]。中古くゎんやく[関鑰/関鎰]。さやく[鎖鑰]。

—・する 中世とざす[鎖/閉]。中古かたむ[かためる][固]。さしこむ[—こめる][鎖籠]。上代さしかたむ[—かためる][鎖固/差固]。さす[鎖]。

—のための道具 近代せんばりぼう[栓張棒]。たてさる[竪猿]。よこさる[横猿]。近世くるる[枢]。さる[猿]。しんばりぼう[心張棒]。つっかひぼう[支棒]。つっぱり[突張]。ようじんぼう[用心棒]。中世くるりぎ[枢木]。くゎんぬき[閂/貫木]。中古かけがね[掛金]。かすがひ[鎹]。くる[枢]。くるるぎ[枢木]。

内側から—・する 中古うちざし[内差]。

どしゃ【土砂】 れきど[礫土]。中古どしゃ[土砂]。どせき[土石]。

—の崩れを防ぐ工作物 くいどめ[杭留]。つちどめ[土留]。近代どどめ[土留]。

—の体積の単位 つぼ[坪]。りゅうつぼ[立坪]。

—の流出防止 ぼうさ[防砂]。近代さばう[砂防]。

川底の—を取り除くこと 近代しゅんせつ[浚渫]。

どしゃぶり【土砂降】 近代どしゃぶり[土砂降]。中古おほあめ[大雨]。がうう[豪雨]。上代ひさめ[大雨/甚雨]。→**あめ**

としゅ【徒手】 近代てぶら[手]。近世あかて[赤手]。からって[空手]。くうけん[空拳]。くうしゅ[空手]。てぶらこ[手]。む

て［無手］。中世からて［空手］。すで［素手］。せきしゅ［赤手］。中古としゅ［徒手］。

としょ【図書】 近代としょ［図書］。とせき［図籍］。中古近世ブック(book)。中世しょもつ［書物］。中古しょ［書］。しょせき［書籍］。づせき［図籍］。ほん［本］。上代づしょ［図書］。てんせき［典籍］。

とじょう【途上】 近代くゎてい［過程］。ちゅうかん［中間］。近世とじゃう［途上］。中世なかば［半］。中古ちゅうと［中途］。ちゅうろ［中路］。とちゅう［途中］。上代みちなか［道中］。→**とちゅう**

どじょう【土壌】 近代じゃうど［壌土］。ローム(loam)。中古どじゃう［土壌］。上代つち［土］。つちくれ［土塊／壌］。

ー改良のため他から混入させる土　いれつち［入土］。かくど／きゃくど［客土］。

ーの良し悪し　じみ［地味］。中世ちみ［地味］。

腐植質に富むー　ふしょくど［腐植土］。ふようど［腐葉土］。

痩せたー　近代せきち［瘠地］。中世せきど［瘠土］。

どしょうぼね【土性骨】 →**こんじょう【根性】**

としょく【徒食】 近代ざしょく［座食／坐食］。とうしょく［偸食］。としょく［徒食］。ねぐひ［寝食］。近世ゐぐひ［居食］。中世むだぐひ［無駄食／徒食］。上代いうしゅ［遊手］。いうしょく［遊食］。

としより【年寄】 →**ろうじん**　→**ろうねん**

としよ・る【年寄】 →**お・いる**

と・じる【閉】 クローズ(close)。近代かんする［緘］。さへい［鎖閉］。ふうさ［封鎖］。へいさ［閉鎖］。近世しまる［閉］。しむ〔しめる〕［閉］。中世たたむ［畳］。たつ［立］。ひさぐ［塞］。ふうず／ほうず［封］。へいそく［閉塞］。中古さす［鎖］。とざす［閉］。とづ〔とじる〕［閉］。ふさがる［塞］。上代をはる［終］。をふ〔おえる〕［終］。

ー・じるように小さくする　中世すぼむ〔すぼめる〕［窄］。つぼむ〔つぼめる〕［窄］。

雨戸などをー・じる　中世しめきる［閉切］。たつ［立］。

口をー・じる　近代むすぶ［結］。中古つぐむ［噤／鉗］。

店などをー・じる　へいぎょう［閉業］。みせじまい［店仕舞］。暖簾を下ろす。看板を下ろす。近代かんばん［看板］。はいげふ［廃業］。へいてん［閉店］。中世たたむ［畳］。

目をー・じる　近代つぶる／つむる［瞑］。めいする［瞑］。中世めいもく［瞑目］。

と・じる【綴】 近代とぢこむ［綴込］。中古とぢあはす〔ーあわせる〕［綴合］。とぢつく〔ーつける〕［綴付］。とづ〔とじる〕［綴］。

ー・じたもの　つづり［綴］。近代ファイル(file)。中世さうし［草紙／草子／双紙／冊子］。中古さっし［冊子］。

▼冊子の綴じ方の例　近代うぐひすとぢ［鶯綴］。近世ふくろとぢ［袋綴］。中世からとぢ［唐綴］。やまととぢ［大和綴］。

どすう【度数】 こすう［個数］。近代くゎいすう［回数］。どすう［度数］。ひんど［頻度］。中古たび［度］。

ーが多い　中世てしげし［手繁］。ももたび［百度］。

とせい【渡世】 近代くらし［暮］。しょせい［処世］。じんせいかうろ［人生行路］。近世しょくげふ［職業］。よすぎ［世過］。中世すぎはひ［生業］。中古とせい［渡世］。よわたり［世渡］。世を過ごす。世を渡る。上代せいげふ［生業］。なりはひ［生業］。

どせい【土星】 近代サターン(Saturn)。りゅう／りょう［竜］。近世てんせい［塡星］。中世ちんせい［鎮星］。どせい［土星］。上代さいせい［歳星］。

どせき【土石】 れきど［礫土］。中古どしゃ［土砂］。どせき［土石］。

ーが一気に流れる現象　どせきりゅう［土石流］。近世やまつなみ［山津波］。

とぜつ【途絶】 近代とぜつ［途絶／杜絶］。近世ちゅうだん［中断］。中世とぎる〔とぎれる〕［途切］。中古だんぜつ［断絶］。ちゅうぜつ［中絶］。とだゆ〔ーだえる〕［途絶］。上代たつ［絶］。たゆ〔たえる〕［絶］。

どぞう【土蔵】 中世つちぐら［土倉／窖］。つちや［土屋］。どざう［土蔵］。中古つちやぐら［土屋倉］。上代くら［蔵］。さうこ［倉庫］。どさう［土倉］。

ー造りの家　近世くらづくり［蔵造］。

ー造りの店　近世みせぐら［店蔵］。

どだい【土台】 きばん［基盤］。ベース(base)。近代おほもと［大本］。きそ［基礎］。きぶ［基部］。こんかん［根幹］。近世きほん［基本］。こんき［根基］。しゃうね［性根］。中世あししろ［足代］。あしば［足場］。こんたい［根蔕］。こんてい［根底］。こんぽん［根本］。ぢばん［地盤］。ぢふく［地覆／地輻］。どだい［土台］。中古いしずゑ［礎］。きし［基址］。したぢ［下地］。そせき［礎石］。つちゐ／どゐ［土居］。もとゐ［基］。

ーの石 きせき［基石］。どだいいし［土台石］。近代くついし［沓石］。近世いしずゑ［礎］。だいいし［台石］。ねいし［根石］。つみいし［積石］。つみし／つめいし［積石］。中古そせき［礎石］。

とだ・える【途絶】 →とぎ・れる

完全にー・える 中古跡を絶つ。

男女の仲がー・えること 中古いははし［岩橋／石橋］。

とだな【戸棚】 ロッカー(locker)。近代キャビネット(cabinet)。近世おしこみ［押込］。とだな［戸棚］。中世づし［厨子］。

衣服を入れておくー クロゼット(closet)。近世いしゃうだな［衣装棚］。

上から吊してあるー 近代つりとだな［吊戸棚］。

風通しをよくし蝿の入らないー 近代はへよけ［蝿除］。近世はひいらず［蝿不入］。はひちゃう／はへちゃう［蝿帳］。

車の付いたー 近世くるまとだな［車戸棚］。

茶室にある押入式のー 近代だうこ［道籠／堂庫］。近世だうかう［道幸］。どうこ［洞庫］。

床の間脇のー てんぶくろ［天袋］。近世ぢぶくろ［地袋］。ふくろだな［袋棚］。ふくろだな［袋戸棚］。

鼠が入らないように作ったー 近世ねずみいらず［鼠不入］。

とたん【途端】 近代げんか［言下］。近世とたん［途端］。はづみ［弾］。やさき［矢先］。中世すぐさま［直様］。そくこく［即刻］。そくざ［即座］。とっさ［咄嗟］。ひゃうし［拍子］。中古うちつけ［打付］。上代そくじ［即時］。

どたんば【土壇場】 進退窮まる。抜き差しならない。近代がけっぷち［崖縁］。どたんば［土壇場］。近世ぜったいぜつめい［絶体絶命］。てんもくざん［天目山］。どへうぎは［土俵際］。切羽詰まる。中世はいすい［背水］。

とち【土地】 近世ちしょ／ぢしょ［地所］。だいち［大地］。中世ど［土］。ろくぢ［陸地］。中古こくど［国土］。しきち［敷地］。せかい［世界］。ち／ぢ［地］。ぢめん［地面］。とち［土地］。上代さかひ［境］。その［園］。そのふ［園生］。つち［土／地］。

《尊》近代おんち［御地］。きんち［錦地］。近世きち［貴地］。ごたうしょ［御当所］。ごたうち［御当地］。

《句》近世土一升金（かね）一升。中世郷（がう）に入（い）っては郷に従へ。所変はれば品変はる。

ーが肥え作物がよくできること 近世かうよく［膏沃］。ひよく［肥沃］。中古ひぜう［肥饒］。ぶねう［豊饒］。ほうじゃう［豊穣］。ほうぜう［豊饒］。上代かうゆ［膏腴］。

ーが狭いこと 近代へんけふ［偏狭／褊狭］。中世けふせう［狭小］。

ーが平らなこと 中世へいたん［平坦］。

ーがもたらす幸い 近世ぢふく［地福］。中古ちり［地利］。

ーから産する物 じでき［地出来］。じもの［地物］。中世ちり［地利］。中古つと［苞／苞苴］。とさん／どさん［土産］。

ーで生まれ育つこと 近代ねおひ［根生］。近世ところそだち［所育］。とちっこ［土地子］。はえぬき［生抜］。中世どちゃく［土着］。

ーにあった作物 てきさく［適作］。

ーに住み着くこと 中世どちゃく［土着］。

ーに住む人 近代きょうじん［郷人］。中世きょみん［居民］。ぢゅうみん［住民］。ところのひと［所人］。ところのもの［所者］。中古どにん［土人］。むらびと［村人］。上代くにびと［国人］。さとびと［里人］。どじん［土人］。どみん［土民］。

ーのありさま ちぼう［地貌］。中世ちけい［地景］。ちけい［地形］。上代ぢぎゃう［地形］。ちせい［地勢］。ちり［地理］。

ーの価格 とちかかく［土地価格］。上代ちか［地価］。

ーの神 近世ぢがみ［地神］。中世ちじん／ぢじん［地神］。

ーの神と五穀の神 中古しゃしょく［社稷］。

ーの言葉 →ほうげん【方言】

ーの境目 近代きゃうゐき［境域］。近世ちかい［地界］。上代きゃうかい［境界］。

ーの所有者 近代ぢめんもち［地面持］。中世ぢぬし［地主］。中古ぢしゅ［地主］。

ーの生産力 中世ちりょく［地力］。

ーの性質 近代ちしつ［地質］。どしつ［土質］。

ーの登記上の合併 がっぴつ［合筆］。

ーの登記上の分割 ぶんぴつ［分筆］。近代ふでわけ［筆別］。

ーの登録台帳 ちせきだいちょう［地籍台帳］。ふどうさんとうきぼ［不動産登記簿］。近代とちだいちゃう［土地台帳］。近世けんちちゃう［検地帳］。みづちゃう［水帳／御図帳］。

ーの広さ 近代ちせき［地積］。めんせき［面積］。近世えんぼう［延袤］。

ーの広さの単位の例 近代アール（フランス are）。

エーカー(acre)。へいはうメートル[平方(フランス)mètre; m^2]。ヘクタール(hectare)。中世せ[畝]。つぼ[坪]。はうぢゃう[方丈]。ちゃう[町]。ぶ[歩]。中古ほ[畝]。上代たん[反／段]。

―を借りること(その土地) 近世かりち／しゃくち[借地]。

―を交換すること(その土地) だいたいち[代替地]。近代くゎんち[換地]。中世かへち[替地]。

―を使用できるように造ること せいち[整地]。近代ざうせい[造成]。中世ぢならし[地均／地平]。

―を大規模に開発する業者 かいはつぎょうしゃ[開発業者]。ディベロッパー／デベロッパー(developer)。どけんぎょうしゃ[土建業者]。

空いている― →あきち

あることに使用する予定の― ようち[用地]。近代れうち[料地]。近世ちしょ／ぢしょ[地所]。

あることの起こった― 近代はっしゃうち[発祥地]。

あることの行われている― 近代げんち[現地]。げんぢゃう／げんば[現場]。ぢもと[地元]。

荒れた― 近代くゎうち[荒地]。くゎうど[荒土]。近世あれば[荒場]。中世あらち／あれち[荒地]。けいきょく[荊棘]。中古かうかく[磽确／墝埆]。さうらい[草萊]。よもぎふ[蓬生]。上代あさぢがはら[浅茅原]。あらの[荒野／曠野]。やぶはら[藪原]。

家などを建てるべき― 近世ちしょ／ぢしょ[地所]。中世やしき[屋敷]。中古しきち[敷地]。上代たくち[宅地]。

王道の行われている理想の― 近代わうだうらくど[王道楽土]。

恩賞としての― 近代おんきふち[恩給地]。おんしゃうち[恩賞地]。中世おんち[恩地]。おんりゃう[恩領]。

限られた― わりち[割地]。近代がいく[街区]。くくゎく[区画]。近世きゃうゐき[境域]。ちゐき[地域]。中世ぢわり[地割]。

果樹や花を植えた― 上代その[園]。そのふ[園生]。

代わりの― だいたいち[代替地]。近世だいち[代地]。中世かへち[替地]。

来たことのある― 中世そういう[曾遊]。上代きういう[旧遊]。中古ふるさと[古里／故里]。

公道に接していない― 近代ふくろち[袋地]。

肥えて作物がよくできる― 近代ほうじゃう[豊壌]。よくち[沃地]。よくど[沃土]。近世てんぷ[天府]。中世かうたく[膏沢]。じゅくち[熟地]。ふくち[福地]。よくや[沃野]。

戸籍のある― 近代ほんせきち[本籍地]。上代くゎんぞく[貫属]。

山麓に沿った― ねぎし[根岸]。

自分の生まれた― 近代せいち[生地]。中古ここく[故国]。中世うぶしな[産土]。上代うぶすな[産土／産神]。こきゃう[故郷／古郷]。ふるさと[古里／故里／故郷]。

自分の故郷でない― 近代いきゃう[異境]。中古いこく[異国]。中世いきゃう[異郷]。たこく[他国]。上代たきゃう[他郷]。

神聖な― 近代じゃうち[浄地]。せいち[聖地]。中世せいゐき[聖域]。中古れいち[霊地]。れいぢゃう[霊場]。メッカ(Mecca)。

狭い― 近代だんぐゎん[弾丸]。近世弾丸黒子(こくし)の地。中世しゃくち／せきち[尺地]。すんど[寸土]。中古すんち[寸地]。せきど[尺土]。かたち[片地]。

俗っぽい― ぞくせ／ぞくせい[俗世]。ぞくせけん[俗世間]。中古ぞくかい[俗界]。ぞくきゃう[俗境]。

租税を免れるための隠した― 近世かくしだ[隠田]。中世おんち[隠地]。中古おんでん[隠田]。

田畑として利用している― 近代かうさくち[耕作地]。のうち[農地]。近世かうち[耕地]。中世たはた[田畑／田畠]。

中央から遠く離れた― 近代へきぐう[僻隅]。近世ゑんすう[遠陬]。中世ぐゎいど[外土]。かたへんど[片辺土]。かたほとり[片辺／偏辺]。かたわき[片脇]。ゑんかう[遠郊]。中古かたすみ[片隅]。かたゐなか[片田舎]。へんち／へんぢ[辺地]。上代へんきゃう[辺境／辺疆]。

遠い― 近代ゑんかくち[遠隔地]。中世ゑんきゃう[遠境]。ゑんち[遠地]。

分割して売り出す― 近代ぶんじゃうち[分譲地]。

痩せた― 近代しうち／そうち[瘦地]。せきち[瘠地]。中世いしぢ[石地]。せきど[赤土]。やせち[瘦地]。不毛の地。中古せきち[赤地]。上代そね[埆／确]。そししの空国(むなくに)。

領有している― 近代りゃうど[領土]。中世

しょりゃう[所領]。りゃうぶん[領分]。中古りゃう[領]。りゃうち[領地]。

その他ーのいろいろ(例)①[形状/環境] こうれいち[高冷地]。近代かうち[高地]。くぼち[窪地]。さんち[山地]。だいち[台地]。ていち[低地]。ぼんち[盆地]。近世さらち[更地/新地]。中世ひらち/へいち/へいぢ[平地]。ひらば[平場]。へいや[平野]。

その他ーのいろいろ(例)②[地味/状態] そうち[草地]。りょくど[緑土]。近代くさち[草地]。ぬまち[沼地]。りょくち[緑地]。近世いしぢ[石地]。しけち/しっち[湿地]。中世あれち[荒地]。しつど[湿土]。じゅくち[熟地]。すなぢ[砂地]。せきど[赤土]。上代そね[埆]。

その他ーのいろいろ(例)③[保養/観光] かんこうち[観光地]。けいしょうち[景勝地]。ほようち[保養地]。リゾート(resort)。近代ひかんち[避寒地]。ひしょち[避暑地]。べっさうち[別荘地]。めいしょう[名勝]。→**かんこうち**

その他ーのいろいろ(例)④[未開地] 近代しょぢょち[処女地]。ひきゃう[秘境]。みかいち[未開地]。人跡未踏の地。中古へんち[辺地]。上代ぜっきゃう[絶境]。へんきゃう[辺境/辺疆]。

とちがら【土地柄】 近代ちはうしょく[地方色]。ローカルカラー(local color)。近世とちがら[土地柄]。中世おくにぶり/くにぶり[御国風/御国振]。上代ぞく[俗]。《句》近世所変はれば品変はる。

とちゅう【途中】 近代くゎてい[過程]。ちゅうかん[中間]。近世とじゃう[途上]。なかたび[中度]。中世だうちゅう[道中]。ちゅうだう[中道]。はんと[半途]。なかば[半]。なかほど[中程]。ろし[路次]。中古ちゅう[中]。ちゅうと[中途]。ちゅうろ[中路]。とちゅう[途中]。なかごろ[中頃]。なかぞら[中空]。なから[半/中]。みち[道]。ろじゃう[路上]。上代みちなか[道中]。

ーで聞くのをやめる 近世ききはづす[聞外]。

ーで座を外すこと なかざ[中座]。近世ちゅうざ[中座]。

ーで他のことをする 近世みちくさ[道草]。中古道草を食ふ。

ーで投げ出す ほうる[放/抛]。尻(つけ)を割る。近代ちゅうはい[中廃]。近世ほる[放/抛]。中世なげだす[投出]。

ーで日が暮れる 中世ゆきくる[ーくれる][行暮]。

ーでやめられないことのたとえ 乗り掛かった船。

ーの記録を計ること とちゅうけいじ[途中計時]。ラップタイム(lap time)。

道のーで 近代とじ[途次]。近世いきがかり/ゆきがかり[行掛]。いきがけ/ゆきがけ[行掛]。いきしな/ゆきしな[行]。きがけ[来掛]。きしな[来]。とじゃう[途上]。中世みちみち[道道]。中古みちすがら[道]。ろじゃう[路上]。道の空。道のほど。道のまま。上代道の空路(そらぢ)。

▼接尾語 近世かけ/がけ[掛]。中古すがら。

どちら【何方】❶〈方向/場所〉 近世どちら[何方]。どっち[何方]。中世どこ[何処/何所]。どなた[何方]。中古いづかた[何方]。どち[何方]。いづれ[何]。いづち[何処]。いづへ/いづべ[何処/何辺]。いづら[何]。上代いづく[何処]。→**どこ**

ーか どっち[何方]。近世どこか[何処]。どれか。中世どち[何方]。中古いづれか[何/孰]。《句》近代あちら立てればこちらが立たぬ。両方立てれば身が立たぬ。

ーかと言えば 近世ふたつどり[二取]。中古むしろ[寧]。

ーかに決めること にしゃたくいつ[二者択一]。近代にしゃせんいつ[二者選一]。近世さいう[左右]。二つに一つ。

ーか一人 中古ひとりひとり/ひとりびとり[一人一人]。

ーでもよい 中世いづれともなし。

ーとも決まらない 中古さうなし[左右無]。

どちら【何方】❷〈人〉 だれ[誰]。近世どちら[何方]。どなた[何方]。どなたさま[何方様]。中世どなたざま[何方様]。中古いづかた[何方]。上代たれ[誰]。→**ふとくてい**

どちらにしても 近代どっちみち[何方道]。いづれにしても。中世彼と言ひ此(これ)と言ひ。→**どっちにしても**

とっか【特価】 ねびきかかく[値引価格]。近代かくやす[格安]。すてね[捨値]。とくか[特価]。

ーの品 とっかひん[特価品]。めだま[目玉]。近代おつとめひん[御勤品]。

とっかかり【取掛】 →**てがかり**

どっかり 近代ずしん。でんと。どしん。近世ずしり。ずっしり。どかっと。どっかと。どっかり。どっしり。どしり。

とっかん【突貫】 近代つきすすむ[突進]。とっくゎん[突貫]。とつげき[突撃]。とっしん[突進]。

とっき【突起】 とつがた[凸形]。とつけい[凸形]。もりあがり[盛上]。近代でっぱり[出張]。とっき[凸起]。とっき[突起]。とっしゅつ[突出]。中世いぼ[疣]。中古つの[角]。

多くの—がある(さま) 近世ぶつぶつ。上代つぶだつ[粒立]。

兜(かぶと)や茶釜などの外面に鋳出してある— あられぼし[霰星]。

器官や組織に見られる乳首状の— 近世にゅうとう[乳頭]。

舌にある多くの— ぜつにゅうとう[舌乳頭]。

どっき【毒気】 近代あくかんじゃう[悪感情]。どくき[毒気]。近世わるぎ[悪気]。中世あくい[悪意]。中古あくしん[悪心]。あくねん[悪念]。じゃしん[邪心]。

どっきょ【独居】 近代さくきょどくせい[索居独棲]。ひとりぐらし[一人暮／独暮]。近世ひとりずまひ[独住]。中古さくきょ[索居]。どくきょ[独居]。

ドッキング(docking) ランデブー(フランス rendez-vous)。近世けつがふ[結合]。れんけつ[連結]。

とつ・ぐ【嫁】 嫁に行く。近世えんづく[縁付]。こしいり[輿入]。眉を落とす。中世こしいれ[輿入]。よめいり[嫁入]。よめる[嫁入]。中古こんか[婚嫁]。上代かす[嫁]。こんけ[婚嫁]。とつぐ[嫁]。

—・がせる [—付ける]。近世しつく[仕付]。縁(えん)に付く。中世めあはす[妻合]。

皇女が臣下に—・ぐ 近世かうか[降嫁]。

とっくに 早くから。近世とうに[疾]。中世とうから[疾]。近代つとに[夙]。近世とっくに。中古すでに[既／已]。とう／とく[疾]。はやう／はやく[早]。

▼とっくの昔 近代疾(と)くの昔。

とっくみあい【取組合】 近代らんとう[乱闘]。近世かくとう[格闘／挌闘]。くみうち[組討]。たちまはり[立回]。とっくみあひ[取組合]。中世つかみあひ[摑合]。

—をする とっくみあふ[取組合]。中世くみあふ[組合]。くむ[組]。

とっくり 近代じふぶんに[十分]。みっしり。みっちり。近世じっくり。とっくり。ねんいりに[念入]。中世とくと[篤]。中古つくづく。つらつら[倩／熟]。よくよく。

とっくり【徳利】 →とくり

とつげき【突撃】 近代とっくゎん[突貫]。とつげき[突撃]。とっしん[突進]。とつにふ[突入]。近世つっこむ[突込]。

—隊員 コマンド(commando)。

身をもって—・すること 近代にくだん[肉弾]。

とっこう【徳行】 近代ぜんかう[善行]。近世とくかう[篤行]。中世いうだう[有道]。上代くどく[功徳]。とくかう[徳行]。

とっさ【咄嗟】 →いっしゅん

どっさり →おお・い

とっしゅつ【突出】 つきでる[突出]。もりあがり[盛上]。近代でっぱり[出張]。近世とっしゅつ[斗出]。中世とっしゅつ[突出]。とびでる[飛出]。りゅうき[隆起]。

とつじょ【突如】 →とつぜん

どっしり 近代ずしん。でんと。どしん。どっかと。どっかり。近世ずしりと。ずっしり。どっしり。

とっしん【突進】 ラッシュ(rush)。ダッシュ(dash)。近代きふしん[急進]。つきすすむ[突進]。とっくゎん[突貫]。とつげき[突撃]。とっしん[突進]。とつにふ[突入]。まいしん[邁進]。まうしん[猛進]。近世さったう[殺到]。ばくしん[驀進]。中世ちとつ[馳突]。

とつぜん【突然】 ぬきうち[抜打]。近代こつじょ[忽如]。にゅうと。にゅっと。青天の霹靂(へきれき)。突として。鳩が豆鉄砲を食ったやう。鳩に豆鉄砲。近世いきなり[行成]。きょぜん[遽然]。ごっとり。さしつけ[差付]。だしぬき／だしぬけ[出抜]。たんぺいきふ[短兵急]。つうと。ひたと[直]。ぶっつけ[打付]。ぶらり。ゆきなり[行成]。壁に馬を乗りかく[—かける]。率爾(そつじ)ながら。寝耳に水。図らずも。藪(やぶ)から棒。中世がぜん[俄然]。きっと[急度／屹度]。きと。くと。こつぜん[忽然]。さっと[颯]。そつじ[率爾]。つうっと。とっさ[咄嗟]。とつじょ[突如]。とつぜん[突然]。はたと／はったと。はっと。ばっと／ぱっと。はなつき[鼻突]。ひゃうど。ひょいと。ひょっと。ふっと。やにはに[矢場／矢庭]。りょぐゎい[慮外]。足元から鳥が立つ。中古うちつけ[打付]。おのづから[自]。きふ[急]。こつえん[忽焉]。さうそつ[倉卒／草卒]。そうそつ[怱卒]。さしくみに／さしぐみに[差含]。すずろ／そぞろ[漫]。そつぜん[卒然／率然]。たうとつ[唐突]。たちまち[忽]。つと。とみに[頓]。にはか[俄]。ふいに[不

意]。ふつと。ふと。ゆくりか。ゆくりなし。思ひがけず。序でなし。上代 あからさま。たけそか。たちまちに[忽]。にはしく[俄]。
―・で驚いた時の語 近代 すはこそ。中世 すはすは。すはや。中古 すは。
―・な振る舞いをするさま すっとんきょう[素頓狂]。
―・に現れる(さま) 近世 ぬっと。ほっかり。わきいづ[涌出/湧出]。地から湧いたやう。中世 降って湧く。
―・に起こること 近代 とっぱつ[突発]。ぼうはつ[暴発]。ぼっぱつ[勃発]。中世 にはかごと[俄事]。
―・に死ぬこと きゅうせい[急逝]。とつぜんし[突然死]。近代 きふし[急死]。中世 とじに[頓死]。中古 とんし[頓死]。
―・に出す声 近世 とんきゃうごゑ/とんきょごゑ[頓狂声]。
―のこと 近代 つかぬこと[付事]。
病気の症状が―起こること 近代 ほっさ[発作]。

とったん【突端】→せんたん

どっちつかず 近代 ちゅうとはんぱ[中途半端]。はんぱ[半端]。あたらず障らず。近世 あやふや。さいたらばたけ[才太郎畑]。じゅんさい[蓴菜]。ちくら[筑羅]。どっちつかず。にはん[二半/二判]。筑羅が沖。中世 なまぬるし[生温]。波にも磯にもつかず。中古 あいまい[曖昧]。いゐ[依違]。ちゅうげん[中間]。なかぞら[中空]。なかなか[中中]。はし[端]。はした[端]。はしたなし。
―の物言いをする 近世 後口(尻口)で物言ふ。

どっちにしても 近代 どっちみち[何方道]。何れ(孰れ)にしても。どっちにしろ。近世 どのみち[何道]。中世 かたがた[旁/旁旁]。旁旁以て。

とって【把手】 近代 つまみて[撮手]。ノッブ/ノブ(knob)。はしゅ[把手]。中世 つまみ[摘]。とって[把手/取手]。にぎり[握]。中古 え[柄]。て[手]。とりどころ[取所]。
梃子を応用した― レバー(lever)。
袋などの口につけた木製の― きぐち[木口]。
耳に似た形の― 近世 みみ[耳]。

とってい【突堤】 ぼうさてい[防砂堤]。近代 がんぺき[岸壁]。ていたう[堤塘]。とってい[突堤]。ばうはてい[防波堤]。ふなつきば[船着場]。近世 はとば[波止場]。ふとう[埠頭]。中世 どて[土手]。中古 えんてい[堰堤]。上代 つつみ[堤]。ていばう[堤防]。

とつにゅう【突入】 近代 つきいる[突入]。とつげき[突撃]。とっしん[突進]。とつにふ[突入]。近世 つきこむ/つっこむ[突込]。
敵陣に―・すること 中世 かけ[駆/駈]。

とっぱ【突破】 のりきる[乗切]。近代 こくふく[克服]。とっぱ[突破]。中世 だかい[打開]。だは[打破]。つきやぶる[突破]。やぶる[破]。中古 うちやぶる[打破]。

とっぴ【突飛】 かたやぶり[型破]。近代 きけう[奇矯]。きばつ[奇抜]。とっぴ[突飛]。ふるふ[振]。近世 づなし[図無]。とっぴゃうし[突拍子]。突拍子もない。ちんめう[珍妙]。ふうがはり[風変]。ふしぎ[不思議]。中世 ちんい[珍異]。中古 きい[奇異]。さまこと[様異]。上代 ちんき[珍奇]。
―・なことをする人 はねあがりもの[跳上者]。近世 とびあがりもの[飛上者]。へうきんもの[剽軽者]。中世 とびあがり[飛上]。

トップ(top) →いちばん →しゅい【首位】

とっぷう【突風】 近代 とっぷう[突風]。近世 てんぐかぜ[天狗風]。中世 せんぷう[旋風]。中古 しっぷう[疾風]。上代 あからしまかぜ[暴風]。→かぜ【風】

とつべん【訥弁】 近代 くゎげん[寡言]。近世 とつべん[訥弁]。中世 くちべた[口下手]。ふべん[不弁]。

どて【土手】 バンク(bank)。近代 ていたう[堤塘]。とってい[突堤]。近世 みづせき[水堰]。中世 せき[堰]。どて[土手]。中古 えんてい[堰堤]。ゐせき[井堰]。上代 つつみ[堤]。ていばう[堤防]。
石を積み上げた防御用の― 近世 せきるい[石塁]。るい[塁]。
川の― 近代 かはどて[川土手]。中世 かはづつみ[川堤]。
土を積んで作った― 中古 どゐ[土居]。
馬場の中央の― 近代 おひまはし[追回]。

とても【迚】❶〈どうしても〉とてもじゃないが。近代 たうてい[到底]。とてもとても。近世 しょせん[所詮]。中世 どうしても。とても[迚]。なかなか。ほっても。中古 えしも。えも。えや。

とても【迚】❷〈非常に〉近代 さうたう[相当]。たいへん[大変]。とっても。とても[迚]。ひじゃうに[非常]。近世 おほいに[大]。それはそれは。だいぶん[大分]。めっぽふ[滅法]。中世 いたって[至]。よほ

ど［余程］。中古ずいぶん［随分］。すこぶる［頗］。はなはだ［甚］。上代いたも［甚］。

→たいそう【大層】

ととう【徒党】 近代ぐんたう［群党］。近世なかま［仲間］。中世いちみ［一味］。たうよ［党与］。とたう［徒党］。中古たうるい［党類］。どうるい［同類］。上代よたう［与党］。

ーを組むこと 近代ぐんたう［群党］。中世いっき［一揆］。ひしう［比周］。

ーを組んで蜂起すること 近代ぼうどう［暴動］。中世いっき［一揆］。

どとう【怒濤】 近代きゃうたう［狂濤］。さかなみ［逆浪／逆波］。中世どたう［怒濤］。荒立つ波。逆巻(さかま)く波。中古げきらう［激浪］。上代あらなみ［荒波］。おほなみ［大波］。いたぶる波。

とど・く【届】 近代たうたつ［到達］。たっしる／たっする［達］。つく［着］。中世たうらい［到来］。ちゃくす［着］。とづく［届］。とどく［届］。中古いたる［至］。およぶ［及］。かよふ［通］。たうちゃく［到着］。とほる［通］。

ー・いたばかり 近代しんちゃく［新着］。

ー・かない 近代ふたつ［不達］。ふちゃく［不着］。

遠くはるかにー・くこと 中古いうやう［悠揚］。

早くー・くこと 近代そくたつ［速達］。

とどけで【届出】 近代しんこく［申告］。とどけで［届出］。まうしたて［申立］。まうしで［申出］。中古しんせい［申請］。

とど・ける【届】 近代おくる［送］。そうたつ［送達］。そうふ［送付］。はいたつ［配達］。中世とどく〔とどける〕［届］。上代いたす［致］。とづく［届］。やる［遣］。

注文の料理などをー・ける 近代しだす［仕出／為出］。近世でまへ［出前］。

注文品を揃えてー・けること 中世てうたつ［調達］。中古てうしん［調進］。

ねぎらいに飲食物をー・けること 近代さしいれ［差入］。

早くー・けること 近代そくたつ［速達］。

とどこお・る【滞】 もたつく。近代じふたい［渋滞］。近世おどもり。てまどる［手間取］。よどむ［淀／澱］。中世ぎたい［凝滞］。しぶく［渋］。じゅたい［濡滞］。たいりう［滞留］。ちたい［遅滞］。ちんたい［沈滞］。つかふ〔つかえる〕［支／閊］。ゆらふ［揺］。中古えんいん［延引］。えんたい［延滞］。えんたい［淹滞］。おくる〔おくれる〕［遅］。しぶく［渋］。ていたい［停滞］。なづましぶく［泥］。むせぶ［咽／噎］。上代ぎょうたい［凝滞］。けいりう［稽留］。とどこほる［滞］。なづむ［泥］。

ー・らずに事が運ぶこと(さま) さらっと。近代ゑんくゎつ［円滑］。ゑんてんくゎつだつ［円転滑脱］。近世すいすい。中世さらり。すがやか［清］。すらすら。すらり。するり。ゆうづう［融通］。中古すがすがし［清清］。ゑんてん［宛転］。

ー・らずに流れ通じること 近世りうつう［流通］。

ととの・う【調】 近世じゅくす［熟］。まとまる［纏］。中世あひととのふ［相調］。じゅんじゅく［純熟／淳熟］。そろふ［揃］。中古ぐす［具］。したたまる［認］。ととのふ［調／整／斉］。

ー・って威厳があるさま 近世たんげん［端厳］。中古たんごん［端厳］。

ー・っていない(さま) 近代ぶざつ［蕪雑］。ふせい［不整］。近世しだらなし。だらしなし。めつれつ［滅裂］。中世くだく［砕／摧］。まばら［疎］。中古しどけなし。しどろ。ふてう／ふでう［不調］。みだりがはし［濫／猥］。

ー・っている(さま) 近代きちり。きちんきちん。きちんと。きっちり。ぐび［具備］。せいせい［井井］。近世せいせい［整整］。たんねん［端然］。ちょきり。ちんと。やくたい［益体］。中世まったし［全］。中古きよげ［清］。しうび［周備］。せいいつ［斉一］。そなはる／そなふ［具／備］。なほし［直］。まほ［真面／真秀］。上代せいせい［整斉／斉整］。たんせい［端正／端整］。またし［全］。

ー・って美しいさま 中古うるはし［麗］。てんれい［典麗］。

成長して容姿がー・う 中古ねびととのふ／ねびととのほる［整］。

釣り合いが取れてー・っている 近代きんせい［均斉／均整］。

ととの・える【調】 近代アレンジ(arrange)。せいじょ［整序］。てうせい［調整］。近世そなふ［具／備］。ふづくり［文作］。中世しつらふ〔―らえる〕［設］。せいとん［整頓］。せいり［整理］。てうはふ［調法］。てうわ［調和］。とりをさむ〔―おさめる〕［取納］。まとむ〔まとめる〕［纏］。みつくろふ［見繕］。中古かいつくろふ［掻繕］。したたむ〔―ためる〕［認］。しつらひ［設］。つくろふ［繕］。ととのふ［調／整］。となふ［調／整］。とりつくろふ［取繕］。とりまかなふ［取賄］。まかなふ［賄］。

ようい［用意］。りす［理］。ろくす［勒］。上代せいび［整備］。そろふ〔そろえる〕［揃］。ただす［正／糺］。ととのふ〔—のえる〕［調／整／斉］。

金品を無理して—・えること 近世ひどくめん［酷工面］。ひどさんだん［酷算段］。

撫でるように—・える 中古なでつくろふ［撫繕］。

服や容姿を—・える 近世つくる［作］。中世こしらふ〔—らえる〕［拵］。したく［支度／仕度］。衣紋を繕ふ。中古かいつくろふ［掻繕］。ひきつくろふ［引繕］。

元のように—・える 中古ひきなほす［引直］。

礼儀などを—・えること 中古しうぶん［修文］。

とどま・る【止】 近代ちゅうざい［駐在］。近世尻を落ち着ける。尻を据う〔—据える〕。中世たいざい［滞在］。たいりう［滞留］。たまる［溜］。とうりう［逗留］。やすらふ［休］。ゆらふ［緩］。中古おちとまる［落留］。ぢゅうす［住］。ていたい［停滞］。やどる［宿］。ゐる［居］。上代けいりう［稽留］。とどまる［止／留／停］。とまる［止／留／停］。のこる［残／遺］。ばんくゎん［盤桓］。りうたい［留滞］。

—・って動かない 近代せいし［静止］。

—・って住むこと 近世りうぢゅう［留住］。

—・る所 近代とめど［止処］。中世さいげん［際限］。中古やどり［宿］。

—か所に—・らない 近世右から左。中世ふぢゅう［不住］。

—か所にしばらく—・ること 中世ひとたまり［一溜］。

—か所に長く—・ること 近世えいぢゅう［永住］。中世くぢゅう［久住］。

去ることと—・ること 中古きょしう［去就］。しんたい／しんだい［進退］。

戦いで敗走せず—・る 中世おちとどまる［落止］。

都に—・る 近世たいきゃう［滞京］。

とど・める【止】 近代あっし［遏止］。けいえん［稽淹］。そんする［存］。中世さしとむ〔—とめる〕［差止］。やすらふ［休］。中古せいし［制止］。せいす［制］。ひきとむ〔—とめる〕［引留］。やどす［宿］。ゆらふ［揺］。上代すう〔すえる〕［据］。たむ〔ためる〕［溜］。とどむ〔とどめる〕［止／留／停］。とむ〔とめる〕［止／留／停］。のこす［残／遺］。→と・める

—・め置く 近代そんりう［存留］。中世とりおく［取置］。

動きを—・める 中古はばむ［阻／沮］。上代こばむ［拒］。

とどろか・す【轟】 中古とどろかす［轟］。ひびかす［響］。上代とどろこす［轟］。ならす［鳴］。

名を—・す 近代はせる［馳］。

とどろ・く【轟】 近代たかなる［高鳴］。とどろきわたる［轟渡］。近世しれわたる［知渡］。中世とどめく［轟］。とどろめく［轟］。どよむ／どよめく［響］。なりわたる［鳴渡］。ひびきわたる［響渡］。はたたく［霹靂］。中古なりひびく［鳴響］。ほめく［轟］。上代しる〔しれる〕［知］。とどろく［轟］。とよむ［響］。

—・く音 近世がうおん［轟音］。上代とど。

—・くさま 近代いんぜん［殷然］。近世がうぜん［轟然］。中世とどろとどろ［轟轟］。中古いんいん［隠隠］。いんいん［殷殷］。がうがう［轟轟］。上代とどろ［轟］。

—・くような音がする 中古さらめく。

とな・える【唱】 近代ていしゃう［提唱］。らうしゃう［朗唱］。近世じゅす［誦］。しゅちゃう［主張］。中世しょうす［誦］。上代さけぶ［叫］。となふ〔となえる〕［唱］。

一斉に—・えること 近代せいしゃう［斉唱］。

お経を—・える あげる［上］。中古どくきゃう［読経］。ねんず［念誦］。上代どきゃう［読経］。ねんじゅ［念誦］。

声高に—・えること 中世かうしゃう［高唱］。

率先して—・えること 近代しゃうだう［唱道／唱導］。

何も見ないで空で—・えること 上代あんしょう［暗誦／諳誦］。

とな・える【称】 近世となふ〔となえる〕［称］。中古しょうす［称］。上代かうす／がうす［号］。

表向きに—・えること 近代こうしょう［公称］。

となり【隣】 近世あたりどなり［辺隣］。中世さとどなり［里隣］。中古かたぎし［片岸］。上代となり［隣］。

《句》近代隣の貧乏鴨の味。隣の芝生は緑。隣の花は赤い。

—と仲良くすること 近代せっしる［接］。ぜんりん［善隣］。中世せっす［接］。

—に並ぶ 近世となりあふ［隣合］。となりつづき［隣続］。りんせつ［隣接］。中世あひせっす［相接］。せっす［接］。中古となりす［隣］。

—の家 かきねつづき［垣根続］。中世りんか［隣家］。

―の国 《近世》りんぱう［隣邦］。《中古》りんこく／りんごく［隣国］。《上代》となりぐに［隣国］。

―の人 《中世》りんじん［隣人］。

―の部屋 《近代》りんしつ［隣室］。

―の村 りんゆう［隣邑］。《近世》となりむら［隣村］。りんきゃう［隣郷］。《中世》りんがう［隣郷］。りんそん［隣村］。《中古》となりざと［隣里］。《上代》りんり［隣里］。

―の者同士 となりあい［隣合］。《近代》となりづきあひ［隣付合］。《近世》となりどうし［隣同士］。《中世》となりあはせ［隣合］。

―や周辺 《近代》いへつづき［家続］。きんか［近家］。むかふどなり［向隣］。りんぽ［隣保］。《近世》きんじょがっぺき［近所合壁］。となりきんじょ［隣近所］。となる［隣］。むかひどなり［向隣］。むかふさんげんりゃうどなり［向三軒両隣］。りゃうむかひ［両向］。《中世》きんじょ［近所］。さとどなり［里隣］。りんか［隣家］。《中古》きんりん［近隣］。しりん［四隣］。軒を争ふ。

一軒おいて―の家 《近世》またどなり［又隣］。

垣を隔てた― かきどなり［垣隣］。

壁を隔てた― 《近世》かべどなり［壁隣］。《中世》かっぺき［合壁］。

ごく近い― 《中世》きんじょ［近所］。《中古》きんりん［近隣］。ちかどなり［近隣］。


どな・る【怒鳴】 どやす。《近代》どがう［怒号］。どなりたてる［怒鳴立］。どなりつける［怒鳴付］。どやしつける。《近世》いっかつ［一喝］。かつだう［喝道］。がなりたつ［―たてる］［立］。がなる。だいかつ［大喝］。どなる［怒鳴］。ほゆ［ほえる］［吠／吼］。《中世》わめく［喚］。《中古》かす［呵］。ののしる［罵］。《上代》さけぶ［叫］。

―・り込む 《近世》なりこむ［鳴込］。

―・り立てる 《近世》いがむ［啀］。ほゆ［ほえる］［吠］。《中世》どしめく。

―・る声 《近代》どがう［怒号］。どなりごゑ［怒鳴声］。《近世》しゃなごゑ／しゃなりごゑ［声］。だいかつ［大喝］。

さんざん―・る 《近世》どなりちらす［怒鳴散］。

とにかく【兎角】 いずれにせよ。どちらにしても。《近代》ともかく／ともかくも［兎角］。いづれにしろ［何］。なにせ／なんせ［何］。なにが［何］。しても。《近世》さもあらばあれ。なにがなし［何無］。とにかく［兎角］。とまれ。ともあれ。《中世》しょせん［所詮］。ひとまづ／ひとまど［一先］。何がさて。先づもって。《中古》さはれ／さばれ。とかう／とかく［左右／兎角］。とにもかくにも。とまれかうまれ。とまれかくまれ。ともあれかくもあれ。《上代》かにかくも。

どのあたり【何辺】 どこらへん［何処辺］。《近代》どのへん［何辺］。なへん［奈辺／那辺］。《近世》どこいら［何処］。《中世》どこもと［何処許／何所許］。どこら［何処］。《上代》いづへ［何処］。

どのう【土嚢】 さのう［砂嚢］。《中世》すなぶくろ［砂袋］。どなう［土嚢］。

どのくらい【何位】 どの程度。《近世》どのくらゐ［何位］。どれほど［何程］。《中世》いかほど［如何程］。なにほど［何程］。なんぞ［何］。なんぼ。なんぼう［何］。《中古》いくら［幾許］。なにばかり［何］。《上代》いかばかり［如何許］。いくだ／いくばく［幾許／幾何］。
―多く 《中古》いくそばく［幾十許］。

どのような【何様】 《近代》いかがな。どんな。《近世》どういふ。どうした。どのやうな［何様］。どんな。《中世》いかなる［如何］。なんたる［何］。《中古》いかやう［如何様］。なでふ［何］。なにさま［何様］。なにやう［何様］。《上代》いかさま［如何様］。

―こと 《上代》なにごと［何事］。

―人 《中古》なにびと／なんぴと［何人］。なにもの［何者］。

―ものか 《中世》なにぞ［何］。なんぞ［何］。《上代》なにもの［何物］。

―ものでも 《近世》なんでもかんでも［何彼］。

―様子 《中世》いかてい［如何体］。《中古》なにさま［何様］。


どのように【何様】 《近代》どのやうに［何様］。どれくらい／どれぐらい。《近世》どれほど［程］。どんなに。《中世》いかほど［如何程］。いかん［如何］。どう。なにと／なんと［何］。なにほど［何程］。《中古》いかが［如何］。いかさま［如何様］。いかやうに［如何様］。いかに／いかにぞ［如何］。なにとかは［何］。《上代》あど［何］。いかにか［如何］。いかばかり［如何許］。

―して 《中世》いかにか。いかんが。何として。《上代》いかにして。

―しても 《近世》いかにして［如何］。《中世》いかにも［如何］。とても［迚］。《中古》とてもかうても／とてもかくても。ともかくも［兎角］。《上代》かもかくも。

―でも 煮て食おうと焼いて食おうと。《近世》どうでも。どうとも。どうなと。どうなりと。《中世》いかやうにも。《中古》いかにも［如何］。

とばく【賭博】 ギャンブル(gamble)。《近代》と

じ[賭事]。近世かけごと[賭事]。とばく[賭博]。中世かけ[賭]。しょうぶごと[勝負事]。中古ばくち[博打/博奕]。

《句》近代悪銭身につかず。

ーを業とする人 近代ギャンブラー(gambler)。近代とばくし[賭博師]。中世ばくちうち[博打打/博奕打]。ばくと[博徒]。

ー場を開く 近代盆をひく。

ーをする所 近代カジノ(イタリアcasino)。てっくゎば[鉄火場]。とぢゃう/とば[賭場]。とばくぢゃう[賭博場]。近世どば[土場]。

とば・す【飛】 ぶっとばす[飛]。ふりとばす[振飛]。近代かっとばす[飛]。はねかす[撥]。近世はふりなげる[放投]。中世はふる[放]。上代とばす[飛]。なぐ[なげる][投]。

間をーす 近世ぬかす[抜]。

どはずれ【度外】 近代だんちがひ[段違]。とっぴ[突飛]。どはづれ[度外]。度が過ぎる。近世いきすぎ[行過]。けたちがひ[桁違]。けたはづれ[桁外]。そこぬけ[底抜]。とっぴゃうし[突拍子]。どひゃうし[拍子]。斗柄(とひやう)もない。中世くゎたう[過当]。くゎど[過度]。なみはづれ[並外]。度を超す。度を過ごす。累が及ぶ。中古かたは[片端]。

とばっちり【迸】 近代えいきゃう[影響]。なげあし[投足]。近世かかりあひ[掛合]。そばづゑ[側杖/傍杖]。とばしり[迸]。ひきあひ[引合]。まきぞへ[巻添]。れんざ[連座]。れんるい[連累]。煽(あふ)りを食ふ。尻が来る。中古とばっちり[迸]。よは[余波]。

とばり【帳】 近代カーテン(curtain)。たれぎぬ[垂絹]。どう[幢]。ベール(veil)。中世ゐ[帷]。中古ちゃう[帳]。まく[幕]。上代かいしろ[垣代]。とばり[帳/帷]。ゐちゃう[帷帳]。

ーと幕 近代ちゃうばく[帳幕]。

ーの内 近世ちゃうない[帳内]。中世ちゃうだい[帳内]。

赤いー 中古かうちゃう[絳帳]。

黄金や玉などで飾った美しいー 中世ぎょくちゃう[玉帳]。中古きんちゃう[金帳]。きんちゃう[錦帳]。

寝室に掛ける美しいー 中世きうくゎちゃう[九華帳]。

模様のあるー 上代あやかき[綾垣]。

とび【鳶】 近世いそわし[磯鷲]。とんび[鳶]。中古とび[鳶/鵄]。

ーの者 近代とびしょく[鳶職]。近世とびにんそく[鳶人足]。

とびあが・る【飛上】 近代ジャンプ(jump)。近世てうやく[跳躍]。ひやく[飛躍]。中世はぬ[はねる][跳/撥]。はねあがる[跳上]。中古をどりあがる[躍上]。をどる[踊]。上代とびあがる[飛上]。とびたつ[飛立]。

ー・るさま 近世ふはと。中世ひらりと。

軽くー・ること 中古けいきょ[軽挙]。

ひらひらとー・る 上代ひひる[冲/沖]。

とびうお【飛魚】 つばくろうお[燕魚]。とび[飛]。とんぼうお[蜻蛉魚]。近世つばめうを[燕魚]。中世あご[飛魚]。とびうを[飛魚]。中古とびを[飛魚]。

とびかか・る【飛掛】 中世をどりかかる[躍掛]。中古とびかかる[飛掛]。とびつく[飛付]。はしりかかる[走掛]。

とびきり【飛切】 近世さいかう[最高]。しかう[至高]。じゃうとう[上等]。そこぬけ[底抜]。とびきり[飛切]。めっぽふ[滅法]。中世しきょく[至極]。なみはづれ[並外]。中古さいじゃう[最上]。すこぶる[頗]。上代きはめて[極]。しごく[至極]。

とびこ・える【飛越】 近世うちこし[打越]。中世とびこす[飛越]。中古ひゑつ[飛越]。上代こゆ[こえる][越]。とびこゆ[ーこえる][飛越]。

ー・えて進むこと 近世いっそくとび[一足飛]。

とびこ・む【飛込】 近代ころがりこむ[転込]。近世すべりこむ[滑込]。つっこむ[突込]。をどりこむ[躍込]。中世かけこむ[駈込/駆込]。とびいる[飛入]。とびこむ[飛込]。

高い岩からー・むこと 近世いはとび[岩飛]。

水へー・む ダイビング(diving)。ダイブ(dive)。

▼跳躍や踏み切りなどで使う板 とびいた[飛板]。とびこみいた[飛込板]。近代スプリングボード(springboard)。

▼飛び込み競技で入水の時の飛沫(ひまつ) 近代スプラッシュ(splash)。

とびだ・す【飛出】 近代をどりでる[躍出]。近世とびだす[飛出]。中世とっしゅつ[突出]。とびでる[飛出]。

《句》近世桂馬(けいま)の高あがり。

とびた・つ【飛立】 近代はばたく[羽撃/羽搏]。上代とびあがる[跳上]。とびたつ[飛立]。

群がってー・つ 近代むらがりたつ[群立/叢立]。中世むらだつ[群立/叢立]。中古むれだつ[群立]。

とびち・る【飛散】 近代はじける[弾]。近世はぬ[はねる][跳/撥]。中世とばしる[迸]。

とびちる［飛散］。はしる［走］。はず〔はぜる〕［爆／罅］。ほとばしる［迸］。中古 はつゑつ［発越］。ひさん［飛散］。上代 たばしる［走］。とぶ［飛］。ほとはしる／ほどはしる［迸］。

—・るさま 近世 ひひ［霏霏］。中世 ぱっぱと。

—・る水 みずしぶき［水飛沫］。近代 しぶき［飛沫／繁吹］。中古 とばしり［迸］。

水が—・る 近代 しぶく［繁吹／重吹］。

とびつ・く【飛付】 近世 つっかかる［突掛］。中世 をどりかかる［躍掛］。中古 とびかかる［飛掛／跳掛］。とびつく［飛付］。

トピック(topic) 近代 トピック。わだい［話題］。近世 かたりぐさ［語種／語草］。中世 わへい［話柄］。話の種。

とび・でる【飛出】 近世 つんでる［突出］。とびでる［飛出］。はねいづ［跳出］。

—・でるさま 近代 ぴょこん。近世 にょっきり。にょっこり。

勢いよく—・でる 近代 すっとぶ［素飛］。

とびぬ・ける【飛抜】 近代 とびはなれる［飛離］。近世 ずばぬける［抜］。とびぬく〔—ぬける〕［飛抜］。中世 づぬく〔ずぬける〕［図抜／頭抜］。

—・けていること だんトツ［断］。近代 いっしゅつ［逸出］。スーパー(super)。だんちがひ［段違］。てうどきふ［超弩級］。

—・けて優れていること 中世 ばっすい［抜粋／抜萃］。中古 けっしゅつ［傑出］。てうゑつ［超越］。ばつぐん［抜群］。

—・けて早く走ること どくそう［独走］。

とびは・ねる【飛跳】 近世 てうやく［跳躍］。はねあがる［跳上］。中世 とびはぬ〔—はねる〕［飛跳］。中古 をどりあがる［躍上］。上代 たばしる［走］。ほとはしる／ほどはしる／ほとばしる［迸］。→とびち・る

—・ねながら走ること 近代 スキップ(skip)。とうほん［騰奔］。中世 ほんとう［奔騰］。

—・ねるさま 近代 ぴょんと。

どひょう【土俵】 近世 どへう［土俵］。中世 かたや［方屋］。中古 つつみ［堤］。

—の一番高い部分 近世 けんがみね［剣峰］。

とびら【扉】 近代 こ［戸］。ドア(door)。中世 たつ［闥］。中古 とぼそ［枢］。上代 とびら［扉／闔］。→と

とふ【塗布】 とそう［塗装］。近代 とふ［塗布］。ぬりたくる［塗］。近世 ぬりつぶす［塗潰］。中世 とまつ［塗抹］。中古 ぬりたつ〔—たてる〕［塗立］。ぬりつく〔—つける〕［塗付］。

と・ぶ【飛】 フライイング／フライング(flying)。フライト(flight)。近代 ジャンプ(jump)。近世 たかとび［高飛］。ひしゃう［飛翔］。中世 とびちる［飛散］。ひかう［飛行］。ひぎゃう［飛行］。ひくう［飛空］。ひどう［飛動］。ひやく［飛躍］。中古 とびかふ［飛交］。ひさん［飛散］。ひやう［飛揚］。まふ［舞］。上代 かける［駆／翔］。とびあがる［飛上］。とびたつ［飛立］。とぶ［飛］。ひひる［冲／沖］。

—・ぶさま 中世 ひらりひらり。ふらふら。中古 ひらひら。

—・ぶ鳥 中世 してう［翅鳥］。中古 ひきん［飛禽］。ひてう［飛鳥］。上代 たつとり［立鳥］。

—・んで上がる →とびあが・る →とびは・ねる

—・んで返る 上代 とびかへる［飛返］。

—・んで来ること 中世 ひらい［飛来］。

—・んで越える 中世 とびこす［飛越／跳越］。

—・んで四方に散る 中世 とびちる［飛散］。中古 ひさん［飛散］。みだれちる［乱散］。

—・んで他へ移る 中世 とびうつる［飛移］。

勢いよく—・ぶ 中古 はふる［羽振］。

神や霊が—・ぶ 中古 あまがける［天翔］。上代 たつ［立］。

空高く—・ぶ 中古 ひやう［飛揚］。上代 あまがける［天翔］。あまとぶ［天飛］。かうしゃう［高翔］。かける［駆／翔］。とびかける［飛翔］。

鳥が空を—・ぶこと 上代 かうしゃう［高翔］。わたる［渡］。

鳥が鳴きながら—・ぶこと 上代 なきわたる［鳴渡］。

羽ばたきせずに—・ぶこと かっくう［滑空］。かっしょう［滑翔］。

群がって—・ぶ ぐんぶ［群舞］(鳥)。中世 ぐんぴ［群飛］(虫)。中古 とびかふ［飛交］。とびちがふ［飛違］。

と・ぶ【跳】 近代 ジャンプ(jump)。近世 てうやく［跳躍］。はねあがる［跳上］。中世 とびはぬ〔—はねる〕［飛跳］。はぬ〔はねる〕［跳／撥］。上代 とぶ［跳］。→とびは・ねる

—・ぶ高さを競う遊び(競技) 近代 たかとび［高跳］。はしりたかとび［走高飛］。近世 とびくら［飛競］。中世 とびこぐら［飛競］。

どぶ【溝】 そっこう［側溝］。はいすい［排水路］。近代 あんきょ［暗渠］。はいすいきょ［排水渠］。はいすいこう［排水溝］。たんぼ［田圃］。近世 どぶ［溝／瀆］。中世 げすい［下水］。せせなぎ／せせなげ［溝］。上代 こうと

と

く［溝瀆］。みぞ［溝］。

—の泥をさらうこと どぶそうじ［溝掃除］。近世どぶさらひ［溝浚］。

どぶろく【濁酒】 近代じんだいしゅ［神代酒］。近世けんしゅ［賢酒］。けんじん［賢人］。しろうま［白馬］。どび［酴醿］。どぶ。どぶろく［濁酒／濁醪］。中世はくしゅ［白酒］。もそろ［醪／醨］。もろみざけ［醪酒／諸味酒］。中古だくしゅ／ぢょくしゅ［濁酒］。にごり［濁］。にごりさけ／にごりざけ［濁酒］。

とほ【徒歩】 あるき［歩］。ウオーキング(walking)。近代てく。てくてくあるき［歩］。中世かちだち［徒立］。とほ［徒歩］。中古かちありき［徒歩］。ぎゃうぶ［行歩］。ほかう［歩行］。上代あゆみ［歩］。かち［徒歩／徒］。

—で行き来すること 中世とそう［抖擻／斗擻］。

—で 中世かちより［徒歩］。《尊》近世おひろひ［御拾］。

—で行く 近代歩を進める。歩を運ぶ。近世足が向く。足を延ばす。足を運ぶ。中世あるく［歩］。中古ありく［歩］。はひわたる［這渡］。

—でぶらぶらすること 近代ひろひあるき［拾歩］。

—の旅 中古かちぢ［徒路］。

—の人 中古かちびと［徒人／歩人］。

—の兵 近世徒歩の雑兵。中古ほへい［歩兵］。

とほう【途方】 →しゅだん

—に暮れて歩き回ること 中世まどひありく［惑歩］。

—に暮れて出す涙 近世うろうろなみだ［涙］。

—に暮れる 近世こまりきる［困切］。こまりはつ［—はてる］［困果］。こまる［困］。よわりはつ［—はてる］［弱果］。前後に暮る［—暮れる］。中世あきれはつ［—はてる］［呆果］。いきづまる／ゆきづまる［行詰］。きゅうす［窮］。思案に余る。東西暮る［—暮れる］。中古あきる［あきれる］［呆］。あきれいたし［呆甚］。おもひまどふ［思惑］。きえまどふ［消惑］。くれまどふ［暮惑］。たどる［辿］。わぶ［わびる］［侘］。心を惑はす。東西を失ふ。闇に暮る［—暮れる］。上代すべなし［術無］。まどふ［惑］。行方なし。《尊》中古おぼしあきる［思呆］。おぼしおぼほる［思溺］。おぼしまどふ［思惑］。おぼしまよふ［思迷］。

—に暮れること おてあげ［御手上］。近代こんわく［困惑］。はっぱうふさがり［八方塞］。近世たうわく［当惑］。中世めいわく［迷惑］。中古こころまどひ［心惑］。こんきゃく［困却］。まどひ［惑］。上代こんきゅう［困窮］。→**どうしようもな・い**

—に暮れるたとえ 近代たきばうやう［多岐亡羊］。亡羊の嘆。近世海老に離れたる水母。中世暗夜に灯を失ふ。

—もない 近代どはづれ［度外］。当て事もない。度が過ぎる。途方途轍もない。近世どえらい［偉］。大層もない。つがもなし。でかっぱちない／でかばちない／でかまちない。天骨（も）なし。とっけもない。途轍もない。中世あいだてなし。ずなし［図無］。とんでもない。なみはづれ［並外］。はふぐゎい［法外］。はうだい［放題／傍題］。

—もないことをする者 近世とひゃうもの［斗柄者］。

怯えて—に暮れる 中古おびえまどふ［怯惑］。

悲しみで—に暮れる 中世涙に迷ふ。

どぼく【土木】 近代けんせつ［建設］。けんざう［建造］。近世どこう［土工／土功］。中世ふしん［普請］。中古どぼく［土木］。

—工事に従事する労働者 近代どかた［土方］。どこう［土工］。

とぼ・ける【惚】 すっとぼける［惚］。知らんぷり。近世しらばくれる［知］。しらばけ［白化］。すばける。そらとぼける［空惚］。白を切る。中世うちおぼめく［朧］。そらうそぶく［空嘯］。そらおぼれ［空］。とぼく［とぼける］［惚／恍］。中古うそぶく［嘯］。おぼめく［朧］。そらおぼめき［空朧］。上代みかくす［見隠］。

—・けた顔 たぬきがお［狸顔］。近代ポーカーフェース(poker face)。近世とぼけがほ［恍顔］。とぼけづら［恍面］。

—・けたさま 中古おぼめかし。しれじれし［痴痴］。

—・けた人 中世とぼけもの［恍者］。

—・けて逃げる 中世貝吹いて逃ぐ［—逃げる］。

とぼし・い【乏】 近代きばふ［匱乏］。くうばふ［空乏］。たしない［足無］。ふじふぶん［不十分］。近世うすし［薄］。ひそやか［密］。まづし［貧］。中世おくる［遅］。ばふせう／ぼくせう［乏少］。中古とぼし［乏］。ともし［乏］。ひんじゃく［貧弱］。ふそく［不足］。ほそし［細］。まどし［貧］。上代すくなし［少／尠／寡］。

—・いのを耐えること たいぼう［耐乏］。

才能などが—・いこと 足りない。上代ひは

く［菲薄］。

詩想が涸(か)れて——・いこと 中世 こちゃう［枯腸］。

充実度が——・いこと 近世 きはく［希薄／稀薄］。

どま【土間】 近世 つちま［土間］。どば［土場］。どま［土間］。中世 たたき［三和土］。ひろには［広庭］。

屋内の—— 近世 には［庭］。

表から裏へ通り抜けられる—— 近代 とほしには［通庭］。近世 とほりには［通庭］。

トマト(tomato) 近代 あかなす［赤茄子］。さんごじゅなす［珊瑚樹茄子］。トマト。ばんか［蕃茄］。

とまどい【戸惑】 近世 うろたへ［狼狽］。たうわく［当惑］。とまどひ［戸惑］。中世 はいまう［敗亡／廃忘］。めいらん［迷乱］。めいわく［迷惑］。わくらん［惑乱］。中古 らうばい［狼狽］。

とまど・う【戸惑】 近代 とまどふ［戸惑］。近世 どまくれる／どまぐれる。まごつく。中古 うすすく。こころまどふ［心惑］。まどふ［惑］。ものに当たる。上代 いすすく。まよふ［迷］。

とま・る【泊】 近代 ぐゎいはく［外泊］。しゅくはく［宿泊］。はくする［泊］。近世 ねとまり［寝泊］。中世 ししゅく［止宿］。とうしゅく［投宿］。とうず［投］。中古 とまる［泊］。宿を取る。上代 やどる［宿］。→**しゅくはく**

——・る役目 中世 たうばん［当番］。上代 しゅくちょく［宿直］。とのゐ［宿直］。

——・る役目の人 中古 とのゐびと［宿直人］。

——・る予定で出掛けること 近世 とまりがけ［泊掛］。

庵(いお)りに——・る 上代 いほる［庵／廬］。

自宅でなく外で——・ること 家を外にする。近代 ぐゎいはく［外泊］。

一晩——・ること 中古 いっしゅく［一宿］。

人を——・らせる 宿を貸す。中古 やどす［宿］。

船が港に——・る 近世 ていはく［停泊／碇泊］。中世 かかる［掛］。もやふ［舫］。上代 はつ［泊］。

とま・る【止】 近代 ストップ(stop)。せいし［静止］。ていし［停止］。中世 たまる［溜］。ていりう［停留］。中古 きうし［休止］。たたずまふ／たたずむ［佇］。たちやすらふ［立休］。ていたい［停滞］。ゐる［居］。上代 とどまる［止／留／停］。とまる［止／留／停］。やむ［止／已／罷］。

——・らせる 中古 すう〔すえる〕［据］。

——・るさま 近世 ぴたり／ぴったり。ひたと［直］。

車両が——・る 近代 ていしゃ［停車］。上代 たつ〔たてる〕［立］。

成長などが——・る あたまうち［頭打］。

鳥が枝などに——・る 中古 ついゐる［突居］。ゐる［居］。

鳥を枝などに——・らせる 上代 すう〔すえる〕［据］。

とみ【富】 近代 ざいぶつ［財物］。近世 ざいくゎ［財貨］。しんしょ［身上］。しんだい［身代］。中世 くゎざい［貨財］。しんしゃう［身上］。中古 ざい［財］。ざいさん［財産］。とく［徳］。上代 ざいもつ［財物］。しさん［資産］。とみ［富］。→**ざいさん**

——の力 近代 きんりょく［金力］。けいざいりょく［経済力］。ざいりょく［財力］。ふりょく［富力］。

莫大(ばくだい)な—— 近世 猗頓(いとん)の富。陶朱(たうしゅ)猗頓(いとん)の富。中世 陶朱(たうしゅ)の富。

と・む【富】 近代 いうふく［裕福］。リッチ(rich)。ぜうふ［饒富］。ほうねう［豊饒］。近世 ほうふ［豊富］。うるほふ［潤］。中世 いうとく／うとく［有徳］。ええう［栄耀］。ふうき／ふっき［富貴］。ふいう［富裕／富祐］。ふうたのしむ［楽］。ふくいう［福祐］。ふねう［豊饒］。ふゆ／ふゆう［富裕］。ゆたけし［豊］。竈(かま)賑(ど)はふ。中古 とみす［富］。ふぜう［富饒］。ぶねう［豊饒］。ほうぜう［豊饒］。徳付く。上代 いんぷ［殷富］。とむ［富］。にぎはふ［賑］。ゆたか［豊］。

——・ませる 中世 にぎはす［賑］。

——・んでいるさま 近世 りゅうと［隆］。

——・んでいる人民 中世 ふみん［富民］。

——・んで強いこと(さま) 近代 ふきゃう［富強］。

とむらい【弔】 近世 おくやみ／くやみ［御悔］。中世 とむらひ［弔／吊］。中古 かぎり［限］。くやう［供養］。さうそう［葬送］。ついぜん［追善］。上代 さうぎ［葬儀］。そうさう［送葬］。さうしき［葬式］。をれくち［折口］。→**そうしき**

——の客 ちょうもんしゃ［弔問者］。近代 てうかく／てうきゃく［弔客］。てうもんきゃく［弔問客］。

とむら・う【弔】 近代 くやむ［悔］。中世 いたむ［悼］。ついたう［追悼］。とふ［問／訪］。とむらふ［弔／吊］。中古 あととふ［後問］。くやう［供養］。ついぜん［追善］。てうもん［弔問］。とぶらふ［弔／問］。ゑかう［回向／廻向］。

——・う言葉 とうし［悼詞］。近代 たうじ［悼

辞]。てうし[弔詞]。てうじ[弔辞]。

生前をしのび―・うこと 中世 ついてう[追弔]。

と・める【止】 近代 ストップ(stop)。ていし[停止]。中世 ひかふ[ひかえる][控]。中古 せいし[制止]。せいす[制]。せきとどむ[―とどめる][堰留]。せきとむ[―とめる][堰止]。せきやる[堰遣]。とめおく[留置]。ひきとむ[―とめる][引留]。上代 せく[堰]。たむ[ためる][溜]。とどむ[とどめる][止]。とむ[とめる][止/留/停]。↓**とど・める**

足を―・める 近世 ふみとどむ[―とどめる][踏止]。

車を―・める 近代 ちゅうしゃ[駐車]。ていしゃ[停車]。パーキング(parking)。パーク(park)。中古 おろしたつ[下立]。上代 たつ[立]。

とも【友】 →**ともだち**

とも【供】 そっきん[側近]。近代 ずいかういん[随行員]。近世 おつき[御付]。おとも[御供/御伴]。ぐのもの[具者]。つきづき[付付]。ともぜい[供勢]。ともばやし[供]。ともまはり[供回]。中世 ぐぶ[供奉]。じゅうさ[従者]。ずいじん[随身]。わきざし[脇]。中古 じゅうしゃ[従者]。ずさ[従者]。ついじゅう[追従]。ついしょう/ついそう[追従]。てぶり[手振]。上代 とも[供/伴]。ともひと/ともびと[伴人]。

―として貴人と同じ車に乗ること 近代 ばいじょう[陪乗]。

―として御馳走を受けること 近代 ばんしょく[伴食]。中世 しゃうばん[相伴]。ばいしょく[陪食]。

―の兵 中古 ずいひゃう[随兵]。

―をする(こと) 近代 ばいずい[陪随]。中世 おとも[御供/御伴]。ばいす[陪]。中古 ぐぶ[供奉]。上代 ずいじゅう[随従]。

天皇などに―として従うこと 中世 ばいじゅう[陪従]。上代 べいじゅう[陪従]。

ともあれ →**とにかく**

ともかく 近代 ともかく。何はさておき。近世 まあ。まあまあ。何はともあれ。中世 さりとては。とにかく/とにかくに。中古 いちおう[一応]。まづ[先]。上代 まづまづ[先先]。↓**とにかく**

―として 中世 とまれ。ともあれ。いざ知らず。

ともかくも 近世 かくべつ[格別]。中古 かつがつ[且且]。まづ[先]。とかく[兎角]。とかくに[兎角]。とにもかくにも。とまれかくまれ。ともあれかくもあれ。ともかうも。ともかくも。上代 かにもかくにも。かもかくも。かもかも。

ともがら【輩】 近代 とはい[徒輩]。れんちゅう[連中]。近世 なかま[仲間]。中世 てあひ[手合]。はい[輩]。ひつぐう[匹偶]。れんぢゅう[連中]。中古 やから[族/輩]。上代 ともがら[輩/儕/儔]。↓**なかま**

ともしび【灯火】 近代 けいとう[檠灯]。しょくくゎう[燭光]。近世 あかり[明]。しょく[燭]。中世 とうくゎ[灯火]。とうくゎう[灯光]。とぼし[点火/灯]。中古 あかし[灯/明]。とうそく[灯燭]。ともし[灯]。上代 とう[灯]。とうしょく[灯燭]。ともしび[灯火/灯/燭]。ひ[灯]。↓**あかり**

―のそば 中古 とうか[灯下]。とうぜん[灯前]。

―の光 中古 ほかげ[火影]。

青い― 中世 せいとう[青灯]。

赤い― 近代 こうとう[紅灯]。

美しい光の― 中古 ぎんくゎ[銀花/銀華]。ぎんしょく[銀燭]。らんとう[蘭灯]。

多くの― 中古 まんどう[万灯]。

供養のため―を点(もと)すこと 上代 ねんとう[燃灯/然灯]。

婚礼など華やかな場の― 中古 くゎしょく[華燭/花燭]。

神仏に供える― 中世 ごとう/みとう[御灯]。中古 とうみゃう[灯明]。上代 おほみあかし[大御灯明/大御灯]。みあかし[御明/御灯/御灯明]。

春の夜の― 近世 しゅんとう[春灯]。

夜通し点(もと)しておく― 近世 有明(ありあけ)の灯。

とも・す【点】 近代 てんくゎ[点火]。近世 てんず[点]。中世 てんとう[点灯]。中古 つく[つける][点/付]。上代 ともす[点/灯/燭]。

ともすると 近代 どうかすると。ともすると。近世 えてして。中世 とかくに。やや(と)もすれば。中古 とかく[兎角/左右]。ともすれば。ややもすると。ややもせば。

ともだおれ【共倒】 近代 ともだふれ[共倒]。近世 あひうち[相打/相撃/相討]。ともぐひ[共食]。

ともだち【友達】 アミーゴ(スペイン amigo)。ポンユー[(中国語)朋友]。メート(mate)。近代 アミ(フランス ami; amie)。フレンド(friend)。モナミ(フランス mon ami; mon amie)。近世 ともこ[友子]。ぼうぐみ[棒組]。中世 しりうと[知人]。ちいん[知音]。ちしき[知識/智識]。どうはう[同袍]。どうはう/どうばう[同胞]。ともがき[友垣]。ともどち[友

達］。やから［輩］。中古 いうじん［友人］。おもふどち［思］。ぜんちしき［善知識］。ほういう／ぼういう［朋友］。上代 とも［友／朋］。ともだち［友達］。
《尊》近代 めいけい［盟兄］。近世 きけい［貴兄］。
《謙》近代 じょくいう［辱友］。
《句》近代 得難きは時逢ひ難きは友。己に如かざる者を友とするなかれ。

―が助け合って学ぶこと 近代 れいたく［麗沢］。
―が励まし合って研鑽(けんさん)すること 中世 せっさたくま［切磋琢磨］。
―同志 中古 おのがどち［己共］。
―同志の親愛の情 近代 いうかう［友好］。いうじゃう［友情］。近世 いうぎ［友誼］。か うぎ［交誼］。中世 いうあい［友愛］。上代 よしみ［誼／好］。→ゆうじょう

―として扱うこと 近代 いうし［友視］。
―との交わり 中古 いうかう［友交］。かういう［交友］。
―の影響で悪擦れすること ともずれ［友擦］。
―の住所を書いた帳面 じゅうしょろく［住所録］。
諫(さい)めてくれる良い― 近世 きんらんぼ［金蘭簿］。上代 さういう［争友］。
異性の― ガールフレンド(girl friend)。ボーイフレンド(boy friend)。
多くの― 中古 しょいう［諸友］。
幼い頃からの― 近代 をさなともだち［幼友達］。近世 竹馬の友。中世 をさななじみ［幼馴染］。中古 わらはともだち［童友達］。
会社や寮の― 近代 しゃいう［社友］。れういう［寮友］。
固い約束を交わした― 近代 めいいう［盟友］。近世 金蘭の友。中古 どうし［同志／同士］。
学校または学問上の― 近代 かういう［校友］。がくけい［学兄］(手紙用語)。きふいう［級友］。クラスメート(classmate)。スクールメート(schoolmate)。中世 がくいう［学友］。
気の合った― 心腹の友。近代 会心の友。近世 しんいう［心友］。中世 心の友。中古 ちいう［知友］。とくい［得意］。上代 ちき［知己］。→親しい―
心安く往来する― 近代 ちゃのみなかま［茶飲仲間］。近世 ちゃのみともだち［茶飲友達］。
酒飲みの― さけのみなかま［酒飲仲間］。のみともだち［飲友達］。近世 けづりともだち［削友達］。
詩歌の― 近世 ぎんいう［吟友］。中古 しいう［詩友］。
親しい― 近代 刎頸(けいふん)の友。近世 ばくぎゃく［莫逆］。中世 したしみ［親］。ばくげき［莫逆］。刎頸(けいふん)の交はり。方外の友。中古 かたらひびと［語人］。しんいう［親友］。しんぽう［親朋］。ぜんちしき／ぜんぢしき［善知識］。ぢっきん［昵近］。とくい［得意］。なかよし［仲良／仲好］。上代 思ふ人。↓
気の合った―
趣味等の―(例) ジャンゆう［雀友］。りょうゆう［猟友］。同好の友。近代 てういう［釣友］。近世 ごがたき［碁敵］。
書物を読み古(いにしえ)の賢人を―とすること 近世 しゃういう［尚友］。
死んだ― 近代 亡き友。近世 ばういう［亡友］。
真の― 近代 しんいう［真友］。《句》近世 管鮑(くわんぱう)の交はり。
尊敬している― 近代 ゐいう［畏友］。
付き合って益になる― 近代 さんえきいう［三益友］。えきしゃ［益者］。中古 えきいう［益友］。上代 りゃういう［良友］。りゃうほう［良朋］。《句》近世 益者(えきしゃ)三友損者(そんしゃ)三友。
付き合わない方がよい― 近代 さんそんいう［三損友］。そんいう［損友］。近世 そんしゃ［損者］。中世 あくいう［悪友］。
手紙のやり取りをしている― ペンパル(pen pal)。ペンフレンド(pen friend)。メルとも［mail友］。
遠くの―を偲(しの)ぶさま 近代 しゅんじゅぼううん［春樹暮雲］。
年取った― 中世 らういう［老友］。らうけい［老兄］(敬語)。
昔からの― 近世 こはうばい［古傍輩］。こほうばい［古朋輩］。むかしなじみ［昔馴染］。中世 こじん［故人］。しゅくしふ［宿執］。きういう［旧遊］。中古 きういう［旧友］。きうこ［旧故］。きうしき［旧識］。きうち［旧知］。こいう［故友］。むかしのひと／むかしびと／むかしへびと［昔人］。上代 こきう［故旧］。

ともどもに【共共】 いっしょに［一緒］。中古 あひともに［相共］。ともどもに［共共］。もろともに［諸共］。

ともな・う【伴】 近代 ふずい［付随］。ふたい［付帯］。近世 ぐはふ［くはえる］［銜／啣］。中世 どうかう／どうぎゃう［同行］。す［相具］。うちぐす［打具］。中古 あひぐす［相具］。うちつる［―つれる］［打連］。したがふ［―がえる］［従］。つらぬ［つらねる］［連／列］。つる［つれる］

［連］。つれだつ［連立］。どうだう［同道］。ひきつる［―つれる］［引連］。上代 たづさふ［―さえる］［携］。どうはん［同伴］。ともなふ［伴］。ゐる［率／将］。→つ・れる

―・う者 中世 はんりょ［伴侶］。

―・わせる 中古 たぐふ［たぐえる］［比／類］。

貴人が従者などを―・う 中世 めしぐす［召具］。

ともに【共】❶〈いっしょに〉いっしょに［一緒］。そろって［揃］。中世 ならびに［並］。中古 あはせて［併／合］。あひともに［相共］。ともども［共共］。もろともに［諸共］。上代 ともに［共／倶］。

―行くこと 近代 つれあふ［連合］。中世 あひともなふ［相伴］。つれそふ［連添］。どうかう／どうぎゃう［同行］。中古 つれだつ［連立］。上代 どうはん［同伴］。

―行動すること 近代 れんべい［連袂］。中世 あひどり［相取］。さんか［参加］。中古 袖を連ぬ［―連ねる］。

―栄えること 近代 きょうえい［共栄］。

―…する 上代 あふ［合］。

夫婦―歳をとること 中世 ともしらが［共白髪］。上代 かいらう［偕老］。

ともに【共】❷〈同時に〉中世 どうじに［同時］。ともに［共］。上代 なへに。むた［与／共］。

▼接尾語 近世 まじくら。中古 ごめ［込］。

ともね【共寝】 近代 どうきん［同衾］。近世 さしまくら［差枕］。ながまくら［長枕］。ならべまくら［並枕］。ひとつね［一寝］。帯紐(を)解く。比目の枕。中世 こんか［婚嫁］。枕交はす。鴛鴦（鴛鴦）の衾。中古 まろびあふ［転合］。上代 さぬ［寝］。さぬらく［寝］。そでかふ［袖交］。そでつぐ［袖継］。ひもとく［繙／紐解］。まきぬ［枕寝／纏寝］。まく［枕／婚／纏］。みとあたはす。ゐぬ［率寝］。

―・した翌朝 中古 きぬぎぬ［衣衣／後朝］。のちのあさ／のちのあした［後朝］。

―をしたらしい 中古 ねぐさし［寝臭］。

衣服を交換して―・すること 上代 ころもがへ［衣替／更衣］。

訪ねて行って―・する 上代 ゆきまく［行枕］。

初めて―・すること 近世 とのごはじめ［殿御初］。とのはじめ［殿初］。

ともばたらき【共働】 近代 ともばたらき［共働］。もちあひじょたい［持合世帯］。近世 ともかせぎ［共稼］。ともすぎ［共過］。

どもり【吃】 近代 きつおん［吃音］。中世 どもり［吃］。中古 ことどもり［言吃］。ままなき［吃］。

ども・る【吃】 近代 きっする［吃］。近世 ぜぜる。中世 ぜぜくる。どもる［吃］。

―・る言葉 きつご［吃語］。とつげん［訥言］。

とやかく 近代 あれやこれや。なんやかや。近世 どうのかうの。とつおいつ［取措］。とやかく。なにかと［何］。中世 あれこれ。とかく［兎角／左右］。とやかう。なんのかの。中古 いろいろ［色色］。ちぢわくに［千千分］。とざまかうざま。なにくれと［何］。なにやかや。ひだりみぎ［左右］。上代 かにかくに。かれこれ［彼此］。

―言うこと 中世 さう［左右］。

―すること 中世 あふさきるさ。

どよう【土用】 しょ［暑］。近世 うしのひ［丑日］。中世 しょちゅう［暑中］。どよう［土用］。

―に晴天が続くこと てりどよう［照土用］。

―干し なつぼし［夏干］。

どよめき【響】 近代 どよめき［響］。中古 とよみ／どよみ［響］。

どよめ・く【響】 中世 どよめく［響］。ひしめきあふ［犇合］。ひしめきわたる［犇渡］。中古 なりひびく［鳴響］。ひしめく［犇］。上代 とよむ／どよむ［響］。

―・かす 上代 どよもす［響］。

―・くさま 近世 きょうきょう［洶洶］。中古 ひしひし［犇犇］。

とら【虎】 近代 タイガー(tiger)。中世 おと［於菟］。上代 とら［虎］。

―と狼 中古 こらう［虎狼］。

―と山犬 中古 さいこ［豺虎］。

―(と竜)にたとえられる豪傑二人 中世 りゅうこ／りょうこ［竜虎］。中古 りゃうこ［両虎］。

―の牙 近代 こが［虎牙］。

―の毛皮 中古 からかは［唐皮］。

―の子 こし［虎子］。こじ［虎児］。

―の髭 近代 こぜん［虎髯］。中世 こしゅ［虎鬚］。

猛々しい― 中古 まうこ［猛虎］。

▼十二支の寅 中古 せってい［摂提］。

とらい【渡来】 近世 はくさい［舶載］。はくせい［舶齎］。はくらい［舶来］。わたり［渡］。中世 ぐゎいらい［外来］。でんらい［伝来］。とらい［伝来］。中古 つたはる［伝］。とらい［渡来］。

―・した人 とらいじん［渡来人］。上代 あやひと［漢人］。あやめ［漢女］。

新たに外国から―・したもの 近世 いまわたり［今渡］。中世 しんと／しんど［新渡］。

中国(経由)から─・したもの 中古たうもの[唐物]。

トライ(try) 近代テスト(test)。トライ。中世せぶみ[瀬踏]。ためす[試]。上代こころみる[試]。

ドライ(dry) 近代ドライ。むみかんさう[無味乾燥]。上代かわく[乾]。

トライアル(trial) しぎ[試技]。しこう[試行]。近代トライアル。中古こころみ[試]。

とら・える【捕】 近代キャッチ(catch)。くけい／こうけい[拘係]。だくゎく[拿獲]。だほ[拿捕]。はあく[把握]。近世たいほ[逮捕]。つらまへる[捉]。とりおさふ[─おさえる][取押／取抑]。ひっとらふ[─とらえる][引捕]。中世うちとる[打取／討取]。ついふく[追捕]。ついほ[追捕]。とらまへる[捕／捉]。はそく[把捉]。ほくゎく[捕獲]。めしとる[召捕]。中古ついぶ[追捕]。つかまふ[─まえる][捕]。つかむ[摑]。ほそく[捕捉]。上代ついぶ[追捕]。とらふ[とらえる][捕／捉]。とる[捕／獲／採]。

《句》近代逃げた魚は大きい。

─・え損なう 近世いっす[逸]。中世のがす[逃]。中古にがす[逃]。はづす[外]。

─・えた生き物を逃がしてやること 近代はうせい[放生]。上代はうじゃう[放生]。

─・えて自由を奪うこと 近代しつばく[執縛]。ほばく[捕縛]。中世からめとる[搦捕]。こうそく[拘束]。

─・えて食べること 近代はくぜい[搏噬]。

─・えて閉じ込める 近代かんきん[監禁]。こうきん[拘禁]。とめおき[留置]。よくりう[抑留]。中世めしおく[召置]。中古こうりう[拘留]。めしこむ[召籠]。

─・えて連行する しょっぴく。近代こういん[勾引／拘引]。

─・え所 近代つかみどころ[摑所]。中世はび[把鼻／巴鼻]。

─・え所がないさま(こと) 近代くうくうばくばく[空空漠漠]。へうたんなまづ[瓢簞鯰]。へうへう[飄飄]。近世のらくら。のらりくらり。へうへうこ[飄飄乎]。風を捉(とら)ふ。雲を摑む。中古ばくばく[漠漠]。

─・えられた人 中世しうじん[囚人]。中古めしうど[召人／囚人]。上代とらへびと[囚人]。

─・えられて行く者 近世ひかれもの[引者]。

─・えられないもののたとえ 中世陽炎(かげろふ)稲妻水の月。

─・えられる 近世つかまる[捕]。つらまる[捉]。上代とらはる[─われる][囚／捕]。

─・える準備 近世網を張る。

生きたまま─・える 上代いけどり[生捕／生擒]。

素手で─・えること 中古てどり[手取]。

罠(わな)などで─・える 中古かく[かける][掛／懸]。上代つる[釣]。

ドラスティック(drastic) かくしんてき[革新的]。近代きふしんてき[急進的]。きゃうれつ[強烈]。しれつ[熾烈]。てっていてき[徹底的]。ラジカル(radical)。近世くゎげき[過激]。すさまじ[凄]。中世げきれつ[激烈]。中古まうれつ[猛烈]。

とらつぐみ【虎鶫】 近代ぬえつぐみ[鵺鶫]。近世とらつぐみ[虎鶫]。中世ぬえこどり[鵺子鳥]。ぬえどり[鵺鳥]。上代ぬえ[鵺／鵼]。

とらのこ【虎子】 近代きちょうひん[貴重品]。ひざうひん[秘蔵品]。ひざうぶつ[秘蔵物]。近世とらのこ[虎子]。

とらのまき【虎巻】 ひでんしょ[秘伝書]。近代さんりゃく[三略]。中世とらのまき[虎巻]。

トラブル(trouble) ぶつぎ[物議]。近代ごたごた。トラブル。もめごと[揉事]。もんちゃくごと[悶着事]。やくかい[厄介]。近世いさくさ。いざこざ。さわぎ[騒]。中世はらん[波乱／波瀾]。ふんそう[紛争]。もんちゃく[悶着]。中古こしゃう[故障]。上代あらそひ[争]。じこ[事故]。

ドラマ(drama) ❶**〈演劇〉** 近代えんげき[演劇]。げき[劇]。ドラマ。中世しばゐ[芝居]。

ドラマ(drama) ❷**〈脚本〉** 近代ぎきょく[戯曲]。きゃくほん[脚本]。シナリオ(scenario)。スクリプト(script)。だいほん[台本]。ドラマ。

どらむすこ【息子】 近代いうたうじ[遊蕩児]。たうじ[蕩児]。はうたうむすこ[放蕩息子]。近世だうらくむすこ[道楽息子]。どらむすこ[息子]。はうたうもの[放蕩者]。ろくでなし。中世ごくつぶし[穀潰]。たうし[蕩子]。

とらわ・れる【捕】 かかずらわる[係／拘]。かかずりあう[拘合]。こしつ[固執]。近代こうでい[拘泥]。こだはる[拘]。しうばく[就縛]。つかまる[捕／捉]。中世こうそく[拘束]。こしふ[固執]。しっす[執]。ぢゅうす[住]。中古あいす[愛]。かかづらふ[係／拘]。しふす[執]。上代とらはる[─われる][捕／囚]。

―・れた人 近代しうふ[囚俘]。しうりょ[囚虜]。ふしう[俘囚]。ふりょ[俘虜]。中世ほりょ[捕虜]。中古とらはれびと[囚人]。とりこ[虜]。ふしゅ[俘囚]。めしうど[召人]。

―・れないさま 近代くうくう[空空]。

―・れること 近代しうりょ[囚虜]。

とり【鳥】 しょうきん[渉禽]。近代バード(bird)。中世つばさ[翼]。てうるい[鳥類]。中古きんてう[禽鳥]。上代とり[鳥／禽]。まとり[真鳥]。

《枕》上代あまとぶや[天飛]。

―が枝から枝へ飛び移ること 中古えだうつり[枝移]。上代こづたふ[木伝]。

―が枝などにとまる 上代ゐる[居]。

―が気流に乗って飛ぶこと はんしょう[帆翔]。

―が盛んに鳴くこと 中古ももさへづり[百囀]。

―が巣に籠もること 中古すごもり[巣籠]。

―が空高く飛ぶこと 上代かうしゃう[高翔]。

―が卵を抱くこと しゅうそう[就巣]。近代はうらん[抱卵]。

―が卵を他の鳥に託すこと たくらん[托卵]。

―が飛び立つこと 中世とだち[鳥立]。

―が鳴き交わすこと(さま) 中古あうあう[嚶嚶]。わめい[和鳴]。

―がなだらかに鳴くさま 中世かんくゎん[間関]。

―が羽を振ること 近代はばたく[羽撃／羽搏]。中世はたたく[羽撃]。はぶり[羽振]。

―が人里に慣れる 中世さとなる[里馴]。

―が舞い上がり舞い下りること 近代きっかう[頡頏]。近世けっかう[頡頏]。

―が休んでいるさま 中世はねづくろひ[羽繕]。はねやすめ[羽休]。中古はづくろひ[羽繕]。

―が夜鳴くこと 上代よなき[夜鳴]。

―の胃袋 中世ゑぶくろ[餌袋]。

―の尾と羽根 上代をは[尾羽]。

―の小屋 近代とやがけ[鳥屋掛]。とりごや[鳥小屋]。中世とりや[鳥屋]。上代とぐら[鳥栖／塒／鳥座]。とや[鳥屋／塒]。

―の左右の羽を畳んだ時重なる部分 上代はがひ[羽交]。

―の巣 中古ねぐら[塒]。上代とぐら[鳥栖／塒／鳥座]。

―の鳴き声 近代ぢなき[地鳴]。中古さへづり[囀]。てうせい[鳥声]。

―の羽根 うい[羽衣]。フェザー(feather)。近世とりげ[鳥毛]。中古はごろも[羽衣]。よく[翼]。上代うもう[羽毛]。つばさ[翼／翅]。はね[羽／羽根]。

―の羽根のいろいろ(例) うかん[羽冠]。おおばね[大羽]。かんう[冠羽]。びとう[尾筒]。めんう／わたばね[綿羽]。近代かざきりば[風切羽]。くゎんもう[冠毛]。をばね[尾羽根]。中世むなげ[胸毛]。中古かざきり[風切]。ひすい[翡翠]。

―の雛(ひな)が成長して巣から飛び立つこと 中世すばなれ[巣離]。中古すだち[巣立]。

―や獣 中世きんじゅ[禽獣]。中古てうじう[鳥獣]。上代きんじう[禽獣]。

―を捕る仕掛け 近世とりさしざを[鳥刺竿]。とりざを[鳥竿]。中世とりもち[鳥黐／黐]。中古はが／はご[擌]。もちなは[黐縄]。

―をもち竿(ざお)で捕ること 中世さす[刺]。とりさし[鳥刺]。ゑさし[餌差／餌刺]。

慌てものの― 上代おほをそどり[大鳥]。

家で飼っている― 近代かきん[家禽]。中世かひどり[飼鳥]。

今は生息していない昔の― モア(moa)。近代きょうてう[恐鳥]。しそてう[始祖鳥]。

いろいろな― 中世いろどり[色鳥]。

美しい― 上代うまどり[美鳥]。

海辺の― 近代うみどり[海鳥]。中古かいてう[海鳥]。

大きな― 近世こうこく[鴻鵠]。上代おほとり[大鳥／鳳／鵬]。

多くの― 上代ちどり[千鳥／鵆]。ももちどり[百千鳥]。ももとり[百鳥]。

幼い― ようちょう[幼鳥]。近代ひよっこ[雛]。中世ひよこ[雛]。中古ひなどり[雛鳥]。上代ひな[雛]。

親の― 中世おやどり[親鳥]。

害ある― がいちょう[害鳥]。

害ある―を追い払うもの とりおい[鳥追]。近世かかし[案山子]。とりおどし[鳥威]。中古なるこ[鳴子]。

外国の― 近世からとり[唐鳥]。

籠の― 中古ろうてう[籠鳥]。

賢い― 近世りゃうきん[良禽]。

季節最後に―や虫が鳴き終わった日 しゅうめいび[終鳴日]。

季節等で移動しない― りゅうちょう[留鳥]。

季節により移動する― こうちょう[候鳥]。ひょうちょう[漂鳥]。近世わたりどり[渡鳥]。

季節初めて―や虫が鳴いた日 しょめいび

〔初鳴日〕。
季節初めての―の鳴き声 近世 はつね〔初音〕。
北国の― 中世 ゑつてう〔越鳥〕。
雲の中を飛ぶ― 中世 くもとり〔雲鳥〕。
雲のように見える―の群れ 近代 てううん〔鳥雲〕。
雌雄の― 近世 をんど〔雄鳥〕。中世 めてう／めんどり〔雌鳥〕。をんどり〔雄鳥〕。中古 をどり〔雄鳥〕。上代 めどり〔雌鳥〕。
白い― 近代 しらとり〔白鳥〕。上代 しろとり〔白鳥〕。
神聖で不思議な― 中世 れいてう〔霊鳥〕。
性質の荒い肉食の― もうちょう〔猛鳥〕。近代 まうきん〔猛禽〕。近世 せいてう〔征鳥〕。中古 してう〔鷙鳥〕。
世界最大の― エピオルニス(ラテン aepyornis)。
想像上の― →**そうぞう【想像】**
空を飛び翔(かけ)る― 中世 かけどり〔翔鳥〕。かんてう〔翰鳥〕。ひてう〔飛鳥〕。中古 ひきん〔飛禽〕。してう〔翅鳥〕。上代 たつとり〔立鳥〕。とぶとり〔飛鳥〕。
小さな― 中世 せうきん〔小禽〕。中古 ことり〔小鳥〕。てうじゃく〔鳥雀〕。
鳴く― 近世 めいきん〔鳴禽〕。中世 めいてう〔鳴鳥〕。中古 ていてう〔啼鳥〕。
人間に役立つ― 近代 えきてう〔益鳥〕。
ねぐらにいる― 中古 しゅくてう〔宿鳥〕。ねとり〔寝鳥〕。
野に巣を作り生息する― 近世 さぬつどり〔野鳥〕。上代 さのつどり〔野鳥〕。
羽が抜けかわる頃の― 中世 はぬけどり〔羽抜鳥／羽抜鶏〕。
羽を切って放し飼いにしている― 上代 はなちどり〔放鳥〕。
雛(なひ)を守る― 中世 すもりどり〔巣守鳥〕。
孵化(かふ)せず巣に残る―(卵) 中古 すもり〔巣守〕。
水辺の― ゆうきん〔游禽〕。中世 すいてう〔水鳥〕。中古 うきね(の)とり〔浮寝鳥〕。すいきん〔水禽〕。上代 みづとり〔水鳥〕。
群がっている― 上代 むらとり〔群鳥〕。
珍しい― 近世 ちんてう〔珍鳥〕。
めでたい― 上代 ずいてう〔瑞鳥〕。
野生の― 近世 のどり〔野鳥〕。中世 やてう〔野鳥〕。中古 やきん〔野禽〕。上代 のつとり〔野鳥〕。
夜に活動する― やきん〔夜禽〕。近代 やてう〔夜鳥〕。
夜にねぐらを離れて飛び回る― 中世 うかれどり〔浮鳥〕。
▼助数詞 中世 せき〔隻〕。は〔羽〕。

とりあえず【取敢】 近代 さしづめ〔差詰〕。たうめん〔当面〕。中世 さしあたって〔差当〕。さしあたり〔差当〕。とりあへず〔取敢〕。中古 いちわう〔一往〕。かつがつ〔且且〕。まづは〔先〕。

とりあ・げる【取上】❶〈剥奪〉 近代 しうだつ〔収奪〕。せっしう〔接収〕。はくだつ〔剝奪〕。ぶんどる〔分捕〕。ぼっしう〔没収〕。近世 けっしょ〔闕所〕。しうこう〔収公〕。とりたつ〔―たてる〕〔取立〕。はぐ〔剝〕。ぶちあぐ〔―あげる〕〔打上〕。ふんだくる。まきあぐ〔―あげる〕〔巻上〕。めしあぐ〔―あげる〕〔召上〕。中世 とりあぐ〔―あげる〕〔取上〕。とりはなす〔取放／取離〕。はぎとる〔剝取〕。ぼっす〔没〕。中古 うばひとる〔奪取〕。けづる〔削〕。しゅこう〔収公〕。とる〔取〕。上代 うばふ〔奪〕。
与えることなく―・げるばかり 近代 やらずぶったくり。
情け容赦なく―・げる 近代 生き血を絞る(吸ふ)。
一つひとつを―・げる 中古 とりはなつ〔取放〕。

とりあ・げる【取上】❷〈採用〉 くみあげる〔汲上〕。近代 うけいれる〔受入〕。俎上(そじゃう)に載せる。近世 とりあぐ〔―あげる〕〔取上〕。てんず〔点〕。とりはなつ〔取放〕。中古 さいたく〔採択〕。さいよう〔採用〕。じゅり〔受理〕。とりいる〔―いれる〕〔取入〕。とる〔採〕。ひろひあぐ〔―あげる〕〔拾上〕。上代 ひろふ〔拾〕。

―・げることと捨てること 中古 しゅしゃ〔取捨〕。

大きく―・げる クローズアップ(close-up)。

匙(じさ)などで―・げる 中古 すくひとる〔掬取〕。すくふ〔掬／抄〕。上代 くむ〔汲／酌〕。

問題として―・げる 近代 とらへる〔捕〕。のぼせる〔上〕。俎板(まないた)(真魚板(まないた)／俎上(そじゃう)／俎(まないた))に載せる。近世 してき〔指摘〕。中古 みとがむ〔―とがめる〕〔見咎〕。上代 とふ〔問〕。

とりあつかい【取扱】 近代 さうさ〔操作〕。しょり〔処理〕。近世 あしらひ。さうじゅう〔操縦〕。しょち〔処置〕。そち〔措置〕。とりまはし〔取回〕。中世 さばき〔捌〕。たいぐう〔待遇〕。とりあつかひ〔取扱〕。はからひ〔計〕。中古 あつかひ〔扱〕。もてなし〔持成〕。ものあつかひ〔物扱〕。
―に苦しむ 近世 てこずる〔手子摺／梃摺〕。

もちあぐむ／もてあぐむ［持倦］。手に負へぬ。手を焼く。中世もちあつかふ［持扱］。もてあます［持余］。中古もてあつかふ［持扱］。

ーに困る人 近世もてあましもの［持余者］。

うまいー 中世さばき［捌］。

丁寧なー 近世たふはい［答拝］。中世たっぱい［答拝］。

とりあつか・う【取扱】 近代しゃうり［掌理］。しょぐう［処遇］。近世もちなす［持成］。中世あしらふ。さばく［捌］。さばくる［捌］。とりあつかふ［取扱］。とりはからふ［取計］。とりまはす［取回／取廻］。まかなふ［賄］。もちあつかふ［持扱］。中古あつかふ［扱］。あひしらふ／あへしらふ。あやつる［操］。おきつ［掟］。しょす［処］。はからふ［計］。みる［見］。もてあつかふ［持扱］。もてなす［持成］。

とりあつ・める【取集】 近世さいしふ［採集］。中古しつむ［為集］。とりあつむ［ーあつめる］［取集］。

とりあわせ【取合】 近代くみあはせ［組合］。コーディネート(coordinate)。コンビネーション(combination)。近世あしらひ。うつり［映／写］。とりあひ［取合］。中世あひしらひ。とりあはせ［取合］。はいがふ［配合］。中古てうわ［調和］。

ーがよい 近代につかしい［似付］。近世うつる［映］。中世にあはし［似合］。中古にあふ［似合］。につかはし［似付］。ふさはし［相応］。

色のー 中古あはひ［間］。

良いーのたとえ 近世梅に鶯。竹に雀。竹に虎。紅葉に鹿。中世獅子に牡丹。

良くないーのたとえ 中世猿に烏帽子。

とりあわ・せる【取合】 中世だきあわせる［抱合］。近世あしらふ［応／会／釈］。中世くみあはす［ーあわせる］［組合］。とりあふ［取合］。中古あひしらふ／あへしらふ。とりあはす［ーあわせる］［取合］。はいす［配］。

とりあわな・い【取合】 近代むし［無視］。もくさつ［黙殺］。相手にしない。眼中にない。目もくれず。近世犬も食はぬ。柳に風。中世歯牙にも懸けぬ。取り合はず。中古尻目に掛く［ー掛ける］。

とりい・る【取入】 お世辞を言う。おべっかを使う。味噌を擂(す)る。近代げいがふ［迎合］。意を迎へる。歓心を買ふ。提灯(ちやうちん)を持つ。近世胡麻(ごま)を擂(す)る。尾を振る。中世あゆ［阿諛］。こびへつらふ［媚諂］。とりいる［取入］。機嫌を取る。髭(ひげ)の塵(ちり)を払ふ。中古ついしょう［追従］。心を取る。上代おもねる［阿］。こぶ［こびる］［媚］。へつらふ［諂／諛］。

とりいれ【取入】 近代とりいれ［取入］。近世かりいれ［刈入］。上代しうくわく［収穫］。

秋のー 近世しうなふ［収納］。中世せいしう［西収］。中古あきをさめ［秋収］。しうしう［秋収］。

とりい・れる【取入】 中世かりいる［ーいれる］［刈入］。せっしゅ［摂取］。せっす［摂］。をさむ［おさめる］［収／納］。中古とりいる［ーいれる］［取入］。とりこむ［取込］。

とりえ【取柄】 近代しんしゃう／しんじゃう［身上］。びてん［美点］。りてん［利点］。中世ちゃうしょ［長所］。とくい［得意］。とりえ［取柄／取得］。中古とりどころ［取所］。

ただ一つのー 近代いちまいかんばん［一枚看板］。

なんにでもーがある 《句》近世苦瓢(にがひさご)にも取り柄あり。

なんのーもない 近世むげい［無芸］。むて［無手］。中世のうなし［能無］。中古なほなほし［直直］。

とりおこな・う【執行】 近代きょかう［挙行］。じっし［実施］。中世いとなむ［営］。しかう／せかう［施行］。しぎゃう／しっかう［執行］。中古しふぎゃう／しゅぎゃう［執行］。とりおこなふ［執行／取行］。もてなす［持成］。上代つかさどる［司／掌］。

責任をもってーう 上代とりもつ［取持／執持］。

とりかえ【取替】 さしかえ［差替］。近代かうくゎん［交換］。だいたい［代替］。へんくゎん［変換］。近世かへがへ［替替／換換］。すげかへ［挿替］。ふりかへ［振替］。中世いれかへ［入換］。きりかへ［切換］。中古かはり［替］。とりかへ［取替／取換］。ひきかふ［ーかえる］［引替］。

互いにーできること ごかんせい［互換性］。

とりかえ・す【取返】 近代くゎいしう［回収］。だっくゎい［奪回］。近世くゎいふく［回復］。だっくゎん［奪還］。中世うばひかへす［奪返］。とりもどす［取戻］。ばんくゎい［挽回］。中古とりかへす［取返］。《句》近代碁(棊／棋)に負けたら将棋に勝て。近世狂瀾(きやうらん)を既倒(きたう)に廻(めぐ)らす(反(かへ)す)。

ー・すことはできない 中古いふかひなし［言甲斐無］。《句》近世覆水(ふくすい)盆に返らず。中世後悔先に立たず。破鏡再び照らさ

ず。落花枝に還(かへ)らず。〈中古〉駟馬(しば)も追ふ能(あた)はず。

質や抵当を—・す 〈中世〉うけだす［請出／受出］。〈近世〉うけもどす［請戻／受戻］。

とりか・える【取替】 〈近代〉かうくゎん［交換］。きりかへる［切換］。チェンジ(change)。〈中世〉かけがへ［掛替］。〈近世〉つりかへ／つりがへ［釣替］。ふりかふ〔—かえる〕［振替］。〈中古〉いれかふ〔—かえる〕［入換］。さしかふ〔—かえる〕［差替］。すげかふ〔—かえる〕［挿替］。つけかふ〔—かえる〕［付替］。ひきかふ〔—かえる〕［引替］。〈上代〉かふ〔かえる〕［替／換］。とりかふ〔—かえる〕［取替／取換］。

—・えて悪くなる交換 〈近代〉馬を牛に乗り換へる。〈中世〉かへおとり［替劣］。

新たに買って—・える かいかえる［買替／買換］。

新たに作って—・える 〈中古〉つくりかふ〔—かえる〕［作替］。

あれこれと—・える 〈近代〉とっかへひっかへ［取替引替］。

置く場所を—・える 〈中古〉おきかふ〔—かえる〕［置替／置換］。

こっそり—・える 〈中世〉すりかふ〔—かえる〕［摺替］。

互いに—・える 〈近代〉とりかへごと［取替事］。とりかへっこ［取替］。〈近世〉とっかへこ［取替］。〈中世〉ごくゎん［互換］。

とりかかり【取掛】 〈近代〉ちゃくしゅ［着手］。とっかかり［取掛］。〈近世〉とりかかり［取掛／取懸］。〈中世〉てはじめ［手始］。

とりかか・る【取掛】 のりかかる［乗掛］。〈近代〉ちゃくしゅ［着手］。〈近世〉とりつく［取付］。〈中世〉しかかる［仕掛／仕懸］。しだす［仕出／為出］。手を付く〔—付ける〕。〈中古〉とりかかる［取掛／取懸］。〈上代〉そむ〔そめる〕［染］。そむ〔そめる〕［初］。はじむ〔はじめる〕［始］。

—・るのが遅れる 〈近代〉でおくれる［出遅／出後］。

やっと—・る 重い腰を上げる。

とりかご【鳥籠】 〈近代〉ケージ(cage)。〈中世〉とりかご［鳥籠］。〈中古〉はんろう［樊籠］。〈上代〉とや［鳥屋／塒］。

とりかこ・む【取囲】 〈近代〉がふゐ［合囲］。しゐ［四囲］。はうゐ［包囲］。〈中世〉おっとりこむ［取籠］。とりかこむ［取囲］。とりまく［取巻］。ひきまはす［引回］。ゐぜう［囲繞］。〈中古〉かこむ［囲］。とりこむ［取籠］。めぐらかす／めぐらす［回／廻／巡］。めぐる［回／廻／巡］。ゐねう［囲繞］。〈上代〉いだく［抱］。つつむ［包］。まく［巻／捲］。

—・む回りの世界 〈近代〉くゎんきゃう［環境］。

遠くから—・む 〈中世〉とほまき［遠巻］。

長く—・む 〈近代〉ちゃうゐ［長囲］。

何重にも—・む ちょうゐ［重囲］。〈近世〉ぢゅうゐ［重囲］。〈中世〉たうま［稲麻］。たうまちくゐ［稲麻竹葦］。

とりかぶと【鳥兜】 〈近世〉いぶす。かぶとぎく［兜菊］。かぶとさう［兜草］。かぶとばな［兜花］。とりかぶと［鳥兜］。ゑんあうぎく［鴛鴦菊］。

—の塊根 〈中世〉ぶし／ぶす［付子／附子］。〈中古〉うづ［烏頭］。

とりかわ・す【取交】 〈近代〉かうくゎん［交換］。〈中世〉とりちがふ〔—ちがえる〕［取違］。〈中古〉とりかはす［取交］。〈上代〉まじふ〔まじえる〕［交］。

手紙を—・す 〈中古〉かきかはす［書交］。

とりきめ【取決】 〈近代〉きそく［規則］。きめ［決／極］。きやく［規約］。けふやく［協約］。ぢゃうやく［定約］。やくそくごと［約束事］。〈近世〉とりきめ［取決］。〈中世〉けいやく［契約］。はからひ［計］。まうしあはせ［申合］。〈中古〉さだめ［定］。ちぎり［契］。やく［約］。やくそく［約束］。

正式な形はないが信頼で取り結ぶ— しんしきょうてい［紳士協定］。〈近代〉しんしけふやく［紳士協約］。

とりき・める【取決】 〈近代〉けふしゃう［協商］。〈近世〉とりきむ〔—きめる〕［取決］。〈中世〉いひかはす［言交］。きむ〔きめる〕［決］。はからふ［計］。まうしあはす〔—あわせる〕［申合］。やくす［約］。やくぢゃう［約定］。〈上代〉さだむ〔さだめる〕［定］。

とりくみ【取組】 〈近代〉うちこむ［打込］。くみあはせ［組合］。〈中世〉とりあはせ［取合］。とりくみ［取組］。〈中古〉てつがひ［手結／手番］。

—の数 〈中世〉ばんかず［番数］。

とりく・む【取組】 〈近代〉たちむかふ［立向］。正面を切る。〈中古〉あたる［当］。とりくむ［取組］。

敵と—・む 〈中世〉おちあふ［落合］。

本気で—・む 〈近世〉尻を据う〔—据える〕。

とりけし【取消】 キャンセル(cancel)。とりさげ［取下］。〈近代〉うちけし［打消］。かいせう［解消］。てっくゎい［撤回］。とりけし［取消］。はき［破棄］。はやく［破約］。ひてい［否定］。〈近世〉ほぐ／ほご［反故／反古］。

参加の— 〈近代〉おりる［降／下］。

前言のー 中世いひけす［言消］。

とりこ【虜】 近代しうふ［囚俘］。しうりょ［囚虜］。ふりょ［俘虜］。りょしう［虜囚］。近世きん［擒］。中世ほりょ［捕虜］。めしうと／めしうど［召人］。中古とりこ［虜／擒／囚／俘虜］。ふしう［俘囚］。上代いけどり［生捕／生取／生擒］。

ーとなる 中世うかさる［ーされる］［浮］。

ーにする 近代きんしょう［擒縦］。ひきこむ［引込］。みれう［魅了］。中古りゃうず［領］。

他国でーになった者 中世そしう［楚囚］。

とりこしくろう【取越苦労】 無用の心配。近代きいう［杞憂］。近世あんじすごし［案過］。おもひすごし［思過］。とりこしくらう［取越苦労］。

《句》近代杞人(きじん)の憂(うれ)へ。呉牛(ごぎう)月に喘(あへ)ぐ。近世案ずるより産むが易(やす)し。

とりこぼ・す【取零】 近代しそんじる［仕損］。近世ふしまつ［不始末］。中古しそこなふ［仕損］。ふかく［不覚］。

とりこみ【取込】 近代たじたたん［多事多端］。近世ごたつき。中世たじ［多事］。とりこみ［取込］。はんた［繁多］。中古さわぎ［騒］。

とりこ・む【取込】 近代くみいれる［組入］。近世ごたつく。中古とりいる［ーいれる］［取入］。とりこむ［取込］。まぎる［まぎれる］［紛］。

ー・んでいるさま 近世がたくさ。ごたごた。どさくさ。

周りを囲ってー・む かこいいれる［囲入］。近代かこひこむ［囲込］。

物の怪(け)が人の心をー・む 中古とりいる［取入］。とりつく［取憑］。→**とりつ・く**

とりごや【鳥小屋】 近代とやがけ［鳥屋掛］。とりごや［鳥小屋］。中世とりや［鳥屋］。上代とぐら［鳥栖／塒／鳥座］。とや［鳥屋／塒］。

とりこわし【取壊】 近代うちこはし［打壊／打毀］。とりこはし［取壊／取毀］。中世とりこぼつ［取毀］。

とりさ・げる【取下】 近代てっくゎい［撤回］。とりけし［取消］。ひきさげる［引下］。近世ねがひさげ［願下］。中世ひっこむ［ーこめる］［引込］。中古とりおろす［取下］。とりさぐ［ーさげる］［取下］。

とりざた【取沙汰】 近代げばひゃう［下馬評］。近世ふうひゃう［風評］。中世うはさ［噂］。さんだん［讃談／讃歎］。とりざた［取沙汰］。ふうせつ［風説］。中古きこえ［聞］。ひゃうばん［評判］。ふうぶん［風聞］。ぶつぎ［物議］。ものいひ［物言］。

ー・される 近代物議を醸す。近世いひはやす［言囃］。中世はやす［囃］。

ー・する 中古さわぐ［騒］。とりなす［取成／執成］。ひびく［響］。

とりさ・る【取去】 とっぱらう［取払］。近代てっきょ［撤去］。てっしう［撤収］。どかす。とりのぞく［取除］。ぬぐひさる［拭去］。はいぢょ［排除］。ふきとる［拭取］。近世どく［どける］［退］。とりさる［取去］。はいだつ［擺脱］。ふく［拭］。中世うばふ［奪］。ぢょきょ［除去］。てっきゃく［撤却］。とりくづす［取崩］。ぬぐふ［拭］。中古かきはらふ［掻払］。とりけづる［削］。とりすつ［ーすてる］［取捨］。とりのく［ーのける］［取除］。とりはらふ［取払］。とる［取］。のく［のける］［退／除］。はづす［外］。ふっしょく［払拭］。上代そぐ［退］。のぞく［除］。→**とりのぞ・く**

荒々しくー・る 中古かなぐる。

身に付けていたものをー・る 中古ぬぐ［脱］。上代はぐ［剝］。

とりしき・る【取仕切】 しきる［仕切］。近代けいえい［経営］。さはい［差配／作配］。近世くゎんり［管理］。さばく［裁］。そうくゎつ［総括］。たばね［束］。とりしきる［取仕切］。中世しゅさい［主宰］。はからふ［計］。中古つかさどる［司／掌］。まつりごつ［政］。

万事をー・ること 中古こととり［事執］。

とりしま・る【取締】 きせい［規制］。近代かんとく［監督］。かんり［監理／幹理］。とりしまる［取締］。近世かんし［監視］。さはい［差配／作配］。中世くゎんり［管理］。くゎんす［管］。せいだう［政道］。たばね［束］。中古とくす［督］。

ー・り促すこと 中世とくせき［督責］。

厳しくー・る 近代しゅくせい［粛正］。近世しめあぐ［ーあげる］［締上］。

とりしら・べる【取調】 近代きくじん［鞠訊／鞫訊］。きくする［鞠］。とりただす［取糺］。近世あらため［改］。あらひかた［洗方］。ぎんみ［吟味］。けんし［検視］。すいかく［推覈］。せんぎ［詮議］。せんぎ［僉議］。とりしらぶ［ーしらべる］［取調］。中世えらむ［選／択］。しらべ［調］。すいもん［推問］。とふ［問］。中古じんきく［訊鞫／訊鞠］。きくもん［鞫問／鞠問］。じんもん［訊問］。上代すいきく［推鞠／推鞫］。とがむ［とがめる］［咎］。

通行人をー・べること 近世ひとあらため［人

改]。

内々に―・べること 中世ないもん[内問]。

とりすが・る【取縋】 近代かじりつく[齧付]。近世つらまる[捉]。とっつく[取付]。中世しがみつく[付]。だきつく[抱付]。中古かいつく[搔付]。すがる[縋]。とりかかる[取掛]。とりすがる[取縋]。上代とりかかる[取掛]。

とりすま・す【取澄】 おこなひすます[行澄]。乙に澄ます。近代きどる[気取]。中世とりすます[取澄]。中古けけし。

―・した顔 近世をさめがほ[納顔]。

―・すさま 近世すんと。つんと。つんつん。ぴんぴん。

とりそろ・える【取揃】 中世とりそろふ[―そろえる][取揃]。中古とりぐす[取具]。よそふ[装/粧]。上代そなふ[そなえる][備]。そろふ[そろえる][揃]。

とりだ・す【取出】 近代ちうしゅつ[抽出]。てきしゅつ[摘出]。中世とりだす[取出]。ぬきだす[抜出]。ぬきんづ[抜出/抽/擢]。中古とうづ[取出]。とりいづ[取出]。ぬく[抜]。ひきいづ[引出]。

えぐって―・す 近代ゑぐりだす[抉出]。

多くのものの中から―・す 近世ひろひだす[拾出]。

搔いて―・す 中世かいだす／かきだす[搔出]。中古かきいづ／かきいだす[搔出]。

混合物から目的物質だけを―・す たんり[単離]。

擦るようにして―・す 中世かする[掠/擦]。

ほじって―・す 近世ほじくりだす[穿出]。ほじくる／ほじる[穿]。

とりたて【取立】❶〈抜擢〉 きよう[起用]。近世かたいれ[肩入]。とりたて[取立]。ばってき[抜擢]。ひきぬく[引抜]。中世ひいき[贔屓/贔負]。中古とうよう[登用/登庸]。ひき[引]。ひきたて[引立]。上代にんよう[任用]。

とりたて【取立】❷〈集金〉 近代しふきん[集金]。ちょうしう[徴収]。ちょうはつ[徴発]。とりたて[取立]。近世あつめせん／しふせん[集銭]。中世とりあぐ[―あげる][取上]。中古ちょうす[徴]。上代はたる[徴]。

掛け売りの代金の― 近世かけごひ[掛乞]。かけとり[掛取]。

厳しい― 近代かれん[苛斂]。さくしゅ[搾取]。近世ちゅうきう[誅求]。中世しぼる[搾/絞]。しゅうれん[聚斂]。上代せめはたる[責徴]。

借金の―に来る人 しゃっきんとり[借金取]。近代さいき[債鬼]。近世しゃくきんこひ[借金乞]。しゃくせんこひ[借銭乞]。

税の― 近代しうぜい[収税]。ちょうぜい[徴税]。

遊興費の―(客と一緒に客の家まで行く人) 近世つきうま／つけうま[付馬]。

とりたてて【取立】 特に問題として。近世べつに[別]。中世ことさら[殊更/故]。中古とりたてて[取立]。上代ことに[殊]。

―言う 近世ならす[鳴]。中古いひたつ[―たてる][言立]。

―言うこと 近代とくしょ[特書]。近世とくひつ[特筆]。中世まうしたて[申立]。

―言うこともない なんでもない。なんということもない。近世変哲もなし。中世そのこととなし。そのものとなし。中古いとしもなし。はかなごと／はかなしごと[果無事]。えも言はず。何となし。《句》近代俄雨と女の腕まくり。

―言うほどの 近代たいした[大]。これと言ふ。これと言って。中世さした／さしたる[然]。中古もののかず[物数]。

―用いること 中古とうよう[登用/登庸]。

とりつき【取付】 とばくち[口]。近世きっかけ。とっつき[取付]。とりつき[取付]。中古さいしょ[最初]。はじめ[初/始]。

とりつぎ【取次】 近代うけつけ[受付]。なかつぎ[中継/中次]。近世あっせん[斡旋]。つうじ[通事/通詞/通辞]。中世めしつぎ[召次/召継]。中古あない／あんない[案内]。いひつぎ[言継/言次]。ことつて[言伝]。とりつぎ[取次]。上代なかだち[仲立/媒]。

―を請う 案内を請う。近代謁を通ず。中古いひいる[―いれる][言入]。

―をする役 中世めしつぎ[召次/召継]。中古そうしゃ[奏者]。

興行などの―所 近世くゎいしょ[会所]。

トリック(trick) ギミック(gimmick)。近代ごまかし。さくりゃく[策略]。じゅっさく[術策]。トリック。中世きけい[詭計]。中古けいりゃく[計略]。はかりごと[謀]。

とりつ・く【取付】 近代かじりつく[齧付]。近世くひつく[食付]。くみつく[組付]。物につく。中世しがみつく。すがりつく[縋付]。すがる[縋]。中古とりすがる[取縋]。上代かきつく[搔付]。とりかかる[取掛]。とりつく[取付]。

病や眠気が―・く 中世をかす[侵/犯]。

霊魂などがー・く 近世のりうつる［乗移］。よりつく［寄付］。ものに憑く。中世のる［乗］。中古くるふ［狂］。とりいる［取入］。とりつく［取憑］。みいる［魅入］。よる［寄］。りやうず［領］。上代つく［憑］。

とりつ・ぐ【取次】 中世でんたつ［伝達］。なかだち［仲立／媒］。中古いひつぐ［言継］。とりつぐ［取次］。とりつたふ［取伝］。とりまうす［執申／取申］。

《謙》中古きこえつぐ［聞継］。

言葉をー・ぐ 中古いひつたふ［言伝］。

とりつくろい【取繕】 近代いちじしのぎ［一時凌］。いっくゎしのぎ［一花凌／一過凌］。こと［糊塗］。近世いちじのがれ［一時逃］。中世とりつくろひ［取繕］。中古びほう［弥縫］。

見掛けだけのー 近代ふんしょく［粉飾／扮飾］。近世きれいごと［綺麗事］。こけ［虚仮］。みせかけ［見掛］。《句》中世餓鬼(乞食)の断食。

とりつくろ・う【取繕】 ていさいぶる［体裁］。近世くろむ［くろめる］［黒］。ごまかす。とりあはす［―あわせる］［取合］。とりつくろふ［取繕］。まじくなふ。まひをさむ［―おさめる］［舞納］。もったいぶる［勿体振］。お茶を濁す。中世こしらふ［―らえる］［誘］。中古いひこしらふ［―らえる］［言拵］。うちまぎらはす［打紛］。たばかる［謀］。つくろふ［繕］。ひきつくろふ［引繕］。もてつく［付］。

《謙》中古きこえなす［聞］。

一時ー・う策 近代びほうさく［弥縫策］。

うまくー・うこと 近代まじくなひ。近世いひまじくなひ［言］。

とりつ・ける【取付】 セッティング(setting)。近世さうち［装置］。すゑつく［―つける］［据付］。たくむ［巧／工］。中世つくりつく［―つける］［作付］。上代とりつく［―つける］［取付］。とりはく［取矧］。

とりで【砦】 近代えうさい［要塞］。しゃうさい［障塞］。じゃうさく［城柵］。ばうさい［防塞／防砦］。ばうるい［防塁］。ほうるい［堡塁］。るいさい［塁砦］。るいほう［塁堡］。近世くゎく［郭］。さんさい［山塞／山砦］。せきるい［石塁］。ほうさい［堡塞／堡砦］。中世じゃう［城］。じゃうくゎく［城郭］。じゃうるい［城塁］。とりで［砦／寨／塁］。どるい［土塁］。どゐ［土居］。中古えうがい［要害］。さく［柵］。上代き［城／柵］。しき［城／磯城］。じゃうさい［城塞／城砦］。そこ［塞］。をき［堡／小城］。

火砲を据え付けたー 近代トーチカ(ロシア tochka)。はうるい［砲塁］。

城壁を巡らしたー 中世へきるい［壁塁］。

城の外縁に作られたー 近代ぐゎいじゃう［外城］。中世そとぐるわ［外郭／外曲輪］。とじゃう［外城］。

敵のー てきほう［敵堡］。近世てきるい［敵塁］。

古いー 近世こるい［古塁］。

守りの堅いー 近代けんるい［堅塁］。

とりとめ【取留】 →まとまり

ーがない まとまりがない。要領を得ない。近世たわいなし。埒(らち)もない。中世そこはかとなし。

ーがないこと 近世あとなしごと［跡無事］。じゃけら［邪気乱］。中世よしなしごと［由無事］。中古はかなごと／はかなしごと［果無事］。

ーがないさま 近代まうたん［妄誕］。近世くゎうたん［荒誕］。ばうたん［妄誕］。ばうこ［茫乎］。ばうやう［望洋］。中世くゎうたう［荒唐］。《句》近世鯰(なまづ)を瓢箪(へうたん)で押さふ［―押さえる］。瓢箪で鯰を押さふ［―押さえる］。

ーのない話 近代ざふたん［雑談］。近世ゆめものがたり［夢物語］。河漢(かかん)の言。中世すずろものがたり［漫物語］。そぞろごと［漫言］。中古そらものがたり［空物語］。ゆめがたり［夢語］。

とりどり【取取】 →いろいろ

とりな・す【取成】❶〈仲裁〉 近代ちゅうかい［仲介］。ちゅうさい［仲裁］。近世くちぞへ［口添］。とりまはし［取回］。はしわたし［橋渡］。仲に立つ。中世とりあはせ［取合］。とりもつ［取持］。中古とりなす［取成／執成］。とりまうす［執申／取申］。まうしなす［申做／申為／申成］。上代なかだち［仲立／媒］。

とりな・す【取成】❷〈慰撫〉 近代なだめすかす［宥賺］。近世とりつくろふ［取繕］。中世とりなす［取成／執成］。なだむ［なだめる］［宥］。なほす［直］。ゐぶ［慰撫］。中古あひしらふ／あへしらふ。つくろふ［繕］。もてなす［成］。

ー・して言う 中古いひなす［言做］。

とりにが・す【取逃】 近世いっす［逸／佚］。長蛇を逸す。中世あます［余］。うしなふ［失］。とりにがす［取逃］。のがす［逃］。

《句》近代釣り落とした魚は大きい。

とりのこ・す【取残】 〈中古〉あぶす。あます［余］。とりのこす［取残］。

ー・される 〈中世〉はせおくる［馳遅］。〈中古〉おくる〔おくれる〕［遅／後］。〈上代〉おくれゐる［後居］。

時代などにー・される 〈中古〉のりおくる〔ーおくれる〕［乗遅］。

一人ー・されること 〈中古〉すもり［巣守］。すもりご［巣守児］。

とりのぞ・く【取除】 デリート(delete)。〈近代〉カット(cut)。ぢょする［除］。どかす［退］。とりのぞく［取除］。〈近世〉どく〔どける〕［退］。〈中世〉かきのく〔ーのける〕［搔退］。すく［鋤］。たたぬ／たたむ［畳］。とりさる［取去］。はづす［外］。はらひのく〔ーのける〕［払除］。〈中古〉かきはらふ［搔払］。きりすつ〔ーすてる〕［切捨］。けづる［削］。とく［解］。とりさく［取放］。とりすつ〔ーすてる〕［取捨］。とりのく〔ーのける〕［取除］。とりはなす［取放／取離］。とりはらふ［取払］。とりやる［取遣］。とる［取］。ぬく［抜］。のく〔のける〕［退／除］。はぶく［省］。はらふ［払］。ひきのく〔ーのける〕［引退］。ひく［引］。〈上代〉のぞく［除］。

ー・かれたもの 〈近代〉のけもの［除物］。

ー・くこと けつじょ［欠除］。しょうきょ［消去］。はらい［払］。〈近代〉さくぢょ［削除］。ぢょぐゎい［除外］。てっきょ［撤去］。てっしう［撤収］。てつぢょ［撤除］。はいぢょ［排除］。〈中世〉ぢょきょ［除去］。〈中古〉ぢょきゃく［除却］。てっきゃく［撤却］。ふっしょく［払拭］。

液体中の異物を布などでー・く 〈中世〉こす［濾／漉］。

覆うものをー・く ひきむく［引剝］。〈近代〉はぎとる［剝取］。めくりとる［捲取］。めくる［捲］。〈近世〉ひんむく［剝］。へがす［剝］。〈中古〉はがす［剝］。へぐ［剝／折］。〈上代〉はぐ［剝］。

害虫などをー・く 〈近世〉くちく［駆逐］。〈中古〉たいぢ［退治］。〈上代〉くぢょ［駆除］。

川底の泥などをー・く 〈近代〉しゅんせつ［浚渫］。〈中古〉さらふ〔さらえる〕［浚／渫］。

境界をー・くこと うちぬき［打抜］。

邪魔者をー・く ついほう［追放］。〈近代〉はうたく［放擲］。〈近世〉かたづく〔ーづける〕［片付］。〈中古〉はうちく［放逐］。

全てをー・く とっぱらう［取払］。〈近代〉こんぜつ［根絶］。〈近世〉ねこそぎ／ねこそげ［根刮］。ねだやし［根絶］。〈中世〉いっさう［一掃］。ねきり［根切］。ねこぎ［根扱］。〈中古〉とりはらふ［取払］。

とりはからい【取計】 〈近代〉しょり［処理］。〈近世〉しょち［処置］。そち［措置］。とりはからひ［取計］。れうけん［料簡／了見／了簡］。せいばい［成敗］。〈中世〉しまつ［始末］。しょべん［処弁］。はからひ［計］。〈中古〉もてなし［持成］。

恵みとなるー 〈近代〉おんてん［恩典］。

とりはから・う【取計】 〈近世〉なやむ［悩］。〈中世〉さばくる［捌］。とりあつかふ［取扱］。とりはからふ［取計］。まかなふ［賄］。〈中古〉はからふ［計］。まつりごつ［政］。もてなす［持成］。

ほどよくー・うこと 〈近世〉さりゃく［作略／差略］。

とりはず・す【取外】 〈近代〉とりのぞく［取除］。とりはづす［取外］。〈近世〉とっぱづす［取外］。ひくとる［取］。〈中古〉とりはなつ［取放］。ひく［引］。

とりはら・う【取払】 →とりのぞ・く

とりひき【取引】 バーゲニング(bargaining)。トレード(trade)。〈近代〉しゃうかうゐ［商行為］。ばいかひ［売買］。〈近世〉えいげふ［営業］。〈中世〉うりかひ［売買］。かけひき［駆引／掛引］。とりひき［取引］。〈中古〉あきなひ［商］。〈上代〉ばいばい［売買］。→そうば

ーが成立する てじめ［手締］。〈近代〉てうち［手打］。〈近世〉値ねが成る。

ーがその日の最安値で終わること やすねびけ［安値引］。

ー市場で売買が成立しないこと できず［出来］。〈近代〉できまうさず［出来不申］。

ー・する 〈近世〉ひきあふ［引合］。

ーで売り方にとっての好機 うりじゅん［売順］。

ーで売りによって利益を得ようとする人 うりや［売屋］。

ーで売ろうとする傾向 うりき［売気］。

ーで買おうとする傾向 かいき［買気］。

ーで空売りすること からとりひき／くうとりひき［空取引］。からそうば［空相場］。からばいばい［空売買］。〈近代〉はたうり［旗売］。

ーで最後の立会 おおびけ［大引］。

ーで最初の立会 よりつき［寄付］。

ーで下がった相場が上がろうとする動き でなおり［出直］。もどりあし［戻足］。

ーで将来値段が高くなるだろうこと さきだか［先高］。

ーで新年最初の立会 〈近代〉だいはっくゎい［大

発会］。はつたちあひ［初立会］。
ーでその時までの最高値　しんたかね［新高値］。
ーでその時までの最低値　しんやすね［新安値］。
ーで適した値段を待つこと　ねまち［値待］。
ーで年の最後の立会　おおのうかい［大納会］。近代だいなふくゎい［大納会］。
ーで値動きは小さいが面白みがあること　こあじ［小味］。
ーで売買が成立したときの株価　できね［出来値］。
ーで売買の値や時期を取り決めること　うりやくじょう［売約定］。かいやくじょう［買約定］。
ーで売買を証券業者などに依頼すること　いたく［委託］。
ーに関する交渉　近代しゃうだん［商談］。
ーによい機会　近代しゃうき［商機］。
ーの相手　とりひきさき［取引先］。
ーの状況　しきょう［市況］。
ーの少ないこと　うすあきない［薄商］。うすとりひき［薄取引］。
ーの不振なこと　きのりうす［気乗薄］。
ーを済ませること　けっさい［決済］。
ーをする所　エクスチェンジ(exchange)。近世くゎいしょ［会所］。
ーを控えること　近代てびかへ［手控］。
外国とのー　近代ゆしゅつにふ［輸出入］。近世かうえき［交易］。ぼうえき［貿易］。中世けうえき／けうやく［交易］。上代つうしゃう［通商］。
決まったー先　近世じゃうとくい［常得意］。ぢゃうとくい［定得意］。
代金は後日に払うという契約のー　近世かけとりひき［掛取引］。

とりぶん【取分】　近世とりまへ［取前］。わけまへ［分前］。わりまへ［割前］。中世とりぶん［取分］。はいたう［配当］。

とりまき【取巻】　そっきん［側近］。近世こしぎんちゃく［腰巾着］。こぶん［子分］。とりまき［取巻］。

とりま・く【取巻】　近代ゐくゎん［囲環］。中世とりかこむ［取囲］。とりまく［取巻］。とりまはす［取回］。まはす［回／廻］。中古かくふ／かこふ［囲］。かこむ［囲］。しうさふ［周匝］。しまく［繞］。上代かくむ［囲］。
ー・くさま　中世ぐるり。
四方をー・く　近世しさい／しそく［四塞］。中古しゅう［四周］。

とりまと・める【取纏】　近代がいくゎつ［概括］。とりまとめる［取纏］。近世そうがふ［総合］。そうくゎつ［総括］。つばめ。中世せいり［整理］。はうくゎつ［包括］。ひきしたたむ［引認］。
ー・める人　中世しゅさい［主宰］。

とりみだ・す【取乱】　平静を失う。理性を失う。近世ぎゃくじゃう［逆上］。らんき［乱気］。挙措（きょそ）を失ふ。中世あわてはためく／あわてふためく［慌］。うろたふ［ーたえる］［狼狽］。さくらん［錯乱］。らんしん［乱心］。らんす［濫］。中古きゃうらん［狂乱］。とりみだす［取乱］。まどふ［惑］。度を失ふ。上代あわつ［あわてる］［慌／周章］。みだる［みだれる］［乱］。
ー・したさま　近世おろおろがほ［顔］。かっと。はんきゃうらん［半狂乱］。中世みだりごこち／みだれごこち［乱心地］。身も世もあらず。中古くるほし［狂］。
ー・した姿　近世みだれすがた［乱姿］。
ー・して騒ぐ　中古あざる［狂／戯］。
ー・して泣く　中古なきまどふ［泣］。
ー・すこと　中古こころまどひ［心惑］。
怒りでー・す　中古ぎゃくじゃう［逆上］。
泣いてー・す　中古なきまどふ［泣惑］。

とりもど・す【取戻】　リカバリー(recovery)。近代くゎいしう［回収］。ついだつ［追奪］。近世くゎいふく［回復／恢復］。ひきあぐ［ーあげる］［引上／引揚］。中世とりもどす［取戻］。ばんくゎい［挽回］。中古とりかへす［取返］。
失った権利をー・すこと　近代ふくけん［復権］。
質や抵当をー・す　近世うけもどす［受戻／請戻］。中世うけかへす［受返］。
元の身分や財産をー・すこと　中世ほんぷく［本復］。
元の良い関係をー・すこと　近代しうふく［修復］。

とりもなおさず【取直】　言い替えれば。近代そく［則］。換言すれば。近世つまり［詰］。とりもなほさず［取直］。要するに。つまるところ。中世すなはち［則／即／乃］。中古いはば［言］。

とりもの【捕物】　近代ほばく［捕縛］。近世ごよう［御用］。たいほ［逮捕］。中古めしとる［召捕］。とりもの［捕物／捕者］。

とりやめ【取止】　おくらいり［御蔵入］。近代おくら［御蔵／御倉］。さたやみ［沙汰止］。

ていし[停止]。とりやめ[取止]。はいし[廃止]。はき[破棄]。近世さたなし[沙汰無]。ちゅうし[中止]。よす[止]。中世ちゃうはい/ていはい[停廃]。中古とむ[とめる][止/留]。上代うちきる[打切]。はいす[廃]。

計画などがーになること 近代おながれ[御流]。

とりょう【塗料】 ペイント(paint)。ペンキ(オランダ pek)。近代とれう[塗料]。

ーなどを塗ること とそう[塗装]。近代とふ[塗布]。

ーのいろいろ(例)①[材質] あぶらペイント[油paint]。エメラルドグリーン(emerald green)。けいこうとりょう[蛍光塗料]。すいせいとりょう[水性塗料]。ゆせいとりょう[油性塗料]。近代エナメル/エナメルペイント(enamel paint)。ニス/ワニス(varnish)。ラッカー(lacquer)。上代うるし[漆]。

ーのいろいろ(例)②[用途] さびどめとりょう[錆止塗料]。ぜつえんとりょう[絶縁塗料]。たいかペイント[耐火paint]。はっこうとりょう[発光塗料]。ふなぞことりょう[船底塗料]。ぼうかとりょう[防火塗料]。ぼうしゅうとりょう[防銹塗料]。ぼうしょくざい[防食剤/防蝕剤]。やこうとりょう[夜光塗料]。

どりょう【度量】❶〈器量〉 近代はら[腹]。近世きょくりゃう[局量]。中世きう[気宇]。きんど[襟度]。ふくちゅう[腹中]。上代きりゃう[器量]。どりゃう[度量]。《句》近世大海は芥を択ばず。中世河海は細流を択ばず。中古泰山は土壌を譲らず。

ーがあり鷹揚なこと 中世くゎんだい[寛大]。中古くゎんよう[寛容]。

ーがあり徳の高い人 近世たいじんくんし[大人君子]。

ーが小さく潔白過ぎること 中世せいかい[清介]。

ーと才気 近代さいど[才度]。中世さいりゃう[才量]。

ーと見識 中世しきりゃう[識量]。

ーの大きいこと(人) ごうふく[剛腹]。懐が深い。近代かいくゎつ[開豁]。だいじんぶつ[大人物]。てんくうかいくゎつ[天空海闊]。ふとばら[太腹]。気が大きい。清濁併せ呑む。近世だいふくちゅう[大腹中]。はらぶと[腹太]。ふとっぱら[太腹]。腹が太い。中世おほもの[大物]。がうはう[豪放]。くゎうりゃう[広量/宏量]。くゎつじょ[豁如]。くゎったつ[闊達/豁達]。くゎんじんたいど[寛仁大度]。中古がりゃう[雅量]。たいじん[大人]。たいど[大度]。上代たいき[大器]。

ーの小さいこと(人) しょうじんぶつ[小人物]。近代けふあい[狭隘]。けふりゃう[狭量]。けんかい[狷介]。とさう[斗筲]。へんけふ[偏狭/褊狭]。近世えんじゃく[燕雀]。せうじん[小人]。せうたん[小胆]。尻の穴が小さい(狭い)。中世せうき[小器]。せうりゃう[少量/小量]。せばせばし[狭狭]。中古こころせばし[心狭]。

どりょう【度量】❷〈物差し〉 スケール(scale)。上代どりゃう[度量]。→**ものさし**

どりょく【努力】 血と汗。近代じんりょく[尽力]。せいしん[精進]。りきかう[力行]。るこつ/ろうこつ[鏤骨]。近世いたづき[労]。きもせい[肝精]。しゃうじん[精進]。しれい[砥礪]。しんたつ/しんだつ[進達]。しんらう[辛労]。せいりき[精力/勢力]。はたらき[働]。ふんれい[奮励]。りふりふしんく[粒粒辛苦]。中世こくく[刻苦]。せいきん[精勤]。せいれい[精励]。せっかく[折角]。べんきゃう[勉強]。りょっかう[力行]。中古いたつき[労]。べんれい[勉励]。らう[労]。上代どりょく[努力]。《句》人事を尽くして天命を待つ。近代雨垂れ石を穿つ。騏驥の跼躅は駑馬の安歩に如かず。愚公山を移す。涓滴岩を穿つ。天は自ら助くるものを助く(Heaven helps those who help themselves)。蚤の息も天に上がる。人の一生は重荷を負うて遠き道を行くが如し。ローマ(Roma)は一日にして成らず。王侯将相寧ぞ種あらんや。近世蟻の思ひも天に届く。膝頭で江戸(京)へ行かうとす。

ーが無駄になる 近代水泡に帰す。近世無駄骨を折る。《句》近代九仞の功を一簣に虧く。近世鰯で精進落ち。楽屋で声を嗄らす。骨折り損の草臥れ儲け。

ーして追いつくこと 近世ききふ[企及/跂及]。

ーして怠らないこと がんばる[頑張]。中世ふたいてん[不退転]。中古ふたい[不退]。

ー・しない 近世骨を盗む。

ー・しない人 近世ほねぬすびと[骨盗人]。

ー・する がんばる〔頑張〕。力を尽くす。駑馬にむち打つ。〘近代〙つくす〔尽〕。拍車を掛ける。馬力を掛ける。ベスト(best)を尽くす。骨身を削る。〘中世〙あせす〔汗〕。かせぐ〔稼〕。意を注ぐ。骨を折る。〘中古〙いそぎありく〔急歩〕。いたはる〔労〕。おもひはげむ〔思励〕。はげむ〔励〕。力を入る〔—入れる〕。身を砕く。身を粉にす。〘上代〙いそしむ〔勤〕。つとむ〔つとめる〕〔努〕。《尊》〘中古〙おぼしはげむ〔思励〕。

ーの成果 〘近代〙けっしゃう〔結晶〕。汗の結晶。

あと少しのー 〘近代〙ひといき〔一息〕。

片時も惜しんでー・する 〘近世〙せきいん〔惜陰〕。

懸命にー・するさま 〘近代〙あくせんくとう〔悪戦苦闘〕。くとう〔苦闘〕。血の滲む(出る)やう。〘近世〙えきえき〔役役〕。じじ〔孳孳〕。ししきふきふ〔孜孜汲汲〕。〘中世〙おほわらは〔大童〕。ふんこつ〔粉骨〕。ふんこつさいしん〔粉骨砕身〕。〘中古〙しし〔孜孜〕。

誰も見てくれないで甲斐のないー 〘近世〙ほねをりぞん〔骨折損〕。陰の舞。

とりわけ【取分】 〘近代〙とくに〔特〕。とくべつ〔特別〕。〘近世〙かくだん〔格段〕。かくべつ〔格別〕。わけても〔別〕。〘中世〙とりわけ〔取分〕。なかんづく(に)〔就中〕。べして／べっして〔別〕。まづは〔先〕。わけて〔別〕。わざと〔態〕。〘中古〙ことさら〔殊更／故〕。ことと〔事〕。ことに〔殊／異〕。ことのほか〔殊外〕。たてて〔立〕。とりわき(て)〔取分〕。なかに〔中〕。べつだん〔別段〕。もっとも〔最／尤〕。わきて〔別〕。〘上代〙いとのきて。すぐれて〔勝〕。

と・る【取】❶〈取得〉 〘近代〙しゅとく〔取得〕。〘中古〙はぢ〔把持〕。〘中世〙くゎくとく〔獲得〕。〘上代〙う〔える〕〔得〕。つかむ〔摑〕。にぎる〔握〕。とる〔取／執〕。もつ〔持〕。《枕》〘上代〙いもがてを〔妹手〕。

と・る【取】❷〈奪う〉 〘近代〙はくだつ〔剝奪〕。りゃくだつ〔略奪〕。わうりゃう〔横領〕。〘近世〙せしめる。ぶったくる〔打手繰〕。ふんだくる。まきあぐ〔—あげる〕〔巻上〕。〘中世〙がうだつ〔強奪〕。ひったくる〔引手繰〕。めしあぐ〔—あげる〕〔召上〕。よこどり〔横取〕。〘中古〙うばひとる〔奪取〕。さしとる〔差取〕。〘上代〙うばふ〔奪〕。かすむ〔かすめる〕〔掠〕。とる〔取／執〕。

強制的にー・る 〘近世〙とりたつ〔—たてる〕〔取立〕。

先を争ってー・る 〘近代〙うばひあふ〔奪合〕。〘中古〙とりあふ〔取合〕。

騙して人の金品をー・る 〘近世〙かたる〔騙〕。

土地をー・る 〘近代〙せんきょ〔占拠〕。せんりゃう〔占領〕。

秘かにー・る かすめる〔掠〕。〘近代〙しっけい〔失敬〕。〘近世〙くすねる。ずりこむ〔込〕。ねこばば〔猫糞〕。まんびき〔万引〕。〘中古〙ぬすむ〔盗／偸〕。〘上代〙せったう〔窃盗〕。

と・る【取】❸〈除く〉 とっぱらう〔取払〕。〘近代〙とりのぞく〔取除〕。とりはづす〔取外〕。〘近世〙どく〔どける〕〔退〕。なくす〔無〕。〘中世〙ぢょきょ〔除去〕。とりさる〔取去〕。のく〔のける〕〔退／除〕。〘中古〙とりのく〔—のける〕〔取除〕。とる〔取〕。はづす〔外〕。はぶく〔省〕。〘上代〙のそく／のぞく〔除〕。はらふ〔払／掃〕。

すっかりー・る 〘近世〙とりきる〔取切〕。〘中古〙とりつくす〔取尽〕。

と・る【捕】 〘中古〙つかまふ〔—まえる〕〔捕／捉〕。〘上代〙とらふ〔とらえる〕〔捕／捉〕。とる〔捕〕。

→つかま・える

と・る【採】 〘近代〙さいしゅ〔採取〕。〘近世〙さいしふ〔採集〕。〘中古〙さいよう〔採用〕。〘上代〙とる〔採〕。

と・る【撮】 クランクイン(crank in)。カメラ(camera)に収める。シャッター(shutter)を切る。〘近代〙うつす〔写〕。さつえい〔撮影〕。とる〔撮〕。

とるにたりな・い 〘近代〙けち。〘近世〙くだらぬ〔下〕。しがなし。たあいなし／たわいなし。ちょろし。つがなし。つまらぬ〔詰〕。とるにたらず。〘中世〙さしてなき。〘中古〙あさはか〔浅〕。いふかひなし〔言甲斐無〕。くちをし〔口惜〕。さるまじ〔然〕。数ならず。数にもあらず。**→つまらな・い**

ー・いこと ささやか〔細〕。〘近代〙さじ〔瑣事／些事〕。もんだいぐゎい〔問題外〕。ろんぐゎい〔論外〕。〘近世〙さまつ〔瑣末〕。さんした〔三下〕。せうぶん〔小分／少分〕。河童の屁。〘中世〙数より外。〘中古〙さいじ〔細事〕。〘上代〙せうじ〔小事〕。

ー・いさま 〘近代〙ささ〔些些〕。べう〔眇〕。べうぜん〔眇然〕。〘近世〙こじょく〔小職／小童〕。ちょろっか。〘中世〙ささい〔些細／瑣細〕。へんぺん〔片片〕。むざと。〘中古〙くく〔区区〕。びび〔微微〕。

ー・い者(物) はい／はえ〔蠅〕。へ〔屁〕。へなちょこ〔埴猪口〕。痩せ山の雑木。〘近代〙ぢんど〔塵土〕。〘近世〙いちもんやっこ〔一文奴〕。このは〔木葉〕。これてい〔此体／是体〕。は

もの[端者／葉者]。中世いぬじもの[犬]。こっぱ[木端／木片]。ちりあくた[塵芥]。数より外。上代ちりひぢ[塵泥]。

ー・いものが蠢(うごめ)くさま 近代しゅんしゅん[蠢蠢]。

ー・いものが騒ぐさま 中古しゅんじ[蠢爾]。

ー・い者でも仲間は仲間 近代蝙蝠(かうもり)も鳥の内。近世目高も魚の内。

似たりよったりでー・い 近代団栗(どんぐり)の背比べ。近世ぐいちさぶろく[五一三六]。

ドルばこ【dollar箱】 近代かねぐら／きんざう[金蔵]。きんこ[金庫]。ドルばこ[dollar箱]。近世かねかた[金方／銀方]。かねづる[金蔓]。きんかた[金方]。きんしゅ[金主]。

どれ(感動詞) 中世いざや。さあ。さて。すは。それ。どれ。中古いざ。いで。

どれい【奴隷】 近世どれい[奴隷]。上代うぢやつこ[氏奴／部曲]。かきべ[部曲／民部]。じんど[人奴]。せんど[賤奴]。やつこ[奴／臣]。

男のー 上代くゎんぬ[官奴]。

女のー 上代くゎんぴ[官婢]。ひ[婢]。めやつこ[女奴]。

トレード(trade)(プロ野球用語) いせき[移籍]。スカウト(scout)。近世ひきぬき[引抜]。

トレーニング(training) 近代くんれん[訓練]。けうれん[教練]。てうけう[調教]。トレーニング。プラクティス(practice)。レッスン(lesson)。中世けいこ[稽古]。たんれん[鍛錬／鍛練]。中古しうれん[修練]。れんしふ[練習]。

ドレッシー(dressy) 近世おしゃれ[御洒落]。じゃうひん[上品]。中古いうび[優美]。

ドレッシング(dressing)(着付け) 近代おめかし[御粧]。きつけ[着付]。近世おしゃれ[御洒落]。みじまひ[身仕舞]。中世みごしらへ[身拵]。中古みづくろひ[身繕]。上代よそほひ[装]。

どれほど どんなに。近代どれくらゐ[何位]。どれだけ[何丈]。近世いかっぱち[如何]。どれほど[何程]。なんぼ／なんぼう[何]。中世いかほど[如何程]。なにほど[何程]。中古いかに[如何]。いくそばく[幾十許]。いくつ[幾]。いくら[幾]。なにばかり[何]。上代いかばかり[如何許]。いくばく[幾許／幾何]。

ー多く 中世いくそ[幾十]。

ーの 中世なんの[何]。中古なでふ。なにの[何]。

ーの時代 中世いくむかし[幾昔]。

ーの月日 近代いくにち[幾日]。いくねん[幾年]。なんにち[何日]。なんねん[何年]。中古いくとせ[幾年]。上代いくか[幾日]。

ーの人数 近代なんにん[何人]。近世いくにん[幾人]。中古いくたり[幾人]。

どれもこれも 近代のきなみ[軒並]。ひひ[比比]。

トレンド(trend) 近代けいかう[傾向]。すうせい[趨勢]。どうかう[動向]。ふうてう[風潮]。近世じりう[時流]。

とろ【吐露】 近代こくはく[告白]。胸襟を開く。本音を吐く。近世うちあく(ーあける)[打明]。ひれき[披瀝]。中世とろ[吐露]。中古はく[吐]。はくじゃう[白状]。

どろ【泥】 近代ど[土]。どろんこ[泥]。中世どろつち[泥土]。ひぢりこ[泥]。中古うき[埿]。こひぢ[小泥]。つち[土]。でい[泥]。でいど[泥土]。どろ[泥]。ぬた[沼田]。上代うひぢ[泥土]。ひぢ[泥]。

ーがひどくついているさま ぬめり[滑]。近代どろんこ[泥]。近世どろまみれ[泥塗]。中世どろだらけ[泥]。中古でいと[泥塗]。

ーで汚れる 上代ひづつ。

ーと砂 中世でいしゃ[泥砂／泥沙]。中古でいさ[泥砂／泥沙]。

ーの浅い田 近世あさだ[浅田]。

ーのついた足 近世どそく[土足]。どろあし[泥足]。

ーの中 中世でいり[泥裡／泥裏]。中古でいちゅう[泥中]。

ーの匂いがする 近世つちくさし[土臭]。どろくさし[泥臭]。

ーの深い田 近世ぬまた[沼田]。中世ふかだ／ふけだ[深田]。中古うきた[浮田]。ぬた[沼田]。

ーの深い所 近代ぬまち[沼地]。中世ふけ[更／深]。うき[埿]。

ーの水 中世どろみづ[泥水]。中古でいすい[泥水]。

ーをこねる 近世でっちる[捏]。

猪(いのしし)がーの中で転げ回る 中世ぬたうつ。

汚いー 中世をでい[汚泥]。

下水の底などのー どぶつち[溝土]。近世どぶどろ[溝泥]。へどろ。中世ごみ[塵／芥]。

裾の後ろに跳ね上げたー しりっぱね[尻跳]。

大洋底に堆積しているー 近代なんでい[軟泥]。

とろう【徒労】 むだばたらき［無駄働］。骨折り損のくたびれ儲け。近代 とらう［徒労］。水泡に帰す。近世 ぬかばたらき［糠働］。ほねをりぞん［骨折損］。むだぼね［無駄骨］。素矢(すや)（徒矢(すや)）を食ふ（引く）。中世 労して功なし。→**むだ**

どろくさ・い【泥臭】 近代 ぞくっぽい［俗］。やぼったい。近世 つちくさし［土臭］。つちけ［土気］。どろくさし［泥臭］。中古 ひなぶ〔ひなびる〕［鄙］。

とろ・ける【蕩】 中世 とろく〔とろける〕［蕩／盪］。中古 とく〔とける〕［溶］。

どろなわ【泥縄】 近代 いちやづけ［一夜漬］。にはかじこみ［俄仕込］。びほうさく［弥縫策］。近世 つけやきば［付焼刃］。《句》近世 敵を見て矢を矧(は)ぐ。

どろぬま【泥沼】 近代 でいせう［泥沼］。どろぬま［泥沼］。中世 あしいり［足入］。上代 うきぬま［浮沼］。

どろぼう【泥棒】 近代 こそこそどろぼう［泥棒］。こそどろ［泥］。近世 いきぬすびと［生盗人］。おほがんだう［大強盗］。おほすっぱ［大素破］。くたう［狗盗］。くろねずみ［黒鼠］。さうぞく［草賊］。じら。しらなみ［白波／白浪］。そせつ［鼠窃］。そぞく［鼠賊］。そたう［鼠盗］。どろぼう［泥棒］。どざうやぶり［土蔵破］。とっこ。ぬすっと［盗人］。ぬもじ［盗文字］。ひるとび／ひるとんび［昼鳶］。やじりきり［家尻切］。頭の黒い鼠。透(す)っ波(ぱ)の皮。梁上(りやうじやう)の君子。中世 さくくゎ［咲嘩］。さっくゎ［察化］。すっぱ［素破／透波］。せうぞく［小賊］。せうたう［小盗］。たうじん［盗人］。ちゅうたう／とうたう［偸盗］。中古 こぬすびと［小盗人］。ぞく［賊］。ぬすと／ぬすびと［盗人］。ひるぬすびと［昼盗人］。みそかぬすびと［密盗人］。ものとり［物取］。上代 せったう［窃盗］。せんゆ［穿窬］。たうぞく［盗賊］。《句》中世 盗人の隙(ひま)はあれども守り手の隙がない。

大きな盗みをする— 近世 おほどろぼう［大泥棒］。中世 だいたう［大盗］。中古 おほぬすびと［大盗人］。

街道で旅人から盗む— 近世 ごまのはひ［護摩灰／胡麻灰］。だうちゅうかせぎ［道中稼］。だうちゅうし［道中師］。

火事場の混乱の中で盗みをする— 近代 くゎじどろ［火事泥］。くゎじばどろぼう［火事場泥棒］。

銭湯の脱衣場で盗みをする— 近世 いたのまかせぎ［板間稼］。いたばかせぎ［板場稼］。ゆやどろぼう［湯屋泥棒］。ゆやぬすびと［湯屋盗人］。

通り掛かりに店頭の商品を盗む— 近世 とんび［鳶］。

奉公人として勤めて盗み逃げる— 近世 おめみえかせぎ［御目見得稼］。おめみえどろぼう［御目見得泥棒］。

夜盗みを働く— 近世 よかせぎ［夜稼］。よばたらき［夜働］。中世 やたう／よたう［夜盗］。

悪賢い— 中世 かんぞく［奸賊］。上代 かんたう［奸盗／姦盗］。

どろみち【泥道】 近代 でいだう［泥淖］。近世 どろみち［泥道］。ぬかりみ／ぬかるみ［泥濘］。中世 でいねい［泥濘］。

とわ【永久】 近代 えいゑん［永遠］。中世 えいきう［永久］。中古 とこしなへ［永久］。とは［永久／常］。ばんせい［万世］。上代 とこしへ［永久］。→**えいえん**

どん【鈍】 近代 どんかん［鈍感］。どんぢゅう／どんちょう［鈍重］。中古 どん［鈍］。→**どんかん**

ドン（(スペイン) don） じつりょくしゃ［実力者］。近代 ボス（boss）。近世 おやぶん［親分］。かほやく［顔役］。中世 おやかた［親方］。

どんかん【鈍感】 近代 どんかん［鈍感］。どんぢゅう／どんちょう［鈍重］。むしんけい［無神経］。中世 うとし［疎］。つれなし［強顔］。とろし。中古 にぶし［鈍］。

どんぐり【団栗】 中世 どんぐり［団栗／橡］。中古 つるはみ／つるばみ［橡］。

—の背比べ じゃさいとりゃう［車載斗量］。近世 一寸法師の背比べ。

—のへた かくと［殻斗］。近世 よめのごき［嫁合器］。

とんざ【頓挫】 近代 いきづまる［行詰］。近世 くじく〔くじける〕［挫］。ざせつ［挫折］。たちわうじゃう［立往生］。とんざ［頓挫］。中古 つまづく［躓］。

どんさい【鈍才】 近代 ぼんさい［凡才］。近世 どんさい［鈍才］。中古 ひさい［非才］。上代 ふさい［不才］。むさい［無才］。

とんじ【遁辞】 近代 いひにげ／いひのがれ［言逃］。近世 いひぬけ［言抜］。いひわけ［言訳］。とんじ［遁辞］。にげこうじゃう［逃口上］。

とんじゃく【頓着】 こうりょ［考慮］。近世 こりょ［顧慮］。しんぱい［心配］。はいりょ［配慮］。中世 とんちゃく／とんぢゃく［頓着］。

―・しないこと 中古けねん［懸念］。気に掛く［―掛ける］。近世てったう［跌宕／跌蕩］。のんき［暢気／呑気／暖気］。

どんじゅう【鈍重】 近代どんぢゅう／どんちょう［鈍重］。近世のろま［鈍間／野呂間］。中世とろし。のろし。中古にぶし［鈍］。

―・なさま 近世のっそり。中世のろのろ。

どんじり【尻】 けつ［尻］。どんじまい［仕舞］。近代しんがり［殿］。近世どんじり［尻］。どんづまり［詰］。びり。中世さいご［最後］。

とんせい【遁世】 近代とんぞく［遁俗］。中世いんたい［隠退］。中古いんとん［隠遁］。そむき［背］。とんせい［遁世］。上代いんきょ［隠居］。しゅっけ［出家］。→いんせい

―の心 中古かくれごころ［隠心］。

―をした人 中古よすてびと［世捨人］。

とんそう【遁走】 とんずら。近代いっそう［逸走］。エスケープ(escape)。ずらかる。たうばう［逃亡］。近世風を食らふ。中世しゅっぽん［出奔］。中古ちくてん／ちくでん［逐電］。上代たうそう［逃走］。とんそう［遁走］。にぐ［にげる］［逃］。のがる［のがれる］［逃］。

どんぞこ【底】 近代さいあく［最悪］。さいてい［最低］。ボトム(bottom)。近世どんぞこ［底］。ならく［奈落］。

とんだ →とんでもな・い

とんち【頓知】 近代ウイット(wit)。とんさい［頓才］。近世きち［機知／機智］。しゃれ［洒落］。とんち［頓知／頓智］。中世さいち［才知］。

―のきいた話 中世たうわ［当話］。

―の働くこと 近世とんさく［頓作］。

とんちゃく【頓着】 →とんじゃく

どんちゃんさわぎ【騒】 近代おまつりさわぎ［祭騒］。どんちゃんさわぎ［騒］。近世ばかさわぎ［馬鹿騒］。らんちきさわぎ［乱痴気騒］。中古おほさわぎ［大騒］。

学生たちの― 近代ストーム(storm)。

とんちんかん【頓珍漢】 近代とんちんかん［頓珍漢］。近世ちぐはぐ。辻褄(つじつま)が合はない。

―・な問答 近代こんにゃくもんだふ［蒟蒻問答］。こんにゃくやもんだふ［蒟蒻屋問答］。

どんづまり【詰】 近代どんづまり［詰］。近世どんじり［尻］。中世さしづめ［差詰］。

とんでもな・い おもいがけない［思掛無］。とてもじゃない。近代ただならぬ［徒］。近世あらぬ［有］。したり。だいそれた［大］。とひょう。とんだ。むさと／むざと。当事(あてこと)もなし。有られぬ。いかないかな。気(け)もない。冗談じゃない。大層もない。図がない。つがもない。とひょうもなし。天骨(てんこち)なし。途轍もない。とでもない。滅相もない。益体(やくたい)もなし。中でもない。わっけもない。中世いがい［意外］。さもそうず。づなし［図無］。とんでもない。なんでふ［何］。まさなし［正無］。あるべうもなし。何がさて。念もなし。中古あらず。すずろ／すぞろ／そぞろ［漫］。

―・い嘘(うそ) 近代おほうそ［大嘘］。

―・いこと 近世いっきょう［一興］。ろんがい［論外］。中世けう［稀有／希有］。ごんごだうだん［言語道断］。もっての外。

―・いさま 近世めっさう［滅相］。

どんでんがえし【返】 近代ぎゃくてん［逆転］。どんでんがへし［返］。近世でんぐりがへす［返］。ひっくりかへる［返］。上代さかさま［逆］。

どんどん 近代じゃんじゃん。もりもり。近世ぐいぐい。さっさと。ずんずん。てきぱき。どしどし。どんど。どんどん。中世すらすら。どすんすん。ひしひし［犇犇］。中古ゆくゆく。

とんとんびょうし【拍子】 かいちょう［快調］。こうちょう［好調］。じゅんぷうまんぱん［順風満帆］。らくらく［楽楽］。近代じゅんてう［順調］。弾みが付く。近世とんとんひゃうし／とんとんびゃうし［拍子］。調子に乗る。波に乗る。中古捗(はか)が行く。

《句》近世得手に帆を揚ぐ［―揚げる］。

どんな どのような。近世いかが［如何］。いかやうな［如何様］。いっかな［如何］。どういふ。どんな。中世いかな［如何］。なんぞ(の)［何］。中古いかなる［如何］。なぞの［何］。なでふ。なにの［何］。如何ならむ。上代なにの［何］。

―こと 中世なにわざ［何業］。中古何はのこと。上代なにごと［何事］。

―ことがあっても 近代火が降っても槍が降っても。まかり間違っても。近世けっして［決］。中世かりそめにも［仮初］。ぜひとも／ぜひに［是非］。中古かりにも［仮］。

―所でも 中古いづちもいづちも。

―人 中世誰(たれ)やの人。上代たれ／だれ［誰／孰］。

―病気 中古なにごこち［何心地］。

どんなに 近世いかに［如何］。いかばかり［如何許］。どれほど［何程］。なんぼう［何］。中世なにほど［何程］。なんぼ。中古てんか［天下］。

―しても 近世 しょせん［所詮］。たうてい［到底］。中世 とてもかくても。なんとしても。中古 いかにも［如何］。

どんなふう 近世 どのやう。中世 いかてい［如何体］。中古 いかが［如何／奈何］。いかにぞ／いかにぞや［如何］。いかやう［如何様］。なにやう［何様］。上代 いかにか。

トンネル(tunnel) すいろ［隧路］。近代 すいだう／ずいだう［隧道］。ちだう［地道］。近世 トンネル。

―の中の待避所 ニッチ(niche)。

どんぴしゃり ジャストフィット(just fit)。どんぴしゃ。近世 てきちゅう［的中／適中］。ぴったり。中古 あたる［当］。

とんぼ【蜻蛉】 かたち。かちむし［勝虫］。近代 かげろひ［蜻蛉］。近世 あきつむし［蜻蛉虫］。あけづ［蜻蛉］。えんぶう／えんぼう。だんぶり。とんぼ［蜻蛉／蜻蜓］。やんま。ゑんば［蜻蛉］。中世 とんぼう［蜻蛉］。中古 かぎろふ／かげろふ［蜻蛉］。せいれい［蜻蛉］。とうばう［蜻蛉］。上代 あきつ／あきづ［秋津／蜻蛉］。

―の羽 上代 あきづは［蜻蛉羽］。

―の幼虫 近代 たいこむし［太鼓虫］。近世 やご［水蠆］。やまめ［山蠆］。

赤― 近代 あかあきつ［赤蜻蛉］。中古 あかゐんば［赤蜻蛉］。

大形の― 近世 うしとんぼ［牛蜻蛉］。

交尾した―が輪になって飛ぶこと 上代 となめ［臀呫］。

小形の細い― とうしんとんぼ［灯心蜻蛉］。とうせみとんぼ［灯心蜻蛉］。近代 とうすみとんぼ［灯心蜻蛉］。近世 いととんぼ［糸蜻蛉］。

とんぼがえり【蜻蛉返】 くうちゅうてんかい［空中転回］。近世 ちうがへり［宙返］。とったり。とんぼがへり［蜻蛉返／筋斗返］。中世 きんと［筋斗］。もんどり［翻筋斗］。

―・する 中世 もんどりを打つ。

後ろへの― 近世 うしろがへり［後返］。

とんま【頓馬】 近代 おたんこなす。とんちんかん［頓珍漢］。近世 うんつく。ちょぼいち［樗蒲一］。てうさいばう［嘲斎坊］。とんちき［頓痴気］。とんま［頓馬／頓間］。のろま［鈍間／野呂松］。はんま［半間］。中世 あんかう［鮟鱇］。

とんや【問屋】 おろしどんや［卸問屋］。近代 おろしうりしゃう［卸売商］。おろししゃう［卸商］。近世 とひまる［問丸］。とんや［問屋］。中世 とひ［問］。とひや［問屋］。

どんよく【貪欲】 近代 いぢきたない［意地汚］。たんよく［貪欲］。近世 がうよく［強欲］。ごふつくばり［業突張］。どうよく［胴欲］。よくどし［欲］。よくばり［欲張］。中世 あこぎ［阿漕］。けんどん［慳貪］。たいよく［大欲］。とんよく［貪欲］。よくふかし［欲深］。中古 たいよく［大欲］。どんよく［貪欲］。ふくつけし［貪］。上代 たんらん／どんらん［貪婪］。

―と利得 中世 よくとく［欲得］。

―・な心 中世 たんしん［貪心］。中古 よくしん［欲心］。

―・な者 近世 がき［餓鬼］。しゅせんど［守銭奴］。つかみづら［摑面］。

残忍で―・な者のたとえ 近代 ほうしちゃうだ［封豕長蛇］。中古 こらう［虎狼］。上代 さいらう［豺狼］。

乱暴で―・な者のたとえ 近世 くまたか［熊鷹］。

な

な【名】❶〈名前〉 うじな［氏名］。サーネーム(surname)。ファーストネーム(first name)。ファミリーネーム(family name)。近代 クリスチャンネーム(Christian name)。こしょう［呼称］。しめい［氏名］。しゃうじ［姓氏］。ネーム(name)。近世 しょうこ［称呼］。しょうゐ［称謂］。なまへ［名前］。なめん［名面］。めいしょう［名称］。よびな［呼名］。中世 しょう［称］。しょうがう［称号］。せいし［姓氏］。となへ［唱／称］。みゃうじ［名字］。めうじ［苗字］。中古 じつみゃう［実名］。しゃう［姓］。しゃうみゃう／せいめい［姓名］。上代 かばね［姓］。かばねな［姓名］。じんめい［人名］。せい［姓］。な［名］。

《尊》近代 そんめい［尊名］。近世 きめい［貴名］。中世 かうめい［高名］。そんしょう［尊称］。中古 はうめい［芳名］。上代 かうみゃう［高名］。

《謙》中古 しこな［醜名］。

《枕》上代 つるぎたち［剣太刀］。なのりその［名告藻］。なはのりの［縄苔］。

―が美しい 上代 なぐはし［名細］。

―が知られている 中世 鋼(刃金)を鳴らす。

→こうめい【高名】

―として聞く 中古 名に聞く。

―の後に付ける敬称 近世 しりごゑ［尻声］。

ーの一部を与える 近世偏諱(へんき)を賜ふ。
ーの分からない時などに代わりに言う語 近代ぼう［某］。中古かがし／くれがし［某］。なにがし［某／何某］。→ぼう【某】
ーを改めること 中世かいみゃう［改名］。上代かいめい［改名］。
ーを変えること 近代へんみゃう／へんめい［変名］。
ーを隠すこと アノニム(anonym)。近代とくめい［匿名］。
ーを記すこと 近代きめい［記名］。上代しょめい［署名］。
ーを付けること ネーミング(naming)。近代めいめい［命名］。→なづ・ける
家のー 近世いへな［家名］。やがう［屋号／家号］。中世かめい［家名］。みゃうせき［名跡］。→やごう【屋号】
一般に通用するー 近世つうしょう［通称］。中世つうがう［通号］。
偽りのー 近代ぎめい［偽名］。さしょう［詐称］。へんめい［変名］。中世ぎしょう［偽称］。
戒名に対して生前のー ぞくめい［俗名］。近世ぞくしょう［俗称］。ぞくな［俗名］。中世ぞくみゃう［俗名］。
仮のー 中古かめい［仮名］。中世けみゃう［仮名］。
器物の作者や質を示すー 中古めい［銘］。
子供のときのー 近代えうみゃう［幼名］。近世えうめい［幼名］。せうじ［小字］。わかな［若名］。わらべな［童名］。中世をさなな［幼名］。中古わらはな［童名］。
死後におくるー 中世いみな［諱］。おくりがう［贈号］。中古おくりな［諡］。かいみゃう［戒名］。ほふがう［法号］。ほふみゃう［法名］。上代しがう［諡号］。
成人して付けるー 近世げんぷくな［元服名］。中世えぼしな［烏帽子名］。けみゃう［仮名］。をとこな［男名］。
天皇のー 近代ぎょめい［御名］。
人のーを騙(かた)ること 近代かぼう［仮冒］。中世ぎしょう［偽称］。
普段呼び慣わしているー ぞくめい［俗名］。近代つうしょう［通称］。近世しょうゐ［称謂］。とほりな［通称］。よびな［呼名］。中世けみゃう［仮名］。ぞくみゃう［俗名］。つうめい［通名］。中古あざ／あざな［字］。
古いー 近代きうめい［旧名］。こしょう［古称］。中世こめい［古名］。
文人などがつける風雅なー 近代がめい［雅名］。ひつめい［筆名］。ペンネーム(pen name)。近世きゃうみゃう／きゃうめい［狂名］。たはれな［戯名］。へうとくがう［表徳号］。中世ががう［雅号］。べつがう［別号］。中古がう［号］。
法師のー 近世かいみゃう［戒名］。そうがう［僧号］。ほふがう［法号］。中世ほふしな［法師名］。ほふみゃう［法名］。
本当のー 中世じつみゃう／じつめい［実名］。ほんみゃう［本名］。
本名以外のー →べつめい
良いー 近代びめい［美名］。中世かみゃう［佳名／嘉名］。中古かめい［佳名／嘉名］。
力士の名乗るー 近世しこな［醜名／四股名］。
和風のー 中古やまとな［大和名］。わみゃう／わめい［和名／倭名］。
▼雅号などの末尾につける語 近世けん［軒］。中世あん［庵］。さい［斎］。

な【名】❷〈名義〉 近代タイトル(title)。めいぎ［名義］。めいもく［名目］。近世かんばん［看板］。なまへ［名前］。
ーと実 近世はなみ［花実］。中古めいじつ［名実］。
ーと実ともに備わっている 色も香もある。中古花も実も具す(あり)。
ーばかりで実質がないこと 中古いうめいむじつ［有名無実］。近代名物に旨い物なし。《句》名所に見所なし。
ーはその実質を表す 近世名は体を表す。中世みゃうせんじしゃう［名詮自性］。

な【名】❸〈評判〉 →ひょうばん
ーが立ちそうである 中古なだたし［名立］。
ーがよく知られていること(人) 近代名が売れる。名を馳(は)せる。近世ちめい［知名］。とほりもの［通者］。なだたる［名立］。中古いうめい［有名］。なだかし［名高］。なだたり［名立］。なにおふ／なにしおふ［名負］。
ーとして持っている 上代名に負ふ。
ーにふさわしくない者 近世えせもの［似非者］。
ーを汚す 中古くたす［腐］。
ーを死後に留める 中世名を竹帛(ちくはく)に垂る。名を残す。
ーを世間に広げる 近代うりだす［売出］。近世名を売る。中古ひびく［響］。名を流す。世を響かす。上代名を立つ。
美しいー 近代びめい［美名］。
名高く評判のよいー プレスティージ／プレステージ(prestige)。中世えいめい［英名］。れいめい［令名］。中古せいめい［盛名］。は

な[花／華]。めいせい[名声]。世の中。上代な[名]。

な【菜】 こんさいるい[根菜類]。せいか[青果]。なるい[菜類]。はもの[葉物]。ベジタブル(vegetable)。ようさいるい[葉菜類]。近代なっぱ[菜葉]。近世さいるい[菜類]。中世あをもの[青物]。やさい[野菜]。中古そさい[蔬菜]。上代な[菜]。

磯辺に生えている— 中古いそな[磯菜]。いそなぐさ[磯菜草]。

辛みのある— 中世しんさい[辛菜]。中古からな[辛菜]。

塩漬けの— 近世しほな[塩菜]。

大根などの間引き— 近世おねば[御根葉／大根菜]。

漬物にする— 上代つけな[漬菜]。

間引き— 近世つみな[摘菜]。中世つまみな[摘菜]。

芽を出したばかりの— 中古こな[小菜]。

雪の中で栽培する— ゆきな[雪菜]。

な・い【無】❶〈無〉 近代ゼロ[zero／零]。ナッシング(nothing)。近世うゆう[烏有]。かいむ[皆無]。から[空]。からっぽ[空]。くう[空]。ぜつむ[絶無]。中世うつろ[虚／空]。なし[無]。む[無／无]。中古くうきょ[空虚]。

《謙》ありません。ございません。中世おりない。ござなし[御座無]。

《句》近代無いものねだり。近世無い袖は振れぬ。無い物は思案と銭金(ぜにかね)。中世好事(かうじ)も無きに如(し)かず。

—・いこと 中世ゐそらごと[絵空事]。

—・いことと有ること 近世むう[無有]。中世うむ[有無]。中古ありなし[有無]。

—・いものばかり 近代ないないづくし[無無尽]。ないものづくし[無物尽]。

—・いようにする 近世なくす[無]。ふいにする。

—・いよりもまし 《句》近世枯れ木も山の賑(にぎ)はひ。

—・いわけではない 中古なきにしもあらず。

—・くてはならないこと 近代すえう[須要]。ひつえう[必要]。ひっしゅ[必須]。近世しゅえう[須要]。ひつじゅ[必需]。ひっす／ひっすう[必須]。ふかけつ[不可欠]。中古えう[要]。えうしゅ[要須]。

あるべきものが—・い ぬけおちる[抜落]。中世ぬく〔ぬける〕[抜]。中古かく〔かける〕[欠]。上代おつ〔おちる〕[落]。

少しも—・い 近世薬にしたくもない。

めったに—・い 上代かたし[難]。

▼接頭語 ノー(no)。ノン(non)。近代ぼつ[没]。

な・い【無】❷〈否定〉 →**うちけし**

ないい【内意】 近代ほんね[本音]。中世しんい[真意]。近世きょうちゅう[胸中]。ないい[内意]。中古いちゅう[意中／意衷]。けしき[気色]。ないしん[内心]。ほんしん[本心]。胸の内。上代しんちゅう[心中]。↓

ないしん

ナイーブ(naive) 近代デリケート(delicate)。ナイーブ。近世うぶ[初]。せんさい[繊細]。中世じゅんしん[純真]。そぼく[素朴]。中古じゅんぼく[純朴]。

ないおう【内応】 近世ねがへり[寝返]。中世うらぎり[裏切]。ないつう[内通]。上代てびき[手引]。ないおう[内応]。

ないかい【内海】 ちゅうかい[中海]。りかい[裏海]。近代ないかい[内海]。近世うちうみ[内海]。ないやう[内洋]。上代いりうみ[入海]。みづうみ[湖]。

ないがい【内外】 近世うちそと[内外]。中世ないぐゎい[内外]。中古うちと[内外]。

—ともに備わっている 中古色も香もある。花も実も具す(あり)。

—の心配事 近世ないいうぐゎいくゎん[内憂外患]。

ないかく【内角】 インコース(和製in course)。インコーナー(和製in corner)。インサイド(inside)。近代ないかく[内角]。

ないがしろ【蔑】 近代とうかんし[等閑視]。ネグレクト(neglect)。むし[無視]。近世べっし[蔑視]。中世むたい[無体／無代／無台]。ゆるがせ[揺]。中古ないがしろ[蔑]。なげ[無]。なほざり[等閑]。べつじょ[蔑如]。

—・にする 中世あざむく[欺]。なみす[無／蔑]。中古けつ[消]。なくなす[無]。もてけつ[持消]。

名誉などを—・にする 中世ふみつく〔—つける〕[踏付]。

ないかん【内観】 じしょう[自照]。近代じせい[自省]。ないくゎん[内観]。ないせい[内省]。はんせい[反省]。中世せいさつ[省察]。近世しゃうさつ[省察]。

ないけん【内見】 近代したしらべ[下調]。近世したけんぶん[下検分]。ないけん[内見]。中世ないらん[内覧]。

ないこう【内訌】 うちゲバ[内(ドイツ)Gewalt]。な

いそう[内争]。近代うちわげんくゎ[内輪喧嘩]。うちわもめ[内輪揉]。ないふん[内紛]。上代ないらん[内乱]。ないこう[内訌]。

ないこく【内国】 ないち[内地]。中世くぬち[国内／国中]。近代ないこく[内国]。ないちせうしゃう[蕭牆]。中古こくない[国内]。

ないじつ【内実】 →**ないじょう**

ないしょ【内緒】 まるひ[丸秘]。近代うちうら[内裏]。シークレット(secret)。ないみつ[内密]。近世うちわ[内輪]。かくしごと[隠事]。くらかり[暗]。ごくない[極内]。したない[下内]。ないしょ[内緒]。ないしょう[内証]。ないぶん[内分]。ひめごと[秘事]。中世さたなし[沙汰無]。ないぎ[内議／内儀／内義]。ないない[内内]。ひそかごと[秘事]。みそかごと[密事]。中古ごくひ[極秘]。しのびごと[忍言]。ひじ[秘事]。ひそか[秘]。ひみつ[秘密]。→**ひみつ**

《句》近代こそこそ三里。ささやき千里。近世隠れたるより現るるはなし。ささやき八丁。

ーにする 近代腹に納める。近世胸に納む(ー納める)。中世わたくし[私]。中古うちしのぶ[打忍]。ひむ(ひめる)[秘]。

ーの相談 中世ないだん[内談]。みつぎ[密議]。中古みつだん[密談]。

ーの話 しわ[私話]。近世がくやばなし[楽屋話]。こそこそばなし[話]。ささめ語]。ないしょばなし／ないしょうばなし[内証話]。ひそひそばなし[話]。みみうち[耳打]。中世ささめごと[私語]。ないだん[内談]。みつわ[密話]。中古ささめきごと[私語]。じご[耳語]。しのびごと[忍言]。みつご[密語]。みつごん[密言]。

込み入ったーの話 近世こんたんばなし[魂胆話]。

ないじょう【内情】 うちぶところ[内懐]。近代うちまく[内幕]。うら[裏／裡]。ないじゃう[内情]。ぶたいうら[舞台裏]。りめん[裏面]。近世うちかぶと[内兜／内冑]。うちわ[内輪]。がくや[楽屋]。がくやうら[楽屋裏]。ないしょう[内証]。実のところ。中古あない[案内]。ないじつ[内実]。

ーの劣っていること 中古うちおとり[内劣]。

込み入ったー 近世こんたん[魂胆]。

ないしょく【内職】 アルバイト(ドイツ Arbeit)。サイドビジネス(和製 side business)。サイドワーク(和製 side work)。パート／パートタイマー(part-timer)。近代かたてましごと[片手間仕事]。けんげふ[兼業]。こづかひかせぎ[小遣稼]。てないしょく[手内職]。ふくげふ[副業]。近世ないしょく[内職]。中世ちんしごと[賃仕事]。

ないしん【内心】 うちぶところ[内懐]。きょうおう[胸奥]。近代きょうおく[胸臆]。きょうかん[胸間]。ほんね[本音]。近世きょうり[胸裏／胸裡]。げしん[下心]。むねさんずん[胸三寸]。中世きょうきん[胸襟]。しんい[真意]。しんとう[心頭]。そこい[底意]。ないい[内意]。ふくちゅう[腹中]。ほんし[本志]。ほんしん[本心]。中古いちゅう[意中]。うら[心]。きょうくゎい[胸懐]。きょうちゅう[胸中]。したごこち[下心地]。しんじ[心事]。しんじゃう[心情]。しんてい[心底]。しんり[心裏／心裡]。ないしん[内心]。なか[中]。はら[腹]。ほい／ほんい[本意]。胸の内。上代うち[内]。しんちゅう[心中]。したごころ[下心]。しんない[心内]。

ーのたとえ 中古したみづ[下水]。下行く水。

ないせい【内省】 じしょう[自照]。近代じせい[自省]。ないせい[内省]。ないくゎん[内観]。はんせい[反省]。近世しゃうさつ[省察]。

ないせい【内政】 こくないせいじ[国内政治]。近代ないせい[内政]。ないち／ないぢ[内治]。上代こくせい[国政]。

ないせん【内戦】 →**ないらん【内乱】**

ないそう【内装】 近代インテリア(interior)。しつないそうしょく[室内装飾]。近世ざうさく[造作]。

ーを変えること 近代かいさう[改装]。

ないぞう【内蔵】 →**ないほう**

ないぞう【内臓】 はいふ[肺腑]。近代ざうき[臓器]。ざうぶつ[臓物]。むらぎも[群肝／村肝]。もつ[物]。近世ざうもつ[臓物]。中世ないざう[内臓]。ひゃくひろ[百尋]。中古ござうろくふ[五臓六腑]。きうちゃう[九腸]。きも[肝／胆]。ふ[腑]。ざうふ[臓腑]。はらわた[腸]。ろくふ[六腑]。上代わた[腸]。

ーを切り刻むこと 中世きもなます[肝膾]。

豚などのー もつ[物]。

豚などのーを切って焼いたもの ホルモンやき[ドイツ Hormon 焼]。

ないだいじん【内大臣】 中世かげなびくほし[影靡星]。中古うちのおとど[内大臣]。うちのおほいどの[内大殿]。うちのおほおみ[内大臣]。うちのおほまへつぎみ[内大

臣]。ないだいじん[内大臣]。

ないだん【内談】 近代 したさうだん[下相談]。中世 ないだん[内談]。中古 みつだん[密談]。

ないち【内地】 近代 ないこく[内国]。ないち[内地]。中世 くぬち[国内/国中]。せうしゃう[蕭牆]。上代 こくない[国内]。

ないつう【内通】 近世 ねがへり[寝返]。うらぎり[裏切]。上代 てびき[手引]。ないおう[内応]。中世 ないつう[内通]。款(くゎん)(欵)を通ず。

ないてい【内偵】 近代 ていさつ[偵察]。ないてい[内偵]。近世 ないたん[内探]。

ないない【内内】 近世 あんあんり[暗暗裏/暗暗裡]。中世 うちうち[内内]。ないぎ[内議/内儀/内義]。ないない[内内]。中古 あんに[暗]。した[下]。

―に聞くこと 近世 ないぶん[内聞]。

―に知らせること ないじ[内示]。中世 ないほう[内報]。

―のこと 中古 ないじ[内事]。

―の処理 中世 うちざた[内沙汰]。

―の約束 近代 ないやく[内約]。

ないぶ【内部】 なかがわ[中側]。近代 インサイド(inside)。うちがは[内側]。近世 ないぶ[内部]。ないめん[内面]。中古 した[下]。ふところ[懐]。上代 うち[内]。なか[中]。

―から自然に起こるさま 近代 ないはつてき[内発的]。

―からの批判 ぞうはん[造反]。

―からの災い 近代 楽屋から火を出す。近世 獅子身中の虫。

―に隠れて存在するさま 近代 せんざいてき[潜在的]。

―に持つこと ないほう[内包]。近代 がんいう[含有]。ないざう[内蔵]。はうざう[包蔵]。中古 ふくむ[含]。

―の新たな動き 近代 たいどう[胎動]。

―をかえりみること 近世 ないこ[内顧]。

ないふく【内服】 近代 とんぷく[頓服]。ないよう[内用]。ふくよう[服用]。近世 ないふく[内服]。中古 ふくやく[服薬]。

ないふん【内紛】 うちゲバ[内(ドイツ)Gewalt]。ないそう[内争]。近代 うちわげんくゎ[内輪喧嘩]。うちわもめ[内輪揉]。こうさう[訌争]。ないこう[内訌]。ないふん[内紛]。上代 ないらん[内乱]。

ないほう【内包】 コノテーション(connotation)。じぞう[自蔵]。近代 がんいう[含有]。ないざい[内在]。ないざう[内蔵]。はうざう[包蔵]。近世 せんざい[潜在]。中世 はうがん[包含]。中古 はらむ[孕]。ふくむ[含]。

ないみつ【内密】 →**ないしょ**

ないめん【内面】 近代 うちがは[内側]。近世 ないぶ[内部]。ないへん[内辺]。ないめん[内面]。→**ないぶ**

ないやく【内約】 もくやく[黙約]。近代 ないやく[内約]。みつやく[密約]。

ないよう【内容】 近代 コンテンツ(contents)。じっしつ[実質]。ないよう[内容]。なかみ[中身/中味]。中世 じったい[実体]。しゃうみ[正味]。上代 み[実/子]。

《句》中世 信は荘厳(しゃうごん)より起こる。

―が豊富なこと 近代 もりだくさん[盛沢山]。

―と形式 中古 くゎじつ[花実]。

―のないこと 近代 がらんど。くうはく[空白]。ちゅうくう[中空]。ブランク(blank)。近世 からっぽ/からっぽう[空]。がらんどう。中世 うつろ[虚]。くうそ[空疎]。くうどう[空洞]。中古 くうきょ[空虚]。ふくゎ[浮華]。

―をなくすること 近代 ほねぬき[骨抜]。

だいたいの― 中古 おもむき[趣]。

ないよう【内用】 近代 とんぷく[頓服]。ないよう[内用]。ふくよう[服用]。近世 ないふく[内服]。中古 ふくやく[服薬]。

ないらん【内覧】 近代 ないけん[内検]。近世 したけんぶん[下検分/下見分]。ないけん[内見]。中世 したみ[下見]。ないらん[内覧]。

ないらん【内乱】 ないせん[内戦]。ないそう[内争]。近代 うちわげんくゎ[内輪喧嘩]。うちわもめ[内輪揉]。こくらん[国乱]。ないこう[内訌]。ないふん[内紛]。上代 ないらん[内乱]。

なえ【苗】 上代 なへ[苗]。

―を育てること いくびょう[育苗]。

青々とした― 中古 せいべう[青苗]。

移植に適当な― じゅくびょう[熟苗]。

稲の― せいびょう[成苗]。ちびょう[稚苗]。ちゅうびょう[中苗]。

稲の若い― 中古 さなへ[早苗]。近世 しんあう[新秧]。

種や― 近代 しゅべう[種苗]。

なえどこ【苗床】 ベッド(bed)。近代 とこ[床]。なへしろ[苗代]。近世 なへどこ[苗床]。上代 なはしろ[苗代]。

―の土 とこつち[床土]。

な・える【萎】 近代 てうゐ［凋萎］。ゐしゅく［萎縮］。ゐてう［萎凋］。近世 すぼける。ゐび［萎靡］。中世 しなぶ［しなびる］［萎］。しほたる［―たれる］［潮垂／塩垂］。中古 しほる［しおれる］［萎］。せうぜん［悄然］。なゆ［なえる］［萎／痿］。ひるむ［怯／痿］。

―・えるさま 近代 くなくな。くにゃくにゃ。中世 くたくた。中古 なよよか。

―・えるようにさせる 中古 なやす［萎］。

なお【尚】❶〈一層〉 近世 いっそう［一層］。中世 いやがうへに［弥上］。ことに［殊／異］。中古 いちだんと［一段］。なほさら［尚更］。ひときは［一際］。ひとしほ［一入］。上代 さらに［更］。なほ［尚／猶］。まして［況］。ますます［益益／増増］。

なお【尚】❷〈但し〉 近世 おまけに［御負］。もっとも［尤］。中世 あまっさへ［剰］。ただ［唯／只］。なほ［尚／猶］。中古 かつまた［且又］。そのうへ［其上］。ただし［但］。上代 かつ［且］。しかも［然／而］。

なおさら【尚更】 近世 いっそう［一層］。なほのこと。中世 なほしも［尚／猶］。なほもって［尚以／猶以］。まいて［況］。中古 いちだんと［一段］。いはんや［況］。いよいよ［愈／愈愈／弥弥］。なほさら［尚更／猶更］。ひとしほ［一入］。上代 さらに［更］。まして［況］。ますます［益益／増増］。

なおざり【等閑】 てきとう［適当］。近代 いいかげん［好加減］。こつりゃく［忽略］。とうかんし［等閑視］。ルーズ(loose)。近世 おざなり［御座形］。かんきゃく［閑却］。中世 あだやおろそか［徒疎］。こっしょ［忽諸／忽緒］。とうかん［等閑］。中古 おほぞら［大空］。おろそか［疎］。なげ［無］。なほざり［等閑］。上代 おほろか／おぼろか［凡］。くゎんたい［緩怠］。たいまん［怠慢］。

―・に思っていない 中世 とうかんなし［等閑無］。

―・にする 近代 等閑に付す。中古 おくらかす［後／遅］。

―・にするさま 中世 ゆるがせ［忽］。

なお・す【直】 てなおし［手直］。近代 かいしう［改修］。けうせい［矯正］。しうせい［修正］。しうふく［修復］。しうり［修理］。ていせいする［訂］。ていせい［訂正］。ていれ［手入］。をさむ［修］。近世 ぜせい［是正］。中世 ひきなほす［引直］。中古 あらたむ［―ためる］［改］。うちなほす［打直］。さしなほす［差直］。しうぜん［修繕］。すり［修理］。つくろふ［繕］。とりなほす［取直］。上代 かいせい［改正］。ただす［正／糺］。ととのふ［―のえる］［整］。なほす［直］。

―・して完成させること 近代 しうせい［修成］。

なお・す【治】 近代 きうぢ［救治］。きうやく［救薬］。せれう［施療］。れうする［療］。近世 かてあて［手当］。中世 いす［医］。かれう［加療］。つたふ［繕］。中古 いやす［癒］。たいぢ［退治／対治］。ちす／ぢす［治］。ちれう［治療］。なほす［治］。やむ［已／止］。れうぢ［療治］。上代 いれう［医療］。をさむ［おさめる］［治］。→ちりょう

悪を懲らしめて―・すこと 近代 ちょうぢ［懲治］。

なお・る【治】 かんち［完治］。近代 けいくゎい［軽快］。こんち／こんぢ［根治］。ぜんち［全治］。ちゆ［治癒］。とこあげ［床上］。とこばらひ［床払］。みなほす［見直］。近世 くゎいき［快気］。くゎいしゅん［回春］。くゎいふく［快復／回復］。ぜんくゎい［全快］。とこばなれ［床離］。ふっきる［吹切］。みなほす［見直］。床を上ぐ［―上げる］。中世 おつ［落］。くゎいゆ［快癒］。げんき［減気／験気］。ほんぶく／ほんぷく［本復］。中古 おこたりはつ［怠果］。おこたる［怠］。さはやぐ［爽］。たひらぐ［平］。ぢす［治］。なほる［治］。やすむ［休］。やむ［已／止］。をさまる［治］。上代 いゆ［いえる］［癒］。へいふく［平復］。へいゆ［平癒］。

―・りにくいこと 近代 ぐゎんこ［頑固］。中世 なんち／なんぢ［難治］。

―・りにくい病 近世 なんしゃう［難症］。中世 なんびゃう［難病］。

―・りにくくする 近代 こじらす［―らせる］［拗］。

―・りにくくなる 近代 こじれる［拗］。

腹立ちが―・る 近世 虫が納まる(落ち着く)。

病気が―・った後の経過 近代 よご［予後］。

病気が―・った祝い 近代 ぜんくゎいいはひ［全快祝］。近世 くゎいきいはひ［快気祝］。

病気が―・った直後 近世 やまひあがり［病上］。やみあがり［病上］。中世 びゃうご［病後］。

病気が―・って気分がよくなる 中世 くゎいあん［快安］。中古 さはやぐ［爽］。

病気が―・らない 近世 枕が上がらず。中世 ふち／ふぢ［不治］。

病気が―・り切らず長引くさま 近代 こじれる［拗］。近世 ぶらぶら。

病気が―・りにくいこと 中世 なんぢ［難治］。

病気が―・るころ 中古 やみがた［止方］。

病気が死ぬまで—・らないこと 近代ふき［不起］。中世ふち／ふぢ［不治］。

病気がすっかり—・ること かんち［完治］。近代ぜんち／ぜんぢ［全治］。ぜんゆ［全癒］。近世くゎいぜん［快然］。ぜんくゎい［全快］。中世くゎいゆ［快癒］。ほんぷく［本復］。

病気が日ごとに—・っていくさま 濡れ紙をはがすよう。近世薄紙を剝ぐやう（剝がすやう）。

なおれ【名折】 近代あくひゃう［悪評］。あくめい［悪名］。しうぶん［醜聞］。しうめい［醜名］。ふめいよ［不名誉］。ふめんぼく／ふめんもく［不面目］。近世をめい［汚名］。なをれ［名折］。中世かきん［瑕瑾］。なをり［名折］。中古あくみゃう［悪名］。上代はぢ［恥］。

なか【中】 ちゅうばん［中盤］。なかがわ［中側］。近代うちがは［内側］。とちゅう［途中］。ない［内］。近世ちゅうかん［中間］。ないぶ［内部］。中世なかほど［中程］。まんなか［真中］。中古ちゅうあう［中央］。ちゅうと［中途］。なかば［半］。上代あひだ［間］。うち［内］。な［中］。なか［中］。《枕》上代みつぐりの［三栗］。

—と外 近世うちそと［内外］。中世ないぐゎい［内外］。中古うちと［内外］。

—に入れる 近世さふにふ［挿入］。ふうじこむ［—こめる］［封込］。中古こむ［こめる］［込／籠］。さしいる［—いれる］［差入］。↓い・れる

なか【仲】 近代しりあひ［知合］。つづきがら［続柄］。近世あひだがら［間柄］。くゎんけい［関係］。中世あいさつ［挨拶］。中古あはひ［間］。あひだ［間］。なか［仲］。なからひ［中／仲］。

—が疎くなる 間隙を生ずる。中古そゑん［疎遠］。

—がよいこと 近代あひなか［相中］。しんきん［親近］。しんみつ［親密］。なかよしこよし［仲良小好］。近世こんい［懇意］。じゃうかう［情好］。しんこん［親懇］。たじなし［多事無］。ちかしい［近／親］。ぢっこん［昵懇］。むつまじ［睦］。挨拶良し。中世じっこん／じゅこん／じゅっこん［入魂］。むつまし［睦］。中古こころやすし［心安］。なかよし［仲良］。ねんごろ［懇］。上代したし［親］。ねもころ［懇］。よしみ［誼／好］。

—が悪いこと（さま） 近代角突き合はせる。近世すれすれ［擦擦］。ふなか［不仲］。中世なかたがひ［仲違］。ふくゎい［不会］。中古せなかあはせ［背中合］。ふわ［不和］。

—が悪いたとえ けんえん［犬猿］。ひみず［火水］。犬猿の仲。中古すいくゎ［水火］。《句》近代ごゑつどうしう［呉越同舟］。犬猿も啻ならず。不倶戴天の敵。近世氷炭相容れず。中世そゑつどうしう［楚越同舟］。

—を裂くこと 近世りかん［離間］。

—を取り持つこと 近世ひきあひ［引合］。中世なかだて［仲立］。ひきあはせ［引合］。上代なかだち［仲立］。

兄弟の—がよいたとえ 中世枝を連ぬ［—連ねる］。中古おもひはらから［思同胞］。

夫婦が—がよく一緒にいるたとえ 近代形影相伴ふ。中世相生の松。中古比翼の鳥。連理の枝。

ながあめ【長雨】 近代ぢあめ［地雨］。ちゃうう［長雨］。近世そぞろあめ［漫雨］。中世卯の花腐し。中古いんう［淫雨／陰雨］。いんりん［陰霖／淫霖］。しゅくう［宿雨］。ながあめ／ながめ［長雨］。れんう［連雨］。上代ながらふ［—らえる］［長］。りんう［霖雨］。

—の降り続くさま 中古をやみなし［小止無］。

秋の長い— 中古しうりん［秋霖］。

五月頃の長い— 中世卯の花腐し。

菜の花の頃の長い— 近代なたねづゆ［菜種梅雨］。

春の長い— 近世しゅんりん［春霖］。

なが・い【長】 近代ちゃうき［長期］。ロング(long)。近世ながたらし／ながったらしい［長］。中古ながけし［長］。ながざま［長様］。ながなが［長長／永永］。ながやか［長］。のびらか［伸］。上代ちゃうだい［長大］。ながし［長／永］。ながながし［長長］。《枕》中世くろかみの［黒髪］。中古きみがよの［君代］。上代すがのねの［菅根］。たくなはの［栲縄］。たまかづら［玉葛／玉蔓］。たまのをの［玉緒］。

—・い間 近世ながらく［長／永］。上代ひさ／ひさしく［久］。まけながく［真日長］。ももよ［百夜］。

—・い期間 近代ちゃうき［長期］。ちゃうきかん［長期間］。中古ながあき［長秋］。上代ながいほあき［長五百秋］。

—・い距離 近代ちゃうきょり［長距離］。近世ゑんきょり［遠距離］。上代ばんり［万里］。

—・い距離を泳ぐこと 近代ゑんえい［遠泳］。

—・い距離を駆けること 近代ちゃうく［長

駆]。中世 とほがけ[遠駆]。ながばせ[長馳]。

ー・い恋 上代 ながこひ[長恋]。

ー・いこと 中世 ちづか[千束]。やつか[八束]。上代 やさか[八尺]。やた[八咫]。やひろ[八尋]。

ー・いことと短いこと 近世 ながみじか[長短]。中古 ちゃうたん[長短]。

ー・いさま 中古 ながやか[長]。

ー・い時間 近代 しばらく[暫]。しばらくぶり[暫振]。ちゃうじかん[長時間]。ひさかたぶり[久方振]。ひさびさぶり[久久振]。近世 ながちゃうば[長丁場]。ひさしかぶり[久振]。中世 ぢゃうじ[長時]。ひさしぶり[久振]。ひさびさ[久久]。むご[無期]。中古 ちゃうじ[長時]。上代 ひさし[久]。

ー・い旅 近代 ながみち[長道]。近世 おほみち[大道／大路]。ながだうちゅう[長道中]。中世 ながたび[長旅]。中古 ちゃうと[長途]。上代 ながち／ながぢ[長道／長路]。ながて[長手]。

ー・い年月 →ねんげつ

ー・い日 近代 ちゃうじつ[長日]。近世 えいやう[永陽]。はるなが[春永]。ひなが[日長]。中世 遅き日。中古 えいじつ[永日]。おそひ／ちじつ[遅日]。

ー・い物 中世 ちゃうぶつ[長物]。

ー・くする 近世 のばす[延]。中古 おりはふ[織延]。のばふ／のぶ[延]。

ー・く滞在すること 近世 ながとうりょう[長逗留]。中世 ながとうりう[長逗留]。上代 えんりう[淹留]。

ー・く続くこと(さま) 近代 けいぞく[継続]。ずうっと。ながつづき[長続]。ゐい／ゐだ[委蛇／透迤]。近世 えいぞく[永続]。ごし[越]。糸を引く。牛の小便。牛の涎(よだれ)(接尾語)。ずっと。ひさびさ[久久]。中世 えんえん[延延]。ゑんえん[蜿蜒]。中古 ながなが[長長／永永]。上代 ながらふ[長／永／存]。ひさし[久]。を[緒]。

ー・く続く楽しみ 中世 ちゃうらく[長楽]。

ー・く続く列 近代 長蛇の列。

ー・くなる 近代 ながまる[長]。中古 ながびく[長引]。のぶ〔のびる〕[延]。

ー・く病む 中世 ながわづらひ[長煩／長患]。中古 やまふ[病]。

ー・過ぎて役に立たないもの 近世 無用の長物。中世 ちゃうぶつ[長物]。

極めてー・い時間 →えいえん

くだくだしくー・いこと 近世 たらたら。だらだら。中古 じょうちゃう[冗長]。

これからの人生がー・い 中古 生ひ先遠し。

妙にー・い 中世 なまながし[生長]。

ながい【長居】 近世 ながざ[長座／長坐]。ながざしき[長座敷]。ながじり／ながっちり[長尻]。尻が長し。尻が暖まる。尻がぬくもる。中世 ちゃうざ[長座／長坐]。中古 ながゐ[長居]。

《句》近世 長居は恐れ。

ながいき【長生】 じゅれい[寿齢]。ふろうちょうじゅ[不老長寿]。近代 えいせい[永生]。かうじゅ[高寿]。かくじゅ[鶴寿]。ちんじゅ[椿寿]。近世 かうれい[高齢]。しにおくる[ーおくれる][死後]。霞(かすみ)の命。喬松(けうしよう)の寿(じゅ)。中世 えいじゅ[永寿]。えんじゅ[延寿]。えんねん[延年]。かれい[遐齢]。ちゃうめい[長命]。中古 ちゃうじゅ[長寿]。ちゃうせい[長生]。ちゃうせいきうし[長生久視]。ちゃうねん[長年]。ちゃうれい[長齢]。ながいき[長生]。上代 かうねん[高年]。ながらふ[ーらえる][長／永]。

《句》近代 小食(少食)は長生きのしるし。中世 命長ければ辱(はぢ)多し。

ーと若死に 上代 じゅえう[寿夭]。

ーの人 中世 じゅらう[寿老]。上代 とほひと[遠人]。ながひと[長人]。

ーを祝う語 中古 だいちん[大椿]。

幸福でーなこと 中世 ふくじゅ[福寿]。

夫婦がー・すること 近世 あひおひ[相生]。中世 あひおい[相老]。ともしらが[共白髪]。上代 かいらう[偕老]。

無駄にー・していること 近世 いのちぬすびと[命盗人]。

なかがい【仲買】 ちゅうかいぎょうしゃ[仲介業者]。近代 がかう[牙行]。がしゃう[牙商]。がじん[牙人]。がほ[牙保]。しうせんげふしゃ[周旋業者]。ブローカー(broker)。近世 さいとり[才取／宰取]。中世 なかがひ[仲買]。

なかごろ【中頃】 ちゅうばん[中盤]。近代 とじゃう[途上]。とちゅう[途中]。近世 ちゅうかん[中間]。ちゅうくらゐ[中位]。中世 なかほど[中程]。中古 ちゅうと[中途]。なかあひ[中間]。なかごろ[中頃]。なかば[半]。なから[半／中]。はんぶん[半分]。上代 なか[中]。

ある時代のー 近世 ちゅうえふ[中葉]。ちゅうき[中期]。

ながさ【長】 近代 しゃくど[尺度]。中世 すんしゃく[寸尺]。中古 すんぱふ[寸法]。ぢゃ

うしゃく／ぢゃうじゃく［丈尺］。〘上代〙すん［寸］。たけ［丈］。ながさ［長］。

ーが不揃いなこと 〘近世〙ながみじか［長短］。

ーの単位(例) マイクロメートル(micrometer)。ミリミクロン(フランス millimicron)。メーター(フランス mètre)。〘近代〙インチ［inch／吋］。えいしゃく［英尺］。センチ［フランス centi／糎］。フィート［feet／呎］。ポール(pole)。マイル［mile／哩］。ミル(mil)。メートル(フランス mètre)。もう［毛］。〘近世〙エル(ell)。りん［厘］。〘中世〙けん［間］。〘中古〙じん［尋］。ちゃう［町／丁］。つゑ［杖／丈］。り［里］。〘上代〙き［寸］。しゃく／せき［尺］。すん［寸］。た［咫］。ぢゃう［丈］。つか［束］。ひろ［尋］。ぶ［分］。ぶ［歩］。

ーを測る 〘中世〙尺を打つ。尺を取る。

ーを測る器具 コンパレーター(comparator)。ひかくそくちょうき［比較測長器］。〘近代〙スケール(scale)。まきじゃく［巻尺］。メートルじゃく［フランス mètre尺］。〘近世〙くぢらざし［鯨差］。くぢらじゃく［鯨尺］。しゃくど［尺度］。〘中世〙だいくがね［大工曲／大工金］。ものさし［物差／物指］。〘中古〙かねじゃく［曲尺／矩尺］。まがりがね［曲尺／曲金］。

円の中心を通る直線のー 〘近代〙ちょくけい［直径］。わたし［渡］。〘中世〙さしわたし［差渡］。

曲線や曲面のー ながのび／ながのべ［長延］。

管や箱などの差し渡しのー 〘近世〙うちのり［内法］。そとのり［外法］。

ごくわずかなー 〘中古〙すんぶん［寸分］。

頃合いのー 〘中世〙すんごろ［寸頃］。

調度などの正式のー 〘近代〙ほんけん［本間］。

長いものの横のー 〘近世〙ふくゐん［幅員］。〘中世〙はば［幅］。

ねじの一回転で進むー リード(lead)。

端から端までのー 〘中古〙わたり［渡／径］。

非常なー 〘上代〙ちひろ［千尋］。

矢のーを測る単位 〘中世〙そく［束］。

ながし【流】 シンク(sink)。〘近代〙ながしば［流場］。〘近世〙ながし［流］。〘中世〙はしり［走］。

屋外のー そとながし［外流］。

ながしめ【流目】 〘近世〙いろめ［色目］。しうは［秋波］。〘中古〙しりめ［尻目／後目］。すがめ［眇目］。ながしめ［流目］。りうべん／りうめん［流眄］。

ーをする 〘中世〙しゃし［斜視］。〘中古〙みのぶ［見延］。

なかす【中州】 〘近代〙ていしう［汀州］。〘中世〙なかす［中州／中洲］。ながれす［流州］。〘上代〙かはす［川州／川洲］。ひじ［洲］。

なが・す【流】 〘中世〙あやす［落／零］。くだす［下／降］。りうしゅつ［流出］。〘中古〙そそく／そそぐ［注／灌］。やる［遣］。〘上代〙こぼす［零］。ながす［流］。

ー・し入れる そそぎこむ［注込］。〘近世〙ながしこむ［流込］。

ー・し落とす 〘近代〙はうりう［放流］。〘中古〙そそく／そそぐ［注／灌］。たらす［垂］。

ー・し掛ける 〘近代〙くゎんすい［灌水］。さす［注］。〘中古〙そそく／そそぐ［注／灌］。

ー・し去る 〘中世〙あらひながす［洗流］。〘上代〙あらふ［洗］。おしながす［押流］。

血や汗などをー・す 〘中世〙あやす［落／零］。

堤防などを切って水をー・し落とす 〘近代〙けっすい［決水］。

なかぞら【中空】 〘近代〙ちゅうくう［中空］。〘中世〙ちゅうてん［中天］。〘中古〙ちゅうせう［中霄］。てんしん［天心］。なかぞら［中空］。はんてん［半天］。

なかたがい【仲違】 〘近代〙あつれき［軋轢］。間(かん)を生ずる。〘近世〙きんげき［釁隙］。げき［隙］。はんもく［反目］。ふなか［不仲］。りかん［離間］。〘中世〙かうはい［向背］。かくしつ［確執］。なかちがひ［仲違］。ぶあひ［不合／不相］。ふくゎい［不快］。ふくゎい［不会］。〘中古〙ぜっかう［絶交］。なかたがひ［仲違］。ひま［暇］。ふわ［不和］。

ー・させる 〘中古〙りゃうぜつ［両舌］。

ー・する 〘近世〙わる［割］。

なかだち【仲立】 〘近代〙くちきき［口利］。ちゅうかい［仲介］。ちゅうさい［仲裁］。ばいじょ［媒助］。〘近世〙あつかひ［扱］。あっせん［斡旋］。うちはし［打橋］。くちぞへ［口添］。しうせん［周旋］。ちゅう［中］。はしわたし［橋渡］。〘中世〙かけはし［架橋／掛橋／懸橋／梯］。きもいり［肝煎／肝入］。とりもち［取持］。なかだて［仲立］。ひきあはせ［引合］。ひけい［秘計］。〘中古〙せうかい［紹介］。ちゅうばい［仲媒／中媒］。つて［伝］。ばいかい［媒介］。〘上代〙なかだち［仲立／中立／媒］。

→ちゅうかい

ながたらし・い【長】 →ながながし・い

ながだんぎ【長談義】 〘近代〙ちゃうくゎうぜつ［長広舌］。〘中世〙ちゃうぜつ［長舌］。ながだんぎ［長談義］。ながばなし［長話］。〘中古〙ながごと［長言］。

なかつぎ【中継】 〘近代〙ちゅうけい［中継］。つなぎ［繋］。〘近世〙なかつぎ［中継／中次］。〘中古〙

とりつぎ「取次」。上代 なかだち「仲立」。

ーをする所　ちゅうけいしょ「中継所」。近世 たてば「建場／立場」。

ながつづき【長続】 近代 けいぞく「継続」。そんぞく「存続」。ぢぞく「持続」。ながつづき「長続」。ぶっつづけ「続」。ぶっとほし「通」。近世 えいぞく「永続」。ぢきう「持久」。

ー・しないこと 近代 いんこうさでん「隠公左伝」。くひかじる「食囓」。近世 へびげいこ「蛇稽古」。みっかばうず「三日坊主」。石に腰掛く〔ー掛ける〕。《句》近代 螻蛄(けら)の水渡り。熱し易く冷め易し。

なかなおり【仲直】 ゆきどけ「雪解」。近代 あくしゅ「握手」。わげ「和解」。中世 たひらぎ「平／成」。なかなほり「仲直」。わかい「和解」。わす「和」。わぼく「和睦」。中古 わへい「和平」。上代 わ「和」。

ー・させる 近代 ちゅうさい「仲裁」。てうてい「調停」。中世 なかなほし「中直」。中古 とりなす「取成／執成」。

ーの機会 近世 をれくち「折口」。

ーの話し合い 中古 わぎ「和議」。わだん「和談」。

なかなか【中中】 近代 さうたう「相当」。近世 ずいぶん「随分」。だいぶん「大分」。中世 かなり「可成／可也」。だいぶ「大分」。なかなか「中中」。よほど「余程」。中古 をさをさ。

ーの 中世 さる「然」。

なかなが・し・い【長長】 近代 じょうまん「冗漫」。近世 こながい「小長」。ながたらし／ながったらしい「長」。中古 じょうちゃう「冗長」。上代 ながながし「長長／永永」。

ながねん【長年】 近代 ちゃうねんげつ／ながねんげつ「長年月」。ながねん「長年／永年」。近世 せきねん「積年」。中世 すねん「数年」。としひさに「年久」。中古 ちゃうねん「長年」。ねんらい「年来」。上代 えいねん「永年」。たねん「多年」。としごろ「年頃／年比」。

ーの経験 近世 ねんこう「年功」。中世 きうこう「旧功」。

なかば【半】 ごぶ「五分」。ちゅうばん「中盤」。近代 セミ(semi)。メゾ／メッツォ(イタリア mezzo)。近世 あひなかば「相半」。ちゅうかん「中間」。中世 なかほど「中程」。はん「半」。中古 いっぱん「一半」。ちゅうと「中途」。なかごろ「中頃」。なかなか「中中」。なから「半／中」。はんぶん「半分」。上代 なか「中」。なかば「半」。

ーを越えること なかばすぎ「半過」。中古 きゃうはん「強半」。くゎはん「過半」。上代 たいはん「大半」。

学業や事業などのー 中世 はんと「半途」。中古 ちゅうと「中途」。ちゅうろ「中路」。とちゅう「途中」。

ながばなし【長話】 近代 ちゃうくゎうぜつ「長広舌」。近世 ながこうじゃう「長口上」。ながぼえ「長吠」。中世 ちゃうぜつ「長舌」。ちゃうだん「長談」。ながだんぎ「長談義」。ながばなし「長話」。中古 ながごと「長言」。《句》近代 長口上は欠伸(あくび)の種。中世 下手の長談義。

ーのさま 近世 たらたら。だらだら。

ながび・く【長引】 延び延びになる。近世 てまどる「手間取」(四段活用)。てまどる〔ーどれる〕「手間取」。中古 ながびく「長引」。のぶ〔のびる〕「延／伸」。

ー・かせる 近世 ひきずる「引摺」。中世 ひきのばす「引延／引伸」。中古 のばす「延／伸」。ひきのぶ「引延／引伸」。をりはふ「折延」。

ー・くこと 中世 ちいん「遅引」。のびのび「延延」。中古 せんえん「遷延」。ちえん「遅延」。

病がー・いて症状に変化がない状態 近世 まんせい「慢性」。

病をー・かせる 近代 こじらせる「拗」。

なかほど【中程】 →**なかごろ**

なかま【仲間】 メート(mate)。近代 あひぼう「相棒」。グループ(group)。ごはん「伍伴／伍班」。コンパニー(company)。コンパニオン(companion)。さいはい「儕輩」。パーティー(party)。りょはん「侶伴」。れんちゅう「連中」。近世 あひ「相」。あひし「相仕」。いちみとたう「一味徒党」。いっぽん「一本」。かま「釜／竈／窯／罐」。さう「曹」。しん「心」。ぞく「属」。てあひ「手合」。てぐみ「手組」。ともこ「友子」。なかま「仲間」。ぼうぐみ「棒組」。りう「流」。中世 あひくち「合口」。いちみ「一味」。いちれつ「一列」。かたへ「傍／片方」。たう「党」。たうよ「党与」。つれ「連」。と「徒」。どうしゅう「同衆」。どうぼう「同朋」。どし「同士／同志」。とたう「徒党」。はい「輩」。はんりょ「伴侶」。ぶるい「部類」。やから「輩」。れんぢゅう「連中」。中古 おのがどち「己」。おもひどち「思」。かた「方」。かたうど「方人」。かたへ「片方」。せいはい「儕輩」。たうるい「党類」。たぐひ／るい「類」。つら「連／列」。どうし「同志／同士」。どうはう「同胞」。どうるい「同類」。とも「友／朋」。ともがら「輩」。はうばい「傍輩」。ばんるい「伴

類］。ほうばい［朋輩］。上代 おもふどち［思］。どち［共］。ほういう［朋友］。もこ［婿］。もとつひと［本人］。れういう［僚友］。

《句》同じ釜の飯を食う。近代 三人旅の一人乞食。近世 蛇(じゃ)の道は蛇(へび)。一つ穴の狐。類は友を以(もっ)て集まる。類は友を呼ぶ。中世 馬は馬連れ牛は牛連れ。同じ穴の狢(むじな)(狸／狐)。同気(どうき)相(あい)求む。光ある物は光ある物を友とす。

―内だけで偉そうにする者 近世 お山の大将。

―がいつも集まる所 近代 たまりば［溜場］。近世 たむろ［屯］。上代 たむら［屯／党］。

―がいないこと 上代 こどく［孤独］。ひとり［一人／独］。ひとりびと［独人／孤独］。

―から除外すること 近代 オミット(omit)。しめだす［閉出／締出］。はじきだす［弾出］。近世 しんどうき／しんどき。つきだす［突出］。つまはじき［爪弾］。はちぶ［八分］。むらはちぶ［村八分］。中世 縁を切る。

―から外れた者 近世 つきだしもの［突出者］。なかまはづれ［仲間外］。のけもの［除者］。ままこ［継子］。

―だけ通用すること(言葉) 近世 あひことば［合言葉］。がくやおち［楽屋落］。ふちゃう［符丁／符帳］。ふてふ［符牒］。中世 いんご［隠語］。

―同士 中古 おのがどち［己］。ひとどち［人共］。われどち［我］。

―に誘い込む 近代 ひきこむ［引込］。ひっぱる［引張］。近世 いだきいる［抱入］。だきいる［―いれる］［抱入］。だきこむ［抱込］。ひっぱりこむ［引張込］。中世 あひかたらふ［相語］。のす［のせる］［乗］。ひきいる［―いれる］［引入］。

―に付いて行けなくなること だつらく［脱落］。近代 おちこぼれ［落零］。近世 らくご［落伍］。

―に入る 近世 しす［歯］。のる［乗］。よはひす［歯］。中世 くみす［与］。さんか［参加］。たうす［党］。よどう［与同］。数に入る。中古 あづかる［与］。くむ［組］。ことまず［言雑］。たちまじる［立交］。まじらふ／まじる［混／交／雑］。れっす［列］。上代 くははる［加］。

―の一部 近世 かたわれ［片割／片破］。

いつも連れ立っている― 近世 じゃうれん［常連］。ぢゃうれん［定連］。

同じ法門で修行する― 中世 はっけん／ほっけん／ほふけん［法眷］。中古 どうほふ［同法］。

学者や文人の― 近代 かんぼくぢゃう［翰墨場］。かんりん［翰林］。けいりん［桂林］。

気の合った― 近代 うまあひ［馬合］。中古 おもひどち［思］。上代 おもふどち［思］。どうき［同気］。

芸術家の― 近代 げいりん［芸林］。近世 げいゑん［芸苑］。

志を同じくする― 近代 同好の士。中古 いっけつ［一結］。どうし［同志／同士］。どうにん［同人］。

酒飲みの― 近世 けづりともだち［削友達］。

詩歌や邦楽の― 近世 ぎんいう［吟友］。中世 しゃちゅう［社中］。中古 しいう［詩友］。

自分たちの― 中古 われどち［我共］。

職場や身分が同じ― 近代 しゃいう［社友］。中世 どうはい［同輩］。中古 とうはい［等輩］。上代 どうれう［同僚］。

新入りの― 近世 しんいり［新入］。しんがほ［新顔］。中世 しんざん［新参］。

生活を共にする親しい― 近代 ひとつかまど［一竈］。近世 ひとつかま［一釜］。ひとつなべ［一鍋］。

昔の― 近世 こはうばい［古傍輩］。こほうばい［古朋輩］。むかしなじみ［昔馴染］。中古 きういう［旧友］。きうこ［旧故］。きうち［旧知］。

遊里をひやかして歩く― 近世 そそりてあひ［手合］。

悪い事をする― 近世 ぐる。中世 いちみ［一味］。とたう［徒党］。中古 きょうたう［凶党／兇党］。上代 あくたう［悪党］。あくと［悪徒］。

悪い目的で―を作ること いちみ［一味］。中世 とたう［徒党］。ひしう［比周］。

なかみ【中身】 近代 あん／あんこ［餡］。コンテンツ(contents)。じっしつ［実質］。ないよう［内容］。なかみ［中身／中味］。中世 じったい［実体］。しゃうみ［正味］。中古 ないじつ［内実］。上代 さみ［身］。み［実］。

―のないたとえ 近代 蟬(せみ)の脱け殻。近世 月夜の蟹(かに)。

見かけ通りの―であるさま 近世 看板に偽りなし。

なかむつまじ・い【仲睦】 近世 なかむつまじ［仲睦］。中古 むつぶ［睦］。上代 したし［親］。むつまじ［睦］。

―・い語らい 中古 むつがたり［睦語］。上代 むつごと［睦言］。

自分たちの―・いさまを話す 近世 のろける［惚気］。

男女(夫婦)が—・いさま 〔近代〕形影相伴ふ。〔近世〕いちゃつく。べたべた。〔中世〕ひよくれんり［比翼連理］。相生の松。雲となり雨となる。手に手を取る。〔中古〕ゑんあう［鴛鴦］。

ながめ【眺】 ビスタ(vista)。〔近代〕けいくゎん［景観］。てんばう［展望］。〔近世〕いちばう［一望］。くゎうけい［光景］。けいしょく［景色］。じっけい［実景］。じゃうけい［情景／状景］。びくゎん［美観］。ふうしょく［風色］。みはらし［見晴］。ながめ［眺］。〔中世〕てうまう［眺望］。ながめ［眺］。〔中古〕けしき［景色］。けしき［気色］。てうばう［眺望］。ふうぶつ［風物］。ゑんばう［遠望］。〔上代〕くゎんばう［観望］。のぞみ［望］。ふうくゎう［風光］。ふうけい［風景］。み［見］。

—が良いこと 〔中世〕せいかう［晴好］。せいかううき［晴好雨奇］。

偉大な— スペクタクル(spectacle)。〔近代〕たいくゎん［大観］。〔中世〕ゐくゎん［偉観］。〔中古〕さうくゎん［壮観］。

四季折々の— 〔中古〕けいぶつ［景物］。

四方の— 〔上代〕しばう［四望］。

高い土地で—がひらけて爽やかなこと 〔近代〕かうさう［高爽］。

珍しい— 〔中世〕きくゎん［奇観］。

良い— 〔近世〕びくゎん［美観］。〔中世〕かうけい［好景］。かけい［佳景］。

なが・める【眺】 〔近世〕ばうやう［望洋］。〔中世〕ばうけん［望見］。みはらす［見晴］。〔中古〕ながむ〔ながめる〕［眺］。ながめやる［眺遣］。のぞむ［望］。みいだす／みいづ［見出］。〔上代〕くゎんばう［観望］。みる［見］。みわたす［見渡］。

渦潮などを—・めること 〔近代〕くゎんてう［観潮］。

関わりもせずただ—・めていること 〔近代〕ばうかん［傍看］。ばうくゎん［旁観］。ばうけん［傍見］。〔中古〕ばうくゎん［傍観］。

高い所から遠くを—・める 〔近代〕てうかん［鳥瞰］。ふかん［俯瞰］。〔上代〕とうりん［登臨］。

はるかに—・める 〔近代〕小手を翳す。〔近世〕うちながむ〔—ながめる〕［打眺］。〔中世〕みはらす［見晴］。〔中古〕のぞむ［望］。〔上代〕うちわたす［打渡］。みさく［見放］。みはるかす［見晴］。みやる［見遣］。

ながもち【長持】 〔近代〕たいきう［耐久］。〔近世〕ながもち［長持］。〔中世〕ぐゎんぢゃう［頑丈］。ぢゃうぶ［丈夫］。

丈夫で—・すること 〔近世〕いのちしらず［命知］。

ながや【長屋】 〔上代〕ながや［長屋／長家］。

—に住んでいること 〔近世〕ながやずまひ［長屋住］。

—に住んでいる人 〔近世〕ながやもの［長屋者］。

裏通りの— 〔近世〕うらながや［裏長屋］。

同じ—に住んでいる間柄 〔近世〕あひながや［相長屋］。

表通りに面した— 〔近世〕おもてながや［表長屋］。

城壁の—風の建物 〔近世〕たもん［多聞］。

何軒も長く続いた— 〔近世〕ひゃくけんながや［百軒長屋］。

平屋建ての— 〔近世〕ひらながや［平長屋］。

棟割りした— 〔近世〕むねわり／むねわりながや［棟割長屋］。

なかよし【仲良】 〔近代〕あひなか［相中］。ぜんりん［善隣］。ゆうわ［融和］。〔近世〕しんかう［親交］。しんぼく［親睦］。〔中古〕なかよし［仲良／仲好］。

—のたとえ 〔近世〕馬と猿。

▼仲良くする(こと) ゆうわ［宥和］。〔近代〕あひわす［相和］。ゆうわ［融和］。款(欵)を通ず。〔近世〕しんぜん［親善］。わじゅく［和熟］。〔中世〕けふわ［協和］。わす［和］。わぼく［和睦］。よしみを結ぶ。〔中古〕むつぶ／むつむ［睦］。わしん［和親］。〔上代〕あまなふ［甘／和］。わがふ［和合］。

▼男女が仲良くなる 〔近代〕じゃうつう［情通］。〔近世〕つうくつ［通屈］。

ながら【乍】 〔中古〕つつ。〔中世〕たり…たり。つ。〔上代〕がてら。がてり。ながら［乍］。

ながら・える【長】 〔中世〕いきながらふ〔—らえる〕［生長］。いきのこる［生残］。いきのぶ〔—のびる〕［生延］。いのちいく［命生］。えんじゅ［延寿］。ぞんず［存］。〔中古〕あととむ［跡留］。ありすぐす［有過］。ありはつ［有果］。ありふ［有経］。ありめぐる［有巡］。えんねん［延年］。ちゃうじゅ［長寿］。ちゃうせい［長生］。ちゃうめい［長命］。ちゃうれい［長齢］。またたく／まだたく［瞬］。めぐる［巡］。世に経(ふ)。〔上代〕ありさる［有］。いきめぐる［生巡］。えんめい［延命］。ながらふ〔ながらえる〕［長／永／存］。《枕》〔中世〕つのくにの［津国］。

ながれ【流】 ❶〈流動〉フロー(flow)。〔近代〕ストリーム(stream)。てうりう［潮流］。〔中世〕すみづのを［水尾］。りうどう［流動］。〔中古〕すいりう［水流］。〔上代〕ながれ［流］。りうすい［流水］。

ーが止まる 近代きれる［切］。中世つかふ［つかえる］［支／閊］。上代よどむ［淀／澱］。
ーが一つになること 近代がふりう［合流］。
ーが分かれる所 中古みなまた［水派］。
ーに逆らって行くこと そじょう［遡上／溯上］。近代そかう［遡行／溯行］。上代ぎゃくかう［逆行］。
ーに従うこと 中世じゅんりう［順流］。
ーの浅い所 中古あさせ［浅瀬］。
ーの勢いを防ぐ杭 みずぐい［水杭／水杙］。上代しがらみ［柵］。
ーの折れ曲がった所 上代かはくま［川隈］。
ーの早さ 近代りうそく［流速］。
ーの早さを測る道具 ふかん［浮桿／浮竿］。ぼううき［棒浮］。りゅうそくけい［流速計］。
ーの方向を調節する装置 バルブ(valve)。べん［弁／瓣］。
ーのゆるやかな所 中世ぬるみ［温］。
ーの量 りゅうりょう［流量］。
ーを塞せき止めること えんそく［堰塞／偃塞］。中古ゐせく［堰］。上代せく［堰／塞］。
浅くて舟も通れないー すいりゅうち［水流地］。
石の多い所のー 上代いはせ［石瀬］。
海水のー 近代かいりう［海流］。てうりう［潮流］。
川のー 中世かりう［河流］。中古かすい［河水］。
逆の方向のー 中世ぎゃくりう［逆流］。
清らかなー 中古せいりう［清流］。
渓谷のー 中古けいりう［渓流／谿流］。上代たにがは［谷川］。
主たるー かんりゅう［幹流］。近代しゅりう［主流］。ほんりう［本流］。
地下のー 近代あんりう［暗流］。中世ふくりう［伏流］。
庭園などに作られたー 中古やりみづ［遣水］。
濁り水のー 中世だくりう［濁流］。
激しいー てっぽうみず［鉄砲水］。ふんりゅう［噴流］。ひたん［飛湍］。げきたん［激湍］。近代きふたん［急湍］。中世きふりう［急流］。ほんたん［奔湍］。中古けんが［懸河］。じんらい［迅瀬］。せぎり［瀬切］。たきつせ［滝瀬］。ほんりう［奔流］。上代げきりう［激流］。せ［瀬］。たき［滝］。はやせ［早瀬］。
平滑な岩の上の少量のー なめ［滑］(登山用語)。
細く小さなー 近代いちゐのみづ［一葦水］。近世いちいたいすい［一衣帯水］。中世いささがは［細小川］。いささをがは［細小小川］。こながれ［小流］。せうりう［小流］。中古あさせ［浅瀬］。せせなぎ［溝］。せせらき／せせらぎ／せぜらき／せらぎ。上代をがは［小川］。
本流と枝分かれしたー 中世よりう［余流］。ぶんりう［分流］。中古しりう［支流／枝流］。
ゆるやかなー 近代くゎんりう［緩流］。
その他ーのいろいろ(例)①［流れ方］ かりゅう［渦流］。かんりゅう［還流］。近代くゎんりう［貫流］。たいりう［対流］。らんりう［乱流］。中世わうりう［横流］。中古くゎいりう［回流］。
その他ーのいろいろ(例)②［位置］ 近代しもて［下手］。近世かみて［上手］。じゃうりう［上流］。中世かはしも［川下］。まつりう［末流］。中古かりう［下流］。げんりう［源流］。しも［下］。みなかみ［水上］。上代かはかみ［川上］。かみ［上］。
その他ーのいろいろ(例)③［物］ かさいりゅう［火砕流］。けつりゅう［血流］。どせきりゅう［土石流］。ぶつりゅう［物流］。近代きりう［気流］。でいりう［泥流］。でんりう［電流］。ようがんりう［溶岩流］。中古すいりう［水流］。

ながれ【流】❷〈系統〉 近代でんとう［伝統］。けつみゃく［血脈］。近世けいとう［系統］。けっとう［血統］。りうは［流派］。中世ちすぢ［血筋］。もんりう［門流］。りうぎ［流儀］。中古ながれ［流］。
ーを受け継ぐ後世の者 中世まつりう［末流］。流れの末。
その他ーのいろいろ(例) ぼうりゅう［傍流］。近世ぶんぱ［分派］。べっぱ［別派］。中世いっぱ［一派］。しょりう［諸流］。まつりう［末流］。

ながれ【流】❸〈傾向〉 カレント(current)。なみ［波／浪］。近代かざむき［風向］。けいかう［傾向］。じゃうせい［情勢／状勢］。てうりう［潮流］。ながれ［流］。ふうてう［風潮］。近世かぜ［風］。じりう［時流］。
《句》中世舟に刻みて剣つるぎを求む。

ながれだま【流弾】 近代ながれだま［流弾／流玉］。りうぐゎん［流丸］。りうだん［流弾］。近世それだま［逸玉］。
▼流れ矢 近代りうし［流矢］。りうせん［流箭］。近世それや［逸矢］。

ながれぼし【流星】 近代くゎきう［火球］。近世

はしりぼし[走星]。ゐんせい[隕星]。中世ながれぼし[流星]。中古よばひぼし[婚星]。上代りうせい[流星]。

なが・れる【流】❶〈流動〉 近世ひろがる[広]。中古けいくゎ[経過]。ながる[ながれる][流]。ひろまる[広]。上代ただよふ[漂]。

《枕》中世みづくきの[水茎]。中古かはたけの[川竹]。上代にはたづみ[潦]。

ー・れ落ちること 中世おちたぎる[落滾]。中古うちこぼる[打零]。こぼる[こぼれる][零]。上代おちたぎつ[落滾]。

ー・れ込む りゅうにゅう[流入]。近代ほんちゅう[奔注]。中古そそく/そそぐ[注/灌]。

ー・れ漂うこと 中世へうはく[漂泊]。

ー・れ漂うさま 中古はんぱん[泛泛/汎汎]。

ー・れ着くこと 上代へうちゃく[漂着]。

ー・れ出る口 近代はけぐち[捌口]。

ー・れ出ること 近代しゃしゅつ[瀉出]。りうしゅつ[流出]。

ー・れるさま(音) 近代しゃうぜん[鏘然]。とうとう[鼕鼕]。近世けつけつ[決決]。どくどく。中世けんけん[涓涓]。こんこん[滾滾]。ささ。そうそう[淙淙]。だらだら。ちょろちょろ。とくとく。らうらう[浪浪]。中古さらさら。ようよう[溶溶]。よよ(と)。つぶつぶ(と)。上代たうたう[滔滔]。たゆら/たよら。

ー・れるままにすること 近世かけながし[掛流]。

汗や血がー・れ落ちる 中古あゆ[零]。

汗や血がー・れるさま 近世だくだく。どくどく。中世だらだら。中古つぶつぶ(と)。

岩に当たってしぶきを上げながらー・れる 上代いはばしる[石走]。

音を立ててー・れる 中古ささらぐ。せせらぐ。

川でー・れること 中世かはながれ[川流]。

木陰や岩かげをー・れる水 中古わすれみづ[忘水]。上代こもりづ[隠水]。

さらさらとー・れる 中古ささらぐ。

堤防などが切れて水がー・れ出ること 近代けっか[決河]。けっすい[決水]。

留まらず残らずー・れる はける[捌]。中古かよふ[通]。

激しくー・れる ふんりゅう[噴流]。中世はしる[走]。中古そそく/そそぐ[注/灌]。

物のー・れ寄る浅瀬 中古よるせ[寄瀬]。

なが・れる【流】❷〈中止〉 近代おながれ[御流]。ごはさん[御破算]。とりやめ[取止]。ふせいりつ[不成立]。りうざん[流産]。近世おじゃん。じゃみる。ちゅうし[中止]。ながれ[流]。ながる[ながれる][流]。はたん[破綻]。よす[止]。中古ちゅうぜつ[中絶]。

ながわずらい【長患】 ながやみ[長病]。近代しゅくくゎん[宿患]。中世しゅくびゃう[宿病]。ちゃうびゃう[長病]。ながやまひ[長病]。ながわづらひ[長患/長煩]。中古しゅくあ[宿痾]。上代こしつ[痼疾]。ちんあ[沈痾]。

なかんずく【就中】 →とりわけ

なぎ【凪】 近代へいすい[平水]。中世なみしづか[波静]。中古なぎ[凪/和]。

朝夕のー 上代あさなぎ[朝凪]。ゆふなぎ[夕凪]。

風がなく海一面のー あぶらなぎ[油凪]。べたなぎ[凪]。

なきがお【泣顔】 近世なきっつら/なきつら[泣面]。中世なきがほ[泣顔]。ほえづら[吠面]。

ーになる 中世べそをかく。べそを作る。吠え面をかく。近世べそをかく。中古貝を作る。

なきがら【亡骸】 →したい

なきくず・れる【泣崩】 近代なきくづれる[泣崩]。近世なきおとす[泣落]。中古なきいる[泣入]。なきしづむ[泣沈]。なきふす[泣伏]。

なきごえ【鳴声】 中世うきね[憂哭/憂音]。ていせい[啼声]。中古なきごゑ[鳴声/泣声]。上代ね[音/哭]。

ーの真似 中古そらね[空音]。

ーを残して去る 中世なきすつ[鳴捨]。

生まれたばかりの赤子のー 近世おぎゃあ。ここ[呱呱]。中古いかいか。

小さなー 近世ささなき[小鳴/笹鳴]。

遠くのー 近世とほなき[遠鳴]。

霊魂のー 近代きこくしうしう[鬼哭啾啾]。中世きこく[鬼哭]。

なきごと【泣言】 近代よわね[弱音]。近世ぐち[愚痴]。くやみごと[悔言]。なきごと[泣言]。中世くどきごと[口説言]。中古くりごと[繰言]。

ーを言う 近代弱音をはく。悲鳴を上げる。

なぎさ【汀】 近代うみぎし[海岸]。みづべ[水辺]。中世うみばた[海端]。きしべ[岸辺]。ちゃうてい[長汀]。なみうちぎは[波打際]。中古きしほとり[岸辺]。みぎは[汀]。みづぎは[水際]。上代うみべ[海辺]。かいがん[海岸]。きし[岸]。なぎさ[汀/渚]。はまび/はまべ[浜辺]。みなぎは[水際]。

なきさけ・ぶ【泣叫】 近世 なきたつ〔—たてる〕[泣立]。中世 こくす[哭]。なきわめく[泣喚]。なきをめく[泣喚]。ほゆ〔ほえる〕[吠]。中古 おらびさけぶ[号泣]。ていきふ[啼泣]。どうこく[慟哭]。なきさけぶ[泣叫]。なきさわぐ[泣騒]。ねなく[音泣]。音(ね)に立つ。上代 おらぶ[号/哭]。とよむ[響]。音(ね)に泣く。

—・ぶこと 近世 がうけう[号叫]。中世 がうきふ[号泣]。がうこく[号哭]。きふこく[泣哭]。ていこく[啼哭]。ひめい[悲鳴]。中古 こくきふ[哭泣]。

多くの者が—・ぶ 中古 なきとよむ/なきどよむ[泣響]。なきののしる[泣罵]。

地獄の亡者の—・ぶさま 近世 あびけうくゎん[阿鼻叫喚]。

人の死を悲しんで—・ぶこと 上代 あいがう[哀号]。

なきつ・く【泣付】 近代 なきすがる[泣縋]。近代 あいぐゎん[哀願]。なきこむ[泣込]。近世 きふそ[泣訴]。なきつく[泣付]。中世 こんぐゎん[懇願]。

なきどころ【泣所】 近代 じゃくてん[弱点]。近世 アキレスけん[Achilles腱]。中世 よわみ[弱]。

なきぬ・れる【泣濡】 近代 なきぬれる[泣濡]。近世 なきしみづく[泣浸]。上代 なきそぼつ[泣]。

な・く【泣】 近代 なみだする[涙]。目頭を押さへる。中世 かきくる〔—くれる〕[掻暗/掻暮]。袖に時雨(しぐ)る〔—時雨(しぐ)れる〕。涙に掻(か)き暮る〔—暮れる〕。不覚の涙。流涕(りうてい)焦がる〔—焦がれる〕。中古 うちなく[打泣]。しほたる〔—たれる〕[潮垂]。しほどく[潮]。なきなげく[泣嘆]。なきわぶ[泣侘]。なげく[嘆/歎]。なみだぐむ[涙]。をえつ[嗚咽]。袖に余る。袖を絞る。袖を濡らす。袂(たもと)を絞る。涙に咽(むせ)ぶ。上代 なく[泣/哭]。むせぶ[噎/咽]。→**なみだ**

《枕》上代 あさとりの[朝鳥]。あしたづの[葦田鶴]。ぬえどりの[鵺鳥/鵼鳥]。はるとりの[春鳥]。

《句》近代 市松でないが腹で泣け。

—・いて息を詰まらせる 上代 むせる[噎/咽]。

—・いて意地を通すこと 近世 なきべんけい[泣弁慶]。

—・いている顔 中古 なきがほ[泣顔]。→**なきがお**

—・いている声 近世 なみだごゑ[涙声]。中古 なきごゑ[泣声]。

—・いているふりをする 近代 うそなき[嘘泣]。

—・いて訴える 近代 なきすがる[泣縋]。近代 あいぐゎん[哀願]。なきこむ[泣込]。近世 きふそ[泣訴]。なきつく[泣付]。中世 こんぐゎん[懇願]。

—・いて目の縁を腫らす 近世 なきはらす[泣腫]。

—・き悲しむ(こと) 近世 かこちなき[託泣]。なきわぶ[泣侘]。中世 あいこく[哀哭]。中古 なきいる[泣入]。なきしづむ[泣沈]。なきまどふ[泣惑]。上代 きふけつ[泣血]。

—・きそうな声 近世 うるみごゑ[潤声]。おろおろごゑ[声]。なみだごゑ[涙声]。

—・きそうな声になる 近代 うるます[潤]。近世 うるむ[潤]。

—・きそうになる 近代 なきべそ[泣]。はんなき[半泣]。近世 べそ。べそをかく。べそをつくる。中古 うちひそむ[打顰]。ひそむ[顰]。貝を作る。上代 かたなき[片泣]。

—・きながら 近世 涙(涕/泪)片手に。中世 なきなき[泣泣]。涙ながらに。中古 なくなく[泣泣]。

—・きながら語るさま 近代 声涙(せいるい)倶(とも)に下る。

—・きながら眠ること 近世 なきねいり[泣寝入]。中古 なきね[泣寝]。

—・きながら別れること 中世 なきわかれ[泣別]。

—・きながら笑うこと 中古 なきわらひ[泣笑]。

—・くこと 近代 あいきふ[哀泣]。中世 うきね[憂哭/憂音]。なみだ[涙/涕/泪]。中古 きふてい[泣涕]。しぐれ[時雨]。ていきふ[涕泣]。らくるい[落涙]。上代 りうてい[流涕]。

—・くことが多いさま 中古 なみだがち[涙勝]。

—・く子を嘲る語 近世 なきみそ[泣味噌]。なきむし[泣虫]。

—・くさま 近代 きこくしうしう[鬼哭啾啾]。しょくしょく[唧唧]。近世 おろおろ。ひいひい。めそめそ。めろめろ。中世 しくしく。ほろりと。中古 おいおい。さめざめ。しうしう[啾啾]。よよと。上代 げんぜん[泫然]。

赤ん坊が—・くさま 近世 おぎゃあ。ここ[呱呱]。中古 いかいか。

赤ん坊が夜中に—・くこと 上代 よなき[夜泣]。

一日中—・く なきあかす[泣明]。なきくらす[泣暮]。涙(涕/泪)に暮れる。

うれしくて—・くこと 中世 うれしなき[嬉泣]。

男が—・くこと 近世 をとこなき[男泣]。

感激のあまり—・くこと 近代 かんきふ[感泣]。

急に—・く 中古 うちなく[打泣]。

悔しくて—・く 近世 くやしなき[悔泣]。

恋しくて—・くこと 中古 こひなく[恋泣]。なきこがる[—こがれる][泣焦]。なきこふ[泣恋]。

声をたてて—・く 近世 なきたつ[—たてる][泣立]。中世 なきわめく[泣喚]。中古 ていきふ[啼泣]。どうこく[慟哭]。なきさけぶ[泣叫]。ねなく[音泣]。上代 みね[御哭]。みねなく[御哭泣]。→**なきさけ・ぶ**

心の中で—・く 上代 うらなく[心泣]。心にむせぶ。

しゃくり上げて—・く 近代 なきじゃくる[泣噦]。近世 せぐりあぐ[—あげる][上]。ないじゃくる／しゃくる[泣噦]。中世 さくりあぐ[噦上]。さくる／しゃくる[噦]。せきかへす[咳返]。中古 さくり[噦／吃逆]。せきあぐ[—あげる][咳上]。噦りもよよ。

ずっと—・き続ける 中古 なきくらす[泣暮]。

そこにいる人皆が—・く 中古 なきみつ[泣満]。

互いに—・く 中古 なきあふ[泣合／鳴合]。なきかはす[泣交／鳴交]。

他の人の涙を見て—・くこと 近世 ともなき[共泣]。ともなみだ[共涙]。中世 もらひなき[貰泣]。

共に—・くこと 近世 もろなみだ[諸涙]。

取り乱して—・く 中古 なきまどふ[泣惑]。

激しく—・く 近代 なきくづれる[泣崩]。なきしきる[泣頻]。近世 むせびいる[噎入]。中古 なきいる[泣入]。なきかへる[泣返]。なきしづむ[泣沈]。上代 いさちる／いさつ。りうてい[流涕]。

一晩中—・く 中古 なきあかす[泣明]。

人目をはばかって—・く声 近世 ひそみね[潜音]。中古 しのびね[忍音]。

人目をはばかって—・くこと 近代 いんきふ[飲泣]。近世 しめなき[締泣]。しめりなき[湿泣]。中世 しのびなき[忍泣]。しのびなみだ[忍涙]。

ますます激しく—・く 中古 なきまさる[泣勝]。

酔って—・く 上代 ゑひなき[酔泣]。

▼うそ泣き つくりなき[作泣]。近世 そらなみだ[空涙]。中古 そらなき[空泣]。そらのごひ[空拭]。

▼込み上げる 近世 せぐりあぐ[—あげる][上]。せぐる。中古 せきあぐ[—あげる][咳上]。

▼すすり泣き 中世 ききょ[欷歔]。中古 はなすすり[鼻啜]。上代 きょき[歔欷]。

▼泣きべそをかく 中古 うちひそむ[打顰]。ひそむ[顰]。貝を作る。

▼泣き虫 近世 なきみそ[泣味噌]。

▼むせび泣く 中古 おもひむせぶ／おもひむす[思咽]。むせかへる[噎返]。をえつ[嗚咽]。上代 むせふ／むせぶ[噎／咽]。

な・く【鳴】 ほうごう[咆号]。近世 はうかう[咆哮]。中世 ひひめく。中古 いなく[嘶]。いななく[嘶]。いばゆ[いばえる][嘶]。うそぶく[嘯]。かかめく。かたらふ[語]。さへづる[囀]。すだく[集]。なのる[名告／名乗]。ひひらく。ひめく[叫]。ほころぶ[綻]。ほゆ[ほえる][吠／吼]。上代 かかなく。さひづる[囀]。なきとよむ／なきどよむ[鳴響]。なきとよもす[鳴響]。なく[鳴／啼]。→**こえ【声】❷**

《枕》中古 はつかりの[初雁]。上代 あさとりの[朝鳥]。あしたづの[葦田鶴]。ぬえどりの[鵺鳥／鵼鳥]。

—・くのを止める 中古 なきやむ[鳴止]。

犬や狼が遠くに向かって—・く 中世 とほぼえ[遠吠]。

鶯が飛びながら—・く声 近世 鶯の谷渡り。

悲しそうに—・く 上代 わびなき[侘鳴]。

水鶏が—・く 中古 たたく[叩／敲]。

頻りに—・く 近代 なきしきる[鳴頻]。近世 なきたつ[—たてる][鳴立]。上代 しきなく[頻鳴]。しばなく[屢鳴]。

蟬の—・きしきる声 近世 せみしぐれ[蟬時雨]。

飛びながら—・く 中世 ひめい[飛鳴]。上代 なきわたる[鳴渡]。

鳥が—・き合うさま 近世 なきつれる[鳴連]。中古 あうあう[嚶嚶]。あうめい[嚶鳴]。なきかはす[鳴交]。

鳥が—・くさま 中古 かんくゎん[間関]。めんばん[綿蛮]。

鳥などがひそやかに—・く 中世 しのびなく[忍鳴]。

鳥や虫が低い声で—・くさま 中古 しうしう[啾啾]。

ピイピイと—・く 中世 ひひめく。中古 ひめく[叫]。

虫などの—・くさま 中世 しょくしょく[唧唧]。

なぐさみ【慰】 近代 はうらく[放楽]。レクリエーション(recreation)。ゐあん[慰安]。ゐらく[慰楽]。近世 うさばらし[憂晴]。き

な

のばし［気延］。きはうじ［気放］。こころゆかせ［心行］。てんがう。ほふらく［法楽］。ゆさん［遊山］。中世 うっさん［鬱散］。きさんじ［気散］。きばらし［気晴］。すさび／すさみ［遊／荒］。すさびごと［遊事／荒事］。てなぐさみ［手慰］。中古 あそび［遊］。こころゆかし［心行］。すさびわざ［遊事］。てすさび／てすさみ［手遊］。てまさぐり［手弄］。なぐさみ［慰］。なぐさめ［慰／慰藉］。まぎれ［紛］。ゐらう［慰労］。上代 こころやり［心遣］。

―とする 中古 すさぶ／すさむ［遊／荒］。もてあそぶ［玩／弄］。上代 ぐゎんろう［玩弄／翫弄］。

―となる物 近代 ぐゎんろうぶつ［玩弄物］。心の糧(かて)。近世 なぐさみもの［慰物］。中世 なぐさみぐさ［慰種］。心の友。中古 まさぐりもの［弄物］。もてあそびぐさ［弄種］。上代 こころなぐさ［心慰］。なぐさ［慰］。

―に書く 近世 ふですさび［筆荒］。筆の荒(すさ)び。中古 かきすさぶ［書遊］。てならふ［手習］。

なぐさ・める【慰】 近世 いさむ［勇／慰］。すかす［賺］。みまふ［見舞］。中世 ゐす［慰］。中古 いひなぐさむ［言慰］。すさぶ／すさむ［遊／荒］。上代 いたはる［労］。なぐさむ［なぐさめる］［慰］。ねぎらふ［労／犒］。ねぐ［労／請／犒］。やる［遣］。心を遣る。

―・めかねる 中古 なぐさめわぶ［慰侘］。

―・め諭すこと 近世 ゐゆ［慰諭］。

―・めようがない 中古 やらむかたなし／やるかたなし［遣方無］。やるせなし［遣瀬無］。

―・められる 中古 すかす［賺］。上代 こしらふ〔―らえる〕［慰／喩］。なぐさもる［慰］。やる［遣］。

―・めること 近代 ゐあん［慰安］。近世 いさめ［勇／慰］。もちあそび［玩／弄］。中世 あんゐ［安慰］。きなぐさみ［気慰］。とぎ［伽］。ゐしゃ［慰藉］。中古 こころなぐさめ［心慰］。もてあそび［玩／弄］。ゐらう［慰労］。

―・める材料 中古 なぐさめぐさ［慰草／慰種］。上代 なぐさ［慰］。→**なぐさみ**

あれこれ言って―・める 中古 いひなぐさむ［言慰］。

自分を―・める 近世 じゐ［自慰］。中古 おもひなぐさむ［思慰］。

なく・す【無】❶〈遺失〉 近代 いっする［逸］。そんずる［損］。とりおとす［取落］。近世 なくす［無］（四段活用）。ぼっきゃく／もっきゃく［没却］。元も子もない。中世 おとす［落］。さうしつ［喪失］。さんいつ［散逸／散佚］。さんしつ［散失］。しっす［失］。ちらす［散］。中古 さんず［散］。ちらす［散］。なくす［無］（サ行変格活用）。なくなす［無］。ふんしつ［紛失］。ゐしつ［遺失］。上代 うしなふ［失］。

―した物 なくしもの［無物］。近代 しふとくぶつ［拾得物］。ふんしつぶつ／ふんしつもの［紛失物］。わすれもの［忘物］。ゐしつひん［遺失品］。ゐしつぶつ［遺失物］。ゐりうひん［遺留品］。近世 おとしもの［落物］。中世 うせもの［失物］。

なく・す【無】❷〈消去〉 しょうきょ［消去］。近代 かいせう［解消］。けしさる［消去］。どかす。とりつぶす［取潰］。とりのぞく［取除］。まっせう［抹消］。近世 たえす［絶］。なくす［無］。皆になす。中世 ぢょきょ［除去］。とりさる［取去］。のく〔のける〕［除／退］。皆にす。中古 けす［消］。つくす［尽］。とりのく〔―のける〕［取除］。なくなす［無］。めっす［滅］。上代 たつ［絶］。のそく／のぞく［除］。ほろぼす［滅］。

完全に―・すこと こんぜつ［根絶］。ねだやし［根絶］。

禁止して―・すこと 近代 きんぜつ［禁絶］。

なくな・る【無】 でつくす［出尽］。底をつく。近代 いっする［逸］。かききえる［掻消］。さうばう［喪亡］。さんいつ［散逸／散佚］。しつばう［失亡］。影を潜(ひそ)める。近世 うさる／うせる［失］。きえさる［消去］。きる［切］。せうちん［消沈／銷沈］。なうなる。めっしつ［滅失］。根を絶やす。中世 きはまる［極］。きる〔きれる〕［切］。さんしつ［散失］。せうしつ［消失］。せうす［消／銷］。つゆ［潰］。皆に成る。影も形もなし。中古 うす［失］。きゆ〔きえる〕［消］。さんず［散］。せうめつ［消滅］。ぜっす［絶］。ぜつめつ［絶滅］。つきす［尽］。つきはつ〔―はてる〕［尽果］。なくなる［無］。はつ〔はてる〕［果］。ほろぶ〔ほろびる〕［滅／亡］。めっす［滅］。煙(けぶり)となる。底を払ふ。上代 いんめつ［湮滅／堙滅］。きえうす〔―うせる〕［消失］。くけ［消］。けうす［消失］。たえす［絶］。たゆ〔たえる〕［絶］。つく〔つきる〕［尽］。

―ってしまう 近代 烏有(うい)に帰す（属す）。中古 たえはつ〔―はてる〕［絶果］。ふってい［払底］。地を掃(はら)ふ。

―ってしまう時 中世 きれめ［切目］。中古 じんご［尽期］。

—・らない 近世 ふま[不磨]。中世 ふめつ[不滅]。むじんざう[無尽蔵]。中古 つきせぬ[尽]。ふきう[不朽]。

—・るのが早いさま 近代 羽根が生えたやう。

あるべき物が—・る ぬけおちる[抜落]。中世 きる[きれる][切]。けつらく[欠落]。ぬく[ぬける][抜]。中古 あく[空／明]。かく[かける][欠]。上代 おつ[おちる][落]。

消えて—・る 近代 うんさんてうぼつ[雲散鳥没]。うんさんむせう[雲散霧消]。うんせうむさん[雲消霧散]。中世 雲となり雨となる。中古 きえいる[消入]。きえはつ[—はてる][消果]。上代 きえうす[—うせる][消失]。けうす[消失]。

徐々に—・る 近代 すりへる[磨滅]。中古 かきくづす[掻崩]。

精気が—・る 中世 きょす[虚]。

水が—・ること 近世 かっすい[渇水]。中世 こかつ[枯渇]。ひからぶ[—からびる][干涸／乾涸]。かる[かれる][涸]。

焼けて—・る 中古 せうしつ[焼失]。やけうす[—うせる][焼失]。中世 灰燼(くわいじん)と化す。灰燼(くわいじん)に帰す。

なくな・る【亡】 →し・ぬ

なぐ・る【殴】 びんた／ぴんた。近代 おうだ[殴打]。なぐりつける[殴付]。パンチ(punch)。ひきはたく／ひっぱたく[引]。近世 だぼく[打撲]。どうづく／どつく[突]。どやしつく[—つける]。どやす。にやす。ぶちたたく[打叩]。ぶつ[打]。ぶんなぐる[打殴／打擲]。中世 たたく[叩]。ちゃうちゃく[打擲]。なぐる[殴／擲]。はる[張]。やます[病]。中古 ちゃうず[打]。はくげき[搏撃]。上代 うつ[打]。

—・って殺す 近代 おうさつ[殴殺]。なぐりころす[殴殺]。ぼくさつ[撲殺]。上代 うちころす[打殺]。かくさつ[格殺／挌殺]。

—・って倒す 近代 のす[伸]。近世 うちのめす[打]。たたきのめす[叩]。はりたふす[張倒／撲倒]。上代 うちたふす[打倒]。

—・り飛ばす ぶっとばす[打飛]。近世 はりとばす[張飛／撲飛]。

—・ろうとする 近代 手を上げる。

拳骨(げんこつ)で—・ること メリケン[米利堅](American sack の略)。近世 けんだ[拳打]。

なげうり【投売】 近代 うりたたく[売叩]。たたきうり[叩売]。れんばい[廉売]。近世 なげうり[投売]。ばった／ばったり(古道具屋仲間の隠語)。やすうり[安売]。→やすうり

なげかわし・い【嘆】 近世 なさけなし[情無]。中世 うたてし。なげかはし[嘆]。中古 あさまし[浅]。うたてあり。うれはし[憂]。なげかし[嘆／歎]。上代 いきづかし[息衝]。いきどほろし[憤]。うれたし[慨]。すかなし。

なんとなく—・い 中古 ものなげかし[物嘆]。

なげき【嘆】 近世 うれひ[憂／愁]。かうたん[慷嘆／慷歎]。かうたん[浩嘆／浩歎]。かこちぐさ[託種]。ぐち[愚痴／愚癡]。中世 うらみ[恨]。うれへ[憂／愁]。かなしみ[悲]。しさ[咨嗟]。中古 さたん[嗟嘆／嗟歎]。しうたん[愁嘆／愁歎]。たん[嘆／歎]。上代 あいしゃう[哀傷]。かうがい[慷慨／忼慨]。なげき[嘆／歎]。

長い— ちゃうく[長吁]。中古 ちゃうたいそく[長大息]。ちゃうたん[長嘆／長歎]。ちゃうたんそく[長嘆息／長歎息]。

なげ・く【嘆】 近代 がいす[慨]。近世 かまく[かまける][感]。中世 うれふ[うれえる][憂／愁]。たんず[嘆／歎]。中古 あからしぶ[懇]。かこつ[託]。かなしむ[悲／哀]。なげきわぶ[嘆侘]。ふししづむ[伏沈]。上代 いきづく[息衝]。なげく[嘆／歎]。わぶ[わびる][侘／詫]。→かなし・む

—・いているようだ 中世 かごとがまし[託言]。

—・き憤る 近代 ふんがい[憤慨]。中世 がいたん[慨嘆]。たんず[嘆／歎]。上代 かうがい[慷慨／忼慨]。

—・き訴える 近代 あいそ[哀訴]。たんそ[嘆訴／歎訴]。近世 きふそ[泣訴]。中世 うれふ[憂／愁]。中古 しうそ[愁訴]。

—・き恨む 中古 せめぐ[鬩]。ちうちゃう[惆悵]。

—・き悲しむ 近代 つうたん[痛嘆／痛歎]。近世 しうさい[愁殺]。つうこく[痛哭]。中世 うれふ[うれえる][憂／愁]。かんたん[感嘆／感歎]。しうさつ[愁殺]。しうしゃう[愁傷]。涙に余る。中古 おもひなげく[思嘆]。しほたる[—たれる][潮垂]。たんせき[嘆惜／歎惜]。なきわぶ[泣侘]。ひたん[悲嘆／悲歎]。涙に暮る[—暮れる]。涙(泪／涕)に沈む。上代 さまよふ[呻／吟]。なく[泣]。《尊》中古 おぼしなげく[思嘆]。

—・き悲しむ様子 中世 嘆きの色。

—・き切れない 中古 なげきあまる[嘆余]。上代 いきづきあまる[息衝余]。

—・き続ける 中古 なげきくらす[嘆暮]。上代 いきづきわたる[息衝渡]。なげかふ[嘆]。なげきわたる[嘆渡]。

―・く顔 中古かこちがほ［託顔］。

―・く声 近代たんせい［嘆声／歎声］。

―・くさま 中古がいぜん［慨然］。きぜん［喟然］。

―・くふりをする 中古そらなげき［空嘆］。

自分が活躍できないのを―・くこと 近代髀肉(ひにく)（脾肉）の肥ゆるを嘆ず。髀肉(ひにく)（脾肉）の嘆。北門(ほくもん)の嘆。

夜明けまで―・き続ける 中古なげきあかす［嘆明］。

なげこ・む【投込】 近代とうにふ［投入］。近世はふりこむ［放込］。ぶっこむ［打込］。中世たたきこむ［叩込］。とうず［投］。なげこむ［投込］。ぼっこむ［込］。中古はむ（はめる）［嵌／塡］。上代うちはむ［打嵌／打塡］。なげいる［―いれる］［投入］。

なげし【長押】 上代なげし［長押］。
―のいろいろ（例） えんなげし［縁長押］。うちのりなげし［内法長押］。近世きりめなげし［切目長押］。したなげし／しもなげし［下長押］。中世てんじゃうなげし［天井長押］。はんなげし［半長押］。中古うはなげし［上長押］。かみなげし［上長押］。

なげす・てる【投捨】 近代はうき［放棄／抛棄］。近世うっちゃらかす［打遣］。うっちゃる［打遣／打棄］。中世とうき［投棄］。はうか／はうげ［放下］。中古とりすつ［―すてる］［取捨］。なげうつ［投棄／投抛／擲］。上代なげすつ［―すてる］［投捨／投棄］。
すべてを―・てる 近世いってき［一擲］。

なげだ・す【投出】 おっぽらかす。ほっぽらかす。近代はうしゅつ［抛出］。近世うっちゃらかす［打遣］。うっちゃる［打遣／打棄］。はふりだす［放出］。中世なげだす［投出］。はふる［放／抛］。中古うちすつ［―すてる］［打捨］。うちやる［打遣］。なげいづ［投出］。上代なげうつ［投打］。
身命を―・す すてる［捨］。とする［賭］。

なげやり【投遣】 近代イージー／イージーゴーイング（easygoing）。やけっぱち［自棄］。近世さうそつ［倉卒／草卒］。そうそつ［忽卒］。ぞんざい［存在］。やけ［自棄／焼］。ゆるがせ［忽］。自棄(けや)の勘八(かんぱち)。自棄(けや)のやん八(ぱち)。中世じき［自棄］。なげやり［投遣］。ゆるがせ［忽］。中古なげ［投］。

―・でだらしない 近代ずべら。ずんべらばう。近世ずぼら。中世なまづけない。

―・ででたらめ 近世おしなぐる［押殴］。なぐる［殴］。近世くゎうたん［荒誕］。

―・にする 近世おしなぐる［押殴］。なぐる［殴／擲］。中古うちやる［打遣］。上代すつ［すてる］［捨］。

―・になる 近代ふてくされる［不貞腐］。

―・に物を扱うこと 近世すてさんぼう［捨三宝］。なげやりさんぼう［投遣三宝］。

な・げる【投】 おっぽる。ほっぽる。近代とうてき［投擲］。近世はふりだす［抛出］。はふりなげる［放投］。ほる［放／抛］。中世とうず［投］。なげつく［―つける］［投付］。はふる［放／抛／投］。上代なぐ（なげる）［投］。
上に向かって―・げる 近代はふりあげる［放上］。中世なげあぐ［―あげる］［投上］。

なこうど【仲人】 ばいしゃくにん［媒酌人］。

縁結びの神。近代げっかひょうじん［月下氷人］。げっからう［月下老］。げっからうじん［月下老人］。げっか（の）をう［月下翁］。せきじょうし［赤縄子］。近世くちあひ［口合］。げつらう［月老］。なかうどおや［仲人親］。なかじゃく［仲酌］。なかづかひ［中使］。ひとはし［人橋］。ひょうじん［氷人］。中世ちゅうじん［中人］。ちゅうにん［中人／仲人］。ばいしゃく［媒酌／媒妁］。中古いがたうめ［伊賀専女］。なかうど［仲人／媒人］。なかびと［仲人／中人］。上代なかだち［仲立／中人／媒］。

《句》近代仲人は草鞋(わらぢ)千足(せんぞく)。近世仲人口は嘘(うそ)八百のかけ値。仲人口は半分に聞け。仲人七嘘。

―がいないこと 中世むばい［無媒］。

―口 近世けいあんぐち［桂庵口］。けいあんことば［桂庵言葉］。

―を立てずに夫婦となること 中世やがふ［野合］。

―をもって申し入れること 近世人橋(ひとはし)を架く［―架ける］。

良い― 中古りゃうばい［良媒］。

なご・む【和】 近世くだく［くだける］［砕］。中世とらく［とろける］［盪／蕩］。とろく［とろける］［盪／蕩］。中古なごむ［和］。わす［和］。上代なぐ［和］。なぐさむ［―さめる］［慰］。にきぶ［和］。にこむ［和］。やはらぐ［和］。
見て―・む 上代みなぐ［見和］。

なごやか【和】 近世などやか。中世なごはし［和］。中古おだやか［穏］。なごし［和］。なごやか［和］。のびらか［伸］。上代なごや［和］。にこし［和／柔］。にこよか［和］。
―・な気分 近代わきあいあい［和気藹藹］。中世あいあい［靄靄］。わきあいあい［和気靄靄］。わきあいぜん［和気靄然］。

—・なさま 中世 いい［怡怡］。

—・に楽しむ 中世 わらく［和楽］。

清らかで—・なこと 近世 せいぼく［清穆］。

なごり【名残】 近代 よしう［余臭］。尾を引く。近世 うつり［移］。こころのこり［心残］。よじゃう［余情］。よゐん［余韻］。中世 よは［余波］。中古 けはひ。上代 なごり［名残／余波］。
消えたものの— ざんえい［残映］。

なごりおし・い【名残惜】 近世 あいせき［愛惜］。中世 のこりをし［残惜］。中古 あかず［飽］。なごりをし［名残惜］。のこりおほし［残多］。をしけし［愛／惜］。上代 をし［惜］。

なさけ【情】 近世 こうじゃう［厚情］。じゃうあい［情愛］。じゃうあひ［情合］。中世 あいじゃう［愛情］。いつくしみ［慈］。かんじゃう［感情］。じひ［慈悲］。じゃう［情］。じゃうみ［情味］。をんじゃう［温情］。中古 おもひやり［思遣］。おんとく［恩徳］。こころ［心］。じあい［慈愛］。じじん［慈心］。じんけい［仁恵］。なさけ［情］。上代 じんあい［仁愛］。にんじゃう［人情］。

《句》近代 宋襄(そうじやう)の仁。情けも過ぎれば仇(あだ)となる。人(ひと)木石にあらず。渡る世間に鬼はない。中世 情けは人の為ならず。人を思ふは身を思ふ。

—ありげ 近世 なさけらし［情］。中古 なさけなさけし［情情］。

—ありげな顔 近世 なさけがほ［情顔］。

—ありげに振る舞う 中古 なさけがる［情］。なさけだつ［情立］。なさけばむ／なさけぶ［情］。

—がある 中古 こころあり［心有］。

—と恨み 近世 おんしう［恩讐］。

—を掛けて災いを受ける 《句》近代 鉈(なた)を貸して山を伐(き)られる。近世 庇(ひさし)を貸して母屋を取らる〔—取られる〕。中世 恩を仇(あだ)で返す。盗人に鍵を預く〔—預ける〕。

—を掛ける 近世 れんびん［憐憫／憐愍］。中古 れんみん［憐愍］。上代 めぐむ［恵］。

一時の—心 中世 ひとはなごころ［一花心］。

偽りの— 中世 そらなさけ［空情］。中古 無げの情け。

自分の利益のために—ありげにする 近代 情けを売る。近世 なさけごかし［情］。


なさけな・い【情無】 近世 ざんねん［残念］。みじめ［惨］。中世 あさまし［浅］。くちをし［口惜］。なげかはし［嘆］。中古 あさまし［浅］。あぢきなし［味気無］。うたてあり。うたてし［転］。こころうし［心憂］。なさけなし［情無］。はしたなし。上代 あづきなし［味気無］。うらめし［恨／怨］。くやし［悔］。

—・いさま 近代 おさむい［御寒］。ひきゃう［悲況］。

—・く 中世 うたて。中古 うたてげ。

—・く思う 中古 こころうがる［心憂］。


なさけぶか・い【情深】 近世 なさけぶかし［情深］。中世 くゎんだい［寛大］。じじん［慈仁］。やさし［優］。中古 くゎんじょ［寛恕］。じひ［慈悲］。上代 じひしん［慈悲心］。

—・い心 中古 じんしん［仁心］。

—・い人 中世 じんしゃ［仁者］。中古 じんじん［仁人］。

—・くあたたか 近代 をんじん［温仁］。

—・く心が大きいこと 中世 くゎんじんたいど［寛仁大度］。

なざし【名指】 近代 しめい［指名］。近世 なあて［名宛］。中世 さしづ［指図］。中古 なざし［名指］。
—・する 近代 あてる［当］。中古 さす［指］。

なし【梨】 近代 りくゎ［梨果］。りし［梨子］。上代 つまなし［妻梨］。中古 ありのみ［有実］。なし［梨／梨子］。
—の植えてある園 近代 りゑん［梨園］。
—の花 中世 りくゎ［梨花］。
西洋の— ペアー(pear)。ようなし［洋梨］。近代 せいやうなし［西洋梨］。

なしお・える【成終】 近代 くゎんせい［完成］。近世 しとぐ〔—とげる〕［仕遂］。すます［済］。なしとぐ〔—とげる〕［成遂］。中世 しあぐ〔—あげる〕［仕上］。しいだす／しいづ［為出］。しおほす［為果］。しまふ［仕舞］。じゃうじゅ［成就］。じゃうず［成］。中古 おほす［果］。しあふ［為敢］。しはつ〔—はてる〕［為果］。しをふ〔—おえる〕［仕終］。とぐ〔とげる〕［遂］。上代 なる［成］。はたす［果］。

なしと・げる【成遂】 近代 くゎんすい［完遂］。くゎんせい［完成］。すいかう［遂行］。そうする［奏］。たっせい［達成］。やりとげる［遣遂］。功を奏する。近世 しとぐ〔—とげる〕［仕遂］。すます［済］。なしとぐ〔—とげる〕［成遂］。やってのける。中世 しあぐ〔—あげる〕［仕上］。たっす［達］。まったうす［全］。中古 じゃうず［成］。せいかう［成効］。せいこう［成功］。上代 じゃうじゅ［成就］。はたす［果］。

—・げさせること 近代 よくせい［翼成］。

—・げたこと 近代 せいくゎ［成果］。近世 せいじ［成事］。

—・げるべき事柄 中古 のうじ［能事］。

学業や事業を—・げること 中世じゃうごふ[成業]。

立派に—・げる 中世でかす[出来]。中古たいせい[大成]。

なしのつぶて【梨礫】 近代おんしんふつう[音信不通]。近世なしのつぶて[梨礫]。音沙汰なし。中世いんしんふつう[音信不通]。

なじみ【馴染】 近世ひさし[久]。中世なじみ[馴染]。上代したしみ[親]。

—でない客 近世一見(いちげん)の客。通り一遍の客。

—の客 近代かふかく[狎客]。近世とくい[得意]。

—の土地 ホームグラウンド(home ground)。中古ふるさと[古里/故郷]。

—の店 近世行き付けの店。中世来付(きつ)けの店。

古い—の人 中古きうい[旧友]。きうち[旧知]。上代こきう[故旧]。

なじ・む【馴染】 近世ごふじみる[業染]。なれしたしむ[慣親]。中古おもなる[面馴]。したしぶ/したしむ[親]。しほじむ[潮染/塩染]。しほなる[潮馴/塩馴]。たちなる[立馴]。なじむ[馴染/昵]。なづさはる/なづさふ。なづむ[泥]。ならふ[習/慣]。みつく[—つける][見付]。みならふ/みなる[見馴]。上代なつく[懐]。なる[なれる][慣/馴]。

—・めない 中古うとし[疎]。けうとし[気疎]。

—・んでいること 近世ちんかん[沈酣]。

言い寄って—・む 中古かたらひつく[語付]。

ナショナリスト(nationalist) こっかしゅぎしゃ[国家主義者]。みんぞくしゅぎしゃ[民族主義者]。近代ナショナリスト。

ナショナリズム(nationalism) 近代こくすいしゅぎ[国粋主義]。こっかしゅぎ[国家主義]。ナショナリズム。みんぞくしゅぎ[民族主義]。

過激な— ウルトラナショナリズム(ultranationalism)。ちょうこっかしゅぎ[超国家主義]。

なじ・る【詰】 近代きつもん[詰問]。なんきつ[難詰]。なんろん[難論]。近世きつなん[詰難]。とひただす[問質]。にちる。難癖を付く[—付ける]。中世かたぶく[傾]。きめつく[—つける][極付]。なん[難]。ひなん[非難/批難]。ろんなん[論難]。中古きむ[極]。せむ[せめる][責]。そしる[謗/譏/誹]。なじる[詰]。なぜる[詰]。なんず[難]。上代とがむ[とがめる][咎]。

な・す【成】 近世しとぐ[—とげる][仕遂/為遂]。なしとぐ[—とげる][成遂]。中世しあぐ[—あげる][仕上]。上代つくる[作/造]。なす[成/為]。→**する**

なずな【薺】 近世かにとりぐさ[蟹取草]。こちな[東風菜]。しゃみせんぐさ[三味線草]。ぺんぺんぐさ[撥草]。ぴんぴんぐさ[草]。ぺんぺんぐさ[草]。中古きはゐ。なづな[薺]。上代からなづな[唐薺]。

なすりつ・ける【擦付】 近代てんか[転嫁]。近世おっかぶす[—かぶせる][押被]。かづく[かずける][被]。こすりつく[—つける][擦付]。なすりつく[—つける][擦付]。ぬたくる。ぬる[塗]。中世はねかく[—かける][撥掛]。中古ぬりつく[—つける][塗付]。

なぜ【何故】 中世いかに/いかにか[如何]。いかにぞ[如何]。いづくんか/いづくんぞ[安/焉]。どうして[如何]。なにとして[何]。なんで。なんとして[何]。近代なで。近世なぜ[何故]。中古いかに[如何]。なじか[何]。なぜに[何故]。なぞ[何]。などや[何]。なでふ。など[何]。などて[何]。なに[何]。なにかは/なにしかは[何]。なにしに[何]。なにぞは[何]。なにと[何]。なにとて[何]。なにの[何]。上代うれむぞ。などか[何]。なにか[何]。なにすれぞ/なんすれぞ[何為]。なにぞ[何]。なにゆゑ[何故]。

—か 近世なにやら[何]。なんだか[何]。何かしら。中古いかにぞや[如何]。上代なにしか[何]。

—かというと 近代何となれば。

なぞ【謎】 近代ぎもん[疑問]。なぞ[謎]。パズル(puzzle)。ふかかい[不可解]。ミステリー(mystery)。中世ふめい[不明]。中古ふかしぎ[不可思議]。ふしぎ[不思議]。ふしん[不審]。

—を解くこと 近世なぞとき[謎解]。ゑとき[絵解]。

遊びや勝負としての— 近代あてもの[当物/中物]。なぞかけ[謎掛]。パズル(puzzle)。近世はんじもの[判物]。中世なぞ[謎]。中古なぞあはせ[謎合]。なぞなぞ[謎謎]。なぞなぞあはせ[謎謎合]。なぞなぞものがたり[謎謎物語]。

なぞら・える【準】 じゅんじる[準/准]。近世もぎ[模擬]。中世たぐふ[たぐえる][類/比]。中古じゅんず[準/准]。なぞらふ[—らえる][準/擬/准]。上代ぎす[擬]。そふ[そえる][添/副]。たとふ[たとえる][喩/

譬]。なずらふ〔—らえる〕[準/擬/准]。なそふ[準/擬/准]。みたつ〔—たてる〕[見立]。みなす[見做/看做]。よそふ[寄/比]。《中世》よそへもの[寄物/比物]。《中古》よそへ[寄/比]。

ー・えるもの(こと) 《近世》ぎぶつ[擬物]。《中世》よそへもの[寄物/比物]。《中古》よそへ[寄/比]。

なだか・い【名高】 《近代》ちょめい[著名]。名が売れる。名が通る。名を馳せる。世に知られる。呼び声が高い。《近世》ちめい[知名]。なうて[名打]。なだい[名代]。なだたる[名立]。ひゃうばん[評判]。顔が売る〔—売れる〕。《中世》かうめい[高名]。めいよ[名誉]。音に聞く。名を成す。《中古》いうめい[有名]。かうみゃう[高名]。かくれなし[隠無]。きこゆ〔きこえる〕[聞]。たかし[高]。なだかし[名高]。なだたり[名立]。めいせい[命世/名世]。名有り。名に聞く。名にし負ふ。名を揚ぐ〔—揚げる〕。《上代》なぐはし[名細]。名に負ふ。名を立つ〔—立てる〕。

ー・い所 《中世》などころ[名所]。めいせき[名跡]。《中古》しょうち[勝地]。めいしょ[名所]。

ー・い人たち ちょめいじん[著名人]。《近世》めいりう[名流]。《中世》めいし[名士]。

ー・い物 めいさんひん[名産品]。ゆうめいひん[有名品]。《近世》めいひん[名品]。《中世》めいぶつ[名物]。

ー・くする 《近代》とどろかす[轟]。

ー・くなる 《中世》ぶんたつ[聞達]。《中古》名を得ぅ〔—得る〕。《上代》とどろく[轟]。

なたまめ【刀豆】 かたなまめ[刀豆]。《近世》たてはき[帯刀/授刀]。《中世》たちはき[帯刀/授刀]。なたまめ[刀豆/鉈豆]。

なだ・める【宥】 《近世》あやす。すかす[賺]。《中世》ゐぶ[慰撫]。機嫌を取る。《中古》こしらふ[誘/慰/喩]。とりなす[取成/執成]。なぐさむ〔—さめる〕[慰]。なだむ〔なだめる〕[宥]。

あれこれ言ってー・める 《中古》いひこしらふ〔—らえる〕[言拵]。いひなぐさむ[言慰]。

子供などをー・める 《近世》こどもだまし[子供騙]。たらす[誑/蕩]。

なだらか 《近世》ゆるやか[緩]。《中世》なびなび。《中古》おだやか[穏]。なだらか。

ー・な丘 《中世》ゑんきう[円丘]。

ー・にする 《中古》なだらむ〔—らめる〕。

なだれ【雪崩】 アバランシュ(avalanche)。たいせつ[頽雪]。《中世》なだれ[雪崩/傾]。

ーが起きる 《中世》なだる〔なだれる〕[雪崩/傾]。

ーの起きやすい所 なだれみち[雪崩道]。

積雪全体のー ぜんそうなだれ[全層雪崩]。そこなだれ[底雪崩]。

積雪の上部が崩れるー 《近代》へうそうなだれ[表層雪崩]。

なだれこ・む【雪崩込】 《近代》なだれこむ[雪崩込/傾込]。《近世》さったう[殺到]。《中世》らんじふ[乱入]。《中古》らんにふ[乱入]。

ナチュラル(natural) 《近代》ナチュラル。《近世》てんぜん[天然]。《中古》しぜん[自然]。てんねん[天然]。→**しぜん**

なつ【夏】 《近代》かき[夏期]。かじ[夏時]。サマー(summer)。なつき[夏季]。《近世》かき[夏季]。なつば[夏場]。ゐじつ[畏日]。《中世》きうか[九夏]。げ[夏]。なつむき[夏向]。《中古》しめじ。しゅか[朱夏]。しょげつ[暑月]。《上代》なつ[夏]。

ーと冬 《中古》かんしょ[寒暑]。

ーに着る着物 《近世》なつぎ[夏着]。《中古》なつぎぬ/なつごろも[夏衣]。

ーに熟す果実 《近世》なつなり[夏成]。

ーに出てくる虫 《中世》ひとりむし[火取虫]。《上代》なつむし[夏虫]。

ーの朝 《中古》つやなつ[夏]。

ーの朝の涼しさ 《中古》あさすず/あさすずみ[朝涼]。

ーの暑い日 なつび[夏日]。《近代》まなつび[真夏日]。《近世》ゐじつ[畏日]。《中古》かじつ[夏日]。

ーの暑さで弱ること なつばて[夏]。《近代》なつまけ[夏負]。《近世》しょきあたり[暑気当/暑気中]。《上代》なつやせ[夏痩]。

ーの厳しい暑さ 《近代》しょか[暑夏]。《中世》あつけ[暑気/熱気]。こくしょ[酷暑]。ごくしょ[極暑]。しょねつ[暑熱]。せいしょ[盛暑]。《中古》えんしょ[炎暑]。えんねつ[炎熱]。しょき[暑気]。

ーの雲 《近世》かうん[夏雲]。くゎうん[火雲]。なつぐも[夏雲]。

ーの盛り 《近世》えんか[炎夏]。かたびらどき[帷子時]。まなつ[真夏]。《中世》こくしょ[酷暑]。ごくしょ[極暑]。せいしょ[盛暑]。《中古》せいか[盛夏]。ちゅうか[中夏/仲夏]。なつなか[夏中]。

ーの盛りの日の長い頃 《近世》ちゃうか[長夏]。

ーの末 《中世》きか[季夏]。《中古》ばんか[晩夏]。夏の暮れ。

ーの末の空 《中古》行き合ひの空。

ーの空 《中古》かうてん[昊天]。

ーの夜 《中古》たんや[短夜]。《上代》みじかよ[短

夜]。

—らしくなる　なつじみる[夏染]。中古 なつめく[夏]。

一年中—の気候であること　中世 とこなつ[常夏]。

今年の—　近代 こんか[今夏]。

昨年の—　近代 さくか[昨夏]。

例年に比べて涼しい—　れいか[冷夏]。

▼初夏　近代 はつなつ[初夏]。中世 むぎ(の)あき[麦秋]。中古 しゅか[首夏]。ばくしう[麦秋]。まうか[孟夏]。

なついん【捺印】 おういん[押印]。近代 あふなつ[押捺]。中古 なついん[捺印]。

なつかし・い【懐】 中世 したはし[慕]。中古 ゆかし[床/懐]。上代 こひし/こほし[恋]。なつかし[懐]。

—・い歌や映画　オールディーズ(oldies)。

なんとなく—・い　近代 うらなつかし[心懐]。中古 けなつかし[気懐]。

なつかし・む【懐】 近世 しぬぶ[忍/偲]。中古 おもふ[思]。なつかしがる[懐]。なつかしむ[懐]。上代 こふ[恋]。したふ[慕]。しのぶ[忍/偲]。

—・む心　中古 こい[古意]。

故郷を—・むこと　近代 くゎいきゃう[懐郷]。

遠くのことを—・むさま　中世 飛び立つばかり。

なつ・く【懐】 近世 なれしたしむ[慣親/馴親]。中古 したしぶ/したしむ[親]。つく[付]。なじむ[馴染]。なづさふ。ならふ[習/慣]。むつる[睦]。上代 なつく[懐]。なる[なれる][慣/馴]。

—・かせる　上代 なつく[なつける][懐]。

動物などが人に—・く　中古 ひとなる[—なれる][人馴]。

なづ・ける【名付】 ネーミング(naming)。近代 めいめい[命名]。へうがう[表号/標号]。中世 しょうす/しょうず[称]。めいうつ[銘打]。よぶ[呼]。中古 いひつく[—つける][言付]。いふ[言]。つく[つける][付]。上代 おほす[負/課]。がうす[号]。なづく[—づける][名付]。

なっとう【納豆】 近世 からいと[唐糸]。中世 いと[糸](女房詞)。いとひき[糸引](女房詞)。まめなっとう[豆納豆]。

藁苞(わらづと)に包んだ—　近世 つとなっとう[苞納豆]。

なっとく【納得】 近代 かうしん[降心]。くゎいしん[会心]。りかい[理解]。近世 のみこみ[飲込/呑込]。らくちゃく[落着]。れうかい[了解/諒解]。れうけん[料簡/了簡]。中世 がってん/がてん[合点]。かんしん/かんじん[甘心]。しゅこう[首肯]。しょうぶく[承服]。とくしん[得心]。とくだう[得道]。なっとく[納得]。ほぞおち[臍落/蔕落]。りゃうかい[領解]。りゃうしょう[諒承/領承]。れうしょう[了承]。中古 しょうだく/じょうだく[承諾]。しょうち[承知]。どうしん[同心]。

—が行く　中古 あたふ[能]。

—・させる　近代 ときふせる[説伏]。どする[度]。近世 たんのう[堪能/湛能]。因果を含む[—含める]。底を入る[—入れる]。中世 いひすくむ[—すくめる][言竦]。中古 いひくくむ[言含]。

—・した様子　近世 のみこみがほ[呑込顔]。

—・して従うこと　中世 ききわけ[聞分]。中古 しょうふく[承服/承伏]。

—・する　腹に落ちる。近代 心腹(しんぷく)に落ちる。諒(りゃう)とする。近世 うけとる[受取]。のつ[打]。おつ[おちる][落]。げす[解]。をさまる[収/納]。工夫に落つ[—落ちる]。思案に落つ[—落ちる]。胃の腑に落つ[—落ちる]。中古 うなづく[頷]。おもひとく[思解]。こころう[—える][心得]。《謙》近世 思案に落つ[—落ちる]。

—・できない　近代 ふふく[不服]。腑に落ちない。近世 けうとし[気疎]。思案に落ちず。中世 いぶかし[訝]。ふとくしん[不得心]。

—・できる　近代 うなづける[頷/肯]。リーズナブル(reasonable)。中古 きこゆ[きこえる][聞]。ことゆく[事行]。

自分を—・させる　中古 おもひゆるす[思許]。

互いに—・した上で　近代 なっとくづく[納得尽]。近世 あひたいづく[相対尽]。がってんづく/がてんづく[合点尽]。たがひづく[互尽]。とくしんづく[得心尽]。

なつまけ【夏負】 なつばて[夏]。近代 なつまけ[夏負]。近世 あつさあたり[暑中]。しょきあたり[暑気当]。中世 しょきわづらひ[暑気煩]。上代 なつやせ[夏痩]。

なつみかん【夏蜜柑】 なつかん[夏柑]。近代 なつだいだい[夏橙]。近世 なつみかん[夏蜜柑]。

なでしこ【撫子】 近世 かたみぐさ[形見草]。かはらなでしこ[河原撫子]。ちゃせんばな[茶筅花]。なつかしぐさ[懐草]。らくやうくゎ[洛陽花]。中世 ひぐらしぐさ[日暮

草]。ひぐれぐさ[日暮草]。中古くばく[瞿麦]。とこなつ[常夏]。やまとなでしこ[大和撫子]。上代なでしこ[撫子／瞿麦]。

な・でる【撫】 中世あんず[按]。さする[摩／擦]。ぶす[撫]。中古あいす[愛]。かいなづ／かきなづ[—なでる][掻撫]。上代なづ[なでる][撫／摩]。

愛おしんで—・でる 近代あいぶ[愛撫]。

髪を—・でる 中世はだく[刷]。

軽く—・でるさま 中世すはりすはり。

毛の向きとは逆の方向へ—・でる 近代さかなで[逆撫]。

手に取って—・でる 上代とりなづ[取撫]。

やたらあちこちを—・でる 近世なでまはす[撫回]。

など【等】 近代エトセトラ(ラテン et cetera ; etc.; &c.)。とうとう[等等]。なんか。中世とう[等]。なぞ。なにと[何]。なんぞ。中古うんぬん[云云]。など[等／抔]。なにて。なんど[等／抔]。

—のようなもの 中世ふぜい[風情]。中古などやう[等様]。

—は 近世なんざ／なんざあ。

—も 中古なにとも[何]。

なな【七】 →しち【七】

ななくさ【七草】 近代ななくさな[七草菜／七種菜]。中古ななくさ[七草]。

秋の— 中古ききゃう[桔梗](朝顔)。上代くず[葛]。すすき[薄／芒](尾花)。なでしこ[撫子／瞿麦]。はぎ[萩]。ふぢばかま[藤袴]。をみなへし[女郎花]。

春の— 中世ごぎゃう[御形／五行](母子草)。すずしろ[蘿蔔／清白](大根)。すずな[菘／鈴菜](蕪)。はこべ[繁縷]。ほとけのざ[仏座](田平子(たびらこ))。中古なづな[薺](ぺんぺん草)。上代せり[芹]。

ななめ【斜】 近代しゃ[斜]。しゃめん[斜面]。はすかけ[斜掛]。近世なぞへ。はす[斜]。はすかひ[斜交]。中世けいしゃ[傾斜]。こうばい[勾配]。すぢかひ[筋違]。すぢがひ[筋違]。のだめがた[篦撓形]。中古ななめ[斜／傾]。

—に切ること 近世はすぎり[斜切]。

—にする 近世かたぐ[かたげる][傾]。中世うちかたぶく[打傾]。かしぐ[かしげる][傾]。中古かたぶく[—ぶける][傾]。すぢかふ[筋交／筋違]。かたむく[—むける][傾]。

—にずれる 中古すぢかふ[筋交／筋違]。

—になる 中世けいしゃ[傾斜]。なだる[なだれる][傾]。中古うちかたぶく[打傾]。かたむく[傾]。上代かたぶく[傾]。

—に交わること 近世はすかひ[斜交]。中世すぢかひ[筋交／筋違]。たすき[襷]。中古たすきがけ[襷掛]。

—に向かい合う 中古すぢかふ[筋交／筋違]。

—に向かい合っていること ななめまえ[斜前]。近代はすむかひ[斜向]。はすむかふ[斜向]。近世すぢむかふ[筋向]。中古すぢむかひ[筋向]。

—の線 近代しゃせん[斜線]。

なに【何】 近世なん[何]。中古な[何]。なにもの[何者]。上代なに[何]。なにごと[何事]。なにもの[何物]。

なにか【何】 近代なんか[何]。なんらか[何等]。中世なにか[何]。なんぞ[何]。

—を求めるさま 近世何をがな。中世なにがな[何]。

なにがし【某】 近代なにぼう[何某]。ぼう[某]。近世ぼうし[某氏]。中古くれ[某]。くれがし[某]。なにがし[某]。→ぼう

なにかにつけて【何】 何くれとなく。近代事あるごとに。何やかや。近世差す手引く手。酢に当て粉に当て。酢につけ粉につけ。酢につけ味噌につけ。何かにつけて。何ぞといふと。寄ると触ると。中世あれこれ[彼此]。中古よろづに[万]。事に触れて。上代ことごとに[事毎]。

なにからなにまで【何何】 近代何もかにも。近世みんな[皆]。猫も杓子も。根から葉から。根っから葉っから。中世一から十まで。何から何まで。中古何もか(に)も。上代すべて[全]。みな[皆]。

なにげな・い【何気無】 近世なにげなし[何気無]。中世さあらぬ。中古さりげなし[然無]。なにごころなし[何心無]。ゆくりなし。

—・いふりをする 中世そらうそぶく[空嘯]。そらふく[空嘯]。中古ことなしび[事無]。

—・く 近世はからずも[図]。ひょいと。中古きと。たちまちに[忽]。ふと。

—・く言う 中世いひすつ[—すてる][言捨]。

なにとぞ【何卒】 近代なんとか[何]。近世さいはひに[幸]。どうか。なにぶん[何分]。ひらさら[平更]。是が非でも。中世くれぐれ[呉呉]。せつに[切]。ぜひとも[是非]。ぜひに[是非]。たって[達]。どうぞ。なにとぞ[何卒]。中古乞ひ願(希／冀)はくは。

なにになろう【何】 中世何か(は)せん。中古なにかは[何]。

なにはともあれ【何】 近世それはさうと。何は

然(しか)れ。何はともあれ。中世いかさま[如何様]。さしあたって/さしあたり[差当]。ぜんあく[善悪]。なにがさて[何]。ひとまづ[一先]。中古さもあらばあれ。とにかくに[兎角]。とまれかうまれ/とまれかくまれ。

なにぶん【何分】 近世どうか。なにが[何]。なにぶん[何分]。中世どうぞ。なにとぞ[何]。なにとも[何]。ひらに[平]。

なにも【何】 近代がうも[毫]。ぜんぜん[全然]。なんら[何等]。まるきり/まるっきり[丸切]。まるで[丸]。近世かいもく[皆目]。てんで。とんと。中世いっかう[一向]。ちっとも[些]。なにも[何]。なにら[何等]。なんにも[何]。ひとつも[一]。もうとう[毛頭]。中古いささかも[聊]。さらさら[更更]。さらに[更]。すこしも[少]。つゆ(も)[露]。なにもかも[何彼]。

—得られないこと 近世虻(あぶ)蜂取らず。花も折らず実も取らず。

—しない 近代きょうしゅ[拱手]。近世ただゐ[徒居]。ふところで[懐手]。袖にす。袖になす。手を拱(こまぬ)く。中世ぶじ[無事]。むしょさ[無所作]。ぶゐ/むゐ[無為]。手を束(つか)ぬ[—束ねる]。中古むなで[徒手/空手]。上代もだ[黙]。

—せず天下が治まるさま 近代すいしゃう[垂裳]。上代すいきょう[垂拱]。

—せず長生きすること 近代ぐゎぜん[瓦全]。せんぜん[甎全]。

—せずひまなこと 近世にぎりぎんたま[握金玉]。中古かんきょ[閑居]。

—せずぶらぶら過ごす(さま) 近代ぼやぼや。近世のらくら。のらりくらり。のんべんだらり。中古とくゎ[徒過]。上代いうしゅ[遊手]。

—せず見ているだけ 近代きょうしゅばうくゎん[拱手傍観]。中古ばうくゎん[傍観]。

—手につかないさま 中古心の空。

—ない(さま) 近代がらんど。ないないづくし[無無尽]。ナッシング(nothing)。ブランク(blank)。近世かいむ[皆無]。がらんどう。くう[空]。ちんぷらり。ぜつむ[絶無]。中世きょむ[虚無]。くうくう[空空]。む[無/无]。中古くうきょ[空虚]。はくし[白紙]。

なにやかや【何彼】 近代あれやこれや。何くれとなく。なんだ彼(か)だ/なんだかんだ。なんやかや/なんやかんや。近世あれのこれの。おれそれ。さうかう[然斯]。どうのかうの。とやかく。なんぞれかぞれ[何其彼其]。なんだの彼(か)だの/なんだのかんだの。やれこれ。な酢の蒟蒻(こんにゃく)の。中世あれこれ[彼此]。とやかう。何やらかやら。なんの彼(か)の/なんのかんのと。中古とかう。とかく[兎角/左右]。とにかくに。とやかくや。なにか[何彼]。なにくれ[何]。なにやかや[何彼]。上代かれこれ[彼此]。→**あれこれ**

なにゆえ【何故】 →**なぜ**

なのはな【菜花】 →**あぶらな**

なの・る【名乗】 中古しょうす[称]。上代おひもつ[負持]。なのる[名乗/名告]。

—・りそうな顔つき 中世なのりがほ[名乗顔]。

戦場での—・り合い 中世なだいめん[名対面]。

他人の姓を—・る 近代をかす[冒]。

なび・く【靡】 近世おしなむ[押靡]。ふうび[風靡]。中世ふうどう[風動]。ふくじゅう[服従]。びぜん[靡然]。中古おもむく[赴]。したがふ[従]。上代うちなびく[打靡]。おしなぶ[押並/押靡]。なびく[靡]。よる[寄]。

《枕》上代おきつもの[沖藻]。たまもなす[玉藻]。

—・いて動くこと 中古けいどう[傾動]。

—・いて揺れるさま 中世びらびら。びらりしゃらり。中古えうえい[揺曳]。

—・かせる 中世ひるがへす[翻]。上代なびかす[靡]。なぶ[靡]。

なふだ【名札】 近代ネームプレート(name-plate)。近世なふだ[名札]。中世てふだ[手札]。めいし[名刺]。中古なづき[名付]。みゃうぶ[名符/名簿]。

門や戸口の— 近代かどふだ/もんさつ[門札]。もんぺう[門標]。近世へうさつ[表札/標札]。

なぶ・る【嬲】 近代なぶりものにする。近世からかふ。きょくる[曲]。ちゃうらかす。ちょがらかす。ちょくる。やゆ[揶揄]。中世えらかす。中古なぶる[嬲]。まさぐる[弄]。上代あざける[嘲]。ぐゎんろう[玩弄]。もてあそぶ[弄]。

—・りもの 中世なぐさみ[慰]。上代もてあそびもの[弄物]。

なべ【鍋】 近世くろもの[黒物](女房詞)。上代なべ[鍋]。

—で煮ながら食べること あぐらなべ[胡座鍋]。

—で煮ながら食べる料理(例) かもなべ[鴨鍋]。しゃぶしゃぶ。ちゃんこなべ[鍋]。ぼ

たんなべ[牡丹鍋]。近代 うしなべ／ぎうなべ[牛鍋]。うをすき[魚鋤]。たのしみなべ[楽鍋]。よせなべ[寄鍋]。すきやき[鋤焼／剝焼]。みづたき[水炊]。中世 ゆどうふ[湯豆腐]。

炒めたり焼いたりするー 近世 いりなべ[炒鍋]。やきなべ[焼鍋]。

酒の燗(かん)をするのに使うー 近世 しゅたう[酒鐺]。中世 かんなべ[燗鍋]。

素焼きのー 近世 どなべ[土鍋]。はうらく[焙烙／炮烙]。中世 はうろく[焙烙／炮烙]。中古 つちなべ[土鍋]。

底が平らで取っ手のあるー パン(pan)。近代 フライパン(frypan)。中世 ひらなべ[平鍋]。

つるの付いたー 近世 てどりなべ[手取鍋]。てなべ[手鍋]。中世 つるなべ[弦鍋／鉉鍋]。

取っ手と注ぎ口のあるー 近世 ゆきひら[行平／雪平]。

肉料理のー 近代 にくなべ[肉鍋]。

播磨国(はりまのくに)に産した銅製のー 中世 はりまなべ[播磨鍋]。

密閉構造のー あつりょくがま[圧力釜]。あつりょくなべ[圧力鍋]。むすいなべ[無水鍋]。

蒸すのに使うー むしなべ[蒸鍋]。

物を煎(い)るのに使うー 中世 せんばん[煎盤]。

物を早く煮るための薄手のー 近世 はやなべ[早鍋]。

なま【生】 近代 き[生]。近世 しゃう[生]。なま[生]。中古 なまし[生]。

ーの魚 中世 あらもの[荒物／新物]。ぶえん[無塩]。

なまいき【生意気】 近代 こなまいき[小生意気]。こにくらしい[小憎]。なまいき[生意気]。近世 いしこらしい。くゎいけう[乖巧]。こいき[小意気／小粋]。しゃら[洒落]。しゃらくさし[洒落臭]。しゃれる[洒落]。ちょこ[猪口]。ちょこざい[猪口才]。なまぐさし[生臭]。まのふり[真振]。中世 かうまん[高慢]。こざかし[小賢]。こしゃく[小癪]。そんだい[尊大]。わうへい[横柄]。中古 さかし[賢]。

ーで腹が立つ 小癪に障る。

ー・な者 近世 こしゃくもの[小癪者]。中古 なまもの[生者]。

ー・なもの言い 近世 くちはばったい[口幅]。

なまえ【名前】→な

なまかじり【生囓】→なまはんか

なまくら【鈍】❶〈鈍刀〉 近世 なまくら[鈍]。中世 どんたう[鈍刀]。中古 にぶし[鈍]。えんたう[鉛刀]。

なまくら【鈍】❷〈怠け者〉→なまけもの(次項)

なまけもの【怠者】 近世 あぶらうり[油売]。いたづらもの[徒者／悪戯者]。ぐうたら。だうらくもの[道楽者]。とびすけ[飛介／飛助]。なまかは[生皮]。なまかはもの[生皮者]。なまくら[鈍]。なまくらもの[鈍者]。のうらくもの[能楽者]。のら。のらくらもの[者]。のらっぽ。のらまつ[松]。のらもの[者]。ほねぬすびと[骨盗人]。よたもの[与太者]。中世 なまけもの[怠者]。

《句》近代 怠け者の足から鳥が起つ。怠け者(横着者)の節句働き。不精者の一時働き(いちじばたらき)。近世 野良の節句働き。百で買った馬のやう。中世 糞土(ふんど)の牆(しゃう)はぬるべからず。

ーで遊び回っている息子 近代 はうたうむすこ[放蕩息子]。近世 だうらくむすこ[道楽息子]。どらむすこ[息子]。のらむすこ[息子]。

ーの女 中古 らんぷ[懶婦／嬾婦]。

ひどいー 近世 おほのら[大]。

なま・ける【怠】 近代 サボタージュ(フランス sabotage)。サボる。ずぼら。近世 ずるける。油を売る。のらをかわく。のらをこく。骨を惜しむ。中世 だらける。なまく[なまける][怠]。中古 おこたる[怠]。たいだいし[怠怠]。たゆむ[弛]。

ー・けて学校に行かないこと たいがく[怠学]。近代 ずるやすみ[休]。

ー・けてだらしないさま 近代 ごろちゃら／ごろっちゃら。近世 のらくら。のらりくらり。中世 なまづけない。

ー・けて眠ること 近代 だみん[惰眠]。

ー・けてぶらぶらしている 近世 のらつく。のらめく。

ー・けて止める 中世 かだむ。

ー・ける癖 近代 あそびぐせ[遊癖]。なまけぐせ[怠癖]。

ー・ける心 なまけごころ[怠心]。近世 だき[惰気]。

ー・けること 近代 かいたい[懈怠]。けまん[懈慢]。てぬき[手抜]。近世 かいだ[懈惰]。なまかは[生皮]。ぶせい[不精／無精]。らいだ[懶惰]。中世 かだ。くゎんたい[緩怠]。たいだ[怠惰]。ぶしゃう[不精／無精]。らんだ[懶惰／嬾惰]。わうちゃく[横着]。上代 くゎんたい[緩怠]。けたい／けだい[懈怠]。たいまん[怠慢]。

人目を盗んでー・けること 近世 かげばひり

〔陰這入〕。

なまこ【海鼠】 中世 たはらご〔俵子〕。なまこ〔海鼠〕。はなだ〔縹〕(女房詞)。 中古 かいそ〔海鼠〕。こ〔海鼠〕。

—の腸を除いて茹でて干したもの ほしこ／ほしなまこ〔干海鼠〕。 上代 いりこ〔海参／煎海鼠〕。

—の卵巣 近世 このこ〔海鼠子〕。

なまごろし【生殺】 近代 ちゅうとはんぱ〔中途半端〕。 近世 はんごろし〔半殺〕。 中世 なまごろし〔生殺〕。

なまじ【憖】 近代 なまじ／なまじっか〔憖〕。 近世 なまなか〔生中／生半〕。 中世 なまじひ〔憖〕。 中古 なかなか(に)。なま〔生〕。なまなま〔生生〕。

なまなか【生中】 近代 かへって〔却〕。ちゅうとはんぱ〔中途半端〕。なまじ／なまじっか〔憖〕。 中世 いっそ。なまじひ〔憖〕。なまなか〔生中／生半〕。

なまにえ【生煮】 はんなま〔半生〕。 近代 はんにえ〔半煮〕。 中古 なまにえ〔生煮〕。はんじゅく〔半熟〕。

—になる 中世 こじく〔こじける〕〔拗〕。

なまぬる・い【生温】 近世 ちょろし。とろくさし。 中世 あまし〔甘〕。てぬるし〔手緩〕。なまぬるし〔生温〕。 中古 ゆるし〔緩〕。

—・いこと ぬるま〔微温〕。 近世 びをん〔微温〕。 中古 ぬるみ〔温〕。

—・い水 近世 ひなたみづ〔日向水〕。

—・くなる 近世 なまく〔なまける〕〔怠／懶〕。 中世 なまる〔鈍〕。

なまはんか【生半可】 はんなま〔半生〕。 近代 いっちはんかい〔一知半解〕。ちゅうとはんぱ〔中途半端〕。なまはんか〔生半可〕。はんかい〔半解〕。 近世 なまかじり〔生囓〕。なまがみ〔生噛〕。なまびゃうはふ〔生兵法〕。はんか〔半可〕。はんかつう〔半可通〕。はんつう〔半通〕。よこぐはへ〔横銜〕。

《句》 近世 生兵法は大怪我の基。

—・な風流心 中古 なまごころ〔生心〕。

—の学問 中世 なまがくもん〔生学問〕。

なまみ【生身】 近世 なまみ〔生身〕。 中世 いきみ〔生身〕。ひとみ〔人身〕。 中古 しゃうじん〔生身／正身〕。生ける身。 上代 にくしん〔肉身〕。

なまめかし・い【艶】 近代 いろっぽい〔色〕。えんゑん〔艶婉〕。コケティッシュ(coquettish)。しゅんしょく〔春色〕。つやっぽい〔艶〕。なやましい〔悩〕。 近世 あだ〔婀娜〕。あだっぽい〔婀娜〕。あだめく〔徒／婀娜〕。あでやか〔艶〕。えうや〔妖冶〕。けうえん〔嬌艶〕。けんけん〔妍妍〕。じうび〔柔媚〕。したるし。れいえん〔麗艶〕。色に近し。 中世 あいぎゃう〔愛敬〕。えんや〔艶冶〕。けんけん〔娟娟〕。なまやか〔生／艶〕。 中古 いろめかし〔色〕。えん〔艶〕。えんげ〔艶〕。えんたい〔艶態〕。えんれい〔艶麗〕。なまめかし〔艶〕。なよびか。

—・い化粧 近代 しふん〔脂粉〕。

—・いさま 近世 びらしゃら。 中世 びらりしゃらり。

—・いしぐさ 近世 しな〔品〕。

—・い女性 近代 えうぢょ〔妖女〕。コケット(フランス coquette)。 近世 はすは〔蓮葉〕。 中世 えんぢょ〔艶女〕。

—・い姿 近世 えんよう〔艶容〕。けうし〔嬌姿〕。 中世 えんし〔艶姿〕。

—・い態度(をする) 近代 いろっぽさ〔色〕。コケット(フランス coquette)。コケットリー(coquetry; フランス coquetterie)。 近世 しなせぶり〔為做振〕。じょなめく。びたい〔媚態〕。 中世 こび〔媚〕。 中古 えんだつ〔艶立〕。けうたい〔嬌態〕。 上代 しなふ〔撓〕。

—・い恥じらい 近代 けうしう〔嬌羞〕。

—・い評判が高いこと 近代 けうめい〔嬌名〕。

—・い様子をする男 近世 にやけ〔若気〕。にやけをとこ〔若気男〕。

—・い笑い 近代 けうせう〔嬌笑〕。

なまめ・く【艶】 近代 つやめく〔艶〕。 近世 あだめく〔婀娜／徒〕。じょなめく。ぬめる〔滑〕。品(科)を作る。 中世 しなだる〔—だれる〕〔撓垂〕。 中古 いろめく〔色〕。なまめく〔艶／生〕。

—・いた歌 近代 けうか〔嬌歌〕。

—・いた噂 近代 えんぶん〔艶聞〕。

—・いた言葉や声 きょうげん〔嬌言〕。 近代 けうご〔嬌語〕。 中古 えんげん〔艶言〕。けうおん〔嬌音〕。 上代 けうせい〔嬌声〕。

—・いたさま(態度) →**なまめかし・い**

—・いた笑い 近代 びせう〔媚笑〕。

なまり【訛】 近代 おくになまり〔御国訛〕。 近世 こくおん〔国音〕。さとびごと〔俚言／俗言〕。よこなまり〔横訛〕。りげん〔俚言〕。りご〔俚語〕。 中世 はうげん〔方言〕。 中古 なまり〔訛〕。

《句》 近代 江戸べらばうに京どすえ。長崎ばってん江戸べらばう、神戸兵庫のなんどいや、ついでに丹波のいも訛(なま)り。訛りは国の手形。

—のある声 近世 だみごゑ〔濁声〕。

▼地方の言葉(例) 近代 きゃうとべん〔京都

弁］。くゎんさいなまり［関西訛］。〘近世〙あづまなまり［東訛］。きゃうことば［京言葉／京詞］。〘中世〙あづまことば［東言葉］。ばんどうごゑ［坂東声］。

なま・る【鈍】　どんか［鈍化］。〘中世〙なまる［鈍］。〘上代〙にぶる［鈍］。

なま・る【訛】　〘中古〙したたむ［舌訛］。だぶ／だむ［訛］。なまる［訛］。ゆがむ［歪］。〘上代〙よこなばる／よこなまる［横訛］。

—・った言葉　かご［訛語］。〘近代〙くゎいん［訛音］。くゎおん［訛音］。くゎゐん［訛韻］。とちなまり［土地訛］。〘近世〙くゎげん［訛言］。

—・って言うこと　〘近代〙くゎしょう［訛称］。

—・って変化すること　〘近世〙てんくゎ［転訛］。

なみ【波】　〘近代〙ウエーブ(wave)。さんかくなみ［三角波］。〘近世〙うねり。〘中世〙はらう［波浪］。〘中古〙はたう［波濤］。〘上代〙しらなみ［白波／白浪］。なみ［波／浪／濤］。《枕》〘中古〙しろたへの［白妙］。〘上代〙あさはふる［朝羽振］。

—が幾重にも重なり盛りあがること　〘上代〙なをり［波折］。

—が打ち寄せる　〘中世〙をりしく［折頻］。〘中古〙うちかへす［打返］。たちよる［立寄］。なみうつ［波打］。をりかく［折懸］。〘上代〙しばたつ［屢立］。

—が打ち寄せる所　〘中世〙なみうちぎは［波打際］。なみぎは［波際］。〘上代〙なぎさ［渚／汀］。→**なみうちぎわ**

—がうねる(こと)　〘近代〙ローリング(rolling)。〘上代〙とをらふ［撓］。

—が起こる　〘中古〙なみだつ［波立］。

—がしきりに立つ　〘上代〙たちしく［立頻］。

—が白く見える　〘上代〙さく［咲］。

—が立ち騒ぐさま　〘近世〙きょうゆう［洶涌／洶湧］。〘中古〙しつしつ［瑟瑟］。

—による浸食作用　はしょく［波食／波蝕］。

—の間　〘近代〙なみあひ［波間］。〘中古〙なみま［波間］。

—の泡　〘中古〙なみのはな［波花／波華］。

—の音　〘近代〙しほなり［潮鳴］。てうおん［潮音］。〘近世〙たうせい［濤声］。〘中世〙かいてうおん［海潮音］。波の鼓（つづみ）。〘上代〙しほさゐ／しほざゐ［潮騒］。なみおと［波音］。なみと／なみのと［波音］。

—の高さ　はこう［波高］。

—の力　はりょく［波力］。

—の力でつくられたもの　かいしょくがい［海食崖］。かいしょくだい［海食台］。はしょくがい［波食崖］。はしょくだいち［波食台地］。〘近代〙かいしょくどう［海食洞］。

—の力を弱めること　しょうは［消波］。

—のない静かな水　〘近代〙せいすい［静水］。へいすい［平水］。

—の長さ　〘近代〙はちゃう［波長］。

—のような形　〘近代〙はけい［波形］。はじゃう［波状］。〘中古〙なみがた［波形］。

—のように続くさま　〘近世〙うねくね。〘中世〙うねうね。

青い—　〘中古〙さうらう［蒼浪／滄浪］。〘上代〙さうは［蒼波］。

荒い—　〘近代〙きゃうたう［狂濤］。きゃうらんどたう［狂瀾怒濤］。〘中世〙いたぶるなみ［甚振波］。きゃうらん［狂瀾］。ぎゃくらう［逆浪］。げきは［逆波］。どたう［怒濤］。〘中古〙ほんぱ［奔波］。げきらう［激浪］。げきらう［逆浪］。〘上代〙あらなみ［荒波］。

荒い—の打ち寄せる磯　〘中古〙あらいそ［荒磯］。〘上代〙ありそ［荒磯］。

幾重にも重なった—　〘近世〙まんぱ［万波］。ばんば［万波］。〘中世〙せんぱばんぱ［千波万波］。〘中古〙しきなみ［頻浪］。ももへなみ［百重波］。〘上代〙ちへなみ［千重波］。やへなみ［八重波／八重浪］。

磯に打ち寄せる荒い—　〘中古〙あらいそなみ［荒磯波］。いそふり［磯振／磯触］。〘上代〙ありそなみ［荒磯波］。

岩などに砕ける—　〘近代〙くだけなみ［砕波］。らうくゎ［浪華］。〘中古〙なみのはな［波花／波華］。

岩に打ち寄せる—　〘中古〙いはなみ［岩波］。

海が—もなく穏やかな状態　あぶらなぎ［油凪］。べたなぎ［凪］。〘中古〙なぎ［凪］。

大きく高い—　〘近代〙きょたう［巨濤］。どたう［怒濤］。〘近世〙うねり。かいたう［海濤］。げいらう［鯨浪］。〘中世〙かたをなみ［片男波］。〘中古〙げいは［鯨波／鯢波］。こうたう［洪濤］。こうは［洪波］。たかなみ［高波／高浪］。はたう［波濤］。〘上代〙おほなみ［大波］。

沖に立つ—　〘上代〙おきつなみ［沖波］。

海岸に打ち寄せる—　〘上代〙うらなみ［浦波］。へつなみ［辺波］。

風が吹いて立つ—　→**なみかぜ❶**

風が止んだ後の—　〘中古〙なぐれ／なごろ［余波］。〘上代〙なごり［余波］。

旧暦四月ごろの—　〘中世〙うなみ［卯波］。

航海の邪魔をする—　〘中世〙波の関守。

魚の動きでできる—の模様　ぎょもん［魚文／魚紋］。

地震による急激で大きなー 近代ちじんつなみ[地震津波]。中世つなみ[津波/津浪/海嘯]。
水面に立つー 中古うはなみ[上波]。みづなみ[水波]。
大小のー 近世めなみ[女波/女浪]。中世はらん[波瀾/波乱]。をなみ[男波/男浪]。
小さいー 中古こなみ[小波]。ささらなみ[細波/小波/漣]。びは[微波]。上代ささなみ/さざなみ[細波/小波/漣]。さざれなみ[細波]。
流れに逆らうー 中世ぎゃくらう[逆浪]。さかなみ[逆波]。中古げきらう[逆浪]。
濁ったー 近代だくらう[濁浪]。
波頭が砕けて白く見えるー 近代はくは[白波]。中古ひさごばな[瓠花]。中世しほばな[塩花]。上代しらなみ[白波/白浪]。
日や月に映えて美しいー 近世ぎんぱ[銀波]。中世こうてう[紅潮]。上代きんぱ[金波]。
船や台風が通り過ぎたあとのー 中古よは[余波]。
夕方に立つー 上代ゆふなみ[夕波]。
▼波頭 はちょう[波頂]。近世しほがしら[潮頭]。中世しほさき[潮先]。中古はとう[波頭]。上代なみのほ/なみほ[波穂]。

なみ【並】 近世ちゅうくらゐ[中位]。つうじゃう[通常]。つねてい[常体]。つねなみ[常並]。中世ついとほり[通]。つうづ[通塗/通途]。ひら[平]。中古おぼろげ[朧]。じんじゃう[尋常]。つうれい[通例]。ふつう[普通]。上代なみ[並]。世の常。
ー以上であること 中世ひとかど[一角/一廉]。→ぬきん・でる
ーでないさま 中古おぼろげ[朧]。
ーでない人 中世くせもの[曲者/癖者]。
ーのもの 近世ちゅうぼん[中品]。なみもの[並物]。

なみうちぎわ【波打際】 近代うみぎし[海岸]。ビーチ(beach)。近世すなはま[砂浜]。中世いそぎは[磯際]。いそべ[磯辺]。ちゃうてい[長汀]。なみうちぎは[波打際]。なみぎは[波際]。中古うみづら[海面]。はまづら[浜面]。みぎは[汀]。みづぎは[水際]。上代いそ[磯]。うみが処]。うみべ[海辺]。うみべた[海辺]。かいがん[海岸]。きし[岸]。なぎさ[渚]。はま[浜]。はまび/はまべ[浜辺]。へ/へた[辺/端]。へつ[辺方]。をばま[小浜]。

なみかぜ【波風】❶〈風波〉 近代かざなみ[風波]。中世ふうたう[風濤]。中古なみかぜ[波風]。ふうらう[風浪]。上代かぜなみ[風波]。ふうは[風波]。

なみかぜ【波風】❷〈波乱〉 近代トラブル(trouble)。もめごと[揉事]。近世いざこざ。ごたごた。さわぎ[騒]。中世なみかぜ[波風]。はらん[波乱/波瀾]。もんちゃく[悶着]。中古さうどう[騒動]。

なみき【並木】 近代がいろじゅ[街路樹]。中古なみき[並木/並樹]。

なみじ【波路】 近世かうろ[航路]。中古しほぢ[潮路]。すいろ[水路]。なみぢ[波路/浪路]。ふなぢ/ふなみち[船路]。上代うなぢ/うみぢ[海路]。かいろ[海路]。

なみだ【涙】 近代るいえき[涙液]。近世なだ/なんだ[涙]。床の海。中世あめしづく[雨雫]。つゆ[露]。袖の雨。袖の淵。袖の湊。中古そで(の)しぐれ[袖時雨]。ているい[涕涙]。上代なみた/なみだ[涙/泪/涕]。袖の露。空知らぬ雨。袂の露。涙の雨。涙の露。枕の下。枕の下に海。身を知る雨。→な・く【泣】
ーが玉のように出る 中古たまなす[玉]。
ーがち 中世つゆけし[露]。秋の袖。中古しほたれがち[潮垂勝]。しほたれがほ[潮垂顔]。つゆけし[露]。秋の袂。
ーが出そう 近世うるむ[潤]。中古さしぐむ[差含]。しぐる[しぐれる][時雨]。しぐれごこち[時雨心地]。なみだがち[涙勝]。なみだぐまし[涙]。なみだぐむ[涙]。
ーでぐっしょり濡れるさま 中古しとど(に)。しほどけし[潮解]。
ーで目がかすむ 中古かきくもる[掻曇]。きりふたがる[霧塞]。きる[霧]。くる[くれる][暗/眩]。涙に曇る。涙に暗(眩)る[ー暗(眩)れる]。
ーと鼻水 中世ていい[涕洟]。中古ていし[涕泗]。
ーながらに 近世涙(涕/泪)片手に。
ーに濡れる 中古うちしほたる。しほたる[ーたれる][潮垂]。しほどく[潮解]。
ーに咽ぶ 中古おもほる[溺]。
ーのあと 近代ざんるい[残涙]。中古るいこん[涙痕]。
ーを抑えること 中古せきあふ[塞敢]。袖の柵。
ーをとめどなく流すさま 近代わうぜん[汪然]。わうわう[汪汪]。近世さんさん[潸潸]。中世らんかん[闌干/欄干]。中古せんかう[千行]。なみだがは[涙川]。ばうだ

[滂沱]。れんれん[漣漣]。涙の雨。涙の川。〈上代〉げんぜん[泫然]。

―を流す なみだす〈近代〉うるます[潤]。かうるい[降涙]。〈近世〉そそぐ[注／灌]。そそく[注／灌]。だるい[堕涙]。〈中世〉しうるい[愁涙]。はつしほ[初入]。りうてい[流涕]。袖に時雨(しぐ)る。袖に露おく。袖に湊(みなと)の騒ぐ。袖の海。涙の雨。〈中古〉うちこぼす[打零]。うちしぐる[打時雨]。うちなく[打泣]。おぼほる[溺]。きふてい[泣涕]。くだる[下／降]。しぐる〔しぐれる〕[時雨]。しほたる〔―たれる〕[潮垂]。しほどく[潮]。すすむ[進]。ていきふ[涕泣]。ているい[涕涙]。らくるい[落涙]。袖に余る。袖を絞る。〈上代〉いさちる。いさつ。なきそほつ[泣]。

―を流すさま 〈近代〉ぽろり。〈近世〉ほろ。ほろっと。めそめそ。めろめろ。〈中世〉ほろり。みろみろ(と)。〈中古〉さめざめ。さんぜん[潸然]。しほしほ。しほどけし[潮]。はらはら。ほろほろ。〈上代〉しほほ。

ありがたくて流す― 〈近世〉ありがたなみだ[有難涙]。かたじけなみだ[忝涙／辱涙]。〈中古〉かんるい[感涙]。随喜の涙。

嘘(そう)の― 〈近世〉そらなみだ[空涙]。〈中古〉そらのごひ[空拭]。

うれしくて流す― 〈近世〉うれしなみだ[嬉涙]。

映画などで―を誘う作品 〈近代〉おなみだちょうだい[御涙頂戴]。

多くの― 〈近代〉一掬(いっきく)の涙。

大粒の― 〈近世〉あらなみだ[荒涙／粗涙]。栃(とち)ほどの涙。

おろおろと泣いて流す― 〈近世〉うろうろなみだ／おろおろなみだ[涙]。

感激して流す― 〈近代〉ねつるい[熱涙]。〈中古〉かんるい[感涙]。

感じやすく―がすぐ出るさま →**なみだもろ・い**

極めてつらく悲しい― 泣きの涙。〈中世〉けつるい[血涙]。〈中古〉こうるい[紅涙]。ひるい[悲涙]。紅(くれなゐ)の涙。血の涙。

悔しくて流す― 〈近世〉くやしなみだ[悔涙]。

恋の― 〈近世〉こひみづ[恋水]。〈中世〉思ひの露。

こらえて溜(た)まった― 〈近世〉ためなみだ[溜涙]。

寒さで凍った― 〈中古〉袖の氷。袖の氷柱(つらら)。

女性の流す― 〈中古〉こうるい[紅涙]。

少しの― 〈近代〉一掬(いっきく)の涙。

互いに―にくれる 〈中古〉おぼほれあふ。

同情して流す― 〈近世〉いたはしなみだ[労涙]。

途方にくれて流す― 〈近世〉おろおろなみだ[涙]。〈中世〉うろうろなみだ[涙]。

秘かに流す― 〈近代〉あんるい[暗涙]。〈中世〉しのびなみだ[忍涙]。

悲嘆の底の― 〈中古〉涙の底。

両眼から出る― 〈中古〉さうるい[双涙]。

別れの― 〈近世〉名残の袖。名残の袂。〈中世〉名残の涙。〈中古〉べつるい[別涙]。

なみだぐまし・い【涙】 〈近代〉せつじつ[切実]。〈上代〉なみたぐまし[涙]。ひさう[悲愴]。

なみだもろ・い【涙脆】 〈近代〉かんしゃうてき[感傷的]。かんじやすい[感易]。しめりがち[湿勝]。センチメンタル(sentimental)。なみだっぽい[涙]。〈中古〉なみだがち[涙勝]。なみだもろし[涙脆]。

なみなみ【並並】 〈近代〉なみひととほり[並一通]。へいぼん[平凡]。〈近世〉なみたいてい[並大抵]。ひととほり[一通]。〈中世〉じんじゃういちやう[尋常一様]。ひとすぢ[一筋／一条]。〈中古〉なべて[並]。ふつう[普通]。〈上代〉なみなみ[並並]。

―・でない 〈近世〉おもたし[重]。きつし。〈中世〉いえもいはず[言]。けしからず[怪]。〈中古〉いと。いみじ。いみじげ。えならず。おぼろげならず[朧]。かしこし[賢]。こころこと[心異]。こと[異]。ただならず[徒]。なべてならず[並]。はかりなし[量無]。やうごとなし／やごとなし／やむごとなし／やんごとなし[止事無]。ゆゆし[由由]。物に似ず。
→**なみはずれ**

なみなみと 〈近世〉なんなん(と)。〈中世〉たぶたぶ(と)。なみなみ(と)。

なみはずれ【並外】 〈近代〉きょくたん[極端]。すごい[凄]。はかく[破格]。〈近世〉おそるべき[恐]。けたはずれ[桁外]。すてき[素敵]。づなし[図無]。づはづれ[図外]。べらぼう[箆棒]。途轍(とて)もない。途方途轍もない。途方もない。〈中世〉かくぐゎい[格外]。くゎど[過度]。づぬく〔ずぬける〕[図抜／頭抜]。なみはづれ[並外]。はふぐゎい[法外]。べっかく[別格]。〈中古〉おそろし[恐]。さまこと[様異]。ゆゆし[忌忌／由由]。

―て大きい どでかい。

―の腕前 〈近代〉すごうで[凄腕]。らつわん[辣腕]。

言動が―ていること 〈近代〉きけい[奇警]。

▼**接頭語** ハイパー(hyper)。メタ(meta)。〈近代〉ウルトラ(ultra)。オーバー(over)。スーパー(super)。てう[超]。どか。ばか[馬鹿]

／莫迦］。

なめくじ【蛞蝓】 中世 なめくぢら［蛞蝓］。近世 なめくぢ［蛞蝓］。なめくぢり［蛞蝓］。

なめらか【滑】 近代 スムーズ(smooth)。近世 なめら［滑］。ゑんくゎつ［円滑］。中世 すべやか［滑］。なめる［滑］。りうちゃう［流暢］。なめらか。なだらか。なめらか［滑］。よどみなし。ゑんてん［宛転］。上代 なめ［滑］。

―で美しいこと 中世 りうれい［流麗］。

―で潤いがあること 中世 じゅんくゎつ［潤滑］。

―で光沢があること(さま) 近代 つるつる。近世 くゎったく［滑沢］。中世 ぬめぬめ。ぬめぬめ［滑滑］。ぬめり［滑］。

―で平らなこと(さま) 近代 へいくゎつ［平滑］。中世 すっぺり。

―でないさま 近代 ごつごつ。近世 ぎちぎち。ざらざら。

―でなくなる 中古 いららぐ［苛］。

―なさま 近代 すうっと。ゑんてんじざい［円転自在］。近世 すっと。すべっこい。中世 すべすべ。すらすら。するする。するり。つるり。中古 すべらか［滑］。

河床や岩などが―なこと 上代 とこなめ［常滑］。

言葉や動作が―でないさま 近代 ぎこちない。近世 ぎくぎく。ぎくしゃく。中世 たどたどし。

皮膚が―なこと きめこまか［木目細／肌理細］。近世 かはうす［皮薄］。

な・める【舐】❶〈味わう〉 近世 しゃぶる。中世 あぢはふ［味］。中古 ねぶる。ねずる［舐］。上代 なむ〔なめる〕［舐／嘗］。

―・めるさま 近代 ぺろっと。ぺろり。近世 べろべろ。ぺろぺろ。

唇を―・める 中古 なめづる［嘗／舐］。

な・める【舐】❷〈侮る〉 近世 俯(うつ)むけにする。中世 なむ〔なめる〕［舐］。→**あなど・る**

なやまし・い【悩】❶〈悩み〉 近世 やるせなし［遣瀬無］。中世 せつなし［切］。中古 うし［憂］。ややまし。上代 いたはし［労］。こころぐし［心鬱］。なやまし［悩］。→**なや・む**

なやまし・い【悩】❷〈妖艶〉 →**なまめかし・い**

なやま・す【悩】 近代 いたます［傷／痛］。中世 いたまかす［痛］。いたむ〔いためる〕［傷／痛］。肝を煎る。肝を消す。中古 こがす［焦］。なうさつ［悩殺］。上代 せむ〔せめる〕［責］。なやます［悩］。やくたしなむ［困／窘］。わづらはす〔―わせる〕［煩］。

なやみ【悩】 近世 あうなう［懊悩］。近代 くりょ［苦慮］。胸の痛み。中世 くゎんなん［患難］。しんつう［心痛］。なやみ［悩］。なんじふ［難渋］。はんもん［煩悶］。中古 おもひ［思］。くなう［苦悩］。こころづくし［心尽］。こころまどひ［心惑］。ぼんなう［煩悩］。みだれ［乱］。ものおもひ［物思］。上代 ゆめ［夢］。ゑんくつ［冤屈］。夢の惑ひ。わづらひ［煩／患］。わび［侘］。いたみ［傷／痛］。ものもひ［物思］。

《句》近代 迷はぬ者に悟りなし。

―の種 中古 もてなやみぐさ［持悩草］。

―のないのんき者 近代 きらくもの［気楽者］。近世 ごくらくとんぼ［極楽蜻蛉］。

―や苦しみ 中世 かんく［艱苦］。近世 かんなんしんく［艱難辛苦］。中古 くげん［苦患］。

―を忘れる まぎらせる［紛］。中世 まぎらす［紛］。上代 しっく［疾苦］。くなう［苦悩］。

なや・む【悩】 頭が痛い。近代 あへぐ［喘］。頭を痛める。頭を悩ます。近世 こまる［困］。気に病む。中古 うちなやむ［打悩］。うちわぶ［打侘］。おもひあつかふ［思扱］。おもひあまる［思余］。おもひなやむ［思悩］。おもひみだる〔―みだれる〕［思乱］。おもひめぐらす［思回］。おもひわぶ［思侘］。おもふ［思］。かかづらふ。こうず［困］。こがす［焦］。こころやむ［心病］。たどる［辿］。なづむ［泥］。なやむ［悩］。まどふ［惑］。まよふ［迷］。もだゆ〔もだえる〕［悶］。ややむ。わづらふ［煩］。わぶ〔わびる〕［侘］。身を辿(たど)る。上代 あつかふ［扱］。おもひまどふ［思惑］。おもひやむ［思病］。おもひわづらふ［思煩］。くだく［砕／摧］。くるしむ［苦］。たしなむ［困／窘］。みだる〔みだれる〕［乱］。ものおもふ／ものもふ［物思］。やく［焼］。

《尊》中古 おぼしくんず［思屈］。おぼしつむ［思詰］。おぼしなやむ［思悩］。おぼしみだる［思乱］。おぼしわづらふ［思煩］。おぼしわぶ［思侘］。

―・み苦しむさま 近代 けんけん［蹇蹇］。もんもん［悶悶／懣懣］。

恋に―・む 上代 こひわぶ［恋侘］。

処置に―・む 近世 こまる［困］。中古 あつかはし［扱］。

なよなよ 近世 たよたよ(と)。中世 たわやか［嫋］。なびやか。なびらか。中古 たをやか［嫋］。なよなよ。なよやか。なよよか。ひはやか［繊弱］。

ー・する 〈近世〉びらつく。〈中世〉したるし。なびやか。〈中古〉でうだ[嫋娜]。でうでう[嫋嫋]。なよぶ。〈上代〉うちしなふ[打撓]。
ーとさせる 〈中古〉なやす[萎]。
ーとした姿 〈中古〉なよびすがた[姿]。

ならい【習】 〈近世〉しふくゎん[習慣]。しふせい[習性]。しゃう[性]。ならし／ならはかし[慣／馴]。〈中世〉かたぎ[気質]。ふり[振]。〈中古〉さが[性／相]。しふき[習気]。ならひ[習／慣／倣]。〈上代〉ふう[風]。→**ならわし**

《句》〈近世〉習慣は自然の如し。

なら・う【習】 〈中世〉しふとく[習得]。ならひおぼゆ〔—おぼえる〕[習覚]。ならふ[習／慣／馴]。まねぶ[真似]。〈中古〉おもひならふ[思習]。まなぶ[学]。をさむ〔おさめる〕[修]。〈上代〉がくしふ[学習]。
ー・い覚えて親しんでいる 〈中古〉たしなむ[嗜]。
ー・い覚えてよく通じている 〈中世〉しふじゅく[習熟]。
ー・い慣れること 〈近世〉しふれん[習練]。
ー・い始めて間がないこと 〈近世〉うひまなび[初学]。しょしん[初心]。〈中古〉しょがく[初学]。
ー・い初めの人 〈中世〉しょしんしゃ[初心者]。
ー・うこと 〈中古〉けいこ[稽古]。
長くー・い続けること 〈中世〉せきしふ[積習]。
一人でー・うこと 〈近代〉どくしう[独修]。どくしふ[独習]。〈中世〉どくがく[独学]。

なら・う【倣】 〈近世〉もはう[模倣]。〈中古〉まぬ〔まねる〕[真似]。〈上代〉ならふ[倣]。

ならく【奈落】 〈中古〉〈近世〉どんぞこ[底]。〈中世〉ぢごく[地獄]。〈中古〉ならく[奈落]。

なら・す【均】 〈中世〉おしひらむ[押平]。きんとう[均等]。〈中古〉おしなぶ／おしなむ[押靡]。へいきん[平均]。〈上代〉きんぶん[均分]。たひらぐ〔—らげる〕[平]。ならす[均／平]。

なら・す【慣】 なじませる[馴染]。なれさせる[馴／慣]。〈近代〉てなづける[手懐]。〈中古〉ならす[慣／馴]。
ー・すこと 〈中古〉てならし[手慣]。れんしふ[練習]。

なら・す【鳴】 〈中古〉うちならす[打鳴]。〈上代〉ならす[鳴]。

玉などを触れさせてー・す 〈上代〉ゆらかす[揺]。

ならずもの【者】 アウトロー(outlaw)。〈近代〉アパッシュ(フランスapache)。かっくゎんぱく[褐寛博]。ごろ。とせいにん[渡世人]。〈近世〉あそびにん／いうじん[遊人]。いたづらもの[徒者／悪戯者]。くもすけ[雲助]。ぐゎえん[臥煙]。けんくゎし[喧嘩師]。ごくだう[極道]。ごろつき。じら。どら／どれ。どらもの[者]。のらくらもの[者]。のらもの[者]。ぶいぶい。ぶらい／むらい[無頼]。ぶらいかん[無頼漢]。むはふもの[無法者]。やくざ／やくざもの[者]。よた[与太]。よたもの[与太者]。らっぱ[乱波]。ろくでなし[陸／碌]。ならずの野良者。〈中世〉ならずもの[者]。〈中古〉あぶれもの[溢者]。
ーのたまり場 〈近代〉まくつ[魔窟]。

市中のー 〈近代〉しせいのと[市井徒]。

ならびな・い【並無】 〈近世〉ここんどくほ[古今独歩]。ここんむさう[古今無双]。〈中世〉さうなし[双無]。さんごくぶさう[三国無双]。ぜっせ[絶世]。ぜつだい[絶代]。ぶさう／むさう[無双]。〈中古〉ぜっせい[絶世]。たぐひなし[類無]。ならびなし[並無]。またなし[又無]。→**このうえな・い**
ー・い一人 〈近代〉斗南(となん)の一人。

ならびに【並】 〈中世〉おなじく[同]。かつ[且]。〈中古〉および[及]。ならびに[並／幷]。また[又／亦／復]。

なら・ぶ【並】 〈近代〉ぎゃうれつ[行列]。じゅうれつ[縦列]。わうれつ[横列]。列をなす。〈近世〉せいれつ[整列]。へいれつ[並列]。ゐならぶ[居並]。〈中世〉ゐながる〔—ながれる〕[居流]。〈中古〉さしならぶ[差並]。すがふ[次]。たちならぶ[立並]。つらぬ〔つらねる〕[連]。ならぶ[並／双／列]。られつ[羅列]。れっす[列]。ゐなむ[居並]。〈上代〉たぐふ[類／比]。つらなる[連／列]。なむ[並]。

《枕》〈上代〉しほぶねの[潮舟]。
ー・ばせる →**なら・べる**
ー・び続く(さま) 〈近世〉となる[隣]。ひひ[比比]。へいれつ[並列]。れんせつ[連接]。〈上代〉つららく[列]。つららに[列]。
ー・んだ家 〈近代〉やならび[家並]。〈中世〉やなみ[屋並／家並]。
ー・んでいること 〈近代〉さしなみ[差並]。〈中古〉つら[連／列]。
ー・んでいるもの 〈上代〉ならび[並]。れつ[列]。
ー・んで座る 〈中世〉れつざ[列座]。ゐながる〔—ながれる〕[居流]。ゐならぶ[居並]。〈中古〉つきなむ[着並]。ゐなむ[居並]。〈上代〉なみゐる[並居]。
ー・んで立つ れんりつ[連立／聯立]。〈近代〉きょうりつ[共立]。へいりつ[並立]。〈近世〉しんりつ[森立]。りんりつ[林立]。〈中古〉たちならぶ[立並]。ならびたつ[並立]。肩を

並ぶ〔━並べる〕。上代なみたつ[並立]。

━・んで行く 近代へいかう[並行/併行]。中世へいしん[並進]。中古がんかう[雁行]。袖を連ぬ〔━連ねる〕。

きちんと━・ぶ 中古さしならぶ[差並]。

ぎっしり━・んでいること(さま) 近世めじろおし[目白押]。中世しっぴ[櫛比]。ひしと[緊/犇]。

碁石のように━・ぶこと きら[棋羅]。近代きれつ[棋列]。

順序がいりまじって━・ぶこと 近代さくれつ[錯列]。

順に━・ぶこと 近代ぎゃうれつ[行列]。近世せいれつ[整列]。中世じょれつ[序列]。

ずれて━・ぶ 中世おめる。

同等に━・ぶ 上代ひところふ[儕]。

山などが━・んで立つ 近代たいぢ[対峙]。中古れんざん[連山]。れんぽう[連峰]。上代やまなみ[山並/山脈]。

なら・べる【並】 はいする[排]。近代アレンジ(arrange)。ちんずる[陳]。れっきょ[列挙]。近世へいれつ[並列]。ろれつ[臚列]。中世おしならぶ〔━ならべる〕[押並]。つるぶ[連]。はいれつ[配列]。中古さしならぶ[差並]。たぐふ〔たぐえる〕[類/比]。つらぬ〔つらねる〕[連/列]。られつ[羅列]。れっす[列]。上代そろふ〔そろえる〕[揃]。たぐふ〔たぐえる〕[類/比]。つらなむ[連]。とりなむ[取並]。とりならぶ〔━ならべる〕[取並]。ならぶ〔ならべる〕[並/双]。

━・べ替える ソート(sort)。
なぶ/なむ[並]。ならべたつ〔━たてる〕[並立]。

━・べ方 中世じゅん[順]。中古じょ[序]。上代じゅんじょ[順序]。

━・べ方に基準がないこと じゅんじょふどう[順序不同]。近代じゅんふどう[順不同]。

━・べて書く 中古かきつらぬ〔━つらねる〕[書連]。

━・べて据える 中世なみすう[並据]。中古なめすう[並据]。

━・べて座らせる 中世なみすう[並据]。中古すゑなむ[据並]。

━・べて出す へいしゅつ[併出]。

━・べて立てる 中古たてならぶ〔━ならべる〕[立並]。上代ならべたつ〔━たてる〕[並立]。

きちんと━・べる 中古さしならぶ[差並]。

順序立てて━・べる 近世はいち[排置]。はいれつ[配列/排列]。中世じょれつ[序列]。中古ついづ[序]。

順序をばらばらにして━・べること 近代さくれつ[錯列]。

ずらっと━・べる 近代店を広げる。中古すゑわたす[据渡]。上代うちわたす[打渡]。しく[敷/布]。

次々と━・べて書く 中古かきつらぬ〔━つらねる〕[書連]。

物品を━・べること 上代ちんれつ[陳列]。

ほどよく━・べること 中世あんばい[塩梅/按排/按配]。

無理に━・べる 中世おしならぶ〔━ならべる〕[押並]。

列を組んで━・べる 上代つらなむ[列並]。

ならわし【習】 近代くゎんかう[慣行]。くゎんれい[慣例]。近世しきたり[仕来/為来]。しふくゎん[習慣]。しふせい[習性]。ならし/ならはかし[慣/馴]。ふうしふ[風習]。中世かたぎ[気質]。くゎんしふ[慣習]。ならはし[習/慣]。ふうぎ[風儀]。ふり[振]。中古かぜ[風]。さが[性/相]。さはふ[作法]。しふき[習気]。つうれい[通例]。てぶり[手振/手風]。ならひ[習/慣/倣]。れい[例]。上代こうれい/ごうれい[恒例]。しふぞく[習俗]。ふう[風]。ふうぞく[風俗]。

決まった━ 近世ていれい[定例]。上代じゃうれい[常例]。ぢゃうれい[定例]。

身についた━ 中古しふき[習気]。

昔からの━ 近代こしふ[故習]。近世きうしふ[旧習]。きうせん[旧染]。中世せきしふ[積習]。中古きうくゎん[旧慣]。上代きうれい[旧例]。

昔からの悪い━ 近代しふへい[習弊/襲弊]。せきへい[積弊]。ろうへい[陋弊]。

良い━ 近世びふう[美風]。中古きちれい/きつれい[吉例]。

世の━ 近世ろうしふ[陋習]。

世の━ 中世ぞく[俗]。中古りうぞく[流俗]。世の性(さが)。世の例(ためし)。

なり【形】→なりふり

なりあがり【成上】 なりぼし[成星]。近代できあきんど[出来商人]。とびあがり[飛上]。とびあがりもの[飛上者]。近世できぼし[出来星]。中世なりあがり[成上]。中古なりのぼる[成上]。へあがる[経上]。

━の金持ち 近代いちやだいじん[一夜大尽]。うめのきぶげん[梅木分限]。近世いちやけんげう[一夜検校]。できぶげん[出来分限]。なりきん[成金]。にはかだいじん[俄大尽]。にはかぶげん/にはかぶんげん

〔僭分限〕。

―の側近 近世できしゅっとう〔出来出頭〕。

なりたち【成立】❶〈仕組み〉ストラクチャー(structure)。たいけい〔体系〕。近代くみたて〔組立〕。こうせい〔構成〕。コンストラクション(construction)。しくみ〔仕組〕。システム(system)。そせい〔組成〕。ほねぐみ〔骨組〕。メカニズム(mechanism)。メカニック(mechanic)。中世からくり〔絡繰〕。こうぞう〔構造〕。なりたち〔成立〕。中古けっこう〔結構〕。つくり〔作／造〕。

なりたち【成立】❷〈過程〉プロセス(process)。近代けいゐ〔経緯〕。近世いきさつ〔経緯〕。くゎてい〔過程〕。なりゆき〔成行〕。中世しだい〔次第〕。なりたち〔成立〕。中古じじゃう〔事情〕。

なりた・つ【成立】 近代たちゆく〔立行〕。たっせい〔達成〕。なりたつ〔成立〕。近世できあがる〔出来上〕。なしとぐ〔―とげる〕〔成遂〕。中世じゃうりふ〔成立〕。せいりつ〔成立〕。そんりつ〔存立〕。上代じゃうじゅ〔成就〕。

―・たなくなること 近世はたん〔破綻〕。

あることに基づいて―・つこと 中古えんげん〔淵源〕。

依存しあって―・つ 近代持ちつ持たれつ。《句》近代下手があるので上手が知れる。

なりひび・く【鳴響】 近世しれわたる〔知渡〕。どよむ〔響〕。中世どよめく。なりとよむ／なりどよむ〔鳴響〕。なりはためく〔鳴〕。なりわたる〔鳴渡〕。ひびきわたる〔響渡〕。中古とどろく／とどろめく〔轟〕。なりひびく〔鳴響〕。はたたく〔羽撃〕。はためく。上代しれる〔知〕。とよむ〔響〕。ふるふ〔震〕。

―・かせる 近世どよむ〔響〕。中古とどろかす〔轟〕。上代とよむ／とよもす／どよもす〔響〕。

―・くさま 中古かうさう／かうしゃう〔鏗鏘〕。さうさう〔嘈嘈〕。

高く―・くこと 近代たかなり〔高鳴〕。

なりふり【形振】 近世ぐゎいけん〔外見〕。なりさま〔形様〕。ふう〔風〕。ふうたい／ふうてい〔風体〕。ふり〔振／風〕。中世いでたち〔出立〕。かくかう〔格好〕。かっかう〔恰好〕。ていさい〔体裁〕。なりかかり〔形掛〕。なりかっかう〔形恰好〕。なりふり〔形振〕。中古すがたかたち〔姿形〕。なりかたち〔形姿〕。みめかたち〔眉目形／見目形〕。ようたい／ようだい〔容体／容態〕。上代すがた〔姿〕。なり〔形／態〕。ふうさい〔風采〕。ふうし〔風姿〕。みなり〔身形〕。よそほひ〔装／粧〕。

なりものいり【鳴物入】 近代せんでん〔宣伝〕。近世はで〔派手〕。なりものいり〔鳴物入〕。中世にぎやか〔賑〕。

なりゆき【成行】 どうこう〔動向〕。近代うんぽ〔運歩〕。かうはい／きゃうはい〔向背／嚮背〕。かざむき／かぜむき〔風向〕。きけつ〔帰結〕。きょくめん〔局面〕。くもゆき〔雲行〕。けいゐ〔経緯〕。しだいがら〔次第柄〕。すうせい〔趨勢〕。そらあひ〔空合〕。そらもやう〔空模様〕。てうりう〔潮流〕。近世いきがかり／ゆきがかり〔行掛〕。いきさつ〔経緯〕。いくたて／ゆくたて〔行立〕。いちでう〔一条〕。かざなみ〔風並〕。きうん〔気運〕。くだけ〔砕〕。くゎてい〔過程〕。けいくゎ〔経過〕。しゅび〔首尾〕。せんさく〔穿鑿〕。たいせい〔大勢〕。中世さう〔左右〕。しあはせ〔仕合〕。しぎ〔仕儀〕。じさう〔事相〕。しだい〔次第〕。てんまつ〔顛末〕。なりゆき〔成行〕。ゆくへ〔行方〕。中古けいせい〔形勢〕。ことのよし〔事由〕。じじゃう〔事情〕。じたい〔事態／事体〕。上代おくか〔奥処〕。

―が不安 中古うしろめたし〔後〕。

―次第で有利な方へつく かざみどり〔風見鶏〕。きかいしゅぎ〔機会主義〕。近代オポチュニズム(opportunism)。ごつがふしゅぎ〔御都合主義〕。ひよりみしゅぎ〔日和見主義〕。

―で 近世はづみで〔弾／勢〕。中世いきほひ〔勢〕。よせい〔余勢〕。

―を前もって判断すること 近代よさう〔予想〕。よそく〔予測〕。よだん〔予断〕。

最後の― 近代けつまつ〔結末〕。近世きすう〔帰趨〕。きゃくてん〔帰着点〕。たか〔高〕。中世きしゅ〔帰趨〕。

自然の― 近代すう〔数〕。自然の数。近世りせい〔理勢〕。

世の― 中世じうん〔時運〕。中古じせい〔時勢〕。ときよ〔時世〕。上代とき〔時〕。

なりゆきまかせ【成行任】 うんまかせ〔運任〕。近代かううんりうすい〔行雲流水〕。運を天に任せる。出たとこ勝負。近世あなたまかせ〔貴方任／彼方任〕。いきなり／ゆきなり〔行成〕。いきなりさんぼう／ゆきなりさんぼう〔行成三宝〕。いきなりはうだい〔行成放題〕。うんづく〔運尽〕。さんようなし〔算用無〕。できしだい〔出来次第〕。てんたうまかせ〔天道任〕。てんぽ。ながれわたり〔流渡〕。なりわひ〔成合〕。にんた〔任他〕。候べく候。行き当たりばったり。時の中世はうにん〔放任〕。ままよ〔儘〕。

運。中古すさび[荒/遊]。上代まにま[随]。中古まにまに[随意]。

—で傍観していること 近代きょうしゅぼうくゎん[拱手傍観]。近世しうしゅばうくゎん[袖手傍観]。

なりわい【生業】 近代かげふ[稼業]。近世くらし[暮]。しょくげふ[職業]。たたずまひ[佇]。よすぎ[世過]。中世しごと[仕事]。すぎはひ[生業]。中古いとなみ[営]。しょく[職]。とせい[渡世]。なりはひ[生業/家業]。上代せいげふ[生業]。なり[業]。

な・る【鳴】 中世なりわたる[鳴渡]。ひびきわたる[響渡]。中古とどろく[轟]。なりひびく[鳴響]。なりみつ[鳴満]。ひびく[響]。上代なる[鳴]。

からからと—・る 中世からめく。

ころころと—・る 上代ころろく[嘶]。

さわさわと—・るさま 上代さゐさゐ/さゑさゑ[騒騒]。

太鼓などが—・るさま 中世たうたう[鏜鏜]。たうたふ[鞺鞳]。とうとう[鼕鼕]。

玉などが触れて—・る 中古ゆらぐ/ゆらめく[揺]。上代ゆらく[揺]。

な・る【成】 近代くゎんせい[完成]。しあがる[仕上]。なりたつ[成立]。近世できあがる[出来上]。中古せいこう[成功]。上代なる[成]。

—・ろうとする 中世なんとす。中古なりぬべし。なんなんとす[垂]。

《枕》中古おほしまの[大島]。

なるこゆり【鳴子百合】 近代なるこゆり[鳴子百合]。ゑみぐさ[笑草]。近世わうせい[黄精]。中古あまな[甘菜]。上代おほゑみ[黄精]。

なるべく【成可】 能う限り。可能な限り。近代かきふてき[可及的]。きょくりょく[極力]。できるなら。なるべく[成可]。近世なりたけ/なりったけ[成丈]。なるたけ/なるだけ[成丈]。なるべきだけ/なるべくたけ[成可丈]。できるだけ。中世つとめて[努/勤]。なるほど[成程]。

なるほど【成程】 近世だうりで[道理]。中世いかさま[如何様]。いかにも[如何]。おほきに[大]。げにげにし[実実]。なるほど[成程]。もっとも/もとも[尤]。さることあり。中古げに/げにや[実]。げにやげに[実実]。さかし[然]。むべ[宜]。上代うべ[宜]。うべし。うべしも。うべなうべな[宜宜]。うべも。

—と思う 近代腹に落ちる。近世工夫に落つ[—落ちる]。中世おもひあたる[思当]。

なれ【慣】 近代てきおう[適応]。ばなれ[場慣]。近世じゅんおう[順応]。なれ[慣/馴]。なれっこ[慣/馴]。

なれあい【馴合】 なあなあ。ゆちゃく[癒着]。近代だけふ[妥協]。近世なれあひ[馴合]。

ナレーション(narration) 近代せつめい[説明]。ナレーション。中世かたり[語]。中古かいせつ[解説]。

—をする人 近代ナレーター(narrator)。中世かたりて[語手]。

なれしたし・む【慣親】 近代かふぢつ[狎昵]。近世じゅんじゅく[純熟/淳熟]。しんかふ[親狎]。ぢっきん[昵近]。ぢっこん[昵懇]。なづむ[泥]。なれしたしむ[慣親/馴親]。なれむつむ[慣睦]。中世ちうびう[綢繆]。中古あまゆ〔あまえる〕[甘]。ありならふ[有習]。たちなる〔—なれる〕[立馴]。なじむ[馴染/昵]。なづさはる/なづさふ。ならふ[慣/倣]。なれむつぶ[馴睦]。なれよる[馴寄]。みなる〔—なれる〕[見慣/見馴]。上代なつく[懐]。にきぶ[和]。

—・ませる 中古たちならす[立馴]。

—・み合う 近代むつみあふ[睦合]。

—・みやすい 近代なつっこい[懐]。近世なつこい[懐]。

—・んでいる顔つき 中古なれがほ[馴顔]。

—・んでふざける 中古そばふ[戯]。

なれなれし・い【馴馴】 中古こころやすし[心安]。なじむ[馴染]。なれなれし[馴馴]。

—・くなる 上代なる〔なれる〕[狎]。

—・さが過ぎるさま 中古すし。

なれのはて【成果】 くずれ[崩](接尾語的に)。近代まつろ[末路]。近世すがり/すがれ[末枯]。中世なれのはて[成果]。

な・れる【慣】 中世じゅくす[熟]。中古したしむ[親]。しほじむ[塩染]。しほなる[塩馴]。たなる[手馴]。つく〔つける〕[付](接尾語的に)。てなる〔—なれる〕[手慣]。なじむ[馴染]。なづさふ。ならふ[習/慣]。むつる[睦]。めなる〔—なれる〕[目馴]。ものなる〔—なれる〕[物慣/物馴]。れんず[練]。上代なる〔なれる〕[慣/馴/狎]。

《枕》中古からころも[唐衣]。上代ならしばの[楢柴]。

—・れさせる 近世じゅんち[馴致]。中古ならす/ならはす[習/慣/馴]。

—・れていないこと 近代ふなれ[不慣/不馴]。近世しょしん[初心]。

━・れている 近代ばなれ［場慣／場馴］。中古ものなれ［物馴］。近世なれっこ［慣／馴］。らうらうじ［労労］。りゃうりゃうじ。

━・れて巧みなこと 近代くゎんじゅく［慣熟］。らうかう［老巧］。近代らうじゅく［老熟］。近世らうれん［老練］。ゑんじゅく［円熟］。中古らうせい［老成］。

━・れること 近代じゅくたつ［熟達］。近世じゅんおう［順応］。せふかふ［浹洽］。中世くゎんしふ［慣習］。しふじゅく［習熟］。じゅくれん［熟練］。

事に━・れる 中古ありつく［有付／在付］。

準備としてそのことに━・れておく 近代よかうえんしふ［予行演習］。リハ／リハーサル(rehearsal)。中世したげいこ［下稽古］。中古てならし［手慣／手馴］。

することに━・れている 中世やりつく［━つける］［遣付］。中古しつく［━つける］［仕付］。しなる［━なれる］［仕慣／為慣］。

場に━・れる 中世ばなる［━なれる］［場慣／場馴］。

なわ【縄】 近代ザイル(ドイツ Seil)。さく［索］。ロープ(rope)。近世じょうさく［縄索］。上代つな［綱］。なは［縄］。ひも［紐］。

━で縛る 近代しつばく［執縛］。近世うつ［打］。中世ばくす［縛］。上代かく［かける］［掛］。

━などの結び方 →むす・ぶ

━の結び目 近世なはめ［縄目］。中世なはぶし［縄節］。

━をなう 近世あざなふ［糾］。中世うつ［打］。

碇(いかり)を結んでいる━ 中世いかりなは［碇縄］。

牛馬をつなぐ━ 近世くちさしなは［口差縄］。くちづな［口綱］。くちとりなは［口取縄］。くちなは［口縄］。はなづな［鼻綱］。中世たなは／てなは［手縄］。中古かけなは［掛縄］。さしづな［差綱／指綱］。さしなは［差縄／指縄］。上代はななは［鼻縄］。

腐った━ 近世くちなは［朽縄］。中古きうさく［朽索］。

米俵にかける太い━ 近世ふどうなは［不動縄］。

罪人を縛る━ 近代てなは［手縄］。ほじょう［捕縄］。近世こしなは［腰縄］。とりなは［取縄／捕縄］。中古るいせつ［縲絏／縲紲］。

先端に鉤(かぎ)を付けた━ 近世かぎなは［鉤縄］。

釣瓶(つるべ)に用いる━ 中世かけなは［掛縄］。

投げて獲物を捕らえる━ なげなわ［投縄］。

鳴子につける━ 近世なるこづな［鳴子綱］。中世なるこなは［鳴子縄］。中古かけなは［掛縄］。

荷造り用の━ 中世になは［荷縄］。

延縄(はえなわ)などの浮きをつなぐ━ 中古うけなは［浮子縄］。

細めの━ 近世ほそびきなは［細引縄］。中世ほそびき［細引］。

幕や旗を張るためその乳(ち)に通す━ 近世てなは［手縄］。

その他━のいろいろ(例) 近世あさなは［麻縄］。くごなは［綱］。しゅろなは［棕櫚縄］。ふぢなは［藤縄］。中世あらなは［荒縄／粗縄］。くぐつな［莎草綱］。くくなは［莎草縄］。わらなは［藁縄］。わらびなは［蕨縄］。上代たくなは［栲縄］。

なわしろ【苗代】 なえしろ［苗代］。近代べうほ［苗圃］。近世なはしろだ［苗代田］。なへどこ［苗床］。上代なはしろ［苗代］。

━にだけ使用する土地 とおしなわしろ［通苗代］。

水を張っていない田の━ 近代りくなはしろ／をかなはしろ［陸苗代］。

なわつき【縄付】 近代ほばく［捕縛］。近世ごよう［御用］。たいほ［逮捕］。中世なはつき［縄付］。上代ざいにん［罪人］。

なわばり【縄張】 しはいけんない［支配圏内］。近代かすみわり［霞割］。せいりょくけん［勢力圏］。せいりょくはんゐ［勢力範囲］。ぢばん［地盤］。テリトリー(territory)。近世なはばり［縄張］。中世しま［島／嶋］。りゃうぶん［領分］。

なわばりこんじょう【縄張根性】 セクショナリズム(sectionalism)。はばつしゅぎ［派閥主義］。近代しまぐにこんじゃう［島国根性］。セクトしゅぎ［sect主義］。

なん【難】❶〈災難〉 中世くゎなん［禍難］。さいくゎ［災禍］。さいやく［災厄］。中古さいなん［災難］。なん［難］。やくさい［厄災］。やくなん［厄難］。上代きょうじ［凶事］。まがごと［曲事］。わざわひ［禍／災］。→さいなん

なん【難】❷〈欠点〉 デメリット(demerit)。近代けってん［欠点］。なんてん［難点］。中世たんしょ［短所］。ひ［非］。中古かきん［瑕瑾］。なん［難］。→けってん

なん【難】❸〈困難〉 近代なん［難］。近世こんなん［困難］。中世くなん［苦難］。上代かんなん［艱難］。→こんなん

なんかい【難解】 近世ふかかい［不可解］。近世むつかし／むづかし［難］。中世きっくつ

[佶屈／詰屈]。なんかい[難解]。

なんかん【難関】 アポリア(ギリシャ aporia)。ネック(neck)。狭き門。近世 あいろ[隘路]。近世 せきしょ[関所]。なんくゎん[難関]。中世 しゃうがい[障害／障碍／障礙]。中古 なんしょ[難所]。

なんぎ【難儀】 近代 きゅうち[窮地]。くかん[苦艱]。こんなん[困難]。近世 かんなんしんく[艱難辛苦]。なんじふ[難渋]。めんだう[面倒]。中世 うれひ[憂／愁]。かんく[艱苦]。きのどく[気毒]。くなん[苦難]。くらう[苦労]。けいくゎい[計会]。こんく[困苦]。なんぎ[難儀]。なんぢ[難治]。めいわく[迷惑]。中古 ふびん[不便]。らうく[労苦]。上代 かんなん[艱難]。こんきゅう[困窮]。しんく[辛苦]。→**こま・る**

《句》虎口を逃れて竜穴に入る。近代 一難去ってまた一難。

—・する 近世 こまる[困]。中世 いたまし[痛]。きゅうす[窮]。つまる[詰]。中古 こうず[困]。ところせし[所狭]。なづむ[泥]。わぶ[侘]。上代 たしなむ[窘]。なやます／なやむ[悩]。わづらふ[煩]。

後にのこる— こういしょう[後遺症]。上代 こうくゎん[後患]。

多くの— 近世 せんしんばんく[千辛万苦]。

なんきつ【難詰】 近代 なんきつ[難詰]。非を鳴らす。中世 きつもん[詰問]。ひなん[非難]。中古 そしる[謗／譏／誹]。なじる[詰]。上代 けんせき[譴責]。せむ[せめる][責]。

なんきょく【難局】 ききょく[危局]。じゅうだいきょくめん[重大局面]。近代 きゅうきゃう[窮境]。きゅうち[窮地]。なんきょく[難局]。近世 きふば[急場]。

なんきょく【南極】 中世 なんきょく[南極]。

—と北極 きょくちほう[極地方]。近代 きょくけん[極圏]。きょくち[極地]。近世 りゃうきょく[両極]。

—に近い海洋 きょくよう[極洋]。なんぴょうよう[南氷洋]。

なんきん【軟禁】 近代 かんきん[監禁]。なんきん[軟禁]。中世 きんそく[禁足]。中古 とりこむ[—こめる][取籠]。

なんきん【南京】 →**カボチャ**

なんくせ【難癖】 いちゃもん。近代 もんく[文句]。近世 いしゅふし[意趣節]。中世 いひがかり[言掛]。ひ[非]。ふし[節]。いひかけ[言掛]。なん[難]。なんくせ[難癖]。

《句》近世 柄(え)の無い所に柄をすげ。

—を付ける いちゃもんを付ける。近代 因縁を付ける。近世 こだはる。けちを付く[—付ける]。中古 癖を付く[—付ける]。難付く。

なんこう【難航】 もたつく。近代 なんかう[難航]。中世 ちたい[遅滞]。中古 ていたい[停滞]。なんじふ[難渋]。上代 とどこほる[滞]。

なんじゃく【軟弱】 近代 きよわ[気弱]。よわごし[弱腰]。近世 ぜいじゃく[脆弱]。なんじゃく[軟弱]。ひよわ[弱]。よわき[弱気]。中世 じうじゃく[柔弱]。中古 かよわし[弱]。にうじゃく[柔弱]。

なんじゅう【難渋】 →**こま・る** →**なんぎ**

なんしょ【難所】 なんかん[難関]。近代 なんば[難場]。中世 あくしょ[悪所]。中古 なんしょ[難所]。

波の荒い海の— 中古 なだ[灘]。

山の— 中世 くるまがへし[車返]。せっしょ[殺所／切所／節所]。

なんせん【難船】 近世 なんせん[難船]。なんぱせん[難破船]。中古 はせん[破船]。

ナンセンス(nonsense) 近代 つまらない。ナンセンス。むいみ[無意味]。近世 むえき[無益]。中世 むだ[無駄]。

なんだい【難題】 アポリア(ギリシャ aporia)。近代 プロブレム(problem)。近世 なんもん[難問]。むりなんだい[無理難題]。中世 なんだい[難題]。

—をふきかけること 近世 糸屋の地震。

なんでも【何】 どれでも。近世 なんでも[何]。中世 なんなりと。中古 あらゆる。すべて[全]。なんだって。何でもかんでも。

—知っているような態度 近世 利いた風。

—できる人 近代 なんでもや[何屋]。よろづや[万屋]。

なんでもな・い【何】 屁の河童。近世 河童の屁。中世 なんでもない。中古 さらぬ[然]。上代 ことなし[事無]。

—・いふりをすること 中古 ことなしび[事無]。

なんてん【難点】 ウイークポイント(weak point)。デメリット(demerit)。近代 けっかん[欠陥]。けってん[欠点]。なんてん[難点]。近世 あら[荒／粗]。かし[瑕疵]。しか／しが[疵瑕]。ふぐあひ[不具合]。中世 なん[難]。ひ[非]。中古 かきん[瑕瑾]。

→**けってん**

なんと【何】(驚き) 近代 なんたる[何]。なんて[何]。なんといふ。近世 さりとては／さりとは[然]。中世 さて。なんと[何]。よくも。

なんぼう[何]。中古いなや[否]。さても。はやう／はやく[早]。

なんど【何度】 近代なんかい[何回]。なんべん[何遍]。近世いくど[幾度]。中世なんど[何度]。中古いくかへり[幾返]。いくそたび[幾十度]。いくたび[幾度]。

なんど【納戸】 近代ものいれ[物入]。中古つぼや[壺屋]。なんど[納戸]。をさめどの[納殿]。

なんという【何言】 近代なんたる[何]。なんて[何]。なんら[何等]。なんとまあ。近世なんたら[何]。中世なんと[何]。なんぼう[何]。なんといふ。中古なぞの／なにぞの[何]。なでふ／なんでふ[何]。

なんといっても【何言】 なんたって。近世いふても[言]。なにぶん[何分]。何分にも。中古なにさまにも。なんといふても。中世なほ[尚／猶]。

なんとか【何】❶〈なにとぞ〉 近世くれぐれも[呉呉]。どうか。なにぶん[何分]。中世どうぞ。なにとぞ[何]。ひらに[平]。

なんとか【何】❷〈どうにか〉 近代からくも[辛]。どうにか。どうにかかうにか。なんとか[何]。近世どうかかうか。どうがな。どうやら。どうやらかうやら。曲がりなりにも。中世やうやく[漸]。やっと[漸]。中古からうじて[辛]。

《句》近代逃ぐる者道を択(えら)ばず。近世窮すれば通ず。

―して 近世どうかして。なんでふ[何]。なんでも[何]。何が何でも。何でもかんでも。中世いかさま[如何様]。いかさまにも。いかにしても。いかにも[如何]。ぜひ[是非]。ぜひとも[是非共]。なにとぞ[何卒]。なんとしても。中古いかで／いかでか／いかでかは／いかでかも／いかでも[如何]。いかにして。ともかうも／ともかくも[左右／兎角]。

―なる 《句》近世生(しゃう)有れば食(じき)有り。

なんとなく【何無】 何とはなしに。近代なぜか[何故]。何かなし。近世どうも。どうやら。どこか[何処]。どこやら[何所／何処]。なにやら[何]。なんだか[何]。どことなく[何無]。のろり。中世そこはかと。そぞろ[漫]。ばくぜんと[漠然]。まんぜんと[漫然]。そこはかとなく。それとはなしに。何とやら。何とやらん。中古あいなく[愛無]。すずろ／すぞろ[漫]。

―恨めしい 中古なまうらめし[生恨]。

―笑むこと 近代そぞろゑみ[漫笑]。

―おそろしい 中古けおそろし[気恐]。

―劣る 中古けおとる[気劣]。

―汚い 中世けぎたなし[気穢]。

―気味が悪い 近代うすきみわるい／うすきみわろし[薄気味悪]。近世そこきみわるし／そこきみわろし[底気味悪]。

―心苦しい 中古なまくるし[生苦]。

―寒い 近代うすらさむい[薄寒]。中世こさむし[小寒]。中古そぞろさむし[漫寒]。

―恥ずかしい 近世きはづかし[気恥]。

―分かっているさま 近世うすうす[薄薄]。

▼接頭語 うすら[薄]。近代うす[薄]。中古うら。うそ。け[気]。そら[空]。なま[生]。もの[物]。上代こ[小]。

なんとも【何】 近世いやはや。かれこれ[彼此]。どうにも。どうも。どうにもかうにも。中世なんとも[何]。

―言えない 近代言ふに言はれぬ。中古えも言はず。えも言はれず。

―思わない へっちゃら。痛くもかゆくもない。近代あっけらかん。へいちゃら。へいぜん[平然]。近世涼しい顔。平気の平左(へいざ)。屁とも思はず。中古事とも思はず。事ともせず。

なんども【何度】 いくども[幾度]。なんかいも[何回]。近代さいさんさいし[再三再四]。一再(いっさい)ならず。中世さいさい[再再]。中古あまたかへり[数多返]。いくそたび[幾十度]。いくそばく[幾十許]。うちかへし[打返]。かへるがへる[返返]。たびたび[度度]。上代あまたたび[数多度]。かへすがへす[返返]。さいさん[再三]。そこらくに。よろづたび[万度]。

なんなく【難無】 労せずして。近代かんたんに[簡単]。わけなく[訳無]。お茶の子さいさい。近世あさめしまへ[朝飯前]。むざうさに[無造作]。むざふさに[無雑作]。中世ざうさなく[造作無]。なんなく[難無]。ようい[容易]。ようい[容易]に。中古やすやす[安安]。苦もなく。上代たやすく[容易]。

《句》近世案ずるより産むが易し。掌(たなごころ)を反(かへ)す。

なんのかのと【何彼】 →あれこれ →なにやかや

なんのために【何為】 近世何として。中世何しに。中古なでふ。何しかは。上代何せむに。

なんぱ【難破】 近代なんぱ[難破]。中世すいなん[水難]。近世なんせん[難船]。中古はせん[破船]。

ナンバー(No.; number) 近代じゅんゐ[順位]。

ナンバーワン(No.1; number one) ナンバー。ばんがう[番号]。中世じゅん[順]。いちい[一位]。エース(ace)。トップ(top)。近代さいじゃうきふ[最上級]。だいいちにんしゃ[第一人者]。ナンバーワン。ファースト(first)。しゅせき[首席]。しゅゐ[首位]。近世さいかう[最高]。中世いっとう[一等]。中古いちばん[一番]。だいいち[第一]。

なんばんギセル【南蛮煙管】 オランダギセル[阿蘭陀煙管]。はるごまそう[春駒草]。近代キセルさう[煙管草]。なんばんギセル[南蛮煙管]。上代おもひぐさ[思草]。

なんびょう【難病】 とくしゅしっかん[特殊疾患](行政上の名称)。近世なんしゃう[難症]。中世しにやまひ/しにやみ/しびゃう[死病]。なんびゃう[難病]。中古あくびゃう[悪病]。上代あくしつ[悪疾]。

なんみん【難民】 近代ひなんみん[避難民]。るらうのたみ[流浪民]。近世なんみん[難民]。りうばう[流氓]。中世りうみん[流民]。

なんもん【難問】 アポリア(ギリシャ aporia)。近代プロブレム(problem)。近世なんもん[難問]。中世なんだい[難題]。

なんやかや【何彼】 →なにやかや

に

に【二】 近代セカンド(second)。ダブル(double)。ツー(two)。中世ふ/ふう[二]。ふたつ[二]。上代に[二/弐]。

に【荷】 →にもつ

にあ・う【似合】 フィット(fit)。マッチ(match)。近代そぐはしい。近世うちあはせ[打合]。うつる[映/写]。そぐなふ。むく[向]。中世そぐふ。つりあふ[釣合]。にあはし[似合]。中古あふ[合]。ありつく[有付]。さうおう[相応]。たぐふ[類]。つきづきし[付付]。にあふ[似合]。につかはし[似付]。ふさはし[相応]。上代かよふ[通]。ふさふ[相応]。

—・わない 近世つきともなし[付無]。ふにあひ[不似合]。中古つきなし[付無]。にげなし[似無]。《句》近世年寄の冷や水。比丘尼に笄(かうがい)。年寄の力だて。中世法師の軍咄(いくさばなし)。法師の櫛(くし)集め。

服装などが—・う 近世につこらし[似]。近代板に付く。上代につくよく—・う

ニーズ(needs) ウオンツ(wants)。近代えうきう[要求]。じゅえう[需要]。ひつえう[必要]。中世ちゅうもん[注文/註文]。

にいづま【新妻】 近代うひづま[初妻]。しんさい[新妻]。近世ごしんぞ[御新造]。ごしんざう[御新造]。しんぷ[新婦]。中世にひづま[新妻]。

にえきらな・い【煮切】 近代いういうふだん[優遊不断]。いうじうふだん[優柔不断]。なまはんか[生半可]。にえきらない[煮切]。近世どっちつかず。なまにえ[生煮]。なまにんじゃく[生人尺]。にえきらぬ[煮切]。中世いんじゅん[因循]。がんこ[含糊]。中古あいまい[曖昧]。

—・いさま ぬらくら。

にえたぎ・る【煮滾】 近代にえくりかへる[煮繰返]。ふっとう[沸騰]。近世にえかへる[煮返]。にえたつ[煮立]。にたつ[煮立]。中世にえあがる[煮上]。にえたぎる[煮滾]。中古たぎる[滾]。わきかへる[沸返]。わきたつ[沸立]。わきたぎる[沸滾]。

—・らせる 煮えたたせる。近世たぎらす[滾/沸]。中世たぎらかす[滾/沸]。

—・るさま ことこと。ごとごと。近代ぐづぐづ。ぐらぐら。近世ぐつぐつ。ふつふつ[沸沸]。ぶつぶつ。中世くつくつ。くらくら。つぶつぶ。

—・る湯 ねっすい[熱水]。ねっとう[熱湯]。

茶釜の湯が—・ること 近代かいがん[蟹眼]。

にえゆ【煮湯】 近世ねったう[熱湯]。中世たぎりゆ[滾湯]。にえゆ[煮湯]。上代ゆ[湯]。

に・える【煮】 近代にえくりかへる[煮返]。ふっとう[沸騰]。わきたつ[沸立]。近世しゃふつ[煮沸]。にえかへる[煮返]。にえたつ[煮立]。にたつ[煮立]。中世にえたぎる[煮滾]。にゆ[にえる][煮]。わきたつ[沸立]。中古たぎる[滾]。わきかへる[沸返]。わきたぎる[沸滾]。上代わかす[湧]。

十分に—・える 近世にあがる[煮上]。中世にえあがる[煮上]。

十分には—・えていない 近代はんにえ[半煮]。中古なまにえ[生煮]。はんじゅく[半熟]。

におい【臭】 近世くさみ[臭]。中世かう[香]。かざ[香]。はなが[花香]。中古かうき[香気]。かをり[香]。しうき[臭気]。にほひ[臭/匂]。上代か[香]。

—が強くて鼻をさす 近世うがつ[穿]。

—と味わい 中世きゃうみ[香味]。中古かう

み［香味］。
―によって見えないものをあてる 近世 かぎあつ［―あてる］［嗅当］。
―の強いさま 近世 つんと。ぷん。ぷんぷん。中古 ふんぷん［芬芬］。
―のないこと 近代 むしう［無臭］。近世 ぶしう［無臭］。
―の良い草 中世 かうさう［香草］。
―を嗅ぐさま 近世 かざむ。中世 くんくん。
―を嗅ぐ 中世 きく［聞］。
―を消すこと 近代 せうしう［消臭］。だっしう［脱臭］。
―をよく嗅ぎ分ける 鼻が利く。
嫌な― 近代 いしう［異臭］。近世 くさみ［臭］。中世 あくしう［悪臭］。中古 しうき［臭気］。
嫌な―がする 中世 すえくさし［饐臭］。わるくさし［悪臭］。中古 ものぐさし［物臭／懶］。上代 くさし［臭］。
男の―がする 近世 をとこくさし［男臭］。
海岸の―がする 近世 いそくさし［磯臭］。
かすかな― 近世 びかう［微香］。
黴(かび)の―がする 中古 かびくさし［黴臭］。
体の― 近代 たいしう［体臭］。
草の― 近世 あをくさし［青臭］。中古 はうひ［芳菲］。
口から出る― 中世 こうしう［口臭］。
焦げる―がする 中世 こげくさし［焦臭］。
去った後に残る― 近代 のこりか［残香］。よしう［余臭］。中古 ざんかう［残香］。
死骸の発する― ししゅう［死臭／屍臭］。
薫(た)き物の良い― 中世 ありか［在香］。
強い刺激の― げきしゅう［激臭／劇臭］。

古くなって嫌な―がする 近世 ねぐさし［寝臭］。ひねくさし［陳臭］。
変な― 近代 いしう［異臭］。
物の腐った― 中世 ふしう［腐臭］。
良い― かほう［佳芳］。近世 はうかう［芳香］。中世 せいかう／せいきゃう［清香］。中古 くんかう［薫香］。
良い―がする 上代 かうばし［香］。かぐはし［香／芳／馨］。

にお・う【匂】 中世 きこゆ［きこえる］［聞］。中古 くんず［薫］。香(か)に立つ。香(か)に匂ふ。上代 にほふ［匂／臭］。
《枕》上代 かきつばた［杜若］。つつじばな［躑躅花］。むらさきの［紫］。やまぶきの［山吹］。
―・うさま 近代 つんつん。近世 つんと。ぷん。ぷんぷん。中古 ふんぷん［芬芬］。

におう【仁王】 近世 こんがうりきし［金剛力士］。わらぢだいわう［草鞋大王］。中世 にわう［仁王］。

におうだち【仁王立】 近世 とりゐだち［鳥居立］。びしゃもんだち［毘沙門立］。りきしだち／りきじだち［力士立］。中世 にわうだち［仁王立］。

におどり【鳰鳥】 近代 むぐり。中世 かいつぶり／かいつむり［鳰］。上代 にほどり［鳰鳥］。みほ［鳰］。みほどり［鳰鳥］。
―の巣 中世 鳰(にほ)の浮き巣。

におわ・す【匂】 近代 あんじ［暗示］。しさ［示唆］。中古 うちほのめかす［打仄］。かすむ［かすめる］［掠］。にほはす［匂］。

にが・い【苦】 近世 ほろにがし［苦］。中古 にがし［苦］。上代 くるし［苦］。つらし［辛］。
―・い味 近代 くみ［苦味］。中世 にがみ［苦／苦味］。
品質の悪い―・い茶 中世 くめい［苦茗］。

にが・す【逃】 近代 いっする［逸］。近世 ふけらす。中世 おとす［落］。とりにがす［取逃］。のがす［逃］。のばす［延／伸］。やる［遣］。中古 そらす［逸］。にがす［逃］。はづす［外］。上代 はなつ［放］。ゆるす［許／赦］。
―・すまいぞ 中世 やるまいぞ。
一度捕まえたものを―・す 中世 とりにがす［取逃］。
釣った魚を―・す 近代 ばらす。

にがつ【二月】（陰暦） 近代 このめづき［木芽月］。近世 けいふう［恵風］。びけい［美景］。れいげつ［令月］。中世 うめつさつき［梅五月］。うめつつき［梅月］。うめみづき［梅見月］。くゎてう［花朝］。じげつ［二月］。にぐゎつ［二月］。はつはなづき［初花月］。ゆきぎえづき［雪消月］。をぐさおひづき［小草生月］。中古 じょげつ［如月］。ちゅうしゅん［中春／仲春］。ちゅうやう［仲陽］。仲の春。上代 きさらぎ［如月／衣更着／更衣］。けふしょう［夾鐘／夾鍾］。
▼二月一日 近代 にぐゎつとし［二月年］（西日本で）。はつついたち［初朔日］。次郎の朔日(ついたち)（東日本で）。太郎の朔日。
▼二月十五日の釈迦の入滅 中世 更衣(きさらぎ)の別れ。

にがて【苦手】 近代 にがて［苦手］。近世 だうぐおとし［道具落］。中世 ふえて［不得手］。中古 ふとくい［不得意］。
―とする人物や事柄 近世 きもん［鬼門］。
―・なさま 近世 にちゅう。
―・なものに出会ったたとえ なめくじに塩。

に

近世青菜に塩。中世蛭(ひる)に塩。

にがにがし・い【苦苦】 近代ふゆくゎい[不愉快]。気にいらない。近世いけすかぬ[好]。ふくゎい[不快]。気に食はぬ。中世かたはらいたし[傍痛]。にがにがし[苦苦]。中古あぢきなし[味気無]。うとまし[疎]。上代あづきなし[味気無]。

—・い顔 にがり[苦]。近代じふがん[渋顔]。近世しぶっつら/しぶつら[渋面]。中世じふめん[渋面]。

—・い顔をする 近世苦虫を嚙(か)み潰したやう。中古にがる[にがめる][苦]。

—・いこと 中世ひきょう[比興]。

—・く 中古にがむにがむ[苦苦]。

—・く思って口をゆがめる 中古くちひそむ[口嚬]。

にがみ【苦味】 にがり[苦]。近代くみ[苦味]。中世にがみ[苦味]。中古くつう[苦痛]。

—のある汁 くじゅう[苦汁]。

いくらか—がある 近世ほろにがし[苦]。

にかよ・う【似通】 近代きんじ[近似]。るいじ[類似]。中世による[似寄]。中古にかよふ[似通]。ひとやう[一様]。るいす[類]。上代にる[似]。

—・った品 近代るいじひん[類似品]。

—・った点 るいじてん[類似点]。

にかわ【膠】 アイジングラス(isinglass)。近代グルー(glue)。近世あけう[阿膠]。うをにかは/ぎょかう[魚膠]。にべ[膠鰾]。上代にかは[膠]。

—と漆 中古かうしつ[膠漆]。

…にかんして【関】→**かんして**

にぎてき【二義的】 ふくじてき[副次的]。近代にぎてき[二義的]。にばんめ[二番目]。中世にばんて[二番手]。

にきび【面皰】 めんぽう[面皰]。中世おもくさ[面瘡]。にきび[面皰/痤]。中古にきみ/にきん[二禁/痤]。

にぎやか【賑】 中世にぎにぎし[賑賑]。にぎやか[賑]。はなやか[花]。はんえい[繁栄]。中古にぎはし/にぎははし[賑]。はんくゎ[繁華]。上代いんしん[殷賑]。にぎはふ[賑]。

—・なさま 中世どっぴと。にぎにぎ[賑賑]。わっさり。上代むくさかに。

—・にする にぎわわす[賑]。近世そそりあぐ。ときめく[時]。にぎやかす[賑]。中世にぎはす[賑]。

—・になる 近代くゎっきづく[活気付]。中世花が咲く。中古にぎはふ[賑]。はなめく[花/華]。

—・に話す 近世さんざめく/ざんざめく。中古さざめく/ざざめく。

会が—・なこと 近代せいきゃう[盛況]。せいくゎい[盛会]。

市中の—・なこと 近代しぢん[市塵]。中古はんくゎ[繁華]。

市中の—・な所 近代ねっち[熱地]。はんくゎがい[繁華街]。近世さかりば[盛場]。しゃうだい[章台]。中世てう[朝]。中古してう[市朝]。

にぎり【握】 近代グリップ(grip)。ノブ(knob)。ハンドル(handle)。中世つまみ[抓/摘]。とって[取手/把手]。はしゅ[把手]。にぎり[握]。中古え[柄]。

にぎりこぶし【握拳】 近代げんこ/げんこつ[拳骨]。メリケン[米利堅]。近世こぶし[拳]。さざいがら[栄螺殻]。中世いっけん[一拳]。ちからこぶし[力拳]。にぎりこぶし[握拳]。

固く握った— 近代てっけん[鉄拳]。

にぎりずし【握鮨】 近代にぎり[握]。やすけ[彌助]。やすけずし[彌助鮨]。近世にぎりずし[握鮨]。

卵焼きの— ぎょく[玉]。

にぎりめし【握飯】 おにぎり[御握]。近代むすびめし[結飯]。近世おむすび[御結]。てのくぼ[手窪]。とじき/とんじき[屯食]。にぎりめし[握飯]。むすび[結]。上代にぎりいひ[握飯]。

—を作る 近世むすぶ[結]。

—を焼いたもの やきおにぎり[焼握]。やきむすび[焼結]。近世やきめし[焼飯]。中世やきいひ[焼飯]。

にぎ・る【握】 近代はあく[把握]。はぢ[把持]。近世ひっつかむ[引掴]。中世ひかふ[控]。中古しゃうあく[掌握]。つかむ[掴]。とらふ[捕]。ほそく[捕捉]。上代たつか[手束]。たにぎる[手握]。とる[取]。にぎる[握]。

—・るさま 近代ぎゅうっと/ぎゅっと。近世しっくり。

—・る力 近代あくりょく[握力]。

しっかり—・る 近代きんあく[緊握]。近世にぎりしむ[—しめる][握締]。とらまる[捕]。中古くびる[縊]。上代とりしばる[取縛]。

互いに相手の手を—・る 近世あくしゅ[握手]。

にぎわ・う【賑】 近世ごったがへす。中古こむ[込

／籠］。上代さかる［盛］。にぎはふ［賑］。

ー・っていること 近代はんせい［繁盛］。りゅうしゃう［隆昌］。近世りゅうせい［隆盛］。中世こんざつ［混雑］。にぎやか［賑］。はんえい［繁栄］。中古はんじゃう［繁盛／繁昌］。上代いんしん［殷賑］。にぎはひ［賑］。

ー・っている所へ出掛けること 中世ものみゆさん［物見遊山］。中古ものみ［物見］。

にく【肉】 近代きん［筋］。せいにく［生肉］。せいにく［精肉］。ミート(meat)。近世しゃうにく［生肉］。中世きんにく［筋肉］。しょくにく［食肉］。なまにく［生肉］。み［身］。中古ししむら［肉叢］。にく［肉］。上代しし［肉／宍］。

ーの塊 近代にくくゎい［肉塊］。にくだん［肉団］。中古ししむら［肉叢］。

ーの切れ端 近代にくへん［肉片］。

ーの煮汁 グレービー(gravy)。近代にくかう［肉羹］。中世にくじふ［肉汁］。

ーの煮汁を濃縮したもの 近代にくエキス［肉(オランダ)extract］。

ーを絞った液 にくじゅう［肉汁］。近代にくしゃう［肉漿］。

ーを食べない食事 近代さいしょく［菜食］。中世しゃうじん［精進］。中古さいじき［菜食］。しゃうじ［精進］。

ーを食べない人 近代さいしょくか［菜食家］。さいしょくしゅぎしゃ［菜食主義者］。ベジタリアン(vegetarian)。

ーを食べること 近世あくじき［悪食］(仏教で)。じきにく［食肉］(仏教で)。にくじき［肉食］(仏教で)。にくしょく［肉食］。中世しょくにく［食肉］。

ーを使わない食べ物 中古さうじもの／しゃうじんもの［精進物］。

ーを干したもの ジャーキー(jerky)。中世ほしにく［干肉／乾肉］。中古ほじし／ほじし［干肉／乾肉］。上代きたひ［腊／腒］。

猪(いのしし)のーの鍋料理 ししなべ［猪鍋］。ぼたんなべ［牡丹鍋］。

馬のー 近代さくら［桜］。

馬のーの刺身 ばさし［馬刺］。

腐ったー 近代ふにく［腐肉］。

燻製(くんせい)のー くんにく［燻肉］。近代いぶしにく［燻肉］。ベーコン(bacon)。

子羊のー 近代ラム(lamb)。

細かく刻んだー 近代ひきにく［挽肉］。ミンチ／メンチ(mince)。

塩漬けのー にくしょう［肉醤］。中古ししびしほ［肉醤］。

鹿や猪のー 近世ろく［鹿］。上代しし［肉／宍］。

鹿や猪のーを食べること 近世くすりぐひ［薬食］。

精進する前にーを食べ納めすること 近世しゃうじんがため［精進固］。

精進の後ーを食べ飲酒をすること 近代しゃうじんおとし［精進落］。

上等のー じょうにく［上肉］。近代せいにく［精肉］。

生臭いー 近代せんにく［羶肉］。

生臭いーと臭気のある野菜 中古くんせん［葷羶］。

余分のー 近代ぜいにく［贅肉］。

その他ーのいろいろ(例)①［部位］ カルビ(朝鮮語)。サーロイン(sirloin)。スペアリブ(spareribs)。ばらにく［肋肉］。リブ(rib)。リブロース(rib roast)。近代タン(tongue)。チャップ／チョップ(chop)。テール(tail)。テンダーロイン(tenderloin)。ヒレ(フランス filet)。フォアグラ(フランス foie gras)。レバー(liver)。ロース／ロースト(roast)。中古そし［背宍］。

その他ーのいろいろ(例)②［肉質］ しろみ［白身］。すじにく［筋肉］。近代あかみ［赤身］。近世あぶらみ［脂身］。

にく・い【憎】 中古うし［憂］。上代にくし［憎／悪］。→**にくらし・い**

《句》近代坊主憎けりゃ袈裟(けさ)まで憎い。近世可愛可愛(かはいかはい)は憎いの裏。可愛さ余って憎さが百倍。

はなはだしくー・い 中世憎さも憎し。

にくかんてき【肉感的】 セクシー(sexy)。近代エロチック(erotic)。くゎんのうてき［官能的］。センシュアル(sensual)。にくかんてき［肉感的］。にくよくてき［肉欲的］。中古なまめかし［艶］。

にくしみ【憎】 近代てきい［敵意］。近世にくしみ［憎］。中古にくみ［憎］。上代うらみ［怨／恨］。ぞうを［憎悪］。

ーをこめて言う 上代いのごふ［期剋］。

ーをこめて見る 近代はくがんし［白眼視］。白い目で見る。

にくしん【肉親】 近代かぞく［家族］。けつえん［血縁］。けつぞく［血族］。しん［親］。近世しんみ［親身］。中世おやきゃうだい［親兄弟］。みうち［身内］。中古おやはらから［親同胞］。こつにく［骨肉］。にくしん［肉親］。上代きんしん［近親］。

―の恩愛を捨てること 中世きおん[棄恩]。

―の関係を絶つこと 近世ぎぜつ[義絶]。

にくたい【肉体】 近代たいく[体軀]。にくくゎい[肉塊]。ボディー(body)。近世づうたい[図体]。なまみ[生身]。ひゃくがいきうけう[百骸九竅]。中世けつにく[血肉]。こつにく[骨肉]。ししむら[肉叢]。にくたい[肉体]。中古からだ[体/軀/身体]。ごたい[五体]。こつじく[骨肉]。しゃうじん[生身/正身]。上代しんたい/しんだい[身体]。

―的 がいてき[外的]。近代フィジカル(physical)。

―的欲望 中世じゃうよく[情欲]。よくじゃう[欲情]。中古よくしん[欲心]。→**にくよく**

―と精神 近世かんなう[肝脳]。中古しんしん/しんじん[心身/身心]。

―を使う仕事 近代にくたいらうどう[肉体労働]。

―を使う仕事をする人 さぎょういん[作業員]。ブルーカラー(blue collar)。近代らうむしゃ[労務者]。

にくづき【肉付】 近代からだつき[体付]。たいかく[体格]。ししおき[肉置]。近世かっぷく[恰幅]。にくづき[肉付]。づうたい[図体]。中世きんこつ[筋骨]。ししあひ[肉合]。ししつき[肉付]。中古たいけい[体形/体型]。

―がほどほどであること 近世ちゅうにく[中肉]。

―がよいさま むちむち。近代ゆたか[豊]。近世ふとりじし[太肉]。むっちり。中世ほうまん[豊満]。

―がよくあでやかなこと 近代ほうえん[豊艶]。

―の薄いこと 近代にくうす[肉薄]。

―の悪いこと 近世やせじし[痩肉]。

引き締まった― 近代かたじし[堅肉]。

にくはく【肉迫】 近代せっきん[接近]。近世つめよる[詰寄]。にくはく[肉迫/肉薄]。中世せまる[迫]。ちかよる[近寄]。上代ちかづく[近付]。

にくひつ【肉筆】 近世にくひつ[肉筆]。中世しゃうひつ[正筆]。しんぴつ[真筆]。ぢきしょ[直書]。ぢきひつ[直筆]。中古じしょ[自書]。じひつ[自筆]。上代しんせき[真跡/真蹟]。

にくまれぐち【憎口】 近代あくたれぐち[悪口]。にくたれぐち[憎口]。近世あくぐち[悪口]。あくたい[悪態]。あくたれ[悪]。かげぐち[陰口]。かげごと[陰言]。しぶくち[渋口]。にが[苦]。にがぐち[苦口]。にくていぐち[憎体口]。にくまれぐち[憎口]。中世あくこう[悪口]。あくこうざふごん[悪口雑言]。どくぜつ[毒舌]。にくてい[憎体]。わるぐち[悪口]。中古にくげごと[憎言]。

―を言う 陰口をたたく。憎まれ口をたたく。近世悪態を吐っく。中世口が減らぬ。中古くちあし[口悪]。

にくまれやく【憎役】 あくやく[悪役]。てきやく[敵役]。近世あくがた[悪形]。かたきやく[敵役]。にくまれやく[憎役]。→**かたきやく**

にく・む【憎】 近代けぎらひ[毛嫌]。けんを[嫌悪]。てきし[敵視]。近世にくしむ[憎]。ふぐたいてん[不倶戴天]。中世しつを[疾悪]。中古あたむ[仇]。あはむ[淡]。うとむ[疎]。うらむ[恨]。ねたがる[妬]。上代いとふ[厭]。きらふ[嫌]。ぞうを[憎悪]。にくむ[憎/悪]。

《句》上代共に天を戴かず。

―・まれるもの(例) 近世かぢはら[梶原]。だかつ[蛇蝎]。中世げじ/げじげじ[蚰蜒]。じゃかつ[蛇蝎]。

―・まれる者(讒言(ざんげん)をして) 中世さうよう[蒼蠅]。せいよう[青蠅]。

―・み憤る 中世ねめる[睨]。

―・み恨む 中世ゑんぞう/をんぞう[怨憎]。上代うらめし[恨/怨]。

―・み貶(なけ)す 中古おとしむ[―しめる][貶]。

―・む心 近代わるげ[悪気]。近世わるぎ[悪気]。中世あくい[悪意]。

―・むことと愛すること 中古ぞうあい[憎愛]。上代あいぞう[愛憎]。

仇(きかた)として―・み見る 近代きうし[仇視]。てきし[敵視]。

にくよく【肉欲】 近代せいよく[性欲]。にくよく[肉欲]。中世よくじゃう[欲情]。中古じゃうよく[情欲]。よくしん[欲心]。

―的 セクシー(sexy)。近代エロチック(erotic)。くゎんのうてき[官能的]。センシュアル(sensual)。にくかんてき[肉感的]。中古なまめかし[艶]。

―に耽(けふ)ること 近代いんぎゃく[淫虐]。

―の楽しみ 中世いんらく[淫楽]。

にくらし・い【憎】 近代こにくらしい[小憎]。にくたらしい[憎]。近世いまいまし[忌忌]。こづらにくし[小面憎]。こにくし[小憎]。

つらにくし［面憎］。にくさげ［憎気］。にくてらし［憎体］。にくにくし［憎憎］。にくらし［憎］。ねったし［妬］。癪(しゃく)に障る。にくらか［憎］。ねたし［妬］。はらだたし［腹立］。ひとにくし［人憎］。にくし［憎／悪］。中世 ねたまし［妬］。中古 いとはし［厭］。おもにくし［面憎］。そねまし［妬］。にくげ／上代 うらむ［恨］。

―・い口のきき方 近世 にくていぐち［憎体口］。中古 にくげごと［憎言］。→**にくまれぐち**

―・いさま 近世 にくさげ［憎］。にくたい［憎体］。中世 にくさう［憎相］。にくてい［憎体］。中古 にくげ［憎］。

―・がらせる 中古 ねたます［妬］。

―・そうだ 中世 にくにく［憎憎］。中古 にくげ［憎］。ねたげ［妬］。

顔を見るだけで―・い 近世 こづらにくし［小面憎］。つらにくし［面憎］。中古 おもにくし［面憎］。

なんとなく―・い 中古 なまにくし［生憎］。

人から見て―・い 中古 ひとにくし［人憎］。

にぐるま【荷車】 カート(cart)。ショッピングカート(shopping cart)。りきしゃ［力車］。近代 てぐるま［手車］。リアカー／リヤカー(rear car)。近世 だいはちぐるま［大八車］。中世 しゃりき［車力］。上代 ちからぐるま［力車］。にぐるま［荷車］。

石を運ぶための― 近世 いしぐるま［石車］。

箱形の物入れを取り付けた― 近代 はこぐるま［箱車］。

にげう・せる【逃失】 近代 たうばう［逃亡］。たうほん［逃奔］。とんざん［遯竄／遁竄］。にげおほせる［逃果］。ほんざん［奔竄］。近世 ざんとく［竄匿］。中世 おちうす［―うせる］［落失］。かけおち［駆落／欠落］。しゅっぽん［出奔］。跡を暗(くら)ます。中古 ちくてん／ちくでん［逐電］。にげうす［―うせる］［逃失］。にげかくる［―かくれる］［逃隠］。はしる［走］。→**に・げる**

―・せた人 中世 うせうど／うせびと［失人］。

にげこうじょう【逃口上】 近代 いひのがれ［言逃］。近世 いひぬけ［言抜］。いひわけ［言訳／言分］。こうじつ［口実］。とんじ［遁辞］。にげ［逃］。にげく［逃句］。にげぐち［逃口］。にげこうじゃう［逃口上］。にげことば［逃言葉］。にげぼえ［逃吠］。にげもんく［逃文句］。ぬけく［抜句］。ぬけぐち［抜口］。いたちの最後っ屁。中古 のがれことば［逃辞］。

にげごし【逃腰】 近代 うきごし［浮腰］。にげごし［逃腰］。よわごし［弱腰］。近世 うきあし［浮足］。にげじり［逃尻］。ひっこみじあん［引込思案］。へっぴりごし［屁放腰］。しりごみ［尻込／後込］。中世 およびごし［及腰］。

―になる 近代 浮き足立つ。中世 ひきたつ［引立］。

にげこ・む【逃込】 近代 ころがりこむ［転込］。ざんにふ［竄入］。中世 にげこむ［逃込］。

女性が寺などに―・む 中世 かけこむ［駈込／駈込］。

にげさ・る【逃去】 にげきる［逃切］。近代 たうばう［逃亡］。にげおほせる［逃果］。近世 風を食らふ。雲を霞。中世 おちのぶ［―のびる］［落延］。おつ［おちる］［落］。たいさん［退散］。にげのく［逃退］。ぬく［ぬける］［抜］。中古 さんず［散］。にげちる［逃散］。上代 たうそう［逃走］。にげさる［逃去］。→**に・げる**

にげだ・す【逃出】 近代 たうばう［逃亡］。近世 にげだす［逃出］。ふける。中世 ふんしつ［紛失］。→**に・げる**

―・すように仕向ける 近世 いびりだす［出］。

あわてて―・す 近世 尻に帆を掛く［―掛ける］。

刑務所や牢(ろう)から―・すこと 近代 だつごく［脱獄］。はごく［破獄］。近世 らうやぶり［牢破］。

さんざんやられて―・すさま ほうほうのてい［這這体］。中世 はふはふ［這這］。

にげの・びる【逃延】 中世 うちのぶ［―のびる］［打延］。おちくだる［落下］。にげおつ［―おちる］［逃落］。にげのぶ［―のびる］［逃延］。

にげば【逃場】 近代 たいろ［退路］。にげば［逃場］。にげばしょ［逃場所］。ひなんじょ［避難所］。ひなんち［避難地］。近世 かけこみでら［駆込寺］。にげみち［逃道］。

―を無くしたたとえ 近世 袋の(中の)鼠。中世 きゅうそ［窮鼠］。中古 きゅうてう［窮鳥］。

にげはし・る【逃走】→**に・げる**

にげみち【逃道】 にげぐち［逃口］。ぬけぐち［抜口］。近代 けつろ［血路］。たいろ［退路］。とんろ［遁路］。にげば［逃場］。近世 そうろ［走路］。ぬけみち［抜道］。中世 くゎつろ［活路］。にげみち［逃道］。ぬけあな［抜穴］。中古 かんだう［間道］。

に・げる【逃】 とんずら。近代 いっそう［逸走］。エスケープ(escape)。きゃくそう［却走／卻走］。けいゑん［敬遠］。ずらかる。たうば

う［逃亡］。近世おちのぶ［―のびる］［落延］。おちゆく［落行］。たいひ［退避］。たうひ［逃避］。にげだす［逃出］。ふける。風を食らふ。雲を霞(かすみ)。尻に帆を掛く［―掛ける］。中世たいさん［退散］。だっす［脱］。にげこむ［逃込］。にげのく［逃退］。にげまはる［逃回］。ぬく［ぬける］［抜］。はしる［走］。はなる［はなれる］［離］。ひきあし［引足］。跡を暗(くら)ます。後ろを見す［―見せる］。中古さんず［散］。たいきゃく［退却］。とんたう［遁逃］。にげうす［―うせる］［逃失］。にげはしる［逃走］。のがる［のがれる］［逃］。上代くゎいひ［回避］。さく［さける］［避］。たうそう［逃走］。とんそう［遁走］。にぐ［にげる］［逃／迯］。

《句》近代逃ぐるも一手。逃ぐる者道を選ばず。近世三十六計逃げるに如(し)かず。逃ぐるが勝ち。上代額に箭(や)は立つとも背に箭は立たず。

―・げて帰る 上代にげかへる［逃帰］。

―・げて行く 中世おちゆく［落行］。

―・げようと焦ること 近代いっさう［逸躁］。

―・げようとする 近代逃げ足を踏む。逃げを打つ。中世にげじたく［逃支度］。にげまうけ［逃設］。

―・げられない 中古避(さ)りどころなし。

―・げられる とらえそこなう［捕損］。中世うちもらす［討漏］。のがす［逃］。中古にがす［逃］。

―・げる機会を失う にげそこなう［逃損］。近代にげおくれる［逃遅］。

―・げる時の傷 近世にげきず［逃傷］。

―・げる時の醜態 近世いたちの最後っ屁。

中世にげぼえ［逃吠］。

―・げる早さ 中古にげあし［逃足］。

―・げる者 近代たうばうしゃ［逃亡者］。

―・げる者の尻 近世にげじり［逃尻］。

―・げる者を追うこと 近代ついせき［追跡］。近世おひうち［追討］。ついげき［追撃］。びげき［尾撃］。

裏切って―・げる 中世そむきはしる［背走］。

交通事故を起こしてそのまま―・げること あてにげ［当逃］。ひきにげ［引逃］。

故郷を捨てて他国等へ―・げること じょうはつ［蒸発］。近世こくゑん［国遠］。中世いへで［家出］。よにげ［夜逃］。上代ばうめい［亡命］。

失敗して―・げて行方をくらます 中世しゅっぽん［出奔］。中古ちくでん［逐電］。

収容所や集団の中から―・げること 近代だつえい［脱営］。だっさく［脱柵］。近世だっそう［脱走］。中世だっしゅつ［脱出］。

代金を払わずに―・げること 近世くひにげ［食逃］。のりにげ［乗逃］。

戦いに負けて―・げる 近代はいたい［敗退］。近世くゎいそう［潰走］。中世おちうす［―うせる］［落失］。おちゆく［落行］。おつ［おちる］［落］。はいさん［敗散］。はいそう［敗走］。中古たいきゃく［退却］。

戦いに負けて―・げる人 近代おちびと［落人］。中世おちうと／おちうど［落人］。中古おちむしゃ［落武者］。

他人の金品を持って―・げること 近代おきびき［置引］。中世もちにげ［持逃］。

遠くまで―・げる 近世たかとび［高跳］。中世おちのぶ［―のびる］［落延］。にげのぶ［―のびる］［逃延］。

ばらばらに―・げるさま 中世蜘蛛(くも)の子を散らすやう。

にこにこ→にっこり

にこやか【和】 中世にこにこ。にこやか［和］。にこり。にっこり。わらわら。中古わららか［笑］。ゑがち［笑］。上代にこよか［和］。はなゑみ［花笑］。

―・な顔 近代にこにこがほ［顔］。近世えびすがほ［夷顔］。ゑびすがほ［恵比須顔］。中世ゑがほ［笑顔］。

―・に笑う 中古ゑわらふ［咲笑］。

にごり【濁】 近代うるみ［潤］。をだく／をぢょく［汚濁］。近世よごれ［汚］。中世くもり［曇］。けがれ［穢］。中古にごり［濁］。上代こんだく［混濁／溷濁］。

―がない 近世とうめい［透明］。上代きよし［清］。すむ［澄／清］。

―をなくすこと 中古すます［澄／清］。

にごりざけ【濁酒】→どぶろく

にご・る【濁】 中世どむ［どみる］［曇］。中古よごる［よごれる］［汚］。上代にごる［濁］。

―・った声 近代がらがらごゑ［声］。だくせい［濁声］。どうばりごゑ［胴張声］。近世だみごゑ［濁声］。どうまごゑ／どうまんごゑ［胴間声］。どすごゑ［声］。どらごゑ［声］。

―・った所 近代ひどろ。

―・った流れ 中世だくりう［濁流］。

―・った水 中世だくすい［濁水］。

―・ったような色 近代だくしょく［濁色］。どすあかい［赤］。どすぐろい［黒］。

―・らせる 中世にごす［濁］。にごらす［濁］。

―・り乱れること 近代だくらん［濁乱］。

声が―・る　中古ぢょくらん［濁乱］。

水が少し―・る　中古たむ／だむ［訛］。近世ささにごり［小濁／細濁］。

にし【西】　ウエスト(west)。中世まにし［真西］。中古さいはう／せいはう［西方］。とり［西］。にしおもて［西面］。上代にし［西］。ひのよこ［日緯］。

―から来ること　中古さいらい／せいらい［西来］。

―の国　さいごく［西国］。近世たいせい［泰西］（西洋諸国のこと）。中世さいこく［西国］。中古にしぐに［西国］。

―の守護神　中世びゃくこ［白虎］。

―へ移り進むこと　近代せいぜん［西漸］。

―へ行くこと　さいか［西下］。近代せいせん［西遷］。だいせいせん［大西遷］。近世せいせい［西征］。せいせい［征西］。

―向き　近代せいめん［西面］。近世にしうけ［西受］。中古さいめん［西面］。にしおもて［西面］。

―も東も分からない　中古東西知らず。東西を弁(わきま)へず。

にじ【虹】　近代てんきゅう［天弓］。レインボー(rainbow)。上代にじ［虹］。

―のたとえ　中古こうけう［虹橋］。をぶさ［緒総／綬］。

朝夕の―　近代てうこう［朝虹］。近世ゆふにじ［夕虹］。中世あさにじ［朝虹］。《句》近世朝虹は雨、夕虹は晴れ。

月光でできる白色の―　げっこう［月虹］。

鉱物の表面に現れる―のような色　近代うんしょく［暈色］。

二重の―　中世をにじ［雄虹］。中古めにじ［雌虹］。

白色の―　しろにじ［白虹］。上代はくこう［白虹］。

にしき【錦】　上代にしき［錦］。

《句》近代衣錦(いきん)の栄。

―とあやぎぬ　上代きんき［錦綺］。

―の切れ端　にしきぎれ［錦切］。近世きんぎれ［錦切］。

中国産の―　中古からにしき［唐錦］。

いろいろの―（例）　上代じゃうだいにしき［上代錦］。たてにしき［経錦］。ぬきにしき／よこにしき［緯錦］。

にしきそう【錦草】　近世ちちくさ［乳草］。にしきさう［錦草］。

にじてき【二次的】　セコンダリー(secondary)。にじてき［二次的］。近代にぎてき［二義的］。ふくじてき［副次的］。

▼接頭語　じゅん［準］。じょ［助］。近代サブ(sub)。ふく［副］。近世あ［亜］。じゅう［従］。

にじみ・でる【滲出】　しんしゅつ［浸出］。近代しみだす［染出／滲出］。しみでる［染出／滲出］。しんしゅつ［滲出］。にじみでる［滲出］。中古あゆ［落］。

水の―・でるさま　中世じくじく。じりじり。

にしゃ【二者】　近代にしゃ［二者］。りゃうしゃ［両者］。中世さうはう［双方］。中古りゃうはう［両方］。上代りゃうめん［両面］。

―の間の勝り劣り　中古いうれつ［優劣］。かふおつ［甲乙］。しゆう［雌雄］。

にじゅう【二重】　デュアル(dual)。近代オーバーラップ(overlap)。ダブる。ダブル(double)。ぢゅうふく［重複］。中世ちょうでふ［重畳］。ちょうふく［重複］。にぢゅう［二重］。中古ふたへ［二重］。上代かさなる［重］。

―の損得　近世がんぎやすり［雁木鑢］。

▼二重唱（奏）　近代デュエット(duet)。デュオ(イタリア duo)。

にじゅう【二十】　中古にじふ［二十］。はた／はたち［二十］。

▼二十歳　近世さうかう／さうくゎん［草冠／艸］。中古ていねん［丁年］。はた［二十］。はたち［二十／二十歳］。上代じゃくくゎん［弱冠］。はたとせ［二十年］。

▼二十歳前後の女　近世ちゅうをんな［中女］。

▼二十歳の男　上代じゃくくゎん［弱冠］。

にじりよ・る【躙寄】　近世すりよる［擦寄／摩寄］。にじりでる［躙出］。膝を進む［―進める］。中世にじりよる［躙寄］。ねぢよる［捩寄］。中古すべりいづ［滑出］。すべりよる［滑寄］。ゐざりいづ［膝行出］。ゐよる［居寄］。

にしん【二心】　近世じゅんけいりう［順慶流］。中世じゃねん［邪念］。むほんしん［謀叛心］。中古あだしごころ［徒心］。いしん［異心］。ぎしん［疑心］。じゃしん［邪心］。にしん［二心／弐心］。はんい［叛意］。上代たい［他意］。ふたごころ［二心］。

にしん【鰊】　近代はるつげうを［春告魚］。近世にしんかど［鰊］。かどいわし［鰊鰯］。中世にしん［鰊／鯡］。

―が北海道西岸に回遊してくること　近代にしんくき［鰊群来］。

―の日干し　近代かきわり［欠割］。近世みがきにしん［身欠鰊］。

にせ【贋】　近代いんちき。がせ。がん［贋］。近世まがひ［紛］。まやかし。中世にせ［贋／偽］。

—の印判 ぼういん[謀印]。近代ぎいん[偽印]。近世にせいん[贋印]。にせはん／にせばん[贋判／偽判]。中世ぼうはん[謀判]。

—の貨幣 ぎさつ[偽札]。近代がんきん[贋金]。にせさつ[贋札]。近世どうみゃく[銅脈]。中世にせがね[贋金]。

—の君子 近代ぎくんし[偽君子]。

—の事 うそいつはり[嘘偽]。きょげん[虚言]。中世うそ[嘘]。中古かり[仮]。上代いつはり[偽／詐]。そらごと[空事]。きょぎ[虚偽]。

—の小判 近世どうみゃくこばん[銅脈小判]。

—の名 近代かぼう[仮冒]。ぎめい[偽名]。中古かめい[仮名]。

—の山伏 中世そらやまぶし[空山伏]。

▼接頭語 中古いぬ[犬／狗]。えせ[似非／似而非]。

にせもの【贋物】 キッチュ(ドイツ Kitsch)。ぎょもくえんせき[魚目燕石]。フェイク／フェーク(fake)。近代いかさまごと[如何様事]。いかもの[如何物]。イミテーション(imitation)。コピー(copy)。テンプラ[ポルトガル tempero／天麩羅]。まやかしもの[物]。もぞうひん[模造品]。近世いかさまもの[如何様物]。おっかぶせ[押被]。かぶせもの[被物]。がんさく[贋作]。ぎぶつ[偽物]。ぎんながし[銀流]。くはせもの[食物]。くらもの[暗者／闇者]。こしらへもの[拵物]。つくりもの[作物]。てくろもの[手暗物]。どうみゃく[銅脈]。にたやま[仁田山]。にたり[似]。まがひもの[紛物]。まぎれもの[紛物]。中世いかさま[如何様]。がんぶつ[贋物]。ぎさく[偽作]。にせもの[贋物／偽物]。中古えせもの[似非物]。上代ぎざう[偽造]。

—と本物 中世しんがん[真贋]。

—のたとえ 近代あめざいく[飴細工]。

—を作ること 近世がんぞう[贋造]。ぎせい[偽製]。上代ぎざう[偽造]。

—を作る人 近代いかさまし[如何様師]。いかものし[如何物師]。

にせもの【贋者】 近世かげむしゃ[影武者]。かへだま[替玉]。にせもの[贋者／偽者]。中古えせもの[似非者]。みがはり[身代]。

に・せる【似】 近世もかう[模倣]。もぎ[模擬]。もはう[模倣]。やつす[俏／窶]。中世ぎす[擬]。たぐふ[たぐえる][類／比]。もす[模]。中古つくる[作]。なずらふ[—らえる]／なぞらふ[—らえる][準／准／擬]。にす[にせる][似]。まぬ[まねる][真似]。みならふ[見習]。もどく[擬／抵牾／牴牾]。上代かたどる[象]。ならふ[倣]。《句》近代西施(せいし)の顰(ひそみ)に倣(なら)ふ。近世糟粕(さうはく)を嘗(な)む[—嘗める]。

—・せて出すこと 近世もしゅつ[模出／摸出]。

—・せて作ったもの 近代もざうひん[模造品]。近世ぎぶつ[偽物]。にたり[似]。にたりもの[似物]。まがひもの[紛物／擬物]。中世かげ[影]。がんぶつ[贋物]。にせもの[贋物／偽物]。→**にせもの【贋物】**

—・せて作ること がんさく[贋作]。がんぞう[贋造]。ぎさく[偽作]。ぎさく[擬作]。もさく[模作]。近世もざう[模造]。もせい[模製／摸製]。

—・せようと努める 中世しにす[仕似]。

別のものの様子に—・せること 近代ぎたい[擬態]。

にたき【煮炊】 ほうすい[烹炊]。火を通す。近代すいじ[炊事]。にたき[煮炊]。近世しんすい[薪水]。中世てうり[調理]。中古かしき[炊]。きみづ[薪水]。

—・して食べること 近世くゎしょく[火食]。

—・して食べる人 近代煙火中(えんくゎちゅう)の人。

—・して作った食事 近代煙火の食。中古じゅくしょく[熟食]。

—・しないものを食べること 近世れいしょく[冷食]。

自分で—・すること 近世てなべ[手鍋]。

にた・つ【煮立】 近代にえくりかへる[煮繰返]。近世しゃふつ[煮沸]。にえかへる[煮返]。中世にえあがる[煮上]。にえたぎる[煮滾]。にたつ[煮立]。→**にえたぎ・る**

にたりよったり【似寄】 どっこいどっこい。とんとん。どんぐりの背並べ。近代いちれついたい[一列一体]。きっかう[拮抗／頡頏]。どうこういきょく[同工異曲]。選ぶところがない。どんぐりの背比べ。近世おつかつ／おっつかっつ。ごじっぽひゃっぽ[五十歩百歩]。ごぶごぶ[五分五分]。にたりよったり[似寄]。はくちゅう[伯仲]。負けず劣らず。餅の形。中世ごかく[互角／牛角]。だいどうせうい[大同小異]。上代もころ[如／若]。

にちげつ【日月】 近世ぐゎっぴ[月日]。中世うと[烏兎]。きんうぎょくと[金烏玉兎]。じつげつ[日月]。にちぐゎつ[日月]。中古きょしょ[居諸]。りゃうえう[両曜]。上代つきひ[月日]。にそ[二鼠]。

—が西に沈むこと 近世せいもつ[西没]。

中世せいぼつ［西没］。

―がめぐり移ること 中世うんかう［運行］。中古うんてん［運転］。

にちげん【日限】 中世きじつ［期日］。にちげん［日限］。ひぎり［日限］。ひどり［日取］。上代きげん［期限］。

にちじ【日時】 近代デート(date)。中古にちじ［日時］。ひづけ［日付］。ほど［程］。上代ねんぐゎっぴ［年月日］。

にちじょう【日常】 近世ざぐゎ［座臥／坐臥］。じゃうじゃう［常常］。つねひごろ［常日頃］。つねふだん［常不断］。つねへいぜい［常平生］。にちじゃう［日常］。中世ふだん［不断］。中古おきふし［起伏／起臥］。け［褻］。つねづね［常常］。ひごろ［日頃］。へいじゃう［平常］。へいそ［平素］。上代てうせき［朝夕］。へいぜい［平生］。

―生活 近代かうしそうねう［行屎送尿／行屎走尿］。中古おきふし［起伏／起臥］。上代ききょ［起居］。

―と違うことをする 上代ことだつ［事立］。

―の行為 近代いっきょしゅいっとうそく［一挙手一投足］。中世あんり［行履］。中古ぎゃうぢゅうざぐゎ［行住坐臥］。上代たちゐ［立居／起居］。

―のこと 近代さはんじ［茶飯事］。じゃうじ［常事］。じんじゃうさはん［尋常茶飯］。近世せわごと［世話事］。中世せわ［世話］。中古しんしょく［寝食］。

―の言葉 コロキュアル(colloquial)。近代こうご［口語］。はなしことば［話言葉］。ふつうご［普通語］。近世ぞくわ［俗話］。へいご［平語］。

―のつまらない煩わしいこと 近代やぼよう［野暮用］。中世ざふもつ［雑物］。上代ぞくじ［俗事］。ぞくるい［俗累］。

―の話 中世へいわ［平話］。

にちにち【日日】 中世まいにち［毎日］。中古にちにち［日日］。上代ひごと［日毎］。ひび［日日］。

にちにちそう【日日草】 ビンカ(ラテ Vinca)。近代にちにちこう［日日紅］。にちにちさう［日日草］。近世にちにちくゎ［日日花］。

にちぼつ【日没】 近代サンセット(sunset)。にちぼつ［日没］。中世日の入り。中古いりあひ［入相］。いりがた［入方］。しゃやう［斜陽］。ひぐれ［日暮］。らくじつ［落日］。上代くる〔くれる〕［暮］。ゆふぐれ［夕暮］。日の暮れ。→**ゆうがた**
《句》近代秋の日は釣瓶(つるべ)落とし。

―の後の西空の薄明かり 近代はくめい［薄明］。近世にしあかり［西明］。中世ざんせう［残照］。

にちや【日夜】 近代にっせき［日夕］。近世あさばん［朝晩］。昼夜を捨てず。昼夜を分かたず。中世まいにち［毎日］。昼夜を舎(お)かず。夜を日に継ぐ。中古あけくれ［明暮］。あさゆふ［朝夕］。おきふし［起伏／起臥］。ちうや［昼夜］。夜を昼になす。上代てうせき［朝夕］。にちや［日夜］。ひび［日日］。よるひる［夜昼］。朝な夕な。

にちよう【日用】 近世じゃうよう［常用］。たうよう［当用］。中世にちよう［日用］。

―品 近世あらもの［荒物］。ざっくゎ［雑貨］。中世こまもの［小間物］。

―品を売る店 コンビニ／コンビニエンスストア(convenience store)。近代あらものみせ［荒物店］。あらものや［荒物屋］。ざっくゎや［雑貨屋］。なんでもや［何屋］。近世こまものや［小間物屋／細物屋］。ざっくゎてん［雑貨店］。よろづや［万屋］。

にちようび【日曜日】 サンデー(Sunday)。しゅじつ［主日］。近代あんそくじつ／あんそくにち［安息日］。せいじつ［聖日］。ドンタク(オラ zondag)。近世にちえうび［日曜日］。中世サバト(ポルトガル sábado)。

にちりん【日輪】 →**たいよう**
にっかわし・い【似付】 近代てきおう［適応］。てきがふ［適合］。マッチ(match)。近世うってつけ［打付］。につこらし［似］。にやつこらし。中世ありつかはし［有付］。かっかう［恰好］。そぐふ。つりあふ［釣合］。てきたう［適当］。にあはし［似合］。中古つきづきし［付付］。にあふ［似合］。につかはし［似付］。にる［似］。ふさはし［相応］。

―・い様子をしている 中古おふ［負］。

―・いように作る 中古つくりあはす［作合］。

―・くない 近世あられもない。つきともなし［付無］。中世そぐはず。つりあはず［釣合］。中古つきなし［付無］。とほし［遠］。にげなし［似気無］。びんなし［便無］。

にっかん【日刊】 デイリー／デーリー(daily)。近代にっかん［日刊］。

―の新聞 ジャーナル(journal)。

にっかんてき【肉感的】 →**にくかんてき**
にっき【日記】 近代ダイアリー(diary)。にっし［日誌］。にっぽう［日報］。近世しゅき［手記］。ひちゃう［日帳］。ひなみき［日並記／日次記］。中世にちじょう［日乗］。にちろ

く[日録]。にっきちゃう[日記帳]。〘中古〙にき／にっき[日記]。

—を公開するウェブサイト　ブログ(blog)。

絵を主とした—　えにっき[絵日記]。

天皇の—　〘中世〙ぎょき[御記]。

当座の用事などを記しておく—　〘近代〙たうようにっき[当用日記]。

にっきゅう【日給】　〘近代〙にっきふ[日給]。にったう[日当]。〘近世〙かせぎ[稼]。たちまへ[立前]。→**きゅうよ【給与】**

ニックネーム(nickname)。ハンドルネーム(和製handle name)。〘近代〙あいしょう[愛称]。ニックネーム。〘近世〙あだな[渾名／綽名]。

にづくり【荷造】　パッケージ(package)。〘近代〙こんぱう[梱包]。はうさう[包装]。パッキン／パッキング(packing)。〘近世〙にごしらへ[荷拵]。にづくり[荷造]。

—・せずに積むこと　ばらづみ[散積]。

—の仕直し　かいそう[改装]。

—の箱　こほうそうばこ[個包装箱]。〘近代〙にばこ[荷箱]。パッキングケース(packing case)。〘近世〙かうり[行李／梱]。〘中世〙こり[梱]。

にっこう【日光】　サンビーム(sunbeam)。しぜんこう[自然光]。ちゅうこう[昼光]。〘近代〙ぐゎいくゎう[外光]。サンシャイン(sunshine)。スカイライト(skylight)。たいやうくゎう[太陽光]。てんぴ[天日]。にっしゃ[日射]。〘近世〙ひざし[日差]。〘中世〙おんくゎう[恩光]。はくくゎう[白光]。ひのあし[日脚／日足]。ゑんくゎう[円光]。〘中古〙うけい[烏景]。くゎうけい[光景]。てんくゎう[天光]。にっくゎう[日光]。やうくゎう[陽光]。日の光。〘上代〙ひ[日／陽]。日の目。→**ひ【日】**

薄曇りの日の—　〘近代〙うすび[薄日]。うすらび[薄日]。

霞んでいるような—　〘近世〙おぼろび[朧日]。

雲などの隙間から射し込む—　〘中古〙ひあし[日脚／日足]。日の脚／日の足。

夏の—　〘近世〙ゐじつ[畏日]。

冬の—　〘中古〙あいじつ[愛日]。

にっこり　〘近代〙にこっと。にやにや。ほほゑみ[微笑／頬笑]。〘近世〙にたにた。にたり。にやり。にんまり。ほやほや。〘中世〙にこにこ。にこやか[和]。にこり。にっこり。ゑみゑみ[笑笑]。〘上代〙にこよか[和]。にふぶに。ゑらゑらに。

—・する　にたつく。にやける。にやつく。やにさがる[脂下]。〘近代〙はがんいっせう[破顔一笑]。びせう[微笑]。相好(さうがう)を崩す。ほほ〘近世〙にこつく。〘中古〙うちゑむ[打笑]。ほほゑむ[微笑]。〘上代〙ゑむ[笑]。

—・するさま　〘近世〙くゎんぜん[莞然]。〘中古〙くゎんじ[莞爾]。

喜んで—と笑う　〘上代〙ゑみさかゆ[笑栄]。

にっし【日誌】　→**にっき**

にっしゃ【日射】　にっしょう[日照]。〘近代〙にっしゃ[日射]。〘近世〙ひざし[日射]。〘中古〙やうくゎう[陽光]。

にっしょう【日照】　〘近代〙にっしゃ[日射]。〘近世〙ひざし[日射]。〘中世〙にっくゎう[日光]。ひあたり[日当]。〘中古〙日の光。〘上代〙ひでり[日照]。

にっしょく【日食】　〘中古〙しょく[食／蝕]。にっしょく[日食／日蝕]。

—や月食で欠ける度合い　しょくぶん[食分]。

—や月食で全面隠される瞬間　しょっき[食既]。

—や月食で最も欠けた状態　しょくじん[食甚／蝕甚／食尽]。

—や月食になる　〘上代〙はゆ[蝕]。

—や月食の欠け初め　しょき[初虧]。

一部が欠ける—　ぶぶんしょく[部分食／部分蝕]。ぶぶんにっしょく[部分日食／部分日蝕]。〘近代〙ぶんしょく[分食／分蝕]。

全面が欠ける—　かいきしょく[皆既食／皆既蝕]。かいきにっしょく[皆既日食／皆既日蝕]。きんかんしょく[金環食／金環蝕]。

にっしんげっぽ【日進月歩】　ステップアップ(step up)。プログレス(progress)。〘近代〙しんくゎ[進化]。しんこう[振興]。しんてん[進展]。ぜんしん[前進]。にっしんげっぽ[日進月歩]。はってん[発展]。〘近世〙かうじゃう[向上]。〘中世〙じゃうたつ[上達]。しんぽ[進歩]。

にっすう【日数】　〘近代〙にっすう[日数]。〘近世〙にっし[日子]。ひあひ[日間／日合]。ひがら[日柄]。〘中世〙ぢ[路]。ひにち[日日]。〘上代〙か[日]。ひかず[日数]。ひつき[日月]。

—が多い　〘上代〙けながし[日長]。

—がかかる　〘近世〙日が込む。

—が経つ　〘中古〙うつる[移／遷]。つもる[積]。〘上代〙すぎゆく[過行]。すぐ〔すぎる〕[過]。ながる〔ながれる〕[流]。ふ〔へる〕[経]。

—を数える　〘近世〙かがなふ[僂]。

—を過ごす　〘上代〙かがなぶ[日日並]。けならぶ／ひならぶ[日並]。

多くの—　〘中古〙せきじつ[積日]。ちゃうじつ

［長日］。ひゃくにち［百日］。

年末で残り少ないー 近代 ざんれき［残暦］。

わずかなー 中古 じゅんげつ［旬月］。

▼十日間 近代 じゅんじつ［旬日］。

にっせき【日夕】 近代 にっせき［日夕］。中世 まいにち［毎日］。中古 ちうや［昼夜］。上代 てうせき［朝夕］。にちや［日夜］。

にっちもさっちも【二進三進】 どうにもこうにも。近代 進退窮まる。進退維(これ)谷(きは)まる。近世 にっちもさっちも［二進三進］。後へも先へも行かぬ。→**どうしようもな・い**

にっちゅう【日中】 デイ／デー(day)。デイタイム(daytime)。近世 ちうかん［昼間］。にっかん［日間］。ひだか［日高］。ひなか［日中］。ひる(の)ひなか［昼日中］。まっぴるま［真昼間］。まひる［真昼］。中古 あかひる［明昼］。にっちゅう［日中］。はくちう［白昼］。はくじつ［白日］。はくちう［白昼］。ひざかり［日盛］。ひるなか［昼中］。ひるま［昼間］。上代 ひ［日］。ひのうち［日中］。ひる［昼］。ひるつかた［昼方］。

ーずっと 上代 しみらに／しめらに［終］。ひねもす［終日］。→**いちにちじゅう**

ーの長いこと 中古 えいじつ［永日］。上代 ながび［長日／永日］。

▼正午 中世 ていご［亭午］。

にってい【日程】 近代 じかんへう［時間表］。じかんわり［時間割］。スケジュール(schedule)。タイムテーブル(timetable)。にってい［日程］。ひわり［日割］。よてい［予定］。中世 ひどり［日取］。

旅のー 近代 こうてい［行程］。中世 りょてい［旅程］。

にっとう【日当】 近代 にっきふ［日給］。にったう［日当］。近世 たちまへ［立前］。中世 かせぎ［稼］。→**きゅうよ【給与】**

にっぽう【日報】 →**にっき**

にっぽん【日本】 →**にほん**

につ・める【煮詰】 近世 せんがう［煎熬］。せんじつむ［―つめる］［煎詰］。にしむ［―しめる］［煮染］。につむ［―つめる］［煮詰］。

にど【二度】 中世 にど［二度］。中古 かさねて［重］。さいど［再度］。りゃうど［両度］。上代 ふたたび［再］。

ーと起こさないこと ノーモア(no more)。

ーと起こらないこと 近代 ぜつご［絶後］。

ーと来るな 近世 をととひ来い。

ーとは 近代 二度と再び。

ー行くこと 上代 ふたゆく［二行］。

懲りてーとすまいと思う 中古 おもひこる［思懲］。

にとうぶん【二等分】 近代 にとうぶん［二等分］。りゃうぶん［両分］。近世 せっぱん［折半］。りゃうわけ［両分］。中古 とうぶん［等分］。

線分をー・する点 にとうぶんてん［二等分点］。近世 ちゅうてん［中点］。

にないて【担手】 たんとうしゃ［担当者］。近代 せきにんしゃ［責任者］。

にな・う【担】 近代 うけもつ［受持］。たんたう［担当］。背負(しょ)って立つ。近世 うけおふ［請負］。肩に掛かる。中世 かたぐ［かたげる］［担／肩］。かつぐ［担］。せおふ［背負］。ひきうく［―うける］［引受］。上代 おふ［負］。になふ［担／荷］。ふたん［負担］。

にのつぎ【二次】 近代 あとまはし［後回］。にのつぎ［二次］。中古 わき［脇］。

にのまい【二舞】 中世 にのまひ［二舞］。前車の覆るは後車の戒め。前車の轍を踏む。前轍(ぜんてつ)を踏む。

にばい【二倍】 近代 ばいがく［倍額］。近世 にばい［二倍］。ばい［倍］。

ーに増やすこと 近代 ばいか［倍加］。ばいまし［倍増］。中古 ばいぞう［倍増］。

にばんめ【二番目】 ビー(B)。近代 セカンド(second)。近世 にのつぎ［二次］。ふたつめ［二目］。中世 にばんめ［二番目］。上代 おつ［乙］。だいに［第二］。

ーに行われること 近代 にじ［二次］。

ーの級 ビーきゅう［B級］。ビークラス(Bclass)。近代 にきふ［二級］。中古 にりう［二流］。上代 にとう［二等］。

ーの子 近代 じぢょ［二女／次女］。近世 じし［次子］。中古 じなん［二男／次男］。

ーの親王 中古 にのみや［二宮］。

ーの点 近代 じてん［次点］。

にびいろ【鈍色】 近世 うつぶしいろ［空五倍子色／空柴色］。中世 どんじき［鈍色］。中古 かたみのいろ［形見色］。にびいろ／にぶいろ［鈍色］。

ーになる 中古 にばむ／にぶ／にぶむ［鈍］。

ーの衣服(喪服) 中古 うすずみ［薄墨］。うすずみごろも［薄墨衣］。

にぶ・い【鈍】 近代 ダル(dull)。どんかん［鈍感］。どんぢゅう［鈍重］。ふくゎっぱつ［不活発／不活潑］。ふびん［不敏］。むしんけい［無神経］。むとんちゃく／むとんぢゃく［無頓着］。近世 うとし［疎］。おぞし［鈍］。とん［頓］。なまくら［鈍］。ねそ。のろま［鈍

間／野呂松］。尻重し。中世おもし［重］。したるし。つたなし［拙］。ておもし［手重］。とろし。ねばし［粘］。のろし［鈍］。中古おそし［遅］。たゆさ［弛］。どん［鈍］。にぶし［鈍］。上代おそ／おぞ［鈍］。

《句》近世暗がりから牛を引き出す。

―い人 近代どんかつかん［鈍瞎漢］。どんぶつ［鈍物］。近世ごぶじ［御無事］。どんだらう［鈍太郎］。なまくら［鈍］。のろま［鈍間／野呂松］。

―く進むさま 近代ぬらぬら［滑滑］。近世ぬらくら。ぬらりぬらり。

―くて才知のないさま 中世どんげ［鈍］。どどん［駑鈍］。

―くなる →にぶ・る

動きが―・いさま もっさり。近代のんびり。もさもさ。近世おほやう［大様］。のろのろ。のろり。中世ねそねそ。

着流しで動きが―・いさま 近世ぞべぞべ。ぞべらぞべら。

極めて―・いこと 近代しどん［至鈍］。

心の働きが―・い 中古こころおそし［心遅］。たゆし［弛／懈］。

知覚が―・くなる 中古ほつく／ほほく。

年老いて―・くなる 上代おいぼる［―ぼれる］［老耄］。

刃などが―・くなること どんま［鈍磨］。

反応が―・い 近代まどろい。まどろこしい。近世まだるし［間怠］。《句》近世石仏に虱(しらみ)。

にぶ・る【鈍】 どんか［鈍化］。どんする［鈍］。近代焼きが回る。近世とぼく［とぼける］［恍／惚］。なまる［鈍］。箍(たが)が緩む。中世なまく［なまける］［怠］。中古おろく。ぼく［ぼける］［惚］。上代にぶる［鈍］。

―って感覚がなくなること 近代どんま［鈍麻］。

働きが―・ったり停止したりする 近世まひ［麻痺／痲痺］。

にべな・い【鰾膠無】 近代つっけんどん［突慳貪］。ぶあいさう／ぶあいそ［無愛想］。愛想もない。取り付く島もない。近世にべなし［鰾膠無］。ぶっきらぼう［棒］。にべもなし。鼻であしらふ。中世そっけなし［素気無］。けんもほろろ。中古すげなし［素気無］。よそよそし［余所余所］。上代つれなし。

にぼし【煮干】 いりこ［熬子］。いりぼし［煎干］。だしじゃこ［出雑魚］。中古にぼし［煮干／煮乾］。

にほん【日本】 近代おほみくに［大御国］。ジャパン(Japan)。だいにっぽんていこく［大日本帝国］。だいにほん［大日本］。ていこく［帝国］。近世しんしう［神州］。だいとう［大東］。中世あきつしまね［秋津島根］。かみのくに［神国］。おのころじま［磤馭慮島］。じちゐき／じつゐき［日域］。しんこく［神国］。ぞくさんこく［粟散国］。ぞくさんへんち／ぞくさんへんど［粟散辺地］。ぞくさんへんど［粟散辺土］。だいにっぽん［大日本］。とうかい［東海］。にっぽん［日本］。ふさうこく［扶桑国］。ほんてう［本朝］。よもぎがしま［蓬島］。わ［和／倭］。わこく［和国／倭国］。わしう［和州／倭州］。わてう［和朝］。中古おほやしま［大八州／大八洲］。おほやまと［大倭／大日本］。くんしこく［君子国］。にちゐき［日域］。にほん［日本］。にほんこく［日本国］。はっしう［八州］。ひのもと［日本］。ひのもとのくに［日本国］。ふさう［扶桑］。上代あきつくに［秋津国］。あきつしま［秋津島／秋津洲／蜻蛉洲］。あしはらのくに［葦原国］。あしはらのなかつくに［葦原中津国］。あしはらのみづほのくに［葦原瑞穂国］。うらやすのくに［浦安国］。おほやしまぐに［大八州国／大八洲国］。おほやまと［大倭／大日本］。おほやまととよあきつしま［大日本豊秋津洲］。くゎうてう［皇朝］。しきしま［敷島／磯城島］。とよあきつしま［豊秋津島］。とよあしはら［豊葦原］。とよあしはらのちいほあきのみづほのくに［豊葦原千五百秋之瑞穂之国］。とよあしはらのなかつくに［豊葦原中津国］。とよあしはらのみづほのくに［豊葦原瑞穂国］。なかつくに［中津国］。みづほのくに［瑞穂国］。ひいづるくに［日出国］。やしま［八島／八洲］。やしまくに［八島国／八洲国］。やまと［大和／倭］。やまとしま［大和島］。やまとしまね［大和島根］。

《枕》上代あきつしま［秋津島／秋津洲／蜻蛉洲］［⇩やまと］。しきしまの／しきしまや［敷島］［⇩やまと］。ひのもとの［日本］／をだて［小楯］［⇩やまと］。

―からの輸出品 近代にっくゎ［日貨］。

―国民 中古しんみん［神民］。

―固有のさま 上代みくにぶり［御国風］。

―全土 中世ろくじふよしう［六十余州］。

―での呼び名 わめい［和名］。中古わみゃう［和名／倭名］。

―と外国を言う例 にっちゅう［日中］。にっちょう［日朝］。わろ［和露］。近代くゎうか

ん［皇漢］。にちえい［日英］。にちふつ［日仏］。にちべい［日米］。にちろ［日露］。にっかん［日韓］。にっくゎ［日華］。にっしん［日清］。わえい［和英］。わふつ［和仏］。中世 かんわ［漢和］。

―と西洋 近代 わやう［和洋］。

―と中国と西洋 近代 わかんやう［和漢洋］。

―に来ること 近世 ほうにち［訪日］。らいにち［来日］。近世 とにち［渡日］。上代 らいてう［来朝］。

―に滞在していること ざいにち［在日］。近代 ちゅうにち［駐日］。

―に友好的であること 近世 しんにち［親日］。

―の紀元 近代 くゎうき［皇紀］。じんむきげん［神武紀元］。

―の言葉 近代 ジャパニーズ（Japanese）。にっぽんご［日本語］。はうぶん［邦文］。近世 こくご［国語］。はうご［邦語］。みくにことば［御国言葉］。わぶん［和文］（文章）。中古 にほんご［日本語］。やまとことのは［大和言葉］。やまとことば［大和言葉／大和詞］。やまとみこと［大和御言］。わご［和語／倭語］。

―の言葉に翻訳すること 近代 こくやく［国訳］。はうぶんやく［邦文訳］。はうやく［邦訳］。わやく［和訳］。

―の精神と外国の学問 近代 わこんかんさい［和魂漢才］。わこんやうさい［和魂洋才］。

―の製品 にほんせい［日本製］。近代 メードインジャパン（made in Japan）。近世 こくさん［国産］。わせい［和製］。中世 わもの［和物／倭物］。

―風 近代 わふう［和風］。近世 にほんりう［日本流］。わしう［和臭］。わやう［和様］。中世 わしき［和式］。

―風の食事 近代 にほんれうり［日本料理］。わしょく［和食］。

―本国の地 近代 ないち［内地］。上代 ほんど［本土］。

―を排斥しようとする運動など はんにち［反日］。近代 はいにち［排日］。

―を離れること りにち［離日］。

―をよく知っていること ちにち［知日］。

中国などの外国が―を言った言葉 近代 ジパング（イタリア Zipangu）。ジャパン（Japan）。とうやう［東洋］。近世 じっとう／にっとう［日東］。ヤーパン（オランダ Japan）。中世 うばうこく［烏卯国］。じっぽん［日本］。とうえい［東瀛］。わ［和／倭］。わこく［倭国／和国］。中古 とうど［東土］。

わが― 中世 ほんてう［本朝］。ほんぱう［本邦］。みくに［御国］。中古 ここ［此処］。

▼国内 近代 ないこく［内国］。上代 うちつくに［内国］。

▼日本研究等 ジャポニスム（フランス japonisme）。近代 ジャパノロジー（Japanology）。

にほんが【日本画】 近代 こくぐゎ［国画］。にほんぐゎ［日本画］。にほんびじゅつ［日本美術］。はうぐゎ［邦画］。中古 やまとゑ［大和絵］。

―のいろいろ（例） 近世 うきよゑ［浮世絵］。にしきゑ［錦絵］。ぶんじんぐゎ［文人画］。中古 まきゑ［蒔絵］。

にほんじん【日本人】 ジャパニーズ（Japanese）。近代 はうじん［邦人］。中世 にほんじん［日本人］。わじん［和人／倭人］。

―の心 近世 わこん［和魂］。中古 やまとごころ［大和心］。やまとだましひ［大和魂］。

―を侮蔑した言い方 イエローヤンキー（yellow Yankee）。近代 ジャップ（Jap）。

にまいじた【二枚舌】 近代 にまいじた［二枚舌］。中世 いちじりゃうやう［一事両様］。いっこうりゃうぜつ［一口両舌］。中古 りゃうぜつ［両舌］。

にもつ【荷物】 カーゴ（cargo）。近代 うんそうひん［運送品］。しちょう［輜重］。てにもつ［手荷物］。近世 つみに［積荷］。中世 にもつ［荷物］。中古 くゎもつ［貨物］。上代 かうり［行李／梱］。に［荷］。

―入れ トランクルーム（trunk room）。近代 トランク（trunk）。

―が重すぎる 近世 てばる［手張］。中古 おもに［重荷］。

―が嵩張ること 近代 にがさ［荷嵩］。

―が片方へ寄ってしまうこと かたに［片荷］。

―が着くこと にゅうか［入荷］。近代 いりに［入荷］。ちゃくか／ちゃくに［着荷］。

―がないこと 近代 からに［空荷］。てぶら［手］。としゅくうけん［徒手空拳］。近世 あかで［赤手］。からって［空手］。中世 からて［空手］。すで［素手］。せきしゅ［赤手］。中古 からみ［空身］。としゅ［徒手］。上代 くうしゅ［空手］。

―から一部をこっそり抜くこと にぬき［荷抜］。

―に付ける送り先などを書いた札 タグ／タッグ（tag）。ふひょう［付票／附票］。近代 ゑふ［絵符／会符］。近世 にふだ［荷札］。

―の外見 にすがた［荷姿］。

―の上面と下面 近世 てんち［天地］。

に

ーの持ち主 中世にぬし［荷主］。
ーを受け取ること にうけ［荷受］。
ーを重ねて上に置く 近世うはづみ［上積］。
ーを戸外に積んでおくこと のづみ［野積］。
ーを処理すること にあつかい［荷扱］。にさばき［荷捌］。
ーを背負う器具 近代しょひこ［背負子］。しょひばしご／せおひはしご［背負梯子］。しょひわく［背負枠］。
ーを積み出すこと つみだし［積出］。にだし［荷出］。近代しゅっか［出荷］。におくり［荷送］。
ーを載せる 近代たふさい［搭載］。中世つみこむ［積込］。中古しゃさい［車載］。せきさい［積載］。上代つむ［積］。
ーを運ぶこと 近代うんぱん［運搬］。うんゆ［運輸］。つううん［通運］。はんそう［搬送］。近世ゆそう［輸送］。上代うんそう［運送］。
ーを運ぶ職業の人 近代あかぼう［赤帽］。あかぼうし［赤帽子］。ポーター(porter)。近世がうりき［強力／剛力］。しゃりき［車力］。中世にもち［荷持］。
ーを持ちやすいようにまとめること 近世にづくり［荷造／荷作］。
ーを持て余すこと にやっかい［荷厄介］。近世あしてまつはり［足手纏］。中世あしてまとひ／あしでまとひ［足手纏］。
多くのー 中古あまたかけ［数多掛］。
重いー 中古おもに［重荷］。
軽いー 近世かるに［軽荷］。
客の乗った馬の後ろにーを付けること 近世あとつけ［後付／跡付］。
背に負うー 近世おひもの［負物］。
倉庫などに積んであるー いりに［入荷］。
高く積み上げたー 中世たかに［高荷］。
駄馬につけたー 近代にだ［荷駄］。近世こにだ［小荷駄］。だに［駄荷］。
旅人などの持つ油単で包んだー 近世ゆたんづつみ［油単包］。
小さいー 近代こにもつ［小荷物］。
積んでいたーが崩れること にくずれ［煮崩］。
滞っているー 近代たいくゎ［滞貨］。
二つに振り分けたー ふりわけにもつ［振分荷物］。近代ふりわけ［振分］。
船に積んで運ぶー 中古ふなに［船荷］。
▼助数詞 こ［個］。はこ［箱］。近代こり［梱］。中世つつみ［包］。中古か［荷］。だ［駄］。上代たん［担］。

にやにや 近代にやっと。にやにや。にんまり。近世にたにた。にたり。にやり。中世ゑみゑみ［笑笑］。

ニュアンス(フランス nuance) 近代いろあひ［色合］。いんえい［陰翳］。ごかん［語感］。ニュアンス。近世あや［文／綾］。いみあひ［意味合］。ふくみ［含］。中世がんちく［含蓄］。→**にっこり**

にゅうか【入荷】 近代いりに［入荷］。ちゃくか／ちゃくに［着荷］。近世しいれ［仕入］。

にゅうかい【入会】 名を連ねる。近代にふくゎい［入会］。にふもん［入門］。はひる［入］。近世かにふ［加入］。なかまいり［仲間入］。中世さんか［参加］。さんず［参］。上代くははる［加］。
《謙》中世末席を汚す。
ーのときの礼物 上代そくしう［束脩］。

にゅうがく【入学】 近代しうがく［就学］。しんがく［進学］。にふかう［入校］。中古にふがく［入学］。

にゅうきん【入金】 近代なふにふ［納入］。にふきん［入金］。はらひこみ［払込］。上代をさむ（おさめる）［納］。

にゅうこう【入港】 近代きかう［寄港］。ちゃくかう［着港］。とうべう［投錨］。近世ていはく［停泊］。にふかう［入港］。にふしん［入津］。中世にふつ［入津］。

にゅうさつ【入札】 近世いれふだ［入札］。にふさつ［入札］。
ー・した札を開けること 近世かいさつ［開札］。
ーで親が買い戻すこと おやびき［親引］。
ーで権利を手にすること 近世おちふだ／らくさつ［落札］。
ーに参加すること おうさつ［応札］。
ー前に協定しておくこと だんごう［談合］。

にゅうじ【乳児】 にゅうようじ［乳幼児］。ほにゅうじ［哺乳児］。近代しんせいじ［新生児］。にゅうじ［乳児］。ベイビー／ベビー(baby)。近世あかちゃん［赤］。あかっこ［赤子］。あかんぼう［赤坊］。さんじ［産児］。ちのみご［乳飲子］。中世あかご［赤子］。えいがい［嬰孩］。えうじ［幼児］。せうじ［小児］。中古えいじ［嬰児］。上代せうに［小児／少児］。てご［手児］。みどりこ／みどりご［緑児／嬰児］。わくご［若子］。→**あかんぼう**

にゅうしゃ【入社】 近代しうしょく［就職］。にふしゃ［入社］。ほうしょく［奉職］。

にゅうじゃく【柔弱】 こしよわ［腰弱］。よわごし［弱腰］。近代きよわ［気弱］。近世きゃしゃ［華奢］。じうだ［柔懦］。なまぬるし［生

温］。なんじゃく［軟弱］。ぬるし［温］。はくじゃく［薄弱］。中世きょじゃく［虚弱］。じうじゃく［柔弱］。中古こころよわし［心弱］。だじゃく［惰弱／懦弱／堕弱］。にうじゃく［柔弱］。めめし［女女］。もろし［脆］。

―・な人　けなひと［異人］。中世けなもの［異者］。やさをとこ［優男］。

にゅうしゅ【入手】　近代しうとく［収得］。しゅとく［取得］。近世じゅりゃう［受領］。つかむ［摑］。手にす。らくしゃう［落掌］。らくしゅ［落手］。手に入る。中世くゎくとく［獲得］。にふしゅ［入手］。手に入る［―入れる］。中古う［える］［得］。もらふ［貰］。上代うけとる［受取］。

《謙》中世いただく［頂／戴］。さづかる［授］。はいじゅ［拝受］。中古はいりゃう［拝領］。上代たまはる［賜／給］。

にゅうしょう【入賞】　近代じゅしゃう［受賞］。にふせん［入選］。近世にっしふ［入集］。

にゅうじょう【入場】　近世にふぢゃう［入場］。

―券　近世きっぷ［切符］。きどふだ［木戸札］。ふだ［札］。

―料　近代アドミッション(admission)。きど［木戸］。近世きどせん［木戸銭］。ふだせん［札銭］。

大人の―券　近世おほふだ［大札］。

子供の―券　近世こふだ［小札］。

にゅうしょく【入植】　近代いみん［移民］。にふしょく［入植］。近世かいたく［開拓］。中古いぢゅう［移住］。

ニュース(news)　近代じゃうほう［情報］。ニュース。近世しらせ［知］。ほうだう［報道］。ほうち［報知］。

―に論評を加えながら伝える人　キャスター(caster)。ニュースキャスター(newscaster)。

―の源　じょうほうげん［情報源］。近代ニュースソース(news source)。

短い―　たんしん［短信］。

にゅうどうぐも【入道雲】　せきらんうん［積乱雲］。近代にふだうぐも［入道雲］。近世いたちぐも［鼬雲］。くものみね［雲峰］。らいうん［雷雲］。中世いはぐも［岩雲］。うんりん［雲林］。

にゅうねん【入念】　近代しうたう［周到］。近世ねんいり［念入］。中世しうみつ［周密］。たんねん［丹念］。にふねん［入念］。中古ていねい［丁寧］。

ニューフェース(new face)　しんせい［新星］。近世しんがほ［新顔］。上代しんじん［新人］。→**しんじん【新人】**

にゅうもん【入門】　近代しじ［師事］。門を叩く。近世でしいり［弟子入］。門に入る。中世にふもん［入門］。

―のときの礼物　近世ひざつき［膝突／軾］。上代そくしう［束脩］。

学問の道への―　近世うひやまぶみ［初山踏］。

寺子屋に―・すること　近世てらいり［寺入］。

にゅうもんしょ【入門書】　あんないしょ［案内書］。てびきしょ［手引書］。プライマー(primer)。べんもう［便蒙］。近代ガイドブック(guidebook)。ハンドブック(handbook)。近世しほり［栞］。しをり［枝折］。わうらいもの［往来物］。→**てびき**

にゅうよう【入用】→**けいひ**

にゅうよく【入浴】　近世にふたう［入湯］。にふよく［入浴］。ゆあび［湯浴］。ゆいり［湯入］。中世さうやく［澡浴］。ゆがけ［湯掛］。中古おゆ［御湯］。ぎゃうずい［行水］。さうよく［澡浴］。ゆ［湯］。ゆあみ［湯浴］。ゆどの［湯殿］。ゆゆで［湯茹］。上代もくよく［沐浴］。

―・させる　中世あぶす［あぶせる］［浴］。

―・し過ぎて気分が悪くなること　ゆあたり［湯中］。

―・し過ぎて痩せること　中古ゆやせ［湯痩］。

―・する　近代湯を使ふ。近世一風呂浴ぶ［―浴びる］。中世ひく［引］。よくする［浴］。湯を引く。中古あぶ［あびる］［浴／沐］。あむ［浴／沐］。ゆづ［ゆでる］［茹］。上代ゆあむ［湯浴］。

―のあと着るもの　近代ゆあがり［湯上］。ゆかた［浴衣］。中古ゆかたびら［湯帷子］。

―のあと身体が冷えること　近世ゆざめ［湯冷］。

―のあとの化粧　近代ゆげしゃう［湯化粧］。

―の時身に付けるもの　近世ゆまき［湯巻］。中世ゆぐ［湯具］。ゆもじ［湯文字］。中古ゆかたびら［湯帷子］。

―料金　ふろだい［風呂代］。近代おゆせん［御湯銭］。近世ふろせん［風呂銭］。ゆせん［湯銭］。

朝に―・すること　近世あさゆ［朝湯］。中世あさぶろ［朝風呂］。

新生児の―　中世うばゆ［鵜羽湯］。中古うぶゆ［産湯］。

他人を入れず一人で―・すること　近世とめぶろ［留風呂］。中世とめゆ［留湯］。

短時間の―のたとえ　近世からすあび［烏浴］。烏の行水。

治療のための― 近世 をんよく[温浴]。中古 たうぢ[湯治]。ゆでる[茹]。

長い― 近世 こしぬけぶろ[腰抜風呂]。ながぶろ[長風呂]。中世 ながゆ[長湯]。

部分的な― あしゆ[足湯/脚湯]。近代 きゃくたう[脚湯]。こしゆ[腰湯]。ざよく[座浴/坐浴]。

毎日―・すること 近世 ひぶろ[日風呂]。

料金を取って―・させるところ 近世 せんとう[銭湯]。ゆうや/ゆや[湯屋]。中世 せんたう[銭湯/洗湯]。ふろや[風呂屋]。

ニュールック(new look) ニューモード(和製 new mode)。近代 さいしんがた[最新型/最新形]。近世 しんがた[新型/新形]。中世 しんしき[新式]。

にゅうわ【柔和】 近代 ソフト(soft)。をんけん[穏健]。近世 をんこう[温厚]。をんじゅん[温順]。をんりゃう[温良]。をんわ[温和]。中世 おだやか[穏]。おとなし[大人]。にうなん[柔軟]。にょほふ[如法]。やはらか[柔]。中古 にうわ[柔和]。ものやはらか[物柔]。

―・なさま 近世 やは[柔/和]。

―・に振る舞う 中古 たをやぐ[嫋]。

にょう【尿】→**しょうべん**

にょうぼう【女房】→**つま**

にょじつ【如実】 中世 じっさい[実際]。しんにょ[真如]。にょじつ[如実]。中古 しんじち/しんじつ[真実]。

…によって 近世 ので。中世 でう[条]。もって[以]。中古 ほどに[程]。上代 もちて/もて[以]。

にら【韮】 近世 こにら[小韮]。中世 ふたもじ[二文字]。中古 こみら[小韮]。みら[韮]。にら[韮/韭]。上代 かみら[韮/韭]。

―や葱など 近世 くさもの[臭物]。

にらみ【睨】 近代 ゐあつ[威圧]。ゐかく[威嚇]。ゐりょく[威力]。近世 にらみ[睨]。中世 へいげい[睥睨]。

にら・む【睨】 近世 にらみつく/にらめつく[―つける][睨付]。にらめる[睨]。中世 にらまふ[―まえる][睨]。ねめかく[睨掛]。ねむ(ねめる)[睨]。ねめつく[―つける][睨付]。目に角立つ[―角立てる]。上代 にらむ[睨]。まかつ[目勝]。

―・み合い 近代 けいぐゎい[睽乖]。にらめっこ[睨]。近世 にらみくら/にらめくら[睨競]。にらみっくら/にらめっくら/にらめっこ[睨競]。はんもく[反目]。中世 めくらべ[目比]。

―・むさま 近代 ぎょろっと。近世 ぎょろり。はったと。中世 ちゃうど[丁]。はたと。

―・む目つき 中古 がいさい[睚眥]。

じっと―・む 近代 にらみすゑる[睨据]。

周りを―・みつける 近代 ぎょろつく。近世 ぎょろぎょろ。ねめまはす[睨回]。

にりつはいはん【二律背反】 近代 アンチノミー(ドイツ Antinomie)。じかどうちゃく[自家撞着]。ジレンマ(dilemma)。にりつはいはん[二律背反]。むじゅん[矛盾]。近世 くひちがひ[食違]。どうちゃく[撞着]。辻褄が合はぬ。

にりゅう【二流】 ビーきゅう[B級]。マイナー(minor)。近代 ちゅうりう[中流]。にりう[二流]。中世 つぎざま[次様]。中古 にのまち[二町]。上代 にとう[二等]。

に・る【似】 近代 きんじ[近似]。こくじ[酷似]。せうじ[肖似]。るいじ[類似]。近世 しゃうぎじ[疑似/擬似]。しゃう[生]。につこらし[似]。しゃう[正]。はうふつ[髣髴/彷彿]。中世 あやかる[肖]。いきうつし[生写]。ちかし[近]。による[似寄]。まがふ[紛]。中古 あゆ[肖]。うちおぼゆ[打覚]。うちかよふ[打通]。おぼゆ[おぼえる][覚]。かよふ[通]。なずらふ/なぞらふ[準/准/擬]。にかよふ[似通]。のる[似]。まがふ/まぎる[紛]。るいす[類]。上代 さうじ[相似]。につく[似付]。にる[似]。

《句》 近世 瑠璃も玻璃も照らせば分かる。中世 狐の子は頬白。

―・させる 中古 たぐふ[たぐえる][類/比]。つくる[作]。なずらふ[―らえる]/なぞらふ[―らえる][準/准/擬]。にす[にせる][似]。もどく[擬/抵牾/牴牾]。上代 かたどる[象/模]。

―・たいと思うもの 中古 あえもの[肖物]。

―・た性質 近代 るいしつ[類質]。

―・たものが他にないこと 近世 ふるい[不類]。

―・たものに倣う 中古 じゅんず[準/准]。なずらふ[―らえる]/なぞらふ[―らえる][準/准/擬]。

―・たようなもの →**にたりよったり**

―・たようなものが集まったさま 揃いも揃って。近世 類は友を呼ぶ(集める)。中世 似るを友。

―・ていて他と区別がつかない 中古 まぎる[まぎれる][紛]。

―・ていない 似ても似つかぬ。中古 とほし[遠]。

—・ているもの 近代 しんるい［親類］。中世 どうるい［同類］。

—・ているように思う 中古 うちおぼゆ［打覚］。おもひよそふ［思寄／思準］。

—・て非なるもの 近代 あめざいく［飴細工］。中世 さうじ［相似］。もどき［擬／抵牾／牴牾］。紫の朱(あけ)を奪ふ。

形が—・ていること 近世 けいじ［形似］。

血縁でもないのに—・ていること 近世 そらに［空似］。他人の空似(そらに)(猿似)。中世 さるに［猿似］。

よく—・ているさま 近代 瓜二つ。近世 そっくり。そのまま［其儘］。中世 いきうつし［生写］。中古 いき［依稀］。

▼接尾語(接尾語的なものも含む) 近世 がかり［掛］。ばり［張］。中世 てい［体］。上代 ごと［如］。

に・る【煮】 近代 にたき［煮炊］。ボイル(boil)。にたつ〔—たてる〕［煮立］。近世 かしぐ［炊／爨］。しゃふつ［煮沸］。中世 たく［炊］。にやす［煮］。上代 かしく［炊／爨］。にる［煮］。

—・た 近代 ボイルド(boiled)。

—・た魚 近世 にざかな［煮魚］。

—・出したあとのかす にだしがら［煮出殻］。近世 だしがら［出殻］。にがら［煮殻］。

—・出した汁 ストック(stock)。近代 にだしじる［煮出汁］。近世 だし［出］。だしじる［出汁］。中世 せんじふ［煎汁］。

—・た汁 中世 にじる［煮汁］。

—・出すこと 近世 せんじだす［煎出］。せんず［煎］。せんじつむ〔—つめる〕［煎詰］。

—・たたせる 中世 かへらかす［返］。

—・たものを冷ますこと 近世 にざまし［煮冷］。にびやし［煮冷］。

—・たものをもう一度煮る 近世 にかへす［煮返］。

—・て水分が少なくなる 近代 につまる［煮詰］。

—・て水分を少なくする 近世 につむ〔—つめる〕［煮詰］。

—・る音(さま) ふつふつ。近代 くたくた。ぐたぐた。ぐらぐら。近世 ぐつぐつ。

味をしみ込ませるよう—・ること 近代 にふくめる［煮含］。ふくませ［含］。ふくめに［含煮］。近世 にしむ〔—しめる〕［煮染］。

形が崩れるほどよく—・る 中世 にくたす［煮腐］。

切らずにそのまま—・ること 近世 まるだき［丸炊］。まるに［丸煮］。

時間をかけてよく—・る 近代 にこむ［煮込］。

煮えにくいものを先に—・ておくこと したに［下煮］。

にわ【庭】 近代 ガーデン(garden)。ていゑん［庭園］。中世 おてい［御亭］。にはもせ［庭面］。みぎり／みぎん［砌］。ゐんてい［園庭］。中古 せんざい［前栽］。つぼ［壺／坪］。つぼせんざい［壺前栽］。はなぞの［花園］。上代 しま［山斎］。その［園／苑］。そのふ［園生］。には［庭］。りんせん［林泉］。→てい えん

《尊》上代 みそのふ［御園生］。

▼中庭 近代 つぼどこ［坪所］。つぼには［坪庭］。パティオ(スペイン patio)。近世 うちには［内庭］。中世 おつぼ［御壺］。中古 つぼ［壺／坪］。つぼせんざい［壺前栽］。上代 ないてい［内庭］。

▼庭先 中古 ていしゃう／ていじゃう［庭上］。ていぜん［庭前］。上代 かいぜん［階前］。やど［宿］。

にわか【俄】 近代 きふきょ［急遽］。こつじょ［忽如］。しゅくぜん［倏然］。近世 すぐさま［直様］。だしぬけ［出抜］。地から湧いたやう。寝耳に水。藪(やぶ)から棒。中世 がぜん［俄然］。きふ［急］。こつぜん［忽然］。そつじ［率爾］。とつじょ［突如］。とつぜん［突然］。とん［頓］。降って湧く。中古 あからさま。あわたたし［慌］。こつえん［忽焉］。しゅくこつ［倏忽／儵忽／倏忽］。そつぜん［卒然／率然］。とみ［頓］。にはか(に)［俄］。ふい［不意］。ゆくりか。上代 あかしま／あからしま［暴］。たうとつ［唐突］。→とつぜん

—・で慌てるさま 中世 ざうじ［造次］。

—・に 近世 いきなり［行成］。ひたと［直］。中世 きっと［急度／屹度］。きと。きふに［急］。さっと［颯］。はたと／はったと。はっと。やにはに［矢場／矢庭］。中古 つと。とこに［頓］。取り敢へず。上代 あからさま。たちまちに［忽］。にはしく［俄］。

—・に大きく変わるさま 中世 くゎっと。

—・に大儲(おおもう)けした金持ち 近代 いちやだいじん［一夜大尽］。近世 いちやけんげう［一夜検校］。にはかぶげん［俄分限］。

—・に覚えた技術等 近世 つけやきば［付焼刃］。

人の死の—・なさま 近代 かふえん［溘焉］。

にわき【庭木】 中世 うゑこみ［植込］。中古 せざい／せんざい［前栽］。ていじゅ［庭樹］。にはき［庭木］。

—の手入れ 近代 せんてい［剪定］。近世 には

いぢり［庭］。中古こもり［木守］。近代にはし［庭師］。

—の手入れをする人 近世きづくり［木造］。たくだ［槖駝］。ゑんてい［園丁］。中古こもり［木守］。

にわとこ【庭常】 近代せっこつぼく［接骨木］。中世にはとこ［庭常／接骨木］。中古みやつこぎ［造木］。近世たづのき［木］。やまたづ［山］。

にわとり【鶏】 とっと（幼児語）。近世とと（幼児語）。中世あけつげどり［明告鳥］。うすべどり［臼辺鳥］。きんけい［金鶏］。しばどり［屢鳥］。しばなきどり［屢鳴鳥］。せきぢのとり［関路鳥］。ときつげどり［時告鳥］。やこゑのとり［八声鳥］。中古くたかけ／くだかけ［腐鶏］。とり［鶏／鳥／禽］。ゆふつけどり［木綿付鳥］。ゆふつげどり［夕告鳥］。上代かけ／かけろ［鶏］。とこよのながなきどり［常世長鳴鳥］。ながなきどり［長鳴鳥］。にはつとり［庭鳥］。にはとり［鶏／雞］。

《枕》上代いへつとり［家鳥］。にはつとり［庭鳥］。

—が鳴くこと（声） 近代けいせい［鶏声］。こけこっこう（幼児語）。中古けいめい［鶏鳴］。こうこう。時を作る。上代かけろ。

—の卵 エッグ（egg）。近世おたま［御玉］（女性語）。中世けいらん［鶏卵］。中古かひ［卵］。こ［子］。とりのこ［鳥子］。上代かひご［卵子］。

—の鶏冠（とさか） 近世けいくゎん［鶏冠］。

—の肉 てば［手羽］。てばさき［手羽先］。てばにく［手羽肉］。近世かしは［黄鶏］。けいにく［鶏肉］。ささみ［笹身］。

—の肉を売る店 近世とりや［鳥屋］。

—の雛（ひな） 近代ひよっこ［雛］。中世ひよこ［雛］。上代ひな［雛］。中古ひなどり［雛鳥］。ひよひよ。

—を飼い育てること 近代やうけい［養鶏］。

—を飼い育てる小屋 けいしゃ［鶏舎］。とりごや［鳥小屋］。

暁に鳴く— 近世とうてんこう［東天紅］。とうてんくゎう［東天光］。中世きんけい［金鶏］。きんけいてう［金鶏鳥］。中古げうけい［暁鶏］。しんけい［晨鶏］。

一番鶏の次に鳴く— 近世にばんどり［二番鶏］。

一番に鳴く— 中世いちばんどり［一番鶏］。

雄の— をんど［雄鳥］。中世をんどり［雄鳥］。中古をどり［雄鳥］。

飼いならした— 中古かけい［家鶏］。

元日早朝の—の声 中世はつとり［初鶏／初鳥］。

産卵前の— 近世わかどり［若鶏／若鳥］。

戦わせる— 中古とうけい［闘鶏］。

日中に鳴く— 近代ごけい［午鶏］。

未明に鳴き出す— 中世うかれどり［浮鳥］。

雌の— 近代ひんけい［牝鶏］。近世めんどり［雌鳥／雌鶏］。

夜更けに鳴く— 中世いちばんどり［一番鶏］。中古夜深き鳥。

にん【任】 近代にんむ［任務］。近世きんむ［勤務］。やくめ［役目］。中古つとめ［勤／務］。上代にん［任］。

—に当たる 近代たんたう［担当］。上代つかさどる［司／掌］。

—に就く 中世くゎんどなり［官途成］。印綬を帯ぶ［—帯びる］。中古ちゃくざ［着座］。

にんい【任意】 ランダム（random）。近代アトランダム（at random）。じいうい し［自由意志］。てきぎ［適宜］。思ひ通り。近世しいい［恣意］。中世こころまかせ［心任］。ずいい［随意］。中古にんい［任意］。思ひのまま。

—の オプショナル（optional）。

にんか【認可】 近代こうにん［公認］。しょうにん［承認］。にんか［認可］。にんきょ［認許］。中世きょか［許可］。中古きょよう［許容］。上代きょだく［許諾］。ゆるす［許］。

にんき【人気】 近代しゅうばう［衆望］。ぞくうけ［俗受］。ポピュラリティ（popularity）。近世うけ［受］。おもひいれ［思入］。じんき［人気］。せいばう［声望］。にんき［人気］。ひとうけ［人受］。中古じんばう［人望］。ひゃうばん［評判］。

—があって持て囃（やは）**される人** アイドル（idol）。近代エトワール（フランスétoile）。ちょうし［寵子］。ちょうじ［寵児］。りうかうじ［流行児］。近世うれっこ［売子］。にんきもの［人気者］。はながた［花形］。はやりっこ［流行子／流行妓］。

—があること 近世おほもて［大持］。

—が高くなること 近世うりだし［売出］。

—の順位表 ヒットチャート（hit chart）。

興行で最も—ある出し物 近代よびもの［呼物］。

にんき【任期】 近代にんき［任期］。中古にんげん［任限］。

—を終える 近代つとめあげる［勤上］。

にんきょう【任侠】 近代ぎけふ［義侠］。近世をとこだて［男伊達］。中世にんけふ［任

侠]。をとこぎ[男気／侠気]。

にんぎょう【人形】 ドール(doll)。フィギュア(figure)。近代 マネキン(mannequin)。近世 ねねさま[様](幼児語)。中世 ぐうじん[偶人]。中古 にんぎゃう[人形]。ひとかた／ひとがた[人形／人像]。ひな／ひひな[雛]。

―を操る人 近世 えんし[偃師]。くぐつし[傀儡師]。くゎいらいし[傀儡師]。でくつかひ[木偶遣]。でくまはし[木偶回]。

―を使った芝居 かげえしばい[影絵芝居]。近世 あやつりしばゐ[操芝居]。おでこしばゐ[御出木偶芝居]。にんぎゃうじゃうるり[人形浄瑠璃]。ぶんらく[文楽]。

操って動かす―（例） ギニョール(フランス guignol)。近代 くるまにんぎゃう[車人形]。てづかひにんぎゃう[手遣人形]。パペット(puppet)。マリオネット(フランス marionette)。近世 あやつりにんぎゃう[操人形]。いとあやつり[糸操]。おでこ[御出木偶]。かるわざにんぎゃう[軽業人形]。でく[木偶]。てづまにんぎゃう[手妻人形]。ぶんらくにんぎゃう[文楽人形]。中世 くぐつ[傀儡]。てくぐつ[手傀儡]。ゆびにんぎゃう[指人形]。中古 くゎいらい[傀儡]。

菊細工で衣装を飾った― 近代 きくにんぎゃう[菊人形]。

木彫りの― 近世 でく／もくぐう[木偶]。ゑりくぐつ[彫傀儡]。中世 もくにん[木人]。

薬屋の看板として置いた― 近世 どうにんぎゃう[胴人形]。

幸福を招く― 近世 かなふふくすけ[叶福助]。ふくすけ[福助]。

子供のお守りにする― 近世 はふこ[這子]。中古 あまがつ[天児／天倪]。

仕掛けのある― ふとうおう[不倒翁]。近世 おきあがりこぼし[起上小法師／不倒翁]。おでこ[御出木偶]。からくり[絡繰／機関]。からくりにんぎゃう[絡繰人形]。とびにんぎゃう[飛人形]。中世 おきかへりこぼし[起返小法師]。

呪術に使う藁(わら)**の―** 近世 かうじん[藁人]。わらにんぎゃう[藁人形]。上代 くさひとかた[草人形]。

晴天を祈って作る紙の― 近世 てるてるばうず[照照坊主]。中古 をみながみ[女神]。

田畑で鳥獣を脅す― 中世 かかし[案山子／鹿驚]。

端午の節句に飾る― ごがつびな[五月雛]。近代 ごぐゎつにんぎゃう[五月人形]。近世 かぶとにんぎゃう[兜人形]。むしゃにんぎゃう[武者人形]。

小さな― 近世 けしにんぎゃう[芥子人形]。まめにんぎゃう[豆人形]。

土で作った― 近代 どろにんぎゃう[泥人形]。近世 つくねにんぎゃう[捏人形]。つちにんぎゃう[土人形]。でいそ[泥塑]。でいそじん[泥塑人]。中古 どぐう[土偶]。どぐうじん[土偶人]。

等身大の― 近世 いきにんぎゃう[生人形]。

俳優の身代わりの― ダミー(dummy)。

美女を似せて作った― 近世 すがたにんぎゃう[姿人形]。

雛(ひな)**―** ひな[雛]。近世 おほうちびな[大内雛]。だいりびな[内裏雛]。

豆を頭にした― 近世 まめやっこ[豆奴]。

焼き物の― かわらにんぎょう[瓦人形]。つつみにんぎょう[堤人形]。

蠟(らう)**で作った―** 近代 らふにんぎゃう[蠟人形]。

その他―のいろいろ（例） きせかえにんぎょう[着替人形]。近代 うぢにんぎゃう[宇治人形]。近世 あねさま[姉様]。あねさまにんぎゃう[姉様人形]。いしゃうにんぎゃう[衣装人形]。いちま／いちまつ[市松]。いちまつにんぎゃう[市松人形]。いちもんやっこ[一文奴]。うきよにんぎゃう[浮世人形]。うこんにんぎゃう[右近人形]。おいち[御市]。おとぎばふこ[御伽這子／御伽婢子]。おみやげにんぎゃう[御土産人形]。ごしょにんぎゃう[御所人形]。中世 からこ[唐子]。からこにんぎゃう[唐子人形]。

にんく【忍苦】 たいぼう[耐乏]。近代 にんじゅう[忍従]。にんたい[忍耐]。近世 がまん[我慢]。中世 いんにん[隠忍]。しんばう[辛抱]。しんぼう[辛棒]。にんく[忍苦]。中古 かんにん[堪忍]。

《句》近代 臥薪嘗胆(ぐわしんしやうたん)。近世 石の上にも三年。

にんげん【人間】❶〈人類〉 ホモサピエンス(ラテン Homo sapiens)。近代 じゅうびわうもく[縦鼻横目]。近世 こめのむし[米虫]。はだかむし[裸虫]。中世 ひとのうへ[人上]。じんりん[人倫]。ひとだね[人種]。中古 いっさいしゅじゃう[一切衆生]。しゅじゃう[衆生]。じんるい[人類]。にんげん[人間]。上代 うつしあをひとぐさ[現青人草]。うつしおみ[現人]。うつせみ／うつそみ[空蟬]。ひと[人]。よひと[世人]。→**ひと**

―の記録 ヒューマンドキュメント(human document)。

ーの言葉 中世じんご［人語］。中古じんげん［人言］。

ーの身体 中世じんしん［人身］。じんたい［人体］。五尺の身。

ーのすること 近世じんゐ［人為］。にんげんわざ［人間業］。

ーの生気 近世にんき［人気］。中世じんき［人気］。

ーの力 近代じんりょく［人力］。中古じんりき［人力］。

ーの胴 近代くかん［軀幹］。たいかん［体幹］。ボディー(body)。中世どうたい［胴体］。

ーの肉を食べること ひとくい［人食／人喰］。カニバリズム(cannibalism)。近代しょくじん［食人］。

にんげん【人間】❷〈人物〉 近代キャラクター(character)。じんかく［人格］。ヒューマン(human)。ひんせい［品性］。中世こつがら［骨柄］。じんぴん［人品］。じんぶつ［人物］。中古ひとがら［人柄］。上代じんりん［人倫］。ひととなり［為人］。

ーでないもの 中世いるい［異類］。いるいいぎゃう［異類異形］。

ーとしての厚み 中世かさ［嵩］。きんど［襟度］。上代きりゃう［器量／気量］。どりゃう［度量］。

ーとしての心を持たないこと(人) 近世じんちく／にんちく［人畜］。じんちくしゃう／にんちくしゃう［人畜生］。じんめんじうしん［人面獣心］。にんぐわい［人外］。中世きちく［鬼畜］。にんぴにん［人非人］。にんめんじうしん［人面獣心］。人でなし。中古ひじゃう［非情］。

ーとしての正常な感覚 近代へいじゃうしん［平常心］。近世しゃうき［正気］。じんせい［人情］。中世ひとごこち［人心地］。中古じんしん［人心］。ひとごころ［人心］。上代にんじゃう［人情］。

ーの本質を研究する学問 近代アントロポロギー(ドイツ Anthropologie)。にんげんがく［人間学］。

ーの道 近代ヒューマニズム(humanism)。中世じんだう［人道］。たつだう［達道］。りんり［倫理］。中古じんりん［人倫］。だいだう［大道］。

ー一人 近代いっこじん［一個人］。中世いっぴき［一匹／一疋］。

ーらしい(らしさ) ユーマニテー／ユマニテ(フランス humanité)。近代にんげんせい［人間性］。にんげんてき［人間的］。にんげんみ［人間味］。にんそ［人素］。ヒューマニティー(humanity)。中世ひとくさし［人臭］。中古ひとめかし［人］。

ー業(わざ)でない 近代しんぎ［神技］。てうじんてき［超人的］。近世にふしん［入神］。中世かみわざ［神業］。上代しんい［神異］。

すぐれたー 近代えらもの［偉者］。近世えらぶつ［偉物／豪物］。

スケールの小さいー 近世こつぶ［小粒］。

平凡なー 中世神ならぬ身。中古ぼんじん［凡人］。ぼんぷ［凡夫］。

にんげんかい【人間界】 エクメネ(ドイツ Ökumene)。近世じんかい［人界］。中世ぐがい［苦界］。げかい［下界］。げてん［下天］。じんきゃう［人境］。にんげんかい［人間界］。にんちゅう［人中］。ぶんだんどうご［分段同居］。中古しゅじゃうかい［衆生界］。せかい［世界］。にんだう［人道］。にんげん［人間］。にんがい［人界］。ひとのよ［人世／人代］。上代うつしくに［現国］。うはつくに［上国］。じんかん［人間］。じんくゎん［人寰］。せけん［世間］。よのなか［世中］。

宇宙に比べて小さなー 近世せうてんち［小天地］。

苦しみの多いー 中世くかい［苦界／苦海］。

にんげんかんけい【人間関係】 ヒューマンリレーションズ(human relations)。近代たいじんくゎんけい［対人関係］。にんげんくゎんけい［人間関係］。をりあひ［折合］。近世あひだがら［間柄］。中世きづな［絆／紲］。中古なか［仲］。

《句》近代貸し借りは他人。

ーがうまくいかないこと(さま) 近代ひび［罅］。近世がたびし／がたぴし。ふなか［不仲］。中世ふくゎ［不和］。ふくゎい［不会］。中古なかたがひ［仲違］。ふわ［不和］。上代ひま［隙］。

ーを嫌がること 近代えんじん［厭人］。にんげんぎらひ［人間嫌］。中世ひとぎらひ［人嫌］。

にんしき【認識】 とらえる［捕／捉］。パーセプション(perception)。近代じかく［自覚］。しきにん［識認］。にんしき［認識］。にんち［認知］。はあく［把握］。りかい［理解］。近世きづく［気付］。中世ちしき［知識／智識］。みとむ［みとめる］［認］。上代しる［知］。

はっきりしたー 近代めいしき［明識］。

再びー・する さいにんしき［再認識］。

にんじゃ【忍者】 近代スパイ(spy)。近世くさ

〔草〕。くさかまり〔草屈〕。しのび〔忍〕。しのびのもの〔忍者〕。しのびものみ〔忍物見〕。すっぱ〔素破／透波〕。とほぎき〔遠聞〕。まはしもの〔回者〕。らっぱ〔乱破〕。中世かまり。かんじゃ〔間者〕。けごみ〔警固見〕。ふせかまり〔伏屈〕。上代うかみ〔窺見／候／間諜〕。かんてふ〔間諜〕。→スパイ

女性の― 近世くのいち〔一〕。

にんじゅう【忍従】 近代くつじゅう〔屈従〕。にんじゅう〔忍従〕。れいじゅう〔隷従〕。中世くっぷく〔屈服〕。ふくじゅう〔服従〕。上代きふく〔帰服〕。

にんじゅつ【忍術】 にんぽう〔忍法〕。近世しのび〔忍〕。しのびのじゅつ〔忍術〕。にんじゅつ〔忍術〕。

にんしょう【認証】 あかし〔証〕。うらづけ〔裏付〕。近代じっしょう〔実証〕。にんしょう〔認証〕。りっしょう〔立証〕。中古しょうめい〔証明〕。

にんじょう【人情】 近代じょうみ〔情味〕。にんげんみ〔人間味〕。にんじょうみ〔人情味〕。ヒューマニティー(humanity)。近世じょ〔恕〕。なさけごころ〔情心〕。中世じゃう〔情〕。心の色。中古おもひやり〔思遣〕。なさけ〔情〕。ひとごころ〔人心〕。上代にんじゃう〔人情〕。

《句》近代手を翻せば雲となり、手を覆せば雨となる。近世今日の情(なさけ)は明日の仇(あだ)。酸いも甘いも嚙み分ける。人は情(なさけ)の下で立つ。中世雲となり雨となる。

―と義理 中古じゃうぎ〔情義〕。

―と道理 中古じゃうり〔情理〕。

―に厚い行い 近世とくかう〔篤行〕。

―に厚いこと 中世じゅんこう〔醇厚／淳厚〕。とくけい〔篤敬〕。中古なさけぶかし〔情深〕。上代しんせつ〔親切／深切〕。

―に厚く素直なこと 中古じゅんぼく〔醇朴／淳朴／純朴〕。

―に通じた人 近世くらうにん〔苦労人〕。すいじん〔粋人〕。すれもの〔擦者〕。つうじん〔通人〕。

―に通じていない 近世ぶいき〔不粋／不意気〕。ぶすい〔無粋／不粋〕。やぼ〔野暮〕。訳知らず。

―に通じている 近世いき〔粋〕。すい〔粋〕。つう〔通〕。なさけしり〔情知〕。中世情けを知る。

―の関わり 近代ちうたい〔紐帯〕。中世きづな〔絆／紲〕。浮世の絆(きづな)。浮世の綱。中古ほだし〔絆〕。

―の機微をとらえる 近世うがつ〔穿〕。

―の通じない人 れいけつかん〔冷血漢〕。近代ぼくせきかん〔木石漢〕。ぼくせきちゃう〔木石腸〕。木仏(きぶつ)金仏(かなぶつ)石仏(いしぼとけ)。近世いしべきんきちきち〔石部金吉金吉〕。いしべきんきちかぶと〔石部金吉金兜〕。いしべやきんざゑもん〔石部屋金左衛門〕。いんごふもの〔因業者〕。きざう〔木蔵〕。ぼくねんじん〔朴念仁〕。木の股から生まる〔―生まれる〕。中古いしかね〔石金〕。ぼくせき〔木石〕。

―のない人 近世おに〔鬼〕。じゃうなし〔情無〕。訳知らず。

―味がない 血も涙もない。近代えげつない。ひじゃう〔非情〕。ひにんじゃう〔非人情〕。れいけつ〔冷血〕。近世とうはく〔偸薄〕。ふにんじゃう〔不人情〕。むじひ〔無慈悲〕。むじゃう〔無情〕。情け知らず。中世はくじゃう〔薄情〕。中古げうはく〔澆薄〕。げうり〔澆漓〕。つれなし。なさけおくる〔情後〕。なさけなし〔情無〕。

―を中心とした話 近世じゃうわ〔情話〕。なきほん〔泣本〕。

世間的な― 近世つうじゃう〔通情〕。中世ぞくねん〔俗念〕。上代ぞくじゃう〔俗情〕。

にん・じる【任】 →にんめい

にんしん【妊娠】 近代おめでた〔御目出度〕。こごもり〔子籠〕。近世くゎいぶく〔懐腹〕。そこだめ〔底溜〕。ぼてれん。にんしん〔妊娠〕。にんよう〔妊孕〕。中世くゎいたい〔懐胎〕。みおも〔身重〕。みもち〔身持〕。上代じゅたい〔受胎〕。くゎいにん〔懐妊〕。くゎいよう〔懐孕〕。

―・させる 近世をれこます〔折込〕。

―・しないこと 近代ふにん〔不妊〕。

―・しないようにすること 近代ひにん〔避妊／避姙〕。

―・しやすい質(たち) 中世こばやし〔子早〕。

―・する 近世くひたむ〔―ためる〕〔食溜〕。とまる〔止／留〕。みごもる〔身籠／妊／孕〕。をれこむ〔折込〕。種を宿す。にんず〔妊〕。中世やどす〔宿〕。中古つはる〔悪阻〕。はらむ〔孕〕。徒(ただ)ならずなる。

乳飲み子を持つ母親の― 近代おとみ〔弟見〕。

▼人工流産 じんこうにんしんちゅうぜつ〔人工妊娠中絶〕。ちゅうぜつ〔中絶〕。近代だったい〔奪胎／脱胎〕。近世こおろし〔子堕〕。中古だたい〔堕胎〕。

▼流産 近世 しゃうさん［傷産］。せうさん［消産］。ながれざん［流産］。はんざん［半産］。

にんじん【人参】 近世 なにんじん［菜人参］。にんじん［人参］。

にんずう【人数】 くちかず［口数］。近代 にんとう［人頭］。近世 あたまかず［頭数］。ゐんず［員数］。にんず［人数］。にんとう［人頭］。にんず［人数］。ゐんじゅ［員数］。中世 じんとう［人頭］。にんずう［人数］。ゐんず［員数］。ゐんじゅ［員数］。中古 にんじゅ［人数］。ゐんずう［員数］。上代 ひとかず［人数］。

ーで圧倒する作戦 じんかいせんじゅつ［人海作戦］。じんかいさくせん［人海戦術］。

ーを増やすこと 近代 ぞうゐん［増員］。

ーを減らすこと 近世 ひとべらし［人減］。

多くのー おおじょたい［大所帯／大世帯］。近代 おほにんずう［大人数］。たにんずう［多人数］。近世 しゅう［衆］。たにんず［多人数］。中世 おほぜい［大勢］。おほにんじゅ［大人数］。たぜい［多勢］。たにんじゅ［多人数］。中古 たすう［多数］。

定められたー 中古 ていゐん［定員］。

少しのー 近代 こにんず／こにんずう［小人数］。せうにんず［少人数］。近世 せうにんずう［少人数］。中世 こぜい［小勢］。こにんじゅ［小人数］。せうにんじゅ［少人数］。ぶぜい［無勢］。中古 ひとずくな［人少］。

役に立てられるー 中古 ひとだね［人種］。

▼助数詞 近代 し［氏］。中古 く［口］。にん［人］。上代 こう［口］。

にんそう【人相】 近世 つらがまへ［面構］。ひとがた［人形／人象］。中世 さうがう［相好］。つらがまち［輔車／面輔］。つらだましひ［面魂］。にんさう［人相］。めんさう［面相］。めんばう［面貌］。中古 おももち［面持］。かほかたち［顔形］。かほつき［顔付］。さう［相］。めんよう［面容］。上代 ようばう［容貌］。

並でないー 中古 いさう［異相］。

良いー 中世 ふくさう［福相］。中古 きっさう［吉相］。上代 きさう［奇相］。

悪いー 中世 ひんさう［貧相］。中古 きょうさう［凶相］。

にんそうみ【人相見】 近代 くゎんさうか［観相家］。にんさうか［人相家］。近世 さうみ［相見］。にんさうみ［人相見］。中世 さうしゃ［相者］。中古 さうにん［相人］。

にんそく【人足】 近代 とびぐち［鳶口］。とびしょく［鳶職］。近世 鳶の者。中世 にんそく［人足］。ぶまる［夫丸］。上代 うんきゃく［運脚］。えうふ［傜夫］。えきちゃう／えきてい［役丁］。えきふ［役夫］。きゃくふ［脚夫］。にんぷ［人夫］。ぶ［夫］。

ーのかしら 近世 ぼうがしら［棒頭］。

火消しのー 近世 ぐゎえん［臥煙］。とび［鳶］。とびのもの［鳶者］。

物の運搬をしたー 近代 にかつぎ［荷担］。近世 うはにさし［上荷差］。かるこ［軽子］。中古 かくりき［脚力］。たんぷ［担夫］。

にんたい【忍耐】 近代 にんたい［忍耐］。近世 がまん［我慢］。かんにん［堪忍］。こんき［根気］。たいにん［耐忍］。ぢきう［持久］。中世 いんにん［隠忍］。かんのう［堪能］。しんばう［辛抱］。にん［忍］。にんく［忍苦］。上代 たふ［たえる］［耐／堪］。→**がまん**

《句》近世 石の上にも三年。忍の一字は衆妙(しゅうめう)の門。斧(をの)を針。

ー強い 近代 こしづよ［腰強］。近世 がまんづよし［我慢強］。かんにんづよし［堪忍強］。斧(をの)を針。

ーの心 近世 かんにんぐら［堪忍庫］。かんにんぶくろ［堪忍袋］。こらへぶくろ［堪袋］。

ー力 近代 かんのう［堪能／勘能］。近世 こしぼね［腰骨］。こらへしゃう［堪性］。こらへぜい［堪性］。こんじゃう［根性］。

にんち【任地】 近代 きんむさき［勤務先］。つとめさき［勤先］。にんち［任地］。近世 ちぎゃうしょ［知行所］。中世 くに［国／邦］。上代 にんこく［任国］。中古 あがた［県］。にんしょ［任所］。まけどころ［任所］。

ーに着くこと 中古 ちゃくにん［着任］。ふにん［赴任］。

ーを離れること 近代 てんきん［転勤］。りにん［離任］。中古 てんにん［転任］。

にんち【認知】 かくにん［確認］。きづく［気付］。近代 にんしき［認識］。にんち［認知］。

にんてい【人体】 じんぴん［人品］。ひとがら［人柄］。近世 にんてい［人体］。

にんてい【認定】 近代 かくにん［確認］。にんてい［認定］。はんてい［判定］。中世 みとむ［みとめる］［認］。中古 はんだん［判断］。

にんにく【大蒜】 ガーリック(garlic)。ひるたま［蒜玉］。中世 にもじ［文字］(女房詞)。にんにく［大蒜］。中古 おほびる［大蒜］。上代 ひる［蒜／葫］。

にんぷ【妊婦】 こるめ。にんさんぷ［妊産婦］。近代 みもちをんな［身持女］。近世 にんぷ［妊婦］。中世 はらみをんな［孕女］。中古 さんぷ［産婦］。はらめ［孕婦］。上代 うぶめ［産女］。

ーの服など マタニティードレス(maternity dress)。中世 いはたおび[岩田帯]。中古 ふくたい[腹帯]。

にんぷ【人夫】→**にんそく**

にんむ【任務】アサインメント(assignment)。近代 ぎむ[義務]。しめい[使命]。せきむ[責務]。せめ[責]。タスク(task)。にんむ[任務]。近世 しょくぶん[職分]。しょくむ[職務]。やくめ[役目]。やくわり[役割]。中世 せきにん[責任]。中古 つとめ[勤／務]。上代 こと[事]。しょくしゃう[職掌]。にん[任]。よさし[寄／任]。

ーが過重である 近代 任重くして道遠し。近世 荷が勝つ。

ーに当たらせる →**にんめい**

ーに就いていること ざいえき[在役]。近世 ざいきん[在勤]。上代 ざいにん[在任]。

ーを果たす 近代 責めを塞(ふた)ぐ(塞(ふさ)ぐ)。

ーを免じる 近代 かいにん[解任]。めんくゎん[免官]。めんしょく[免職]。中世 かいしょく[解職]。

ーを辞める 近代 じにん[辞任]。たいにん[退任]。りにん[離任]。中世 たいしょく[退職]。

ーをやり遂げる 近代 つとめあげる[勤上]。

重大なー 近世 たいやく[大役]。中世 たいにん[大任]。ぢゅうにん[重任]。

特別なー とくむ[特務]。

にんめい【任命】近代 にんめい[任命]。近世 じょにん[叙任]。ほにん[補任]。中古 じゅにん[授任]。上代 にんよう[任用]。ぶにん[補任]。まけ[任]。よさし[寄／任]。

ー・される 中古 あたる[当]。はいす[拝]。

ー・する 中世 ふす／ほす[補]。めいず[命]。中古 さしあつ[ーあてる][差当]。さす[射／差／指]。すう[すえる][据]。なす[成／為]。上代 さしまく[差任]。にんず[任]。まき／まく[任]。よす[寄]。

ーを受けること 近代 じゅにん[受任]。中世 はいじゅ[拝受]。中古 はいす[拝]。はいにん[拝任]。

にんよう【任用】きよう[起用]。近代 にんめい[任命]。ほにん[補任]。近世 さいよう[採用]。しょくす[嘱]。じょにん[叙任]。中世 ひきたつ[ーたてる][引立]。ほす[補]。中古 すう[すえる][据]。とうよう[登用]。にんず[任]。上代 にんよう[任用]。ぶにん[補任]。もちゐる[用]。

にんよう【認容】近代 うけいれる[受入]。しょうにん[承認]。ぜにん[是認]。にんきょ[認許]。にんよう[認容]。みとめる[認]。ようにん[容認]。中世 きょか[許可]。中古 きょよう[許容]。上代 きょだく[許諾]。

ぬ

ぬ・う【縫】ミシンがけ[sewing machine掛]。近代 ソーイング(sewing)。てぬひ[手縫]。ほうがふ[縫合]。ほうせい[縫製／縫成]。中世 つぎあはす[ーあわせる][継合]。中古 さしぬふ[差縫]。さす[刺]。たちぬふ[裁縫]。つづる[綴]。とぢつく[ーつける][綴付]。とづ[とじる][継]。ぬひあはす[ーあわせる][縫合]。上代 ぬひつく[ーつける][縫付]。ぬふ[縫]。

《枕》中古 からにしき[唐錦]。

ー・い方 近代 うんしん[運針]。中古 ぬひさま[縫様]。

ー・い方のいろいろな例 かくししつけ[隠躾]。かざりぬい[飾縫]。かざりミシン[飾sewing machine]。ステッチ(stitch)。まつる[纏]。近代 いせ[縮縫]。かくしとぢ[隠綴]。ししう[刺繍]。まつりぐけ[纏絎]。まつりぬひ[纏縫]。近世 かがり[縢]。がくじたて[額仕立]。かくしぬひ[隠縫]。かんせいぬひ[閑清縫／勘清縫]。しつけ[仕付／躾]。ちどりがけ[千鳥掛]。ぬひとり[縫取]。ふくろぬひ[袋縫]。中世 かへしどめ[返留]。かへしぬひ[返縫]。かへしばり[返針]。つまみぬひ[撮縫]。ぬひあげ[縫上]。中古 くく[くける][絎]。上代 かがる[縢]。

ー・い目 シーム(seam)。ステッチ(stitch)。中世 あはせめ[合目]。中古 ぬひ[縫]。上代 はりめ[針目]。

ー・い目がほどける 近代 わらひかける[笑掛]。わらふ[笑／咲]。中世 ふくろぶ[綻]。中古 ほころぶ[ーろびる][綻]。

ー・う仕事 近代 ソーイング(sewing)。近世 おはり[御針]。はり[針]。はりしごと[針仕事]。中世 したてもの[仕立物]。しんせん[針線／鍼線]。中古 さいほう[裁縫]。ぬひもの[縫物]。→**さいほう**

中に物をいれてー・う 近代 ぬひこむ[縫込]。中古 ぬひいる[ーいれる][縫入]。

綻(ほころ)びなどをー・う 中世 おぎぬふ[補]。中古 つくろふ[繕]。

ほどいてー・い直すこと 近代 ぬひかへし[縫返]。ぬひなほし[縫直]。

ぬか【糠】こぬか[小糠／粉糠]。中古 ぬか[糠]。

ー味噌 中世ささじん[酒糂]。ささぢん[酒塵]。じんだ[糂粏/糝汰]。

ぬか・す【抜】 近代オミット(omit)。ぢょぐゎい[除外]。中世だつりゃく[脱略]。中世おとす[落]。かく[欠]。のく[のける][退/除]。ぬかす[抜]。もらす[漏/洩]。中古のぞく[除]。はづす[外]。ろうだつ[漏脱]。上代はぶく[省]。

ー・して先へ行く 近代とばす[飛]。

うっかりー・す 中世とりおとす[取落]。

ぬかず・く【額突】 中世ぬかづく[額突/額衝]。中古つく[突/衝]。額(ぬか)を突く。上代けいしゅ[稽首]。ぬかつく[額突/額衝]。をがむ[拝]。

ぬかよろこび【糠喜】 近世そらよろこび[空喜]。ぬかよろこび[糠喜]。

ぬかり【抜】 ケアレスミス(careless mistakeから)。ちょんぼ。ぬけ[抜]。ぽか。ぼんしつ[凡失]。近代しっぱい[失敗]。ておち[手落]。てちがへ[手違]。ふちゅうい[不注意]。ミス(miss)。ミステーク(mistake)。近世おち[落]。しくじり。てぬかり[手抜]。てぬけ[手抜]。どぢ。へま。もれ[漏]。中世うくゎつ[迂闊/迂濶]。てちがひ[手違]。ぬかり[抜]。ぬけめ[抜目]。ふてぎは[不手際]。ふようい/ぶようい[不用意]。ゆだん[油断]。ゐろう[遺漏]。中古そろう[疎漏/粗漏/麁漏]。ふかく[不覚]。→あやまち →しっぱい

ーがない 近世おろかなし[疎無]。中古くまなし[隈無]。

ぬか・る【抜】 近世しくじる。とちる。どぢを食ふ。どぢを踏む。中世しそんず[仕損]。ぬかる[抜]。

《句》近世月夜に釜を抜かれる。

ぬかるみ【泥濘】 近代でいだう[泥淖]。どろぬま[泥沼]。どろんこ[泥]。近世どろみち[泥道]。ぬかるみ[泥濘]。中世あしいり[足入]。でいねい[泥濘]。ぬかり[泥濘]。中古でいと[泥塗]。

ーのさま 近代どろんこ[泥]。中世ずぶずぶ。どぶどぶ。

ーの道 でいろ[泥路]。

春の雪解けや霜解けによるー 近世いてどけ[凍解]。しゅんでい[春泥]。

ぬきあし【抜足】 近世うかがひあし[窺足]。しのびあし[忍足]。抜き足差し足。中世あしぬき[足抜]。上代ぬきあし[抜足]。

ぬきうち【抜打】 ふいうち[不意打/不意討]。近代きしふ[奇襲]。きふしふ[急襲]。近世だしぬけ[出抜]。中世ぬきうち[抜打]。中古ふい[不意]。

ぬきがき【抜書】 アブストラクト(abstract)。近代しょうき[抄記]。ぬきうつし[抜写]。せうほん[抄本/鈔本]。てきえう[摘要]。てきき[摘記]。てきろく[摘録]。近世せうろく[抄録/鈔録]。ばっすい[抜粋/抜萃]。中世かきぬき[書抜]。せう[抄/鈔]。せうもつ[抄物]。ぬきがき[抜書]。中古せうしゅつ[抄出/鈔出]。せうもち[抄物]。

ー・する 近世かきだす[書出]。中世かきぬく[書抜]。せうす[抄/鈔]。

ぬきだ・す【抜出】 近代ちうしゅつ[抽出]。てきえう[摘要]。てきしゅつ[摘出]。てきろく[摘録]。近世せんしゅつ[選出]。てきさい[摘載]。ばっすい[抜粋/抜萃]。ひく[引/曳]。ひっこぬく[引抜]。中世えらびだす[選出]。ぬきだす[抜出]。中古とりいづ[取出]。ひきぬく[引抜]。上代ぬきいづ[抜出]。

選んでー・す 近世えりぬく[選抜]。近代せんべつ[選別]。中世えらびいだす/えらびだす[選出]。えらみいだす/えらみだす[選出]。

要点をー・す 近世かいつまむ[掻摘]。中世つまむ[摘/抓]。

ぬきと・る【抜取】 近代ちうしゅつ[抽出]。ひっこぬく[引抜]。近世はぬ[撥/跳/刎]。ひく[引/曳]。中世ぬきだす[抜出]。ぬきいだす[抜出]。中古ぬきとる[抜取]。ひきぬく[引抜]。上代ぬきいづ[抜出]。

間をあけてー・る 中世まぬく[間抜]。まびく[間引]。

中のものをー・る 近世なかぬき[中抜]。

ぬきん・でる【抜出】 近代がする[駕]。そそりたつ[聳立]。たくしゅつ[卓出]。たくばつ[卓抜]。たくゐ[卓偉]。ていする[挺]。ていりつ[挺立]。てうばつ[超抜]。とくしゅつ[特出]。なみはづれる[並外]。異彩を放つ。近世きばつ[奇抜]。しゅっとう[出頭]。ずばぬける[抜]。たぎる[滾/激]。たくりつ[卓立]。たくゑつ[卓越]。てうぼん[超凡]。とびぬく[―ぬける][飛抜]。ばっく[抜群]。一頭地を抜く。中世かくりつ/かくりふ[角立]。かさむ[嵩]。きはだつ[際立]。しゅつぐん[出群]。すぐる[すぐれる][勝]。づぬく[―ぬける][図抜]。ていしゅ

つ［挺出］。てうしゅつ［超出］。てうぜつ［超絶］。てうたく［超卓］。とくりつ［特立］。ぬきんづ〔ぬきんでる〕［抽／擢］。はくび［白眉］。ひづ［秀］。群を抜く。中古いつぐん［逸群］。きはばなる［際離］。けっしゅつ［傑出］。たくぜつ［卓絶］。たくらく［卓犖］。てうゑつ［超越］。どくほ［独歩］。ぬく〔ぬける〕［抜］。ばつぐん［抜群］。ひいづ〔ひいでる〕［秀］。上代ひぼん［非凡］。→すぐ・れる

→**ずばぬ・ける**

ー・でている 近代くっき［崛起／屈起］。しょうぢ［聳峙］。中世きつりつ［屹立］。

ー・でているさま 近世きつぜん［屹然］。けつぜん［傑然］。つんと。にょっきり／にょっこり。中世ぎぜん［巍然］。たくぜん［卓然］。ていぜん［挺然］。

ぬ・く【抜】❶〈抜き取る〉 カット(cut)。近代さくげん［削減］。しゃうりゃく［省略］。とばす［飛］。ぬきさる［抜去］。マイナス(minus)。近世こうぢょ［控除／扣除］。中世さしひく［差引］。とりだす［取出］。ぬきだす［抜出］。へらす［減］。中古ぬきとる［抜取］。はぶく［省］。ひきぬく［引抜］。りゃくす［略］。上代ぬく［抜／貫］。ひく［引］。

ぬ・く【抜】❷〈追い越す〉 ぬきさる［抜去］。近代おひこす［追越］。近世ぬく［抜］。中世おひぬく［追抜］。

ぬ・ぐ【脱】 近世とる［取］。中世だっす［脱］。とりさる［取去］。はづす［外］。中古だっきゃく［脱却］。ぬぎすつ〔ーすてる〕［脱捨］。ぬぐ［脱］。上代ぬく［脱］。

ー・がせる 中古はぐ［剝］。

ー・ぎ捨てる 中世かなぐりすつ〔ーすてる〕［捨］。きすつ〔ーすてる〕［着捨／着棄］。上代ぬきつ［脱棄］。

衣を滑らせてー・ぐ 中古すべす［滑／辷］。ぬぎすべす［脱滑］。

ぬぐ・う【拭】 ふききよめる［拭清］。しょくふつ［拭払］。近代ぬぐひさる［拭去］。ふきとる［拭取］。ふっしき［払拭］。近世ぬぐひとる［拭取］。ふく［拭］。中世いっさう［一掃］。ぬぐふ［拭］。中古おしのごふ［押拭］。かいのごふ［搔拭］。けす［消］。すすぐ［濯］。ふっしょく［払拭］。上代きよむ〔きよめる〕［清］。のごふ［拭］。

涙の目を強くー・う 中古おししをる［押責］。

ぬくぬく【温温】 近代のんびり。ぽかぽか。近世きらく［気楽］。ぬくぬく［温温］。ぬっくり。のうのう。ほかほか。中世あんかん［安閑］。のんき［暢気／呑気］。中古あたたか［暖］。

ぬくみ【温】 近代ぬくまり［温］。近世あたたかみ［暖／温］。ぬくもり［温］。中世あたたかさ［暖／温］。だん［暖］。中古ぬくみ［温］。

ぬくもり【温】 →ぬくみ(前項)

ぬけ【抜】 近世おち［落］。だつらく［脱落］。だつりゃく［脱略］。もれ［漏／洩］。中世けつらく［欠落］。ゐろう［遺漏］。中古けつじょ［欠如］。だつろう［脱漏］。

ぬけあな【抜穴】 ループホール(loophole)。近代たいろ［退路］。近世ぬけみち［抜道］。中世くけあな［漏穴／匿穴］。にげみち［逃道］。ぬけあな［抜穴］。→ぬけみち

ぬけお・ちる【抜落】 近世だつらく［脱落］。だつりゃく［脱略］。中世けつろ／けつろう［欠漏／闕漏］。ぬく〔ぬける〕［抜］。中古だつろう［脱漏］。ぬけおつ〔ーおちる〕［漏落］。もれおつ〔ーおちる〕［抜落］。上代もる〔もれる〕［漏／洩］。→ぬ・ける

部分的にー・ちる 近代とぶ［飛］。

ぬけがけ【抜駆】 中世さきばしり［先走］。だしぬく［出抜］。ぬけがけ［抜駆］。

ぬけがら【抜殻】 近代だっかく［脱殻］。中世うつろ［空／虚］。中古から［殻／骸］。ぬけがら［抜殻／脱殻］。もぬけ［蛻／藻抜］。

蟬（せみ）のー 中世せんぜい［蟬蛻］。中古うつせみ［空蟬／虚蟬］。

ぬけだ・す【抜出】 近代エスケープ(escape)。ぬけでる［抜出］。だったい［脱退］。りだつ［離脱］。近世あしぬき［足抜］。すっぽぬける［抜］。ぬけそ［抜］。ぬけそけ［抜］。中世だっきゃく［脱却］。だっしゅつ［脱出］。だっす［脱］。中古ぬく〔ぬける〕［抜］。ぬけいづ［抜出］。

ー・せない所 近代どろぬま［泥沼］。中古ふかみ［深］。奈落の底。

苦しい境遇からー・す はいあがる［這上］。近代うきあがる［浮上］。中古うかぶ／うかむ［浮］。

ひそかにー・すさま 中世ぬけぬけ［抜抜］。

牢（ろう）からー・す 近代だつごく［脱獄］。だつらう［脱牢］。はらう［破牢］。近世らうやぶり［牢破］。

ぬけ・でる【抜出】 →ぬけだ・す(前項)

一人また一人とー・でるさま 中世ぬけぬけ［抜抜］。

ぬけぬけと【抜抜】 近代こうがんむち［厚顔無恥］。近世あつかましく［厚］。づうづうしく［図図］。づぶとく［図太］。ぬくぬく［温

ぬけみち[抜道] ❶〈裏道〉うかいどうろ[迂回道路]。ショートカット(shortcut)。ぬけぐち[抜口]。バイパス(bypass)。ループホール(loophole)。[近代]うくわいろ[迂回路]。たいろ[退路]。ちかまはり[近回]。[近世]うらみち[裏道]。えだみち[枝道]。ぬけみち[抜道]。[中世]くけぢ[漏路/匿路]。せふけい[捷径]。ちかみち[近道]。にげみち[逃道]。ぬけあな[抜穴]。はやみち[早道]。わきみち[脇道]。[中古]かくれみち[隠道]。かんだう[間道]。よこみち[横道]。関所を通らずを抜けること[中古]をつど[越度]。ぬけくち[言訳]。
ぬけみち[抜道] ❷〈口実〉[近代]いひにげ/いひのがれ[言逃]。ぬけみち[抜道]。うじつ[口実]。[中世]いひぬけ[言抜]。わけ[言訳]。
— の多い法律 [近代] ざるほう[笊法]。
ぬけめ[抜目][落]。[近代]てぬかり/てぬけ[手抜]。ぬけめ[抜目]。[中世]そつ。ゆだん[油断]。[中古]すどどし[鋭]。目。— がない [近代] さいばしる[才走]とし。こざかし[小賢]。すずどけなし[才走]。せちがらし[世知]。せちかし[世知賢]。分も透かぬ。隅に置かぬ。目鼻が利く。矢尻〔鏃り〕細し。[外れる]—の鞘やが外はづる[外れる]。うるせし。かしこし[賢]。[中世]うるさし/うるさし[鋭]。目。[中古]うるさし/さかし[賢/隈無]。[中古]りこう[利口]。— がない顔 [近代]抜からぬ顔。— がないさま [近代]がっちり。ちゃっかり。

ぬ・ける[抜] [近代]ぬけでる[抜出]。とぶ[飛]。りだつ[離脱]。[中世]すっぽぬける[抜]。だつらく[脱落]。[近代]だっしゅつ[脱出]。だっす[脱]。— おちる[欠落]。けつらく[欠落]。[中世]かけおつ[—落]。もれる[漏]。ぬけいづ[抜出]。ぬく[抜]。[中古]けつじょ[欠如]。だつろう[脱漏]。ぬけおつ[—落]。[上代]かく[抜]。もる[漏]。— おちる[漏落]。もれる[漏]。[中古]つぶ[禿]。はぐ[剥]。
髪の毛が—ける [中古]つぶ[禿]。[剥]。はぐ[剥]。
ところどころ—けるさま はねぬけ[歯抜]。櫛の歯が欠けたよう。
ぬさ[幣] [近代]へいぶつ[幣物]。[中世]へいそく[幣束]。とよみてぐら[豊御幣]。にきて[和幣]。ぬさ[幣]。[中古]へい[幣]。へいもつ[幣物]。[上代]おほぬさ[大幣/大麻]。へいはく[幣帛]。みてぐら[幣]。
ぬし[主]《尊》[中古]たいま[大麻]。オーナー(owner)。しょじしゃ[所持者]。[近代]しょいうしゃ[所有者]。ちぬし[地主]。[中世]もちぬし[持主]。[上代]ぬし[主]。しゅじん[主人]。

ぬすっと[盗人] →どろぼう
ぬすみ[盗] [中古]ぬすみ[盗]。[近世]きり[家尻切]。たこつり[蛸釣]。[近世]やじり。ものとり[物取]。[近代]たうへき[盗癖]。[近世]てくせ[手癖]。— の癖 [近代]どろぼうこんじょう[泥棒根性]。ぬすっとこんじょう[盗人根性]。 — の心 [近代]くまさかごころ[熊坂心]。ぬすみごころ[盗心]。[中古]たうしん[盗心]。— の罪 [近代]たうざい[盗罪]。[近世]はん犯]。
夜の— [近代]よかせぎ[夜稼]。よばたらき[夜働]。 [近代]やたう/よたう[夜盗]。眠った客から—をする者 [近代]かんたんし[邯鄲師]。[近世]まくらげいしゃ[枕芸者]。まくらがし[枕探]。

ぬす・む[盗] つまみぐい[摘食]。[近代]かっさらふ[掻浚]。[中世]けいとい[失敬]。ぱくる。ピンはねポ[pinta撥]。わうりゃう[横領]。手を出す。[拐帯]。かっぱらふ[掻払]。[近世]いがむ[歪]。かすめる[掠]。くすねる。げんしらう[源四郎]。ずりこむ[込]。ちゃくぼく[着服]。ちょろまかす。てまへる。どろばう[泥坊]。どろぼ[泥棒/猫糞]。はしける[泥坊]。[泥棒]。まんびき[万引]。わうだつ[横][万買]。ちゃくふく[着服]。[中世]かすめとる[掠取]。ちゃくふく/ちゃくぶく[着服]。ちうたう[偸盗]。たうせつ[盗窃]。だう[盗]。がうたう[強盗]。ぬすみとる[盗取]。ぬすむ[盗/偸]。とる[取]。[刹/折/削]。[中古]かすむ[掠]。ぬすむ[盗窃]。せつたう[窃盗]。[上代]かすむ[掠]。手を掛く[—掛ける]。[窃取/竊取]。盗/窃盗。

—・まれること 中古 ぞくなん［賊難］。中世 たうなん［盗難］。

—・んだ品物 近代 おうりょうひん［横領品］。たうひん［盗品］。近世 ざうひん［贓品］。ざうぶつ［贓物］。

—・んだ品を取引すること 近世 かひす［買主］。上代 こばい［故買］。けいずかひ［窩主買］。

—・んで使うこと 近代 たうよう［盗用］。

—・んで持ち出す 近世 ぬすみだす［盗出］。

置いてある荷物を—・むこと 近代 おきびき［置引］。

客のふりをして商品を—・むこと 近世 まんがひ［万買］。まんびき［万引］。

銭湯の脱衣場で—・む 近代 いたばかせぎ［板場稼］。いたばふみ［板場踏］。近世 いたのまかせぎ［板間稼］。いたのまばたらき［板間働］。

他人の身に付けているものを—・む 近世 きんちゃくきり［巾着切］。きんちゃくすり［巾着掏摸］。ちぼ。中世 すり［掏摸／掏児］。

人の目を—・む 中世 人目を謀る。

輸送中の品などの一部を—・む 近代 ぬきとり［抜取］。近世 ぬく［抜］。

留守の家から—・むこと 近代 あきす［空巣］。あきすねらひ［空巣狙］。

ぬの【布】 きじ［素地／生地］。せんいせいひん［繊維製品］。テキスタイル(textile)。テックス(textureから)。ぬのぎれ［布切］。ひきもの［疋物／匹物］。ファブリック(fabric)。近代 きれぢ［切地］。クロース／クロス(cloth)。シーツ／シート(sheet)。しょくふ［織布］。たんもの［反物］。はうきん［方巾］。近世 きぬの［生布］。ぬのぢ［布地］。さふへん［布片］。中世 きれ［切／布／裂］。さいで［割出］。中古 おりぬの［織布］。おりもの［織物］。きん［巾］。ひきぬの［疋布］。ふ［布］。上代 たへ［栲］。ぬの［布］。はた［機］。→おりもの【織物】

—の横幅 よこの［横幅］。

—の寄せ集め 近世 よせぎれ［寄切］。

—を織る機械 おりき［織機］。はたおりき［機織機］。近世 しょくき［織機］。上代 はた［機］。はたもの［機物］。

—を織ること 近世 ばうしょく［紡織］。中古 はたおり［機織］。

汗などを拭く— 近代 あせふき［汗拭］。近世 てのぐひ［手拭］。てふき［手拭］。中世 てぬぐひ［手拭］。中古 あせたなごひ［汗手拭］。てのごひ［手拭］。たなごひ／たのごひ［手拭］。

油絵などを描く— 近代 カンバス／キャンバス(canvas)。ぐゎふ［画布］。

薄く細長い—の総称 上代 ひれ［領巾／肩巾］。

傷の手当てなどをする— 近代 ガーゼ(ドイツ Gaze)。近世 はうたい［包帯／繃帯］。

地面に敷く防水加工した— グラウンドシーツ(ground sheets)。

食器などを拭く— 中世 ふきん［布巾］。

白い— 中世 はくふ［白布］。中古 さらし［晒／曝］。しろぬの［白布］。上代 さらしぬの［晒布］。しろたへ［白妙／白栲］。たくぬの［栲布］。

製本で背の上下に貼り付ける— 近代 はなぎれ［花布］。

粗末な— 近世 あらぬの［粗布／荒布］。中古 そふ［粗布／麁布］。上代 あらたへ［荒妙／荒栲］。

半端の— はぎれ［端切］。中世 ぬのぎれ［布切］。近代 ありぎれ［有切］。

防水加工した— オイルスキン(oilskin)。近代 オイルクロース(oilcloth)。ばうすいふ［防水布］。

ぼろぼろの— 近代 ぼろきれ［襤褸切］。近世 ぼろ［襤褸］。中古 つづれ［綴／襤褸］。らん る［襤褸］。上代 かかふ［幓］。

物を包む— 近世 ふろしき［風呂敷］。

洋服にする— 近代 ふくぢ［服地］。

和服用の— 近代 きじゃくぢ［着尺地］。

その他—のいろいろ(例) かたまふ［片麻布］。ガニー／ガンニー(gunny)。かのこじ［鹿子地］。ジャージー(jersey)。バンダナ(bandanna)。はんぷ［帆布］。ふしょくふ［不織布］。ヘドバン(head band)。近代 ガーゼ(ドイツ Gaze)。かべちょろ［壁著羅／壁千代絽］。かべちりめん［壁縮緬］。かんれいしゃ［寒冷紗］。サラサ(ポルトガル saraça)。ジーンズ(jeans)。ズック(オランダ doek)。ステープルファイバー／スフ(staple fiber)。ストレッチ(stretch)。バクラム／バックラム(buckram)。ベール(veil)。めんさ／めんしゃ［面紗］。レース(lace)。近世 おびぢ［帯地］。かきそ［柿衣／柿麻］。くゎくゎんぷ［火浣布］。けおり［毛織］。けおりもの［毛織物］。てぼそ［手細］。もぢ［綟／綟子］。中世 かちぬの［褐布］。さゆみ／さよみ［貲布］。もめん［木綿］。上代 あさぬの［麻布］。

▼助数詞 中古 き［匹／疋］。むら［匹／疋］。上代 きだ［段／常］。たん［反］。ひき［匹／

疋]。

ぬま【沼】 近代 せうち[沼地]。ぬまち[沼地]。上代 うみ[海]。ぬ[沼]。ぬま[沼]。み[海]。みぬま[水沼]。

―と沢 中世 せうたく[沼沢]。

草などに隠れている― 中古 かくれぬ[隠沼]。上代 こもりぬ[籠沼]。

泥の深い― そこなしぬま[底無沼]。近代 どろいせう[泥沼]。中世 うきぬま[浮沼]。どろぬま[泥沼]。上代 うきぬ[浮沼]。

湖と― 近代 せうこ[沼湖]。近世 こせう[湖沼]。

ぬら·す【濡】 近代 しめらす[湿]。中世 うるほす[潤]。しめす[湿]。ぬらす[濡]。上代 うちぬらす[打濡]。しほる[霑]。ひつ/ひづ[漬/沾]。

―·すさま 近世 ずぶ。

雨で―·すこと 中古 あまざらし[雨晒/雨曝]。

ぐっしょりと―·す 中古 おしひたす[押浸]。

→**ぬ·れる**

ぬ·る【塗】 とそう[塗装]。近代 とふ[塗布]。ぬりたくる[塗]。まっする[抹]。近世 なする[擦]。中世 とまつ[塗抹]。ぬりあぐ[―あげる][塗上]。中古 かいつく[掻付]。ぬりかたむ[―かためる][塗固]。ぬりたつ[―たてる][塗立]。ぬりつく[―つける][塗付]。上代 すりつく[―つける][擦付]。ぬる[塗]。

―·ったばかりであること 近世 ぬりたて[塗立]。

―·って下のものを消す 近代 ぬりけす[塗消]。近世 ぬりつぶす[塗潰]。中古 ぬりこむ[―こめる][塗込/塗籠]。

―·ってまだ乾いていないこと 中世 なまぬり[生塗]。

色を―·る ペインティング(painting)。近代 さいしょく[彩色]。上代 さいしき[彩色/綵色]。

壁などの―·り方の例 けしょうぬり[化粧塗]。しあげぬり[仕上塗]。近代 あらぬり[粗塗]。近世 しゅぬり[朱塗]。中世 したぬり[下塗]。なかぬり[中塗]。にぬり[丹塗]。上代 うはぬり[上塗]。さにぬり[丹塗]。

すき間なく―·ること 近代 べたぬり[塗]。近世 ぬりつぶす[塗潰]。

べたべたと―·る 近代 ぬりたくる[塗]。近世 ぬたくる。

物の合わせ目を―·ること 近代 めぬり[目塗]。

ぬるで【白膠木】 近世 おつかどのき。かつき[勝木]。ごまぎ[護摩木]。中世 ふしのき[付子木/五倍子木]。中古 かちのき。ぬで。ぬるで[白膠木]。上代 ぬりで[白膠木]。

ぬるまゆ【微温湯】 近代 ぬるま[微温]。近世 ぬるまゆ[微温湯]。ぬるみ[温]。びをんたう[微温湯]。中世 ぬるゆ[温湯]。

沸かし始めで―になること 近代 みづばなれ[水離/水放]。

ぬる·む【温】 暖かくなる。近代 ぬくまる[温]。近世 ぬくとまる/ぬくともる[温]。中世 ぬくもる[温]。中古 ぬるむ[温/微温]。

ぬれえん【濡縁】 あまえん[雨縁]。サンデッキ(sun deck)。中世 ぬれえん[濡縁]。

ぬれぎぬ【濡衣】 →**えんざい**

ぬれごと【濡事】 近代 じゃうじ[情事]。近世 いろごと[色事]。ぬれごと[濡事]。ぬれば[濡場]。

―が演じられる場面 近世 つやば[艶場]。ぬれば[濡場]。濡れの幕。

―を得意とする歌舞伎役者 近世 いろごとし[色事師]。ぬれごとし[濡事師]。

ぬ·れる【濡】 中世 しとむ[浸]。しほる[湿/霑]。中古 しめる[湿]。そほつ/そぼつ[濡]。ぬれそぼつ[濡]。上代 うるほふ[潤]。しむ[染]。つく[漬]。ぬる[ぬれる][濡/沾]。ひつ/ひづ[漬/沾]。

―·れているように見える 中古 ぬればむ[濡]。

―·れるたとえ 近世 沖の石。

朝露などで―·れている 中世 あさじめり[朝湿]。

衣などが―·れてよれよれになる 中世 しをる[萎]。

潮水で―·れる 中古 しほたる[―たれる][潮垂]。しほどく[潮]。しほどけし[潮解]。

しっとりと―·れる(さま) 中世 しっぽり。中古 しめじめ。そぼぬる[―ぬれる][濡]。

立ったまま雨に―·れる 上代 たちぬる[立濡]。

涙で―·れる 中古 しぐる[しぐれる][時雨]。しほしほと。上代 しほほに。

びっしょりと―·れる(さま) ぐちょぐちょ。近代 ぐしょぐしょ。ぐしょぬれ[濡]。ぐっしょり。ぬれしづく[濡雫]。近世 くさる[腐]。ずっぷり。ずっぽり。ずぶぬれ[濡]。ぬれしょぼたる[―たれる][濡]。びしょぬれ[濡]。びしょびしょ。びっしょり。中世 ずぶずぶ。ぬれぬれ[濡濡]。ぬれねずみ[濡鼠]。びたびた。中古 しほどく/しほどけし[潮解]。しほどけ[潮解]。そぼぬる[―ぬれる][濡]。ぬれそぼつ[濡]。そほつ/そぼつ[濡]。

水に―·れる 上代 ひづつ[漬/泥打]。

ね

ね【音】 近世 おんせい［音声］。中世 おん［音］。上代 ねいろ［音色］。中古 なきごゑ［鳴声］。上代 おと［音］。ね［音］。

ね【値】 近代 かかく［価格］。かち［価値］。プライス(price)。近世 ねうち［値打］。ねだん［値段］。中世 ね［値］。上代 あたひ［価／値］。→**ねだん**

ーを決める 中世 ねなす［値成］。

ね【根】 ルーツ(roots)。近世 きげん［起源］。ねっこ［根］。中世 ねもと［根元］。中古 こんげん［根源］。こんぽん［根本］。したね［下根］。ほんしゃう［本性］。上代 このね［木根］。ね［根］。もと［本］。

《枕》中古 あやめぐさ［菖蒲草］。上代 さしやなぎ［差柳］。

ーが生じること はっこん［発根］。近代 ねおひ［根生］。近世 ねつき［根付］。

ーがつき草木が発育すること 近世 ねづく［根付］。

ーが伸びる 中古 ねざす［根差］。上代 ねだる［根足］。ねばふ［根延］。

ーに持つ 近世 妬(ねた)に籠む［ー籠める］。根葉に持つ。中世 ねた［妬］。

ーの先端の糸状の突起物 近代 こんもう［根毛］。

ーのついたまま 中古 ねごめ［根込］。

ーのついたまま掘り取ること 近世 ねこそぎ［根刮］。ねほり［根掘］。中世 ねこぎ［根扱］。ねごし［根越］。上代 ねこじ［根掘］。

ーの張り具合 中古 ねざし［根差］。

ーを張って動かないこと 近代 ばんきょ［盤踞／蟠踞］。

主根から分かれ出たー えだね［枝根／支根］。しこん［支根］。そっこん［側根］。

種子の胚(はい)から出るー 近代 えうこん［幼根］。

水中に発生するー すいこん［水根］。

他物に付いてよじ登るためのー ふちゃくこん［付着根］。

地上部から空気中に出るー 近代 きこん［気根］。

地中にまっすぐに伸びるー ぼうね［棒根］。近代 しゅこん［主根］。ちょくこん［直根］。

風波などでーが地上に出ること 近代 ろこん［露根］。中世 ねあがり［根上］。

松などのふくれたー ねこぶ［根瘤］。

野菜などの白いー 中世 しろね［白根］。中古 しらね［白根］。

養分を蓄えて肥大したー ちょぞうこん［貯蔵根］。近代 くゎいこん［塊根］。上代 いも［芋／薯］。

ねあがり【値上】 かかくじょうしょう［価格上昇］。ぶっかじょうしょう［物価上昇］。近代 かうとう［高騰］。とうき［騰貴］。

ねいじつ【寧日】 近代 かじつ［佳日／嘉日］。近世 ねいじつ［寧日］。中世 かうじつ［好日］。

ねいりばな【寝入端】 近代 ねがけ［寝］。ねぎは［寝際］。近世 ねしな［寝］。ねばな［寝端］。中世 ねいりばな［寝入端］。

ねい・る【寝入】 近代 ねむりこむ［眠込］。近世 ねこむ［寝込］。中古 ねいる［寝入］。

ねいろ【音色】 近代 おんしつ［音質］。おんしょく［音色］。おんてう［音調］。トーン(tone)。近世 ごいん［五音］。中世 いろね［色音］。こわいろ［声色］。こわね［声音］。ねいろ［音色］。中古 ごゐん［五韻］。

澄んだー 中古 せいおん［清音］。

ねうち【値打】 近代 かち［価値］。はく［箔］。バリュー(value)。ひゃうか［評価］。プライス(price)。近世 いぎ［意義］。しんか［真価］。ねうち［値打］。ねだん［値段］。中世 ね［値］。上代 あたひ［価／値］。

《句》近代 犬に念仏猫に経。豚に真珠。近世 犬に小判。犬に論語。腐っても鯛。ちぎれても錦。猫に石仏。猫に小判。古川に水絶えず。破れても小袖。男(をとこ)は裸百貫。中世 中流に船を失へば一壺も千金。

ー以上に高く買うこと 近世 かひかづき［買被］。かひかぶり［買被］。

ーが上がる 近世 金箔が付く。箔が付く。

ーがあること 近代 かうき［高貴］。かうち［高値］。こうち［厚値］。近世 たかね［高値／高直］。中世 かうか［高価］。かうぢき［高直］。

ーが下がる 近代 沽券(こけん)が下がる。

ーがないさま(もの) くずもの［屑物］。れきかい［礫塊］。近世 がらくた［我楽多］。ぎうしうばぼつ［牛溲馬勃］。ぐゎらくた［瓦落多］。げぢき［下直］。ごみあくた［塵芥］。さんもん［三文］。中世 ぢんかい［塵芥］。中古 ぐゎりゃく／ぐゎれき［瓦礫］。ちりあくた［塵芥］。つち［土］。

ーを付ける 近世 箔を付く［ー付ける］。

言うだけのーがない 中世 いひがひなし［言甲斐無］。

聞くーのあるもの 近代 ききごたへ［聞応］。近世 ききもの［聞物］。

金銭的なー 近世 かねめ[金目]。
少ないゆえのー きしょうかち[希少価値]。
それだけのーがある 近代 あたひする[価／値]。近世 がもの。中世 ひきあふ[引合]。中古 かひ[甲斐]。
たいへんなー 中世 まんきん[万金]。中古 ばんきん[万金]。
たいへんなーのある品 近世 せんりゃうだうぐ[千両道具]。
人のー 近世 こけん[沽券]。
本来のー しんしゃう[身上]。近世 しんか[真価]。しんしょ[身上]。
物のー 近代 ひんか[品価]。

ネーミング(naming) 近代 めいめい[命名]。上代 なづけ[名付]。

ネームバリュー(和製 name value) ちめいど[知名度]。中古 めいせい[名声]。

ネームプレート(nameplate) 近代 ネームプレート。もんさつ[門札]。もんぺう[門標]。近世 なふだ[名札]。へうさつ[表札]。

ねおき【寝起】 近代 めざめ[目覚]。ねおき[寝起]。中古 おきふし[起伏／起臥]。上代 ねざめ[寝覚]。→**おきふし**

ねがい【願】 近代 きたい[期待]。きばう[希望／冀望]。ぐゎんい[願意]。たいばう[待望]。ゆめ[夢]。中世 ねがひごと[願事]。しょぐゎん[所願]。中古 おもひ[思]。ぐゎん[願]。ねがひ[願]。ねぎごと[祈事／願事]。のぞみ[望]。
ーがかなう(こと) 近世 たいぐゎんじゃうじゅ[大願成就]。合うたり叶うたり。願ったり叶ったり。中世 まんず[満]。中古 なる[成]。みつ[充／満]。上代 じゃうじゅ[成就]。
ーがかなわない 近世 蜘蛛(ちちゅう)の網。中古 芹(せり)摘む。
ー通りにさせる 近代 みとめる[認]。中世 きょか[許可]。上代 ゆるす[許／聴]。
ーを申し出る(こと) 近代 しゅつぐゎん[出願]。ねがひでる[願出]。近世 せいぐゎん[請願]。中世 まうしごと[申事／申言]。中古 しぐゎん[志願]。しんせい[申請]。
大きなー 中世 たいまう[大望]。中古 たいぐゎん[大願]。たいばう[大望]。
かねてからのー 近世 しゅくばう[宿望]。そし[素志]。中世 しゅくい[宿意]。しゅくぐゎん[宿願]。しゅくまう[宿望]。そい[素意]。中古 そくゎい[素懐]。そぐゎん[素願]。ねんぐゎん[念願]。ほい[本意]。上代 しゅくし[宿志]。ほんぐゎん[本願]。
神仏にーごとをする 近世 ぐゎんかけ／ぐゎんがけ[願掛]。中世 ぐゎんたて[願立]。中古 きぐゎん[祈願]。ねぎかく[祈掛]。まうす[申]。りつぐゎん／りふぐゎん[立願]。上代 せいぐゎん[誓願]。
▼願書 中世 まうしじゃう[申状]。中古 あかしぶみ[証文]。うれへぶみ[愁訴文]。
▼嘆願書 中世 くゎんじゃう[款状]。

ねが・う【願】 中世 のぞまし[望]。ほっす[欲]。中古 くどく[口説]。こひねがふ[希／冀／乞願／庶幾]。ねがはし[願]。ねんず[念]。上代 いのる[祈]。こふ[乞／請]。ねがふ[願]。のぞむ[望]。ほし[欲]。ほりす[欲]。ほる[欲]。もとむ[もとめる][求]。
《謙》近世 ねがひあぐ[ーあげる][願上]。中古 きこえさす[聞]。まうす[申]。
ー・い望むこと 近代 えうせい[要請]。近世 ききょくきう[欲求]。ききう[希求／冀求]。しょまう[所望]。中世 あいぎばう[祈望]。ぐゎんばう／ぐゎんまう[願望]。そき[庶幾]。中古 きぐゎん[祈願]。げう[愛楽]。げうよく[楽欲]。しょき[庶幾]。
ー・うことは 中古 こひねがはくは[乞願／希／冀／庶幾]。ねがはくは[願]。
ー・う人 近世 ねがひにん[願人]。中世 ぐゎんにん[願人]。ねがひぬし[願主]。上代 ぐゎんしゅ[願主]。
心中で幸いをー・うこと 中世 こころいはひ[心祝]。
切にー・うこと ひがん[悲願]。近代 あいぐゎん[哀願]。せつばう[切望]。ねつぐゎん[熱願]。ねつばう[熱望]。近世 たんぐゎん[嘆願／歎願]。をがむ[拝]。中古 こんせつ[懇切]。しんぐゎん[心願]。上代 なげく[嘆]。

ねがえり【寝返】❶〈裏切り〉 近代 はいしん[背信]。近世 ねがへり[寝返]。中世 うらぎり[裏切]。かへりちゅう[返忠]。ないつう[内通]。上代 ないおう[内応]。

ねがえり【寝返】❷〈展転〉 中世 ねがへり[寝返]。
ーを打つ(こと) はんそく[反側]。中世 ねがへる[寝返]。中古 うらがへる[裏返]。てんてんはんそく[輾転反側／展転反側]。ふしかへる[臥返]。上代 てんてん[展転／輾転]。

ねか・す【寝】 近代 ねかせる[寝]。ねむらす／ねむらせる[眠]。近世 ねかす[寝]。ねさす[寝]。ねす[ねせる][寝]。上代 なす[寝]。
抱いてー・す 中古 かきふす[掻伏]。
幼児をー・す 近世 たたきつく[ーつける][叩

付]。ねかしつく[—つける][寝付]。ねせつく[—つける][寝付]。

ネガティブ(negative) 近代 せうきょくてき[消極的]。ネガティブ。ひていてき[否定的]。

ねから【根】 さいしょから[最初]。はじめから[始]。近世 ねっから[根]。中世 いっかうに[一向]。ねから[根]。もともと[元元]。

ねがわし・い【願】 中世 のぞまし[望]。中古 ねがはし[願]。上代 おもはし[思]。

ねぎ【葱】 近世 しろね[白根]。ねぶか[根深]。ひともじ[一文字]。中世 ねぎ[葱]。中古 き[葱]。

秋の— 上代 あきぎ[秋葱]。

ねぎら・う【労】 近世 なぐさむ[—さめる][慰]。上代 いたはる[労]。ねぎらふ[労]。ねぐ[労]。

ねぎ・る【値切】 かいたたく[買叩]。近世 こぎる[小切]。ねぎる[値切]。

ねぐら【塒】 中古 すまひ[住]。ねぐら[塒]。ねどころ[寝所]。上代 す[巣]。すみか[住処/栖]。ねど[寝所]。ねどこ[寝床/寝所]。**→じゅうきょ**

ねこ【猫】 近代 かはぶくろ[皮嚢/皮袋/革袋](正月などに言う忌み詞)。キャット(cat)。中世 おと[於菟]。かな。中古 ねこ[猫]。ねこま[猫]。

—の子 中世 こねこ[小猫/子猫]。

—の食べ残し 中世 ねこおろし[猫下]。

—の化け物 ばけねこ[化猫]。中世 ねこまた[猫股]。

飼い主のある— 近世 かひねこ[飼猫]。中世 てがひのとら[手飼虎]。

飼い主のない— 近世 どらねこ[猫]。中世 のらねこ[野良猫]。中古 のねこ[野猫]。

かわいがっている— 近代 あいべう[愛猫]。

山野にすむ— 近世 やまねこ[山猫]。

虎斑(とらふ)の毛色の— 近世 きじねこ[雉猫]。とらねこ[虎猫]。

舶来の— 中古 からねこ[唐猫]。

人を招く姿の— 近代 まねきねこ[招猫]。

真っ黒な— 近世 からすねこ[烏猫]。

ねこそぎ【根刮】 ねきりはきり[根切葉切]。近代 こんぜつ[根絶]。ねだやし[根絶]。近世 ごっそり。すっかり。そっくり。ねこそぎ/ねこそげ[根刮]。ねこんざい[根金際]。ねびく[根引]。中古 ねごめ[根込]。のこらず[残]。上代 ことごとく[悉/尽]。ねこじ[根掘]。

—にする 中古 ねこず[根掘]。

ねごと【寝言】 近代 げいご[囈語]。近世 うはごと[譫言]。中世 びご[寐語]。中古 ねごと[寝言]。

ねこばば【猫糞】 近代 わうりゃう[横領]。近世 ちゃくふく[着服]。ねこばば[猫糞]。

ねこやなぎ【猫柳】 たにがわやなぎ[谷川柳]。近世 ねこやなぎ[猫柳]。ゑのこやなぎ/ゑのころやなぎ[狗柳]。中古 かはやなぎ[川柳]。上代 かはやぎ[川柳]。

ねころ・ぶ【寝転】 近代 ねころがる[寝転]。わうぐゎ[横臥]。近世 ねそべる[寝]。横になる。中世 ねころぶ[寝転]。中古 よこたはる[横]。上代 こやる[臥]。ふす[伏/臥]。

ねさげ【値下】 近代 ねさげ[値下]。ねびき[値引]。べんきゃう[勉強]。わりびき[割引]。

→ねびき

ねざ・す【根差】 近代 根を下ろす。近世 ねづく[根付]。中世 もとづく[基]。中古 ねざす[根差]。

ねざめ【寝覚】 近代 めざめ[目覚]。中古 ねおき[寝起]。ねざめ[寝覚]。

ねじ【螺子】 スクリュー(screw)。らし[螺子]。近代 くゎんれい[関捩]。近世 ねぢ[螺子/捻子]。らせん[螺旋]。

—の歯車 スクリューギア(screw gear)。ねじはぐるま[螺子歯車]。

—の山と山の間隔 近代 ピッチ(pitch)。

—を回す道具 スクリュードライバー(screw driver)。ドライバー(driver)。近代 ねぢまはし[螺子回]。

雄ねじを切った— ビス(フラ vis)。ボルト(bolt)。

雌ねじを切った— ちょうナット[蝶nut]。ナット(nut)。ふくろナット[袋nut]。

雌—を切る道具 タップ(tap)。

ねじき【捩木】 近代 かしをしみ。近世 かすぎ。かつをしみ。ねぢき[捩木]。

ねじ・ける【拗】 近代 ねぢくれる[捩/捻]。近世 ひねくる[—くれる][捻]。よぢる[よじれる][捩]。中世 ねぢる[ねじれる][捩/捻/拗]。中古 ねぢく[ねじける][拗/佞]。ねぢけし[拗]。まがる[曲]。

—・けた心 近世 ひがみこんじゃう[僻根性]。中古 かんしん[奸心/姦心]。上代 かだみごころ[奸心]。

—・けた心で弁舌巧みなこと 近世 ねいかん[佞奸/佞姦]。

—・けた心の者 中古 ひがもの[僻者]。

—・けている 中古 くねくねし。ねぢく/ねぢけがまし[拗]。上代 かたまし/かだまし[姦]。

心が—・ける(こと) へそまがり[臍曲]。近代

こじれる[拗]。つむじねぢれ[旋毛捩]。つむじまがり[旋毛曲]。近世すねすねし[拗]。ねいあく[佞悪]。ひすかし。へんきょく[偏曲]。へんくつ[偏屈]。へんぺき[偏僻]。中世くせむ[癖]。こころわるし[心悪]。すぬ〔すねる〕[拗]。中古いすかし[很]。ひがむ[僻]。わだかまる[蟠]。上代かたむ/かだむ[姦]。

ねしな【寝】 近代ねがけ[寝]。ねぎは[寝際]。近世ねしな[寝]。中世ねいりばな[寝入端]。

ねじばな【捩花】 ねじがねそう[捩金草]。もぢずり[捩摺]。もぢずりぐさ[捩摺草]。近世ねぢばな[捩花]。

ねじま・げる【捩曲】 近代くねらす。近世ねぢる[捩/捻/拗]。中世ねぢまぐ〔—まげる〕[捩曲/捻曲]。もぢる[捩]。中古うちゆがむ[打歪]。ねづ〔ねじる〕[捩/捻/拗]。上代おしまぐ〔—まげる〕[押曲]。まぐ〔まげる〕[曲]。

ねじ・る【捩】 近世ねぢる[捩/捻/拗]。よぢる[捩]。中世もぢる[捩]。中古ねづ〔ねじる〕[捩/捻/拗]。ひねる[捻/撚/拈]。もとる[悖/悖]。上代もぢふ[捫]。

ー・って絡ませる 中世える[縒]。中古なふ[綯]。上代よる[縒/撚]。

ー・って向きを変える 近代ねんてん[捻転]。中古ひねる[捻/拈/撚]。

ー・るようにして取る 近代ちぎりとる[取]。近世もぎりとる[捥取]。中世もぎとる[捥取]。

えぐるようにー・る 近世ゑぐりとる[抉取]。中世こじる[抉]。

ねじ・れる【捩】 近代ねぢくれる[捩/拗]。近世もぢる〔もじれる〕[捩]。よぢる〔よじれる〕[捩]。中世いがむ[歪]。くっせつ[屈折]。ねぢる〔ねじれる〕[捩/捻/拗]。ねづ〔ねじる〕[捩/捻/拗]。ひづむ[歪]。中古ねぢく〔ねぢける〕[拗/佞]。まがる[曲]。ゆがむ[歪]。上代もとる[悖]。よる〔よれる〕[撚/縒]。

ー・れていること 中世のだめがた[箆撓形]。

ー・れて取れる 近世もぎれる[捥]。中世ちぎる〔ちぎれる〕。

ー・れて向きが変わること 近代ねんてん[捻転]。

何回もー・れること 近代きうくゎい[九回]。

ねじろ【根城】 ほんきょち[本拠地]。近代がじゃう[牙城]。こんきょち[根拠地]。中世ねじろ[根城]。中古さうくつ[巣窟]。

ーにする 中古すくふ[巣食]。

ねず【杜松】 近代としょう[杜松]。ねず[杜松]。近世ねずみさし[鼠刺]。中世ねずさし[杜松]。上代むろ/むろのき[杜松/榁]。

ねすご・す【寝過】 中世ねわする〔—わすれる〕[寝忘]。中古ねすぐ〔—すぎる〕[寝過]。ねすぐす[寝過]。ねすごす[寝過]。

ねずのばん【寝番】 近代ねずばん[寝番]。近世おきばん[起番]。ふしんばん[不寝番]。中世ねずのばん[寝番]。

ねずみ【鼠】 近代マウス(mouse)。ラット(rat)。近世いたづらもの[徒者/悪戯者]。かと[家兎]。よめがきみ[嫁君](新年に言う忌み詞)。よめご[嫁御]。梁上(りやうじやう)の君子。中世ねず[鼠]。上代ねずみ[鼠]。

ーの害 近代そがい[鼠害]。近世ねずみくひ[鼠食]。

ーを捕まえる仕掛け 近世ごくらくおとし[極楽落]。ぢごくおとし[地獄落]。ねずみおとし[鼠落]。中世ねずみとり[鼠捕]。

追い詰められたー 中世きゅうそ[窮鼠]。

大きなー 近世おねら/おねろ。おほねら[大鼠]。

山野に生息するー 近世やそ[野鼠]。中世たねずみ[田鼠]。のねずみ[野鼠]。

十二支のー 中古ね[子]。

人家やその周辺に生息するー いえねずみ[家鼠]。くまねずみ[熊鼠]。どぶねずみ[溝鼠]。中世くろねずみ[黒鼠]。

▼ねずみ色のいろいろ あずきねず/あずきねずみ[小豆鼠]。くりねずみいろ[栗鼠色]。くろねずみいろ[黒鼠色]。けしずみねずみ[消炭鼠]。こねずみ[濃鼠]。チャコールグレー(charcoal gray)。近代あゐねず[藍鼠]。うすねず[薄鼠]。ぎんねず[銀鼠]。ぎんねずいろ[銀鼠色]。グレー(gray; grey)。けしずみいろ[消炭色]。こいねずみ[濃鼠]。なまりいろ[鉛色]。はひいろ[灰色]。りきうねずみ[利休鼠]。近世あゐねずみ[藍鼠]。うすねずみいろ[薄鼠色]。ぎんねずみ[銀鼠]。こいねず[濃鼠]。なまかべいろ[生壁色]。中世うすずみいろ[薄墨色]。中古にびいろ/にぶいろ[鈍色]。

ねずみもち【鼠黐】 ねずみしば[鼠柴]。ねずみのき[鼠木]。近世いぬつばき[犬椿/女貞]。たまつばき[玉椿]。てらつばき[寺椿]。中古たづのき[木]。ねずみもち[鼠黐]。ひめつばき[姫椿]。

ねそべ・る【寝】 近代ねころがる[寝転]。わうぐゎ[横臥]。近世ねそべる[寝]。ふんぞべ

る。横になる。中世そべる。ねころぶ[寝転]。ねまる。中古よこたはる[横]。上代ねる[寝]。

腹を下にしてー・る 中古はらばふ[腹這]。

ねた 近代ざいれう[材料]。たね[種]。トピック(topic)。わだい[話題]。近世しかけ[仕掛]。ねた。中世わへい[話柄]。話の種。上代しょうこ[証拠]。

ねたまし・い【妬】 近代せんばう[羨望]。中古うらやまし[羨]。そねまし[妬]。ねたまし[妬/嫉]。上代ねたし[嫌]。

《枕》中古ねぬなはの[根蓴菜][⇩ねたく]。

ねたみ【妬】 近代ジェラシー(jealousy)。しっし[嫉視]。しゃうしつ[娼嫉]。近世おやき[御焼]。へんねし。やきもち[焼餅]。中世ねた[妬]。ねたみ[妬/嫉]。へんしふ[偏執]。中古しっと[嫉妬]。そねみ[嫉]。ものうらやみ[物羨]。ものねたみ[物妬]。上代うはなりねたみ[後妻嫉妬]。

前妻の後妻に対するー 中古うはなり[後妻]。上代うはなりねたみ[後妻嫉妬]。

ねた・む【妬】 近世やく[やける][妬/焼]。やっかむ。修羅を燃やす。中世りんき[悋気]。中古しっと[嫉妬]。そねむ[嫉]。にくむ[憎]。ねたがる[妬]。ふすぶ[ふすべる][燻]。上代うらやむ[羨]。ねたむ[妬/嫉]。

ー・み嫌うこと 近世さいき[猜忌]。

ー・み憎むこと 近世ぼうしつ[冒疾/娼嫉]。

ー・み深い人 近世やきもちやき[焼餅焼]。

ー・む心 近世としん[妬心]。

ー・んで見ること とし[妬視]。近代しっし[嫉視]。

ねだやし【根絶】 近代こんぜつ[根絶]。さうてん[勦殄]。さうめつ[勦滅]。ねだやし[根絶]。ぼくめつ[撲滅]。近世せんめつ[殲滅]。ねこそぎ/ねこそげ[根刮]。中世さうぜつ[勦絶]。ぢょめつ[除滅]。ねきり[根切]。中古ぜつめつ[絶滅]。

ねだ・る【強請】 近世いたぶる[甚振]。せぶる。中世せがむ。せびる。ねだる[強請]。

ー・っているようだ 中世ねだりくさし[強請]。

ー・って自分のものとする 近世かきつく[掻付]。

ー・ること 近世にち。ねだり[強請]。ねだれ[強請]。中世むしん/むじん[無心]。

ねだん【値段】 近代かかく[価格]。かがく[価額]。かち[価値]。コスト(cost)。しか[市価]。だいか[代価]。ばいか[売価]。ひんか[品価]。プライス(price)。近世ねうち[値打]。ねだん[値段]。中世うりね[売値]。かひね[買値]。さうば[相場]。ていか[定価]。ね[値]。上代あたひ[価/値]。ぶっか[物価]。

《句》近代あたひを二つにせず。

ーが高いこと ぶっかだか[物価高]。近代かうがく[高額]。かうき[高貴]。かうち[高値]。こうち[厚値]。たかめ[高]。ねがさ[値嵩]。わりだか[割高]。値が張る。目が飛び出る。近世たかね[高値/高直]。中世かうか[高価]。かうぢき[高直]。

ーが高くなること ねあがり[値上]。ぶっかだか[物価高]。近代とうき[騰貴]。

ーが手頃であること 近代ねごろ[値頃]。

ーが安いこと ていかかく[低価格]。リーズナブル(reasonable)。近代あんか[安価]。かくやす[格安]。チープ(cheap)。ていれん[低廉]。とくか[特価]。やす[安]。やすね[安値]。わりやす[割安]。近世げぢき[下直]。ねやす[値安]。やすめ[安目/安]。れん[廉]。れんか[廉価]。

ーが安い物 とくばいひん[特売品]。とっかひん[特価品]。バーゲン(bargain)。ボンマルシェ(フランス bon marché)。近世やすで[安手]。やすもの[安物]。

ーが安くなる 近代ていげん[低減]。ねさがり[値下]。

ーの見当を付けること 近代ひゃうか[評価]。近世ねつもり[値積]。ねぶみ[値踏]。

ーの割に役立つ品 おかいどく[御買得]。とくようひん[徳用品]。

ーも品質も悪い 近世安からう悪からう。

ーを記した札 タッグ(tag)。ねふだ[値札]。近世しゃうふだ[正札]。

ーを高く言う 近代ふきかける/ふっかける[吹掛]。近世たかばる[高張]。足駄(あしだ)を履く。

ーを尋ねる言葉 中世いかほど[如何程]。中古いくら[幾]。

ーを安くする(こと) 近代おほまけ[大負]。すてね[捨値]。とくばい[特売]。ねさげ[値下]。べんきゃう[勉強]。近世おまけ[御負]。ひきさぐ[―さげる][引下]。中世まけ/まける[負]。↓**ねびき**

ーを安くすることができる 近世まかる[負]。

いろいろな物のー 近世しょしき[諸式/諸色]。

売り手が付けるー 近世いひね[言値]。

売値と買値の中間のー 近世なかね[中値/中直]。

卸売りのー おろしうりかかく[卸売価格]。

近世おろしね［卸値］。
買い手が付ける━ 近世つけね［付値］。
現在の━ 近代げんか［現価］。上代じか［時価］。
実際より高く付けた━ 近世かけね［掛値］。中世そらね［空値］。
商品一つの━ 近代たんか［単価］。
世間の常識的な━ とおりね［通値］。近代とほりさうば［通相場］。
売買の成立した━ 近世しきりねだん［仕切値段］。
もとの━ 近代げんか［原価／元価］。

ねつ【熱】❶〈温度〉近代たいねつ［体熱］。たいをん［体温］。ヒート(heat)。をんねつ［温熱］。近世ねつ［熱］。ほとり［熱］。中古ねっき［熱気］。
━が平熱まで下がること 近代くゎんさん［渙散］。さんくゎん［散渙］。ひく［引］。近世ぶんり［分利］。
━で溶けること 中世ようくゎ［溶化／熔化］。
━に耐えること たいねつ［耐熱］。
━の伝えやすさの度合い でんどうりつ［伝導率］。近代でんだうど［伝導度］。
━を加える かねつ［加熱］。中世ねっす［熱］。上代やく［焼］。
━を遮断すること 近代だんねつ［断熱］。
内部にある━ 近代せんねつ［潜熱］。中世ないねつ［内熱］。
病気で━がある 中古あつし［熱］。ぬるむ［温］。ほとほる［熱］。
病気で━が出る 近代とうねつ［頭熱］。中世づねつ［頭熱］。はつねつ［発熱］。
病気の━ 近代をんき［温気］。近世ほとほり［熱］。中古うんき／うんぎ［温気］。
まだ残っている━ 近代ほとぼり［熱／余熱］。よねつ［余熱］。近世ほとほり［熱］。

ねつ【熱】❷〈熱意〉↓**ねつい**（次項）

ねつい【熱意】近代ねつい［熱意］。ねっしん［熱心］。中世ねつ［熱］。ねっき［熱気］。
━がなくなる 近代ひえる［冷］。中世ひえきる［冷切］。
言葉に━がこもっているさま 近代ねつべん［熱弁］。言言(げんげん)肺腑(はいふ)を衝(つ)く。言言(げんげん)火を吐く。

ねっから【根】↓**ねから**

ねっき【熱気】ボルテージ(voltage)。近代ねつい［熱意］。ねつじゃう［熱情］。パッション(passion)。ヒート(heat)。近世いきり／いきれ［熱］。くゎき［火気］。ほとぼり［熱］。中世ねつ［熱］。中古ねっき［熱気］。上代ほとほり［熱］。
━があふれるさま 近代はくねつ［白熱］。
━がこもる(さま) 近代むんむん。近世いきれる［熱］。むれる［蒸］。中古いきる［熱］。
━を発する 中古ほてる［火照／熱］。ほとほる［熱］。
大勢の人が発する━ 近代ひといきれ［人］。
草むらから立ち上る━ 近世くさいきれ［草］。

ねっきょう【熱狂】かねつ［過熱］。フィーバー(fever)。近代エキサイティング(exciting)。エキサイト(excite)。かうふん［昂奮／亢奮］。クレージー(crazy)。こうふん［興奮］。ねっきゃう［熱狂］。ねっちゅう［熱中］。ファナティシズム(fanaticism)。ファナティック(fanatic)。むちゅう［夢中］。るつぼ［坩堝］。
━・させる わかす／わかせる［沸］。
━者 フリーク(freak)。近代きゃうしんしゃ［狂信者］。ファナティック(fanatic)。
━・する 近代よひしれる［酔痴］。わきかへる［沸返］。わきたつ［沸立／湧立］。熱を上げる。近世のぼせあがる［逆上］。わく［沸／湧］。

ネック(neck)❶〈隘路〉なんかん［難関］。近代あいろ［隘路］。さしさはり［差障］。近世ししゃう［支障］。中世しゃうがい［障害／障碍／障礙］。

ネック(neck)❷〈首〉近代けいぶ［頸部］。ネック。近世えり［襟］。上代くび［首］。

ねづ・く【根付】近代ていちゃく［定着］。根を下ろす。近世つく［付］。ねづく［根付］。中古ねざす［根差］。
━・いて生長し始めること かっちゃく［活着］。

ねっけつ【熱血】近代げきじゃう［激情］。じゃうねつ［情熱］。ねつじゃう［熱情］。パッション(passion)。近世けっき［血気］。中世ねっけつ［熱血］。

ねつじょう【熱情】近代きゃうねつ［狂熱］。げきじゃう［激情］。じゃうねつ［情熱］。ねつじゃう［熱情］。パッション(passion)。

ねっしん【熱心】中世ねっけつ［熱血］。近代ねつい［熱意］。ねっしん［熱心］。ねつれつ［熱烈］。ねっちゅう［熱衷］。ねっちゅう［熱中］。ひたむき［直向］。むちゅう［夢中］。中世ねつい（形容詞）。中古せち［切］。ねんごろ［懇］。上代いそし／いそしむ［勤］。ねもころ［懇］。↓**ねっちゅう**
━・でない 近代ふねっしん［不熱心］。中古ぬるし［温］。

—・に 中世 せちに［切］。せつせつ［切切］。ひらに［平］。中古 せめて。
—・に聞く 中古 ききいる［聞入］。
—・にする 近代 とりくむ［取組］。気を入れる。力瘤を入れる。身が入る。近世 力瘤を出す。中古 おりたつ［降立／下立］。はげむ［励］。ふける［耽］。ゐたつ［居立］。心を入る。身を投ぐ。
—・に奔走する 近代 きゃうほん［狂奔］。
—・に論じること ねつろん［熱論］。近代 せつろん［切論］。
政治に—・なたとえ 近代 一饋に十起。一饋に十度起つ。

ねっ・する【熱】 近代 ねっす［熱］。かねつ［加熱］。上代 やく［焼］。
じわじわ—・する 中世 いびる。
強く—・する きょうねつ［強熱］。
腐敗を防ぐために—・すること 近世 ひいれ［火入］。
真っ赤に—・すること 近代 しゃくねつ／せきねつ［赤熱］。

ねっせん【熱戦】 ねっとう［熱闘］。近代 げきせん［激戦］。げきとう［激闘］。ねっせん［熱戦］。

ねつぞう【捏造】 でっちあげ［捏上］。近代 ねつざう［捏造］。フレームアップ(frame-up)。中古 つくりごと［作事］。

ねっちゅう【熱中】 フィーバー(fever)。近代 うちこみ［打込］。けいちゅう［傾注］。せんねん［専念］。ちんすい［沈酔］。ねっきゃう［熱狂］。ねっしん［熱心］。ねっちゅう［熱中］。ひたむき［直向］。ぼっとう［没頭］。ますい［魔酔］。むちゅう［夢中］。近世 いっしゃうけんめい［一生懸命］。うちゃうてん［有頂天］。たんでき［耽溺／酖溺］。やみつき［病付］。中世 いっしょけんめい［一所懸命］。けいたう［傾倒］。中古 いっしん［一心］。さんまい［三昧］。上代 ひたすら［只管／一向］。→ねっしん
《句》近世 凝っては思案に能はず。
—・する あけくれる［明暮］。情熱を注ぎ込む。全力を傾注する。近代 うちこむ［打込］。心血を注ぐ。熱を上げる。近世 うちいる［打入］。こる［凝］。しこる［凝／痼］。のぼす［のぼせる］［逆上／上］。やつす［窶］。やみつく［病付］。命を打ち込む。憂き身を窶す。現を抜かす。血道を上ぐ［—上げる］。中世 かたまる［固］。かまく［かまける］［感］。くるふ［狂］。よねんなし［余念無］。気を尽くす。寝食を忘る［—忘れる］。中古 ふける［耽］。心に入る。
—・するさま とりこ［虜／擒］。マニアック(maniac)。近世 まっくろ［真黒］。やみつき［病付］。脇目も振らず。
—・するたとえ 近代 病膏肓に入る。
—・する人 こりや［凝屋］。近代 きちがひ［気違／気狂］(複合語をつくる)。きゃう［狂］(接尾語的に)。むし［虫］。

ねつっぽ・い【熱】 近代 じゃうねつてき［情熱的］。ねつっぽい［熱］。

ネット(net) メッシ／メッシュ(mesh)。近代 ネット。上代 あみ［網］。

ねっとう【熱湯】 近世 ねっすい［熱水］。中世 にえゆ［煮湯］。中古 ねったう［熱湯］。上代 ゆ［湯］。
玉となって飛び散る— 中世 ゆだま［湯玉］。

ねっとう【熱闘】 近代 げきせん［激戦］。げきとう［激闘］。ねっせん［熱戦］。

ねつびょう【熱病】 近代 しゃくねつ［赤熱］。近世 おこり［瘧］。中古 ねち［熱］。ねつびゃう［熱病］。わらはやみ［瘧］。

ねつぼう【熱望】 近代 せつばう［切望］。ねつぐわん［熱願］。ねつばう［熱望］。中世 こんぐゎん［懇願］。中古 かつばう［渇望］。
《句》近世 餓鬼の目に水見えず。

ねつれつ【熱烈】 近代 しれつ［熾烈］。ねっきゃう［熱狂］。ねつれつ［熱烈］。中世 げきれつ［激烈］。中古 まうれつ［猛烈］。
—・なさま 近代 げきじゃうてき［激情的］。パッショネート(passionate)。
—・に愛し合っているさま 近世 あつあつ［熱熱］。

ねどこ【寝床】 →しんしつ
—に入ること 近世 とこいり［床入］。
—のそば 中古 しゃうとう［床頭］。
—の中 近代 じょくちゅう［褥中／蓐中］。
—を離れること りしょう［離床］。近代 きしゃう［起床］。
家の奥にある— 上代 おくとこ［奥床］。
同じ—で(男女が)一緒に寝ること 近代 がふきん［合衾］。どうきん［同衾］。近世 ひとつね［一寝］。中古 ともね［共寝］。→ともね
仮の— 中世 くさばのとこ［草葉床］。くさむしろ［草筵］。
産婦の使う— 近代 さんじょく［産褥］。
女性が男性と同じ—で寝る 近代 枕席に侍る(侍す)。中世 伽する。中古 枕席を薦む。枕席を払ふ。
寝具など敷きっぱなしの— 近代 まんねんど

こ[万年床]。
旅人や隠棲者(いんせいしゃ)の― 中古 こけむしろ[苔筵]。
つり下げた― 近代 つりどこ[吊床/釣床]。ハンモック(hammock)。
ひとりで寝る― 近世 こきん[孤衾]。
むさくるしい― 中世 うづらのとこ[鶉床]。

ねばりづよ・い【粘強】 こしづよ[腰強]。タフ(tough)。腰が強い。近代 きゃうじん[強靭]。ねばっこい[粘]。こんきづよい[根気強]。近世 がまんづよし[我慢強]。ねばりづよし[粘強]。中世 しぶとし。
▼粘りがない 近代 腰が弱い。上代 もろし[脆]。
《句》近世 商(あきな)ひは牛の涎(よだれ)。
▼粘りがないさま 近代 さらさら。中世 さっぱり。さらっと。さらり。

ねば・る【粘】 近代 ふんばる[踏張]。近世 にちゃつく。ねばりつく。ねばりづよし[粘強]。中世 ねばし[粘]。ねばつく[粘]。ねばる[粘]。中古 ねゆ[粘]。
―・って物に着く 近代 べたつく。近世 にちゃつく。ねばりつく[粘着]。びたつく。へばりつく。中世 ねえつく[粘着]。中古 ねいつく[粘着]。
―・る性質 ねんちゃくしつ[粘着質]。近代 ねんせい[粘性]。ねんちゃくせい[粘着性]。近世 ねばりけ[粘気]。
―・る力 近代 ねんりょく[粘力]。近世 ねんちゃくりょく[粘着力]。
―・るように練る 近世 こねまはす[捏回]。中世 こぬ[こねる][捏]。ねやす[黏/粘/錬]。
▼擬態語 ぎとぎと。近代 ねちねち。ねっとり。ねとねと。べっとり。近世 にちゃにちゃ。べたっと。べたべた。べたり。べとべと。中世 ねばねば。

ねはん【涅槃】 中世 黄金(こがね)の岸。ゑんじゃく[円寂]。中古 くうさい[空際]。ねはん[涅槃]。上代 めつど[滅度]。
―に入ること 中世 にふじゃく[入寂]。中古 しゃうめつめつい[生滅滅已]。たうひがん[到彼岸]。にふねはん[入涅槃]。にふめつ[入滅]。上代 せんげ[遷化]。にふぢゃう[入定]。
―を求める心 近代 ゑんしん[円心]。
最高の― 近代 くきゃうねはん[究竟涅槃]。だいはつねはん[大般涅槃]。
▼釈迦の死 中世 ぶつねはん[仏涅槃]。ぶつめつ[仏滅]。更衣(きさらぎ)の別れ。中古 かくりん[鶴林]。ねはん[涅槃]。薪(たきぎ)(焚き木)尽く。

ねびき【値引】 いろづけ[色付]。リダクション(reduction)。近代 げんか[減価]。ディスカウント(discount)。ねさげ[値下]。ねびき[値引]。べんきゃう[勉強]。わりびき[割引]。近世 あいきゃう[愛敬]。あいけう[愛嬌]。おまけ[負]。みきり[見切]。やすうり[安売]。中世 色を付く[―付ける]。↓
やすうり
訳あって―された商品 わけありしょうひん[訳有商品]。近代 きずもの[疵物/傷物]。近世 ひけもの[引物]。ろうづもの[物]。

ねぶか・い【根深】 近代 しんこく[深刻]。ねづよい[根強]。中古 おくふかし[奥深]。上代 ねぶかし[根深]。

ねぶくろ【寝袋】 シュラーフ/シュラーフザック(ドイツSchlafsack)。スリーピングバッグ(sleeping bag)。

ねぶみ【値踏】 近代 くゎんか[換価]。みつもり[見積]。近世 おふみ[御踏]。ねぶみ[値踏]。ふむ[踏]。

ねぼう【寝坊】 近世 ねばう[寝坊]。中世 ねごし[寝濃]。中古 いぎたなし[寝汚]。
《句》近世 春眠暁を覚えず。宵っ張りの朝寝坊。

ねぼ・ける【寝惚】 中世 ねほる[―ほれる][寝惚]。中古 ねおびる[寝]。ねとぼく[―とぼける][寝惚]。ねぼく[―ぼける][寝惚]。
―・な者 近世 ゆめすけ[夢助]。
―・けた顔 近代 ねぼけがほ[寝惚顔]。ねぼけづら[寝惚面]。
―・けた声 近代 ねぼけごゑ[寝惚声]。中古 ねぶりごゑ[眠声]。
―・けた目つき 近代 ねぼけまなこ[寝惚眼]。

ねほりはほり【根掘葉掘】 近世 ねどひはどひ[根問葉問]。ねほり[根掘]。ねほりはほり[根掘葉掘]。

ねま【寝間】 →しんしつ

ねまき【寝間着】 ナイティー(nightie)。近代 しんい[寝衣]。パジャマ(pajamas)。近世 こよぎ[小夜着]。こよる[小夜]。さよぶとん[小夜蒲団]。中世 ねまき[寝間着/寝巻]。中古 さよごろも[小夜衣]。
《句》中古 夜の衣を返す。
婦人用― ネグリジェ(フランスnégligé)。

ねみだ・れる【寝乱】 中世 ねみだる[―みだれる][寝乱]。中古 ねくたる[―くたれる][寝腐]。
―・れ髪 ねぐせ[寝癖]。近世 ねほれがみ[寝惚髪]。中古 たわ[撓]。ねくたれがみ[寝

腐髪]。上代 あさねがみ[朝寝髪]。

ねむた・い【眠】 近世 ねぶし[眠/睡]。中世 ねむし[眠/睡]。ねむたし[眠/睡]。睡魔が襲ふ。中古 ねぶたし[眠/睡]。

—・い季節 近世 蛙の目借り時。

—・がる人 近世 あしか[海驢/葦鹿]。

—・くならない 近世 目が堅い。目が冴ゆ(—冴える)。

—・くなる(こと) 近代 さいみん[催眠]。ねむけざす[眠気]。中世 すいま[睡魔]。中古 とろめく[蕩/惚]。

—・そうな目 中世 ねぶりめ/ねむりめ[眠目]。

夕方—・くなること 中古 ゆふまどひ[夕惑]。

ねむのき【合歓木】 近代 がふくゎんぼく[合歓木]。近世 えびのき[木]。ねむ[合歓]。中世 ねぶのき/ねむのき[合歓木]。中古 がふくゎのき[合歓木]。ねむりのき[眠木/合歓木]。上代 がふくゎん[合歓]。ねぶ[合歓]。

ねむり【眠】 スリープ(sleep)。近代 やすみ[休]。近世 すいみん[睡眠]。中世 いね[寝]。しん[寝]。すいめん[睡眠]。ねむり[眠/睡]。中古 ねぶり[眠]。上代 い[寝]。ね[寝]。

—が深い 上代 うま[甘/熟](接頭語的に)。

—から覚めたあと 中世 すいよ[睡余]。

—から覚めること 近代 めざめ[目覚]。中世 すいよ[睡余]。中古 目を覚ます。上代 ねざめ[寝覚]。

—についたばかり 近代 ねいりぎは[寝入際]。近世 ねばな[寝端]。中世 ねいりばな[寝入端]。

—を誘う薬 近代 さいみんざい[催眠剤]。さいみんやく[催眠薬]。すいみんざい[睡眠剤]。すいみんやく[睡眠薬]。近世 ねむりぐすり[眠薬]。

仮の— 近代 かしん[仮寝]。かすい[仮睡]。かみん[仮眠]。中古 かりね[仮寝]。→うたたね

怠惰な— 近代 だみん[惰眠]。近世 らんみん[懶眠]。中世 らんめん[懶眠]。

春の心地よい— 近世 しゅんみん[春眠]。

▼—眠り 中世 ひとねいり[一寝入]。中古 ひとい[一寝]。

ねむ・る【眠】 近代 しうしん[就寝]。しうみん[就眠]。眠りに落ちる。眠りに就く。夢路を辿る。近世 ねつく[寝付]。舟を漕ぐ。中世 ねまる。中古 うちねぶる[打眠]。うちまどろむ[打微睡]。ねいる[寝入]。ねぶる/ねむる[眠/睡]。ひそまる[潜]。まどろむ[微睡]。めあふ[目合]。目が合ふ。夢を結ぶ。上代 いぬ[寝]。ねる[寝]。寝(い)を寝(ぬ)。→ね・る

—っているときの言葉 中古 ねごと[寝言]。

—・らせない 中世 よどる。

—・らせる 近代 ねかせる[寝]。ねむらす/ねむらせる[眠]。近世 ねかす[寝]。ねさす[寝]。ねす(ねせる)[寝]。上代 なす[寝]。

—ることと食べること 近代 みんしょく[眠食]。中古 しんしょく[寝食]。

—・れない(さま) 中世 ふみん[不眠]。まじまじ。まじりまじり。中古 てんてんはんそく[輾転反側]。寝(い)も寝られず。目が合はぬ。上代 うきね[浮寝]。寝(い)の寝らえぬ。

安心して—・ること 中世 あんみん[安眠]。近代 かうみん[高眠]。中古 枕を高くす。

いつまでも—・っていること 中古 いぎたなし[寝穢]。

鼾(いびき)をかいて—・ること 近世 かんすい[鼾睡]。

うっかり—・ること 中世 ゐねむり[居眠]。

うとうと—・る(こと) 近代 かしん[仮寝]。かすい[仮睡]。近世 船を漕ぐ。中世 ゐねぶる/ゐねむる[居眠]。中古 かりね[仮寝]。

くたびれて—・ること 中世 こんすい[困睡]。

ぐっすり—・る(こと) 泥のように眠る。近代 うまいね[熟睡/熟寝]。くゎいみん[快眠]。ねむりこける[眠]。近世 かいねぶる[搔眠]。ねこむ[寝込]。中世 じゅくすい[熟睡]。じゅくみん[熟眠]。たかいびき[高鼾]。上代 うまい[熟睡]。

前後不覚に—・ること 中世 こんすい[昏睡]。

ちょっと—・ること(さま) 近世 ひとねむり[一眠]。まんじり。中世 いっすい[一睡]。ひとねいり[一眠]。ゐねむり[居眠]。中古 かたねむり[片眠]。ひとい[一寝]。ゐねぶり[居眠]。

怠けて—・ること 惰眠を貪(むさぼ)る。

半分—・ったような状態 はんすい[半睡]。ゆめうつつ[夢現]。近代 しみん[嗜眠]。はんせいはんすい[半醒半睡]。

昼間に—・ること ごすい[午睡]。ひるね[昼寝]。

夜明けまで—・らない てつや[徹夜]。夜を明かす。近代 夜の目も寝ない。

よく—・っていること ねこみ[寝込]。近代 しらかはよぶね[白河夜船]。

よく—・る人 近世 あしか[海驢/葦鹿]。ふか[鱶]。

横になって—・ること 近代 すいぐゎ[睡臥]。

▼擬態語 [近代]ぐうぐう。こっくり。こっくりこっくり。どろん。[近世]うつらうつら。うとうと。ぐっすり。こくこく。こくりこくり。すやすや。とろん。とろんこ。まんじり。[中世]うつうつ。こんこん[昏昏]。とろとろ。とろり。

ねもと【根元】 ねっこ[根]。ルーツ(roots)。[近代]きこん[基根]。きぶ[基部]。こんき[根基]。こんぽん[根本]。[中世]こんげん[根源]。ねかた[根方]。ねもと[根元/根本]。[中古]したね[下根]。ねどころ[根所]。[上代]このね[木根]。ね[根]。もと[本]。もとへ[本辺/本方]。→**ね【根】**

木で―に近い部分 [近代]もとき[本木]。

物の付いている―の部分 [近世]つけね[付根]。

ねらい【狙】 ターゲット(target)。[近代]せうじゅん[照準]。へうてき[標的]。もくへう[目標]。[近世]けんたう[見当]。つけめ[付目]。つぼ[壺]。もくてき[目的]。[中世]めあて[目当]。めじるし[目印]。やさき[矢前/矢先]。やつぼ[矢坪/矢壺]。やどころ[矢所]。[上代]ねらひ[狙]。

―がすべて的中すること [中古]ひゃくはつひゃくちゅう[百発百中]。

―が外れる [近代]いっする[逸/佚]。[中世]そる[それる][逸]。はづる[はずれる][外]。

―通りになる [近世]壺に嵌(はま)る。[中世]あやまたず[過]。

―どころ [近代]せいこく[正鵠]。[近世]づぼし[図星]。[中世]づ[図]。[上代]まと[的]。

ねら・う【狙】 [近代]しかう[指向]。せうじゅん[照準]。ねらひさだめる[狙定]。狙ひを定める。狙ひを付ける。的にする。[近世]ねらひすます[狙澄]。めざす[目指]。[中世]めがく[―がける][目掛]。[中古]さしあつ[―あてる][差当]。[上代]ねらふ[狙]。

―ったものを手に入れる [近代]いとめる[射止]。[上代]いおとす[射落]。

―っているさま [近世]こしたんたん[虎視眈眈]。

ひそかに―・う [上代]うかがふ[窺]。

弓矢で―・う [中古]おしあつ[―あてる][押当]。

ね・る【寝】❶〈就寝〉 [近代]しうしん[就寝]。床に就く。眠りに落ちる。眠りに就く。夢路を辿(たど)る。[近世]いねつむ[稲積](正月に用いられた忌みことば)。せぶる。ねつく[寝付]。ふさる[臥/伏]。[中世]うちふす[打伏/打臥]。ねまる。[中古]うちぬ[打寝]。ぬ/ぬる[寝]。ねいる[寝入]。ねぶる/ねむる[眠/睡]。ひそまる[潜]。めあふ[目合]。やすむ[休]。[上代]いぬ[寝]。こやる/こゆ[臥]。さぬ[寝]。ぬ[ねる][寝/寐]。寝(い)を寝(ぬ)。→**ねむ・る**

《尊》[近世]およんなる[御寝]。[中世]おしづまる[御寝]。およる[御寝]。ぎょしなる/ぎょしんなる[御寝]。ぎょしんある[御寝]。[中古]およる[寝]。おほとのごもる/おんとのごもる[御殿籠]。とのごもる[殿籠]。[上代]こやす[臥]。さなす[寝]。なす[寝]。

《枕》[中世]やまどりの[山鳥](⇩ひとり寝)。[中古]ねぬなはの[寝蓴菜]。

《句》寝る子は育つ。[近世]寝た間は仏。寝る間が極楽。

―・そこなう [近世]ねそびれる[寝]。

―・た振り [近世]たぬき[狸/貍]。たぬきねいり[狸寝入]。[中世]そらねむり[空眠]。[中古]そらね[空寝]。

―・ていて時を忘れる [中世]ねわする[―わすれる][寝忘]。

―・ている間 [近世]ねごみ[寝込]。

―・ている姿 [近世]ねざう[寝相]。[中世]ねざま[寝様]。ねすがた[寝姿]。

―・ている姿が醜い [近世]いぎたなし[寝穢]。

―・ている時と覚めている時 [中世]ごみ[寤寐]。[中古]おきふし[起臥]。ごび[寤寐]。ふしおき[臥起]。

―・ている時の息の音 [近世]ねいき[寝息]。[中古]いびき[鼾]。

―・て乱れる [中世]ねみだる[―みだれる][寝乱]。

―・にくくて [中古]いねがてに[寝]。

―・ようとするとき [近代]ねがけ[寝掛]。[近世]ねしな[寝]。ねしま[寝]。ねぎは[寝際]。

―・られずに [中古]いねがてに[寝]。

―・ること [近代]ぐゎしゃう[臥床]。しうしゃう[就床]。しうじょく[就褥]。しうしん[就寝]。しうみん[就眠]。やすみ[休]。[近世]ねね/ねんね(幼児語)。[中世]しん[寝]。ねんねこ(幼児語)。[中古]えんぐゎ[偃臥]。[上代]さね[寝]。ね[寝]。《尊》おやすみ[休]。[中世]おしづまり[御寝]。およる[御夜/御寝]。ぎょし/ぎょしん[御寝]。[中古]おほとのごもり[大殿籠]。

―・ることと起きること [中世]ねおき[寝起]。[中古]おきふし[起臥]。ふしおき[臥起]。

―・ることと食べること [中古]しんしょく[寝食]。[上代]しんぜん[寝膳]。

―・る時機を失する [近世]ねそびれる[寝]。

―・る支度 [近世]ねじたく[寝支度]。

ー・るときに使うもの 近世 しんぐ［寝具］。近世 やぐ［夜具］。夜の料(れう)。中古 夜の物。

ー・るところ 近代 しんしつ［寝室］。中古 しんじょ［寝所］。上代 ねどこ［寝床］。ねどころ［寝所］。ねや［閨／寝屋］。ねやど［閨所／寝屋処］。→しんしつ

朝遅くまでー・ている 近世 あさねばう［朝寝坊］。ねばう［寝坊］。中世 あさね［朝寝］。ながね［長寝］。上代 あさい［朝寝］。

安心してー・る 近代 かうみん［高眠］。中世 あんみん［安眠］。中古 たかまくら［高枕］。枕を高くす。

一度目を覚ましてからまたー・ること 中世 またね［又寝／復寝］。

衣服を着たままー・ること 近代 かりね［仮寝］。近世 ころびね［転寝］。中世 うたたねむり［転寝］。ごろね［転寝］。中古 うたたね［転寝］。まろぶし［丸臥］。上代 まるね／まろね［丸寝］。

岩を枕にしてー・る 近世 いはがねまくら［岩根枕］。

屋外でー・ること ビバーク(フランス bivouac)。近代 キャンプ(camp)。ろえい［露営］。中世 ろしゅく［露宿］。中古 のじゅく［野宿］。→のじゅく

寂しく思いながらー・ること 近世 わびね［侘寝］。

旅先でー・ること 中世 たびね［旅寝］。たびまくら［旅枕］。

誰かに寄り添ってー・ること 近代 そくぐゎ［側臥］。近世 ならべまくら［並枕］。中世 枕を並ぶ［―並べる］。中古 そひね［添寝］。そひぶし［添臥］。

連れて行って一緒にー・る 上代 ゐぬ［率寝］。

中にはいってー・る 中古 いりふす［入臥］。

何人もの人が入り交じってー・ること 近世 ざこね［雑魚寝／雑居寝］。

のんびりくつろいでー・ること 近世 らくね［楽寝］。

一人でー・ること 中古 かたしき［片敷］。ひとりね［独寝］。ひとりぶし［独臥］。

布団一枚にくるまってー・ること 近世 かしはもち［柏餅］。

舟の上や水辺でー・ること 中古 うきまくら［浮枕］。

傍若無人にー・る 近世 ふんぞべる。

もの思いをしながらー・ること 中古 おもひね［思寝］。

▼仮眠 →うたたね

ね・る【寝】❷〈姿勢〉 近世 かたぐ〈かたげる〉［傾］。せぶる。ねそべる［寝］。ふさる［臥／伏］。よこたふ［横］。横になる。中世 かたはらぶし［傍臥］。ぐゎす［臥］。ねころぶ［寝転］。ふせる［臥／伏］。中古 うちふす［打伏／打臥］。よこたはる／よこほる／よころばふ［横］。上代 うちなびく［打靡］。ぬ［ねる］［寝／寐］。ふす［臥／伏］。

ー・ること ふくが［伏臥］。近代 わうぐゎ［横臥］。近世 そくぐゎ［側臥］。よこ［横］。中世 ぎゃうぐゎ［仰臥］。よこね［横寝］。中古 えんぐゎ［偃臥］。

体の一方ばかり下にしてー・ること 近世 かたね［片寝／偏寝］。

手足を伸ばしてー・る 近世 のえふす［偃］。

東方に頭を向けてー・ること 中世 とうしゅ［東首］。中古 ひがしまくら［東枕］。

ね・る【練】 近代 きたへる［鍛］。れんせい［錬成］。中世 こぬ〈こねる〉［捏］。たんれん［鍛錬］。れんま［錬磨］。中古 なやす［萎］。ねやす［練］。ねる［練／煉／錬］。

ー・って固める 中世 ねりかたむ〈―かためる〉［練固］。

ー・って仕上げる 近代 ねりあげる［練上］。

ー・ること 中古 ねり［練／錬／煉］。

ー・れている 近代 ゑんじゅく［円熟］。近世 ゑんまん［円満］。中古 らうせい［老成］。

ねん【年】 上代 とし［年］。→ねんれい

ーや月などが改まる 上代 ゆきかへる／ゆきがへる［行返／往帰］。

ねん【念】 近代 しんきゃう［心境］。近世 かんがへ［考］。きょうちゅう［胸中］。きょうり［胸裏／胸裡］。中世 かんじゃう［感情］。きもち［気持］。こころもち［心持］。ねん［念］。中古 おもひ［思］。上代 しんちゅう［心中］。《丁》中世 ごねん［御念］。

ーを押す 楔(くさび)を刺す。近代 くぎじめ［釘締］。近世 釘を打つ。釘を刺す。底を押す。駄目を押す。根を押す。中世 止(とど)めを刺す。

ーを押す文末表現 でしょ。ね／ねえ。のよ。近世 え。ぜえ。ぞい／ぞえ。わな。中世 えい。よなう。よや。中古 かし。かしな。ぞかし。とよ。な。

ねんいり【念入】 近世 ねんいり［念入］。中世 にふねん［入念］。ねつ。中古 こまか［細］。ねむごろ／ねんごろ［懇］。わづらはし［煩］。上代 ねもころ［懇］。《句》近世 石橋を叩いて渡る。裏釘を返す。

ー・に 近世 くれぐれも［呉呉］。とくと。とっ

ね

くり。中世とっくと。びび［娓娓］。よく［良／能］。よくよく［良良／能能］。中古かへすがへす［返返］。くれぐれ［呉呉］。

ー・にし過ぎて失敗するたとえ《句》近代念の過ぐるは不念(無念)。中世過ぎたるは及ばざるがごとし。

ねんが【年賀】 ねんしあいさつ［年始挨拶］。近代ねんしまはり［年始回］。近世ねんが［年賀］。中世ねんし［年始］。

ー状に書く言葉(例) がしゅん［賀春］。きっしゅん［吉春］。じゅしゅん［寿春］。しょうしゅん［頌春］。近代きょうがしんねん［恭賀新年］。きんがしんねん［謹賀新年］。げいしゅん［迎春］。上代がしゃう［賀正］。しょしゅん／はつはる［初春］。

ーの客 中世がきゃく［賀客］。れいしゃ／れいじゃ［礼者］。

ーの書状 近代しんねんじゃう［新年状］。ねんがじゃう［年賀状］。近世ねんしじゃう［年始状］。中世がじゃう［賀状］。

ねんがっぴ【年月日】 近代デート(date)。中古ひづけ［日付］。上代つきひ［月日］。ねんぐゎっぴ［年月日］。

ねんがらねんじゅう【年年中】→**ねんじゅう**

ねんがん【念願】 近代きたい［期待］。きばう［希望］。近世しゅくばう［宿望］。そし［素志］。中世ぐゎんばう／ぐゎんまう［願望］。しゅくぐゎん［宿願］。そくゎい［素懐］。ねがひごと［願事］。ねん［念］。中古おもひ［思］。しゅくしん［宿心］。ねがひ［願］。ねぎごと［願事／祈事］。ねんぐゎん［念願］。ほんまう［本望］。上代しゅくし［宿志］。↓**がんぼう**

ねんき【年忌】 近世ねんくゎい［年回］。中世くゎいき［回忌］。ねんき［年忌］。

最終のー 近代とむらひあげ［弔上］。近世あげどき［揚斎］。とひきり［問切］。

ねんき【年季】 にんき［任期］。ねんき［年期］。中世としぎり［年切］。ねんき［年季］。ねんげん［年限］。上代きげん［期限］。

ー明けの直前 近世ねんまへ［年前］。

ーが満了すること 近世ねんあき／ねんあけ［年明］。ねんきあけ［年季明］。

ー奉公する人 近世ねんきもの［年季者］。ねんきり［年切］。

契約したー 近世ねんきり［年切］。

ねんぐ【年貢】 近代こうそ［貢租］。ぜいきん［税金］。そこう［租貢］。中世じゃうぶん［上分］。しょたう［所当］。ものなり［物成］。中古ねんぐ［年貢］。上代そぜい［租税］。つき［調］。をさめもの［納物］。

ーが免除される土地 近世ぢょち／のぞきち［除地］。

ーの米 近世じゃうなふ［上納］。ねんぐまい［年貢米］。べいそ［米租］。中世こうまい［貢米］。じゃうぶんまい［上分米］。

ーを納めること 中古しょせい［所済］。

ーを共同で請け負うこと 近世ぢげうけ［地下請］。ひゃくしゃううけ［百姓請］。

秋に納める田のー 近世あきなり［秋成］。

田畑に課したー 近世とりか［取箇］。なりか［成箇］。ものなり［物成］。

春に納める畑などのー 近世なつなり［夏成］。

ねんげつ【年月】 にちげつ［日月］。近代れきねん［暦年］。近世きんうぎょくと［金烏玉兎］。さいじ［歳時］。ねんしょ［年所］。中世くゎういん［光陰］。じちげつ［日月］。しゅんじう／はるあき［春秋］。せいさう／せいざう［星霜］。つゆじも［露霜］。ふうさう［風霜］。中古うと［烏兎］。じつげつ［日月］。つゆしも［露霜］。ときよ［時世］。ねんじょ［年序］。ほど［程］。上代さいげつ［歳月］。つきひ／つくひ［月日］。つくひよ［月日夜］。とし［年／歳］。としつき［年月／歳月］。ねんげつ［年月］。

《句》近代歳月流るる如し。歳月人を待たず。盛年重ねて来らず。近世災ひも三年。中世嫁が姑に成る。

ーが去ってはまた来る 上代ゆきむかふ［行向］。

ーが過ぎる 年が立つ。中古つもる［積］。ながる(ながれる)［流］。上代ふる［旧］。ゆく［行／往］。

ーが経つのが早いさま 近代うとそうそう［烏兎匆匆］。中世くげき［駒隙］。光陰矢の如し。光陰人を待たず。月日に関守なし。月日の鼠。月の鼠。月日に隙(ひま)過ぐる駒。隙(ひま)の駒。隙(ひま)行く駒。白駒(はく)隙(げき)を過ぐ。中古斧(をの)の柄朽つ［ー朽ちる］。

ーを送る 近代つひやす［費］。中古すごす［過］。上代すぐす［過］。ふ(へる)［経］。わたる［渡］。

世間と離れた生活でーを忘れる 近世山中暦日なし。

長いー 近代いくせいさう［幾星霜］。こふらふ［劫臈／劫臘］。しゅくねん［宿年］。ちゃうじつげつ［長日月］。ちゃうねんげつ／ながねんげつ［長年月］。ながねん［長年／永年］。近世おくまんごふ［億万劫］。さんね

んみつき［三年三月］。しゅうこ［終古］。せきねん［積年］。たごふ［多劫］。はくたい［百代］。〔中世〕えいだい［永代］。たじつ［多日］。としひさに［年久］。ばんぜい／まんざい［万歳］。ひゃくせ／ひゃくせい［百世］。まんねん［万年］。十返(とかへ)りの花。〔中古〕あまたとし［数多年］。えいたい［永代］。くゎうごふ［曠劫／広劫］。せんざい［千載／千歳］。ちゃうねん［長年］。ちよ［千代／千世］。ひゃくだい［百代］。ほどほどし［程程］。やちよ［八千代］。るいねん［累年］。千代に八千代に。〔上代〕うちはへ［打延］。えいせい［永世］。えいねん［永年］。けながし［日長］。せんざい［千歳／千載］。せんしう［千秋］。せんねん［千年］。たねん［多年］。ちとせ［千歳／千年］。としごろ［年頃］。としつき［年月］。ながあき［長秋］。ながいほあき［長五百秋］。ひさし［久］。ふうさう［風霜］。まけながし［真日長］。ももとせ［百歳／百年］。ももよ［百世／百代］。やちとせ［八千歳］。やほか［八百日］。

長い—が経つ 〔近世〕年有り。〔中古〕りゃくこふ／りゃくごふ［歴劫］。劫(こふ)を経(ふ)［—経(へ)る］。椿葉(ちんえふ)の影再び改まる。斧(をの)の柄朽つ［—朽ちる］。〔上代〕ふかし［深］。苔生(こけむ)す。年を経(ふ)［—経(へ)る］。

長い—変わらないこと 〔近代〕じふねんいちじつ［十年一日］。

長い—を経たもの 〔近代〕ねんすうもの［年数物］。ねんだいもの［年代物］。〔近世〕じだいもの［時代物］。

長い—を無駄に過ごすこと 〔近代〕くゎうじつぢきう［曠日持久］。〔近世〕くゎうじつびきう［曠日彌久］。

長い—を要すること 《句》〔近代〕ローマ(Roma)は一日にして成らず。

若いときの— 〔近代〕はうしゅん［芳春］。〔中古〕はうねん［芳年］。〔上代〕せいしゅん［青春］。

ねんげん【年限】 〔近世〕ねんき［年季］。〔中世〕としぎり［年切］。ねんき［年期］。〔上代〕きげん［期限］。ねんげん［年限］。

ねんこう【年功】 〔近世〕こふらふ［劫臈／劫臘］。とりゐかず［鳥居数］。ねんこう［年功］。〔中世〕こう［功］。

—を積む(こと) 〔近世〕劫臈(こふらふ)(劫臘)を経(ふ)［—経(へ)る］。〔中世〕らふたく［臈長］。〔中古〕くうづく［功就／功付］。らふ［臈］。功入る。

—を積んだ年数 〔中世〕らっし／らふし［臈次］。

—を積んだ者 〔中世〕いちらふ［一臈］。

—を積んでいる 〔中古〕かみさぶ［—さびる］／かんさぶ［—さびる］［神］。ふるし［古］。

悪いことに積んだ— 〔中世〕わるごう［悪功］。

ねんごろ【懇】 〔近世〕かずかず［数数］。こんしん［懇親］。ねんいり［念入］。〔中世〕こんい［懇意］。とうかんなし［等閑無］。〔中古〕こまか／こまやか［細］。こんせつ［懇切］。ていねい［丁寧／叮嚀］。ねんごろ［懇］。〔上代〕しんせつ［親切］。ねもころ［慇懃／懇］。

—・な仲 〔近世〕ねんごろあひ［懇合］。

—・に 〔中世〕かへすがへす［返返］。たりふし。よくよく［良良／能能］。〔中古〕おふなおふな／おほなおほな。〔上代〕つらつらに／つらつらと。

—・に扱う 〔中古〕いたはる［労］。

ねんし【年始】❶〈年頭〉 〔近世〕ぐゎんたん［元旦］。としがしら［年頭］。ねんしょ［年初］。〔中世〕げんし［元始］。としあけ［年明］。ねんし［年始］。ねんとう［年頭］。〔中古〕さいしゅ［歳首］。しんしゅん［新春］。ねんしゅ［年首］。〔上代〕しょしゅん／はつはる［初春］。しんねん［新年］。

ねんし【年始】❷〈年賀〉 ねんしあいさつ［年始挨拶］。〔近代〕くゎいれい［回礼］。ねんしまはり［年始回］。〔近世〕ねんが［年賀］。ねんし［年始］。ねんとう［年頭］。ねんれい［年礼］。

—の客 年賀の客。〔中世〕がきゃく［賀客］。れいしゃ／れいじゃ［礼者］。

ねんしゅう【年収】 ねんかんしゅうにゅう［年間収入］。ねんかんしょとく［年間所得］。〔近代〕ねんしう［年収］。ねんぽう［年俸］。

ねんじゅう【年中】 〔近代〕じゃうじ［常時］。年がら年中。〔近世〕しゅうさい［終歳］。しょっちゅう。ねんびゃくねんぢゅう［年百年中］。〔中世〕ねんぢゅう［年中］。明けても暮れても。〔中古〕あけくれ［明暮］。年の内。〔上代〕いつも［何時］。たえず［絶］。つねに［常］。

ねんしゅつ【捻出】 〔近代〕ようだて［用立］。〔近世〕くめん［工面］。さんだん［算段］。つがふ［都合］。ひねりだす［捻出］。やりくり［遣繰］。〔中世〕ねんしゅつ［捻出］。

ねんしょ【念書】 〔近世〕おぼえがき［覚書］。ねんしょ［念書］。

—を入れる 〔近代〕一札を入れる。

ねんしょう【年少】 〔近代〕ヤング(young)。わかざう［若造］。〔近世〕としした［年下］。〔中世〕をさなし［幼］。〔中古〕じゃくねん［弱年／若年］。じゃくれい［弱齢／若齢］。としわかし［年若］。ねんせう［年少］。〔上代〕じゃくくゎん［弱冠］。わかし［若］。

—者 ジュニア(junior)。〔中古〕してい［子弟］。

じゃくはい［弱輩／若輩］。

—者をあざける語 近世でっち［丁稚］。あくちも切れぬ。

—の男の子 中世せうどう［小童／少童］。

ねんしょう【燃焼】 近代ねんせう［燃焼］。もえさかる［燃盛］。中古もえたつ［燃立］。もえつく［—つきる］［燃尽］。もやす［燃］。上代もゆ［もえる］［燃］。やく［やける］［焼］。

ねんしょう【年商】 近代ねんさん［年産］。ねんしう［年収］。

ねんすう【年数】 中世れきすう［暦数］。中古ねんき［年紀／年記］。ねんすう［年数］。上代ねんじょ［年序］。
—に期限があること 中世としぎり［年切］。
長い— 上代やちとせ［八千歳］。↓ねんげつ
人の生きた— 近世ぎゃうねん［行年］。中世きゃうねん［享年］。上代かうねん［行年］。
▼助数詞 近代ねん［年］。中古さい［歳］。上代とせ［年／歳］。

ねんせい【粘性】 近代ねんせい［粘性］。ねんど［粘度］。近世ねばりけ［粘気］。

ねんだい【年代】 近代エージ(age)。ジェネレーション(generation)。中世せだい［世代］。れきすう［暦数］。中古じせい［時世］。じだい［時代］。上代ねんだい［年代］。

—測定法の— カーボンデーティング(carbon dating)。

—の順に記述する歴史の形式 近代クロニクル(chronicle)。へんねんし［編年史］。へんねんたい［編年体］。

—を経たもの 近代ねんすうもの［年数物］。ねんだいもの［年代物］。近世ふるもの［古物］。中古こぶつ［古物］。

ねんちゃく【粘着】 近代かうちゃく［膠着］。べたつく。べとつく。近世ねばりつく［粘着］。ねんちゃく［粘着］。中世ひっつく［引付］。ふちゃく［付着］。
▼擬態語 近代べたべた。べっとり。近世ぴたり。ぴったり。べたべた。べたり。べとべと。中世べったり。中古ひたと。

ねんちょう【年長】 近代じゃうちゃう［上長］。としだか［年高］。ねんちゃう［年長］。近世としうへ［年上］。としづよ［年強］。中世ちゃうじゃう［長上］。ちゃうず［長］。としかさ［年嵩］。中古おとなし［大人］。およすけ。

《句》近世亀の甲より年の劫(こふ)。

—者 近代シニア(senior)。近世あにき［兄貴］。しとく［歯徳］。中世おやかた［親方］。せんせい［先生］。ちゃうじゃ［長者］。中古かみ［上］。このかみ［兄］。ちゃうらう［長老］。上代え［兄］。

—者から順に死ぬこと 中世じゅんえん［順縁］。

—者に従順でないこと 近世ふてい［不弟／不悌］。

—者に従順なこと 中世ていじゅん［弟順／悌順］。

—者に保護されていること 近世はがひ(の)した［羽交下］。

—者らしい心 中古このかみごころ［兄心］。

—者らしく振る舞う(さま) 中世おとなしやか［大人］。ちゃうず［長］。中古おきなさぶ［翁］。おとなおとなし［大人大人］。おとなし［大人］。おとなだつ［大人立］。

—者を敬って言う語 近代らうだい［老台］。

—の女性を敬って言う語 中古おほいご［大御］。

最も—であること さいちょう［最長］。さいねんちょう［最年長］。

ねんど【粘土】 ベントナイト(bentonite)。近代クレー(clay)。ねば［粘］。ねんど［粘土］。近世へな［埴／粘土］。へなつち／へなっつち［埴土／粘土］。中世ねばつち［粘土］。上代はに［埴］。はにつち［埴土］。まはに［真赤土］。
温泉水などで岩石が変質してできた— 近代おんせんよど［温泉余土］。
人工の— あぶらねんど［油粘土］。かみねんど［紙粘土］。近代あぶらつち／ゆど［油土］。
封緘(ふうかん)するための— ふうでい［封泥］。

ねんとう【年頭】 ↓ねんし

ねんとう【念頭】 近代なうり［脳裏］。近世きょうちゅう［胸中］。中世ねんとう［念頭］。中古おもひ［思］。↓おもい
—に置く 中古おもひかく［思掛］。

ねんねん【年年】 近世まいとし［毎年］。中世まいねん［毎年］。中古さいさい［歳歳］。ちくねん［逐年］。ついねん［追年］。としごと［年毎］。としどし［年年］。ねんねん［年年］。まいさい［毎歳］。れいねん［例年］。

ねんぱい【年配】 近世としかっかう［年恰好］。としばへ［年延］。としまはり［年回］。としまへ［年前］。ねんぱい［年配／年輩］。年の頃。中世としごろ［年頃］。中古よはひ［齢］。

ねんぷ【年賦】 ねんばらい［年払］。近世ねんぷ［年賦］。ねんぶん［年分］。
—の一回の支払い額 ねんぷきん［年賦金］。

ねんぶつ【念仏】 中世じゃうごふ［浄業］。

中古ねんぶつ[念仏]。

ーのとき鉦をたたくこと 中世かねたたき[鉦叩]。

ーをとなえる 近世しょさくる[所作繰]。中世くしょう[口称]。くしょうねんぶつ[口称念仏]。西方を誦す。

一度のー 中世いちねんしょうみゃう[一念称名]。中古いちねん[一念]。

信仰心のない人のー 近世からねんぶつ[空念仏]。中世そらねんじゅ[空念誦]。そらねんぶつ[空念仏]。

絶え間なくーを唱え続けること 中古じゃうねんぶつ[常念仏]。ふだんねんぶつ[不断念仏]。

高い声で早口にーを唱えること 近世せめねんぶつ[責念仏]。中世たかねんぶつ[高念仏]。

ひたすらーを唱えること 近代いちぎゃうざんまい[一行三昧]。中世いっかうせんねん[一向専念]。中古ねんぶつざんまい[念仏三昧]。

ねんぽう【年俸】 近代ねんしう[年収]。ねんぽう[年俸]。近世ねんきふ[年給]。

ねんまつ【年末】 近代さいぼ[歳暮]。ねんぼ[年暮]。近世おしつめ[押詰]。おほぐれ[大暮]。くれ[暮]。さいしゅう[歳終]。としずゑ[年末／歳末]。ねんび[年尾]。ねんまつ[年末]。年の瀬。歳の尾。宵の年。中世せっき[節季]。としぐれ[年暮]。中古くれがた／くれつかた[暮方]。さいばん[歳晩]。さいまつ[歳末]。はるとなり／はるどなり／はるのとなり[春隣]。らふ[臘]。年の暮れ。春の隣。上代せいぼ[歳暮]。

ー近くなる 近代おしつまる[押詰]。歳が押し迫る。

ーにその年の苦労などを忘れること 近世ばうねん[忘年]。中世としわすれ[年忘]。

ーの煤掃きの日 近世よごれとし[汚年]。

ーの残り少ない日々 近世かぞへび[数日]。

▼大晦日 近世おほぐれ[大暮]。おほどし[大年／大歳]。おほみそか[大晦日]。中世おほつごもり[大晦]。

▼大晦日の前日 近世こつごもり[小晦日]。

▼大晦日の夜 中世としのよ[年夜]。

▼去年の暮れ 近世ふゆどし[冬年]。

▼暮れ行く年 中古ふるとし[旧年]。

▼除夜 中世としのよ[年夜]。年越しの夜。

▼年越しの費用 中世としとりもの[年取物]。

▼年や季節が終わる 中世くれはつ[暮果]。

ねんらい【年来】 近代ながねん[長年]。近世せきねん[積年]。中古としつき[年月]。ねんらい[年来]。上代たねん[多年]。としごろ[年頃／年比]。

ねんりき【念力】 近代せいしんりょく[精神力]。テレパシー(telepathy)。中世ねんりき[念力]。中古いちねん[一念]。上代いっしん[一心]。

《句》近代虚仮も一心。志ある者は事竟に成る。精神一到何事か成らざらん。近世一念(念力)岩をも通す。一念天に通ず。中世雨垂れ石を穿つ。石に立つ矢。

ーで物を移動させること(力) サイコキネシス(psychokinesis)。テレキネシス(telekinesis)。テレポーテーション(teleportation)。テレポート(teleport)。近代ねんどう[念動]。

ねんりょう【燃料】 近代たきもつ[焚物]。ねんれう[燃料]。中世もえくさ[燃種]。中古たきもの[焚物]。

ー計 フューエルゲージ(fuel gauge)。

ーのいろいろ(例)①[形質] かくねんりょう[核燃料]。きたいねんりょう[気体燃料]。こうぶつねんりょう[鉱物燃料]。こたいねんりょう[固体燃料]。近代えきたいねんれう[液体燃料]。

ーのいろいろ(例)②[用途] かていようねんりょう[家庭用燃料]。こうくうきねんりょう[航空機燃料]。ジェットねんりょう[jet燃料]。じどうしゃねんりょう[自動車燃料]。せんぱくねんりょう[船舶燃料]。ディーゼルねんりょう[diesel燃料]。はつでんようねんりょう[発電用燃料]。ロケットねんりょう[rocket燃料]。

ーのいろいろ(例)③[製品] えきかせきゆガス[液化石油gas]。エルピージー(LPG; liquefied petroleum gas)。けいゆ[軽油]。じゅうゆ[重油]。プロパンガス(propane gas)。近代ガソリン(gasoline)。コークス(ドイツKoks)。しんさい[薪柴]。まめたん[豆炭]。もくたん[木炭]。れんたん[練炭]。近世いしずみ／せきたん[石炭]。しんたん[薪炭]。中世きずみ[木炭]。たどん[炭団]。中古とうゆ／ともしあぶら[灯油]。まき[薪]。上代すみ[炭]。たきぎ[薪／焚木]。

ねんれい【年齢】 としまわり[年回]。れきねんれい[暦年齢]。近代エージ(age)。し[歯]。せいくゎつねんれい[生活年齢]。としかさ[年嵩]。近世とし(の)は[年端／年歯]。としばへ[年延]。ねんき[年紀／年

ね

記」。ゆくとし[行年]。りうねん[流年]。**中世**しゃうねん／せいねん[生年]。ねんさん[年算]。**中古**ありかず[有数]。じゅ[寿]。とし(の)とし[年／歳]。としなみ[年波]。とし(の)よはひ[年齢]。ねんれい[年齢]。ほど[程]。老いの数。**上代**しゅんじう[春秋]。ねんし[年歯]。よはひ[齢]。

《謙》**近代**ばれい[馬齢]。**近世**ばし[馬歯]。犬馬の年(齢(よはひ))。

《句》百になるまでは十代。**近世**年問はんより世を問へ。

—が同じ **近代**どうかふ[同甲]。どうし[同歯]。**中世**おないどし[同年]。どうねん[同年]。どうはい[同輩]。

—が高いこと **近代**かうじゅ[高寿]。らうれい[老齢]。**近世**かうれい[高齢]。としうへ[年上]。**中世**らうきゃう[老境]。**中古**らうねん[老年]。**上代**かうねん[高年]。

—が低いこと **近世**としわか[年若]。**中古**じゃくねん[若年／弱年]。**上代**じゃくくゎん[弱冠]。→**わか・い**

—を加える かれい[加齢]。**近代**年が行く。**近世**かねん[加年]。ちょうねん[重年]。薹(うた)が立つ。年を食ふ。**中世**年(を)取る。年を積む。**中古**としおゆ[—おいる][年老]。年を経(ふ)[—経(へ)る]。《尊》お年を召す。《謙》馬齢を重ねる。

—を尋ねること **近世**としせんさく[年穿鑿]。

祝うべき三つの— **近世**かじゅ／げじゅ[下寿](六十歳、一説に八十歳)。ちゅうじゅ[中寿](八十歳、一説に百歳)。**中古**じゃうじゅ[上寿](百歳、一説に百二十歳)。

老い衰えた— **近代**らうれい[老齢]。**中古**たいれい[頽齢]。

災難に遭うことが多いと言われる— やくどし[厄年]。→**やくどし**

実際の— じつねん[実年]。じつねんれい[実年齢]。

十代後半の— ハイティーン(和製high teen)。ヤングアダルト(young adult)。

十代前半の— ローティーン(和製low teen)。

死んだ時の— **近世**ぎゃうねん[行年]。**中世**きゃうねん[享年]。**上代**かうねん[行年]。

退職等が定められた— ていげんねんれい[停限年齢]。**近代**ていねん[定年／停年]。

だいたいの— **近代**ねんだい[年代]。**近世**としかっかう[年恰好]。

天子の— **中世**えいさん[叡算]。せいさん[聖算]。**中古**せいじゅ[聖寿]。ほうさん[宝算]。

▼**一歳未満の子** **近世**あかんばう[赤坊]。**中古**あかご[赤子／赤児]。**中世**かたこ[片子]。

▼**一歳** **近代**せいし[生歯]。**近世**たうさい[当歳]。**中世**たうさいご／たうざいご[当歳子／当歳児]。ひとつご[一子]。

▼**三歳** **近代**五尺の童(わらべ)。**近世**五尺の童子。蛭(ひる)の子が歳(よはひ)(歳(とし))。**中世**みつご[三子]。

▼**三歳以下の男の子** **上代**みどりご[緑児／嬰児]。りょくじ[緑児]。

▼**三歳以下の女の子** **上代**りょくぢょ[緑女]。

▼**十五歳** **近世**さんご[三五]。**中世**しがく[志学]。

▼**十五歳以上の子** **中古**せいどう[成童]。

▼**十五、六歳の頃** **近代**はくゎき[破瓜期]。

▼**十六歳** **中世**じはち／にはち[二八]。

▼**十六歳の女** **近世**はくゎ[破瓜]。

▼**十八歳** **近代**にく[二九]。

▼**十九歳** **中世**つづ[十]。

▼**二十歳** **近世**さうかう／さうくゎん[草冠／艸冠]。**中古**ていねん[丁年]。はた[二十／廿]。**上代**じゃくくゎん[弱冠]。はたち[二十歳]。はたとせ[二十年]。

▼**二十歳前後の女** **近世**ちゅうをんな[中女]。

▼**二十歳の男** **上代**じゃくくゎん[弱冠]。

▼**二十一歳** **中古**ていねん[丁年]。

▼**三十歳** **近世**いうしつ[有室]。りふねん[立年]。**中古**じりつ[而立]。みそぢ[三十／三十路]。

▼**三十歳前後** **近世**さう[壮]。

▼**四十歳** **近世**はつおい[初老]。**中世**きゃうし／とん[強仕]。四十の陰(いん)。初めの老い。**中古**しじゅん[四旬]。しょらう[初老]。ふわく[不惑]。よそぢ[四十／四十路]。賀の祝ひ(四十二歳)。

▼**四十八歳** **近代**さうじねん[桑字年]。さうねん[桑年]。

▼**五十歳** **近世**がいねん[艾年]。家に杖つく頃。**中世**ごじっさん[五十算]。天命を知る年。**中古**いそぢ[五十／五十路]。ちめい[知命]。

▼**六十歳** **近代**くゎんれき[還暦]。**近世**かじゅ／げじゅ[下寿]。き[耆]。ぢゃうきゃう[杖郷]。**中世**りくじゅん[六旬]。耳順ふ年。**中古**じじゅん[耳順]。ていねん[丁年]。むそ[六十]。むそぢ[六十／六十路]。郷で杖突(つゑつ)く。**上代**きらう[耆老]。

▼**六十一歳** **近世**くゎかふ[華甲]。くゎかふし[華甲子]。くゎねん[華年]。ほんけがへ

り［本卦帰／本卦還］。
▼六十四歳の男 近世はくゎ［破瓜］。
▼七十歳 近代こき［古稀／古希］。じゅうしん［従心］。近世き［耆］。中世ちし［致仕／致事］。中古しちじゅん［七旬］。ななそぢ［七十／七十路］。国に杖突く。上代きらう［耆老］。けんしゃ［懸車］。《句》近世人生七十古来稀なり。
▼七十七歳 近代きじ／きのじ［喜字］。きじゅ［喜寿］。喜の祝ひ。喜の字の祝ひ。
▼八十歳 さんじゅ［傘寿］。近世かじゅ［下寿］。ちゅうじゅ［中寿］。中世はっしゅん［八旬］。中古はちじゅん［八旬］。やそ［八十］。やそぢ［八十／八十路］。朝廷で杖突く。
▼八十一歳 はんじゅ［半寿］。
▼八十八歳 近世べいじゅ［米寿］。よね［米］。米の字。中世べいねん［米年］。
▼八十八歳の祝い 近世よねのいはひ［米祝］。米寿の賀。
▼九十歳 そつじゅ［卒寿］。中世じゃうきょ／じゃうこ［静居］。上代ここのそぢ［九十／九十路］。
▼九十九歳 はくじゅ［白寿］。
▼百歳 近世ちゅうじゅ［中寿］。中古じゃうじゅ［上寿］。上代ももとせ［百歳／百年］。
▼百八歳 ちゃじゅ［茶寿］。
▼百十一歳 こうじゅ［皇寿］。せんじゅ［川寿］。

の

の【野】近代のっぱら［野原］。はらっぱ［原］。近世のづら［野面］。中古のずゑ［野末］。のもせ［野狭］。のら［野良］。はら［原］。上代げんや［原野］。ぬ［野］。の［野］。のはら［野原］。のべ［野辺］。のろ［野］。をの［小野］。→のはら
《枕》中古あさぢふの［浅茅生］。あさみどり［浅緑］。

のあそび【野遊】近代キャンピング(camping)。ハイキング(hiking)。ピクニック(picnic)。近世やまあそび［山遊］。ゑんそく［遠足］。中世かはあそび［川遊］。たふせい［踏青］。のがけ［野掛／野駆］。のゆさん［野遊山］。上代のあそび［野遊］。やいう［野遊］。

のいばら【野茨】近世いぬいばら［犬薔薇］。かたら。のいばら［野茨／野薔茨］。中世いばらしゃうび［茨薔薇］。上代うばら／うまら／むばら［茨］。
―の花 近世はないばら［花茨］。

ノイローゼ(ドイツ Neurose) せいしんしょうがい［精神障害］。ヒステリー(ドイツ Hysterie)。しんけいしょう［神経症］。近世きのかた［気方］。しんけいすいじゃく［神経衰弱］。

のう【能】キャパ／キャパシティー(capacity)。近世うつは［器］。のうりょく［能力］。はたらき［働］。中世さいかく［才覚］。じつりょく［実力］。のう［能］。りきりゃう［力量］。中古さい［才］。さいき［才気］。さいち［才知／才智］。そしつ［素質］。上代さいかん［才幹］。さいのう［才能］。せいのう［性能］。ちから［力］。

のう【脳】近代なうしゃう［脳漿］。ブレーン(brain)。近世なうずい［脳髄］。なうみそ［脳味噌］。中世あたま［頭］。づなう［頭脳］。なう［脳］。なづき［脳／髄］。中古ずいなう［髄脳］。ちのう［知能］。
―の部分(例) うのう［右脳］。さのう［左脳］。のうかん［脳幹］。近代かんなう［間脳］。だいなう［大脳］。ちゅうなう［中脳］。近世えんずい［延髄］。せうなう［小脳］。

のう【農】→のうぎょう

のうえん【農園】→のうじょう

のうえん【濃艶】近世あでやか［艶］。中古なまめかし［艶］。のうえん［濃艶］。

のうか【農家】えいのうか［営農家］。近世のうか［農家］。ひゃくしゃうや［百姓家］。中世はくせい［百姓］。中古のうみん［農民］。ひゃくしゃう［百姓］。
小作の― 近代こさくのう［小作農］。近世こさくにん［小作人］。
財力のある― 近世おほびゃくしゃう［大百姓］。がうのう［豪農］。ふのう［富農］。
自作の― じさくのう［自作農］。
他の仕事もやっている― けんぎょうのうか［兼業農家］。
熱心で業績を上げている― 近代せいのう［精農］。とくのうか［篤農家］。

のうがき【能書】近代せつめいしょ［説明書］。近世かうのうがき［効能書］。のうがき［能書］。

のうきぐ【農機具】中世のうぐ［農具］。
―のいろいろ(例) かりとりき［刈取機］。こううんき［耕耘機／耕運機］。コンバイン(combine)。バインダー(binder)。フォーク(fork)。近代かなぐは［鉄鍬］。だっこくき［脱穀機］。つちならし［土均］。トラクター(tractor)。ハロー(harrow)。り

じょ［犂鋤］。レーキ(rake)。近世 あふり［煽］。おにば［鬼歯］。かくどき［攪土器］。くれわり［塊割］。じょれん［鋤簾］。せんばこき［千把扱］。たうみ［唐箕］。つちわり［土割］。びっちゅうぐは［備中鍬］。ふみぐは／ふんぐは［踏鍬］。まひぎね［舞杵］。ゆりいた［揺板］。中世 ほりぼう［掘棒］。まぐは／まんぐゎ［馬鍬］。中古 うまぐは［馬鍬］。からざを［殻竿／連枷］。れんか［連枷／連架］。上代 かなすき［鉄鋤／金鋤］。かま［鎌］。くは［鍬］。すき［鋤／犁］。み［箕］。

のうぎょう【農業】 近代 さんじ［三事］。ゑんげい［園芸］。近世 のしごと［野仕事］。のらしごと［野良仕事］。中世 さいばい［栽培］。とうさく［東作］。はくせい［百姓］。中古 のうかう［農耕］。のうじ［農事］。ひゃくしゃう［百姓］。上代 かうさく［耕作］。かしょく［稼穡］。なり［業］。のう［農］。のうげふ［農業］。のうさく［農作］。

―と園芸 のうげい［農芸］。

―と工業 近世 のうこう［農工］。

―と商業 中古 のうしゃう［農商］。

―と牧畜 近代 のうぼく［農牧］。

―と林業 のうりん［農林］。

―に関わる事柄 近世 のかた［野方］。中古 のうじ［農事］。

―に従事する女性 近代 のうふ［農婦］。中古 さをとめ［早乙女／早少女］。でんぷ［田婦］。

―に従事する人 中古 のうふ［農夫］。のうみん［農民］。ひゃくしゃう［百姓］。→**のうふ**

―の仕方 のうほう［農法］。

―を中心とした関連産業の企業体 アグリビジネス(agribusiness)。

一種の作物だけを生産する― たんさく［単作］。

一定面積で収穫を多くする― 近代 しふやくのうげふ［集約農業］。

小作による― 近代 こさくのう［小作農］。

自家の所有地で耕作する― 近代 じさくのう［自作農］。

小規模な― 近代 せうのう［小農］。近世 こびゃくしゃう［小百姓］。

大規模な― だいのうけいえい［大農経営］。だいのうほう［大農法］。

都市近郊の― きんこうのうぎょう［近郊農業］。

農薬を避けた有機肥料による― ゆうきのうぎょう［有機農業］。

肥料などを施さない― やきはたこうさく［焼畑耕作］。りゃくだつのうぎょう［略奪農業］。

野菜や果樹など園芸種を栽培する― えんげいのうぎょう［園芸農業］。

のうこう【農耕】 のうさぎょう［農作業］。中世 たがやす［耕］。のうさ［農作］。中古 たがへす［耕］。のうかう［農耕］。上代 かううん［耕耘］。かうさく［耕作］。のうさく［農作］。

のうこう【濃厚】 近代 あぶらっこい［油／脂］。のうみつ［濃密］。近世 こっちり。こってり。こんみり。どびっこい。ひつこし。中世 しつこし。のうこう［濃厚］。中古 こし［濃］。

のうさぎょう【農作業】 近世 のうげふ［農業］。のしごと［野仕事］。のらしごと［野良仕事］。はたけしごと／はたしごと［畑仕事］。中世 かうじょ［耕鋤］。すきくは［鋤鍬］。中古 のうじ［農事］。はくせい［百姓］。ひゃくしゃう［百姓］。上代 かうさく［耕作］。のうさく［農作］。

―が少なく閑(まひ)なこと 近代 のうか［農暇］。のうかん［農閑］。

―で忙しいこと 近代 のうはん［農繁］。近世 あき［秋］。

―の合間 のうかん［農間］。近世 のうげき［農隙］。

のうさく【農作】 →**のうさぎょう**(前項)

のうさくぶつ【農作物】 しゅうかくぶつ［収穫物］。のうさくもつ［農作物］。近代 のうさくぶつ［農作物］。中世 かしょく［稼穡］。つくり［作／造］。つくりもの［作物］。なりはひ［生業］。上代 さくもつ［作物］。

―の出来が悪いこと 近代 むさく［無作］。中世 ふさく［不作］。

―の出来具合 近代 さくきゃう［作況］。近世 さくがら［作柄］。

のうさつ【悩殺】 近代 みれう［魅了］。近世 みわく［魅惑］。中古 なうさつ［悩殺］。上代 なやます［悩］。

のうじ【農事】 →**のうぎょう**

のうしょ【能書】 近代 筆が立つ。中世 けんぴつ［健筆］。たっぴつ［達筆］。中古 てかき［手書］。のうひつ［能筆］。上代 のうしょ［能書］。《句》近代 弘法筆を択(えら)ばず。近世 能書筆を択ばず。

―家 近世 てしゃ［手者］。中世 しょか［書家］。中古 のうしょ［能書］。のうひつ［能筆］。

のうじょう【農場】 近代 かうさくち［耕作地］。のうち［農地］。のうぢゃう［農場］。のうゑ

ん［農園］。ファーム(farm)。近世かうち［耕地］。でんばた／でんぱた［田畑］。中世たはた［田畑］。のら［野良］。

果物を採る— 近代くゎじゅゑん［果樹園］。

その他—のいろいろ(例) ガンマフィールド(gamma field)。パイロットファーム(pilot farm)。しゅうだんのうじょう［集団農場］。近代コルホーズ(ロシア kolkhoz)。

のうぜんかずら【凌霄花】 近代のうせう／のせう［紫葳］。りょうせうくゎ［凌霄花］。中世のうぜんかづら［凌霄花］。中古まかやき［陵苕］。

のうたん【濃淡】 ティント(tint)。中古のうたん［濃淡］。むらむらし［斑斑／叢叢］。めいあん［明暗］。

—の滑らかな変化 グラデーション(gradation)。近代ぼかし［暈］。

のうち【農地】 →**のうじょう**

のうちゅう【嚢中】 近代うちぶところ［内懐］。中世なうちゅう［嚢中］。中古くゎいちゅう［懐中］。上代ふところ［懐］。

のうちゅう【脳中】 きょうおう［胸奥］。近代なうり［脳裏］。ほんね［本音］。近世なうちゅう［脳中］。中世あたま［頭］。きょうきん［胸襟］。ないい［内意］。ねんとう［念頭］。ふくちゅう［腹中］。ほんしん［本心］。中古いちゅう［意中］。きょうおく［胸臆］。ないしん［内心］。胸の内。上代しんちゅう［心中］。

のうてん【脳天】 とうちょうぶ［頭頂部］。近代なうちゃう［脳頂］。近世なうてん［脳天］。なうとう［脳頭］。中世づかふ［頭甲］。ひゃくゑ［百会］。

のうど【濃度】 近代のうど［濃度］。中古こさ［濃］。

—が一様になる現象 かくさん［拡散］。

—が高い 近代のうこう［濃厚］。のうみつ［濃密］。上代こし［濃］。ふかし［深］。

—が低い 上代うすし［薄］。

—が低くなる うすまる［薄］。

—測定の器具 ひしょくけい［比色計］。

—を表す単位 ピーピーエム(ppm; parts per million)。ピービービー(pbb; parts per billion)。モルのうど［mol濃度］。

煮詰めるなどして—を高くする のうしゅく［濃縮］。近代コンデンス(condense)。

のうどうてき【能動的】 いよくてき［意欲的］。こうどうてき［行動的］。まえむき［前向］。近代アクティブ(active)。くゎつどうてき［活動的］。じはつてき［自発的］。せききょくてき［積極的］。のうどうてき［能動的］。近世くゎっぱつ［活発］。

のうにゅう【納入】 ペイメント(payment)。近代しはらひ［支払］。なふにふ［納入］。なふふ［納付］。近世いる［いれる］［入］。はらふ［払］。をさまり［納／収］。中世じゃうなふ［上納］。上代をさむ［おさめる］［納］。

—の期限 近代なふき［納期］。

品物を—・すること 近代なふひん［納品］。

本を—・すること 近代なふほん［納本］。

のうのう のうのう。近代のんびり。近世きらく［気楽］。中世あんかん［安閑］。のんき［暢気／呑気／暖気］。上代あんらく［安楽］。

ノウハウ(know-how) ハウツー(how-to)。近代やりかた［遣方］。ぎじゅつ［技術］。近世こつ［骨］。しかた［仕方］。中世やりやう［遣様］。上代すべ［術］。中古てだて［手立］。はうはふ［方法］。

のうはんき【農繁期】 のうき［農期］。近代のうはんき［農繁期］。近世あき［秋］。→**のうさぎょう**

のうひつ【能筆】 →**のうしょ**

のうひん【納品】 おさめ［納］。近代なふにふ［納入］。なふひん［納品］。

—を示す伝票 のうひんしょ［納品書］。近世いりにっき［入日記］。中世いれにっき［入日記］。

のうふ【農夫】 のうぎょうじゅうじしゃ［農業従事者］。近代かうじん［耕人］。かうふ［耕夫］。のうふ［農婦］。ペザント(peasant)。近世いちものづくり［一物作］。おほんたから［大宝］。のうじん［農人］。中世さくにん［作人］。のう［農］。中古たご［田子］。でんぷ［田夫］。でんぷ［田婦］。のうにん［農人］。のうふ［農夫］。のうみん［農民］。ひゃくしゃう［百姓］。上代たびと［田人］。はたこ［畑子］。→**ひゃくしょう**

—の食糧 近世ぶじき［夫食］。

—の長 中古たをさ［田長］。上代むらぎみ［邑君］。

—を軽蔑して言う語 近代たごさく［田吾作／田五作］。近世どびゃくしゃう［土百姓］。どんびゃくしゃう［百姓］。

年老いた— 中古でんをう［田翁］。

貧しい— 近代ひんのう［貧農］。みづのみこさく［水呑小作］。近世みづのみ［水呑／水飲］。みづのみびゃくしゃう［水呑百姓］。むたかひゃくしゃう［無高百姓］。中世むそくにん［無足人］。

のうべん【能弁】 弁が立つ。近代くちだっしゃ[口達者]。たいべん[大弁]。はなしがうしゃ[話巧者]。口がうまい。近世あぶらぐち[油口]。おしゃべり[御喋/御饒舌]。くちぎよし[口清]。たつべん[達弁]。のうべん[能弁]。はなしじゃうず[話上手]。弁舌さはやか。中世たべん[多弁]。ゆうべん[雄弁]。中古ぜうぜつ[饒舌]。たげん/たごん[多言]。

—・な人 近代ゆうべんか[雄弁家]。中世くちきき[口利]。

のうみそ【脳味噌】 →のう【脳】

のうみん【農民】 →のうふ →ひゃくしょう

のうり【脳裏】 →のうちゅう【脳中】

のうりつ【能率】 ピッチ(pitch)。近代かうりつ[効率]。のうりつ[能率]。

—が落ちる スピードダウン(speed-down)。近世いきぎれ[息切]。

—を上げる スピードアップ(speed-up)。ピッチ(pitch)を上げる。

のうりょう【納涼】 近世せうか[消夏/銷夏]。なふりゃう[納涼]。中古すずみ[涼]。

—の場所 のうりょうだい[納涼台]。近代えんだい[縁台]。りゃうてい[涼亭]。近世すずみだい[涼台]。すずみどこ[涼床]。

—の例 近世とこすずみ[床涼]。よすずみ[夜涼]。中世かはすずみ[川涼]。中古ゆふすずみ[夕涼]。

のうりょく【能力】 キャパ/キャパシティー(capacity)。近代アビリティー(ability)。きのう[機能]。ぎのう[技能]。しゅわん[手腕]。パワー(power)。近世うでまへ[腕前]。中世うで[腕]。ちから[力]。てなみ[手並]。とく[徳]。のう[能]。のうりょく[能力]。りきりゃう[力量]。ぶんげん[分限]。りき[力]。りきりゃう[力量]。中古うつはもの[器物]。こころだましひ[心魂]。ちから[力]。上代さい[才]。さいのう[才能]。→さいのう

《謙》中世びりょく[微力]。中古たんさい[短才]。ひさい[非才/菲才]。上代ふさい[不才/無才]。

《句》近世小舟に荷が勝つ。虎を画きて狗(いぬ)に類す。中世鵜(う)の真似をする烏。

—がない 中世ひき[非器]。近代むのうりょく[無能力]。ひさい[非才/菲才]。中古ふのう[不能]。むのう[無能]。

—がなく位に就いていること 近代しそ[尸素]。近世しゐそさん[尸位素餐]。

—にふさわしい 近世ぶんさうおう[分相応]。

—のあるなし 近代のうひ[能否]。

—のある人 近代うでき[腕利]。のうし[能士]。びんわんか[敏腕家]。やりて[遣手]。らつわんか[辣腕家]。近世うでっこき[腕扱]。ききもの/きけもの[利者]。きれもの[切者]。中世うでこき[腕扱]。

—を超えていてどうにもならない 近代力に余る。近世手が出ない。手に負へぬ。ない袖は振られぬ。中世もてあます[持余]。手に余る。

機械などの— 近代きのう[機能]。せいのう[性能]。

芸術作品を味わう— 近代かんしゃうがん[鑑賞眼]。しんびがん[審美眼]。

自分の— みのたけ[身丈]。近世ぶんさうおう[分相応]。中世ぶんさい/ぶんざい[分際]。中古みのほど[身程]。

優れた— 中世りき[利器]。

優れた—があること 近代いうゐ[有為]。うできき[腕利]。すごうで[凄腕]。びんわん[敏腕]。らつわん[辣腕]。近世あやぎれ[文切]。中世いうのう[有能]。うでこき[腕利]。きる〔きれる〕[切]。ひとかど[一角/一廉]。中古かしこし[賢]。かどかどし[才才]。たふ〔たえる〕[耐/堪]。ゐき[偉器]。

善悪を見極める— かんていがん[鑑定眼]。近代がんしき[眼識]。かんしきがん[鑑識眼]。くゎんさつがん[観察眼]。くゎんさつりょく[観察力]。けいがん[慧眼]。近世けいがん[炯眼/烱眼]。中世がんりき[眼力]。けんしき[見識]。しきけん[識見]。めかど[目角]。めきき[目利]。

潜在的な— ポテンシャル(potential)。

超人間的な— カリスマ(ドイツ Charisma)。ちょうのうりょく[超能力]。

独特の— 近代いさい[異才]。中世きさい[奇才]。中古いのう[異能]。

文章を書く— ぶんがくてきさいのう[文学的才能]。近代さいひつ[才筆]。中世ぶんさい[文才]。中古ぶんさう[文藻]。

ノート(note) カイエ(フランス cahier)。メモ/メモちょう[memo帳]。近代ノート。びばうろく[備忘録]。ファイルブック(和製 file book)。近世おぼえがき[覚書]。おぼえちゃう[覚帳]。中世ちゃうめん[帳面]。

—・する 近代ひかへる[控]。メモ(memo)。近世ひっき[筆記]。中世かきとむ〔—とめる〕[書留]。きす[記]。中古かいつく[書付]。かきしるす[書記]。上代かきつく〔—つける〕[書付]。かきとる[書取]。しるす[記]。

用紙の差し替えができる— 近代ルーズリーフ(loose-leaf)。

ノーブル 気品のある。品のある。近代ノーブル。近世じゃうひん[上品]。中古かうき[高貴]。近世かうしゃう[高尚]。けだかし[気高]。

ノーマル(normal) ノーマル。近世つうじゃう[通常]。近代せいじゃう[正常]。中古つうれい[通例]。ふつう[普通]。へいじゃう[平常]。

のが・す【逃】 近世いっす[逸]。中古にがす[逃]。中世しっす[失]。のがす[逃／遁]。上代うしなふ[失]。

《句》近代釣り落とした魚は大きい。近世斉にも非時にも外る〔—外れる〕。

チャンスを—・すこと いっき[逸機]。

のが・れる【逃】 にげきる[逃切]。ひたい[避退]。近代いっしゅつ[逸出]。ぬけだす[抜出]。ぬけづ〔—でる〕[抜出]。のっぴき[退引]。近世たうひ[逃避]。にげだす[逃出]。中世きりぬく〔—ぬける〕[切抜]。だっきゃく[脱却]。だっしゅつ[脱出]。だっす[脱]。ぬく〔ぬける〕[抜]。中古とんたう[遁逃]。にげうす〔—うせる〕[逃失]。まぬがる〔—がれる〕[免]。よく〔よける〕[避／除]。上代にぐ〔にげる〕[逃]。にげさる[逃去]。のがる〔のがれる〕[逃／遁]。

—・れにくい 中世さりがたし[去難／避難]。

—・れられないたとえ 近世鵜川の小鮎。

—・れる道 近世ぬけみち[抜道]。中世ぬけあな[抜穴]。

租税を—・れること 近代ほだつ[逋脱]。

罪を—・れる 中古つみさる[罪去]。

つらい境遇や窮地から—・れる 近代うかばれる[浮]。中世すりぬける[擦抜]。中古うかぶ[浮]。

のき【軒】 中古のき[軒]。ひさし[庇／廂]。

—先の瓦の下の隙間 近代すずめぐち[雀口]。

—の辺り 近世のきさき[軒先]。中世のきぐち[軒口]。中古のきば[軒端]。

—の高さ 中世のきたけ[軒丈]。

—の垂木を隠す長い板 近世はなかくし[鼻隠]。

節句に—に菖蒲をさすこと 近代あやめぶき[菖蒲葺]。

高い— 中古ひえん[飛檐／飛簷]。

二段になった— 近代ふたのき[二軒]。

のきさき【軒先】 近世のきさき[軒先]。中世のきぐち[軒口]。中古のきば[軒端]。やづま[屋端]。

のきした【軒下】 近世のきした[軒下]。中世いぬばしり[犬走]。中古のきば[軒端]。

—の雨垂れをうける石や石畳 近代あまだれおち[雨垂落]。中世あまおち[雨落]。おほみぎり[大砌]。上代みぎり[砌]。

商家の— 近世たなした[店下]。

のきしのぶ【軒忍】 やつめらん[八目蘭]。近世のきしのぶ[軒忍／軒葱]。中古しのぶ[忍]。しのぶぐさ[忍草]。上代しだくさ[子太草]。

のきなみ【軒並】 いえごと[家毎]。近世いへごって[家毎]。いへなみ[家並]。中世かどなみ[門並]。のきなみ[軒並]。のきならび[軒並]。やなみ[家並]。

のけぞ・る【仰反】 中世そる[反]。のけぞる[仰反]。のる[仰／伸]。

—・るさま 近世あふむけに[仰向]。のっけに[仰]。中世のけに[仰]。中古のけざまに[仰様]。

のけもの【除者】 近代ままこあつかひ[継子扱]。近世つまはづれ[爪外]。なかまはづれ[仲間外]。のけもの[除者]。はちぶ[八分]。むらはちぶ[村八分]。中世あます[余]。ひんせき[擯斥]。中古つまはじき[爪弾]。上代そぐゎい[疎外／疏外]。

—にされる人 近世つきだしもの[突出者]。でもの[出者]。

の・ける【退】 とっぱらう[取払]。近代オミット(omit)。ぢょぐゎい[除外]。てっきょ[撤去]。どかす[退]。とりのぞく[取除]。とりはづす[取外]。はいぢょ[排除]。近世どく〔どける〕[退]。中世ぢょきょ[除去]。とりさる[取去]。よく〔よける〕[避／除]。中古かなぐる。しりぞく〔—ぞける〕[退]。とりのく〔—のける〕[取除]。とりはらふ[取払]。のく〔のける〕[退／除]。はづす[外]。ひきかなぐる[引]。ひきのく〔—のける〕[引退]。↓じょきょ

のこぎり【鋸】 ジグソー(jigsaw)。チェーンソー(chain saw)。中世おが／おほが[大鋸]。のこ[鋸]。中古のこぎり[鋸]。のほぎり[鋸]。

—で挽いた木の屑 近代のこくづ[鋸屑]。中世おがくづ[大鋸屑]。ががり。のこぎりくづ[鋸屑]。ひきくづ[挽屑]。

—の歯 きょし[鋸歯]。のこめ[鋸目]。中古のこぎりば[鋸歯]。

—を鋭利にする 目を立てる。近代めたて[目立]。

—のいろいろ(例) あぜひきのこ[畦挽鋸]。

いとのこ[糸鋸]。おびのこ/おびのこぎり[帯鋸]。おびのこばん[帯鋸盤]。バックソー(backsaw)。ふりこのこぎり[振子鋸]。まるのこ[丸鋸]。ゆみのこ[弓鋸]。近代きかいのこぎり[機械鋸]。ひききり[引切/挽切]。ひききりのこぎり[引切鋸/挽切鋸]。近世かねのこ/かねのこぎり[金鋸]。中世まへびき[前挽]。

のこぎりそう【鋸草】 近代ほうわうさう[鳳凰草]。近世からよもぎ[唐艾]。のこぎりさう[鋸草]。はごろもさう[羽衣草]。

のこ・す【残】 近代そんする/ぞんする/ぞんずる[存]。そんち[存置]。ほぞん[保存]。中世とりのこす[取残]。中古あぶす[溢]。とどむ[とどめる][止/留/停]。とむ[とめる][止/留/停]。とりおく[取置]。上代あぶさふ[溢]。あまさふ[余]。あます[余]。のこす[残/遺]。

―・しておく 近代ざんち[残置]。近世おきざり[置去]。中世おきすつ(―すてる)[置捨]。中古おくらかす/おくらす[後/遅]。とりのこす[取残]。

―・して去る 近代おいてきぼり/おいてけぼり[置]。近世おきざり[置去]。のきざり[退去]。中古みすつ(―すてる)[見捨]。

―・すところがない 中古なごりなし[名残無]。上代くまなし[隈無]。

選んで―・す 中古えりのこす[選残]。

心を―・す 中古おもひおく[思置]。おもひのこす[思残]。

別に―・す とりのける[取除]。

のこらず【残】 余すところなく。近代ありったけ[有丈]。いっさいがっさい[一切合切/一切合財]。くまなく[隈無]。漏れなく。近世あらひざらひ[洗浚]。がっさい[合切]。がっしき[合式]。がらら。こぞって[挙]。ごっそり。ざらり。しっかい[悉皆]。すっかり。そっくり/ぞっくり。ねこそぎ[根刮]。中世いちいち[一一]。えんてい[淵底]。すきと。ぜんぶ[全部]。みなながら[皆]。あらん限り/ある限り。ありとあらゆる。何から何まで。中古あげて[上/挙]。あらゆる[所有]。いっさい[一切]。こぞりて[挙]。さながら[宛]。たえて[絶]。なにもかも[何]。のこらず[残]。のこりなし[残無]。みながら。ありとある。隠れなく。数を尽くす。上代こぞりて[挙]。ことごと/ことごとく[悉]。すでに[既/已]。すべて[全]。ふつくに[悉]。有りのことごと。→すっかり →すべて

―集めること 中世まうら[網羅]。

―聞く 中世ききすます[聞済]。

―滅ぼすこと 近代ぜんめつ[全滅]。近世せんめつ[殲滅]。

―見る 中古みはつ(―はてる)[見果]。

のこり【残】 近代ざんぴん[残品]。ざんぶ[残部]。ざんよ[残余]。じょうよ[剰余]。近世えいよ[贏余]。ざんぶつ[残物]。中世ざん[残]。中古なごり[名残/余波]。ほこり[埃]。よじょう[余剰]。上代あまり[余]。のこり[残]。

《句》近代残り物には福がある。

―の 中世のこんの[残]。

―の金 近代さいふじり[財布尻]。ざんがく[残額]。ざんきん[残金]。じょうよきん[剰余金]。

―の部分 近代ざんぶ[残部]。

客に出した食べ物の― 近世おした[御下]。さがり[下]。

差し引いた― 近世さしひき[差引]。

のこ・る【残】 近代ざんぞん[残存]。そんりう[存留]。近世ざんりう[残留]。中世そんす[存]。ゐのこる[居残]。中古あまる[余]。おちとどまる[落止]。おちとまる[落留]。上代とどまる[留/停]。のこる[残/遺]。

―・った滓(すか) のこりかす[残滓]。のこりくず[残屑]。近代ざんさ[残渣]。ざんし[残滓]。上代さうはく[糟粕]。

―・ったもの 近代おこぼれ[御零]。おちこぼれ[落零]。こぼれもの[零物]。ざんぴん[残品]。ゐそん[遺存]。近世あと[後]。つかひからし[使枯]。中古あまりもの[余物]。のこりもの[残物]。よぶん[余分]。

―・っていること 近代ざんそん/ざんぞん[残存]。

―・っているにおい 近代よしう[余臭]。中世よくん[余薫]。中古うつりか/うつりが[移香]。ざんかう[残香]。よかう[余香]。

―・らないようにする 中世…つくす[尽]。中古…きる[切]。

討ちもらされて―・った者 近代ざんと[残徒]。中古ざんたう[残党]。

選び取ったあと―・った物 近代くづもの[屑物]。中古のこりもの[残物]。

音などが尾を引いて―・ること 近世えうえい[揺曳]。よゐん[余韻]。

がんばって―・る 近代ふみとどまる[踏止/踏留]。

腐らずに―・る 中世くちのこる[朽残]。

心がー・る 近代 おもひのこる［思残］。中古 おもひとまる［思止］。

代々受け継がれてー・る 中古 つたはる［伝］。

燃えー・った火 近代 ざんくゎ［残火］。のこりび［残火］。近世 たきおとし［焚落］。

わずかにー・っている書物 近代 れいほん［零本］。近世 はしたぼん［端本］。はほん［端本］。

のさば・る 近世 てうりゃう［跳梁］。のさばる。中世 はびこる［蔓延］。わうぎゃう［横行］。中古 ばっこ［跋扈］。わうかう［横行］。

のざらし【野晒】 近代 ふきさらし［吹曝］。ふきっさらし［吹曝］。近世 のざらし［野晒／野曝］。中古 あまざらし［雨晒］。

のし【熨斗】 近世 かひざかな［貝肴］。のしざかな［熨斗肴］。中世 のし［熨斗］。のしあはび［熨斗鮑］。

—のいろいろ(例) 近代 わらびのし［蕨熨斗］。をりのし［折熨斗］。近世 あはびのし［鮑熨斗］。かきのし［書熨斗］。

のしかか・る【伸掛】 近世 のしかかる［伸掛］。中世 およびかかる［及掛］。中古 おそふ［襲］。

のじゅく【野宿】 ビバーク(フランスbivouac)。近代 キャンプ(camp)。やえい［野営］。ろえい［露営］。近世 ふうさんろしゅく［風餐露宿］。ろしゅく［露宿］。中世 いはまくら［岩枕／石枕］。くさばのとこ［草葉床］。ささまくら［笹枕］。中古 かりそめぶし［仮初臥］。かりね［仮寝］。くさぶし［草臥／草伏］。くさ(の)まくら［草枕］。のじゅく［野宿］。やまぶし［山臥／山伏］。上代 こもまくら［薦枕］。

—・する 中古 枕(を)結ぶ。上代 草を結ぶ。

軍隊がー・すること 近代 しゅくえい［宿営］。やえい［野営］。ろえい［露営］。

登山でー・すること ビバーク(フランスbivouac)。

ノスタルジア (nostalgia) ホームシック(home-sick)。近代 ノスタルジア。近世 きゃうしゅう［郷愁］。さとごころ［里心］。中世 ばうきゃう［望郷］。中古 きしん［帰心］。

《句》近世 帰心矢の如し。

の・せる【載】❶〈記載〉 近代 かかげる［掲］。けいさい［掲載］。とうさい［登載］。とうろく［登録］。近世 しうさい［収載］。中世 きす［記］。中古 かきいる［—いれる］［書入］。かきこむ［書込］。しょさい［所載］。のす［のせる］［載］。上代 きさい［記載］。さいせき［載籍］。

の・せる【載】❷〈積む〉 近代 さいせき［載積］。たふさい［搭載］。のっける。中世 つむ［積］。中古 せきさい［積載］。のす［のせる］［載］。上代 きす［着］。のす［のせる］［乗］。

の・せる【乗】 近代 かぶせる［被］。じょうさい［乗載］。のっける［乗］。近世 きける。中古 のぼす［上］。上代 のす［のせる］［乗］。

《謙》中古 たてまつる［奉］。

のぞき・みる【覗見】 →のぞ・く(次項)

垣の隙間からー・みること 近世 かきのぞき［垣覗］。

のぞ・く【覗】 きけん［窺見］。すんけん［寸見］。近代 ぬすみみる［盗見］。中古 うかがひみる［窺見／伺見］。かいばみる／かいばむ／かいまみる／かいまむ［垣間見］。さしのぞく［差覗］。のぞきみる［覗見］。のぞく［覗／覘］。上代 うかがふ［窺／伺］。→のぞき・みる(前項)

のぞ・く【除】 かりとる［刈取］。とっぱらう［取払］。近代 オミット(omit)。とりのぞく［取除］。近世 かたづく［—づける］［片付］。とりはづす［取外］。どく［どける］［退］。なくす［無］。根を絶つ。中世 あます［余］。かきのく［掻退］。とりさる［取去］。はづす［外］。へらす［減］。中古 かきはらふ［掻払］。けす［消］。けづる［削］。とりのく［—のける］［取除］。とりはらふ［取払］。とりやる［取遣］。とる［取］。ぬく［抜］。のく［のける］［退］。はなつ［放］。はぶく［省］。はるく［晴／霽］。ひきやる［引遣］。もてけつ［持消］。上代 そく［退］。のぞく［除］。はらふ［払／掃］。→じょきょ

—・かれる 中世 のぞこほる［除］。中古 はづる［はずれる］［外］。もる［もれる］［漏］。上代 のぞこる［除］。

—・くこと しょうきょ［消去］。近代 さくぢょ［削除］。ぢょぐゎい［除外］。てっきょ［撤去］。てつぢょ［撤除］。はいぢょ［排除］。はふっしき［払拭］。近世 さんぢょ［芟除］。はいだつ［擺脱］。中世 さうたう［掃討／掃蕩］。ぢょきょ［除去］。中古 ふっしょく［払拭］。

選んでー・く 上代 ふるふ［篩］。

のぞまし・い【望】 近世 いろよし［色好］。うましし［旨］。中世 あらまほし［有］。のぞまし［望］。中古 あるべかし［有］。あるべき［有］。いう［優］。いし［美］。おもはし／おもほし［思］。このまし［好］。ねがはし［願］。上代 かぐはし［香／芳／馨］。まくほし／まくほりす［欲］。

—・い状態 近代 りさう［理想］。中世 ありありし［有有／在在］。

—・くない(こと) 近代 うそ［嘘］。中世 あらぬさま。中古 わろし［悪］。

のぞみ【望】 近代 きたい［期待］。きばう［希望］。せつばう［切望］。よばう［預望］。近世 しょうも［所望］。中世 ぐゎんばう［願望］。こころ［心］。しょうまう／しょまう［所望］。中古 ぐゎん［願］。たのみ［頼］。ねがひ［願］。のぞみ［望］。→**がんぼう**

《句》 近代 百年河清を俟(ま)つ。棒ほど願って針ほど叶ふ。朧(うろ)を得て蜀(しょく)を望む。近世 蟻の思ひも天に届く(登る)。

—がかなって満足している顔 近世 じまんがほ［自慢顔］。とくいがほ［得意顔］。中古 したりがほ［顔］。

—がかなって満足していること 近代 我が世の春。中古 とくい［得意］。

—が達しがたい 近代 かせい［河清］。ぜつばうてき［絶望的］。近世 ひゃくひとつ［百一］。中世 雲に梯子(ごはし)(架け橋)。

—どおり おもうつぼ［思壺］。中古 おもふさま／おもふやう［思様］。

—を抱く 中世 思ひを掛く(—掛ける)。

—を託すこと 近代 しょくする／ぞくする［嘱］。望みを属す(託す)。中古 よせ［寄］。

大きな— 中世 たいまう［大望］。中古 たいばう［大望］。たいよく［大欲／大慾］。

かねてからの— 近世 しくし［宿志］。そし［素志］。ほんも［本望］。中世 しゅくい［宿意］。中古 そい［素意］。ねん［念］。そくゎい［素懐］。ねんぐゎん［念願］。ほい／ほんい［本意］。ほんくゎい［本懐］。ほんまう［本望］。上代 しゅくし［宿志］。

更なる—を持つこと 近世 とくろうばうしょく［得朧望蜀］。ばうしょく［望蜀］。近代 いうばう［有望］。

将来に—の持てるさま(こと) 近代 いうばう［有望］。やうやう［洋洋］。

神仏に心が通じ—が叶えられること 中古 かんとく［感得］。

俗世間から離れたいという— 近代 凌雲(りょううん)の志。

ただ一つの— 近世 いちまう［一望］。

分を超えた— 近代 やばう［野望］。中世 やしん［野心］。近世 たかのぞみ［高望］。中古 ひばう［非望］。

のぞ・む【望】 近代 いのる［祈］。中世 このむ［好］。ほっす［欲］。中古 おもふ［思］。ねんず［念］。もとむ(もとめる)［求］。願を立つ(—立てる)。上代 こひねがふ［乞願／冀／希／庶幾］。こふ［請］。ねがふ［願］。のぞむ［望］。ほりす［欲］。ほる［欲］。まくほし。

—・み待つ(こと) 近代 げうばう［翹望］。中世 まちまうく(—もうける)［待設］。

—・み見る 上代 みさく［見放］。みわたす［見渡］。

—・む気持ちを表す語 近代 なんとか［何］。近世 どうか。中世 どうぞ。なにとぞ［何］。

—・むこと 近代 えうばう［要望］。ききう［希求／冀求］。きばう［希望／冀望］。げうばう［翹望］。せつばう［切望］。近世 しょまう［所望］。中古 かつばう［渇望］。きぐゎん［祈願］。きねん［祈念］。しぐゎん［志願］。ねんぐゎん［念願］。

—・んでいた以上であること 中世 ばうぐゎい［望外］。

—・んでいたものに出会うたとえ 近代 闇夜に灯火(ともしび)(提灯)。

ひたすら**—・む** 近代 こがれる［焦］。

欲深く—・む 中古 むさぼる［貪］。

のぞ・む【臨】 近代 たうめん［当面］。ちょくめん［直面］。れっせき［列席］。中世 むかひあふ／むきあふ［向合］。れつざ［列座］。中古 のぞく［臨］。上代 のぞむ［臨］。むかふ／むく［向］。

その時に—・む 上代 時に当たる。

その場所に—・むこと りんち［臨地］。近代 りんせき［臨席］。りんぢゃう［臨場］。

のたう・つ 近世 のたうちまはる［回］。のたうつ。のたる。もがく［跪／藻掻］。中世 ぬたうつ。びゃくち／びゃくぢ［躄地］。みもだえ［身悶］。中古 あがく［足掻］。

のたく・る 中世 のたくる。上代 もごよふ［透迤］。

のち【後】❶〈時間〉 アフター(after)。近世 あとあと［後後］。ごど［後度］。さき［先］。さきゆき［先行］。のちざま［後様／後方］。中世 あと［後］。中古 いご［以後／已後］。こうねん［後年］。しゃうらい［将来］。するずゑ［末末］。みらい［未来］。上代 すゑ［末］。つぎ［次］。のち［後］。ゆり［後］。

—に 近いうちに。近世 のちかた［後方］。中古 のちほど［後程］。中世 ごこく［後刻］。おって［追／追而］。

—に会う時 中古 こうくゎい［後会］。のちせ［後瀬］。のちの逢(あ)ふ瀬。

—の世 中古 げうき［澆季］。すゑ［末］。すゑのよ［末世］。流れての世。上代 こうせい［後世］。こうだい［後代］。

—の世になる 中世 世下る。

—の世の人 上代 こうじん［後人］。

のち【後】❷〈場所〉 リア(rear)。近代 こうは

う［後方］。のち［後］。バック(back)。近世こうぶ［後部］。はいご［背後］。中古あと［後］。あとかた［後方］。うしろ［後］。上代しり［尻］。

のっと・る【乗取】 近世まきあぐ［—あげる］［巻上］。中世だっしゅ［奪取］。のっとる［乗取］。中古うばひとる［奪取］。上代うばふ［奪］。ぬく［抜］。

のっと・る【則】 そくする［則］。近代いきょ［依拠］。りっきゃく［立脚］。中世のっとる［則／法］。ふまふ［ふまえる］［踏］。中古じゅんきょ［準拠］。じゅんず［準／准］。もとづく［基］。上代よる［拠］。

のっぴきならない どうにもならない。抜き差しならない。近代進退維(これ)谷(きは)まる。近世ぜったいぜつめい［絶体絶命］。のっぴきならぬ。

のてん【野天】 近代アウトドア(outdoor)。かぐゎい［家外］。のてん［野天］。ろてん［露天］。をくぐゎい［屋外］。近世あをてんじゃう［青天井］。中世のもせ［野面］。中古こぐゎい［戸外］。やぐゎい［野外］。→やがい

ので 近代からして。近世から。ので。ものだから。もので／もんで。ものを［物］。中世ほどに［程］。中古に。ば(已然形に続く)。ままに［儘］。ものゆゑ［物故］。上代を。を…み。

のど【喉】 のどぶえ［喉笛］。近世こうとう［喉頭］。中世いんこう［咽喉］。のどくび［喉頸］。のどもと［喉元／咽元］。ふえ［吭／笛］。中古のど［喉／咽／吭］。上代のみど／のんど［咽喉］。

—が渇く(こと) 中世かつ［渇］。かっす［渇］。かわき［渇］。

—が渇くさま 近世喉がひっつく。

—が鳴る 上代ころろく［嘶］。

—ちんこ こうがいすい［口蓋垂］。のどびこ［喉彦］。近代ひこ［小舌］。

—と舌 中古こうぜつ［喉舌］。

—に刺さった魚の骨 上代のぎ［鯁］。

—を刺激する味 近世ゑぐみ［蘞味／刳味］。

—を刺激する味がする 近代いがらっぽい［苦辛］。ゑがらっぽい［蘞辛］。近世ゑごし［蘞］。中古ゑぐし［蘞／刳／醶］。

…のとおり 中古ながら［乍］。やうなり。上代ごとし［如］。

のどか【長閑】 近代のんびり。近世うらやか［麗］。たいたう［駘蕩］。のんどり。ゆったり。中世のんき［呑気／暢気］。中古うらら／うららか［麗］。おだし［穏］。おだひし［穏］。おだやか［穏］。たんたう［澹蕩］。のどか［長閑］。のどけさ［長閑］。のどけし／のどやか［長閑］。のどのど。やすし［安］。上代うらうら。のど［長閑／和］。やすらか［安］。

—な気分 中古わき［和気］。

—な時 中古心の暇(いとま)。

—な日 中古れいじつ［麗日］。

—に 中世のんどりと。中古うららかに／うららに［麗］。おだひかに／おだひに［穏］。のどのどと。上代うらうら。

—にする 中古のどむ［和］。

—になる 中古のどまる［和］。

鳥の鳴く声の—・なさま 中世くゎんくゎん［関関］。

なんとなく—・なさま 中古ものうららか［物麗］。

春の—・なさま 中古しゅんい［春意］。上代しゅんじつちち［春日遅遅］。

のに 近世ところを［所］。のに。中世に。にも拘はらず。中古ながら［乍］。も。ものゆゑ［物故］。ものを［物］。を。

ののし・る【罵】 近世どくづく［毒］。どなる［怒鳴］。ほゆ［ほえる］［吠／吼］。悪態を吐っく。中古おろす［下］。ののしる［罵］。上代のる［罵］。

—・り合う 中世のりあふ［罵合］。

—・り蔑むこと 近代こうり［詬詈］。れいば［冷罵］。近世てうば［嘲罵］。中世こうば［詬罵］。中古てうろう［嘲弄／嘲哢］。

—・ること ばりぞうごん［罵詈雑言］。近代あくば［悪罵］。つうば［痛罵］。ねつば［熱罵］。ばさつ［罵殺］。ばたう［罵倒］。ばり［罵詈］。ばりざんばう［罵詈讒謗］。まんば［漫罵］。中世あくこう［悪口］。あくこうざふごん［悪口雑言］。ざんばう［讒謗］。めり［罵詈］。中古あくく［悪口］。ざふごん［雑言］。

—・る言葉 近代ひしょう［卑称］。ひばご［卑罵語］。近世あくぐち［悪口］。あくたい［悪態］。にくまれぐち［憎口］。中世ばげん［罵言］。

相手が災難に遭った時などに—・る語 近世ざまあ見ろ。それ見た(こと)か。

相手の物言いを—・る語 近世いけぐち［口］。

同じことしか言わないことを—・る語 ひとつおぼえ［一覚］。

酒に酔って—・ること 近代すいば［酔罵］。

猿を—・る語 中世こけざる［猿］。

素性の分からない人を—・る語 近世うしのほね［牛骨］。うまのほね［馬骨］。

他人の言動を―・る語 近世しりくらへ[尻食]。

他人を―って言う語 でこぼこやろう[凸凹野郎]。近代くそったれ[糞垂]。こんちくしょう[此畜生]。近世いきぬすびと[生盗人]。いけどうずり[掏摸]。いもすけ[芋助]。うじむし[蛆虫]。うんざい。うんつく。がうつくばり[強突張]。くそたれ[糞垂]。げすげらう[下種下郎]。げだう[外道]。ごくそつ[獄卒]。ごくだう[極道/獄道]。ごふさらし[業晒/業曝]。ごふつくばり[業突張]。ごふにん[業人]。さいろく[才六/采六/賽六]。すかたん/すこたん。たうなす[唐茄子]。だりむくり。でこ/でこすけ[凸助]。とっこ。とんびだこ[鳶凧]。ばかたれ[馬鹿垂]。ばかやらう[馬鹿野郎]。はっつけ[磔]。はっつけやらう[磔野郎]。へっぴり[屁放]。べらぼうめ。べらんめえ。ぼつらく[没落]。まぬけ[間抜]。ももんじい。やじりきり[家尻切]。わろ[和郎]。中世がき/がっき[餓鬼]。かたゐ[乞丐/乞食]。ごくつぶし[穀潰]。しゅなうはんたい[酒嚢飯袋]。たはけ[戯]。ちくしゃう[畜生]。できそこなひ/できそこね[出来損]。ばか[馬鹿]。ばかもの[馬鹿者]。わらう[和郎/我郎]。中古げらう[下郎]。上代やっこ[奴]。

動詞に付けて―・る語 近世くさる[腐]。さらす。さる。やがる。

遠くから―・ること 近世とほぼえ[遠吠]。

年輩の人を―・る語 近世いけどし[年]。いけどしより[年寄]。

のんき者を―・る語 近世ごしゃうらく[御生楽]。

面と向かって―・ること 近代めんば[面罵]。

若い人を―・る語 近世あをにさい[青二歳]。けさいろく[毛才六]。けにさい[毛二歳]。

▼接頭語/接尾語 たれ[垂]。め[奴]。やつ[奴]。近代しに[死]。近世いき[生]。いけ。かす[滓/糟]。け。ど。どう。やけ[焼]。中世しゃ。

のば・す【伸】 中世のす[伸]。のばす[伸/延]。ひきのばす[引延]。ひっぱる[引張]。中古のばふ[延]。はやす[生]。ひきはふ[引延]。ひく[引]。をりはふ[折延]。上代うちはふ[打延]。はふ[延]。はる[張]。

―・したり縮めたりする 近世のびちぢみ[伸縮]。中世しんしゅく[伸縮]。中古のべしじむ[伸縮]。

―・して広げる 近代くゎくちゃう[拡張]。しんてん[進展]。中世おしひろぐ[―ひろげる][押広]。のす[伸]。中古おしのぶ[―のべる][押延]。

―・して振る 上代ふりはふ[振延]。

―・すこと 近代えんしん[延伸]。しんちゃう[伸長/伸暢]。しんてん[伸展]。のし[伸]。近世のべ[伸]。中古えんちゃう[延長]。

腕を長く―・す 近世猿臂(えんぴ)を伸ばす。

期日を―・すこと 近代えんき[延期]。くりさげる[繰下]。くりのべる[繰延]。じゅんえん[順延]。近世ひのべ[日延]。

寿命を―・すこと 中古えんねん[延年]。上代えんめい[延命]。

爪などを―・す 中古おほす[生]。

手に取って―・す 中世とりのぶ[―のべる][取延]。

曲がった木や竹などを―・す 中世たむ[ためる][矯/揉]。

待っていたものが―・される 近世おあづけ[御預]。

のばなし【野放】 近代うっちゃらかし。かいはう[解放]。ときはなす[解放]。のばなし[野放]。ほったらかし。ふかんせふ[不干渉]。近世はうち[放置]。中世はうにん[放任]。中古ときはなつ[解放]。

のはら【野原】 《句》中世虎を千里の野に放つ。近代くゎうげん[広原/曠原]。さうげん[草原]。のっぱら[野原]。はらっぱ[原]。フィールド(field)。や[野]。近世くさはら[草原]。のづら[野面]。中世はらの[原野]。ひろの[広野]。へいや[平野]。中古くゎうや[広野]。のずゑ[野末]。のもせ[野狭]。のら[野良]。はら[原]。へいげん[平原]。やぐゎい[野外]。りょくや[緑野]。上代げんや[原野]。ぬ/の[野]。のなか[野中]。のはら[野原]。のべ[野辺]。のろ[野]。をの[小野]。

―と森林 上代りんや[林野]。

―と畑 近世のはた[野畑]。中世のばたけ[野畑]。

―と山 中古さんや[山野]。上代のやま[野山]。

―にある小さな亭 中世やてい[野亭]。

―に咲く花 近世のばな[野花]。上代やくゎ[野花]。

―の一面 中古のもせ[野狭]。

―の枯れ草を焼くこと(その火) 近代あぜび[畦火]。中世れうげん[燎原]。中古のや

き[野焼]。上代のび[野火]。やくゎ[野火]。
―の景色 中世やしょく[野色]。
―の中の丘 上代のづかさ[野阜]。
―の果て 中古のずゑ[野末]。
―の道 近代のぢ[野路]。のみち[野道]。やけい[野径]。
―を渡る風 中古のかぜ[野風]。
秋の花咲く― 上代はなの[花野]。
荒れた― 近代くゎうや[荒野]。中世あれの[荒野]。へいぶ[平蕪]。中古くゎうげん[荒原]。上代あらの[荒野／曠野]。あらのら[荒野]。
鶉狩(うずらがり)をする― 近世うづらの[鶉野]。
大きな広い― 近代くゎうげん[広原／曠原]。たいや[大野]。中世ひろの[広野]。へいや[平野]。中古くゎうや[広野／曠野]。ひらの／へいげん[平原]。上代おほの[大野]。おほのら／おほのろ[大野]。くにはら[国原]。
海抜高度が高い― 中古かうげん[高原]。
草木の茂った― 近代くさっぱ／くさっぱら[草原]。くさふ[草生]。さうげん[草原]。中世くさはら[草原]。くちなしはら[梔子原]。しのはら[篠原]。しばはら[芝原]。中古あさぢがはら[浅茅原]。あさぢふ[浅茅生]。ちはら[茅原]。よもぎふ[蓬生]。をぎはら[荻原]。をざさ(が)はら[小笹原]。上代あさぢはら[浅茅原]。いつしばはら[厳柴原]。かやの[茅野／萱野]。かやはら[茅原／萱原]。くさぶかの[草深野]。しげの[繁野]。すぎはら[杉原]。ちふ[茅生]。はぎはら[萩原]。まくずはら[真葛原]。むぐらふ[葎生]。やぶはら[藪原]。
草の枯れた冬の― 近世かれしばはら[枯芝原]。かれのはら[枯野原]。中世かれふ[枯生]。くだらの[朽野]。中古かれの[枯野]。
小石の多い― 中世いしはら[石原]。
氷に覆われた― 近代ひょうげん[氷原]。ひょうや[氷野]。
自然のままの― 上代げんや[原野]。
人家から離れた― 近世のばなれ[野離]。
遠くにある― 上代をちかたのべ[遠方野辺]。
夏の― 近代あをの[青野]。なつのはら[夏野原]。上代なつの[夏野]。
野焼きの後の― 近世やけの[焼野]。中古すぐろの[末黒野]。やけふ[焼生]。
春の― 近世もえの[萌野]。上代はるの[春野]。
広々とした―→大きな広い―
牧畜をする― 中古ぼくや[牧野]。
まぐさを刈る― 近世まぐさば[秣場]。
山に囲まれた― 上代いりの[入野]。
山の裏の― 中世かげの[陰野]。

のび【野火】 近代あぜび[畦火]。上代のび[野火]。やくゎ[野火]。

のびなや・む【伸悩】 近代あしぶみ[足踏]。あたまうち[頭打]。中古ていたい[停滞]。

のびのび【伸伸】 近代かうかう[皞皞]。のんびり。ゆうぜん[融然]。近世ちゃうたつ[暢達]。中世のびのび[伸伸]。のびやか[伸]。上代いういう[優優]。

《句》近代心広く体(たい)胖(ゆた)かなり。

―・して明るいこと 近代ちゃうめい[暢明]。

―・して大きいこと 近代たいたう[駘蕩]。近世たいたう[駘宕]。てったう[跌宕／跌蕩]。

―・して気持ちがよいこと 中世くゎいちゃう[快暢]。中古のどか[長閑]。

―・しないこと 中古きゅうくつ[窮屈]。

―・する 近世羽根を伸ばす。中世さしのぶ[差伸／差延]。中古のばはる[延]。

―と流麗なさま 中世なびなび。

の・びる【伸】 近代しんちゃう[伸長／伸暢]。中世うちのぶ[打延]。中古えんちゃう[延長]。おそなはる[遅]。せいちゃう[成長]。のぶ(のびる)[伸／延]。はたばる[端張]。
―・び育つこと 近世ちゃうたつ[暢達]。中古せいちゃう[生長]。
―・びたり縮んだり 近世のびちぢみ[伸縮]。中世しんしゅく[伸縮]。[伸縮]。中古くっしん[屈伸]。のべしじむ[延縮]。
―・びて長く続くさま 近代ちゃうだ[長蛇]。中世えんえん[蜒蜒]。ゑんゑん[蜿蜒]。ゑんゑん[蜿蜿]。中古ながなが[長長／永永]。
―・びて広がる 近代かいてん[開展]。しんちゃう[伸張]。しんてん[伸展]。はってん[発展]。中世のす[伸]。中古はびこる[蔓延]。まんえん[蔓延／蔓衍]。上代ほどこる[播／延]。
―・びて広がるさま 中古ゆるゆる[緩緩]。
後ろに―・びているもの 近代を[尾]。
急に―・びること きゅうしん[急伸]。
草木が高く―・びる 中古おひのぼる[生上]。
草木の葉や枝が―・び出る 上代さす[差]。
直立して―・びるさま 近代ちくちく[矗矗]。
蔓(つる)や草木の根が這(は)うように―・びる 中古はひわたる[這渡]。

の

根がー・びる 上代ねはふ／ねばふ［根延］。くりのべ［繰延］。近代えんき［延期］。ひまどる［暇取］。中世ちいん［遅引］。近世ひのべ［日延］。中古えんいん［延引］。ちえん［遅延］。ながびく［長引］。のぶ〔のびる〕［延］。

出発がー・びること えんぱつ［延発］。

少しずつー・びること 近代すんのび［寸延］。

▼のびのびになること 中古せんえん［遷延］。

のびる【野蒜】 上代あららぎ［蘭］。中古ねびる［根蒜／沢蒜］。のびる［野蒜］。

ノブ(knob) 近代ノブ。ハンドル(handle)。中世とって［取手／把手］。にぎり［握］。中古え［柄］。

のべ【野辺】 →のはら

のべつまくなし【幕無】 切れ目なく。絶え間なし。近代のべつまくなし［幕無］。ひっきりなし［引切無］。止めど(も)なく。

の・べる【述】 近代こうじゅつ［口述］。へうはく［表白］。口にする。近世ちんじゅつ［陳述］。べんず［弁］。口に出す。中世しゃべる［喋］。じょじゅつ［叙述］。ちんず［陳］。とろ［吐露］。はなす［話／咄］。中古じょす［序／叙］。ちんせつ［陳説］。とく［説］。のばふ［述］。上代いふ［言］。かたる［語］。つぐ〔つげる〕［告］。のぶ〔のべる〕［述／宣／陳］。のる［宣／告］。→い・う

《謙》近世まうしのぶ〔―のべる〕［申述］。

ー・べ伝えること 近代べんたつ［弁達］。

後でー・べる こうじゅつ［後述］。

あらましをー・べる 近代りゃくじゅつ［略述］。近世りゃくげん［略言］。りゃくじょ［略叙／略序］。りゃくせつ［略説］。

ありのままー・べること 近代へいじょ［平叙］。近世ちょくじょ［直叙］。

思いや考えを強くー・べること 近代べんじたてる［弁立］。りきせつ［力説］。近世うったふ〔―たえる〕［謳］。中古うたふ［謳］。

思いをー・べること 中世とろ［吐露］。上代じゅっくゎい［述懐］。

考えなどをー・べること 近代げんじゅつ［言述］。近世えんじゅつ［演述］。中世かいちん［開陳］。中古えんぜつ［演説／演舌］。

くどくどとー・べる 近代くどきたつ〔―たてる〕［口説立］。

繰り返しー・べる 中世かきくどく［掻口説］。

詳しく細かくー・べること 近代ぐちん［具陳］。しゃうげん［詳言］。るじゅつ［縷述］。るせつ［縷説］。近世しゃうせつ［詳説］。上代るげん［縷言］。

材料を集め文章にしてー・べること 近代さんじゅつ［纂述］。

順序だててー・べる 中古ついづ［序／叙］。

書物などを著してー・べること 近代さくじゅつ［作述］。中古ちょじゅつ［著述］。

正しいことをー・べ立てるさま 近代がくがく［諤諤／愕愕］。

とりとめのないことをー・べること 近代ざつだん［雑談］。近世ざつわ［雑話］。

被告人が事実をー・べること 近代きょうじゅつ［供述］。

自らの犯行をー・べること じきょう［自供］。口を割る。近代じはく［自白］。泥を吐く。中古はくじゃう［白状］。

のほうず【野放図】 近代かってきまま［勝手気儘］。近世だらしなし。とりしまりなし。のはうづ［野放図／野方図］。中世わうへい［横柄］。中古ばうじゃくぶじん［傍若無人］。わがまま［我儘］。

のぼ・せる【上】 近代うはずる［上擦］。エキサイト(excite)。おもひあがる［思上］。かうふん［昂奮］。こうふん［興奮］。ちのぼせ［血逆］。熱を上げる。近世かみずる。きあがる［気上］。ぎゃくじゃう［逆上］。つけあがる［付上］。とりつむ［取詰］。とりのぼす〔―のぼせる〕［取上］。のぼす〔のぼせる〕［上／逆上］。のぼせあがる［逆上］。のぼりつむ〔―つめる〕［上詰］。血道を上ぐ〔―上げる〕。中世うかる〔うかれる〕［浮］。げきす［激］。ちまよふ［血迷］。血が上がる。中古うはぐむ。けあがる／けのぼる［気上］。じゃうき［上気］。ぞうちゃう［増長］。のぼる［上］。

のぼり【幟】 中世のぼり［幟］。中古せいき［旌旗］。上代はた［幡］。

端午の節句に立てるー 近代こひのぼり［鯉幟］。さつきのぼり［五月幟］。ふきながし［吹流］。近世かみのぼり［紙幟］。ごぐゎつのぼり［五月幟］。ゑのぼり［絵幟］。

男児の初節句を祝うー 近世はつのぼり［初幟］。

中世の八幡船などに用いられたー 中世ひのまるのぼり［日丸幟］。

▼助数詞 近世ほん［本］。中世ながれ［流］。中古りう［旒／流］。

のぼ・る【上】 中古じゃうしょう［上昇］。しょうしん［昇進］。上代あがる［上］。のぼる［上］。

《謙》中古まかりのぼる［罷上］。

ー・ったり下ったり 近代じゃうか［上下］。中古おりのぼり［下上］。のぼりおり［上下］。

上]。しょうかう[昇降/升降]。上代のぼりくだり[上下]。
—・ったり沈んだり 近代しょうちん[昇沈]。中世うきしずみ[浮沈]。
上の地位(役職)に—・ること 近代しょうにん[昇任/陞任]。中古かかい[加階]。かきふ[加級]。
空中を—・る ふじょう[浮上]。中世うかびあがる[浮上]。うきたつ[浮立]。中古たちのぼる[立上]。上代うかぶ[浮/泛]。
太陽などが—・る 中古さしのぼる[差昇]。
高く—・ること 近代しょうとう[昇騰]。
天に—・ること 中世じょうてん[上天]。中古しょうてん[昇天]。

のぼ・る【登】 とうこう[登高]。近代クライミング(climbing)。中世かきのぼる[掻登]。よぢのぼる[攀登]。よどる[攀]。中古とうはん[登攀]。はひのぼる[這上]。よづ[よじる][攀]。上代のぼる[登]。
—・ったり降(くだ)ったり とうこう[登降]。近世あがりおり[上降]。中古しょうかう[昇降]。
車両が坂道を—・ること とうはん/とはん[登坂]。
少しずつ—・りになっていること 中世つまあがり[爪上]。つまさきあがり[爪先上]。
高い建物に—・ること 近世とうろう[登楼]。
山に—・ること とうちょう/とちょう[登頂]。近代とざん[登山]。中世さんぎゃう[山行]。さんじゃう[山上]。中古さんかう[山行]。

のみくい【飲食】 近世くち[口]。こうふく[口腹]。のみくひ[飲食]。中世いんし/いんしい/いんしょく[飲食]。さん[餐]。中古しょくじ[食事]。上代おんじき[御食/飲食]。をし[食]。
—・する 中世したたむ[—ためる][認]。中古くふ/くらふ[食]。
大いに—・すること 近代ぎういんばしょく[牛飲馬食]。げいいんばしょく[鯨飲馬食]。
金を出し合って—・すること 近代わりかん[割勘]。近世しふせんだし/しゅせんだし[集銭出]。→わりかん
際限なく—・したがること 近世あとひき[後引]。
十分に—・すること 近代まんきつ[満喫]。
少し—・する 中世口を濡らす。
他人の金で—・する 近世かわかす。

のみこ・む【飲込】❶〈嚥下〉 近代えんか[嚥下]。えんげ[嚥下]。中世のみくだす[飲下]。のみこむ[飲込/呑込]。中古すく[食]。
そのまま一口で—・むこと 近世まるのみ[丸呑]。中世ひとのみ[一呑]。

のみこ・む【飲込】❷〈合点〉 近代かいする[解]。はあく[把握]。りかい[理解]。りゃうかい[諒解/領解]。近世のみこむ[飲込/呑込]。れうかい[了解]。中世うけとり[受取/請取]。がてん[合点]。どんきゃく[呑却]。なっとく[納得]。ゑとく[会得]。中古がってん[合点]。こころう[—える][心得]。とくしん[得心]。
体験して十分に—・むこと 近世たいにん[体認]。
早く—・むこと 近世はやがってん/はやがてん[早合点]。はやのみこみ[早呑込]。はやわかり[早分]。

のみち【野道】 近世たんぼうみち/たんぼみち[田圃道]。ゐなかみち[田舎道]。中古のぢ[野路]。のみち[野道]。やけい[野径]。

ノミネート(nominate) 近代しめい[指名]。中世すいばん[推輓/推挽]。中古すいきょ[推挙]。すいせん[推薦]。なざし[名指]。

のみもの【飲物】 ドリンク(drink)。ビバレッジ(beverage)。近代いんれう[飲料]。近世のみれう[飲料]。近代みづもの[水物]。中世いん[飲]。のみもの[飲物]。
—のいろいろ(例) エッグノッグ(eggnog)。カフェオーレ(フランスcafé au lait)。カフェロワイヤル(フランスcafé royal)。サワー(sour)。ジュース(juice)。トロピカルドリンク(tropical drink)。ひょうしゅ[氷酒]。フィズ/フィーズ(fizz)。レモンスカッシュ(lemon squash)。近代アイスコーヒー(iced coffee)。エード(ade)。オレンジエード(orangeade)。スカッシュ(squash)。ポンチ(punch)。ミルクセーキ(milk shake)。レモネード(lemonade)。近世あまちゃみづ[甘茶水]。あめゆ[飴湯]。コーヒー[coffee; オランダkoffie/珈琲]。こほりざけ[氷酒]。そばゆ[蕎麦湯]。むぎちゃ[麦茶]。むぎゆ[麦湯]。中世あまちゃ[甘茶]。おちゃ[御茶]。中古ちゃ[茶]。
おいしい— 中世こんづ[漿/濃漿]。しゃうすい[漿水]。
神に供える— 近代しんしゃう[神漿]。
天人の— 上代かんろ[甘露]。

のみや【飲屋】 あかちょうちん[赤提灯]。近代さかば[酒場]。のみや[飲屋]。近世ゐざかや[居酒屋]。中世さかや[酒屋]。

の・む【飲】❶〈嚥下〉 近世まるのみ[丸飲]。

の

やっつける／やりつける［遣付］。中世きっす［喫］。のみくだす［飲下］。のみこむ［飲込］。のみほす［飲干］。上代たぐ［食］。のむ［飲／呑］。はむ［飲］。

《尊》中世おまゐる［御参］。めしあがる［召上］。中古きこしめす［聞召］。たてまつる［奉］。まゐる［参］。めす［召］。上代きこしをす［聞召］。をす［食］。

《謙》近世くださる［―される］［下］。中世いただく［頂／戴］。中古たぶ［食］。

―・むことと嚙むこと 近代どんぜい［呑噬］。

―・んだり食べたり 近世のみくひ／のみくらひ［飲食］。中世いんしい／いんしょく［飲食］。

―・んでしまう 中世のみほす［飲干／飲乾］。

馬などに水を―・ませる 上代みづかふ［水飼］。

薬を―・ませる 近世もる［盛］。

薬を―・む 近代ないよう［内用］。近世ないふく［内服］。中世ふくよう［服用］。中古ふくす／ぶくす［服］。ふくやく［服薬］。

薬を温めて―・むこと 近世をんぷく［温服］。

腰を据えて―・む 近世のみすう［飲据］。

好んでいつも―・むこと 近代あいいん［愛飲］。

酒などを―・むさま 近代のみっぷり［飲振］。近世のみくち［飲口／呑口］。のみぶり［飲振／呑振］。

酒を―・ませる 中世もる［盛］。

酒を―・む →さけ

少しずつ―・む 近代ちびる。

立ったまま―・むこと 近代たちのみ［立飲］。

試しに―・むこと しいん［試飲］。

茶を―・む 中世きっす［喫］。くむ［酌］。中古ふくす［服］。

手ですくって―・む 中古たのむ［手飲］。

一息に―・むこと 近世ぐいのみ［飲］。ひっかく［―かける］［引掛］。中世ひとのみ［一呑］。

瓶に口を直に付けて―・むこと 近代らっぱのみ［喇叭飲］。

水などをたくさん―・むこと 近代がぶのみ［飲］。げいいん［鯨飲］。中世ぎういん［牛飲］。

▼擬態語 近代がぶり。ごくっと。近世ぐいぐい。くびぐび。ごくごく。ごくり。ちびりちびり。中世がぶがぶ。

の・む【飲】❷〈承認〉近代うけいれる［受入］。じゅだく［受諾］。しょうにん［承認］。にんよう［認容］。ようにん［容認］。近世のむ［飲／呑］。中世しょうち［承知］。中古しょうだく［承諾］。上代きょだく［許諾］。

のめりこ・む【込】 近代おちいる［陥／落入］。近世のめずりこむ［込］。のめりこむ［込］。はまりこむ［嵌込／塡込］。

のやき【野焼】 近代ひいれ［火入］。中世れうげん［燎原］。中古のやき［野焼］。

―の後の草の色 中古すぐろ［末黒］。

―の後の野 やけのがはら／やけののはら［焼野原］。中世せうこん［焼痕］。やけの［焼野］。中古すぐろの［末黒野］。やけはら［焼原］。やけふ［焼生］。

―の火 近代あぜび［畦火］。燎原の火。中古やくゎ［野火］。上代のび［野火］。

のやま【野山】 中古さんや［山野］。上代のやま［野山］。

―に出て遊ぶこと 近代ピクニック(picnic)。ゑんそく［遠足］。近世やまあそび［山遊］。中世さくらがり［桜狩］。しゅついう［出遊］。のゆさん［野遊山］。ゆさん［遊山］。中古もみぢがり［紅葉狩］。上代のあそび［野遊］。

―に分け入る 中古まじる［混／交］。

春の― 近世しゅんかう［春郊］。

のら【野良】 近代のっぱら［野原］。中世たはた［田畑］。でんや［田野］。上代ぬ／の［野］。のはら［野原］。のべ［野辺］。のら［野良］。のろ［野］。

―での仕事 近代のらかせぎ［野良稼］。近世のらしごと［野良仕事］。

のらくら 近代でれっと。でれでれ。ぼんやり。ルーズ(loose)。近世ずぼら。ぬらくら。のらくら。のらりくらり。のんべんだらり。ぶらぶら。ぼやぼや。中世だらだら。

―暮らす者 近代いうたうじ［遊蕩児］。近世いうじん［遊人］。うかれびと［浮人］。うかれもの［浮者］。どらもの［者］。ぬらくらもの［者］。のうらくもの［能楽者］。のら。のらもの［者］。のんこ。はうたうもの［放蕩者］。ろくでなし。中世いうみん［遊民／游民］。

―・すること 近代だみん［惰眠］。近世ぬめる［滑］。のうらく［能楽］。のんこ。べらつく。中古とくゎ［徒過］。上代いうしゅ［遊手］。

のらむすこ【息子】 近世だうらくむすこ［道楽息子］。どらむすこ［息子］。のらむすこ［息子］。

のらりくらり →**のらくら**

のり【法】 近代きじゅん［基準］。ルール(rule)。ロー(law)。中世きそく［規則］。きはん［規範］。上代おきて［掟］。のり［法／則］。はふ［法］。はふれい［法令］。

のり【海苔】 近世 のもじ［文字］（女房詞）。上代 のり［海苔］。
味を付けたー 近代 あぢつけのり［味付海苔］。
紙のように薄くして干したー 近世 ほしのり［干海苔／乾海苔］。
その冬にとれた新しいー はつのり［初海苔］。近世 しんのり［新海苔］。

のり【糊】 せっちゃくざい［接着剤］。近代 ペースト(paste)。上代 のり［糊］。
ーで貼り付けること 近代 こちゃく［糊着］。のりばり［糊張／糊貼］。近世 のりづけ［糊付］。
ーにするための飯 近世 そくひめし［続飯飯］。
ーのようになること こか［糊化］。
ーを付けた跡 のりめ［糊目］。
ーを付ける 中世 のりす［糊］。
捺染(なっせん)などの防染に用いるー いっちんのり［一陳糊／一珍糊］。
その他ーのいろいろ(例) 近代 うるしのり［漆糊］。おひめさま［御姫様］。ゴムのり［(オランダ)gom糊］。しぶせん／しぶせんこ［渋煎糊］。ばんじゃくのり［磐石糊］。近世 うるしにかは［漆膠］。むぎうるし［麦漆］。もちのり［餅糊］。中古 いぎす／いぎすのり［海髪糊］。そくいひ／そくひ［続飯］。上代 にかは［膠］。

のりあい【乗合】 近代 あひのり［相乗］。のりあはせ［乗合］。中世 のりあひ［乗合］。中古 どうじょう［同乗］。
▼同じ舟(船)に乗り合わせること 中世 どうしう［同舟］。どうせん［同船］。

のりうつ・る【乗移】 近代 かみがかり［神懸／神憑］。ひょうい［憑依］。中世 のりうつる［乗移］。中古 おそふ［襲］。とりつく［取憑］。よる［寄］。上代 つく［憑］。
何かにー・られるという妄想 ひょういもうそう［憑依妄想］。

のりおり【乗降】 近代 じょうこう［乗降］。中世 のりおり［乗降］。中古 おりのり［降乗］。

のりか・える【乗換】 トランスファー(transfer)。近代 てんじょう［転乗］。のりつぐ［乗継］。中古 のりうつる［乗移］。のりかへる［乗換／乗替］。
《句》近世 牛を馬に乗り換ふ［ー換える］。
ー・えずに同じ馬で行く 近世 とほし［通］。とほしうま［通馬］。
ー・えずに同じ駕籠(かご)で行く 近世 とほし［通］。とほしかご［通駕籠］。

のりかか・る【乗掛】 近代 ちゃくしゅ［着手］。手を染める。近世 のしかかる［伸掛］。中世 しかかる／しかく［ーかける］［仕掛］。しはじむ［ーはじめる］［為始］。のっかかる［乗掛］。のりかかる［乗掛］。のりだす［乗出］。手を付く［ー付ける］。中古 とりかかる［取掛／取懸］。

のりき【乗気】 近代 きのり［気乗］。近世 のりき［乗気］。中世 すすまし［進］。
ーになる 近代 膝を進める。近世 乗りが来る。中世 こころたつ［心立］。気が向く。中古 いさまし［勇］。上代 いさむ［勇］。
おだてたりしてーにさせる 近世 飴を食はす［ー食わせる］。飴を舐めさす［ー舐めさせる］。飴を舐(ねぶ)らす［ー舐らせる］。

のりき・る【乗切】 →のりこ・える

のりくみいん【乗組員】 じょうむいん［乗務員］。近代 クルー(crew)。じょうゐん［乗員］。のりくみゐん［乗組員］。
船舶のー 近代 かいゐん［海員］。せんゐん［船員］。

のりこ・える【乗越】 近代 おひこす［追越］。こくふく［克服］。とっぱ［突破］。りょうが［凌駕／陵駕］。近世 てうじょう［超乗］。のりきる［乗切］。ゆゑつ［踰越］。中世 きりぬく［ーぬける］［切抜］。しのぐ［凌］。だかい［打開］。だは［打破］。のりこゆ［ーこえる］［乗越］。中古 うちかつ［打勝］。たふは［踏破］。上代 こゆ［こえる］［越／超］。ふみこゆ［ーこえる］［踏越］。

のりこ・む【乗込】 近代 たふじょう［搭乗］。近世 のりこむ［乗込］。中世 ふみこむ［踏込］。中古 おしいる［押入］。たちいる［立入］。

のりだ・す【乗出】 行動を起こす。近代 のりかかる［乗掛］。近世 うってでる［打出］。のりだす［乗出］。中世 ふみだす［踏出］。→のりかか・る

のりつ・ぐ【乗継】 トランスファー(transfer)。近代 てんじょう［転乗］。のりつぐ［乗継］。中古 のりうつる［乗移］。のりかふ［ーかえる］［乗換］。

のりと【祝詞】 中古 おほはらへのことば［大祓詞］。上代 あまつのりと［天祝詞］。のりと／のりとごと［祝詞］。ふとのりと／ふとのりとごと［太祝詞］。
祭りのときのー 近代 さいぶん／さいもん［祭文］。

のりもの【乗物】 近代 かうつうきくゎん［交通機関］。中世 けう［轎］。じょう［乗］。ろうよ［籠輿］。中古 が［駕］。のりもの［乗物］。上代 しゃば［車馬］。
《尊》近世 おめしもの［御召物］。中世 たいが

[台駕]。
遊びの― 近代 いちりんしゃ[二輪車]。くゎいてんもくば[回転木馬]。さんりんしゃ[三輪車]。メリーゴーラウンド(merry-go-round)。もくば[木馬]。
肩に担いで運ぶ― 近世 かご[駕籠]。中古 けんよ[肩輿]。
氷の上を滑らせる― 中古 そり[橇]。
水上を行く― 近世 せんぱく[船舶]。上代 ふね[船/舟]。
仙人の― 中古 かくが[鶴駕]。ほうが[鳳駕]。
空を行く― 近代 かうくうき[航空機]。ひかうき[飛行機]。近世 ひかうせん[飛行船]。
地上を行く― 近代 じてんしゃ[自転車]。じどうしゃ[自動車]。しゃりゃう[車両/車輛]。ばしゃ[馬車]。中古 ぎっしゃ[牛車]。くるま[車]。
手で引く― 近代 じんりきぐるま/じんりきしゃ[人力車]。中古 てぐるま[手車/輦]。れんじゃ[輦車]。れんよ[輦輿]。
天子の― 中世 たいが[大駕]。五雲の車。中古 ほうが[鳳駕]。ほうが[宝駕]。ほうれん[鳳輦]。りゅうが/りょうが[竜駕]。上代 じょうよ[乗輿]。りゅうしゃ/りょうしゃ[竜車]。

の・る【乗】 中古 がす[駕]。じょうず[乗]。上代 のる[乗]。またがる[跨/股]。《尊》中世 おめし[御召]。めす[召]。中古 たてまつる[奉]。
―・った時の感じ 中世 のりごこち[乗心地]。のりごころ[乗心]。
―・ったまま目的地まで行くこと 近代 のりきり[乗切]。
―・ったり降りたり 近代 じょうかう[乗降]。中世 のりおり[乗降/乗下]。
―・って後に続く 中古 のりつづく[乗続]。
―・って出発する 上代 のりたつ[乗立]。
一緒に―・る 中世 のりぐす[乗具]。
車に―・ること 中世 じょうしゃ[乗車]。
試しに―・ること 近代 しじょう[試乗]。
積荷とともに―・って行くこと 近世 うはのり[上乗]。
虎に―・ること 近世 きこ[騎虎]。
船に―・ること 中古 じょうせん[乗船]。

のるかそるか【伸反】 近代 けんこんいってき[乾坤一擲]。一擲(いってき)乾坤(けんこん)を賭(と)す。近世 いのちがけ[命懸]。のるかそるか[伸反]。一か八か。

ノルマ(ロシア norma) わりあて[割当]。

のれん【暖簾】 グッドウィル(goodwill)。近世 ほろ[幌]。中世 のうれん/のんれん[暖簾]。のれん[暖簾]。中古 たれぎぬ[垂衣]。たれぬの[垂布]。とばり[帳]。
店と奥を仕切る― うちのれん[内暖簾]。
遊女屋で用いた― 近世 あをのうれん/あをのれん[青暖簾]。かきのうれん/かきのれん[柿暖簾]。
その他―のいろいろ(例) たまのれん[珠暖簾]。近代 なはのれん[縄暖簾]。近世 なはすだれ[縄簾]。なはのうれん[縄暖簾]。はなのれん[花暖簾]。
▼助数詞 たれ[垂]。まい[枚]。

のろ・い【鈍】 近代 スロー(slow)。スローペース(slow pace)。スローモー/スローモーション(slow motion)。ちまん[遅慢]。どんぢゅう[鈍重]。近世 ぐづ[愚図]。とろくさし。ねそ。ねれける[練]。のろくさし[鈍臭]。のろま[鈍間/野呂松]。まだるし[間怠]。まぬるい[間緩]。まのろし[間鈍]。中世 したるし。とろし。ねそねそ。ねばし[粘]。のろし[鈍]。みどろし。中古 くゎんまん[緩慢/寛慢]。どん[鈍]。にぶし[鈍]。上代 おそし[遅]。ちくゎん[遅緩]。
―・い馬 近代 だうま[駄馬]。中古 だば[駄馬]。上代 どば[駑馬]。
―・いさま もたもた。近代 のそっと。のそり。近世 ぐぢぐぢ。ぐづらぐづら[愚図愚図]。のっそり。のろり。中世 ぐづぐづ[愚図愚図]。くゎん[緩]。だらだら。のろのろ。《句》近代 蛞蝓(なめくぢ)の江戸行き。
仕事が―・いこと 近世 だいりぶしん[内裏普請]。中世 てねばし[手粘]。

のろい【呪】 中古 ずそ[呪詛/咒詛]。そじゅ[詛呪]。てうぶく/でうぶく[調伏]。のろひ[呪/詛]。上代 かしり[呪]。じゅ[呪/咒]。じゅじゅつ[呪術/咒術]。しゅそ/じゅそ[呪詛/咒詛]。ふこ[巫蠱]。まじもの[蠱物]。
―の言葉 近代 じゅげん/じゅごん[呪言/咒言]。中世 のろひごと[呪言]。中古 じゅもん[呪文/咒文]。

のろ・う【呪】 近世 昆布に針刺す。中世 しゅす[呪/咒]。中古 うけふ[祈/誓]。上代 かしる[呪]。とこふ/とごふ[呪/詛]。のろふ[呪/詛]。ほく/ほさく[祝/寿]。
―・い殺すこと 中古 えんみ[魘魅/厭魅]。てうぶく[調伏]。
―・いたいさま 近代 のろはしい[呪]。中古 うけはしげ[詛]。のろのろし[呪呪]。

のろし【狼煙】 近代 がうくゎ[号火]。すいほう[燧烽]。ほうえん[烽煙/烽烟]。らうくゎ[狼火]。中世 のろし[狼煙/狼烟]。らうすい[狼燧]。中古 えんくゎ[煙火]。ほう[烽]。ほうくゎ[烽火]。上代 とぶひ[飛火]。

—による伝達 近世 かがりびきゃく[篝飛脚]。

のろのろ →**のろ・い**

のろま【鈍間】 近代 うすのろ[薄鈍]。近世 おぞし[鈍]。おたんちん。じんろく[甚六]。そろま[曾呂間]。ちちょう[痴重]。どんくさし[鈍臭]。とんちき[頓痴気]。どんぶつ[鈍物]。とんま[頓馬/頓間]。ぬく[温]。ぬるま[温/微温]。のろさく[鈍作]。のろま[鈍間/野呂松]。まぬけ[間抜]。中世 のさもの[者]。中古 ぐどん[愚鈍]。たゆし[弛/懈]。ちどん[遅鈍]。上代 おそ/おそし[鈍/遅]。

のわき【野分】 近代 たいふう[台風]。タイフーン(typhoon)。近世 のわけ[野分]。中古 のわき[野分]。

のんき【呑気】 近代 かんうんやかく[閑雲野鶴]。のんびり。らくてんてき[楽天的]。近世 あけしい。いうちゃう[悠長]。うっぽっぽ/うっぽぽ/うぽうぽ/うぽっぽ。おぽっぽ。おもなが[面長]。きさんじ[気散]。きなが[気長]。きらく[気楽]。のうのう。のたり。のたりのたり。のほほん。のろり。のんき[呑気/暢気]。べらべら。中世 あんいつ[安逸/安佚]。いういうかんかん[悠悠閑閑]。いういうくゎんくゎん[悠悠緩緩]。のさのさ。のんどり。ゆるゆる[緩緩]。中古 いうちゃう[優長]。くつろぎがまし[寛]。くゎうりゃう[広量]。ごしゃうらく[後生楽]。たゆし[弛/懈]。のどか/のどけし/のどやか[長閑]。のどらか[長閑]。のびらか[伸]。上代 あんらく[安楽]。ゆた[寛]。

《句》近代 魚(うを)の釜中(ふちゅう)に遊ぶが若(ごと)し。世間知らずの高枕。近世 十三月(じふさんぐゎつ)なる顔付き。

—・にしている 近世 かんかん[閑閑]。中世 あんかん[安閑]。あんざ[安座/安坐]。ゆるがし/ゆるがせ[緩]。中古 おほどく。こころのどか[心長閑]。のどまる/のどむ[和]。

—者 近世 きさんじもの[気]。ごくらくとんぼ[極楽蜻蛉]。のんたらう[飲太郎/呑太郎]。ゆめすけ[夢助]。らくすけ[楽助]。中世 のさもの[者]。中古 おいらけもの[者]。

ノンストップ(nonstop) むていしゃ[無停車]。近代 ノンストップ。むちゃくりく[無着陸]。近世 ちょくかう[直行]。

のんびり 近代 のんびり。近世 いうちゃう[悠長]。きなが[気長]。きらく[気楽]。気長し。→**のんき**

—と暮らすこと 中世 じてき[自適]。

—と寝ること 近世 らくね[楽寝]。

—と話すこと 中古 かんだん[閑談]。かんわ[閑話]。

ノンフィクション(nonfiction) ルポ/ルポルタージュ(フランス reportage)。近代 きろくぶんがく[記録文学]。ドキュメント(document)。中世 でんき[伝記]。上代 じつろく[実録]。

のんべんだらり ずんべらぼう。締まりがない。のんべんだらり。近代 ちゃらんぽらん。近世 だらしなし。

は

は【葉】 近代 はっぱ[葉]。上代 は[葉]。

—が破れた芭蕉 近世 やればせう[破芭蕉]。

—が破れた蓮 近世 やれはす/やれはちす[破蓮]。

—の陰になる(こと) 中世 はかげ[葉陰]。中古 はがくる[葉隠]。はがくれ[葉隠]。

—の先 中古 はずゑ[葉末]。上代 うらば[末葉]。

—の縁に切れ込みのないこと ぜんえん[全縁]。

—の縁の切れ込みのいろいろ 近代 しんれつ[深裂]。せんれつ[浅裂]。ぜんれつ[全裂]。

—や花が風でひらひら落ちること 近世 へうれい[漂零/飄零]。

—や実が色づいて落ちること 中古 くゎうらく[黄落]。

—を吹く風 中古 はかぜ[葉風]。

一枚の— 近世 いちえふ[一葉]。中古 ひとは[一葉]。上代 かきは[片葉]。

いろいろな色の— 近代 みどりば[緑葉]。中世 きば[黄葉]。中古 こうえふ[紅葉]。くゎうえふ[黄葉]。上代 あをば[青葉]。しもみぢ[紅葉/黄葉]。

枝から落ちる— 中古 らくえふ[落葉]。上代 おちば[落葉]。

枝先の— 中世 うれは[末葉]。中古 すゑば/ばつえふ/まつえふ[末葉]。上代 うらば[末葉]。

多く茂った— 上代 やそは[八十葉]。

枯れた— 中世 わくらば［病葉］。中古 からは／かれは［枯葉］。くちば［朽葉］。
草の— くさっぱ［草葉］。中古 さうえふ［草葉］。上代 くさば［草葉］。
紅葉して照り輝く— 近世 てりは［照葉］。てりもみぢ［照紅葉］。
初夏の頃の青い— 中古 わかば［若葉］。上代 あをば［青葉］。
食べ物の下に敷く飾りの— 中古 かいしき［掻敷］。
斑紋(はんもん)のある— 近代 ふいり［斑入］。近世 いさは［斑葉］。
触れ合ったり重なりあっている— 近世 おもひば［思葉］。
養分をたくわえ肥大した— ちょぞうよう［貯蔵葉］。
若葉でまだ巻いたままの— 中古 まきば［巻葉］。

は【歯】 近世 はぶし［歯節］。中古 しが［歯牙］。はぐき［歯茎］。上代 は［歯］。

—が欠けたり抜けたりすること 中世 はかけ／はっかけ［歯欠］。

—が抜けかわった後の歯 えいきゅうし［永久歯］。近世 せいし［成歯］。

—が抜けかわること かんし［換歯］。

—が抜けること 中世 はぬけ［歯抜］。中古 すげむ。

—で嚙(か)む音 近代 ぽりぽり。中世 かりかり。がりがり。さくさく。ぼりぼり。

—で嚙んだ跡 中古 はがた［歯形／歯型］。

—の音 近世 はぎしり［歯軋］。はぎり［歯切］。中世 はぎしみ［歯軋］。中古 かみならす［嚙鳴］。はがみ［歯嚙］。

—の嚙み合わせ こうごう［咬合］。

—の並び 近代 しれつ［歯列］。はならび［歯並］。上代 はなみ［歯並］。

—の病気 しぎんえん［歯齦炎］。ししゅうえん［歯周炎］。しそうのうろう［歯槽膿漏］。しにくえん［歯肉炎］。近世 むしば［虫歯］。
→**むしば**
—の脇に重なるように生える歯 そいば［添歯］。近世 おにば［鬼歯］。やへば［八重歯］。中古 おそば［齵歯］。上代 おしは［押歯］。
—を黒く染めること 近世 そめもの［染物］。中世 おはぐろ［御歯黒／鉄漿］。鉄漿(かね)を付く［—付ける］。
上の—の前二本 だいこくば［大黒歯］(左)。えびすば［恵比寿歯］(右)。
奥にある— 近世 うすば［臼歯］。きうし［臼歯］。中世 おくば［奥歯］。
くやしがって—を嚙(か)む 近代 せっしやくわん［切歯扼腕］。近世 はぎしり［歯軋］。中世 せっし［切歯］。牙を嚙む。中古 はがみ［歯嚙］。歯を嚙む。歯を食ひしばる。
子供の欠けて黒くなった— 近代 みそっぱ［味噌歯］。
最後に生える最奥の— ちえば［知恵歯］。近代 ちし［知歯］。中世 おやしらず［親知］。
上下左右四本ある楔状(くさびじょう)の— 近代 けんし［犬歯］。近世 いときりば［糸切歯］。
白い— 近世 あをば［白歯］(歯黒を付けない歯)。かうし［皓歯／皎歯］。しらは［白歯］。
人工の— インプラント(implant)［人工歯根］。かこうし［架工歯］。かし［仮歯］。つぎば［継歯］。とうし［陶歯］。近代 ぎし［義歯］。ブリッジ(bridge)。近世 いれば［入歯］。さしば［差歯］。そういれば［総入歯］。
歯並びの揃っていない— 近世 らんぐひば［乱杭歯］。
若々しい— 中世 みづは［瑞歯／稚歯］。

は【派】 はばつ［派閥］。近代 セクト(sect)。たうは［党派］。近世 なかま［仲間］。りうは［流派］。中世 は［派］。

は【刃】 中世 やいば［刃］。上代 は［刃］。
—が欠けること 近世 はこぼれ［刃毀］。
—が鈍くなること 中世 しろむ［白］。
—の付いた道具 中世 はもの［刃物］。
鋭利な— ひょうじん［氷刃］。
切れ味の鈍くなった— 近世 なまくら［鈍
中世 どんたう［鈍刀］。ねたば［寝刃］。

ば【場】 フィールド(field)。近代 シーン(scene)。近世 じゃうけい［情景／状景］。ばあひ［場合］。ばしょ［場所］。ばめん［場面］。中世 ば［場］。中古 とこ［所／処］。上代 ところ［所／処］。→**ところ**
—にふさわしくないこと 近代 ばちがひ［場違］。

バー(bar) 近代 バー。ポール(pole)。ロッド(rod)。中古 ぼう［棒］。
高飛びの— 近代 クロスバー(crossbar)。

ばあい【場合】 近代 きょくめん［局面］。ケース(case)。シチュエーション(situation)。近世 ばあひ［場合］。じせつ［時節］。じき［時機］。中世 きは［際］。ついで［序］。ば［場］。中古 きくゎい［機会］。きざみ［刻］。じせつ［時節］。ところ［所］。をり［折］。
—によって 近代 時と場合。近世 どうかすると。品(しな)による。中世 時として。時にとり

て。〔中古〕ときんば[則]。をりふし[折節]。時による。

はあく【把握】❶〈掌握〉 〔近代〕はあく[把握]。〔中世〕はそく[把捉]。〔中古〕しゃうあく[掌握]。にぎる[握]。ほそく[捕捉]。〔上代〕とらふ〔とらえる〕[捕/捉]。

はあく【把握】❷〈理解〉 〔近代〕かいす[解]。はあく[把握]。りかい[理解]。〔近世〕のみこむ[飲込]。〔中世〕ゑとく[会得]。

心眼によってー・すること 〔近代〕くゎんにふ[観入]。

バーゲンセール(bargain sale) アウトレットショップ(outlet shop)。ディスカウントセール(discount sale)。れんかはんばい[廉価販売]。〔近代〕とくばい[特売]。バーゲンセール。れんばい[廉売]。〔近世〕やすうり[安売]。→**やすうり**

ばあさん【婆】 〔近世〕ばあさん[婆/祖母]。ばば[婆/祖母]。らうあう[老媼]。〔中世〕うば/むば[姥]。らうぢょ/らうにょ[老女]。らうば[老婆]。らうふ[老婦]。〔中古〕おうな/おむな/おんな[嫗]。たうめ[専女]。つくもがみ[九十九髪]。〔上代〕おみな[嫗]。とめ[姥]。→**そぼ** →**ろうじょ**

パージ(purge) 〔近代〕しゅくせい[粛正]。〔中世〕さうたう[掃討]。〔中古〕ついはう[追放]。ほうちく[放逐]。

パーセンテージ(percentage) 〔近代〕パーセンテージ。パーセント(%；percent)。ひゃくぶんひ[百分比]。ひゃくぶんりつ[百分率]。ひりつ[比率]。りつ[率]。わりあひ[割合]。

パーソナリティー(personality) 〔近代〕キャラクター(character)。こせい[個性]。じんかく[人格]。パーソナリティー。〔近世〕せいかく[性格]。〔中古〕ひとがら[人柄]。〔上代〕じんぶつ[人物]。

ばあたり【場当】 どろなわ[泥縄]。〔近代〕いちじしのぎ/いっときしのぎ[一時凌]。びほうさく[弥縫策]。〔近世〕おざなり[座]。ばあたり[場当]。〔中世〕そくきょう[即興]。

パーティー(party)**❶〈宴会〉** カクテルパーティー(cocktail party)。〔近代〕パーティー。〔中世〕くゎいしょく[会食]。〔中古〕えんくゎい[宴会]。きゃうえん[饗宴]。しゅえん[酒宴]。〔上代〕うたげ[宴]。えんせき[宴席]。

馬鹿騒ぎするー きょうえん[狂宴]。〔近代〕ストーム(storm)。

パーティー(party)**❷〈集まり〉** 〔近代〕グループ(group)。しふだん[集団]。だんたい[団体]。パーティー。〔近世〕くみ[組]。なかま[仲間]。〔中世〕あつまり[集]。

パーティー(party)**❸〈党派〉** 〔近代〕けっしゃ[結社]。せいたう[政党]。セクト(sect)。そしき[組織]。たうは[党派]。パーティー。

ハート(heart) 〔近代〕しんざう[心臓]。ハート。〔近世〕きょうちゅう[胸中]。きょうり[胸裏/胸裡]。こころもち[心持]。〔中世〕あいじゃう[愛情]。きもち[気持]。〔上代〕こころ[心]。しんちゅう[心中]。

ハード(hard) 〔近代〕ソリッド(solid)。〔中古〕きびし[厳]。けんご[堅固]。はげし[激]。〔上代〕かたし[硬]。

パート(part) 〔近代〕いちぶ[一部]。いちぶぶん[一部分]。セクション(section)。パート。ピース(piece)。ぶぶん[部分]。〔中古〕くぶん[区分]。

パートナー(partner) 〔近代〕コンビ(combinationの略)。つれあひ[連合]。つれそひ[連添]。〔近世〕どうはんしゃ[同伴者]。パートナー。あひぼうあひかた[相方]。あひかた[相肩]。ぼうぐみ[棒組]。〔中世〕あひて[相手]。

ハードボイルド(hard-boiled) 〔近代〕れいこく[冷酷]。〔近世〕むじひ[無慈悲]。〔中古〕ひじゃう[非情]。

ハードル(hurdle) かべ[壁]。なんかん[難関]。〔近代〕しゃうへき[障壁]。〔中世〕しゃうがい[障害/障碍/障礙]。

バーバリズム(barbarism) 〔近代〕バーバリズム。ばんかう[蛮行]。みかい[未開]。やばん[野蛮]。〔近世〕ぶさはふ[不作法/無作法]。

ハーフ(half) ごぶ[五分]。にぶんのいち[二分一]。〔近代〕セミ(semi)。ハーフ。〔中古〕はんぶん[半分]。〔上代〕なかば[半]。

ハーモニー(harmony) 〔近代〕ハーモニー。ゆうわ[融和]。〔中古〕てうわ[調和]。わがふ[和合]。

はい 〔近代〕イエス(yes)。ウイ(フランス oui)。ヤー(ドイツ ja)。〔近世〕あいさ。ねい。はい。〔中世〕なかなか[中中]。

ーと応じる声 〔近代〕ゐだく[唯諾]。

はい【灰】 やきばい[焼灰]。〔中世〕くゎいじん[灰燼]。〔中古〕ぢんくゎい[塵灰]。〔上代〕はひ[灰]。

牡蠣(かき)**の貝殻を焼いて作ったー** かいいしばい[貝石灰]。〔近世〕かきがらばひ[牡蠣殻灰]。

草木を焼いて作ったー そうもくばい[草木灰]。〔近代〕きばひ/もくくゎい[木灰]。

火鉢のーを火箸でさわること はいいじり[灰弄]。〔近世〕はひせせり[灰拵]。はひなぶり[灰

麫]。
藁(わら)を焼いて作った— とりばい[取灰]。〔近世〕わらばひ[藁灰]。
はい【杯】 〔近世〕ちょく/ちょこ[猪口]。はい[杯/盃]。〔中古〕かはらけ[土器]。しゅき[酒器]。〔上代〕さかづき[杯/盃]。しゅはい[酒杯/酒盃]。
はい【肺】 はいふ[肺腑]。〔中世〕はい[肺]。はいざう[肺臓]。〔中古〕むね[胸]。
—と心臓 〔中世〕しんはい/しんぱい[心肺]。
—の病気 〔近代〕はいくゎん[肺患]。はいしつ[肺疾]。〔近世〕胸の病(やまひ)。〔中古〕はいびゃう[肺病]。
はいいろ【灰色】 〔近代〕グレー(gray; grey)。〔近世〕ダーティー(dirty)。はひいろ[灰色]。ねずみいろ[鼠色]。〔中世〕どんじき[鈍色]。〔中世〕いんき[陰気]。うすずみいろ[薄墨色]。〔中古〕くらし[暗/昏]。にびいろ[鈍色]。〔上代〕うたがはし[疑]。
—に近い色 えんかいしょく[鉛灰色]。ガンメタル(gunmetal)。けしずみぐろ[消炭黒]。こねずみ[濃鼠]。パールグレー(pearl gray)。〔近代〕えんぱくしょく[鉛白色]。はひかっしょく[灰褐色]。はひじろ[灰白]。〔近世〕こいねず/こいねずみ[濃鼠]。
ばいう【梅雨】 →つゆ【梅雨】
ばいえん【煤煙】 ばいじん[煤塵]。〔近代〕ばいえん[煤煙]。〔中世〕ゆえん[油煙/油烟]。〔上代〕すす[煤]。
はいおく【廃屋】 はいか/はいけ[廃家]。〔近世〕はいたく[廃宅]。やぶれいへ[破屋/破家]。〔中古〕あばらや[荒屋]。〔中世〕あれや[荒屋]。はいをく[廃屋]。→いえ

パイオニア(pioneer) かいたくしゃ[開拓者]。くさわけ[草分]。〔近代〕さうげふしゃ[創業者]。さうししゃ[創始者]。さうせつしゃ[創設者]。さうりつしゃ[創立者]。せんかくしゃ[先覚者]。せんくしゃ[先駆者]。パイオニア。〔近世〕ぐゎんそ[元祖]。せんだち[先達]。〔中世〕かいそ[開祖]。〔中古〕せんだつ[先達]。〔上代〕しそ[始祖]。
バイオリン(violin) 〔近代〕ていきん[提琴]。バイオリン。ビオロン(フランス violon)。
—の弦をこすって音を出す道具 ボーゲン(ドイツ Bogen)。〔近代〕ゆみ[弓]。
▼助数詞 ちょう[挺/丁]。ほん[本]。
はいか【配下】 てごま[手駒]。れいか[隷下]。〔近代〕さんか[傘下]。てさき[手先]。よくか[翼下]。〔近世〕きか[旗下]。しはいか[支配下]。てか[手下]。てにん[手人]。はいか[配下]。ぶか[部下]。〔中世〕きか[麾下]。こぶん[子分]。したじた[下下]。てした[手下]。てのもの[手者]。はたした[旗下]。
→けらい →ぶか
—となる 〔近代〕れいする[隷]。
ばいか【売価】 はんばいかかく[販売価格]。〔近代〕ばいか[売価]。〔近世〕こけん[沽券]。ねだん[値段]。〔中世〕うりね[売値]。ていか[定価]。
ばいか【倍加】 〔近代〕ばいか[倍加]。〔近世〕にばい[二倍]。〔中古〕ばいぞう[倍増]。
はいかい【徘徊】 〔近代〕はうくゎい[彷徊]。〔近世〕うろつく[彷徨]。ていくゎい[低回/低徊]。ぶらつく。〔上代〕さまよふ[彷徨]。たもとほる/もとほる/もとほろふ[回/廻]。はいくゎい[徘徊]。はうくゎう[彷徨/仿偟]。ばんくゎん[盤桓]。→うろうろ・する →さまよ・う
はいかい【俳諧】 〔近代〕はいく[俳句]。〔近世〕じふしちもじ[十七文字]。ふうが[風雅]（蕉門で）。〔中世〕はいかい[俳諧]。→はいく
—一座の集まり 〔近世〕うんざ[運座]。
—で使う言葉 〔近世〕はいげん/はいごん[俳言]。
—についての話 〔近代〕はいわ[俳話]。
—を専門的に詠む人 〔近代〕はいか[俳家]。はいし[俳士]。〔近世〕はいかいし[俳諧師]。はいじん[俳人]。
毎月定例となっている—の会 〔近世〕つきなみ[月並/月次]。つきなみはいかい[月並俳諧]。つきなみはいく[月並俳句]。
はいがい【排外】 〔近代〕こくすい[国粋]。はいたけ[排他]。
ばいかい【媒介】 〔近代〕ちゅうかい[仲介]。ちゅうりつ[仲立]。ばいじょ[媒助]。橋を渡す。〔近世〕あっせん[斡旋]。かけはし[懸橋/梯]。なかじゃく[仲酌]。はしわたし[橋渡]。橋を掛く(—掛ける)。〔中世〕かけはし[架橋/掛橋/懸橋/梯]。きもいり[肝入/肝煎]。くちきき[口利]。とりもつ[取持]。〔中古〕しうせん[周旋]。ちゅうばい[仲媒/中媒]。ばいかい[媒介]。〔上代〕なかだち[仲立/媒]。
—・するもの ばいざい[媒材]。ばいたい[媒体]。
よい— 〔中古〕りゃうばい[良媒]。→ちゅうかい【仲介】
はいかん【廃刊】 しゅうかん[終刊]。〔近代〕はいかん[廃刊]。〔近世〕ぜっぱん[絶版]。
はいがん【拝顔】 〔近代〕はいし[拝芝]。〔近世〕おめどほり[御目通]。はいび[拝眉]。〔中世〕

えっけん［謁見］。おめみえ［御目見得］。はいがん［拝顔］。はいえつ［拝謁］。めんえつ［面謁］。

はいき【廃棄】 近代 ききゃく［棄却］。しょぶん［処分］。はうき［放棄］。はき［破棄］。はうてき［放擲］。中世 はいき［廃棄］。ゐき［遺棄］。はいぜつ［廃絶］。上代 すつ［すてる］［捨／棄］。

はいき【排気】 ドラフト(draft)。近世 はいき［排気］。

—の設備 エキゾーストパイプ(exhaust pipe)。フード(hood)。近代 えんとつ［煙突／烟突］。チムニー(chimney)。近世 けむだし／けむりだし［煙出／烟出］。中古 けぶりだし［煙出／烟出］。

ばいきゃく【売却】 中世 うりつく［—つける］［売付］。うりはらふ［売払］。中古 こきゃく［沽却］。ばいきゃく［売却］。ひさく／ひさぐ［販／鬻］。上代 はんばい［販売］。

はいきゅう【配給】 近代 はいきふ［配給］。はいふ［配布］。中世 はいぶん［配分］。わけあたふ［—あたえる］［分与］。中古 ぶんよ［分与］。上代 くばる［配］。ぶんぱい［分配］。

—がないこと けっぱい［欠配］。

—の量が増えること 近代 ぞうはい［増配］。

—の量が減ること 近代 げんぱい［減配］。

規定以上に—があること かはい［加配］。

特別な— とくはい［特配］。

はいきょ【廃墟】 近代 はいきょ［廃墟］。ゐこう［遺構］。近世 ゐし［遺址］。中世 はいをく［廃屋／敗屋］。中古 ゐせき［遺跡／遺蹟］。

はいぎょう【廃業】 看板を下ろす。暖簾（のれん）を下ろす。近代 しめる［閉／締］。はいげふ［廃業］。へいてん［閉店］。みせじまひ［店仕舞］。近世 店を畳む。

ばいきん【黴菌】 きん［菌］。さいきん［細菌］。びょうげんきん［病原菌］。近代 ばいきん［黴菌］。

ハイキング(hiking) トレッキング(trekking)。ヒッチハイク(hitchhike)。ワンダーフォーゲル(ドイツ Wandervogel)。近代 かうらく［行楽］。ハイキング。ハイク(hike)。ピクニック(picnic)。やまあるき［山歩］。近世 ゑんそく［遠足］。中世 ゆさん［遊山］。上代 のあそび［野遊］。

—・する人 近代 ハイカー(hiker)。

はいく【俳句】 近世 じふしちもじ［十七文字］。はいく［俳句］。ふうが［風雅］(蕉門で)。ほっく［発句］。中世 はいかい［俳諧］。→**はいかい【俳諧】**

—の原稿 近代 くかう［句稿］。

—の作者 くしゃ［句者］。

—の初句 近世 かむり［冠］。中世 いつもじ［五文字］。

—の作りぶり 近代 くふう［句風］。近世 くてう［句調］。はいふう［俳風／誹風］。中世 くがら［句柄］。

—の仲間 近世 はいいう［俳友］。

—を作ること 近代 さくく［作句］。中世 くさく［句作］。くづくり［句作］。

—を作る人 近代 はいか［俳家］。近世 はいかいし［俳諧師］。はいし［俳士］。はいじん［俳人］。

—を作ろうとする心 くごころ［句心］。

—をなんとかして作ること ひねくる／ひねる［捻／拈］。

優れた— 近代 かく［佳句］。しうく［秀句］。

似通った— るいく［類句］。

古くさくて平凡な— 近代 つきなみ［月並／月次］。つきなみはいく［月並俳句］。

下手な— 近代 せっく［拙句］。だく［駄句］。

はいぐうしゃ【配偶者】 パートナー(partner)。近代 つれそひ［連添］。はいぐうしゃ［配偶者］。近世 かうきう［好逑］。つれあひ［連合］。まくらぞひ［枕添］。中世 はんりょ［伴侶］。ひつぐう［匹偶］。中古 かうれい［伉儷］。かたき［敵］。ぐ［具］。ふうふ［夫婦］。上代 つま［夫／妻］。

《句》近世 破（わ）れ鍋に綴（と）ぢ蓋。

—のないこと 近代 シングル(single)。みこん［未婚］。近世 どくしん［独身］。賽（さい）の河原。中世 ひとりもの［独者］。中古 ひとりみ［独身］。→**どくしん**

自分の— 上代 おのづま［己妻／己夫］。

長年連れ添った— 近世 なじみ［馴染］。

よき— こうはい［好配］。ベターハーフ(better half)。近代 かはい［佳配］。りゃうはい［良配］。近世 かうきう［好逑］。ともづる［友鶴］。

ハイクラス(high-class) ハイグレード(high grade)。ハイレベル(high-level)。近代 かうきふ［高級］。かうとう［高等］。さいかうすいじゅん［最高水準］。じゃうりう［上流］。近世 かうど［高度］。じゃうとう［上等］。

ハイグレード(high grade) →**ハイクラス**(前項)

はいけい【背景】 近代 こうけい［後景］。はいけい［背景］。バック(back)。バックグラウン

ド(background)。中世ゑんけい[遠景]。

庭園外の景物を庭園の一とすること しゃっけい[借景]。

はいけい【拝啓】 近代くゎんしゃう[冠省]。ぜんぶんごめん[前文御免]。ぜんりゃく[前略]。ぜんりゃくごめん[前略御免]。はいはく[拝白]。近世はいけい[拝啓]。中世いっぴつけいじゃう[一筆啓上]。はいてい[拝呈]。中古きんけい[謹啓]。

▼返信の最初に付ける語 近代ふくけい[復啓]。中世はいふく[拝復]。

はいげき【排撃】→**はいせき**

はいけっかく【肺結核】 ルンゲ(ドイツLunge)。近代はいくゎん[肺患]。はいけっかく[肺結核]。はいしつ[肺疾]。近世はいらう[肺労/肺癆]。らうしゃう[労症/癆症]。胸の病(やまひ)。中世らうき[労気]。らうさい[労瘵]。中古でんし[伝屍/伝尸]。はいびゃう[肺病]。らうがい[労咳]。

はいけん【拝見】 近世をがむ[拝]。中古はいけん[拝見]。上代はいす[拝]。

はいご【背後】 リア(rear)。近代うらめん[裏面]。こうはい[後背]。こうはう[後方]。はいけい[背景]。バック(back)。近世こうぶ[後部]。はいご[背後]。中世うら[裏]。からめて[搦手]。そむき[背/叛]。はいめん[背面]。りめん[裏面]。中古あと[後]。うしろ[後]。そとも[外面]。上代うしろで[後手]。せ[背/脊]。そがひ[背向]。

身体の一 近世うしろみ[後身]。

建物の一 近世うらて[裏手]。中世うら[裏]。

はいこう【廃坑】 近代はいざん[廃山]。へいざん[閉山]。はいかう[廃坑]。はいくゎう[廃鉱]。

はいごう【配合】 コーディネート(coordinate)。だきあわせ[抱合]。ブレンド(blend)。マッチング(matching)。近代くみあはせ[組合]。コンビネーション(combination)。近世あしらひ。うつり[映]。さじかげん[匙加減]。とりあひ[取合]。はいざい[配剤]。中世あんばい[塩梅/按排/按配]。つりあひ[釣合]。てうがふ[調合]。てうくゎ[調和]。とりあはせ[取合]。はいがふ[配合]。中古あへしらひ。てうわ[調和]。とりあはせ[取合]。はいす[配]。

はいし【廃止】 近代ていし[停止]。てっぱい[撤廃]。とりやめ[取止]。はいし[廃止]。はいぢょ[排除]。はき[破棄]。中世ちゃうはい[停廃]。はいぜつ[廃絶]。上代はいす[廃]。やむ〔やめる〕[止]。

すべて一・すること 近世ぜんぱい[全廃]。

ばいしゃく【媒酌】→**なこうど**

はいじゅ【拝受】 近世はいたい[拝戴]。中世いただく[頂/戴]。さづかる[授]。ちゃうだい[頂戴]。はいじゅ[拝受]。中古はいりゃう[拝領]。上代たばる[賜/給]。たまはる[賜/給]。

ばいしゅう【買収】 近代だきこむ[抱込]。ばいしう[買収]。中古かたらひとる[語取]。かひとる[買取]。

はいしゅつ【排出】 近代ぶんぴ[分泌]。近世はいしゅつ[排出]。はいせつ[排泄]。ぶんぴつ[分泌]。

ばいしゅん【売春】 春を売る(ひさぐ)。近代いんばい[淫売]。ばいいん[売淫]。ばいせう[売笑]。近世ばいしょく[売色]。情けを売る。中世色を売る。身を売る。

ばいしゅんふ【売春婦】 パンパン。闇の女。近代いんばいふ[淫売婦]。しろおに/はくき[白鬼]。せんげふふ[賤業婦]。ばいしゅんふ[売春婦]。ばいせうふ[売笑婦]。プロスティチュート(prostitute)。まくらげいしゃ[枕芸者]。夜の女。近世いうぢょ[遊女]。いんぷ[淫婦]。かのこゆひ[鹿子結]。かまはらひ[竈祓]。くらもの[暗者/闇者]。くらものをんな[暗者女]。しゃうぎ[娼妓/倡伎]。しゃうふ[娼婦]。ばいしょく[売色]。ばいた/ばいぢょ[売女]。ふろやもの[風呂屋者]。みずてん[不見転]。

一を男に取り持つこと(人) 近代ばいがふ[媒合]。

下級の一 近代しゃくふ[酌婦]。近世びくに[比丘尼]。ふんばり[踏張]。

公認の一 近代こうしゃう[公娼]。しゃうぎ[娼妓/倡伎]。

非公認の一 近代ししゃう[私娼]。近世かくしばいぢょ[隠売女]。かくしよね[隠娼]。

街角で客を引く一 ストリートガール(street girl)。近代がいしゃう[街娼]。近世そうか/そうよめ[総嫁/惣嫁]。つじぎみ[辻君]。つじけいせい[辻傾城]。ひっぱり[引張]。よたか[夜鷹]。中世たちぎみ[立君]。中古やほち/やほつ[夜発]。

はいじょ【排除】 近代オミット(omit)。しめだす[締出]。ぢょぐゎい[除外]。てっきょ[撤去]。どかす[退]。とりのぞく[取除]。はいぢょ[排除]。近世どく〔どける〕[退]。はいせき[排斥]。中世いっさう[一掃]。ぢょきょ[除去]。とりさる[取去]。はらひのく

〔―のける〕［払除］。中古とりのく〔―のける〕［取除］。とりはらふ［取払］。のく〔のける〕［退］。はづす［外］。上代おひはらふ［追払］。しゅくせい［粛清］。のぞく［除］。

ばいしょう【賠償】 ほしょう［補償］。近代うめあはせ［埋合］。だいしゃう［代償］。ていしゃう［抵償］。ほうしゃう［報償］。近世あがなひ［贖／購］。つぐなひ［償］。ばいしゃう［賠償］。中世あがひ［贖／購］。くゎたい［過怠］。べんしゃう［弁償］。わきまへ［弁］。中古かはり［代］。つみしろ［罪代］。はらへ［祓］。

―・する 中世あがなふ［贖／購］。つぐなふ［償］。つのる［贖］。まどふ［償］。わきまふ［弁］。中古つぐのふ［償］。上代あかふ／あがふ［贖／購］。わいたむ／わいだむ［弁別／分別］。

―を求めること 近代きうしゃう［求償］。

はいしょく【配色】 近代さいしょく［彩色］。はいしょく［配色］。近世いろづかひ［色遣／色使］。中古あはひ［間］。いろどり［彩／色取］。上代さいしき［彩色／綵色］。

はいしょく【敗色】 はいせい［敗勢］。近代はいしょく［敗色］。中世まけいろ［負色］。

―が見え始める 中世いろめく［色］。

ばいしょく【陪食】 近代ばんしょく［伴食］。中世しゃうばん［相伴］。ばいしょく［陪食］。

はいしん【背信】 近代はいしん［背信］。へんせつ［変節］。中世うらぎり［裏切］。中古ふしん［不信］。へんしん［変心］。

はいじん【俳人】 近代はいか［俳家］。近世はいかいし［俳諧師］。はいし［俳士］。はいじん［俳人］。

旧派の―をあざける語 近世つきなみは［月並派］。

はいすい【排水】 近代はいせい［俳聖］。優れた― 近代じょすい［除水］。はいすい［排水］。くすい［駆水］。近世みづはき／みづはけ［水捌］。みづぬき［水抜］。

―の管 ドレーン(drain)。

―の溝(水路) そっこう［側溝］。めいきょ［明渠］。近代あんきょ［暗渠］。はいすいこう［排水溝］。

はいすい【廃水】 中世げすい［下水］。

汚濁した― 近世をすい［汚水］。

家庭からでる― ざっぱいすい［雑排水］。

はいすい【背水】 けんがみね［剣峰］。近代どたんば［土壇場］。近世ぜったいぜつめい［絶体絶命］。中世はいすい［背水］。

はいすう【拝趨】 中古さんじゃう［参上］。すいさん［推参］。はいすう［拝趨］。

ハイスピード(high speed) 近代かうそく［高速］。かうそくど［高速度］。かうそくりょく［高速力］。ハイスピード。

はい・する【拝】 中古さんぱい［参拝］。はいくゎん［拝観］。はいけん［拝見］。上代はいす［拝］。をがむ［拝］。

はい・する【配】 セッティング(setting)。中世はいち［配置］。ふち［布置］。中古はいす［配］。

はいせき【排斥】 近代しだん［指弾］。しめだす［締出］。シャットアウト(shutout)。はいた［排他］。はいぢょ［排除］。はじきだす［弾出］。ボイコット(boycott)。近世じゃうせき［攘斥］。つうせき［痛斥］。はいげき［排撃］。はいせき［排斥］。中世ひんせき［擯斥］。中古あつぜつ［遏絶］。うとむ［疎］。うとんず［疎］。しりぞく〔―ぞける〕［退／斥］。つまはじき［爪弾］。上代しゅくせい［粛清］。そぐゎい［疎外］。

他を―すること はいがい［排外］。近代はいた［排他］。

はいせつ【排泄】 近世はいしゅつ［排出］。はいせつ［排泄］。中世ひる［放／痢］。中古つく［吐］。

―されたもの 近代はいせつぶつ［排泄物］。をぶつ［汚物］。

本人の意志によらない大小便の― おもらし［御漏］。中世しっきん［失禁］。

はいぜつ【廃絶】 近代てっぱい［撤廃］。はいし［廃止］。中世はいぜつ［廃絶］。中古ぜつめつ［絶滅］。だんぜつ［断絶］。上代はいす［廃］。

はいせん【敗戦】 近代せんぱい［戦敗］。はいせん［敗戦］。はいたい［敗退］。中世はいぼく［敗北］。まけいくさ［負戦／負軍］。上代まく〔まける〕［負］。やぶる〔やぶれる〕［破／敗］。

―の恥辱 中古会稽(くゎいけい)の恥。→ま・ける❶

はいそう【配送】 デリバリー(delivery)。近代はいたつ［配達］。はんそう［搬送］。近世ゆそう［輸送］。

はいそう【敗走】 近代はいたい［敗退］。→はいたつ

近世くゎいそう［潰走］。中世おちあし［落足］。はいそう［敗走］。はいぼく［敗北］。

―・させる 近代はしらせる［走］。中世おひおとす［追落］。

―・する 中世おちゆく［落行］。おつ〔おちる〕［落］。中古はしる［走］。

ー・する武者 〔中古〕おちむしゃ［落武者］。

はいた【排他】 はいがい［排外］。〔近代〕シャットアウト(shutout)。はいた［排他］。ボイコット(boycott)。〔近世〕はいせき［排斥］。〔上代〕そぐゎい［疎外］。→**はいせき**

はいたい【敗退】 〔近代〕くゎいそう［潰走］。はいたい［敗退］。〔中世〕たいはい［退敗］。はいそう［敗走］。↓**ま・ける❶**

ばいたい【媒体】 ミディアム(medium)。〔近代〕ばいたい［媒体］。メディア(media)。

はいたつ【配達】 はいそう［配送］。たくはい［宅配］。デリバリー(delivery)。〔近代〕はいたつ［配達］。はんそう［搬送］。〔中世〕おくりとどく〔―とどける〕［送届］。とどく〔とどける〕［届］。〔中古〕おくりつく〔―つける〕［送付］。

ーが遅れること ちはい［遅配］。〔近世〕ちたつ［遅達］。

ー・する人夫 〔中世〕ひきゃく［飛脚］。

バイタリティー(vitality) スタミナ(stamina)。ばりき［馬力］。〔近代〕エネルギー(ドイツ Energie)。くゎつどうりょく［活動力］。くゎつりょく［活力］。せいくゎつりょく［生活力］。せいめいりょく［生命力］。バイタリティー。〔近世〕くゎっき［活気］。〔中世〕せいりょく［精力］。

はいち【配置】 コンフィギュレーション／コンフィグ(configuration)。レイアウト(layout)。〔近代〕せっち［設置］。てはい［手配］。はいび［配備］。〔近世〕てくばり［手配］。〔中世〕くばり［配］。たより［便］。はいち［配置］。はいれつ［配列］。ふち［布置］。〔中古〕おきて［掟］。

ー・する セッティング(setting)。〔中世〕くばる［配］。〔中古〕はいす［配］。〔上代〕しく［敷／布］。

全体のー 〔近代〕ふきょく［布局］。

対照するようにー・すること 〔近代〕たいち［対置］。

庭園の岩のー いしぐみ［石組］。〔中古〕いしだて［石立］。〔中世〕いはぐみ［岩組］。

美術などで諸要素のー 〔近代〕こうづ［構図］。コンポジション(composition)。

文字のー 〔中世〕じくばり［字配］。

はいち【背馳】 〔近代〕はいはん［背反］。はいり［背離］。〔近世〕あべこべ。くひちがひ［食違］。〔中古〕はいち［背馳］。〔上代〕そむく［背／叛］。

はいちょう【拝聴】 はいぶん［拝聞］。〔近世〕うかがふ［伺］。はいしょう［拝承］。はいちゃう［拝聴］。〔上代〕うけたまはる［承］。

はいとう【配当】 〔近代〕わりあて［割当］。〔近世〕わけまへ［分前］。わりまへ［割前］。〔中世〕とりぶん［取分］。はいたう［配当］。〔上代〕ぶんぱい［分配］。

ーがないこと むはい［無配］。〔近代〕むはいたう［無配当］。

特別なー とくはい［特配］。とくべつはいとう［特別配当］。〔近代〕ボーナス(bonus)。

利益がないのに会社がー・すること 〔近代〕たこはいたう［蛸配当］。

はいとく【背徳】 〔近代〕はいしん［背信］。〔中世〕あくとく［悪徳］。〔上代〕はいとく［背徳］。ふとく［不徳］。

ばいどく【梅毒】 シフィリス(syphilis)。ジフィリス(ドイツ Syphilis)。〔近世〕かさ［瘡］。かさけ［瘡気］。さうどく［瘡毒］。ばいさう［黴瘡］。ばいどく［梅毒］。やうばいさう［楊梅瘡］。〔中世〕たうがさ［唐瘡］。

ーに罹(かか)っている人 〔近世〕かさかき［瘡掻］。

ーの検査 〔近代〕けんばい［検梅／検黴］。

ーの治療 〔近代〕くばい［駆梅／駆黴］。

パイナップル(pineapple) 〔近代〕パイン(pine)。ほうり［鳳梨］(漢名)。〔近世〕アナナス(オランダ ananas)。パイナップル。

はいにち【排日】 はんにち［反日］。〔近代〕かうにち［抗日］。はいにち［排日］。

はいにん【背任】 だっぽう［脱法］。〔近代〕はいしん［背信］。はいにん［背任］。〔中世〕うらぎり［裏切］。

ばいばい【売買】 〔近代〕しゃうとりひき［商取引］。とりひき［取引］。〔中世〕うりかひ［売買］。けうえき［交易］。しゃうげふ［商業］。〔中古〕あきなひ［商］。しゃうばい［商売］。〔上代〕かうえき［交易］。ばいばい［売買］。

ー・する 〔中世〕市を為(な)す。

ー・する品物 〔近代〕しゃうひん［商品］。〔中世〕しろもの［代物］。

ー・する場所 プラザ(plaza)。マート(mart)。〔近代〕しじゃう［市場］。バザール(フランス bazar)。マーケット(market)。〔中世〕いち［市］。いちば［市場／市庭］。

ーの差額金 さえき［差益］。さえききん［差益金］。マージン(margin)。〔近代〕しうえき［収益］。りざや［利鞘］。〔中世〕まうけ［儲］。りえき［利益］。りとく［利得］。〔上代〕りじゅん［利潤］。

ーの仲介 〔中世〕なかがひ［仲買］。

ーの仲介で手数料を取ること せどり［競取／糶取］。〔近世〕さいとり［才取／宰取］。

ーの問い合わせ 〔近世〕ひきあひ［引合］。

田畑のー 〔近世〕えいたいうり［永代売］。えいたいばいばい［永代売買］。

仲介を入れないー 近代 あひたいばいばい［相対売買］。

盗品と知ってのー 近世 かひす［買主］。けいずかひ［窩主買］。上代 こばい［故買］。

バイパス(bypass) 近世 ぬけみち［抜道］。中世 かうくゎい［迂回］。わきみち［脇道］。中古 かんだう［間道］。

はいはん【背反】 近代 はいはん［背反／悖反］。はいり［背理］。近世 くひちがひ［食違］。中世 そご［齟齬］。はいち［背馳］。

はいび【拝眉】→**はいがん**

はいび【配備】 セッティング(setting)。近代 せっち［設置］。そなへつける［備付］。はいび［配備］。近世 じゅんび［準備］。すゑつく［ーつける］［据付］。てくばり［手配］。中世 はいち［配置］。中古 そなへ［備］。

はいひん【廃品】 くずもの［屑物］。ジャンク(junk)。スラッシュ(slush)。ふようひん［不要品］。ぽんこつ。近代 はいひん［廃品］。近世 がらくた［我楽多］。ぐゎらくた［瓦落多］。はいぶつ［廃物］。

軍勢などのー 中世 ぢんだて［陣立］。

ー回収業 近代 くづや［屑屋］。ばたや［屋］。近世 くづひろひ［屑拾］。

ーを売買する市 くされいち［腐市］。

はいふ【配布】 近代 はいきふ［配給］。はいふ［配布］。はいふ［配付］。はんかう［頒行］。はんぷ［頒布］。中世 はいぶん［配分］。ふす［賦］。わけあたふ［ーあたえる］［分与］。中古 あつ［あてる］［当］。ひく［引］。ぶんよ［分与］。わかつ［分／別］。わく［わける］［分／別］。上代 あかつ［頒／班］。くばる／くまる［分／配］。ぶんぱい［分配］。

はいふ【配付】→**はいふ**(前項)

パイプ(pipe) 近代 くゎん［管］。チューブ(tube)。パイプ。ホース(オランダhoos)。中世 くだ［管］。中古 つつ［筒］。

はいぶつ【廃物】→**はいひん**

バイブル(Bible) テスタメント(testament)。近代 バイブル。ふくいんしょ［福音書］。近世 せいてん［聖典］。中世 せいしょ［聖書］。

バイプレーヤー(和製byplayer) じょえんしゃ［助演者］。近代 バイプレーヤー。わきやく［脇役］。

はいぶん【配分】 近代 くちわけ［口分］。はいきふ［配給］。わりあて［割当］。近世 わりふり［割振］。中世 はいぶん［配分］。まくばる［間配］。上代 ぶんぱい［分配］。

はいぶん【拝聞】 近世 はいしょう［拝承］。はいちゃう［拝聴］。

はいべん【排便】 近代 だっぷん［脱糞］。はいべん［排便］。ようべん［用便］。近世 はいせつ［排泄］。べんつう［便通］。よう［用］。ようたし［用足］。用を足す。中世 はこす［筥］。ひる［放］。べんり［便利］。上代 くそまる［糞放］。まる［放］。

はいぼく【敗北】 近代 一敗地に塗(まみ)れる。近世 ひけ［引］。中世 はいそう［敗走］。はいばう［敗亡］。はいぼく［敗北］。上代 まく［まける］［負］。やぶる［やぶれる］［破］。→**ま・ける**❶

はいめつ【廃滅】 近代 はいめつ［敗滅］。ふくぼつ［覆没］。近世 はいめつ［廃滅］。

はいめん【背面】 近代 こうはい［後背］。こうはう［後方］。バック(back)。近世 こうぶ［後部］。はいご［背後］。中世 うら［裏］。そむき［背／叛］。はいめん［背面］。りめん［裏面］。中古 あと［後］。うしろ［後］。そとも［外面］。上代 うしろで［後手］。せ［背／脊］。そがひ［背向］。

はいやく【配役】 近代 キャスト(cast)。はいやく［配役］。近世 やくまはり［役回］。中世 やく［役］。

はいゆう【俳優】 近代 アクター(actor)。えんじゃ［演者］。近世 しばゐもの［芝居者］。中世 やくしゃ［役者］。中古 はいいう［俳優］。→**やくしゃ**

男のー 近代 アクター(actor)。だんいう［男優］。

女のー アクトレス(actress)。ぢょいう［女優］。

放送劇等のー せいゆう［声優］。

ばいよう【培養】 ぞうしょく［増殖］。近代 いくせい［育成］。近世 ばいやう［培養］。中古 つちかふ［培］。上代 やしなふ［養］。

ハイライト(highlight) 近代 クライマックス(climax)。さいかうてう［最高潮］。近世 さはり［触］。中古 みもの［見物］。

はいり【背理】 ひごうり［非合理］。近代 はいはん［背反］。はいり［背理／悖理］。ふがふり［不合理］。ふでうり［不条理］。近世 はいれい［背戻］。中古 りふじん［理不尽］。

はいり【背離】 近代 くゎいり［乖離］。はいり［背離］。りはん［離反］。中世 はいち［背馳］。

はいりこ・む【入込】 近代 しんにふ［進入］。足を入れる。近世 こんにふ［混入］。はひりこむ［入込／這入込］。中世 まじはる［交］。足を踏み込む。中古 いりこむ［入込］。たちいる［立入］。わけいる［分入］。上代 いりたつ［入立］。→**はい・る**

ー・めない地域 〘中世〙きんじゃうたうち［金城湯池］。〘中古〙きんたう［金湯］。
いつのまにかー・む 〘近世〙のめずりこむ［込］。のめりこむ［込］。
液体がじわじわとー・む 〘中世〙しみいる［染入］。〘中古〙しむ［しみる］［染／浸／滲］。
多くの人がー・む 〘近代〙なだれこむ［雪崩込／傾込］。〘近世〙くりこむ［繰込］。
重みや衝撃でー・む 〘近世〙めりこむ［減込］。
回転してー・む 〘近代〙ころがりこむ［転込］。〘中古〙まろびいる［転入］。
こっそりー・む 〘近世〙しのびこむ［忍込］。
するりとー・む 〘近世〙すべりこむ［滑込］。ずりこむ［込］。ぬめりこむ［滑込］。
内部へ深くー・む 〘近代〙くひこむ［食込］。〘近世〙しみこむ［染込／沁込］。つっこむ［突込］。〘中世〙しみいる［染入／沁入］。
無理にー・む 〘近世〙にじりこむ［躙込］。ふりこむ［振込］。わりいる［割入］。わりこむ［割込］。
物の下や穴の中にー・む 〘近代〙もぐりこむ［潜込］。もぐる［潜］。

はいりょ【配慮】 〘近代〙意を用いる。〘近世〙きくばり［気配］。きづくし［気尽］。こころいれ［心入］。こころくばり［心配］。こころづけ［心付］。しんぱい［心配］。はいい［配意］。はいりょ［配慮］。気を配る。〘中世〙あてがひ［充行／宛行］。おそり／おそれ［畏／恐］。きづかひ［気遣］。はからひ［計］。〘中古〙いたり［至］。おもひやり［思遣］。ここち［心地］。こころげさう［心化粧］。こころしらひ［心］。こころづかひ［心遣］。こころもちゐ［心用］。ようい［用意］。
ーが足らずいい加減なこと 〘近代〙ておち［手落］。〘近世〙てぬかり［手抜］。〘中世〙じょさい［如才／如在］。ぬけめ［抜目］。
ーが行き届いている 痒(かゆ)いところに手が届く。〘近代〙こんたう［懇到］。しうたう［周到］。〘近世〙ゆきわたり［行渡］。〘中世〙至れり尽くせり。気が利く。気が付く。〘中古〙いたり［至］。いたりふかし［至深］。こまやか［細／濃］。
ー・する 〘近世〙後先(あとさき)踏まふ［ー踏まえる］。ひきつくろふ［引繕］。〘中古〙おもひやる［思遣］。〘上代〙こころしらふ［心］。
ーの仕方 〘近世〙さじかげん［匙加減］。〘中世〙てごころ［手心］。
細かいところへのー 〘中世〙さいきん［細謹］。
将来へのー 〘近代〙しんぼう［深謀］。〘近世〙こうと［後図］。しんぼうゑんりょ［深謀遠慮］。しんりょゑんぼう［深慮遠謀］。ゑんぼう［遠謀］。《句》〘近代〙遠き慮(おもんぱか)り無き者は必ず近き憂ひあり。遠慮(ゑんりょ)なくんば近憂あり。
慎み深く細かいーをすること 〘近世〙せうしんよくよく［小心翼翼］。
年上らしいー 〘中古〙このかみごころ［兄心］。
内々のーを請うこと 〘上代〙せいたく［請託］。

はい・る【入】 〘近代〙はひりこむ［入込／這入込］。〘近世〙かまる。〘中世〙こきいる［扱入］。さしいる［差入］。たちいる［立入］。はひる［入／這入］。おしいる［押入］。〘中古〙いる［入］。うちわたる［打渡］。おしいる［押入］。たちまじる［立交］。ふみいる［ーいれる］［踏入］。〘上代〙さんにふ［参入］。→はいりこ・む
《尊》〘中世〙おいり［入］。じゅぎょ／にふぎょ［入御］。
《枕》〘上代〙いもがかど［妹門］。
ー・ったままでいる 〘近世〙いりびたる［入浸］。
ー・っていること 〘近代〙ざいちゅう［在中］。
ー・り切る 〘近世〙ひたる［浸／漬］。〘中世〙いりふす［入臥］。つかる［浸／漬］。
ー・る所 エントランス(entrance)。〘近世〙はひりぐち［入口／這入口］。〘中世〙いりぐち［入口］。
ー・る方向 〘中世〙いるさ［入］。
ー・れないこと 〘近世〙ふにふ［不入］。
新しくー・る 〘近代〙しんにふ［新入］。〘近世〙しんいり［新入］。〘中世〙しんざん［新参］。〘中古〙いままゐり［今参］。
家の中へー・る 〘近代〙とほる［通］。敷居を跨(また)ぐ。
勢いよくー・る 〘近代〙とつにふ［突入］。〘近世〙おどりこむ［躍込］。つっこむ［突込］。〘中古〙うちいる［打入］。
液体のなかにー・る 〘中世〙つかる［漬／浸］。
奥の方へー・る 〘中古〙ひきいる［引入］。
思いがけなくー・る 〘近世〙まひこむ［舞込］。
許可なくー・る 〘近世〙ちんにふ［闖入］。ふみこむ［踏込］。
隙間なくいっぱいー・る 〘中世〙つまる［詰］。〘中古〙おしこむ［押込］。
組織などの一員としてー・る 一口乗る。〘近代〙かにふ［加入］。かめい［加盟］。さんくゎく［参画］。さんにふ［参入］。〘近世〙なかまいり［仲間入］。〘中世〙さんか［参加］。〘上代〙くははる［加］。
そっとー・る 〘近世〙しけこむ。しのびこむ［忍込］。〘中古〙しのびいる［忍入］。すべりいる［滑入］。

貫いて一・ること 近代くゎんにふ[貫入]。
乗り物に乗ったまま一・る 近代のりいる[乗入]。
ぴたりと一・る 中世はまる[嵌／塡]。
人々のなかに一・ること 近世とびいり[飛入]。中世とびこむ[飛込]。よさん[予参／預参]。中古さんくゎい[参会]。
深く一・る 上代いりたつ[入立]。
無理に一・る 近代しんにふ[侵入]。近世おしこむ[押込]。にじりこむ[躙込]。中古おしいる[押入]。
枠の中に一・り切る 中古をさまる[収／納]。
はいれつ【配列】 はいする[排]。レイアウト(layout)。近代アレンジ(arrange)。ぎゃうれつ[行列]。中世じょれつ[序列]。はいち[配置]。はいれつ[配列／排列]。上代ならぶ〔ならべる〕[並]。
ハイレベル(high-level) こうすいじゅん[高水準]。→**ハイクラス**
パイロット(pilot) きちょう[機長]。みずさきにん[水先人]。みずさきあんないにん[水先案内人]。近代さうじゅうし[操縦士]。パイロット。ひかうし[飛行士]。中古あんないしゃ[案内者]。
は・う【這】 近代よつんばひ[四這]。近世はひはひ[這這](幼児語)。よつばひ[四這]。中世したばふ[下延]。中古はふ[這]。はらばふ[腹這]。ほふく[匍匐]。
一・いつくばる 中世ついひらがる[突平]。
一・うように歩くさま 中古はふはふ[這這]。
一・うようにそっと行く 上代はひわたる[這渡]。
一・うようになった赤ん坊 上代はふこ[這子]。
一・って上がる 中古はひあがる[這上]。
一・ってあちこちへ行く 中世はひずりまはる[這廻]。はひまはる[這回]。中古はひありく[這歩]。上代いはひもとほる[這徘徊]。はひもとほる／はひたもとほる／はひもとほろふ[這廻]。
一・って行く 近代はかう[爬行]。近世のたる。はひずる[這]。中古もこよふ／もごよふ[逶迤]。
一・って出る 近代はひだす[這出]。中世はひづ〔―でる〕[這出]。
一・ってはいる 近世はひこむ[這込]。
身体をくねらせて一・い回る 中世ぬたくる。のたくる。
表面を一・い廻る 近世うはばひ[上這]。
ハウツー(how to) ノウハウ(know-how)。近代はうと[方途]。やりかた[遣方]。中世しかた[仕方]。しやう[仕様]。やりやう[遣様]。中古はうはふ[方法]。
はえ【栄】 オナー(honor)。近代えいよ[栄誉]。近世みめ[見目]。中世えい[栄]。かうみゃう[高名]。きぼ[規模]。くゎうえい[光栄]。びもく[眉目]。めいよ[名誉]。中古いろふし[色節]。おもておこし[面起]。はえ[栄／映]。ほまれ[誉]。
はえ【蠅】 近代フライ(fly)。中世はひ[蠅]。上代はへ[蠅]。
一の幼虫 近代うじむし[蛆虫]。中古さし[蠁子]。はへのこ[蠅子]。上代うじ[蛆]。
一を殺したり追っ払ったりする道具 はえとりがみ[蠅取紙]。近代はへたたき[蠅叩]。はへとり[蠅取]。近世はへうち[蠅打]。はへよけ[蠅除]。
秋の一 近世のこるはへ[残蠅]。
その他一のいろいろ(例) いえばえ[家蠅]。近代ぎんばへ[銀蠅]。近世きんばへ[金蠅／青蠅]。中世あをばへ[青蠅／蒼蠅]。中古さうよう[蒼蠅]。上代さばへ[五月蠅]。
はえぎわ【生際】 近代けぎは[毛際]。近世はえぎは[生際]。ひたひぎは[額際]。中世かみぎは[髪際]。中古かうぎは[髪際]。
一が額の上まで上がる 中世ぬけあがる[抜上]。
首の後ろの一 近世えりあし[襟足／領脚]。
はえぬき【生抜】 プロパー(proper)。近世きっすい[生粋]。ぢばえ[地生]。ねおひ[根生]。はえぬき[生抜]。
は・える【生】 近代はつが[発芽]。めばえる[芽生]。めぶく[芽吹]。近世めばる[芽張]。芽が出る。中世おへる[生]。はっせい[発生]。めぐむ[芽]。中古きざす[萌]。しゃうず[生]。めざす[芽差]。上代おひいづ[生出]。おふ[生]。はえす[生]。はゆ〔はえる〕[生]。むす[生／産]。もゆ[萌]。
一・え変わる 上代おひかはる[生更]。おひつぐ[生継]。
一・えさせる 中古おふす／おほす[生]。はやす[生]。
草が一・える 上代くさむす[草生／草産]。
草木が次々と一・える 上代おひしく[生及]。
隙間なくぎっしり一・える 近代みっせい[密生]。
水の中に一・えること 近代すいせい[水生]。
は・える【映】 近代はんえい[反映]。近世ひきたつ[引立]。中古いんえい[陰映／隠映]。

―うつる［映］。にほふ［匂］。はゆ［はえる］［映／栄］。上代 てりかがやく［照輝］。

《枕》上代 ゆふはなの［木綿花］。

―・えるようにする 中古 はやす［映／栄］。

色が―・える 中古 いろふ［色／彩／艶］。近世 いつもん［五紋］。はおり［羽織］。中世 いつところもん［五所紋］。どうぶく［胴服］。

はおり【羽織】

―に似た医者などの衣服 近世 へんてつ／へんとつ［編綴］。

雨のとき着る― 近世 あまどうふく［雨胴服］。あまばおり［雨羽織］。

裏を付けた― 近世 あはせばおり［袷羽織］。

絵羽模様のついた婦人用の― 近代 はうもんぎ［訪問着］。ゑば［絵羽］。ゑばおり［絵羽織］。ゑばばおり［絵羽羽織］。

表地を裏に引返して仕立てた― 近世 むさうばおり［無双羽織］。

火事装束として用いた― 近世 かはばおり［革羽織］。くゎじばおり［火事羽織］。

紙で作った― 近世 かみこばおり［紙子羽織］。かみばおり［紙羽織］。

乗馬用の― 近世 うまのりばおり［馬乗羽織］。のばおり［野羽織］。

袖無しの簡単な― 近代 ちゃんちゃん／ちゃんちゃんこ。近世 じんべゑばおり［甚兵衛羽織］。そでなしばおり［袖無羽織］。でんちゅう［殿中］。でんちゅうばおり［殿中羽織］。中世 てなし［手無］。

茶人が着た― ちゃばおり［茶羽織］。

夏に着る単衣の― 近世 うすばおり［薄羽織］。なつばおり［夏羽織］。ひとへばおり［単羽織］。

冬に着る綿入れの― 近代 ふゆばおり［冬羽織］。

旅行用の― 近世 だうちゅうばおり［道中羽織］。のばおり［野羽織］。

はか【捗】 すすみぐあい［進具合］。近代 はかどり［捗／果取］。中古 はか［捗／果／計／量］。

はか【墓】 ふんきゅう［墳丘］。ぼえん［墓園／墓苑］。れいえん［霊園／霊苑］。近代 せいざん［青山］。はかち［墓地］。一抔(いっぽう)の土(つち)。近世 あだしの［徒野／仇野／化野］。えいゐき［塋域］。さんまいば［三昧場］。たふば［塔婆］。つかはら［塚原］。はかしょ［墓所］。はかば［墓場］。らんたふば［卵塔場］。中世 かばねどころ［尸所］。きうげん［九原］。くさのかげ［草陰］。くさば［草場］。さんとう［山頭］。どまんぢゅう［土饅頭］。のべ［野辺］。はかはら［墓原］。べう［廟］。べうしょ［廟所］。むしょ［墓所］。れんだいの［蓮台野］。跡の標(しるし)。中古 かんりん［寒林］。くさのはら［草原］。つかや［塚屋］。はかどころ［墓所］。ぼしょ［墓所］。むじゃうしょ［無常所］。やま［山］。上代 おきつき／おくつき［奥津城］。おきつすたへ／おくつすたへ［奥棄戸］。おくつきどころ［奥津城所］。つか［塚／冢］。はか［墓］。ふんぼ［墳墓］。ほくばう［北邙］。ぼち［墓地］。

《尊》中古 みやま［御山］。

―に閼伽(あか)の水を注ぎかけること 中世 くゎんぢゃう［灌頂］。

―の穴 ぼけつ［墓穴］。近代 くゎうけつ［壙穴］。中世 長夜の室。はかあな［墓穴］。つかあな［塚穴］。中古 あな［穴］。

―の上に植えた木 近世 ぼぼく［墓木］。

―の上に置く屋形 たまや［霊屋／魂屋］。

―の下 近代 さういん［草陰］。中世 草葉の陰。草の陰。中古 苔(こけ)の下。

―のしるしの石 近代 ぼせき［墓石］。近世 はかいし［墓石］。ぼひ［墓碑］。

―の中 中世 ちょうちゅう［冢中］。

―の中の石室 上代 いしき［石槨／石城］。いはき［岩城］。

―へ参ること 近代 さうたい［掃苔］。てんぼ［展墓］。中世 はかまうで［墓詣］。はかまゐり／ぼさん［墓参］。

―を掃除すること 近代 はかなぎ［墓薙］。

新しい― 近代 あらき／あらはか［新墓］。しんはか［新墓］。近世 あらづか［新塚］。

遺骸を埋葬した― いけばか／うめばか［埋墓］。

生前に作っておく― 近代 じゅちょう［寿冢］。せいくゎう［生壙］。中世 じゅざう［寿蔵］。じゅりょう［寿陵］。

相愛の男女を葬った― 近世 ひよくづか［比翼塚］。

祖先の― 中古 せんえい［先塋］。

天皇などの― 近代 りょうぼ［陵墓］。上代 おほみはか［大御陵］。さんりょう［山陵］。みささぎ／みさざき［陵］。りょう［陵］。

弔う縁者のない― 近代 ぎちょう［義塚］。むえんはか［無縁墓］。近世 ぎちょ［義塚］。むえんづか［無縁塚］。

野中の― 近世 のばか［野墓］。

丸く盛り土した― えんぷん［円墳］。まるづか［円塚／丸塚］。

四世紀頃から七世紀頃の― 中世 こふん［古墳］。

▼仮の埋葬地 上代 あらき［殯］。もがり

ばか【馬鹿】［殯］。もがりのみや［殯宮］。近代フール(fool)。ほうけ［呆助］。近世あほ／あほう［阿呆／阿房］。あんけつ［暗穴／闇穴］。こけ［虚仮］。じふのしま［十島］。すっぽり。たくらだ［田蔵田］。たはけ［戯／白痴］。どぢ。ぼんくら［盆暗］。まぬけ［間抜］。中世うつけ［空］。おろか［愚］。かたくな［頑］。ちぐ［痴愚］。ばか［馬鹿／莫迦］。中古おそし［鈍／遅］。おれおれし［愚愚／痴痴］。かたくなし［頑］。つたなし［拙］。上代おそ［鈍／遅］。おほほし［鬱］。をこ［痴／烏滸／尾籠］。→**ばかもの** →**まぬけ**

《句》近世馬鹿(阿呆)に付ける薬はない。

―**正直** 中世ぐちょく［愚直］。中古尾生(びせい)の信(しん)。

―**力** 近代くそぢから［糞力］。近世やぶぢから［藪力］。

―**丁寧** 近世ばかいんぎん［馬鹿慇懃］。ばかていねい［馬鹿丁寧］。

―・**な男** 近世ちかん［痴漢］。

―・**な女** 近世とちあま［阿魔］。

―・**な子**《謙》近代とんじ［豚児］。

―・**なこと** 中世しれごと［痴事］。

―・**な話** 中古をこごと［痴言］。

―・**にされる** 近世けじめを食う。

―・**にしている** 中古なめげ／なめし［無礼］。

―・**にして笑う** →**ちょうしょう**

―・**にする** おちょくる。近代ぐろう［愚弄］。近世あたたか［温／暖］。いなす［往／去］。うつむく［―むける］［俯］。きょくる［曲］。ちょがらかす。ちょぼくる。ひっこなす［引熟］。うつむけにす。虚仮(けこ)にす。舌を出す。茶にす。付けにす。人を食ふ。人を付けにす。中世おもひこなす［思］。かろむ［軽］。なむ〔なめる〕［嘗／舐］。へうす［慓］。みさぐ［―さげる］［見下］。をこがる［痴］。中古あさむ／あざむ［浅］。あなづる［侮］。おもひあなづる［思侮］。そしる［謗／譏／誹］。てうろう［嘲弄］。ないがしろ［蔑］。みくだす［見下］。をこづく［痴］。上代けいべつ［軽蔑］。

―・**にする顔つき** 近世なめがほ［無礼顔］。

―・**になる** どんする［鈍］。中古おろく。しる／しれる［痴］。

―**の振りをする** 近世そらばか［空馬鹿］。

どことなく―・**に見えること** 近代うすばか［薄馬鹿］。

はかい【破戒】 中世ゐはん［違反］。中古はかい［破戒］。ゐはい［違背］。

はかい【破壊】 近世はさい［破砕／破摧］。そんまう［損亡］。中世くゎいめつ［壊滅］。こはす［壊／毀］。はきゃく［破却］。はくゎい［破壊］。はゑ［破壊］。ふんさい［粉砕］。ほうくゎい［崩壊］。中古くだく［砕］。そんず［損］。はそん［破損］。上代こほつ／こぼつ［毀／壊］。そこなふ［損／害］。

はかいし【墓石】 近代ぼせき［墓石］。近世せきたふ［石塔］。はかいし［墓石］。ぼひ［墓碑］。

はかく【破格】 とくだん［特段］。近代じゃうしきはづれ［常識外］。とくべつ［特別］。はかく［破格］。へんそく［変則］。れいぐゎい［例外］。近世かくだん［格段］。かくべつ［格別］。しゅっかく［出格］。中世かくべち［格別］。なみはづれ［並外］。ふじ［不次］。中古いれい［異例］。ゐれい［違例］。

ばか・げる【馬鹿】 あほくさい［阿呆臭］。近代ナンセンス(nonsense)。近世あほうくさい［阿呆臭］。ちゃばん［茶番］。ばかくさし［馬鹿臭］。ばかばかし［馬鹿馬鹿］。中世ばかげる［馬鹿］。ばからし［馬鹿］。→**ばかばかしい**

―・**げた行為** 近代ぐきょ［愚挙］。ちたい［痴態］。近世きゃうたい［狂態］。上代たはわざ［戯業］。

―・**げたこと** 近世べらぼう［箆棒］。中世きゃうこつ［軽忽／軽骨］。しれごと［痴事］。

―・**げたことをする** 近世戯(はた)け(白痴)を尽くす。中古をこめく［痴］。上代たはく〔たはける〕［戯］。

―・**げた話** 近世あほうぐち［阿呆口］。中世しれごと［痴言］。上代たはごと［戯言］。

はが・す【剝】 近代とりはづす［取外］。とりのぞく［取除］。はぎとる［剝取］。はくだつ［剝脱］。めくる［捲］。へがす［剝］。中世とりさる［取去］。近世はくり［剝離］。まくる［捲］。むく／むくる［剝］。中古はがす［剝］。ひきはぐ［引剝］。へぐ［剝／折］。上代はぐ［剝］。

勢いよく―・**す** 近代ひきはがす／ひっぱがす［引剝］。近世ひっぺがす［引剝］。ひんむく［剝］。

動物の皮などを―・**し取ること** 上代うつはぎ［全剝］。

ばか・す【化】 近世だまかす［騙］。だまくらかす［騙］。中世こび［狐媚］。たぶらす［誑］。だます［騙］。ばかす［化／魅］。中古たぶら

かす／たむらかす［誑］。まどはす［惑］。まよはす［迷］。

—・される **近世**つまむ［摘／撮／抓］。睫を読まる〔—読まれる〕。

狐に—・される **近代**狐につままれる。

ばかず【場数】 **近世**とりゐかず［鳥居数］。ばかず［場数］。

—を踏んでいること **近代**ばなれ［場慣］。

はかせ【博士】 **近代**ドクター(doctor)。はくし［博士］。**上代**はかせ［博士］。

はかどり【捗】 **近代**かうりつ［効率］。しんど［進度］。はかどり［捗／果取］。**近世**みちはか［道捗］。**中世**くぎゃう［功程］。**中古**はか［捗／果／計／量］。**上代**こうてい［功程］。

はかど・る【捗】 **近代**しんかう［進行］。しんちょく［進捗／進陟］。すすむ［進］。**近世**はかどる［捗］。**中世**埒明く。**中古**はかばかし［捗／果果］。はかが行く。

—・らせる おしすすめる［推進］。**近代**しんかう［進行］。すいしん［推進］。そくしん［促進］。プロモーション(promotion)。**中世**すすむ［すすめる］［進］。**中古**はこぶ［運］。

—・らない(さま) ぎゅうほ［牛歩］。もたつく。**近代**なんかう［難航］。**近世**たどたどし。てこずる［手子摺／梃摺］。なんじふ［難渋］。**上代**たぎたぎし／たづたづし。とどこほる［滞］。よどむ［淀］。

—・るさま いっぽいっぽ［一歩一歩］。**近代**いっしゃせんり［一瀉千里］。**近世**兎の登り坂。**中世**さらさら。しかしか［確確］。すらすら。ちゃくちゃく［着着］。

はかな・い【儚】 **中世**あだない。**近世**あっけない［呆気］。一場の夢。あへなし［敢無］。げんさう［幻相］。しょぎゃうむじゃう［諸行無常］。むじゃう［無常］。**中古**げんむ［幻夢］。はかなし［儚］。むげん［夢幻］。もろし［脆］。**上代**あとなし［跡無］。かずなし［数無］。

—・い命 **近世**ふしゃう［浮生］。蜻蛉(蜉蝣)の命。蜉蝣の一期。**中世**ぶんだんむじゃう［分段無常］。**中古**ふせい［浮世／浮生］。**上代**ろめい［露命］。露の命。

—・い栄華 **近世**盈つれば虧く〔—虧ける〕。**中世**じゃうしゃひっすい［盛者必衰］。しゃうじゃひつめつ［生者必滅］。栄華の夢。夢の浮橋。

—・いこの世 **中古**あだしよ［徒世］。うきよ［浮世］。うつせみの世。露の世。幻の世。

—・い身 **中世**あだしみ［徒身］。**中古**うたかたびと［泡沫人］。塵の身。露の身。電泡の身。

—・いもの **中世**にょげん［如幻］。**中古**あだもの［徒物］。

—・く **中古**あはに［淡］。

—・く散る桜 **中世**あだざくら［徒桜］。

人生の—・さのたとえ 風口の蠟燭。**近代**しゅんむ［春夢］。はうえい［泡影］。はうまつむげん［泡沫夢幻］。**近世**くゎいむ［槐夢］。シャボンだま［sabão玉］。てうきん［朝菌］。蜉蝣の一期。夢のまた夢。**中世**きんくゎいちじつ［槿花一日］。てうえいぼらく［朝栄暮落］。てうかいぼらく［朝開暮落］。てうろせきでん［朝露夕電］。でんくゎうてうろ［電光朝露］。なみ［波／浪］。ひくゎらくえふ［飛花落葉］。石の火。現の夢。春の夜の夢。夢の夢。**中古**あすかがは［飛鳥川］。うたかた［泡沫］。かいろ［薤露］。さうろ［霜露］。すいはう［水泡］。ふうん［浮雲］。むげん［夢幻］。ゆめ［夢］。ゆめまぼろし［夢幻］。朝の霜。朝の露。あとの白浪。草葉の露。空に巣掻く。風前の灯火。**上代**つゆ［露］。はうまつ［泡沫］。みなわ［水泡／水沫］。水の泡。《句》**近代**槿花一朝の夢。興亡恒無し。人生朝露の如し。蟬は七日の寿命。**近世**朝顔の花一時。あしたには紅顔ありて夕べには白骨となる。一生は風の前の灯。風前(風中)の灯の如し。邯鄲の枕。邯鄲の夢。黄粱一炊の夢。胡蝶の夢。南柯の夢。如夢幻泡影。年年歳歳花相似たり。歳歳年年人同じからず。浮世夢の如し。盧生の夢。**中世**いづる息の入る間を待つべからず。風の前の塵。風吹く塵。風待つ露。昨日の花は今日の夢(塵)。槿花一日の栄。末の露本の雫。**中古**昨日の淵は今日の瀬。

▼**接頭語的** **近世**ぬか［糠］。**中古**あだ／あだし［徒／空］。

はがね【鋼】 **近代**かう［鋼］。かうてつ［鋼鉄］。スチール(steel)。**近世**はがね［鋼］。

はかば【墓場】 →**はか【墓】** →**ぼち**

はかばかし・い【捗捗】 **近世**はかどる［捗／果取］。**中古**はかばかし［捗捗／果果］。はかが行く。→**はかど・る**

—・く進むさま **中世**しかしか［確確］。

ばかばかし・い【馬鹿馬鹿】 愚にも付かぬ。**近代**あほくさい［阿呆臭］。たはけし［戯］。はんかくさい［半可臭］。愚の骨頂。**近世**あ

ほうくさい［阿呆臭］。あほらし［阿呆］。おぞまし［鈍］。つがもなし。つまらぬ。とろくさし。ばかくさし［馬鹿臭］。ばかばかし［馬鹿馬鹿］。ほこしもなし／ほこしゅもなし。中世あとなし［跡無］。ぐれつ［愚劣］。しやうもなし［仕様無］。ばかげる［馬鹿］。ばからし［馬鹿］。びろう［尾籠］。をこをこし［痴］。中古しれがまし［痴］。しれじれし［痴］。をこがまし［痴／烏滸］。上代をこ［痴／烏滸／尾籠］。

—・い意見 近世ちんせつ［珍説／椿説］。中世ぐせつ［愚説］。

—・いこと 近代ナンセンス(nonsense)。近世せうしせんばん［笑止千万］。ちゃばん［茶番］。ふんぱん［噴飯］。中世せうし［笑止］。中古ぐ［愚］。どん［鈍］。

—・いと思う 中世をこがる［痴］。

—・く見える 近世こけこけ［虚仮虚仮］。中世をこぶ［痴］。中古しれじれし［痴］。をこづく［痴］。をこめく［痴］。

はかま【袴】 近世ぐゎんこ［紈袴］。上代はかま［袴］。

—の膝下あたりを紐(ひも)でくくる 上代あゆふ［足結］。

—を踏んで脱ぐこと 上代ふみぬぐ［踏脱］。

—を身に着けること 中古ちゃくこ［着袴］。

足首までの長さの— 近代ひらばかま［平袴］。近世きりばかま［切袴］。中世はんばかま［半袴］。

雨天の時に着る— 近世あまばかま［雨袴］。

裏を付けない夏用の— 近世ひとへばかま［単袴］。

乗馬用の— 近代まちだかばかま［襠高袴］。近世うまのりばかま［馬乗袴］。

女性が着る襠(まち)のない— 近代あんどんばかま［行灯袴］。ふくろばかま［袋袴］。中古あこめばかま［袙袴］。をんなばかま［女袴］。

女官の着用した紅の— 中世紅(くれなゐ)の袴。緋(ひ)の袴。

糊(のり)がきつく端がはねあがった— 近世はねばかま［撥袴］。

膝から下を細くした— 近世すそぼそばかま［裾細袴］。ふんごみばかま［踏込袴］。中世すそぼそ［裾細］。

破れた— 近世へいこ［弊袴］。

労働用の— 近代たちつけばかま／たっつけばかま［裁着袴］。もんぺ。やまばかま［山袴］。近世たっつけ［裁着］。中世カルサン［(ポルトガル)calção／軽衫］。たちつけ［裁着］。

その他—のいろいろ(例) 近代ひきばかま［引袴］。まちなしばかま［襠無袴］。近世うしろばりのおほくち［後張大口］。中古うちばかま［打袴］。うへのはかま［表袴／上袴］。おほくち［大口］。おほくちばかま［大口袴］。すいかんばかま［水干袴］。ねりばかま［練袴］。

▼助数詞 上代こし［腰］。

はかまいり【墓参】 近代さうたい［掃苔］。てんぼ［展墓］。中世はかまうで［墓詣］。はかまゐり［墓参］。ぼさん［墓参］。

はがみ【歯噛】 近代せっしやくわん［切歯扼腕］。近世はぎしり［歯軋］。はぎり［歯切］。中世せっし［切歯］。牙を噛む。中古はがみ［歯噛］。歯を噛む。歯を食ひしばる。→**はぎしり**

ばかもの【馬鹿者】 あほたれ［阿呆垂］。近代ちしゃ［痴者］。近世うつけもの［空者］。うまたらう［馬太郎］。おろかもの／おろくもの［愚者］。ぐじん［愚人］。ぐぶつ［愚物］。さんたらう［三太郎］。じんろく［甚六］。たくらだ［田蔵田］。たはけ［戯／白痴］。たはけもの［戯者］。ちじん［痴人］。どんたくれ。にばん［二番］。にばんはえ［二番生］。ばかたれ［馬鹿垂］。ばかやらう［馬鹿野郎］。ひゃうたくれ。ほれもの［惚者］。よたらう［与太郎］。中世あやかし。うつけ［空／虚］。おどけもの［戯者］。かたゐ［乞食／乞丐］。しれびと［痴人］。ばかもの［馬鹿者］。中古えせもの［似非者］。おれもの［愚者］。ぐしゃ［愚者］。しれもの［痴者］。上代ぐにん［愚人］。

—を罵る言葉 すっとこどっこい。近世べらぼうめ。

はがゆ・い【歯痒】 →**じれったい**

はからい【計】 たいしょ［対処］。近代しょり［処理］。近世きりもり［切盛］。けいくゎく［計画］。しょち［処置］。そち［措置］。中世あつかひ［扱］。とりなし［取成／執成］。はからひ［計／図］。中古もよほし［催］。上代こ。

はから・う【計】❶〈処置〉 近世しうしふ［収拾］。しょち［処置］。中世あんばい［塩梅／按排／按配］。とりあつかふ［取扱］。とりはからふ［取計］。中古あつかふ［扱］。おきつ［掟］。しょす［処］。とりなす［取成］。はからふ［計／図］。

はから・う【計】❷〈計画〉 近代きくゎく［企画］。きと［企図］。プランニング(planning)。プロジェクト(project)。りつあん［立案］。中古くはだつ［—だてる］［企］。はからふ［計／図］。

ばからし・い【馬鹿】→**ばかばかし・い**

はからずも【図】 近世 はからずも［計／図］。はしなく［端無］。ふそく［不測］。思ひ掛けなく。中世 いぐゎい［意外］。はからざるに［計］。中古 ふい［不意］。ふりょ［不慮］。思ほえず。上代 たちまちに［忽］。

はかり【秤】 けいき［計器］。近代 かうき［衡器］。けいりゃうき［計量器］。近世 どりゃうかう［度量衡］。中世 てんびん［天秤］。中古 はかり［秤］。上代 けんかう［権衡］。

—で量れる最大量 中世 しょうりゃう 近代 ひゃうりゃう［秤量］。称量／秤量］。

—に掛けて出た重量 近代 りゃうもく［量目］。近世 かけめ［掛目］。めかた［目方］。中世 はかりめ［秤目］。りゃうめ［量目］。

—の正確さを確かめること 近世 はかりぎんみ［秤吟味］。

重い物を量る大型の竿(おさ)— 近代 ちぎばかり［杠秤／扛秤］。近世 ちき／ちぎ／ちぎり［杠秤／扛秤］。

検地などで長さを測る竿(おさ)— 近世 かなばかり［矩計］。けんざを［間竿］。

地獄で罪の重さを量る— 中世 ごふのはかり［業秤］。

微少量を量る— 近代 きんばかり［金秤］。ぎんばかり［銀秤］。近世 りんだめ［厘揉／釐揉］。りんばかり［厘秤／釐秤］。れいてんぐ／れてぐ［釐等具］。

その他—のいろいろ(例) だいばかり［台秤］。ばねばかり［発条秤］。近代 ぜんまいばかり［発条秤］。近世 さらばかり［皿秤／盤秤］。さをばかり［竿秤／棹秤］。

はかりごと【謀】 近代 いっけい［一計］。くゎくさく［画策］。さくせん［作戦］。じゅっさく［術策］。たくらみ［企］。ちうりゃく［籌略］。ぼうと［謀図］。近世 さくりゃく［策略］。さりゃく［作略／差略］。ちうさん［籌算］。もくろみ［目論見］。中世 おもんばかり／おもんぱかり［慮］。さくぼう［策謀］。たくみ［工／匠／巧］。ちうさく［籌策］。づ［図］。てうりゃく［調略］。てもり［手盛］。中古 あん［案］。けいさく［計策］。けいりゃく［計略］。けっこう［結構］。じゅっけい［術計］。たばかりごと［謀事］。はうりゃく［方略］。はかりごと［謀］。ぼうりゃく［謀略］。上代 けいぼう［計謀］。さくりゃく［略］。じゅっすう［術数］。たばかり［謀］。

—の巧みな人 近代 さくし［策士］。中世 ぼうし［謀士］。

—をめぐらす 近代 くゎくさく［画策］。さくどう［策動］。中世 さくす［策］。中古 おもひたばかる［思謀］。はかりごつ［謀］。ぼうぎ［謀議］。

浅はかな— 近代 せっさく［拙策］。ろうさく［陋策］。

遠大な— 近代 ゑんと［遠図］。近世 ちゃうけい［長計］。ゑんぼう［遠謀］。

大きな— 近代 くゎうと［宏図］。くゎうぼ［宏謨］。こうぼ［洪謨／鴻謨］。たいりゃく［大略］。

多くの— 中古 ひゃくけい［百計］。

奇抜な— 中世 きけい［奇計］。きさく［奇策］。上代 きぼう［奇謀］。

苦し紛れの— 近代 窮余の一策。

将来のための— 近代 しんぼう［深謀］。ゑんと［遠図］。近世 こうと［後図］。しんぼうゑんりょ［深謀遠慮］。しんりょゑんぼう［深慮遠謀］。

優れた— りょうあん［良案］。近代 きぼう［鬼謀］。たいりゃく［大略］。りゃうさく［良策］。近世 えいりゃく［英略］。しんさん［神算］。めうけい［妙計］。めうさく［妙策］。めうさん［妙算］。

その場に応じた— 近世 けん［権］。けんりゃく［権略］。中世 けんぼう［権謀］。

反逆の— 中古 ぼうぎゃく［謀逆］。上代 ぎゃくぼう［逆謀］。

一つの— 近代 いっけい［一計］。いっさく［一策］。いっちう［一籌］。

秘密の— 近世 みっけい［密計］。みつぼう［密謀］。中古 ひけい［秘計］。上代 いんぼう［陰謀］。

よく考えた— 近代 ちじゅつ［知術／智術］。中世 さいりゃく［才略］。中古 ちぼう［知謀／智謀］。上代 ちりゃく［知略／智略］。

悪い— 近代 かんさく［奸策／姦策］。さりゃく［詐略］。近世 けんさ［権詐］。ふづくり［文作］。わるだくみ［悪巧］。上代 かんけい［奸計／姦計］。中世 きけい［詭計］。

はかりしれな・い【計知】 近代 そこなし［底無］。中世 しんあう［深奥］。しんぴ［神秘］。中古 はかりなし［量無］。むりゃう［無量］。むりゃうむへん［無量無辺］。上代 しんゑん［深遠］。

—・いさま 近世 げんげん［玄玄］。

—・いたとえ 近代 廬山(ろざん)の真面目(しんめんもく)。

はか・る【計】 けいそく［計測］。近世 けいりゃう［計量］。さす［差］。そくてい［測定］。そ

くりゃう［測量］。中古はかる［計／量／測］。
ー・った分量どおり　近世はかりきり［量切］。
ー・って得られる値　すうち［数値］。近代りゃう［量］。中世ぶんりゃう［分量］。
ー・って定めること　近代りゃうてい［量定］。
時間をー・ること　けいじ［計時］。
実際にー・ること　近世じっそく［実測］。
手で大体の重さをー・ること　近世てづもり［手積］。
容器ごとー・ること　近代みながけ［皆掛］。近世かいがけ［皆掛］。

はか・る【量】（推量する）　近代すいそく［推測］。すいてい［推定］。よそく［予測］。中古さうざう［想像］。すいりゃう［推量］。上代おしはかる［推量］。はかる［量］。

はか・る【図】　近代いと［意図］。きと［企図］。くゎくさく［画策］。近世けいくゎく［計画］。もくろみ［目論見］。中古くはだつ［―だてる］［企］。はかる［図］。

はか・る【謀】　近代さくどう［策動］。近世たくらむ［企］。中世さくす［策］。だます［騙］。中古おもひたばかる［思謀］。はかりこつ／はかりごつ［謀］。はかる［謀／計］。上代あざむく［欺］。おとしいる［―いれる］［陥］。

はが・れる【剝】　近代はげおちる［剝落］。らくはく［落剝］。近世はがる［はがれる］［剝］。はくだつ［剝脱］。はくり［剝離］。中世はくらく［剝落］。へぐ［へげる］［剝］。むくる［むくれる］［剝］。中古あばく［褫］。はぐ［はげる］［剝］。へがる［へがれる］［剝］。

はがん【破顔】　近代ばくせう［爆笑］。わらひくづれる［笑崩］。わらひころげる［笑転］。近世わらひこける［笑転］。中世おほわらひ［大笑］。たかわらひ［高笑］。中古はがん［破顔］。上代わらふ［笑］。

バカンス（フランス vacance）　近代きうか［休暇］。バケーション（vacation）。ホリデー（holiday）。近世やすみ［休］。中古きうじつ［休日］。

はき【破棄】　キャンセル（cancel）。近代ききゃく［棄却］。とりやめ［取止］。はいし［廃止］。はき［破棄／破毀］。近世反故（ほご）（反古）にする。中世きえん［棄捐］。とりけす［取消］。はいき［廃棄］。ゐき［遺棄］。上代すつ［すてる］［捨／棄］。
貸借関係をー・すること　近世きえん［棄捐］。

はき【覇気】　近代やばう［野望］。近世えいき［英気］。かちき［勝気］。中世はき［覇気］。中古きりょく［気力］。せいき［精気］。やしん［野心］。上代いき［意気］。
若いのにーがないこと　近代じゃくきう［若朽］。

はぎ【萩】　中世あきしりぐさ［秋知草］。あきちぐさ［秋遅草］。こぞめぐさ［濃染草］。しかなきぐさ／しかなぐさ［鹿鳴草］。つきみぐさ［月見草］。にはみぐさ［庭見草］。のもりぐさ［野守草］。はつみぐさ［初見草］。鹿の柵（さく）。鹿の柵（しがらみ）。中古あきはぎ［秋萩］。からはぎ［唐萩］。上代はぎ［萩］。はなづま［花妻］。鹿の妻。
白い花の咲くー　しらはぎ［白萩］。
夏に花の咲くー　なつはぎ［夏萩］。
野に生えたー　中古のはぎ［野萩］。

はきけ【吐気】　近代はきけ［吐気／嘔気］。近世おうき［嘔気］。をしん［悪心］。
ーがする　近世えずくろし［苦］。中世こみあぐ［―あげる］［込上］。中古むかつく。
ーのさま　近世むかむか。
ーを伴う胃の病気　中世かく［膈］。

はぎしり【歯軋】　近代かうが［咬牙］。せっしやくわん［切歯扼腕］。近世はぎしみ／はぎしめ［歯軋］。はぎり［歯切］。嘴（くちばし）（喙）を鳴らす。歯を噛（か）む。中世せっし［切歯］。はぎしり［歯軋］。牙を噛む。中古くやしがる［悔／口惜］。はがみ［歯噛］。上代きがむ［牙噛］。

はきはき　近代しゃきしゃき。近世きびきび。さっさと。てきぱき。中世はきはき。はっしと。中古きはぎはし［際際］。
ー・しない（さま）　近代うすのろ［薄鈍］。近世ぐづ［愚図］。中古たゆし［弛／懈］。《句》近世暗がりから牛。
ー・する　近代はきつく。

はきもの【履物】　中世げた［下駄］。わらぢ［草鞋／藁沓］。中古あしだ［足駄］。はきもの［履物］。上代くつ［靴／沓／履］。ざうり［草履］。→**くつ** →**げた** →**ぞうり**
ーの音　近世げきせい［屐声］。
ーを脱ぐ所　中古くつぬぎ［沓脱］。
ーを履かないこと　中古はだし［跣／裸足／跣足］。
ーを履かないで歩くこと　中世かちはだし［徒跣］。中古とせん［徒跣］。
屋外で履くー　したばき［下履］。
屋内で履くー　近世うはばき［上履］。
劇場などで客の脱いだー　近代げそく［下足］。近世げそ。
蹴鞠（けまり）で履くー　中世まりぐつ［鞠沓］。
乗馬用のー　中古のりぐつ［乗沓］。

は

その他―のいろいろ(例) 近代 サンダル(sandal)。シューズ(shoes)。スリッパ(slipper)。ぢかたび[地下足袋]。ちゃうくゎ[長靴]。ながぐつ[長靴]。はだしたび[跣足袋]。ぽっくり[木履]。近世 こまげた[駒下駄]。ざうりげた[草履下駄]。せちだ/せった[雪駄/雪踏]。たかげた[高下駄]。中世 げき[屐]。ぼくり[木履]。中古 けいし[屐子]。上代 あしかた[屐]。

▼助数詞 中古 そく[足]。

ばきゃく【馬脚】 →**ばけのかわ**

はきゅう【波及】 近代 ひろがる[広/拡]。波紋を広げる。近世 でんせん[伝染]。でんぱ[伝播]。はきふ[波及]。中古 およぶ[及]。上代 いつたはる[伝]。ひろまる[広/拡]。いたる[至]。るふ[流布]。

はきょく【破局】 カタストロフ/カタストロフィ/キャタストロフィ(catastrophe)。近代 しゅうきょく[終局]。しゅうまつ[終末]。近世 はたん[破綻]。中古 はめつ[破滅]。

はぎれ【端切】 あまりぎれ[余切]。はじゃく[端尺]。近代 ありぎれ[有切]。近世 ふるぎれ[古切]。

はぎれ【歯切】 近代 ごてう[語調]。近世 かたりくち[語口]。くてう[口調]。はぎれ[歯切]。

―のよいさま 近代 しゃきしゃき。しゃきっと。近世 しゃっきり。

―のよい物を噛(か)む音(さま) 近代 ぽりぽり。中世 がりがり。こりこり。近世 ぱりぱり。

はく【箔】 近代 くゎんろく[貫禄]。近世 ねうち[値打]。中古 はく[箔]。

―の粉末 はくずな[箔砂]。

―の例 うるしはく[漆箔]。中世 ぎんぱく[銀箔]。上代 きんぱく[金箔]。

金銀を―に延ばすこと 中世 うちいで[打出]。

糊(のり)を置いて―を施すこと はくいれ[箔入]。近世 はくおき[箔置]。はくおし[箔押]。

細く切った― 中世 ほそがね[細金]。

料理用の― アルミはく[aluminium 箔]。ホイル(foil)。

は・く【吐】 近代 あげる[上/揚]。近世 とす[吐]。もどす[戻]。中世 ときゃく[吐却]。はきだす[吐出]。ゑづく[嘔吐/噦]。中古 おうと[嘔吐]。かへす[返]。つく[吐]。はく[吐]。へどをつく。上代 たぐる[吐]。たまふ[嘔吐]。

―・いた物 おうとぶつ[嘔吐物]。近代 げろ。とぶつ[吐物]。中世 へど/へんど[反吐/嘔吐]。上代 たぐり[吐]。

―・いたり下したり あげくだし[上下]。はきくだし[吐下]。中世 としゃ[吐瀉]。

―・いたり飲んだり 中世 とどん[吐呑]。

―・いて一面に汚す 上代 はきちらす[吐散]。

―・きそうになる →**はきけ**

―・き出すさま ぷっと。ぺっと。近世 げろげろ。

胃から―・き戻した液 きみず[黄水]。中世 わうずい[黄水]。

たばこの煙を―・く 近代 ふかす[吹]。

▼胃内容物が少し口腔内に逆流すること 中世 とぎゃく[吐逆]。

は・く【履】 近世 うがつ[穿]。中世 ふむ[踏]。上代 うかつ[穿]。さしはく[差履/差佩]。はく[履/佩/帯]。

新しい履物を―・くこと はきぞめ[履初/穿初]。

一度―・いて捨てること 近世 はきすて[履捨]。

下履を―・いたままのこと 近世 どそく[土足]。

履物を―・かないこと 中古 はだし[跣/裸足/跣足]。→**はだし**

履物を―・かないで歩くこと 中世 かちはだし[徒跣]。中古 とせん[徒跣]。

間違えて他人の履物を―・く 近世 はきちがふ[―ちがえる][履違]。中世 はきたがふ[履違]。

無造作に―・く 近世 つっかく[―かける][突掛]。

は・く【掃】 中古 はききよむ[―きよめる][掃清]。上代 はく[掃]。はらふ[払]。

―・いて集める 中世 はきよす[―よせる][掃寄]。

―・いて落とす 近世 はきおとす[掃落]。

―・いてきれいにする 中古 はききよむ[―きよめる][掃清]。

―・いて捨てる 中古 はきすつ[―すてる][掃捨]。

―・いて出す 中世 はきだす[掃出]。

は・ぐ【剥】 →**はが・す**

はくあい【博愛】 中古 あい[慈愛]。はくあい[博愛]。上代 あい[愛]。じんあい[仁愛]。はんあい[汎愛]。

《句》近代 恨みに報ゆるに徳を以(も)ってす。

はくがい【迫害】 かぎゃく[加虐]。近代 いぢめ[苛]。ぎゃくたい[虐待]。はくがい[迫害]。近世 いびる。

はくがく【博学】 →**はくしき**

はくがん【白眼】 近世 しろめ[白目]。てきし[敵視]。れいぐう[冷遇]。中古 はくがん[白眼]。れいたん[冷淡]。

はぐき【歯茎】 近世 はにく［歯肉］。近世 しぎん［歯齦］。はぶし［歯節］。中世 しにく［歯肉］。中古 はぐき［歯茎］。はじし［歯肉／齦］。

歯の抜けたあとのー 近世 どて［土手］。

はぐく・む【育】 近代 ほいく［保育］。近世 つちかふ［培］。中世 そだつ［そだてる］［育］。やしなひそだつ［ーそだてる］［養育］。中古 はぐくむ／はごくむ［育］。ほいく［哺育］。やういく［養育］。

ばくげき【爆撃】 近代 くうしふ［空襲］。くうばく［空爆］。近世 ばくげき［爆撃］。

ーを受けること ひばく［被爆］。

主要軍事施設のー せんりゃくばくげき［戦略爆撃］。

地域全体をー・すること じゅうたんばくげき［絨緞爆撃］。むさべつばくげき［無差別爆撃］。

激しいー つうばく［痛爆］。もうばく［猛爆］。

ばくさい【爆砕】 近代 ばくさい［爆砕］。ばくは［爆破］。近世 ばくれつ［爆裂］。

はくし【白紙】 くうはく［空白］。近代 ブランク(blank)。中世 はくし［白紙］。

ーの状態に戻すこと リセット(reset)。近代 ごはさん［御破算］。

詩文が書けないでーのままなこと 近代 えいはく［曳白］。

はくし【博士】 →**はかせ**

はくしき【博識】 近代 いうしき［有識］。うんちく［蘊蓄］。はくらんきゃうき［博覧強記］。近世 がいはく［該博］。ざうけい［造詣］。たしき［多識］。はくが［博雅］。はくしき［博識］。中世 めいたつ［明達］。ものしり［物知］。中古 はくぶん［博聞］。はくらん［博覧］。上代 せきがく［碩学］。はくがく［博学］。めいてつ［明哲］。

はくじつ【白日】 近世 ちうかん［昼間］。ひなか［日中］。中古 にっちゅう［日中］。はくじつ［白日］。はくちう［白昼］。ひるま［昼間］。

はくしゃ【薄謝】 はくしゃ［薄謝］。はくし［薄志］。近代 チップ(tip)。近世 さかて［酒手］。しうぎ［祝儀］。はくぎ［薄儀］。ふてん［不腆］。中世 こころづけ［心付］。すんし［寸志］。→**すんし**

はくじゃく【薄弱】 近代 じゃくせう［弱小］。近世 はくじゃく［薄弱］。ふたしか［不確］。よわよわし［弱弱］。中世 じうじゃく［柔弱］。中古 なんじゃく［軟弱］。にうじゃく［柔弱］。上代 うすし［薄］。

はくしゅ【拍手】 アプローズ(applause)。近世 かっさい［喝采］。はくしゅ［拍手］。

はくじょう【白状】 じきょう［自供］。近代 こくはく［告白］。じはく［自白］。口を割る。泥を吐く。近世 うちあく［ーあける］［打明］。しらく［白］。わる［割］。中世 おつ［おちる］［落］。とろ［吐露］。中古 いひあらはす［言表］。はく［吐］。はくじゃう［白状］。上代 しゅふく［首服］。

ー・させる 中世 おとす［落］。

はくじょう【薄情】 近代 ざんにんひだう［残忍非道］。ひにんじゃう［非人情］。れいけつ［冷血］。れいこく［冷酷］。れいぜん［冷然］。れいたん［冷淡］。近世 いげちなし。えずし。とうはく［偸薄］。ぶしんちゅう［不心中］。ふにんじゃう［不人情］。むじひ［無慈悲］。むじゃう［無情］。むとくしん［無徳心］。もぎだう［没義道］。情け知らず。中世 じゃけん［邪見／邪険／邪慳］。どうよく［胴欲／胴慾］。はくじゃう［薄情］。中古 うし［憂］。こころあさし［心浅］。つらし［辛］。つれなし。なさけおくる［情後］。なさけなし［情無］。はしたなし。ひじゃう［非情］。上代 こころなし［心無］。

ーな人をあざける言葉 じんちく［人畜］。

ばくしん【驀進】 ダッシュ(dash)。近代 きふしん［急進］。つきすすむ［突進］。とっくゎん［突貫］。とっしん［突進］。まいしん［邁進］。まうしん［猛進］。近世 ばくしん［驀進］。

ばくぜん【漠然】 近代 あいまいもこ［曖昧模糊］。ばうばく［茫漠］。ふせんめい［不鮮明］。ふめいれう［不明瞭］。近世 あやふや。ふたしか［不確］。やみくも［闇雲］。まんえん［漫焉］。もこ［模糊］。中世 うはのそら［上空］。ばうぜん［茫然］。ばくぜん［漠然］。まんぜん［漫然］。中古 あいまい［曖昧］。くゎうりゃう［荒涼］。上代 おほに［凡］。

ー・とした言葉 近世 河漢(かかん)の言。

ー・としたさま 近代 ぼうっと。近世 ばくばく［漠漠］。ぼんやり。雲を摑む。中世 ばうばう［茫茫／芒芒］。もうろう［朦朧］。

ばくだい【莫大】 たいりょう［大量］。近世 たりゃう［多量］。中世 たくさん［沢山］。ただい［多大］。中古 きょまん［巨万］。ごうがしゃ［恒河沙］。ばくだい［莫大］。まんごうがしゃ［万恒河沙］。上代 さまねし［数多］。まねし［多］。→**おお・い**

はくだつ【剝脱】 近代 はぎとる［剝取］。らくはく［落剝］。近世 はがる［はがれる］［剝］。はくだつ［剝脱］。はくり［剝離］。中世 とりは

なす［取放／取離］。めしはなす［召放］。

はくだつ【剝奪】 中古はぐ［はげる］［剝］。近代はくだつ［剝奪］。ぼっしう［没収］。近世とりあぐ［―あげる］［取上］。中世とりはなつ［取放］。上代うばふ［奪］。

ばくだん【爆弾】 近代ばくだん［爆弾］。ばくれつだん［爆裂弾］。中世はうろく［炮録］。はうろくだま［炮録玉］。

一定時間が経過して爆発する― じげんばくだん［時限爆弾］。

手で投げたりする小型の― 近代しゅりうだん／てりうだん［手榴弾］。てきだん［擲弾］。てなげだん［手投弾］。

爆発と共に中のものが飛び散り殺傷する― さんだんばくだん［散弾爆弾］。ボールばくだん［ball 爆弾］。

目標に誘導される― スマートばくだん［smart 爆弾］。せいみつゆうどうへいき［精密誘導兵器］。ミサイル(missile)。ゆうどうだん［誘導弾］。

その他―のいろいろ(例) アイシービーエム(ICBM; intercontinental ballistic missile)。げんしばくだん［原子爆弾］。げんばく［原爆］。すいそばくだん［水素爆弾］。すいばく［水爆］。たいりくかんだんどうだん［大陸間弾道弾］。ちゅうせいしばくだん［中性子爆弾］。プラスチックばくだん［plastics 爆弾］。ロケットだん［rocket 弾］。近代さいるいだん［催涙弾］。

ばくち【博打】 ギャンブル(gamble)。近代いちろくしょうぶ［一六勝負］。きぐう［奇偶］。さいぎ［采戯］。しょうぶごと［勝負事］。ててんがう／ててんご［手］。とじ［賭事］。近世いちろく［一六］。うめのはな［梅花］。かけごと［賭事］。しょうぶ［勝負］。ちょぼ［樗蒲］。ちょぼいち［樗蒲一］。てあそび［手遊］。とばく［賭博］。なぐさみごと［慰事］。ゑんげんだう［袁彦道］。中世かけ［賭］。ちゃうはん［丁半／長半］。てなぐさみ［手慰］。ばくえき［博奕］。中古ばくち［博打］。ばくやう［博奕］。上代はくぎ［博戯］。

―で金を使い果たす 中世うちこむ［打込］。

―でさいころを入れた壺を振ること(人) 近世つぼふり［壺振］。

―で所持金をはたいてする最後の賭け 近世こちゅう［孤注］。

―で壺を伏せるござ 近世ぼんござ［盆茣蓙］。

―で出ることを願っている賽の目 近代ねらひめ［狙目］。

―で賭場の主に支払う金 近世てら［寺］。てらぜに／てらせん［寺銭］。

―で負けが続くこと 近世おひめ［追目］。

―で負ける 近世おほぐさり［大腐］。くさる［腐］。

―などの親 近世どうおや［胴親］。どうとり［胴取／筒取］。どうもと［胴元］。

―に賭ける品物 中古のりもの［賭物］。

―に熱中している 近世しこりばくち［凝博打］。

―の才能 近代ばくさい［博才］。

―を開帳する所 近代てっくゎば［鉄火場］。とぢゃう／とば［賭場］。近世だうしき［堂敷］。てら［寺］。どうしき［胴敷］。どば［土場］。ばくちば［博打場］。

―をする 近世ぶつ［打］。中世うつ［打］。

―をする人 中世うちて［打手］。→**ばくと**

野外でする― 近世のばくち［野博打］。

その他―のいろいろ(例) 近代ちんちろりん。近世おいちょ／おいちょう。おいちょかぶ。けんねじ［拳念］。ちょぼいち［樗蒲一］。てんぐたのもし［天狗頼母子］。中世ちゃうはん［丁半］。中古ちょぼ［樗蒲］。

はくちゅう【伯仲】 どっこいどっこい。とんとん。いい勝負。優劣なし。近世おっつかっつ。てきす［敵］。はくちゅう［伯仲］。中世ごかく［互角／牛角］。中古肩を並ぶ［―並べる］。

―・している二者のこと 近代りゅうこ［竜虎］。中世りゃうゆう［両雄］。中古りゃうこ［両虎］。りょうこ［竜虎］。《句》両雄並び立たず。

はくちゅう【白昼】 デイタイム(daytime)。近世ちうかん［昼間］。ひなか［日中］。ひる(の)ひなか［昼日中］。まっぴるま［真昼間］。まひる［真昼］。中古あかひる［明昼］。にっちゅう［日中］。はくじつ［白日］。はくちう［白昼］。ひさかり［日盛］。ひるま［昼間］。→**にっちゅう**

はくちょう【白鳥】 近代スワン(swan)。中世こく［鵠］。はくてう［白鳥］。中古こひ。こふ［鵠］。上代くくひ／くぐひ［鵠］。くび［鵠］。しらとり［白鳥］。

はくちょうげ【白丁花】 こちょうぼく［胡蝶木］。ろくがつせつ［六月雪］。近世まんてんせい［満天星］。中世はくちゃうげ［白丁花］。

バクテリア(bacteria) きん［菌］。近代さいき

ん［細菌］。ばいきん［黴菌］。バクテリア。びせいぶつ［微生物］。

ばくと【博徒】 ギャンブラー(gambler)。近代 とばくし［賭博師］。近世 あそびにん［遊人］。いっぽんがたな［一本刀］。いっぽんざし［一本差］。けふかく［侠客］。しょうぶし［勝負師］。てっくゎ［鉄火］。てっくゎうち［鉄火打］。とせいにん［渡世人］。とほりもの［通者］。ながわきざし［長脇差］。をとこだて［男伊達］。中世 ばくちうち［博打打／博奕打］。ばくと［博徒］。

―の親分 近世 かほやく［顔役］。もとじめ［元締］。

―の親分の勢力圏 近世 なはばり［縄張］。

―の中で最下位の者 近世 さんしたやっこ［三下奴］。

はくねつ【白熱】 近代 エキサイト(excite)。かうふん［昂奮／亢奮］。こうふん［興奮］。さいかうてう［最高潮］。ねっちゅう［熱中］。はくねつ［白熱］。

ばくは【爆破】 →ばくはつ

はくはつ【白髪】 近代 ぎんぱつ［銀髪］。近世 しらがあたま［白髪頭］。中世 さうほう［霜蓬］。秋の霜。中古 かくはつ［鶴髪］。さうせつ［霜雪］。ゆき［雪］。頭(かしら)の霜。頭(かしら)の雪。霜の蓬(よもぎ)。年の雪。雪の山。上代 しらかみ／しろかみ［白髪］。しらが［白髪］。しも［霜］。はくはつ［白髪］。

―まじりの頭 ロマンスグレー(和製romance grey)。近世 ごましほあたま［胡麻塩頭］。中古 じもう［二毛］。上代 にもう［二毛］。はんぱく［半白／斑白／頒白］。

老いて―になる 中古 おいしらく［老白］。

老女の― 中世 つくも［九十九］。つくもがみ［九十九髪］。

若い人の― 近世 ふくしらが［福白髪］。

ばくはつ【爆発】 近代 さくれつ［炸裂］。ばくさい［爆砕］。ばくは［爆破］。ばくはつ［爆発］。近世 げきはつ［激発］。ばくれつ［爆裂］。

―で起こる風 ばくふう［爆風］。

―の音 ばくはつおん［爆発音］。近代 ばくおん［爆音］。近世 ばくめい［爆鳴］。

―の火炎が音速を超える現象 デトネーション(detonation)。ばくごう［爆轟］。

―を起こさせること きばく［起爆］。

―を起こすもの 近代 ばくはつぶつ［爆発物］。ばくやく［爆薬］。近世 くゎやく［火薬］。→ばくやく

当たった瞬間―・すること そくはつ［即発］。近代 ちゃくはつ［着発］。近世 しょくはつ［触発］。

核分裂または核融合による― かくばくはつ［核爆発］。

はくび【白眉】 光彩を放つ。近代 ずいいちにん［随一人］。近世 さいかう［最高］。しゅっしょく［出色］。ずいいち［随一］。一頭地を抜く。中世 ぬきんづ［抜出／抽／擢］。はくび［白眉］。群を抜く。中古 けっしゅつ［傑出］。ばつぐん［抜群］。

はくひょう【薄氷】 中世 はくひょう［薄氷］。きけん［危険］。上代 うすらひ［薄氷］。

ばくふ【幕府】 近世 おかみ［御上］。たいふ［大府］。はふ［覇府］。中世 こうぎ［公儀］。さいりう［細柳］。ばくふ［幕府］。りうえい［柳営］。

―の所有地 近世 てんりゃう［天領］。中世 ごりゃう［御領］。ごれうしょ［御料所］。近代 たうばく［討幕］。

―を討ち倒すこと とうばく［倒幕］。

朝廷と― 中世 こうぶ［公武］。

はくぼ【薄暮】 →ゆうがた

はくまい【白米】 しろごめ［白米］。近世 つきごめ［突米／搗米］。中世 しゃうげ［麞牙］。しゃうまい／せいまい［精米］。しろづき［白搗］。中古 しらげ［精米］。しらげごめ／しらげよね［精米］。しらよね［白米］。上代 はくまい［白米］。

―にする 近代 せいはく［精白］。中世 こめつき［米搗］。中古 しらぐ〔しらげる〕［精／白］。上代 つく［搗］。

―のご飯 ぎんしゃり［銀舎利］。中古 はくはん［白飯］。

上等の― 中世 じゃうはく［上白］。

はくめい【薄命】❶〈短命〉 中世 はくめい［薄命］。はやじに［早死］。わかじに［若死］。上代 たんめい［短命］。

―の人 中世 うたかたびと［泡沫人］。

はくめい【薄命】❷〈不運〉 中世 ふしあはせ［不幸］。中古 はくめい［薄命］。ふうん［不運］。上代 ふかう［不幸］。

はくめい【薄明】 近代 トワイライト(twilight)。はくめい［薄明］。はくや／びゃくや［白夜］。近世 うすあかり［薄明］。中古 びくゎう［微光］。

ばくやく【爆薬】 近代 ばくやく［爆薬］。ばくれつやく［爆裂薬］。近世 くゎやく［火薬］。中世 だんやく［弾薬］。

―の例 えきさんばくやく［液酸爆薬］。えきたいくうきばくやく［液体空気爆薬］。がん

すいばくやく［含水爆薬］。はっぱ［発破］。近代ダイナマイト(dynamite)。

はくらい【舶来】 がいこくさん［外国産］。近代ぐゎいこくせい［外国製］。近世はくらい［舶来］。中古とらい［渡来］。
ーの織物 近世あっちおり［彼方織］。
ーの品種 はくらいしゅ［舶来種］。
ー品 近代ぐゎいこくひん［外国品］。しゅにふひん／ゆにふひん［輸入品］。やうひん［洋品］。やうもの［洋物］。ゆにふもの［輸入物］。近世あっちもの［彼方物］。からもの［唐物］。わたり［渡］。わたりもの［渡物］。中世なんばんもの［南蛮物］。
ー品を売る店 近代やうひんてん［洋品店］。近世からものや／たうぶつや［唐物屋］。
▼接頭語的に 近世から［唐／韓／漢］。てんぢく［天竺］。

はぐらか・す こと［糊塗］。ミスティフィケーション(mystification)。近世いひまぎらす［言紛］。ぐらす。ごまかす［誤魔化］。まやかす。茶にする。中世うけながす［受流］。そらす［逸］。はぐらかす。
話をー・す 中世そらす［逸］。

はくらく【剝落】 近代はげおちる［剝落］。らくはく［落剝］。近世はくしょく［剝蝕］。中世はくらく［剝落］。

はくり【剝離】 →はくだつ【剝脱】

ばくりょう【幕僚】 近代かんぶ［幹部］。さんぼう［参謀］。ばくれう［幕僚］。中世ゐあく［帷幄］。

はくりょく【迫力】 インパクト(impact)。近代しょうげき［衝撃］。はくりょく［迫力］。ゐりょく［威力］。

はぐるま【歯車】 近代ギア／ギヤ(gear)。しりん［歯輪］。はぐるま［歯車］。
ーの歯と歯の間の長さ ピッチ(pitch)。
ーの歯の大きさを表す値 モジュール(module)。
かみ合うーの小さい方 ピニオン(pinion)。
その他ーのいろいろ(例) インボリュートはぐるま［involute歯車］。ウオームギア(worm gears)。うちはぐるま［内歯車］。かさはぐるま［傘歯車］。がんぎぐるま［雁木車］。クラウンギア(crown gear)。スパーギア(spur gear)。セクターはぐるま［sector歯車］。つめぐるま［爪車］。ねじはぐるま［螺子歯車］。はざお［歯竿］。はすばはぐるま［斜歯歯車］。ひらはぐるま［平歯車］。ヘリカルギヤ(helical gear)。ラチェット(ratchet)。ラック(rack)。

ばくろ【暴露】 あばきだす［暴出］。近代あばきたてる［暴立］。ろてい［露呈］。近世さらけだす［曝出］。てきはつ［摘発］。ばらす。尻(けつ)を割る。中世ばくろ［暴露／曝露］。中古あばく［暴］。さらす［曝／晒］。
《句》近世暗闇の恥を明るみへ出す。
ー小説 インサイドストーリー(inside story)。うちまくもの［内幕物］。

はけ【刷毛】 さっし［刷子］。近代ブラシ／ブラッシュ(brush)。近世けはらひ［毛払］。上代はけ［刷毛／刷子］。

はげあたま【禿頭】 近代びんづる［賓頭盧］。近世きんかあたま／きんかんあたま［金柑頭］。くゎうとう［光頭］。はげあたま［禿頭］。中世とくとう［禿頭］。

はげいとう【葉鶏頭】 近世アマランサス(ラテン Amaranthus)。アマランス(amaranth)。もみぢかるくさ。はげいとう［葉鶏頭］。中世かきつかばな［花］。がんらいこう［雁来紅］。中古かまつか［鎌柄］。

バケーション(vacation) バカンス(フランス vacances)。近代きうか［休暇］。バケーション。ホリデー(holiday)。近世やすみ［休］。中古きうじつ［休日］。

はげお・ちる【剝落】 近代はげおちる［剝落］。らくはく［落剝］。近世はくしょく［剝蝕］。へぐ［へげる］［剝］。中世はくらく［剝落］。はぐ［はげる］［剝］。中古あばく［褫］。はぐ［はげる］［剝］。
表面の塗料などがー・ちる うわはげ［上剝］。

はけぐち【捌口】 近代はけみち［捌道］。はんろ［販路］。近世いきぬき［息抜］。うれぐち［売口］。はけぐち［捌口］。

はげし・い【激】 かれつ［苛烈］。ドラスティック(drastic)。近代きゃうれつ［強烈］。しゅんれつ［峻烈］。しれつ［熾烈］。ホット(hot)。ラジカル(radical)。近世くゎげき［過激］。すさまじ［凄］。ひどし［酷／非道］。中世あつし［厚／篤］。きつし。きぶし。げきじん［激甚／劇甚］。げきれつ［激烈／劇烈］。げんれつ［厳烈］。さんざん［散散］。せはし［忙］。てしげし［手繁］。はしたなし。中古あらあらし［荒荒］。あらまし［荒］。いかし［厳］。いかめし［厳］。いからし［厳］。いちはやし［逸早］。いらなし［苛］。きびし［厳］。けはし［険／嶮］。こくれつ［酷烈］。こはし［強］。たけし［猛］。はげし［激／烈］。はやし［早］。まうに［猛］。上代あらし［荒］。いたし［甚］。いつ［厳／稜威］。

ーい勢い 近代 ものすさまじい[物凄]。ゐれつ[威烈]。近世 まうぜん[猛然]。中世 まうゐ[猛威]。中古 きほひ[競]。

ーい勢いのたとえ 近代 うづ[渦]。ひのたま[火玉]。

ーいさま 近代 火の出るやう。近世 たって[達]。中世 さんざん[散散]。中古 れつれつ[烈烈]。

ーく勇ましいこと 近代 さうぜつ[壮絶]。さうれつ[壮烈]。

ーく議論するさま 近代 かんがく[侃諤]。かんかんがくがく[侃侃諤諤]。口角泡を飛ばす。

ーく行動する 中世 たける[猛]。

ーくなる かねつ[過熱]。近代 げきくゎ[激化]。げきせい[激成]。火に油を注ぐ。近世 ふっとう[沸騰]。中世 げきす[激]。つのる[募]。中古 すさむ[荒]。上代 いやまさる[弥増]。すさぶ[荒/遊]。

気性がーい(こと) 近代 しゅんれい[峻厲]。近世 てっくゎ[鉄火]。ゆうれつ[勇烈]。中古 きはだけし[際猛]。

口調などがーいこと 近世 げきせつ[激切]。中世 いひつのる[言募]。中古 いひあがる[言昂/言揚]。

言行がーいこと 近代 げきゑつ[激越]。近世 きげき[詭激]。けうげき[矯激]。

変化が急でーいこと 近代 きふげき[急激]。

ますますーい 中古 いとどし。上代 すさぶ[荒/遊]。

ばけのかわ【化皮】 近世 ばけのかは[化皮]。みせかけ[見掛]。みてくれ[見]。中世 みかけ[見掛]。

は

《句》中世 人の善悪は針(錐)を袋に入れたるが如し。

ーがはがれる 正体を現す。馬脚を露はす。近代 ぼろを出す。近世 尻尾を出す。

はげまし【励】 近世 いさめ[勇/慰]。こすい[鼓吹]。中世 くゎんれい[勧励]。げきれい[激励]。こぶ[鼓舞]。はげまし[励]。べんさく[鞭策]。中古 さくれい[策励]。しった[叱咤]。べんたつ[鞭撻]。

はげま・す【励】 近代 げんきづける[元気付]。ゆうきづける[勇気付]。近世 尻を押す。すすむ[勧/薦]。中世 いさむ[勇]。げきす[激]。ちからづく[ーづける][力付]。ひきたつ[ーたてる][引立]。中古 むちうつ[鞭打]。上代 はげます[励]。

ー・して戦わせる とくせん[督戦]。

失敗した人をー・す語 近代 ドンマイ(don't mind)。ネバーマインド(never mind)。

旅に出る人をー・すこと そうこう[壮行]。近代 くゎんそう[歓送]。

自ら先頭に立ち皆をー・すこと 近代 そつれい[率励]。

はげ・む【励】 がんばる[頑張]。近代 かくきん[恪勤]。じきゃう[自彊]。まいしん[邁進]。まいわう[邁往]。れいせい[励精]。精を励ます。近世 えいい[鋭意]。しゃうじん[精進]。せいだす[精出]。ふんれい[奮励]。れいかう[励行]。中世 かくご[恪勤]。こくく[刻苦]。しゅっせい[出精]。中古 せいれい[精励]。べんきゃう[勉強]。おもひはげむ[思励]。せいきん[精勤]。つとむ[つとめる][努/勉/勤/務]。はげむ[励]。びんべん[黽勉]。べんれい[勉励]。上代 いそしむ[勤]。かくごん[恪勤]。きんべん[勤勉]。どりょく[努力]。

ー・むさま 近世 じじ[孳孳]。中古 しし[孜孜]。

志を立て学問にー・む 中古 斧を投ぐ[ー投げる]。

仕事にー・む 中世 かせぐ[稼]。

互いにー・む きそいあう[競合]。

ばけもの【化物】 かいい[怪異]。げんよう[幻妖]。近代 えうくゎいへんげ[妖怪変化]。えうれい[妖霊]。き[鬼]。まぶつ/まもの[魔物]。モンスター(monster)。近世 いうき[幽鬼]。えうま[妖魔]。おばけ[御化]。けしゃう[化生]。じゃき/じゃけ[邪気]。しょけ[所化]。ももんが/ももんがあ[鼯鼠/野衾]。化生の者。中世 くせもの[曲者/癖者]。くゎいぶつ[怪物]。じゃき[邪鬼]。せっき[殺鬼/刹鬼]。つきもの[憑物]。ばけ[化]。まうりゃう[魍魎]。中古 あくき[悪鬼]。あくらう/あくりゃう[悪霊]。かりのもの[仮物]。きじん[鬼神]。きみ[鬼魅]。け[怪]。けにん[化人]。こめ[醜女]。ばけもの[化物]。へんげ[変化]。へんしん[変身]。まえん[魔縁]。まみ[魔魅]。もの[物]。もののけ[物化/物怪]。上代 いかづち[雷]。えうき[妖鬼]。えうくゎい[妖怪]。おに[鬼]。→ぼうれい →ようかい【妖怪】

ーが隠れている殿堂 近代 ふくまでん[伏魔殿]。

ーが取り憑く 近世 物に憑く。中古 よる[寄]。

美しい女のー 中古 えうき[妖姫]。

さまざまのー 中古 ちみまうりゃう[魑魅魍

魎]。

夜中に一が歩くこと 中古 やぎゃう[夜行]。ひゃくきやぎゃう[百鬼夜行]。

その他一のいろいろ(例) きじむなあ/きじむん。近代 おほにふだう[大入道]。きふけつき[吸血鬼]。けしん[化身]。バンパイア(vampire)。みつめこぞう[三目小僧]。くゎしゃ[火車]。近世 うみばうず[海坊主]。のっぺらぼう/のっぺらぽう。ひとつめこぞう[一目小僧]。みこしにふだう[見越入道]。ろくろくび/ろくろっくび[轆轤首]。中世 あやかし。うしおに[牛鬼]。けてう[怪鳥/化鳥]。さかがみ[逆髪]。てんぐ[天狗]。のづち[野槌/野雷]。中古 すだま[魑魅]。

▼生き霊 中世 いきりゃう[生霊]。中古 いきすだま[生霊]。

▼化け猫 近代 くゎいべう[怪猫]。中世 ねこまた[猫股/猫又]。

はげやま【禿山】 近代 こつざん[兀山]。ばうずやま[坊主山]。近世 はだかやま[裸山]。中世 はげやま[禿山]。

は・ける【捌】 近世 うる[うれる][売]。さばく[さばける][捌]。はく[はける][捌]。

は・げる【剝】 近代 はげおちる[剝落]。近世 はがる[はがれる][剝]。中世 はくらく[剝落]。中古 だつらく[脱落]。はぐ[はげる][剝]。

ば・ける【化】 近代 けしん[化身]。近世 へんげる[変化]。へんしつ[変質]。中古 くゎす[化]。けす[化]。ばく[ばける][化]。へんくゎ[変化]。

はけん【派遣】 近代 おくる[送]。さけん[差遣]。はけん[派遣]。はする[派]。近世 はしゅつ[派出]。はっしゅつ[発出]。もらかす[貰]。中世 さしつかはす[差遣]。さしむく[一むける][差向]。さす[差/指]。むく[むける][向]。上代 さしまく[差任]。つかはす[遣/使]。はっけん[発遣]。まだす[遣]。やる[遣]。

《尊》中古 くだしつかはす[下遣]。つかはす[遣/使]。

一団 だいひょうだん[代表団]。デリゲーション/デレゲーション(delegation)。

アメリカに一・すること 近代 けんべい[遣米]。

欧州に一・すること 近代 けんおう[遣欧]。

海外に一・すること 近代 けんぐゎい[遣外]。

軍隊を一・すること はへい[派兵]。近代 しゅっぺい[出兵]。

先に一・すること 近代 せんけん[先遣]。

特別に一・すること 近代 とくは[特派]。

人足の一を業とする者 近世 にんそくまはし[人足回]。

はけん【覇権】 しどうけん[指導権]。しゅどうけん[主導権]。近代 せんしゅけん[選手権]。チャンピオンシップ(championship)。はけん[覇権]。ヘゲモニー(ドイツ Hegemonie)。

一を争うこと そうは[争覇]。

一を争う場 近世 ちゅうげん[中原]。

一を握ること 近代 せいは[制覇]。

はこ【箱】 ケース(case)。ボックス(box)。近代 ようき[容器]。近世 うつは[器]。ひつ[櫃]。中古 いれもの[入物]。上代 はこ[箱/筥]。

《枕》中世 たまくしげ[玉櫛笥]。

一と蓋(たふ) 中世 かんがい[函蓋]。

一にはいっていること(もの) 近世 はこいり[箱入]。

一の底 近世 きゃうてい[篋底]。けふてい[篋底]。

一の中に箱を入れる箱 中世 いれこ[入子/入籠]。中古 かけご[掛子/掛籠]。

衣装などを入れる一 近世 いしゃうびつ[衣装櫃]。中世 はさみばこ[挟箱]。中古 ながもち[長持]。

印鑑を入れる一 いんいれ[印入]。近代 いんかふ[印匣]。近世 いんばこ[印箱]。

貴重品などを入れる一 せいりだんす[整理簞笥]。チェスト(chest)。

金銭を入れる一 近代 きんこ[金庫]。ちょきんばこ[貯金箱]。ドルばこ[dollar箱]。近世 かねばこ[金箱]。かねびつ[金櫃]。ぜにばこ[銭箱]。せんりゃうばこ[千両箱]。中世 きんき[金櫃]。

櫛などをいれる一 中古 くしばこ[櫛箱/櫛匣]。上代 くしげ[櫛笥]。

薬などを入れる一 近代 きうきふばこ[救急箱]。中世 くすりばこ[薬箱]。やくろう/やろう[薬籠]。

大工道具を入れる一 近世 だうぐばこ[道具箱]。中世 ばんじゃうばこ[番匠箱]。

竹を編んで作った一 近世 きゃうきょ[筐筥]。中古 かたみ[筐]。上代 かたま[堅間]。かつま[勝間]。

食べ物を入れ重ねて持ち運びする一 かさねじゅう[重重]。近世 おぢゅう[御重]。くみぢゅう[組重]。中世 ぢゅうばこ[重箱]。

釣り道具を入れる一 近代 しなばこ[品箱]。

手紙や文書を入れる一 近世 しょかん[書

函]。ぶんかふ[文匣]。中世じゃうばこ[状箱]。中古ふばこ/ふみばこ[文箱/文筥]。

唐風の美しい— 中古からくしげ[唐櫛笥]。

何もはいっていない— 近代からばこ[空箱]。近世あきばこ[空箱]。

文具などを入れる— 近代てぶんこ[手文庫]。

本を入れておく— 近代きふ[笈]。ひきふ[秘笈]。近世ほんばこ[本箱]。中古ふばこ[文箱]。

その他—のいろいろ(例)①[用途] 近代いうびんばこ[郵便箱]。さいほうばこ[裁縫箱]。パッキングケース(packing case)。近世おもちゃばこ[玩具箱]。げたばこ[下駄箱]。べんたうばこ[弁当箱]。中世からうづ/からうと[唐櫃]。からびつ[唐櫃]。中古すずりばこ[硯箱]。はしばこ[箸箱]。はりばこ[針箱]。

その他—のいろいろ(例)②[材質] カートン(carton)。だんボールばこ[段board箱]。近代かみばこ[紙箱]。きばこ[木箱]。ボールばこ[board箱]。近世すぎをり[杉折]。をりばこ[折箱]。

▼助数詞 中世がふ[合]。

はごいた【羽子板】 近世こぎいた/こぎた[胡鬼板]。中世はごいた[羽子板]。

はこいりむすめ【箱入娘】 近世はこ[箱]。はこいりむすめ[箱入娘]。ふところご[懐子]。

はごたえ【歯応】 はあたり[歯当]。近代はざはり[歯触]。中世てごたへ[手応]。はごたへ[歯応]。→**はざわり**

▼擬態語 かりっと。がりっと。しこしこ。しゃりっと。近世ぱりぱり。中世がりがり。こりこり。ばりばり。

はこねうつぎ【箱根空木】 近世はこねうのはな[箱根卯花]。さらさうつぎ[更紗空木]。近世はこねうつぎ[箱根空木]。はこねうのき[箱根卯木]。

はこねしだ【箱根羊歯】 近世いししだ[石羊歯]。いちゃうぐさ[銀杏草]。オランダさう[ポルトガル Olanda草]。かっぺらさう。はこねさう[箱根草]。中古ほど[塊/塊芋]。

はこ・ぶ【運】❶〈運送〉 キャリー(carry)。はこびとどける[運届]。近代うんぱん[運搬]。うんゆ[運輸]。しゅそう[輸送]。はんそう[搬送]。ゆする[輸]。近世うんぽ[運歩]。ゆそう[輸送]。中古うんさい/うんざい[運載]。はこぶ[運]。上代うんしゅ[運輸]。うんそう[運送]。

—・び入れる 近代いにふ[移入]。はこびこむ[運込]。はんにふ[搬入]。中世もちこむ[持込]。中古かきいる[—いれる][舁入]。

—・び出す 近代おくりだす[送出]。はんしゅつ[搬出]。

—・ぶ人 近代あかぼう[赤帽]。ポーター(porter)。近世がうりき[強力/剛力]。かつぎ[担]。中世はこびて[運手]。

肩にのせて—・ぶ 中世かつぐ[担]。中古かく[舁]。

土砂などを—・ぶ道具 近世かるこ[軽籠/軽子]。もっこう[畚]。中世もっこ[畚]。

船で—・ぶこと かいじょうゆそう[海上輸送]。かいそう[海送]。近代くゎいさう[廻漕/回漕]。近世かいうん[海運]。中古うんさい/うんざい[運載]。上代うんさう[運漕]。

はこ・ぶ【運】❷〈進捗〉 近代しんかう[進行]。てんかい[展開]。しんちょく[進捗]。しんてん[進展]。はこぶ[運]。近世はかどる[捗/果取]。中世もとほる[回/廻]。上代すすむ[進]。

はこべ【繁縷】 くさのいと[草糸]。にっしゅつさう[日出草]。ひよこぐさ[雛草]。近世みきくさ。中世あさしらげ。はこべ/はこべら[繁縷]。中古からよもぎ[唐艾]。

はさい【破砕】 近世こはる[こわれる][壊]。はさい[破砕/破摧]。中世こはす[壊]。はくゎい[破壊]。中古くだく[砕]。はそん[破損]。上代はゑ[破壊]。

はざかいき【端境期】 近代てんくゎんき[転換期]。はざかひき[端境期]。わかれめ[分目]。中世かはりめ[変目]。

はさま・る【挟】 近世はさかふ[挟]。上代はさまる[挟]。

—・ること 近代いたばさみ[板挟]。サンドイッチ(sandwich)。

はさみ【鋏】 クリッパー(clipper)。シザーズ(scissors)。中古せんたう[剪刀]。はさみ[鋏]。

—で切る 鋏を入れる。中世せんだん[剪断]。中古はさむ[剪/鋏]。

—のいろいろ(例) かなばさみ[金鋏/金鉗]。かみばさみ[紙鋏]。かりこみばさみ[刈込鋏]。たちばさみ[裁鋏]。近代せいやうばさみ[西洋鋏]。つめきりばさみ[爪切鋏]。にぎりばさみ[握鋏]。わばさみ[和鋏]。近世たうばさみ[唐鋏]。はなばさみ[花鋏]。中世きばさみ[木鋏]。

▼擬態語 近代ちょきん。ちょっきん。近世

じょきじょき。ちょきちょき。ちょきり。ちょっきり。ちょん。

はさ・む【挟】 近代 はさみこむ［挟込］。近世 さしこむ［差込］。つまむ［摘／抓／撮］。はさみいる［ーいれる］［挟入］。中古 いる［いれる］［入］。ついさす［突挿］。はさむ［挟／挿］。上代 さしはさむ［差挟］。さす［挿］。

竹でー・む 近代 かんする［箝／鉗］。

はざわり【歯触】 近代 はあたり［歯当］。近代 したざはり［舌触］。はざはり［歯触］。近世 くちあたり［口当］。中世 あぢ［味］。はごたへ［歯応］。上代 あぢはひ［味］。

はさん【破産】 けいえいはたん［経営破綻］。身代を棒に振る。近代 たうさん［倒産］。たうさん［蕩産］。近世 しんだいかぎり［身代限］。たふる［たおれる］［倒］。ぶんさん［分散］。竈(かまど)を破る。産を破る。身代畳む。中世 ぼつらく［没落］。中古 はさん［破産］。

ー・した者 近世 たふれもの［倒者］。

はし【箸】 上代 はし［箸／筯］。近世 てもと［手元／手許］（女房詞）。近代 おてもと［御手元／御手許］。《丁》ごぜんばし［御膳箸］。

ーから箸へ受け渡すこと（不吉なこととされる） 近世 あひばさみ［相挟］。

ーの不作法な使い方の例 そらばし［空箸］。まよいばし［迷箸］。近世 うつりばし［移箸］。にぎりばし［握箸］。はねばし［撥箸］。まどひばし［惑箸］。わたりばし［渡箸］。

ーを入れる紙の袋 近世 はしがみ［箸紙］。

ーを置く小さな器具 はしおき［箸置］。中世 みみがはらけ［耳土器］。みみざら［耳皿］。中古 はしだい［箸台］。

漆塗りのー 近世 ぬりばし［塗箸］。

魚料理に用いるー 中古 まなばし［真魚箸］。

死者に供える膳に立てるー 近代 いっぽんばし［一本箸］。

正月祝う時に用いるー 近代 いはひばし［祝箸］。やなぎばし［柳箸］。近世 かんばし［羹箸］。ざふにばし［雑煮箸］。ふとばし［太箸］。

炭火などを扱うー 中世 こじ［火箸／火匙］。中古 ひばし［火箸］。

使い古したーの供養 はしくよう［箸供養］。

副食物などを取り分けるー とりばし［取箸］。近世 さいばし［菜箸］。

両端が細く中央がやや太いー 近世 りきうばし［利休箸］。

割ったり折ったりして使うー 近代 わりばし［割箸］。中古 をりばし［折箸］。

割り箸で楊枝(ようじ)を挟んであるー 近代 はらみばし［孕箸］。

▼助数詞 中世 ぜん［膳］。

はし【橋】 ブリッジ(bridge)。近代 かけう［架橋］。けうか［橋架］。近世 かりゃう［河梁］。中古 けうりゃう［橋梁］。上代 はし［橋］。

ーのたもと 中古 はしづめ［橋詰／橋爪］。はしもと［橋本］。上代 をづめ。

ーの美称 上代 たまはし［玉橋］。

板を渡しただけのー 上代 うちはし［打橋］。たなはし［棚橋］。

一本の木を渡したー 近世 いっぽんばし［一本橋］。ひきわたしばし［引渡橋］。中世 まるきばし［丸木橋］。中古 ひとつばし［一橋］。

四方に架け渡したー 中世 蜘蛛手(くもで)の橋。

男女の仲を取りもつー 中世 うじゃくけう［烏鵲橋］。烏鵲(うじゃく)の橋。中古 じゃくけう［鵲橋］。かささぎの橋。

小さいー 上代 さをばし［小橋］。

中国風のー 中古 からはし［唐橋］。上代 くれはし［呉橋］。

天と地をつなぐー 上代 天(あま)の浮き橋。

虹のように美しいー 中古 こうけう［虹橋］。

船の航行のための可動式のー かいせんきょう［回旋橋］。かどうきょう［可動橋］。しょうかいきょう［昇開橋］。ちょうかいきょう［跳開橋］。近代 せんかいけう［旋開橋］。近世 はねばし［跳橋／撥橋］。

舟を並べ板を渡したー しゅうきょう［舟橋］。上代 うきはし［浮橋］。中古 ふないかだ［船筏］。ふなばし［舟橋］。

屋根もある廊下のようなー 近世 よこしとみ［横蔀］。らうかばし［廊下橋］。

山の険しい所に懸けたー 近代 さんけう［桟橋］。近世 うんさん［雲桟］。かけはし［懸橋／梯］。

山の中の谷川に懸けたー 中古 さんりゃう［山梁］。上代 かけはし［懸橋／梯］。

その他ーのいろいろ①［材質］ 近世 つちはし／どばし［土橋］。中世 いしばし［石橋］。いたばし［板橋］。いはばし［岩橋／石橋］。まるきばし［丸木橋］。

その他ーのいろいろ②［構造］ ちんかばし［沈下橋］。トラスきょう［truss橋］。もぐりばし［潜橋］。ラーメンきょう［(ドイツ)Rahmen橋］。近代 アーチけう［arch橋］。きょうけう［拱橋］。近世 たいこばし［太鼓橋］。つりばし［吊橋］。めがねばし［眼鏡橋］。中古 そりばし［反橋］。

その他ーのいろいろ③［目的］ かどうきょう［架道橋］。こうかきょう［高架橋］。どうすいきょう［導水橋］。近代てっけう［鉄橋］。てつだうけう［鉄道橋］。ほだうけう［歩道橋］。りくけう［陸橋］。

はし【端】 エンド(end)。さきっちょ［先］。さきっぱし［先端］。近代エッジ(edge)。さきっぽ［先］。せんたん［尖端／先端］。とったん［突端］。はじ［端］。はしっこ［端］。まっせう［末梢］。まったん［末端］。近世こぐち［小口］。はしっぽ［端］。みみ［耳］。中世するゑ［末］。たんまつ［端末］。へり［縁］。中古はてきは［際］。つま［端］。はづれ［外］。はて［果］。はな［端］。ふち［縁］。上代うらゑ［末］。さき［先］。しり［後／尻］。つめ［詰］。は［端］。はし［端］。はたて［端手］。へた［端／辺］。

ーを折り曲げる 近代つまをる［端折／爪折］。

一番ー 近世とっぱづれ［突外］。

土地のー 近世ぢじり［地尻］。

もう一方のー 近代たたん［他端］。近世かたっぱし［片端］。中世ひとはし［一端］。中古いったん［一端］。かたそば［片側／片傍］。かたつま［片端］。上代かたはし［片端］。

両方のー 近世りゃうはし［両端］。中世りゃうたん［両端］。中古もとすゑ［本末］。

はじ【恥】 近代しうき［羞愧］。ふめいよ［不名誉］。ふめんぼく／ふめんもく［不面目］。近世せきめん［赤面］。つらはぢ［面恥］。中世かきん［瑕瑾］。きず［傷／疵］。しうちく［羞恥］。なをり／なをれ［名折］。中古ちじょく［恥辱］。上代はぢ［恥／辱］。

《句》近世旅の恥はかき捨て。中世命長ければ辱(はぢ)多し。会稽(くわいけい)の恥。

ーをかかせる 近世てらす［照］。面(おもて)(顔)に泥を塗る。顔を潰す。顔を踏む。中世面(おもて)(つら)を汚す。中古かかやく［輝］。はしたなむ［端］。はづかしむ［ーしめる］［恥］。上代恥を見す。

ーをかく 近世外聞(ぐわいぶん)欠く。中世面(おもて)を曝(さら)す。恥を曝す。中古恥を取る。恥を見る。

ーを気にしない 中古恥を捨つ［ー捨てる］。恥を忘る［ー忘れる］。

ーをごまかすしぐさ 近世てれかくし［照隠］。

ーをそそぐこと めいよばんかい［名誉挽回］。屈辱を晴らす。近代せつじょく［雪辱］。

ーを恥と思わない態度 →はじしらず

生きているー 近世いきはぢ［生恥］。

栄誉とー 上代えいじょく［栄辱］。

大きなー 近世あかっぱぢ／あかはぢ［赤恥］。ごふはぢ［業恥］。中世おほはぢ［大恥］。

重ねてーをかく 近世恥の上塗り。

国のー 近世こくじょく［国辱］。

死に際のー 近世しにはぢ［死恥］。

ちょっとしたー 中世うすはぢ［薄恥］。

はじい・る【恥入】 近世ざんくゎい［慚悔］。中世はぢいる［恥入］。中古おもひはづ［思恥］。ざんき［慙愧／慚愧］。

ー・って汗が流れること 中世ざんかん［慙汗／慚汗］。

ー・るさま 近代ざんし［慚死］。中世かんがん［汗顔］。きたん［愧赧］。中古おもひはづく［思恥］。せきめん［赤面］。ぢくぢ［忸怩］。

はしか【麻疹】 近世ましん［麻疹］。中世いなすり。はしか［麻疹］。中古あかがさ［赤瘡］。あかもがさ［赤疱瘡］。いなめがさ［稲目瘡］。

はしがき【端書】 近代じょし［序詞］。ちょげん［緒言］。近世くちがき［口書］。じょげん［序言］。じょぶん［序文］。たんしょ［端書］。はしことば［端詞］。まへがき［前書］。中世しょげん［緒言］。中古じょ［序］。はしがき［端書］。

ーを書く 近代じょする［序］。→じょぶん

はじ・く【弾】 近代はじきとばす［弾飛］。近世はじく［はじける］［弾］。はず［はぜる］［爆／罅］。はねとばす［撥飛］。中世つまぐる［爪繰］。はじく［弾］(四段活用)。はぬ［はねる］［撥］。はねかへす［跳返］。上代つまびく［爪引］。

短いー 近代せういん［小引］。

はしくれ【端】 近世きれっぱし［切端］。はしくれ［端］。中世きりくづ［切屑］。きれ［切］。きれはし［切端］。上代かたはし［片端］。

ーのような人 近代けいはい［軽輩］。中世まっぱい［末輩］。

はしけ【艀】 近代ふせん［艀船］。近世うはにぶね［上荷船］。せどりぶね［瀬取船］。ちゃぶね［茶船］。てんまぶね［天馬船］。はしけ［艀］。中古てい［艇］。はしぶね［端舟／橋舟］。

はじ・ける【弾】 →はじ・く

はしご【梯子】 近代ていし［梯子］。近世はしご［梯子／階子］。はしのこ［梯子］。中古かけはし［懸橋／桟］。上代はし［階／梯］。

ーの横木 中世こ［格］。

一本の木材に踏み段を付けたー 近代 がんぎばしご[雁木梯子]。

崖などに渡したー 中世 さんてい[栈梯]。中古 かけはし[栈]。

城攻めに用いた長いー 中世 うんてい[雲梯]。中古 雲のかけはし。

竹筒に縄を通したー 近代 くだばしご[管梯子]。

畳んで持ち運びできるー 近世 たたみばしご[畳梯子]。なはばしご[縄梯子]。やりばしご[槍梯子]。

垂らして用いるー 近代 さくてい[索梯]。近世 つりばしご[吊梯子/釣梯子]。なはばしご[縄梯子]。

継いで長くできるー 近世 つぎばしご[継梯子]。

船などの乗り降りに用いるー 近代 げんてい[舷梯]。タラップ(オランダ trap)。ふなばしご[船梯子]。

はしこ・い 近代 きびん[機敏]。しゅんびん[俊敏]。すばしこい/すばしっこい。近世 はしこし[敏捷]。中世 すばやし[素早]。びんせふ[敏捷]。みがる[身軽]。

はじさらし【恥曝】 近代 はぢかき[恥掻]。近世 つらよごし[面汚]。はぢさらし[恥曝]。

はじしらず【恥知】 近代 こうがんむち[厚顔無恥]。てんぜん[靦然]。はれんち[破廉恥]。近世 あつかまし[厚]。おもなげ/おもなさ[面無]。てつめん[鉄面]。てつめんぴ[鉄面皮]。のづら[野面]。むち[無恥]。顔厚し。中世 おもてつれなし[面]。きたなし[汚/穢]。つれなし。はぢしらず[恥知]。中古 おもなし[面無]。こうがん[厚顔]。恥と頭はかき次第。

《句》近世 蛙の面に水(小便)。

ー・な態度 近世 しゃあしゃあ[洒洒]。のんこのしゃあ。のんこのしゃんこ。

ーを罵ることば 近世 どの面下げて。

▼恥ずかしいと思わない 近代 恥も外聞もない。中古 はじなし[恥無]。

はした【端】 近世 はんぱ[半端]。中古 はした[端]。中世 ほこり[埃]。中世 は[端]。

はしたがね【端金】 近世 くされがね[腐金]。めくさりがね/めくされがね[目腐金]。はした[端]。はしたがね[端金]。中世 こまがね[細金/細銀]。

はしたな・い 慎みがない。近世 げひん[下品]。ぶさはふ[不作法]。はすは[蓮葉]。中世 げれつ[下劣]。中古 いやし[卑/賤]。やひ[野卑]。はしたなし。

ばじとうふう【馬耳東風】 どこ吹く風。近代 ばじとうふう[馬耳東風]。むくゎんしん[無関心]。むとんちゃく/むとんぢゃく[無頓着]。意に介さない。気にしない。我関せず焉(えん)。

《句》近代 大声里耳(りじ)に入(い)らず。のれんに腕押し。近世 犬に論語。馬に経文。馬の耳に念仏。蛙(かえる)の面に水(小便)。豆腐にかすがひ。糠(ぬか)に釘(くぎ)。中世 牛に対して琴を弾(ひ)く(弾(だん)ず)。兎(うさぎ)に祭文。

はしなくも【端無】 近代 いさうぐゎい[意想外]。よさうぐゎい[予想外]。意外にも。近世 ふそく[不測]。図らずも。中世 はしなくも[端無]。中古 ふりょ[不慮]。思ひがけず。

はしばし【端端】 中世 はつれはつれ/はづれはづれ[外外]。そばそば[側側/端端]。中古 すみずみ[隅隅]。つまづま[端端]。はしばし[端端]。

はじまり【始】 オープニング(opening)。くさわけ[草分]。すべりだし[滑出]。でだし[出出]。ビギニング(beginning)。近代 かいし[開始]。かいまく[開幕]。きたん[起端]。きてん[起点]。しゅっぱつ[出発]。しゅっぱつてん[出発点]。スタート(start)。はうが[萌芽]。ふりだし[振出]。プロローグ(prologue)。ぼうとう[冒頭]。めだし[芽出]。めばえ[芽生]。近世 かいさん[開山]。きげん[起源]。くさむすび[草結]。くちあけ[口開/口明]。しょくち[初口]。しょはつ[初発]。じょびらき[序開]。でだち[出立]。まくあき/まくあけ[幕開]。中世 さうさう[草創]。しょほつ[初発]。たん[端]。はじまり[始]。はじめ[初/始]。ほったん[発端]。みなかみ[水上]。みなもと[源]。らんしゃう[濫觴]。げんりう[源流]。中古 おこり[起]。けんよ[権輿]。しほさき[潮先]。→**はじめ**

ーの儀式(例) テープカット(和製 tape cut)。近代 かいくゎいしき[開会式]。こけらおとし[柿落]。しきうしき[始球式]。近世 かがみびらき[鏡開]。

時代などのー 近代 よあけ[夜明]。れいめい[黎明]。

戦いのー せんたん[戦端]。

物事のー 近世 こぐち[小口]。ことはじめ[事始]。

はじま・る【始】 幕が開く(上がる)。近代 スター

ト(start)。産声(うぶごゑ)を上げる。緒(ちょ)に就く。端(たん)を開く。蓋が開(あ)く。近世端(たん)を発す。火蓋を切る。中古おこる[起]。ことなる[事成]。はじまる[始]。ひらく[開]。

ー・ったばかり 近代序の口。中世でばな[出端/出鼻]。

ー・ろうとする時 近代かどぐち[門口]。れいめい[黎明]。中世やさき[矢先]。

新たにー・る 中古ひらく[開]。

改めー・ること 中世かうし[更始]。

季節や年がー・る 中古たつ[立]。

再びー・ること 近代さいかい[再開]。

はじめ【初】 じょきょく[序曲]。すべりだし[滑出]。でだし[出出]。とばくち[口]。近代しょっぱな[初端]。じょのくち[序口]。しょほ[初歩]。だいいっぽ[第一歩]。たんちょ[端緒]。ちゅんもう[屯蒙]。ふりだし[振出]。近世あたま[頭]。いとぐち[糸口]。くちあけ/くちびらき[口開]。くちきり[口切]。くちもと[口元/口許]。くゎんとう[巻頭]。さんばそう[三番叟]。しげん[始原]。しょっきり[初切]。しょて[初手]。しょてっぺん[初天辺]。じょびらき[序開]。そし[祖師]。そもそも[抑]。たんしょ[端緒]。てはじめ[手始]。のっけ。はな[端]。ふうきり[封切]。中世いりぐち[入口]。いろは[伊呂波/以呂波/色葉]。かうし[嚆矢]。かはきり[皮切]。きしゅ[起首]。げんし[原始]。げんし[元始]。げんしょ[原初]。こんげん[根源]。さしより[指寄]。しょ/ちょ[緒]。でばな[出端/出鼻]。ね[根]。はじまり[始]。はつ[初]。ほったん[発端]。まっさき[真先]。もと[元/本]。中古うひ[初]。おや[祖]。くち[口]。けんよ[権輿]。こんぽん[根本]。さいしょ[最初]。ついりん[椎輪]。やまぐち[山口]。上代はじめ[初/始]。→はじまり

《句》近代頭でっかち尻すぼり。隗(くゎい)より始めよ。涓涓(けんけん)壅(ふさ)がざれば終(つひ)に江河(かうが)となる。コロンブスの卵。高きに登るは必ず低きよりす。初め有らざるなし、克(よ)く終はりあるは鮮(すく)なし。百里の道も一足(ひとあし)(一歩)から。中世初心忘るべからず。千里の行(かう)も足下(そくか)に始まる。始めの囁(ささや)き後(のち)のどよめき。始めは処女の如く、後(のち)は脱兎(だっと)の如し。

ーから あたまから[頭]。てんから[天]。ねから/ねっから[根]。のっけから。もともと[元元]。近代ぐゎんらい[元来]。げんらい[原来]。近世あたまで[頭]。ぶっつけ[打付]。みぎより[右]。中古もとより[固/素]。

ーから終わりまで 近代とほし[通]。近世はじめをはり[始終]。中世いちぶしじゅう[一部始終]。しじゅう[始終]。しゅうし[終始]。しゅび[首尾]。一から十まで。ひとわたり[一渡/一渉]。もとすゑ[本末]。中古上代すがらに。《句》近代菜種から油まで。中世そもそもから着きにけり迄。

ーから終わりまで読む 近代つうどく[通読]。近世よみくだす[読下]。中世よみとほす[読通]。

ーと終わり りょうたん[両端]。近世ほんばつ[本末]。中世あとさき[後先]。しじゅう[始終]。しゅび[首尾]。たんげい[端倪]。中古しりくち[後口/尻口]。上代ほんまつ[本末]。

ーに 中古まづ/まづは[先]。

ーの思い 近世しょし[初志]。中世しょいちねん[初一念]。しょねん[初念]。

ーの頃 じょばん[序盤]。近世とりつき[取付]。じょばんせん[序盤戦]。中古たうしょ[当初]。はじめつかた[初方]。

秋のー 近世あきぐち[秋口]。

争いのー しょせん/ちょせん[緒戦]。せんたん[戦端]。近世きんたん[釁端]。

ある期間のー 近代きしゅ[期首]。しょき[初期]。しょとう[初頭]。中古たうしょ[当初]。

一番ー 中世さいさき[最先]。

この世のー 中世ごふしょ[劫初]。中古てんちかいびゃく[天地開闢]。上代かいひゃく/かいびゃく[開闢]。

仕事などのー 近代しげふ[始業]。

はじめて【初】 中世いまさら[今更]。はつ[初]。上代はじめて[初/始]。

《丁》おはつ[御初]。

ー会う はつかおあわせ[初顔合]。はつたいめん[初対面]。近世うひげんざん[初見参]。中世しょけん[初見]。しょたいめん[初対面]。

ー現れること 近代産声(うぶごゑ)を上げる。

ー言う 上代いひそむ[ーそめる][言初]。

ー聞く 近代はつみみ[初耳]。近世みみあたらし[耳新]。上代ききそむ[聞初]。

ーする くさわけ[草分]。近代ふでおろし[筆下]。近世さうし[創始]。中世しいだす[為出]。中古しそむ[為初/仕初]。

ー作ること そうしゅつ[創出]。近代さうざ

う［創造］。さうさく［創作］。さうせい［創成］。近世さうせい［創製］。上代しんざう［新造］。

―出ること 近代しょしゅつ［初出］。近世でぞめ［出初］。

―の客 近代せいかく［生客］。

―のこと 中古うひごと［初事］。

―の上演 近代しょえん［初演］。

―の共枕 中古にひまくら［新枕］。上代にひたまくら［新手枕］。

―見る しょけん［初見］。中古みそむ［―そめる］［見初］。

劇場新築や改築などの―の興行 近代こけらおとし［柿落］。

知っていることを―知ったふりをする 近代今更らしい。

虫や鳥がその年―鳴いた日 しょめいび［初鳴日］。

▼接頭語的に しょじょ［処女］。はつ［初］。中古うひ［初］。上代にひ［新］。

はじめに【初】 中世さしより［指寄］。とりあへず［取敢］。中古はじめに［初］。

はじ・める【始】 たちあげる［立上］。のりだす［乗出］。ふみだす［踏出］。やりはじめる［遣始］。幕を開ける。幕を切って落とす。近代オープン(open)。かいし［開始］。かいせつ［開設］。けいし［経始］。さうせつ［創設］。しんせつ［新設］。スタート(start)。ちゃくしゅ［着手］。ふみきる［踏切］。口火を切る。緒(しょ)に就く。手を染める。近世かいげふ［開業］。さうし［創始］。幕を切る。中世さうげふ［創業］。さうりつ［創立］。しはじむ［―はじめる］［仕始］。はつどう［発動］。手を付く［―付ける］。中古とりかかる［取掛］。上代おこす［興／起］。そむ［そめる］［初］。はじむ［はじめる］［始］。

《句》近代隗(くゎい)より始めよ。

―・めたばかりの人 近世しんまい［新米］。中世しょしんしゃ［初心者］。→しんじん【新人】

―・めた人 くさわけ［草分］。近代ぐゎんそ［元祖］。さうししゃ［創始者］。近世生み(産み)の親。中世かいさん［開山］。くさむすび［草結］。びそ［鼻祖］。

工事を―・める ちゃっこう［着工］。近代きこう［起工］。

準備が十分でないのに―・めること こしだめ［腰撓］。みきりはっしゃ［見切発車］。

戦いを―・める(こと) 砲火を交える。近代かいせん［開戦］。戦端を開く。中世干戈(かんくゎ)を動かす。

再び―・めること 近代さいかい［再開］。

はしゃ【覇者】 せんしゅけんほじしゃ［選手権保持者］。近代いうしょうしゃ［優勝者］。しはいしゃ［支配者］。しょうしゃ［勝者］。しょうりしゃ［勝利者］。せんしょうしゃ［戦勝者］。だいいちにんしゃ［第一人者］。チャンピオン(champion)。中世はしゃ［覇者］。はわう［覇王］。上代わうじゃ［王者］。

ばしゃ【馬車】 近代マーチョ［(中国語)馬車］。近世ばしゃ［馬車］。

―の車輪の音 近世れきろく［轣轆］。ろくろく［轆轆］。

粗末な― 近代がたばしゃ［馬車］。

定期に運行する― えきばしゃ［駅馬車］。

鉄道を走る乗合の― 近代てつだうばしゃ［鉄道馬車］。

二頭立ての― タンデム(tandem)。近代にとうだて［二頭立］。

荷物を運ぶ― 近代にばしゃ［荷馬車］。

乗り合いの― 近代オムニバス(omnibus)。のりあひばしゃ［乗合馬車］。ゑんたらうばしゃ［円太郎馬車］。

乗る所が箱形の― 近代はこばしゃ［箱馬車］。

乗る所に幌を掛けた― 近代ほろばしゃ［幌馬車］。

道端で客待ちをする― 近代つじばしゃ［辻馬車］。

四頭立ての― 中古し［駟］。しば／しめ［駟馬］。

はしゃ・ぐ【燥】 近世はしゃぐ［燥］。中古おそばふ［戯］。さうどく［騒動］。ざる［ざれる］［戯］。はねぎる［跳］。

―・いで話す 中世かたりきょうず［語興］。

―・ぎ回る 中古おしありく［押歩］。

ばしょ【場所】 スポット(spot)。トポス(ギリシャ topos)。近代かしょ［箇所］。きゃう［境／疆］。ちてん［地点］。ポイント(point)。ロケーション(location)。近世ばしょ［場所］。ゐち［位置］。中世きゃうち［境地］。ざいしょ［在所］。ちまた［巷／岐／衢］。ちゐ［地位］。ば［場］。みぎり／みぎん［砌］。中古かた［方］。せ［瀬］。ぢ［地］。上代さかひ［境／界］。その［園／苑］。ところ［所／処］。には［庭］。

《尊》近代おんち［御地］。近世きはう［貴方］。

―にふさわしい状況 近世ばしょがら［場所柄］。中古ところがら［所柄］。

―を変える(こと) 近代てんきょ［転居］。

近世ところがへ[所替]。ぼんがへ[盆替]。中世いてん[移転]。うつろふ[移]。てんい[転移]。上代うつす／うつる[移／遷]。

ーを占める 近代せんりゃう[占領]。中世すわる[据／坐／座]。ぢんどる[陣取]。ふさぐ[塞]。

あるー 近代どこか[何処]。ぼうしょ[某所／某処]。近世どこそこ。どこやら[何所／何処]。中世どこどこ[何処何処]。

いこいのー 近代オアシス(oasis)。

おおよそのー 中古へん[辺]。上代あたり[辺]。

活動の拠点としてのー きち[基地]。ベース(base)。

実際にそのーにいる感じ りんじょうかん[臨場感]。

実際のそのー 近代げんち[現地]。げんぢゃう／げんば[現場]。

近くのー ふきん[付近]。中世きんじょ[近所]。きんばう[近傍]。中古きんぺん[近辺]。

遠いー 中古をち[遠／彼方]。

一つのー 近代いちだう[一堂]。いっかしょ[一箇所]。中世いっしょ[一所]。ひととこ／ひとところ[一所]。

人のいない静かなー 中世かんじょ[閑所／閑処]。

ふさわしいー 近代てきしょ[適所]。《句》近世大魚は小池に棲まず。

不明のー 中古どこ[何所／何処]。

物のあるー 中世ちてん[地点]。中古ありか[在所／在処]。

▼助数詞 中世かしょ[箇所]。しょ[所]。上代ところ。

▼接尾語 上代か[処]。こ[処]。

はじょう【波状】 アップダウン(和製 up down)。ウエーブ(wave)。近代でこぼこ[凸凹]。はじゃう[波状]。近世あふとつ[凹凸]。きふく[起伏]。

ばしょう【芭蕉】 近代せんしせん[扇子仙]。近世にはみぐさ[庭見草]。ばせを[芭蕉]。ほうび[鳳尾]。中世そうじゃぐさ[奏者草]。にはわすれぐさ[庭忘草]。上代ばせう[芭蕉]。

ーの花 中世うどんげ[優曇華]。

葉の破れたー 近世やればせう[破芭蕉]。

はしょ・る【端折】 かんそか[簡素化]。かんりゃくか[簡略化]。近代かつあい[割愛]。カット(cut)。きりつめる[切詰]。しゃうりゃく[省略]。たんしゅく[短縮]。とばす[飛]。近世からぐ〈からげる〉[絡／紮]。つまぐ〈つまげる〉[褄]。つまをる[端折／爪折]。はしょる[端折]。はしをる[端折]。中世ちぢむ〈ちぢめる〉[縮]。中古つづむ〈つづめる〉[約]。はぶく[省]。まくりあぐ〈ーあげる〉[捲上]。りゃくす[略]。

和服のつまのー・り方(例) 近世おしょぼからげ[紮]。かたはしょり[片端折]。しりがらみ[尻絡]。をとこばしょり[男端折]。中世しりからげ[尻絡]。

はしら【柱】 近代ちゅう[柱]。ポール(pole)。上代はしら[柱]。

ーと土台の石 中世ちゅうそ[柱礎]。中古ちゅうせき[柱石]。

ーと柱の間 近代はしらま[柱間]。中古ひとま[一間]。ま[間]。上代けん[間]〈接尾語〉。

ーと柱の間の壁 中世へきかん[壁間]。

ーと柱をつなぐ板 近世ぬき[貫]。ぬきぎ[貫木]。

ーに掛ける装飾 近代はしらかくし[柱隠]。近世はしらかけ[柱掛]。中古はしらゑ[柱絵]。

ーの下部を保護すること 近世ねつつみ[根包]。ねまき[根巻]。

ーの割れ目(乾燥に伴う割れを防ぐための) せわり[背割]。

ーを太くしっかり立てる 上代ふとしく[太敷]。

縁の下の短いー 近世えんづか[縁束]。えんばしら[縁柱]。

建造物の中心となるー きちゅう[基柱]。しゅちゅう[主柱]。近世だいこくばしら[大黒柱]。中古しんのはしら／しんばしら[心柱／真柱]。

大黒柱に次ぐー えびすばしら[恵比須柱／夷柱]。

彫刻を施すなどしたー トーテムポール(totem pole)。近代アトランテス(ギリシャ atlantes)。カリアティード(ギリシャ caryatid)。

天を支えているー 近世てんちゅう[天柱]。

土中に埋めて建てたー(またその家) いけこみばしら[埋込柱]。近代ほったてごや[掘立小屋]。中世ほりたて[掘立]。

橋を支えるー 近世けうきゃく[橋脚]。

壁面に付けた飾りのー かたふたばしら[片蓋柱]。つけばしら[付柱]。

幕を張るために立てる細いー 中世まくぐし[幕串]。

短いー 中世つか[束]。中古つかばしら[束柱]。

その他—のいろいろ〈例〉①［**目的**］おやばしら［親柱］。くだばしら［管柱］。とおしばしら［通柱］。近代おもばしら［主柱］。しちゅう［支柱］。でんしんばしら［電信柱］。でんちゅう［電柱］。もんちゅう［門柱］。近世そでばしら［袖柱］。中世かどばしら［門柱］。中古をとこばしら［男柱］。上代ほばしら［帆柱／檣］。

その他—のいろいろ〈例〉②［**材質**］近代めんかはばしら［面皮柱］。近世ひょうちゅう［氷柱］。まるきばしら［丸木柱］。中世いしばしら［石柱］。てっちゅう［鉄柱］。中古せきちゅう［石柱］。上代まきばしら［真木柱／槙柱］。

その他—のいろいろ〈例〉③［**形状**］かくちゅう［角柱］。近代かくばしら［角柱］。さんかくちゅう［三角柱］。ゑんちゅう［円柱］。近世しかくちゅう［四角柱］。中世まるばしら［丸柱］。

▼円柱中央部の微妙なふくらみ 近代エンタシス(entasis)。近世どうばり［胴張］。

はじらい【恥】 近代がんしう［含羞］。けうしう［嬌羞］。紅こうをさす。近世はぢらひ［恥］。はにかみ。中世しうじふ［羞渋］。しうち［羞恥］。

はじら・う【恥】 近世びびる。中世はにかむ。中古はぢらふ［恥］。はづかしがる［恥］。↓**は・じる**

はしり【走】❶〈走行〉↓**はし・る**

はしり【走】❷〈流し〉 シンク(sink)。近代ながしば［流場］。中世はしり［走］。

はしり【走】❸〈初物〉 近世ではじめ［出始］。中世はしり［走］。はつもの［初物］。中古はしりもの［走物］。

はしりどころ【走野老】(ナス科の多年草) 近世はしりどころ［走野老］。をめきぐさ［草］。中古おほみのくさ［草］。おほみるくさ［茸蓎子／莨蓎］。

はし・る【走】 中世かける［駆／駈］。はす〈はせる〉［馳］。わしる［走］。中古とぶ［飛］。上代さばしる［走］。はしる［走］。

—・らせる 中世とばす［飛］。中古かる［駆］。上代はさす［馳］。わしす［走］。

—・り去ること 中世はいち［背馳］。

—・り回って苦労すること 近世しっぷうもくう［櫛風沐雨］。

—・り回る 近代かけづりまはる［駆回／駈回］。近世かけめぐる［駆巡］。すうそう［趨走］。はせあるく［馳歩］。中世ちそう［馳走］。はせめぐる［馳廻］。上代たちはしる［立走］。

—・り戻ること 近代きゃくそう［却走／卻走］。

—・ること ジョギング(jogging)。近代かけあし［駆足／駈足］。しっく［疾駆］。そうかう［走行］。ランニング(running)。中世しっそう［疾走］。中古かちはしり［徒走］。はしり［走］。

—・る力 近代そうりょく［走力］。

—・る早さを競うこと 近代かけくらべ［駆競］。かけっこ［駆／駈］。きゃうそう［競走］。レース(race)。中世はしりこくら［走］。

—・る人 そうしゃ［走者］。ランナー(runner)。

慌てて—・る(さま) 近世倒こけつ転まろびつ。中古はしりまどふ［走惑］。

勢いよく—・る 近代ダッシュ(dash)。つっぱしる［突走］。とっしん［突進］。ほんてい［奔蹄］。

忙しそうに—・る 中古そそはしる［遽走］。

一途に—・る(さま) 近代ひたはしる［直走］。近世いちもくさん［一目散］。いっさんばしり［一散走］。中世いっさん［一散］。

馬に乗って—・る 中世かく〈かける〉［駆］。

気持ちよく—・ること 近世くゎいそう［快走］。

狂ったように—・り回ること 中世きゃうほん［狂奔］。

小股でちょこちょこ—・ること 近代こばしり［小走］。こまたばしり［小股走］。近世いぬばしり［犬走］。

最後まで—・ること かんそう［完走］。そうは［走破］。はしりとおす［走通］。はしりぬく［走抜］。

十分に—・る はしりこむ［走込］。

ちょこっと—・ること 近世ひとはしり／ひとっぱしり［一走］。

長い距離を馬で—・ること 近代ちゃうく［長駆］。中世とほがけ［遠駆／遠懸］。

早く—・ること りきそう［力走］。近世いなづまばしり［稲妻走］。ゐだてんばしり［韋駄天走］。風を追ふ。中世しっそう［疾走］。

早く—・る人 近代スプリンター(sprinter)。近世ゐだてん［韋駄天］。

一人で—・ること どくそう［独走］。

乱暴に—・ること ぼうそう［暴走］。

は・じる【恥】 近代がんしう［含羞］。近世おもはゆがる［面映］。きまりが悪い。中世ざんき／ざんぎ［慚愧／慙愧］。しうち［羞恥］。はぢいる［恥入］。はにかむ。わるびる［—びれる］［悪怯］。恥を知る。中古あまゆ〈あまえる〉［甘］。かかやく［輝／赫／耀］。はぢか

かやく［恥赫］。はぢしらふ［恥］。はぢらふ［恥］。はづ〔はじる〕［恥］。はづかしがる［恥］。ものはぢ［物恥］。

━・じて顔を赤らめる 近代 ざんしう［慚羞］。中世 きたん［愧赧］。たんぜん［赧然］。中古 せきめん［赤面］。はぢかかやく［恥赫］。

━・じて隠れる 中古 はぢかくる［恥隠］。

━・じて尻込みする 近世 わにる。

━・じない《句》近代 仰いで天に愧はぢず、俯ふして地に愧ぢず。

━・じるさま 穴があったら入りたい。近代 顔から火が出る。汗顔がんの至り。頬を染める。近世 おもなげ［面無］。頭を掻かく。中世 面おもてを赤む。顔に紅葉を散らす。中古 せきめん［赤面］。

はしわたし【橋渡】→**ちゅうかい【仲介】**

はす【蓮】 うきば［浮葉］。つゆだまぐさ［露玉草］。ふごせん［不語仙］。水の華。近代 くんしくゎ［君子花］。ロータス(lotus)。近世 みづきぐさ。花の君子。みづくさ［水草］。花中の君子。中世 いけみぐさ［池見草］。つまなしぐさ［妻無草］。つゆたへぐさ［露堪草］。ふよう［芙蓉］。みたへぐさ／みづたへぐさ［水堪草］。中古 うきは［浮葉］。つれなしぐさ［草］。はす［蓮］。上代 はちす［蓮］。

━の根 近世 はすね［蓮根］。れんこん［蓮根］。中世 ぐうこん［藕根］。中古 はちすのはひ［蓮蕊］。

━の葉 近世 はすは［蓮葉］。中古 たちは［立葉］。はちすば［蓮葉］。上代 かえふ［荷葉］。

━の花 中世 ぐうくゎ／ぐうげ［藕花］。中古 れんげ［蓮花／蓮華］。

━の花びら 中世 はちえふ［八葉］。

━の実 中古 れんし［蓮子］。

白い━の花 はくれん［白蓮］。中古 びゃくれん［白蓮］。

散った━の花 近世 ちりれんげ［散蓮華］。

葉の破れた━ 近世 やぶれはす／やれはす［破蓮／敗荷］。やれはちす［破蓮］。中世 はいか［敗荷］。

▼蓮台 中世 はちすのうてな［蓮台］。はなのうてな［花台］。

はず【筈】 近代 かくしん［確信］。中世 たうぜん［当然］。はず［筈］。中古 べう。べし。

━がない 上代 ましじ。

━だ 中世 うず。

━だそうだ 中世 べかんなり。中古 べかなり。

━であった 中世 べかりつる。中古 べかりき。べかりけり。

━のようだ 中世 べかんめり。中古 べかめり。

バス(bus) 近代 オムニバス(omnibus)。のりあひじどうしゃ［乗合自動車］。バス。

━の発着所 バスストップ(bus stop)。バスターミナル(bus terminal)。バスてい［bus停］。

━のいろいろ(例) スクールバス(school bus)。トレーラーバス(trailer bus)。トロリーバス(trolley bus)。マイクロバス(microbus)。レールバス(rail bus)。ワンマンバス(one-man bus)。

バス(bath) →**ふろ**

パス(pass) きゅうだい［及第］。ごうかく［合格］。つうか［通過］。近代 パス。

はすう【端数】 近代 はすう［端数］。中世 うはは［上端］。近代 はんぱ［半端］。中古 はした［端］。

━がないこと(数) ジャスト(just)。ラウンドナンバー(round number)。近代 フラット(flat)。

ばすえ【場末】 近世 ばすゑ［場末］。中世 かたわき［片脇］。まちはづれ［町外］。

はすかい【斜交】 近世 はす［斜］。はすかひ［斜交］。すぢかひ［筋交］。中古 ななめ［斜］。

はずかし・い【恥】 近代 がんしう［含羞］。めんもくない［面目無］。近世 おもてぶせし／おもぶす／おもぶせ［面伏］。かかはゆし。かがやかし［輝／赫／耀］。はもじい［文字］。みとむなし／みともなし。きまりが悪い。中世 おもばゆし［面映］。はぢがはし［恥］。びろう［尾籠］。しうち［羞恥］。中古 うひうひし［初初］。おもなし［面無］。おもはゆし［面映］。かかやかし［輝／赫／耀］。かたじけなし［忝／辱］。かたはらいたし［傍痛］。かははゆし。かはゆし。きえいる［消入］。つつまし［慎］。はぢかかやく［恥赫］。はぢがまし［恥］。はぢしらふ［恥］。はゆし。ひとわろし［人悪］。まばゆし［目映］。めんぼくなし［面目無］。上代 はづかし［恥／羞／辱］。やさし［恥／優］。

━・い行い 近代 をかう［汚行］。近世 しうかう［醜行］。

━・いこと れいかんさんと［冷汗三斗］。近世 おはもじ［御文字］。きのどく［気毒］。中世 しう［醜］。

━・いと思う気持ち 穴があったら入りたい。近代 しうちしん［羞恥心］。

━・い所 近代 ちぶ［恥部］。

━・くて顔が青くなる 中世 顔色無し。

━・くて顔が赤くなる 近代 たんがん［赧顔］。

顔から火が出る。顔(頬)を染める。顔に紅葉を散ら 中世 す。面を赤む[―赤める]。顔を赤む[―赤める]。中古 せきめん[赤面]。

―・くて顔を隠す 近世 顔向けできぬ。中古 おもてはづかし[面恥]。上代 おもかくす[面隠]。

―・くて隠れる 中古 はぢかくる[恥隠]。

―・そうなさま 中世 はぢがはし[恥]。ものはゆげ[物映]。中古 爪を食ふ。

―・そうに 近世 せうし[笑止]。

死にたいほど―・い 近代 きし[愧死]。もぢかは。ざんし[慙死]。

なんとなく―・い 近世 うらはづかし[心恥]。中世 うそはづかし[恥]。きはづかし[気恥]。中古 そらはづかし[空恥]。はぢがはし[恥]。ものはづかし[物恥]。

ひどく―・い 中古 あまえいたし[甘甚]。

人目が―・い 中世 めはづかし[目恥]。

はずかしが・る【恥】 近世 てれる[照]。中世 はにかむ。面を赤む。中古 かかやく[輝/赫/耀]。はぢしらふ[恥]。はぢらふ[恥/羞]。はづかしがる[恥]。やさしがる[優]。

→**は・じる**

―・りであるさま 近代 シャイ(shy)。はづかしがりや[恥屋]。はにかみや[屋]。中世 しうじふ[羞渋]。

互いに―・る 中古 はぢかはす[恥交]。

はずかしめ【辱】 近代 ぶじょく[侮辱]。りょうぎゃく[凌虐/陵虐]。近世 しうじょく[羞辱]。はづかしめ[辱]。をじょく[汚辱]。中世 りょうじょく[陵辱]。中古 ちじょく[恥辱]。はぢしむ[恥]。りょうぶ[凌侮/陵侮]。会稽の恥。

―を受けること 中世 くつじょく[屈辱]。

外国や他人から―を受けること 近代 ぐゎいじょく[外辱]。近世 ぐゎいぶ[外侮]。

はず・す【外】 近代 オミット(omit)。ぢょぐゎい[除外]。とっぱらう[取払]。とりのぞく[取除]。とりはづす[取外]。のぞく[除]。近世 きる[切]。とる[取]。中世 すかす[透]。ぢょきょ[除去]。とりさる[取去]。のがす[逃]。中古 そらす[逸]。とりはらふ[取払]。のく(のける)[退/除]。はづす[外]。

―・される 中古 もる(もれる)[漏]。

選り分けて―・す 中古 えりすつ[選捨]。

無理に―・す 近代 ひきはづす[引外]。

役割を―・す おろす[下/降]。やめさせる[止]。

パスポート(passport) 近代 とかうめんじゃう[渡航免状]。パスポート。りょけん[旅券]。

パスボール(passed ball) 近代 ほいつ[捕逸]。いっきう[逸球]。パスボール。

はずみ【弾】 近世 きっかけ[切掛]。はづみ[弾]。ひゃうし[拍子]。なりゆき[成行]。まびゃうし[間拍子]。中世 いきほひ[勢]。てうし[調子]。よせい[余勢]。

―で起こる悪心 近世 できごころ[出来心]。魔がさす。

―に乗じる 余勢を駆る。

はず・む【弾】 近代 てうしづく[調子付]。バウンド(bound)。勢ひに乗る。弾みが付く。中世 はづむ[弾]。近世 おこづく。波に乗る。はぬ(はねる)[跳]。

―・む力 近世 だんりょく[弾力]。

話が―・む 中世 言葉に花を咲かす。

パズル(puzzle) クイズ(quiz)。なぞなぞ[謎謎]。近代 パズル。なぞ[謎]。

はずれ【外】❶〈期待〉 きたいはずれ[期待外]。みこみはずれ[見込外]。近代 あてはずれ[当外]。はづれ[外]。近世 まとはづれ[的外]。

はずれ【外】❷〈場所〉 はて[果]。近世 くだり/くんだり[下]。中世 はし[端]。中古 さいはて[最果]。はづれ[外]。

町の― 近代 しぐゎい[市外]。近世 ではづれ[出外]。ばすゑ[場末]。中世 きんかう[近郊]。まちはづれ[町外]。中古 かうぐゎい[郊外]。

はず・れる【外】 いつだつ[逸脱]。近代 いっする[逸]。ぢょぐゎい[除外]。ずれる。だっせん[脱線]。近世 くるふ[狂]。はみだす[出]。中世 そる(それる)[逸]。ちがふ[違]。中古 たがふ[違]。はづる(はずれる)[外]。もる(もれる)[漏]。上代 はなる(はなれる)[離]。

一般から―・れていること 上代 いたん[異端]。

時期や範囲が―・れていること オフ(off)。

道理に―・れること 中古 ひだう[非道]。

仲間から―・れる 中世 足を抜く。

パスワード(password) あんしょうばんごう[暗証番号]。近代 パスワード。中世 あひことば[合言葉]。

ばせい【罵声】 近代 どがう[怒号]。どなりごゑ[怒鳴声]。ばせい[罵声]。

パセティック(pathetic) 近代 かんどうてき[感動的]。パセティック。ひげきてき[悲劇的]。ひさう[悲愴]。近世 ひつう[悲痛]。

はぜのき【黄櫨】 ねばのき[粘木]。はじうるし/はぜうるし[黄櫨漆]。近代 らふのき[蠟

木〕。近世くゎうろ〔黄櫨〕。はぜのき〔黄櫨／櫨〕。中世はじのき〔黄櫨／櫨〕。はぜ〔櫨／黄櫨〕。中古はじ〔黄櫨／櫨〕。はにし／はにじ〔黄櫨〕。

はそん【破損】 近代きそん〔毀損〕。近世いたみ〔痛／傷〕。こはる〔こわれる〕〔壊／毀〕。そんくゎい〔損壊〕。はさい〔破砕／破摧〕。中世たいは〔大破〕。はくゎい〔破壊〕。中古そんず〔損〕。はそん〔破損〕。上代そんしゃう〔損傷〕。→**こわ・れる**

―・した箇所 近代そんしょ〔損所〕。

はた【機】 近代おりき〔織機〕。近世しょくき〔織機〕。上代たなばた〔棚機／七夕〕。はた〔機〕。はたもの〔機物〕。→**はたおり**

多くの― 上代いほはた〔五百機〕。

はた【旗】 近代きせい〔旗旌〕。のぼりばた〔幟旗〕。フラッグ(flag)。フラフ(オランダ vlag)。ペナント(pennant)。近世ばん〔幡〕。ふきぬき〔吹抜／吹貫〕。まねき〔招〕。中世せいぼう〔星旄〕。のぼり〔幟〕。はたじるし〔旗印〕。ふきながし〔吹流〕。上代きし〔旗幟〕。はた〔旗／幡／旌〕。ひれ〔領巾／肩巾〕。

―などが翻るさま へんぽん〔翩翻〕。近代はんぜん〔翻然〕。近世ほんぜん〔翻然〕。

―を持つ人 近代きしゅ〔旗手〕。近世のぼりぶぎゃう〔幟奉行〕。はたぶぎゃう〔旗奉行〕。はたもち〔旗持〕。中世はたさし〔旗指／旗差〕。

国の―（例） 近代きょくじつき〔旭日旗〕。せいでうき〔星条旗〕。にっしゃうき〔日章旗〕。ユニオンジャック(Union Jack)。近世こくき〔国旗〕。中世ひのまる〔日丸〕。

降伏や休戦を表す― 近世はくき〔白旗〕。中世かうき〔降旗〕。上代しらはた〔白旗〕。

酒屋や酒場の看板の― 中世さかばた／しゅき〔酒旗〕。しゅはい〔酒旆〕。中古せいき〔青旗〕。

将軍や天子の― 近代錦の御旗(みはた)。中世がき〔牙旗〕。きんき〔錦旗〕。すいくゎ〔翠花／翠華〕。たいはい〔大旆〕。りゅうき〔竜旗〕。中古たうばん〔纛幡／纛旛〕。

信号に用いる― 近代しゅき／てばた〔手旗〕。しんがうき〔信号旗〕。

正義の戦いに揚げる― 中世ぎき〔義旗〕。

葬式で死者のことを書いた― 近代めいき〔銘旗〕。中古めいせい〔銘旌〕。

戦いのときに用いる― 近代ぐんかんき〔軍艦旗〕。せんき〔戦旗〕。せんとうき〔戦闘旗〕。近世はたさしもの〔旗指物〕。中世こしこばた〔腰小旗〕。こしさし〔腰挿〕。さしもの〔指物／差物／挿物〕。中古いくさばた〔戦旗〕。ぐんき〔軍旗〕。

団体や組織の―（の例） こうき〔校旗〕。近代しゃき〔社旗〕。だんき〔団旗〕。

小さな― 近世こばた〔小旗〕。

弔いの― 近代てうき〔弔旗〕。はんき〔半旗〕。

百姓一揆などで用いられた― 近世むしろばた〔筵旗／蓆旗〕。

船で風向きを知るための― 近世かざみ〔風見〕。中世かざきり〔風切〕。

▼助数詞 中世ながれ〔流〕。中古ほん〔本〕。まい〔枚〕。りう〔旒／流〕。上代さを〔竿／棹〕。

はた【端】❶〈傍ら〉 近代かは／がは〔側〕。サイド(side)。近世てぢか〔手近〕。中世てもと〔手元〕。まぢか〔間近〕。中古かたはら〔傍〕。そば〔側〕。わき〔脇〕。はた〔端／傍／側〕。ほとり〔辺〕。

はた【端】❷〈ふち〉 中古はた〔端〕。ふち〔縁〕。へり〔縁〕。上代は／はし〔端〕。→**ふち【縁】**

はだ【肌】 ひょうひ〔表皮〕。近代スキン(skin)。中世はだへ〔肌／膚〕。はだみ〔肌身〕。中古かはへ〔皮辺〕。きふ〔肌膚〕。ししへ〔肌〕。はだせ〔肌背〕。上代はだ〔肌／膚〕。ひふ〔皮膚〕。

《枕》上代あからひく〔赤〕。

―が白いこと 中世いろじろ〔色白〕。はくせき〔白皙〕。

―のあぶら 中世ふに〔膚膩〕。

―の色 近代にくいろ／にくしょく〔肉色〕。はだいろ〔肌色〕。中世ひといろ〔人色〕。

―の様子 近世はだざはり〔肌触〕。中古はだつき〔肌付〕。

色つやのよい美しい― 近代たま(の)はだ〔玉肌〕。近世ぎょくき〔玉肌〕。

美しい― 近代びき／びはだ〔美肌〕。

恐怖などで―につぶつぶが生じる 肌(膚)(はだ)に粟(あわ)を生ずる。中世鳥肌が立つ。

化粧していない― 近世きぢ〔素地／生地〕。ぢはだ〔地肌／地膚〕。中世すはだ〔素肌／素膚〕。

ざらざらしたきめの荒い― 中世あらはだ〔荒肌〕。

白い― ゆきはだ〔雪肌／雪膚〕。近世せっき〔雪肌〕。中古せっぷ〔雪膚〕。

白くなめらかな― 近代はぶたへはだ〔羽二重肌〕。中世ぎょうし〔凝脂〕。

白くふっくらした― 近世まんぢゅうはだ〔饅

頭肌]。もちはだ[餅肌]。

美人の一のたとえ 〘近代〙たま(の)はだ[玉肌]。びき/びはだ[美肌]。〘近世〙ぎょくき[玉肌]。わうごんのはだへ[黄金膚]。〘中古〙こうぎょく[紅玉]。

ふっくらして温かそうな一 〘中世〙にょらいはだ[如来肌]。

柔らかな一 〘近代〙やははだ[柔肌]。〘上代〙にぎはだ/にこはだ[和膚/柔膚]。

はだあい【肌合】 〘近世〙きしつ[気質]。きしゃう[気性]。はだ[肌]。はだあひ[肌合]。〘中世〙きだて[気立]。

はたあげ【旗揚】 〘近代〙きょへい[挙兵]。〘近世〙はたあげ[旗揚/旗挙]。〘中世〙しゅつぢん[出陣]。〘中古〙ほうき[蜂起]。

パターン(pattern) パタン(pattern)。〘近代〙けいしき[形式]。スタイル(style)。タイプ(type)。パターン。フォーム/フォルム(form; forme(フランス); Form(ドイツ))。やうしき[様式]。〘中古〙かた[型]。〘上代〙かたち[形/容]。

はたいろ【旗色】 〘近代〙かざむき[風向]。くもいき/くもゆき[雲行]。じゃうせい[情勢]。すうせい[趨勢]。せんきょく[戦局]。〘近世〙すうかう[趨向]。はたいろ[旗色]。〘中古〙けいせい[形勢]。

はたおり【機織】 〘近代〙きげふ[機業]。せいしょく[製織]。〘近世〙きしょく[機織]。〘中世〙はたおり[機織]。〘中古〙はとり[服部/服織]。〘上代〙たなばた[棚機/七夕]。

一の盛んな土地 〘近代〙きげふち[機業地]。はたば[機場]。

一を業とする家 〘近代〙はたや[機屋]。〘近世〙おりや[織屋]。

一をする女性 〘近代〙きぢょ[機女]。〘中世〙おりひめ/おりびめ[織姫]。〘中古〙はとり[服部/服織]。〘上代〙あやめ[漢女]。おとたなばた[乙棚機]。しょくぢょ[織女]。たなばた[棚機/七夕]。たなばたつめ[棚機女]。はたおりめ[機織女]。

一をする場所 〘近代〙はたば[機場]。〘上代〙はたどの[機殿]。はたや[機屋]。

賃仕事としての一 〘近代〙ちんばた[賃機]。

はだか【裸】❶〈裸身〉 すっぽんぽん。〘近代〙すっぱだか/すはだか[素裸]。せきらら[赤裸裸]。ぜんら[全裸]。ヌード(nude)。一糸挂(か)けず。一糸纏(まと)はず。〘近世〙せきでうでう[赤条条]。せきら[赤裸]。はだかばう/はだかんばう[裸坊]。〘中世〙すはだ[素肌]。まっぱだか/まっぱだか[真裸]。まはだか[真裸]。まるはだか[丸裸]。らたい[裸体]。〘中古〙あかはだか[赤裸]。はだか[裸]。らぎゃう[裸形]。〘上代〙あかはだ[赤肌]。

《枕》〘上代〙あからひく[赤]。

一になること ストリップ(strip)。〘近世〙せきでうでう[赤条条]。

一の身体 〘近代〙らしん[裸身]。〘中世〙はだかみ[裸身]。らたい[裸体]。

一の人体像 〘近代〙らざう[裸像]。らたいざう[裸体像]。

上半身一になる 〘近世〙もろはだぬぎ[両肌脱]。〘中世〙おしはだぬぐ[押肌脱]。おほはだぬぎ[大肌脱]。

半ば一であること 〘近代〙はんら[半裸]。

はだか【裸】❷〈文無し〉→**いちもんなし**

はたがしら【旗頭】 〘近代〙とうりゃう[頭領/棟梁]。ボス(boss)。リーダー(leader)。〘近世〙はたがしら[旗頭]。

はだぎ【肌着】 〘近代〙アンダーウエア(underwear)。〘近世〙しんい[襯衣]。はだつき/はだつけ[肌付]。〘中世〙したがさね[下襲]。はだぎ[肌着]。〘中古〙したぎ[下着]。

女性用の一 ランジェリー(lingerie(フランス))。

はたけ【畑】 〘近代〙かうさくち[耕作地]。のうぢゃう[農場]。のうゑん[農園]。やさいばたけ[野菜畑]。〘近世〙かうち[耕地]。さいほ[菜圃]。しろた[白田]。をかだ[陸田]。〘中世〙さいゑん[菜園]。なばたけ[菜畑]。のら[野良]。はたち[畑地]。〘中古〙はた[畑/畠]。〘上代〙はたけ[畑/畠]。ゑんぽ[園圃]。

一で作物を作ること 〘近世〙はたさく[畑作]。〘近世〙はたさく[畑作]。はたもの[畑物]。

一でできる物 〘中古〙ゑんそ[園蔬]。

新たに開墾した一 〘近世〙しんはた[新畑]。

階段状の一 〘近代〙だんだんばたけ[段段畑]。

山林を切り開いて作った一 〘近代〙きりばたけ[切畑]。〘中古〙きりはた[切畑]。

農家でない家が庭先などで作る一 かていさいえん[家庭菜園]。

門前にある一 〘中古〙かどばた[門畑/門畠]。

山にある一 〘近世〙やまばたけ[山畑/山畠]。〘中世〙やまばた[山畑/山畠]。

その他一のいろいろ(例) 〘近代〙なのはなばたけ[菜花畑]。〘近世〙はなばたけ[花畑]。むぎはた[麦畑]。〘中世〙くはばたけ[桑畑/桑畠]。くはばら[桑原]。〘中古〙むぎばたけ[麦畑]。やくほ[薬圃]。〘上代〙やくゑん[薬園]。

はだざわり【肌触】 ふうあい[風合]。〘近世〙かんしょく[感触]。はだあひ[肌合]。はだざはり[肌触]。〘中世〙しょくかん[触感]。てざ

はり［手触］。

はだし【裸足】 近代 からあし［空足］。すはだし［素裸足］。中世 せんそく［跣足］。中古 とせん［徒跣］。はだし［裸足／跣］。上代 すあし［素足／跣］。

―で歩くこと 中世 かちはだし［徒跣］。中古 とせん［徒跣］。

はたして【果】 思った通り。予想通り。近代 はたせるかな［果哉］。やはり［矢張］。近世 あんのぢゃう［案定］。中世 くゎぜん［果然］。はやう／はやく［早］。中古 うべもなし。はたして［果］。上代 はた［将］。

はたじるし【旗印】 近代 きへう［旗標］。近世 きがう［旗号］。きしゃう［旗章］。たちは［立端］。たちば［立場］。中世 はたじるし［旗印／幟］。へうばう［標榜］。中古 きがう［徽号］。上代 きし［旗幟］。

―がはっきりしていること 近代 きしせんめい［旗幟鮮明］。

堂々たる― 近世 たいはい［大旆］。

はた・す【果】 かんすい［完遂］。近代 すいかう［遂行］。たっせい［達成］。やりとげる［遣遂］。近世 すます［済］。なしとぐ［―とげる］［成遂］。中世 とどく［とどける］［届］。まったうす［全］。中古 とぐ［とげる］［遂］。上代 はたす［果］。をふ［おえる］［終］。

はたち【二十歳】 近世 さうかう／さうくゎん［草冠／艸］。中古 ていねん［丁年］。はた［二十／廿］。上代 じゃくくゎん［弱冠］。はたち［二十／廿］。はたとせ［二十年］。

▼二十歳前後の女 近世 ちゅうをんな［中女］。

▼二十歳の男 上代 じゃくくゎん［弱冠］。

ばたばた 近世 じたばた。ばたばた。中世 ふつふつ。中古 ふたふた。

―と音を立てる 中世 ふためかす。中古 ふためく。

はため【傍目】 近代 はため［傍目］。近世 ぐゎいけん［外見］。をかみ［岡見］。をかめ［傍目／岡目］。中世 よそめ［余所目］。中古 そばめ［側目］。ひとめ［人目］。

《句》近世 他人の正目。傍目(をかめ)（岡目）八目。

はため・く ひらつく。ひるがえる［翻］。へんぽん［翩翻］。近世 あふつ［煽］。中世 ひらめく［閃］。ふためかす。中古 はためく。ふためく。

―・かす 中世 ひるがへす［翻］。

▼擬態語 がばがば。はたはた。ばたばた。ぱたぱた。ひらひら。近世 ばたくさ。

はたらき【働】❶〈労働〉 近世 かうどう［行動］。はたらき［働］。らうどう［労働］。しごと［仕事］。中世 かせぎ［稼］。くゎつどう［活動］。中古 らう［労］。

―の鈍いこと 近世 どんつく［鈍付］。中世 どどん［駑鈍］。

一人で何人分もの―をする はちめんろっぴ［八面六臂］。中世 さんめんろっぴ［三面六臂］。

はたらき【働】❷〈効果〉 近代 かうくゎ［効果］。かうよう［効用］。かうりょく［効力］。近世 ききめ［効目／効目］。はたらき［働］。中世 さよう［作用］。中古 かうのう［効能］。こう［功］。こうのう［功能］。

はたらき【働】❸〈機能〉 近代 きのう［機能］。キャパシティー(capacity)。せいのう［性能］。ファンクション(function)。近世 のうりょく［能力］。はたらき［働］。中世 さよう［作用］。よう［用］。りきりゃう［力量］。中古 くのう［功能］。

はたらきかけ【働掛】 触手を伸ばす。近代 あつりょく［圧力］。こうさく［工作］。しげき［刺激／刺戟］。はたらきかけ［働掛］。モーション(motion)を掛ける。近世 しかけ［仕掛／仕懸］。もちかく［―かける］［持掛］。手を入る［―入れる］。中古 すすむ［すすめる］［勧／奨／薦］。

―に応じる変化 近代 はんおう［反応］。中世 てごたへ［手応］。

あることをするよう―をする 近代 しむける［仕向］。

下位の者の上の者への― つきあげ［突上］。

大衆の向けての― キャンペーン(campaign)。コマーシャル(commercial)。シーエム(CM)(commercial message の頭文字)。よびかけ［呼掛］。近代 アジテーション(agitation)。せんでん［宣伝］。

他からの― 近代 たどう［他動］。

はたら・く【働】 近代 つとめ［勤／務］。近世 きんむ［勤務］。らうどう［労働］。中世 かせぐ［稼］。さげふ［作業］。しごと［仕事］。はたらく［働］。ほねをり［骨折］。上代 きんらう［勤労］。なる［業］。らうす［労］。

《句》近代 夏歌ふ者は冬泣く。

―・いても効果がないこと むだばたらき［無駄働］。近代 とらう［徒労］。近世 ただばたらき［只働］。ぬかばたらき［糠働］。むだぼね［無駄骨］。《句》近世 骨折り損の草臥(くたびれ)儲(まうけ)け。中世 労して功なし。

―・かずにいること 近代 ざしょく［座食／坐食］。としょく［徒食］。ねぐひ［寝食］。近世 ゐぐひ［居食］。中世 ごくつぶし［穀潰］。

は

—・かずに得る所得 近代ふらうしょとく[不労所得]。

—・かずに御馳走(ごちそう)にありつくこと《句》近代鮟鱇(あんこう)の待ち食ひ。鮟鱇の餌(ゑ)待ち。

—・かせる きよう[起用]。近代やくだてる[役立]。顎(あご)で使ふ。らうす[労]。中古はたらかす[働]。上代つかふ[使]。中世しえき[使役]。近世顎(あご)で言ふ。

—・かない 近代けだい[懈怠]。サボる。近世ぐうたら。中世たいだ[怠惰]。だらける。上代たいまん[怠慢]。なまく[なまける][怠/懈]。

忙しく—・くこと てんてこまい[天手古舞]。近代かけづりまはる[駆回]。近世とうほんせいそう[東奔西走]。けっきょ[拮据]。中世かけまはる[駆回]。とびまはる[飛回]。ほんそ[奔走]。中古ほんそう[奔走]。きっきょ[拮据]。→**いそがし・い**

おしゃればかりで—・かない女 近世おひきずり[御引摺]。

苦労して—・くこと 中古くらう[劬労]。

芸妓などとして—・くこと 近世くるわづとめ[郭勤]。つとめぼうこう[勤奉公]。

高禄を受けながら—・かない 近世禄を盗む。

生活のために—・く 衣食に奔走す。近世身代稼ぐ。中世しゃうさん[生産]。

人のために骨身を惜しまず—・くこと 近世薪水(しんすい)の労をとる。中世ふんこつさいしん[粉骨砕身]。

日雇いで—・くこと 近世ひようとり[日用取/日傭取]。

奉仕で—・く(人) 近代ボランティア(volunteer)。近世てべんたう[手弁当]。

休む間もないぐらい—・かせる 近代こくしき[酷使]。近世おひまはす[追回]。中古おひつかふ[追使]。こきつかふ[扱使]。

よく—・く 手足を擂(す)り粉木にする。近世汗水流す。額に汗す。中世たちはたらく[立働]。汗を流す。精を出す。中古たちはしる[立走]。上代汗をかく。

よく—・くさま こまめ[小忠実]。近代あせだく[汗]。中古えいえい[営営]。まめまめし[忠実忠実]。上代まめ[忠実]。《句》近代転がる石に苔は付かない。

よく—・く人のたとえ 近代ばしゃうま[馬車馬]。

よその土地へ行って—・くこと 近世たびかせぎ[旅稼]。でかせぎ[出稼]。

▼働き盛りの年頃 中世じゃうねん/せいねん[盛年]。としざかり[年盛]。中古さうれい[壮齢]。上代さうねん[壮年]。

はたん【破綻】 はきょく[破局]。近代しっぱい[失敗]。近世あがったり[上]。ざせつ[挫折]。はたん[破綻]。中世やぶれ[破]。中古はさん[破産]。上代さてつ[蹉跌]。

はだん【破談】 かいやく[解約]。近代はやく[破約]。近世はだん[破談]。

—になる 近世おじゃん。じゃみる。ばる[ばれる]。

パタン(pattern) →**パターン**

はち【八】 近代エイト(eight)。近世やっつ[八]。中古はち[八]。や[八]。上代やつ[八]。

はち【鉢】 ボウル(bowl)。上代はち[鉢]。

ガラス製で金魚を飼う— きんぎょだま[金魚玉]。近世きんぎょばち[金魚鉢]。

草花を植える— 近世うゑきばち[植木鉢]。

僧が托鉢などに使う鉄の— 近世てっぱち/てっぱつ[鉄鉢]。中世おうりゃうき[応量器]。かなばち[金鉢/鉄鉢]。中古おうき[応器]。

小さい— 近世こばち[小鉢]。

手を洗う水を入れる— 近代つくばひ[蹲/蹲踞]。てあらひばち[手洗鉢]。中世てうづばち[手水鉢]。

その他—のいろいろ①[食物用] 近代さらこばち/さらっこばち[皿小鉢]。近世いれこばち[入子鉢]。どんぶりばち[丼鉢]。中世すりばち[擂鉢]。ななつばち[七鉢]。中古さはち[砂鉢/皿鉢]。

その他—のいろいろ②[材質] 近代ガラスばち[オランダglas鉢/硝子鉢]。近世くりばち[刳鉢]。てっぱち/てっぱつ[鉄鉢]。中世いしばち[石鉢]。かなばち[金鉢/鉄鉢]。きばち[木鉢]。

ばち【罰】 中世ばち[罰]。中古たたり[祟]。上代むくひ[報]。

—が当たる 近代冥利が悪い。近世的が立つ。

はちがつ【八月】(陰暦) 近代せいしう[盛秋]。そげつ[素月]。そめいろづき[染色月]。近世かつらづき[桂月]。がんらいげつ[雁来月]。けいしう[桂秋]。こうぞめづき[紅染月]。そのいろづき[其色月/園色月]。たけのはる/ちくしゅん[竹春]。えふげつ[葉月]。中世あきかぜづき[秋風月]。くさつづき[草津月]。げいかん[迎寒]。こそめづき/こぞめづき[木染月/紅染月/濃染月]。さうげつ[壮月]。せいしう[正秋/清秋]。ちゅうしゃう[仲商]。つきみづき[月見月]。

つばめさりづき[燕去月]。〔中古〕はちぐゎつ[八月]。はつづき[初月]。〔中古〕ちゅうしう／なかのあき[仲秋／中秋]。なんりょ[南呂]。〔上代〕けいげつ[桂月]。はづき[葉月／八月]。

▼八月一日 〔近世〕よめぜっく[嫁節供]。〔中世〕たのむ[田実]。はっさく[八朔]。

▼八月三日の月 〔近代〕しんげつ[新月]。

▼八月十四日の夜(の月) 〔近世〕きばう[幾望]。〔中世〕こもちづき[小望月]。まつよひ[待宵]。

▼八月十五日 〔近世〕ちゅうしう[中秋]。

▼八月十五日の月 〔近世〕いもめいげつ[芋名月]。けふのつき[今日月]。ばう[望]。はつめいげつ[初名月]。〔中世〕かげつ[佳月]。さんごのつき[三五月]。さんごやつき[三五夜月]。なかばのつき[半月]。めいげつ[名月／明月]。〔中古〕ぐゎちりん[月輪]。げつりん[月輪]。じふごや[十五夜]。つきのわ[月輪]。ばうげつ[望月]。もち／もちづき[望月]。

▼八月十五日の夜 〔中世〕げっせき[月夕]。〔中古〕じふごや[十五夜]。〔上代〕まんげつ[満月]。

▼八月十六日の月 〔近代〕せいはく[生魄]。〔中世〕きばう[既望]。〔中古〕いさよひ／いさよひのつき／いさよふつき[十六夜月]。

▼八月十七日の月 〔近世〕じふしちや[十七夜]。〔中古〕たちまちづき[立待月]。

▼八月十八日の月 〔中古〕ゐまちづき[居待月／座待月]。

▼八月十九日の月 〔中古〕ねまちづき／ねまちのつき[寝待月]。ふしまちのつき[臥待月]。

▼八月二十日の月 〔近世〕ゐなかのつき[亥中月]。〔中世〕はつかづき[二十日月]。ふけまちづき[更待月]。

▼八月二十三日の月 〔近世〕にじふさんや[二十三夜]。

はちく【淡竹】 〔中世〕からたけ[幹竹／唐竹／漢竹]。はちく[淡竹]。〔中古〕くれたけ[呉竹]。

はちじっさい【八十歳】 さんじゅ[傘寿]。〔近世〕かじゅ[下寿]。ちゅうじゅ[中寿]。〔中世〕はっしゅん[八旬]。〔中古〕はちじゅん[八旬]。やそ[八十]。やそぢ[八十路]。朝廷で杖突く。

▼八十一歳 はんじゅ[半寿／盤寿]。

はちじゅう【八十】 〔中古〕はちじふ[八十]。やそぢ[八十路／八十]。〔上代〕やそ[八十]。《枕》〔上代〕ももたらず[百足]。ももづたふ[百伝]。

はちじゅうはっさい【八十八歳】 〔近世〕べいじゅ[米寿]。よね[米]。米の字。〔中世〕べいねん[米年]。

ーの祝い 〔近世〕よねのいはひ[米祝]。米寿の賀。

はちまき【鉢巻】 〔中世〕はちまき[鉢巻]。

歌舞伎『助六』で用いるー 〔近世〕縁(ゆかり)の鉢巻き。

病人が結ぶー 〔近世〕びんぼうし[鬢帽子]。やまひはちまき[病鉢巻]。

その他ーのいろいろ(例) 〔近代〕ねぢりはちまき[捩鉢巻]。〔近世〕うしろはちまき[後鉢巻]。むかふはちまき[向鉢巻]。よこはちまき[横鉢巻]。

ばつ【罰】 〔近代〕しょばつ[処罰]。ちょうばつ[懲罰]。〔近世〕いましめ[戒]。おしおき[御仕置]。しおき[仕置]。せいさい[制裁]。〔中世〕こらしめ[懲]。つみ[罪]。ばち[罰]。〔中古〕とがめ[咎]。ばつ[罰]。〔上代〕けいばつ[刑罰]。→**ばっ・する**

ーを受ける(こと) 〔近世〕くらふ[食]。〔上代〕かんだう[勘当]。

神からのーを受ける 〔中世〕うつ[打]。

神や仏などから受けるー 〔近世〕ぶつばち[仏罰]。てんばち[天罰]。〔中世〕しんばち／しんばつ[神罰]。ぶつばつ[仏罰]。〔中古〕てんばつ[天罰]。みゃうけん[冥譴]。

厳しいー 〔近代〕ぢゅうばつ[重罰]。〔中世〕げんばつ[厳罰]。〔中古〕げんくゎ[厳科]。

他にかかわってーを受けること 〔近世〕まきぞひ／まきぞへ[巻添]。れんるい[連累]。〔中古〕れんざ[連座／連坐]。

はつあん【発案】 きあん[起案]。〔近代〕かうあん[考案]。ぎあん[議案]。さうあん[創案]。ていあん[提案]。ていげん[提言]。はつあん[発案]。はっさう[発想]。りつあん[立案]。〔中世〕あんしゅつ[案出]。

はつい【発意】 〔近代〕アイディア(idea)。ちゃくい[着意]。ちゃくさう[着想]。ていげん[提言]。はつい[発意]。はっさう[発想]。〔近世〕おもひつき[思付]。

はついく【発育】 〔近代〕せいいく[成育]。せいいく[生育]。〔近世〕はついく[発育]。〔中世〕おひそだつ[生育]。〔中古〕せいちゃう[成長]。せいちゃう[生長]。そだつ[育]。〔上代〕おひたつ[生立]。

はつおん【発音】 〔近世〕おんせい[音声]。〔中世〕しゃう[声]。〔中古〕はつおん[発音]。はっせい[発声]。

ーが明瞭でないこと(さま) 〔近代〕れろれろ。〔近世〕したたらず[舌足]。ろれつが回らぬ。

共通語とは異なるー 〔近代〕くゎいん／くゎお

ん[訛音]。中古 なまり[訛]。

はっか【薄荷】 近代 ミント(mint)。近世 おほあらぎ。中世 はくか[薄荷]。

はつが【発芽】 しゅつが[出芽]。近代 はつが[発芽]。めばえる[芽生]。もえだす[萌出]。もえでる[萌出]。はえでる[生出]。めだつ[芽立]。近世 はえいづ[生出]。芽を吹く。芽が出る。芽を出す。めぶく[芽吹]。中古 きざす[萌/兆]。めぐむ[芽]。めざす[芽差]。上代 むす[生/産]。もゆ[萌]。

種を田畑にまく前に―させておくこと さいが[催芽]。

ばっか【幕下】 近代 きへい[麾兵]。近世 はいか[配下]。はたもと[旗本]。中世 きか[麾下]。てした[手下]。ばくか[幕下]。

はっかく【発覚】 近代 ろてい[露呈]。近世 ばる[ばれる]。中古 はっかく[発覚]。近世 ろけん[露見/露顕]。

はっかん【発刊】 →はっこう【発行】

はっき【発揮】 近世 はっき[発揮]。中世 ていす[呈]。ふるふ[奮]。

窮屈で能力が十分には―・できない 近世 縁の下の鍬使(くはづかひ)。

優れた人物が才能を―・する 中世 驥足(きそく)を展ばす。

能力を十分に―・する 近代 腕を振るふ。

能力を十分に―・する機会を待つ 近代 腕を鳴らす。髀肉(ひにく)の嘆をなす。中世 腕をさする。

はつぎ【発議】 近代 ていあん[提案]。ていぎ[提議]。ていげん[提言]。はつあん[発案]。はつぎ[発議]。ほつぎ[発議]。

はっきり せんえい[鮮鋭]。近代 いちもくれうぜん[一目瞭然]。クリア(clear)。けんめい[顕明]。こくめい[克明/刻明]。さいぜん[截然]。シャープ(sharp)。せんれつ[鮮烈]。へいめい[平明]。めいかく[明確]。めいめいはくはく[明明白白]。らうぜん[朗然]。近世 きっぱり。くっきり。せつぜん[截然]。はきと。はきはき。はっきり。はんぜん[判然]。ぶんめい[分明]。まのあたり[目当/眼当]。めいせき[明晰/明晳]。りゃうぜん[亮然]。れいれい[麗麗]。れうぜん[瞭然]。中世 ありあり[有有/在在]。いささめに[明白/白地]。かくぜん[確然]。かくたる[確]。かっきり。きかと。きはぎはと[際際]。くきやか。げんぜん[現然]。さだけし[定]。さっかと。さはさは。しかしか[確確]。しらしら[白白]。ちょめい[著明]。てきぜん[的然]。はくはく[白白]。はっきと。ぶんみゃう[分明]。まざまざ。めいめい[明明]。めいりゃう[明亮]。めいれう[明瞭]。れきぜん[歴然]。手に取るが如く。中古 あざあざ[鮮鮮]。あざやか[鮮]。けざけざ。けざやか。けしょう[顕証]。けんぜん[顕然]。ことと[事]。さださだと[定定]。さはやか[爽]。さやけし[明/清]。せんめい[鮮明]。はかばかし[捗捗]。はなやか[華]。めいはく[明白]。れきれき[歴歴]。上代 あきらか[明]。あらはに[露/顕]。さだか[定]。さや[明/清]。さやか[明/清]。しかと[確]。しるけし[著]。ふんみゃう[分明]。まさやかに[正]。わいわいし[分分]。

《枕》上代 あさぢはら[浅茅原]。

―・させる 近代 たしかめる[確]。てらしだす[照出]。近世 あぐ[あげる][上/挙]。つきとむ[―とめる][突止]。中古 あらはかす[現]。あざやぐ[鮮]。

―し過ぎて情味がない 近代 かくたふ[確答]。

―した返答 近代 左右に託す。

―した返答がない 近代 じめい[自明]。

―していて証明不要 近代 あいまいもこ[曖昧模糊]。

―しない 近代 うすぼんやり[薄]。えう[杳]。おぼろげ[朧気]。さいう[左右]。ばうばく[茫漠]。ばく[漠]。ふめいれう[不明瞭]。ぼうっと。もやもや。近世 あやかし。あやなし[文無]。あやふや。うそうそ。うつらうつら。うやむや[有耶無耶]。ばうこ[茫乎]。ばうばう[茫茫]。ふしゃう[不詳]。ぼんやり。むてんぱふ[無点法]。もこ[模糊/糢糊]。中世 おぼろおぼろ[朧朧]。そこはかとなし。ふぶんみゃう[不分明]。ふめい[不明]。もうろう[朦朧]。中古 あいまい[曖昧]。あとはかなし[跡無]。おぼおぼし[朧]。おぼめかし/おぼめく[鬱]。こころもとなし[心許]。さだめなし[定無]。そこはかと。たどたどし。つきなし[付無]。ふぢゃう[不定]。ほのぼのし[仄仄]。まがよふ[紛]。闇の現(うつつ)。夢の現(うつつ)。上代 あやし[怪/奇]。おほほし[鬱]。おぼつかなし[覚束無]。たづたづし。

―しない声 中古 くぐもりごゑ[声]。

―しなくなる 近代 ぼやける。近世 にごる[濁]。

―・する(さま) 近代 かくてい[確定]。はんめい[判明]。近世 さいう[左右]。はんぜん[判然]。中世 きはだつ[際立]。きらり。上代 あきらむ[―らめる][明]。

ーと言う(さま) 近代ずばずば。近世あけすけ[明透]。ずけずけ。つけつけ。へうがう[表号/標号]。ぽんぽん。中世いひきる[言切]。さくさく。《謙》きこえやる[聞遣]。

ーと言わずにいるさま それとなく。遠回しに。近世ゑんきょく[婉曲]。奥歯に衣(ぬき)着せる。奥歯に物が挟まる(絡まる)。

ーと示す 近代めいじ[明示]。中世けんじ[顕示]。

ーと脳裏に浮かぶこと 近世はうふつ[髣髴/彷彿]。中世ありあり[有有/在在]。

ーと見える 近代うきたつ[浮立]。うきぼり[浮彫]。めいし[明視]。中古くもりなし[曇無]。

ーと分かっている(さま) 近世しれきる[知切]。れうぜん[了然]。中世つうてつ[通徹]。れうれう[了了]。中古ほがらか[朗]。

ー認めること 近代かくにん[確認]。

言い方がー・しない 近世したたらず[舌不足]。中古したつき[舌]。

意識がー・する 近代さえる[冴/冱]。

かすかでー・しないさま 近世いんいん[隠隠]。中古へうべう[縹渺/縹緲/縹眇]。

考えてー・させる 近代かうてい[考定]。

聞いてー・させる 中古ききあきらむ[聞明]。ききあらはす[聞顕]。

区別がー・しているさま 近代さいぜん[截然]。近世せつぜん[截然]。

暗くてー・しない 近世あんたん[暗澹]。杳(えう)として。中世こんこん[昏昏]。中古あんぜん[暗然/黯然/闇然]。こんもう[昏蒙/昏朦/昏濛]。

言葉などがー・しているさま 近世あやぎれ[文切]。

細かい点までー・しているさま 近世ゐさい[委細]。中古ゐきょく[委曲]。上代つばら/つばらか[委曲]。つぶさ[具/備]。つまびらか[詳/審]。

主義や主張がー・していること 近代きしせんめい[旗幟鮮明]。

態度がー・しない 近代いうじう[優柔]。いぢいぢ。言(げん)を左右にする。近世ぐぢぐぢ。ぐづつく[愚図]。ぬらくら。煮え切らぬ。中世がんこ[含糊]。ぐづぐづ[愚図愚図]。

ばっきん【罰金】 近代くゎたいきん[過怠金]。ペナルティー(penalty)。中世ばっきん[罰金]。中古くゎれう[過料]。

パッキング(packing) →**パッケージ**

はっくつ【発掘】 しゅつど[出土]。近代はっくつ[発掘]。ほりおこす[掘起]。中世ほりだす[掘出]。

ばつぐん【抜群】 近代たくしゅつ[卓出]。たくばつ[卓抜]。てうばつ[超抜]。近世しゅっとう[出頭]。ずばぬける[抜]。たくえつ[卓越]。てうぼん[超凡]。一頭地を抜く。しゅつぐん[出群]。すぐる[勝]。づぬく(ーぬける)[図抜]。てうたく[超卓]。はくび[白眉]。ひいづ[秀]。群を抜く。中世かくりつ/かくりふ[角立]。中古いつぐん[逸群]。きはなる[際離]。けっしゅつ[傑出]。たくらく[卓犖]。ばつぐん[抜群]。ひいづ(ひいでる)[秀]。上代たくぜつ[卓絶]。ひぼん[非凡]。→**ずばぬ・ける**

パッケージ(package) ラッピング(wrapping)。近代こんぱう[梱包]。にづくり[荷造]。はうさう[包装]。パッキング(packing)。近世にごしらへ[荷拵]。

はっけん【発見】 近代さがしあてる[探当]。はっくつ[発掘]。近世はっけん[発見]。みつけだす[見付出]。中世さがしだす/さがしいだす[探出]。みいだす[見出]。中古みいづ[見出]。みつく(ーつける)[見付]。

ー・される 近世みつかる[見付]。めっかる[目付]。足がつく。

はつげん【発言】 口を開く。近世口に出す。中世はつげん[発言]。はなす[話]。中古うちいづ[打出]。のぶ(のべる)[述]。はつご[発語]。上代いふ[言]。かたる[語]。→**い・う**

最初にー・する 近代口を切る。

はつげん【発現】 中世ぐげん[具現]。けんげん[顕現]。げんしゅつ[現出]。はつげん[発現]。中古しゅつげん[出現]。上代あらはる(ーわれる)[表/現]。

ばっこ【跋扈】 近世てうりゃう[跳梁]。のさばる。中世はびこる[蔓延]。中古ばっこ[跋扈]。上代わうかう[横行]。

はっこう【発行】 近代さうかん[創刊]。はっかん[発刊]。近世じゃうし[上梓]。しゅっぱん[出版]。はっかう[発行]。はつだ[発兌]。中世かんかう[刊行]。はんかう[版行/板行]。

はっこう【発酵】 近代じゅくせい[熟成]。近世はっかう[発酵/醱酵]。

ー・させる 近世ねかす(ねかせる)[寝]。中古さけかむ[醸]。上代わかす[沸]。

ばっさい【伐採】 さいばつ[採伐]。近代ざんばつ[斬伐]。ばっさい[伐採]。中古せうそ[樵蘇]。そまだし[杣出]。ばつぼく[伐木]。

は

上代きこる[樵]。きりたふす[切倒]。こる[樵/伐]。

—禁止の木 近世ちゃうじぼく[停止木]。とめぎ[止木/留木]。

山林で不要な木を—・すること すかしぎり[透伐]。そばつ[疎伐]。近代かんばつ[間伐]。近世ぬきぎり[抜伐]。

はっさん【発散】 ガスぬき[オランダgas抜]。近世いきぬき[息抜]。うさばらし[憂晴]。きはうじ[気放]。中世きさんじ[気散]。きばらし[気晴]。はっさん[発散]。中古ちらす[散]。はつゑつ[発越]。

—・させるところ 近代はけぐち[捌口]。

パッシブ(passive) 近代うけみ[受身]。じゅどう[受動]。パッシブ。

はっしゃ【発射】 近代しゃしゅつ[射出]。はっしゃ[発射]。近世うちかく[打掛/打懸]。しゃげき[射撃]。はっぱう[発砲]。ぶっぱなす[打放]。中世うつ[撃]。上代いる[射]。はなつ[放]。

はっしゃ【発車】 デパーチャー(departure)。近代はっしゃ[発車]。中古はっしん[発進]。

はっしょう【発祥】 近世きげん[起源]。中世はじまり[始]。はっす[発]。はっせい[発生]。はったん/ほったん[発端]。中古おこり[起]。みなもと[源]。

パッション(passion) 近代じゃうねつ[情熱]。パッション。中世ねつじょう[熱情]。ねっき[熱気]。

はっしん【発進】 近代しゅっぱつ[出発]。りりく[離陸]。中古はっしん[発進]。

緊急— スクランブル(scramble)。

ばっすい【抜粋】 近代てきえう[摘要]。てきき[摘記]。てきろく[摘録]。近世せうろく[抄録/鈔録]。ばっすい[抜粋]。中世かきぬき[書抜]。ぬきがき[抜書]。中古せうしゅつ[抄出/鈔出]。→**ぬきがき**

はっ・する【発】 はっしょう[発祥]。近代おきる/おこる[起]。しゅっぱつ[出発]。スタート(start)。中世しゃうず[生]。しゅったつ[出立]。はっす[発]。はっせい[発生]。中古はじまる[始]。はなつ[放]。

ハッスル(hustle) 近代いきごむ[意気込]。きおひこむ[気負込]。きおひたつ[気負立]。きほひたつ[競立]。ふるひたつ[奮立]。近世いさみたつ[勇立]。はりきる[張切]。ふんき[奮起]。中世きおふ[気負]。中古はやる[逸]。

ばっ・する【罰】 パニッシュメント(punishment)。近代しょばつ[処罰]。近世ざいくゎ[罪科]。中世いましむ[—しめる][戒]。せいばい[成敗]。ちゅうばつ[誅罰]。中古かうがふ/かんがふ[堪/考]。かうず/かんず[勘/拷]。てうず[調]。ばっす[罰]。上代きたむ[懲]。つみす/つみなふ[罪]。

《尊》上代きたます[懲/鞫]。

—・して他への戒めとする 中世みせしめ[見]。

厳しく—・すること 中世げんばつ[厳罰]。近代ぢゅうばつ[重罰]。中古げんくゎ[厳科]。

当事者双方を—・すること 近世りゃうせいばい[両成敗]。

法によって—・すること 上代けいばつ[刑罰]。

▼死刑 近代しょけい[処刑]。近世笠の台が飛ぶ。中世りくす[戮]。上代きょくけい[極刑]。けいりく[刑戮]。しざい[死罪]。たいへき[大辟]。ちゅうす[誅]。

はっせい【発生】 はっしょう[発祥]。近代うまれる[生]。おきる[起]。せいき[生起]。できる[出来]。せいせい[生成]。はっせい[発生]。中世しゃうず[生]。わきづ[—でる][涌出/湧出]。わく[湧/涌]。中古いづ[出]。いでく[出来]。しゅつげん[出現]。上代おこる[起]。はゆ[はえる][生]。

—・させる 近代うみだす[生出]。近世うむ[生/産]。中古いだす[出]。

刺激して—・させること 近代いうき[誘起]。

しばしば—・すること こうはつ[好発]。たはつ[多発]。

次々と—・するたとえ 近代雨後の筍(たけのこ)。

はっそう【発想】 アイディア(idea)。近代ちゃくさう[着想]。はつあん[発案]。はつい[発意]。はっさう[発想]。近世おもひつき[思付]。かんがへ[考]。中世くふう[工夫]。

はっそう【発送】 しむけ[仕向]。近代はっそう[発送]。近世おくりだす[送出]。さしたて[差立]。中世さしだす[差出]。

はっそく【発足】 →**ほっそく**

ばっそん【末孫】 まっそん[末孫]。中世こうえい[後裔]。すゑば[末葉]。ばつえい/まつえい[末裔]。ばつえふ/まつえふ[末葉]。はつこ[裔/苗裔]。ばつりう/まつりう[末流]。中古ばっそん[末孫]。上代ししそん[子子孫孫]。

ばった【飛蝗】 近世ばった[飛蝗]。中世はたた。中古いなごまろ[稲子麿]。はたはた[蟿蚱]。

はったつ【発達】 近代かいてん[開展]。しんくゎ[進化]。はってん[発展]。近世はったつ[発達]。中世しんぽ[進歩]。せいじゅく

［成熟］。そだつ［育］。中古せいちゃう［成長］。→はってん

はったり ブラフ(bluff)。近代がうご［豪語］。からゐばり［空威張］。きょゐ［虚威］。けれん［外連］。こけおどかし［虚仮威］。つよがり［強］。はったり。近世おほげさ［大袈裟］。きょせい［虚勢］。こけおどし［虚仮威］。中世おほくち／おほぐち［大口］。こちゃう［誇張］。

ばってき【抜擢】 えりぬき［選抜］。きよう［起用］。はっくつ［発掘］。近代てうばつ［超抜］。近世せんばつ［選抜］。ばってき［抜擢］。中世とりたて［取立］。中古とうよう［登用／登庸］。上代ぬきいづ［抜出］。

特別な― 中世てうがいふじ［超涯不次］。

はってん【発展】 エボリューション(evolution)。近代かいてん［開展］。しんくゎ［進化］。しんてん［進展］。ぜんしん［前進］。てんかい［展開］。はってん［発展］。近世のぶ［のびる］［伸／延］。はったつ［発達］。中世しんぽ［進歩］。せいじゅく［成熟］。そだつ［育］。中古せいちゃう［成長］。

《句》中世尺蠖(しやくくわく)の屈(かが)めるは伸びんがため。

―途上国 エルディーシー(LDC; less developed country)。とじょうこく［途上国］。近代しんこうこく［新興国］。

―と衰退 近世のびちぢみ［伸縮］。

―の過程 中世かいてい［階梯］。

―のきざしを見せる 近代芽を吹く。

大きく―・すること 近代ひやく［飛躍］。やくしん［躍進］。

地位や勢力が―・する 近世のしあがる［伸上］。中世のす［伸］。

はつでんき【発電機】 オルタネータ／オルタネーター(alternator)。近代ジェネレータ／ジェネレーター(generator)。ダイナモ(dynamo)。はつでんき［発電機］。

はっと【法度】 近代はふりつ［法律］。中世きんれい［禁令］。中古きんかい［禁戒］。さだめ［定］。はっと［法度］。上代おきて［掟］。きんし／きんじ［禁止］。きんせい［禁制］。きんだん［禁断］。はふ［法］。

はつどう【発動】 きどう［起動］。しどう［始動］。近代かいし［開始］。スタート(start)。中世はつどう［発動］。

はっと・する 近代息を呑む。びくっとする。近世ぎょっとする。はっとする。胸を突く。中世びっくり。中古うちおどろく［打驚］。おどろく［驚］。→**おどろ・く**

はつねつ【発熱】 はつねつ［発熱］。近代ねっぱつ［熱発］。中世

はつねつ【発熱】 近代ねっぱつ［熱発］。中世はつねつ［発熱］。

―・しているような感じ 近代ねつっぽい［熱］。

―と悪寒 近世かんねつわうらい［寒熱往来］。中世かんねつ［寒熱］。

高い― 近代かうねつ［高熱］。

乳児に見られる― 近代ちゑねつ［知恵熱］。近世ちゑぼとり［知恵熱］。

平熱よりやや高い― 近世びねつ［微熱］。

はつねつき【発熱器】 近代でんねつき［電熱器］。ヒーター(heater)。

はっぱ【発破】 近代ばくさい［爆砕］。ばくは［爆破］。はっぱ［発破］。近世ばくれつ［爆裂］。

はつばい【発売】 近代セール(sale)。はつばい［発売］。近世うりだし［売出］。中古うる［売］。ひさぐ［鬻／販］。上代はんばい［販売］。→**う・る**

CDやビデオの― 近代リリース(release)。

はつはる【初春】 近世ぐゎんたん［元旦］。明けの春。中古しゃうぐゎつ［正月］。しんしゅん［新春］。上代しょしゅん［初春］。しんねん［新年］。はつはる［初春］。→**いちがつ** →**しんねん【新年】**

はつびょう【発病】 病に罹(かか)る。近代はっしゃう［発症］。りくゎん［罹患］。りびゃう［罹病］。近世はつびゃう［発病］。中世やみつく［病付］。床に就く。病に伏せる。病に冒(をか)さる［―冒される］。中古病に沈む。

はっぴょう【発表】 こうひょう［公表］。しらせる［知］。はっしん［発信］。ひょうめい［表明］。近代はっぺう［発表］。

公に―・する 近代こうへう［公表］。公(おほやけ)にする。中古ひろう［披露］。

芸事などを―・する会 近代をさめざらひ［納浚］。をんしふくゎい［温習会］。

服飾デザイナーが作品を―・する会 コレクション(collection)。

はつぶたい【初舞台】 近代デビュー(フランス début)。近世おめみえ［御目見／御目見得］。はつぶたい［初舞台］。

はっぷん【発憤】 意気天を衝(つ)く。近代いきごむ［意気込］。きおひこむ［気負込］。きおひたつ［気負立］。きほひたつ［競立］。ふるひおこす［奮起］。ふるひたつ［奮立］。気合ひを入れる。近世いさみたつ［勇立］。かんぱつ［感発］。たけりたつ［猛立］。ふんき［奮起］。中世きおふ［気負］。ふんぱつ［奮発］。中古はっぷん［発憤／発奮］。はやる［逸］。

はっぽう【発砲】 砲火を交える。近代 はっしゃ[発射]。近世 うつ[撃]。しゃげき[射撃]。はっぱう[発砲]。

はっぽう【八方】 近代 たはうめん[多方面]。近世 あちこち[彼方此方]。中世 じゅうわう[縦横]。はっきょく[八極]。はっくゎう[八紘]。中古 しはう[四方]。ぜんごさいう[前後左右]。とうざいなんぼく[東西南北]。はっぱう[八方]。上代 よもやも[四方八方]。

はつめい【発明】 そうしゅつ[創出]。近代 インベンション(invention)。はつあん[発案]。近世 しんあん[新案]。はつめい[発明]。

《句》近代 必要は発明の母。

はつもの【初物】 近代 おはつ[御初]。近世 はつなり[初生]。中世 はしり[走]。はつもの[初物]。中古 はしりもの[走物]。はつ[初]。はつほ[初穂]。

―のおいしさ 近世 初物七十五日。

はつよう【発揚】 近代 かうやう[高揚/昂揚]。近世 こうき[興起]。はつやう[発揚]。↓

はっぷん

はつらつ【溌刺】 近代 はつらつ[溌刺/溌溂]。ビビッド(vivid)。近世 くゎっぱつ[活発]。中世 いきいき[生生]。せいき[生気]。くゎいくゎつ[快活]。げんき[元気]。

はつろ【発露】 近代 りうろ[流露]。中世 げんしゅつ[現出]。ばくろ[暴露]。はつろ[発露]。中古 けんげん[顕現]。上代 あらはる[―われる][現/顕]。

はて【果】 エンディング(ending)。近代 きょくげん[極限]。きょくてん[極点]。さいがい[際涯]。しゅうきょく[終極]。しゅうきょく[終局]。しゅうまつ[終末]。中世 きうきょく[究極]。くきゃう[究竟]。さいげん[際限]。そっと/そつど[率土]。つまり[詰]。へんさい/へんざい[辺際]。率土の浜。中古 きは[際]。きはまり[極/窮]。きはめ[極/窮]。きょく[極]。そこ[底]。つひ[終/竟]。とまり[止/留]。はづれ[外]。はて[果]。へきらく[碧落]。ほとり[辺/畔]。をはり[終]。上代 おくか[奥処]。かぎり[限]。きはみ[極]。しり[後/尻]。そき/そきへ[退]。そこひ[底方]。はたて[果/極/尽]。

―のないこと 中世 むきょく[無極]。

―の果て 近世 とどの詰まり。中古 さいはて[最果]。はてはて[果果]。

―まで行く 中古 きはまる/きはむ[極]。

行き着く― 近世 どんぞこ[底]。ならく[奈落/那落/捺落]。中古 奈落の底。

国の― 中世 しゅっと[率土]。中古 しえい[四裔]。上代 そっと/そつど[率土]。

世界の― 中世 こんりんざい[金輪際]。こんりんならく[金輪奈落]。

大地の― 中古 ちかく[地角]。へきゑん[僻遠]。

はで【派手】 近代 きんきら。きんきらきん。きんぴか[金]。近世 けばけばし。はっと。はで[派手]。はでやか[派手]。中世 おほてい[大体]。てばてばし。ばさら/ばしゃら/ばしゃれ[婆娑羅]。ばし。はなばなし[花花/華華]。中古 いまめかし[今]。いろ[色]。くゎび[華美]。はなやか[華]。

―好み(な者) 近代 はでごのみ[派手好]。近世 くゎんくゎつもの[寛闊者]。だてこきゃう[伊達]。だてしゃ/だてもの[伊達者]。ばしゃれもの[婆娑者]。はでしゃ/はでもの[派手者]。はでずき[派手好]。

―さがないこと 近世 おとなし[大人]。ぢみ[地味]。

―・さがなくまじめ 近世 しつじつ[質実]。

―・で浮ついていること 近世 ちゃらちゃら。はすは[蓮葉]。中世 うはかぶき[上傾]。

―・で驕っていること 近世 ふこ[浮誇]。

―・で贅沢なこと 近世 くゎし[華侈]。くゎんくゎつ[寛闊]。中世 がうしゃ[豪奢]。くゎしゃ[華奢]。中古 きら[綺羅]。くゎび[華美/花美]。

―・でだらしなくなる 近世 ばしゃれる[婆娑]。

―・でどぎついさま 近代 けばけば[毳毳]。どくどくしい[毒毒]。

―・な着物 近世 だてぎ[伊達着]。

―・な振る舞いをする 近世 だて[伊達]。大束に出る。中古 いろめかす[色]。

―・な身なりで通る 中世 はれわたる[晴渡]。

―・に飾り立てること 近代 れいれい[麗麗]。中世 くゎしょく[華飾/過飾/花色]。中古 つくりたつ[―たてる][作立/造立]。

―・に金を使うこと 近世 ええうづかひ[栄耀使]。

ばてい【馬丁】 近世 くちとり[口取]。ばてい[馬丁]。中世 うまかた[馬方]。くちひき[口引]。中古 くちつき[口付]。上代 まご[馬子]。

はてし(が)な・い【果無】 近代 図が知れない。近世 つきしなし[尽無]。むがい[無涯]。中世 くゎうだいむへん[広大無辺]。中古 かぎりなし[限無]。きは切りがない。

なし［際無］。そこひなし［底無／底方無］。はてしなし［果無］。底(そこ)ひも知らず。奥処(おく)かも知らず。上代 おくかなし［奥処無］。

—・い彼方 近代 さいがい［際涯］。中古 へんがい［辺涯］。

—・いさま 近代 くうばく［空漠］。ばうばく［茫漠］。近世 べうぜん［渺然］。中世 べうべう［渺渺］。まんまん［漫漫］。中古 ばうばう［茫茫］。ばくばく［漠漠］。べうばう［渺茫］。べうばく［渺漠］。へうべう［縹渺／縹緲／縹眇］。むご［無期］。上代 べうまん［渺漫］。

—・く続くさま 近代 えいゑん［永遠］。中世 いうきう［悠久］。えいきう［永久］。→え いえん

水面が—・く広がっているさま 中古 べうまん［淼漫］。近代 べうべう［淼淼］［渺］。

は・てる【果】 近代 お終ひになる。中世 あひはつ〔—はてる〕［相果］。中古 きはまる［極］。きはる［極］。しす［死］。つきはつ〔—はてる〕［尽果］。なくなる［無］。上代 しぬ［死］。つく〔つきる〕［尽］。はつ〔はてる〕［果］。をはる［終／了／卒／畢］。をふ〔をえる〕［終／畢］。

はてんこう【破天荒】 近代 くうぜん［空前］。みぞう［未曾有］。近世 はてんくゎう［破天荒］。中古 ぜんだいみもん［前代未聞］。

はと【鳩】 近代 はとぽっぽ［鳩］。ぽっぽ。近世 ふたこゑどり［二声鳥］。上代 はと［鳩］。

—を飼う小屋 近代 きうしゃ［鳩舎］。

はとう【波濤】 近代 さんかくなみ［三角波］。中世 かうは［高波］。中古 げきらう［激浪］。たかなみ［高波／高浪］。はたう［波濤］。上代 あらなみ［荒波／荒浪］。おほなみ［大波／大浪］。はらう［波浪］。

はとう【波頭】 近代 はとう［波頭］。近世 はちょう［波頂］。なみがしら［波頭］。

ばとう【罵倒】 近代 ばさつ［罵殺］。ばたう［罵倒］。近世 悪態をつく。中古 ののしる［罵］。

はとば【波止場】 ハーバー(harbor)。マートー［(中国語)碼頭］。近代 がんぺき［岸壁］。バンド(bund)。ふなつきば［船着場］。近世 はとば［波止場］。ふとう［埠頭］。ふながかり［船繋］。ふなば［舟場］。中世 かかりば［繋場］。すいえき／みづうまや［水駅］。つきば［着場／付場］。ふなつき［船付］。ふなとどめ［船留］。上代 かはづ［川津］。つ［津］。とまり［泊］。ふなつ［船津／舟津］。みなと［港／湊］。→みなと

▼船を着けるため突き出た構造物 近代 とってい［突堤］。近世 さんばし［桟橋］。ふとう［埠頭］。中世 はと［波戸／波止］。

はどめ【歯止】 ブレーキ(brake)。近代 ていし［停止］。ばうし［防止］。はどめ［歯止］。よくし［抑止］。近世 そし［阻止］。中世 くひとむ〔—とめる〕［食止／食留］。中古 せいし［制止］。ちゃうじ［停止］。

パトロール(patrol) 近代 じゅんくゎい［巡回］。近世 けいら［警邏］。じゅんし［巡視］。みまはり［見回］。

パトロン(patron) スポンサー(sponsor)。近代 こうゑんしゃ［後援者］。パトロン。中世 うしろだて［後盾］。こうけんにん［後見人］。ひいき［贔屓／贔負］。

はな【花】 近代 フラワー(flower)。中世 せいくゎ［生花］。はなづま［花妻］。中古 くさばな［草花］。物言はぬ花。上代 はな［花／華／英］。たまかづら［玉葛］。《枕》上代 あきはぎの［秋萩］。

—が大きく咲く 中世 はぢかる［開］。

—がこぼれ落ちること 上代 あゆ〔あえる〕［零］。

—が咲いたという便り しゅんしん［春信］。近世 くゎしん［花信］。近代 はなだより［花便］。中世 はうしん［芳信］。

—が咲き乱れること(さま) 中古 はなざかり［花盛］。らくくゎらうぜき［落花狼藉］。れうらん［繚乱／撩乱］。らんまん［爛漫］。

—が咲く 近世 わらふ［笑］。中世 かいくゎ［開花］。ひらく［開］。中古 ひもとく［紐解］。ほころぶ〔—ろびる〕［綻］。ゑまふ／ゑむ［笑／咲］。笑みの眉開く。上代 さきにほふ［咲匂］。→さ・く【咲】

—が少し咲く 中古 ほほゑむ［微笑／頬笑］。

—が散り乱れること 中古 くゎう［花雨］。上代 散りの紛ひ。

—が散る(こと) 中古 うちこぼる［打零］。らくくゎ［落花］。上代 うつろふ［移］。

—が散るさま 中古 ほろほろ。

—が春と秋と二度咲くこと 近代 にどざき［二度咲］。近世 かへりざき［返咲］。くるひざき［狂咲］。

—でかたどった文字 近代 はなもじ［花文字］。

—となる芽 近代 くゎが［花芽］。近世 はなめ［花芽］。

—と実 中世 くゎくゎ［花果］。くゎじつ［花実］。上代 はなみ［花実］。

—のある家 中世 花の宿。

—の香り 中世 くゎきゃう［花香］。はなが［花香］。

ーの形の例 かんじょうか［管状花］。とうか［頭花］。とうじょうか［筒状花］。とうじょうかじょ［頭状花序］。【近代】つつざき［筒咲］。【近世】やへざき［八重咲］。

ーの構成を記号化したもの かしき［花式］。

ーの咲いている間 【近代】くゎかん［花間］。

ーの咲いている木の下 【中世】くゎいん［花陰］。【中古】はなかげ［花陰］。はなしたかげ［花下陰］。はなのもと［花本/花下］。

ーの咲いている姿 【中世】花の顔。

ーの咲く木 【中古】くゎじゅ［花樹］。くゎぼく［花木］。

ーの咲く草 【中世】くゎき［花卉］。【中古】くさばな［草花］。

ーの咲く時候 【近代】くゎこう［花候］。はなどき［花時］。

ーの束 ブーケ（フランス bouquet）。【近代】はなたば［花束］。

ーの付いた一枝 【中古】いちだ［一朶］。

ーの番人 【中世】はなもり［花守］。

ーを植え育てている所 【近代】くゎほ［花圃］。【中世】くゎだん［花壇］。【中古】くゎゑん/はなぞの［花園］。【近世】はなばた/はなばたけ［花畑］。

ーを売る店 フロリスト（florist）。【近世】はなや［花屋］。

赤いー 【近世】たんくゎ［丹花］。

赤いーが散るたとえ 【中古】こうう［紅雨］。

一本の株に異なる色のーが咲くこと 【中世】さきわけ［咲分］。

いつまでも変わらず咲いているー 【上代】とこばな［常花］。

美しく名高いー 【中古】めいくゎ［名花］。

美しく不吉な感じのー 【近代】えうくゎ［妖花］。

大きく開くー 【近代】たいりん［大輪］。

多くのー 【中世】ぐんはう［群芳］。【中古】しゅうはう［衆芳］。ひゃくくゎ［百花］。【上代】ばんくゎ［万花/万華］。

多くのーが咲き乱れるさま 【近世】せんこうばんし［千紅万紫］。【中世】せんしばんこう［千紫万紅］。ひゃくくゎれうらん［百花繚乱］。

多くのーの付いた枝 【中古】ばんだ［万朶］。

温室で咲かせたー 【近世】むろざき［室咲］。

花瓶のー 【中世】へいくゎ［瓶花］。

紙や布で作ったー 【中古】ざうくゎ［造花］。つくりばな［造花/作花］。

乾燥させたー ドライフラワー（dried flower）。

季節に遅れて咲くー 【近世】わすればな［忘花］。【中古】よくゎ［余花］。

季節外れのー 【近世】きゃうくゎ［狂花］。くるひざき［狂咲］。【中世】かへりばな［返花/帰花］。あだばな［徒花］。

草木のーを花器に挿して飾ること 【近代】もりばな［盛花］。【近世】りっくゎ［立花/立華］。【中世】いけばな［生花/活花］。たてばな［立花］。なげいればな［抛入花］。

供養のためーをまき散らすこと 【中古】さんげ［散花/散華］。

月光などによるーの影 【中世】くゎえい［花影］。

衣に見立てたー 【中古】花の衣。

咲いても実のならないー ちゅうせいか［中性花］。ちりばな［散花］。ふとうか［不登花］。むせいか［無性花］。【近世】いたづらばな［徒花］。むだばな［無駄花/徒花］。【中古】あだばな［徒花］。

さまざまなーの色 【中世】せんしばんこう［千紫万紅］。

四季折々のー 【中古】じくゎ［時花］。【上代】時の花。

四季を通じてーがあること 【近世】しきざき［四季咲］。【中古】ちゃうしゅん［長春］。

受粉の媒体によるーの呼び方の例 【近代】すいばいくゎ［水媒花］。ちゅうばいくゎ［虫媒花］。ふうばいくゎ［風媒花］。

神仏に供えるー きょうか［供花］。【近世】たむけばな［手向花］。【中世】くうげ［供花］。【中古】くげ［供花］。

葬儀用のー かみばな［紙花］。じどり［地取］。【近代】はなわ［花輪］。

茶席の床に生けるー おきばな［置花］。【近代】ちゃばな［茶花］。

散らないー 【上代】とこはな［常花］。

散り残ったー 【中古】ざんくゎ［残花］。

天上に咲くー 【中世】まんじゅしゃげ［曼珠沙華］。【中古】てんけ/てんげ［天花/天華］。

野に咲くー 【近世】のばな［野花］。【上代】やくゎ［野花］。

はかないー 【中世】あだばな［徒花］。

風流を楽しむものとしてのー 【中古】くゎげつ［花月］。はなもみぢ［花紅葉］。【上代】くゎてう［花鳥］。

仏前に供えるーと香 【近世】くゎかう［花香］。けかう［華香/花香］。【中世】かうはな［香花］。【中古】かうげ［香花/香華］。

冬に咲くー 【上代】かんくゎ［寒花］。

紅色のー 【中古】こうくゎ［紅花］。

よい香のする多くのー 【中世】ぐんはう［群芳］。【中古】しゅうはう［衆芳］。

▼助数詞 【中世】ほん［本］。りん［輪］。

はな【端】 近代 でだし［出出］。はしっこ［端］。近世 たせんたん［先端］。ふりだし［振出］。近世 たんしょ［端緒］。中世 でばな［出鼻／出端］。中古 さいしょ［最初］。はな［端］。上代 はな［鼻］。

はな【鼻】 ノーズ(nose)。上代 はな［鼻］。

―が高い(人) 近世 りゅうび［隆鼻］。鼻筋が通る。中世 なかだか［中高］。りゅうせつ［隆準］。中古 はなたか／はなだか［鼻高］。

―が低いさま(人) 近代 はなぺちゃ［鼻］。へちゃ。鼻が胡坐(あぐら)を掻く。近世 ぐるりだか［高］。なかびく［中低］。

―からの出血 びしゅっけつ［鼻出血］。中古 はなぢ［鼻血］。

―と上唇の間の中央のくぼみ 近世 じんちゅう［人中］。はなみぞ［鼻溝］。中古 にんちゅう［人中］。

―の穴 中世 びこう［鼻孔］。中古 てんもん［天門］。

―の形のいろいろ(例) かぎっぱな［鉤鼻］。近代 だんごっぱな［団子鼻］。だんばな［段鼻］。とびばな［鳶鼻］。わしばな［鷲鼻］。近世 だんごばな［団子鼻］。中世 かぎばな［鉤鼻］。

―の先 近代 はながしら［鼻頭］。近世 はなさき［鼻先］。はなっつら／はなづら［鼻面］。中世 びたん［鼻端］。びとう［鼻頭］。

―の左右両端のふくれた部分 近代 びよく［鼻翼］。中世 こばな［小鼻］。

―のポリープ びじょう［鼻茸］。中世 はなたけ／びじ［鼻茸］。

―を鳴らすさま 近代 ぐすぐす。くすん。中世 くんくん。

―をぴくぴくさせる 近世 おぼめかす。

低くて横にひろい― 近代 あぐらばな［胡座鼻］。近世 ししばな／ししっぱな［獅子鼻］。鼻が胡坐(あぐら)を掻く。

眉間から―の先までの線 近代 はなみち［鼻道］。中世 はなすぢ［鼻筋］。中古 はなぐき［鼻茎］。はなばしら［鼻柱］。はなみね［鼻梁］(主として牛馬の)。びりゃう［鼻梁］。

はないき【鼻息】 中世 はないき［鼻息］。びそく［鼻息］。

―の音 中世 すうすう。

激しい― 中世 はなあらし［鼻嵐］(馬などの)。

はないれ【花入】 近世 くゎき［花器］。中世 はないけ［花生／花活］。はないれ［花入］。中古 くゎびん［花瓶］。くゎへい［花瓶］。→かき【花器】

はながた【花形】 近代 スター(star)。近世 うれっこ［売子］。せんりゃうやくしゃ［千両役者］。たちやくしゃ／たてやくしゃ［立役者］。にんきもの［人気者］。はながた［花形］。

―の女性 近代 クイーン(queen)。

はながみ【鼻紙】 →ちりがみ

はなぐすり【鼻薬】 近世 はなぐすり［鼻薬］。めぐすり［目薬］。袖の下。中世 まひなひ［賄］。中古 もくぜん［目前］。わいろ［賄賂］。

はなさき【鼻先】 近代 目睫(もくせふ)の間(かん)。近世 しきん［至近］。めさき［目先／目前］。目と鼻の間。中世 はなさき［鼻先］。中古 めのまへ［目前］。

はなし【話】 近代 くゎいわ［会話］。ストーリー(story)。スピーチ(speech)。べん［弁］。近世 おしゃべり［喋］。わせつ［話説］。中世 だん［談］。はなし［話］。中古 かたらひ［語］。げんだん［言談］。だんわ［談話］。わだん［話談］。上代 こととひ［言問］。ものがたり［物語］。

《尊》近代 かうせつ［高説］。→かいわ

―がうまい(人) 近世 かうわ［高話］。弁が立つ。弁舌さわやか。近代 くちだっしゃ［口達者］。くちじゃうず［口上手］。近世 くちがうしゃ［口巧者］。のうべん［能弁］。はなしがうしゃ［話巧者］。はなしじゃうず［話上手］。中世 くちきき［口利］。くちぎよう［口器用］。はなして［話手］。口を利く。中古 べんし［弁士］。

―がうまくなる 近世 口が上がる。

―が高尚なことのたとえ 近代 だんてんてうりゅう［談天彫竜］。

―が事実と違う 近世 尾鰭(をひれ)が付く。中古 頬歪む。

―が通じないこと 近世 ちんぷんかん［珍紛漢／珍糞漢／陳奮翰］。ちんぷんかんぷん［珍糞漢糞］。

―がどんどん続く(さま) 近代 まくしたてる［捲立］。近世 たくしかく(―かける)。ひひ［霏霏］。中世 たくりかく(―かける)。

―がはずむ(こと) 中世 くゎいだん［快談］。言葉に花を咲かす。

―が下手なこと 近世 とつべん［訥弁］。はなしべた［話下手］。舌足らず。中世 くちべた［口下手］。

―が本筋から逸れること(その話) 近代 エピソード(episode)。さふわ［挿話］。だっせん［脱線］。よぶん［余聞］。よわ［余話］。近世 よだん［余談］。中世 だそく［蛇足］。

―にならない 中世 いひがひなし［言甲斐無］。中古 いふかひなし［言甲斐無］。

―の結末 近世 おち／おとし［落］。さげ［下］。

―の種 いいぐさ［言種／言草］。ちゃのみぐさ［茶飲種］。近代 トピック(topic)。ねた。わだい［話題］。近世 かたりく［語句］。かたりぐさ［語種］。だんぺい［談柄］。わとう［話頭］。中世 ことのはぐさ［言葉種］。だんぺい［談柄］。わへい［話柄］。中古 あつかひぐさ［扱種／扱草］。いひごと［言事］。くちずさび／くちずさみ［口遊］。世の例(ためし)。上代 かたらひぐさ［語草／語種］。かたり［語］。

―のついで 近代 ごじ［語次］。中古 ちなみに［因］。

―の途中 近世 ちゅうざ［中座］。はんざ［半座］。

―を聞く 近世 耳を貸す。

―を切り出すときの言葉 近世 いったい［一体］。中古 およそ［凡］。さて。上代 そもそも［抑／抑抑］。

―をして働きかける 近代 きりだす［切出］。近世 もちかく［―かける］［持掛］。

―をしない 近代 ちんもく［沈黙］。近世 だまる［黙］。口を閉ざす。中世 口を噤(つぐ)む。中古 つぐむ［噤／鉗］。口を閉づ［―閉じる］。上代 もだす［黙］。

―をする人 わしゃ［話者］。近代 スピーカー(speaker)。スポークスマン(spokesman)。はなして［話手］。中世 かたりて［語手］。

―をする様子 くちっぷり［口振］。近世 はなしぶり［話振］。中世 くちぶり［口振］。ことばづき［言葉付］。

―を続けるきっかけ 近代 つぎほ［継端］。近世 つぎほ［接穂／継穂］。

―をまとめる 近代 だけつ［妥結］。近世 ふづくる［文作］。

一般には知られていない― うらばなし［裏話］。エピソード(episode)。こぼればなし［零話］。ひわ［秘話］。近代 いつわ［逸話］。よぶん［余聞］。よわ［余話］。近世 よだん［余談］。

恐ろしい― スリラー(thriller)。ミステリー(mystery)。近世 くゎいだん［怪談］。

折りを見て―を止める 近世 いひしらける［言白］。

架空の― 近代 おとぎばなし［御伽話／御伽噺］。フィクション(fiction)。近世 つくりばなし［作話］。ゆめものがたり［夢物語］。中古 つくりものがたり［作物語］。ゆめがたり［夢語］。

悲しい― 近代 あいわ［哀話］。ひわ［悲話］。

気の利いた― 近世 いたりばなし［至話］。いたりものがたり［至物語］。

教訓や風刺をこめた― ぐうわ［寓話］。近代 アレゴリー(allegory)。

滑稽な― 近代 わらひばなし［笑話］。近世 おどけばなし［戯話］。せうわ［笑話］。中世 ちんだん［珍談］。

子供のための― ぐうわ［寓話］。じどうぶんがく［児童文学］。近代 おとぎばなし［御伽話／御伽噺］。どうわ［童話］。むかしばなし［昔話］。メルヘン(ドイツ Märchen)。

事件などの後の― ごじつだん［後日談］。近代 ごじつたん［後日譚］。ごじつものがたり［後日物語］。

静かにする― 近代 かんげん［閑言］。中古 かんご［閑語］。かんだん［閑談］。

実際にあった― ノンフィクション(nonfiction)。近代 じつわ［実話］。中古 じっせつ［実説］。上代 じつろく［実録］。

取材のため―を聞く インタビュー(interview)。

巧みに飾っておもしろい― 近世 きだん［綺談］。

他人に知れないようにこっそりする― しわ［私話］。近世 ないしょうばなし［内証話］。ないしょばなし［内緒話／内証話］。→ないしょ

茶を飲みながらする気楽な― 近代 ざつだん［雑談］。ちゃわ［茶話］。近世 さわ／ちゃばなし［茶話］。せけんばなし［世間話］。ちゃのみがたり［茶飲語］。ちゃのみばなし［茶飲話］。ちゃのみものがたり［茶飲物語］。よもやまばなし［四方山話］。中古 ざふだん［雑談］。→ざつだん

ちょっとした― すんわ［寸話］。近世 さだん［瑣談］。さわ［茶話］。ひとくちばなし［一口話／一口咄／一口噺］。中世 こばなし［小咄／小話／小噺］。せうご［小語］。

でたらめな― 近代 まうだん［妄談］。よたばなし［与太話］。中世 ばうだん［妄談］。中古 ぞくせつ［俗説］。そらものがたり［空物語］。

とりとめのない― 近代 ざつだん［雑談］。まんだん［漫談］。近世 うきよばなし［浮世話／浮世咄］。せけんばなし［世間話］。よもやまばなし［四方山話］。中古 すずろごと／そぞろごと［漫言］。

頓智のきいた― 中世 たうわ［当話］。

長い― 近世 ながこうじゃう［長口上］。中世 ながばなし［長話］。《句》近世 下手の長談

義。

長いーで長居する 近世ながじり／ながっちり[長尻]。尻長し。

日常の普通のー 近世へいわ[平話]。

ふと聞いたー 中古うちぎき[打聞]。

本題にはいる前のー 近代枕を振る。近世まくら[枕]。

民間に伝わるー 近代いひきたり[言来]。フォークロア(folklore)。みんわ[民話]。近世むかしばなし[昔話]。中世せつわ[説話]。中古でんせつ[伝説]。ふるごと[故事／古事]。むかしがたり[昔語]。→**でんせつ**

向かい合ってするー 近代くゎいわ[会話]。ていだん[鼎談]。近世たいご[対語]。中世たいだん[対談]。たいわ[対話]。中古めんだん[面談]。上代ぐうご[偶語]。

珍しいー 近代いつぶん[逸聞]。いぶん[異聞]。きたん[奇譚]。きぶん[奇聞]。ちんぶん[珍聞]。近世きだん[奇談]。きわ[奇話]。ちんせつ[珍説／椿説]。中世ちんだん[珍談]。

夢のような馬鹿なー 近代ちむ[痴夢]。

はなしあい【話合】 近代えうだん[要談]。かうせふ[交渉]。かたらひ[語]。けふぎ[協議]。こんだん[懇談]。たうぎ[討議]。ディスカッション(discussion)。ネゴシエーション(negotiation)。近世ざだん[座談]。はなしあひ[話合]。中世くゎいだん[会談]。たいだん[対談]。ようだん[用談]。中古いひあはす[ーあわせる][言合]。ぎ[議]。さうだん[相談]。めんだん[面談]。上代こととひ[言問]。→**かいわ**→**こうしょう【交渉】**

ーで決めること 近代ていぎ[定議]。

ーでまとめる 上代ととのふ[ーのえる][整／調／斉]。

ーの下交渉をする 近世わたり[渡]。渡りを付く[ー付ける]。

ーの場所を改める 近世席を改む[ー改める]。

はなしあいて【話相手】 近代ことばがたき[言葉敵]。近世おとぎしゅう[御伽衆]。おとぎばうず[御伽坊主]。はなしあひて[話相手]。中古かたらひびと[語人]。

はなしあ・う【話合】 近代かたらふ[語]。くゎいわ[会話]。ざだん[座談]。近世はなしあふ[話合]。中世かたりあふ[語合]。中古あひかたらふ[相語]。いひあはす[言合]。いひかたらふ[言語]。いひかはす[言交]。いひしろふ[言]。うちかたらふ[打語]。うちものがたらふ[打物語]。かたらひあふ[語合]。だんがふ[談合]。まうしあふ[申合]。まうしかはす[申交]。上代こととふ[言問]。

一日中ー・う 中古かたらひくらす[語暮]。

打ち解けてー・うこと 近代こんだん[懇談]。こんわ[懇話]。中古だんせう[談笑]。

三人でー・う 近代ていだん[鼎談]。

十分にー・うこと 中世じゅくだん[熟談]。

内々でー・うこと 中世ないだん[内談]。

二人でー・う 中世たいだん[対談]。たいわ[対話]。中古めんだん[面談]。上代ぐうご[偶語]。

はなしがい【放飼】 近代のばなし[野放]。はなしがひ[放飼]。近世かひはなし[飼放]。中世はうやう[放養]。中古のがひ[野飼]。はうぼく／はうもく[放牧]。

ーの牛 中世ぼくぎう[牧牛]。

ーの馬 近世はなしうま[放馬]。

ーをする 中古のがふ[野飼]。

はなしか・ける【話掛】 中世はなしかく[ーかける][話掛]。言葉を掛く[ー掛ける]。声を掛く[ー掛ける]。中古いひかかる[言掛]。いひかく[ーかける][言掛]。いひふる[言触]。かたらひつく[語付]。上代とふ[問]。

はなしかた【話方】 わほう[話法]。近代いひかた[言方]。いひぶり[言振]。こうふん[口吻]。ごてう[語調]。はなしかた[話方]。わじゅつ[話術]。近世くてう[口調]。ごき[語気]。はなしぶり[話振]。中世いひざま／いひやう[言様]。くちぶり[口振]。ことばつき[言葉付]。こわざし[声差]。中古くちさき[口先]。くちつき[口付]。→**いいかた**

ーが下手なこと 近世とつべん[訥弁]。はなしべた[話下手]。中世おもくち[重口]。くちぶてうはふ[口不調法]。くちべた[口下手]。

相手を騙したりするためのー 近世くちぐるま[口車]。

はなしことば【話言葉】 おんせいげんご[音声言語]。はくわ[白話](中国で)。近代こうご[口語]。こうとうご[口頭語]。近世じゃうご[常語]。はなしことば[話言葉]。ぞくわ[俗話]。中世くちことば[口言葉／口詞]。せわ[世話]。

ーと書き言葉 近代げんぶん[言文]。

はなしぶり【話振】 近代こうふん[口吻]。はなしかた[話方]。近世いひざま[言様]。はなしぶり[話振]。中世はなしくち[話口]。

くちつき[口付]。くちぶり[口振]。こうじゃう[口上]。べんぜつ[弁舌]。→いいかた

商売人の巧みなー 近世 あきなひぐち[商口]。

はな・す【話】 トーク(talk)。中世 しゃべる[喋]。はなす[話/咄]。耳に入る[―入れる]。中古 だんず[談]。ものがたる[物語]。口を利く。上代 いふ[言]。かたる[語]。こととふ[言問/事問]。つぐ[つげる][告]。のぶ[のべる][述]。→**い・う** →**はなし**

ー・すこと スピーキング(speaking)。近代 べん[弁]。近世 おしゃべり[喋]。せつわ[説話]。はなし[話]。中世 だん[談]。

ー・す調子 近代 ごてう[語調]。トーン(tone)。近世 くてう[口調]。ごき[語気]。はぎれ[歯切]。はなしぶり[話振]。中世 ことばつき[言葉付]。→**はなしぶり**

こまごまとー・すさま 近世 るる[縷縷]。

自然とー・させる 鎌をかける。

心中をすべてー・す 近代 肝胆(かんたん)を披(ひら)く。はきだす[吐出]。近世 うちあく[―あける][打明]。中世 肝胆を傾く[―傾ける]。

少しずつー・す 中古 かきくづす[掻崩]。

それらしくー・す 中世 かたりなす[語]。

出会ってー・すこと 上代 めこと[目言]。

はしゃいでー・す 中世 かたりきょうず[語興]。

ひそひそー・す 中世 せうご[小語]。口を顰(ひそ)む。中古 うちささめく[打私語]。

一晩中ー・す 中世 かたりあかす[語明]。

よどみなくー・すこと 近代 くちだっしゃ[口達者]。くゎいべん[快弁]。近世 たつべん[達弁]。のうべん[能弁]。弁舌爽やか。中世 りうちゃう[流暢]。上代 りこう[利口]。《句》中世 立て板に水。中古 懸河(けんが)の弁(べん)。

よどみなくー・すさま 近世 たうたう[滔滔]。中世 すらすら。ちゃらちゃら。べらべら。ぺらぺら。

はな・す【離】 近代 いうり[遊離]。ふりはなつ[振放]。近世 ひきさく[引裂]。ふりはなす[振離]。中世 かくり[隔離]。ふりきる[振切]。はづす[外]。ひきはなす[引離]。中古 うちやる[打遣]。さしはなつ[差放]。さる[去]。とほざく[―ざける][遠]。のく[のける][退]。ひきはなつ[引放]。ひきわく[―わける][引分]。ふりはなす[振離]。ぶんり[分離]。さく[裂/割]。わかつ[分]。上代 さく[放/離]。そく[退]。はなす[離]。わく[わける][分]。

切ってー・す 中世 きりさく[切裂]。

突いてー・す 近代 つっぱなす[突放]。

手にしていたものをうっかりー・す 上代 とりはなす[取放/取離]。

無理にー・す 中古 ひきさく[引裂]。わる[割]。

はな・す【放】 →**はな・つ**

はなすじ【鼻筋】 近代 はなみち[鼻道]。中世 はなすぢ[鼻筋]。中古 はなぐき[鼻茎]。はなばしら[鼻柱]。はなみね[鼻梁](主として牛馬の)。びりゃう[鼻梁]。

はなぞの【花園】 近代 くゎほ[花圃]。近世 はなばた/はなばたけ[花畑]。中世 くゎだん[花壇]。中古 くゎゑん[花園]。はなぞの[花園]。

はなだより【花便】 しゅんしん[春信]。近代 はなだより[花便]。近世 くゎしん[花信]。中世 はうしん[芳信]。

はな・つ【放】 近代 ときはなす[解放]。てばなす[手放]。近世 おしはなす[押放]。中世 さっす[撤]。つきはなす[突放]。はなす[放]。中古 おしはなつ[押放]。ときはなつ[解放]。とく[解]。はうめん[放免]。はふる[放]。上代 さく[放/離]。とばす[飛]。はなつ[放]。ゆるす[許]。

むやみにー・つこと 近代 らんぱつ[乱発/濫発]。

矢などをー・つ 中古 はっす[発]。

はなっぱしら【鼻柱】 近代 つよごし[強腰]。はなっぱし[鼻]。きかんき[聞気/利気]。つよき[強気]。まけんき[負気]。むかふいき[向意気]。近世 かくき/きゃくき[客気]。かちき[勝気]。はなっぱしら[鼻柱]。

はなつまみ【鼻摘】 うとまれる[疎]。きらわれる[嫌]。近代 そうすかん[総不好]。近世 はなつまみ[鼻摘]。

はなばしら【鼻柱】 びちゅう[鼻柱]。近世 はなっぱしら[鼻柱]。びちゅうかく[鼻中隔]。鼻の障子。中古 はなばしら[鼻柱]。びりゃう[鼻梁]。

はなはだ【甚】 近代 ごく[極]。たいへん[大変]。とっても/とても。ひじゃうに[非常]。近世 おほいに/おほきに[大]。たいそう[大層]。だいぶん[大分]。ちかごろ[近頃]。めっぽふ[滅法]。やくと[役]。やまやま[山山]。中世 あめやま[天山]。いかにも[如何]。いたって[至]。かかる[斯]。せんばん[千万]。もっとも[最/尤]。中古 ことのほか[殊外]。ずいぶん[随分]。すこぶる[頗]。そこばく[若干/幾許]。そこら。はなはだ[甚]。むげに[無下]。よう[良/能]。よに[世]。上代 いたく[甚/痛]。いたも[甚]。いや[弥]。きはめて[極]。こき

し［幾許］。こきだく／ここだ／ここだく／ここば／ここばく／そきだく［幾許］。→たいそう【大層】

はなはだし・い【甚】 めちゃくちゃ［滅茶苦茶］。ものすごい［物凄］。近代 ごつい。さうたう［相当］。すごい［凄］。めちゃめちゃ［滅茶滅茶］。度が過ぎる。言語（げん）に絶する。近世 いかい／いっかい［厳］。えらし［偉／豪］。おほかたなし［大方無］。がうせい［強勢／豪勢／剛勢］。がうてき［強的／豪的］。かきたくる［掻手繰］。かくだん［格段］。きつし。きびし［厳］。ぎゃう［仰］。くゎじん［過甚］。けうとし［気疎］。こっちゃう［骨頂／骨張］。しっかり［確／聢］。すさまじ［凄］。ずだい。ずんと／ずんど。たいそう［大層］。どえらい［偉］。はるか［遥］。ひどし［酷］。めためた。めっさう［滅相］。めっぽふ［滅法］。めっぽふかい［滅法界］。沖を漕ぐ。この上なし。言語（ごん）に絶す。中世 あさまし［浅］。あたたし。あつし［厚］。いちぢゅう［一重］。いらなし［苛］。おぎろ［頤］。おほき［大］。ぎゃうさん［仰山］。げきじん［激甚］。けしからず［怪］。けんかく［懸隔］。さんざん［散散］。せんばん［千万］。たいがい［大概］。ずんど。ななめ［斜］。はしたなし。ばつぐん［抜群］。むごし［惨／酷］。怪（け）しからず。なのめならず。筆舌に尽くしがたし。中古 あながち［強］。あまり［余］。あやにく［生憎／可憎］。いたし［痛／甚］。いとどし。いはむかたなし［言方無］。いみじ／いみじげ。おそろし［恐］。おどろおどろし。おびたたし［夥］。かぎりなし［限無］。かしこし［賢／畏］。けし［異／怪］。こきだし［幾許］。ここら［幾許］。こちたし。ことさら［殊更］。こよなし。したたか［強］。せち／せつ［切］。そこら。ねんごろ［懇］。もってのほか［以外］。ゆゆし［忌忌／由由］。よだけし［弥猛］。わりなし［理無］。えも言はず。極めたる。譬（たと）へなし。斜（なな）めならず。上代 こきばく［幾許］。はなはだし［甚］。

—・く 近世 うんと。おほいに［大］。さんざ［散散］。すてきと［素敵］。すてきめっぽふ［素敵滅法］。ずんと。たんと。めた(と)。めっきり。やけに。やたらに。よくよく［善善／能能］。中世 いかう［厳］。さんざん［散散］。づんど。せめて［切］。よに(も)［世］。中古 あまり［余］。いたう［甚］。いと。いとせめて。うたた／うたて［転］。上代 いた［甚］。いたく［甚／痛］。いたも［甚］。いとのきて。そきだく。

次第に—・くなる 近世 之繞（しんねう）を掛く［—掛ける］。中世 かうずる［高／嵩／昂］。ぞうちゃう［増長］。ちゃうずる［長］。中古 ます［増／益］。

▼接頭語 おお。ずぶ。どか。ぼろ。近世 えら［偉／豪］。ひち。中世 だい［大］。

はなばなし・い【花花】 近世 はでやか［派手］。中世 めざまし［目覚］。中古 かがやかし［輝／耀／赫］。はなばなし［花花／華華］。上代 はなやか［花／華］。→はなやか

—・い功名をあげるさま 中世 かくかく［赫赫］。

はなび【花火】 近代 くゎぎ［火技］。近世 えんくゎ［煙火］。中世 はなび［花火］。

—のいろいろ(例) 近代 しかけはなび［仕掛花火］。せんこはなび［線香花火］。てはなび［手花火］。近世 うちあげはなび［打上花火］。くるまび［車火］。せんかうはなび［線香花火］。ねずみ［鼠］。ねずみはなび［鼠花火］。ねずみび［鼠火］。はなびせんかう［花火線香］。

はなびら【花弁】 かしん［花唇］。近代 べん［弁］。近世 くゎべん［花弁］。中古 くちびる［唇／脣］。はなびら［花弁／葩］。上代 よ［弁］。

—が帯状に流れるたとえ 中世 はないかだ［花筏］。

—が風に飛ぶこと 上代 ひくゎ［飛花］。

—がひらひら落ちること 近世 へうれい［飄零］。中古 うちこぼる［打零］。

—の一枚一枚 中世 くゎへん［花片］。

—の周辺だけ色が異なること へりとり［縁取］。

唇状の— 近代 しんべん［唇弁］。

屋根一面—が覆うこと 中古 うはぶき［上葺］。

四枚の— 中世 よひら［四片］。

▼助数詞 近代 べん［弁］。近世 へん［片］。

はなふだ【花札】 近代 はなガルタ［花ガル（ポルト）carta］。はなふだ［花札］。近世 はな［花］。はなあはせ［花合］。めくり［巻］。

—で遊ぶ 近世 ひく［引］。花札を引く。

—で二十点札 ひかりもの［光物］。

はなまつり【花祭】 近代 はなまつり［花祭］。近世 よくぶつゑ［浴仏会］。中世 くゎんぶつゑ［灌仏会］。

はなみ【花見】 近代 くゎんあう［観桜］。中世 はな［花］。はなみ［花見］。中古 さくらがり［桜狩］。

ーで飲む酒 近世はなみざけ[花見酒]。
ーの宴 近代くゎんあうくゎい[観桜会]。中古はなのえん[花宴]。
ーの季節 近世はなみどき[花見時]。
ーの着物 近世はなみこそで[花見小袖]。花の衣。中世はなごろも[花衣]。
ーをしながら散歩すること 中世はなせうえう[花逍遥]。
ーをする人 かかく[花客]。近代くゎきゃく[花客]。はなみきゃく[花見客]。中世はなびと[花人]。さくらびと[桜人]。

はなみず【鼻水】 近代はなみづ[鼻水]。近世みづばな/みづっぱな[水洟]。中古すずばな[洟]。つきはな[洟]。はな[洟]。はなじる[鼻汁]。
ーと涙 中世ていい[涕洟]。中古ていし[涕泗]。
ーを吸い込む 近世すすりばな[啜洟]。はなすすり[洟啜]。中世すすりあぐ[ーあげる][啜上]。中古すすばな[洟]。すする[啜]。
ーをすすり上げる音 中世ずうずう。上代びしびし。
いつもーを垂らしていること(子供) 近代はなたらし/はなったらし[洟垂]。中世はなたれ[洟垂]。中古はなたれ[洟垂]。
子供の垂らす青っぽいー 近代あをっぱな/あをばな[青洟]。

はなむけ【餞】 中古うまのはなむけ/むまのはなむけ[餞]。せん[餞]。せんべつ[餞別]。たむけ[手向]。はなむけ[餞/贐]。
ー・する 中世たむく[ーむける][手向]。中古せんす[餞]。

はなやか【花】 近代たさい[多彩]。近世あでやか[艶]。がうくゎ[豪華]。きらやか/きららか[煌]。くゎ[華]。けんらん[絢爛]。はでやか[派手]。はれがまし[晴]。中世いろいろし[色色]。きらびやか。にほやか[匂]。はなばなし[花花/華華]。中古あざやか[鮮]。いまめかし/いまめく[今]。きよら[清]。くゎび[花美/華美]。くゎれい[華麗/花麗]。さんらん[燦爛]。にぎはし/にぎははし[賑]。にほひやか[匂]。はればれし[晴晴]。びびし[美美]。めもあや[目文]。上代はなやか[花/華]。
《句》近代華を去り実に就く。
ー・さ 中世きら[綺羅]。はえ[映/栄]。
ー・で美しい(もの) 近世きゃしゃ[華奢/花車]。中世くゎりう[花柳]。中古えんれい[艶麗]。くゎび[華美]。くゎれい[華麗]。はな[花/華]。びびし[美美]。上代きらきらし[煌煌]。
ー・で上品なさま 中世はんなり。
ー・で立派なこと 中古ことはえ[殊栄]。
ー・な着物 中古はなのころも[花衣]。
ー・なこと 中古はれ[晴]。
ー・な生活をする 近世花をやる。
ー・な年代(一生のうちの) 近代くゎねん[華年]。
ー・に奢ること 中世くゎしゃ[華奢]。
ー・に栄えときめくこと 近世えいえうえいぐゎ/ええうえいぐゎ[栄耀栄華]。中古はなめく[花/華]。
ー・にする 中世さざめく。
ー・になる 中世いろめく[色]。中古はなやぐ[花/華]。
ー・に見える 中古はなめく[花]。
ー・に装う 近代せいさう[盛装]。せいさう/せいしゃう[盛粧]。
実体の伴わないー・さ 中古あだばな[徒花]。

はなよめ【花嫁】 ブライド(bride)。近代はなよめごれう[花嫁御寮]。近世はなよめ[花嫁]。中世しんぷ[新婦]。
ーの衣装 ウエディングドレス(wedding dress)。近世うちかけ[打掛/裲襠]。うちかけこそで[打掛小袖]。かいどり[掻取]。

はならび【歯並】 近代しれつ[歯列]。はならび[歯並]。上代はなみ[歯並]。

はなれ【離】 パビリオン(pavilion)。近代はなれ[離]。はなれや[離家/離屋]。べつむね[別棟]。近世べつや/べつをく[別屋]。中古べつゐん[別院]。

ばなれ【場慣】 近代てきおう[適応]。ばなれ[場慣/場馴]。近世じゅんおう[順応]。場数を踏む。中古なじむ[馴染]。

はなれじま【離島】 りとう[離島]。近代こじま[孤島]。中世ことう[孤島]。ぜつとう[絶島]。中古はなれじま[離島]。上代はなれこじま[離小島]。

はな・れる【離】 近代いうり[遊離]。だつり[脱離]。りだつ[離脱]。中世たいきょ[退去]。たいさん[退散]。とほのく[遠退]。中古あかる[別/散]。ある[離/散]。さしのく[差退]。さしはなる[差離]。さる[去]。たちのく[立退]。たちはなる[ーはなれる][立離]。のく[退]。はづる[はずれる][外]。ぶんり[分離]。もてはなる[持離]。上代あらく[散]。かる[離]。さかる[離]。そく[退]。そむく[背/叛]。たちさる[立去]。たちわかる[ーわかれる][立別]。とほ

そく［退］。はなる〔はなれる〕［離／放］。へだたる［隔］。へなる［隔］。わかる〔わかれる〕［分／別］。《枕》中古ふゆくさの［冬草］［⇩かる］。

―・れがたい(さま)　上代いい［依依］。中古さりがたし［避難／去難］。したふ［慕］。

―・れた所　中古へきゑん［僻遠］。れうゑん［遼遠］。雲居(くもゐ)の余所(よそ)。上代ばんり［万里］。ゑんかく［遠隔］。

―・れたり集まったり　近代りがふしふさん［離合集散］。

―・れている人　上代をちかたびと［彼方人／遠方人］。

―・れて見えなくなる　中世くもゐがくれ［雲居隠］。中古ゆきかくる［行隠］。

―・れない(こと)　近代そくする［即］。はりつく［張付／貼付］。近世影身に添ふ。中世つきまとふ［付纏］。つきまつはる／つきまとふ［付かげみ［影身］。ふちゃく［付着／附着］。ふり［不離］。中古うちそふ［打添］。まとふ［纏］。上代まつはる［纏］。

―・れない関係　近代くさりえん［腐縁］。近世あくえん［悪縁］。くされえん［腐縁］。《句》近世悪縁契り深し。

―・れにくい　上代かからはし。

―・れにくいたとえ　中古かうしつ［膠漆］。

いつも一緒で―・れないたとえ　上代ぎょすい［魚水］。《句》近代形影(けいえい)相伴ふ。中世影の形に随ふが如し。影の形に添ふ如し。

沖の方へ遠く―・れる　上代おきさく［沖放］。

心が―・れない　中古おもひまつはる［思纏］。上代おもひもとほる［思纏］。したふ［慕］。

心が―・れる　中古おもひはなる［思離］。

しがみついて―・れない　中世くいさがる［食下］。

その場から―・れる　中世ぬく〔ぬける〕［抜］。

魂が―・れる　中世あこがる〔―がれる〕［憧］。中古あくがる〔―がれる〕［憧］。

つながっていたものが―・れる　近代とぶ［飛］。はづれる［外］。中古きる〔きれる〕［切］。

連れの仲間と―・れる　近世はぐる〔はぐれる〕［逸］。

遠く―・れている(こと)　近代いうり［遊離］。近世けいかく［睽隔］。かけへだたる［懸隔］。りかく［離隔］。せんりまんり［千里万里］。さんせんばんり［山川万里］。せんりばんり［千里万里］。中世かくり［隔離］。ふうばぎう［風馬牛］。をんり［遠離］。中古かけはなる〔―はなれる〕［懸離／掛離］。けどほし［気遠］。はるけし［遥］。へきゑん［僻遠］。まどほ［間遠］。ものどほし［物遠］。上代きへなる［来隔］。とほどほし［遠遠］。まどほし［間遠］。

遠く―・れているさま　中世やほへ［八百重］。中古よそよそ［余所余所］。雲居遥かに。上代たよせに。

遠く―・れて行く　中世とほのく［遠退］。中古たちはなる〔―はなれる〕［立離］。もてはなる［離］。上代そきたつ［退立］。とほざかる［遠離］。とほそく［遠退］。へだたる［隔］。へだつ［隔］。へなる［隔］。わかる〔わかれる〕［分／別］。雲離る。

ばらばらに―・れる　近世ちらばる［散］。りりばなれ［離離］。中世はなればなれ［離離］。わかれわかれ［別別］。中古ちりぢり［散散］。上代あらける［散／粗］。

全く―・れる　中古かれはつ［離果］。わかれはつ［別果］。

群れなどから―・れている　近代ぬけでる［抜出］。中世ぬきんづ［抜出］。

はなれわざ【離業】　近代きょくぎ［曲技］。スタント(stunt)。近世げいたう［芸当］。中世かるわざ［軽業／軽技］。きょくげい［曲芸］。ぜつぎ［絶技］。はなれわざ［離業／離技／放業］。→きょくぎ

はにか・む　近代がんしう［含羞］。近世てれる［照］。びびる。わにる(関西方面で)。中世はにかむ。中古はぢしらふ［恥］。はぢらふ［恥］。

―・むさま　中古つめくふ［爪食］。

―・んでもじもじするさま　中世畳の塵(ちり)をひねる。

すぐ―・む人　近代てれしゃ［照屋］。てれや［照屋］。はにかみや［屋］。

人前で―・む　中世面(おもて)弱し。

ばにく【馬肉】　けっとばし／けとばし［蹴飛］。近世ばにく［馬肉］。さくら［桜］。さくらにく［桜肉］。

―の刺身　ばさし［馬刺］。

パニック(panic)　近代パニック。中世どうてん［動転／動顛］。中古こんらん［混乱］。

はにわ【埴輪】　上代たてもの［立物］。はにもの［埴物／土物］。はにわ［埴輪］。

―の製作に従事する人　上代はじ／はにし［土師］。はじべ／はにしべ［土師部］。

はね【羽根】　中世うい［羽衣］。うよく［羽翼］。はがひ［羽交］。中古はごろも［羽衣］。上代うもう［羽毛］。つばさ［翼］。は［羽］。はね［羽根／羽］。よく［翼］。

―が重なって畳まれていること　近世はがさ

ね［羽重］。

鷹の―が抜けかわること 中世 とや［鳥屋／塒］。

畳んだとき―の重なる部分 せきう［積羽］。上代 はがひ［羽交］。

鳥が―を振る 近代 はばたく［羽］。中古 はつつ［翥］。はふる［羽振］。

鳥や虫の青い― 中古 あをば［青羽／青翅］。

ばね【発条】 近代 スプリング(spring)。だんき［弾機／弾器］。ばね［発条］。近世 ぜんまい／はつでう［発条／撥条］。

はねあがり【跳上】 近代 おきゃん［御侠］。おはね［御跳］。フラッパー(flapper)。近世 おてんば［御転婆］。とびあがりもの［飛上者］。

はねあが・る【跳上】 近代 をどりたつ［踊立］。近世 おこづく。中世 はねあがる［跳上］。上代 とびあがる［飛上／跳上］。

はねかえ・す【跳返】 近代 はんぱつ［反発／反撥］。中世 はじく［弾］。はねかへす［跳返］。はねのく［―のける］［撥除］。

―・す力 近代 はんぱつりょく［反発力］。近世 だんりょく［弾力］。ていかうりょく［抵抗力］。

光や熱を―・す 近世 てりかへす［照返］。はんしゃ［反射］。中古 はんせう［反照］。

はねかえ・る【跳返】 近代 はんぱつ［反発］。中世 とびかへる［飛返］。はづむ［弾］。はねかへる［跳返］。

―・った音 近世 はんきゃう［反響］。中世 ひびき［響］。中古 こだま［木霊／木魂／谺］。やまびこ［山彦］。

―・った球 クッションボール(cushion ball)。リバウンド(rebound)。

はねつき【羽根突】 近世 おひはご［追羽子］。おひばね［追羽根］。はねつき［羽根突］。

―の羽根 近世 つくばね［衝羽根］。中世 こぎ［胡鬼］。こぎのこ［胡鬼子］。はご［羽子］。

はねつ・ける【撥付】 近代 きょぜつ［拒絶］。ことわる［断］。肘鉄砲を食はせる。肘(肱／臂)を食はせる。近世 けとばす［蹴飛］。ける［蹴］。つっぱぬ［―ぱねる］［突撥］。はねつく［―つける］［撥付］。中世 いっしう［一蹴］。はぬ(はねる)［跳／撥／刎］。はねかへす［跳返］。中古 しりぞく［―ぞける］［退／斥］。

―・けられる 近世 ふらる［ふられる］［振］。

―・けること 近代 ひぢてつ［肘鉄］。ひぢでっぱう［肘鉄砲］。

はねとば・す【撥飛】 近世 はねとばす［撥飛／跳飛］。中世 はじく［弾］。はぬ(はねる)［跳／撥／刎］。はねかへす［跳返］。はねのく［―のける］［撥除］。

はねまわ・る【跳回】 近代 くゎつやく［活躍］。中世 とびまはる［飛］。はねまはる［跳回］。中古 てうりゃう［跳梁］。

魚などが―・るさま 近世 ぴちぴち。

ハネムーン(honeymoon) 近代 しんこんりょかう［新婚旅行］。ハネムーン。みつげつ［蜜月］。

は・ねる【撥】 近代 バウンド(bound)。はんぱつ［反発］。近世 はねとばす［撥飛］。中世 はじく［弾］。はづむ［弾］。はぬ(はねる)［撥］。

は・ねる【跳】 近代 ジャンプ(jump)。近世 てうやく［跳躍］。ひやく［飛躍］。中世 とびちる［飛散］。とびはぬ［―はねる］［飛跳］。はぬ(はねる)［跳］。はねまはる［跳回］。中古 ひさん［飛散］。をどる［踊］。上代 とびあがる［飛上］。

―・ねるさま 近代 ぴょんぴょん。近世 ぴょこぴょこ。中世 ぴんぴん。

パネル(panel) 近代 かがみいた［鏡板］。ぐゎばん［画板］。パネル。プレート(plate)。ボード(board)。近世 はめいた［羽目板］。上代 いた［板］。

はは【母】 近代 せいぜん［聖善］。マーザー／マザー(mother)。ママ(mama; mamma)。ムッター(ドイ Mutter)。近世 あぼ［阿母］。かもじ［母文字］。ははびと［母人］。生みの母。中世 おふくろ［御袋］。かか［母］。せいぼ［生母］。たらちめ［垂乳女］。ははおや［母親］。ははそはら［柞原］。中古 じつぼ［実母］。じぼ［慈母］。たらちね［垂乳根］。ははきぎ［帚木］。ははそ［柞］。ははそのもり［柞森］。めおや［女親］。をんなおや［女親］。上代 あも［母］。いろは［母］。おも［母］。はは［母］。

《尊》近代 れいじ［令慈］。れいだう［令堂］。れいぼ［令母］。近世 おかかさま［御嬶様／御母様］。かかさま／かかさん［母様］。かみさま／かみさん［上様］。ははごぜ［母御前］。中世 おたあさま／おたたさま［御母様］。けんだう［萱堂］。ははご［母御］。ははごぜん［母御前］。ぼぎ［母儀］。ほくだう［北堂］。中古 おもとじ［母刀自］。ははうへ［母上］。ははおとど［母大殿］。ははぎみ［母君］。ぼだう［母堂］。上代 あもとじ［母刀自］。そんぼ［尊母］。ははとじ［母刀自］。みおも［御母］。

《謙》近代 ぐぼ［愚母］。

《枕》上代 たらちし／たらちしの／たらちしや［垂

乳］。たらちねの［垂乳根］。たらつねの［足常］。ははそばの［柞葉］。
―と父　上代 あもしし／おもちち［母父］。↓
りょうしん
―に代わって子を育てる女性　ちおや［乳親］。ナニー(nanny)。中世 うば［乳母］。中古 おちのひと［御乳人］。上代 ちおも［乳母］。めのと［乳母／傅］。
―に対する過度な執心　近代 マザーコンプレックス／マザコン(和製mother complex)。
―の呼称　近代 おかあちゃん［母］。かあちゃん［母］。ママ(mama; mamma)。近世 おかあさん［母］。おかん。おっかあ。おっかさん。かあさん［母］。かか／かかあ［母／嚊／嬶］。ははじゃ［母者］。中世 おふくろ［御袋］。中古 ははうへ［母上］。
記憶や夢の中の―　近代 瞼(まぶた)の母。
貴人の―　近世 おほかたさま［大方様］。中世 おほかたどの［大方殿］。おほきたのまんどころ［大北政所］。中古 おほうへ［大上］。おほまんどころ［大政所］。おほきたのかた［大北方］。おほみや［大宮］。
義理の―　近代 ぎぼ［義母］。
血縁関係のない―　近代 ぎぼ［義母］。中古 ままはは［継母］。やうぼ［養母］。上代 けいぼ［継母］。
賢明な―　近代 けんぼ［賢母］。
慈悲深い―　中古 じぼ［慈母］。ひぼ［悲母］。
自分の―　近代 かぼ［家母］。
自分を生んだ―　生みの母。近代 うみはは［生母／産母］。中世 せいぼ［生母］。中古 じつぼ［実母］。上代 いろは［母］。
天皇の―　中世 こくぼ［国母］。中古 くにのおや［国親］。くにのはは［国母］。こくも［国母］。上代 おほきさいのみや［皇太后宮］。おほみおや［大御祖］。
年取った―　中古 らうぼ［老母］。
亡くなった―　近代 ばうぼ／ばうも［亡母］。中世 まうぼ／まうも［亡母］。上代 せんぴ［先妣］。
配偶者の―　近代 ぎぼ［義母］。中古 しうとめ［姑］。上代 こ［姑］。しうと［姑］。

はば【幅】　近世 ふくゐん［幅員］。よこはば［横幅］。中世 はば［幅／巾］。

―一杯　近代 ぜんぷく［全幅］。中世 まんぷく［満幅］。

―が狭い(こと)　近世 こはば［小幅］。中世 せまし［狭］。中古 ほそし［細］。上代 せばし［狭］。

―が広い(こと)　近代 おほはば［大幅］。ひろはば［広幅］。中世 はばびろ［幅広］。中古 ひろふとし［太］。

―が広くなる　中世 はたばる［端張］。

―の広いもの　ひろもの［広物］。

―を利かす　近世 顔を売る。中世 はたばる［端張］。はばかる［憚］。口を利く。

―を利かせている者　近世 きけもの［利者］。ちゃきちゃき。


ばば【馬場】　中古 うまば［馬場］。ばば［馬場］。

―で馬の走る所　中古 うまはしり［馬走］。

―で馬を止める所　中世 ばばさき［馬場先］。ばばすゑ［馬場末］。

―の仕切り　中世 はうじ／ばうじ［榜示］。

柵のある―　中世 うちばば［内馬場］。

はばかり【憚】　近代 けいゑん［敬遠］。近世 きがね［気兼］。中世 いみ［忌］。おそれ［恐／畏］。ゐく［畏懼］。はばかり［憚］。ゑんりょ［遠慮］。中古 きたん［忌憚］。

はばか・る【憚】❶〈遠慮〉　近代 さける［避］。近世 さしひかふ［―ひかえる］［差控］。中世 いむ［忌］。かぬ［かねる］［兼］。ためらふ［躊躇］。中古 かしこし［賢／畏］。つつむ［慎］。はづ［はじる］［恥］。はばし［憚］。所を置く。上代 はばかる［憚］。

―・っているさま　中古 はばかりがほ［憚顔］。

―・らないさま　近世 こうぜん［公然］。中古 はればれし［晴晴］。


はばか・る【憚】❷〈のさばる〉　大きな顔をする。羽が利く。幅を利かす。近世 のさばる。中世 はたばる［端張］。はばかる［憚］。中古 はびこる［蔓延］。

ははこぐさ【母子草】　近世 おぎゃう［御形］。ごぎゃうよもぎ［御形蓬］。中世 ごぎゃう［御形］。中古 ははこ［母子］。ははこぐさ［母子草］。

はばた・く【羽撃】　近代 はばたく［羽撃／羽搏］。中世 はうつ［羽撃／羽搏］。はたたく［羽撃］。中古 かく［搔］。はふる［羽振］。上代 うちはぶく［打羽振］。すだつ［巣立］。はぶく［羽振］。
鳥が―・かずに飛ぶこと　かっくう［滑空］。

はばつ【派閥】　かいは［会派］。ファクション(faction)。近代 セクト(sect)。たうは［党派］。近世 なかま［仲間］。中世 ぶんぱ［分派］。
政党内の―　近代 せいは［政派］。

はば・む【阻】　近代 そがい［阻害］。近世 じゃまだて［邪魔立］。そし［阻止］。はばむ［阻］(四段活用)。中世 くひとむ［―とめる］［食

止]。ささふ[ささえる][支]。じゃま[邪魔]。中古 せきとどむ[—とどめる][塞止/堰止]。せきとむ[—とめる][堰止]。はばむ[阻](下二段活用)。上代 こばむ[拒]。さまたぐ[—たげる][妨]。ふせぐ[防]。

はびこ・る【蔓延】 近世 しゃうけつ[猖獗]。てうりゃう[跳梁]。のさばる。びまん[弥漫/瀰漫]。幅を利かす。中世 はばかる[憚]。中古 ばっこ[跋扈]。まんえん[蔓延]。上代 はふ[這]。はびこる[蔓延]。わうかう[横行]。

—・るさま 中古 ほひろか。

はぶ・く【省】 カット(cut)。かんりゃくか[簡略化]。近代 オミット(omit)。さくぢょ[削除]。しゃうぢょ[省除]。しゃうりゃく[省略]。せいやく[省約]。ぢょぐわい[除外]。近世 はしょる[端折]。中古 けづる[削]。ことそぐ[事削]。せいりゃく[省略]。そぐ[削]。ぬく[抜]。はぶく[省]。もらす[漏/洩]。やくす[約]。りゃくす[略]。

ところどころ—・く 近世 うろぬく[虚抜]。おろぬく[疎抜]。中世 まびく[間引]。

ハプニング(happening) 近代 じけん[事件]。中世 いへん[異変]。上代 へんじ[変事]。

はぶり【羽振】 近世 はぶり[羽振]。中世 はば[幅/巾]。ほかぜ[帆風]。

—がよい 近世 羽(は)が利く。幅が利く。中世 口を利く。時の綺羅(きら)。中古 ときめく[時]。ののしる[罵]。

—のよいさま 近世 ばりばり。りゅうと[隆]。中古 はなやぐ[花/華]。

—のよい者 ちゃきちゃき。近代 ききもの/きけもの[利者]。

パブリシティー(publicity) こうほう[広報]。パブリシティー。→**こうこく【広告】**

バブル(bubble) 近代 あぶく[泡]。中古 うたかた[泡沫]。すいはう[水泡]。上代 あわ[泡]。はうまつ[泡沫]。

はべ・る【侍】 近代 ぎょする[御]。ばいせき[陪席]。近世 はべる[侍]。中世 じす[侍]。中古 ひかふ[ひかえる][控/扣]。上代 はべり[侍]。

はへん【破片】 近代 かけら[欠片]。かたわれ[片割/片破]。かれわれ[砕片]。さいせつ[砕屑]。さいへん[砕片]。さいへん[細片]。だんぺん[断片]。はへん[破片]。フラグメント(fragment)。近世 きれっぱし[切端]。中世 きれはし[切端]。上代 くだけ[砕]。

はぼたん【葉牡丹】 いんげんな[隠元菜]。近世 はぼたん[葉牡丹]。ぼたんな[牡丹菜]。中世 かんらん[甘藍]。

はま【浜】 いそはま[磯浜]。近代 うみぎし[海岸]。ビーチ(beach)。近世 すなはま[砂浜]。中世 いそべ[磯辺]。うら[浦]。なみうちぎは[波打際]。中古 うみづら[海面]。はまづら[浜面]。みぎは[汀]。上代 いそ[磯]。うみが[海処]。うみべ[海辺]。かいがん[海岸]。かいひん[海浜]。なぎさ[渚]。はま[浜]。はまび/はまべ[浜辺]。をばま[小浜]。

《枕》上代 いさなとり[鯨取]。

—に打ち寄せられた漂流物 近世 よりもの[寄物]。

—の風 中古 うらかぜ[浦風]。上代 はまかぜ[浜風]。

—の方 近世 はまて[浜手]。

はまぐり【蛤】 近世 おはま(女房詞)。ゑかきがひ[絵書貝/霞貝]。中古 はまぐり[蛤/蚌]。上代 うむき[海蛤/白蛤]。

—を殻ごと焼いたもの 近世 やきはまぐり[焼蛤]。

大きな— 上代 おほうむき[大蛤/蜃]。

鴫(しぎ)と— 中世 いつばう/いっぱう[鷸蚌]。

はまべ【浜辺】→**はま**

はまゆう【浜木綿】 はまもめん[浜木綿]。はまゆり[浜百合]。近世 はまおもと[浜万年青]。はまばせう[浜芭蕉]。上代 はまゆふ[浜木綿]。

はまりやく【嵌役】 近代 てきにん[適任]。てきやく[適役]。はまりやく[嵌役/塡役]。近世 あつらへむき[誂向]。うってつけ。きはめつき[極付]。もってこい[持来]。

はま・る【嵌】❶〈収まる〉 近代 あてはまる[当嵌]。てきがふ[適合]。近世 にえこむ[込]。中世 にえいる[入]。はまる[嵌/塡]。

はま・る【嵌】❷〈落ち込む〉 のめりこむ[込]。近代 おちこむ[落込]。かんにふ[陥入]。かんらく[陥落]。ひっかかる[引掛]。中世 はまる[嵌/塡]。中古 おちいる[陥]。上代 おつ[おちる][落]。

はみだ・す【食出】 近世 あふる[あふれる]/あぶる[あぶれる][溢]。はみだす[食出]。はみでる[食出]。中古 こぼる[こぼれる][零/翻]。こぼれいづ[零出]。はづる[はずれる][外]。

—・させる 上代 こぼす[零/翻]。

はむか・う【刃向】 近代 かうする[抗]。はんか

う［反抗］。近世あだす［敵］。ていかう［抵抗］。はむかふ［刃向／歯向］。はむく［刃向／歯向］。中世あたす［敵］。あだす［仇／冦］。あらがふ［抗／争／諍］。いであふ［出逢］。さかふ［逆］。さからふ［逆］。たてあふ［立合］。たてつく［楯突］。ていきょ［抵拒］。てきたふ［敵］。てむかふ［手向］。はりあふ［張合］。むかふ［向／対］。をかす［犯／侵］。面(おもて)を向かふ。弓引く。中古てきたい［敵対］。とりかかる［取掛］。上代あだなふ［冦］。あたむ［仇］。いむかふ［向］。そむく［背／叛］。たちむかふ［立向］。

はめ【羽目】 近代パネル(panel)。近世いたはめ［板羽目］。上代はめ［羽目］。

ーを外す 近代箍(たが)を外(はず)す。度が過ぎる。中世度を越す。

板を横に張ったー ぬのばめ［布羽目］。よこばめ［横羽目］。

壁の腰の部分に張ったー 近代こしばめ［腰羽目］。

能舞台正面のー板 近世かがみいた［鏡板］。

はめつ【破滅】 はきょく［破局］。近代ぜんめつ［全滅］。近世ひし。中世くゎいめつ［壊滅／潰滅］。中古はめつ［破滅］。ほろぶ［滅／亡］。めつばう［滅亡］。→**ほろ・ぶ**

身をー・させる 中世あやまつ［過］。

は・める【嵌】❶〈挿入〉 近代インサート(insert)。うゑこむ［植込］。かんにふ［嵌入］。近世すがる［箝］。はめこむ［嵌込／塡込］。中世きりこむ［切込／斬込］。さふにふ［挿入］。中世さしこむ［差込］。はむ［はめる］［嵌／塡］。中古うちはむ［打塡］。すぐ［すげる］［挿／箝］。上代いる［いれる］［入］。

彫って金銀などをー・め込む 中世ざうがん［象眼／象嵌］。中古ゑる［彫／鐫］。

は・める【嵌】❷〈だます〉 近世はむ［はめる］［嵌／塡］。ひっかく［ーかける］［引掛］。中世おとしいる［ーいれる］［陥］。だます［騙］。上代あざむく［欺］。

ばめん【場面】 近代きょくめん［局面］。げんきゃう［現況］。シーン(scene)。シチュエーション(situation)。じゃうきゃう［状況］。じゃうけい［状景／情景］。近世じっきゃう［実況］。ば［場］。ばめん［場面］。まく［幕］。中世じつじゃう［実状／実情］。みぎり［砌］。中古だん［段］。

映画などのごく短いー 近代フラッシュ(flash)。

演劇等のー転換の例 近代アイリスアウト(iris out)。アイリスイン(iris in)。あんてん［暗転］。フェードアウト(fade out)。フェードイン(fade in)。ようあん［溶暗］。ようめい［溶明］。

はもの【刃物】 ブレード(blade)。近代じんぶつ［刃物］。やいば［刃］。中世きれもの［切物］。はもの［刃］。

ーが突き刺さる音(さま) ぶすっと。ぶすぶす。近代ぷすぷす。ぶっつり。近世ずばっと。

ーで切るさま すぱすぱ。近代すぱり。ずばり。近世ずばっと。中世すかり。

ーで人を傷つけること 近世じんじゃう［刃傷］。中古にんじゃう［刃傷］。

ーと戈(こほ) 近世へいくゎ［兵戈］。

ーの切っ先 中世ほうばう［鋒鋩］。

ーの刃の長さ 近代はわたり［刃渡］。

ーを作る職人 近代はものし［刃物師］。

ーを研ぐ職人 近世とぎし［研師］。

ーを不意に抜く 近世すっぱぬく［素破抜］。

ーをみだりに振り回すような行為 近世はものだて［刃物立］。

ーを持って争い傷つくこと 近代にんじゃうざた［刃傷沙汰］。

鋭いー 中世りじん［利刃］。中古りけん［利剣］。

小さいー しゃくてつ［尺鉄］。近代せきへい［尺兵］。中世すんてつ［寸鉄］。せきてつ［尺鉄］。

鈍いー 中世どんき［鈍器］。

人殺しのためのー 近代きょうじん［凶刃／兇刃］。上代きょうき［凶器／兇器］。

山仕事をするときのー さんとう［山刀］。近世やまがたな［山刀］。

はもん【波紋】 近代えいきゃう［影響］。はんおう［反応］。近世はきふ［波及］。中古しわ［皺］。すいもん［水紋］。はもん［波紋／波文］。よは［余波］。

はや【早】 近代つとに［夙］。近世せんこく［先刻］。とうに［疾］。とっと。中世とっくに［疾］。もう。もはや［最早］。中古かねがね。上代すでに［既］。はや［早／速］。

はやあし【早足】 ちょうそく［長足］。近代いそぎあし［急足］。そくほ［速歩］。近世しっかう［疾行］。中世あしばや［足早］。さそく［早足／早速］。はやあし［早足／速足］。

はや・い【早／速】 クイック(quick)。ファースト(fast)。近代いちはやく［逸早］。さうきふ［早急］。じんしつ［迅疾］。スピーディー(speedy)。ちゃうそく［長足］。びんそく［敏速］。近世さっきふ［早急］。しっぷうじんらい［疾風迅雷］。中世きふ［急］。きふそく

［急速］。さっそく［早速］。しっそく［疾速］。じんそく［迅速］。はやばや［早早］。はやらか［逸/早］。はやりか［逸/早］。中古 かたらか。さうさう［早早］。いやはや［弥速］。すみやか［速］。上代 あはや［足速］。いやはや［弥速］。すみやか［速］。すむやけし［速］。とし［疾/捷］。はし［疾］。はやし［早/速/疾/捷］。《枕》中世 はつせがは［初瀬川］。中古 たきつせの［滝瀬］。上代 たかゆくや［高行］。やまがはの［山川］。《句》近代 巧遅は拙速に如かず。中世 早牛も淀、遅牛も淀。早からう悪からう。

—・いけれども悪い 近世 せっそく［拙速］。中世 速からう悪からう。

—・いこと 近世 はやめ［早］。中古 ちくてん/ちくでん［逐電］。

—・い時期 そうき［早期］。

—・いたとえ だんがん［弾丸］。近代 目にも留まらぬ。近世 三つ羽の征矢。目が回る。中世 脱兎の如し。目が舞ふ。矢の如し。

—・い走り方 近世 いなづまばしり［稲妻走］。ゐだてんばしり［韋駄天走］。

—・過ぎる 近代 しゃうさう［尚早］。中世 いつしか［何時］。《句》中世 生まれぬ先の襁褓定め。

秋の日没の—・いたとえ 中世 つるべおとし［釣瓶落］。つるべおろし［釣瓶下］。

足が—・いこと 近代 くゎいそく［快足］。近世 しゅんそく［俊足/駿足］。

気持ちよく—・い 近代 くゎいそく［快速］。

きわめて—・いこと 近代 てうかうそくど［超高速度］。てうとくきふ［超特急］。上代 いやはや［弥速］。

少し—・いさま 近代 こいそぎ［小急］。こばや［小早］。中世 こばやし［小早］。

月日の経つのが—・いさま 《句》近代 歳月流るる如し。歳月人を待たず。近世 うとそう［烏兎匆匆］。中世 光陰矢の如し。月日に関守なし。

動作が—・い 近代 きふきふ［岌岌］。けいくゎい［軽快］。びんそく［敏速］。中世 すばやし［素早］。でんくゎうせきくゎ［電光石火］。はしか［敏捷］。びんせふ［敏捷］。

人間とは思えないほど—・い 中古 しんそく［神速］。

まだ—・い 中古 まだき［未］。中世 いまだし［未］。

はやがてん【早合点】 はやとちり［早］。近代 そくだん［即断］。そくれう［速了］。たいさうけい［太早計］。近世 はやがてん［早合点］。はやのみこみ［早呑込］。中世 さうけい［早計］。

—・して行動する 近代 さきばしる［先走］。

はやく【早/速】 近代 カイカイデー［(中国語)快快的］。さうきふに［早急］。しきふ［至急］。近世 さっきふに［早急］。さっさと。とっく［疾］。とっとと。はやう/はよ［早］。中古 ひたひた(と)。中世 とうとう［疾疾］。とう/とく［疾］。とくとく［疾疾］。はやく［早］。上代 すみやかに［速］。はやく［早］。

—書くこと 近代 そくき［速記］。そくひつ［速筆］。

—から 近代 つとに［夙］。中世 とうから［疾］。

—させる 近世 せかす［急］。せきたつ［—たてる］［急立］。中世 せつく［責付］。さいそく［催促］。中古 いそがす［—がせる］［急］。

—する 中古 いそぐ［急］。

—着くこと そうちゃく［早着］。

—なくなるたとえ 近代 羽根が生えたやう。

—成し遂げること 近代 そくせい［速成］。

—に 近世 とうに［疾］。中世 はやばや［早早］。中古 さうさう［早早］。

—も 中世 いとはや［早］。かつがつ［且且］。中古 いつしか［何時］。はや［早］。まだき［未］。

—読むこと 近代 そくどく［速読］。

朝—起きること 近代 げうき［暁起］。近世 はやおき［早起］。中古 あかつきおき［暁起］。《句》近代 朝起きは三文の徳。早寝早起き病知らず。

会社や学校を—終わること 近代 はやびけ［早引/早退］。近世 はやじまひ［早仕舞］。はやびき［早引/早退］。上代 さうたい［早退］。

果物などが—熟すこと 中世 さうじゅく［早熟］。上代 わせ［早生］。

速度を—する 中古 はやむ［(はやめる)］［早］。

物事が—進むさま 近代 ぐんぐん。しんしんこ［駸駸乎］。どんどん。近世 ぐいぐい。ずんずん。中世 さっと［颯］。

はやく【破約】 かいやく［解約］。キャンセル(cancel)。けいやくはき［契約破棄］。白紙に戻す。近代 はやく［破約］。近世 はだん［破談］。反故(反古)にする。中古 ゐやく［違約］。

はやく【端役】 ちょいやく［役］。近代 わきやく［脇役］。近世 おほべや［大部屋］。からみ

［絡／搦］(歌舞伎用語)。近世 こづめやくしゃ［小詰役者］。もっともやく［尤役］。

はやくち【早口】 近代 しっげん［疾言］。近世 したど［舌疾］。したばや［舌速］。はやことば［早言葉］。中世 くちばや［口早］。はやくち［早口］。中古 くちど／くちとし［口疾］。したどし［舌疾］。

▼早口言葉 近代 したもぢり［舌捩］。

ーの人 近世 よしきり［葦切／葦雀］。

はやさ【速】 スピード(speed)。ペース(pace)。テンポ(イタリア tempo)。近代 そくど［速度］。そくりょく［速力］。近世 あし［足／脚］。中世 はやさ［速／早］。

雨の通り過ぎるー あまあし［雨脚／雨足］。

売れるー うれあし［売足］。

時間あたりに進むー じそく［時速］。ふんそく［分速］。近代 べうそく［秒速］。

はやし【林】 近代 ざふきばやし［雑木林］。みつりん［密林］。中世 じゅりん［樹林］。しんりん［森林］。中古 さんりん［山林］。上代 こだち［木立］。はやし［林］。

ーの中 上代 りんかん［林間］。りんちゅう［林中］。

梅のー 近代 うめばやし［梅林］。中古 ばいりん［梅林］。

桂のー 中古 けいりん［桂林］。

木がまばらなー 中古 そりん［疎林］。

自然の災害を防ぐー さぼうりん［砂防林］。ぼうちょうりん［防潮林］。近代 ばうふうりん［防風林］。ほあんりん［保安林］。

自然のままのー 近代 げんしりん［原始林］。げんせいりん［原生林］。ジャングル(jungle)。じゅかい［樹海］。しょぢょりん［処女林］。

霜で葉が色づいたー 中古 さうりん［霜林］。

樹木が密生したー 近代 ジャングル(jungle)。みつりん［密林］。

冬枯れのー 中古 かんりん［寒林］。

松のー 近世 まつばやし［松林］。上代 しょうりん［松林］。

藪やー 中世 そうりん［叢林］。中古 りんそう［林藪］。

はやし【囃】 まつりばやし［祭囃子］。中古 はやし［囃／囃子］。

ーの声の例 近代 えっさっさ。こら。こらこら。こりゃ。こりゃこりゃ。よいしょ。よいとこさ。よいや。近世 やい。やれ。やれこれ。よいさ。よいとな。よいやさ。よいよい。中世 やよ。中古 あいし。あはれ。上代 ああしやこしや。ささ。

打楽器によるー 近世 うちはやし［打囃子］。

はやじに【早死】 近代 えうさつ［夭札］。えうする［夭］。えうせい［夭逝］。近世 えうせつ［夭折］。中世 さうせい［早世］。はやじに［早死］。わかじに［若死］。中古 はくめい［薄命］。上代 えうし［夭死］。たんめい［短命］。

《句》中世 死ぬる子は眉目(みめ)よし。無服(むぶく)の殤(しやう)。

はやじまい【早仕舞】 近代 はやびけ［早引］。近世 はやじまひ［早仕舞］。はやびき［早引］。上代 さうたい［早退］。

はや・す【囃】 近世 からかふ。ひやかす［冷］。やじる［野次］。中世 はやす［囃］。中古 いひはやす［言囃］。

盛んにー・す 中世 そやす。はやしたつ〔ーたてる〕［囃立］。

はやせ【早瀬】 近代 きふたん［急湍］。中世 きふりう［急流］。中古 たきがは［滝川］。たきつせ［滝瀬］。上代 げきりう［激流］。せ［瀬］。たき／たぎ［滝］。はやせ［早瀬］。→せ【瀬】❶

はやて【疾風】 近代 ぢんぷう［陣風］。とっぷう［突風］。近世 きゃうふう［強風］。中古 しっぷう［疾風］。はやて［疾風］。れっぷう［烈風］。上代 はやち［疾風］。

はやとちり【早】 →はやがてん

はやのみこみ【早呑込】 →はやがてん

はやばやと【早早】 近世 すぐさま。中世 さっそく［早速］。はやばやと［早早］。中古 さうさう［早早］。

はやびけ【早引】 近代 はやびけ［早引］。近世 はやじまひ［早仕舞］。はやびき［早引］。上代 さうたい［早退］。

はやみち【早道】 ショートカット(shortcut)。近代 せふろ［捷路］。ちかまはり［近回］。近世 すぐぢ［直路］。ぬけみち［抜道］。中世 せふけい［捷径］。ちかみち［近道］。ぢきろ［直路］。はやみち［早道］。中古 かんだう［間道］。上代 すぐみち［直道］。ただち［直路］。

はやみみ【早耳】 近代 はやみみ［早耳］。中世 ぢごくみみ［地獄耳］。中古 みみとし［耳疾］。

はや・める【早】 近世 かそく［加速］。中古 うちはやむ［打早］。はやむ〔はやめる〕［早／速］。

時期をー・める まえだおし［前倒］。中世 くりあぐ〔ーあげる〕［繰上］。上代 うながす［促］。

はやり【流行】 近代 ブーム(boom)。ポピュラリティー(popularity)。モード(mode)。

〔近世〕はやり［流行／時花］。〔上代〕りうかう［流行］。
《句》〔近代〕流行物は廃り物。
━の装い 〔中世〕じせいさう［時世粧］。
━病→**でんせんびょう**

はやりぎ【逸気】 〔近世〕はやりぎ［逸気］。わかぎ［若気］。血気に進む。血気に逸る。〔中世〕わかげ［若気］。

はや・る【逸】 ハッスル(hustle)。〔近代〕いきごむ［意気込］。きおひこむ［気負込］。きおひたつ［気負立］。きほひたつ［競立］。たけりたつ［猛立］。気合ひを入れる。気炎を上げる。〔近世〕いさみたつ［勇立］。いらだつ［苛立］。せける［急］。ふんき［奮起］。気が急く。〔中世〕きおふ［気負］。きばる［気張］。せく［急］。〔中古〕はやる［逸］。〔上代〕いさむ［勇］。すすむ［進］。
━・る心 〔近世〕かくき／きゃくき［客気］。けっき［血気］。
━・るさま 〔中世〕やたけ［弥猛／彌猛］。

はや・る【流行】 今を時めく。人気がある。〔近世〕せいかう［盛行］。はっかう［発行／発向］。〔中古〕はやる［流行］。
━・らせる 〔近世〕はやらす［━らせる］［流行］。〔中世〕はやらかす［流行］。
━・らなくなる 〔中古〕すたる［すたれる］［廃／頽］。
商売などが━・らないさま 〔近世〕閑古鳥が鳴く(歌ふ)。

はら【原】 ひらの［平原］。〔近代〕くゎうげん［広原／曠原］。さうげん［草原］。はらっぱ［原］。〔近世〕くさはら［草原］。〔中世〕へいや［平野］。〔中古〕はら［原］。へいげん［平原］。〔上代〕げんや［原野］。ぬ／の［野］。のはら［野原］。のべ［野辺］。→**のはら**

はら【腹】 ふくう［腹腔］。〔近代〕ふくかう［腹腔］。〔近世〕ふくぶ［腹部］。ほて。ぽんぽん(幼児語)。肝の束ね。〔中世〕おなか［御中／御腹］。〔上代〕はら［腹／肚］。
━いっぱい 〔近世〕くちい。たらふく［鱈腹］。〔中世〕まんぷく［満腹］。〔中古〕はうまん［飽満］。
━いっぱい食べる 〔近代〕つめこむ［詰込］。
━いっぱいで天下太平 〔中世〕こふく［鼓腹］。
━が痛い 〔中世〕かぶる［囓］。はらいた／ふくつう［腹痛］。
━がすいていること 〔近代〕すきっぱら［空腹］。はらぺこ［腹］。〔中世〕くうふく［空腹］。こちゃう［枯腸］。すきはら［空腹］。
━が据わる 〔近世〕胴が据はる。
━が立つ→**はらだ・つ**
━が減る 〔近世〕ござる［御座］。腹が来た。〔中世〕しわる［撓］。〔上代〕うう［うえる］［飢／餓］。
━くだし 〔近代〕くだりばら［下腹］。〔中世〕しゃり［瀉痢］。はらくだり［腹下］。〔上代〕げり［下痢］。
━に力を入れる 〔近世〕いきむ［息］。〔中世〕きばる［気張］。
━の下部 〔近代〕したっぱら／したはら［下腹］。〔中世〕かふく［下腹］。ほがみ［小腹］。
━の皮 〔近代〕とひ［肚皮］。
━の具合 〔近世〕おなかごころ［御中心］。はらもち［腹持］。
━の中 〔近代〕ふくかう［腹腔］。とひ［肚皮］。〔中世〕たいちゅう［胎中］。〔中古〕ふくちゅう［腹中］。→**きょうちゅう**
━の横側 よこばら［横腹］。〔近世〕ひいばら［脾腹］。よこっぱら［横腹］。〔中世〕ひばら［脾腹］。わきばら［脇腹］。
━を切って死ぬこと 〔近代〕かっぷく［割腹］。とふく［屠腹］。〔中世〕せっぷく［切腹］。はらきり［腹切］。
━を罵る語 〔近世〕どてっぱら［土手腹］。
━を減らす すかす［空］。
粥を食べただけの━ 〔近世〕かゆばら［粥腹］。
妊娠していない常の━ 〔近代〕ぢばら［地腹］。〔近世〕じゃうばら［常腹］。
冷えるのを防ぐため━に当てるもの 〔近代〕はらまき［腹巻］。〔近世〕はらあて［腹当］。はらがけ［腹掛］。〔中古〕はらおび［腹帯］。
太って━が出ているさま 〔中世〕べんべん［便便］。
太って大きな━ 〔近代〕ビヤだる［beer 樽］。ふとっぱら［太腹］。〔近世〕たいこばら［太鼓腹］。ほていばら［布袋腹］。ほてっぱら［腹］。
湯で一杯になった━ ゆばら［湯腹］。

ばら【薔薇】 〔近世〕いばらしゃうび［茨薔薇］。ばら［薔薇］。ローズ(rose)。〔中世〕いばら［茨／薔薇］。〔中古〕さうび／しゃうび［薔薇］。

はらいせ【腹癒】 〔近世〕うさばらし［憂晴］。しかへし［仕返］。ねんばらし［念晴］。はらいせ［腹癒］。

はら・う【払】❶〈支払う〉 〔近代〕しきふ［支給］。しはらふ［支払］。しべん［支弁］。しゅっぴ［出費］。〔近世〕かんぢゃう［勘定］。はらふ［払］。
掛け金を━・う 〔近代〕かける［掛／懸］。

はら・う【払】❷〈払い除ける〉 〔近代〕はきゃく［簸却］。〔近世〕さうじゃう［掃攘］。じゃうせき［攘斥］。はたく［叩］。ふりはらふ［振

払］。中世いっさう［一掃］。おしはらふ［押払］。かきのく［―のける］［掻退］。かく［掻］。はらひのく［―のける］［払除］。中古かいやる／かきやる［掻遣］。かきはらふ［掻払］。とりはらふ［取払］。はるく［晴／霽］。上代うちはらふ［打払］。はらふ［払／掃］。やる［遣］。

荒々しく―・う　中古かなぐる。

はら・う【祓】　中世きよはらひ／きよはらへ［清祓］。中古はらひきよむ［―きよめる］［祓清］。上代おほはらへ［大祓］。はらふ［祓］。

はらがまえ【腹構】　腹(肚(はら))を固める。近代きがまへ［気構］。こころづもり［心積］。腹(肚)を決める。腹(肚)を括(く)くる。近世こころぐみ［心組］。腹(肚)を据う［―据える］。中古かくご［覚悟］。こころがまへ［心構］。

はらから【同胞】　きょうだいしまい［兄弟姉妹］。中古どうはう［同胞］。上代はらから［同胞］。→**きょうだい**　→**どうほう**

はらぐろ・い【腹黒】　近代いんけん［陰険］。きょうけん［凶険／兇険］。近世いぢわるし［意地悪］。しゃうわる［性悪］。はらあし［腹悪］。ほてくろし［黒］。中世きたなし［穢／汚］。中古はらぎたなし［腹穢／腹汚］。はらぐろし［腹黒］。ひれつ［卑劣］。上代ひろう［鄙陋／卑陋］。

―・い家来　中世あくしん［悪臣］。かんしん［奸臣／姦臣］。

―・い人物　近代かんぶつ［奸物／姦物］。

はら・す【晴】　中世はらす［晴］。

疑いを―・す　近世垢(あか)を抜く。中古あかす［明］。

思いを―・す　近代はいもん［排悶］。中古さます［覚／醒］。さんず［散］。はるかす／はるく［晴／霽］。上代あからぶ［明］。やる［遣］。心を遣る。

思いを―・す方法　中世やるかた［遣方］。やるせ［遣瀬］。中古やらんかた［遣方］。ゆくかた［行方］。

パラダイス(paradise)　近代てんごく［天国］。らくゑん［楽園］。近世パラダイス。上代ごくらく［極楽］。→**ごくらく**　→**てんごく**

はらだたし・い【腹立】　近代ふゆくゎい［不愉快］。近世いまいまし［忌忌］。ふくゎい［不快］。むかつく。むやくし［無益］。中古ねたし［妬／嫉］。はらだたし［腹立］。上代うれたし［慨］。

―・い気持ち　近代むかっぱら［向腹］。近世むしゃくしゃばら／むしゃくりばら［腹］。中世むかばら［向腹］。中古あやにくごころ［生憎心］。

―・いことを言う　近世癪(しゃく)を言ふ。

はらだち【腹立】　近代ふんがい［憤慨］。近世ごふはら［業腹］。中世たてはら［立腹］。はらたち／はらだち［腹立］。ふくりふ［腹立］。むくり。りっぷく［立腹］。中古しんい／しんに［瞋恚／嗔恚］。ものむつかり［物憤］。上代いかり［怒］。いきどほり［憤］。

《句》近世短気は損気。

―がこみ上げるさま　中世くいくい。

―で憤り悶(もだ)えること　中古ふんまん［憤懣／忿懣］。

―の原因　近世癪(しゃく)の種。

公のことについての―　近代こうふん［公憤］。中古おほやけばら［公腹］。

何かを聞いての―　近世ききばら［聞腹］。聞けば聞き腹。

はらだ・つ【腹立】　鶏冠(とさか)に来る。近代にえくりかへる［煮繰返］。にえたつ［煮立］。頭に来る。近世おこる［怒］。にえかへる［煮返］。にゆ［にえる］［煮］。ひぞる［干反／乾反］。ふづくむ［憤／恚］。むかつく。むくる［剝］。むやくし［無益］。業(ごふ)が煎(い)れる。業(ごふ)が煮ゆ［―煮える］。業(ごふ)が湧く。腸(はらわた)が煮えくり返る。むくりを煮やす。中世いきどほる［憤］。肝を煎(い)る。中古いかる［怒］。うちむつかる［打憤］。ねたむ［妬］。はらだたし［腹立］。はらたつ／はらだつ［腹立］。ほとほる［熱］。腹を立つ［―立てる］。上代いきどほろし［憤］。うれたむ［慨］。ふつく／ふつくむ［憤／恚］。むつかる／むづかる［憤］。→**おこ・る【怒】**

―・って不機嫌な様子　近代つんけん。近世つんつん。ひんしゃん／ぴんしゃん。ぴんしゃん。ぴんしゃんぴん。

公のことについて―・つ　中古おほやけはらだつ［公腹立］。

急に―・つこと　近世きふばら［急腹］。

少し―・つ　中世小腹を立つ［―立てる］。

生意気で―・つ　近世小癪に障る。癪に障る。

なんとなく―・つ　近世うそばら［腹］。

はらちがい【腹違】　近代いふく［異腹］。はらちがひ［腹違］。中世いぼ［異母］。はらがはり［腹変］。べつばら／べっぷく［別腹］。

―の兄弟　いぼきょうだい［異母兄弟］。上代はらこと［異母］。

ばらつ・く　ばらばらになる。近世ちらばる［散］。ばらつく。上代ぶんさん［分散］。

パラドックス(paradox)　近代ぎゃくせつ［逆

説]。ぎゃくり[逆理]。パラドックス。

はらば・う【腹這】 近代 よつんばひ[四這]。中世 つくばふ[蹲／蹲踞]。中古 うつぶす[俯]。えんぐゎ[偃臥]。はひふす[這伏]。はふ[這]。はらばふ[腹這]。上代 ふす[伏／臥]。

—・いで進む(こと) 中古 はふ[這／延]。ほふく[匍匐]。

ばらばら てんでばらばら。近世 ちりぢりばらばら[散散]。中世 さんざん[散散]。ばらばら。べつべつ[別別]。わらわら。中古 おのがちりぢり[己散散]。くく[区区]。さんらん[散乱]。ちりぢり[散散]。まちまち[区区]。上代 はらら(に)。ほろに。

—・にする 近代 ばらまく[散蒔]。近世 ばらす。ぼうせき[剖析]。中世 げす[解]。みだす[乱／紊]。中古 とらかす[蕩／盪]。ほほろぐ。上代 あかつ[分／頒]。ちらす[散]。はふる[放]。はららかす[散]。

—・に散らす →**ばらま・く**

—・になって落ちること 中世 さんらく[散落]。

—・になってなくなること 中世 げさん[解散]。さんいつ[散逸／散佚]。さんしつ[散失]。

—・になる 近代 しぶごれつ／しぶんごれつ[四分五裂]。近世 ばらける[散]。中世 はらめく。算を乱す。中古 かいたい[解体]。とらく／とろく[盪／蕩]。

髪や草などがほつれて—・になる 中古 そそく[そそける]。

身体を切り刻んで—・にする 上代 はふる[屠]。

手で細かく切って—・にする 中古 ちぎる[千切]。

はらはら・する 近世 しんぱい[心配]。気を減らす。どきどきする。はらはらする。冷や汗をかく。中世 手に汗を握る。手を握る。中古 かたはらいたし[傍痛]。胸潰(つぶ)る。胸拉(ひし)ぐ。

—・する感情 近代 サスペンス(suspense)。スリル(thrill)。

見ていて—・する 近世 あぶっかしい[危]。あぶなっかしい[危]。

ばらま・く【散蒔】 近代 さっぷ[撒布]。ばらまく[散蒔]。近世 ぶちまく[—まける][打]。中世 さんぷ[散布／撒布]。ふりまく[振撒]。中古 まきちらす[撒散]。まく[撒]。上代 はららかす[散]。

はら・む【孕】 近代 おめでた[御目出度]。にんよう[妊孕]。近世 くゎいぶく[懐腹]。にんしん[妊娠]。みおも[身重]。みごもる[身籠／妊／孕]。をれこむ[折込]。中世 くゎいたい[懐胎]。じゅたい[受胎]。はいたい[胚胎]。みもち[身持]。やどす[宿]。中古 にんず[妊]。上代 くゎいにん[懐妊]。くゎいよう[懐孕]。はらむ[孕／妊／胎]。

—・ませる 近世 をれこます[折込]。

はらわた【腸】→**ないぞう【内臓】**

はらん【波乱】 近代 うよきょくせつ[紆余曲折]。きょくせつ[曲折]。ふんかう[紛淆]。もめごと[揉事]。近世 ごたごた。ごたつく。ごちゃごちゃ。さわぎ[騒]。ふんきう[紛糾]。もつる[もつれる][縺]。中世 さくそう[錯綜]。はらん[波乱／波瀾]。中古 さうどう[騒動]。なみ[波／浪]。上代 ふんらん[紛乱]。みだれ[乱]。

—に満ちているさま 近代 さっき／すうき[数奇]。

—のないさま 近世 たんたん[坦坦]。

バランス(balance) 近代 きんかう[均衡]。きんせい[均整／均斉]。バランス。近世 へいかう[平衡]。中世 つりあひ[釣合]。

—がとれないこと アンバランス(unbalance)。近代 ふきんかう[不均衡]。

はり【張】 近代 きがまへ[気構]。きんちゃう[緊張]。きんぱく[緊迫]。近世 いきごみ[意気込]。はり[張]。はりあひ[張合]。

—がなくなる 近世 ひからぶ[—からびる][干涸／乾涸]。中古 なゆ[なえる][萎]。

はり【針】 近代 ニードル(needle)。ピン(pin)。上代 はり[針]。

—で刺すさま ぶすっと／ぷすっと。近代 ちくっと／ちくと。ちくり。ぷすり。中古 つぶつぶ。

—で縫ったあと 上代 ぬひめ[縫目]。はりめ[針目]。

—と糸 中世 しんせん[針線／鍼線]。

—の穴 近世 みぞ[針孔]。めど[針孔／穴]。中世 みづ[針孔／針眼]。中古 針の耳。

網を編むときに使う— あみすきばり[網結針]。あみばり[網針]。近世 あばり[網針]。

皮を縫う— 近世 かはばり[皮針／革針]。

計器類の— 近世 ししん[指針]。

絹布を縫う細かい— 近代 きぬばり[絹針]。

鍼灸術(しんきゅうじゅつ)で使う— 中世 いしばり[石針／石鍼]。きんしん[金針／金鍼]。ぎんしん[銀針／銀鍼]。

時計の— じしん[時針]。ふんしん[分針]。近代 べうしん[秒針]。

木綿を縫う— 近世 もめんばり[木綿針]。

その他—のいろいろ(例) 近代 かぎばり[鉤

針]。しるしばり[標針]。とめばり[止針／留針]。近世かけばり[掛針／掛鉤]。とぢばり[綴針]。ぬひばり[縫針]。まちばり[待針]。よぎとぢばり[夜着綴針]。中世ひらばり[平針]。

はり【鉤】→つりばり

はり【梁】 近代ビーム(beam)。中世うちはり[梁]。はり[梁]。上代うつばり[梁]。

―の上 上代りゃうじゃう[梁上]。

重いものを支える太い― 近代うしばり[牛梁]。うしびきはり[牛曳梁]。

主要な― 近代おほばり[大梁]。

炭鉱などの金属製の― カッペ(ドイツKappe)。

ばり【罵詈】 ばりぞうごん[罵詈雑言]。近代ののしり[罵]。中世あくこう[悪口]。近世てうば[嘲罵]。ばり[罵詈]。中世あくこう[悪口]。あくこうざふごん[悪口雑言]。わるくち／わるぐち[悪口]。中古ざふげん／ざふごん[雑言]。

バリア(barrier) かべ[壁]。ネック(neck)。近代あいろ[隘路]。さしさはり[差障]。ばうへき[防壁]。近世しゃうへき[障壁]。中世しゃうがい[障害／障碍／障礙]。

はりあい【張合】❶〈対抗〉 近代たいかう[対抗]。たいりつ[対立]。近世きしみ[軋]。中世せりあひ[競合]。たちうち[太刀打]。はりあひ[張合]。上代きほひ[競]。

はりあい【張合】❷〈甲斐〉 近代やりがひ[遣甲斐]。近世はり[張]。はりあひ[張合]。上代かひ[甲斐／詮]。

―がない 近代暖簾に腕押し。近世たわいなし。豆腐にかすがひ。糠に釘。沼に杭。中古あへなし[敢無]。

―がなくなる 近代気が抜ける。近世拍子抜けす。

はりあ・う【張合】 近代向かふを張る。四つに組む。近世きそふ[競]。きっかう[拮抗／頡頏]。はる[張]。中世せりあふ[競合]。はりあふ[張合]。火花を散らす。中古あたる[当]。あらそふ[争]。いどみかはす[挑交]。からかふ。くらぶ[くらべる][比／較／競]。すまふ[争／抗]。たちならぶ[立並]。上代いどむ[挑]。きほふ[競]。

―う顔つき 中古きほひがほ[競顔]。

―う気持ち 近代むかふいき[向意気]。中古いどみごころ[挑心]。

―うさま 中古いどまし[挑]。

バリエーション(variation) 近代バリエーション。へんしゅ[変種]。中古へんくゎ[変化]。へんけい[変形]。

はりがね【針金】 近代かうせん[鋼線]。きんぞくせん[金属線]。しんせん[針線／鍼線]。せんきん[線金]。てつでう[鉄条]。ワイヤ(wire)。近世てっせん[鉄線]。中世はりがね[針金]。

―に色糸などを撚りつけたもの 近代モール(ポルトガルmogol)。

―の太さを表す語 ばんせん[番線]。

―を刺のように絡ませた鉄線 ばらせん[荊棘線／茨線]。ゆうしてっせん[有刺鉄線]。

―を撚りあわせた綱 近代ケーブル(cable)。

銅の― 近世どうせん[銅線]。

はりがみ【張紙】 ステッカー(sticker)。近代ペーパー(paper)。レッテル(letter)。近世あふし／おしがみ[押紙]。はりがみ[張紙／貼紙]。はりだし[張出／貼出]。

ばりき【馬力】 スタミナ(stamina)。ピーエス(PS:ドイツPferdestärke)。近代くゎつりょく[活力]。バイタリティー(vitality)。ばりき[馬力]。パワー(power)。近世げんき[元気]。たいりょく[体力]。中世せいりょく[精力]。上代ちから[力]。

はりき・る【張切】 ハッスル(hustle)。近代いきごむ[意気込]。きおひたつ[気負立]。きごむ[気込]。きほひたつ[競立]。近世いきむ[息]。いさみたつ[勇立]。つよむ[強]。はりきる[張切]。ふんき[奮起]。縒(撚)りを掛く(―掛ける)。中世きおふ[気負]。きばる[気張]。上代いさむ[勇]。

バリケード(barricade) 近代ばうさい[防塞／防寨]。ばうへき[防壁]。バリケード。中世とりで[砦]。上代さい[砦]。

はりこ【張子】 近世はりぼて[張]。中世はりこ[張子]。はりぬき[張抜／張貫]。

―の虎 →きょせい【虚勢】

はりしごと【針仕事】 近世おはり[御針]。しごと[仕事]。はりしごと[針仕事]。中世さいほう[裁縫]。ぬひはり[縫針]。中古たちぬひ[裁縫]。ぬひもの[縫物]。

―をする女性 おはりこ[御針子]。近代はりこ[針子]。近世ぬひこ[縫子]。

―をする人 近世おはり[御針]。中世はしん／はしんじゃ[把針者]。

はりつけ【磔】 近世たくけい[磔刑]。ひっぱりだこ[引張凧／引張蛸]。三尺高し。中世はっつけ／はりつけ[磔]。

―用の台木 近世木の空。中古はたもの[機物]。

はりつ・ける【貼付】 せっちゃく[接着]。近代はりつくてうふ[貼付]。中世てふす[貼]。はりつく

［―つける］［貼付／張付］。

はりつ・める【張詰】 近代 きんちゃう［緊張］。ひきしまる［引締］。近世 はりつむ［―つめる］［張詰］。気を張る。

―・めるさま 近世 ぴりぴり。

はりばん【張番】 近代 かんしにん［監視人］。はりこみ［張込］。みはり［見張］。みはりばん［見張番］。近世 かんし［監視］。中世 はりばん［張番］。

はりめぐら・す【張巡】 近代 はりめぐらす［張巡］。ゆひめぐらす［結繞］。中世 はりめぐらす［張巡］?

綿密に―・すたとえ 中古 網の目。

はる【春】 近代 スプリング(spring)。近世 はるなが［春永］。中世 せいやう［青陽］。中古 はるきうしゅん［九春］。せいしゅん［青春］。はるつかた［春方］。はるべ［春方］。やうしゅん［陽春］。春の湊(みなと)。上代 はうしゅん［芳春］。はうしん［芳辰］。はる［春］。はるへ［春方］。

《枕》中古 かげろふの［陽炎］。上代 あづさゆみ［梓弓］。あらたまの［新玉／荒玉］。うちなびく［打靡］。かぎろひの［陽炎］。かすみたつ［霞立］。しらまゆみ［白檀弓］。ふゆこもり［冬籠］。みふゆつぎ［冬］。

―が終わる 中世 春往(い)ぬ。春行く。中古 春の限り。

―が終わる日(陰暦三月晦日(みそか)) 近代 春の晦日。近世 やよひじん［弥生尽］。中古 さんぐゎつじん［三月尽］。

―が来る 中世 いちやうらいふく［一陽来復］。くゎいしゅん［回春］。中古 春立つ。上代 春さる。

―が近いこと 近世 はるどなり［春隣］。中古 春の隣。

―に思うこと 中古 しゅんし［春思］。しゅんしん［春心］。

―に感じる物悲しさ 中古 しゅんしう［春愁］。

―に咲く花 中古 しゅんくゎ［春花］。上代 はるはな［春花］。

―になって川の水がぬるむこと 中世 水温(ぬる)む。

―にぶり返した寒さ 近代 はるさむ［春寒］。中世 しゅんかん［春寒］。上代 よかん［余寒］。

―の朝寝 《句》近世 春眠暁を覚えず。

―の暖かさ 中古 しゅんだん［春暖］。

―の雨 →**はるさめ** →**あめ**

―の終わりごろ 近世 ゆくはる［行春］。中世 老いの春。中古 ざんしゅん［残春］。ぼしゅん［暮春］。暮れの春。春の暮れ。上代 きしゅん［季春］。→**ばんしゅん**

―の霞 中古 しゅんか［春霞］。上代 はるがすみ［春霞］。

―の風 →**はるかぜ** →**かぜ【風】**

―の雷 中古 しゅんらい［春雷］。

―の気候 中古 しゅんき［春気］。

―の兆し 中世 しゅんしん［春信］。

―の季節 木の芽立ち。近世 蛙の目借り時。中古 しゅんき［春季］。しゅんげつ［春月］。しゅんやう［春陽］。

―の景色 中世 しゅんよう［春容］。中古 しゅんくゎう［春光］。しゅんけい［春景］。しゅんじゃう［春情］。上代 しゅんしょく［春色］。

―の景色の美しさ りうあんくゎめい［柳暗花明］。柳は緑花は紅。

―の三か月 中古 きうしゅん［九春］。近世 みはる［三春］。上代 さんしゅん［三春］。

―の空 中世 さうてん［蒼天］。

―ののどかな気持ち 中古 しゅんい［春意］。

―の野山 近世 しゅんかう［春郊］。

―の野山に遊ぶこと 近代 たんしゅん［探春］。

―のはじめごろ 近世 はるさき［春先］。中世 しゅんしょ［春初］。しょやう［初陽］。中古 せんしゅん［浅春］。はるべ［春方］。上代 さうしゅん［早春］。しょしゅん［初春］。まうしゅん［孟春］。

―の日 近世 はるなが［春永］。ひなが［日永］。中世 えいじつ［永日］。おそきひ［遅日］。中古 えんやう［艶陽］。ちじつ［遅日］。上代 しゅんじつ［春日］。しゅんじつちち［春日遅遅］。永き日。

―の光 中世 おんくゎう［恩光］。はるひかげ［春日影］。中古 しゅんくゎう［春光］。しゅんやう［春陽］。せうくゎう［韶光］。上代 ねんくゎう［年光］。はるひ［春日］。

―の日の暖かなこと 中世 わく［和煦］。

―のぼんやりした日 近世 おぼろび［朧日］。

―の山の形容 近世 山笑ふ。

―の山の緑 近代 だんすい［暖翠］。

―の夕べ 中世 春の宵。中古 しゅんせう［春宵］。しゅんや［春夜］。春の暮れ。《句》近代 春宵一刻値千金。

―の夜の月 中古 しゅんげつ［春月］。

―の夜の闇 近世 おぼろやみ［朧闇］。

―らしくなる 中古 はるめく［春］。

―を待ち受ける 上代 春片設(かたま)く。春設(ま)く。

過ぎゆく―を惜しむこと 中世 せきしゅん［惜

春］。

年老いてから迎えたー 中世 老いの春。

年中ーのような気候であること 近代 とこはる［常春］。中世 ちゃうしゅん［長春］。

短いーの夜の眠り 中世 しゅんみん［春眠］。《句》近世 春眠暁を覚えず。

短いーの夜に見る夢 中世 しゅんむ［春夢］。中古 春の夜の夢。

雪解けなどによるーのぬかるみ 近世 しゅんでい［春泥］。

は・る【張】❶〈伸ばす〉 中世 ばうちゃう［膨張］。中古 おしはる［押張］。ふくらむ［膨］。ふくる［ふくれる］［脹/膨］。上代 はる［張］。《枕》上代 あづさゆみ［梓弓］。しらまゆみ［白檀弓］。ふゆごもり［冬籠］。

一面にー・る 近代 はりめぐらす［張巡］。中世 はりつむ［ーつめる］［張詰］。はりまはす［張回］。

十分にぴんとー・る 近代 つっぱる［突張］。はりきる［張切］。

は・る【張】❷〈引き締める〉 →きんちょう【緊張】

は・る【張】❸〈たたく〉 →なぐ・る

はるか【遥】❶〈遠い〉 近代 えうてう［杳窕］。えうばう［杳茫］。えうゑん［遥遠］。ていてい［亭亭］。近世 えう［杳］。えうえう［遥遥］。中世 つっと。とっと。中古 えうえう［遥遥］。はるか［遥］。はるばる［遥遥］。はろか［遥］。べうべう［眇眇］。べうべう［渺渺］。ほどとほし［程遠］。れうゑん［遼遠］。ややへやへ［八重八重］。上代 えうぜん［杳然］。とほし［遠］。とほつ［遠］。とほながし［遠長］。はるけし［遥］。はろはろ／はろばろ［遥遥］。ひさし［久／尚］。まどほ［間遠］。めんばく［綿邈／緬邈］。やほへ［八百重］。→とお・い

ー彼方 中古 てんさい［天際］。眺めの末。上代 いういう［悠悠］。みわたし［見渡］。

ー・で限りないさま 近世 べうぜん［渺然］。

ー・で広々としているさま 近世 かうべう［浩渺］。中世 くゎうくゎう［曠曠／広広］。

ー遠くに届くこと 中世 いうやう［悠揚］。

ー・な海路 中世 八重の潮路。上代 やしほぢ［八潮路］。

ー・な道 上代 ながち／ながぢ［長路］。

ー・に 近世 えうとして［杳］。中古 目も遥に。

ー・に望む 中世 てうまう［眺望］。のぞみみる［望見］。てうばう［眺望］。上代 ふりさく［振放］。ふりさけみる［振放見］。

はるか(に)【遥】❷〈数段〉 すうだん［数段］。近代 すうとう［数等］。近世 ひゃくくゎん［百貫］。やっと。中世 ずっと。とっと。中古 はるか(に)［遥］。→たいそう【大層】

はるかぜ【春風】 はるあれ［春荒］。はるいちばん［春一番］。はるはやて［春疾風］。近代 はるあらし［春嵐］。くゎしんふう［花信風］。近世 けいふう［恵風］。やはかぜ［和風］。中世 くゎふう［和風］。をんぷう［温風］。中古 こち／こちかぜ［東風］。しゅんぷう［春風］。とうふう［東風］。上代 はるかぜ［春風］。わふう［和風］。→かぜ【風】

ーが肌に寒く感じられるさま 中世 れうせう［料峭］。

春光の中を吹き渡るー 近世 風光る。

バルコニー(balcony) 近代 テラス(terrace; terrasse)。バルコニー。ベランダ(veranda; véranda)。中古 ろだい［露台］。

はるさき【春先】 中世 はるさき［春先］。中古 しゅんしょ［春初］。しょやう［初陽］。しょしゅん［初春］。はるべ［春辺］。上代 さうしゅん［早春］。まうしゅん［孟春］。

はるさめ【春雨】 はるしぐれ［春時雨］。はるしゅうう［春驟雨］。近世 しゅんりん［春霖］。中古 しゅんう［春雨］。上代 はるさめ［春雨］。→あめ

はるばる【遥遥】 中古 くれぐれ(と)／くれぐれ(と)。はるばる［遥遥］。上代 はろはろ［遥遥］。→はるか❶

ーとやって来る 中古 きとく［来来］。

はれ【腫】 ぼうりゅう［膨隆］。近代 えんしゃう［炎症］。しゅちゃう［腫脹］。近世 はれ［腫／張］。ふしゅ［浮腫］。むくみ［浮腫］。→

できもの

はれ【晴】 こうてん［好天］。近代 かうてんき［好天気］。近世 じゃうてんき［上天気］。てんき［天気］。にほんばれ［日本晴］。中古 くゎいせい［快晴］。せいてん［晴天］。はれ［晴／霽］。ひより［日和］。

ーと雨 中古 せいう［晴雨］。

ーと曇り 近代 せいどん［晴曇］。中古 いんせい［陰晴］。せいいん［晴陰］。

ーの場 はれ(の)ぶたい［晴舞台］。近世 やくば［役場］。中世 くがい［公界］。たいしょ［大所］。上代 ぶたい［舞台］。

秋らしいーの天気 近代 あきばれ［秋晴］。近世 あきびより［秋日和］。

五月頃のー 近世 さつきばれ［五月晴］。ついりばれ［梅雨入晴］。つゆばれ［梅雨晴］。

パレード(parade) 近代 かうしん［行進］。ぎゃうれつ［行列］。ねりあるく［練歩］。パレード。

はれがまし・い【晴】 近代はれやか[晴]。ほこらか[誇]。中世れきれき[歴歴]。中古おもだたし[面立]。おもはゆし[面映]。はえばえし[映映]。はれがまし[晴]。はればれし[晴晴]。ほこらし[誇]。上代はなやか[花/華]。

—・い儀式 中古せいぎ[晴儀]。

—・いこと 中古いろふし[色節]。はれ[晴]。

—・い場所 近世でんど[出所]。

はれぎ【晴着】 フォーマルウエア(formalwear)。近代ぐゎいしゅつぎ[外出着]。せいさう[正装]。せいさう[盛装]。近世いっちゃうら[一張羅]。おはれ[御晴]。はれ[晴]。よそゆき[余所行]。中世せいふく[盛服]。はれぎ[晴着]。→**れいふく**

一日だけの— 近世いちにちばれ[一日晴]。

正月の— 近代はるぎ[春着]。近世しゅんぷく[春服]。中世しゅんい[春衣]。

花見の— 中世はなごろも[花衣]。

パレス(palace) 近代きゅうてい[宮廷]。パレス。中世でんだう[殿堂]。中古ごてん[御殿]。上代きゅうでん[宮殿]。

はれつ【破裂】 バースト(burst)。近代さくれつ[炸裂]。パンク(puncture)。ばくはつ[爆発]。はりさける[張裂]。はさい[破砕/破摧]。近世ばくれつ[爆裂]。はちきれる[切]。中世はず[はぜる][爆/罅]。中古はれつ[破裂]。

はれて【晴】 誰はばかることなく。天下晴れて。近世おもてだって[表立]。こうぜんと[公然]。はれて[晴]。権柄(けんぺい)晴れて。

はればれ【晴晴】 近代かるがる[軽軽]。きよきよ/せいせい[清清/晴晴]。けいくゎい[軽快]。すがすが[清清]。近世あけしい。さえざえし[冴冴]。しゃくぜん/せきぜん[釈然]。すっきり。せいらう[晴朗]。中世うるはし[麗]。しゃくねん[釈然]。はればれ[晴晴]。はれやか[晴]。はれらか[晴]。中古おもしろし[面白]。さはやか[爽]。はればれし[晴晴]。ほがらか[朗]。上代すがすがし[清清]。

—・させる 中古おもひはるく[思晴]。

—・する 中世さんず[散]。中古ここちゆく[心地行]。こころゆく[心行]。はる[はれる][晴]。上代ひらく[ひらける][開]。

—と明るいさま 中古うららか[麗]。

—とした顔 近世うきやか[浮]。

—とのどかなさま 中世うらやか[麗]。中古うららか[麗]。

はれま【晴間】 近世くもぎれ[雲切]。中古くもま[雲間]。はれま[晴間]。をやみ[小止]。上代あまま/あめま[雨間]。

はれもの【腫物】 しゅりゅう[腫瘤]。ぼうりゅう[膨隆]。近代しゅちゃう[腫脹]。近世おでき[御出来]。しゅまん[腫満]。しゅもつ[腫物]。しゅやう[腫瘍]。ねぶと[根太]。はれ[腫]。ふきでもの[吹出物]。ふしゅ[浮腫]。むくみ[浮腫]。中世できもの[出来物]。ふしべ[贅]。中古かさ[瘡]。こぶ[瘤]。しゅもつ[腫物]。にきみ[面皰]。はれもの[腫物]。上代しひね[瘤]。ふすべ[贅]。→**できもの**

はれやか【晴】 →**はればれ**

は・れる【腫】 近代しゅちゃう[腫脹]。近世むくむ[浮腫]。中世うぐふ[墳]。ばうちゃう[膨張]。上代はる[はれる][腫]。

—・れている感じ 近世はればったし[腫]。

外傷やできもの周りが広く—・れること 近世ぢばれ[地腫]。

ひどく—・れる 中古はれあがる[腫上]。

は・れる【晴】 てる[照]。中世すみきる[澄切]。はれあがる[晴上]。はれわたる[晴渡]。中古すみわたる[澄渡]。はれわたる[晴渡]。なぐ[凪/和]。はれす[晴]。上代はる[はれる][晴/霽]。《枕》中古あさぎりの[朝霧][⇩はる]。

—・れかかる 近代あかるむ[明]。

—・れるようにする 中世はらす[晴/霽]。中古はるかす/はるく[晴/霽]。

—・れ渡っている 中古くもりなし[曇無]。はればれし[晴晴]。

雨が急に止んで—・れること 近世にはかびより[俄日和]。

疑いが—・れる 近世垢が抜ける。あかりが立つ。

風が吹いて—・れる 中世ふきはる[—はれる][吹霽]。

気が—・れる 中古こころゆく[心行]。なごむ[和]。はる[はれる][晴]。ひらく[開]。上代なぐさむ[慰]。

気持ちよく—・れ渡っているさま 近代かうせい[好晴]。せいめい[晴明]。中世はればれ[晴晴]。はれやか[晴]。中古くゎいせい[快晴]。

心が—・れない 近代うつあう[鬱快]。わだかまる[蟠]。近世いんうつ[陰鬱]。うっき[鬱気]。うったい[鬱滞]。うったう[鬱陶]。くもる[曇]。しんき[辛気]。よくうつ[抑鬱]。中世うったうし[鬱陶]。うつねん[鬱念]。きうつ[気鬱]。ものうし[物

憂〕。中古うつ〔鬱〕。うつうつ〔鬱鬱〕。うっけつ〔鬱結〕。うもれいたし／むもれいたし〔埋甚〕。おもひまつはる〔思纏〕。むすぼる〔結〕。上代いきどほろし〔憤〕。いぶせむ。むすぼほる〔結〕。→うっとうし・い

すっかりー・れる 中世はれあがる〔晴上／霽上〕。はれわたる〔晴渡〕。中古はればれし〔晴晴〕。

梅雨が終わってー・れること 近世さつきばれ〔五月晴〕。ついりばれ〔梅雨入晴〕。つゆばれ〔梅雨晴〕。

長雨の後ー・れること 近世にじりあがり〔躙上〕。

夕方に雨が上がってー・れること 中世ばんせい〔晩晴／晩霽〕。

ば・れる 明るみに出る。表沙汰になる。近代ろてい〔露呈〕。足が出る。近世ばる〔ばれる〕。わる〔われる〕〔割〕。足が付く。尻尾を出す。尻が割れる。馬脚を露はす。化けの皮が現る〔—現れる〕。藁が出る。尾を見す〔—見せる〕。中世おもてだつ〔表立〕。ろけん〔露顕／露見〕。中古あらはる〔—われる〕〔現〕。けんろ〔顕露〕。はっかく〔発覚〕。ほころぶ〔—ろびる〕〔綻〕。上代もる〔もれる〕〔漏／洩〕。

はれんち【破廉恥】 近代こうがんむち〔厚顔無恥〕。はれんち〔破廉恥〕。近世てつめんぴ〔鉄面皮〕。むち〔無恥〕。中世はぢしらず〔恥知〕。→はじしらず

はろう【波浪】 中古はたう〔波濤〕。上代なみ〔波／浪〕。はらう〔波浪〕。→なみ【波】

バロメーター(barometer) 近代きじゅん〔基準〕。しへう〔指標〕。バロメーター。ものさし〔物差〕。へうじゅん〔標準〕。近世ししん〔指針〕。しゃくど〔尺度〕。

パワー(power) →ちから

はん【反】 近代アンチ(anti)。はん〔反〕。近世はんたい〔反対〕。中世ぎゃく〔逆〕。上代そむく〔背／叛〕。

はん【汎】 ひろく〔広〕。近代はん〔汎〕。中古あまねく〔普／遍〕。すべて〔凡／総／全〕。

はん【判】 →いん

はん【範】 近代サンプル(sample)。てんけい〔典型〕。はん〔範〕。モデル(model)。もはん〔模範〕。近世じゅんじょう〔準縄〕。へうほん〔標本〕。中世きくじゅんじょう〔規矩準縄〕。きはん〔規範〕。へうじゅん〔標準〕。みほん〔見本〕。中古きかん〔亀鑑〕。きく〔規矩〕。しへう〔師表〕。てほん〔手本〕。上代かがみ〔鑑〕。

ばん【番】❶〈張り番〉 近代みはり〔見張〕。近世かんし〔監視〕。けいび〔警備〕。中世はりばん〔張番〕。中古ばん〔番〕。

ーに当たる 近世あたりばん〔当番〕。中古たうばん〔当番〕。

ーをする 中世まぶる／まぼる〔守〕。中古はる〔張〕。まもらふ／まもる〔守〕。上代もる〔守〕。

ーをする小屋 近代ばんたらうごや〔番太郎小屋〕。近世ばんごや〔番小屋〕。ばんしょ／ばんどころ〔番所〕。中世ばんや〔番屋〕。

ーをする人 近世ばんにん〔番人〕。上代たぶせ〔田伏〕。

ーをする兵士 近世ばんそつ〔番卒〕。ばんぺい〔番兵〕。

寝ないで一晩中ーをすること 近世ふしんばん〔不寝番〕。中世ねず(の)ばん〔寝番〕。

一人残ってーをすること 中古すもり〔巣守〕。

ばん【番】❷〈順番〉 近代オーダー(order)。ナンバー(number)。じゅんゐ〔順位〕。せきじ〔席次〕。ばんがう〔番号〕。近世せきじゅん〔席順〕。中世じゅん〔順〕。じゅんばん〔順番〕。じょれつ〔序列〕。中古しだい〔次第〕。ばん〔番〕。上代じゅんじょ〔順序〕。

役者が舞台に出るー 近世でばん〔出番〕。

ばん【晩】 近世ばんがた〔晩方〕。中世ばん〔晩〕。ばんけい／ばんげい〔晩景〕。中古ひぐれ〔日暮〕。ゆふがた〔夕方〕。ようさつかた／ようさりつかた〔夜方〕。ようさり／よさり〔夜〕。上代くれ〔暮〕。ゆふ〔夕〕。よ／よる〔夜〕。

ーになる 中世ばんず〔晩〕。

パン(ポルトガル pão) バゲット(フランス baguette)。メンパオ〔(中国語)麺包〕。近代しょくパン〔食ポルトガル pão〕。ブレッド(bread)。近世パン。中世じょうべい〔蒸餅〕。

ーを(作って)売る店 近代ベーカリー(bakery)。近世パンや〔ポルトガル pão屋〕。

ーのいろいろ(例) コッペパン(和製フランス coupée＋ポルトガル pão; ドイツ Koppe＋ポルトガル pão)。バターロール(butter roll)。ロールパン(和製 roll＋ポルトガル pão)。近代かしパン〔菓子ポルトガル pão〕。かんパン〔乾ポルトガル pão〕。クロワッサン(croissant)。げんまいパン〔玄米ポルトガル pão〕。

はんい【範囲】 わく〔枠〕。近代カテゴリー(category; ドイツ Kategorie)。くくゎく〔区画〕。けん〔圏〕。はんちう〔範疇〕。ぶんや〔分野〕。近世きゃうゐき〔境域／疆域〕。くゐき〔区域〕。らち〔埒〕。中世ぢゃう〔定〕。

ゐき[域]。中古 あひだ[間]。はんゐ[範囲]。上代 かぎり[限]。

ーの内 近代 いない[以内]。けんない[圏内]。らちない[埒内]。ゐきない[域内]。

ーの外 げんがい[限外]。せいげんがい[制限外]。わくがい[枠外]。近代 いぐゎい[以外]。らちぐゎい／らつぐゎい[埒外]。近世 けんぐゎい[圏外]。どぐゎい[度外]。ゐきぐゎい[域外]。

ーを限る(こと) 近代 くゎくする[画／劃]。げんきょく[限局]。げんてい[限定]。近世 とどむ[とどめる][止／留]。中古 げんせい[限制]。せいげん[制限]。

航空機の安全航行できるー くういき[空域]。

行動できるー こうどうはんい[行動範囲]。近代 かうどうはんけい[行動半径]。

支配し監督するー けんげん[権限]。近代 けんない[権内]。中古 くゎんかつ[管轄]。

射撃できるー 近代 しゃかい[射界]。しゃてい[射程]。

勢力の及ぶー 近代 しゃてい[射程]。テリトリー(territory)。りゃうゐき[領域]。中世 きゃうがい[境界]。りゃうぶん[領分]。

得意とするー 近代 レパートリー(repertory)。

光の届くー 近代 しゃかい[射界]。

広いー 近代 くゎうはんゐ[広範囲]。くゎうゐき[広域]。

見えるー スコープ(scope)。近代 しかい[視界]。しや[視野]。中古 がんかい[眼界]。

はんい【叛意】 ほんしん[叛心]。中世 はんしん[叛心／反心]。中古 ぎゃくしん[逆心]。じしん／にしん[二心／弐心]。はんい[叛意]。上代 ふたごころ[二心／弐心]。

はんいご【反意語】 アントニム(antonym)。たいぎご[対義語]。はんぎご[反義語]。はんたいご[反対語]。近代 ついご[対語]。中世 たいご[対語]。

はんえい【反映】 近代 うつる[映]。えいきゃう[影響]。とうえい[投影]。はんえい[反映]。はんきょう[反響]。中古 はゆ[はえる][映]。よは[余波]。

はんえい【繁栄】 近代 せいえい[盛栄]。りゅうこう[隆興]。りゅうしゃう[隆昌]。近世 こうき[興起]。りゅうせい[隆盛]。中世 くゎうさい[光彩]。はんえい[繁栄]。中古 こうりゅう[興隆]。はんじゃう[繁盛／繁昌]。上代 いんしん[殷賑]。さかえ[栄]。→さか・える

ーと幸福 近代 えいふく[栄福]。

ーのたとえ 中古 時の花をかざす。

ーを祈る声 いやさか[弥栄]。中世 ばんざい[万歳]。→ばんざい

はんえん【半円】 近代 つきがた[月形]。近世 はんゑん[半円]。中世 はんげつ[半月]。中古 はんりん[半輪]。

はんか【繁華】 近代 さかん[盛]。中世 にぎやか[賑]。中古 はんくゎ[繁華]。上代 いんしん[殷賑]。→にぎやか

はんが【版画】 近代 はんぐゎ[版画]。

藍の濃淡を主としたー 近世 あゐずり[藍摺]。あゐずりゑ[藍摺絵]。あゐゑ[藍絵]。

多くの色を使ったー たしょくずり[多色刷]。近世 いろずり[色刷／色摺]。

既存の名画などを複製したー エスタンプ(フランス estampe)。

最近摺(す)ったー 近世 いまずり[今摺]。

地を黒く線を白くしたー 近世 いしずりゑ[石摺絵]。

石版によるー リトグラフ(lithograph)。近代 せきはんぐゎ／せきばんぐゎ[石版画]。

銅板の腐食を利用したー エッチング(etching)。近世 どうばんぐゎ[銅版画]。

捺印(なついん)方式の仏教ー 中世 いんぶつ[印仏]。

ばんか【晩夏】 中世 きか[季夏]。中古 ばんか[晩夏]。夏の暮れ。→なつ

ばんか【挽歌】 近代 エレジー(elegy)。中世 あいか[哀歌]。あいしゃうか[哀傷歌]。ばんし[挽詩／輓詩]。ひか[悲歌]。上代 ばんか[挽歌]。

ばんかい【挽回】 近代 けんどぢゅうらい／けんどちょうらい[捲土重来]。たてなほし[立直／建直]。ふくくゎつ[復活]。近世 きしくゎいせい[起死回生]。くゎいらん[回瀾／廻瀾]。くゎいふく[回復]。中世 とりもどす[取戻]。ばんくゎい[挽回]。もりかへす[盛返]。中古 とりかへす[取返]。

《句》近世 狂瀾(きやうらん)を既倒(きたう)に廻(めぐ)らす(反(かへ)す)。回瀾(くゎいらん)を既倒(きたう)に反(かへ)す。

ばんがい【番外】 せんがい[選外]。よていがい[予定外]。近代 とうぐゎい[等外]。ばんぐゎい[番外]。れいぐゎい[例外]。

はんかがい【繁華街】 かんらくがい[歓楽街]。めぬきどおり[目抜通]。近代 ねっち[熱地]。はんくゎがい[繁華街]。近世 さかりば[盛場]。

ーの灯り 近世 こうとう[紅灯]。

ーの中心から離れた所 中世 まちはづれ[町外]。近世 ばすゑ[場末]。

ばんがく【晩学】 近代 老い(の)学問。老いの

手習ひ。〈近世〉六十の手習ひ。〈中古〉ばんがく[晩学]。

ハンカチ(handkerchief) 〈近代〉あせふき[汗拭]。ハンカチ／ハンケチ／ハンカチーフ。〈中世〉てぬぐひ[手拭]。〈中古〉しゅきん[手巾]。

はんかつう【半可通】 知ったかぶり。〈近代〉いっちはんかい[一知半解]。なまはんか[生半可]。〈近世〉きいたふう[利風]。なまかじり[生齧]。なまはんじゃく[生半尺]。はんかつう[半可通]。

はんかん【反感】 たいりつかんじょう[対立感情]。〈近代〉てきい[敵意]。はんかうしん[反抗心]。はんかん[反感]。はんぱつ[反発]。

はんぎ【版木】 〈近世〉あづさ[梓]。いた[板]。〈中世〉かたぎ[形木／模]。すりかたぎ[摺形木]。はんぎ[版木／板木]。〈中古〉いんばん[印版／印板]。

ーで摺(す)ったもの 〈中古〉すりもの[摺物／刷物]。

ーに絵などを彫ること 〈近代〉こくはん[刻板／刻版]。はんほり[版彫]。〈近世〉てうこく[彫刻]。〈中世〉はんこく[版刻]。

ーに彫るための下書き 〈近世〉はんした[版下]。

ーの使用料 〈近世〉いたちん[板賃]。はんちん[板賃]。

ーの所有権(現在の版権) 〈近世〉いたかぶ[板株]。

ーを彫る人 もくはんや[木版屋]。〈近世〉きけつし[剞劂氏]。はんや[版屋／板屋]。〈中世〉はんぎや[版木屋]。

彫られたー 〈近代〉げんばん[原版]。

はんぎご【反義語】 →**はんいご**

はんぎゃく【反逆】 ぞうはん[造反]。〈近代〉クーデター(フランス coup d'État)。〈近世〉はいはん[背叛]。〈中世〉うらぎり[裏切]。はんぎゃく[反逆／叛逆]。はんらん[反乱／叛乱]。らんぎゃく[乱逆]。〈中古〉ふき[不軌]。らんげき[乱逆]。〈上代〉むほん[謀叛／謀反]。

ー・した家臣 〈中世〉ぞくしん[賊臣]。〈中古〉らんしん[乱臣]。

ー者 むほんにん[謀反人]。〈近代〉はんぎゃくしゃ[反逆者]。はんと[叛徒／反徒]。〈近世〉ぞくと[賊徒]。らんぞく[乱賊]。〈中世〉ぎゃくるい／げきるい[逆類]。ぞくし[賊子]。〈上代〉ぎゃくぞく[逆賊]。ぎゃくたう[逆党]。ぎゃくと[逆徒]。

ー・する 〈近代〉反旗(叛旗)を翻(ひるがへ)す。〈近世〉さからふ[逆]。〈中世〉弓を引く。〈上代〉そむく[背／叛]。

ーの心を持たない心 ちゅうぎしん[忠義心]。ちゅうせいしん[忠誠心]。

はんきょう【反響】 〈近代〉えいきゃう[影響]。はんえい[反映]。はんおう[反応]。エコー(echo)。リアクション(reaction)。〈近世〉こだま[谺／木霊／木魂]。はんきゃう[反響]。〈中世〉てごたへ[手応]。〈中古〉こたへ[応／答]。こたま[木霊]。ひびき[響]。〈上代〉やまびこ[山彦]。

ー・する 〈中古〉こたふ[こたえる][応／答]。

ばんぐみ【番組】 プログラム(program)。〈近世〉ばんぐみ[番組]。

ーの提供者 スポンサー(sponsor)。

ある期間定時刻に放送されるー おびばんぐみ[帯番組]。

演芸などのーを記したもの 〈近世〉ばんづけ[番付]。

同じ時間帯に放送される他のー うらばんぐみ[裏番組]。

長時間のー ワイドばんぐみ[wide番組]。

民間放送でスポンサーのつかない自主ー サステイニングプログラム／サスプロ(sustaining program)。

ばんくるわせ【番狂】 〈近代〉あな[穴]。おほあな[大穴]。〈近世〉ばんくるはせ[番狂]。〈中世〉はらん[波瀾]。

はんげき【反撃】 けんどぢゅうらい／けんどちょうらい[捲土重来]。はんこう[反攻]。ファイトバック(fightback)。まきかえし[巻返]。攻守所を変える。〈近代〉ぎゃくしふ[逆襲]。はんげき[反撃]。〈近世〉さかねぢ[逆捩／逆捻]。

サッカーなどで一転ー・すること カウンターアタック(counterattack)。

わずかでもー・する 一矢を報いる。

はんげしょう【半夏生】 みつじろぐさ[三白草]。〈近世〉はんげしゃう[半夏生]。〈中古〉かたしろぐさ[片白草]。

はんけつ【判決】 〈近世〉くじさた[公事沙汰]。ごく[獄]。〈中世〉げぢ[下知]。さばき[裁]。らくちゃく[落着]。〈中古〉さいけつ[裁決]。さいだん[裁断]。〈上代〉はんけつ[判決]。

ーを記した文 はんけつしょ[判決書]。〈近代〉はんけつぶん[判決文]。〈中古〉はんもん[判文]。

はんげつ【半月】 〈中世〉えんげつ[偃月]。ゆみはりづき[弓張月]。半ばの月。〈中古〉かたわれづき[片割月]。はんげつ[半月]。→**つき**

ーの形 〈近代〉つきがた[月形]。はんげつけい[半月形]。〈近世〉はんゑんけい[半円形]。

はんこ【判子】 →**いん**

はんご【反語】 近代 アイロニー(irony)。近世 はんご[反語]。

〈古語の反語表現〉 近世 もので。中世 か。かや。ばこそ。やはか。中古 かは。かはな。かも。ずや。めやは。ものか。ものかは。や。やぞ。やは。上代 かもよ。なぞ[何]。めや。めやも。ものかも。やも。

いつ…か 中古 いつか。いつかは。

およびない 上代 しかめやも[及]。

そうであっても…だろうか 中世 さてもやは。

そのように…か 中世 さやは。中古 さしも。

だろうか 中古 てむや。ものかは。やは。上代 なれや。めや。やも。

できようか 中古 えや。えやは。

どうして 近世 なんの[何]。中世 なじかは。などか。なにか[何]。なにかは[何]。なにとして[何]。なんぞ[何]。なんと[何]。なんとして[何]。やはか。中古 いかが。いかがは。いかで。いかにか。いかにかは。なじか。なぞ。なぞや。なでふ。などて。などてか。などや。なにしに[何]。なにとかは[何]。なんでふ[何]。上代 あに。なにせんに[何]。なにとかも[何]。

どうしようか、いやどうにもならない 中世 なにとかは。

ないだろうか、いや…する 上代 いかがはせむ。

なぜ 中世 なにかは[何]。中古 なに[何]。なにか[何]。上代 ずや。

なのだろうか 上代 なれや。

なんになろう 中世 なにかせむ[何]。中古 なにかはせむ[何]。上代 なにせむ[何]。

ばんこ【万古】 近代 えいごふ[永劫]。えいゑん[永遠]。中世 えいきう[永久]。おほむかし[大昔]。上代 せんこ[千古]。とこしへ[永久／常]。ばんこ[万古]。→**えいえん**

はんこう【反抗】 ぞうはん[造反]。近代 はんかう[反抗]。はんぱつ[反発]。近世 ていかう[抵抗]。てがへし[手返]。中世 たてつき[楯突]。中古 てむかひ[手向]。

《句》近代 窮鼠(きゅうそ)却(かへ)って猫を嚙(か)む。

―・しないこと 近代 そくしゅ[束手]。

―・する 異を唱える(立てる)。近代 くひかかる[食掛]。反旗を翻す。近世 てきたふ[敵対]。はむかふ[歯向／刃向]。食って掛かる。中世 さからふ[逆]。たてつく[楯突]。てむかふ[手向]。ゆみひく[弓引]。言葉を返す。中古 すまふ[争]。盾(楯)を突く。上代 そむく[背／叛]。→**はむか・う**

―・する心 近代 てきがいしん[敵愾心]。はんかうしん[反抗心]。はんかん[反感]。中世 むほんしん[謀反心]。

―・するような態度 近代 ふてくされる[不貞腐]。

はんこう【反攻】 ぎゃくしゅう[逆襲]。近代 はんげき[反撃]。→**はんげき**

はんこう【犯行】 近代 じはん[事犯]。はんかう[犯行]。はんざいこうゐ[犯罪行為]。

凶悪な― 近代 きょうかう[凶行／兇行]。

ばんこう【蛮行】 近代 バーバリズム(barbarism)。バンダリズム(vandalism)。ばんかう[蛮行]。近世 ふぎゃうじゃう[不行状]。ふぎゃうせき[不行跡]。らんぼう[乱暴]。

ばんごう【番号】 近代 じゅんゐ[順位]。ナンバー(No.; number)。ばんがう[番号]。近世 いろはづけ[伊呂波付]。いろはばんづけ[伊呂波番付]。中世 じゅんばん[順番]。

一連の― つづきばんごう[続番号]。れんばん[連番]。

一貫した一続きの― とおしばんごう[通番号]。

いろは順に―を付けること 近世 いろはづけ[伊呂波付]。いろはばんづけ[伊呂波番付]。

競技選手などが胸や背につける― ゼッケン(ドイツ Decken)。せばんごう[背番号]。

はんこつ【反骨】 近代 かうこつ[硬骨]。はんこつ[反骨／叛骨]。中世 いきぢ[意気地]。いきはり[意気張]。きがい[気概]。きこつ[気骨]。

ばんごはん【晩御飯】 →**ゆうしょく**

はんごろし【半殺】 近世 はんごろし[半殺]。中世 なまごろし[生殺]。

はんさ【煩瑣】 近代 はんさ[煩瑣]。はんさく[繁錯]。近世 はんざつ[煩雑]。中世 はんた[煩多]。中古 うるさし[五月蠅]。わづらはし[煩]。

はんざい【犯罪】 近代 あくかう[悪行]。じはん[事犯]。近世 きょうじゃう[凶状／兇状]。中世 ぼんくゎ[犯科]。中古 あくごふ[悪業]。をかし[犯]。上代 あくぎゃう[悪行]。つみ[罪]。はんざい[犯罪]。

《句》近世 罪を悪(にく)んで人を悪(にく)まず。

―者の集団や組織 シンジケート(syndicate)。マフィア(Mafia)。近代 ギャング(gang)。

―の容疑をもたれた者 ひぎしゃ[被疑者]。近代 ようぎしゃ[容疑者]。近世 つきだしもの[突出者]。

―を犯した者 →**はんにん**

大きなー 中世 たいぼん［大犯］。ぢゅうぼん［重犯］。近代 びざい［微罪］。

軽度のー けいはんざい［軽犯罪］。

他人のーにかかわって罰せられること 近世 ひきあひ［引合］。まきぞへ［巻添］。れんざ［連座／連坐］。中世 るいざ［累座／累坐］。

二度目のー行為 近代 さいはん［再犯］。

初めてのー行為 近代 しょはん［初犯］。

反復されるー行為 近代 じゃうしふはん［常習犯］。るいはん［累犯］。

ばんざい【万歳】 いやさか［弥栄］。近代 ウラー(ロシア ura)。ハイル(ドイツ Heil)。ばんばんざい［万万歳］。プロージット(ドイツ Prosit)。近世 ばんばんぜい［万万歳］。中世 ばんざい［万歳］。

はんざつ【煩雑】 近代 はんさ［煩瑣］。はんさく［繁錯］。近世 はんざつ［煩雑／繁雑］。中世 はんた［煩多］。めんだう［面倒］。中古 うるさし［五月蠅］。むつかし／むづかし［難］。わづらはし［煩］。

ー・で苛酷なこと 近代 はんか［煩苛］。

細かすぎてー 近代 こまごま［細細］。

はんさよう【反作用】 ゆりもどし［揺戻］。レスポンス(response)。近代 はんおう［反応］。はんさよう［反作用］。はんどう［反動］。はんぱつ［反発］。リアクション(reaction)。近世 ゆりかへし／ゆれかへし［揺返］。

ばんさん【晩餐】 近代 せいさん［正餐］。せいぜん［盛膳］。ディナー(dinner)。ばんさん［晩餐］。→**ゆうしょく**

ばんさんかい【晩餐会】 近代 ディナーパーティー(dinner party)。バンケット(banquet)。ばんさんくゎい［晩餐会］。

ばんじ【万事】 近代 いっさいがっさい［一切合切］。オール(all)。何はに付けて。近世 みんな［皆］。何かに付け。そうべつ［総別／惣別］。中世 しっかい［悉皆］。なにわざ［何業］。ゐさい［委細］。ないげ［内外］。中古 いっさい［一切］。なにごと［何事］。ばんたん［万端］。ひゃくじ［百事］。よろづ［万］。何はのこと。何もかも。上代 すべて［全／凡／総］。ばんじ［万事］。みな［皆］。

はんしはんしょう【半死半生】 近世 はんごろし［半殺］。中世 なからじに［半死］。なまごろし［生殺］。蛇の生殺し。中古 はんしはんしゃう［半死半生］。

はんしゃ【反射】 近代 てりかへし［照返］。はんえい［反映］。はんえい［反影］。レフレックス(reflex)。近世 はんしゃ［反射］。中古 はんせう［反照］。

ー・する 近代 いかへす［射返］。近世 てりかへす［照返］。

ー鏡のいろいろ(例) 近代 あふめんきゃう［凹面鏡］。きうめんきゃう［球面鏡］。とつめんきゃう［凸面鏡］。てりかえし［照返］。リフレクター／レフ／レフレクター(reflector)。

ばんしゅう【晩秋】 近世 秋の湊(みなと)。中古 ざんしう［残秋］。ばんしう［晩秋］。ぼしう［暮秋］。ゆくあき［行秋］。秋の暮れ。暮れの秋。上代 きしう［季秋］。

ーの肌寒さ 近世 つゆさむ［露寒］。

ーのものさびしいさま 近代 せうさつ［蕭殺］。

ーの夜の寒さ 中古 よさむ［夜寒］。

冬近くーのたたずまい 近世 ふゆどなり［冬隣］。

ばんじゅく【晩熟】 近代 ばんじゅく［晩熟］。上代 おくて［奥手／晩生／晩稲］。中世 ばんせい［晩成］。

はんしゅつ【搬出】 近代 はこびだす［運出］。近世 もちいだす／もちだす［持出］。はんしゅつ［搬出］。

ばんしゅん【晩春】 中世 老いの春。中古 ざんしゅん［残春］。ばんしゅん［晩春］。ぼしゅん［暮春］。ゆくはる［行春］。暮れの春。春の暮れ。上代 きしゅん［季春］。

ーの夏に近い頃 近世 なつどなり［夏隣］。

華やかなーの頃 中古 えんやう［艶陽］。

はんしょう【反照】 近代 てりかへし［照返］。はんしゃ［反射］。はんえい［反映］。はんえい［反影］。レフレックス(reflex)。近世 ゆふてり［夕照］。ゆふやけ［夕焼］。中世 せきせう［夕照］。へんせう［返照］。ゆふひかげ［夕日影］。中古 はんせう［反照］。ゆふばえ［夕映］。

はんじょう【繁盛】 近代 いんせい［殷盛］。かうきゃう［好況］。はやる［流行］。近世 せいげふ［盛業］。はんえい［繁栄］。中世 りゅうせい［隆盛］。はんじゃう［繁盛／繁昌］。中古 にぎはし［賑］。門(かど)広し。上代 さかゆ〔さかえる〕［栄］。にぎはふ［賑］。

ー・しないこと(さま) 近世 ふけいき［不景気］。閑古鳥が鳴く(歌ふ)。

ばんしょう【万障】 近代 さしさはり［差障］。近世 あたりさはり［当障］。さしつかへ［差支］。ししゃう［支障］。中世 ばんしゃう［万障］。

はんしょく【繁殖】 近代 せいしょく［生殖］。リプロダクション(reproduction)。近世 ぞ

うしょく[増殖]。中世はんえん[繁衍／蕃衍]。はんしょく[蕃殖]。ふゆ[ふえる][殖]。上代はんしょく[繁殖]。

―期の体色　こんいんしょく[婚姻色]。

―用の馬　しゅぼば[種牡馬]。スタリオン(stallion)。近代しゅば[種馬]。近世たねうま[種馬]。

ばんしょく【晩食】→**ゆうしょく**

はんしんはんぎ【半信半疑】疑念を抱く。近代疑ひを挟む。近世はんしんはんぎ[半信半疑]。中古いぶかしがる[訝]。いぶかしむ／いぶかる[訝]。上代いふかる[訝]。

はんすう【反芻】繰り返し味わう。近代かみかへす[噛反]。はんすう[反芻]。近世かみこなす[噛熟]。中世にれ[齝]。にれうちかむ[齝打噛]。ねりかむ／ねりがむ[齝]。中古にげかむ[齝]。にれかむ[齝]。

はんすう【半数】ごぶ[五分]。近代ハーフ(half)。はんすう[半数]。中古はんぶん[半分]。上代なかば[半]。

はん・する【反】いつだつ[逸脱]。近代ていしょく[抵触]。ゐれい[違戻]。中世ちがふ[違]。はんす[反]。ゐはん[違反]。中古ゐはい[違背]。もとる[悖]。やぶる[破]。たがふ[違]。上代そむく[背／叛]。

はんせい【反省】近代きゃくかせうこ[脚下照顧]。じせい[自省]。じせき[自責]。ないせい[内省]。せいりょ[省慮]。はんせい[反省]。へんせう[返照／反照]。胸に聞(訊)く。近世きんし[近思]。しゃうさつ[省察]。中世おもひかへさふ[思返]。せいさつ[省察]。せいす[省]。中古かへさふ[返]。上代かへりみる[省]。→**かえり・みる**

《句》近世人を怨むより身を怨め。

―・し行いを慎む　中古きんしん[謹慎]。

―・し心を正すこと　近代かいしゅん[改悛]。くいあらためる[悔改]。くゎいしゅん[悔悛]。近世かいしん[改心]。上代しゅんかい[悛改]。

―・してよく確かめること　中世せうこ[照顧]。

―の意を示す　わるがる[悪]。

―を促す　たしなむ(―なめる)[窘]。

強く―・すること　中世まうせい[猛省]。

何度も―・すること　中世さんせい[三省]。

ばんせい【万世】中世まんえふ[万葉]。中古ばんせい[万世]。上代ばんだい／まんだい[万代]。→**えいえん**

ばんせつ【晩節】ていねんご[定年後]。近世おいさき[老先]。中古ばんせつ[晩節]。ばんねん[晩年]。まつだい[末代]。よせい[余生]。らうご[老後]。

はんせん【帆船】近代ほあげぶね[帆上船]。ほまへせん[帆前船]。中世はんせん[帆船]。ほかけぶね[帆掛船]。ほぶね[帆船]。

―で航行の仕方の例　近代まぎりはしり[間切走]。近世うはてまはし[上手回]。したてまはし[下手回]。つかせ[突]。つかせばしり[突走]。つめひらき[詰開]。ひらきばしり[開走]。まぎる[間切]。中世ひらき[開]。

―の航行　近代セーリング(sailing)。はんそう[帆走]。

―の帆の扱い方　近世ほて[帆手]。

▼ヨットで追い風を受けて帆走すること　ランニング(running)。

はんぜん【判然】近代クリア／クリヤー(clear)。近世はっきり。はんぜん[判然]。中世めいれう[明瞭]。中古めいはく[明白]。上代あきらか[明]。さだか[定]。しゃくぜん[灼然]。

ばんぜん【万全】近代くゎんぜんむけつ[完全無欠]。くゎんぺき[完璧]。コンプリート(complete)。パーフェクト(perfect)。近世ばんぜん[万全]。中世くゎんぜん[完全]。中古じふぜん[十全]。

はんそう【搬送】近代うんぱん[運搬]。うんゆ[運輸]。はんそう[搬送]。近世ゆそう[輸送]。上代うんそう[運送]。

はんそく【反則】バイオレーション(violation)。近代はんそく[反則]。ファウル(foul)。中世ゐはん[違反]。

はんた【煩多】近代はんさ[煩瑣]。近世はんざつ[煩雑／繁雑]。ややこしい。中世はんた[煩多]。めんだう[面倒]。中古わづらはし[煩]。

ハンター(hunter)→**かりゅうど**

はんたい【反対】❶〈逆さ〉リバース(reverse)。さかさ[逆]。近代アンチ(anti)。うらがへし[裏返]。たいぢ[対峙]。たいりつ[対立]。近世あべこべ。ありゃこりゃ。かひさま[反様]。はんたい[反対]。中世うしろあはせ[後合]。うらはら[裏腹]。ぎゃく[逆]。中古うらうへ[裏上]。かへさま[反様]。そむき[背]。上代さかさま[逆様]。さかしま[逆／倒]。

―・に　近代ひるがへって[翻／飜]。近世けく／けっく[結句]。中古うちかへし[打返]。おしかへし[押返]。かへりて[却]。上代か

へらばに／かへらまに［反］。

―・に作用する力　バックラッシュ(backlash)。近代まきかえし［巻返］。ゆりもどし［揺戻］。近代はんさよう［反作用］。はんどう［反動］。近世ていかう［抵抗］。ゆりかへし／ゆれかへし［揺返］。中世ていきょ［抵拒］。

―・にする　近代ぎゃくてん［逆転］。中世はんてん［反転］。ひきかへす［引返］。中古うらがへす［裏返］。おしかへす［押返］。ひきかふ［―かえる］［引替］。ひきたがふ［引違］。

―・になる　近代ぎゃくてん［逆転］。中世はんてん［反転］。上代そむく［背／叛］。

―・になるさま　中古そむきざま［背様］。

―の極　たいきょく［対極］。

―の証拠　近代はんしょう［反証］。

―のものが向かい合っていること　近代たいぢ［対峙］。たいりつ［対立］。中世たいぢん［対陣］。

―のもののたとえ　近代うろ［烏鷺］。墨と雪。近世鷺と烏。水と油。中古ひょうたん［氷炭］。

互いに―であること　中古さうはん［相反］。

全くの―　近代せいはんたい［正反対］。たいしょ／たいせき［対蹠］。


はんたい【反対】❷〈異議〉　ふしょうにん［不承認］。近代いぞん［異存］。オブジェクション(objection)。オポジション(opposition)。たいかう［対抗］。はんたい［反対］。ふさんせい［不賛成］。ふどうい［不同意］。近世ふしょうち［不承知］。ゐらん［違乱］。中世いぎ［異議／異義］。いろん［異論］。

―・する　異を唱える(立てる)。難色を示す。近代反旗を翻す。中世あらがふ［抗／争／諍］。さかふ［逆］。さからふ［逆］。中古かへさふ［反］。もがる［強請／虎落］。上代そむく［背／叛］。たがふ［違］。にくむ［憎］。をかす［犯／侵］。

―の意見を述べる　はんろん［反論］。ふふくもうしたて［不服申立］。近代かうぎ［抗議］。かうべん［抗弁］。ばくろん［駁論］。はんばく［反駁］。中世かうろん［抗論］。
→はんろん
―の理論　アンチテーゼ(ドイツ Antithese)。
考えが―・になる　コペルニクスてきてんかい［Copernicus的転回］。
何かと―・するさま　右と言えば左。

ばんだい【万代】　→えいえん

はんたいご【反対語】　アントニム(antonym)。はんいご［反意語］。近代ついご［対語］。たいぎご［対義語］。はんぎご［反義語］。中世たいご［対語］。

はんだん【判断】　近代かうりゃう［考量］。さいりゃう［裁量］。ジャッジメント(judgment)。はんてい［判定］。近世かんてい［鑑定］。しょけん［所見］。とかく［左右／兎角］。中世さばき［裁］。はからひ［計］。はん［判］。ふんべつ［分別］。中古おもはく［思］。ことわり［断］。さいだん［裁断］。はんだん［判断］。

《尊》近代めいさつ［明察］。中世けんさつ［賢察］。けんりょ［賢慮］。中古おぼしめし［思召］。

《句》近代達人は大観す。近世凝(こ)っては思案に能(あた)はず。中世馬には乗って見よ、人には添うて見よ。

―がすばやいこと　近代えいびん［鋭敏］。えいり［鋭利］。シャープ(sharp)。近世えいびん［穎敏］。勾配早し。中世きる［きれる］［切］。中古めいびん［明敏］。

―・する　断を下す。近世だんてい［断定］。もくす［目］。中世きむ［きめる］［決］。けっす［結］。さばく［裁］。はんず［判］。わく［わける］［分］。中古おもひさだむ［思定］。おもひはつ［思果］。おもひわく［思分］。かうがふ［考／勘］。ことわる［理／断］。はんず［判］。上代うけふ［祈／誓］。さだむ［さだめる］［定］。《尊》中世おぼしわく［思分］。中古おぼしことわる［思断］。

―・する能力　近世りゃうち［良知］。中世けんしき［見識］。しきけん［識見］。ようしゃ［用捨］。中古こころ［心］。ふんべつ［分別］。

―・する能力がない　近世ふけんしき［不見識］。中世うつつなし。中古東西知らず。東西を弁ぜず。東西をわきまえず。

―・できない(さま)　近代こんわく［昏惑］。さくめい［錯迷］。近世目が眩む。中世くる［くれる］［眩／暗］。さくらん［錯乱］。わくらん［惑乱］。中古やみ［闇］。心の闇。文目(あやめ)も知らず(分かず)。

―・できなくさせる　中古まどはかす［惑］。まどはす［惑］。→まどわ・す
―のもととなるもの　かちかん［価値観］。近代じゃうほう［情報］。しれう［資料］。データ(data)。近世しきんせき［試金石］。中古ためし［例］。れい［例］。中世せんれい［先例］。上代ぜんれい［前例］。

―を誤る(こと)　眼鏡が狂う。

―を曇らせるもの　近代うんむ［雲霧］。

誤った―　ごだん［誤断］。近代ばうだん／ま

うだん［妄断］。中古 まうさう［妄想］。
いい加減なー 近代 まうだん［妄断］。
医者が患者についてー・すること 近代 しんだん［診断］。
仮説的なー 近代 かげんてきはんだん［仮言的判断］。
きっぱりとー・する 中世 くだす［下］。中古 だんず［断］。
軽率なー（へりくだっていう語を含む） 近代 ぐかう［愚考］。けいだん［軽断］。そくだん［速断］。ちかめ［近目］。近世 せんけん［浅見］。中世 ぐけん［愚見］。さうけい［早計］。中古 ぐい［愚意］。くゎんけん［管見］。
十分考えてー・すること 近世 じゅくさつ［熟察］。中古 れうけん［料簡／了見／了簡］。
調べてー・すること 近代 かうさ［考査］。
推測でー・すること 近代 すいてい［推定］。中世 おくだん［憶断／臆断］。上代 すいだん［推断］。
すばやくー・すること 近代 そくだん［即断］。そくだん［速断］。近世 気転（機転）が利く。気転（機転）を利かす（ー利かせる）。目端が利く。目端を利かす（ー利かせる）。目先が利く。
美術品の真贋などのー 近世 かんしき［鑑識］。かんてい［鑑定］。きはめ［極］。中世 めきき［目利］。
人が生まれつき持っているー能力 近世 りゃうち［良知］。
広い視野からのー 近代 そうはん［総判］。
はんちゅう【範疇】 近代 カテゴリー（category; ドイツ Kategorie）。はんちう［範疇］。近世 ぶもん［部門］。中古 しゅるい［種類］。はんゐ［範囲］。ぶるい［部類］。

はんてい【判定】 近代 かんてい［鑑定］。さてい［査定］。ジャッジ（judge）。ジャッジメント（judgment）。しんぱん［審判］。にんてい［認定］。はんてい［判定］。ひゃうか［評価］。中世 さた［沙汰］。中古 ことわり［断］。さだめ［定］。はんだん［判断］。上代 しなさだめ［品定］。
ー・する 断を下す。近世 団扇（うちは）を上ぐ（ー上げる）。中世 はんず［判］。上代 ことわる［理／断］。みたつ（ーたてる）［見立］。
ー・する人 中古 はんざ／はんじゃ［判者］。
誤ったー ごしん［誤審］。ミスジャッジ（misjudge）。
ハンディー（handy） ポケッタブル（pocketable）。近代 けいたいよう［携帯用］。中世 てごろ［手頃］。
ハンディキャップ（handicap） 近代 ハンディキャップ。ふたん［負担］。中古 おもに［重荷］。
囲碁将棋のー こまおち［駒落］。てあいわり［手合割］。
ゴルフなどでーを付けないで競技すること スクラッチ（scratch）。
はんてん【反転】 近代 ぎゃくてん［逆転］。近世 ひっくりかへる［引繰返］。中世 はんてん［反転］。中古 ころがる［転］。
はんてん【斑点】 近代 はん［斑］。近世 はんてん［斑点］。中世 ぶち［斑／駁／駮］。中古 はんもん［斑紋／斑文］。ふ［斑］。上代 まだら［斑］。
黄色人種の乳幼児の尻にあるー じはん［児斑］。しょうにはん［小児斑］。もうこはん［蒙古斑］。
顔などにできるー かんぱん［肝斑］。しみ［染］。近世 そばかす［蕎麦滓／雀斑］。
黒いー 近世 こくはん［黒斑］。中世 くろふ［黒斑］。
白いー 近世 はくはん［白斑］。中古 しらふ［白斑］。
紫のー しはん［紫斑］。
▼そばかす じゃくらんはん［雀卵斑］。近代 かじつはん［夏日斑］。

はんと【版図】 近代 せいりょくはんゐ［勢力範囲］。中世 はんと［版図］。りゃうど［領土］。りゃうゐき［領域］。中古 りゃうち［領地］。りゃうぶん［領分］。
はんと【反徒】 むほんにん［謀反人］。近代 はんぎゃくしゃ［反逆者］。はんと［反徒／叛徒］。上代 ぎゃくぞく［逆賊］。ぎゃくたう［逆党］。ぎゃくと［逆徒］。→**はんぎゃく**
バンド（band） 近代 ベルト（belt）。近世 かはおび［革帯］。バンド。中古 おびかは［帯皮／帯革］。ひぼ［紐］。上代 おび［帯］。ひも［紐］。
ーの留め金 バックル（buckle）。
関節や急所の保護のために付けるー 近代 サポーター（supporter）。
手首に付けるー リストバンド（wristband）。
はんどう【反動】 バックラッシュ（backlash）。まきかえし［巻返］。ゆりもどし［揺戻］。近代 ぎゃくコース［逆course］。はんおう［反応］。はんさよう［反作用］。はんどう［反動］。リアクション（reaction）。近世 ゆりかへし／ゆれかへし［揺返］。上代 ぎゃくかう［逆行］。
ばんとう【晩冬】 近世 はるどなり［春隣］。

はんとし【半年】 中世 きとう［季冬］。近世 はんき［半季］。はんさい［半歳］。はんとし［半年］。中古 はんねん［半年］。

ー近くの間 近世 こはんとし［小半年］。

ハンドブック(handbook) →**てびき**

ハンドリング(handling) 近代 さうさ［操作］。近世 さうじゅう［操縦］。

ハンドル(handle) 近代 ハンドル。中世 とって［取手］。にぎり［握］。

自動車などのー ステアリング(steering)。

はんにち【反日】 近代 かうにち［抗日］。はいにち［排日］。

はんにゅう【搬入】 近代 はこびこむ［運込］。はんにふ［搬入］。中世 はこびいる［ーいれる］［運入］。

はんにん【犯人】 近代 はんざいしゃ［犯罪者］。ほし［星］(警察の隠語)。中世 げしにん［下手人］。とがじん／とがにん［咎人／科人］。中古 げしゅにん［下手人］。はんにん［犯人］。上代 ざいにん［罪人］。

ーにしたてあげたりすること でっちあげ［捏ち］。近代 ねつぞう［捏造］。フレームアップ(frame-up)。

ーを突き止める 近世 わる［われる］［割］。

ばんにん【番人】 近代 ガード(guard)。かんしにん［監視人］。みはり［見張］。みはりにん［見張人］。みはりばん［見張番］。近世 ばんにん［番人］。中古 ばん［番］。まもりめ［守目］。上代 さきもり［防人］。もり［守］。もりべ［守部］。

ーのいる詰め所 近世 ばんごや［番小屋］。中世 ばんしょ／ばんどころ［番所］。ばんや［番屋］。

稲田のー 中古 たもり［田守］。

木戸口のー 近世 きどばん［木戸番］。

禁猟の野のー 上代 のもり［野守］。

島を守るー 上代 しまもり［島守］。

関所のー 近世 せきもり［関守］。

庭の木のー 中古 こもり［木守］。

山のー 上代 やまもり［山守］。

ばんにん【万人】 近代 みんしゅう［民衆］。中古 しゅうみん［衆民］。たいしゅう［大衆］。てうみん［兆民］。ばんにん［万人］。上代 しゅうじん［衆人］。ばんみん［万民］。→**たみ**

ばんねん【晩年】 近代 ばんき［晩期］。近世 おいいれ／おいれ［老入］。おいさき［老先］。らうきゃう［老境］。中世 すゑつかた［末方］。中古 すゑ［末］。すゑのよ［末世］。ばんさい［晩歳］。ばんせつ［晩節］。ばんねん［晩年］。ぼし［暮歯］。ぼねん［暮年］。よせい［余生］。よのすゑ［世末］。らうご［老後］。命の果て。上代 さうゆ［桑楡］。

ーにおける節操 中古 ばんせつ［晩節］。

ーの住まい 中世 末葉の宿り。

はんのう【反応】 レスポンス(response)。近代 はんえい［反映］。はんおう［反応］。リアクション(reaction)。近世 おうたふ［応答］。はんきゃう［反響］。中世 かんおう［感応］。こたふ［こたえる］［応／答］。てごたへ［手応］。はごたへ［歯応］。

ーが遅いこと(さま) けいこうとう［蛍光灯］。スローモー(slow motion の略)。近代 うすのろ［薄鈍］。近世 石仏に虱(しらみ)。中世 にぶし［鈍］。ねそねそ。

ーがないこと いんせい［陰性］。近代 のっぺらぼう／のっぺらぽう。近世 ちんともかんとも。

ーが速いこと(さま) 近世 響きの声に応ずる如し。中世 打てば響く。

ーによって修正する仕組み フィードバック(feedback)。

瞬時のー 近代 はんしゃてき［反射的］。

強くー・するさま 近代 びりびり。ぴりぴり。

ばんのう【万能】 オール パーパス(all purpose)。近代 オールマイティー(almighty)。ぜんのう［全能］。ばんのう［万能］。

ーな人 中古 しんじん［神人］。

多くの方面でーであること 近代 オールラウンド(all round)。

はんぱ【半端】 近代 ちゅうとはんぱ［中途半端］。はんま［半間］。中世 は［端］。はんぱ［半端］。中古 はした［端］。

ー・なもの 近代 はんぱもの［半端物］。中世 はしたもの［端物］。

はんばい【販売】 セールス(sales)。近代 しはん［市販］。はつばい［発売］。中古 あきなひ［商］。うる［売］。ひさぐ［鬻／販］。上代 はんばい［販売］。→**う・る**

ー競争に勝つ 近世 うりひしぐ［売拉］。

ー促進 セールスプロモーション(SP; sales promotion)。

ー代理店 ディストリビューター(distributor)。

ーの手数料 マージン(margin)。

自動車のーでメーカーの特約小売り店 ディーラー(dealer)。

はんばく【反駁】 はんろん［反論］。近代 かうべん［抗弁］。ばくろん［駁論］。はんばく［反駁］。近世 ばくす［駁］。べんばく［弁駁］。

ろんばく[論駁]。中世かうろん[抗論]。
→**はんろん**

はんぱつ【反発】 ぞうはん[造反]。リアクション(reaction)。近代はんかう[反抗]。はんかん[反感]。はんぱつ[反発/反撥]。背を向ける。近世くってかかる[食掛]。ていかう[抵抗]。中世さからふ[逆]。てむかふ[手向]。中古楯を突く。上代そむく[背]。

—・する力 近代せきりょく[斥力]。はんぱつりょく[反発力]。

世間の— 近代かぜあたり[風当]。

はんはん【半半】 はんぶんずつ[半分]。はんぶんはんぶん[半分半分]。フィフティーフィフティー(fifty-fifty)。ごぶごぶ[五分五分]。近世あひなかばす[相半]。中世はんはん[半半]。

ばんぱん【万般】 近世せんしょばんだん/せんちょばんたん[千緒万端]。ばんじばんたん[万事万端]。ひゃくはん[百般]。中世しょはん[諸般]。中古しょじ[諸事]。ばんぱん[万般]。上代ばんじ[万事]。

はんぷ【頒布】 近代はいふ[配布]。はんぷ[頒布]。中古ぶんよ[分与]。上代くばる[配]。ぶんぱい[分配]。

はんぷく【反復】 近代リピート(repeat)。近世くりかへし[繰返]。中世はんぷく[反復]。中古はんぷく[反覆]。→**くりかえし**

—・する 中古くりかへす[繰返]。ひきかへす[引返]。をりかへす[折返]。上代かさぬ[かさぬる][重]。→**くりかえ・す**

詩や音楽などで一節の部分的な— ルフラン(フランス refrain)。近代リフレーン(refrain)。中古でふく[畳句]。

長年—・してきたこと 上代つむ[積]。

ばんぶつ【万物】 近代しんらばんざう[森羅万象]。近世しんらばんしゃう[森羅万象]。ばんいう[万有]。中世いっさいうゐ[一切有為]。ざうぶつ[造物]。さんさい[三才]。しょぎゃう[諸行]。しょほふ[諸法]。しんらまんざう[森羅万象]。ちるい[地類]。てんちじん[天地人]。ばんしゃう[万象]。ばんるい[万類]。ぶつるい[物類]。まんぼふ[万法]。中古ぢるい[地類]。上代ばんぶつ[万物]。

—は無常であるということ パンタレイ(ギリシャ panta rhei)。中世ばんぶつるてん[万物流転]。むじゃう[無常]。

—を構成する要素 近世ごりん[五輪]。中古ちすいくゎふうくう[地水火風空]。中世ごだい[五大]。

—を創造した者 近代造化の神。近世ざうぶつしゅ[造物主]。

パンフレット(pamphlet) 近代トラクト(tract)。パンフレット。ブックレット(booklet)。リーフレット(leaflet)。近世せうさっし[小冊子]。おりかえしてん[折返点]。

はんぶん【半分】 近代ハーフ(half)。はんすうごぶ[五分]。メゾ/メッツォ(イタリア mezzo)。近世はんすう[半数]。ちゅうかん[中間]。中世にぶんのいち[二分一]。はん[半]。はんはん[半半]。中古かたし[片足/片]。かたへ[片方/傍]。なかば[半]。なから[半/中]。はんぶん[半分]。

—以上であること 近代くゎはんすう[過半数]。中世だいめ[台目/大目]。中古くゎはん[過半]。上代たいはん[大半]。

—ずつ →**はんはん**

—に裁ちきること はんさい[半裁]。近代はんさい[半切/半截]。はんせつ[半截]。

—に減ること 中古はんげん[半減]。

—に分けた片方 いっぱん[一半]。

—に分けること 近世せっぱん[折半]。ふたつわり[二割]。上代ちゅうぶん[中分]。

—の数 近代はんがく[半額]。はんすう[半数]。

—の半分 近世こなから[小半/二合半]。しはんぶん[四半分]。中古しぶいち[四分一]。

一枚の紙の— はんぺら[半]。

ちょうど— 中世まっぷたつ/まふたつ[真二]。

はんべつ【判別】 近代せんべつ[選別]。はんべつ[判別]。近世かんしき[鑑識]。くべつ[区別]。しきべつ[識別]。中世べんべつ[弁別]。中古わきまへ[弁]。

—がつかない 近世あやなし[文無]。

—・する 近代みわかつ[見分]。わかつ[分]。中世みわく[—わける][見分]。中古みさだむ[—さだめる][見定]。みたつ[—たてる][見立]。わく[わける][分]。わきまふ[—まえる][弁]。

聞いて—・する 中古ききわく[聞分]。

はんぼう【繁忙】 近代たじたたん[多事多端]。たばう[多忙]。はんげき[繁劇]。近世たよう[多用]。はんよう[繁用]。中世はんた[繁多]。中古いそがし[忙]。上代はんばう[繁忙/煩忙]。→**いそがし・い**

ばんみん【万民】 近代ばんじん[万人]。みんしゅう[民衆]。中世じょうみん[蒸民/烝民]。ばんしょ[万庶]。中古おくてう[億兆]。たいしゅう[大衆]。ばんにん[万人]。上代しゅうじん[衆人]。たみ[民]。ばんせ

い［万姓］。ばんみん［万民］。れいみん［黎民］。→たみ

はんめい【判明】 はっきりする。近代はんめい［判明］。中世しる［しれる］［知］。わかる［分］。

ばんめし【晩飯】 →ゆうしょく →しょくじ

はんめん【反面】 近代いっぽう［一方］。ためん［他面］。はんめん［反面］。中世たはう［他方］。

はんめん【半面】 近世かたがは［片側］。かためん［片面］。中世はんめん［半面］。中古いちめん［一面］。

はんも【繁茂】 近世はんぶ［繁蕪］。中古おひこる［生凝］。上代こだる［木足］。はんも［繁茂］。→しげ・る

はんもく【反目】 仲が悪い。近代たいかう［対抗］。たいりつ［対立］。近世にらみあひ［睨合］。はんもく［反目］。ふなか［不仲］。中古せめぐ［鬩］。なかたがひ［仲違］。ふわ［不和］。

はんもん【反問】 といなおす［問直］。近代ききかへす［聞返］。はんもん［反問］。中世とひかへす［問返］。中古かへさふ［返］。ききなほす［聞直］。

はんもん【斑紋】 まだらもよう［斑模様］。中世ぶち［斑／駮／駁］。中古はんもん［斑紋／斑文］。上代まだら［斑］。

鹿の毛色にある白いー 中世かのこしぼり［鹿子絞］。中古かのこ［鹿子］。かのこまだら［鹿子斑］。

▼虎の毛のような模様 近世とらふ［虎斑］。中世とらげ［虎毛］。

はんもん【煩悶】 近代くもん［苦悶］。もだえくるしむ［悶苦］。近世あうなう［懊悩］。中世しんつう［心痛］。はんもん［煩悶］。もだえ［悶］。中古くなう［苦悩］。

ー・するさま 近世もだくだ。もやくや。中世もやもや。

パンヤ（ポルトガル panha） いんどわたのき［印度綿木］。ボンバックス（bombax）。近代カポック（kapok）。近世パンヤ。中世きわた［木綿］。

はんよう【繁用】 近代たじたたん［多事多端］。たばう［多忙］。はんげき［繁劇］。近世たよう［多用］。はんよう［繁用］。中世はんた［繁多］。中古いそがし［忙］。上代はんばう［繁忙／煩忙］。→いそがし・い

はんらん【反乱】 近代クーデター（フランス coup d'État）。はんする［叛］。中世さうぜう［騒擾］。はんぎゃく［反逆／叛逆］。はんらん［反乱／叛乱］。上代さうらん［騒乱］。ないらん［内乱］。むほん［謀反／謀叛］。

ーを企てた者 近世らんぞく［乱賊］。らんたう［乱党］。上代ぎゃくぞく［逆賊］。はんぞく［反賊／叛賊］。

凶悪なー 中古きょうらん［凶乱／兇乱］。

はんらん【氾濫】 すいか［水禍］。近代いっすい［溢水］。しゅっすい［出水］。近世いつりう［溢流］。中世でみづ［出水］。中古はんらん［氾濫］。上代こうずい［洪水／鴻水］。すいがい［水害］。

ー・しやすい川 あばれがわ［暴川］。

ー防止の施設 中世かはよけ［川除］。

▼堤防が切れて水があふれ出ること 近代あぶれみづ［溢水］。けっか［決河］。けっくゎい［決壊／決潰］。けっすい［決水］。

はんりょ【伴侶】 近代あひぼう［相棒］。つれあひ［連合］。どうはんしゃ［同伴者］。パートナー（partner）。はいぐうしゃ［配偶者］。りょはん［侶伴］。近世かうきう［好逑］。ともなひ［伴］。なかま［仲間］。中世つれ［連］。はんりょ［伴侶］。ひつぐう［匹偶］。中古かうれい［伉儷］。上代つま［夫／妻］。

はんろ【販路】 はんばいさき［販売先］。はんばいルート［販売route］。近代うりさき［売先］。しじゃう［市場］。はんろ［販路］。マーケット（market）。近世うりくち／うれくち［売口］。さばけぐち［捌口］。

はんろん【反論】 近代いぞん［異存］。かうぎ［抗議］。かうべん［抗弁］。ばくげき［駁撃］。ばくろん［駁論］。はんばく［反駁］。近世べんばく［弁駁］。ろんばく［論駁］。切っ刃を回す。中世いぎ［異議／異義］。いせつ［異説］。いろん［異論］。かうろん［抗論］。中古いひあらがふ［言争］。いひかへす［言返］。かへさふ［反］。

はんろん【汎論】 はんせつ［汎説］。近代はんろん［汎論］。近世がいろん［概論］。中世そうろん［総論］。つうろん［通論］。

ひ

ひ【日】 ❶〈太陽〉ソーラー（solar）。ソレイユ（フランス soleil）。サン（sun）。近代おてんとさま［御天道様］。しゃくじつ［赤日］。てんぴ［天日］。近世えんてい［炎帝］。おてんたうさま［御天道様］。おひさま［御日様］。くゎりん［火輪］。こんにちさま［今日様］。ひかげ［日影／日景］。日の烏。中世こう

きゃう／こうけい［紅鏡］。きんう［金烏］。てんじじっしょく［日色］。せきう［赤烏］。てんじつ［天日］。中古あまつひ［天日］。せきじつ［赤日］。たいやう［太陽］。てんたう／てんだう［天道］。にちりん［日輪］。にってん［日天］。はくじつ［白日］。ふさう［扶桑］。上代たかひ［高日］。にってんし［日天子］。にっしょく［日色］。にっくゎ［日華］。にっ［日］。ひかげ［日影／日景］。まひ［真日］。ひ《枕》中世かりごろも［狩衣］。上代あかねさす［茜］。あからひく［赤引］。あまづたふ［天伝］。あまてるや［天照］。あらたまの［新玉／荒玉］。さしのぼる［差昇］。たかてらす［高照］。たかひかる［高光］。たまかぎる［玉限］。ひさかたの［久方／久堅］。

ーが当たらない場所 かげち［陰地］。近世ひあはひ［廂間］。中世ひあひ［廂間／日間／樋合］。ひかげ［日陰／日蔭］。

ーが当たる 近代ちょくしゃ［直射］。上代さす［差］。

ーが当たる場所 近代ひだまり［日溜］。近世ひおもて［日面］。ひなた［日向］。中世ひあたり［日当／陽当］。上代かげとも［影面］。

ーが陰る 中世かげろふ。

ーが傾く 近世うすづく［臼搗／舂］。上代くたつ［降／斜］。

ーが沈むこと 近代サンセット(sunset)。にちぼつ［日没］。中世じつもつ［日没］。しゃやう［斜陽］。ばんず［晩］。ゆきくる［行暮］。中古せきじつ［夕日］。せきやう［夕陽］。にちもつ［日没］。ひぐれ［日暮］。ぼじつ［暮日］。ゆきくらす［行暮］。ゆふかく［夕掛］。らくじつ［落日］。闇に暮る。

上代いりひ［入日］。しゃじつ［斜日］。ゆふひ［夕日／夕陽］。らくき［落暉］。→**ゆうがた**

ーが沈むのが早いたとえ 中世つるべおとし［釣瓶落］。

ーがすっかり暮れたさま 近世ずっぷり。とっぷり。

ーが高く上がる(さま) 近世ほろほろ。中古ひたく［日闌／日長］。

ーが照り輝く(さま) 近代かうかう［杲杲］。きき［暉暉］。上代ひでる［日照］。

ーが照りつけるさま 近代じりじり／ぢりぢり。近世かんかん。

ーが長く照り続く(こと) 上代ひでり［日照／旱］。ひでる［日照］。

ーが南中すること 中世しゃうご［正午］。中古ていご［亭午］。

ーがのどかに照るさま 上代うらうら。ちち［遅遅］。

ーがのぼり出ること 近代ごらいくゎう［御来光］。近世とうゆう［東涌］。中世ひので［日出］。上代とよさかのぼり［豊栄登］。

ーが映えて輝くこと 近世ひうつり［日映］。

ーで乾かしたもの 中世ひぼし［日干／日乾］。

ーで乾かすこと 近世てんこぼし［天干］。てんとぼし［天道干］。中世てんたうぼし［天道干］。

ーと月 にちげつ［日月］。中世うと［烏兎］。きんうぎょくと［金烏玉兎］。じつげつ［日月］。にちぐゎち／にちぐゎつ［日月］。中古きょしょ［居諸］。りゃうえう［両曜］。上代つきひ［日］。

ーと星 中世じっせい［日星］。

ーに当たって黒くなること サンタン(suntan)。近世あかばる［赤張］。中世ひぐろみ［日黒］。ひやけ［日焼／陽焼］。

ーに当てたものの匂い 近世ひなたくさし［日向臭］。

ーに当てて黒くする やく［焼］。

ーに当てて白くする 上代さらす［晒／曝］。

ーに身をさらす こうらぼし［甲羅干］。近代ひきほす［引干］。ひざらし［日晒／日曝］。

あびる［浴］。よくする［浴］。中古あたる［当］。

ーの光 →**にっこう**

ーの周りの輪 近代にちうん［日暈］。ハロー(halo)。ひがさ［日暈］。中古うん［暈］。ひのかさ［日暈］。

ーを避けること 近世ひよけ［日除／日避］。中世ひおほひ［日覆］。

青空にーが輝くこと 中世せいてんはくじつ［青天白日／晴天白日］。

朝のー →**あさひ**

木の葉の間からもれるー 近代こもれび［木漏日／木洩陽］。

旅の途中でーが沈む 中世ゆきくる［行暮］。中古ゆきくらす［行暮］。

照り輝くー 中古はくじつ［白日］。上代てるひ［照日］。

激しく照るー 近世れつじつ［烈日］。

春のーの光 中古しゅんくゎう［春光］。しゅんやう［春陽］。はるひかげ［春日影］。

防虫などのためにーに干すこと なつぼし［夏干］。近世むしぼし［虫干］。中世どようぼし［土用干］。むしはらひ［虫払］。上代ばくりゃう［曝涼］。

夕方のー →**ゆうひ【夕日】**

ひ【日】❷〈月日〉 中世ひにち[日日]。上代か[日]。け[日]。ひ[日]。→**つきひ**

―が経つこと 中世れきじつ[歴日]。

―が近いさま きんじつちゅう[近日中]。びょうよみ[秒読]。近世とほからず[遠]。ひならず[日]。間まもなく。中世きんきん[近近]。中古けふあす[今日明日]。ちかぢか[近近]。ふじつ[不日]。

―ごとに 近世ひましに[日増]。中世日を追って。中古ちくじつ[逐日]。ひなみ[日次/日並]。日に添へて。上代いやひけに[弥日異]。ひにけに[日異]。ひにひに[日日]。

―の良し悪し 中世ひがら[日柄/日次]。

―を改めて 中世はるなが[春永]。

―を重ねて 上代かがなべて[日日並]。けならべ[日並]。ひならぶ[日並]。

―を定めること 中世ひどり[日取]。

―を延ばすこと ひおくり[日送]。近代えんき[延期]。くりのべ[繰延]。じゅんえん[順延]。近世くりさげ[繰下]。ひのべ[日延]。

祝いのある― アニバーサリー(anniversary)。近代きねんび[記念日]。しゅくさいじつ[祝祭日]。しゅくじつ[祝日]。はたび[旗日]。近世ものび[物日]。もんび[紋日]。中世いはひび[祝日]。

定められた― 近世ものび[物日]。中世きじつ[期日]。にちげん[日限]。ひぎり[日切]。ひどり[日取]。上代きげん[期限]。

不明の―を指す語 あるひ[或日]。中古ぼうじつ[某日]。

平穏な心休まる― 近世ねいじつ[寧日]。

良い― 近代りゃうじつ[良日]。上代きちじつ[吉日]。

禍を避ける― 中世いみび[忌日/斎日]。

▼日数ひかず 近代にっすう[日数]。近世ひあひ[日間/日合]。中世にっしゅ[日数]。中古ひごろ[日頃/日比]。上代ひかず[日数]。

〈日にちの呼称〉

一日 中古さくじつ[朔日]。ついたち[一日]。つきたち[一日/朔日/朔]。

三日 中世みっか[三日]。中古みか[三日]。

四日 中世よっか[四日]。中古ようか[四日]。上代よか[四日]。

五日 中古いつか[五日]。

六日 中古むいか[六日]。むゆか[六日]。

七日 中古なぬか[七日]。なのか[七日]。

七日間 近代いっしゅう[一週]。近世ひとまはり[一回]。中世ひとなぬか[一七日]。上代いちしちにち[一七日]。

八日 中古やうか[八日]。上代やか[八日]。

十日 近代じゅんさく[旬朔]。中古とをか[十日]。

十日間 じゅんかん[旬間]。中世じゅんじつ[旬日]。上代じゅん[旬]。

月の初めの十日 中世じゃうくゎん[上浣/上澣]。上代じゃうじゅん[上旬]。

月の中の十日 中世ちゅうくゎん[中浣/中澣]。中古ちゅうじゅん[中旬]。

月の末の十日 中世げくゎん[下浣/下澣]。中古げじゅん[下旬]。

十五日 上代もち[望]。もちのひ[望日]。

三十日 中古みそか[晦日/三十日]。上代つごもり[晦日]。

四十日 中古よそか[四十日]。

五十日 中古いそか/いか[五十日]。

ひ【日】❸〈昼間〉 →**ひるま**

―を過ごすこと 近世ひおくり[日送]。中古しありく[為歩]。

長い― 近世えいやう[永陽]。はるなが[春永]。ひなが[日永/日長]。中世ちゃうじつ[長日]。中古えいじつ[永日]。おそひ/ちじつ[遅日]。

悩みながら―を過ごす 中古おもひすぐす[思過]。上代おもひくらす[思暮]。

用事のない― 近世あひび/まび[間日]。中世かじつ[暇日/仮日]。中古かんじつ[閑日]。

▼一日中 →**いちにちじゅう**

ひ【火】 近代ファイア(fire)。近世ひだね[火種]。ひのて[火手]。中世くゎき[火気]。はちにん[八人](隠語)。はちにんどうじ[八人童子](隠語)。中古ひのけ[火気]。ほむら[焔/炎]。みゃうくゎ[猛火]。上代くゎえん[火炎/火焔]。ひ[火]。ほけ[火気]。ほのほ[炎]。まひ[真火]。

―遊び 近代ろうくゎ[弄火]。近世ひいぢり[火弄]。ひなぶり[火嬲]。

―がついて炎が出る 近代ねんせう[燃焼]。近世とぼる[点/灯]。中世ともる[点/灯]。中古えんじゃう[炎上/焔上]。もえつく[燃付]。上代つく[付]。もゆ[もえる][燃]。

―がなくなる(をなくす)こと 近代せうくゎ[消火]。近世しめす[湿]。しめり[湿]。たちぎえ[立消]。ちんくゎ[鎮火]。ひけし[火消]。中古きえす[消]。きゆ[きえる][消]。けす[消]。

—が発生する(を発生させる) 近世 はっくゎ[発火]。燧を鑽る。中世 おこる[起／熾]。きりだす[鑽出]。中古 おこす[起／熾]。きる[鑽]。

—が燃え広がること 中世 うつる[移]。

—が燃え広がるたとえ 近代 ひのうみ[火海]。燎原の火。

—が燃え広がる速さ 近代 ひあし[火足／火脚]。火の回り。

—にかざし焼くこと 中世 ひどる[火取]。中古 あぶる[炙／焙]。

—の勢い 近代 くゎりょく[火力]。近世 くゎせい[火勢]。ひのて[火手]。中世 くゎき[火気]。

—の中 中古 くゎちゅう[火中]。上代 ほなか[火中]。

—の中に薪など燃える物を入れる(が入る) 中世 くばる[焼]。中古 くぶ[くべる][焼]。

—の光 中古 ひかげ／ほかげ[火影]。

—の燃えるさま 近代 ぱっぱっと。近世 かっか。ぼうぼう。ほやほや。中世 ぽっぽ。

—の燃える程度 ひかげん[火加減]。

—をおこす道具 →ひうちいし
—をおこす道具を入れるもの 近世 ひうちばこ[火打箱／燧箱]。中世 ひうちぶくろ[火打袋／燧袋]。

—をおこすもとになる火 近世 ひだね[火種]。

—をつける 近代 ちゃくくゎ[着火]。てんくゎ[点火]。近世 すりつく[—つける][擦付／摺付]。中世 あかす[明]。つけび[付火]。ひつけ[火付]。中古 てんず[点]。とぼす／ともす[点]。はうくゎ[放火]。はなつ[放]。

—をつけるところ 近世 ひぐち[火口]。中世 ほくち[火口]。

—を吹きおこす道具 近世 ひふきだるま[火吹達磨]。中世 ひふき[火吹]。ひふきだけ[火吹竹]。ふいご[鞴／吹子]。中古 ふきがは[吹革／吹皮]。上代 たたら[踏鞴]。

地獄の— 中世 ごふくゎ[業火]。

正体不明の— 近代 あやしび[怪火]。近世 くゎいくゎ[怪火]。やくゎ[野火]。中世 しらぬひ[不知火]。上代 しんくゎ[神火]。

神事で用いる— 近世 きよび[清火]。みあかし[御明／御灯／御灯明]。中古 とうみゃう[灯明]。上代 いみび／いむび[斎火／忌火]。

強く激しい— つよび[強火]。近代 くゎっくゎ[活火]。近世 れっくゎ[列火]。中世 ごふくゎ[業火]。まうくゎ[猛火]。みゃうくゎ[猛火]。上代 まひ[真火]。

飛び散る— 中世 ひばな[火花]。火の粉。

火打ち石などで出す— 近世 すりび[擦火／摺火]。石の火。中世 うちび[打火]。きりび[切火／鑽火]。

墓地などの青白い— 近代 くゎきう[火球]。近世 あをび[青火]。いんくゎ[陰火]。くゎいくゎ[怪火]。火の玉。中世 きつねび[狐火]。ひかりもの[光物]。りんくゎ[燐火]。上代 おにび[鬼火]。ひとだま[人魂]。

藻塩をつくるときに焚く— 中古 もしほび[藻塩火]。

物を焚く— 中世 しばび[柴火]。すみび[炭火]。中古 あくたび[芥火]。わらび[藁火]。上代 あしび[葦火]。

弱い— 近代 ぬるび[微温火]。よわび[弱火]。近世 とろび[火]。

ひ【比】 るいひ[類比]。レシオ(ratio)。近代 たいひ[対比]。ひ[比]。ひりつ[比率]。りつ[率]。近世 ひかく[比較]。ぶあひ[歩合]。

ひ【非】 近代 けってん[欠点]。なんてん[難点]。中世 ひ[非]。ひなん[非難]。ふせい[不正]。中古 あやまり[誤]。なん[難]。むだう[無道]。上代 ひだう[非道]。

ひ【碑】 近代 オベリスク(obelisk)。きねんひ[記念碑]。モニュメント(monument)。中世 いしぶみ[碑]。せきひ[石碑]。上代 ひ[碑]。
—をたてること 近代 けんぴ[建碑]。
何かの記念の—(例) いれいひ[慰霊碑]。かひ[歌碑]。しひ[詩碑]。近代 きこうひ[紀功碑]。くひ[句碑]。ちゅうこんひ[忠魂碑]。メンヒル(menhir)。

び【美】 近代 ビューティー(beauty)。中古 うつくしさ[美]。び[美]。上代 うるはし[麗]。→うつくしい
—に対する心の動き 近代 びいしき[美意識]。

—に熱中すること 近代 たんび[耽美]。

—を享受すること 近代 くゎんしゃう[観賞]。くゎんせう[観照]。近世 かんしゃう[鑑賞]。

—を最高の価値と認めること 近代 ゆいび[唯美]。

—を見極める能力 近代 しんびがん[審美眼]。

その他—のいろいろ(例) 近代 きょくせんび[曲線美]。きんせいび[均整美]。げいじゅつび[芸術美]。けんかうび[健康美]。ざうけいび[造形美]。しぜんび[自然美]。にくたいび[肉体美]。りったいび[立体美]。

ひあい【悲哀】 近世 ひつう[悲痛]。中古 あはれ[哀]。ひあい[悲哀]。上代 かなしみ[哀／悲]。→かなしみ

ひあが・る【干上】 近世 そこる[底]。中世 こか

つ［枯渇／涸渇］。ひあがる［干上／乾上］。ひからぶ［—からびる］［干涸／乾涸］。ひぞる［干反／乾反］。上代かる［かれる］［涸］。かわく［乾／渇］。ひる［干／乾］。

—・ったさま 近世からから。

池や田が—・ること 近世ひやけ［日焼］。

ひあたり【日当】 近代ひだまり［日溜］。近世ひおもて［日面］。中世ひあたり［日当／陽当］。中古ひなた［日向］。上代かげとも［影面］。

ピアノ（イタリア piano） 近代やうきん［洋琴］。近世ピアノ。

びい【微意】 近代はくし［薄志］。中世びい［微意］。中古すんし［寸志］。びし［微志］。↓**すんし**

ピーアール（PR; public relations） アド／アドバタイジング（advertising）。こうほう［広報］。近代くゎうこく［広告］。せんでん［宣伝］。

ひいき【贔屓】 近代じゃうじつ［情実］。近世おもひつき［思付］。かうばり［交張］。かたいれ［肩入］。かたおち。かたおとし［片落］。かたひいき［片贔屓］。かたもち［肩持］。みびいき［身贔屓］。中世あいこ［愛顧］。えこ［依怙］。おんこ［恩顧］。こころよせ［心寄］。とりたて［取立］。ひきたて［引立］。へんぱ［偏頗］。中古ひいき［贔屓／贔負］。

《句》近世贔屓(贔負)の引き倒し。中世相撲も立つ方(かた)。

—・する 近代力を入れる。近世めがく［—がける］［目掛］。肩を持つ。中世とりたつ［—たてる］［取立］。ひきたつ［—たてる］［引立］。肩を入る［—入れる］。目を入る［—入れる］。中古かたひく［片引］。ひく［引／曳］。めかく［目掛］。《尊》中世お目を掛く［—掛ける］。

—・する人 中古かたうど［方人］。

—・する見方 近世ひいきめ［贔屓目］。中世よくめ［欲目］。

—・するような素振り 近世かたもちがほ［肩持顔］。

縁による— 近世えんびき［縁引］。

自分に関係あるものを—・すること ネポティズム（nepotism）。近世みびいき［身贔屓］。

ひいく【肥育】 ちくさん［畜産］。ようちく［養畜］。近世しいく［飼育］。上代しやう［飼養］。

ピーク（peak） やまば［山場］。近代クライマックス（climax）。さいかうてう［最高潮］。さいせいき［最盛期］。ぜんせいき［全盛期］。ちゃうてん［頂点］。ピーク。近世さいかう［最高］。てっぺん［天辺］。中古ちゃうじゃう［頂上］。

ヒーター（heater） かねつき［加熱器］。近代だんばうぐ［暖房具］。だんばうさうち［暖房装置］。でんねつき［電熱器］。ヒーター。

ビーチ（beach） 近世うみべ［海辺］。近代かいがん［海岸］。ビーチ。なぎさ［渚］。はま［浜］。はまべ［浜辺］。上代かいひん［海浜］。

↓**かいがん**

ひいては【延】 さらにまた［更又］。近代ひいては［延］。中古ついで［次］。上代さらに［更］。

ひい・でる【秀】 近代いうしう［優秀］。いうりゃう［優良］。しうえい［秀英］。近世たぎる［滾／激］。中世すぐる［すぐれる］［優／勝］。たへる［堪／耐］。ぬきいづ／ぬきんづ［—でる］［抜出］。中古しういつ［秀逸］。ちゃうず［長］。ぬく［抜］。ぬけいづ［抜出］。ひづ［秀］。上代ひいづ［ひいでる］［秀］。まさる［勝］。

—・でているもの 上代ほ［秀］。

ビール（オランダ bier） 近代ばくしゅ［麦酒］。ビア／ビヤ（beer）。近世ビール。

—を飲ませる飲食店 近代ビヤホール（beer hall）。

—のいろいろ（例） かんビール［缶beer］。じビール［地beer］。ドライビール（dry beer）。びんビール［瓶beer］。近代くろビール［黒beer］。スタウト（stout）。ドラフトビール（draft beer）。なまビール［生beer］。ラガービール（lager beer）。

ヒーロー（hero） 近代ヒーロー。中世えいけつ［英傑］。中古えいゆう［英雄］。上代ゆうし［勇士］。↓**えいゆう**

ひうちいし【火打石】 近代すい／ずい［燧］。フリント（flint）。ほくちがね［火口金］。マッチ［match／燐寸］。ライター（lighter）。近世かちかち。すいせき［燧石］。ひうちがね［火打金／燧鉄］。ひうちがま［火打鎌／燧鎌］。中古ひうちいし［火打石／燧石］。ひきり［火鑽／火切／燧］。上代ひうち［火打／燧］。ひきりうす［火鑽臼］。ひきりぎね［火鑽杵］。

—で出した火 近世石の火。中世うちび［打火］。きりび［切火］。ひ［火］。

—で火を出す 近世すりびうち［擦火打］。中古うつ［打］。

ひうん【非運】 近代あくうん［悪運］。ひうん［非運／否運］。近世ぎゃくきゃう［逆境］。ひうん［悲運］。中世ふしあはせ［不幸］。

中古ふうん［不運］。ふぐう［不遇］。上代ふかう［不幸］。

ひうん【悲運】→ひうん（前項）

ひえびえ【冷冷】 近代ひんやり。近世さむざむ［寒寒］。中世ひえびえ［冷冷］。ひやり。中古ひややか［冷］。

ーとしている 近代さむざむしい［寒寒］。近世うすさむし［薄寒］。ひやっこし［冷］。中世うそさむし［薄寒］。さむけし［寒］。中古さえこほる［冴凍］。すさまじ［凄］。つめたし［冷］。上代はだざむし［肌寒］。

気分がーとしている 中世さむし［寒］。

ひ・える【冷】 ひえこむ［冷込］。近世ひやく（ひやける）［冷］。中世かんず［寒］。さえかへる［冴返］。中古さむ（さめる）［冷］。さゆ（さえる）［冴／冱］。ひゆ（ひえる）［冷］。上代さえわたる［冴渡］。

ー・えきる ひえこむ［冷込］。中古ひえいる［冷入］。ひえとほる［冷通］。

ー・えたもの 中世ひえもの［冷物］。

ー・えているさま 中世ひえびえ［冷冷］。中古ひややか［冷］。

身体のしんまでー・える寒さ 近代そこびえ［底冷］。近世かんじ［寒］。中世したびえ［下冷］。

手足がー・えてかじかむたとえ 近世くぎこほり［釘氷］。釘になる。

ピエロ（フランス pierrot） 近代コメディアン（comedian）。さんまいめ［三枚目］。ピエロ。近世だうけ［道化］。だうけし［道化師］。だうけやくしゃ［道化役者］。ちゃりやく［茶利役］。

ひおう【秘奥】 おくでん［奥伝］。近代しんずい［神髄／真髄］。中世あうひ［奥秘］。ごくい［極意］。しんあう／じんあう［深奥］。ひじゅつ［秘術］。ひでん［秘伝］。ひはふ［秘法］。中古あうぎ［奥義］。ひあう［秘奥］。ひけつ［秘訣］。

ひか【悲歌】 近代あいし［哀詩］。エレジー（elegy）。中世あいか［哀歌］。ひか［悲歌］。→ばんか【挽歌】

ひがい【被害】 近代ダメージ（damage）。ひがい［被害］。中世そんまう［損亡］。中古そんがい［損害］。上代さいがい［災害］。

ーにあうこと ひさい［被災］。近代ひがい［被害］。りさい［罹災］。

ーのあと つめあと［爪痕］。

ーを受けた土地 ひさいち［被災地］。近代ひがいち［被害地］。

ーを受けた人 ひさいしゃ［被災者］。近代ぎせいしゃ［犠牲者］。ひがいしゃ［被害者］。りさいしゃ［罹災者］。《句》近世鼠（ねずみ）壁を忘る（ー忘れる）。壁鼠を忘れず。

ーを受けること ひさい［被災］。近代あびる［浴］。じゅなん［受難］。りさい［罹災］。近世きっす［喫］。中世かうむる［被／蒙］。上代おふ［負］。

いたましいー 近代さんがい［惨害］。さんくゎ［惨禍］。

夏季の低温によるー 近代れいがい［冷害］。

風によるー 近代ふうがい［風害］。

公共一般にもたらすー 近代こうがい［公害］。

潮風によるー えんがい［塩害］。

戦争によるー 近代せんくゎ［戦禍］。

何度もーを受けるさま 《句》近代泣きっ面に蜂。近世踏んだり蹴ったり。弱り目に祟（たた）り目。

日照りによるー 近代かんがい［干害／旱害］。近世かっすい［渇水］。中古かんばつ［旱魃］。上代ひでり［日照］。

病気や害虫によるー 近代びゃうちゅうがい［病虫害］。

不時の気温低下による農作物のー かんがい［寒害］。とうがい［凍害］。近代れいがい［冷害］。

野鳥によるー ちょうがい［鳥害］。

ぴかいち【一】 近代ぴかいち［一／光一］。近世しゅっしょく［出色］。ずいいち［随一］。中古けっしゅつ［傑出］。

ひかえ【控】 バックアップ（backup）。近代うつし［写］。コピー（copy）。ひかへ［控／扣］。びばうろく［備忘録］。ふく［副］。ふくしゃ［複写］。ふくせい［複製］。メモ（memo; memorandum）。近世おぼえがき［覚書］。とめちゃう［留帳］。中世こころおぼえ［心覚］。

ーの本 近代べっぽん［別本］。近世ふくほん［副本］。

ひかえめ【控目】 おさえぎみ［抑気味］。おさえめ［抑目］。よくせいぎみ［抑制気味］。近代けんきょ［謙虚］。せうきょくてき［消極的］。つつましやか［慎］。ハンブル（humble）。ゑんりょぶかい［遠慮深］。近世つづまやか［約］。ひかへめ［控目］。ひっこみじあん［引込思案］。まへかた［前方］。やすめ［安／安目］。ゑんりょがち［遠慮勝］。中世いりめ［入目］。ぢみ［地味］。むもる［埋］。ゑんりょ［遠慮］。中古うもる［埋］。おくまる［奥］。きょうけん［恭倹］。つつまし［慎］。ひきいる［引入］。《句》近世百姓の去年（こぞ）物語。

—過ぎる 中古うもれいたし／むもれいたし[埋甚]。

—・でいじらしい 中世しほらし。

—・で落ち着いている 中古おもひしづまる[思鎮]。

—・で礼儀正しい 近世つつしみぶかし[慎深]。

—・に行われるようにする 中古のどむ[和]。

—・にする(こと) 近代てびかへる[手控]。近世さしひかふ〔—ひかえる〕[差控]。ようしゃ[用捨]。下手(したて)に付く。中世けんそん[謙遜]。せっせい[節制]。ひかふ〔ひかえる〕[控]。中古けんたい[謙退]。のどむ[和]。上代つつしむ[慎／謹]。ひきいる[引入]。もてしづむ[鎮]。

物事に—・なこと 近世うちき[内気]。中世うちば[内端]。

ひか・える【控】❶〈抑制〉 近代セーブ(save)。よくせい[抑制]。近世さしひかふ〔—ひかえる〕[差控]。ひかふ〔ひかえる〕[控／扣]。中世しじむ[縮／蹙]。中古おさふ〔おさえる〕[押／抑]。せいす[制]。ゆらふ[緩]。上代つつしむ[慎]。

ひか・える【控】❷〈待機〉 スタンバイ(stand-by)。中世しこう[伺候]。まちまうく〔—もうける〕[待設]。たいき[待機]。中古はべり[侍]。ひかふ〔ひかえる〕[控／扣]。まちうく〔—うける〕[待受]。上代まつ[待]。

—・えている人 中古ほけつ[補欠]。

貴人の側に—・えて座ること 近世じざ[侍座]。

ひか・える【控】❸〈記録〉 近代ノート(note)。メモ(memo; memorandum)。ひかへる[控／扣]。中世かきしるす[書記]。かきとむ〔—とめる〕[書留]。中古きろく[記録]。かきとる[書取]。上代かきつく〔—つける〕[書付]。しるす[記]。

ひかく【比較】 近代けいかく[計較]。せうがふ[照合]。るいひ[類比]。たいひ[対比]。ひきべつ[引別]。近世ひかく[比較]。てんびん[天秤]。中世けいかう[計較]。中古ひりゃう[比量]。よそへ[寄／比]。→くら・べる❶

—・しにくい 中古くらべがたし[比難]。くらべぐるし[比苦]。

—・する 近世てらしあはす〔—あわせる〕[照合]。天秤に掛く〔—掛ける〕。中世たぐふ〔たぐえる〕[比／類]。ひす[比]。中古おもひくらぶ〔—くらべる〕[思比]。たくらぶ[比]。ひきくらぶ〔—くらべる〕[引比]。上代くらぶ〔くらべる〕[比／較]。

—・するものがない 近代ぜったい[絶対]。中古たぐひなし[類無]。

—・できない 近代問題にならない。近世同日の談にあらず。中古同日の論にあらず。

あれこれ—・して考える 中古ひきくらぶ〔—くらべる〕[引比]。みくらぶ〔—くらべる〕[見比／見較]。上代おもはふ[思]。《尊》中古おぼしくらぶ[思比]。

▼比較の基準を表す語 近世よりか。よりかも。中世くらゐ／ぐらゐ[位]。上代には。ゆ。ゆり。よ。よは。より。よりも。

ひかく【皮革】 近代ひかく[皮革]。レザー(leather)。近世けがは[毛皮]。中世なめしがは[鞣革]。上代かは[革／皮]。

漆で塗り固めた— しっぴ[漆皮]。

ひかげ【日影】 近世ひざし[日差]。中古にっくゎう[日光]。やうくゎう[陽光]。上代ひかげ[日影]。→にっこう

ひかげ【日陰】 中世こかげ[小陰／小蔭]。近世ひかげ[日陰／日蔭]。上代かげ[陰／蔭／翳]。

木などに覆われた— →こかげ

夏の夕方の— 近代かたかげり[片陰]。中世かたかげ[片陰]。

ひかげのかずら【日陰蔓】 近世せきしょう[石松]。中世ひかげぐさ[日陰草]。ひかげのかづら[日陰蔓]。中古かづらかげ[葛蘿]。さがりごけ[下苔／松蘿]。たまひかげ[玉日陰]。上代かげ[蘿]。たまかげ[玉陰]。ひかげ[日陰／日蔭]。ひかげかづら[日陰蔓]。やまかづら[山蔓／山鬘]。やまかづらかげ[山蔓陰]。やましたひかげ[山下日陰]。

ひかげもの【日陰者】 近世ひかげもの[日陰者]。中世よになしもの[世無者]。中古したくさ[下草]。

ひがさ【日傘】 近代パラソル(フランス parasol)。ひよけ[日除／日避]。近世もみぢがさ[紅葉傘／紅葉笠]。中世ひがさ[日傘]。

ひがし【東】 中世う[卯]。ひがし[東]。中古とうはう[東方]。ひんがし[東]。上代ひむかし[東]。

—と西 近代ばういう[卯酉]。中古とうざい[東西]。

—に進むこと とうしん[東進]。近代ひがしす[東]。中世とうせん[東遷]。

—に向いていること ひがしうけ[東受]。中世ひがしむき[東向]。

—の風 近世ひがしかぜ[東風]。とうふう[東風]。中古こち／こちかぜ[東風]。ひがし

［東］。上代あゆ［東風］。

—の空 近代とうてん［東天］。

—の果て たいとう［泰東］。近代きょくとう［極東］。ぜっとう［絶東］。だいとう［大東］。

—の方 近世ひがしかた［東方］。中世ひがしおもて［東面］。中古とうはう［東方］。とうめん［東面］。ひんがしおもて［東面］。上代ひのたたし［日縦］。ひのたて［日経］。

ちょうど— 近世まひがし［真東］。

都から—の方へ進むこと 近代とうか［東下］。中世あづまくだり［東下］。上代くだる［下］。
▼東国 上代あづま［東／吾妻／吾嬬］。

ひがた【干潟】 中世しほひがた［潮干潟］。上代かた［潟］。す［州／洲］。ひがた［干潟］。ひじ［洲］。
—の土地 ひがたじ［干潟地］。

ひが・む【僻】 近代ひねくれる［捻］。近世いぢける。中世くせむ［癖］。中古うちひがむ［打僻］。くねる。すぬ〔すねる〕［拗］。そばむ［側］。ねぢく〔ねじける〕［拗］。ひがむ［僻／邪］。上代かたむ／かだむ［奸／姦］。

《句》下種(げす)（下衆／下司）の勘繰り。

—・んだ心 近世ひがみこんじゃう［僻根性］。中古ひがごころ［僻心］。

—・んだ見方 近代へきけん［僻見］。中世びゃくけん［僻見］。

—・んでいる(こと) 中世じゃへき［邪僻］。ひすかし［佷／姦］。中古くせぐせし［癖癖］。上代かたまし［奸／姦］。

老齢故の—・んだ見方 中世老いの僻目(ひがめ)。

ひがら【日柄】 中世ひがら［日柄／日子／日次］。中古ひ［日］。ひついで［日次］。ひつぎ［日次］。ひなみ［日次／日並］。

ひから・びる【干涸】 近代みづがれ［水涸］。近世かっすい［渇水］。中世かす〔かせる〕［痂／悴］。こさう［枯燥］。こかつ［枯渇／涸渇］。ひあがる［干上／乾上］。ひからぶ〔—からびる〕［干涸／乾涸］。中古からめく。からぶ〔からびる〕［涸／乾］。上代かる〔かれる〕［枯／涸］。かわく［乾］。

ひかり【光】 近代かがやき［輝］。くゎうは［光波］。ライト(light)。近世くゎうせん［光線］。中世きらめき［煌］。くゎうき［光輝］。中古あかり［明］。くゎうばう［光芒］。くゎうさい［光彩］。くゎうみゃう［光明］。ひかり［光］。上代かげ［影］。

《枕》上代あかねさす［茜］。ひさかたの［久方］。

—が一点に集まること しゅうそく［収束］。しゅうそく［集束］。しゅうれん［収斂］。

—が木の葉で遮られる 中世このはぐもる［木葉曇］。

—が差す 光が当たる。近代いんする［印］。影が射(さ)す。近世さしこむ［差込］。中古さしいづ［差出］。中世おつ〔おちる〕［落］。さしいる［差入／射入］。上代さす［差／射／指］。てらす／てる［照］。

—が差す明るい所 中世あかりさき［明先］。

—が澄む 中古さゆ〔さえる〕［冴／冱］。

—がちらちらする 中世めいめつ［明滅］。またたく［瞬］。上代かがよふ［耀］。中古かげろふ［陽炎］。

—が照り返すこと 中世へんせう［返照］。

—が増す 中古さしそふ〔—そえる〕［差添］。みがく［研／磨］。

—で波が輝くさま 中世れんえん［瀲灩／瀲灔］。

—の移動したあとに残る軌跡 こうせき［光跡］。

—の強さを示す量 近代くゎうど［光度］。

—の届く距離 こうたつきょり［光達距離］。

—を当てること とうこう［投光］。近代せうしゃ［照射］。とうしゃ［投射］。上代てらす［照］。

—を遮ること 近代しゃうえい［障翳］。しゃくゎう［遮光］。

—を出すこと 近代しゃくゎう［射光］。はっくゎう［発光］。

—を波長順にしたもの 近代スペクトル(フランス spectre)。

—を発するもと こうげん［光源］。

明るい— 中古あかり［明］。めいくゎう［明光］。

明け方の— 近世げうくゎう［暁光］。しょくゎう［曙光］。

朝日の— きょっき［旭暉］。上代かぎろひ［陽炎］。近代きょくくゎう［旭光］。てうき［朝暉］。

後に残る— 近世ざんくゎう［残光］。中世ざんせう［残照］。中古よえい［余映］。よくゎう［余光］。

一瞬の— 近代いっせん［一閃］。スパーク(spark)。スパークル(sparkle)。ひらめき［閃］。フラッシュ(flash)。中古せんくゎう［閃光］。ひばな［火花］。

色を伴わない— はくしょくこう［白色光］。中世はくくゎう［白光］。

美しく彩られた— 近世さいくゎう［彩光］。

縁起のいい— 中世ずいくゎう［瑞光］。上代えいくゎう［栄光］。

輝かしい— 中世せいさい[精彩/生彩]。上代くゎうさい[光彩]。

かすかな— 近世うすあかり[薄明]。中世いうくゎう[幽光]。

雷の— 中世らいくゎう[雷光]。中古いなづま[稲妻]。いなびかり[稲光]。

木の葉の間からもれる日の— 近代こもれび[木漏日/木洩陽]。

清らかな—(月の光) 中古せいくゎう[清光]。

雲間などから差し込む— 中古ひ(の)あし[日脚/日足]。

雲を透かして見える— 中世くもすき[雲透]。

室内に—を取り入れること 近代さいくゎう[採光]。

水面の— 中古すいくゎう[水光]。

隙間からの— 中古すきかげ[透影]。

単色光の複合から成る— カクテルこうせん[cocktail光線]。ふくしょくこう[複色光]。

月の— 近世つきあかり[月明]。中世ぐゎっくゎう[月光]。ゑんくゎう[円光]。中古げつえい[月影]。げつめい[月明]。せいくゎう[清光]。つきかげ[月影]。月の顔。上代げっくゎう[月光]。

刀剣の— 近代けんくゎう[剣光]。中古しでん[紫電]。

熱を伴わない— ルミネセンス(luminescence)。近世りんくゎう[燐光]。中古れいくゎう[冷光]。中世けいくゎう[蛍光]。

春ののどかな— 中古せうくゎう[韶光]。中世おんくゎう[恩光]。

人の目に見えない— ふかしこうせん[不可視光線]。

日の— →にっこう

不可思議な— ようこう[妖光]。中古しんくゎう[神光]。

舞台の— →しょうめい【照明】

星の— 近代せいえい[星影]。中世ほしあかり[星明]。ほしかげ[星影]。中古せいさい[星彩]。せいばう[星芒]。

仏の眉間の白毫(びゃくごう)から発する— 中世がうくゎう[毫光]。

仏や菩薩(ぼさつ)の背中の— 近世くゎうはい[光背]。ごくゎう[後光]。

ほんのりかすんだ— 近世おぼろかげ[朧影]。

目の—のさま 中世ぎらぎら。けいけい[炯炯/烱烱]。中古きろきろ。しでん[紫電]。らんらん[爛爛]。

人工の—の例① [照明] 近代せうめい[照明]。ランプ[lamp/洋灯]。中世とうくゎ[灯火]。上代ともしび[灯/灯火]。→あかり →とうか【灯火】

人工の—の例② [光源] エルイーディー(LED; light emitting diode)。けいこうとう[蛍光灯]。スポットライト(spotlight)。はっこうダイオード[発光diode]。レーザー(laser)。レーザービーム(laser beam)。近代エックスせん[X線]。ガスとう[gas灯]。サーチライト(searchlight)。すいぎんとう[水銀灯]。はくねつとう[白熱灯]。フラッシュ(flash)。

人工の—の例③ [用途] しつないしょうめい[室内照明]。しつないとう[室内灯]。しゃないとう[車内灯]。ぼうはんとう[防犯灯]。近代イルミネーション(illumination)。がいとう[街灯]。くゎいちゅうでんとう[懐中電灯]。とうだい[灯台]。ネオン/ネオンサイン(neon sign)。

ひか・る【光】 近代きらつく。てりはえる[照映]。近世かがやかし[輝/耀/赫]。かがやく[輝/耀]。てりかがやく[照輝]。中世ひかめく。中古かかやかし[輝/耀/赫]。かかやく[輝/耀]。きらきらし[煌煌]。きらめく[煌]。光を放つ。はゆ[はえる][映]。ひらめく[閃]。上代かがよふ[耀]。てりかかやく[照輝]。てる[照]。にほふ[匂]。ひかる[光]。ひろめく[閃]。

—・っている点 近代くゎうてん[光点]。

—・らせる 近世かがやかす[輝]。ひからす[光]。中世かかやかす[輝]。ひからかす[光]。ひらめかす[閃]。中古きらめかす[煌]。ひろめかす[閃]。みがく[研/磨]。

—・り輝くさま 近代えいしゃ[映射]。かう/けう[皎]。かくえん[赫焉]。かくしゃく[赫灼]。きらっと。きんきら。くゎうさいりくり[光彩陸離]。くゎうぜん[煌然]。ちかちか。ぴかっと/ぴかと。へいこ[炳乎]。近世けいぜん[炯然/烱然]。さんさん[燦燦/粲粲]。ちらちら。ちりちり。てかてか。てっかり。ひかひか/ぴかぴか。へい[炳]。りくり[陸離]。中世かくえう[赫耀/赫燿]。かくえき[赫奕]。かくかく[赫赫]。かっかっ。ぎらぎら。きらり。ぎらり。せんせん[閃閃]。ぴかり(と)。ひらひら。ひらりひらり。中古えきえき[奕奕]。かうかう[皓皓/皎皎]。かうかう[耿耿]。かくやく[赫奕]。きらきら。くゎうくゎう[煌煌]。けいけい[熒熒]。つややか[艶]。てきれき[的皪]。らんまん[爛漫]。上代しゃくしゃく[灼灼/爍爍]。

一面に—・る 近世 かがやきわたる［輝渡］。中古 かかやきわたる［輝渡］。

美しく—・ること 上代 くゎうくゎ［光華］。

金色に—・り輝くさま 近代 きんぴか［金］。

ちらちら—・る ちらつく。中古 かげろふ［陽炎］。上代 かがよふ［耀］。

ぴかっと—・る 中古 うちひかる［打光］。ひらめく［閃］。上代 ひろめく［閃］。

ぴかぴか—・る 中世 ひかめく。

まばゆく—・る 近世 かがやく［輝／耀］。中古 かかやく［輝／耀］。

ひか・れる【引】 みせられる［魅］。近代 しょうけい／どうけい［憧憬］。中世 あこがる［—がれる］［憧／憬］。中古 おくゆかし［奥床］。おもしろし［面白］。このまし［好］。たよる［頼］。ひかさる［—される］［引］。ゆかし［床］。をかし。上代 おもひよる［思寄］。かうばし／かぐはし［香／芳／馨］。ひかし［引］。

ひかん【悲観】 近代 えんせい［厭世］。しつい［失意］。しつばう［失望］。ひくゎん［悲観］。らくたん［落胆］。近世 あんたん［暗澹］。中古 うちわぶ［打侘］。おもひしめる［思湿］。上代 わぶ［わびる］［侘］。

—主義 近代 ペシミズム(pessimism)。

—的に考える傾向の人 ひかんろんしゃ［悲観論者］。近代 えんせいか［厭世家］。ペシミスト(pessimist)。

ひがん【悲願】 近代 せつぐゎん［切願］。中世 ぐゎんばう［願望］。中古 しゅくぐゎん［宿願］。ねんぐゎん［念願］。ひぐゎん［悲願］。上代 たいぐゎん［大願］。

ひがん【彼岸】 近世 ひがん［彼岸］。らいせ［来世］。中古 ねはん［涅槃］。上代 潮干(ひしほ)の山。

びかん【美観】 近世 びくゎん［美観］。中世 ふうち［風致］。中古 びけい［美景］。→けしき

ひがんばな【彼岸花】 近代 いうれいばな［幽霊花］。さうしきばな［葬式花］。さうれんばな［葬殮花］。とうろうばな［灯籠花］。はかばな［墓花］。ほとけばな［仏花］。近世 いしにら［石蒜］。かみそりばな［剃刀花］。からすのまくら［烏枕］。きつねばな［狐花］。さんまいばな［三昧花］。しびとばな［死人花］。じゅずばな［数珠花］。すてごばな［捨子花］。せきさん［石蒜］。てんがいばな［天蓋花］。ひがんばな［彼岸花］。まんじゅさげ［曼珠沙華］。中世 まんじゅしゃげ［曼珠沙華］。

びぎ【美技】 近代 びぎ［美技］。ファインプレー(fine play)。めうぎ［妙技］。中世 ぜつぎ［絶技］。めうじゅつ［妙術］。上代 ほつて［秀手］。

ひきあい【引合】 近代 たいひ［対比］。ひきあひ［引合］。近世 てらしあはす［—あわせる］［照合］。ひかく［比較］。中世 つきあはす［—あわせる］［突合］。

—に出す 中古 ひきかく［—かける］［引掛］。ひきそふ［—そえる］［引添］。上代 たとふ［たとえる］［譬／喩］。

ひきあ・う【引合】 ペイ(pay)。みあう［見合］。近代 採算が合ふ。採算が取れる。割が合ふ。近世 ひきあふ［引合］。間尺に合ふ。算盤が合ふ。割に合ふ。

—・わない 近世 間尺に合はぬ。割に合はぬ。割悪し。

ひきあ・げる【引上】❶〈退去〉 近代 てっしう［撤収］。ひきあげる［引上／引揚］。中世 たいきょ［退去］。たいさん［退散］。上代 さる［去］。

—・げる時期 ひきどき［引時］。近世 ひきしほどき［引潮時］。

兵を—・げること 近代 てっしう［撤収］。てったい［撤退］。てっぺい［撤兵］。中世 たいさん［退散］。たいぢん［退陣］。上代 たいきゃく［退却］。

兵を双方同時に—・げること 中世 あひのき［相退］。あひびき［相引／合引］。

ひきあ・げる【引上】❷〈値上げ〉 近代 つりあげる［吊上］。とうき［騰貴］。ひきあげる［引上／引揚］。近世 ねあげ［値上］。

ひきあて【引当】 近代 じゅんびきん［準備金］。たんぽ［担保］。てはい［手配］。近世 ていたう［抵当］。てくばり［手配］。ひきあて［引当］。中世 かた［形］。中古 ようい［用意］。

ひきあわせ【引合】 近世 ひきあひ［引合］。中世 とりもち［取持］。ひきあはせ［引合］。ひきつけ［引付］。中古 せうかい［紹介］。なかだち［仲立／中立／媒］。

ひき・いる【率】 近代 とうそつ［統率］。近世 ひきゆ。中世 したがふ［従／随］。そっす［率］。ようす［擁］。中古 いんそつ［引率］。上代 あどもふ［率］。ひき［引］。ひきゐる［率］。ゐる［率］。→つ・れる

ひきい・れる【引入】 さそいいれる［誘入］。スカウト(scout)。近代 さそひこむ［誘込］。近世 つりこむ［釣込］。ひきずりこむ［引摺込］。まきこむ［巻込］。中世 あひかたらふ［相語］。ひきこむ［引込］。中古 ひきいる［—いれる］［引入］。上代 ひきる［引入］。

ひきう・ける【引受】 近代 うけもつ［受持］。せ

おひこむ[背負込]。一役買ふ。〈近世〉うけあふ[請合／受合]。うけおふ[請負]。うけがふ[肯]。うけこむ[受込／請込]。おぶふ[負]。かたぐ〔かたげる〕[担]。しょひこむ[背負込]。しょふ[背負]。〈中世〉うけつく〔―つける〕[受付]。うけとる[受取／請取]。がへんず[肯]。こころう〔―える〕[心得]。せおふ[背負]。ひきうく〔―うける〕[引受／引請]。〈中古〉うく〔うける〕[受／請／承]。うけひく[承引]。おふ[負]。〈上代〉になふ[担／荷]。

《謙》〈中世〉まうしうく〔―うける〕[申受]。〈上代〉うけたまはる[承]。

―・けさせる　〈中古〉おほす[負／課]。

―・けて行う　〈近代〉うけもつ[受持]。たんたう[担当]。〈上代〉つかさどる[司／掌]。

―・けること　〈近代〉じゅたく[受託]。じゅだく[受諾]。たんにん[担任]。ふたん[負担]。〈近世〉ぜんだく[然諾]。りゃうだく[領諾]。れうだく[了諾]。〈中世〉おうだく[応諾]。しょういん[承引]。ことうけ[事請]。〈中古〉いちだく[一諾]。しょうだく[承諾]。しょうち[承知]。だく[諾]。ふか[負荷]。〈上代〉きょだく[許諾]。

快く―・けること　〈近代〉くゎいだく[快諾]。

自分から進んで―・ける　〈近代〉かってでる[買出]。

そのことをいつも―・けている人　〈近世〉とんや[問屋]。

他人の責任や被害を―・ける　〈近世〉かづく[被]。〈中世〉ひっかぶる[引被]。

注文を―・ける　じゅちゅう[受注／受註]。

手元に―・ける　〈中古〉ひきとる[引取]。

厄介なことを―・ける　かかえこむ[抱込]。〈近世〉くらひこむ[食込]。しょひこむ[背負込]。

よく考えずに簡単に―・けること　〈近世〉やすうけあひ[安請合]。

ひきおこ・す【引起】　〈近代〉いうはつ[誘発]。じゃくき[惹起]。せうらい[招来]。〈中世〉しゃうらい[将来]。まきおこす[巻起／捲起]。ひきいづ[引出]。ひきおこす[引起]。〈中古〉しいだす[為出]。〈上代〉まねく[招]。

事を―・す　〈近代〉ひきだす[引出]。〈中古〉とりいづ[取出]。もよほす[催]。

人を引っ張るなどして―・す　〈中世〉ひったつ〔―たてる〕[引立]。〈中古〉ひきたつ〔―たてる〕[引立]。

ひきかえ・す【引返】　ユーターン(U-turn)。踵（きびす）を返す(廻らす)。〈近代〉ぎゃくもどり[逆戻]。〈近世〉をりかへす[折返]。〈中世〉うちかへる[打帰]。とってかへす[取返]。ひきかへす[引返]。もどる[戻]。〈中古〉たちかへる[立返]。

ひきがえる【蟇】　〈近世〉うしわくどう。おかまがへる。おにわくどう。〈中世〉おにしょうこう。かさごうとう。がま／がまがえる[蝦蟇／蟇]。ひきがへる[蟇／蟇蛙]。〈中古〉ひき[蟇]。〈上代〉たにぐく[谷蟇]。

ひきがね【引金】　トリガー(trigger)。〈近代〉けいき[契機]。スプリングボード(springboard)。〈中世〉きっかけ[切掛]。ひきがね[引金]。→きっかけ

―を引く　〈近世〉火蓋（ひぶた）を切って落とす。火蓋（ひぶた）を切る。

ひきぎわ【引際】　ひきどき[引時]。ひけぎわ[引際]。〈近代〉ひけどき[引時]。〈近世〉ひきしほどき[引潮時]。

ひきこな・す【弾】　〈中世〉ひきすます[弾澄]。〈中古〉ひきしづむ[弾鎮]。

ひきこ・む【引込】　さそいいれる[誘入]。〈近代〉いざなひこむ／さそひこむ[誘込]。〈近世〉まきこむ[巻込／捲込]。〈中世〉ひきこむ[引込]。よびこむ[呼込]。〈中古〉ひきいる〔―いれる〕[引入]。〈上代〉ひきる[引入]。

―・まれる　〈近世〉のめる。〈中世〉まじこる[蠱]。

ひきこも・る【引籠】　〈近世〉ひきこむ[引込]。〈中世〉ひきこもる[引籠]。ひっこむ[引込]。〈中古〉かきこもる[掻籠]。こもる[籠]。とぢこもる[閉籠]。ひきいる[引入]。〈上代〉こもる[籠]。

―・ること　〈近代〉ろうじゃう[籠城]。〈近世〉ひっそく[逼塞]。〈中世〉かきょ[家居]。〈中古〉ひたやごもり[直屋隠]。らうろう[牢籠]。

錠を掛けて―・ること　〈中世〉かけこもる[掛籠]。

喪に服して―・ること　きびき[忌引]。〈中古〉いとま[暇／遑]。

ひきさが・る【引下】　〈近代〉ひきさがる[引下]。たいしゅく[退縮]。〈近世〉おしすさる[押退]。のっぴき[退引]。

―・りたくなる　〈中世〉恐れをなす。

―・る頃合い　ひきぎわ[引際]。ひきどき[引時]。〈近代〉ひけどき[引時]。〈近世〉ひきしほどき[引潮時]。

ひきさ・く【引裂】　〈近世〉やぶく[破]。〈中世〉ひきはなす[引離]。〈中古〉ひきさく[引裂]。ひきやぶる[引破]。ひきやる[引破]。仲を裂く。〈上代〉はなす[離]。やぶる[破]。

ひきざん【引算】　〈近代〉げんざん[減算]。〈中世〉ひきざん[引算]。〈中古〉げんぱふ[減法]。

げん［減］。

ひきしお【引潮】 近代 かんてう［干潮］。たいてう［退潮］。潮(汐)がさげしほ［下潮］。引く。中世 いりしほ［入潮］。おちしほ［落潮］。しほがれ［潮涸］。ひきしほ［引潮／引汐］。ひしほ［干潮］。中古 らくてう［落潮］。上代 しほひ［潮干］。

ひきしま・る【引締】 近代 きんしゅく［緊縮］。きんちゃう［緊張］。しまる［締］。ひきしまる［引締］。近世 はりつむ〔—つめる〕［張詰］。はる［張］。気が張る。中世 気が詰まる。

—・っているさま 近代 かちっと。かっちり。きりっと。はり［張］。近世 きびきび。中世 きりり。中古 りん［凜］。

ひきし・める【引締】 近代 きりつめる［切詰］。きんしゅく［緊縮］。しんしゅく［振粛］。せつやく［節約］。近世 つむ〔つめる〕［詰］。ひきしむ〔—しめる〕［引締］。中世 しむ〔しめる〕［締］。しめあぐ〔—あげる〕［締上］。中古 やくす［約］。

—・めて盛んにすること 近世 かうちゃう［更張］。

心を—・めること 螺子(ねじ)を巻く。腹帯を締めて掛かる。近代 きんこんいちばん［緊褌一番］。近世 はりつむ〔—つめる〕［張詰］。螺子(ねじ)を掛く〔—掛ける〕。褌(ふんどし)を締めて掛かる。

ひぎしゃ【被疑者】 近代 ようぎしゃ［容疑者］。近世 おたづねもの［御尋者］。

ひきしりぞ・く【引退】 近世 三舎(さんしゃ)を避く〔—避ける〕。中世 ひきしりぞく［引退］。ひきはらふ［引払］。→たいきょ

ひきず・る【引摺】 ずる。近代 えいかう［曳航］。けんいん［牽引］。中世 ひきずる［引摺］。ひこじる［引］。ひこづる［引］。ひっぱる［引張］。中古 ひきしろふ［引合］。ひく［引／曳］。

—・り落とす 中古 かなぐりおとす［落］。ひきおとす［引落］。ひきおろす［引下］。

—・るさま 近世 ずるずる。

着物の裾や帯などを—・る(さま) 近代 ぞろぞろ。中世 そろびく［引］。

ひきだ・す【引出】 近代 ひっぱりだす［引張出］。中世 ひきだす［引出］。中古 とりいだす［取出］。上代 ひきで［引出］。

蔵や倉庫から—・すこと 中世 くらだし［蔵出／庫出］。

順に—・すこと 近代 くりだし［繰出］。

貯金を—・すこと 近代 おろす［下］。

ひきた・つ【引立】 近世 ひきたつ［引立］。中世 きはだつ［際立］。ぬきんづ［抜出］。はゆ〔はえる〕［映］。めだつ［目立］。

—・たせる →ひきた・てる❶

—・たないたとえ 近世 月の前の灯。

—・つこと 中古 はえ［栄／映］。

ひきたて【引立】 きよう［起用］。ばってき［抜擢］。近世 あいこ［愛顧］。えこひいき［依怙贔屓］。中世 とりたて［取立］。中古 おんこ［恩顧］。とうよう［登用］。ひいき［贔屓］。ひき［引］。ひきたて［引立］。

ひきた・てる【引立】❶〈際立たせる〉 きわだたせる［際立］。めだたせる［目立］。近世 ひきたつ〔—たてる〕［引立］。中古 はやす［栄／映］。

—・てるもの 上代 はやし［栄］。

ひきた・てる【引立】❷〈目を掛ける〉 中世 かたいれ［肩入］。とりたつ〔—たてる〕［取立］。ひきたつ〔—たてる〕［引立］。目を掛く〔—掛ける〕。中古 ひいき［贔屓］。もてはやす［持囃／持栄］。

—・てて高い地位に就かせる 中古 おしあぐ〔—あげる〕［押上］。

ひきた・てる【引立】❸〈励ます〉 奮い立たせる。近代 げんきづける［元気付］。中世 こぶ［鼓舞］。ひきたつ〔—たてる〕［引立］。上代 はげます［励］。

ひきつ・ぐ【引継】 バトンタッチ(和製baton touch)。バトン(baton)を渡す。近代 けいしょう［継承］。けいぞく［継続］。ひきつぐ［引継］。リレー(relay)。近世 たふしふ［踏襲］。ひきうく〔—うける〕［引受］。中世 あとつぎ［跡継］。うけつぐ［受継］。中古 さうぞく［相続］。

—・いで守る 近世 しにす［仕似］。

—・ぎの文書 中古 げゆ［解由］。げゆじゃう［解由状］。

事務を—・ぐこと 近代 かうかつ［交割］。

名を—・ぐこと 近代 しふめい［襲名］。

ひきつけ【引付】 きゅうかん［急癇］。近代 ひきつけ［引付］。中世 かん［癇］。

—を起こす 近世 ひきつく〔—つける〕［引付］。

ひきつ・ける【引付】 近代 きふいん［吸引］。すひつける［吸付］。ひきつける［引付］。みれう［魅了］。近世 みす［魅］。中世 ひっぱる［引張］。中古 いういん［誘引］。けどる［気取］。よせつく〔—つける〕［寄付］。草木も靡(なび)く。

—・けられる 近代 つられる［釣］。中世 かたむく［傾］。ほださる〔—される〕［絆］。心を奪はる〔—奪われる〕。中古 あくがる［憧］。ひかさる〔—される〕［引］。

—・ける力　きゅういんりょく［吸引力］。[近代]アトラクション(attraction)。みりょく［魅力］。

人の目を—・けるもの　アイキャッチャー(eye catcher)。

ひきつづき【引続】　つづいて［続］。[近世]ひきつづき［引続］。[中世]おひおひ［追追］。[中古]うちはへ［打延］。やがて［軈］。[上代]ありありて［有有／在在］。

ひきつづ・く【引続】　[近代]けいぞく［継続］。[中古]うちつづく［打続］。ひきつづく［引続］。[上代]とりつづく［取続］。

—・いて　[近代]追っ掛け引っ掛け。[近世]おっかけ／おひかけ［追掛］。[中世]ついで［次］。ひいて［延］。[中古]やがて［軈］。をりはへて［折延］。

—・いているさま　[中古]いまだ［未］。なほ［尚／猶］。

—・いて起こるさま　[中世]あひついで［相次］。じじこくこく［時時刻刻］。[中古]おひおひ［追追］。つぎつぎ［次次］。

—・いて何度も起こるさま　[近世]ばたばた。[中世]さいさい［再再］。しげしげ［繁繁］。せきせき。[中古]しきり［頻］。たびかさなる［度重］。たびたび［度度］。[上代]しきる［頻］。しばしば［屢／屢屢］。

—・かせる　[中世]ひきしろふ［引合］。[中古]ひきつづく［—つづける］［引続］。

ひきつづ・ける【引続】　[中世]ひきしろふ［引合］。[中古]かきわたす［掻渡］。ひきつづく［—つづける］［引続］。

ひきつ・れる【引連】→**つ・れる**

ひきでもの【引出物】→**おくりもの**

ひきと・める【引止】　いりゅう［慰留］。[中世]かけとどむ［掛留／懸留］。[中古]かけとむ［掛留／懸留］。とりとむ［—とめる］［取留］。ひかふ［ひかえる］［控／扣］。ひきとむ［—とめる］［引止／引留］。[上代]とどむ［とどめる］［留／止］。とむ［とめる］［留／止］。とりおく［取置］。ひきとどむ［—とどめる］［引留／引止］。

—・めて自由にさせない　[近世]こうせい［控制］。

—・めること　[近世]ひかへ［控／扣］。

無理に—・めること　[近世]よくりう［抑留］。わるどめ［悪止］。

ビギナー(beginner)　[近代]ビギナー。[近世]かけだし［駆出／駈出］。しんまい［新米］。[中世]しょしんしゃ［初心者］。

ひきぬ・く【引抜】　スカウト(scout)。[近世]てきよう［擢用］。ばってき［抜擢］。ひきぬく［引抜］。[中世]えらびだす［選出］。ぬきだす［抜出］。[中古]ぬきとる［抜取］。ひく［引］。[上代]ぬきいづ［抜出］。

勢いよく—・く　[近世]ひっこぬく［引抜］。[中世]ひんぬく［引抜］。

多く集まった中から部分的に—・く　[近世]うろぬく［疎抜］。[中世]おろぬく［疎抜］。まびく［間引］。

大勢を順に—・くこと　ごぼうぬき［牛蒡抜］。

根菜類を—・く　[中古]こく／こぐ［扱］。

摑(つ)かんで—・く　[中古]むしる［毟］。

物をつまんで—・く道具　[中世]けびき［毛引］。[中古]けぬき［毛抜］。

ひきはな・す【引離】　差を付ける。水をあける。[近代]ふりはなつ［振離］。[中世]つきはなす［突放］。はなす［離／放］。ひきのく［—のける］［引退］。ひきはなす［引離］。[中古]とりはなつ［取放］。ふりはなす［振離］。[上代]さく［離／放］。

追い着きそうなのを—・す　[中世]ふりきる［振切］。

親しい者どうしを—・す　[中古]仲(中)を裂く。[上代]さく［裂／割］。

ひきはら・う【引払】　[近代]ひきあげる［引揚］。ひきはらふ［引払］。[中世]たいきょ［退去］。たたむ［畳］。ひきしりぞく［引退］。[中古]たちのく［立退］。のく［退］。[上代]たちさる［立去］。はなる［はなれる］［離］。はらふ［払］。

ひきもきらず【引切】　切れ目なく。[近代]ひっきりなし［引切無］。止め処なく。[近世]間断なく。[中世]ずっと。ぬのびき［布引］。引きも切らず。[中古]絶え間なく。[上代]たえず［絶］。

ひきもど・す【引戻】　[近世]よびもどす［呼戻］。[中世]ひきもどす［引戻］。もどす［戻］。[中古]ひこしらふ／ひこしろふ［引］。

ひきゃく【飛脚】　[近世]たよりや［便屋］。まちびきゃく［町飛脚］。[中世]はやみち［早道］。[中古]ひきゃく［飛脚］。

—の発着所　[近世]いうてい［郵亭］。うまつぎ［馬継］。えきてい［駅逓］。

馬を用いた—　[近世]うまはやびきゃく［馬早飛脚］。

金銭を輸送した—　[近世]かねびきゃく［金飛脚］。

特別急いで運ぶ—　[近世]はやびきゃく［早飛脚］。はやびん［早便］。

ひきやぶ・る【引破】　[近代]やぶる［破］。[近世]やぶく［破］。[中古]ひきやぶる［引破］。ひきやる［引破］。[上代]さく［裂／割］。

ひきょう【卑怯】　[近代]いんけん［陰険］。[近世]

ひ

さもし。ひきょう[比興]。中世きたなし[汚/穢]。ひけふ[卑怯]。ふかく[不覚]。まさなし[正無]。めだりがほ/めだれがほ[目垂顔]。中古つたなし[拙]。ひれつ[卑劣]。→ひれつ

—・な振る舞いをする 中世きたなびる[汚]。

—者 中世ふかくじん[不覚人]。

ひきょう【秘境】 近代ひきゃう[秘境]。中世せんかい[仙界]。中古いうきゃう[幽境]。せんきゃう[仙境]。

ひきょう【悲境】 近代きゅうじゃう[窮状]。ひきゃう[悲境]。近世ぎゃくきゃう[逆境]。くきゃう[苦境]。中古ふぐう[不遇]。

ひぎょう【罷業】 近代サボタージュ(フランス sabotage)。スト/ストライキ(strike)。たいげふ[怠業]。ひげふ[罷業]。ひこう[罷工]。

ひきよ・せる【引寄】 近世かきたくる[掻手繰]。中世たぐりよす[—よせる][手繰寄]。ひきこむ[引込]。ひっぱる[引張]。まねく[招]。中古かきよす[—よせる][掻寄]。たくる/たぐる[手繰]。とりよす[—よせる][取寄]。ひきいる[引入]。ひきそばむ[引側]。ひきつく[—つける][引付]。ひきよす[—よせる][引寄]。よせつく[—つける][寄付]。上代くる[繰]。ひきこす[引越]。ひきよづ[引攀]。ひく[引/曳]。よす[よせる][寄]。

—・せて見る 近世ひきみる[引見]。

—・せて結ぶ 上代ひきむすぶ[引結]。

—・せられる 上代よそる[寄]。

抱いて—・せる 近世だきよす[—よせる][抱寄]。

ひぎり【緋桐】 近世たうぎり[唐桐]。ひぎり[緋桐]。上代あかぎり[赤桐]。

ひきわけ【引分】 イーブン(even)。ドロー(draw)。近代タイゲーム(tie game)。ドローンゲーム(drawn game)。わけ[分/別]。近世あひうち[相打]。あひこ[相子]。ひきわけ[引分]。われ[割]。中世しょうぶなし[勝負無]。中古ぢ[持]。

—の相撲 近世われずまふ[割相撲]。

怪我等による— いたみわけ[痛分/傷分]。

ひきわ・ける【引分】 われる[割]。近代ひきわける[引分]。近世わく[わける][分/別]。

ひきん【卑近】 みぢか[身近]。近代きんせん[近浅]。つうぞく[通俗]。近世ありふれ[有触]。せわ[世話]。てぢか[手近]。中世ひきん[卑近]。

—で浅いこと 近代きんせん[近浅]。

—なものを軽視する 中世かけいやぼく[家鶏野鶩]。《句》近代予言者郷里に容れられず。近世人は故郷を離れて貴し。耳を貴(たっと)び目を賤(いや)しむ。中世家鶏(かけい)を厭(いと)ひ野雉(やち)を愛す。遠きは花の香。

ひ・く【引】❶〈退く〉 近代こうたい[後退]。近世すさる[退]。さがる[下]。てったい[撤退]。中世いんたい[引退]。たいせき[退席]。ひっこむ[引込]。中古たいきゃく[退却]。のく[退]。ひきさがる[引下]。ひく[引/退]。上代しりぞく[退]。

潮が—・く 中古ひる[干]。上代ふ[ひる][干/乾]。

ひ・く【引】❷〈引っ張る〉 近代えいかう[曳航]。けんいん[牽引]。中世たぐりよす[—よせる][手繰寄]。ひきずる[引摺]。ひきつむ[—つめる][引詰]。ひこづる[引]。ひっぱる[引張]。中古たぐる[手繰]。ひきしろふ[引]。上代ひく[引]。

《枕》上代あづさゆみ[梓弓]。しらまゆみ[白真弓/白檀弓]。ふすまぢを[衾道]。

力をこめて—・くさま 近世ぐいぐい。

水を—・く 中古まかす[引]。

ひ・く【引】❸〈減じる〉 近代マイナス(minus)。近世こうぢょ[控除]。中世さしひく[差引]。ひく[引]。へらす[減]。中古げんず[減]。へす[減]。

水が—・くこと 中世おちあし[落足]。

ひ・く【引】❹〈誘う〉 近代さそひこむ[誘込]。近世いうだう[誘導]。中古さそふ[誘]。上代ひく[引]。

ひ・く【弾】 近代えんそう[演奏]。近世かなづ[かなでる][奏]。中世たんず/だんず[弾]。中古かいひく[掻弾]。かきたつ[—たてる][掻立]。かきなす/かきならす[掻鳴]。しらぶ[しらべる][調]。ひく[弾]。上代かく[掻]。そうす[奏]。つまびく[爪弾]。

—・き興じる 中古ひきすさぶ[弾遊]。

—・きこなす 中世ひきすます[弾澄]。中古ひきしづむ[弾鎮]。

—・き続ける 中古かきわたす[掻渡]。

—・き通す 中古かきわたす[掻渡]。

びく【魚籠】 近世ぎょらん[魚籃]。びく[魚籠]。ふご[畚]。中世すかり/すがり。つりかご[釣籠]。

ひく・い【低】 ロー(low)。近代ていてう[低調]。ていど[低度]。ていれつ[低劣]。中世たんせう[短小]。ひきし[低]。中古ひきし[低]。ひきらか[低]。ひきやか[低]。ひくし[低]。ほどなし[程無]。みじかし[短]。上代ひきし[短/卑]。

━・い音 近代ていおん［低音］。バス(bass)。
━・い次元 中古ていじ［低次］。ていじげん［低次元］。
━・い姿勢 近代ていしせい［低姿勢］。
━・い所 近世ひくみ［低］。中世くぼみ［窪］。ていしょ［低所／低処］。中古しも［下］。上代たに［谷］。
━・くする 近世ひくむ［ひくめる］［低］。中古おとす［落］。くぼむ［くぼめる］［凹／窪］。さぐ［さげる］［下］。ひきさぐ［━さげる］［引下］。ひきしじむ［引縮］。
━・くなる 近代ていか［低下］。ひくまる［低］。近世ころがりおつ［━おちる］［転落］。ころげおつ［━おちる］［転落］。中世さがる［下］。中古あさふ［浅］。くだる［降／下］。くぼむ［凹／窪］。上代おつ［おちる］［落］。
相手を━・く見誤る かしょうひょうか［過小評価］。中世みそる［━それる］［見逸］。
家の中で一段━・い所 中古おちくぼ［落窪］。
音や調子が━・くなる 中世める［減］。
音声や背丈が━・いさま 中世ひきやか／ひきらか［低］。
丘陵が次第に━・くなること 近代りょうい［陵夷］。中世りょうち［陵遅］。
雲などが━・く覆う 近代たれこめる［垂籠／垂込］。
位が━・い 近世ていい［低位］。中世かゐ［下位］。ひきやか／ひきらか［低］。中古あさし［浅］。あさふ［浅］。おとる［劣］。かろぶ［軽］。ひきし［低］。上代いやし［賤］。
位を━・くする 中古おししづむ［━しずめる］［押沈］。
才能がありながら━・くとどまっている 近代えんたい［淹滞］。
姿勢を━・くする 中世かがむ［屈］。中古かきふす［搔臥］。くぼむ［くぼめる］［凹／窪］。
周囲より━・いさま 中世くぼし［凹／窪］。
等級等が━・いこと 近代かきふ［下級］。ていきふ［低級］。
最も━・いこと 近代さいかとう［最下等］。さいてい［最低］。近世げげ［下下］。

ひくつ【卑屈】 近代ひくつ［卑屈］。れっとうかん［劣等感］。中古ひげ［卑下］。

びくつ・く 近代おぢけづく［怖気付］。近世おぢける［怖］。びくつく。びくびくす。中世こはがる［怖／恐］。たまぎる［魂消］。恐れをなす。中古おくす［臆］。おづ［おじる］［怖］。
━・くさま 近代きょうきょう［恟恟／洶洶］。てきぜん［惕然］。びくっと。近世おそるおそる［恐恐］。おっかなびっくり。おどおど。ぎょっと。こくそく［觳觫］。こはごは［怖怖］。せうしんよくよく［小心翼翼］。はっと。びくびく。よくよく［翼翼］。中古きょうきょう［兢兢］。ずいずい［惴惴］。上代せんせんきょうきょう［戦戦恐恐／戦戦兢兢］。

ピクニック(picnic) 近代かうらく［行楽］。ハイキング(hiking)。ハイク(hike)。ピクニック。近世ゑんそく［遠足］。中世ゆさん［遊山］。

ぴくぴく 近世ぴくぴく。ひこひこ。
━・する 近世ひくつく／ひこつく。中世うごめく［蠢］。おごめく［蠢］。

びくびく・する →びくつ・く

ひぐらし【蜩】 近世かなかな。かなかなぜみ［蜩］。ばうてう［茅蜩］。中古かんぜみ［寒蜩］。上代かんせん［寒蟬］。ひぐらし［蜩／晩蟬］。

ひぐれ【日暮】 近代ゆふこく［夕刻］。近世ひとぼしごろ／ひともしごろ［火点頃］。中世うすぐれ［薄暮］。かいくらみどき［搔暗時］。じつほ［日晡］。じつぼ［日暮］。中古いりあひ［入相］。くれがた［暮方］。たそがれ［黄昏］。にちぼ［日暮］。はくぼ［薄暮］。ひくれ／ひぐれ［日暮］。ひぐれがた［日暮方］。ゆふかた［夕方］。ゆふぐれがた［夕暮方］。ゆふさり［夕］。ゆふまぐれ［夕間暮］。上代ゆふぐれ［夕暮］。ゆふと［夕］。ゆふべ［夕］。→ゆうがた
━が遅いこと 中古ちじつ［遅日］。上代しゅんじつちち［春日遅遅］。
━が早いこと 中古たんじつ［短日］。
━のあと明るさが残る 中世くれのこる［暮残］。

ひけ【引】 近代ひけめ［引目］。近世おくれ［遅］。中世きおくれ［気後］。ひけ［引／退］。→ひけめ
━を取らない 近代いづれ劣らぬ。近世おされぬ［押］。押しも押されもせぬ。中古はぢなし［恥無］。
━を取る 近代一歩を譲る。中世くぼし［凹／窪］。一籌を輸す。中古はづ［はじる］［恥／羞］。上代おとる［劣］。

ひげ【卑下】 近代ひくつ［卑屈］。中世けんそん［謙遜］。中古おもひおとる［思劣］。ひげ［卑下］。上代へりくだる［謙］。へる［謙］。
《句》近代卑下も自慢のうち。卑下も過ぎれば自慢となる。
━・した言い方をする 近世口を垂る。
みだりに━・しない 近世じちょう［自重］。

ひげ【髭】 上代 ひげ［髭／鬚］。

ーの多いさま 近代 ひげじゃら／ひげもじゃ［髭］。近世 ひげむしゃ［髭］。中世 ひげむく［髭］。中古 ひげがち［髭勝］。

ーの濃い人を罵る語 近代 ぜんど［髯奴］。近世 ぜんりょ［髯虜］。

ーを剃ること シェービング(shaving)。剃刀(かみそり)を当てる。

ーを生やしていること ゆうぜん［有髯］。近代 ちくぜん［蓄髯］。

硬く突っ張ったー 近世 とらひげ［虎髭］。中世 こしゅ［虎鬚］。

豪傑などの生やすー 近代 こぜん［虎髯］。

剃るのを怠って伸びたー 近代 ぶしょうひげ［無精髭／不精髭］。

付けたり描いたりしたー かきひげ［書髭／描髭］。近代 つけひげ［付髭／付鬚］。中世 つくりひげ［作髭／作鬚］。

長い頬のー 近世 ちょうぜん［長髯］。

ぼうぼうと生えたー しょうきひげ［鍾馗髯］。中世 ほうほう［蓬蓬］。

まばらなー 近代 そぜん［疎髯］。

立派なー かんうひげ［関羽髯］。近代 びぜん［美髯］。

その他ーのいろいろ(例)①［場所］ 近代 あごひげ［顎鬚］。はなひげ［鼻髭］。近世 くちひげ［口髭］。したひげ［下髭／下髯］。中世 うはひげ［上髭／上髯］。ほほひげ［頬髭／頬髯］。

その他ーのいろいろ(例)②［形］ 近代 カイゼルひげ［(ドイツ) Kaiser 髭］。ちょびひげ［髭］。ナポレオンひげ［(フランス) Napoléon 髭］。なまづひげ［鯰髭］。はちのじひげ［八字髭］。まきひげ［巻鬚］。やぎひげ［山羊髭］。近世 かまひげ［鎌髭］。どぢゃうひげ［泥鰌髭］。やっこひげ［奴髭］。

その他ーのいろいろ(例)③［色］ 近代 ぎんぜん［銀髯］。くろひげ［黒髭］。こうぜん［紅髯］。はくぜん［白髯］。近世 しらがひげ［白髪髭］。中古 あかひげ［赤髭］。さうしゅ［霜鬚］。さうぜん［霜髯］。しらひげ［白髭／白鬚］。

びけい【美景】 近代 けいしょう［景勝］。近世 びくゎん［美観］。中世 ぜっけい［絶景］。ぜっしょう［絶勝］。ちけい［致景］。中古 びけい［美景］。→**けしき**

ひげき【悲劇】 近代 あいわ［哀話］。さんげき［惨劇］。トラジディー(tragedy)。ひげき［悲劇］。ひわ［悲話］。

ー的 近代 パセティック(pathetic)。

ー的結末 近代 カタストロフ／カタストロフィ／キャタストロフィ(catastrophe)。

ー的状況 近世 しうたんば［愁嘆場］。中古 しうたん［愁嘆／愁歎］。

ひけし【火消】 近代 せうくゎ［消火］。ひけし［火消］。近世 けしとむ［ーとめる］［消止］。せうばう［消防］。ちんくゎ［鎮火］。

ひけつ【秘訣】 おくでん［奥伝］。ひぎ［秘儀］。近代 ひぎ［秘技］。近世 えうけつ［要訣］。だいじ［大事］。伝家の宝刀。中世 おくのて［奥手］。ごくい［極意］。ひえう［秘要］。ひじゅつ［秘術］。ひでん［秘伝］。ひはふ［秘法］。中古 あうぎ［奥儀／奥義］。こつ［骨］。ひけつ［秘訣］。

ーなどを記してあるもの 中世 虎の巻。

ひけめ【引目】 コンプレックス(complex)。近代 そんしょく［遜色］。ひけめ［引目］。れっとうかん［劣等感］。中世 きおくれ［気後］。中古 みおとり［見劣］。→**ひけ**

ーを感じる 近世 ひく［ひける］［引］。上代 やさし［優］。

ひけらか・す 近代 ふりまはす［振回］。近世 ひからかす［光］。みせつく［ーつける］［見付］。みせびらかす［見］。中世 こじ［誇示］。ひけらかす。中古 ざえがる［才］。さかす［栄／盛］。じまん［自慢］。上代 てらさふ／てらふ［衒］。ほこる［誇］。

ー・したい気持ち 近代 げんき［衒気］。

ー・すこと てらい［衒］。

学問を誇ってー・すこと 近代 げんがく［衒学］。

ひけん【比肩】 近代 たいとう［対等］。近世 はくちゅう［伯仲］。引けを取らぬ。中世 ひってき［匹敵］。中古 どうとう［同等］。ならぶ［並］。ひけん［比肩］。

ひけん【卑見】 しょうこう［小考］。近代 ぐかう［愚考］。近世 しけん［私見］。ひけん［卑見］。中世 ぐけん［愚見］。せうけん［小見］。中古 ぐあん［愚案］。くゎんけん［管見］。

ひご【飛語】 近代 デマ(ドイツ Demagogie の略)。りうせつ／るせつ［流説］。中古 ひご［飛語／蜚語］。上代 りうげん［流言］。→**うわさ**

ひご【庇護】 近代 くゎいご［回護］。ひご［庇護］。ひほ／ひほう［庇保］。ほご［保護］。ようご［擁護］。中世 かばふ［庇］。かび［加被］。

ー者 《尊》近代 かうひ［高庇］。近世 おほひ［覆／庇］。

ーを受ける 近世 羽交(はがひ)に付く。

強い者のー 近世 息が掛かる。

ひこう【非行】 近代 ひかう[非行]。中古 あくぎゃう[悪行]。あくじ[悪事]。

ーに走る 近世 ぐれる。

ひこう【飛行】 フライト(flight)。近代 かうかう[航行]。かうくう[航空]。近世 ひしゃう[飛翔]。中世 ひかう[飛行]。上代 あまかける／あまがける[天翔]。かける[翔／駆]。とぶ[飛]。

ー・する物体の例 パラグライダー(paraglider)。ハンググライダー(hang glider)。ヘリコプター(helicopter)。近世 かうくうき[航空機]。グライダー(glider)。ひかうき[飛行機]。ひかうせん[飛行船]。ロケット(rocket)。

未確認のー物体 そらとぶえんばん[空飛円盤]。ユーフォー(UFO; unidentified flying object)。

遊覧を目的としたー ゆうらんひこう[遊覧飛行]。

いろいろなーの仕方(例) かっくう[滑空]。くうちゅうかっそう[空中滑走]。けいきひこう[計器飛行]。ゆうしかいひこう[有視界飛行]。

ひごう【非業】 近世 ひごふ[非業]。中世 よこしま[邪]。

ーの死 中世 わうし[横死]。

びこう【尾行】 近代 ついかう[追行]。ついせき[追跡]。ついび[追尾]。びかう[尾行]。中世 おひかく[ーかける][追掛]。跡を付く[ー付ける]。中古 つく[つける][付]。

びこう【微光】 近代 トワイライト(twilight)。近世 うすあかり[薄明]。中世 びめい[微明]。中古 びくゎう[微光]。

びこう【微行】 近代 みっかう[密行]。中世 おしのび[御忍]。せんかう[潜行]。中古 しのびありき／しのびあるき[忍歩]。びかう[微行]。

ひこうかい【非公開】 シークレット(secret)。まるひ[丸秘]。近代 ないみつ[内密]。近世 かくしごと[隠事]。ないしょ[内緒／内証]。中世 ないしょう[内緒／内証]。みつじ[密事]。中古 ひじ[秘事]。ひみつ[秘密]。みそかごと[密事]。上代 ひそかごと[密事]。

ひこうき【飛行機】 エアクラフト(aircraft)。近代 エアプレーン(airplane)。エアロプレーン(aeroplane)。ひかうき[飛行機]。ひかうてい[飛行艇]。近世 かうくうき[航空機]。

ーが気流に流されること へんりゅう[偏流]。

ーが旋回などのため機体を傾けること バンク(bank)。

ーが飛び進むこと かっくう[滑空]。くうちゅうかっそう[空中滑走]。フライト(flight)。近代 うんかう[運航]。かうかう[航行]。かうくう[航空]。中世 ひかう[飛行]。

ーが飛び立つこと テイクオフ／テークオフ(takeoff)。近代 りりく[離陸]。

ーが離着陸のために進むこと 近代 くゎっそう[滑走]。

ー同士の異常接近 ニアミス(near miss)。

ーの航行記録 ログ(log)。

ーの主翼が一枚でできていること 近代 たんえふ[単葉]。

ーの主翼が二枚でできていること 近代 ふくえふ[複葉]。

ーの乗務員 きちょう[機長]。キャプテン(captain)。フライトアテンダント(flight attendant)。近代 スチュワーデス(stewardess)。スチュワード(steward)。パーサー(purser)。パイロット(pilot)。

ーの正常でない着陸 どうたいちゃくりく[胴体着陸]。近代 オーバーラン(overrun)。ふじちゃく[不時着]。

ーの占拠 スカイジャック(skyjack)。ハイジャック(hijack)。近代 のっとり[乗取]。

ーのつばさ ウイング(wing)。はね[羽／羽根]。りょうよく[両翼]。近代 ぎんよく[銀翼]。つばさ／よく[翼]。

ーのつばさのいろいろ(例) さげよく[下翼]。しゅよく[主翼]。しょうこうだ[昇降舵]。すいちょくびよく[垂直尾翼]。すいへいびよく[水平尾翼]。フラップ(flap)。

ーの飛ぶ姿 近代 きえい[機影]。

ーの飛ぶ道筋 くうろ[空路]。近代 エアライン(airline)。かうくうろ[航空路]。かうろ[航路]。

ーの発進装置 しゃしゅつき[射出機]。近代 カタパルト(catapult)。

ーの発着場 エアターミナル(air terminal)。エアポート(airport)。近代 エアステーション(air station)。くうかう[空港]。ひかうぢゃう[飛行場]。

ーを操縦する人 エアロノート(aeronaut)。パイロット(pilot)。近代 さうじゅうし[操縦士]。てうじん[鳥人]。ひかうか[飛行家]。ひかうし[飛行士]。

ーをとめておくこと ちゅうき[駐機]。

エンジンが一つのー　たんぱつき［単発機］。

エンジン二基を備えているー　そうはつき［双発機］。

玩具のー　かみひこうき［紙飛行機］。フェザープレーン(feather plane)。ラジコンひこうき［radio control 飛行機］。

軍用ーのいろいろ(例)　かんさいき［艦載機］。こうげきき［攻撃機］。しょうかいき［哨戒機］。ステルスき［stealth 機］。ばくげきき［爆撃機］。ファイター(fighter)。近代 かんじゃうき［艦上機］。ぐんようき［軍用機］。せんとうき［戦闘機］。ていさつき［偵察機］。らいげきき［雷撃機］。

その他ーのいろいろ(例)　ウルトラライトプレーン(ultralight plane)。エアクラフト(aircraft)。エアバス(airbus)。エスエスティー(SST; supersonic transport)。エストール(STOL; short takeoff and landing)。オートジャイロ(auto giro)。かっくうき［滑空機］。クリッパー(clipper)。コミューターき［commuter 機］。ジェットき［jet 機］。ぜんてんこうき［全天候機］。ちょうおんそくき［超音速機］。ちょうおんそくりょかっき［超音速旅客機］。パラプレーン(paraplane)。ヘリ／ヘリコプター(helicopter)。ゆそうき［輸送機］。近代 エアシップ(airship)。グライダー(glider)。すいじゃうひかうき［水上飛行機］。ひかうてい［飛行艇］。りょかくき［旅客機］。

ひこうしき【非公式】 近代 こじんてき［個人的］。してき［私的］。ひこうしき［非公式］。プライベート(private)。中古 け［褻］。

ー・に見ること　中世 ないらん［内覧］。

ひこうじょう【飛行場】 エアターミナル(air terminal)。エアポート(airport)。近代 エアステーション(air station)。くうかう［空港］。ひかうぢゃう［飛行場］。

ーで乗客の乗降などの地点　スポット(spot)。

ーで飛行機の離着陸する所　かっそうろ［滑走路］。ランウエー(runway)。

ーの送迎デッキ　フィンガー(finger)。

ひごうほう【非合法】 近代 ひがふはふ［非合法］。ゐけん［違憲］。ゐはふ［違法］。中古 ふはふ［不法］。

ひごうり【非合理】 近代 はいり［背理／悖理］。ふがふり［不合理］。近世 りふじん［理不尽］。

びこつ【尾骨】 近世 びていこつ［尾骶骨］。びりょこつ［尾閭骨］。中世 しりぼね［尻骨］。びこつ［尾骨］。

ひごと(に)【日毎】 デイリー／デーリー(daily)。近世 ひましに［日増］。中世 ひつぎ［日次］。ひなみ［日次／日並］。ひにまし［日増］。まいにち［毎日］。中古 ひび［日日］。上代 いやひけに［弥日異］。ひごと(に)［日毎／毎日］。ひにけに［日異］。

ひこぼし【彦星】 近代 うしかひぼし［牛飼星］。近世 けんぎう／けんぎうせい［牽牛星］。むこぼし［婿星］。をとこぼし／をぼし［男星］。中世 たなばた［七夕］。をたなばた［男七夕］。中古 いぬかひぼし［犬飼星］。ひこぼし［彦星］。上代 とほづま［遠夫］。ひこほし［彦星］。

ひごろ【日頃】 近代 じゃうじつ［常日］。にちらい［日来］。近世 にちじゃう［日常］。中世 いつも。かねて［予］。けんじつ［兼日］。せいへい［生平］。ふだん［普段／不断］。中古 つねづね［常常］。世と共に。上代 ころごろ［頃頃］。ひごろ［日頃／日比］。へいぜい［平生］。

ひざ【膝】 ひざかぶ［膝株］。近代 ニー(knee)。ひざぼうず［膝坊主］。近世 しつがい［膝蓋］。ひざこぞう［膝小僧］。ひざばう［膝坊］。中世 つぶし［腿］。つぶぶし［踝］。ひざがしら［膝頭］。ひざぶし［膝節］。上代 ひざ［膝］。

ーから下　近世 すそ［裾］。

ーから下でくるぶしより上　近代 かたい［下腿］。中世 すね［臑／脛］。はぎ［脛］。

ーで歩くこと　近世 すりひざ［擦膝／磨膝］。中古 しっかう［膝行］。ゐざり［膝行／躄］。

ーの上　ラップトップ(lap top)。

ーの後ろの筋肉　中古 よほろすぢ［膕筋］。

ーの後ろのくぼみ　しっか［膝窩］。中世 ひかがみ／ひっかがみ［膕／引屈］。上代 よほろ［膕］。

ーの円板状の骨　近代 しつがいこつ［膝蓋骨］。近世 ひざざら［膝皿］。中世 膝の皿。

ーの屈伸運動　スクワット(squat)。

片方のー　中古 かたひざ［片膝］。

両方のー　近代 りゃうひざ［両膝］。中世 もろひざ［諸膝］。

ひさい【被災】 近代 さうなん［遭難］。じゅなん［受難］。りさい［罹災］。

ひさい【非才】 近代 はくさい［薄才］。ぼんさい［凡才］。中古 せんがく［浅学］。たんさい［短才］。ひさい［非才／菲才］。上代 ふさい［不才］。

びさい【微細】 マイクロ／ミクロ(micro)。近世 こまかし［細］。中世 さいび［細微］。びせう

[微小]。中古 びさい[微細]。
ー・な ファイン(fine)。

ひざかり【日盛】 近世 まっぴるま[真昼間]。まひる[真昼]。中古 はくちう[白昼]。ひざかり[日盛]。

ひさく【秘策】→**ひじゅつ**

ひさご【瓢】 中世 ふくべ[瓢]。中古 ひさこ／ひさご[瓢／瓠／杓]。へうたん[瓢箪]。

ひさし【庇】 近代 をだれ[尾垂]。近世 さげをだれ[下尾垂]。中世 はしがくし[階隠]。中古 のき[軒／宇]。ひがくし[日隠]。ひさし[廂／庇]。
ーの陰 近世 ひいん[庇蔭]。
ーの間 近代 いりがは[入側]。えんざしき[縁座敷]。中世 はしがくしのま[階隠間]。はしのま[階間]。中古 ひがくしのま[日隠間]。
ーのような頭に付ける日除け サンバイザー(sun visor)。近代 アイシェード(eyeshade)。
板で葺ふいたー 中古 いたびさし[板庇／板廂]。
入り口や窓の上などの小さなー 近世 きりよけ[霧除]。きりよけびさし[霧除庇]。中古 つまびさし[妻廂]。
玄関の天蓋風のー キャノピー(canopy)。
二重のーの下側 中古 まごびさし[孫庇／孫廂]。またびさし[又庇／又廂]。
柱を立てた深いー 近代 どびさし[土庇／土廂]。中古 つちひさし[土庇／土廂]。

ひざし【日射】 にっしょう[日照]。近代 サンシャイン(sunshine)。たいやうくわう[太陽光]。にっしゃ[日射]。近世 ひざし[日射／日差]。中古 にっくゎう[日光]。やうくゎう[陽光]。日の光。上代 ひかげ[日影／日景]。
ーが斜めであること 中古 しゃきゃく[斜脚]。
秋のー 近世 しうやう[秋陽]。
横からさすー 近世 よこび[横日]。

ひさし・い【久】 中世 ひさびさ[久久]。中古 はるけし[遥]。ほどほどし[程程]。上代 けながし[日長]。ながし[長／永]。ひさ[久]。ひさし[久／尚]。まけながし[真日長]。
《枕》中古 まつのはの[松葉]。上代 みづがきの[瑞垣]。
ー・いこと(さま) 中古 むご[無期]。
ー・く 近代 ながらく[長／永]。中古 うちはへ(て)[打延]。

ひさしぶり【久振】 近代 しばらくぶり[暫振]。ひさかたぶり[久方振]。中世 ひさしぶり[久振]。ひさびさ[久久]。中古 ひさし[久]。

ひざまず・く【跪】 近世 しゃがむ。下に居る。中世 かがむ[屈]。くぐまる／くぐむ[屈]。つくばふ[蹲]。中古 うずくまる[蹲／踞]。かがまる[屈]。ついゐる[突居]。ひざまづく[跪]。
ー・いたまま進退すること 近世 すりひざ[擦膝／磨膝]。中世 にじる[躙]。中古 しっかう[膝行]。しったい[膝退]。ゐざり[膝行／躄]。
ー・いて拝むこと 中世 はいき[拝跪]。上代 きはい[跪拝]。

ひさめ【氷雨】 れいう[冷雨]。中世 ひょう[雹]。中古 ひ[氷]。上代 あられ[霰]。ひさめ[氷雨]。

ひざもと【膝元】 近代 みぢか[身近]。中世 たうち[当地]。ぢば[地場]。ひざもと[膝元／膝下]。中古 しっか[膝下]。そば[側]。

ひさん【悲惨】 近代 さんぜつ[惨絶]。せいさん[凄惨／悽惨]。近世 さんたん[惨憺]。むごし[惨／酷]。むごたらし[惨／酷]。中世 ひさん[悲惨／悲酸]。むざん[無残]。中古 さんび[酸鼻]。むげ[無下]。
ー・な結末 はきょく[破局]。
ー・なさま 見るに堪えない。近代 いきぢごく[生地獄]。中世 目も当てられず。見るに忍びぬ。

ひじ【肘】 エルボー(elbow)。中古 たなひぢ[手肱]。上代 ひぢ[肘／肱]。
ー掛けのある椅子 近代 アームチェア(armchair)。ひぢかけいす[肘掛椅子]。
ーから手首までの間 かはく[下膊]。ぜんわん[前腕]。近代 ぜんはく[前膊]。上代 ただむき[腕]。
ーを置いてよりかかるもの 近代 ひぢかけ[肘掛]。上代 けふそく[脇息]。
ーをかざして笠の代わりとすること 中世 ひぢかけがさ[肘掛笠]。ひぢかさ[肘笠]。
ーを枕代わりにすること 近世 ひぢまくら[肘枕]。
肩からーまでの腕 近代 じゃうはく[上膊]。中世 にのうで[二腕]。
片方のー 中古 かたひぢ[片肘／片肱]。
猿のように長いー 中古 ゑんぴ[猿臂]。
短いー たんぴ[短臂]。
やせ細ったー 近代 やせひぢ[痩肘]。

びし【微志】 近代 はくし[薄志]。はくしゃ[薄謝]。中世 すんしん[寸神]。びい[微意]。中古 すんし[寸志]。びし[微志]。→**すんし**

びじ【美辞】 近代 かんじ[甘辞]。びじ[美辞]。中世 かんげん[甘言]。言葉の玉。

中古びげん[美言]。れいく[麗句]。
―を連ねた文 近代びぶん[美文]。
―を連ねる 近世言葉を飾る。
ひしくい【鴻】 近世ぬまたらう[沼太郎]。中古うかり[鴻]。中世ひしくひ[鴻/菱喰]。
ひしと【犇】 びしっと/ぴしっと。近世ぎしぎし(と)。しっかり。ぴったり。中世しっとと。中古しとと。ひしと[犇]。
ビジネス(business) ジョブ(job)。近代じつげふ[実業]。ビジネス。近世きんむ[勤務]。中世しごと[仕事]。しゃうばい[商売]。中古じげふ[事業]。
―マン 近代きげふか[企業家]。くゎいしゃゐん[会社員]。けいえいしゃ[経営者]。サラリーマン(salaried man)。じつげふか[実業家]。じむゐん[事務員]。しゃゐん[社員]。
ひしひし【犇犇】 近代つうせつ[痛切]。近世ひしひし[犇犇]。中世せつせつ[切切]。
ひしめ・く【犇】 ラッシュ(rush)。近世ごったがへす[返]。こんざつ[混雑]。さったう[殺到]。中世ぎぎめく。こみあふ[込合/混合]。中古こむ[込/籠/混]。ひしめく[犇]。
―・くさま 近代ぎゅうぎゅう詰め。すしづめ[鮨詰]。芋を洗ふやう。近世ひとぜり[人競]。押し合ひ圧(へ)し合ひ。中世立錐(りっすい)の余地もなし。
ひしゃく【柄杓】 近世しゃもじ[杓文字]。中世かいぎ/かいげ[掻笥/匙笥]。ひさく[柄杓/杓]。ひしゃく[柄杓/杓]。まがり[鋺]。中古しゃくし[杓子]。ひさご[瓢]。しゃく[杓]。→しゃもじ
酒を酌むのに使う立派な― 中古ぎょくと[玉斗]。
茶の湯で使う― 近世ちゃびしゃく[茶柄杓]。中世さしゃく/ちゃしゃく[茶杓]。
ひしゃ・げる【拉】 近世ひしゃぐ〔ひしゃげる〕[拉]。へしゃげる[拉]。中古ひしぐ〔ひしげる〕[拉]。上代ひだく[挫]。
びしゅう【美醜】 近世びしう[美醜]。中世けんしう[妍醜]。
―を見分けること 近代しんび[審美]。近世かんべつ[鑑別]。
ひじゅつ【秘術】 近世伝家の宝刀。中世おくのて[奥手]。ごくい[極意]。ひさく[秘策]。ひじゅつ[秘術]。ひはふ[秘法]。中古あうぎ[奥儀/奥義]。→ひけつ
びじゅつ【美術】 クンスト(ドイツKunst)。近代アート(art)。くうかんげいじゅつ[空間芸術]。ざうけいげいじゅつ[造形芸術]。びじゅつ[美術]。
―品展示の部屋 近代ギャラリー(gallery)。ぐゎらう[画廊]。
―や工芸家の仕事場 近代アトリエ(フランスatelier)。こうばう[工房]。
錯視効果をもつ視覚的― オプアート(Op Art)。
ひしょ【秘書】 そっきん[側近]。近代かばんもち[鞄持]。セクレタリー(secretary)。ひしょ[秘書]。
びじょ【美女】 →びじん
ひしょう【飛翔】 近世ひしゃう[飛翔]。中世ひかう[飛行]。上代かける[翔/駆]。
ひしょう【費消】 近代ひせう[費消]。中世つかひへらす[遣減]。つかふ[遣]。つひやす[費]。→しょうひ
ひしょう【悲傷】 近代ひさう[悲愴]。近世ひつう[悲痛]。中古しうたん[愁嘆/愁歎]。ひたしゃうしん[傷心]。ひしゃう[悲傷]。ひたん[悲嘆/悲歎]。上代さたん[嗟嘆/嗟歎]。
ひじょう【非情】 近代ひにんじゃう[非人情]。れいこく[冷酷]。近世するどし[鋭]。ふにんじゃう[不人情]。むじひ[無慈悲]。情け知らず。中世はくじゃう[薄情]。中古つれなし。ひじゃう[非情]。れいたん[冷淡]。→はくじょう
―・なもののたとえ 中古いし[石]。ぼくせき[木石]。
ひじょう【非常】 エマージェンシー(emergency)。近代いじゃう[異常]。中世いじ[異事]。おぎろ[頤]。きんきふ[緊急]。ひじゃう[非常]。
―の場合 近代へんきょく[変局]。
びしょう【微笑】 近代スマイル(smile)。びせう[微笑]。ほほゑみ[微笑]。中古かたゑむ[片笑]。みせう[微笑]。上代ゑまひ[笑/咲]。ゑみ[笑]。
美女の―のさま 近世えんぜん[嫣然/艶然]。
仏像やギリシャ彫刻の古拙な― アルカイックスマイル(和製フランスarchaique + smile)。
びしょう【微少】 近代きょくしょう[極少]。きんせう[僅少]。中古びせう[微少]。わづか[僅/纔]。
びしょう【微小】 マイクロ/ミクロ(micro)。近代きょくせう[極小]。すいたう[錐刀]。近世こまかし[細]。中世さいび[細微]。びせう[微小]。中古ありなしの[有無]。こまやか[細]。
―・なもののたとえ 中古せうめい[焦螟/蟭

蜈]。蚊の睫(まつげ)。

ひじょうしき【非常識】 近代 じょうしきはづれ[常識外]。ひじゃうしき[非常識]。中世 はふぐゎい[法外]。

—・なことをする 中世 ぞんぐゎい[存外]。上代 たはく[たわける][戯]。

ひじょうに【非常】 近代 いやに。たいへん[大変]。とても[迚]。ひじゃうに[非常]。近世 うんと。おほいに[大]。おほきに[大]。がうせい[強勢]。ごく[極]。しっかり[確/聢]。すてきと[素敵]。それはそれは。たいそう[大層]。たいてい[大抵]。たんと。づんと。とんだ。ほとんど[殆/幾]。中世 いかにも[如何]。いたりて[至]。さばかり[然許]。ずいぶん[随分]。せめて[切]。よによに[世世]。えも言はず。中古 あまり[余]。いたりて[至]。いと。いとしも。いとも。うたた[転]。からく[辛]。きはめたる/きはめて[極]。すこぶる[頗]。せめて。そくばく/そこばく/そこら。はなはだ[甚]。一方(ひとかた)ならず。上代 あまた[数多/許多]。いたはつぐん[抜群]。よに/よにも[世]。いたく[痛/甚]。いとのきて。きはまりて[極]。そきだく。そこらくに。はだ。

→たいそう【大層】

びしょく【美食】 近代 ごちそう[御馳走]。中世 かかう[佳肴/嘉肴]。中古 ぎょくしょく[玉食]。ちんみ[珍味]。びしょく[美食]。

—・する(人) ガストロノーム(gastronome)。グルマン(フランス gourmand)。グルメ(フランス gourmet)。近代 しょくつう[食通]。近世 ええうぐひ[栄耀食]。

びしょぬれ【濡】 近代 ぐしょぬれ[濡]。ぬれしづく[濡雫]。近世 ずぶぬれ[濡]。びしょぬれ[濡]。中世 ぬれねずみ[濡鼠]。ひとしぼり[一絞]。

—になる 近代 しょぼたれる。ぬれしょびれる[濡]。ぬれしょぼれる[濡]。ぬれそびれる[濡]。ぬれそぼける[濡]。ぬれそぼれる[濡]。近世 ぬれしょぼたる[—たれる][濡]。ぬれそぼたる[—たれる][濡]。中世 そほつ/そぼつ/そほづ[濡]。そぼぬる[濡]。ぬれしほたる[—たれる][濡潮垂]。中古 しほたる[—たれる][潮垂]。しほどく[潮]。そぼたる。ぬれそぼつ[濡]。

—のさま 近代 ぐしょぐしょ。びちゃびちゃ。近世 びしょびしょ。びっしょり。中世 ずんぶり(と)。みさみさ(と)。中古 しとど。しほどけし[潮]。上代 しののに。

ビジョン(vision) こうそう[構想]。しかい[視界]。しや[視野]。しょうらいぞう[将来像]。てんぼう[展望]。みらいぞう[未来像]。近代 ビジョン。

ひじり【聖】 中世 せい[聖]。中古 ひじり[聖]。上代 せいじん[聖人]。

—として振る舞う 中世 ひじる[聖]。

偽の— 中世 そらひじり[空聖]。

びじん【美人】 近代 あけう[阿嬌]。うつくしびと[美人]。きれいくび[綺麗首]。シャン(ドイツ schön)。しゅくじん[淑人]。ビューティー(beauty)。マドンナ(イタリア Madonna)。めいくゎ[名花]。近世 いろをんな[色女]。うつくしもの[美者]。がび[蛾眉]。かほばな[顔花]。かほよばな[顔佳花/貌佳花]。かほよびと[顔佳人]。きゃしゃもの[花車者]。きりゃうよし[器量好]。くびしなもの[品者]。けいせん[傾城]。こうくん[紅裙]。こくしょく[国色]。こまち[小町]。じゃうたぼ[上髱]。すがた[姿]。せんびん[蟬鬢]。たま[玉]。たゐもん[太右衛門]。といち[卜一]。ぬれもの[濡者]。びき[美姫]。びぎょく[美玉]。びけい[美形]。べっぴん[別嬪/別品]。べんてん[弁天]。べんてんむすめ[弁天娘]。中世 いうぢょ[優女]。おとごぜ[乙御前]。かうしょく[好色]。解語(かいご)の花。物言ふ花。かじん[佳人]。かれい[佳麗]。ぎょくじん[玉人]。ぎょくぢょ[玉女]。けいこく[傾国]。けいせい[傾城/契情]。びしょく[美色]。びんぢょ[美女/便女]。ふんたい[粉黛]。みめよし[見目好/見目佳]。中古 いうぶつ[尤物]。かたち[形/容/貌]。かたちびと[容人/形人]。しうそく[有職/有識]。びじん[美人]。びぢょ[美女]。上代 かほよし[顔良]。くはしめ[美女]。すがしめ[清女]。てこ[手児]。てこな[手児名]。とこをとめ[常少女]。よろしめ[宜女]。れいじん[麗人]。

《句》近代 佳人(美人)薄命。美人に年なし。

—が大勢集まるたとえ 中世 ひゃくくゎれうらん[百花繚乱]。

—が怒るさま 近世 柳眉(りうび)を逆立つ[—逆立てる]。

—の歩み 近世 きんれんぽ[金蓮歩]。中古 れんぽ[蓮歩]。

—のいる富家 中古 こうろう[紅楼]。

—の絵 近代 びじんぐゎ[美人画]。近世 すがたゑ[姿絵]。をんなゑ[女絵]。

—のかいな 近世 ぎょくひ[玉臂]。

ひ

―の唇 かしん[花唇]。〔近世〕こうしん[紅唇／紅脣]。丹花(たんくわ)の唇(くちびる)。

―の腰 〔近代〕そえう[楚腰]。〔近世〕やなぎごし[柳腰]。〔中古〕さいえう[細腰]。りうえう[柳腰]。

―のコンテスト ミスコンテスト(和製 miss contest)。

―の死 〔近代〕ばいぎょく／まいぎょく[埋玉]。

―の寝室 〔中古〕こうけい[紅閨]。

―の寝室のとばり 〔近世〕らんちゃう[蘭帳]。〔中古〕すいちゃう[翠帳]。

―のたとえ 〔近代〕あうたう[桜桃]。しうくゎへいげつ[羞花閉月]。〔近世〕しゅしんかうし[朱唇皓歯]。〔中古〕太液(たいえき)の芙蓉(ふよう)。《句》〔近世〕立てば芍薬(しゃくやく)座れば牡丹(ぼたん)歩く姿は百合(ゆり)の花。沈魚落雁(ちんぎょらくがん)閉月羞花(へいげつしうくわ)。

―の手 〔中古〕ぎょくしゅ[玉手]。

―の涙 〔中古〕こうるい[紅涙]。

―の肌のたとえ 〔近代〕たまはだ[玉肌]。〔近世〕ぎょくき[玉肌]。びき／びはだ[美肌]。〔中古〕こうぎょく[紅玉]。黄金(わうごん)の膚(はだへ)。

―の微笑のさま 〔近世〕いっせうせんきん[一笑千金]。えんぜん[嫣然／艶然]。

―の眉 〔中古〕さうが[双蛾]。せいが[青蛾]。りうび[柳眉]。柳の眉(まゆ)(眉(まよ))。

―の目元 〔近世〕しうは[秋波]。

―を妻とすること 〔近代〕しゅぎょく[種玉]。

後ろ姿のよくない― 〔近世〕前十両に後ろ三両。

誰でも―に見える 《句》〔近世〕夜目遠目(よめとほめ)笠(かさ)の内(うち)。

手の届かない― 〔近世〕たかねのはな[高嶺花]。お庭の桜。

人を悩殺する― 〔近世〕ひとごろし[人殺]。

二人の― 〔近代〕さうび[双美]。

痩せ形の― 〔近代〕てうそう[趙痩]。
▼不美人 〔近代〕ウンシャン(和製(ドイツ) un schön)。〔近世〕でぶく[福]。

ピストル(pistol) はじき[弾]。〔近代〕けんじゅう[拳銃]。たんじゅう[短銃]。たんづつ[短筒]。ぱちんこ。〔近世〕ピストル。ふところでっぽう[懐鉄砲]。
―を腰につるケース ホルスター(holster)。

びせいぶつ【微生物】 げんせいどうぶつ[原生動物]。〔近代〕ばいきん[黴菌]。びせいぶつ[微生物]。
―の例 ウイルス(ラテン Virus)。きん[菌]。バイラス(virus)。〔近代〕アメーバ(ドイツ Amöbe)。さいきん[細菌]。バクテリア／バクテリヤ(bacteria)。
病気の原因となる― 〔近代〕びゃうげんきん[病原菌]。びゃうげんたい[病原体]。

ひそう【皮相】 〔近代〕うはっつら[上面]。ひさう[皮相]。へうそう[表層]。〔近世〕みせかけ[見掛]。みてくれ[見呉]。〔中世〕うはつら[上面]。へうめん[表面]。みかけ[見掛]。〔中古〕うはべ[上辺]。

ひそう【悲愴】 〔近代〕パセティック(pathetic)。ひさう[悲壮]。ひさう[悲愴]。〔近世〕ひつう[悲痛]。〔中古〕ちんつう[沈痛]。ひしゃう[悲傷]。

ひぞう【秘蔵】 〔近代〕あいざう[愛蔵]。ひとく[秘匿]。〔中世〕しざう[私蔵]。〔中古〕ひさう／ひざう[秘蔵]。

―の子 〔近代〕ひざうっこ[秘蔵子]。〔近世〕はこいり[箱入]。ひざうこ[秘蔵子]。ひざうえぼし[秘蔵烏帽子]。

―の品 〔近世〕とらのこ[虎子]。〔中古〕わたくしもの[私物]。

―の書物 〔中世〕ひしょ[秘書]。ひせき[秘籍]。ひほん[秘本]。


ひそか【密】 〔近世〕あんあん[暗暗／闇闇]。こっそり(と)。ないしょ／ないしょう[内緒]。ひそやか[密]。〔中古〕しのびやか[忍]。ないない[内内]。ひそか[密／窃／竊／秘／潜／陰／私]。みそか[密]。

―・な計画 〔近世〕そこだくみ[底企／底巧]。みっけい[密計]。〔中古〕ひけい[秘計]。

―・な恋 〔近世〕しあい[私愛]。〔上代〕したおもひ／したもひ[下思]。したこがれ[下焦]。したこひ[下恋]。

―・に こそっと。ひみつり[秘密裏]。人目を忍んで。人目を盗んで。〔近世〕かげながら[陰]。こっそり。ないしょで[内緒]。ひっそり。〔中世〕こそろ。そっと。そと。ないない[内内]。人目を忍うで。〔中古〕あんに[暗]。うちうち[内内]。かげで[陰]。した[下]。ぬすみに[盗]。みそか[密]。やをら。忍び忍びに。人知れず。〔上代〕しのびに[忍]。

―・にうまく事を運ぶ 〔近世〕ぬっくり。

―・に金品を貯えること 〔近代〕ひとく[秘匿]。〔近世〕かくまひ[匿]。〔中古〕ひさう／ひざう[秘蔵]。

―・に恋する 〔中世〕したこがる[下焦]。

―・に恋する人 〔近代〕意中の人。

―・に知らせること たれこみ[垂込]。〔近代〕みっこく[密告]。〔近世〕つげぐち[告口]。

―・にする 〔近代〕あんやく[暗躍]。さくどう

〔策動〕。もぐり〔潜〕。中世せんかう〔潜行〕。ひそめく〔密〕。中古しのぶ〔忍〕。まぎる〔まぎれる〕〔紛〕。

―・にすること 近世かくしごと／かくれごと〔隠事〕。

―・にする話 しわ〔私話〕。近世ないしょうばなし〔内証話〕。ないしょばなし〔内緒話／内証話〕。中古みつだん〔密談〕。→**ないしょ**

―・に妻とする 中古ぬすむ〔盗〕。

―・に敵に通ずること 近世ねがへり〔寝返〕。中世うらぎり〔裏切〕。ないつう〔内通〕。上代ないおう〔内応〕。

―・に泣くこと 近代あんるい〔暗涙〕。中世しのびなき〔忍泣〕。

―・に入り込むこと 近代せんにふ〔潜入〕。もぐりこむ〔潜込〕。

―・にわきから恋すること 近世をかぼれ〔岡惚／傍惚〕。

ひぞく【卑俗】 ていぞく〔低俗〕。近代げひん〔下品〕。ぞくっぽい〔俗〕。近世さとび〔俚〕。中世げびる〔下卑〕。ぼんぞく〔凡俗〕。中古げれつ〔下劣〕。ひぞく〔卑俗／鄙俗〕。

―と風雅 近世がぞく〔雅俗〕。

―・な調子 近代ぞくてう〔俗調〕。

―・な様子 中世ぞくたい〔俗体〕。

ひそひそ 中世ひそひそ。

―言う 中世そそめく。そそやく／つつやく〔囁〕。ひさめく。ひそめく〔密〕。中古うちささめく／ささめく〔私語〕。つつめく〔囁〕。

―声 中世こごゑ〔小声〕。しのびごゑ〔忍声〕。

―話 →**ないしょ**

ひそ・む【潜】 近代ふくざい〔伏在〕。もぐる〔潜〕。近世せんとく〔潜匿〕。ふくざう〔伏蔵〕。中世せんぷく〔潜伏〕。ひそむ〔潜〕(四段活用)。ふくす〔伏〕。中古かくろふ〔隠〕。ふす〔臥／伏〕。上代かくる〔かくれる〕〔隠〕。こもる〔籠〕。しのぶ〔忍〕。ふふむ〔含〕。

ひそ・める【潜】 近代ひとく〔秘匿〕。中古ひす〔秘〕。ひそむ〔ひそめる〕〔潜〕。上代かくす〔隠〕。→**かく・す**

ひそ・める【顰】 近代しかめっつら／しかめつら〔顰面〕。近世しぶつら〔渋面〕。中世しかむ〔しかめる〕〔顰〕。じふめん〔渋面〕。中古ひそむ〔ひそめる〕〔顰／嚬〕。

ひそやか【密】 近代じゃうじゃく〔静寂〕。粛として。近世せいじゃく〔静寂〕。ひっそり。ひっそりかん〔閑〕。中世かんじゃく〔閑寂〕。しんかん〔深閑／森閑〕。中古しのびやか〔忍〕。せいかん〔清閑〕。ひそやか〔密〕。れうれう〔寥寥〕。有るか無きか。

ひだ【襞】 アコーディオンプリーツ(accordion pleats)。ドレープ(drape)。プリーツ(pleats)。近代ギャザー(gather)。しうへき〔皺襞〕。しふへき〔褶襞〕。タック(tuck)。中古ひだ〔襞〕。上代しわ〔皺〕。

ごく細い縫い― ピンタック(pin tuck)。

ひたい【額】 がく〔額〕。近代おでこ。ぜんがく〔前額〕。近世さはち〔砂鉢／皿鉢〕。でこ〔凸〕。でこすけ〔凸助〕。中世ぬか〔額〕。上代ひたひ〔額〕。

―の生え際 近世こびたひ〔小額〕。

―の真ん中 中世まっかう〔真向〕。めんかう〔面向〕。

―の様子 中世ひたひつき〔額付〕。

―を剃る 近世額垂る。

髪を尼削ぎにした女の― 中古あまびたひ〔尼額〕。

突き出た― 中世でびたひ〔出額〕。

生え際を剃って整えた― 近代つくりびたひ〔作額〕。

生え際を丸く剃った― 近世まるびたひ〔丸額〕。

はげ上がった― 中世はちびたひ〔鉢額〕。

ひだい【肥大】 中世ひまん〔肥満〕。中古ひだい〔肥大〕。ふとる〔太／肥〕。上代こゆ〔こえる〕〔肥〕。

びたい【媚態】 近代コケット(フランスcoquette)。近世びたい〔媚態〕。中古けうたい〔嬌態〕。こび〔媚〕。→**なまめ・く**

―をふりまく 近世じょなめく。

ひたかくし【直隠】 近代ひたかくし〔直隠〕。近世ひしかくし〔秘隠〕。

―にする 近世ひしかくす〔秘隠〕。中古おしかくす〔押隠〕。

ひた・す【浸】 中古かす〔淅〕。さしひたす〔差浸〕。上代つく〔つける〕〔漬〕。ひたす〔浸／漬〕。ひつ／ひづ〔漬／沾〕。

ひたすら【只管】 しゃかりき。近代いちい〔一意〕。いちいせんしん〔一意専心〕。いちろ〔一路〕。せっせと。ねっしん〔熱心〕。ねっちゅう〔熱中〕。ひたむき〔直向〕。むがむちゅう〔無我夢中〕。近世いっしゃうけんめい〔一生懸命〕。しゃにむに〔遮二無二〕。ひたと〔直〕。ひたひた〔直直〕。ひたもの／ひったもの〔直物／頓物〕。ひらさら。脇目も振らず。中世いちづ〔一途〕。いっかう〔一向〕。いっしょけんめい〔一所懸命〕。うちたえ〔打

絶]。せち[切]。ただなりに。ただに[唯]。たった[唯]。たりふし[垂伏]。ひとすぢ[一筋]。ひとむき[一向]。ひらに[平]。まっぴら／まひら[真平]。むにむさん[無二無三]。もっぱら[専]。やくと[役]。やくやくと[役役]。よねんなし[余念無]。面(おもて)も振らず。寝食を忘れて。専(もっぱ)らにす。中古いっしんに[一心]。いっしんふらん[一心不乱]。おしひたすらに[押只管]。おふなおふな／おほなおほな。せちに／せつ[切]。ただ[只／唯]。ただただ[只只／唯唯]。ひたおもむき[直趣]。ひたぶる[頓／一向]。ひたみち[直道]。ひときは[一際]。ひとへに[偏]。もはら(に)[専]。上代かたより[片寄／偏]。ひたすら[只管／一向]。ひとみち[一道]。

—進むさま 中世ひたばしり[直走]。中古ただいき[唯行]。

—・な心 近代せつじゃう[切情]。中古ひたごころ[直心]。ひたぶるごころ[頓心]。

—・なこと(さま) 近代いっしき[一色]。ひとつら[一連／一行]。

—励む 中世おこなひすます[行澄]。

▼接頭語 中世ひた[直]。ひら[平]。上代かた[片]。

ひだね【火種】 近代げんいん[原因]。近世きいん[基因／起因]。ひだね[火種]。中古ひのけ[火気]。上代たね[種]。

ひだまり【日溜】 近代ひだまり[日溜]。近世ひおもて[日面]。ひなた[日向]。中世ひあたり[日当／陽当]。上代かげとも[影面]。

ひたむき【直向】 近代ねっしん[熱心]。ねっちゅう[熱中]。ひたむき[直向]。近世かき

やぶり[垣破]。中世いちづ[一途]。いっかう[一向]。ひとむき[一向]。上代あながち[強]。ひたすら[只管／一向]。ひとみち[一道]。→**ひたすら**

《句》近代虚仮(こけ)も一心。

—・な愛 近代じゅんあい[純愛]。

—・なさま 近世いちずい[一随]。

ビタミン(ドイツ Vitamin) 近代ビタミン。

—C アスコルビンさん[ドイツ Ascorbinsäure酸]。

—D カルシフェロール(calciferol)。

—B サイアミン／チアミン(thiamine)。

—B_2 ラクトフラビン(lactoflavin)。リボフラビン(riboflavin)。

ひだり【左】 近代さそく[左側]。さはう[左方]。さよく[左翼]。レフト(left)。近世あきて[空手]。ひだりがは[左側]。中世ゆんで[弓手]。上代ひだり[左]。ゆみとるかた[弓取方]。

—の腕(手) 近代さわん[左腕]。中世おして[押手]。中古ゆんで[弓手]。上代おくのて[奥手]。さしゅ／ひだりて[左手]。

—の方へ行く 中世ひだりす[左]。

▼左右 近世みぎひだり[右左]。中古さう[左右]。

ひだりまえ【左前】 近世ひだりまわり[左回]。ひだりまへ[左前]。ぱっとしない。中世おちめ[落目]。くだりざか[下坂]。

ひた・る【浸】 近代しんすい[浸水]。近世みづびたし[水浸]。中世しとむ[浸]。つかる[漬／浸]。中古ひたる[浸／漬]。上代しむ[しみる][染]。なづさふ。ひつ[漬]。みづく[水漬]。

—・り切る 中世まいぼつ[埋没]。

ひたん【悲嘆】 ハートブレーク(heartbreak)。中古しゃうしん[傷心]。近世ひつう[悲痛]。ひあい[悲哀]。ひしゃう[悲傷]。ひたん[悲嘆／悲歎]。上代うれへ[憂／愁]。かなしさ／かなしみ[悲／哀]。なげき[嘆／歎]。→**かなし・い**

—にくれるさま 近世さうぜん[愴然]。

—の極み 中古涙の底。

びだんし【美男子】 →**びなん**

ひつう【悲痛】 近代ひさう[悲愴]。近世ひつう[悲痛]。中古ちんつう[沈痛]。ひしゃう[悲傷]。ひたん[悲嘆]。→**かなし・い**

ひっかか・る【引掛】 近世さふ[さえる][障／支]。つっかかる[突掛]。中世ひっかかる[引掛]。中古さかふ[逆]。上代さやる[障]。→**こだわ・る**→**だま・す**

ひっか・ける【引掛】 近世しかく[—かける][仕掛]。つっかける[突掛]。中世ひっかく[—かける][引掛]。→**だま・す**

ひっき【筆記】 近代きにふ[記入]。ノート(note)。ひかへる[控]。近世ひっき[筆記]。へうき[表記]。中世かきとむ[—とめる][書留]。きす[記]。中古かきしるす[書記]。きろく[記録]。上代かきつく[—つける][書付]。かきとる[書取]。かく[書]。しょき[書記]。しるす[記]。

—の用具等を入れるケース 近代シース(sheath)。ふでいれ[筆入]。中世ふでばこ[筆箱]。

—用具の例 こうひつ[硬筆]。フェルトペン(felt pen)。近代えんぴつ[鉛筆]。がペン[鵞pen]。もうひつ[毛筆]。近世くゎいちゅ

うやたて［懐中矢立］。てっぴつ［鉄筆］。ペン(pen)。やたて［矢立］。中古ふで［筆］。

ひつぎ【棺】 近代くゎんばこ［棺箱］。近世くゎんをけ［棺桶］。れいきう［霊柩］。中世からひつ［屍櫃／辛櫃］。がん［龕］。ひとぎ［人城／棺］。ふね［船／舟］。中古き［棺］。くゎん［棺］。くゎんくゎく［棺槨］。上代おきつすたへ／おくつすたへ［奥棄戸］。き［棺］。しきう［屍柩］。ひつき／ひつぎ［棺］。ひとき［人城／棺］。

―に入れるまで死者にかぶせる着物 中世うちおほひ［打覆］。

―に死者を入れる 近代なふくゎん［納棺］。上代ひんす［殯］。

―に蓋をすること 近代がいくゎん［蓋棺］。中世さがん［鎖龕］。

―の忌み詞 近代いれもの［入物／容物］。

―を納める小室 中世もこし［龕／喪輿］。上代いしき／いはき［石城／石槨］。

―を載せて運ぶ車 近代れいきうしゃ［霊柩車］。上代さうしゃ［葬車／喪車］。きぐるま／じしゃ［轜車］。

―を載せる台 近代くゎんだい［棺台］。

―を墓地へ送り出すこと 近代はついん［発引］。近世しゅっくゎん［出棺］。

古墳で―を納める室 近代げんしつ［玄室］。

古墳の中で―を納める区画 中古くわく［槨］。

葬列で―を覆い囲うもの 中古ほしゃう［歩障］。

その他―のいろいろ(例)①［材質］ とうかん［陶棺］。もっかん［木棺］。中古せきくゎん［石棺］。

その他―のいろいろ(例)②［形］ 近世ざくゎん［座棺／坐棺］。ねくゎん［寝棺］。

ひっきょう【畢竟】 近世詰まるところ。中世けっきょく［結局］。けっく［結句］。つまり［詰］。挙げ句の果て。中古ひっきゃう［畢竟／必竟］。

ひっきりなしに【引切無】 切れ目なく。絶え間なく。近代ひっきりなしに［引切無］。入れ替はり立ち替はり。途切れなく。止めどなく。のべつ幕なし。近世しきりと［頻］。たてつづけ［立続］。まがなすきがな［間隙］。まがなひまがな［間暇］。中世ずっと。ひまなし［閑無］。ひんぱん［頻繁］。間断なく。引きも切らず。中古しきりに［頻］。むげん［無間］。上代たえず［絶］。

―続く 中古うちしきる［打頻］。上代しきる［頻］。

ビッグ(big) →おおき・い

ピックアップ(pickup) 近代ピックアップ。中世えらびだす［選出］。中古ひろいあぐ［―あげる］［拾上］。→えらびだ・す

びっくり →おどろ・く

ひっくりかえ・す【引繰返】 近代てんぷく［転覆／顛覆］。どんでんがへし［返］。近世ころがす［転］。でんぐりがへす［返］。中世くつがへす［覆］。はんぷく［反覆］。ひきかへす［引返］。ひっくりかへす［引繰返］。中古うちかへす［打返］。うらがへす［裏返］。かへす［返］。

ひっくりか・える【引繰返】 近代ぎゃくてん［逆転］。てんぷく［転覆／顛覆］。近世いってん［一転］。ちうがへり［宙返］。どんでんがへし［返］。けいふく［傾覆］。さかとんぶり［逆］。さかとんぼ［逆蜻蛉］。さかとんぼがへり［逆蜻蛉返］。でんぐりがへる［返］。はんてん［反転］。中世ころぶ［転］。てんたう［転倒／顛倒］。はんぷく［反覆］。ひっくりかへる［引繰返］。中古うちかへる［打返］。うらがへる［裏返］。なりかへる［成反］。上代かへる［反］。くつがへる［覆］。

―・るさま 近代ごろごろ。中世ころころ。

ひっくる・める【引括】 近世つっくるむ［―くるめる］［突包／突括］。つっこむ［突込］。はうくゎつ［包括］。ひっくるむ［―くるめる］［引括］。中世くるむ［くるめる］［括］。

―・めて 近代いっくゎつして［一括］。がいして［概］。近世ひっくるめて［引括］。中世いちがいに［一概］。つがふ［都合］。中古そうじて［総］。

ひっこし【引越】 近代てんしゅつ［転出］。てんきょ［転居］。てんち［転地］。近世おたくがへ［御宅替］。すみかへ［住替］。たながへ［店替］。てんたく［転宅］。てんぢゅう［転住］。ひっこし［引越］。やごし［屋越］。やわたり［家渡］。中世いてん［移転］。さとうつり［里移］。てんにふ［転入］。やうつり［家移］。やどがへ［宿替］。わたり［渡］。中古いぢゅう［移住］。いへうつり［家移］。とのうつり［殿移］。

―・する 近代ひきこす［引越］。近世こす［越］。中世うつりすむ［移住］。中古うつろふ［移］。ひきうつる［引移］。

貴人の― 中世わたまし［渡座］。

ひっこみじあん【引込思案】 近代ひっこみがち［引込勝］。よわごし［弱腰］。近世うちき［内気］。ひかへめ［控目］。ひっこみじあん［引込思案］。ゑんりょがち［遠慮勝］。

中古うもる[うもれる]/むもる[埋]。おくまる[奥]。ものづつみ[物慎]。ものはぢ[物恥]。
《尊》中古おぼしうづもる[思埋]。

ひっこ・む【引込】 近代こうたい[後退]。さがる[下]。中世しさる/しざる[退]。すさる/すざる[退]。ひきのく[引退]。すっこむ。ひきしりぞく[引退]。ひきのく[引退]。ひっこむ[引込]。上代しりぞく[退]。ひきさがる[引下]。中古しぞく[退]。

ひっこ・める【引込】 近代てっくゎい[撤回]。中古ひきいる[引入]。中世ひっこむ[—こめる][引込]。

ひっし【必死】 近代すてみ[捨身]。身命を賭する(賭ける)。近世いっしゃうけんめい[一生懸命]。いのちがけ[命掛]。けっし[決死]。しにものぐるひ[死物狂]。しんけん[真剣]。ひっし[必死]。中世いっしょけんめい[一所懸命]。けんめい[懸命]。しにぐるひ[死狂]。背水の陣。中古からく[辛]。

—の声 近代ちごゑ[血声]。

—の力 中世しりょく[死力]。

ひっし【必至】 近代ふかひ[不可避]。近世ひっし[必至]。ひっす[必]。ひつぢゃう[必定]。中世ぢゃう[定]。中古ひつぜん[必然]。

ひつじ【羊】 近世めんやう[綿羊/緬羊]。ラシャめん[オランダraxa綿]。上代ひつじ[羊/未]。

—の皮 シープスキン(sheep skin)。中世やうひ[羊皮]。

—の毛を刈ること せんもう[剪毛]。

—の子 近代こひつじ[小羊/子羊]。ラム(lamb)。

—の肉 近代せんにく[羶肉]。マトン(mutton)。ラム(lamb)。中世やうにく[羊肉]。中古やうぐん[羊群]。

—の群れ 中世ぐんやう[群羊]。

—を飼うこと 中世ぼくやう[牧羊]。

—を飼う人 中世ひつじかひ[羊飼]。

ひつじぐさ【未草】 近世かめばす[亀蓮]。これんげ[小蓮華/小蓮花]。ひつじぐさ[未草]。

ひっしゃ【筆者】 近代さっか[作家]。しっぴつしゃ[執筆者]。ちょさくしゃ[著作者]。ちょしゃ[著者]。ぶんぴつか[文筆家]。ライター(writer)。近世かきやく[書役]。中世かきて[書手]。中古ひっしゃ[筆者]。上代さくしゃ[作者]。→ぶんぴつか

ひつじょう【必定】 近代ふかひ[不可避]。近世かならずや[必]。きっと[急度/屹度]。ひっし[必至]。中世けつぢゃう[決定]。ぢぢゃう[治定]。ぢゃう[定]。中古ひつぜん[必然]。上代かならず[必]。ひつぢゃう[必定]。

びっしょり →びしょぬれ

ひっす【必須】 欠かせない。近代ひつえう[必要]。近世しゅえう[須要]。ひっしゅ/ひっすう[必須]。ひっす[必須]。ふかけつ[不可欠]。中古えうしゅ[要須]。

ひっせい【畢生】 近世ひっせい[畢生]。中世いちご[一期]。中古いっしゃう[一生]。しゃうがい[生涯]。しゅうせい[終生/終世]。

ひっせい【筆勢】 →うんぴつ

ひっせき【筆跡】 近世てがた[手形]。みづぐき[水茎]。中世しゅせき[手跡/手蹟]。じゅぼく[入木]。ぼくこん[墨痕]。ぼくせき[墨跡/墨蹟]。中古あと[跡/迹]。しゅせき[手跡/手蹟]。すみつき[墨付]。て[手]。てつき[手付]。ひっせき[筆跡/筆蹟]。ふで[筆]。みづくき[水茎]。鳥の跡。筆の跡。水茎の跡。上代しょせき[書跡/書蹟]。ひっさつ[筆札]。
《尊》近代ぎょくひつ[玉筆]。中世そんぴつ[尊筆]。そんぼく[尊墨]。中古ごしょ[御書]。
《謙》近代らんぴつ[乱筆]。中世ちびふで[禿筆]。中古そひつ[楚筆/粗筆]。

—が分からないように書く 中古かきまぎらはす[書紛]。

—の癖 近代ふでくせ[筆癖]。

故人の— 近代ゐはう[遺芳]。ゐひつ[遺筆]。近世ゐぼく[遺墨]。

女性の— 近代をんなもじ[女文字]。近世をんなで[女手]。

優れた— 近代たくひつ[卓筆]。中世ぎんこう[銀鉤]。たっぴつ[達筆]。めうひつ[妙筆]。中古めうせき[妙跡/妙迹]。

その人が書いたと認められる— 中世しゃうひつ[正筆]。しんぴつ[真筆]。上代しんせき[真跡/真蹟]。

その人自身の書いた— 中世しんぴつ[親筆]。

男性の— 近世をとこで[男手]。をとこもじ[男文字]。

力強い— 近世さうけい[蒼勁]。

手が震えて書いた— ふるえじ[震字]。

天皇の— 中世ちょくひつ[勅筆]。中古しんぴつ[宸筆]。

品のない— 中世ぞくひつ[俗筆]。

下手な— 近代かなくぎりう[金釘流]。蚯蚓ののたくったやう。をれくぎりう[折釘流]。近世かなくぎ[金釘]。せっぴつ[拙

筆]。ふんどし[褌/犢鼻褌]。金釘の折れ。中世あくひつ[悪筆]。しゅんいんしうだ[春蚓秋蛇]。中古とりのあと[鳥跡]。みみず[蚯蚓]。みみずがき[蚯蚓書]。

昔の人の— 中世こひつ[古筆]。

立派な— 近世たいひつ[大筆]。

ひつぜん【必然】 デスティニー(destiny)。近代かくじつ[確実]。ふかひ[不可避]。近世ひっし[必至]。ひつぢゃう[必定]。中世けつぢゃう[決定]。ぢぢゃう[治定]。ぢゃう[定]。中古ひつぜん[必然]。

ひっそく【逼塞】 近世ひっそく[逼塞]。中古れいらく[零落]。→**おちぶ・れる**

ひっそり ばくばく[寞寞]。近代じゃうじゃく[静寂]。しゅくせい[粛静]。せうれう[蕭寥]。近世けそり。しゅくしゅく[粛粛]。しんしん[深深/沈沈]。せいじゃく[静寂]。ひそやか[密]。ひっそ[密]。ひっそりかん[閑]。閑古鳥が鳴く(歌ふ)。中世かんさん[閑散]。かんじゃく[閑寂]。かんせい[閑静]。じゃくねん[寂然]。じゃくれう[寂寥]。しんかん[深閑/森閑]。せうぜん[悄然]。せきせき[寂寂]。ちんめい[沈冥]。寂(せき)として。中古かごか/かごやか[閑]。かすか[幽/微]。げき[闃]。げきぜん[闃然]。しのびやか[忍]。しめる[湿]。じゃくまく[寂寞]。すむ[澄]。せうでう[蕭条]。せきぜん[寂然]。せきれう[寂寥]。ひそ[密]。ものしづか[物静]。れうれう[寥寥]。上代しづか[静/閑]。しめやか。せきばく[寂寞]。

—とした味わい 近世わび[侘]。

—となる 中世ひそまる[潜]。

ひったく・る【引手繰】 近世ぶったくる[打手繰]。ふんだくる。中世たくる。ひったくる[引手繰]。

ぴったり(と) ジャスト(just)。ぴったし。近代かっちり。きっかり。きっちり。ぴちっと。ぴっちり。近世きしり。しとと。ちょきり。ちょっきり。ひたひたと。ぴったり(と)。中世かっきり。しっとと。ちゃうど[丁度]。つぶと。とうと。ひしと[緊/犇]。ひしひしと[犇犇]。ひたひた。中古ひたと[直]。ふさはし[相応]。まさに[正]。

—合うこと ジャストフィット(just fit)。タイト(tight)。どんぴしゃ。近代せいがふ[整合]。近世うってつけ[打付]。ふがふ[符合]。

—合うようにする 近世うちあはせ[打合]。きめこむ[決込/極込]。

—つく 近代こちゃく[糊着]。ちゃくする[着]。はりつく[貼付/張付]。近世きんせつ[緊切]。こびりつく[付]。中世ふり[不離]。

ひっち【筆致】 タッチ(touch)。ふでさばき[筆捌]。ふではこび[筆運]。近代かきぶり[書振]。ひっち[筆致]。ふでつき[筆付]。近世うんぴつ[運筆]。しょふう[書風]。ようひつ[用筆]。中世ひっぱふ[筆法]。中古ひっせい[筆勢]。ひったん[筆端]。ふでづかひ[筆遣]。→**うんぴつ**

ひっつ・く【引付】 せっちゃく[接着]。近世くっつく。こびりつく。へばりつく。中世ひっつく[引付]。

—・いていること 近世きんせつ[緊切]。

ひってき【匹敵】 近代ひてき[比敵]。近世ききふ[企及/跂及]。ひっちう[匹儔]。中世たいやう[対揚]。ひってき[匹敵]。中古さうたう[相当]。ひけん[比肩]。

—・する 近世かけあふ[掛合/懸合]。引けを取らぬ。中世およぶ[及]。てきす[敵]。中古あたる[当]。うちすがふ[打次]。すがふ[次]。たぐふ[比/類]。たちならぶ[立並]。なずらふ/なぞらふ[準/擬/准]。上代ならぶ[並/双]。肩を並ぶ(—並べる)。なかなふ[適/敵]。しく[及/如/若]。むかふ[向/対]。

—・するもの 近世もどき[擬/抵牾/牴牾]。

自分に—・する男子 上代もころを[如己男]。

ヒット(hit) 近代おほあたり[大当]。ヒット。功を奏する。近世あたり[当]。

ひっとう【筆頭】 トップ(top)。近代しゅゐ[首位]。近世しゅざ[首座]。しょふで[初筆]。せんとう[先頭]。せんべん[先鞭]。のっけ。ひっとう[筆頭]。ふでかしら/ふでがしら[筆頭]。中世一の筆。中古いちばん[一番]。さいしょ[最初]。さいぜん[最前]。上代だいいち[第一]。

ひっぱく【逼迫】 近世きゅうはく[窮薄]。中世きゅうはく[窮迫]。ゆきづまる[行詰]。中古ひっぱく[逼迫]。上代こんきゅう[困窮]。→**きゅうはく【窮迫】**

ひっぱ・る【引張】 近代けんいん[牽引]。けんえい[牽曳]。中世ひきずる[引摺]。ひこづる[引]。ひっぱる[引張]。中古ひきしろふ[引]。ひきはる[引張]。ひこじろふ[引]。上代ひく[引]。ひこづらふ[引]。

—・って上げる 近代ひっぱりあげる[引張上]。上代ひきあぐ(—あげる)[引上/引揚]。

—・って入れる 近代ひっぱりこむ[引張込]。

【近世】ひきずりこむ[引摺込]。【中世】ひきこむ[引込]。

—・って大きく長くする 【近世】のばす[伸／延]。【中世】ひきのばす[引延／引伸]。

—・って起こす 【中古】ひきおこす[引起]。

—・って落とす 【近代】ひきずりおとす[引摺落]。【近世】ひきずりおろす[引摺下]。【中古】ひきおとす[引落]。ひきおろす[引下]。

—・って切る 【中古】はりきる[張切]。ひきちぎる[引]。

—・って退かせる 【中古】ひきのく[—のける][引退]。

—・って出す 【近代】ひっぱりだす[引張出]。【近世】ひきずりだす[引摺出]。【中世】かりだす[駆出／狩出]。ひきだす[引出]。【中古】かきいづ[掻出]。はりいづ[張出]。

—・って連れ歩く 【近代】ひっぱりまはす[引張回]。

—・って連れて行く 【中世】ひきずる[引摺]。ひったつ[—たてる][引立]。

—・って止める 【中古】ひきとむ[—とめる][引止／引留]。

—・って取る 【中古】ひきとる[引取]。

—・って抜く 【中世】ぬきだす[抜出]。【中古】ぬきとる[抜取]。ひきぬく[引抜]。

—・って外す 【近世】ひっぱづす[引外]。【中古】ひきはづす[引外]。

—・って回す 【中世】ひきしろふ[引合]。ひきまはす[引回]。

—・って戻す 【近代】つれもどす[連戻]。【中世】ひきもどす[引戻]。

—・って破る 【中世】つんざく[擘／劈]。【中古】ひきさく[引裂]。ひきやぶる[引破]。ひきやる[引破]。

—・る人 【中古】ひきて[引手]。

多くの人から—・られること 【近世】ひっぱりだこ[引張凧／引張蛸]。【中古】引く手あまた。

互いに—・る 【中世】ひきあふ[引合]。【中古】ひきしろふ[引合]。

船などを—・って航行すること 【近代】えいかう[曳航]。

ひっぽう【筆法】 →うんぴつ →しょほう【書法】

ひつめい【筆名】 【近代】ひつめい[筆名]。ペンネーム(pen name)。【近世】がう[号]。がめい[雅名]。へうとくがう[表徳号]。べつみゃう[別名]。【中世】ががう[雅号]。べつがう[別号]。べっしょう[別称]。【上代】又の名。

ひつよう【必要】 ニーズ(needs)。【近代】にふよう[入用]。じゅえう[需要]。しょえう[所要]。すえう[須要]。ひつえう[必要]。ひっしゅ[必須]。【近世】しゅえう[須要]。ひつじゅ[必需]。ひっす[必須]。ふかけつ[不可欠]。【中世】いりよう[入用]。【中古】いる[要]。えう[要]。えうしゅ[要須]。えうず[要]。えうよう[要用]。よう[用]。

《句》【近代】必要は発明の母。【近世】貧の盗みに恋の歌。

—以上にあって余ること 【近代】ようけい[余計]。くゎじょう[過剰]。てうくゎ[超過]。【近世】ありあまる[有余]。くゎた[過多]。【中世】よけい[余計]。【中古】よぶん[余分]。

—がない 【近代】ふひつえう[不必要]。【中世】いはれざる[言]。ふえう[不要]。むよう[無用]。【中古】えうなし[要無]。ふよう[不用]。ようなし[用無]。《句》【近世】鬼に衣。月夜に提灯。

—がなくなること 【近代】ようずみ[用済]。

—・な金 【近代】にふひ[入費]。【近世】いりめ[入目]。かかり[掛／懸]。【中世】しよう[資用]。【中古】つひえ[費／弊]。ひよう[費用]。【上代】ようど[用度／用途]。

—・な事柄 【中古】えうじ[要事]。

—・な品 じゅひん[需品]。【近代】ひつじゅひん[必需品]。ようひん[用品]。【中世】しよう[資用]。【中古】たすけ[助]。

—・な条件 【近世】えうけん[要件]。

—・な道具 【近代】えうぐ[要具]。

—・に応じて 【中古】ずいじ[随時]。

ひてい【否定】 【近代】うちけし[打消]。ひてい[否定]。ひにん[否認]。【中世】はつむ[撥無／撥撫]。かぶりを振る。【中古】いなむ[否／辞]。いひけつ[言消]。

—的なさま ネガティブ(negative)。【中古】あやぶむ[危]。うたがふ[疑]。

—を表す語 【中世】なし[無]。

相手の言葉を—・する 【中古】いひけつ[言消]。

相手の言葉を—・する語 【近世】いえ／いいえ。【中世】いや[否／嫌]。【中古】なんでふ[何]。【上代】いな[否]。

▼接頭語 【中世】ふ[不]。ぶ[無]。む[無／无]。

ひでり【日照】❶〈日照〉 にっしょう[日照]。【近代】にっしゃ[日射]。【近世】ひざし[日差／日射]。【上代】てり[照]。

—が強く暑いこと 【近代】かんしょ[旱暑]。

ひでり【日照】❷〈旱魃〉 みずききん[水飢饉]。【近代】みづがれ[水涸]。【近世】かっすい[渇水]。【中世】かんてん[干天／旱天]。【中古】かんばつ[旱魃／干魃]。【上代】ひでり[日照／

旱]。

—で雨が降るように祈る 近世しゃうう[請雨]。中古きう[祈雨]。上代あまごひ[雨乞/雨請]。

—と大水 中古かんすい[旱水]。上代すいかん[水旱]。

—になる 上代ひでる[日照]。

—の被害 近代かんがい[干害/旱害]。中古かんそん[旱損]。

長い— 中世おほひでり[大旱]。上代たいかん[大旱]。

ひでん【秘伝】 おくでん[奥伝]。ひぎ[秘儀]。近代ひぎ[秘技]。奥の巻。近世だいじ[大事]。中世おくのて[奥手]。ごくい[極意]。とらのまき[虎巻]。ひじゅつ[秘術]。ひでん[秘伝]。ひはふ[秘法]。中古あうぎ[奥義/奥儀]。くでん[口伝]。ひけつ[秘訣]。ひけん[秘鍵]。

—などを伝える文書 中世でんしょ[伝書]。くでん[口伝]。

—を口伝えに伝授すること 中古くでん[口伝]。中世くけつ[口決/口訣]。

口伝による— 近世くぎ[口義]。中世くけつ[口決/口訣]。

びてん【美点】 メリット(merit)。近代とくちゃう[特長]。びてん[美点]。中世ちゃうしょ[長所]。とりえ[取柄/取得]。中古みどころ[見所]。上代よさ[良]。

ひと【人】 パーソン(person)。ホモ(ラテン Homo)。ホモサピエンス(ラテン Homo sapiens)。近代マン(man)。近世ひとっこ[人子]。米の虫。中世じん[仁]。中古じんるい[人類]。にんげん[人間]。わたり[辺]。上代じんりん[人倫]。ひと[人]。ひとのこ[人子]。

→にんげん

《尊》中世おかた[御方]。おひと[御人]。おんこと[御事]。じんたい[人体/仁体]。中古かた[方]。上代おほぬし[大主]。

《枕》上代うつせみの[空蟬]。

《句》近代人事は棺を蓋うて定まる。誰か烏の雌雄を知らん。近世人と入れ物は有り合ひ。

—が集まり住んでいる所 中古ひとざと[人里]。むら[村]。→**むらざと**

—がいないこと 近代むじん[無人]。中古ぶにん[無人]。

—がいること ゆうじん[有人]。

—がたくさんいるさま 近代ひとがき[人垣]。ひとやま[人山]。近世ひとだかり[人集]。ひとだまり[人溜]。中世市を為す。中古ひとがち[人勝]。

—がたくさん出る でさかる[出盛]。中世ひとだかし[人高]。

—がたくさん出る頃 近世でさかり[出盛]。でどき[出時]。

—が作ること 近世じんこう[人工]。じんざう[人造]。

—が出入りすること 中古ゆきまじる[行交/行雑]。

—が寄り集まる所 近代たまりば[溜場]。近世たてば[立場/建場]。よせば[寄場]。中世ひとだまり[人溜]。上代いち[市]。

—として行うべき道 近世にんげんだう[人間道]。にんだう[人道]。中世じんだう[人道]。じんだう[仁道]。せいぎ[正義]。だう[道]。中古じんりん[人倫]。たいぎ[大義]。だいだう[大道]。上代みち[道]。

—として行うべき道を守る 近代彝を秉る。

—との関係 近代かうせふ[交渉]。にんげんくゎんけい[人間関係]。をりあひ[折合]。近世つきあひ[付合]。ひとづきあひ[人付合]。中世まじはり[交]。中古かうさい[交際]。なからひ[中]。→**こうさい【交際】**

—に会いたい気持ち 中世ひとこひし[人恋]。

—に関すること 中世にんじ[人事]。中古じんじ[人事]。じんぶん[人文]。

—に好かれること 近世ひとずき[人好]。

—に接する態度 近代とっつき[取付]。近世ひとづき[人付]。ひとづきあひ[人付合]。中世ひとあたり[人当]。

—に慣れていない 中世ひとどほし[人遠]。

—に慣れている 中世ひとちかし[人近]。中古ひとなる(—なれる)[人慣]。

—のあとについていること 中世しりつけ[尻付]。

—のあとについてすること 近世にのまひ[二舞]。中世しりまひ[尻舞]。

—の言いなりになるさま 近代まうじゅう[盲従]。近世ゐゐ[唯唯]。ゐゐだくだく[唯唯諾諾]。

—の言いなりになる人 近代くゎいらい[傀儡]。ロボット(robot)。

—の行き来 中世ひとどほり[人通]。中古ひとめ[人目]。

—の一生 中世じんせい[人生]。→**じんせい【人生】**

—のいない間 上代ひとま[人間]。

—の思わくを気にしてためらうこと 近代う

こさべん[右顧左眄]。近世さこうべん[左顧右眄]。

―の数 近世あたまかず[頭数]。にんず／にんずう[人数]。ゐんず[員数]。中世じんこう[人口]。ゐんじゅ[員数]。中古ゐんずう[員数]。→**にんずう**

―の気配 ひとっけ[人気]。近世にんき[人気]。ひとぎれ[人切]。中世じんえい[人影]。じんき[人気]。ひとくさし[人臭]。中古じんかげ[人影]。ひとけ／ひとげ[人気]。

―の気配が近くにする 中古ひとぢかし[人近]。

―の気配がない 猫の子一匹いない。近世人切れなし。中古かすか[幽／微]。ひとげどほし[人気遠]。ひとどほし[人遠]。ひとばなる[人離]。上代あらし[粗]。

―の声 中世じんせい[人声]。中古じんご[人語]。

―の心 中古じんい[人意]。じんしん[人心]。上代にんじゃう[人情]。

―の住まない島 むじんとう[無人島]。

―の住まない所 近代じんぐゎいきゃう[人外境]。近世むじんきゃう／むにんきゃう[無人境]。

―の中 近世じんちゅう[人中]。上代ひとなか[人中]。

―のやったこと 中古ひとで[人手]。

―のようである 中古ひとめく[人]。

―の列 近代たいれつ[隊列]。れつご[列伍]。上代たいご[隊伍]。

―の和 近代じんわ[人和]。《句》近代和して同ぜず。中世天の時は地の利に如しかず、地の利は人の和に如かず。

―を選ぶこと 近代じんせん／にんせん[人選]。中古ひとえり[人選]。

―を連れ去ること 近代ひとさらひ[人攫]。らち／らっち／らふち[拉致]。

―を罵る語 近世だしがらやらう[出殻野郎]。どうずり[掏摸]。びり。ふきつもの[不吉者]。へげたれ。毛のない犬。毛のない猿。中古おほぬすびと[大盗人]。

―をひきつけること(さま) 近代アトラクティブ(attractive)。チャーミング(charming)。みりょくてき[魅力的]。

―を別人と間違えること 近代ひとちがへ[人違]。中古ひとたがひ／ひとたがへ[人違]。ひとちがひ[人違]。

―を待ちうけること 中世ひとまうけ[人設]。ひとまち[人待]。

―を待っている顔 中古ひとまちがほ[人待顔]。

―を弄ぶこと ひとせせり[人拵]。

―を寄せ集めること 中世ひとよせ[人寄]。

―を寄せ付けない 近世しちりけっかい[七里結界]。しちりけっぱい／しちりけんばい[七里]。しちりんけんぱい[七輪]。

多くの― おほにんずう[多人数]。近世たにんず／たにんずう[多人数]。中世おほぜい[大勢]。おほにんじゅ[大人数]。たせい／たぜい[多勢]。たにんじゅ[多人数]。中古しゅ／しゅう[衆]。しょじん／しょにん[諸人]。上代もろびと[諸人]。

虚勢された― 近世えんくゎん[閹官]。くゎんぐゎん[宦官]。中世えんじん[閹人]。

この世の― 中世うつつの人。中古うつつびと[現人]。上代うつしおみ[現人]。うつせみ[空蟬]。うつそみ[現身]。

自分が大事に思う― 中古あがほとけ／わがほとけ[吾仏]。

社会的影響力の強い― オピニオンリーダー(opinion leader)。

その―についての紹介 近代プロフィール(profile)。よこがほ[横顔]。

その分野で大きな力を持つ― 近代おほごしょ[大御所]。きょしゃう[巨匠]。近世おほだてもの[大立者]。中世たいか[大家]。→**たいか**

違う― 中世いじん[異人]。べつじん[別人]。

つまらない― 近世そはい[鼠輩]。中古せうじん[小人／少人]。ぼんじん[凡人]。ぼんぷ[凡夫]。ぼんよう[凡庸]。

遠くの― 中世ゑんじん[遠人]。中古をちかたびと[遠方人]。

徳の高い― 近代いきがみ／いきがみさま[生神様]。じんかくしゃ[人格者]。雲間の鶴。中古しうとく[宿徳]。じんしゃ[仁者]。

何でもよく知っている― 近代いきじびき[生字引]。

能力や才能のある― 中古うつはもの[器物]。ゐけん[遺賢]。

美貌の―を褒める言葉 近代いきぼさつ[生菩薩]。近世いきぼとけ[生仏]。→**びじん**

複数の― 中古ひとたち[人達]。ひとびと[人人]。

▼人物 近代キャラクター(character)。じんかく[人格]。じんてい[人体]。ひんせい[品性]。近世にんてい[人体]。中世じんたい[人体／仁体]。じんぴん[人品]。中古ひとがら[人柄]。上代ひととなり[為人]。→

じんぶつ

▼助数詞 近代めい[名]。近世たり／り。中古く[口]。にん[人]。上代かしら[頭]。こう[口]。

▼接尾語 パーソン(person)。近代マン(man)。近世ばう[坊]。ほふし／ぼふし[法師]。上代こ[子／児]。と[人]。

ひとあし【一足】 中世いっぽ[一歩]。中古ひとあし[一足]。

—ごとに 中世あしなみに[足並]。中古ほほ[歩歩]。

ひとあたり【人当】 近世うけ[受]。ひとづきあい[人付合]。中世あいさう／あいそ[愛想]。てあたり[手当]。ひとあたり[人当]。上代おうたい[応対]。

ひとあんしん【一安心】 近代やすんずる[安]。近世ひとあんしん[一安心]。中世あんど[安堵]。

ひど・い【酷】 近代くゎこく[過酷]。近世あんまり[余]。いっかう[一向]。いらひどし[苛酷]。えずし。えらし[偉／豪]。きょとい。こっぴどい[小酷]。すさまじ[凄／荒]。てひどし[手酷]。ひどし[酷／非道]。べらぼう[篦棒]。むごし[惨／酷]。箸にも棒にもかからぬ。輪にも葛(かづら)にも掛からぬ。中世からし[辛]。ざんこく[残酷／惨酷／残刻]。さんざん[散散]。ふかし[深]。沙汰の限り。目に余る。中古あからし[愍]。あさまし[浅]。あまり[余]。あやにく[生憎／可憎]。いたし[甚]。いみじ。いみじげ。いらなし[苛甚]。うたてあり。おもし[重]。きびし[厳]。けし[異／怪]。つらし[辛]。むげ[無下]。ゆゆし[由由]。目もあや。上代はなはだし[甚]。

《句》近世餓鬼の物を仙人。餓鬼の物をびんずる。中世苛政は虎よりも猛し。

—・い行い 中世あくぎゃく[悪逆]。あくぎゃくむだう[悪逆無道]。

—・い仕打ち 近代あしげ[足蹴]。

—・い状況 近世しだら。ぢゅうしゃう[重症]。死なず甲斐(ひ)が。

—・い待遇 近代こくぐう[酷遇]。

—・い目に遭う 近代泣き面に蜂。中古さんざん[散散]。《句》近世煮え湯を飲ます。踏んだり蹴ったり。弱り目に祟(たた)り目。

—・い目に遭わせる 近世いためつく[—つける][痛付]。みせつく[—つける][見付]。中世せたぐ[せたげる][虐]。せめさいなむ[責苛]。ならはす[習／慣]。中古りょうず[陵／凌]。

—・い悪口 中世ばげん[罵言]。

—・く 近代いやに。ごく[極]。たいへん[大変]。とても[迚]。ひじゃうに[非常]。めっちゃ[滅茶]。完膚(くわんぷ)無きまで。近世あたぎゃうに[仰]。さんざっぱら。せんど[千度]。たいそう[大層]。ひどく[酷／非道]。べらぼうに[篦棒]。めった(と)[滅多]。めっぽふ[滅法]。やけに。中世あさましく[浅]。いかう[厳]。いたって[至]。うたた[転]。おそろしく[恐]。かかる[斯]。きつう。さんざん[散散]。ずいぶん[随分]。すこぶる[頗]。せめて[切]。つっと。むしゃうに[無性]。いやといふほど。中古いたう／いたく[甚]。かしこく[賢／畏]。そこらはなはだ[甚]。むげに[無下]。上代いた／いたも[甚]。うたて[転]。きはめて[極]。

よく[能／良]。

死にそうなほど—・い 中古しにかへる[死返]。

ますます—・くなる 近代げきくゎ[激化]。上代すさぶ[荒／遊]。中古すさむ[荒／遊]。すすむ[進]。

ひといき【一息】 ❶〈一気〉近代いっき[一気]。いっしゃせんり[一瀉千里]。近世いきなし[息無]。いっきょ[一挙]。いっきかせい[一気呵成]。中世いっそく[一息]。ひといき[一息]。

—のさま 近世ぐいと。中世ぐっと。

ひといき【一息】 ❷〈一休み〉近代せうきうし[小休止]。一息入れる。近世ひとやすみ[一休]。息を吐っく。中世ひといき[一息]。中古いっぷく[一服]。

ひといちばい【人一倍】 近代いっそう[一層]。近世ひといちばい[人一倍]。中古いちだんと[一段]。

ひどう【非道】 近世ひだう[非道]。むくりこくり[蒙古高句麗]。もぎだう[没義道]。中世あくらつ[悪辣]。げだう[外道]。ひきょ[非拠]。ぶたう[無道]。わうだう[横道]。中古じゃだう[邪道]。ひり[非理]。ぶだう／むだう[無道／不道]。むはふ[無法]。よこさま／よこざま[横方／横様]。りふじん[理不尽]。わうわく[枉惑]。上代あくぎゃく[悪逆]。じゃあく[邪悪]。

ひとえ【一重】 中世いちぢゅう[一重]。ひとかさね[一重]。上代ひとへ[一重]。

ひとえ【単】 中世うらなし[裏無]。中古おりひとへ[織一重]。のしひとへ[伸単衣]。ひとへ[単]。上代ひとへぎぬ[単衣]。《枕》中古なつごろも[夏衣]。

—を二枚重ねたもの 中古 ひとへがさね［単襲］。

ひとえに【偏】 近世 ひらさら。中世 いつに［一］。まっぴら［真平］。中古 ひとへに［偏］。→**ひたすら**

ひとおもいに【一思】 近代 いっきに［一気］。中世 おもひきって［思切］。近世 ひとおもひに［一思］。

ひとがき【人垣】 近代 ひとなみ［人波］。近世 ひとだかり［人集］。上代 ひとがき［人垣］。

ひとかせぎ【一稼】 近代 ひとまうけ［一儲］。近世 ひとしごと［一仕事］。中世 ひとかせぎ［一稼］。

ひとかたまり【一塊】 近代 いちぐゎん［一丸］。近世 いちぐん［一群］。ひとかまへ［一構］。ひとやま［一山］。中世 いちだ［一朶］。ひとかたまり［一塊］。中古 いちだん［一団］。いっかう［一行］。ひとむら／ひとむれ［一叢／一群］。

—で立っている 中世 むらだつ［叢／群］。

—になる 中古 おしこる［押凝］。

—のさま だんご［団子］。

押して—にする 中古 おしまろかす［押転］。

ひとかど【一角】 近代 いちにんまへ［一人前］。近世 いっぱし［一端］。中世 いっかど［一角／一廉］。ひとかど［一角／一廉］。ひとふし［一節］。上代 ひとなみ［人並］。

—に見える 中古 ものめかし［物］。

—の歌らしい 中古 うたがまし［歌］。

—の眼識 近世 いっせきがん［一隻眼］。

—の器量 近世 ひときりゃう［一器量］。

—の人物 中古 ひとびとし［人人］。上代 ひと［人］。

—の人物に見える 近世 じんぶつくさし［人物臭］。じんぶつらし［人物］。

—の人間になる 中古 物になる。

ひとがら【人柄】 近代 キャラクター（character）。じんかく［人格］。じんてい［人体］。パーソナリティー（personality）。ひんせい［品性］。近世 にんたい／にんてい［人体］。ふうがら［風柄］。中世 きよう［器用］。こつがら［骨柄］。ことがら［事柄］。じんたい［人体／仁体］。じんぴん［人品］。ひんゐ［品位］。ふうかく［風格］。中古 けはひ。しな［品］。ひと［人］。ひとがら［人柄］。ひとざま［人様］。人と為なり。上代 じんぶつ［人物］。

—が粗野なこと 近代 ばんこつ［蛮骨］。→**せいしつ❶**

—のよい人 近代 じんかくしゃ［人格者］。中世 じんたい［人体／仁体］。

男としての— 中世 をとこがら［男柄］。

苦労して—が悪くなること 近世 すりからし［擦枯］。すれからし／すれっからし［擦枯］。

ひとかわ【一皮】 近世 ひとかは［一皮］。中世 へうめん［表面］。中古 うはべ［上辺］。

ひとぎき【人聞】 中古 ききみみ［聞耳］。きこえ［聞］。ぐゎいぶん［外聞］。たぶん［他聞］。

—が悪い 中古 ひとぎき［人聞］。ひとぐるし［人苦］。

ひときわ【一際】 近代 いっそう［一層］。中世 かくべつに［格別］。ひとかさ［一嵩］。中古 いちだんと［一段］。ひときは［一際］。ひとしほ［一入］。

ひとく【秘匿】 近代 いんとく［隠匿］。ひとく［秘匿］。中世 いんぺい［隠蔽］。中古 ひす［秘］。ひむ［ひめる］［秘］。上代 かくす［隠］。→**かく・す**

ひどく【酷】 →**ひど・い**

びとく【美徳】 近代 ぜんかう［善行］。中世 びとく［美徳］。上代 とく［徳］。

外に表さない— 上代 ないとく［内徳］。

ひとくさり【一齣】 近代 いちだんらく［一段落］。いっせつ［一節］。ひとくぎり［一区切］。ひとこま［一齣］。近世 いっせき［一齣］。ひとくさり［一齣／一関］。

ひとくせ【一癖】 中世 ひとくせ［一癖］。

—ある 中古 くせぐせし［癖癖］。

—ある者 近世 しさいもの［子細者］。只(徒)の鼠ではない。中世 くせもの［曲者／癖者］。

ひとくだり【一行】 中古 いちぎゃう［一行］。ひとくだり［一行］。上代 いちでう［一条］。

ひとくみ【一組】 近代 セット（set）。ひとそろひ［一揃］。ペア（pair）。中世 いっしき［一式］。ひとくみ［一組］。ひとて［一手］。中古 いちぐ［一具］。

—にする 中世 くみあはす（—あわせる）［組合］。中古 とりあはす（—あわせる）［取合］。

好ましい— 近代 かういっつい［好一対］。

履物などの— 中世 いっそく［一足］。

二つで— 中世 いっつい［一対］。中古 いっさう［一双］。

二つのものが—になる 中古 つがふ［番］。

ひとけ【人気】 ひとっけ［人気］。近世 にんき［人気］。中世 じんえい［人影］。じんき［人気］。ひとくさし［人臭］。中古 ひとけ／ひとげ［人気］。

—が近くにする 中古 ひとちかし［人近］。

—がない 近代 猫の子一匹いない。近世 人切れなし。中古 かすか［幽／微］。ひとげどほ

し[人気遠]。ひととほし[人遠]。ひとばなる[人離]。上代あらし[粗]。

—がなく寂しいさま 中古げき[闃]。げきぜん[闃然]。けどほし[気遠]。

ひとこと【一言】 中世いちげん[一言]。いっこう/ひとくち[一口]。中古いちごん[一言]。上代ひとこと[一言]。

—ひと言 近代いっといちげん[一吐一言]。げんげん[言言]。

必ず—言う人 近代いちげんこじ/いちごんこじ[一言居士]。

ひとごと【他人事】 たにんごと[他人事]。近代対岸の火事。中世よそごと[余所事]。中古ひとごと[他人事/人事]。人の上。《句》近世川向かひの喧嘩。昨日は人の身明日は我が身。人を呪はば穴二つ。人を呪へば身を呪ふ。我が頭の蝿を追へ。中世人の上に吹く風は我が身に当たる。

ひとこま【一齣】 いちばめん[一場面]。近代ひとこま[一齣]。近世ひとくさり[一齣/一関]。ひとくだり[一行]。ひとまく[一幕]。

ひとごみ【人込】 ラッシュ(rush)。近代ひとで[人出]。ひとなみ[人波]。近世ひとぜり[人競]。ひとだかり[人集]。中世こんざつ[混雑]。ひとごみ[人込/人混]。ひとだち[人立]。ひとだまり[人溜]。上代ざったふ[雑踏/雑沓]。

—のさま 近代ぎゅうぎゅうづめ[詰]。すしづめ[鮨詰]。芋を洗ふやう。近世おしあひへしあひ[押合圧合]。ごったがへす[返]。立錐(りっすい)の余地なし。中世こみあふ[混合]。中古ひしめく[犇]。

ひところ【一頃】 近代ひときり[一切]。中世いぜん[以前]。ひところ[一頃]。中古いちじ[一時]。かつて[嘗/曾]。ひととき[一時]。わうじ[往時]。

ひとざと【人里】 中世そんらく[村落]。中古しふらく[集落]。しゅうらく[聚落]。そんり[村里]。ひと[人]。ひとざと[人里]。むら[村]。上代さと[里]。むらざと[村里]。やには[家庭]。

—から遠く離れた所 近世むばい[無媒]。中世おき[沖/澳]。中古いうきゃう[幽境]。くさがくれ[草隠]。ひとばなれ[人離]。《句》近世酒屋へ三里豆腐屋へ二里。

—の辺り 上代さとみ[里回/里廻]。

—を離れて住む 中古ひとばなる[人離]。よばなる[世離]。

鳥などが—に馴れる 中古さとなる〔—なれる〕[里馴]。

ひとし・い【等】 パリティー(parity)。近代あひひとし[相等]。イコール(equal)。さうとう[相等]。どういつ[同一]。どうれつ[同列]。中世どうぜん[同然]。どうやう[同様]。中古どうとう[同等]。ならぶ[並]。ふじ[不二]。上代おなじ[同]。ひとし[等/均/斉]。

—・く差別のないこと 中世びゃうどう[平等]。

—・くする 中古あはす〔あわせる〕[合]。そろふ〔そろえる〕[揃]。ひとしむ[等/斉]。

—・く揃っていること 近代いっせい[一斉]。

—・く分けること 中古とうぶん[等分]。上代きんぶん[均分]。

位が—・い 近代とうゐ[等位]。中世どうゐ[同位]。

互いに—・い 近代あひひとし[相等]。

分量が—・い 近代とうりゃう[等量]。近世どうりゃう[同量]。中世とうぶん[等分]。

ひとしお【一入】 近代いっそう[一層]。中世いちばい[一倍]。かくべつに[格別]。ひとかすみ[一霞]。中古いちだんと[一段]。いとどし。ひときは[一際]。ひとしほ[一入]。今ひとかへり。

ひとしきり【一頻】 近代ひときり/ひとっきり[一切]。中古ひとしきり[一頻]。上代しばらく[暫]。

—の雨 中世いちぢん[一陣]。

—の風 中世いちぢん[一陣]。

ひとしごと【一仕事】 近代ひとまうけ[人儲]。近世ひとしごと[一仕事]。中世ひとかせぎ[一稼]。

ひとじち【人質】 中世しちにん[質人]。ひとじち[人質]。中古しち[質]。上代むかはり[身代]。

ひとすじ【一筋】❶〈一脈〉 いちみゃく[一脈]。いっと[一途]。いっぽん[一本]。近世いっちょくせん[一直線]。中世いちでう[一条]。いちる[一縷]。いっとう[一統]。中古いちだう[一道]。ひたみち[直路]。ひとすぢ[一筋/一条]。

—の道 近代いっぽんみち[一本道]。近世ひとすぢみち[一筋道]。中古いちだう[一道]。

ひとすじ【一筋】❷〈専心〉 近代かかりきり/かかりっきり[掛切]。せんねん[専念]。中世せんいち[専一]。中古せんいつ[専一]。ひとすぢ[一筋/一条]。→**ひたすら**

ひとそれぞれ【人】 かくじんかくよう[各人各様]。近世じふにんといろ[十人十色]。中世おのがしなじな[己品品]。おのれおの

れ[己己]。中古 おのがさまざま[己様様]。

《句》近世 面に似せて巻子を巻く。

—で好みが違う 近世 ひいきひいき[贔屓贔屓]。《句》近代 蓼食ふ虫も好き好き。寝牛起き馬。近世 人食ひ馬にも合ひ口。

ひとそろい【一揃】 近代 ワンセット(one set)。セット(set)。ひとそろひ[一揃]。ペア(pair)。中世 いっしき[一式]。いっつい[一対]。ひとくみ[一組]。中古 いちぐ[一具]。
—の物 近代 かずもの[数物]。
衣服や鎧などの— 中古 いちりゃう[一領]。
完全な— フルセット(full set)。

ひとだかり【人集】 近代 ひとで[人出]。近世 ひとだかり[人集/人簇]。中世 ひとごみ[人込/人混]。ひとだち[人立]。ひとだまり[人溜]。→ひとごみ

ひとだのみ【人頼】 近代 たにんまかせ[他人任]。たりきほんぐゎん[他力本願]。近世 ひとだのみ[人頼]。中世 ひとまかせ[人任]。

ひとたび【一度】 近代 いったん[一旦]。中古 いちど[一度]。いっくゎい[一回]。ひとたび[一度]。

ひとつ【一】 近代 シングル(single)。ワン(one)。近世 イー[(中国語)一]。ひ/ひい[一]。中世 いつ[一]。中古 いちもつ[一物]。上代 いち[一]。ひとつ[一/一箇]。

《句》近世 虚仮の一心。

—しかない 中世 褻にも晴れにも。中古 二つなし。

—ずつ撃ち破ること 近代 かくこげきは[各個撃破]。

—だけすぐれたものが目立つこと 近代 万緑叢中紅一点。

—だけ立っている 近代 どくりつ[独立]。中古 こりつ[孤立]。

—だけのさま 近代 ぽつり。ぽつんと。近世 ぶっつり/ぷっつり。

—であること 近代 たんいつ[単一]。たんすう[単数]。

—にする 近代 がっぺい[合併]。近世 がふいつ[合一]。けんぺい[兼併]。ひっくるむ[—くるめる][引括]。中世 こんいつ[混一]。すべる[統/総]。たばぬ[たばねる][束]。中古 あはす[あわせる][合]。こんどう[混同]。上代 けっしふ[結集]。へいがふ[併合]。

—に融け合うこと(さま) 近代 こんゆう[渾融/混融]。中世 こんぜん[渾然/混然]。中古 わどう[和同]。

—になる ドッキング(docking)。近代 がふりう[合流]。だいどう[大同]。近世 がふいつ[合一]。がふどう[合同]。とうがふ[投合]。なりあふ[成合]。まとまる[纏]。中古 あふ[合]。中世 がっす[合]。がったい[合体]。こんどう[混同]。さしあふ[差合]。上代 けっしふ[結集]。

—には 近代 いつに[一]。中古 かたへは[片方]。かつは[且]。

—のことだけをする 近代 かかりきり/かかりっきり[掛切]。せんしう[専修]。せんにん[専任]。近世 せんげふ[専業]。中世 せんいち[専一]。せんこう[専攻]。中古 せんいつ[専一]。せんもん[専門]。ひとすぢ[一筋/一条]。

—のことに凝ること(人) 近代 へんきゃう[偏狂]。近世 こりかたまり[凝固]。へんしつきゃう/へんしふきゃう[偏執狂]。

—のことを押し通す 近世 いってんばり[一点張]。いっぽんやり[一本槍]。

—の場所 近代 いっかしょ[一箇所]。中古 ひとっところ/ひとところ[一所]。ひとつところ[一所]。

—ひとつ 近代 ここべつべつ[個個別別]。近世 だんだん[段段]。中世 ここ[個個/箇箇]。ちくいち[逐一]。中古 いちいち[一一]。おのおの[各/各各]。かく[各]。

いくつかの中の— 中古 あかれ[別/散]。

意見や気持ちが—になること 近代 けふがふ[協合]。近世 とうがふ[投合]。

完全に—にまとまっていること ぜんいつ[全一]。

知らず知らずに—になること 上代 みゃうがふ[冥合]。

二つから—を選ぶこと にしゃたくいつ[二者択一]。近代 たくいつ[択一]。にしゃせんいつ[二者選一]。

ひとづきあい【人付合】 →こうさい【交際】

ひとつづき【一続】 近代 いちみゃく[一脈]。いちれん[一連/一聯]。中世 いっくゎん[一貫]。中古 ひとつづき[一続]。ひとつら[一連/一行]。
—にする 中世 つぎあはす[—あわせる][継合]。中古 つらぬ[つらねる][連/列]。
仕切りを取って—にする 近代 ぶちぬく[打抜]。
数珠のように— 近世 じゅずつなぎ[数珠繋]。

ひとづて【人伝】 ききづて[聞伝]。くちコミ[口communication]。くちづたえ[口伝]。緩頰を煩はす。近代 くちづて[口伝]。近世 ききづたへ[聞伝]。中世 つて[伝]。で

んたつ[伝達]。中古くでん[口伝]。ことづて[言伝]。でんごん[伝言]。でんぶん[伝聞]。ひとづて[人伝]。上代つてごと[伝言／流言]。

—に聞く(こと) 近代くゎんけふ[緩頬]。ひとぎき[人聞]。中古つたへきく[伝聞]。

—にちょっと聞くこと 近世そくぶん[仄聞／側聞]。

—を更に人から聞くこと 近世またぎき[又聞]。

ひとつば【一葉】 近代かのしたぐさ[鹿舌草]。ひとつば[一葉]。中古いはくさ[岩草]。いはのかは[岩葦]。上代いはかしは[岩柏]。

ひとづま【人妻】 近代けいしつ[閨室]。中世ないしつ[内室]。中古かしつ[家室]。上代ひとづま[人妻／他妻]。ひとのこ[人子]。

浮気な— 近世ぬめりづま[滑妻]。

ひとで【人手】❶〈他者〉 たしゃ[他者]。近世ひとさま[人様]。中世ひとで[人手]。中古たにん[他人]。

ひとで【人手】❷〈働き手〉 じんてきしげん[人的資源]。じんてきしほん[人的資本]。ヒューマンリソース(human resources)。マンパワー(manpower)。近代はたらきて[働手]。らうどうりょく[労働力]。近世らうりょく[労力]。中世ひとで[人手]。中古じんりき[人力]。

—が少ないこと ひとでぶそく[人手不足]。近代てうす[手薄]。てぶそく[手不足]。中古ひとずくな[人少]。

—がないこと 手がない。近代むにん[無人]。中古ぶにん[無人]。

—を貸し合うこと 中古ゆひ[結]。

ひとで【人手】❸〈人工〉 近世じんこう[人工]。じんざう[人造]。じんゐ[人為]。中古ひとで[人手]。

ひとで【人出】 近代ひとで[人出]。ひとなみ[人波]。中世ひとごみ[人込／人混]。↓ひとごみ

—が多いさま 中世にぎやか[賑]。中古にぎはし[賑]。はんくゎ[繁華]。

—が多くなる 近代でさかる[出盛]。

ひとでなし【人無】 近世けだもの[獣]。じんめんじうしん／にんめんじうしん[人面獣心]。にんぐゎい[人外]。にんちく[人畜]。にんちくしゃう[人畜生]。にんぴちくしゃう[人皮畜生]。中世ひとでなし[人無]。中古にんぴにん[人非人]。

ひととおり【一通】 近代ありきたり[在来]。ざあっと。近世せけんなみ[世間並]。中世あらまし。はしるはしる[走走]。ひとすぢ[一筋]。ひととほり[一通]。中古あらあら[粗粗]。いちおう[一応]。いちわう[一往]。おほかた[大方]。おほよそ[大凡]。おぼろげ[朧]。たいてい[大抵]。なべて／なめて[並]。ひとかた[一方]。ひとわたり[一渡／一渉]。ふつう[普通]。上代なみ[並]。なみなみ[並並]。ひとなみ[人並]。→あらまし →おおよそ

—でない 近世大方ならず。中世しんじん[深甚]。ななめ[斜]。ななめならず。中古おぼろけ[朧]。ゆゆし[由由]。わりなし[理無]。えならず。朧(おぼろ)けならず。愚かならず。ただならず。なのめならず。なべてならず。なめてならず。一方(ひとかた)ならず。上代ひじゃう[非常]。

—なんでもできる人 近代なんでもや[何屋]。よろづや[万屋]。

—見ること 近代がいらん[概覧]。近世がいけん[概見]。

—読むこと 近代いちどく[一読]。中古いちらん[一覧]。

ひとどおり【人通】 中世いきき[行来]。ひとどほり[人通]。中古ゆきき[行来]。上代わうらい[往来]。

ひととき【一時】 中世いっとき[一時]。ざんじ[暫時]。すんじ[寸時]。中古いちじ[一時]。ひととき[一時]。上代しばらく[暫]。

ひととなり【為人】 近代ほんせい[本性]。中古ひとがら[人柄]。ほんしゃう[本性]。上代てんせい[天性]。ひととなり[為人／性]。

ひとなみ【人並】 近代いちにんまへ[一人前]。ひとかど[一角／一廉]。近世いっぱし[一端]。せけんなみ[世間並]。ぼんこつ[凡骨]。中世ひとがまし[人]。中古ひとかず[人数]。ひとけ[人気]。ひとなみなみ[人並並]。ひとびとし[人人]。ひとめかし／ひとめく[人]。ふつう[普通]。上代なみ[並]。ひとなみ[人並]。

—でない 近世はんにんまへ[半人前]。中古ひとげなし[人気無]。

—に扱う 中古かずまふ[数]。ひとめかす[人]。《尊》おぼしかずまふ[思数]。

—に扱われない 近代じんぐゎい[人外]。

—外れている(こと) 近世どえらい[偉]。ひとばなれ[人離]。

ひとねむり【一眠】 近代かすい[仮睡]。かみん[仮眠]。近世ころびね[転寝]。ひとねむり[一眠／一睡]。中世いっすい[一睡]。うた

たねむり[転寝]。かりそめね[仮初寝]。かりぶし[仮臥]。かりまくら[仮枕]。ひとねいり[一寝入]。ゐねむり[居眠]。中古 うたたね[転寝]。かりそめぶし[仮初臥]。かりね[仮寝]。ゐねぶり[居眠]。上代 まるね／まろね[丸寝]。

ひとはたらき【一働】 ひとがんばり[一頑張]。近代 ひとまうけ[一儲]。近世 ひとしごと[一仕事]。ひとせい[一精]。ひとはたらき[一働]。中世 ひとかせぎ[一稼]。

ひとばん【一晩】 近世 ひとばん[一晩]。中古 いちや[一夜]。いっせき[一夕]。上代 ひとよ[一夜]。

—おき 近世 かくばん[隔晩]。中古 かくや[隔夜]。

ひとばんじゅう【一晩中】 近代 つうげう[通暁]。てっせう[徹宵]。近世 てつや[徹夜]。よがなよっぴて[夜夜一夜]。よぢゅう[夜中]。よっぴて[夜一夜]。よどほし[夜通]。中世 おほよすがら[大終夜]。よっぴとい[夜一夜]。中古 さよすがら[小夜終]。じゃうや[常夜]。しゅうせう[終宵]。つうせう[通宵]。つうや[通夜]。ひとよ[一夜]。よすがら[終夜]。よただ[夜直]。よひとよ[夜一夜]。上代 しゅうや[終夜]。たりよ[足夜]。よあかし[夜明]。よもすがら[終夜]。よわたし[夜渡]。夜のことごと。夜(よる)はすがらに。

—酒を飲む 中世 のみあかす[飲明]。

—続くこと 中古 じゃうや[常夜]。

—灯しておく行灯 近世 ありあかし[有明]。ありあけあんどん[有明行灯]。

—寝ないである事をする 近世 てつや[徹夜]。よどほし[夜通]。中古 あかす[明]。夜を明かす。夜を徹す。上代 ゐあかす[居明]。をりあかす[居明]。

—寝ないで管弦などの遊びをする 中古 あそびあかす[遊明]。

—寝ないで主君に付き添うこと 近世 よとぎ[夜伽]。中古 とのゐ[宿直]。

—寝ないで番をする 近代 ふしんばん[不寝番]。近世 おきばん[起番]。中世 ねずのばん[不寝番]。

—寝ないでもの思いで夜を明かす 中古 ながめあかす[眺明]。

—風雨にあてたままにすること 中世 よざらし[夜晒]。

ひとびと【人人】 ピープル(people)。近世 しゅじゃう／しゅうせい[衆生]。中世 にんにん[人人]。中古 すじゃう[衆生]。たぐひ[類]。ひとたち[人達]。ひとびと[人人]。わたり[辺]。上代 じんりん[人倫]。ひとくさ[人草]。もろびと[諸人]。

《尊》中古 かたがた[方方]。ところどころ[所所]。

—の心 中世 にんじん[人心]。中古 じんしん[人心]。ぶつじゃう[物情]。

一般の— 近代 こうしゅう[公衆]。近世 し[衆]。ししょ[士庶]。たみくさ[民草]。中世 せぞく[世俗]。中古 しゅ／しゅう[衆]。しょじん／しょにん[諸人]。せじん[世人]。たいしゅう[大衆]。

多くの— 中世 しょか[諸家]。上代 くゎいしゅう[会衆]。

会合に集まった— 中世 けっしゅ[結衆]。近世 かほぶれ[顔触]。上代 くゎいしゅう[会衆]。

下層の— 中世 しもじも[下下]。中古 さいみん[細民]。

当時の— 中古 じはい[時輩]。

ひとひら【一片】 中古 いちまい[一枚]。いっぺん[一片]。ひとひら[一片／一枚]。

ひとふで【一筆】 いっぴつ[一筆]。中世 ひとふで[一筆]。

—書き 近世 いちじがき[一字書]。いっぴつがき[一筆書]。

—の絵 近世 ひとふでゑ[一筆絵]。

ひとまえ【人前】 メンツ[面子]。近代 ていさい[体裁]。中世 くがい[公界]。てまへ[手前]。ひとまへ[人前]。めんもく[面目]。中古 せけんてい[世間体]。めんぼく[面目]。上代 めんぜん[面前]。

—で気後れがする 中世 面(おも)て弱し。

—に出ないこと 中古 らうろう[牢籠]。

—に出られない 近代 合はせる顔がない。

ひとまかせ【人任】 近代 たにんまかせ[他人任]。たりきほんぐゎん[他力本願]。近世 あなたまかせ[貴方任]。ひとだのみ[人頼]。中世 いちにん[一任]。ひとまかせ[人任]。

ひとまく【一幕】 いちばめん[一場面]。近代 アクト(act)。いちだんらく[一段落]。ひとこま[一齣]。近世 ひとまく[一幕]。

ひとまず【一先】 中世 いったん[一旦]。ひとまづ[一先]。ひとまど。中古 いちおう[一応]。いちわう[一往]。上代 しばらく[暫]。

ひとまとめ【一纏】 近代 いっくゎつ[一括]。いっそく[一束]。近世 ひとまとめ[一纏]。中世 ひとくくり[一括]。はうくゎつ[包括]。

—にする 近代 おしくるむ[押包]。かためる

［固］。つっくるむ／つっくるめる［突括］。近世 じっぱひとからげ［十把一絡］。つばむ［つばめる］。ひっからぐ［―からげる］［引絡／引紮］。

大きく―にする 近世 おほぐくり［大括］。

ひとまね【人真似】 ミミクリー(mimicry)。近代 さるまね［猿真似］。せいたいもしゃ［声帯模写］。ぼはう［模倣］。顰に倣ふ。近世 くちまねこまね［口真似小真似］。もはう［模倣］。みやうみまね［見様見真似］。中世 くちまねび［口学］。しりまひ［尻舞］。にのまひ［二舞］。ものまね［物真似］。中古 くちまね［口真似］。ひとまね［人真似］。ものまねび［物学］。もしゃ［模写］。

ひとまわり【一回】 近代 じゅんくゎい［巡回］。近世 いってん［一転］。中世 いちじゅん［一巡］。ひとまはり［一回］。ひとめぐり［一巡］。中古 いっしう［一周］。

―大きくする 近世 輪を掛ける。

―・して戻る 中古 ゆきめぐる［行巡］。

ひとみ【瞳】 せいぼう［睛眸］。近代 もくせい［目睛］。近世 くろめだま［黒目玉］。どうこう［瞳孔］。中世 くろめ［黒目］。どうし［瞳子］。どうじ［童子］。中古 がんせい［眼睛／眼精］。くろまなこ［黒眼］。ひとみ［瞳］。ぼうし［眸子］。上代 まなこ［眼］。

―の中 近代 ぼうちゅう［眸中］。

―を上に向けること 近世 そらめ［空目］。

―を動かさない 近世 目が据わる。

小さな― 中古 すんぼう［寸眸］。

一つの眼に二つの―があること 近世 さうどう［双瞳］。ぢゅうどう［重瞳］。中世 かさねひとみ［重瞳］。中古 ちょうどう［重瞳］。

ひとみごくう【人身御供】 スケープゴート(scapegoat)。近代 ぎせい［犠牲］。じんしんくぎ［人身供犠］。中世 いきみぐ［生身供］。ひとばしら［人柱］。ひとみごくう［人身御供］。中古 いけにへ［生贄］。

ひとみしり【人見知】 近代 ひとおぢ［人怖］。近世 ひとおめ［人怖］。ひとみしり［人見知］。中世 ひとおくめん［人臆面］。中古 おもぎらひ［面嫌］。

ひとめ【人目】 近代 じんもく［人目］。はため［傍目］。近世 ひとみ［人見］。めがほ［目顔］。めつま／めづま［目棲］。をかめ［傍目／岡目］。中古 しゅうもく［衆目］。よそめ［余所目］。上代 ひとめ［人目／人眼］。みるめ［見目］。

―に付かない所 くらやみ［暗闇］。近世 あんしょ［暗所］。くらがり［暗］。中世 ものかげ［物陰］。をくろう［屋漏］。中古 かくれが［隠処］。

―に付く(さま) 近代 れいれいしい［麗麗］。近世 けばけばし。はで［派手］。中世 けはけはし。中古 けしょう／けそう／けんしょう／けんそう［顕証］。

―に付くようにする 近代 えんずる［演］。おほっぴら［大］。中古 さらす［曝／晒］。

―に付くようになる 上代 穂に出づ。

―を避ける 近代 人目を盗む。近世 人目を憚る。目棲を忍ぶ。中世 かそふ［掠］。人目を忍ぶ。中古 うちしのぶ［打忍］。かくろふ［隠］。しのぶ［忍］。つつむ［慎］。ひきしのぶ［引忍］。人目を包む。上代 ひとめもる［人目守］。

―を盗んで怠ける 近世 かげばひり［陰這入］。

―を盗んでやり続ける 上代 ぬすまふ［盗］。

わざと―を引くようにする 中古 みえしらがふ［見］。

ひとめ【一目】 近代 いちもく［一目］。近世 いちがん［一眼］。いちべつ［一瞥］。中世 いっけん［一見］。中古 いちべん［一眄］。上代 ひとめ［一目／一眼］。

―で心ひかれること 近代 ひとめぼれ［人目惚］。《枕》上代 ふぢなみの［藤波／藤浪］。

―ではっきり分かること 近代 いちもくれうぜん［一目瞭然］。

―で分かるようにしたもの いちらん［一覧］。はやみ［早見］。

ひとめぐり【一巡】 近代 じゅんくゎい［巡回］。近世 いってん［一転］。中世 いちじゅん［一巡］。ひとまはり［一回］。ひとめぐり［一巡／一周］。中古 いっしう［一周］。じゅんくゎん［循環］。

ひともうけ【一儲】 近代 ひとまうけ［一儲］。近世 ひとしごと［一仕事］。ひとはたらき［一働］。中世 ひとかせぎ［一稼］。

ひとやすみ【一休】 ブレーク(break)。近代 せうきうし［小休止］。息を抜く。一息入れる。茶にする。近世 いきぬき［息抜］。いきやすめ［息休］。いっぷく［一服］。きうけい［休憩］。ひとやすみ［一休］。息を吐っく。中世 ひといき［一息］。近世 ひとばん［一晩］。上代 きうそく［休息］。

ひとよ【一夜】 近世 ひとばん［一晩］。中古 いちや［一夜］。いっせき［一夕］。上代 ひとよ［一夜］。

ひとり【一人】 シングル(single)。近代 いちめい［一名］。たんいつ［単一］。近世 いちぶん［一

分]。中古たんどく[単独]。どくしん[独身]。みひとつ[身一]。上代いちにん[一人]。たんしん[単身]。ひとり[一人/独]。
→どくしん

《尊》中世いっしょ[一所]。中古ひとかた[一方]。ひとところ[一所/一処]。

《枕》上代かこじもの[鹿児]。かしのみの[橿実]。

ーずつ口説き落とすこと いっぽんづり[一本釣]。

ーで意気込むこと 近代ひとりずまふ[独相撲]。

ーで行くこと たんどくこう[単独行]。中古どくそう[独走]。中世どくかう[独行]。たんかう[単行]。中世どくほ[独歩]。

ーで演じること どくえん[独演]。どくだんじょう[独壇場]。ひとりきょうげん[一人狂言]。ひとりしばい[一人芝居]。近代どくせんぢゃう[独擅場]。ひとりぶたい[一人舞台]。モノドラマ(monodrama)。

ーで事を行うこと 近代たんどくかうどう[単独行動]。中世どくかう[独行]。

ーで寂しくいること 近世ひとりぼっち/ひとりぽっち[一人/独]。中世こざ[孤坐]。どくざ[独座/独坐]。中古さくきょ[索居]。たんこ[単孤/単己]。上代こどく[孤独]。

ーで寂しくいる姿 中世こえい[孤影]。

ーで寂しく弱いこと 中古こじゃく[孤弱]。

ーで支援もなく戦うこと こぐんふんとう[孤軍奮闘]。

ーでじっと動かずにいるさま 近世くゎいぜん[塊然]。

ーで楽しむこと 中世どくらく[独楽]。

ーでに 近代じどう[自動]。近世われと[我]。中世おのづと[自]。おのれと。ひとり[一人/独]。中古おのづから[自]。上代しぜん[自然]。

ーで寝ること 中世どくぐゎ[独臥]。中古ひとりね[独寝]。→ひとりね

ーで腹を立てること 近世ひとりばら[一人腹]。

ーでもの思いに沈んでいるさま 中世つっくり。

ーで学び修得すること 近代どくしゅう[独修]。中世どくがく[独学]。

ーになった猿 近世こけざる[猿]。中古こゑん[孤猿]。

ーの分 近世いちぜん[一膳]。いちにんまへ[一人前]。

ーひとり ここじん[個個人]。近代かくじん[各人]。かくゐん[各員]。ここべつべつ[個個別別]。こべつ[個別/箇別]。近世かくじ[各自]。中世ここ[個個/箇箇]。てんでに[手手]。めいめい[銘銘]。めんめん[面面]。中古おのおの[各/各各]。おもておもて[面面]。ひとかたひとかた[一方一方]。

ー分かったつもりでいること 近代どくぜん[独善]。ひとりのみこみ[独飲込]。ひとりよがり[独善]。近世ひとりがてん[独合点]。

自分ーの考え 近代しあん[私案]。近世しけん[私見]。中世がけん[我見]。中古どくけん[独見]。

高い境地でーいること 近世こかう[孤高]。

頼るところのないーの身 中世こしん[孤身]。

だれかー 中古ひとりびとり[一人一人]。

▼親類縁者がないこと 近世みすがら[身]。中古するすみ[匹如/匹如身]。みひとつ[身一]。むえん[無縁]。

ひどり【日取】 近代にってい[日程]。近世にちじ[日時]。ひあひ[日間/日合]。中世きじつ[期日]。ひどり[日取]。ひにち[日日]。中古ひついで[日次]。

ひとりぐらし【一人暮】 シングルライフ(single life)。近代どくしんせいかつ[独身生活]。ひとりぐらし[一人暮/独暮]。やもめずまひ[寡住/鰥住]。近世ひとりずまひ[独住]。ひとりすぎ[一人過]。ひとりぐち[一人口]。やもめぐらし[寡暮/鰥暮]。をんなやもめ[女寡]。中世をとこやもめ[男鰥]。をのこやもめ[男子鰥]。中古どくきょ[独居]。ひとりゐ[独居]。やもめずみ[寡住/鰥住]。

《句》近代形影相弔ふ。近世男やもめに蛆がわき、女やもめに花が咲く。

ーを嘆く女性 中古ゑんぢょ[怨女]。

ひとりごと【独言】 どくわ[独話]。近代どくげん[独言]。どくはく[独白]。モノローグ(monologue)。近世かべそしょう/かべぞしょう[壁訴訟]。つぶやき[呟]。どくご[独語]。ひとりぐち[一人口]。中古ひとりごと[独言]。

ーを言う 中古うちつぶやく[打呟]。つぶやく[呟]。ひとりごつ[独言]。

演劇で観客にだけ聞こえるー 近代ばうはく[傍白]。

ひとりじめ【独占】 近代せんきょ[占拠]。せんりゃう[占領]。どくせん[独占]。ひとりじめ[独占]。中世ろうだん[壟断]。

《句》近世雪隠で饅頭。

ひとりっこ【一人子】 〔近世〕ひとりっこ［一人子／独子］。〔中古〕いっし［一子］。ひとつご［一子］。〔上代〕ひとりご［一人子／独子］。

大事にしているー 〔近代〕ひとつぶだね［一粒種］。

ひとりね【独寝】 〔近世〕あだまくら［徒枕］。こきん［孤衾］。〔中世〕うきまくら［浮枕］。〔中古〕あだぶし［徒臥］。いたづらいね／いたづらね［徒寝］。いたづらぶし［徒臥］。かたしき［片敷］。しらね［素寝］。ひとりね［独寝］。ひとりぶし［独臥］。

ーで寂しい 〔中古〕かたはらさびし［傍寂］。

ーで寂しい夜 〔上代〕長き夜。

ーの寝室 〔近代〕くうけい［空閨］。くうぼう［空房］。こけい［孤閨］。

ーを恨みながら寝ること 〔中世〕うらみね［恨寝］。

ーを恨む女性の気持ち 〔近世〕けいゑん［閨怨］。

ーをする 〔中古〕かたしく［片敷］。衣(ころも)片敷く。袖片敷く。

恋人などを待ってのー 〔上代〕枕(まくら)片去(かたさ)る。

ひとりよがり【独善】 〔近代〕エゴチズム／エゴティズム(egotism)。じぶんぎめ［自分極］。どくぜん［独善］。ひとりぎめ［独決］。ひとりのみこみ［独飲込］。ひとりよがり［独善］。〔近世〕じぶんめんきょ［自分免許］。ひとりがてん［独合点］。〔上代〕どくだん［独断］。

ー・で行動すること 〔近代〕どくそう［独走］。さきばしる［先走］。

ひな【雛】❶〈雛鳥〉 ようちょう［幼鳥］。〔近代〕ひよっこ［雛］。〔中世〕ひよこ［雛］。ひよひよ。〔中古〕くゎうこう［黄口］。ひなどり［雛鳥］。雛の子。〔上代〕とりのこ［鳥子］。ひな［雛］。

ーの歩くさま 〔近世〕ひょこひょこ。ぴょこぴょこ。

ーを親鳥が抱いて保護すること 〔近世〕ぬくめどり［温鳥］。

ーを育てること いくすう［育雛］。

卵からーが抜け出すこと 〔中世〕だっかく［脱殻］。

ひな【雛】❷〈雛人形〉 〔近世〕おひなさま［御雛様］。おほうちびな［大内雛］。だいりびな［内裏雛］。〔中古〕ひいな／ひひな［雛］。ひな［雛］。

ー人形に着せる着物 〔中古〕ひひなぎぬ［雛衣］。

ー人形を売る店 〔近世〕ひなや／ひひなや［雛屋］。

ー人形を飾る小さな家 〔中古〕ひなや／ひひなや［雛屋］。

ー祭り 〔近代〕女の節句。〔近世〕おひなさま［御雛様］。雛の節句。桃の節句。〔中古〕ひなあそび／ひひなあそび［雛遊］。じゃうし［上巳］。

描いて壁に掛けるー人形 〔近代〕かけびな［掛雛］。ゑひな［絵雛］。

紙製のー人形 〔近世〕かみびな／かみひひな［紙雛］。

立ち姿のー人形 〔近代〕たちびな［立雛］。

男女一対のー 〔近世〕めをとびな［夫婦雛］。

小さなー人形 まめびな［豆雛］。〔近代〕けしびな［芥子雛］。

時の話題などを取り込んだー人形 かわりびな［変雛］。

土製のー人形 〔近世〕すくねびな［宿禰雛］。

ひな【鄙】 →いなか

《枕》〔上代〕あまざかる［天離］。

ー歌 〔近世〕さとびうた［俚歌］。ゐなかうた［田舎歌］。〔中世〕りえう［里謡／俚謡］。→みんよう

ひなか【日中】 デイタイム／データイム(daytime)。〔近世〕ひなか［日中］。ひるひなか［昼日中］。まっぴるま［真昼間］。まひる［真昼］。〔中古〕あかひる［明昼］。にっちゅう［日中］。はくじつ［白日］。はくちう［白昼］。ひさかり［日盛］。ひるま［昼間］。→にっちゅう

ひなが【日長】 〔近世〕ひなが［日長／日永］。〔中古〕えいじつ［永日］。ちじつ［遅日］。〔上代〕永き日。

ひながた【雛型】 ジオラマ／ディオラマ(フランス diorama)。ミニチュア(miniature)。〔近代〕サンプル(sample)。〔近世〕ひながた［雛型／雛形］。へうほん［標本］。もけい［模型／摸型］。〔中世〕みほん［見本］。〔中古〕かた［型］。したかた［下形］。

ひなぎく【雛菊】 〔近代〕えんめいぎく［延命菊］。デージー(daisy)。ひなぎく［雛菊］。

ひなげし【雛罌粟】 〔近代〕ひなげし［雛罌粟／雛芥子］。ポピー(poppy)。〔近世〕れいしゅんくゎ［麗春花］。〔中世〕ぐびじんさう［虞美人草］。びじんさう［美人草］。

ひなた【日向】 〔近代〕ひだまり［日溜］。〔近世〕ひおもて［日面］。〔中世〕ひあたり［日当／陽当］。〔中古〕ひなた［日向］。

ーぼっこ 〔近世〕ひなたぼこ［日向］。〔中世〕ひなたぶくり［日向］。ひなたぼこう／ひなたぼっこう［日向］。〔中古〕ひなたぼこり［日向］。

ひなどり【雛鳥】 →ひな【雛】❶

ひな・びる【鄙】 〔近代〕ゐなかくさい［田舎臭］。〔近世〕やぼったい［野暮］。ゐなかじみる［田舎染］。ゐなかふう［田舎風］。ゐなかめく［田

舎〕。中古ひなぶ〔ひなびる〕〔鄙〕。↓いなかじ・みる

ひなん【非難】 近代しだん〔指弾〕。だんがい〔弾劾〕。なんきつ〔難詰〕。近世さっと〔察度〕。さん〔賛／讃〕。ばくす〔駁〕。ひぎ〔非議／誹議〕。ひごん〔非言〕。べんなん〔弁難〕。中世きし〔譏刺〕。なん〔難〕。ひなん〔非難〕。ひはん〔批判〕。中古そしり〔謗／譏／誹〕。だんし〔弾指〕。とがめ〔咎〕。なじる〔詰〕。なんず〔難〕。もどき〔擬／抵牾／牴牾〕。上代きうだん〔糾弾〕。ひばう〔誹謗〕。

━がましい顔 中世もどきがほ〔抵牾顔〕。

━がましい言葉 近世こごと〔小言〕。

━・されて当然だ 謗(そし)りを免れない。

━・される 近代矢面に立つ。中世点差す。中古点付かる。難付く(四段活用)。

━・されるようなこと 近世ふつがふ〔不都合〕。ふらち〔不埒〕。中世ふとどき〔不届〕。

━・し合う 中世さしあふ〔指合〕。せめあふ〔責合〕。

━・し攻撃すること 近代ばくろん〔駁論〕。近世はいげき〔排撃〕。

━・したい様子(気持ち) 中古そしらはし〔誹〕。もどかし。

━・して答えを強要すること 近世なんもん〔難問〕。

━・して排斥すること 近世ひせき〔非斥〕。

━・し論じ合うこと 近世ろんばく〔論駁〕。

━・すべき 中古もどかし。

━・すべき所 近代けってん〔欠点〕。なんてん〔難点〕。ひてん〔批点〕。近世かし〔瑕疵〕。中世たんしょ〔短所〕。なんくせ〔難癖〕。まうしぶん〔申分〕。中古かきん〔瑕瑾／瑕釁〕。とが〔咎／科〕。

━・する 近代非を鳴らす。近世いひこなす〔言〕。点を打つ。難癖を付く〔━付ける〕。批点を打つ。非を打つ。中世かたむく〔━むける〕〔傾〕。くたす〔腐〕。さしもどく。指差す。中古あはむ〔淡〕。いひおとす〔言落〕。いひけつ〔言消〕。いひやぶる〔言破〕。かたぶく〔━ぶける〕〔傾〕。けつ〔消〕。せめたつ〔━たてる〕〔責立〕。そしる〔謗／譏／誹〕。なじる〔詰〕。なやむ〔悩〕。なんず〔難〕。にくむ〔憎／悪〕。もどきいふ〔擬言〕。もどく〔擬／抵牾／牴牾〕。難付く(下二段活用)。上代せむ〔せめる〕〔責〕。とがむ〔とがめる〕〔咎〕。なやます〔悩〕。みとがむ〔━とがめる〕〔見咎〕。

━・する所がない 近代ぶなん〔無難〕。非の打ち所がない。中世なんなし〔難無〕。間然(かんぜん)する所なし。中古事もなし。

━の対象にする 近世槍玉に上ぐ〔━上げる〕。

━も気にせず 近世のめのめ。中世おめおめ。

多くの━ 近代せきき〔積毀〕。

大声で━・する 近代鼓を鳴らして攻める。中古ののしる〔罵〕。

大勢でさんざん━・すること 近世ふくろだたき〔袋叩〕。

陰で━・すること 近代しぎ〔私議〕。近世うしろゆび〔後指〕。

個人的なことまで━・すること 近代じんしんこうげき〔人身攻撃〕。

言葉尻をとらえて━・すること 近代あげあしとり〔上足取／揚足取〕。中世ことばとがめ〔言葉咎〕。

死者の生前のことを━・する 近代死者(死屍(しし))に鞭(むち)打つ。

世間の━ 近代かぜあたり〔風当〕。

激しく━・すること 近代つうば〔痛罵〕。

ひなん【避難】 近代たいひ〔待避〕。近代ひなん〔避難〕。近世たいひ〔退避〕。

━場所 近代アジール(ドイ Asyl)。ひなんしょ〔避難所〕。

びなん【美男】 イケメン(イケは「いけてる」の略。メンは「面」とmenを掛けた言葉)。近代にまいめ〔二枚目〕。ハンサム(handsome)。びだんし／びなんし〔美男子〕。近世いろをとこ〔色男〕。かうだんし〔好男子〕。かつらをとこ〔桂男〕。をとこぶり〔男振〕。をとこまへ〔男前〕。中世びなん〔美男〕。

世にもまれな━ 近世まれをとこ〔稀男〕。

ひにく【皮肉】 近代アイロニー(irony)。あてつけ〔当付〕。シニカル(cynical)。近世あてこすり〔当擦〕。あてこと〔当言〕。いやみ〔嫌／厭味〕。つらうち〔面打〕。ねすりごと〔言〕。ひにく〔皮肉〕。みみこすり〔耳擦〕。口に針。中世ふうし〔風刺〕。

━っぽい 近世あてあてし〔当当〕。

━を言う 近代ひにくる〔皮肉〕。近世あてこする〔当擦〕。こする〔擦〕。中世あてつく〔━つける〕〔当付〕。

手厳しい━ 中世どくぜつ〔毒舌〕。

ひにち【日日】 中世ひどり〔日取〕。ひにち〔日日〕。中古じじつ〔時日〕。上代つきひ〔月日〕。ひ〔日〕。ひかず〔日数〕。

ひにひに【日日】 近代ひいちにち〔日一日〕。近世ひましに〔日増〕。中世ひにまし〔日増〕。日を追って。中古ちくじつ〔逐日〕。

日に添へて。上代いやひけに[弥日異]。ひごとに[日毎]。ひにけに[日日]。ひにひに[日日]。ひび[日日]。

ひにん【否認】 近代ひにん[否認]。近世うちけす[打消]。中古いなむ[否]。上代いなぶ[否]。

ひねく・れる【捻】 近代こじれる[拗]。ねぢくれる[拗/捩]。ねぢれる[捩/捻/拗]。旋毛(つむじ)を曲げる。近世いぢける。じくねる。すぬ(すねる)[拗]。ひぞる[乾反/干反]。ひねくる[―くれる][捻/拈]。よぢくれる[捩]。中世ゆがむ(ゆがめる)[歪]。中古うちひがむ[打僻]。ねぢく(ねじける)[拗]。ひがむ[僻/邪]。

―・れた心 中古ひがごころ[僻心]。

―・れた人 へそまがり[臍曲]。近代つむじまがり[旋毛曲]。近世あまのじゃく/あまのじゃこ[天邪鬼]。いかず[不行]。いけず。すねもの[拗者]。中古ひがもの[僻者]。上代ねぢけひと[拗人]。

―・れている 近代がうれい[剛戻]。旋毛(つむじ)が曲がる。近世がうふく[剛愎]。すねくろし[拗]。とっさか。はらあし[腹悪]。中世くすねし[拗]。のだめがた[篦撓形]。中古くせぐせし[癖癖]。くねくねし。ねぢけがまし/ねぢけし[拗]。はらぎたなし[腹汚]。ひがひがし[僻僻]。ひすかし/ひずかし[嚚]。

ひねもす【終日】 →**いちにちじゅう**

ひねりだ・す【捻出】 近代はじきだす[弾出]。近世けだす[蹴出]。ひねりだす[捻出]。やりくり[遣繰]。中世くめん[工面]。さんだん[算段]。てうたつ[調達]。ねんしゅつ[捻出]。

―・すさま 中世よぢりすぢり[捩]。

ひね・る【捻】 中世ねんず[捻/拈]。中古ねづ(ねじる)[捩/捻/拗]。上代ひねる[捻/拈/撚]。よる[撚/縒]。

―・ってちぎる 近世もぎりとる[捥取]。中世ねんず[捻/拈]。近世もぎとる[捥取]。中古もぐ[捥]。

―・って曲げる 近世よぢる[捩]。

―・ってもてあそぶ 近世いぢりまはす[弄回/弄廻]。ひねりまはす[捻回]。中世ひねくりまはす[捻回]。

ひのいり【日入】 サンセット(sunset)。近代にちぼつ[日没]。中世ひのいり[日入]。中古いりあひ[入相]。いりがた[入方]。しゃやう[斜陽]。にちもつ[日没]。ひぐれ[日暮]。上代くる(くれる)[暮]。→**ゆうひ**

ひのき【檜】 近代へんぱく[扁柏]。上代ひ[檜]。ひのき[檜/檜木]。まき[真木/槙]。

―の皮 近世ひはだ[檜皮]。

―の葉 中世ひば[檜葉]。

ひのくるま【火車】 近代ひのくるま[火車]。上代きゅうばふ[窮乏]。こんきゅう[困窮]。

ひのけ【火気】 中世くゎき[火気]。ひのもと[火元]。中古ひのけ[火気]。上代ほけ/ほのけ[火気]。

ひのたま【火玉】 近代いうれいび[幽霊火]。くゎきう[火球]。近世あをび[青火]。いんくゎ[陰火]。くゎいくゎ[怪火]。ひのたま[火玉]。狐の提灯(ちゃうちん)。中世きつねび[狐火]。ひかりもの[光物]。りんくゎ[燐火]。上代おにび[鬼火]。ひとだま[人魂]。

ひので【日出】 近代ごらいくゎう[御来光]。サンライズ(sunrise)。中世にっしゅつ[日出]。ひので[日出]。中古しょやう[初陽]。上代あさひ[朝日/旭]。とよさかのぼり[豊栄登]。→**あさひ**

ひのべ【日延】 期日を遅らせる。期日を延ばす。近代えんき[延期]。くりさげ[繰下]。くりのべ[繰延]。ひおくり[日送]。近世じゅんえん[順延]。のびのび[延延]。ひのべ[日延]。

ひばち【火鉢】 近世くゎき[火器]。ふゆぼたん[冬牡丹]。中世ひびつ[火櫃]。中古くゎろ[火炉]。すびつ[炭櫃]。ひばち[火鉢]。ひをけ[火桶]。

―の上にまたがって当たること 近世またび[股火]。またひばち[股火鉢]。

その他―のいろいろ(例) 近代おとし[落]。おとしがけ[落掛]。ながひばち[長火鉢]。びんかけ[瓶掛]。近世しゅろ[手炉]。てあぶり[手焙]。はこひばち[箱火鉢]。中古きりひをけ[桐火桶]。

ひばな【火花】 近代スパーク(spark)。近世ひばな[火花]。中世とびひ[飛火]。ひのこ[火粉]。中古はしりび[走火]。はねび[跳火]。

ひばり【雲雀】 近世かうてんし[告天子]。ひめひなどり[姫雛鳥]。上代ひばり[雲雀]。

磯にいる― 近代いそひばり[磯雲雀]。

初夏に毛の抜けかわった― 中世ねりひばり[練雲雀]。

空高く舞い上がる― 近世あげひばり[揚雲雀]。

ひはん【批判】 近代クリティシズム(criticism)。しだん[指弾]。だんがい[弾劾]。非を鳴らす。近世ばくす[駁]。ひぎ[非議/誹議]。中世ひなん[非難]。ひはん[批

判］。中古そしり［謗／譏／誹］。とがめ［咎］。なじる［詰］。もどき［擬／抵牾／牴牾］。上代ひばう［誹謗］。→ひなん【非難】

ー・して攻撃する　近世ばくす［駁］。

ー・して訂正すること　近代ひせい［批正］。

ー精神を持つ少数派　近代地の塩。

ーの鋭さのたとえ　近代えいほう［鋭鋒］。中世ほうばう［鋒鋩］。

ーの対象とする　近世槍玉に挙ぐ［ー挙げる］。

陰でー・すること　近代しぎ［私議］。近世うしろゆび［後指］。

手厳しくー・する　上代たたく［叩／敲］。

遠回しにー・する　中世ふうし［風刺／諷刺］。ふうす［諷］。

ひび【日日】かくじつ［各日］。中世まいにち［毎日］。中古けふごとに［今日毎］。にちにち［日日］。れんじつ［連日］。上代にちや［日夜］。ひび［日日］。→**まいにち**

ー新しくなること　中古にっしん［日新］。

ーの生活　中世きぐゎ［起臥］。ねおき［寝起］。上代ききょ［起居］。

ひび【皹】近世あかぎれ［皹／皸］。ひびり［皹］。中古ひび［皹／皸］。ひみ［皹］。

ーの切れた手　近世きしゅ［亀手］。中世きんしゅ［亀手］。

手にーが切れる　ひびわれる［皹割］。上代かかる［皸］。

ひび【罅】近代かれつ［罅裂］。きれつ［亀裂］。ひび［罅］。ひびわれ［罅割］。れっか［裂罅］。中世かけめ［欠目］。ひびき［罅］。われめ［割目］。中古さけめ［裂目］。上代きず［傷／疵／瑕］。

ーが入る　中世はしる［走］。ひわる［ーわれる］［干割］。中古ひわる［罅］。

ーを入れる　近世はしらかす［走］。

刀にできるー　中世あくめ［悪目］。

乾いてできたー　近代かんれつ［乾裂／干裂］。きたく［亀坼］。近世ひわれ［干割／日割］。

陶磁器の釉（うわぐすり）の面に出るー　近代かにふ［罅入］。中世くゎんにゅう［貫乳］。

びび【微微】近世さまつ［些末］。中世ささい［些細］。中古びじゃく［微弱］。びび［微微］。わづか［僅／纔］。

ひびき【響】❶〈音響〉近代サウンド(sound)。近世らい［籟］。中世おんきゃう［音響］。とよみ／どよみ［響］。ね［音］。中古おとなひ［音］。おんゐん［音韻］。上代おと／と［音］。ひびき［響］。

ーが冴（さ）えている　上代さやけし［明／清］。

音が消えた後に残るー　ざんきょう［残響］。近代よいん［余韻］。よおん［余音］。中古よいん［余音］。よきゃう［余響］。

ひびき【響】❷〈影響〉近代はんえい［反映］。近世はきふ［波及］。中世ひびき［響］。中古よは［余波］。

ひび・く【響】❶〈音響〉近代とどろきわたる［轟渡］。中世ひびきわたる［響渡］。中古すみのぼる［澄昇］。とどろく［轟］。なりひびく［鳴響］。ひびく［響］。上代たつ［立］。なる［鳴］。よぶ［呼］。

ー・かせる　中古ひびかす［響］。上代たつ［たてる］［立］。ならす［鳴］。

ー・き渡る　近世どやめく［響動］。中世とどろめく［轟］。どよめく［響動］。中古とどろく［轟］。なりひびく［鳴響］。はためく。上代たつ［立］。とよむ／どよむ［響動］。

ーき渡る音　中世とどろとどろ。上代とどろ。

大きな音がー・き渡る（こと）　近代たかなる［高鳴］。中世へきれき［霹靂］。

音がー・くさま　近世りゃうりゃう［喨喨］。中世ざわざわ。中古さらさら。上代さや［明／清］。とどろ［轟］。

音が絶えずー・く　上代しばたつ［屢立］。

甲高い声がー・く　近世かんばしる［甲走／癇走］。かんばる［甲張］。

ひび・く【響】❷〈影響〉煽（あお）りを受ける。とばっちりを受ける（食う）。近代煽（あふ）りを食ふ。側杖（そばづゑ）を受ける（食ふ）。巻き添へを食ふ。近世ひびく［響］。

ビビッド(vivid)　近代ビビッド。中世いきいき［生生］。はつらつ［潑剌／潑溂］。中古あざやか［鮮］。せんめい［鮮明］。

ひひょう【批評】近代かうひゃう［講評］。クリティシズム(criticism)。ひゃうか［評価］。ひんする［品］。レビュー(review)。近世さん［賛／讃］。ひひゃう［批評］。ひゃうてい［評定］。ひゃうばん［評判］。ろんぴゃう［論評］。中世はん［判］。ひゃうす［評］。上代ぜひ［是非］。

《尊》近代かうひ［高批］。近世かうひゃう［高評］。

《謙》近世まうひゃう［妄評］。

ーが要点をついていること　近世肯綮（けいこう）に中（あた）る。

ー・し合う　中古さだめあふ［定合］。

ー・する　近世上げ下げを取る。点を打つ。点を掛く［ー掛ける］。批点を打つ。上代さ

だむ[さだめる][定]。

ー・する人 近代ひひょうか[批評家]。ひゃうか[評家]。近世ひょうしゃ[評者]。

ーの言葉 近代ひょうげん[評言]。近世ひゃうご[評語]。

ーはできるが自分は創れないこと 近代がんかうしゅてい[眼高手低]。

思いつくままのー 近代まんぴょう[漫評]。

概略をとらえたー 近代がいひょう[概評]。

見当違いのー 近世まうひゃう[妄評]。

後日聞くー 中古こうぶん[後聞]。

試合や勝負のー せんぴょう[戦評]。

人物に対するー 近代じんぶつひょう[人物評]。近世げったんひゃう[月旦評]。

世間一般のー 近世こうひゃう[公評]。しゅうひゃう[衆評]。せひゃう[世評]。

全般にわたるー 近世そうひゃう[総評]。

適切なー 近代てきひょう[適評]。

手厳しいー かひょう[苛評]。近代こくひゃう[酷評]。

短いー 近代すんぴょう[寸評]。たんぴゃう[短評]。

好いー 近代かうひゃう[好評]。さんぴゃう[賛評]。近世かうひゃう[高評]。中世せいめい[盛名]。

冷淡なー 近代れいひゃう[冷評]。

和歌や俳句のー 中世がってん[合点]。てん[点]。ひてん[批点]。

悪いー 近代ふひゃう[不評]。近世あくてん[悪点]。あくひゃう[悪評]。ふひゃうばん[不評判]。中世ばうぎ[謗議]。

びひん【備品】 中古だうぐ[道具]。ようぐ[用具]。中世きぐ[器具]。てうど[調度]。

ひふ【皮膚】 近代スキン(skin)。中世はだへ[肌／膚]。中古きふ[肌膚]。はだせ[肌背]。上代はだ[肌／膚]。ひふ[皮膚]。

ーがいろいろなもので焼けること 近代しほやけ[潮焼]。ゆきやけ[雪焼]。中世ひやけ[日焼]。

ーがきめ細かでなめらかなこと 近世かはうす[皮薄]。→**はだ**

ーが薬品などで荒れること 近世まく[まける][負]。中古かぶる[かぶれる]。

ーに刺激を感じるさま 近代ぴりぴり。近世ひりひり。

ーに生じるぶつぶつ 近代あは[粟]。

ーのあぶら 中世ふに[膚膩]。

ーの異常(変色など) かんぴしょう[柑皮症]。こうはん[紅斑]。はだあれ[膚荒]。はっせき／ほっせき[発赤]。ひきつれ／ひっつれ[引攣]。びらん[糜爛]。近代みみずばれ[蚯蚓脹]。近世ただれ[爛]。はくはん[白斑]。ひっつり[引攣]。ぼはん[母斑]。中世ひきつり[引攣]。中古あざ[痣／疵／黶]。かぶれ[気触]。しらふ[白斑]。はれもの[腫物]。上代はたけ／はだけ[疥／乾瘡]。→**できもの**

ーの色 近代にくいろ／にくしょく[肉色]。

ーの突起 →**いぼ**

ーの病気(症状の例) アトピーせいひふえん[atopy 性皮膚炎]。いんせん[陰癬]。えんけいだつもうしょう[円形脱毛症]。おうせん[黄癬]。きゅうしん[丘疹]。しっしん[湿疹]。ぜにむし[銭虫]。ひこうしん[粃糠疹]。ようしん[痒疹]。近代すいはうしん[水疱疹]。はくせん[白癬]。近世いんきんたむし[陰金田虫]。かいさう[疥瘡]。ひせん[皮癬]。みづがさ[水瘡]。みづむし[水虫]。中世かんせん[乾癬]。しらくぼ／しらくも[白癬／白禿瘡]。たむし[田虫]。とびひ[飛火]。中古かいせん[疥癬]。ぜにがさ[銭瘡／癬]。なまづ[癜]。上代かさ[瘡]。

ーの様子 近代きり[肌理]。はだあひ[肌合]。近世はだざはり[肌触]。中古はだつき[肌付]。

鮫の皮のようにざらざらしたー 中古さめはだ[鮫膚／鮫肌]。

病原菌がーから侵入すること けいひでんせん[経皮伝染]。ひふでんせん[皮膚伝染]。

びふう【美風】 近代びぞく[美俗]。りゃうぞく[良俗]。近世びふう[美風]。

先人がのこしたー 中世ふうりう[風流]。

びふう【微風】 近世そよかぜ[微風]。中世ありなしかぜ[有無風]。中古びふう[微風]。

ひふく【被服】 →**いふく**

ひぶた【火蓋】 きばくざい[起爆剤]。トリガー(trigger)。近世ひぶた[火蓋]。中世ひきがね[引金]。

ひふん【悲憤】 近代ひふん[悲憤]。上代かうがい[慷慨]。

ー・して語るさま 近代声涙(せいるい)倶(とも)に下る。

ひぶん【碑文】 エピグラフ(epigraph)。めいぶん[銘文]。中古ひぶん[碑文]。ひめい[碑銘]。めい[銘]。めいもん[銘文]。

石碑などで文字を浮き彫りにしたー 近代やうこく[陽刻]。やうぶん／やうもん[陽文]。

石碑などで文字を彫り込んだー 近代いんこく[陰刻]。いんぶん／いんもん[陰文]。

ひへい【疲弊】 近代グロッキー(groggy)。こん

ぱい［困憊］。ばてる。ひへい［疲弊］。へこたれる。近世くたばる。へたばる。へたる。中世くたびる［―びれる］［草臥］。ひはい［疲憊］。へばる。上代つかる［つかれる］［疲］。つひゆ［ついえる］［潰／弊］。ひらう［疲労］。

ひほう【悲報】 近代きょうほう［凶報］。ひほう［悲報］。ふほう［訃報］。中世ふいん／ふおん［訃音］。近世きょうおん［凶音］。

ひぼう【非望】 近代やぼう［野望］。中世やしん［野心］。中古ひばう［非望］。

ひぼう【誹謗】 ばりぞうごん［罵詈雑言］。近代あくたれぐち［悪口］。あくば［悪罵］。ちゅうしゃう［中傷］。ひし［非刺／誹刺］。ふばう［誣謗／誣妄］。近世あくたい［悪態］。ざんばう［讒謗］。そしりぐち［謗口］。たなおろし［棚卸／店卸］。にくまれぐち［憎口］。ひなん［非難／批難］。ふまう［誣罔］。中世あくこう／わるぐち［悪口］。あくこうざふげん［悪口雑言］。きばう［毀謗］。せんばう［訕謗］。中古そしり［謗／譏／誹］。ばうき［謗毀］。ばうず［謗］。上代ひばう［誹謗］。→**そしり**

―・する 近代こきおろす［扱下］。近世くさす［腐］。悪態を吐く。憎まれ口を叩(たた)く。中世けなす［貶］。中古そしる［誹］。あしざまに言ふ。

びほう【弥縫】 近代いちじしのぎ［一時凌］。りんき［臨機］。近世おざなり［御座形／御座成］。まにあはせ［間合］。中世そくせき［即席］。とりつくろひ［取繕］。びほう［弥縫］。→**いちじしのぎ**

びぼう【美貌】 中世いろか［色香］。中古ようしょく［容色］。上代びばう［美貌］。→**びじん**

びぼうろく【備忘録】 ぼうびろく［忘備録］。メモ(memo)。メモちょう［memo帳］。メモランダム(memorandum)。近代ノート(note)。びばうろく［備忘録］。近世おぼえがき［覚書］。おぼえちゃう［覚帳］。こころおぼえ［心覚］。てびかへ［手控］。中古まくらざうし［枕草子］。

ひぼし【日干】 →**ひもの**

ひぼん【非凡】 近代たくばつ［卓抜］。近世てうぼん［超凡］。中世しうばつ［秀抜］。中古しういつ［秀逸］。ばつぐん［抜群］。ひぼん［非凡］。→**すぐ・れる** →**ずばぬ・ける**

ひま【暇】 あそび［遊］。かじ［仮時／暇時］。てすき［手空／手隙］。近世きうか［休暇］。中世あき［空／明］。あひま［合間］。かん［閑］。かんさん［閑散］。きんげき［釁隙］。すき［隙／透］。てあき［手空／手明］。中古いたづら［徒］。かげき［暇隙］。かんか［閑暇／間暇］。かんきょ［閑居］。すきま［隙間／透間］。ひま［暇／隙／閑］。ま［間］。よか［余暇］。上代いとま［暇／遑］。

《枕》中古なつびきの［夏引］［⇩いとま］。

《句》近世忙中閑あり。小人(せうじん)閑居して不善をなす。

―がない 近代たばう［多忙］。近世あうしゃう［鞅掌］。ようなし［用無］。中古いそがし［忙／急］。いとなし［暇無］。

―がほしいと願い出る 中世いとまごひ［暇乞］。

―つぶしの事業 近代かんじげふ［閑事業］。

―・でのんびりしていること 近代いういうかんが［優遊閑雅］。いういうじてき［悠悠自適／優遊自適］。近世いういうじとく［優遊自得］。中古かんきょ［閑居］。上代いういう［優遊／優游］。

―・な時 中世かんちゅう［閑中］。くうげき［空隙］。中古暇(いとま)の隙(ひま)。

―・な日 近世あひび／まび［間日］。間(あひ)の日。中世かじつ［暇日／仮日］。きょじつ［虚日］。よじつ［余日］。中古かんじつ［閑日］。

―・な人 中古かんじん［閑人］。

―・になる 近代すく［空］。中世あく［空］。

―のあること 近代いうかん［有閑］。

―をかけて行う 近世暇にあかす。

―を持て余すこと 近世ぶれう［無聊］。中世たいくつ［退屈］。中古つれづれ［徒然］。

仕事がなく―・な月日 近代かんじつげつ［閑日月］。

農作業が―・な時期 近代のうかんき［農閑期］。

農作業が―・な月 上代かんげつ［閑月］。

遊女などで仕事がなく―・なこと 近世おちゃひき［御茶挽］。お茶を挽く。

わずかな― 近代せうか［小暇］。せうかん［少閑／小閑］。近世すんかん／すんのま［寸間］。中世すんげき［寸隙］。中古すんか［寸暇］。

ひまご【曾孫】 中世ひこ［曾孫］。ひまご［曾孫］。上代そうそん［曾孫］。ひひこ［曾孫］。→**しそん**

―の子 近世やしゃご［玄孫］。上代げんそん［玄孫］。

ひましに【日増】 →**ひにひに**

ひまつ【飛沫】 みずしぶき［水飛沫］。近代しぶき［飛沫／繁吹］。スプラッシュ(splash)。ひまつ［飛沫］。近世みづけむり［水煙］。

〈中古〉すいえん[水煙]。

波の— なみしぶき[波飛沫]。〈近世〉潮(うしほ)の花。

ひまつぶし【暇潰】 〈近代〉じかんつぶし[時間潰]。〈近世〉せうかん[消閑]。ひまつぶし[暇潰]。

ひまわり【向日葵】 ソレイユ(フランス soleil)。〈近世〉しうてんくゎ[羞天花]。てんがいばな[天蓋花]。にちりんさう[日輪草]。ひうがあふひ[日向葵]。ひぐるま[向日葵]。ひまはり[向日葵]。

ひまん【肥満】 ふとりすぎ[太過]。〈近世〉ふとっちょ／ふとっちょう[太]。〈中世〉ひまん[肥満]。

▼擬態語 〈近世〉ころころ。でっぷり。ぶくぶく。ぽっちゃり。

びまん【瀰漫】 〈近世〉びまん[瀰漫／彌漫]。ひろがる[広]。〈中古〉はびこる[蔓延]。まんえん[蔓延]。

びみ【美味】 〈近世〉うまみ[旨味]。おいしさ[美味]。〈中世〉びみ[美味]。→**おいし・い**

—・な肴 〈近世〉びかう[美肴]。

ひみつ【秘密】 かげごと[陰事]。きんぴ[禁秘]。コンフィデンシャル(confidential)。ないひ[内秘]。ひこうかい[非公開]。プライバシー(privacy)。まるひ[丸秘]。〈近代〉シークレット(secret)。ないしょごと[内緒事]。ないみつ[内密]。腹に収める。〈近世〉かくしごと[隠事]。くらごと[暗事]。ないしょ／ないしょう[内緒／内証]。ないしょうごと[内証事]。ないぶん[内分]。ひみつ[秘密]。ひめごと[秘事]。〈中世〉いんじ[陰事／隠事]。さたなし[沙汰無]。ひじ[秘事]。みつ[密]。みつじ[密事]。〈中古〉かくろへ[隠]。かくろへごと[隠事]。くま[隈／曲／阿]。しのび[忍]。しのびごと[忍事]。ないない[内内]。ひそか[密／私／窃]。ひそかごと[秘事]。ひとしれず[人知]。みごもり[水籠]。みそか[密]。みそかごと[密事]。

—が顕(あら)われること 〈近代〉表沙汰になる。〈近世〉つつぬけ[筒抜]。ばる[ばれる]。尻尾を出す。尻が割る[—割れる]。馬脚を露(あら)わす。藁が出る。〈中世〉ろうえい[漏洩／漏泄]。ろけん[露見／露顕]。〈中古〉けんろ[顕露]。はっかく[発覚]。もる[もれる][漏／洩]。

《句》〈近代〉こそこそ三里。ささやき千里。徳利に口あり鍋に耳あり。〈近世〉石に耳あり。壁に耳あり。〈中世〉岩がもの言ふ。藪(やぶ)に目。

—情報部 きみつしつ[機密室]。ブラックチェンバー(black chamber)。

—にされた歴史 〈近代〉ひし[秘史]。

—にする →**かく・す**

—にするさま 〈近世〉こっそり。〈中世〉こそこそ。〈中古〉しのびやか[忍]。ないない[内内]。ひそやか[密]。みそか[密]。みつみつ[密密]。

—の記録 〈中世〉ひろく[秘録]。〈中古〉ひき[秘記]。

—の言葉 〈近代〉ひご[秘語]。

—の手紙 〈中世〉かくしぶみ[隠文]。

—のはかりごと 〈中世〉ひさく[秘策]。〈中古〉ひけい[秘計]。

—の場所 ひぶ[秘部]。〈中世〉かくしどころ[隠所]。

—のまま事が進むさま ひみつり[秘密裏／秘密裡]。〈近代〉闇から闇に葬る。

—を明かす リーク(leak)。〈近代〉あばきたてる[暴立]。すっぱぬく[素破抜]。ばらす。ろあく[露悪]。白日の下に晒(さら)す(曝(さら)け出す)。〈近世〉さらけだす[曝出]。〈中古〉あばく[暴]。〈上代〉もらす[漏／洩]。

—を聞き出すのがうまい人 〈近代〉うさぎみみ[兎耳]。

—を解く鍵 〈近世〉ひやく[秘鑰]。

—を守らせる くちふうじ[口封]。〈近代〉かんこうれい[箝口令／鉗口令]。〈近世〉くちどめ[口止]。くちふさぎ[口塞]。くちふたぎ[口塞]。〈中世〉くちがため[口固]。

—を守る義務 しゅひぎむ[守秘義務]。

—を守ること しゅひ[守秘]。

—を見破る 〈近世〉内兜(うちかぶと)を見透かす。

軍事上の— 〈近代〉せんき[戦機]。〈上代〉きみつ[機密]。ぐんき[軍機]。

重大な—を洩(も)らす 〈近世〉天機を洩(も)らす。

広く知られた— 〈近代〉公然の秘密。

最も—にすべきこと 〈近代〉げんぴ[厳秘]。すうみつ[枢密]。秘中の秘。〈中古〉ごくひ[極秘]。〈上代〉きみつ[機密]。

びみょう【微妙】 〈近代〉センシティブ(sensitive)。デリケート(delicate)。びめう[微妙]。〈近世〉せんさい[繊細]。〈中古〉こまやか[細／濃]。

—・で奥深いこと 〈中古〉いうげん[幽玄]。いうび[幽微]。げんめう[玄妙]。

—・でこまやかな味 〈近代〉こあぢ[小味]。

—・な部分 ひだ[襞]。〈中古〉ごくび／ごくみ[極微]。

表現などの—・な差異 〈近代〉ニュアンス(nuance)。

ひめ【姫】 〈近代〉プリンセス(princess)。〈中古〉くゎうぢょ／わうぢょ[皇女]。ひめ[姫／媛]。わうぢょ[王女]。をんなぎみ[女君]。をん

なきんだち［女君達／女公達］。〈上代〉ないしんわう［内親王］。

《尊》〈近世〉おひいさま［御姫様］。ひめぎみ［姫君］。ひめごぜ／ひめごぜん［姫御前］。〈中世〉おかた／おんかた［御方］。おひめさま［御姫様］。

妹の― 〈中世〉おとひめ［弟姫／乙姫］。

幼い― 〈近世〉ひめこ［姫児］。

二番目の― 〈中古〉なかのきみ［中君］。

年長の― 〈上代〉えひめ［兄姫］。

ひめい【悲鳴】 〈近世〉おらびごゑ［叫声］。けうせい［叫声］。ぜっけう［絶叫］。ひめい［悲鳴］。〈中世〉さけびごゑ［叫声］。音(ね)を上ぐ［―上げる］。

―の様子 〈近代〉れっぱく［裂帛］。黄色い声。絹を裂くやうな。耳を劈(つんざ)く。

ひめい【碑銘】 →**ひぶん**

ひめい【非命】 〈近世〉らくめい［落命］。不慮の死。〈中世〉ひごふ［非業］。わうし［横死］。〈中古〉ひめい［非命］。横様(よこざま)の死。

びめい【美名】 〈中世〉えいめい［英名］。びめい［美名］。れいめい［令名］。〈中古〉えいめい［栄名］。ほまれ［誉］。めいせい［名声］。れいぶん［令聞］。

ひめゆり【姫百合】 〈近世〉からゆり［唐百合］。きひめゆり［黄姫百合］。さんたん［山丹］。〈上代〉ひめゆり［姫百合］。

ひ・める【秘】 →**かく・す**

―・めた恋 〈中古〉したもえ／したもゆ［下燃］。みそかごころ［密心］。〈上代〉したおもひ／したもひ［下思］。したこがれ［下焦］。→**こい【恋】**

ひめん【罷免】 →**かいにん【解任】**

ひも【紐】 ストラップ(strap)。つりひも［吊紐］。バンド(band)。〈近代〉くくりひも［括紐］。ひぼ［紐］。ゆひひも［結紐］。〈中古〉つかねを［束緒］。ひも［紐］。を［緒］。〈上代〉さを［緒］。

《枕》〈中古〉なつごろも［夏衣］。〈上代〉こまにしき［高麗錦］。さごろもの［狭衣］。

―と帯 〈近代〉ちうたい［紐帯］。

―を使う遊び 〈近世〉あやとり［綾取］。

麻を縒(よ)った― 〈近世〉まもの［麻物／苧物］。

烏帽子(えぼし)のあご― 〈中世〉えぼしかけ［烏帽子掛／烏帽子懸］。

帯の上から締める― 〈近代〉おびじめ［帯締］。〈近世〉おびかけ［帯掛］。おびどめ［帯留］。

掛け物の上に付ける― 〈近世〉かけを［掛緒／懸緒］。

笠などに付いている― 〈近世〉しめを［締緒］。

飾りにする― 〈近代〉ブレード(braid)。じゅ［綬］。〈上代〉あゆひ／あよひ［足結／脚結］。をぶさ［緒総／綬］。

肩から他方の脇に掛ける― 〈上代〉たすき［襷］。

紙で作った― かみひも［紙紐］。〈近世〉こより［紙撚／紙縒／紙捻］。

革で作った― 〈近代〉かはひも［革紐／皮紐］。〈近世〉かはを［革緒］。

冠のあご― 〈中世〉えい［纓］。

靴の― 〈近代〉くつひも［靴紐］。

勲章などをさげる― 〈近代〉じゅ［綬］。

子供を背負うための― 〈近代〉おぶひひも［負紐］。

ゴムの― 〈近代〉ゴムひも［オランダgom紐］。

女性の着物の下などに締める― 〈近世〉したじめ［下締］。

太刀を腰に付けるための― 〈中古〉おびとり［帯取］。

羽織の胸の部分の― 〈近世〉むなひも／むねひも［胸紐］。

袋の口などを縛る― 〈中世〉くくり［括］。

箆(へら)などで固めた組― 〈近世〉うちひも［打紐］。うちを［打緒］。〈中世〉うちいと［打糸］。

その他の―の例 〈近代〉くみひも［組紐］。〈近世〉ひらひも［平紐］。ふくろうち［袋打］。〈中古〉ひらぐみ［平組］。まるうち［丸打］。

びもく【眉目】 ルックス(looks)。〈近代〉フェース(face)。〈近世〉かほだち［顔立］。めはなだち［目鼻立］。〈中世〉おもざし［面差］。きりゃう［器量］。びもく［眉目］。めんさう［面相］。〈中古〉かほつき［顔付］。さうばう［相貌］。みめ［見目／眉目］。みめかたち［見目形／眉目形］。ようし［容姿］。〈上代〉ようばう［容貌］。

ひもじ・い 〈近代〉すきっぱら［空腹］。はらぺこ［腹］。〈近世〉ともし［乏／羨］。ひだるし［饑］。ひもじ。〈中世〉かつう［かつえる］［飢］。くうふく［空腹］。すきはら［空腹］。〈中古〉きが［飢餓］。やわし［飢］。〈上代〉うう［うえる］［飢／餓］。

ひもすがら【終日】 →**いちにちじゅう**

ひもと【火元】 〈近世〉ひだね［火種］。〈中世〉くゎき［火気］。ひもと［火元］。〈中古〉ひのけ［火気］。

ひもの【干物】 〈近代〉あまぼし［甘干］。〈近世〉ひざかな［乾魚／干魚］。かんぎょ／ほしざかな［乾魚／干魚］。しほぼし［塩干］。〈中世〉あひもの［合物／相物／間物］。かんぶつ［乾物］。かれうを／こぎょ［枯魚］。ひぼし［日干／干乾］。〈中古〉きたひ［腊］。はうぎょ［鮑

魚］。ほしいを／ほしうを［乾魚／干魚］。ひもの［干物／乾物］。

薄塩の鯛(たい)の― 近世 ひだひ［干鯛］。

鱈(たら)の― 近世 ほしだら［干鱈］。中世 ひだら［干鱈］。

ひやあせ【冷汗】 近世 ひやあせ［冷汗］。れいかん［冷汗］。

―をかく 近世 どきどきす。はらはらす。びくびくす。ひやひやす。ひやつく［冷］。中世 ひあい［非愛］。肝を冷やす。手に汗を握る。

ひやかし【冷】 近世 すけん／そけん［素見］。すけんぶつ［素見物］。せうべん［小便］。ちゃ［茶］。ひやかし［冷］。ひやし［冷］。

―の客 近世 あぶらむし［油虫］。ひやし［冷］。

遊里での― 近世 けん［見］。とりんばう［取坊］。

ひやか・す【冷】 近世 おひゃらかす／おひゃる。からかふ。きょくる［曲］。そそる。ちゃかす［茶］。ちょぼくる。ひやかす［冷］。みたふす［見倒］。やじる［野次／弥次］。やゆ［揶揄］。茶を言ふ。中世 はやす［囃］。中古 ろうす／ろうず［弄］。

遊郭などを―・しながら歩く 近世 ぞめく［騒］。

遊郭などを―・しながら歩く人 近世 かざふきがらす［風吹烏］。ぞめきしゅう［騒衆］。

ひゃく【百】 上代 ひゃく［百］。ほ［百］。もも［百］。

―年 近代 センチュリー(century)。上代 ももとせ［百歳／百年］。

単位に冠して―倍を表す語 ヘクト(hecto)。

ひやく【飛躍】 近代 はってん［発展］。近世 てうやく［跳躍］。ひやく［飛躍］。

《句》中世 尺蠖(しゃくわく)の屈(かが)めるは伸びんがため。

ひゃくしょう【百姓】 のうぎょうじゅうじしゃ［農業従事者］。ファーマー(farmer)。近代 かうじん［耕人］。ペザント(peasant)。近世 いちものづくり［一物作］。でんぷ［田夫］。のうか［農家］。ひゃくせい［百姓］。中世 はくせい［百姓］。中古 たご［田子］。たづくり［田作］。でんぶ［田夫］。のうふ［農夫］。のうふ［農父］。のうみん［農民］。ひゃくしゃう［百姓］。上代 たびと［田人］。はたこ［畑子／畠子］。

―の頭(かしら) 中古 たをさ［田長］。

―の身分 近世 ひゃくしゃうぶん［百姓分］。

多くの土地を持つ― 近代 だいのう［大農］。近世 おほびゃくしゃう［大百姓］。がうのう［豪農］。

隠し田を持ちその年貢を納めない― 近世 おんでんびゃくしゃう［隠田百姓］。

上層の― 近世 おほまへ［大前］。中世 おとなびゃくしゃう［乙名百姓／長百姓］。

年老いた― 中古 でんをう［田翁］。

▼農家の女性 近代 のうふ［農婦］。中古 でんぷ［田婦］。

ひゃくまんげん【百万言】 近代 ひゃくまんげん［百万言］。近世 せんげんばんご［千言万語］。中世 ばんげん／まんげん［万言］。中古 たげん［多言］。

ヒヤシンス(hyacinth) ふうしんし［風信子］。近代 かざみぐさ［風見草］。ヒヤシンス。

ひやす【冷】 近代 れいきゃく［冷却］。れいばう［冷房］。中古 さます［冷］。ひやす［冷］。

ひゃっぱん【百般】 近世 ひゃくはん［百般］。中世 しょはん［諸般］。中古 ばんぱん［万般］。ひゃくじ［百事］。上代 ばんじ［万事］。

ひやとい【日雇】 近世 ひやとひ［日雇／日庸］。ひようとり［日雇取／日用取］。中世 ひよう［日雇／日用］。

ひやめし【冷飯】 近世 おひや［御冷］。さたらう［佐太郎］。ひやめし［冷飯］。

ひややか【冷】 近代 クール(cool)。中世 ひやひや［冷冷］。れい［冷］。中古 すずし［涼］。せいせい［凄凄］。つめたし［冷］。ひややか［冷］。れいぜん［冷然］。れいたん［冷淡］。

―で美しいこと 近世 れいえん［冷艶］。

―で寒いさま 中古 せいぜん［凄然］。

―で涼しいこと れいりょう［冷涼］。

―な態度 近代 ぶあいさう／ぶあいそ［無愛想］。れいさい／れいさつ［冷殺］。れいぜん［冷然］。中世 はくじゃう［薄情］。れいれい［冷冷］。中古 すげなし［素気無］。つれなし。上代 つれもなし。

―・な批評 近代 れいひゃう［冷評］。

―・に見ること 近代 れいし［冷視］。

ひゆ【比喩】 中世 ひきゃう［比況］。上代 たとへ［喩／譬］。ひゆ［比喩／譬喩／譬諭／比諭］。

―を用いた文芸技法 近代 アレゴリー(allegory)。中古 ふうゆ［諷喩／風諭］。

象徴的な― 近代 くゎんゆはふ［換喩法］。

たとえの形をとらない― 近代 あんゆ［暗喩］。いんゆ［隠喩］。メタファー／メタフォア／メタフォール(metaphor)。近世 ぐうい［寓意］。

直接的な― シミリ(simile)。近代 ちょくゆ［直喩］。

その他の―の例 近代 ていゆ［提喩］。近世 いんゆ［引喩］。

ヒューマニズム(humanism) にんげんしゅぎ

［人間主義］。ユマニスム(フランスhumanisme)。近代 じんだうしゅぎ［人道主義］。じんるいあい［人類愛］。ヒューマニズム。

ヒューマニティー(humanity) ユーマニテー／ユマニテ(フランスhumanité)。近代 にんげんせい［人間性］。にんげんみ［人間味］。にんげんらしさ［人間］。ヒューマニティー。近世 なさけごころ［情心］。中世 じんだう［人道］。中古 じんしん［人心］。なさけ［情］。上代 にんじゃう［人情］。

ヒューマン(human) 近代 じんだうてき［人道的］。にんげんてき［人間的］。にんげんらしさ［人間］。ヒューマン。

ひょいと 近世 いきなり［行成］。がら。がらら。だしぬけ［出抜］。ひょいひょい。中世 きふに［急］。とつぜん［突然］。ひゃうど。ひょいと。中古 にはかに［俄］。ひゃうと。ふと。ふいに［不意］。

ひょう【表】 いちらんひょう［一覧表］。テーブル(table)。近代 づへう［図表］。へう［表］。リスト(list)。

簡単なー 近代 りゃくへう［略表］。

時間配分などを記したー ダイヤ(diagram)。よていひょう［予定表］。近代 じかんへう［時間表］。じこくへう［時刻表］。スケジュール(schedule)。ダイアグラム／ダイヤグラム(diagram)。タイムテーブル(timetable)。

取捨選択してーにすること リストアップ(和製list up)。

照合のためのー チェックリスト(check list)。

相場の上下を表したー 近代 あしどりへう［足取表］。

ひょう【雹】 近世 ひさめ［氷雨］。中世 ひょう［雹］。中古 ひ［氷］。上代 あられ［霰］。

ひよう【費用】 近代 エクスペンス(expense)。けいひ［経費］。コスト(cost)。にふひ［入費］。ひきん［費金］。れうきん［料金］。近世 いり［入］。いりまい［入米］。いりめ［入目］。うちいり／うちいれ［内入］。かかり［掛］。つかひ［使／遣］。にふよう［入用］。中世 いりよう［入用］。えうきゃく［要脚］。ようど／ようとう／ようどう［用途］。ようきゃく［用脚］。れうそく［料足］。中古 つひえ［費］。ひよう［費用］。よう［用］。れう［料］。

ーが余る 近代 うく［浮］。

ーがかかる(こと) 近代 かねくひ［金食］。しゅっぴ［出費］。せうひ［消費］。金を掛ける。金を食ふ。近世 かねくらひ［金食］。ざうさ［造作］。ざふさ［雑作］。しっぴ［失費］。もめる［揉］。中世 つかひへらす［使減］。ものいり［物入］。上代 つひやす［費］。

ーが高くつくこと たかあがり［高上］。近世 いたごと［痛事］。たいぎ［大儀］。

ーと収益 中世 そんえき［損益］。中古 そんやく［損益］。

ーとなる金 →しきん【資金】 →しほん

ーとなる金を無理に作り出す 近代 ねんしゅつ［捻出／拈出］。近世 くりまはし［繰回／繰廻］。さんだん［算段］。やりくり［遣繰］。

ーの合計 そうがかり［総掛］。

ーの出所 近代 しゅっと［出途］。

ーばかりかかって利益がないこと(たとえ) 近代 かねくひ／かねくらひ［金食］。かねくひむし［金食虫］。近世 かねっくひ［金食］。

ーを惜しまず 近代 金に糸目を付けぬ。近世 金に飽かす。

ーを切り詰める しめる［締／絞］。財布の紐を締める。近代 きんしゅく［緊縮］。セーブ(save)。せつげん［節減］。せつやく［節約］。近世 ひきしむ［ーしめる］［引締］。中世 しまつ［始末］。せつよう［節用］。上代 けんやく［倹約］。せっけん［節倹］。

ーを均等に支払うこと ダッチアカウント(和製Dutch account)。近代 へいたいかんぢゃう［兵隊勘定］。わりかん［割勘］。わりまへかんぢゃう［割前勘定］。近世 あたまわり［頭割］。

ーを自分で支払うこと 近代 じぶんもち［自分持］。じべん［自弁］。近世 じひ［自費］。てべんたう［手弁当］。自腹を切る。身銭を切る。

いろいろなー しょけいひ［諸経費］。しょひよう［諸費用］。近代 しょひ［諸費］。近世 ざっぴ［雑費］。ざふよう［雑用］。しょがかり［諸掛］。しょわけ［諸訳／諸分］。

飲食代など自他のーを負担する 近世 おごる［奢］。もむ［もめる］［揉］。

飲食代など人におごったー 近世 もめ［揉］。

公から出るーの例 近代 くゎんぴ［官費］。けんぴ［県費］。中世 こくひ［国費］。

会社などの設立のー 近代 しきん［資金］。しほんきん［資本金］。さうげふひ［創業費］。

巨額のー きょひ［巨費］。

軍のー 近代 ぐんしきん［軍資金］。せんぴ［戦費］。近世 ぐんようきん［軍用金］。

経営を維持するー 近代 うんてんしきん［運転資金］。ランニングコスト(running cost)。

実際のー 近代 じっぴ［実費］。

生活に必要なー せいけいひ［生計費］。

近代せいくゎつひ[生活費]。

勉学に必要なー 近代がくし[学資]。がくひ[学費]。きょういくひ[教育費]。

無駄なー 近代とひ[徒費]。らうひ[浪費]。

びょう【鋲】 近代リベット(rivet)。近世びゃう[鋲]。びゃうくぎ[鋲釘]。

ーを打つ機械 リベッター(riveter)。

飾りのー スタッド(stud)。

道路に埋め込まれたー キャッツアイ(cat's eye)。どうろびょう[道路鋲]。

ひょういつ【飄逸】 近世のんき[呑気/暢気/暖気]。へういつ[飄逸]。中世へうぜん[飄然]。→**のんき**

びょういん【病院】 いりょうきかん[医療機関]。いりょうしせつ[医療施設]。近代ホスピタル(hospital)。近世びゃうゐん[病院]。

戦場の後方に設けたー 近代やせんびゃうゐん[野戦病院]。

妊産婦や新生児のためのー 近代さんゐん[産院]。

法定伝染病患者を収容するー 近代でんせんびゃうゐん[伝染病院]。ひびゃうゐん[避病院]。

その他ーのいろいろ(例)①[専門] きゅうきゅうびょういん[救急病院]。こどもびょういん[子供病院]。ホスピス(hospice)。ろうじんびょういん[老人病院]。近代サナトリウム(sanatorium)。せいしんびゃうゐん[精神病院]。

その他ーのいろいろ(例)②[規模/設立者] こうりつびょういん[公立病院]。こくりつびょういん[国立病院]。そうごうびょういん[総合病院]。だいがくふぞくびょういん[大学付属病院]。近代しりつびゃうゐん[私立病院]。

▼その他医療を行う所 クリニック(clinic)。近代いゐん[医院]。しんれうしょ[診療所]。れうやうじょ[療養所]。

びよういん【美容院】 エステティックサロン(和製aesthetic salon)。パーマや[permanent wave屋]。ビューティーサロン(beauty salon)。ヘアサロン(hair salon)。近代びしゃうゐん[美粧院]。びようゐん[美容院]。ビューティーパーラー(beauty parlor)。

ひょうか【評価】 アセスメント(assessment)。かくづけ[格付]。格付けする。レッテル(オランダletter)を貼る。近代かちはんだん[価値判断]。さてい[査定]。はんてい[判定]。ひゃうか[評価]。近世ねうち[値打]。ひひゃう[批評]。ひゃうてい[評定]。ひんぴゃう[品評]。ふむ[踏]。中古ひゃう[評]。上代しなさだめ[品定]。

《句》近世毛を見て馬を相(さう)す。

ーが高まる 近世箔(はく)が付く。

ー・して点数を付けること 近代さいてん[採点]。

ーの尺度 近代きじゅん[基準]。ものさし[物差]。

ーの方法の例 ぜったいひょうか[絶対評価]。そうたいひょうか[相対評価]。

ーを誤る 近代みまちがふ[見間違]。近世めがねちがひ[眼鏡違]。中世みそこなふ[見損]。

実際以上に高くー・する 近代かひかぶる[買被]。

従業員などのー きんむひょうてい[勤務評定]。じんじこうか[人事考課]。

世間一般のー ぞくひょう[俗評]。近代ていひゃう[定評]。とほりさうば[通相場]。近世うけ[受]。せひゃう[世評]。中世さうば[相場]。めんもく[面目]。中古めんぼく[面目]。

高くー・する(こと) 近代かふ[買]。近世てん[点]。

安くー・する 中世みたふす[見倒]。

ひょうが【氷河】 グレーシャー(glacier)。近代ひょうが[氷河]。

ーによる岩盤のきず ひょうがさっこん[氷河擦痕]。

ーの解けたあと残った岩など すてごいし[捨子石]。まひごいし[迷子石]。近代へうせき[漂石]。

ーの末端の崖 ひょうへき[氷壁]。

海に流れ込み浮かんでいるー かいひょう[海氷]。

大陸を広くおおうー たいりくひょうが[大陸氷河]。

谷間を流れるー たにひょうが[谷氷河]。

ひょうかい【氷解】 近代かいけつ[解決]。近世ひょうかい[氷解]。渙然(くわんぜん)氷釈する。中世とく〔とける〕[解]。上代はる〔はれる〕[晴]。ひょうしゃく[氷釈]。

ひょうかん【剽悍】 近代せいかん[精悍]。中世へうかん[剽悍/慓悍]。中古あらあらし[荒荒]。たけだけし[猛猛]。

ひょうき【表記】 近代へうき[表記]。中世おもてがき[表書]。中古うはがき[上書]。うはづけ[上付]。

ひょうぎ【評議】 近代がふぎ[合議]。ぎてい

［議定］。けふぎ［協議］。たうぎ［討議］。近世 くゎいぎ［会議］。はなしあひ［話合］。中世 ぎぢゃう［議定］。くゎいだん［会談］。さた［沙汰］。せんぎ［詮議］。ひゃうぎ［評議］。中古 ぎす［議］。さうだん［相談］。ろんぎ［論議／論義］。上代 ぎぢゃう［議定］。せんぎ［僉議］。

―して決定すること 近代 ぎけつ［議決］。ひゃうけつ［評決］。

集まって―する会 しんぎかい［審議会］。近代 カウンシル(council)。ひゃうぎくゎい［評議会］。近世 くゎいぎ［会議］。

集まって―・すること 中世 しふぎ［集議］。

一度の― 中世 いちぎ［一議］。

朝廷や幕府などの― 中世 こうぎ［公議］。

びょうき【病気】 近代 しっくゎん［疾患］。やみわづらひ［病患］。近世 いたづき［病／労］。しだいふてう［四大不調］。びゃうま［病魔］。ふじゅん［不順］。わづらひ［患］。中世 いれい［異例］。うれへ［憂／愁］。しつらい［失例］。しょらう［所労］。にじゅ［二豎］。びゃうき［病気］。もうもう［濛濛／朦朦］。ゐれい［違例］。中古 いたつき［病／労］。いたはり［労］。え［疫］。えやみ［疫病］。け［気］。ここち［心地］。じゃき／じゃけ［邪気］。つつが／つつみ［恙］。なやみ［悩］。びゃうくゎん［病患］。びゃうしゃう［病床／病牀］。ふくゎい［不快］。みだりごこち／みだれごこち［乱心地］。ものやみ［物病］。れいならず［例］。薬のこと。薬の騒ぎ。上代 かみのけ［神気］。くゎくらん［霍乱］。しっぺい［疾病］。やまひ［病］。ゆまひ。《枕》中古 あしびきの［足引］［⇩やまひ］。上代 あしひきの［足引］［⇩やまひ］。くさつつみ［草恙］。

《尊》中世 ごなう［御悩］。ごなうき／ごなうけ［御悩気］。ふよ［不予］。ふれい［不例］。

《謙》中世 采薪(さいしん)の憂へ(憂ひ)。負薪(ふしん)の憂へ。

《句》近代 一に養生二に介抱。銭取り病(やまひ)に死に病。大病に薬なし。病上手に死に下手。近世 病は気から。中世 病は口より入り禍(わざはひ)は口より出づ。

―が襲う 中世 をかす［犯／侵］。

―が重い じゅうとく［重篤］。近代 ぢゅうたい［重体］。中世 だいじ［大事］。わづらはし［患］。中古 あつし［篤］。上代 きとく［危篤］。ぢゅうくゎん［重患］。

―が重くなる 近代 かうずる［高／昂／嵩］。中古 おもりわづらふ［重患］。おもる［重］。こうず［困／極］。上代 あつしる［篤］。あつゆ［篤］。《句》中世 病(やまひ)膏肓(かうくゎう)に入る。

―が急に重くなるさま 近代 どっと。上代 にはか［俄］。

―が少し治まっていること 近代 びゃうかん［病間］。近世 せうかう［小康］。

―がすっかり治る 近代 ぜんゆ［全癒］。近世 くゎいぜん［快然］。ぜんくゎい［全快］。ぜんち／ぜんぢ［全治］。中世 くゎいゆ［快癒］。

↓**なお・る**

―がちである 近代 薬餌(やくじ)に親しむ。近世 びゃうじゃく［病弱］。中世 きょじゃく［虚弱］。びゃうしつ［病質］。中古 たびゃう［多病］。よわし［弱］。

―が治った祝い 近代 くゎいきいはひ［快気祝］。ぜんくゎいいはひ［全快祝］。

―が治った直後 近世 びゃうご［病後］。びゃうよ［病余］。やまひあがり／やみあがり［病上］。

―が治りにくいこと 近世 なんち／なんぢ［難治］。

―が治る ↓**なお・る**

―が治るよう努めること 中世 ほやう［保養／補養］。中古 やうじゃう［養生］。れうやう［療養］。

―がぶりかえす 近世 はみかへす／はみかへる［食返］。

―がよくなってくること 近世 くゎいはう［快方］。中世 くゎいき［快気］。

―治療に関すること 近世 いじ［医事］。

―で衰える 中古 めんてつ［綿惙］。上代 をゆ［瘁］。

―で苦しむ(こと) 中世 びゃうく［病苦］。中古 うちなやむ［打悩］。上代 しっく［疾苦］。

―で死ぬこと 近代 びゃうぼつ［病没／病歿］。中世 やみじに［病死］。中古 びゃうし［病死］。

―で死ぬ率 ちしりつ［致死率］。ちめいりつ［致命率］。

―で熱がある 中世 ほとほる［熱］。ほとる［熱］。中古 あつし［熱］。ぬるむ［温］。ほてる［熱／火照］。

―で熱が出る(その熱) 近世 さす［差］。中世 づねつ［頭熱］。はつねつ［発熱］。中古 うんき／をんき［温気］。

―に冒されている所 近代 くゎんしょ［患所］。びゃうさう［病巣／病竈］。近世 くゎんぶ［患部］。

―に罹(かか)っている間 近代 びゃうかん［病間］。

―に罹(かか)っている人 【中古】びゃうちゅう［病中］。【近代】クランケ(ドイツ Kranke)。【近世】くゎんじゃ［患者］。【中古】ばうざ／びゃうざ／びゃうじゃ［病者］。びゃうにん［病人］。

―になる(こと) ねる［寝］。むしばまれる［蝕／虫喰］。【近代】ぐゎしゃう［臥床］。ぐわじょく［臥褥］。しうじょく［就褥／就蓐］。ねこむ［寝込］。ねつく［寝付］。はっしゃう［発症］。りくゎん［罹患］。りびゃう［罹病］。【近世】はつびゃう［発病］。やましい［疚／疾］。【中世】さはり［障］。びゃうぐゎ［病臥］。やみつく［病付］。わづらひつく［患付］。床に就く。病(やまひ)(病魔)に冒(をか)さる［―冒される］。【中古】いたはる［労］。うちなやむ［打悩］。うれふ［憂／愁］。かかる［罹］。つつむ［恙／障］。なづむ［泥］。なやむ［悩］。やまひづく［病］。やまふ［病］。やむ［病］。わづらふ［患］。心地誤る。心地違(たが)ふ。病に沈む。【上代】いたつく［病／労］。こやす［臥］。やくさむ［悩］。心地損なふ。

―の忌み言葉 【中世】くゎんらく［歓楽／懽楽／冠落］。【中古】くすり［薬］。薬のこと。

―の回復期 快方に向かう。【中古】やすむ［休］。やみがた［止方］。

―の罹(かか)りはじめ 【近世】やみつき［病付］。

―の身体(からだ) 【近世】びゃうく［病軀］。【中古】びゃうしん［病身］。びゃうたい［病体］。

―の気配 【近世】やまひけ［病気］。影が射す。

―の原因 →びょうげん

―の状態 【近世】しゃうじゃう［症状］。ようだい［容体／容態］。【中世】びゃうじゃう［病状］。びゃうたい［病態／病体］。

―の状態が変わること 【近世】へんしゃう［変症］。

―の初期の治療 プライマリーケア(primary care)。

―の進み具合 【近世】びゃうせい［病勢］。

―の治療法 【近世】れうはふ［療法］。【中古】ちじゅつ／ぢじゅつ［治術］。やくせき［薬石］。

―の床 【近世】びゃうじょく［病褥］。【中古】びゃうしゃう［病床／病牀］。

―のふりをすること 【近代】さびゃう［詐病］。【近世】けびゃう［仮病］。つくりやまひ［作病］。空腹(そらばら)病む。【中世】きょびゃう［虚病］。さくびゃう［作病］。そらやみ［空病］。

―をこじらせる 【近代】しこじらす［為拗］。【近世】しこじらかす。【中古】ししこらかす。

―をしないこと 【中世】たっしゃ［達者］。むびゃう［無病］。むびゃうそくさい［無病息災］。

―を治療した後の経過 【近代】よご［予後］。

―を治療する所 →びょういん

―を治すための処置 →ちりょう

以前に罹(かか)ったことのある― 【近代】きわうしゃう［既往症］。【中世】きうあ［旧痾］。

栄養に関わる― えいようしっちょう［栄養失調］。【近代】えいやうしゃうがい［栄養障害］。えいやうふりゃう［栄養不良］。

重い― 【近世】おほわづらひ［大患］。ぢゅうあ［重痾］。ぢゅうしゃう［重症］。【中世】たいくゎん［大患］。とくしつ［篤疾］。腹心の病。【中古】たいびゃう［大病］。【上代】ぢゅうくゎん［重患］。ぢゅうびゃう［重病］。《句》【中古】病(やまひ)膏肓(かうくわう)に入る。

軽い― 【中世】びやう［微恙］。

頑健な人が―に罹(かか)ること 【近世】鬼の霍乱(くわくらん)。

急な― 【近世】きふしゃう［急症］。【中世】きふびゃう［急病］。

筋肉に関わる― うんどうしっちょう［運動失調］。うんどうしょうがい［運動障害］。うんどうまひ［運動麻痺］。

原因の分からない不思議な― 【近世】きびゃう［奇病］。【中世】きびゃう［鬼病］。

恋の― 【近世】こひやみ［恋病］。こひわづらひ［恋煩］。【中世】こひやまひ［恋病］。【上代】おもひやむ［思病］。

高熱を発する― 【近世】うんえき／をんえき［瘟疫］。

子供の体質からくる― 【近世】むしけ［虫気］。【中世】むし［虫］。

寒さによる― 【近代】さうろのしつ［霜露疾］。

植物の―の例 いおうびょう［萎黄病］。うどんこびょう［饂飩粉病］。つるわれびょう［蔓割病］。【近代】あをがれびゃう［青枯病］。

すべての― 【近代】まんびゃう［万病］。【近世】しひゃくしびゃう［四百四病］。

精神的な―(例) せいしんしょうがい［精神障害］。とうごうしっちょうしょう［統合失調症］。ノイローゼ(ドイツ Neurose)。【近代】しんけいしゃう［神経症］。しんけいやみ［神経病］。パラノイア(ドイツ Paranoia)。【近世】きのかた［気方］。しんけいすいじゃく［神経衰弱］。しんけいびゃう［神経病］。ヒステリー(Hysterie)。【中世】きやみ［気病］。

助からない― よごふりょう［予後不良］。不治(ふじ)(不治(ふち))の病。【近世】いちごやまひ［一期病］。【中世】しにやまひ［死病］。しびゃう［死病］。腹心の病。【上代】はいしつ［廃疾／癈疾］。

地方特有の― 近世ふうどびゃう［風土病］。
天皇の― 中古ふれい［不例］。ふよ［不予］。上代おほみやまひ［大御病］。
内臓の― 近代ないしつ［内疾］。
治りにくい― 中世ごふびゃう［業病］。なんびゃう［難病］。中古あくびゃう［悪病］。なんびゃうあ［病痾］。上代あくしつ［悪疾］。ちんあ［沈痾］。わうしつ［枉疾］。
長い― ながやみ［長病］。近代こする［痼］。しゅくくゎん［宿患］。近世せきあ［積痾］。中世きうあ［旧痾］。しゅくしつ［宿疾］。ちゃうびゃう［長病］。ながやまひ［長病］。なが(の)わづらひ［長患］。やまふ［病］。中古しゅくあ［宿痾］。しゅくびゃう［宿病］。ぢびゃう［持病］。上代こしつ［痼疾］。ちんあ［沈痾］。
疲労からの― 中古らうげ［労気］。
胸の― 中古むね［胸］。むねけ［胸気］。
流行性の― 近代あくえき［悪疫］。えきびゃう［疫病］。りうかうびゃう［流行病］。近世えき［疫］。でんせんびゃう［伝染病］。はやりやまひ［流行病］。中世うつりやまひ［移病］。えきれい［疫癘］。ときのけ［時気］。じえき［時疫］。よごこち［世心地］。中古えやみ［疫病／瘧］。ときのえ［時疫］。世の中心地。上代しつえき［疾疫］。
老人の― 近世おいやみ［老病］。中古おいのやまひ［老病］。らうびゃう［老病］。
悪い気に当たって起こる― 近世かぜのやまひ／ふうびゃう［風病］。中古ふう［風］。
▼瘧 中古さむやみ［寒病］。わらはやみ［瘧］。
▼風邪 中古しはぶきやみ［咳病］。ふびゃう［風病］。みだりかぜ［乱風］。

▼脚気 中古あしのけ［脚気］。みだりあしのけ［乱脚気］。みだりかくびゃう［乱脚病］。
▼肺結核 近世はいらう［肺労／肺癆］。らうしゃう［労症］。中世らうき［労気］。らうさい［労瘵／癆瘵］。中古はいびゃう［肺病］。らうがい［労咳］。
▼麻疹 中古あかもがさ［赤疱瘡］。
▼腹痛 近世さしこみ［差込］。せんしゃく［疝癪］。虫が齧る。
▼疱瘡 近代てんねんとう［天然痘］。とうさう［痘瘡］。近世いも［痘痕／痘瘡／痘］。とうさう［痘瘡］。中世いもがさ［疱瘡／痘瘡］。中古もがさ［疱瘡］。
▼麻痺 上代しひ［廃］。

ひょうきん【剽軽】 近代コミカル(comical)。近世おどけ［戯］。くゎいかい［詼諧］。へうきん／へうけい［剽軽］。中世かいぎゃく［諧謔］。上代こっけい［滑稽］。
―・な人 近代とぼけもの［恍者］。近世とひゃうもの［斗柄者］。へうきんだま［剽軽玉］。へうきんもの［剽軽者］。
―・に振る舞う 中世おどける［戯］。へうげる［剽］。

ひょうぐ【表具】 近代さうくゎう［装潢］。しふく［紙幅］。中世へうぐ［表具］。へうさう［表装／裱装］。
―の生地 近代へうぐぢ［表具地］。
―の例 近代がくさう［額装］。きぬへうぐ［絹表具］。ぢくさう［軸装］。よこへうぐ［横表具］。わうひ［横披］。
―を仕事とする店（職人） 近代へうさうし［表装師］。近世へうぐし［表具師］。へうぐや［表具屋］。中世きゃうじや［経師屋］。

びょうく【病軀】 近世びゃうく［病軀］。中古びゃうしん［病身］。びゃうたい［病体］。びゃうく［病苦］。

びょうく【病苦】 中古うちなやむ［打悩］。上代しっく［疾苦］。

ひょうけつ【評決】 近代ぎけつ［議決］。けつぎ［決議］。ひゃうけつ［評決］。へうけつ［表決］。近世ひゃうてい［評定］。中古ひゃうぢゃう［評定］。

ひょうけつ【氷結】 フロスト(frost)。近代けっぴょう［結氷］。こほりつく［凍付］。ひょうけつ［氷結］。近世とうけつ［凍結］。中世いてつく［凍付］。中古いてる［凍／冱］。上代こほる［凍］。

ひょうげん【表現】 近代いひかた［言方］。エクスプレッション(expression)。ひっち［筆致］。へうげん［表現］。べうしゃ［描写］。近世いひまはし［言回］。中世いひやう［言様］。ひつぜつ［筆舌］。ふで［筆］。
―・できない 近代言ひ知れぬ。言語に絶する。言語に絶える。中世言ふに言はれぬ。筆舌に尽くしがたし。
―の力 近代ひっさい［筆才］。へうげんりょく［表現力］。中世ひつりょく［筆力］。ぶんさい［文才］。中古ふで［筆］。上代ぶんさう［文藻］。
―の様式 スタイル(style)。タッチ(touch)。ぶんたい［文体］。
巧みに―・すること 近代しうじ［修辞］。びじれいく［美辞麗句］。レトリック(rhetoric)。近世あや［文／綾］。いひこなす［言］。レトリカ（ポルトガル retórica）。中古いひまはす［言回］。
直接的な― 近代身(実)も蓋もない。近世に

べもない。中世歯に衣(ぬき)着せぬ。中古ただこと／ただごと[直言／只言]。

適切に—・する 中世いひかなふ[言適]。

和歌などの—が平淡なこと 中世むもん[無文]。

ひょうげん【評言】コメント(comment)。近代ひゃうげん[評言]。近世ひゃうご[評語]。

びょうげん【病原】近世びゃうどく[病毒]。中世びゃういん[病因]。中古じゃき／じゃけ[邪気]。びゃうげん[病原／病源]。びゃうこん[病根]。

—となる微生物 近代さいきん[細菌]。ばいきん[黴菌]。びゃうげんきん[病原菌]。びゃうげんたい[病原体]。

—となる微生物の例 ウイルス(ラテンVirus)。クラミジア(ラテンChlamydia)。リケッチア(ラテンRickettsia)。

ひょうご【評語】コメント(comment)。近代ひゃうげん[評言]。近世ひゃうご[評語]。

ひょうご【標語】うたいもんく[謳文句]。近代キャッチフレーズ(catchphrase)。スローガン(slogan)。へうご[標語]。モットー(motto)。

びょうご【病後】近代よご[予後]。近世びゃうよ[病余]。やみあがり[病上]。中世びゃうご[病後]。

—などに心身に残る影響 こういしょう[後遺症]。しんてきがいしょう[心的外傷]。トラウマ(ドイツTrauma)。中古なごり[名残／余波]。

ひょうさつ【表札】近代かどふだ／もんさつ[門札]。ネームプレート(nameplate)。もんぺう[門標／門表]。近世へうさつ[表札／標札]。やどふだ[宿札]。

ひょうし【拍子】近代タクト(tact)。ビート(beat)。リズム(rhythm)。近世はづみ[弾]。中世てうし[調子]。中古はうし／ひゃうし[拍子]。

—が外れること 近世すまた。

—を合わせる 近世間を合はす[—合わせる]。

祝い事などで—を合わせ手を打つこと てじめ[手締]。近代てうち[手打]。

邦楽の—の例 近代あまおちびゃうし[雨落拍子]。ぢびゃうし[地拍子]。近世あまだれびゃうし[雨垂拍子]。

櫓(ろ)を漕(こ)ぐときの掛け声の— 中世ろびゃうし[櫓拍子／艪拍子]。

その他—のいろいろ(例) 近世くちびゃうし[口拍子]。中世さくはうし／しゃくびゃうし[笏拍子]。てびゃうし[手拍子]。びゃくし[拍子／百師／百子]。中古あしびゃうし[足拍子]。あふぎびゃうし[扇拍子]。ひざびゃうし[膝拍子]。扇を鳴らす。

ひょうじ【表示】近代ディスプレー(display)。へうじ[表示]。中世あらはす[表]。上代しめす[示]。

ひょうじ【標示】近代へうじ[標示]。近世へうしき[標識]。中世めじるし[目印]。上代しるし[印／標]。

びょうし【病死】近代びゃうぼつ[病没／病歿]。中世びゃうし[病死]。やみじに[病死]。→し・ぬ

ひょうしき【標識】しょうひょう[章票]。マーカー(marker)。メルクマール(ドイツMerkmal)。近代しへう[指標]。へうじ[標示]。近世へうしき[標識]。中世めじるし[目印]。上代しるし[標]。

—としての石 上代ひょうせき[標石]。

—を立てる 上代しめさす[標刺]。

川の水位を見るための— 近代りゃうすいへう[量水標]。

距離を記して立てた— どうろりていひょう[道路里程標]。マイルストーン(milestone)。近代りていへう[里程標]。近世いちりづか[一里塚]。

航路などで注意を促す— けいひょう[警標]。

航路の— ビーコン(beacon)。

測量のための— さんかくてんひょうせき[三角点標石]。すいじゅんてんひょうせき[水準点標石]。てんぴょう[覘標]。りくちそくりょうひょう[陸地測量標]。近代そくりゃうへう[測量標]。へうぐひ[標杭]。

立ち入り禁止の— 上代しめ[標／注連]。

登録した会社の— 近代しゃうへう[商標]。とうろくしゃうへう[登録商標]。トレードマーク(trademark)。

道路の起点などを示す— どうろげんぴょう[道路元標]。

ひょうしぎ【拍子木】かちかち(幼児語)。近世たく[柝]。中世ひゃうしぎ[拍子木]。

—の音 近世かちかち。たくせい[柝声]。ちょん。ちょんちょん。

—を打つこと 近代げきたく[撃柝]。

芝居や相撲の— 近世き[柝]。

注意を促す— 近代けいたく[警柝]。

読経の時などの— 中世かいしゃく[戒尺]。

冬の—の音 近代かんたく[寒柝]。

ひょうしぬけ【拍子抜】近代気が抜ける。間が抜ける。近世ひゃうしぬけ[拍子抜]。

中古あへなし［敢無］。

ひようしゃ【被用者】 こようしゃ［雇用者］。ひこようしゃ［被雇用者］。ひしようしゃ［被使用者］。近代しようにん［使用人］。ひようしゃ［被用者］。やとひにん［雇人］。

びょうしゃ【描写】 近代ゑがきだす［描出］。しゃじつ［写実］。へうげん［表現］。べうしゃ［描写］。べうしゅつ［描出］。中世しゃせい［写生］。中古うつす［写］。上代ゑがく［描］。

ありのままに描くー きゃっかんびょうしゃ［客観描写］。近代かくくゎんべうしゃ［客観描写］。じっしゃ［実写］。

おおざっぱなー 近代そべう［粗描］。

簡潔なー てんびょう［点描］。近代そべう［素描］。デッサン(フランス dessin)。

びょうじゃく【病弱】 近代びゃうきがち［病気勝］。近世ぜいじゃく［脆弱］。びゃうじゃく［病弱］。ひよわ［弱］。中古あえか。あつし［篤］。かよわし［弱］。きょじゃく［虚弱］。たびゃう［多病］。

ひょうじゅん【標準】❶〈水準〉 スタンダード(standard)。近代きかく［規格］。きじゅん［基準］。すいじゅん［水準］。近世じょうく［縄矩］。中世へうじゅん［標準］。中古じゅんきょ［準拠］。じゅんてき［準的］。上代じょうぼく［縄墨］。

ー的な例 モデルケース(model case)。

ひょうじゅん【標準】❷〈平均的〉 アベレージ(average)。近代へいきんてき［平均的］。中世なみ［並］。

ひょうしょう【表彰】 近代けんしゃう［顕彰］。しゃうへう［賞表］。へうしゃう［表彰］。へうせい［表旌］。中世ほうしゃう［褒章］。上代ほうしゃう［褒賞］。近代えいてん［栄典］。

国家のー

ひょうじょう【表情】 エクスプレッション(expression)。近代けっさう［血相］。へうじゃう［表情］。近世きっさう［気相／吃相］。中世かほさき［顔先］。きしょく［気色］。さうがう［相好］。中古おももち［面持］。おもやう［面様］。かほ［顔］。かほげしき［顔気色］。かほつき［顔付］。きそく［気色］。ぎゃうさう［形相］。上代いろ［色］。おもわ［面輪］。→かお

《句》近世目は口ほどに物を言ふ。近代心内(ちう)にあれば色外(とそ)にあらはる。

ーの乏しいこと 近代むへうじゃう［無表情］。

ーの変化 近世いっぴんいっせう［一顰一笑］。ひゃくまなこ［百眼］。

憂いを含んだー 近代しうよう［愁容］。

感情がーに出る 近代たたへる［湛］。近世こみあぐ〔ーあげる〕［込上］。中世あらはす［表］。こぼす［零／溢］。中古こぼる〔こぼれる〕［零／溢］。こぼれおつ〔ーおちる〕［零落］。

ひょうじょう【評定】 近代ぎてい［議定］。けふぎ［協議］。近世ひゃうてい［評定］。中世さだめ［定］。中古さうだん［相談］。ひゃうぢゃう［評定］。上代ぎぢゃう［議定］。

びょうしょう【病床】 近世びゃうじょく［病褥］。中世びゃうぐゎ［病臥］。中古びゃうしゃう［病床／病牀］。病の床。

びょうじょう【病状】 近世しゃうじゃう［症状］。びゃうじゃう［病状］。ようだい［容体／容態］。中世びゃうたい［病態］。やうだい［様体］。

ーが悪化すること 近代ぞうあく［増悪］。

ーがひどいこと じゅうとく［重篤］。近代ぢゅうたい［重体／重態］。近世げきしゃう［劇症／激症］。

ーの進行が早いこと 近世きふしゃう／きふせい［急性］。

ーを知ること 近世けんみゃく［見脈］。脈を取る(診(み)る)。中世しんさつ［診察］。

ーを記した書類 近代しんだんしょ［診断書］。近世ようだいがき［容体書］。

びょうしん【病身】 近世びゃうく［病軀］。びゃうじゃく［病弱］。中古びゃうしん［病身］。びゃうたい［病体］。

ひょう・する【評】 近代ひゃうか［評価］。近世ひひゃう［批評］。ひゃうてい［評定］。ろんぴゃう［論評］。批点を打つ。中世ひゃうす［評］。ひゃうぢゃう［評定］。点を打つ。上代さだむ〔さだめる〕［定］。→ひひょう

びょうせい【病勢】 近世しゃうじゃう［症状］。びゃうじゃう［病状］。びゃうせい［病勢］。ようだい［容体／容態］。中世びゃうたい［病態］。

ひょうせつ【剽窃】 ちょさくけんしんがい［著作権侵害］。近代たうさく［盗作］。たうよう［盗用］。へうぞく［剽賊］。中世へうせつ［剽窃］。

ひょうそう【表装】 →ひょうぐ

ひょうそう【表層】 近代うはっつら［上面］。ぐゎいめん［外面］。ひさう［皮相］。へうそう［表層］。中世へうめん［表面］。中古うはべ［上辺］。

ひょうだい【表題】 近代だいせん［題簽］。タイトル(title)。ヘッディング(heading)。近世うはぶみ［上文］。だいめい［題名］。

中世 だいがう[題号]。へうだい[表題/標題]。中古 げだい[外題]。しょめい[書名]。だい[題]。だいもく[題目]。

—として書かれた言葉 近世 だいげん[題言]。だいし[題詞]。だいじ[題辞]。

—として書かれた文字 近代 だいじ[題字]。

ひょうたん【瓢簞】 近代 へうこ[瓢瓠]。近世 ふくべ[瓠/瓢]。へうたん[瓢簞]。中世 なりひさご/なりびさこ[鳴瓢/生瓢]。中古 ひさこ/ひさご[瓠/匏/瓢]。

酒を入れる— 近世 さかふくべ[酒瓢]。しゅへう[酒瓢]。中世 さかひさご[酒瓢]。

熟していない— 近世 あをひさご[青瓢]。あをふくべ[青瓢]。あをべうたん[青瓢簞]。

縦に二つに割って柄杓(ひしゃく)とした— 近世 直柄(ひたえ)の瓢(ひさご)。

種を採るため残しておく— 近世 たねふくべ[種瓢]。

割っていないまるのままの— 上代 おふしひさこ[全匏]。

ひょうちゅう【氷柱】 中古 たるひ[垂氷]。つらら[氷柱]。近世 ひょうちゅう[氷柱]。

ひょうてい【評定】 近代 はんてい[判定]。ひゃうか[評価]。近世 かんてい[鑑定]。ひひゃう[批評]。ひゃうてい[評定]。ろんぴゃう[論評]。中世 ひゃうす[評]。

ひょうてき【標的】 ターゲット(target)。近代 じゅんてき[準的]。ねらひ[狙]。へうてき[標的]。中世 めあて[目当]。上代 と[的]。

びょうてき【病的】 近代 アブノーマル(abnormal)。びゃうてき[病的]。ふけんかう[不健康]。ふけんぜん[不健全]。近世 ひよわ[弱]。中世 きょじゃく[虚弱]。

—・な状態 中世 びゃうたい[病態]。

ひょうど【表土】 中世 さくど[作土]。近代 かうど[耕土]。へうど[表土]。近世 うはつち[上土]。中古 どじゃう[土壌]。

—の下の土 そこつち[底土]。上代 しはに[底土]。

びょうどう【平等】 近代 むさべつ[無差別]。近世 へらへいとう[平平等]。ほふかい[法界]。分け隔てなし。中世 いっとう[一等]。きんとう[均等]。中古 いちみ[一味]。さまや/さんまいや/さんまや[三摩耶/三昧耶]。びゃうどう[平等]。上代 こうへい[公平]。

《句》近代 天は人の上に人を造らず、人の下に人を造らず。

—に愛すること 近世 どうじん[同仁]。

—にする 近世 おしならす[押均]。

—に分けること 中世 へいぶん[平分]。

権利などについて—であること 近代 きくゎいきんとう[機会均等]。

びょうにん【病人】 近代 クランケ(ドイツ Kranke)。びゃうしゃ[病者]。近世 くゎんじゃ[患者]。中古 ばうざ/びゃうざ/びゃうじゃ[病者]。びゃうにん[病人]。

—のいる家 中世 びゃうか[病家]。

—も辛いが見るのも辛い 《句》近世 病む身より見る目。

—を運ぶ道具 ストレッチャー(stretcher)。たんそうしゃ[担送車]。近代 たんか[担架]。

旅行中に倒れ救護する者のいない— こうりょびゃうしゃ[行旅病者]。近代 かうろびゃうしゃ[行路病者]。近世 いきだふれ/ゆきだふれ[行倒/行斃]。

ひょうはく【漂泊】 近代 さまよひ[彷徨]。へうらう[漂浪]。近世 りうらう[流浪]。中世 はうらう[放浪]。中古 へうはく[漂泊]。るらう[流浪]。上代 はうくゎう[彷徨]。りうり[流離]。→**さまよ・う**

—・したい気持ち 近世 風雲の情。

—・する 中世 さすらひあるく[流離歩]。ながれあるく[流歩]。わたりあるく[渡歩]。中古 さすらふ[流離]。上代 さまよふ[彷徨]。

—の人 近世 へうかく[漂客]。

—の身のたとえ 上代 てんぽう[転蓬]。

ひょうはく【漂白】 だっしょく[脱色]。ブリーチ(bleach)。近世 いろぬき[色抜]。へうはく[漂白]。上代 さらす[晒/曝]。

ひょうばん【評判】 ライムライト(limelight)。近代 くち(の)は[口端]。とほり[通]。ひゃうせつ[評説]。めいぶん[名聞]。よびごゑ[呼声]。世に聞こえる。近世 きうけ[気受]。たてひき[立引/達引]。ひゃうばん[評判]。ふうひゃう[風評]。中世 うはさ[噂]。おと[音]。おとなひ。おもはく[思]。きき[聞/聴]。きこえ[聞]。くち[口]。さた[沙汰]。せつ[説]。とりざた[取沙汰]。ふうせつ[風説]。ぶつろん[物論]。よそぎき[余所聞]。中古 おぼえ[覚]。ぐゎいぶん[外聞]。な[名]。ひとぎき[人聞]。ひびき[響]。ふうぶん[風聞]。ぶつぎ[物議]。みゃうもん[名聞]。よおぼえ[世覚]。事の聞こえ。世の覚え。世の聞こえ。上代 こと[言]。ひとごと[人言]。→**うわさ**

《句》近世 くぼき所に水溜(たま)る。衆口(しゅうこう)金(きん)を鑠(とか)す。

—が世間に広く知れる ひびきわたる[響渡]。

近代なりわたる［鳴渡］。近世なりひびく［鳴響］。中世ひびかす［響］。中古ひびく［響］。名を散らす。名を流す。上代たつ［立］。名を立つ。

―が高い(こと) 近世うれる［売］。かうひゃう［高評］。せいばう［声望］。せいめい［声名］。なうて［名打］。なだい［名代］。などり［名取］。名に聞く。中世かうめい［高名］。めいよ［名誉］。中古かうみゃう［高名］。せいよ［声誉］。せきじん［籍甚］。たかし［高］。なだたり［名立］。ののしる［罵/喧］。音に聞こゆ。名にし負ふ。上代名に負ふ。

―が高いもの 中古めいぶつ［名物］。

―が高く人望のある人 近代めいばうか［名望家］。

―が遠くまで広がること 中世ゑんぶん［遠聞］。

―がよく世間にもてはやされる人 近代ちょうじ［寵児］。近世うれっこ［売子］。にんきもの［人気者］。はやりっこ［流行子］。

―が悪くなるのを惜しむ 上代名を惜しむ。

―と実際 中古めいじつ［名実］。

―と実際が一致する 名実相伴う。

―と違う 近代名有りて実なし。中世うみゃうむじつ［有名無実］。中古いうめいむじつ［有名無実］。空しき名。

―になりそうだ 中古なだたし［名立］。

―になる 近代ならす［鳴］。名が通る。世に聞こえる。中古きこゆ［きこえる］［聞］。ののしる［罵］。ひびく［響］。名に立つ。上代名が立つ。

―を取る 名声を得る。中古名を取る。

―を取ろうとする 近代うりこむ［売込］。にんきとり［人気取］。近世なたてがまし［名立］。

―を悪くする 近世顔を潰す。中世名を汚す。

ある事が行われる前の― まえひょうばん［前評判］。

ある人に対する世間の― 中古おもひなし［思做］。よおぼえ［世覚］。事の聞こえ。世の覚え。世の聞こえ。

家の― 上代かせい［家声］。

いろいろな― 上代ちな［千名］。

色事の― 近代えんぶん［艶聞］。中古あだな［徒名/仇名］。うきな［浮名］。

関係ない人の― 近代げばひゃう［下馬評］。

客の―がよいこと きゃくうけ［客受］。

優れた― プレスティージ(prestige)。中世えいめい［英名］。中古めいせい［名声］。

世間に広く知れ渡っている― 近世らいめい［雷名］。

世間の― 近代しゅうこう［衆口］。しゅうばう［衆望］。ばんこう［万口］。近世うけ［受］。せいひゃう／せひゃう［世評］。みんばう［民望］。よそぎき［余所聞］。中世ぐゎいぶん［外聞］。とりざた［取沙汰］。ふうせつ［風説］。ぶつろん［物論］。みゃうもん［名聞］。中古おとぎき［音聞］。せいぶん［声聞］。ひとぎき［人聞］。ぶつぎ［物議］。よおぼえ［世覚］。よがたり［世語］。事の聞こえ。世の覚え。世の聞こえ。

世間の―を捨てる 《句》近世名聞(みゃうもん)の衣を破る。

強いという― 近代げうめい［驍名］。近世ぶめい［武名］。ゆうめい［勇名］。

恥ずべき― 近代しうぶん［醜聞］。近世をめい［汚名］。上代しうせい［醜声］。

遊里の― 近世おちゃうばなし［御町話］。くるわざた［郭沙汰］。

よい― 好評を博する。近代かうひゃう［好評］。びめい［美名］。近世おち［落］。中世せいめい［盛名］。れいめい［令名］。中古れいばう［令望］。れいぶん［令聞］。

悪い― 近代あくめい［悪名］。ふひゃう［不評］。近世あくひゃう［悪評］。なさか［名］。ふひゃうばん［不評判］。をめい［汚名］。中世あくせい［悪声］。中古あくみゃう［悪名］。うきな［浮名］。《句》中世悪事千里を走る。好事(かうじ)門を出でず。

ひょうひ【表皮】 近代ぐゎいひ［外皮］。ぐゎいひ［外被］。近世へうひ［表皮］。中世うはかは［上皮］。上代かは［皮］。はだ［肌/膚］。ひふ［皮膚］。

―の固い層 かくひ［角皮］。キューティクル(cuticle)。クチクラ(ラテ cuticula)。近代かくしつ［角質］。スキン(skin)。

植物の―で革のように固いもの 近代かくしつ［革質］。

ひょうひょう【飄飄】 近代てうぞく［超俗］。へうへう［飄飄］。近世てんぜん［恬然］。中世てうだつ［超脱］。上代てうぜん［超然］。

びょうぶ【屏風】 近世すずめがた［雀形］。中古びゃうぶ［屏風］。

―などで囲う 中古ひきつぼぬ［引局］。

―に描いた絵 近世あふぎづくし［扇尽］。びゃうぶゑ［屏風絵］。

天皇の後ろに立てる― 中古ぎょくい［玉扆］。

その他―のいろいろ(例) 近代かもゐかくし［鴨居隠］。かもゐした［鴨居下］。近世かくれびゃうぶ［隠屏風］。かはりびゃうぶ［替

屏風］。こしびゃうぶ［腰屏風］。〔中世〕まくらびゃうぶ［枕屏風］。〔中古〕あじろびゃうぶ［網代屏風］。
▼**助数詞**　か［架］。〔近世〕さう［双］。〔中古〕でふ［帖］。〔上代〕せき［隻］。

ひょうへん【豹変】　がらりと変わる。〔近代〕きふてん［急転］。きふへん［急変］。〔近世〕げきへん［激変］。はやがはり［早変］。打って変はる。〔中世〕いっぺん［一変］。〔中古〕へうへん［豹変］。
《句》〔中世〕手の裏を反(かへ)す。〔中古〕掌(たなごころ)を反(かへ)す。

ひょうぼう【標榜】　〔近世〕かんばん［看板］。〔中世〕はたじるし［旗印］。へうばう［標榜］。〔中古〕かかぐ〔かかげる〕［掲］。

びょうほう【描法】　えがきかた［描方］。〔近世〕ぐゎはふ［画法］。べうはふ［描法］。

びょうぼつ【病没】　〔近代〕びゃうぼつ［病没］。〔中世〕やみじに［病死］。〔中古〕びゃうし［病死］。→**し・ぬ**

ひょうほん【標本】　〔近代〕サンプル(sample)。〔近世〕ひながた［雛形］。へうほん［標本］。〔中世〕みほん［見本］。〔中古〕てほん［手本］。

びょうま【病魔】　〔中世〕びゃうま［病魔］。〔上代〕にじゅ［二豎］。→**びょうき**
—を鎮め退治すること　〔近代〕ちんぷく［鎮伏／鎮服］。

ひょうめい【表明】　〔近代〕へうげん［表現］。〔中世〕へうす［表］。へうめい［表明］。〔近世〕せんげん［宣言］。〔上代〕あらはす［表］。
大きな事を起こすことを—・する　狼煙(のろし)（狼烟(のろし)／烽火(のろし)）をあげる。

ひょうめん【表面】　〔近代〕うはっかは［上側］。うはっつら［上面］。おもてがは［表側］。ぐゎいめん［外面］。ひさう［皮相］。へうそう［表層］。〔近世〕うはかは／うはがは［上側］。げめん［外面］。ひにく［皮肉］。みせかけ［見掛］。みてくれ［見］。化けの皮。〔中世〕おも［面］。そと［外］。つら［面］。へうめん［表面］。〔中古〕うはべ［上辺］。おもて［表／面］。かほ［顔］。じゃうめん［上面］。はだ［肌／膚］。〔上代〕へ［上］。も［面］。もて［面］。

—的な解釈　〔中世〕せんりゃく［浅略］。

—的な措置　たいしょうてき［対症的］。

—に現れないところ　〔近代〕うらめん［裏面］。ぶたいうら［舞台裏］。〔中世〕りめん［裏面］。〔中古〕かげ［陰／蔭／翳］。

—に現れる　〔中世〕うかぶ［浮］。〔中古〕いづ／づ〔でる〕［出］。うかびあがる［浮上］。

—に出す　〔中世〕表に立つ〔—立てる〕。

—に出ないようにする　〔近代〕はうむりさる［葬去］。はうむる［葬］。ひきこむ［引込］。〔中古〕ひきいる〔—いれる〕［引入］。

—の様子　〔近代〕ぐゎいくゎん［外観］。そとみ［外見］。はだあひ［肌合］。〔近世〕ぐゎいけん［外見］。はだざはり［肌触］。みば［見場］。見た目。〔中世〕おもてむき［表向］。きめ［木目／肌理］。みかけ［見掛］。〔中古〕うはべ［上辺］。ぐゎいさう［外相］。はだつき［肌付］。

—は愛想良く内に悪意を秘める　《句》〔中世〕笑中に刀あり。笑中に刃(やいば)を研(と)ぐ。

偽り飾った物の—　〔近世〕ひとかは［一皮］。

海の—　〔近世〕うなづら／かいめん［海面］。〔中古〕かいじゃう［海上］。

中身はなくて—ばかり立派　〔近世〕きょせい［虚勢］。〔中古〕内劣りの外めでた。

本質から離れて—だけのこと　〔近代〕ぐゎいめんてき［外面的］。へいめんてき［平面的］。〔近世〕うはすべり［上滑］。めっき［鍍金／滅金］。

名義上—に立てておく人　〔近世〕まへだち［前立］。

物の—を隠すこと　〔中古〕おもがくし［面隠］。

びょうよみ【秒読】　カウントダウン(count-down)。〔近世〕ぢき／ぢきに［直］。そろそろ。ぼつぼつ。〔中世〕すぐに［直］。まもなく［間無］。〔中古〕ちかぢか［近近］。ほどなく［程無］。

ひょうり【表裏】　〔中世〕うらおもて［裏表］。〔上代〕へうり［表裏］。

—一体　〔中古〕せなかあはせ［背中合］。

—とも使えること　リバーシブル(reversible)。

ひょうりゅう【漂流】　〔近代〕へうらう［漂浪］。〔近世〕いざよふ［猶予］。さまよふ［彷徨］。ふらう［浮浪］。りうらう［流浪］。〔中世〕さそらふ［流離］。はうらう［放浪］。へうはく［漂泊］。〔中古〕さすらふ［流離］。ただよふ［漂］。ふいう［浮遊／浮游］。るらう［流浪］。〔上代〕いさよふ［猶予］。たゆたふ［揺蕩］。はうくゎう［彷徨］。へうたう［漂蕩］。へうりう［漂流］。りうり［流離］。
—・している船　〔近世〕へうせん［漂船］。

ひょうろう【兵糧】　〔近代〕りゃうしゃう［糧餉］。〔中古〕ひゃうらう［兵糧／兵粮］。〔上代〕ぐんりゃう［軍糧］。→**しょくりょう**　→**たべもの**
—と武器　〔近世〕りゃうぢゃう［糧仗］。

—などを運ぶこと　〔中世〕てんさう［転漕］。

—などを運ぶ兵や車馬　〔近代〕しちょうたい［輜重隊］。しちょうへい［輜重兵］。〔近世〕こにだ［小荷駄］。

—を絶つ作戦　〔近世〕ひゃうらうぜめ［兵糧攻］。〔中世〕じきぜめ［食攻］。

腰に付けた―〔近世〕こしびゃうらう［腰兵糧］。

ひょうろん【評論】〔近代〕コメント(comment)。〔近世〕じひゃう［時評］。ひゃうせつ［評説］。〔近代〕レビュー(review)。〔近世〕ひひゃう［批評］。ろんぴゃう［論評］。〔中世〕ひゃうす［評］。〔中古〕ひゃうろん［評論］。

―などをする人 〔近代〕クリティック(critic)。ひひゃうか［批評家］。ひゃうろんか［評論家］。

詩や詩人についての― 〔中世〕しわ［詩話］。

文学作品に対する― ぶんげいひょうろん［文芸評論］。〔近代〕ぶんげいひひゃう［文芸批評］。

ひよく【肥沃】〔近代〕ほうねう［豊饒］。ほうよく［豊沃］。〔近世〕ひよく［肥沃］。よくぜう［沃饒］。〔中古〕こまけし［細］。ひぜう［肥饒］。ほうじゃう［豊穣］。ぶねう／ほうぜう［豊饒］。〔上代〕こゆ［こえる］［肥］。ゆたか［豊］。

―・なさま 〔中古〕こまやか［細／濃］。

―・な土地 〔近代〕ほうじゃう［豊壌］。よくち［沃地］。よくど［沃土］。〔近世〕てんぷ［天府］。〔中世〕ふくち［福地］。よくや［沃野］。

―・にする 〔中古〕こやす［肥］。

ひよけ【日除】〔近世〕ひよけ［日除］。〔中世〕ひおほひ［日覆］。〔中古〕ひがくし［日隠］。

―として使うもの サンバイザー(sun visor)。〔近代〕シェード(shade)。〔中古〕す［簾］。みす［御簾］。〔上代〕すだれ［簾］。をす［小簾］。

ひよこ【雛】→ひな【雛】❶

ひょっと 〔中世〕ひゃうど。ひょっと。ふっと。〔中古〕おのづから［自］。ひゃうと。

―・すると 〔近代〕あるいは［或］。ひょっとしたら。ふとして。下手すると。もしかしたら。もしかして。もしかすると。〔近世〕ことによると。どうかすると。まんまんいち［万万一］。〔中世〕しぜん／じねん［自然］。はたまた［将又］。〔中古〕まん(が)いち［万一］。もし［若］。もしくは［若］。もしや［若］。ややもせば。よくせずば。〔上代〕けだし／けだしく［蓋］。はた［将］。はたやはた［将将］。

ひより【日和】❶〈好天〉 こうてん［好天］。〔近世〕じゃうてんき［上天気］。〔中古〕くゎいせい［快晴］。せいてん［晴天］。てんき［天気］。はれ［晴］。ひより［日和］。

ひより【日和】❷〈空模様〉〔近代〕そらもやう［空模様］。てんこう［天候］。〔近世〕くもゆき［雲行］。そらあひ［空合］。ひより［日和］。〔中古〕せいう［晴雨］。ていけ／てけ／てんき［天気］。ひ［日］。ひなみ［日次／日並］。

照ったり降ったり安定しない― きつねびより［狐日和］。

ひよりみしゅぎ【日和見主義】 かざみどり［風見鶏］。〔近代〕オポチュニズム(opportunism)。ごつがふしゅぎ［御都合主義］。ひよりみしゅぎ［日和見主義］。〔近世〕うちまたがうやく［内股膏薬］。ふたまたがうやく［二股膏薬］。ほらがたうげ［洞ヶ峠］。またぐらがうやく［股座膏薬］。

―の人 ごつごうしゅぎしゃ［御都合主義者］。〔近代〕オポチュニスト(opportunist)。かうもり［蝙蝠］。

ひょろひょろ〔近世〕ひょろひょろ。ひょろり。ほっそり。よたよた。よぼよぼ。〔中世〕よろり。

―・する 〔近代〕ぐらつく。ひょろける。〔近世〕ひょろつく。〔中世〕よろく［よろける］［蹌踉］。よろめく［蹌踉］。〔中古〕ひろろぐ。

―・するさま 〔中世〕とど。

ひよわ【弱】〔近世〕ぜいじゃく［脆弱］。ひがいす／ひがやす。ひよわ［弱］。〔中世〕あやかし。きゃしゃ［華奢／花車］。きょじゃく［虚弱］。よわよわし［弱弱］。わうじゃく［尩弱／尫弱］。〔中古〕かよわし［弱］。ひはづ／ひはやか［繊弱］。

―・な人をあざける語 〔近代〕をんしつそだち［温室育］。〔近世〕かとんぼ［蚊蜻蛉］。

ひょんな いがい［意外］。〔近代〕いへうぐゎい［意表外］。〔中世〕ひょんな。〔中古〕おもひがけず［思掛］。思ひも寄らず。

ひらがな【平仮名】〔近代〕をんながな［女仮名］。〔近世〕いろはがな［伊呂波仮名］。〔中世〕ひらがな［平仮名］。〔中古〕かんな［仮名］。さうがな［草仮名］。をんなで［女手］。をんなもじ［女文字］。

ひらき【開】 かくさ［格差］。かくさ［較差］。〔近代〕ギャップ(gap)。さ［差］。〔近世〕ひらき［開］。〔中世〕けんかく［懸隔］。さい［差異］。さゐ［差違］。はば［幅／巾］。〔中古〕さうゐ［相違］。へだたり［隔］。へだて［隔］。

―が大きいさま 〔中世〕づんと。

ひら・く【開】〔近世〕あく(四段活用)［明／開］。〔中世〕うちひらく［打開］。うちあく［―あける］［打開／打明］。〔中古〕おしあく［―あける］［押開］。おっぴらく［開］。〔上代〕あく［あける］［明／開］。おしひらく［押開］。ひらく［開］。

《枕》〔上代〕たまくしげ［玉櫛笥］。

―・いて見ること 〔近代〕ひてん［披展］。〔中古〕ひけん［披見］。ひらん［披覧］。

―・き裂けること 〔近代〕かいれつ［開裂］。れっかい［裂開］。

会や催しを―・くこと 〔近代〕オープン(open)。かいさい［開催］。かいし［開始］。じっし［実

施]。中古 もよほす[催]。上代 おこなふ[行]。

国を—・く　近代 りっこく[立国]。近世 かいげん[開元]。上代 かいこく[開国]。けんこく[建国]。

心を—・く　近代 胸臆を開く。胸襟を開く。腹を割る。中世 かいきん[開襟／開衿]。腹蔵なく。

差が—・く　近世 はなる〔はなれる〕[離]。中古 へだたる[隔]。

十分に—・く　近代 まんかい[満開]。

全部—・くこと　中世 ぜんかい[全開]。

蕾(みつぼ)が—・く　中世 かいくゎ[開花]。中古 ひもとく[紐解]。ほころぶ〔—ろびる〕[綻]。ゑむ[笑]。笑みの眉開く。上代 さく[咲]。

蕾が少し—・く　中古 ほほゑむ[微笑]。

蕾が半ば—・く　中古 ひらけさす[開]。

蕾などが—・かない　上代 ふふむ[含]。

手足や目口などを大きく—・く　中世 はだける[開]。

半ば—・く　近代 はんびらき[半開]。中世 はんかい[半開]。

広がり—・く　中古 はだかる[開]。

船の航路を—・く　近代 けいかい[啓開]。

目を大きく—・く(さま)　近世 ぱっちり。中世 かっと。中古 みはる[見張]。

物事のもとを—・くこと　中世 かいき[開基]。

ひら・く【拓】　近代 たくしょく[拓殖／拓植]。近世 かいたく[開拓]。中世 かいはつ[開発]。きりひらく[切拓]。しんかい[新開]。中古 ひらく[拓／開]。上代 かいこん[開墾]。

ひら・ける【開】　近代 かいてん[開展]。近世 くゎつぜん[豁然]。上代 ひらく〔ひらける〕[開]。

—・けていて遮るものがない　近世 かいしゃう[開敞]。

—・けているさま　近代 かいくゎつ[開豁]。くゎいくゎつ[快闊／快豁]。くゎうくゎつ[広闊]。中古 ひろびろ[広広]。ほがらか[朗]。

ひらた・い【平】　フラット(flat)。近代 ひらべったい[平]。ひらったい[平]。近世 ひらい[平]。ひらたし[平]。へいたん[平坦]。へんぺい[扁平]。ろく[陸]。中世 ひらし[平]。中古 たひらか[平]。なほし[直]。ひら[平]。上代 たひら[平]。

—・い板　中世 へいばん[平板]。

—・い形　へんけい[扁形]。

—・いさま　近代 ぺったんこ。ぺっちゃんこ。中古 ひららか。

—・くする　中世 ひらむ[平]。中古 ひらめかす[平]。上代 たひらぐ[平]。

—・くなめらかなさま　中世 すっぺり。

—・くなる　近世 ひしゃげる[拉]。中古 たひらぐ[平]。中世 ついひらがる[突平]。ひらぶ／ひらむ[平]。

押して—・くする　中古 おしなぶ／おしなむ[押靡]。おしひらむ[押平]。

大地が—・い　中世 ろく[陸／碌]。

踏んで—・くする　上代 ふみならす[踏均]。

ひらひら　中世 はたはた。中古 ひらひら。ふりふり。へんはん／へんぽん[翩翻]。へんぺん[翩翩]。

—・させる　中世 ひらめかす[閃]。ひるがへす[翻／飜]。中古 ひろめかす[閃]。

—・する　近世 ひらつく。中古 はたたく。はためく。ひらめく／ひろめく[閃]。

—と　中古 ふりふり(と)。

—と舞い上がる　上代 ひひる[冲]。

旗などが—と動く　中古 ひるがへる[翻／飜]。中世 びらり。びらりしゃらり。

びらびら　近世 びらつく。びらびら。

ひらめ【鮃】　中世 かため[片目]。近世 はんぎょ[板魚／版魚]。中世 ひらめ[鮃／平目／比目魚]。中古 ひもくぎょ[比目魚]。

大きな—　近世 といた／といたびらめ[戸板平目]。

ひらめき【閃】❶〈閃光〉　近代 スパーク(spark)。せんえう[閃耀]。ひらめき[閃]。フラッシュ(flash)。中世 きらめき[煌]。せんしゃく[閃爍]。中古 せんくゎう[閃光]。

一瞬の—　近代 いっせん[一閃]。

ひらめき【閃】❷〈機知〉　近代 アイディア(idea)。インスピレーション(inspiration)。ちゃくさう[着想]。ちょくかん[直感]。はつい[発意]。はっさう[発想]。ひらめき[閃]。れいかん[霊感]。近世 おもひつき[思付]。きち[機知]。

ひらめ・く【閃】❶〈きらめく〉　中古 きらめく[煌]。ひらめく[閃]。上代 ひかる[光]。ひろめく[閃]。→ひらめき❶

光が—・く　中世 かげろふ。

ひらめ・く【閃】❷〈翻る〉　近世 ひらつく。中古 ひらめく／ひろめく[閃]。ひるがえる[翻／飜]。へんはん／へんぽん[翩翻]。→ひるがえ・る

—・き動くさま　中世 せんせん[閃閃]。

ひらめ・く【閃】❸〈思いつく〉　近代 ひらめく[閃]。近世 かんがへだす[考出]。かんがへつく[考付]。中古 おもひつく[思付]。→ひらめき❷

びらん【糜爛】　近代 くゎいやう[潰瘍]。近世 た

だれ［爛］。びらん［糜爛］。

ひり【非理】 近代 はいり［背理／悖理］。ふがふり［不合理］。ふでうり［不条理］。近世 ひりふじん［理不尽］。ふたう［不当］。中古 ひぶん［非分］。ふだう／むだう［無道］。上代 ひだう［非道］。

びり さいかい［最下位］。さいこうび［最後尾］。近代 しんがり［殿］。びけ。びりっけつ［尻］。まつび［末尾］。ラスト(last)。近世 けつ［尻／穴］。さいしゅう［最終］。しまひ［仕舞／終／了］。どんけつ［尻／穴］。どんじり［尻］。びり。中世 さいご［最後］。上代 しり［尻／臀／後］。

ピリオド(period) しゅうしふ［終止符］。近代 ピリオド。フルストップ(full stop)。→**くとうてん**

ひりき【非力】 やくたたず［役立］。近代 ひりょく［非力］。ぶりょく［無力］。むのうりょく［無能力］。近世 どんさい［鈍才］。ひりき［非力］。びりょく［微力］。中世 のうなし［能無］。中古 むさい／むざい［無才］。むりき／むりょく［無力］。上代 ふさい［不才］。

ひりつ【比率】 近代 ひ［比］。パーセンテージ(percentage)。ひゃくぶんりつ［百分率］。ひりつ［比率］。りつ［率］。レート(rate)。わりあひ［割合］。近世 ぶあひ［歩合］。

ひりひり 近世 ひいひい。ひりひり。
―・する 近世 ひりつく。中世 ひびらく［疼］。上代 ひひらく。ひひく［疼］。

びりゅう【微粒】 近代 くゎりふ［顆粒］。パウダー(powder)。びりふ［微粒］。りふし［粒子］。近世 こな［粉］。つぶ［粒］。ふんまつ［粉末］。中古 こ［粉］。

ひりょう【肥料】 近代 しもごい［下肥］。たいひ［堆肥］。ひれう［肥料］。近世 こやし［肥］。しもごえ［下肥］。中古 こえ［肥］。
―を与えること しひ［施肥］。近代 せひ［施肥］。
植え付け前に施す― げんぴ［原肥］。つぼごえ［壺肥］。ねごえ［根肥］。まちごえ［待肥］。近代 もとごえ［基肥／元肥］。
液体の― かけごえ［掛肥］。すいひ［水肥］。近代 えきひ［液肥］。近世 みづごえ［水肥］。
三要素を適当に含んだ― 近代 くゎんぜんひれう［完全肥料］。
生育途中に施す― おいごえ［追肥］。ほひ［補肥］。近代 つひひ［追肥］。
種を蒔く時に施す― しゅひ／たねごえ［種肥］。まきごえ［蒔肥］。近世 はだごえ［肌肥］。
都市ごみなどを発酵腐熟させた― コンポスト(compost)。
農家が自給できる―の例 そうもくばい［草木灰］。近代 きうひ［厩肥］。たいひ［堆肥］。近世 うまやごえ［厩肥］。しもごえ［下肥］。
春に備えて寒中に施す― かんごやし［寒肥］。近世 かんごえ［寒肥］。
無機質の―の例 かせいひりょう［化成肥料］。近代 くゎがくひれう［化学肥料］。
有機―の例 いわしかす［鰯滓］。かんそうひりょう［乾燥肥料］。ぎょふん［魚粉］。近代 うをごえ［魚肥］。ぎょひ［魚肥］。つみごえ［積肥］。てんねんひれう［天然肥料］。中世 あぶらかす［油粕／油糟］。
ゆっくり効果が出る― かんこうせいひりょう［緩効性肥料］。かんせつひりょう［間接肥料］。ちこうせいひりょう［遅効性肥料］。

びりょう【微量】 →**すこし**

びりょう【鼻梁】 近代 びちゅう［鼻柱］。近世 はなっぱしら［鼻柱］。中世 はなすぢ［鼻筋］。中古 はなばしら［鼻柱］。はなみね［鼻梁］。びりゃう［鼻梁］。

ひりょく【非力】 →**ひりき**

びりょく【微力】 →**ひりき**

ひる【昼】 →**にっちゅう** →**ひるま**
《枕》上代 あかねさす［茜］。ひさかたの［久方／久堅］。
―過ぎ 近世 ひるさがり［昼下］。
―となく夜となく 昼夜の別なく。近世 昼夜を舎ぉかず。昼夜を分かたず。中世 昼夜を捨てず。夜を日に継ぐ。中古 夜を昼になす。→**にちや**
―と夜 中古 ちうや［昼夜］。上代 にちや［日夜］。
▼正午 →**しょうご**

ひるい【比類】 近代 ゐるい［彙類］。近世 ひかく［比較］。中世 しゅ［種］。つれ［連］。ひりん［比倫］。中古 たぐひ［類／比］。ならび［並／双］。ひるい［比類］。るい［類］。→**たぐい**
―がない 中世 類ゐるなし。中古 こよなし。たぐひなし［類無］。ならびなし［並無］。上代 ふたつなし［二無］。
天下に―がない 中古 あめのした［天下］。

ひるい【悲涙】 近世 くやしなみだ［悔涙］。中世 けつるい［血涙］。中古 かんるい［感涙］。ひるい［悲涙］。

ひるがえ・す【翻】 近世 ひっくりかへす［引繰返］。中世 あふる［煽］。ひらめく［閃］。中古 かふ［かえる］［変］。かへす［返］。ここ

ろがはり［心変］。ひるがへす［翻／飜］。へんしん［変心］。ふきかへす［吹返］。上代 あらたむ［―ためる］［改］。

ひるがえ・る【翻】 中世 あふる［煽］。近世 はためく。ひらつく。中古 ひらめく。ひらめく／ひろめく［閃］。ひるがへる［翻／飜］。ひろめく。上代 かへる［反］。

―って舞い上がるさま 中古 へうやう［飄揚］。

―・るさま 近代 ぺらぺら。中世 せんせん［閃閃］。はたはた。びらびら。中古 ひらひら。へうえう［飄揺］。へんぺん［片片］。へんはん／へんぽん［翩翻］。上代 へうへう［飄飄］。

ひるがお【昼顔】 あおいづる［葵蔓］。のあさがお［野朝顔］。みみたれぐさ［耳垂草］。近世 あめふりばな［雨降花］。かっぽう。ひるがほ［昼顔］。中古 すまひぐさ［相撲草］。はやひとぐさ［旋草］。上代 かほがはな／かほばな［顔花］。

ひるごはん【昼御飯】 近代 ごさん［午餐］。ちうさん［昼餐］。ちうしょく／ひるしょく［昼食］。ひるごはん［昼御飯］。ひるはん［昼飯］。ランチ(lunch)。ランチョン(luncheon)。近世 ごはん［午飯］。ちゅうじき［中食］。ひるがれひ［昼餉］。ひるげ［昼食／昼餉］。ひるやしなひ［昼養］。中世 おこご［御供御］。けんずい［硯水／間水／建水］。ちうはん［昼飯］。ちゅうはん［中飯］。ひるめし［昼食／午飯］。中古 ひる［昼］。ひるけ［昼食／昼餉］。→しょくじ

ひるさがり【昼下】 しょうごすぎ［正午過］。近代 アフターヌーン／アフタヌーン(afternoon)。ひるさがり［昼下］。近世 かご［下午］。ひるすぎ［昼過］。

ビルディング(building) こうそうけんちくぶつ［高層建築物］。まてんろう［摩天楼］。近代 ビル(building)。ビルディング。

ひるね【昼寝】 シエスタ(スペイン siesta)。中世 ごすい［午睡］。中古 くゎしょ［華胥］。ひるね［昼寝］。

いい気持ちで―・する 近世 華胥くゎしょの国に遊ぶ。

ひるま【昼間】 デイタイム／データイム(daytime)。デー(day)。近代 まひるなか［真昼中］。近世 ちうかん［昼間］。にっかん［日間］。ひなか［日中］。ひるどき［昼時］。ひるなか［昼中］。ひるひなか［昼日中］。まっぴるま［真昼間］。まひる［真昼］。中古 あかひる［明昼］。にっちゅう［日中］。はくじつ［白日］。はくちう［白昼］。ひのうち［日中］。ひるつかた［昼方］。ひるま［昼間］。上代 ひ［日］。ひる［昼／午］。→にっちゅう

―の時間 近世 ひあし［日脚／日足］。ひかげ［日影］。日の脚。

―の仕事 近代 ひしごと［日仕事］。近世 にっきん［日勤］。

―のように明るい 近世 昼を欺く。

春になって―が長いこと 近世 えいやう［永陽］。はるなが［春永］。ひなが［日長／日永］。中古 えいじつ［永日］。

冬に―が短いこと 近世 ひみじか［日短］。中古 たんけい［短景］。たんじつ［短日］。

ひる・む【怯】 近代 おぢけづく［怖気付］。おぢける［怖］。ゐしゅく［萎縮］。近世 くじく［くじける］［挫］。中世 おむ［おめる］［怖］。こだる［こだれる］。しろむ［白］。すくばる［竦］。中古 おくす［臆］。すくまる［竦］。すくむ［竦］。たちすくむ［立竦］。たぢろく／たぢろぐ。ひるむ［怯／痿］。上代 おびゆ［おびえる］［怯／脅］。

―・まず 近代 ふたう［不撓］。中世 へらず［減］。

―・まず挫けないこと 近代 ふたうふくつ［不撓不屈］。

―・むこと 近世 おくれ［遅／後］。しりごみ［尻込］。中世 きおくれ［気後］。けふだ［怯懦］。中古 こころおくれ［心後］。たぢろき。

―・むさま 近代 たぢたぢ。

攻撃されて―・む 中世 ただよふ［漂］。

ひるめし【昼飯】 →ひるごはん →しょくじ

ひれあざみ【鰭薊】 近世 おにのまゆはき［鬼眉払］。ひれあざみ［鰭薊］。やはずあざみ［矢筈薊］。

ひれい【比例】 近代 ひれい［比例］。プロポーション(proportion)。

―による配分 あんぶんひれい［按分比例］。ひれいはいぶん［比例配分］。

逆の― 近代 ぎゃくひれい［逆比例］。はんぴれい［反比例］。

ひれい【非礼】 近代 けつれい［欠礼／闕礼］。近世 しっけい［失敬］。なめ［無礼］。ぶさはふ［無作法／不作法］。ふだう［不道］。中世 ぶしつけ［不躾］。ぶらい／ぶれい［無礼］。中古 しつらい／しつれい［失礼］。ひれい［非礼］。上代 ふけい［不敬］。

ひれき【披瀝】 近代 こくはく［告白］。本音を吐はく。近世 うちあく［―あける］［打明］。かいちん［開陳］。ひれき［披瀝］。中世 とろ［吐露］。

ひれつ【卑劣】 近代 ろうれつ［陋劣］。近世 うしろぎたなし［後汚］。さもし。ぶきよう［不

器用」。中世あくらつ「悪辣」。きたなし「汚」。こころぎたなし「心汚」。ひけふ「卑怯」。ひれつ「卑劣／鄙劣」。中古いやし「卑／賤」。げれつ「下劣」。はらぎたなし「腹汚／腹穢」。はらぐろし「腹黒」。→ひきょう

―・な手段で人を陥れる 近世寝首を掻(か)く。

―・な人間 近世馬方(うまかた)船頭(せんどう)御乳(おち)の人。風上に置けない奴。中世ふかくじん「不覚人」。

ひれふ・す【平伏】 近世どげざ「土下座」。中世げざ「下座」。中古ぬか「額」。ひざまづく「跪」。ひらがる「平」。ひらぶ／ひらむ「平」。ひれふす「平伏」。へいふく「平伏」。

―・して拝む 近世はいふく「拝伏」。中世ふくはい「伏拝」。中古ふしをがむ「伏拝」。

ひろ・い【広】 近代くゎうくゎつ「広闊／宏闊」。ワイド(wide)。中世てびろし「広」。中古ゆほびか。上代ひろし「広」。ゆたけし「豊」。

―・いさま(こと) 近代かいくゎつ「開豁」。くゎうくゎつ「広闊」。ばう「茫」。ばうばく「茫漠」。ひろやか「広」。近世かうべう「浩渺」。くゎうばく「広漠／宏漠」。くゎつぜん「豁然」。ばうこ「茫乎」。ばうやう「望洋」。ばうやう「茫洋／芒洋」。べうぜん「渺然」。やひろ「八尋」。中世くゎうくゎう「曠曠／広広」。ばんきゃう「万頃」。ひろびろ「広広」。ひろらか。まんまん「漫漫」。中古かうかう「浩浩」。かうたう「浩蕩」。たうたう「蕩蕩」。ばうばう「茫茫」。ばんけい「万頃」。べうばう「渺茫」。べうばく「渺漠」。べうべう「渺渺」。むへん「無辺」。上代たうぜん「蕩然」。ひろら「広」。べうまん「渺漫」。ゆたけし「豊」。

―・い世間 中古さんぜんだいせんせかい「三千大千世界」。上代さんぜんせかい「三千世界」。

―・い田 近世ちまちだ「千町田」。上代いほしろをだ「五百代小田」。

―・い土地 中世おほば「大場」。上代くにはら「国原」。→ひろば

―・い野原 中世ひろの「広野」。中古くゎうや「広野／曠野」。上代おほの／おほのろ「大野」。

―・い範囲 近代くゎうはん「広範／広汎」。くゎうはんゐ「広範囲」。

―・く意見を聞くこと 中古くゎうちゃう「広聴」。

―・く大きいこと(さま) 近代かうだい「浩大」。近世くゎつだい「闊大」。中世くゎうだいむへん「広大無辺」。中古くゎうだい「広大／宏大」。れうくゎく「寥廓」。→こうだい

―・く大きな気分 近世かうぜんのき「浩然気」。

―・く行われる(こと) 近世こうかう「公行」。中古ひろまる「広／弘」。上代るふ「流布」。

―・く親しまれている 近代いっぱんてき「一般的」。たいしゅうてき「大衆的」。ふきふ「普及」。ポピュラー(popular)。上代るふ「流布」。

―・く知らせること 上代せんでん「宣伝」。→こうこく →しら・せる

―・く知られるようになる 中古ひろまる「広／弘」。

―・くて空っぽなさま 近代くゎくれう「廓寥」。近世がらん。

―・くて空しいさま 近代かうかう「皓皓／皎皎」。

―・く立派なさま 近代さうくゎう「壮宏」。中世くゎうさう「広壮／宏壮」。

入り口は狭いが中が―・いこと 上代おほうち「大内」。

入れ物の口が―・いさま 中世くちひろ「口広」。

海や川が―・くゆったりしているさま 近代わうやう「汪洋」。

心が―・い 近代くゎうりゃう「広量／宏量」。近世ふとっぱら「太腹」。中世くゎんだい「寛大」。中古くゎんよう「寛容」。

世間に―・く伝わること 近世りうでん「流伝」。上代るでん「流伝」。

遠くまで青々と―・いさま 中古さうばう「蒼茫」。

やたら―・い 近代だだっぴろい「徒広」。ばかでかい「馬鹿」。近世だだびろし「徒広」。

ヒロイズム(heroism) えいゆうきどり「英雄気取」。近代えいゆうしゅぎ「英雄主義」。ヒロイズム。

ヒロイック(heroic) 近代えいゆうてき「英雄的」。ヒロイック。近世いさまし「勇」。上代ををし「雄雄」。

ひろう【披露】 近代おひろめ「御披露目」。公(おほやけ)にする。近世ひろめ「広／弘／披露目」。中古ひろう「披露」。

初めて人に―・すること 近世かほぶれ「顔触」。かほみせ「顔見世」。

ひろう【疲労】 近代グロッキー(groggy)。こんたい「困殆」。こんぱい「困憊」。こんぴ「困疲」。ばてる。ひへい「疲弊」。近世こんぺい「困弊」。へたばる。中世きゅうくつ「窮屈」。くたばる。くたびる「―びれる」「草臥」。つひえ「弊」。ひはい「疲憊／罷憊」。へばる。上代つかる「つかれる」「疲」。ひらう「疲労」。

精神的な― 近世 きくたびれ［気草臥］。きづかれ［気疲］。中古 しんらう［心労］。

甚だしい― 近代 くゎらう［過労］。

病気などによる― 中世 きょらう［虚労］。

ひろ・う【拾】 しゅうしゅう［拾収／拾集］。近代 さいしゅ［採取］。しうとく［収得］。ピックアップ(pickup)。近世 ひらふ［拾］。中世 えらびだす［選出］。中古 しうしふ［収拾］。しふとく［拾得］。しふゐ［拾遺］。ひろひあぐ〔―あげる〕［拾上］。上代 ひりふ［拾］。ひろふ［拾］。

―・った物 近代 しふとくぶつ［拾得物］。中世 ひろひもの［拾物］。

漏れているものを―・い補うこと 中世 しふゐ［拾遺］。

ひろが・る【広】 近代 くゎくちゃう［拡張］。しんちゃう［伸長］。近世 いきわたる／ゆきわたる［行渡］。くゎくだい［拡大］。しんとう［浸透］。まはる［回／廻］。中世 ながる〔ながれる〕［流］。はびこる［蔓延］。ひろがる［広／拡］。ひろぐ［広／拡］(四段活用)。中古 おしひろごる［押広］。しく［敷／布］。のぶ［延／伸］。はたばる［端張］。ひろごる［広］。ひろまる［広／弘］。上代 はふる［溢］。ひろる［広］。→**ひろま・る**

―・っているさま(もの) 近代 くゎいくゎつ［快闊／快豁］。近世 べた。中古 うみ［海］。まんまん［漫漫］。上代 べうまん［渺漫］。

―・って散らばる かくさん［拡散］。中古 はうさん［放散］。

―・り開く 近世 はだかる［開］。

間が―・る 中古 あく［空／明］。

後ほど―・っていること 中世 すゑひろ／すゑひろがり［末広］。ひらく［開］。

一面に―・る 中古 しく［敷／布］。はばかる［憚］。上代 はる［張］。

水面が―・っているさま 近代 べうまん［淼漫］。中古 べうべう［淼淼］。

少しずつ―・るさま 近世 じわじわ。

世間に―・る 近代 こうふ［弘布］。中古 ちる［散］。

よくないものが―・る 近世 でんせん［伝染］。中世 はびこる［蔓延］。びまん［弥漫／瀰漫］。中古 まんえん［蔓延］。上代 わうかう［横行］。

ひろ・げる【広】 エスカレート(escalate)。近代 くゎいくゎつ［開豁］。くゎくだい［拡大］。くゎくちゃう［拡張］。てんかい［展開］。のばす［伸／延］。近世 おっぴろげる［広］。くゎくじゅう［拡充］。中世 おしひろぐ〔―ひろげる〕［押広］。ちゃうだい［張大］。手を伸ばす。手を広ぐ〔―広げる〕。はだく〔はだける〕［開］。ひろむ〔ひろめる〕［広］。中古 のぶ［延／伸］。ひろぐ〔ひろげる〕［広／拡］。上代 しく［敷／布］。はる［張］。ひらく［開］。

―・げたり畳んだりすること 中古 けんじょ［巻舒］。

―・げて解釈すること かくだいかいしゃく［拡大解釈］。

―・げて干す 上代 ひきほす［引干］。

―・げて見せる 近世 てんくゎん［展観］。てんらん［展覧］。

一面に―・げる 上代 しく［敷］。

一般に広く―・げる 中古 ほどこす［施］。

間隔を―・げる あける［空／明／開］。

次々と―・げる 中世 くりひろぐ〔―ひろげる〕［繰広］。

手足を―・げて踏ん張る 中古 はだかる［開］。

名を―・げる 中古 ながす［流］。

火や灰を掻いて―・げる 近世 あらく〔あらける〕［散／粗］。

物を取り出して場に―・げる 中古 とりひろぐ〔―ひろげる〕［取広］。

物を取り払って場を―・げる 中世 とりひろぐ〔―ひろげる〕［取広］。

ひろさ【広】 近代 せき［積］。ひろがり［広］。めんせき［面積］。中古 くゎうけふ［広狭］。くゎうぼう［広袤］。ほど［程］。上代 ひろさ［広／濶］。

―と狭さ 中古 くゎうけふ［広狭］。

―の単位 近代 アール(フランスare)。エーカー(acre)。へいはうメートル［平方フランスmètre／平方米／㎡］。ヘクタール(hectare)。中世 せ［畝］。つぼ［坪］。でふ［畳／帖］。はうぢゃう［方丈］。ぶ［歩］。ま［間］。中古 たん［反／段］。ちゃう［町］。

土地の― 近世 えんぼう［延袤］。

土地の―を量ること 近世 そくりゃう［測量］。ぢゃうりゃう［丈量］。

ひろば【広場】 オープンスペース(open space)。コンコース(concourse)。パルコ(イタリアparco)。プラザ(plaza)。近代 スクエア(square)。ひろっぱ［広］。フォーラム(forum)。中世 ひろば［広場］。ひろみ［広］。

飛行場の格納庫前の― エプロン(apron)。

ひろびろ【広広】 中世 ひろびろ［広広］。中古 はるばる［遥遥］。上代 はろはろ／はろばろ［遥遥］。→**ひろ・い**

―としている 中世 うちひらく［打開］。

気分が晴れやかでーとした感じ 近代くゎいくゎつ〔快闊／快豁〕。中世かうぜん〔浩然〕。

ひろま【広間】 おおべや〔大部屋〕。近代サルーン(saloon)。サロン(salon)。ホール(hall)。ロビー(lobby)。近世おほひろま〔大広間〕。中世ちゃうだう〔庁堂〕。ひろしき〔広敷〕。おほま〔大間〕。ひろま〔広間〕。

ひろま・る【広】 近代ふきふ〔普及〕。りうつう〔流通〕。近世でんぱ〔伝播〕。はきふ〔波及〕。中世はやる〔流行〕。中古ひろまる〔広／弘／潤〕。上代るふ〔流布〕。↓**ひろが・る**

ー・るようにする 上代ひろむ〔ひろめる〕〔広／弘〕。ふる〔ふれる〕〔触〕。

ひろ・める【広】 近代はくす〔博〕。中世いひひろむ〔ーひろめる〕〔言広〕。おしひろむ〔ーひろめる〕〔押広〕。ふいちゃう〔吹聴〕。ふれまはる〔触回〕。中古いひふらす〔言触〕。ひろう〔披露〕。上代せんでん〔宣伝〕。ひろむ〔ひろめる〕〔広／弘〕。ふる〔ふれる〕〔触〕。↓**ひろ・げる**

宗教(仏教など)をー・めること 近代ふけう〔布教〕。中世ぐぶ〔弘布〕。中古ぐほふ〔弘法〕。

世間に広くー・めること 近代こうふ〔公布〕。

ひわ【秘話】 近代いつわ〔逸話〕。近世よろく〔余録〕。中世ひろく〔秘録〕。↓**いつわ**

びわ【琵琶】 近代けんげふ〔建業〕。近世さんご〔三五〕。中世こきん〔胡琴〕。こふくべ〔小瓢／小匏〕。なかばのつき〔半月〕。よつのを〔四緒〕。上代びは〔琵琶〕。

ーを演奏する人 中世びはうち〔琵琶打〕。

ーを作る人 近世びはうち〔琵琶打〕。

▼助数詞 中世めん〔面〕。

ひわい【卑猥】 近代エロ／エロチック(erotic)。近世いやらし〔嫌〕。げひん〔下品〕。ひわい〔卑猥／鄙猥〕。みだら〔淫／猥〕。わいせつ〔猥褻〕。上代いやし〔卑／賤〕。

ー・な川柳 近代ばれく〔句〕。

びわこ【琵琶湖】 中世かう〔江〕。にほのうみ〔鳰海〕。びはこ〔琵琶湖〕。中古ちかつあふみ〔近淡海／近江〕。潮(汐)ならぬ海。上代あふみ〔近江／淡海〕。あふみのうみ〔近江海〕。

ひん【品】 近代きひん〔気品〕。ひんかく〔品格〕。ひんせい〔品性〕。近世じゃうひん〔上品〕。ひん〔品〕。中世ひんゐ〔品位〕。中古しな〔品／科〕。↓**ひんい**

《句》近世腐っても鯛(たひ)。破れても小袖。

ーがよい 近世じゃうひん〔上品〕。中世じゃうびる〔上〕。中古しなじなし〔品品〕。ひとがら〔人柄〕。

びん【瓶】 近代ボトル(bottle)。中世びん〔瓶／壜／罎〕。

化学実験等で使うー 近代てきびん〔滴瓶／滴壜〕。近世フラスコ／フラソコ(ポルトガル frasco)。

ガラスのー 近代ガラスびん〔硝子瓶／硝子壜〕。

空のー 近代あきびん〔空瓶／空壜／明壜〕。

酒の燗(かん)に用いるー 近代かんびん〔燗瓶／燗壜〕。

酸類を運ぶ大きなー 近代カルボイ(carboy)。

四角のガラスー 近代かくびん〔角瓶〕。

保温や保冷の働きのあるー ジャー(jar)。近代ポット(pot)。まほふびん〔魔法瓶〕。

水を入れる細首のー 中世すいびん〔水瓶〕。中古すいびゃう〔水瓶〕。

ひんい【品位】 近代きひん〔気品〕。じんかく〔人格〕。ひんかく〔品格〕。ひんせい〔品性〕。近世かうふう〔高風〕。がら〔柄〕。きかく〔気格〕。くらゐ〔位〕。こけん〔沽券〕。しほめ〔潮目〕。たけ〔丈〕。にんてい〔人体〕。ひん〔品〕。ふうこつ〔風骨〕。中世じんぴん〔人品〕。ひんゐ〔品位〕。ふうかく〔風格〕。中古けはひ。さま〔様／方〕。しな〔品〕。ひとがら〔人柄〕。ひとざま〔人様〕。上代じんぶつ〔人物〕。

ーがある 中世じんじゃう〔尋常〕。

ーがあるように見える 近世じんたいらし／じんていらし〔人体〕。

ーがない 近代げひん〔下品〕。ていれつ〔低劣〕。やすっぽい〔安〕。近世げさく〔下作〕。中世あさまし〔浅〕。げせつ〔下拙〕。中古げすげすし〔下衆下衆〕。げれつ〔下劣〕。ばうぞく。ひれつ〔卑劣〕。むとく〔無徳〕。上代ひろう〔鄙陋／卑陋〕。やひ〔野卑／野鄙〕。

ーがなく見える 中世げびる〔下卑〕。

ーと容貌 中世しなかたち〔品形〕。

芸術作品などのすぐれたー 近代しんぴん〔神品〕。中古きゐん〔気韻〕。

言葉のー 中世ことがら〔言柄〕。

ひんかく【品格】 ↓**ひん** ↓**ひんい**

ひんかく【賓客】 ↓**ひんきゃく**

びんかつ【敏活】 きびん〔機敏〕。しゅんびん〔俊敏／雋敏〕。すばしこい／すばしっこい。近代びんくゎつ〔敏活〕。近世はしこい／はしっこい。中世すばやし〔素早〕。びんせふ〔敏捷〕。

びんかん【敏感】 〈近代〉えいびん[鋭敏]。くゎびん[過敏]。シャープ(sharp)。センシティブ(sensitive)。びんかん[敏感]。感じやすい。〈中古〉さとし[聡／敏]。

―に反応するさま 〈近世〉ぴりぴり。

ひんきゃく【賓客】 〈近世〉いちだんな[一旦那]。いっきゃく[一客]。きひん[貴賓]。ばいひん[陪賓]。〈中世〉ひんきゃく[賓客]。〈中古〉かかく[佳客]。かひん[佳賓]。じゃうひん[上賓]。らいひん[来賓]。〈上代〉ひんかく[賓客]。

ひんきゅう【貧窮】→**びんぼう**

ひんく【貧苦】→**びんぼう**

ひんこう【品行】 〈近代〉せいかう[性行]。そかう[素行]。〈近世〉ぎゃうせき[行跡]。ひんかう[品行]。〈中世〉おこなひ[行]。ぎゃうじゃう[行状]。かうせき[行跡]。みもち[身持]。〈中古〉きゃうじゃく[景迹]。さうかう[操行]。〈上代〉ふるまひ[振舞]。

―が悪いこと 〈近代〉ふしだら。〈近世〉ごくだう[極道／獄道]。しだら。ふみもち[不身持]。ふりゃう[不良]。

―が悪く堕落する 〈中世〉身を持ち崩す。

ひんこん【貧困】→**びんぼう**

ひんし【瀕死】 しにかけ[死掛]。じゅうとく[重篤]。〈近代〉ぢゅうたい[重体／重態]。すいし[垂死]。ひんし[瀕死]。〈中古〉はんしはんしゃう[半死半生]。〈上代〉きとく[危篤]。

―の人 じゅうしょうかんじゃ[重症患者]。じゅうとくかんじゃ[重篤患者]。〈近代〉ぢゅうびゃうにん[重病人]。〈近世〉あっちもの[彼方者]。

ひんしつ【品質】 〈近代〉クオリティー(quality)。ひんしつ[品質]。〈近世〉しつ[質]。しながら[品柄]。〈中世〉ものがら[物柄]。

―がよいこと 〈近代〉かうきふ[高級]。〈近世〉じゃうとう[上等]。

―がよくないこと ていしつ[低質]。〈近代〉ていきふ[低級]。れつあく[劣悪]。〈中世〉そ[粗]。〈中古〉かす[滓]。そあく[粗悪]。わろし[悪]。

―について評する 〈近代〉ひんする[品]。

―の管理 キューシー(QC; quality control)。

―のよいもの 〈近代〉じゃうてもの[上手物]。

―のよくないもの 〈近代〉げてもの[下手物]。そせいひん[粗製品]。

安くて―がよくない やすもの[安物]。

ひんじゃ【貧者】→**びんぼう**

ひんじゃく【貧弱】 しょぼい。〈近代〉おさむい[御寒]。〈近世〉かすか[幽／微]。しみたれ。しみったれる。ちゃち。なさけなし[情無]。わづか[僅／纔]。吹けば飛ぶやう。〈中世〉さむし[寒]。ひんさう[貧相]。みすぼらし[見窄]。〈中古〉ひんじゃく[貧弱]。わびし／わびしげ[侘]。

―・で安っぽい 〈近代〉うすで[薄手]。

▼接頭語 〈中世〉かせ[悴]。

ひんしゅ【品種】 〈近代〉ひんしゅ[品種]。〈中世〉しゅ[種]。〈中古〉しゅるい[種類]。たぐひ[類]。

ひんしゅく【顰蹙】 〈近代〉けんを[嫌悪]。〈近世〉ふくゎい[不快]。〈中世〉ふきょう[不興]。ものわらひ[物笑]。〈中古〉ひんしゅく[顰蹙]。

ひんしゅつ【頻出】→**ひんぱつ**

びんしょう【敏捷】 〈近代〉きびん[機敏]。くゎいせふ[快捷]。しゅんびん[俊敏／雋敏]。すばしこい／すばしっこい。びんそく[敏速]。〈近世〉てっとりばやい[手取早]。尻が軽い。はしっこい[捷／敏捷]。はしかし。〈中世〉すばやし[素早]。びんせふ[敏捷]。〈上代〉とし[疾／敏]。→**すばや・い**

びんじょう【便乗】 〈近代〉あひのり[相乗]。びんじょう[便乗]。〈中世〉じょうず[乗]。しりうま[尻馬]。尻馬に乗る。〈中古〉どうじょう[同乗]。

ひん・する【瀕】 〈近代〉ちょくめん[直面]。ひんする[瀕／浜]。〈近世〉せっぱつまる[切羽詰]。〈上代〉せまる[迫／逼]。

ひんせい【品性】→**ひんい**

ひんせい【稟性】 うまれつき[生付]。ししつ[資質]。てんせい[天性]。てんぶん[天分]。ひんしつ[稟質]。〈上代〉ひんせい[稟性]。

びんせん【便箋】 レターペーパー(letter paper)。〈近代〉しょかんせん[書簡箋]。びんせん[便箋]。ようせん[用箋]。

ひんそう【貧相】 しょぼい。〈近代〉ひんじゃく[貧弱]。〈近世〉ひく〔ひける〕[引]。〈中世〉さむし[寒]。ひんさう[貧相]。みすぼらし[見窄]。→**ひんじゃく**

―・で痩せているさま 〈近世〉ぎすぎす。

―・になる 〈近世〉しほたる[潮垂]。

びんそく【敏速】 クイック(quick)。〈近代〉きびん[機敏]。スピーディー(speedy)。びんくゎつ[敏活]。びんそく[敏速]。〈近世〉さそく[早速]。〈中世〉すばやし[素早]。びんせふ[敏捷]。〈上代〉とし[疾／敏]。→**すばや・い**

ピンチ(pinch) ききょく[危局]。〈近代〉きゅうち[窮地]。ピンチ。〈近世〉ききふ[危急]。くきゃう[苦境]。ぜったいぜつめい[絶体絶

ひ

命]。中世きき[危機]。きなん[危難]。こけつ[虎穴]。しち[死地]。しちゅう[死中]。中古ここう[虎口]。薄氷を踏む。風前の灯。

ヒント(hint) キー(key)。近代あんじ[暗示]。かぎ[鍵]。サジェスチョン/サゼッション(suggestion)。しさ[示唆]。ヒント。近世てがかり[手掛]。

ピント(オランダ brandpunt から) 近代せうてん[焦点]。ピント。フォーカス(focus)。

ひんぱつ【頻発】 ぐんぱつ[群発]。たはつ[多発]。近代ぞくしゅつ[続出]。ひんしゅつ[頻出]。ひんぱつ[頻発]。れんぱつ[連発]。

ピンはね【(ポルトガル)pinta撥】 近代ピンはね。近世うはまいとり[上米取]。かする[掠/擦]。はぬ[はねる][撥]。上米を撥ぬ[―撥ねる]。掠(かす)りを取る。

―・したもの 近世うはまい[上米]。うはまへ[上前]。はね[撥]。ピン。

ひんぱん【頻繁】 近代ひっきりなし[引切無]。近世ひんぱん[頻繁]。中世しげい[繁]。中古たびかさなる[度重]。上代しげし[繁]。たびまねし[度遍]。

―・なさま 中古しきなみ[頻浪]。

―・に 近世ちょいちょい。ちょくちょく。中世しげしげ[繁繁]。せきせき。ちかぢか[近近]。ひんぴんと[頻頻]。中古しきしき[頻頻]。しばしば[屢屢]。たびたび[度度]。上代しきに[頻]。しくしく[頻頻]。しきり[頻]。しげく[繁]。ちへしくしくに[千重頻頻]。**→しきりに**

ひんぴょう【品評】 アセスメント(assessment)。近代さてい[査定]。ひゃうか[評価]。ひゃうてい[評定]。ひんしつ[品隲]。近世ねつもり[値積]。ねぶみ[値踏]。ひんだい[品題]。中世ひんぴゃう[品評]。中古しなさだめ[品定]。ひゃう[評]。

朝顔を―・する会 近世あさがほあはせ[朝顔合]。

産物などを―・する会 近代きゃうしんくゎい[競進会]。きょうしんくゎい[共進会]。ひんぴゃうくゎい[品評会]。

ひんぴん【頻頻】→ひんぱん(―・に)

ひんぷ【貧富】 中世ひんぷく[貧福]。中古ひんぷ[貧富]。ふたつのみち[二道]。

びんぼう【貧乏】 近代ひんてき[貧的]。プアー/プーア(poor)。懐が寒い。近世あふちびんぼふ[煽貧乏]。すいしゅく[水菽]。ひそやか[密]。ひぞり[干反/乾反]。ひんす[貧]。食ふや食はず。借金を質に置く。膝の皿から火が出る。膝の皿に火がつく。中世いっかん[一寒]。けいくゎい[計会]。とぼし/ともし[乏]。ひらう[疲労]。ひん[貧]。びんばふ[貧乏]。ふにょい[不如意]。ぶりょく[無力]。まどし[貧]。わうじゃく[尫弱]。中古ひんこん[貧困]。ふがふ[不合]。ふかん[不堪]。むとく[無徳]。上代きゅうばふ[窮乏]。こんきゅう[困窮]。ひんきゅう[貧窮]。ひんく[貧苦]。まずし[貧]。《句》乞食(こじき)に貧乏なし。近代空馬(からうま)に怪我(けが)なし。貧乏するほど楽をする。近世朝謡(あさうたひ)は貧乏の相。稼ぐに追ひつく貧乏なし。四百四病より貧の苦しみ。無いが極楽知らぬが仏。貧乏人の子沢山。貧は世界の福の神。中世家貧にして親知(しんち)少なく身賤(いや)しくして故人疎(うと)し。

―・くさい 近世しみったれる。しみたる[しみたれる]。中世ひんさう[貧相]。みすぼらし[見窄]。中古わびしげ[侘]。

―・であるためかえって気楽なこと 中世ひんらく[貧楽]。

―・で苦しいこと 近代くかん[苦寒]。近世ひんびゃう[貧病]。貧の病(やまひ)。中世きゅうく[窮苦]。きゅうす[窮]。中古きゅうこん[窮困]。上代ひんきゅう[貧窮]。ひんく[貧苦]。

―と病気 中世ひんびゃう[貧病]。

―と裕福 中世ひんぷく[貧福]。中古ひんぷ[貧富]。ふたつのみち[二道]。

―・な生活 近世いっしょうがひ[一升買]。うらだながり[裏店借]。うらだなずまひ[裏店住]。わびずまひ[侘住]。

―・な農民 近代ひんのう[貧農]。

―・な旗本の用人をあざける語 近世みそやくにん[味噌役人]。みそようにん[味噌用人]。

―・な人 せいかつこんきゅうしゃ[生活困窮者]。ひんこんそう[貧困層]。近世きゅうみん[窮民]。さいみん[細民]。すいちぶ[素一歩/素一分]。はだかむし[裸虫]。ふべんしゃ[不弁者]。中世びんばふにん[貧乏人]。中古あやしのしづ[賤賤]。たよりなし[便無]。ひんじゃ[貧者]。上代ひんみん[貧民]。

―・な人達の集まって住む地域 スラムがい[slum街]。近代さいみんくつ[細民窟]。ひんみんがい[貧民街]。ひんみんくつ[貧民窟]。

ー・な人と金持ち 中古 ひんぷ［貧富］。貧骨に至る。近世 ひがしふさがり［東塞］。
ー・になること 近代 貧に迫る。貧骨に至る。近世 ひがしふさがり［東塞］。
ーをもたらす神 近世 きゅうき［窮鬼］。中世 びんばふがみ［貧乏神］。
急にー・になること いちやこじき［一夜乞食］。どかひん［貧］。
きわめてー・であること 近世 借金を質に置く。臑(脛)から火を取る。臑(脛)より火を出す。中世 ごくひん［極貧］。せきひん［赤貧］。
次第にー・になること 近代 じりひん［貧］。
▼**無一文** →**いちもんなし**
ピンぼけ【惚】 本質を外れる。近代 ピンぼけ［惚］。ふせんめい［不鮮明］。ぼやける。要を得ない。中世 ぼく［ぼける］［惚］。
びんらん【便覧】 →**べんらん**
びんらん【紊乱】 →**ぶんらん**
びんわん【敏腕】 近代 うできき［腕利］。さいわん［才腕］。すごうで［凄腕］。びんわん［敏腕］。やりて［遣手］。らつわん［辣腕］。近世 あやぎれ［文切］。ききもの／きけもの［利者］。きれもの［切者］。しゅれん［手練］。中世 うでこき［腕利］。中古 てきき［手利］。

ふ

ふ【負】 近代 ふ［負］。ふすう［負数］。マイナス(minus)。
ふ【腑】❶〈心〉 近代 ふ［腑］。近世 かんがへ［考］。中世 しゃうね［性根］。しりょふんべつ［思慮分別］。中古 こころね［心根］。こころ［心］。
ー に落ちる 中世 合点が行く。近世 心腹に落つ［ー落ちる］。
ふ【腑】❷〈臓器〉 ぞうき［臓器］。中世 ふ［腑］。→**ないぞう【内臓】**
ふ【譜】 近代 きょくふ［曲譜］。近世 ふめん［譜面］。中世 がくふ［楽譜］。中古 ふ［譜］。
ぶ【武】 中世 ぶ［武］。近世 ぶぎ［武技］。ぶじゅつ［武術］。ぶだう［武道］。上代 ぶげい［武芸］。
ーを尊ぶこと 近代 さぶ［左武］。
ぶあい【歩合】 レシオ(ratio)。レート(rate)。近代 りつ［率］。近世 ぶあひ［歩合］。わりあひ［割合］。
ーの単位の例 近世 し［糸］。ぶ［歩］。中古 りん［厘］。上代 ぶ［分］。
ぶあいそう【無愛想】 近代 つっけんどん［突慳貪］。ぶあいきゃう［無愛敬］。ぶあいけう［無愛嬌］。ぶあいさう／ぶあいそ［無愛想］。ふしんせつ［不親切］。ぶっちゃう［仏頂］。近世 ぎこつない。しょにん。つかうど／つこど。ひあい［非愛］。ひっしょなし。ぶしほ［無潮］。ぶっきらぼう［打切棒］。木で鼻をかむ。木で鼻をこくる。曲がない。そっぺいがない。鰾膠もなし。中世 あいさうなし［愛想無］。けんどん［慳貪／倹飩］。けんもほろろ。そっけなし［素気無］。はしたなし。中古 あいだちなし／あひだちなし。けにくし［気憎］。すくよか［健］。すげなし［素気無］。にくし［憎］。ひとにくし［人憎］。ぶあい［無愛］。れいたん［冷淡］。上代 つれなし。つれもなし。
ー・な顔 近世 ぶっちゃうがほ［仏頂顔］。ぶっちゃうづら［仏頂面］。
ー・なさま 近代 つんけん。ぷいと。むっつり。近世 ぎすぎす。けんけん。すんすん。ぞんき。つんつん。つんと。ぴんぴん。
ー・な返事 中世 ぶへんじ［不返事］。
ファイター(fighter) 近代 ファイター。近世 とうし［闘士］。もさ［猛者］。中世 せんし［戦士］。ゆうしゃ［勇者］。上代 ゆうし［勇士］。
ファイト(fight) とうこん［闘魂］。ファイティングスピリット(fighting spirit)。近代 きゃうさうしん［競争心］。せんい［戦意］。とうさうしん［闘争心］。ファイト。近世 とうし［闘志］。中世 はき［覇気］。中古 きりょく［気力］。
ファイル(file) しょるいばさみ［書類挟］。バインダー(binder)。フォルダー(folder)。近代 ファイル。近世 かみばさみ［紙挟］。
ファインプレー(fine play) 近代 しんぎ［神技］。びぎ［美技］。ファインプレー。めうぎ［妙技／妙伎］。近世 はなれわざ［離業／離技］。中世 かみわざ［神業／神事］。ぜつぎ［絶技］。めうじゅつ［妙術］。上代 ほつて［秀手］。
ファクター(factor) そし［素子］。近代 いんし［因子］。えういん［要因］。えうそ［要素］。エレメント(element)。きいん［起因］。せいいん［成因］。そいん［素因］。ファクター。モーメント／モメント(moment)。
ファッション(fashion) 近代 ファッション。モード(mode)。近世 はやり［流行］。中世 りうかう［流行］。
ファミリー(family) 近代 かてい［家庭］。ファミリー。近世 かぞく［家族］。中世 みうち［身

内]。中古 いっか[一家]。

ファン(fan) しえんしゃ[支援者]。近代 あいかうしゃ[愛好者]。サポーター(supporter)。しぢしゃ[支持者]。ファン。中古 ひいき[贔屓]。

ファン(fan) かんきせん[換気扇]。近代 せんぷうき[扇風機]。そうふうき[送風機]。ファン。

ふあん【不安】 暗影を投ずる。近代 きぐ[危惧]。サスペンス(suspense)。すゑおそろしい[末恐]。テンション(tension)。近世 いうりょ[憂慮]。きづかはし[気遣]。けんのん[剣呑/険難/険呑]。こころならず[心]。しんぱい[心配]。ふあんしん[不安心]。むなづはらし[胸]。気が気でない。気を揉む。中世 あんず[案]。おぼつかなし[覚束無]。きがかり[気掛]。くったく[屈託]。けねん/けんねん[懸念]。ふあん[不安]。むなさわぎ[胸騒]。中古 あやふし[危]。うしろめたし/うしろめたなし[後]。うれひ/うれへ[憂/愁]。おぼめかし。こころぼそし[心細]。こころもとなし[心許無]。さわがし[騒]。そらおそろし[空恐]。たのもしげなし[頼無]。たよりなし[頼無]。ものこころぼそし[物心細]。やすげなし[安無]。上代 あやし[怪]。あやぶむ[危]。うらもとなし[心許無]。きく[危懼]。めぐし[愛]。鴨の浮き寝。→**しんぱい**

―がない 中世 あんたい[安泰]。中古 うしろやすし[後安]。上代 うらやす[心安]。

―・で心が晴れない 上代 くれ[暗]。

―・で心が乱れる 近代 どうえう[動揺]。早鐘を撞(つ)く(打つ)。中古 うちさわぐ[打騒]。むねつぶる[胸潰]。むねひしぐ[胸拉]。

―・なさま 近世 びくびく。ぴりぴり。ぶきみ[不気味]。

―・にさせる 近代 さわがせる[騒]。

―を後日に残すこと 近代 養虎(やうこ)の患(うれ)へ。

大きな― 中世 たいくゎん[大患]。

不吉な夢を見て感じる― 中古 ゆめさわがし[夢騒]。ゆめみさわがし[夢見騒]。

ファンタジー(fantasy) イリュージョン(illusion)。近代 くうさう[空想]。げんさう[幻想]。はくじつむ[白日夢]。はくちうむ[白昼夢]。ファンタジー。中世 げんえい[幻影]。

ふあんてい【不安定】 近代 ゆるぎ[揺]。近世 ふあんてい[不安定]。浮き木に乗る。浮き雲の思ひ。中古 あはあはし[淡淡]。ただよはし[漂]。うかぶ[浮]。上代 鴨の浮き寝。

―・で不揃いなさま 近世 びこしゃこ。びっこしゃっこ。

―・でふらふらする 中世 ふどう[浮動]。中古 うきたつ[浮立]。ただよふ[漂]。

―・な腰 腰が高い。近代 うきごし[浮腰]。近世 さるまひごし[猿舞腰]。へごし[屁腰]。へっぴりごし[屁放腰]。中世 およびごし[及腰]。

―・なさま 上代 ゆくらゆくら。

―・な情勢のさま 近代 りうどうてき[流動的]。

―のたとえ 中古 うきくさ/うきぐさ[浮草]。うきぐも[浮雲]。ねなしぐさ[根無草]。

ファンド(fund) 近代 ききん[基金]。しきん[資金]。しほんきん[資本金]。ファンド。近世 しほん[資本]。中世 もとで[元手]。

ふあんない【不案内】 近代 ふべんきゃう[不勉強]。近世 西も東も分からぬ(弁(わき)まへぬ)。中世 うとし[疎]。ふあんない[不案内]。ぶあんない[不案内/無案内]。ふち[不知]。みち[未知]。中古 おぼめかし[朧]。くらし[暗]。せんがく[浅学]。つきなし[付無]。

ふい【不意】 近代 ひょっくら。突(つと)として。近世 だしぬき/だしぬけ[出抜]。ひょっくり/ひょっこり。ふそく[不測]。中世 とつぜん[突然]。ひょいと。ひょっと。ふじ[不時]。ふっと。中古 さしくみに。たうとつ[唐突]。はからず[図]。ひゃうど。ふい[不意]。ふと。ふりょ[不慮]。ゆくりなし。

―のことに驚くさま 近代 ぎくり。どきっ。どきり。どきん。近世 きっくり/ぎっくり。

―のことに驚くたとえ 近代 青天の霹靂(へきれき)。寝耳に水。近世 寝耳に擂粉木(すりこぎ)。藪(やぶ)から棒。

ブイアイピー(VIP; very important person) じゅうようじんぶつ[重要人物]。ビップ(VIP)。近世 きひん[貴賓]。中古 えうじん[要人]。ひんかく[賓客]。上代 ひんかく[賓客]。

フィアンセ(フランス 男性 fiancé 女性 fiancée) 近代 こんやくしゃ[婚約者]。フィアンセ。中世 いひなづけ[許婚/許嫁/言名付]。

フィーバー(fever) 近代 かうふん[昂奮]。こうふん[興奮]。ねっきゃう[熱狂]。ねっちゅう[熱中]。むちゅう[夢中]。

フィーリング(feeling) 近代 フィーリング。近世 かんかく[感覚]。かんじ[感]。中古 きぶん[気分]。

フィールド(field) ❶〈**野原**〉 近代 きゃうぎぢゃう[競技場]。フィールド。中古 やぐゎい[野外]。上代 のはら[野原]。

フィールド(field)❷〈**領域**〉 ドメイン(domain)。近代カテゴリー(ドイツ Kategorie)。ゾーン(zone)。ちたい［地帯］。はんちう［範疇］。フィールド。ぶんや［分野］。りゃうゐき［領域］。近世くゐき［区域］。ぶもん［部門］。中古はんゐ［範囲］。

ふいうち【不意打】 暗夜(あんや)の礫(つぶて)。近代きしふ［奇襲］。きふしふ［急襲］。ふいうち［不意打／不意討］。近世えんげき［掩撃］。

—のために隠れて敵を待つ 中世まちぶせ［待伏］。

—を食らわすこと 近世すぽんぬき［抜］。

フィクション(fiction) 架空の話。近代かこう［仮構］。きょこう［虚構］。さうさく［創作］。フィクション。近世つくりばなし［作話］。中世ゑそらごと［絵空事］。中古つくりごと［作事］。

ふいご【鞴】 中世ふいご［鞴／吹子］。中古たたら［踏鞴］。ぢたたら［地踏鞴］。ふきがは［吹皮／鞴］。

足で操作する— 近世あしふいご［足鞴］。

手で操作する— 近世てふいご［手鞴］。

ふいちょう【吹聴】 近世ふうちゃう［風聴］。ふかす［吹］。ふれこみ［触込］。中世いひひろむ［—ひろめる］［言広］。いひふる［言触］。ふいちゃう［吹聴］。ふれまはる［触回］。中古いひひろぐ［—ひろげる］［言広］。いひふらす［言触］。ふきちらす［吹散］。上代せんす［宣］。

ふいっち【不一致】 近代ギャップ(gap)。ふいっち［不一致］。近世くひちがひ［食違］。中世ちがひ／ちがへ［違］。

フィナーレ(イタリア finale) エンディング(ending)。近代しゅうきょく［終曲］。しゅうまく［終幕］。フィナーレ。近世おほぎり［大切］。おほづめ［大詰］。だいだんゑん［大団円］。だんゑん［団円］。まくぎれ［幕切］。中世しゅうしゃう［終章］。

フィルム(film) スライド(slide)。近代えいぐゎ［映画］。フィルム。

—が実際と同じ映像になっていること トランスペアレンシー(transparency)。近代やうぐゎ［陽画］。ポジ／ポジティブ(positive)。

—が白黒逆の映像になっていること 近代いんぐゎ［陰画］。ネガ／ネガティブ(negative)。

—の一齣(ひとこま) 近代カット(cut)。ショット(shot)。フレーム(frame)。

OHPなどに使う透明の— トラペン／トランスペアレンシー(transparency)。

カラーの— 近代カラーフィルム(color film)。

失敗した— エヌジー(NG; no good)。

食品包装用の— ラップ(wrap)。

長い— 近代ちゃうじゃく［長尺］。ロールフィルム(roll film)。

複製された— デュープ(dupe; duplicate)。

保存用に縮小撮影した— マイクロフィルム(microfilm)。

未使用の— 近代なまフィルム［生film］。

ふいん【訃音】 近代あくほう［悪報］。きょうぶん［凶聞］。きょうほう［凶報］。ひほう［悲報］。ふほう［訃報］。近世きょういん／きょうおん［凶音］。中世ふいん［訃音］。

ぶいん【無音】 近世ごぶさた［御無沙汰］。中世きうくゎつ［久闊］。中古ぶいん［無音］。

ふう【封】 ふ［封］。中古ふう［封］。ふうかん［封緘］。上代ふういん［封印］。

—のとじ目 近世ふうじめ［封目］。

—のとじ目に書き付ける文字 つぼみ［蕾／莟］。近代しめ［〆］。中世かん［緘］。中古ふう［封］。

—を切って開けること 近世かいふう［開封］。中世くちあけ［口開／口明］。くちきり［口切］。口を切る。

—をした所 近代すみひき［墨引］。中世ふうじめ［封目］。

—をする →**ふう・じる**

—をする紙 ふうかんし［封緘紙］。近代シール(seal)。

ふういん【風韻】 近世がち［雅致］。ふうが［風雅］。ふうしゅ［風趣］。ふうち［風致］。ゐんち［韻致］。中世ふうゐん［風韻］。中古あじはひ［味］。おもぶき／おもむき［趣］。
→**ふうしゅ**

ふうう【風雨】 近世あらし［嵐］。中古あめかぜ［雨風］。ふうう［風雨］。

—が寒冷なさま 中古せいせい［凄凄］。

—が急に起こり立つ 中世ゆふだつ［夕立］。

—が激しいさま 近代あれくるふ［荒狂］。よこなぐり［横殴］。近世なぐる［殴］。篠(しの)を乱す。中世せうせう［瀟瀟］。中古みだれ［乱］。上代ある［あれる］［荒］。

—に晒(さら)される(こと) 近世さらばふ。のざらし［野晒］。中古さらぼふ。上代ばくろ［暴露／曝露］。

—の音 近世ばさ［婆娑］。中世どがう［怒号］。

ふううん【風雲】 近代ふううん［風雲］。近世きうん［気運］。くもゆき［雲行］。なりゆき［成行］。

ふうが【風雅】 近世がち［雅致］。ふうが［風

雅］。ふうさう［風騒］。ふうしゅ［風趣］。ふうち［風致］。中世 なまめかし［艶］。ふうゐん［風韻］。中古 あざる［狂／戯］。がしゅ［雅趣］。ふうりう［風流］。みやび［雅］。
→**おもむき**

—と卑俗 近世 がぞく［雅俗］。

—・な遊び 近代 ふうりうゐんじ［風流韻事］。中世 がいう［雅遊］。くゎてうふうげつ［花鳥風月］。きんき［琴棋／琴碁］。せいいう［清遊／清游］。

—・な会合 近代 せいくゎい［清会］。

—・な心 近世 がくゎい［雅懐］。中世 情けの道。

—・な楽しみ 中古 せいきょう［清興］。

—・な名 近世 がめい［雅名］。中世 ががう［雅号］。がしょう［雅称］。

—・なものごと 中世 くゎてうふうげつ［花鳥風月］。つきはな［月花］。

—にひたっている人 近代 ふうきゃうしゃ［風狂者］。近世 きゃうしゃ［狂者］。

—にひたること 近世 ふうきゃう［風狂］。中世 すき［好／数寄／数奇］。

—を解する 中古 心有り。

—を解する人 近世 がじん［雅人］。ふうりうじん［風流人］。中世 すきびと［好人／数寄人］。上代 みやびを［雅男］。

ふうかく【風格】 近代 くゎんろく［貫禄］。ひんかく［品格］。近世 じんぴん［人品］。にんてい［人体］。ひん［品］。中世 ひんゐ［品位］。ふうかく［風格］。ふうはん［風範］。中古 ひとがら［人柄］。ふうど［風度］。上代 かうふう［高風］。ひととなり［為人］。ふうこつ［風骨］。

和歌等の— 近代 かかく［歌格］。中世 たけ［丈／長］。上代 ふうこつ［風骨］。

ふうがわり【風変】 かたやぶり［型破］。近代 かはりだね［変種］。エキセントリック(eccentric)。きけう［奇矯］。ちんめう［珍妙］。とっぴ［突飛］。ファンタスティック(fantastic)。近世 いしょく［異色］。いろがはり［色変］。きばつ［奇抜］。てがはり［手替／手代］。とくい［特異］。中世 いしゅ［異趣］。いっきょう［一興］。いふう［異風］。きたい［奇態／奇体］。きょうがる［興］。ふうがはり［風変］。中古 いぞく［異俗］。いたん［異端］。いやう［異様］。さまかはる［様変］。

—・な身なり 近代 いよう［異容］。

—・なもの 近代 げてもの［下手物］。

—・なものを好むこと 中世 かうず［好事］。ものずき［物好／物数奇］。中古 かうじ［好事］。

—・なものを好む人 近世 かうずか［好事家］。

酔って—・なことをすること 中世 ゑひぐるひ［酔狂］。中古 すいきゃう［酔狂／粋狂］。

ふうき【富貴】 近代 ゆうふく［裕福］。中世 ふいき［富貴］。ふゆ／ふゆう［富裕］。中古 ふいう［富有］。ふうき［富貴］。ふぜう［富饒］。

—のたとえ 近世 きんいぎょくしょく［錦衣玉食］。

ふうけい【風景】 近代 けいくゎん［景観］。近世 くゎうけい［光景］。けいしょく［景色］。けしき［景色］。じゃうけい［情景／状景］。ふうしょく［風色］。中世 けいき［景気］。ちけい［致景］。ふうぶつ［風物］。ながめ［眺］。中古 てうばう［眺望］。上代 ふうくゎう［風光］。ふうけい［風景］。→**けしき【景色】**

—の美しい土地 かんこうち［観光地］。近代 けいしょう［景勝］。めいしょう［名勝］。めうきゃう［妙境］。近世 しょうく［勝区］。中古 きんち［錦地］。中世 かきゃう［佳境］。けいしょう［形勝］。めいしょ［名所］。上代 しょうきゃう［勝境］。しょうち［勝地］。

美しい— 近世 びくゎん［美観］。中古 びけい［美景］。

海の— 近代 かいけい［海景］。

絵になるような— 近世 ぐゎしゅ［画趣］。

心に残るちょっとした— 近代 せうけい［小景］。

自然の— 中世 くゎてうふうげつ［花鳥風月］。ぶっしゃう［物象］。中古 さんようすいたい［山容水態］。上代 ふうげつ［風月］。

実際の— 近世 じっけい［実景］。しんけい［真景］。

ふうげつ【風月】 中世 くゎてうふうげつ［花鳥風月］。ふうち［風致］。中古 ふうぶつ［風物］。上代 ふうげつ［風月］。→**ふうしゅ**

ふうこう【風光】 →**ふうけい**

ふうこう【風向】 →**かざむき❶**

ふうさ【封鎖】 近代 ふうさ［封鎖］。へいさ［閉鎖］。近世 しむ〔しめる〕［閉］。ふうじこむ〔—こめる〕［封込］。中古 とざす［閉／鎖］。とぢこむ〔—こめる〕［閉込］。とづ〔とじる〕［閉］。ふうず／ふんず［封］。

ふうさい【風采】 近代 スタイル(style)。ふうばう［風貌］。近世 ぐゎいけん［外見］。げふてい［業体］。ふうがら［風柄］。ふうたい［風体］。もったい［勿体］。中世 ふうてい［風体］。中古 かたちありさま［形有様］。上代 ふうこつ［風骨］。ふうさい［風采］。ふうし［風姿］。みなり［身形］。

ーや物腰 近代ふうき［風気］。中世じんぴん［人品］。

男としてのー 近代をとこっぷり［男振］。中世をとこぶり［男振］。

すぐれたー 中世しんさい［神彩／神采］。中古せんこつ［仙骨］。

ふうし【風刺】 近代アイロニー(irony)。近世あてこすり［当擦］。あてこと［当事］。ねすりごと［言］。ひにく［皮肉］。ふうし［風刺／諷刺］。みみこすり［耳擦］。中世つらあて［面当］。つらうち［面打］。ふうす［諷］。

《句》近世寸鉄人を刺す（殺す）。

ーを目的とした絵 近代カリカチュア(caricature)。ふうしぐゎ［風刺画／諷刺画］。中古をこゑ［痴絵］。

ふうじこ・める【封込】 近代ふうさ［封鎖］。ふうにふ［封入］。みっぺい［密閉］。中古とぢこむ［―こめる］［閉込］。とづ［とじる］［閉］。ふうじこむ［―こめる］［封込］。ふうず／ふんず［封］。

完全にー・めること かんぷう［完封］。

ふうしゅ【風趣】 近代じゃうしゅ［情趣］。近世がち［雅致］。きょうしゅ［興趣］。ふうが［風雅］。ふうじゃう［風情］。ふうしゅ［風趣］。ふうち［風致］。中世ふうみ［風味］。ふうゐん［風韻］。中古おもぶき／おもむき［趣］。がしゅ［雅趣］。ふぜい［風情］。みやび［雅］。上代あぢはひ［味］。ふうりう［風流］。

ふうしゅう【風習】 近代ふうけう［風教］。ふうしふ［風習］。近世しきたり［仕来／為来］。しふくゎん［習慣］。ふう［風］。中世くゎんしふ［慣習］。ならし［慣／馴］。ふうぎ［風儀］。中古かぜ［風］。かた［形］。せぞく［世俗］。ならはし／ならひ［習］。りうぞく［流俗］。上代しふぞく［習俗］。てぶり［手振／手風］。ふうぞく［風俗］。

《句》近世朝観音に夕薬師。

家のー 中古かふう［家風］。

変わったー 中世いふう［異風］。中古いぞく［異俗］。しゅぞく［殊俗］。

その時流行のー 近世じゃう［時様］。上代じぞく［時俗］。

その土地のー 近世とちがら［土地柄］。上代ぞく［俗］。

所のー 近世ところならはし［所習］。中世ところならひ［所習］。

まだ残っているー 中古ゐふう［遺風］。よふう［余風］。

昔からのー 近世いにしへぶり［古振／古風］。こぞく［古俗／故俗］。中世りうふう［流風］。神代(かみよ)の風。中古きうふう［旧風］。上代きうぞく［旧俗］。

珍しいー 近代きしふ［奇習］。中世いふう［異風］。

野蛮なー 近代ばんしふ［蛮習／蕃習］。ばんぷう［蛮風］。

良いー じゅんぷうびぞく［醇風美俗／淳風美俗］。りょうしゅう［良習］。近代びぞく［美俗］。りゃうぞく［良俗］。りゃうふう［良風］。上代じゅんぷう［醇風／淳風］。

良くないー →**へいしゅう**

良くないーを改めること 近代けうへい［矯弊］。

ふうしょ【封書】 近代しんしょ［信書］。近世てがみ［手紙］。ふうじぶみ［封書／封文］。ふうじゃう［封状］。ふうしょ［封書］。中世しょかん［書簡／書翰］。中古しょじゃう［書状］。しょしん［書信］。→**てがみ**

ふう・じる【封】 近代かんする［緘］。ふうじる［封］。ふうにふ［封入］。中古とぢこむ［―こめる］［閉込］。とづ［とじる］［閉］。ふういん［封印］。ふうかん［封緘］。ふうず／ふんず［封］。ほうず［封］。

きっちりー・じること 中古みっぷう［密封］。

検査をしてー・じること 中古けんぷう［検封］。

厳重にー・じること 近代げんぷう［厳封］。

敵の動きをー・じること 近代けんせい［牽制］。

ふう・ずる【封】 →**ふう・じる**（前項）

ふうせつ【風雪】 近代ブリザード(blizzard)。近世ふうせつ［風雪］。ゆきあらし［雪嵐］。中古ふぶき［吹雪］。

ふうせつ【風説】 近世かうだん［巷談］。ふうひゃう［風評］。中世せせつ［世説］。せつ［説］。とりざた［取沙汰］。ふうせつ［風説］。中古かうせつ［巷説］。ふうぶん／ふぶん［風聞］。→**うわさ**

根拠のないー デマ(ドイツDemagogieの略)。近代るせつ［流説］。中世るげん［流言］。中古ひご［飛語／蜚語］。ふせつ［浮説］。上代ふげん［浮言］。りうげん［流言］。

ふうそう【風霜】 中世ふうさう［風霜］。中古せいさう［星霜］。→**ねんげつ**

ふうそく【風速】 近代ふうあつ［風圧］。ふうそく［風速］。中古ふうりょく［風力］。→**かぜ【風】**

ーを測る器械 アネモメーター(anemometer)。近代ふうそくけい［風速計］。ふうりょくけい［風力計］。

ふうぞく【風俗】→**ふうしゅう**
《句》中世 郷に入っては郷に従ふ。
ーが崩れ不健全になること 近代 たいはい[退廃/頽廃/頽敗]。
国のー 近代 みくにぶり[御国風]。近世 わぞく[和俗]。中世 こくぞく[国俗]。こくふう[国風]。くにぶり[国風/国振]。上代 くにがら[国柄]。
民間のー 中古 みんぞく[民俗]。

ふうち【風致】 近世 ふうが[風雅]。ふうしゅ[風趣]。ふうち[風致]。中世 ふうゐん[風韻]。中古 おもむき[趣]。上代 あぢはひ[味]。→**ふうしゅ**

ふうちょう【風潮】 トレンド(trend)。近代 かざむき[風向]。かたむき[傾]。けいかう[傾向]。してう[思潮]。てうりう[潮流]。どうかう[動向]。ふうてう[風潮]。ムード(mood)。近世 てうせい[潮勢]。中世 すがた[姿]。中古 ときよ[時世]。
新しいー 中世 しんぷう[新風]。
表立っていないー 近代 あんりう[暗流]。近世 あんてう[暗潮]。
好ましくないこの世のー 近代 あんりう[暗流]。中世 浮世の塵。
時代のー 近代 じだいさう[時代相]。近世 じりう[時流]。中世 浮世の色。中古 じふう[時風]。
常軌を逸したー 中世 きゃうふう[狂風]。

ふうてい【風体】→**ふうさい**

ふうど【風土】 近代 ちはうしょく[地方色]。ローカルカラー(local color)。近世 ちき[地気]。とちがら[土地柄]。ばしょがら[場所柄]。中世 ふうき[風気]。中古 ところがら[所柄]。上代 ふうど[風土]。
その地のーによる病 近代 ちはうびゃう[地方病]。近世 ふうどびゃう[風土病]。

ふうとう【封筒】 近代 ふうじぶくろ[封袋]。近世 じゃうぶくろ[状袋]。ふうとう[封筒]。
ーのとじ目 近世 ふうじめ[封目]。
ーのとじ目に書き付ける文字 つぼみ[蕾/莟]。近代 しめ[〆]。中世 かん[緘]。中古 ふう[封]。

ふうは【風波】 近代 ごたごた。トラブル(trouble)。もめごと[揉事]。近世 いざこざ。ふんさう[紛争]。ふうは[風波]。中世 なみかぜ[波風]。中古 いさかひ[諍]。ふうらう[風浪]。上代 あらそひ[争]。
ーが起こる 上代 ふる[震]。

ふうひょう【風評】→**うわさ**

ふうふ【夫婦】 パートナー(partner)。近代 カップル(couple)。つれそひ[連添]。はいぐうしゃ[配偶者]。近世 つれあひ[連合]。まくらぞひ[枕添]。中世 あひおい[相老]。にせのえん[二世縁]。はんりょ[伴侶]。ひつぐう[匹偶]。めうと/めをと[夫婦/女夫/妻夫]。めを[女男]。めをとこ[女夫/妻夫]。中古 いもせ[妹背]。かうれい[伉儷]。かたき[敵]。ぐ[具]。ふうふ[夫婦]。ふさい[夫妻]。をとこをんな[男女]。上代 をとめ[夫妻/夫婦]。をひとめ[夫婦]。
《句》近代 子は鎹(かすがひ)。好き連れは泣き連れ。一人口(ひとりぐち)は食へぬが二人口(ふたりぐち)は食へる。二人口は過ごせるが一人口は過ごせぬ。中世 親子は一世夫婦は二世主従は三世。
ーが一緒に住む(こと) 近世 鍋尻(なべじり)を焼く。中古 すむ[住/棲]。そふ[添]。上代 さうせい[双棲/双栖]。つまごみ/つまごめ[夫籠/妻籠]。つまごもる[夫籠/妻籠]。
ーが同じ墓に葬られること 中古 かいらうどうけつ[偕老同穴]。どうけつ[同穴]。
ーが互いに恋い慕うこと 上代 つまごひ[夫恋/妻恋]。
ーが互いに呼び合う語 上代 つま[夫/妻]。
ーが共寝すること 近代 どうきん[同衾]。中世 比目(ひもく)の枕。鴛鴦(ゑんあう)(鴛鴦(をし))の衾(ふすま)。上代 あひぬ[相寝]。
ーが二人だけで住むこと 中世 かけむかひ[掛向]。
ーが別居すること 近代 とこばなれ[床離]。
ーが別れること 近代 りこん[離婚]。近世 のきざり[退去]。ふうふわかれ[夫婦別]。お釜が割る[ー割れる]。中世 いとまを取る。中古 はきゃう[破鏡]。
ー交換 スワッピング(swapping)。
ーとなって長い 中古 とこふる[床旧]。
ーともに仕事をして収入を得ること 近代 ともばたらき[共働]。近世 ともかせぎ[共稼]。
ーともに長生きするたとえ 近世 もろしらが[共白髪]。中世 ともしらが[諸白髪]。上代 かいらう[偕老]。
ー仲良く暮らそうという約束 中世 同穴(どうけつ)の契り。鴛鴦(ゑんあう)の契り。中古 偕老(かいらう)の契り。連理の契り。
ーにする 近代 くっつける。近世 そはす[そはせる][添]。中古 はいがふ[配合]。上代 あはす[あはせる][合]。
ーになる つれあう[連合]。近世 いもせむすび[妹背結]。えんぐみ[縁組]。くっつく。つれそふ[連添]。中世 あひぐす[相具]。え

んぺん［縁辺］。こんす［婚］。ひつぐう［匹偶］。〔中古〕契りを結ぶ。一つになる。〔上代〕けっこん［結婚］。こんいん［婚姻］。↓けっこん

ーになる約束をする 〔近代〕エンゲージ／エンゲージメント(engagement)。こんやく［婚約］。〔近世〕ちなみ［因］。二世の語らひ。二世を契る。〔中古〕いひかはす［言交］。いひちぎる［言契］。ちぎる［契］。契りを交はす。↓こんやく

ーの縁 〔近世〕あかなは／せきじょう［赤縄］。二世の縁。

ーの寝室 〔中世〕ばうしつ［房室］。〔上代〕つまや［妻屋／嬬屋］。

ーの交わり 〔近世〕妹背の語らひ。〔中世〕ちぎる［契］。妹背の契り。〔中古〕あいぎゃう［愛敬］。

一生ーとして暮らす 〔中世〕そひとぐ〔ーとげる〕［添遂］。

夫より妻が大きいー 〔近世〕蚤(のみ)の夫婦。

駆け落ちした者のー 〔近世〕はしりめうと［走夫婦］。

三世代のー 〔近世〕みめうと［三夫婦］。

正式でないー 〔近代〕できあひ［出来合］。できあひふうふ［出来合夫婦］。なれあひふうふ［馴合夫婦］。〔近世〕ころびあひ［転合］。ないえん［内縁］。

性質などいろいろな点で似ているー 〔近世〕にたものふうふ［似者夫婦］。《句》〔近代〕似合ひ似合ひの釜の蓋。〔近世〕鬼の女房に鬼神の亭主。破(わ)れ鍋に綴(と)ぢ蓋。

仲の良いーのたとえ 〔近代〕いたいどうしん［異体同心］。いっしんどうたい［一心同体］。ふしゃうふずい［夫唱婦随］。琴瑟(きんしつ)相和す。〔近世〕相生(あひおひ)の松。関雎(くわんしょ)の楽しみ。〔中世〕くゎんしょ［関雎］。をしどり［鴛鴦］。鴛鴦(ゑんあう)の契り。〔中古〕かいらうどうけつ［偕老同穴］。ひもくぎょ［比目魚］。ゑんあう［鴛鴦］。羽根を交はす。比目(ひもく)の魚(うを)。連理の枝。《句》〔中古〕天にあらば比翼の鳥、地にあらば連理の枝。

離婚したー 〔近世〕しょたいくづし［所帯崩］。しょたいやぶり［所帯破］。せたいやぶり［世帯破］。

▼動物の一対 〔中古〕しゆう［雌雄］。つがひ［番］。

ふうぶつ【風物】 〔近世〕けいぶつ［景物］。けしき［景色］。ふうぶつ［風物］。〔上代〕ふうけい［風景］。↓**けしき【景色】**

ふうぶん【風聞】 ↓**うわさ**

ふうぼう【風貌】 ふうばう［風貌／風丰］。〔近世〕ふうたい［風体］。〔中世〕ふうてい［風体］。〔上代〕ふうさい［風采］。ふうし［風姿］。ようし［容姿］。ようばう［容貌］。↓**ふうさい**

ふうみ【風味】 フレーバー(flavor)。〔近代〕テイスト／テースト(taste)。〔近世〕ふうしゅ［風趣］。〔中世〕あぢ［味］。ふうみ［風味］。〔中古〕おもぶき／おもむき［趣］。〔上代〕あぢはひ［味］。

飲み物のーがなくなる 〔近世〕気が抜ける。

ブーム(boom) かっきょう［活況］。〔近代〕せいきゃう［盛況］。ブーム。〔中世〕りうかう［流行］。

ふうりゅう【風流】 〔近代〕ちゃみ［茶味］。ゐんじ［韻事］。〔近世〕がち［雅致］。ふうが［風雅］。ふうさう［風騒］。ふうしゅ［風趣］。ふうゐん［風韻］。ゐんち［韻致］。〔中世〕きゃしゃ［華奢／花車］。すき［好／数寄／数奇］。せうふうろうげつ［嘯風弄月］。なまめかし［艶］。ふうげつ［風月］。ふうち［風致］。〔中古〕あざる［狂／戯］。いろ［色］。えん［艶］。おもしろし［面白］。がしゅ［雅趣］。ざればむ［戯］。すきずきし［好好］。すく［好］。なさけ［情］。なまめく［艶］。なよびか。ふりう［風流］。みやびか／みやびやか［雅］。やさし［優］。〔上代〕かんが［閑雅］。ふうりう［風流］。ぶんが［文雅］。みさを［風流／雅］。みやび［雅］。↓**おもむき**
《句》〔近代〕詩を作るより田を作れ。〔中世〕花より団子。

ーごと 〔近代〕一竿(いっかん)の風月。〔中世〕くゎてうふうげつ［花鳥風月］。〔中古〕くゎげつ［花月］。〔上代〕ふうげつ［風月］。

ー心 ちゃき［茶気］。〔中世〕心好く。〔中古〕なさけ［情］。

ー心がないこと 〔近代〕ぼつふうりう［没風流］。〔中世〕ぶすき［不好／不数奇／不数寄］。〔中古〕むしん［無心］。

ー人 〔近代〕がかく［雅客］。〔近世〕あだびと［徒人］。うきょうじん［有興人］。かうずか［好事家］。がじん［雅人］。さうかく［騒客］。しうじん［愁人］。しゃれもの［洒落者］。すいじん［粋人］。すきしゃ［好者／数奇者／数寄者］。ふうがじん／ふうがもの［風雅人］。ぶんじん［文人］。ぶんじんぼくかく［文人墨客］。ゐんし［韻士］。〔中世〕さうじん［騒人］。〔中古〕すきもの［好者］。ものずきしゃ［物好者］。ふうじん［風人］。〔上代〕みやびを［雅男］。

ふ

—・で色好みな男 [中世]まめをとこ［忠実男］。

—・で贅沢な遊び [近世]きゃしゃあそび［花車遊］。

—・でない ださい。[近世]ぶすい［無粋／不粋］。やぼ［野暮］。やぼったい［野暮］。やぼてん［野暮天］。[中世]ぞく［俗］。ぶふうりう［無風流／不風流］。[中古]かたくなし［頑］。きすぐ［生直］。こちごちし［骨骨］。こちなし［骨無］。なさけなし［情無］。むくつけし。

—・な趣味の例 [中世]きんきしょぐゎ［琴棋書画］。[上代]きんしょ［琴書］。

—・に遊んで暮らす男 [中世]いうし［遊士／游士］。

—に熱中している人 [近代]ふうきゃうしゃ［風狂者］。[近世]きゃうしゃ［狂者］。[中世]きゃうかく［狂客］。[中古]いろごのみ［色好］。

—の道 [上代]ぶんが［文雅］。

—ぶる [近世]きゃしゃづく［花車尽］。[中世]やさしがる［優］。[中古]えんがる［艶］。えんげ［艶気］。なさけがる［情］。なさけだつ［情立］。なさけぶ［情］。

—を愛する(こと) [中世]うしん［有心］。かうじ／かうず［好事］。すく［好］。[中古]ことごのみ［事好］。すきずきし［好好］。ものごのみ［物好］。

—を解さない人 [近代]ぞくじん［俗人］。ぼつふうりうかん［没風流漢］。[中古]ぞくかく［俗客］。

詩歌などを作る—人 [中世]ぎんかく［吟客］。

俗世間を離れた—人 [中古]かんじん［閑人］。

ふうりょく【風力】 [近代]ふうあつ［風圧］。ふうそく［風速］。[中古]ふうりょく［風力］。

→かぜ

ふうりん【風鈴】 [近代]たくれい［鐸鈴］。[近世]たく［鐸］。てつば［鉄馬］。ふうさう［風箏］。ふうたく［風鐸］。ふうりん［風鈴］。ほうたく／ほうちゃく［宝鐸］。[中古]さなき［鐸］。

ふうん【不運】 アンラッキー(unlucky)。[近代]あくうん［悪運］。かんかふぐう［轗軻不遇］。ぎゃくうん［逆運］。ひうん［非運／否運］。[近世]あくじ［悪事］。ひうん［悲運］。ぶくゎほう［無果報］。[中世]ういめ［憂目］。きょう［凶／兇］。ふしあはせ［不幸］。ふしゃう［不祥］。ふせう［不肖］。冥加(みょうが)もない。[中古]うきめ［憂目］。かんか［轗軻／坎軻］。すうき［数奇］。ふうん［不運］。ふぐう［不遇］。[上代]ふかう［不幸］。わざわひ［禍／災］。

《句》[近代]たまに出る子は風に遭ふ。泣き面に蜂。[近世]弱り目に祟(たた)り目。

—を幸運に転ずること [近世]えんぎなほし［縁起直］。まんなほし［間直］。

ふえ【笛】 ホイッスル(whistle)。[近代]らい［籟］。[中世]かてい［柯亭］。ちゃく［笛］。[中古]あをたけ／あをだけ［青竹］。せう［簫］。[上代]ふえ［笛］。

—と太鼓 [近代]せうこ［簫鼓］。

—を軽く吹き鳴らす [中世]ひしぐ［拉］。

—を澄んだ音で吹く [中古]ふきすます［吹澄］。

—を慰みに吹く [中世]ふきすさぶ／ふきすさむ［吹荒］。

—を吹いて鳴らす(こと) [中世]すいてき［吹笛］。[中古]ふきたつ［—たてる］［吹立］。ふきならす［吹鳴］。

—を吹く人 [上代]ふえふき［笛吹］。

合図としての— うしかいぶえ［牛飼笛］。クラクション(klaxon)。[近代]がうてき［号笛］。きてき［汽笛］。けいてき［警笛］。まきぶえ［牧笛］。むてき［霧笛］。[近世]よびこ／よぶこ［呼子］。ホーン(horn)。呼子の笛。[中古]ぼくてき［牧笛］。ほら／ほらがひ［法螺貝］。

楽器としての— [近代]くゎんがくき［管楽器］。たてぶえ［縦笛／竪笛］。もくくゎん［木管］。[中世]よこぶえ［横笛］。→がっき

鹿の声を真似(まね)た音で鹿を誘う— [近代]しかぶえ［鹿笛］。[中世]ししぶえ［鹿笛］。

身体の一部を使う— [近代]ゆびぶえ［指笛］。[中世]くちぶえ［口笛］。

蟬(せみ)の声を真似た玩具の— せみぶえ［蟬笛］。

鳥の声を真似た— [近代]とりぶえ［鳥笛］。はとぶえ［鳩笛］。[近世]うぐひすぶえ［鶯笛］。うづらぶえ［鶉笛］。からすぶえ［烏笛］。きじぶえ［雉笛］。ひばりぶえ［雲雀笛］。

その他—のいろいろ(例) ケーナ(スペイン quena)。よささぶえ［笹笛］。[近代]くさぶえ［草笛］。しぶえ［葦笛］。ろてき［蘆笛］。[近世]かく［角］。しの［篠］。しのぶえ［篠笛］。しばぶえ［柴笛］。たけぶえ［竹笛］。つのぶえ［角笛］。ろかく［蘆角］。[中世]あしぶえ［葦笛］。むぎぶえ［麦笛］。

フェア(fair) [近代]こうめいせいだい［公明正大］。[近世]こうめい［公明］。こうへい［公平］。[上代]こうせい［公正］。

ふえき【不易】 [近代]こうきう［恒久］。こうじゃう［恒常］。コンスタント(constant)。[近世]いってい［一定］。[中古]ふへん［不変］。[上代]じゃうぢゅう［常住］。つね［常］。ふえき［不

易]。

フェスティバル(festival) 近代 さいてん[祭典]。フェスティバル。まつり[祭]。

ふえて【不得手】 近代 にがて[苦手]。中世 ふえて[不得手]。へた[下手]。中古 ふとくい[不得意]。

フェニックス(phoenix) 近代 フェニックス。ふしてう[不死鳥]。

ふ・える【増】 近代 ぞう[増]。ぞうだい[増大]。まし[増]。るいぞう[累増]。近世 ぞうか[増加]。ぞうしょく[増殖]。のぶ[のびる][延/伸]。中世 かさむ[嵩]。ばうちゃう[膨張/膨脹]。ふゆ[ふえる][増/殖]。中古 そはる[添]。上代 まさる[増]。ます[増]。

ー・えることと減ること 上代 ぞうげん[増減]。

著しくー・えること ちょぞう[著増]。

急にー・えること 近代 きふぞう[急増]。げきぞう[激増]。

急にー・えるたとえ ねずみざんしき[鼠算式]。ゆきだるましき[雪達磨式]。近代 かそくどてき[加速度的]。きかきふすうてき[幾何級数的]。

少しずつー・えること 近代 ぜんぞう[漸増]。ていか[逓加]。ていぞう[逓増]。

時が経つほどますますー・えること さきぶとり[先太]。

二倍にー・えること 近代 ばいか[倍加]。近世 ばいまし[倍増]。中古 ばいぞう[倍増]。

わずかにー・えること びぞう[微増]。

ふえん【敷衍】 近代 てんかい[展開]。パラフレーズ(paraphrase)。上代 ふえん[敷衍/布衍]。

ふえん【不縁】 はこん[破婚]。近世 はきゃう[破鏡]。ふうふわかれ[夫婦別]。ふえん[不縁]。中古 りえん[離縁]。りべつ[離別]。

フェンス(fence) →**かき【垣】**

ぶえんりょ【無遠慮】 近世 あつかまし[厚]。ずかずか。ふさぶさしい。ぶゑんりょ[無遠慮]。遠慮会釈(ゑしゃく)もない。中世 ひあい[非愛]。ぶしつけ[不躾]。へいくゎい[平懐]。むさと。わうちゃく[横着]。中古 あいだちなし。うちつけ[打付]。おもなし[面無]。こうがん[厚顔]。ばうぞく。心(うら)も無し。上代 ゐやなし[礼無]。→**えんりょ**

ー・な言葉 中古 うちつけごと[打付言]。

ー・に物事をする 近世 うちつく[ーつける][打付]。中世 こころやすだて[心安立]。

ー・にものを言うさま 近代 ずばずば。近世 あけすけ。ざっくばらり。ざっくばらん。ずけずけ。つけつけ。

フォーカス(focus) ピント(オランダ brandpunt から)。近代 せうてん[焦点]。フォーカス。

フォーマル(formal) ぎれいてき[儀礼的]。近代 けいしきてき[形式的]。こうしきてき[公式的]。こうてき[公的]。フォーマル。近世 せいしき[正式]。

フォーム(form) フォルム(フランス forme; ドイツ Form)。近代 ぐゎいけい[外形]。けいしき[形式]。けいたい[形態]。しせい[姿勢]。フォーム。近世 けいじゃう[形状]。中世 かくかう[格好]。かっかう[恰好]。上代 かた[型/形]。

フォロー(follow) 近代 ついせき[追跡]。バックアップ(backup)。中世 おぎなふ[補助]。

ふおん【不穏】 近世 けんのん[剣呑/険難/険呑]。中古 さわがし[騒]。ぶっさう[物騒]。上代 ふをん[不穏]。ものさわがし[物騒]。さうぜん[騒然]。

ー・な気配 あんうん[暗雲]。近代 ていきあつ[低気圧]。近世 なまぐさし[生臭/腥]。

ふおんとう【不穏当】 ふてきせつ[不適切]。近代 ふてきたう[不適当]。ふむき[不向]。ふをんたう[不穏当]。

ふか【不可】 いけない。よくない。近代 ふてきかく[不合格]。近世 だめ[駄目]。ふがふ[不適]。中世 ふか[不可]。

ふか【付加】 近代 つけくはへる[付加]。つけたす[付足]。てんか[添加]。ふか[付加/附加]。中世 ついか[追加]。ふす[付]。中古 つく[つける][付]。上代 くはふ[くわえる][加]。たす[足]。

ふか【負荷】 近代 かぢゅう[荷重]。中古 ふか[負荷]。上代 おふ[負]。になふ[担]。ふたん[負担]。

ぶか【部下】 てごま[手駒]。近代 さんか[傘下]。てさき[手先]。れいか[隷下]。れいぞく[隷属]。近世 おさき[御先]。おさきもの[御先者]。こかた[子方]。こぶん[子分]。したづかさ[下司]。したやく[下役]。てか[手下]。てにん/てびと[手人]。はいか[配下]。はたした[旗下]。ぶか[部下]。中世 きか[麾下]。したじた[下下]。しゅそく[手足]。しょじゅう[所従]。て[手]。てした[手下]。てもの[手者]。ばくか[幕下]。→**けらい**

ーの兵 中古 てぜい[手勢]。

信頼できるー てあし[手足]。みぎうで[右腕]。近世 かたうで[片腕]。ふくしん[腹

心]。中世 しゅそく[手足]。上代 ここう[股肱]。

ふかい【不快】 胸糞悪い。近代 ふゆくゎい[不愉快]。近世 いううつ[憂鬱/幽鬱]。いきだうし[息]。こきみわるし[小気味悪]。ふくゎい[不快]。よくうつ[抑鬱]。気色(きしよく)悪し。虫酸(むしず)(虫唾(むしず))が走る。中世 いぶせし[鬱悒]。いまいまし[忌忌]。えずし。ふきげん[不機嫌]。ふきょう/ぶきょう[不興]。ふよ[不予]。気に障(さは)る。中古 うとまし[疎]。くっす/くんず[屈]。けがらはし[汚/穢]。こころやまし[心疚]。すずろはし/そぞろはし[漫]。むつかし[難]。めざまし[目覚]。ものし[物]。やまし[疚]。上代 くるし[苦]。→**ふゆかい**

━・そうな顔 近代 しかめがほ[顰顔]。しかめっつら/しかめつら[顰面]。中古 むつかしげ[難]。ものしげ[物]。

━・そうなさま いやみ[嫌]。

ふか・い【深】 近代 そこなし[底無]。中世 しんこう[深厚]。しんじん[深甚]。ふかぶか[深深]。中古 あつし[厚]。いたりふかし[至深]。おくふかし[奥深]。じんじん[甚深]。ねぶかし[根深]。底方(ひそこ)も知らず。上代 ふかし[深]。

《枕》中古 なつくさの[夏草]。わたつみの[海神][⇩深き心]。上代 ふかみるの[深海松]。

━・い意味 中古 しんい[深意]。上代 しんし[深旨]。

━・い海 近代 かいこう[海溝]。中古 しんかい[深海]。

━・い恩 上代 こうおん[厚恩]。

━・いことと浅いこと 中古 しんせん[深浅]。

━・い所 ふかば[深場]。中古 ふかま[深間]。ふかみ[深]。上代 おく[奥]。

━・い部分 しんそう[深層]。しんぶ[深部]。

━・いもののたとえ 近世 麹町(かうじまち)の井戸。

━・く大きいこと 中世 しんだい[深大]。しんぢゅう/しんちょう[深重]。

━・く詳しいこと 近世 せいしん[精深]。

━・く染み込む 中世 骨髄に入る。

━・くする 上代 ふかむ[ふかめる][深]。

━・くなる 近代 しんくゎ[深化]。ふかまる[深]。

━・く広いさま 近代 わうぜん[汪然]。中世 くゎうやう[洸洋/潢洋]。中古 わうわう[汪汪]。

━・く帽子を被るさま 中世 まぶか[目深]。中古 めぶか[目深]。

色が━・い 上代 こし[濃]。

極めて━・いこと 近代 そこなし[底無]。近世 底知れぬ。中古 ばんじん[万尋/万仞]。上代 せんじん[千尋/千仞]。ちひろ[千尋]。ばんぢゃう[万丈]。

ぶかい【部会】 →**かいぎ【会議】** →**しゅうかい**

ふがいな・い【腑甲斐無】 近代 いくぢなし[意気地無]。近世 ふぬけ[腑抜]。よわむし[弱虫]。中世 いひがひなし[言甲斐無]。こしぬけ[腰抜]。ふがひなし[腑甲斐無/不甲斐無]。中古 いふがひなし[言甲斐無]。

ふかいり【深入】 近代 ふかはまり[深填]。近世 くびだけ/くびったけ[頸丈/首丈]。中世 ふかいり[深入]。ふかおひ[深追]。

ふかかい【不可解】 近世 けげん[怪訝]。中世 いぶかし[訝]。中古 ふかかい[不可解]。

きめう[奇妙]。ふかしぎ[不可思議]。ふしん[不審]。をかし。上代 あやし[怪/妖/奇]。→**ふしぎ**

ふかく【不覚】 ケアレスミス(careless mistake)。近代 ケアレス(careless)。ておち[手落]。ふちゅうい[不注意]。近世 てぬかり/てぬけ[手抜]。中世 うくゎつ[迂闊]。ぬかり[抜]。ゐろう[遺漏]。中古 ふかく[不覚]。

ふかくじつ【不確実】 近代 おぼろげ[朧気]。ふかくじつ[不確実]。ふかくてい[不確定]。ふめいれう[不明瞭]。近世 あやふや。ふたしか[不確]。中世 うさん[胡散]。うろん[胡乱]。ばくぜん[漠然]。中古 あいまい[曖昧]。

▼**文末表現** みたいだ。様子だ。近世 やうだ/やうなり[様]。中世 かもしれぬ。

ふかくてい【不確定】 →**ふかくじつ**(前項)

ふかけつ【不可欠】 近代 ひつえう[必要]。ひっしゅ[必須]。近世 ひっす[必須]。ひつよう[必用]。ふかけつ[不可欠]。

ふかこうりょく【不可抗力】 近代 ふかかうりょく[不可抗力]。近世 ひっし[必至]。ふかひ[不可避]。上代 ひつぜん[必然]。中古 ひつぢゃう[必定]。

ふかさ【深】 近代 しんど[深度]。すいしん[水深]。中古 ふかさ[深]。ふかみ[深]。→**ふかみ**

ふかざけ【深酒】 近代 のみすぎ[飲過]。近世 ふかざけ[深酒]。ぼういん[暴飲]。中世 つういん[痛飲]。→**さけ【酒】**

▼**飲み方** らっぱのみ[喇叭飲]。近代 あふぐ[仰]。がぶのみ[飲]。近世 いっきのみ[一気飲]。中古 かんぱい[乾杯]。

ふかしぎ【不可思議】 →ふしぎ

ぶかっこう【不格好】 〔近世〕しうたい[醜態]。ぶざま[不様/無様]。ぶさいく[不細工/無細工]。ぶなり[不形]。ぶま[不間]。みっとむない/みっともない。〔中世〕ぶかくかう[不格好]。ぶかっかう[不恰好]。〔中古〕ふつつか[不束]。みぐるし[見苦]。

ふかで【深手】 〔近世〕ぢゅうしゃう[重傷]。〔中世〕おほけが[大怪我]。おもで[重手/重傷]。ふかで[深手/深傷]。〔上代〕いたで[痛手]。

ふかのう【不可能】 〔近代〕インポシブル(impossible)。できない[出来]。ふかのう[不可能]。ふのう[不能]。〔近世〕いしゃぼん[医者坊]。ならずのもり[成森]。〔中世〕およばず[及]。〔中古〕え…ず。えしも…ず。およびなし[及無]。べからず。

《句》〔近代〕一髪千鈞を引く。擂粉木で芋を盛る。〔近世〕及ばぬ鯉の滝登り。風を捕ふ[―捕える]。蚊の眉に国都。竿竹で星を打つ。杓子で芋を盛る。杓子で腹を切る。蓴菜で鰻を繋ぐ。擂粉木で腹を切る。狭匙(切匙)で腹を切る。大海(大河)を手で堰(塞)く。大海を耳掻きで量る。大廈の顛れんとするは一木の支ふる所にあらず。大樹の顛れんとするは一縄の維ぐ所にあらず。百年河清を俟つ。蚯蚓が土を食ひ尽くす。連木で腹を切る。〔中世〕魚の木に登る如し。嬰児の貝を以て巨海を測る。蚊の睫に巣くふ。〔中古〕空に標を結ふ。

ふかひ【不可避】 〔近代〕ふかかうりょく[不可抗力]。ふかひ[不可避]。〔近世〕ひっし[必至]。〔中古〕ひつぜん[必然]。〔上代〕ひつぢゃう[必定]。

ふかみ【深】 〔近代〕しんど[深度]。〔中世〕しんあう[深奥]。〔中古〕ふかさ[深]。ふかみ[深]。〔上代〕おく[奥]。しんゑん[深遠]。

―があって重々しいこと 〔中古〕しんぢゅう[深重]。〔中世〕しんちょう[深重]。

―があって古びているさま 〔近世〕さうこ[蒼枯/蒼古]。

―がある 〔近代〕こっくり。〔近世〕がんちく[含蓄]。〔中古〕こころにくし[心憎]。

―がない 底が浅い。〔近世〕うすっぺら[薄]。〔中古〕あさはか[浅]。

ふか・める【深】 〔近代〕しんくゎ[深化]。〔上代〕ふかむ[ふかめる][深]。

ふかん【俯瞰】 〔近代〕かかん[下瞰]。てうかん[鳥瞰]。ふかん[俯瞰]。〔近世〕かんし[瞰視]。〔上代〕みおろす[見下]。

―・した図 〔近代〕てうかんづ[鳥瞰図]。とりめゑ[鳥目絵]。ふかんづ[俯瞰図]。

ふかんぜん【不完全】 〔近代〕ふくゎんぜん[不完全]。ふじふぶん[不十分]。〔近世〕まがりなり[曲形]。〔中世〕おろおろ。ざんけつ[残欠/残闕]。はんぱ[半端]。ふぜん[不全]。〔中古〕かたは[片端]。かたほ[片秀/偏]。なま[生]。ふび[不備]。

―・な物 けっかんひん[欠陥品]。〔近世〕きずもの[傷物/疵物]。できそこなひ[出来損]。

▼接頭語 〔中世〕おろ[疎]。〔中古〕かた[片]。

ふき【付記】 〔近代〕かきくはへ[書加]。かきこみ[書込]。ついき[追記]。ついしん[追伸]。ついろく[追録]。〔近世〕かきいれ[書入]。かきそへ[書添]。かきたし[書足]。そへがき[添書]。ふき[付記/附記]。〔中世〕おってがき[追書]。かひつ[加筆]。

ふき【蕗】 〔中世〕くゎんとう/くゎんどう[款冬]。ふき[蕗/苳]。〔中古〕おほば[欵冬]。ふふき[蕗]。

―の薹 〔近代〕ふきばうず[蕗坊主]。蕗の玉。〔近世〕蕗の子。蕗の姑。蕗の祖父。蕗の花。蕗の芽。

ふぎ【付議】 〔近代〕ていあん[提案]。ていぎ[提議]。はつぎ[発議]。

ふぎ【不義】 〔近代〕ふりん[不倫]。〔近世〕ふぎ[不義]。ふてい[不貞]。ふていさう[不貞操]。〔中世〕みっつう[密通]。→**みっつう**

《句》〔中世〕不義にして富み且つ貴きは浮雲の如し。

ぶき【武器】 ウエポン(weapon)。〔近世〕いくさだうぐ[戦道具]。ぐそく[具足]。けんげき[剣戟]。だうぐ[道具]。とびだうぐ[飛道具]。ぶき[武器]。へいかい[兵械]。へいかく/へいがく[兵革]。へいかふ[兵甲]。へいくゎ[兵戈]。〔中世〕かふへい[甲兵]。せきやう[戚揚]。ひゃうぐ[兵具]。ぶぐ[武具]。〔中古〕うちもの[打物]。かふぢゃう[甲仗]。かんくゎ[干戈]。きぢゃう[器仗]。じゅうき[戎器]。じゅうぐ[戎具]。てうど[調度]。ひゃうぢゃう/へいぢゃう[兵杖]。へい[兵]。へいぐ[兵具]。もののぐ[物具]。〔上代〕つはもの[兵]。へいき[兵器]。ゆみや[弓矢]。

―と馬 〔中世〕へいば[兵馬]。

―の一式 〔近世〕ななつだうぐ[七道具]。みつもの[三物]。りくぐ/ろくぐ[六具]。

―を身体や車両などに付けること 〔近代〕さうび[装備]。たふさい[搭載]。ぶさう[武

装〕。中古たいぢゃう〔帯仗〕。

―を作ること 近代ざうへい〔造兵〕。

―を保管(管理)する所 →**ぶきこ**

―を持たないこと 近世むごし〔無腰〕。むて〔無手〕。中世まるごし〔丸腰〕。

下級の者が着ける粗末な― 近世かちぐそく〔歩具足〕。

刀などの抜き身の― 近世はくへい〔白兵〕。

火薬を使う― 近代くゎへい〔火兵〕。近世ひだうぐ〔火道具〕。

鋭い― 近代えいへい〔鋭兵〕。中世りへい〔利兵〕。中古りき〔利器〕。

接近して戦うときの― 中世たんぺい〔短兵〕。

装飾的な― 中古ぎぢゃう〔儀仗〕。

小さな― 中世すんてつ〔寸鉄〕。せきてつ〔尺鉄〕。

得意とする― 近世えもの〔得物〕。中世えだうぐ〔得道具〕。えてぐそく〔得手具足〕。

やや離れて戦うときの―(槍や弓矢など) 近世おほぐそく〔大具足〕。ながだうぐ〔長道具〕。中世ちゃうへい〔長兵〕。

その他―のいろいろ(例)①〔昔の〕 近世いしゆみ〔石弓/弩〕。かたな〔刀〕。かなびし/てつびし〔鉄菱〕。かなぼう〔金棒/鉄棒〕。くさりがま〔鎖鎌〕。くゎき〔火器〕。じゅう〔銃〕。しゅりけん〔手裏剣〕。ぢらい〔地雷〕。なぎがま〔薙鎌〕。みのて〔箕手〕。中世うははらまき〔上腹巻〕。えびら〔箙〕。かっちう〔甲冑〕。かなさいぼう〔鉄撮棒〕。かなめん/てつめん〔鉄面〕。きりぐそく〔切具足〕。すぎさいぼう〔杉材棒〕。ちぎりき〔乳切木〕。てっぽう〔鉄砲/鉄炮〕。ないがたな〔長刀/薙刀〕。ないがま〔薙鎌〕。ながまき〔長巻〕。なぎなた〔長刀/薙刀〕。眉尖刀〕。はつぶり/はつむり〔半頭/半首〕。ひたひがね〔額金〕。ぼう〔棒〕。やり〔槍/鑓/鎗〕。中古かぶと〔兜〕。上代いしはじき〔石弾〕。たち〔太刀〕。たて〔盾/楯〕。ほこ〔矛/鉾/戈/鋒/戟〕。ゆみや〔弓矢〕。よろひ〔鎧〕。

その他―のいろいろ(例)②〔近現代の〕 エービーシーへいき〔ABC兵器〕(atomic biological chemical の略)。エヌビーシーへいき〔NBC兵器〕(nuclear biological chemical の略)。おんきょうへいき〔音響兵器〕。かがくへいき〔科学兵器〕。かがくへいき〔化学(chemical)兵器〕。かくへいき〔核兵器〕。きらい〔機雷〕。けいかき〔軽火器〕。けいき〔軽機〕。げんしへいき〔原子(atomic)兵器〕。こうがくへいき〔光学兵器〕。シービーアールへいき〔CBR兵器〕(chemical biological radioactive の略)。じゅうき〔重機〕。じゅうきかんじゅう〔重機関銃〕。しょうかき〔小火器〕。せいぶつへいき〔生物(biological)兵器〕。でんしへいき〔電子兵器〕。でんぱへいき〔電波兵器〕。ゆうどうへいき〔誘導兵器〕。近代きくゎんじゅう〔機関銃〕。ぎょらい〔魚雷〕。くゎえんはうしゃき〔火炎放射器〕。けいきくゎんじゅう〔軽機関銃〕。じゅうき〔銃器〕。しゅりうだん/てりうだん〔手榴弾〕。ぢゅうくゎき〔重火器〕。

その他―のいろいろ(例)③〔外国の〕 近世えんげつたう〔偃月刀〕。中古げき〔戟〕。こんがうしょ〔金剛杵〕。ど〔弩〕。ばざら〔伐折羅/跋折羅/縛日羅〕。

ふきあ・れる【吹荒】 近世ふきつのる〔吹募〕。中世ふきすさぶ/ふきすさむ〔吹荒〕。ふきつよる〔吹強〕。ふきまくる〔吹捲〕。中古いりもむ〔入揉〕。しまく〔風巻〕。ふきある〔―あれる〕〔吹荒〕。ふきまがふ〔吹紛〕。ふきまく〔吹捲〕。ふきまどふ〔吹惑〕。ふきまよふ〔吹迷〕。上代ふきみだる〔吹乱〕。

ふきげん【不機嫌】 ごきげんななめ〔御機嫌斜〕。機嫌が悪い。臍(へそ)を曲げる。近代おかんむり〔御冠〕。ていきあつ〔低気圧〕。ふきげん〔不機嫌〕。つむじを曲げる。近世虫の居所が悪い。中世ふしん〔不審〕。中古ふきょう〔不興〕。ものむつかり〔物憤〕。

―・な顔 浮かぬ顔。近代しかめっつら/しかめつら〔顰面〕。近世しぶっつら/しぶつら〔渋面〕。じふめん〔渋面〕。ふくれっつら/ふくれづら〔脹面〕。ぶっちゃうがほ〔仏頂顔〕。ぶっちゃうづら〔仏頂面〕。むっとがほ〔顔〕。中世ふきょうがほ〔不興顔〕。

―・な顔になる 中世色を損ず。

―・な顔をする 近世面(つら)を膨(ふく)らかす。頰を膨(ふく)ら(ま)す。中古はちぶく〔蜂吹〕。

―・になる 中世そこぬ〔そこねる〕〔損〕。中古うちむつかる〔打憤〕。おもひむつかる〔思憤〕。けしきばむ〔気色〕。《尊》中古おぼしむつかる〔思憤〕。

ぶきこ【武器庫】 近代ぶきぐら〔武器庫〕。ぶきこ〔武器庫〕。へいきこ〔兵器庫〕。へいきしゃう〔兵器廠〕。へいこ〔兵庫〕。中古つはものぐら〔兵庫〕。ぶこ〔武庫〕。上代ひゃうご〔兵庫〕。やぐら〔櫓/矢倉〕。

ふきこ・む【吹込】 中古ふきいる〔―いれる〕〔吹入〕。ふきこむ〔吹込〕。

ふきそく【不規則】 むさくい［無作為］。近代 アトランダム(at random)。イレギュラー(irregular)。ふてい［不定］。へんそく［変則］。近世 ふきそく［不規則］。ふぞろひ［不揃］。中世 ばらばら。中古 まちまち［区区］。

―・な分布 ばらつき。

ふきだ・す【噴出】❶〈噴出〉 近代 ふきでる［吹出／噴出］。ふんしゃ［噴射］。ふんしゅつ［噴出］。はうしゅつ［放出］。近世 ふきだす［噴出／吹出］。中世 ふきいづ／ふきづ［吹出］。ほんしゅつ［奔出］。

―・す装置 近代 ノズル(nozzle)。

ふきだ・す【噴出】❷〈爆笑〉→**わら・う**

ふきつ【不吉】 ジンクス(jinx)。中世 いまはし［忌］。きょう［凶］。中古 いまいまし［忌忌］。ふきつ［不吉］。ふしゃう［不祥］。まがまがし［禍禍］。もっけ［物怪／勿怪］。上代 ゆゆし［忌忌／由由］。

―・なこと 中世 きょうへん［凶変／兇変］。くせごと［曲事］。中古 あくさう［悪相］。きょうじ［凶事］。

―・な言葉 上代 まがこと／まがごと［禍言］。

―・なしるし あんうん［暗雲］。近代 あんえい［暗影／暗翳］。えううん［妖雲］。影が差す。近世 きょうてう［凶兆］。よひなき［宵鳴］。虫の知らせ。上代 しるまし［怪／徴］。

―・な日 近世 きょうじつ［凶日］。中世 らうじゃくにち［狼藉日］。中古 かんにち［坎日］。ぼつにち／もつにち［没日］。

―・な方角 中世 きもん［鬼門］。中古 ひふさがり［日塞］。

―・な夢 中古 きょうむ［凶夢］。

―・な夢を見る 中古 ゆめみさわがし［夢見騒］。

―を避ける(こと) 中古 いむ［忌／斎］。こといみ［事忌］。ものいみ［物忌］。

ふきまく・る【吹捲】→**ふきあ・れる**

ぶきみ【不気味】 近代 うすきみわるい［薄気味悪］。近世 きみわるし［気味悪］。ぶきみ［不気味／無気味］。中古 うたて／うたてげ。うとまし［疎］。えうき［妖気］。

―・な感じがする 中世 けしきおぼゆ［気色覚］。

ふきみだ・れる【吹乱】→**ふきあ・れる**

ふきゅう【不朽】 近代 えいゑん［永遠］。ふま［不磨］。中世 えいきう［永久］。ぶきゅう／むぐう［無窮］。ふめつ［不滅］。中古 ふきう［不朽］。上代 むきゅう［無窮］。→**ふめつ**

ふきゅう【腐朽】 近代 たちぐされ［立腐］。近世 ふきう［腐朽］。中古 くさる［腐］。くちはつ［―はてる］［朽果］。上代 くつ［くちる］［朽］。

ふきゅう【普及】 近代 いきとどく［行届］。いっぱんくゎ［一般化］。ふきふ［普及］。近世 いきわたる［行渡］。しんとう［浸透／滲透］。ひろがる［広］。中世 ゆきわたる［行渡］。中古 ひろまる［広］。上代 るふ［流布］。

―・させる 中世 おしひろむ［―ひろめる］［押広］。上代 ひろむ［ひろめる］［広／弘］。

ふきょう【不況】→**ふけいき**

ふきょう【布教】 近代 せんけう［宣教］。ふけう［布教］。中世 でんだう［伝道］。

ぶきよう【不器用】 近代 ぶきっちょ。近世 せつれつ［拙劣］。てづつ［手］。てぶってう［手不調］。ぶき［不器／無器］。へたくそ［下手糞］。へぼ。中世 つたなし［拙］。ぶきよう［不器用／無器用］。ぶてうはふ［不調法／無調法］。へた［下手］。

―・な人 近世 いもすけ［芋助］。つちのこ［槌子］。

ふぎょうじょう【不行状】 近代 ふひんかう［不品行］。近世 しだら。ふぎゃうじゃう［不行状］。ふぎゃうせき［不行跡］。ふしだら。ふみもち［不身持］。中世 じだらく［自堕落］。中古 いうたう［遊蕩］。上代 はうたう［放蕩］。らんぎゃう［乱行／濫行］。

ふぎょうせき【不行跡】→**ふぎょうじょう**

ふきょうわおん【不協和音】 まさつ［摩擦］。近代 あつれき［軋轢］。ふけふわおん［不協和音］。氷炭相(ひあ)容(い)れず。近世 ふなか［不仲］。中世 かくしつ／かくしふ［確執］。中古 ふわ［不和］。

ぶきょく【舞曲】 ブーレ(フランス bourrée)。ミュゼット(フランス musette)。ミロンガ(スペイン milonga)。メヌエット(ドイツ Menuett)。ワルツ(waltz)。中世 ぶきょく［舞曲］。

ふぎり【不義理】 近世 ふぎり［不義理］。ぶさた［無沙］。ぶしんちゅう［不心中］。

―をする 近世 ぶさを打つ。

ふきわた・る【吹渡】 中古 ふきかよふ［吹通］。ふきこす［吹越］。ふきこゆ［吹越］。ふきわたる［吹渡］。

海を風が―・る 近世 海を浸す。

初夏の風が―・る 近世 風薫る。

春の日の中で風が―・る 近世 風光る。

ふきん【付近】 このあたり／このへん［此辺］。近代 ふきん［付近／附近］。ちかば［近場］。ちかま［近間］。近世 かいわい［界隈］。きんざい［近在］。しうへん［周辺］。そばあたり［側辺］。中世 きんじょ［近所］。きんばう［近傍］。しへん［四辺］。ほど［程］。まはり［回

／廻／周]。中古きんぺん[近辺]。きんりん[近隣]。めぐり[巡／回／廻]。わたり[辺]。近き境。近き世界。上代あたり[辺]。うへ[上]。→あたり【辺】

ふきん【布巾】 近代だいふきん[台布巾]。中世ふきん[布巾]。中古きん[巾]。

ふきんこう【不均衡】 アンバランス(unbalance)。インバランス(imbalance)。近代ふきんかう[不均衡]。近世ちぐはぐ。ふつりあひ[不釣合]。

ふきんしん【不謹慎】 近代ふきんしん[不謹慎]。ふせいじつ[不誠実]。ふまじめ[不真面目]。近世ふとどき[不届]。ふらち[不埒]。中古みだりがはし／みだれがはし[濫／猥]。上代さたう[左道]。

ふく【服】 →いふく

ふく【福】 →こうふく【幸福】

―の神 近代ビリケン(Billiken)。中世ふくじん[福神]。ふくのかみ[福神]。上代しろねずみ[白鼠]。

―をもたらす土地 中世ふくち[福地]。

多くの― 中世だいふく[大福]。

ふく【副】 中世じゅう[従]。近代サブ(sub)。じゅん[準]。ふく[副]。

ふく【複】 ダブル(double)。近代ふくすう[複数]。

ふ・く【吹】 中世そよふく[吹]。中古そばふ[そばえる][戯]。上代ふく[吹／噴]。→ふきあ・れる →ふきわた・る

《枕》上代あきかぜの[秋風]。

―・いて飛ばす 近代ふっとばす[吹飛]。近世ふきとばす[吹飛]。

―・いて中に入れる 中古ふきいる[―いれる][吹入]。ふきこむ[吹込]。

―・いて除ける 中古ふきはなつ[吹放]。ふきはらふ[吹払]。

―・いて寄せ集める 中古ふきよす[―よせる][吹寄]。

野分けめいた風が―・く 中古のわきだつ／のわけだつ[野分]。

激しく風が―・く 近世なぐる[殴]。ふきつのる[吹募]。中世しぶく[繁吹／重吹]。ふきつよる[吹強]。ふきまく[吹捲]。中古いりもむ[入揉]。しまく[風巻]。ふきそふ[吹添]。上代かざはや[風早]。

激しく笛を―・く 中世せめふす[責伏]。

笛を澄んだ音で―・く 中古ふきすます[吹澄]。

笛を慰みに―・く 中古ふきすさぶ[拭遊]。

ふ・く【拭】 近代しょくじゃう[拭浄]。ぬぐひさる[拭去]。ふきとる[拭取]。近世ぬぐひとる[拭取]。ふく[拭]。中世ぬぐふ[拭]。中古かいのごふ[掻拭]。ふっしょく[払拭]。上代きよむ[きよめる][清／浄]。のごふ[拭]。

押すようにして―・く 中世おしぬぐふ[押拭]。中古おしのごふ[押拭]。

乾いた布で―・く 近代からぶき[乾拭]。つやぶき[艶拭]。

艶が出るまで何度も―・く 近代ふきこむ[拭込]。

ふぐ【河豚】 近世かとん[河豚]。せいしにゅう[西施乳]。てっぱう[鉄砲]。ふくと[河豚魚]。中古ふくべ[河豚]。上代ふく／ふぐ[河豚／鰒]。

《句》近世河豚(ふぐ)(鰒)食ふ無分別河豚食はぬ無分別。

―の吸い物 近世てっぽうじる[鉄砲汁]。

―のちり鍋 てっちり[鉄]。ふぐちり[河豚]。

ぶぐ【武具】 →ぶき

ふぐあい【不具合】 近代けってん[欠点]。なんてん[難点]。ふぐあひ[不具合]。中世ひ[非]。中古きず[傷／瑕]。なん[難]。ふてう[不調]。ふび[不備]。

ふくあん【腹案】 近代しあん[私案]。近世はらぐみ[腹組]。ふくあん[腹案]。ふくかう[腹稿]。

短歌の― 近世はらみく[孕句]。

ふぐう【不遇】 アンラッキー(unlucky)。近代かんかふぐう[轗軻不遇]。ひうん[非運／否運]。ひきゃう[悲境]。近世ぎゃくきゃう[逆境]。くきゃう[苦境]。ぶくゎほう[無果報]。中世うゐめ[憂目]。さだ[蹉跎]。ふしあはせ[不幸／不仕合]。中古うきめ[憂目]。かんか[轗軻／坎軻]。つたなし[拙]。ふうん[不運]。ふぐう[不遇]。時無し。上代ふかう[不幸]。

―のまま世間から忘れられるたとえ 中古うもれぎ[埋木]。くちき[朽木]。

ふくえき【服役】 近代ふくえき[服役]。臭い飯を食ふ。中古げごく[下獄]。

ふくえん【復縁】 カムバック(comeback)。近世かへりざき[返咲]。元の鞘(さや)に収まる。よりを戻す。中世ふくき[復帰]。

ふくが【伏臥】 中世うつぶせ[俯]。近世うつぶけ／うつむけ[俯]。

ふくぎょう【副業】 アルバイト／バイト(ドイツ Arbeit)。サイドビジネス(和製 side business)。サイドワーク(和製 side work)。ふくしゅうにゅう[副収入]。近代かたてまし

ごと[片手間仕事]。げふよ[業余]。けんげふ[兼業]。こづかひかせぎ[小遣稼]。こづかひとり[小遣取]。ふくげふ[副業]。ふくしょく[副職]。近世かたしゃうばい[片商売]。かただな／かたみせ[片店]。かたてしごと[片手仕事]。ないしょく[内職]。よげふ[余業]。中世けんしょく[兼職]。

ふくげん【復元】 近代ふくきう[復旧]。ふくくゎつ[復活]。ふくげん[復元／復原]。近世さいせい[再生]。中世ふくき[復帰]。

ふくごう【複合】 コンポジット(composite)。近代ハイブリッド(hybrid)。ふくがふ[複合]。ミックス(mix)。中世あはせ[合]。中古こんがふ[混合]。こんせい[混成]。

ふくざい【伏在】 近世せんざい[潜在]。中世せんぷく[潜伏]。近代ふくざい[伏在]。

ふくざつ【複雑】 近代たやう[多様]。ふくざつ[複雑]。近世いりくみ[入組]。こみいる[込入]。はんじょう[煩冗／繁冗]。はんみつ[繁密]。中世さくそう[錯綜]。手が込む。上代ふくそう[輻輳]。中古たたん[多端]。わづらはし[煩]。

—・で怪しいこと ふくざつかいき[複雑怪奇]。

—・で筋道が分からなくなること 近代こんめい[混迷]。

—・で微妙な部分 ひだ[襞]。近代びめう[微妙]。

—・な事情があるたとえ 近世底も有り蓋も有り。

いろいろ関係して—・になる 中世からむ[絡／搦]。上代からまる[絡／搦]。

ふくし【福祉】 中世ふくし[福祉]。上代ふくり[福利]。近代ふくち[福祉]。

ふくしゃ【複写】 デュープ(dupe; duplicateの略)。リプリント(reprint)。近代コピー(copy)。ふくしゃ[複写]。ふくせい[複製／覆製]。リプロダクション(reproduction)。もしゃ[模写]。中古うつしとる[写取]。うつす[写]。

—・された物 イミテーション(imitation)。クローン(clone)。レプリカ(replica)。→**もぞうひん**

—用の紙 かんあつし[感圧紙]。かんあつふくしゃし[感圧複写紙]。とうしゃし[透写紙]。ふくずし[複図紙]。近代カーボンし[carbon紙]。たんさんし[炭酸紙]。たんそし[炭素紙]。トレーシングペーパー／トレペ(tracing paper)。ふくしゃし[複写紙]。

ふくしゅう【復習】 近代おさらひ[御浚]。中世ふくしふ[復習]。近世をんしふ[温習]。

—・する 近世さらふ[さらえる][復習]。中世ふくす[復]。

折りにふれ—・すること 中古じしふ[時習]。

ふくしゅう【復讐】 目には目を歯には歯を。近代ほうしう[報讐]。近世あだうち[仇討]。いしゅがへし[意趣返]。しかへし[仕返]。しっぺがへし[竹篦返]。ほうふく[報復]。中世あたり[当]。うらみ[怨／恨]。かたきうち[敵討]。くゎいけい[会稽]。こたへ[答]。たふわ[答和]。ふくしう[復讐]。へんれい[返礼]。中古かへし[返]。たふ[答]。むくい[報]。↓**しかえし**

—・する 近代やりかへす[遣返]。中世うらむ[怨／恨]。しかへす[仕返]。

ふくじゅう【服従】 きじゅう[帰従]。近世きょうじゅん[恭順]。じゅうぞく[従属]。ふくぞく[服属]。中世きふく[帰服／帰伏]。中古ふくじゅう[服従／伏従]。上代きじゅん[帰順]。ふくじ[服仕／服事]。

—・させる 近世あっぷく[圧伏／圧服]。中古うちなびく[打靡]。中世せめふす[—ふせる][責伏]。したがふ[—がえる][従／随]。なびかす[靡]。上代ことむく[言向]。まつらふ／まつろふ[服／順]。やはす[和]。

—・させること 上代むけ[向]。

—・しないこと 近代ふふく[不服]。

—・する 中世くだる[降]。ふくす[服]。へいこう[閉口]。中古くっす[屈]。したがふ[従／随]。なびく[靡]。上代うべなふ[宜]。まつらふ／まつろふ[服／順]。むく[向]。

うわべだけ—・する 近世めんじゅう[面従]。

うわべは—・しても陰で誹(そし)る めんじゅうふくはい[面従腹背]。近代めんじゅうふくひ[面従腹誹]。近世めんじゅうこうげん[面従後言]。

多くの人が—・するさま 中古草木も靡(なび)く。

脅かして—・させる 近世けふしょう[脅従]。

金銭の力で—・させる 近世金で面(つら)を張る。

臣下として—・する 上代しんぷく[臣服]。

信じて—・する 中古しんぷく[信伏]。

尊敬して—・する 中世しんぷく[信服]。

力に負けて—・する 近代くつじゅう[屈従]。中世かうさん[降参]。とうかう[投降]。くっぷく[屈服／屈伏]。上代かうふく[降伏／降服]。

満足して—・する 上代えっぷく[悦服]。

ふくじゅそう【福寿草】 近世ぐゎんじつさう／ぐゎんにちさう[元日草]。ふくづくさう[福付草]。中世ことぶきぐさ[寿草]。ふくじゅ

さう［福寿草］。

ふくしょく【副食】 近代 ふくしょくぶつ［副食物］。近世 あはせもの［合物］。おさい／おさえ［御菜］。そうざい［総菜／惣菜］。なめもの［嘗物］。中世 おかず［御数／御菜］。おまはり／おめぐり［御廻／御回／御巡］（女房詞）。てうさい［調菜］。中古 あはせ［合］。さい［菜］。上代 な［肴］。な［菜］。

―の中心となる料理 しゅさい［主菜］。メーンディッシュ（main dish）。

粗末な― 中世 そさい［粗菜］。

ふくしょく【復職】 カムバック（comeback）。さいしゅうしょく［再就職］。しごとふっき［仕事復帰］。しょくばふっき［職場復帰］。しょくむふっき［職務復帰］。近世 ふくしょく［復職］。元の鞘に収まる。中世 ふくき［復帰］。中古 くゎんにん／げんにん［還任］。ふくす［復］。

ふくしょく【副職】 →ふくぎょう

ふくしん【腹心】 そっきん［側近］。みぎうで［右腕］。近代 ふところがたな［懐刀］。近世 かたうで［片腕］。中古 しんぷく［心腹］。ふくしん［腹心］。上代 ここう［股肱］。

ふくすう【複数】 近代 すうこ［数個］。ふくすう［複数］。中古 たすう［多数］。

―のことが起こること ぐんぱつ［群発］。たはつ［多発］。近代 ぞくはつ［続発］。ひんぱつ［頻発］。へいはつ［併発］。れんぱつ［連発］。

▼接尾語 中古 ばら［輩］。上代 たち［達］。ども［共］。ら［等］。

ふく・する【復】 カムバック（comeback）。リカバリー（recovery）。近代 ふくくゎつ［復活］。近世 くゎいふく［回復／恢復］。もどる［戻］。元の鞘に収まる。中世 ふくき［復帰］。中古 かへる［返／還／帰］。ふくす［復］。

ふくせい【複製】 デュープ（dupe; duplicate の略）。リプリント（reprint）。近代 コピー（copy）。トレース（trace）。ふくしゃ［複写］。ふくせい［複製／覆製］。リプロダクション（reproduction）。中古 うつしとる［写取］。もしゃ［模写］。

―・された物 イミテーション（imitation）。クローン（clone）。レプリカ（replica）。→もぞうひん

書籍などを―・すること（その本） えいいんぼん［影印本］。リプリント（reprint）。近代 ほんいん［翻印］。近世 ほんこく［翻刻］。

ふくせん【伏線】 近代 したじゅんび［下準備］。てはい［手配］。ふせき［布石］。近世 おぜんだて［御膳立］。したごしらへ［下拵］。てくばり［手配］。てまはし［手回］。ふくせん［伏線］。中古 ようい［用意］。

ふくそう【服装】 ドレッシング（dressing）。ルック（look）。近代 コスチューム（costume）。スタイル（style）。ファッション（fashion）。ふくさう［服装］。近世 こしらへ［拵］。ふうぞく［風俗］。ふうてい［風体］。中世 いでたち［出立］。中古 いたい［衣帯］。でたち［出立］。そでつま［袖褄］。さうぞく／しゃうぞく［装束］。なり［形］。ふくしょく［服飾］。みなり［身形］。よそひ／よそほひ［装／粧］。上代 すがた［姿］。

―が派手で安っぽいさま ちゃらちゃら。

―が立派で目立つさま 近世 りゅうと［隆］。

―で男女の区別がないさま モノセックス（和製 mono sex）。ユニセックス（unisex）。

―に気を配る人 スタイリスト（stylist）。

―や態度 中世 なりふり［形振］。

―を変え別人のように装うこと 近代 へんさう［変装］。近世 やつし［窶／俏］。

―を整える（こと） 近代 みじまひ［身仕舞］。近世 いためつく（―つける）［痛付］。みじたく［身支度］。中世 みごしらへ［身拵］。上代 ひきつくろふ［引繕］。

―を引き立たせる付属品 ふくしょくひん［服飾品］。近代 さうしんぐ［装身具］。

改まった― フォーマルウエア（formal wear）。近代 せいさう［正装］。よそいき／よそゆき［余所行］。近世 はおりはかま［羽織袴］。れいさう［礼装］。中世 かりぎぬ［狩衣］。ひたたれ［直垂］。中古 なほし［直衣］。

多くの― 中古 あまたくだり［数多領］。

活動しやすい―であるさま 近代 けいさう［軽装］。スポーティー（sporty）。

着物などを着る和風の― 近代 わさう［和装］。

豪華な― 近代 せいさう［盛装］。

自分の―を飾りたい気持ち しゃれっけ［洒落気］。

女性の外出のときの― 中世 つぼさうぞく／つぼしゃうぞく［壺装束］。

西洋風の― 近代 やうさう［洋装］。

旅の― 中世 ぎゃうさう［行装／行粧］。中古 たびしゃうぞく［旅装束］。たびすがた［旅姿］。

男性の―が洗練されていること 近代 ダンディー（dandy）。

団体などで決まった― 近代 せいふく［制服］。ユニホーム（uniform）。

町人風の― 近世ちゃうにんごしらへ[町人拵]。
夏に涼しい―で失礼にならないこと クールビズ(和製cool biz)。中世ろくぐゎつぶれい[六月無礼]。
人柄に相応しくない― 《句》近代切り株にも衣装。近世鬼に衣。馬子にも衣装。中世猿に烏帽子(えぼし)。沐猴(もくこう)にして冠す。
▼助数詞 ちゃく[着]。中古かさね[重]。くだり[領/襲]。

ふくそう【輻輳】 近代しふちゅう[集中]。近世ごったがへす[返]。さったう[殺到]。たてこむ[立込]。こみあふ[込合/混合]。こんざつ[混雑]。中世こむ[混/込]。中古こんらん[混乱]。上代ふくそう[輻輳/輻湊]。

ふくぞう【腹蔵】 近代いんとく[隠匿]。ひとく[秘匿]。近世かくしだて[隠立]。中世いんぺい[隠蔽]。ふくざう[腹蔵]。

ふくだい【副題】 近代サブタイトル(subtitle)。ばうだい[傍題]。

ふぐたいてん【不倶戴天】 近代ふぐたいてん[不倶戴天]。火水(ひみづ)の争ひ。近世ぐふたいてん[倶不戴天]。
《句》近世君父(くんぷ)の讐(あだ)は倶(とも)に天を戴(いただ)かず。

ふくちゅう【腹中】 近代きょうあう[胸奥]。きょうおく[胸臆]。きょうかん[胸間]。きょうり[胸裏/胸裡]。近世きょうちゅう[胸中]。中世きょうきん[胸襟]。ふくちゅう[腹中]。中古いちゅう[意中]。ないしん[内心]。胸の内。上代しんちゅう[心中]。→**きょうちゅう**

ふくちょう【復調】 近代ちゆ[治癒]。ふくくゎつ[復活]。近世くゎいふく[回復]。中世くゎいゆ[快癒]。ほんぷく[本復]。中古なほる[治/直]。ふくす[復]。上代いゆ[いえる][癒]。

ふくつ【不屈】 くじけない[挫]。くっしない[屈]。近代きゃうき[強毅/彊毅]。けんにんふばつ[堅忍不抜]。ふくつ[不屈]。ふたい[不退]。ふたいてん[不退転]。ふたう[不撓]。中世きゃうがう[強剛]。けんにん[堅忍]。

ふくつう【腹痛】 近代せんびゃう[疝病]。近世虫が嚙(かぶ)る。中世さしこむ。せん[疝]。せんき[疝気]。はらいた[腹痛]。ふくつう[腹痛]。
―のふりをすること 近世そらばら[空腹]。
―や下痢をともなう病気 中世りびゃう[痢病]。
ガスの膨満による― ふうきせん[風気疝]。ふうきせんつう[風気疝痛]。
出産後の― 近世あとはら/あとばら[後腹]。

ふくはい【腹背】 中世まへうしろ[前後]。中古ぜんご[前後]。ふくはい[腹背]。

ふくびき【福引】 あみだくじ[阿弥陀籤]。たからくじ[宝籤]。近代くじびき[籤引]。たからびき[宝引]。近世けんとく[見徳/見得]。とみ[富]。とみくじ[富籤]。ふくびき[福引]。中世ほうびき[宝引]。→**くじ**

ふくへい【伏兵】 近世ふせ[伏]。まちぶせ[待伏]。中世ふくへい[伏兵]。ふせぜい[伏勢]。

ふくほん【副本】 近代ふくしょ[副書]。近世ふくほん[副本]。中世べっぽん[別本]。

ふくまでん【伏魔殿】 近代ふくまでん[伏魔殿]。中世まきゃう[魔境]。中古まかい[魔界]。

ふくみ【含】 近代いんえい[陰影/陰翳]。がんいう[含有]。近世あや[文/綾]。ふくみ[含]。中世がんちく[含蓄]。

ふくむ【服務】 近代しうえき[就役]。しうげふ[就業]。しうらう[就労]。じゅうげふ[従業]。近世きんむ[勤務]。ふくむ[服務]。中世しつむ[執務]。中古じゅうじ[従事]。
→**きんむ**

ふく・む【含】 近代おびる[帯]。がんいう[含有]。がんちく[含蓄]。ざうする[蔵]。つつむ[包]。はうざう[包蔵]。近世はうせつ[包摂]。中世はうがん[包含]。中古はらむ[孕/胎/妊]。ふくむ[含]。やどす[宿]。上代くくむ[銜/含]。ふふむ[含]。
―・ませる 中古くくむ[くくめる][銜/含]。こむ[こめる][込/籠]。ほほむ[含]。
―・み声 中古くぐもりごゑ[含声]。
―・んでいる 近代がんいう[含有]。こみ[込]。ないざう[内臓]。ふくまる[含]。おびる[帯]。おぶ[帯]。
口に―・む 上代くくむ[銜/含]。ふふむ[含]。
内部に―・む 近世かかふ[かかえる][抱]。

ふくめい【復命】 近代はんめい[反命]。ふくしん[復申]。ふくする[復]。ほうめい[報命]。中世かへりまうし[返申]。上代かへりごと[返事/返言]。ふくめい[復命]。

ふく・める【含】 近代おりこむ[織込]。くりこむ[繰込]。もりこむ[盛込]。中古いる[いれる][入]。ふくむ[ふくめる][含]。

ふくも【服喪】 近代もちゅう[喪中]。近世きぶく[忌服]。中世しひしば[椎柴]。ぶくき[服忌]。も[喪]。中古おもひ[思]。けう[孝]。けがらふ[穢]。さうふく[喪服]。ぶ

ふ

く［服］。ふくす［服］。
《尊》上代 みも［御喪］。
―で引き籠もること 中古 いとま［暇／遑］。
―の期間 中古 さうき［喪期］。
―の期間が明けること 近代 きあけ［忌明］。ぢょさう／ぢょも［除喪］。近世 いみあき／いみあけ［忌明］。きめい［忌明］。中古 ぢょぶく［除服］。はて［果］。
遠方の人の死を聞いてする― ききも［聞喪］。
親の死に対する― 中世 ぢゅうぶく［重服］。ぢゅうも［重喪］。中古 けう［孝］。
学校などを休んでする― きびき［忌引］。
天皇の父母の死に対する―の期間 中古 りゃうあん［諒闇／諒陰／亮闇］。

ふくよう【服用】 近代 とんぷく［頓服］。ないよう［内用］。近世 ないふく［内服］。中世 ふくよう［服用］。中古 ふくす［服］。ふくやく［服薬］。

ふくよか【膨】 近代 ほうまん［豊満］。中世 ふっくら。中古 ふくよか［膨／脹］。ふくらか［膨／脹］。
―・でかわいいさま 近代 ぽっちゃり。ぽってり。

ふくらはぎ【脹脛】 近世 ふくらはぎ［脹脛］。中古 こぶら［腓］。こむら［腓］。
―の筋肉の発作 近代 からすがへり／からすなへり［転筋］。中古 こむらがへり［腓返］。てんきん［転筋］。

ふくら・む【膨】 近代 はらむ［孕］。中世 ばうちゃう［膨張／膨脹］。中古 ふくむ［含］。ふくらむ［膨／脹］。ふくる［ふくれる］［膨／脹］。
―・ませる 近代 ふくらます［膨／脹］。近世 ふくらす［―らせる］［膨／脹］。中古 ふくらかす［膨／脹］。ふくらむ［―らめる］［膨／脹］。
厚く―・む 中古 あつごゆ［厚肥］。
穂が出ようとして―・む 中古 はらむ［孕］。

ふくれっつら【膨面】 →ふきげん（―・な顔）
―をする 中古 はちぶく［蜂吹］。中世 すぬ（すねる）［拗］。

ふく・れる【脹】 むくれる。中世 ばうちゃう［膨張／膨脹］。中古 ふくらむ［膨］。ふくる［ふくれる］［脹／膨］。
―・れ上がる（こと） 近代 ばうまん［膨満］。中世 はれあがる［腫上］。
―・れたさま ぱんぱん。ぽんぽん。近代 ぷくっと。ふっくり。ぷっくり。むくむく。近世 ぶわぶわ。中世 ふっくら。
―・れた部分 中世 こぶ［瘤］。
炎症などで―・れる 上代 はる［はれる］［腫／脹］。
多く着過ぎて―・れる 中世 きぶくれ［着脹］。
水を含んで―・れる（こと） ぼうじゅん［膨潤］。近世 ふやく［ふやける］。中古 ほとぶ［潤］。

ふくろ【袋】 キスリング（ドイツ Kissling）。ザック（ドイツ Sack）。ざつのう［雑嚢］。デイパック（day pack）。近代 がっさいぶくろ［合切袋］。サック（sack）。しんげんぶくろ［信玄袋］。バッグ（bag）。ものいれ［物入］。リュック／リュックサック（ドイツ Rucksack）。近世 つばくらくち／つばくろぐち［燕口］。どんぶり［丼］。中世 うはざしぶくろ［上刺袋］。だんぶくろ［段袋］。つがり［連／鎖／絓］。上代 ふくろ［袋／嚢］。
―に入れたもの ふくろもの［袋物］。
―の底 近代 なうてい［嚢底］。
―の中 近代 なうちゅう［嚢中］。
麻で作った― ドンゴロス（dungarees）。近代 あさぶくろ［麻袋］。
頭にのせて歩いた― 中古 いただきぶくろ［戴袋］。
糸や藁(わら)で編んだ網状の― 中古 くぐつ［裹］。
歌の草稿などを入れる― 近世 うたぶくろ［歌袋］。
お守りを入れる― 中世 まもりぶくろ［守袋］。
風の神が持っている― 近世 かざぶくろ［風袋／風嚢］。
紙で作った― 中世 かみぶくろ／かんぶくろ［紙袋］。
空の― 近代 くうなう［空嚢］。
革で作った― 中古 かはぶくろ［革袋／皮袋］。
革の―を売る店 近世 いんでんや［印伝屋］。
口を紐(ひも)で結ぶ― 中古 むすびぶくろ［結袋］。
香料を入れた― 中世 にほひぶくろ［匂袋］。
穀物や炭を入れる― 近世 たはら［俵］。
米を入れる― 中世 こめぶくろ［米袋］。
小物や化粧用具を入れる女性用の― ポーチ（pouch）。近世 かがみぶくろ［鏡袋］。
左右の袂(たもと)に入れる小物入れの― 近世 たもとおとし［袂落］。
祝儀などを渡すときの― 近代 しうぎぶくろ［祝儀袋］。のしぶくろ［熨斗袋］。
女子が新年を祝って縫う― 中古 あめつちのふくろ［天地袋］。
砂の入っている― 近代 さなう［砂嚢］。中世 すなぶくろ［砂袋］。
僧や乞食が首から掛けている― 中世 こじきぶくろ［乞食袋］。づだぶくろ［頭陀袋］。中古 こつじきぶくろ［乞食袋］。
鷹狩りの生き餌を入れる― 中世 いけぶくろ［生袋］。

旅人や兵士が携行する食料を入れる— 近代 はいなう[背嚢]。近世 りゃうなう[糧嚢]。中世 うちがひぶくろ/うちがへぶくろ[打飼袋]。

土を入れた— どのう[土嚢]。

動物の身体の一部である— いくじのう[育児嚢](カンガルーなど)。ほおぶくろ[頬袋](猿)。めいのう[鳴嚢](蛙)。中世 うたぶくろ[歌袋](蛙)。

錦で作った— 中世 きんなう[錦嚢]。

福の神が持っている— 近世 えんめいぶくろ[延命袋]。

水を入れる— 近代 みづぶくろ[水袋]。

藁薦(わらむしろ)を二つ折りにした— 上代 かます[叺]。

ふくろ【復路】 近代 かへりぎは[帰際]。ふくろ[復路]。もどりぢ[戻路]。近世 かへりがけ[帰掛]。かへりしな[帰]。かへりみち[帰道]。きと[帰途]。もどりあし[戻足]。もどりみち[戻道]。をりかへし[折返]。中世 かへりあし[帰足]。もどり[戻]。中古 かへさ[帰]。かへるさま[帰様]。きろ[帰路]。上代 いへぢ[家路]。かへり/かへるさ[帰]。

ふくろう【梟】 近代 ごろすけ[五郎助]。近世 ははくひどり[母食鳥]。ふくてう[鵩鳥]。中世 しけう[鴟梟/鴟鴞]。ふくろ[梟]。中古 いひとよ/いひどよ[鵂鶹]。さけ[梟]。ふくろふ[梟]。

ぶくん【武勲】 近代 ぶくん[武勲]。ぶれつ[武烈]。槍先の功名。中世 ぐんちゅう[軍忠]。せんこう[戦功]。てがら[手柄]。中古 ぐんこう[軍功]。ぶこう[武功]。上代 いさみ[勇]。くんこう[勲功]。

ぶけ【武家】 近代 しゃうか[将家]。近世 しぞく[士族]。中世 きゅうし[弓矢]。ゆみとり[弓取]。弓矢の家。ぶもん[武門]。弓馬の家。中古 ぶけ[武家]。→**ぶし**

—と公家 近世 こうぶ[公武]。

—に勤めている人 近世 やかたもの[屋形者]。やしきもの[屋敷者]。

—に勤めること 近代 やしきぼうこう[屋敷奉公]。近世 ぶけぼうこう[武家奉公]。やしきづとめ[屋敷勤]。

—の人々 中世 ぶけがた[武家方]。

ぶげい【武芸】 近世 ぶぎ[武技]。ぶじゅつ[武術]。中世 きゅうし/ゆみや[弓矢]。ひゃうはふ/へいはふ[兵法]。ぶ[武]。ぶだう[武道]。弓箭(きゅうせん)の道。弓馬の道。兵(つはもの)の道。上代 きゅうば[弓馬]。ぶげい[武芸]。

—に関わること 中世 ぶへん[武辺/武篇]。中古 ぶじ[武事]。

—に優れた若者 中世 こてんぐ[小天狗]。

—に優れていること 上代 ぶゆう[武勇]。

—の演習 近代 えんぶ[演武]。

—の演習場 近世 だうぢゃう[道場]。

—の達人 中世 ひゃうはふしゃ/へいはふしゃ[兵法者]。

—の例 近代 きゅうじゅつ[弓術]。ぼうじゅつ[棒術]。近世 さうじゅつ[槍術]。じうじゅつ[柔術]。ばじゅつ[馬術]。中世 けんじゅつ[剣術]。

ふけいき【不景気】 デプレッション(depression)。近代 スランプ(slump)。ふきゃう[不況]。近世 しけ[時化]。ふけいき[不景気]。ふじるし[不印]。

—・になる 近世 すぼる[窄]。世間が詰まる。

—のどん底 けいざいきょうこう[経済恐慌]。近代 きょうくゎう[恐慌]。パニック(panic)。

商売や興行で—・な月 にっぱち[二八]。

冬に客が少なく—・になること 近世 ふゆがれ[冬枯]。

ふけつ【不潔】 近代 ふゑいせい[不衛生]。近世 うすぎたなし[薄汚]。きたならし[汚/穢]。こぎたなし[小汚]。むさくるし[苦]。中世 けがれ[汚/穢]。ふけつ[不潔]。ふじゃう[不浄]。びろう[尾籠]。むさし。上代 きたなし[汚]。けがらはし[汚/穢]。→**きたない**

—を嫌い許さない性格 近代 けっぺき[潔癖]。

ふ・ける【老】 かれい[加齢]。ふけこむ[老込]。年を取る。近世 としとる[年取]。年を食ふ。中世 おいぐむ[老]。年が行く。中古 あうよる[奥寄]。ねぶ。ふく〔ふける〕[老]。上代 おゆ〔おいる〕[老]。→**お・いる**

《謙》馬齢を重ねる。

—・けた感じがする 近世 おいくろし[老苦]。

すっかり—・ける 中古 おいすぐ[老過]。

年齢より—・けていること 中古 さうらう[早老]。

ふ・ける【更】 近世 ふけわたる[更渡]。中古 うちふく[打更]。更(か)闌(た)く。上代 くたつ/くだつ[降/斜]。さよふく[小夜更]。ふく〔ふける〕[更/深]。ふけゆく[更行/深行]。よくたつ/よぐたつ[夜降]。

ふ・ける【耽】 近代 ねっちゅう[熱中]。ぼっとう[没頭]。むちゅう[夢中]。近世 こる[凝]。たんでき[耽溺]。中世 くるふ[狂]。たはる[狂/戯]。ちゃうず[長]。ほうく〔ほうける〕[惚/耄/蓬]。中古 おぼほる[溺/惚]。お

ぼる〔おぼれる〕〔溺〕。ふける〔耽〕。

ふげん【不言】 ［近代］サイレント(silent)。ちんもく〔沈黙〕。［近世］くゎもく〔寡黙〕。だまる〔黙〕。口を閉ざす。［中世］ふげん〔不言〕。むくち〔無口〕。口を噤む。［中古］むごん〔無言〕。

ぶげん【分限】❶〈分際〉 ［中世］きは〔際〕。ぶげん／ぶんげん〔分限〕。ぶん〔分〕。ぶんざい〔分際〕。みがら〔身柄〕。［中古］身の程。

ぶげん【分限】❷〈金持ち〉 ［近代］ざいさんか〔財産家〕。ふがう〔富豪〕。［近世］ぶんげんしゃ〔分限者〕。［中世］かねもち〔金持〕。ふげん／ぶんげん〔分限〕。ぶげんしゃ〔分限者〕。↓**かねもち**

▼急に金持ちになった人 ［近世］なりきん〔成金〕。にはかぶんげんしゃ〔俄分限者〕。

ふけんぜん【不健全】 たいはいてき〔退廃的〕。デカダン(フランス décadent)。［近代］たいたう〔頽唐〕。びゃうてき〔病的〕。ふけんかう〔不健康〕。ふけんぜん〔不健全〕。

—・でだらしなくなる ［上代］ただる〔ただれる〕〔爛〕。

ふこう【不幸】 ［近代］ぎゃくうん〔逆運〕。さっき〔数奇〕。ひうん〔非運／否運〕。［近世］はくかう〔薄幸／薄倖〕。ひうん〔悲運〕。ぶくゎほう〔無果報〕。［中世］くゎあう〔禍殃〕。びうん〔微運〕。ふしあはせ〔不幸〕。ふしゃう〔不祥〕。［中古］くゎ〔禍〕。すうき〔数奇〕。はくめい〔薄命〕。ふうん〔不運〕。［上代］きょうじ〔凶事〕。ふかう〔不幸〕。わざはひ〔禍〕。

《句》［近代］浮世は回り持ち。米の飯と天道様は何処へ行っても付いて回る。人の苦楽は壁一重。福過ぎて禍ひ生ず。［近世］禍福(吉凶)は糾える縄の如し。此処ばかりに日は照らぬ。沈む瀬あれば浮かぶ瀬あり。月満つれば即ち虧く〔—虧ける〕。天下は回り持ち。楽は苦の種苦は楽の種。［中世］人間万事塞翁が馬。

—・な境遇 きゅうじょう〔窮状〕。［近代］ひきゃう〔悲境〕。［近世］ぎゃくきゃう〔逆境〕。［中古］ふぐう〔不遇〕。

—・にも ［近世］いんぐゎと〔因果〕。

重なる— 《句》こけた上を踏まれる。瘤の上の腫れ物。転べば糞の上。［近代］泣き面に蜂。［近世］蹴たり踏んだり。踏んだり蹴ったり。病み足に腫足。弱り目に祟り目。

最悪の— ［近世］因果の塊。因果の蹲ひ。運の尽き。運の蹲ひ。

宿命的に—・なさま ［近代］いんがふ〔因業〕。

人生の— ［中世］浮世の秋。

ふごう【符号】 ［中世］コード(code)。［近代］サイン(sign)。しんがう〔信号〕。シンボル(symbol)。［近世］あんがう〔暗号〕。きっかけ〔切掛〕。ふがう〔符号〕。ふちゃう〔符丁／符帳〕。ふてふ〔符牒〕。［中世］きがう〔記号〕。［上代］しるし〔印〕。

—を読み取ったり符号化したりする機器 エンコーダー(encoder)。カードリーダー(card reader)。デコーダー(decoder)。バーコードスキャナー(bar code scanner)。ふくごうき〔復号器〕。ふごうかいどくき〔符号解読器〕。

ふごう【符合】 ［近代］がっち〔合致〕。［近世］ふんがふ〔吻合〕。［中古］いっち〔一致〕。ふがふ〔符合〕。

—・する(さま) ［近代］割符が合ふ。［中世］符節を合す。

ふごう【富豪】→**かねもち**

ふごうかく【不合格】 すべる〔滑／辷〕。［近代］おちる〔落〕。しっかく〔失格〕。ふがふかく〔不合格〕。［中世］ふか〔不可〕。［中古］らくだい〔落第〕。

ふこうへい【不公平】 アンフェア(unfair)。［近代］ふこうへい〔不公平〕。［近世］えこひいき〔依怙贔屓〕。かたおとし〔片落〕。かておち〔片手落〕。［中世］かたおち〔片落〕。［中古］えこ〔依怙〕。へんば／へんぱ〔偏頗〕。

—・な扱いをする ［近世］えこひいき〔依怙贔屓〕。［中世］ひいき〔贔屓〕。［中古］かたよる〔偏／片寄〕。

ふごうり【不合理】 ひごうり〔非合理〕。［近代］はいり〔背理／悖理〕。ふがふり〔不合理〕。ふでうり〔不条理〕。むじゅん〔矛盾〕。筋が通らない。［近世］辻褄合はぬ。［中世］あまさかさま〔天逆様〕。ひきょう〔比興〕。ぶけんばふ〔不憲法〕。［中古］あやなし〔文無〕。りふじん〔理不尽〕。

ふこく【布告】 こうひょう〔公表〕。こうふ〔公布〕。せんげん〔宣言〕。［近代］はっぷ〔発布〕。ふたつ〔布達〕。ふれ〔触〕。ふれい〔布令〕。［近世］たっし〔達〕。［中古］せんぷ〔宣布〕。［上代］ふこく〔布告〕。

ふこく【富国】 ［近世］ふこく〔富国〕。［中世］きゃうこく〔強国〕。［中古］たいこく〔大国〕。

ふこころえ【不心得】 ［近代］ふこころえ〔不心得〕。［近世］こころえちがひ〔心得違〕。［中世］ふしょぞん〔不所存〕。ふとくしん〔不得心〕。

—・な人 ［近世］ふしょぞんにん〔不所存人〕。［中世］ふかくじん〔不覚人／不覚仁〕。

ぶこつ【武骨】 近代ごつい。近世ぎこつなし。むくつけ。ぶさはふ［不作法］。ふつつか［不束］。中世あらけづり［荒削］。こはらか［強］。やぼ［野暮］。ぶこつ［武骨／無骨］。中古あらあらし［荒荒］。こちごちし［骨骨］。こちなし［骨無］。こはごはし［強強］。こはし［強］。しこぶち／しこぶつ。すくすくし。すくやか／すくよか［健］。むくつけし。

ふさい【夫妻】 →ふうふ

ふさい【負債】 →しゃっきん

ふさい【不才】 近代ぼんさい［凡才］。近世どんさい［鈍才］。中古たんさい［短才］。ひさい［非才］。むさい［無才］。上代ふさい［不才／不財／無才］。

ふざい【不在】 近代ふざい［不在］。中世るす［留守］。

《句》近世賢路ろけんを塞ぐ。

―をよそおう 近代ゐるす［居留守］。中世留守を使ふ。中古そらがくれ［空隠］。

ぶさいく【不細工】 近世ぶさいく［不細工／無細工］。中世ぶきりゃう［不器量／無器量］。中古ふつつか［不束］。→みぐるし・い

ふさが・る【塞】 近代そくへい［塞閉］。へいさ［閉鎖］。近世かうそく［梗塞］。しまる［閉／締］。中世しゃだん［遮断］。つまる［詰］。へいそく［閉塞］。中古とづ〔とじる〕［閉］。上代うっけつ［鬱結］。さえぎる［遮］。ふさがる／ふたがる［塞］。

ふさぎ【塞】 デプレッション(depression)。メランコリー(melancholy)。近代うっくつ［鬱屈］。ちんうつ［沈鬱］。近世ふさぎ［塞／鬱］。よくうつ［抑鬱］。中世きうつ［気鬱］。

ふさく【不作】 近代きょうきん［凶饉］。きょうけん［凶歉］。くゎうきょう［荒凶］。さくちがひ［作違］。近世きょうくゎう［凶荒］。きょうさく［凶作］。中古ふさく［不作］。上代ききん［飢饉／饑饉］。

―の年 近世ききんどし［飢饉年］。中世きょうねん［凶年］。きょうさい［凶歳］。

ふさ・ぐ【塞】❶〈閉塞〉 近代そくへい［塞閉］。へいさ［閉鎖］。近世かうそく［梗塞］。しむ〔しめる〕［閉／締］。中世しきる［仕切］。しゃだん［遮断］。ひさぐ［塞］。ふさぐ〔ふさげる〕［塞］。へいそく［閉塞］。ようそく［壅塞］。ようへい［壅蔽］。中古とざす［閉／鎖］。とづ〔とじる〕［閉］。ふたぐ［塞］。上代さいぎる／さえぎる［遮］。さふ［障］。さやる［障］。ふさぐ［塞］（四段活用）。

封じ目を―・ぐ 中古ふうず／ふんず［封］。ほうず［封］。

物を詰めて―・ぐ 中世うづむ〔うずめる〕［埋］。じゅうそく［充塞］。中古つむ〔つめる〕［詰］。

ふさ・ぐ【塞】❷〈滅入る〉 中古おちこむ［落込］。近代あんうつ［暗鬱］。いきせうちん［意気消沈］。いきそさう［意気阻喪／意気沮喪］。うっくつ［鬱屈］。きおち［気落］。しづみこむ［沈込］。気が暗くなる。近世しょげる［悄気］。ちんうつ［沈鬱］。ふさぐ［塞］。めぐ〔めげる〕。中世うちくっす［打屈］。うちしめる［打湿］。うづむ［埋］。くさる［腐］。くもる［曇］。むもる［埋］。めいる［滅入］。める［滅］。ものうし［物憂／懶］。中古いぶかし［訝］。うちくす［打屈］。うもる［埋］。うらびる。うんず［倦］。おもひうんず［思倦］。おもひきゆ［思消］。おもひくっす／おもひくんず［思屈］。おもひしづむ［思沈］。おもひしなゆ［思萎］。おもひしをる［思萎］。おもひむすぼほる［思結］。おもひいたし［屈甚］。くす／くっす／くんず［屈］。くしいたし［屈甚］。くづほる。くれふたがる［暮塞］。くんじいたし［屈甚］。しづむ［沈］。しめる［湿］。むすぼほる［結］。むつかし［難］。むすぼる。おもひむすぼる［思結］。むすぼる〔―ぼれる〕［結］。上代うらぶる。

《尊》中古おぼしむすぼほる［思結］。

―・いだ気分で楽しくないさま 近世いふいふ［悒悒］。中世あうあう［快快］。中古うつうつ［鬱鬱］。せうぜん［悄然］。→ゆううつ

―・いだ気分を晴らすこと 近世うさばらし［憂晴］。中世うっさん［鬱散］。きさんじ［気散］。きばらし［気晴］。中古さんうつ［散鬱］。→うさばらし

ふさくい【不作為】 むさくい［無作為］。ランダム(random)。近代アットランダム／アトランダム(at random)。ふさくゐ［不作為］。手当たり放題。近世行き当たりばったり。手当たり次第。

ふざ・ける【巫山戯】 近代かまふ［構］。近世じゃらける［戯］。じょうける。ちゃる［茶］。ちょうける。とちぐるふ［狂］。ふざく〔ふざける〕［巫山戯］。ほたゆ〔ほたえる〕。中世おどける［戯］。じゃる〔じゃれる〕［戯］。たはく〔たわける〕［戯］。たはむる〔―むれる〕［戯］。へうげる［剽］。中古あざる［狂／戯］。あざればむ［戯］。あだふ［徒］。うちざる［打戯］。うちさるがふ［打猿楽］。おそばふ／おそばゆ［戯］。さる／ざる［戯］。さるがふ［猿

楽]。そばふ[そばえる][戯]。そぼる[戯]。たはぶる[―ぶれる][戯]。をこめく[痴]。上代 いそばふ[戯]。たはる[戯]。近世 じゃらくら。じゃらつく[付]。

―・け合う(さま) 近代 たはけし[戯]。

―・けからかう 近世 ちゃらかす。

―・けたこと 近世 ざれごと[戯事]。じょうだん[冗談]。じょうだんごと[冗談事]。たはけ[戯]。たはぶれごと[戯事]。

―・けた言葉 近代 じょうだんぐち[冗談口]。近世 ぎげん[戯言]。くちてんがう[口]。ざれごと[戯言]。じょうだん[冗談]。じょうだんばなし[冗談話]。たはぶれごと/たはれごと[戯言]。てんがうぐち[口]。へうひゃく。上代 たはこと[戯言]。

―・けた態度だ 近世 あじゃらしい[戯]。中古 あざれがまし[戯]。

―・けて言う 近世 うだつく。うだらつく。中世 きゃうげん[狂言]。

―・けながら食う 近世 とちくらふ[食]。

―・けること 近世 あじゃら[戯]。くゎいかい[詼諧]。じゃれ[戯]。たはけ[戯]。たはむれ[戯]。てんがう。中古 たはぶれ[戯]。

▼悪ふざけ 近世 こはざれ[強戯]。わるあがき[悪足掻]。

▼接頭語 近世 とち。

ぶさた【不沙汰】 近世 ものどほ[物遠]。沙汰なし。中世 きうくゎつ[久闊]。そいん[疎音]。ぶさた[不沙汰/無沙汰]。中古 そゑん[疎遠]。ぶいん[無音]。

ぶさほう【不作法】 近代 行儀が悪い。近世 ぶさはふ[不作法/無作法]。ぶゑんりょ[不遠慮/無遠慮]。礼儀知らず。中世 くゎんたい[緩怠]。ふぎゃうぎ[不行儀]。ぶしつけ[不躾/無躾]。ふとくしん[不得心]。中古 しつれい[失礼]。はしたなし。ひれい[非礼]。らうがはし[乱]。上代 うやなし/ゐやなし[礼無]。

―・で教養のない人 中古 でんぶやじん[田夫野人]。

―・に見えるさま 中古 なめげ[無礼気]。

わざとする― 近代 バーバリズム(barbarism)。

ぶざま【不様】 近代 しうじゃう[醜状]。近世 しうたい[醜態]。ぶざま[不様/無様]。みっともない。中世 ぶかくかう[不格好]。ぶかっかう[不恰好]。ふてぎは[不手際]。中古 さまあし[様悪]。むとく[無徳]。上代 みにくし[醜]。

ふさわし・い【相応】 近代 おうぶん[応分]。かうてき[好適]。ころあひ[頃合]。そぐはしい。てきがふ[適合]。近世 うってつけ[打付]。てきせつ[適切]。ぶんさうおう[分相応]。むく[向]。中世 あたふ[能]。ありつかはし[有付]。かくかう[格好]。かっかう[恰好]。げにげにし[実実]。ことよろし[事宜]。さうたう[相当]。つりあふ[釣合]。てきす[適]。てきたう[適当]。にあはし[似合]。中古 ありつく[有付]。あるべかし[有]。おふ[負]。さうおう[相応]。さるべき/さんべき/しかるべき[然可]。たる[足]。つきづきし[付付]。にあふ[似合]。につかはし[似付]。びびし[美美]。ふさはし[相応]。ふさひ[相応]。よろし[宜]。上代 につく[似付]。ふさふ[相応]。

《句》近世 人嚙(か)み馬にも合ひ口。人食ひ馬にも合ひ口。

―・いさま 近代 ぴったり。

―・い資質 てきせい[適性]。

―・い時 近代 かうき[好機]。ころあひ[頃合]。中世 てきじ[適時]。時に当たる。中古 じぎ[時宜]。しほどき[潮時]。をりから[折]。

―・くない 近代 柄にもない。近世 おほづけなし[大]。つきともなし[付無]。ふつりあひ[不釣合]。中世 ふさうおう[不相応]。ぶんぐゎい[分外]。付きもなし。中古 くゎぶん[過分]。すさまじ[凄]。つきなし[付無]。にげなし[似無]。びなし/びんなし[便無]。

自分に―・い 中世 おのれなり[己形]。てごろ[手頃]。

その場に―・い 中古 所に付く。

ふさんせい【不賛成】 ふしょうにん[不承認]。近代 なんしょく[難色]。ふさんせい[不賛成]。ふどうい[不同意]。ふふく[不服]。近世 はんたい[反対]。ふしょうち[不承知]。

ふし【節】❶〈出っ張り〉 ネップ(nep)。近代 けっせつ[結節]。でっぱり[出張]。近世 くゎんせつ[関節]。中古 せつ[節]。ふし[節]。ふしめ[節目]。よ[節]。上代 ふ[節/編]。

―が多いさま 中世 ふしくれだつ[節榑立]。

―の多い材木 近世 ふしくれ[節榑]。中世 ふしき[節木]。

木の小さな― 近世 こぶし[小節]。

ふし【節】❷〈区切り〉 ふしめ[節目]。中世 くぎり[区切]。さい[際]。中古 だん[段]。ふし[節]。をり[折]。

ふし【節】❸〈曲〉 近代 がくてう[楽調]。せんりつ[旋律]。メロディー(melody)。中世

きょくせつ［曲節］。中古しらべ［調］。ふし［節］。上代きょく［曲］。

ふし【不死】 イモータル(immortal)。ふしちょう［不死鳥］。近代えいきう［永久］。フェニックス(phoenix)。ふくつ［不屈］。ふま［不磨］。近世ふじみ［不死身］。中世ふめつ［不滅］。むきゅう［無窮］。中古ふきう［不朽］。ふし［不死］。

ふじ【不時】 近代よさうぐゎい［予想外］。近世ふそく［不測］。中世ふじ［不時］。中古ふい［不意］。

ふじ【藤】 中世ふたきぐさ［二季草］。まつみぐさ［松見草］。むらさきぐさ［紫草］。上代ふぢ［藤］。

《枕》上代あらたへの［荒妙／荒栲］。

—の色 中古うすむらさき［薄紫］。

—の蔓 中世ふぢづる［藤蔓］。上代ふぢかづら［藤葛］。

—の花 中古とうくゎ［藤花］。上代ふぢなみ［藤波／藤浪］。

白い花の咲く— 中世しらふぢ［白藤］。

垂れ下がった— 中古さがりふぢ［下藤］。

ふじ【富士】 →**ふじさん**

ぶし【武士】 近世うまもち［馬持］。にほんざし［二本差］。ぶけ［武家］。ふたこし［二腰］。中世さぶらひ／さむらひ［侍／士］。し［士］。上代ぶし［武士］。→**ぶじん**

—の魂 近代しこん［士魂］。

—の道 →**ぶしどう**

—の身分 近世しぶん［士分］。りゃんこ［両個］。

—の面目 近世刀の手前（柄前）。

—らしい様子 中世むしゃぶり［武者振］。

—らしく振る舞う 近世ぶばる［武張］。

—を罵って言う語 近代かたなかけ［刀掛／刀懸］。近世いぬざむらひ［犬侍］。かたなよごし［刀汚］。こしぬけざむらひ［腰抜侍］。

意気地のない— 近世なまくらぶし［鈍武士］。なまぶし［生武士］。

多くの— 中世ばんぷ［万夫］。

家格の高い— 近代じゃうし［上士］。

下級の— 近代かし［下士］。中世かせざむらひ［悴侍］。むそくにん［無足人］。中古かくご／かくごん［恪勤］。

関東の— 中世えびす［戎／夷］。とうい［東夷］。かまくらぶし［鎌倉武士］。ばんどうむしゃ［板東武者］。

騎馬の— 上代きし［騎士］。

経験を積んだ老巧な— 近代こぶし［古武士］。中世ふるつはもの［古兵／古強者］。

城を守る— 中世じゃうばん［城番］。ばんて［番手］。

僧形の— 近世そうへい［僧兵］。中世ほふしむしゃ［法師武者］。

地方の— 近世がうし［郷士］。くにしゅう［国衆］。

強い— 近世もさ［猛者］。中世まうざ［猛者］。中古かうのもの／がうのもの［剛者］。せいびゃう［精兵］。上代まうし［猛士］。

《句》近世剛の者に矢が立たず。逃ぐるをば剛の者。

年の若い— 近世わかざむらひ［若侍］。中世わかむしゃ［若武者］。

向こう見ずの— 中世かけむしゃ［駆武者／懸武者］。ゐのししむしゃ［猪武者］。

勇敢な— 近世ぶへんもの［武辺者］。中世ぶへんしゃ［武辺者］。

禄を失った— 近世らうし［浪士］。中世らうにん［浪人／牢人］。

ぶじ【無事】 近世ぶい［無異］。近代事なきを得る。別状ない。中世おだやか［穏］。そくさい［息災］。むやう［無恙］。つれなし。ぶなん［無難］。へいをん［平穏］。事もなし。相違なし。中古あんたい［安泰］。あんのん／あんをん［安穏］。そくさい［息災］。たひらか［平］。つつがなし／つつみなし［恙無］。なだらか。やすし／やすらか［安］。上代あんねい［安寧］。ことなし［事無］。たひらけし［平］。ぶじ［無事］。へいあん［平安］。まったし［全］。やすらけし［安］。

—かどうか 中世いなせ［否諾］。中古あんき［安危］。あんぴ［安否］。ありやなしや。

—に 中世ひらに［平］。上代ことさきく［事幸］。さきく［幸］。まさきく［真幸］。やすらか［安］。

—に着くこと 近代あんちゃく［安着］。

—に長生きすること 中古そくさいえんめい［息災延命］。

—を祈る 上代いはふ［斎］。

—を装う 中古ことなしぶ［事無］。

ふしあわせ【不幸】 →**ふこう**

ふしぎ【不思議】 まかふしぎ［摩訶不思議］。近代エニグマ(enigma)。きき［奇奇］。なぞ［謎］。ふかかい［不可解］。ミステリー(mystery)。奇中の奇。近世あやかし。きめうきてれつ［奇妙］。けうとし［気疎］。けたい／けったい［卦体／怪態／怪体］。しんめう［神妙］。めいよ／めいよう［名誉］。めんえう／めんよ［面妖］。狐につままる［—ま

れる］。思案に落ちず。中世ききくゎいくゎい［奇奇怪怪］。きたい［希代／稀代］。きたい［奇態／奇体］。け［怪］。けしかる［異／怪］。しんぴ［神秘］。しんべう［神妙］。めう［妙］。中古いぶかし［訝］。きい［奇異］。きくゎい［奇怪］。きめう［奇妙］。けう［希有／稀有］。しんき［神奇］。ふかしぎ［不可思議］。ふしぎ［不思議］。をかし。上代あやし［怪］。くし［奇］。くしび［奇／霊］。くすし［奇］。くすばし［奇］。くゎい［怪］。たへ［妙］。れいい［霊異］。

ー・そうにする 近世けげん［怪訝］。中古おぼめく。

ー・で怪しいこと 近世きげん［奇幻］。くゎいき［怪奇］。中古きくゎい［奇怪］。

ー・な香り 中世れいかう／れいきやう［霊香］。

ー・な効き目のある薬 中古れいやく［霊薬］。

ー・な気配 近代しんき［神気］。れいふん［霊氛］。中古れいき［霊気］。

ー・なこと（もの） 近代れいぶつ［霊物］。中世あやかし。きじ［奇事］。けい［怪異］。しんもつ［神物］。中古くゎいい［怪異］。れいもつ［霊物］。上代しんい［神異］。

ー・なことを見せる芸 近代マジック（magic）。近世きじゅつ［奇術］。てじな［手品］。てづま［手爪／手妻］。中世きょくげい［曲芸］。まじゅつ［魔術］。まはふ［魔法］。

ー・なさま（現象） ちょうじょうげんしょう［超常現象］。近代しんぴてき［神秘的］。てうしぜん［超自然］。ミステリアス（mysterious）。近世きてれつ［奇天烈］。中世きどく［奇特］。しんぺんふしぎ［神変不思議］。中古きとく［奇特］。上代えうくゎい［妖怪］。

ー・な前兆 近代しんずい［神瑞］。中古れいずい［霊瑞］。

ー・な力 近代じんつうりき／じんづうりき［神通力］。れいりょく［霊力］。中古きとく［奇特］。じんづう［神通］。上代じんりき［神力］。

ー・な鳥 近世れいてう［霊鳥］。

ー・な光 中世しんくゎう［神光］。

ー・な夢 近代くゎいむ［怪夢］。

ー・なわざ 近代しんぎ［神技］。れいじゅつ［霊術］。近世えうじゅつ［妖術］。きじゅつ［奇術］。中世まじゅつ［魔術］。

ー・に 近代くしくも［奇］。近世へんに［変］。上代あやに［奇］。

ー・に思う 近代くゎいが［怪訝］。近世けげん［怪訝］。小首を傾(かし)げる（傾(かた)げる）。中世かたむく［傾］。中古あやしむ［怪］。うたがふ［疑］。かたぶく［傾］。きょうがる［興］。

ーの国 ワンダーランド（wonderland）。

七つのー・なもの 中世ななふしぎ［七不思議］。

ふじさん【富士山】 近代ほうらいさん［蓬萊山］。近世ふがく［富岳／富嶽］。ふようぼう［芙蓉峰］。中世ふじさん［富士山／不尽山／不二山］。中古時知らぬ山。上代ふじ［富士］。

ーの噴火口の周縁 けんがみね［剣ヶ峰］。

朝日に赤く見えるー 近世あかふじ［赤富士］。

湖水の水面などに映ったー さかさふじ［逆富士］。近代かげふじ［影富士］。

雪のー 近世白扇(はくせん)倒(さかしま)に懸る。

ふしぜん【不自然】 じんこうてき［人工的］。じんゐてき［人為的］。近代アーティフィシャル（artificial）。ふしぜん［不自然］。取って付けたやう。中世めう［妙］。中古つくりごと［作事］。ねぢけがまし［拗］。

ふしだら 身持ちが悪い。近代ふひんかう［不品行］。だうらく［道楽］。近世じだらく［自堕落］。ふぎゃうせき［不行跡］。ふぎゃうじゃう［不行状］。ふしだら。ふみもち［不身持］。みだら［猥／淫］。中世けかいなし［結解無］。はうじゅう［放縦］。中古いうたう［遊蕩］。らんかう［乱行／濫行］。上代たはし［戯］。はうしょう［放縦］。はうたう［放蕩］。らんぎゃう［乱行／濫行］。

ふしちょう【不死鳥】 近代フェニックス（phoenix）。近世ふじみ［不死身］。→**ふし**

ぶしつけ【不躾】 近世おりょぐゎい［御慮外］。そさう［粗相／疎相］。なめ［無礼］。ぶさはふ［不作法／無作法］。中世うちつけ［打付］。くゎうりゃう［荒涼］。そつじ［率爾］。ぶこつ［無骨］。ぶしつけ［不躾／無躾／不仕付］。ぶれい［無礼］。ぶゑんりょ［無遠慮／不遠慮］。むさと／むざと。れうじ［聊爾］。中古あらは［露／顕］。こちなし／こつなし［骨無］。なれなれし［馴馴］。ばうじゃくぶじん［傍若無人］。りょぐゎい［慮外］。

ぶしどう【武士道】 近代きしだう［騎士道］。近世ぶしだう［武士道］。中世ぶだう［武道］。弓箭(きゅうせん)の道。弓馬の道。兵(つはもの)の道。もののふの道。

ふしまつ【不始末】 エラー（error）。近代くゎご［過誤］。しったい［失態／失体］。しっぱい［失敗］。ミス（miss）。近世しくじり。しそんじ［仕損］。しっさく［失策］。ふしまつ［不始末］。ふしゅび［不首尾］。ふつがふ［不都合］。ふとどき［不届］。ふらち［不埒］。中世しそこなひ［為損／仕損］。ふつ

つか［不束］。ぶてうはふ［不調法／無調法］。上代くゎしつ［過失］。

ーがあらわれる　近世手が見ゆ［ー見える］。

重大なー　近代せっぷくもの［切腹物］。

ふじまめ【藤豆】　近世かきまめ［籬豆］。せんごくまめ［千石豆］。たうまめ［唐豆］。ふぢまめ［藤豆／鵲豆］。中世ひらまめ［平豆］。

ふじみ【不死身】　ふしちょう［不死鳥］。近代フェニックス(phoenix)。ふくつ［不屈］。近世ふじみ［不死身］。→**ふし【不死】**

ふしめ【伏目】　近世しため［下目］。中古うつぶしめ［俯目］。ふしめ［伏目／俯目］。

ふしめ【節目】→**くぎり**

ふしゅ【浮腫】　近世しゅ［腫］。はれ［腫］。ふしゅ［浮腫］。むくみ［浮腫］。

ふじゆう【不自由】　近世してう［翅鳥］。ままならぬ。中世ことかく［事欠］。ふじいう［不自由］。ふずい［不随］。ふにょい［不如意］。中古ところせし［所狭］。

ー・しない　中古ことたる［事足］。

ふじゅうぶん【不十分】　近代なまはんか［生半可］。ふくゎんぜん［不完全］。ふじふぶん［不十分］。ふじゅうぶん［不充分］。ふゆきとどき［不行届］。近世おさうさう［御草草］。くらし［暗］。なまなか［生半］。なまにんじゃく［生人尺］。中世あまし［甘］。おろおろ。けつぼく［欠乏］。けつゐ［欠遺／闕遺］。なのめ［斜］。ふそく［不足］。ふてってい［不徹底］。ふまんぞく［不満足］。まどし［貧］。中古あさし［浅］。おろか［愚／疎］。かく［かける］［欠］。かたは［片端］。かたほ［偏／片秀］。ことかく［事欠］。ふそく［不足］。まだし［未］。

ーながら　上代かつがつ［且且］。

ー・な出来　中世なまなり［生成］。

ー・な点　近代けってん［欠点］。じゃくてん［弱点］。ておち［手落］。

修行などがー　中世あをい［青／蒼］。

力がー　中古およびなし［及無］。

▼接頭語　近世うろ。おろ［疎］。中古なま［生］。

ぶじゅつ【武術】　近世ぶじゅつ［武術］。中世ぶ［武］。弓箭(きゅうせん)の道。弓馬の道。兵(つはもの)の道。もののふの道。上代ぶげい［武芸］。↓**ぶげい**

ーが未熟なこと　近世なまびゃうはふ［生兵法］。

ふしゅび【不首尾】　近代しっぱい［失敗］。ふせいこう［不成功］。近世しくじり。ひだりなは［左縄］。ふしゅび［不首尾］。中世ふつがふ［不都合］。ふでき［不出来］。

ふじゅん【不順】　しっちょう［失調］。近代スランプ(slump)。ふしん［不振］。近世ふじゅん［不順］。中古ふてう［不調］。

ふじょ【扶助】　たすけあい［助合］。ヘルプ(help)。近代じょりょく［助力］。ちからぞへ［力添］。ふやう［扶養］。力を貸す。近世じょせい［助勢］。じょりき［助力］。すけだち［助太刀］。手を貸す。中世かふりょく［合力］。たすけぶね［助舟］。てだすけ［手助］。てつだふ［手伝］。ふじょ［扶助］。力になる。中古たすく［たすける］［助］。

ふじょ【婦女】　近代ウーマン(woman)。ぢょし［女子］。ぢょせい［女性］。中古をうな［女］。をんな［女］。上代ふじん［婦人］。ふぢょ［婦女］。→**おんな**

ぶしょ【部署】　ぶきょく［部局］。近代セクション(section)。ぶしょ［部署］。ぶんたん［分担］。近世うけもち［受持］。もちば［持場］。やくめ［役目］。やくわり［役割］。

ふしょう【不祥】　中古さいやく［災厄］。ふきつ［不吉］。さいなん［災難］。ふうん［不運］。ふしゃう［不祥］。上代きょうじ［凶事］。

ふしょう【不肖】　おろか［愚］。中古ふせう［不肖］。→**おろか**　→**わたくし**

ふしょう【不詳】　近世ふしゃう［不詳］。中世ふめい［不明］。みしゃう［未詳］。

ふしょう【不承】→**ふしょうち**

ふしょう【負傷】　近代ふしゃう［負傷］。近世ぐゎいしゃう［外傷］。中世けが［怪我］。てきず［手傷／手創／手疵］。中古しゃうい［傷痍］。上代きず［傷］。そんしゃう［損傷］。

→**きず**

ふじょう【不浄】　近代ダーティー(dirty)。をだく／をぢょく［汚濁］。近世うすぎたなし［薄汚］。きたならし［汚］。こぎたなし［小汚］。むさくるし［苦］。よごれ［汚］。中世そく［触］。ふけつ［不潔］。ふじゃう［不浄］。むさし。中古けがらひ／けがれ［汚／穢］。をせん［汚染］。上代きたなし［汚］。けがらはし［汚／穢］。

ふじょう【浮上】　近代うきでる［浮出］。たいとう［擡頭／台頭］。ふやう［浮揚］。中世うかびあがる［浮上］。うかぶ［浮］。中古あらはる［ーわれる］［現］。

ぶしょう【無精】　近代おっくうがる［億劫］。めんだうがる［面倒］。めんどくさがる［面倒臭］。中世なまづけなし。ぶしゃう［無精／不精／無性］。ものくさ／ものぐさ［物臭／

懶]。らんだ[懶惰/嬾惰]。
ー・な女 中古 らんぷ[懶婦/嬾婦]。

ぶしょう【武将】 中世 たいしゃう[大将]。ぶしゃう[武将]。中古 しゃうぐん[将軍]。
ーの家柄 近代 しゃうか[将家]。中古 ぶけ[武家]。
優れたー 中古 めいしゃう[名将]。
勇猛なー 近代 けうしゃう[梟将]。中世 まうしゃう[猛将]。

ふしょうじ【不祥事】 近代 スキャンダル(scandal)。トラブル(trouble)。ふしゃうじ[不祥事]。

ふしょうち【不承知】 近代 いぞん[異存]。いなや[否]。なんしょく[難色]。ふさんせい[不賛成]。ふどうい[不同意]。頭を横に振る。近世 いな[否]。ふしょう[不承]。ふしょうち[不承知]。中世 いぎ[異議]。ふしゃう[不請]。頭を振る。顔を振る。

ふじょうり【不条理】 →ふごうり

ふしょく【腐蝕】 →くさ・る❶

ぶじょく【侮辱】 近代 ぶじょく[侮辱]。ぶべつ[侮蔑]。中古 あなどる[侮]。はぢしむ[恥]。はづかしむ[一しめる][辱]。上代 けいべつ[軽蔑]。

ふしん【不信】 近代 はいしん[背信]。ふしんにん[不信任]。中古 ふじつ[不実]。ふしん[不信]。

ふしん【不振】 近代 したび[下火]。スランプ(slump)。ていてう[低調]。ふしん[不振]。中世 おちめ[落目]。くだりざか[下坂]。中古 ていめい[低迷]。ふてう[不調]。
ーを打開する援助 てこいれ[梃子入]。

ふしん【不審】 近代 くゎいが[怪訝]。近世 いかがはし[如何]。うさん[胡散]。うさんくさし[胡散臭]。きめう[奇妙]。けげん[怪訝]。こころにくし[心憎]。中世 おぼつかなし[覚束無]。きたい[稀代/希代]。きっくゎい[奇怪]。ぎねん[疑念]。ぎもん[疑問]。きゃうじゃく[景迹]。中古 あやし[怪]。いぶかし[訝]。きくゎい[奇怪]。けし[怪/異]。こころえず[心得]。ふしん[不審]。をかし。上代 いぶせし[鬱悒]。うたがはし[疑]。うたがひ[疑]。くゎいぎ[懐疑]。
ー・に思う 近代 疑ひを挟む。首(頸)を傾げる。解せない。近世 いぶかしむ[訝]。小首を傾ける(傾げる)。中世 あやしばむ[怪]。かたむく[傾]。中古 あやしぶ/あやしむ/あやむ[怪]。おぼめく。かたぶく[傾]。上代 いふかる/いぶかる[訝]。

ふしん【普請】 近代 こうじ[工事]。どぼくこうじ[土木工事]。近世 けんちく[建築]。ざうちく[造築]。さくじ[作事]。中世 ふしん[普請]。
ーの仕事場 近代 さくじば[作事場]。

ふしん【腐心】 近代 くりょ[苦慮]。ふしん[腐心]。近世 骨身を砕く。中世 くしん[苦心]。くらう[苦労]。しんらう[辛労]。ほねをり[骨折]。身骨を砕く。骨を砕く。身を粉にする。中古 心を砕く。

ふじん【布陣】 近代 たいせい[態勢]。ぢんがまへ[陣構]。ぢんよう[陣容]。近世 ぢんぱふ[陣法]。中世 かまへ[構]。ぢんだて[陣立]。はいち[配置]。中古 そなへ[備/具]。
ーの例 近代 ちゃうだ[長蛇]。中世 えんげつ[偃月]。中古 かくよく[鶴翼]。ぎょりん[魚鱗]。

ふじん【婦人】 →おんな →じょせい【女性】

ふじん【夫人】 近代 セニョーラ(スペイン señora)。フラウ(ドイツ Frau)。マダム(フランス madam; madame)。近世 おくさん[奥]。ふじん[夫人]。中世 おくがた[奥方]。おくさま[奥様]。→つま
《尊》近代 れいけい[令閨]。れいしつ[令室]。れいふじん[令夫人]。中世 ないしつ[内室]。
首相や大統領のー トップレディー(top lady)。

ぶじん【武人】 近世 うまもち[馬持]。かんじゃう[干城]。にほんざし[二本差]。ぶけ[武家]。ふたこし[二腰]。ぶふ[武夫]。ぶべん[武弁]。中世 きたおもて/ほくめん[北面]。きゅうせん[弓箭]。さぶらひ/さむらひ[侍/士]。し[士]。ぶじん[武人]。ぶへん[武辺]。ぶへんしゃ[武辺者]。ゆみとり[弓取]。ゆみや[弓矢]。ゆみやとり[弓矢取]。弓箭の道。弓矢取る身。中古 むさ/むしゃ[武者]。上代 いくさびと/ぐんじん[軍人]。つはもの[兵]。ぶし[武士]。ますらを[益荒男/丈夫]。もののふ[武士]。
ーとしての家臣 中世 ぶしん[武臣]。
ーとしての誉れ 近世 ぶめい[武名]。
甲冑に身を固めたー 中世 ぐそくむしゃ[具足武者]。よろひむしゃ[鎧武者]。

ふしんせつ【不親切】 近代 ぶあいきゃう[無愛敬]。ぶあいさう/ぶあいそ[無愛想]。ふしんせつ[不親切/不深切]。近世 ぞんき。ふしんせつ[不親切]。中古 すげなし[素気無]。つれなし。れいたん[冷淡]。上代 こころなし[心無]。

ふしんばん【不寝番】 中世 ねずのばん[不寝番]。近世 ふしんばん[不寝番]。やばん/

ふ・す【伏】 よばん［夜番］。〘中古〙やけい［夜警］。

〘近代〙ふくす［伏］。ふさる［伏／臥］。わうぐゎ［横臥］。〘近世〙そくぐゎ［側臥］。ねそべる［寝］。横になる。〘中世〙ぐゎす［臥］。ねころぶ［寝転］。ふせる［臥］。〘中古〙かきふす［掻臥］。よこたはる［横］。〘上代〙こやる／こゆ［臥］。ぬ［ねる］［寝］。ふす［伏／臥］。

《枕》〘中古〙くれたけの［呉竹］。

—・せさせる 〘中世〙おっぷす〔—ぷせる〕［押伏］。〘中古〙かきふす［掻臥］。

物の下に—・すこと 〘中世〙したぶし［下臥］。

ふずい【不随】 〘近代〙ふずいい［不随意］。〘中世〙ふじいう［不自由］。ふずい［不随］。ふにょい［不如意］。

ふずい【付随】 〘近代〙くゎんれん［関連］。ふずい［付随／附随］。ふたい［付帯／附帯］。〘近世〙ずいはん［随伴］。

—・しているもの 〘近代〙そへもの［添物］。ふくさんぶつ［副産物］。

ぶすい【無粋】 ださい。〘近代〙つやけし［艶消］。ぶすい［無粋／不粋］。〘近世〙いろけし［色消］。ぐゎち［月］。ぶすい［無粋］。もっさり。やぼ［野暮］。やぼったい［野暮］。やぼてん［野暮天］。〘中世〙ぶふうりう［無風流／不風流］。〘中古〙ぶこつ［無骨／武骨］。

ふすう【負数】 〘近代〙ふ［負］。ふすう［負数］。マイナス(minus)。

ふすま【襖】 〘近世〙ふすま［襖］。〘中世〙ふすましゃうじ［襖障子］。〘中古〙さうじ［障子］。

—に種々の書画を混ぜて貼ること 〘近世〙はりまぜ［貼雑］。

—の上張りの紙 〘近代〙ふすまがみ［襖紙］。

—や壁に描かれた絵 〘近代〙しゃうへいぐゎ［障屏画］。しゃうへきぐゎ［障壁画］。

—や壁の下部に紙や布を張ること 〘近代〙こしばり［腰張］。

—や障子の引き手 〘近代〙ひきもの［引物］。〘上代〙ひきて［引手］。

絵の描いてある— 〘中古〙ぐゎしゃう［画障］。

金箔を貼り詰めた— 〘近世〙きんぶすま［金襖］。

布張りの— 〘中古〙ぬのさうじ［布障子］。

ふ・する【付】❶〈付加〉 〘近代〙つけくはへる［付加］。ふか［付加］。〘中世〙ふす［付］。〘中古〙そふ〔そえる〕［添］。

ふ・する【付】❷〈付託〉 いしょく［委嘱］。〘近世〙たくす［託］。〘中世〙いたく［依託］。ゐたく［委託］。ふす［付］。〘上代〙ふたく［付託］。まかす〔まかせる〕［任］。

ふせ【布施】 〘中世〙ほどこし［施］。〘中古〙だんせ［檀施］。だんな［檀那］。ほうしゃ［報謝］。〘上代〙ふせ［布施］。

—にする物 〘近代〙ふせもの［布施物］。〘上代〙ふせもつ［布施物］。〘中古〙ずきゃう［誦経］。

—を行う人 〘上代〙せしゅ［施主］。だんゑつ／だんをつ［檀越］。

ふせい【不正】 アンフェア(unfair)。〘近代〙ふせい［不正］。〘近世〙ゆがみ［歪］。よこ［横］。〘中世〙じゃきょく［邪曲］。ねぢく〔ねじける〕［拗］。ひ［非］。よこしま［邪］。〘中古〙あく［悪］。じゃだう［邪道］。にごり［濁］。ふたう［不当］。わうわく［枉惑］。〘上代〙かん［奸／姦］。じゃあく［邪悪］。ふぎ［不義］。

《句》〘近世〙渇しても盗泉(とうせん)の水を飲まず。

—が感じられる 〘近世〙くろし［黒］。

—がないこと こうめい［公明］。めいろう［明朗］。

—で儲けた金 〘近代〙あぶくぜに［泡銭］。〘近世〙あくせん［悪銭］。

—・なやり方 うらぐち［裏口］。〘近代〙うらみち［裏道］。〘中世〙わうだう［横道］。

—・に金を受け取ること 〘近代〙しうじゅ［収受］。

—・に使う 〘近世〙げじく。

—をただすこと きうせい［糾正］。

—を取り締まること 〘中古〙〘上代〙しゅくせい［粛清］。

—を激しく嫌う性質 〘近代〙けっぺき［潔癖］。

公務員の— おしょく［汚職］。〘近代〙とくしょく［瀆職］。

ふせい【不整】 〘近代〙ざつぜん［雑然］。ところはだら［所斑］。むちつじょ［無秩序］。〘近世〙ごちゃごちゃ。ふきそく［不規則］。ふせい［不整］。ふぞろひ［不揃］。

ふぜい【風情】 〘近代〙じゃうしゅ［情趣］。じゃうしょ／じゃうちょ［情緒］。じゃうち［情致］。しゅち［趣致］。〘近世〙おもはくらし［思］。〘中世〙いろ［色］。かかり［掛］。じゃうみ［情味］。ふうみ［風味］。〘中古〙あはれ／あはれげ［哀］。おもむき［趣］。け［気］。けはひ。こころばへ［心延］。なさけ［情］。ひん［品］。ふぜい［風情］。ゆゑ［故］。よし［由］。〘上代〙あぢはひ［味］。→おもむき

—がある 〘中古〙ざる〔ざれる〕［戯］。よしづく［由付］。をかし。

—があること(さま) 〘近代〙たしゅ［多趣］。〘中古〙えん［艶］。

—がない 〘近世〙物がない。〘中古〙すずろ［漫］。ものすさまじ［物凄］。よしなし［由無］。

—のある様子だ 〘中古〙よしばむ［由］。

ーを解さない 中世こころなし[心無]。

素朴で田舎らしいー 中世やしゅ[野趣]。中古やじゃう[野情]。

ぶぜい【無勢】 近代くゎぜい[寡勢]。せうにんずう[少人数]。中世こぜい[小勢]。中古せうすう[少数]。ぶぜい/むぜい[無勢]。

ふせいこう【不成功】 近代しっぱい[失敗]。ふせいこう[不成功]。やりそこなひ[遺損]。近世おじゃん。しくじり。ふしゅび[不首尾]。どじを踏む/どぢを踏む。中古ふてう[不調]。

ふせいじつ【不誠実】 近代ふせいじつ[不誠実]。中古あだあだし[徒徒]。ふじつ[不実]。

ふせいしゅつ【不世出】 近代けう[希有]。近世しゅつしょく[出色]。ふせいしゅつ[不世出]。中世てうぜつ[超絶]。

ふせき【布石】 近代したじゅんび[下準備]。てはい[手配]。ふせき[布石]。近世おぜんだて[御膳立]。したごしらへ[下拵]。だんどり[段取]。てくばり[手配]。てまはし[手回]。中古かまへ[構]。したく[支度]。ようい[用意]。

ふせ・ぐ【防】 中世くひとむ[―とめる][食止]。ささふ[ささえる][支]。まぶる/まぼる[守]。中古おさふ[抑/押]。ほさく[防]。上代さえぎる[遮]。さふ[さえる][障/支]。たふ[遮]。ふせく/ふせぐ[防/禦/拒]。ほせぐ/ほそく[防]。まもらふ/まもる[守]。もる[守]。

ー・ぎ切れないこと 近代ふかかうりょく[不可抗力]。

ー・ぎ切れないたとえ 近代燎原の火。

ー・ぐこと プロテクト(protect)。近代ガード(guard)。ディフェンス(defense)。ばうし[防止]。ばうしゅ[防守]。はどめ[歯止]。近世しゅび[守備]。そし[阻止]。ふせぎ[防/禦/拒]。中古ばうあつ[防遏]。ばうぎょ[防御/防禦]。ばうご[防護]。ばうゑい[防衛]。はばむ[阻/沮]。上代おさへ[抑/押]。

病気などを前もってー・ぐこと 近世よく[よける][避/除]。よばう[予防]。

ふせつ【布設】 セッティング(setting)。近代しく[敷]。せっち[設置]。近世すゑつく[―つける][据付]。中世ひっぱる[引張]。中古ふせつ[布設/敷設/鋪設]。

ふせつ【浮説】 近世ふうひゃう[風評]。中世ふうせつ[風説]。中古ふせつ[浮説]。上代りうげん[流言]。→**うわさ**

ふ・せる【伏】❶〈病気で〉 ねる[寝]。近世横になる。中世ふせる[伏/臥]。

ふ・せる【伏】❷〈倒す〉 近世俯けに置く。中古うつぶす[―ぶせる][俯]。たふす[倒]。上代ふす[ふせる][伏/臥]。

ふせん【不戦】 近代はんせん[反戦]。ひせん[非戦]。近世ふせん[不戦]。

ふせん【付箋】 さげがみ[下紙]。メモようし[memo用紙]。近代ふせん[付箋/附箋]。近世つけがみ[付紙]。はりがみ[張紙/貼紙]。ふしんがみ[不審紙]。中古せん[箋]。

ふぜん【不全】 近代ふくゎんぜん[不完全]。近世ふりゃう[不良]。中世ふぜん[不全]。

ふせんめい【不鮮明】 近代あいまいもこ[曖昧模糊]。ふせんめい[不鮮明]。ふめいれう[不明瞭]。中世ばくぜん[漠然]。

ふそ【父祖】 中古せんじん[先人]。上代せんぞ[先祖]。そせん[祖先]。ふそ[父祖]。→**せんぞ**

ーの業を受け継ぐ重み 中世ふか[負荷]。

ーの美徳を受け継ぐこと 近代せいび[済美]。

ふそうおう【不相応】 近代ふきんかう[不均衡]。ふてうわ[不調和]。近世ふつりあひ[不釣合]。ふにあひ[不似合]。中世くゎぶん[過分]。ふさうおう/ぶさうおう[不相応]。

《句》近代蝦の鯛交じり。近世乞食が馬を貰ふ。乞食に朱椀。雑魚の魚混じり。

ー・にも 中世いやしくも[苟]。

ふそく【不足】❶〈欠如〉 近代けつ[欠]。けっかん[欠陥]。ばふけつ[乏欠/乏闕]。ふじふぶん[不十分]。近世けつばふ[欠乏]。しっつい[失墜]。ひでり[日照/旱]。ひん[貧]。中世けつぼく[欠乏]。ゐけつ[遺闕]。中古けつじょ[欠如]。ふそく[不足]。

ー・していない 近代じふぶん[十分]。近世じふにぶん[十二分]。中古ことたる[―たりる][事足]。上代たる[たりる][足]。

ー・している 近代足りない。近世おかったるい。くらし[暗]。中古とぼし/ともし[乏]。

ー・する 中世きる[きれる][切]。事を欠く。中古かく[かける][欠/闕]。ことかく[事欠]。

ーを補うこと カバー(cover)。てんそく[塡足]。近代あなうめ[穴埋]。うめあはせ[埋合]。てんぽ[塡補]。ほきふ[補給]。近世ほてん[補塡]。穴を埋む[―埋める]。中世おぎなふ[補]。上代ほじゅう[補充]。

ーを補う分 近代おぎなひ[補]。近世たしまへ[足前]。たそく[多足]。たらずまへ[不

足前]。

品物が一がち　しながれ[品枯]。近代かすれ[掠/擦]。しなうす[品薄]。しながすれ[品掠]。

ふそく【不足】❷〈不満〉　近代ふふく[不服]。中世ふそく[不足]。ふへい[不平]。ふまん[不満]。ふまんぞく[不満足]。

ふそく【不測】　近代ふかそく[不可測]。よさうぐゎい[予想外]。近世ふそく[不測]。図らずも。中世いぐゎい[意外]。ふじ[不時]。中古おもひがけず[思掛]。ふい[不意]。ふりょ[不慮]。上代りょぐゎい[慮外]。

ふぞく【付属】　近代ふずい[付随]。ふたい[付帯]。近世ふろく[付録]。中世つきしたがふ[付従]。中古つく[付]。ふぞく[付属/附属/付嘱]。

—・させて設置すること　近代ふせつ[付設/附設]。ふち[付置/附置]。

—品　つま[妻]。近代アクセサリー(accessory)。アタッチメント(attachment)。近世おまけ[御負]。中古そへもの[添物]。

ぶぞく【部族】　近代ぶぞく[部族]。みんぞく[民族]。中古しゅぞく[種族]。

ふぞろい【不揃】　ばらつき。近代ふとういつ[不統一]。歯の抜けたやう。近世かたちぐ[片]。ちぐはぐ。ふぞろひ[不揃]。中世ばらばら。中古まちまち[区区]。

ふそん【不遜】　おごりたかぶる[驕高]。近代おもひあがり[思上]。近世がうがん[傲岸]。中世あふへい[押柄]。がうまん[傲慢]。そんだい[尊大]。わうへい[横柄]。ゐたか[威高/居高]。中古ふそん[不遜]。

ふた【蓋】　キャップ(cap)。中世かさ[笠]。せん[栓]。ふた[蓋]。

—のある容器　近代ふたつき[蓋付]。近世ふたもの[蓋物]。

—の中に更に蓋があるつくり　にじゅうぶた[二重蓋]。

酒樽の—　近世かがみ[鏡]。

箱と—　近世かんがい[函蓋]。

棺の—を閉じること　中世さがん/そがん[鎖龕]。

その他—のいろいろ(例)　近代いんろうぶた[印籠蓋]。近世おしぶた[押蓋]。おとしぶた[落蓋]。かぶせぶた[被蓋]。さしぶた[挿蓋/差蓋]。やろうぶた/やくろうぶた[薬籠蓋]。

ふだ【札】　近代カード(card)。近世レッテル(オランダ letter)。中世カルタ[ポルトガル carta/骨牌/歌留多]。中古せん[箋/籤]。ふみた[札/簡]。上代ふだ[札/簡/帳/籍]。

一般に知らせる事を書いて立てる—　中世かうさつ[高札]。きんさつ[禁札]。せいさつ[制札]。たてふだ[立札]。

掛け値のない値段を書いた—　近世しゃうふだ[正札]。

社寺で貰った古い—　近世ふるふだ[古札]。

神仏が人を加護する—　近世おふだ[御札]。まもりふだ[守札]。中世おまもり[御守]。

トランプ遊びで最強の—　近代きりふだ[切札]。ジョーカー(joker)。

入札などで権利を得た—　近世おちふだ[落札]。らくさつ[落札]。

迷子になったときの用心に付ける—　近世まひごふだ[迷子札]。

目印の—　近世さげふだ[下札]。つけふだ[付札]。

文字を記す木や竹の—　近代ちくさく[竹冊]。もくかん[木簡]。中世かん[簡]。かんさつ[簡札]。てふ[牒]。中古ちくかん[竹簡]。

ぶた【豚】　中世かちょ[家猪]。ぶた[豚/豕]。中古ゐのこ[豕/猪子]。上代ゐ[猪/豬]。

—を飼育する小屋　とんしゃ[豚舎]。近代ぶたごや[豚小屋]。

食肉としての—　近代とん[豚](とんカツ、とん汁など)。ポーク(pork)。近世ぶたにく[豚肉]。

食用として焼いた—　チャーシュー[(中国語)叉焼]。近代やきぶた[焼豚]。

ふたあけ【蓋開】　オープニング(opening)。近代かいし[開始]。かいまく[開幕]。近世ふたあけ[蓋開/蓋明]。まくあけ[幕開]。中世はじまり[始]。

ふたい【付帯】　近代つけくはへ[付加]。ふか[付加]。ふずい[付随]。ふたい[付帯/附帯]。上代ふぞく[付属]。

ぶたい【舞台】　上代ぶたい[舞台]。近代いた[板]。ステージ(stage)。

—後方の壁　ホリゾント(ドイツ Horizont)。

—装置の仕掛け(例)　あおりかえし[煽返]。近代まはりだい[回台]。まはりぶたい[回舞台]。近世うちかへし[打返]。きりあな[切穴]。すのこ[簀子]。せり[迫]。でんがくがへし[田楽返]。どうをれ[胴折]。ひきだうぐ[引道具]。ぶだうだな[葡萄棚]。

—と客席の間の音楽演奏席　近代オーケストラピット(orchestra pit)。オーケストラホー

ル(和製 orchestra hall)。オーケストラボックス(和製 orchestra box)。

―の客席から見て左手 近世 しも[下]。しもて[下手]。にし[西](江戸で)。

―の客席から見て右手 近世 かみ[上]。かみて[上手]。にし[西](京阪で)。

―の切り穴から役者などを下げること 近世 せりおろし[迫下]。せりこみ[迫込]。せりさげ[迫下]。

―の切り穴から役者などを出すこと 近世 せりあげ[迫上]。せりだし[迫出]。

―の左右両端 近代 そで[袖]。近世 りゃうそで[両袖]。

―の照明(例) シーリングライト(ceiling light)。近代 きゃくくゎう[脚光]。スポットライト(spot light)。バックライト(back-light)。フットライト(foot light)。ボーダーライト(border light)。

―の背景となる大道具 近世 かきわり[書割]。

―の床下 じごく[地獄]。近世 ならく[奈落]。

―を回転させる仕掛け 近代 まはりぶたい[回舞台]。近世 ぶんまはし[回]。

客から見て額縁のように区切られた― がくぶちぶたい[額縁舞台]。プロセニアムアーチ(proscenium arch)。

客席に作られた― 近代 エプロン/エプロンステージ(apron stage)。近世 はなみち[花道]。

上等で立派な― 近世 おほぶたい[大舞台]。ひのきぶたい[檜舞台]。

ぶたい【部隊】 近代 ぐんたい[軍隊]。ぐんだん[軍団]。たい[隊]。へいだん[兵団]。近世 てびと[手人]。中世 て[手]。てのもの[手者]。中古 ぶたい[部隊]。

―の配置や形 近代 たいけい[隊形]。

―を編成すること 近代 へんそ[編組]。中世 てぐみ[手組]。

後方の― 近代 こうゑい[後衛]。中世 しんがりぞなへ[殿備]。

前方の― 近代 ぜんゑい[前衛]。近世 ぜんぽう[前鋒]。中世 せんぢん[先陣]。せんぽう[先鋒]。てさき[手先]。中古 ぜんぢん[前陣]。

大小の― 近代 しだん[師団]。せうたい[小隊]。だいたい[大隊]。りょだん[旅団]。れんたい[連隊/聯隊]。

本隊から離れた― ていしんたい[挺身隊]。近代 いうげきたい[遊撃隊]。したい[支隊]。パルチザン(フランス partisan)。べつどうたい[別働隊]。中世 いうぐん[遊軍]。

その他―のいろいろ(例) きどうぶたい[機動部隊]。こうかぶたい[降下部隊]。レーンジャー(ranger)。近代 きかふぶたい[機甲部隊]。ぐんがくたい[軍楽隊]。ゲリラ(guerrilla)。ぜんせう[前哨]。近世 ゆみぐみ[弓組]。

ふたいてん【不退転】 近代 けんにんふばつ[堅忍不抜]。ふくつ[不屈]。ふたいてん[不退転]。ふたうふくつ[不撓不屈]。ふばつ[不抜]。

ふたく【付託】 近代 ふたく[負託]。近世 ゐたく[委託]。中世 たくす[託]。ふす[付]。ゐにん[委任]。上代 ふたく[付託/附託]。ゆだぬ(ゆだねる)[委]。

ふたご【双子】 そうし[双子]。そうじ[双児]。近代 さうせいじ[双生児]。中世 ふたご[双子/二子/双児]。

ふたごころ【二心】 近代 うはきごころ[浮気心]。たし[他志]。ほんしん[叛心]。近世 ふたおもて[両面]。中世 にねん[二念]。はんしん[叛心/反心]。中古 いしん[異心]。ぎゃくしん[逆心]。ことごころ[異心]。じしん/にしん[弐心/二心]。たしん[他心]。べっしん[別心]。上代 たい[他意]。ふたごころ[二心/弐心]。

ふたしか【不確】 近代 ふかくじつ[不確実]。近世 あやふや。ふたしか[不確/不慥]。中世 ばくぜん[漠然]。中古 あいまい[曖昧]。おぼめかし。たどたどし。ふぢゃう[不定]。上代 たづたづし。

―・なこと 中古 ゆめ[夢]。

情報の―さの度合を表す量 近代 エントロピー(entropy)。

▼文末表現 かな。やら。近代 ごとし[如]。近世 かも。やうなり。中古 とかや。

ふたたび【再】 アゲーン(again)。もう一度。近代 ワンスモア(once more)。中世 さいおう[再応]。さいわう[再往]。中古 かさねて[重]。さいど[再度]。たちかへり[立返]。とりかへし[取返]。にど[二度]。りゃうど[両度]。上代 ふたたび[再/二度]。また[又/復/亦]。またまた。

―行うこと リプレー(replay)。近代 さいえん[再演]。

―…ない またと…ない。二度と…ない。

衰えたものが―盛んになる 近代 ふくくゎつ[復活]。死灰(しくわい)復(たま)燃ゆ。近世 さいねん[再燃]。息を吹き返す。中世 老い木に花。枯れ木に花咲く。

ふたつ【二】 アル[(中国語)二]。デュアル(dual)。

近代ツー(two)。近世りゃう／りゃん[両]。中世ふ[二]。上代に[二／弐]。ふた[二]。ふたつ[二]。

—揃って美しいこと 近代さうび[双美]。《句》近代二兎を追ふ者は一兎をも得ず。

—揃って役に立つたとえ 中世りゃうりん[両輪]。中古さうりん[双輪]。

—とない 中世ぶさう[無双]。むに[無二]。中古になし[二無]。またなし[又無]。むるい[無類]。上代ふたつなし[二無]。むひ[無比]。

—とない優れたもの 近代いっぴん[一品]。てんかいっぴん[天下一品]。

—とも 中古りゃうりゃう[両両]。

—に分かれる 上代ふたまた[二股]。

—に分ける 近代にとうぶん[二等分]。りゃうぶん[両分]。近世なしわり[梨子割]。中世ふたつわり[二割]。りゃうだん[両断]。にぶん[二分]。上代ふりわけ[振分]。

—の 中世さうの[双]。もろ[両／諸]。

—の色 ツートーン(two-tone)。中世ふたいろ[二色]。

—のうちの一つ にしゃたくいつ[二者択一]。近世ふたつひとつ[二一]。中世ふたつにひとつ[二一]。

—のこと 近世にしゃ[二者]。りゃうしゃ[両者]。中世さうはう[双方]。中古りゃうはう[両方]。

—のことを同時にしようとする 近代二兎を追ふ。

—のことを同時にする 近代二股かける。近世かけもち[掛持]。にほんだて[二本立]。ふたみち[二道]。りゃうたうづかひ[両刀遣]。中世けんかう[兼行]。

—の場所 中世ふたところ[二所]。りゃうしょ[両所]。

—の方向 中世ふたて[二手]。中古りゃうはう[両方]。

—の方面 中世さうはう[双方]。中古りゃうはう[両方]。上代りゃうめん[両面]。

—のよいものを手にする 近世両手に花。両の手に旨い物。

ふだつき【札付】 近代ふひゃう[不評]。近世あくひゃう[悪評]。ふだつき[札付]。

—になる 近世札が付く。

ふたて【二手】 デュアル(dual)。近世にしゃ[二者]。中世さうはう[双方]。ふたて[二手]。中古ふたかた[二方]。上代にめん[二面]。りゃうめん[両面]。

ふたとおり【二通】 中世にやう[二様]。ふたいろ[二色]。りゃうやう[両様]。上代りゃうめん[両面]。

ふたばあおい【双葉葵】 近代ふたばあふひ[双葉葵／二葉葵]。近世かもあふひ[賀茂葵]。中世かざしぐさ[挿頭草]。ふたばぐさ[二葉草]。もろはぐさ[両葉草]。中古あふひぐさ[葵草]。もろかづら[諸葛／諸鬘]。上代あふひ[葵]。

ふたまた【二股】 中世ふたすぢ[二筋]。りゃうやう[両様]。上代ふたまた[二股／二俣／二叉]。

—をかける 近代りゃうてん[両天]。近世りゃうてんびん[両天秤]。上代ふたゆく[二行]。

ふたみち【二道】 近世えだみち[枝道]。わかれみち[分道]。中世にと[二途]。中古ふたみち[二道]。上代きろ[岐路]。りゃうだう[両道]。→きろ【岐路】

ふため【不為】 近代ふとくさく[不得策]。ふりえき[不利益]。マイナス(minus)。近世ふため[不為]。中世ふり[不利]。

ふたり【二人】 近代コンビ(combinationの略)。ペア(pair)。りゃうしゃ[両者]。りゃうめい[両名]。近世にしゃ[二者]。中世ににん[二人]。中古ふたところ[二所]。りゃうしょ[両所]。りゃうにん[両人]。上代ふたり[二人／両人]。

《枕》上代みかもなす[水鴨]。

—が腕を組んで人を乗せること 近世てんぐるま[手車]。中世てぐるま[手車]。

—で 近世さし[差／指]。

—でともにすること 近代さしあひ[差合／指合]。近世りゃうぎん[両吟]。

—の異性と関係すること 中世ふたみち[二道]。

—の夫にまみえること 近世二張(にちやう)の弓。

—の女(妻) 中古ふため[二女／二妻]。

—の女(妻)に夢中になること 近世ふためくるひ[二女狂]。

—の実力者による政治 りょうとうせいじ[両頭政治]。

—の優れたもののたとえ にまいかんばん[二枚看板]。近代さうへき[双璧]。中世りやうゆう[両雄]。《句》近世両雄並び立たず。

男女— 近代アヴェック／アベック(フランス avec)。おみきどくり／おみきどっくり[御神酒徳利]。カップル(couple)。さしむかひ[差向]。近世かけむかひ[掛向]。

ふたん【負担】 近代に[荷]。ふか[賦課]。ぶ

ふ

んたん［分担］。肩の荷。近世いれたて［入立］。おひ［負］。かた［肩］。かづき［被／被衣］。かぶり［被］。ぢぎり［地切］。にもつ［荷物］。まかなひ［賄］。中世しょくゎ［諸課］。せきにん［責任］。中古おもに［重荷］。ふか［負荷］。上代ふたん［負担］。

《句》近世重荷に小付け。

―が大きすぎる　かちすぎる［勝過］。近代くゎぢゅう［過重］。肩が張る。中古身に余る。

―・させる　もたせる［持／凭］。近世かぶす［かぶせる］［被］。中古もよほす［催］。

―・する　近代懐を傷（痛）める。身銭を切る。近世かぶる［被／蒙］。しょひこむ［背負込］。しょふ［背負］。もむ［もめる］［揉］。自腹を切る。もつ［持］。中世いれたつ［入立］。せおふ［背負］。上代になふ［担／荷］。

―・できる　中古たふ［たえる］［耐／堪］。

―になる（に思う）　かり［借］。近代おひめ［負目］。おもみ［重］。かぶさる［被］。近世にやくかい［荷厄介］。

―の上の更なる負担　近世こづけ［小付］。

―を逃れる　近世肩を抜く。

一人いくらと割り当てた―　近世あたまやく［頭役］。

予算以上の費用を自分が―・すること　近世もちだし［持出］。

ふだん【不断】　中世間断なく。中古ふだん［不断］。絶え間なく。上代いつも［何時］。たえず［絶］。つねに［常］。

ふだん【普段】　近代じゃうじ［常時］。じゃうじつ［常日］。にちらい［日来］。近世きょじゃう［居常］。ざぐゎ［座臥／坐臥］。じゃうじゃう［常常］。じゃうふだん［常不断］。つねひごろ［常日頃］。にちじゃう［日常］。へいじつ［平日］。中世いついつ［何時何時］。かねて［予］。ぎゃうぢゅうざぐゎ［行住坐臥］。じゃうしき［常式］。じゃうぢゅう［常住］。せいへい［生平］。ひごろ［日頃］。ふだん［普段］。中古け［褻］。ただ［常］。つねづね［常常］。へいきょ［平居］。へいそ［平素］。へいじ［平時］。へいじゃう［平常］。れい［例］。上代いつも［何時］。つね［常／恒］。へいぜい［平生］。

―通り　中古れいざま［例様］。

―と変わらぬ心　近代へいじゃうしん［平常心］。近世そしん［素心］。中世びゃうじゃうしん［平常心］。中古がい［雅意］。

―と違う　近世そぐ［そげる］［削／殺］。常ならず。中古ことだつ［事立］。上代けし［異／怪］。

―の言葉　にちじょうご［日常語］。近世へいご［平語］。

―の姿　近世つねてい［常体］。

ふだんぎ【普段着】　カジュアルウエア（casual wear）。かていぎ［家庭着］。リアルクローズ（real clothes）。近代じゃうい［常衣］。せつい［褻衣］。へやぎ［部屋着］。べんい［便衣］（中国で）。近世うちぎ［内着／打着］。せっけいふく［軽服］。じゃうふく［常服］。せっぷく［褻服］。そきら［素綺羅］。ふだんぎ［普段着／不断着］。へいふく［平服］。べんぷく［便服］。中世けぎぬ［褻衣］。けよそひ［褻装］。中古けぎ［褻着］。けなり［褻］。なれぎぬ［馴衣］。みなれごろも［身馴衣］。褻（け）の衣。上代けごろも［褻衣］。なれごろも［馴衣／褻衣］。

―の姿　中古なれすがた［馴姿／褻姿］。

ふだんそう【不断草】　いつもぐさ。近世うづだいこん［渦大根］。たうぢさ［唐萵苣］。中世ふだんさう［不断草］。

ふち【淵】　どぶ［溝］（釣り用語）。近世とろ［瀞］。中古よどみ［澱］。上代ふち［淵／潭］。

―の底　中古たんしん［潭心］。

―の水　近代たんすい［潭水］。

青く澄んだ―　中世へきたん［碧潭］。

岩に囲まれた―　中世いはがきぶち［岩垣淵］。いはぶち［岩淵］。

滝の下の―　中世たきつぼ［滝壺］。中古たきもと［滝本］。

深い―　中世しんたん［深潭］。上代しんえん［深淵］。

ふち【縁】　ボーダー（border）。近代エッジ（edge）。しうえん［周縁］。フレーム（frame）。近世しうへん［周辺］。中世しうゐ［周囲］。中古つま［端］。はた［側／端／傍］。ふち［縁］。へり［縁］。上代は［端］。はし／はじ［端］。へた［辺／端］。

―が黒いこと　中世つまぐろ［端黒／妻黒］。

―が白いこと　中世つまじろ［端白］。

―を飾ること（服飾等で）　エッジング（edging）。ふちかざり［縁飾］。トリミング（trimming）。近代ふちどり［縁取］。中古おきぐち［置口］。

―を付ける　近代ふちどる［縁取］。へりどる［縁取］。

布地などの―をぎざぎざに切ること　ピンキング（pinking）。

布地や衣服の―　近代ヘム（hem）。

ふち【不治】 近代ふき［不起］。中世ふぢ［不治］。

―の病 近世いちごやまひ［一期病］。

ふち【不知】 中世うとし［疎］。ぶあんない［無案内／不案内］。ふしき［不識］。ふち［不知／不智］。上代くらし［暗］。

ふち【扶持】 近世ちぎゃう［知行］。ちつろく［秩禄］。ろく［禄］。中世しょくろく［食禄］。ふち［扶持］。ろくちつ［禄秩］。上代ほうろく［俸禄］。

ぶち【斑】 近世はんてん［斑点］。中世ぶち［斑］。むら［斑］。中古はんもん［斑紋／斑文］。ふ［斑］。上代ふち［斑］。まだら［斑］。

ふちゃく【付着】 せっちゃく［接着］。近代てふ［貼付］。みっちゃく［密着］。中世ふちゃく［付着／附着］。

―・させる 近世くっつける。なすりつく［―つける］［擦付］。中世すりつく［―つける］［擦付／摩付］。中古つく［つける］［付］。

―・する 近世くっつく［付］。したふ［慕］。中世ひっつく［引付］。中古ゆきつく［行着］。上代つく［付］。

ふちゅうい【不注意】 ておち［手落］。近代ふちゅうい［不注意］。近世てぬかり［手抜］。てぬけ［手抜］。ふとどき［不届］。ぶねん［不念／無念］。中世うくゎつ［迂闊］。うっかと。うっかり。きょ［虚］。そこつ［粗忽］。ぬかり［抜］。ふようい［不用意］。むさ。ゆだん［油断］。中古くゎうりゃう［荒涼］。こころをさなし［心幼］。さんまん［散漫］。ふかく［不覚］。

《句》近代念者(ねんじゃ)の不念。近世油断大敵。

―・で起こす失敗 近代ケアレスミス(careless mistake の略)。近世そこつ［粗忽］。中世そさう［粗相／疎相］。上代くゎしつ［過失］。

―・なさま 近世うかうか［浮浮］。つい。ついつい。中世うっかと。うっかり。ざまく。

―・な人 うっかりもの［者］。そこつもの［粗忽者］。

ふちょう【不調】 しっちょう［失調］。ていちょう［低調］。はちょう［破調］。近代スランプ(slump)。ふしん［不振］。近世ふぐあひ［不具合］。ふじゅん［不順］。中世ふつがふ［不都合］。中古ふてう［不調］。

話し合い等が― 近代けつれつ［決裂］。ふせいこう［不成功］。近世ふしゅび［不首尾］。ものわかれ［物別］。

ふちょう【符丁】 近代シンボル(symbol)。近世あひもん［合紋／合文］。かへことば［替詞／替言葉］。ふがう［符号］。ふちゃう［符丁／符帳］。ふてふ［符牒］。中世あひことば［合言葉］。あひづ［合図］。あんがう［暗号］。きがう［記号］。上代しるし［印／標］。

ぶちょうほう【不調法】 近世しくじり。ふつつか［不束］。ふゆきとどき［不行届］。中世そさう［粗相／疎相］。ぶてうはふ［不調法／無調法］。

ふちょうわ【不調和】 アンマッチ(unmatched)。ミスマッチ(mismatch)。近代ふてうわ［不調和］。ふてきがふ［不適合］。近世ふつりあひ［不釣合］。ふてき［不適］。ふにあひ［不似合］。

《句》近世木に竹。中世木に竹を接ぐ。

ふちん【浮沈】 近代えいこせいすい［栄枯盛衰］。はやりすたり［流行廃］。中世うきしづみ［浮沈］。こうばう［興亡］。せいすい［盛衰］。せうちゃう［消長］。上代こうはい［興廃］。ふちん［浮沈］。

《句》近世七転び八起き。七下がり七上がり。

ぶ・つ【打】 パンチ(punch)。近代おうだ［殴打］。だげき［打撃］。近世しばく。ひっぱたく［引叩］。ぶつ［打／撃／撲］。中世たたく［叩／敲］。なぐる［撲／殴／擲］。はる［張］。上代うつ［打］。

頰を平手で―・つこと ぴんた。近代びんた［鬢］。

ふつう【普通】 ひょうじゅん［標準］。ファミリア(familiar)。近代ありきたり［在来］。いちやう［一様］。いっぱん［一般］。つきなみ［月並／月次］。なみひととほり［並一通］。ノーマル(normal)。へいへいぼんぼん［平平凡凡］。へいぼん［平凡］。近世ありふれ［有触］。かじゃうさはん［家常茶飯］。ざら。じふにんなみ［十人並］。せけんなみ［世間並］。たいがい［大概］。ついとほり［通］。つうじゃう［通常］。つうづ［通塗／通途］。つねてい［常体］。つねなみ［常並］。ななめ［斜］。なみたいてい［並大抵］。ひととほり［一通］。わたりなみ［渡並］。中世うちまかす［打任］。じんじゃういちやう［尋常一様］。たいてい［大抵］。つね［常／恒］。つねしき［常式］。ひとすぢ［一筋］。中古うつしざま［現様］。おいらか。おしなぶ［押並／押靡］。おしなべて［押並］。おほかた［大方］。おほぞう。おほよそ［凡／大凡］。おぼろけ［朧］。かいなで／かきなで［掻撫］。じんじゃう［尋常］。せうせう［少少］。ただ［常／徒／只］。ただあり［徒有／直有］。ちゅうよう［中庸］。つうれい［通例］。なの

ふ

め［斜］。なべて／なめて［並］。なほ［直］。なほし［直］。なほなほし［直直］。なみ［並］。なみなみ［並並］。ひとかた／ひとがた［一方］。ひとなみなみ［人並並］。ふつう［普通］。よづく［世付］。よろし［宜］。れい［例］。れいざま［例様］。何となし。上代 おほ［凡］。ひとなみ［人並］。よのつね［世常］。

―以上だ 近代 できすぎ［出来過］。中世 かなり［可成／可也］。上代 いとのきて。

―・でない 近代 いじゃう［異常］。せけんばなれ［世間離］。とくしゅ［特殊］。とくべつ［特別］。へんてつ［変哲］。べつじゃう［別状］。なみはづれる［並外］。れいがい［例外］。近世 いへん［異変］。かくべち／かくべつ［格別］。きょうがる［興］。たいがい［大概］。づはづれ［図外］。とびきり［飛切］。やるかたない［遣方無］。突拍子もない。とっぴょうずもない。中世 いじゃう［異状］。いやう［異様］。しょうじ［勝事］。ななめ［斜］。ふうがはり［風変］。へん［変］。中古 あやし［怪］。いみじ。おぼろけ［朧］。けしからず［怪］。けしきあり［気色有］。けしきづく［気色付］。けやけし［尤］。こと［異］。ことざま／ことやう［異様］。さならず。ただならず。なのめならず。なべてならず。ひとかたならず［一方］。ゆゆし［由由／忌忌］。ゆゑゆゑし［故故］。よこさま［横方／横様］。れいならず［例］。上代 け［異］。けし［異／怪］。

―と違って 中古 ことに［異／殊］。

―・に 中世 うちまかせて［打任］。中古 おしなべて［押並］。ただ［直］。上代 おしなみに［押並］。

―の 中古 なべての［並］。

―のありさま 近世 しゃうふうてい［正風体］。

―の言い方 中古 ただこと［直言／徒言］。

―のこと 中古 ただごと［直事／徒事］。

―の道理 近世 いっち［一致］。

―の話 中古 じゃうだん［常談］。

―の人 近代 いっぱんじん［一般人］。じゃうみん［常民］。へいぼんじん［平凡人］。近世 市井の人。中世 ちゅうじん［中人］。へいじん［平人］。中古 おほよそびと［凡人］。しょみん［庶民］。ただうど／ただびと［徒人／直人／只人］。なほびと［直人］。ぼんじん［凡人］。→**ぼんじん**

―のやり方 じょうき［常軌］。近世 じゃうだう［常道］。ひとすぢなは［一筋縄］。中世 ならはし［習］。

ふつう【不通】 近世 さたなし［沙汰無］。中世 ぶさた［無沙汰］。中古 ぜっかう［絶交］。ぶいん［無音］。ふつう［不通］。

ぶっか【物価】 近代 かかく［価格］。しか［市価］。プライス(price)。近世 しょしき［諸式／諸色］。ねだん［値段］。中世 うりかひ［売買］。上代 ぶっか［物価］。

―が急に下がること 近代 ぼうらく［暴落］。

―が次第に下がること ぜんらく［漸落］。

―が次第に高くなること ぜんとう［漸騰］。

―が高くなること きゅうとう［急騰］。しょうとう［昇騰］。じょうとう［上騰］。はねあがる［跳上］。近代 とうき［騰貴］。

―の上がる限度が分からない状態 近代 天井知らず。

―の下がり始め 近代 さがりめ［下目］。近世 さがりくち［下口］。

―の上下 近世 あげさげ［上下］。

―や株価が一番高いところ 近世 てんじゃう［天井］。

―を高く偽って商売する 近世 下駄を履く。草鞋（わらぢ）を穿（は）く。

年末に―が高くなること 近世 きはだか［際高］。

ぶっかく【仏閣】 中古 ぶっかく［仏閣］。みだう［御堂］。上代 がらん［伽藍］。じゐん［寺院］。てら［寺］。ぶつだう［仏堂］。

ふっかつ【復活】 ふくちょう［復調］。近代 さいき［再起］。ふくくゎつ［復活］。近世 かへりざき［返咲］。さいねん［再燃］。息を吹き返す。中世 さいこう［再興］。さいせい［再生］。ふくき［復帰］。中古 いきかへる［生返］。そせい［蘇生／甦生］。上代 よみがへる［蘇／甦］。

《句》近代 死灰（しくわい）復（ま）た燃ゆ。中世 埋もれ木に花。枯れ木に花。中古 老い木に花。

―・させる 中世 いかす［生］。

ふつかよい【二日酔】 ハングオーバ(hangover)。モーニングアフター(morning after)。近世 しゅくすい［宿酔］。ふつかごころ［二日心］。ふつかよひ［二日酔］。もちこし［持越］。もちこしざけ［持越酒］。ゆふべけ［夕気］。中世 ふつかゑひ［二日酔］。中古 しゅくてい［宿酲］。

ぶつか・る 近代 ぶつかる。近世 かちあふ［搗合］。しょうげき［衝撃］。しょうとつ［衝突］。つきあたる［突当］。つっかかる［突掛］。どうちゃく［撞着］。中世 ゆきあたる［行当］。中古 あたる［当］。かかる［掛／懸］。

―・り合う 近世 あたりあひ［当合］。かちあふ［搗合］。中世 いりもむ［揉］。

—・るさま 近代がっちゃん。こつん。ごつん。どすん。近世ちゃうちゃうはっし[丁丁発止]。どしん。はっし[発止]。中古こほこほ。
頭と頭が—・る 近世はちあはせ[鉢合]。
後ろから—・る 近代ついとつ[追突]。
身体全体で—・る 近世たいあたり[体当]。
強く—・る 近代げきとつ[激突]。しょくげき[触激]。ぶちあたる[打当]。中古げきす[激]。

ふっき【復帰】 カムバック(comeback)。近代さいき[再起]。にどざき[二度咲]。ふくきう[復旧]。ふくくゎつ[復活]。ふくげん[復元／復原]。リターン(return)。近世かへりざき[返咲]。かへりしんざん[帰新参]。中世ふくき[復帰]。中古かへりなる[還成]。くゎんちゃく[還着]。なほる[直]。ふくす[復]。

ぶつぎ【物議】 近代あつれき[軋轢]。トラブル(trouble)。ぶつろん[物論]。もめごと[揉事]。近世いさくさ／いざこざ。ごたごた。中世もんちゃく[悶着]。中古ぶつぎ[物議]。

ふっきゅう【復旧】 近代ふくきう[復旧]。ふくげん[復元／復原]。ふくこう[復興]。近世くゎいふく[回復]。中世ふくき[復帰]。中古ことなほる[事直]。ふくす[復]。

ふつぎょう【払暁】 近世ひきあけ[引明]。れいめい[黎明]。中世さうげう[早暁]。中古さうてう[早朝]。ふつげう[払暁]。よあけ[夜明]。上代あかつき[暁]。あけがた[明方]。あけぼの[曙]。→**あけがた**

ぶっきょう【仏教】 中世くうしゅう[空宗]。さうもん[桑門]。ないだう[内道]。のり[法／則]。ほふもん[法門]。ほふりん[法輪]。ゆいけう[遺教]。中古くうもん[空門]。けうもん[教門]。しゃくけう[釈教]。ないけう[内教]。ぶつだう[仏道]。ほとけ[仏]。上代ぶっけう[仏教]。ぶっぽふ[仏法]。

—以外の教え 中古げけう[外教]。げほふ[外法]。

—以外の教えに関わる本 近代げてん／とつふみ[外典]。

—と儒教 中古うちと[内外]。

—と神道 中古しんぶつ[神仏]。

—に関する学問 近代ないがく[内学]。ぶっきょうがく[仏教学]。ぼんがく[梵学]。中世えがく[依学]。ぶつがく[仏学]。

—に関する本 →**きょうてん【経典】**

—の戒律 近代ほふくゎ[法科]。

—の儀式 近代ほふえう[法要]。中古ほふじ[法事]。ほふゑ[法会]。

—の教義 近代ぶっせつ[仏説]。

—を修行する人 近代さもん[沙門]。近世だうしん[道心]。中古だうし[道士]。上代しゃもん[沙門]。→**ぶっきょうと**
—を信じる心 中古だうしん[道心]。ぼだいしん[菩提心]。

在俗で—の修行をしている人 近代うはつそう[有髪僧]。中世しんじ[信士]。しんなん[信男]。中古うばそく[優婆塞]。こじ[居士]。ざいけ[在家]。

ぶっきょうと【仏教徒】 近代ぶっけうと[仏教徒]。近世ぶっか[仏家]。ぶっと[仏徒]。ふと[浮屠／浮図／仏図]。中世しゃくし[釈氏]。しんじ[信士]。しんなん[信男]。ぜんなんし[善男子]。ぜんにょにん[善女人]。中古うばそく[優婆塞]。こじ[居士]。ざいけ[在家]。しんにょ[信女]。ぜんなん[善男]。ぜんなんぜんにょ[善男善女]。ぜんにょ[善女]。ぶっけ[仏家]。ぶつでし[仏弟子]。上代うばい[優婆夷]。しゃくし[釈子]。ぶっし[仏子]。→**そう【僧】**

ぶっきらぼう 近世ぶっきらぼう。付きもなし。中古すくすくし。すくやか／すくよか。

ブック(book) 近世ブック。中世しょもつ[書物]。ほん[本]。中古しょせき[書籍]。→**しょもつ**

ぶつぐ【仏具】 中古おこなひのぐ[行具]。ぶっき[仏器]。ぶつぐ[仏具]。ほふき[法器]。上代ほふぐ[法具]。

—を売る店 近代さうぐや[葬具屋]。近世てんがいや[天蓋屋]。中世ぶつぐや[仏具屋]。

—のいろいろ(例) 中世うちならし[打鳴]。じゅじゅ[数珠]。中古けこ[花籠／花筥／華筥]。ずず[数珠]。てんがい[天蓋]。はなかご[花籠]。はなざら[花皿]。上代じゅず[数珠]。どうばん[幢幡]。にょい[如意]。

ふづくえ【文机】 →**つくえ**

ふっくら 近代ふんわり。中世ふくふく。ふくら[膨／脹]。ふっくら。ほこらか[脹]。中古あつらか[厚]。つぶつぶ。つぶらか。ふくやか／ふくよか[膨／脹]。ふくらか[膨／脹]。まろらか[丸／円]。
女性の顔の—・したさま 近代ぽってり。近世ほうけふ[豊頬]。ほちゃほちゃ／ぽちゃぽちゃ。ぽっちゃり。ぽっとり。
綿を打ち直して—・させる 近代ほかす。

ぶつ・ける 近代ぶつける。近世たたきつく〔—つける〕[叩付]。だぼく[打撲]。ぶっつける[打

付]。中古 あつ〔あてる〕[当]。うちあつ〔—あてる〕[打当]。つきあつ〔—あてる〕[付当]。上代 うちつく〔—つける〕[打付]。うつ[打]。

ぶっけん【物件】 ぶつ[物]。近代 もの[物]。近世 ぶっけん[物件]。ぶっぴん[物品]。

ふっこ【復古】 リバイバル(revival)。レトロ(フランス rétro)。近代 ふくきう[復旧]。近世 くゎいこ[懐古]。ふくこ[復古]。中古 くゎいこ[回顧]。

ぶっこ【物故】 →**し・ぬ**

ふっこう【復興】 →**ふっきゅう**

ふつごう【不都合】❶〈不適〉 近代 あるまじき[有]。しったい[失態/失体]。しったう[失当]。ふてきたう[不適当]。近世 あられぬ。こまる[困]。とつとつくゎいじ[咄咄怪事]。ふしまつ[不始末]。ふつがふ[不都合]。ふてき[不適]。ふらち[不埒]。やば。中世 ふくるし[苦]。さたう[左道]。ひきょう[比興]。ぶこつ[無骨]。ぶさた[無沙汰]。ふとどき[不届]。もったいなし[勿体無]。沙汰の限り。付きもなし。中古 あいな。あし[悪]。あやし[怪]。かたは[片端]。かたはらいたし[傍痛]。けしからず(ぬ)[怪]。たいだいし[怠怠]。つきなし[付無]。びなし/びんなし[便無]。ぶあい[無愛/不愛]。ふびん[不便]。まさなし[正無]。よしなし[由無]。わろし[悪]。

—・な 中世 あらぬ。

—・なさま 近世 きくゎいせんばん/きっくゎいせんばん[奇怪千万]。ちかごろ[近頃/近比]。

ふつごう【不都合】❷〈支障〉 近代 さしさはり[差障]。近世 さしつかへ[差支]。ししゃう[支障]。中世 しさい[子細/仔細]。だいじ[大事]。ふつがふ[不都合]。中古 あやにく。びなし/びんなし[便無]。

ぶっさん【物産】 →**さんぶつ**

ぶっし【物資】 近代 ざいれう[材料]。しげん[資源]。マテリアル(material)。中世 しなもの[品物]。ぶっし[物資]。上代 もの[物]。

ぶつじ【仏事】 →**ほうじ**

ぶっしつ【物質】 近代 サブスタンス(substance)。ぶっしつ[物質]。近世 ぶったい[物体]。せいぶん[成分]。

—の化学的性質をもった最小の単位 近代 ぶんし[分子]。

—を構成する基本的な粒子 そりゅうし[素粒子]。

—を根本的実在とする考え 近代 マテリアリズム(materialism)。ゆいぶつろん[唯物論]。

—を重視するさま そくぶつてき[即物的]。近代 ぶっしつてき[物質的]。ぶってき[物的]。

ぶつじょう【物情】 近世 せいじゃう[世情]。せいたい/せたい[世態]。せさう[世相]。中古 せじゃう[世情]。ぶつじゃう[物情]。

ふっしょく【払拭】 近代 しょくふつ[拭払]。ぬぐひさる[拭去]。ふきとる[拭取]。中世 いっさう[一掃]。のぞきさる[除去]。中古 ふっしょく[払拭]。上代 のぞく[除]。

ぶっしょく【物色】 近代 ぶっしょく[物色]。中古 あさる[漁]。さがす[探]。上代 えらぶ[選]。

ぶつぜん【仏前】 上代 ぶつぜん[仏前]。

—で焚く香 中古 かうくゎ[香火]。せうかう[焼香]。みゃうがう[名香]。

—に供える器具 中古 ぶつぐ[仏具]。

—に供える金銭 近世 かうれう[香料]。中世 かうせん[香銭]。かうでん[香典/香奠]。

—に供える茶 中世 ちゃたう[茶湯]。

—に供える茶碗 近世 ちゃたうてんもく[茶湯天目]。

—に供える花 近代 きょうくゎ[供花/供華]。けんくゎ[献花]。中世 くうげ[供花/供華]。中古 くげ[供花/供華]。

—に供える花と香 近代 かうくゎ[香華/香花]。けかう[華香/花香]。中世 かうばな[香花]。中古 かうげ[香華/香花]。

—に供える米飯 中古 ぶっしゃう[仏餉/仏聖]。

—に供える水 中古 あか[閼伽]。

—に供える飯などを入れる容器 中世 じゃうき[常器]。ぢゃうき[定器]。

—の咲き終わった花 中古 はながら[花殻/花柄]。

—の灯火 近世 がんとう[龕灯]。中世 ほふとう[法灯]。中古 とうみゃう[灯明]。上代 みあかし[御明/御灯/御灯明]。

ぶっそう【物騒】 近代 ぶつじゃうさうぜん[物情騒然]。近世 けんのん[剣呑/険難/険呑]。中世 あぶなげ[危気]。あぶなし[危]。ぶようじん[不用心/無用心]。ものさわがし[物騒]。らうぜき[狼藉]。中古 あやふげ[危]。さわがし[騒]。ぶっさう[物騒]。ふをん[不穏]。上代 きけん[危険]。→**きけん【危険】**

ぶつぞう【仏像】 上代 ぶつざう[仏像]。ほとけ[仏]。

—に甘茶など注ぐこと 近世 くゎんぶつ[灌仏]。よくぶつ[浴仏]。

ーの冠 中世ほうくゎん[宝冠]。
ーの背後の光明の装飾 近代しんくゎう[身光]。近世くゎうはい[光背]。中世ごくゎう[後光]。中古づくゎう[頭光]。
ーの腹に納められた仏像 たいないぶつ[胎内仏]。
ーの腹に経典などを納めること 近世はらごもり[腹籠]。
ーを安置する台 近世しゅみざ[須弥座]。中古だいざ[台座]。中世ぶつざ[仏座]。れんげざ[蓮華座]。れんだい[蓮台]。
ーを安置する建物 中世ぶっしゃ[仏舎]。中古ぶっしょ[仏所]。上代ぶつだう[仏堂]。ぶつでん[仏殿]。
ーを納める厨子 中古がん[龕]。
ーを作ること 中古ざうざう[造像]。ざうぶつ[造仏]。上代ほとけづくり[仏造]。
ーを作る人 近世ぶっく[仏工]。中世ぶっこう[仏工]。中古きぶっし[木仏師]。ぶっし[仏師]。上代ほとけづくり[仏造]。
石のー 中世いしぼとけ[石仏]。せきざうぶつ[石像仏]。せきぶつ[石仏]。
板を切り抜き彩色したー いたぼとけ[板仏]。
絵にかいたー 近世ぶつぐゎ[仏画]。
屋外に安置されているー 近代ろぶつ[露仏]。近世ぬれぼとけ[濡仏]。
木のー きぶつ[木仏]。中世きぼとけ[木仏]。
巨大なー 中世おほぼとけ[大仏]。中古だいぶつ[大仏]。ぢゃうろくのほとけ[丈六仏]。
金色のー 近世きんじん[金人]。中世きんよう[金容]。上代こんよう[金容]。
金属製のー いたぼとけ[板仏]。近代てつぶつ[鉄仏]。近世かなぶつ[金仏]。中世かなぼとけ[金仏]。
金のー 近世わうごんぶつ[黄金仏]。
素焼きの甎(せん)に浮き彫りにしたー 近代せんぶつ[甎仏]。
土のー 中世つちぼとけ／どぶつ[土仏]。
野中の道端に安置されたー 近世のぼとけ[野仏]。
身近に置いて信仰するー 近世ねんぢぶつ[念持仏]。中世ないぶつ[内仏]。中古ぢぶつ[持仏]。
昔のー 中古こぶつ[古仏]。
▼助数詞 中世かしら[頭]。中古く[軀]。ざ[座]。たい[体]。上代はしら[柱]。

ぶっそうげ【仏桑花】 ハイビスカス(hibiscus)。近世ふさう[扶桑]。ぼさつばな[菩薩花]。ぶっさうげ[仏桑花]。りうきうむくげ[琉球木槿]。

ぶったい【物体】 近代ぶっしつ[物質]。近世ぶったい[物体]。上代もの[物]。

ぶっちょうづら【仏頂面】 近世にんさうづら[人相面]。ふくれっつら[膨面]。ぶっちゃうづら[仏頂面]。

ふつつか【不束】 近代いたらない[至]。近世ふゆきとどき[不行届]。中世つたなし[拙]。ふつつか[不束]。

ぶっつけ【打付】 近世いきなり[行成]。中世とつじょ[突如]。だしぬけ[出抜]。ぶっつけ[打付]。とつぜん[突然]。ぶゑんりょ[無遠慮／不遠慮]。中古きふに[急]。→**とつぜん**

ふってい【払底】 でつくす[出尽]。近代底をつく。近世しなぎれ[品切]。中世こかつ[枯渇]。中古つきはつ[ーはてる][尽果]。ふってい[払底]。

ぶってき【物的】 近代そくぶってき[即物的]。ぶっしってき[物質的]。フィジカル(physical)。ぶってき[物的]。ぶつりてき[物理的]。

ぶってん【仏典】 中世きゃうてん／きゃうでん[経典]。けいてん[経典]。ぶってん[仏典]。→**きょうてん【経典】**

ふっとう【沸騰】❶〈煮える〉 近代にえくりかへる[煮繰返]。近世にえかへる[煮返]。ふっとう[沸騰]。中世にえたぎる[煮滾]。ふきたつ[吹立]。わきあがる[沸上]。わきかへる[沸返]。わきたつ[沸立]。中古たぎる[滾／激]。にゆ[にえる][煮]。わく[沸]。
ー・させる にたたす[煮立]。近世たぎらす[滾]。にたつ[ーたてる][煮立]。中世かへらかす[返]。
ー・した湯 中世たぎりゆ[滾湯]。
ー・して煮汁がこぼれる にこぼれる[煮零]。近世ふきこぼる[ーこぼれる][吹零]。
ー・し始める温度 近世ふってん[沸点]。ふっとうてん[沸騰点]。

ふっとう【沸騰】❷〈高揚〉 近代かうてう[高潮]。もりあがる[盛上]。わきかへる[沸返]。わきたつ[沸立]。近世ふっとう[沸騰]。わく[沸]。中世わきあがる[沸上]。

ぶつどう【仏道】 近世ぶつもん[仏門]。中世だうもん[道門]。ないだう[内道]。まことのみち[真道]。中古ぶっせつ[仏説]。ぶつだう[仏道]。のりのみち[法道]。仏の道。上代だいだう[大道]。ぶっけう[仏教]。ぶっぽふ[仏法]。→**ぶっきょう**
ーに入ったばかりの者 近世いまぞり[今剃]。いまだうしん[今道心]。中世あをだ

うしん［青道心］。中古しぼち［新発意］。上代しんぼち［新発意］。

―に入った人 近世だうしんばう［道心坊］。中世だうじん［道人］。にふだう［入道］。中古だうしんしゃ［道心者］。にふだうぜんか［入道禅下］。上代だうにん［道人］。

―に入る（こと） 中世しゅくはつ［祝髪］。しゅっけ［出家］。ちはつ［薙髪］。ていはつ［剃髪］。とんせい［遁世／遯世］。家を出づ。にふだう［入道］。中古ゑしん［回心］。髪を落とす（下ぉろす）。上代とくど［得度］。

―に励む 近代いちぎゃうざんまい［一行三昧］。中世いっかうせんじゅ［一向専修］。しゃうじんこん［精進根］。中古おもひすます［思澄］。ごんぎゃう［勤行］。だんあくしゅぜん［断悪修善］。つとむ［勤］。とそう［抖擻／斗擻］。上代しゅぎゃう［修行］。

―を修めないこと（人） 中世ひがく［非学］。ひがくしゃ［非学者］。

―を修行して得た境地 上代だうらく［道楽］。ぶっくゎ［仏果］。

―を修行する人 近世だうしゃ［道者］。中世しゅぎゃうじゃ［修行者］。中古しゃっか／しゃっけ［釈家］。すぎゃうざ［修行者］。

―を共に修行する（人々） 近世どうあん［同行］。中古どうぎゃう［同行］。

―を学ぶこと 中世さんがく［参学］。

貴人が―に入ること 上代らくしょく［落飾］。

人々を―に導く人 上代だうし［導師］。

フットライト（footlights） 注目の的。近代きゃくくゎう［脚光］。フットライト。

ぶっぴん【物品】 近世ぶっけん［物件］。ぶっぴん［物品］。中世しな［品］。しなもの［品物］。上代もの［物］。

西洋から来た― 近代はくらいひん［舶来品］。やうくゎ［洋貨］。やうひん［洋品］。

ぶつぶつ 蟹の念仏。近代ぐづぐづ［愚図愚図］。近世ぐしぐし。ぐづらぐづら［愚図愚図］。ぶつくさ。ぶつぶつ。ぼいぼい。中世ぐぢぐぢ。つぶつぶ。→ふまん（―を言うさま）

―言う 近代ぶつつく。ぼやく。ゑんず［怨］。中古つつめく［囁］。

ぶっぽう【仏法】 中世法の海。法の浮き木。法の薪。法の舟。上代ぶっぽふ［仏法］。→ぶっきょう

―が万物を潤すたとえ 中古法の雨。

―が煩悩を洗い去るたとえ 中世法の水。

―の威力 近世ほふりき［法力］。ほふゐ［法威］。

―の広大なたとえ 中世ほふかい［法海］。法の海。

―を説くこと 近代ほっく／ほふく［法鼓］。

―を説く場所 中古法の筵。

―を守ること 中世ぢゅうぢ［住持］。

ぶつもん【仏門】 近世ぶつもん［仏門］。中世くろかど［緇門］。だうもん［道門］。中古がんもん［雁門］。→ぶつどう

ぶつよく【物欲】 近代ぶっしつよく［物質欲］。よくきう［欲求］。よくばう［欲望］。近世ぶつよく［物欲／物慾］。中世よく［欲］。

―が盛んなさま 近世いぢきたなし［意地汚］。がうよく［強欲］。中古とんよく／どんよく［貪欲］。上代どんらん［貪婪］。

ふつりあい【不釣合】 アンバランス（unbalance）。インバランス（imbalance）。近代ふきんかう［不均衡］。ふてうわ［不調和］。がっくりそっくり。近世かたておち［片手落］。ちぐはぐ。ふつりあひ［不釣合］。ふにあひ［不似合］。中世かたおち［片落］。かなはず［叶／適］。そぐはず。ふさうおう［不相応］。中古かたづり［片釣］。にげなし［似無］。

《句》近世霞に千鳥。小刀に鍔。小刀に木綿布子に紅絹の裏。金鍔を打ったやう。提灯に釣り鐘。

ぶつりがく【物理学】 フィジックス（physics）。近代ぶつりがく［物理学］。りがく［理学］。近世きうりがく［究理学］。きゅうりがく［窮理学］。

―の部門の例 げんしかくぶつりがく［原子核物理学］。じっけんぶつりがく［実験物理学］。りきがく［力学］。りろんぶつりがく［理論物理学］。

ぶつりょう【物量】 クオンティティー（quantity）。ボリューム（volume）。近代たいせき［体積］。りゃう［量］。近世ようせき［容積］。中世ぶんりゃう［分量］。りゃうめ［量目］。中古かさ［嵩］。

ふで【筆】 近世ひっかん［筆翰］。みづぐき［水茎］。中世くゎんじゃうし［管城子］。こくとうこう［黒頭公］。ふりつ［不律］。もうえい［毛穎］。もうすい［毛錐］。もうひつ［毛筆］。中古たうひつ［刀筆］。ひつ［筆］。ふで［筆］。ふんで［筆／文手］。みづくき［水茎］。上代ふみて［筆／文手］。

―遣い 中世ふでやう［筆様］。→うんぴつ

―で書く人 近世ひっこう［筆工］。

―で書画を書くこと 近世らくひつ［落筆］。

—で文字を書くこと 〘中世〙じゅんぴつ[潤筆]。

—と紙 〘中古〙ひっさつ[筆札]。〘近代〙かうひつ[行筆]。ひっし[筆紙]。

—と硯(すずり) 〘中世〙ひっけん[筆硯／筆研]。

—と墨 〘近世〙ぼくひつ[墨筆]。〘中古〙ひつぼく[筆墨]。〘中世〙かんぼく[翰墨]。

—に墨をつける 〘近世〙しめす[湿]。〘中古〙筆を染める。

—の跡→ひっせき

—の勢い 〘中世〙ひつりょく[筆力]。〘中古〙ひっせい[筆勢]。《句》〘近世〙筆力鼎(かなへ)を扛(あぐ)[—扛げる]。

—の鞘(さや) 〘近代〙キャップ(cap)。ひつぼう[筆帽]。〘中世〙かさ[笠]。

—の軸 〘近世〙ふでぢく[筆軸]。〘中世〙ひっくゎん[筆管]。〘中古〙つか[柄]。ふでづか[筆柄]。

—の運び 〘近代〙ひっち[筆致]。ふでつき[筆付]。〘近世〙うんぴつ[運筆]。ひつろ[筆路]。ようひつ[用筆]。〘中世〙がうたん[毫端]。たてど[立所／立処]。ひつい[筆意]。ひっぱふ[筆法]。〘中古〙ひっせい[筆勢]。ひったん[筆端]。ふでづかひ[筆遣／筆使]。〘上代〙ひっぽう[筆鋒]。

—の美称 〘中世〙さいひつ[彩筆]。〘中古〙れいひつ[麗筆]。

—の穂先 〘近世〙ふでがしら[筆頭]。〘中世〙がうたん[毫端]。ひっとう[筆頭]。〘中古〙ひったん[筆端]。〘上代〙ひっぽう[筆鋒]。

—の穂の芯になる一番長い毛 〘近代〙ちからげ[力毛]。〘近世〙いのちげ[命毛]。

—の穂を洗う器 〘近世〙ひっせん[筆洗]。ひっち[筆池]。ふであらひ[筆洗]。

—を置く台 〘近代〙ふでかけ[筆掛／筆架／筆懸]。〘近世〙ふでたて[筆立]。〘中世〙ひっか[筆架]。〘中古〙ひつだい[筆台]。

—をおさめる容器 〘近代〙ふでいれ[筆入]。ふでまき[筆巻]。〘近世〙ひっとう[筆筒]。〘中世〙ふでづつ[筆筒]。ふでばこ[筆箱／筆匣]。

—をつくる職人 〘近世〙ひっしゃう[筆匠]。〘中古〙ひっこう[筆工]。〘中世〙ふでし[筆師／筆司]。

新しい—を初めて使うこと 〘近世〙ふでおろし[筆下]。ふでまき[筆巻]。ふでゆひ[筆結]。

勢いのある—遣い 〘中世〙けんぴつ[健筆]。しうけい[遒勁]。たっぴつ[達筆]。

絵を描く— 〘中世〙ぐゎひつ[画筆]。ゑふで[絵筆]。

お歯黒をする— 〘近世〙おはぐろふで[御歯黒筆]。かねつけふで[鉄漿付筆]。かねふで[鉄漿筆]。

隈取(くまどり)をする— 〘近世〙くまどりふで[隈取筆]。くまふで[隈筆]。

竹や木を叩いて潰し穂とした— 〘中世〙ちくひつ[竹筆]。〘中古〙ぼくひつ[木筆]。

作りの悪い— 〘中世〙そひつ[楚筆／粗筆]。

太書き用の— 〘近代〙しひのみふで[椎実筆]。〘近世〙たいひつ[大筆]。〘中世〙おほふで[大筆]。

穂先がすり切れた— 〘近世〙かぶろふで[禿筆]。ちぎれふで[筆]。ばうずふで[坊主筆]。〘中世〙ちびふで[禿筆]。とくひつ[禿筆]。

細い線や字を書く— けがきふで[毛描筆]。こまがき[細書]。めんそうふで[面相筆]。〘中世〙こふで[小筆]。さいひつ[細筆]。

短い— 〘近代〙さんずんふりつ[三寸不律]。

▼携帯用の筆記道具 〘近世〙くゎいちゅうふで[懐中筆]。〘近世〙やたて[矢立]。

ふてい【不定】 〘近代〙ふあんてい[不安定]。ふきそく[不規則]。ふてい[不定]。〘近世〙当てにならぬ。〘中世〙ふどう[浮動]。りうどう[流動]。

—の事を指す語 〘近代〙だれか[誰]。どこか[何処]。〘近世〙どれか[何]。なにかしら[何]。なんぞ[何]。〘中世〙どれぞ。なにごと[何事]。〘上代〙なにか[何]。

—の日時を示す 〘上代〙いつか[何時]。

—の量を表す 〘中世〙なにほど[何程]。〘上代〙いく[幾](接頭語)。

ふてい【不貞】 〘近代〙ふりん[不倫]。〘近世〙うはき[浮気]。ふぎ[不義]。ふてい[不貞]。

ふてい【不逞】 〘近世〙ふつがふ[不都合]。ふらち[不埒]。〘中世〙ふとどき[不届]。〘上代〙ふてい[不逞]。

ふていしょう【不定称】

—の例 →ふとくてい

ふてき【不敵】 〘近世〙ふてきない[不敵]。〘中世〙だいたん[大胆]。〘中古〙ふてき[不敵]。

ふでき【不出来】 〘近代〙げさく[下作]。〘近世〙ふでき[不出来]。ふりゃう[不良]。

ふてきとう【不適当】 〘近代〙ふむき[不向]。〘近世〙ふてき[不適]。ふてきたう[不適当]。〘中世〙ふつがふ[不都合]。〘中古〙あながち[強]。さるまじ[去]。わろし[悪]。

ふてぎわ【不手際】 とちる。〘近代〙ておち[手落]。どぢる。へま。〘近世〙おそまつ[御粗末]。てぬかり[手抜]。〘中世〙そつ。ふてぎは[不手際]。〘中古〙そろう[疎漏／粗漏]。

ふてくさ・れる【不貞腐】 〘近代〙ふてくされる[不貞腐]。やけっぱち[自棄]。〘近世〙やけ[自棄／焼]。やけくそ[自棄糞]。自棄のやん

八(ぱち)。中世 じき[自棄]。ふつ〔ふてる〕[不貞]。
ー・れて寝ること 近世 ふてね[不貞寝]。
ふでさき【筆先】 中世 近世 ふでがしら[筆頭]。ふでさき[筆先]。中世 がうたん[毫端]。ひっとう[筆頭]。上代 ひっぱふ[筆法]。ひっぽう[筆鋒]。中古 ひったん[筆端]。→うんぴつ →しょほう【書法】
ふてってい【不徹底】 近代 いいかげん[良加減]。ちゅうとはんぱ[中途半端]。ふじふぶん[不十分]。ふゆきとどき[不行届]。中世 ふてってい[不徹底]。
ー・なさま 近代 なまじ[憖]。なまじっか[憖]。中世 なまじひ[憖]。
ふてぶてし・い →ふと・い❷
ふと 近世 おもひがけなし[思掛無]。かりそめに[仮初]。ふいと。図らずも。中世 ぐうぜん[偶然]。ふっと。中古 きと。すずろに。たちまち(に)[忽]。たまたま[偶/適]。ふいに[不意]。ふと。ゆくりか。ゆくりなし。
ー耳にする 近世 小耳に挟む。
ふとい【太藺】 近代 あをゐ[青藺]。近世 おえ。ふとゐ[太藺/莞]。中古 おほゐ[大藺/莞]。つくも[江浦草]。まるすげ[丸菅]。上代 おほゐぐさ[太藺草]。
ふと・い【太】❶〈肥大〉 近代 でぶ。中世 ひまん[肥満]。中古 ひだい[肥大]。ふとし[太]。《枕》上代 まきばしら[真木柱/槙柱]。
ー・い声 近世 どうばりごゑ[胴張声]。どうまごゑ[胴間声]。どらごゑ[銅鑼声]。
ー・いさま だぶだぶ。近代 ぽってり。近世 ころころ。でっぷり。ぶくぶく。ふとやか[太]。ぽっちゃり。中世 ふっくら。→ふっくら
ー・くする 中世 ふとむ[太]。
ー・くて丈夫 中古 ふつつか[不束]。
ー・くて短い首 中世 ゐくび[猪首]。
ー・くて短いさま 近代 ずんぐりむっくり。近世 ずんぐり。
ー・くなる 中世 ふとむ[太]。
いくらかー・いさま 近世 ふとめ[太]。
声がー・い 近代 のぶとい[篦太/野太]。ひくい[低]。
先になるほどー・くなっていること さきぶと(り)[先太]。
特別にー・いもの ごくぶと[極太]。
中程がー・くなっていること どうばり[胴張]。近代 エンタシス(entasis)。なかぶと[中太]。
ふと・い【太】❷〈性格〉 近代 こうがん[厚顔]。ずぶとい[図太]。近世 いけづうづうし[図図]。けちぶとい[太]。づうづうし[図図]。ふてぶてし。ふてらっこい。ふとし[太]。中世 わうちゃく[横着]。
ふとう【不当】 当を得ない。近代 ふこうせい[不公正]。ふせい[不正]。中古 ふたう[不当]。ふはふ[不法]。上代 あぢきなし/あづきなし[味気無]。
ふとう【不撓】 近代 けんにんふばつ[堅忍不抜]。ふくつ[不屈]。ふたう[不撓]。
ふとう【埠頭】 近代 がんぺき[岸壁]。とってい[突堤]。バンド(bund)。ふなつきば[船着場]。近世 はと[波戸/波止]。はとば[波止場]。ふとう[埠頭]。→はとば
ふどう【不同】 いしつ[異質]。近代 ふいっち[不一致]。ふどう[不同]。ふとういつ[不統一]。中世 いどう[異同]。
ふどう【不動】 近代 むどう[無動]。近世 こていい[固定]。中世 ふどう[不動]。中古 ばんじゃく[磐石/盤石]。ふへん[不変]。
ーの心 中世 あんじん[安心]。あんじんけつぢゃう[安心決定]。
ふどう【浮動】 近代 ゆれうごく[揺動]。中世 ふどう[浮動]。りうどう[流動]。中古 ふいう[浮遊]。上代 ただよふ[漂]。
ぶとう【舞踏】 →おどり
ーの会 近代 ダンスパーティー(和製dance party)。ぶたふくゎい[舞踏会]。やくゎい[夜会]。
ーのための曲 近代 ぶたふきょく[舞踏曲]。ポロネーズ(フランス polonaise)。中世 ぶきょく[舞曲]。
仮装して参加するー会 近代 かさうぶたふくゎい[仮装舞踏会]。かめんぶたふくゎい[仮面舞踏会]。ファンシーボール(fancy ball)。
ぶどう【武道】 近世 ぶじゅつ[武術]。中世 ぶだう[武道]。ゆみや[弓矢]。弓馬の道。上代 ぶげい[武芸]。→ぶげい
ぶどう【葡萄】 近代 グレープ(grape)。中世 ぶだう[葡萄/蒲萄]。中古 おほえびかづら。ほたう[蒲桃]。
ふどうい【不同意】 近代 いぞん[異存]。はんたい[反対]。ふさんせい[不賛成]。ふどうい[不同意]。近世 ふしょうち[不承知]。中世 いぎ[異議]。ふしゃう[不請]。
ふとういつ【不統一】 近代 ふとういつ[不統一]。近世 ふぞろひ[不揃]。
ー・なさま しっちゃかめっちゃか。近代 ごちゃ

まぜ。ばらばら。〔近世〕ごちゃごちゃ。ちぐはぐ。まぜこぜ[混]。〔中古〕まちまち[区区]。

ふどうさん【不動産】〔近代〕ふどうさん[不動産]。〔近世〕しんだい[身代]。〔上代〕しさん[資産]。

―の売買や貸し金を業とする人 〔近代〕せんみつや[千三屋]。

土地の上にある建物などの― 〔近代〕うはもの[上物]。

ぶどうしゅ【葡萄酒】〔近代〕ワイン(wine)。〔中世〕ぶだうしゅ[葡萄酒]。

―の醸造期 ビンテージ(vintage)。

―の醸造所 ワイナリー(winery)。

醸造年入りの極上の― ビンテージ(vintage)。

その他―のいろいろ(例) あかワイン[赤wine]。しろワイン[白wine]。〔近代〕クラレット(claret)。シャンパン／シャンペン(フランス champagne)。せきしゅ[赤酒]。〔近世〕あかぶだうしゅ[赤葡萄酒]。しろぶだうしゅ[白葡萄酒]。

ふどうとく【不道徳】 アンモラル(ummoral)。ふだうとく[不道徳]。〔近代〕インモラル(immoral)。ふとくぎ[不徳義]。〔近世〕ふだう[不道]。〔中世〕あくとく[悪徳]。〔中古〕ぶだう[無道／不道]。むだう[無道]。〔上代〕はいとく[背徳]。ひだう[非道]。

ふとうめい【不透明】〔近代〕ふせんめい[不鮮明]。ふとうめい[不透明]。〔中古〕あいまい[曖昧]。

ふとく【不徳】 →**ふどうとく**

ふとくい【不得意】〔近代〕にがて[苦手]。〔中世〕ふえて[不得手]。へた[下手]。〔中古〕ふとくい[不得意]。

ふとくてい【不特定】〔近代〕ふかくじつ[不確実]。ふかくてい[不確定]。ふてい[不定]。〔中古〕ふぢゃう[不定]。

―の時間 〔近代〕いつかしら[何時]。〔近世〕いつじぶん[何時時分]。いつなんどき[何時何時]。〔中世〕いついつ[何時何時]。いつぞ[何時]。なんどき[何時]。〔中古〕いつしか[何時]。いつぞや[何時]。〔上代〕いつ[何時]。いづれ[何／孰]。

―の場所 〔近代〕いづれ[何]。どこか[何所／何処]。どこかしら[何処／何所]。どこらへん[何処辺]。どのへん[何辺]。〔近世〕どこいら[何所]。どこそこ[何処其処]。どこやら[何処／何所]。どちら[何方]。どっち[何方]。ぼうしょ[某所]。〔中世〕どこどこ[何処何処]。どこもと[何処許]。どこら[何処]。どち[何方]。どなた[何方]。どれ[何]。〔中古〕いづかた[何方]。いづく[何処]。いづこ[何処]。いどこ[何処／何所]。どこ[何処／何所]。なにがし[某／何某]。〔上代〕いづち[何方]。いづへ／いづべ[何処]。いづら[何]。

―の人 だれだれ[誰誰]。なにぼう[何某]。〔近代〕しつめいし[失名氏]。ぼう[某]。〔近世〕だれ[誰]。たれそれ／だれそれ[誰其]。どいつ[何奴]。どなたさま[何方様]。どやつ[何奴]。ぼうし[某氏]。〔中世〕どなた[何方]。むめいし[無名氏]。〔中古〕くれ[某]。くれがし[某]。それがし[某]。たれかれ[誰彼]。たれたれ[誰誰]。なにがし[某]。なにびと[何人]。なにもの[何者]。〔上代〕たれ[誰／孰]。

―の物 〔近代〕なんか[何]。〔近世〕どれか。〔中世〕どれ[何]。どれどれ。〔中古〕なになに[何何]。なにぞ／なんぞ[何]。〔上代〕いづれ[何／孰]。なに[何]。なにか[何]。

ふとくようりょう【不得要領】〔近代〕ふとくえうりゃう[不得要領]。〔近世〕あやふや。ふたしか[不確／不慥]。〔中世〕ばくぜん[漠然]。〔中古〕あいまい[曖昧]。

ふところ【懐】❶〈懐中〉〔近世〕うちぶところ[内懐]。ぽっぽ。ほほ[懐]。〔中世〕くゎいきん[懐襟]。くゎいはう[懐抱]。〔中古〕くゎいちゅう[懐中]。〔上代〕ふつくろ／ふつころ[懐]。ふところ[懐]。

―に入れておく紙 〔中古〕くゎいし[懐紙]。たたう[畳]。たたうがみ／たたんがみ[畳紙]。ふところがみ[懐紙]。

―に入れておく短刀 〔近世〕はだがたな[肌刀]。〔中世〕くゎいけん[懐剣]。ふところがたな[懐刀]。

―の中 〔近代〕くゎいり[懐裡]。

両手を―に入れていること 〔近代〕くゎいしゅ[懐手]。〔中世〕しうしゅ[袖手]。〔中古〕ふところで[懐手]。

ふところ【懐】❷〈胸中〉〔近世〕ふところ[懐]。〔中古〕きょうちゅう[胸中]。しんちゅう[心中]。〔上代〕くゎいはう[懐抱]。ふつくろ／ふつころ[懐]。→**きょうちゅう**

ふところ【懐】❸〈所持金〉〔近代〕なうちゅう[嚢中]。ふところ[懐]。〔近世〕ありがね[有金]。ぽっぽ。もちあはせ[持合]。〔中世〕てもと[手元]。→**しょじきん**

―具合 〔近代〕かねまはり[金回]。ふところかげん[懐加減]。ふところぐあひ[懐具合]。ふところつがふ[懐都合]。〔近世〕くめん[工

面］。ないしょう［内証］。めんく［面工］。

━具合がよくない 近代 しける［時化］。

ふとっぱら【太腹】❶〈豪胆〉腹が大きい。近代 がうたん［豪胆／剛胆］。くゎうりゃう［広量／宏量］。たんだい［胆大］。はらぶと［腹太］。らいらく［磊落］。腹が太い。近世 だいふくちゅう［大腹中］。ふとっぱら［太腹］。中世 がうはう［豪放］。くゎんだい［寛大］。だいたん［大胆］。中古 がりゃう［雅量］。くゎんよう［寛容］。

ふとっぱら【太腹】❷〈肥満〉ひまんがた［肥満型］。近代 はらぶと［腹太］。ふとっぱら［太腹］。近世 たいこばら［太鼓腹］。ほていばら／ほてっぱら［布袋腹］。中世 ほてはら［腹］。

━のさま 中世 べんべん［便便］。

ふとどき【不届】 近代 ふとどきしごく［不届至極］。近世 ふつがふ［不都合］。ふらち［不埒］。もってのほか［以外］。とんでもないこと。中世 きっくゎい［奇怪］。ふえう［不要］。ふとどき［不届］。ふよう［不用］。もったいなし［勿体無］。中古 きくゎい［奇怪］。ごんごだうだん［言語道断］。びなし／びんなし［便無］。ふてう［不調］。上代 ふてい［不逞］。

ふともも【太股】→**もも【股】**

ふと・る【太】 中世 ひまん［肥満］。中古 ひだい［肥大］。ふとる［太／肥］。上代 こゆ〔こえる〕［肥］。

━・っていて血色がよいこと 近代 ちぶとり［血太］。

━・っていて元気なこと 中世 ひさう［肥壮］。

━・っていて腹が出ているさま 近代 はらぶと［腹太］。ふとっぱら［太腹］。中世 べんべん［便便］。→**ふとっぱら❷**

━・っていて横幅の広いこと 近世 ひれ［鰭］。

━・っていること でぶっちょ。近代 でぶ。ひはん［肥胖］。近世 ふと［太］。ふとっちょ。ふとりじし［太肉］。中古 まろ［丸］。

━・っているさま 近代 くりくり。ぼってり。近世 えごえご。でくでく。でっくり。でっぷり。でぶでぶ。ぶくぶく。ふっくら。ほこらか［脹］。中世 だいだい［大大］。中古 あつらか［厚］。つぶつぶ。つぶらか。ふくやか／ふくよか［膨／脹］。ふくらか［膨／脹］。まろ［丸／円］。まろらか［丸／円］。

━・らせる 中世 こやす［肥］。

━・り具合 近代 にくづき［肉付］。

着物で━・って見える 近代 きぶとり［着太］。中世 きぶくれ［着膨／着脹］。

脂肪が付きすぎて━・っていること 近代 あぶらぶとり［脂太］。しばうぶとり［脂肪太］。

身体がかたくしまって━・っていること 近世 かたぶとり［固太／固肥／堅肥］。

はち切れそうに━・る 中世 ひちらく。

やや━・っていること 近世 こぶとり［小太］。

横に━・ること 近世 よこぶとり［横太］。

ふとん【布団】 近代 しんぐ［寝具］。近世 さよふとん／さよぶとん［小夜布団／小夜蒲団］。中世 じんせき［衽席］。ふとん［布団／蒲団］。よぶすま［夜衾］。夜の衾(ふすま)。中古 ぐゎぐ［臥具］。しきたへ［敷妙］。しとね［褥／茵］。しんせき［枕席］。ひしき／ひしきもの［引敷物］。ふすま［衾／被］。上代 ちんせき［枕席］。→**しんぐ**

━一枚を折って寝ること 近世 かしはもち［柏餅］。

━など 近世 やぐ［夜具］。中古 よるのもの［夜物］。

━の中 近代 じょくちゅう［褥中／蓐中］。じょくり［褥裡／蓐裡］。

━を敷く ベッドメーキング(bedmaking)。近代 とる［取］。

麻布で作った━ 上代 あさてこぶすま［麻手小衾］。

上に掛けて寝る━ 近代 かけぶすま［掛衾］。かけぶとん［掛布団／掛蒲団］。

羽毛を入れた━ うもうぶとん［羽毛布団／羽毛蒲団］。けぶとん［毛布団］。はねぶとん［羽布団／羽根布団］。

鏡仕立てにした━ かがみぶとん［鏡布団］。

掛けると暖かく柔らかな━ 上代 むしぶすま［蒸衾］。

携帯用の━ シュラーフ／シュラーフザック(ドイツ Schlafsack)。ねぶくろ［寝袋］。近代 スリーピングバッグ(sleeping bag)。

腰に当てる防寒用の小さな━ 近代 こしぶとん［腰布団／腰蒲団］。

炬燵に掛ける━ 近代 こたつかけ［炬燵掛］。

敷く━ しきぶとん［敷布団］。近世 しきぶすま［敷衾］。中古 しきたへ［敷妙］。しとね［褥／茵］。

刺繡で飾りをした豪華な━ 中世 しうきん［繡衾］。

坐るときに敷く━ 近世 ざぶとん［座布団／座蒲団］。しきぶすま［敷衾］。

背中に負う防寒用の小さな━ せなぶとん［背布団］。

粗末な━ 近代 しべぶとん［稭布団］。せんべ

いぶとん[煎餅布団]。近世 くさぶとん[草蒲団]。わらぶとん[藁布団]。中世 かみぶすま[紙衾]。あさぶすま[麻衾]。上代 あさてこぶすま[麻手小衾]。

男女が一緒に寝る― 中世 鴛鴦(ゑんあう)の衾(ふすま)。鴛鴦(をし)の衾(ふすま)。

夏に用いる薄い― なつがけ[夏掛]。なつぶとん[夏蒲団]。

乳児をくるんで抱く― おくるみ[御抱]。くるみ[包]。

肌に直接掛けて寝る薄い― はだかけ[肌掛]。はだかけぶとん[肌掛蒲団]。

幅広の― 近世 いつのぶとん[五幅蒲団]。

肘を置く― 近代 ひぢつき[肘突]。中世 ひぢぶとん[肘蒲団]。

▼助数詞 くみ[組]。まい[枚]。

ぶな【山毛欅】 近代 しろぶな[白橅]。中世 そばぐるみ[蕎麦胡桃／稜胡桃]。ぶな[山毛欅／橅]。中古 そばのき[蕎麦木]。

ふなか【不仲】 近代 あつれき[軋轢]。近世 ふあひ[不合]。ふなか[不仲]。中世 かくしつ／かくしふ[確執]。ふくゎい[不会]。中古 なかたがひ[仲違]。ひま[暇／隙]。ふがふ[不合]。ふわ[不和]。

―・であることのたとえ ふきょうわおん[不協和音]。犬猿の仲。中古 すいくゎ[水火]。ひょうたん[氷炭]。上代 ごゑつ[呉越]。

―・な者同士が一緒にいること 《句》近代 ごゑつどうしう[呉越同舟]。中世 そゑつどうしう[楚越同舟]。

ふなじ【船路】 ライン(line)。近代 すいり[水理]。せんろ[船路]。近世 かうろ[航路]。すいてい[水程]。中世 しほぢ[潮路／汐路]。ふなて[船手]。波の通路(かよひぢ)。中古 かいだう[海道]。すいろ[水路]。なみぢ[波路／浪路]。ふなぢ[船路]。上代 うなぢ／うみぢ[海路]。うみつぢ[海路／海道]。かいろ[海路]。みを[水脈]。→**こうろ【航路】**

長い― 中世 八重の潮路。

ふなたび【船旅】 近代 クルーズ(cruise)。近世 かうかい[航海]。中世 ふなたび[船旅]。中古 かぢまくら[楫枕]。なみまくら[波枕／浪枕]。上代 とかい[渡海]。

▼船中泊 中古 うきまくら[浮枕]。ふなやどり[船宿]。上代 うきね[浮寝]。

ふなつきば【船着場】 →**はとば**

ふなで【船出】 かいはん[解帆]。近代 しゅっかう[出航]。しゅっかう[出港]。はっかう[発航]。ふなびらき[船開]。近世 かいはん[開帆]。中世 しゅっせん[出船]。しゅっぱん[出帆]。でふね[出船]。順風に帆を上ぐ[―上げる]。上代 かいらん[解纜]。ふなで[船出／舟出]。纜(ともづな)を解く。

―に良い風を待つこと 近世 かざまち／かぜまち[風待]。

―に良い時機を待つ 上代 さもらふ[候／侍]。

―に良い日 近世 ふなび[船日]。

―の用意をする(こと) 近代 ぎする[艤]。中世 ぎしう[艤舟]。上代 ふなよそひ／ふなよそふ[船装]。

朝の― 上代 あさびらき[朝開]。

ふなのり【船乗】(船長なども含む) 近代 オフィサー(officer)。かいゐん[海員]。キャプテン(captain)。クルー(crew)。セーラー(sailor)。せんぷ[船夫]。せんゐん[船員]。近世 カピタン(ポルトガル capitão)。せんちゃう[船長]。ふながしら[船頭]。ふなし[船師]。ふなて[船手]。ふなでがしら[船手頭]。マドロス(オランダ matroos)。中世 しうし[舟子]。すいしゅ[水主／水手]。すいふ[水夫]。せんどう[船頭]。中古 かぢとり／かんどり[舵取／楫取]。ふなかた[船方／舟方]。ふなぎみ[船君]。みづをさ[水長]。わたしもり[渡守]。上代 かこ[水夫／水手]。ふなこ[船子]。ふなびと[船人]。ふなをさ[船長]。→**せんちょう**→**せんどう【船頭】**

《句》近代 一寸下は地獄。近世 板子一枚下は地獄。

ふなべり【舟縁】 近代 げんそく[舷側]。げんとう[舷頭]。せんそく[船側]。近世 げん[舷]。ふなべり[舟縁／船縁／舷]。中世 せんげん[船舷]。ふなばた[舟端／船端／舷]。

―に寄せる波 上代 へなみ／へつなみ[辺波]。

船首に向かって船体の左側の― ポート(port)。近代 さげん[左舷]。中世 とりかぢ[取舵／取楫]。

船首に向かって船体の右側の― スターボード(starboard)。近代 うげん[右舷]。中世 おもかぢ[面舵／面楫]。

▼激しい船の戦いのさま 近世 舷舷(げんげん)相摩(あひま)す。

ふなよい【船酔】 ふなあたり[船中]。近世 ふなごころ[船心]。中世 ふなごこち[船心地]。ふなやまひ[船病]。ふなよひ[船酔]。中古 ふなゑひ[船酔]。

ぶなん【無難】 近代 へいぼん[平凡]。中世 あんぜん[安全]。ぶなん[無難]。中古 なだらか。なのめ[斜]。めやすし[目安]。やすら

か[安]。上代ぶじ[無事]。

ふにあい【不似合】 ふてきせつ[不適切]。ミスマッチ(mismatch)。近代ふてきたう[不適当]。ふむき[不向]。近世ふつりあひ[不釣合]。ふにあひ[不似合]。中世ふさうおう[不相応]。

《句》近世鬼に衣。三十振り袖四十島田。町人の刀好み。月と鼈(すっぽん)。貧の花好き。法師の櫛貯(くしたくはへ)。中世似合はぬ僧の腕立て。法師の軍咄(いくさばなし)。

▼接尾語 近世だてら。

ふにょい【不如意】❶〈不自由〉 近代ふずいい[不随意]。ふべん[不便]。近世ひだりまへ[左前]。ままならぬ。中世おちめ[落目]。ふじいう[不自由]。ふにょい[不如意]。

ふにょい【不如意】❷〈貧乏〉 中世びんばふ[貧乏]。ふにょい[不如意]。中古ひんこん[貧困]。上代まづし[貧]。↓びんぼう

ふにん【赴任】 近代てんきん[転勤]。近世てんにん[転任]。中古ちゃくにん[着任]。ふにん[赴任]。

ふにんき【不人気】 近代ふにんき[不人気]。ふひゃう[不評]。近世あくひゃう[悪評]。

ふにんじょう【不人情】 近代ひにんじゃう[非人情]。れいけつ[冷血]。れいたん[冷淡]。近世とうはく[偸薄]。ぶしんぢゅう[不心中]。ふにんじゃう[不人情]。むじひ[無慈悲]。むじゃう[無情]。もぎだう[没義道]。中世じゃけん[邪険/邪慳]。どうよく[胴欲/胴慾]。はくじゃう[薄情]。中古うし[憂]。こころあさし[心浅]。つらし[辛]。つれなし。なさけおくる[情後]。なさけなし[情無]。はしたなし。ひじゃう[非情]。上代こころなし[心無]。

ふぬけ【腑抜】 近代いくぢなし[意気地無]。ふがひなし[腑甲斐無/不甲斐無]。ほねぬき[骨抜]。近世こしぬけ[腰抜]。ふぬけ[腑抜]。

ーになる 近代腑が抜ける。

ふね【船】 カッター(cutter)。シップ(ship)。近代かんせん[艦船]。しうてい[舟艇]。せんかん[船艦]。せんてい[船艇]。近世せんぱく[船舶]。ふなだま[船玉/船霊/船魂]。ボート(boat)。中世いささかけぶね[掛舟]。うきこつむ。ふか[浮家]。中古うきき[浮木]。うきつこつむ。しうせん[舟船]。しうばつ[舟筏]。上代うきたから/うくたから[浮宝]。うけき[浮木]。ふね[船/舟/船]。

ーが海流に流されること へんりゅう[偏流]。

ーが風を快く受けて進むこと じゅんぷうまんぱん[順風満帆]。

ーが風を避けて港に停泊すること(場所) ふなだまり[船溜]。上代ふなせ[船瀬]。

ーが岸に近づく 上代へつく[辺付]。

ーが岸に着くこと せつがん[接岸]。せつげん[接舷]。中古ちゃくがん[着岸]。

ーが岸を離れること りがん[離岸]。

ーが航路を進むこと こうそう[航走]。近代かうかう[航行]。かうしん[航進]。しんかう[進航]。つうかう[通航]。近世うんかう[運航]。かうす[航]。つうせん[通船]。

ーが単独で航行すること どっこう[独航]。

ーがドックにはいること 近代にふきょ[入渠]。

ーそのもの 近代せんたい[船体]。

ーで行くこと 近代しうかう[舟行]。

ーで競争すること きょうてい[競艇]。ボートレース(boat race)。中古ふなくらべ[船競]。近代

ーで運ぶ荷物 中古ふなに[船荷]。

ーで人や物を運ぶこと 近代くゎいさう[廻漕/回漕]。すいうん[水運]。近世さううん[漕運]。はくさい[船載]。中世せんびん/ふなびん[船便]。ふなわたし[船渡]。わたし[渡]。

ーと船(または係船柱)とをつなぐ 中古むやふ/もやふ[舫/纜]。

ーに一緒に乗ること 中世どうしう[同舟]。ともぶね[友船/伴船]。

ーに飲食物を売る小さな舟 近世あきなひぶね[商船]。うろうろぶね[舟]。くらはんかぶね[食船]。ちゃぶね[茶船]。にうりぶね[煮売船]。

ーに荷物を載せること 近代さいくゎ[載貨]。近世ふなづみ[船積]。

ーに乗っている人 近代のりくみゐん[乗組員]。中世ふなのり[船乗]。上代ふなびと[船人/舟人]。↓**ふなのり**

ーに乗ること 中世とうせん/とせん[登船]。中古じょうせん[乗船]。

ーのアクシデント(例) かくがん[擱岩]。ざす[座州/坐洲]。そうびょう[走錨]。近代かいなん[海難]。かくがん[擱岸]。ざする[座/坐]。ざせう[座礁]。てんぷく[転覆/顛覆]。なんぱ[難破]。近世かくざ[擱座]。ふなくゎじ[船火事]。中世すわる[据]。船が坐る。中古ちんぼつ[沈没]。

上代へうりう［漂流］。

―の安定性 近世ふなあし［船足／船脚］。

―の安定をよくするための砂利など あしに［脚荷］。バラスト(ballast)。近代そこに［底荷］。近世かるに［軽荷］。そこづみ［底積］。

―の安定をよくするための装置 スタビライザー(stabilizer)。

―の下部で荷物を納める所 ふなぐら［船蔵／船倉］。近代せんぷく［船腹］。近世せんさう［船倉／船艙］。

―の甲板にある望楼 近世せんけう［船橋］。ブリッジ(bridge)。

―の客 近代せんかく／せんきゃく［船客］。

―の救助作業 サルベージ(salvage)。

―の建造(修理)などの設備 うきドック［浮dock］。かんドック［乾dock］。ぞうせんだい［造船台］。近代せんきょ［船渠］。せんだい［船台］。ドック(dock)。

―の航行の跡 こうせき［航跡］。なみあと［波跡］。ひきなみ［引波］。みを［澪／水脈／水尾］。ろあし［櫓脚］。近代ふなあと［船跡］。

―の後端 近世せんろ［船艫］。まとも［真艫］。中世せんび［船尾］。ろ［艫］。上代とも［艫］。ふなども［船艫］。

―の質量を表す語 トン［t／ton／屯／噸／瓲］。近代はいすいトンすう［排水ton数］。

―の上甲板への出入り口 近代げんもん［舷門］。

―の所有者 オーナー(owner)。近世せんしゅ［船主］。ふなもち［船持］。ゐせんどう／をりせんどう［居船頭］。上代ふなぬし［船主］。

―の水中に入っている部分 近代きっすい［吃水／喫水］。→きっすい【吃水】

―の姿 せんえい［船影］。中世ふなかげ［船影］。

―の進む速さ せんそく［船足］。近世せんきゃく［船脚］。ふなあし［船足／船脚］。

―の進む速さの単位 せつ［節］。近代かいり［海里／浬］。ノット(knot)。

―の進む方向を左に向けること ポート(port)。近代ひかへ［控／扣］。中世とりかぢ［取舵／取楫］。

―の進む方向を右に向けること スターボード(starboard)。近代おさへ［押／抑］。中世おもかぢ［面舵／面楫］。

―の接岸の時の緩衝物 フェンダー(fender)。ぼうげんざい［防舷材］。

―の先端 近代せんとう［船頭］。ていしゅ［艇首］。近世みおし／みよし［水押／舳］。中世せんしゅ［船首］。中古へさき［舳先］。上代ふなのへ［船舳］。へ［舳］。

―の底にたまる汚水 ビルジ(bilge)。近世かんすい［淦水］。ふなあか［船淦］。中世あか［淦］。中古ふなゆ［船湯／淦］。ゆ［湯］。

―の底の水で積荷が濡れること 近世ゆいり［湯入］。

―の代用 近代たらひぶね［盥船］。上代いかだ［筏］。

―の旅 →ふなたび
―の出るのを待つこと 中世ふなまち［船待］。

―の通る路 →こうろ【航路】

―のともす灯り(例) こうとう［紅灯］。せんびとう［船尾灯］。近代せんとう［船灯］。中古ぎょくゎ［漁火］。上代いさりび［漁火］。

―の中 近世せんない［船内］。中古せんちゅう［船中］。


―の荷物を積み込む口 にごりぐち［艙口］。ハッチ(hatch)。近代さうこう［艙口／倉口］。

―の荷物を陸に揚げること 近代ふなおろし［船卸／船降］。やうりく［揚陸］。近世にあげ［荷揚］。みづあげ［水揚］。りくあげ［陸揚］。

―の入港が途絶えた間 近世ふなま［舟間／船間］。

―の便宜 中世せんびん［船便］。ふなびん［船便］。ふなだより［船便］。

―の帆の大きさの単位 近世たん［反／段］。

―の窓 近代げんさう［舷窓］。ふなまど［船窓］。近世せんさう［船窓］。

―の守るべき規則 近代かうそく［港則］。

―の揺れ 近代ピッチング(pitching)。ローリング(rolling)。

―や飛行機の傾きを戻す力 近代スタビリティー(stability)。

―や櫓(ろ)の水中部分 近代あし［足／脚］。

―を借りること 近代チャーター(charter)。近世ようせん［傭船／用船］。

―を岸に着ける(こと) せつがん［接岸］。中古さしつく［差着］。近代はくしう［泊舟］。(四段活用)。さしつく［―つける］［差着］。ちゃくがん［着岸］。

―を漕いで島影などに隠れる 上代こぎかくる［漕隠］。

―を漕いで近寄る 中古こぎよす［―よせる］［漕寄］。

―を漕いで渡る 中古さしわたる［差渡］。

―を漕ぎながら歌う歌 中世あいだい［欸乃／靄迺］。さをうた／たうか［棹歌］。中古ふなうた［舟唄／船歌］。

ふ

—を漕ぐ(こと) 【近代】さうせん[操船]。さうだ[操舵]。【上代】さをとり[棹取]。たく[綰]。

—を漕ぐ音 【近代】楫の音と。【中世】かぢおと[楫音]。

—を漕ぐ人 そうしゅ[漕手]。【中世】こぎて[漕手]。

—をしまっておく建物 【近世】ふなごや[船小屋]。【中世】ふなぐら[船蔵/船倉]。

—を住居として暮らす人々 ひょうかいみん[漂海民]。【近代】すいじゃうせいくゎつしゃ[水上生活者]。【近世】えぶね[家船]。

—を進める 【近世】おしおくり[押送]。【上代】さす[刺]。

—を多数並べてつないだもの 【中古】ふないかだ[船筏]。

—を造ること 【近世】ざうせん[造船]。【中世】しんざう[新造/新艘]。

—を造る所 【近代】ざうせんしょ[造船所]。せんしゃう[船廠]。

—を着ける突き出た構造物 【近代】とってい[突堤]。ふなつきば[船着場]。【近世】さんばし[桟橋]。はとば[波止場]。ふとう[埠頭]。【中世】はと[波戸/波止]。

—をつなぐ杭等 けいせんちゅう[係船柱/繋船柱]。そうけいちゅう[双係柱]。ビット(bit)。ボラード(bollard)。もやいぐい[舫杭]。

—をつなぐ綱 【近世】もやひづな[舫綱]。【中古】ともづな[纜/艫綱]。

—をつなぐ所 【近代】ふなつきば[船着場]。【中世】かかりば[繋場]。ふながかり[船掛/船繋]。ふなつき[船付]。【上代】ふなつ[船津/舟津]。→**はとば**

—を初めて水に浮かべること 【近代】しんすい[進水]。【近世】しんざうおろし/しんぞおろし[新造下/新艘下]。ふなおろし[船卸/船下]。みづおろし[水卸]。

—を二つ並べたような船体の船 カタマラン(catamaran)。そうどうせん[双胴船]。

—を向こう岸へ行かせる 【中世】さしわたす[差渡]。

—を持って釣り客などを泊める宿 【近世】ふなやど[船宿]。

赤い小さな— 【近世】あかふね[赤船]。【上代】あからをぶね[赤小舟]。そほぶね[赭船]。

葦の中を漕いで行く— 【上代】あしわけをぶね[葦別小舟]。

葦を刈って積む小さな— 【中世】あしかりをぶね[葦刈小舟]。あしぶね[葦舟]。

新しい— 【近代】しんせん[新船]。【近世】しんざうせん[新造船]。

油などの液体を運搬する— タンカー(tanker)。【近代】ゆさうせん[油槽船]。ゆそうせん[油送船]。

一緒に行く— りょうせん[僚船]。【中古】ともぶね[友船/伴船]。

一艘の— 【中世】ひとはぶね[一葉舟]。【中古】いちえふ[一葉]。いちゐ[一葦]。いっせき[一隻]。こしう[孤舟]。

稲を運ぶ— 【中世】いなぶね[稲舟]。

海を行く— 【近世】とかいぶね[渡海船]。【中世】かいはく[海舶]。

大きな— 【近代】きょかん[巨艦](軍艦)。きょせん[巨船]。べんざい[弁才/弁財]。べんざいせん[弁財船]。【近世】べざい[弁才/弁財]。べざいせん/べざいぶね[弁財船]。【中世】きょはく[巨舶]。せんごくぶね[千石船]。【中古】たいせん[大船]。【上代】おほぶね[大船]。つみ/つむ[舶]。

多くの— 【上代】ちふね[千船]。ももふね[百船]。

多くの—が続いて進むこと 【近世】舳艫相銜む。舳艫千里。

沖を行く— 【中古】おきつぶね[沖津船]。

おもちゃの— しょうのうふね[樟脳舟]。【近世】ささをぶね[笹小舟]。【中世】ささぶね[笹舟]。

外国の—(例) 【近代】ぐゎいこくせん[外国船]。ぐゎいせん[外船]。【近世】きっかふせん[亀甲船]。くろふね[黒船]。ぐゎいこくせん[外国船]。ばんせん[蛮船]。ばんぱく[蛮舶/蕃舶]。【中世】たうせん[唐船]。【中古】からふね[唐船]。なんばんせん[南蛮船]。もろこしぶね[唐土船]。

海難で—を軽くするため捨てる荷 【近世】うきにもつ[浮荷物]。うちに[打荷]。すてに[捨荷]。なげに[投荷]。にうち[荷打]。はねに[撥荷/刎荷]。

架空の— もうじゃぶね[亡者船]。ゆうれいせん[幽霊船]。ノアの方舟。【中世】つまこしぶね[妻越船]。【上代】あまのとりふね[天鳥船]。つまむかへぶね[妻迎船]。

活魚または鮮魚を運ぶ— 【近世】いけふね[生船]。なまぶね[生船]。

川や池などで—に乗って楽しむこと 【近代】クルーズ(cruise)。【近世】しういう[舟遊]。ふなせうえう[船逍遥]。【中世】かはあそび[川遊]。かはせうえう[川逍遥]。ふなゆさん[船

遊山]。中古 しうかう[舟行]。ふなあそび[船遊]。

川や池などで乗って楽しむ― プレジャーボート(pleasure boat)。近代 いうらんせん[遊覧船]。くゎんくゎうせん[観光船]。したてぶね[仕立船]。近世 あそびぶね[遊船]。いうせん[遊船]。かはござぶね[川御座船]。ござぶね[御座船]。すずみぶね[涼船]。なふりゃうせん[納涼船]。ひよけぶね[日除船]。まちやかた[町屋形]。やかたぶね[屋形船]。やねぶね[屋根舟]。ゆさんぶね[遊山船]。中古 りゅうとうげきす/りょうとうげきす[竜頭鷁首]。

川を上下する― 中古 くだりぶね[下船]。のぼりぶね[上船]。

岸に舫(もや)ってある― 近世 かかりぶね[掛船]。けいせん[繫船/係船]。ふなもやひ[舟舫]。中世 もやひぶね[舫船]。

漁業で使われる― →**ぎょせん**

近海の運送に当たる― 近世 いさば[五十集]。いさばぶね[五十集船]。ぢのりぶね[地乗船]。ぢまはりぶね[地廻船]。

遣唐使の― 中古 けんたうしせん[遣唐使船]。もろこしぶね[唐土船]。よつのふね[四船]。

航路に就航している― がいこうせん[外航船]。ないこうせん[内航船]。

小型の― 近代 きてい[汽艇]。しうてい[舟艇]。せうか[小舸]。たんしう[端舟]。ランチ(launch)。近世 ささぶね[笹舟]。たんてい[端艇/短艇]。はしけ[艀]。はしけぶね[艀船]。べかぶね[艀船]。ボート(boat)。まるたぶね[丸太舟]。中世 まるきぶね[丸木舟]。中古 こぶね[小舟/小船]。てい[艇]。はしぶね[端舟]。へんしう[扁舟]。上代 さをぶね[小舟]。をぶね[小舟/小船]。

壊れた― 近代 やれぶね[破船]。近世 なんしう[難舟]。なんせん[難船]。へうせん[漂船]。みづぶね[水船]。中世 よりふね[寄船]。中古 かたわれぶね[片割船]。はせん[破船]。われぶね[敗船]。

祭礼で車を着けて引く― 近世 かごぶね[籠船]。上代 かざりぶね[飾船]。

作業等をする―の例 きじゅうきせん[起重機船]。そくりょうせん[測量船]。ちょうさせん[調査船]。近代 かにこうせん[蟹工船]。きふすいせん[給水船]。こうさくせん[工作船]。こうせん[工船]。さいひょうせん[砕氷船]。せんすいてい[潜水艇]。

沈んだ― 近代 ちんせん[沈船]。ちんぼつせん[沈没船]。

自分の― 近代 もちぶね[持船]。中世 てぶね[手船]。

車輪が付いた― 近代 ぐゎいしゃせん[外車船]。ぐゎいりんせん[外輪船]。近世 くるまぶね[車船]。

主となる― 近代 ぼせん[母船]。近世 おやぶね[親船]。ほんせん[本船]。中世 もとぶね[元船/本船]。

乗客や荷物を積んでいない― 近代 くうせん[空船]。近世 すぶね[素船]。中世 からふね/からぶね[空船]。中古 きょしう[虚舟]。上代 むなぶね[空船]。

乗客や荷物を運ぶ―(例) うんぱんせん[運搬船]。カーフェリー(和製car ferry)。かかくせん/かきゃくせん[貨客船]。コンテナせん[container船]。りょかくせん[旅客船]。近代 きゃくせん[客船]。くゎもつせん[貨物船]。にかたぶね[荷方船]。フェリーボート(ferryboat)。ゆそうせん[輸送船]。れんらくせん[連絡船]。近世 あだて。いとにくゎいせん[糸荷廻船]。おしおくりぶね[押送船]。かはさきぶね[川崎船]。くゎいせん[廻船/回船]。のりあひぶね[乗合船]。ひがきくゎいせん[菱垣廻船]。まるこぶね[丸子船]。まるたぶね[丸太船]。まるぶね[丸船]。わたしぶね[渡舟/渡船]。中世 うんそうせん[運送船]。かくせん[客船]。にぶね[荷船]。中古 えきせん[駅船]。しゃうせん[商船]。たかせぶね[高瀬舟]。とせん[渡船]。

商品の売買をする― 近世 あきなひぶね[商船]。あきんどぶね[商人船]。くゎいせん[廻船]。こせん[買船]。中古 しゃうせん[商船]。

精霊流しに用いる― おくりぶね[送舟]。とうろうぶね[灯籠舟]。ぼんぶね[盆舟]。近世 しゃうりゃうぶね[精霊舟]。

捨てられた― ざしょうせん[座礁船]。ざすせん[座州船]。近代 ちんせん[沈船]。ちんぼつせん[沈没船]。はいせん[廃船]。近世 なんぱせん[難破船]。中世 すてをぶね[捨小舟]。中古 すてぶね[捨舟]。はせん[破船]。

操船などの訓練をする― 近代 れんしふせん[練習船]。

互いにつなぎ止めた― 中世 けいせん[係船/繫船]。もやひぶね[舫船/纜船]。中古 むやひぶね[舫船/纜船]。

薪や材木などを運んだ― 中世 きぶね[木

ふ

船]。すぎぶね[杉船]。

戦いに使用する— 【近世】ぐんかん[軍艦]。つはものぶね[兵船]。【中古】ひゃうせん[兵船]。【上代】いくさぶね[軍船]。ぐんせん[軍船]。→**ぐんかん**

他の—を引いてゆくこと 【近代】えいかう[曳航]。【上代】ひきふね[引船/引舟/曳船]。

他の—を引いてゆく船 【近代】タグボート(tug-boat)。【近世】ひきふね[引船/引舟/曳船]。

都合良く出る— 【中世】びんせん[便船]。

定期に運航する— ていきせん[定期船]。ライナー(liner)。

敵国や中立国の—を確保すること 【近代】だほ[拿捕]。ほかく[捕獲]。

土石を運ぶ— 【近世】いしぶね[石船]。つちぶね[土船]。

内燃機関で走る— きせん[機船]。ないかてい[内火艇]。【近代】きせん[汽船]。きてい[汽艇]。きはんせん[機帆船]。ぽんぽんじょうき[蒸気]。ぽんぽんせん[船]。【近世】くゎりん[火輪]。じょうきせん[蒸気船]。

仲間の— 【近代】れうせん[僚船]。【中古】ともぶね[友船/伴船]。

波間に漂う小さな— 【中世】なみをぶね[波小舟]。

売春婦を乗せて売春させた— 【近世】おちょぶね[阿千代船]。とぎぶね[伽船]。

破棄される— 【近代】はいせん[廃船]。

不定期に運航する— ふていきせん[不定期船]。【近代】トランパー(tramper)。

舟足の速い— 【近代】クリッパー(clipper)。せうか[小舸]。【近世】けいか[軽舸]。こばや[小早]。ころふね。はしりぶね[走船]。【中世】けいしう[軽舟]。【上代】はやぶね[早船]。

帆で風を受けて進む— スクーネル(schoo-ner)。【近代】あひのこぶね[間子船]。きはんせん[機帆船]。しらほ[白帆]。ふうはんせん[風帆船]。ヨット(yacht)。【近世】いささかけふね[掛舟]。きみさはがた[君沢形]。さんまいほ[三枚帆]。はせぶね[走船/颿船]。ほまへせん[帆前船]。【中世】はんせん[帆船]。ほかけぶね[帆掛船]。ほぶね/ほぶね[帆船]。

水に漂う— 【中世】うきふね[浮舟]。

港などに—がとどまること(その船) 【近代】とうべう[投錨]。【近世】かかりぶね/かけぶね[掛船]。ていはく[停泊/碇泊]。→**みなと**

港に—が入ること 【近世】にふかう[入港]。にふせん[入船]。【中世】いりふね[入船]。→**みなと**

見張りをする— じゅんしせん[巡視船]。【近代】かんしせん[監視船]。【近世】せうせん[哨船]。ばんせん/ばんぶね[番船]。

遊郭へ通った— 【近世】あくしょぶね[悪所船]。きりぎりす[螽斯/螽蟖/蟋蟀]。きりぎりすぶね[蟋蟀船]。きりぎりすまる[蟋蟀丸]。ちょきぶね[猪牙舟]。ちょろ。

その他—のいろいろ(例) カヤック(Kayak)。ガレー(galley)。げんしりょくせん[原子力船]。さっぱ。すいちゅうよくせん[水中翼船]。ハイドロフォイル(hydrofoil)。【近代】カヌー(canoe)。クルーザー(cruiser)。ゴンドラ(gondola)。プロペラせん[propeller船]。ペーロン[飛龍/划龍/剗龍/白龍]。モーターボート(motorboat)。【近世】えどくゎいせん[江戸回船]。えどぶね[江戸船]。くりぶね[繰船]。とまぶね[苫舟]。はこぶね[箱船/方舟]。ほたるぶね[蛍船]。やねぶね[屋根舟]。【中世】いせぶね[伊勢船]。いたぶね[板舟]。しばぶね[柴舟]。たかせぶね[高瀬舟]。ひらたぶね[平田舟]。ふたなりぶね[二形船]。【中古】うかひぶね[鵜飼船]。【上代】あしがらをぶね[足柄小舟]。あまのいはくすぶね[天磐樟船]。いづてぶね[伊豆手船]。かはぶね[川船/河船]。とりのいはくすぶね[鳥磐樟船/鳥磐櫲樟船]。もろきふね[同船]。もろたぶね[諸手船]。

▼**漁船** →**ぎょせん**

▼**艀**(はしけ) 【近代】ふせん[艀船]。ランチ(launch)。【近世】うはにぶね[上荷舟]。せどりぶね[瀬取船]。てんま[天馬]。てんません[伝馬船]。てんまぶね[天馬舟]。はしけぶね[艀船]。【中世】えだぶね[枝船]。【上代】はしぶね[端舟/橋船]。

▼**丸木舟** えぐりぶね[刳舟]。くりぶね[刳舟]。ほりぶね[彫舟]。【上代】たななしをぶね[棚無小舟]。

▼**屋形船** 【近世】かきぶね[牡蠣船]。かはござぶね[川御座船]。ござ[御座]。ござぶね[御座船]。まちやかた[町屋形]。やかた[屋形]。やたいぶね[屋台船]。【中世】かきすゑやかたぶね[舁据屋形船]。【中古】いたやかたぶね[板屋形船]。からやかたぶね[唐屋形船]。ろうせん[楼船]。

▼**渡し船** 【近世】わたし[渡]。わたりぶね[渡舟]。【中古】とせん[渡船]。

▼**助数詞** 【近代】はい[杯]。【中古】えふ[葉]。さう[艘]。せき[隻]。

ふのう【不能】 できない［出来］。〔近代〕ふかのう［不可能］。むのうりょく［無能力］。〔中世〕ふのうなし［能無］。〔中古〕ひさい［非才］。むのう［不能］。むさい［無才］。むのう［無能］。〔上代〕ふさい［不才］。

ふはい【腐敗】 〔中世〕いたむ［傷］。くさる［くされる］［腐］。ねまる。〔中古〕くさる［腐］（四段活用）。ふはい［腐敗］。→**くさ・る❶**

―・して酸っぱくなること 〔近代〕さんぱい［酸敗］。

ふはい【不敗】 むはい［無敗］。〔近代〕じゃうしょう［常勝］。〔近世〕ぜんしょう［全勝］。

ふはく【浮薄】 〔近代〕けいてうふはく［軽佻浮薄］。〔近世〕ふはく［浮薄］。〔中世〕けいはく［軽薄］。そこつ［粗忽］。〔中古〕あさはか［浅］。

ふび【不備】 〔近代〕ふくゎんぜん［不完全］。ふじふぶん［不十分］。〔近世〕ふぐあひ［不具合］。ふゆきとどき［不行届］。〔中世〕ふぜん［不全］。〔中古〕ふび［不備］。

―・なところ 〔近代〕けっかん［欠陥］。〔近世〕かし［瑕疵］。〔中古〕かきん［瑕瑾］。〔上代〕あら［粗］。

―を改め正すこと 〔近世〕しうかい［修改］。

ふひょう【不評】 〔近代〕こくひゃう［酷評］。ふにんき［不人気］。ふひゃう［不評］。〔近世〕あくひゃう［悪評］。ふひゃうばん［不評判］。

ふびょうどう【不平等】 〔近代〕ふこうへい［不公平］。ふびゃうどう［不平等］。〔中古〕さべつ［差別］。

ふびん【不憫】 〔近代〕どうじゃう［同情］。〔中世〕いたいたし［痛痛］。いたはし［労］。いたまし［痛／傷］。かはいい／かはゆし［可愛］。かはいさう［可哀想］。きのどく［気毒］。むごらし［酷／惨］。むざん［無惨］。見るに忍びぬ。〔中古〕あはれ［哀］。いとほし［愛］。かたはらいたし［傍痛］。かたはらぐるし［傍苦］。こころぐるし［心苦］。びなし／びんなし［便無］。ふびん［不憫／不愍］。〔上代〕めぐし［愛］。→**かわいそう**

―・なさま 〔近世〕あはれげ［哀］。いとしなげ［愛］。

―・に思う 〔中世〕せうしがる［笑止］。〔中古〕いとほしがる［愛］。〔上代〕いとほしむ［愛］。

ぶひん【部品】 パーツ（parts）。ぶぶんひん［部分品］。〔近代〕ユニット（unit）。

ぶふうりゅう【無風流】 ださい。〔近世〕ぶすい［無粋／不粋］。やぼ［野暮］。やぼったい［野暮］。やぼてん［野暮天］。〔中世〕ぶふうりう［無風流／不風流］。〔中古〕きすぐ［生直］。こちなし［骨無］。なさけなし［情無］。こちごちし［骨骨］。むくつけし。

ふぶき【吹雪】 〔近代〕せっぷう［雪風］。ブリザード（blizzard）。ぼうふうせつ［暴風雪］。〔近世〕ふうせつ［風雪］。ゆきあらし［雪嵐］。ゆきあれ［雪荒］。ゆきふぶき［雪吹雪］。〔中世〕ゆきしまき［雪風巻］。〔中古〕ふぶき［吹雪／雪吹］。ゆきかぜ［雪風］。

強風で地上の雪が舞い上がる― 〔近代〕ぢふぶき［地吹雪］。

その他―のいろいろ（例） かみふぶき［紙吹雪］。さくらふぶき［桜吹雪］。〔近世〕はなふぶき［花吹雪］。

ふふく【不服】 〔近代〕いぞん［異存］。ふふく［不服］。意に満たない。〔近世〕すんし［寸志］。〔中世〕いぎ［異議］。いろん［異論］。ふそく［不足］。ふへい［不平］。ふまん［不満］。ふまんぞく［不満足］。→**ふまん**

ぶぶん【部分】 〔近代〕いちぶ［一部］。いちぶぶん［一部分］。きょくしょ［局所］。きょくぶ［局部］。セクション（section）。だんぺん［断片］。パート（part）。ピース（piece）。ぶぶん［部分］。ぶめん［部面］。〔近世〕ぶもん［部門］。

全体に対する細かな― 〔近代〕ディテール／デテール（detail）。

小さな― 〔中古〕せうぶん［小分／少分］。

ふぶんりつ【不文律】 きまりごと［決事］。ふせいぶんほう［不成文法］。〔近代〕ふぶんはふ［不文法］。ふぶんりつ［不分律］。〔中世〕まうしあはせ［申合］。

ふへい【不平】 →**ふまん**

ぶべつ【侮蔑】 〔近代〕ぶじょく［侮辱］。ぶべつ［侮蔑］。〔近世〕みくびる［見縊］。〔中世〕いやしむ［―しめる］［卑／賤］。みさぐ［―さげる］［見下］。〔中古〕あざけり［嘲］。あなづる／あなどる［侮］。みくだす［見下］。〔上代〕けいべつ［軽蔑］。

―・して言う言葉 〔近代〕ぶげん［侮言］。

ふへん【不変】 〔近代〕こうじゃう［恒常］。コンスタント（constant）。〔近世〕いってい［一定］。こてい［固定］。〔中世〕とこしなへ［永久］。ふどう［不動］。〔中古〕じゃうぢゅう［常住］。じゃうや［常夜］。つね［常］。ふへん［不変］。〔上代〕ときは［常磐］。とこし／とこしへ［永久／常］。ふえき［不易］。

永遠に―・であること 〔近代〕せんこふえき［千古不易］。〔近世〕ばんせいふえき［万世不易］。ばんだいふえき［万代不易］。〔上代〕とことは［常］。

ふへん【不偏】 〔近代〕ニュートラル（neutral）。ふ

へん［不偏］。近世ちゅうりつ［中立］。中世ちゅうせい［中正］。ちゅうだう［中道］。ちゅうよう［中庸］。

ふへん【普遍】 近代きょうつう［共通］。近世つうじゃう［通常］。中世いっぱん［一般］。中古ふつう［普通］。ふへん［普遍］。

—的 近代いっぱんてき［一般的］。ユニバーサル(universal)。

ふべん【不便】 近代ふべん［不便］。近世ふかって［不勝手］。ふにょい［不如意］。ふべんり［不便利］。勝手悪し。中世ふじいう［不自由］。ふつがふ［不都合］。中古びなし／びんなし［便無］。ふびん［不便］。

—・な土地のたとえ 《句》近世酒屋へ三里豆腐屋へ二里。

ふぼ【父母】 ペアレント(parent)。近代おやおや［親親］。こじ［怙恃］。近世しん［親］。たねはら［種腹／胤腹］。ととかか。りゃうしん［両親］。中世たらちね［垂乳根］。ぶも［父母］。もろおや［諸親／両親］。中古さうしん［双親］。にしん［二親］。ふたおや［二親］。上代あもしし［母父］（上代東国語）。おもちち［母父］。おや［親］。かそいろ／かぞいろ［父母］。かそいろは／かぞいろは［父母］。ちちはは［父母］。ふぼ［父母］。

《句》近代父母の恩は山よりも高く海よりも深し。近世子を持って知る親の恩。父の恩は山よりも高く母の恩は海よりも深し。

—と兄弟と妻子 中世さんぞく［三族］。

—に敬意を払わないたとえ 近代犬馬の養ひ。

—の兄 中古はくふ［伯父］。上代をぢ［伯父］。

—の姉 中世はくぼ［伯母］。上代をば［伯母］。

—の安否を問うこと 中世きせい［帰省］。

—のいない子 中古こし［孤子］。上代こじ［孤児］。みなしご［孤／孤児］。

—の妹 中世しゅくぼ［叔母］。上代をば［叔母］。

—の弟 中世しゅくふ［叔父］。上代をぢ［叔父］。

—の恩 中古におん［二恩］。

▼養父母 中世とりおや［取親］。ままおや［継親］。中古のちのおや［後親］。

ふほう【不法】 イリーガル(illegal)。近代ふがふり［不合理］。ゐはふ［違法］。近世ふらち［不埒］。中世ゐはん［違反］。中古ふたう［不当］。ふはふ［不法］。むはふ［無法］。りふじん［理不尽］。ゐはい［違背］。

—・な取引 近代みつばいばい［密売買］。

—・な漁(猟) 近代みつれふ［密漁／密猟］。

—・に土地を占拠し住んでいる人 スクワッター(squatter)。ふほうせんきょしゃ［不法占拠者］。むだんきょじゅうしゃ［無断居住者］。

—のはびこる街 近代あんこくがい［暗黒街］。

ふほう【訃報】 近代あくほう［悪報］。きょうぶん［凶聞］。きょうほう［凶報］。ひほう［悲報］。ふほう［訃報］。近世きょういん／きょうおん［凶音］。ふ［訃］。ふこく［訃告］。中世ふいん／ふおん［訃音］。

—を告げる使者 近代ふたりづかひ［二人使］。

ふほんい【不本意】 近代ふほんい［不本意］。近世しんぐゎい［心外］。中世ふしょうぶしょう［不承不承］。我にもあらず。中古くちをし［口惜］。こころならず［心］。こころよりほか［心外］。ほいなし［本意無］。むねん［無念］。りょぐゎい［慮外］。心にもあらず。

上代なまなま［生生］。

—・なさま 中古あやにく［生憎］。

ふま・える【踏】 そう［沿］。近代いきょ［依拠］。りっきゃく［立脚］。近世ねざす［根差］。中世のっとる［則］。ふまふ〔ふまえる〕［踏］。中古じゅんきょ［準拠］。じゅんず［準］。

ふまじめ【不真面目】 近代あそびはんぶん［遊半分］。ふきんしん［不謹慎］。ふせいじつ［不誠実］。ふまじめ［不真面目］。

—・な態度をとる 中古あざればむ［戯］。

—・に見える 中古あざれがまし［戯］。

ふまん【不満】 近代ふふく［不服］。近世こみづ。中世しゅっくゎい／じゅっくゎい［述懐］。ふそく［不足］。ふへい［不平］。ふまん［不満］。ふまんぞく［不満足］。中古かごと［託言］。ものうらみ［物恨］。上代うらみ［怨／恨］。

《句》近代奢(おご)る者は心嘗(つね)に貧し。

—が解消されないで残る 近代わだかまる［蟠］。近世ざんしん［残心］。

—がたまること 近世うっせき［鬱積］。うつもん［鬱悶］。らいくゎい［磊塊／磊嵬］。中世うっぷん［鬱憤］。

—がないこと 近世けっこうづくめ［結構尽］。中古ゑんまん［円満］。

—・に思う 近代けんえん［慊焉］。意に満たない。中世ふつ。むつく［憤］。やまし［疚／疾］。中古あかず［飽］。うらむ［恨］。うらやみ［羨］。こころづきなし［心付無］。上代いきどほる／いきどほろし［憤］。

—の顔(態度) 小鼻を膨(ふく)らます。ぶすっとする。近代唇を尖(とが)らす。舌を鳴らす。

〔近世〕ふくれがほ[脹顔]。ふくれっつら[膨面/脹面]。顔を膨らかす。口を尖らす。面を膨らかす。頰を尖らす。頰を膨らす。〔中古〕はちぶく[蜂吹]。ぶぜん[憮然]。

―の発散　〔近世〕やつあたり[八当]。杵であたり杓子であたる。

―を言う　ごねる。ブーイング(booing)。〔近代〕ぐちる[愚痴]。ごてる。こぼす[零]。故障を入れる。不平を鳴らす。〔近世〕くちこごと[口小言]。ぶっつく。ぼやく。〔中世〕くどく[口説]。くねる。しゅっくゎい/じゅっくゎい[述懐]。そしる[謗/譏/誹]。〔中古〕いひくんず[言屈]。うらむ[恨]。かこつ[託]。はちぶく[蜂吹]。ゑんず[怨]。〔上代〕うれふ[憂/愁]。

―を言う言葉　〔近代〕くじゃう[苦情]。もんく[文句]。〔近世〕ぐち[愚痴]。なきごと[泣言]。〔中世〕こごと[小言]。

―を言うさま　ぐじゃぐじゃ。蟹の念仏。〔近代〕がたがた。ぐづぐづ[愚図愚図]。ぶすぶす。〔近世〕いぢむぢ。ぐしぐし。ぐつぐつ。ぐづらぐづら[愚図愚図]。ぶうぶう。ぶつくさ。ぶつぶつ。ぼいぼい。〔中世〕ぐぢぐぢ。〔中古〕つぶつぶ。

―を抱いている(さま)　〔中世〕あうあう[快快/鞅鞅]。ちっくゎい[蟄懐]。

―をよく言う人　〔近代〕こぼしや[零屋]。

次々と―を言う　〔近代〕不平を並べる。

取るに足りない―　〔近世〕よまひごと[世迷言]。

割に合わないという―　〔近世〕しぶ[渋]。

ふまんぞく【不満足】　〔近代〕ふじふぶん[不十分]。〔中世〕ふまんぞく[不満足]。→**ふまん**

ふみ【文】　〔近世〕てがみ[手紙]。〔中世〕しょもつ[書物]。ぶんしょ[文書]。〔中古〕しょじゃう[書状]。〔上代〕ふみ[文/書]。→**てがみ**　→**ぶんしょ**

ふみあら・す【踏荒】→**ふみにじ・る**

ふみいし【踏石】　いしじき[石敷]。いしだんいし[石段石]。〔近世〕くつぬぎいし[沓脱石]。しきいし[敷石]。ふみいし[踏石]。〔中世〕とびいし[飛石]。〔中古〕いしだたみ[石畳]。

ふみき・る【踏切】　〔近代〕意を決する。腹を決める。〔近世〕ふんぎり[踏切]。ふみきる[踏切]。〔中世〕おもひきる[思切]。ふみだす[踏出]。手を付く(―付ける)。〔上代〕けつだん[決断]。

ふみこ・む【踏込】　〔近代〕しんにふ[進入]。はひりこむ[入込]。〔近世〕つっこむ[突込]。ふみこむ[踏込]。〔中古〕おしいる[押入]。〔中世〕ふみいる(―いれる)[踏入]。

ふみだい【踏台】　ステップボード(和製step board)。たけつぎ[丈継]。〔近代〕あしがかり[足掛]。つぎだい[接台/継台]。〔近世〕あしば[足場]。つぎあし[継足]。ふまへ[踏]。ふみだい[踏台]。ふみつぎ[踏継]。〔中世〕あしつぎ[足継]。きゃたつ[脚立/脚榻]。くらかけ[鞍掛/鞍懸]。〔中古〕あししろ[足代]。

ふみだ・す【踏出】　〔近代〕しゅっぱつ[出発]。ちゃくしゅ[着手]。のりだす[乗出]。〔中世〕ふみだす[踏出]。

ふみにじ・る【踏躙】　〔中世〕たふせき[踏藉]。ふみあらす[踏荒]。りょうりゃく[凌轢/陵轢]。〔中古〕じうりん[蹂躙]。ふみしたく/ふみしだく[踏拉]。ふみちらす[踏散]。ふみつく(―つける)[踏付]。ふみにじる[踏躙]。〔上代〕ふみあだす りょうれき[凌轢/陵轢]。[踏]。

ふみもち【不身持】　〔近代〕ふしだら。ふひんかう[不品行]。〔近世〕だらしなし。ふぎゃうせき[不行跡]。ふみもち[不身持]。〔中世〕じだらく[自堕落]。

ふみわ・ける【踏分】　〔中古〕ふみわく(―わける)[踏分]。〔上代〕さくむ。しのぐ[凌]。

ふ・む【踏】　〔中古〕ふまふ(ふまえる)[踏]。ふみたつ(―たてる)[踏立]。ふみつく(―つける)[踏付]。〔上代〕ふむ[踏/践/履]。ほむ[踏/践]。

―む所　〔近代〕ふみば[踏場]。〔中世〕ふまへどころ/ふみど[踏所/踏処]。〔中古〕ふみどころ[踏所/踏処]。

―んで足の筋を痛める　〔中世〕ふみちがふ(―ちがえる)[踏違]。〔中古〕ふみたがふ(―たがえる)[踏違]。

―んで跡を残す　〔中古〕ふみとむ[踏止]。

―んで行く　〔上代〕ふみさくむ[踏]。

―んで入れる　〔中古〕ふみいる(―いれる)[踏入]。

―んで固める　〔近世〕ふみしむ(―しめる)[踏締]。〔中古〕ふみかたむ(―かためる)[踏固]。

―んで殺す　〔中古〕ふみころす[踏殺]。

―んで倒す　〔中古〕ふみたふす[踏倒]。

―んで潰す　〔中世〕ふみつぶす[踏潰]。〔中古〕ふみしたく/ふみしだく[踏拉]。

―んで通り過ぎる　〔上代〕ふみこゆ(―こえる)[踏越]。

―んで鳴らす　〔中世〕地団駄を踏む。〔中古〕ふみとどろかす[踏轟]。ふみならす[踏鳴]。

―んで引っ繰り返す　〔中世〕ふみかへす[踏返]。

ー・んでめちゃくちゃにする 中世 ふみあらす[踏荒]。中古 ふみちらす[踏散]。上代 ふみぬく[踏抜/踏貫]。

ー・んで物に穴をあける 中世 ふみぬく[踏抜/踏貫]。

ー・んで破る 中世 ふみやぶる[踏破]。

釘(くぎ)や針などをー・んで足裏に突き立てる 中古 ふみぬく[踏抜/踏貫]。

ころがる車輪でー・む 近代 ひく[轢]。

強くー・む 近世 ふみしむ[ーしめる][踏締]。中世 ふみこむ[踏込]。中古 ふみしたく/ふみしだく[踏拉]。ふみつく[ーつける][踏付]。

ふむき【不向】 ふてきせつ[不適切]。ふてっかく[不適格]。近代 ふてきたう[不適当]。ふてきにん[不適任]。ふむき[不向]。近世 ふてき[不適]。ふにあひ[不似合]。中世 ふさうおう[不相応]。

ふめい【不明】❶〈不詳〉 近世 ふしゃう[不詳]。中世 ふめい[不明]。みしゃう[未詳]。みち[未知]。

ふめい【不明】❷〈不見識〉 近代 うこさべん[右顧左眄]。むていけん[無定見]。近世 ふけんしき[不見識]。中古 ふめい[不明]。

ーのものを指す語 →ふとくてい

ふめいかく【不明確】 →あいまい

ふめいよ【不名誉】 近代 ふめいよ[不名誉]。ふめんぼく/ふめんもく[不面目]。をてん[汚点]。近世 おもぶせ[面伏]。つらよごし[面汚]。をめい[汚名]。中世 おもてよごし[面汚]。おもなし[面無]。きず[傷/疵/瑕]。なをり/なをれ[名折]。恥を曝(さら)す。中古 おもてぶせ[面伏]。はぢ[恥]。面(おもて)を伏す。

ふめいりょう【不明瞭】 →あいまい

ふめつ【不滅】 イモータル(immortal)。ふしちょう[不死鳥]。近代 こうきう[恒久]。フェニックス(phoenix)。ふま[不磨]。中世 いうきう[悠久]。えいきう[永久]。じゃうぢゅうふめつ[常住不滅]。ふめつ[不滅]。むきゅう[無窮]。中古 ふきう[不朽]。ふし[不死]。ふしゃうふめつ[不生不滅]。上代 ときは[常磐]。→えいえん

ふめんぼく【不面目】 →ふめいよ

ふもう【不毛】 近代 くゎうれう[荒寥]。中世 ふもう[不毛]。中古 くゎうりゃう[荒涼]。上代 くゎうはい[荒廃]。

ーの地 中世 あれち[荒地]。せきど[赤土]。やせち[痩地]。中古 せきち[赤地]。

ふもと【麓】 近代 がくろく[岳麓]。やますそ[山裾]。中世 さんげ[山下]。すそ[裾]。中古 さんろく[山麓]。さんか[山下]。さんきゃく[山脚]。すその[裾野]。やまぎは[山際]。やまもと[山本]。上代 ふもと[麓]。もとへ[本辺/本方]。やました[山下]。

ーにある小山 中古 すそやま[裾山]。

ーの辺り 中世 すそわ[裾廻/裾回]。上代 すそみ[裾廻/裾回]。中古 すそべら[裾辺]。もとへ[本辺/本方]。やまべ[山辺]。

ーの延びた所 中世 をさき[尾崎/尾前/尾先]。中古 を[尾]。

ーのやや上 中古 さんえう[山腰]。

ーの水 中古 やましたみづ[山下水]。

富士山のー 近代 がくろく[岳麓]。

山のーで陰になっている所 中世 やましたかげ[山下陰]。

ぶもん【部門】 セクター(sector)。ディビジョン(division)。ぶきょく[部局]。ブランチ(branch)。近代 カテゴリー(ドイツ Kategorie)。ジャンル(フランス genre)。セクション(section)。パート(part)。はんちう[範疇]。ぶぶん[部分]。ぶんや[分野]。りゃうゐき[領域]。近世 ぶもん[部門]。中古 ぶるい[部類]。

ふやか・す 近代 ふやかす。中世 ほとばかす[潤]。中古 ほとぼす[潤]。

ふや・ける 近世 ふやく[ふやける]。中古 ほとぶ[潤]。

ふや・す【増】 近代 ぞう[増]。ぞうだい[増大]。近世 ぞうか[増加]。ます[増/殖]。ふやす[増/殖]。中世 ついか[追加]。つむ[積]。ふゆ[ふえる][増]。中古 数添ふ[ー添える]。上代 くはふ[くわえる][加]。

以前より以上にー・すこと 近代 ばいきう[倍旧]。

財産をー・す 近世 のばす[延/伸]。

次第にー・すこと 近代 ぜんぞう[漸増]。るいぞう[累増]。

点数をー・すこと かてん[加点]。

二倍にー・すこと 近代 ばいか[倍加]。近世 ばいまし[倍増]。中古 ばいぞう[倍増]。

水を入れてー・すこと 近代 みづまし[水増]。

ふゆ【冬】 ふゆしょうぐん[冬将軍]。近代 ウインター(winter)。近世 しもがれどき[霜枯時]。中世 かん[寒]。げんとう[玄冬]。みふゆ[三冬]。よもぎのせき[蓬関]。中古 きうとう[九冬]。とうき[冬季]。とうげつ[冬月]。上代 とうじつ[冬日]。ふゆ[冬]。

ーがすぐ近くの晩秋 近世 ふゆどなり[冬隣]。

ーと夏 中古 かんしょ[寒暑]。

ーに着る衣服 近代 とうい[冬衣]。ふゆふく[冬服]。近世 ふゆごろも[冬衣]。中古 ふゆ

ぎ[冬着]。

―に咲く花 上代 かんくゎ[寒花]。中古 ふゆさる[冬]。りっとう[立冬]。

―の間 ふゆば[冬場]。近代 とうき[冬期]。

―の終わり頃 近世 はるどなり[春隣]。中世 きとう[季冬]。中古 きゅういん[窮陰]。ばんとう[晩冬]。

―の枯れ木 中世 ふゆこだち[冬木立]。

―の荒涼たる景色 中世 ふゆざれ[冬ざれ]。中古 くさがれ[草枯]。ふゆがれ[冬枯]。

―の荒涼たる景色の中の緑の草木 中世 ばんすい[晩翠]。

―の寒い盛り 近代 まふゆ[真冬]。中世 せいとう[盛冬]。

―の三か月 中世 みふゆ[三冬]。中古 さんとう[三冬]。

―の樹木 中世 とうぼく[冬木]。上代 ふゆき/ふゆぎ[冬木]。

―の準備 ふゆじたく[冬支度]。近代 とうえい[冬営]。中古 ふゆがまへ[冬構]。

―の空 近世 ふゆぞら[冬空]。中世 さむぞら[寒空]。中古 かんてん[寒天]。とうてん[冬天]。

―の田 中世 ふゆた[冬田]。

―の月 中世 かんげつ[寒月]。

―のはじめ 中世 はつふゆ[初冬]。中古 しょとう[初冬]。まうとう[孟冬]。

―の日 中世 ふゆび[冬日]。上代 とうじつ[冬日]。

―の日の短いこと 中古 たんじつ[短日]。

―の山 近世 山眠る。中古 ふゆやま[冬山]。

―も枯れない草 中古 ふゆくさ[冬草]。

―を越すこと えっとう[越冬]。近代 ふゆごし[冬越]。

昨年の― 近代 さくとう[昨冬]。中世 きうとう[旧冬]。

寒さの厳しい― かんとう[寒冬]。中古 げんとう[厳冬]。

例年より暖かい― だんとう[暖冬]。

ふゆあおい【冬葵】 近世 ふゆあふひ[冬葵]。中世 かたみぐさ[形見草]。上代 あふひ[葵]。

ふゆう【富裕】 近代 かうめい[高明]。ゆうふく[裕福]。中世 いうとく[有徳]。いうふく[有福]。かねもち[金持]。ふいう[富祐]。ふねう[富饒]。ふゆ/ふゆう[富裕]。中古 ふいう/ふゆ[富有]。ふぜう[富饒]。→**かねもち**

ふゆう【浮遊】 近代 ふへう[浮漂]。へうらう[漂浪]。近世 うろつく[彷徨]。中世 さまよふ[彷徨]。はうらう[放浪]。ふどう[浮動]。へうはく[漂泊]。中古 さすらふ[流離]。ふいう[浮遊]。るらう[流浪]。上代 たゆたふ[揺蕩]。はうくゎう[彷徨]。りうり[流離]。
―・しているもの 近代 ふいうぶつ[浮遊物]。中古 うきもの[浮物/浮者]。

ぶゆう【武勇】 近代 えいぶ[英武]。きゃうぎょ[強禦]。中世 けなげ[健気]。ゆうぶ[勇武]。中古 ぶ[武]。ぶよう[武勇]。上代 ぶゆう[武勇]。

―にすぐれた人 中古 がうけつ[豪傑]。上代 ゆうし[勇士]。

―にすぐれているという評判 近代 げうめい[驍名]。近世 ゆうめい[勇名]。

―をたっとぶこと 近代 きんけんしゃうぶ[勤倹尚武]。しゃうぶ[尚武]。


ふゆかい【不愉快】 近代 ふゆくゎい[不愉快]。近世 きざがる[気障]。ふくゎい[不快]。中世 あさまし[浅]。にがし[苦]。にがにがし[苦苦]。ふきょう/ぶきょう[不興]。やまし[疚/疾]。気に障る。胸が悪い。中古 あし[悪]。いとはし[厭]。うたてあり。こころうし[心憂]。こころづきなし[心付無]。つきなし[付無]。むつかし/むづかし[難]。むつかる[憤]。

《尊》中古 おぼしうんず[思倦]。

―・そうだ 中古 すさまじげ[凄]。

―・そうな顔つき 近代 しかめがほ[顰顔]。しかめっつら/しかめつら[顰面]。近世 しぶっつら/しぶつら[渋面]。じふめん[渋面]。じふめんがほ[渋面顔]。

―・そうな顔つきをする 近世 にがりきる[苦切]。

―・そうにものを言うさま 近代 噛んで吐き出すやう。

―・な気持ち 中世 にがみ[苦/苦味]。

―・な気持ちを表す動作の例 近代 舌を鳴らす。中世 舌鼓を打つ(鳴らす)。中古 したうち[舌打]。舌を打つ。

―・なこと 近世 むなけ/むねき[胸気]。中世 きざかひ[気逆]。中古 うさ[憂]。

聞いていて― 近世 ききづらし[聞辛]。中世 耳に逆ふ。中古 ききぐるし[聞苦]。ききにくし[聞]。

ふゆきとどき【不行届】 近代 ふちゅうい[不注意]。ふゆきとどき[不行届]。中世 ふてぎは[不手際]。ふてってい[不徹底]。中古 ふび[不備]。

ふゆごもり【冬籠】 近代 とうみん［冬眠］。中古 ふゆごもり［冬籠］。

虫たちの― 近代 へいちつ［閉蟄］。近世 ちっぷく［蟄伏］。中世 ちっす［蟄］。

ふゆぞら【冬空】 近代 さむぞら［寒空］。近世 ふゆぞら［冬空］。中古 かんてん［寒天］。とうてん［冬天］。

ふよ【付与】 きょうよ［供与］。近世 かうふ［交付］。中世 ふよ［付与／附与］。中古 あたふ［あたえる］［与］。上代 さづく［さずける］［授］。

→あた・える

ふよう【不要】 近代 ふひつえう［不必要］。中世 ふえう［不要］。中古 ふよう［不用］。むよう［無用］。

《句》近世 月夜に提灯。

―・な 近代 よけいな［余計］。中世 いらざる［不要／不入］。いらぬ［不要］。

―・な言葉 近世 じょうく［冗句］。

―・な人 中古 いたづらびと［徒人］。

―・な物 ジャンク(junk)。そだいごみ［粗大塵］。近代 はいひん［廃品］。ふようひん［不用品］。近世 おあひだもの［御間物］。がらくた［我楽多］。ぐゎらくた［瓦落多］。じゃそく［蛇足］。すたりもの［廃物］。はいぶつ［廃物］。ほご［反古／反故］。中世 だそく［蛇足］。ほうぐ［反古／反故］。中古 あまりもの［余物］。ほうご［反古／反故］。ほぐ［反古／反故］。

―・なものを除くこと 中世 たうた［淘汰］。

―・になって売り払う物 近代 おはらひ［御払］。近世 はらひもの［払物］。

―・になる（こと） 近世 おあひだ［御間］。中世 すたる［廃］。

時期外れで―となったもののたとえ 近代 あきあふぎ［秋扇］。すてあふぎ［捨扇］。わすれあふぎ［忘扇］。中世 秋の扇。中古 しうせん［秋扇］。

立派でも―・になれば捨てられる《句》近代 狡兎(かうと)死して走狗(そうく)烹(に)らる。飛鳥尽きて良弓蔵(かく)る。

ふよう【扶養】 近代 かやう［加養］。ふいく［扶育］。ふやう［扶養］。近世 くはす［くわせる］［食］。頤(おとがひ)を養ふ。中世 ふじょ［扶助］。やうご［養護］。中古 やういく［養育］。上代 やしなふ［養］。

ふよう【浮揚】 ふじょう［浮上］。近代 ふやう［浮揚］。中世 うかびあがる［浮上］。うきあがる［浮上］。

ふよう【芙蓉】 近世 きはちす［木蓮］。きょさう［拒霜］。中世 もくふよう［木芙蓉］。ふよう［芙蓉］。

ぶよう【舞踊】 →おどり

歌舞伎の― 近世 しょさごと［所作事］。

▼助数詞 中世 さし［差］。て［手］。中古 きょく［曲］。

ふようい【不用意】 近代 ふちゅうい［不注意］。近世 うかうか［浮浮］。うっかり。てぬかり［手抜］。中世 うくゎつ［迂闊／迂濶］。きょ［虚］。ぬかり［抜］。ふようい［不用意］。中古 なげ［無］。ふかく［不覚］。ゆくりなし。

―・なさま 中古 うはのそら［上空］。ゆくりか。

ぶようじん【不用心】 近代 ふちゅうい［不注意］。中世 ぶさた［無沙汰］。ぶようじん［不用心／無用心］。中古 ぶっさう［物騒］。

ぶらい【無頼】 近世 ふりゃう［不良］。むらい［無頼］。中古 ぶらい［無頼］。上代 はうたう［放蕩］。ふてい［不逞］。

―の徒 →**ならずもの**

プライス(price) 近代 かかく［価格］。プライス。近世 ねうち［値打］。ねだん［値段］。上代 あたひ［値］。

プライド(pride) 近代 きんじ［矜持］。きんぢ［矜持］。じそんしん［自尊心］。じふしん［自負心］。プライド。ほこり［誇］。近世 きぐらゐ［気位］。きょうじ［矜持］。きょうぢ［矜持］。

プライバシー(privacy) 近代 しせいくゎつ［私生活］。中古 しじ［私事］。ひみつ［秘密］。

プライベート(private) 近代 こじんてき［個人的］。してき［私的］。ひこうしき［非公式］。プライベート。

ぶらさが・る【下】 近世 けんすい［懸垂］。中世 つりさがる［吊下／釣下］。ひさぐ［提］。ぶらさがる［下］。たれさがる［垂下］。中古 かかる［懸／掛］。たる［たれる］［垂］。上代 さがる［下］。

―・っているさま(もの) 近代 ちゅうぶらりん［中／宙］。中世 ぶらぶら。ぶらりぶらり。

ぶらさ・げる【下】 近代 たらす［垂］。近世 つりさぐ［―さげる］［吊下／釣下］。つるす［吊］。ぶらくる。ぶらさぐ［―さげる］［下］。中古 ひっさぐ［―さげる］［引提］。うちたる［打垂］。たる［垂］。つる［吊］。上代 かく［かける］［懸／掛］。さぐ［さげる］［下／提］。

ブラシ(brush) 近代 ブラシ。近世 けはらひ［毛払］。さっし［刷子］。上代 はけ［刷毛］。

―のいろいろ(例) ワイヤブラシ(wire brush)。近代 くつばけ［靴刷毛］。はブラシ［歯brush］。ヘアブラシ(hairbrush)。

プラス(plus) 近代つけくはへる[付加]。つけたす[付足]。てんか[添加]。プラス。中世ついか[追加]。つく[つける][付]。上代くはふ[くわえる][加]。たす[足]。

フラストレーション(frustration) よっきゅうふまん[欲求不満]。中世ふまん[不満]。

ふらち【不埒】 →**ふとどき**

ブラック(black) →**くろ・い**

ふらつ・く 近代ぐらつく。近世ひょろつく。ふらつく。ゆらつく[揺]。よろける[蹌踉/蹣跚]。中世よろつく[蹌踉]。よろめく[蹌踉]。上代よろぼふ[蹌踉]。

—・き歩くさま 近代へうへうらうらう[飄飄踉踉]。中古十文字に履ふむ。

ぶらつ・く ウォーキング(walking)。近代まんぽ[漫歩]。近世いうほ[遊歩]。そぞろありく[漫歩]。ぶらつく。中世さんさく[散策]。さんぽ[散歩]。すずろありき[漫歩]。中古さまよふ[彷徨]。はいくわい[徘徊]。上代せうえう[逍遥]。たちもとほる[立徘徊]。→**うろうろ・する** →**さまよ・う**

フラッシュ(flash) ストロボ(strobo; stroboscopic lamp)。近代いっせん[一閃]。スパーク(spark)。フラッシュ。中世きらめき[煌]。中古せんくゎう[閃光]。

フラット(flat) へいばん[平板]。近代ひらべったい[平]。近世すいへい[水平]。ひらたし/ひらったい[平]。へいめん[平面]。中世へいたん[平坦]。上代たひら[平]。

プラットホーム(platform) ホーム(platform の略)。近代プラットホーム。ほらう[歩廊]。

ぶらぶら 近世ぬらくら。ぬらりくらり。のらりくらり。ふらふら。へうへう[飄飄]。中古ふたふた。
《句》近世一文凧いちもんだこの切れたやう。瓢簞へうたんの川流れ。

—・させる およがせる[泳]。

—・する 上代ただよふ[漂]。→**うろうろ・する**

—と動き回る(さま) 中世びらりしゃらり。中古さうさう[蹌蹌]。ひろめく。

—とさまよい出る 中世あこがる[憧/憬]。

ボクシングで打たれて—になること 近代グロッキー(groggy)。

ぶらぶら 近代ぶらんぶらん。近世ぬらりくらり。のらくら。のらりくらり。中世ぶらぶら。ぶらりぶらり。

—・していること 近世ぢまはり[地回/地廻]。ふうらい[風来]。中世いうだ[遊惰]。へうぜん[飄然]。らんだ[懶惰/嬾惰]。

—・している人 ふうてん[瘋癲]。近世あそびにん[遊人]。ぐうたら/ぐうだら。ひまじん[暇人/閑人]。ふうらいじん[風来人]。ふうらいばう[風来坊]。へちまやらう[糸瓜野郎]。

—・して働かずに暮らすこと 近代ざしょく[座食/坐食]。としょく[徒食]。むゐとしょく[無為徒食]。近世たかやうじ[高楊枝]。ゐぐひ[居食]。中古とくゎ[徒過]。《句》近代座食すれば山も空し。

—・する 近世あそぶ[遊]。ごろつく。茶を挽ひく。中世びろつく。

ぶらりと ぶらん。近代ぶらっと。近世のろり。中世ぶらりと。

—出発する 近世うかれたつ[浮立]。

ふらん【腐乱】 近世ふらん[腐乱]。中世いたむ[痛/傷]。中古くさる[腐]。→**くさ・る**

プラン(plan) 近代こうさう[構想]。せっけい[設計]。プラン。近世けいくわく[計画]。中古あん[案]。→**あん【案】** →**けいかく**

フランク(frank) 気兼ねせずに。忌憚きたんなく。気遣いなく。心置きなく。近代あけっぴろげ[明広/開広]。フランク。近世そっちょく[率直]。上代しんそつ[真率]。すなほ[素直]。

ブランク(blank) 近代あき[空]。くうはく[空白]。くうらん[空欄]。ブランク。よはく[余白]。中古はくし[白紙]。

ぶらんこ【鞦韆】 近世ふらここ／ぶらここ。ぶらんこ[鞦韆]。中古しうせん[鞦韆/秋千]。ゆさはり[鞦韆]。

ブランド(brand) 近代しゃうへう[商標]。トレードマーク(trademark)。めいがら[銘柄]。

プランニング(planning) →**あん【案】** →**けいかく**

ふり【振】 近世そぶり[素振]。やうす[様子]。中世どうさ[動作]。よし[由]。中古なり[形/態]。ふり[振/風]。上代すがた[姿]。ふるまひ[振舞]。

—をする 中世なりすます[成済]。中古とりなす[取成]。もてなす[成]。《句》近世猿の空虱そらじらみ。

相手のためにしているような—をする 近世おためごかし[御為]。じゃうずごかし[上手]。

何もなかったような—をする 中古ことなしぶ[事無]。

▼**接尾語** 近世こかし／ごかし。中世ぶる。

中古がる。

ふり【不利】 近代ふりえき[不利益]。近世ふため[不為]。中世ひ[非]。ふり[不利]。中古そん[損]。→**ふりえき**

—・な状況 形勢が悪い。旗色が悪い。近代れっせい[劣勢]。近世相場が悪い。

—・になる 近世割を食ふ。

ぶり【鰤】 近世おほうを[大魚]。中世ぶり[鰤]。

—の稚魚 もじゃこ[藻雑魚]。近世つばす[津走]。中世はまち[魬]。

—の若魚 わかし。近世わかなご[若魚子]。

ふりあ・げる【振上】 近代ふりかぶる[振]。ふりかざす[振翳]。中世さしかざす[差翳]。中古ふりあぐ〔—あげる〕[振上]。

ふりえき【不利益】 デメリット(demerit)。ダメージ(damage)。近代そんがい[損害]。ふとくさく[不得策]。ふりえき[不利益]。近世ふため[不為]。中世しつ[失]。そんしつ[損失]。ひ[非]。ふり[不利]。中古そん[損]。

《句》近世親方思ひの主倒し。

自分から—を招く 近世ふみかぶる[踏被]。

ふりかえ【振替】 近代とりかへ[取替/取換]。近世ふりかへ[振替]。中世いれかへ[入替]。

ぶりかえ・す【返】 さいはつ[再発]。近世さいねん[再燃]。ぶりかへす[返/振返]。

春になって寒さが—・す 近代さえかへる[冴返]。寒返る。寒の戻り。

病気が—・す 近世はみかへす[食返]。中世はみかへる[食返]。

ふりかえ・る【振返】 近代くゎいし[回視]。近世くゎいさう[回想]。こばう[顧望]。ついさう[追想]。ふりむく[振向]。中世ついくゎい[追懐]。ふりかへる[振返]。みかへす[見返]。中古いっこ[一顧]。うちみかへる[打見返]。くゎいこ[回顧]。こけい[顧盻]。ついおく[追憶]。みかへる[見返]。上代かへりみる[顧]。こべん[顧眄]。首(かうべ)(頭)を回らす。

遠くを—・ること 近世こばう[顧望]。

ふりかか・る【降掛】 近代ひっかかる[引掛]。近世かかる[掛]。そそぐ[注/灌]。中世ふりそそく/ふりそそぐ[降注]。中古おちかかる[落掛]。ふりかかる[降掛/降懸]。上代そそく[注/灌]。

ふりか・ける【振掛】 近代さっぷ[撒布]。近世そそぐ[注/灌]。中古さんぷ[散布/撒布]。そそく[注/灌]。ふりかく〔—かける〕[振掛/振懸]。

ふりかざ・す【振翳】 ふりかぶる[振]。中世さしかざす[差翳]。ふりかざす[振翳]。嵩(さか)に懸かる。中古ふりあぐ〔—あげる〕[振上]。

刀などを—・す 近世ぬきかざす[抜翳]。中世うちひらく[打開]。

ふりがな【振仮名】 ルビ(ruby)。近世すてがな[捨仮名]。つけがな[付仮名]。ばうくん[傍訓]。ふりがな[振仮名]。

読みを指定する— むかえがな[迎仮名]。近世すてがな[捨仮名]。

ふりき・る【振切】 中世ふりきる[振切]。中古ふりすつ〔—すてる〕[振捨]。

—って出て行く 中古ふりいづ/ふりづ[振出]。

ふりこ【振子】 近代さげふり[下振]。しんし[振子]。すいぢゅう[錘重]。ふりこ[振子]。

—のいろいろ(例) えんすいふりこ[円錐振子]。ねじりふりこ/ねじれふりこ[捩振子]。

ふりこ・める【降籠】 中古ふりこむ〔—こめる〕[降籠]。上代あまごもり[雨籠]。あまさはり[雨障]。あまつつみ[雨障]。

ふりしき・る【降頻】 中世ふりすさぶ/ふりすさむ[降荒]。中古ふりしこる[降凝]。上代しきふる[頻降]。ながらふ[流]。ふりしきる[降頻]。ふりしく[降頻]。

雪が—・るさま 近代こんこん。

ふりそそ・ぐ【降注】 →**ふりかか・る**

ふりだし【振出】 でだし[出出]。近代きてん[起点]。さいし[最始]。しゅっぱつてん[出発点]。スタート(start)。ふりだし[振出]。中世はじまり[初]。中古さいしょ[最初]。はじめ[初]。

ブリッジ(bridge) 近代ブリッジ。中古けうりゃう[橋梁]。上代はし[橋]。→**はし【橋】**

ふりつづ・く【降続】 中古をやみなし[小止無]。上代しきふる[頻降]。ながらふ[流]。

—・く雨 中世ながさめ[長雨/霖]。中古ながあめ[長雨]。ながめ[長雨/霖]。上代りんう[霖雨]。→**あめ**

ふりつも・る【降積】 中古ふりうづむ[降埋]。ふりつむ[降積]。ふりつもる[降積]。上代ふりおく[降置]。

ふりはら・う【振払】 近世ふりはらふ[振払]。中世はらいのく〔—のける〕[払除]。ふりきる[振切]。上代はらふ[払]。

ふりま・く【振撒】 近代ばらまく[散蒔]。中世さんぷ[散布]。ふりまく[振撒]。中古ちらす[散]。まきちらす[撒散]。まく[撒]。

ふりむ・く【振向】 →**ふりかえ・る**

ふりょ【不慮】 →**いがい**

ーの災難 〔近世〕きくゎ［奇禍］。〔中世〕ちんじちゅうえう［珍事中天］。わうくゎ［横禍］。わうさい［横災］。わうなん［横難］。

ーの死 〔中世〕わうし［横死］。

ふりょう【不良】❶〈粗悪〉 いかん／いけない。〔近代〕あくしつ［悪質］。ふりゃう［不良］。〔中世〕わるし［悪］。〔中古〕そあく［粗悪］。わろし［悪］。〔上代〕あし［悪］。良くない。

ふりょう【不良】❷〈ならず者〉 〔近代〕ちんぴら。よたもの［与太者］。ふりゃう［不良］。〔中世〕ならずもの［者］。→**ならずもの**

ーじみる つっぱる［突張］。〔近代〕とっぽい。よたる［与太］。

ーになる 〔近世〕ぐれる。

ふりょう【不漁】 きょうりょう［凶漁］。〔近世〕しけ［時化］。ふれふ［不漁］。

海が荒れてひどいー 〔近代〕おほしけ［大時化］。

ぶりょう【無聊】 〔近代〕アンニュイ(フランス ennui)。ぶれう［無聊］。〔近世〕てもちぶさた［手持無沙汰］。たいくつ［退屈］。〔中世〕しょざいなし［所在無］。つれづれ［徒然］。〔中古〕むゐ［無為］。

ぶりょく【武力】 ぐんじりょく［軍事力］。〔近代〕けんさう［剣槍／剣鎗］。せんとうりょく［戦闘力］。せんりょく［戦力］。〔近世〕へいりょく［兵力］。〔中世〕せい［勢］。ぶりょく［武力］。

《句》ペンは剣よりも強し。

ーが強力で威勢のあること 〔中世〕ぶとく［武徳］。ゐぶ［威武］。〔中古〕ぶゐ［武威］。

ー行動を起こすこと 〔近代〕きょへい［挙兵］。〔近世〕はたあげ［旗揚］。〔中世〕しゅつぢん［出陣］。

ーで威力を示すこと 〔近代〕しんぶ［振武］。

ーで勝ち取った権力 〔近代〕はけん［覇権］。

ーで事を決し行うこと 〔近世〕ぶだん［武断］。〔中世〕ちからぜめ［力攻］。

ーで攻めること ぶとう［武闘］。

ーで他国を侵すこと 〔近世〕しんりゃく［侵略／侵掠］。

ーで天下を治めること 〔近代〕はげふ［覇業］。はだう［覇道］。

ーで天下を治める人 〔中世〕はしゃ［覇者］。はわう［覇王］。

ーを手段とする革命 〔近代〕ぼうりょくかくめい［暴力革命］。

ーを背景としない政治 〔近代〕ぶんち／ぶんぢ［文治］。〔近世〕ぶんせい［文政］。

ふりわけ【振分】 〔近代〕ぶんかつ［分割］。〔上代〕ふりわけ［振分］。〔中古〕わく(わける)［分］。ぶんぱい［分配］。

ふりわけがみ【振分髪】 〔近世〕いたづら［徒］。ふりわけがみ［振分髪］。〔中古〕ふりわけ［振分］。〔上代〕きりかみ［切髪］。

ふりん【不倫】 〔近代〕はいしん［背信］。ふりん［不倫］。〔近世〕ふてい［不貞］。〔上代〕はいとく［背徳］。ふぎ［不義］。→**みっつう**

ー・な関係を結ぶ 〔近世〕くさりあふ／くされあふ［腐合］。くさりつく［腐付］。

ふ・る【降】 〔中世〕くだる［下降］。ふりそそく／ふりそそぐ［降注］。〔中古〕うちそそぐ［打注］。うちふる［打降］。かきたる［掻垂］。しぐる(しぐれる)［時雨］。そそく／そそぐ［注／灌］。そほつ／そぼつ［濡］。ふりしこる［降凝］。〔上代〕おつ(おちる)［落］。しきふる［頻降］。そほふる／そぼふる［降］。ながらふ［流］。ながる(ながれる)［流］。ふりしきる［降頻］。ふりしく［降頻］。ふる［降／零］。→**あめ**

《枕》〔上代〕いそのかみ［石上］。

ー・ったり止んだり(する) 〔近代〕ぐづつく［愚図］。〔中古〕降りみ降らずみ。

ー・って一面を覆う 〔上代〕ふりしく［降敷］。

ー・り方が弱くなる 〔近世〕をだやむ／をだゆむ［小弛］。〔中世〕こぶり［小降］。

ー・りそうで降らないたとえ 〔近代〕乞食の嫁入り。

ー・りそうな様子 あまぞら［雨空］。あめもよう［雨模様］。うい［雨意］。うき［雨気］。乞食の嫁入り。泣き出しそうな空模様。〔近代〕あまぐもり［雨曇］。〔近世〕あまもやひ／あまもよひ［雨催］。〔中世〕あまけ［雨気］。

雨がー・ること 〔近代〕かうすい［降水］。〔近世〕しめり［湿］。ほんぶり［本降］。〔中世〕あめふり［雨降］。うてん［雨天］。〔中古〕かうう［降雨］。

雨がちょっとー・り止むこと 〔近代〕こやみ［小止］。〔中古〕をやみ［小止］。

雨のー・るさま しょぼつく。〔近代〕ざあざあ。ざあっと。しのつく［篠突］。びしょびしょ。ぽっつり。ぽつぽつ。〔近世〕そぼそぼ。〔中世〕さっと。しとしと。しょぼしょぼ。〔中古〕しめじめ(と)。

五月雨がー・る 〔中古〕さみだる［五月雨］。

時雨がー・る 〔中古〕うちしぐる［打時雨］。しぐる［時雨］。

しとしとー・る 〔中古〕そほつ／そぼつ［濡］。〔上代〕そほふる／そぼふる［降］。

霜や露がー・る 〔中世〕おる(おりる)［降］。〔上代〕おく［置］。

ちらちらとー・る 〔近代〕ちらつく。

激しくー・る(こと) 〔近世〕おほぶり［大降］。な

ぐる[殴／擲]。ふりつのる[降募]。盆を翻す。篠(しの)を乱す。盆を傾く(―傾ける)。しぶく[重吹／繁吹]。中世かきたる[掻垂]。ふりすさぶ／ふりすさむ[降荒]。篠(しの)を束(つか)ぬ(―束ねる)。篠(しの)を突く。車軸の如し。車軸を流す。中古ふぶく[吹雪／乱吹]。ふりある(―あれる)[降荒]。ふりしこる[降凝]。ふりまさる[降増]。上代ふりしきる[降頻]。ふりしく[降頻]。

ふ・る【振】 上代うちふる[打振]。ふく[振／揮]。ふる[振]。
《枕》中古はるさめの[春雨]。
盛んに―・る 中古ふりたつ(―たてる)[振立]。
バットなどを―・ること 近代スイング(swing)。

フル(full) 近代さいだいげん[最大限]。フル。まんぱい[満杯]。中世じふぶん[十分]。たっぷり。中古いっぱい[一杯]。→**いっぱい**

ぶ・る 近代きどる[気取]。見栄を張る。近世ぶる。もったいぶる。

ふる・い【古】❶〈昔の〉 近代アルカイック(フランスarchaique)。オールド(old)。クラシック(classic)。こしょくさうぜん[古色蒼然]。中世きう[旧]。中古ふるぶるし[古古／旧旧]。ふるめかし[古]。上代ふるし[古／旧]。→**ふる・びる**
《枕》中古はるさめの[春雨]。上代あしがきの[葦垣]。いそのかみ[石上]。うづらなく[鶉鳴]。

―・い家 中世こたく[故宅]。ふるいへ[古家]。上代ふるへ[古家]。ふるや[古屋／古家]。→**いえ**
―・い井戸 近世ふるゐど[古井戸]。中古ふるゐ[古井]。

―・い時代 ぜんじだいてき[前時代的]。近代ぜんせいき[前世紀]。中古こだい[古代]。

―・いだけで役に立たないたとえ 近代くゎせき[化石]。こっとう[骨董]。こっとうひん[骨董品]。

―・い寺 中世こさつ[古刹]。中古こじ[古寺]。ふるでら[古寺]。

―・いならわし 近世きうたう[旧套]。中世きうしき[旧式]。上代きうしゃう[旧章]。きうぞく[旧俗]。

―・い話(こと) 中古きうじ／くじ[旧事]。わうじ[往事]。上代きうぶん[旧聞]。

―・い物品 アンチック／アンティーク(フランスantique)。ちゅうこひん[中古品]。近代こっとう[骨董]。こっとうひん[骨董品]。こびじゅつひん[古美術品]。ねんだいもの[年代物]。近世きうぶつ[旧物]。じだいもの[時代物]。ちゅうぶる[中古]。ふるもの[古物／故物]。中古こぶつ[古物／故物]。

―・い都 中世きうと[旧都]。こきゃう[故京／古京]。

―・いものを好み尊重する立場 こへき[古癖]。近代しゃうこしゅぎ[尚古主義]。近世かうこ[好古]。

―・くから 近世きうらい[旧来]。中世ざいらい[在来]。中古こらい[古来]。もとより[固]。上代じゅうらい[従来]。

―・くから有名である 中古名に旧(ふ)る。

―・くないこと 近世よつすぎ[四過]。→**あたらし・い**
ちょっと―・いこと 近代セカンドハンド／セコンドハンド(secondhand)。セコハン(セコンドハンドの略)。近世ちゅうぶる[中古]。上代ちゅうこ[中古]。

最も―・いこと 近世さいこ[最古]。


ふる・い【古】❷〈陳腐〉 近代おきまり[御決]。きうたい[旧態]。ふるぼける[古惚／古呆]。近世おさだまり[御定]。かびくさし[黴臭]。じだいおくれ[時代遅]。ちんぷ[陳腐]。ひねくろし[陳]。ふるし[古／旧／故]。中世きうへい[旧弊]。中古ふるくさし[古臭]。ふるめかし[古]。上代ひねひねし[陳陳]。

―・いもの扱いする 中古ふるす[古／旧]。

―・いものに執着して考えを変えないこと 近代いんじゅんこそく[因循姑息]。こくしう[刻舟]。中世ころう[固陋]。《句》中世舟に刻して剣を求む。中古株(くひぜ)を守る。杭(くひ)を守る。

―・いものを払い落とすこと 近代さっしん[刷新]。しんさつ[振刷]。だっぴ[脱皮]。

―・いものを守り改革に反対する立場 近代しゅきう[守旧]。ほしゅ[保守]。

―・くからのやりかた 近世きうたう[旧套]。こしき[古式／故式]。中世きうしき[旧式]。

―・くなった穀物など 中世ひね[陳／老成]。ひねもの[陳物]。

―・くなって腐る 近世ねぐさる[根腐]。

―・くなって駄目になる 近代らうきう[老朽]。近世きたる[来]。らうはい[老廃／老癈]。

―・くなって使えなくなった粉 近世ねこ[寝粉]。

―・くなって変なにおいがする 近世ひねくさし[陳臭]。中古かびくさし[黴臭]。ねぐさ

し［寝臭］。

ー・くなってみすぼらしく見える 近代すがれる［尽／末枯］。

ー・くなる →**ふる・びる**

ー・くなるまで使う 中世つかひふるす［使古］。もちふるす［持古］。

ー・く見える 中古ふるめく［古］。

ぶるい【部類】 近代かうもく［項目］。カテゴリー（ドイツKategorie）。クラス（class）。ジャンル（フランスgenre）。しゅべつ［種別］。しゅもく［種目］。はんちう［範疇］。近世ぶもん［部門］。中古しゅるい［種類］。ぶるい［部類］。中世ぶわけ［部分］。

ーに分けること ぶるいわけ［部類分］。

ふるいおこ・す【奮起】 近代しんこう［振興］。しんさく［振作］。ふるひおこす［奮起／振起］。近世こうき［興起］。中世こぶ［鼓舞］。さくこう［作興］。しんき［振起］。はつやう［発揚］。中古おこす［起］。おもひおこす［思起］。つよる［強］。はげむ［励］。はっぷん［発憤／発奮］。心を起こす。上代ふりおこす［振起］。→**ふるいた・つ**

衰えたものをー・すさま 近代しんしゅく［振粛］。

心をー・す 近世がいぜん［慨然］。

ふるいた・つ【奮立】 ハッスル（hustle）。意気天を衝っく。近代いきぐむ／いきごむ［意気込］。いきほひこむ［勢込］。きおひこむ［気負込］。きおひたつ［気負立］。しんこう［振興］。たけりたつ［猛立］。ふるひたつ［奮立］。ふんこう［奮興］。緊褌きんこん一番。近世いさみたつ［勇立］。つよむ［強］。ふんき［奮起］。中世きおふ［気負］。きばる［気張］。さくこう［作興］。はげむ［励］。ふんじん［奮迅］。ふんぱつ［奮発］。中古いきほふ［勢］。いきまく［息巻］。おもひおこす［思起］。つよる［強］。はっぷん［発憤］。はやる［逸］。ふるふ［奮］。上代いさむ［勇］。

ー・たせる 近代こす［鼓］。ふるひおこす［奮起／振起］。発破はっを掛ける。近世はる［張］。中世こぶ［鼓舞］。ひきたつ（ーたてる）［引立］。中古おこす［起］。心を起こす。上代いやたつ［弥立］。はげます［励］。ふりおこす［振起］。

ー・つさま 近世ふんぜん［奮然］。むしゃぶるひ［武者震／武者振］。

勇気を出してー・つこと 近代ゆうふん［勇奮］。

ふる・う【奮】 →**ふるいた・つ**

ふる・う【震】 →**ふる・える**

ふる・う【篩】 スクリーニング（screening）。近代よりわける［選分］。せんべつ［選別］。篩ふるひにかける。近世ふるひわく（ーわける）［篩分］。中世えりわく（ーわける）［選分］。ふるひおとす［篩落］。中古しわく（ーわける）［仕分］。ふりおとす［振落］。上代ふるふ［篩］。

ー・う器具の例 かなとおし［金通］。すいのう［水嚢］。ぬかぶるい［糠篩］。近代みづぶるひ［水篩］。近世ぬかどほし［糠簁］。中世ちゃぶるひ［茶篩］。とほし［簁］。みづこし［水漉］。中古きぬぶるひ［絹篩］。

ふる・う【振】 近世はっき［発揮］。ふりうごかす［振動］。中古ふるふ［振／揮］。

ブルー（blue） 近代せいしょく［青色］。ブルー。中古あを［青］。あをあを［青青］。あをいろ［青色］。上代あをし［青］。→**あお** →**あお・い**

ふる・える【震】❶〈震動〉 近代ふるへる［震］。近世ゆる（ゆれる）［揺］。中古しんどう［振動］。ふるふ［震］（四段活用）。上代しんどう［震動］。

小刻みにー・えること 近代せんどう［顫動］。近世ひくつく。

小刻みにー・えるさま 近代ぴりぴり。近世がたがた。ぴくぴく。ぶるぶる。中世がくがく。ひくひく。びくびく。ひりひり。わぢわぢ。わなわな。

寒さなどで身体がー・えること（さま） 近代かんりつ［寒慄］。近世がたつく。ぞくぞく。どうぶるひ［胴震］。中世ぞうぞう。中古頤おとがひが落つ（ー落ちる）。

ふる・える【震】❷〈戦慄〉 しんせん［震戦］。近代金玉が上がったり下がったりする。近世しんかん［震撼］。しんせふ［震慴／震懾］。ふるふ（ふるえる）［震］。ふるへあがる［震上］。金玉が縮み上がる。歯の根が合はぬ。中世しんきょう［震恐］。しんしょう［震悚］。ふるひつく［震付］。中古うちわななく［打戦慄］。おそる（おそれる）［恐／怖］。おそれをののく［恐戦］。きょうふ［恐怖］。せんりつ［戦慄］。ふるふ［震］（四段活用）。わななく［戦慄］。をののく［戦／戦慄］。上代おびゆ（おびえる）［脅／怯］。

ー・え驚くこと 中世しんきゃう［震驚］。

恐ろしくて股がー・えること 近世こりつ［股栗／股慄］。

ふるがお【古顔】 ベテラン（veteran）。近代ふるがほ［古顔］。ふるて［古手］。近世ふるかぶ［古株］。中世こさん［古参］。

ふるぎ【古着】 近世あかつき［垢付］。きそげ［着殺］。ふるて［古手］。みつもの［三物］。

中世ふるぎ[古着]。中古ふるぎぬ[古衣]。上代ふるころも／ふるごろも[古衣]。

—を買うこと 近世ふるてかひ[古手買]。

—を売買する店 近世ふるぎや[古着屋]。ふるてうり[古手売]。みたふしや[見倒屋]。中世ふるてや[古手屋]。

ふるくさ・い【古臭】 近代きうしき[旧式]。つきなみてう[月並調]。近世ちんぷ[陳腐]。ひさし[久]。ひねくさし[陳臭]。中世こちゅう[古注／古註]。中古ふるくさし[古臭]。上代ふるし[古／旧]。

—・い言葉 じょうとうく[常套句]。近代じゃうたうご[常套語]。たうげん[套言]。ちんたうご[陳套語]。近世たうご[套語]。

—・くなる 近世ひねくれる[陳]。

やや—・いさま アカデミック(academic)。

汚れて—・くなる 近世すすぶ[すすびる][煤]。

ふるさと【古里】 近代カントリー(country)。きゃうど[郷土]。しゅっしゃうち[出生地]。しゅっしんち[出身地]。せいち[生地]。ハイマート(ドイツ Heimat)。ゐなか[田舎]。近世おくに[御国]。おさと[御里]。中世がう／きゃう[郷]。きゃうたう[郷党]。きゃうりょ[郷閭]。くにもと[国元／国許]。ざいしょ[在所]。墳墓(ふんぼ)の地。中古かきゃう[家郷]。ここく[故国]。こざん[故山]。しゃうごく[生国]。上代きゃうくゎん[郷関]。きゃうり[郷里]。くに[国]。こきゃう[故郷]。さと[里]。ふるさと[古里／古郷／故郷]。→こきょう

ふるす【古巣】 中古ふるす[古巣]。上代きうきょ[旧居]。きうたく[旧宅]。

ふるつわもの【古強者】 ベテラン(veteran)。近代こへい[古兵]。近世こがう[古豪]。らうへい[老兵]。中世ふるつはもの[古強者／古兵]。

ふるて【古手】 ベテラン(veteran)。近代ふるがほ[古顔]。中世ふるて[古手]。近世ふるかぶ[古株]。中世こさん[古参]。

ふるどうぐ【古道具】 アンチック／アンティーク(フランス antique)。ちゅうこひん[中古品]。近代こっとう[骨董]。こっとうひん[骨董品]。ねんだいもの[年代物]。近世きうぶつ[旧物]。じだいもの[時代物]。ちゅうぶる[中古]。ふるもの[古物／故物]。中世ふるだうぐ[古道具]。中古こぶつ[古物／故物]。

—の市 ぼろいち[襤褸市]。近代のみのいち[蚤市]。ふるものいち[古物市]。

—を買うこと 近世ふるてかひ[古手買]。

—を売買する店 こぶつや[古物屋]。近代こっとうや[骨董屋]。こぶつしゃう[古物商]。近世からものや[唐物屋]。こだうぐや／ふるだうぐや[古道具屋]。しまひみせ[仕舞店]。だうぐや[道具屋]。とりうり[取売]。ふるてうり[古手売]。ふるものだな[古物店]。みたふしや[見倒屋]。中世ふるてや[古手屋]。

ふるなじみ【古馴染】 近代ふるなじみ[古馴染]。近世むかしなじみ[昔馴染]。中世をさななじみ[幼馴染]。中古きういう[旧友]。きうち[旧知]。

ふる・びる【古】 ろうきゅうか[老朽化]。近代いろあせる[色褪]。ふるぼける[古惚]。甲羅が生える。近世すすぶ[すすびる][煤]。ひねくれる[陳]。ひねくろし[陳]。ひねこびる[陳]。ひねる[陳]。ひまし[日増]。劫臈(こふらふ)(劫臘(こふらふ))を経る。中世うちふる[打古]。くたびる[—びれる][草臥]。ことふる[事古]。こぶ[こびる]。ふりはつ[旧果]。ふるける[古]。中古あうよる[奥寄]。さぶ[寂／荒]。ふりす[旧]。ふるぶ[ふるびる][古／旧]。ふるめく[古／旧]。ものふる[物古]。世に旧る。上代こけむす[苔生]。さぶ[錆]。ひねひねし。ふりゆく[旧行]。ふる[旧]。

—・びた趣き 近世さび[寂]。

—・びたさま 近代こしょくさうぜん[古色蒼然]。近世いにしへぶり[古風／古振]。むかしふう[昔風]。中古こふう[古風]。→ふるめかし・い

—・びて落ち着きがある 近世からびる[涸／枯／嗄]。上代かみさぶ／かんさぶ[—さびる][神]。

—・びて深みのあるさま 近代さうこ[蒼枯／蒼古]。

衣服などが—・びる 近代膝が抜ける。中古なる[なれる][馴／慣]。

色の—・びたさま 近代さうぜん[蒼然]。

苔(こけ)むして—・びた感じ 近代こけさび[苔錆]。

使わずに置いていて—・びさせる(こと) 中世おきふるし[置旧]。上代おきふるす[置旧]。

長く着て—・びた衣 上代なれごろも[馴衣／褻衣]。

ふるまい【振舞】❶〈行為〉 近代かうゐ[行為]。きょ[挙]。げふたい／げふてい[業体]。げんどう[言動]。そかう[素行]。近世かうどう[行動]。ぎゃうさ[行作]。しかた[仕方]。しぐさ[仕種／仕草／為種]。

しこなし。しなし[為成／為做]。てまへ[手前]。とりまはし[取回]。まね[真似]。みうごき[身動]。みぶり[身振]。中世 かうせき[行跡]。ぎゃうぎ[行儀]。ぎゃうぢゅうざぐゎ[行住坐臥]。げんかう[言行]。しょぎゃう[所行]。しょざい[所在]。しんし[進止]。しんだい[進退]。たいど[態度]。たちゐふるまひ[立居振舞]。つまはづれ[褄外]。てぶり[手振]。どうさ[動作]。ふり[振／風]。中古 ありさま[有様]。いでいり[出入]。ぎゃうごふ[行業]。きょどう[挙動]。しょさ[所作]。しょゐ[所為]。たちゐ[立居]。もてなし[持成]。上代 おこなひ[行]。ふうぎ[風儀]。ふるまひ[振舞]。わざ[業]。

ーがしゃんとしているさま 近世 きりきりしゃん。

ーの下品なこと 中世 はうだい[放題／傍題]。

荒々しい勝手なー 近代 ぼうきょ[暴挙]。ぼうわう[暴横]。わうぼう[横暴]。

威張って勝手気儘なー 近代 わうかうくゎっぽ[横行闊歩]。

愚かなー 近代 ぐきょ[愚挙]。中世 けいきょ[軽挙]。

自由なー(のさま) 近代 ずいえんはうくゎう[随縁放曠]。中世 きまかせ[気任]。ほんぱう[奔放]。

少女らしいー 上代 をとめさび[少女]。

常道を外れたーをする 近世 かぶく[傾]。

それらしいー 近世 きどり[気取](接尾語的に)。そぶり[素振]。中世 よし[由]。

取り乱したーをする 近世 挙措きょそを失ふ。

人を人と思わないーをする 近代 眼中人無し。中古 ばうじゃくぶじん[傍若無人]。

みせかけのー 近代 芝居を打つ。近世 えんぎ[演技]。

みだりに刃物を振り回すー 近世 はものだて[刃物立]。

訳ありげなーをする 中古 ゆゑだつ[故立]。

ふるまい【振舞】❷〈供応〉 一席設ける。近代 せったい[接待]。近世 ざうさ[造作]。しなし[為成／為做]。ちそう[馳走]。中世 けいめい[経営]。ごちそう[御馳走]。ふるまひ[振舞]。中古 あつかひ[扱]。あへ[饗]。あへしらひ。あるじまうけ[主設]。かしはで[饗膳]。きゃうおう[饗応]。きゃうす[饗]。きょうおう[供応]。もてなし[持成]。

ふるま・う【振舞】 中古 ふるまふ[振舞]。↓**ふるまい**

あでやかにー・う 中古 えんだつ[艶立]。

荒々しくー・う あらだてる[荒立]。中古 ある[あれる][荒]。

ありのままにー・う 地じで行く。

粋にー・う いきぶる[意気／粋]。近世 いきがる[意気／粋]。

忙しそうにー・う 中世 いそめく[急]。

偉い人のようにー・う 近代 えらぶる[偉]。

遠慮なく存分にー・う 中古 うけばる[受張]。

おおっぴらにー・う 近世 おっぱらく[開]。

大人のようにー・う 近代 おとなぶる[大人]。

親のようにー・う 中古 おやがる[親]。おやめく[親]。

高慢げにー・う 近代 きどる[気取]。もったいがる[勿体]。近世 けんたいぶる。もったいぶる[勿体振]。

殊勝らしくー・う おこないすます[行澄]。

それらしくー・う 近代 きどる[気取]。

腹いせに荒々しくー・う 近世 あたりちらす[当散]。

まじめでしかつめらしくー・う 近世 くすみきる。

目立つようにー・う 近世 さばく[捌]。

わがままにー・う 中古 おしたつ[押立]。

ふるめかし・い【古】 ぜんきんだいてき[前近代的]。ぜんじだいてき[前時代的]。近代 きうしき[旧式]。こしょくさうぜん[古色蒼然]。近世 いにしへぶり[古風／古振]。かびくさし[黴臭]。ひねくろし[陳]。むかしふう[昔風]。中世 むかしぶ[昔]。中古 おいおいし[老老]。こしょく[古色]。こたい[古体]。こふう[古風]。ふるくさし[古臭]。ふるめかし[古]。上代 かみさぶ／かんさぶ[ーさびる][神]。ふるし[古／旧]。

ー・く大袈裟 じだいがかる[時代掛]。近代 おほじだい[大時代]。

ー・く典雅なさま クラシック(classic)。近世 こが[古雅]。

ー・くなる 中世 こく[こける][痩]。上代 かみさぶ／かんさぶ[ーさびる][神]。

ふるもの【古物】 アンチック／アンティーク(フランス antique)。ちゅうこひん[中古品]。近代 こっとう[骨董]。こっとうひん[骨董品]。近世 ふるもの[古物／故物]。中古 こぶつ[古物／故物]。→**ふるどうぐ**

ふれ【布令】 近代 たっし[達]。つうこく[通告]。つうち[通知]。ふれい[布令]。近世 しらせ[知]。中世 ふれ[布令／触]。上代 こくじ[告示]。ふこく[布告]。

ふれあい【触合】 スキンシップ(和製skin

ship)。近代せっしょく[接触]。

ふれあ・う【触合】 近代あひます[相摩]。ふれあふ[触合]。近世ふりあふ[振合/触合]。

ー・う音 中古 近代かさこそ。近世かさかさ。がさがさ。中古はらはら。上代ゆら。

ー・うさま 上代ゆらら[揺]。

ぶれい【無礼】 近代けつれい[欠礼]。近世あいだてなし。あんぐゎい[案外]。いんげん。しつくゎんたい[緩怠]。しっけい[失敬]。しつらい[失礼]。そこつ[粗忽]。そつじ[率爾]。ぞんぐゎい[存外]。ぞんざい。ぶさはふ[不作法]。へいぐゎい[平懐]。礼儀知らず。中世びろう[尾籠]。ぶこつ[武骨]。ぶしつけ[不躾]。ふとくしん[不得心]。ふよう[不用]。ぶれい[無礼/不礼]。らうがはし[乱]。らうぜき[狼藉]。れうじ[聊爾]。中古あいだちなし。こちごちし[骨骨]。こちなし[骨無]。しちらい/しつれい[失礼]。なめげ/なめし[無礼]。ばうぞくはしたなし。ひれい[非礼]。みだりがはし/みだれがはし[濫/猥]。むらい[無礼]。りょぐゎい[慮外]。上代ふけい[不敬]。ゐやなし[礼無]。→**しつれい**

ー・な言動 近代むじゃう[無状]。近世ばうじゃう[亡状]。中世すいさん[推参]。

ー・な人 近代ぶれいもの[無礼者]。近世すいさんもの[推参者]。

酷暑で略礼服でもー・にならない月 中世ろくぐゎつぶれい[六月無礼]。

人を侮りー・な態度をとる 中世なむ(なめる)[嘗/舐]。

ブレーキ(brake) せいどう[制動]。わどめ[輪留]。近代はどめ[歯止]。ブレーキ。近世よくせい[抑制]。中古せいし[制止]。

ーのいろいろ(例) エアブレーキ(air brake)。えきあつしきブレーキ[液圧式brake]。エンジンブレーキ(engine brake)。コースターブレーキ(coaster brake)。サイドブレーキ(和製side brake)。ディスクブレーキ(disk brake)。でんじブレーキ[電磁brake]。ドラムブレーキ(drum brake)。ハンドブレーキ(hand brake)。フットブレーキ(foot brake)。近代くうきせいどうき[空気制動機]。でんきせいどう[電気制動]。

フレーズ(phrase) かんようく[慣用句]。近代イディオム(idiom)。く[句]。せいく[成句]。フレーズ。近世せいご[成語]。

フレーム(frame) 近代がくぶち[額縁]。フレーム。わくぐみ[枠組]。中世ほねぐみ[骨組]。わく[枠]。中古ふち[縁]。

プレーヤー(player) えんぎしゃ[演技者]。近代えんそうしゃ[演奏者]。せんしゅ[選手]。プレーヤー。

ブレーン(brain) ❶〈頭脳〉近代ブレーン。中世あたま[頭]。づなう[頭脳]。なう[脳]。中古ちのう[知能]。

ブレーン(brain) ❷〈ブレーントラスト〉そっきん[側近]。近代こもん[顧問]。さうだんやく[相談役]。ブレーン。ブレーントラスト(brain trust)。

フレキシブル(flexible) 近代かへん[可変]。かどう[可動]。フレキシブル。近世じうなん[柔軟]。

ふれこみ【触込】 まえせんでん[前宣伝]。近世さきぶれ[先触]。ふれこみ[触込]。まへぶれ[前触]。中世ふいちゃう[吹聴]。

プレス(press) ❶〈圧迫〉近代プレス。近世あっす[圧]。あっぱく[圧迫]。おさへつく(ーつける)[押付]。上代おさふ(おさえる)[押]。おす[押]。

プレス(press) ❷〈印刷/新聞〉近代いんさつ[印刷]。しんぶん[新聞]。ニュースペーパー(newspaper)。プリント(print)。プレス。→**いんさつ** →**しんぶん**

プレゼント(present) 近代ギフト(gift)。ぞうたふひん[贈答品]。プレゼント。近世つかひもの[遣物]。上代おくりもの[贈物]。→**おくりもの**

プレッシャー(pressure) 近代あつりょく[圧力]。近世あっぱく[圧迫]。

フレッシュ(fresh) 近代せいせん[生鮮]。フレッシュ。みづみづしい[瑞瑞]。中世あたらし[新]。しんせん[新鮮]。中古あらたし[新]。せいしん[清新]。→**しんせん**

プレリュード(prelude) イントロ(introductionの略)。じょそう[序奏]。ぜんそうきょく[前奏曲]。近代オーバチュア(overture)。じょきょく[序曲]。プレリュード。プロローグ(prologue)。

ふ・れる【触】❶〈宣伝〉 せんげん[宣言]。近世ふれあるく[触歩]。中世いひひろむ(ーひろめる)[言広]。ふれまはる[触回]。中古いひふらす[言触]。せんぷ[宣布]。上代せんす[宣]。せんでん[宣伝]。ふこく[布告]。ふる(ふれる)[触]。

大袈裟にー・れること(人) 近世かなぼうひき[金棒引/鉄棒引]。

ふ・れる【触】❷〈言及〉 近代ふれる[触]。近世げんきふ[言及]。とりあぐ(ーあげる)[取

上］。ろんきふ［論及］。中世いひおよぶ［言及］。中古かきおよぶ［書及］。

ふ・れる【触】❸〈接触〉 近代しょくせつ［触接］。せっしょく［接触］。タッチ(touch)。中世いろふ［綺／弄］。さふ［さえる］［障］。せっす［接］。まじはる［交］。中古あたる［当］。さはる［触］。ふればふ［触］。上代かからふ［関］。さやる［障］。つく［付］。なづ［なでる］［撫］。ふらばふ［触］。ふる［触］（四段活用）。ふる［ふれる］［触］。

ー・れた感じ ふうあい［風合］。近代かんしょく［感触］。さはり［触］。はだあひ［肌合］。近世はだざはり［肌触］。中世しょくかん［触感］。中古てあたり［手当］。

互いにー・れる 近代ふれあふ［触合］。近世ふりあふ［振合／触合］。中世すりあふ［擦合］。

ふ・れる【触】❹〈抵触〉 近代ていしょく［抵触／觝触／牴触］。ゐれい［違戻］。近世ふる［ふれる］［触］。ゐはん［違犯］。中世はんす［反］。ゐはん［違反］。上代もとる［悖］。

ふ・れる【振】 近世ゆる［ゆれる］［揺］。中世ふれる［振／偏］。上代ふゆ［振］。

ぶ・れる てぶれ［手振］。よこぶれ［横振］。近代ずれる。中古はづる［はずれる］［外］。

ブレンド(blend) まぜあわせ［混合］。近代ミクスチュア(mixture)。ミックス(mix)。中世こんかう［混交］。てうがふ［調合］。中古こんがふ［混合］。

ふろ【風呂】 にゅうよくしせつ［入浴施設］。近代バス(bath)。近世すいふろ［水風呂］。すゑふろ［据風呂］。中世ふろ［風呂／風炉］。ゆ［湯］。ゆぶろ［湯風呂］。をんしつ［温室］。中古おゆ［御湯］。ゆどの［湯殿］。→**にゅうよく**

ーが沸く 中世たつ［立］。

ーに首まで浸かるさま 近代どっぷり。

ーに入ること 近代つかる［漬］。近世にふたう［入湯］。にふよく［入浴］。中古ゆあみ［湯浴］。上代もくよく［沐浴］。→**にゅうよく**

ーのある部屋 →**ふろば**

ーの桶(おけ) 近代タブ(tub)。バスタブ(bathtub)。ふろをけ［風呂桶］。近世ゆつぼ［湯壺］。中世ゆをけ［湯桶］。中古ゆげた［湯桁］。ゆぶね［湯船／湯槽］。よくさう［浴槽］。上代ふね［槽／船］。

ーの湯 近代わかしゆ［沸湯］。

ーの湯を次の日も使うこと とめゆ［留湯］。

屋外のー のてんぶろ［野天風呂］。ろてんぶろ［露天風呂］。近代そとぶろ［外風呂］。近世のぶろ［野風呂］。

貴人のー 中古おゆどの［御湯殿］。

薬を入れたー 近世やくたう［薬湯］。中世くすりぶろ［薬風呂］。くすりゆ［薬湯］。

薬を入れたーに入ること やくよく［薬浴］。

最後に入るー 近世しまひぶろ［仕舞風呂］。しまひゆ［仕舞湯］。

自宅以外のー 近代そとぶろ［外風呂］。

自宅のー 中世うちぶろ［内風呂］。

新築のー 中古にひゆどの［新湯殿］。

他人の家のーに入れてもらうこと もらいゆ［貰湯］。

他人を入れず一人で入るー 中世とめぶろ［留風呂］。とめゆ［留湯］。

盥(たらい)をーの代わりとすること 近世ぎゃうずい［行水］。

浜辺の流木を薪にして沸かすー 近世がんくやう［雁供養］。がんぶろ［雁風呂］。

施しのためのー 近世せぎゃうぶろ［施行風呂］。中世くどくぶろ［功徳風呂］。くどくゆ［功徳湯］。

湯を使わず蒸気等で温めるー サウナ(フィンランド sauna)。さよく［砂浴］。すなむし［砂蒸］。すなゆ［砂湯］。近代じょうきよく［蒸気浴］。すなぶろ［砂風呂］。むしぶろ［蒸風呂］。近世いしぶろ［石風呂］。中世かまぶろ［釜風呂］。

料金を取って客をーへ入れる店 →**ふろや**

沸かしていないー みずぶろ［水風呂］。

沸かしてまだ誰も入っていないー 近世あらゆ／しんゆ［新湯］。さらゆ［更湯／新湯］。

その他ーのいろいろ(例)①［形など］ いわぶろ［岩風呂］。近代ちゃうしうぶろ［長州風呂］。をけぶろ［桶風呂］。近世あなぶろ［穴風呂］。いしぶろ［石風呂］。ごゑもんぶろ［五右衛門風呂］。てっぱう［鉄砲／鉄炮］。になひすいふろ［担水風呂］。になひふろ［担風呂］。中世いたぶろ［板風呂］。かまぶろ［釜風呂］。からぶろ［空風呂］。をりゆ［居湯］。

その他ーのいろいろ(例)②［入る人］ おとこぶろ［男風呂］。おんなぶろ［女風呂］。近代かぞくぶろ［家族風呂］。そうゆ［総湯］。近世をとこゆ［男湯］。をんなゆ［女湯］。

その他ーのいろいろ(例)③［湯に入れるもの］ 近代たうえふたう［桃葉湯］。近世さうぶゆ［菖蒲湯］。ももゆ［桃湯］。ゆずゆ［柚湯］。中世しほぶろ［塩風呂／潮風呂］。

中古しほゆ[塩湯／潮湯]。しゃうぶゆ[菖蒲湯]。

プロ(professional)→**プロフェッショナル**

ふろう【不老】 中古ふらう[不老]。

ー長寿の桃 中古せんたう[仙桃]。みちとせのもも[三千年桃]。

ー不死 イモータル(immortal)。

ー不死の薬 中世あかだ[阿伽陀／阿竭陀]。中古いきぐすり／いくぐすり[生薬]。きんたん[金丹]。たん[丹]。

ー不死の仙境 中古とこよ[常世]。上代とこよのくに[常世国]。

ふろう【浮浪】 近世さすらひ[流離]。りうり[流離]。中世はうらう[放浪]。へうはく[漂泊]。まどひもの[惑者]。中古るらう[流浪]。上代さまよふ[彷徨]。はうくゎう[彷徨]。ふらう[浮浪]。→**さまよ・う**

ブローカー(broker) ちゅうかいぎょうしゃ[仲介業者]。なかがいにん[仲買人]。近代ブローカー。

フローチャート(flow chart) さぎょうこうていず[作業工程図]。ながれず[流図]。

ふろく【付録】 アネックス(annex)。ギブアウェー(giveaway)。ふくしょう[副賞]。プラスアルファ(和製plus alpha)。近代けいひん[景品]。サプリメント(supplement)。つけたし[付足]。近世おまけ[御負]。けいぶつ[景物]。ふろく[付録／附録]。中世つけたり[付]。中古そひもの／そへもの[添物]。

プログラム(program) けいかくひょう[計画表]。よていひょう[予定表]。近代すぢがき[筋書]。プログラム。近世ばんぐみ[番組]。

コンピューターのー言語のいろいろ(例) アルゴル(ALGOL)。パスカル(Pascal)。フォートラン(FORTRAN)。プロログ(PROLOG)。ベーシック(BASIC)。ユーティリティープログラム(utility program)。

プロジェクト(project) スキーム(scheme)。近代きくゎく[企画]。けいくゎく[計画]。プロジェクト。

ふろしき【風呂敷】 近世ふろしき[風呂敷]。中古つつみ[包]。ひらづつみ[平包]。

ーで包んだもの 近代つつみもの[包物]。近世ふろしきづつみ[風呂敷包]。

プロセス(process) 近代くゎてい[過程]。けいくゎ[経過]。てじゅん[手順]。プロセス。近世いきさつ[経緯]。だんどり[段取]。てはず[手筈]。中世てんまつ[顛末]。

プロダクション(production) せいさく[製作／制作]。ものづくり[物作]。近代プロダクション。近世せいさん[生産]。中世さくせい[作製／作成]。さんしゅつ[産出]。中古せいざう[製造]。

フロック(fluke) 近代フロック。まぐれ[紛]。近世まぐれあたり[紛当]。上代げうかう[僥倖]。

ブロック(bloc) けつごう[結合]。しゅうだん[集団]。どうめい[同盟]。れんごう[連合]。近代ブロック。

ブロック(block) くかん[区間]。近代くゎくかく[区画]。ブロック。上代かたまり[塊]。↓**かたまり**→**しゃだん**

プロット(plot) 近代アウトライン(outline)。シノプシス(synopsis)。すぢがき[筋書]。ストーリー(story)。プロット。近世あらすぢ[粗筋／荒筋]。すぢ[筋]。すぢだて[筋立]。中世おほすぢ[大筋]。中古かうがい[梗概]。

ふろば【風呂場】 近代バス(bath)。バスルーム(bathroom)。近世こんだう[混堂]。ふろば[風呂場]。よくぢゃう[浴場]。中世ふろ[風呂／風炉]。ゆや[湯屋]。ゆやぶろ[湯屋風呂]。をんしつ[温室]。中古ゆどの[湯殿]。よくしつ[浴室]。

ーで身体を洗う所 近代あらひば[洗場]。ながしば[流場]。近世をか[陸]。

ーで着物等を脱ぐ所 だついじょ[脱衣所]。近代だついぢゃう[脱衣場]。近世あがりま[上間]。いたのま[板間]。中世あがりば[上場]。

ーで履く下駄 近世ゆげた[湯下駄]。

ーの出入り口 近世ゆぐち[湯口]。

▼シャワーをあびるための部屋 シャワールーム(shower room)。

プロパガンダ(ロシア propaganda) アド／アドバタイジング(advertising)。近代くゎうこく[広告]。プロパガンダ。中世けんでん[喧伝]。上代せんでん[宣伝]。

プロバビリティー(probability) たしからしさ[確]。近代がいぜんせい[蓋然性]。かくりつ[確率]。こうさん[公算]。プロバビリティー。

プロフィール(profile) じんぶつしょうかい[人物紹介]。じんぶつぞう[人物像]。ポートレート(portrait)。プロフィール。近代じんぶつひゃう[人物評]。よこがほ[横顔]。

プロフェッショナル(professional) プロ。近代エキスパート(expert)。オーソリティー(authority)。じゅくれんしゃ[熟練者]。スペ

シャリスト(specialist)。せんもんか［専門家］。プロフェッショナル。近世くろうと［玄人］。中古ほんしょく［本職］。

プロポーション(proportion) 近代きんかう［均衡］。きんせい［均斉／均整］。バランス(balance)。中世つりあひ［釣合］。

《句》近世芸は道によって賢し。

プロポーズ(propose) 近代きうこん［求婚］。プロポーズ。上代あとふ［誂／聘］。

プロムナード(フランス promenade) モール(mall)。近代いうほだう［遊歩道］。さんぽみち［散歩道］。プロムナード。まんぽ［漫歩］。近世そぞろありき／そぞろあるき［漫歩］。中世さんさく［散策］。さんぽ［散歩］。すずろあるき［漫歩］。

プロモーター(promoter) 近代こうぎゃうぬし［興行主］。しゅさいしゃ［主催者］。プロモーター。ほっきにん［発起人］。

ふろや【風呂屋】 近代よくぢゃう［浴場］。近世うきよぶろ［浮世風呂］。せんと［銭湯］。になひふろ［担風呂］。ゆや［湯屋］。中世せんたう［銭湯／洗湯］。ふろや［風呂屋］。

—で客の衣類等を盗む泥棒 近世いたのまかせぎ［板間稼］。ゆやどろぼう［湯屋泥棒］。

—に入る料金 近代おゆせん［御湯銭］。近世ふろせん［風呂銭］。ゆせん［湯銭］。

—の入り口の見張り台 ばんだい［番台］。

—の客 よっかく／よっきゃく［浴客］。

—の番台に居る者 近世ばんとう［番頭］。

遊女を置いた— 近世ゆなぶろ［湯女風呂］。ゆばん［湯番］。

プロローグ(prologue) じょきょく［序曲］。じょそう［序奏］。近代じょしゃう［序章］。ぜんそうきょく［前奏曲］。ちょげん［緒言］。プロローグ。近世じょげん［序言］。じょぶん［序文］。まへがき［前書］。中世しょげん［緒言］。はしがき［端書］。上代じょ［序］。

フロンティア(frontier) さいせんたん［最先端］。近代さいぜんせん［最前線］。みかいち［未開地］。近世かいたく［開拓］。中古へんち［辺地］。上代へんきゃう［辺境／辺疆］。

ふわ【不和】 かんげき［間隙］。ふきょうわおん［不協和音］。近代あつれき［軋轢］。きしみ［軋］。ふじゅく［不熟］。もめごと［揉事］。近世いさくさ。いざこざ。きんげき［釁隙］。ふあひ［不合］。ふなか［不仲］。中世かくしつ／かくしふ［確執］。ふくゎ［不和］。ふくゎい［不会］。中古なかたがひ［仲違］。ひま［暇／隙］。ふわ［不和］。上代げき［隙］。

—になること 近代鰾(ひび)が入(はい)る。

—のきっかけ 近世きんたん［釁端］。

ふわふわ 近代ふはりふはり。ふんはり。近世ふはり。中世ふはと。中古ふはふは。上代ふはや。

—・する 近代ふはつく。

ふん【糞】 うんち(幼児語)。ふんべん［糞便］。近世うんこ(幼児語)。ばば［糞／屎］(幼児語)。べん［便］。中世ふん［糞］。中古だいべん［大便］。上代くそ［糞／屎］。

—と尿 中古こえ［肥］。しねう［屎尿］。ふんねう［糞尿］。

牛や鹿などの— 中古みげ［眩］。

蚕の— 中古こくそ／こぐそ［蚕糞］。

人間の— 近世じんぷん［人糞］。→**だいべん**

ぶん【文】❶〈文章〉 近代センテンス(sentence)。近世ぶんめん［文面］。中古ぶんしゃう［文章］。上代ぶん［文］。→**ぶんしょう【文章】**

《句》近代手書きあれども文(ふみ)書(か)きなし。文は人なり。

—の終わり ぶんまつ［文末］。近代むすび［結］。中古まつぶん［末文］。

—の終わりの印 しゅうしふ［終止符］。まる［丸／円］。近代くてん［句点］。ピリオド(period)。

—を書くのが遅いこと 中世ちひつ［遅筆］。

—を書くのが早いこと 近代そくひつ［速筆］。中古さうひつ［早筆］。

上から読んでも下から読んでも同じ— 中世くゎいぶん［回文／廻文］。

自分に都合よい—を作ること 近代ぶぶん［舞文］。

主たる— しゅぶん［主文］。近代ほんぶん［本文］。近世ほんもん［本文］。

下手な—(へりくだった言い方) らんぶん［乱文］。近代だぶん［駄文］。ふぶん［不文］。近世あくぶん［悪文］。中古こしをれぶみ［腰折文］。せつぶん［拙文］。

下手な—を書く 近代禿筆を呵(か)す。とくひつ［禿筆］。

その他—のいろいろ(例) かんたんぶん［感嘆文］。ついとうぶん［追悼文］。てがみぶん［手紙文］。近代かんさうぶん［感想文］。ぎもんぶん［疑問文］。けつぎぶん［決議文］。わかんこんかうぶん［和漢混交文］。

ぶん【文】❷〈学問〉 中世がくげい［学芸］。がくもん［学問］。ぶん［文］。→**がくもん**

ぶん【分】❶〈身分〉 近世みぶん［身分］。中世きは［際］。ちゐ［地位］。ぶげん／ぶんげん

[分限]。ぶんざい[分際]。みのほど[身程]。みがら[身柄]。中古ぶん[分]。

《句》近代福過ぎて禍ひ生ず。近世偃鼠(えんそ)河に飲むも満腹に過ぎず。

—に応じて 近代おうぶん[応分]。近世ぶんさうおうに[分相応]。中古あふなあふな。ぶんぶん[分分]。

—に過ぎること 中古くゎさ[過差]。近世しょくすぐ[—すぎる][職過]。くゎぶん[過分]。

—を越えた行いをすること 中世せんぎ[僭偽/僭擬]。ですぐ[—すぎる][出過]。

—を越えた望み 中古ひばう[非望]。

ぶん【分】❷〈分け前〉 近世わけまへ[分前]。中世わりまへ[割前]。もちぶん[持分]。上代ぶん[分]。

ぶんあん【文案】 あんぶん[案文]。近世げんかう[原稿]。したがき[下書]。ぶんあん[文案]。中古さうあん[草案]。さうかう[草稿]。

ふんいき【雰囲気】 アウラ/オーラ(aura)。近代アトモスフェア(atmosphere)。くうき[空気]。にほひ[匂]。ふんゐき[雰囲気]。ムード(mood)。中世ば[場]。中古きぶん[気分]。け[気]。けはひ。

—がそぐわない 近代ばちがひ[場違]。中世ゐわ[違和]。

—が出ている 近代かもしだす[醸出]。かもす[醸]。ただよふ[漂]。近世ぢゃうせい[醸成]。

荒々しく険悪な— 中世さっき[殺気]。さつばつ[殺伐]。

ある種の—があるさま ムーディー(moody)。

そのものがかもし出す— 近代じゃうてう[情調]。中古おもむき[趣/赴]。たたずまひ[佇]。

盛り上がった— 中世ねっき[熱気]。

ぶんか【文化】 近代カルチャー(culture)。ぶんくゎ[文化]。近世ぶんめい[文明]。中世ぶんぶつ[文物]。

—が新たに起ころうとする時 近代よあけ[夜明]。りめい[黎明]。れいめい[黎明]。

—が発展し盛んなさま 近代いくぶん[郁文]。近世ひんぴん[彬彬/斌斌]。中世いくいく[郁郁]。

—が開けていないこと 近代やばん[野蛮]。ワイルド(wild)。近世みかい[未開]。

—が開け発展すること 近代かいくゎ[開化]。かいしん[改進]。かいしん[開進]。

—を破壊すること 近代ばんかう[蛮行]。バンダリズム(vandalism)。中世ふんしょかうじゅ[焚書坑儒]。

ぶんか【分化】 ぶんきょくか[分極化]。近代ぶんかい[分解]。近世ぶんかつ[分割]。ぶんくゎ[分化]。中古くわけ[区分]。ぶんり[分離]。わく[わける][分]。わる[割]。上代ふりわく[—わける][振分]。

ふんがい【憤慨】 近代かんぷん[感憤/感忿]。つうふん[痛憤]。ふんがい[憤慨]。中世ふんげき[憤激]。りっぷく[立腹]。中古げきど[激怒]。ふんど/ふんぬ[憤怒/忿怒]。ふんまん[憤懣/忿懣]。上代いかり[怒]。いきどほり[憤]。かうがい[慷慨]。→いかり【怒】→おこ・る【怒】

—・して文句を言う 中古むつかる[憤]。

—・する 近代怒り心頭に発する。中古いきどほる[憤]。ほとほる[熱]。

—・するさま 近世かっか。かっと。腸(はらわた)が煮えくり返る。中世かっかっ。中古やくわん[扼腕]。

ぶんかい【分解】 近代アナリシス(analysis)。ぶんかい[分解]。近世ばらす。中古かいたい[解体]。

ぶんがく【文学】 近代ぶんがく[文学]。ぶんげい[文芸]。リテラチュア(literature)。中世言葉の園(その)。中古ぶんだう[文道]。上代ふみ[文]。ぶんぴつ[文筆]。

—作品の選集 近代アンソロジー(anthology)。

—に関わる人達の社会 →ぶんだん

—についての話 近代ぶんがくろん[文学論]。中古ぶんだん[文談]。

—を研究する学問(例) 近代こくぶんがく[国文学]。ひかくぶんがく[比較文学]。

—を創作したり研究したりする人(例) 近代げきさくか[劇作家]。さくか[作家]。ちょじゅつか[著述家]。ぶんがくしゃ[文学者]。ぶんぴつか[文筆家]。ライター(writer)。近世ぶんじん[文人]。中世ものかき[物書]。上代しじん[詩人]。ぶんし[文士]。→さっか【作家】

その他—のいろいろ(例) じしょうぶんがく[自照文学]。ちゅうかんしょうせつ[中間小説]。近代きろくぶんがく[記録文学]。げきぶんがく[劇文学]。けいかうぶんがく[傾向文学]。こてんぶんがく[古典文学]。じどうぶんがく[児童文学]。せうせつ[小説]。中世しぶん[詩文]。中古ものがたり[物語]。

ふんかこう【噴火口】 クレーター(crater)。ひぐち[火口]。近代くゎこう[火口]。ふんくゎこう[噴火口]。

—の周縁 近代 けんがみね［剣ヶ峰］（とくに富士山のものを言う）。

ぶんかつ【分割】 近代 くゎくする［画］。くぎる［区切］。くわけ［区分］。ディビジョン（division）。ぶんかつ［分割］。中古 くぶん［区分］。ぶんり［分離］。

—・してそれぞれが持つこと 近世 わけあふ［分合］。

—・する 中世 さしわく［差分］。中古 わく（わける）［分］。わる［割］。上代 わりつく（—つける）［割付］。

—と併合 中古 ぶんがふ［分合］。

支払いを—・すること かっぷ［割賦］。近代 イージーペイメント（easy payment）。つきなし［月済］。つきばらひ［月払］。近世 つきふ［月賦］。ねんぷ［年賦］。ねんぶん［年分］。わっぷ［割賦］。中世 げっぷ［月賦］。

物の質と価値を損なわずに—できるもの かぶんぶつ［可分物］。

ふんき【奮起】 近代 かんぷん［感奮］。近世 いきごむ［意気込］。ふんき［奮起］。上代 いさむ［勇］。きおふ［気負］。→**ふるいた・つ**

—・させる（こと） 近代 ていぜい［提撕］。中世 いつよる［強］。中古 おこす［興］。上代 ふりおこす［振起］。

ぶんき【分岐】❶〈路〉 ティーじろ［T字路］。ワイじろ［Y字路］。近代 さんさろ［三叉路］。しろ［支路］。ていじろ［丁字路］。ぶんき［分岐］。近世 えだみち［枝道］。おひわけ［追分］。みつつじ［三辻］。わかれみち［別道／分道］。中世 よつつじ［四辻］。中古 つじ［辻］。上代 きろ［岐路］。ちまた［巷／岐］。

—の多いところ 上代 やちまた［八衢］。

山に流れる水の—点 近代 ぶんすいかい［分水界］。ぶんすいれい［分水嶺］。中古 みくまり［水分］。

ぶんき【分岐】❷〈進路〉 いってんき［一転機］。ターニングポイント（turning point）。近代 きろ［岐路］。てんくゎんき［転換期］。ぶんきてん［分岐点］。わかれめ［分目］。近世 まがりかど［曲角］。中世 てんき［転機］。

ふんきゅう【紛糾】 こんがらがる。近代 からまる［絡］。こじれる［拗］。近世 ごたつく。ふんきう［紛糾］。ふんざつ［紛雑］。もつる（もつれる）［縺］。もやくや。もやもや。中世 さくそう［錯綜］。中古 こんらん［混乱］。ふんさく［紛錯］。上代 あざはる［糾］。いりみだる（—みだれる）［入乱］。かうさく［交錯］。

—・させる 近代 かきまぜる［搔混／搔雑］。近世 かきまはす［搔回］。こねかへす［捏返］。

—・したことを解決するたとえ 近代 快刀乱麻を断つ。

ぶんぎょう【分業】 近代 ぶんげふ［分業］。ぶんたん［分担］。中古 てわけ［手分］。ぶんしゃう［分掌］。

ふんぎり【踏切】 近代 けつい［決意］。けっしん［決心］。意を決する。近世 おもひきり［思切］。ふんぎり［踏切］。上代 けつだん［決断］。《句》近代 清水（きよみづ）の舞台から飛び降りる。

—がつく 近世 斑（ふ）が切れる。

ぶんぐ【文具】 ステーショナリー（stationery）。ひっきぐ［筆記具］。近代 がくようひん［学用品］。ひっきようぐ［筆記用具］。ぶんぐ［文具］。ぶんばうぐ［文房具］。

ぶんけ【分家】 しんけ［新家］。近代 しんたく［新宅］。しんやしき［新屋敷］。近世 にひや［新家／新屋］。ばっけ［末家］。ぶんけ［分家］。中世 べっか／べっけ［別家］。中古 わかれ［分／別］。上代 しぞく［支族／枝族］。

—から見たもとの家 中世 ほんけ［本家］。

—・した家筋 近代 しりう［支流／枝流］。近世 しょりう［庶流］。

ぶんげい【文芸】 近代 カルチャー（culture）。リテラチュア（literature）。中古 かんぼく［翰墨］。近世 げいぶん［芸文］。上代 ぶんがく［文学］。ぶんげい［文芸］。

ふんげき【憤激】→**ふんがい**

ぶんけん【文献】 さんこうしりょう［参考資料］。近代 さんかうしょ［参考書］。ドキュメント（document）。近世 ぶんけん［文献］。中世 かきもの［書物］。しょもつ［書物］。ぶんしょ［文書］。中古 もんじょ［文書］。

—の学問 近代 フィロロジー（ドイツ Philologie）。

—目録 しょし［書誌］。

—を引き比べ調べること 近代 いんせう［引照］。さんせう［参照］。せうがふ［照合］。せうさ［照査］。中世 せうけん［照験］。中古 かんがふ［勘合］。

ぶんげん【分限】❶〈身分〉 近世 みぶん［身分］。中世 きゃうがい［境界］。ぶげん／ぶんげん［分限］。ぶんざい［分際］。中古 身の程。→**みぶん**

—を越えて使用すること 近代 せんよう［僭用］。

—を越えること 中世 せんゑつ［僭越］。

ぶんげん【分限】❷〈富者〉 近代 ざいさんか［財産家］。近世 ふしゃ［富者］。中世 かねもち

[金持]。ぶげん/ぶんげん[分限]。→かねもち

ぶんげん【文言】 近代ぶんげん[文言]。中世もんごん[文言]。上代げんじ[言辞]。ことば[言葉]。

ぶんご【文語】 かきことば[書言葉]。ぶんげん[文言](中国で)。近代こぶん[古文]。ぶんしゃうご[文章語]。近世ぶんご[文語]。

ふんこつ【粉骨】 近世粉こになる。身を粉こにする。中世こくく[刻苦]。せいれい[精励]。中古せいきん[精勤]。ふんこつ[粉骨]。

ふんさい【粉砕】 近世はさい[破砕/破摧]。ふんさい[粉砕]。中世こはす[壊/毀]。はくゎい[破壊]。まっす[抹]。わる[割]。中古うちくだく[打砕]。くだく[砕]。

—・する機械 そさいき[咀砕機]。近代クラッシャー(crusher)。ふんさいき[粉砕機]。

ぶんさい【文才】 近代しさい[詩才]。ひっさい[筆才]。中世ぶんさい[文才/文采]。中古もんざい[文才]。上代ぶんさう[文藻]。

—が豊かなこと 中世ふうせん/ふせん[富贍]。中古しうちゃう[繡腸]。

—のある人 中世だいしゅひつ[大手筆]。

ぶんざい【分際】 ステータス(status)。近世さい/ざい[際]。ぶんりゃう[分量]。みがら[身柄]。みぶん[身分]。中世がいぶん[涯分]。きゃうがい[境界]。ちゐ[地位]。ぶげん/ぶんげん[分限]。ぶんざい[分際]。中古きは[際]。ぶん[分]。身の程。→みぶん

—をわきまえないこと 近代身知らず。身の程知らず。中古おほけなし。《句》近代鼈人を食はんとして却って人に食はる。

ぶんさん【分散】 それぞれの— 中古きはぎは[際際]。近代ふりわける[振分]。ちらばる[散]。ばらつく。近世せいさん[星散]。かくさん[拡散]。中世算を散らす。算を乱す。中古あかる[別/散]。さんらん[散乱]。しさん[四散]。ちらす[散]。上代ぶんさん[分散]。りさん[離散]。

ぶんし【分子】 近代こうせいゐん[構成員]。せいゐん[成員]。ぶんし[分子]。中世いちゐん[一員]。

ぶんし【文士】 ものかき[物書]。近代さくか[作家]。しそう[詞宗]。せうせつか[小説家]。ちょさくか[著作家]。ちょさくしゃ[著作者]。ちょじゅつか[著述家]。ぶんがくしゃ[文学者]。ぶんぴつか[文筆家]。ライター(writer)。近世さうかく[騒客]。しうじん[愁人]。ぶんじん[文人]。ゐんし[韻士]。中世さうじん[騒人]。上代しじん[詩人]。しじん[詞人]。ぶんし[文士]。→さっか【作家】→ぶんぴつか

—の社会 →ぶんだん

程度の低い— 近代さんもんぶんし[三文文士]。

ふんしつ【紛失】 近世なくす[無]。中世ばうしつ[亡失]。中古ふんしつ[紛失]。ゐしつ[遺失]。上代うしなふ[失]。→なく・す❶

—・した物 近代ふんしつぶつ[紛失物]。ゐしつぶつ[遺失物]。中世うせもの[失物]。

ふんしゃ【噴射】 ジェット(jet)。近代ふきでる[噴出]。ふんしゅつ[噴出]。ふんしゃ[噴射]。近世ふきだす[噴出]。

—・するための筒状の装置 ふんしゃかん[噴射管]。近代さいし[嘴子]。ノズル(nozzle)。

ふんしゅつ【噴出】 →ふんしゃ

ぶんしょ【文書】 ドキュメント(document)。近代しょあん[書案]。近世おぼえがき[覚書]。しょめん[書面]。しょるい[書類]。しるしぶみ[伝記/文史]。ぶんけん[文献]。中世かきもの[書物]。かんどく[簡牘/竿牘]。しゃくとく/せきとく[尺牘]。しょ[書]。ちゅうもん[注文/註文]。はうさく[方策]。ぶんしょ[文書]。中古かきつけ[書付]。き[記]。しぼく[紙墨]。しょ[書]。もんじょ[文書]。上代ふみ[文]。

—の断片 近代だんかん[断簡]。

—を開いて見ること 中古ひけん[披見]。ひらん[披覧]。

ある事実を証明する— しょうこしょるい[証拠書類]。近代しょうめいしょ[証明書]。近世しょうしょ[証書]。中世しょうじゃう[証状]。中古しょうもん[証文]。

会社などで関係者に承認を求める— りんぎしょ[稟議書]。

回覧する— 近代くゎいらんばん[回覧板]。近世くゎいもん[回文]。

貴人に—を渡すときの杖 近世ふんづゑ[文杖]。中古しょぢゃう[書杖]。ふづゑ[文杖/書杖]。中世ふみばさみ[文挟]。ふばさみ[文挟]。ふみさし[文挿]。ぶんぢゃう[文杖]。

偽造された— ぎぶんしょ[偽文書]。中古ぼうしょ[謀書]。

教祖が書いた— 近代おふでさき[御筆先]。

君主に奉る— 近世へうじゃう[表状]。中古じゃうへう[上表]。

現存する過去の時代の— 中世ゐぶん[遺

文]。中古こもんじょ[古文書]。
原本を写し取った— 近代うつし[写]。せうほん[抄本]。とうほん[謄本]。ひかへ[控/扣]。ふくしょ[副書]。
公的機関が出す— こうようぶん[公用文]。近代こうしょ[公書]。こうぶんしょ[公文書]。中古こうぶん[公文]。
自筆または自署の— 近世しゅき[手記]。中世しゅいん[手印]。
上部機関に出す— 近代けんげんしょ[建言書]。近世うかがひしょ[伺書]。中古ちゅうもん[注文/註文]。
神仏に祈願するときの— ねがひしょ[願書]。中世ぐゎんじゃう[願状]。中古ぐゎんしょ[願書]。上代ぐゎんもん[願文]。
誓いの— 近代かためぶみ[固文]。せいやくしょ[誓約書]。ちかひぶみ[誓文]。近世せいし[誓詞]。中世せいぶん/せいもん[誓文]。
通達の— 近世おたっし[御達]。おふれ[御触]。ふれがき[触書]。
罪を許す旨を記した— 近世きょじゃう[許状]。しゃめんじゃう[赦免状]。中世ゆるしぶみ[赦文]。
天皇の発する— 上代じしょ[璽書]。せうちょく[詔勅]。みことのり[詔/勅]。
人や物の来歴などを記した— けいれきしょ[経歴書]。近代りれきしょ[履歴書]。近世ゆいしょがき[由緒書]。ゆらいがき[由来書]。
巻物でない一枚の紙の— 中古ひらぶみ[枚文]。
未来の予言を書き記した— 近代しんしょ[讖書]。しんゐ[讖緯]。中世しんぶん/しんもん[讖文]。
遺言を記した— エンディングノート(和製ending note)。近代ゆいごんしょ[遺言書]。近世ゆいごんじゃう[遺言状]。ゐしょ[遺書]。

ぶんしょう【文章】 近代し[詞]。しさう[詞藻]。センテンス(sentence)。たくひつ[卓筆]。近世ぶんめん[文面]。中世もじ[文字]。もん[文]。もんじゃう[文章]。中古かんさう[翰藻]。ひっけん[筆硯/筆研]。ひっとう[筆頭]。ぶんしゃう[文章]。上代じ[辞]。じんもん[人文]。ふみ[文]。ぶん[文]。へんしゃう[篇章/編章]。

《尊》近代ぎょくしょ[玉書]。ぎょくひつ[玉筆]。中古ぎょくしゃう[玉章]。

《謙》しょうぶん[小文]。らんぶん[乱文]。近代だぶん[駄文]。中世ぶじ[蕪辞]。中古こしをれぶみ[腰折文]。せつぶん[拙文]。

《句》ペンは剣よりも強し。近代文は人なり。近世手書きあれども文書きなし。中世筆力鼎を扛ぐ(—扛げる)。中古文章は経国の大業不朽の盛事。

—が美しいこと 近代えんれい[艶麗]。てんれい[典麗]。ゑんれい[婉麗]。

—がうまいこと 近代のうぶん[能文]。筆が立つ。近世さいひつ[綵筆]。中古きゃうさく[警策]。

—が次第に面白くなること 近代しゃきゃう/しょきゃう[蔗境]。

—が順序なく乱れていること 上代ふじ[不次]。

—が上品で穏やかなこと 近世がじゅん[雅馴]。

—が分かりやすいこと 近代へいぞく[平俗]。

—で悪を追及すること 近代ひっちゅう[筆誅]。

—で述べること 近代さんじゅつ[纂述]。中古のぶ(のべる)[述/陳/宣]。

—に表れる癖 近代ふでくせ[筆癖]。

—に書き表すこと 中古ひっし[筆紙]。

—に混入した余計な文 中世だそく[蛇足]。中古えんぶん[衍文]。

—に秀でた人 中古いうひつ[右筆/祐筆]。かきて[書手]。

—によって災いを受けること 中世ひっくゎ[筆禍]。

—のあや 中世ひっくゎ[筆華]。ぶんさい[文采/文彩]。中古ぶんさう[文藻]。

—の勢い(力) 中世ひつりょく[筆力]。ぶんせい[文勢]。中古ひっぽう[筆鋒]。

—の奥の意味を見抜く 近代眼光紙背に徹する(徹る)。

—の趣き 近代しち[詞致]。ぶんち[文致]。

—の終わり ぶんまつ[文末]。近代まっぴつ[末筆]。近世しび[紙尾]。中古まつぶん[末文]。

—の該当部分 近世でうか[条下]。

—の書きぶり 近代ひっち[筆致]。ふでつき[筆付]。中古ふでづかひ[筆遣]。

—の形と内容が整っているさま 中古ひんぴん[彬彬/斌斌]。

—の形(様式)の例 →**ぶんたい**
—の区切り 近代いちだんらく[一段落]。しゃうせつ[章節]。せつ[節]。近世だんらく[段落]。ぶんだん[文段]。中世しゃうだん[章段]。もんだん[文段]。中古しゃうく

［章句］。だん［段］。【上代】しゃう［章］。

―の言葉 【近代】もんごん［文言］。【中古】ぶんし［文詞］。ぶんじ［文辞］。

―の下書き 【近世】あんぶん［案文］。【中古】さうあん［草案］。さうかう［草稿］。【上代】ぶんあん［文案］。

―の筋道 【近代】ひつろ［筆路］。ぶんみゃく［文脈］。

―の前後が呼応していること 【近代】常山(じやうざん)の蛇勢(だせい)。

―の全体を生き生きさせる重要な句 【中古】けいさく［警策］。

―の初め ぶんとう［文頭］。【近代】ぼうとう［冒頭］。【中世】かきだし［書出］。【上代】へんしゅ［篇首／編首］。

―の表面的な意味 【中世】じづら［字面］。

―の表面には表れていない奥の意味 【近代】しはい［紙背］。【近世】ぎゃうかん［行間］。

―表現の技巧 【近代】しうじ［修辞］。レトリック(rhetoric)。てうしゃうたくく［彫章琢句］。【中世】ぶんしょく［文飾］。

―を一気に綴(づ)ること 【近世】いっきかせい［一気呵成］。

―を書き終わる 【近代】かきあげる［書上］。【中世】筆を置(擱)く。【近世】だっかう［脱稿］。かくひつ［擱筆］。

―を書く職業 【近代】ちょじゅつげふ［著述業］。ぶんぴつげふ［文筆業］。【中世】ひっかう［筆耕］。

―を書く職業の人 ものかき［物書］。【近代】さくか［作家］。ちょさくか［著作家］。ぶんぴつか［文筆家］。ライター(writer)。【中古】いうひつ［右筆／祐筆］。【上代】ぶんし［文士］。→ぶんぴつか

―を書くのを面倒がらないこと 【近世】ふでまめ［筆忠実］。

―を書くのを面倒がること 【近代】ふでぶしゃう［筆不精］。

―をこっそり直す ざんする［竄］。【近世】かいざん［改竄］。

―を作り印字する装置 ワードプロセッサー／ワープロ(word processor)。

―を作ること →ぶんぴつ

―を綴る 【近代】文を属(しょく)(属(ぞく))す。【中古】したたむ(―ためる)［認］。じょす［叙］。

―を練り手を加えること 筆を加える。【近代】かいさん［改刪］。かりこむ［刈込］。しうてい［修定］。てんざん［添竄／添刪］。ふゑつ［斧鉞］。筆を入れる。【近世】さんじゅん［刪潤］。さんせい［刪正］。さんぢょ［刪除］。さんぽ［刪補］。ふせい［斧正］。【中世】かいさく［改削］。かひつ［加筆］。せんさい［剪裁］。てんさく［添削］。てんざん［点竄］。【上代】さんてい［刪定］。

悪意や皮肉に満ちた― 【近代】どくひつ［毒筆］。

美しく飾られた― 【近代】さいひつ［彩筆］。てうしゃうたくく［彫章琢句］。びじ［美辞］。びぶん［美文］。

絵の説明の― 【中世】ことばがき［言葉書／詞書］。ゑことば［絵詞］。ゑとき［絵解］。

絵の余白などに書き添えられた― 【中古】ぐゎさん［画賛／画讃］。

箇条書きの― 【近代】でうくゎん［条款］。でうしゃう［条章］。

漢字に仮名を交ぜた― 【近代】かなまじりぶん［仮名交文］。【中古】かなまじり［仮名交］。

漢字による― 【近世】まなぶみ［真名文／真字文］。【中古】からぶみ［唐文］。かんぶん［漢文］。

気ままに書いた― 【近代】エッセー(essay; フランス essai)。ずいかん［随感］。ずいさう［随想］。まんろく［漫録］。【近世】まんぴつ［漫筆］。【中世】ずいひつ［随筆］。

故人の書き残した― 【近代】ゐひつ［遺筆］。【中古】ゐぶん［遺文］。

故人の生前の功業をたたえる― 【近代】るいし［誄詞］。るいぶん［誄文］。【上代】しのびごと［誄］。るい［誄］。

細かいことにこだわらない自由闊達な― 【近代】そしたいえふ［麁枝大葉］。

詩歌と― 【中古】ししゃう［詩章］。ししゃう［詞章］。

事実を書いた― ドキュメンタリー(documentary)。ドキュメント(document)。ルポ／ルポルタージュ(フランス reportage)。【近世】じっき［実記］。【上代】じつろく［実録］。

優れた―を書く能力 【近代】さいひつ［才筆］。【中世】だいしゅひつ［大手筆］。たいさく［大作］。【中古】きんしゃう［金章］。

優れた立派な― 【近代】いつぶん／いつもん［逸文／佚文］。さいひつ［才筆］。たつぶん［達文］。めうじ［妙辞］。めうぶん［妙文］。椽大(てんだい)の筆。【中世】めいぶん［名文］。【中古】いちじせんきん［一字千金］。しくゎ［詞華／詞花］。めうもん［妙文］。

とりとめのない― 【近代】まんぶん［漫文］。

長い― 【近代】たいさく［大作］。ゆうへん［雄編／雄篇］。【近世】ちゃうぶん［長文］。【中世】たいへん［大編／大篇］。ちゃうへん［長編］。

日本語の― 近代 はうぶん[邦文]。近世 こくぶん[国文]。わぶん[和文]。

古い文体を真似て作った― 近代 がぶんたい[雅文体]。ぎこぶん[擬古文]。近世 がぶん[雅文]。

短い― 近代 せうひん[小品]。せうひんぶん[小品文]。せうぶん[小文]。近世 たんぶん[短文]。たんぺん[短編]。

みやびな― 近世 がぶん[雅文]。

難しい― 中世 なんぶん[難文]。

余白を埋める― 近代 うめくさ[埋草]。

▼文集 近代 ぶんゑん[文苑／文園]。

▼文例集 中世 わうらい[往来]。

ぶんしょう【分掌】 近代 たんたう[担当]。ぶんげふ[分業]。ぶんたん[分担]。わりあて[割当]。近世 うけもち[受持]。中古 てわけ[手分]。ぶんしゃう[分掌]。

ぶんじょう【分譲】 近代 かつじゃう[割譲]。中世 ぶんじゃう[分譲]。中古 ぶんよ[分与]。

ふんしょく【粉飾】 近世 ふんしょく[粉飾／扮飾]。よそほふ[装]。中世 あやどる[綾取]。きょしょく[虚飾]。中古 さうしょく[装飾]。しうしょく[修飾]。じゅんしょく[潤色]。上代 かざる[飾]。

ふんじん【粉塵】 近代 ダスト(dust)。中世 ほこり[埃]。上代 ぢんあい[塵埃]。

ぶんしん【分身】 近世 かたわれ[片割／片破]。ぶんしん[分身]。中古 みがはり[身代]。上代 ふんじん[分身]。

ぶんじん【文人】 →**ぶんし**

ふんすい【噴水】 近代 ふきあげ[吹上／噴上]。ふんすい[噴水]。ふんせん[噴泉]。

壁などにある彫刻で飾った― へきせん[壁泉]。

ぶんすいれい【分水嶺】 近代 ぶんすいかい[分水界]。ぶんすいれい[分水嶺]。中古 みくまり[水分]。

ふん・する【扮】 近代 ふんさう[扮装]。へんさう[変装]。近世 ふんす[扮]。よそほふ[装]。

ぶんせき【分析】 アナライズ(analyze)。近代 アナリシス(analysis)。かいせき[解析]。かいぼう[解剖]。近世 ぶんかい[分解]。中世 ぶんせき[分析]。

ふんせん【奮戦】 →**ふんとう**

ふんぜん【憤然】 かりかり。近代 怒り心頭に発する。満面朱を濺(そそ)ぐ。近世 ぼつぜん[勃然]。むかむか。色を変ふ[―変える]。額に筋を立つ[―立てる]。中世 かくぜん[赫然]。ふつぜん[怫然]。ふんぜん[憤然／忿然]。瞋恚(しんい)の炎(ほむら)。中古 いきどほる[憤]。ほとほる[熱]。色を作(な)す。怒髪(どはつ)天を衝(つ)く。

ふんそう【紛争】 近代 あつれき[軋轢]。ごたごた。トラブル(trouble)。もめごと[揉事]。近世 いさくさ。いざこざ。さうらん[争乱]。中世 かくしつ／かくしふ[確執]。ふんさう[紛争／紛諍]。もんちゃく[悶着]。中古 いさかひ[諍／闘諍]。上代 あらそひ[争]。

―の原因 ひだね[火種]。

ふんそう【扮装】 近代 ふんさう[扮装]。へんさう[変装]。近世 こしらふ[―らえる][拵]。ふんす[扮]。中古 やつす[窶／俏]。

ぶんそう【文藻】 →**ぶんさい**

ぶんそうおう【分相応】 近代 おうぶん[応分]。近世 ぶんさうおう[分相応]。中世 いちぶん[一分]。ずいぶん[随分]。

《句》近世 小人(せうじん)罪無し玉を懐(いだ)いて罪有り。馬子に縕袍(わんぱう)。

―・でない 近世 せんゆ[僭踰]。ぶんふさうおう[分不相応]。をこがまし[痴／烏滸]。中世 せんゑつ[僭越]。てうがいふじ[超涯不次]。雲に梯(かけはし)。中古 あまる[余]。ひぶん[非分]。

―・に 中古 あふなあふな。なふさなふさ。

ぶんたい【文体】 近代 スタイル(style)。シュティール(ドイツ Stil)。中世 ぶんたい[文体]。

―のいろいろ(例) けいたい[敬体]。こうごぶん[口語文]。じょうたい[常体]。であるたい[体]。ですますたい[体]。ぶんごぶん[文語文]。近代 がぞくせっちゅうぶん[雅俗折衷文]。がぶんたい[雅文体]。かんぶんたい[漢文体]。ぎこぶん[擬古文]。げんぶんいっちたい[言文一致体]。さうらふぶん[候文]。せんみゃうたい[宣命体]。わかんこんかうぶん[和漢混交文／和漢混淆文]。わぶんたい[和文体]。

ぶんたん【分担】 近代 たんたう[担当]。ぶもち／ぶんもち[分持]。ぶんげふ[分業]。ぶんたん[分担]。わりあて[割当]。近世 うけもち[受持]。中古 てわけ[手分]。ぶんしゃう[分掌]。

―・させること 中世 わりふる[割振]。近世 わりあつ[―あてる][割当]。

ぶんだん【文壇】 近代 けいりん[桂林]。さうこか[操觚家]。さうこしゃ[操觚者]。さうこかい[操觚界]。ぶんがくかい[文学界]。ぶんかい[文界]。近世 しだん[詞壇]。ぶんだん[文壇]。中古 かんりん[翰林]。しりん[詞林]。ぶんぢゃう[文場]。ぶんりん[文

林]。ぶんゑん[文苑]。

ぶんちん【文鎮】 近代 かみおさへ[紙押]。中世 けいさん[卦算/圭算]。ぶんちん[文鎮]。

ぶんつう【文通】 近代 コルレスポンデンス/コレスポンデンス(correspondence)。近世 しょつう[書通]。ぶんつう[文通]。中古 おんしん[音信]。かきかはす[書交]。つうしん[通信]。

―相手の友 メルとも[mail友]。ペンパル(pen pal)。ペンフレンド(pen-friend)。

ふんど【憤怒】 →**いかり【怒】**

ふんとう【奮闘】 かんとう[敢闘]。ぜんせん[善戦]。近代 げきせん[激戦]。げきとう[激闘]。けんとう[健闘]。だいしゃりん[大車輪]。りきとう[力闘]。りょくせん[力戦]。近世 ふんせん[奮戦/憤戦]。ふんとう[奮闘/憤闘]。中世 おほわらは[大童]。ししふんじん[獅子奮迅]。しとう[死闘]。上代 りきせん[力戦]。

最後の勇気を出して―・する 近代 掉尾(てうび)の勇を奮ふ。

ふんどし【褌】 近世 てでら/ててれ。へこ[褌]。まはし[回/廻]。ろくしゃく[六尺]。中世 したおび[下帯]。したばかま[下袴]。たづな/たんな[手綱]。とくびこん[犢鼻褌]。はだ(の)おび[肌帯]。ふんどし[褌/犢鼻褌]。むつき[襁褓]。上代 たふさぎ[犢鼻褌/褌]。はかま[袴]。

―の締め方が緩いこと 近代 ゆるふん[緩褌]。

―を締めなおすこと きんこん[緊褌]。

ぶんど・る【分捕】 近代 はくだつ[剥奪]。ふんだくる。ぶんどる[分捕]。ろくゎく[鹵獲]。近世 まきあぐ[―あげる][巻上/捲上]。中世 がうだつ[強奪]。かすめとる[掠取]。中古 うばひとる[奪取]。上代 うばふ[奪]。かすむ[かすめる][掠]。

敵の兵器などを―・る 近代 ろくゎく[鹵獲]。

領地の一部を武力で―・る 中世 きりとる[切取]。

ふんにょう【糞尿】 じんぴ[人肥]。はいしゅつぶつ[排出物]。近代 はいせつぶつ[排泄物]。をぶつ[汚物]。をわい[汚穢]。近世 しもごえ[下肥]。りゃうべん[両便]。中古 こえ[肥]。だいせうべん[大小便]。ふんねう[糞尿]。

―を入れる桶(をけ) 近代 こえをけ/こやしをけ[肥桶]。近世 こいたご/こえたご[肥桶]。

―をくみ取ること 中世 こえとり[肥取]。

―をためておく所 近代 くそだめ[糞溜]。こえだめ[肥溜]。近世 くそつぼ[糞壺]。ため[溜]。ためをけ[溜桶]。

ふんぬ【憤怒】 →**いかり【怒】**

ぶんぱ【分派】 はばつ[派閥]。ぼうりゅう[傍流]。近代 しは[支派]。しりう[支流]。セクト(sect)。たうは[党派]。ばうけい[傍系]。フラク/フラクション(fraction)。近世 べっぱ[別派]。りうは[流派]。中世 いっぱ[一派]。ぶんぱ[分派]。中古 しえふ[枝葉]。ぶんりう[分流]。わかれ[分/別]。

ぶんぱい【分配】 近代 くちわけ[口分]。はいきふ[配給]。はいふ[配布]。ふりわける[振分]。わりあはせる[割合]。近世 はいたう[配当]。ふす[賦]。もりつく[―つける][盛付]。わりふり[割振]。中世 とりわく[―わける][取分]。はいぶん[配分]。はぶく[省]。わかつ[分/別]。わけあたふ[―あたえる][分与]。中古 あかつ[分/頒]。ぶんよ[分与]。わく[わける][分/別]。上代 くばる[配]。くまる[分/配]。ぶんぱい[分配]。

遺産の― 近世 かたみわけ[形見分]。中古 しょうぶん/そうぶん/そぶん[処分]。

それぞれ―・される分 近世 とりまへ[取前]。わけまへ[分前]。中世 とりぶん[取分]。わけくち[分口]。わけぶん[分分]。

人数に応じて平等に―・する きんとうわり[均等割]。近代 あたまなみ[頭並]。近世 あたまやく[頭役]。あたまわり[頭割]。

ふんぱつ【奮発】 ハッスル(hustle)。近代 いきぐむ/いきごむ[意気込]。きおひこむ[気負込]。きおひたつ[気負立]。ふるひたつ[奮立]。近世 いさみたつ[勇立]。はりきる[張切]。ふみこむ[踏込]。ふんき[奮起]。中世 きばる[気張]。ふんぱつ[奮発/憤発]。中古 はっぷん[発憤]。はやる[逸]。上代 きおふ[気負]。きほふ[競]。たける[猛]。

思い切って金などを―・する 近代 一肌(ひとはだ)脱ぐ。近世 はづむ[弾/勢]。はりこむ[張込]。

ふんば・る【踏張】 近代 ぐゎんばる[頑張]。ふみとどまる[踏止]。近世 ふみこたふ[―こたえる][踏堪]。中世 こらふ[こらえる][堪/怺]。ふみしかる[踏]。ふみはる/ふんばる[踏張]。中古 ふみはだかる[踏]。

ぶんぴつ【文筆】 せいぶんか[成文化]。近代 コンポジション(composition)。さうさく[創作]。しっぴつ[執筆]。せんぶん[撰文]。ペン(pen)。ライティング(writing)。筆硯を新たにする。文を属(しょく)す(属(ぞく)す)。近世

えんざん［鉛槧］。さいす［裁］。さうこ［操觚］。中世さくぶん［作文］。じゅっさく［述作］。ふで［筆］。中古いうひつ［右筆／祐筆］。さくもん［作文］。したたむ［―ためる］［認］。じょす［叙］。せいぶん［成文］。ちょじゅつ［著述］。ていぶん／てつぶん［綴文］。ひっけん［筆硯／筆研］。ひっとう［筆頭］。ぶんぼく［文墨］。ものす［物］。上代ぶんぴつ［文筆］。

《句》近代意到りて筆随ふ。

―に従事する人 中世いうひつ［右筆／祐筆］。

―に従事する人の集まり →**ぶんだん**

―によって生計をたてる 近代ひっかうけんでん［筆耕硯田］。中世けんでん［硯田／研田］。中古ひっかう［筆耕］。

―の仕事を辞める ペン(pen)を折る。近代筆を折る。近世筆を絶つ。

―を尊ぶこと 近世いうぶん［右文］。

ぶんぴつか【文筆家】 ものかき［物書］。近代さくか［作家］。しっぴつしゃ［執筆者］。ちょさくか［著作家］。ちょさくしゃ［著作者］。ちょじゅつか［著述家］。ちょじゅつしゃ［著述者］。ぶんぴつか［文筆家］。ライター(writer)。中世かきて［書手］。中古いうひつ［右筆／祐筆］。上代ぶんし［文士］。→**さっか【作家】**

ぶんぶ【文武】 上代ぶんぶ／ぶんぷ［文武］。

《句》文は武に勝る。ペンは剣よりも強し。近世治に居て乱を忘れず。中世文事ある者は必ず武備あり。

―にすぐれていること 近代いうぶんさぶ［右文左武］。いんぶんいんぶ［允文允武］。中世さぶんいうぶ［左文右武］。文武両道に秀づ［―秀でる］。

―両道 近世ゆみふで［弓筆］。中世ぶんぶにだう［文武二道］。

ふんべつ【分別】 近代りせい［理性］。近世ぐゎんぜ［頑是］。じゃうしき［常識］。ふまへ［踏］。みたて［見立］。ものわかり［物分］。わかち［分／別］。わかり［分／解］。中世さいかく／ざいがく［才覚］。しあん［思案］。はからひ［計］。ようしゃ［用捨］。れうけん［了簡／料簡］。中古おもひやり［思遣］。ここち［心地］。こころ［心］。しりょ［思慮］。たどり［辿］。ちゑ［知恵］。ふんべつ［分別］。わき［分／別］。わきまへ［弁］。

《句》近世泣く子も目を開け。分別過ぐれば愚に返る。

―がありそうな様子 近世ふんべつがほ［分別顔］。中世こころありがほ［心有顔］。ふんべつらし［分別］。

―がある 中世おとなし［大人］。中古おとなおとなし［大人大人］。こころあり［心有］。心馳せあり。上代さとし［聡］。

―が足りない 中世こけ［虚仮］。中古あさふ［浅］。

―がない 近世あいだてなし。めった［滅多］。東西を弁へず。西も東も分からぬ。中世しどもなし。むしゃう［無性］。むふんべつ［無分別］。思ふところなし。中古ここちおくる［心地後］。ここちなし［心地無］。こころなし［心無］。わりなし［理無］。文目も知らず。文目も分かず。

―・する 中世こころづく［心付］。上代おもひわく［―わける］［思分］。わいたむ／わきたむ［弁別／分別］。わきまふ［―まえる］［弁］。

―のある心 中古こころばせ［心馳］。

―のない行動 近代まうきょ［妄挙］。近世泥田を棒で打つ。

―を失う 中古まどふ［惑］。闇に暮る［―暮れる］。上代おもひかぬ［―かねる］［思兼］。

―も失うさま 中世やみやみ(と)［闇闇］。

―を失った心 中古心の闇。

―を失わせる 中古うちまどはす［打惑］。

聞いて―・する 中古ききわく［―わける］［聞分］。

恋のため―を失うたとえ 中世恋路の闇。恋の闇。《句》中古恋の山には孔子の倒れ。

夢中になって―を失う 近世熱に浮かさる［―浮かされる］。

遊女に夢中になって―を失うたとえ 近世いうぢょぐるひ［遊女狂］。中世けいせいぐるひ［傾城狂］。

ぶんべつ【分別】 近代くわけ［区分］。近世くべつ［区別］。中世ぶわけ［部分］。ぶんべつ［分別］。ぶんるい［分類］。るいべつ［類別］。

ぶんべん【分娩】 近代おさん［御産］。腹を痛める。近世しゅっさん［出産］。ぶんべん［分娩］。中世産の紐を解く。上代うむ［生／産］。

―時に羊水が出ること 近世はすい［破水］。

―のあと排出されるもの 近世あとざん［後産］。をろ［悪露］。中世はうえ［胞衣］。中古はうい［胞衣］。上代。えな［胞衣］。

早期の― 近代さうざん［早産］。

通常以上に困難な― 中世なんざん［難産］。

ふんぼ【墳墓】 →**はか【墓】** →**はかば**

―の入り口から玄室までの道 近代えんだう／せんだう［羨道］。

ふ

―の地 近代 せいざん［青山］。

石を積み上げた― つみいしづか［積石塚］。近代 いしづか［石塚］。

ぶんぼうぐ【文房具】 →**ぶんぐ**

ふんまつ【粉末】 近代 パウダー(powder)。近世 こな［粉］。ふんまつ［粉末］。中世 さいまつ［細末］。中古 こ［粉］。

ガラスなどを磨く― 近代 クレンザー(cleanser)。中古 みがきこ［磨粉］。

石灰石(寒水石)の― いしこ［石粉］。

玉を砕いた― 近代 ぎょくせつ［玉屑］。

長石の― いしこ［石粉］。

ぶんまつ【文末】 近代 まっぴつ［末筆］。近世 しび［紙尾］。中古 まつぶん［末文］。

ふんまん【憤懣】 近代 ふんがい［憤慨］。近世 ふんもん［憤悶］。中世 はらだち［腹立］。ふんげき［憤激］。りっぷく［立腹］。中古 げきど［激怒］。ふんまん［憤懣／忿懣］。上代 いかり［怒］。いきどほり［憤］。→**いかり【怒】**

ぶんみゃく【文脈】 コンテキスト／コンテクスト(context)。近代 ひつろ［筆路］。ぶんみゃく［文脈］。近世 ぶんり［文理］。みゃくらく［脈絡］。

―が整わない 近代 弓爾乎波(てにをは)(天爾遠波)が合はない。

ぶんみん【文民】 シビリアン(civilian)。みんかんじん［民間人］。近代 いっぱんじん［一般人］。

ぶんめい【文明】 近代 カルチャー(culture)。シビリゼーション(civilization)。ぶんくゎ［文化］。近世 じんぶん／じんもん［人文］。ぶんめい［文明］。中世 ぶんぶつ［文物］。

―がまだ開けていないこと 近代 みかい［未開］。やばん［野蛮］。

―がやや開けていること 近代 はんかい［半開］。

―の華やかなこと 中世 ぶんくゎ［文華］。

ぶんめん【文面】 近世 しょめん［書面］。ふみづら［文面］。ぶんい［文意］。ぶんめん［文面］。中古 ぶんしゃう［文章］。

ぶんや【分野】 キングダム(Kingdom)。セクター(sector)。ドメイン(domain)。近代 カテゴリー(ドイツ Kategorie)。しかい［斯界］。しだう［斯道］。はんちう［範疇］。フィールド(field)。ぶんや［分野］。りゃうゐき［領域］。近世 はたけ［畑］。ぶもん［部門］。中古 かたざま［方様］。すぢ［筋］。はうめん［方面］。

新たな― 近代 しんせいめん［新生面］。

一つの― 中世 ひとかど［一角／一廉］。

ぶんよ【分与】 近代 かつじゃう［割譲］。中世 はいぶん［配分］。ぶんじゃう［分譲］。中古 ぶんよ［分与］。わかつ［分］。わく(わける)［分］。

ぶんらん【紊乱】 近代 ぶんらん［紊乱］。らんみゃく［乱脈］。中古 びんらん［紊乱］(慣用読み)。みだす［乱］。

ぶんり【分離】 近代 ぶんかい［分解］。ぶんかつ［分割］。ぶんだん［分断］。中世 かくり［隔離］。中古 かいたい［解体］。ぶんり［分離］。

―・していること セパレート(separate)。近代 べっこ［別個／別箇］。

―・する 近代 くぎる［区切］。中世 きりはなす［切離／切放］。しきる［仕切］。中古 わかつ［分］。上代 はなす［離］。わく(わける)［分］。

ぶんりょう【分量】 ぶつりょう［物量］。近代 クオンティティー(quantity)。ボリューム(volume)。ようりゃう［容量］。りゃう［量］。近世 いきたけ［裄丈］。ようせき［容積］。中世 すうりゃう［数量］。ぶんりゃう［分量］。中古 かさ［嵩］。

―が多いこと(さま) 近代 でこでこ。中世 かさだか［嵩高］。とりゃう［斗量］。

―が等しいこと 近代 とうりゃう［等量］。

決められた― 近代 ていりゃう［定量］。

ぶんるい【分類】 ぶるいわけ［部類分］。近代 いろわけ［色分］。えりわけ［選分］。くみわけ［組分］。くわけ［区分］。ゐるい［彙類］。近世 くちわけ［口分］。しわけ［仕分／仕訳］。ぶだて［部立］。中世 ぶわけ［部分］。ぶんべつ［分別］。ぶんるい［分類］。るいべつ［類別］。中古 わく(わける)［分］。

季語を季節に―・すること きだて［季立］。

ふんれい【奮励】 近世 しゃうじん［精進］。ふんき［奮起］。ふんれい［奮励］。中世 せいれい［精励］。精を出す。中古 はげむ［励］。べんれい［勉励］。上代 いそしむ［勤］。

ぶんれつ【分裂】 近代 しぶんごれつ［四分五裂］。ぶんかい［分解］。近世 ぶんれつ［分裂］。中古 かいたい［解体］。ぶんり［分離］。上代 わる(われる)［割］。

仲間同士が争って―・すること ないぶぶんれつ［内部分裂］。近世 なかまわれ［仲間割］。

ふんわり 近代 ふはっと。ふんはり。中世 ふくやか［膨／脹］。ふくら。ふっくら。中古 ふくよか［膨／脹］。ふくらか［膨／脹］。ふはふは。

へ

へ【屁】 〔近代〕ガス［瓦斯(オランダ gas)］。〔近世〕でもの［出物］。〔中世〕おなら。げふう［下風］。〔中古〕へ［屁］。
《句》〔近世〕出物腫れ物所嫌はず。
―をすること 〔中世〕はうひ［放屁］。〔中古〕屁を放(ひ)る。へひり［放屁］。屁をこく。
音のない― 〔近世〕すかし／すかしべ［透屁］。すかべ［透屁／音無屁］。
音を立てて―をする 〔中古〕ならす［鳴］。
音を立てないで―をする 〔近世〕すかす［透］。

ペア(pair) ツイン(twin)。〔近代〕アベック(フランス avec)。カップル(couple)。ペア。〔近世〕くみ［組］。〔中世〕いっつい［一対］。つい［対］。ひとくみ［一組］。〔中古〕いっさう［一双］。

へい【塀】 〔近代〕かこひ［囲］。フェンス(fence)。へいしゃう［屏牆］。〔近世〕しゃうへき［障壁］。〔中世〕くね［垣］。しきり［仕切］。やらい［矢来］。〔中古〕かきほ［垣穂］。さく［柵］。すいがい／すいがき［透垣］。なかがき［中垣］。へい［塀／屏］。ませがき［籬垣］。めぐり［巡］。〔上代〕かきね［垣根］。き［城／柵］。くへ［柵／垣］。くへがき［柵］。と［堵］。↓
かき【垣】

へい【兵】 →へいし →へいたい

ペイ(pay) ❶〈給与〉〔近代〕サラリー(salary)。しはらひ［支払］。ほうしう［報酬］。らうちん［労賃］。〔近世〕きふきん［給金］。ちんぎん［賃金］。ほうきふ［俸給］。〔中古〕きふよ［給与］。きふれう［給料］。
❷〈採算〉帳尻が合う。〔近代〕ペイ。採算が合ふ。採算が取れる。〔近世〕算盤が合ふ。〔中世〕ひきあふ［引合］。

へいあん【平安】 →へいおん

へいい【平易】 わかりやすい［分易］。〔近代〕イージー(easy)。へいめい［平明］。〔中世〕へいい［平易］。ようい［容易］。〔中古〕やさし［易］。〔上代〕たやすし［容易］。

へいいん【兵員】 〔近世〕へいそつ［兵卒］。へいたい［兵隊］。へいゐん［兵員］。〔中世〕せんし［戦士］。〔上代〕ひゃうじ［兵士］。→へいたい
―・にする 〔中世〕やはらぐ［―らげる］［和］。

へいえい【兵営】 キャンプ(camp)。〔近代〕えいしゃ［営舎］。バラック(barrack)。へいしゃ［兵舎］。へいえい［兵営］。〔近世〕ぢんや［陣屋］。〔中古〕えいしょ［営所］。えいもん［営門］。〔上代〕ぐんえい［軍営］。

へいおん【平穏】 〔近代〕せいをん［静穏］。ねいせい［寧静］。ピース(peace)。へいをんぶじ［平穏無事］。〔近世〕あんかう［安康］。ぶい［無異］。むやう［無恙］。〔中世〕あんしん［安心］。あんぜん［安全］。あんちん［安鎮］。あんをん［安穏］。おだし［穏］。おだやか［穏］。けんあん［健安］。せいねい［静寧］。せいひつ［静謐］。ぶゐ［無為］。へいわ［平和］。へいをん［平穏］。枝を鳴らさず。事もなし。〔中古〕おだひ／おだひし［穏］。つつがなし［恙無］。のどか［長閑］。〔上代〕あんねい［安寧］。しづけし［静］。たいへい［太平／泰平］。へいあん［平安］。むゐ［無為］。やすらか［安］。→おだやか
《句》〔近世〕待てば海路(甘露)の日和あり。
―・な国 〔中世〕あんこく［安国］。〔上代〕浦安の国。
―・な年 〔近代〕ねいさい［寧歳］。
―・な日 〔近世〕ねいじつ［寧日］。
―・に 〔近世〕やすやす［安安］。〔上代〕ことさきく［事幸］。
―・になる 〔中古〕なぐ［和／凪］。やはらぶ［和］。
世の中が―・なこと 〔近代〕あんねいちつじょ［安寧秩序］。〔中古〕ちょうせい［澄清］。

へいかい【閉会】 へいしき［閉式］。へいまく［閉幕］。〔近代〕しゅうまく［終幕］。へいくゎい［閉会］。幕を下ろす。幕を閉ぢる。幕を引く。〔近世〕おひらき［御開］。まくぎれ［幕切］。まくひき［幕引］。幕と(幕に)なる。

へいがい【弊害】 しわよせ［皺寄］。〔近代〕いうがい［有害］。がいあく［害悪］。がいどく［害毒］。へいがい［弊害］。〔近世〕あくへい［悪弊］。へいとう［弊竇］。〔中世〕しっ［失］。ひづみ［歪］。へい［弊］。〔中古〕がい［害］。
―のある風俗 〔近世〕あくへい［悪弊］。いんしふ［因習／因襲］。へいふう［弊風］。ろうしふ［陋習］。〔中世〕あくしふ［悪習］。へい［弊］。〔中古〕へいぞく［弊俗］。
後々の― 〔近代〕よへい［余弊］。〔上代〕こうがい［後害］。こうくゎん［後患］。
一般に見られる― 〔近世〕つうくゎん［通患］。つうへい［通弊］。
大きな― 〔近代〕たいへい［大弊］。
多くの― 〔近代〕ひゃくがい［百害］。ひゃくへい［百弊］。
言葉による― 〔近代〕ごへい［語弊］。
内部に積もった― 〔近代〕びゃうへい［病弊］。
別の― よへい［余弊］。
前々からの― 〔近代〕しゅくへい［宿弊］。せき

へい［積弊］。中世 きうへい［旧弊］。

へいき【平気】 痛くも痒くもない。へいぜん［平然］。近代 たいぜんじじゃく［泰然自若］。へいちゃら／へっちゃら。痛痒を感じない。事もなし。近世 てんぜん［恬然］。権輿もなし。事もなし。恬として。びくともせず。平気の平左（平左衛門）。中世 じじゃく［自若］。たいぜん［泰然］。へいき［平気］。まじまじ（と）。中古 いうぜん［悠然］。いうやう［悠揚］。さらぬ［然］。しょうよう［従容］。つれなし。のどか［長閑］。事ともせず（思はず）。《句》近世 石に灸。馬の耳に風。蛙の面に水（小便）。鹿（鹿）の角を蜂が刺す。

—・で現れるさま 近代 のこのこ。

—・なさま 近代 あっけらかん。けろっと。のんこのしゃあ。のんこのしゃんこ。悠揚迫らず。事もなげ。近世 けろけろ。けろり（と）。ぬっくり。のめのめ。涼しい顔。中世 おめおめ。さらぬてい［然体］。のさのさ。中古 さらぬがほ［然顔］。つれなしがほ［顔］。

—・なふりをする 近世 やせがまん［痩我慢］。面を被る。中世 つれなしづくる［作］。中古 ことなしぶ［事無］。操を作る。

馴れて—・になる 中古 おもなる［面馴］。

へいき【兵器】 →ぶき

へいきこ【兵器庫】 →ぶきこ

へいきん【平均】 アベレージ（average）。近代 かうへい［衡平］。きんかう［均衡］。へいじゅん［平準］。中世 きんとう［均等］。近世 へいかう［平衡］。中古 へいきん／へいぎん［平均］。

—・する 近代 いりあはせ［入合］。まんべん［満遍］。近世 いれあはせ［入合］。おしならす［押均］。上代 ならす［均］。

—的なこと ひょうじゅん［標準］。中古 ふつう［普通］。上代 なみ［並］。→ふつう【普通】

—でないこと 中世 ふへい［不平］。

—の値からのずれ ふれ［振／偏］。へんい［偏倚／偏依］。ゆらぎ［揺］。近代 へんさ［偏差］。

その他—のいろいろ（例） かじゅうへいきん［加重平均］。きかへいきん［幾何平均］。そうかへいきん［相加平均］。そうじょうへいきん［相乗平均］。へいねんち［平年値］。近代 さんじゅつへいきん［算術平均］。

へいげん【平原】 →のはら

へいこう【閉口】 おてあげ［御手上］。音を上げる。近代 こんわく［困惑］。へいこう［閉口］。まゐる［参］。弱音を吐く（吹く）。近世 うんざり。おそれいる［恐］。こまる［困］。たうわく［当惑］。てこずる［梃摺／手子摺］。へきえき［辟易］。わうじゃう［往生］。我を折る。中世 きゅうす［窮］。もんじん［問訊］。

へいこう【平衡】 近代 かうへい［衡平］。きんかう［均衡］。きんせい［均勢］。きんせい［均斉／均整］。バランス（balance）。近世 かねあひ［兼合］。へいかう［平衡］。中世 つりあひ［釣合］。

へいこう【並行】 近世 へいかう［並行／併行］。中世 けんかう［兼行］。へいしん［並進］。

—・して行われるさま 中世 ながらも［乍］。中古 まにまに［随］。

二つのことを—・して進めるさま 近世 にほんだて［二本立］。

へいごう【併合】 近代 がっぺい［合併］。がふりう［合流］。とうがふ［統合］。ゆうがふ［融合］。近世 けつがふ［結合］。中世 へいどん［併呑］。中古 がったい［合体］。上代 へいがふ［併合／弁合］。

べいこく【米穀】 近世 こくもつ［穀物］。こくるい［穀類］。中世 べいこく［米穀］。

—の数量 近世 こくだか［石高］。

へいさ【閉鎖】 近代 さへい［鎖閉］。へいさ［閉鎖］。近世 しむ〔しめる〕［閉］。中古 とざす［閉］。とづ〔とじる〕［閉］。上代 ふさぐ［塞］。

へいし【兵士】 ぐんぺい［軍兵］。近代 たいし［隊士］。へいがく［兵額］。近世 へいかふ［兵甲］。へいそつ［兵卒］。へいたい［兵隊］。へいゐん［兵員］。中世 あらしこ［嵐子／荒子］。せんし［戦士］。そつ［卒］。へいし／へいじ［兵士］。中古 ぐんびゃう／ぐんぴゃう［軍兵］。そつご［卒伍］。もののふ［武士］。ゑじ［衛士］。上代 いくさ［戦／軍］。いくさびと［軍人］。ぐんじん［軍人］。しそつ［士卒］。つはもの［兵］。ひゃうじ［兵士］。ますらをのこ［益荒男］。

—などが詰めている所 近代 たむろじょ／とんしょ［屯所］。近世 えいしょ［営所］。ぢんえい［陣営］。中世 ぢんしょ［陣所］。とんえい［屯営］。中古 ぢんや［陣屋］。→ぐんじん

—の気力 近世 しき［士気］。しりょく［士力］。

—の食糧 中古 へいしょく［兵食］。

—の食糧等を確保する機関 近代 へいたん［兵站］。

—の食糧と軍馬のまぐさ 近代 りゃうまつ［糧秣］。

—の数 近代 へいがく［兵額］。近世 へいゐん［兵員］。

―の配置(配列) 近代 ぢんけい[陣形]。ぢんご[陣伍]。近世 ぢんぞなへ[陣備]。中世 ぢんだち/ぢんだて[陣立]。→じんだて

馬に乗った― 上代 うまいくさ[馬軍]。きし[騎士]。きへい[騎兵]。

大勢の― 中世 しゅうへい[衆兵]。ばんそつ[万卒]。

海軍の― 近代 セーラー(sailor)。中世 すいへい[水兵]。

監視などの任務につく― 近代 ほせう[歩哨]。せうへい[哨兵]。近世 ばんそつ[番卒]。ばんぺい[番兵]。

宮中の警備の― 中古 ゑじ[衛士]。

降参した― 近代 かうへい[降兵]。中世 かうそつ[降卒]。

護衛や警備に当たる― 近代 ゑいし[衛士]。ゑいそつ[衛卒]。ゑいへい[衛兵]。近世 ばんぺい[番兵]。上代 ゑじ[衛士]。

正義のために戦う― 中世 ぎそつ[義卒]。中古 ぎへい[義兵]。

徴用された― 上代 いくさよぼろ[軍丁]。

強い― 近世 えいへい[鋭兵]。中世 えいそつ[鋭卒]。せいへい[精兵]。ひきう[貔貅／豼貅]。中古 せいびゃう[精兵／勢兵]。

敵の― 近世 てきへい[敵兵]。

徒歩で戦う― 近世 かちむしゃ[徒武者]。中世 とそつ[徒卒]。中古 ほそつ[歩卒]。ほへい[歩兵]。上代 かちいくさ[徒歩軍／歩兵]。

捕らえられた― 近代 ぐんりょ[軍虜]。ふりょ[俘虜]。中世 ほりょ[捕虜]。

入営して間もない― 近代 しんぺい[新兵]。

農業に従事し非常時だけ武装する― 近代 とんでんへい[屯田兵]。近世 のうへい[農兵]。

負傷したり病気の― 近代 しゃうびゃうへい[傷病兵]。しゃうへい[傷兵]。はいへい[廃兵]。

古くから入営している― こさんへい[古参兵]。こねんへい[古年兵]。

身分の低い― 近世 けいそつ[軽卒]。ざっそつ[雑卒]。中世 あしがる[足軽]。あらしこ[荒子]。さうとう[蒼頭]。ざふひゃう[雑兵]。

見回りの― 近世 らそつ[邏卒]。

無傷の新たな― 近世 せいへい[生兵]。中世 あらて[新手]。

雇い入れた― 近代 かくへい[客兵]。こへい[雇兵]。ようへい[傭兵]。

鎧(よろい)を着けた― こうそつ[甲卒]。中世 かいしゃ[介者]。中古 たいかふ[帯甲]。上代 かふへい[甲兵]。

へいじ【平時】 近世 じゃうしき[常式]。中世 ふだん[普段／不断]。中古 へいじ[平時]。

へいしき【閉式】 へいまく[閉幕]。近代 しゅうまく[終幕]。へいくゎい[閉会]。近世 おひらき[御開]。

へいじつ【平日】 ウィークデー(weekday)。しゅうじつ[週日]。近代 ひらび[平日]。へいじつ[平日]。

へいしゅう【弊習】 近代 しゅくへい[宿弊]。せきへい[積弊]。へいがい[弊害]。近世 あくふう[悪風]。あくへい[悪弊]。いんしふ[因習／因襲]。へいしふ[弊習]。へいふう[弊風]。ろうしふ[陋習]。をしふ[汚習]。をぞく[汚俗]。中世 あくしふ[悪習]。きうへい[旧弊]。へい[弊]。中古 へいぞく[弊俗]。

へいじゅん【平準】 近代 へいじゅん[平準]。中古 へいきん[平均]。上代 たひら[平]。

へいじょう【平常】 近世 じゃうたい[常態]。つうじゃう[通常]。つねひごろ[常日頃]。にちじゃう[日常]。中世 ふだん[普段／不断]。中古 へいじ[平時]。へいじゃう[平常]。へいそ[平素]。上代 つね[常]。へいぜい[平生]。→ふだん

―のありさま じょうじょう[常状]。近世 じゃうたい[常態]。つねてい[常体]。

―の意識 近世 しゃうき[正気]。中古 ひとごこち[人心地]。ひとごころ[人心]。

―の心を失うこと 近代 ぼうぜん[呆然]。近世 さうしん[喪心／喪神]。はうしん[放心]。中世 しっしん[失神／失心]。ばうぜん[茫然]。中古 じしつ[自失]。どうえう[動揺]。

―の時と儀式ばった時 中世 けはれ[褻晴]。

へいせい【平静】 アタラクシア(ギリシャ ataraxia)。近代 きょしんたんくゎい[虚心坦懐]。きょしんへいき[虚心平気]。たいぜんじじゃく[泰然自若]。へいせい[平静]。中世 おちつき[落着]。たいぜん[泰然]。へいき[平気]。中古 おだやか[穏]。こころのどか[心長閑]。へいしん[平心]。上代 しづか[静]。

心が―でなくなる 近代 あがる[上／揚]。きんちゃう[緊張]。中古 あくがれまどふ[憧惑]。こころあやまり[心誤]。とりみだす[取乱]。とりみだる[―みだれる][取乱]。度を失ふ。上代 みだる[みだれる][乱]。

心が―でなくなるさま 近世 どぎまぎ。むらむら[群群／叢叢]。近代 どまどま。わやわや。

へ

へいぜい【平生】 近代じゃうじ[常時]。じゃうじつ[常日]。近世つねひごろ[常日頃]。にちじゃう[日常]。へいじつ[平日]。中世かねて[予]。ぎゃうぢゅうざぐゎ[行住坐臥]。ひごろ[日頃]。ふだん[普段／不断]。中古け[褻]。つねづね[常常]。へいきょ[平居]。へいじゃう[平常]。へいそ[平素]。へいぜい[平生]。上代いつも[何時]。つね[常／恒]。→**ふだん**

—と違う 近世何時(いつ)にない。

—の心 近代へいじゃうしん[平常心]。中世ぢゃうしん[定心]。

へいぜん【平然】 痛くも痒くもない。近代たいぜんじじゃく[泰然自若]。へいぜん[平然]。事もなげ。痛痒(つうよう)を感じない。近世づうづうし[図図]。づぶとし[図太]。てんぜん[恬然]。ふてぶてし[太太]。権輿(けんによ)もなし。恬(てん)として。鼻も動かさず。びくともせず。中世へいき[平気]。じじゃく[自若]。たいぜん[泰然]。へいき[平気]。中古いうぜん[悠然]。いうやう[悠揚]。おめおめし。しょうよう[従容]。つれなし／つれもなし。のどか[長閑]。事ともせず(思はず)。→**へいき**

—・とした態度(さま) しれっと。近代あっけらかん。大きな顔。近世いけしゃあしゃあ。きょろり。けろり。ぬくぬく[温温]。ぬけぬけ[抜抜]。のめのめ。中世おめおめ。のさのさ。まじまじ(と)。

へいそ【平素】 近世つねひごろ[常日頃]。にちじゃう[日常]。へいじつ[平日]。中世ふだん[普段／不断]。中古へいじゃう[平常]。へいそ[平素]。上代つね[常]。へいぜい[平生]。→**ふだん**

へいそく【閉塞】 近代そくへい[塞閉]。へいさ[閉鎖]。近世かうそく[梗塞]。中世ふさがる[塞]。へいそく／へいぞく[閉塞]。中古とづ〔とじる〕[閉]。上代ふさぐ[塞]。

へいそん【併存】 近代きょうそん／きょうぞん[共存]。へいそん／へいぞん[併存／並存]。

へいたい【兵隊】 近代ぐんたい[軍隊]。近世へいそつ[兵卒]。へいたい[兵隊]。へいゐん[兵員]。中世せんし[戦士]。そつ[卒]。へいし[兵士]。中古ぐんぴゃう／ぐんぴゃう[軍兵]。上代いくさびと[軍人]。ぐんじん[軍人]。ぐんそつ[軍卒]。しそつ[士卒]。つはもの[兵]。ひゃうじ[兵士]。へい[兵]。

—が少ないこと 近代くゎへい[寡兵]。→**ぐんじん** →**へいし**

—と武器 近代てっけつ[鉄血]。

—を訓練すること 近代さうへい[操兵]。

新たな元気な— 中世あらて[新手]。

応援のための— 近代ゑんぐん[援軍]。中世ゑんぺい[援兵]。

除隊した— 近世さんぺい[散兵]。

正義の— 中古ぎへい[義兵]。上代理(ことわり)の兵。

手元の— 近世しゅへい[手兵]。中古てぜい[手勢]。

年老いた— 中世ふるつはもの[古兵／古強者]。らうへい[老兵]。

槍(やり)を持った騎馬の— 近代さうきへい[槍騎兵]。

へいたん【平坦】 フラット(flat)。近代ひらべったい[平]。近世すいへい[水平]。ひらたし[平]。ろく[陸／碌]。中世たんい[坦夷]。へいたん[平坦]。へいへいたんたん[平平坦坦]。中古たひらか[平]。上代たひら[平]。

→**たいら**

—・な広い台地 たくじょうち[卓状地]。

—・にする 上代たひらぐ〔—らげる〕[平]。

—・になる 中古たひらぐ[平]（四段活用）。

道路が—・なさま 近代砥(と)のごとし。

土地が—・で遠く広がっていること 近代へいゑん[平遠]。

へいち【平地】 中世ひらち[平地]。へいち[平地]。ろくぢ[陸地]。→**へいたん**

へいてい【平定】 近代せいあつ[制圧]。へいてい[平定]。中世かんてい[戡定]。中古ちんあつ[鎮圧]。上代ちんぶ[鎮撫]。

—・する 中世うちしなふ[打撓]。すます[澄／清]。ちす／ぢす[治]。とりしづむ〔—しずめる〕[取鎮]。中古しづむ〔しずめる〕[鎮]。さだむ〔さだめる〕[定]。上代ことむく[言向]。たひらぐ〔—らげる〕[平]。はききよむ〔—きよめる〕[掃清]。はらふ[払]。むく〔むける〕[向]。をさむ〔おさめる〕[治]。

へいてん【閉店】 クローズ(close)。へいぎょう[閉業]。看板を下ろす。暖簾(のれん)を下ろす。近代かんばん[看板]。きうげふ[休業]。へいてん[閉店]。みせじまひ[店仕舞]。近世はいげふ[廃業]。ひけ[引]。店を畳む。

へいねんさく【平年作】 としなみ[年並／年次]。へいさく[平作]。近代へいねんさく[平年作]。

へいばん【平板】 フラット(flat)。ワンパターン(和製one pattern)。近代いっぽんでうし[一本調子]。たんじゅん[単純]。たんてう[単調]。へいばん[平板]。へいぼん[平凡]。へいめんてき[平面的]。モノトーン(mono-

tone)。近世ひらめ[平目]。

—・なさま 近世のっぺり。

へいふく【平伏】 近世どげざ[土下座]。近代へいしん[平身]。へいしんていとう[平身低頭]。近世さんた[三太]。中世いぬつくばひ[犬蹲]。中古へいふく[平伏]。

—・する 近代はひつくばる[這蹲]。ふくする[伏]。へいつくばる。近世ねまる。へたばる。中世つくばふ[蹲/踞]。はひつくばふ[這蹲]。中古ひざまづく[跪]。ひれふす[平伏]。

—のさま 近世平蜘蛛の如く。

へいふく【平服】 カジュアル／カジュアルウエア(casual wear)。近代じゃうい[常衣]。べんい[便衣]。近世じゃうふく[常服]。ふだんぎ[普段着]。へいふく[平服]。べんぷく[便服]。→**ふだんぎ**

へいふく【平復】 →**なお・る**

へいほう【兵法】 近世せんじゅつ[戦術]。せんぱふ[戦法]。ようへい[用兵]。中世ぐんぱふ[軍法]。せんぢん[戦陣]。たうりゃく[韜略]。ひゃうはふ[兵法]。へいじゅつ[兵術]。へいだう[兵道]。へいはふ[兵法]。兵(つはもの)の道。

《句》近代彼を知り己を知れば百戦殆(あや)ふからず。剣は一人の敵学ぶに足らず。

—に通じすぐれた人 せんりゃくか[戦略家]。近世ぐんし[軍師]。ぐんしゃ[軍者]。ぐんぱふしゃ[軍法者]。ひゃうはふじん[兵法仁]。へいか[兵家]。中世ひゃうはふしゃ／へいはふしゃ[兵法者]。

—の学問 ぶがく[武学]。近世ぐんがく[軍学]。へいがく[兵学]。

へいぼん【平凡】 オーディナリー(ordinary)。近代ありきたり[在来]。たんたん[坦坦]。へちんぷ[陳腐]。つきなみ[月並／月次]。へいへいぞく[平俗]。へいばん[平板]。へいへいぼんぼん[平平凡凡]。へいぼん[平凡]。ようう[庸]。近世ありふれ[有触]。ざら。ななめ[斜]。ひらめ[平目]。ようぞく[庸俗]。可もなく不可もなし。中世なめて[並]。はくぢ[薄地]。ひら[平]。へいへい[平平]。ぼんぞく[凡俗]。ろくろく[碌碌]。事もなし。中古かいなで／かきなで[掻撫]。かきまぎる[掻紛]。かきまぜ[掻混／掻雑]。じんじゃう[尋常]。ただあり[直有／徒有]。なのめ[斜]。なべて[並]。なほ[直]。なほなほし[直直]。なみなみ[並並]。ふつう[普通]。ぼん[凡]。ぼんげ[凡下]。ぼんよう[凡庸]。よろし[宜]。れい[例]。上代おほ[凡]。なみ[並]。

《句》近代団栗(どんぐり)の背比べ。近世玉となって砕くとも瓦となって全(まった)からじ。沈香(ぢんかう)も焚(た)かず屁(へ)もひらず。山の芋鰻とならず。

—・で劣っていること 近世ようれつ[庸劣]。

—・で愚かなこと 中世ぼんぐ[凡愚]。中古ようぐ[庸愚]。

—・で心が狭いこと 近代ぼんせう[凡小]。

—・で身近なこと 近代ぼんきん[凡近]。

—・な話 中古じゃうだん[常談]。

—・な人 近世じゃうにん[常人]。中世ちゃうさんりし[張三李四]。中古じゃうじん[常人]。ぼんげ[凡下]。ぼんじん[凡人]。ぼんぷ[凡夫]。ぼんよう[凡庸]。→**ぼんじん**

—・な表現 中古ただごと[徒言／直言／只言]。

短歌や連歌などが— 中古へいくゎい[平懐]。

へいまく【閉幕】 近代しゅうまく[終幕]。へいくゎい[閉会]。幕を下ろす。幕を閉じる。幕を引く。近世おひらき[御開]。まくぎれ[幕切]。まくひき[幕引]。幕と(幕に)なる。

へいめん【平面】 スペース(space)。フラット(flat)。近代ひらべったい[平]。近世すいへい[水平]。ひらたし[平]。へいめん[平面]。中世へいたん[平坦]。上代たひら[平]。

—図 ふせず[伏図]。近代プラン(plan)。みとりづ[見取図]。ゑづめん[絵図面]。中古ゑづ[絵図]。

大地の— 近世ちへい[地平]。

へいや【平野】 ひらの[平野]。近代くゎうげん[広原／曠原]。近世のづら[野面]。中世へいや[平野]。中古くゎうや[広野]。のずゑ[野末]。のもせ[野狭]。のら[野良]。ぬへいげん[平原]。上代げんや[原野]。の[野]。のはら[野原]。のべ[野辺]。のろ[野]。をの[小野]。→**のはら**

へいよう【併用】 近代へいよう[併用／並用]。近世けんよう[兼用]。りゃうよう[両用]。

へいりつ【並立】 れんりつ[連立]。近代きょうりつ[共立]。へいりつ[並立／併立]。

▼助詞等 近世だの。なり。中世たり。上代な。

へいりょく【兵力】 →**ぶりょく**

へいれつ【並列】 近代パラレル(parallel)。近世へいれつ[並列／併列]。中古ならぶ[並]。

へいわ【平和】 近代ピース(peace)。中世あんぜん[安全]。あんたい[安泰]。おだし

〔穏〕。せいひつ〔静謐〕。ちへい〔治平〕。へいわ〔平和〕。中古 あんをん〔安穏〕。おだやか〔穏〕。わへい〔和平〕。上代 たいへい〔太平／泰平〕。てんかたいへい〔天下太平／天下泰平〕。へいあん〔平安〕。をさまる〔治〕。《句》近代 安きにありて難きに備へよ。近世 治に居て乱を忘れず。上代 道に遺るを拾はず。

—で国が栄えること 近世 しゃうへい〔昌平〕。中古 しょうへい〔昇平〕。

—で栄えている世 中世 だいどう〔大同〕。

—で楽しい毎日 中世 ひびこれかうじつ／にちにちこれかうじつ〔日日是好日〕。

—なさま 近世 ばんりどうふう〔万里同風〕。近世 ごふうじふう〔五風十雨〕。せんりどうふう〔千里同風〕。草木も揺るがぬ。弓は袋に太刀は鞘。中世 雨塊を破らず、風枝を鳴らさず。四海波静か。中古 こふくげきじゃう〔鼓腹撃壌〕。

—な時 近代 へいじ〔平時〕。

—にする 上代 やはす〔和〕。

—にするための取り決め 和を講ずる。近世 かうわ〔講和／媾和〕。

軍事力のバランスで保たれている— かくのかさ〔核傘〕。ぶそうへいわ〔武装平和〕。

人々が—を楽しむさま 近世 げたうち〔下駄打〕。中世 こふく〔鼓腹〕。中古 はらつづみ〔腹鼓〕。上代 げきじゃう〔撃壌〕。

ページ(page; P) 近代 ノンブル(フランス nombre)。ページ。近世 しすう〔紙数〕。

—付け 近世 ちゃうづけ〔丁付〕。

—を改めること かいページ〔改page〕。

原稿の定められた—数 近代 しふく〔紙幅〕。

分冊の場合全巻通しの—とする おいちょう〔追丁〕。とおしノンブル〔通(フランス)nombre〕。

▼助数詞 近世 けつ〔頁〕。

ベージュ(フランス beige) 近代 たんかっしょく〔淡褐色〕。らくだいろ〔駱駝色〕。

ベース(base) 近世 きそ〔基本〕。きほん〔基本〕。中世 どだい〔土台〕。→**きそ**

ペース(pace) あしどり〔足取〕。足の運び。近代 ステップ(step)。そくど〔速度〕。テンポ(イタリア tempo)。はやさ〔速〕。ほてう〔歩調〕。中世 あしなみ〔足並〕。

ペーソス(pathos) 近代 あいせつ〔哀切〕。ペーソス。中世 あいしう〔哀愁〕。かなしみ〔悲〕。中古 ひあい〔悲哀〕。上代 あいかん〔哀感〕。あいしゃう〔哀傷〕。かんしゃう〔感傷〕。

ペーブメント(pavement) ほそうどうろ〔舗装道路〕。近代 ペーブメント。ほだう〔舗道〕。

ベール(veil) 近代 カバー(cover)。シールド(shield)。ベール。めんさ／めんしゃ〔面紗〕。中古 おほひ〔覆〕。とばり〔帳〕。まく〔幕〕。

へきえき【辟易】 近代 いやき〔嫌気〕。こんわく〔困惑〕。へいこう〔閉口〕。近世 うんざり。たうわく〔当惑〕。へきえき〔辟易〕。わうじゃう〔往生〕。中世 しりごみ〔尻込〕。たぢろぐ。

へきち【僻地】 近代 すうゑん〔陬遠〕。へきすう〔僻陬〕。近世 へきそう〔僻陬〕。へきそん〔僻村〕。へきち〔僻地〕。中古 かたゐなか〔片田舎〕。へんち〔辺地〕。上代 へんきゃう〔辺境／辺疆〕。→**へんち**

へきとう【劈頭】 近代 へきとう〔劈頭〕。ぼうとう〔冒頭〕。中古 さいしょ〔最初〕。

へくそかずら【屁糞葛】 近世 さをとめばな〔早乙女花〕。やいとばな〔灸花〕。中古 へくそかづら〔屁糞葛／屁屎葛〕。上代 くそかづら〔屎葛〕。

ヘゲモニー(ドイツ Hegemonie) しゅどうけん〔主導権〕。近代 イニシアチブ／イニシアティブ(initiative)。はけん〔覇権〕。ヘゲモニー。リーダーシップ(leadership)。

へこた・れる へとへとになる。近代 おちこむ〔落込〕。グロッキー(groggy から)。のびる〔伸／延〕。ばてる。ひへい〔疲弊〕。ひらうこんぱい〔疲労困憊〕。へこたれる。まゐる〔参〕。近世 くじく〔くじける〕〔挫〕。ざせつ〔挫折〕。へこむ〔凹〕。へたばる。中世 くたばる。へばる。中古 くっす〔屈〕。

ぺこぺこ 近代 ぴょこぴょこ。ぺこぺこ。近世 へいこら。へこへこ。

へこま・す【凹】 近世 へこます〔凹〕。やっつける〔遣付〕。やりこむ〔—こめる〕〔遣込〕。一本さす。中古 くぼむ〔くぼめる〕〔凹／窪〕。へす〔圧〕。

へこみ【凹】 近代 くぼち〔凹地／窪地〕。近世 へこみ〔凹〕。中世 くぼみ〔凹／窪〕。上代 あな〔穴〕。

へこ・む【凹】 近代 おちこむ〔落込〕。かんぼつ〔陥没〕。ひっこむ〔引込〕。へっこむ〔凹〕。近世 くえこむ〔崩込〕。へこむ〔凹〕。中古 くぼまる／くぼむ〔凹／窪〕。

へさき【舳先】 近代 バウ(bow)。近世 ぢく〔舳〕。みよし〔船首／水押／舳〕。中世 せんしゅ〔船首〕。中古 へさき〔舳先／舳／艫〕。上代 ふなのへ〔船舳〕。へ〔舳〕。

—と船尾 上代 ぢくろ〔舳艫〕。

—に飾る像 せんしゅぞう〔船首像〕。はろうじん〔波浪神〕。

ペシミスト(pessimist) 近代 ひかんろんじゃ[悲観論者]。近代 えんせいか[厭世家]。ペシミスト。

ペシミズム(pessimism) ひかんしゅぎ[悲観主義]。近代 えんせいくゎん[厭世観]。ペシミズム。

ベスト(best) ❶〈**最高**〉 近代 さいりょう[最良]。ベスト。近世 さいかう[最高]。しかう[至高]。中世 しじゃう[至上]。中古 さいじゃう[最上]。

ベスト(best) ❷〈**全力**〉 近代 さいぜん[最善]。ぜんしんぜんれい[全身全霊]。ぜんりょく[全力]。そうりょく[総力]。ベスト。

へそ【臍】 中古 へそ[臍]。上代 ほぞ[臍]。

—の緒 近世 さいたい／せいたい[臍帯]。上代 ほぞのを[臍緒]。

—の下(あたり) したばら[下腹]。近世 さいか[臍下]。たんでん[丹田](漢方で)。中世 かふく[下腹]。中古 せいか[臍下]。

へそくり【臍繰】 近世 へそがね[臍金]。へそくり[臍繰]。へそくりがね[臍繰金]。へつりがね／へづりがね[剝金]。ほそくりがね／ほぞくりがね[臍繰金]。ほまち[外持／帆待]。ほまちがね[外持金／帆待金]。わたくしがね[私金]。

—をする 近世 へそくる[臍繰]。

へそまがり【臍曲】 近代 つむじねぢれ[旋毛捩]。つむぢまがり[旋毛曲]。近世 あまのじゃく／あまのじゃこ[天邪鬼]。へんくつ[偏屈]。はなまがり[鼻曲]。

《句》近世 拗者(すねもの)の苦笑ひ。

へた【下手】 近代 ぶきっちょ[不器用／無器用]。近世 せつ[拙]。せつれつ[拙劣]。ぶきよう[不器用／無器用]。へたくそ[下手糞]。へっぽこ。へぼ。まづし[不味／拙]。中世 おろか[愚／疎]。ふえて[不得手]。ぶかう[無巧／不巧]。ふかん[不堪]。ぶてうはふ[不調法／無調法]。ふてぎは[不手際]。へた[下手]。わろし[悪]。中古 あさはか[浅]。あし[悪]。つたなし[拙]。てづつ[手]。ふとくい[不得意]。上代 をぢなし[怯]。

《句》近代 下手があるので上手が知れる。下手な鍛冶屋(かぢや)も一度は名剣。下手な鉄砲も数打てば中(あた)る。下手の道具調べ。下手は上手の飾り物。中世 下手の考へ休むに似たり。下手の物好き。近世 下手の横好き。下手は上手の基(もと)。

—な医者 近世 たけのこいしゃ[筍医者]。やぶいしゃ[藪医者]。

—な歌唱 近代 おんち[音痴]。糠味噌が腐る。

—な芝居 いなかしばい[田舎芝居]。近代 こじきしばゐ[乞食芝居]。

—な大工 近世 たたきだいく[叩大工]。

—な文章 近代 だぶん[駄文]。近世 せっさく[拙作]。中古 こしをれ[腰折]。こしをれぶみ[腰折文]。せつぶん[拙文]。

—な文字 近代 をれくぎりう[折釘流]。近世 かなくぎ[金釘]。かなくぎりう[金釘流]。せっぴつ[拙筆]。にじりがき[躙書]。ふんどし[褌／犢鼻褌]。みみず[蚯蚓]。蚯蚓ののたくったやう。中世 あくひつ[悪筆]。しゅんいんしうだ[春蚓秋蛇]。中古 とりのあと[鳥跡]。みみずがき[蚯蚓書]。

—な文字を書くさま 近世 ぬたくる／のたくる。

—な役者 近世 だいこやくしゃ／だいこんやくしゃ[大根役者]。だいこん[大根]。

—な和歌や俳句 近代 だく[駄句]。近世 せっつぎん[拙吟]。中世 うたくづ[歌屑]。せっく[拙句]。むしんしょぢゃく[無心所着]。中古 こしをれ[腰折]。こしをれうた[腰折歌]。

この上なく—なこと 近代 からっぺた／からへた[空下手]。近世 あかべた[赤下手]。

へだたり【隔】 らくさ[落差]。近代 インターバル(interval)。ギャップ(gap)。さ[差]。近世 かんかく[間隔]。かんげき[間隙]。きょり[距離]。ひらき[開]。中世 あはひ[間]。かくり[隔離]。けんかく[懸隔]。さい[差異]。さゐ[差違]。ちがひ[違]。まあひ[間合]。中古 さうゐ[相違]。へだたり[隔]。上代 へだて[隔]。

—が大きいこと 近世 うんじゃう[雲壌]。けいてい[径庭／逕庭]。げつべつ[月鼈]。中世 せうじゃう[霄壌]。雲泥の差。中古 うんでい[雲泥]。→**そうい【相違】**

—が大きくなる ひらく[開]。上代 はなる〔はなれる〕[離]。へだたる／へだつ[隔]。へなる[隔]。

—が少ない 近代 きんせつ[近接]。近世 しきん[至近]。中世 せまし[狭]。まぢか[間近]。中古 ほどちかし[程近]。ほどなし[程無]。上代 せばし[狭]。ちかし[近]。

—が少なくなる 近世 せばまる[狭]。

心の— 近代 きょり[距離]。こうきょ[溝渠]。近世 かくい[隔意]。ぐゎいしん[外心]。中世 きゃくしん[隔心]。中古 かくし

ん［隔心］。

へだた・る【隔】 近代 かけへだたる［懸隔］。とびはなれる［飛離］。中世 かけへだつ［懸隔］。中古 かけはなる［—はなれる］［懸離］。さしはなる［差離］。たちはなる［—はなれる］［立離］。上代 かる［離］。さかる［離］。さる［去］。とほざかる［遠離］。はなる［はなれる］［離］。へだたる［隔］。へだつ［隔］。へなる［隔］。

—・っているさま 中古 はるか［遥］。はるばる［遥遥］。上代 とほし［遠］。

—・ること 近世 かくゑん［隔遠］。上代 ゑんかく［遠隔］。

べたつ・く 近代 べとつく。近世 いちゃつく。にちゃつく。ねばりつく［粘着］。ねんちゃく［粘着］。びたつく。びりつく。べたつく。中世 したるし。ねばつく［粘着］。

男女が—・く 近世 いちゃつく。びりつく。

へだて【隔】 近代 ギャップ(gap)。じゃうふ［城府］。はんり［藩籬］。みぞ［溝］。近世 じゃうふ［城府］。しゃうへき［障壁］。ひらき［開］。中世 しきり［仕切］。わけへだて［分隔］。中古 けぢめ。さべつ［差別］。せき［関］。上代 へだて［隔］。→へだたり

—のある心 近世 ぐゎいしん［外心］。

大きな— 近代 こうこう［鴻溝］。

心に—がない 近世 よぎなし［余儀無］。城府を設けず。中古 うらなし［心無／裏無］。

へだ・てる【隔】 中世 かけへだつ［—へだてる］［懸隔］。さえぎる［遮］。しきる［仕切］。中古 うとぶ／うとむ［疎］。うとんず［疎］。さしへだつ［差隔］。たてきる［立切／閉切］。とほざく［—ざける］［遠］。のく［のける］［退］。わく［わける］［分／別］。上代 さく［放／離］。へだつ［へだてる］［隔］。

《枕》中古 はまゆふの［浜木綿］。上代 たたみこも［畳薦］。ふたさやの［二鞘］。

—・てること(もの) 近代 へいしゃう［屏牆］。近世 そかく［阻隔］。中世 かくり［隔離］。しゃうへき［牆壁／墻壁］。中古 ぶんり［分離］。

へたば・る→へこた・れる

べたべた 近世 びたびた。べたべた。べとべと。

—・する→べたつ・く

へちま【糸瓜】 近世 いとうり［糸瓜］。ながうり［長瓜］。ばんくゎ［蛮瓜］。へちま［糸瓜／天糸瓜］。

べつ【別】 近世 くべつ［区別］。中世 べつ［別］。中古 けぢめ。こと［異］。べち［別］。

—・に 近代 いつに［一］。とくに［特］。中世 とりわけ［取分］。中古 また［又／亦］。上代 ことに［異／殊］。→べっして

—・にする 近代 ぢょぐゎい［除外］。異にする。中世 かくり［隔離］。中古 のく［のける］［退／除］。はなつ［放］。

—の ほかの［外］。中古 あらぬ。また［又／亦］。上代 こと［異］。

—の意味 中世 べちぎ［別儀］。べつい［別意］。中古 べつぎ［別儀］。上代 たい［他意］。

—の機会 中古 ことをり［異折］。

—のこと べっけん［別件］。近代 べつごと［別事］。近世 よのぎ［余儀］。中世 べちぎ／べつぎ［別儀］。べつじ［別事］。中古 ことごと［異事］。た［他］。たじ［他事］。上代 あだしごと［他事／徒事］。

—の時代 近代 かくせい［隔世］。

—の便り べつびん［別便］。近代 べっぷう［別封］。

—の時 近代 いじ［異時］。べつじ［別時］。上代 ことどき［異時］。

—の場所 中古 ことどころ［異所］。た［他］。べっしょ［別所／別処］。ほかほか［外外］。上代 ほか［他／外］。よそ［余所／他所／外］。

—の日 近代 よじつ［余日］。中古 たじつ［他日］。

—の人 →べつじん

—のものに変える 近代 きりかへる［切替］。くらがへ［鞍替］。近世 へんくゎん［変換］。

べっかく【別格】 近代 だんちがひ［段違］。とくべつ［特別］。はかく［破格］。中世 べっかく［別格］。中古 かくべつ［格別］。

べっし【蔑視】 近代 けいし［軽視］。ぶべつ［侮蔑］。近世 べっし［蔑視］。みくびる［見縊］。み
中世 かろんず［軽］。さげすむ［蔑／貶］。
さぐ［—さげる］［見下］。中古 あなづる／あなどる［侮］。みくだす［見下］。上代 けいべつ［軽蔑］。

べっして【別】 近代 とくに［特］。近世 なかでも［中］。中世 とりわけ［取分］。べっして［別］。中古 ことさら［殊更］。とりわきて［取分］。なかんづく［就中］。上代 ことに［殊］。

べっしゅ【別種】 いしつ［異質］。近代 いしゅ［異種］。かはりだね［異種／変種］。へんしゅ［変種］。近世 べっしゅ［別種］。

べつじょう【別状】 近代 いじゃう［異常］。べつじゃう［別状］。中世 べつでう［別条］。中古 いじゃう［異状］。

べつじん【別人】 たしゃ［他者］。中世 たじん［他人］。べつじん／べつにん［別人］。よじ

ん／よにん［余人］。中古ことひと［異人］。たにん［他人］。またひと［又人］。上代あだしびと／あだびと［他人］。

本物の代わりに—を使うこと ダミー(dummy)。近世かげむしゃ［影武者］。かへだま［替玉］。中古みがはり［身代］。

べっせかい【別世界】 近代べっけんこん［別乾坤］。べってんち［別天地］。近世べっせかい［別世界］。中古たかい［他界］。あらぬ世。

—の人 近世あっちもの［彼方者］。

幸せに満ちた— アルカディア(Arkadia)。エルドラド(スペイン El Dorado)。シャングリラ(Shangri-la)。とうげんきょう［桃源郷］。近代パラダイス(paradise)。ユートピア(Utopia)。らくゑん［楽園］。りさうきゃう［理想郷］。上代ごくらく［極楽］。

仙人の住む— 近代せんくゎん［仙寰］。近世いっこてん［一壺天］。こてん［壺天］。壺中の天。中世せんかい［仙界］。中古せんきゃう［仙境／仙郷］。

魔物が棲む— 近代ふくまでん［伏魔殿］。中世まきゃう［魔境］。中古まかい［魔界］。

べっそう【別荘】 セカンドハウス(和製second house)。近代ひかへてい［控邸］。ひかへやしき［控屋敷］。ビラ(villa)。近世べってい［別邸］。中世べっけ［別家］。べっさう［別荘］。べっしょ［別墅］。べったく［別宅］。上代なりところ［業所］。べづげふ［別業］。

海岸にある— ビーチハウス(beach house)。

村里にある— 近世そんさう／そんしゃう［村荘］。そんしょ［村墅］。

山に構えた— 中世さんさう／さんざう［山荘］。中古やまざと［山里］。

べつだん【別段】 近代とくべつ［特別］。中世かくべつ［格別］。べつだん［別段］。とりわけ［取分］。べっして［別］。中古かく

へっつい【竈】 中世へっつひ［竈］。上代かまど［竈］。へ［竈］。へつひ［竈］。

べってんち【別天地】 →べっせかい

べつべつ【別別】 近世わかれわかれ［別別］。中世こご［個個］。はなればなれ［離離］。べつべつ［別別］。中古あかれあかれ［別別］。ことこと／ことごと［異異］。そむきそむき［背背］。べちべち［別別］。ほかほか［外外］。まちまち［区区］。よそよそ［余所余所］。

—・に 中古ことこと／ことごと［異異］。

—・にする 中世きりはなす［切放／切離］。きりはなつ［切放］。ひきはなす［引離］。中古かたわく［方分］。とりはなつ［取放］。わかつ［分／別］。上代わく〔わける〕［分／別］。

—・になる 中古あかる［別／散］。上代わかる〔わかれる〕［分］。

べつむね【別棟】 パビリオン(pavilion)。近代はなれ［離］。べつむね［別棟］。はなれや［離家］。近世はなれざしき［離座敷］。べつをく［別屋］。中古べつゐん［別院］。

べつめい【別名】 近代いしょう［異称］。中世いみゃう［異名］。いめい［異名］。べつめい［別名］。べつがう［別号］。べっしょう［別称］。中古いちめい［一名］。上代又の名。

—の例 きゅうせい［旧姓］。近代きうめい［旧名］。ぎめい［偽名］。げいめい［芸名］。ぞくめい［俗名］。ひつめい［筆名］。ペンネーム(pen name)。へんめい［変名］。よびな［呼名］。近世あざな［字］。あだな［渾名／綽名］。えうみゃう／えうめい［幼名］。かいみゃう［戒名］。がう［号］。ががう［雅号］。きうかへな［替名／代名］。からな［唐名］。きうしょう［旧称］。げんじな［源氏名］。ぞくしょう［俗称］。つうしょう［通称］。つくりな［作名］。わらはな［童名］。をさなな［幼名］。中世いみな［諱］。かくしな［隠名］。かりな［仮名］。ぎしょう［偽称］。けみゃう［仮名］。ぞくみゃう［俗名］。中古かめい［仮名］。しこな［醜名］。→な❶

へつら・う【諂】 よいしょ。お先棒を担ぐ。近代げいがふ［迎合］。けいはくぐち［軽薄口］。ごますり［胡麻擂］。すりこむ［摩込／摺込］。はいぢん［拝塵］。意を迎へる。歓心を買ふ。媚(こび)を売る。提灯(ちゃうちん)を持つ。味噌を擂(す)る。近世いぬつくばひ［犬蹲］。おはむき［御歯向］。おべっか。けいあん［桂庵／慶庵］。さへいじ［左平次］。さへいぢ［左平治］。じうび［柔媚］。てんとり［点取］。はむく［歯向］。びゆ［媚諛］。べたつき。べんちゃら。みそすり［味噌擂］。めんゆ［面諛］。油を乗す。襟(衿(えり)／領(えり))に付く。襟元に付く。御機嫌を伺ふ。胡麻(ごま)を擂(す)る。尻尾を振る。太鼓を打つ。太鼓を持つ。手を下ぐ〔—下げる〕。中世あふ［阿付］。あゆ［阿諛］。けいはく［軽薄］。こばむ［媚］。こびへつらふ［媚諂］。こぶ〔こびる〕［媚］。しきだい［式代／式体／色代／色体］。しゅきょう／すうきょう／すきょう［足恭］。とりいる［取入］。ねいす［佞］。腕首(うでくび)を取る。手を束ね膝を屈(かが)む〔—屈める〕。塵を望む。塵を望んで拝す。髭(鬚／髯)の塵を払ふ。中古ついしょう／ついせう／ついそう［追従］。てんごく［諂曲］。てんゆ［諂

諛]。手を擦る。上代 おもねる[阿]。へつらふ[諂/諛]。

《句》近代 佞言(ねいげん)は忠に似たり。中世 御斗米(ごとべい)のために腰を折る。

—・う言葉 近世 ねいげん[佞言]。ねいべん[佞弁]。中古 ゆげん[諛言]。

—・うさま 近代 ぺこぺこ。手を揉む。近世 へいこら。へいへい。へこへこ。もみで[揉手]。

—・う人 ごへいもち[御幣持]。こめつきばった[米搗飛蝗]。近代 かばんもち[鞄持]。近世 たいこもち[太鼓持]。ちゃばうず[茶坊主]。はうかん[幇間]。みそすり[味噌擂]。お髭の塵助。中古 ねいじん[佞人]。

—・って愛想笑いをすること 近代 てんせう[諂笑]。

—・って従う 上代 こびつく[媚付]。

—・ってその恥を知らないこと 近代 しゃうふん[嘗糞]。

金持ちに—・う 近世 金の襟に付く。

実権ある者に—・う 近世 竈(かまど)に媚(こ)ぶ[—媚びる]。

世俗に—・うこと 近代 あせい[阿世]。きょくがくあせい[曲学阿世]。

面前で—・うこと 中古 めんゆ[面諛]。

べつり【別離】 中古 いきわかれ/ゆきわかれ[行別]。りえん[離縁]。りべつ[離別]。わかれぢ[別路]。上代 そうべつ[送別]。たばなれ[手離]。べつり[別離]。わかれ[別]。

—の宴 中世 りえん[離宴/離筵]。

—の悲しさ 中世 りこん[離恨]。上代 りし[離思]。りしう[離愁]。

ベテラン(veteran) 近代 エキスパート(expert)。じゅくれんしゃ[熟練者]。せんもんか[専門家]。近世 こがう[古豪]。こさん[古参]。らうれん[老練]。中古 たっしゃ[達者]。上代 たつじん[達人]。

ぺてん 近世 かたり[騙]。近代 いんちき。ちょぼいち[樗蒲一]。ごまかし。ぺてん。まんちゃく[瞞着]。中世 いかさま[如何様]。上代 さぎ[詐欺]。

—師 トリックスター(trickster)。ハスラー(hustler)。近代 さぎし[詐欺師]。ぺてんし[師]。近世 いかさまし[如何様師]。こかし。すっぱ[素破/透波]。まやし[師]。やまうり[山売]。やまこかし[山]。中世 やまし[山師]。

へど【反吐】 近代 げろ。ゑづき[嘔吐]。近世 こまもの[小間物/細物]。小間物屋を開く。中世 へど[反吐/嘔吐]。中古 おうと[嘔吐]。上代 たぐり[吐]。

—と下痢 中世 としゃ[吐瀉]。

—を吐く 近世 もどす[戻]。ゑづく[嘔吐/噦]。上代 たまふ[嘔吐]。

血のまじった— 近世 ちへど[血反吐]。

へとへと 近代 ぐたぐた。へとへと。近世 ぐだぐだ。ぐったり。中世 くたくた。ぐだり。中古 くだくだ。ぐたり。

ペナルティー(penalty) 近代 しょばつ[処罰]。ペナルティー。中世 ばつ[罰]。ばっきん[罰金]。中古 とがめ[咎]。上代 けい[刑]。けいばつ[刑罰]。

べに【紅】 →べにいろ(次項)

べにいろ【紅色】 近代 こう[紅]。たんこう[丹紅]。べにいろ[紅色]。レッド(red)。近世 おいろ[御色]。べに[紅]。中世 こうしょく[紅色]。中古 あか[赤/朱/紅]。えんじ[臙脂/燕脂]。思ひの色。上代 あけ[赤/朱/緋]。くれなゐ[紅]。

薄い— 近世 うすべに[薄紅]。中古 さくら[桜]。さくらいろ[桜色]。

黒みがかった濃い— 中世 濃き色。中古 おちぐり[落栗]。

濃い— 近世 ひいろ[緋色]。中古 からくれなゐ[唐紅/韓紅]。

火のような濃い— 中古 くゎしょく/ひいろ[火色]。

深い— カーマイン(carmine)。近代 ローズマダー(rose madder)。

紅花で染めた薄い— 中古 あらぞめ[荒染/退紅]。

紫がかった濃い— 近代 クリムソン(crimson)。

べにたけ【紅茸】 近世 あかだけ[赤茸]。中世 べにたけ[紅茸]。

べにばな【紅花】 近世 こうくゎ[紅花]。中古 くれのあゐ[呉藍]。べにばな[紅花]。上代 くれなゐ[紅]。すゑつむはな[末摘花]。

へば・る つかれきる[疲切]。近代 へこたれる。中世 へばる。まゐる[参]。近世 へたばる。上代 つかる[つかれる][疲]。→へこた・れる

へび【蛇】 スネーク(snake)。近世 ながむし[長虫]。中世 くちばみ[蛇]。へび[蛇]。中古 くちなは[蛇]。上代 へみ[蛇]。

—が渦巻いてわだかまる 近世 とぐろ[塒/蜷局]。塒(とぐろ)(蜷局)を巻く。

—がうねり行くさま 中世 ゑんえん[蜿蜒]。

—とさそり 近世 じゃかつ/だかつ[蛇蠍]。

—の皮 中世 じゃひ/じゃび[蛇皮]。

—の姿 中古 じゃしん[蛇身]。

—の毒 へびどく[蛇毒]。近世じゃどく[蛇毒]。

—を扱って見物させる芸人 近世へびつかひ[蛇遣]。

秋の彼岸過ぎに穴に入らない— 近世あなまどひ[穴惑]。

大きな— 近代ちゃうじゃ/ちゃうだ[長蛇]。わうじゃ[王蛇]。中世うはばみ[蟒蛇]。だいじゃ[大蛇]。中古じゃ[蛇]。上代をろち[大蛇]。

毒を持つ— どくへび[毒蛇]。中古どくじゃ[毒蛇]。

その他—のいろいろ(例) アナコンダ(anaconda)。あかまた。がらがらへび[蛇]。がらすひばあ。からすへび[烏蛇]。しまへび[縞蛇]。にしきへび[錦蛇]。ひゃっぽだ[百歩蛇]。ボア(boa)。近代ぎんだ[銀蛇]。近世あをだいしゃう[青大将]。はぶ[波布/飯匙倩]。中古まむし[蝮]。

▼まむし 中世くちはみ/くちばみ。中古のづち[野槌/野雷]。はみ[蝮]。

へびいちご【蛇苺】 どくいちご[毒苺]。へびのまくら[蛇枕]。みつばいちご[三葉苺]。近世へびいちご[蛇苺]。中古へみいちご[蛇苺]。

へま ぽか。近代しっぱい[失敗]。近世しっさく[失策]。どぢ/どじ。へま。→**あやまち** →**しっぱい**

—をした人を罵ののしる語 近世すかたん/すこたん。

—をする 近代しそんじる[為損/仕損]。近世しくじる。とちる。中世ぬかる[抜]。中古しそこなふ[為損/仕損]。

へや【部屋】 近代ルーム(room)。中世かしつ[家室]。きょしつ[居室]。ざしき[座敷]。しょゐん[書院]。ま[間]。中古うへつぼね[上局]。ざうし[曹司]。しつ[室]。つぼね[局]。ばう[房]。ばうしつ[房室]。へや[部屋]。

《謙》中世くゎしつ[蝸室]。

—が人などで一杯になること 中世まんしつ[満室]。

—に閉じ込めること 中古きんこ[禁固/禁錮]。

—の仕切り 近代まじきり[間仕切]。近世なかじきり[中仕切]。

—の中 インドア(indoor)。中世しつない[室内]。ばうない[房内]。中古ばうちゅう[房中]。まうち[間内]。

—の配置 近世まどり[間取]。

暖かい— 近代サンルーム(sunroom)。だんしつ[暖室/煖室]。をんしつ[温室]。

石で作った— 近世いしむろ[石室]。上代いはむろ[岩室/石室]。いはや[岩屋/石屋]。

屋内の物置の— 中古つぼや[壺]。なんど[納戸]。

奥の方にある— 中世おくざしき[奥座敷]。おくのま[奥間]。中古いうしつ[幽室]。けいばう[閨房]。しんばう[深房]。どうばう[洞房]。

奥の方にある厚い壁の— 中古ぬりごめ[塗籠]。上代むろ[室]。むろや[室屋]。

奥の方にある女性の— 中古ねや[閨/寝屋]。

奥の方にある土の— 上代むろ[室]。

画家などの仕事の— 近代アトリエ(フランス atelier)。ぐゎしつ[画室]。こうばう[工房]。スタジオ(studio)。

家事などを行う— さぎょうべや[作業部屋]。ユーティリティールーム(utility room)。近世ようべや[用部屋]。

学校で授業を行う— クラスルーム(classroom)。近代けうしつ[教室]。けうぢゃう[教場]。

借りた— 近代しゃくま[借間]。

客をとおす— →**きゃくしつ**

劇場の役者などの— 中古がくや[楽屋]。

氷を保存する— 上代ひむろ[氷室]。

個人が使う— こしつ[個室]。近代ししつ[私室]。プライベートルーム(private room)。

締め切って外から入れない— 近世みっしつ[密室]。

住職の— 中世はうぢゃう/ほうぢゃう[方丈]。

出産する— 近世さんしつ[産室]。さんじょ[産所]。中古うぶや[産屋]。

書物を読んだりする— 中世しょしつ[書室]。ぶんばう[文房]。中古しょさい[書斎]。しょだう[書堂]。

畳の— わしつ[和室]。近代にほんま[日本間]。近世おうへ[御上]。中世ざしき[座敷]。よでふはん[四畳半]。→**ざしき**

小さな— 近代こま[小間]。上代せうばう[小房]。

土で塗り固めた— 中古つちむろ[土室]。つちや[土屋]。

二間四方(八畳)の— 中世よま[四間]。

寝るための— →**しんしつ**

美術品など展示のための— 近代ギャラリー(gallery)。ぐゎらう[画廊]。

棺ぎひつを納める石の— 中古せきくゎく[石

槨]。〔上代〕いしき[石城/石槨]。

人が使っていない━ 〔近代〕あきま[空間]。〔近世〕あきべや[空部屋/明部屋]。〔中世〕くうしつ[空室]。くうばう[空房]。〔中古〕きょしつ[虚室]。

病人のいる━ 〔中世〕びゃうしつ[病室]。

広い大きな━ おおべや[大部屋]。〔近代〕きょしつ[巨室]。〔近世〕おほひろま[大広間]。〔中世〕おほま[大間]。ひろま[広間]。

普段居る━ じょうい[常居]。リビングルーム(living room)。〔近代〕おちゃのま[御茶間]。〔中世〕きょしつ[居室]。ゐま[居間]。

仏像や位牌を安置した━ 〔近世〕ぶつま[仏間]。

細長い━ 〔近代〕うなぎのねどこ[鰻寝床]。さやのま[鞘間]。

ホテルなどの二人用の━ ツイン(twin)。ツインルーム(twin room)。

待ち控えているための━ 〔近代〕ひかへしつ[控室]。まちあひしつ[待合室]。〔近世〕まちあひ[待合]。よりつき[寄付]。〔中古〕つぎのま[次間]。

役所の中の━ 〔上代〕さう[曹]。

屋根裏に作った━ おくかい[屋階]。やねうらべや[屋根裏部屋]。ロフト(loft)。

四畳半ほどの━ 〔中世〕はうぢゃう[方丈]。

へら・す【減】 〔近代〕けいげん[軽減]。げきさく[減削]。げんせい[減省]。さくげん[削減]。しゅくげん[縮減]。しゅくせう[縮小]。せつりゃく[節略]。そんかう/そんもう[損耗]。ていげん[低減]。マイナス(minus)。〔近世〕げんきゃく[減却]。げんさい[減殺]。へらす[減]。〔中世〕げんず[減]。げんせう[減少]。さしひく[差引]。しじむ[蹙因/縮]。すかす[透]。せっす[節]。そんげん[損減]。ひく[引]。〔中古〕けづる[削]。げん[減]。げんかう[減耗]。そく[削]。はぶく[省]。へす[減]。〔上代〕げんしゃう[減省]。げんそん[減損]。へづる[剝/削]。

━・してなくすこと げんじん[減尽]。〔上代〕つひやす[費]。

数を━・すこと 〔近代〕げんがく[減額]。げんすう[減数]。〔近世〕こうぢょ[控除]。

給料を━・すこと こうきゅう[降給]。〔近代〕げんきふ[減給]。げんぽう[減俸]。

作付け面積を━・すこと 〔近代〕げんたん[減反/減段]。

資本金を━・すこと 〔近代〕げんし[減資]。

食事の量を━・すこと せっしょく[節食]。ダイエット(diet)。〔近代〕げんしょく[減食]。

人員を━・すこと じんいんさくげん[人員削減]。じんいんせいり[人員整理]。〔近代〕げんゐん[減員]。

生産量を━・すこと 〔近代〕げんさん[減産]。

次々と━・すこと 〔近世〕るいげん[累減]。

分量を━・すこと 〔近代〕げんりゃう[減量]。

へらずぐち【減口】 言いたい放題。〔近世〕にくまれぐち[憎口]。へらずぐち[減口/不減口]。まけをしみ[負惜]。頤(おとがひ)を鳴らす。〔中世〕口が減らぬ。

べらべら(おしゃべり) 〔近代〕ぺちゃぺちゃ。わいわい。〔近世〕がやがや。じゃらじゃら。ちゃらちゃら。べちゃくちゃ。ぺちゃくちゃ。べらべら。ぺらぺら。〔中古〕かやかや。

ベランダ(veranda) 〔近代〕テラス(terrace,フランス terrasse)。バルコニー(balcony)。バルコン(フランス balcon)。ベランダ。〔中古〕ろだい[露台]。

へり【縁】 〔中古〕きは[際]。はた[側/端/傍]。ふち[縁]。へり[縁]。〔上代〕はし[端]。へた[端/辺]。→**ふち**

━をつける 〔近代〕ふちどる[縁取]。へりどる[縁取]。

へりくだ・る【謙】 〔近代〕きょうけん[恭謙]。けんきょ[謙虚]。〔近世〕くだる[下/降]。〔中世〕よくそん[抑損/抑遜]。〔中古〕けんじゃう[謙譲]。けんたい[謙退]。ひげ[卑下]。〔上代〕へりくだる[謙/遜]。へる[謙]。

━・った言い方をする 〔近代〕言葉を卑(ひく)くす。〔近世〕言葉を下(さ)ぐ[━下げる]。

━・った言葉 〔近代〕鉛刀(えんたう)の一割(いっかつ)。〔近世〕けんじ[謙辞]。〔中世〕そんじ[遜辞]。

━・った態度 頭が低い。腰が低い。〔近代〕そんきょう[遜恭]。ていしせい[低姿勢]。ハンブル(humble)。〔近世〕下手(したて)に出る。三舎を避(さ)く[━避ける]。

━・って控えめにすること 〔中世〕けんよく[謙抑]。

━・って譲ること 〔中世〕そんじゃう[遜譲]。たいじゃう[退譲]。

▼自分の名に付ける接尾語 〔近代〕せい[生]。〔中世〕ども[共]。〔上代〕ら[等]。

へりくつ【屁理屈】 〔近代〕こりくつ[小理屈/小理窟]。へりくつ[屁理屈]。〔近世〕きべん[詭弁]。けんきゃうふくわい[牽強付会]。こじつけ。てまへぢゃうぎ[手前定規]。ああ言へばかう言ふ。

━を並べた負け惜しみ 〔近代〕石に漱(くちすす)ぎ流れに枕す。

へ・る【減】 めべり[目減]。少なくなる。近代 げんしゅく[減縮]。げんもう[減耗]。しゅくせう[縮小／縮少]。ていげん[低減]。へこむ[凹]。近世 げんきゃく[減却]。げんさい[減殺]。めり[減]。中世 げんせう[減少]。める[減]。中古 げん[減]。げんかう[減耗]。げんず[減]。そんず[損]。へる[減／耗]。上代 おとる[劣]。げんそん[減損]。

ー・っていくこと 近代 げんすい[減衰]。げんたい[減退]。中世 げんせう[減少]。中古 ぜんげん[漸減]。《句》近世 日向に氷。

ー・っていること 中世 かん[欠]。

ー・ってなくなること 近代 げんじん[減尽]。

一度に急にー・ること きゅうげん[急減]。げきげん[激減]。近代 がたべり[減]。近世 どかべり[減]。

一度に急にー・るさま がたっと。どかっと。近世 どか。

数がー・ること 近代 げんがく[減額]。げんすう[減数]。近世 こうぢょ[控除]。

財産がー・ってゆくこと 近代 ささらさっぽう[簓先穂]。

次第にー・ってゆくこと さきぼそり[先細]。近代 ていげん[逓減]。中古 ぜんげん[漸減]。

収入がー・ること げんしゅう[減収]。

すり切れてー・る 近代 すりへる[磨減]。中世 ちぶ[ちびる][禿]。

生産量がー・ること 近代 げんさん[減産]。

使ってー・る 近代 すりへる[磨減]。せうひ[消費]。ひせう[費消]。上代 つひやす[費]。つひゆ[ついえる][費／弊]。

次々とー・っていくこと 近世 るいげん[累減]。

目方がー・る 中世 欠(かん)が立つ。

わずかにー・ること びげん[微減]。

へ・る【経】 中世 けいくゎ[経過]。たつ[経]。中古 うつる[移]。くる[くれる][暮]。ながる[ながれる][流]。上代 すぎゆく[過行]。すぐ[すぎる][過]。ふ[へる][経／歴]。ふる[旧]。《枕》中古 しづはたに[倭文機]。

年月をー・ること 近代 けいねん[経年]。上代 わたる[渡]。

ベルト(belt) →**バンド**

ーを掛けるための車 しらべぐるま／ちょうしゃ[調車]。ベルトぐるま[belt車]。近代 プーリー(pulley)。

航空機や自動車などの座席のー あんぜんベルト[安全belt]。シートベルト(seat belt)。

動力を伝えるー おびかわ[帯皮／帯革]。しらべおび[調帯]。近代 しらべかは[調革]。てうたい[調帯]。

動力を伝えるーの例 ひらベルト[平belt]。ブイベルト(V belt)。まるベルト[丸belt]。

ヘルパー(helper) アシスタント(assistant)。かいごふくしし[介護福祉士]。ほじょいん[補助員]。近代 サポート(support)。じょしゅ[助手]。中世 てだすけ[手助]。てつだひ[手伝]。

へん【変】❶〈異常〉 近代 いじゃう[異常]。へん[変]。中世 いぶかし[訝]。めう[妙]。中古 きい[奇異]。きめう[奇妙]。けし[怪]。ひがひがし[僻僻]。をかし。上代 あやし[怪]。

ー・だと思う 近世 けげん[怪訝]。中世 あやしむ[怪]。いぶかし[訝]。中古 きい[奇異]。をかし。

ー・だと気付かれる 中古 おもひとがむ[思咎]。《尊》中古 おぼしとがむ[思咎]。

ー・な 中世 いな[異]。

ー・な噂 近代 くゎいぶん[怪聞]。

ー・なものを食べること 近世 あくものぐひ[悪物食]。中世 いかものぐひ[如何物食]。

ー・な様子 中古 ことざま[異様]。

ー・に いやに。近世 おつう[乙]。めいよう[名誉]。中古 うたて／うたてげ。

へん【変】❷〈珍奇〉 近代 てこへん。とっぴ[突飛]。へんちきりん。へんちくりん。へんてけれん。へんてこりん。へんとこ[変梃]。へんめう[変妙]。へんめうらい[変妙来]。近世 きてれつ[奇天烈]。きばつ[奇抜]。へんちき。へんちきちん。へんてこ[変梃]。へんてこらい[変梃来]。へんぽうらい。中世 ちんめう[珍妙]。ふうがはり[風変]。へん[変]。上代 ちんき[珍奇]。

べん【弁】❶〈話すこと〉 近世 はなしぶり[話振]。ことばつき[言葉付]。中世 くちぶり[口振]。べん[弁／辯]。中古 くぜち／くぜつ[口舌]。ことばづかひ[言葉遣]。べんぜつ[弁舌]。上代 こうぜつ[口舌]。

ーが立つ 近世 のうべん[能弁]。中世 ゆうべん[雄弁]。

べん【弁】❷〈バルブ〉 かっせん[活栓]。近代 コック(cock)。バルブ(valve)。べん[弁／瓣]。

ーのいろいろ(例) ストップべん[stop弁]。とめべん[止弁]。近代 べんまく[弁膜]。

へんい【変移】 いこう[移行]。近世 へんい[変移]。中世 うつりかはり[移変]。へんせん

［変遷］。中古てんぺん［転変］。へんくゎ［変化］。

べんえき【便益】 ユースフル(useful)。近代かうつがふ［好都合］。べんえき［便益］。近世いうえき［有益］。中世ちょうほう［重宝］。べんり［便利］。

へんか【変化】 近代チェンジ(change)。バリエーション(variation)。へんけい［変形］。近世へんしつ［変質］。中世てんくゎ［転化］。へんせん［変遷］。中古けぢめ。てんぺん［転変］。へんぎゃう［変形］。へんくゎ［変化］。へんてん［変転］。へんどう［変動］。→**か・える【変】** →**かわ・る【変】**

ーがない フラット(flat)。ワンパターン(和製one pattern)。近代いっぽんでうし［一本調子］。たんてう［単調］。たんてうし［単調子］。へいばん［平板］。近世いちりつ［一律］。ひらめ［平目］。

ーがないさま 近世のっぺらぼう。のっぺり。

ーがなく一定であること 近代きまりきる［決／極切］。こうじゃう［恒常］。ていじゃう［定常］。近世こてい［固定］。

ー・させる かえる［変］。かんか［感化］。スライド(slide)。

ー・する 中古うつりかはる［移変］。うつる／うつろふ［移］。くゎす／けす［化］。さる［曝］。なりかはる［成変］。ばく［化］。へんず［変］。上代かはる［変］。

ー・する時 中世かはりめ［変目］。

ーを付けること 近代モディフィケーション(modification)。

当たり前のつまらないー 《句》近世おたまじゃくしが蛙になる。嫁が姑になる。

起こりそうもないーのたとえ 《句》中世山の芋が鰻(うなぎ)になる。中古腐草(ふさう)化(くわ)して蛍となる。

急なー 近代きふへん［急変］。げきへん［激変／劇変］。近世ひやく［飛躍］。

急なーで予測できない いっきょいちじつ［一虚一実］。近代めまぐるしい［目紛］。中古うちさわぐ［打騒］。

原子間の組み替えによるー かがくはんのう［化学反応］。かがくへんか［化学変化］。

さまざまなーのあること 近代うよきょくせつ［紆余曲折］。バラエティー(variety)。近世ばんくゎはらんきょくせつ［波瀾曲折］。はらん［波瀾／波乱］。中古ばんくゎ［万化］。中世はらん［波瀾］。せんぺんばんくゎ［千変万化］。ちぢ［千千］。

生物のー 近代エボリューション(evolution)。しんくゎ［進化］。

次々とー・すること 中古てんぺん［転変］。

年を経てー・する 中世へあがる［経上］。上代ゆきかはる［行変］。

激しく劇的なー 近代はらんばんぢゃう［波瀾万丈］。

万物のー 近世ぶっくゎ［物化］。中古るてん［流転］。

光でー・すること 近代かんくゎう［感光］。

病気による生態のー 近世びゃうへん［病変］。

風雨に晒されてー・する 中古さる［曝］。

不思議なー 近代しんぺんふかしぎ［神変不可思議］。中世しんぺんふしぎ／しんぺんふしぎ／じんべんふしぎ［神変不思議］。中古しんぺん［神変］。

元へ戻すことのできるー かぎゃくへんか［可逆変化］。

良い方にー・すること 近代かうてん［好転］。

淀みなく自在にー・すること 近代くゎつだつ［円転滑脱］。ゑんてんくゎつだつ［円転滑脱］。

わずかなー 近代せうへん［小変］。

へんがい【変改】 近世へんかく［変革］。中世かいへん［改変］。へんがへ［変替］。中古あらたむ［一ためる］［改］。へんがい［変改］。上代へんかう［変更］。→**かいへん**

べんかい【弁解】 近代いひにげ［言逃］。いひのがれ［言逃］。エクスキューズ(excuse)。しゃくめい［釈明］。たふべん［答弁］。ちんべん［陳弁］。べんかい［弁解／辯解］。べんそ［弁疏］。べんめい［弁明］。近世いひひらき［言開］。いひわけ［言訳／言分］。こうじつ［口実］。じごんじ［二言辞］。にげく［逃句］。にげぐち［逃口］。にげこうじゃう［逃口上］。にげもんく［逃文句］。まうしひらき［申開］。中世ちんぱう［陳方］。ちんぱふ［陳法］。まうしぶん［申分］。まうしわけ［申訳］。→**いいわけ**

《句》中世敗軍の将は兵を語らず。

ー・すればするほど立場が悪くなる 近世いひおち［言落］。

ー・できない 近世一言もなし。申し訳(が)なし。

人の嘲りに対するー 近代かいてう［解嘲］。中世かいたう［解嘲］。

へんかく【変革】 近代かいぜん［改善］。かうかい［更改］。かくしん［革新］。かくめい［革命］。さっしん［刷新］。トランスフォーメーション(transformation)。レボリューション(revolution)。近世てんくゎん［転換］。へんかく［変革］。みなほ［変換］。へんくゎん

し[見直]。中世かいかく[改革]。かいへん[改変]。中古あらたむ[―ためる][改]。上代かいしん[改新]。かうしん[更新]。へんかう[変更]。

―を目指す側　近代さよく[左翼]。ひだり[左]。

べんがく【勉学】　↓**べんきょう**

へんかん【返還】　へんれい[返戻]。近代くゎんげん[還元]。へんくゎん[返還]。中世もどす[戻]。中古かへす[返]。へんきゃく[返却]。へんなふ[返納]。上代くゎんぷ[還付]。

へんかん【変換】　コンバージョン(conversion)。コンバート(convert)。トランスフォーメーション(transformation)。近代チェンジ(change)。ちくゎん[置換]。近世てんくゎん[転換]。へんくゎん[変換]。中世かいへん[改変]。中古へんがい[変改]。上代へんかう[変更]。

―・する　中古かふ[かえる][替/変/換]。上代かはる[替/変/換]。とりかふ[―かえる][取替]。

べんき【便器】　近世おかは[御厠]。おまる[御丸/御虎子]。きんかくし[金隠]。こし[虎子]。まる[虎子]。中世おほつぼ[大壺]。中古こしのはこ[虎子筥]。しのはこ[尿箱/清器]。はこ[筥/糞器]。上代べんき[便器]。

―を清掃する人　中古かはやうど/かはやびと[厠人]。ひすまし[樋洗/樋清]。みかはやうど[御厠人]。

男の小便用―(漏斗形のもの)　近代あさがほ[朝顔]。

大小便兼用の―　近世いっけつ[一穴]。

洋風―で坐る部分　べんざ[便座]。

べんぎ【便宜】　ファシリティ(facility)。近代かうつがふ[好都合]。近世べんぎ[便宜]。べんえき[便益]。願ってもない。闇夜の灯火。中世かって[勝手]。たより[便]。びん[便]。べんり[便利]。りべん[利便]。渡りに舟。中古びんぎ[便宜]。

―的な手っ取り早い方法　中世せふけい[捷径]。

へんきゃく【返却】　へんれい[返戻]。近代くゎんげん[還元]。へんくゎん[返還]。中世へんさい[返済]。へんぷ[返付]。もどす[戻]。中古かへす[返]。なす[済]。へんきゃく[返却]。へんなふ[返納]。上代くゎんぷ[還付]。

―を受ける　近世うけもどす[請戻]。

へんきょう【辺境】　フロンティア(frontier)。へきすう陸の孤島。近代さいがい[際涯]。へきすう[僻陬]。へんぐう[辺隅]。近世ぐゎいはん[外蕃]。へきち[僻地]。中世そつど[率土]。中古さいはて[最果]。へんがい[辺涯]。へんさい[辺際]。へんち[辺地]。へんど[辺土]。上代そき[退]。はて[果]。へんきゃう[辺境/辺疆]。へんさい[辺塞]。ほとり[辺]。

―に赴き守ること(兵)　中古せいじゅ[征戍]。

―の要害　上代へんえう[辺要]。

四方の―　近代しすい[四陲/四垂]。

へんきょう【偏狭】　近代けふあい[狭隘]。けふりゃう[狭量]。へんけふ[偏狭]。近世吾が仏尊し。吾が寺の仏尊し。

へんきょう【偏狂】　近代へんきゃう[偏狂]。へんしつきゃう/へんしふきゃう[偏執狂]。モノマニア/モノマニヤ(monomania)。近世こりしゃう[凝性]。

べんきょう【勉強】　近代がくしう[学修]。スタディー(study)。べんきゃう[勉強]。近世てならひ[手習]。べんがく[勉学]。中世がくもん[学問]。中古まなぶ[学]。上代がくげふ[学業]。がくしふ[学習]。

―・しない者を嘲る語　中世かうしそうにく[行尸走肉]。

―に励むこと　近代蛍の光窓の雪。中古けいせつ[蛍雪]。上代きんがく[勤学]。

―のため遠くへ行くこと　中世ふきふ[負笈]。笈を負ふ。上代いうがく[遊学]。りうがく[留学]。

―を怠っていること　近代ふべんきゃう[不勉強]。

―をする所　近代キャンパス(campus)。スクール(school)。まなびや[学舎]。近世てらこや[寺子屋]。中世がくもんじょ[学問所]。中古がくしゃ[学舎]。がくふ[学府]。しょさい[書斎]。上代がくかう[学校]。

師に付かず一人で―・すること　中世どくがく[独学]。

書物はあっても―・しない　近代つんどく[積読]。高閣に束ぬ[―束ねる]。

一晩で詰め込む―　近代いちやづけ[一夜漬]。

へんきん【返金】　キャッシュバック(和製cash back)。近代しゃうくゎん[償還]。せうきゃく[消却/銷却]。はらひもどし[払戻]。近世へんきん[返金]。へんべん[返弁]。中世へんさい[返済]。中古かへす[返]。

へんくつ【偏屈】　へそまがり[臍曲]。近代ぐゎんめい[頑迷]。つむじまがり[旋毛曲]。へ

んしつ[偏執]。近世 あまのじゃく/あまのじゃこ[天邪鬼]。いこぢ[意固地/依怙地]。えこじ[依怙地]。へんくつ[偏屈/偏窟]。へんこ[偏固]。中世 へんしゅ[偏執]。中古 かたくなし[頑]。上代 へんしふ/へんじふ[偏執]。

ー・な人 近代 かはりもの[変者]。へんぶつ[変物/偏物]。近世 そげ[削/殺]。そげもの[削者]。へんじん[変人/偏人]。

ー・な人を罵(のの)しる語 近世 たうへんぼく[唐変木]。

へんげ【変化】 近世 しょけ[所化]。中世 けしゃう[化生]。中古 けしん[化身]。ごんげ[権化]。ばけもの[化物]。へんげ[変化]。もののけ[物怪/物気]。化生の者。

へんけい【変形】 トランスフォーメーション(transformation)。近代 さまがはり[様変]。デフォルメ(フランス déformer)。へんけい[変形/変型]。へんばう[変貌]。へんよう[変容]。メタモル/メタモルフォーゼ(ドイツ Metamorphose)。中古 かふ〔かえる〕[変]。くゎす[化]。ばく〔ばける〕[化]。へんず[変]。上代 かはる[変]。

べんけいそう【弁慶草】 近世 はちまんさう[八幡草]。はほほづき[葉酸漿]。はまれんげ[浜蓮華]。べんけいさう[弁慶草]。中古 いきくさ[活草/景草]。

へんけん【偏見】 バイアス(bias)。近代 いろめがね[色眼鏡]。せんにふくゎん[先入観]。へきけん[僻見]。中世 びゃくけん[僻見]。中古 ひがめ[僻目]。へんけん[偏見]。上代 どくだん[独断]。

ーによる不平等な扱い 中古 さべつ[差別]。

へんげん【片言】 へんげんせきく[片言隻句]。中世 いちごんはんく[一言半句]。中古 へんげん[片言]。

べんご【弁護】 近代 きうかい[救解]。くゎいご[回護]。ひご[庇護]。べんご[弁護/辯護]。ようご[擁護]。近世 かばひだて[庇立]。中世 いんぎふ[引級/引汲]。かばふ[庇]。

裁判でーを担当する者 こくせんべんごにん[国選弁護人]。しせんべんごにん[私選弁護人]。近代 くゎんせんべんごにん[官選弁護人]。べんごにん[弁護人]。

へんこう【変更】 シフト(shift)。近代 かうかい[更改]。チェンジ(change)。近世 へんがへる[変換]。中世 かいかく[改革]。かいへん[改変]。中古 あらたむ〔ーためる〕[改]。かふ〔かえる〕[変]。なほす[直]。へんがい[変改]。へんず[変]。上代 かいしん[改新]。かうしん[更新]。へんかう[変更]。

へんこう【偏向】 バイアス(bias)。近代 へんかう[偏向]。近世 へんす[偏]。へんちょう[偏重]。中世 かたむく[傾]。中古 かたよる[偏/片寄]。

べんごし【弁護士】 近代 じゃうし[状師]。べんごし[弁護士]。近世 だいげんにん[代言人]。

資格のないー 近代 さんびゃくだいげん[三百代言]。

へんさい【返済】 キャッシュバック(和製cash back)。近代 しゃうきゃく[償却]。しゃうくゎん[償還]。せうきゃく[消却/銷却]。近世 へんきん[返金]。へんべん[返弁]。中世 へんさい[返済]。べんさい[弁済]。わきまへ[弁]。中古 かへす[返]。へんきゃく[返却]。

ーが終わっていないこと 中世 みさい[未済]。

ー・する金 近世 たてがね[立銀/立金]。

ーをし終わること 近世 かいさい[皆済]。中世 くゎんさい[完済]。すます[済]。

借金を少しずつー・すること 近世 なしくづし[済崩]。

出世してからー・するという約束 しゅっせばらい[出世払]。

半分だけのー 中世 はんさい/はんせい[半済]。

分割して少しずつのー かっぷ[割賦]。つきばらい[月払]。ぶばらい[賦払]。ぶんかつばらい[分割払]。近代 イージーペイメント(easy payment)。つきなし[月済]。近世 つきふ[月賦]。ねんぷ[年賦]。ねんぶん[年分]。わっぷ[割賦]。中世 げっぷ[月賦]。

へんざい【遍在】 ユビキタス(ubiquitous)。近代 ふへんてき[普遍的]。へんざい[遍在]。

へんざい【偏在】 近代 へんざい[偏在]。近世 かたいき/かたゆき[片行]。

べんさい【弁済】 → **へんさい**

へんし【変死】 じこし[事故死]。近代 くゎいし[怪死]。近世 へんし[変死]。中世 わうし[横死]。非業の死。

へんじ【返事】 アンサー(answer)。近代 だくゐ[諾唯]。たふべん[答弁]。へんし[返詞]。近世 おうたふ[応答]。中世 あいさつ[挨拶]。うけこたへ[受答]。くゎいたふ[回答]。ことうけ[言承]。さしいらへ[差答/差応]。たふ[答]。たふしう[答酬]。たふわ[答和]。へんじ[返事/返辞]。中古 いらへ[応/答]。かへし/かへり[返]。かへりこ

と／かへりごと［返事］。へんたふ［返答］。ほうたふ［報答］。上代こたへ［答］。《句》近代立つより返事。

ーがない 近世かたびんぎ［片便宜］。梨の礫(つぶて)。中世かただより［片便］。

ー・する 近代ふくする［復］。言葉を返す。中古いらふ［応／答］。おしかへす［押返］。かへりごつ［返言］。上代こたふ［答］。《尊》中古きこえかへす［聞返］。

ーに困ること 中古へいこう［閉口］。

ーの言葉(例) 近世あ。あい。あいさ。おい。おいの。はい。をを。中世は。はっ。

ーの手紙 近代かんへんじゃう［勘返状］。中世くゎいしん［回信］。へんしん［返信］。かへしじゃう［返状］。かへしぶみ／かへりぶみ［返文］。くゎいがん［回雁］。くゎいしゃう［回章／廻章］。くゎいしょ［回書］。くゎいほう［回報／廻報］。へんかん［返簡／返翰］。へんさつ［返札］。へんしょ［返書］。中古おと［音］。かへり［返］。たふしょ［答書］。へんじ［返事／返辞］。へんじゃう［返状］。へんぽう［返報／返奉］。《尊》近世きしう［貴酬］。中世そんぽう［尊報］。

ーの手紙の頭語(例) 近世けいふく［敬復］。近代ふくけい［復啓］。中世はいふく［拝復］。

ーを要求しないまま置いておくこと 近世さしおき［差置］。

いい加減なー 近代おちゃらかす。こんにゃくもんだふ［蒟蒻問答］。そらへんじ［空返事］。左右に託す。近世なまへんじ［生返事］。中世ぶへんじ［不返事］。

確実なー 近代かくたふ［確答］。

すぐにーをすること 近代をりかへし［折返］。

目上の人にー・すること 近代くゎいしん［回申］。

目上の人にー・する文書 中世ごほう［御報］。

へんじ【変事】 ハプニング(happening)。近代アクシデント(accident)。いへん［異変］。へん［変］。ゐへん［違変］。中世おほごと［大事］。じへん［事変］。中古ちんじ［珍事］。ゆゑ［故］。上代じこ［事故］。へんじ［変事］。

急なー 近代きふへん［急変］。

国内のー 近世ないへん［内変］。

悪いー 中世きょうへん［凶変／兇変］。

へんしつ【変質】 近世へんしつ［変質］。中古くゎす［化］。ばく(ばける)［化］。へんくゎ［変化］。へんず［変］。

鮮度が落ちてー・する 近世風邪を引く。

へんしつ【偏執】 →へんくつ

へんしゅ【変種】 とつぜんへんいたい［突然変異体］。ミュータント(mutant)。近代かはりだね［変種］。へんじゅ［変種］。近世いしゅ［異種］。

へんしゅう【偏執】 →へんくつ

へんしゅう【編集】 近代しふしふ［集輯／緝輯］。へんしう［編修］。近世さんしふ［纂輯］。せん［撰］。へんさん［編纂］。中世せんじふ［撰集］。へんしふ［編集／編輯／編緝］。中古あむ［編］。えらぶ［撰］。せうす［抄／鈔］。せんしう［撰修］。せんず［撰］。

ー・する人 近代エディター(editor)。へんしふしゃ［編集者］。へんしふにん［編集人］。へんじゃ［編者］。

ー・する人たちの長 へんしゅうちょう［編集長］。

ーと著作 近世へんちょ［編著］。

ーの監督をすること 近代かんしう［監修］。

新たにー・し直すこと 近代しんしう［新修］。中世しんせん［新選／新撰］。しんぺん［新編／新篇］。

改めてー・すること かいへん［改編］。

共同でー・すること きょうへん［共編］。

詩歌集などをー・する人 中古せんじゃ［撰者］。

順を追ってー・すること 中世へんじ［編次／篇次］。

新聞などのーを指揮する人 デスク(desk)。

政府がー・すること 近代くゎんしう［官修］。くゎんせん［官撰］。

天皇自らのー 中古ぎょせん［御撰］。

年代順にー・すること 中世へんねん［編年］。

フィルムや録音テープなどのー 近代カッティング(cutting)。

歴史書などをー・すること 近代しうし［修史］。中古しうせん［修撰］。

べんじょ【便所】 ウオータークロゼット(water closet)。おてあらい［御手洗］。クロゼット(closet)。せんめんじょ［洗面所］。てあらい［手洗］。トイレ(toilet の略)。トイレットルーム(toilet room)。ラバトリー(lavatory)。レストルーム(rest room)。近代けしゃうしつ［化粧室］。ごふじゃう［御不浄］。ダブリューシー(WC)。てあらひじょ［手洗所］。トイレット(toilet)。はばかり［憚］。ふじゃう［不浄］。べんしつ［便室］。近世かうや［厠／高野］。かんじょ［閑所／閑処］。かんじょば［閑所場］。くゎんじょ［灌所］。しどの［尿殿］。せちん［雪隠］。じゃうばう［浄房］。せいちん［西浄］。てうづ［手水］。

てうづば［手水場］。ふじゃうしょ［不浄所］。ふんべつどころ［分別所］。ようじょ［用所／用処］。ようば［用場］。中世いんじょ［隠所／隠処］。おまなか（女房詞）。こうか［後架］。せいじゃう［西浄］。せついん／せっちん［雪隠］。と［外］。とうす［東司／登司］。とうじゃう／とうちん［東浄］。べんしょ／べんじょ［便所］。中古くそふく。ひどの［樋殿］。上代かはや［厠／溷］。

―に入ること 近代かうしそうねう［行屎送尿／行屎走尿］（日常生活のたとえ）。じゃうし［上厠］。ようべん［用便］。近世かうやまゐり［高野参］。てうづ［手水］。

―の掃除 しもそうじ［下掃除］。

―の掃除をする身分の低い人 中古かはやうど／かはやびと［厠人］。ひすまし［樋清／洗歪］。

公園などで誰でも使える― 近代きょうどうべんじょ［共同便所］。こうしゅうべんじょ［公衆便所］。

長屋などで共同で使う― 近世そうこうか［総後架］。そうせっちん［総雪隠］。

牢内の― 近世つめ［詰］。

べんしょう【弁償】→**ばいしょう**

へんしょく【変色】 近代いろあせる［色褪］。いろがはり［色変］。たいしょく［退色／褪色］。へんしょく［変色］。中古あす［あせる］［褪］。上代いろづく［色付］。うつろふ［移］。そまる［染］。

―の例 近代あかちゃける［赤茶］。くろずむ［黒］。しらちゃける［白茶］。ひやけ［日焼］。みどりがかる［緑掛］。やける［焼］。中世あをざむ［―ざめる］［青］。しらむ［白］。中古きばむ［黄］。くろむ［黒］。こがる［こがれる］［焦］。しろむ［白］。むらさきだつ［紫立］。上代あからむ［赤］。しらく［しらける］［白］。

へんしん【返信】→**へんじ【返事】**

へんしん【変身】 かわりみ［変身］。近代へんばう［変貌］。メタモル／メタモルフォーゼ（ドイツ Metamorphose）。中古へんしん［変身］。へんたい［変態］。

へんしん【変心】 きがわり［気変］。近代きうつり［気移］。こころうつり［心移］。はいしん［背信］。へんせつ［変節］。ほんい［翻意］。ほんしん［翻心］。近世ねがへり［寝返］。中世うらぎり［裏切］。中古こころがはり［心変］。へんしん［変心］。

―・する 上代うつろふ［移］。

へんじん【変人】 近代いぶんし［異分子］。かはりもの［変者］。へんぶつ［変物／偏物］。近世そげ［削／殺］。そげもの［削者］。へんくつもの［偏屈者］。へんじん［変人／偏人］。中世くせびと［曲人］。くせもの［曲者］。中古ひがもの［僻者］。上代きじん［奇人／畸人］。→**かわりもの**

へんせい【編成】 くみいれ［組入］。近代あむ［編］。くみたて［組立］。そしきくゎ［組織化］。へんせい［編制／編製］。中世くむ［組］。けっせい［結成］。中古へんせい［編成］。

―・しなおすこと くみかえ［組替／組換］。さいへん［再編］。さいへんせい［再編成］。

へんせい【編制】 近代こうせい［構成］。へんせい［編成］。へんせい［編制］。

へんせつ【変節】→**へんしん【変心】**

べんぜつ【弁舌】 ぜっせん［舌尖］。近代えんぜつ［演説］。したさき［舌先］。べんたつ［弁達］。近世ごんぜつ［言舌］。中世ぜっとう［舌頭］。中古くぜち／くぜつ［口舌／口説］。した［舌］。ぜったん［舌端］。べんぜつ［弁舌／辯舌］。べんろん［弁論］。ろんずる［論］。上代こうぜつ［口舌］。

―が巧み 弁が立つ。近代くちだっしゃ［口達者］。くゎいべん［快弁］。蘇張（そちやう）の舌。蘇張（そちやう）の弁。近世あぶらぐち［油口］。くちがうしゃ［口巧者］。くちじゃうず［口上手］。くちぼこ［口鉾］。さいべん［才弁］。たつべん［達弁］。のうべん［能弁］。はなしじゃうず［話上手］。弁舌爽やか。中世かうべん［巧弁］。くちきき［口利］。べんべん［便便］。ゆうべん［雄弁］。中古くちぎよし［口清］。りかう［利巧／悧巧］。りこう［利口］。三寸の舌。

―が巧みな人 中世べんしゃ［弁者］。中古べんし［弁士］。

―が下手なこと 中世ふべん［不弁］。《句》近世横板に雨垂れ。

―の才 中古べんさい／べんざい［弁才］。中世こうさい／こうざい［口才］。

―のよどみないさま 近代いっしゃせんり［一瀉千里］。近世たうたう［滔滔／濤濤］。中古すべらか［滑］。《句》近代横説竪説（わうせつじゅせつ）。中世竹に油を塗る。立て板に水。中古懸河（けんが）の弁。

―をふるう 近世舌を振るふ（振るはす）。

するどい― 近代ぜっぽう［舌鋒］。中世くちさきらを研ぐ。

熱のこもった― 近代ねつべん［熱弁］。

へんせん【変遷】 近代 くゎ［化］。近世 てんせん［転遷］。へんい［変移］。中世 うつり［移］。うつりかはり［移変］。へんせん［変遷］。へん 中古 すいい［推移］。てんぺん［転変］。へんくゎ［変化］。へんてん［変転］。上代 えんかく［沿革］。→**へんどう**

へんそう【変装】 近代 かさう［仮装］。カムフラージュ／カモフラージュ(フランス camouflage)。ふんさう［扮装］。へんさう［変装］。中世 つくりたつ［―たてる］［作立／造立］。中古 しのびやつす［忍窶］。ばく［ばける］［化］。やつす［窶／俏］。

へんぞう【変造】 近代 へんざう［変造］。中世 かいへん［改変］。上代 ぎざう［偽造］。

へんそく【変則】 近代 イレギュラー(irregular)。はかく［破格］。へんそく［変則］。近世 ふきそく［不規則］。へんかく［変格］。中古 いれい［異例］。ゐれい［違例］。

へんたい【変態】❶〈変身〉 かわりみ［変身］。近代 へんけい［変形］。へんばう［変貌］。へんよう［変容］。メタモル／メタモルフォーゼ(ドイツ Metamorphose)。中古 へんしん［変身］。へんたい［変態］。

昆虫の― 近代 うくゎ［羽化］。

へんたい【変態】❷〈変質〉 近代 アブノーマル(abnormal)。いじゃう［異常］。へんしつ［変質］。近世 へんたい［変態］。

―の傾向のある人 近代 でばかめ［出歯亀］。へんしつしゃ［変質者］。

べんたつ【鞭撻】 近代 ちたつ［笞撻］。とくれい［督励］。中世 げきれい［激励］。中古 べんたつ［鞭撻］。べんち［鞭笞］。むちうつ［鞭打］。上代 はげます［励］。

へんち【辺地】 近代 おくち［奥地］。へきぐう［僻隅］。へきすう［僻陬］。へきど［僻土］。へんきゃう［偏境］。へんぐう［辺隅］。へんすう［辺陬］。へんぺき［偏僻］。近世 へきいふ［僻邑］。へききゃう［僻境］。へきち［僻地］。ゑんすう［遠陬］。中世 かすう［遐陬］。かたほとり［片辺／偏辺］。そつど［率土］。はしばし［端端］。ゑんごく／をんごく［遠国］。中古 かたゐなか［片田舎］。くま［隈／曲／阿］。へんち／へんぢ［辺地］。へんど［辺土］。へんぴ［辺鄙］。上代 ひな［鄙］。へんきゃう［辺境／辺疆］。へんさい［辺塞］。へんすい［辺垂］。ほとり［辺］。→**へんきょう【辺境】**

―に居ること 近代 へきざい［僻在］。

へんちょう【変調】 しっちょう［失調］。はちょう［破調］。近代 スランプ(slump)。近世 へんてう［変調］。らんちゃう［乱丁］。中古 ふてう［不調］。

へんちょう【偏重】 近代 へんかう［偏向］。近世 へんす［偏］。へんちょう［偏重］。中世 かたぶく／かたむく［傾］。中古 かたよる［偏／片寄］。

ペンディング(pending) たなあげ［棚上］。近代 ほりう［保留］。みかいけつ［未解決］。りうほ［留保］。近世 おあづけ［預］。みけつ［未決］。

へんてん【変転】 近代 るてん［流転］。中世 うつりかはり［移変］。へんせん［変遷］。中古 てんてん［展転／輾転］。てんぺん［転変］。へんてん［変転］。へんどう［変動］。→**へんせん** →**へんどう**

《句》近世 七転び八起き。中世 移れば変はる世の習ひ。雲となり雨となる。

―極まりないたとえ パンタレイ(ギリシャ panta rhei)。ばんぶつるてん［万物流転］。

へんとう【返答】→**へんじ【返事】**

へんどう【変動】 いこう［移行］。近代 いどう［移動］。すいい［推移］。チェンジ(change)。バリエーション(variation)。るてん［流転］。近世 てんてん［展転／輾転］。へんい［変移］。中世 うつりかはり［移変］。へんせん［変遷］。中古 うごき［動］。てんず［転］。てんぺん［転変］。へんくゎ［変化］。へんてん［変転］。へんどう［変動］。上代 うつる［移］。かはる［変］。

―がない 近代 あんてい［安定］。中世 ゐすわる［居座／居坐］。

物事が急激に―・すること(たとえ) じすべり［地滑／地辷］。近代 青天の霹靂(へきれき)。

べんとう【弁当】 近代 けいたいしょくりゃう［携帯食糧］。こしべん［腰弁］。近世 こしべんたう［腰弁当］。まくのうち［幕内］。まくのうちべんたう［幕内弁当］。中世 たんし［箪食］。ちくえふ［竹葉］。べんたう［弁当］。中古 かうちゅう［行厨］。わりご［破子／破籠］。上代 かれひ／かれいひ［餉］。

―箱 近代 わっぱ［輪］。近世 めんぱ。中世 さいろう［菜籠］。中古 かれひけ［餉笥］。わりご［破子／破籠／樏］。

―を食べる 近世 弁当を使ふ。

駅や列車内で売る― 近代 えきべん［駅弁］。

大きな― どかべん［弁］。

折り箱に詰めた― 近代 をりづめべんたう［折詰弁当］。をりべんたう［折弁当］。

御飯に梅干し一個の― 近代 ひのまるべんた

う［日丸弁当］。

自前の—を持参すること 近世てべんたう［手弁当］。

へんにゅう【編入】 くりいれる［繰入］。近代くみいれる［組入］。近世かにふ［加入］。へんにふ［編入］。中世くみこむ［組込］。てんにふ［転入］。

ペンネーム(pen name) 近代ひつめい［筆名］。ペンネーム。→**べつめい**

へんのう【返納】 →**へんきゃく**

へんぴ【辺鄙】 近代へき［僻］。近世くんだり(接尾語)。へんぴ［辺鄙］。中古くさぶかし［草深］。上代ゐなか［田舎］。

—・な所 →**へんち** →**へんきょう【辺境】**

—・な村 近世へきそん［僻村］。

べんぴ【便秘】 近代べんぴ［便秘］。近世ふんづまり［糞詰］。中世ひけつ［秘結］(漢方で)。

—・する 中世けっす［結］。

へんぷ【返付】 →**へんきゃく**

べんべつ【弁別】 近代はんべつ［判別］。近世しきべつ［識別］。中世べんべつ［弁別／辨別］。みわく(—わける)［見分］。中古おもひわきまふ［思弁］。さしわく［差分］。べんず［弁］。

ぺんぺんぐさ【草】 近世ぺんぺんぐさ［草］。中古なづな［薺］。→**なずな**

へんぼう【変貌】 近代へんけい［変形］。へんばう［変貌］。へんよう［変容］。中古へんしん［変身］。→**へんけい**

へんぽう【返報】 近世しかへし［仕］。中世へんれい［返礼］。中古へんぽう［返報／返奉］。

→**しかえし** →**へんじ【返事】**

べんぽう【便法】 →**いちじしのぎ**

へんめい【変名】 近代いしょう［異称］。いめい［異名］。ぎめい［偽名］。さしょう［詐称］。へんめい［変名］。中世かりな［仮名］。ぎしょう［偽称］。つくりな［作名］。中古かめい［仮名］。→**べつめい**

遊里で客が本名を避けて言う— 近世かへな［替名／代名］。

べんめい【弁明】 →**いいわけ**

へんよう【変容】 近代へんけい［変形］。へんばう［変貌］。へんよう［変容］。中古へんくゎ［変化］。→**へんけい**

べんらん【便覧】 てびき［手引］。てびきしょ［手引書］。びんらん［便覧］。マニュアル(manual)。ようらん［要覧］。近代あんないしょ［案内書］。ハンドブック(handbook)。べんらん［便覧］。

べんり【便利】 コンビニエンス(convenience)。ユースフル(useful)。近代しべん［至便］。べんえき［便益］。近世かって［勝手］。たより［頼］。ちょうほう［重宝］。てうはふ［調法］。べんぎ［便宜］。中世べん［便］。べんり［便利］。りかた［利方］。りべん［利便］。上代びんぎ［便宜］。

—・でないこと 近代ふべん［不便］。近世勝手が悪い。中古ふびん［不便］。

—・な点 近代りてん［利点］。

—・な方法 近代べんぱふ［便法］。

簡単で— 近代けいべん［軽便］。近世かんべん［簡便］。

へんりん【片鱗】 近代いちぶ［一部］。いちぶぶん［一部分］。へんりん［片鱗］。中古いったん［一端］。

へんれい【返戻】 →**へんきゃく**

へんれい【返礼】 おかえし［御返］。おれいがえし［御礼返］。むくいる［報］。近世きぼ［規模］。中世たふれい［答礼］。へんぽう［返報］。へんれい［返礼］。中古かへりこと／かへりごと［返事／返言］。たふ［答］。ほう［報］。上代むくゆ［むくいる］［報］。→**おれい**

—の品 おかえし［御返］。中世かへしもの［返物］。

べんれい【勉励】 近世しゃうじん［精進］。しゅっせい［出精］。ふんれい［奮励］。中世こくく［刻苦］。せいれい［精励］。中古はげむ［励］。びんべん［黽勉］。べんれい［勉励／勉厲］。

へんれき【遍歴】 近世じゅんれき［巡歴］。れきいう［歴遊］。れきかう［歴行］。中世あんぎゃ［行脚］。いうれき［遊歴／游歴］。じゅんぎゃう［巡行］。とせふ［徒渉］。へめぐる［経巡］。へんれき［遍歴／偏歴］。中古じゅんいう［巡遊］。ばっせふ［跋渉］。めぐりあるく［巡歩］。上代じゅんかう［巡行］。

べんろん【弁論】 近代えんぜつ［演説］。スピーチ(speech)。べんずる［弁］。中世ぎろん［議論］。中古べんぜつ［弁説］。べんろん［弁論／辯論］。

—のすぐれた人 中世そちゃう［蘇張］。

ほ

ほ【穂】 上代かひ／かび［牙／穎］。ほ［穂］。→**いなほ**

《枕》上代かるかやの[刈萱]。

―が出揃って並んでいること 中世ほなみ[穂並]。

―が出る しゅっすい[出穂]。上代ひづ[秀]。近代でほ[出穂]。中古穂に出づ。

―が実り垂れ下がるさま 中古りり[離離]。

―の先 ほさき[穂先]。中古ほずゑ[穂末]。上代かび[牙/穎]。

―の出たすすき 上代はなすすき[花薄]。

―の出た麦 近世ほむぎ[穂麦]。

―のような形 近代すいじゃう[穂状]。

一方に靡く― 上代ほむき[穂向]。

一本の穂 中古いっすい[一穂]。

稲を刈った後落ち散った― 近代つちぼ/つぼ[土穂]。中古おちぼ[落穂]。

ほ【帆】 セール(sail)。上代ほ[帆]。
―に使用する布 はんぷ/ほぬの[帆布]。
―を一杯に張ること まんぱん[満帆]。
―を立てる柱 近代マスト(mast)。上代ほばしら[帆柱/檣]。
風を受けて膨らんだ― 中古ふうはん[風帆]。
遠くに見える―の形 中古ほかげ[帆影]。
帆走のための―のいろいろ(例) 中世ひらきほ[開帆]。まぎりぼ[間切帆]。まほ[真帆]。中古かたほ[片帆]。
筵をつなぎ合わせた― 近世むしろほ[筵帆]。
和船中央の大きな― 近世ほんぽ[本帆]。

ほあん【保安】 セキュリティー(security)。ぼうはん[防犯]。近代こうあん[公安]。中世ほあん[保安]。中古ちあん[治安]。
刑務所内の―の維持 近代かいご[戒護]。

ほい【補遺】 アペンディクス(appendix)。ついほ[追補]。近代サプリメント(supplement)。中世ほそく[補足]。近世ぞうほ[増補]。中世おぎなふ[補]。ほゐ[補遺]。上代ほじゅう[補充]。

ほいく【保育】 近代いくじ[育児]。ふいく[扶育]。ほいく[保育]。中古やういく[養育]。

ボイコット(boycott) 近代きょぜつ[拒絶]。きょひ[拒否]。はうき[放棄]。ボイコット。近世はいせき[排斥]。


ボイラー(boiler) 近代きくゎん[汽缶/汽罐]。ひづつ[火筒]。ボイラー。上代かま[罐/缶]。

―の燃料を燃やす所 かしつ[火室]。かしょう[火床]。かろ[火炉]。

その他―のいろいろ(例) えんかんボイラー[煙管boiler]。まるボイラー[丸 boiler]。近代じょうきがま[蒸気缶]。

ぼいん【拇印】 近代しゅあふ[手押]。ぼいん[拇印]。近世つめいん[爪印]。つめがた[爪形]。つめばん[爪判]。

ポイント(point)❶〈要点〉 キーポイント(和製key point)。近代えうてん[要点]。ぢゅうてん[重点]。ポイント。近世おさへどころ[押所]。かんどころ[勘所]。へそ[臍]。中世えうしょ[要所]。えうしょう[要衝]。かなめ[要]。がんもく[眼目]。きふしょ[急所]。つぼ[壺]。

ポイント(point)❷〈地点〉 スポット(spot)。近代かしょ[箇所/個所]。ちてん[地点]。てん[点]。ドット(dot)。ポイント。

ポイント(point)❸〈得点〉 近代スコア(score)。とくてん[得点]。中世てんすう[点数]。


ほう【法】❶〈法規〉 近代はふき[法規]。はふりつ[法律]。ルール(rule)。上代おきて[掟]。のり[法/則]。はふ[法]。はふれい[法令]。

―に適う てきほうせい[適法性]。近代がふはふ[合法]。

―に背くこと 近代ゐはふ[違法]。近世くせごと[曲事]。をつど[越度]。中古ひはふ[非法]。ふき[不軌]。むはふ[無法]。

―に外れていること 中世はうらつ[放埒]。はふぐゎい[法外]。

―に反する行為 しょくほう[触法]。中世ざい[罪]。中古ざいくゎ[罪科]。ざいくゎ[罪過]。とが[科]。上代つみ[罪]。はんざい[犯罪]。

―によって統治する主義 近代はふちしゅぎ[法治主義]。

―の網をくぐること だっぽう[脱法]。

―を都合良く乱用すること 近代ぶぶん[舞文]。

正義に反する― ふせいほう[不正法]。

不変の― 近世えいはふ[永法]。中世じゃうはふ[常法]。

文章に表現されていない― 近代ふぶんはふ[不文法]。ふぶんりつ[不文律]。

文章に表現されている― 近代せいぶんはふ[成文法]。せいぶんりつ[成文律]。

ほう【法】❷〈方法〉 ノウハウ/ノーハウ(know-how)。ハウツー(how-to)。近代やりかた[遣方]。近世はふ[法]。中世しやう[仕様]。やりやう[遣]。中古てだて[手立]。はうはふ[方法]。上代すべ[術]。

ぼう【棒】 スティック(stick)。近代こんぼう[棍棒]。ポール(pole)。ロッド(rod)。近世ぼうきれ[棒切]。まるた[丸太]。中世さいぼ

う［撮棒］。ちぎり［乳切／千切］。ちぎりき［乳切木］。ぼう［棒］。上代つかなき［棓］。

ーの先 近世ぼうさき［棒先］。ぼうばな［棒端／棒鼻］。

ーを手に持って突くこと 中世てつき［手突］。

うどんなどの生地をのばすー のべぼう［延棒］。近世むぎおし［麦押］。中世めんぼう［麺棒／麪棒］。

重い物を動かすとき下に置くー ごろた。近代ころ［転］。近世ころばし［転］。

駕籠舁きが休むとき担い棒を支えるー 近世いきづゑ［息杖］。

樫などで作った六尺ほどのー 近世ろくしゃくぼう［六尺棒］。

鉦を叩くー かねたたき［鉦叩］。中世しゅもく［撞木］。

小正月の諸行事に用いられるー 近世いはひぼう［祝棒］。

先に綿をつけた細いー めんぼう［綿棒］。

地面に打ち込んで印などにするー ぼうくひ［棒杭］。上代くひ［杭／杙］。

人力車や荷車を引っ張るためのー 近世かぢぼう［梶棒］。

禅宗で座禅に使うー 近世けいさく［警策］。

鉄製のー 中世かなぼう［金棒／鉄棒］。中古てつぼう［鉄棒］。

手に持つー 中世てぼう［手棒］。

戸締まりに使うー 近世しんばりぼう［心張棒］。つっかひぼう［突支棒］。ようじんぼう［用心棒］。

端に荷を掛けて運ぶー 近世てんびん［天秤］。てんびんぼう［天秤棒］。になひぼう［担棒］。中古あふご［朸］。

歩行の助けや護身用のー ようじんぼう［用心棒］。近代ステッキ(stick)。上代つゑ［杖］。

枡をなぞって平らにするー とぼう［斗棒］。

ぼう【某】 だれそれ［誰其］。だれだれ［誰誰］。なにぼう［何某］。それし［某氏］。近代しつめいし［失名氏］。それし［某氏］。ぼう［某］。ぼうぼう［某某］。まるまる［丸丸］(「○○」と書く)。名無しの権兵衛。近世ぼうし［某氏］。中世かれがし［彼某］。むめいし［無名氏］。中古かがし［彼某］。くれ［某］。くれがし［某］。それがし［某］。なにがし［某／何某］。なにがしかがし［某某］。なにがしくれがし［某某］。なにがしそれがし［某某］。なにもの［何者］。

▼複数の人のそれぞれを指す語 エー(A)。ビー(B)。シー(C)…。中古おつ［乙］。かふ［甲］。へい［丙］。

ほうい【方位】→ほうがく

ーや角度のずれ ふれ［振］。

ほうい【包囲】 近代がふゐ［合囲］。とりかこむ［取囲］。はうゐ［包囲］。中世かこみ［囲］。とりかこむ［取囲］。ひきまはす［引回］。中古かこひ［囲］。かこむ［囲］。とりこむ［取込］。ゐぜう／ゐねう［囲繞］。

ほうい【法衣】→ころも❷

ほういつ【放逸】 中世はうじゅう［放縦］。はうらち［放埒］。ばさら／ばしゃれ［婆娑羅］。中古はういつ［放逸／放佚］。はうし［放恣／放肆］。はうらつ［放埒］。上代はうしょう［放縦］。

ぼういん【暴飲】 近代がぶのみ［飲］。くゎいいん［過飲］。げいいん［鯨飲］。のみすぎ［飲過］。ぼういん［暴飲］。中世ぎういん［牛飲］。つういん［痛飲］。

《句》近世腹も身の内。

ーや暴食で胃腸をこわすこと 近世ないそん［内損］。

ほうえ【法衣】→ころも❷

ほうえ【法会】→ほうじ

ぼうえい【防衛】 ディフェンス(defense)。近代おうせん［応戦］。ガード(guard)。こくばう［国防］。ばうしゅ［防守］。ばうび［防備］。近世かんぎょ［扞禦］。しゅび［守備］。中古しゅご［守護］。ばうぎょ［防御／防禦］。ばうご［防護］。ばうゑい［防衛］。上代ふせぐ［防］。まもる［守］。

外国の敵に対するー がいぼう［外防］。近代こくばう［国防］。

必要限度のー 近代せいたうばうゑい［正当防衛］。

必要限度を超えるー かじょうぼうえい［過剰防衛］。

ぼうえき【貿易】 近代トレード(trade)。ゆしゅつにふ［輸出入］。近世からものあつかひ［唐物扱］。ごし［互市］。中古けうやく［交易］。上代かうえき［交易］。つうしゃう［通商］。ぼうえき［貿易］。

ーを業とする会社 近代しゃうしゃ［商社］。

ーを業とする商人 近代バイヤー(buyer)。ぼうえきげふしゃ［貿易業者］。ぼうえきしゃう［貿易商］。

不法なー みつぼうえき［密貿易］。近世ぬけに［抜荷］。

その他ーのいろいろ(例) いたくかこうぼうえき［委託加工貿易］。かこうぼうえき［加工

貿易]。かんりぼうえき[管理貿易]。たいがいぼうえき[対外貿易]。ちゅうけいぼうえき[中継貿易]。とうざいぼうえき[東西貿易]。バーターぼうえき[barter 貿易]。ぐゎいこくぼうえき[外国貿易]。近代 えんがんぼうえき[沿岸貿易]。けふていぼうえき[協定貿易]。じいうぼうえき[自由貿易]。ちゅうかんぼうえき[中間貿易]。ほごぼうえき[保護貿易]。

ほうえつ【法悦】 近代 エクスタシー(ecstasy)。ばうが[忘我]。ほふえつ[法悦]。近世 まんえつ[満悦]。中古 きえつ[喜悦]。くゎうこつ[恍惚]。ずいき[随喜]。ほふき[法喜]。上代 くゎんき[歓喜]。

ぼうえんきょう【望遠鏡】 近世 せんりきゃう[千里鏡]。テレスコープ(オランダ telescoop)。てんがんきゃう[天眼鏡]。とほめがね[遠眼鏡]。ばうゑんきゃう[望遠鏡]。めがね[眼鏡]。

両目で見る― 近代 さうがんきゃう[双眼鏡]。りゃうがんきゃう[両眼鏡]。

その他―のいろいろ(例) あんないぼうえんきょう[案内望遠鏡]。ちじょうぼうえんきょう[地上望遠鏡]。てんたいぼうえんきょう[天体望遠鏡]。でんぱぼうえんきょう[電波望遠鏡]。ファインダー(finder)。近代 くっせつばうゑんきゃう[屈折望遠鏡]。はんしゃばうゑんきゃう[反射望遠鏡]。

ほうおん【報恩】 近代 しゃおん[謝恩]。近世 おんがへし[恩返]。中世 みゃうが[冥加]。中古 ほうおん[報恩]。ほうしゃ[報謝]。ほうとく[報徳]。

ぼうおん【防音】 きゅうおん[吸音]。しゃおん[遮音]。

自動車などの―装置 サイレンサー(silencer)。しょうおんき[消音器]。

ほうか【放火】 中世 つけび[付火]。ひつけ[火付]。火を掛く[―掛ける]。火を付く[―付ける]。火を放つ。中古 はうくゎ[放火]。

ほうか【砲火】 せんか[戦火]。近世 はうくゎ[砲火]。近代 じゅうくゎ[銃火]。

ほうか【放歌】 中世 かうぎん[高吟]。かうしゃう[高唱]。中古 はうか[放歌]。

ほうが【奉加】 中世 きしゃ[喜捨]。中古 きしん[寄進]。きふ[寄付]。ほうが[奉加]。

ほうが【萌芽】 しゅつが[出芽]。近代 エンブリオ(embryo)。はつが[発芽]。めばえる[芽生]。もえだす/もえでる[萌出]。近世 めだし[芽出]。めばえ[芽生]。めぶく[芽吹]。中古 きざす[兆/萌]。中世 きざし[兆/萌]。めだつ[芽立]。はうが[萌芽]。めぐむ[芽]。めざす[芽差]。上代 はゆ(はえる)[生]。もゆ(もえる)[萌]。→きざし

ほうが【奉賀】 近代 けいしゅく[慶祝]。ほうしゅく[奉祝]。近世 しゅくが[祝賀]。しゅくけい[祝慶]。中古 けいが[慶賀]。ほうが[奉賀]。

ぼうか【防火】 ぼうさい[防災]。近代 くゎばう[火防]。近世 せうばう[消防]。ばうくゎ[防火]。ひあひ[火相]。ひぶせ[火伏]。ひよけ[火除]。

―の呼び掛けの言葉 近世 火の用心。中古 火危(やあ)ふし。

―用に雨水を貯えておく桶(けお) 近世 ためみづ[溜水]。ためをけ[溜桶]。てんすい[天水]。てんすいをけ[天水桶]。

ぼうが【忘我】 フィーバー(fever)。近代 ねっちゅう[熱中]。ばうが[忘我]。ぼつが[没我]。ぼっとう[没頭]。ぼつにふ[没入]。うむちゅう[夢中]。近世 憂き身を窶(つや)す。うつつを抜かす。中世 ざんまい[三昧](接尾語的に)。よねんなし[余念無]。寝食を忘る[―忘れる]。中古 我(われわ)を忘る[―忘れる]。ふける[耽]。

―の境 近代 エクスタシー(ecstasy)。たうすい[陶酔]。近世 うっとり。中古 くゎうこつ[恍惚]。上代 たうぜん[陶然]。

ほうかい【崩壊】 近代 くゎいほう[壊崩/潰崩]。たうくゎい[倒壊/倒潰]。近世 そんくゎい[損壊]。中世 くゎいめつ[壊滅]。ぐゎかい[瓦解]。なだる(なだれる)[頽]。はくゎい[破壊]。ほうくゎい[崩壊/崩潰]。ほうらく[崩落]。中古 くづれおつ[―おちる][崩落]。上代 くづる(くずれる)[崩]。

堤防などの― 近代 けっくゎい[決壊/決潰]。

内部からの― じかい[自壊]。

ほうがい【法外】 近代 きょくたん[極端]。だんちがひ[段違]。近世 けたちがひ[桁違]。けたはづれ[桁外]。づはづれ[図外]。はふぐゎい[法外]。めっさう[滅相]。図がない。中世 くゎど[過度]。なみはづれ[並外]。

―・なこと 中古 あまりごと[余事]。

―・な要求をする 近代 ふっかける[吹掛]。

―・な利息 近代 ぼうり[暴利]。

ぼうがい【妨害】 近代 そがい[阻害]。近世 じゃまだて[邪魔立]。そし[阻止]。茶茶が入る。中世 じゃま[邪魔]。中古 ばうがい[妨害/妨碍/妨礙]。はばむ[阻]。上代 さまたぐ(―たげる)[妨]。→さまた・げる

ー・して妨げること 近世そきゃく[阻却]。 イ
ンターフェアー(interfere)。オブストラクショ
ン(obstruction)。ブロッキング(blocking)。

ぼうがい【望外】 近代はしなく(も)[端]。近世
図らずも。中世ぞんぐゎい[存外]。ばうぐゎ
い[望外]。案に相違して。期せずして。
中古あんぐゎい[案外]。おもひがけず[思
掛]。思ひの外(ほか)。思ひも寄らず。上代りょ
ぐゎい[慮外]。

ほうがく【方角】 近代はうかう[方向]。中世
はうゐ[方位]。むき[向]。中古かた[方]。
はうがく[方角]。はうめん[方面]。→ほ
うこう

ーを知る計器 近代しなんばり[指南針]。
らしんぎ[羅針儀]。近世コンパス(オランダ kom-
pas)。じしゃくはり[磁石針]。じしゃくば
ん[磁石盤]。らしんばん[羅針盤]。中世
じしゃく[磁石]。

ほうかつ【包括】 近代いっくゎつ[一括]。とう
がふ[統合]。近世そうくゎつ[総括]。ひと
まとめ[一纏]。中世しふたいせい[集大
成]。はうくゎつ[包括]。ひとくくり[一括]。

ほうかん【幇間】 近世あとつけ[後付/跡付]。は
げいしゃ[芸者]。たいこもち[太鼓持]。は
うかん[幇間/幫間]。べんけい[弁慶]。を
とこげいしゃ[男芸者]。

無芸なーを卑しめていう語 近世のだいこ[野
太鼓/野幇間]。

ほうがん【包含】 近代がんいう[含有]。はう
ざう[包蔵]。ふくめる[含]。近世はうせつ
[包摂]。中世はうぐゎん[包含]。中古は
うよう[包容]。ふくむ[含]。

ぼうかん【傍観】 近代きょうしゅ[拱手]。そ
くしゅ[束手]。ばうけん[傍見]。もくし[黙
視]。近世ばうし[傍視]。ふところで[懐
手]。中世ざし[座視/坐視]。しうしゅ[袖
手]。中古ばうくゎん[傍観]。よそめ[余
所目]。

《句》近代対岸の火事。近世触らぬ神に崇(たた)
りなし。高みの(高みで)見物。

ー・する 近代腕を拱(こまぬ)く。近世こまぬく/こ
まねく[拱]。手を拱(こまぬ)く(拱(こまね)く)。中世
手を束(つか)ぬ〔―束ねる〕。

ー・できない 中世みかぬ〔―かねる〕[見兼]。

ぼうかん【暴漢】 中世あらくれもの[荒者]。近代
あばれんばう[暴坊]。ぼうかん[暴漢]。ぼ
うと[暴徒]。らんぼうもの[乱暴者]。近世
ぶらいかん[無頼漢]。むはふもの[無法
者]。中世しれもの[痴者]。ならずもの
[者]。らうぜきもの[狼藉者]。

ほうき【箒】 中世はうき[箒/帚]。中古ははき
[箒/帚]。

ーの美称 上代たまばうき/たまばはき[玉箒]。
片手で使う小さなー 中世てばうき[手箒]。
材料によるーのいろいろ(例) わらびぼうき
[蕨箒]。近世くはばうき[桑箒/鍬箒]。
しゅろばうき[棕櫚箒]。中世くさばうき[草
箒]。わらばうき[藁箒]。中古たけばうき
[竹箒]。

鳥の羽で作ったー 近代けばうき[毛箒]。は
ねばうき[羽箒]。中世はばうき[羽箒]。と
りばうき/とりははき[鳥箒]。

ほうき【放棄】 近代ききゃく[棄却]。はうき
[放棄/抛棄]。はき[破棄]。近世なげうつ
[投打/抛/擲]。中世とうき[投棄]。なげ
だす[投出]。はいき[廃棄]。はうか/はう
げ[放下]。はうてき[放擲/抛擲]。ゐき
[遺棄]。中古すてさる[捨去]。上代すつ〔す
てる〕[捨]。なげすつ〔―すてる〕[投捨]。

ほうき【法規】 近代はふき[法規]。ロー
(law)。近世きまり[決]。中古はふでう[法
条]。れい[令]。上代おきて[掟]。のり[法
/則]。はふ[法]。はふれい[法令]。

国を治めるー 近世けんぱふ[憲法]。中古こ
くけん[国憲]。てうけん[朝憲]。

重要なー 中世たいはふ[大法]。

地方公共団体のー 近代でうれい[条例]。

ほうき【蜂起】 近代きょへい[挙兵]。けっき[決
起/蹶起]。近世いっき[一揆]。ぐんき[群
起]。はたあげ[旗揚]。中古ほうき[蜂起]。

ほうき【芳紀】 近代としごろ[年頃]。はうき
[芳紀]。近世むすめざかり[娘盛]。中世
めうれい[妙齢]。

ぼうぎ【謀議】 中古はかりごと[謀]。ぼうぎ[謀
議]。ぼうりゃく[謀略]。

ほうきぐさ【箒草】 近世ちふ[地膚]。ははき
ぎ[箒木]。中世はうきぎ[箒木]。はうきぐ
さ/ははきぐさ[箒草]。中古あかくさ[赤
草]。にはぐさ[庭草]。ははこ[母子]。ま
きくさ[草]。上代たまははき/たまばはき[玉
箒]。

ーの実 とんぶり。

ほうきぼし【箒星】 →すいせい【彗星】

ぼうきゃく【忘却】 近世わすれさる[忘去]。ば
うゐばう[遺忘]。中古しつねん[失念]。ばう
きゃく[忘却]。わする〔わすれる〕[忘]。→
わす・れる

ほうきゅう【俸給】 近代きふよ[給与]。サラ

リー(salary)。近世ちんぎん[賃金]。てあて[手当]。ほうきふ[俸給]。→**きゅうよ**

ぼうきょ【暴挙】 近代ぼうきょ[暴挙]。ぼうどう[暴動]。近世ぼうかう[暴行]。

ぼうぎょ【防御】 →**ぼうえい**

ーが固いこと 近代水も漏らさず。近世風も漏らさず。

ーを固めること 中世えうがい[要害]。

外敵に対するー 上代かくし[隠]。

ぼうきょう【望郷】 近代ノスタルジア(nostalgia)。ノスタルジー(フランス nostalgie)。ホームシック(homesick)。近世かくくゎい／きゃくくゎい[客懐]。きゃうしう[郷愁]。さとごころ[里心]。たうくゎん[刀環]。中世しきゃう[思郷]。ばうきゃう[望郷]。中古きしん[帰心]。さとごこち[里心地]。

《句》近世帰心矢の如し。中世胡馬(こば)北風(ほくふう)に嘶(いば)ゆ(依(よ)る)。中古鳥は古巣に帰る。籠鳥(ろうちょう)雲を恋ふ。越鳥(えっちょう)南枝(なんし)に巣くひ胡馬(こば)北風(ほくふう)に嘶(いなな)く。

ほうぎん【放吟】 近代らうしゃう[朗唱]。中世かうぎん[高吟]。かうしゃう[高唱]。中古かうか[高歌]。はうか[放歌]。はうぎん[放吟]。

ぼうくん【暴君】 せんせいくんしゅ[専制君主]。タイラント(tyrant)。デスポット(despot)。どくさいしゃ[独裁者]。近世ぼうくん[暴君]。

ほうけい【方形】 ながしかく[長四角]。近代かくがた[角形]。くけい[矩形]。さしがた[矩形]。しかくけい[四角形]。しへんけい[四辺形]。スクエア(square)。せいはうけい[正方形]。ちゃうはうけい[長方形]。近世はうけい[方形]。ましかく[真四角]。中世かく[角]。しかく[四角]。

ぼうけい【傍系】 ぼうりゅう[傍流]。近代しけい[支系]。とざま[外様]。ばうけい[傍系]。ぶんみゃく[分脈]。近世しりう[支流／枝流]。中古わかれ[分／別]。

ほう・ける【惚】 中世ほうけ[惚／耄]。中古ほうく(ほうける)[惚／耄]。ぼく(ぼける)[惚／呆]。

ぼうげん【放言】 近代はうご[放語]。はうだん[放談]。はうろん[放論]。ぼうげん[暴言]。中世はうげん[放言]。中古はうごん[放言]。

ほうげん【方言】 ダイアレクト(dialect)。ちほうご[地方語]。とちことば[土地言葉]。近代おくになまり[御国訛]。どご[土語]。とちなまり[土地訛]。近世おくにことば[御国言葉]。くにことば[国言葉]。くにてがた[国手形]。くになまり[国訛]。さとことば[里言葉]。さとびごと[俚言]。ところことば[所言葉]。はうげん[方言]。りげん[俚言]。ゐなかなまり[田舎訛]。中古かたこと[片言]。なまり[訛]。

《句》近世言葉は国の手形。

自分の郷里のー 近代きゃういん／きゃうおん[郷音]。

その地の人だけがーで会話していること 近世おくにきゃうだん[御国郷談]。中世くにきゃうだん[国郷談]。

▼ある地方特有の単語や言い方 近世りげん[俚言]。りご[俚語]。

ぼうけん【冒険】 かみそりの刃を渡る。近代アドベンチャー(adventure)。アバンチュール(フランス aventure)。ぼうけん[冒険]。

ー的な行為 ベンチャー(venture)。近代つなわたり[綱渡]。近世いちろくしょうぶ[一六勝負]。中古薄氷を踏む。

ほうこう【方向】 近代はうかう[方向]。はうしん[方針]。中古はうゐ[方位]。中世て[手]。むき[向]。中古かた[方]。かたざま[方様]。さま[様／方]。すぢ[筋／条]。はう[方]。はうがく[方角]。はうめん[方面]。上代も[面]。

ーを変える てんだ[転舵]。近代てんかう[転向]。てんくゎい[転回]。中古ひきたがふ[引違]。

ーを見失って離散すること 近世めいり[迷離]。

いろいろなー 中世しはうはっぱう[四方八方]。中古しはう[四方]。ろくはう[六方]。

縁起のよいー 中古きっぱう[吉方]。ゑはう[吉方／恵方]。

縁起の悪いー 中世きもん[鬼門]。近世きもんかど[鬼門角]。

進むーを決める装置 上代かぢ[舵／柁／楫／梶]。

進むべきー 近代ししん[指針]。

進むべき決まったー 近代きだう[軌道]。きでう[軌条]。レール(rail)。

進んでいるー 近代けいかう[傾向]。しんろ[進路]。近世しんろ[針路]。

その年の歳徳神(としとくじん)のいるー 近世きっぱう[吉方]。ゑはう[吉方／恵方]。

だいたいのー 近世けんたう[見当]。

逃げて行くー 中世おちかた[落方]。

入って行くー 中古いるさ[入]。

発信源からの強さが―によって異なること しこうせい[指向性]。

一つの― 中世いっと[一途]。ひとむき[一向]。中古いっぽう[一方]。

やって来た― 中古きしかた/こしかた[来方]。

やって来た―とこれから行く方向 中古きしかたゆくすゑ[来方行末]。

ほうこう【芳香】 アロマ(aroma)。かほう[佳芳]。近世はうかう[芳香]。中世くんきゃう[薫香]。中古かうき[香気]。くんかう[薫香]。はうき[芳気]。

―製品の総称 フレグランス(fragrance)。

どこからともなく漂ってくる― 中世あんかう/あんきゃう[暗香]。

ほうこう【奉公】 近世つぶね[奴]。中世みやづかへ[宮仕]。中古ほうこう[奉公]。ほうし[奉仕]。まゐる[参]。上代つかふ[つかえる][仕]。

―・している主家 ほうこうさき[奉公先]。近世ありつき[有付/在付]。ほうこうぐち[奉公口]。

―・する人 →ほうこうにん

堅気でない― 近世いたづらぼうこう[徒奉公]。

自宅から通って―・すること 近世でいりぼうこう[出入奉公]。

主人を替えあちこちに―・すること 近世はなどり[花鳥]。わたりぼうこう[渡奉公]。

長期間の― 近世ちゃうねん[長年]。ちょうねん[重年]。

年季があけた後も主家で―・すること 近世おれいぼうこう[御礼奉公]。れいぼうこう[礼奉公]。

身代金を受け取って―・すること 中世みうり[身売]。

雇われる前に試験的に数日―・すること 近世おめみえ[御目見/御目見得]。おめみえぼうこう[御目見得奉公]。めみえ[目見/目見得]。

ほうこう【彷徨】 近世うろつく[彷徨]。中世はうらう[放浪]。上代さまよふ[徨/徘徊]。はいくゎい[徘徊]。はうくゎう[彷徨/彷徨]。→うろうろ・する →さまよ・う

ほうこう【咆哮】 近代たけりさけぶ[猛叫]。をたけび[雄叫]。近世まうかう[咆哮]。ほゆ[ほえる][吠/吼]。

ほうごう【縫合】 近代ほうがふ[縫合]。近世ぬひあはせ[縫合]。上代ぬふ[縫]。

ぼうこう【暴行】 近代あくかう[悪行]。近世ぼうかう[暴行]。らんぼう[乱暴]。中古らうぜき[狼藉]。上代あくぎゃう[悪行]。

女性に対する性的― はずかしめる[辱]。ふじょぼうこう[婦女暴行]。レイプ(rape)。近世がういん[強淫]。てごめ[手込]。中世りょうじょく[陵辱/凌辱]。中古がうかん[強姦]。

ほうこうにん【奉公人】 近代げぼく[下僕]。とてい[徒弟]。をとこし[男衆]。近世おたなもの[御店者]。おやかたがかり[親方掛]。おやかたもち[親方持]。でっち[丁稚]。をとこしゅう[男衆]。をなごし/をなごしゅう[女子衆]。中世うちしゅ[内衆]。げなん[下男]。げにん[下人]。こもの[小者]。ちゅうげん[中間/仲間]。ちゅうげんをとこ[中間男]。ほうこうにん[奉公人]。中古けにん[家人]。つかうまつりびと[仕奉人]。つかへびと[仕人]。をとこ[男]。

―が主人に内緒でする仕事 近世わたくししごと[私仕事]。

―が年季を重ね長年勤めること 近世ちゃうねん[長年]。ちょうねん[重年]。

―が休みに親元へ帰ること 近世さとがへり[里帰]。

―の親元 近世やど[宿]。

―の住む部屋 近世をとこべや[男部屋]。をんなべや[女部屋]。

―を置けない生活 近世てせんじ[手煎]。

裁縫をする女の― 近世おものし[御物師]。

商家で商品を売り歩く― 近世うりこ[売子]。

年少の― 中世わっぱ[童]。

ほうこく【報告】 近代つうこく[通告]。つうち[通知]。レポート(report)。近世しらせ[知]。ほうこく[報告]。ほうち[報知]。

―・する人 ほうこくしゃ[報告者]。レポーター(reporter)。

急いでする― 中世ちゅうしん[注進]。

会社などの事業― 近代かうくゎじゃう[考課状]。

詳しい― 近代さいほう[細報]。しゃうほう[詳報]。

種々の事を集めて分類した― いほう[彙報]。

上司などに―・すること 近代かいしん[開申]。

政府の― 近代せいしょ[青書]。はくしょ[白書]。

定期的に発行する― じゅんぽう[旬報]。近代イヤーブック(yearbook)。げっぽう[月報]。しうほう[週報]。にっぽう[日報]。ねんかん[年鑑]。ねんぽう[年報]。

命令に対する― 近代ふくしん[復申]。

ぼうさい【防災】 さいがいぼうし［災害防止］。近世 すいばう［水防］。せうばう［消防］。ばうくゎ［防火］。

ぼうさい【防塞】 近代 えうさい［要塞］。ばうさい［防塞／防砦］。ばうるい［防塁］。ほうるい／ほるい［堡塁］。近世 るい［塁］。中世 とりで［砦／寨／塁］。上代 えうがい［要害］。

ほうさく【方策】 しさく［施策］。たいおうさく［対応策］。近代 さくりゃく［策略］。ストラテジー(strategy)。せんりゃく［戦略］。はうさく［方策］。近世 たいさく［対策］。上代 さく［策］。

ーをたてること 近代 けんさく［建策］。中古 たばかる［謀］。はかりごつ［謀］。

うまいー 近代 とくさく［得策］。

愚かなー 近世 ぐさく［愚作］。

間に合わせのー 近代 びほうさく［弥縫策］。

ほうさく【豊作】 さくあたり［作当］。近代 じゃうさく［上作］。近世 ほうさく［豊作］。穂に穂が咲く。中世 ほうじゅく［豊熟］。中古 ふねう［豊饒］。ほうじゃう［豊穣］。ほうぜう［豊饒］。まんさく［満作］。上代 とよのあき［豊秋］。年(とし)得(う)。

ーと凶作 近世 ほうきょう［豊凶］。

ーの年 近世 あたりどし［当年］。上代 とよのとし［豊年］。ほうねん［豊年］。

稲のよく実ったー 近世 できあき［出来秋］。上代 とよのあき［豊秋］。

ぼうさつ【忙殺】 →**いそがし・い**

ぼうさん【坊】 →**そう【僧】**

ほうし【芳志】 近世 こうし［厚志］。とくし［篤志］。中世 こうい［厚意］。中古 はうい［芳意］。はうし［芳志］。はうじゃう［芳情］。はうしん［芳心］。

ほうし【奉仕】 近代 サービス(service)。つくす［尽］。近世 ほうじ［奉事］。犬馬の労。中古 つかふ［仕］。ほうし［奉仕］。ほうず［奉］。

《句》近代 蠟燭は身を減らして人を照らす。

ー活動をする人 ボランティア(volunteer)。

神仏にー・する 上代 みやづかふ［宮仕］。

常に近くでー 上代 じゃうじ［常侍］。

ほうし【法師】 →**そう【僧】**

ほうし【放恣】 →**かって❶**

ほうじ【法事】 近代 ほふえう［法要］。近世 ほとけごと［仏事］。中古 かぎりのこと［限事］。のちのこと［後事］。のちのわざ［後業］。ぶつじ［仏事］。ほとけ［仏］。ほふじ［法事］。ほふゑ［法会］。わざ［業／態］。ゑかう［回向／廻向］。

ーで僧に礼をすること 中古 ほうしゃ［報謝］。

ーに際して中心となる僧 中古 だうし［導師］。

ーに食事を供すること 中世 とき［斎／時］。

上代 をがみ［拝］。

ーに僧を招くこと 中古 しゃうそう［請僧］。

ーの際の供え物や配り物 近世 ちゃのこ［茶子］。

ーの主役 中世 たうやく［当役］。とうやく［頭役］。

ーを行う 中世 いとなむ［営］。とむらふ［弔］。

故人の月の命日に行うー 中古 ぐゎっき［月忌］。

故人の命日に行うー 中世 くゎいき［回忌］。ねんき［年忌］。上代 しうき［周忌］。

故人の翌年の命日に行うー 近世 むかはり［向／迎］。中古 いっくゎいき［一回忌］。いっしうき［一周忌］。はてのこと［果事］。はてのわざ［果業］。

四十九日等のー 中古 はてのこと［果事］。はてのわざ［果業］。

生前に死後の冥福を祈って行うー 近世 ぎゃくしゅ［逆修］。よしゅ［予修］。

溺死者を弔うー 近世 かはせがき［川施餓鬼］。

費用は出して万事寺に任せてするー 近世 いれぶつじ［入仏事］。

ぼうし【防止】 近代 ばうし［防止］。よくし［抑止］。近世 そし［阻止］。よばう［予防］。中世 くひとどむ〔ーとどめる〕［食止］。くひとむ〔ーとめる〕［食止］。中古 ばうあつ［防遏］。はばむ［阻］。ふせぎとむ〔ーとめる〕［防止］。上代 ふせぐ［防］。

ぼうし【帽子】 近代 キャップ(cap)。シャッポ／シャポー(フランス chapeau)。ハット(hat)。中世 かぶりもの［被物／冠物］。中古 ぼう［帽］。ぼうし［帽子］。→**えぼし** →**かさ【笠】** →**かんむり**

ーのひさし 近代 つば［鍔／鐔］。ひさし［庇／廂］。中世 まびさし［眉庇／目庇］。

ーを深くかぶる 中世 ひっこむ［引込］。

雨降りのときかぶるー レインハット／レーンハット(rain hat)。

頭部を保護するー 近代 てつかぶと［鉄兜］。てつぼう［鉄帽］。ヘルメット(helmet)。中世 かぶと［兜／甲］。

夏用のー(例) 近代 かんかんぼう［帽］。きゃうぎぼう［経木帽］。ストローハット(straw hat)。パナマぼう［Panama帽］。むぎわらぼう［麦藁帽］。むぎわらぼうし［麦藁帽子］。近世 なつぼうし［夏帽子］。

寝る時に髪の乱れを防ぐためにかぶる━ 近代ナイトキャップ(nightcap)。

兵士のかぶる━ 近代ぐんぼう［軍帽］。すいへいぼう［水兵帽］。せんとうぼう［戦闘帽］。てつかぶと［鉄兜］。

目の部分のみ明けてすっぽりかぶる━ めだしぼう／めでぼう［目出帽］。

破れた━ 中世はぼう［破帽］。

その他━のいろいろ(例)カウボーイハット(cowboy hat)。ソンブレロ(スペイン sombrero)。チロリアンハット(Tyrolean hat)。テンガロンハット(ten-gallon hat)。トーク(toque)。とざんぼう［登山帽］。ブルトン(フランス breton)。ミルキーハット(milky hat)。近代アイシェード(eyeshade)。あかぼう［赤帽］。アンペラぼう［マレー ampela 帽］。オペラハット(opera hat)。がくせいぼう［学生帽］。かくぼう［角帽］。がくぼう［学帽］。シルクハット(silk hat)。せいぼう［制帽］。ソフトぼう［soft 帽］。とりうちぼうし［鳥打帽子］。なかをれぼうし［中折帽子］。パナマぼう［Panama 帽］。ハンチング(hunting cap)。ベレーぼう［フランス béret 帽］。ボンネット(bonnet)。みそこしぼうし［味噌漉帽子］。やまたかぼうし［山高帽子］。らっこぼう［猟虎帽］。近代つのかくし［角隠］。つのぼうし［角帽子］。中世づきん［頭巾］。わたぼうし［綿帽子］。をりえぼし［折烏帽子］。

ほうしき【方式】 近代けいしき［形式］。はうしき［方式］。フォーミュラ(formula)。メソッド(method)。近世きぢく［機軸］。しきたり［仕来］。中世かく［格］。かた［型］。のり［法／則］。ふう［風］。りう［流］(接尾語的に)。中古はうはふ［方法］。

決まった━ 中世じゃうはふ［常法］。中古じゃうしき［常式］。

ぼうしつ【亡失】 近代しつぼう［失亡］。中世さうしつ［喪失］。しっす［失］。ばうしつ［亡失］。ゐしつ［遺失］。中古なくす［亡／無］。上代うしなふ［失］。

ぼうしつ【忘失】 中世ばうしつ［忘失］。ゐしつ［遺失］。中古しつねん［失念］。ばうきゃく［忘却］。

ほうしゃ【報謝】 近代しゃおん［謝恩］。近世おんおくり［恩送］。おんがへし［恩返］。中古はうおん［報恩］。ほうしゃ［報謝］。ほうとく［報徳］。

ほうしゃ【放射】 ふくしゃ［輻射］。ラジエーション(radiation)。近代しゃしゅつ［射出］。はうしゃ［放射］。

━状に出すこと 近代しゃしゅつ［射出］。

━性降下物 フォールアウト(fallout)。

微小な━熱を測定する装置 近代ボロメーター(bolometer)。

ほうしゃせん【放射線】 近代はうしゃせん［放射線］。ふくしゃせん［輻射線］。

━量の単位 カウント(count)。

━のいろいろ(例) 近代アルファせん［alpha; α線］。エックスせん［X線］。でんじは［電磁波］。ベータせん［beta; β線］。

治療や材質改善などで━照射すること イラジエーション(irradiation)。

ぼうじゃくぶじん【傍若無人】 近代ばうじゃくむじん［傍若無人／旁若無人］。近世のはうづ［野方図／野放途］。中世りうん［理運／利運］。人も無げ。中古ばうじゃくぶじん［傍若無人／旁若無人］。→かって❶

《句》近世虱(しらみ)を捫(ひね)って当世の務(む)を談ず。

ほうしゅう【報酬】 近代きふよ［給与］。たいか［対価］。ほうしう［報酬］。らうちん［労賃］。近世きふれう［給料］。ちんぎん［賃金／賃銀］。てあて［手当］。やくれう［役料］。中古ちん［賃］。→**きゅうよ【給与】**

━を払う 中世むくふ［報］。中古むくゆ［むくいる］［報］。

遺失物を持ち主に返還した者の━ 近代ほうらうきん［報労金］。

書画や文章などを書いた━ 近代かうれう［稿料］。きがうれう［揮毫料］。げんかうれう［原稿料］。じゅんぴつれう［潤筆料］。近世かきちん［書賃］。ひつれう［筆料］。中世かきれう［書料］。

職務に関する不正な━ 中古わいろ［賄賂］。

ほうじゅう【放縦】 近代かってきまま［勝手気儘］。近世えてかって［得手勝手］。きまま［気儘］。じぶんかって［自分勝手］。てまいがって／てまへがって［手前勝手］。みがって［身勝手］。中世はうじゅう［放縦］。中古はういつ［放逸］。はうし［放恣／放肆］。はうらつ［放埒］。わがまま［我儘］。上代はうしょう［放縦］。→**かって❶**

ほうしゅく【奉祝】 近代きんが［謹賀］。けいしゅく［慶祝］。ほうしゅく［奉祝］。近世しゅくが［祝賀］。中古けいが［慶賀］。ほうが［奉賀］。

ほうしゅつ【放出】 近代はうしゅつ［放出］。ふんしゅつ［噴出］。近世はうしゃ［放射］。はふりだす［放出］。

ほうじゅん【豊潤】 近代 メロー(mellow)。近世 ほうふ[豊富]。中世 ほうじゅん[豊潤]。中古 じゅんたく[潤沢]。ほうじゃう[豊穣]。上代 ゆたか[豊]。→**ゆたか**

ぼうじょ【防除】 近代 ばうし[防止]。近世 そし[阻止]。上代 ふせぐ[防]。→**ぼうし【防止】**

ほうしょう【報償】 近代 だいしゃう[代償]。ほうしゃう[報償]。ほしゃう[補償]。近世 つぐなひ[償]。中世 べんしゃう[弁償]。

ほうしょう【褒章】 近代 くんしゃう[勲章]。へうしゃう[表彰]。ほうしゃう[褒章]。中古 ほうび[褒美]。

—のいろいろ(例) こんじゅほうしょう[紺綬褒章]。しじゅほうしょう[紫綬褒章]。近代 こうじゅほうしゃう[紅綬褒章]。らんじゅほうしゃう[藍綬褒章]。わうじゅほうしゃう[黄綬褒章]。

ほうじょう【方丈】 中世 ぢゅうしょく[住職]。はうぢゃう[方丈]。上代 ぢゅうぢ[住持]。

ほうじょう【豊穣】 近代 ほうじゃう[豊壌]。近世 ひよく[肥沃]。中古 ほうじゃう[豊穣]。ほうぜう[豊饒]。ほうねう[豊饒]。上代 ゆたか[豊]。

ほうしょく【奉職】 近代 しうげふ[就業]。しうしょく[就職]。しうらう[就労]。ほうしょく[奉職]。ほうずる[奉]。

ぼうしょく【暴食】 近代 くゎしょく[過食]。たべすぎ[食過]。近世 ぼうしょく[暴食]。

ほう・じる【報】 →**ほう・ずる**

ほうしん【方針】 しんろ[針路]。ろせん[路線]。近代 ししん[指針]。はうかう[方向]。はうしん[方針]。ポリシー(policy)。

近世 とはう[途方]。

—を変えること 近代 はうかうてんくゎん[方向転換]。近世 てんくゎん[転換]。

大勢が行動するときの— 近代 ほてう[歩調]。

会社の— しゃぜ[社是]。

一つの— 中世 いっと[一途]。

ほうしん【放心】 きょだつ[虚脱]。近代 ばうぜんじしつ[茫然自失]。ぼんやり。近世 きぬけ[気抜]。さうしん[喪心／喪神]。はうしん[放心]。中世 うつつなし[現無]。中古 おもひほる[思惚]。じしつ[自失]。→**ぼんやり❷**

《句》中古 おぼしほる[思惚]。

—・した状態になる 中古 こころあくがる[心憧]。

ぼうず【坊主】 →**そう【僧】**

ぼうずあたま【坊主頭】 ぼうずがり[坊主刈]。近代 にふだう[入道]。近世 いがあたま[毬栗頭]。いがぐりあたま[毬栗頭]。くりくりあたま[頭]。くりくりばうず[坊主]。ばうずあたま[坊主頭]。まるばうず[丸坊主]。中古 ゑんちゃう[円頂]。

—の大男 近代 おほにふだう[大入道]。

—のさま 近代 くりくり。ぐりぐり。近世 くるくる。

—を罵(ののし)る語 近代 にふだう[入道]。近世 たこにふだう[蛸入道]。たこばうず[蛸坊主]。づくにふ[木菟入]。

ほう・ずる【報】❶〈報恩〉 近代 しゃおん[謝恩]。近世 おんがへし[恩返]。ほうじる[報]。中古 ほうおん[報恩]。ほうしゃ[報謝]。ほうず[報]。ほうとく[報徳]。

ほう・ずる【報】❷〈報道〉 近代 つうこく[通告]。つうち[通知]。近世 ほうち[報知]。ほうじる[報]。ほうだう[報道]。中世 ほうず[報]。上代 しらす[しらせる][知／報]。

ほうせい【方正】 近代 きちんと。近世 せいぜん[整然]。上代 たんせい[端正／端整]。はうせい[方正]。

ほうせき【宝石】 ジュエリー(jewelry)。近代 ジュエル(jewel)。近世 きせき[貴石]。中世 ぎょく[玉]。ぎょくせき[玉石]。ほうぎょく[宝玉]。ほうせき[宝石]。中古 いし[石]。たま[玉／珠／璧]。めいしゅ[明珠]。

—の原石 ジェムストーン(gemstone)。

—をきざみ磨くこと 中古 てうたく[彫琢]。

素晴らしい— 中世 めいぎょく[名玉]。

その他—のいろいろ(例) アレキサンドライト(alexandrite)。近代 エメラルド(emerald)。オパール(opal)。くゎうぎょく／わうぎょく[黄玉]。サファイア(sapphire)。ダイアモンド／ダイヤモンド(diamond)。ルビー(ruby)。中古 すいしゃう[水晶]。らうかん[琅玕]。るり[瑠璃]。

▼**エメラルド** 近代 すいぎょく[翠玉]。りょくぎょく[緑玉]。りょくぎょくせき[緑玉石]。りょくちゅうせき[緑柱石]。

▼**オパール** 近代 たんぱくせき[蛋白石]。

▼**サファイア** 中古 せいぎょく[青玉]。

▼**ダイヤモンド** 近世 こんがうせき[金剛石]。

▼**ルビー** 近代 こうぎょく[紅玉]。

ぼうぜん【茫然】 きょだつ[虚脱]。近代 ばうが[忘我]。ぼうぜん[呆然]。ぼんやり。近世 うっとり。はうしん[放心]。狐(きつね)につままれる。鍬(わく)を抜かす。おほぞら[大空]。ばうぜん[茫然]。中世 うつらうつら。我を忘

る[—忘れる]。中古おぼつかなし[覚束]。じしつ[自失]。ほれぼれ[惚惚]。我(あれ)かにもあらず。我(あれ)か人か。我(あれ)(我(われ))にもあらず。心肝(こころぎも)も尽く。→**ぼんやり❷**

ぼうぜん【呆然】 近代あぜん[啞然]。はうしんじゃうたい[放心状態]。ぼうぜん[呆然]。近世きぬけ[気抜]。さうしん[喪心/喪神]。あっけに取られる。中世ばうぜん[茫然]。中古あきる[あきれる][呆]。

《尊》中古おぼしあきる[思呆]。

《句》近代鳶(とび)に油揚げを取られたやう。

ほうせんか【鳳仙花】 近世つまぐれ/つまべに[爪紅]。つまくれなゐ[爪紅]。ほねぬき[骨抜]。中世ほうせんくゎ[鳳仙花]。

ほうそう【包装】 パッケージ(package)。近代はうさう[包装]。パッキング(packing)。近世にづくり[荷造]。中世うはづつみ[上包]。

ほうそう【疱瘡】 近世いもがさ[疱瘡/痘瘡]。おやく[御厄]。中古はうさう[疱瘡]。

ほうそう【放送】 アナウンス(announce)。ブロードキャスティング(broadcasting)。近代はうそう[放送]。

—・する映像などを監視すること 近代モニター(monitor)。

—・する部屋 ほうそうしつ[放送室]。近代スタジオ(studio)。

—中 オンエア(on the air)。

—のサービスエリア カバレッジ(coverage)。

—の台本 コンテ(continuity)。

中継回線によって結ばれた—局の組織 ほうそうもう[放送網]。近代ネットワーク(network)。

マイクを通して—・する人 ほうそういん[放送員]。近代アナ/アナウンサー(announcer)。

その他—のいろいろ(例) えいせいほうそう[衛星放送]。エフエムほうそう[FM放送]。エーエムほうそう[AM放送]。おんせいたじゅうほうそう[音声多重放送]。かいがいほうそう[海外放送]。こうきょうほうそう[公共放送]。じっきょうほうそう[実況放送]。たんぱほうそう[短波放送]。ちじょうデジタルほうそう[地上digital放送]。なまちゅうけい[生中継]。なまほうそう[生放送]。にげんほうそう[二元放送]。みんかんほうそう[民間放送]。ゆうせんほうそう[有線放送]。ローカルほうそう[local放送]。

ほうぞう【包蔵】 近代がんいう[含有]。はうざう[包蔵]。近世はうせつ[包摂]。中世はうがん[包含]。

ぼうそう【暴走】 ちょとつもうしん[猪突猛進]。近代まうしん[猛進]。むぼう[無謀]。近世むてっぱう[無鉄砲]。むてっぱふ[無手法]。

ほうそく【法則】 近代きまり[決]。ノルム(フランス norme)。はうそく[方則]。ロー(law)。近世おきて[掟]。きてつ[軌轍]。中世かく[格]。きくじゅんじょう[規矩準縄]。ぎしき[儀式]。きそく[規則]。ぎそく[儀則]。ぎはふ[儀法]。きはん[規範]。のり[法/則]。中古りはふ[理法]。上代はふ[法]。はふそく[法則]。り[理]。

あらゆる— 近代ばんぱふ[万法]。

国を治める— 中古かうき[綱紀]。上代けいき[経紀]。

天地の— 近世けんかう[乾綱]。ちだう[地道]。上代てんだう[天道]。

世の中のもととなる— 近代ゐかう[維綱]。

ぼうだい【傍題】 サブヘッド(subhead)。近代サブタイトル(subtitle)。ばうだい[傍題]。ふくだい[副題]。

ぼうだい【膨大】 近代ばうだい[厖大/尨大]。ばうだい[膨大]。中世ただい[多大]。中古ばくだい[莫大]。→**おおき・い**

ほうたん【放胆】 ごうふく[剛腹]。近代がうたん[豪胆/剛胆]。たんだい[胆大]。胆が据わる。腹が据わる。近世はうたん[放胆]。胆が大きい。度胸が据わる。中世だいたん[大胆]。

ほうだん【砲弾】 たま/だん[弾]。近代はうだん[砲弾]。近世だんぐゎん[弾丸]。はうくゎ[砲火]。はうぐゎん[砲丸]。

—が爆発しないこと 近代ふはつ[不発]。

—の先端部 近代だんとう[弾頭]。

その他—のいろいろ(例) てっこうだん[徹甲弾]。近代せうめいだん[照明弾]。はかふだん[破甲弾]。りうさんだん[榴散弾]。りうだん[榴弾]。

ほうち【放置】 おっぽらかす。ほうっておく[放置]。近代おきっぱなし[置放]。ほったらかし。ゐする[委]。近世いきなりさんぼう[行成三宝]。いきなりはうだい[行成放題]。うっちゃらかす[打遣]。うっちゃる[打遣]。そっちのけ[其方退]。ながし[流]。はうくゎ[放過]。はうち[放置]。ほからかす[放]。ほったらかす。ほっとく[放置]。外(ほか)にす。中世はうてき[放擲/抛擲]。ゐき[委棄]。

ゐき［遺棄］。余所(他所)にす(なす)。中古 うちおく［打置］。うちすつ［―すてる］［打捨］。うちやる［打遣］。さしおく［差置／差措］。さしはなつ［差放］。すつ(すてる)［捨／棄］。はふらかす／はふらす［放］。みおく［見置］。上代 おく［置］。すておく［捨置］。

構わずに―・する 近世 外にす。中世 余所(他所)にす(なす)。

物を粗雑に―・する 近代 ころがす［転］。

ほうち【報知】 近代 つうこく［通告］。つうち［通知］。近世 ほうだう［報道］。ほうち［報知］。中世 ほうず［報］。上代 しらす［しらせる］［知］。

ほうちく【放逐】 近代 オミット(omit)。しめだす［締出／閉出］。はいぢょ［排除］。近世 はいせき［排斥］。中世 おっぱらふ［追払］。中古 ついはう［追放］。はうちく［放逐］。上代 おひはらふ［追払］。

ほうちゃく【逢着】 近世 さうぐう［遭遇］。であひ［出合／出会］。でくはす［出会］。中世 ほうちゃく［逢着］。

ぼうちゅう【傍注】 ちゅうき［注記／註記］。近世 ばうちゅう［傍注／旁註］。中古 ちゅうしゃく［注釈／註釈］。

ほうちょう【包丁】 中世 はうちゃう［包丁／庖丁］。中古 はうちゃうがたな［包丁刀／庖丁刀］。

―とまな板 中世 たうそ［刀俎］。

紙を裁ち切る― 近代 かみきりナイフ［紙切knife］。かみたちばうちゃう［紙裁包丁］。ペーパーナイフ(paper knife)。近世 かみたちがたな［紙裁刀］。

小型の― ペティナイフ(和製フランス petit ＋ knife)。

野菜等を切る― 近世 なきり［菜切］。なきりばうちゃう［菜切包丁］。中世 うすば［薄刃］。うすばはうちゃう［薄刃包丁］。さいたう／ながたな［菜刀］。

その他―のいろいろ(例) やなぎば［柳刃］。近代 あぢきりばうちゃう［鰺切包丁］。近世 あぢきり［鰺切］。ぎうたう［牛刀］。さしみばうちゃう［刺身包丁］。でばばうちゃう［出刃包丁］。中世 びぜんばうちゃう［備前包丁］。

ぼうちょう【膨張】 ぼうじゅん［膨潤］。近代 くゎくだい［拡大］。ぞうだい［増大］。ふくらます［脹］。ふくれあがる［脹上］。近世 ふくらす［膨／脹］。中世 ばうちゃう［膨張／膨脹］。ひろがる［広］。ふゆ［ふえる］［増］。中古 ふくらむ［膨／脹］。ふくる［ふくれる］［膨／脹］。

ほうっておく【放置】 →**ほうち【放置】**

ぼうっと もやもや。近代 ぼうっと。中世 ばくぜん［漠然］。ぼんやり。もこ［模糊］。中古 おぼろ［朧］。→**ばくぜん**→**ぼうぜん**

―・している(さま) 近代 ヌーボー(フランス nouveau から)。中古 ほけほけ［惚惚］。上代 おぼつかなし［覚束無］。

―・する 近世 のぼす［のぼせる］［逆上／上気］。

ほうてい【法廷】 コートハウス(courthouse)。裁きの庭。近代 こうはんてい［公判廷］。しんてい［審廷］。はふが［法衙］。はふてい［法廷／法庭］。近世 でんど［出所］。中世 しょうてい［訟廷／訟庭］。しらす［白州／白洲］。ていちゅう［庭中］。

―で争うこと 近代 けいさう［係争／繋争］。

―で雑務をする裁判所職員 ていり［廷吏］。近代 ていてい［廷丁］。

ほうてい【奉呈】 けんてい［献呈］。近代 ほうてい［奉呈］。ほうてい［捧呈］。中古 けんじゃう［献上］。ほうけん［奉献］。

ほうてき【放擲】 近代 ききゃく［棄却］。はうき［放棄／抛棄］。はき［破棄］。近世 うっちゃらかす［打遣］。うっちゃる［打遣］。はうち［放置］。中世 はいき［廃棄］。はうてき［放擲／抛擲］。ゐき［遺棄］。中古 うちすつ［―すてる］［打捨］。

ほうてん【法典】 近代 はふてん［法典］。中古 さだめ［定］。上代 おきて［掟］。

ぼうと【暴徒】 近代 ひぞく［匪賊］。ひと［匪徒］。ぼうかん［暴漢］。ぼうと［暴徒］。モッブ(mob)。上代 きょうと［凶徒／兇徒］。

ほうとう【放蕩】 近代 ふひんかう［不品行］。近世 あくしゃう［悪性］。あくだう［悪道］。ごくだう［極道］。だうらく［道楽］。どら。はうらつ［放埒］。ふぎゃうじゃう［不行状］。ふみもち［不身持］。銅鑼打つ。中古 いうたう［遊蕩］。上代 はうたう［放蕩］。

《句》近世 坐して食らへば山も空し。

―息子 近世 だうらくむすこ［道楽息子］。どらむすこ［息子］。

―者 近代 いうたうじ［遊蕩児］。いうやらう［遊冶郎］。近世 あそびにん［遊人］。ごろつき。とほりもの［通者］。どらもの［者］。ならず［成］。のんこ。ぶらいかん［無頼漢］。へうかく［飄客／嫖客］。中世 たはれをとこ［戯男］。ならずもの［成者］。中古 たはれを［戯男］。上代 うかれびと［浮人］。

ほうどう【報道】 こうほう[広報／弘報]。マスコミュニケーション(mass communication)。近代ジャーナリズム(journalism)。ニュース(news)。近世ほうだう[報道]。ほうち[報知]。
—関係者 えんもくとじ[鳶目兎耳]。
—・するだけの価値 ニュースバリュー(news value)。
新聞等で—・されている事柄 アーティクル(article)。近代きじ[記事]。
素早い— 近世がうぐゎい[号外]。そくほう[速報]。
他に先駆けて—・する重大ニュース 近代スクープ(scoop)。とくだね[特種]。
特別な— 近代とくほう[特報]。
毎日の— 近代にっぽう[日報]。

ぼうとう【冒頭】 近代へきとう[劈頭]。ぼうとう[冒頭]。近世かしらがき[頭書]。中世かきだし[書出]。くゎんとう[巻頭]。はじめ[初]。中古さいしょ[最初]。

ぼうとう【暴騰】 きゅうとう[急騰]。はねあがる[跳上]。近代かうとう[高騰／昂騰]。じゃうとう[上騰]。とうき[騰貴]。ぼうとう[暴騰]。近世うなぎのぼり[鰻登／鰻上]。

ぼうどう【暴動】 近代ぼうきょ[暴挙]。ぼうどう[暴動]。中古さうぜう[騒擾]。上代さうらん[騒乱]。ぜうらん[擾乱]。
—を起こした人々 近代ぼうと[暴徒]。

ぼうとく【冒瀆】 近代とくせい[瀆聖]。とくぼう[瀆冒]。中世ぼうとく[冒瀆]。中古をかす[冒]。上代けがす[汚／穢]。はづかしむ[—しめる][辱]。

ほうにち【訪日】 らいにち[来日]。上代らいてう[来朝]。

ほうにん【放任】 ネグレクト(neglect)。近代うっちゃらかし。のばなし[野放]。ほったらかし[放]。近世はうち[放置]。中世はうにん[放任]。はなしがひ[放飼]。
—・されて育つこと 近代のそだち[野育]。

ほうねん【豊年】 近世あたりどし[当年]。中世としあり[年有／歳有]。とよとし[豊年]。上代とよのとし[豊年]。ほうねん[豊年]。
《句》近世雪は五穀の精。中世雪は豊年の瑞(しるし)。雪は豊年の貢ぎ物。

ほうねん【放念】 近代きうしん[休心]。はうしん[放心]。はうねん[放念]。中世あんしん[安心]。

ほうのう【奉納】 近代はいなふ[拝納]。近世けんしん[献進]。中世けんなふ[献納]。ほうなふ[奉納]。中古けんじゃう[献上]。そなふ[そなえる][供]。ほうが[奉加]。上代ささぐ[ささげる][捧]。たてまつる[奉]。
寺社に—・する物 中古じゃうぶん[上分]。上代をさめもの[納物]。

ほうはい【澎湃】 近世もりあがる[盛上]。中世はうはい[澎湃／彭湃／滂湃]。中古うづまく[渦巻]。さかん[盛]。上代さかまく[逆巻]。

ほうはい【奉拝】 中古はいれい[拝礼]。ほうはい[奉拝]。上代いのる[祈]。をがむ[拝]。きたう[祈禱]。

ほうばい【傍輩】 近世なかま[仲間]。中世どうはい[同輩]。中古はうばい[傍輩]。ほうばい[朋輩]。上代どうれう[同僚]。ともだち[友達]。ほういう[朋友]。

ぼうばく【茫漠】 近代ばうばく[茫漠]。漠として。近世くゎうばく[広漠]。ばうやう[茫洋／芒洋]。中世ばくぜん[漠然]。中古さうばう[蒼茫]。ばうばう[茫茫]。ばくばく[漠漠]。はてしなし[果無]。ひろびろ[広広]。へうべう[縹渺／縹緲／縹眇]。べうべう[渺渺]。

ほうはつ【蓬髪】 近世みだりがみ[乱髪]。中世おぼとれがしら[蓬頭]。みだれがみ／らんぱつ[乱髪]。中古ほうとう[蓬頭]。ほうはつ[蓬髪]。

ぼうはん【防犯】 セキュリティー(security)。近代ばうはん[防犯]。中古ちあん[治安]。

ほうび【褒美】 近代しゃうさん[賞賛]。しゃうてん[賞典]。しゃうひん[賞品]。ほうしゃう[褒章]。中世けじゃう[勧賞]。しゃうよ[賞与]。しょうさん[称賛]。てんとう[纏頭]。中古かづけもの[被物]。くゎんしゃう[勧賞]。けんじゃう[勧賞]。さんす[賛]。しゃう[賞]。しゃうす[賞]。ほうび[褒美]。ろく[禄]。上代おんしゃう[恩賞]。
手柄に対する— 中世くんこう[勲功]。

ぼうび【防備】 近代けいかい[警戒]。ばうび[防備]。近世しゅび[守備]。中世そなへ[具／備]。中古ばうぎょ[防御／防禦]。ばうゑい[防衛]。上代おさへ[押／抑]。ふせぐ[防]。→**ふせ・ぐ** →**ぼうえい**

ほうふ【豊富】 近世ほうふ[豊富]。近代もりだくさん[盛沢山]。中世たっぷり。中古じゅんたく[潤沢]。とむ[富]。ゆたけし[豊]。上代おほし[多]。たたはし。ももだる[百足]。ゆたか[豊]。→**ゆたか**

ぼうふ【亡父】 近世せんくんし[先君子]。

中世せんくん［先君］。中古せんじん［先人］。せんぷ［先父］。ばうふ［亡父］。上代せんかう［先考］。

ーと亡くなった祖父 中古そかう［祖考］。

ぼうふう【暴風】 こうてん［荒天］。近世あらし［嵐］。近代きゃうへう［狂飆／狂飈］。きゃうふう［強風］。中世せんぷう［旋風］。中古こくふう［黒風］。上代あかしまかぜ／あからしまかぜ［暴風］。おほかぜ［大風］。ぼうふう［暴風］。よこしまかぜ［横風］。→**かぜ【風】**

ーと雨 近代こくふうはくう［黒風白雨］。ストーム(storm)。近世あらし［嵐］。中世ぼうふうう［暴風雨］。

ーと雪 近代ぼうふうせつ［暴風雪］。中古ふぶき［吹雪］。

秋のー 中古のわき／のわけ［野分］。

ほうふく【報復】 おかえし［御返］。近代ほうしゃう［報償］。近世いしゅがへし［意趣返］。いしゅばらし［意趣晴］。ほうふく［報復］。中世へんれい［返礼］。中古かへし［返］。→**しかえし**

ぼうふら【孑孑】 近代けつけつ［孑孑］。近世ぼうふら［孑孑／棒振］。ぼうふり［棒振］。ぼうふりむし［棒振虫］。

ほうべん【方便】 近世だし［出］。中世けんだう［権道］。しゅだん［手段］。たより［便］。中古てだて［手立］。上代はうべん［方便］。

ーとして使う 近世りよう［利用］。→**しゅだん**

ーに使われる者 近世だしもの［出物］。

ほうほう【方法】 →**しゅだん**

ほうぼう【方方】 近代かくち［各地］。そこかしこ［其処彼処］。近世あちらこちら／あっちこっち［彼方此方］。そちこち［其方此方］。中世あちこち［彼方此方］。こなたかなた［此方彼方］。中古かたがた［方方］。しょしょ［諸処］。はうばう［方方］。上代こちごち［此方此方］。

ーからどっと一か所に集まること 近世さったう［殺到］。上代ふくそう［輻輳／輻湊］。

ぼうぼう【茫茫】 近代あいまいもこ［曖昧模糊］。近世ぼんやり。中世ばくぜん［漠然］。中古あいまい［曖昧］。ばうばう［茫茫］。→**ぼうばく**

ほうぼく【放牧】 中世はなしがひ［放飼］。中古のがひ［野飼］。はうぼく［放牧］。

季節によって移動するー 近代いぼく［移牧］。

繫索して行動範囲を制限するー けいぼく［繫牧］。

土地が狭く家畜が多すぎるー かほうぼく［過放牧］。

ほうまつ【泡沫】 →**あわ**

ほうまん【放漫】 近代いいかげん［良加減］。ルーズ(loose)。はうまん［放漫／放慢］。近世きまま［気儘］。中世なげやり［投遣］。

ほうみょう【法名】 近世かいみゃう［戒名］。上代ほふがう［法号］。ほふみゃう［法名］。

ほうむ・る【葬】 近代どまい［土埋］。荼毘(だび)に付す。中世さう［葬］。すいさう［水葬］。つきこむ［築込］。とりおく［取置］。とりをさむ［取納］。はうむる［葬］。あとを隠す。中古すつ［すてる］［捨］。どさう［土葬］。れんさう［斂葬］。をさむ［おさめる］［治］。煙(けぶり)と(に)なす。上代おくりおく［送置］。くゎさう［火葬］。はぶり［葬］。はふる／はぶる［葬］。まいさう［埋葬］。→**そうぎ【葬儀】**

ー・り方の例 くっそう［屈葬］。ざそう［座葬］。しんそう［伸葬］。しんてんそう［伸展葬］。

ー・るために墓地に送ること 近世のべおくり［野辺送］。中古さうそう［葬送］。上代そうさう［送葬］。

異郷で死んだ人を故郷へ戻してー・ること 近世きさう［帰葬］。

仮にー・ること 近代かさう［仮葬］。かりまいさう［仮埋葬］。近世かりうめ［仮埋］。上代あらき［荒城／殯］。もがり［殯］。

粗末なー・り方の例 近世なげこみ［投込］。

密かにー・ること 近世みっさう［密葬］。

二人以上の死者をー・ること じゅうそう［重葬］。中世がっさう［合葬］。

▼仮の埋葬所 上代あがり［殯］。あらき［荒城／殯］。もがり［殯］。もがりのみや［殯宮］。

ほうめい【芳名】 おなまえ［御名前］。近代そんめい［尊名］。近世きめい［貴名］。はうめい［芳名］。

ほうめん【方面】 近代はうかう［方向］。ぶんや［分野］。りゃうゐき［領域］。近世てすぢ［手筋］。中世て［手］。むき［向］。中古かた［方］。かたざま［方様］。さま［様／方］。すぢ［筋／条］。はうめん［方面］。上代はう［方］。みち［道／路／途］。→**ほうこう【方向】**

新しく開いたー いちせいめん［一生面］。しんせいめん［新生面］。近代しんきぢく［新機軸］。

あらゆるー 近代ひゃくはう［百方］。ひゃくはん［百般］。中世しぐうはっぱう［四隅八

方」。しはうはちめん［四方八面］。しはうはっぽう［四方八方］。上代 やも［八方／八面］。

いろいろなー 中世 あちこち／あちらこちら［彼方此方］。近代 しょはう［諸方］。

そのー 中古 さるかた［然方］。すぢ［筋］。

それぞれのー 近代 かくはうめん［各方面］。

他のー 中古 ことざま［異様］。

ほうめん【放免】 近代 かいはう［解放］。はうしゃ［放赦］。中古 しゃめん［赦免］。上代 しゃくはう［釈放］。はうめん［放免］。ゆるす［許／赦］。

ほうもつ【宝物】→たから

ほうもん【訪問】 近代 おじゃま［御邪魔］。近世 かほだし［顔出］。つらみせ［面見世］。中世 おと［音］。じんぱう［尋訪］。とぶらひ／とむらひ［訪］。はうもん［訪問］。みまひ［見舞］。らいはう［来訪］。中古 おとなひ［訪］。せうそこ［消息］。

《謙》近世 あがる［上］。うかがひ［伺／窺］。さんだう［参堂］。中古 さんじゃう［参上］。すいさん［推参］。

ーがない 中世 あとなし［跡無］。中古 ひとめなし［人目無］。跡を絶ゆ。

ー客 →きゃく

ー客がなかなか帰らないこと 近世 ながっちり［長尻］。中古 ながゐ［長居］。

ー・して会うこと 近代 わうはう［往訪］。

ー・しない 中世 ぶさた［無沙汰／不沙汰］。

ー・する 中世 こととふ［言問／事問］。とむらふ［訪］。ゆきとぶらふ［行訪］。中古 おとづる［―ずれる］［訪］。おとなふ［音／訪］。とぶらふ［訪］。上代 たづぬ［たずねる］［訪］。とふ［訪］。

ーのとき持って行く土産 近世 てみやげ［手土産］。

ーを受ける →らいほう

間をおかずしばしばー・すること 近世 あしぢかい［足近］。

一軒一軒ー・すること 近代 こべつはうもん［戸別訪問］。

贈り物を持ってー・すること 上代 へいもん［聘問］。

客のー 中世 きゃくらい［客来］。

寂しい折りの嬉しいー 近世 空谷(くうこく)の跫音(きょうおん)（足音(そくおん)）。

ほうゆう【朋友】→ともだち

ほうよう【包容】 近世 つつみこむ［包込／包籠］。中世 はうがん［包含］。はうくゎつ［包括］。中古 はうよう［包容］。

ほうよう【抱擁】 近代 はうよう［抱擁］。中世 だきあふ［抱合］。中古 くゎいはう［懐抱］。だく［抱］。上代 いだく［抱］。

ー力がある 懐が深い。近代 おほきい［大］。

ほうよう【法要】→ほうじ

ぼうよう【茫洋】→ぼうばく

ほうよく【豊沃】 近代 ほうよく［豊沃］。近世 ひよく［肥沃］。中古 ぶねう［豊饒］。ほうぜう［豊饒］。ほうねう［豊饒］。

ほうらく【崩落】 かいらく［壊落］。近代 たうくゎい［倒壊］。中世 ぐゎかい［瓦解］。ほうくゎい［崩壊／崩潰］。ほうらく［崩落］。中古 くづれおつ［―おちる］［崩落］。

ぼうらく【暴落】 きゅうらく［急落］。近代 がたおち［落］。ぼうらく［暴落］。

相場がー・すること 近代 がら［瓦落］。がらおち［瓦落落］。近代 さんらく［惨落］。

ほうらつ【放埒】 近代 かってきまま［勝手気儘］。てまいがって［手前勝手］。近世 えてかって［得手勝手］。きまま［気儘］。じぶんかって［自分勝手］。てまへがって［手前勝手］。みがって［身勝手］。中世 はうじゅう［放縦］。はうらち［放埒］。中古 はういつ［放逸］。はうし［放恣／放肆］。はうらつ［放埒］。わがまま［我儘］。上代 はうしょう［放縦］。→かって❶

ぼうり【暴利】 こうきんり［高金利］。近代 ぼうり［暴利］。中世 かうり［高利］。

ほうりこ・む【放込】 スローイン(throw-in)。近世 さでこむ［込］。はふりこむ［放込］。ぶちこむ［込］。上代 なげいる［―いれる］［投入］。

ほうりだ・す【放出】 おっぽらかす。おっぽる［放］。近代 おっぽりだす［放出］。はうしゅつ［抛出］。近世 うっちゃらかす［打遣］。うっちゃる［打遣］。はふりだす［放出］。ほからかす［放］。中世 なげだす［投出］。はうてき［放擲／抛擲］。はふる［放／抛］。中古 うちすつ［―すてる］［打捨］。うちやる［打遣］。すつ［すてる］［捨／棄］。はふらかす／はふらす［放］。

ほうりつ【法律】 近代 ノルム(フランス norme)。はふき［法規］。はふりつ［法律］。ロー(law)。近世 きりつ［規律］。中世 おきめ［置目］。中古 せいはふ［制法］。はっと［法度］。みのり［御法］。上代 おきて［掟］。のり［法／則］。はふ［法］。はふれい［法令］。りつ［律］。りゃう［令］。

ーに外れていること イリーガル(illegal)。しょくほう［触法］。ほういはん［法違反］。

近代ひがふはふ[非合法]。ゐはふ[違法]。中古ふはふ[不法]。上代ひゐ[非違]。近代じゅんぱふ[遵法/順法]。

—を守り従うこと 近代けんぱふ[憲法]。

国家の根本となる— 中古こくけん[国憲]。

大切な—やきまり 近代たいてん[大典]。中世たいはふ[大法]。中古きんくゎぎょくでう[金科玉条]。

尊ぶべき— 上代ぎょくでう[玉条]。

昔の— 中世こはふ[古法]。中古こりつ[古律]。

良くない— ざるほう[笊法]。近代あくはふ[悪法]。中世とはふ[徒法]。

ほうりな・げる【放投】 おっぽる[押放]。近世はふりなげる[放投/抛投]。中世とうず[投]。なげだす[投出]。上代なぐ(なげる)[投]。→**なげだ・す**

ぼうりゃく【謀略】 近代じゅっさく[術策]。さたくらみ[企]。近世おとしあな[落穴]。さくりゃく[策略]。中世きけい[詭計]。さくぼう[策謀]。中古じゅっけい[術計]。たばかり[謀]。はかりごと[謀]。ぼうりゃく[謀略]。上代いんぼう[陰謀]。ぼうけい[謀計]。

ぼうりゅう【傍流】 近代えだながれ[枝流]。ばうけい[傍系]。中世えだがわ[枝川]。中古しりう[支流]。ぶんりう[分流]。

ぼうりょく【暴力】 ゲバルト(Gewalt)。バイオレンス(violence)。近代ぼうりょく[暴力]。わんりょく[腕力]。近世ぼうかう[暴行]。らんぼう[乱暴]。中世うでづく[腕尽]。がうぎ[嗷議/嗷儀]。

—で奪い取ること 近代りゃくだつ[略奪/掠奪]。中世がうだつ[強奪]。ぼうりゃく[暴掠]。ぼうりょくだん[暴力団]。

—的集団 近代ギャング(gang)。ぼうりょくだん[暴力団]。

—的であること 中世てあら[手荒]。

—的な手段による政治的威嚇 近代テロ/テロル(ドイツ Terror)。

—を振るう 中世手を出す。中古手を掛く[—掛ける]。

すぐに—を振るう 手が早い。

ほう・る【放】 おっぽる[押放]。中世とうず[投]。なげだす[投出]。はふる[放/抛/投]。上代なぐ(なげる)[投]。→**な・げる**

ほうれい【法令】 ロー(law)。近代はふりつ[法律]。近世きりつ[規律]。上代おきて[掟]。のり[法/則]。はふれい[法令]。→**ほうりつ**

—などがすぐに変更されること 近代てうかいぼへん[朝改暮変]。てうしゅつぼかい[朝出暮改]。てうれいぼかい[朝令暮改]。

苛酷な— 中古かはふ[苛法]。

ぼうれい【亡霊】 近代おばけ[御化]。近世いうき[幽鬼]。いんき[陰鬼]。中世おに[鬼]。せい[精]。ばうこん[亡魂]。ばうしん[亡心]。はくれい[魄霊]。中古いうれい[幽霊]。なきたま[亡魂]。ばうれい[亡霊]。もののけ[物怪/物気]。りゃう[霊]。をんりゃう[怨霊]。上代いうこん[幽魂]。

—の能面 中世あやかし。

ほうろう【放浪】 近世はうくゎい[彷徊]。ふらう[浮浪]。へうへう[飄飄]。へうらう[漂浪]。らうらう[浪浪]。りうらう[流浪]。りうり[流離]。中世はうらう[放浪]。へうはく[漂泊]。中古はいくゎい[徘徊]。ふいう[浮遊/浮游]。るらう[流浪]。上代はうくゎう[彷徨]。→**さまよ・う**

ほうろうしゃ【放浪者】 ぷうたろう[風太郎]。近代さすらひびと[流離人]。ジタン(フランス gitan)。ジプシー(gypsy)。はうらうしゃ[放浪者]。バガボンド(vagabond)。ボヘミアン(Bohemian)。るらうしゃ[流浪者]。ルンペン(ドイツ Lumpen)。近世さんがいばう[三界坊]。てんぢくらうにん[天竺浪人]。ながれもの[流者]。へうかく[漂客]。ほうかく[蓬客]。東西南北の人。流れの身。中世あとなしびと[跡無人]。うきもの[浮者]。りうみん/るみん[流民]。るらうにん[流浪人]。上の空なる者。上代うかれうど[浮人]。らうにん[浪人]。

ほうろく【俸禄】 近世しょくほう[食俸]。しょくろく[職禄]。ちぎゃう[知行]。ほうきふ[俸給]。中世しょくろく[食禄]。ふち[扶持]。ろくちつ[禄秩]。中古ぞく[粟]。ちつ[秩]。上代ほうろく[俸禄]。

—としての米 近世ふちまい[扶持米]。

—を与え家臣とすること 中世ふち[扶持]。

—を増加すること 近世かちつ[加秩]。かろく[加禄]。

官府から受ける— 近世くゎんろく[官禄]。

多額の— 近世かうろく[高禄]。たいろく[大禄]。ぢゅうろく[重禄]。

わずかの— 近世せうろく[小禄/少禄]。びろく[微禄]。

ほ・える【吠】 近世はうかう[咆哮]。中古たける[哮]。上代うたく。たけぶ[哮詰]。ほゆ[ほえる][吠/吼]。

―・えて噛（か）み付こうとする 近世 いがむ［啀］。

―・えるようにする（吠えさせる） 中世 ほやす［吼］。

荒々しく―・える 近代 たけりたつ［哮立］。

狂ったように―・える 近代 ほえくるふ［吠狂／哮狂］。

ほお【頰】 近代 ほっぺ［頰］（幼児語）。近世 ほっぺた［頰辺］。よこぞっぽう［横外方］。よこっつら／よこづら［横面］。中古 ほほ［頰］。上代 つら［面／頰］。

―の筋肉 きょうきん［頰筋］。

―を付けて愛情を示すこと 近世 ほほずり［頰摺／頰擦］。

肘を立てて―を支えること→**ほおづえ**

ふっくらした豊かな― 近代 ほうけふ［豊頰］。

老人の―がくぼんだようになる 中古 すげむ。

ほおじろ【頰白】 中世 ほほじろ［頰白／黄道眉／画眉鳥］。上代 しとと／しとど［巫鳥／鵐］。

ポーズ（pose） しせい［姿勢］。フォーム（form）。近代 ポーズ。

ほおずき【鬼灯】 近世 かかち［酸漿］。とうろうさう［灯籠草］。とうろうばな［灯籠花］。中古 かがみご［酸漿］。ぬかづき［酸漿］。ほほづき［鬼灯／酸漿］。上代 あかかがち［赤酸漿］。かがち［酸漿］。

ボーダーライン（border line） 近代 きゃうかいせん［境界線］。わかれめ［分目］。中世 さかひめ［境目］。

ほおづえ【頰杖】 中世 かほづゑ［顔杖］。ほほつかへ［頰支］。ほほづゑ［頰杖］。中古 つらづゑ［面杖］。

ボート（boat） 近代 たんしう［端舟］。近世 たんてい［端艇／短艇］。バッテラ（ポルトガル batei-ra）。ボート。中古 こぶね［小舟］。上代 はしぶね［端舟／端艇／橋船］。→**ふね**

―などの競漕 近代 ボートレース（boat race）。レガッタ（regatta）。

―の競技で漕ぐ選手 そうしゅ［漕手］。近代 クルー（crew）。中世 こぎて［漕手］。

―の全長 近代 ていしん［艇身］。

―を漕ぐこと 近代 さうてい［漕艇］。

艦船に搭載する― カッター（cutter）。

ボーナス（bonus） きまつてあて［期末手当］。とくべつてあて［特別手当］。近代 いちじきん［一時金］。ボーナス。中世 しゃうよ［賞与］。

ホープ（hope） 近代 きたい［期待］。きぼう［希望］。のぞみ［望］。ホープ。

ほおぼね【頰骨】 きょうこつ［頰骨］。近世 くゎんこつ／けんこつ［顴骨］。つらがまち［輔／面框］。ほげた［頰桁］。ほほがまち［頰輔］。中世 ほほげた［頰桁］。ほほぼね［頰骨］。中古 つらぼね［頰骨］。

ホーム（home） ほんきょち［本拠地］。近代 かてい［家庭］。そこく［祖国］。ホーム。ほんごく［本国］。中世 ここく［故国］。上代 いへ［家］。こきゃう［故郷］。

ホール（hall） 近代 オーディトリアム（auditorium）。かうだう［講堂］。くゎいくゎん［会館］。こうくゎいだう［公会堂］。しふくゎいしょ［集会所］。ホール。近世 おほひろま［大広間］。ひろま［広間］。

ほか【外】 近代 いぐゎい［以外］。エトセトラ（etc.; &c.; ラテン et cetera）。はんゐぐゎい［範囲外］。中世 そのた［其他］。べつ［別］。中古 た［他］。ほかほか［外外］。上代 ほか［外／他］。よそ［余所］。

《枕》上代 あしがきの［葦垣］。

―の 中古 あらぬ［有］。

―の考え 中世 よねん［余念］。

―の事 近代 べつじ［別事］。中世 べちぎ／べつぎ［別儀］。よぎ／よのぎ［余儀］。よじ［余事］。

―の時 中世 いじ［異時］。中古 ことときー［異時］。

―の所 中世 よしょ［余所／余処］。中古 ことどころ［異所］。上代 たしょ［他所］。よそ［余所／他所／外］。

―の日 又の日。近代 ごじつ［後日］。中世 よじつ［余日］。中古 たじつ［他日］。

―の人 中世 よじん［余人］。中古 べつじん／べつにん［別人］。

―の物 近世 たぶつ［他物］。中古 ぐゎいぶつ［外物］。

ほかく【捕獲】 中世 ほくゎく［捕獲］。中古 つかまふ［―まへる］［捕］。ほそく［捕捉］。上代 とる［捕］。→**ほそく【捕捉】**

ほかけぶね【帆掛船】 近代 しらほ［白帆］。近世 ほまへせん［帆前船］。中世 はんせん［帆船］。ほかけぶね［帆掛船］。→**ふね**

ぼかし【暈】 うんせん［暈渲］。近代 グラデーション（gradation）。ハーフトーン（halftone）。フェード（fade）。近世 ぼかし［暈］。

ぼか・す【暈】 あいまいにする。奥歯に物が挟まる。近代 ぼかす［暈］。近世 ぼやかす。中世 にごす［濁］。

―・した言い方（例） 近代 なんする［何］。中世 やら。中古 うんうん［云云］。

ほがらか【朗】 近代 くゎいくゎつ［快活］。近世

めいらう［明朗］。中世やうき［陽気］。中古あきらか［明］。うららか［麗］。ほがらか［朗］。

ー・に笑うこと ろうしょう［朗笑］。

ほかん【保管】 近代ほいう［保有］。ほくゎん［保管］。ほぞん［保存］。中世ほうぢ／ほぢ［保持］。中古あづかる［預］。しょぢ［所持］。上代たもつ［保］。

ほきゅう【補給】 近代てんぽ［塡補］。ほきふ［補給］。近世ほじょ［補助］。ほてん［補塡］。中世おぎなふ［補］。たし［足］。上代つぐ［継］。

ほきょう【補強】 パワーアップ(和製power up)。近代きゃうくゎ［強化］。ぞうきゃう［増強］。ほきゃう［補強］。中世つよむ〔つよめる〕［強］。

ーのためあてる布 あてぬの［当布］。ちからぬの［力布］。

ーのための金属や棒など ステー(stay)。ブラケット(bracket)。リブ(rib)。中古すぢがね［筋金］。

布などをー・すること(もの) あて［当／宛］。中世うらはり［裏張］。近世さしこ［刺子］。中世うはざし［上刺］。うらうち［裏打］。裏を打つ。

ぼくしゅ【墨守】 こしつ［固執］。近代こしゅ［固守］。しゅきう［守旧］。ほしゅ［保守］。中古ぼくしゅ［墨守］。

ぼくじょう【牧場】 近代ぼくぢゃう［牧場］。まきば［牧場］。中古まき［牧］。上代うまき／むまき［牧／馬城］。《尊》中古みまき［御牧］。

ー生活を主題とする歌 パストラル(pastoral)。ぼっか［牧歌］。

ーで飼育している馬 上代ぼくば［牧馬］。

ーで飼育すること 近世ぼくやう［牧養］。

ーと耕作を交互に行う畑 まきばた［牧畑］。

ーの垣 上代うませ［馬柵］。

ーの木戸 近代ませど［馬柵戸］。

ーの柵の横木 近代ませぼう／ませんぼう［馬柵棒］。中古ませ［馬柵］。

ーの土地 ぼくそうち［牧草地］。上代ぼくち［牧地］。

▼放し飼い 中古のがひ［野飼］。はうぼく［放牧］。

ほぐ・す【解】 中古ほぐす［解］。上代とく［解］。ほどく［解］。

ほくそえ・む【笑】 空店(あきだな)の恵比寿。近代にやにやする。中世ほくそわらふ［笑］。ほくそゑむ［笑］。→**わら・う**

ぼくちく【牧畜】 ひいく［肥育］。ようちく［養畜］。らくのう［酪農］。近代いうぼく［遊牧］。ぼくちく［牧畜］。近世しいく［飼育］。ぼくやう［牧養］。中世ちくやう［畜養］。中古はうぼく／はうもく［放牧］。上代しやう［飼養］。ちくさん［畜産］。

ぼくどう【牧童】 ガウチョ(スペイン gaucho)。近代カウボーイ(cowboy)。ぼくしゃ［牧者］。ぼくじん／まきびと［牧人］。ぼくふ［牧夫］。中古ぼくどう［牧童］。

ーの歌う歌 ぼっか［牧歌］。

ほくとしちせい【北斗七星】 近代ほくとせい［北斗星］。近世しちえうせい［七曜星］。しちせい［七星］。ななつぼし［七星］。中世いくさぼし［軍星］。てんくゎん［天関］。なますほし［七坐星］。ひしゃくぼし［柄杓星］。四三(しさう)の星。中古ぎょくと［玉斗］。ほくとしちせい［北斗七星］。上代ほくと［北斗］。

ーの柄の部分の三星 中古せってい［摂提］。とへい［斗柄］。

ーの先端の星 近代えうくゎう［揺光］。近世くゎいせい［魁星］。はぐんせい［破軍星］。中世けんさき［剣先］。はぐんしゃう［破軍星］。

ぼくとつ【朴訥】 近代とつぼく［訥朴］。中世そぼく［素朴］。中古しつぼく［質朴］。ぼくとつ［朴訥／木訥／樸訥］。上代じゅんぼく［純朴］。

ぼくめつ【撲滅】 近代こんぜつ［根絶］。ぜんめつ［全滅］。近世せんめつ［殲滅］。ねだやし［根絶］。中古ぜつめつ［絶滅］。ぼくめつ［撲滅］。

ほぐ・れる【解】 近世ほぐる〔ほぐれる〕［解］。ほごる〔ほごれる〕［解］。縒(よ)り(撚(よ)り)が戻る。中古ほどく〔ほどける〕［解］。上代とく〔とける〕［解］。やはらぐ［和］。

ほくろ【黒子】 近世ほくそ［黒子］。中世ははくそ／ははくろ［黒子］。ほくろ［黒子］。ゐくぼ［靨］。中古ふすべ［贅］。上代こくし［黒子］。

美容の目的で付けるー 近代いれぼくろ［入黒子］。つけぼくろ［付黒子］。ビューティースポット(beauty spot)。

目尻や目の下にあるー 近世なきぼくろ［泣黒子］。

老人にできるー 近世しにぼくろ［死黒子］。

ぼけ【木瓜】 さらさぼけ［更紗木瓜］。近世からぼけ［唐木瓜］。じゃうげんこう［上元紅］。ぼくくゎ／もくくゎ［木瓜］。中世ぼけ

［木瓜］。中古もけ［木瓜］。

ほけつ【補欠】 近代あなうめ［穴埋］。うめあはせ［埋合］。カバー(cover)。サブ(sub)。よび［予備］。ベンチウォーマー(bench warmer)。近世おぎなひ［補］。中世たし［足］。中古ほけつ［補欠／補闕］。

ポケット(pocket) ポッケ(幼児語)。近代いなう［衣嚢］。ポケット。近世かくし［隠］。

—の中 近代くゎいちゅう［懐中］。

別布で作って張り付けた— パッチポケット(patch pocket)。

洋服にある—の例 近代うちかくし［内隠］。うちポケット［内pocket］。しりかくし［尻隠］。

ぼ・ける【惚】 近代ちほう［痴呆］。近世とぼく〔とぼける〕［恍／惚］。中古おぼほる［溺／惚］。おる［愚／痴］。おろく。しる〔しれる〕［痴］。ほうく〔ほうける〕［惚／耄］。ほく〔ほける〕［惚／呆］。ぼく〔ぼける〕［惚］。ほる〔ほれる〕［惚］。

—・けている 中古ほけほけし［惚惚］。

—・けている状態 近世くゎうこつ［恍惚／慌惚］。

—・けて馬鹿になる 中古ほけしる［惚痴］。

少し—・ける 近代うすぼける［薄惚］。

年取って—・ける 近世もうろく［耄碌］。焼きが回る。中世おいしらむ［老痴］。中古おいしらふ／おいしる［老痴］。おいぼれ［老耄］。

ぼ・ける【暈】 近代かすれる［掠／擦］。ピントはずれ［外］。ぼやける。中世ぼく〔ぼける〕［暈］。

少し—・ける うすぼける［薄暈］。

ほけん【保険】 インシュアランス(insurance)。ほしょう［保証］。近代ほけん［保険］。

—数理の専門家 アクチュアリー(actuary)。

—に加入し保険者に支払う料金 プレミアム(premium)。近代ほけんれう［保険料］。

運送にかかわる— うんちんほけん［運賃保険］。つみにほけん［積荷保険］。近代うんそうほけん［運送保険］。

営利を目的とする— えいぎょうほけん［営業保険］。えいりほけん［営利保険］。

その他—のいろいろ(例) いりょうほけん［医療保険］。かいじょうほけん［海上保険］。きょうせいほけん［強制保険］。しっぺいほけん［疾病保険］。しゅうしんほけん［終身保険］。ていがくほけん［定額保険］。ていきほけん［定期保険］。とうなんほけん［盗難保険］。にんいほけん［任意保険］。ぶつほけん／ものほけん［物保険］。ゆうびんねんきん［郵便年金］。ろうさいほけん［労災保険］。近代かうくうほけん［航空保険］。かんいほけん［簡易保険］。くゎさいほけん［火災保険］。しばうほけん［死亡保険］。せいぞんほけん［生存保険］。せいめいほけん［生命保険］。そんがいほけん［損害保険］。どうさんほけん［動産保険］。やうらうほけん［養老保険］。

ほけん【保健】 けんこうかんり［健康管理］。近代ほけん［保健］。近世ゑいせい［衛生］。

ほこ【矛】 上代ほこ［矛／戈／鉾／鋒／戟］。

—と矢 中世ほうし［鋒矢］。

—の切っ先 中世ほこさき［矛先／鉾先／鋒］。→ほこさき

玉で美しく飾った— 中世たまぼこ［玉矛／玉鉾］。上代たまほこ［玉矛／玉鉾］。ぬほこ［瓊矛］。天(あま)の瓊矛(ぬほこ)。

ほご【保護】 プロテクション(protection)。プロテクト(protect)。ひご［庇護］。近代エスコート(escort)。ほご［保護］。ようご［擁護］。ほあん［保安］。中世かいはう［介抱］。きうご［救護］。ほぜん［保全］。中古ばうご［防護］。

—・し育てること きょうご［教護］。近代ほいく［保育］。中世やうご［養護］。

—・し助けること えんご［援護］。中世きうご［救護］。

—・する 中世かかふ〔かかえる〕［抱］。かこふ［囲］。中古まぼらふ／まもらふ［守］。陰に隠す。上代もる［守］。

—・する立場の人 近代ほごしゃ［保護者］。

—・するための施設 ふくりこうせいしせつ［福利厚生施設］。ホーム(home)。ほごしせつ［保護施設］。ようごしせつ［養護施設］。

—のための布 あてぬの［当布］。

ほご【反古】 近世かみくづ［紙屑］。ふみがら［文殻］。中世こし［故紙／古紙］。ほうぐ［反古／反故］。中古ほうご／ほぐ［反古／反故］。上代ほご［反古／反故］。ほごかみ［反古紙／反故紙］。

ほこう【歩行】 ウォーキング(walking)。ウォーク(walk)。近世足を運ぶ。中世とほ［徒歩］。中古あよみ［歩］。かうほ［行歩］。かちありき［徒歩］。ぎゃうぶ［行歩］。つうかう［通行］。ほかう［歩行］。かち［徒歩］。上代あゆみ［歩］。ありき／あるき［歩］。

—が困難なこと 上代あしなへ［蹇／跛］。

疲労や病気などで—困難になった足 中古みだりあし／みだれあし［乱足／乱脚］。

ぼこく【母国】 ホームランド(homeland)。マ

ザーカントリー(mother country)。近代 おくに［御国］。そこく［祖国］。ぼこく［母国］。中世 ここく［故国］。じこく［自国］。中古 しゃうごく［生国］。上代 きゃうこく［郷国］。ほんごく［本国］。わがくに［我国］。

—の言葉を話す人 ネーティブスピーカー(native speaker)。

二カ国語を—の言葉とすること(人) バイリンガル(bilingual)。

ほこさき【矛先】 近代 たうばう［刀鋩］。近世 ほさき［穂先］。やりさき［槍先］。中世 きっさき［切先］。きほう［機鋒］。はさき［刃先］。ほうばう［鋒鋩／鋒芒］。ほこさき［矛先／鉾先／鋒］。

鋭い— 中古 えいほう［鋭鋒］。

ほこら【祠】 近世 しゃし［社祠］。中世 しだう［祠堂］。つまやしろ［端社／妻社］。やしろ［社］。中古 しんし［神祠］。ほくら［神庫／宝庫］。ほこら［祠／叢祠］。

草木の茂みの中にある— 中古 そうし［叢祠］。

小さな— 近世 せうし［小祠］。

ほこらし・い【誇】 近代 とくい［得意］。近世 ほこらかし［誇］。中古 ほこらし［誇］。

—・く世間に掲げるしるし 近世 きんかんばん［金看板］。

ほこらしげ【誇】 近代 とくいがほ［得意顔］。とくいげ［得意気］。ほこらか［誇］。ほこりげ［誇気］。近世 はなたかだか［鼻高高］。肩身広し。鼻高し。中世 とくとく［得得］。中古 いきやうやう［意気揚揚］。ほこらしげ［誇］。ほこりか［誇］。

—・に振る舞う 中古 ほこらかす［誇］。

ほこり【誇】 近代 きんぢ［矜持］。じそんしん［自尊心］。じふしん［自負心］。プライド(pride)。ほこり［誇／矜］。メンツ［面子］。近世 きょうじ［矜恃］。きょうぢ［矜持］。ぜい［贅］。てがら［手柄］。

《句》中世 鷹は飢ゑても穂は摘まず。

ほこり【埃】 近代 ダスト(dust)。近世 ごみ［塵／芥］。ごみあくた［塵芥］。ごもく［芥］。中世 あくたもくた。ぢんかい［塵芥］。ほこり［埃］。中古 ちり［塵］。上代 あくた［芥］。ぢんあい［塵埃］。ふうぢん［風塵］。→**ごみ**

—っぽい 中古 ちりがまし［塵］。

—を立てる 近代 ほだてる［攪］。

—を払い落とす道具 ダスター(duster)。近世 はたき［叩］。ほこりはらひ［埃払］。中古 うちはらひ［内払］。ちりはたき［塵叩］。ちりはらひ［塵払］。

風下にいて浴びる— 近代 かぢん［下塵］。こうぢん［後塵］。

黄色の土の— 近代 くゎうあい［黄埃］。くゎうぢん［黄塵］。

車などの通り過ぎた後の— 近代 こうぢん［後塵］。中古 よぢん［余塵］。

煤と— 近世 すすぼこり［煤埃］。

麦打ちのとき立つ— 近世 むぎぼこり［麦埃］。

綿状になった— 近代 わたぼこり［綿埃］。

ほこ・る【誇】 近代 じとく［自得］。近世 きょうぢ［矜持］。きょうぢ［矜持］。じぐゎじさん［自画自賛］。中世 おごる［驕］。じふ［自負］。たかぶる［高］。中古 じまん［自慢］。上代 たかぶ［高］。ほこる［誇／矜］。ほころふ［誇］。

価値のないものを—・るたとえ 中世 えんせき［燕石］。

ほころ・びる【綻】 近世 ふくろべる［綻］。中世 ふくろぶ［綻］。ほつる（ほつれる）［解］。中古 ほころぶ（—ろびる）［綻］（四段活用）。ほどく（ほどける）［解］。上代 とく（とける）［解］。→**わら・う**

—・びさせる 中古 ほころばす［綻］。

着物などが—・びること 近世 はたん［破綻］。

蕾(みつぼ)**が—・びる** 中世 ひらく［開］。中古 ひもとく［紐解］。→**さ・く**

縫い目が—・びる 近世 わらふ［笑／咲］。

ほさ【補佐】 アシスト(assist)。近代 さんじょ［賛助］。じょりょく［助力］。ちからぞへ［力添］。近世 ほじょ［補助／輔助］。中世 てだすけ［手助］。ほさ［補佐／輔佐］。中古 ふよく［扶翼］。上代 ふさ［輔佐］。よくさん［翼賛］。

—・する 近代 力を貸す。近世 手を貸す。力になる。中古 うしろみる／うしろむ［後見］。中世 てつだふ［手伝］。ゐたすく（—たすける）［居助］。上代 たすく（たすける）［助］。

—・する人 アシスタント(assistant)。近代 サブ(sub)。じょしゅ［助手］。すけやく［助役］。ほさやく［輔佐役］。近世 じもく［耳目］。すけっと［助人］。そへ［添／副］。そへやく［添役］。にょうばうやく［女房役］。中世 すけだち［助太刀］。すけて［助手］。てつだひ［手伝］。

信頼できる—役 近世 かたうで［片腕］。

政務を—・する役 中古 うしろみ／こうけん［後見］。

天子などを—・すること(もの) 中古 つばさ［翼／翅］。わうさ［王佐］。上代 うよく［羽翼］。

翼］。

ぼさつ【菩薩】 近代しょうじ［正士］。じゃうし［上士］。ぶっし［仏子］。中世かいし［開士］。だいじざい［大自在］。ほふしん［法臣］。中古いわう［医王］。上代だいし／だいじ［大士］。ぼさつ［菩薩］。

ほし【星】 近代エトワール(フランス étoile)。しんせい［辰星］。スター(star)。中世せいと［星斗］。中古あまつぼし［天津星］。あまつみかぼし［天津甕星］。せいしん［星辰］。てんたい［天体］。上代ほし［星］。

―が空に散らばっていること 近世せいさん［星散］。

―と太陽 中世じっせい［日星］。

―の明るい夜(月のない) 近代せいや［星夜］。中古ほしづきよ／ほしづくよ［星月夜］。

―の光 近代せいえい［星影］。中世ほしあかり［星明］。ほしかげ［星影］。中古せいさい［星彩］。せいぼう［星芒］。

明け方の空に残る― 近世あさぼし［朝星］。中古げうせい［暁星］。ざんせい［残星］。しんせい［晨星］。

新しく発見された― ノバ(nova)。近代しんせい［新星］。

雨の夜の― 近世あまよのほし［雨夜星］。

怪しい― 近世えうせい［妖星］。上代あまつきつね［天津狐］。

一時的に見える―(例) しんせい［新星］。近世すいせい［彗星］。中世きゃくせい［客星］。上代かくせい［客星］。

多くの― 近世ぐんせい［群星］。ぬかぼし［糠星］。中世しゅせい［衆星］。中古しゅうせい［衆星］。上代星の林。

煌めく― 中世きらぼし［煌星］。

星座の中で一番明るい― アルファせい［α星］。しゅせい［首星］。

太陽など位置を変えない― 近世こうせい［恒星］。

太陽の周りを公転する― 近世わくせい［惑星］。

小さい― スターダスト(star dust)。近代ほしくづ［星屑］。近世ぬかぼし［糠星］。

月の近くに出る― 近世ちかぼし［近星］。

連なっている― 近世れっせい［列星］。中世れっしゅく［列宿］。中古れっしう［列宿］。

日月と― 中世つきひほし［月日星］。中古さんくゎう［三光］。さんしん［三辰］。

二つ並んで見える― 近世さうせい［双星］。

▼**明けの明星**→**あけのみょうじょう**

▼**天の川**→**あまのがわ**

▼**衛星** 近世そひぼし／そへぼし［添星／副星／輔星］。まぼりぼし／まもりぼし［守星］。

▼**織り姫** 近代おりひめぼし［織姫星］。たなばたひめ［棚機姫］。近世あさがほひめ［朝顔姫］。中世おりひめ［織姫］。上代しょくぢょせい［織女星］。たなばた［七夕／棚機／織女］。たなばたつめ［棚機津女］。とほづま［遠妻］。→**しょくじょせい**

▼**火星** 近世なつひぼし［夏日星］。中世ひなつぼし［日夏星］。中古けいこくせい［熒惑星］。けいわく［熒惑］。→**かせい【火星】**

▼**金星** 近代明けの明星。中世かはたれぼし［彼誰星］。中古あかぼし［赤星］。たいはくせい［太白星］。たれどきぼし［誰時星］。上代ゆふづつ［夕星］。→**きんせい【金星】**

▼**牽牛星**(けんぎゅうせい) アルタイル(Altair)。近代うしかひぼし［牛飼星］。近世をぼし［男星］。ひこぼし［彦星］。中古いぬかひぼし［犬飼星］。上代たなばた［七夕］。とほづま［遠夫］。ひこほし［彦星］。→**けんぎゅうせい**

▼**牽牛と織女の出会い** 中古ほしあひ［星合］。

▼**水星**→**すいせい【水星】**

▼**彗星**(すいせい) 中世はうきぼし［帚星］。中古ほたれぼし［穂垂星］。上代ははきぼし［帚星］。→**すいせい【彗星】**

▼**星座** 中世しゅく［宿］。しんしゅく［辰宿］。せいと［星斗］。やどり［宿］。中古せいしゅく［星宿］。せいしん［星辰］。せいてん［星躔］。星の宿り。

▼**超新星** スーパーノバ(supernova)。

▼**土星** 近世てんせい［塡星］。中古ちんせい［鎮星］。→**どせい**

▼**流れ星** 近世かたわれぼし［片破星］。はしりぼし［走星／流星］。中古ひかりもの［光星］。よばひぼし［夜這星／婚星］。りうしゃう［流星］。上代りうせい［流星］。→**ながれぼし**

▼**北斗七星** 近世しちえうせい［七曜星］。ななつぼし［七星］。中世てんくゎん［天関］。中古ぎょくと［玉斗］。→**ほくとしちせい**

▼**北極星** 近代ねのほし［子星］。ポラリス(Polaris)。北の一つ星。上代ほくしん［北辰］。

▼**木星** 中世たいさい［太歳］。→**もくせい【木星】**

▼**宵の明星** 上代ゆふつづ／ゆふづつ［長庚／夕星］。→**きんせい【金星】**

ほじ【保持】 キープ(keep)。近代かくほ［確保］。ほいう［保有］。ほぞん［保存］。近世

くゎんり［管理］。ゐぢ［維持］。中世ほうぢ／ほぢ［保持］。中古けんぢ［堅持］。しょいう［所有］。しょぢ［所持］。たもつ［保］。上代もつ［持］。

固く一・する 近代とる［取／執］。

使用せずに一・すること たいぞう［退蔵］。

ぼし【墓誌】 近代ぼめい［墓銘］。近世ぼし［墓誌］。ぼひめい［墓碑銘］。

ほし・い【欲】 近代ききう［希求］。中古かつばう［渇望］。ほっす［欲］。ゆかし［床］。上代のぞむ［望］。ほし［欲］。→がんぼう→ねが・う

一・いと思う心 近代よくばう［欲望］。中世よくじゃう［欲情］。よくねん［欲念］。中古よくしん［欲心］。

一・くて少しの間も辛抱できない 中世夜も日も明けぬ。

なんとなく一・い 中古ものほし［物欲］。

ほしいまま【恣】 近代しかう［恣行］。せんせん［専擅］。好き勝手。近世きまま［気儘］。しい［恣意］。せんし［専恣／擅恣］。せんわう［専横］。中世こころまかせ［心任］。はうじゅう［放縦］。はうらつ［放埒］。わうし［横恣］。中古にんぱう［任放］。はうし［放恣／放肆］。上代じいう［自由］。はうしょう［放縦］。ほしいまま［恣／擅／縦］。ほしきまにまに［欲盡／縦］。ほしきまま［欲盡／擅／縦／恣］。

一・にする のさばる。近代逞しうする／逞しくする。専らにする。

一の振る舞い 近代じゅうし［縦恣］。はうたう［放蕩］。

ほしが・る【欲】 近代よくきう［欲求］。近世しょまう［所望］。りうぜん［流涎］。中世せがむ。だい［朶頤］。ねだる［強請］。中古ほしがる［欲］。上代ねがふ［願］。のぞむ［望］。ほしむ［欲］。ほりす［欲］。ほる［欲］。むさぼる［貪］。もとむ〔もとめる〕［求］。→ねが・う

一・って泣く 上代こひなく［乞泣］。こふ［乞／請］。

一・らせる 上代ほしむ［欲］。

飽くことなく一・ること 中世とんあい［貪愛］。

欠乏したものをひどく一・る 近世かつう〔かつえる〕［飢／餓］。かっす［渇］。

強く一・ること(さま) 生唾を呑み込む。近代がっつく。すいえん／すいぜん［垂涎］。せつばう［切望］。ねつばう［熱望］。喉(咽)から手が出る。近世かつばう［渇望］。涎が出る。中世唾を引く。

ないものを無理に一・ること 近代ないものねだり［無物強請］。

ほしくさ【星草】 近代みづたまさう［水玉草］。近世たいこぐさ［太鼓草］。ほしくさ［星草］。

ほしくず【星屑】 スターダスト(star dust)。てんいんせき［天隕石］。てんこうせき［天降石］。近代ほしくづ［星屑］。近世ぬかぼし［糠星］。ほしいし［星石］。ほしくそ［星屎］。ゐんせい［隕星］。上代ゐんせき［隕石］。

ほじく・る【穿】 近代てきしゅつ［剔出］。てきけつ［剔抉］。近世かっぽじる［掻穿］。ほじくる［穿］。ほじる［穿］。中世くりぬく［刳抜］。ゑぐる［抉／剔／刳］。中古くじる［抉］。せせる［挵］。せんさく／せんざく［穿鑿］。上代うがつ［穿］。

ポジション(position) 近代ポジション。近世ゐち［位置］。中世たちば［立場］。ちゐ［地位］。

ほしまわり【星回】 近代ほしまはり［星回］。めぐりあはせ［巡合］。近世うんせい［運勢］。まはりあはせ［回合］。中世うんき［運気］。中古うん［運］。うんめい［運命］。

ほしゅ【保守】 メンテナンス(maintenance)。近代ほうぜん［保全］。近世くゎんり［管理］。ほしゅ［保守］。ゐぢ［維持］。中世ほうぢ／ほぢ［保持］。ほぜん［保全］。

一的 近代きうたいいぜん［旧態依然］。しゅきう［守旧］。はんどうてき［反動的］。中古杭(株)を守る。

一的な立場 うは［右派］。ライト(right)。近代うよく［右翼］。コンサバティブ(conservative)。ほしゅは［保守派］。みぎ［右］。

ほしゅう【補修】 メンテナンス(maintenance)。近代かいしう［改修］。しうり［修理］。ほしう［補修］。近世しうほ［修補］。つづくり［綴］。ていれ［手入］。中世なほす［直／治］。ふす［伏］。中古しうぜん［修繕］。上代つくろふ［繕］。

ほじゅう【補充】 てんそく［塡足］。近代あなうめ［穴埋］。うめあはせ［埋合］。てんぽ［塡補］。ほくゎん［補完］。ほそく［補足］。近世おぎなひ［補］。ほてん［補塡］。中世ついか［追加］。上代じゅうほ［充補］。ほじゅう［補充］。

人員の不足を一・すること 近代あなうめ［穴埋］。じゅうゐん［充員］。

ぼしゅう【募集】 近代せうぼ［招募］。近世ぼしふ［募集］。中古つのる［募］。

一に応じること 近代おうぼ［応募］。

一般から広く一・すること 近代こうぼ［公

募］。

大急ぎで―・すること きゅうぼ［急募］。

ほじょ【補助】 〔近代〕アシスト(assist)。ちからぞへ［力添］。ヘルプ(help)。力を貸す。〔近世〕はうじょ［幇助］。ほじょ［補助／輔助］。手を貸す。〔中世〕てだすけ［手助］。てつだふ［手伝］。力になる。〔中古〕あななふ。〔上代〕ほさ［補佐／輔佐］。ゑんじょ［援助］。たすく［たすける］［助］。ふさ［輔佐］。

―・する役の人 〔近代〕じょしゅ［助手］。ふくしゅ［副手］。

―的 サイド(side)。〔近代〕サブ(sub)。ふく［副］。

ほしょう【補償】 そんしつほてん［損失補塡］。〔近代〕うめあはせ［埋合］。だいしゃう［代償］。ほうしゃう［報償］。ほしゃう［補償］。〔近世〕ばいしゃう［賠償］。ほてん［補塡］。〔中世〕べんしゃう［弁償］。

ほしょう【保証】 うらがき［裏書］。しょうする［証］。〔近代〕しょうちょう［証徴］。たんぽ［担保］。ひきうける［引受／引請］。ほしょう［保証］。太鼓判を捺(お)す。折り紙を付ける。〔近世〕おすみつき［御墨付］。くちあひ［口合］。〔中世〕うけ［請／受］。うけあひ［請合］。うらづけ［裏付］。〔上代〕ほす［保］。

《句》〔近世〕金請(かねうけ)するとも人請するな。

―付きの物 〔近世〕をりがみだうぐ［折紙道具］。

―できること たいこばん［太鼓判］。〔近代〕をりがみつき［折紙付］。太鼓のやうな判を捺(お)す。

―として預けておく物 〔近世〕しちぐさ［質草／質種］。しちだね［質種］。〔中古〕しち［質］。〔上代〕しちもつ［質物］。

―人 バウチャー(voucher)。〔近代〕たんぽ［担保］。〔近世〕うけおひ［請負］。くちあひ［口合］。〔中世〕うけ［承／請］。うけにん［請人］。こうけんにん［後見人］。しょうにん［証人］。

―人になる 〔近代〕ひきうける［引受］。〔中世〕請け(受け)に立つ。

家を借りる時の― 〔近世〕やうけ［家請］。

借金の―人 〔近世〕かねうけ［金請］。

ほしょう【保障】 〔近世〕うけあふ［請合］。ほしゃう［保障］。〔中古〕ささふ［ささえる］［支］。

ぼじょう【慕情】 〔近代〕ぼじゃう［慕情］。〔中世〕あいぼ［愛慕］。〔中古〕れんぼ［恋慕］。〔上代〕したふ［慕］。しぼ［思慕］。

ほしょく【補色】 〔近代〕はんたいしょく［反対色］。ほしょく［補色］。よしょく［余色］。

ぼしょく【暮色】 〔近代〕ゆふけい［夕景］。〔近世〕せきけい［夕景］。〔中世〕ぼしょく［暮色］。ゆふげしき［夕景色］。

ほしん【保身】 じこぼうえい［自己防衛］。〔近代〕じゑい［自衛］。ほしん［保身］。

―主義 〔近代〕じだいしゅぎ［事大主義］。

ほ・す【干】 〔中世〕かんさう［乾燥］。〔中古〕かわかす［乾］。さぼす［曝／乾］。〔上代〕ほす［干／乾］。

ボス(boss) →**おやかた**

ほすうけい【歩数計】 けいほき［計歩器］。ペドメーター(pedometer)。まんぽけい［万歩計］(商標名)。

ポスト(post) ステータス(status)。〔近代〕ポジション(position)。ポスト。〔近世〕みぶん［身分］。ゐち［位置］。〔中世〕ちゐ［地位］。〔中古〕くらゐ［位］。→**みぶん**

ほせい【補正】 あらためる［改］。しゅうせい［修正］。ただす［正］。なおす［直］。リダクション(reduction)。〔近代〕ほせい［補整］。〔近世〕ほせい［補正］。

ほせい【補整】 てなおし［手直］。〔近代〕ほせい［補整］。〔近世〕しうせい［修整］。ほせい［補正］。〔中世〕しゅせい［修整］。

ぼせき【墓石】 〔近代〕ぼせき［墓石］。〔近世〕せきたふ／せきと［石塔］。はかいし［墓石］。ぼひ［墓碑］。〔中世〕せきひ［石碑］。

―などに刻まれた文 〔近代〕ぼめい［墓銘］。〔近世〕ぼひめい［墓碑銘］。ぼへう［墓標／墓表］。

ほぜん【保全】 プロテクション(protection)。プロテクト(protect)。〔近代〕ほうしゅ／ほしゅ［保守］。ほご［保護］。〔近世〕ゐぢ［維持］。〔中世〕ほぜん［保全］。〔中古〕ほうご［保護］。

ほそ・い【細】 〔近世〕せんさい［繊細］。〔中古〕かぼそし［細］。〔上代〕ほそし［細］。

―・い糸 せんじょう［繊条］。〔中世〕ほそいと［細糸］。

―・い毛 〔近代〕せんもう［繊毛］。

―・いさま スリム(slim)。〔近代〕すらっと。ひょろり。〔近世〕すんなり。ひょろひょろ。ほっそり［細］。やさがた［優形］。すらり。〔中世〕きゃしゃ［華奢／花車］。〔中古〕せんせん［纖纖］。ほそぼそ［細細］。ほそやか／そびやか［聳］。ほそらか［細］。

―・い流れの川 〔近世〕いさらがは［川］。〔中古〕せせらぎ。〔上代〕をがは［小川］。

―・い人を罵(のの)しる語 〔近世〕かとんぼ［蚊蜻蛉］。

―・いもののたとえ 〔中古〕いとすぢ［糸筋］。

―・く薄く削る(こと) 〔近世〕ささがき［笹掻］。

ささがし[笹]。ささがす[笹]。

―・くしなやかなさま 中世 ひんなり。

―・くする 中古 ほそむ[ほそめる][細]。ほそやぐ[細]。

―・く作ってあること 中世 ほそみ[細身]。

―・く作ること 中世 ほそづくり[細作]。

―・く美しいさま 中古 せんれい[繊麗]。

―・くて上品な人 近世 きゃしゃもの[花車者]。

―・くて高いさま 中古 すはやか。

―・くて長い ながっぽそい[長細]。ながほそい[長細]。近世 ひょろながい[長]。

―・くて長い建物や場所 近代 鰻(うなぎ)の寝床。

―・くて長い部屋 近代 さやのま[鞘間]。

―・くて長く続くもの 近代 みゃく[脈]。中古 すぢ[筋]。

―・くなっていること（ところ） 近代 くびれ[括]。近世 ほそり[細]。

―・くなる 中古 すぼまる[窄]。すぼむ[窄]。すぼる[窄]。ほそまる[細]。ほそやぐ[細]。ほそる[細]。

いくらか―・いさま 中古 ほそめ[細]。

上になるほど幹が―・くなること うらごけ[末殺/梢殺]。

極めて―・いさま ごくぼそ[極細]。

先になるほど―・くなるもの（こと） さきぼそり[先細]。

すぼんでいて―・い 中世 つぼし。中古 すぼし[窄]。

ほそう【舗装】 近代 ペーブメント(pavement)。
石の― いしじき[石敷]。中古 いしだたみ[石畳]。

ほそく【補足】 近代 ついほ[追補]。つけくはへ[付加]。つけたし[付足]。ふか[付加]。ほそく[補足]。近世 ぞうほ[増補]。中世 おぎなふ[補]。ほゐ[補遺]。中古 ほてい[補綴]。上代 ほじゅう[補充]。
―の説明 中古 ちゅう[注/註]。ちゅうしゃく[注釈/註釈]。

ほそく【捕捉】 近世 とっつかまえる[取捕]。ひっとらふ[―とらえる][引捕]。中世 はそく[把捉]。ひっつかまふ[―まえる][引捕]。ほくゎく[捕獲]。中古 つかまふ[―まえる][捕]。ほそく[捕捉]。めしとる[召捕]。上代 とらふ[とらえる][捕]。

ほぞん【保存】 おんぞん[温存]。近代 かくほ[確保]。げんじょうゐぢ[現状維持]。ほいう[保有]。ほくゎん[保管]。ほぞん[保存]。近世 くゎんり[管理]。ゐぢ[維持]。中古 たもつ[保]。ちょざう[貯蔵]。上代 とりおく[取置]。のこす[残]。
永久に―・すること 近代 えいぞん[永存]。
氷を詰めて―・する方法 近代 こほりづめ[氷詰]。
塩などに漬けて―・すること 近世 えんざう[塩蔵]。

ぼたい【母体】 マトリックス(matrix)。近代 ぼたい[母体]。近世 ほんもと[本元]。中古 ほんたい[本体]。

ぼだい【菩提】 中古 さとり[悟/覚]。ぼだい[菩提]。めいふく[冥福]。
―を弔うこと 中世 ついかう/ついけう[追孝]。中古 けうやう[孝養]。

ほださ・れる【絆】 情に引かされる。人情にからまれる。近世 つまさる[―される]。中古 ひかさる[―される][引]。中世 ほださる[―される][絆]。

ほだし【絆】 近代 けいるい[係累]。近世 そくばく[束縛]。ほだ[絆]。中世 きづな[絆/紲]。中古 きはん[羈絆]。きび[羈縻]。ほだし[絆]。

ぼたもち【牡丹餅】 近世 おはぎ[御萩]。となりしらず[隣知]。はぎのもち[萩餅]。ぼたもち[牡丹餅]。やはやは[柔柔]（女房詞）。中世 かいもちひ[掻餅]。

ほたる【蛍】 近代 じせう[自照]。近世 くちくさ[腐草]。中古 くさのほたる[草蛍]。たんてう[丹鳥]。なつむし[夏虫]。上代 ほたる[蛍]。

―など 中古 なつむし[夏虫]。

―の放つ光 中世 けいくゎう[蛍光]。上代 ほたるび[蛍火]。

―の幼虫 近世 つちぼたる[地蛍/蛍蛆]。

―を入れておく籠 近世 ほたるかご[蛍籠]。

―を追ったり眺めたりすること 近世 ほたるがり[蛍狩]。

秋の― 近世 やみぼたる[病蛍]。中世 のこるほたる[残蛍]。

大型の― 近世 うしぼたる[牛蛍]。

ほたるぶくろ【蛍袋】 ちょうちんばな[提灯花]。近代 ほたるぶくろ[蛍袋]。中世 つりがねさう[釣鐘草]。

ぼたん【牡丹】 ひゃっかおう[百花王]。近代 てんかうこくしょく[天香国色]。近世 きしゃくやく[木芍薬]。こくしょく[国色]。てりさきぐさ[照咲草]。となりぐさ[隣草]。ふうきぐさ/ふうきさう[富貴草]。よろひぐさ[鎧草]。らくやうくゎ[洛陽花]。中世 くゎわう[花王]。なとりぐさ[名取草]。はつかぐさ[二十日草]。はなのわう[花王]。よし

ろぐさ[夜白草]。中古くたに。ふかみくさ/ふかみぐさ[深見草]。ぼうたん/ぼたん[牡丹]。やまたちばな[山橘]。
ーの花 近代すべらぎのはな[皇花]。近世ぼたんくゎ[牡丹花]。
冬に咲くように栽培されたー 近世かんぼたん[寒牡丹]。ふゆぼたん[冬牡丹]。

ぼち【墓地】 ぼえん[墓園/墓苑]。れいえん[霊園/霊苑]。近代はかち[墓地]。近世あだしの[徒野/仇野/化野]。えいゐき[塋域]。さんまいば[三昧場]。はかしょ[墓所]。はかば[墓場]。らんたふば[卵塔場]。中世きうげん[九原]。さんとう[山頭]。つちしょ[墓所]。ほくばう[北邙]。中古かんりん[寒林]。くさのはら[草原]。ぼしょ[墓所]。れんだいの[蓮台野]。上代はかどころ[墓所]。ぼち[墓地]。↓
はか【墓】

ほちょう【歩調】 ペース(pace)。近代あしどり[足取]。ステップ(step)。ほてう[歩調]。近世あゆみ[歩]。中世あしなみ[足並]。あゆまひ[歩]。

ぼっか【牧歌】 パストラル(pastoral)。近代でんゑんし[田園詩]。

ほっき【発起】 近世ほっしん[発心]。中世いちねんほっき[一念発起]。中古おもひたつ[思立]。ほっき[発起/発企]。ほつぐゎん[発願]。心を起こす。
ー人 近代しゅさいしゃ[主催者]。プロモーター(promoter)。中世くゎんじんもと[勧進元]。

ぼっき【勃起】 エレクト(erect)。近世おへる[生]。ぼっき[勃起]。
ー・させる 近世おやす[生]。
ー障害 インポテンツ(ドイツ Impotenz)。ふのう[不能]。ぼっきふぜん[勃起不全]。中世いんゐ[陰萎]。

ぼっきゃく【没却】 しょうきょ[消去]。近代ぼっきゃく[没却]。むし[無視]。近世もっきゃく[没却]。中世めっきゃく[滅却]。中古すてさる[捨去]。

ほっきょく【北極】 近代ほくきょくけん[北極圏]。中世ほくきょく[北極]。
ーと南極 きょくちほう[極地方]。近代きょくけん[極圏]。きょくち[極地]。近世りゃうきょく[両極]。
ーに近いところ 近代きょくほく[極北]。
▼北極星 近代ねのほし[子星]。ポラリス(Polaris)。北の一つ星。上代ほくしん[北辰]。

ぼつご【没後】 中古しご[死後]。ぼつご[没後/歿後]。亡き後。

ぼっこう【勃興】 近代しんこう[新興]。ぼっこう[勃興]。中世こうき[興起]。中古こうりゅう[興隆]。上代おこる[興]。

ぼっこうしょう【没交渉】 近代きょくぐゎい[局外]。ぼっかうせふ/ぼつかうせふ[没交渉]。むくゎんけい[無関係]。近世むえん[無縁]。

ぼっこん【墨痕】 →ひっせき

ぼっしゅう【没収】 近代あふしう[押収]。ぼっしう[没収]。中世だっしゅ[奪取]。ついぶ/ついほ[追捕]。もったう[没倒]。中古ついふく[追捕]。とる[取]。
ー・する 近世まきあぐ[ーあげる][巻上/捲上]。中世とりあぐ[ーあげる][取上]。とりはなつ[取放]。めしあぐ[ーあげる][召上]。上代うばふ[奪]。
国がー・すること 近代くゎんぼつ[官没]。
国にー・されたもの 近世あがりもの[上物]。

ほっしん【発心】❶〈発起〉 近世ほっしん[発心]。中世いちねんほっき[一念発起]。中古おもひたつ[思立]。ほっき[発起]。ほつぐゎん[発願]。心を起こす。

ほっしん【発心】❷〈出家〉 →しゅっけ

ほっ・する【欲】 →ねが・う →のぞ・む【望】

ぼっ・する【没】❶〈沈む〉 →しず・む 中古りんぼつ[淪没]。中世ぼっす[没]。

ぼっ・する【没】❷〈死ぬ〉 →し・ぬ

ぼつぜん【勃然】 近世うつぼつ[鬱勃]。近代ぼつぼつ[勃勃]。中世いきなり[行成]。とつじょ[突如]。中古にはか[俄]。とつぜん[突然]。ぼつぜん[勃然]。

ほっそく【発足】 近代しゅっぱつ[出発]。スタート(start)。中世しゅったつ[出立]。ほっそく[発足]。上代かどで[門出]。→しゅっぱつ

ほっそり →ほそ・い(ー・いさま)

ほったらか・す ほうっておく[放置]。近代てばなし[手放]。近世うっちゃらかす[打遣]。うっちゃる[打遣]。ほからかす[放]。ほったらかす。外(ほか)にする。中世余所(よそ)(他所)にする。中古うちおく[打置]。うちすつ[ーすてる][打捨]。うちやる[打遣]。はうち[放置]。はふらかす/はふらす[放]。→ほうち【放置】

ほったん【発端】 すべりだし[滑出]。はっしょう[発祥]。ビギニング(beginning)。プロローグ(prologue)。近代きたん[起端]。く

ちび[口火]。しょっぱな[初端]。じょのくち[序口]。たんちょ[端緒]。ほったん[発端]。近世 いとぐち[糸口]。たんしょ[端緒]。中世 でばな[出鼻]。はじまり[始]。中古 おこり[起]。→きっかけ

ぼっとう【没頭】 近代 うちこむ[打込]。せんねん[専念]。ねっちゅう[熱中]。ぼっとう[没頭]。ぼつにふ[没入]。根(こん)を詰める。近世 ちんせん[沈潜]。にえこむ[込]。中世 いりふす[入臥]。ことす[事]。にえいる[入]。よねんなし[余念無]。中古 せんしん[専心]。ふける[耽]。→ぼうが

もの思いに—・する 近代 おもひふける[思耽]。

ほっと・する 近代 ほっとする。近世 なでおろす[撫下]。ひとあんしん[一安心]。息を吐(つ)く。中世 あんしん[安心]。おもひたゆむ[思弛]。ひとあんど[一安堵]。重荷を下ろす。

ぼつにゅう【没入】 →ぼっとう

ぼつねん【没年】 近世 ぎゃうねん[行年]。中世 きゃうねん[享年]。

ぽつねんと 近代 ちょこんと。ぽつねんと。ぽつりと。ぽつんと。

ぼつぼつ❶〈進むさま〉 近世 ぼちぼち。ほつほつ。ぼつぼつ。中世 そろそろ。

ぼつぼつ❷〈近付く時〉 近世 そろそろ。ぼちぼち。まもなく[間無]。中世 おっつけ[追付]。

ぼつらく【没落】 しゃよう[斜陽]。てんらく[転落／顛落]。中世 しっきゃく[失脚]。ぼつらく[没落]。らくたく[落魄]。中古 おちぶる[—ぶれる][零落／落魄]。てうらく[凋落]。らくはく[落魄]。れいらく[零落]。

→おちぶ・れる

—寸前の状態 近世 運の尽き。運の蹲(ばっく)ひ。中世 運の極め(極まり)。

一度—・すること 近世 そそけだつ。中古 いちらく[一落]。

ほつ・れる【解】 近世 そそけだつ。中世 ほつる(ほつれる)[解]。ほほく(ほおける)[蓬]。中古 そそく(そそける)。はつる[解]。上代 わわく。

—・れた髪 近代 そそけがみ[髪]。ほつれげ[解毛]。中世 みだれがみ[乱髪]。らんぱつ[乱髪]。

ほてい【補綴】 ほひつ[補筆]。近代 ほそく[補足]。近世 ほてつ[補綴]。ほてん[補塡]。中世 おぎなふ[補]。たし[足]。中古 かきくはへ[書加]。ほてい[補綴]。上代 ほじゅう[補充]。

ボディー(body) 近代 ボディー。近世 づうたい[図体]。中世 どうたい[胴体]。にくたい[肉体]。中古 からだ[体／軀／身体]。上代 しんたい[身体]。

乗り物の— 近代 きたい[機体]。しゃたい[車体]。せんたい[船体]。

ほて・る【火照】 近世 あつくなる[熱]。あったまる[温／暖]。いきれる[熱]。ほとぼる[熱]。ほめく[熱]。中世 ほとる[熱]。中古 あたたまる[温／暖]。ほてる[火照／熱]。ほとほる[熱]。

顔が—・ること 上代 おもほてり[面火照／面熱]。

ホテル(hotel) 近世 ホテル。中古 やどや[宿屋]。りょくゎん[旅館]。上代 やど[宿]。

→やど

カプセル状の小室を並べた— カプセルホテル(和製capsule hotel)。

自動車旅行の人のための簡易な— モーテル／モテル(motel)。

ほてん【補塡】 近代 あなうめ[穴埋]。ほそく[補足]。近世 おぎなひ[補]。ほてん[補塡]。中世 たし[足]。上代 ほじゅう[補充]。→ほじゅう

ポテンシャル(potential) せんざいてきのうりょく[潜在的能力]。近代 かのうせい[可能性]。

ほど【程】 近代 どあひ[度合]。近世 ていど[程度]。べい(副助詞)。ほどあひ[程合]。中世 くらゐ[位]。ど[度]。中古 きは[際]。上代 ばかり。ほと／ほど[程]。

ほどあい【程合】 近代 ころあひ[頃合]。どあひ[度合]。近世 ぐあひ[具合]。ていど[程度]。ほどあひ[程合]。中世 せつど[節度]。ど[度]。ほどらひ[程]。中古 せつ[節]。ほど[程]。

ほどう【歩道】 近代 ほだう[歩道]。中古 かちぢ[徒路]。じんだう[人道]。

散歩に適するよう作った— モール(mall)。近代 いうほだう[遊歩道]。プロムナード(フランス promenade)。さんぽみち[散歩道]。

ほどう【補導】 う[補導／輔導]。近世 しだう[指導]。中古 ほだう[補導／輔導]。上代 けうだう[教導]。

ほどう【舗道】 近代 ペーブメント(pavement)。ほそうどうろ[舗装道路]。ほだう[舗道／鋪道]。

ほど・く【解】 近代 ときほぐす[解]。近世 ほごす[解]。ほどく[解]。中古 ほぐす[解]。上代 とく[解]。

ほとけ【仏】 近世 かく[覚]。きんせん／こんせん[金仙]。にょこ[如去]。みほとけ[御仏]。中世 いわう[医王]。くせ／くぜ／ぐせ／ぐぜ[救世]。けしゅ[化主]。ごくしゃう

［極聖］。しょうにん［聖人］。てんそん［天尊］。中古だいとく［大徳］。にょらい［如来］。ぶつだ［仏陀］。上代さんぼう［三宝］。ほとけ［仏］。

《尊》近代みほとけ［御仏］。中世だいかくせそん［大覚世尊］。にんそん［人尊］。ほっしゅ／ほふしゅ［法主］。中古だいし［大師］。ぶってん［仏天］。りゃうそくそん［両足尊］。上代だいしゃう［大聖］。

ーがこの世に現れること（もの） 近世ごんげん［権現］。中世おうげん［応現］。おうしゃく／おうじゃく［応迹］。げんしん［現身］。へんげしん［変化身］。中古おうげ［応化］。おうじん［応身］。けげん［化現］。ごんげ［権化］。しゃうじん［生身］。すいじゃく［垂迹］。

ーくさくなる 中古ほふけづく［法気付］。

ーと衆生 中世しゃうぶつ［生仏］。

ーと衆生とは同一であること 中世しゃうぶついちにょ［生仏一如］。しゃうぶつふに［生仏不二］。ぼんしゃういちにょ［凡聖一如］。

ーに供える水 中古あか［閼伽］。

ーに供える花と水 中世はなみづ［花水］。

ーの教え 近世しんりゃう［津梁］。中世けうほふ［教法］。しゃうげう［聖教］。じょう［乗］。だいほふ［大法］。だう［道］。ほふらく［法楽］。中古けうもん［教門］。げんもん［玄門］。ぶつだう［仏道］。ぶっぽふ［仏法］。ほふもん［法門］。ほふりん［法輪］。上代みのり［御法］。

ーの教えを広めること 中世くゎんげ［勧化］。中古ぐほふ［弘法］。

ーの教えを広めるたとえ 近代ぶっとう［仏灯］。ほふとう［法灯］。

ーの教えを求めること 中世ぐほふ［求法］。

ーの悟り 中古ぶっくゎ［仏果］。ぶつだう［仏道］。

ーの慈悲 中世だいじ［大慈］。だいじひ［大慈悲］。だいひ［大悲］。中古ぶっしん［仏心］。

ーのすわる座 中世げいざ［猊座］。はちすのうてな［蓮台］。ぶつざ［仏座］。中古ししざ［獅子座］。はちすのざ［蓮座］。れんだい［蓮台］。

ーの道 近世ぶつもん［仏門］。中世みち［道］。真（まこと）の道。中古たいはう［大方］。

ーの恵み 近世ぶつおん［仏恩］。中世りしゃう［利生］。

ーを敬うこと 中古ききゃう［帰敬］。

牛の姿をしたー 中古うしぼとけ［牛仏］。

多くのー 中古しょぶつ［諸仏］。

ほど・ける【解】 中世ほつる〔ほつれる〕［解］。近世ほぐる〔ほぐれる〕［解］。中古はつる［解］。ほどく〔ほどける〕［解］。上代とく〔とける〕［解］。ほぬる。

ほどこし【施】 近代きふじょ［給助］。けいよ［恵与］。中世ほどこし［施］。中古せよ［施与］。上代ふせ［布施］。めぐみ［恵］。

ーの金 近世かふりょくきん［合力金］。

貧者や僧へのー 近代かうせん［香饌］。中世せれう［施料］。ほどこしもの［施物］。中古せぎゃう［施行］。せぶつ／せもつ［施物］。上代しんじゅつ［賑恤／振恤］。ふせ［布施］。

ほどこ・す【施】 近代けいぞう［恵贈］。しゐ［施為］。中古きふ［寄付］。くはふ〔くわえる〕［加］。せす［施］。ほどこす［施／播］。めぐむ［恵］。

餌の少ない寒中に鳥獣に餌をー・すこと 近代かんせぎゃう［寒施行］。

貧者にー・す米 近世せまい［施米］。中世かふりょくまい［合力米］。

ほととぎす【不如帰】 あさはどり［浅羽鳥］。あやめどり［菖蒲鳥］。うたいどり［歌鳥］。かけたかのとり［鳥］。つくもどり［鳥］。近世いもせどり［妹背鳥］。くゎんのうてう［勧農鳥］。さくめどり［鳥］。さなへどり［早苗鳥］。しづこどり［賤子鳥］。しづどり［賤鳥］。たそがれどり［黄昏鳥］。たまさかどり［適鳥］。たまむかへどり［魂迎鳥］。たをさどり［田長鳥］。中世うづきどり［卯月鳥］。うつたどり［鳥］。うなゐこどり［童子鳥］。うなゐどり［童鳥］。くさつくどり［鳥］。くつてどり［沓手鳥］。さくもどり［鳥］。しき［子規］。たうたどり［田歌鳥］。たちばなどり［橘鳥］。たをさ［田長］。つなどり［綱鳥］。つねことばどり［常言葉鳥］。とう［杜宇］。ときつどり［時鳥］。ももこゑどり［百声鳥］。やまほととぎす［山杜鵑］。ゆふかげどり［夕影鳥］。よただどり［終夜鳥］。中古くきら［拘耆羅／拘枳羅／倶伎羅］。くしら［倶翅羅］。こひしどり［恋鳥］。しでのたをさ［死出田長］。ときのとり［時鳥］。とけん［杜鵑］。よぶこどり［呼子鳥］。上代いにしへこふるとり［古恋鳥］。ほととぎす［不如帰／霍公鳥／杜鵑／時鳥／子規／郭公／田魂／田鵑／杜宇／蜀魂］。

ーの鳴き声 近代れっぱく［裂帛］。近世てっぺんかけたか。中世ほぞんかけたか。

ーの初音 中古しのびね［忍音］。にしはつ［二四八］。

—の夜に鳴く声 近世をかたごゑ[声]。

ほどなく【程無】 ちかく[近]。近世おしつけ[押付]。ぢき/ぢきに[直]。まもなく[間無]。中古ちかぢか[近近]。中世おっつけ[追付]。ほどなく[程無]。

ほとばし・る【迸】 中世とばしる[迸]。とびちる[飛散]。はしる[走]。中古ひさん[飛散]。上代たばしる[走]。ほとはしる/ほとばしる[迸]。

—・り出ること 近代はうはつ[迸発]。へいしゅつ[迸出]。中世はうしゅつ[迸出]。ほんしゅつ[奔出]。

—・り出るさま 中世つぶつぶ。

ほとほと【殆】❶〈殆ど〉→**ほとんど**

ほとほと【殆】❷〈困惑〉 近代まったく[全]。ほんとうに[本当]。近世つくづく。ほとほと[殆]。中世ほうど。

ほどほど【程程】 近世いいかげん[好加減]。てきどころあひ[頃合]。中世たいがい[大概]。てきど[適度]。たいてい[大抵]。てきたう[適当]。中古きはぎは[際際]。なほざり[等閑]。

ほとぼり【熱】 近世ほとぼり[熱/余熱]。中世よねつ[余熱]。中古よじん[余燼]。上代なごり[名残/余波]。ほとほり[熱]。

ボトム(bottom) 近代ていぶ[底部]。ていめん[底面]。ボトム。上代そこ[底]。

ほどよ・い【程好】 近世てきぎ[適宜]。てきど[適度]。ほどよし[程好/程良]。中世てきたう[適当]。てごろ[手頃]。中古なだらか。

—・い立場 近代即っかず離れず。

—・い程度にする 近代せっする[節]。てうせつ[調節]。中世あんばい[塩梅/按排/按配]。かげん[加減]。

—・くする 近世さりゃく[作略/差略]。中世せつぶん[節文]。

ほとり【辺】 へんそく[辺側]。近代ふきん[付近]。近世たもと[袂]。はた[端]。中世きんばう[近傍]。中古かたはら[傍]。きは[際]。きんぺん[近辺]。そば[側]。つら[面]。ほど[程]。ほとり[辺]。わたり[辺]。上代あたり[辺]。うへ[上]。へ/へろ[辺]。

水の— 中古みぎは[汀]。上代みなぎは[汀]。

ボトルネック(bottleneck) なんかん[難関]。近代あいろ[隘路]。中世しゃうがい[障害/障碍/障礙]。

ほとんど【殆】 近代あらかた[粗方]。くぶくりん[九分九厘]。じっちゅうはっく[十中八九]。だいぶぶん[大部分]。九分通り。既(すん)で のことに。近世おもに[主]。ほとんど[殆/幾]。中古おほかた[大方/大抵]。中世だいたい[大体]。たいがい[大概]。たいてい[大抵]。ほとど[殆]。上代たいはん[大半]。ほとほと[殆/幾]。

—…(しそうだ) 上代ほとほとし[殆/幾]。

—…(ない) 中世ろくに[陸/碌]。中古すこしも[少]。をささ。

ぼにゅう【母乳】 しぜんえいよう[自然栄養]。近代じんにゅう[人乳]。ぼにゅう[母乳]。

—以外の栄養分 じんこうえいよう[人工栄養]。

—の代用品 近代ちちのこ[乳粉]。

他人の—を貰うこと 近世もらひぢ[貰乳]。もらひちち[貰乳]。

乳児が成長して—を飲まなくなる 近代りにゅう[離乳]。近世ちばなる[—ばなれる][乳離]。ちばなれ[乳離]。

ほね【骨】❶〈身体〉 近代スケルトン(skeleton)。中世こつ[骨]。しゃり[舎利]。ひゃくがい[百骸]。中古かはら[骨]。こっぱふ[骨法]。ほね[骨]。

—が多く太い感じ 近代ほねばる[骨張]。中世ほねぶと[骨太]。

—が折れる 近代こっせつ[骨折]。

—が細い感じ 近世ほねぼそ[骨細]。

—だけになる 近世さらぼふ。

—だけの死体 近世がいこつ[骸骨]。はくこつ[白骨]。

—と肉 近世ほねみ[骨身]。中世こつにく[骨肉]。

—と骨の繋がっている部分 近代ほねっぷし/ほねぶし[骨節]。近世くゎんせつ[関節]。中古ふし[節]。

—にこたえる 近世いしばり[石針/石鍼]。身に染(し)みる。中世骨髄に徹す。骨髄に徹(ほと)る。

—のかけら 近代こっぺん[骨片]。

—の関節が外れること 近世だっきう[脱臼]。

—張ってごつごつしている 中世ぶこつ[無骨/武骨]。ふしくれだつ[節榑立]。

—張って痩せていること 近世ひばり[雲雀]。ひばりぼね[雲雀骨]。

—を抜き去ること 近世ほねぬき[骨抜]。

—を焼いて粉にした肥料 近代こっぷん[骨粉]。

頭の— とうちょうこつ[頭頂骨]。近代ぜんとうこつ[前頭骨]。づがいこつ/とうがいこつ[頭蓋骨]。近世のざらし[野晒]。中世

されかうべ／しゃれかうべ［髑髏］。中古 かはら［骨］。どくろ［髑髏］。
多くの— 中世 ひゃくがい［百骸］。
多くの人の— 近代 ばんこつ［万骨］。
折れたりした—を治すこと 近世 せいこつ［整骨］。せっこつ［接骨］。ほねつぎ［骨接／骨継］。
火葬した—を入れるもの 近代 こつつぼ［骨壺］。近世 こつがめ［骨瓶］。こつをけ［骨桶］。
火葬などで死後に残る— おこつ［御骨］。近代 こつばひ［骨灰］。ゐこつ［遺骨］。近世 こつぼとけ［骨仏］。中世 しゃり［舎利］。近世 ゆいこつ［遺骨］。中古 こつ［骨］。
貴人や美人の— 中世 ぎょくこつ［玉骨］。
朽ち果てた— 中世 ここつ［枯骨］。
手足の— 近世 えだぼね［枝骨］。
肉の落ちた— 中古 はくこつ［白骨］。中世 げうこつ［髐骨］。
人の— 近代 じんこつ［人骨］。
短く細い— 中世 こぼね［小骨］。
その他—のいろいろ(例) きょうこつ［頬骨］。近代 かたいこつ［下腿骨］。けいこつ［脛骨］。ざこつ［座骨／坐骨］。しつがいこつ［膝蓋骨］。ちこつ［恥骨］。近世 えらぼね［鰓骨］。かがくこつ［下顎骨］。がくこつ［顎骨］。くゎんこつ［寛骨］。けいこつ［頸骨］。さこつ［鎖骨］。しょうこつ［踵骨］。ひこつ［腓骨］。ひざさら［膝皿］。ひざぼね［膝骨］。ろくこつ［肋骨］。中世 あばらぼね［肋骨］。びこつ［尾骨］。ほほぼね［頬骨］。をりぼね［折骨］。膝の皿。中古 をぼね［尾骨］。

ほね【骨】❷〈困難〉 近代 ほね［骨］。近世 こんなん［困難］。らうりょく［労力］。中世 くらう［苦労］。中古 らうく［労苦］。近代 肩が凝る。上代 いたはし［労］。近世 肩が詰まる。肩が張る。
—が折れる 近代 肩が凝る。上代 いたはし［労］。近世 肩が詰まる。肩が張る。
—が折れること 近世 せわ［世話］。中世 たいぎ［大儀］。→ほねおり
—の折れる仕事 近世 ほねしごと［骨仕事］。
—を折る 中世 せっかく［折角］。中古 いたつく［労／病］。らうす［労］。力を入る(—入れる)。上代 いたはる［労］。きんく［勤苦］。
→ほねおり

ほねおしみ【骨惜】 サボる。身体(からだ)(体／軀(からだ))を惜しむ。近代 けたい［懈怠］。めんだうがる［面倒］。近世 ずぼら。ずるける。だらける。ほねをしみ［骨惜］。骨を盗む。中世 たいだ［怠惰］。なまく［なまける］［怠］。ぶしゃう［不精／無精］。ものぐさ［物臭／懶］。身を惜しむ。上代 おこたる［怠／惰］。たいまん［怠慢］。
—・しないで働くさま 近世 がせい［我精／我勢］。中世 しゃうじん［精進］。上代 きんべん［勤勉］。中古 まめ［忠実／実］。
—・する人 近世 ぶしゃうもの［不精者］。ほねぬすびと［骨盗人］。

ほねおり【骨折】 近代 じんりょく［尽力］。てすう［手数］。近世 いたづき［労／病］。きもせい［肝精］。こんなん［困難］。じんすい［尽瘁］。せいりき［勢力］。せわ［世話］。たいぎ［大儀］。らうりょく［労力］。中世 くらう［苦労］。しんらう［辛労］。じんりき［尽力］。せっかく［折角］。てかず［手数］。てまひま［手間隙］。ほねをり［骨折］。中古 いたつき［労／病］。らう［労］。らうく［労苦］。らうす［労］。上代 いたはり［労］。きんく［勤苦］。しんく［辛苦］。どりょく［努力］。
—と手柄 中世 らうこう［労功］。上代 こうらう［功労］。
—に報いがないこと むだばたらき［無駄働］。近代 とらう［徒労］。近世 ぬかばたらき［糠働］。ほねをりぞん［骨折損］。入れ仏事。《句》中世 籠で水を汲む。泥裡(でいり)(泥裏)に土塊を洗ふ。
—に報いること 近代 ほうらう［報労］。
ちょっとした— 近代 いっしゅいっそく［一手一足］。中世 こぼね［小骨］。小骨を折る。
人目につかない— 《句》近世 縁の下の力持ち。

ほねぐみ【骨組】 フレームワーク(framework)。近代 こっかん［骨幹］。フレーム(frame)。近世 こつがら［骨柄］。ことがら［事柄］。中世 こうざう［構造］。こっかく［骨格／骨骼］。ほねぐみ［骨組］。わく［枠］。中古 けっこう［結構］。こっさう［骨相］。こっぱふ［骨法］。
—をあらかじめ作ること 近世 あらごなし［荒／粗］。
木の— もっこつ［木骨］。
船や建物の— スケルトン(skeleton)。

ほねっぷし【骨節】 近世 ほねっぷし［骨節］。くゎんせつ［関節］。ふしぶし［節節］。中世 きがい［気概］。きこつ［気骨］。中古 ふし［節］。

ほねぬき【骨抜】 近代 ほねぬき［骨抜］。むせっそう［無節操］。近世 こしぬけ［腰抜］。ふぬけ［腑抜］。

ほねやすめ【骨休】 →きゅうけい【休憩】

ほのお【炎】 近代 ファイア(fire)。上代 くゎえん

［火炎／火焰］。ひ［火］。ほのほ［炎／焰］。ほむら［炎／焰］。

—の色 中古えんしょく［炎色／焰色］。

—の燃えるさま 近代ほらほら。近世ぼうっと。めろめろ。中世えんえん［炎炎］。ちろちろ。中古えんえん［燄燄／焰焰］。めらめら。

—の燃える先端 近代ひさき／ほさき［火先］。

煙と— えんえん［煙炎／煙燄］。

燃え盛る— ぐえん［紅炎］。中世ぐれん［紅蓮］。こうえん［紅炎／紅焰］。中古まうえん［猛炎／猛焰］。

幽霊のそばで燃える青白い— 近代いうれいび［幽霊火］。近世いんくゎ［陰火］。ひのたま［火玉］。上代おにび［鬼火］。ひとだま［人魂］。→**ひのたま**

ほのか【仄】 近世おぼろげ［朧］。ほんのり。中世うっすら。中古あはし［淡］。おぼろ［朧］。かすか［微／幽］。くさのはつか［草僅］。こころもとなし［心許無］。はつか［僅］。ほのぼの［仄仄］。上代おほ［凡］。おほほし。ほのか［仄／側］。

《枕》中古かげろふの［陽炎］。はなすすき［花薄］。上代あさがすみ［朝霞］。いさりびの［漁火］。たまかぎる［玉］。ほたるなす［蛍如］。

—・なさま 近代ばうと［茫］。中古いき［依稀］。上代えうえう［杳杳］。

—・に聞こえる 中古ほのめく［仄］。もりきく／もれきく［漏聞］。

—・に見える 中古ほのめく［仄］。

ほのぐら・い【仄暗】 中世うすぐらし［薄暗］。ほのぐらし［仄暗］。中古なまぐらし［生暗］。をぐらし［小暗］。

ほのめか・す【仄】 サジェスト(suggest)。近代あんじ［暗示］。しさ［示唆］。近世うちほのめく［打仄］。おぼめかす。にほはせる［臭］。中世ふうじ［諷示］。中古うちかすむ［打掠］。うちほのめかす［打仄］。かすむ〔かすめる〕［掠］。にほはす［匂］。ほのめかす［仄］。

意中を—・す 中古おもむく［赴／趣］。けしき［気色］。

意味ありげに—・すこと 近代きょくげん［曲言］。

それとなく—・す意味 近代ふうい［諷意］。

何かに仮託してある意味を—・すこと ぐうい［寓意］。

ほばく【捕縛】 しょっぴく［引］。近代ほばく［捕縛］。近世たいほ［逮捕］。つかまふ〔—まえる〕［捕］。ひっとらふ〔—とらえる〕［引捕］。中世からめとる［搦捕］。中古からめる［搦］。しばる［縛］。ほそく［捕捉］。

—・される 近世縄に掛かる。

ほばしら【帆柱】 近代しゃうかん［檣竿］。せんしゃう［船檣］。マスト(mast)。近世きしゃう［危檣］。はんしゃう［帆檣］。上代ほばしら［帆柱／檣］。

ほはば【歩幅】 近代コンパス(オランダ kompas)。ストライド(stride)。ほど［歩度］。

—が広いこと 近世おほまた［大股］。中世おほあし［大足］。

ぼひ【墓碑】 近代ぼせき［墓石］。ぼひ［墓碑］。近世はかいし［墓石］。ぼへう［墓標］。上代はか［墓］。

ホビー(hobby) 近代ホビー。よぎ［余技］。近世しゅみ［趣味］。だうらく［道楽］。

ほひつ【補筆】 レタッチ(retouch)。近代かきこむ［書込］。リタッチ(retouch)。中世かきくはふ〔—くわえる〕［書加］。かきなほす［書直］。かひつ［加筆］。中古かきあらたむ〔—ためる〕［書改］。かきいる〔—いれる〕［書入］。

ポピュラー(popular) 近代たいしゅうてき［大衆的］。つうぞくてき［通俗的］。ポピュラー。

ぼひょう【墓標】 近代ぼひ［墓碑］。近世ぼへう［墓標／墓表］。中世はかじるし［墓標］。

ほふく【匍匐】 近代よつんばひ［四這］。中古はふ［這］。はらばふ［腹這］。ほふく［匍匐／蒲伏］。

ほへい【歩兵】 近世あしがる［足軽］。へいそつ［兵卒］。中世かちだち［徒立］。とそつ［徒卒］。ぶ［夫］。ふひゃう［歩兵］。中古ほそつ［歩卒］。ほへい［歩兵］。

ほほ【頬】 →**ほお**

ほぼ【略】 近代やく［約］。りゃくりゃく［略略］。近世がいりゃく［概略］。中世あらかた［粗方］。あらまし。およそ［凡］。ざっと。だいたい［大体］。ほとんど［殆／幾］。中古おほかた［大方／大抵］。おほむね［大旨／概］。おほよそ［大凡］。たいがい［大概］。たいてい［大体／大抵］。たいりゃく［大略］。ほぼ［略／粗］。

ほほえまし・い【微笑】 近代ほほゑましい［微笑／頬笑］。中古ゑまし［笑］。上代ゑまはし［笑］。

ほほえみ【微笑】 近代スマイル(smile)。にこにこがほ［顔］。びせう［微笑］。ほほゑみ［微笑／頬笑］。中世ゑがほ［笑顔］。ゑみゑみ［笑笑］。上代ゑまひ／ゑみ［笑］。

—のたとえ 上代はなゑみ［花笑／花咲］。

ギリシャ彫刻や仏像の— アルカイックスマ

イル(和製フランス archaique + smile)。

ほほえ・む【微笑】 中世 うすわらふ[薄笑]。うそゑむ[笑]。にっこりする。中古 うちゑむ[打笑]。かたゑむ[片笑]。ほほゑむ[微笑/頬笑]。わらふ[笑]。上代 ゑまふ/ゑむ[笑]。

—・むさま 近代 くゎんじ[莞爾]。近世 ほいやり。中世 にこにこ。にこり。にっこり。中古 わららか。

ほまれ【誉】 近代 えい[栄]。えいくゎう[栄光]。えいくゎん[栄冠]。えいよ[栄誉]。近世 えいめい[栄名]。みめ[見目]。中世 かうみゃう[高名]。きぼ[規模]。びもく[眉目]。めいよ[名誉]。よばう[誉望]。中古 いろふし[色節]。おもておこし[面起]。くゎうえい[光栄]。くゎうき[光輝]。はえ[栄/映]。ほまれ[誉]。

—を得る 近世 面目(めんもく)を施す。中世 面目(めんぼく)を施す。

死後の— 近世 しにばな[死花]。しにびかり[死光]。

ほめそや・す【誉揚】 近代 ほめたたへる[誉称]。近世 かっさい[喝采]。ほめそやす[誉揚/褒]。ほめちぎる[誉]。ほめちらす[誉散]。中世 やんや。中古 いひはやす[言囃]。はやす[栄/映]。ほうやう[褒揚]。ほめたつ[—たてる][誉立]。ほめののしる[褒喧]。めでくつがへる[愛覆]。めでののしる[愛喧]。めでもてはやす[持囃/持栄]。上代 ほうしゃう[褒賞]。

聞いて—・す 中古 ききはやす[聞囃]。

見て—・す 中古 みはやす[見囃]。

ほめたた・える【誉称】 →ほ・める

ほめちぎ・る【誉】 げきさん[激賛]。べたぼめ[誉]。近代 げきしゃう[激賞]。ぜっさん[絶賛/絶讃]。近世 ほめそやす[誉揚/褒]。ほめちぎる[誉]。中古 めでまどふ[愛惑]。 →ほめそや・す

ほ・める【誉】 近代 さんしゃう[賛賞/讃賞]。さんしょう[賛称/讃称]。しゃうさん[賞賛/賞讃]。ほめたたへる[誉称]。らいさん[礼賛/礼讃]。近世 さんび[賛美]。ほめそやす[誉揚/褒]。ほめちぎる[誉]。中世 かしゃう[嘉賞/佳賞]。しょうさん[称賛/称讃]。しょうす[頌]。たんず[嘆/歎]。ほうしょう[褒称]。ほうず[褒]。中古 あはれがる[憐]。あはれぶ[憐]。あはれむ[憐]。いたがる[痛]。いひはやす[言囃]。かなしぶ/かなしむ[愛]。かんじののしる[感罵]。かんず[感]。さんす[賛/讃]。しゃうす[賞]。しゃうび[賞美]。しゃうやう[賞揚]。しゃうよ[賞誉]。しょうす[称]。しょうび[称美]。しょうやう[称揚]。しょうよ[称誉]。すさむ[荒/遊]。ほうび[褒美]。ほめたつ[—たてる][誉立]。ほめののしる[褒喧]。めでくつがへる[愛覆]。めでののしる[愛喧]。もてはやす[持映/持囃]。上代 かしゃう[嘉尚]。さんたん[賛嘆/讃歎/讃嘆]。しのぶ[賞]。たたふ[たたえる][称/讃]。はやす[栄/映]。ほうしゃう[褒賞]。ほむ[ほめる][誉/褒]。めづ[めでる][愛/賞]。よみす[好/嘉/善]。

—・め過ぎ 近代 くゎしゃう[過賞]。くゎよ[過誉]。近世 いつび[溢美]。くゎほう[過褒]。

—・めたたえる歌 さんか[賛歌/讃歌]。近代 さんしょう[賛頌/讃頌]。近世 しょうか[頌歌]。

—・めたりけなしたり あげおろし[上下/揚卸]。近世 あげさげ[上下]。上げたり下げたり。

—・めていい気にさせる 近世 おだつ[おだてる][煽]。もちあぐ[—あげる][持上]。

—・めて言う(こと) 近代 しょうだう[称道]。中古 いひはやす[言囃]。たたふ[たたえる][称/讃]。

—・めて物を与えて励ますこと 中世 けじゃう[勧賞]。中古 くゎんしゃう[勧賞]。けんじゃう[勧賞]。

—・めることと罰すること 近世 しんしゃうひつばつ[信賞必罰]。上代 しゃうばつ[賞罰]。

—・める言葉 近代 さんじ[賛辞/讃辞]。しゃうじ[賞辞]。しょうし[頌詞]。しょうじ[頌辞]。ほうじ[褒辞]。近世 さんし[賛詞/讃詞]。しゃうし[賞詞]。ほうし[褒詞]。ほめことば[褒言葉/褒詞]。中世 しょう[頌]。

—・める言葉(例) 近代 咄咄(とつとつ)人に逼(せま)る。近世 きゃら[伽羅]。みんごと[見事]。中世 あっぱれ[天晴/適]。ぜんざい[善哉]。でかした[出来]。みごと[見事/美事]。やんや。よいかな[善哉]。

感心して—・めたたえること 近代 たんしょう[嘆称/歎称]。近世 かんしゃう[感賞]。さしゃう[嗟賞]。しゃうたん[賞嘆/賞歎]。中世 かんず[感]。しょうたん[称嘆/称歎]。たんしゃう[嘆賞/歎賞]。中古 かんじののしる[感喧]。上代 かんたん[感嘆/感歎]。さたん[嗟嘆/嗟歎]。さんたん[賛

嘆／讃歎]。《尊》中古ぎょかん[御感]。

口先だけで━・めること 中世そらぼめ[空誉]。

功労などを公にし━・めたたえること 近代へうしゃう[表彰]。へうせう[表旌]。

声を揃えて━・めたたえること 中古おうか[謳歌]。

ことさらに━・める 中世ほめなす[褒／誉]。

盛んに━・める 近代ほめたたへる[誉称]。近世ほめそやす[誉揚／褒]。ほめちぎる[誉]。中古ほめたつ[━たてる][誉立]。↓

ほめそや・す

自分で自分を━・めること 中世じさん[自賛／自讃]。

詩文を読んで何度も━・めること 中世いっしゃうさんたん[一唱三嘆／一倡三歎]。

世間がこぞって━・める 中世かんじあふ[感合]。中古めでゆする[愛揺]。

何度も━・めること 近代さんたん[三嘆／三歎]。

悪口と━・める言葉 近世きよほうへん[毀誉褒貶]。中古きよ[毀誉]。上代ほうへん[褒貶]。

ぼや・く 近代ぐちる[愚痴]。こぼす[零／溢]。不平を鳴らす。文句を並べる。近世ぼやく。愚痴をこぼす。中世うれふ[憂／愁]。かこつ[託]。くねる[曲／拗]。中古いひくんず[言屈]。うらむ[恨]。はちぶく[蜂吹]。→ぐち

ぼや・ける 近代ぼやける。近世うるむ[潤]。中世かすむ[霞／翳]。ぼく[ぼける][暈／惚]。

━・けさせる 中世かすむ[かすめる][翳]。

━・けた色合い どんしょく[曇色]。

ほゆう【保有】 近代かくほ[確保]。せんいう[占有]。ほいう[保有]。ほくゎん[保管]。中世ほぞん[保存]。近世しょざう[所蔵]。中世ほぢ[保持]。中古しょいう[所有]。上代たもつ[保]。

ほよう【保養】 近代きうやう[休養]。近世せいやう[静養]。命の洗濯。中世ほやう[保養]。中古やうじゃう[養生]。

心の━ 近世きほやう[気保養]。

老人や病人の━・する所 中世えんじゅだう[延寿堂]。ねはんだう[涅槃堂]。

ほら【法螺】 近代おほぶろしき[大風呂敷]。近世からでっぽう[空鉄砲]。たいげんさうご[大言壮語]。てっぱう[鉄砲／鉄炮]。てっぽうばなし[鉄砲話]。ほら[法螺]。やすけ[弥助]。中世おほぐち[大口]。くゎ[過]。こちゃう[誇張]。たいげん[大言]。はうげん[放言]。

《句》近代金の茶釜が七つある。口では大坂の城も建つ。中世知らぬ京物語。

━を吹く 近代うそぶく[嘯]。大風呂敷を広げる。風呂敷を広げる。

━を吹く人 →ほらふき

つまらない━ 近代だぼら[駄法螺]。

ほら【洞】 あなぼこ[穴]。近代どうくつ[洞窟]。近世どうけつ[洞穴]。ほらあな[洞穴]。中世くうどう[空洞]。中古うつほ[空]。ほら[洞]。上代あな[穴]。

━の入り口 中古どうもん[洞門]。

岩の━ 近世いしむろ[石室]。中世いはあな[岩穴]。中古がんくつ[岩窟／巌窟]。がんけつ[巌穴／岩穴]。せきくつ[石窟]。上代いはつぼ[岩壺]。いはむろ[岩室／石室]。いはや[岩屋／石屋／窟]。

昔人が住んだ━ 中世ひとあな[人穴]。

山の━ 中古くき[岫]。

ぼら【鯔】 近世とど[鯔]。はらぶと[腹太]。中世いせごひ[伊勢鯉]。ぼら[鯔／鯔]。上代くちめ[口女]。

━の幼魚 近代いなっこ[鯔子]。近世えぶな[江鮒]。おぼこ[鯔]。中世いな[鯔]。すばしり[洲走]。上代なよし[名吉／鯔]。

ほらがい【法螺貝】❶〈巻き貝〉 近世ほふら[法螺]。ほらのかひ[法螺貝]。中世うみつぶ[海螺]。ほらがひ[法螺貝／吹螺／梭尾貝]。中古うみつび[海螺]。ほら[法螺]。

ほらがい【法螺貝】❷〈吹き鳴らすもの〉 近世ぢんがひ[陣貝]。中世ほらのかひ[法螺貝]。中古かひ[貝]。ほら[法螺]。ほらがひ[法螺貝／吹螺／梭尾貝]。

ほらがとうげ【洞ヶ峠】 かざみどり[風見鶏]。近代ほらがたうげ[洞ヶ峠]。近世ひよりみ[日和見]。ふたまたがうやく[二股膏薬]。中世うちまたがうやく[内股膏薬]。

ほらふき【法螺吹】 近代くちひろ[口広]。ほらふき[法螺吹]。近世ぜいこき[贅放]。せんみつ[千三]。

ボランティア(volunteer) ほうしかつどう[奉仕活動]。近代きんらうほうし[勤労奉仕]。しゃくゎいほうし[社会奉仕]。とくしか[篤志家]。ボランティア。近世てべんたう[手弁当]。

ほり【堀】 近世ほりわり[掘割／堀割]。中世うんが[運河]。すいろ[水路]。上代ほり[堀／濠／壕／塹]。ほりえ[堀江]。みぞ[溝]。みづき[水城]。

━のふち 近世ほりばた[堀端]。

城や陣地の周りの— しろぼり［城壕］。じゃ 近代 がう［濠／壕］。ざんがう［塹壕］。じゃうがう［城濠／城壕］。じゃうち［城池］。上代 じゃうくゎう［城隍］。

地を掘って切り通した— 中世 ほりきり［堀切］。

V字形の— 中世 やげんぼり［薬研堀］。

船の出入りのための— 中世 ふないり［船入］。

水のない— 中世 からぼり［空堀／空壕］。

水を引き入れた— 中世 みづぼり［水堀］。

その他—のいろいろ(例) 近世 よこぼり［横堀］。中世 うちぼり［内堀／内壕／内濠］。そうぼり［総堀／総濠］。そとぼり［外堀／外壕／外濠］。たてぼり［竪堀］。

ほりかえ・す【掘返】 中世 すきおこす［鋤起］。ほりだす［掘出］。中古 おこす［起］。かへす［返］。すきかへす［鋤返］。ほりおこす［掘起］。ほりかへす［掘返］。

ポリシー(policy) 近代 ししん［指針］。せいさく［政策］。はうさく［方策］。はうしん［方針］。ポリシー。近世 しんろ［針路］。

ポリス(police)→**けいさつ**

ほりだ・す【掘出】 近代 くっさい［掘採］。さいくつ［採掘］。はっくつ［発掘］。中世 あばく［暴／発］。ほりだす［掘出］。上代 ほりいだす［掘出］。

石油を—・す さいゆ［採油］。

ホリデー(holiday) バカンス(フランス vacances)。レジャー(leisure)。近代 バケーション(vacation)。ホリデー。中古 きうじつ［休日］。よか［余暇］。上代 きうか［休暇］。→**きゅうか**

ほりゅう【保留】 たなあげ［棚上］。とうけつ［凍結］。とめおく［留置］。ペンディング(pending)。近代 ほりう［保留］。りうほ［留保］。近世 おあづけ［預］。みけつ［未決］。

ほりゅう【蒲柳】❶〈川柳〉→**かわやなぎ**

ほりゅう【蒲柳】❷〈ひ弱〉 近世 ひよわ［弱］。中世 きょじゃく［虚弱］。よわよわし［弱弱］。中古 かよわい［弱］。上代 ほりう［蒲柳］。→**きょじゃく**

ボリューム(volume) 近代 おんりゃう［音量］。クオンティティー(quantity)。たいせき［体積］。ボリューム。ようりゃう［容量］。りゃう［量］。りゃうかん［量感］。中世 ぶんりゃう［分量］。中古 かさ［嵩］。

ほりょ【捕虜】 ぐんりょ［軍虜］。せんりょ［戦虜］。近代 しうりょ［囚虜］。ふりょ［俘虜］。近世 きん［擒］。中世 ふしう［俘囚］。ほりょ［捕虜］。りょしう［虜囚］。中古 とりこ［虜／擒／俘虜］。

ほりわり【掘割】→**ほり**

ほ・る【彫】 近代 こくする［刻］。近世 ほる［彫／刻］。中世 ゑる［彫／雕／鐫］。中古 きざむ［刻］。てうこく［彫刻］。上代 ゑりつく［—つける］［彫付］。

—・り刻んだ跡 中世 ほりめ［彫目］。

—・り込む 近代 きざみこむ［刻込］。近世 いんこく［印刻］。きりつける［切付／斬付］。るこく／ろうこく［鏤刻］。中世 てうる／てうろう［彫鏤］。ろくす［勒］。ゑりいる［彫入］。中古 ちりばむ［—ばめる］［鏤］。

ほ・る【掘】 近代 くっさく［掘削／掘鑿］。てきけつ［剔抉］。近世 ほじくる［穿］。ほじる［穿］。ゑぐる［剔／抉／刳］。中世 くりぬく［刳抜／刳貫］。上代 うがつ［穿］。さくる［決／抉］。ほる［掘／穿］。

—・って取り出す 中世 ほりだす［掘出］。中古 ほりおこす［掘起］。上代 ほりいだす［掘出］。

盛んに—・って開くこと 近世 さくかい［鑿開］。

地面を深く—・る 近代 ほりたてる［掘立］。中世 ほりさぐ［—さげる］［掘下］。

周囲を—・る ほりめぐらす［掘回］。

ボルテージ(voltage)**❶〈電圧〉** 近代 でんあつ［電圧］。→**でんあつ**

ボルテージ(voltage)**❷〈興奮度〉** ねっき［熱気］。近代 こうふん［興奮］。近世 たかぶり［高／昂］。上代 きほひ［勢］。

ホルモン(hormone; ドイツ Hormon) 近代 ホルモン。

—のいろいろ(例) アドレナリン(adrenalin)。アルドステロン(aldosterone)。アンドロゲン(androgen)。インシュリン(insulin)。エストリオール(estriol)。エストロゲン(estrogen)。エストロン(estrone)。おうたいホルモン［黄体hormone］。オーキシン(auxin)。かいかホルモン［開花hormone］。ガストリン(gastrin)。きずホルモン［傷hormone］。こうじょうせんホルモン［甲状腺hormone］。ステロイドホルモン(steroid hormone)。せいホルモン［性hormone］。パロチン(parotin)。プロゲスチン(progestin)。プロゲステロン(progesterone)。

ほ・れる【惚】 近代 ほれこむ［惚込］。近世 うちこむ［打込］。おっこちる。こく［倒／転］。ござる［御座］。なづむ［泥］。ほのじ［字］。

惚れた腫れた。中世 こがる［こがれる］［焦／

焦〕。ほる〔ほれる〕〔惚〕。気に入る。中古あいす〔愛〕。すく〔好〕。上代こひす〔恋〕。こふ〔恋〕。したふ〔慕〕。めづ〔めでる〕〔愛〕。心を寄す〔―寄せる〕。→**あい・する** →**こい・する**

―・れ込んださま 近世とろとろ。

―・れたふりをする 中世そらぼれ〔空惚〕。

―・れっぽいこと 近世ちかぼれ〔近惚〕。

すっかり―・れること 近代ほれこむ〔惚込〕。まゐる〔参〕。近世いきつく／ゆきつく〔行着〕。べたぼれ〔惚〕。

ぼろ【襤褸】 近代おんぼろ。近世ぼろ〔襤褸〕。中古らんる〔襤褸〕。上代かかふ〔襤褸／幓〕。

―になる 近代ぼろける〔襤褸〕。上代わわく。

―の衣服 近世つづれごろも〔綴衣〕。らんい〔襤衣〕。中世へいい〔弊衣／敝衣〕。中古つづり〔綴〕。

―を着ている人を嘲る語 近代をんじゃく〔温石〕。

ほろ・ぶ【滅】 ぼつめつ〔没滅〕。近代さうばう〔喪亡〕。じんめつ〔燼滅〕。ぜんめつ〔全滅〕。ふくめつ〔覆滅〕。りんめつ〔淪滅〕。だりむくる。近世せいじゃひっすい〔盛者必衰〕。めっしつ〔滅失〕。身を打つ。中世かたぶく／かたむく〔傾〕。くつがへる〔覆〕。じゃうしゃひっすい〔盛者必衰〕。たふる〔たおれる〕〔倒〕。つぶる〔つぶれる〕〔潰〕。てうえいぼらく〔朝栄暮落〕。ばうず〔亡〕。びんめつ〔泯滅〕。めっきゃく〔滅却／滅卻〕。めっす〔滅〕。めつぜつ〔滅絶〕。亢竜(かうりよう)の悔い有り。中古ぜつめつ〔絶滅〕。つゆ〔潰〕。てんめつ〔殄滅〕。はめつ〔破滅〕。めつじん〔滅尽〕。めつばう〔滅亡〕。土仏(つちぼとけ)の水遊び。上代たゆ〔たえる〕〔絶〕。ほろぶ〔ほろびる〕〔滅／亡／泯〕。

《句》近代宴安(えんあん)は酖毒(ちんどく)。香餌(かうじ)の下必ず死魚あり。薫(くん)は香を以って自ら焼く。灯(とう)滅せんとして光を増す。近世金(かね)が敵。川立ちは川で果つ〔―果てる〕。高木は風に折らる〔―折られる〕。粋(すい)が身を食ふ。盈(み)つれば虧(か)く〔―虧ける〕。中世秋の鹿は笛に寄る。

―・びないこと 中世ふめつ〔不滅〕。→**ふめつ**

―・びゆくもののたとえ しゃよう〔斜陽〕。近代こじゃうらくじつ〔孤城落日〕。

必ず―・びること 中世ひつめつ〔必滅〕。

自然に―・びること 中世じめつ〔自滅〕。

次第に―・びること ぜんめつ〔漸滅〕。

自分自身が原因で―・びること じめつ〔自滅〕。

損なわれて―・びること 近代ざんめつ〔残滅〕。

ほろぼ・す【滅】 ぼつめつ〔没滅〕。近代こんぜつ〔根絶〕。さうてん〔勦殄〕。さうめつ〔掃滅／剿滅〕。ふくめつ〔覆滅〕。ぼくめつ〔撲滅〕。近世いめつ〔夷滅〕。さうぜつ〔勦絶〕。せんめつ〔殲滅〕。たいぢる〔退治〕。ねだやし〔根絶〕。めっしつ〔滅失〕。中世うしなふ〔失〕。かたぶく／かたむく〔傾〕。くつがへす〔覆〕。つやす〔潰〕。ねきり〔根切〕。めちじん〔滅尽〕。めっきゃく〔滅却〕。めつぜつ〔滅絶〕。もったう〔没倒〕。中古ぜつめつ〔絶滅〕。てんめつ〔殄滅〕。ほろぼす〔滅／亡／泯〕。めつじん〔滅尽〕。めっす〔滅〕。上代たつ〔絶／断〕。

攻撃して―・すこと 近代げきめつ〔撃滅〕。

損ない―・すこと 中世ざんめつ〔残滅〕。

ぼろもうけ【儲】 近代いっくゎくせんきん〔一攫千金〕。近世おほまうけ〔大儲〕。中世濡(ぬ)れ手に粟(あは)。

ほろよい【微酔】 近代びくん〔微醺〕。びすい〔微酔〕。近世さんばいきげん〔三盃機嫌〕。ほろよひ〔微酔〕。

ホワイトカラー(white-collar) じむろうどうしゃ〔事務労働者〕。サラリーマン(salaried man)。近代くゎいしゃゐん〔会社員〕。

ほん【本】 →**しょもつ**

ぼん【盆】❶〈盂蘭盆〉→**うらぼん**

ぼん【盆】❷〈皿状の器物〉コースター(coaster)。近代トレー(tray)。中世ぼん〔盆〕。

―の上に砂や石で絵を描いたもの 近世ぼんぐゎ〔盆画〕。ぼんけい〔盆景〕。中世ぼんせき〔盆石〕。ぼんゑ〔盆絵〕。

―の上の石で作った山 中世ぼんざん〔盆山〕。

漆塗りの― ぬりぼん〔塗盆〕。近世かすがぼん〔春日盆〕。

菓子などを一人一人に分けて盛る― めいめいぼん〔銘銘盆〕。

給仕する時に飲食物を載せて運ぶ― 近世かよひぼん〔通盆〕。

銀行などで金銭を載せる紙の― 近代カートン／カルトン(フランス carton)。

へぎ板で作った― へぎおしき〔折折敷〕。へぎぼん〔折盆〕。近世ひらをしき〔平折敷〕。へぎ〔折／片木〕。中古をしき〔折敷〕。

その他―のいろいろ(例) あいおいぼん〔相生盆〕。かくぼん〔角盆〕。近世タバコぼん〔煙草盆〕。まるぼん〔丸盆／円盆〕。中世すみきらず〔角切〕。ちゃぼん〔茶盆〕。

ほ

▼助数詞 〔中古〕まい[枚]。

ほんあん【翻案】 アダプト(adapt)。リメーク(remake)。〔近代〕アダプテーション(adaptation)。〔近世〕やきなほし[焼直]。〔中世〕ほんあん[翻案]。〔中古〕かいさく[改作]。

ほんい【本意】 きょうおう[胸奥]。〔近代〕きょうおく[胸臆]。〔近世〕きょうり[胸裏/胸裡]。〔中世〕きょうきん[胸襟]。しんい[真意]。ほんし[本志]。ほんしん[本心]。〔中古〕いちゅう[意中]。きょうちゅう[胸中]。しんり[心裏/心裡]。ないしん[内心]。ほい/ほんい[本意]。ほんくゎい[本懐]。〔上代〕しんちゅう[心中]。→**ないしん**

―でないさま 〔近代〕ふほんい[不本意]。〔近世〕しんぐゎい[心外]。〔中古〕すずろ[漫]。心ならず。我にもあらず。〔上代〕りょぐゎい[慮外]。

ほんい【翻意】 〔近代〕きうつり[気移]。こころうつり[心移]。へんせつ[変節]。ほんい[翻意]。ほんしん[翻心]。〔近世〕牛を馬に乗り換ふ[―乗り換える]。気が変はる。気を変ふ[―変える]。〔中世〕宗旨を変ふ[―変える]。〔中古〕こころがはり[心変]。へんしん[変心]。

《句》〔近世〕君子は豹変(へうへん)す。

ほんかい【本懐】 〔中古〕しゅくぐゎん[宿願]。ほい/ほんい[本意]。ほんくゎい[本懐]。ほんまう[本望]。〔上代〕ほんぐゎん[本願]。

ほんかく【本格】 せいとう[正統]。〔近代〕せいき[正規]。〔近世〕せいしき[正式]。ほんかく[本格]。ほんて[本手]。ほんもの[本物]。〔中世〕ほんしき[本式]。

―的 〔近代〕フォーマル(formal)。〔中古〕はかばかし[捗捗]。まことし[真/誠/実]。まほ[真秀]。まめやか[忠実]。わざと[態]。

ほんがん【本願】 →**ほんかい**

ほんき【本気】 ほんごし[本腰]。本腰を入れる。〔近代〕しんし[真摯]。腰を入れる。〔近世〕しんけん[真剣]。まじめ[真面目]。〔中世〕ほんき[本気]。

―・で 〔中古〕かけて(も)[掛]。

―・でない 〔近世〕たはむれ[戯]。〔中古〕なほざり[等閑]。

―・にする 〔近世〕真(ま)に受く[―受ける]。

―・になる 〔近世〕むき[向]。〔中古〕まめだつ[忠実立]。

ほんぎまり【本決】 さいしゅうけってい[最終決定]。〔近代〕かくてい[確定]。ほんぎまり[本決]。〔近世〕けってい[決定]。

ほんきょ【本拠】 きち[基地]。ほんきょち[本拠地]。ほんまる[本丸]。〔近代〕がじゃう[牙城]。きょてん[拠点]。こんきょち[根拠地]。ホームグラウンド(home ground)。ほんきょ[本拠]。りっきゃくち[立脚地]。りっきゃくてん[立脚点]。〔近世〕こんきょ[根拠]。〔中世〕ねじろ[根城]。

▼本拠地占有権 フランチャイズ(franchise)。

ほんぎょう【本業】 〔近世〕ほんむ[本務]。〔中古〕ほんげふ[本業]。ほんしょく[本職]。

―以外にする仕事 アルバイト/バイト(ドイツ Arbeit)。サイドビジネス(和製side business)。サイドワーク(和製side work)。げふよ[業余]。こづかひかせぎ[小遣稼]。こづかひとり[小遣取]。ふくげふ[副業]。〔近代〕かたてましごと[片手間仕事]。〔近世〕かたしゃうばい[片商売]。かたてしごと[片手仕事]。ないしょく[内職]。よげふ[余業]。

―とする技芸 〔近世〕おもてげい[表芸]。

ほんけ【本家】 〔近代〕そうけ[宗家]。〔近世〕そうほんけ[総本家]。ちゃくか[嫡家]。〔中世〕そうこんぽん[根本]。ちゃくけ[嫡家]。そうか[宗家]。そうしつ[宗室]。ほんけ[本家]。

―から分かれた家 〔近世〕えだは[枝葉]。しょけ[庶家]。ぶんけ[分家]。〔中世〕べっけ[別家]。〔中古〕しえふ[枝葉]。

―から分かれた血筋 〔近代〕ししょ[支庶]。〔上代〕しぞく[支族]。

―の家柄 〔中世〕そうりゃうすぢ[総領筋]。ちゃくりう[嫡流]。

―の長 〔近代〕そうしゅ[宗主]。

―を強めた言い方 〔近世〕ほんけほんもと[本家本元]。

ほんげん【本源】 アルケー(ギリシャ arkhē)。〔近代〕おほもと[大本]。げんてん[原点]。〔中世〕げんし[原始/元始]。こんぽん[根本]。ほんぼん[本本]。〔中古〕こんげん[根源]。ほんげん[本源/本原]。ほんぢ[本地]。みなもと[源]。

ほんごく【本国】 〔近代〕そこく[祖国]。ぼこく[母国]。〔近世〕くにもと[国元/国許]。〔中世〕ほんじょ[本所]。ほんち[本地]。ほんごく[本国]。ほんど[本土]。〔上代〕もとつくに[本国]。

ほんごし【本腰】 〔近代〕しんし[真摯]。腰を入れる。〔近世〕しんけん[真剣]。まじめ[真面目]。〔中世〕ほんき[本気]。〔中古〕せいじつ[誠実]。

ほんさい【本妻】 〔近代〕せいさい[正妻]。〔近世〕ちゃくふ/てきふ[嫡婦]。伽羅(きゃら)の御方(おんかた)。〔中世〕せいしつ[正室]。ほんさい[本

妻］。もとめ［本妻］。中古きみざね［君実］。ちゃくさい／てきさい［嫡妻］。ちゃくしつ／てきしつ［嫡室］。とまり［止／留／泊］。上代むかひめ［嫡妻］。

—の腹から生まれること 中世ほんばら［本腹］。

遊女や妾(めかけ)が—になること 近世おかたなり［御方成］。

ぼんさい【凡才】 近代ぼんさい［凡才］。むのうりょく［無能力］。近世ひりき／ひりょく［非力］。ぼんこつ［凡骨］。中世のうなし［能無］。中古ひさい［非才］。むさい［無才］。ようざい［庸材］。上代ふさい［不才／不材／無才］。ようさい［庸才］。

ぼんさく【凡作】 げさく［下作］。近世せっさく［拙作］。ださく［駄作］。中世ぼんさく［凡作］。中古ぐさく［愚作］。

ほんし【本旨】 近代しゅし［主旨］。しゅし［趣旨］。近世しゅい［主意］。ほんし［本旨］。

《句》中世月を指せば指を認(みと)む［—認める］。

ほんしき【本式】 近代せいき［正規］。フォーマル(formal)。ほんかくてき［本格的］。近世せいしき［正式］。ほんかく［本格］。ほんて［本手］。中世ほんしき［本式］。中古まめやか［忠実］。

ほんしつ【本質】 近代エキス(オランダextractの略)。エッセンス(essence)。げんしつ［原質］。じっしつ［実質］。ほんせい［本性］。近世しんずい［神髄］。中世うんあう［蘊奥］。じったい［実体］。せいずい［精髄］。たい／てい［体］。ぢたい［地体］。ほんしつ［本質］。中古じしゃう［自性］。たいてい［大抵］。ほっしゃう［法性］。ほんしゃう［本性］。ほんたい［本体］。ほんぢ［本地］。上代しゃう［性］。

《句》近代木を見て森を見ず。櫝(とく)を買ひ珠を還(かへ)す。中世月を指せば指を認(みと)む［—認める］。

—でない部分 近代しえふまっせつ［枝葉末節］。近世まっせつ［末節］。中古えだは／しえふ［枝葉］。

—を見極めること 近代きうさつ［究察］。ていくゎん［諦観］。中世たいくゎん［諦観］。

ほんじつ【本日】 近世こんち［今日］。ほんじつ［本日］。上代けふ［今日］。こんにち［今日］。

ほんしゅつ【奔出】 近代ふきでる［噴出］。ふんしゃ［噴射］。ふんしゅつ［噴出］。近世ふきいづ［吹出］。ふきだす［噴出］。中世ほんしゅつ［奔出］。

ほんしょう【本性】 近代ネーチュア(nature)。ほんせい［本性］。近世かたぎ［気質］。きしつ［気質］。きしゃう［気性］。きぢ［生地／素地］。すじゃう［素性］。たち［質］。ぢがね［地金］。てんしゃう［天性］。ひととなり［為人］。ほんりゃう［本領］。もちまへ［持前］。中世きだて［気立］。したぢ［下地］。じつ［実］。じっしゃう［実性］。しゃう［性］。しゃうぶん［性分］。ぢ［地］。ナツーラ(ポルトガルnatura)。ほんしつ［本質］。中古がら［柄］。こころね［心根］。じしゃう［自性］。しんこん［心根］。ほんしゃう［本性］。ほんぢ［本地］。上代しゃうたい［正体］。たうたい［当体］。てんせい［天性］。

《句》中世人の善悪は針(錐)を袋に入れたるが如し。

—が現れる 地(じ)が出る。鍍金(めっき)が剥げる。近代仮面を脱ぐ。化けの皮を現はす。近世地金を出す。金箔(きんぱく)が剥げる。

—を隠して大人しくすること ねこかぶり［猫被］。近代ねこっかぶり［猫被］。猫を被る。

自己の—を観察し明らかにすること 中古くゎんじん［観心］。

生得の立派な— 中古めいとく［明徳］。

ほんしょく【本職】 近世ほんむ［本務］。中古ほんげふ［本業］。ほんしょく［本職］。

ほんしん【本心】 きょうおう［胸奥］。近代きょうおく［胸臆］。ほんね［本音］。近世きょうり［胸裏／胸裡］。じつい［実意］。そしん［素心］。ぢがね［地金］。ねごころ［根心］。中世うつつごころ［現心］。きょうきん［胸襟］。したぢ［下地］。しんい［真意］。しんそこ［心底］。そこい［底意］。ほんし［本志］。ほんしゃう［本性］。ほんしん［本心］。中古いちゅう［意中］。うつしごころ［現心］。きょうちゅう［胸中］。こころね［心根］。しんてい［心底］。しんり［心裏／心裡］。ないしん［内心］。ほい／ほんい［本意］。ほんくゎい［本懐］。胸の内。上代したごころ［下心］。しんちゅう［心中］。→**ないしん**

《謙》近代ひちゅう［鄙衷］。びちゅう［微衷］。中古びしん［微心］。

《句》中世問ふに落ちず語るに落つ［—落ちる］。

—がそれとなく現れる 中古ほのめく［仄］。

—が分かる 近世みえすく［見透］。眉を読む。

—でない 近代ふほんい［不本意］。近世しんぐゎい［心外］。中古すずろ［漫］。心ならず。我にもあらず。上代りょぐゎい［慮外］。

—とはまるで違う 近世心にもなし。

—を失う 中古おぼほる［惚］。ゑふ［酔］。↓

きぜつ

―を失っている 中世 現なし。

―を失わせる 中古 とらかす[盪/蕩]。

―を打ち明ける 近代 肝胆を吐く。中世 とろ[吐露]。腹を割る。近世 肝胆を披く。

―を隠していること 近世 かけご[掛子/懸籠]。

―を見透かされる 近世 眉毛を読まる[―読まれる]。

ほんじん【本陣】 近世 がえい[牙営]。中世 はたもと[旗本]。ほんえい[本営]。ゐあく/ゐやく[帷幄]。中古 ほんぢん[本陣]。ゐばく[帷幕]。

敵の― 近代 がじゃう[牙城]。

ぼんじん【凡人】 近代 いっぱんじん[一般人]。ぼんき[凡器]。近世 いしゃう[異生]。じゃうにん[常人]。ほうじ[鳳字]。ぼんじん[凡人]。中世 うだい[有待]。ふかくじん/ふかくにん[不覚人/不覚仁]。へいじん[平人]。ぼんぞく[凡俗]。ぼんにん[凡人]。闇浮の身。中古 じゃうじん[常人]。ぞくし[俗士]。ただうど/ただびと[徒人/直人/只人]。ただもの[徒者/只者]。ぼんげ[凡下]。ぼんぷ[凡夫]。ぼんよう[凡庸]。

《句》近世 蛙の子は蛙。中世 呉下の阿蒙。鳥無き里の蝙蝠。

―と君子 中世 くんいう/くんゆ[薫蕕]。

―と聖者 中世 ぼんしゃう[凡聖]。

―の考え 中世 ねんりょ[念慮]。ふんべつち[分別地]。ぼんりょ[凡慮]。

―の身 中世 ゑしん[穢身]。神ならぬ身。中古 ぼんしん[凡身]。

がやがや騒ぐ―の群れ 近代 けいぐん[鶏群]。

ほんすじ【本筋】 近代 しゅりう[主流]。中世 ほんすぢ[本筋]。ほんろん[本論]。

―から外れたこと(さま) 近代 まっせうてき[末梢的]。近世 えだみち[枝道/岐路]。ばうだい[傍題]。よこすぢ[横筋]。わき[脇]。わきみち[脇道/脇路]。中世 よこみち[横道]。中古 えだ[枝]。えだは/しえふ[枝葉]。

―から外れた話 こぼればなし[零話]。近代 ざつだん[雑談]。よぶん[余聞]。よわ[余話]。近世 かんわ[閑話/間話]。むだばなし[無駄話]。よだん[余談]。

ほんせい【本性】→ほんしょう

ほんせい【本姓】 ファーストネーム(first name)。ファミリーネーム(family name)。中世 じつみゃう/じつめい[実名]。ほんみゃう/ほんめい[本名]。みゃうじ[名字]。めうじ[苗字]。上代 かばね[姓]。せい[姓]。ほんせい[本姓]。

ほんせき【本籍】 近代 げんせき[原籍]。こせき[戸籍]。上代 ほんせき[本籍]。

―地 上代 くゎんぞく[貫属]。ほんくゎん/ほんぐゎん[本貫]。

ほんせん【本船】 近代 ぼせん[母船]。近世 おやぶね[親船]。ほんせん[本船]。

ほんぜん【翻然】 近世 いきなり[行成]。ほんぜん[翻然]。中世 とつじょ[突如]。とつぜん[突然]。中古 にはかに[俄]。

ほんそう【奔走】 近代 かけづりまはる[駆回]。ちく[馳駆]。とうほんせいそう[東奔西走]。足を棒(擂粉木)にする。近世 かけめぐる[駆巡]。とびまはる[飛回]。中世 かけまはる[駆回]。きゃうほん[狂奔]。くち[駆馳]。たちまはる[立回]。とびあるく[飛歩]。はしりまはる[走回]。中古 けいえい/けいめい[経営]。さわぐ[騒]。ちそう[馳走]。ほんそう[奔走]。ほんち[奔馳]。→いそがし・い

ほんそく【本則】 近代 きほんげんそく[基本原則]。げんそく[原則]。ドクトリン(doctrine)。ほんそく[本則]。

ぼんぞく【凡俗】 近代 つうぞく[通俗]。へいぞく[平俗]。へいぼん[平凡]。中世 ぞくけ[俗気]。ぼんぞく[凡俗]。中古 ぼんよう[凡庸]。→ぼんじん

ほんぞん【本尊】 中世 たうにん[当人]。ほんにん[本人]。中古 ほんぞん[本尊]。ほんたい[本体]。

ほんたい【本体】 近代 しゅぶ[主部]。近世 しゅたい[主体]。ぢかね[地金]。中世 じったい[実体]。しゃうたい/しゃうだい[正体]。中古 じつ[実]。ほんたい[本体]。上代 ざね[実]。しゃうたい[正体]。

ほんだい【本題】 ちゅうしんかだい[中心課題]。メーンテーマ(main ドイツ Thema)。近代 しゅだい[主題]。ほんだい[本題]。

―から外れること 近世 えだみち[枝道/岐路]。ばうだい[傍題]。よこすぢ[横筋]。中世 よこみち[横道]。わきみち[脇道/脇路]。

ほんたて【本立】→ほんばこ

ほんだな【本棚】→ほんばこ

ほんだわら【馬尾藻】 近世 ほだはら[穂俵]。ほんだはら[馬尾藻]。中世 しんばさう[神馬草]。上代 なのりそ/なのりそも[名告藻]。

ぼんち【盆地】 近代 くぼち[窪地/凹地]。ぼ

んち［盆地］。中古やまふところ［山懐］。

ほんど【本土】 近代ないち［内地］。中古こくど［国土］。上代ほんごく［本国］。ほんど［本土］。

ほんとう【本当】 近世しゃうしんしゃうめい［正真正銘］。ほん［本］。ほんたう［本当］。ほんとう［本統］。ほんま［本真］。中世しんせい［真正］。まことし［真／実］。中古じじつ［事実］。じち／じつ［実］。しんじつ［真実］。上代しん［真］。

―・に →ほんとうに

―・にそうだ 近世さいな。中世ほんに［本］。中古さりや［然］。上代うべなり［宜］。うべなるかな／むべなるかな。

―のこと 近代ほんもの［本物］。近世ありやう［有様］。えたい［得体］。じつごと［実事］。中世じつじゃう［実情］。しんじち［真実］。ぢゃう［定］。中古じじつ［事実］。しんさう［真相］。上代じつじ［実事］。

―のことと嘘のこと 近代じっぴ［実否］。近世しんぴ［真否］。中古きょじつ［虚実］。しんぎ［真偽］。

―の姿や形 近世えたい［得体］。中古ほんたい［本体］。上代しゃうたい［正体］。

―は 近代実を言ふと。近世ありやうは［有様］。しゃうぢき［正直］。そのじつ［其実］。実のところ。中世げには［実］。じつは［実］。中古さるは［然］。ないじつ［内実］。はや［早］。はやう／はやく［早］。

―らしい 近代真に迫る。近世につこらし［似］。にやつこらし。まがまがし［禍禍／曲曲］。中世げにげにし［実実］。さぞな［嘸／然］。まことしやか［真］。

ほんどう【本道】❶〈行く道〉 →どうろ

ほんどう【本道】❷〈行う道〉 近代しゃうだう［正道］。じゃうだう［常道］。近世ほんすぢ［本筋］。中世ほんだう［本道］。

ほんとうに【本当】 近代じじつ［事実］。じっさい［実際］。まったく［全］。近世じつもって［実以］。しんぞ［真／神］。しんそこ［心底／真底］。しんもって［神以］。てんと。とっと。はちまん［八幡］。はちまんだいぼさつ［八幡大菩薩］。ほとんど［殆］。ほんたうに［本当］。中世いかにも。かまへて［構］。げにげにし［実実］。さぞな［嘸／然］。じつ［実］。じっしゃう［実正］。じつに［実］。しんじつ［真実］。しんに［真］。ほんに［本］。まさか／まさかに。中古いと。かへすがへす［返返］。げに［実］。しんじち［真実］。たしかに［確］。まさしく［正］。上代あなに。うべ［宜］。さね。まこそ［真］。まことに［真／誠／実］。まさに［正］。→まったく

―…だろうか 近代はたして［果］。近世いったい［一体］。

―まあ 近代まったく。中古いでや。げにや。さても／さてもさても。まことや［誠］。上代あなにやし／あなにゑや。うべし［宜］。

ほんどおり【本通】 →どうろ

ほんにん【本人】 近代たうじしゃ［当事者］。近世どうにん［同人］。中世たうにん［当人］。ほんぞん［本尊］。ほんにん［本人］。中古さうじみ［正身］。上代ただみ［直身］。

ほんね【本音】 →ほんしん

ほんねん【本年】 近世ほんねん［本年］。中古こんねん［今年］。たうねん［当年］。上代ことし［今年］。

ほんの【本】 近代いくぶん［幾分］。近世けいせう［軽少］。けちりん。こころもち［心持］。ちょっぴら／ちょっぴり／ちょっぽり。ちょぴり。ほんの［本］。めぐすり［目薬／眼薬］。りんもう［厘毛］。わざっと［態］。中世させう／しゃせう［些少／瑣少］。たった。中古けしきばかり［気色］。じゃくかん［若干］。たせう［多少］。わづか［僅／纔］。印(標)ばかり。少しばかり。

ぼんのう【煩悩】 近代でいだん［泥団］。中世いばしんゑん［意馬心猿］。うろ［有漏］。きゃくぢん［客塵］。く［垢］。くなう［苦悩］。けばく［繋縛］。しんく［心垢］。ぢん［塵］。ぢんらう［塵労］。てんばく［纏縛］。にごり［濁］。はんもん［煩悶］。わく［惑］。心の塵。中古あいぜん［愛染］。てん［纏］。ぼんなう［煩悩］。心の鬼。夢の惑ひ。上代けつ［結］。

《句》近世煩悩あれば菩提あり。煩悩の犬は追へども去らず。

―が心に残す影響 中世じっけ［習気］。よしふ［余習］。

―から解放されること 中世けつげ［結解］。

―と悪業 中世ごふく［業垢］。

―に汚れた心 近世せんじん／ぜんしん［染心］。

―にとらわれた迷いの世界 近世うろぢ［有漏路］。中世むみゃうせかい［無明世界］。むみゃうぢゃうや［無明長夜］。やみぢ［闇路］。無明の闇。中古長夜の闇。長き夜の闇。

―にとらわれているたとえ 中世はんろう［樊籠］。

―の多いこと 中世ちうりん［稠林］。ていげ

[底下]。
—の恐ろしさのたとえ 中世くゎきゃう[火坑]。
—の数 ひゃくはち[百八]。
—の強いこと 近世よくあかぼんなう[欲垢煩悩]。
—を消し去ること 中古だんけち[断結]。りく[離垢]。
人間を汚す三つの— 近世さんく[三垢](貪欲、瞋恚(しんい)、愚痴)。さんどく[三毒]。

ほんのり 近世おぼろげ[朧]。ほんのり。ぼんやり。中世うっすり/うっすら[薄]。中古あはし[淡]。おぼおぼ。かすか[幽/微]。ほのぼの[仄仄]。上代ほのか[仄]。
—と赤味がかっているさま 近代ぽうっと。近世ほっかり。

ほんば【本場】 げんさんち[原産地]。しゅさんち[主産地]。ちゅうしんち[中心地]。近代ほんば[本場]。

ほんばこ【本箱】 かんか[函架]。ブックケース(bookcase)。ブックシェルフ(book shelf)。ほんたて[本立]。近世しょか[書架]。ふばこ[文箱/笈]。しょきふ[書笈]。しょちゅう[書厨]。ふみだな[書棚]。ほんだな[本棚]。ほんばこ[本箱]。中世しょきゃう[書筐]。しょけふ[書篋]。しょだな[書棚]。中古ふみづし[文厨子]。ふみばこ[文箱/笈]。ふみびつ[文櫃]。

ぼんぷ【凡夫】 →ぼんじん

ポンプ(pump) そくとう[喞筒]。近代やうすいき[揚水機]。近世ポンプ。
油を送るための— あぶらポンプ[油pump]。オイルポンプ(oil pump)。
火災を消すための— しょうぼうポンプ[消防pump]。
空気を押し出す— エアコンプレッサー(air compressor)。近代エアポンプ(air pump)。
水と土砂を一緒にくみ上げる— 近代サンドポンプ(sand pump)。
その他—のいろいろ(例) イオンポンプ(ion pump)。ウイングポンプ(wing pump)。うずまきポンプ[渦巻pump]。えんしんポンプ[遠心pump]。おうふくポンプ[往復pump]。かいてんポンプ[回転pump]。ピストンポンプ(piston pump)。プロペラポンプ(propeller pomp)。ロータリーポンプ(rotary pump)。近代あっしゅくポンプ[圧縮pump]。おしあげポンプ[押上pump]。しんくうポンプ[真空pump]。すひあげポンプ[吸上pump]。ておしポンプ[手押pump]。

ほんぷく【本復】 かんち[完治]。ふくちょう[復調]。近代くゎいゆ[快癒]。こんち/こんぢ[根治]。ちゆ[治癒]。近世くゎいふく[回復/恢復/快復]。ぜんくゎい[全快]。ぜんち[全治]。ほんぶく/ほんぷく[本復]。中古なほる[治]。上代いゆ[いえる][癒]。へいゆ[平癒]。→なお・る

ほんぶん【本分】 近代ぎむ[義務]。近世しょくぶん[職分]。ほんむ[本務]。やくめ[役目]。中世ほんぶん[本分]。めいぶん[名分]。中古つとめ[勤]。

《句》近代邯鄲(かんたん)の歩み。

ほんぽう【本邦】 近代じこく[自国]。中世ほんぱう[本邦]。上代ほんてう[本朝]。わがくに[我国]。→にほん

ほんぽう【奔放】 近代かってきまま[勝手気儘]。じいうほんぱう[自由奔放]。ちへい[馳騁]。意のまま。近世きまま[気儘]。中世かって[勝手]。みがって[身勝手]。わがまま[我儘]。中古はうしぱう[放恣/放肆]。上代ほしいまま[縦/恣/擅]。

ほんまつ【本末】 てんまつ[顛末]。近代もとすゑ[本末]。近世しゅかく/しゅきゃく[主客]。中世しゅうし[終始]。中古しゅび[首尾]。上代ほんまつ[本末]。
—転倒 《句》近代牛追ひ牛に追はる。近世寺から里へ。鳩を憎み豆を作らぬ。山から里。
—を究め尽くす 近世両端を叩(たた)く。

ほんまる【本丸】 →ほんきょ

ほんみょう【本名】 近代ほんせい[本姓]。ほんみゃう[本名]。中古じつみゃう/じつめい[実名]。→な【名】

ほんむ【本務】 近世ほんむ[本務]。中世ほんぶん[本分]。中古ほんげふ[本業]。ほんしょく[本職]。

ほんもう【本望】 中世そくゎい[素懐]。ほんし[本志]。中古しゅくぐゎん[宿願]。ねんぐゎん[念願]。ほい/ほんい[本意]。ほんくゎい[本懐]。ほんまう[本望]。上代しゅくし[宿志]。ほんぐゎん[本願]。
—を遂げる 中世先途(せんど)を遂(と)ぐ[—遂げる]。

ほんもと【本元】 →おおもと

ほんもの【本物】 近代しんぶつ[真物]。近世しゃう[正]。ちゃくちゃく[嫡嫡]。ほんもの[本物]。まぶ。まもの[真物]。中世げん[現]。しゃうしん/しゃうじん[正真]。しゃうみ[正味]。しゃうみゃう/しゃうめい

[正銘]。しん[真]。しんせい[真正]。まさし[正]。中古じつぶつ[実物]。しゃうぶつ[正物]。まことし[真/誠/実]。

―と偽物 近世しんぴ[真否]。中世しんがん[真贋]。中古しんぎ[真偽]。

―に似せて作った物 ダミー(dummy)。近代もけい[模型]。中世かげ[影]。

―に似ていること 中古なずらひ[準/准/擬]。

―らしく見える 近代真に迫る。

ほんや【本屋】→しょてん

ほんやく【翻訳】 近代インタープリター/インタープレーター(interpreter)。トランスレーション(translation)。やくひつ[訳筆]。中世やくしゅつ[訳出]。中古ほんやく[翻訳/飜訳]。やくす[訳]。

―・された書物 近代ほんやくぼん[翻訳本]。ほんやくもの[翻訳物]。やくほん[訳本]。近世ほんやくしょ[翻訳書]。やくしょ[訳書]。

―・された文 近代ほんやくぶん[翻訳文]。近世やくぶん[訳文]。

―・された文を更に別の言葉に訳すること 近代ちょうやく[重訳]。近世ぢゅうやく[重訳]。

―・された文をもとの言語に戻すこと はんやく[反訳]。

―・した人 近代ほんやくか[翻訳家]。ほんやくしゃ[翻訳者]。ほんやくにん[翻訳人]。やくしゃ[訳者]。

―・して解釈すること 近世やくかい[訳解]。

―・して雑誌などに載せること 近世やくさい[訳載]。

―・してその内容を述べること 近代やくじゅつ[訳述]。

―・して本にまとめること 近代さんやく[纂訳]。

―・し直すこと 近代かいやく[改訳]。

―・する人 近代インタープリター/インタープレーター(interpreter)。つうやく[通訳]。中世つうべん[通弁]。近世つうじ[通事/通詞/通辞]。

機械(コンピューターなど)による― きかいほんやく[機械翻訳]。じどうほんやく[自動翻訳]。

原典全部を―・すること かんやく[完訳]。ぜんやく[全訳]。

原典の一部を抜き出して―・すること 近代せうやく[抄訳]。

原文にないことを補った― 近代やくほ[訳補]。

すぐれた― めいやく[名訳]。

拙い― 近代せつやく[拙訳]。

日本語に―・すること にほんごやく[日本語訳]。近代こくやく[国訳]。はうぶんやく[邦文訳]。はうやく[邦訳]。わやく[和訳]。

その他―のいろいろ(例) 近代ちくごやく[逐語訳]。ちくじやく[逐字訳]。近世いやく[意訳]。ちょくやく[直訳]。

ぼんやり❶〈曖昧〉 近代あいまいもこ[曖昧模糊]。くうばく[空漠]。ふせんめい[不鮮明]。ふめいれう[不明瞭]。ばく[漠]。ぼうっと。ぼやける。近世うそうそ。おぼろおぼろ[朧朧]。ばうぜん[茫然]。ばうばう[芒芒/茫茫]。ばうばく[茫漠]。ばくばく[漠漠]。ぼっと。ぼんやり。もこ[模糊/模糊]。中世くもり[曇]。ばくぜん[漠然]。おめいもう[溟濛]。中古あいまい[曖昧]。おぼろ[朧]。くらくら/くらぐら[暗暗]。びばう[微茫]。ぼく[ぼける][暈]。ほれほれ(と)。もうろう[朦朧]。上代ほのか[仄]。

―・させる 近世ぼかす[暈]。

―・している 近代もやもや。近世おぼろげ[朧気]。中古おぼおぼし。おぼつかなし[覚束無]。おぼめかし。おぼめく。おれおれし[愚愚]。こころもとなし[心許無]。たどたどし。はうふつ[彷彿/髣髴]。上代おほほし[鬱]。

―・する 近代ぼやける。中世ぼく[ぼける][暈]。中古くもる[曇]。

―と覚えていること 近代うろおぼえ[覚]。

―と霞んでいる 近代うすぼける[薄暈]。中古おぼろ[朧]。けぶる[煙/烟]。ろうろう[朧朧]。上代かすむ[霞]。

―と知っていること 中世うすじり[薄知]。

写真でピントが外れ―・していること 近代アウトフォーカス(和製out focus)。ピンぼけ。

ぼんやり❷〈茫然〉 きょだつ[虚脱]。近代うつろ[空/虚]。はうしん[放心]。ぼうぜん[呆然]。ぼんやり。まうまう[惘惘]。ゆめみごこち[夢見心地]。近世うつつなし[現無]。きぬけ[気抜]。さうぜん[爽然]。ばうばう[芒芒/茫茫]。ばうばう[惘惘]。まうぜん[惘然]。中世うかうか[浮浮]。うくゎつ[迂闊]。うつけ[空/虚]。中古あはつか[淡]。くゎうりゃう[広量]。じしつ[自失]。ばうぜん[茫然]。ばうぜん[惘然]。もうもう[濛濛/朦朦]。ゆめうつつ[夢現]。ゆめごこち[夢心地]。われか[我]。われかひとか[我人]。上代そら[空]。

うぜん →ぼ

ほ

ー・した人 近代うっかりもの［者］。近世とぼけもの［恍者］。ぬくすけ［温助］。ひるあんどん［昼行灯］。中世うつけもの［空者］。

ー・する 中世我を忘る［ー忘れる］。中古おぼほる［溺／惚］。おもひほく［思惚］。おもひほる［思惚］。おる［愚／痴］。たまさかる［魂離］。ほうく［ほうける］［惚／耄］。ほく［ほける］［惚／呆］。ほけほけし［惚惚／呆呆］。ほる［ほれる］［惚］。ほれほれし［惚惚］。上代うつく［うつける］［空／虚］。《尊》中古おぼしほる［思惚］。

ー・するさま 近代ぼさぼさ。近世うっそり。うっとり。とほん／とぼん。ぽかん。ぼやぼや。中世うつつなし［現無］。うつらうつら。

ーと ぼけっと。ぼさっと。ぼそっと。ぼそりと。もさっと。近代ぼうと。ぼやっと。中古おぼおぼと。

ーと口を開けたさま 中古あっけらかん。あんぐり。近世あんけら。

ーと見る 中世そらみ［空見］。中古うちながむ［ーながめる］［打眺］。おもひながむ［思眺］。ながむ［ながめる］［眺］。

寝起きでー・した顔 近代ねとぼけがほ［寝惚眼］。ねぼけがほ［寝惚顔］。ねぼけづら［寝惚面］。ねぼけまなこ［寝惚眼］。

寝起きでー・する 中世ねとぼく［ーとぼける］［寝惚］。中古ねおびる［寝］。ねぼく［ねぼける］［寝惚］。

もの思いでー・する 中古おもひほる［思惚］。

ぼんよう【凡庸】 近代へいぼん［平凡］。ようよう［庸］。近世じゃうにん［常人］。ひらびと［平人］。ぼんじん［凡人］。中世はくぢ［薄地］。へいにん［平人］。ぼんぞく［凡俗］。中古じゃうじん［常人］。はんじん［凡人］。ぼんぷ［凡夫］。ぼんよう［凡庸］。上代ようさい［庸才］。→ぼんじん

ほんらい【本来】 近代プロパー(proper)（複合語を作る）。中世こんぽん［根本］。ぢたい［地体］。ほんぢ［本地］。もともと［元元］。中古ほんたい［本体］。ほんらい［本来］。もとより［元］。ゆらい［由来］。上代ぐゎんらい［元来］。じゅうらい［従来］。

ーの意図 中世しんい［真意］。中古ほい／ほんい［本意］。→ほんしん

ーの願望 中古ほい／ほんい［本意］。ほんぐゎい［本懐］。ほんまう［本望］。上代ほんぐゎん［本願］。→ほんもう

ーの姿形 近代しんこっちゃう［真骨頂］。ほんねん［本然］。近世しんめんぼく／しんめんもく［真面目］。ほんたい［本態］。中世ほんぜん［本然］。中古てんねん［天然］。ほんぢ［本地］。

ーの性質 近代せいらい［生来］。せいらい［性来］。ほんせい［本性］。中世しゃうらい［生来］。ほんしつ［本質］。中古ね［根］。ほんしゃう［本性］。→ほんしょう

ほんりゅう【本流】 近代しゅりう［主流］。せいとうは［正統派］。ほんりう［本流］。中世ちゃくりう［嫡流］。

ーから分かれた流れ ぼうりゅう［傍流］。中世えだがは［枝川］。えだながれ［枝流］。よりう［余流］。中古しりう［支流／枝流］。ぶんりう［分流］。

ほんりゅう【奔流】 中世きふりう［急流］。中古ほんりう［奔流］。上代げきりう［激流］。たぎち［滾］。

ほんりょう【本領】 近代しんしゃう／しんじゃう［身上］。ほんせい［本性］。近世きぢ［生地／素地］。しんしょ［身上］。ぢがね［地金］。てんしゃう［天性］。ほんりゃう［本領］。もちまへ［持前］。中古ほんしゃう［本性］。上代てんせい［天性］。

ほんろう【翻弄】 近代ほんろう［翻弄］。近世手玉に取る。上代もてあそぶ［弄／玩／翫］。

ほんろん【本論】 近世ほんすぢ［本筋］。ほんぶん［本文］。中世ほんろん［本論］。

ま

ま【間】❶〈間隔〉 近代インターバル(interval)。ポーズ(pause)。近世いきつぎ［息継］。かんかく［間隔］。かんげき［間隙］。中世あひま［合間］。中古すきま［隙間／透間］。はざま［間／迫間／狭間］。上代あひだ［間］。ま［間］。

ーの取り方 こきゅう［呼吸］。

ーを置かず 近世すぐさま［直様］。まなし［間無］。中世すかさず［透］。すぐに［直］。そくこく［即刻］。そくざ［即座］。間(かん)(に)髪(はつ)を容(い)れず。中古ただちに［直］。片時去らず。上代そくじ［即時］。

ーを置く 中古へだつ［隔］。

ま【間】❷〈具合〉 近代ころあひ［頃合］。タイミング(timing)。ふんゐき［雰囲気］。まあひ［間合］。近世ぐあひ［具合］。ま［間］。

ーがよい 近世あはよし。中古をりよし［折良］。

ーが悪い 中古なまかたはらいたし［生傍痛］。をりあしく［折悪］。

まあい【間合】 インターバル(interval)。タイミング(timing)。近代ころあひ[頃合]。近世しほどき[潮時]。中世あひ[間／合]。あひま[合間]。まあひ[間合]。中古へだたり[隔]。

マーク(mark) マーカー(marker)。メルクマール(ドイツMerkmal)。近代サイン(sign)。へうしゃう[標章]。マーク。近世へうしき[標識]。中世めじるし[目印]。上代しるし[印／標]。

ーを付けること マーキング(marking)。

マーケット(market) スーク(アラビアsūq)。マート(mart)。近代しぢゃう[市場]。バザール(フランスbazar)。マーケット。近世かし[河岸]。ざこば[雑魚場]。中世いちば[市場／市庭]。中古まち[町／街]。

まあまあ まずまず[先先]。近代ともかく。近世まあまあ。まんざらでもない。中世おそらく[恐]。およそ[凡]。だいたい[大体]。たぶん[多分]。中古おほかた[大方]。さてさて。

まい【舞】 近代ダンス(dance)。ぶよう[舞踊]。中世をどり[踊]。上代ぶたふ[舞踏]。まひ[舞]。

ー姿の美しいたとえ 中世雪を回めぐらす。

ーの所作 近世まひぶり[舞振]。中古まひて[舞手]。

ーの姿 中世たちすがた[立姿]。

ーの練習 近代えんぶ[演舞]。

ーを終える 中世まひをさむ[―おさめる][舞納]。

ーを舞って大勢の人に見せること 近代えんぶ[演舞]。

詩吟に合わせ剣を持って舞うー 近世けんぶ[剣舞]。

酒宴に興を添えるためのー 中世さかなまひ[肴舞]。

他の人を真似たー 中世うつりまひ[移舞]。

能などで数人が舞うー 近世あひまひ[相舞／合舞]。つれまひ[連舞]。

▼助数詞 中世さし[一差／一指]。

まいあが・る【舞上】 近代ふきあがる[吹上／噴上]。近世あふつ[煽]。まひたつ[舞立]。中世ふきたつ[吹立]。まひあがる[舞上]。中古へうやう[飄揚]。上代とびあがる[飛上]。とびたつ[飛立]。ひひる[冲／沖]。

まいあさ【毎朝】 近世あさあさ[朝朝]。まいあさ[毎朝]。上代あさごと[朝毎]。あささらず[朝去／朝離]。あさなあさな／あさなさな[朝朝]。あさにけに[朝異]。

ー毎晩 上代てうてうぼぼ[朝朝暮暮]。

まいきょ【枚挙】 近代れっきょ[列挙]。近世かぞへあぐ[―あげる][数上]。まいきょ[枚挙]。中古かぞへたつ[―たてる][数立]。上代かぞふ[かぞえる][数]。

まいこ【舞子】 →**まいひめ**

まいしん【邁進】 ちょとつもうしん[猪突猛進]。近代ちょくしん[直進]。とっしん[突進]。まいしん[邁進]。まいわう[邁往]。近世まうしん[猛進]。ばくしん[驀進]。

《句》千万人と雖いへども吾往ゆかん。

まいせつ【埋設】 近代うめこむ[埋込]。まいせつ[埋設]。近世うむ[うめる][埋]。中世うづむ[うずめる][埋]。

まいそう【埋葬】 →**ほうむ・る**

まいぞう【埋蔵】 近世うむ[うめる][埋]。中世うづむ[うずめる][埋]。まいざう[埋蔵]。

まいちもんじ【真一文字】 ストレート(straight)。まっすぐ[真直]。中世まいちもんじ[真一文字]。中古ひとすぢ[一筋]。

まいつき【毎月】 かくげつ[各月]。近代げつじ[月次]。げつれい[月例]。マンスリー(monthly)。近世つきなみ[月並／月次]。れいげつ[例月]。中世つきづき[月月]。まいぐゎち／まいぐゎつ[毎月]。まいげつ／まいつき[毎月]。中古つきごと[月毎]。上代つきにけに[月異]。

まいど【毎度】 まいかい[毎回]。中世どど[度度]。まいど[毎度]。中古たびたび[度度]。上代いつも[何時]。

マイナー(minor) マイノリティー(minority)。近代せうきぼ[小規模]。せうすうは[少数派]。にりう[二流]。マイナー。

まいない【賄】 →**わいろ**

マイナス(minus) デメリット(demerit)。近代ふ[負]。ふすう[負数]。ふりえき[不利益]。マイナス。中古げんず[減]。ふそく[不足]。へる[減]。

まいにち【毎日】 かくじつ[各日]。デイリー／デーリー(daily)。近世その日その日。中世ぜんじつ[全日]。ひなみ[日並／日次]。まいじつ／まいにち[毎日]。にちにち[日日]。ひつぎ[日次]。中古あさゆふ[朝夕]。れんじつ[連日]。今日けふごとに。上代てうせき[朝夕]。ひごと[日毎]。ひにけに[日異]。ひにひに[日日]。ひび[日日]。

《句》中世日日にちにち是これ好日。

ー変わること 近世ひがはり[日変／日替]。

ー刊行されるもの にっかん[日刊]。

—決まってすること 近代にっくゎ[日課]。

—寺社にお参りすること 中世にっさん[日参]。

—少しずつ借金を返すこと 近世ひなし[日済]。

—の生活 おきふし[起臥]。中世ねおき[寝起]。中古ふしおき[臥起]。

—の報道 近代にっぽう[日報]。

—入ってくる金 ひぜに[日銭]。

—毎晩 近代れんじつれんや[連日連夜]。中世明けても暮れても。中古あけくれ[明暮]。上代てうてうぼぼ[朝朝暮暮]。にちにちやや[日日夜夜]。

まいねん【毎年】 近世まいとし[毎年]。中世ねんねんさいさい[年年歳歳]。中古さいさい[歳歳]。としごと[年毎]。としどし[年年]。としなみ[年並/年次]。ねんねん[年年]。ひんねん[頻年]。まいさい[毎歳]。まいねん[毎年]。るいねん[累年]。れいねん[例年]。れんねん[連年]。上代いやとしに[弥年]。としに[年]。としのは/としのはごと[年端]。ひねん[比年]。

—行われる行事 中古ねんちゅうぎゃうじ[年中行事]。

—の修行 中世ねんぎゃう[年行]。

マイノリティー(minority) 近代せうきぼ[小規模]。せうすうは[少数派]。マイナー(minor)。

まいばん【毎晩】 近代まいゆふ[毎夕]。近世まいよ[毎夜]。中世まいせき[毎夕]。まいばん[毎晩]。まいや[毎夜]。中古よひよひ[宵宵]。よよ[夜夜]。れんや[連夜]。上代あらたよ[新夜]。ゆふさらず[夕去/夕離]。よごと[夜毎]。よなよな[夜夜]。寝る夜落ちず。夜並べて。

まいひめ【舞姫】 近代ぶき[舞姫]。近世まひこ[舞子/舞妓]。をどりこ[踊子]。をどりて[踊手]。中世しらびゃうし[白拍子]。中古ぶぎ[舞妓]。まひひめ[舞姫]。

美しい— 中世歌舞の菩薩。

五節(ごせち)の— 中古あまつをとめ[天少女]。

神前で神楽を舞う— 中古いちこ[市子/神巫]。みこ[巫女/神子]。

マイホーム(和製my home) 近代かてい[家庭]。じてい[自邸]。もちいへ/もちや[持家]。近世じたく[自宅]。上代わがや[我家]。

まいぼつ【埋没】 中世うづまる[埋]。まいぼつ[埋没]。中古うづもる[—もれる][埋]。

まいよ【毎夜】→**まいばん**

まい・る【参】❶〈参上〉 近世おまゐり[御参]。さんず[参]。はいと[拝走]。まかりいづ[罷出]。中世まゐりげかう[参下向]。中古さんけい[参詣]。さんじゃう[参上]。さんぱい[参拝]。すいさん[推参]。はいすう[拝趨]。まうづ[詣]。まうでく[詣来]。まうのぼる[参上]。まかる[罷]。上代さんかう[参向]。まういく[参行]。まうく[参来]。まゐたる[参到]。まゐづ[参出]。まゐる[参]。

—・る人 近代さいじん[賽人]。

朝早く観音などに—・ること 近世あさくゎんおん[朝観音]。あさまゐり[朝参]。

宮中に—・ること 中古さんだい/さんない[参内]。

まい・る【参】❷〈閉口〉 近代おそれいる[恐入/畏入]。へこたれる。まゐる[参]。近世くじく[くじける][挫]。ざせつ[挫折]。中世きゅうす[窮]。中古へいこう[閉口]。

マインド(mind) 近代いかう[意向]。エスプリ(フランス esprit)。スピリット(spirit)。マインド。近世いしき[意識]。上代こころ[心]。せいしん[精神]。→**こころ**

ま・う【舞】 近代ダンシング/ダンス(dancing)。ぶたふ[舞踏]。ぶよう[舞踊]。中世いうぶ[遊舞]。中古たふぶ[踏舞]。上代かなづ(かなでる)[奏]。とぶ[飛]。まひかなづ[舞奏]。まふ[舞]。をどる[踊]。

—・い姿 中世たちすがた[立姿]。

—・いながら落ちるさま 中古ひらひら。ふりふり。

—・う人 近代ぶじん[舞人]。まひにん[舞人]。中世まひうど[舞人]。まひびと[舞人]。中古まひて[舞手]。まひびと[舞人]。

狂ったように—・う 中世まひくるふ[舞狂]。

袖を翻して美しく—・うこと 中世くゎいせつ[回雪]。

立って—・う 中古たちまふ[立舞]。

見事に—・う 中世まひすます[舞澄]。

まえ【前】❶〈位置〉 近代おもてがは[表側]。近世ましゃうめん/まっしゃうめん[真正面]。中世しゃうめん[正面]。ぜんめん[前面]。てまへ[手前]。まんまへ[真前]。中古ぜんぱう[前方]。上代まへ[前]。

—と後ろ 近代きょうはい[胸背]。中世あとさき[後先]。うしろまへ[後前]。まへうしろ[前後]。中古しりさき[後前/尻前]。ぜんご[前後]。

—と後ろが逆 うしろまえ[後前]。

—にかがむこと 近代まへかがみ/まへこごみ

［前屈］。

―に出る 〔近世〕せりだす［迫出］。つきだす［突出］。〔中世〕おひぬく［追抜］。さしこす［差越］。つきいづ［突出］。

―を通り過ぎること 〔中古〕まへわたり［前渡］。

神仏や貴人の― 〔中世〕おまへ／みまへ［御前］。

目の― →**もくぜん【目前】**

まえ【前】❷〈時間〉 〔中古〕さき(に)［先］。まへ［前］。まへまへ［前前］。〔上代〕いぜん［以前］。かつて［曾］。

―と後ろ 〔中世〕あとさき［後先］。せんご［先後］。〔中古〕ぜんご［前後］。〔上代〕さきのち［先後］。

―に 〔中古〕かねて［予］。さきに［先／曩］。〔上代〕いぜんに［以前］。

―に言った(示した)こと 〔近代〕じゃうき［上記］。ぜんけい［前掲］。ぜんげん［前言］。ぜんしゅつ［前出］。ぜんじゅつ［前述］。ぜんぶん［前文］。〔近世〕ぜんき［前記］。〔上代〕みぎ［右］。

―に言ったことと同じ どうみぎ［同右］。〔中世〕どうじゃう［同上］。どうぜん［同前］。

―の 〔近世〕せん［先］。〔中世〕さんぬる［去］。

―の回 〔近代〕せんくゎい［先回］。ぜんくゎい［前回］。

―の時代 ぜんじだい［前時代］。〔近代〕ぜんせいき［前世紀］。〔上代〕せんだい［先代］。ぜんだい［前代］。

―の週 さくしゅう［昨週］。〔近代〕せんしう［先週］。ぜんしう［前週］。

―の段落 〔中世〕ぜんだん［前段］。

―の月 〔中世〕きょぐゎつ／きょげつ［去月］。せんげつ［先月］。ぜんげつ［前月］。

―の年 〔近世〕かくさい／きゃくさい［客歳］。〔中古〕きうねん［旧年］。きょねん［去年］。ぜんねん［前年］。〔上代〕こぞ［去年］。

―の日 〔中世〕きそ［昨日］。ぜんじつ［前日］。〔上代〕きのふ［昨日］。さくじつ［昨日］。

―の日の夜 〔中世〕ぜんや［前夜］。〔上代〕きそ［昨夜］。

―のもの 〔近世〕ぜんしゃ［前者］。

すぐ― 〔近代〕すんぜん［寸前］。ちょくぜん［直前］。→**もくぜん【目前】**

まえおき【前置】 〔近代〕プロローグ(prologue)。まへこうじゃう［前口上］。〔近世〕まくら［枕］。まくらことば［枕詞／枕言葉］。まへおき［前置］。→**じょぶん**

論文などで―的な言葉 〔近代〕しょろん［緒論］。じょろん［序論］。〔近世〕ちょろん［緒論］。

まえがき【前書】 →**じょぶん**

まえかけ【前掛】 〔近代〕エプロン(apron)。〔中世〕まへかけ［前掛］。〔中古〕まへだれ［前垂］。

まえがみ【前髪】 〔近世〕むかふがみ［向髪］。〔中世〕まへがみ［前髪］。〔中古〕ひたひ［額］。ひたひがみ［額髪］。〔上代〕ぬかがみ［額髪］。

まえから【前】 かねてから。〔近代〕つとに［夙］。まへもって［前以］。〔近世〕せんこく［先刻］。か先にから。〔中古〕かねがね［予予／兼兼］。かねて［予／兼］。かねてより。もとより［元］。〔上代〕あらかじめ［予］。

―知っていること 〔近世〕みしりごし［見知越］。

まえがり【前借】 〔近代〕さきがり［先借］。ぜんしゃく［前借］。〔近世〕うちがり［内借］。まへがり［前借］。

まえぶれ【前触】 〔近代〕ぜんそうきょく［前奏曲］。てうこう［徴候／兆候］。よこく［予告］。〔近世〕えんぎ［縁起］。けんとく［見徳］。まへさきばしり［先走］。さきぶれ［先触］。まへぶれ［前触］。〔中世〕ぜんてう［前兆］。せんぺう［先表］。ぜんぺう［前表］。ちょう［徴］。〔中古〕ぜんさう［前相］。せんてう［先兆］。てう［兆］。〔上代〕きざし［兆］。→**きざし**

《句》〔近代〕山雨(さんう)来たらんと欲して風楼に満つ［―満ちる］。〔近世〕一葉落ちて天下の秋を知る。

―なく起こるさま 〔近世〕いきなり［行成］。ふいと。藪から棒。〔中古〕ふと。

良い― 〔中世〕きってう［吉兆］。〔中古〕きっさう［吉相］。ずいしゃう［瑞祥／瑞象］。〔上代〕しゃうずい［祥瑞］。

まえまえ【前前】 〔中世〕まへまへ［前前］。〔中古〕かねがね［予予／兼兼］。さきざき［先先］。

―から考えていたこと 〔近世〕そし［素志］。はらみく［孕句］。〔中世〕しゅくぐゎん［宿願］。→**しゅくがん**

まえむき【前向】 ポジティブ(positive)。〔近代〕アクティブ(active)。けんせつてき［建設的］。せききょくてき［積極的］。のうどうてき［能動的］。はってんてき［発展的］。

まえもって【前】 かねてから。〔近代〕まへもって［前］。〔近世〕さきだって［先達／先立］。まへかど［前廉］。まへびろに［前広］。〔中世〕かつ［且］。まへかた［前方］。〔中古〕かねがね［予予／兼兼］。〔上代〕あらかじめ［予］。かねて［予／兼］。

―納めること 〔近世〕ぜんなふ［前納］。〔中世〕せんなふ［先納］。

―思い込んでいること 〔近代〕せんにふくゎん［先入観］。よだん［予断］。

ー決めておく 中世 あらます。中古 おもひおきつ[思掟]。

ー決めておくこと 近代 しんさん[心算]。近世 こころぐみ[心組]。こころづもり[心積]。つもり[積]。中古 あらましごと。

ーする計算 近代 むなかんぢゃう[胸勘定]。近世 こころざんよう[心算用]。こころづもり[心積]。むなざんよう[胸算用]。→**むなざんよう**

ー見ておくこと 近世 したけんぶん[下検分]。中世 したみ[下見]。

まかい【魔界】 近代 ふくまでん[伏魔殿]。まくつ[魔窟]。中世 まきゃう[魔境]。中古 せんきゃう[仙境/仙郷]。まかい[魔界]。

まがいもの【紛物】→**にせもの**

マガジン(magazine) 近代 かんかうぶつ[刊行物]。ざっし[雑誌]。ジャーナル(journal)。しゅっぱんぶつ[出版物]。ていきかんかうぶつ[定期刊行物]。マガジン。

まか・す【負】 たおす[倒]。近代 うちまかす[打負]。近世 うちのめす[打]。げきは[撃破]。しつく[仕付]。だたう[打倒]。ぬく[抜]。やっつける[遣付]。中世 うちやぶる[打破/討破/撃破]。くだす[降/下]。げきさい[撃砕/撃摧]。まかす[負]。やぶる[破]。中古 うちとる[討取]。へす[圧]。上代 かつ[勝]。

簡単にー・す ひとひねり[一捻]。近代 ひとつかみ[一摑]。近世 がいしういっしょく[鎧袖一触]。ひねる[捻/拈/撚]。

まか・す【任】→**まか・せる**(次項)

まか・せる【任】 いしょく[委嘱]。近代 ふたく[負託]。近世 しょくたく[嘱託/属託]。下駄を預く[ー預ける]。中世 いたく[依託/依托]。いちにん[一任]。うちまかす[打任]。まかす[任/委](四段活用)。ゐにん[委任]。中古 あづく[あずける][預]。おもひゆづる[思譲]。たくす[託]。まかせはつ[任果]。ゆづる[譲]。上代 ことよせる[事寄/言寄]。まかす[まかせる][任/委]。まく[任]。ゆだぬ[ゆだねる][委]。よす[よせる][寄]。

自然にー・せる 中古 したがふ[従]。

自分の考えを捨てー・せる 近代 ゐきゃく[委却]。

まかない【賄】 近代 クッキング(cooking)。すいじ[炊事]。にたき[煮炊]。中世 てうり[調理]。中古 まかなひ[賄]。れうり[料理]。

まかな・う【賄】❶〈料理〉 中古 まかなふ[賄]。→**まかない**

まかな・う【賄】❷〈算段〉 かねぐり[金繰]。近世 きりもり[切盛]。さんだん[算段]。ひねりだす[捻出]。やりくり[遣繰]。中世 くめん[工面]。じきふ[自給]。とりはからふ[取計]。ねんしゅつ[捻出]。上代 まかなふ[賄]。

まがり【曲】 近代 いびつ[歪]。カーブ(curve)。きょくせん[曲線]。中世 そり[反]。ひづみ[歪]。中古 ゆがみ[歪]。上代 まがり[曲/勾]。

まがりかど【曲角】 かど[角]。近代 コーナー(corner)。近世 まがりかど[曲角]。中世 まがりめ[曲目]。中古 かぎのて[鉤手]。上代 くま[隈]。くまみ[隈回/隈廻]。

多くのー 上代 ももくま[百隈]。やそくま[八十隈]。

まがりくね・る【曲】 近代 うよきょくせつ[紆余曲折]。だかう[蛇行]。をれまがる[折曲]。近世 うきょく[迂曲/紆曲]。うねくる。うよ[紆余]。えりくりえんじょ。きょくきょく[曲曲]。すぢりもぢる[捩捩]。ばんきょく[盤曲]。まがりくねる[曲]。中世 うねる。くぬ[くねる]。すぢる[捩]。わだ[曲]。中古 きょくせつ[曲折]。ねぢく[ねじける][拗]。

ー・って流れる水 中世 きょくすい[曲水]。

ー・るさま くねくね。近代 うねくね/うねすね。近世 ゑんゑん[婉婉]。中世 うねうね。

まかりとお・る【罷通】 近世 てうりゃう[跳梁]。中古 ばっこ[跋扈]。わうかう[横行]。上代 まかりとほる[罷通]。

まが・る【曲】 近代 カーブ(curve)。近世 くったう[屈撓]。しわる[撓]。中世 くねる[曲/拗]。たをむ[撓]。のる[伸/仰]。ひづむ[歪]。中古 いがむ/ゆがむ[歪]。うちひがむ[打僻]。そる[反]。たわむ[撓]。をる[おれる][折]。上代 うちしなふ[打撓]。しなふ[撓]。たむ[回/廻]。とをむ[撓]。まがる[曲]。

ー・った腰 近世 えびごし[海老腰/蝦腰]。ふたへごし[二重腰]。中世 こしをれ[腰折]。

ー・っていないさま ストレート(straight)。近世 いっちょくせん[一直線]。まっすぐ[真直]。中世 ますぐ[真直]。中古 すぐ[直]。

ー・っているさま 中古 たわわ[撓]。

腰がー・る 近代 かごまる[屈]。くぐむ[屈]。をれこだる[折]。中世 かがむ[屈]。中古 かがまる[屈]。

道などが幾重にもー・っていること ヘアピン

カーブ(和製hairpin curve)。近代だかう[蛇行]。羊腸の道。近世ばんきょく[盤曲]。中世ななまがり[七曲]。中古つづらをり[葛折/九十九折]。→**みち【道】❶**

弓なりに—・ること 近代わんきょく[湾曲/彎曲]。中世そる[反]。のけぞる[仰反]。中古そりかへる[反返]。

まき【薪】→**たきぎ**

まきえ【撒餌】 こませ。よせえ[寄餌]。

まきがい【巻貝】 近代にな[蜷/蝸螺]。中世にし[螺/小辛螺]。中古つび/つぶ/つみ[螺]。

まきかえし【巻返】 近代けんどぢゅうらい/けんどちょうらい[捲土重来]。さいき[再起]。はんげき[反撃]。ふくくゎつ[復活]。近世きしくゎいせい[起死回生]。炒り豆に花。中世枯れ木に花。

まきこ・む【巻込】 近世まきこむ[巻込/捲込]。中世ひきこむ[引込]。→**まきぞえ**

マキシマム(maximum) さいだいち[最大値]。近代さいかうど[最高度]。さいだいげん[最大限]。マキシマム。近世さいかう[最高]。中古さいだい[最大]。

まきぞえ【巻添】 累が及ぶ。近代どうざ[同座/同坐]。とばちり[迸]。近世かかりあひ[関合]。そばづゑ[側杖/傍杖]。とばしり[迸]。とばっちり[迸]。ひきあひ[引合]。まきこむ[巻込/捲込]。まきぞひ/まきぞへ[巻添]。れんざ[連座]。煽(あふ)りを食ふ。中世るい[累]。中古かかる[掛/懸]。

《句》近代池魚(ちぎょ)の殃(わざはひ)。

—にする 近世だきこむ[抱込]。まきこむ[巻込/捲込]。中世ひきこむ[引込]。

—になる まきこまれる[巻込]。近代巻き添へを食ふ。中古ざす[座/坐]。上代かかる[係]。

まきちら・す【撒散】 近代さっぷ[撒布]。さんぷ[撒布/散布]。ばらまく[散蒔]。ふりまく[振撒]。中古まきちらす[撒散]。上代ちらす[散]。

まきつ・く【巻付】 中世からみつく[絡付]。からむ[絡/搦]。まつふ/まとふ[纏]。中古しまく[繞]。まきつく[巻付/巻着]。まつはる[纏]。まとはる[纏]。上代からまる[絡]。まつはる[纏]。

まきつ・ける【巻付】 近世からみつく[—つける][絡付]。まとふ[纏/絡]。中世おぶ[おびる][帯]。からむ[からめる][絡/搦]。まきつく[—つける][巻付/巻着]。上代さしまく[差巻/差纏]。

強く—・けるさま 近代ぎりぎり。中世きりきり。

何重にも—・けるさま 近代がんじがらめ[雁字搦]。くるくる。ぐるぐる。近世がんじがらみ[雁字搦]。中世がんじまき[雁字巻]。

まきば【牧場】→**ぼくじょう**

まきみず【撒水】 さんすい[散水]。みずうち[水打]。近代さっすい[撒水]。まきみづ[撒水]。みづまき[水撒]。近世うちみづ[打水]。きりみづ[切水]。

まきもの【巻物】 中世まきほん[巻本]。中古くゎんぢく[巻軸]。ぢく[軸]。まきもの[巻物]。上代まき[巻]。

経文を書いた— 近代きゃうくゎん[経巻]。

手紙などをかき集めた— 中世往来(わうらい)の巻物。

▼助数詞 中古くゎん/まき[巻]。ぢく[軸]。

まきょう【魔境】 近代ふくまでん[伏魔殿]。中古まくつ[魔窟]。中世まきゃう[魔境]。中古せんきゃう[仙境]。まかい[魔界]。

まぎら・す【紛】 近世くろむ[くろめる][黒]。中世まぎらかす[紛]。まぎらす[紛]。中古はひまぎる[這紛]。まぎらはす[紛]。まぎる[まぎれる][紛]。上代まがふ[まがえる][紛]。

暑さを—・すこと あつさしのぎ[暑凌]。

まぎらわし・い【紛】 間違いやすい。近世まがはし[紛]。中古まぎらはし[紛]。

—・いもの 近世まぎれもの[紛物]。

—・くする 近世まぎらかし[紛]。中古まがはす[紛]。まどはす[惑]。まよはす[迷]。

まぎれこ・む【紛込】 とりまぎれる[取紛]。近代さんにふ[竄入]。近世まぎれこむ[紛込]。中世まよふ[迷]。中古まぎる[まぎれる][紛]。まじはる[紛]。

間違って—・むこと 近代さんにふ[竄入]。

まぎ・れる【紛】 中世まよふ[迷/紕]。中古かきまぎる[掻紛]。まぎる[まぎれる][紛]。もどろく[斑]。上代まがふ[紛]。

—・れて分からなくなる 中世まよふ[迷]。もどろく[斑]。

—・れもない 近世しゃうしんしゃうめい[正真正銘]。まっか[真赤]。まっかい[真赤]。中世げんざい[現在]。

気分が—・れる 近代うっぷんばらし[鬱憤晴]。きぶんてんくゎん[気分転換]。近世うさばらし[憂晴]。中世きさんじ[気散]。きなぐさみ[気慰]。きばらし[気晴]。

暗がりに—・れること 中世くらがりまぎれ[暗紛]。

まぎわ【間際】 近代すんぜん[寸前]。ちょくぜ

ん［直前］。〈近世〉きはぎは［際際］。せとぎは［瀬戸際］。まぎは［間際／真際］。ものぎは［物際］。やさき［矢先］。〈中世〉まぢか［間近］。〈中古〉きは［際］。きはめ［極］。もくぜん［目前］。

まく【幕】〈近代〉カーテン(curtain)。スクリーン(screen)。テント(tent)。〈近世〉どんちゃう［緞帳］。ゐまん［帷幔］。〈中世〉とばり［帳／帷／幄／幌］。ゐまく［帷幕］。ゐあく［帷幄］。まんまく［幔幕］。〈中古〉へいまん［屏幔］。まく［幕］。まん［幔］。〈上代〉かいしろ［垣代］。

―の中 〈中古〉ばくか［幕下］。

―の中へ入ること にゅうまく［入幕］。〈近代〉にふばく［入幕］。

―を張る 〈中古〉うつ［打］。〈上代〉ひきわたす［引渡］。

外壁などの横長の― おうだんまく［横断幕］。

家紋を付けた― 〈近世〉ほんまく［本幕］。

凶事用の― 〈近代〉くぢらまく［鯨幕］。

劇場で―間の演芸 インテルメッツォ(イタリア intermezzo)。

劇場で開けた―を引きためる所 まくだまり［幕溜］。

劇場の―のいろいろ(例) そでまく［袖幕］。〈近代〉いちもんじ［一文字］。〈近世〉あげまく［揚幕］。うしろまく［後幕］。あさぎまく［浅葱幕／浅黄幕］。どんちゃう［緞帳］。なかまく［中幕］。かたまく［片幕］。ひきまく［引幕］。〈中世〉きりまく［切幕］。

時間が来ても―が開かないこと 〈近世〉まくづかへ［幕支］。

式場などに張り巡らす― 〈中世〉まんまく［幔幕］。

仕切りのため垂れ下げる― 〈上代〉かいしろ［垣代］。

室内を暗くするための― あんまく［暗幕］。

芝居で―がしまること へいまく［閉幕］。

芝居の最後の― 〈近世〉おほづめ［大詰］。きりまく［切幕］。〈近世〉まくぎれ［幕切］。

芝居の最初の― 〈近世〉くちまく［口幕］。じょまく［序幕］。

垂れ下げた― 〈近代〉さげまく［下幕］。〈中世〉たれまく［垂幕］。

天井に張る― 〈近世〉てんまく［天幕］。

花道への出入り口の― 〈近世〉あげまく［揚幕］。

花見などで渡した綱に衣装を掛けて―の代わりとしたもの 〈近世〉いしゃうまく［衣装幕］。こそでまく［小袖幕］。

御簾(みす)上部の飾りの― 〈近世〉ひたひかくし［額隠］。〈中古〉もかう［帽額］。

櫓(やぐら)に張り渡す― 〈近世〉やぐらまく［櫓幕］。〈中世〉でふ［帖］。

▼助数詞 〈近世〉はり［帳］。

まく【膜】 ひょうひ［表皮］。〈近世〉ひまく［皮膜］。〈中世〉まく［膜］。

薄い― フィルム(film)。〈中世〉うすかは［薄皮］。

覆い包んでいる― 〈近代〉ひまく［被膜］。

蝙蝠(こうもり)などにある四肢に張られた― ひまく［飛膜］。

澱粉(でんぷん)と寒天で作った薄い― 〈近代〉オブラート(オランダ oblaat)。

ま・く【蒔】 〈近代〉はしゅ［播種］。まきつけ［蒔付］。〈中世〉たねおろし［種下］。たねまき［種蒔］。〈上代〉すう［すえる］［据］。まく［蒔／播］。

―・き方の例 さっぱ／さんぱ［撒播］。じょうは［条播］。てんぱ［点播］。

ま・く【撒】 〈近代〉さっぷ［撒布］。ばらまく［散蒔／散撒］。〈中世〉さんぷ［撒布］。〈中古〉まきちらす［撒散］。〈上代〉ちらす［散］。まく［撒］。

ま・く【巻】 〈中世〉まきつく［―つける］［巻付］。〈上代〉まく［巻／捲］。

―・いたもの ロール(roll)。〈中古〉くゎん［巻］。〈上代〉いっくゎん［一巻］。

―・いたり伸ばしたりすること 〈中古〉けんじょ［巻舒］。

―・いて上がる 〈近代〉まきあがる［巻上／捲上］。

―・いて上げる 〈上代〉まきあぐ［―あげる］［巻上／捲上］。

―・いて移し取る 〈中古〉まきとる［巻取／捲取］。

―・いて移し取るもの リール(reel)。〈中世〉かせぎ［桛木］。〈中古〉かせひ［桛］。をがせ［麻桛／苧桛］。〈上代〉かせ［綛／桛］。ぢく［軸］。

―・いて中に入れる 〈中世〉くるむ［包］。まきこむ［巻込］。〈中古〉つつむ［包］。まきいる［巻入］。

くるくると―・く 〈中古〉おしまろかす［押丸］。

手に―・いて持つ 〈上代〉まきもつ［巻持／纏持］。

まくあき【幕開】 オープニング(opening)。〈近代〉かいまく［開幕］。〈近世〉まくあき／まくあけ［幕開／幕明］。〈中世〉かいえん［開演］。はじまり［始］。↓**はじまり**

まくあけ【幕開】（前項）↓**はじまり** ↓**まくあき**

まくぎれ【幕切】 へいまく［閉幕］。〈近代〉しゅうまく［終幕］。ラストシーン(last scene)。〈近世〉まくぎり／まくぎれ［幕切］。

まぐさ【秣】 〈近世〉かひば［飼葉］。〈中世〉くさわら［草藁］。〈中古〉うまくさ［馬草／秣］。〈上代〉くさしろ［草代］。まぐさ［秣／馬草］。

—を入れておく小屋　近代 まぐさごや［秣小屋］。
—を入れる桶　近代 かひをけ［飼桶］。中世 まぶね［馬槽］。中古 うまぶね［馬槽］。
—を刈る所　近代 かやば［茅場／萱場］。近世 まぐさば［秣場］。中世 くさかひどころ［草飼所］。

まくした・てる【捲立】 近代 しゃべりまくる［喋捲］。べんじつける［弁付］。まくしたてる［捲立］。近世 たくしかく［—かける］。中世 いひまくる［言捲］。たくりかく［—かける］。
—・てること　中古 ももさへづり［百囀］。

まくら【枕】 ピロー(pillow)。中世 しきたへ［敷栲／敷妙］。上代 まくら［枕］。
《枕》上代 しきたへの［敷栲／敷妙］。
—とする　中古 まくらす［枕］。上代 まく［枕／婚／纏］。まくらく［枕］。まくらまく［枕枕］。枕と枕(ま)く。
—の下に手紙を入れて寝ること　近世 ふみまくら［文枕］。
—のそば　中世 まくらもと［枕元／枕許］。中古 しゃうとう［床頭］。ちんぺん［枕辺］。まくらがみ［枕上］。上代 ちんじゃう［枕上］。ちんとう［枕頭］。まくら［枕］。まくらべ／まくらべ［枕辺］。
—の向きを変えること　中古 まくらがへし［枕返］。
岩を—として寝ること　近世 いはがねまくら［岩根枕］。上代 いはまくら［岩枕／石枕］。
髪に香をたきこめるための—　近世 かうまくら［香枕］。きゃらまくら［伽羅枕］。たきかけ［薫掛］。
古墳などの死者の—　いしまくら［石枕］。
婚礼に新婦の持参する—　近世 とのまくら［殿枕］。
端午の節句に菖蒲を—の下に入れること　中世 菖蒲(あやめ)の枕。
陶磁器製の—　とうちん［陶枕］。近代 いしまくら［石枕］。
頭部を冷やすための—　近代 こほりまくら［氷枕］。ひょうちん［氷枕］。みづまくら［水枕］。
箱形の—　近世 いれこまくら［入子枕］。さしまくら［差枕／指枕］。はこまくら［箱枕］。中世 きまくら［木枕］。
その他—のいろいろ(例)　近代 くうきまくら［空気枕］。ふなぞこまくら［船底枕］。近世 あづちまくら［垜枕］。かごまくら［籠枕］。くくりまくら［括枕］。たかまくら［高枕］。ちゃまくら［茶枕］。ばうずまくら［坊主枕］。ふみまくら［文枕］。中世 たたみまくら［畳枕］。上代 こまくら［木枕］。こもまくら［薦枕］。つげまくら［黄楊枕］。
▼抱き枕　近代 だきまくら［抱枕］。ダッチワイフ(Dutch wife)。近世 そひねかご［添寝籠］。だきかご［抱籠］。ちくど／ちくぬ［竹奴］。中世 ちくふじん［竹夫人／竹婦人］。
▼手枕　近代 うでまくら［腕枕］。近世 ひぢまくら［肘枕］。中世 てまくら［手枕］。上代 たまくら［手枕］。

まくりあ・げる【捲上】 たくる。近世 たくしあぐ［—あげる］［上］。中古 かいまくる［搔捲］。からぐ［からげる］［絡］。まくりあぐ［—あげる］［捲上］。

まぐれ【紛】 近代 まぐれ［紛］。フロック(fluke)。近世 ぐうちゅう［偶中］。中世 ぐうぜん［偶然］。
《句》近代 下手な鉄砲も数打てば中(あた)る。近世 下手な鍛冶屋も一度は名剣。
野球で—当たり　スクラッチ(scratch)。

マクロ(macro)　きょしてき［巨視的］。ジャンボ(jumbo)。たいきょくてき［大局的］。近代 だいきぼ［大規模］。たいきょく［大局］。だいじょうてき［大乗的］。ビッグ(big)。マクロ。近世 きょだい［巨大］。でかい。

まぐろ【鮪】 ツナ(tuna)。近世 まぐろ［鮪］。上代 しび［鮪］。
—などの背の大きな切り身　近世 どて［土手］。
—の缶詰　シーチキン(sea chicken)(商標名)。ツナ(tuna)。
—の腹部の脂肪の多い部分　近代 とろ。
—の若魚　近代 めじ。
鮨屋で赤身の—　近代 づけ［漬］。

まくわうり【真桑瓜】 近代 ぼんてんうり［梵天瓜］。近世 うばうり［姥瓜］。かぢかうり［梶賀瓜］。からうり［唐瓜］。たまくは［玉真桑／玉真瓜］。まうり［真瓜］。まくは［真桑／甜瓜］。中世 あぢうり［味瓜］。てんくゎ［甜瓜］。まくはうり［真桑瓜］。中古 あまうり［甘瓜］。みやこうり［都瓜］。

まけ【負】 くろぼし［黒星］。近代 はいたい［敗退］。中世 はいぼく［敗北］。やぶれ［敗］。中古 まけ［負］。
—と勝ち　近代 ゆえい［輸贏］。
—の回数が多くなる　負けが込む。

まけおしみ【負惜】 近世 へらずぐち［減口］。まけをしみ［負措］。
《句》負け惜しみの減らず口。近代 石に漱(くちすす)ぎ流れに枕す。近世 引かれ者の小唄。

まげて【曲】 近代 なんとか。中世 むりに［無

理］。[中古]しひて［強］。まげて［曲／枉］。[上代]あへて［敢］。

ま・ける【負】❶〈敗北〉 苦杯を喫する。苦杯を嘗める。陣門に降る。土が付く。[近代]はいたい［敗退］。完膚なきまでに。シャッポを脱ぐ。[近世]尻尾を巻く。引けを取る。弓折れ矢尽く〔—尽きる〕。[中世]うつ［打］。おくれ［後／遅］。かうさん［降参］。たいはい［退敗］。はいす［敗］。はいぼく［敗北］。ふくす［伏］。まゐる［参］。やぶる〔やぶれる〕［破／敗］。後れ(遅れ)を取る。兜を脱ぐ。軍門に降る。旗を巻く。[中古]したがふ［従］。[上代]まく〔まける〕［負］。

《句》[近世]寡は衆に敵せず。負けるが勝ち。

—・けそうな様子(が見える) はいせい［敗勢］。[近代]はいしょく［敗色］。はいちょう［敗徴］。はいてう［敗兆］。[中世]いろめく［色］。

—・けた後の態度 まけっぷり／まけぶり［負振］。

—・けた側 [近代]はいざんしゃ［敗残者］。はいしゃ［敗者］。[中世]はいへい［敗兵］。[中古]まけかた［負方］。

—・けたふりをすること [近世]そらまけ［空負］。

—・けて死ぬこと [近世]はいし［敗死］。[中世]はいばう［敗亡］。

—・けて散り散りになること [中世]はいさん［敗散］。

—・けて逃げること [中世]はいそう［敗走］。後ろを見す〔—見せる〕。

—・けてばかりのさま 出ると負け。

—・けて腹を立てること [中世]まけばら［負腹］。

—・けて滅ぶこと [近代]はいめつ［敗滅］。[中世]はいばう［敗亡］。

—・けないこと ふはい［不敗］。むはい［無敗］。[近代]じゃうしょう［常勝］。

—・け方のいろいろ(例) かんぱい［完敗］。ふせんぱい［不戦敗］。[近代]さんぱい／ざんぱい［惨敗］。せきはい［惜敗］。ぜんぱい［全敗］。れんぱい［連敗］。(一敗)地に塗れる。[近世]ちからまけ［力負］。[中世]おほまけ［大負］。じめつ［自滅］。たいはい［大敗］。

あっけなく—・けるさま いちころ。ころっと。ころり。

言い争いで—・けそうになる [近世]いひしらく〔—しらける〕［言白］。[中世]いひまく〔—まける〕［言負］。

気迫に押されて気分的に—・けること [近代]きあひまけ［気合負］。[中古]けおさる〔—おされる〕［気圧］。

戦いに—・けること [近代]はいせん［敗戦］。[近世]はいぢく［敗衄］。[中世]はいぼく［敗北］。ははい［破敗］。

博打で—・ける [近世]くさる［腐］。

零点で—・けること スコンク(skunk)。れいはい［零敗］。[近代]ゼロはい［zero 敗］。

ま・ける【負】❷〈値引き〉 [近代]げんか［減価］。サービス(service)。ディスカウント(discount)。ねさげ［値下］。ねびき［値引］。[近世]べんきゃう［勉強］。わりびき［割引］。やすうり［安売］。[中世]ひく［引］。まく〔まける〕［負］。色を付く〔—付ける〕。

—・けさせる [近世]ねぎる［値切］。

ま・げる【曲】 [近世]いがむ〔いがめる〕［歪］。をりまぐ〔—まげる〕［折曲］。[中世]ひづむ〔ひずめる〕［歪］。[中古]しをる［萎］。たむ〔ためる〕［矯／撓］。たわむ〔たわめる〕［撓］。もとらかす／もとろかす［戻］。ゆがむ〔ゆがめる〕［歪］。わぐ〔わげる〕［綰］。をる［折］。[上代]まぐ〔まげる〕［曲／勾／枉］。

内側へ—・げる [近代]まげこむ［曲込］。

押して無理に—・げる [中世]おしたはむ〔—たわめる〕［押撓］。[上代]おしまぐ〔—まげる〕［押曲］。

志を—・げること [近代]ゑんくつ［冤屈］。[近世]くっす［屈］。

しなうように—・げること [近代]たうくつ［撓屈］。[近世]くったう［屈撓］。

強い力で—・げる [近代]ひんまげる［曲］。

ねじって—・げる [中世]ねぢまぐ〔—まげる〕［捩曲］。

まけんき【負気】 とうこん［闘魂］。[近代]きゃうさうしん［競争心］。まけずぎらひ［負嫌］。まけんき［負気］。[近世]かちき［勝気］。きがさ［気嵩］。とうし［闘志］。はなっぱしら［鼻柱］。りきみ［力］。[中世]さうしん［争心］。[中古]まけじごころ［負心］。まけじだましひ［負魂］。

—が顔に出ていること [中古]きほひがほ［競顔］。

—の強い人 [近世]きがさもの［気嵩者］。

まご【孫】 [中世]そん［孫］。[中古]うまご／むまご［孫］。ひこ［孫］。まご［孫］。→**しそん**

《尊》[近世]れいそん［令孫］。

—の子 ひいまご／ひこまご［曾孫］。[中世]ひいこ［曾孫］。ひこ／ひご［曾孫］。ひまご［曾孫］。[上代]そうそん［曾孫］。ひひこ［曾孫］。

—の孫 [中世]やしはご／やしゃご［玄孫］。鶴の子。[中古]げんそん［玄孫］。

—の孫の孫 [中古]うんそん［雲孫］。

家督を継ぐべき— [中世]そうりゃうまご［総

領孫]。上代ちゃくそん[嫡孫]。
天皇の— 中古わらはそんわう[童孫王]。
初めての— 近代はつまご[初孫]。近世うひまご[初孫]。
▼跡取り夫婦の子 うちまご／ないそん[内孫]。
▼嫁に行った娘や養子に行った子の子 そとまご[外孫]。上代ぐゎいそん[外孫]。

まご【馬子】 近世ばふ[馬夫]。中世うまおひ[馬追]。うまかた[馬方]。うまひき[馬引]。上代まご[馬子]。

まごころ【真心】 近代じゃうじつ[情実]。せきせい[赤誠]。ちゅうじゃう[衷情]。ねっちゅう[熱衷]。近世しじゃう[至情]。じち／じつ[実]。じつい[実意]。じつじゃう[実情／実状]。しんじゃう[真情]。せいじゃう[誠情]。中世ごくしん[極信]。じつぎ[実義]。せいしん[誠心]。せいせい[精誠]。たんきょく[丹棘]。ちゅうしん[衷心]。ちゅうせい[忠誠]。中古かんたん[肝胆]。ししん[至心]。しせい[至誠]。せいい[誠意]。せいじつ[誠実]。せきしん[赤心]。たんせい[丹精／丹誠]。まごころ[真心]。上代たんしん[丹心]。赤き心。

《句》近代至誠天に通ず。貧女(ひんにょ)の一灯。近世志は木の葉(笹の葉／椎の葉／松の葉)に包め。中古長者の万灯(まんどう)より貧者の一灯。

—がない 近代ふせいじつ[不誠実]。ふまじめ[不真面目]。中古あだ[徒]。あだあだし[徒徒]。ふじつ[不実]。

—のあること 中世じつぎ[実義]。

—のこもった祈り 中世たんき[丹祈]。

—のこもった行い 近世とくかう[篤行]。

—のこもった孝行 近世とくかう[篤孝]。

—のこもった付き合い 近代じゃうぎ[情誼／情宜]。

—のこもっているさま 近代ねっせい[熱誠]。近世こんこん[懇懇]。中世あつし[篤／厚]。中古こんせい[懇誠／悃誠]。

—をこめる 中世たんねん[丹念]。ちゅうせい[忠誠]。中古肝胆(かんたん)を砕く。心肝(こころぎも)を砕く。心を致す。身に成る。上代心を尽くす。

—を示す 近代肺肝(はいかん)を出(いだ)す。


まごつ・く 近代とまどふ[戸惑]。めんくらふ[面食／面喰]。近世うろつく。とちる／とっちる。とぼつく。まごつく。まごまごす。手を取る。中世うろたふ[—たえる][狼狽]。中古まどふ[惑]。まよふ[迷]。らうばい[狼狽]。

《尊》中古おぼしあわつ[思慌]。

—・かせる 中古まどはかす／まどはす[惑]。

—・くさま 近世へどもど。まごまご。中世うろうろ。
▼寝惚ける 中古ねまどふ[寝惑]。

まこと【誠】 りょう[諒]。近世じち／じつ[実]。せいじゃう[誠情]。ほん[本]。ほんぼん[本本]。中世じつぎ[実義]。じゃうしん／せいしん[誠信]。しんい[真意]。しんこ[真個／真箇]。中古ししん[至心]。しんじち／しんじつ[真実]。せいい[誠意]。上代しん[信]。しん[真]。まこと[誠／真／実]。→しんじつ →せいじつ
《句》近世嘘から出たまこと。
—と偽り 近代じゃうぎ[情偽]。中古しんぎ[真偽]。

まことしやか 近世まざまざ／まざまざし。中世げにげにし[実実]。まことしやか／まことしらか[真]。
—・な顔つき 中古ありかほ[有顔]。

まことに【誠】 近代じっさい[実際]。まったく[全]。近世しんぞ[真／神]。しんもって[神以]。とっと。はちまん[八幡]。はちまんだいぼさつ[八幡大菩薩]。ほんとうに／ほんとに[本当]。中世いかにも。かまへて[構]。げにげにし[実実]。さぞな[嘸／然]。じつじ[実事]。じつに[実]。しんこ[真個／真箇]。しんに[真]。なにさま[何様]。はたと／はったと。まづ[先]。もっとも[尤]。中古いと。かへすがへす[返返]。げに[実]。さも[然]。しんじち[真実]。たしかに[確]。まさしく[正]。上代さね[実]。まこそ[真]。まこと／まことに[誠／真／実]。→ほんとうに

まごまご・する →まごつ・く

まこも【真菰】 近世かすみぐさ[草]。かたみぐさ[筐草]。かつぼ。中古かつみ[勝見]。かつみぐさ[勝見草]。ふししば[伏柴]。まこも[真菰／真薦]。上代こも[薦／菰]。はながつみ[花勝見]。
—の新芽 中古わかごま／わかごも[若菰]。
刈り取った— 上代かりこも[刈菰／刈薦]。

まさか 近代いくらなんでも。近世まさかに。中世まさか。やはか。よもや。中古さしもやは。さりとも[然]。よも[世]。

まさしく【正】 中古たしかに[確]。まさしく[正]。やうやう[漸]。上代まさしに[正]。まさでに／まさに[正]。まさやか[正]。→まことに
—…(ようだ) 上代あたかも[恰]。

ま

まさつ【摩擦】❶〈擦合〉フリクション(friction)。近代こすれあふ[擦合]。近世すれあふ[擦合]。まさつ[摩擦]。中世こする[擦]。さする[摩/擦]。する[すれる][擦]。

―で磨(す)り減ること 中古まめつ[摩滅]。近代まそん[磨損]。

―を少なくすること げんま[減摩]。じゅんかつ[潤滑]。

まさつ【摩擦】❷〈軋轢〉近代あつれき[軋轢]。ふけふわおん[不協和音]。フリクション(friction)。近世きしみ[軋]。中世さうこく[相剋/相克]。上代あらそひ[争]。

まさに【正】 ジャスト(just)。近代ぴったり。近世きっかり。中世ちゃうど[丁度]。中古すでに[既/已]。たしかに[確]。やがて[軈]。上代あたかも[恰/宛]。まさでに/まさに[正]。→**まことに**

―その時 中世ころしも[頃]。近世いまにも[今]。中世たった今。たうぜん[当前]。中古いましも[今]。いまや[今]。なんなんとす[垂]。今しもあれ。上代まさに[将/当]。

まさに【将】

まざまざ 近世はうふつ[彷彿]。はっきり。中世ありあり[有有/在在]。まざまざ。れきぜん[歴然]。中古あきらか[明]。上代うつらうつら。さだか[定]。

まさゆめ【正夢】 近世せいむ[正夢]。中古じつむ[実夢]。まさゆめ[正夢]。

まさ・る【勝】 近代りょうが[凌駕/陵駕]。近世たくゑつ[卓越]。中世すぐる[すぐれる][優/勝]。たく[たける][長]。たちこゆ[―こえる][立越]。ぬきんづ[―んでる][抜出/抽/擢]。ひいづ[ひいでる][秀]。中古こゆ[こえる][超/越]。ちゃうず[長]。すすむ[進]。ます[勝]。たちまさる[立勝]。上代かつ[勝]。まさる[勝/優]。

―っているさま 中世ばんばん[万万]。中古まさざま[勝様]。

―って見える 近世みまさる/みます[見増]。

際立って―・る 中世みぎはまさり[汀優]。

日毎に―・る 上代いやひけ[弥日異]。

まざ・る【混】→**まじ・る**

まじ・える【交】 中古うちかはす[打交]。かはす[交]。かふ[交]。とりかはす[取交]。上代まじふ[まじえる][交]。まず[まぜる][混/交]。

―・えて言う 中古いひまず[―まぜる][言交]。

ましかく【真四角】 近代しかくけい[四角形]。しへんけい[四辺形]。スクエア(square)。せいはうけい[正方形]。ましかく[真四角]。→**しかく**

―に区切った升目 いちまつもよう[市松模様]。チェッカー(chequers; checkers)。近代チェック(check)。はうがん[方眼]。近世かうしじま[格子縞]。中世かうし[格子]。

マジック(magic) 近代マジック。近世きじゅつ[奇術]。てじな[手品]。中世まじゅつ[魔術]。まはふ[魔法]。→**てじな**

まして【況】 近世なほのこと。中古いかにいはむや[如何況]。いはむや/いはんや[況]。なほさら[尚更/猶更]。まいて[況]。上代まして[況]。

まじない【呪】《謙》中世まうさんや[申]。近代あっしょう/えんしょう[厭勝]。まじ[蠱]。近世えうじゅつ[妖術]。きんじゅ[禁呪]。ふじゅ[符呪]。中世まじゅつ[魔術]。まじわざ[蠱業]。中古えんじゅつ[厭術]。しゅ[呪]。ずそ[呪詛]。まじなひ[呪]。じゅ[呪/咒]。上代かしり[咒]。げんじゅつ[幻術]。じゅじゅつ[呪術/咒術]。ふこ[巫蠱]。まじもの[蠱物]。まじわざ[厭魅事]。

―で病気などを治すこと 近世きんえふ[禁厭]。上代まじなふ[呪]。

―の言葉 中世じゅもん[誦文]。みゃうじゅ[明呪]。中古じゅもん[呪文]。ずもん[誦文]。

―の言葉(例) 近世痺(しび)れ京へ上れ。中世くさめくさめ。くはばら[桑原]。なむさんぼう[南無三宝]。

―の力 中世じゅりょく[呪力]。

―を行う 中世しゅす/じゅす[呪/咒]。上代まじなふ[呪]。

―を行う者 近代じゅじゅつし[呪術師]。近世まじなひし[呪師]。中古じゅし[呪師/咒師]。

その他―のいろいろ(例) さいなんよけ[災難除]。近世あやつこ。かぜきりがま[風切鎌]。かみおくり[神送]。やくびゃうよけ[疫病除]。風の神送り。不動の金縛り。中世おまもり[御守]。やくおとし[厄落]。中古つるうち[弦打]。弓(弓弦(ゆづる))を鳴らす。上代こひむすび[恋結]。むすびまつ[結松]。ゆみづるうち[弓弦打]。草を結ぶ。

まじまじ 中世まじまじ。近世しげしげ[繁繁]。じろじろ。中古つくづく。

まじめ【真面目】 近代きんちょく[謹直]。しじつ[摯実]。シリアス(serious)。しんし[真

摯]。近世かたぎ[堅気]。かたし[堅/固/硬]。きまじめ[生真面目]。きんげん[謹厳]。こころまめし[心実]。じってい[実体]。しんめんぼく/しんめんもく[真面目]。ちょく[直]。まじ。まじめ[真面目]。ものがたし[物堅]。りちぎ/りつぎ[律儀]。中世くすむ[熏]。げにげにし[実実]。じつぎ[実義]。じっちょく[実直]。すぐ[直]。とくじつ[篤実]。中古じちよう[実用]。じっぱふ/じはふ[実法]。すくすくし。すくよか[健]。せいじつ[誠実]。まことし[誠/真/実]。まことまことし[真真]。まめ/まめやか[忠実]。まめまめし[忠実忠実]。上代ちゅうてい[忠貞]。まめごころ[忠実心]。

—くさった顔つき 近代しかつめがほ[顔]。中世まのし[眼伸]。

—くさった態度をとる 近代しかつめらしい[鹿爪]。近世しかくばる[四角張]。しかつべらし[鹿爪]。中世くすみかへる[返]。くすみきる[切]。くすむ。

—過ぎるさま 近代くそまじめ[糞真面目]。近世おほまじめ[大真面目]。かたくるし[堅苦]。かたざう[堅蔵]。しかく[四角]。しかくしめん[四角四面]。

—過ぎる人 かたぶつ[堅物]。近世いしべきんきち[石部金吉]。いしべきんきちきんかぶと[石部金吉金兜]。いしべやのきんざゑもん[石部屋金左衛門]。かたざう[堅蔵]。かたじん/かたにん[堅人]。

—そうな様子 近世まめしげ[忠実]。中古ものまめやか[物忠実]。

—・で落ち着いていること 近代じっちゃく[実着]。

—・で飾り気がないさま 近世しつじつ[質実]。

—・で素直なさま 中古しつぼく[質朴/質樸]。

—・なこと 近世じつごと[実事]。中古まめごと[忠実事]。

—・な人 近代モラリスト(moralist; フランス moraliste)。中古まめひと[忠実人]。まめをとこ[忠実男]。

—・な様子 近代こくめい[克明]。近世けた[方]。まめしげ[忠実気]。中世じちめ[実目]。まことがほ[実顔]。中古まめざま[忠実様]。

—・に 中古かけて(も)[掛]。

—・に相手しない 近世ちゃかす[茶]。はぐらかす。茶にする。

—・に振る舞う すまし[澄/清]。中世色を正す。中古くすしがる[奇]。まめだつ[忠実立]。

ましゅ【魔手】 近代どくが[毒牙]。ましゅ[魔手]。まのて[魔手]。

まじゅつ【魔術】 近代きだう[鬼道]。近世えうじゅつ[妖術]。きじゅつ[奇術]。めくらまし[目眩]。中世じゅつ[術]。まじゅつ[魔術]。まはふ[魔法]。上代げんじゅつ[幻術]。→**てじな**

まじょ【魔女】 近代ウイッチ(witch)。えうぢょ[妖女]。えうば[妖婆]。まぢょ[魔女]。

ましょうめん【真正面】 近世ましゃうめん[真正面]。まとも[真面]。中世まむかひ[真向]。

まじ・る【交】 近代ミックス(mix)。近世こんにふ[混入]。まざる[混/交]。中世こんかう[混交/混淆]。こんず[混]。中古こんがふ[混合]。こんどう[混同]。さしまじる[差交]。まじらふ/まじろふ[交]。上代まじる[交/混]。

—・っていること(さま) いれまじる[入交]。近代じうぜん[糅然]。近世けふざつ[夾雑]。こんにふ[混入]。まじりけ[雑気/混気]。中古いりまじる[入交]。

—・っているもの まざりもの[混物/雑物]。近代こんがふぶつ[混合物]。中古まじりもの[混物/雑物]。

—・り合うこと 近代こんくゎ[混和]。近世こんわ[混和]。さんがふ[参合]。中世こんいつ[混一]。はうはく[磅礴/旁礴/旁魄]。中古こんせい[混成]。

—・り乱れること 中古ふんざく[紛錯]。

—・るようにする 中世ちがふ[違]。ひきちがふ[引違]。中古かふ[交]。

色や濃淡が—・っているさま 中古はんぱん[斑斑]。

酒などが—・り合ったもの(こと) ブレンド(blend)。近代カクテル(cocktail)。

まとまりなく—・った状態 ごしゃごしゃ。るつぼ[坩堝]。近代ごったまぜ。近世ごたまぜ。ごちゃごちゃ。まぜこぜ。中古こきまぜ[—まぜる][扱混]。

まじわり【交】 近世つきあひ[付合]。ひとづきあひ[人付合]。中世えん[縁]。かうせつ[交接]。にんあい[人愛]。まじはり[交]。中古かうさい[交際]。→**こうさい【交際】**

《句》近代烏集(うしふ)の交はり。近世君子の交はりは淡きこと水の如し。中世君子は周(しう)して比せず、小人は比して周せず。

—が途絶える 近代だんかう[断交]。中古た

ゆ〔たえる〕［絶］。
ーを持つ 上代 むすぶ［結］。
子供の頃からのー 近代 騎竹(竹馬)の交はり。
親しいー 近世 いんぎん［慇懃］。金蘭の契り。忘形の友。上代 きんらん［金蘭］。

まじわ・る【交】❶〈交際〉近代 あひせっする［相接］。中世 ちなむ［因］。つきあふ［付合］。中古 かうさい［交際］。上代 まじはる［交］。
→**こうさい【交際】**
国と国が親しくー・ること 近代 しうかう［修好／修交］。近世 しんぜん［親善］。
男女がー・る 近代 じゃうかう［情交］。近世 しげる。中古 あひかたらふ［相語］。あひみる［逢見／相見］。ちぎる［契］。
世の人とー・る 近世 せけん［世間］。中古 めぐらふ／めぐる［巡／回］。

まじわ・る【交】❷〈交差〉近代 かうさ［交差／交叉］。クロス(cross)。ちょくかう［直交］。中世 うちちがふ［―ちがえる］［打違］。さくそう［錯綜］。まじはる［交］。上代 かうさく［交錯］。→**こうさ【交差】**
垂直にー・ること 近代 ちょくかう［直交］。
線のー・る所 近代 かうてん［交点］。
斜めにー・ること 中古 あや［文／綾］。

ます→**ていねい**

ます【鱒】 はらあか［腹赤］。中世 あかおまな［赤御魚］。中古 はらか［腹赤］。上代 ます［鱒］。
ーの養殖 ようそん［養鱒］。

ます【升】 上代 ます［升／枡／桝／斗］。
ーで量った量 中世 ますめ［枡目／升目］。
ーで量って売ること 近世 ますうり［枡売／升売］。
ーで量るとき高さをならす棒 かいならし［掻均］。とぼう［斗棒］。中世 ますかき［枡掻／升掻］。中古 とかき［斗掻／概］。
酒を量るー 中世 さかます［酒枡］。
大小のーを組み合わせたもの 近世 いれこます［入子枡］。

ま・す【増】 近代 ぞう［増］。ぞうだい［増大］。近世 ぞうか［増加］。ふやす［増］。中世 ふゆ〔ふえる〕［増／殖］。中古 くははる［加］。そはる［添］。そふ〔そえる〕［添］。そへまさる［添増］。上代 かさぬ〔かさねる〕［重］。くはふ〔くわえる〕［加］。ます［増／益］。
ー・し加えること 上代 ぞうえき［増益］。
ー・していく 上代 ゆきまさる［行増］。
ー・していくさま 中古 まさざま［増様］。
いよいよー・す 上代 いやまし［弥増］。
飛躍的にー・すこと やくぞう［躍増］。

マス(mass) たいりょう［大量］。近代 あつまり［集］。しふだん［集団］。ひとやま［人山］。マス。中世 ぐんしふ［群集］。ぐんしゅう［群衆］。中古 くんじゅ［群集／群衆］。たいしゅう［大衆］。たすう［多数］。上代 くわいしゅう［会衆］。しゅうじん［衆人］。

まず【先】 まっさきに［真先］。近代 一にも二にも。中世 ひとまづ［一先／一旦］。中古 とりあへず［取敢］。上代 だいいち［第一］。まづ［先］。

まず・い【拙】❶〈下手〉近代 ぶきっちょ［不器用／無器用］。近世 せつ［拙］。せつれつ［拙劣］。ちせつ［稚拙］。ぶきっちょう［不器用／無器用］。へたくそ［下手糞］。へぼ。まづし［拙］。中世 ぶきよう［不器用／無器用］。ふてぎは［不手際］。へた［下手］。わろし［悪］。中古 あし［悪］。つたなし［拙］。
ー・いが速い 近世 せっそく［拙速］。
ー・い策略 近代 せっさく［拙策］。

まず・い【拙】❷〈不味〉近代 ふみ［不味］。近世 まづし［拙／不味］。もみない／もむない。中世 みづくさし［水臭］。わろし［悪］。
ー・い魚 ねこまたぎ［猫跨］。
ー・い酒 近世 あくしゅ［悪酒］。

マスク(mask) 中世 めん［面］。中古 かめん［仮面］。

まずし・い【貧】 近代 かんぴん［寒貧］。ひんてき［貧的］。プアー／プーア(poor)。近世 しがなし。すかんぴん［素寒貧］。中世 さむし［寒］。せきひん［赤貧］。ひらう［疲労］。ひん［貧］。びんばふ［貧乏］。ぶりょく［無力］。まぢ［貧］。まどし［貧］。わうじゃく［尫弱／尩弱］。中古 とぼし／ともし［乏］。ひんこん［貧困］。ひんじゃく［貧弱］。むとく［無徳］。わびし［侘］。わろし［悪］。上代 ひんきゅう［貧窮］。ひんく［貧苦］。まづし［貧］。
《句》近代 寒(かん)に帷子(かたびら)土用に布子(ぬのこ)。乞食に貧乏なし。釜中(ふちゅう)魚(うを)を生ず。近世 家貧しくして孝子顕はる〔―顕われる〕。中世 火が降る。
ー・い家 近世 わびずまひ［侘住］。埴生(はにふ)の宿。中世 せうこ［小戸］。中古 ひんか［貧家］。
ー・いことと富んでいること 中世 ひんぷく［貧福］。中古 ひんぷ［貧富］。
ー・い生活 近代 たんしへういん［箪食瓢飲］。やりくりしんしゃう［遣繰身上］。近世 うすけぶり／うすけむり［薄煙］。しゅくすい［菽水］。爪に火を灯す。手鍋を提ぐ〔―提げる〕。膝の皿に火がつく。中古 わぶ［侘］。
ー・い生活のなかの楽しみ 近世 曲肱(きょくかう)の

楽しみ。

—・い人 近世 かりう[下流]。ふべんしゃ[不弁者]。中世 こじき[乞食]。ひんにん[貧人]。びんばふにん[貧乏人]。中古 さいみん[細民]。ひんじゃ[貧者]。ひんじん[貧人]。わびびと[侘人]。上代 ひんみん[貧民]。

—・い人が集まっている区域 近代 さいみんくつ[細民窟]。スラム(slum)。ひんみんくつ[貧民窟]。

—・い村里 近世 かんきゃう[寒郷]。かんそん[寒村]。

—・く清らか 近世 せいひん[清貧]。一簞の食一瓢の飲。赤貧洗ふが如し。

—・く暮らす 中古 うちわぶ[打侘]。

—・く寒々としているさま 近代 ひんかん[貧寒]。

—・く身分が低いこと 中古 ひんせん[貧賤]。

—・くやつれること 近代 ひんく[貧窶]。中古 ひんる[貧窶]。

仕官よりも—・く自由な生活を望む 近代 えいび[曳尾]。

マスターベーション(masturbation) オナニー(ドイツ Onanie)。近代 じとく[自瀆]。しゅいん[手淫]。マスターベーション。近世 じゐ[自慰]。中世 せんずり[千摺/手弄]。

マスト(mast) 近代 しゃうかん[檣竿]。せんしゃう[船檣]。マスト。近世 はんしゃう[帆檣]。上代 ほばしら[帆柱/檣]。

—のてっぺん 近代 しゃうとう[檣頭]。

主たる— 近代 たいしゃう[大檣]。メーンマスト(main mast)。

ますます【増増】 近世 いっそう[一層]。いよし[弥]。なほかし[猶]。中世 うたた[転]。なほ[猶/尚]。中古 いちだんと[一段]。いとど/いとどし。いやがうへに[弥上]。いよいよ[愈/愈愈/弥弥]。なほさらに[猶更]。なほし[猶/尚]。なほなほ[猶猶/尚尚]。上代 いや[弥]。いやしくしくに[弥頻頻]。いやますますに[弥増増]。いよよ[愈/弥]。うたて。さらさら[更更]。さらに[更]。ますます[増増/益益]。や[弥]。

—そうなる 中古 なりまさる[成勝]。

ますらお【益荒男】 近世 もさ[猛者]。中世 まうざ[猛者]。ゆうしゃ[勇者]。中古 つはもの[強者]。ようし[勇士]。上代 さうし[壮士]。たけを[猛夫]。ますらたけを[益荒猛男]。ますらを[益荒男/丈夫/大夫]。ますらをのこ[益荒男]。ゆうし[勇士]。

まぜかえ・す【混返】 ちゃちゃ[茶茶]。近代 まぜかへす/まぜっかへす[混返/雑返]。近世 あふ[あえる][和/韲]。半畳を入る[—入れる]。半畳を打ち込む。中古 かきまず[—まぜる][掻混/掻雑]。

ま・せる おとなくさい[大人]。近代 おませ。らうせい[老成]。中世 さうじゅく[早熟]。ひねる[陳]。近世 こませる[小]。中古 おとなぶ[—なびる][大人]。およすく。ねぶ[老成]。ます[ませる]。

—・せている 近代 おしゃま。近世 こましゃくれる。こまちゃくれる。ひねこびる/ひねっこびる[陳]。中世 こまさくれる。

子供が—・せた口をきくこと 中世 こうへい/こっぺい。

▼おませな女子 近代 おちゃっぴい。

ま・ぜる【混】 近代 かうはん[攪拌]。ハイブリッド(hybrid)。ミックス(mix)。近世 かくはん[攪拌]。こんにふ[混入]。こんわ[混和]。さんがふ[参合]。なひまず[—まぜる][綯交]。中世 こんかう[混交]。こんず[混]。さんご[参伍]。中古 あはす[あわせる][合/併]。あふ[あえる][和/韲]。いれまず[—まぜる][入混/入雑]。うちまず[—まぜる][打混]。かきまず[—まぜる][掻混/掻雑]。こきまず[—まぜる][扱混]。こんがふ[混合]。とりまず[—まぜる][取混]。わがふ[和合]。わす[和]。上代 かく[掻]。かつ[かてる][糅]。まじふ[まじえる][交]。まず[まぜる][混/交/雑]。

—・ぜこぜで秩序がない 近世 伊勢や日向。

—・ぜて一つにする 近代 まぜあはす/まぜあはせる[混合]。中古 こんどう[混同]。

—・ぜて用いること 近代 こんよう[混用]。

勢いよく回して—・ぜる 中世 かきたつ[—たてる][掻立]。

異質な物を—・ぜ合わせる 中古 つきまず[—まぜる][搗交]。

カードを—・ぜる 近代 きる[切]。

薬などを—・ぜる 中世 てうがふ[調合]。中古 あはす[あわせる][合/併]。

酒などを—・ぜてつくった飲み物 ブレンド(blend)。近代 カクテル(cocktail)。

放送などで音声を—・ぜること ミキシング(mixing)。

▼主食などを炊くとき混ぜる具材 近世 かて[糅]。かやく[加薬]。

また【又】 近代 アゲイン/アゲーン(again)。いっぱう[一方]。近世 おまけに[御負]。かつ[且]。まった[又]。中世 さるは[然]。なほ[猶/尚]。またしても[又]。中古 および

[及]。さいど[再度]。そのうへ[上]。ならびに[並]。はた[将]。上代 さらに[更]。ふたたび[再]。また[又/亦/復]。

—とない 近世 いちだいいっせ[一代一世]。いっせいちだい[一世一代]。いっせいちど[一世一度]。中古 よの[世]。世に似ず。上代 むひ[無比]。

—とない機会 中古 せんざいいちぐう[千載一遇]。

また【股】 じょうたい[上腿]。近代 だいたい[大腿]。中世 ふともも[太股]。中古 また[股/胯]。上代 もも[腿]。

—の間 近世 くゎかん[胯間]。こかん[胯間/股間]。中世 またぐら[股座/胯座]。

—の下 近世 こか[胯下/跨下]。

—の上部 中世 たかもも[高股]。

肌があらわな— 近世 すまた[素股]。

まだ【未】 いまなお[今尚]。近世 まだまだ[未未]。中世 いまだし[未]。中古 いまだに[未]。いまに[今]。まだ[未]。上代 いまだ[未]。

—その時ではない 中世 いまだし[未]。はやし[早]。上代 まだし[未]。

また・ぐ【跨】 近世 またぐ[跨]。中古 あふづくむ[跨]。上代 あどこぶ[跨]。あふどこぶ[跨]。またこゆ[跨越]。

まだけ【真竹】 中世 からたけ[幹竹]。またけ/まだけ[真竹]。中古 かはたけ[川竹/河竹]。くちく[苦竹]。にがたけ[苦竹]。

またしても【又】 近世 またぞろ[又候]。中世 またしても[又]。またもや[又]。上代 またまた[又又]。またも[又]。

またた・く【瞬】 しばたく[屢叩/瞬]。めばたく[瞬]。近代 まばたく[瞬]。中古 しばたたく/しばだたく[屢叩/瞬]。まじろく/まじろぐ[瞬]。またたく/まだたく[瞬]。

—・くこと 近代 まばたき/まだたき[瞬]。近世 めばたき[瞬]。中世 またたき/まだたき[瞬]。

またたくま【瞬間】 →いっしゅん

またたび【木天蓼】 近世 きまたたび[木天蓼]。なつうめ[夏梅]。なつうめづる[夏梅蔓]。なつつばき[夏椿]。中世 またたび[木天蓼]。中古 わたたび。

または【又】 近代 もしくは[若]。中世 ないしは[乃至]。中古 あるいは[或]。あるは[或]。ないし[乃至]。もしは[若]。上代 または[又/亦]。

またまた【又又】 中世 またしても[又]。またもや[又]。中古 かさねて[重]。さいど[再度]。上代 ふたたび[再]。またまた[又又]。

まだら【斑】 近世 はんてん[斑点]。中世 むら[斑]。中古 はんぱん[斑斑]。ふ[斑]。まだらか[斑]。むらむら[斑斑/叢叢]。もどろ[斑]。上代 はだら/はだれ[斑]。ぶち[斑/駁]。ふふき[斑雑毛]。ほどろ。ほどろほどろ。まだら[斑]。

—な筋 はんじょう[斑条]。

—にする 中古 もどろかす[斑]。上代 もどろく[斑/文]。

—になる 中古 むらぎゆ[斑消]。もどろく[斑]。

—に残ること 中世 むらぎえ[斑消]。

—の模様 中世 とらふ[虎斑]。中古 はんもん[斑文/斑紋]。

まだる・い【間怠】 近代 まだるっこい[間怠]。近世 しゃまだるし[間怠]。とろくさし。まだまだ。まだるし[間怠]。中世 ねそねそ。

まち【町】 アーバン(urban)。ミッドタウン(mid-town)。メトロポリタン(metropolitan)。近代 しばう[市坊]。しゃうてんがい[商店街]。タウン(town)。ダウンタウン(down-town)。とし[都市]。はんくゎがい[繁華街]。近世 おほば[大場]。しがい[市街]。ちまた[巷/岐/衢]。中古 いち[市]。上代 がいく[街衢]。しせい[市井]。じゃうし[城市]。とくゎい[都会]。まち[町/街/坊]。

—から外れたところ 近世 ばすゑ[場末]。まちはづれ[町外]。きんかう[近郊]。中古 かうぐゎい[郊外]。

—の中 →まちなか

—の人 近代 ちゃうみん[町民]。近世 いちびと[市人]。しみん[市民]。中古 しじん[市人]。

—や村 近代 ちゃうそん[町村]。上代 といふ[都邑]。

道の一方のみ家の並ぶ— かたがわまち[片側町]。近世 かたまち[片町]。

むさ苦しい— 中古 ろうかう[陋巷]。

その他—のいろいろ(例) いちばまち[市場町]。ゴーストタウン(ghost town)。とりいまえまち[鳥居前町]。近代 しゅくばまち[宿場町]。ニュータウン(new town)。みなとまち[港町]。もんぜんまち[門前町]。近世 うらまち[裏町]。かみのまち[上町]。したまち[下町]。じゃうかまち[城下町]。中古 じゃういふ[城邑]。

まちあぐ・む【待倦】 近代 まちあぐねる[待倦]。近世 まちあぐむ[待倦]。まちくたびる[—びれる][待草臥]。中古 まちなげく[待

嘆]。まちわぶ[―わびる][待侘]。↓まちか・ねる

まちう・ける【待受】 中世 まちまうく[―もうける][待設]。中古 まうく[もうける][設]。まく[設]。まちう[待得]。まちうく[―うける][待受]。上代 まちとる[待取]。↓まちかま・える

―・けて会う 中古 まちいづ[待出]。

密かに―・ける 中古 したまつ[下待]。

まちがい【間違】 ↓あやまち

―なく 近世 はちまん[八幡]。中世 あやまたず[過]。きっと[急度/屹度]。ちゃんと。ていと/ていど。中古 すでに[既/已]。まぎれなし[紛無]。上代 かならず[必]。たしか[確/慥]。

聞き― 中古 そらね[空音]。そらみみ[空耳]。

文字の― 中世 うえんぎょろ[烏焉魚魯]。うえんば[烏焉馬]。えんば[焉馬]。ぎょろ[魚魯]。中古 ろぎょ[魯魚]。

まぢか・い【間近】 びょうよみ[秒読]。近代 さしせまる[差迫]。ひんする[瀕]。近世 手が届く。中古 めぢかし[目近]。上代 せまる[逼/迫]。ちかし[近]。まぢかし[間近]。
《枕》上代 あしがきの[葦垣]。いはばしの[石橋]。

まちが・う【間違】 とちる。近代 エラー(error)。近世 しくじる。まちがふ[―ちがえる](四段活用)。まちがふ[―ちがえる][間違]。やりそこなふ[遣損]。やりそこぬ[―そこねる][遣損]。中世 しそんず[仕損/為損]。ぬかる[抜]。ひきちがふ[引違]。中古 あやまつ[過]。あやまる[誤/謬]。しそこなふ[仕損/為損]。ちがふ[ちがえる][違]。とりあやまる[取誤]。とりたがふ[取違]。とりちがふ[―ちがえる][取違]。とりはづす[取外]。まどふ[惑]。上代 たがふ[たがえる][違]。

―・いやすい 近世 まがはし[紛]。中古 まきらはし/まぎらはし[紛]。

―・いやすい文字 近代 えんば[焉馬]。魯魚亥豕(ろぎょがいし)の誤り。中世 ぎょろ[魚魯]。中古 ろぎょ[魯魚]。

―・うこと ちょんぼ。近代 くゎご[過誤]。ごさん[誤算]。しっぱい[失敗]。ミステーク(mistake)。近世 おち[落]。ごびう[誤謬]。さだ[蹉跎]。すかたん/すこたん。すかまた。とりちがひ/とりちがへ[取違]。もれ[漏]。中世 ぬかり[抜]。ゐろう[遺漏]。中古 あやまり[誤/謬]。ひがごと[僻事]。ひびう[紕繆/紕謬]。ふかく[不覚]。上代 あやまち[過]。くゎしつ[過失]。さくご[錯誤]。↓あやまち

―・った考え 近代 かんがへちがひ[考違]。ごけん[誤見]。けんたうちがひ[見当違]。ごかい[誤解]。ごにん[誤認]。へきろん[僻論]。近世 おかどちがひ[御門違]。こころえちがひ[心得違]。びうけん[謬見]。中世 へきせつ[僻説]。まうしん[妄心]。中古 まうさう[妄想]。上代 びうせつ[謬説]。

―・った記憶 おもいちがい[思違]。かんちがい[勘違]。中古 ひがおぼえ[僻覚]。

―・った記録 きさいミス[記載miss]。近代 かきあやまり[書誤]。近世 かきそんじ[書損]。上代 ごき[誤記]。

―・った計算 けいさんまちがい[計算間違]。近代 ごさん[誤算]。ゐさん[違算]。

―・った見解 近世 びうけん[謬見]。中世 じゃぎ[邪義]。上代 びうせつ[謬説]。

―・った知らせ 近代 きょほう[虚報]。ごほう[誤報]。

―・った政治 近世 しっせい[失政]。上代 あくせい[悪政]。

―・った時の声(例) 近世 これはしたり。さしったり。しなしたり。しまった。

―・った訳 近代 ごやく[誤訳]。

―・った予想 きたいはずれ[期待外]。近代 あてはづれ[当外]。ごさん[誤算]。ゐさん[違算]。近世 みこみちがひ[見込違]。めがねちがひ[眼鏡違]。顎(あご)が食ひ違ふ。

―・って言う いいまちがう[言違]。中古 いひあやまる[言誤]。いひそこなふ[言損]。

―・っていること 中世 きょく[曲]。ひが[僻]。

―・って思い込む おもひちがへ[思違]。かんちがひ/かんちがへ[勘違]。近世 おもひちがひ[思違]。こころえちがひ[心得違]。中古 おもひまがふ[思紛]。

―・って聞く 中世 ききあやまる[聞誤]。ききそこなふ[聞損]。ききちがふ[―ちがえる][聞違]。ききまがふ[聞紛]。ひがぎき[僻聞]。中古 ひがみみ[僻耳]。

―・って紛れ込むこと 近代 さんにふ[竄入]。

―・って認めること 近代 ごにん[誤認]。

―・って読むこと ごどく[誤読]。よみちがい/よみちがえ[読違]。よみまちがい[読間違]。近世 よみあやまり[読誤]。

急いで―・う(こと) はやとちり[早]。近世 はやがってん/はやがてん[早合点]。はやのみこみ[早呑込]。中世 さうけい[早計]。中古 はやまる[早]。

見―・う(こと) 近代 みそこなひ[見損]。みま

ちがひ[見間違]。近世 めちがひ[目違]。中古 そらめ[空目]。ひがめ[僻目]。まぎる[紛]。まどふ[惑]。みえまがふ[見紛]。上代 まがふ[紛]。

道を—・う ゆきちがえる[行違]。近代 いきちがふ/ゆきちがふ[行違]。中世 ふみちがふ[—ちがえる][踏違]。中古 ふみたがふ[踏違]。

まちが・える【間違】 →まちが・う(前項)

まちか・ねる【待兼】 待ちきれない。近代 たいばう[待望]。近世 おまちかね[待兼]。まちあぐむ[待倦]。まちどほし[待遠]。まちわびし[待侘]。中世 まちこがる[—こがれる][待焦]。まちのぞむ[待望]。中古 おぼつかながる[覚束無]。かくばう[鶴望]。こころもとながる[心許無]。まちわぶ[—わびる][待侘]。上代 まちかぬ[—かねる][待兼]。

《句》近代 大旱(たいかん)の雲霓(うんげい)を望むが如し。

—・ねて 上代 まちがたに/まちがてに[待難]。

—・ねて気疲れするさま 近世 まちくたびる[—びれる][待草臥]。中古 まちわぶ[—わびる][待侘]。

—・ねる意の言葉(例) 近世 まちかねやま[待兼山]。《句》近代 遅かりし由良之介。

—・ねるさま 近代 いちじつせんしう/いちにちせんしう[一日千秋]。いっこくせんしう[一刻千秋]。かくしゅ[鶴首]。首を伸ばす。痺(しび)れを切らす。指折り数へる。首を長くす。近世 いちじつさんしう[一日三秋]。中世 今や今や。中古 いちにちさんしう[一日三秋]。上代 たかだか[高高]。

まちかま・える【待構】 近代 スタンバイ(stand-by)。たいき[待機]。近世 まちかまふ[—かまえる][待構]。まちぶす[—ぶせる][待伏]。満を持す。中世 まちまうく[—もうける][待設]。中古 ひかふ[ひかえる][控]。まちう[待得]。まちうく[—うける][待受]。まちかく[—かける][待掛]。まちづ[待出]。まちつく[—つける][待付]。網を張る。牙(爪)を研ぐ。てぐすね引く。上代 まうく/まく[もうける][設]。まちいづ[待出]。まちとる[待取]。むかふ[むかえる][迎]。

—・えていた時の言葉(例) 近世 おっと任せ。さ知ったり。それ来た。

—・えているさま 近世 ござんなれ。中古 したなめずり[下舐]。

まちこが・れる【待焦】 →まちか・ねる

まちどおし・い【待遠】 近世 とけしなし。まちどほし[待遠]。中古 おぼつかなし[覚束無]。こころもとなし[心許無]。もどかし[擬]。→まちか・ねる

—・くていらいらする 近代 痺(しび)れを切らす。

まちなか【町中】 近代 かうかん[巷間]。しじゃう[市上]。しとう[市頭]。近世 ちまた[巷/岐/衢]。ばうかん[坊間]。まちぢゅう[町中]。まちば[町場]。中世 いちなか[市中]。ちゃうない[町内]。ばうちゅう[坊中]。まちなか[町中]。まちや[町屋]。

—の住宅 中古 がいとう[街頭]。近世 まちたく[町宅]。しちゅう[市中]。

—の路上 近世 がいじゃう[街上]。中世 みちばた[道端]。

まちなみ【町並】 近代 やならび[家並]。近世 いへなみ[家並]。ちゃうなみ[町並]。まちなみ[町並]。中世 やなみ[家並/屋並]。

まちのぞ・む【待望】 近代 きたい[期待]。さうばう[想望]。たいばう[待望]。中世 こころまち[心待]。まちのぞむ[待望]。中古 きす[期]。→まちか・ねる

—・む気持ち 待ちに待った。中世 今や遅し。中古 いつしか[何時]。

まちはずれ【町外】 近代 しぐゎい[市外]。近世 ばすゑ[場末]。中世 きんかう[近郊]。へんぢ[辺地]。まちはづれ[町外]。中古 かうぐゎい[郊外]。上代 たゐ[田居]。

まちぶせ【待伏】 近代 えうする[要]。近世 まいふく[埋伏]。中世 ふくへい[伏兵]。まちぶせ[待伏]。中古 まちうく[—うける][待受]。

—・して食い止めること 近代 えうやく[要扼]。

—・して攻撃すること 近代 げいげき[迎撃]。近世 えうげき[要撃/邀撃]。

—・して殺すこと 近世 えうさつ[要殺]。

まちまち →いろいろ

まちわ・びる【待侘】 →まちか・ねる

子の帰りを—・びる母の情 近世 倚門(いもん)の望。倚閭(いりょ)の望。

まつ【松】 近世 ゆふかげぐさ[夕影草]。中世 あさみぐさ[朝見草]。いろなぐさ[色無草]。おきなぐさ[翁草]。ことひきぐさ[琴弾草]。たままつ[玉松]。ちよき[千代木]。ちよみぐさ[千代見草]。とかへりのまつ[十返松]。ときはぐさ[常磐草]。ときみぐさ[時見草]。とちよぐさ[十千代草]。めさましぐさ/めざましぐさ[目覚草]。ものみぐさ[物見草]。をりみぐさ[折見草]。中古 ごたいふ[五大夫]。じふはちのきみ[十八公]。じふはっこう[十八公]。たいふ[大夫]。上代 まつ[松]。

《枕》中古 まつがねの[松根]。上代 とほつひと

［遠人］。
━と柏（常緑樹） 上代 しょうはく［松柏］。
━の枝 まつがえ［松枝］。
━の新芽 中古 わかみどり［若緑］。上代 わかまつ［若松］。
━の並木 近代 まつなみき［松並木］。近世 なみまつ［並松］。
━の根 上代 まつがね［松根］。
━の花 中世 とかへりのはな［十返花］。
━の葉におく露 近代 しょうろ［松露］。
━を吹く風（の音） 中世 しょうたう［松濤］。しょうらい［松籟］。しょうゐん［松韻］。上代 まつかぜ［松風］。
青々と茂る━ 中古 せいしょう［青松］。
枯れ落ちた━の葉 近代 こぼれまつば［零松葉］。近世 こくば［扱葉］。中古 ご。
小さい━ 中古 こまつ［小松］。ひめこまつ［姫子松］。ひめまつ［姫松］。
年老いた━ 近世 せんぐゎんまつ［千貫松］。中世 おいまつ［老松］。中古 らうしょう［老松］。
能舞台正面に描かれた━ 近世 かがみのまつ［鏡松］。
葉の少ない━ 近代 かむろまつ［禿松］。近世 かぶろまつ［禿松］。
塀際にあって外を見下ろす━ 中世 みこしのまつ／みこしまつ［見越松］。
墓標に植えた故人の形見の━ 中古 うなゐまつ［髫髪松］。
歴史上の有名人が腰掛けたという━ 近世 こしかけまつ［腰掛松］。
その他━のいろいろ（例）① **［枝振り］** からかさまつ［傘松］。こしかけまつ［腰掛松］。中世 かさまつ［笠松／傘松］。さがりまつ［下松］。
その他━のいろいろ（例）② **［生えている場所］** 近世 いそなれまつ［磯馴松］。中世 いそねまつ［磯根松］。そなれまつ［磯馴松］。中古 がんしょう［巌松／岩松］。上代 ありそまつ［荒磯松］。いそまつ［磯松］。いはほまつ［巌松］。
その他━のいろいろ（例）③ **［数］** 近世 いっぽんまつ［一本松］。めをとまつ［夫婦松］。中古 むらまつ［叢松／群松］。上代 こしょう［孤松］。ひとつまつ［一松］。
▼**松脂**(まつ/やに) ロジン(rosin)。中古 しょうし［松脂］。

まつ【末】 近代 まつ［末］（接尾語）。まったん［末端］。近世 まっせつ［末節］。中古 すゑ［末］。ゆくすゑ［行末］。をはり［終］。上代 はし［端］。

ま・つ【待】 ウエーティング(waiting)。近代 たいき［待機］。たいばう［待望］。中世 こころまち［心待］。中古 きす［期］。ひかふ［ひかえる］［控］。上代 まつ［待／俟］。↓**まちか・ねる** ↓**まちかま・える**
《枕》 中古 かはぎしの［川岸］。たかさごの［高砂］。上代 まつがねの［松根］。まつちやま［真土山／待乳山］。
《句》 近代 成らぬ中が楽しみ。百年河清を俟(ま)つ。近世 縁と浮世は末を待て。果報は寝て待て。待たるるとも待つ身になるな。待つうち（間(ま)）が花。待つ身より待たるる身。待てば甘露（海路）の日和あり。中古 河清を俟(ま)つ。
━・ち続ける 中古 まちわたる［待渡］。上代 ありまつ［在待］。
━・ちながら日を暮らす 中古 まちくらす［待暮］。
━・ちながら夜を明かす 中古 まちあかす［待明］。
━・っていても結局来ないこと 近世 まちぼうけ／まちぼけ［待惚］。
━・っても待っても 近世 待てど暮らせど。
あるはずのないことを━・つ 中世 烏の頭(かしら)が白くなるまで。中古 河清を俟(ま)つ。
活躍の機会を━・つこと 中古 しふく［雌伏］。
危険を避けて━・つこと たいひ［待避］。
幸運を━・つこと 中世 げうかう［僥倖］。
心構えをして━・つ ↓**まちかま・える**
時機を━・つ 近代 たいき［待機］。上代 うかねらふ［窺狙］。
通り過ぎるのを━・つ 中古 やりすごす［遣過］。
密かに━・つ（こと） 中古 したまつ［下待］。上代 したおもひ／したもひ［下思］。
ひたすら━・つ 上代 かたまつ［片待］。
人を━・つこと 中世 ひとまうけ［人設］。ひとまち［人待］。

まつえい【末裔】 ↓**しそん**

まっか【真赤】 近代 しんこう［深紅］。近世 しんく［深紅／真紅］。中世 まっか［真赤］。中古 ひたくれなゐ［直紅］。
━・なさま 近世 あかあか［赤赤］。
━・な太陽 近世 こうじつ［紅日］（朝日）。
━・に燃える炎の色 近世 ぐれん［紅蓮］。

まつかさ【松笠】 まつぼくり／まつぼっくり［松陰嚢］。近代 しょうし［松子］。近世 ふぐり［陰嚢］。まつふぐり［松毬／松陰嚢］。中世 ちちり［松子／松毬］。中古 まつかさ［松笠／松毬］。

今年できた— 近代 しんちぢり［新松子］。

まつかぜ【松風】(音) 中世 しょうたう［松濤］。しょうらい［松籟］。しょうゐん［松韻］。まつのこゑ［松声］。上代 まつかぜ［松風］。

まっき【末期】 ばんき［晩期］。近代 しゅうき［終期／終季］。ばつざう／まつざう［末造］。まつえふ［末葉］。まっき［末期］。中世 さいご［最後］。すゑざま［末様］。中古 すゑつかた［末方］。をはり［終］。

まっくら【真暗】 近代 こくあんあん［黒暗暗／黒闇闇］。如法(にょほふ)の闇。鼻を撮(つま)まれても分からない。近世 にょほふあんや［如法暗夜］。中世 あんこく［暗黒／闇黒］。つつくら［惣暗］。つつやみ［闇］。まっくら［真暗］。まっくらやみ［真暗闇］。中古 くらやみ［暗闇］。上代 くゎいめい［晦冥］。やみ［闇］。

—・になる 中古 くれふたがる［暮塞］。

永久に— 上代 とこやみ［常闇］。

まっくろ【真黒】 近世 しっこく［漆黒］。しっとう［漆桶］。中世 しっつう［漆桶］。まっくろ［真黒］。上代 まくろ［真黒］。

—・なさま 中世 くろぐろ［黒黒］。

まつご【末期】 近世 しにぎは［死際］。わうじゃうぎは［往生際］。中世 いちご［一期］。しにめ［死目］。ちしご［知死期］。まつご［末期］。りんじゅ［臨終］。中古 いまは［今際］。さいご［最期］。しゅうえん［終焉］。とぢめ［閉］。りんみゃうじゅうじ［臨命終時］。命の果て。いまはの際。上代 りんじゅう［臨終］。→**し・ぬ**

—の介護をする みとる［看取］。近世 死に水を取る。

—の水 近世 しにみづ［死水］。

まっこう【真向】 近世 せいたい［正対］。まっしゃうめん［真正面］。まとも［真面／正面］。めんかう［面向］。中世 しゃうめん［正面］。まっかう［真向］。まむかひ［真向］。めんかう［面向］。

まつざ【末座】 →**まっせき**

まっさいちゅう【真最中】 近代 どまんなか［最中］。まっただなか［真只中］。近世 ただなか［直中／只中］。どうぶくら［胴脹］。中世 さいちゅう［最中］。まっさいちゅう［真最中］。まっさかり［真盛］。→**まっさかり**(次項)

まっさかり【真盛】 近世 ただなか［直中／只中］。中世 さいちゅう［最中］。さなか［最中］。ぜんせい［全盛］。ちゃうず［長］。まっさかり［真盛］。中古 さかん［盛］。もなか［最中］。上代 さかり［盛］。たけなは［酣／闌］。まさかり［真盛］。みさかり。

—・になる 中世 ちゅうす［中］。

まっさき【真先】 いちばんさき［一番先］。トップ(top)。近代 いのいちばん［一番］。へきとう［劈頭］。いちはな［一端］。いちはながけ［一端駆］。いちばんのり［一番乗］。せんとう［先頭］。ひっとう［筆頭］。中世 ぢんとう［陣頭］。まっさき［真先］。中古 せんとう［先登］。上代 だいいち［第一］。まづ［先］。

まっさつ【抹殺】 近代 まっさつ［抹殺／末殺］。まっせう［抹消］。はうむりさる［葬去］。はうむる［葬］。中古 きやす［消］。けす［消］。上代 のぞく［除］。

まっしぐら【驀地】 近世 いちもくさん［一目散］。脇目も振らず。中世 いっさんに［一散／逸散］。まいちもんじ［真一文字］。ましくらに。まっしくら／まっしぐら［驀地］。面(おもて)も振らず。

—に進むこと ちょとつもうしん［猪突猛進］。近代 とつげき［突撃］。とっしん［突進］。

まつじつ【末日】 近代 さいしゅうび［最終日］。まつじつ［末日］。近世 せんしうらく［千秋楽］。

まっしょう【抹消】 しょうきょ［消去］。近代 けしさる［消去］。まっさつ［抹殺］。まっせう［抹消］。中古 きやす［消］。けす［消］。上代 のぞく［除］。

まっしょう【末梢】 さきっちょ［先］。近代 さきっぽ［先］。トリビアル(trivial)。はしっこ［端］。ばっせつ［末節］。まっせう［末梢］。まったん［末端］。近世 まっせつ［末節］。上代 さき［先］。はし／はじ［端］。→**はし【端】**

まっしろ【真白】 近代 じゅんぱく［純白］。ゆきじろ［雪白］。近世 せっぱく［雪白］。中世 まっしろ［真白］。中古 かうはく［皓白］。上代 ましろ［真白］。

—のたとえ 中世 ゆき［雪］。中古 がぼう／がもう［鵝毛］。

一面に—・なこと 近世 いっぱく［一白］。

まっすぐ【真直】 しんちょく［真直］。ストレート(straight)。近代 いちろ［一路］。いっちょくせん［一直線］。ちくぜん［矗然］。ちょく［直］。近世 ちょくせん［直線］。中世 いちもんじ［一文字］。かね［矩］。すなほ［素直］。まいちもんじ［真一文字］。ますぐ／まっすぐ［真直］。中古 すぐ。たたさま／たださま［縦様］。なほし［直］。ひたみち［直路］。上代 ただ［直］。なほなほし［直直］。まなほに［真直］。

—・で硬いさま 近代 かうちょく［硬直］。

━・な道 近代ちょくだう［直道］。近世すぐぢ［直路］。中世すぐみち［直道］。ちょくろ［直路］。上代ただち／ただぢ［直路／直道］。ひたみち［直路］。

━・に進むこと 近代ちょくしん［直進］。中世すぐぢ［直路］。

━・に立つ（さま） 近代ちくりふ［矗立］。ちょくりつふどう［直立不動］。近世すっくり。ちょくりつ［直立］。ついと。ぬっきり。ぬっくと。中世すくと。すっくと。中古ついたつ［立］。

━・に直すこと 近代けうせい［矯正］。

━・になる 中古なほる［直］。

━・に見ること 近代せいがん［正眼］。せいし［正視］。

━・に向かう 上代ただむかふ［直向］。まさめ［正眼／正目］。

まっせ【末世】 近代きせい［季世］。だくせ［濁世］。中世げうき［澆季］。げうまつ［澆末］。世下る。すゑ［末］。中古ごぢょくあくせ［五濁悪世］。すゑのよ［末世］。だくせい［濁世］。ぢょくせ［濁世］。のちのよ［後世］。まっせ［末世］。まつだい［末代］。上代こうせい［後世］。こうだい［後代］。

まっせき【末席】 近代せきまつ［席末］。中世げざ／しもざ［下座］。すゑざ［末座］。ばつざ／まつざ［末座］。まっせき［末席］。中古しも［下］。

茶の湯の━ 近世つめ［詰］。

まっせつ【末節】 近代しえふまっせつ［枝葉末節］。ばっせつ［末節］。まっせう［末梢］。まったん［末端］。近世まっせつ［末節］。中古えだは［枝葉］。→**まっしょう【末梢】**

まっそん【末孫】 近世らいえい［来裔］。ばつえい／まつえい［後裔］。すゑば［末葉］。ばつえふ／まつえふ［末葉］。はつこ［裔／苗裔］。ばつりう［末流］。中世まつえい［末裔］。ばっそん［末孫］。まつりう［末流］。中古すゑ［末］。上代こういん［後胤］。ししそんそん［子子孫孫］。しそん［子孫］。→**しそん**

まつだい【末代】 →**まっせ**

まったく【全】 近代くゎんぺき［完璧］。てんで。ほんたうに［本当］。近世いっかうしき［一向式］。いっそ［一層］。がらら。さら［更］。とっすっかり。すっぱり。すっぺり。てんと。とっと。とんと。はちまん［八幡］。はちまんだいぼさつ［八幡大菩薩］。ほとほと［殆／幾］。まんざら。神以て。中世いつに［一］。うむに［有無］。くゎんぜんに［完全］。げに［実］。げにげにし［実実］。けんご［堅固］。しごく［至極］。しんじつ［真実］。すべて［全／総］。せんばん［千万］。てんせい［天性］。てんに。とうと。なにさま［何様］。はだと／はったと。ひたすら［只管／一向］。ひとへに［偏］。ふっつと。ふっつり(と)。またく［全］。まったう［全］。まったく［全］。まづは［先］。中古いっかう［一向］。かへすがへす［返返］。かへるがへる［返返］。ことごと［悉／尽］。ことと［事］。さらに［更］。しんじち［真実］。ひたぶる［頓／一向］。まことに［誠／真］。むげ［無下］。上代うべなうべな［宜宜］。すでに［既／已］。なほし［猶］。はなはだ［甚］。ふつに。またし［全／完］。→**ほんとう**

━そのとおり 中世いかにも［如何］。げにさいな。近代ほんたうに［本当］。近世さりとては／さりとは［然］。されば［然］。中古さも［然］。

━ない 近世かいむ［皆無］。ぜつむ［絶無］。中世あらばこそ。

━…（ない） 近代からきし。ぜんぜん［全然］。どうにも。まるきり［丸切］。まるで。近世およそ［凡］。かいくれ［掻暮］。かいしき［皆式／皆色］。かいもく［皆目］。かたきし。かつふつ。からきり／からっきり。からっきし。ずだい。つんと。ねから／ねっから［根］。ねからはから／ねっからはっから［根葉］。まるっきり［丸切］。中世しっかい［悉皆］。ぜんせ［前世］。中古いっさい［一切］。うちたえて［打絶］。さらに［更］。たえて［絶］。つぶと。つゆちり［露塵］。ふっと。もはら［専］。上代をさをさ。→**すこしも**

▼「全く」を強めて言う語　全く全くもって。中古いとしも。

▼接頭語　近代ずぶ。中世あか［赤］。

まつたけ【松茸】 近代うづらたけ［鶉茸］。中古まつたけ［松茸］。中世まつ［松］（女房詞）。上代あきのか［秋香］。

まっただなか【真只中】❶〈最中〉 近代くゎちゅう［渦中］。まっただなか［真只中］。中世さいちゅう［最中］。まっさいちゅう［真最中］。

まっただなか【真只中】❷〈真ん中〉 近代どまんなか［真中］。まんまんなか［真真中］。中世まっただなか［真只中］。まんなか［真中］。中古ちゅうあう［中央］。

まったなし【待無】❶〈囲碁将棋で〉 近世てみきん／てみせきん［手見禁］。

まったなし【待無】❷〈猶予がない〉 近代さし

せまる［差迫］。せっぱく［切迫］。焦眉(せうび)の急(きふ)。〘近世〙せっぱつまる［切羽詰］。まったなし［待無］。尻に火が付く。旦夕(たんせき)に迫る。

まったん【末端】 さきっちょ［先］。〘近代〙エッジ(edge)。さきっぽ［先］。せんたん［先端］。はしっこ［端］。ばっせつ［末節］。まっせう［末梢］。まったん［末端］。〘近世〙びたん［尾端］。まっせつ［末節］。〘上代〙さき［先］。はし／はじ［端］。→**はし【端】**

マッチ(match)❶〈**調和**〉→**ちょうわ**

マッチ(match)❷〈**試合**〉ゲーム(game)。〘近代〙きゃうぎ［競技］。ファイト(fight)。マッチ。〘近世〙たちあひ［立合］。〘中世〙うでくらべ［腕比］。しあひ［試合］。〘中古〙しょうぶ［勝負］。てあはせ［手合］。とりくみ［取組］。

マッチ【match／燐寸】 〘近代〙すりだし［摺出／磨出］。はやつけぎ［早付木／早附木］。マッチ［燐寸］。〘近世〙すりつけぎ［摺付木］。

ーのいろいろ(例) 〘近代〙いわうマッチ［硫黄燐寸］。わうりんマッチ［黄燐燐寸］。

▼**その他の火をつける道具** ちゃっかきぐ［着火器具］。てんかきぐ［点火器具］。はっかそうち［発火装置］。〘近代〙ライター(lighter)。〘中古〙ひうちいし［火打石／燧石］。〘上代〙ひうち［火打］。

まっちゃ【抹茶】 グリーンティー(green tea)。〘近代〙りょくちゃ［緑茶］。〘近世〙さんちゃ［散茶］。〘中世〙ひきちゃ［挽茶／碾茶］。まっちゃ［抹茶］。→**ちゃ**

ーをたてること 〘近世〙てんさ／てんちゃ［点茶］。

上等のーの例 〘近世〙はつむかし［初昔］。

まっとう【真当】 〘近世〙まじめ［真面目］。まっとう［真当／全］。まとも［真面］。

まっとう・する【全】 〘近代〙すいかう［遂行］。たっせい［達成］。やりとげる［遣遂］。〘近世〙しでかす［仕出］。しとぐ［—とげる］［仕遂］。〘近世〙なしとぐ［—とげる］［成遂］。やってのける［遣退］。〘中世〙しおほす［—おおせる］［為果］。じゃうじう／じゃうじゅ［成就］。まったうす［全］。

まっぱい【末輩】 〘近代〙けいはい［軽輩］。〘中世〙こうはい［後輩］。まっぱい［末輩］。〘上代〙こうしん［後進］。

まつばぎく【松葉菊】 サボテンぎく［仙人掌菊］。〘近代〙まつばぎく［松葉菊］。

まつばぼたん【松葉牡丹】 アメリカぐさ／アメリカそう［亜米利加草］。つめきりそう［爪切草］。ひでりぐさ［日照草］。〘近代〙まつばぼたん［松葉牡丹］。

まつび【末尾】 テールエンド(tail end)。〘近代〙まつび［末尾］。ラスト(last)。〘中世〙さいご［最後］。〘中古〙するゑ［末］。をはり［終］。→**おわり**

一巻のー 〘近世〙くゎんぢく［巻軸］。

文章のー 〘近代〙まっぴつ［末筆］。〘中古〙まつぶん［末文］。

まつむし【松虫】 〘近世〙ちんちろり／ちんちろりん。〘中世〙ちんちりりん。まつむし［松虫］。〘中古〙すずむし［鈴虫］。

まつよいぐさ【待宵草】 〘近代〙つきみぐさ／つきみさう［月見草］。まつよひぐさ［待宵草］。

まつよう【末葉】❶〈時代〉 〘近代〙まつえふ［末葉］。まっき［末期］。〘中古〙まつだい［末代］。

まつよう【末葉】❷〈子孫〉 〘中世〙ばつりう［末流］。まごこ［孫子］。まつえい［末裔］。〘中古〙そんし［孫子］。まつえふ［末葉］。まつりう［末流］。〘上代〙しそん［子孫］。→**しそん**

まつり【祭】 さいぎ［祭儀］。〘近代〙さいてん［祭典］。しゅくさい［祝祭］。フェスティバル(festival)。〘近世〙かみごと［神事］。〘中古〙かみわざ［神業／神事］。さいじ［祭事］。さいてん［祭奠］。しんじ／じんじ［神事］。せちゑ［節会］。〘上代〙いはひ［斎］。さいし［祭祀］。さいれい［祭礼］。まつり［祭］。

ーで引いてねり歩くもの 〘近世〙かさぼこ［傘鉾］。だし［山車］。だんじり［壇尻／楽車］。ねりもの［練物］。やたい［屋台／屋体］。〘中世〙ほこ［鉾］。やま［山］。やまぼこ［山鉾］。

ーの前夜 〘近世〙よひ［宵］。よひまつり［宵祭］。よひみや［宵宮］。よひやま［宵山］。よみや［夜宮］。

ーを見物する人の乗った牛車 〘中世〙ものみぐるま［物見車］。

ーをする庭 〘上代〙ゆには［斎場／斎庭］。

海の神を祭るー 〘近代〙いそまつり［磯祭］。せまつり［瀬祭］。りゅうぐうまつり［竜宮祭］。りゅうじんまつり［竜神祭］。

季節季節に行われるー 〘近代〙はるまつり［春祭］。〘近世〙なつまつり［夏祭］。〘中世〙あきまつり［秋祭］。

村里で行われるー 〘中古〙きねんさい［祈年祭］。〘近世〙むらまつり［村祭］。

山の神を祭るー 〘近代〙けほがひ［毛祝］。けまつり［毛祭］。

その他ーのいろいろ(例) 〘近代〙あくこうまつり／わるくちまつり［悪口祭］。あくたいまつり［悪態祭］。あばれまつり［暴祭］。うしが

みまつり［牛神祭］。カーニバル／カルナバル(carnival)。かんなめさい［神嘗祭］。しゃにくさい［謝肉祭］。近世あまざけまつり［甘酒祭］。かまのかみまつり［竈神祭］。中世かむなめ［神嘗］。かんなめのまつり［神嘗祭］。ぎをんまつり［祇園祭］。ぎをんゑ［祇園会］。中古あふひまつり［葵祭］。かままつり［竈祭］。かもまつり［賀茂祭］。きたまつり［北祭］。ぎをんごりやうゑ［祇園御霊会］。上代あひなめのまつり／あひんべのまつり［相嘗祭］。かざまつり／かぜまつり［風祭］。かむにへのまつり［神嘗祭］。

▼川獺（かわうそ）が捕らえた魚を岸に並べる習性 近世かはうそのまつり／かはをそのまつり［川獺祭］。だっさい［獺祭］。

▼花祭り 近世くゎんぶつゑ［灌仏会］。

▼雛祭り 近代をんなのせっく［女節句］。近世ひなのせっく［雛節句］。もものせっく［桃節句］。中古げんし［元巳］。じゃうし［上巳］。ぢゅうさん［重三］。

まつりあ・げる【祭上】 近代かつぎあげる［担上］。かつぐ［担］。まつりあげる［祭上］。近世おだつ［おだてる］［煽］。

まつりゅう【末流】 →しそん

まつ・る【祀】 近代まつりこむ［祭込］。近世ほうし［奉祀／奉祠］。上代あがむ［あがめる］［崇］。いはふ［斎］。まつる［祀／祭］。

まつろ【末路】 近代まつろ［末路］。近世おいさき［老先］。中世なれのはて［成果］。中古はて［果］。ばんねん［晩年］。れいらく［零落］。

まつわ・る【纏】 近代つけまつはる／つけまとふ［付纏］。てんちゃく［纏着］。まつはりつく［纏付］。近世しがらむ［柵］。ついてまはる［付廻］。つきまつはる［付纏］。てんぜう［纏繞］。べたつく。中世からみつく［絡付］。からむ［絡］。つきまとふ［付纏］。てんばく［纏縛］。まとひつく［纏付］。まとふ［纏］。中古あざなはる［糾］。かかづらふ［係／拘］。かかる［掛／懸］。たかる。てんめん［纏綿］。まつはす／まとはす［纏］。まとはる［纏］。ちうびう［綢繆］。上代あざはる［糾］。さしまく［差纏］。まつはる［纏］。

《枕》上代ふぢなみの［藤波／藤浪］。

ー・り遊ぶ 近代じゃれつく［戯付］。じゃる［じゃれる］［戯］。

ー・りつくさま 近代ねっとり。近世べたべた。中世べったり。

ー・りつくもの 中古しがらみ［柵］。

上の人にいつもー・りつく人 近世こしぎんちゃく［腰巾着］。

追い掛けてー・りつく 近世おひすがる［追縋］。中古とりすがる［取縋］。

まてばしい【真手葉椎】 まてばがし［馬手葉樫］。近世さつまじひ［薩摩椎］。まてがし［馬手樫］。中世まてばしひ［真手葉椎］。

まと【的】 ターゲット(target)。近代せうてん［焦点］。たいしゃう［対象］。へうてき［標的］。もくへう［目標］。近世けんたう［見当］。つぼ［壺］。ねらひ［狙］。もくてき［目的］。中世めあて［目当］。やつぼ［矢壺／矢坪］。中古じゅんてき［準的］。上代まと［的］。

ーに当たったかどうかを見守ること（人） 近代かんてき［監的／看的］。

ーに矢が当たった数 中古やかず［矢数］。

ーの掛けてある所 近世やば［矢場］。ゆば［弓場］。中世まとば［的場］。中古いば［射場］。

ーの真ん中 近代せいこう／せいこく［正鵠］。まぼし［真星］。近世くろぼし［黒星］。上代ないゐん［内院］。

ーを銃や弓で撃つこと 中古しゃてき［射的］。

ーを弓で射ること 中世まとゆみ［的弓］。

串に挟んだー 中世はさみもの［挟物／挿物］。

まど【窓】 近代ウインドー(window)。近世あかりまど［明窓］。まどぐち［窓口］。中世あかりとり［明取］。上代まど［窓］。

ーから差し込む光 近世まどあかり［窓明］。

ーに取り付けた小さなのぞき窓 おくびょうまど［臆病窓］。

ーの上の小さなひさし まびさし［眉庇／目庇］。

ーの下枠 まどだい［窓台］。

ーの周囲 サッシ／サッシュ(sash)。近代まどわく［窓枠］。中世かまち［框］。

ーのそば 近代まどべ［窓辺］。近世まどぎは［窓際］。中古さうぜん［窓前］。

明かり障子のあるー 近世かみまど［紙窓］。中古しさう［紙窓］。

円形のー 近世まるまど［丸窓／円窓］。ゑんさう［円窓］。

風を通すためのー 近代かざまど［風窓］。

ガラスを羽目板状に並べて開閉するー ジャロジー(jalousie)。

ガラスを嵌（は）め込んだー 近代ガラスまど［硝子窓］。

閑静な部屋のー 中世かんさう［閑窓］。

櫛形（くしがた）をしたー 中世くしがた［櫛形］。くしがたまど［櫛形窓］。櫛形の穴。

格子を嵌め込んだ— 〔近代〕かうしまど［格子窓］。〔近世〕ちくさう［竹窓］（竹の格子）。
格子（目の細かい）を嵌め込んだ— 〔近世〕むしこ［虫籠］。むしこがうし［虫籠格子］。むしこまど［虫籠窓］。
格子を横に取り付けた— 〔近世〕よりきまど［与力窓］。
下地の木舞を見せた— 〔近世〕したぢまど［下地窓］。
商店で商品を飾る— 〔近代〕かざりまど［飾窓］。ショーウインドー（show window）。
上部が尖頭アーチ形をしている— 〔近代〕くゎとうまど［火灯窓］。〔近世〕げんじまど［源氏窓］。
書斎の— 〔近代〕しょゐんまど［書院窓］。〔中古〕しょさう［書窓］。
座った時に肘が掛けられる高さの— てまど［手窓］。〔近代〕ひぢかけまど［肘掛窓］。
外から中が見えにくくした— 〔近世〕かくしまど［隠窓］。
外の様子を見るための— ものみまど［物見窓］。〔中世〕ものみ［物見］。
外へ押し上げて開ける— 〔中世〕あげまど［揚窓］。
台所と食堂の間などで物を受け渡しする— ハッチ（hatch）。
高い位置に付けられた— 〔近代〕たかまど［高窓］。
小さな— 〔近代〕のぞきまど［覗窓］。〔中世〕こまど［小窓］。さま［狭間］。
中央の軸を中心に回転する— 〔近代〕くゎいてんまど［回転窓］。
蝶番や軸金物によって開閉する— ひらきまど［開窓］。
蝶番を上（下）の窓枠に付けて開閉する— あおりまど［煽窓］。
テラスに向かって出入りできる— 〔近代〕フランスまど［France窓］。
床脇の下地— 〔近代〕おりべまど［織部窓］。
箱形の格子付きの出— 〔近世〕ひじりまど［聖窓］。
光の差し込む明るい— 〔近世〕あかりまど［明窓］。〔中世〕めいさう［明窓］。
二つ続きの— ふうふまど［夫婦窓］。〔近代〕れんさうまど［連双窓］。
船の丸い— 〔近代〕げんさう［舷窓］。
壁面より張り出した— 〔近代〕でまど［出窓］。
防寒や防音のため二重になっている— にじゅうまど［二重窓］。
窓枠の内側に連子を並べた— 〔近世〕れんじまど［連子窓］。
真ん中に横木のある— 〔近世〕いはくまど［日窓］。よりきまど［与力窓］。
無双連子を取り付けた— 〔近代〕むさう［無双］。むさうまど［無双窓］。
宿の— 〔近世〕かくさう［客窓］。
屋根に取り付けた— 〔近代〕てんさう［天窓］。〔近世〕あかりまど［明窓］。てんまど［天窓］。ひきまど［引窓］。
床に接して作られた— 〔近代〕こしまど［腰窓］。はきだしまど［掃出窓］。〔近世〕はきだし［掃出］。
横長の— 〔近世〕よこまど［横窓］。
鎧板を付けた— 〔近代〕よろひまど［鎧窓］。

まどい【円居】❶〈円座〉 〔近代〕ゐんぢん［円陣］。〔近世〕ゐんざ［円座／円坐］。〔中世〕くるまざ［車座］。〔中古〕まどゐ［円居］。

まどい【円居】❷〈団欒〉 〔近世〕だんらん［団欒］。〔上代〕まどゐ［円居］。→あつまり❷ →だんらん

まといつ・く【纏付】→まつわ・る

まど・う【惑】 〔近代〕とまどふ［戸惑］。〔中世〕うろたふ［―たえる］［狼狽］。途方に暮る［―暮れる］。〔中古〕おもひくだく［思砕］。おもひまよふ［思迷］。くる［くれる］［眩／暗］。まよふ［迷］。もどろく［文／斑］。〔上代〕まとふ／まどふ［惑／迷］。

―・い驚くこと 〔近世〕さくがく［錯愕］。

―・い溺れること 〔近世〕わくでき［惑溺］。

まどか【円】 〔中世〕まるし［丸］。〔中古〕おだやか［穏］。だんだん［団団］。まどか［円］。ゑんまん［円満］。〔上代〕まと［円］。やすらか［安］。

まとまり【纏】 〔近代〕まとまり［纏］。〔近世〕だんけつ［団結］。とういつ［統一］。とりとめ［取留］。〔中古〕いったい［一体］。だんけつ［団結］。

―がなくなること（さま） 〔近世〕はたん［破綻］。ばらばら。とりとめがない。〔中世〕ばらり。〔中古〕わる［われる］［割］。

―なく長々と述べるさま 〔近世〕くどくど。〔中世〕くだくだ。

―を付けないこと しりぬけ［尻抜］。

しっかりとした— 〔近代〕いちぐゎん［一丸］。いちまいいは［一枚岩］。


まとま・る【纏】❶〈統一〉 〔近代〕そしきだつ［組織立］。形ができる。体をなす。〔近世〕まとまる［纏］。

―・った最終の考え 〔近代〕けつろん［結論］。

―・っているさま いったいせい［一体性］。〔近代〕とういつてき［統一的］。

ー・らないこと(さま) ごしゃごしゃ／ごちゃごちゃ。近代しりめつれつ[支離滅裂]。てんでんばらばら。ふとういつ[不統一]。近世ごたごた。ごてごて。ざっぱく[雑駁]。ばらばら。中世ばくざつ[駁雑]。中古くく[区区]。まちまち[区区]。

小さくー・る いったいか[一体化]。近代だいどう[大同]。中世きいつ[帰一]。

一つにー・る 近世つづまる[約]。

まとま・る【纏】❷〈決着〉近代かいけつ[解決]。けっちゃく[結着]。まとまる[纏]。中世けっちゃく[決着]。らくちゃく[落着]。中古ととのふ[整／調／斉]。

ー・らないこと(さま) 近代ふせいりつ[不成立]。近世ばれ。中古ふてう[不調]。

なんとかー・る 近世おっつくねる。

話がー・る 中世おちつく[落着]。

譲り合って話がー・る 近代をりあふ[折合]。

まと・める【纏】 しゅうやく[集約]。近代あむ[編]。コーディネート(coordinate)。しめくくる[締括]。とうくゎつ[統括]。とりまとめる[取纏]。へんせい[編制]。近世そうくゎつ[総括]。たいせい[大成]。たがぬ[たがねる][綰]。たたむ[畳]。つかぬ[つかねる][束]。はうくゎつ[包括]。ひっくるむ[ーくるめる][引括]。中世くるむ[くるめる][包]。たばぬ[たばねる][束]。まつむ[まつめる][集／纏]。まとむ[まとめる][纏]。まるむ[まるめる][丸]。まろぐ[丸]。中古いっけつ[一結]。ふさぬ[総]。上代かたぬ[かたねる][結]。くくる[括]。すぶ[すべる][統]。たたぬ[畳]。ととのふ[ーのえる][整]。とりすぶ[取統]。

ー・め上げること 近代いちらくさく[一落索]。くみたて[組立]。とうがふ[統合]。近世こんせい[渾成]。しふせい[集成]。そうがふ[総合／綜合]。とういつ[統一]。中世しふたいせい[集大成]。

ー・めて簡単にすること 近世かんやく[簡約]。

ー・めて取り締まること 近代とうとく[統督]。

ー・めて率いること 近代とうそつ[統率]。

ー・めて呼ぶこと 近世そうしょう[総称]。中古そうみゃう[総名]。

ー・める人 コーディネーター(coordinator)。まとめやく[纏役]。近代どうもと[胴元／筒元]。近世あたまやく[頭役]。もとじめ[元締]。

おおざっぱにー・める 近代がいくゎつ[概括]。近世がいす[概]。じっぱひとからげ[十把一絡]。

押してー・める 中古おしまろかす[押丸]。

書物にー・める 中古あむ[編]。えらぶ[撰]。

先頭に立って皆をー・める 近世音頭を取る。

小さくー・める 中世つづむ[つづめる][約]。

一つにー・める いったいか[一体化]。いっぽんか[一本化]。近代いっくゎつ[一括]。近世いっしょ[一緒]。ひとまとめ[一纏]。中世一つにする。

文章や話の要点を短くー・めること 近世えうやく[要約]。

まとも【真面】❶〈正面〉近代まとも[真面／正面]。中世しゃうめん[正面]。まっかう[真向]。まっしゃうめん[真正面]。上代まさめ[正眼／正目]。

まとも【真面】❷〈正常〉近代じゅんたう[順当]。せいじゃう[正常]。せいたう[正当]。近世したう[至当]。まじめ[真面目]。まとも[真面]。中世しゃうたう[正当]。しゃうだう[正道]。ろく[陸／碌]。中古せいだう[正道]。ただし[正]。

ーでないこと 近世やくざ。陸(碌)でもない。

ーに 近代もろに[諸]。近世ろくそっぽう[陸／碌]。

ーに見ること 近世てきめん[覿面]。

まどろ・む【微睡】 近代かすい[仮睡]。かみん[仮眠]。びすい[微睡]。近世うたたまくら[転寝枕]。ころびね[転寝]。舟を漕ぐ。中世うたたねむり[転寝／仮寝]。かりそめね[仮初寝]。かりそめぶし[仮初臥]。かりまくら[仮枕]。こんむ[昏夢]。ゐねむり[居眠]。中古うたたね[転寝／仮寝]。うちまどろむ[打微睡]。かりね[仮寝]。とろめく。まどろむ[微睡]。

ー・むさま 近世うつらうつら。うとうと。こくりこくり。とろん。中世とろとろ。とろり。

まどわ・す【惑】 近代げんえう[幻妖]。げんわく[幻惑]。近世こわく[蠱惑]。中世たぶろかす[誑]。わくらん[惑乱]。中古たぶらかす[誑]。まよはす[迷]。もどろかす[斑]。上代けいこく[熒惑]。まとはす／まどはす[惑]。

ー・されて目がくらむこと 近代げんめい[眩迷]。中世げんわく[眩惑]。

人をー・す言動(をとる) 近世しゃみせん[三味線]。三味線を引く。

人をー・すもの ふうき[風鬼]。近世まじもの[蠱物]。

まとわ・る【纏】 →まつわ・る

ま

マナー(manner) 近代 エチケット(フランス étiquette)。マナー。中古 ぎゃうぎ[行儀]。さはふ[作法]。上代 れいぎ[礼儀]。れいしき[礼式]。れいせつ[礼節]。れいはふ[礼法]。

まなこ【眼】 中世 がんもく[眼目]。めだま[目玉]。中古 ひとみ[眸／瞳]。上代 まなこ[眼]。め[目／眼]。→め

まなざし【眼差】 近世 めざし[目差／目指]。中世 まなざし[眼差／目指]。めづかひ[目遣]。めつき[目付]。めもと[目元]。中古 まなこゐ[眼居]。まみ[目見]。め[目／眼]。

まなじり【眦】 中古 まじり[眦／目尻／眥]。まなしり／まなじり[眦／眥]。めじり[目尻／眥]。

まなつ【真夏】 近世 えんか[炎夏]。まなつ[真夏]。中世 せいしょ[盛暑]。中古 せいか[盛夏]。ちゅうか[中夏]。なつなか[夏中]。

まなびや【学舎】 近代 かうしゃ[校舎]。まなびや[学舎]。中古 がくしゃ[学舎]。上代 がくかう[学校]。

まな・ぶ【学】 近代 がくしふ[学習]。しうがく[修学]。べんきゃう[勉強]。近世 がくきう[学究]。べんがく[勉学]。中世 がくもん[学問]。けんきう[研究]。ならひおぼゆ[―おぼえる][習覚]。まねぶ[学]。中古 うつす[写]。がくす[学]。しうぶん[修文]。しゅぎゃう／すぎゃう[修行]。ならふ[習／慣]。まなぶ[学]。をさむ[おさめる][修]。上代 がくげふ[学業]。

《句》近代 教ふるは学ぶの半ば。学びて思はざれば即ち罔し。学びて時にこれを習ふ亦説ばしからずや。近世 佳肴(嘉肴)ありと雖も食らはずんばその旨きを知らず。手習ひは坂に車を押す如し。中世 負うた子に教へられて浅瀬を渡る。初心忘るべからず。中古 故きを温ねて新しきを知る(温故知新)。

―・ばせる 中古 ならはす[習／慣]。

―・ばなければならないこと ひっしゅう[必修]。

―・び始めの段階 近代 しょほ[初歩]。近世 うひがく／うひまなび[初学]。にひまなび[新学]。中古 しょがく[初学]。

―・んで理解すること 中世 がくち[学知]。

自分の―・ぶ道 中世 たうだう[当道]。

付いて―・ぶ 中古 したふ[慕]。

手近なところから―・ぶこと 中世 かがく[下学]。

遠くへ―・びに行くこと 近代 こきふ[孤笈]。

努力して―・ぶこと 近世 りょくがく[力学]。

独りで―・ぶこと 近代 じしふ[自習]。中世 じがく[自学]。どくがく[独学]。

友人が互いに助け合いながら―・ぶこと 近世 れいたく[麗沢]。

▼苦学する 近代 蛍の光窓の雪。中古 けいさう[蛍窓]。上代 けいせつ[蛍雪]。

マニア(mania) フリーク(freak)。近代 きゃう[狂](接尾語的に)。ねっきゃうしゃ[熱狂者]。マニア。むし[虫]。

書物収集の― 近代 しょち[書痴／書癡]。ビブリオマニア(bibliomania)。近世 しょへき[書癖]。

まにあ・う【間合】 近代 たりる[足]。近世 やくだつ[役立]。用が足る[―足りる]。中世 ことたる[―たりる][事足]。まにあふ[間合]。中古 とりあふ[取敢]。

まにあわせ【間合】 かりごしらえ[仮拵]。きゅうばしのぎ[急場凌]。近代 いちじしのぎ[一時凌]。にはかごしらへ[俄拵]。にはかじこみ[俄仕込]。にはかじたて[俄仕立]。近世 ありあはせ[有合]。いちじのがれ[一時逃]。おざなり[御座形]。きふごしらへ[急拵]。ことかき／ことかけ[事欠]。ざなり[座成]。たうざしのぎ[当座凌]。つけやきば[付焼刃]。できあひ[出来合]。まにあはせ[間合]。まにあひ[間合]。中世 ありあひ[有合／在合]。こうしょ[苟且]。中古 びほう[弥縫]。

《句》中世 軍さ見て矢をはぐ。渇に臨みて井を穿つ(掘る)。

―の 近代 べんぎてき[便宜的]。上代 かり[仮]。

―の家 上代 かりいほ／かりほ[仮庵]。

―の策 近代 びほうさく[弥縫策]。

マニュアル(manual) てびきしょ[手引書]。プライマー(primer)。近代 ハンドブック(handbook)。→てびき

まぬか・れる【免】 中世 だっす[脱]。中古 たすかる[助]。のがる[逃／遁]。まぬかる[―かれる]／まぬがる[―がれる][免]。

―・れること 中世 めん[免]。中古 のがれ[逃／遁]。

あれこれ図って―・れようとすること 近代 さしいうご[左支右吾]。

まぬけ【間抜】 すぼけ。とんちき[頓痴気]。近代 おたんこなす。とんきょ[頓狂]。へうろくだま[表六玉]。ぽんつく。近世 あまくち[甘口]。あんけつ[暗穴／闇穴]。うつけ[空／虚]。うつけもの[空者]。うとし[疎]。

うんざい。うんてれがん。うんのろ。おそまきたうがらし[遅蒔唐辛子]。おたんちん。おもなが[面長]。さんたらう[三太郎]。すかたん。すっぽり。すばける。たうへんぼく[唐変木]。たろしろ[太郎四郎]。どぢ。どんくさし[鈍臭]。どんげ[鈍]。どんたらう[鈍太郎]。とんま[頓馬]。にほんぼう[二本棒]。ぬけさく[抜作]。はんま[半間]。ふぬけ[腑抜]。ぶま[不間]。ぼんくら[盆暗]。ぼんたらう[太郎]。まぬけ[間抜]。中世 あやかり。たはけ[戯]。とんきゃう[頓狂]。とんきょう[頓興]。のさ。ばか[馬鹿]。へうろく[表六]。中古 ぐどん[愚鈍]。をこがまし[痴]。上代 おそ[鈍]。おほほし[鬱]。→**ばか**

《句》気が利きすぎて間が抜ける。近世 遅蒔きの唐辛子。

―・な考え 近世 さるぢゑ[猿知恵]。

―・なさま すぼけ。近世 うそうそ。うだうだし。中世 ぬけぬけと[抜抜]。

―・な失敗 近世 どぢ。どぢを踏む(組む/張る)。

まね【真似】 近代 イミテーション(imitation)。ぼさく/もさく[模作]。ぼはう[模倣]。近世 しかた[仕方]。まなび[学]。もかう[模倣]。もぎ[模擬]。もざう[模造/摸造]。もはう[模倣]。中世 ぼしゃ[模写]。ものまね[物真似]。中古 まね[真似]。もしゃ[模写]。ものまねび[物学/物真似]。

―・する →**ま・ねる**

―・できないたとえ 近代 鵜の真似をする烏。近世 石亀の地団太。雁が飛べば石亀も地団駄。西施の顰みに倣ふ。虎を画いて狗(猫)に類す。中世 鳥が鵜の真似。

演芸としての― 近代 せいたいもしゃ[声帯模写]。近世 うきよものまね[浮世物真似]。

先行企画などの― 近世 あとおひ[跡追/後追]。

他人の声や動物の鳴き声の― 近代 せいたいもしゃ[声帯模写]。近世 こわいろ[声色]。声色を遣ふ。中世 つくりごゑ[作声]。

他人の筆蹟の― にせがき[贋書/偽書]。近世 ぎひつ[偽筆]。

本質を理解しない表面だけの― 近代 さるまね[猿真似]。

マネージメント(management) 近代 けいえい[経営]。マネージメント。近世 くゎんり[管理]。

マネージャー(manager) 近代 かんとくしゃ[監督者]。くゎんりしゃ[管理者]。くゎんりにん[管理人]。ほくゎんしゃ[保管者]。マネージャー。近世 しはいにん[支配人]。

まね・く【招】 中世 せうず[招]。へいす[聘]。中古 さうず/しゃうず[請]。さしまねく[差招]。むかふ[迎]。よぶ[呼/喚]。をぐ[招]。上代 まねく[招]。よびよす[―よせる][呼寄]。をく[招]。

《尊》中古 めす[召]。

―・いたり招かれたりする 近代 ちょうちく[徴逐]。

―・かれる 声が掛かる。近世 口が掛かる。

―・き集めること 近代 せうしふ[召集]。中世 らち[羅致]。

―・き入れる 中古 しゃうじいる[―いれる][請入]。せうじいる[―いれる][招入]。

―・き寄せる 近世 いうち[誘致]。

―・くこと インビテーション(invitation)。近代 せうくゎん[召喚]。せうへい[招聘]。せうらい[招来]。近世 しゃうだい[請待]。せうち[招致]。中世 せういん[招引]。せうこ[召呼/招呼]。せうじゃう[招請]。せうたい[招待]。てまねき[手招]。中古 せうせい[招請]。へい[聘]。

ある結果を―・く 近代 きたす[来]。

自分から禍などを―・く 中世 もとむ[求]。

僧を法会に―・くこと 中世 くっしゃう[屈請]。

礼を尽くして―・くこと 近代 せうへい[招聘]。中古 へいす[聘]。

ま・ねる【真似】 なぞる。近代 顰みに倣ふ。近世 やつす[窶/俏]。風下に居る。中世 しにす[為似]。たぐふ[類/比]。ぬすむ[盗]。まなぶ[真似]。もす[模/摸]。中古 うつす[写]。なずらふ[―らえる]/なぞらふ[―らえる][準/准/擬]。にす[にせる][似]。まぬ[まねる][真似]。まねぶ[真似]。もどく[擬/抵牾/牴牾]。上代 かたどる[象]。ならふ[倣]。

《句》近代 上を学ぶ下。西施の顰みに倣ふ。

―・ねてする 中世 しにす[仕似]。

―・ねてそれらしく振る舞う(こと) 近代 きどる[気取]。近世 ばり[張](接尾語)。まねごと[真似事]。

―・ねて作ったもの イミテーション(imitation)。もけい[模型]。もぞうひん[模造品]。

―・ねるだけで進歩がない 近世 糟粕を嘗む[―嘗める]。

相手を―・ねて応答する 近世 あうむがへし

［鸚鵡返］。
師匠の芸などを―・ねる 中古 ぬすむ［盗］。近世 しきうつし［敷写］。
他人の書画をそっくり―・ねること しきうつし［敷写］。
他人の話し方や声音(こわね)を―・ねること 中世 くちまねび［口学］。中古 くちまね［口真似］。
他人の文をそっくり―・ねること しきうつし［敷写］。
見て―・ねること 近世 みやうみまね［見様見真似］。中世 みまね［見真似］。中古 みならひ［見習］。
▼物真似 中古 ものまねび［物学／物真似］。
→まね

まのあたり【目当】 近世 めさき［目先／目前］。中世 まねま［目間］。まのまへ［目前］。中古 がんぜん［眼前］。まのあたり［目当］。めのまへ［目前］。もくぜん［目前］。上代 うつらうつら。まさか［目前］。まさめ［正目］。まなかひ［目交］。めんぜん［面前］。→かくじつ【確実】 →ちょくせつ

まばたき【瞬】 近代 てんしゅん［転瞬］。まばたき［瞬］。めまじろぎ［瞬］。近世 めたたき［目叩］。めばたき［瞬］。めまぜ［目交／瞬］。中世 たたき［瞬］。またたき／まだたき［瞬］。まびき［目引］。めはじき［目弾］。中古 まくなぎ［蠛］。
―・する 近代 しばたく［瞬］。まばたく［瞬］。近世 めたたく［目叩］。中古 しばたたく／しばだたく［屢叩／瞬］。まじろく／まじろぐ［瞬］。またたく／まだたく［瞬］。
―をする間 近代 しゅんじ［瞬時］。てんしゅん［転瞬］。近世 しゅんかん［瞬間］。中世 いっしゅん［一瞬］。しゅんぼく／しゅんもく［瞬目］。→いっしゅん
頻りに―・するさま 近代 しぱしぱ。ぱちくり。ぱちつかせる。近世 しばしば。ぱちぱち。まじくじ。
目があきにくくて―をする 近代 しょぼつく。近世 しょぼしょぼ。

まばゆ・い【眩】 近世 しうめい［羞明］。中世 かかはゆし。まぶし［眩］。ものはゆげ［物映］。中古 かがやかし［輝］。はゆし［映］。まばゆし［眩／目映／羞明］。上代 まぎらはし［紛］。まぐはし［目細］。

―・いほど輝くさま 近代 くゎうさいりくり［光彩陸離］。中世 げんえう［眩耀］。

―・くて目が見えにくくなる 中世 目が眩(くら)む。


まばら【疎】 かそ［過疎］。近代 てんざい［点在］。近世 きはく［希薄／稀薄］。そ［疎］。中世 あばら［荒／疎］。中古 さんざい［散在］。すく［透］。まばら［疎／疏］。上代 あらし［粗］。うすし［薄］。はだら／はだれ［斑］。

―・な影 中世 そえい［疎影］。

―・なさま 近代 ぱらぱら。近世 いっちゃうみところ［一丁三所］。しんせい［晨星］。そ［疎］。ちらばら。ちらほら。ちらりほらり。一町に三所(みところ)。中世 せうそ［蕭疎］。中古 きそ［稀疎］。らくらく［落落］。

―・に 中世 おろおろ。

―・にする 中古 すかす［透］。

―・になる 中古 すく［透］。

―・に降る雪 中古 ささめゆき［細雪］。

密集していた人が―・になること 中世 のじろ［野白］。

まひ【麻痺】 近世 まひ［麻痺］。中世 しびり／しびれ［痺］。上代 しひ［癈］。
―・する 中世 しびる［しびれる］［痺］。中古 ひるむ［怯］。上代 しふ［しいる］［癈］。

まび・く【間引】 近世 うろぬく／おろぬく［疎抜］。中世 まびく［間引］。
▼大根の間引き菜 かいわれだいこん［貝割大根］。近世 かひわりな／かひわれ／かひわれな［貝割菜］。なかぬきだいこん［中抜大根］。
▼その他の間引き菜 近世 おねば［御根葉／大根葉］。つみな［摘菜］。ひきな［引菜］。中世 つまみな［摘菜］。中古 こな［小菜］。

まひる【真昼】 近世 ごこく［午刻］。ひるひなか［昼日中］。まっぴるま［真昼間］。まひる［真昼］。午(うま)の刻。中世 じっちゅう［日中］。しゃうご［正午］。ていご［亭午］。中古 あかひる［明昼］。にっちゅう［日中］。はくちう［白昼］。ひるなか［昼中］。ひるま［昼間］。

まぶし・い【眩】 中世 かかはゆし。まぶし［眩］。ものはゆげ［物映］。中古 はゆし［映］。まばゆし［眩］。上代 まぎらはし［紛］。まぐはし［目細］。

―・いさま 中世 ぎらぎら。中古 きらきら(と)。

―・いほど立派 中古 目もあや。


まぶた【瞼】 近代 がんけん［眼瞼］。近世 目の鞘(さや)。中世 まなぶち／まぶち［眼縁］。まぶた［瞼／目蓋］。中古 まかは［眼皮］。上代 まなぶた［眼蓋／瞼］。

一重(ひとえ)― 近代 ひとへまぶた［一重瞼］。近世 ひとかはめ［一皮目］。

二重(ふたえ)― 近代 ふたへまぶた［二重瞼］。近世 ふたかは［二皮］。中世 ふたかはめ［二皮目］。

まほう【魔法】 近代 きだう［鬼道］。げんぱふ［幻法］。マジック(magic)。近世 えうじゅ

つ[妖術]。きじゅつ[奇術]。げんじゅつ[幻術]。じゃじゅつ[邪術]。てじな[手品]。めくらまし[目眩]。中世じゃはふ[邪法]。じゅつ[術]。まじゅつ[魔術]。まはふ[魔法]。→てじな

—を使う人 近代きじゅつし[奇術師]。てじなし[手品師]。マジシャン(magician)。まじゅつし[魔術師]。近世まはふつかひ[魔法使]。

まほうびん【魔法瓶】 ジャー(jar)。テルモス(ドイツ Thermosflasche)。ポット(pot)。近代まはふびん[魔法瓶]。

まぼろし【幻】 近代イリュージョン(illusion)。げんかく[幻覚]。げんさう[幻想]。ファンタジー(fantasy)。ファントム(Phantom)。中世げんえい[幻影]。中古げんざう[幻像]。まぼろし[幻]。むげん/ゆめまぼろし[夢幻]。

—のようにはかない存在 中世にょげん[如幻]。

まま【間間】 近代ときより[時折]。時として。近世ちょいちょい。ちょくちょく。ときたま[時偶]。ときをり[時折]。中世ときに[時]。中古まま[間間]。わうわう[往往]。をりをり[折折]。上代しばしば[屢/屢屢]。ときどき[時時]。

ままよ 近世ままのかは[儘皮]。わざくれ。てんぽの皮。中世さもあれ。ままよ。中古さはれ。さもあらばあれ[然有]。よしさらば[縦然]。よしよし[縦縦]。上代よし[縦]。よしや[縦]。よしゑ/よしゑやし[縦]。

まみ・える【見】 →たいめん【対面】

まみず【真水】 近代いんれうすい[飲料水]。近世さみづ[真水/素水]。のみみづ[飲水]。まみづ[真水]。中古たんすい[淡水]。

まみ・れる【塗】 近世まぶる。中古まみる[まみれる][塗]。

—・れた状態 みどろ[塗]。中世だらけ。

まむかい【真向】 近代フロント(front)。近世ましゃうめん/まっしゃうめん[真正面]。中世しゃうめん[正面]。まむかひ[真向]。まんまへ[真前]。上代めんぜん[面前]。

—になっている 上代ただむかふ[直向]。

まむし【蝮】 中世くちはみ/くちばみ。中古のづち[野槌/野雷]。はみ[蝮]。まむし[蝮]。

まめ【豆】 とうしゅくるい[荳菽類]。ビーンズ(beans)。近世まめつぶ[豆粒]。上代まめ[豆]。

—と穀物 こくしゅく[穀菽]。

—と麦 近代しゅくばく[菽麦]。

炒った— 中古いりまめ[炒豆/煎豆]。

炒ってはじけた— 近世はじきまめ/はじけまめ[弾豆]。

節分の夜に—をまくこと 近世おにうち[鬼打]。中世おにあらひ[鬼遣/追儺]。中古おにばしり[鬼走]。おにやらひ[鬼遣]。ついな[追儺]。

節分の夜にまく— 近世おにうちまめ[鬼打豆]。とし(の)まめ[年豆]。

つる性の—の総称 近世かきまめ[籬豆]。

煮た— 中世にまめ[煮豆]。

鳩などの餌にする— 近代はとまめ[鳩豆]。

その他—のいろいろ(例) 近代なんきんまめ[南京豆]。近世いんげんまめ[隠元豆]。ふぢまめ[藤豆/鵲豆]。ゑんどう[豌豆]。中世そらまめ[空豆/蚕豆]。なたまめ[鉈豆/刀豆]。中古あづき[小豆]。上代だいづ[大豆]。

▼大豆から油をしぼった後のかす 近代だいづかす[大豆粕]。まめかす[豆粕]。

▼南京豆 じまめ[地豆]。ピーナツ/ピーナッツ(peanut)。近世たうじんまめ[唐人豆]。らくくゎせい[落花生]。

まめ【肉刺】 けいがん[鶏眼]。近世うをのめ[魚目]。中世いをのめ[魚目]。まめ[肉刺]。

足にできた— ふみよせ[踏寄]。近世そこまめ[底豆]。

その他—のいろいろ(例) ペンだこ[pen胼胝]。近代ちまめ[血豆]。近世すわりだこ[座胼胝]。

まめ【忠実】 近代まじめ[真面目]。近世きちゃうめん[几帳面]。きまめ[気忠実]。中世りちぎ[律儀]。中古せいじつ[誠実]。まめ[忠実]。まめまめし[忠実忠実]。上代きんべん[勤勉]。

まめがき【豆柿】 近世しなのがき[信濃柿]。せんなりがき[千成柿]。ぶだうがき[葡萄柿]。まめがき[豆柿]。

まめつ【磨滅】 近代すりへる[磨滅]。まそん[摩損/磨損]。まもう[摩耗/磨耗]。近世すりへらす[磨滅]。中古まめつ[磨滅]。

まめまめし・い【忠実忠実】 近代骨身を惜しまない。近世こまめ[小忠実]。中世かひがひし[甲斐甲斐]。中古まめまめし[忠実忠実/実実]。まめやか[忠実]。

まもう【摩耗】 →まめつ

まもなく【間無】 ちかく[近]。ぼつぼつ。近代まもなく[間無]。近世いっきに[一気]。おしつけ[押付]。そのうち[其内]。そろそろ。

ぢきに[直]。まなく[間無]。遠からず。日ならず。日ならずして。中世 おっつけ[押付/追付]。やがて[軈]。中古 けふあす[今日明日]。このごろ[此頃]。ちかぢか[近近]。ほどなく[程無]。

まもの【魔物】 →**ばけもの**

ーが隠れている殿堂 近代 ふくまでん[伏魔殿]。

ーが夜出歩くこと 中古 ひゃくきやぎゃう[百鬼夜行]。

▼通りすがりに危害を与える者 近代 とほりま[通魔]。

まもり【守】 近代 ガード(guard)。けいご[警護]。ごゑい[護衛]。ディフェンス(defense)。ばうび[防備]。ひご[庇護]。ようご[擁護]。近世 かんぎょ[扞禦]。けいび[警備]。しゅび[守備]。中世 そなへ[具/備]。まぶり[守/護]。中古 かげ[陰/蔭]。けいご[警固]。しゅご[守護]。ばうぎょ[防御/防禦]。ばうご[防護]。ばうゑい[防衛]。ばん[番]。まぼり[守]。ゑいご[衛護]。上代 ごぢ[護持]。たて[盾/楯]。まもり[守/護]。

あの世からのー 中世 遠き守り。

堅固なー 近世 けんしゅ[堅守]。

堅固なーのたとえ 近世 きんじゃうてっぺき[金城鉄壁]。中世 くろがねのたて[鉄楯]。てっぺき[鉄壁]。

▼御守り →**おまもり**

まも・る【守】❶〈守護〉 近世 かこふ[囲]。まぶる[守]。中世 あばふ[庇]。かかふ〔かかえる〕[抱]。かばふ[庇]。ごす[護]。たばふ[貯/庇]。ふせぐ[防]。中古 かたむ〔かためる〕[固]。ふせぎとむ〔―とめる〕[防止]。まぼる[守]。まもらふ[守]。上代 いはふ[斎]。たもつ[保]。ふせく[防]。まもる[守/護]。もる[守]。

《句》 中世 神は正直の頭(かうべ)に宿る。

ーり育てる(こと) 近世 おんばひがさ[乳母日傘]。おんばひからかさ[乳母日傘]。中世 もりたつ〔―たてる〕[守立]。上代 はぐくむ[育]。

ーり助けること えんご[援護]。

ーること 中世 ちんじゅ[鎮守]。上代 かくし[隠]。しづめ[鎮]。→**まもり**

ー・る態勢 近代 しゅせい[守勢]。近世 うけみ[受身]。

ー・る役目の人 中世 まもりめ[守目]。

いたわりー・る 中古 はぐくむ/はぐくもる/はごくむ[育]。

命がけでー・ること 近世 ししゅ[死守]。

戒めー・ること 近代 かいご[戒護]。

固くー・る(こと) 近世 けんしゅ[堅守]。中世 とりかたむ〔―かためる〕[取固]。中古 うちまもる[打守]。

最後までー・る まもりとおす[守通]。まもりぬく[守抜]。

自分をー・ること 近代 じゑい[自衛]。近世 じしゅ[自守]。中古 ごしん[護身]。

弱者をー・ること 近代 ひご[庇護]。中世 かばふ[庇]。

味方の行動を敵の攻撃からー・ること えんご[援護]。近代 えんご[掩護]。

要所をおさえてー・ること 近代 やくしゅ[扼守]。

▼番人 ガードマン(和製guard man)。近代 みはりにん[見張人]。みはりばん[見張番]。近世 みはり[見張]。上代 もりべ[守部]。

▼防備 中世 そなへ[具/備]。上代 おさへ[押/抑]。

▼山の番人 上代 やまもり[山守]。

▼留守番 中古 やどもり[宿守]。

まも・る【守】❷〈遵守〉 近代 こしゅ[固守]。近世 げんしゅ[厳守]。じゅんしゅ[遵守/順守]。中世 じゅんぽう[遵奉]。たいす[体]。中古 まぼる[守]。まもる[守/護]。

《句》 近世 いちだくせんきん[一諾千金]。

ー・るべき規則 近代 しゅそく[守則]。近世 じゅんそく[準則]。中古 じゅんきょ[準拠/準拠]。

戒律などをー・る 上代 たもつ[保]。

固くー・る(こと) 近代 かくしゅ[確守]。こしゅ[固守]。近世 げんしゅ[厳守]。中古 ぢす[持]。

しきたりや自説を固くー・ること 中古 ぼくしゅ[墨守]。

まやかし 近代 いんちき。がせ。ごまかし[誤魔化]。ぺてん。近世 てくだ[手管]。てくら/てくろ。まやかし。中世 いかさま[如何様]。にせもの[偽物]。→**いかさま** →**にせもの**

▼まやかしもの 近世 かぶせもの[被物]。

まやか・す 近世 ごまかす[誤魔化]。まやかす。中世 だます[騙]。中古 いつはる[偽/詐]。上代 あざむく[欺]。→**だま・す**

まやく【麻薬】 ドープ(dope)。ハードドラッグ(hard drug)。やく[薬]。近世 まやく[麻薬]。

—常習者　ジャンキー(junkie)。

いろいろな—(例) エルエスディー(LSD；lysergic acid diethylamide)。クラック(crack)。マリファナ(スペイン marijuana)。近代 コカイン(cocaine)。たいま[大麻]。ヘロイン(ドイツ Heroin)。近世 あへん[阿片／鴉片]。モルヒネ／モルフィン(オランダ morfine; ドイツ Morphin)。

まゆ【眉】　アイブロー(eyebrow)。近世 いちうち[一打]。まみあひ[眉相／眉]。中世 びう[眉宇]。びもう[眉毛]。まえげ／まみげ[眉毛]。まゆげ[眉毛]。まゆずみ[眉墨／黛]。まゆね[眉根]。中古 まゆ[眉]。上代 まよ[眉]。まよね[眉根]。

—と睫毛(極めて近いことのたとえ) 近代 びせふ[眉睫]。

—と眉の間　中古 みけん[眉間]。

—のあたり　中世 びう[眉宇]。

—の生え際　近世 まゆぎは[眉際]。

—を剃り落として墨でかいた眉　中世 たかまゆ[高眉]。てんじゃうまゆ[殿上眉／天上眉]。

—を顰めること　近代 八の字を寄せる。中世 愁への眉。中古 しうび[愁眉]。ひんしゅく[顰蹙]。

青い墨でかいた—　近世 せいたい[青黛]。

美しい—(美貌) 近代 すいび[翠眉]。中世 さうが[双蛾]。遠山の眉。連山の眉。すいたい[翠黛]。せいが[青蛾]。ゑんてん[宛転]。桂の黛。中古 がび[蛾眉]。しうび[秀眉]。りうび[柳眉]。上代 柳の眉。

江戸時代奥女中のかいた—　近世 いとまゆ[糸眉]。うぐひすまゆ[鶯眉]。柳の眉。

江戸時代の化粧法として薄く引いた—　近世 霞の眉。

末が八の字のように下がっている—　近世 八字の眉。

墨で—をかくこと　近世 まゆがき[眉書]。中世 ひきずみ[引墨]。まゆづくり[眉作]。中古 かきまゆ[描眉]。ぐゎび[画眉]。上代 まよびき[眉引]。

墨でかいた—　近代 まゆびき[眉引]。近世 たいび[黛眉]。ひきまゆ[引眉]。ひきまゆげ[引眉毛]。まゆずみ[眉墨／黛]。中古 せいが[青蛾]。上代 まよびき[眉引]。

墨で太くかいた—　中世 おほまゆ[大眉]。

成人後も—を落とさない女性　上代 まゆとじめ[眉刀自女]。

美人が—をつり上げて怒る　近世 柳眉を逆立てる。

太い—　近代 ぐゎさんび[臥蚕眉]。

太くて濃い—　近代 げじげじまゆ[蚰蜒眉]。けむしまゆ／けむしまゆげ[毛虫眉]。

細い—　近代 ほそまゆげ[細眉毛]。みかづきまゆ[三日月眉]。中世 ほそまゆ[細眉]。

細くて美しい—　中世 桂の黛。中古 がび[蛾眉]。

老人の白い—　近世 びせつ[眉雪]。中古 はくび[白眉]。

まゆ【繭】　中古 くはまゆ[桑繭]。まゆ[繭]。上代 くはこ／くはご[桑子]。まよ[繭]。

—糸のほぐれ具合　かいじょ[解舒]。

—と糸　けんせんし[繭繊糸]。中古 けんし[繭糸]。

—に蚕が二つ入っていること　たままゆ[玉繭]。近代 どうこうけん[同功繭]。ふたつまゆ[二繭]。中古 たままゆ[玉繭]。ふたごもり[二籠]。

—の美称　中古 たままゆ[玉繭]。

蚕が生きている—　せいけん／なままゆ[生繭]。近代 きまゆ[生繭]。上代 蛾の衣。

乾燥した—　かんけん[乾繭／干繭]。

品質の劣る—　わたまゆ[綿繭]。

まゆげ【眉毛】　中世 びもう[眉毛]。まみげ[眉毛]。まゆげ[眉毛]。中古 まゆ[眉]。→まゆ【眉】

まゆみ【檀】　近世 やまにしきぎ[山錦木]。中古 かはくまつづら[川隈葛]。上代 まゆみ[檀／真弓]。

まよい【迷】　近代 かっとう[葛藤]。コンフリクト(conflict)。めいしつ[迷執]。近世 心の錆。中世 まうしん[妄心]。まうねん[妄念]。めいあん[冥暗／冥闇]。めいじゃう[迷情]。めいまう[迷妄]。やみぢ[闇路]。長き眠り。不定の雲。無明の眠り。中古 ちうちょ[躊躇]。ぼんなう[煩悩]。まどひ[惑]。まよひ[迷]。めいしふ[迷執]。めいむ[迷霧]。めいむ[迷夢]。ゆめ[夢]。上代 まとひ[惑]。

—が急になくなるさま　近世 くゎつぜん[豁然]。

—がなくなる　ふっきれる[吹切]。近代 目が覚める。目から鱗が落ちる。中古 さむ[さめる][覚／醒]。しゅつり[出離]。すむ[澄]。《句》中世 紅炉上一点の雪。

—から救う　中古 どす[度]。

—と悟り　中古 めいご[迷悟]。

—にとらわれてしまうこと　中世 むじょうじばく[無縄自縛]。

—の世界　近代 めいかい[迷界]。中世 くかい[九界]。ぼんきゃう[凡境]。中古 めいしん

[迷津]。

―の闇 中世 めいあん[迷闇]。やみぢ[闇路]。中古 こくあん[黒闇／黒暗]。心の闇。

―を断ち切る力のたとえ 中古 ちけん[智剣]。

まよ・う【迷】 ふらつく。中世 あふさきるさ。ためらふ[躊躇]。中古 おもひたゆたふ[思漂]。おもひたゆたふ[思猶予]。おもひとどこほる[思滞]。おもひまどふ[思惑]。さまよふ[彷徨]。たどる[辿]。まよふ[迷]。闇に暮る[―暮れる]。上代 さどふ[惑]。まとふ／まどふ[惑]。
―・いながら進むさま 中世 たどろたどろ。中古 たどるたどる[辿辿]。
《尊》中古 おぼしただよふ[思漂]。おぼしたゆたふ[思猶予]。上代 さどはす。
―・う余地がない 中世 たどりなし[辿無]。
―・ったときの語〈例〉 近世 ええと。かうっと／かうと[斯]。さてと。はてさて。中世 はて。
―・っている 中古 くらし[暗]。《句》近世 暗がりから暗がり。
―・って実行できない 去就に迷う。二の足を踏む。踏ん切りが付かない。中古 ためらふ[躊躇]。ちうちょ[躊躇]。
―・わせるもの 近代 うんむ[雲霧]。
あることに心奪われて―・うこと 近代 できわく[溺惑]。近世 きまよひ[気迷]。わくでき[惑溺]。
暗くて道に―・う 中古 闇に惑ふ。
どうしてよいか―・うこと〈さま〉 近世 とつおいつ。思案に暮る[―暮れる]。中世 めいわく[迷惑]。途方に暮る[―暮れる]。途方もなし。途方を失ふ。
どこへ置くか―・う 中古 おきまよふ[置迷]。
涙にくれて―・う 中世 涙に迷ふ。
二者の間で―・うたとえ 近代 いたばさみ[板挟]。《句》近世 いづれ菖蒲(あやめ)。いづれ菖蒲(あやめ)か杜若(かきつばた)。
周りを気にして―・うこと 近代 うこさべん[右顧左眄]。
道に―・うこと 近世 まぐる[まぐれる][紛]。中世 めいろ[迷路]。
渡るかどうかを―・う橋 近世 しあんばし[思案橋]。

まよなか【真夜中】 近代 しゃうし[正子]。ミッドナイト(midnight)。近世 うしみつどき[丑三時]。まよなか[真夜中]。よふけ[夜更]。子(ね)の刻。中世 ごや[午夜]。しんかう[深更]。中古 しんや[深夜]。ちゅうや[中夜]。はんや[半夜]。やかう[夜更]。やちゅう[夜中]。やはん[夜半]。よは[夜半]。よるよなか[夜夜中]。上代 さよなか[小夜中]。よなか[夜中]。
《句》近代 草木も眠る丑三つ時。

まよわ・す【迷】 近世 えうわく[妖惑]。こわく[蠱惑]。まやかす。中世 とらかす[蕩]。ばかす[化]。わくらん[惑乱]。中古 あくがらす[憧]。まぎらはす[紛]。まどはかす／まどはす[惑]。まよはす[迷]。

まりょく【魔力】 近代 まりょく[魔力]。れいりょく[霊力]。中世 じんづうりき[神通力]。

まる【丸】 近代 サークル(circle)。きうけい[球形]。だんゑん[団円]。ゑん[円]。近世 こんゑん[渾円]。まる[丸／円]。中古 ゑんけい[円形]。

まる・い【丸】 近代 まるっこい[丸]。まるまっちい[丸]。まろやか[円]。ラウンド(round)（接頭語的に）。近世 まるこい[丸]。まるまこし[丸]。中世 まるし[丸／円]。まんまるい[真丸]。ゑんまん[円満]。中古 まとか／まどか[円]。まろし[丸／円]。まろらか[円]。上代 つぶら[円]。

―・い石 中世 ゑんせき[円石]。上代 つぶれいし[円石]。

―・い形 近代 きうけい[球形]。きうじゃう[球状]。まるがた[円形]。中古 ゑんけい[円形]。

―・いさま 近代 ころり。近世 ころころ。中世 くりくり。まるまる(と)[丸丸]。中古 だんだん[団団]。つづらか／つぶらか[円]。まろ[丸／円]。まろらか[丸]。

―・い小さい物 近世 あづきつぶ[小豆粒]。つぶ[粒]。まめつぶ[豆粒]。中古 つび[粒]。

―・い天井 近代 きゅうりゅう[穹窿]。ドーム(dome)。ゑんがい[円蓋]。中世 まるてんじゃう[丸天井]。

―・い棒 近代 ころ[転]。近世 ごろた。ころばし[転]。

―・い目 近代 すずまなこ[鈴眼]。

―・い物 近代 きう[球]。こんゑんきう[渾円球]。近世 ゑんきう[円球]。中古 たま[玉]（露、涙など）。

―・い様子 近代 まろみ[丸味／円味]。近世 まるみ[丸味／円味]。

―・くおさめること 近世 だんご[団子]。

―・く固まる 中古 まろかる[丸]。

―・くした物 近世 だんご[団子]。中世 まろかし／まろかせ[丸／塊]。

―・くする →**まる・める**
―・くなる 近代 わどる[輪取]。中世 まるま

る［丸］。中古まろかる［丸］。まろむ［丸］。

—・くふくらんでいること(さま) 近代ぷっくり。中世ふっくら。ゑんまん［円満］。

完全に—・いこと 近代しんゑん［真円］。中世まんまるい［真丸］。近世こんゑん［渾円］。

人が—・く並ぶこと 近代ゑんぢん［円陣］。中世くるまざ［車座］。近世ゑんざ［円座／円坐］。中古だんらん［団欒］。

まるき【丸木】 ごろた。まるざい［丸材］。近代まるたんぼう［丸太棒］。近世まるた［丸太］。中世どうぎ［胴木／筒木］。まるき［丸木］。上代あかぎ［赤木］。くろき［黒木］。

—で作った家 ログキャビン(log cabin)。ログハウス(和製log house)。

—の太い方の端 中世もとくち［元口］。

—の細い方の端 近世すゑくち［末口］。

落として敵を撃つため城壁に備えた— 中世どうぎ［胴木／筒木］。

重い物を動かすとき下に敷く— 近代ころ［転］。近世ごろた。ころばし［転］。

磨いた杉の— あらいまるた［洗丸太］。

まるきばし【丸木橋】 近世いっぽんばし［一本橋］。まるたばし［丸太橋］。中世まるきばし［丸木橋］。

まるきぶね【丸木舟】 えぐりぶね［刳舟］。くりふね［刳舟］。ほりぶね［彫舟］。中世うつほぶね［空船］。うつろぶね［虚船］。まるきぶね［丸木舟／独木舟］。上代たななしをぶね［棚無小舟］。

まるきり【丸切】 →まるっきり

まるごと【丸】 近代まるごと［丸］。近世まるぐち［丸］。→そっくり❶

まるた【丸太】 →まるき

まるだし【丸出】 近代せきらら［赤裸裸］。まるだし［丸出］。近世あからさま。むきだし［剝出］。上代あらは［露／顕］。

まるっきり【丸切】 近代からきし。てんで。まるきり［丸切］。まるで［丸］。近世いっかうしき［一向式］。かいくれ［掻暮］。かいもく［皆目］。からっきし。からっきり。ずぶ。とんと。まるっきり［丸切］。中世けんご［堅固］。さっぱり。つやつや。中古いっかう［一向］。→まったく

まるで❶〈全然〉 →ぜんぜん →まるっきり

まるで❷〈さながら〉 →さながら

まるのみ【丸飲】 近世まるのみ［丸飲／丸呑］。中世うのみ［鵜呑］。どんきゃく［呑却］。

まるはだか【丸裸】❶〈全裸〉 近代すっぱだか／すはだか［素裸］。せきらら［赤裸裸］。ぜんら［全裸］。近世せきでうでう［赤条条］。せきら［赤裸］。中世まっぱだか［真裸］。まるはだか［丸裸］。中古あかはだか［赤裸］。

まるはだか【丸裸】❷〈文無し〉 近代おけら［螻蛄］。すってんてん。むいちぶつ［無一物］。むいちもん［無一文］。もんなし［文無］。近世いちもんなし［一文無］。すかんぴん［素寒貧］。中世まるはだか［丸裸］。むいちもつ［無一物］。

まるめこ・む【丸込】 近代まるめこむ［丸込］。近世いひくるむ〔—くろめる〕［言包］。いひくろむ〔—くるめる〕［言包］。くるむ〔くるめる〕［包］。だきこむ［抱込］。だんご［団子］。てなづく〔—なずける〕［手懐］。とりこむ［取込］。まるむ〔まるめる〕［丸］。まろむ〔まろめる〕［丸］。中世ろうらく［籠絡］。中古くゎいじう［懐柔］。らうろう［牢籠］。近世くちぐるま［口車］。

—・む言葉 近世くちぐるま［口車］。

まる・める【丸】 中世まるかす／まろがす［丸］。まるむ〔まるめる〕［丸／円］。まろぐ［丸／円］。まろむ〔まろめる〕［丸／円］。中古おしまろかす［押転］。上代まろかす［丸／円］。

紙などをもんで—・めるさま 近代くしゃくしゃ。くちゃくちゃ。

まれ【稀】 近代きいう［希有／稀有］。ちんき［珍稀］。近世きめう［奇妙］。くゎうせい［曠世］。けぶ。てんねき。ひゃくひとつ［百一］。中世おのづから［自］。きせう［希少／稀少］。きたい／きだい［希代／稀代］。けう［希有／稀有］。けうけうし［希有希有］。たまたま［偶／偶偶／適］。たまたま［偶／適］。まんがまれ［万稀］。百に一つ。中古ありがたし［有難］。かたし［難］。きどく［奇特］。たまさか［偶／適］。まれまれ［稀稀］。まれらか［稀］。まん(が)いち［万一］。めづらか／めづらし［珍］。上代まれ［稀／希］。わくらばに［邂逅］。

—・なことのたとえ 中世うどんげ［優曇華］。

世にも—・なほど優れていること 近代きせい［希世／稀世］。中世よの［世］。中古きだい［希代／稀代］。

まろやか【円】 近代まろやか［円／丸］。中古まどやか［円］。まろらか［円／丸］。→おだやか

まわしもの【回者】 →スパイ

まわしよみ【回読】 かいどく［回読］。近世くゎいらん［回覧］。

—・する文書 近代くゎいほう［回報／廻報］。くゎいらんばん［回覧板］。まはしぶみ［回

文]。**中世**くゎいしゃう[回章/廻章]。くゎいじゃう[回状/廻状]。

まわ・す【回】 **近世**てんず[転]。**中世**くるめかす[転]。くゎいせん[回旋/廻旋]。くゎいてん[回転]。せんてん[旋転]。てんくゎい[転回]。まはかす[回/廻]。まはす[回/廻]。めぐらかす[回]。まろばかす[転]。まろがす[転]。まろばす[転]。**中古**ひねる[捻/撚]。めぐらす[回/廻/巡]。

ー・し示すこと **近代**くゎいじ[回示]。

ー・して動かすこと **近世**ころがす[転]。てんどう[転動/顛動]。

勢いよくー・す **近世**ぶんまはす[回]。

大きくー・すこと **近代**おほまはし[大回]。

車などをー・す はいしゃ[配車]。**近代**くゎいそう[回送]。

次々とー・す **近世**じゅんおくり[順送]。**中世**もちまはる[持回]。

手や棒でー・す **中世**かきまはす[掻回]。

ねじってー・す **近世**ねぢくる[捩/捻]。ひねくる[捻]。**中古**ひねる[捻/拈/撚]。

まわた【真綿】 **近世**じょ[絮]。**中世**きぬわた[絹綿]。まわた[真綿]。

ーを薄く広げたもの **近世**つみわた[摘綿/紡綿]。

祝い物に用いるー **近世**ゆひわた[結綿]。

まわり【周】 **近代**いったい[一帯]。くゎんゐ[環囲]。しうえん[周縁]。しゐ[四囲]。ふきん[付近]。**近世**ぐるり。りんくゎく[輪郭]。ゐまはり[居回]。**中世**かこみ[囲]。きんばう[近傍]。しうへん[周辺]。しうゐ[周囲]。しこ[四顧]。まはり[周/回/廻]。**中古**かこひ[囲]。きんぺん[近辺]。きんりん[近隣]。ししう[四周]。しはう[四方]。しめん[四面]。めぐり[巡/回/廻]。もとほり[回/廻]。**上代**しう[周]。えんぺん[縁辺]。

ーの長さ がいしゅう[外周]。ないしゅう[内周]。

ーの変化に慣れること **近代**じゅんおう[順応]。

ーを囲んでいること **近代**はうゐ[包囲]。**中世**とりかこむ[取囲]。とりまく[取巻]。**中古**しうさふ[周匝]。ゐぜう/ゐねう[囲繞]。

ーをぐるりと囲むようにする **近代**はりめぐらす[張巡]。**中世**まはす[回/廻]。**中古**ひきまはす[引回/引廻]。

島のー **上代**しまみ/しまわ[島廻]。

まわりあわせ【回合】 **近代**めぐりあはせ[巡合]。**近世**うんせい[運勢]。まはりあわせ[回合]。**中世**うんき[運気]。じうん[時運]。**中古**うんめい[運命]。

まわりくど・い【回】 **近世**とほまはし[遠回]。まはりくどし[回]。**中世**うゑん[迂遠]。まとほし/まどほし[間遠]。→くど・い

ー・く言う(言葉) **中世**いひまはす[言回]。うげん[迂言]。

ー・くないこと **近代**ちょくさい[直截]。**近世**ちょくせつ[直截]。

まわりみち【回道】 **近代**うくゎいろ[迂回路]。とほまはり[遠回]。よりみち[寄道]。**中世**まはりみち[回道/回路/廻道]。

まわ・る【回】❶〈回転〉 スピン(spin)。ターン(turn)。**近代**ゑんうんどう[円運動]。**中世**くるめく[眩/転]。くゎいせん[回旋/廻旋]。くゎいてん[回転]。せんくゎい[旋回]。せんてん[旋転]。てんくゎい[転回]。**中古**くるべく[眩/転]。ゑんてん[円転]。まはる[回/廻]。めぐる[回/廻]。りんてん[輪転]。**上代**まふ[舞]。

ー・って動くこと **近世**ころげる[転]。てんどう[転動/顛動]。**中古**ころがる[転]。

ー・って引き返すこと ユーターン(U-turn)。**近代**ぎゃくもどり[逆戻]。

ー・るさま **近代**ぐるっと。**近世**ぐるぐる。まひまひ[舞舞]。**中世**くるりくるり。**中古**くるくる。くるり。

渦状にー・る **中古**うづまく[渦巻]。

よくー・るたとえ **近世**風見の鳥(かざみのとり)。

まわ・る【回】❷〈巡る〉 **近代**くゎいいう[回遊]。じゅんくゎい[巡回]。**中世**あるきまはる[歩回]。うくゎい[迂回]。しうくゎい[周回]。まはる[回/廻]。わたりあるく[渡歩]。**中古**ありく/あるく[歩]。じゅんいう[巡遊]。じゅんくゎん[循環]。じゅんけん[巡見]。みまはる[見回]。**上代**いたむ[回/廻]。たむ[回/廻]。となむ[歴]。みる[回/廻]。めぐる[回/廻/巡]。もとほる/もとほろふ[回/廻]。

急いでー・る **中世**はしりまはる[走回]。はせまはる[馳回]。

一回ー・ること **中世**いちじゅん[一巡]。ひとまはり[一回]。**中古**いっしう[一周]。

持ってあちこちー・る **近世**もってまはる[持回]。**中世**もちまはる[持回]。

まん【満】 **近代**まるまる[丸丸]。まん[満]。**近世**まる[丸]。

ー一年 いっしゅうねん[一周年]。**近世**むか

はり。中古しうさい［周歳］。上代きねん［期年／朞年］。

―一年にあたる月　中世むかはりづき［月］。

まんいち【万一】　近代ばん［万］。ばんばんいつ［万万一］。近世ばんばん［万万］。ばんばんいつと。まんまんいち［万万一］。中世しぜん［自然］。せんばん［千万］。ばんいち［万一］。ひょっとして。やはか。よもや。万に一つ。中古おのづから［自］。かりにも［仮］。たとひ［縦／仮令］。たまさか［偶］。まん(が)いち［万一］。上代けだし［蓋］。はたやはた［将将］。よし／よしや［縦］。よしゑやし［縦］。

―の僥倖(ぎょうこう)に賭けること　近世やま［山］。→ばくち

まんいん【満員】　まんせき［満席］。立錐(りっすい)の余地もない。近代フル(full)。まんぱい［満杯］。まんゐん［満員］。

―のこと　中世自然の事。

―で客の入場を止めること　近代きゃくどめ［客止］。ふだどめ［札止／札留］。

まんえつ【満悦】　近世おほよろこび［大喜］。中世きんき［欣喜］。くゎんき［歓喜］。中古きえつ［喜悦］。まんぞく［満足］。上代こころだらひ［心足］。

まんえん【蔓延】　近世びまん［弥漫／瀰漫］。中世はびこる［蔓延］。わうぎゃう［横行］。中古まんゑん［蔓延／蔓衍］。上代りうかう［流行］。わうかう［横行］。

まんが【漫画】　アニメ／アニメーション(animation)。げきが［劇画］。近代おどけゑ［戯絵］。カリカチュール(フランス caricature)。カリカチュア(caricature)。ぎぐゎ［戯画］。コミック(comic)。ざれぐゎ［戯画］。ふうしぐゎ［風刺画］。まんぐゎ［漫画］。近世ざれゑ［戯絵］。とばゑ［鳥羽絵］。中古をこゑ［痴絵］。

―による社会時評　ぎひょう［戯評］。

―をかくことを職業とする人　近代まんぐゎか［漫画家］。

まんきつ【満喫】　近代まんきつ［満喫］。近世あきる［飽］。中世たんなふ［堪納］。たんのう［堪能／湛能］。中古まんぞく［満足］。上代あく［飽］。

まんげきょう【万華鏡】　近代カレイドスコープ(kaleidoscope)。にしきめがね［錦眼鏡］。ばんくゎきゃう［万華鏡］。ひゃくいろめがね［百色眼鏡］。ひゃくめがね［百眼鏡］。まんげきゃう［万華鏡］。

まんげつ【満月】　近代えいげつ［盈月］。近世いもめいげつ［芋名月］。つきのかがみ［月鏡］。ばう［望］。はつめいげつ［初名月］。もなか(の)づき［最中月］。ゑんきゃう［円鏡］。中世いちりん［一輪］。かげつ［佳月］。げつりん／つきのわ［月輪］。さんごのつき［三五月］。さんごやつき［三五夜月］。なかばのつき［半月］。ばうげつ［望月］。まんぐゎつ［満月］。めいげつ［名月］。中古ぐゎちりん／ぐゎつりん［月輪］。じふごや［十五夜］。もち［望］。上代まんげつ［満月］。めいげつ［明月］。もちづき［望月］。→つき❶

《句》近世満つれば虧(か)く。

―が見えないこと　近世むげつ［無月］。

―の前夜　中世さんごや［三五夜］。

まんこう【満腔】　近世まんかう［満腔］。中世こんしん［渾身］。まんしん［満身］。中古ぜんしん［全身］。

まんざ【満座】　きょじょう［挙場］。近代ぜんくゎい［全会］。ぜんゐん［全員］。近世まんぢゃう［満場］。中世いちざ［一座］。中古まんざ［満座］。

まんさく【満作】❶〈豊作〉　近代ごこくほうぜう［五穀豊饒］。ほうねう［豊饒］。近世ほうさく［豊作］。ほうねんまんさく［豊年満作］。中世じゃうさく［上作］。まんさく［満作］。中古ぶねう［豊饒］。ほうじゃう［豊穣］。ほうぜう［豊饒］。ほうねん［豊年］。

まんさく【満作】❷〈落葉小高木〉　うめすえ。近代まんさく［満作］。

まんざら【満更】　そんなに。近世まんざら［満更］。中世かならずしも［必］。中古あながち［強］。

まんざん【満山】　やまぜんたい［山全体］。近代ぜんざん［全山］。中古まんさん／まんざん［満山］。

まんじゅう【饅頭】　中世おまん［御饅］(幼児語／女房詞)。まん［饅］。まんぢゅう［饅頭］。中古じふじ［十字］。

―のいろいろ(例)　あんまん［餡饅］。パオズ［(中国語)包子］。ピロシキ(ロシア pirozhki)。近代くりまんぢゅう［栗饅頭］。さかまんぢゅう［酒饅頭］。ゐなかまんぢゅう［田舎饅頭］。近世あまざけまんぢゅう［甘酒饅頭］。さくらもち［桜餅］。そばまんぢゅう［蕎麦饅頭］。はらぶともち［腹太餅］。ぼたもち［牡丹餅］。中世かいもち／かいもちひ［掻餅］。にくまんぢゅう［肉饅頭］。

まんじゅしゃげ【曼珠沙華】　→ひがんばな

まんじょう【満場】　きょじょう［挙場］。近代ぜんくゎい［全会］。ぜんゐん［全員］。近世

ま

いちどう［一同］。まんぢゃう［満場］。中世いちざ［一座］。中古まんざ［満座］。

まんしん【満身】 近世そうしん／そうみ［総身］。まんかう［満腔］。中世ござう［五臓］。こんしん［渾身］。まんしん［満身］。中古ぜんしん［全身］。

まんしん【慢心】 近世うぬぼれ［自惚］。おのぼれ［己惚］。ゆいがどくそん［唯我独尊］。天狗になる。中世おごり［驕／奢］。じふ［自負］。まんき［慢気］。まんしん［慢心］。中古おもひあがる［思上］。じまん［自慢］。心の驕り。

—をくじく 近世鼻を折る。

才のない者の— 近代えんせき［燕石］。

まんぜん【漫然】 締まりがない。近代じょうまん［冗漫］。ふちゅうい［不注意］。近世あやふや。とりとめがない。煮え切らぬ。中世おぼえず［覚］。そぞろ［漫］。ばくぜん［漠然］。まんぜん［漫然］。何となし。中古すずろ［漫］。

—・と暮らすさま 近世ごろごろ。のらくら。のらりくらり。ぶらぶら。ぶらり。中世ぶらりぶらり。

まんぞく【満足】 近代けんえん［慊焉］。たんねん［堪念］。まんきつ［満喫］。近世くゎいしん［会心］。せんばい［千倍］。ちょうでふ［重畳］。とくい［得意］。まんえつ［満悦］。中世えつよ［悦予］。かんしん［甘心］。しうちゃく［祝着／祝著］。じゅうそく［充足］。たんのう［堪能］。中古こころゆき［心行］。はかばかし［果果］。まんぞく［満足］。ゑんまん［円満］。上代こころだらひ［心足］。

—・させる 近代みたす［満／充］。

—・しているさま 顎ぁご(齶／頤)を撫なでる。

—・して落ち着いてしまう あんじゅう［安住］。おさまりかえる［納返］。

—・して従うこと 上代えっぷく［悦服］。

—・して一人笑うさま 近代にんまり。目尻(眥)を下げる。

—・しない あきたりない［飽足］。近代くひたりない［食足］。ものたりない［足］。意に満たない。中世ふまんぞく［不満足］。中古あかず［飽］。上代ふまん［不満］。

—・する 近代みちたりる［満足］。我が意を得る。近世あきたりる［飽足］。あまんず［甘］。たる［足］。気が済む。足るを知る。中世あまなふ［和／甘］。ことにす［事］。たんぬ［足］。よがる［善／良］。悦に入る。中古あきみつ［飽満］。あく［飽］。いく／ゆく［行／往］。こころゆく［心行］。みつ［満］。心地行く。心を遣る。上代あきたる／あきだる［飽足］。たたはし。ももだる／ももちたる／ももちだる［百千足］。

—そうな顔 中古こころゆきがほ［心行顔］。ところえがほ［所得顔］。

—・できる状態であること まんてん［満点］。近世おんのじ［御字］。中世けっこう［結構］。

—・できる状態でないこと(下に打消の語を伴う) 近世ろくすっぽ［陸／碌］。ろく(に)［陸／碌］。ろくそっぽう［陸／碌］。

おいしい物を食べて—・するさま 中古舌を鳴らす。

望みを達成して—・なこと 中世ほんまう［本望］。

自ら—・すること 近代じこまんぞく［自己満足］。中古じとく［自得］。上代じそく［自足］。

わずかなことに—・すること 近代せうあん［小安／少安］。

まんちゃく【瞞着】 →ごまかし

まんちょう【満潮】 近代こうちょう［高潮］。まんてう［満潮］。近世あげしほ［上潮］。さししほ［差潮］。中世いりしほ［入潮］。さす［差］。みちしほ／みちじほ［満潮］。みつ［みちる］［満］。中古たかしほ［高潮］。上代みちく［満来］。みつ［満］(四段活用)。

▼潮の満ち干 あげさげ［上下］。中世かんまん［干満］。みちひき［満引］。

まんてん【満点】 近代くゎんぜんむけつ［完全無欠］。さいかうてん［最高点］。ひゃくてん［百点］。まんてん［満点］。

まんてん【満天】 そらいちめん［空一面］。そらいっぱい［空一杯］。中世まんてん［満天］。

まんてんか【満天下】 近世せかいぢゅう［世界中］。ぜんせかい［全世界］。まんてんか［満天下］。上代くにぢゅう［国中］。

まんなか【真中】 センター(center)。ちゅうおう［中央］。近代かくしん［核心］。どまんなか［直中］。まんまんなか［真真中］。ミドル(middle)。近世さいちゅう［最中］。ずん［髄］。ただなか［直中／只中］。ちゅうかん［中間］。中世しん［心／芯］。せいちゅう［正中］。ちゅう［中］。なかば［半］。まっただなか［真只中］。まなか［真中］。まんなか［真中］。中古ちゅうしん［中心］。なか［中］。なから［半／中］。もなか［最中］。上代みなか［真中］。

—がへこんでいること 中世なかくぼ［中窪］。なかびく［中低］。

―に来る 中世 ちゅうす［中］。

もめている情勢の― 近代 くゎちゅう［渦中］。

マンネリズム(mannerism) ワンパターン(和製one pattern)。近代 かたどほり［型通］。だせい［惰性］。ちんぷ［陳腐］。つきなみ［月並／月次］。マンネリズム。

まんねん【万年】 中世 ばんざい［万歳］。上代 ばんぜい［万歳］。まんねん［万年］。

まんねんたけ【万年茸】 いわいだけ［祝茸］。まんねんたけ［万年茸］。近世 さいはひたけ［幸茸］。中古 れいし［霊芝］。上代 しさう［芝草］。

まんぱい【満杯】 近代 はうわ［飽和］。まんぱい［満杯／満盃］。中世 いっぱい［一杯］。みちる［満］。みたす［満］。中古 じゅういつ［充溢］。じゅうまん［充満］。みちあふる［―あふれる］［満溢］。

マンパワー(manpower) じんてきしげん［人的資源］。じんてきしほん［人的資本］。ヒューマンリソース(human resources)。近代 せんりょく［戦力］。らうどうりょく［労働力］。中古 じんりき［人力］。

まんぴつ【漫筆】 近代 エッセー(essay・フランスessai)。ずいそう［随想］。ずいひつ［随筆］。まんぶん［漫文］。まんろく［漫録］。近世 まんぴつ［漫筆］。

まんぷく【満腹】 近世 たらふく［鱈腹］。はうしょく［飽食］。中世 じゅうまん［充満］。はらいっぱい［腹一杯］。まんぷく［満腹］。《句》近世 里腹三日。

―・する 中古 あきみつ［飽満］。

―で腹がふくれているさま 近世 ぽんぽこ。中古 はらつづみ［腹鼓］。上代 こふく［鼓腹］。

―となる 腹ができる。腹が膨れる。

まんぽ【漫歩】 近代 ウォーキング(walking)。まんぽ［漫歩］。近世 ぶらつく。そぞろありき／そぞろあるき［漫歩］。中世 かんぽ［閑歩／間歩］。さんさく［散策］。さんぽ［散歩］。中古 すずろあるき［漫歩］。上代 せうえう［逍遥］。

まんまと 近代 ちゃっかり。中世 うまうま。しゅびよく［首尾良］。まんまと。中古 たくみに［巧］。

まんまん【満満】 近代 フル(full)。中世 いっぱい［一杯］。たっぷり。なみなみ。まんまん［満満］。

―やってのける 中世 しすます［為済］。

まんめん【満面】 かおぜんたい［顔全体］。近世 かほぢゅう［顔中］。中世 まんめん［満面］。

まんゆう【漫遊】 近代 くゎいいう［回遊］。やじきた［弥次喜多］。近世 まんいう［漫遊／慢遊］。れきいう［歴遊］。中世 いうれき［遊歴］。へんれき［遍歴］。中古 いうらん［遊覧］。じゅんいう［巡遊］。上代 しういう［周遊］。

まんりょう【満了】 近代 しゅうれう［終了］。まんき［満期］。まんれう［満了］。近世 あけ［明］。中世 みつ［みちる］［満］。

み

み【身】❶〈自身〉 中世 じぶん［自分］。中古 じしん［自身］。わがみ［我身］。上代 じこ［自己］。み［身］。

《枕》上代 うつせみの［空蝉］。たまくしげ［玉櫛笥］。つるぎたち［剣太刀］。

―が竦む 近代 しょうどう［竦動］。中古 ゐすくむ［居竦］。

―に受ける 中世 かかる［掛／懸］。ふりかかる［降掛／降懸］。まうく［儲］。まねく［招］。中古 うけとる［受取］。とる［取］。

―に負う 中世 きる［着］。上代 になふ［担／荷］。

―にしみる(さま) 近代 せつじつ［切実］。つうかん［痛感］。骨を刺す。近世 いしばり［石針／石鍼］。ひしひし。切り目に塩。中世 こたふ［応／答］。ひしと［緊／犇］。中古 おもひしむ［思染］。おもひそむ［思染］。せち［切］。

―に過ぎる 近世 ぶんふさうおう［分不相応］。職過ぐ［―過ぎる］。中世 身に過ぐ［―過ぎる］。中古 くゎぶん［過分］。身に余る。

―に付いている 心得がある。血となり肉となる。近代 堂に入る。中世 そなふ［具／備］。中古 こころう［―える］［心得］。

―に付けさせる 近世 しこむ［仕込］。中古 したつ［―たてる］［仕立］。

―に付けたこと 近代 しこみ［仕込］。

―に付けて行くこと 近代 けいかう［携行］。近世 けいたい［携帯］。中世 しょぢ［所持］。ずいしん／ずいじん［随身］。たづさふ［―さえる］［携］。ぢさん［持参］。ひっさぐ［―さげる］［引提］。肌身離さず。中古 おぶ［おびる］［帯］。けいぢ［携持］。

―に付けているもの全部 近世 みぐるみ［身］。

―に付けて用いる 近世 はいよう［佩用］。

―に付ける①［学問など］ 近代 しうする

[修]。まなぶ[学]。中世しうとく[修得]。たいとく[体得]。中古おぼゆ[おぼえる][覚]。しゅす[修]。もてつく[付]。をさむ[おさめる][修]。上代たくはふ[―わえる][貯/蓄]。→まな・ぶ

―に付ける②[衣服など] 近世うがつ[穿]。中世たいはい[帯佩]。ちゃくす[着]。はいたい[佩帯]。ひっかく[―かける][引掛]。中古おぶ[おびる][帯/佩]。たいす[帯]。ひきまとふ[引纏]。まとふ[纏]。上代おぶ[帯/佩](四段活用)。かうぶる[被/蒙]。つく[つける][付]。はく[穿/履/佩/着]。《尊》めす[召]。→き・る

―の置き所 近世たたずみ[佇]。

―の置き所がない 中古手足(しゅそく)を措(お)く所なし。

―のこなし 近代とりこなし[取熟]。近世つまはづれ[褄外/爪外]。ふうぞく[風俗]。みぶり[身振]。中世しょさ[所作]。ふうぎ[風儀]。中古いでいり[出入]。上代しんたい[進退]。

―の処し方 中世てもち[手持]。中古きょしう[去就]。しんたい[進退]。→しんたい

―の程 →みのほど

―一つ 近代はだかいっくゎん[裸一貫]。近世みがら[身柄]。中世ごしゃくのみ[五尺身]。

―を海水で清める 中世しほごり[潮垢離]。

―を飾ること 近代ふんしょく[粉飾/扮飾]。近世おしゃれ[御洒落]。たしなみ[嗜]。

―を飾るもの 近代さうぐ[装具]。さうしんぐ[装身具]。

―をかわす 中世ひらく[開]。中古よく[よける][避/除]。

―を清めること 中世しゃうじ/しゃうじん[精進]。中古くゎんそう[盥漱]。けっさい[潔斎]。みそぎ[禊]。

―をくねらせるさま 近世すぢりもぢり[捩捩]。にょろにょろ。

―を捧げる 近代けんしん[献身]。ていしん[挺身]。一粒の麦。中世ぎせい[犠牲]。とうず[投]。となふ[殉]。身を粉(こ)にす(砕く)。中古身を尽くす。

―を乗り出す 近世膝を進める。

―を引くこと 中世ひっこむ[引込]。近世手を引く。中古しぞく[退]。上代しりぞく[退]。

―を水で清める 近世みづごり[水垢離]。上代みそぎ[禊]。→みそぎ

―を寄せる 中古たちよる[立寄]。よりつく[寄付]。

垢などを―に付ける 近世たく[たける]。

仮に―を寄せている所 近代かくぐう[客寓]。中世ぐうしょ[寓所]。

この世の我が― 近世うつしみ[現身]。

み【身】❷〈身体〉 →からだ

み【身】❸〈身分〉 →みぶん

み【実】❶〈果実〉 近代せいくゎ[成果]。近世なりもの[生物]。中世くゎ[果]。くゎじつ[果実]。けつじつ[結実]。中古なりもの[生物]。上代み[実/子]。《枕》上代やますげの[山菅]。

―がたくさんなること やえなり[八重生]。近世せんなり[千生/千成]。ひゃくなり[百生]。

―ができる(こと) けっか[結果]。近世実を結ぶ。中世けつじつ[結実]。のる[乗]。みいり[実入]。穂に出づ。上代みのる[実/稔]。

―のならない花 中古あだばな[徒花]。

秋の草に実る― 中古くさのみ[草実]。

蔓(つる)の先に近い方に―がなること 近世うらなり[末生]。

蔓(つる)の本に近いところに―がなること 近世もとなり[本生/本成]。

み【実】❷〈中身〉 近代じっしつ[実質]。ないよう[内容]。なかみ[中身]。中世じったい[実体]。しゃうみ[正味]。上代み[実/子]。

みあ・う【見合】❶〈見交わす〉 みつめあう[見詰合]。中古みあはす[―あわせる][見合]。みあふ[見合]。みかはす[見交]。

みあ・う【見合】❷〈対応〉 近代たいおう[対応]。近世みあふ[見合]。中世そぐふ。つりあふ[釣合]。中古あふ[合]。さうおう[相応]。てうわ[調和]。にあふ[似合]。

みあ・げる【見上】 近世あふむく[仰向]。近代せんぎゃう[瞻仰]。中古うちみあぐ[打見上]。せんがう[瞻仰]。ふりあふぐ[振仰]。まもりあぐ[守上]。みあぐ[―あげる][見上]。上代あふぎみる[仰見]。あふぐ[仰]。

みあやま・る【見誤】 みまちがえる[見間違]。中世みあやまる[見誤]。みそこなふ[見損]。中古みえまがふ[見紛]。みまがふ[見紛]。

―・らせる 中古まどはかす/まどはす[惑]。

―・ること 中古ひがめ[僻目]。

みあわ・せる【見合】 近代てびかへる[手控]。近世さしひかふ[―ひかえる][差控]。みあはす[―あわせる][見合]。中世ひかふ[ひかえる][控]。

みいだ・す【見出】 近代さがしあてる[探当]。

ディスカバー(discover)。はっけん［発見］。みつけだす［見付出］。近世 さぐりあつ〔―あてる〕［探当］。めっける［目付］。みいだす［見出］。中世 さがしだす［探出］。みいだす［見出］。みつく〔―つける〕［見付］。みつけいだす［見付出］。

ミーティング(meeting) 近代 コングレス(congress)。コンベンション(convention)。ミーティング。中世 あつまり［集］。しふくゎい［集会］。よりあひ［寄合］。中古 くゎいがふ［会合］。

みいり【実入】 近代 インカム(income)。しうにふ［収入］。じつえき［実益］。じつり［実利］。近世 みいり［実入］。中世 いりまい［入米］。しょとく［所得］。まうけ［儲］。りえき［利益］。りとく［利得／利徳］。りぶん［利分］。中古 とくぶん［得分］。

みい・る【見入】 中世 みつむ〔―つめる〕［見詰］。みとる〔―とれる〕［見蕩／見惚］。みほる〔―ほれる〕［見惚］。中古 ながめいる［眺入］。みいる［見入］。

みうごき【身動】 近世 みうごき［身動］。中古 うごき［動］。きょどう［挙動］。みじろき［身動］。

―・する 中世 はたらかす［働］。中古 みじろく／みじろぐ［身動］。

―・できない 近代 くぎじめ［釘締］。壁に塗られた田螺(たにし)。近世 たちわうじゃう［立往生］。ゐすくまる／ゐずくまる［居竦］。中世 くぎづけ［釘付］。中古 たちすくむ［立竦］。

義理で―・できないこと 近世 ぎりづくめ［義理尽］。

みうしな・う【見失】 近世 みはぐる〔―はぐれる〕［見逸］。中古 みうしなふ［見失］。

置き忘れて―・う 中古 おきまどはす［置惑］。中世 おひうしなふ［追失］。中古 おひまどはす［追惑］。

みうち【身内】 近世 しん［親］。しんみ［親身］。みうち［身内］。ないしょう［内証］。中世 えんざ［縁者］。えんじゃ［縁者］。中古 いちぞく［一族］。けんぞく［眷属］。こつにく［骨肉］。しぞく［親族］。しんけん［親眷］。上代 うから［親族］。うからやから［親族］。きんしん［近親］。しんせき［親戚］。しんぞく［親族］。どうぞく［同族］。

《句》中世 親(しん)は泣き寄り他人は食ひ寄り。

―から揉め事が起こること 中世 獅子身中の虫。

―内の喧嘩 ないそう［内争］。近代 うちわげんくゎ［内輪喧嘩］。うちわもめ［内輪揉］。ないこう［内訌］。ないふん［内紛］。

―内の話 近代 うちわばなし［内輪話］。近世 ないしょばなし［内緒話］。

―贔屓 ネポティズム(nepotism)。近世 みびいき［身贔屓］。

みえ【見栄】 近代 きょえい［虚栄］。きょえいしん［虚栄心］。近世 けしゃう［化粧／仮粧］。ていさい［体裁］。せけんぎ［世間気］。ぜい［贅］。みえ［見栄／見得］。中世 きょしょく［虚飾］。

《句》近世 世間(世界)は張り物。

―を張る(こと) 近世 ぜんせい［全盛］。そとにしき［外錦］。だて［伊達］。てばり［手張］。みえばる［見栄張］。よせい［余情］。綺羅を飾る。

―を張る人 近代 みえっぱり［見栄張］。近世 みえばう［見坊］。

みえす・く【見透】 おみとおし［御見通］。みえみえ［見見］。みとおす［見通］。近世 しらじらし［白白］。みえすく［見透］。

―・いた策略 近代 こざいく［小細工］。

み・える【見】❶〈目に映る〉 みうけられる［身受］。みてとれる［見取］。みとめられる［認］。近代 うつる［映］。えいずる［映］。目にする。近世 目にはひる。中世 目に触(ふ)る〔―触れる〕。中古 うちみゆ［打見］。目に留まる。上代 みゆ〔みえる〕［見］。

―・え隠れする(さま) 近世 ちらつく。中世 ちらちら。ちらりちらり。みがくる［見隠］。中古 いんけん［隠見／隠顕］。かがよふ［耀］。

―・えてほしい 中古 みえななむ［見］。

―・えないのに見たように思うこと 中古 そらめ［空目］。

―・えない部分 近代 あんてん［暗点］。

―・えないようにする 蓋をする。近代 しゃへい［遮蔽］。近世 いんぷく［隠伏］。うづむ〔うずめる〕［埋］。ふす〔ふせる〕［伏］。中世 えんぺい［掩蔽］。けす［消］。中古 おほひかくす［覆隠］。ぬりかくす［塗隠］。上代 かくす［隠］。

―・えないようになる 近世 うまる［埋］。ぼっきゃく［没却］。中世 ひそまる［潜］。中古 うづまる［埋］。うづもる〔―もれる〕［埋］。きゆ〔きえる〕［消］。みうしなふ［見失］。上代 うもる〔うもれる〕［埋］。かくる〔かくれる〕［隠］。

―・えなくするもの 近代 カーテン(curtain)。ブラインド(blind)。ベール(veil)。

―・えるようにする 中世 だす［出］。中古 いだす［出］。げんず［現］。上代 あらはす［現］。

―・えるようになる かいがん［開眼］(「かいげ

ん」は別語)。中古げんず［現］。
あざやかに—・える 中世はゆ（はえる）［映／栄］。
あちこちに—・える 近世さんけん［散見］。
あっても—・えないもの 近世雨夜の星。中古雨夜の月。
一部が—・える 近代のぞかす［覗］。のぞく［覗］。のぞける［覗］。近世顔を出す。中世顔を見す［—見せる］。
隠れていてよく—・えない 中古くまぐまし［隈隈］。
かすかに—・える 中古うちほのめく［打仄］。
雲で—・えなくなる 上代くもがくる［雲隠］。
繰り返し—・える 上代みえかへる［見返］。
樹木で—・えなくなる 中古こがくる［—がくれる］［木隠］。
姿などがぼんやり—・えるさま 中古はうふつ［髣髴／彷彿］。
全体が—・える 近代いちぼう［一眸］。まるみえ［丸見］。近世いちばう［一望］。ひとめ［一目］。中古みえわたる［見渡］。
ちょっと—・える(さま) ちらっと。中世ちらり(と)。中古うちほのめく［打仄］。こぼる［こぼれる］［零／溢］。
強い光で—・えなくなる 中古くらむ［眩］。
涙で—・えなくなる 中古かきくもる［掻曇］。
肉眼で—・えること 近代かし［可視］。
はっきり—・える 中古みえわく［見分］。
はっきりと—・えにくいさま 中古おぼおぼし。
向こう側が—・える 近世すける［透］。中世みえすく［見透］。
目で—・える範囲 スコープ(scope)。近代しかい［視界］。しや［視野］。ビジョン(vision)。中古がんかい［眼界］。めぢ［目路／眼路］。
目で—・える部分 うわべら／うわっぺら［上辺］。中古うはべ［上辺］。

み・える【見】❷〈思われる〉 おもわれる［思］。かんじられる［感］。近世みゆ［みえる］［見］。
▼助動詞 中古めり。

みおくり【見送】 近世みたて［見立］。中古おくり［送］。みおくり［見送］。

みおく・る【見送】❶〈送別〉 そうこう［壮行］。近代くゎんそう［歓送］。近世おくりだす［送出］。上代そうべつ［送別］。みおくる［見送］。みたつ［—たてる］［見立］。
玄関でまで出て—・ること 中世かどおくり［門送］。
視線だけで—・ること 中世もくそう［目送］。
旅に出る人を—・ること 近世たびおくり［旅送］。柳を折る。中世うちおくる［打送］。中古せんす［餞］。

みおく・る【見送】❷〈やり過ごす〉 近代みおくる［見送］。やりすごす［遣過］。近世さしひかふ［—ひかえる］［差控］。みあはす［—あわせる］［見合］。中世みのがす［見逃］。中古ひかふ［ひかえる］［控］。みすごす［見過］。

みおつくし【澪標】 近世みをぐし［澪串］。みをぐひ［澪杭］。みをばうぎ［澪坊木］。中世みをぎ［澪木／水脈木］。中古みをじるし／みをのしるし［澪標／水脈標］。上代みをつくし［澪標］。

みおと・す【見落】 めこぼれ［目溢］。近代みそこねる［見損］。近世みはぐる［見逸］。めこぼし［目溢］。中世みおとす［見落］。みそこなふ［見損］。みそる［—それる］［見逸］。みのがす［見逃／見遁］。みはづす［見外］。みもらす［見漏］。ゐろう［遺漏］。中古かんくゎ［看過］。みすぐす／みすごす［見過］。みのこす［見残］。
《句》近代明鏡(めいきやう)も裏を照らさず。
—・しやすい所 もうてん［盲点］。

みおとり【見劣】 近代そんしょく［遜色］。ひけめ［引目］。中古こころおとり［心劣］。みおとり［見劣］。わろし［悪］。
成人して後の顔が—・すること 中古あげおとり［上劣］。

みおろ・す【見下】❶〈鳥瞰〉 近代かかん［下瞰］。かんか［瞰下］。てうかん［鳥瞰］。ふかん［俯瞰］。眼下に見る。近世かし［下視］。かんし［瞰視］。中古のぞく［臨／覗］。上代みおろす［見下］。
—・した所 中古がんか［眼下］。

みおろ・す【見下】❷〈軽蔑〉→**みくだ・す**

みかい【未開】 みかいたく［未開拓］。みかいはつ［未開発］。近代ばんや［蛮野］。みこん［未墾］。やばん［野蛮］。ワイルド(wild)。近世ふぶん［不文］。みかい［未開］。中古さうまい［草昧］。上代あらぶ［荒］。くらし［暗］。
—の地(国) 近代あうち／おくち［奥地］。しょぢょち［処女地］。ばんち［蕃地／蛮地］。ばんど［蛮土／蕃土］。みかいち［未開地］。人跡未踏の地。中世こち［胡地］。中古ここく［胡国］。へんち［辺地］。上代ぜっきゃう［絶境］。ひな［鄙］。へんきゃう［辺境／辺疆］。
—の人 みかいじん［未開人］。近代げんしじん［原始人］。ばんぞく［蛮族／蕃族］。や

ばんじん［野蛮人］。近世いばん［夷蛮］。ばんじん［蕃人］。中世いてき［夷狄］。えびす［戎／夷］。ばんじん［夷人］。ばんい［蛮夷／蕃夷］。ひな［鄙］。中古じゅうい［戎夷］。上代いじん［夷人］。ばんい［蛮夷／蕃夷］。ひな［鄙］。

みかいけつ【未解決】 ペンディング(pending)。みかいけつ［未解決］。近代けんあん［懸案］。ほりゅう［保留］。りうほ［留保］。近世みけつ［未決］。

みかいたく【未開拓】 →みかい

みかえり【見返】 キックバック(kickback)。リベート(rebate)。近代たんぽ［担保］。ほしょう［保証］。リターン(return)。

みかぎ・る【見限】 見切りを付ける。近代なげだす［投出］。はふりだす［放出］。近世あいそづかし［愛想尽］。あきらむ［—らめる］［諦］。みきはむ［—きわめる］［見極］。みきる［見切］。匙を投げる。中世おもひきる［思切］。みかぎる［見限］。中古おもひはなつ［思放］。ふりすつ［—すてる］［振捨］。みすつ［—すてる］［見捨］。みはなす［見放／見離］。みはなつ［見放］。上代すつ［すてる］［捨／棄］。→みす・てる

みかく【味覚】 テースト(taste)。みかん［味官］。近代したざはり［舌触］。みかく［味覚］。近世くち［口］。上代あぢはひ［味］。

—の受容器 みらい［味蕾］。

みが・く【磨】 近世けんま［研磨］。中世れんま［錬磨］。中古とぐ［研］。みがく［磨／研／琢／摩］。上代する［摩／擦］。

《枕》上代まそかがみ［真澄鏡］。

—・いて美しく仕上げる すりだす［磨出］。近世みがきあぐ［—あげる］［磨上］。中世しらぐ［しらげる］［精］。みがきなす［磨］。中古てうたく［彫琢］。とぐ［研／磨］。みがきます［磨増］。

—・く時に用いる粉 近代クレンザー(cleanser)。つのこ［角粉］。近世とのこ［砥粉］。中古みがきこ［磨粉］。

繰り返して—・くこと 近世ひゃくせつせんま［百折千磨］。

十分に—・くこと 近世みがきあぐ［—あげる］［磨上］。中古みがきたつ［—たてる］［磨立］。

玉を—・くこと 近代こうぎょく［攻玉］。

歯を—・くこと 近世はみがき［歯磨］。

みかけ【見掛】 かくかう［格好］。かっかう［恰好］。みため［見目］。近代うはっつら［上面］。ぐゎいくゎん［外観］。ぐゎいけい［外形］。そとみ［外見］。たいめん［体面］。へうめん［表面］。近世かんばん［看板］。ぐゎいけん［外見］。けんぶん［検分／見分］。ふうたい［風袋］。みせかけ［見掛］。みてくれ［見呉］。みば［見場］。中世ぐゎいめん［外面］。ていさい［体裁］。みかけ［見掛］。中古うはべ［上辺］。みめ／みるめ［見目］。→みせかけ

《句》近世鬼に衣。狼に衣。看板に偽りなし。鬼面人を威す(驚かす)。人は見かけによらぬもの。真綿に針を包む。餅の形。笑みの中の刀。中世たくらだ猫の隣歩き。始めきらめき奈良刀。花多ければ実少なし。

—だけの景気 近代からげいき［空景気］。

—だけの元気 近代からげんき［空元気］。つよがり［強］。

—ばかり整えていること 近世からぜい［空贅］。きれいごと［綺麗事］。

—は違うが中身は同じこと 近代どうこういきょく［同工異曲］。

みかけだおし【見掛倒】 かんばんだおし／かんばんだおれ［看板倒］。ふうたいだおし［風袋倒］。近世いさらへ［鋳浚］。近代ぎんながし［銀流］。からだいみゃう［空大名］。近世こけおどし［虚仮威］。ごまどうらん［胡麻胴乱］。はりもの［張物］。みかけだふし［見掛倒］。やうとうくにく［羊頭狗肉］。張子の虎。張抜の虎。

《句》看板が泣く。近代牛頭を掲げて馬肉を売る。近世看板に偽りあり。羊頭を掲げて狗肉を売る(羊頭狗肉)。山師の玄関。山高きが故に貴からず。中世玉の杯底なきが如し。

みか・ける【見掛】 近代目にする。中世みうく［—うける］［見受］。もくと［目睹］。中古みかく［—かける］［見掛］。もくげき［目撃］。

みかた【味方】 中世いちみ［一味］。かた［方］。たうて［当手］。中古かたうど［方人］。かたびと［方人］。どうし［同志／同士］。みかた［味方／御方／身方］。近世かま［釜］。なかま［仲間］。

—・する(こと) 近世さたん［左袒］。肩を持つ。中世くみす［与］。つく［付／着／就］。どうしん［同心］。中古かたうど［方人］。よる［寄］。

—・する様子だ 中世くみしがまし［与］。

—同士の争い 近代どうしうち［同士討／同士打］。

—にする くっつける。近世だきこむ［抱込］。てなづく［—なずける］［手懐］。中古かたら

ひとる[語取]。かたらふ[語]。
ーの国 近代 どうめいこく[同盟国]。中世 よこく[与国]。
ーの軍 近代 いうぐん[友軍]。
ーの少ないこと 中世 ぶぜい／むぜい[無勢]。
ーのないこと 近代 こりつむゑん[孤立無援]。中古 しめんそか[四面楚歌]。
頼りがいのないー 中世 えせかたうど[似非方人]。
みかた【見方】 アングル(angle)。してん[視点]。近代 かくど[角度]。たちば[立場]。くゎんてん[観点]。けんかい[見解]。りっきゃくてん[立脚点]。みかた[見方]。中世 けん[見]。けんち[見地]。みやう[見様]。
ーを間違える 近代 みちがふ[見違]。中世 みたがふ[見違]。中古 みまがふ[見紛]。
ある立場などにとらわれたー 近代 いろめがね[色眼鏡]。せいしん[成心]。せんにふくゎん[先入観]。せんにふしゅ[先入主]。中世 いしあたま[石頭]。がけん[我見]。中古 へんけん[偏見]。
主観的に贔屓目(ひいきめ)に見るー 中世 よくめ[欲目]。
大局的でないー きんしがんてき[近視眼的]。びしてき[微視的]。
みがって【身勝手】 近代 エゴイスティック(egoistic)。かってきまま[勝手気儘]。じぶんほんゐ[自分本位]。てまへがって[手前勝手]。近世 えてかって[得手勝手]。かってづく[勝手尽]。きまま[気儘]。じぶんかって[自分勝手]。じまま[自儘]。まんがち。みがって[身勝手]。うぬが三昧(ざんまい)。虫がい。中世 みがまま[身儘]。中古 あながち[強]。わがまま[我儘]。→**かって❶**
ー・な考え 近代 りこしゅぎ[利己主義]。近世 しい[恣意／肆意]。
ーをする 中古 あやにくがる[生憎]。あやにくだつ[生憎]。
みかど【帝】→**てんのう**
みがまえ【身構】 近代 しせい[姿勢]。スタンス(stance)。たいせい[態勢]。近世 斜(しゃ)に構ふ[ー構える]。中世 かまへ[構]。みがまへ[身構]。
立ち上がろうとするー たちみ[立身]。
みがる【身軽】 近代 きびん[機敏]。けいくゎい[軽快]。びんくゎつ[敏活]。びんそく[敏速]。近世 尻軽し。中世 かろやか[軽]。みがる[身軽]。中古 かやすし[易]。かろび[軽]。
ー・であることのたとえ 近世 編み笠一蓋(いっかい)。
ー・で素早いこと 近世 すばしこし。へうけい[剽軽]。中世 すばやし[素早]。中古 けいせふ[軽捷]。
ー・でないこと 近世 尻重し。
ー・に 近世 ついと。
ー・に体をひるがえすさま 中世 ひらり。
みがわり【身代】 ダミー(dummy)。近代 だいり[代理]。近世 かげむしゃ[影武者]。かへだま[替玉]。ふきかへ[吹替]。中古 かたしろ[形代]。かはり[代]。ひとがた[人形／人像]。みがはり[身代／身替]。上代 むかはり[身代／質]。
みかん【蜜柑】 近代 かんきつ[柑橘]。中世 みかん[蜜柑]。中古 かうじ／かんじ[柑子]。上代 たちばな[橘]。ときじくのかくのこのみ[非時香菓]。
▼夏蜜柑 中古 おほかうじ／だいかうじ[大柑子]。
みかん【未完】 近代 ふくゎんぜん[不完全]。みくゎん[未完]。みくゎんせい[未完成]。中世 なまなり[生成]。
みき【幹】 近代 じゅかん[樹幹]。近世 みき[幹]。中世 もとき[本木]。上代 から[幹]。
ーと枝 近代 かんし[幹枝]。中古 しかん[枝幹]。
ーと根 近代 こんかん[根幹]。
みぎ【右】 近代 うそく[右側]。ライト(right)。近世 みぎがは[右側]。中世 うしゅ／みぎて[右手]。うはう[右方]。ひきて[引手]。みぎり[右]。中古 めて[馬手／右手]。上代 みぎ[右]。
ーに進む 中世 みぎす[右]。
ーの手 →**みぎうで**
ーの方 近代 うそく[右側]。近世 みぎがは[右側]。中世 みぎて[右手]。中古 みぎのかた[右方]。
▼左右 中古 うらうへ[裏表]。さう[左右]。
みぎうで【右腕】❶〈右の手〉 近代 みぎうで[右腕]。中世 ひきて[引手]。中古 めて[馬手／右手]。上代 みぎて[右手]。
弓を射るときのー 中世 かって[勝手]。
みぎうで【右腕】❷〈部下〉 近代 ふところがたな[懐刀]。近世 かたうで[片腕]。中古 ふくしん[腹心]。上代 ここう[股肱]。
みきり【見切】 近代 みかぎり[見限]。近世 みきり[見切]。→**ねさげ** →**みかぎ・る**
ー発車 みきりはっしん[見切発進]。
ー品としての本や雑誌など ぞっきぼん[本]。

―品の売り出し 近代バーゲン／バーゲンセール(bargain sale)。

―品の本や雑誌などを売る店 近代ぞっきや［屋］。

―品を売る店 近世しまひだな／しまひみせ［仕舞店］。

みぎり【砌】 近代ころあひ［頃合］。中世じぶん［時分］。中古せつ［節］。みぎり［砌］。上代ころ［頃］。じせつ［時節］。とき［時］。をり［折］。

みき・る【見切】 →みかぎ・る

みぎれい【身綺麗】 近世こぎれい［小綺麗］。こざっぱり。みぎれい［身綺麗］。中古せいけつ［清潔］。

みぎわ【水際】 近代すいさい［水際］。すいはん［水畔］。すいひん［水瀕］。みづべ［水辺］。近世きしね［岸根］。中世すいがい［水涯］。すいとう［水頭］。なみうちぎは［波打際］。中古すいじゃう［水上］。すいへん［水辺］。みぎは［水際］。みぎり［砌］。みづぎは［水際］。上代すいひん［水浜］。なぎさ［汀／渚］。へた［辺／端］。みなぎは［水際］。

―と中州 近代ていしう［汀州］。

―の岩石 上代いそ［磯］。

―の景色 中古すいしょく［水色］。

海や川の― 上代きし［岸］。

みきわ・める【見極】 近代ていし［諦視］。近世しゃうしつ［詳悉］。どうさつ［洞察］。みすう［―すえる］［見据］。中世せうけん［照見］。みきはむ［―きわめる］［見極］。みきる［見切］。みすます［見澄］。みとどく［―とどける］［見届］。みぬく［見抜］。みふす［見伏］。中古みさだむ［―さだめる］［見定］。

上代みあきらむ［見明］。

みくだ・す【見下】 近代けいし［軽視］。ひげ［卑下］。ぶじょく［侮辱］。ぶべつ［侮蔑］。べうし［藐視］。近世かし［下視］。けいぶ［軽侮］。べっし［蔑視］。みくびる［見縊］。みたつ［―たてる］［見立］。甘く見る。眼下に見る。高を括る。目八分に見る。下目に見る。虚仮(こけ)にす。小馬鹿にす。中世あざむく［欺］。いやしむ［―しめる］［卑／賤］。おもひけがす［思穢］。かろんず［軽］。きゃうせん［軽賤］。さげすむ［蔑／貶］。ちょくか［直下］。みおろす［見下］。みさぐ［―さげる］［見下］。中古あなどる［侮］。おとしむ［―しめる］［貶］。おとす［落］。おもひおとす［思貶］。さみす［狭／褊］。みおとす［見落］。みくだす［見下］。

―・したような態度 こうしせい［高姿勢］。お高くとまる。近代そっくりかへる［反返］。近世おほふう［大風］。中世あふへい［押柄］。かうまん［高慢］。がうまん［傲慢］。かさおし［嵩押］。かさだか［嵩高］。わうふう［横風］。わうへい［横柄］。中古がうぜん［傲然］。けうまん［驕慢／憍慢］。

奴隷のように―・すこと 近世どし［奴視］。

みくび・る【見縊】 近世つもる［積］。みくびる［見縊］。中世けいい［軽易］。中古みくだす［見下］。→みくだ・す

みくら・べる【見比】 近代さんかん［参看］。せうがふ［照合］。近世てらしあはす［―あわせる］［照合］。にらみあはす［―あわせる］［睨合］。中古みあはす［―あわせる］［見合］。みくらぶ［―くらべる］［見比］。上代めならぶ［目並］。

みくり【三稜草】 近代おほやがら［大矢幹］。かはすげ。中古うきやがら［浮矢幹］。みくり［三稜草／実栗］。

みぐるし・い【見苦】 見るに耐えない。近代みぐさい［見臭］。近世しうたい［醜態］。ぶざま［無様／不様］。みっとむない／みっともない。みづらし［見辛］。みとむなし／みともなし。中世あさまし［浅］。うたて／うたてげ。さもし。さんざん［散散］。まさなし［正無］。めんだう［面倒］。中古あし／あしげ［悪］。あやし［怪／卑］。いひがひなし／いふかひなし［言甲斐無］。えせ［似非］。かたくな／かたくなし［頑］。かたは［片端］。かたはらいたし［傍痛］。からし［辛］。きたなげ／きたなし［汚／穢］。くるし［苦］。さまあし［様悪］。つたなし［拙］。にくげ／にくさげ［憎］。にくし［憎］。はしたなし。ひとわるし／ひとわろし［人悪］。みぐるし［見苦］。みにくし／みにくやか［醜／見悪］。わろし［悪］。

―・い様子 近代ろうたい［陋態］。近世しうたい［醜態／醜体］。

―・い様子をする 中世とりみだす［取乱］。

―・くない 中古みやすし［見易］。めやすし［目安］。

―・くなる 中古やつる［窶］。

―・く振る舞う 中世わろびる［悪］。

こせこせして―・い 近世いぢましい。

ミクロ(フランス micro) きょくび［極微］。近代きょくせう［極小］。びせう［微小］。

みけいけん【未経験】 みたいけん［未体験］。近代みけいけん［未経験］。中世ふあんない／ぶあんない［不案内］。

みけつ【未決】 →みかいけつ

みこ【御子】 →おうじ【王子】 →おうじょ

みこ【王女】

みこ【巫女】 近世 あづさみこ［梓巫女］。いたこ（主として東北地方で）。かんなぎ［巫／覡］。中世 をとめみこ［少女神子／乙女巫女］。いちこ［市子／神巫］。あがたみこ［県御子／県巫］。いちどの［市殿］。かみおろし［神降］。はふりこ［祝子］。中古 かうなぎ／かみなぎ／かむなぎ［巫／覡］。きね［巫覡／宜禰］。みこ［巫女／神子］。

神楽を奏する― 近世 かぐらだう［神楽堂］。かぐらびめ［神楽姫］。かぐらみこ［神楽巫女］。かぐらめ［神楽女］。中世 かぐらをんな［神楽女］。

湯立て（占い）をする― 近代 ゆみこ［湯巫女］。

みこし【御輿】 中世 しんよ／じんよ［神輿］。みこし［御輿／神輿］。

みごしらえ【身拵】 近代 みじまり［身締］。近世 みじたく［身支度］。みじまひ［身仕舞］。中世 かたちづくり［形作］。みごしらへ［身拵］。中古 みづくろひ［身繕］。

厳重に―をする 中世 さしかたむ〔―かためる〕［差固／鎖固］。

みこ・す【見越】 先を読む。見通しを立てる。近代 みこす［見越］。よけん［予見］。よそく［予測］。中世 みとほす［見通］。中古 おしはかり［推量］。すいりやう［推量］。

みごと【見事】 クリーン（clean）。近代 かがやかしい［輝／耀］。じゃうでき［上出来］。すごい［凄］。すてき［素敵／素的］。ナイス（nice）。ファイン（fine）。ワンダフル（wonderful）。近世 きょとい。じゃうじょう［上乗］。すばらし［素晴］。はだし［裸足／跣］。中世 あっぱれ［天晴／適］。りっぱ［立派］。かかやかし［輝／耀／赫］。かなし［愛］。けっこう［結構］。みごと［見事／美事］。中古 いし［美］。いみじ。かしこし［賢］。しういつ［秀逸］。じゃうじゃう［上上］。→**りっぱ**

―な技 近代 びぎ［美技］。ファインプレー（fine play）。めうぎ［妙技］。中世 ぜつぎ［絶技］。めうじゅつ［妙術］。上代 ほつて［秀手］。

―にやり遂げる 近世 やってのける［遣退］。

みことのり【詔】 近代 せいせう［聖詔］。せいちょく［聖勅］。中世 せうれい［詔令］。せきいつ［尺一］。中古 ちょくせう［勅詔］。ちょくぢゃう［勅諚］。りんげん［綸言］。上代 おほみこと［大御言／大命］。せいちょく［制勅］。ちょくご［勅語］。のりごと［宣言／告言／詔］。みこと［御言／命］。みことのり［詔／勅］。

―を受けること 近代 ほうせう［奉詔］。上代 ほうちょく［奉勅］。

ありがたい― 上代 いうせう［優詔］。おんせう／おんぜう［恩詔］。

みごなし【身熟】 近代 みごなし［身熟］。身のこなし。近世 みぶり［身振］。ものごし［物腰］。中古 きょどう［挙動］。

みこみ【見込】❶〈予想〉 プロスペクト（prospect）。みとおし［見通］。近代 こうさん［公算］。せいさん［成算］。みこみ［見込］。みつもり［見積］。よさう［予想］。よそく［予測］。よてい［予定］。近世 あだて［当］。あてがひ［充行／宛行］。おもひいれ［思入］。けんたう［見当］。てあひ［手合］。目鼻が付く（あく）。中世 あて［当／宛］。もくさん［目算］。

―が外れる みこみはずれ［見込外］。近代 ごさん［誤算］。ゐさん［違算］。近世 おもはくちがひ［思違］。くるふ［狂］。ぐれる。はまり［嵌／塡］。みこみちがひ［見込違］。顎(あご)（齶／頤）が食ひ違ふ。当て事も無し。三五の一八。《句》近代 当て事と畚褌(もっこふんどし)は先から外れる。

みこみ【見込】❷〈期待〉 しょうらいせい［将来性］。近代 きたい［期待］。みこみ［見込］。みゃく［脈］。よき［予期］。近世 あてこみ［当込］。みこむ［見込］。中世 あて［当／宛］。

―があること 近代 いうばう［有望］。近世 脈がある。中古 みどころ［見所／見処］。《句》近代 豎子(じゅし)（孺子）教ふべし。

―がない 近世 脈が上がる。中世 みかぎる［見限］。中古 おぼつかなし［覚束無］。老い先無し。

みごも・る【身籠】 近代 おめでた。胎(いた)を結ぶ。みごもる［身籠／妊］。近世 にんしん［妊娠］。をれこむ［折込］。中世 くゎいたい［懐胎］。じゅたい［受胎］。つはる［悪阻］。はらごもり［腹籠］。やどす［宿］。中古 ただならずなる［徒］。はらむ［孕］。上代 くゎいにん［懐妊］。

みこん【未婚】 シングル（single）。近代 みこん［未婚］。近世 どくしん［独身］。中世 ひとりもの［独者］。中古 ひとりみ［独身］。→**どくしん**

―の女性 どくしんじょせい［独身女性］。みこんじょせい［未婚女性］。近代 セニョリータ（スペイン señorita）。バージン（virgin）。マドモアゼル（フランス mademoiselle）。ミス（Miss）。メッチェン（ドイツ Mädchen）。近世 おぢゃうさま／おぢゃうさん［御嬢様］。きむすめ［生

娘］。しらは［白歯］。中世 おぼこ。中古 しょし［処子］。しょぢょ［処女］。むすめ［娘］。上代 をとめ［乙女／少女］。《尊》近世 れいぢゃう［令嬢］。

みさい【未済】 近代 みはらひ［未払］。中世 みさい［未済］。中古 みしう［未収］。上代 みなふ［未納］。

みさお【操】 中世 しさう［志操］。せつ［節］。中古 しんさう［心操］。ていさう［貞操］。みさを［操］。上代 せっさう［節操］。ていせつ［貞節］。

ー正しくしとやかなこと 近代 ていしゅく［貞淑］。

ーを守って変わらないたとえ 上代 しょうはく［松柏］。

ーを守ること 上代 せつぎ［節義］。

固いー 近世 とくさう［徳操］。

女性がーを捨てること 近世 にちゃうのゆみ［二張弓］。

女性がーを守って立派なこと 近世 ていれつ［貞烈］。中古 ていけつ［貞潔］。

みさかい【見境】 近代 みさかへ［見境］。近世 みさかひ［見境］。→みわけ

ーがつかない(さま) 中世 後先無し。中古 まぎれ［紛］。

ーなく押し通そうとする性質 中世 かたがはやぶり［片側破］。

みさき【岬】 ちかく［地角］。ちし［地嘴］。近代 かふかく［岬角］。中古 かいかく［海角］。さしでのいそ［差出磯］。上代 みさき［岬／崎／碕］。

ーの周囲 上代 みさきみ［岬回］。

みさ・げる【見下】 →みくだ・す

みさご【鶚】 近代 うをたか［魚鷹］。中古 かくが(の)とり［覚賀鳥］。しょきう［雎鳩］。上代 みさご［鶚／雎鳩］。

みさだ・める【見定】 近代 かくにん［確認］。たしかめる［確］。近世 みすう［ーすえる］［見据］。めかり。中世 みきはむ［ーきわめる］［見極］。中古 みさだむ［ーさだめる］［見定］。みたつ［ーたてる］［見立］。上代 まもる［守］。

みじか・い【短】 近代 ショート(short)。すんたらず［寸足］。すんづまり［寸詰］。中世 みじからか［短］。中古 みじかやか［短］。上代 かずなし［数無］。みじかし［短］。《枕》上代 たまのを［玉緒］。

ー・い期間 たんきかん［短期間］。近代 たんき［短期］。たんじじつ［短時日］。たんじつげつ［短日月］。

ー・いことと長いこと 中古 たんちゃう［短長］。ちゃうたん［長短］。

ー・いことのたとえ さんずん［三寸］。ひとっとび［一飛］。近代 あひるの脚絆(きゃはん)。中世 ひといき［一息］。ひととび［一飛］。鴨の脛(はぎ)。春の夜の夢。中古 いっすん［一寸］。

ー・い言葉 近世 せきく［隻句］。中世 たんく［短句］。上代 ふしのま［節間］。

ー・い時間 →いっしゅん →じかん

ー・い小説 近代 しゃうへんせうせつ［掌編小説］。ショートショート(short short story)。せうひん［小品］。たんぺんせうせつ［短編小説］。

ー・い手紙 すんしょ［寸書］。たんしん［短信］。近代 すんかん［寸簡］。せきし［尺紙］。近世 すんちょ［寸楮］。中古 せきそ［尺素］。上代 たんしゃう［短章］。

ー・くする 近代 きりつめる［切詰］。しゅくせう［縮小］。たんしゅく［短縮］。近世 あっしゅく［圧縮］。はしょる［端折］。中世 ちぢむ［ちぢめる］［縮］。つむ［つめる］［詰］。中古 しじむ［しじめる］［蹙／縮］。つづむ［つづめる］［約］。

ー・く小さいこと たんしょう［短小］。

ー・くなる 近代 たんしゅく［短縮］。ゐしゅく［萎縮］。近世 しうしゅく［収縮］。はしょる［端折］。中世 しじむ［蹙／縮］。ちぢこまる［縮］。ちぢまる／ちぢむ［縮］。つづまる［約］。つまる［詰］。寸が詰まる。中古 つづむ［約］。

日がー・いこと 中古 たんけい［短景］。たんじつ［短日］。

普通よりもー・めである 近世 こみじかし［小短］。

最もー・いこと 近代 さいたん［最短］。

みじたく【身支度】 近代 おつくり［御作／御造］。みがため［身固］。けっそく［結束］。近世 こしらへ［拵］。はねづくろひ［羽繕］。みじたく［身支度／身仕度］。みじまひ［身仕舞］。中世 いでたち［出立］。かたちづくり［形作］。したく［支度／仕度］。みごしらへ［身拵］。中古 さうぞく／しゃうぞく［装束］。みづくろひ［身繕］。

ー・する 近世 身をなす。中世 かたちづくる［形作／容作］。でたつ［出立］。よそほふ［装］。中古 いでたつ［出立］。身を固む［ー固める］。上代 よそふ［装］。

雨に備えるー 近代 あまじたく［雨仕度］。

帰りのー 近代 きさう［帰装］。

死ぬときのー 近世 しにしゃうぞく［死装

束］。中世 しにいでたち／しにでたち［死出立］。

みじまい【身仕舞】 →みじたく

みじめ【惨】 近代 さんざ／さんざん［散散］。ミゼラブル(miserable)。近世 さんたん［惨憺／惨澹］。なさけなし［情無］。みじめ［惨］。中世 あさまし［浅］。さんぜん［惨然］。ふせう［不肖］。中古 あはれ［哀］。いらなし［苛／苛甚］。おちぶる［—ぶれる］［零落］。上代 うらぶる［—ぶれる］。

ー・な暮らしをする 中古 わぶ［わびる］［侘］。

ー・な負け方 近代 さんぱい［惨敗］。

苦しくー・なこと 近代 くさん［苦惨］。

みしゅう【未収】 →みさい

みじゅく【未熟】 近代 あをっぽい［青］。せいそ［生疎］。せんたん［浅短］。ちちくさい［乳臭］。はんか［半可］。近世 あをくさし［青臭］。あをにさい［青二才］。いそ［磯］。なまわかし［生若］。にさい［二歳／二才］。にちゅう。まだし［未］。なまなれ［生熟］。嘴(くちばし)(喙)が黄色し(青し)。中世 あをし［青］。えうち［幼稚］。おろか［愚／疎］。かたほ［偏／片秀］。なまし［生］。なまなまし［生生］。ぶかう［不巧／無巧］。ふかん［不堪］。ふせう［不肖］。みれん［未練］。中古 あさし［浅］。おぼめかし。かたおひ／かたなり［片生］。かひなし［甲斐無］。たどたどし。つたなし［拙］。はかなげ［果敢］。まだし［未］。みじゅく［未熟］。わかし［若］。わかわかし［若若］。をさなし［幼］。

ー・だろう 中世 まだしかるべし［未然］。

ー・で幼いこと 近世 にゅうしう［乳臭］。

ー・で固い感じがすること 近世 せいかう［生硬］。

ー・で幼稚なこと 近世 ちせつ［稚拙］。

ー・で若いこと 中古 はくめん［白面］。

ー・な女 中古 なまをんな［生女］。

ー・な学問 近世 うひまなび［初学］。中世 なまがくもん［生学問］。

ー・な人 かけいり［駆入／駈入］。かけだしもの［駆出者］。ふんどしかつぎ［褌担］。近代 くゎうこうじ［黄口児］。くゎうふんじ［黄吻児］。へなちょこ［埴猪口］。近世 じゃくねんもの［弱年者］。じゃくはいもの［弱輩者］。しんざん［新参］。しんまい［新米］。ひよこ／ひよっこ［雛］。ぺいぺい／ぺえぺえ。ほいほい。中世 じゅし［豎子／孺子］。しょしん／しょしんしゃ［初心者］。まだしからむひと［未人］。中古 なまもの［生者］。はくめんらう［白面郎］。わかうど［若人］。わろもの［悪者］。口脇(くちわき)黄ばむ。

少しはできるがー・なこと 近世 なまびゃうはふ［生兵法］。

みじろぎ【身動】 ▼接頭語 中古 なま［生］。近代 うごき［動］。近世 みうごき［身動］。中古 きょどう［挙動］。みじろき／みじろぎ［身動］。

ー・する 中世 はたらかす［働］。中古 みじろく／みじろぐ［身動］。

みじん【微塵】 近代 みぢんこっぱひ［微塵骨灰］。近世 こっぱみぢん［木端微塵］。こなみぢん［粉微塵］。中世 みぢん［微塵］。

ミス(Miss) →みこん（ーの女性）

ミス(miss) ぽか。近代 エラー(error)。くゎご［過誤］。くゎご［訛誤］。しっぱい［失敗］。ミス。ミステーク(mistake)。近世 しくじり。まちがひ［間違］。中古 あやまり［誤］。上代 あやまち［過］。くゎしつ［過失］。→あやまち

みず【水】 (water)。近代 ウオーター けいすい［軽水］。なまみづ［生水］。さみづ［真水／素水］。近世 おひや［御冷］（もと女房詞）。まみづ［真水］。ゐのなか［井中］（女房詞）。中世 おひやし［御冷］（女房詞）。中古 たんすい［淡水］。上代 みづ［水］。みもひ［御水］。

ーが一杯になること(さま) 近世 やうやう［漾漾］。中世 えいえい［盈盈］。まんすい［満水］。中古 やうやう［洋洋］。

ーが限りなく広がるさま 近世 べう［渺］。やうやう［漾漾］。中世 やうやうこ［洋洋乎］。中古 かうかう［浩浩］。やうやう［洋洋］。

ーが清らかで冷たいこと 近世 せいれつ［清冽］。

ーが滴となって落ちる 中世 てきれき［滴瀝］。上代 したたる／しただる［滴／瀝］。たる［垂］。

ーが澄んで美しいこと 近世 すいめい［水明］。りんりん［粼粼］。

ーが溜(た)まること 近世 おどもり。ちょりう［貯留／潴留］。

ーが飛び散る 中世 とばしる［飛汁／余勢］。上代 たばしる［走］。

ーが流れ込む 近世 そそぐ［灌／注］。上代 そそく［灌／注］。

ーが流れるさま(音) じゃあじゃあ。近代 ざあざあ。しゃあしゃあ。しゃうぜん［鏘然］。せんくゎん［潺湲］。中世 ささ。どうどっと。近世 せんせん［潺潺］。中古 そうそう［淙淙］。ちょろちょろ。ちろちろ。どうどう。どんど。ようようれきれき［瀝瀝］。中古 さらさら。ようよう［溶溶］。上代 せんゑん［潺湲］。

ーが激しく逆巻く(さま) 中世 はうはい［澎

湃／彭湃]。

―が激しく流れ落ちること 中古たぎる[滾／激]。近代しゃか[瀉下]。

―が激しく流れる(こと) 上代たぎち[滾／激]。たきつ／たぎつ[滾／激]。

―が激しく湧き出るさま 近世きょうゆう[洶涌／洶湧]。

―がはねて掛かる 中古うちかく[打掛]。そそき[注]。はしりかかる[走掛]。

―がはねて掛かる音 ぴしゃり。ぴちゃん。近代ぴちゃぴちゃ。

―が引くこと はける[捌]。中世おちあし[落足]。

―が深くてあまり流れていない所 近世とろ／どろ[瀞]。よどみ[淀／澱]。上代ふち[淵／潭]。よど[淀／澱]。

―が深く広いさま 近代わうぜん[汪然]。中古わうわう[汪汪]。

―が増すこと 近代ぞうすい[増水]。中古ましみづ[増水]。

―が漏れること みずもり／みずもれ[水漏]。中古ろうすい[漏水]。もり[漏]。

―が豊かなさま 中世かうぜん[浩然]。

―が淀んでいる瀬 上代よどせ[淀瀬]。

―が湧き出るさま 中世こんこん[渾渾／混混／滾滾]。

―でふやける 中古ほとぶ[潤]。

―などが溢れる オーバーフロー(overflow)。近代いっすい[溢水]。りうしゅつ[流出]。近世いつりう[溢流]。ゑつりう[越流]。中世みなぎる[漲]。上代はふる[溢]。

―に浮く ふじょう[浮上]。近代ふやう[浮揚]。中古うかむ[浮]。うく[浮]。上代なづさふ。

―に映って見える 上代しづく[沈]。

―に沈む かんすい[冠水]。すいぼつ[水没]。近世ちんすい[沈水]。中古ちんぼつ[沈没]。上代しづく[沈]。なづさふ。

―に漬かる →つか・る

―に漬ける →つ・ける【漬】

―に溶けやすい性質 しんすいせい[親水性]。すいせい[水性]。すいようせい[水溶性]。

―に濡れる →ぬ・れる

―に入って自殺すること 近世にふすい[入水]。とうしん[投身]。中世じゅすい[入水]。みなげ[身投]。中古身を沈む[―沈める]。身を投ぐ[―投げる]。

―の泡 バブル(bubble)。近世あぶく[泡]。すいまつ[水沫]。中世うたかた[泡沫]。中古すいはう[水泡]。みなわ[水泡／水沫]。上代みつぼ[水粒]。→あわ

―の入り口 しゅすいぐち[取水口]。近世みぐち／みづぐち[水口]。中古みなくち[水口]。

―の音 →みずおと

―の神 近世すいはく[水伯]。中古すいじん[水神]。上代みつち／みづち[蛟／虬／虯／螭]。みつは／みづは[罔象]。

―の底 近代みそこ[水底]。みづそこ[水底]。上代すいてい[水底]。みなそこ[水底]。

―の玉 近代すいてき[水滴]。中世みづたま[水玉]。みづまり[水鞠]。

―のない川 上代みなしがは[水無川]。みなせがは[水無瀬川]。

―の中 すいめんか[水面下]。中古すいちゅう[水中]。

―の中に入る ダイビング(diving)。近代せんかう[潜行]。せんすい[潜水]。もぐりこむ[潜込]。もぐる[潜]。

―の流れ 近代すいかう[水行]。

―の流れる先 近代すいしょう[水衝]。中世みづさき[水先]。

―の表面 みなも[水面]。中古すいじゃう[水上]。すいめん[水面]。みのも[水面]。

―の表面の光 中古すいくゎう[水光]。

―の量 近世すいりゃう[水量]。中古みかさ[水嵩]。みづかさ[水嵩]。

―の量を調節する戸口 中世ひのくち[樋口]。中古すいもん[水門]。ひぐち[樋口]。

―を浴びて身を清めること 近世すいぎゃう／みづぎゃう[水行]。中古こり[垢離]。みづごり[水垢離]。上代みそぎ[禊]。ゆかはあみ[斎川浴](川での禊)。

―を掛けること ほうすい[放水]。近代くゎんすい[灌水]。ちゅうすい[注水]。

―を供給し排水する施設 じょうげすいどう[上下水道]。近世すいだう[水道]。

―を高い所へ揚げる機械 近代やうすいき[揚水機]。近世ふみぐるま[踏車]。ポンプ[(オランダ)pomp／喞筒]。りゅうこしゃ／りゅうこつしゃ[竜骨車]。

―を高い所へ揚げること かわあげ[川揚]。近代やうすい[揚水]。中世きふすい[汲水]。くみあぐ[―あげる][汲上]。

―を貯える入れ物 きゅうすいタンク[給水tank]。近代すいさう[水槽]。タンク(tank)。中世みづぶね[水船]。

―を貯えること 近代ちょすい[貯水]。

―を出す口 中世みづぐち[水口]。

―をたすこと かすい[加水]。てんすい[点

水」。近代さしみづ「差水」。ましみづ「増水」。

―を田にたたえること たんすい「湛水」。

―を通さない性質 ウオータープルーフ(waterproof)。たいすい「耐水」。はっすい「撥水」。近代ばうすい「防水」。

―を通す管 そうすいかん「送水管」。どうすいかん「導水管」。近世うづみひ「埋樋」。中世とひ「樋」。

―を通す道 近世すいり「水理」。中世すいだう「水道」。すいろ「水路」。とひ「樋」。上代うなて「溝」。みぞ「溝」。みを「水脈」。中古かけひ「懸樋/筧」。ひ「樋」。

―を飲ませる 上代みづかふ「水飼」。

―を引く しゅすい「取水」。どうすい「導水」。近代いんすい「引水」。中世まかす「引/漑」。中古せきいる「塞入」。みづとり「水取」。上代くゎんがい「灌漑」。

―を防ぐ設備 近世みづよけ「水除」。

―をまくこと →**みずまき**
―を無駄遣いしないこと せっすい「節水」。

青い― 中古へきすい「碧水」。りょくすい「緑水」。

暖かい― 近代をんすい「温水」。近世ぬるまゆ「微温湯」。びをんたう「微温湯」。

熱い― 近世ねっすい「熱水」。中世にえゆ「煮湯」。中古あつゆ「熱湯」。ねったう「熱湯」。上代ゆ「湯」。

井戸の― 近世せいすい「井水」。ゐどみづ「井戸水」。中世ゐみづ「井水」。

海の― 近世かんすい「鹹水」。中世ましほ「真潮」。上代うしほ「潮」。しほみづ「潮水」。

塩分を含む― えんすい「塩水」。近代しょくえんすい「食塩水」。上代しほみづ「塩水」。

お供えの― 近代ごくうすい「御供水」。近世たむけみづ「手向水」。中世かうずい「香水」。じんすい/じんずい「神水」。中古あか「閼伽」。よるべのみづ「寄辺水」。
髪を洗う― 中古ゆする「泔」。
逆流する― 中世さかみづ「逆水」。
清らかな― 近代あはみづ「淡水」。中世せいすい「清水」。中古じゃうすい「浄水」。上代しみづ「清水」。
小石の上を流れる― 近世さざれみづ「小石水」。
氷の溶けた― 中古ひみづ「氷水」。
さらさらと音を立てて流れる― 中古さざれみづ「細水」。
山中の川を流れる― 中世さんすい「山水」。中古かんすい「澗水」。やまみづ「山水」。上代やまがはみづ「山川水」。
静かに―をたたえるさま 中世たんぜん「湛然」。たんたん「潭潭」。中古たんたん「淡淡/澹澹」。
下を流れる― ふくりゅうすい「伏流水」。近代ちかすい「地下水」。中古うもれみづ「埋水」。したみづ「下水」。すいみゃく「水脈」。
社前で手を洗う― 中世みたらし/みたらひ「御手洗」。中古てうづ「手水」。
少しの― 近世いささみづ「水」。上代いさらみづ「水」。
静止している― 近代せいすい「静水」。中古しすい「止水」。
大河の― 中古かうすい「江水」。
太陽に当たって温まった― 近世ひなたみづ「日向水」。
たたえられた― 近代たんすい「潭水」。中古せきすい「積水」。

玉のように美しい― 中世たまみづ「玉水」。
冷たい― 近世ひや「冷」。中世おひやし「御冷」(女房詞)。ひやし「冷」(女房詞)。こほりみづ「氷水」。ひやみづ「冷水」。中古かんすい「寒水」。ひみづ「氷水」。れいすい「冷水」。上代さむみづ「寒水」。
手や顔を洗う― 中古てうづ/てみづ「手水」。
飛び散る― みずしぶき「水飛沫」。近代しぶき「飛沫」。
流れる― 中世ながれみづ「流水」。中古すいりう「水流」。せいりう「清流」。上代りうすい「流水」。
名高い― 中世めいすい「名水」。
飲む― 近代いんようすい「飲用水」。いんれうすい「飲料水」。近世じゃうすい「上水」。中世いんすい/おんずい「飲水」。のみみづ「飲水」。上代みもひ「御水」。
不用な―を排除すること 近代はいすい「排水」。
雪解けの― 近代ゆきしろ「雪代」。近世ゆきみづ「雪水」。中世ゆきしる/ゆきじる「雪汁」。ゆきしろみづ「雪代水」。上代ゆきげ「雪解」。
容器から溢れた― 近世ふくすい「覆水」。
汚れた― はいすい「廃水」。近代よごれみづ「汚水」。近世ざふみづ「雑水」。をすい「汚水」。中世あくすい「悪水」。げすい「下水」。ざふづ「雑水」。中古どろみづ「泥水」。
臨終の人の口をうるおす― 近世しにみづ「死水」。末期（ごまっ）の水。
湧き出る― 中古わきみづ「湧水」。上代しみづ「清水」。↓**しみず**

わずかなー 中世 ささみづ［細水］。せうすい［少水／小水］。
その他ーのいろいろ(例) きすい［汽水］。けいすい［軽水］。ミネラルウオーター(mineral water)。りくすい［陸水］。近代 かうすい［硬水］。ぢゅうすい［重水］。なんすい［軟水］。近世 じょうりうすい［蒸留水］。ちからみづ［力水］。中世 あまうづ［雨水］。うすい［雨水］。中古 あまみづ［雨水］。たんすい［淡水］。上代 うなづ［海水］。かいすい［海水］。

みずあおい【水葵】 近世 さはぎきゃう［沢桔梗］。みづあふひ［水葵］。中世 なぎ［水葱／菜葱］。中古 うきなぎ［浮水葱］。

みずあか【水垢】 みずごけ［水蘚／水苔］。近世 いしあか［石垢］。みづあか［水垢］。中世 あか［垢］。中古 みくづ［水屑］。みさび［水銹／水錆］。上代 しぶ［渋］。みしぶ［水渋］。

みずあげ【水揚】❶〈売り上げ〉 近代 うりあげ［売上］。かせぎだか［稼高］。ぎょくわくだか［漁獲高］。

みずあげ【水揚】❷〈陸揚げ〉 ↓りくあげ

みずあそび【水遊】 みずあび［水浴］。近代 みづいたづら［水悪戯］。近世 すいえい［水泳］。中世 みづあそび［水遊］。みづなぶり［水嬲］。

みすい【未遂】 近代 ふせいりつ［不成立］。みくゎん［未完］。みくゎんせい［未完成］。みすい［未遂］。

みずいろ【水色】 近世 そらいろ［空色］。中世 うすあを［薄青／淡青］。しらあを［白青］。中古 すいしょく［水色］。みづいろ［水色］。上代 みはなだ［水縹］。

みずうみ【湖】 たんすいこ［淡水湖］。近代 レーク(lake)。中世 こかい［湖海］。中古 うちうみ［内海］。こすい［湖水］。水の海。上代 あはうみ／あふみ［淡海］。うみ［海］。みづうみ［湖］。
ーと海 中世 こかい［湖海］。
ーと川 近代 かうこ／がうこ［江湖］。
ーと沼 近世 こせう［湖沼］。
ーの岸 近代 こがん［湖岸］。上代 うら［浦］。
ーの水面 近代 こめん［湖面］。中世 こじゃう［湖上］。
ーの底 中世 こてい［湖底］。
ーのほとり 近代 ことう［湖頭］。近世 こはん［湖畔］。中古 こへん［湖辺］。
ーの真ん中 近代 こしん［湖心］。
塩分を含んだー 近代 えんこ［塩湖］。かんすいこ［鹹水湖］。
大きく広いー 中古 たいこ［大湖］。たいすい［大水］。上代 うなはら／うなばら［海原］。
砂州などで海と切り離されてできたー ラグーン(lagoon)。近代 かた［潟］。せきこ［潟湖］。
その他ーのいろいろ(例) えんそくこ［堰塞湖］。おんたいこ［温帯湖］。カールこ［ドイツKar湖］。かいせきこ［海跡湖］。かせきこ［河跡湖］。かんぼつこ［陥没湖］。ぎゅうかくこ［牛角湖］。せきとめこ［堰止湖］。だんそうこ［断層湖］。ないりくこ［内陸湖］。ねったいこ［熱帯湖］。ひょうがこ［氷河湖］。へいそくこ［閉塞湖］。みかづきこ［三日月湖］。近代 いうこうこ［有口湖］。カルデラこ［caldera湖］。くゎこうげんこ［火口原湖］。くゎこうこ［火口湖］。むこうこ［無口湖］。
▼琵琶湖 中古 にほのうみ［鳰海］。潮(汐)ならぬ海。上代 あふみのみ［近江海］。

みす・える【見据】 近代 せいし［正視］。ちょくし［直視］。みすゑる［見据］。中世 みきはむ［ーきわめる］［見極］。みつむ［ーつめる］［見詰］。中古 みさだむ［ーさだめる］［見定］。上代 まかつ［目勝］。
一点をー・える 近代 瞳を据ゑる。

みずおと【水音】 中世 せせらぎ／せぜらき［細流／小流］。みづおと［水音］。
▼擬音語 近代 ざあざあ。ざぶん。しゃあしゃあ。じゃあじゃあ。じゃぶじゃぶ。じゃぶん／じゃぼん。どぶん。どぼん。中世 ざぶり。ざんぶり。づぶづぶ。つぶと。中古 さらさら。つぶつぶ。

みずかけろん【水掛論】 近代 かふろんおつばく［甲論乙駁］。中世 みづかけろん［水掛論］。

みずかさ【水嵩】 近世 すいりゃう［水量］。中古 みかさ／みづかさ［水嵩］。
ーが増すこと 近代 さしみづ［差水］。ぞうすい［増水］。

みすか・す【見透】 おみとおし［御見通］。近代 どうかん［洞看］。近世 どうさつ［洞察］。みてとる［見取］。みやぶる［見破］。中世 かんぱ［看破］。みすかす［見透］。みとほす［見通／見透］。みぬく［見抜］。中古 かんしゅ［看取］。
ー・されること 中古 こころみえ［心見］。

みずから【自】 近代 じぶんじしん［自分自身］。身を以て。近世 わがで／わがでに［我手］。中世 じぶん［自分］。中古 じしん［自身］。てづから［手］。みづから［自］。われから

[我]。上代ころ[自]（接頭語的に）。われと[我]。《句》近世雪仏の水遊び。中世土仏の水遊び。

ー・する（さま） 近代じしゅてき[自主的]。じはってき[自発的]。しゅたいてき[主体的]。近世きゅうかう[躬行]。中古ひとやりならず[人遣]。

ー身を修めること 中世じしう[自修]。じとく[自得]。

ー身を清めること じじょう[自浄]。上代みそぎ[禊]。

ーを反省すること 近代じせい[自省]。近世じはん[自反]。《句》近世人を恕むより身を恕め。

みずがれ【水涸】 かっすい[渇水]。かっする[渇]。近代みづがれ[水涸]。中世から[涸／乾／枯]。かんてん[旱天]。かんばち[旱魃]。ひあがる[干上]。中古かんばつ[旱魃／干魃]。上代かる[かれる][涸／枯／嗄]。ひでり[日照／旱]。

みずぎわ【水際】 →**みぎわ**

みずくさ【水草】 ふすいしょくぶつ[浮水植物]。近世すいさう[水草]。もぐさ[藻草]。中古うきくさ[浮草／浮萍]。みくさ[水草]。みづくさ[水草]。上代も[藻草]。

ーの根 中古うきね[浮根]。

みずくさ・い【水臭】 近世たにんぎゃうぎ[他人行儀]。中世みづくさし[水臭]。よそがまし[余所]。中古よそよそし[余所余所]。

みずけ【水気】 近代しめりけ[湿気]。すいぶん[水分]。中世しっけ[湿気]。みづけ[水気]。中古うるほひ[潤]。しめり[湿]。すいき[水気]。

ーが多いさま べちゃべちゃ。近代ぐしゃぐしゃ。じくじく。じゅくじゅく。びしょびしょ。近世びっしょり。

ーがない 近代ドライ(dry)。中世から[涸／乾／枯]。

ーがなくなる 近代こけつ[枯竭／涸竭]。中世かんさう[乾燥]。ひあがる[干上]。ひからぶ[ーからびる][干涸／乾涸]。上代かわく[乾]。

みすご・す【見過】❶〈うっかり〉近世みもらす[見漏]。中世みおとす[見落]。みのがす[見逃]。中古おもひすつ[思捨]。

みすご・す【見過】❷〈意図的に〉近代みおくる[見送]。中世みのがす[見逃]。中古みすぐす／みすごす[見過]。→**もくにん**

みずさし【水差】 てんすい[点水]。近代けんてき[硯滴]。近世みづさし[水差／水指]。中世すいてき[水滴]。みづつぎ[水注]。

みずしぶき【水飛沫】 近代しぶき[飛沫]。ひまつ[飛沫]。みづけぶり／みづけむり[水煙]。中古すいえん[水煙／水烟]。

ーが立ち続ける 上代みなぎらふ[水霧]。

ボートをこぐときのー スプラッシュ(splash)。

みずすまし【水澄】 近世うづむし[渦虫]。かいもちかき[掻餅掻]。まひまひ[舞舞]。まひまひむし[舞舞虫]。みづすまし[水澄／豉虫]。

みずたまり【水溜】 近代しすい[死水]。ひどろ。近世くぼたまり[凹溜／窪溜]。をち[洿池]。中世みづたまり[水溜]。中古たまりみづ[溜水]。上代にはたづみ[庭潦／行潦]。

ミステーク(mistake)→**ミス**

ミステリー(mystery) 近代なぞ[謎]。ミステリー。中世しんぴ[神秘]。ふしぎ[不思議]。中古きくゎい[奇怪]。くゎいい[怪異]。ふかしぎ[不可思議]。上代あやし[怪]。

みす・てる【見捨】 近世あきらむ[ーらめる][諦]。みきる[見切]。みごろし[見殺]。中世おく[置／措]。みおく[見置]。みかぎる[見限]。中古うちすつ[ーすてる][打捨]。おもひすつ[ーすてる][思捨]。おもひはなつ[思放]。おもひはなる[思離]。はふる[放]。ふりすつ[ーすてる][振捨]。ふるす[古／旧]。みおく[見置]。みすつ[ーすてる][見捨]。みはなす[見放／見離]。みはなつ[見放]。上代すつ[すてる][捨／棄]。

《尊》中古おぼしすつ[思捨]。おぼしはなる[思離]。

ー・てて行く 近代おいてきぼり[置]。近世おいてけぼり[置]。おきざり[置去]。おきずて[置捨]。

神や運にー・てられる 近世ひがしふさがり[東塞]。中世みゃうがなし[冥加無]。

みずとり【水鳥】 ゆうきん[游禽]。中世すいてう[水鳥]。中古うきねどり／うきねのとり[浮寝鳥]。すいきん[水禽]。上代みづとり[水鳥／水禽]。

ーが水上で眠ること 上代うきね[浮寝]。

みずべ【水辺】 →**みぎわ**

ーの景色 中古すいしょく[水色]。

ーの村里 近代すいがう[水郷]。中世すいそん[水村]。中古すいきゃう[水郷]。

ーの楼閣 中世すいろう[水楼]。中古すいかく[水閣]。

葦の生えているー 上代あしべ[葦辺]。

みすぼらし・い【見窄】 見る影もない。**近世**さむし［寒］。しみったれる。ひんせう［貧小］。**中世**あさまし［浅］。さもし。すぼし［窄］。みすぼらし［見窄］。やつやつし［窶窶］。**中古**いやし［卑／賤］。おちぶる〔—ぶれる〕［零落／落魄］。つたなし［拙］。はかなし［果無／果敢無／儚］。ひんじゃく［貧弱］。みだてなし［見立無］。みるめなし［見目無］。ものげなし［物無］。れいらく［零落］。わびし／わびしげ［侘］。わろし［悪］。**上代**うらぶる〔—ぶれる〕。

—・い家 **中世**はにふ［埴生］。ほうひつ［蓬華］。ほうをく［蓬屋］。**中古**ばうをく［茅屋］。**上代**はにふのをや［埴生小屋］。→**いえ❶**

—・い男 **近世**さんすいをとこ［山水男］。

—・いさま **近世**さんすい［山水］。しみったれ。そぼろ。**中世**ひんさう［貧相］。**中古**かすか［幽／微］。わうじゃく［尫弱／尪弱］。むとく［無徳］。わづか［僅／纔］。

—・い浪人 **近世**やせらうにん［痩浪人］。

—・くする しょぼくれる。**近代**しょぼたれる。**中古**やつす［窶］。

—・くなる **近代**さらばへる。**近世**しほたる［潮垂］。しもげる［霜］。しゅむ。**中古**やつる［窶］。わぶ［侘］。《句》**近世**尾羽(をは)うち枯らす。

衣服が—・いさま **近代**ぼろぎ／ぼろぎもの［襤褸着物］。**近世**そぼろ。ぼろ［襤褸］。**中古**へいふく［弊服］。

古びて—・くなる **近世**すがる〔すがれる〕［尽／末枯］。**中古**ものさぶ〔—さびる〕［物寂］。

みずまき【水撒】 さんすい［散水］。みずうち［水打］。**近代**さっすい［撒水］。まきみづ［撒水］。**近世**うちみづ［打水］。みづまき［水撒］。きりみづ［切水］。

ミスマッチ(mismatch) **近代**ふてうわ［不調和］。ふてきがふ［不適合］。**近世**ふつりあひ［不釣合］。ふにあひ［不似合］。

みずみずし・い【瑞瑞】 **近代**フレッシュ(fresh)。**近世**みづみづしい［瑞瑞／水水］。みづみづ［瑞瑞］。みんづり。**中世**あたらし［新］。しんせん［新鮮］。**中古**せいしん［清新］。なまめかし［艶］。わかだつ［若立］。**上代**うらわかし［若］。みづ［瑞］。わかし［若］。

—・い山 **上代**みづやま［瑞山］。

—・い様子をしている **中古**なまめく［艶／生］。

—・く豊かなこと **中世**ほうじゅん［豊潤］。

いつも—・い **中古**とこめづら［常珍］。

みせ【店】 ショッピングセンター(shopping center)。しょうほ［商舗／商鋪］。**近代**ショップ(shop)。ストア(store)。てんぽ［店舗／店鋪］。ばいてん［売店］。はんばいてん［販売店］。ほ［舗／鋪］。みせや［店屋］。**近世**しゃうてん［商店］。たな［店］。**中世**いちば［市場／市庭］。てんや［店屋］。みせ［店／見世］。みせだな［店棚／見世棚］。**上代**してん［肆店／肆廛］。

—で売ること たなうり［店売］。てんばい［店売］。**近世**たなあきなひ［店商］。みせうり［店売］。

—で客と対応する台 **近代**うりだい［売台］。カウンター(counter)。みせだい［店台］。

—で商品を陳列する棚 **近代**かざりまど［飾窓］。ショーウインドー(show window)。ちんれつだな［陳列棚］。ちんれつまど［陳列窓］。**中世**みせだな［店棚／見世棚］。

—に勤めている人 **近代**てんゐん［店員］。**近世**たなもの［店者］。みせばん［店番］。みせまもり／みせもり［店守］。

—の主人 **近世**たなぬし［店主］。てんしゅ［店主］。

—の名 **近世**やがう［屋号］。→**やごう【屋号】**

—の標識 ブランド(brand)。**近代**しゃうへう［商標］。トレードマーク(trademark)。へうしゃう［標章］。めいがら［銘柄］。**中世**のれん［暖簾］。

—の様子 みせごしらえ［店拵］。**近代**みせがまへ［店構］。**近世**みせつき［見世付／店付］。

—を開けること しゅってん［出店］。**近代**オープン(open)。かいてん［開店］。**近世**みせびらき［店開］。

—を閉めること →**へいてん**

大きな— りょうはんてん［量販店］。**近世**おほだな／おほみせ［大店］。

街頭などで物を売る— →**ろてん【露店】**

代々続いた— **近世**しにせ［老舗］。らうほ［老舗／老鋪］。

他人に賃貸しする— **近代**テナント(tenant)。**近世**かしだな／かしみせ［貸店］。

小さな—（謙譲語を含む） **近代**せうてん［小店］。へいてん［弊店］。**近世**こだな［小店］。さんじゃくだな［三尺店］。**中世**こみせ［小店］。

本店から分かれた— ブランチ(branch)。**近代**してん［支店］。**近世**でたな／でみせ［出店］。べっけ［別家］。

野菜などを売る— **近世**あをものうり［青物売］。あをものや［青物屋］。やほや［八百

屋]。
その他—のいろいろ(例) コンビニ/コンビニエンスストア(convenience store)。スーパー/スーパーストア(superstore)。チェーンストア(chain store)。ドラッグストア(drug store)。ブティック(フランス boutique)。近代 あらものや[荒物屋]。かどみせ[角店]。デパート/デパートメントストア(department store)。なんでもや[何屋]。ばいてん[売店]。ひゃくくゎてん[百貨店]。めしや[飯屋]。れんさてん[連鎖店]。近世 あぶらみせ[油店]。ざっくゎてん[雑貨店]。しゃうじんや[精進屋]。とこみせ[床店/床見世]。のきみせ[軒店]。よろづや[万屋]。ゑざうしや[絵草紙屋]。ゑまや[絵馬屋]。

みせかけ【見掛】 近代 かめん[仮面]。ジェスチャー/ゼスチュア(gesture)。ポーズ(pose)。近世 かんばん[看板]。みせかけ[見掛]。みてくれ[見呉]。みば[見場]。中世 みかけ[見掛]。
—だけで中身がない →**みかけ** かんばんだおれ[看板倒]。近代 こけおどかし[虚仮威]。近世 いぬおどし[犬威]。こけおどし[虚仮威]。そらざや[空鞘]。はりもの[張物]。みかけだふし[見倒]。めっき[鍍金/滅金]。張子の虎。中世 こけ[虚仮]。中古 から[殻/骸]。ぬけがら[抜殻/脱殻]。
—だけの幸い 中古 えせざいはひ[似非幸]。
—だけの善 近代 ぎぜん[偽善]。
—だけの善で自己の利益をはかること 近世 おためごかし[御為倒]。じゃうずごかし[上手]。しんせつごかし[親切]。
—の様子 近代 ていさい[体裁]。中古 てい[体/態]。
—を実際以上にすること(もの) 近世 いさらへ[鋳浚]。からぜい[空贅]。げんえう[衒耀]。やうとうくにく[羊頭狗肉]。→**みかけだおし**
▼接頭語 中世 から[空]。こけ[虚仮]。中古 えせ[似非/似而非]。そら[空]。

みせか・ける【見掛】 近代 仮面を被る。近世 みせかく[—かける][見掛]。中世 もてなす[持成]。めかす[粧]。よそほふ[装/粧]。

みせがまえ【店構】 みせごしらえ[店拵]。近代 みせがまへ[店構]。近世 おもてむき[表向]。みせつき[見世付/店付]。

みせさき【店先】 近世 たなさき[店前]。たなした[店下]。てんとう[店頭]。みせさき[店先]。

みせじまい【店仕舞】 →**へいてん**

みせしめ【見】 中世 こらしめ[懲]。みせしめ[見]。中古 いましめ[戒]。

みせつ・ける【見付】 近世 みせつく[—つける][見付]。みせびらかす[見]。中世 こじ[誇示]。ひけらかす。
男女の仲のよいのを—・ける あてつける[当付]。

みぜに【身銭】 ポケットマネー(pocket money)。近世 じばら[自腹]。じひ[自費]。中世 みぜに[身銭]。
—を切る じこふたん[自己負担]。近代 じべん[自弁]。近世 てべんたう[手弁当]。自腹を切る。腹が痛む。

みせば【見場】 あっかん[圧巻]。スペクタクル(spectacle)。ハイライト(highlight)。近代 クライマックス(climax)。つめどころ[詰所]。みせどころ[見所]。中古 みどころ[見所]。→**みもの**

みせびらか・す【見】 近代 みせじらかす[見]。みせつく[—つける][見付]。近世 ぜんせい[全盛]。ひけらかす。みせびらかす[見]。みよかし[見]。中世 こじ[誇示]。ひけらかす。みせぶらかす[見]。中古 さかす[栄/盛]。てらふ[衒]。上代 てらさふ[衒/照]。
—・して歩く 中古 みえありく[見歩]。
—・すような顔つき 中世 みよかしがほ[見顔]。
学問や才能を—・す 中古 ざえがる[才]。

みせもの【見物】 ショー(show)。近代 もよほしもの[催物]。近世 みせもの[見物/見世物]。中世 こうぎゃう[興行]。
—の例 近代 アクロバット(acrobat)。あしげい[足芸]。あしをどり[足踊]。ジオラマ/ディオラマ(フランス diorama)。近世 かるわざ[軽業]。きょくごま[曲独楽]。中世 きょくげい[曲芸]。

み・せる【見】 きょうらん[供覧]。さらける[曝]。てんじ[展示]。近代 てんらん[展覧]。ろてい[露呈]。中古 ぐゎいけん[外見]。たけん[他見]。上代 しめす[示]。みす[みせる][見]。みゆ[見]。
《謙》お見せする。御高覧に供する。近代 一粲(いっさん)を博す。近世 御覧に入れる。中世 お目に掛く[—掛ける]。
一部を—・せる 近代 のぞかす/のぞかせる[覗/覘]。
隠さず全部—・せること 近代 まるだし[丸出]。ろこつ[露骨]。ろしゅつ[露出]。ろてい[露呈]。白日の下に晒す。近世 むきだし[剥出]。

ちらっと―・せる 近代 ちらつかす〔―つかせる〕。ひらめかす〔閃〕。

みぜん【未然】 近代 じぜん〔事前〕。近世 みはつ〔未発〕。中古 みぜん〔未然〕。

みそ【味噌】 中世 おむし〔蒸〕（女房詞）。かう〔香〕。むし〔蒸〕（女房詞）。上代 みそ〔味噌／未醤〕。

―等を貯えておく小屋 えんそうべや〔塩噌部屋〕。みそぐら〔味噌倉〕。近世 みそべや〔味噌部屋〕。

―を杉板に塗って焼いたもの 中世 やきみそ〔焼味噌〕。

食べ物に含まれる―の味 中世 みそけ〔味噌気〕。

調理していない― 近世 なまみそ〔生味噌〕。

二種以上の―をまぜたもの あわせみそ〔合味噌〕。

その他―のいろいろ（例） うおみそ〔魚味噌〕。かきみそ〔牡蠣味噌〕。トーバンジャン（中国語）〔豆板醤〕。むぎみそ〔麦味噌〕。近代 あまみそ〔甘味噌〕。近世 あかみそ〔赤味噌〕。ゐなかみそ〔田舎味噌〕。えどみそ〔江戸味噌〕。おにみそ〔鬼味噌〕。かやみそ〔榧味噌〕。ちゅうじろ〔中白〕。中世 からみそ〔辛味噌〕。ねりみそ〔練味噌／煉味噌〕。ゆみそ〔柚味噌〕。

みぞ【溝】❶〈水路〉 ノッチ（notch）。めいきょ〔明渠〕。近代 あんきょ〔暗渠〕。がう〔濠／壕〕。近世 こうきょ〔溝渠〕。せせなぎ／せせなげ〔細流／溝〕。たんぼ〔田圃〕。どぶ〔溝／溷〕。ほりわり〔掘割〕。中世 すいろ〔水路〕。せせなき／せせらぎ〔細流／溝〕。中古 ひ〔樋〕。上代 こうとく〔溝瀆〕。ほり〔堀〕。みぞ〔溝〕。

雨水などを流す― うすいこう〔雨水溝〕。

大きな― 近代 こうこう〔鴻溝〕。

敷居や鴨居の― 中世 さくり〔決／刳〕。

陣地の周りの― 近代 ざんがう〔塹壕〕。

日本刀の側面の― 中世 ひ〔樋〕。

水を引くための― 中世 こうきょ〔溝渠〕。上代 うなて〔溝〕。

みぞ【溝】❷〈懸隔〉 近代 ギャップ（gap）。こうこう〔鴻溝〕。すきま〔隙間〕。みぞ〔溝〕。近世 かくい〔隔意〕。ひらき〔開〕。中世 きゃくい〔隔意〕。さい〔差異〕。さゐ〔差違〕。すき〔隙〕。中古 かくしん〔隔心〕。へだたり〔隔〕。へだて〔隔〕。へだてごころ〔隔心〕。

みぞう【未曾有】 近代 くうぜん〔空前〕。ここんみぞう〔古今未曾有〕。みぞう〔未曾有〕。近世 はてんくゎう〔破天荒〕。中古 ぜんだいみもん〔前代未聞〕。みぞうう〔未曾有〕。

みぞおち【鳩尾】 近代 しんくゎ／しんわ〔心窩〕。はとを〔鳩尾〕。みぞおち〔鳩尾〕。中世 きうび〔鳩尾〕。みづおち〔鳩尾〕。

みそか【晦日】 →げつまつ

みそぎ【禊】 近世 すいぎゃう／みづぎゃう〔水行〕。中世 しうばつ／しうふつ／しゅばつ〔修祓〕。中古 けっさい〔潔斎〕。こり〔垢離〕。みづごり〔水垢離〕。上代 みそぎ〔禊〕。

―をする 近世 垢離を取る。中世 こりかき〔垢離掻〕。垢離を掻く。上代 みそぐ〔禊〕。

―をする川 近代 はらへがは〔祓川〕。

海辺でする― 近代 はまおり〔浜降〕。

川での― 上代 ゆかはあみ〔斎川浴〕。

みぞごい【溝五位】（サギ科の鳥） 近世 えぼどり。ひのくちまもり〔樋口守〕。みぞごゐ〔溝五位〕。中古 おすめどり〔護田鳥〕。中世 うすべ／うすめ〔護田鳥〕。

みそこな・う【見損】 近代 けんたうちがひ〔見当違〕。ごにん〔誤認〕。みまちがふ〔見間違〕。近世 みちがふ〔―ちがえる〕〔見違〕。めがねちがひ〔眼鏡違〕。めちがひ〔目違〕。中世 みあやまる〔見誤〕。みそこなふ〔見損〕。中古 まがふ〔紛〕。まぎる〔紛〕。まよふ〔迷〕。みまがふ〔見紛〕。

みそさざい【鷦鷯】 中世 みそさざい〔鷦鷯〕。中古 せうれう〔鷦鷯〕。上代 ささぎ／さざき〔鷦鷯〕。

みそしる【味噌汁】 あかだし〔赤出〕。近世 おしい〔御汁〕。おつけ〔御汁／御付〕。すりこぎ〔擂粉木／摺粉木／摺子木〕。みそしる〔味噌汁〕。

《丁》近世 おみおつけ〔御味御汁／御味御付／御御御付〕。

正月の準備を始めるとき食べる― 近世 おことじる〔御事汁〕。

実の入っていない― 近世 からじる〔空汁〕。

その他―のいろいろ（例） あおじる〔青汁〕。近世 おとしみそ〔落味噌〕。近代 うのはなじる〔卯花汁〕。かきたてじる〔掻立汁〕。からじる〔雪花菜汁／豆滓汁〕。なっとじる〔納豆汁〕。中世 あつめ／あつめじる〔集汁〕。どぢゃうじる〔泥鰌汁〕。なっとうじる〔納豆汁〕。

みぞそば【溝蕎麦】 かわそば〔川蕎麦〕。近世 いぬそば〔犬蕎麦〕。うしのからひたひ〔牛〕。かひるぐさ／ぎゃるくさ〔蛙草〕。たそば〔田蕎麦〕。みぞそば〔溝蕎麦〕。みづそば〔水蕎麦〕。中古 うしのひたひ〔牛額〕。

み

みそはぎ【禊萩】 近代たまのやぐさ［玉屋草］。近世しゃうりゃうばな［精霊花］。中世みそはぎ［禊萩］。みづかけぐさ［水掛草］。

みぞれ【霙】 上代ひさめ［氷雨］。みぞれ［霙］。

―が降る 中古みぞる［霙］。

みだし【見出】 キャプション(caption)。ヘッダー(header)。近代インデックス(index)。タイトル(title)。ヘッディング(heading)。ヘッドライン(headline)。みだし［見出］。中世だいがう［題号］。へうだい［表題／標題］。

―と中身が著しく違っていること ミスリード(mislead)。

その他―のいろいろ(例) おやこうもく［親項目］。おやみだし［親見出］。近代おほみだし［大見出］。こみだし［小見出］。サブタイトル(subtitle)。メーンタイトル(main title)。

みだしなみ【身嗜】 近世かたちづくり［形作］。しまひ［仕舞］。ふぜい［風情］。みだしなみ［身嗜］。中世なりふり［形振］。中古みづくろひ［身繕］。みなり［身形］。上代よそほひ［装］。

《句》近代乞食も身づくろひ。

―に無頓着なこと 近代ほうとうこうめん［蓬頭垢面］。ほうはつこうめん［蓬髪垢面］。

―をきちんとする 中古ひきつくろふ［引繕］。

みた・す【満】 一杯にする。近代じゅうてん［充塡］。中世じゅうそく［充足］。つむ［詰］。みたす［満／充］。中古じゅうまん［充満］。たたふ［たたえる］［湛］。上代あす［塡］。みつ［みてる］［満］。

―・し詰めること 近世てんそく［塡塞］。中古うむ［うめる］［埋／塡］。

みだ・す【乱】 近代かくらん［攪乱］。ぶんらん［紊乱］。中世みだく［乱］。ゐらん［違乱］。中古かきみだす［掻乱］。くづす［崩］。したく／しだく［蹂］。ぜうらん［擾乱］。びんらん［紊乱］。みだす［乱／紊］。やぶる［破］。上代あらす［荒］。みだる［乱／紊］。

―・し汚すこと 中古ぢょくらん［濁乱］。

―・し損なうこと 近代ぜうがい［擾害］。

振って―・す 近世ふりみだく／ふりみだす［振乱］。

みたて【見立】 近世かんしき［鑑識］。かんてい［鑑定］。しんだん［診断］。みたて［見立］。中世めきき［目利］。中古しょけん［所見］。

みた・てる【見立】 近世みたつ［―たてる］［見立］。中古なぞふ［準／准／擬］。近世なぞらふ［―らえる］［準／准／擬］。上代ぎす［擬］。なぞふ［準／准／擬］。みなす［見做／看做］。

みたま【御霊】 近代スピリット(spirit)。中世こん［魂］。しんれい［心霊］。中古こんぱく［魂魄］。しゃうりゃう［精霊］。ばうこん［亡魂］。れい［霊］。れいこん［霊魂］。上代たま［魂／霊／魄］。たましひ［魂／魄］。みたま［御霊／御魂］。

―をまつっておく建物 近代れいをく［霊屋］。近世おたまや／みたまや［御霊屋］。中世ごべう［御廟］。べうしゃ［廟社］。べうしょ［廟所］。中古べうだう［廟堂］。上代べう［廟］。

みだら【淫】 近代いんいつ［淫佚／淫逸］。いんび［淫靡］。みだりがましい［濫／猥］。近世いやらし［嫌／厭］。いろがまし［色］。たはけし［戯］。ばらがき［掻］。ばれ。ひわい［卑猥／鄙猥］。みだら［淫／猥］。わいせつ［猥褻］。中世かんらん［姦濫］。中古たはく／たはし［戯］。みだりがはし［濫／猥］。上代いん［淫／婬］。いんぽん［淫奔］。じゃいん［邪淫／邪婬］。

―・でむごたらしい 近代いんぎゃく［淫虐］。

―・な歌 しゅんか［春歌］。

―・な絵 わいが［猥画］。近代ポルノグラフィー(pornography)。近世あぶなゑ［危絵］。しゅんぐゎ［春画］。ひとりわらひ［独笑］。まくらゑ［枕絵］。わらひゑ［笑絵］。

―・な音楽 中世いんせい［淫声］。ていせい［鄭声］。

―・な行為 近代じうかう［獣行］。ちぎ［痴戯］。近世いたづら［悪戯］。いたづらごと［徒事］。いんかう［淫行］。いんじゅう［淫縦］。しうかう［醜行］。たはけ［戯］。中世いんじ［淫事／婬事］。

―・な言葉や話 わいげん［猥言］。わいご［猥語］。近代せつげん［褻言］。わいだん［猥談］。近世おほくち［大口］。おほくちばなし［大口話］。しもがかり［下掛］。

―・なことを描いた本 いんぽん［淫本］。わいしょ［猥書］。近代いんしょ［淫書］。わいほん［猥本］。近世いろほん［色本］。えんぽん［艶本］。しゅんぽん［春本］。まくらざうし［枕草紙／枕冊子］。

―・なことを教えること 近代くゎいいん［誨淫］。

―・なことをする いちゃつく。近代いんする［淫］。近世たはむる［―むれる］［戯］。中古たはぶる［―ぶれる］［戯］。上代たはく［戯］。たはる［戯／狂］。

―・な楽しみ 中世いんらく［淫楽］。

―・な話をする 近代しもがかる［下掛］。近世ばれる。

―・な欲望 中世じゃよく［邪欲］。中古いんよく［淫欲］。

みだりがわし・い【濫】 近世うろん［胡乱］。ばらがき［擾］。中古みだりがはし／みだれがはし［濫／猥］。らうがはし［乱］。上代みだらかはし［濫］。

みだりに【乱】 近世むやみに［無闇］。やたらに［矢鱈］。やみくも［闇雲］。上代みだりに［乱／妄／濫／猥］。

みだれ【乱】 近代しぶんごれつ［四分五裂］。ぶんらん［紊乱］。むちつじょ［無秩序］。近世ふんきう［紛糾］。らん［乱］。中世くづれ［崩］。さくざつ［錯雑］。はらん［波瀾／波乱］。まぎれ［紛］。中古こんらん［混乱］。はんぜう［煩擾］。びんらん［紊乱］。みだれ［乱／紊］。らんざつ［乱雑］。ゐらん［違乱］。上代こんだく［混濁／溷濁］。ふんらん［紛乱］。

―を直す 近世つくらふ［繕］。

秘めた恋による心の― 中古忍ぶの乱れ。

毛髪や糸の― 中古まよひ［迷］。

文字や文章の― 近世さくかん［錯簡］。

世の― 近代らんみゃくさわぎ［乱脈騒］。近世へんらん［変乱］。らんぜう［乱擾］。中世くれ［暗］。はらん［波瀾／波乱］。ふんぜう［紛擾］。中古さうどう［騒動］。ぜうらん［擾乱］。上代さうらん［騒乱］。ぜうぜう［擾擾］。

世の―のたとえ 中古げきらう［逆浪］。

みだれち・る【乱散】 近世ちらばる［散］。ちらぼふ［散］。らりこっぱひ／らりこはひ［乱離粉灰／羅利骨灰］。らんてん［乱点］。らんり［乱離］。中古ちりかふ［散交］。ちりぼふ［散］。ちりみだる〔―みだれる〕［散乱］。みだれちる［乱散］。上代ちりまがふ［散紛］。

雪や花が―・るさま 中世ひんぷん［繽紛］。

みだ・れる【乱】 近世ごたつく。もつる〔もつれる〕［縺］。中世さくざつ［錯雑］。さくそう［錯綜］。さまたる［様垂］。したく／しだく。みだく［乱］。らんす［濫］。中古うちさわぐ［打騒］。おぼとる。かきみだる［搔乱］。くだく［砕／摧］。さみだる［乱］。すさぶ／すさむ［荒］。とりみだる［取乱］。ひたたく［混／溷］。もどろく。わななく［戦慄］。上代くづる〔くずれる〕［崩］。みだる〔みだれる〕［乱］。《枕》中世かりごろも［狩衣］。中古くろかみの［黒髪］。しづはたに［倭文機］。上代あさがみの［朝髪］。あさぎりの［朝霧］。あしかきの／あしがきの［葦垣］。かりこもの［刈菰］。たかるかやの［刈萱］。すがのねの［管根］。たまのをの［玉緒］。ときぎぬの［解衣］。やますげの［山菅］。

―・れ堕(お)ちること 近代らんだ［乱堕］。

―・れさせる 近世くづす［崩］。中世かきまはす［搔回］。ちらかす［散］。中古つきくづす［突崩］。ふくだむ〔―だめる〕。

―・れた髪 近代そそけがみ［髪］。近世ほつれがみ［解髪］。もつれがみ［縺髪］。らんびん［乱鬢］。中世さみだれがみ［乱髪］。はだけがみ［開髪］。らんぱつ［乱髪］。中古おどろのかみ［荊髪］。みだれがみ［乱髪］。

―・れた髪と垢(かあ)じみた顔 近代ほうとうこうめん［蓬頭垢面］。ほうはつこうめん［蓬髪垢面］。

―・れたさま 近代くしゃくしゃ。ぐしゃぐしゃ。くちゃくちゃ。ぐちゃぐちゃ。めちゃめちゃ［滅茶滅茶］。麻(さあ)の如し。近世ごちゃごちゃ。どさくさ。とやくや／どやくや／どやぐや。中世ごっちゃ。ふんぜん［紛然］。中古さうがし［騒］。しどろ。しどろもどろ。しどけなし。ふんぷん［紛紛］。みだりがはし／みだれがはし［濫／猥］。上代あぢきなし［味気無］。

―・れたふりをすること 中古そらみだれ［空乱］。

―・れた世の中 近世らんせ［乱世］。中世らんせい［乱世］。

―・れていないこと 近代一糸乱れず。中世ふらん［不乱］。中古ととのほる［調／整］。なほし［直］。

―・れて飛ぶ 中古うちちる［打散］。とびかふ［飛交］。とびちがふ［飛違］。

―・れて広がる 上代おほとる／おぼとる［蓬］。

―・れて舞う 中古うちちる［打散］。

―・れ纏(つも)れるたとえ 近世をがせ［麻桛／苧桛／纑］。

髪や糸が―・れる 中古そそく。まよふ［迷］。

草木の―・れ茂った所 中世しんばう［榛莽］。

国が―・れること 中古らんごく［乱国］。

恋で心が―・れる 上代こひみだる［恋乱］。

心が―・れる 中世どうらん［動乱］。中古あくがれまどふ［憧惑］。かきみだる〔―みだれる〕［搔乱］。上代くだく〔くだける〕［破／摧］。くるふ［狂］。わる〔われる〕［割］。

木の葉が散り―・れる 中古きほふ［競］。

秩序が―・れてよくないこと 近代くゎいあく［壊悪］。

花が咲き—・れるさま 中古 らんまん[爛漫]。れきらん[歴乱]。

病気で心が—・れる 中古 あやまる[誤／謬]。

雪が—・れ降る 中古 ふりみだる[降乱]。

みち【道】❶〈道路〉 ウエー(way)。近代 アベニュー(avenue)。こうだう[公道]。こうろ[公路]。ストリート(street)。ルート(route)。ロード(road)。近世 だうと[道途／道塗]。とほり[通]。とほりみち[通道]。わうらい[往来]。中世 かいだう[街道]。かいだう[海道]。と[途]。みちすぢ[道筋]。わうくゎん[往還]。中古 うまやぢ[駅路]。かよひぢ[通路]。たまぼこ[玉矛／玉鉾]。ゆきかひぢ[行交路]。上代 がいろ[街路]。だうろ[道路]。ち[道／路]。ぢ[路]。ちまた[巷／岐／衢]。つうろ[通路]。はゆまぢ[駅路]。みち[道／路／途／径]。→**どうろ**

《枕》上代 たまぼこの[玉矛／玉鉾]。

—一杯に 中古 みちもせに[道狭]。

—が多く分岐する所 上代 やちまた[八衢]。

—が三方に分かれている所 ふたまたみち[二股道]。近代 さんさろ[三叉路]。ティーじろ[T字路]。ていじろ[丁字路]。みつつじ[三辻]。近世 みつかど[三角]。わかれみち[別道]。

—が四方に通じていること 近代 しつう[四通]。しつうはったつ[四通八達]。

—が十字に交わっている所 近代 かうさてん[交差点／交叉点]。しく[四衢]。近世 じふじろ[十字路]。よつかど[四角]。中世 みちつじ[道辻]。よつじ／よつつじ[四辻]。中古 つじ[辻]。上代 ちまた[巷／岐／衢]。

—が続いていること 上代 みちつづき[道続]。

—が通る つく[付]。近代 はしる[走]。

—がなくなる(所) デッドエンド(dead end)。近代 ふくろこうぢ[袋小路]。ふくろろぢ[袋露地]。近世 ぜっしょ[絶所]。中世 いきづまる／ゆきづまる[行詰]。いきどまる／ゆきどまる[行止]。くるまがへし[車返]。

—が平坦であるさま 近代 砥の如し。

—ですれ違うこと いきずり[行摺／行摩]。中古 みちゆきぶり[道行触／道行振]。ゆきずり[行摺／行摩]。

—に沿った所 みちぞい[道沿]。近世 えんだう[沿道]。えんろ[沿路]。中世 みちばた[道端]。

—に迷う 中世 めいろ[迷路]。ゆきまよふ[行迷]。中古 ふみまどふ[踏惑]。ふみまよふ[踏迷]。

—に迷って歩き回る 中世 まどひありく[惑歩]。

—の神 中世 さいのかみ／さへのかみ[塞神／道祖神]。上代 くなどのかみ[岐神]。たむけのかみ[手向神]。ちまたのかみ[巷神]。ちもりのかみ[道守神]。

—の途中 近世 とじゃう[途上]。中古 なかぞら[中空]。上代 みちなか[道中]。みちのそら[道空]。みちのそらぢ[道空路]。

—の曲がり角 中世 かいたをり[掻手折]。上代 くま[隈]。くまみ[隈回／隈廻]。

—の真ん中 どうろじょう[道路上]。近世 だうじゃう[道上]。中古 はくじゃう[陌上]。みちなか[道中]。ろじゃう[路上]。

—を間違える 近世 ふみたがふ[踏違]。

—を行くこと 中世 みちとほり[道通]。中古 つうかう[通行]。上代 かうつう[交通]。かうろ[行路]。わうらい[往来]。

—を行く人 近代 つうかうにん[通行人]。中古 路傍の人。近世 みちとほり[道通]。かうかく[行客]。上代 かうじん[行人]。

新しい— 近代 しんだう[新道]。しんみち[新道／新路]。上代 にひばりみち[新墾道]。はりみち[墾道]。

歩く— モール(mall)。近代 いうほだう[遊歩道]。さんぽみち[散歩道]。ほだう[歩道]。プロムナード(promenade)。じんだう[人道]。中古 かちぢ[徒路]。

石の多いでこぼこの— 近代 じゃりみち[砂利道]。近世 いしだかみち[石高道]。中世 いしだか[石高]。まさごぢ[真砂路]。中古 せきけい[石径／石逕]。

磯伝いの— 中世 いそぢ[磯路]。

一本の— 近世 ひとすぢみち[一筋道]。

田舎の遠い— 上代 鄙の長路。

裏手にある— うらかいどう[裏街道]。近世 ぬけみち[抜道]。よこぎれ[横切]。中世 うらみち[裏道]。くけぢ[漏路／匿路]。わきみち[脇道]。中古 かんだう[間道]。

大きな— →**どうろ**

海上の— →**こうろ【航路】**

通う— 中古 かよひぢ[通路]。

危険な険しい— 近代 しゅんろ[峻路]。近世 こまがへし[駒返]。中世 うまがへし[馬返]。くるまがへし[車返]。けんろ[険路／嶮路]。なんしょ／なんじょ[難所]。なんろ[難路]。中古 かけぢ[懸路]。

木樵の通る— 近世 そまみち[杣道]。

貴人の通る— 近世 おなりすぢ[御成筋]。おなりみち[御成道]。ちだう[馳道]。れんろ

[輦路]。

帰宅する— 近代ふくろ[復路]。近世かへりみち[帰道]。きと[帰途]。中世もどり[戻]。中古かへさ[帰]。かへるさま[帰様]。きろ[帰路]。上代いへぢ[家路]。かへるさ[帰]。→**かえりみち**

木の下の— 中世このしたみち[木下道]。中古したぢ／したみち[下道]。

切り開いた水の— 近代クリーク(creek)。そすい[疏水／疎水]。近世ほりわり[掘割]。中世うんが[運河]。すいろ[水路]。上代ほりえ[堀江]。

草木の茂った— 中世おどろのみち[棘道]。上代しげぢ[繁路]。

雲のたなびく山の— 中世うんろ[雲路]。中古雲の通ひ路。

坂の— 近世つまさきあがり[爪先上]。つまあがり[爪上]。中世くるまがへし[車返]。

死者があの世へ行く— 中古よみぢ[黄泉／黄泉路]。上代まかりぢ[罷道]。

自動車専用の— こうそくどうろ[高速道路]。じどうしゃどう[自動車道]。ドライブウエー(driveway)。ハイウエー(highway)。近代しゃだう[車道]。

忍んで行く— 中世しのびぢ[忍路]。

重要な— かんせんどうろ[幹線道路]。近代メーンストリート(main street)。中古えうろ[要路]。

狭く険しい— 近代あいろ[隘路]。

平らな— 近代たんだう[坦道]。中世たんろ[坦路]。中古たんと[坦途]。

田圃の— あぜみち[畦道]。のうどう[農道]。近代けいはん[畦畔]。はたみち[畑道]。近世たんぼみち[田圃道]。はたけみち[畑道]。なはてみち[畷道]。中世たぐろ[田畔]。くろ[畦／畔]。中古あぜ[畦／畔]。でんちう[田疇]。なはて[畷／縄手]。なはてぢ[畷路／縄手路]。をぐろ[小畔]。上代あ[畦／畔]。

小さな— 近代さいけい[細径／細逕]。ろぢうら[路地裏]。中世せうかう[小巷]。せうぢ[小路]。中古いうけい[幽径]。こみち[小道／小路／小径]。せうけい[小径／小逕]。せうだう[小道]。ほそみち[細道]。ろぢ[路地／露地／露路]。上代こうぢ[小路]。

近い— ショートカット(short cut)。近代せふろ[捷路]。近世ぬけみち[抜道]。はやみち[早道]。中世かんだう[間道]。くけぢ[漏路／匿路]。せふけい[捷径]。ちかみち[近道]。ぢきろ[直路]。中古ぢきだう[直路]。上代すぐみち[直路]。ただち[直路]。

東西と南北の— 中古せんぱく[阡陌]。

東西の— 上代ひのたたし[日縦]。ひのたて[日経]。

動物の— ぎょてい[魚梯]。ぎょどう[魚道]。けものみち[獣道]。近代てうけい[鳥逕]。近世ししみち[猪道／鹿道]。中古てうだう[鳥道]。てうろ[鳥路]。上代くもぢ[雲路]。

遠い— 近代とほぢ[遠路]。近世くもゐぢ[雲居路]。中世ちさと[千里]。ながうぢ[長道]。ながみち[長道]。中古ちゃうと／ちゃうど[長途]。ゑんろ[遠路]。上代ながち／ながぢ[長路]。ながて[長手]。

南北の— 中古たちしのみち[縦道]。たてのみち[縦道]。上代ひのぬき[日緯]。ひのよこ[日緯]。ひのよこし[日横]。

二本の— 中世にだう[二道]。中古ふたすぢみち[二筋道]。ふたみち[二道]。

野に似せて庭に設けた— 中古のすぢ[野筋]。

人を迷わせる— 近代メーズ(maze)。ラビリンス(labyrinth)。中世めいろ[迷路]。

古い— 中古こだう[古道]。上代きうだう[旧道]。

曲がった— くねくね。ヘアピンカーブ(和製hairpin curve)。近代うねうね。うねくね／うねすね。ジグザグ(zigzag)。だかう[蛇行]。近世ばんきょく[盤曲]。まがりみち[曲道／曲路]。ゑんゑん[婉婉]。中世ななまがり[七曲]。中古きうせつ[九折]。つづらをり[葛折／九十九折]。ななわだ[七曲]。やうちゃう[羊腸]。やそすみさか[八十隅坂]。上代ももくま[百隈]。やそくま[八十隈]。やそくまさか[八十隈坂]。

曲がった—の角 中世かいたをり[掻手折]。近世まがりかど[曲角]。かど[角]。

真っ直ぐな— 近代ちょくだう[直道]。中世すぐぢ[直路]。すぐみち[直道]。すすみち[直道]。ちょくろ[直路]。上代ただち／ただぢ[直路／直道]。ひたみち[直路]。

山などを切り開いて通した— 近代きりわり[切割]。中世きりどほし[切通]。

山の— 近代けふろ[峡路]。さんだう[山道]。上代やまぢ[山路]。やまみち[山道]。→**やまみち**

山の尾根伝いの— 近世うまのせ[馬背]。うまのせごえ[馬背越]。

闇夜の暗い— 中世やみぢ[闇路]。

行き詰まりを打開する— 近代けつろ[血

路］。中世くゎつろ［活路］。《句》近世艪櫂(ろかい)の立たぬ海もなし。
陸上の― 中世くがぢ［陸路］。りくぢ［陸路］。りくろ［陸路］。近世をかぢ［陸路］。
列車などの― 近代きだう［軌道］。きでう［軌条］。せんろ［線路］。でんしゃみち［電車道］。レール(rail)。近世てつだう［鉄道］。てつろ［鉄路］。
脇― 近代べつろ［別路］。近世えだみち［枝道／岐路］。わきかいだう［脇街道］。わきわうくゎん［脇往還］。中世そばみち［側道］。わうだう［横道］。中古よこみち［横道］。わかれぢ［別路］。上代よきぢ／よきみち［避道］。
脇―に逸れること 近世よこぎれ［横切］。中世なぐる［なぐれる］。
その他―のいろいろ(例)①［場所］ 近代たうげみち［峠道］。ちかだう［地下道］。りんだう［林道］。近世やろ［野路］。ゐなかみち［田舎道］。中古のぢ［野路］。のみち［野道］。上代がいろ［街路］。かはぢ［川路］。
その他―のいろいろ(例)②［路面］ いしじき［石敷］。きょくろ［棘路］。しもみち［霜道］。でいろ［泥路］。ほぼくどう［舗木道］。もくほどう［木舗道］。近代じゃりみち［砂利道］。ペーブメント(pavement)。ほさうだうろ［舗装道路］。みちわる［路悪］。ゆきげみち／ゆきどけみち［雪解道］。近世どろみち［泥道］。ぬかりみ／ぬかるみ［泥濘］。ゆきぢ［雪路］。ゆきみち［雪道／雪路］。中世おどろのみち［棘路］。さうけい［草径］。上代いしだたみ［石畳］。
その他―のいろいろ(例)③［用途等］ つうえんろ［通園路］。つうがくろ［通学路］。つうきんろ［通勤路］。バイパス(bypass)。ゆうりょうどうろ［有料道路］。近代うくゎいろ［迂回路］。こうだう［公道］。さんだう［参道］。しだう［私道］。ほだう［舗道／鋪道］。近世りゃうだう［糧道］。中世かよひみち［通道］。くゎつだう［滑道］。みやぢ［宮道／宮路］。めいろ［迷路］。中古かよひぢ［通路］。上代つうろ［通路］。よきみち［避路］。→どうろ

みち【道】❷〈道義〉 近代い［彝］。じゃうだう［常道］。せいけい［正経］。モラル(moral)。りんだう［倫道］。近世たいりん［大倫］。りんり［倫理］。中世ぎ［義］。ぎり［義理］。しゃうろ［正路］。じんだう［人道］。でうり［条理］。中古いりん［彝倫］。かうじゃう［綱常］。せいだう［正道］。たいぎ［大義］。だいだう［大道］。だうぎ［道義］。ちょくだう［直道］。りはふ［理法］。上代しゃうだう［正道］。だうとく［道徳］。だうり［道理］。とくぎ［徳義］。みち［道］。

《句》近世朝(あした)に道を聞かば夕べに死すとも可なり。

―に外れたこと 近代はりん［破倫］。中世きょくじ／くせごと［曲事］。はうらつ［放埒］。ひがごと［僻事］。らんりん［乱倫／濫倫］。中古ひだりざま［左様］。ひり［非理］。ぶだう［無道／不道］。むだう［無道］。上代ひだう［非道］。

―に外れた者 近世ぐれ。まどひもの［惑者］。

―に外れる 中世わるし［悪］。上代あやまる［誤／謬］。

―の根本 近代ゐかう［維綱］。

―の根本を貫くこと 中世くゎんだう［貫道］。

―を極めた人 近世それしゃ［其者］。中古しじん［至人］。しんじん［真人］。たっしゃ［達者］。

―を外れないように心がけること 近世しんどく［慎独］。

女性の守るべき― 近代こんだう［坤道］。近世ふだう［婦道］。

男性の守るべき― 中世けんだう［乾道］。

武士として守るべき― 近世しだう［士道］。中世ぶしだう［武士道］。ぶだう［武道］。

本来の― 近世ほんかいだう［本街道／本海道］。ほんと［本途］。中世ほんだう［本道］。

みち【道】❸〈手段〉 近代はうと［方途］。中世しかた［仕方］。しゅだん［手段］。中古じゅつ［術］。てだて［手立］。はうはふ［方法］。上代すべ［術］。みち［道／途］。

みち【未知】 みかくにん［未確認］。近代ふかち［不可知］。ふぶんめい［不分明］。近世ふしゃう［不詳］。中世ふぶんみゃう［不分明］。ふめい［不明］。みしゃう［未詳］。みち［未知］。
―の数を示す記号 近代エックス(X／x)。

みちあふ・れる【満溢】 近代わういつ［横溢／汪溢］。中世はうはく［磅礴／旁礴／旁魄］。中古じゅういつ［充溢］。みちあふる［―あふれる］［満溢］。みなぎる［漲］。上代あふる［あふれる］［溢］。あまる［余］。みなぎらふ［漲］。

みちあんない【道案内】 近代だうへう［道標］。みちあんない［道案内］。中世みちしば［道芝］。みちしるべ［道標／道導］。中古しをり［枝折／栞］。だういん［導引］。上代しる

べ［導／標／知辺］。→あんない

―・する 中古 しをる［枝折］。

みぢか【身近】❶〈手近〉 近代 かは／がは［側］。みぢか［身近］。身の回り。近世 しんぺん［身辺］。てぢか［手近］。ひきん［卑近］。中世 てもと［手元］。ひざもと［膝元］。まぢか［間近］。中古 けぢかし［気近］。ざいう／ざう［座右］。そば［側］。上代 かたはら［側／傍／旁］。

《句》近代 生みの親より育ての親。遠きに行くは必ず邇(ちか)きよりす。遠くの火事より背中の灸(きう)。近世 負うた子より抱いた子。盗人を捕らへて見れば我が子なり。

―・で大事なさま 近代 せつじつ［切実］。

―・な道具 てまわりどうぐ［手回道具］。

―・な動物 中古 けいけん［鶏犬］。

―・なものは見落としやすい《句》近代 提灯持ち足元暗し。近世 知らぬは亭主ばかりなり。灯台下(もと)暗し。

―・なものを軽視する 中世 かけいやぼく［家鶏野鶩］。《句》近代 家鶏(かけい)を厭(いと)ひ野雉(やち)を愛す。耳を尊び目を卑しむ。預言者郷里に容れられず。近世 人は故郷を離れて貴し。中世 遠きは花の香。

みぢか【身近】❷〈親密〉 →しんみつ

みちが・える【見違】 みまちがえる［見間違］。近代 みまちがふ［見間違］。近世 みちがふ［―ちがえる］［見違］。めちがひ［目違］。中世 みあやまる［見誤］。みそこなふ［見損］。中古 みえまがふ［見紛］。みまがふ［見紛］。

みちくさ【道草】 近代 だっせん［脱線］。よこみち［横道］。よりみち［寄道］。近世 みちくさ［道草］。みちてんがう［道］。中世 みちより［道寄］。

―をしてゆっくりする 近世 ゆとる。

みちしお【満潮】 近代 まんてう［満潮］。近世 あげしお［上潮］。さししほ［差潮］。中世 いでしほ／でしほ［出潮］。みちしほ／みちじほ［満潮］。

朝の― 上代 あさしほ［朝潮］。

満月の時の― 中古 もちしほ［望潮］。

夕方の― 中古 ゆふしほ［夕潮／夕汐］。

みちしるべ【道標】 ガイドポスト(guidepost)。どうろひょうしき［道路標識］。こうつうひょうしき［交通標識］。近代 だうへう［道標］。みちあんない［道案内］。ろへう［路標］。中世 みちしるべ［道標／道導］。中古 しをり［枝折／栞］。みちびき［導］。草を結ぶ。

海上の― →あんない❶

みちすう【未知数】 近代 ふかかい［不可解］。ふかくてい［不確定］。みちすう［未知数］。中世 ふめい［不明］。

みちすがら【道】 近代 とじ［途次］。近世 とじゃう［途上］。中世 だうちゅう［道中］。ゆきすがら／ゆくすがら［行］。ろじ［路次］。中古 とちゅう［途中］。みちすがら［道］。みちみち［道道］。ろし［路次］。上代 みちのあひだ［道間］。みちのまま［道儘］。

みちすじ【道筋】❶〈筋道〉 近代 くゎてい［過程］。コース(course)。プロセス(process)。ろせん［路線］。近世 とほりすぢ［通筋］。とほりみち［通道］。中世 かうろ［行路］。けいろ［経路／径路］。みちすぢ［道筋］。みちづら［道面／道列］。中古 だうてい［道程］。だうり［道里］。つじ［辻］。ろし［路次］。

―から他へ外れること みちはずれ［道外］。中世 そる［それる］［逸］。

順を決めた― 中世 じゅんろ［順路］。

電気が回る― かいろ［回路］。

東海道など街道の― 近世 かいだうすぢ［海道筋］。

通ってきた― あしあと［足跡］。近代 れきてい［歴程］。中世 そくせき［足跡］。

みちすじ【道筋】❷〈理路〉 近代 みちすぢ［道筋］。りろ［理路］。ロジック(logic)。ろんり［論理］。近世 すぢあひ［筋合］。中世 だうり［道理］。でうり［条理］。

みちた・りる【満足】 近代 まんきつ［満喫］。みちたりる［満足］。ゑんまんぐそく［円満具足］。近世 かうふく［幸福］。中世 えいまん［盈満］。じふぶん［十分］。じゅうそく［充足］。たんのう［堪能／湛能］。中古 まんぞく［満足］。ゑんまん［円満］。上代 あんらく［安楽］。たたはし。ちたる［千足］。→まんぞく

《句》中古 盈満(えいまん)の咎(とが)め。

―・りた日 上代 いくひのたるひ［生日足日］。

―・りて心地よいこと 近代 くゎいそく［快足］。

みちづれ【道連】 近代 つれあひ［連合］。どうはんしゃ［同伴者］。近世 どうぜい［同勢］。中世 つれ［連］。みちづれ［道連］。はんりょ［伴侶］。どうかう［同行］。中古 どうぎゃう［同行］。どうだう［同道］。とも［友］。上代 どうはん［同伴］。

《句》近世 旅は道連れ世は情け。

―になる 中世 ゆきつる［―つれる］［行連］。

みちならぬ【道】 アンモラル(unmoral)。近代 インモラル(immoral)。はんだうとく［反道徳］。ふだうとく［不道徳］。道ならぬ。

み

中世あくとく[悪徳]。中古はいとく[敗徳]。上代はいとく[背徳]。

みちのり【道程】 近世きょり[距離]。中世みちのり[道程]。りてい[里程]。りょてい[旅程]。中古だうてい[道程]。上代かうてい[行程]。みちのほど[道程]。ろてい[路程]。

―の半分 中世はんだう/はんみち[半道]。はんと[半途]。

一日で行ける― 中世いちにちぢ[一日路]。ひとひぢ[一日路]。

一丁ごとに―をしるした石 近世ちゃういし[丁石/町石]。

遠い― 近世おほみち[大道]。中世ちさと[千里]。ちゃうろ[長路]。ほうてい[鵬程]。中古ちゃうと[長途]。ゑんろ[遠路]。上代ながぢ[長道/長路]。ながて[長手]。ながみち[長道/長路]。

みちばた【道端】 近世えんだう[沿道]。がいじゃう[街上]。だうじゃう[道上]。ちまた[巷/岐/衢]。中世だうばう[道傍]。はくじゃう[陌上]。みちばた[道端]。中古がいとう[街頭]。つじ[辻]。みちべ[道辺]。ろじゃう[路上]。ろとう[路頭]。ろばう[路傍]。ろへん[路辺]。上代みちのべ[道辺]。

みちび・く【導】❶〈教導〉 ガイダンス(guidance)。近代くんくゎ[薫化]。コーチ(coach)。近世しだう[指導]。中世くんたう[薫陶]。しゃうだう[唱導]。てびき[手引]。中古きゃうだう[嚮導]。しなん[指南]。しをる[枝折]。みちびく[導]。上代いんだう[引導]。けうだう[教導]。ぶんけう[文教]。

―・き助けること 近世いうえき[誘掖]。

天の―・き 近代てんけい[天啓]。

みちび・く【導】❷〈案内〉 ガイド(guide)。近世いうだう[誘導]。中世あんない[案内]。てびき[手引]。中古あない[案内]。せんだう[先導]。ぜんだう[前導]。だういん[導引]。手を引く。上代みちびく[導]。

みちび・く【導】❸〈導入〉 近代だうにふ[導入]。みちびく[導]。中世ひきこむ[引込]。中古ひく[引]。上代ひきいる[―いれる][引入]。

水を―・き入れる どうすい[導水]。

み・ちる【満】 近代みちる[満]。近世えいいつ[盈溢]。中世さんまん[散満]。じゅうそく[充足]。中古えいまん[盈満]。じゅうまん[充満]。たたふ[湛]。まんえい[満盈]。みちあふる[―あふれる][満溢]。みなぎる[漲]。上代ほどこる[播/延]。みつ[満/充](四段活用)。

―・ちている(さま) 近代みっしり。近世ぎっしり。なんなん。中世たっぷり。まんまん[満満]。上代あまたらす[天足]。

―・ちている月 近代えいげつ[盈月]。→まんげつ

―・ちて塞がること 近世てんそく[塡塞]。

あまねく―・ちること 中古へんまん[遍満]。

潮が―・ちてくる 中世さす[差/指]。上代みちく[満来]。

地面一杯に―・ちること 中古まんち[満地]。

水が―・ちるさま 中世えいえい[盈盈]。

みつ【密】❶〈親密〉 近代しんみつ[親密]。みつ[密]。みっせつ[密接]。中世きんみつ[緊密]。上代したし[親]。→しんみつ

みつ【密】❷〈過密〉 近代みっしふ[密集]。近世くゎみつ[過密]。こんざつ[混雑]。中古ちうみつ/てうみつ[稠密]。みつ[密]。上代しじに[繁]。→かみつ

みつ【密】❸〈秘密〉 中世みつ[密]。中古ひそか[密]。ひみつ[秘密]。→ひみつ

みつ【蜜】 ハニー(honey)。近代くゎみつ[花蜜]。近世はちみつ[蜂蜜]。中古みつ[蜜]。

みっかい【密会】 デート(date)。近代ランデブー(フランス rendez-vous)。近世あひびき[逢引/媾曳]。しのびあひ[忍逢]。中世みっくゎい[密会]。中古あふせ[遭瀬]。

―・して戯れる 近世ちちくる[乳繰]。ちゃちゃくる。てくる。

―・する 近代穴隙(けつげき)を鑽(き)る。中世しのびあふ[忍逢]。

―に行く道 中世しのびぢ[忍路]。

―の相手の男 近世かくしをとこ[隠男]。しのびをとこ[忍男]。

みつぎ【密議】 →みつだん

みつぎもの【貢物】 近世こうそ[貢租]。こうぶつ/こうもつ[貢物]。中世くぜい[貢税]。こう[貢]。中古こうけん[貢献]。こうてう[貢調]。てうこう[調貢]。てうぶつ/てうもつ[調物]。上代おほにへ[大贄/大嘗]。つき[調]。にへ[贄/牲]。みつき/みつぎ[貢/御調]。みつきもの/みつぎもの[貢物/調物]。

―を奉ること 上代こうしん[貢進]。

外国から―を持って来ること 中世にふこう[入貢]。中古てうこう[朝貢]。

みつ・ぐ【貢】 近代こうなふ[貢納]。近世みつぐ[貢]。中世けんなふ[献納]。しんこう[進貢]。中古けんじゃう[献上]。上代おくる

［贈］。こうけん［貢献］。ささぐ［ささげる］［捧］。たてまつる［奉］。

朝廷に━・ぐ 中世 てうす［調］。

ミックス(mix) →こんごう【混合】

みづくろい【身繕】 近代 みじまり［身締］。近世 しまひ［仕舞］。みじたく［身支度］。みじまひ［身仕舞］。中世 かたちづくり［形作］。けはひ［化粧／仮粧］。みごしらへ［身拵］。中古 みづくろひ［身繕］。

━・する 中世 よそほふ［装］。中古 なでつくろふ［撫繕］。ひきつくろふ［引繕］。身をもてなす。上代 よそふ［装］。

みつくろ・う【見繕】 近代 みつもる［見積］。中世 みつくろふ［見繕］。みはからふ［見計］。

みつげつ【蜜月】 近代 ハネムーン(honeymoon)。みつげつ［蜜月］。中世 しんこん［新婚］。

みつ・ける【見付】 近代 さがしあてる［探当／捜当］。はっけん［発見］。近世 さぐりあつ［━あてる］［探当］。つけいだす［付出］。めっける［目付］。中世 さがしだす［探出］。みいだす［見出］。中古 みいづ［見出］。みつく［━つける］［見付］。もとめいづ［求出］。もとめう［求得］。

━・けるのが早い 中世 めばやし［目早］。中古 めざと［目敏］。めざとし［目敏］。

検査して━・ける 近世 けんしゅつ［検出］。

人が隠していることを━・ける 近代 かぎだす［嗅出］。さがしあてる［探当／捜当］。近世 かぎあつ［━あてる］［嗅当］。かぎつく［━つける］［嗅付］。つきとむ［━とめる］［突止］。中世 さがしだす［捜出］。さぐりだす［探出］。

人に尋ねたりして━・ける 近世 たづねあつ［━あてる］［尋当］。

みっこう【密行】 近代 せんかう［潜行］。みっかう［密行］。中世 おしのび［御忍］。中古 しのびあるき［忍歩］。びかう［微行］。

みっこく【密告】 たれこみ［垂込］。近代 さしぐち［差口／指口］。みっこく［密告］。近世 つげぐち［告口］。中古 いひつく［━つける］［言付］。

━・する たれこむ［垂込］。近世 さす［指］。

━の文書 近世 すてぶみ［捨文］。

みつじ【密事】 まるひ［丸秘］。近世 かくしごと［隠事］。くらごと［暗事］。ないしょうごと／ないしょごと［内緒事］。中世 みつじ［密事］。中古 しのびごと［忍事］。ひじ［秘事］。ひみつ［秘密］。

みっしゅう【密集】 近代 みっしふ［密集］。近世 くゎみつ［過密］。ゐしふ［蝟集］。中古 ちうみつ／てうみつ［稠密］。

━・している 中世 しげい［繁］。中古 しげし［繁］。

━・する 中世 しぐらふ／しぐらむ。

みっせい【密生】 近代 ぐんせい［群棲／群生］。みっせい［密生］。上代 はんも［繁茂］。

━・しているさま 近代 もしゃもしゃ。もじゃもじゃ。

みっせつ【密接】 近代 さうそくふり［相即不離］。しんみつ［親密］。へうりいったい［表裏一体］。みっせつ［密接］。みっちゃく［密着］。中世 きんみつ［緊密］。上代 ちかし［近］。

━・なさま(たとえ) 近代 しんしほしゃ［唇歯輔車］。近世 べったり。車の両輪。中世 しんし［唇歯］。

みつだん【密談】 近世 ないしょばなし［内緒話］。中世 ないだん［内談］。みつぎ［密議］。中古 みつだん［密談］。

━が漏れやすいたとえ 近世 石に耳。中世 垣に耳。壁に耳。

みっちゃく【密着】 近代 せつがふ［接合］。せっちゃく［接着］。ふかぶん［不可分］。ふちゃく［付着］。みっせつ［密接］。みっちゃく［密着］。中世 きんみつ［緊密］。

━・しているさま ぴたっと。近代 ぴちっと。ぴっちり。近世 ぴったり。中世 しとと。ひしと［緊／犇］。ひたひた。

━・する 近代 はりつく［張付／貼付］。近世 くっつく。こびりつく。へばりつく。中世 ひっつく［引付］。中古 すひつく［吸付］。

いろいろな━の仕方(例) 近代 かうちゃく［膠着］。近世 ねんちゃく［粘着］。ゆちゃく［癒着］。

みっちり 近代 じふぶん［十分］。のうこう［濃厚］。のうみつ［濃密］。みっちり。近世 こってり。こてこて。

みっつう【密通】 できあひ［出来合］。近代 ふりん［不倫］。近世 ころびね［転寝］。しつう［私通］。ないつう［内通］。ぬすみぐひ［盗食］。ふぎ［不義］。ふてい［不貞］。まぶ［間夫］。まを［真麻／苧麻］。まをとこ［間男／密男］。中世 みそかをとこ［密男］。みっつう［密通］。やがふ［野合］。中古 かんつう［姦通／奸通］。

━・した男 近世 かんぷ［姦夫］。まぶ［間夫］。まめをとこ［忠実男］。中世 まをとこ［間男／密男］。

━・した女 近代 かんぷ［姦婦］。

━・した者を罵(ののし)**る語** 近世 ぬすっとねこ／ぬすびとねこ［盗人猫］。

━・する 近世 できあふ［出来合］。

みつづ・ける【見続】 近代 ぎょうし［凝視］。中世 みつめる［見詰］。上代 みつぐ［見継］。

みつど【密度】 近代 こいさ／こゆさ［濃］。みつど［密度］。中古 こさ［濃］。

―が大きい のうみつ［濃密］。中世 こし［濃］。しげい［繁］。中古 きびし［厳］。上代 ふかし［深］。

―が大きく粘りがあること 近世 ねんちう［粘稠／黏稠］。

―が小さい 上代 うすし［薄］。

みっともな・い 近代 見るに見兼ねる。近世 みっとむない／みっともない。みとむなし。見たくでもない。中世 みたむなし。みともなし。中古 ひとわろし［人悪］。みぐるし［見苦］。上代 はづかし［恥］。みにくし［醜］。→**みぐるし・い**

―い様子 近代 しうじゃう［醜状］。態(ざま)（様(ざま)）はない。近世 おそまつ［御粗末］。しうたい［醜態／醜体］。ぶざま［無様］。

みっぷう【密封】 近代 げんぷう［厳封］。ふうにふ［封入］。中古 みっぷう［密封］。上代 ふういん［封印］。

―・された状態 きみつ［気密］。近代 ふうさ［封鎖］。へいさ［閉鎖］。みっぺい［密閉］。中世 へいそく［閉塞］。

―・するために詰める物 ふうじろう［封蠟］。近代 ふうらふ［封蠟］。

みつぼうえき【密貿易】 みつゆ［密輸］。近代 みつゆしゅつ［密輸出］。みつゆにふ［密輸入］。やみあきなひ［闇商］。近世 でがひ［出買］。ぬけに［抜荷］。ばはん［八幡］。

―の品物 みつゆひん［密輸品］。近世 ぬけもの［抜物］。

―をする船 みつゆせん［密輸船］。近世 ぬけぶね［抜船］。ぬけぶねがひ［抜船買］。ばはんせん［八幡船］。

みつまた【三叉】 近世 さんまた［三叉／三股］。中世 さんさ［三叉］。中古 みつまた［三叉／三股／三俣］。

みつ・める【見詰】 近代 ぎょうし［凝視］。ぎょうばう［凝望］。かんし［看視］。くゎんし［観視］。しいっし［視一視］。だうし［瞠視］。みすゑる［見据］。みまもる［見守］。目（瞳）を凝らす。近世 ちゅうし［注視］。みこむ［見込］。中世 じゅくし［熟視］。たむ［ためる］［矯／撓］。まぶる［守］。みつむ［―つめる］［見詰］。目を澄ます。中古 うちまぼる／うちまもる［打守］。ながめいる［眺入］。まぼらふ／まぼる［守］。みいる［見入］。めかれせず［目離］。めみいる［目見入］。もらふ［守］。上代 まもらふ［守］。まもる［守］。

―・めるさま きょろり。じろじろ。まじまじ。まじりまじり。穴のあくほど。

自分自身を―・めること 近世 じせう［自照］。

遠くの一点を―・めること 近代 ぎょうばう［凝望］。

真っ直ぐに―・める 近代 せいし［正視］。

物思いに耽りながら―・める 中古 ながむ［ながめる］［眺］。ながめいる［眺入］。

みつもり【見積】 しさん［試算］。すいけい［推計］。近代 がいさん［概算］。さてい［査定］。みつもり［見積］。近世 さしづ［指図］。さんてい［算定］。さんよう［算用］。ねぶみ［値踏］。中世 つもり［積］。もくさん［目算］。中古 したく［支度／仕度］。上代 かんぢゃう［勘定］。

―を書いた書類 近代 みつもりがき／みつもりしょ［見積書］。近世 つもりがき［積書］。

―をする 中世 つもる［積］。

心の中で―をすること 近代 きょうさん［胸算］。しんさん［心算］。むなかんぢゃう［胸勘定］。近世 こころさんよう［心算用］。むなざんよう／むねざんよう［胸算用］。

商品を安く―をすること 近世 みたふし［見倒］。

所持金の額と費用についての― 近代 ふところかんぢゃう［懐勘定］。

だいたいの― 近世 おほづもり［大積］。たかぐくり［高括］。ちゅうぐくり［中括］。ちゅうづもり［中積］。

建物の修理についての― 中世 そしき［損色／麁色］。中古 そんじき［損色］。

物の価値を金額の―にすること 近代 くゎんか［換価］。

みつやく【密約】 もくやく［黙約］。近代 いんやく［陰約］。みつやく［密約］。

みつゆ【密輸】→**みつぼうえき**

みづら・い【見辛】 近世 みづらし［見辛］。みにくし［見難］。中古 みぐるし［見苦］。みまうし／みまくうし［見憂］。→**みぐるし・い**

みつりん【密林】 近代 げんせいりん［原生林］。ジャングル(jungle)。じゅかい［樹海］。みつりん［密林］。中世 じゅりん［樹林］。

みてい【未定】 近代 ふかくてい［不確定］。ふてい［不定］。中世 みてい［未定］。中古 ふぢゃう［不定］。

みてくれ【見呉】→**みかけ**

みとう【未到】 近代 みくゎん［未完］。みくゎかんせい［未完成］。中世 みたう［未到］。

みとう【未踏】 近代 みかい［未開］。近世 みち［未知］。
―の地 バージンソイル(virgin soil)。近代 しょぢょち［処女地］。

みとおし【見通】❶〈洞察〉 近代 どうかん［洞看］。どうくゎん［洞観］。とうさつ［透察］。パースペクティブ(perspective)。近世 どうけん［洞見］。どうさつ［洞察］。中世 かんぱ［看破］。みとほし［見通／見透］。上代 めいさつ［明察］。→みぬ・く
―がきかない たんし［短視］。近代 ふとうめい［不透明］。むちゅう［霧中］。近世 おさきまっくら［御先真暗］。ごりむちゅう［五里霧中］。たんけん［短見］。やみ［闇］。中世 くらやみ［暗闇］。

みとおし【見通】❷〈予測〉 近代 すいそく［推測］。てんばう［展望］。みこみ［見込］。よけん［予見］。よさう［予想］。よそく［予測］。よち［予知］。近世 けんたう［見当］。中世 せんけん［先見］。中古 すいさつ［推察］。すいりゃう［推量］。

―が甘い 近代 おめでたい。らくくゎん［楽観］。

―が立つ 目処(めど)が付く。近世 目鼻が付く。山が見える。

―を持たないこと 近代 むさんたう［無算当］。近世 やみくも［闇雲］。

将来の― 近代 きばう［希望／冀望］。ビジョン(vision)。ゑんけん［遠見］。

みとお・す【見通】 近代 みこす［見越］。近世 みやぶる［見破］。中世 みすかす［見透］。みとほす［見通／見透］。みぬく［見抜］。→みぬ・く
―・すことのできる最大距離 ちへいきょり［地平距離］。
超自然的な―・す能力 中世 てんがん／てんげん［天眼］。てんげんつう［天眼通］。

みとく【味得】 近代 みたう［味到］。みとく［味得］。中世 たいとく［体得］。

みどころ【見所】 近代 びてん［美点］。みせば［見場］。近世 さはり［触］。中世 かど［角／才］。けんじょ［見所］。ちゃうしょ［長所］。とりえ［取柄／取得］。中古 みどころ［見所／見処］。
―のあるもの 中世 ものみ［物見］。中古 みもの［見物］。

みとど・ける【見届】 近代 たしかめる［確］。近世 つきとむ［―とめる］［突止］。中世 けんぶん［見分／検分］。つきつむ［―つめる］［突詰］。みきはむ［―きわめる］［見極］。みとどく［―とどける］［見届］。みふす［見伏］。中古 みさだむ［―さだめる］［見定］。みなす［見做／看做］。上代 みつぐ［見継］。

みと・める【認】❶〈承認〉 近代 うけいれる［受入］。こうてい［肯定］。しょうにん［承認］。ぜにん［是認］。にんか［認可］。にんきょ［認許］。にんてい［認定］。にんよう［認容］。みとめる［認］。ようにん［容認］。中世 きょか［許可］。なっとく［納得］。中古 きょよう［許容］。上代 うべなふ［肯］。きょだく［許諾］。ゆるす［許／聴／赦］。
―・めない 近代 きょひ［拒否］。ひにん［否認］。中古 いなむ［否］。
過去にさかのぼって―・めること ついにん［追認］。
検査して―・めること けんにん［検認］。
願いなどを―・める ききとどく［―とどける］［聞届］。中古 ききいる［―いれる］［聞入］。

みと・める【認】❷〈認識〉 近代 かくにん［確認］。げんにん［現認］。にんしき［認識］。にんち［認知］。もくする［目］。近世 みとむ［みとめる］［認］。目に入る。中世 うけとる［受取］。中古 しる［知］。みとる［見取］。目に留まる。
―・めるべき所 近代 びてん［美点］。りてん［利点］。中世 ちゃうしょ［長所］。とりえ［取柄／取得］。中古 とりどころ［取所］。みどころ［見所］。
《句》近世 錐(きり)嚢中(なうちゅう)に処(を)るが如し。錐(きり)嚢(ふくろ)を脱す(通す)。
人物やその才能を―・める 上代 ゆるす［許］。
世間に―・められる 世に入れられる。中世 日の目を見る。世に在り。中古 ゆる［ゆりる］［許］。世に逢ふ。
誰もが―・める 近代 自他共に許す。
目上の人に―・められる 近世 お眼鏡にかなふ。お目にとまる。

みどり【緑】 近代 グリーン(green)。中世 すいしょく［翠色］。中古 へきしょく［碧色］。りょくしょく［緑色］。上代 かあをし［青］。みどり［緑］。

―のうすもの 中古 へきら［碧羅］。

―の傘のような枝 中古 すいがい［翠蓋］。

―の苔 近代 あをごけ［青苔］。中世 すいたい［翠苔］。中古 せいたい［青苔］。りょくたい［緑苔］。

―の竹 中古 すいちく［翠竹］。りょくちく［緑竹］。

―のとばり 中古 すいちゃう［翠帳］。

―の波 近代 せいは［青波］。近世 りょくは［緑

み

波］。上代 さうは［蒼波／滄波］。
ーの葉 近代 みどりば［緑葉］。中古 りょくえふ［緑葉］。上代 あをば［青葉］。
ーの松 中古 すいしょう［翠松］。
鮮やかなー 近代 せんりょく［鮮緑］。
一面のー 近代 ばんりょく［万緑］。
一面のーの中に一点の紅 近代 万緑叢中紅一点。
薄いー 近代 せんりょく［浅緑］。中古 うすみどり［薄緑］。上代 あさみどり［浅緑］。
濃いー 近代 こみどり［濃緑］。しんりょく［深緑］。上代 すいりょく［翠緑］。のうりょく［濃緑］。上代 ふかみどり［深緑］。
初夏の草木のー 近代 さみどり［早緑］。中世 しんりょく［新緑］。
空にそびえ立つ木のー 中世 くうすい［空翠］。
冬枯れの季節に草木がーであること 中世 ばんすい［晩翠］。
その他ーのいろいろ（例）おいみどり［老緑］。近代 あんりょくしょく［暗緑色］。エメラルドグリーン（emerald green）。オリーブいろ［フランス olive 色］。きみどり［黄緑］。くさいろ［草色］。らうりょく［老緑］。わうりょく［黄緑］。中世 もよぎ［萌黄／萌葱］。中古 もえぎ［萌黄／萌葱］。やなぎいろ［柳色］。

みどりご【嬰児】→あかんぼう

み‐と・る【看取】 かいご［介護］。死に水を取る。近代 みとる［看取］。近世 かんご［看護］。上代 かんびゃう［看病］。

み‐と・れる【見蕩】 近世 目を奪はる［ー奪われる］。中世 うっとり。みとる［ーとれる］［見蕩／見惚］。みほる［ーほれる］［見惚］。中古 みいる［見入］。

みな【皆】 近代 ありったけ［有丈］。いっさいがっさい［一切合切／一切合財］。なにもかにも［何彼］。まるごと［丸］。あらん限り。近世 あらひざらひ［洗浚］。いちどう［一同］。ごっそり。すっかり。そっくり。ねこそぎ［根刮］。まるぐち［丸］。まるまる［丸丸］。みんな［皆］。皆が皆。中世 いづれも［何］。かいぜ［皆是］。ことごとく［悉］。ぜんぶ［全部］。そうぞう［総総／惣惣］。まんざ［万座］。ありとあらゆる。中古 あまねく［遍］。あらゆる。ことごと［悉］。なにもかも［何彼］。みながら［皆］。みなみな［皆皆］。ある限り。何もかも。残らず／残りなく。上代 すべて［全／凡／総］。ひとみな［人皆］。みな［皆］。みなひと［皆人］。もろもろ［諸諸］。→すべて
ーが泣く 中古 なきみつ［泣満］。
ーで見る 中世 みあふ［見合］。
そこに居る者ー きょじょう［挙場］。近世 いちどう［一同］。上代 みなひと［皆人］。
▼皆さん しょけいし［諸兄姉］。近代 しょけい［諸兄］。しょげん［諸彦］。しょこう［諸公］。しょし［諸氏］。しょし［諸子］。しょし［諸姉］。みなみなさま［皆皆様］。近世 いづれもがた［何方］。かくゐ［各位］。皆の者。中世 いづれもさま［何様］。しょげん［諸賢］。ひとびと［人人］。めんめん［面面］。中古 おのおの［各各］。しょくん［諸君］。しょけん［諸賢］。

みなお・す【見直】 あらいなおし［洗直］。さいけんとう［再検討］。近世 みかへす［見返］。みなほす［見直］。

みなぎ・る【漲】 近代 みちる［満］。わういつ［横溢／汪溢］。一杯になる。中古 じゅうまん［充満］。みちみつ［ーみちる］［充満］。みなぎる［漲］。
ー・り溢れること 近代 ちゃういつ［漲溢］。中世 たうてん［滔天］。
ー・る力 ボルテージ（voltage）。
水がー・り広がるさま 中古 かうかう［浩浩］。

みなげ【身投】 近代 とうしんじさつ［投身自殺］。近世 にふすい［入水］。中世 じゅすい［入水］。とうしん［投身］。みなげ［身投］。中古 身を沈む［ー沈める］。身を投ぐ［ー投げる］。

みなごろし【皆殺】 近代 さうめつ［掃滅／剿滅］。近世 あうさつ［鏖殺］。せんめつ［殲滅］。ちゅうい［誅夷］。中古 みなごろし［皆殺］。
一族をーにすること 中世 ぞくめつ［族滅］。
▼大量殺戮 ホロコースト（holocaust）。

みなしご【孤児】 近代 ゐし［遺児］。ゐじ［遺児］。中世 おやなしご［親無子］。上代 おやなし［親無］。中古 こじ［孤児］。こし［孤子］。みなしご［孤児／孤］。
幼いー 中古 こじゃく［孤弱］。

みな・す【見做】 すいてい［推定］。はんてい［判定］。近世 みたつ［ーたてる］［見立］。もくする［目］。中古 とりなす［取成］。なぞらふ［ーらえる］［準／准／擬］。上代 ぎす［擬］。みなす［見做／看做］。

みなと【港】 ハーバー（harbor）。ポート（port）。近代 かうわん［港湾］。ふなつきば［船着場］。中世 はとば［波止場］。ふなつき［船着］。中古 すいえき［水駅］。ふなば［船場］。上代 かはづ［川津］。つ［津］。とまり

［泊］。ふなせ［船瀬］。みなと［港／湊／水門］。→**はとば**

—から荷船(にぶね)を出すこと 中世つだし［津出］。

—から船が出ること 近代しゅっかう［出港］。しゅっかう［出航］。でふね［出船］。はっかう［発港］。はっかう［発航］。しゅっせん［出船］。しゅっぱん［出帆］。中世しゅっせん［出船］。上代ふなだち［船立］。ふなで［船出］。

—に停泊すること 中世ふながかり［船繋］。

—に船がとどまること(その船) びょうはく［錨泊］。近代とうべう［投錨］。近世かかりぶね／かけぶね［掛船］。ていはく［停泊／碇泊］。はくす［泊］。中世ふながかり［船繋］。ふなどまり［船泊］。みなとぶね［港船］。中古とまりぶね［泊船］。ふなやどり［船宿］。上代いはつ［泊］。はつ［泊］。

—に船が入ること 近世にふかう［入港］。にふしん［入津］。にふせん［入船］。中世いりふね［入船］。にふつ［入津］。

—に夜船がとどまること(その船) 近代よどまり［夜泊］。中世やはく［夜泊］。

—の出入り口 近世かうこう［港口］。中古みなとぐち［港口］。

—の中 近代わんない［湾内］。近世かうない［港内］。

—の番人 上代つもり［津守］。

—のほとり 中古わんとう［湾頭］。

—へ戻る船 中世いりふね［入船］。中古きはん［帰帆］。

—を築くこと 近代ちくかう［築港］。

川岸にある— かこうこう［河口港］。近代かかう［河港］。かしん［河津］。

重要な— 近代えうかう［要港］。中世えうしん［要津］。

荷船(にぶね)を送り出す— 近代つみだしかう［積出港］。

貿易を許された— じょうやくこう［条約港］。ぼうえきこう［貿易港］。近代かいかうぢゃう［開港場］。ごしぢゃう［互市場］。

ヨットなどの— マリーナ(marina)。ヨットハーバー(yacht harbor)。

その他—のいろいろ(例) えんがんこう［沿岸港］。かこうこう［火口港］。ぎょこう［漁港］。にあげこう［荷揚港］。りょうこう［良港］。近代ぐゎいかう［外港］。ぐんかう［軍港］。じいうかう［自由港］。じいうぼうえきかう［自由貿易港］。しゃうかう［商港］。せんせきかう［船籍港］。とうかう［凍港］。ひなんかう［避難港］。ふとうかう［不凍港］。ぼかう［母港］。近世かいかう［海港］。

みなみ【南】 エス(S)。近代サウス(south)。中古まみなみ［真南］。近世なんぶ［南部］。なんぱう［南方］。みんなみ［南］。うま［午］。上代かげとも［影面］。みなみ［南］。

—の海 中世かいなん［海南］。中古なんかい［南海］。

—の風 近代ながし［流］。はるあらし［春嵐］。はるあれ［春荒］。近世くろはえ［黒南風］。しらはえ／しろはえ［白南風］。まじ／まぜ［真］。中世はえ［南風］。中古がいふう［凱風］。なんぷう／みなみかぜ［南風］。上代みなみ／みんなみ［南］。

—へ進むこと 近代なんしん［南進］。近世みなみす［南］。中古くだる［下］(京都で言う)。

—を向いていること 中古なんめん［南面］。みなみおもて［南面］。みなみむき［南向］。

みなもと【源】❶〈水源〉 近代げんせん［源泉］。中世みなかみ［水上］。らんしゃう［濫觴］。中古げんりう［源流］。すいげん［水源］。上代いづみ［泉］。みなもと［源］。

《句》近代源清ければ流れ清し。

—から流れ出ること 近代はつげん［発源］。

—に遡(さかのぼ)ること さくげん［遡源／溯源］。近代そげん［遡源／溯源］。

温泉などの— 近代げんせん［源泉／原泉］。中世せんげん［泉源］。

みなもと【源】❷〈起源〉 近代げんいう／げんゆ［原由］。近世きげん［起源］。中世こんぽん［根本］。中古えんげん［淵源］。おこり［起］。こんげん［根源］。ほんげん［本源］。みなもと［源］。

—が同一であること 中世どうこん［同根］。

—をつきとめること さくげん［遡源／溯源］。近代そげん［遡源／溯源］。

みならい【見習】 インターン(intern)。じっしゅうせい［実習生］。れんしゅうせい［練習生］。近代みならひ［見習］。近世したぢ［下地］。中世とてい［徒弟］。もんか［門下］。もんかせい［門下生］。もんてい［門弟］。中古でし［弟子］。もんじん［門人］。もんせい［門生］。もんと［門徒］。

官庁で事務の— 近代しほ［試補］。

通訳の— 近世けいこつうじ［稽古通詞］。

みなら・う【見習】 近世まねごと［真似事］。みやうみまね［見様見真似］。中古ならふ［習／倣］。まなぶ［学］。まぬ［まねる］［真似］。みならふ［見習／見倣］。

《句》近代門前の小僧習はぬ経を読む。中古驥尾(びき)に付す(付く)。

―・うべきもの 中世きかん[亀鑑]。てほん[手本]。中古きく[規矩]。もはん[模範]。上代かがみ[鏡/鑑]。

みなり【身形】 近代ふうつき[風付]。ふくさう[服装]。近世いでたち[出立]。えもん[衣紋/衣文]。えりつき[襟付]。ぐゎいけん[外見]。つくり[作/造]。ふうぞく/ふぞく[風俗]。ふうてい[風体]。みぶり[身振]。やうす[様子]。中世したて[仕立]。そでつま[袖褄]。しょたい/しょてい[所体]。でたち[出立]。とりなり[取成/容態]。なりかかり[形掛]。なりふり[形振]。へんぷく[辺幅]。中古なり[形/態]。なりかたち[形姿]。みなり[身形]。上代すがた[姿]。ふうさい[風采]。

―を飾らない 近世形骸を土木にす。

―を飾る 近代めかしこむ[粧込]。めかす[粧]。お洒落をする。近世しゃれる[洒落]。中古きかざる[着飾]。

―を特別立派にしたさま 近世きんきん[金金]。

―を整える(こと) 近代ふんさう[扮装]。近世こしらへ[拵]。しゃれ[洒落]。たしなむ[嗜]。みじたく[身支度]。みじまひ[身仕舞]。みじんまく[身慎莫]。中世みごしらへ[身拵]。中古うちけさうず[打化粧]。みづくろひ[身繕]。上代よそほひ[装]。

男としての― 近世をとこつき[男付]。中世をとこぶり[男振]。

町人風の― 近世ちゃうにんごしらへ[町人拵]。

風変わりな― 近代いよう[異容]。

風変わりな―をする 中世かぶく[傾]。

身分を隠す― 中古びふく[微服]。

みな・れる【見慣】 中古おもなる[面馴/面慣]。みつく[―つける][見付]。みならふ[見慣/見馴]。みなる[―なれる][見慣/見馴]。めなる[目馴]。

―・れている(こと) 近世めぢかし[目近]。中古目に近し。

《句》近代門前の小僧習はぬ経を読む。

ミニ(mini) スモール(small)。リトル(little)。近世こぶり[小振]。中古こがた[小型]。ちひさし[小]。

みにく・い【醜】 近代しうあく[醜悪]。しうじゃう[醜状]。せこい。近世しうたい[醜態/醜体]。ぶざま[無様]。みっとむない/みっともない。みとむなし。中古あし[悪]。あやし[賤]。しゅあく[醜悪]。にくげ/にくさげ/にくし[憎]。みぐるし[見苦]。上代しけこし[醜]。しこ[醜]。みにくし[醜/見悪]。→みぐるし・い

―・い女性 ぶす。近代ウンシャン(ドイツ un schön)。にんさんばけしち[人三化七]。ぶをんな[醜女]。近世おこぜ[鰧/虎魚]。しうふ[醜婦]。しみったれ。スベタ(ポルトガル espada)。ででふく[福]。ぶえん[無塩]。フラソコ(ポルトガル frasco)。酉(とり)の市の売れ残り。中古しうぢょ[醜女]。上代しこめ[醜女]。

―・い男性 近代しうふ[醜夫]。中世ぶをとこ[醜男]。上代しこを[醜男]。

―・く卑しいこと 近代しうかん[醜漢]。しうれつ[醜劣]。中世しうろう[醜陋]。

―・く奇怪なこと 近代しうくゎい[醜怪]。

―・く汚らわしいこと 近代しうあく[醜悪]。しうくゎい[醜穢]。しうわい[醜穢/醜猥]。近世しうを[醜汚]。中古しゅあく[醜悪]。

老いて―・いこと 中古らうしう[老醜]。

顔が―・い 近代しうばう[醜貌]。しうよう[醜容]。中世あくさう[悪相]。ぶきりゃう[不器量/無器量]。中古かたほ[偏/片秀]。美相(びさう)なし。上代かたなし[形無]。

寝相が―・い 近世いぎたなし[寝穢]。

みにく・い【見難】 近代めざはり[目障]。近世みづらし[見辛]。みにくし[見難]。中古みぐるし[見苦]。→みぐるし・い

ミニマム(minimum) かげん[下限]。さいていげん[最低限]。近代きょくせう[極小]。ごくせう[極小]。さいせうげん[最小限]。ミニマム。近世さいせう[最小]。

みぬ・く【見抜】 おみとおし[御見通]。近代どうかん[洞看]。どうくゎん[洞観]。近世どうけん[洞見]。どうさつ[洞察]。ねんさい[燃犀]。みすかす[見透]。みてとる[見取]。みやぶる[見破]。みとほす[見通]。中世かんぱ[看破]。みぬく[見抜]。みひらく[見開]。中古みあらはす[見顕]。上代めいさつ[明察]。

―・く力 えんもく[鳶目]。近代がんしき[眼識]。けいがん[慧眼]。どうさつりょく[洞察力]。近世いっせきがん[一隻眼]。がんけいがん[烱眼]。めはし[目端]。中世がんくゎう[眼光]。がんりき/がんりょく[眼力]。しんがん[心眼]。まなこ[眼]。

すばやく―・く 中世めばやし[目早]。

みね【峰】 近代ピーク(peak)。中世ほうらん[峰巒]。やまを[山尾]。中古くき[岫]。さんちゃう[山頂]。さんてん[山巓]。さんとう[山頭]。さんれい[山嶺]。ちゃうじゃう[頂

上］。上代 いただき［頂］。ね［嶺／峰］。みね［峰／峯／嶺］。を［峰／丘］。をのへ［尾上］。をみね［小峰］。をろ［峰／丘］。→やま
《枕》中古 たかさごの［高砂］。
ーと峰を結ぶ線 近代 せきりゃう［脊梁］。りょうせん［稜線］。近世 をね［尾根］。
ーのあたり 上代 みねべ［峰辺］。
ーの続き さんりょう［山稜］。近世 をね［尾根］。中古 みねつづき［峰続］。れんざん［連山］。れんぽう［連峰］。→おね
ーを越す 中世 みねごし［峰越］。をごし［峰越］。中古 みねごえ［峰越］。
雲などのかかったー 中世 うんれい［雲嶺］。えんしゃう［煙嶂／烟嶂］。くもゐのみね［雲居峰］。
孤立しているー 中古 こほう［孤峰］。
山稜にぎざぎざと切り立っているー ツァッケ（ドイツ Zacke）。
高いー 中世 かうほう［高峰］。中古 きほう［危峰］。上代 たかね［高嶺／高根］。
小さなー 上代 さをを［小峰］。
尖ったー 中世 せんぽう［尖峰］。
緑のー 近代 すいほう［翠峰］。中古 すいれい［翠嶺］。
向かいのー 上代 をむかひ［峰向］。
群がるー 近代 ぐんぽう［群峰］。中古 ぐんざん［群山］。上代 むらやま［群山］。
珍しい形のー 中古 きほう［奇峰］。
雪が積もったー ぎんれい［銀嶺］。

みの【蓑】 近世 たうみの［唐蓑］。たみの［田蓑］。中古 みの［蓑／簑］。
ーと笠 近世 みのかさ［蓑笠］。
腰にまとう短いー 近世 こしまきみの［腰巻蓑］。こしみの［腰蓑］。
姿を隠してくれるー 中古 かくれみの［隠蓑］。

みのう【未納】 近代 たいなふ［滞納］。中世 みさい［未済］。上代 みなふ［未納］。

みのうえ【身上】 近代 うまれ［生］。きゃうぐう［境遇］。しんじゃう［身上］。みぶん［身分］。近世 きゃうがい［境界］。みじゃう［身性／身状］。みそら［身空］。みもと［身元／身許］。中世 すじゃう［素性］。中古 しんしゃう［身上］。しんせい［身世／身生］。ひとのうへ［人上］。み［身］。みのほど［身程］。上代 みのうへ［身上］。→みぶん
ーが変転すること 《句》近代 昨日の襤褸(つづれ)今日の錦。昨日の錦今日の襤褸(ぼろ)。中世 昨日の花は今日の夢。
ー話 中古 みかたり／みがたり［身語］。
個人のー 近代 じんしん［人身］。
自分のー 中世 わがみざま［我身様］。
辛いことの多いー 近世 うきかはたけ［浮河竹］。中古 うきみ［憂身］。

みのが・す【見逃】❶〈見落とす〉→みおと・す
みのが・す【見逃】❷〈目こぼし〉→もくにん

みのたけ【身丈】 近代 うはぜい［上背］。近世 せたけ［背丈］。中世 しんちゃう［身長］。上代 みたき／みたけ［身長］。みのたけ［身丈／身長］。

みのほど【身程】 近世 さい［際］。ぶんざい［分際］。みぶん［身分］。中世 ちゐ［地位］。ぶげん／ぶんげん［分限］。みがら［身柄］。中古 がいぶん［涯分］。きは［際］。みのほど［身程］。上代 くらゐ［位］。→みぶん
ー知らず 中古 おほけなし。《句》中世 蟷螂(たうらう)が斧。蚍蜉(ひふ)（大きな蟻）大樹(たいじゅ)を動かす。猿猴(ゑんこう)が月。
ーをわきまえて満足すること 中古 ちそく［知足］。

みのまわり【身回】 近代 みぢか［身近］。近世 しんぺん［身辺］。てぢか［手近］。みのまはり［身回］。中世 こしもと［腰元］。てまはり［手回］。ひざもと［膝元］。中古 あしもと［足下／足元／足許］。さいう［左右］。ざいう／ざう［座右］。
ーの小道具 中世 てぐそく［手具足］。てだうぐ［手道具］。てまはり［手回］。

みのむし【蓑虫】 近代 鬼の捨て子。中古 おにのこ［鬼子］。みのむし［蓑虫］。

みのり【実】 けっか［結果］。近代 けっしゃう［結晶］。げふせき［業績］。せいくゎ［成果］。近世 みのり［実／稔］。中世 けつじつ［結実］。上代 しうくゎく［収穫］。
ーが良い 近世 ほうさく［豊作］。
ーが良い年 中世 ほうねん［豊年］。中古 まんさく［満作］。
ーが悪い 中世 ふさく［不作］。
ーが悪い年 中世 きょうねん［凶年］。
ーの具合 中世 け［毛］。さくげ［作毛］。さくもう［作毛］。中古 けづけ［毛付］。けみ［毛見］。でき［出来］。

みの・る【実】 近代 じゃうじゃう［穣穣］。じゅくせい［熟成］。とうじゅく／とじゅく［登熟］。近世 なる［生］。実を結ぶ。中世 あがる［上］。うる［うれる］［熟］。けつじつ［結実］。せいじゅく［成熟］。実が乗る。上代 じゅくす［熟］。とし［年／歳］。みのる［実／稔］。穂に出づ。
稲がー・っているさま 黄金(こがね)の波。中世

くゎううん［黄雲］。

稲が━・って黄色になること 近代くゎうじゅく／わうじゅく［黄熟］。

稲が━・って垂れている穂 上代たりほ［垂穂］。

稲が━・って穂が垂れるさま 中古りり［離離］。

稲など穀物がよく━・る 中世としあり［年有］。

他の品種より遅く━・ること 近代ばんせい［晩生］。上代おくて［奥手／晩稲／晩生］。

他の品種より早く━・ること 近代さうせい［早生］。上代わせ［早生／早稲］。

みば【見場】 近代ぐゎいくゎん［外観］。近世ぐゎいけん［外見］。みため［見目］。みば［見場／見端］。→みかけ

みばえ【見栄】 近世みだて［見立］。みばえ［見栄／見映］。中古はえ［栄／映］。

━がしない 近世しみたれ。しみたれる／しみったれる。中古はえなし［映無］。みだてなし［見立無］。

━がする 近世ひきたつ／ひったつ［引立］。中世はゆ［はえる］［映］。中古はえばえし［栄栄／映映］。

━がするさま ばりっと／ぱりっと。近代ぱっと。近世すっかり。ばっと。中世すっきり。

━がするようにする 近世ひきたつ［━たてる］［引立］。

みはから・う【見計】 近代みつもる［見積］。見当を付ける。中世みつくろふ［見繕］。みはからふ［見計］。

みはな・す【見放】 →みす・てる

みはらし【見晴】 けいかん［景観］。ビスタ(vista)。近代てんばう［展望］。近世いちばう［一望］。みはらし［見晴］。中世ばうけん［望見］。中古けしき［景色］。てうばう［眺望］。ながめ［眺］。ゑんけん［遠見］。ゑんばう［遠望］。上代くゎんばう［観望］。→ながめ

━がよいこと 近代いちばうせんり［一望千里］。

みはら・す【見晴】 中世のぞみみる［望見］。ふりさけあふぐ［振放仰］。みはらす［見晴］。中古うちながむ［打眺］。ながむ［ながめる］［眺］。ながめやる［眺遣］。みのぶ［見延］。上代ふりさく［振放］。ふりさけみる［振放見］。みさく［見放］。みはるかす［見晴／見霽］。みやる［見遣］。みわたす［見渡］。

みはり【見張】 ガード(guard)。近代みはりばん［見張番］。近世かんし［監視］。けいび［警備］。じしんばん［自身番］。ばんにん［番人］。みあつめ［見集］。みはり［見張］。めつけ［目付］。中世はりばん［張番］。ばんとう［番頭］。上代うかみ［窺見／候／間諜］。かんしゅ［看守］。

━の小屋 近代ばんたらうごや［番太郎小屋］。近世じしんばんしょ［自身番所］。じしんばんや［自身番屋］。ばんごや［番小屋］。中世ばんや［番屋］。上代たぶせ［田伏／田廬］。

━の兵隊 近代せうへい［哨兵］。ほせう［歩哨］。近世ばんそつ［番卒］。ばんぺい［番兵］。

漁船の魚群発見のための━ いろみ［色見］。

火の見櫓で━をする人 近世ひのみばん［火見番］。

みは・る【見張】 近代みはる［見張］。近世がんばる［眼張］。ばんす［番］。中古はりこむ［張込］。はる［張］。上代もる［守］。

敵の攻撃に備えて━・ること 近代せうかい［哨戒］。

一晩中━・る 近代ふしんばん［不寝番］。中世ねず(の)ばん［不寝番］。

みはるか・す【見晴】 →みはら・す

みひとつ【身一】 近代はだかいっくゎん［裸一貫］。中世ごしゃくのみ［五尺身］。中古みがら［身柄］。みひとつ［身一］。

みぶり【身振】 近代ジェスチャー／ゼスチュア(gesture)。みごなし［身熟］。身のこなし。近世しかた［仕方］。しぐさ［仕種／仕草／為種］。そぶり［素振］。てまへ［手前］。ふり［振］。みぶり［身振］。中世たちゐふるまひ［立居振舞］。どうさ［動作］。もやう［模様］。中古きょどう［挙動］。

━だけで演じる劇 マイム(mime)。もくげき［黙劇］。近代パントマイム(pantomime)。むごんげき［無言劇］。

━をまじえた話 中世しかたばなし［仕方話／仕方噺］(特に落語など)。

みぶるい【身震】 近代おののき［戦］。近世しんかん［震撼］。中世みぶるひ［身震］。中古せんりつ［戦慄］。わななき［戦慄］。

みぶん【身分】 近代しかく［資格］。近世ざい［際］。しょざい［所在］。しんしゃう［身上］。しんだい［身代］。ぶんざい［分際］。みぶん［身分］。中世あしもとすじゃう［足下素性］。かく［格］。ちゐ［地位］。ぶげん／ぶんげん［分限］。ぶん［分］。みがら［身柄］。中古ありさま［有様］。がいぶん［涯分］。きは［際］。しな［品］。すぢ［筋］。ひと［人］。ほど［程］。み［身］。みのほど［身

程］。〖上代〗くらゐ［位］。《句》〖近世〗駕籠に乗る人担ぐ人、そのまた草鞋(わらじ)をつくる人。銭無しの市立(いちだち)。銭持たずの団子選(え)り。〖中世〗君君たらずとも臣臣たらざる可(べ)からず。

―が上がる 〖近代〗えいしん［栄進］。しょうかく［昇格］。しょうにん［昇任］。〖中世〗えいたつ［栄達］。へあがる［経上］。〖中古〗しょうしん［昇進］。

―が高い 〖近代〗ノーブル(noble)。〖近世〗訳(わけ)有る。〖中世〗そんかう［尊高］。〖中古〗あて／あてはか／あてやか［貴］。おもおもし［重重］。かうき［高貴］。かみ［上］。さりぬべし。やうごとなし／やごとなし／やむごとなし／やんごとなし［止事無］。よし［良］。

―が高い家 〖中古〗りゃうか／りゃうけ［良家］。

―が高い女 〖中古〗きぢょ［貴女］。

―が高いさま 〖近世〗れっき［歴］。〖中世〗れきれき［歴歴］。

―が高い女官 〖中古〗じゃうらふ［上臈／上臘］。じゃうらふにょうばう［上臈女房］。

―が高い人 〖近代〗きじん［貴人］。〖近世〗うへ［上］。かみ［上］。くんし［君子］。じゃうにん［上人］。たいしん［大身］。〖中世〗かみつかた［上方］。きぞく［貴族］。しゃうはい／じゃうはい［上輩］。じんたい［人体／仁体］。そんざ／そんじゃ［尊者］。たいじん［大人］。それきれき［歴歴］。〖中古〗あてびと［貴人］。じゃうず［上衆／上種］。じゃうらふ［上臈／上臘］。とのばら［殿原］。まうちぎみ［公卿］。限りなき人。〖上代〗うまひと［貴人］。きにん［貴人］。まちぎみ／まへつきみ［公卿］。《尊》〖中世〗ごじんたい／ごじんてい［御仁体］。

―が高く金持ちであること 〖中世〗ふき／ふっき［富貴］。〖中古〗ふうき［富貴］。

―が高く権力があること 〖中古〗けんき［権貴］。

―が高く名声があること 〖中世〗きけん［貴顕］。れきれき［歴歴］。

―が中程度の人 〖中世〗ちゅうじん［中人］。ちゅうはい［中輩］。

―が低い 〖中世〗いひがひなし［言甲斐無］。けいせん［軽賤］。げすし［下種］。しづ［賤］。すゑずゑ［末末］。つぎのもの［次者］。ひきし／ひきやか／ひきらか［低］。むげ［無下］。〖中古〗あさし［浅］。あさふ［浅］。あやし［卑／怪］。いふかひなし［言甲斐無］。いやし［卑／賤］。かるがるし／かろがろし［軽軽］。かろぶ［軽］。かろらか［軽］。ひせん［卑賤／鄙賤］。びせん［微賤］。みじかし［短］。わろし［悪］。〖上代〗げせん［下賤］。

―が低い女 〖近代〗ひふ［鄙婦／卑婦］。〖近世〗ひっぷ［匹婦］。〖中古〗なまをんな［生女］。

―が低い臣下 〖中古〗せうしん［小臣］。

―が低い町人 〖近世〗すちゃうにん［素町人］。

―が低い人を罵(ののし)る語 〖近世〗げすげらう［下種下郎］。〖中古〗げらう［下郎］。

―が低い兵士や侍 〖近代〗へいそつ［兵卒］。〖近世〗あしがる［足軽］。すねあらひさぶらひ［臑洗侍］。〖中世〗あをばむしゃ［青葉武者］。あをばもの［青葉者／白歯者］。ざふひゃう［雑兵］。〖中古〗なまさぶらひ［生侍］。

―が低い者 〖近代〗けいはい［軽輩］。げはい［下輩］。そつご［卒伍］。〖近世〗さうれい［皁隷／皂隷］。したじた／しもじも［下下］。にがふはん［二合半］。にすけ［仁助］。ぼんぞく［凡俗］。〖中世〗あやしのしづ［賤賤］。げげ［下下］。げにん［下人］。ざふにん［雑人］。しづ［賤］。しもうと［下人］。しもざま［下様］。しもつかた［下方］。しもべ［下部／僕］。すうぜう［芻蕘］。すご［素子］。すゑずゑ［末末］。せうしん［小身］。せうじん［小人／少人］。せうしんもの［小身者］。せうはい［小輩］。だうか［堂下］。はもの［端者／葉者］。ひふ［鄙夫／卑夫］。ぼんげ［凡下］。ぼんにん［凡人］。まっぱい［末輩］。〖中古〗あまのこ［海人子］。えせもの［似非者］。げす［下衆／下種／下司］。げすをとこ［下衆男］。げらう［下郎］。げらふ［下臈］。ざふざふのひと［雑雑人］。しづのを［賤男］。しも［下］。しものきざみ［下刻］。しもびと［下人］。たうか［堂下］。ぢげ［地下］。ぢげにん［地下人］。なまもの［生者］。ひっぷ［匹夫］。やまがつ［山賤］。わろびと［悪人］。〖上代〗げせん［下賤］。しづを［賤男］。やっこ［奴／臣］。

―が低く貧しいこと 〖中古〗ひんせん［貧賤］。

―が低く禄高の少ない人 〖中世〗せうしんもの［小身者］。

―相応 〖近代〗おうぶん［応分］。〖近世〗ぶんさうおう［分相応］。〖中世〗ずいぶん［随分］。〖中古〗ぶんぶん［分分］。ほどほど［程程］。みのほど［身程］。《句》〖近世〗破(わ)れ鍋に綴(と)ぢ蓋(ぶた)。〖中古〗際(きは)は際(きは)。

―と名声 〖近世〗しばう［資望］。

―の上の者と下の者 〖中世〗うへした［上下］。〖上代〗きせん［貴賤］。そんぴ［尊卑］。

―の差 〖中古〗きはぎは［際際］。

―不相応 〖近代〗けうせん［驕僭］。〖近世〗職(しょく)

過ぐ[―過ぎる]。中世くゎぶん[過分]。中古おほけなし。せんしゃう/せんじゃう[僭上]。ひぶん[非分]。《句》近代玉を懐(いだ)いて罪あり。近世人参飲んで首縊る。中世町人の刀好み。

―不相応の望みを持つたとえ 近代らうしゃしん[狼子野心]。

―を越えた称号を名乗ること 近代せんしょう[僭称]。中世せんす[僭]。

―を越えた振る舞いをすること 近世せんゆ[僭踰]。

―を越えて王を名乗る者 近代せんわう[僭王]。

―を越える位を盗むこと 近世せんせつ[僭窃]。

生まれつき―が低いこと 近世負薪(ふしん)の資。中古かせい[下姓]。上代げしゃう[下姓]。

みぼうじん【未亡人】 近代ウイドー(widow)。みばうじん/みばうにん[未亡人]。近世つみがみ[摘髪]。をんなやもめ[女寡]。赤い信女(しんにょ)。有髪(うはつ)の尼。中古さうふ[孀婦]。びばうじん[未亡人]。ゑんぢょ[怨女]。上代くゎさい[寡妻]。くゎふ[寡婦]。ごけ[後家]。やもめ[寡婦/孀]。

―のまま再婚しない女性 近世いちだいごけ[一代後家]。

身分のある人の― 近世かみさま[上様](上方の語)。中古こうしつ[後室]。

みほん【見本】 近代しきょうひん[試供品]。サンプル(sample)。しれう[試料]。みほん[見本]。近世ひながた[雛形]。へうほん[標本]。

悪い―として見習う はんめんきょうし[反面教師]。《句》近世他山の石。人のふり見て我がふり直せ。

みほんいち【見本市】 エキシビション/エキジビション(exhibition)。てんじかい[展示会]。てんじそくばいかい[展示即売会]。フェア(fair)。近代てんらんくゎい[展覧会]。はくらんくゎい[博覧会]。メッセ(ドイツ Messe)。

みまい【見舞】 近代ぎえん[義捐]。中世とむらひ[訪]。みまひ[見舞]。中古とぶらひ[訪]。上代ゐもん[慰問]。

寒中知人の安否を尋ねる― 近代かんちゅうみまひ[寒中見舞]。近世かんみまひ[寒見舞]。

四季折々の― 近代じこうみまひ[時候見舞]。中世をりみまひ[折見舞]。

病気の― 中世をりみまひ[折見舞]。

みま・う【見舞】 近代うかがふ[伺]。中世とむらふ[訪]。みまふ[見舞]。中古おとなふ[訪]。こととふ[言問]。たづぬ(たずねる)[訪]。とぶらふ[訪]。ゆきとぶらふ[行訪]。上代とふ[訪]。

みまちが・える【見間違】 近代みそこねる[見損]。みまちがふ[見間違]。近世みあやまつ[見過/見誤]。みちがふ(―ちがえる)[見違]。めちがひ[目違]。中世みあやまる[見誤]。みそこなふ[見損]。みそんず[見損]。中古うちまがふ[打紛]。まよふ[迷]。みえまがふ[見紛]。まがふ/まぎる[紛]。みまがふ[見紛]。

―・えること 近代ごにん[誤認]。中世よそめ[余所目]。中古そらめ[空目]。ひがめ[僻目]。

老人の―・え 中世老いの僻目(ひがめ)。

みまも・る【見守】 近世みまもる[見守]。近代ちゅうし[注視]。中世じゅくし[熟視]。まもりゐる[守居]。みつむ(―つめる)[見詰]。目を澄ます。中古うちまぼる/うちまもる[打守]。まぶる/まぼる[守]。みいる[見入]。目を立つ(―立てる)。目を止む(―止める)。めかれせず[目離]。もらふ[守]。上代まもらふ[守]。まもる[守]。

―・っている 中世まもりゐる[守居]。

神が人間を―・ること 近世かうかん[降鑑/降監]。

将来を期待して―・ること しょくもく[嘱目/属目]。

ずっと―・る 中古みつぐ[見継]。

積極的には動かず―・ること 近世せいくゎん[静観]。

注意して―・ること 近代くゎんし[観視]。きょろきょろする。近代くゎいし[回視]。近世きょろつく。中世しこ[四顧]。みまふ[見舞]。中古みまはす[見回/見廻]。みめぐらす[見回]。

みまわ・す【見回】

―・すさま 近世きょろきょろ。ぐるりと。けろけろ。

みまわり【見回】 近代じゅんくゎい[巡回/巡廻]。近世けいら[警邏]。じゅんし[巡視]。じゅんら[巡邏]。中世みまはり[見回/見廻]。みまひ[見舞]。中古じゅんくゎん[巡観]。じゅんけん[巡見]。上代じゅんけん[巡検]。じゅんさつ[巡察]。

みまわ・る【見回】 中世みまふ[見舞]。みめぐる[見回]。中古みまはる[見回/見廻]。

―・って調べること 近代しさつ[視察]。じゅ

んえつ［巡閲］。

みみ【耳】 上代 みみ［耳］。イヤー(ear)。中世 じだ［耳朶］。

―が痛い 近世 ききづらし［聞辛］。みみざはり［耳障］。中世 耳に逆(さか)ふ。中古 ききぐるし［聞苦］。ききにくし［聞］。《句》近世 兎の逆立ち。

―が聞こえないこと ちょうかくしょうがい［聴覚障害］。近代 ろう［聾］。中世 じろう［耳聾］。つんぼ［聾］。中古 みみしひ／みみしへ［耳癈／聾］。

―が聞こえなくなる 中世 ろうす［聾］。

―が聞こえにくい 近代 とほい［遠］。なんちゃう［難聴］。近世 みみどほし［耳遠］。中世 みみどほ［耳遠］。

―と口 近世 こうじ［口耳］。

―と目 中世 けんぶん［見聞］。上代 じもく［耳目］。

―に入れる 中古 いひいる［―いれる］［言入］。

―にする 近世 そくぶん［仄聞／側聞］。中古 ききかよふ［聞通］。もりきこゆ［漏聞］。もれきく［漏聞／洩聞］。

―にたまる垢 じこう［耳垢］。みみかす［耳滓］。中古 みみあか［耳垢］。みみくそ［耳糞］。

―に止まる 中古 みみたつ／みみだつ［耳立］。みみとどまる［耳留］。

―に慣れ親しむ 中古 ききならす［聞馴］。

―の奥 じてい［耳底］。

―の病気（例も含む） がいじえん［外耳炎］。ちゅうじしつ［耳疾］。近代 じろう［耳漏］。ちゅうじえん［中耳炎］。中世 みみだれ［耳垂／耳漏］。

―を澄ます 中古 みみたつ［耳立］。聞き耳を立つ［―立てる］。耳をそばだつ［―そばだてる］。

みみうち【耳打】 近世 ひそひそばなし［話］。みみうち［耳打］。みみかすり／みみこすり［耳擦］。みみごと［耳言］。みみざふたん［耳雑談］。みみそしょう［耳訴訟］。中世 ささめき［私語］。ささやき［囁］。みみだんがふ［耳談合］。

みみかき【耳掻】 しょうそくし［消息子］。みみほり［耳掘］。近世 みみはらひ［耳払］。中世 みみかき［耳掻］。

みみがくもん【耳学問】 ききがく［聞学］。近代 じがく［耳学］。近世 ききおぼえ［聞覚］。口耳(こうじ)の学。ききとりがくもん［聞取学問］。中世 ききおぼゆ［―おぼえる］［聞覚］。

―で知っていること（人） 近世 みみがうしゃ［耳巧者］。

みみかざり【耳飾】 イヤリング(earring)。じかん［耳環］。近代 みみかざり［耳飾］。近世 みみわ［耳環］。中世 みみがね［耳金］。中古 みみぐさり［耳鎖］。みみだま［耳玉］。みみふたぎ［耳塞］。

みみざと・い【耳聡】 みみはしこい［耳］。近代 はやみみ［早耳］。近世 みみざとし［耳聡］。みみばやし［耳早］。中世 みみぎき［耳聞］。中古 みみとし［耳疾／耳聡］。

みみざわり【耳障】 近世 ききづらし［聞辛］。みみざはり［耳障］。中世 うるさし［五月蠅］。みみはゆし［耳映］。中古 ききぐるし［聞苦］。

みみず【蚯蚓】 中世 きういん［蚯蚓］。中古 かぢょ［歌女］。上代 みみず［蚯蚓］。

みみずく【木菟】 上代 つく／づく［木菟］。中古 みみづく［木菟／鴟鵂／角鴟］。

みみたぶ【耳朶】 近代 じだ［耳朶］。近世 みみたぶ／みみたぶら［耳朶／耳埵］。みみたぼ［耳朶／耳埵］。中世 びく。中古 みみたび［耳朶／耳埵］。

みみっち・い →けち❶

みみな・れる【耳慣】 中古 ききならす／ききならふ［聞習／聞慣／聞馴］。ききなる［―なれる］［聞慣］。みみぢかし［耳近］。みみなる［―なれる］［耳慣／耳馴］。みみふる［耳古］。

―・れない 中古 ききにくし［聞難］。みみどほし［耳遠］。上代 ききそむ［聞初］。

みむ・く【見向】 近世 こりょ［顧慮］。ふりむく［振向］。中世 みむく［見向］。上代 かへりみる［顧／省］。

みめ【見目】 マスク(mask)。ルックス(looks)。近代 びもく［眉目］。フェース(face)。近世 かほだち［顔立］。ししょく［姿色］。みため［見目］。めはなだち［目鼻立］。中世 きりゃう［器量］。めんさう／めんざう［面相］。中古 かほかたち［顔形］。かほつき［顔付］。びぼく［眉目］。みめ［見目／眉目］。みるめ［見目］。めはな［目鼻］。ようし［容姿］。ようしょく［容色］。上代 ふうさい［風采］。ようばう［容貌］。→ようぼう【容貌】

みめい【未明】 →あけがた

みめかたち【見目形】 近世 ししょく［姿色］。中古 みめかたち［見目形／眉目形］。ようし［容姿］。ようしょく［容色］。上代 ようばう［容貌］。→ようぼう【容貌】

みめよ・い【見目好】 近世 うつくし［美］。中古 びれい［美麗］。みめよし［見目好／眉目好］。上代 かれい［佳麗］。

みもだえ【身悶】 近世 あがき［足掻］。中世 み

もだえ[身悶]。もだえ[悶]。中古ふしまろぶ[臥転]。

みもち【身持】 近代せいかう[性行]。そかう[素行]。近世ぎゃうせき[行跡]。ひんかう[品行]。みじゃう[身性/身状]。中世かうせき[行跡]。ぎゃうじゃう[行状]。みもち[身持]。中古さうかう[操行]。上代おこなひ[行]。しょぎゃう[所行]。ふるまひ[振舞]。

《句》近世乞食に氏無し。乞食に筋無し。

ーがおさまらないこと 近世のら。中古いうたう[遊蕩]。上代はうたう[放蕩]。

ーが悪いこと 近代ふしだら。ふひんかう[不品行]。近世あくしゃう[悪性]。ふぎゃうじゃう[不行状]。ふぎゃうせき[不行跡]。ふみもち[不身持]。中世じだらく[自堕落]。

ーの悪い女 近代はすはをんな[蓮葉女]。近世あばずれ[阿婆擦]。ばくれん[莫連]。

ーの悪い者 近代いうたうじ[遊蕩児]。たうじ[蕩児]。はうたうじ[放蕩児]。近世はうたうもの[放蕩者]。中古たうし[蕩子]。

ーを悪くする 中世もちくづす[持崩]。

みもと【身元】 近代しゅつじ[出自]。しんじゃう[身上]。近世あもとふもと[足下踏下]。うぢすじゃう[氏素性]。おさと[御里]。しゅっしん[出身]。みもと[身元/身許]。中世あもと[足下/足元]。すじゃう[素性]。中古しんしゃう[身上]。もと[元/本]。上代みのうへ[身上]。

ーの分からない人を罵る語 近世どこの馬の骨。

ーを保証すること 近世たなうけ[店請]。ひとうけ[人請]。

ーを保証する証文 近世うけじゃう[請状]。ひとうけしょうもん[人請証文]。

ーを保証する人 近代みもとほしょうにん[身元保証人]。近世たなうけにん[店請人]。上代ほしょうにん[保証人]。

借家人のーを保証する文書 近世たなうけじゃう[店請状]。たなうけしょうもん[店請証文]。

みもの【見物】 スペクタクル(spectacle)。ハイライト(highlight)。近代みごたへ[見応]。けみせどころ[見所]。中世けんじ[見事]。けんぶつ[見物]。つめどころ[詰所]。ながめもの[眺物]。みごと[見事/美事]。中古みどころ[見所]。みもの[見物]。ものみ[物見]。

みや【宮】→じんじゃ

《枕》上代うちひさす/うちひさつ。

天上のー 上代あまつみや[天宮]。

みゃく【脈】❶〈脈拍〉→みゃくはく

みゃく【脈】❷〈見込み〉近代かのうせい[可能性]。きたい[期待]。のぞみ[望]。みこみ[見込]。みゃく[脈/脉]。

みゃくはく【脈拍】 はくどう[拍動/搏動]。近代こどう[鼓動]。パルス(pulse)。近世どうき[動悸]。みゃくどう[脈動]。みゃくはく[脈拍/脈搏]。中世みゃく[脈]。

ーをはかる所 近世みゃくどこ[脈所]。中世みゃくどころ[脈所]。

異常に多いー ひんみゃく[頻脈]。

異常に少ないー ちみゃく[遅脈]。

死にかけた人のー 中世しみゃく[死脈]。

平常のー 中世へいみゃく[平脈]。

乱れたー ふせいみゃく[不整脈]。らんみゃく[乱脈]。

みゃくみゃく【脈脈】 近代みゃくみゃく[脈脈]。中世えんえん[延延]。中古めんめん[綿綿]。れんめん[連綿]。れんれん[連連]。

みゃくらく【脈絡】 けいらく[経絡]。近代かかはり[関]。ぶんみゃく[文脈]。つながり[繋]。きみゃく[気脈]。むすびつき[結付]。近世くゎんけい[関係]。けいとう[系統]。みゃくらく[脈絡]。れんけい[連係/連繋/聯繋]。

みやげ【土産】 近代スーブニール/スーベニア/スーベニール(souvenir)。近世おもたせ[御持]。はうしょ[苞苴]。ひき[引]。ひきで[引手]。もたせ[持]。中世おみや(幼児語)。とさん/どさん[土産]。ひきでもの[引出物]。ひきもの[引物]。みやげ[土産]。みやげもの[土産物]。上代いへづと[家苞/家裹]。おくりもの[贈物]。くにつもの[国物]。つと[苞/苞苴]。

ーなどを売る店 ギフトショップ(gift shop)。

ーを持たないこと 近代てぶら[手]。

簡単なー 近世そでみやげ[袖土産]。てみやげ[手土産]。

草や藁で包んだー 中世くさづと[草苞]。わらづと[藁苞]。

旅のー 中世たびづと[旅苞]。上代みちゆきづと[道行苞]。

山からのー 上代やまづと[山苞]。

みやこ【都】 近代キャピタル(capital)。とし[都市]。メトロポリス(metropolis)。近世きゃうらく/けいらく[京洛]。しゅと[首都]。しゅふ[首府]。ちゅうか[中夏]。らく[洛]。中世けいし[京師]。けいじゃう[京

城］。ひさかた［久方／久堅］。ほうじゃう［鳳城］。わうじゃう［王城／皇城］。中古 きゃう［京］。くにつみやこ［国都］。くもゐ［雲居］。ここのへ［九重］。つきのみやこ［月都］。とふ［都府］。ともん［都門］。上代 くゎか［華夏］。といふ［都邑］。とくゎい［都会］。みさと［御里／京］。みやこ［都／京］。《枕》上代 うちひさす／うちひさつ。ひさかたの［久方／久堅］。

―から出る(こと)　りきょう［離京］。中世 げらく［下洛］。中古 しゅっきゃう［出京］。上代 くだる［下／降］。

―から遠く離れた地　近代 へんきゃう［偏境］。へんすう［辺陬］。近世 へきち［僻地］。中古 かたゐなか［片田舎］。へんち／へんぢ［辺地］。へんど［辺土］。上代 へんきゃう［辺境／辺疆］。→へんち

―から逃げるようにして出ること　中世 みやこおち［都落］。

―と田舎　上代 とひ［都鄙］。

―にいること　中古 ざいきゃう［在京］。

―に近い土地　近世 きない［畿内］。はうき［邦畿］。

―に着くこと　近代 ちゃくきゃう［着京］。

―に入ること　中世 しゅっきゃう［出京］。上代 にふきゃう［入京］。中古 じゅらく／にふらく［入洛］。

―の辺り　中世 へんど［辺土］。みやこほとり［都辺］。上代 みやこべ［都辺］。

―のある地方　中世 かみがた［上方］。中古 ていき［帝畿］。上代 うちつくに［内国］。

―の中　近世 とない［都内］。らくない［洛内］。中古 とか［都下］。ふか［府下］。らくちゅう［洛中］。

―の美称　中古 けいくゎ［京華］。月の都。花の都。

―の人　近代 けいじん［京人］。中古 きゃうひと［京人］。とじん［都人］。上代 あめひと［天人］。

―の広い道　近世 みやこおほぢ［都大路］。

―の道　上代 みやこぢ［都路］。

―へ帰ること　中古 ききゃう［帰京］。

―への道　上代 みやこぢ［都路］。

―らしくなる　上代 みやこぶ［都］。

―を建設すること　近代 かいと［開都］。けんと［建都］。てんと［奠都］。

―を他の地へ移すこと　中古 せんかう［遷幸］。上代 せんと［遷都］。

新しい―　中世 しんと［新都］。上代 しんきゃう［新京］。

地方から―に向かう(こと)　中世 さんらく［参洛］。じゃうきゃう［上京］。じゃうこく［上国］。中古 じゃうらく［上洛］。上代 のぼる［上／登／昇］。

天子のいる―　近世 しと［紫都］。中古 ていと［帝都］。上代 くゎうと［皇都］。ていきゃう［帝京］。

古い―　近代 こと［古都］。中世 きうと［旧都］。中古 こきゃう［故京／古京］。

みやこぐさ【都草】　みやこばな［都花］。近世 えぼしぐさ［烏帽子草］。えぼしばな［烏帽子花］。きつねのゑんどう［狐豌豆］。きれんげ［黄蓮華］。こがねばな［黄金花］。みやこぐさ［都草］。よどのぐさ［淀殿草］。

みやびやか【雅】　ドレッシー(dressy)。近代 いうが［優雅］。いうれい［優麗］。エレガント(elegant)。かうが［高雅］。シック(フランス chic)。じゅんが［醇雅］。たんが［端雅］。ノーブル(noble)。近世 が［雅］。こが［古雅］。じゃうひん［上品］。せいが［清雅］。とが［都雅］。ふうが［風雅］。中世 いういう［優優］。てんが［典雅］。みやびやか［雅］。中古 おもぶき／おもむき［趣］。がしゅ［雅趣］。かんれい［閑麗］。なまめかし［艶］。ふうりう［風流］。やさし［優］。上代 かんが［閑雅］。みやび／みやびか［雅］。

―・な歌　近代 がか［雅歌］。

―・な音楽　中古 がいん／がおん［雅音］。

―・な心　近代 がい［雅意］。近世 がくゎい［雅懐］。中世 かんしん［閑心］。

―・な言葉　近世 みやびごと［雅言］。

みやぶ・る【見破】　近世 内兜(うちかぶと)を見透かす。手目(めて)を上げる。中世 かんぱ［看破］。みすかす［見透］。みとほす［見通］。みぬく［見抜］。みやぶる［見破／看破］。上代 みあらはす［見顕］。

―・られる　近代 底が割れる。

みやま【深山】　中世 しんざんいうこく［深山幽谷］。中古 しんざん［深山］。みやま［深山］。上代 おくやま［奥山］。

みや・る【見遣】　→みはら・す

みょう【妙】❶〈奇妙〉　まかふしぎ［摩訶不思議］。近代 へんちきりん／へんちくりん。へんてこりん。めうちきりん［妙］。近世 おつ［乙］。へんちき／へんてこ［変］。めんえう［面妖］。をかしな。中世 い／いな［異］。ふしぎ［不思議］。へん［変］。めう［妙］。中古 いやう［異様］。きい［奇異］。きくゎい［奇怪］。きめう［奇妙］。ふかしぎ［不可思

議］。をかし。
―・な癖 近代きへき［奇癖］。へんに［変］。
―・に 近世おつう［乙］。
―・に長い 近世なまながし［生長］。

みょう【妙】❷〈妙味〉 近世めうち［妙致］。中世れいめう［霊妙］。中古たへ［妙］。めう［妙］。めうしゅ［妙趣］。めうみ［妙味］。上代たくみ［巧］。

みょうあん【妙案】→**めいあん【名案】**

みょうが【冥加】 近世てんけい［天恵］。中古みゃうり［冥利］。中世かううん［幸運］。中古かご［加護］。みゃうが［冥加］。

みょうが【茗荷】 中世どんこんさう［鈍根草］。みゃうが［茗荷］。めうが［蘘荷］。上代めが［蘘荷］。

みょうぎ【妙技】 近代びぎ［美技］。ファインプレー(fine play)。めうぎ［妙技］。近世しゅれん［手練］。中世かうしゃ［巧者］。かうしゅ［好手］。かうしゅ［巧手］。ぜつぎ［絶技］。めうしゅ［妙手］。めうじゅつ［妙術］。中古じゃうず［上手］。

みょうさく【妙策】→**めいあん【名案】**

みょうじ【苗字】 うじな［氏名］。ファミリーネーム(family name)。近代しゃうじ［姓氏］。中世うぢ［氏］。せいし［姓氏］。めうじ［苗字］。中古しゃう［姓］。上代かばね［姓］。せい［姓］。みゃうじ［名字］。
―と名前 近代しめい［氏名］。中古せいめい［姓名］。

みょうしゅ【妙手】❶〈巧者〉 近代めいしゅ［名手］。中世かうしゃ［巧者］。かうしゅ［巧手］。こうしゃ［功者］。めうしゅ［妙手］。中古めいじん［名人］。上代たつじん［達人］。

みょうしゅ【妙手】❷〈妙技〉 近代めうぎ［妙技］。中世かうしゅ［好手］。めうしゅ［妙手］。中古じゃうず［上手］。→**みょうぎ**

みょうしゅ【妙趣】 近世めうち［妙致］。中世れいめう［霊妙］。中古おもぶき／おもむき［趣］。たへ［妙］。めうしゅ［妙趣］。めうみ［妙味］。

みょうじょう【明星】 ビーナス(Venus)。近世きんせい［金星］。中古あかぼし［明星／赤星］。たいはく［太白］。たいはくせい［太白星］。みゃうじゃう［明星］。
明け方の― 明けの明星。近代げうせい［暁星］。中古あかぼし［明星］。
夕方の― 宵の明星。上代ゆふつづ／ゆふづつ［夕星／長庚］。

みょうせき【名跡】 近代いへあと［家跡］。近世かせき［家跡］。かみゃう［家名］。なめん［名面］。中世あとめ［跡目］。かめい［家名］。みゃうせき［名跡］。

みょうだい【名代】 近代だいり［代理］。中古みがはり［身代］。みゃうだい［名代］。

みょうみ【妙味】 近代こちゅう［個中／箇中］。近世うまみ［旨／旨味］。中世だいごみ［醍醐味］。中古あぢはひ［味］。おもぶき／おもむき［趣］。めうみ［妙味］。

みょうり【名利】 中世めいり［名利］。中古みゃうり［名利］。
―に執着する心 近世うきよごころ［浮世心］。中古ぢんしん［塵心］。上代ぞくじゃう［俗情］。
―に執着せず超然としている 近代うんしんげっせい［雲心月性］。

みょうり【冥利】 近代てんけい［天恵］。近世みゃうり［冥利］。中世かううん［幸運］。中古おんけい［恩恵］。みゃうが［冥加］。

みょうれい【妙齢】 近代てきれいき［適齢期］。としごろ［年頃］。中世めうれい［妙齢］。

みより【身寄】 近世みより［身寄］。中世しんるい［親類］。みうち［身内］。よすが［縁／因／便］。中古えんじゃ［縁者］。上代うから［親族］。うからやから［親族］。しんせき［親戚］。しんぞく［親族］。→**かぞく**→**しんせき**
―のない独り身 中古たんこ［単孤／単己］。上代こどく［孤独］。→**こどく**

みらい【未来】 あす［明日］。近代フューチャー(future)。中世さきざき［先先］。ゆくゆく［行行］。中古しゃうらい［将来］。すゑのよ［末世］。ぜんと［前途］。みらい［未来］。ゆくすゑ［行末］。上代こうせい［後世］。すゑ［末］。たうらい［当来］。のち［後］。のちのよ［後世］。→**しょうらい【将来】**
―永劫 近世くをん［久遠］。中世じんみらい［尽未来］。じんみらいざい［尽未来際］。
―と現在 上代をちこち［遠近／彼方此方］。
―の状況 近世さきゆき［先行］。中世ゆきさき［行先］。中古ゆくすゑ［行末］。
―への構想 あおじゃしん［青写真］。みらいぞう［未来像］。近代ビジョン(vision)。
近い― きんみらい［近未来］。
長い― 近世らいらいせせ／らいらいよよ［来来世世］。

みりょう【魅了】 近代いうわく［誘惑］。みれう［魅了］。近世こわく［蠱惑］。みす［魅］。みわく［魅惑］。中世心を奪ふ。中古りゃうず［領］。

みりょく【魅力】 こうかんど［好感度］。近代 シャルム(フランスcharme)。チャーム(charm)。みりょく［魅力］。近世 にんき［人気］。

―あるさま 近代 アトラクティブ(attractive)。いろっぽい［色］。チャーミング(charming)。近世 あいきゃう［愛敬］。あいけう［愛嬌］。あだっぽい［婀娜］。おもはくらし［思］。中古 あいぎゃう［愛敬］。あいぎゃうづく［愛敬付］。なまめかし［艶］。をかし。上代 かぐはし［香／芳／馨］。にほふ［匂］。

―的な声 ハスキーボイス(husky voice)。

個性的で―ある顔 ファニーフェース(和製funny face)。

女性を夢中にさせる―的な男性 マダムキラー(和製madam killer)。近世 をんなごろし［女殺］。

ただ一つの― 近代 いちまいかんばん［一枚看板］。

みる【海松】 すいしょう［水松］。中古 うみまつ［海松］。上代 またみる［俣海松］。みる［海松／水松］。

み・る【見】 ウオッチング(watching)。近代 ちゅうもく［注目］。もくし［目視］。目にする。目を注ぐ。目を通す。近世 けんず［見］。ちゅうし［注視］。中世 もくと［目睹／目覩］。目に掛く［―掛ける］。目を遣る。中古 うちみる［打見］。せんし［瞻視］。ながむ［ながめる］［眺］。もくげき［目撃］。目を付く［―付ける］。上代 みる［見／観／看／視／覧］。

《尊》近代 御覧になる。近世 ごらうじゃる［御覧］。ごらんなさる［御覧］。せうらん［笑覧］。でんらん［電覧］。中世 おごらうじゃる［御御覧］。きらん［貴覧］。ごらうず［御覧］。ごろんじゃる［御覧］。そんらん［尊覧］。たいらん［台覧］。中古 かうらん［高覧］。けんらん［賢覧］。ごらんず［御覧］。ごらんぜらる［御覧］。せうらん［照覧］。みそなはしたまふ［見］。上代 みす［見］。みそこなはす／みそなはす［見］。みそなふ［見行］。めす［見／看］。

《謙》近世 をがむ［拝］。中世 はいす［拝］。はいらん［拝覧］。中古 はいけん［拝見］。

《枕》中古 かがみなす［鏡］。ますかがみ［真澄鏡］。上代 おほともの［大伴］［⇨みつ］。ふかみるの［深海松］。まそかがみ［真澄鏡／真十鏡］。

《句》近代 百聞は一見に如かず。近世 聞いて極楽見て地獄。見ぬが心にくし。見ぬが花。見ぬが仏。夜目(よめ)遠目(とほめ)笠の内。論より証拠。中世 耳を信じて目を疑ふ。

―・過ぎて嫌になる みあきる［見飽］。

―・たい 中古 いぶかし［訝］。おくゆかし［奥床］。みえななむ［見］。みまほし［見欲］。ゆかし／ゆかしがる［床］。上代 みがほし［見欲］。みがほる［見欲］。みまくほし［見欲］。

―・たいが見られない 上代 みかぬ［―かねる］［見兼］。

―・たがる 近世 やじうま［野次馬／弥次馬］。中世 ものみだかし［物見高］。ものみだけし［物見猛］。

―・たがる人 近代 やじ［野次／弥次］。近世 やじうま［野次馬／弥次馬］。

―・た感じがよい 中世 みだて［見立］。みよし［見好］。中古 さまよし［様好］。みよげ［見好］。めやす［目安］。めやすし［目安］。

―・たくない 近世 みとむなし。中世 みともなし。

―・た様子 近代 ぐゎいくゎん［外観］。そとみ［外見］。ちょっとみ［一寸見］。近世 ぐゎいけん［外見］。みえ［見／見栄／見得］。みこみ［見込］。みため［見目］。みば［見場］。中世 みかけ［見掛］。中古 みめ［見目／眉目］。め［目／眼］。

―・たり聞いたりする 近代 耳目に触れる。近世 みきき［見聞］。中世 ぶんけん［聞見］。

―・たり見られたりする 中世 みみゆ［見見］。

―・て歩くこと 近代 さいしょう／せいしょう［済勝］。中世 じゅんらん［巡覧］。中古 じゅんけん［巡見］。

―・て安心 中古 みやすし［見易］。

―・ていて興味を失うこと 中古 みざめ［見醒］。

―・ていて手が出せないさま こまぬく／こまねく［拱］。

―・ていないこと 近世 みのこし［見残］。中世 みけん［未見］。

―・ていながら 中古 みすみす［見見］。みるみる［見見］。

―・て選ぶ 中世 せんてい［選定］。上代 みたつ［―たてる］［見立］。

―・て記憶する 近代 みしりおく［身知置］。中古 ちけん［知見／智見］。みしる［見知］。

―・て気付かない めこぼれ［目溢］。近世 みもらす［見漏］。中世 みのがす［見逃］。中古 かんくゎ［看過］。みおとす［見落］。みすぐす／みすごす［見過］。みのこす［見残］。

―・て気付く 近世 みてとる［見取］。中世 みうく［―うける］［見受］。上代 みとがむ［―とがめる］［見咎］。

—・て気に入ること 近世めずき[目好]。中古みおとす[見貶]。みくだす[見下]。

—・て心がなごむ 上代みなぐ[見和]。

—・て懲りる(こと) 中世みごり[見懲]。中古みこる[見懲]。

—・て悟る 近世みてとる[見取]。みやぶる[見破]。中世かんぱ[看破]。みぬく[見抜]。みひらく[見開]。中古かんしゅ[看取]。みとる[見取]。

—・てそのままにする 近代みおくる[見送]。もくくゎ[黙過]。中世ざし[座視]。中古みすぐす/みすごす[見過]。みすつ[—すてる][見捨]。

—・て楽しむ 近代くゎんしゃう[観賞]。目の正月。目の保養。中古けんぶつ[見物]。

—・て楽しむもの 中世ながめもの[眺物]。目の薬。中古みもの[見物]。

—・て楽しむ例 近代くゎんあう[観桜]。くゎんぎく[観菊]。くゎんげき[観劇]。中世くゎんげつ[観月]。つきみ[月見]。はなみ[花見]。中古ゆきみ[雪見]。

—・て番をする 近代はりこむ[張込]。みはる[見張]。中世はりばん[張番]。中古はる[張]。

—・て褒める 中古みめづ[見愛]。

—・てほれぼれする 中世みほる[—ほれる][見惚]。

—・て学ぶ 中世けんがく[見学]。みおぼゆ[—おぼえる][見覚]。中古みならふ[見習/見倣]。

—・て見ないふりをする 目を塞ぐ。近代目を瞑る。中古そらめ[空目]。上代みかくす[見隠]。

—・て無視する 中古みけつ[見消]。

—・ないふりをすること 近世よそみ[余所見]。中古よそめ[余所目]。

—・ない方がいいもの 中世目の毒。

—・ながら 中古みがてら[見]。みるみる[見見]。上代みがてり[見]。

—・られないようにする 近代人目を盗む。近世こっそり。人目を憚る。中世人目を忍ぶ。上代かくす[隠]。かくる[かくれる][隠]。ふす[伏/臥]。

—・る影もない 中古けもなし[気無]。

—・る価値がない(こと) 中世めんだう[面倒]。中古みぐるし[見苦]。

—・る機会を失う 近代みそこねる[見損]。近世みはぐる[見逸]。中世みそこなふ[見損]。みそんず[見損]。みのがす[見逃/見遁]。→**みおと・す**

—・ること 上代みまく/みらく[見]。

—・ることができない(こと) ふかし[不可視]。近代ふかけん[不可見]。上代みかぬ[—かねる][見兼]。

—・ることができない範囲 近代しかく[死角]。

—・ることができる 近代くゎんじざい[観自在]。みれる[見]。中古みおよぶ[見及]。上代みゆ[みえる][見]。

—・ることと聞くこと ちょうし[聴視]。近代みきき[見聞]。中世けんぶん[見聞]。中古しちゃう[視聴]。

—・るだけで買わない 近世すけん/そけん[素見]。すけんぶつ[素見物]。ひやかし[冷]。

—・る立場 近代くゎんてん[観点]。してん[視点]。みかた[見方]。近世みやう[見様]。

—・る力 中世けんち[見地]。かんしきがん[鑑識眼]。近代がん[眼]。しりょく[視力]。どうさつりょく[洞察力]。近世しきりょく[識力]。めはし[目端]。中世がんせい[眼精]。がんりき/がんりょく[眼力]。けんしき[見識]。しんがん[心眼]。中古まなこ[眼]。上代ふうかん[風鑑]。

—・る力が鋭いこと 近代けいがん[慧眼]。たつがん[達眼]。近世めだか[目高]。目が高い。中世めきき[目利]。目が利く。

—・るに忍びない 中世ざんなし[慙無]。中古みぐるし[見苦]。上代みかぬ[—かねる][見兼]。

—・るのにちょうどよい時期 みどき[見時]。近代ころあひ[頃合]。みごろ[見頃]。

—・る人 近代くゎんしゃ/くゎんかく/くゎんきゃく[観客]。くゎんじゃ[観者]。くゎんしゅう[観衆]。けんぶつにん[見物人]。中世みて[見手]。

—・るべき所 ハイライト(highlight)。近代みせどころ[見所]。みせば[見場]。中古みどころ[見所]。みもの[見物]。→**みもの**

—・るべきものがないこと 中世ふもう[不毛]。

あちこち—・る 中古とみかうみ[左見右見]。みくるべかす[見廻]。

一部を—・ること 近世かきのぞき[垣覗]。

一緒に—・る 上代あひみる[逢見/相見]。

一般の人が広く—・ること 近代はくらん[博覧]。

いろいろの角度から—・る ふくがんてき[複眼的]。中世ためみる[矯見]。矯めつ眇めつ。

上を—る →あおぎ・みる
うっとり—る 中世 みとる〔—とれる〕［見蕩］。みほる〔—ほれる〕［見惚］。
多く—ること 中古 たけん［多見］。
多くの事を—る 中古 みあつむ〔—あつめる〕［見集］。
大騒ぎして—る 中古 みさわぐ［見騒］。
隠れていてよく—えない 中古 くまぐまし［隈隈］。
必ず—るべき ひっけん［必見］。
神が—ること 中世 せうらん［照覧］。
気長に—る 近世 目を長くす。
厳しい目で—る 近世 にらみつく〔—つける〕／にらめつく〔—つける〕［睨付］。中世 にらまふ〔—まえる〕［睨］。にらめる［睨］。ねめつく〔—つける〕［睨付］。へいげい［睥睨］。上代 にらむ［睨］。
きょろきょろ—るさま 近世 まじくじ。まじくら。
こちらを—る 中古 うちみおこす［打見遣］。みおこす［見遣］。
こっそり—る 近代 ぬすみみる［盗見］。
最後まで残らず—る 中世 みきる［見切］。みとどく〔—とどける〕［見届］。中古 みつくす［見尽］。みはつ［見果］。
ざっと—ること 近代 目を通す。近世 がいけん［概見］。
仕事ぶりや授業などを—ること 近代 さんくわん［参観］。中世 けんがく［見学］。
事情を—て取る 中古 けしきどる［気色取］。
下を—る →みおろ・す❶
実際に—ること 近代 目にする。中世 じっけん［実見］。もくと［目睹／目覩］。中古 もくげき［目撃］。
じっと—る →みつ・める
しばしば—る 上代 しばみる［屡見］。
自由に—ること 近代 じゅうらん／しょうらん［縦覧］。
調べるために—ること 近代 えっけん［閲見］。
透かして—る 近世 すかしみる［透見］。中世 みえすく［見透］。
隙間から—る きけん［窺見］。みすかす［見透］。近代 すかしみる［透見］。中古 かいばむ／かいまみる／かいまむ［垣間見］。のぞきみる［覗見］。のぞく［覗／覘］。
そう思って—ること 中古 みなし［見做／看做］。
外から中を—る 中古 みいる［見入］。
そばで何もせずに—ていること 近代 ばうかん［傍看］。ばうけん［傍見］。近世 しうしゅばうくゎん［袖手傍観］。ばうくゎん［旁観］。ばうし［傍視］。
互いに—る 中古 みあふ［見合］。みかはす［見交］。上代 あひみる［相見／逢見］。
ちょっと—る(こと) 近代 ちょいとみ［見］。近世 いちべつ［一瞥］。べっけん［瞥見］。中世 いっけん［一見］。中古 いっこ［一顧］。うちつけめ［打付目］。うちみる［打見］。かいまみる／かいまむ［垣間見］。のぞく［覗／覘］。上代 ひとめ［一目］。
手紙などを—ること 中古 ひけん［披見］。
手を額にかざして—る 中世 いたちの目陰(まかげ)。
天子が—ること 中世 じゃうらん［上覧］。中古 えいらん［叡覧］。上代 げんらん［玄覧］。
遠くを—る(こと) 中世 ふりさけあふぐ［振放仰］。いたちの目陰(まかげ)。中古 とほみ［遠見］。ばうゑん［望遠］。みのぶ［見延］。みわたす［見渡］。ゑんけん［遠見］。ゑんばう［遠望］。上代 ふりさく［振放］。ふりさけみる［振放見］。みさく［見放］。みはるかす［見晴］。みやる［見遣］。
取り囲んで—ること 近世 くゎんし［環視］。
内々で—ること 近世 うちみ［内見］。中世 ないけん［内見］。ないらん［内覧］。
中から外を—る 中古 ながめいだす［眺出］。みいだす／みいづ［見出］。
初めて—る(こと) しょけん［初見］。中古 みそむ〔—そめる〕［見初］。
はっきりと—ること 中世 せうらん［照覧］。
引き寄せて—る 近世 ひきみる［引見］。
一通り—ること 近世 つうらん［通覧］。りうらん［流覧］。
一目—ること 近代 いっし［一視］。
冷ややかに—ること 白い目で見る。近代 れいし［冷視］。
広く四方を—る 中古 みめぐらす［見巡］。上代 うちわたす［打渡］。みはるかす［見晴］。みわたす［見渡］。
振り返って一目—ること 中古 いっこ［一顧］。
前もって—ておくこと 近代 したしらべ［下調］。近世 したけんぶん［下検分］。中世 したみ［下見］。中古 みおく［見置］。
真っ直ぐに—ること 近代 せいし［正視］。ちょくし［直視］。中世 へいし［平視］。上代 ただめ［直目］。
まわりを—る →みまわ・す
目を離さずじっと—る 中古 まぼる［守］。

上代まもる［守］。→みつ・める

目を細めてー・ること 近代ていし［睇視］。

物思いにふけってぼんやりー・る 中古うちながむ［―ながめる］［打眺］。ながむ［ながめる］［眺］。

物を越してー・ること 近世みこし［見越］。

よくー・る（こと） 近代ちゅうもく［注目］。みはる［見張］。近世くゎつもく［刮目］。めみ［目見］。中世みとむ［―とめる］［認］。中古みいる［見入］。めとどむ［目留］。目を立つ［―立てる］。目を留む［―留める］。上代めならぶ［目並］。

横目でー・る よこめづかい［横目遣］。近世わきめづかひ［脇目遣］。中世側目（めそば）に掛く［―掛ける］。中古尻目に掛く［―掛ける］。目を側（そば）む［―側（そば）める］。

横をー・る 近代ぼうし［傍視］。近世わきみ［脇見］。中古あからめ［側見］。

夜の暗い中でー・ること 上代よめ［夜目／夜眼］。

▼擬態語 近代ぎょろぎょろ。きょろり。ぎょろり。ちらっと。近世きょときょと。きょろきょろ。じろじろ。ちらと。ちらりと。まじまじ。中世かっと。じろっと。じろりと。

みるみる【見見】 近世みるみる［見見］。中古たちどころに［立所］。見る間に。上代たちまち［忽］。

みれん【未練】 おもいのこし［思残］。近代おもひのこり［思残］。近世こころのこり［心残］。ざんしん［残心］。ゐねん［遺念］。中世ざんねん［残念］。みれん［未練］。後ろ髪を引かる［―引かれる］。中古うらみ［恨］。なごりをし［名残惜］。

ーがある 中古かなし［悲］。上代うらむ［怨／恨］。なづむ［泥］。

ーがない 近世いさぎよし［潔］。中古なごりなし［名残無］。のこりなげ［残無］。

ーがましい 中世やぶさか［吝］。

ーがましい振る舞いのたとえ 近代出る船の纜（ともづな）を引く。近世割った茶碗を接（つ）いでみる。

ーを残す 近世れんれん［恋恋］。中古おもひおく［思置］。

みわく【魅惑】 近代チャーミング(charming)。ひきつける［引付／惹付］。みれう［魅了］。近世こわく［蠱惑］。みす［魅］。みわく［魅惑］。

みわけ【見分】 近代はんべつ［判別］。近世かんべつ［鑑別］。くべつ［区別］。しきべつ［識別］。みさかひ［見境］。みわけ［見分］。めきき［目利］。わかち［分］。中世けんべつ［甄別］。べんべつ［弁別］。中古わきまへ［弁］。

ーが付きにくい 近世いんやく［隠約］。くゎう［恍］。

ーが付く 中古みえわかる［見分］。みえわく［見分］。

暗くてーが付かないたとえ 近代闇に烏。闇夜に烏。雪に白鷺。近世咫尺（しせき）を弁ぜず。

霜などが置いてーが付かない 中古おきまどはす［置惑］。おきまよふ［置迷］。

みわ・ける【見分】 中世みわく［―わける］［見分］。中古しる［知］。わかつ［分］。べんべつ［弁別］。みしる［身知］。わきまふ［―まえる］［弁］。わきまへしる［弁知］。

ー・ける力 近世しきりょく［識力］。めはし［目端］。中世がんせい［眼精］。がんりき／がんりょく［眼力］。上代ふうかん［風鑑］。→み・る（ー・る力）

ー・ける力がある 近代けいがん［慧眼］。たつがん［達眼］。近世めだか［目高］。目が高し。中世めきき［目利］。目が利く。

味の違いをー・ける 近世かみわく［―わける］［嚙分］。

みわた・す【見渡】 近代つうくゎん［通観］。てんばう［展望］。近世たいくゎん［大観］。りうらん［流覧］。中世とほみ［遠見］。ながむ［ながめる］［眺］。ばうけん［望見］。みはらす［見晴］。中古うちながむ［打眺］。てうばう［眺望］。ながめやる［眺遣］。ゑんばう［遠望］。上代うちわたす［打渡］。おせる。くゎんばう［観望］。せんばう［瞻望］。のぞむ［望］。みはるかす［見晴／見霽］。みやる［見遣］。みわたす［見渡］。

ー・す限り 近代まんぼう［満眸］。中世まんもく［満目］。

ー・す限り寂しいこと 上代きょくもく［極目］。中世まんもくせうでう［満目蕭条］。

ー・すこと 中古みやり［見遣］。

ー・すための台 てんぼうだい［展望台］。みはらしだい［見晴台］。

高い所から全体をー・すこと 近代てうかん［鳥瞰］。ふかん［俯瞰］。→みおろ・す❶

一目でー・すこと 近代いちぼう［一眸］。近世いちばう［一望］。中世いちもく［一目］。

みん【民】 →たみ

みんい【民意】 せろん［世論］。中世みんい［民意］。みんしん［民心］。よろん［輿論／世論］。中古じんしん［人心］。上代みんじゃう［民情］。

みんえい【民営】 しきぎょう［私企業］。みんかんじぎょう［民間事業］。近代 みんえい［民営］。みんげふ［民業］。

みんか【民家】 ざいか［在家］。近世 じんこ［人戸］。たみや［民屋］。中世 ざいけ［在家］。中古 じんか［人家］。みんか［民家］。みんをく［民屋］。

みんかん【民間】 近代 や［野］。こかい［湖海］。さうばう／さうまう［草莽］。みんかん［民間］。中古 ざいや［在野］。ぞくかん［俗間］。

—で高い学徳のある人 近世 こじ［居士］。

—でひっそり暮らすこと 近世 しいん［市隠］。たいいん［大隠］。

—の活力 みんかつ［民活］。みんかんかつりょく［民間活力］。

—の出版 ちょうはん［町版］。ぼうこく［坊刻］。近世 まちはん［町版］。

—の所有 近代 しいう［私有］。みんいう［民有］。

—の人 →**みんかんじん**

公の財産を—に売り渡す 近代 はらひさげる［払下］。

官職につかず—にいること 中世 さうたく［草沢］。中古 ざいや［在野］。

官職を辞して—に下ること 近代 げや［下野］。野ゃに下る。上代 ちし［致仕／致事］。

みんかんじん【民間人】 シビリアン(civilian)。近代 さうまうのしん［草莽臣］。近世 やじん［野人］。中世 さんじん［散人］。ぢげ［地下］。中古 さんし［散士］。しょし［処士］。上代 さとびと［里人］。

みんげい【民芸】 クラフト(craft)。近代 こうげい［工芸］。みんげい［民芸］。中世 てしごと［手仕事］。

みんしゅう【民衆】 グラスルーツ(grass roots)。草の根。近代 ぐんみん［群民］。フォーク(folk)。ナロード(ロシア narod)。中古 こうしゅう［公衆］。みんしゅう［民衆］。中古 しょみん［庶民］。たいしゅう［大衆］。上代 さうせい［蒼生］。じんみん［人民］。たみ［民］。ばんみん［万民］。

みんじょう【民情】 →**たいしゅう** →**たみ**

みんじょう【民情】 近代 せいじゃう［世情］。中古 せじゃう［世情］。ぶつじゃう［物情］。上代 かじゃう［下情］。みんじゃう［民情］。

みんぞく【民俗】 近代 ふうしふ［風習］。中世 くにぶり［国風／国振］。近世 ならはし［習／慣］。中古 どぞく［土俗］。みんぞく［民俗］。上代 しふぞく［習俗］。ふうぞく［風俗］。

—の音楽 →**みんよう**

—の舞踊（例）チャルダッシュ(ハンガリー csárdás)。近代 フォークダンス(folk dance)。近世 ぼんをどり［盆踊］。

—を研究する学問 みんかんでんしょうがく［民間伝承学］。近代 どぞくがく［土俗学］。フォークロア(folklore)。みんぞくがく［民俗学］。

みんぞく【民族】 近代 ネーション(nation)。近世 みんぞく［民族］。中古 ぶぞく［部族］。しゅぞく［種族］。

—中心主義 エスノセントリズム(ethnocentrism)。ちゅうかしそう［中華思想］。近代 ナショナリズム(nationalism)。

—的であること エスニック(ethnic)。

—を対象とする学問 エスノロジー(ethnology)。みんぞくがく［民族学］。

みんど【民度】 近代 ぶんかすいじゅん［文化水準］。せいくゎつすいじゅん［生活水準］。中世 みんりょく［民力］。

みんな【皆】 →**みな**

みんよう【民謡】 あそびうた［遊唄／遊歌］。ざいごううた［在郷歌／在郷唄］。フォーク(folk)。フォークソング(folk song)。フォルクローレ(スペイン folklore)。みんぞくおんがく［民俗音楽］。近世 ざいごうた［在郷歌／在郷唄］。ぞくえう［俗謡］。中世 くにぶり［国風／国振］。ふう［風］。ふうぞくうた［風俗歌］。りえう［里謡／俚謡］。ゐなかぶし［田舎節］。中古 いはひうた［祝歌］。ふぞくうた［風俗歌］。みんえう［民謡］。

みんわ【民話】 →**せつわ**

む

む【無】 近代 くうはく［空白］。ゼロ［zero／零］。ナッシング(nothing)。ブランク(blank)。近世 かいむ［皆無］。から［空］。からっぽ［空］。くう［空］。ぜつむ［絶無］。中世 うつろ［虚／空］。くうそ［空疎］。なし［無］。む［無／无］。中古 くうきょ［空虚］。

—にする 近世 なくす［無］。ふいにする。棒に振る。

むい【無為】 むさくい［無作為］。近代 むさく［無策］。中世 ぶゐ［無為］。上代 むさ［無作］。むゐ［無為］。

—・に暮らすこと 近代 とうしょく［偸食］。近世 せうま［消磨］。

—・に暮らす人を罵(ののし)る語 中世 しゅなうは

んたい［酒嚢飯袋］。

むいぎ【無意義】 近代 ナンセンス（nonsense）。むいぎ［無意義］。むいみ［無意味］。むかち［無価値］。→**むいみ**

むいしき【無意識】❶〈失神〉いしきふめい［意識不明］。近代 じんじふせい［人事不省］。中古 ふかく［不覚］。

むいしき【無意識】❷〈不注意〉近代 はうしん［放心］。ふちゅうい［不注意］。むいしき［無意識］。むじかく［無自覚］。近世 うかうか。中世 うくゎつ［迂闊／迂濶］。うっかり。こころならず［心］。ふようい［不用意］。中古 ふかく［不覚］。

―に 近代 われしらず［我知］。近世 知らず知らず。中世 おもはず［思］。ふかく［不覚］。思はず知らず。心にもあらず。

―・に言う 中古 くちばしる［口走］。

意識にのぼらない―の状態 近代 ゐきか［閾下］。

むいちもつ【無一物】→**むいちもん**（次項）

むいちもん【無一文】 にぎりこぶし［握拳］。近代 すってんてん。としゅくうけん［徒手空拳］。むいちぶつ［無一物］。むいちもん［無一文］。もんなし［文無］。近世 いちもんなし［一文無］。すかんぴん［素寒貧］。てぶり［手振］。はだか［裸］。みがら［身空］。むせん［無銭］。編み笠一蓋(いっかい)。中世 すりきり［擦切／摩切］。するすみ［匹如身／単己］。むいちもつ［無一物］。→**いちもんなし**

―になる 中世 すりきり［擦切／摩切］。手と身になる。

むいみ【無意味】 ふもう［不毛］。近代 ナンセンス／ノンセンス（nonsense）。むいぎ［無意義］。むいみ［無意味］。むかち［無価値］。近世 くだらない［下］。つまらない［詰］。ばかばかし［馬鹿馬鹿］。むえき［無益］。ば 中世 せんなし［詮無］。ばかげる［馬鹿］。ばからし［馬鹿］。むだ［無駄］。よしなし［由無］。中古 いたづら［徒］。

―・なこと 中古 すずろごと［漫事］。

―・なことをするたとえ 中世 泥裡(でいり)（泥裏）に土塊(どくわい)を洗ふ。

ムード（mood） 近代 アトモスフィア（atmosphere）。かんじ［感］。くうき［空気］。フィーリング（feeling）。ふんゐき［雰囲気］。ムード。中古 きぶん［気分］。

むえき【無益】 近代 むいみ［無意味］。近世 だめ［駄目］。とじ［徒爾］。むえき［無益］。中世 あぢきなし［味気無］。せんなし［詮無］。むだ［無駄／徒］。中古 はかなし［果無／果敢無／儚］。ふよう［不用］。むやく［無益］。むよう［無用］。やうなし［益無］。上代 あづきなし。→**むだ**

《句》近世 楽屋で声を嗄(か)らす。月夜に提灯。中世 痴人の前に夢を説く。

―・なおしゃべり 近代 かんもじ／かんもんじ［閑文字］。近世 むだぐち［無駄口］。中世 むだごと［無駄言／徒言］。

―・なこと 近世 とゐ［徒為］。中古 いたづらごと［徒事］。

―・な労力 近代 とらう［徒労］。近世 ほねをりぞん［骨折損］。むだぼね［無駄骨］。むだぼねをり［無駄骨折］。《句》近世 骨折り損のくたびれ儲(まうけ)。

むえん【無縁】 近代 ぼつかうせふ［没交渉］。むくゎんけい［無関係］。近世 ふえん［不縁］。むえん［無縁］。

―の他人 中世 ほふかい［法界］。

むが【無我】 近代 ぼつが［没我］。近世 むねんむさう［無念無想］。中世 むが［無我］。むし［無私］。むしん［無心］。

むかいあ・う【向合】 中世 さしあふ［差合］。さしむかふ［差向］。むかひあふ［向合］。中古 あひたいす［相対］。たいす［対］。→**むきあ・う**

―・うこと 近代 たいおう［対応］。たいぢ［対峙］。近世 せいたい［正対］。りゃうむかひ［両向］。中世 あひたい［相対］。さうたい［相対］。むかふまへ［向前］。中古 さしむかひ［差向］。たいめ［対面］。上代 たいめん［対面］。

―・って座を占めること 中古 むかひざ［向座］。

―・って坐ること たいせき［対席］。近代 膝を突き合はせる。中世 かけむかひ［掛向］。中古 さしむかひ［差向］。たいざ［対座／対坐］。

―・って要求を通そうとする 近代 ひざづめだんぱん［膝詰談判］。

―・わせにする 近世 つきあわす［突合］。むかいあわす［向合］。近世 ついす［対］。

極めて近くで―・う 近代 膝を突き合はせる。近世 鼻を突く。鼻を突き合はす。

正面から―・うさま 中世 むかふざま［向様］。

正面から直接―・って 近世 てきめん［覿面］。面と向かふ。

むか・う【向】❶〈出向く〉近代 でむく［出向］。近世 めざす［目指］。足が向く。足を運ぶ。足を向く［―向ける］。中世 てうす［朝］。中古 おもぶく／おもむく［赴／趣／趨］。こころざす［志］。はっかう［発向］。むかふ［向／

対］。上代いでむかふ［出向］。さしむかふ［差向］。さす［指］。すすむ［進］。むく［向］。

《枕》中古ますかがみ［真澄鏡］。上代まそかがみ［真澄鏡］。やまたづの［山］。

━って行く先 中古ゆくて［行手］。上代ゆくさき［行先］。

━・わせる 中世さしむく［━むける］［差向］。むかふ［向／対］。中古おもぶく／おもむく［赴／趣］。上代むく［むける］［向／対］。

ある方向へ━って行くこと けいしゃ［傾斜］。近代きゃうわう［嚮往］。近世すうかう［趨向］。

別方向へ━うこと 近世なぐれ。

真っ直ぐに━う 上代ただむかふ［直向］。

むか・う【向】❷〈反抗〉 はんこう［反抗］。はんぱつ［反発］。近世さからふ［逆］。たちあふ［立合］。はむかふ［歯向／刃向］。食って掛かる。中世あふ［合］。てむかふ［手向］。盾を突く。上代たちむかふ［立向］。むかふ［向／対］。

大勢が一緒になって━う 束になって掛かる。

むかえ【迎】 近代くゎんげい［歓迎］。でむかへ［出迎］。中世だうむかへ［道迎］。上代むかへ［迎］。

むかえう・つ【迎撃】 近代えうやく［要扼］。げいげき［迎撃］。むかへうつ［迎撃］。近世えうげき［要撃／邀撃］。

むか・える【迎】 近代ウエルカム(welcome)。中世せうず［請］。でむかふ［━むかえる］［出迎］。中古むかへいる［━いれる］［迎入］。むかへすう［迎据］。むかへとる［迎取］。もてなす［持成］。もてはやす［持囃］。上代むかふ［むかえる］［迎／邀］。

《謙》近代おむかへ［御迎］。近世ほうげい［奉迎］。

《枕》上代やまたづの［接骨木］。

《句》近代来る者は拒まず。

組織の長を━えること 近世すいたい［推戴］。

その人に視線を向けて━えること 近代もくげい［目迎］。

大切な客を━えること 近代げいひん［迎賓］。

喜んで━える 近代ウエルカム(welcome)。くゎんげい［歓迎］。くゎんたい［歓待］。

むがく【無学】 近代いっちはんかい［一知半解］。むけういく［無教育］。むけうやう［無教養］。中世いちもんふち［一文不知］。ひがく［非学］。ふがく［不学］。むがく［無学］。むひつ［無筆］。やみ［闇］。中古あんぐ［暗愚］。いちもんふつう［一文不通］。くゎぶん［寡聞］。せんがく［浅学］。もうまい［蒙昧］。上代むち［無知／無智］。

━・な人 中世ねべし。

むかご【零余子】 にくが［肉芽］。近代しゅが［珠芽］。近世いもかご。中世むかご［零余子］。中古ぬかご［零余子］。

むかし【昔】 近代ありしひ［在日］。せきさい［昔歳］。近世かみつよ［上世／上代］。じゃうこ［上古］。ぜんこ［前古］。なうせき［曩昔］。中世ありしむかし［在昔］。いぜん［以前／已前］。いわう［以往］。いんじ［往］。くゎこ［過去］。こしかた［来方］。じゃうだい［上代］。せきねん［昔年］。そのむかし［其昔］。わうだい［往代］。中古あがりたるよ［上世］。ありしよ［有世］。かつて［曾／嘗］。かみ［上］。きうじ［旧時］。きしかた［来方］。こせき［古昔］。こだい［古代］。しゃうこ［上古］。せきじ［昔時］。せきじつ［昔日］。そのかみ［其上］。なうじ［曩時］。なうじつ［曩日］。はやう／はやく［早］。まへ［前］。むかしへ［昔］。わうじ［往時］。わうじつ［往日］。わうじゃく／わうせき［往昔］。わうねん［往年］。上代いにしへ［古］。かみよ［神代］。ざいせき［在昔］。むかし［昔］。わうこ［往古］。

《句》中世昔は昔今は今。中古故きを温ねて新しきを知る(温故知新)。

━から 近世きうらい［旧来］。中古しゅくせき［宿昔］。もとより［元／固／素］。上代じゅうらい［従来］。

━から今まで 近世じんむこのかた［神武以来］。中古こわうこんらい［古往今来］。上代ここん［古今］。

━からのしきたり 近代こしふ［故習］。近世きうしふ［旧習］。こぞく［古俗／故俗］。中世ゐぞく［遺俗］。中古きうふう［旧風］。

━と今 中世こきん［古今］。中古いのしへいま［古今］。むかしいま［昔今］。上代ここん［古今］。

━にさかのぼる 近世ふくこ［復古］。中世世上がる。

━の 中世いんじ［往］。中古ありし［有／在］。

━の夫 中世いにしへびと［古人］。

━の男 上代いにしへをとこ［古男］。

━の気持ち 近代きうじゃう［旧情］。

━のこと 中古きうじ［旧事］。こきう［故旧］。ふること／ふるごと［古事／故事］。わうじ［往事］。

━のことだが 中古今は昔。

━の詩歌 中古ふるごと［古言］。上代こか

[古歌]。

—の優れた学者 中古 ぜんてつ[前哲]。上代 せんてつ[先哲]。

—の建物などの跡 近代 きうそう[旧踪]。こし[古址/故址]。しせき[史跡]。ゐこう[遺構]。近世 ゐし[遺址]。中世 きうし[旧址]。ゆいせき[遺跡]。中古 きうせき[旧跡/旧蹟]。ゐせき[遺跡]。上代 こせき[古跡/古蹟]。→いせき【遺跡】

—の友達 近代 ふるなじみ[古馴染]。近世 きうぎ[旧誼]。むかしなじみ[昔馴染]。竹馬の友。中世 きうちき[旧知己]。中古 きういう[旧友]。きうかう[旧交]。きうこ[旧故]。きうち[旧知]。→むかしなじみ

—の人 中世 いにしへびと[古人]。こじん[古人]。ぜんじん[前人]。見ぬ世の人。中古 せんじん[先人]。むかしびと[昔人]。むかしへびと[昔方人]。上代 ふるひと/ふるびと[古人]。

—の人の言行 中古 ぜんげんわうかう[前言往行]。

—の人の言葉 中古 せんげん[先言]。ぜんげん[前言]。

—のまま 中古 ありしながら[有]。むかしながら[昔]。

—の世 中古 あがりてのよ[上世]。ありしよ[在世]。

—のような様子 アンティーク(フランス antique)。オールドファッション(old fashioned)。近代 アルカイック(フランス archaique)。きうたい[旧態]。クラシック(classic)。むかしぶり[昔振]。むかしりう[昔流]。近世 いにしへぶり[古風/古振]。こたい[古態/故態]。むかしふう[昔風]。中古 いにしへざま[古様]。こふう[古風]。むかしざま[昔様]。むかしやう[昔様]。上代 きうぞく[旧俗]。

—を思い出させるもの 中古 おもひで[思出/想出]。しのぶぐさ[忍草]。

—を思い出す 近代 ついしょう[追蹤]。今昔の感。近世 きうくゎい[旧懐]。くゎいこ[懐古]。中世 ついくゎい[追懐]。なつかし[懐]。中古 くゎいきう[懐旧]。こい[古意]。

あまり遠くない— 上代 きんこ[近古]。

幾年もの— 中世 いくむかし[幾昔]。

神代の— 中古 かみよ[神代]。

中くらいの— ちゅうむかし[中昔]。中世 なかむかし[中昔]。上代 ちゅうこ[中古]。なかごろ[中頃]。

はるか— 近代 疾(うと)の昔。疾(とく)の昔。近世 むかしむかし[昔昔]。くをん[久遠]。中世 おほむかし[大昔]。じゃうこ[上古]。むし[無始]。中古 あがりたるよ/あがりてのよ[上世]。わうじゃく/わうせき[往昔]。

有史以前の— 中世 たいこ[太古]。

むかしかたぎ【昔気質】 中世 むかしかたぎ[昔気質/昔堅気]。中古 こだい[古代]。

—の人 近世 こじん[古人]。中古 ふるひと/ふるびと[古人]。むかしびと[昔人]。

むかしなじみ【昔馴染】 近代 きうさうしき[旧相識]。ふるなじみ[古馴染]。近世 むかしなじみ[昔馴染]。野中の清水。中世 きうちき[旧知己]。をさななじみ[幼馴染]。中古 きうち[旧知]。しんきう[親旧]。ふるひと/ふるびと[古人/旧人]。むかしのひと/むかしびと/むかしへびと[昔人]。上代 いにしへびと[古人]。こきう[故旧]。

むかしばなし【昔話】 みんかんせつわ[民間説話]。近代 むかしばなし[昔話/昔噺]。中古 いにしへがたり[古語]。近世 おとぎばなし[御伽話/御伽噺]。ふること[古言]。ふるものがたり[古物語]。むかしがたり[昔語]。むかしものかたり[昔物語]。

むかしふう【昔風】 →こふう【古風】

むかち【無価値】 近代 むいぎ[無意義]。むかち[無価値]。近世 くだらない[下]。にそくさんもん[二束三文]。ろくでもない[陸/碌]。

むかつ・く 近世 おこる[怒]。ちゅうっぱら[中腹]。むかつく/むかづく。むしゃくしゃする。もやくる。癪(しゃく)に障る。虫酸(むしず)(虫唾(むしず))が走る。中世 りっぷく[立腹]。腹が立つ。腹を立つ(—立てる)。中古 いかる[怒]。いきどほる[憤]。はらだたし[腹立]。上代 いきどほろし[憤]。

—・く気持ち 近世 かんしゃく[癇癪]。しゃく[癪]。中世 しゃくじゅ[積聚]。

急に—・くさま 中世 くいくい。むかむか。

むかで【百足】 中古 ひゃくそく[百足]。百足(ひゃくそく)の虫。上代 むかで[百足/蜈蚣]。

むがむちゅう【無我夢中】 →むちゅう

むかんけい【無関係】 近代 きょくぐゎい[局外]。ぼつかうせふ[没交渉]。むくゎんけい[無関係]。隣の疝気(せんき)。近世 むえん[無縁]。掛けも構ひも無し。触らぬ神に祟りなし。中世 よそほか[余所外]。

—・な間柄 近世 退(の)いた仲。

—・なさま 中世 そぞろ[漫]。

—を装う 近世 口を拭ふ。

むかんしん【無関心】 近代 むくゎんしん[無関

心］。むとんちゃく［無頓着］。我関せず焉（えん）。中世うとし［疎］。つれなし［強顔］。中古すずろ／すぞろ［漫］。

―・なさま 近世すんと。中古れいたん［冷淡］。

―・な態度をとること 中世ふうばぎう［風馬牛］。

政治に―・なこと アパシー(apathy)。ノンポリ(nonpolitical の略)。

むき【向】❶〈方角〉 近代はうかう［方向］。はうゐ［方位］。中世はうがく［方角］。むき［向］。中古かたさま／かたざま［方様］。とうざい［東西］。

―を変える 近代てんかう［転向］。近世てんくゎん［転換］。上代まぐ［まげる］［曲］。

むき【向】❷〈適性〉 てきせい［適性］。近代てきおう［適応］。むき［向］。

むぎ【麦】 近世ちゃせんさう［茶筅草］。としこえぐさ／としこしぐさ［年越草］。にねんぐさ［二年草］。中世こぞくさ［去年草］。上代むぎ［麦］。

―の粉 近世うどんこ［饂飩粉］。こむぎこ［小麦粉］。中世ばくふん［麦粉］。中古むぎこ［麦粉］。

―の栽培 近世むぎさく［麦作］。中世ばくさく［麦作］。

―の熟するころ 近世麦の秋。中世むぎあき［麦秋］。中古ばくしう［麦秋］。

―の種まき 中世むぎまき［麦蒔／麦播］。

―の生えている所 近代むぎふ［麦生］。

―の畑 中古ばくろう［麦隴］。むぎばたけ［麦畑］。

―の穂 中世ばくすい／ばくずい［麦穂］。むぎほ［麦穂］。

―の穂の波 中世ばくらう［麦浪］。

―の穂を打って実を落とすこと 近世むぎうち［麦打］。

―を混ぜたご飯 近代むぎごはん［麦御飯］。近世むぎまま［麦飯］。中世ばくはん［麦飯］。むぎいひ［麦飯］。むぎめし［麦飯］。

―を混ぜたご飯にとろろ汁をかけたもの 近代むぎとろ［麦薯蕷］。

―のいろいろ(例) オートむぎ［oat 麦］。つぶしむぎ［潰麦］。近代おしむぎ［押麦］。ライむぎ［rye 麦］。中世えんばく［燕麦］。中古おほむぎ［大麦］。からすむぎ［烏麦］。上代こむぎ［小麦］。

黒穂病に罹った―の穂 近世くろべ［黒穂］。くろぼ［黒穂］。くろむぎ［黒麦］。くろんばう［黒坊］。

穂を取ったあとの―の茎→むぎわら

むきあ・う【向合】 中世さしあふ［差合］。さしむかふ［差向］。むかひあふ［向合］。むきあふ［向合］。中古あひたいす［相対］。いであふ［出逢］。たいす［対］。のぞむ［臨］。上代ただまかふ［直向］。むく［向］。

―・うこと 近代たいおう［対応］。たいぢ［対峙］。近世せいたい［正対］。りゃうむかひ［両向］。中世あひたい［相対］。さうたい［相対］。たいかう［対向］。たいたう［対当］。むかひあはせ／むかふあはせ［向合］。むかふまへ［向前］。中古さしむかひ［差向］。たいめ［対面］。めん［面］。上代たいめん［対面］。

まともに―・うこと 中古まほ［真秀］。

むきだし【剝出】 近代せきらら［赤裸裸］。まるだし［丸出］。らしゅつ［裸出］。ろこつ［露骨］。ろしゅつ［露出］。近世むきだし［剝出］。中世うちつけ［打付］。中古はだか［裸］。上代あらは［露／顕］。

―・なさま 中古あさま［浅］。

頭を包まずに―・になること 中世ひたがしら［直頭］。

むきどう【無軌道】 近代かってきまま［勝手気儘］。むきだう［無軌道］。ルーズ(loose)。常軌を逸する。近世しだらない。だらしない。

むきゅう【無窮】→えいえん

むきゅう【無給】 近代むきふ［無給］。むしゃう［無償］。むほうしう［無報酬］。近世ただばたらき［只働］。

むきりょく【無気力】 近代いくぢなし［意気地無］。きよわ［気弱］。むきりょく［無気力］。近世なんじゃく［軟弱］。

―・なさま アパシー(apathy)。しょぼくれる。中世しょぼしょぼ。しょんぼり。

むぎわら【麦藁】 近代ストロー(straw)。近世ばくかん［麦稈］。中古むぎから／むぎがら［麦幹／麦稈］。むぎわら［麦藁／麦稈］。

―で作った紐 むぎわらさなだ［麦藁真田］。近代ばくかんさなだ［麦稈真田］。

―で作った帽子 近代かんかんぼう［帽］。ストローハット(straw hat)。むぎわらぼうし［麦藁帽子］。

―で作ったもの むぎわらざいく［麦藁細工］。

むく【無垢】 近代せいじゅん［清純］。むじゃき［無邪気］。近世じゅんけつ［純潔］。せいじゃう［清浄］。ぶえん［無塩］。むく［無垢］。中世じゅんしん［純真］。中古しゃうじゃう［清浄］。

む・く【向】❶〈向かう〉 近代しかう［指向］。中世むきあふ［向合］。中古おもぶく／おも

むく[赴/趣]。むかふ[向]。上代さしむかふ[差向]。むく[向]。

体をねじって—・く 中世ねぢむく[捩向]。

む・く【向】❷〈適合〉 フィット(fit)。近代てきがふ[適合]。むく[向]。中世あふ[合]。中古にあふ[似合]。そぐふ。てきす[適]。上代かなふ[適/叶]。

むくい【報】 近代いんぐゎおうほう[因果応報]。ぜんいんぜんくゎ[善因善果]。近世いんぐゎ げふほう[業報]。つけ[付]。中世いんぐゎ[因果]。おうほう[応報]。くゎ[果]。くゎほう[果報]。ごふくゎ[業果]。しゅくしふ[宿執]。へんぽう[返報]。中古しゅくいん[宿因]。しゅくえん[宿縁]。しゅくごふ[宿業]。ほう[報]。上代こたへ[応/答]。ごふほう[業報]。むくい[報/酬]。

《句》近世積善の家に必ず余慶あり。泥を打てば面へはぬ[—はねる]。中世陰徳あれば陽報あり。善悪の報いは影の形に随ふが如し。中古積悪の家には必ず余殃あり。

—が現れる 近世いんぐゎてきめん[因果覿面]。中古むかはる。

—として受ける苦しみ 中世くくゎ[苦果]。くほう[苦報]。

—の災難 近代ごふやく[業厄]。中古たたり[祟]。ようあう[余殃]。

後から来る— 付けが回ってくる。近代らいほう[来報]。

自分の行いで—を受ける 近世じごふじばく[自業自縛]。中世じごふじとく[自業自得]。

前世の行いによる— 近代しゅくとく[宿徳]。中世いんぐゎ[因果]。中古しゅくいん[宿因]。しゅくえん[宿縁]。しゅくごふ/すくごふ[宿業]。しゅくほう/すくほう[宿報]。

罪の— 中古ざいほう[罪報]。

はっきり現れる良い— 中古やうほう[陽報]。

良い— 中古くどく[功徳]。くゎほう[果報]。ぜんくゎ[善果]。

悪い— 中世あくくゎ[悪果]。ばち[罰]。中古あくほう[悪報]。

悪い—を受ける者 近世いんぐゎにん[因果人]。いんぐゎもの[因果者]。中世ごふにん[業人]。

むく・いる【報】 近世しかへし[仕返]。ほうふく[報復]。中世むくふ[報/酬]。中古かへす[返]。ほうず[報]。上代こたふ[こたえる][応]。むくゆ[むくいる][報/酬]。

人の好意に—・いること 近代おんがへし[恩返]。中世へんぽう[返報]。

人の好意に対して仇で—・いる 中世恩を仇で返す。

むくげ【木槿】 近世はなむくげ[花木槿]。もくげ[木槿]。中世あさがほ[朝顔]。むくげ[木槿/槿]。ゆふかげぐさ[夕陰草/夕蔭草]。中古きはちす/きばちす[木槿]。はちす[蓮]。

—の花 近世はなむくげ[花木槿]。中世きんくゎ[槿花]。

むくち【無口】 近代くゎげん[寡言]。むげん[無言]。むっつり。近代くゎもく[寡黙]。だんまり。中世くちおもし[口重]。くちおも[口重]。へいこう[閉口]。むくち[無口]。中古ことずくな[言少]。しじま。もくねん[黙然]。むごん[無言]。上代もだ[黙]。

《句》近代黙っている者に油断するな。沈黙は金雄弁は銀。鳴く猫は鼠を捕らぬ。

—・で陰気なさま 近代しんねりむっつり。

—・で飾り気がないさま(人) 近代いしぢざう[石地蔵]。近世だんまりばう[黙坊]。ぼくねんじん[朴念仁]。中古ぼくとつ[朴訥/木訥]。

むくどり【椋鳥】 近世はくとうをう[白頭翁]。むく[椋]。中世むくどり[椋鳥]。

むくみ【浮腫】 近世はれ[腫/脹]。ふしゅ[浮腫]。むくみ[浮腫]。中世すいき[水気]。すいしゅ[水腫]。

むく・れる【剝】❶〈剝離〉 近代はげおちる[剝落]。らくはく[落剝]。近世はがる[はがれる][剝]。はくだつ[剝脱]。めくれる[捲]。中世はくらく[剝落]。はくり[剝離]。むくる[むくれる][剝]。中古はぐ[はげる][剝]。むく[むける][剝]。

むく・れる【剝】❷〈立腹〉 かちんと来る。気を悪くする。近世ふくる[ふくれる][膨/脹]。中世気に障る。癪に障る。

むくろ【軀】 近代ゐがい[遺骸]。ゐたい[遺体]。近世したい[死体]。中世からだ[軀/骸/身]。むくろ[軀/身/骸]。中古しがい[死骸]。しかばね[屍/尸]。なきがら[亡骸]。上代かばね[屍/尸]。→したい

むくわ・れる【報】 近代うかばれる[浮]。中古やうほう[陽報]。

むけい【無稽】 近世でたらめ[出鱈目]。でまかせ[出任]。ふけい[不稽]。むけい[無稽]。

むけつ【無欠】 近代くゎんぺき[完璧]。まんてん[満点]。中世くゎんぜん[完全]。むけつ[無欠/無闕]。

む・ける【向】 近代 そそぐ［注／灌］。中世 さしむく［―むける］［差向］。上代 むく［むける］［向］。

視線などを―・ける 中古 はなつ［放］。

む・ける【剝】 →むく・れる❶

むげん【無限】 インフィニティ(infinity)。エンドレス(endless)。さいげんなし［際限無］。近代 むげん［無限］。近世 むすう［無数］。中世 そこはかとなし。むじんざう［無尽蔵］。切り無し。中古 きはまりなし［極無］。はてしなし［果無］。むへん［無辺］。むへんさい［無辺際］。上代 かぎりなし［限無］。むきゅう［無窮］。むりゃう［無量］。

―の過去 中世 むし［無始］。むしくゎうごふ［無始曠劫］。

―の時間 中世 おくまんごふ［億万劫］。こふ［劫］。中古 くをん［久遠］。

―の時間や空間 中世 さんぜじっぱう［三世十方］。

―の世界 近代 こくうせかい［虚空世界］。むへんせかい［無辺世界］。

むげん【夢幻】 近代 イリュージョン(illusion)。げんさう［幻想］。ファンタジー(fantasy)。中世 げんえい［幻影］。中古 むげん［夢幻］。ゆめまぼろし［夢幻］。

むこ【婿】 近世 むこがね［婿］。中世 むこご［婿子］。上代 むこ［婿／聟］。もこ［婿／聟］。《尊》近代 れいせい［令婿］。中古 をとこぎみ［男君］。

―として嫁の家に入る婚姻 しょうせいこん［招婿婚］。近代 むこいりこん［婿入婚］。むこやうしえんぐみ［婿養子縁組］。もらひむこ［貰婿］。近世 いりえ／いりえん［入縁］。にふふ［入夫］。むこやうし［婿養子］。中世 いりむこ［入婿］。むこいり［婿入］。中古 むことり［婿取］。

貴人の― 近世 ふば［駙馬］。

結婚式当日または直後の― 近代 しんらう［新郎］。中世 はなむこ［花婿］。

後家の家へ―として入ること 近世 ごけいり［後家入］。

むこ【無辜】 中世 むこ［無辜］。中古 けっぱく［潔白］。むじつ［無実］。

むご・い【惨】 →むざん

―・い扱いをする(こと) 近代 かぎゃく［苛虐］。ぎゃくぐう［虐遇］。ぎゃくたい［虐待］。こくぐう［酷遇］。しひたげる［虐］。近世 ぎゃくす［虐］。

むこう【向】❶〈あちら〉 あのへん［辺］。中世 あちらあそこ［彼処］。あそこら［彼処等］。あちら［彼方］。あっち。むかふ［向］。中古 あなた［彼方］。かしこ［彼処］。かなた［彼方］。上代 むかひ［向］。

―へやる 中古 うちやる［打遣］。おしやる［押遣］。

むこう【向】❷〈相手〉 近代 あひてがた［相手方］。近世 さきさま［先様］。中世 あひて［相手］。せんぱう［先方］。むかふ［向］。

むこう【無効】 近代 しっかう［失効］。ほぐ［反故／反古］。むかう［無効］。近世 おじゃん。だいなし［台無］。中世 むそく［無足］。

―の試合 近代 ノーゲーム(no game)。

一定の年月が経過して―となること 近代 じかう［時効］。

むこういき【向意気】 むこうぎ［向気］。近代 はなっぱし［鼻］。はなっぱしら／はなばしら［鼻柱］。むかふいき［向意気］。近世 はなっぱり［鼻張］。

むこうずね【向脛】 中世 すね［臑／脛］。むかふずね［向脛／向臑］。中古 むかはぎ［向臑］。上代 はぎ［脛］。

むこうみず【向見】 ちょとつまうしん［猪突猛進］。近代 がむしゃら［我武者］。ひょうが［馮河］。むぼう［無謀］。怖いもの知らず。近世 がむしゃもの［我武者者］。がむしゃ［我武者］。こくう［虚空］。とひゃうもの［斗柄者］。のうてんき［能天気／能転気］。むかふみず［向見］。むてっぱう［無鉄砲］。むてっぱふ［無手法］。蛙の行列。血気に逸(はや)る。中世 いのちしらず［命知］。ぼうこひょうが［暴虎馮河］。中古 ひたぶる［頓／一向］。《句》近代 外(そ)れ弾丸(だま)の八方的(まと)。近世 暗闇(暗がり)の鉄砲。闇夜の礫(つぶて)。

―・な武士 近世 野猪(やちょ)にして介(かい)するもの。中世 いのししむしゃ［猪武者］。

―の勇気 近代 ちょとつきゆう［猪突豨勇］。ちょゆう［猪勇］。ばんゆう［蛮勇］。

むごたらし・い【惨】 →むざん

むごん【無言】 近代 くゎげん［寡言］。むげん［無言］。むっつり。近世 くちおもし［口重］。くゎもく［寡黙］。だんまり［黙］。中世 くちおも［口重］。むくち［無口］。もくぜん［黙然］。もくもく［黙黙］。中古 ことばずくな［言葉少］。しじま。むごん［無言］。もくねん［黙然］。上代 もだ［黙］。

―で演ずる劇 もくげき［黙劇］。近代 パントマイム(pantomime)。むごんげき［無言劇］。

むざい【無罪】 イノセンス(innocence)。しろ

［白］。近代せいてんはくじつ［青天白日］。ふこ［不辜］。近世おかまひなし［御構無］。中世むこ［無辜］。むざい［無罪］。中古けっぱく［潔白］。むじつ［無実］。

むさく【無策】 近代きょうしゅ［拱手］。きょうしゅぼうくゎん［拱手傍観］。むさく［無策］。近世ふところで［懐手］。手を拱(こまぬ)く。中古ばうくゎん［傍観］。上代むゐ［無為］。

むさくい【無作為】 ランダム(random)。近代アトランダム(at random)。てあたりはうだい［手当放題］。近世てあたりしだい［手当次第］。

むさくるし・い【苦】 近世きたならしい［穢／汚］。むさくるし［苦］。中世いぶせげ［鬱悒］。むさし。むさむさ。中古むさくろし。むつかし［難］。らうがはし［乱］。上代きたなし［穢／汚］。

―・い町 中古ろうかう［陋巷］。

―・く狭いこと 近代ろうけふ［陋狭］。

むささび【鼯鼠】 近世のぶすま［野臥間／野衾］。をかづき［尾被］。上代むささび／むざさび［鼯鼠］。

むさべつ【無差別】 近代むさべつ［無差別］。中世むしゃべつ［無差別］。中古びゃうどう［平等］。上代こうへい［公平］。

むさぼ・る【貪】 近代がっつく。近世よくばる［欲張］。中世とん／どん［貪］。とんず［貪］。欲をかく。中古ほしがる［欲］。上代むさぼる［貪］。

―・り食う 近代たんしょく／どんしょく［貪食］。骨までしゃぶる。中古だんず［啖］。

―・り食うさま 中世がつがつ。

―・り好むこと 中世とんあい［貪愛］。

―・り取る 近世つかみどり［掴取］。

―・る心 中世じゃうよく［情欲／情慾］。たんしん［貪心］。中古あいぢゃく［愛着／愛著］。よくしん［欲心］。上代とんしん［貪心］。

眠りを―・る 中古いぎたなし［寝穢］。

むざむざ 近世まざまざ。みすみす。むざうさに［無造作］。むざむざ。中世あっさり。中古やすやす［易易］。

むざん【無残】 血も涙もない。近代いんさん［陰惨］。さん［惨］。さんぜつ［惨絶］。ざんにんひだう［残忍非道］。せいさん［凄惨］。近世こく［酷］。ざんにん［残忍／惨忍］。ざんにんこくはく［残忍酷薄／残忍刻薄］。むせっしゃう［殺生］。ひどし［酷／非道］。むごし［惨／酷］。むごたらし［惨／酷］。むじひ［無慈悲］。むじゃう［無情］。もぎだう［没義道］。中世いたはし［労／痛］。いたまし［痛］。いぶり。からし［辛］。こくはく［酷薄／刻薄］。ざんこく［残酷／惨酷／惨刻］。どうよく［胴慾／胴欲］。なさけなし［情無］。ひさん［悲惨］。むごらし［惨／酷］。むざう［無慙］。むざん［無残／無慙］。中古いたし［痛］。かこく［苛酷／苛刻］。ざんぎゃく［残虐］。さんび［酸鼻］。さんれつ［惨烈］。つらし［辛］。

《句》近世向かふ鹿には矢が立たず。

―・なさま 近代あびけうくゎん［阿鼻叫喚］。いきぢごく［生地獄］。さんきゃう［惨況］。さんくゎ［惨禍］。さんじゃう［惨状］。

―・な死に方 近代ざんし［惨死］。

―・な出来事 近代さんげき［惨劇］。さんじ［惨事］。

―・な被害 近代さんがい［惨害］。

淫らで― 近代いんぎゃく［淫虐］。むしけら［虫螻］。中古こんちゅう［昆虫］。

むし【虫】 上代むし［虫］。

―が蠢(うごめ)く 中古しゅんどう［蠢動］。ぜんどう［蠕動］。

―が地中から這(は)い出る日(三月五日ごろ) 近代けいちつ［啓蟄］。

―が地中に籠もること 近代へいちつ［閉蟄］。近世むしいり［虫入］。中世ちっきょ［蟄居］。

―が物を食べ害すること 近代とがい［蠹害］。中世むしくひ［虫食］。

―などが集まって鳴く 中古すだく［集］。

―などが発生する 中世わく［湧］。

―などの外皮 上代かひ［殻］。

―の蠢(うごめ)くさま 近世しゅんぜん［蠢然］。ぞろぞろ。中世しゅんしゅん［蠢蠢］。中古しゅんじ［蠢爾］。

―の声 近代むししぐれ［虫時雨］。中古むしがね／むしのね［虫音］。

―を捕って集めること こんちゅうさいしゅう［昆虫採集］。近世むしがり［虫狩］。

―を捕ること ほちゅう［捕虫］。近世むしとり［虫取］。

―を持ち寄って鳴き声などを競う 近世むしあはせ［虫合］。

秋に鳴く―の総称 上代こほろぎ［蟋蟀］。

季節外れの―の声 近世わすれね［忘音］。

げじげじなどの― 近世をととひの客人(きゃくじん)。

書物を食い荒らす― 近代しょと［書蠹］。中古しみ［紙魚／衣魚／蠹魚］。

小さな―(蚤(のみ)や虱(しらみ)など) 近世ちいちい(幼児語)。

夏に灯火に集まる― 近世ひむし［火虫／

蛾］。中世ひとりむし［火取虫］。上代なつむし［夏虫］。

人間に害を与える― 近代がいちゅう［害虫］。中世どくちゅう／どくむし［毒虫］。

人間の役に立つ― 近代えきちゅう［益虫］。

野に住む― 中古のむし［蟲／野虫］。

むし【無視】 しりめ［尻目／後目］。近代どぐゎいし［度外視］。ネグレクト(neglect)。ぼっきゃく［没却］。むし［無視］。もくくゎ［黙過］。もくさつ［黙殺］。もくし［黙視］。中古ないがしろ［蔑］。むたい［無体／無代］。

《尊》中古おぼしけつ［思消］。

―・する ネグる(neglectより)。歯牙にも掛けない。見向きもしない。目もくれない。近代そっぽを向く。中古おもひけつ［思消］。尻目に懸く(―懸ける)。

他人を―・した振る舞い 近世眼中人なし。中世傍らに人無きが如し。中古ばうじゃくぶじん［傍若無人］。

むし【無私】 中世むが［無我］。むし［無私］。

むしあつ・い【蒸暑】 近世からむし［空蒸］。じょうねつ［蒸熱］。むしあつし［蒸暑］。中古じょうしょ［蒸暑］。

―・い空気 近世いきり［熱］。いきれ［熱］。中古うんき［温気］。

―・いさま 近世むしむし［蒸蒸］。

―・い夏の天候 近代あぶらでり［油照］。

むしかえ・す【蒸返】 近世さいねん［再燃］。ぶりかへす。むしかへす［蒸返］。

むしかご【虫籠】 近世むしかご［虫籠］。むしこ［虫籠］。中古むしのこ［虫籠］。むしや［虫屋］。

むしき【蒸器】 近代ごぜんむし［御膳蒸］。ごはんふかし［御飯蒸］。ごはんむし［御飯蒸］。近世せいろ／せいろう［蒸籠］。中古どう［筒］。上代こしき［甑］。

むじつ【無実】 →むざい

―の罪 近世ゑんざい［冤罪］。中古なきこと［無事］。ぬれぎぬ［濡衣］。→えんざい

むしとりなでしこ【虫取撫子】 こまちそう［小町草］。近代はへとりなでしこ［蝿取撫子］。むしとりなでしこ［虫取撫子］。

むしのいき【虫息】 息も絶え絶え。中世息の下。虫の息。

むしば【虫歯】 カリエス(ドイ Karies)。近代うし／くし［齲歯］。近世むしば［虫歯］。中世なすびば［茄子歯］。むしくひば［虫食歯］。中古むしかめば［虫噛歯］。

―になること うしょく［齲蝕］。

むしば・む【蝕】 りびょう［罹病］。近世はつびゃう［発病］。中古がいす［害］。どくす［毒］。むしばむ［蝕／虫食］。をかす［侵／冒］。

むじひ【無慈悲】 近代ざんにんひだう［残忍非道］。ひにんじゃう［非人情］。れいけつ［冷血］。れいこく［冷酷］。近世ざんにん［残忍］。ざんにんこくはく［残忍酷薄／残忍刻薄］。ふにんじゃう［不人情］。むごたらし［惨／酷］。むじひ［無慈悲］。むじゃう［無情］。むとくしん［無徳心］。もぎだう［没義道］。神も仏もなし。中世あこぎ［阿漕］。ざんこく［残酷／惨酷］。じゃけん［邪見／邪慳／邪険］。はくじゃう［薄情］。中古かこく［苛酷／苛刻］。ざんぎゃく［残虐／惨虐］。ひじゃう［非情］。

《句》近世鬼の空念仏。鬼の念仏。

―・な行い 近世寝鳥を刺す。中古つみつくり［罪作］。

―・な心 中世てっしん［鉄心］。

―・な人 近世いんごふもの［因業者］。上代さいらう［豺狼］。

―・な役人 中古さうよう［蒼鷹］。

むしぼし【虫干】 近代かざいれ［風入］。なつぼし［夏干］。近世むしぼし［虫干］。中世かぜいれ［風入］。どようぼし［土用干］。むしはらひ［虫払］。上代ばくりゃう［曝涼］。

書物を―・すること 中世ばくしょ［曝書］。

むしゃ【武者】 中世さぶらひ／さむらひ［侍／士］。中古つはもの［兵］。ぶけ［武家］。むさ／むしゃ［武者］。もののふ［武士／物部］。上代ぶし［武士］。

荒々しい― 近世あらむしゃ［荒武者］。おにむしゃ［鬼武者］。

主君の身代わりの― 近世かげむしゃ［影武者］。

女性の― 中世をんなむしゃ［女武者］。

戦いに負けて逃げる― 中古おちむしゃ［落武者］。

年取った― 近世おいむしゃ［老武者］。

取るに足りない― 近世こっぱむしゃ／このはむしゃ［木葉武者］。中世はむしゃ［端武者／葉武者］。

寄せ集めの― 中世かりむしゃ［駆武者］。

鎧(よろい)を着けた― 中世いっしゅく［一縮］。かいし［介士］。

むじゃき【無邪気】 てんいむほう［天衣無縫］。近代ちき［稚気］。てんしんらんまん［天真爛漫］。むじゃき［無邪気］。をさなぎ［幼気／稚気］。近世あだなし。あどけなし。ぐゎんぜなし［頑是無］。むく［無垢］。罪

む

無し。中世あどなし。じゅんしん[純真]。中古いわけなし[稚]。こころうつくし[心美]。じゅんじゃう[純情]。なにごころなし[何心無]。上代いときなし/いとけなし[幼/稚]。じゅんぼく[淳朴/純朴/醇朴]。

ー・でいたずらする態度 近代ちゃめけ[茶目気]。

むしゅみ【無趣味】 近代ぼつしゅみ[没趣味]。むしゅみ[無趣味]。中世ぶふうりう[無風流/不風流]。

むじゅん【矛盾】 じこむじゅん[自己矛盾]。近代じかどうちゃく[自家撞着]。じかぼくめつ[自家撲滅]。ジレンマ(dilemma)。ていしょく[抵触/觝触/牴触]。にりつはいはん[二律背反]。ふせいがふ[不整合]。むじゅん[矛盾]。近世くひちがひ[食違]。どうちゃく[撞着]。中世そご[齟齬]。はいち[背馳]。上代しんし[参差]。

《句》近代金持ち小銭に困る。

ー・した説 はせつ[跛説]。

むしょう【無償】 近代むきふ[無給]。むしゃう[無償]。むほうしう[無報酬]。むれう[無料]。近世ただばたらき[只働]。

むじょう【無情】 近代ひにんじゃう[非人情]。れいけつ[冷血]。れいこく[冷酷]。れいぜん[冷然]。れいたん[冷淡]。近世おやげない[親]。むじひ[無慈悲]。むじゃう[無情]。むとくしん[無徳心]。もぎだう[没義道]。神も仏もなし。中世じゃけん[邪見/邪慳/邪険]。どうよく[胴欲/胴慾]。はくじゃう[薄情]。中古つれなし。なさけおくる[情後]。なさけなし[情無]。ひじゃう[非情]。上代うはへなし。こころなし[心無]。→**はくじょう**

ーのたとえ 夜半(よは)の嵐。夜の嵐。

むじょう【無常】 中世あへなし[敢無]。うゐ[有為]。うゐてんぺん[有為転変]。じゃうしゃひっすい[盛者必衰]。しゃうじゃひつめつ[生者必滅]。しょぎゃうむじゃう[諸行無常]。ぜしゃうめっぽふ[是生滅法]。つねならず[常]。はかなし[果無/果敢無/儚]。ふうん[浮雲]。ふぢゃう[不定]。ゑしゃぢゃうり[会者定離]。石の火。中古あすかがは[飛鳥川]。さだめなし[定無]。ふちせ[淵瀬]。上代つねなし[常無]。むじゃう[無常]。むなし[空/虚]。→**はかな・い**

《句》近代朝(あした)には紅顔有りて夕べには白骨となる。中世逢ふは別れの始め。中古飛鳥川(あすかがは)の淵瀬。始めあるものは終はりあり。

ー・なこの世 中世浮世の夢。浮世は夢。中古露の世。

幻のようにー・なさま 中世げんさう[幻相]。中古にょむげんはうやう[如夢幻泡影]。

むじょう【無上】 この上ない。近代さいじゃうきふ[最上級]。ベスト(best)。近世さいかう[最高]。しかう[至高]。てんじゃう[天上]。中世ごくじゃう[極上]。しじゃう[至上]。中古さいじゃう[最上]。上代むじゃう[無上]。

むしょうに【無性】 近代つうせつに[痛切]。むやみ[無闇/無暗]。近世やたらに[矢鱈]。やみくも[闇雲]。中世むしゃうに[無性]。中古しきり[頻]。しひて[強]。上代あやに[奇]。もとな。

むしょく【無職】 近代しつげふ[失業]。むげふ[無業]。むさん[無産]。むしょく[無職]。

ーの人 ニート(NEET)。近代しつげふしゃ[失業者]。近世あそびにん[遊人]。らうにん[浪人]。

むしりちら・す【毟散】 中世かなぐりちらす[散]。こきちらす[扱散]。

むしろ【寧】 近代かへって[却]。近世いっかう[一向]。けく[結句]。けくで[結句]。よしか。とてものことに。いっそのこと。中世いっそ。けっく[結句]。中古いかう[一向]。上代なかなか(に)。むしろ[寧/無乃]。

むしろ【筵】 中古さむしろ[狭筵]。上代むしろ[筵/席]。

ーなどの敷物 近代せんせき[薦席]。

稲のもみを干すのに敷くー 中世いなばきむしろ[稲掃筵]。

貴人の歩く通路に敷くー 中古えんだう[筵道]。

正月神前に掛けるー 近世かけむしろ[掛筵/掛席]。

菅(すげ)で編んだー 中世すがむしろ[菅筵]。中古すがごも[菅薦]。上代すがたたみ[菅畳]。

竹で編んだー 近代さく[簀]。中古たかむしろ[竹席/簟]。

花見の時に敷くー 近代くゎえん[花筵/華筵]。近世はなござ[花茣蓙]。中世はなむしろ[花筵/花蓆]。

舟の帆に用いるー 中世ほむしろ[帆筵]。

真菰(まこも)で編んだー 近世こもむしろ[菰蓆/薦筵]。中世まこもむしろ[真菰蓆]。上代かりこも[刈菰/刈薦]。こも[薦/菰]。

藁(わら)で編んだー 近世ねこだ。中世ねこがき

[猫掻]。上代 わらむしろ[藁筵]。中古 わらごも[藁薦]。上代 いなむしろ[稲筵]。

その他ーのいろいろ(例) 近世 アンペラ(マレー ampela)。いとだて[糸経]。うきよござ[浮世莫蓙]。中世 あらむしろ[粗莚/荒莚]。くさむしろ[草筵]。とうむしろ/とむしろ[籐蓆]。中古 いづもむしろ[出雲筵]。ながむしろ[長筵]。なはむしろ[縄筵]。

むしん【無心】❶〈虚心〉 近代 ぼつが[没我]。中世 たんくゎい[坦懐]。むが[無我]。むさう[無相/無想]。むし[無私]。むしん[無心]。中古 うら(も)なし[心無]。きょしん[虚心]。なにごころ(も)なし。

むしん【無心】❷〈ねだる〉 →**ねだ・る**

むじん【無人】 むじゅう[無住]。近代 ぶじん/むじん[無人]。中世 むにん[無人]。中古 ぶにん[無人]。

むしんけい【無神経】 近代 あんい[安易]。どんかん[鈍感]。むしんけい[無神経]。むとんぢゃく[無頓着]。中古 うとし[疎]。にぶし[鈍]。むしん[無心]。

むじんぞう【無尽蔵】 近代 むげん[無限]。むさいげん[無際限]。近世 むすう[無数]。唸るほど。中世 ぶきゅう[無窮]。むじんざう[無尽蔵]。切り無し。中古 むす[無数]。上代 かぎりなし[限無]。むきゅう[無窮]。むじん[無尽]。むりゃう[無量]。

む・す【蒸】 近代 ふかす[蒸]。上代 むす[蒸]。

ー・す道具 →**むしき**

患部に薬湯の湯気をあててー・す 中世 たづ[たでる]。

麹(じこう)などをー・す うっする[鬱]。

むすう【無数】 近代 むげん[無限]。近世 むすう[無数]。中古 かずなし[数無]。たすう[多数]。数限りなし。上代 ちいほ[千五百]。ちよろづ[千万]。むりゃう[無量]。→**おお・い**

むずかし・い【難】 近代 しちむづかしい[難]。近世 こんなん[困難]。しょむづかしい[難]。はんざつ[煩雑]。むづかし[難]。中世 なんかい[難解]。なんぢ[難治]。めんだう[面倒]。中古 ありがたし[有難]。かたし[難]。くるし[苦]。なんぎ[難儀]。にくし[憎]。わづらはし[煩]。上代 あし[悪]。

《句》近代 コロンブスの卵。近世 千番に一番の兼合(かねあひ)。

ー・い詩句 中世 なんく[難句]。

ー・いと思う 近代 かたんず[難]。

ー・い問題 近世 なんもん[難問]。中世 なんだい[難題]。

ー・い役目 なんやく[難役]。

ー・さの度合い なんいど[難易度]。なんど[難度]。

ー・そう 中古 かたげ[難]。

極めてー・いこと(さま) 近代 しなん[至難]。難中の難。

文章などがー・いこと 近代 くゎいじふ[晦渋]。中世 なんかい[難解]。

▼接尾語(接尾語的なもの) 近世 づらし[辛]。中世 がたなし[難]。中古 にくし[難/悪]。上代 がたし[難]。

むすこ【息子】 ジュニア(junior)。近世 おとむすこ[乙息子/弟息子]。中世 せがれ[倅/悴]。そく[息]。なん[男]。をのこご[男子]。中古 しそく[子息]。そくなん[息男]。上代 をぐな[童男]。にせい[二世]。むすこ[息子/息]。をのこ[男/男子]。

《尊》ごしそく[御子息]。近代 おぼっちゃま/おぼっちゃん[坊]。きそく[貴息]。ぼんぼん[坊坊](上方語)。近世 おこ[御子]。れいし[令子]。れいそく[令息]。れいらう[令郎]。中世 おこさま[御子様]。おんざうし[御曹司/御曹子]。ざうし[曹司]。れいし[令嗣]。中古 あいそく[愛息]。けんそく[賢息]。みこ[御子]。

《謙》近世 こせがれ[小倅]。とんじ[豚児]。中世 かなほふし[法師]。せがれ[倅]。中古 ぐそく[愚息]。

ーと娘 近世 しぢょ[子女]。

かわいがっているー 中古 あいそく[愛息]。

主人のー 近世 こだんな[小旦那]。わかだんな[若旦那]。

ただ一人のー 近世 ひとりむすこ[一人息子]。

天皇のー 近代 くゎうじ[皇子]。プリンス(prince)。中世 しんわう[親王]。上代 すめみこ[皇子]。みこ[御子/皇子]。わうじ[皇子]。

遊蕩(ゆうとう)にふけるー 近代 たうじ[蕩児]。近世 だうらくむすこ[道楽息子]。どらむすこ[息子]。のらむすこ[息子]。

▼兄弟 近代 まつなん[末男]。近世 じんろく[甚六]。そうりゃう[総領/惣領]。ばつなん[末男]。中世 あにむすこ[兄息子]。さんなん[三男]。中古 いちのみや[一宮]。さんのみや[三宮]。じなん[次男/二男]。ちゃうなん[長男]。にのみや[二宮]。上代 このかみ[兄/首]。

▼養子 中世 やしなひ[養]。中古 とりこ[取

子]。

むすび【結】 近代けつまつ[結末]。けつろん[結論]。むすび[結]。

文章などの―の言葉 中古まつぶん[末文]。近世けつご[結語]。

落語の― 近世おち[落]。

むす・ぶ【結】 けっせつ[結節]。れんけい[連携]。近代けってい[結締]。ていする[訂]。ゆはく[結]。れんけい[連係/連繫/聯繫]。近世いはへる[結]。ゆはふ[ゆわえる][結]。中世かく[かける][掛/懸/架]。中古さす[差/指]。上代かく[掛/懸/繫](四段活用)。つなぐ[繫]。むすぶ[結/掬]。ゆはふ[結](四段活用)。ゆふ[結]。

《枕》上代あきくさの[秋草]。

―・ばれて解けにくくなる 中世むすぼる[―ぼれる][結]。中古むすぼほる[結]。

―・び方の例 近代あげはのてふ[揚羽蝶]。あづまむすび[東結/吾妻結]。あひおひむすび[相生結]。うさぎむすび[兎結]。うめむすび[梅結]。えぼいはひ[疣結]。かためむすび[固結]。かなふむすび[叶結]。つぼむすび[壺結]。ほんむすび[本結]。近世あはぢむすび[淡路結]。いぼひ/いぼゆはひ/いぼゆひ[疣結]。おたいこむすび[御太鼓結]。こまむすび[小間結]。たてむすび[縦結]。たまむすび[玉結]。つがひむすび[番結]。つのむすび[角結]。てふむすび[蝶結]。とんぼむすび[蜻蛉結]。わなむすび[輪奈結]。中世あはびむすび[鮑結]。になむすび[蜷結]。をとこむすび[男結]。をなごむすび[女子結]。をんなむすび[女結]。中古あげまき[総角/揚巻]。あげまきむすび[揚巻結]。かたむすび[片結]。からくみ[唐組]。はなむすび[花結]。まむすび[真結]。

―・び付けること 近世かため[固]。けつがふ[結合]。ゆはひつく[―つける][結付]。中世くくりつく[―つける][括付]。中古しばりつく[―つける][縛付]。ちうびう[綢繆]。むすびあはす[―あわせる][結合]。むすびつく[―つける][結付]。上代つなぐ[繫]。ゆひつく[―つける][結付]。

―・び付けるもの 近代ちうたい/ぢうたい[紐帯]。中古きづな[絆/紲]。ほだし[絆]。上代くさり[鎖/鏈]。つがり[連/鎖]。

―・んだ部分 けっせつてん[結節点]。つなぎめ[繫目]。近代けっせつ[結節]。中世むすびこぶ[結瘤]。中古むすびめ[結目]。

―・んで束ねる 中世けっそく[結束]。中古ゆひからぐ[―からげる][結紮]。上代ゆひつく[―つける][結付]。

―・んで封じ込める 中古むすびこむ[結籠]。

たすきなどを十文字に―・ぶ 近世あやどる[綾取/操]。

直接―・び付けること ちょっけつ[直結]。

人と人との―・び付き 近代えんあひ[縁合]。中世きづな[絆/紲]。

文章などを―・ぶ 中世けっす[結]。

無理な理屈で―・び付けること 近世こじつけ。中世ふくゎい[付会/附会]。

約束などを―・ぶ 近代せいやく[成約]。だけつ[妥結]。ていけつ[締結]。とりかはす[取交]。近世とりむすぶ[取結]。

むすめ【娘】❶〈息女〉 近代しぢょ[子女]。近世ぢゃう[嬢/娘]。中世おごう[御御]。そくにょ[息女]。むすめご[娘子]。めなご[女子]。をなあ[女]。中古おとひめ[乙姫/弟姫]。おとむすめ[乙娘/弟娘]。めのわらは[女童]。をな[女]。上代えひめ[兄姫]。そくぢょ[息女]。まなむすめ[愛娘]。むすめ[娘]。めのこご[女子児]。

《尊》近世おぢゃう[御嬢]。おぢゃうさま[御嬢様]。ぢゃうさま[嬢様]。とうさん[嬢様]。れいぢゃう[令嬢]。中世おごうさま[御御様]。中古めぎみ[女君]。

《謙》近代ぐぢょ[愚女]。

―の婿 近代ぢょせい[女婿/女壻]。

親孝行な― 近世かうぢょ[孝女]。

貴人の― 中世ひめぎみ[姫君]。ひめごぜ/ひめごぜん[姫御前]。中古ひめ[姫/媛]。上代そくぢょ[息女]。

兄弟姉妹のない― 中古ひとりむすめ[一人娘]。

最愛の― 近代あいぢゃう[愛嬢]。上代まなむすめ[愛娘]。

主家の末― 《尊》こいさん。こいとさん。

大切に育てられた― 近世はこいりむすめ/はこいれむすめ[箱入娘]。ひざうむすめ[秘蔵娘]。

天皇の― 近代プリンセス(princess)。中世くゎうぢょ[皇女]。ないしんわう[内親王]。中古おほきみをんな[大君女/王女]。ひめみや[姫宮]。わうぢょ[皇女]。上代ひめみこ[姫御子]。

婿を迎える必要のある家つきの― むことりむすめ[婿取娘]。

▼姉妹 近代じぢょ[次女/二女]。ばつぢょ/まつぢょ[末女]。近世いもうとむすめ[妹娘]。きぢょ[季女]。さんぢょ[三女]。

中世あねむすめ[姉娘]。中古いちのみや[一宮]。おほいぎみ[大君]。おほひめぎみ[大姫君]。おほひめごぜん[大姫御前]。さんのみや[三宮]。にのみや[二宮]。上代おほいらつめ[大郎女／大嬢／大娘]。おほめのこ[大女子]。えひめ[兄姫]。えむすめ[長女／兄娘]。ちゃうぢょ[長女]。

むすめ【娘】❷〈乙女〉 →**おとめ**

むせかえ・る【噎返】 近世せぐりあぐ〔―あげる〕[上]。中古せきあぐ〔―あげる〕[咳上]。むす〔むせる〕[咽]。むせかへる[噎返]。

むせきにん【無責任】 いい加減。近代ちゃらんぽらん。むせきにん[無責任]。近世おほはず[大筈]。なげやり[投遣]。尻も結ばぬ糸。

《句》近代居候角(かく)な座敷を丸く掃き。

―・な男 近世おほはずもの[大筈者]。

―・な言葉 近世すっぽかし。

むせびな・く【咽泣】 近代ききふ[欷泣]。近世すすりなき[啜泣]。むせいる[噎入]。むせびいる[噎入]。中世ききょ[欷歔]。中古おぼほる[溺／惚]。むせかへる[噎返]。むせびなく[咽泣／噎泣]。をえつ[嗚咽]。上代あいえつ[哀咽]。むせふ／むせぶ[噎／咽]。

むそう【無双】 近世むてき[無敵]。中世ぶさう／むさう[無双]。むに[無二]。中古むるい[無類]。ゆいいつむに[唯一無二]。上代むひ[無比]。

むそう【夢想】 近代かこう[仮構]。くうさう[空想]。げんさう[幻想]。ばうさう[妄想]。ファンタジー(fantasy)。むさう[夢想]。中世げんえい[幻影]。まうさう[妄想]。中古むげん[夢幻]。ゆめまぼろし[夢幻]。

―を楽しむ人 近代くうさうか[空想家]。むさうか[夢想家]。ユートピアン(utopian)。ロマンチシスト(romanticist)。

むぞうさ【無造作】 苦もなく。近代イージー(easy)。ラフ(rough)。中世さうなし[左右無]。むざうさ[無造作]。やすし[易]。中古かろらか[軽]。しどけなし。ないがしろ[蔑]。なげ[無]。

―・に 近代きがるに[気軽]。事もなげに。近世きらくに[気楽]。てがるに[手軽]。中世あんいに[安易]。かけず[掛]。中古おふなおふな／おほなおほな。ふと。

―・に置く 中世はふりだす[放出]。上代うちおく[打置]。

―・に書く 中古すてかく[捨書]。

▼接尾語 中古すつ〔すてる〕[捨]。

むだ【無駄】 おしゃか[御釈迦]。近代ふい。むいぎ[無意義]。むいみ[無意味]。ロス(loss)。近世あだごと[徒事]。おじゃん。だいなし[台無]。だめ[駄目]。とじ[徒爾]。とゐ[徒為]。ほうご／ほぐ[反古／反故]。むえき[無益]。むて[無手]。むやくし[無益]。やくたいもなし[益体無]。中世せんなし[詮無]。だそく[蛇足]。ふもう[不毛]。むそく[無足]。むだ[無駄／徒]。むやく[無益]。中古あいなし。あだ[徒]。あぢきなし[味気無]。あやなし[文無]。えうなし[要無]。かひなし[甲斐無]。ふよう[不用]。むとく[無徳]。むよう[無用]。やうなし／やくなし[益無]。やくたいなし[益体無]。ようなし[用無]。上代あづきなし[味気無]。いたづら[徒]。そつ。むなし[空／虚]。

《句》近代屋上(をくじやう)屋(をく)を架(か)す。近世月夜に提灯。泥に灸(やいと)。夏火鉢。昼の行灯(あんどん)。中古闇夜の錦。夜の錦。

―・なあせり 近世わるあがき[悪足掻]。

―・な金 近世すてきん／すてがね[捨金]。すてちぎゃう[捨知行]。すてぶち[捨扶持]。むだがね[無駄金／徒金]。《句》近世唐へ投げ金。

―・な官職 近代じょうくゎん[冗官]。

―・なことをする 《句》近代兎に祭文。木に縁(よ)りて魚を求む。駄目を踏む。屋下(をくか)に屋(をく)を架(か)す。中世隣の宝を数ふる如し。中古空に巣掛く。

―・な騒ぎ 近世からさわぎ[空騒]。

―・な死 近世とし[徒死]。むだじに[無駄死／徒死]。命を棒に振る。中古いたづらじに[徒死]。いぬじに[犬死]。

―・な時間 近代じかんつぶし[時間潰]。近世ひまつぶし[暇潰]。

―・な出費 →**むだづかい**

―・な説教 近世犬に論語。馬に経文(きやうもん)。馬の耳に念仏。

―・な頼み 中古あいなだのみ[頼]。

―・な話 ぜいく[贅句]。近代ざつだん[雑談]。近世じょうご[冗語／剰語]。ぜいげん[贅言]。だべん[駄弁]。むだぐち[無駄口]。中世だそく[蛇足]。中古くちあそび[口遊]。よしなしものがたり[由無物語]。

→**むだぐち**

―・な話をする 近代だべる[駄弁]。

―・な文字 近代じょうじ[冗字]。

―・なもの 近代ぜいいう[贅疣]。ぜいぶつ[贅物]。近世無用の長物。中世ちゃうぶつ[長物]。

物]。

ー・な労力 →**むだぼね**

ー・な論議 近代 あめいせんさう[蛙鳴蟬噪]。ぜいご[贅語]。ぜいせつ[贅説]。ぜいろん[贅論]。とろん[徒論]。近世 ぜいげん[贅言]。

ー・に生きていること 近世 すいせいむし[酔生夢死]。中世 ただゐ[徒居/只居]。

ー・に進むこと 近代 からまはり[空回]。くうてん[空転]。

ー・にする 近世 臼にす。砂にす。反故(反古)にす。無下にす。中世 むそく[無足]。むたい[無体/無代/無台]。無になす。中古 いたづらになす。

努力がー・になる 近代 からぶり[空振]。ふい。画餅に帰す。水泡に帰す。無に帰す。近世 ただばたらき[只働]。つぶれ[潰]。ぬかばたらき[糠働]。ひとぼうこう[人奉公]。ほねをりぞん[骨折損]。臼になる。無駄骨を折る。中古 いたづらになる。

《句》近代 九仞の功を一簣に虧く。権兵衛が種まきゃ烏がほじくる。近世 鰯で精進落ち。楽屋で声を嗄らす。千日の萱を一日。千日の行を一かへりに破る。草履履き際で仕損ず。百日の説法屁一つ。骨折り損のくたびれ儲け。中世 賽の河原。泥裡(泥裏)に土塊を洗ふ。元の木阿弥。湯を沸かして水に入る。

文でーが多く長いこと 近世 だらだら。べんべん[便便]。中古 じょうちゃう[冗長]。

矢をー・に使うこと 中世 やどうな[矢]。

▼接頭語 から[空/虚]。近世 いぬ[犬]。

▼接尾語的に 中世 どうな。

むだあし【無駄足】 →**むだぼね**

むたい【無体】 中世 むたい[無体/無台/無代]。むり[無理]。むりやり[無理矢理]。中古 むはふ[無法]。

むだぐち【無駄口】 ぜいく[贅句]。近代 かんげん[閑言]。かんご[閑語]。くうだん[空談]。ざつだん[雑談]。じょうわ[冗話]。近世 あだぐち[徒口]。かんわ[閑話/間話]。ざつわ[雑話]。ざふこう[雑口]。ざふたん[雑談]。じょうご[冗語/剰語]。ぜいげん[贅言]。だべん[駄弁]。むだぐち[無駄口/徒口]。むだばなし[無駄話]。中古 くちあそび[口遊]。すずろごと[漫言]。

《句》近世 手が空けば口が開く。

ーをたたく(さま) 近代 だべる[駄弁]。近世 じゃらじゃら/ぢゃらぢゃら。べらべら。

むだづかい【無駄遣】 近代 くうひ[空費]。とせう[徒消]。とひ[徒費]。らうひ[浪費]。近世 げじく。さんざい[散財]。しっつい[失墜]。じょうひ[冗費]。でづかひ[出遣]。むだづかひ[無駄遣]。らんぴ[乱費]。中世 いんぴ[淫費]。つひえ[費]。中古 つひやす[費]。上代 つひゆ[費]。

ーをしないこと 近代 きりつめる[切詰]。せつやく[節約]。中世 しまつ[始末]。上代 けんやく[倹約]。

大きなーの後の節約 近代 火事あとの釘拾ひ。

むだばなし【無駄話】 →**むだぐち**

むだぼね【無駄骨】 近代 とらう[徒労]。近世 ただばたらき[只働]。ほねをりぞん[骨折損]。むだあし[無駄足/徒足]。むだぼね[無駄骨]。むだぼねをり[無駄骨折]。

《句》近世 淵に雨。骨折り損のくたびれ儲け。

むだん【無断】 むきょか[無許可]。近代 むだん[無断]。むとどけ[無届]。

ーで使用すること 近代 せつよう[窃用]。

むち【鞭】 近代 べんち[鞭笞]。中世 すはい/ずはえ[楚/杪]。べんさく[鞭策]。中古 すはえ/すばえ[楚/杪]。ぶち[鞭]。上代 しもと[笞/楚]。むち[鞭/笞/策]。

ー打つ(こと) 尻を叩く。近代 ちたつ[笞撻]。中世 しらぐ。ちからづく[一づける][力付]。べんさく[鞭策]。中古 べんたつ[鞭撻]。べんち[鞭笞]。上代 はげます[励]。

ーと杖 近世 ちぢゃう[笞杖]。

ーの音 近世 べんせい[鞭声]。

馬を走らせるー 中古 けいさく[警策]。

教師の持つー 近代 けうべん[教鞭]。

竹の根で作ったー 中世 ねぶち[根鞭]。

鉄のー 近代 てつべん[鉄鞭]。中世 かなむち[鉄鞭]。

むち【無知】 近世 しゅんぐ[蠢愚]。ぼうまい[蒙昧]。中世 はくぢ[薄地]。ふち[不知]。むがく[無学]。もう[蒙]。中古 あんぐ[暗愚]。せんがく[浅学]。もうまい[蒙昧/曚昧/濛昧]。上代 むち[無知/無智]。→**むがく**

ー・で間が抜けていること 中古 ぐどん[愚鈍]。

ー・な者のたとえ 中世 三尺の童子。

根源的なー 中世 むみゃう[無明]。

むち【無恥】 近代 こうがんむち[厚顔無恥]。はれんち[破廉恥]。近世 むち[無恥]。中世 恥知らず。

ー・で厚かましいさま 中世 ぬけぬけ[抜抜]。

むちつじょ【無秩序】 近代 こんとん[混沌/渾沌]。ざつぜん[雑然]。むちつじょ[無秩

序］。近世ごった。中世ごっちゃ。中古こんらん［混乱］。

―・なさま　近代アナーキー(anarchy)。中世なめんだら。

むちゃ【無茶】　近代ちゃちゃほうちゃ［茶茶］。むぼう［無謀］。めちゃくちゃ［滅茶苦茶］。近世ちゃちゃむちゃ［茶茶無茶］。むちゃ［無茶］。めちゃくちゃ［無茶苦茶］。めたもの。めっぽふ［滅法］。やみらみっちゃ。わや。わやく。わんざん［和讒］。中世くゎど［過度］。みだり(に)［妄／濫／猥］。むり［無理］。中古むはふ［無法］。よこさま［横方／横様］。わりなし［理無］。

―・な行動をする人　中世むちゃすけ［無茶助］。

むちゅう【夢中】　フィーバー(fever)。近代ねっきゃう［熱狂］。ねっしん［熱心］。ねっちゅう［熱中］。ばうが［忘我］。ぼつが［没我］。ぼっとう［没頭］。ぼつにふ［没入］。むがむちゅう［無我夢中］。むちゅう［夢中］。近世おはまり［御嵌］。しんすい［心酔］。たんでき［耽溺／酖溺］。やみつき［病付］。わくでき［惑溺］。中世けいたう［傾倒］。せうこん［消魂／銷魂］。ちんでき［沈溺］。中古あるにもあらず。あれにもあらず／われにもあらず［我］。上代こころそら［心空］。

―・で　中世やみやみ(と)［闇闇］。中古是非も知らず。

―・にさせる　わかす［湧／涌］。中世心を奪ふ。

―・になる　いかれる。熱に浮かされる。熱を上げる。近代ねっする［熱］。近世こる［凝］。しこる［凝／痼］。のぼす［のぼせる］［上／逆上］。のぼりつむ［―つめる］［上詰］。浮き身を窶(やつ)す。うつつを抜かす。気を尽くす。魂を飛ばす。血道を上ぐ［―上げる］。身を成す。中世うちこむ［打込］。おほわらは［大童］。くるふ［狂］。ほうく［ほうける］［惚／耄］。やつす［窶／俏］。よねんなし［余念無］。興に入る。是非も知らず。中古おぼる［おぼれる］［溺］。こころいる［心入］。はやる［逸／早］。ふける［耽］。ものも覚えず。

異性に―・なさま　近世くびったけ［首丈］。中世ほる［ほれる］［惚／恍／耄］。

女色に―・になること　近世うきよぐるひ［浮世狂］。をんなざんまい［女三昧］。中世をんなぐるひ［女狂］。

むつごと【睦言】　近世じゃうわ［情話］。ちわ［痴話］。中世ささめごと［私語］。中古かたらひ［語］。むつごと［睦言］。

―を交わす　近世ちわる［痴話］。

むっと・する　近世むっとがる。むっとする。中世ふつぜん［怫然］。

―・した顔つき　近代をんしょく［慍色］。近世ふくれっつら［膨面／脹面］。中世うんしょく［慍色］。

熱気で―・する　近世いきれる［熱］。

むつまじ・い【睦】　近代あひわす［相和］。きんしつ［琴瑟］。しんみつ［親密］。琴瑟(きんしつ)相和す。近世なかむつまじ［仲睦］。中世むつむつ［睦睦］。中古したし［親］。ねんごろ［懇］。むつまやか［睦］。上代むつまか［睦］。むつまじ［睦］。

―・い気分　中世わき［和気］。

―・く語り合うこと　中古むつがたり［睦語］。むつものがたり［睦物語］。

―・くなる　中古ちかづく［近］。なれむつぶ［馴睦］。上代やはらぐ［和］。

むつみあ・う【睦合】　近代むつびあふ／むつみあふ［睦合］。くゎかい［和諧］。中世ちうびう［綢繆］。中古むつむ［睦］。わかい［和諧］。上代むつぶ［睦］。

むていけん【無定見】　近世むていけん［無定見］。近世ひよりみ［日和見］。ふけんしき［不見識］。中世うちまたがうやく［内股膏薬］。

むてき【霧笛】　きりぶえ［霧笛］。近代きてき［汽笛］。むてき［霧笛］。

むてき【無敵】　近代さいきゃう［最強］。近世むてき［無敵］。中古むさう［無双］。

むてっぽう【無鉄砲】→**むこうみず**

むどう【無道】　中古ひり［非理］。ふだう［不道］。ぶだう［無道／不道］。むだう［無道］。上代ひだう［非道］。

むどく【無毒】　近代むどく［無毒］。中世あんぜん［安全］。むがい［無害］。

むとんちゃく【無頓着】　アパシー(apathy)。近代ノンシャラン(フランス nonchalant)。むくゎんしん［無関心］。むしんけい［無神経］。むとんちゃく／むとんぢゃく［無頓着］。近世のんき［暢気／呑気／暖気］。

世間に―・なこと　中世霞(かすみ)を食ふ。

むなぐら【胸倉】　近世むなぐら［胸倉／胸座］。むなづくし［胸尽］。

むなげ【胸毛】　近世むなひげ［胸鬚］。中世むなげ［胸毛］。

むなさわぎ【胸騒】　近代きぐ［危惧／危懼］。近世いうりょ［憂慮］。しんぱい［心配］。中世きがかり［気掛］。けねん［懸念］。ふあん［不安］。むなさわぎ［胸騒］。中古こころさわぎ［心騒］。こころはしり／こころばしり［心走］。こころもとなし［心許無］。むねは

しりび［胸走火］。

━・する 中古 こころさわぐ［心騒］。はしる［走］。むねさわぐ［胸騒］。むねはしる［胸走］。ゆめさわがし［夢騒］。

━・するさま 近世 きき［悸悸］。中古 つぶつぶ。むねはしりび［胸走火］。

むなざんよう【胸算用】 みとおし［見通］。近代 かはざんよう［皮算用］。きょうさん［胸算］。しんさん［心算］。ふところかんぢゃう［懐勘定］。みつもり［見積］。むなかんぢゃう［胸勘定］。近世 こころざんよう［心算用］。こころづもり［心積］。しんけい［心計］。むなざん［胸算］。むなさんよう／むなざんよう［胸算用］。むなそろばん［胸算盤］。むなづもり［胸積］。中世 つもり［積］。もくさん［目算］。

むなし・い【虚】 近代 きょくう［虚空］。くうきょ［空虚］。中世 うつろ［空／虚］。きょ［虚］。くうくう［空空］。くうぜん［空然］。くうそ［空疎］。こくう［虚空］。はかなし［儚／果無／果敢無］。中古 あだ［徒］。いたづら［徒］。ただ［只／徒］。上代 あとなし［跡無］。むなし［虚／空］。《枕》中古 うつせみの［空蝉］。

━・い期待 中古 そらだのみ［空頼］。

━・いもののたとえ 近代 すいはう［水泡］。中古 でんはう［電泡］。

━・く過ごすこと（さま） 近代 くゎうじつ［曠日］。くゎうじつぢきう［曠日持久］。近世 くゎうじつびきう［曠日彌久］。中古 なほ［直］。

━・く年をとって衰える 近世 おいくつ〔━くちる〕［老朽］。

━・く広いさま 近代 かうかう［皓皓／皎皎］。

▼接頭語的に 上代 むな［空／虚］。

むなつきはっちょう【胸突八丁】 近代 きふはん［急坂］。むなつきはっちゃう［胸突八丁］。中古 なんしょ［難所］。→さか

むに【無二】 近世 ふじ［不二］。中世 ぶさう／むさう［無双］。むに［無二］。ゆいいつ［唯一］。中古 かたはらなし［傍無］。ばつぐん［抜群］。むるい［無類］。上代 むひ［無比］。

むね【旨】 近代 しゅし［趣旨］。近世 しゅい［趣意］。中世 えうし［要旨］。中古 おもぶき／おもむき［趣］。上代 むね［旨／宗］。

むね【胸】 チェスト(chest)。バスト(bust)。近代 きょうおく［胸臆］。きょうぶ［胸部］。ブレスト(breast)。中世 きょうかく［胸膈］。中古 しんきょう［心胸］。上代 こころ［心］。たかむなさか［高胸坂］。むな［胸］。むなわけ／むねわけ［胸分］。むね［胸］。

━が苦しくなる 近世 せぐる。

━が騒ぐ（こと） 近代 ときめき／ときめく。近世 だくつく。どうき［動悸］。どきつく。とむね［胸］。中世 だくめく。むなさわぎ［胸騒］。中古 うちさわぐ［打騒］。とどろく［轟］。はしる［走］。むねはしり［胸走］。

━が騒ぐさま 近世 どんちゃん。中世 だくだく。中古 つぶつぶ（と）。

━がすく 近代 気味がよい。近世 いさぎよし［潔］。いい気味。溜飲が下がる。

━がつまる 近代 おもひせまる［思迫］。近世 むなぐるし［胸苦］。むなづらはし［胸］。胸が塞がる。中世 おもひむせぶ［思咽］。せつなし［切］。中古 おもひむすぼる［思結］。むせかへる［咽返］。むねふたがる［胸塞］。上代 おもひむすぼる［思結］。こころむす［心咽］。むす［噎／咽］。

━がむかつくこと（感じ） 近世 もやつき。中世 えずし。

━で内臓のある空間 近代 きょうかう［胸腔］。

━と背 近代 きょうはい［胸背］。

━に迫るさま 中世 せつせつ［切切］。

━のあたり 近世 えりもと［襟元］。こころもと［心元］。むながらみ［胸搦］。中世 きょうかん［胸間］。むながら［胸］。むなさき［胸先／胸前］。むなぐら［胸倉／胸座］。むなもと［胸元／胸許］。

━のあたりの毛 中世 むなげ［胸毛］。

━の痛み むなやけ／むねやけ［胸焼］。近代 きょうつう［胸痛］。近世 どんさん［呑酸］。中世 しんつう［心痛］。

━の平らな所 中世 むないた［胸板］。

━の中央下の凹んだところ 近代 しんくゎ［心窩］。みぞおち［鳩尾］。中世 きうび［鳩尾］。みづおち［鳩尾］。

━の中 近代 きょうかん［胸間］。きょうてい［胸底］。近世 きょうちゅう［胸中］。きょうり［胸裡］。むねさんずん［胸三寸］。中世 しんぷ［心腑］。上代 しんちゅう［心中］。

━の幅 むねはば［胸幅］。上代 むなわけ［胸分］。

━の病気 中古 みだりむね［乱胸］。

━の骨 ひらぼね［平骨］。近代 きょうくゎく［胸郭］。近世 きょうこつ［胸骨］。中古 むなぼね［胸骨］。

━の周りの長さ 近代 きょうゐ［胸囲］。

━を焦がす 上代 こころやく［心焼］。

━をわくわくさせる 近代 ときめかす。とど

ろかす［轟］。むねをどり［胸躍］。

飲食物で—がつまる病気 近世 かくしゃう［膈症］。かくやまひ［膈病］。中世 かく［膈］。

感激で—が踊る 中古 とびたつ［飛立］。

女性の— バスト(bust)。ほうきょう［豊胸］。

前に張り出した— 中世 はとむね［鳩胸］。

むねあげ【棟上】 近世 たてまへ［建前］。中世 しゃうとう／じゃうとう［上棟］。中古 むねあげ［棟上］。

—で屋上に立てる飾り(例) 近世 せんすぐるま［扇子車］。はまや［破魔矢］。はまゆみ［破魔弓／浜弓］。

—で棟木に打ち付ける札 近代 むねふだ［棟札］。中世 むなふだ［棟札］。

むねん【無念】 近代 つうこん［痛恨］。ふほんい［不本意］。中世 ざんねん［残念］。ねんなし［念無］。ゐかん［遺憾］。中古 むねん［無念］。上代 くやし［悔］。をし［惜］。

—をこらえ表に出さない 近代 恨みを飲む。

—をこらえるさま 中古 歯を食ひしばる。

▼無念無想のさま 中世 じゃくじゃく［寂寂］。《句》近世 心頭滅却すれば火もまた涼し。

むのう【無能】 近代 むのうりょく［無能力］。近世 てなし［手無］。どんさい［鈍才］。ひりき／ひりょく［非力］。ぶねい［不佞］。中世 のうなし［能無］。むて［無手］。ぶきりゃう［不器量］。ぶこつ［武骨］。中古 ちょさん［樗散］。ふのう［不能］。むさい／むざえ［無才］。むのう［無能］。上代 ふさい［不才］。

—・な人 近世 さんじん［散人］。ちょさい［樗才］。ちょざい［樗材］。

—・な人が俸禄を食(は)むこと 近世 しゐそさん［尸位素餐］。

—・な人が無能を悔しがること 近世 鱓(ごまめ)の歯軋り。

—・な人が有能な人の中に交じる 近世 鱓(ごまめ)の魚(とと)交じり。

—・な人からも学ぶことがあるたとえ 近代 老馬の智。近世 老馬道を知る。

—・な人をあざけって言う言葉 近代 冢中(ちょうちゅう)の枯骨(ここつ)。

むひ【無比】 近世 ふじ［不二］。中世 むさう［無双］。むに［無二］。ゆいいつ［唯一］。中古 ばつぐん［抜群］。むるい［無類］。世に似ず。上代 むひ［無比］。

むひつ【無筆】 近代 むけういく［無教育］。むけうやう［無教養］。中世 むがく［無学］。むひつ［無筆］。中古 せんがく［浅学］。上代 むち［無知］。→**むがく**

むひょう【霧氷】 近代 むひょう［霧氷］。

—の例 じゅそう［樹霜］。そひょう［粗氷］。海老の尻尾。近代 じゅひょう［樹氷］。

むびょう【無病】 近代 さうけん［壮堅］。近世 けんかう［健康］。中世 げんき［元気］。さうけん［壮健］。すこやか［健］。たっしゃ［達者］。ぢゃうぶ［丈夫］。むびゃう［無病］。中古 すくやか／すくよか［健］。→**すこやか**

むふんべつ【無分別】 むしりょ［無思慮］。近代 ちゃちゃふちゃ／ちゃちゃほうちゃ［茶茶］。むぼう［無謀］。近世 こくう［虚空］。むかふみず［向見］。むてっぽう［無鉄砲］。中世 ぶしりょ［無思慮］。むたと。むふんべつ［無分別］。中古 心の闇。

《句》近世 一度は思案、二度は不思案。

—・なことをすること 近代 ばうどう／まうどう［妄動］。

—・に 中世 むさと。

若さゆえ—・なことをすること 近世 血気に進む。血気に逸(はや)る。若気の至り。

若さゆえの— 近世 わかぎ［若気］。若気の過ち。中世 わかげ［若気］。

むべ【野木瓜】 近世 うへ／うべ［郁子］。うべあけび［郁子通草］。きまんぢゅう。中世 いたみ。ときはあけび［常磐木通］。中古 いくし［郁子］。むべ［野木瓜／郁子］。

むへん【無辺】 中世 ぶきゅう［無窮］。中古 くゎうだい［広大］。むへん［無辺］。果てしなし。上代 むきゅう［無窮］。むりゃう［無量］。

むほう【無法】 近代 ゐはふ［違法］。近世 よこたふし［横倒］。わんざん［和讒］。中世 ぶたう［無道］。ふてき［不敵］。むたい［無体／無代／無台］。らうぜき［狼藉］。中古 ひはふ［非法］。むだう［無道］。むはふ［無法］。

—・で処置なし 上代 あぢきなし［味気無］。

—・に奪い取られること 中世 ばうりゃく［暴掠］。

むぼう【無謀】 ぼうそう［暴走］。近代 むぼう［無謀］。近世 むちゃ［無茶］。むてっぽう［無鉄砲］。中世 むしりょ［無思慮］。むふんべつ［無分別］。→**むこうみず**

《句》近代 卵の殻で海を渡る。近世 紙子(かみこ)(紙衣(かみこ))着て川へはまる。

—・で乱暴 近代 ばうきょ［暴挙］。

—・な行為のたとえ かみかぜ［神風］。ぼうこひょうが［暴虎馮河］。中古 ぼうこ［暴虎］。

—・に事を進める ぼうそう［暴走］。

むほうもの【無法者】 アウトロー(outlaw)。近世 ぐれ。ごくだう［極道］。ごろつき。ぶらいかん［無頼漢］。むはふもの［無法者］。

む

やくざ。やくざもの［者］。わやくじん［人］。わやくもの［者］。中世 いたづらもの［徒者／悪戯者］。ならずもの［者］。ふたうじん［不当人］。ぶだうじん［無道人］。ふてきもの［不敵者］。中古 あぶれもの［溢者］。

むほん【謀反】 ぞうはん［造反］。近代 かくめい［革命］。クーデター（フランス coup d'État）。せいへん［政変］。中世 はんぎゃく［反逆／叛逆］。はんらん［反乱／叛乱］。らんぎゃく［乱逆］。上代 むほん［謀反／謀叛］。

—の心 近代 むほんぎ［謀反気］。らうしやしん［狼子野心］。近世 いと［異図］。中世 あだしごころ［徒心］。いし［異志］。ぎゃくい［逆意］。はんしん／ほんしん［叛心／反心］。ふたごころ［二心］。べっしん［別心］。やしん［野心］。中古 いしん［異心］。ぎゃくしん［逆心］。にしん［二心／弐心］。

—の相談をする 近代 砂中の偶語。

—のはかりごと 近代 ぎゃくぼう［逆謀］。

—を起こした者 むほんにん［謀反人］。近代 はんぎゃくしゃ［反逆者／叛逆者］。はんと［叛徒］。中世 ぎゃくるい／げきるい［逆類］。げきと［逆徒］。ぞくし［賊子］。上代 ぎゃくぞく［逆賊］。ぎゃくたう［逆党］。ぎゃくと［逆徒］。ぞく［賊］。

—を起こす 近代 反旗（叛旗）を翻す。

—を企む家臣 中世 げきしん［逆臣］。はんしん［叛臣／反臣］。上代 ぎゃくしん［逆臣］。

—を企むこと 中古 ぼうぎゃく［謀逆］。

▼謀反人 中世 きょうと［凶徒／兇徒］。

むみ【無味】 近代 かんさう［乾燥］。中世 むみ［無味］。中古 あぢきなし［味気無］。あぢなし［味無］。

—・に感じるたとえ 近世 砂を噛むやう。

むやみ【無闇】 近代 どはづれ［度外］。むやみやたら［無闇矢鱈］。むやみめちゃくちゃ［滅茶苦茶／目茶苦茶］。近世 あたふた。こくう［虚空］。べらばう［便乱坊］。べらぼう［篦棒］。むちゃくちゃ［無茶苦茶］。めったやたら［滅多矢鱈］。やたら［矢鱈］。やみくも［闇雲］。やみと［闇／暗］。中世 みだりがはし［濫／猥］。中古 むげ［無下］。わりなし［理無］。

—に 近世 おつう［乙］。しゃにむに［遮二無二］。そぞろ［漫］。ひたもの／ひったもの［直物／頓物］。めた／めった［滅多］。めっぽふ［滅法］。やくと［役］。やけに。やたらに［矢鱈］。中世 あながち［強］。しきりに［頻］。むさと／むざと。やくやくと［役役］。中古 あいなく。しきり［頻］。しひて［強］。すずろ／すぞろ［漫］。ひたぶる［直］。ひとへに［偏］。むげに［無下］。上代 あやに［奇］。うったへに。もとな。

—・に改めること 近世 ふんかう［紛更］。

—・に食べること 近世 あばれぐひ［暴食］。

—・に突くこと 近世 めったづき［滅多突］。

—・に作る 近代 らんざう［乱造／濫造］。らんせい［乱製］。

—やたら 近世 へらへいとう［平平等］。めくらめっぽふ［盲滅法］。めたもの［物］。めったむしゃう［滅多無性］。めったむやみ［滅多無闇］。やみくも［闇雲］。やみらみっちゃ。中世 こくう［虚空］。そぞろ［漫］。むたと。中古 すずろ／すぞろ［漫］。

—やたらなことをする 近世 どろたばう［泥田棒］。泥田を棒で打つ。

偉い人を—・に尊重する人 近代 ありがたや［有難屋］。

むゆうびょう【夢遊病】 すいみんじゆうこうしょう［睡眠時遊行症］。やちゅうゆうこうしょう［夜中遊行症］。近代 むちゅうゆうこうしゃう［夢中遊行症］。近世 むいうびゃう［夢遊病］。りこんびゃう［離魂病］。

むよう【無用】 近代 ふひつえう［不必要］。近世 かろとうせん［夏炉冬扇］。むえき［無益］。ようなし［用無］。中世 だそく［蛇足］。ふえう［不要］。むだ［無駄／徒］。中古 ふよう［不用］。むよう［無用］。→**むだ**

《句》近代 寒（かん）に帷子（かたびら）土用に布子（ぬのこ）。無用の長物（ちゃうぶつ）。近世 無用の京上り。

—・な 近世 いはれぬ［言］。

—・なさま 近世 ありなし［有無］。

—・な肉 近代 ぜいいう［贅疣］。ぜいにく［贅肉］。

—・なもの 近代 ちょぼく［樗木］。近世 ありなしもの［有無物］。中世 すてぐさ［捨草］。

—・にする 近世 砂にす。

—・に見えて大きな役割を持つ 近世 不用の用。無用の用。

—の議論 近代 ぜいろん［贅論］。

—の句 ぜいく［贅句］。近代 かんげん［閑言］。かんご［閑語］。中世 いたづらごと［徒言］。《句》近世 雉子（きじ）も鳴かずば打たれまい。

—の者 近代 よけいもの［余計者］。近世 しはすばうず［師走坊主］。しはすらうにん［師走浪人］。すたりもの［廃者］。中世 いたづらもの［徒者］。

むよく【無欲】 よくなし［欲無］。中古 たんぱく

［淡泊／恬澹］。むよく［無欲］。上代てんたん［恬淡／恬澹］。

《句》中世大欲は無欲に似たり。

—・な（活気がない）たとえ 中世こぼくしくゎい［枯木死灰］。

むら【村】→**むらざと**

—と町 近代といふ［都邑］。

—の男 中世そんぷ［村夫］。中古でんぷ［田夫］。

—の女 近世そんぷ［村婦］。中世そんぢょ［村女］。

—の学者 近世そんぷうし［村夫子］。

—の子供 中古そんどう［村童］。

—の代表者 近代そんらう［村老］。中世そんちゃう［村長］。上代むらをさ［村長］。

—の道 中世そんろ［村路］。中古そんだう［村道］。

—の老女 近代そんあう［村媼］。

—の老人 近世そんそう［村叟］。中古そんらう［村老］。そんをう［村翁］。

—を離れ他所へ移り住むこと りそん［離村］。

荒れた— 近代あれむら［荒村］。中古くゎうそん［荒村］。

多くの— 中世ちさと［千里］。

落人などが世を避けて住んだ— 中世かくれざと［隠里］。

海岸沿いの— うら［浦］。中世うらざと［浦里］。かいそん［海村］。

懸け離れた所にある— 近世かたざと［片里］。へきいふ［僻邑］。へきそん［僻村］。中古こそん［孤村］。

漁業を主とする— 中世ぎょそん［漁村］。

自分の住んでいる— 近世きょそん／ゐむら［居村］。中世ぢげ［地下］。

近くの— 近世きんざい［近在］。中世きんがう［近郷］。

隣の— 近世りんきゃう［隣郷］。りんそん［隣村］。中世りんがう［隣郷］。

貧しく寂しい— 近代かんがう［寒郷］。ひんそん［貧村］。近世かんきゃう［寒郷］。かんそん［寒村］。

水辺にある— 近代すいがう［水郷］。すいくゎく［水郭］。中世すいそん［水村］。中古かうそん［江村］。すいきゃう［水郷］。

山にある— 中世さんくゎく［山郭］。中古さんそん［山村］。やまざと［山里］。

余所の— 中世たがう［他郷］。上代たきゃう［他郷］。

むら【斑】 近代ところはだら［所斑］。中世ところまだら［所斑］。ぶち［斑］。むら［斑］。上代まだら［斑］。

むらが・る【群】 近代しふがふ［集合］。しふけつ［集結］。みっしふ［密集］。近世うざる。中世さんしふ［参集］。たむろす［屯］。よりあつまる［寄集］。中古おしこる［押凝］。すだく［集］。上代あつまる［集／聚］。うごなはる［集］。うずすまる。うちむる［—むれる］［打群］。たかる［集］。つどふ［集］。むらがる［群］。むる（むれる）［群］。

《枕》上代ゆくとりの［行鳥］。

—・っていること（もの） 近世すずなり［鈴生］。中世ぐんきょ［群居］。むらがり［群／叢／簇］。むらむら［群群／叢叢］。中古むら［群／叢／簇］。

—・っている鳥 上代むらとり［群鳥］。

—・って踊ること ぐんぶ［群舞］。

—・って騒ぐ 上代すだく［集］。

—・って立つ 近代ぞくりつ［簇立］。中世むらだつ［群立／叢立］。中古むれだつ［群立／叢立］。

—・って飛ぶ 中世むれとぶ［群飛］。中古むれだつ［群立／叢立］。

—・って生えているすすき 中古むらすすき［叢薄］。

—・り集まること（さま） 近代うんがふむしふ［雲合霧集］。ぎしふ［蟻集］。近世ぎふ［蟻付］。ぞくぞく［簇簇］。中世ぐんしふ［群集］。ぐんしゅう［群衆／群聚］。中古うんしふ［雲集］。くんじゅ［群集／群衆／群聚］。そうそう［簇簇］。そうそう［叢叢］。むれあつまる［群集］。

—・り出ること 近代そうしゅつ／ぞくしゅつ［簇出］。

—・るようにする 上代むらがす［群］。

植物が—・って生えていること（さま） 中世ひとむら［一叢／一群］。

植物が—・って生えること 近代ぞくせい［簇生／族生］。近世そうせい［叢生／簇生］。中古むらだち［群立／叢立］。

むらき【斑気】 近代あきしゃう［飽性］。近世むらき／むらぎ［斑気］。飽きっぽい。中世うかれごころ［浮心］。うつりぎ［移気］。うはき［浮気］。

むらさき【紫】 近代ししょく［紫色］。すみれいろ［菫色］。パープル（purple）。バイオレット（violet）。近世ふぢいろ［藤色］。中世ききゃういろ［桔梗色］。ゆかりのいろ［縁色］。中古きかういろ［枳柑色］。上代むらさき［紫／紫草］。

《枕》〔上代〕あかねさす［茜］。

━色を帯びる 〔近世〕むらさきばむ［紫］。〔中古〕むらさきだつ［紫立］。

その他━のいろいろ（例） めっし［滅紫］。らんしょく［藍紫色］。〔近代〕あんしょく［暗紫色］。こだいむらさき［古代紫］。しこんいろ［紫紺色］。〔近世〕ふぢむらさき［藤紫］。いまむらさき［今紫］。えどむらさき［江戸紫］。えびいろ［葡萄色］。きゃうむらさき［京紫］。〔中世〕うらむらさき［末紫］。こきいろ［濃色］。〔中古〕うすむらさき［薄紫］。こむらさき［濃紫］。わかむらさき［若紫］。〔上代〕あさむらさき［浅紫］。けしむらさき［滅紫］。ふかむらさき［深紫］。

むらさきしきぶ【紫式部】（クマツヅラ科の落葉低木）〔近世〕たまむらさき［玉紫］。むらさきしきぶ［紫式部］。やまむらさき［山紫］。

むらざと【村里】 ビラージュ（フランスvillage）。〔近代〕コタン（アイヌ語）。そんかう［村郊］。ビレッジ（village）。〔近世〕がう［郷］。〔中世〕きゃうきょく［郷曲］。さとむら［里村］。しゃうがう［荘郷］。そんらく［村落］。りりょ［里閭］。〔中古〕がうそん／きゃうそん［郷村］。きゃうり［郷里］。さと［里／郷］。しふらく［集落］。しゅうらく［聚落］。そんかう［村巷］。そんり［村里］。ひとざと［人里］。むら［村］。りょ［閭］。りょり［閭里］。〔上代〕いふ［邑］。いへむら［家群］。きゃういふ［郷邑］。きゃうりょ［郷閭］。そんいふ［村邑］。むらざと［村里］。りょかう［閭巷］。

《句》〔近世〕千軒あれば共暮らし。千軒あれば共過ぎ。

━全部 〔近代〕ぜんそん［全村］。〔近世〕むらぢゅう［村中］。

━にある別荘 〔近世〕そんさう／そんしゃう［村荘］。そんしょ［村墅］。

━に住むこと 〔近世〕そんきょ［村居］。

━の家 〔近世〕そんか［村家］。

━の学校 〔近代〕がうがく／きゃうがく［郷学］。

━の人々 〔近代〕きゃうじん［郷人］。〔近世〕りじん［里人］。〔中世〕がうにん［郷人］。さとびと［里人］。〔中古〕そんみん［村民］。むらびと［村人］。

あちこちの━ 〔中古〕ざいざい［在在］。

むり【無理】 〔近代〕ふでうり［不条理］。〔近世〕はうぼふ［謗法］。わや。わやく。できぬ相談。石臼を箸にさす。海を山にす。藪（やぶ）で馬鍬（まぐは）。〔中世〕むたい［無体／無代／無台］。むり［無理］。〔中古〕あながち［強］。ひり［非理］。ふたう［不当］。りふじん［理不尽］。わりなし［理無］。〔上代〕ひだう［非道］。

━・な 〔中古〕いはれぬ［言］。

━・なことを敢えてすること 〔近代〕ぼうけん［冒険］。

━難題を言うさま 〔近世〕わんざん［和讒］。

━・に 〔近代〕いやが応でも。〔近世〕是が非でも。〔中世〕たって［達］。まげて［曲／枉］。〔中古〕おして［押］。しひて［強］。せめて。むげに［無下］。われて［破］。〔上代〕あへて［敢］。ぜひ［是非］。

━・に入れる 〔中古〕おしいる［━いれる］［押入］。おしこむ［押込］。

━・に買わせる 〔中世〕うりつく［━つける］［売付］。おしうり［押売］。

━・に出す 〔近世〕ひねりだす［捻出］。〔中世〕しぼりだす［絞出］。

━・に頼む 〔近代〕きゃうせい［強請］。〔中世〕せびらかす。

━・に取る 〔中世〕しぼりとる［絞取］。

━・に並べる 〔中世〕おしならぶ［━ならべる］［押並］。

━・に入る 〔近世〕にじりこむ［躙込］。〔中古〕おしいる［押入］。

━・に剝がす 〔近代〕ひきはがす／ひっぱがす［引剝］。〔近世〕ひきへがす［引剝］。

━・に理屈をこじつける 〔近世〕けんきゃうふくわい［牽強付会］。難癖を付く［━付ける］。《句》〔近世〕柄（え）に柄（え）をすぐ［━すげる］。柄（え）の無い所に柄（え）をすぐ［━すげる］。

━・に忘れる 〔中古〕おもひけつ［思消］。

━を言う 〔近世〕だだける［駄駄］。〔中世〕いひかかる［言掛］。

━を強いる ごりおし［押］。〔近代〕きゃうえう［強要］。きゃうせい［強制］。きゃうはく［強迫］。むりおし［無理押］。〔近世〕おしごと［押事］。おしつく［━つける］［押付］。おしつけわざ［押付業］。こじつけ。むりじひ［無理強］。馬を鹿。烏を鷺。鷺を烏。横車を押す。〔中世〕かさおし［嵩押］。せびる／せぶる。白を黒と言ふ。横紙を破る。〔中古〕おしたつ［押立］。鹿を馬。〔上代〕けふはく［脅迫］。しふ［しいる］［強］。《句》〔近世〕道理そこのけ無理が通る。無理が通れば道理引っ込む。

━をする 〔近世〕壁に馬をのりかく［━かける］。〔中古〕おしたつ［━たてる］［押立］。

多数で━を言うこと 〔中世〕がうぎ［嗷議／嗷儀］。

むりやり【無理矢理】 うむない［有無無］。

近世しゃにむに[遮二無二]。しゃりむり。いや応なし。有無を言はせず。是が非でも。何が何でも。中世むりむたい[無理無体]。むりやり[無理矢理]。中古あながち[強]。われて[破]。→**むり**

―なさま 近代がういん[強引]。

―に承知させること 近世わうじゃうづくめ[往生尽]。

―にする 近世ごりおし[押]。近代きゃうかう[強行]。中世ごりがん。

―になる 中世おしなる[押成]。

―に引き離す 中世もぎはなす[捥離]。

むりょ【無慮】 近代むりょ[無慮]。中世およそ[凡/大約]。だいたい[大体]。中古おほよそ[凡/大凡]。→**だいたい**

むりょう【無料】 フリー(free)。近代ただもんめ[只匁]。むか[無価]。むしゃう[無償]。むちん[無賃]。むれう[無料]。ろは。中古ただ[只/徒]。

―で催されること 近世ほふらく[法楽]。

―の乗車券など 近代フリーパス(free pass)。

むりょう【無量】 →**むへん**

むりょく【無力】 近代むのうりょく[無能力]。近世ひりき/ひりょく[非力]。びりき[微力]。中世びりょく[微力]。むりょく[無力]。

むるい【無類】 →**むに**

むれ【群】 中世あつまり[集]。ぐん[群]。むらがり[群]。むれ[群]。むれらか[群]。中古むら[群/叢]。上代べ[部]。

《枕》上代むらとりの[群鳥]。

―に加わる たちまざる[立交/立混]。近世まざる[交/混]。中古たちまじる[立交]。たちまふ[立舞]。

―をなして泳ぐこと ぐんえい[群泳]。

―をなして生活すること 中世ぐんきょ[群居]。

―をなす 中世むらめかす[群]。中世おほむれ[大群]。

大きな― 近代たいぐん[大群]。

たくさんの人の― 中世ぐんしゅう[群衆]。近代ぐんぜい[群勢]。

一つの― 近世いちぐん[一群]。中世ひとむれ[一群]。

む・れる【群】 →**むらが・る**

むろん【無論】 近世あたりまへ[当前]。むろん[無論]。中世たうぜん[当然]。にょほふ[如法]。もちろん[勿論]。言ふに及ばず。言ふまでもなし。中古もとより[素/固/元]。むろんなし[論無]。→**いうまでもな・い**

め

め【目】 近代アイ(eye)。おめめ[御目目](幼児語)。がん[眼]。めんめ[目](幼児語)。中世がんもく[眼目]。にくがん[肉眼]。めだま[目玉]。中古ひとみ[瞳/眸]。上代まなこ[眼]。め[目/眼]。めら[目]。

《枕》中古はながたみ[花筐](⇩めならぶ)。上代あぢさはふ[味沢相]。

《句》近代目は心の鏡(窓)。近世目は口ほどにものを言ひ。男の目には糸を引け、女の目には鈴を張れ。

―が動くさま 近世きょろきょろ。中古きろきろ。→**み・る**

―が眩む 近代げんする[眩]。近世めいげん[瞑眩]。目が回る。中世くるめく[眩]。げんうん[眩暈]。げんわく[眩惑]。まくる/まぐる[眩]。めまひ[目眩/眩暈]。めんけん[瞑眩]。目も眩る(―眩れる)。中古めくる[くれる][眩/暗]。くるべく[眩]。めくるめく[目眩]。

―が覚める 近代かくせい[覚醒]。近世せいかく[醒覚]。中古うちおどろく[打驚]。おどろく[驚/愕/駭]。さむ[さめる][覚]。ねおく[寝起]。ねおどろく[寝驚]。めざむ[―ざめる][目覚]。上代おく[おきる][起]。ねざむ[―ざめる][寝覚]。

―が充血している 近世ちばしる[血走]。

―が届く 中古みおよぶ[見及]。

―が届く限り 見渡す限り。上代きょくもく[極目]。

―がなかなか覚めない 中世ねごい[寝濃]。

―が離れる 上代めかる[目離]。

―が早い(すばやく見付ける) 中古めざとし[目敏]。

―が光るさま 近代ぎらぎら。中世ぎろぎろ。けいけい[炯炯/烱烱]。

―が回る 中世くるめく[転/眩]。まくる/まぐる[眩]。目も眩る(―眩れる)。中古くる[くれる][眩]。くるべく[眩]。

―が見えない(人) →**もうじん**

―が見えなくなる 近代こす[瞽]。中古めしふ[―しいる][盲]。

―で実際に見ること 中世もくと[目睹/目覩]。中古もくげき[目撃]。

―でだいたいをはかること 近代もくそく[目測]。近世めぶんりゃう[目分量]。中世もくさん[目算]。

―と顔 近世めづら[目面]。

―と鼻 【中古】めはな[目鼻]。

―と目の間 【上代】まなかひ[目交]。

―に浮かぶ 【近世】まざまざし。

―に角が立つ 【近世】角目(めつの)立つ。

―に薬をさすこと てんやく[点薬]。【近代】てんがん[点眼]。

―にする →み・える →み・る
―に留める 【中世】めみたつ[目見立]。【中古】うちみる[打見]。目に掛く[―掛ける]。みかく[―かける][見掛]。

―の高さ 【近世】めどほり[目通]。

―の玉 【近代】がんきう[眼球]。【中世】めだま[目玉]。【中古】がんせい[眼睛/眼精]。【上代】まなこ[眼]。

―の玉が入っているくぼみ 【近代】がんくゎ[眼窩/眼窠]。【中世】めつぼ[目壺]。

―のつけどころ 【近代】ちゃくがんてん[着眼点]。【中世】ちゃくがん[着眼]。

―の端 めくじら/めくじり[目]。【中世】めかど[目角]。【中古】まじり[眦]。まなじり[眦]。めじり[目尻/眥]。

―の光 【中世】がんくゎう[眼光]。がんせい[眼睛/眼精]。

―の病気 【近世】めやみ[目病]。【中世】がんしつ[眼疾]。がんびゃう[眼病]。

―の病気の例 あおそこひ[青底翳]。かくまくなんかしょう[角膜軟化症]。グラウコーマ(glaucoma)。くろそこひ[黒底翳]。しろそこひ[白底翳/白内障]。ひぶんしょう[飛蚊症]。【近代】かくまくえん[角膜炎]。かくまくくゎいやう[角膜潰瘍]。けつまくえん[結膜炎]。こくないしゃう[黒内障]。トラコーマ(trachoma)。トラホーム(ドイツTrachom)。はくないしゃう[白内障]。ばくりふしゅ[麦粒腫]。やまうしゃう[夜盲症]。りょくないしゃう[緑内障]。ものもらひ[物貰]。【近世】はやりめ[流行目]。【中世】うはひ[上翳/外障眼]。ふうがん[風眼]。そこひ[底翳/内障]。【中古】とりめ[鳥目]。

―の表情 【近世】めがほ[目顔]。【中世】めつき[目付]。

―のふち 【中世】まかぶら[眶]。まぶた[瞼/目蓋]。まぶち[目縁]。【中古】まなかぶら[眶]。【上代】まなぶた[瞼]。

―のふちに化粧として描く線 アイライン(和製eye line)。

―の前 →もくぜん
―の見る力 【近代】しりょく[視力]。【中世】がんせい[眼睛/眼精]。

―の明暗に対する順応作用 めいあんじゅんのう[明暗順応]。

―をいからせる 【近代】目を三角にする。【近世】眦(まなじり)(眥)を裂く。目くじらを立つ[―立てる]。【中世】角を立つ[―立てる]。【中古】眦(まなじり)(眥)を決す。目に角を立つ[―立てる]。

―を掛ける 【近代】けんあい[眷愛]。けんし[眷視]。しんけん[親眷]。【近世】目を入る[―入れる]。【中世】おんこ[恩顧]。ひいき[贔屓/贔負]。ひき[引]。ひきたつ[―たてる][引立]。【中古】あいこ[愛顧]。かへりみ[顧]。けんこ[眷顧]。おんけん[恩眷]。みいる[見入]。目を掛く[―掛ける]。

―を眩(くら)ませる 【近代】げんする[眩]。げんめい[眩迷]。【近世】めつぶし[目潰]。

―をごまかすこと 【近世】しなだま[品玉]。

―をこらして見る 【上代】まばる[瞻]。

―を覚まさせる 【近代】めざます[目覚]。【近世】ゆりおこす[揺起]。【中世】よびおこす[呼起/喚起]。【中古】おどろかす[驚]。さます[覚/醒]。

―を覚まさせるもの 【近代】ねむけざまし[眠気覚]。【近世】ねぶたざまし[眠覚]。ねむたなぐさみ[眠慰]。ねむりざまし[眠覚]。めざまし[目覚]。【中古】ねぶりざまし[眠覚]。【上代】めざましぐさ[目覚草]。

―を覚ましやすい 【近世】めざとし[目敏]。よざとし[夜聡]。

―を覚ます →―が覚める
―をそらす 【上代】目を側(そば)む[―側める]。

―を付ける 【近代】ちゃくもく[着目]。ちゅうもく[注目]。【近世】がんばる[眼張]。ちゅうし[注視]。みこむ[見込]。【中世】ちゃくがん[着眼]。【上代】にらむ[睨]。

―を通す(こと) めどおし[目通]。【近代】りうらん[劉覧/瀏覧]。りうらん[流覧]。【近世】いっくゎ[一過]。えっす[閲]。つうらん[通覧]。【中世】じゅくらん[熟覧]。【中古】いちらん[一覧]。

―を閉じて心を静めること →めいそう
―を閉じてすわること 【近世】めいざ[瞑坐]。

―を閉じる(こと) 【近代】つぶる/つむる[瞑]。めいする[瞑]。【近世】ねむる[眠]。【中世】へいがん[閉眼]。めいもく[瞑目]。目を眠る。【中古】ねぶる[眠]。ひしぐ[瞑]。

―を留める →―に留める
―を離す 【中古】あからめ。【上代】めかる[目離]。

―を見合わせて笑うこと もくしょう[目笑]。

―を見合わせること 【中古】めくはせ[目配]。【上代】まぐはひ[目交]。

ーをみはる(こと) 近代がくち[愕眙]。だうし[瞠視]。近世めっぱりこ[目張子]。中世だうもく[瞠目]。みいだす[見出]。目を驚かす。中古おししをる[押責]。みひらく[見開]。

ーをみはるさま 近世きょろり。ぱっちり。ぽっちり。中古つづらか[円]。

ーを向ける(こと) 中世目を遣る。上代しょくもく[嘱目／属目]。

青いー 近代あをめ[青目]。へきがん[碧眼]。中古りょくがん[緑眼]。

粗探しのー 中古さがなめ[目]。

忙しくてーを回す 近世目(め)っ張(ぱ)を回す。

一か所を見てーを動かさない 近世目を据う[ー据える]。

一緒にーを覚ます 中古おどろきあふ[驚合]。

美しいー ぎょくがん[玉眼]。近代めせんりゃう[目千両]。

大きなーのたとえ ぎょろめ[目]。近代きょがん[巨眼]。すずまなこ[鈴眼]。だいがん[大眼]。近世おほめ[大目]。さらまなこ[皿眼]。つぼざら[壺皿]。中古つづらか[円]。

片方のーが細くなる 中古すがむ[眇]。

片方のーが見えないこと 近代どくがん[独眼]。近世いっせきがん[一隻眼]。せきがん[隻眼]。めっかち。中世かため[片目]。

くぼんだー 近代おくめ[奥目]。くぼめ[凹目／窪目]。近世かなつぼまなこ[金壺眼]。中世いりめ[入目]。さるまなこ[猿眼]。めくぼ[目凹]。

視点が定まらずよく動くー 近世ちろちろめ[目]。

充血したー 近代あかめ[赤目]。近世ちめだま[血目玉]。中世ちまなこ[血眼]。中古ちめ[血目]。

人工のー 近代ぎがん[義眼]。近世いれめ[入目]。

真実を見透すー 上代ゑげん[慧眼]。

鋭いー 近世けいがん[炯眼]。中世がんくゎう[眼光]。

他人のー 近代はため[傍目]。近世をかみ[傍見／岡見]。をかめ[傍目／岡目]。上代見る目。

遠くがよく見えるー 中古とほめ[遠目]。

涙でーがかすむ 中古きる[霧]。

涙で濡(ぬ)れたー 近代うるみまなこ[潤眼]。近世なみだめ[涙目]。中古いやめ[否目]。

はっきりと見えるー 中世めいがん[明眼]。

八方にーを向けること 近代はっぽうにらみ[八方睨]。

細く開いたー 近代うすめ[薄目]。はんがん[半眼]。中古ほそめ[細目]。

仏のー 近代ぎょくがん[玉眼]。中古じげん[慈眼]。

丸いー 近世つぼざら[壺皿]。どんぐりまなこ[団栗眼]。中世どんぐりめ[団栗目]。

目尻の上がったー 近代あがりめ[上目]。近世つりまなこ[釣眼]。つりめ[吊目／釣目]。

目尻の下がったー 近代さがりめ[下目]。中世たれめ[垂目]。

物事を見抜くー 中世みゃうげん[明眼]。中古てんがん／てんげん[天眼]。上代ゑげん[慧眼]。

よく見えるー えんもく[鳶目]。

両方のー 近代りゃうめ[両目]。中世りゃうがん[両眼]。中古さうがん[双眼]。

め【芽】 上代かび[牙／穎]。め[芽]。

《句》近代綿綿(めんめん)を絶たずんば蔓蔓(まんまん)を若何(いかん)せん。

ーが出て間もない葉 近代えうが[幼芽]。どんが[嫩芽]。近世しんが[新芽]。中古わかば[若葉]。わかばえ[若生]。

ーが出ようとしてふくらむ 中世はらむ[孕]。

ーが出る →めば・える

ーの出たばかりの双葉の植物 近世かひわりな[貝割菜]。かひわれ[貝割]。

ーの出始めた柳 近世めばりやなぎ[芽張柳]。めぶきやなぎ[芽吹柳]。めやなぎ[芽柳]。

ーを出させる 中古もやす[萌]。

ーを摘み取ること めかき[芽掻]。

越冬するー とうが／ふゆめ[冬芽]。

切り株などからーが出る 中世ひこばゆ[蘖]。

切り株などから出るー 中世ひこばえ[蘖]。

盛んにーを出す 近世もえたつ[萌立]。

種子の胚にできるー 近代えうが[幼芽]。

地中からーが出る 中世したもゆ[下萌]。

地中から出るー 中古したもえ[下萌]。

茶の新しいー 中世しんめい[新茗]。

夏に生えて発達するー かが／なつめ[夏芽]。

葉と茎の間のーの出る所 近代えふえき[葉腋]。

花になるー 近代くゎが[花芽]。近世はなめ[花芽]。

葉や茎になるー ようが[葉芽]。

めあたらし・い【目新】 近代ハイカラ(high collar)。めあたらしい[目新]。近世あたらし[新]。中世ざんしん[斬新]。中古しんき[新奇]。しんみ[新味]。めづらか／めづらし[珍]。上代あらた[新]。

—・くする 近世目先を変ふ〔—変える〕。

めあて【目当】 ターゲット(target)。ゴール(goal)。近代きんてき〔金的〕。たいしゃう〔対象〕。ねらひ〔狙〕。へうてき〔標的〕。みあて〔見当〕。めぼし〔目星〕。もくと〔目途〕。もくへう〔目標〕。近世あだて〔当〕。あてこみ〔当込〕。あてど〔当所〕。けんたう〔見当〕。つけめ〔付目〕。めぐし〔目串〕。もくてき〔目的〕。中世あてどころ〔宛所／充所／当所〕。しょうど。まと〔的〕。めあて〔目当〕。めじるし〔目印〕。めど〔目処〕。めやす〔目安〕。やさき〔矢先／矢前〕。中古あて〔当／宛〕。じゅんてき〔準的〕。はか〔計／果／捗／量〕。はかり〔計〕。

—がない 近代あてなし〔当無〕。中古はかりなし〔計無／量無〕。

—とする 近世みこむ〔見込〕。

—を付ける 近代見当を付く〔—付ける〕。近世目星を付く〔—付ける〕。

めあわ・す【妻合】 近代めあはす〔妻合／妻〕(四段活用)。近世かたづく〔—づける〕〔片付〕。しつく〔仕付〕。中世はいす〔配〕。縁に付く〔—付ける〕。中古あづく〔預〕。あはす〔あわせる〕〔合〕。くばる〔配〕。はいがふ〔配合〕。みす〔見〕。めあはす〔—あわせる〕〔妻合／妻〕。

めい【姪】 中古いうし／いうじ〔猶子〕。上代めひ〔姪〕。

《尊》めいご〔姪御〕。

めい【命】❶〈生命〉 →**いのち**

めい【命】❷〈寿命〉 →**じゅみょう**

めいあん【名案】 グッドアイデア(good idea)。りょうあん〔良案〕。近代ちゃくさう〔着想〕。めいあん〔名案〕。近世ちゃうけい〔長計〕。めうあん〔妙案〕。めうけい〔妙計〕。めうさく〔妙策〕。りゃうけい〔良計〕。りゃうさく〔良策〕。上代じゃうさく〔上策〕。

《句》近世下種(げす)の後知恵。下種(げす)(下衆／下司)の知恵は後から。

—が浮かばない(さま) 近世しあんなげくび〔思案投首〕。思案に尽く〔—尽きる〕。中世思案に余る。上代おもひあまる〔思余〕。

めいあん【明暗】 中世いんやう〔陰陽〕。中古めいあん〔明暗〕。上代くゎふく〔禍福〕。

—の差 コントラスト(contrast)。

—の差が小さいこと なんちょう〔軟調〕。

めいい【名医】 近世いきやくし〔生薬師〕。いせい〔医聖〕。ぎばへんじゃく〔耆婆扁鵲〕。こくしゅ〔国手〕。中世じゃうい〔上医〕。中古めいい〔名医〕。りゃうい〔良医〕。

めいう・つ【銘打】 ネーミング(naming)。近代めいめい〔命名〕。近世へうばう〔標榜〕。中世めいうつ〔銘打〕。中古しょうす〔称〕。上代なづく〔—づける〕〔名付〕。

めいうん【命運】 →**うんめい**

めいか【名家】 近世いへがら〔家柄〕。たいけ〔大家〕。中世たいか〔大家〕。もんばつ〔門閥〕。中古めいか〔名家〕。めいもん〔名門〕。

めいかい【明快】 近代クリア(clear)。めいくゎい〔明快〕。近世はっきり。めいせき〔明晰〕。中世めいれう〔明瞭〕。中古あざやか〔鮮〕。さはやか〔爽〕。せんめい〔鮮明〕。めいはく〔明白〕。上代あきらか〔明〕。

めいかい【冥界】 →**あのよ**

めいかく【明確】 近代めいかく〔明確〕。近世めいせき〔明晰〕。中世めいれう〔明瞭〕。中古せんめい〔鮮明〕。たしか〔確〕。はかばかし〔捗捗〕。めいはく〔明白〕。上代あきらか〔明〕。しゃくぜん〔灼然〕。

—・に行うさま 近世きっぱり。はっきり。

めいがら【銘柄】 しょうひんめい〔商品名〕。ブランド(brand)。レーベル(label)。近代しゃうへう〔商標〕。とうろくしゃうへう〔登録商標〕。トレードマーク(trademark)。めいがら〔銘柄〕。

めいき【明記】 近代きにふ〔記入〕。ノート(note)。めいき〔銘記〕。近世ひっき〔筆記〕。めいき〔明記〕。中世かきとむ〔—とめる〕〔書留〕。きす〔記〕。中古かきしるす〔書記〕。きろく〔記録〕。上代かきつく〔—つける〕〔書付〕。きさい〔記載〕。

めいき【銘記】 近代めいき〔銘記〕。心に刻む。近世めいき〔明記〕。中世きおく〔記憶〕。中古肝に銘ず。

めいぎ【名義】 近代めいぎ〔名義〕。めいもく〔名目〕。近世なだい〔名代〕。なまへ〔名前〕。上代な〔名〕。

めいきゅう【迷宮】 近代めいきゅう〔迷宮〕。メーズ(maze)。ラビリンス(labyrinth)。近世まよひみち〔迷道〕。中世めいろ〔迷路〕。

めいく【名句】 すんげん〔寸言〕。中世きんく〔金句〕。めいく〔名句〕。中古きんげん〔金言〕。しげん〔至言〕。めいげん〔名言〕。上代しうく〔秀句〕。

めいげつ【名月】 →**まんげつ**

めいげん【名言】 →**めいく**

めいげん【明言】 近代げんめい〔言明〕。だんげん〔断言〕。近世せんげん〔宣言〕。めいげん〔明言〕。中世いひきる〔言切〕。中古いひはなつ〔言放〕。

めいこう【名工】 近代めいしゅ［名手］。近世めいこう［名工］。中世めうしゅ［妙手］。めいじん［名人］。中古めいしゃう［名匠］。上代たつじん［達人］。

めいさい【明細】 近代うちわけ［内訳］。さいもく［細目］。しゃうさい［詳細］。近世しゃうみつ［詳密］。めいさい［明細］。ゐさい［委細］。中古しさい［子細／仔細］。つぶさ［具／備］。

めいさい【迷彩】 近代カムフラージュ／カモフラージュ（フランス camouflage）。ぎさう［偽装／擬装］。めいさい［迷彩］。
艦船の— げんさい［眩彩］。

めいさく【名作】 近代かひん［佳品］。さくもの［作物］。近世しうさく［秀作］。中世かさく［佳作］。けっさく［傑作］。めいさく［名作］。

めいさつ【明察】 おみとおし［御見通］。近世どうけん［洞見］。どうさつ［洞察］。中世けんさつ［賢察］。上代めいさつ［明察］。

めいさん【名産】 近代とくさん［特産］。中世めいさん［名産］。めいぶつ［名物］。
—地のいろいろ（例） おちゃどころ［御茶所］。こめどころ［米所］。そばどころ［蕎麦所］。

めいし【名士】 セレブ（celebrity の略）。ちめいじん［知名人］。ちょめいじん［著名人］。ビッグネーム（big name）。ゆうめいじん［有名人］。近代いうりょくしゃ［有力者］。じんし［人士］。近世めいりう［名流］。中世めいし［名士］。
—たち 中世おれきれき［御歴歴］。
—の名簿 近代しんしろく［紳士録］。フーズフー（Who's Who）。

めいし【名刺】 中世てふだ［手札］。めいし［名刺］。中古し［刺］。

めいじ【明示】 近代へうじ［表示］。めいし／めいじ［明示］。中世かいじ［開示］。けんじ［顕示］。

めいしゃ【目医者】 近世めいしゃ［目医者／眼医者］。めぐすし［目薬師］。

めいしゅ【名手】 →**めいじん**

めいしょ【名所】 かんこうち［観光地］。近代けいしょう［景勝］。けいしょうち［景勝地］。めいしょう［名勝］。中古しょうち［勝地］。などころ［名所］。めいしょ［名所］。めいせき［名跡］。
《句》名所に見所なし。
和歌や俳句に詠まれた— はいまくら［俳枕］。中古うたまくら［歌枕］。

めいしょう【名称】 →**な【名】**

めいしょう【名匠】 →**めいじん**

めいしょう【名勝】 →**めいしょ**

めい・じる【命】 →**めい・ずる【命】**

めい・じる【銘】 →**めい・ずる【銘】**

めいしん【迷信】 ぞくしん［俗信］。
—にかかわるものの例 オカルト（occult）。近代せんぼく［占卜］。タブー（taboo）。中古うらなひ［占］。つきもの［憑物］。中世きんき［禁忌］。まじなひ［呪］。上代じゅじゅつ［呪術］。
—を気にする 縁起を担ぐ。近世御幣を担ぐ。
—を信じる人 近代かつぎや［担屋］。めいしんか［迷信家］。近世おんべいかつぎ／ごへいかつぎ［御幣担］。

めいじん【名人】 近代きょしゃう［巨匠］。めいしゅ［名手］。近世めいか［名家］。めいこう［名工］。中世かうしゃ［巧者］。かうしゅ［巧手］。かうしゅ［好手］。かんのう［堪能］。けんゐ［権威］。たいか［大家］。みちのもの［道者］。めうしゅ［妙手］。中古じゃうず［上手］。たっしゃ［達者］。ひじり［聖］。めいしゃう［名匠］。めいじん［名人］。物の上手。上代たつじん［達人］。
《句》近世名人は人を謗らず（叱らず）。大巧は拙なるが若し。
—特有の気性 近代めいじんかたぎ［名人気質］。めいじんはだ［名人肌］。
囲碁の— おうざ［王座］。きせい［棋聖］。ごせい［碁聖］。じゅうだん［十段］。てんげん［天元］。近世ほんいんばう［本因坊］。
絵の— 近代ぐゎせい［画聖］。
将棋の— おうい［王位］。おうざ［王座］。おうしょう［王将］。きせい［棋聖］。

めいすう【命数】 →**うんめい**

めい・する【瞑】❶〈眠る〉 →**ねむ・る**

めい・する【瞑】❷〈死ぬ〉 →**し・ぬ**

めい・ずる【命】 近代しじ［指示］。近世しれい［指令］。中世いひつく［言付］。いひつける［言付］。めいじる［命］。めいず［命］。中古めいれい［命令］。れいす［令］。さしづ［指図］。おきつ［掟］。→**めいれい**

めい・ずる【銘】 近代めいき［銘記］。心に留める。近世めいじる／めいず［銘］。中世きざみつく［刻付］。きざみつける［刻付］。上代かきつく［書付］。かきつける［書付］。

めいせい【名声】 プレスティージ（prestige）。ライムライト（limelight）。近代かうひゃう［好評］。せいゐ［声威］。よびごゑ［呼声］。近世えいめい［栄名］。かうひゃう［高評］。かめい［佳名／嘉名］。せいばう［声望］。ら

いめい［雷名］。中世 えいめい［英名］。かうめい［高名］。せいめい［盛名］。びめい［美名］。めいばう［名望］。よばう［誉望］。れいめい［令名］。ゐめい［威名］。中古 せいか［声価］。せいぶん［声聞］。せいめい［声名］。せいよ［声誉］。はうめい［芳名］。みゃうもん［名聞］。めいせい［名声］。めいよ［名誉］。よのなか［世中］。れいばう［令望］。世の覚え。上代 かうみゃう［高名］。な［名］。

ーが失われるのを惜しむ 上代 名を惜しむ。

ーが広がる 近代 なりわたる［鳴渡］。近世 なりひびく［鳴響］。中古 ひびく［響］。名に流る。

ーと財産をふやすこと 中古 みゃうもんりやう［名聞利養］。

ーを得る 中世 りっしんしゅっせ［立身出世］。名を上ぐ［ー上げる］。名を得。中古 りっしん［立身］。名を取る。上代 名を立つ。

ーを傷つける 名に背く。名を辱める。

ーを求めるのに夢中になっている 中世 みゃうもんぐるし［名聞苦］。

実質を伴わないー 中古 きょめい［虚名］。

めいせき【明晰】 近代 クリア／クリヤー(clear)。めいくゎい［明快］。近世 めいせき［明晰］。中世 めいれう［明瞭］。中古 けんぜん［顕然］。

めいそう【瞑想】 近代 せいし［静思］。ちんさう［沈想］。めいさう［瞑想／冥想］。メディテーション(meditation)。もくかう［黙考］。もくさう［黙想］。もくし［黙思］。中世 くゎんさう［観想］。中古 ちんし［沈思］。上代 もくねん［黙念］。

めいだい【命題】 近代 くゎだい［課題］。ていりつ［定立］。テーゼ(ドイツ These)。めいだい［命題］。

公理によって証明されたー 近世 ていり［定理］。

証明の要らない自明のー 近世 かくりつ［格率／格律］。中世 こうり［公理］。

めいちゅう【命中】 ちょくげき［直撃］。近代 づぼし［図星］。近世 あたり［当／中］。てきちゅう［的中］。めいちゅう［命中］。

ー・しない(こと) 近世 まとはづれ［的外］。中世 そる［それる］［逸］。中古 はづる［はずれる］［外］。

必ずー・すること ひっちゅう［必中］。中古 ひゃくちゅう［百中］。

弓矢でー・させる 中古 いあつ［ーあてる］［射当／射中］。

めいっぱい【目一杯】 能う限り。近代 きょくりょく［極力］。近世 せいいっぱい［精一杯］。ちからいっぱい［力一杯］。できるだけ。めいっぱい［目一杯］。

めいてい【酩酊】 ふかよい［深酔］。近代 よっぱらふ［酔払］。よひしれる［酔痴］。近世 でいすい［泥酔］。とら［虎］。めれん。よひつぶる［ーつぶれる］［酔潰］。上代 めいてい［酩酊］。

めいてつ【明哲】 近代 いうしき［有識］。近世 えいめい［英明］。がいはく［該博］。はくしき［博識］。中世 つうげう［通暁］。めいたつ［明達］。中古 けんめい［賢明］。そうみゃう［聡明］。めいびん［明敏］。上代 はくがく［博学］。めいてつ［明哲］。

めいてん【名店】 近代 しにせ［老舗］。近世 らうほ［老舗／老鋪］。

めいど【冥土】 →あのよ

めいどう【鳴動】 中世 なりわたる［鳴渡］。中古 とどろく［轟］。なりひびく［鳴響］。ひびく［響］。めいどう［鳴動］。上代 なる［鳴］。

めいにち【命日】 近代 きじつ［忌日］。近世 しゃうき［正忌］。しゃうつきめいにち［祥月命日］。たちび［立日］。ひがら［日柄／日次］。中世 おもふひ［思日］。めいにち［命日］。中古 き［忌］。上代 きにち［忌日］。

ーの前夜 中世 たいや［逮夜］。

親のー 近世 おやのひ［親日］。

作家等のー 近世 ぶんがくき［文学忌］。

作家等のーの例 おうとうき［桜桃忌］。なのはなき［菜花忌］。ゆうこくき［憂国忌］。れもんき［檸檬忌］。近代 かっぱき［河童忌］。へちまき［糸瓜忌］。

月毎のー 中世 ぐゎっき［月忌］。

天皇や母后などのー 中世 こくき［国忌］。

毎年のー 近世 ねんき［年忌］。

▼一周忌 近世 むかはり［向／迎］。中古 しゃうにち［正日］。

めいば【名馬】 →しゅんめ

めいはく【明白】 近代 へいこ［炳乎］。めいかく［明確］。めいめいはくはく［明明白白］。火を見るよりも明らか。近世 あからさま。けいぜん［炯然］。しゃうしゃう［章章／彰彰］。しろし［白］。でっかり。はっきり。はんぜん［判然］。めいせき［明晰］。れっきと［歴］。中世 がんぜん［眼前］。きかと。てきぜん［的然］。めいれう［明瞭］。れきぜん［歴然］。紛れもなし。中古 あきらか［明］。あらはに［露／顕］。いちしるし［著］。さだか［定］。さはやか［爽］。しるし［著］。たしか［確／慥］。へいぜん［炳然］。めいはく［明白］。掌を指す。上代 あきらけし［明］。

いちしろし[著]。わいわいし/わきわきし[分分]。

めいひん【名品】 近代 いっぴん[逸品]。 近世 じゃうもの[上物]。めいひん[名品]。りゃうひん[良品]。 中世 ぜっぴん[絶品]。

めいびん【明敏】 近代 えいびん[鋭敏]。しゅんびん[俊敏]。 近世 めいせき[明晰]。 中世 めいたつ[明達]。 中古 めいびん[明敏]。 上代 そうびん[聡敏]。めいてつ[明哲]。

めいふく【冥福】 中世 めいふく[冥福]。

―を祈ること 近世 とひとむらひ[問弔]。 中古 くやう[供養]。

老人が若者の―を祈る 中世 ぎゃくしゅ[逆修]。

めいぶつ【名物】 近代 とくさん[特産]。とくさんぶつ[特産物]。 中世 めいさん[名産]。めいぶつ[名物]。

《句》 近代 名物に旨い物なし。

めいぶん【名分】 近代 めいぎ[名義]。 中世 ほんぶん[本分]。めいぶん[名分]。 中古 だうぎ[道義]。 上代 たいぎ[大義]。

めいぶん【名文】 近代 さいひつ[才筆]。たつぶん[達文]。のうぶん[能文]。 中世 めいぶん[名文]。 上代 れいひつ[麗筆]。

めいぼ【名簿】 近代 じんめいぼ[人名簿]。じんめいろく[人名録]。めいかん[名鑑]。 近世 にんべつちゃう[人別帳]。めいぼ[名簿]。 上代 れきみゃうちゃう[歴名帳]。れきみゃうぼ[歴名簿]。

寺院にある檀家の死者の― 近代 きせき[鬼籍]。きぼ[鬼簿]。 近世 てんきぼ[点鬼簿]。 中世 くゎこちゃう[過去帳]。みゃうちゃう[冥帳]。

地位のある人の― めいしろく[名士録]。 近代 しんしろく[紳士録]。フーズフー(Who's Who)。

めいほう【盟邦】 れんごうこく[連合国]。 近代 どうめいこく[同盟国]。めいはう[盟邦]。 中世 よこく[与国]。

めいぼう【名望】 近世 せいばう[声望]。 中世 めいばう[名望]。 中古 じんばう[人望]。めいせい[名声]。→**じんぼう**→**めいせい**

めいめい【銘銘】 近代 かくこ[各個]。かくじん[各人]。かくゐん[各員]。 近世 かくじ[各自]。われわれ[我我]。 中世 おのれおのれ[己己]。それぞれ[其其/夫夫]。てんで/てんでん[手手]。とりどり。ひとりびとり[一人一人]。めいめい[銘銘]。めんめん[面面]。 中古 いちいち[一一]。おのおの[各/各各]。おのがさまざま[己様様]。おのがじし[己自]。おのもおのも。おもておもて[面面]。おもひおもひ[思思]。こころごころに[心心]。 上代 むきむき[向向]。

めいめい【命名】 ネーミング(naming)。 近代 めいめい[命名]。 近世 めいず[命]。 中世 めいうつ[銘打]。 上代 なづく[―づける][名付]。

めいもう【迷妄】 中世 めいまう[迷妄/冥妄]。 中古 まうさう[妄想]。まよひ[迷]。

めいもく【瞑目】 近代 つぶる/つむる[瞑]。めいする[瞑]。 近世 ねむる[眠]。 中世 へいがん[閉眼]。めいもく[瞑目]。目を眠(ねぶ)る。 中古 ねぶる[眠]。ひしぐ[瞑]。→**し・ぬ** →**ねむ・る**

めいもく【名目】 近代 けいしき[形式]。めいぎ[名義]。めいもく[名目]。 近世 なだい[名代]。もく[目]。よせごと[寄事]。 中世 かんばん[看板]。だいもく[題目]。めいぶん[名分]。 上代 な[名]。

―だけであるさま 近代 ノミナル(nominal)。

聞こえのよい― 近代 びめい[美名]。

世間に対する― 近代 おもてかんばん[表看板]。

めいもん【名門】 近世 いへがら[家柄]。めいりう[名流]。 中世 いへ[家]。くゎちう[華冑]。もんばつ[門閥]。 中古 かうけ[高家/豪家]。めいか[名家]。めいもん[名門]。

《句》家柄より芋茎。

めいやく【盟約】 中世 どうめい[同盟]。めいやく[盟約]。 中古 やくそく[約束]。

めいゆう【盟友】 近代 めいいう[盟友]。 近世 なかま[仲間]。 中古 どうし[同士/同志]。 上代 ほういう[朋友]。→**どうし**

めいよ【名誉】 オナー(honor)。 近代 えいくゎう[栄光]。えいくゎん[栄冠]。えいよ[栄誉]。 近世 えいめい[栄名]。みめ[見目/眉目]。 中世 えい[栄]。かうみゃう[高名]。かんばせ[顔]。きぼ[規模]。ぐゎいぶん[外聞]。な[名]。びもく[眉目]。めんもく[面目]。 中古 おもだたし[面立]。くゎうえい[光栄]。はえ[映/栄]。はな[花/華]。ひかり[光]。ほまれ[誉]。めいぼく/めんぼく[面目]。めいよ[名誉]。

《句》 近世 死に花を咲かす。得(とく)を取るより名を取れ。人は一代名は末代。 中世 虎(豹)は死して皮を留め、人は死して名を留む。名は実(じつ)の賓(ひん)。誉れは謗(そし)りの基(もと)。

―ある名 中古 はうめい[芳名]。めいせい[名声]。

―が保てる 近世 一分(いちぶん)立つ。

め

―となる 中世 面(おもて)を起こす。

―と恥 上代 えいじょく[栄辱]。

―と利益 近代 こうり[功利]。中古 みゃうり[名利]。中世 めいり[名利]。

―に思うこと 中古 くゎうえい[光栄]。

―にふさわしいさま めんもくやくじょ[面目躍如]。

―を失う 近世 面(おもて)を虧(か)く。外聞を失ふ。顔が潰(つぶ)る(―潰れる)。顔が汚(よご)る(―汚れる)。泥を塗る。中世 しっつい[失墜]。なをり/なをれ[名折]。名を折る。中古 面(おもて)を伏す。

―を重んじる 中世 はぢあり[恥]。

―を挽回すること おめいへんじょう[汚名返上]。めいよばんかい[名誉挽回]。近代 せつじょく[雪辱]。中世 名を雪(すす)(濯)ぐ。中古 おもておこし[面起]。

―を求める心 近代 ぞくしん[俗心]。めいよしん[名誉心]。めいよよく[名誉欲]。

家の― 中世 かめい[家名]。上代 かせい[家声]。

国の― 近代 こくくゎう[国光]。上代 こくくゎ[国華]。

死後に残す― 名を留める。中古 ゐはう[遺芳]。

めいりゅう【名流】 近代 じゃうりう[上流]。近世 めいぞく[名族]。めいりう[名流]。中世 もんばつ[門閥]。中古 めいか[名家]。めいもん[名門]。

めいりょう【明瞭】 近代 いちもくれうぜん[一目瞭然]。クリア/クリヤー(clear)。めいかく[明確]。近世 はっきり。はんぜん[判然]。中世 しるし[著]。すみやか[澄]。めいれう[明瞭/明了]。れうぜん[瞭然]。紛れもなし。中古 そこはかと。はかばかし[果果]。めいはく[明白]。上代 あきらか[明]。さだか[定]。さやか。まさやか[正]。
―・でない 近代 ふめいれう[不明瞭]。中古 ほのか[仄]。
―・に 中古 さはさは。
言葉などが―・なこと 近世 あやぎれ[文切]。

めい・る【滅入】 おちこむ[落込]。くさる[腐]。近代 あんうつ[暗鬱]。いきせうちん[意気消沈/意気銷沈]。いきそさう[意気阻喪/意気沮喪]。うっくつ[鬱屈]。近世 いううつ[憂鬱]。きおち[気落]。しょげる[悄気]。ちんうつ[沈鬱]。ふさぐ[塞/鬱]。めぐ(めげる)。中世 くもる[曇]。めいる[滅入]。ものうし[物憂]。中古 おもひきゆ[思消]。くんじいる[屈入]。しめる[湿]。↓ふさ・ぐ
―・っているさま 近世 がっかり。しょぼり。しょんぼりしょぼり。中世 しょんぼり。せうぜん[悄然]。
―・らせる 中世 うづむ[埋]。

めいれい【命令】 コマンド(command)。近代 インストラクション(instruction)。かめい[下命]。しじ[指示]。近世 さはい[差配/作配]。しれい[指令]。中世 いひつけ[言付]。げぢ[下知]。さいはい[采配]。さう[左右]。さしづ[指図]。さた[沙汰]。せつど[節度]。ぢゃう[諚]。めい[命]。めいれい[命令]。中古 おきて[掟]。おもむけ[赴/趣]。しき[指揮]。れい[令]。上代 がうれい[号令]。

《尊》近代 ごようめい[御用命]。近世 たっし[達]。中世 おほせつけ[仰付]。きめい[貴命]。ぎょい[御意]。ごさた[御沙汰]。ごぢゃう[御諚]。そんめい[尊命]。中古 おほせごと[仰言]。おんめい[恩命]。こんめい[懇命]。みことのり[詔/勅]。上代 みこと[命/御言]。

―・して人を使うこと 中世 しえき[使役]。中古 えきし[役使]。しれい[使令]。

―・する 中世 いひつく(―つける)[言付]。めいず[命]。れいす[令]。《尊》中世 おきつ[掟]。おほせいだす[仰出]。おほせくだす[仰下]。おほせつく(―つける)[仰付]。おほせらる(―られる)[仰]。中古 おほせかく[仰掛]。まうしつく(―つける)[申付]。上代 おほす[仰]。のりごつ[告]。

―などがないこと 中世 さたなし[沙汰無]。

―に背くこと 近代 はいはん[背反/悖反]。近世 ゐめい[違命]。

―の結果を報告すること 近代 ふくしん[復申]。中古 ほうめい[報命]。上代 ふくめい[復命]。

―の取り消し 中世 はんかん[反汗]。

―を受ける 近代 たいめい[戴命]。ほうめい[奉命]。中古 うけたまはる[承]。じゅめい[受命]。上代 かがふる[被]。

―を伝えること 近代 でんれい[伝令]。

一般に広く―・すること 近代 ふれい[布令]。

威力ある― 近代 ゐれい[威令]。

思い遣りから出た― 中世 こめい[顧命]。

会社の― しゃめい[社命]。

官から民への― 近代 あまくだり[天下/天降]。中古 くゎんめい[官命]。上代 せいれい[政令]。

厳しい― 近代 げんれい[厳令]。中古 げんめい[厳命]。

緊急の― 近代 きふめい[急命]。

君主の― 中世 きんめい[欽命]。じゃうい[上意]。中古 じゃうめい[上命]。上代 くんめい[君命]。たいめい[大命]。

軍隊の― 中世 ぢんぶれ[陣触]。上代 ぐんれい[軍令]。

皇后などの― 近代 いし[懿旨]。

皇太子と三后の― 中世 りゃうじ[令旨]。

故人の― 中古 ゐめい[遺命]。ゐりゃう／ゐれい[遺令]。

出陣の― 中世 ぢんぶれ[陣触]。

上司の― しょくむめいれい[職務命令]。

絶対的な― しじょうめいれい[至上命令]。

天皇や天子の― 中世 ちょくめい[勅命]。てうめい[朝命]。中古 せい[制]。せう[詔]。ちょく[勅]。

特別な― 近代 とくめい[特命]。近世 べつめい[別命]。

何度も繰り返す― 近代 さんれいごしん[三令五申]。

秘密の― 近世 ないめい[内命]。中世 みっし[密旨]。

めいろ【迷路】 近代 めいきゅう[迷宮]。メーズ(maze)。ラビリンス(labyrinth)。近世 まよひみち[迷道]。中世 めいろ[迷路]。

めいろう【明朗】 近代 あかるい[明]。くゎいくゎつ[快活]。はつらつ[潑剌]。近世 めいらう[明朗]。やうき[陽気]。中古 かうらう[高朗]。ほがらか[朗]。

めいわく【迷惑】 近代 こんわく[困惑]。へいこう[閉口]。やっかい[厄介]。近世 たうわく[当惑]。なんぎ[難儀]。ふしゃう[不請]。中世 きのどく[気毒]。ざふさ[雑作]。めいわく[迷惑]。めんだう[面倒]。中古 なまくるし[生苦]。わづらひ[煩]。わびし[侘]。

―がる 近世 こまる[困]。中世 いたむ[痛／傷]。上代 わぶ[わびる][侘]。

近所に―をかけること(さま) きんじょさわがせ[近所騒]。

そばの人の―となること はためいわく[傍迷惑]。

他人の―を考えないこと 近代 がきへんしふ[餓鬼偏執]。中世 がきへんしゅ[餓鬼偏執]。

他人の―を考えないで言うさま 中古 くちさがなし[口]。

なんとなく― 中古 なまふせがしげ[生防気]。なまわづらはし[生煩]。

非常に―・なこと 中世 めいわくせんばん[迷惑千万]。

めうえ【目上】 近代 じゃうし[上司]。近世 うはやく[上役]。そんじゃう[尊上]。めうへ[目上]。めだま[目玉]。中世 じゃうはい[上輩]。そんざ／そんじゃ[尊者]。ちゃうじゃ[長者]。ちゃうじゃう[長上]。中古 せんぱい[先輩]。上代 そんちゃう[尊長]。

メーカー(maker) せいさくぎょうしゃ[製作業者]。せいぞうがいしゃ[製造会社]。せいぞうぎょうしゃ[製造業者]。近代 せいざうもと[製造元]。

メーター(meter) けいき[計器]。近代 けいりゃうき[計量器]。メーター。

メール(mail) 近代 いうびんぶつ[郵便物]。メール。レター(letter)。近世 いうびん[郵便]。てがみ[手紙]。→**てがみ**

メーン(main) 近代 しゅえう[主要]。ちゅうしんてき[中心的]。メーン。近世 おも[主]。中世 しゅ[主]。

めおと【夫婦】→**ふうふ**

めかけ【妾】 近代 ごんさい[権妻]。せふふ[妾婦]。にがう[二号]。近世 おてか／おてかけ[御手掛]。おもひもの[思者]。かごのとり[籠鳥]。ござなほし[御座直]。ごんてき[権的]。そくしつ[側室]。そばめ[側女／側妻]。てかけをんな[手掛女]。てせんじ[手煎]。めか[妾]。めのじ[字]。中世 そばにょうばう[側女房]。てかけ[手掛／手懸]。てかけもの[手掛者]。めかけ[妾]。中古 せうふ[小婦]。つかひ[使／遣]。をうなめ[妾]。上代 をなめ／をんなめ[妾]。

《尊》近世 おへや[御部屋]。おへやさま[御部屋様]。

―が正妻になる 近代 なほる[直]。

―の子 近代 せふしゅつ[妾出]。めかけばら[妾腹]。近世 ししょ[支庶]。しょしゅつ[庶出]。てかけばら[妾腹／手掛腹]。わきばら[脇腹]。中世 げしゃくばら[外戚腹]。そばはら[側腹]。中古 せふふく[妾腹]。上代 しょし[庶子]。

―を住まわせる家 近世 せふたく[妾宅]。

―を正妻にする 近代 なほす[直]。

―を月極めで囲うこと 近世 つきがかり[月掛]。つきがこひ[月囲]。つきぎり[月切]。

―を別宅などに住まわせる 近世 かこふ[囲]。

お気に入りの― 近代 あいせふ[愛妾]。

男の― 近世 をとこげいせい[男傾城]。をとこめかけ[男妾]。

外国人の―となっている女 近代 ぐゎいせふ

[外妾]。やうせふ[洋妾]。近世ラシャめん[羅紗綿/羅紗緬]。

女中を兼ねたー 近世おさすり[御摩]。おなで[御撫]。

別宅に住まわせておくー 近世おかこ/おかこさん[御囲]。かこはれ[囲]。かこはれめ[囲女]。かこひめ/かこひをんな[囲女]。かこひもの[囲者]。かよひをんな[通女]。ぐゎいせふ[外妾]。

めが・ける【目掛】 近代しかう[指向]。近世めざす[目指/目差]。中世ねらふ[狙]。めがく[—がける][目掛]。

めか・す【粧】 近代おめかし[御粧]。しゃれこむ[洒落込]。めかしこむ[粧込]。近世おしゃらく/おしゃれ[御洒落]。しゃれる[洒落]。ぬめる[滑]。めかす[粧]。やつす[窶/俏]。中世つくりたつ[—たてる][作立]。みごしらへ[身拵]。よそほふ[装/粧]。中古きかざる[着飾]。みづくろひ[身繕]。上代よそふ[装/粧]。

めかた【目方】 さいりょう[才量]。近代ウエート(weight)。近世かけめ[掛目]。くゎんめ[貫目]。ぢゅうりゃう[重量]。めかた[目方]。中世おもみ[重]。きんめ[斤目]。りゃうめ[量目]。中古おもさ[重]。→**おもさ**

ーが足りないこと めぎれ[目切]。

ーがわずかなこと 近代しゅし[銖錙]。中古ししゅ[錙銖]。

正味のー じゅんりょう[純量]。

秤で出たー 近世かけめ[掛目]。中世はかりめ[秤目]。りゃうめ[量目]。中古きんりゃう[斤量]。

秤に掛けて前よりーが減っていること めべり[目減]。中世かけべり[掛減]。

不足したー かけめ[欠目]。

メカニズム(mechanism) 近代きこう[機構]。しくみ[仕組]。ほねぐみ[骨組]。メカニズム。近世さうち[装置]。しかけ[仕掛]。中世からくり[絡繰]。こうざう[構造]。中古つくり[造]。

めがね【眼鏡】 近代がんきゃう[眼鏡]。中世めがね[眼鏡]。

ーの鼻に掛かる部分 ブリッジ(bridge)。

ーの耳に掛かる部分 近代つる[蔓]。

遠視眼用のー えんがんきょう[遠眼鏡]。

近視眼用のー きんがんきょう[近眼鏡]。

度のないー ちりよけめがね[塵除眼鏡]。近代すどほし[素通]。だてめがね[伊達眼鏡]。

レンズが一個のー 近代かためがね[片眼鏡]。モノクル(monocle)。

その他ーのいろいろ(例) ちりよけめがね[塵除眼鏡]。みずめがね[水眼鏡]。ゆきめがね[雪眼鏡]。近代いろめがね[色眼鏡]。おいめがね[老眼鏡]。くろめがね[黒眼鏡]。ゴーグル(goggle)。サングラス(sunglasses)。すいちゅうめがね[水中眼鏡]。ロイドめがね[Lloyd眼鏡]。近世はなめがね[鼻眼鏡]。むしめがね[虫眼鏡]。らうがんきゃう[老眼鏡]。

めがみ【女神】 おんながみ[女神]。近代ぢょしん[女神]。中古しんにょ/じんにょ[神女]。上代かむをとめ[神女]。めがみ[女神]。

ーの例 エオス(ギリシャEōs)。エリニュス(ギリシャErinys)。近代アウロラ(Aurora)。ビーナス(Venus)。

めきき【目利】 かんていがん[鑑定眼]。近代がんしき[眼識]。かんしきがん[鑑識眼]。かんてい[鑑定]。きはめ[極/窮]。近世かんしき[鑑識]。かんべつ[鑑別]。めだか[目高]。みたて[見立]。目が高い。中世がんりき[眼力]。めきき[目利]。目が利く。

めきめき 近代ぐんぐん。ぐんと。近世ずんずん。どんどん。中世ぐっと。めきめき。中古ひときは[一際]。

めぐすり【目薬】 てんがんざい[点眼剤]。近代てんがんやく[点眼薬]。近世てんがんすい[点眼水]。中世めぐすり[目薬]。

めくばせ【目配】 近代ウインク(wink)。近世めくばせ[目配/眴]。めづかひ[目遣]。めひきそでひき[目引袖引]。めまぜ[目交/瞬]。中世まびき[目引]。めはじき[目弾]。めひきはなひき[目引鼻引]。めまじろぎ[目瞬]。中古めくはせ[眴]。めまじろき[目瞬]。上代まぐはひ[目合]。

ー・する 近代目で物を言ふ。目を引く。近世目顔で知らす。目で知らす。中古くはす[くわせる][食]。目(を)くはす。

めくばり【目配】 近代ちゃくもく[着目]。目を注ぐ。近世めくばり[目配]。めづかひ[目遣]。気を配る。中古目を配る。

めぐま・れる【恵】 近代めぐまれる[恵]。近世運が向く。中古じゅんたく[潤沢]。上代うるほふ[潤]。ゆたか[豊]。

ー・れた境遇 中世じゅんきゃう[順境]。

ー・れていない(こと) 近世うすし[薄]。うだつが上がらぬ。中世ふしあはせ[不幸]。中古ひかげ[日陰/日蔭]。ふぐう[不遇]。わろし[悪]。上代ふかう[不幸]。

めぐみ【恵】 近代 おかげさま［御陰様］。おんてん［恩典］。近世 じゅんしょく［潤色］。たく［沢］。中古 おかげ［御陰］。おんけい［恩恵］。おんこ［恩顧］。けいたく［恵沢］。ごりやく［御利益］。じんおん［仁恩］。とく［徳］。とくたく［徳沢］。上代 おん［恩］。おんたく［恩沢］。かうたく［膏沢］。じんあい［仁愛］。たまもの［賜／賜物］。めぐみ［恵］。→おんけい

ーの雨 近代 けいう［恵雨］。じう［慈雨］。中古 かんう［甘雨］。上代 かうう［膏雨］。→あめ

ーの風 近世 けいふう［恵風］。

ーをかけるさま 近世 くく［煦煦］。

大きなー 中世 たいとく［大徳］。

神がーを与える 中古 たる〔たれる〕［垂］。

君主や神の愛やー 近代 けいう［恵雨］。中古 おんちょう［恩寵］。中世 おんくゎう［恩光］。

幸福とー 中世 ふくたく［福沢］。

力強いー 中古 せいとく［勢徳］。

深いー 中世 ぢゅうおん／ちょうおん［重恩］。

めぐ・む【恵】 情けを掛ける。近代 けいよ［恵与］。せんきふ［贍給］。中世 がふりき［合力］。中古 うるほす［潤］。おんたい［恩貸］。しんきふ［賑給］。ほどこす［施］。上代 ふせ［布施］。めぐむ［恵／恤］。

ー・み哀れむこと 近世 ぶじゅつ［撫恤］。中古 おんじゅつ［恩恤］。

めぐ・む【萌】 中古 きざす［萌／兆］。つはる。めぐむ［萌／芽］。上代 もえいづ［萌出］。

めぐら・す【巡】 近代 はうゐ［包囲］。中世 まはす［回／廻］。めぐらかす［回］。中古 かこふ［囲］。めぐらす［巡／廻］。ゐぜう／ゐねう［囲繞］。上代 かこむ［囲］。もとほす［回／廻］。

柵などをー・す 中古 しこむ［為籠］。

幕などをー・す 中世 ひきまはす［引回］。

めぐり【巡】 中世 しうゐ［周囲］。中古 めぐり［巡／廻］。上代 もとほり［回／廻］。

めぐりあい【巡合】 近世 さうぐう［遭遇］。であひ［出会］。めぐりあひ［巡合］。中世 かいこう［邂逅］。くゎいがふ［回合］。さうほう［遭逢］。井手の下帯。中古 くゎいぐう［会遇］。ちぐ／ちぐう［値遇］。

めぐりあ・う【巡合】 中古 いでく［出来］。めぐりあふ［巡合］。→あ・う

女がよい男とー・うこと 近世 をとこみゃうが［男冥加］。をとこみゃうり［男冥利］。

めぐりあわせ【巡合】 近世 めぐりあはせ［巡合］。中世 えん［縁］。しあはせ［幸／仕合／倖］。ふ［符］。中古 うん［運］。れきすう［暦数］。

その時々のー 近世 ときよじせつ［時世時節］。中世 時の運。

良いー 中世 かううん［幸運］。→うん

めく・る【捲】 近代 はぎとる［剝取］。めくりとる［捲取］。中世 めくる［捲］。中古 まくる［捲］。上代 はがす［放／剝］。はぐ［剝／禿］。

紙などをー・る 中古 まくる［捲］。上代 くる［繰］。

めぐ・る【巡】 近世 てんず［転］。中世 くゎいてん［回転］。しうくゎい［周回］。てんくゎい［転回］。へめぐる［経巡］。まはる［回／廻］。中古 めぐらふ［回／巡］。上代 いたむ［回］。うちみる［打廻］。たむ［回／廻］。たもとほる［回／廻］。となむ［歴］。まふ［舞］。たみる［回／廻］。めぐる［巡／廻］。もとほる／もとほろふ［回］。ゆきみる［行廻］。→まわ・る

ー・って来る 中古 むかはる［向／迎］。

ー・り遊ぶこと 中世 ばんいう［盤遊］。

ー・り歩いて修行すること 中古 づだ［頭陀／杜多］。

ー・り歩く(こと) 近代 くゎいれき［回歴］。近世 けいくゎい［経回］。しうせん［周旋］。じゅんれき［巡歴］。中世 いうれき［遊歴］。けいれき［経歴］。しうりう［周流］。へめぐる［経巡／経回］。へんれき［遍歴］。上代 しういう［周遊］。じゅんかう［巡行］。ゆきめぐる［行巡］。

ー・り移ること 中世 てんてん［展転／輾転］。

ー・り続ける 上代 ありめぐる［在巡］。

ー・り流れる 上代 いゆきもとほる［行廻］。

一度ー・ること 中世 ひとめぐり［一巡／一周］。

諸国をー・り歩くこと 中世 くゎいこく［回国／廻国］。

年月や季節がー・って来る 中世 たちく［立来］。中古 うんてん［運転］。

船などでー・り回ること 近代 クルーズ(cruise)。じゅんかう［巡航］。しうこう［周航］。

めくるめ・く【目眩】 近代 目が眩む。近世 目が回る。中世 めまひ［目眩］。中古 くらむ［眩］。めくるめく［目眩］。

めこぼし【目溢】 近代 もくきょ［黙許］。もくくゎ［黙過］。もくにん［黙認］。目を瞑(ぶっ)る(瞑(むっ)る)。近世 めこぼし［目溢］。大目に見る。見て見ぬ振り。中世 みおとす［見落］。みのがす［見逃］。中古 かんくゎ［看過］。みすごす［見過］。

めさき【目先】 近世 めさき[目先/目前]。 中世 がんぜん[眼前]。たうざ[当座]。たうめん[当面]。 中古 もくぜん[目前]。目の前。 上代 めんぜん[面前]。
《句》 近代 獣(じう)を逐(お)ふ者は目に太山を見ず。蛙の頬被り。 近世 一文(いちもん)惜しみの百損(百知らず)。遠き慮りなければ必ず近き憂へあり。 中古 狙公(そこう)橡(とち)を賦(くば)る。
—が利く 目端が利く。
—が利く人 近世 かんじゃ[勘者]。
—にとらわれるさま のどもとじあん[喉元思案]。 近代 きんしがん[近視眼]。 近世 はなさきしあん[鼻先思案]。はなもとじあん[鼻元思案]。
—の安楽を貪ること 近代 ちうあん[偸安]。 中古 とうあん[偸安]。
—のことだけの考え はなのさきぢゑ[鼻先知恵]。
ちょっと—の利くさま 近世 こきよう[小器用]。 中世 こりこう[小利口]。
めざ・す【目指】 近代 しかう[指向]。しかう[志向]。めざす[目指/目差]。狙ひを付ける。 近世 めがく[—がける][目掛]。 中世 ねらふ[狙]。 中古 こころざす[志]。むかふ[向/対]。 上代 かく[かける][掛/懸]。さす[射/差/指]。
めざと・い【目敏】 近代 えいびん[鋭敏]。しゅんびん[俊敏]。びんかん[敏感]。目が早い。 近世 よざとし[夜聡/夜敏]。 中世 めがしこし[目賢]。めばや[目早]。 中古 いざとし[寝聡]。めいびん[明敏]。めざと[目敏]。めざとし[目敏/目聡]。
めざまし・い【目覚】 近世 すばらし[素晴]。 中世 いちじるし[著]。けんちょ[顕著]。れきぜん[歴然]。 中古 はなばなし[華華]。めざまし[目覚]。れきれき[歴歴]。
—く思う 中古 めざましがる[目覚]。
めざ・める【目覚】 近代 めざめ[目覚]。 中古 うちおどろく[打驚]。おどろく[驚]。さむ[さめる][覚/醒]。ねおく[寝起]。めざむ[—ざめる][目覚]。 上代 おく[おきる][起]。ねざめ[寝覚]。
《尊》 中世 おひるなる/おひんなる[御昼]。
—・めさせる 中古 おどろかす[驚]。
—・めている状態 中古 うつつ[現]。
—・めている時と寝ている時 中古 ごび[寤寐]。
—・めてそのまま臥している床 中古 寝覚めの床。
—・めること おめざ(幼児語)。めざめ[目覚]。
恐ろしい夢などで—・める 中古 ねおびる[寝]。
はっと—・める 中古 ねおどろく[寝驚]。
予定時刻にベルなどで—・めさせる時計 近代 アラーム(alarm)。めざましどけい[目覚時計]。
▼眠りから覚めやすい 近世 めざとし[目聡]。 中古 いざとし[寝聡]。
めし【飯】 近代 ライス(rice)。 近世 おまんま/まんま(幼児語)。くご[供御](女房詞)。ごきのみ[御器実]。ごはん[御飯]。めのじ[字]。 中世 おめし[御飯]。めし[飯]。 上代 いひ[飯]。→**ごはん** →**しょくじ**
—に炊く米 近世 いひごめ[飯米]。 中世 はんまい[飯米]。

—の食べ方が早いこと 近世 はやめし[早飯]。

—の粒 近世 しゃり[舎利]。 中世 いひつぶ/めしつぶ[飯粒]。 上代 いひぼ[飯粒]。

—を炊くこと 近代 すいじ[炊事]。 近世 ごぜんたき[御膳炊]。すいはん[炊飯]。ままたき/めしたき[飯炊]。 中世 かしき[炊/爨]。 中古 すいさん[炊爨]。

—を炊く火 中世 すいえん[炊煙]。 中古 えんくゎ[煙火]。

—を炊く人 近代 すいじふ[炊事婦]。すいふ[炊夫]。すいふ[炊婦]。めしたきをとこ[飯炊男]。 近世 めしたきをんな[飯炊女]。

—を食べること 中古 きっぱん[喫飯]。

—を握り固めたもの おにぎり[御握]。 近世 おむすび[御結]。にぎりめし[握飯]。むすび[結]。

味のよい— 上代 うまいひ[味飯]。

一生の特定の日に供する高く盛った— 近代 おたかもり[御高盛]。

一杯の盛り切り— いちぜんめし[一膳飯]。 近世 いっぱいめし[一杯飯]。もっさうめし[物相飯](囚人に与えた)。

いろいろの具を入れた— かわりごはん[変御飯]。かわりめし[変飯]。たきこみごはん[炊込御飯]。まぜごはん[混御飯]。 近代 かまめし[釜飯]。かやくめし[加薬飯]。 近世 かてめし[糅飯]。

いろいろの具を入れた—(例) きつねめし[狐飯]。くりごはん[栗御飯]。たけのこごはん[筍御飯]。たけのこめし[筍飯]。とろろめし[薯蕷飯]。まつたけごはん[松茸御飯]。 近代 たひめし[鯛飯]。 近世 かきめし[牡蠣飯]。くりめし[栗飯]。ごもくめし[五目飯]。とりめし[鳥飯]。なはん[菜飯]。まめごはん[豆御飯]。まめめし[豆飯]。わうはん[黄飯]。 中世 せきはん[赤飯]。なめ

し［菜飯］。中古おこは［御強］。
型に詰めて固めた後切ったー 近世きりめし［切飯］。
焦げたー 近代おこげ［御焦］。近世こげめし［焦飯］。
冷めたー 近世ひやめし［冷飯］。
仕事もしないで食べるー むだめし［無駄飯／徒飯］。近代としょく［徒食］。中世いたづらぐひ［徒食］。むだぐひ［無駄食］。
死者の枕元に供えるー いちぜんめし［一膳飯］。いっぱいめし［一杯飯］。ひともりめし［一盛飯］。近世まくらいひ／まくらめし［枕飯］。
醤油で味をつけて炊いたー 近世さくらめし［桜飯］。ちゃしょく［茶食］。ちゃめし［茶飯］。
汁や茶をかけて食べるー 近世おちゃづけ［御茶漬］。しるかけめし［汁掛飯］。ちゃづけ［茶漬］。ちゃづけめし［茶漬飯］。中古ゆづけ［湯漬］。
粗末なー 近代そさん［粗餐／麁餐］。ちゃづけ［茶漬］。近世そはん［粗飯／麁飯］。
炊いたーを移し入れる容器 →**めしびつ**
炊いたーを干した携帯食 近世ほもじ［文字］（女房詞）。中古かれいひ［乾飯／餉］。上代かれひ［餉］。
食べ残しのー 中世ざんぱん［残飯］。
丼に盛ったー 近代どんぶりめし［丼飯］。近世どんぶり［丼］。
丼に盛って具をのせたー（例）すきやきどんぶり［鋤焼丼］。たにんどんぶり［他人丼］。てっかどんぶり［鉄火丼］。近代うなぎどんぶり［鰻丼］。おやこどんぶり［親子丼］。カツどん［cutlet 丼］。たまごどんぶり［卵丼］。ちゅうかどんぶり［中華丼］。てんどん［天丼］。テンプラどんぶり［天麩羅丼］。
白米だけのー 近世ぎんしゃり［銀舎利］。ぎんめし［銀飯］。近世しゃり［舎利］。中古はくはん［白飯］。
蓮の葉で包んで蒸したー 中世はすのいひ［蓮飯］。はすめし［蓮飯］。
冷えたーを蒸して温めたもの ふかしめし［蒸飯］。むしめし［蒸飯］。
水を多くして炊いたーの上澄みの液 中古おもゆ［重湯］。
水を多くして柔らかくしたー 中古かゆ［粥］。
麦を入れたー 近代むぎはん［麦飯］。近世わりめし［割飯］。中世ばくはん／むぎめし［麦飯］。むぎいひ［麦飯］。
餅米を蒸したー 中世がうはん／こはめし［強飯］。むしめし［蒸飯］。中古こはいひ［強飯］。

めしあが・る【召上】 →**た・べる**

めした【目下】 近代したっぱ［下端］。近世としした［年下］。ぶか［部下］。めした［目下］。中世げはい［下輩］。こうはい［後輩］。したやく［下役］。

めしつかい【召使】 近代サーバント(servant)。せんど［賤奴］。近世うちとのもの［内外者］。こまづかひ［小間使］。さうれい［皁隷］。しゃじん［舎人］。じんど［人奴］。めしつかひ［召使／召仕］。やっこ［奴］。やとひど［雇人］。わろ［和郎］。中世けにん［家人］。げにん［下人］。げらふ［下臈］。ざふしき［雑色］。しもうど［下人］。じゅうぼく［従僕］。しれい［使令］。ずんざ［従者］。つぶね［奴］。ほうこうにん［奉公人］。中古いへのこ［家子］。くゎざ／くゎじゃ／くゎんじゃ［冠者］。げす［下種／下衆／下司］。けんぞく［眷属／眷族］。さうとう［蒼頭］。しも［下］。しもびと［下人］。しもべ［僕／下部］。ずさ［従者］。つかひ［使／遣］。つかひびと［使人］。どぼく／ぬぼく［奴僕］。ぬひ［奴婢］。ひとづかひ［人使］。上代にへびと［贄人］。
ーの男 近代かぼく／げぼく［下僕］。中世げなん［下男］。しもをとこ［下男］。しもをこ［下男］。中古げすをとこ［下衆男］。ぼくふ［僕夫］。をのこ［男／男子］。上代しもべ［下部／僕］。
ーの女 近世しもをなご／しもをんな［下女］。つかひめ［使女］。中世はしたもの［端者］。びんぢょ［美女／便女］。中古げすをんな［下種女］。げぢょ［下女］。しぢょ［仕女］。はしため［端女］。ひ［婢］。
ーの少女 中古めのわらは［女童］。めのわらはべ［女童部］。
ーの少年 近世せうどう［小童／少童］。
台所で使われるー 近世ばうじ［庖仕］。
台所のーの女 近世みづし［御厨子］。
朝廷に仕えるー 中古みやつこ［御奴］。
▼家来 中世らうじゅう［郎従］。中古くゎざ／くゎじゃ／くゎんじゃ［冠者］。らうどう［郎等］。

めしと・る【召捕】 →**つかま・える**

めしびつ【飯櫃】 近世おだいびつ［御台櫃］。おひつ［御櫃］。めしばち［飯鉢］。めしびつ［飯櫃］。中世いびつ［飯櫃］。めしつぎ［飯櫃］。中古いひびつ［飯櫃］。

メジャー(major) →**いちりゅう**

メジャー(measure) →**ものさし**

めじり【目尻】 めくじ／めくじり[目]。中世 めかど[目角]。めくじら[目]。中古 とぢめ[綴目]。まじり[眦／目尻]。まなじり[眦／眥]。めじり[目尻／眥]。

―の上がった目 近代 あがりめ[上目]。近世 つりまなこ[釣眼]。つりめ[吊目／釣目]。

―の下がった目 近代 さがりめ[下目]。中世 たれめ[垂目]。

―を逆立てること 近世 さかめ[逆目]。

めじるし【目印】 メルクマール(ドイツ Merkmal)。もく 近代 しへう[指標]。へうてき[標的]。近世 へう[目標]。へうがう[表号／標号]。へうしき[標識]。ほて。まじるし[目印／目標]。めつけ[目付]。中世 みしり[見知]。めあて[目当]。めじるし[目印／目標]。中古 はか[捗／果／目／量]。上代 しるし[印／標／証]。

―として使われるもの マーカー(marker)。近世 つけがみ[付紙]。

―の柱 近世 へうちゅう[標柱]。

水路の― →**みおつくし**

戦場での― 中世 そでじるし[袖標／袖印]。中古 かさじるしはたじるし[旗印／旗標]。[笠標]。

相互を照合するための― 近世 ふがう[符号]。中世 あひじるし[合印]。

めす【雌】 近世 めす[雌／牝]。めん[雌／牝]。上代 め[雌／牝]。

―と雄 中古 しゆう[雌雄]。ひんぼ[牝牡]。

―の馬 近代 めんま[牝馬]。中世 ひんば[牝馬]。中古 めま[牝馬]。上代 めうま[牝馬]。

メス(オランダ mes) ランセット(オランダ lancet)。近代 たう[刀]。近世 はばり／ひしん[刀針／披鍼]。メス。ランセッタ(ポルトガル lancêta)。

めずらし・い【珍】 近代 きいう[希有／稀有]。ちんき[珍稀]。近世 きこう[稀覯／希覯]。きめう[奇妙]。ぜっき[絶奇]。中世 きせう[希少／稀少]。ちん[珍]。ちんい[珍異]。中古 あやとほめづら[遠珍]。めづら[珍]。ありがたし[有難]。かたし[難]。あやし[怪]。きぜつ[奇絶]。きたい／きだい[希代／稀代]。きとく[奇特]。ともし[羨]。まれ／まれら[希／稀]。ものめづらし[物珍]。上代 けう[希有／稀有]。ちんき[珍奇]。めづらか[珍]。めづらし[珍]。《枕》上代 はるはなの[春花]。もちづきの[望月]。

―・い客 近世 優曇華(うどんげ)の御出(おいで)。中世 ちんかく／ちんきゃく[珍客]。中古 めづらしびと[珍人]。

―・いこと 近代 くうぜんぜつご[空前絶後]。せんこみぞう[千古未曾有]。ぜんこみぞう[前古未曾有]。ぜんだいみもん[前代未聞]。みぞう[未曾有]。中世 きじ[奇事]。ぜんだい[前代]。中古 いれい[異例]。きたい[希代／稀代]。きたいみもん[希代未聞]。ちんじ[珍事／椿事]。みぞうう[未曾有]。水母(くらげ)(海月)の骨。→**めったにな・い**

―・い言葉 近代 ちんご[珍語]。中世 きげん[奇言]。きご[奇語]。

―・いさま 上代 めづらか[珍]。

―・い書物 きこうぼん[稀覯本]。きしょ[稀書]。近代 きこうしょ[稀覯書]。ちんせき[珍籍]。ちんぽん[珍本]。近世 いしょ[異書]。中世 きしょ[奇書]。

―・い宝 中古 ちんくゎ[珍貨]。上代 ちんぽう[珍宝]。

―・いと思い大切にすること 中古 ちんちょう[珍重]。

―・いと思う 中世 めづらしむ[珍]。中古 うらめづらし[心珍]。

―・い鳥 近世 ちんてう[珍鳥]。

―・い眺め 中世 きくゎん[奇観]。

―・い話 近代 いつぶん[逸聞]。きたん[奇譚]。きぶん[奇聞]。ちんぶん[珍聞]。近世 きだん[奇談]。きわ[奇話]。ちんせつ[珍説／椿説]。中世 いぶん[異聞]。ちんだん[珍談]。

―・い物 近代 いっぴん[逸品]。ちんしゅ[珍種]。ねんだいもの[年代物]。近世 ちんぴん[珍品]。ほりだしもの[掘出物]。まれもの[稀物]。中世 きぶつ[奇物]。中古 ちんぶつ[珍物]。

―・い物や新しい物を喜ぶこと 近代 はつものぐひ[初物食]。中世 かけいやぼく[家鶏野鶩]。

―・い料理 中世 ちんかう[珍肴]。ちんしう[珍羞]。中古 ちんせん[珍饌]。ちんぜん[珍膳]。ちんみ[珍味]。

―・く 中古 まれまれ[稀稀]。例ならず。

―・く貴重なこと 近代 ちんき[珍貴]。

―・く素晴らしいこと 中世 ちんめう[珍妙]。

―・くない(こと) 近代 じんじゃうさはん[尋常茶飯]。にちじゃうさはん[日常茶飯]。近世 ありふる[―ふれる][有触]。ざら。ふるし[古]。中古 ふつう[普通]。世に旧(ふ)る。

極めて―・い 中世 とほめづら[遠珍]。

時期に合った—・いもの 中古 けいぶつ[景物]。
なんとなく—・い 中古 ものめづらし[物珍]。

めそめそ 近代 おんおん。近世 めそめそ。めろめろ。中世 しくしく。中古 おいおい。さめざめ。

めだか【目高】 近世 うきんじょ。うきんた。うるめ[潤目]。こめんじゃこ[米雑魚]。だんぎばう[談義坊]。中世 めだか[目高]。めめざこ/めめじゃこ[目目雑魚]。
《句》近世 目高も魚(とと)(魚(さかな))の内。

めだけ【雌竹】 近世 をなごだけ[女子竹]。めだけ[雌竹/女竹]。中世 なゆたけ/なよたけ[弱竹]。中古 かはたけ[川竹/河竹/皮竹]。

めだ・つ【目立】 近代 めぼしい。人目に付く。人目を引く。近世 ひきたつ[引立]。みづぎはだつ[水際立]。めだつ[目立]。人目に立つ。目に付く。中世 いちじるし[著]。きはだつ[際立]。きらきらし[煌煌]。けばや。けやけし[尤]。けんちょ[顕著]。しるし[著]。ぬきんづ[—でる][抜出/抽/擢]。めたし/めだたし[目立]。中古 おほやけおほやけし[公公]。きはやか[極]。けざやぐ。けちえん[掲焉]。めとまる[目止]。

《句》近代 大木は風に折らる。近世 喬木(けうぼく)(高木)は風に折られる。出る杭(釘)は打たる[—打たれる]。中世 誉れは誹(そし)りの基(もと)。

—・たず品がよいこと 中世 じんじゃう[尋常]。

—・たない(さま) 近代 鳴かず飛ばず。中古 なのめ[斜]。ものげなし[物無]。

—・たない姿 中古 やつれすがた[窶姿]。

—・たない姿になる 中古 やつる[やつれる][窶]。

—・たないでいる 近代 くすぶる[燻/薫]。くすむ。陰が薄い。中世 ひっこむ[引込]。中古 うづもる[—もれる][埋]。かくろふ[隠]。

—・たない所 近代 ものかげ[物陰]。近世 すみっこ[隅]。中古 かたすみ[片隅]。

—・たないようにする(こと) 近代 ひけめ[引目]。中古 しのびやか[忍]。ひきしのぶ[引忍]。ひそむ[ひそめる][潜]。まぎらはす[紛]。やつす[窶/俏]。

—・たないようになる 近代 影を潜める。月前の星。

—・つ行為 近世 みてくれ[見呉]。

—・つこと 中古 けしょう/けんしょう[顕証]。

—・つさま ぱっと。近世 きっかり。くっきり。はっと。ぱっと。

—・つ点 近代 とくしょく[特色]。とくちょう[特長]。近世 めぬき[目抜]。中古 ひとふし[一節]。上代 ほ[秀]。

—・つようにする(振る舞う) 近代 きゃうてう[強調]。中世 ぬきんづ[—でる][抽/擢]。中古 あざやぐ[鮮]。しらがふ。みえしらがふ[見]。

—・つようにするさま 近代 とくひつたいしょ[特筆大書]。れいれいしい[麗麗]。

—・つようになる 近代 頭を擡(もた)げる。頭角を現す。

意識的に—・つ行為をすること 近代 スタンドプレー(grandstand playから)。

大きくて—・つさま 近代 でかでか。近世 でっかり。

才気があって—・っている 近代 さいばしる[才走]。中古 かどかどし[才才]。

自分を—・つようにする じこけんじ[自己顕示]。

優れていてよく—・つこと 近代 ざんぜん[嶄然]。近世 くゎうさい[光彩]。

敵を欺くための—・った動き 近代 やうどう[陽動]。

デザインなどで—・つようにする部分 アクセント(accent)。

めだま【目玉】 近代 がんきう[眼球]。めんたま[目玉]。中世 まなこ[眼]。めだま[目玉]。中古 がんせい[眼睛/眼精]。
—が動くさま 近代 ぎょろぎょろ。ぎろり。中世 ぎろぎろ。

メダル(medal) 近代 きしゃう[記章]。きねんしゃう[記念章]。しゃうはい[賞牌]。メダル。

めちがい【目違】 近代 けんたうちがひ[見当違]。みそこなひ[見損]。みまちがひ[見間違]。近世 めがねちがひ[眼鏡違]。めちがひ[目違]。

めちゃくちゃ【滅茶苦茶】 しっちゃかめっちゃか。はちゃめちゃ。近代 しりめつれつ[支離滅裂]。めちゃくちゃ[滅茶苦茶]。めちゃめちゃ[滅茶滅茶]。近世 ささほうさ/ささほうさい。そっぱうめっぽふ[滅法]。まっくらさんばう[真暗三宝]。むちゃくちゃ[無茶苦茶]。めったむしょう[滅多無性]。めったやたら[滅多矢鱈]。中世 みそみそと。益体(やくたい)もなし。

—にする(こと) 近代 ひっかきまはす[引掻回]。近世 たたくる。ちゃちゃくる。ぶちこはす[打壊/打毀]。中古 はきゃく[破却]。

—になること ささらさっぽう[簓先穂]。近世 らり[乱離]。らりこっぱひ[乱離骨灰/羅利粉灰]。上代 さくらん[錯乱]。

メッカ(Mecca) 憧れの地。近代 せいち[聖地]。ちゅうしんち[中心地]。近代 はっしゃうち[発祥

め

地］。メッカ。

めっき【鍍金】 でんちゃく［電着］。近代 でんと［電鍍］。ときん［鍍金］。中世 めっき［鍍金／滅金］。

《句》中世 始めきらめき奈良刀。

ーの土台の金属 中世 ぢがね［地金］。

ーの方法(例) かがくめっき［化学鍍金］。でんきめっき［電気鍍金］。メタリコン(ドイツ Metallikon)。近代 でんと［電鍍］。

ーをしたもの 近代 かぶせもの［被物］。

ーをする 中世 やきつく(ーつける)［焼付］。

めつき【目付】 近世 まなこざし［眼差］。めざし［目差／目指］。目の色。めがほ［目顔］。中世 まなざし［眼差］。めづかひ［目遣］。めつき［目付］。めもと［目元］。中古 せんし［瞻視］。まじり［眦／目尻］。まなこゐ［眼居］。まぶし［目伏］。まみ［目見］。

ーをいろいろに変えて見せること 近世 ひゃくまなこ［百眼］。

ーの鋭いさま 近世 眼光(がんくわう)人を射る。

ーを変える 近世 目の色を変ふ(ー変える)。

意地悪そうなー 近世 じゃのめ［蛇目］。

異性への関心を表すー 近代 ウインク(wink)。近世 いろめ［色目］。ながしめ［流目］。しうは［秋波］。

獲物を狙う鋭いー 近代 くまたかめ［熊鷹目］。近世 くまたかまなこ［熊鷹眼］。中世 鶚の目鷹の目。中古 たんたん［眈眈］。

落ち着かないー 近世 うろうろまなこ／うろうろめ［眼］。

驚き慌てたー 近世 うろたへまなこ［狼狽眼］。

悲しそうなー 中古 いやめ［否目］。

酒に酔ったー 近世 すいぼう［酔眸］。中古 すいがん［酔眼］。

鋭いー 近世 はたしまなこ［果眼］。中世 めかど［目角］。

鋭いーをする 近世 目角(めかど)を立つ(ー立てる)。目くじらを立つ(ー立てる)。中古 がいさい［睚眥／睚眦］。

小さな物を必死で探すー 近世 のみとりまなこ［蚤取眼］。目を皿にす。

涙ぐんだー 近世 なみだめ［涙目］。中古 いやめ［否目］。

冷淡なー 近世 しろめ［白目／白眼］。はくがん［白眼］。中古 しらめ［白目／白眼］。

めっきゃく【滅却】→**めっしつ**

めっきん【滅菌】 近代 さっきん［殺菌］。せうどく［消毒］。めっきん［滅菌］。

めっしつ【滅失】 しょうきょ［消去］。近代 まっせう［抹消］。近世 ぼっきゃく［没却］。めっしつ［滅失］。中世 さうしつ［喪失］。せうしつ［消失］。めっきゃく［滅却］。中古 きゆ(きえる)［消］。せうめつ［消滅］。ぜつめつ［絶滅］。上代 うしなふ［失］。

めっ・する【滅】 中世 めっす［滅］。中古 きゆ(きえる)［消］。せうめつ［消滅］。なくなる［無／亡］。ほろぼす［滅／亡］。めつばう［滅亡］。上代 たゆ(たえる)［絶］。ほろぶ(ほろびる)［滅／亡］。

メッセージ(message) 近代 せいめい［声明］。メッセージ。中古 ことづけ［言付／託］。ことづて［言伝］。でんごん［伝言］。

メッセンジャー(messenger) 近代 はいたつにん［配達人］。はいたつふ［配達夫］。メッセンジャー。中古 ししゃ［使者］。上代 つかひ［使］。

めったにな・い 近世 甲が舎利になる。舎利が甲になる。中世 千に一つ。中古 ありがたし［有難］。かたし［難］。けう［希有／稀有］。せんざいいちぐう［千載一遇］。めづらか／めづらし［珍］。をさをさ…ず。→**めずらし・い**

ー・い機会のたとえ 中古 うきき［浮木］。

ー・いさま 中世 たま［偶／適］。中古 たまさか［偶／適］。

ー・いほどすぐれていること 中世 きせい［希世／稀世］。

ー・いもの 近代 いっぴん［逸品］。ちんしゅ［珍種］。近世 ちんぴん［珍品］。まれもの［稀物］。中世 きぶつ［奇物］。中古 ちんぶつ［珍物］。

めつぼう【滅亡】 近代 すいばう［衰亡］。ほろび［滅］。中世 くゎいめつ［壊滅］。ぐゎかい［瓦解］。すいめつ［衰滅］。ばうず［亡］。ばうめつ［亡滅］。ほうくゎい［崩壊］。ぼつらく［没落］。りくちん［陸沈］。中古 せうめつ［消滅］。ぜつめつ［絶滅］。だんめつ［断滅］。はめつ［破滅］。めつばう［滅亡］。上代 ほろぶ(ほろびる)［滅／亡］。

ーの兆し 近世 きりひとは［桐一葉］。

メディア(media) ばいたい［媒体］。近代 しゅだん［手段］。はうはふ［方法］。メディア。

めでた・い 中古 めでたし。よろこばし［喜］。上代 うむがし。よし［良／吉／善／佳］。

《句》中世 鶴は千年亀は万年。

ー・い会合 中古 かくゎい［嘉会］。

ー・いきざし 近代 しゃうき［祥気］。ぜんしゃう［善祥］。近世 しゃう［祥］。中世 かてう［嘉兆］。きずい［奇瑞］。きってう［吉兆］。

ずいけん[瑞験]。ずいてう[瑞兆]。中古 かしゃう[嘉祥]。きちじゃう／きっしゃう[吉祥]。きちずい／きつずい[吉瑞]。ずいき[瑞気]。ずいさう[瑞相]。ずいしゃう[瑞祥／瑞象]。れいずい[霊瑞]。上代 かずい[嘉瑞／佳瑞]。きうちょう[休徴]。しゃうずい[祥瑞]。ずい[瑞]。ずいおう[瑞応]。みづ[瑞]。

—・いきざしを示すもの 中古 ずいぶつ[瑞物]。

—・いきざしを示すもの(例) 近代 ずいくゎ[瑞花]。ずいせい[瑞星]。とくせい[徳星]。中世 ずいくゎう[瑞光]。中古 けいせい[景星]。しゃううん[祥雲]。ずいせつ[瑞雪]。上代 ずいうん[瑞雲]。ずいてう[瑞鳥]。

—・い行事 近代 きちれい／きつれい[吉礼]。近世 かぎ[嘉儀]。中世 いはひごと[祝事]。けいじ[慶事]。

—・い結末 近代 ハッピーエンド(happy ending)。

—・い結末を表す言葉(お伽噺などで) 近世 めでたしめでたし。市が栄えた。一期(いちご)栄えた。

—・いこと 近代 しゃうけい[祥慶]。ぜんじ[善事]。近世 かぎ[嘉儀]。かじ[嘉事]。きっきゃう[吉慶]。ちんちょう[珍重]。中世 かうじ[好事]。がけい[賀慶]。きち[吉]。きっけい[吉慶]。きつじ[吉事]。ばんぜい[万歳]。中古 きつ[吉]。上代 きちじ[吉事]。けいふく[慶福]。よごと[吉事／善事]。

—・いことと不吉なこと 上代 きっきょう[吉凶]。

—・いさま 中古 むくさかに。

—・いしきたり 中古 きちれい[吉例]。

—・い時節 中古 かしんれいげつ[嘉辰令月]。

—・い数字(例) 近代 はち[八]。近世 ごひゃくはちじふ[五百八十]。

—・い便り きっしん[吉信]。近代 きっぽう[吉報]。

—・い月 中世 かげつ[佳月]。上代 れいげつ[令月]。

—・い春 近代 きっしゅん[吉春]。

—・い日 近代 かじつ[佳日／嘉日]。中世 かせつ[佳節／嘉節]。きちにち[吉日]。きっしん[吉辰]。中古 かしん[嘉辰／佳辰]。上代 きちじつ[吉日]。

—・い日とよい月 中古 かしんれいげつ[嘉辰令月]。

—・い様子 近代 けいしょく[慶色]。

—・い例 中世 きつれい[吉例]。中古 かれい[佳例／嘉例]。きちれい[吉例]。

—・くない 中古 ふしゃう[不祥]。わろし[悪]。

相手と同じく自分も—・いこと 近世 どうけい[同慶]。

大変—・いこと 近代 たいが[大賀]。中世 たいけい[大慶]。

め・でる【愛】 近代 めでいとほしむ[愛]。近世 さんび[讃美]。中世 いつくしむ[慈／愛]。いとしがる[愛]。いとほしむ[愛]。かはいがる[可愛]。しょうさん[称賛／称讃]。中古 あいす[愛]。あはれむ[哀／憐]。しゃうす[賞]。上代 このむ[好]。しのぶ[偲／慕]。しゃうぐゎん[賞翫／賞玩]。ほむ〔ほめる〕[褒]。めづ〔めでる〕[愛]。→ほ・める

めど【目処】 近代 もくへう[目標]。中世 めあて[目当]。めど[目処]。中古 じゅんてき[準的]。→めあて

めと・る【娶】 中古 みる[見]。めとる[娶]。めまうけ[妻儲]。上代 あとふ[聘]。まく[枕]。

メニュー(フランス menu) さいたん[菜単](中国語のツァイタンから)。近代 こんだてへう[献立表]。しながき[品書]。メニュー。

めのこざん【目子算】 近代 あんざん[暗算]。がいさん[概算]。近世 めぶんりゃう[目分量]。中世 めのこざん[目子算]。もくさん[目算]。

めのと【乳母】 ちおや[乳親]。ちのみおや[乳飲親]。近世 ちうば[乳母／乳媼]。中世 うば[姥]。ちのひと[乳人]。にゅうぼ[乳母]。中古 まま[乳母]。上代 おも[母]。ちおも[乳母]。めのと[乳母／傅]。

貴人の— 近世 おち[御乳]。中古 おちのひと[御乳人]。

めのまえ【目前】 →もくぜん

—で 中世 まのあたり[目当]。みすみす[見見]。

めばえ【芽生】 →きざし

めば・える【芽生】 しゅつが[出芽]。近代 はつが[発芽]。ふく[吹]。めばえる[芽生]。近世 はうはつ[萌発]。もえだす[萌出]。もえでる[萌出]。めばる[芽張]。めぶく[芽吹]。めだし[芽出]。もえたつ[萌立]。芽が出る。中世 つはる。めだち／めだつ[芽立]。中古 あをむ[青]。きざす[兆／萌]。つのぐむ[角]。はうが[萌芽]。はうどう[萌動]。めぐむ[芽／萌]。めざす[芽差]。わかだつ[若立]。上代 さす[差／射／指]。はゆ〔はえる〕[生]。はる[張]。むす[生]。もえいづ[萌出]。もゆ〔もえる〕[萌]。

—・えようとしてふくらむ 中世 はらむ[孕]。

一面に─・える 中古もえわたる［萌渡］。
木の芽が─・える 中古このめはる［木芽張］。
切り株から─・える 中世ひこばゆ。
草木の芽が─・える 中古つのぐむ［角］。
盛んに─・える 近世もえたつ［萌立］。
地中から─・える 中世したもゆ［下萌］。
若芽が─・える 中古わかだつ［若立］。
▼新芽 近代つのめ［角芽］。近世わかめ［若芽］。中世みどり［緑／翠］。中古このめ［木芽］。しんが［新芽］。わかだち［若立］。

めはし【目端】 近代きち［機知］。近世めさき［目先］。めはし［目端］。中世きてん［機転］。さいかく［才覚］。
─が利く 目先が利く。
─の利いた機転 近世こぎてん［小機転／小気転］。
─の利く人 近世かんじゃ［勘者］。

めはな【目鼻】 顔の拵え。近世かほだち［顔立］。ざうさく［造作］。めはなだち［目鼻立］。中古かほだて［顔立］。かほつき［顔付］。めはな［目鼻］。上代ようばう［容貌］。

めひしば【雌日芝】 ひじわ。近世いちござし。ぢしばり［地縛］。めしば［雌芝／女芝］。めひしば［雌日芝］。

めぶ・く【芽吹】→めば・える

めぶんりょう【目分量】 近代もくそく［目測］。めぶんりゃう［目分量］。近世めづもり［目積］。中世もくさん［目算］。

めべり【目減】 ひけめ［引目］。中世かけべり［掛減］。げんせう［減少］。欠が立つ。中古へる［減］。

めぼし【目星】 近代ねらひ［狙］。めぼし［目星］。近世けんたう［見当］。こころあたり［心当］。中世めあて［目当］。→めあて

めぼし・い 近代めぼしい。近世しゅっしょく［出色］。目に付く。中世けんちょ［顕著］。中古目に立つ。

めまい【目眩】 近世めいげん／めんけん［瞑眩］。中世くるめく［眩／転］。げんうん［眩暈］。まくる／まぐる［眩］。まふ［眩／舞］。めまひ［目眩／眩暈］。中古くらむ［眩］。くる(くれる)［眩／暗］。くるべく［眩／転］。めぐるめく［目眩］。
─がするさま くらり。近代くらっと。近世ぐらぐら。中世くらくら。くりくり。

急に立った時の─ 中世たちくらみ［立眩］。

めまぐるし・い【目紛】 近代めまぐるしい［目紛］。近世めまぎらし［目紛］。めまぎろし［目紛］。中古あわただし［慌］。
─・い物事の動きのたとえ 近代うづまき［渦巻］。近世猫の目。

メモ(memo) おぼえ［覚］。ひかえがき［控書］。メモちょう［memo帳］。近代ノート(note)。びばうろく［備忘録］。ひかへ［控］。びばうろく［備忘録］。メモ。メモランダム(memorandum)。近世おぼえがき［覚書］。おぼえちゃう［覚帳］。てびかへ［手控］。とめちゃう［留帳］。よろづおぼえちゃう［万覚帳］。中世こころおぼえ［心覚］。中古うちぎき［打聞］。かきつけ［書付］。
─・する メモる(memo)。メモ(memo)を取る。近代ひかへる［控／扣］。
─用の小さな板 近世ぬりいた［塗板］。中世ていた［手板］。

めもと【目元】 近代めがしら［目頭］。中世まなざし［眼差］。めづかひ［目遣］。めつき［目付］。めもと［目元／目許］。中古まなこゐ［眼居］。まみ［目見］。→めつき
─に笑みを浮かべること 中世もくせう［目笑］。

美しい─ 中世すずし［涼］。芙蓉の眥。

めもり【目盛】 近代スケール(scale)。どもり［度盛］。めもり［目盛］。近世ど［度］。中世め［目］。
─の付いた縄(農作業などで使用) 近代けんなは［間縄］。
─を付ける 近世めもる［目盛］。中世もる［盛］。

メモリー(memory)❶〈記念〉→きねん
メモリー(memory)❷〈コンピューター〉きおくそうち［記憶装置］。きおくばいたい［記憶媒体］。ラム(RAM; random access memory)。ロム(ROM; read only memory)。
─の場所を識別する数字 アドレス(address)。ばんち［番地］。

めやす【目安】 近代ししん［指針］。しへう［指標］。しゃくど［尺度］。近世けんたう［見当］。中世めじるし［目印］。めやす［目安］。

メリット(merit) 近代アドバンテージ(advantage)。りてん［利点］。近世いうよう［有用］。中世ちゃうしょ［長所］。てがら［手柄］。とりえ［取柄］。上代こうせき［功績］。

めりはり【減張】 近代アクセント(accent)。イントネーション(intonation)。近世めりはり［減張］。よくやう［抑揚］。中古かうてい［高低］。きゃうじゃく［強弱］。くゎんきふ［緩急］。

メルクマール(ドイツ Merkmal) マーカー(marker)。近代ししん［指針］。しへう［指標］。

もくへう[目標]。近世へうしき[標識]。中世めじるし[目印]。

メルヘン(ドイツ Märchen) 近代どうわ[童話]。フェアリーテール(fairy tale)。メルヘン。近世おとぎばなし[御伽噺]。

メロディー(melody) きょくりつ[曲律]。近代せんりつ[旋律]。ふしまはし[節回]。メロディー。中世きょくせつ[曲節]。中古しらべ[調]。ふし[節]。

めん【面】❶〈顔〉→**かお**

めん【面】❷〈仮面〉→**かめん**

めん【面】❸〈表面〉→**ひょうめん**

めん【面】❹〈方面〉→**ほうめん**

めん【麺】(例) パスタ(イタリア pasta)。ビーフン[(中国語)米粉]。近代しなそば[支那蕎麦]。スパゲチ/スパゲッティ(イタリア spaghetti)。ヌードル(noodle)。マカロニ(macaroni)。ラーメン[老麺/拉麺]。近世そば[蕎麦]。中世うどん/うどん[饂飩]。きしめん[棊子麺/碁子麺]。きりむぎ[切麦]。さうめん[索麺/素麺]。ひやむぎ/ひやしむぎ[冷麦]。→**うどん**→**そば【蕎麦】**

めんかい【面会】近代めんせつ[面接]。近世くゎいけん[会見]。顔を合はす。中世おうせつ[応接]。くゎいだん[会談]。さうかん/しゃうかん[相看]。しゃうけん[相見]。であふ[出合/出会]。めんくゎい[面会]。中古せっけん[接見]。たいめ[対面]。めんだん[面談]。上代あふ[会/逢/遭]。たいめん[対面]。

《尊》近世せうけん[召見]。中世きめん[貴面]。中古いんけん[引見]。

《謙》近代はいし[拝芝]。近世はいび[拝眉]。中世げざん[見参]。じゃうえつ[上謁]。はいがん[拝顔]。らいえつ[来謁]。中古けんざん/げんざん[見参]。はいえつ[拝謁]。めんえつ[面謁]。

貴人にーを請うこと 近世せいえつ[請謁]。

初めてのー 近世せいめん[生面]。中世しょたいめん[初対面]。

名刺を出してーを請うこと 近代刺を通ずる。

来訪者をー・せずに追い返すこと 近世もんぜんばらひ[門前払]。

めんきょ【免許】ライセンス(license)。近代しかく[資格]。にんか[認可]。中世めんきょ[免許]。

ーの証し 中世めんじゃう[免状]。近世めんきょじゃう[免許状]。

学位などのー状 近代ディプロマ(diploma)。

めんくい【面食】近代きりゃうごのみ[器量好]。にんぎゃうくひ[人形食]。めんくひ[面食]。

めんくら・う【面食】近代とまどふ[戸惑]。めんくらふ[面食/面喰]。近世まごつく。勝手が違ふ。中世うろたふ[ー・たえる][狼狽]。中古らうばい[狼狽]。上代あわつ[あわてる][慌/周章]。

めんざい【免罪】中世めんず[免]。ようしゃ[容赦/用捨]。中古しゃめん[赦免]。上代はうめん[放免]。めんざい[免罪]。

めんしき【面識】近代かほみしり[顔見知]。しりあひ[知合]。みしりあひ[見知合]。近世めんしき[面識]。中世ちかづき[近付]。中古みしる[見知]。

一度だけのー いちめんしき[一面識]。

めんじょ【免除】めんずる[免]。ゆるす[許/赦/聴]。近代ぢょめん[除免]。上代めんぢょ[免除]。

刑罰のー 近代げんじん[減尽]。

兵役などのー 近代めんえき[免役]。

めんしょく【免職】近代おやくごめん[御役御免]。かいこ[解雇]。かいにん[解任]。くびきり[首切/首斬]。くゎくしゅ[馘首]。めんしょく[免職]。近世おはらひばこ[御祓箱]。中世かいしょく[解職]。

《尊》近代ごめん[御免]。

ー・される 近代首(頸)が飛ぶ。

ー・する 近代めんずる[免]。近世くゎくす[馘]。首(頸)にす。首(頸)を切る。中古とく[解]。はなつ[放]。暇を出す(やる)。

ーの辞令 近世いとまじゃう[暇状]。

めん・じる【免】→**ゆる・す**

めん・する【面】近代たいぢ[対峙]。たうめん[当面]。ちょくめん[直面]。中世むかひあふ[向合]。むきあふ[向合]。めんす[面]。中古あひたいす[相対]。たいす[対]。たいめ[対面]。上代たいめん[対面]。

めんぜい【免税】タックスフリー(tax free)。デューティーフリー(duty free)。ひかぜい[非課税]。近世むぜい[無税]。上代めんぜい[免税]。

水害などで田畑が荒廃したときのー 近世あれちひき[荒地引]。あればひき[荒場引]。

めんせき【面積】近代ちせき[地積]。めんせき[面積]。中古くゎうぼう[広袤]。上代ひろさ[広]。

ーが等しいこと とうせき[等積]。

ーを表す単位(例) ポール(pole)。近代アール(A/a;are)。エーカー(acre)。へいはう

め

センチメートル[平方(フランス)centimètre／cm^{2}]。へいはうメートル[平方(フランス)mètre／m^{2}]。中世せ[畝]。つぼ[坪]。中古ほ[畝]。上代たん[反／段]。ちゃう[町]。

正味の— 近代じっせき[実積]。

立体の表面の— ひょうめんせき[表面積]。

めんせき【面責】 近代きつもん[詰問]。しっせき[叱責]。めんせき[面責]。もんせき[問責]。中世めんきつ[面詰]。中古かしゃく[呵責]。しかる[叱]。上代けんせき[譴責]。せむ(せめる)[責]。→**しか・る**

めんせつ【面接】 近代めんせつ[面接]。中世めんくゎい[面会]。中古たいめ[対面]。めんだん[面談]。上代たいめん[対面]。→**めんかい**

《謙》近代おめどほり[御目通]。

めんぜん【面前】 →**もくぜん**

—に現れる 中世たちあらはる[—われる][立現／立顕]。

—にあること 中世たうめん[当面]。中古げんざい[現在]。

めんだん【面談】 →**かいだん**

メンツ【面子】 →**たいめん【体面】**→**めんぼく**

メンテナンス(maintenance) 近代ほしゅ[保守]。近世ゐぢ[維持]。中世ほぜん[保全]。

めんどう【面倒】 近代てすう[手数]。トラブル(trouble)。はん[煩]。ひともんちゃく[一悶着]。もめごと[揉事]。やくかい[厄介]。近世いさくさ。いざこざ。いたづがはし[労]。おくくふ／おくこふ[億劫]。くでま[工手間]。ことむつかし[事難]。ざうさ[造作]。ざふさ[雑作]。たいぎ[大義]。ところせきなし[所狭無]。なんぎ[難儀]。にべ[鮸膠／鰾膠]。中世めんどい[面倒]。ややこし。世話が焼ける。中世いたづかはし[労]。せわ[世話]。てかず[手数]。むつかし[難]。めいわく[迷惑]。めんだう[面倒]。もんちゃく[悶着]。中古いたつかはし[労／煩／病]。いたはし[労]。いとはし[厭]。うるさし[煩／五月蠅]。ところせし[所狭]。むづかし[難]。ものうし[物憂]。ものくさし[物臭／懶]。よだけし[弥猛]。わづらはし[煩]。

《尊》近世ござうさ[御造作]。

—がない 中古しさいなし[子細無]。

—がること(さま) 縦の物を横にもしない。近世ぶせい[不精／無精]。中世ぶしゃう[不精／無精]。中古ものくさし／ものぐさし[物臭／懶]。

—・で苦労のいること 近代こっぱひ[骨灰／粉灰]。ほね[骨]。

—・な事 もんだい[問題]。中世なんだい[難題]。

—・なさま 近代ごたごた。近世しちめんだう[面倒]。

—・になる 近代こじれる[拗]。

—の種 近世しりみや[尻宮]。

—を掛ける 近代手を煩はせる。近世世話になる。中世厄介になる。上代わづらはす[—わせる][煩]。

—を見る めんどうみ[面倒見]。近世せわ[世話]。肝精(きもせい)焼く。世話を焼く。中世すごす[過]。中古うしろみ[後見]。かへりみ[顧]。ちそう[馳走]。ふち／ふぢ[扶持]。もてあつかふ[持扱]。

なんとなく— 中世こむづかし[小難]。中古なまむつかし[生]。

メンバー(member) 近代くゎいゐん[会員]。こうせいゐん[構成員]。スタッフ(staff)。せいゐん[成員]。メンバー。近世かほぶれ[顔触]。中世いちゐん[一員]。

めんぼく【面目】 メンツ[(中国語)面子]。たいめん[体面]。ていさい[体裁]。めいよ[名誉]。近世いちぶ／いちぶん[一分]。かほ[顔]。ぎり[義理]。せけんてい[世間体]。たつめ[立目]。ひとまへ[人前]。めんもく[面目]。中世かうみゃう[高名]。ぐゎいぶん[外聞]。てまへ[手前]。びもく[眉目]。めんぴ[面皮]。中古おもて[面]。みめ[見目／眉目]。めいぼく／めんぼく[面目]。→**たいめん**

—が立つ 近代うかばれる[浮]。近世めんばれ[面晴]。一分(いちぶん)立つ。顔が立つ。肩身が広い。中古おもておこし[面起]。ことはえ[殊栄]。はえばえし[映映／栄栄]。面(おもて)を起こす。

—にかかわる 近代沽券(こけん)に関はる。

—を失う 近代ふめんぼく／ふめんもく[不面目]。合はせる顔がない。面目を潰す。近世一分(いちぶん)が廃(すた)る。一分(いちぶん)を捨つ[—捨てる]。面(おもて)を虧(か)く。顔が潰る[—潰れる]。顔(面(おもて))に泥を塗る。顔を潰す。顔を踏む。顔を汚(ごよ)す。台座後光を仕舞ふ。面(つら)の皮をひんむく(剝ぐ)。引けを取る。味噌を付ける。面皮を欠く。中世外聞を失ふ。恥を掻く。中古おもていたし[面痛]。おもてぶせ[面伏]。おもなし[面無]。かたじけなし[忝／辱]。面(おもて)を伏す。肩身狭し。

上代 はぢ［恥／羞／辱］。はづかし［恥／羞／辱］。
ーを失うさま 近世 おもなか［面無］。
ーを守ること 近世 一分いちぶ（一分いちぶん）立つ。顔を立つ［ー立てる］。
男としてのーが立つ 近代 器量を上げる。男を上げる。近世 男が立つ。
男としてのーにかけて 近世 をとこづく［男尽］。
男としてのーを失う 男が廃たる。近代 男を下げる。

めんみつ【綿密】 近代 こくめい［克明］。さいち［細緻］。しうたう［周到］。近世 こまかし［細］。しゃうみつ［詳密］。せいち［精緻］。さいちみつ［緻密］。中世 げんみつ［厳密］。さいみつ［細密］。しうみつ［周密］。めんみつ［綿密］。中古 こまか／こまやか［細］。上代 くはし［詳］。せいみつ［精密］。
ー・でないこと 近代 そざつ［粗雑／疎雑］。近世 ざつ［雑］。中世 そはう［粗放／疎放］。上代 そりゃく［疎略／粗略］。

めんもく【面目】 →たいめん【体面】→めんぼく

めんよう【面妖】 まかふしぎ［摩訶不思議］。近世 めんえう［面妖］。中古 きい［奇異］。きくゎい［奇怪］。きめう［奇妙］。ふしぎ［不思議］。上代 あやし［怪／妖／奇］。

めんるい【麺類】 →めん【麺】

も

も【喪】 近世 き［忌］。ふくも［服喪］。中世 も［喪］。上代 いみ［忌］。うれへ［憂／愁］。→ふくも

も【藻】 中世 もぐさ［藻草］。中古 もは［藻葉］。上代 も［藻］。
ーの美称 上代 たまも［玉藻］。
海のー うみも［海藻］。上代 かいさう［海藻］。
沖の美しいー 上代 おきつたまも［沖玉藻］。
海底のー 上代 おきつも［沖藻］。
刈り取ったー 中古 かるも［刈藻］。
川のー 上代 かはも［川藻］。

もうい【猛威】 近代 ぼうゐ［暴威］。中世 まうゐ［猛威］。
ーある者を自由にさせるたとえ《句》中世 虎を（千里の）野に放つ。
広い範囲にーを振るうこと 近世 せきけん［席巻／席捲］。

もうか【猛火】 中世 まうくゎ［猛火］。みゃうくゎ［猛火］。
地獄のー 中世 ごふくゎ［業火］。

もうか・る【儲】 中世 とくする［得］。近世 まうかる［儲］。金になる。→もう・ける【儲】
どんどんー・るさま がばがば。

もうけ【儲】 うまみ［旨味］。プロフィット（profit）。近代 じゅんたく［潤沢］。りきん［利金］。近世 うちいり［内入］。かねまうけ［金儲］。とくよう［徳用］。みいり［実入］。りたく［利沢］。りとく［利得／利徳］。りぶん［利分］。中世 えき［益］。とくぶん［得分／徳分］。まうけ［儲］。りえき［利益］。中古 とく［徳］。やく［益］。り［利］。上代 りじゅん［利潤］。
《句》近代 損と元値で蔵を建て。
ーが意外に大きいさま 近世 ほら［法螺］。
ーの上前をはねること 近代 ピンはね［撥］。

近世 かすり［掠／擦］。
ーの多い時 近代 かきいれどき［書入時］。
ーの少ない客 近世 かすきゃく［糟客］。
大きなーを得ること いっかくせんきん［一攫千金］。中世 濡ぬれ手で粟あは。
思いがけないー 中世 ひろひもの［拾物］。
薬のーが大きいこと 近世 薬九層倍くそうばい。

もう・ける【設】❶〈設置〉 せつえい［設営］。近代 せいりつ［制立］。セッティング（setting）。せってい［設定］。せつりつ［設立］。せっち［設置］。中世 かざる［飾］。さす［差／指］。つくりつく［ーつける］［作付］。中古 おく［置］。しつらふ［設］。すう［すえる］［据］。上代 かまふ［かまえる］［構］。まうく［もうける］［設／備］。
特別にー・ける 近代 とくせつ［特設］。
付属させてー・けること 近代 ふせつ［付設／附設］。

もう・ける【設】❷〈準備〉 近代 おぜんだて［御膳立］。近世 じゅんび［準備］。中古 したく［仕度］。したたむ［認］。ようい［用意］。上代 そなふ［そなえる］［備］。まうく［もうける］［設／備］。まく［設］。

もう・ける【儲】 とくする［得］。りする［利］。中世 かせぐ［稼］。中古 しょうとく［所得］。まうく［もうける］［儲］。
ー・けた金 近代 えききん［益金］。りきん［利金］。
一番ー・けた人 もうけがしら［儲頭］。
賭けや投機でー・けること 近世 ひとあて［一当］。中世 うちだす［打出］。
乱暴なやり方でー・けること あらかせぎ［荒稼］。

労なくー・けること 中世濡(ぬ)れ手で粟(あは)。

もうしあ・げる【申上】 近代ぐしん[具申]。けいこく[啓告]。しんげん[進言]。ひんしん／りんしん[稟申]。りんこく[稟告]。中世けいじゃう[啓上]。けいす[啓]。けいはく[敬白]。ひろう[披露]。中古きこえあはす[聞合]。きこえいづ[聞出]。きこえさす[聞]。きこゆ[聞]。ごんじゃう[言上]。とりきこゆ[取聞]。とりまうす[執申／取申]。まうしいづ[申出]。まうしのぶ〔―のべる〕[申述]。ものきこゆ[物聞]。ものまうす[物申]。上代じゃうけい[上啓]。まうしあぐ／まをしあぐ〔―あげる〕[申上]。まうす／まをす[申]。まをしたまふ[申給／奏賜]。ものまをす[物申]。

ー・げること 中世まうし[申]。上代まをさく[申／白]。

うまくこしらえてー・げる 中古まうしなす[申做]。

恐れながらー・げる 中古きょうきょうきんげん[恐恐謹言]。

考え調べてー・げること 中古かんしん[勘進]。かんじん[勘申]。

諫言(かんげん)をー・げること 近世かんそう[諫奏]。

計画などを上司にー・げること 近代けんさく[建策]。けんぱく[建白]。中古けんさく[献策]。

皇太子や皇后などにー・げる(こと) 中古けいす[啓]。上代じゃうけい[上啓]。

事件等を急ぎー・げること 中古ちゅうしん[注進]。

主君や上司にー・げること 近代けんげん[献言]。中世しんそう[進奏]。中古けいよく[啓沃]。

神仏にー・げること 中世けいはく／けいびゃく[啓白]。

天皇や皇后にー・げること 近代けいそう[啓奏]。

天皇や天子にー・げる(こと) 近代しんそう[申奏]。中世しんそう[進奏]。中古そうす[奏]。そうもん[奏聞]。上代じゃうそう[上奏]。そうじゃう[奏上]。

▼謙譲語の補助動詞 近世つかまつる[仕]。中世まらす／まらする。まゐする[参]。中古たいまつる[奉]。ます[申]。上代まうす／まをす[申]。まつる[奉]。

もうしあわ・せる【申合】 近世とりきむ〔―きめる〕[取決]。中世まうしあはす〔―あはせる〕[申合]。やくそく[約束]。中古いひあはす[言合]。

もうしい・れる【申入】 近世まうしこむ[申込]。まうしでる[申出]。中古まうしいる〔―いれる〕[申入]。

取引をー・れる 近代オファー(offer)。

もうしこみ【申込】 近代しゅつぐわん[出願]。プロポーズ(propose)。まうしこみ[申込]。まうしで[申出]。中世いひいれ[言入]。中古しんせい[申請]。

もうしこ・む【申込】 近代まうしこむ[申込]。近世いひいる〔―いれる〕[言入]。

募集に応じてー・むこと ちんじょう[陳情]。近代おうぼ[応募]。

もうしたて【申立】 ねがいで[願出]。近代アピール(appeal)。しんこく[申告]。まうしたて[申立]。まうしで[申出]。りんこく[稟告]。中古しんせい[申請]。

政府や上司へのー 近代けんぱく[建白]。上代けんぎ[建議]。

もうしつた・える【申伝】 中世もうしつぎ[申次]。中古まうしつたふ〔―つたえる〕[申伝]。

もうし・でる【申出】 近代とどけでる[届出]。近世とどく〔とどける〕[届]。まうしこむ[申込]。まうしでる[申出]。中世まうしじゃう[申状]。

自分であることをー・でる 近代なのりでる[名乗出]。上代なのる[名乗／名告]。

もうしの・べる【申述】 めんじゅつ[面述]。近代ぐしん[具申]。こうじゅつ[口述]。しんげん[進言]。近世かいちん[開陳]。ちんじゅつ[陳述]。中世ちんず[陳]。中古けんげん[建言]。まうしたつ〔―たてる〕[申立]。まうしのぶ〔―のべる〕[申述]。上代のぶ〔のべる〕[述／陳]。めんちん[面陳]。

もうしひらき【申開】 近代かいしん[開申]。かうべん[抗弁]。しゃくめい[釈明]。たふべん[答弁]。ちんべん[陳弁]。べんかい[弁解]。べんご[弁護]。べんそ[弁疏]。べんめい[弁明]。近世いひひらき[言開]。いひわけ[言訳]。まうしひらき[申開]。→**いいわけ**

もうしぶん【申分】 近代べんかい[弁解]。もんく[文句]。近世ものいひ[物言]。中世いぎ[異議／異義]。いひぶん[言分]。いひわけ[言訳／言分]。いろん[異論]。まうしぶん[申分]。

ーない 中古うつくし[美]。うまし[美／旨]。

もうじゃ【亡者】 近代しばうしゃ[死亡者]。中世ししゃ[死者]。しびと[死人]。中古いうれい[幽霊]。上代しにびと／しにん[死

人］。まうじゃ［亡者］。→ししゃ【死者】

もうしゅう【妄執】 中世 じゃねん［邪念］。めいまう［迷妄］。中古 まうしふ［妄執］。まうねん［妄念］。

もうしょ【猛暑】 近代 げきしょ［激暑／劇暑］。まうしょ［猛暑］。れっしょ［烈暑］。近世 げんしょ［厳暑］。中世 こくしょ［酷暑］。ごくしょ［極暑］。たいしょ［大暑］。中古 えんしょ［炎暑］。えんねつ［炎熱］。

もうしょう【猛将】 きょうしょう［強将］。とうしょう［闘将］。近代 がうしゃう［強将／剛将／豪将］。けうしゃう［梟将］。近世 げうしゃう［驍将］。中世 まうしゃう［猛将］。ゆうしゃう［勇将］。

もうしわけ【申訳】 近代 エクスキューズ(excuse)。かうべん［抗弁］。しゃくめい［釈明］。たふべん［答弁］。べんかい［弁解］。べんめい［弁明］。近世 いひひらき［言開］。まうしひらき［申開］。中世 いひわけ［言訳］。まうしぶん［申分］。まうしわけ［申訳］。→いいわけ

―が立つ 近代 あひすむ［相済］。近世 すむ［済］。世間が立つ。

もうしわけな・い【申訳無】 近世 すまぬ［済］。まうしわけなし［申訳無］。わるし［悪］。紺屋(こうや)の地震。

―・い気持ち 近世 おそれおもふ［恐思］。せっかく［折角］。

もうしわた・す【申渡】 近代 つうこく［通告］。近世 せんげん［宣言］。中世 いひわたす［言渡］。まうしわたす［申渡］。中古 くだす［下］。上代 せんこく［宣告］。

もうしん【妄信】 近代 きゃうしん［狂信］。くゎしん［過信］。ばうしん［妄信］。まうしん［妄信］。

もうしん【猛進】 近代 とっしん［突進］。まいしん［邁進］。まうしん［猛進］。近世 ばくしん［驀進］。

もうじん【盲人】 近代 こじん［瞽人］。近世 あんま［按摩］。ざとう［座頭］。まう［盲］。中世 まうしゃ［盲者］。まうもく［盲目］。めくら［盲／瞽］。中古 こしゃ［瞽者］。まうじん［盲人］。めしひ［盲］。

もう・す【申】 →もうしあ・げる

もうすぐ 近代 まぢかい［間近］。中世 きんきん［近近］。ちかく［近］。中古 ちかぢか［近近］。

もうすこし【少】 いまいち［今一］。もうちょっと。近世 すでのこと。まそっと。中世 まっと。もそっと。

―で すんでのところで。まかりまちがえば。近世 あはや。あぶなく［危］。あやうく［危］。中世 すでに［既／已］。すんでに［既／已］。すんでのこと［既事］。上代 ほとほと［殆／幾］。

もうそう【妄想】 近代 くうさう［空想］。げんさう［幻想］。ばうさう［妄想］。近世 むさう［夢想］。中世 じゃねん［邪念］。中古 まうさう／まうざう［妄想］。

―による恐れ 近代 あんき［暗鬼］。ぎしんあんき［疑心暗鬼］。杯中(はいちゅう)（盃中）の蛇影(だえい)（じゃえい）。

―のたとえ 中世 しっつう［漆桶］。

―を捨てよ 中世 まくまうざう［莫妄想］（禅語）。

その他―のいろいろ（例） こうそもうそう［好訴妄想］。しっともうそう［嫉妬妄想］。ちゅうしもうそう［注視妄想］。ついせきもうそう［追跡妄想］。ひがいもうそう［被害妄想］。

もう・でる【詣】 中世 けいす［詣］。中古 さんけい［参詣］。さんぱい［参拝］。まゐる［参］。上代 まうづ［まうでる］［詣］。まゐづ［参］。

もうとう【毛頭】 →すこしも

もうねん【妄念】 中世 じゃねん［邪念］。めいまう［迷妄／冥妄］。中古 まうしふ［妄執］。まうねん［妄念］。

もうはつ【毛髪】 →かみ【髪】

もうふ【毛布】 近代 ケット／ケットー／ブランケット(blanket)。もうふ［毛布］。

赤い― 近代 あかゲット［赤 blanket］。

アフガン編みの― 近代 アフガン(afghan)。

もうまい【蒙昧】 中世 むがく［無学］。中古 あんぐ［暗愚］。おろか［愚］。せんがく［浅学］。もうまい［蒙昧／矇昧／濛昧］。上代 むち［無知］。

もうれつ【猛烈】 ものすごい［物凄］。近代 きゃうれつ［強烈］。げきゑつ［激越］。しれつ［熾烈］。つうれつ［痛烈］。ねつれつ［熱烈］。近世 すさまじ［凄］。中世 げきれつ［激烈／劇烈］。中古 あらあらし［荒荒］。あらし［荒］。いかめし［厳］。いちはやし［逸速］。はげし［激］。まうれつ［猛烈］。

もうろう【朦朧】 近世 うっとり。おぼろげ［朧気］。ぼんやり。もやもや。中世 もうろう［朦朧］。

もうろく【耄碌】 近世 もうろく［耄碌］。中世 おいしらむ［老痴］。中古 おいしらふ／おいしる［老痴］。ひがむ［僻］。ぼく［ぼける］［惚］。ほけしる［惚痴］。ほる［ほれる］［惚／恍／耄］。上代 おいぼる［―ぼれる］［老耄］。らうすい［老衰］。

もえがら【燃殻】 もえかす[燃滓]。近代もえがら[燃殻]。近世たきがら[焚殻]。もえのこり[燃残]。中世もえさし[燃止]。もえすさり[燃退]。

―と灰 近代じんくゎい[燼灰]。中世くゎいじん[灰燼]。

―の木 近世もえぼっくひ。上代もえくひ[燃杭/燼]。

も・える【萌】→**めば・える**

も・える【燃】 近代ねんせう[燃焼]。火が出る。上代もゆ[もえる][燃]。やく[やける][焼]。《枕》中古かげろふの[陽炎]。上代かぎろひの[陽炎]。

―・え出す(こと) 近代火が付く。近世いんくゎ[引火]。はっくゎ[発火]。中古もえつく[燃付]。

―・えて黒くなる 中古もえこがる[燃焦]。

―・えて無くなる 近代ぜんせう[全焼]。もえつくす[燃尽]。近世まるやけ[丸焼]。中世灰燼(くゎいじん)と化す。灰燼に帰す。中古もえつく[―つきる][燃尽]。煙に(と)なる。灰に(と)なる。

―・えないこと ふねん[不燃]。

―・えにくいこと なんねん[難燃]。近代たいくゎ[耐火]。

―・え残りの火 くすぶり。近代のこりび[残火]。近世じんよ[燼余]。中世もえさし[燃差]。もえすさり[燃退]。中古よじん[余燼]。

―・え広がる(こと) 中古もえわたる[燃渡]。上代えんせう[延焼]。

―・え広がる速さ ひあし[火脚/火足]。近代火の回り。

―・えやすいこと かねん[可燃]。

―・えるさま 近代かんかん。ぶすぶす。もくもく。近世かっか(と)。とろとろ。ぱちぱち。へらへら。ぼうぼう。めろめろ。中世かっかっ。かっと。ちょろちょろ。ちろちろ。ぼっと。中古めらめら。もうもう[濛濛]。

―・える火が途中で消える 中世たちぎゆ[―ぎえる][立消]。

―・える光と炎 近世くゎうえん[光炎/光焔]。

風上に―・え移る火 しりび[後火/尻火]。

消えた火がまた―・えること さいねん[再燃]。さいねんしょう[再燃焼]。

盛んに―・える(さま) 近代かくえん[赫焉]。もえさかる[燃盛]。煙炎天に漲(みなぎ)る。近世えんえん[炎炎]。中世えんえん[炎焔]。中古えんじゃう[炎上/焔上]。もえわたる[燃渡]。

盛んに―・える煙 近代まうえん[猛煙]。中世みゃうえん[猛煙]。

盛んに―・える炎 中世みゃうえん[猛炎]。中古まうえん[猛炎/猛焔]。

炭に火が付いて―・える おきる/おこる[熾]。

全体が―・え上がるさま 近代ひだるま[火達磨]。

モーション(motion) 近代モーション。近世かうどう[行動]。みうごき[身動]。中世どうさ[動作]。中古きょどう[挙動]。しょさ[所作]。みじろぎ[身動]。上代ふるまひ[振舞]。

モード(mode) 近代ファッション(fashion)。モード。近世はやり[流行]。中世りうかう[流行]。

モーメント(moment) →**モメント❶❷❸**

もが・く【踠】 近世のたうつ。もがく[踠/藻掻]。のたを打つ。中世ぬたうつ。中古あがく[足掻]。もだゆ[もだえる][悶]。

―・くさま 近世じたばた。虚空を摑む。

水に溺れかけて―・くさま 近世あっぷあっぷ。

もぎ【模擬】 シミュレーション/シュミレーション(simulation)。近世ぎじ[疑似/擬似]。まねごと[真似事]。もぎ[模擬/摸擬]。もはう[模倣]。中古まね[真似]。

もぎどう【没義道】 近世ふにんじゃう[不人情]。もぎだう[没義道/無義道]。中古ぶだう[無道/不道]。むだう[無道]。上代ひだう[非道]。

もぎと・る【捥取】 近世もぎりとる[捥取]。中世ちぎる[千切]。むしりとる[毟取]。もぎとる[捥取]。もる[捥]。

ねじって―・る 近世ねぢとる[捩取]。

もくげき【目撃】 目で見る。中世もくと[目睹/目覩]。目にする。中古もくげき[目撃]。

もくげんじ【木槵子】 近世せんだんばのぼだいじゅ[楝葉菩提樹]。中古もくげんじ[木槵子/木患子]。もくれんじ[欒樹]。

もぐさ【艾】 近代くすりもぐさ[薬艾]。中世もぐさ[艾]。中古やきくさ[焼草/焼種]。

もくざい【木材】 近世もくざい[木材]。中世ようぼく[用木]。れうぼく[料木]。中古ざいもく[材木]。→**ざいもく**

―で周辺部の白い部分 はくざい[白材]。へんざい[辺材]。近代はくぼくしつ[白木質]。中世しらた[白太]。

―の香り 近代きが[木香]。

―の中心部 しんざい[心材]。近代あかみ[赤身]。

―の継ぎ手の凹凸のある材 中世めぎ[女木]。をぎ[男木/雄木]。

ーの表皮を手斧(ちょうな)でまだらに削ること 近代 かのこうち［鹿子打］。かのこけづり［鹿子削］。
ーの木目 きり［肌理］。近代 きぢ［木地］。→もくめ
ーの割れ目に木切れを埋めること 中世 うめき［埋木］。
ーを切り出す山 近世 きやま［木山］。
ーを小片にしたもの チップ(chip)。
ーを鋸でひいて割る 近代 ひきわる［挽割］。
薄く製材されたー いたざい［板材］。上代 いた［板］。
堅いー 中古 かたぎ［堅木］(カシ、ナラ、クヌギ、ケヤキなど)。
床柱などにする趣あるー めいぼく［銘木］。
よいー 中世 りゃうざい［良材］。中古 りゃうぼく［良木］。
もくさつ【黙殺】→**むし【無視】**
もくさん【目算】→**みつもり**
もくし【黙視】→**ざし**
もくし【黙思】 近代 めいさう［瞑想］。もくさう［黙想］。もくし［黙思］。→**もくそう**
もくじ【黙示】→**あんじ**
もくじ【目次】 近代 コンテンツ(contents)。近世 もくじ［目次］。中古 もくろく［目録］。
もくしょう【目睫】→**もくぜん【目前】**
もくせい【木製】 近代 もくせい［木製］。中世 きづくり［木造／木作］。中古 もくざう［木造］。
もくせい【木星】 近代 せってい［摂提］。中世 もくせい［木星］。中古 さいせい［歳星］。上代 たいさい［太歳／大歳］。
もくせい【木犀】 近世 がんけい［巌桂］。近代 きうりかう［九里香］。もくせい［木犀］。

もくぜん【目前】 かおさき［顔先］。近代 もくせふ［目睫］。近世 てまへ［手前］。はな(の)さき［鼻先］。めさき［目先／目前］。めどほり［目通］。中世 はなもと［鼻許／鼻元］。まのまへ［目前］。中古 がんぜん［眼前］。まのあたり［目当］。めぢかし［目近］。めのまへ［目前］。もくぜん［目前］。上代 まなかひ［目交／眼間］。
もくぜん【黙然】 ふげんふご［不言不語］。近代 ちんもく［沈黙］。中世 もくぜん［黙然］。もくもく［黙黙］。中古 むごん［無言］。もくねん［黙然］。
もくそう【黙想】 近代 せいし［静思］。ちんしもくかう［沈思黙考］。めいさう［瞑想／冥想］。メディテーション(meditation)。もくかう［黙考］。もくさう［黙想］。もくし［黙思］。中世 くゎんさう［観想］。中古 ちんし［沈思］。
もくぞう【木造】 近世 もくせい［木製］。中世 きづくり［木造／木作］。中古 もくざう［木造］。
ーの家 もくぞうかおく［木造家屋］。近代 もくざうけんちく［木造建築］。
ーの船 近代 もくざうせん［木造船］。もくせん［木船］。
もくぞう【木像】 近世 ゑりくぐつ［彫傀儡］。中世 もくしゅ［木主］。もくじん［木人］。中古 もくざう［木像］。
ーの彫刻 近代 もくてう［木彫］。近世 きぼり［木彫］。なたぼり［鉈彫］。
神仏や貴人のー 中世 ごえい／みえい［御影］。
もくそく【目測】→**めぶんりょう**
もくだく【黙諾】→**もくにん**
もくたん【木炭】 近世 もくたん［木炭］。中古 すみ［炭］。→**すみ【炭】**
ーで描いた絵 もくたんが［木炭画］。
ーをつくること せいたん［製炭］。中世 すみたき［炭焼］。中古 すみやき［炭焼］。
もくてき【目的】 近代 いと［意図］。オブジェクト(object)。ゴール(goal)。しゅし［趣旨］。ねらひ［狙］。めざし［目差／目指］。もくと［目途］。もくへう［目標］。近世 あてど［当所］。しょうど。もくてき［目的］。中世 あてどころ［宛所／充所／当所］。まと［的］。めあて［目当］。めど［目処］。中古 あて［当／宛］。こころざし［志］。ほい／ほんい［本意］。上代 ため［為］。
《句》近代 重宝(ちょうほう)を懐(いだ)く者は夜行(やかう)せず。
ー以外の産物 近代 ふくさんぶつ［副産物］。
ー達成のため失うもの 近代 だいか［代価］。だいしゃう［代償］。
ーに適い適切であること 近代 がふもくてき［合目的］。中世 せったう［切当］。
ーに達すること 近代 くゎんすい［完遂］。そうこう［奏功］。やりきる［遣切］。やりとげる［遣遂］。近世 やってのける［遣退］。中世 じゃうじう／じゃうじゅ［成就］。はらす［晴／霽］。やりとほす［遣通］。先途(せんど)を遂ぐ［ー遂げる］。中古 こぎつく［ーつける］［漕着］。せいこう［成功］。
ーのない行動のさま 近世 ふらふら。ぶらぶら。ふらり。中世 だらだら。
ーは一つ(道は違っても) 《句》すべての道はローマに通ず。
ーは別にあること 近代 てきほんしゅぎ［敵本主義］。《句》近代 敵は本能寺にあり。
ーもなく来ること(去ること) 近代 へうぜん

も

[飄然]。
ーを達しなかったこと　ふはつ[不発]。近代 しっぱい[失敗]。みすい[未遂]。
ーを果たすにはその周囲から　外堀を埋める。《句》近代 将を射んと欲すればまづ馬を射よ／人を射んとせばまづ馬を射よ。
多くのー　たもくてき[多目的]。マルチパーパス(multipurpose)。
本来のー　ほんし[本旨]。中古 ほい／ほんい[本意]。《句》近代 敵は本能寺にあり。

もくてきち【目的地】 近代 もくてきち[目的地]。中世 いきさき／ゆきさき[行先]。上代 ゆくへ[行方]。
ーがなかなか見つからない　近代 たづねあぐむ[尋]。
ーを変えて進む　近代 てんかう[転向]。近世 てんしん[転進]。
ーを通り越す　中古 いきすぐ(ーすぎる)[行過]。上代 ゆきすぐ(ーすぎる)[行過]。

もくと【目途】 →めあて

もくにん【黙認】 近代 かす[仮]。もくきょ[黙許]。もくくゎ[黙過]。もくだく[黙諾]。もくにん[黙認]。目を瞑(ぶつ)る(瞑(むつ)る)。近世 のがれ[逃／遁]。めこぼし[目溢]。大目に見る。見て見ぬふり。中世 かしゃく[仮借]。ざし[座視]。みのがす[見逃]。もだす[黙]。ようしゃ[用捨]。中古 いうじょ[宥恕]。かんくゎ[看過]。みゆるす[見許]。

もくねん【黙然】 →もくぜん【黙然】

もくひ【黙秘】 きょうじゅつきょひ[供述拒否]。近代 もくひ[黙秘]。近世 だまる[黙]。中世 もくす[黙]。もくぜん[黙然]。中古 むごん[無言]。もくねん[黙然]。もだす[黙／黙止]。

もくひょう【目標】 ガイドライン(guideline)。メルクマール(ドイツ Merkmal)。近代 きんてき[金的]。ゴール(goal)。ねらひ[狙]。ねらひどころ[狙所]。はたじるし[旗印／幟]。もくと[目途]。もくへう[目標]。近世 もくてき[目的]。中世 あてどころ[宛所／充所／当所]。へうじゅん[標準]。へうてき[標的]。まと[的]。めあて[目当]。めじるし[目印]。めど[目処]。めやす[目安]。中古 はか[捗／果]。上代 ため[為]。→**もくてき**
《句》近代 志ある者は事竟(ひつ)に成る。
ーが定まらないたとえ　近世 闇夜の鉄砲。
ーとする　近代 しかう[指向]。中世 めがく(めがける)[目掛]。中古 こころざす[志]。めざす[目差／目指]。上代 ねらふ[狙]。

もくへん【木片】 近代 いたっきれ[板切]。こば[木羽／木端]。もくへん[木片]。近世 いたぎれ[板切]。ぼうぎれ[棒切]。中世 きぎれ[木切]。こけら[柿／木屑]。

もくめ【木目】 近代 きぢ[木地]。近世 ねかぶ[根株]。もくり[木理]。中世 きめ[木目／肌理]。きりかぶ[切株]。きりくひ[切杭]。もく[木／杢]。もくめ[木目]。中古 きさ[檼]。くひぜ[株／杭]。上代 かりばね[刈株]。
渦巻状の美しいー　近世 たまもく[玉目]。
年輪が平行なー　中世 まさ[柾]。まさめ[柾目／正目]。
目が糸のように細かく密な柾目のー　いとまさめ[糸柾目]。
目の粗い柾目のー　あらまさめ[粗柾目]。
その他ーのいろいろ(例)　近世 うづらもく[鶉木]。じょりんもく[如鱗目／如輪木]。中世 うづらめ[鶉目]。中古 いため[板目]。

もくやく【黙約】 近代 ないやく[内約]。みつやく[密約]。近世 もくけい[黙契]。

もくよく【沐浴】 近代 あびる[浴]。近世 にふたう[入湯]。にふよく[入浴]。中世 ゆあび[湯浴]。よくす[浴]。上代 もくよく[沐浴]。ゆあみ[湯浴]。→**にゅうよく**
ー・させる　中世 あぶす(あぶせる)[浴]。中古 あびす(あびせる)[浴]。上代 あむす[浴]。

もぐら【土竜】 近世 でんそ[田鼠]。もぐら[土竜／鼹鼠]。もぐらもち[土竜]。中世 うぐらもち。むぐら[土竜]。どりゅう[土竜]。むぐらもち[土竜]。中古 うごろ／うごろもち[鼹鼠]。えんそ[偃鼠]。

もぐ・る【潜】 スキューバダイビング(scuba diving)。スキンダイビング(skin diving)。すもぐり[素潜]。せんにゅう[潜入]。ダイビング(diving)。ダイブ(dive)。近代 せんすい[潜水]。もぐる[潜]。近世 かいくぐる[掻潜]。むぐる[潜]。中古 みなくぐる／みなぐる[水潜]。上代 かづく[潜]。くく／くくる[漏／潜]。くぐる[潜]。たちくく[立潜]。
ー・ったまま泳ぐ(法)　せんすいえいほう[潜水泳法]。近代 せんかう[潜行]。
ー・って貝や海藻を採る(こと)　上代 かづき[潜]。かづく[潜]。
ー・って航行すること　せんこう[潜航]。
ー・らせる　上代 かづく[潜]。

もくろく【目録】 いちらんひょう[一覧表]。近代 カタログ(catalogue)。しながき[品書]。しなづけ[品付]。リスト(list)。近世

もくじ[目次]。中世ちゅうもん[注文／註文]。ひんもく[品目]。中古かきたて[書立]。もくろく[目録]。
ーだけあって現物がないこと 近代そんもく[存目]。
ーをのせる台 近世もくろくだい[目録台]。をりがみだい[折紙台]。
芸術関係のー カタログレゾネ(フランス catalogue raisonné)。ディスコグラフィ(discography)。
寺社に奉加する金品のー 中古ほうがちゃう[奉加帳]。
全体のー 近代そうもく[総目]。中世そうもくろく[総目録]。

もくろみ【目論見】 近代きと[企図]。きと[希図／冀図]。けいと[計図]。近世いちもつ[一物]。おもひいれ[思入]。したごころ[下心]。しんけい[心計]。もくさん[目算]。もくろみ[目論見]。中古きばう[企望]。

もくろ・む【目論】 近世しくむ[仕組]。たくなむ[巧]。たくらむ／たくろむ[企]。もくろむ[目論]。→くわだ・てる
→くわだて →けいかく

もけい【模型】 ダミー(dummy)。近代ジオラマ／ディオラマ(フランス diorama)。ミニチュア(miniature)。もけい[模型]。もざう[模像]。モデル(model)。近世はこにわ[箱庭]。ひながた[雛形]。
ーの製作 近代モデリング(modeling)。
海上の景色のー 中古うみがた[海形]。
地球のー 近代ちきうぎ[地球儀]。
▼盆の上に風景を模したもの 近世ぼんけい[盆景]。中世ぼんせき[盆石]。

もさ【猛者】 きょうごう[強豪]。近代きゃうしゃ[強者]。近世もさ[猛者]。中世かうのもの[剛者]。ゆうしゃ[勇者]。中古がうけつ[豪傑]。つはもの[兵]。上代ゆうし[勇士]。

もさく【模作】 フェイク／フェーク(fake)。近代イミテーション(imitation)。もさく[模作]。近世ぎせい[擬製]。もざう[模造]。→にせもの

もさく【模索】 近代まさぐる[弄]。中世もさく[模索]。中古てさぐり[手探]。

もし【若】 近代いやしくも[苟]。ばんばんいつ[万万一]。もしか。もしかして。近世まんまんいち[万万一]。よしんば[縦]。中世いったん[一旦]。かりに[仮]。しぜん[自然]。せんばん[千万]。中古たとひ[仮令／縦／縦令]。たまさか[偶]。もしそれ[若夫]。もしも[若]。もしや[若]。上代けだし[蓋]。けだしくも[蓋]。まんいち／まんいつ[万一]。もし[若]。
ーかすると →もしや
ーそうでなければ 近代さなくば。近世さもないと。さもなくば。
ーできるなら 能(あた)う限り。近代なるべくは。近世相成るべくは。
ーなければ 中古なかりせば。

もじ【文字】 近代キャラクター(character)。レター(letter)。中古しょけい[書契]。もじ[文字]。もん[文]。もんじ[文字]。鳥の足。鳥の跡。上代じ[字]。な[字]。
ーがかすれていること かすりふで／かすれふで[掠筆]。近代かっぴつ[渇筆]。中古ふでがれ[筆枯]。
ーがしっかり書かれている 中世すわる[座／坐／据]。
ーが上手になる 中世手が上がる。
ーが読めないこと 近代ふぶん[不文]。むていじ[無丁字]。目に一丁字なし。近世やみ[闇]。中世いちもんふち[一文不知]。ふもん[不文]。ふもんじ[不文字]。一丁字(いっていじ)を識らず。中古もんまう[文盲]。
ーが読めない人 近代ぼつじかん[没字漢]。
ーが読めること しきじ[識字]。
ーから受ける感じ もじづら[文字面]。中世じづら[字面]。
ーに書き記されていないこと 近代ふぶん[不文]。
ーに書き記すこと 近代ひつろく[筆録]。
ーに記された意味の奥にある真意 がんい[含意]。コノテーション(connotation)。言外の意味。近世ぎゃうかん[行間]。中世がんちく[含蓄]。
ーに記された意味の奥を読み取ること たいどく[体読]。行間を読む。
ーに記された通り(の意味) デノテーション(denotation)。近代もじどほり[文字通]。
ーに記された通りに理解すること 近世しきどく[色読]。
ーの遊び(例) へのへのもへじ。近代へのへのもへじ。近世じなぞ[字謎]。じなほし[字直]。へまむしょにふだう[入道]。もじゑ[文字絵]。中世あしでがき[葦手書]。みづで[水手]。もじあはせ[文字合]。
ーの勢い 中古ひっぽう[筆鋒]。
ーの一部 中古かたもじ[片文字]。
ーの意味 中世じぎ[字義]。

―の書き方 近世しょたい[書体]。中古しょはふ[書法]。

―の書きぶり 近世うんぴつ[運筆]。しょふう[書風]。筆の運び。中世ひっぱふ[筆法]。中古ふでづかひ[筆遣]。もじづかひ[文字遣]。

―の画を略して書くこと しょうかく[省画]。近代りゃくひつ[略筆]。

―の形 近世しょたい[書体]。中世じたい[字体]。

―の形(例)①[漢字等] いたいじ[異体字]。いたいもじ[異体文字]。かんたいじ[簡体字]。きゅうじたい[旧字体]。しんじたい[新字体]。

―の形(例)②[活字等] しゃたい[斜体]。ローマン(roman)。近代イタリック(italic)。ゴシック/ゴチック(Gothic)。みんてうくゎつじ[明朝活字]。

―の書式(例) ひだりがき[左書]。みぎがき[右書]。中世たてがき[縦書]。よこがき[横書]。

―の使い方 近世ようじ[用字]。

―の配置 近世じづめ[字詰]。中世じくばり[字配]。

―の読みが難しいこと 近代なんどく[難読]。

―の輪郭だけを写し取ること ふたえがき[二重書]。近世かごうつし[籠写]。さうこう[双鉤]。

―を書いて報酬をもらうこと 中古ひっかう[筆耕]。

―を書く(こと) レタリング(lettering)。近世しょじ[書字]。中古くゎくす[画/劃]。て[手]。てかく[手書]。

―を書くことの上手下手 中古てしょう[手性]。

―を書くのがはやいこと 中古さうひつ[早筆]。

―を書くのが乱暴なこと 近代らんぴつ[乱筆/濫筆]。近世なぐりがき[殴書]。

―を上手に書くこと 近代筆が立つ。近世ぜんしょ[善書]。中世たっぴつ[達筆]。上代のうしょ[能書]。

―を上手に書く人 中古てかき[手書]。のうひつ[能筆]。上代のうしょ[能書]。

―を続けないで離して書くさま 中古つぶつぶ。

―を習う 近代しふじ[習字]。しょだう[書道]。中古てならふ[手習]。

「一」という― 中古いちもんじ[一文字]。

「い」の― 近世かながしら[仮名頭]。

「京」の― 近代かなじり[仮名尻]。

新たに作られた― 近代しんじ[新字]。

石摺り(拓本)の― 近代たふぶん[搨文]。

意味に関係なく当てはめた― 近代かりじ[借字]。中世あてじ[当字/宛字]。

大きな― 近世おほもんじ[大文字]。たいしょ[大書]。だいもじ[大文字]。中世おほもじ[大文字]。中古だいじ[大字]。だいもんじ[大文字]。

書かれた― 中世ぼくこん[墨痕]。ぼくせき[墨跡/墨蹟]。中古あと[跡/迹]。しゅせき[手跡/手蹟]。て[手]。ひっせき[筆跡/筆蹟]。ふで[筆]。上代しょせき[書跡/書蹟]。ひっさつ[筆札]。《謙》近代らんぴつ[乱筆]。近世ぐがう[愚毫]。せっぴつ[拙筆]。中古ぐひつ[愚筆]。→**ひっせき**

書かれた―の様子 近代かきっぷり/かきぶり[書振]。中世じづら[字面]。

木に刻んだ― 中古しょけい[書契]。

金属や石に彫った― 近代きんぶん[金文]。せきぶん[石文]。

金泥で書いた― 近代きんもじ[金文字]。中世きんじ[金字]。中古こんじ[金字]。

銀泥で書いた― ぎんもじ[銀文字]。中世ぎんじ[銀字]。

左右逆に書かれた― かがみもじ[鏡文字]。きょうえいもじ[鏡映文字]。近世ひだりもじ[左文字]。

自国の― 近世こくじ[国字]。

図案化した― えもじ[絵文字]。レタリング(lettering)。ロゴタイプ(logotype)。近代がふじ[合字]。さうしょくもじ[装飾文字]。はなもじ[花文字]。モノグラム(monogram)。近世ひはく[飛白]。

墨で書かれた― すみじ[墨字]。中世ぼくこん[墨痕]。ぼくせき[墨跡/墨蹟]。中古ぼくじ[墨字]。

小さな― こまじ[細字]。中世こもじ[小文字]。さいじ[細字]。

小さな―のたとえ 近世ようとう[蝿頭]。

点字に対して普通の― すみじ[墨字]。

日本の― 近代はうぶん[邦文]。わぶん[和文]。近世こくじ[国字]。中古わじ[和字/倭字]。

発音しない― 近代サイレント(silent)。

一つの― 近代いっちゃうじ[一丁字]。近世いっていじ[一丁字]。中世いちもん[一文]。いちもんじ[一文字]。中古いちじ[一字]。ひともじ[一文字]。

標準的でない― いたいがな[異体仮名]。い

たいもじ[異体文字]。近代いぶん[異文]。へんたいがな[変体仮名]。

太い線の― ふとじ[太字]。近代にくぶと[肉太]。近世ふでぶと[筆太]。

下手な― おれくぎりゅう[折釘流]。近代かなくぎりう[金釘流]。近世かなくぎ[金釘]。せっぴつ[拙筆]。ふんどし[褌/犢鼻褌]。みみず[蚯蚓]。蚯蚓ののたくったやう。中世あくひつ[悪筆]。しゅんいんしうだ[春蚓秋蛇]。中古とりのあと[鳥跡]。みみずがき[蚯蚓書]。

細い線の― にくぼそ[肉細]。ほそじ[細字]。中世さいじ[細字]。

間違いやすい― 近世えんば[焉馬]。ろぎょがいし[魯魚亥豕]。中世うえん[烏焉]。ろぎょうえんば[烏焉馬]。ぎょろ[魚魯]。中古ろぎょ[魯魚]。

間違ったり抜け落ちた― 近世だつじ[脱字]。中世えんじ[衍字]。上代ごじ[誤字]。

無駄な― 近代じょうじ[冗字]。

横に書く― 近代かにもじ[蟹文字]。近世よこもじ[横文字]。

輪郭だけ(籠写かごうつし)で書いた― しろぬきもじ[白抜文字]。ふくろもじ[袋文字]。近世かごじ[籠字]。さうこうじ[双鉤字]。ひはく[飛白]。ふたへじ[二重字]。ふたへもじ[二重文字]。

ローマ字で名前などの最初の― イニシャル(initial)。

その他―のいろいろ(例)①[海外の] キリルもじ[Cyrillic文字]。ハングル(朝鮮語)。ヘブライもじ[ギリシャHebraios文字]。近代アラビアもじ[Arabia文字]。アルファベット(alphabet)。えいじ[英字]。やうじ[洋字]。ラテンもじ[Latin文字]。ローマじ[Roma字]。近世もろこしもじ[唐土文字]。中世かんじ[漢字]。

その他―のいろいろ(例)②[日本の] 近代アラビアすうじ[Arabia数字]。へんたいがな[変体仮名]。ローマじ[Roma字]。近世かなもじ[仮名文字]。まんえふがな[万葉仮名]。中世ひらがな[平仮名]。中古かたかな[片仮名]。かんじ[漢字]。

その他―のいろいろ(例)③[種類] えもじ[絵文字]。おんそもじ[音素文字]。けいしょうもじ[形象文字]。こうこつもじ[甲骨文字]。なわもじ[縄文字]。はつおんきごう[発音記号]。ひょういもじ[表意文字]。ひょうごもじ[表語文字]。近代おんじ[音字]。おんせつもじ[音節文字]。おんぺうもじ[音標文字]。くさびがたもじ/せっけいもじ[楔形文字]。しゃうけいもじ[象形文字]。てんじ[点字]。てんぶん[篆文]。へうおんもじ[表音文字]。中世てんじ[篆字]。中古くゎともじ[蝌蚪文字]。

もしくは【若】 近代もしくは[若]。近世それとも。中世あるいは/あるは[或]。ただし[但]。中古また[又/亦]。もしは[若]。上代または[又]。

もじどおり【文字通】 リテラル(literal)。近代もじどほり[文字通]。中古そのまま[其儘]。にょほふ[如法]。

もしも【若】 →**もし**

もしもし ちょっと[一寸]。近代ハロー(hello)。近世あいや。まうし[申]。中世いえ。しい。ししまうし[申]。なう[喃]。なうなう[喃喃]。もしもし。ものまう/ものまうす[物申]。いかに申し候。申し申し。中古ものうけたまはる/ものけたまはる[物承]。上代ものまをす[物申]。

もじもじ 近世うぢうぢ。うぢかは/もぢかは。まじまじ(と)。もぢもぢ。

―・する 近世もぢつく[付]。中世畳の塵を捻ひねる。畳の縁へりを毟むしる。中古きえいる[消入]。すずろく[漫]。

もしゃ【模写】 近代トレース(trace)。ふくしゃ[複写]。ふくせい[複製]。リプロダクション(reproduction)。近世もはう[模倣/摸倣]。中世もす[模]。中古うつし[写]。てんしゃ[転写]。もしゃ[模写/摸写/摹写]。

―・した本 近代ふくこくぼん[復刻本/複刻本]。もほん[模本/摸本]。

研究などのために―・した絵画 近世ふんぽん[粉本]。

手本どおりに―・すること(もの) 近代りんぐゎ[臨画]。近世りんしゃ[臨写]。中古りんしょ[臨書]。

もしや【若】 近代ひょっとしたら/ひょっとすると。もしかして。近世ことによると。中世ただし[但]。はたまた[将又]。もし。中古あるいは[或]。もしくは[若]。もしや[若]。ようせずは。上代けだし[蓋]。はた/はたや[将]。はたやはた[将将]。

もず【百舌】 近世はんぜつ[反舌]。中古はくらう[伯労]。上代もず[百舌/鵙/百舌鳥]。

も・する【模】 中世もす[模/摸/摹]。中古うつす[写]。なぞらふ[―らえる][準/准/擬]。にす[にせる][似]。まぬ[まねる][真似]。

もぞう【模造】 近代イミテーション(imita-

tion)。リプロダクション(reproduction)。近世もざう[模造／摸造]。もせい[模製／摸製]。→にせもの【贋物】

―・した宝石 近代じんざうせき[人造石]。

―・した宝石(例) もぞうはっきん[模造白金]。近代ホワイトゴールド(white gold)。

完璧に―・した物 デッドコピー(dead copy)。

もぞうひん【模造品】 がんぞうぶつ[贋造物]。フェイク／フェーク(fake)。近代いかもの[如何物]。イミテーション(imitation)。がんせい[贋製]。ふくせい[複製／覆製]。もざうひん[模造品]。近世がんさく[贋作]。こしらへもの[拵物]。まがひもの[紛物]。中世がんぶつ[贋物]。にせもの[贋物／偽物]。→にせもの【贋物】

もだ・える【悶】 はんおう[煩懊]。近代くもん[苦悶]。ふんもん[憤悶]。もん[悶]。近世あうなう[懊悩]。もがく[踠]。中世あがく[足掻]。はんもん[煩悶]。みもだえ[身悶]。中古こころやく[心焼]。ふしまろぶ[臥転]。もだゆ[もだえる][悶]。上代あつかふ[熱]。

―・え狂い跳ね回って死ぬこと 中世あつちじに[死]。

―・えて気絶すること 中古もんぜつ[悶絶]。

―・えて転げ回るさま 中世もんぜつびゃくぢ[悶絶躃地]。

―・え泣くこと 近世しんきなき[辛気泣]。

―・えるさま 近世もだもだ。中世よぢりすぢり[捩]。

恋しさのため―・える 中世こひこがる[―こがれる][恋焦]。

もたせか・ける【凭掛】 近世さしかく[―かける][差掛／指掛]。中世もたせかく[―かける][凭掛／持掛]。中世たてかく[―かける][立掛]。中古よせかく[―かける][寄掛]。

身体を―・ける なげかける[投掛]。近世もたれかかる[凭掛／靠掛]。中古あづく(あずける)[預]。おしかかる[押掛]。よりかかる[寄掛／倚懸／凭掛]。よる[寄／倚／凭]。

→もたれかか・る

もたつ・く 近世ぐづつく。たぢろぐ。中世あしぶみ[足踏]。たぢろく。ちたい[遅滞]。つかふ(つかえる)[支／閊]。中古えんたい[延滞／淹滞]。ていたい[停滞]。上代とどこほる[滞]。よどむ[淀／澱]。

―・いていること(人) 近世たろべゑ[太郎兵衛]。

―・くさま もたもた。中世ぐづぐづ。たどたどし。

モダニズム(modernism) 近代あたらしがり[新]。きんだいしゅぎ[近代主義]。げんだいふう[現代風]。モダニズム。近世たうせいふう[当世風]。中古いまやう[今様]。

もたら・す【齎】 近代せうらい[招来]。中世もたらす[齎]。中古きたす[来]。上代いたす[致]。

―・される 中古でんらい[伝来]。とらい[渡来]。

もたれかか・る【凭掛】 近世もたれかかる[凭掛／靠掛]。中世たちかかる[立掛]。中古おしかかる[押掛]。かかる[掛／懸]。よりかかる[寄掛]。

もた・れる【凭】 近世しなだれかかる[撓垂掛]。もたれかかる[凭掛／靠掛]。中世しなだる[―だれる][撓垂]。もたる[もたれる][凭／靠／持]。中古よりかかる[寄掛]。上代いかかる[懸]。よる[寄／倚／凭]。→もたれかか・る(前項)

モダン(modern) 近代きんだいてき[近代的]。げんだいてき[現代的]。モダン。近世いまふう[今風]。たうせいふう[当世風]。中古いまやう[今様]。

もち【餅】 近世あんも[餡餅](幼児語)。おかちん／かちん[御餅](女房詞)。かちいひ[搗飯]。つきもち[搗餅]。中世あも[餅](幼児語／女性語)。上代もち[餅]。もちひ[餅]。

―を薄く切って乾かしたもの 近代おかき[御欠／御掻](もと女性語)。近世かきもち[欠餅]。へぎもち[折餅]。

―を食べたときの腹具合 近世もちばら[餅腹]。

―を搗くこと 近世あもつき[餅搗]。中世つきもち[搗餅]。もちつき[餅搗]。

―を何度も引っ繰り返して焼くこと 近世いぢりやき[弄焼]。

赤子が生まれて五十日の祝いの― 中世いか[五十日]。いかのもちひ[五十日餅]。

揚げた― あげもち[揚餅]。

粟を搗いた― 近世あはもち[粟餅]。

餡を入れた― 近世あんかちん[餡餅](女房詞)。あんころもち[餡転餅]。あんぴん[餡餅]。中世あづきもち[小豆餅]。あんもち[餡餅]。

うるち米を混ぜて搗いた― うるちもち／うるもち[粳餅]。

乙子の祝い(十二月一日)に食べる― 近世おとごのもち[乙子餅]。かはびたりもち[―浸餅]。かはわたりもち[川渡餅]。

寒中に搗(つ)く— 近世かんもち[寒餅]。
黍(きび)を蒸して搗いた— 中世きびもち[黍餅]。
黒豆や大豆を入れて搗いた— 近代まめもち[豆餅]。
小麦粉で作った— 近世むぎもち[麦餅]。
婚礼から三日目に夫婦が食べる祝いの— 中世みか[三日]。みかのもちひ[三日餅]。
下煮した小豆を入れて搗いた— 中世あづきもち[小豆餅]。
正月の鏡—をおろして食べること 近世かがみびらき[鏡開]。かがみわり[鏡割]。中世おかがみ[御鏡](女房詞)。
神仏に供える— おそなえもち[御供餅]。かさねもち[重餅]。近代とりのこもち[鳥子餅]。近世おそなへ[御供]。かがみもち[鏡餅]。中世おかがみ[御鏡]。中古しとぎ[粢]。しとぎもち[粢餅]。もちかがみ／もちひかがみ[餅鏡]。→**かがみもち**
代金を取って—を搗くこと 近世ちんもち[賃餅]。
食べると力がつく— 近世ちからもち[力餅]。
長方形に平たく伸ばした— かわらもち[瓦餅]。近世のしもち[伸餅]。
道具を持ち歩き代金を取って搗く— 近世ひきずり[引摺]。ひきずりもち[引摺餅]。
夏の土用に砂糖を入れて搗いた— 近世どようもち[土用餅]。
のし餅を四角に切った— 中古きりもち[切餅]。
羽二重のように白く柔らかい— 近世はぶたへもち[羽二重餅]。
菱形(ひしがた)に切った雛(ひな)祭りの— 近世ひしもち[菱餅]。
火であぶって焼いた— 近世おやきかちん[御焼餅]。中世やきもち／やきもちひ[焼餅]。
米寿の祝いに贈る— 近世米(よね)の守り。
干して固くした— 近世かたもち[堅餅／固餅]。
丸い— かさねもち[重餅]。近世かがみもち[鏡餅]。まるもち[円餅]。中世ゑんきゃう[円鏡]。中古もちかがみ／もちひかがみ[餅鏡]。
水につけて保存する— 近世みづもち[水餅]。
茹(ゆ)でた蓬(よもぎ)を入れて搗いた— 近代あをもち[青餅]。よもぎもち[蓬餅]。中古くさもち[草餅]。ははこもち[母子餅]。
わさびを搗き混ぜた— 近代わさびもち[山葵餅]。
わらび粉に餅米を加えて作った— 中世わらびもち[蕨餅]。
その他—のいろいろ(例) 近代ひねりもち[捻餅]。近世あべかはもち[安倍川餅]。いくよ[幾世／幾代]。いくよもち[幾世餅]。いくいもじ[文字](女房詞)。うぐひすもち[鶯餅]。おけらのもちひ[朮餅]。おなりきり／おなれぎり[御成切]。かゆばしら[粥柱]。中世げんちょ[玄猪]。中古いただきもち／いただきもちひ[戴餅]。ゐのこもち／ゐのこもちひ[亥子餅]。

もちあい【持合】 近代きんかう[均衡]。きんせい[均斉／均整]。バランス(balance)。近世へいかう[平衡]。中世つりあひ[釣合]。もちあひ[持合]。

もちあ・げる【持上】 中世ていき[提起]。もてあぐ[—あげる][持上]。中古かかぐ[かかげる][掲]。とりたつ[—たてる][取立]。もたぐ[もたげる][擡]。もちあぐ[—あげる][持上]。上代ささぐ[ささげる][捧]。とりあぐ[—あげる][取上]。
—・げる器具 近代ジャッキ(jack)。
頭を—・げること 近代たいとう[擡頭／台頭]。

モチーフ(フランス motif) 近代しゅだい[主題]。どうき[動機]。モチーフ。
絵画の— 近代ぐゎいん[画因]。
曲の— きょくそう[曲想]。

もち・いる【用】 近代かうし[行使]。やくだてる[役立]。りよう[利用]。近世うんよう[運用]。くゎつよう[活用]。中世しよう[使用]。しよう[施用]。しょよう[所用]。ほどこす[施]。もちゆ[用]。中古なす[成／為]。もちふ[用]。ようす[用]。上代つかふ[使]。もちゐる[用]。
《句》近代運用の妙は一心に存す。
—・いるべき量 ようりょう[用量]。
受け入れて—・いること 近代きゃうよう[享用]。中古じゅよう[受用]。
自分のために—・いること 近代じかよう[自家用]。中世しよう[私用]。じよう[自用]。
続けて—・いること 近世れんよう[連用]。
採り上げて—・いること 近代さいなふ[採納]。
みだりに—・いること 近世つかひすぎ[使過]。らんよう[乱用／濫用]。

もちこ・す【持越】 近代くりのばす[繰延]。くりのべる[繰延]。近世くりこす[繰越]。もちこす[持越]。中世のばす[延]。
次の日まで—・すこと 近世よひごし[宵越]。

もちこた・える【持堪】 たいよう[耐用]。近世もちこたふ[—こたえる][持堪]。ゐぢ[維持]。中世こらふ[こらえる][怺／堪]。たま

る［堪］（打消の語を伴う）。ほぢ［保持］。中古 ささふ［ささえる］［支］。たふ［たえる］［堪／耐］。たもつ［保］。上代 あふ［敢］。たもつ［保］。

ー・えられない 耐えきれない。近代 やりきれない。中世 堪(たま)らぬ。中古 たへかぬ［ーかねる］［耐兼］。

ー・える力 じきゅうりょく［持久力］。ねばり［粘］。近代 たいきゅうりょく［耐久力］。

もちこ・む【持込】 近代 はこびこむ［運込］。はんにふ［搬入］。中世 はこびいる［ーいれる］［運入］。もちこむ［持込］。

荒っぽくー・む 近代 ふりこむ［振込］。

もちさ・る【持去】 近代 かっさらふ［掻攫］。しっけい［失敬］。近世 ひっさらふ［引攫／引浚］。中世 もちさる［持去］。もちにげ［持逃］。

もちだ・す【持出】 近代 はこびだす［運出］。はんしゅつ［搬出］。中世 もちだす［持出］。中古 とりいだす［取出］。になひいだす［担］。もていづ［持出］。

借りてー・す 近代 かりだす［借出］。

盗んでー・す 中世 ぬすみだす［盗出］。

むやみにー・すこと 近代 らんしゅつ［濫出］。

もちつづ・ける【持続】 近代 こしゅ［固守］。こぢ［固持］。中世 けんぢ［堅持］。

思いを最後までー・ける 中世 こしつ／こしふ［固執］。中古 おくぢ［憶持］。おもひはつ［思果］。

もちなお・す【持直】 リカバリー(recovery)。近代 息を吹き返す。近世 くゎいふく［回復］。もちなほす［持直］。中世 とりなほす［取直］。とりもどす［取戻］。ばんくゎい［挽回］。中古 みなほす［見直］。

もちにげ【持逃】 近代 かいたい［拐帯］。かごぬけさぎ［籠脱詐欺］。中世 もちにげ［持逃］。
→**もちさる**

もちぬし【持主】 オーナー(owner)。しょじしゃ［所持者］。近代 しょいうしゃ［所有者］。中世 もちて［持手］。もちぬし［持主］。中古 ぬし［主］。

もちのき【黐木】 とりもちのき［鳥黐木］。近世 とうせい［冬青］。中世 もち［黐］。中古 もちのき［黐木］。

もちば【持場】 近代 いちよく［一翼］。たんたう［担当］。にんむ［任務］。ぶしょ［部署］。ぶんたん［分担］。近世 うけもち［受持］。ちゃうば［町場／丁場／帳場］。もちくち［持口］。もちば［持場］。

もちはこ・ぶ【持運】 近代 うんぱん［運搬］。けいかう［携行］。近世 うんぽ［運歩］。けいたい［携帯］。中世 もちあるく［持歩］。もちはこぶ［持運］。上代 たづさふ［ーさえる］［携］。もちこす［持越］。

ー・ぶことができる ハンディー(handy)。近代 ポータブル(portable)。

モチベーション(motivation) どうきづけ［動機付］。近代 どういん［動因］。近世 しげき［刺激］。

もちまえ【持前】 近代 せいらい［生来］。せんてんせい［先天性］。てんぶん［天分］。ほんせい［本性］。もちれう［持料］。近世 ぢがね［地金］。もちまへ［持前］。持って生まれた。中世 うまれつき［生付］。しゃうらい［生来］。せいとく［生得］。ぢ［地］。てんしつ［天質］。中古 うまれながら［生乍］。さが［性］。てんぴん［天稟］。ほんしゃう［本性］。上代 てんし［天資］。てんせい［天性］。ひととなり［為人］。

もちまわり【持回】 中世 じゅんばん［順番］。まはりもち［回持］。りんばん［輪番］。中古 もちまはり［持回］。

もちもの【持物】 けいこうひん［携行品］。てまわりひん［手回品］。近代 けいたいひん［携帯品］。しょいうぶつ［所有物］。しょぢひん［所持品］。近世 てまはりもの［手回物］。中世 ぐそく［具足］。もちもの［持物］。

もちゅう【喪中】 ふくも［服喪］。中古 おもひ［思］。きちゅう［忌中］。

ーの家 中古 さうか［喪家］。

もちろん【勿論】 近世 あたりまへ［当前］。むろん［無論］。言はずと知れた。言はずもがな。中世 ぜひなし［是非無］。にょほふ［如法］。もちろん［勿論］。言ふに及ばず。言ふまでもなし。何がさて。申さんや。中古 ことわり［理］。もとより［元／固／素］。ろんなし［論無］。言ふもさらなり。言ふべきにもあらず。言ふも愚か。言へばさらなり。言ふもさらなり。更にもあらず。更にも言はず。→**いうまでもな・い**

ーのこと 中世 さること。なかなかのこと。中古 さるもの。

も・つ【持】 ホールド(hold)。近代 けふぢ［挟持］。そんする／そんずる［存］。ようする［擁］。近世 けいたい［携帯］。さぐ［さげる］［提］。中世 いうす［有］。たいす［帯］。ひさぐ［提］。ほぢ［保持］。中古 ぐす［具］。しふぢ［執持］。しょいう［所有］。しょぢ［所持］。ぢす［持］。つかむ［摑］。ひきぐす［引具］。上代 たづさふ［ーさえる］［携］。にぎる

［握］。もつ［持］。

―・って行く (近代)けいかう［携行］。もていく［持行］。もてまゐる (中古)ぢさん［持参］。もてわたる［持渡］。

―・っている人 →**もちぬし**

―・って来る (中古)ぢさん［持参］。もてわたる［持渡］。

頭の上にのせて―・つ (上代)いただく［頂／戴］。

しっかりと―・つ (近代)はぢ［把持］。(中古)とらふ〔とらえる〕［捕／捉］。

処理すべき問題などを―・つ (中世)かかふ〔かかえる〕［抱］。

包み―・つ (上代)ふふむ［含］。

手に―・つ (近世)さぐ〔さげる〕［提］。(中古)ひきさぐ〔―さげる〕［引提］。(上代)とりもつ［取持］。手に取る。たづさふ〔―さえる〕［携］。

指先などで挟んで―・つ (中世)つまむ［摘／撮／抓］。(上代)つむ［摘］。

脇などに挟んで―・つ (上代)たばさむ［手挟］。わきばさむ［脇挟］。

もっか【目下】 (近代)げんか［現下］。さしむき［差向］。じか［時下］。もくか［目下］。もくこん［目今］。(近世)このところ［所］。さいきん［最近］。(中世)いまどき［今時］。げんこん［現今］。げんざい［現在］。さしあたって［差当］。たうめん［当面］。(中古)さしあたり［差当］。ただいま［只今］。(上代)いま［今］。このごろ［此頃］。たうこん［当今］。

もっか【黙過】 →**もくにん**

もっきょ【黙許】 →**もくにん**

もっけ【物怪】 (近世)おもひがけなし［思掛無］。(中世)いぐゎい［意外］。いへん［異変］。もっけ［物怪／勿怪］。(中古)ふしぎ［不思議］。

もっこう【黙考】 (近代)せいし［静思］。めいさう［瞑想］。もくかう［黙考］。もくさう［黙想］。もくし［黙思］。(中古)ちんし［沈思］。もくねん［黙然］。

もったい【勿体】 (中世)もったい［勿体／物体］。(中古)おもおもし［重重］。ものものし［物物］。

もったいな・い【勿体無】❶〈惜しい〉 (中世)あったら［惜］。ざんねん［残念］。もったいなし［勿体無］。ゐかん［遺憾］。(中古)あたらし［可惜］。をしげ［惜］。(上代)あたら［惜］。をし［惜］。

もったいな・い【勿体無】❷〈畏れ多い〉 きょうしゅく［恐縮］。(中世)おそれおほし［畏多］。おそれがまし［恐］。もったいなし［勿体無］。(中古)あなかしこ［穴賢］。おほけなし。かしこし［賢／畏］。かたじけなし［忝／辱］。

―・くも (中世)いやしくも［苟］。

口に出すのも―・い (中古)懸けまくも畏（かしこ）き。

神仏の加護に対して―・い (近世)冥加（みやうが）に余る。冥加に尽く〔―尽きる〕。冥加も無し。

もったいぶ・る【勿体振】 ていさいぶる［体裁］。しかつめらしい［鹿爪］。ようだいぶる［容体振］。(近代)きどる［気取］。様子を作る。(近世)けんたいぶる。しかつべらし。しさいらし［子細／仔細］。もったいぶる［勿体振］。やうすぶる［様子振］。勿体を付く〔―付ける〕。(中世)やうがまし［様］。やうやうし［様様］。(中古)ゆゑだつ［故立］。ゆゑばむ［故］。よしづく［由付］。よしばむ［由］。よしめく［由］。

―・った顔 (近代)しかつめがほ［顔］。

―・った態度 (近代)きどり［気取］。ごたいそうらしい［御大層］。(近世)もったいらしし［勿体］。ようだい［様体］。ようだい［容体／容態］。(中世)もったい［勿体／物体］。

もってい・く【持行】 (近代)けいかう［携行］。もてゆく［持行］。(中古)ぢさん［持参］。

もって・いる【持】 げんゆう［現有］。ほいう［保有］。(近代)ぐいう［具有］。(中世)いうす［有］。ほうぢ／ほぢ［保持］。(中古)しょいう［所有］。しょぢ［所持］。

その時―・いる (中世)もちあはす〔―あわせる〕［持合］。

もって・くる【持来】 (近代)もちきたす［持来］。(中世)もたらす［齎］。もちこむ［持込］。(中古)ぢさん［持参］。(上代)もてくる［持来］。しゃうらい［将来］。

もってこい【持来】 (近代)ぴったり。(近世)あつらへむき［誂向］。うってつけ［打付］。もってこい［持来］。(中世)かくかう［格好］。かっかう［恰好］。ちゃうど［丁度］。

もってのほか【以外】 (近代)ろんぐゎい［論外］。(近世)しんぐゎい［心外］。ふとどき［不届］。(中世)あるべうもなし。沙汰の限り。沙汰の外。(中古)けしからず［怪］。ごんごだうだん［言語道断］。たいだいし［怠怠］。もってのほか［以外］。

もっと よりいっそう［一層］。(近世)いっそう［一層］。ひゃくくゎん［百貫］。もっと。(中世)なほ［猶／尚］。まっと。もそっと。ますますほさら［尚更］。(上代)さらに［更］。(中古)なほさら［尚更］。ますます［益益／増増］。

モットー(motto) (近代)しんでう［信条］。スローガン(slogan)。へうご［標語］。モットー。(近世)座右の銘。(中世)ぢろん［持論］。

も

もっとも【最】 近代 ベスト(best)。近世 さいかう[最高]。中世 いっち[一]。いっとう[一等]。しじゃう[至上]。むねと[宗]。中古 いちばん[一番]。きはめて[極]。さいじゃう[最上]。なにより[何]。もっとも[最]。上代 いや[弥]。しごく[至極]。むじゃう[無上]。もとも[最]。

—盛んなこと(時期) 中世 ぜんせい[全盛]。はな[花/華]。まっさいちゅう[真最中]。まっさかり[真盛]。

—すぐれた人(物) 中古 いちのもの/ひとつのもの[一者/一物]。

—すぐれていること 近世 くっきゃういち[究竟一]。

もっとも【尤】❶〈当然〉 近代 しょうにん[承認]。諒とする。近世 あたりまへ[当前]。うけがふ[肯]。しごく[至極]。そのはず[其筈]。理の当然。中世 さるべし/しかるべし[然可]。たうぜん[当然]。だうりしごく[道理至極]。なるほど[成程]。中古 うべなふ[諾]。ことわり[理]。さかし[然]。もっとも[尤]。言はれたり。さもあり。さも言はれたり。上代 うべ[宜/諾]。うべしこそ。うべなうべな[宜宜]。うべなるかな。

—・な 中世 さる[然]。

—・なこと 近世 しごく[至極]。中世 さるもの/さるものにて[然]。中古 さること[然事]。

—・なことには 中古 うべしも。

もっとも【尤】❷〈但し〉 近世 もっとも[尤]。中世 ただ[唯/只]。中古 ただし[但]。上代 しかしながら[併乍/然乍]。

もっともらし・い【尤】 近代 しかつめらしい[鹿爪]。近世 ありありし[有有/在在]。さもとらし。にっこらし[似]。もっともらし[尤]。中世 げにげにし[実実]。中古 あるべかし。うべうべし/むべむべし[宜宜]。つきづきし[付付]。むべ[宜]。上代 うべ[宜]。

—・く見える 中古 ことさらぶ/ことさらめく[殊更]。

うわべだけ—・く見せかけること 近世 ていよく[体良]。中世 そらだまり[空騙]。そらだるみ[空]。

もっぱら【専】 中世 いちづ[一途]。ひたすら[只管]。むねと[宗]。もっぱら[専]。やくやくと[役役]。中古 せんいつ[専一]。たてて[立]。ひたぶる[頓/一向]。ひとすぢ[一筋]。ひとへに[偏]。もはら(に)[専]。やくと[役]。上代 たうめ/たくめ[専]。ただ[只/唯]。→**ひたすら**

—そのことに当てること 中古 せんたう[専当]。

—そのことに励むこと 近代 せんねん[専念]。中古 せんしん[専心]。

—そのことばかりする 中古 おぼほる[溺/惚]。

—その状態である 中世 いっぺん[一偏]。

▼接頭語 中世 ひた[直]。

モッブ(mob) 近代 ぼうと[暴徒]。ぼうみん[暴民]。モッブ。中世 ぐんしふ[群集]。

もつれ【縺】 近代 あつれき[軋轢]。かっとう[葛藤]。ごたごた。トラブル(trouble)。もめごと[揉事]。近世 いさくさ。いざこざ。ふんきう[紛糾]。もつれ[縺]。中世 ふんさう[紛争]。もんちゃく[悶着]。中古 いさかひ[諍]。さうどう[騒動]。上代 あらそひ[争/諍]。

—がとける(をとく) 近代 快刀乱麻を断つ。近世 ほごす[解]。ほごる[ほごれる][解]。中古 ほぐす[解]。ほどく[ほどける][解]。

もつ・れる【縺】 こんがらがる。近代 からまる[絡]。こじれる[拗]。近世 あらだつ[荒立]。からみあふ[絡逢]。からみつく[絡付]。からむ[絡]。こぐらかる。ごたつく。さしもつる[差縺]。ふんきう[紛糾]。もつる[もつれる][縺]。中世 さくそう[錯綜]。上代 いりみだる[—みだれる][入乱]。かうさく[交錯]。まがふ[紛]。みだる[みだれる][乱]。

—・れ合っていること(たとえ) 近世 らんま[乱麻]。中古 をがせ[麻枠/苧枠/纑]。上代 みだれを[乱麻]。

—・れさせる 近代 こじらせる[拗]。中古 あらだつ[—だてる][荒立]。

—・れる議論 近代 ふんぎ[紛議]。

髪などが—・れているさま 近代 もじゃくしゃ。もじゃもじゃ。

もてあそ・ぶ【弄】 近代 いぢくる/いぢる[弄]。ぐろう[愚弄]。ほんろう[翻弄]。ろうぐゎん[弄玩]。おもちゃにする。近世 あそぶ[遊]。なぐさむ[慰]。中世 いろふ[弄/綺]。ぎろう[戯弄]。せせりさがす。中古 すさぶ/すさむ[荒/遊]。せせる[拵]。そそくる。なぶる[嬲]。まさぐる[弄]。もちあそぶ[弄/玩/翫]。ろうす/ろうず[弄]。上代 ぐゎんろう[玩弄/翫弄]。もてあそぶ[弄/玩/翫]。

—・ばれるもの(人) 近代 ぐゎんぶつ[玩物]。近世 おもちゃ[玩具]。なぐさみもの[慰者/慰物]。中世 なぶりもの[嬲者/嬲物]。中古 もてあそびぐさ[弄種]。上代 もてあそびもの[玩物]。

手先でー・ぶこと 近世 ててんがう［手］。中世 てなぐさみ［手慰］。中古 てまさぐり［手弄］。

もてあま・す【持余】 煮ても焼いても食えない。近世 あぐねる。てあます［手余］。もてあます［持余］。てこずる［手子摺／梃子摺］。手に負へぬ。手も足も出ぬ。手を焼く。中世 あぐむ［倦］。あます［余］。しあつかふ［為扱］。しわぶ［為侘］。もちあつかふ［持扱］。もちゑふ［持酔］。手に余る。中古 あつかふ［扱］。もてあつかふ［持扱］。もてなやむ［持悩］。もてわづらふ［持煩］。

《句》近代 乞食が馬を貰ふ。近世 乞食に朱椀(しゅわん)。

ー・すもの よけいもの［余計物］。近世 無用の長物。

もてなし【持成】❶〈馳走〉 近世 ざうさ［造作］。ざふさ［雑作］。中世 ごちそう［御馳走］。ちそう［馳走］。ふるまひ［振舞］。もてなし［持成］。中古 あるじまうけ［主設］。かしはで［膳］。きゃう［饗］。きゃうえん［饗宴］。きゃうおう／きゃうよう［饗応］。上代 あへ［饗］。

《尊》近世 ござうさ［御造作］。上代 みあへ［御饗］。

《句》近世 亭主八杯客三杯。

ーの席 近代 きゃうえん［饗筵］。

ーの用意 中古 まうけ［設］。

ーを正客とともに受けること ばんしょく［伴食］。中世 しゃうばん［相伴］。ばいしょく［陪食］。

勝負事で敗者が勝者に対するー 中古 まけわざ［負態］。

盛大なー 近世 わうばんぶるまひ［椀飯振舞］。中世 おほぶるまひ［大振舞］。

茶をふるまうー 近世 ちゃぶるまひ［茶振舞］。ふさ／ふちゃ［普茶］。

野外や料理屋でのー 近世 でぶるまひ［出振舞］。

もてなし【持成】❷〈応接〉 せっきゃく［接客］。ホスピタリティー(hospitality)。近代 おかまひ［御構］。くゎんげい［歓迎］。きゃくあつかひ［客扱］。近世 あしらひ。きゃくあしらひ［客］。くゎっけい［活計］。くゎんたい［歓待／款待］。ざうさ［造作］。ざふさ［雑作］。ちぐう［知遇］。ひとあしらひ［人］。中世 あいそ［愛想／愛相］。あひしらひ。おうせつ［応接］。せったい［接待］。たいぐう［待遇］。ふるまひ［振舞］。ほんそう［奔走］。もてなし［持成］。中古 あつかひ［扱］。あへしらひ。あるじ［主］。けいめい［経営］。とりもち［取持］。上代 せつぐう［接遇］。

ーの言葉 中世 きゃうおうごと［饗応言］。

いい加減な(粗略な)ー 近世 おほあしらひ［大］。槌で庭を掃く。

客を招いてのー 中世 しゃうだい［請待］。

手厚いー 近代 いうぐう［優遇］。けいたい［敬待］。しゅぐう［殊遇］。近世 こうぐう［厚遇］。たっぱい［答拝］。中世 ちそうたっぱい［馳走答拝］。中古 たふはい［答拝］。

亭主としてーぶりが悪いこと 近世 ぶていしゅ［無亭主］。

情け深いー 近世 おんぐう［恩遇］。

もてな・す【持成】 近代 ぐうする［遇］。お客をする。中世 せっす［摂］。ふるまふ［振舞］。もてなす［持成］。中古 あたる［当］。あつかふ［扱］。あひしらふ／あへしらふ。あるじす［主］。きゃうおう［饗応］。きゃうする［饗］。きょうおう［供応］。さうず／しゃうず［請］。とりもつ［取持］。もてはやす［持囃］。上代 あふ／あへす［饗］。

ー・そうとする気持ち 近代 つとめぎ［勤気］。

盛んにー・す 中世 きらめく［煌］。

ねんごろにー・す 中古 いたはりかしづく［労傅］。

もてはや・す【持囃】 近世 ほめそやす［誉揚］。中世 もてなす［持成］。中古 さかす［栄／盛］。すさむ［荒／遊］。ほめたつ［―たてる］［誉立］。みはやす［見栄］。もちはやす／もてはやす［持囃／持栄］。もてさわぐ［持騒］。上代 ほむ［ほめる］［褒／誉］。

ー・される人 近代 りうかうじ［流行児］。近世 うれっこ［売子］。はやりっこ［流行子］。

かつてー・されたこともある 近世 鶯(うぐひす)鳴かせたこともある。

世間にー・される 今を時めく。人口に膾炙(かいしゃ)する。近世 はやる［流行］。中古 おこなはる［行］。

見てー・す 中古 みはやす［見栄］。

愛(め)でてー・す 中世 しゃうくゎん／しゃうぐゎん［賞翫］。

も・てる【持】 人気がある。近代 かうひゃう［好評］。近世 うく［うける］［受］。もてる［持］。

《句》近世 女房の妬くほど亭主もてもせず。

いろいろな人にー・てること くろうとうけ［玄人受］。なかまうけ［仲間受］。近代 しろうとうけ［素人受］。ぞくうけ［俗受］。近世 おほもて［大持］。

大いにー・てること ばかうけ［馬鹿受］。

近代おほうけ[大受]。
多くの女性に—・てる男 近代えんぷくか[艶福家]。

モデル(model)てほん[手本]。近代かた[型]。かたしき/けいしき[型式]。てんけい[典型]。モデル。もはん[模範]。近世ひながた[雛形]。もけい[模型]。

もと【元】❶〈起源〉ルーツ(roots)。近代こんかん[根幹]。近世きげん[起源]。そし[祖師]。中世こんげん[根源]。ねもと[根本/根元]。みなかみ[水上]。中古げんせん[源泉/原泉]。げんりう[源流]。こんぽん[根本]。ね[根]。ほん[本]。ほんげん[本源]。みなもと[源]。上代ざね[実]。もと[元/本/原]。ものざね[物実]。

《枕》上代あづさゆみ[梓弓]。

《句》近代木の実は本へ落つ。近世下駄も仏も同じ木のきれ。

—と末 近代かんし[幹枝]。中古しかん[枝幹]。上代もとすゑ[本末]。

—となる点 近代きてん[基点]。げんてん[原点]。

—になったもの 近代ぼたい[母体]。中世したじき[下敷]。ものざね[物実]。上代たね[種]。ものしろ[物代]。ものだね[物種]。

—の関係に戻ること ふくえん[復縁]。中世ふくき[復帰]。

—の官職に復する 中古かへりなる[還成]。

—の書物 げんしょ[原書]。近代げんてん[原典]。近世げんぽん[原本]。

—の姿 げんし[原姿]。近代げんじゃう[原状]。げんたい[原態]。近世こたい[古態/故態]。中古きうくゎん[旧観]。

—のまま 近代げんじゃう[原状]。近世けんざい[健在]。中世き[生](接頭語)。中古いぜん[依然]。さながら[然]。

—のままの自分 中世こご[故吾]。

—へ戻る(戻す) →もど・す❶ →もど・る
気持ちが—へ戻る 中古おもひかへる[思返]。

もと【元】❷〈原因〉近代えういん[要因]。げんいう/げんゆ[原由]。げんいん[原因]。そいん[素因]。近世きいん[起因/基因]。中古ね[根]。上代もと[元/本/原]。

もとい【基】きかん[基幹]。きばん[基盤]。ルーツ(roots)。近代おほもと[大本]。きそ[基礎]。きてい[基底]。きぶ[基部]。こんかん[根幹]。中世こんてい[根底]。どだい[土台]。中古いしずゑ[礎]。こんぽん[根本]。そせき[礎石]。もとゐ[基]。上代もと[元/本/基]。
国の— 近代こくほん[国本]。

もどかし・い【擬】近代かくくゎさうやう[隔靴掻痒]。近世こじれったい/こじれったい[小焦]。じれったし[焦]。とけしなし。はがゆし[歯痒]。気が揉む(—揉める)。中古こころもとなし[心許]。もどかし[擬]。→じれった・い
《句》近代靴を隔てて痒きを掻く。御簾を隔てて高座を覗く。近世二階から目薬。

もときん【元金】近代ぐゎんきん[元金]。ぐゎんぽん[元本]。しきん[資金]。しほん[資本]。もときん[元金]。中世もとで[元手]。中古もと[元/本]。→もとで
—が取れること ペイ(pay)。中世ひきあふ[引合]。

もど・す【戻】❶〈返す〉へんれい[返戻]。近代へんくゎん[返還]。リターン(return)。近世くゎんなふ[還納]。中世かへす[返]。さしもどす[差戻]。ばんくゎい[挽回]。もどす[戻]。中古ひきかへす[引返]。へんきゃく[返却]。上代くゎんぷ[還付]。
《句》カエサル(Gaius Julius Caesar)の物はカエサルに。中古花は根に鳥は故巣に。
蹴って—・す 近世けかへす[蹴返]。
順繰りに元へ—・す 近代くりもどす[繰戻]。
引っ張って—・す ひきもどす[引戻]。
▼元通りにする(なる) リセット(reset)。白紙に返す。近代くゎんげん[還元]。げんじゃうくゎいふく[原状回復]。ごはさん[御破算]。ふくきう[復旧]。ふくげん[復元/復原]。近世ぢぎり[地切]。もちなほす[持直]。縒り(撚り)が戻る。縒り(撚り)を戻す。中世たてなほす[建直]。中古さらがへる[更返]。とりかへす[取返]。なほしたつ[直立]。なほす[直]。ふくす[復]。をちかへる[復返]。上代をつ[復]。

もど・す【戻】❷〈嘔吐〉→は・く

もとちょう【元帳】げんぼ[原簿]。近代ちゃうぼ[帳簿]。近世だいちゃう[台帳]。ねちゃう[根帳]。もとちゃう[元帳]。

もとづ・く【基】近代りっきゃく[立脚]。近世ねざす[根差]。中世のっとる[則]。ふまふ[ふまえる][踏]。中古じゅんきょ[準拠/准拠]。じゅんず[準]。もとづく[基/本付]。上代よる[因/由/依/拠]。
—・く所 中世しょいう[所由]。中古ゆゑん[所以]。

もとで【元手】げんし[原資]。近代ぐゎんきん[元金]。ぐゎんぽん[元本]。しきん[資

金］。しほん［資本］。しよう［資用］。たねせん［種銭］。ほんせん［本銭］。近世たね［種］。もときん［元金］。もとぎん［元銀］。中世ざいよう［財用］。もとで［元手］。中古もと［元／本］。上代し［資］。
ー無しで勝負すること 近世むほん［謀反／謀叛］。むほんしょうぶ［謀反勝負］。
ーをすっかり無くす 近世元も子もない。

もとどおり【元通】 以前と同じ。今まで通り。従来通り。昔のまま。元のまま。近代もとどほり［元通］。中世あひかはらず［相変］。→もど・す❶

もとね【元値】 しいれね［仕入値］。近代げんか［原価／元価］。コスト(cost)。近世もとね［元値］。

もと・める【求】 リクエスト(request)。近代えうきう［要求］。えうせい［要請］。えうばう［要望］。ききう［希求］。きたい［期待］。きばう［希望］。せつばう［切望］。たいばう［待望］。ちょうする［徴］。近世こんまう［懇望］。じゅきう［需求］。中世あいげう［愛楽］。ごんぐ［欣求］。こんせい［懇請］。中古えうす［要］。かつばう［渇望］。こんばう［懇望］。さがす［探］。しょまう［所望］。ほしがる［欲］。ほっす［欲］。上代こふ［乞／請］。せむ［せめる］［責］。とむ［求／尋］。ねがふ［願］。のぞむ［望］。まぐ［求／覓］。もとむ［もとめる］［求］。
《句》近代叩けよさらば開かれん。畠(はたけ)に蛤(はまぐり)求めよさらば与へられん。中古木に縁(よ)りて魚を求む。
ー・め続けること 近代ついきう［追究］。中古ついじん［追尋］。
上役にー・めること 近代ちんじゃう［陳情］。ひんせい／りんせい［稟請］。
餌などをー・める 中世いさる［漁］。上代あさる［漁］。いざる［漁］。
援助や教示をー・める 中世あふぐ［仰］。
食べ物をー・めること 中世くじき［求食］。
強くー・める 中古かつばう［渇望］。かわく［渇］。上代はたる［徴］。
強くー・める気持ち 近代よくきう［欲求］。よくばう［欲望］。中世ぐゎんばう［願望］。
仏の教えをー・めること 近代ごんぐ［勤求］。中古ぐほふ［求法］。

もともと【元元】 近世いったい［一体］。きうらい［旧来］。げんらい［原来］。こんぽん［根本］。じたい［自体］。したぢ［下地］。そもそも［抑／抑抑］。だたい［大体］。ねっから［根］。中世うまれつき［生付］。ぜんたい［全体］。ぢたい［地体］。どだい［土台］。ねから［根］。もとから［元］。もともと［元元］。中古はや［早］。はやう／はやく［早］。ほんらい［本来］。もとより［元／固／素］。ゆらい［由来］。上代ぐゎんらい［元来］。
ーの意義 近世こい［古意］。
ーの考え 中古ほい［本意］。

もとより【元】 中世もちろん［勿論］。もともと［元元］。言ふまでもなし。中古もとより［元／素／固］。上代ぐゎんらい［元来］。→もともと

もどりみち【戻道】 近代ふくろ［復路］。近世かへりみち［帰道］。きと［帰途］。もどりみち［戻道］。中古かへさ［帰］。かへりぢ［帰路］。かへるさま［帰様］。きろ［帰路］。もどり［戻］。上代いへぢ［家路］。かへるさ［帰］。→かえりみち

もと・る【悖】 近代はんする［反］。はいはん［背反／悖反］。ゐれい［違戻］。近世はいれい［背戻／悖戻］。中世さからふ［逆］。ゐはん［違反］。中古ゐはい［違背］。上代そむく［背］。たがふ［違］。もとる［悖／戻］。
道理にー・る 上代ひだう［非道］。

もど・る【戻】 カムバック(comeback)。近代あとがへり［後返］。ぎゃくもどり［逆戻］。リターン(return)。をりかへす［折返］。踵(きびす)を返す(廻らす)。近世あともどり［後戻］。くゎいふく［回復／恢復］。まひもどる［舞戻］。元の鞘へ収まる。中世きゃくらい［却来］。さいふく［再復］。たちなほる［立直］。たちもどる［立戻］。とってかへす［取返］。ひきかへす［引返］。ふくき［復帰］。中古かへる［帰／還］。さらがへる［更返］。たちかへる［立返］。なりかへる［成返／為返］。ふくす［復］。めぐる［巡／回］。もどる［戻］。をちかへる［復返］。上代かへる［返］。をち［変若／復］。をつ［復］。
《句》近世覆水盆に返らず。中世破鏡再び照らさず。落花枝にかへらず。
ー・らないこと 近代てっぱうだま［鉄砲玉］。
ー・らない使い 近代鉄砲玉の使ひ。上代雉(きぎし)のひた使ひ。
ー・ることができないこと ふかぎゃく［不可逆］。
ー・ることができること 近代かぎゃく［可逆］。
ー・ろうとしてある場所を出る 中古かへりいづ［帰出］。
急いでー・る 近代はせもどる［馳戻］。中世かけもどる［駆戻］。

も

一周してもとへ—・ること 近代くゎいき[回帰]。上代ゆきめぐる[行巡]。
行ってすぐ—・ること 近世とんぼがへり[蜻蛉返]。
女性が離婚して生家に—・ること 近世でもどり[出戻]。
何度も初めに—・ること 上代いやをち[弥復]。
昔に—・ること 近世ふくこ[復古]。
元の勢いに—・ること 近世かへりざき[返咲]。
元の戸籍に—・ること 近代きせき[帰籍]。ふくせき[復籍]。
元の任務や任地に—・ること 近代きにん[帰任]。
用事を果たさず—・ること 中世すもどり[素戻]。

モニュメント(monument) 近代きねんざう[記念像]。きねんひ[記念碑]。モニュメント。

もの【物】 近代ぶったい[物体]。近世ぶっけん[物件]。ぶっしつ[物質]。ぶっぴん[物品]。ものごと[物事]。もん[物]。中世しな[品]。じぶつ[事物]。しろもの[代物]。上代もの[物]。

—と心 上代しきしん[色心]。

—と我 上代ぶつが[物我]。

—に関すること ザッハリッヒ(ドイツ sachlich)。そくぶってき[即物的]。近代ぶつじゃう[物上]。ぶってき[物的]。

—を超越した世界 上代ぶつぐゎい[物外]。

貨幣を使わない—の交換 近代バーター(barter)。ぶつぶつかうくゎん[物物交換]。

もの【者】→**ひと**

ものいい【物言】❶〈言い方〉 近代いひぶり[言振]。近世あご[顎/齶/頤]。いひぐさ[言草]。いひまはし[言回]。おしゃべり[御喋/御饒舌]。かたりくち[語口]。中世いひやう[言様]。ことばつき[言葉付]。中古ことばづかひ[言葉遣]。ものいひ[物言]。上代こうぜつ[口舌]。

—が上手なこと 中世くちてうはふ[口調法]。こうべん[口弁]。

—が上手になる 近世口が上がる。

贅沢らしい—をする 近世空贅(からぜい)吐く。

調子のよい— 近世くちびゃうし[口拍子]。


ものいい【物言】❷〈口論〉 クレーム(claim)。はんろん[反論]。近代いひあらそひ[言争]。かうぎ[抗議]。くちあらそひ[口争]。くちげんくゎ[口喧嘩]。もんく[文句]。近世くじゃう[苦情]。ものいひ[物言]。中世いぎ[異議]。いひたて[言立]。中古こうろん[口論]。

ものいみ【物忌】 中古いもひ[斎/忌]。けっさい[潔斎]。つつしみ/つつみ[謹/慎]。上代いみ[忌]。ものいみ[物忌/斎戒]。
—・して祈る 上代いはふ[斎]。
—・する 中古つつしむ[慎]。
祭の前の— 中古さいき[斎忌]。
律令制で最も厳重な— 中古ちさい[致斎]。まいみ[真忌]。

ものいり【物入】 近代エクスペンス(expense)。けいひ[経費]。ししゅつ[支出]。しはらひ[支払]。しべん[支弁]。しゅっぴ[出費]。近世はまり[嵌/塡]。ものいり[物入/物要]。→**しゅっぴ**

ものう・い【物憂】 近世いううつ[憂鬱]。かったるい。ふさぐ[塞/鬱]。中世めいる[滅入]。中古ものうし[物憂/懶/慵]。

ものうり【物売】 近代ぎゃうしゃうにん[行商人]。近世つじだち[辻立]。中世ものうり[物売]。→**しょうにん【商人】**

ものおき【物置】→**そうこ**
—の部屋 近世なんど[納戸]。中古つぼや[壺屋]。

ものおじ【物怖】→**おくびょう**
—・しない気力 近代きもったま[肝玉/肝魂]。たんりょく[肝力]。近世きもだま[肝玉/肝魂]。中世たんき[胆気]。

ものおしみ【物惜】 近世きっしく[蓄縮]。けち[吝嗇]。やぶさか[吝]。中世りんしょく[吝嗇]。中古けんどん[慳貪/倹飩]。ものをしみ[物惜]。りんせき[悋惜/吝惜]。上代りんしゃく[悋惜/吝惜]。→**けち❶**
—・する人 りんしょくかん[吝嗇漢]。近代けちんばう[坊]。りんしょくか[吝嗇家]。近世しわんばう[吝坊]。をしみて[惜手]。

ものおと【物音】 近代サウンド(sound)。近世おんきゃう[音響]。ものおと[物音]。上代おと[音]。→**おと**
—がしないさま 近代しいんと。近世ひっそり。中世しんかん[深閑/森閑]。しんと。
—や話し声がする 中古そそめく。
小さな— 中世さなり[細鳴]。

ものおもい【物思】 しあん[思案]。中世うれひ[憂/愁]。しんつう[心痛]。なやみ[悩]。中古いうしう[幽愁]。おもひ[思]。こころづくし[心尽]。上代ものおもひ/ものもひ[物思]。

—が更に加わる 中古おもひそふ[思添]。

—が途切れる間 中古はれま[晴間]。

—が晴れる 中古さむ[さめる][覚/醒]。

ー・しながら寝ること 中世おもひね[思寝]。
ーで心が晴れない 中古おもひむすぼほる[思結]。
ーに沈ませる 中古うづむ[埋]。
ーに沈みがち 中古ながめがち[眺]。
ーに沈む 中世うづむ[埋]。中古おもひしづむ[思沈]。ながむ[眺]。ながめわぶ[眺侘]。しめるしじむ[湿]。ながむ[眺]。ながめわぶ[眺侘]。ふししづむ[伏沈]。上代おもひわぶ[思侘]。
ーにふけりながら一日暮らす 中古おもひくらす[思暮]。おもひくる[思暮]。ながめくらす[眺暮]。
ーにふけりながら月日を送る 中古ながめふ[眺経]。
ーにふけりながら見る 中古うちながむ[打眺／打詠]。ながむ[ながめる][眺]。ながめいだす[眺出]。
ーにふけり夜を明かす 中古ながめあかす[眺明]。
ーの多いたとえ 中古心の池。
ーの種 中世おもひぐさ[思種]。
ーをする 中古うちながむ[打眺]。ながめわぶ[眺侘]。上代ものもふ[物思]。
心の底のー 中古したたく[下焚]。
旅先でのー 中古かくし[客思]。
一人でーにふけること 近代こしう[孤愁]。
若い女性がーにふけり嘆き悲しむさま 中世しゅんゑん[春怨]。

ものかげ【物陰】 近世かたかげ[片陰]。中世かくれ[隠]。こかげ[小陰]。ものかげ[物陰]。中古うしろ[後]。かくれが[隠処]。かくろへ[隠]。物の隈(くま)。上代くま[隈／曲／阿]。くまと／くまど[隈所]。

ーが多い 上代くまぐまし[隈隈]。
涼しいー 中古せいいん[清陰]。

ものがた・い【物堅】 近代きんちょく[謹直]。近世きまじめ[生真面目]。けんじつ[堅実]。ものがたし[物堅]。中世ぎりがたし[義理堅]。りちぎ[律儀]。

ものがたり【物語】 近代しんわ[神話]。ストーリー(story)。ロマンス(romance)。近世はなし[話]。よもやまばなし[四方山話]。中世せつわ[説話]。上代ものがたり[物語]。→しょうせつ【小説】
悲しいー 近代あいわ[哀話]。ひわ[悲話]。
古いー 中古ふること[古言]。
夢のようなはかないー 近世ゆめばなし[夢話]。中世ゆめものがたり[夢物語]。中古ゆめがたり[夢語]。
夜にするー 中世やわ[夜話]。よばなし[夜話／夜咄]。中古よがたり[夜語]。
その他ーのいろいろ(例) かさくものがたり[仮作物語]。近代ぐうわ[寓話]。れきしものがたり[歴史物語]。中古うたがたり[歌語]。うたものがたり[歌物語]。つくりものがたり[作物語]。ゑものがたり[絵物語]。

ものがなし・い【物悲】 近代あいせつ[哀切]。ペーソス(pathos)。近世やるせなし[遣瀬無]。中世あいしう[哀愁]。せつなし[切]。中古あはれ／あはれげ[哀]。わびし[侘]。上代うらがなし[悲]。ものがなし[物悲]。ものがなしら[物悲]。→かなし・い
ー・い秋 近代ひしう[悲秋]。
ー・い調べ 近代あいてう[哀調]。
春のー・さ 中古しゅんしう[春愁]。

ものぐさ【物臭】 近代めんだうがる[面倒]。めんだうくさがる[面倒臭]。近世おくくふ[億劫]。ぐうたら。ずぼら。なまかは[生皮]。なまくら[鈍]。のら。ほねをしみ[骨惜]。中世ぶしゃう[不精／無精]。ものくさ／ものぐさ[物臭／懶]。中古しりおも[尻重]。
ー・なさま 近世縦の物を横にもせぬ。横の物を縦にもせぬ。
ー・な人 近世ぶしゃうもの[不精者]。ほねぬすびと[骨盗人]。

ものごい【物乞】 近代おもらひ[御貰]。かいと[丐徒]。近世おこも[御薦]。こもかぶり[薦被]。そでごひ[袖乞]。ほいたう／ほいと[陪堂／乞児]。ものごひ[物乞]。ものもらひ[物貰]。中世かいと[垣外]。中古こじき[乞食]。こつがい[乞丐]。上代きっかい[乞丐]。→こじき
ーをする 中世袖をひろぐ。
出家姿のー 近世かどぎゃう[門経]。かどだんぎ[門談議]。くゎんじん[勧進]。だうしんばう[道心坊]。だうしんもの[道心者]。
その他ーのいろいろ(例) 近世かどじゃうるり[門浄瑠璃]。かどぜっけう[門説教]。かどづけ[門付]。そでほうが[袖奉加]。ねこはち[猫八]。中世むねたたき[胸叩]。

ものごころつ・く【物心付】 中世こころづく[心付]。ものごころつく／ものごころづく[物心付]。中古ものおぼゆ[物覚]。

ものごし【物腰】 身のこなし。近代みごなし[身熟]。近世はづれ[外]。ものごし[物腰]。中世たいど[態度]。どうさ[動作]。たちゐふるまひ[立居振舞]。中古けはひ。ゐずまひ[居住]。上代ふるまひ[振舞]。

ものごと【物事】 近代けん[件]。げんざう[現

像]。げんしゃう[現象]。じかう[事項]。中世じじしゃう[事象]。ものごと[物事]。中世じぶつ[事物]。中古ことがら[事柄]。上代もの[物]。

—にこだわらないさま 近世じゅんじゅん[循循]。

ものさし【物差】 近代ゲージ(gauge)。スケール(scale)。どき[度器]。ノギス(ドイツ Nonius)。まきざし/まきじゃく[巻尺]。メジャー(measure)。ルーラー(ruler)。近世けんなは[間縄]。さし[尺/差/指]。さしがね[差金]。しゃくど[尺度]。中世かね[矩]。かねざし[矩差]。かねじゃく[曲尺/矩尺]。ものさし[物差/物指]。上代しゃく[尺]。

その他—のいろいろ(例) いものざし[鋳物差]。いものじゃく[鋳物尺]。おりじゃく[折尺]。きがたじゃく[木型尺]。たたみじゃく[畳尺]。たたみものさし[畳物差]。近代てつじゃく[鉄尺]。近世くぢらざし[鯨差]。くぢらじゃく[鯨尺]。中世ながじゃく[長尺]。中古まがりがね[曲金/曲尺]。

ものさびし・い【物寂】 近代うすさびしい[寂]。近世うすらさびしい[寂]。うそさびしい[寂]。中世こころさびし[心寂]。こころさみし[心寂]。こさびし[小寂]。中古うらさびし[心寂]。おぼつかなし[覚束無]。けどほし[気遠]。すごし[凄]。ものさびし[物寂]。上代こころさぶし[心寂]。→**さびし・い**

—・い感じの調べ 近代あいてう[哀調]。

—・いこと(さま) 近代くゎくれう[廓寥]。せいせつ[凄切]。せうさつ[蕭殺]。せうれう[凄寥]。近世さんすい[山水]。らくばく[落莫]。中世せいせい[凄凄]。せいぜん[凄然]。せうさつ[蕭颯]。中古かすか[幽/微]。せうさく[蕭索]。せうせう[蕭蕭]。せうでう[蕭条]。つくづく[熟]。つれづれ[徒然]。れうれう[寥寥]。

—・く静かなさま 中世げきせき[闃寂]。近代げきじゃく[闃寂]。

秋風が吹いて—・くなるさま 近代しうふうさくばく[秋風索莫]。

ものしずか【物静】❶〈性格〉 近世ものしづか[物静]。をんこう[温厚]。をんわ[穏和]。中世おとなし[大人]。中古おだやか[穏]。

ものしずか【物静】❷〈状況〉 近代せいしゅく[静淑]。近世せいじゃく[静寂]。ひっそり。中世かんじゃう/かんせい[閑静]。かんじゃく[閑寂]。かんせき[閑寂]。じゃくじゃう[寂静]。中古かごやか[閑]。しづやか[静]。しめる[湿]。せいかん[静閑]。ものしづか[物静]。上代おもぶる[徐]。しめやか。

—・で清らかなこと 中古せいかん[清閑]。

—・に 中世しとやか。中古しづしづ。しとしと(と)。

ものしり【物知】 ウオーキングディクショナリー(walking dictionary)。近代いきじびき[生字引]。近世ことしり[事知]。中世つうじん[通人]。ものしり[物知/物識]。中古うざい[有才]。上代しきしゃ[識者]。せきがく[碩学]。はかせ[博士]。はくがく[博学]。→**はくしき**

—を得意がる顔 中古ものしりがほ[物知顔]。

ものずき【物好】 近代すき[好]。近世かうじ/かうず[好事]。すいきゃう[酔狂/粋狂]。りきうごのみ[利休好]。中世しる[痴]。ものずき[物好/物数奇]。中古ことごのみ/ことこのむ[事好]。すきごと[好事]。すきずきし[好好]。ものごのみ[物好]。

—・な人 近代かうずしゃ[好事者]。ジレッタント/ディレッタント(dilettante)。近世うきょうじん[有興人]。かうずか[好事家]。すきしゃ[好者/数奇者/数寄者]。すきびと[好人/数寄人]。すきもの[好者]。ちゃじん[茶人]。

ものすご・い【物凄】 近代すごい[凄]。近世おびただし[夥]。たけだけし[猛猛]。ひどし[酷/非道]。中世すさまじ[凄/冷]。中古いみじ。おどろおどろし。おびたたし[夥]。まうれつ[猛烈]。上代はなはだし[甚]。

ものたりな・い【物足】 近代あきたらない/あきたりない[飽足]。ふふく[不服]。ものたりない[物足]。意に満たない。食ひ足りない。近世あっけなし[呆気]。かったるい。念もなし。中世ふそく[不足]。ふまん[不満]。ふまんぞく[不満足]。ものたらぬ[物足]。わびし[侘]。中古あかず[飽]。くちをし[口惜]。さうざうし[索索]。すさまし[凄]。ほいなし[本意無]。上代さぶし[淋]。ともしぶ/ともしむ[乏]。をし[惜]。

—・く思わせる 上代ともしぶ/ともしむ[羨]。

—・くて 中古あかず[飽]。

口が—・い 近世くちざみし[口淋]。

ものともせず 近代たいぜんじじゃく[泰然自若]。へいぜんと[平然]。近世てんぜん[恬然]。何のその。びくともせず。中世たいぜん[泰然]。中古しょうよう[従容]。ものかは。事ともせず。ものともせず。

ものな・れる【物馴】 中世しふじゅく[習熟]。

ものなる［—なれる］［物馴／物慣］。中古しなる［—なれる］［為慣］。らうあり［労有］。らうらうじ／りゃうりゃうじ［労労］。

—・れた顔 中古ありつきがほ［有付顔］。

—・れない 中古うひうひし［初初］。

ものの かかわらず［拘］。けれども。中古ながら。ものの。上代ものから。

もののかず【物数】 中古ことのかず［事数］。もののかず［物数］。

—ではない 中世いひがひなし［言甲斐無］。はかなし［果無／果敢無］。ものかは。中古あやなし［文無］。いふかひなし［言甲斐無］。かずならず［数］。はかなげ［果無／果敢無］。塵の末。なでふことかあらむ／なでふことなし。何ならず。ものにもあらず。上代かずなし［数無］。

もののけ【物怪】 近代まもの［魔物］。中世じゃき［邪気］。じゃき［邪鬼］。つきもの［憑物］。中古じゃけ［邪気］。ばけもの［化物］。へんげ［変化］。もののけ［物怪／物気］。上代えうくゎい［妖怪］。→**ばけもの**

もののふ【武士】 近世ぶふ［武夫］。中世さむらひ［侍］。ぶじん［武人］。中古さぶらひ［侍］。ぶけ［武家］。むさ／むしゃ［武者］。もののふ［武士］。上代ぶし［武士］。ますらを［益荒男／大夫］。

ものまね【物真似】 →**まね**

ものみ【物見】 近世かまりものみ［物見］。くさかまり［草屈］。しのびものみ［忍物見］。しばみ［芝見］。中世けんみ［検見］。ふせかまり［伏屈］。ものみ［物見］。上代せきこう［斥候］。→**しのび**

ものみだか・い【物見高】 中世ものみだかし［物見高］。

—・い性質 やじうまこんじょう［野次馬根性］。

—・い人 近世やじうま［野次馬／弥次馬］。

ものみゆさん【物見遊山】 近代かうらく［行楽］。中世くゎんくゎう［観光］。ものみゆさん［物見遊山］。中古けんぶつ［見物］。ものみ［物見］。→**てんぽう**

—に出る人 中古いうきゃく［遊客］。いうじん［遊人］。

—の旅 近世ゆさんたび［遊山旅］。

—の場所 中世ゆさんじょ［遊山所］。

ものものし・い【物物】 近世ておもし［手重］。中世ぎゃうぎゃうし［仰仰］。中古いかめし［厳］。おごそか［厳］。おもおもし［重重］。げんぢゅう［厳重］。こちたし［言痛／事痛］。ことごとし［事事］。ものめかし［物物］。ものものし［物物］。ゆゑゆゑし［故故］。よだけし［弥猛］。

—・いこと 中世もったい［勿体］。

ものもらい【物貰】 →**こじき**

ものやわらか【物柔】 近世やんはり。をんわ［穏和］。中古おだやか［穏］。なごやか［和］。にこやか［和］。ものやはらか［物柔］。やはやは。上代にこよか［和］。

—・になる 中古たをやぐ［嫋］。

—・に振る舞う 中古なよぶ。

ものわかり【物分】 近代りかい［理解］。近世のみこみ［呑込／飲込］。ものわかり［物分］。中世ききわけ［聞分］。

—がよい(こと) 近代ひらける［開］。近世さばく［さばける］［捌］。とほる［通］。はなせる［話］。中古ざる［ざれる］［戯］。

—の悪い人 近世ぼくねんじん［朴念仁］。

ものわかれ【物別】 近代けつれつ［決裂］。はれつ［破裂］。近世ものわかれ［物別］。中世だんぜつ［断絶］。

ものわすれ【物忘】 中古しつねん［失念］。ばうきゃく［忘却］。ものわすれ［物忘］。

ものわらい【物笑】 近世てうせう［嘲笑］。中古あざけり［嘲］。中世ものわらひ［物笑］。ひとわらはれ／ひとわらへ［人笑］。ひとわらはえ［人笑］。

—の種 近世おほわらひ［大笑］。中世おわらひぐさ［御笑種］。

もはや【最早】 近世もまた［又］。中世も。もう。もはや［最早］。中古やうやう［漸］。今は早。上代すでに［既／已］。

—これまで 中世いまはかう／いまはかく［今斯］。かう［斯］。中古今は限り。

もはん【模範】 近代てんけい［典型］。はん［範］。モデル(model)。近世てかがみ［手鑑］。もやう［模様］。中世ぎけい［儀刑／儀型］。きはん［規範］。てほん［手本］。亀の鑑（かがみ）。中古きかん［亀鑑］。きく［規矩］。ぎはん［儀範］。もはん［模範］。上代かがみ［鑑／鏡］。ぎへう［儀表］。→**てほん**

—として受け継がれた法 ぼほう［母法］。

—として歌うこと はんしょう［範唱］。

—とすべき不変の道 近世てんじゃう［典常］。

—とすべき文章 ぶんぱん［文範］。

—となる行い 近代すいきゃう［水鏡］。

—となる人 上代しはん［師範］。

—を示すこと 近代しはん［示範］。そっせんすいはん［率先垂範］。上代すいはん［垂範］。

町人の— 近世ちゃうにんかがみ［町人鑑］。

母としての— 近代ぼぎ［母儀］。

もふく【喪服】 中世 あらはしぎぬ[著衣]。そふく[素服]。もふく[喪服]。色の物。形見の衣。苔の衣。苔の袂。衣の闇。墨染めの衣。中古 あらはしごろも[著衣]。うすずみ[薄墨]。うすずみごろも[薄墨衣]。うすにび[薄鈍]。くろききぬ／くろきころも／くろきぬ[黒衣]。さうふく[喪服]。しひしば[椎柴]。すみぞめ[墨染]。つるばみ[橡]。ぶく[服]。ふぢぎぬ／ふぢごろも[藤衣]。もぎぬ[喪衣]。霞の衣。椎柴の袖。上代 あさごろも／あさぎぬ[麻衣]。

—の色 中古 つるばみ[橡]。にびいろ／にぶいろ[鈍色]。形見の色。

—を着る 中古 いろかはる[色変]。くろむ[黒]。にばむ／にぶむ[鈍]。

遠い縁者の死の時に着る— 中古 きゃうぶく[軽服]。

みんなが—を着る 中古 くろみわたる[黒渡]。

もほう【模倣】 ミメーシス(ギリシャ mimēsis)。近代 イミテーション(imitation)。がんせい[贋製]。コピー(copy)。近世 まねごと[真似事]。もぎ[模擬]。もざう[模造]。もはう[模倣／摸倣]。中世 しにす[為似]。たぐふ[類]。中古 ひとまね[人真似]。まね[真似]。もしゃ[模写／摸写]。→**まね**

《句》近代 雁がたてば鳩もたつ。鯉が躍れば泥鰌も躍る。近世 雁が飛べば石亀も地団駄。西施の顰みに倣ふ。

—・する なぞる。近代 顰みに倣ふ。中世 もす[模]。中古 うつしとる[写取]。にす〔にせる〕[似]。まぬ〔まねる〕[真似]。まねぶ[真似]。もどく[擬／抵牾／牴牾]。上代 かたどる[象]。ならふ[倣]。

独創性なく—をするだけの人(もの) 近代 ありう[亜流]。エピゴーネン(ドイツ Epigonen)。ついずいしゃ[追随者]。

もみ【籾】❶〈籾米〉 近世 もみごめ[籾米]。もみよね[籾米]。中古 あらしね[荒稲]。上代 もみ[籾]。

刈った稲をその場で—にすること のごき[野扱]。

種子とする— 近世 たねもみ[種籾]。

中に実のない— 中古 しひだ／しひな[粃／秕]。しひなし／しひなせ[粃／秕]。

もみ【籾】❷〈籾殻〉 近代 もみ[籾]。近世 あらかは[粗皮]。ぬか[糠]。もみがら[籾殻]。中世 もみぬか[籾糠]。中古 あらぬか[粗糠]。かひ[卵／殻]。

—がらを取って玄米にすること 近世 もみすり[籾摺]。もみひき[籾挽]。

—がらを取ってまだ間がない玄米 いまずり[今摺]。いまずりまい[今摺米]。

もみけ・す【揉消】 近代 にぎりつぶす[握潰]。もみつぶす[揉潰]。近世 けす[消]。中世 もみけす[揉消]。

もみじ【紅葉】 近代 メープル(maple)。近世 いろは[色葉]。中世 いろみぐさ[色見草]。つまこひぐさ[妻恋草]。にしきぐさ[錦草]。中古 かへで[楓]。ふうえふ[楓葉]。もみぢ[紅葉]。紅の葉。上代 もみち[紅葉／黄葉]。もみちば[紅葉／黄葉]。

—を観賞すること 近代 くゎんぷう[観楓]。中世 もみぢがり[紅葉狩]。中古 もみぢみ[紅葉見]。

秋最初に目にする— 中古 はつもみぢ[初紅葉]。

美しい—のたとえ 中世 野山の錦。中古 はなもみぢ[花紅葉]。上代 きんしう[錦繍]。

楓以外の— 近世 うめもみぢ[梅紅葉]。うるしもみぢ[漆紅葉]。くさもみぢ[草紅葉]。さくらもみぢ[桜紅葉]。草の錦。中世 つたもみぢ[蔦紅葉]。はじもみぢ[黄櫨紅葉／櫨紅葉]。

その他—に関わる言葉 近世 ちりもみぢ[散紅葉]。ふゆもみぢ[冬紅葉]。もみぢざけ[紅葉酒]。ゆふもみぢ[夕紅葉]。中古 したもみぢ[下紅葉]。

もめごと【揉事】 まさつ[摩擦]。近代 あつれき[軋轢]。ごたくさ。ごたごた。さうぎ[争議]。トラブル(trouble)。ふんうん／ふんぬん[紛紜]。もめごと[揉事]。近世 いがみあひ[啀合]。いざ。いさくさ。いざこざ。いぢむぢ。さわぎ[騒]。ふうは[風波]。ふんきう[紛糾]。もつれ[縺]。もめ[揉]。もやつき。もやもや。やっさもっさ。中世 でいり[出入]。なみかぜ[波風]。はらん[波瀾／波乱]。ふんさう[紛争]。もんちゃく／もんぢゃく[悶着]。中古 いさかひ[諍／闘諍]。さうどう[騒動]。まぎれ[紛]。上代 あらそひ[争]。

—を起こして利益を得ること マッチポンプ(和製 match ＋ オランダ pomp)。

家庭内の— 近代 かていさうぎ[家庭争議]。

小さな— 近世 こぜりあひ[小競合]。

内部から起こる— 近代 せうしゃうのうれへ[蕭牆患]。

も・める【揉】 近代 がちゃつく。もむ〔もめる〕[揉]。近世 いちゃつく。→**あらそ・う**

—・めているさま 近世 ごたごた。すったもん

だ［擦揉］。
もめん【木綿】 近代コットン(cotton)。中世きわた［木綿］。めん［綿］。もめん［木綿］。
―の糸 近世めんし［綿糸］。もめん［木綿］。もめんいと［木綿糸］。
―の綿入れ 中世ぬのこ［布子］。
鬱金色に染めた― 近世うこんもめん［鬱金木綿］。
外国から輸入された― 中世たうもめん［唐木綿］。
さらして白くした― 近代さらしもめん［晒木綿］。
その他―のいろいろ(例) 近代あはちぢみ［阿波縮］。あをじま［青縞］。近世うるしもめん［漆木綿］。
▼助数詞 しめ［締］。
モメント(moment)❶〈瞬間〉→**しゅんかん**
モメント(moment)❷〈契機〉→**きっかけ**
モメント(moment)❸〈契機〉→**ようそ**
もも【股】 じょうたい［上腿］。近代だいたい［大腿］。中世ふともも［太股］。中古つぶし［腿］。上代もも［股／腿］。
―と手のひら 近代こしゃう［股掌］。
―の内側 中世うちまた［内股］。うちもも［内股／内腿］。
―の内側が擦れ合って傷つくこと 近代またずれ［股擦］。
―の前面 上代むかもも［向股］。
―の外側 中世そともも［外股／外腿］。
―の肉 近世ひにく［髀肉／脾肉］。
もも【桃】 近代ピーチ(peach)。近世みちとせぐさ［三千年草］。中世みちよぐさ［三千世草／三千代草］。上代もも［桃］。
―とすもも 上代たうり［桃李］。
―の美しい花 中世えうたう［夭桃］。
―の花 上代たうくゎ［桃花］。
―の林 中古たうりん［桃林］。
―の品種(例) 近代すいみつたう［水蜜桃］。
花が濃い紅色の― 近世ひもも［緋桃］。中世ひたう［緋桃］。
ももいろ【桃色】 近代ピンク(pink)。中世たんこう［淡紅］。ももいろ［桃色］。中古うすくれなゐ［薄紅］。せんこう［浅紅］。
もものせっく【桃節句】 近世桃の節句。中世桃花の節。中古じゃうし［上巳］。ぢゅうさん［重三］。
もや【靄】 中世もや［靄］。中古せいえん［青煙］。
―がかかる もやる［靄］。
―がたなびくさま 中古あいあい［靄靄］。
―と霞 中世けむり［煙／烟］。上代えんか［煙霞／烟霞］。
朝の― 近代あさもや［朝靄］。
雨の後の― 近代あまもや［雨靄］。
薄くかかった― 近代うすもや［薄靄］。
寒々とした― 中古かんえん［寒煙／寒烟］。
遠くの緑樹にかかる― 上代すいえん［翠煙／翠烟］。
山に立つみどりの― 近世らんすい［嵐翠］。中古しうらん［秋嵐］。らんき［嵐気］。
夕方の― 中世ゆふけぶり／ゆふけむり［夕煙／夕烟］。
もや・す【燃】 近代ねんせう［燃焼］。中世もす［燃］。中古くぶ［くべる］［焼］。もやす［燃］。煙になす。上代たく［焚］。やく［焼］。
―・す場所 近世ひどこ［火床］。
屋外で落葉などを―・すこと 近代おちばたき［落葉焚］。近世たきび［焚火］。
煙が出るように―・す 近世くすぶ［くすべる］［燻］。中世いぶす［燻］。
建物などを次々と―・す 近代なめる［嘗／舐］。上代えんせう［延焼］。
秘密文書などを―・すこと 近世丙丁に付す。
もよう【模様】❶〈様子〉 近代じゃうきゃう［状況］。やうさう［様相］。中世ありてい［有体］。もやう［模様］。やうす［様子］。中古ありさま［有様］。ありやう［有様］。
もよう【模様】❷〈図柄〉 えがら［絵柄］。がらゆき［柄行］。パターン(pattern)。近代がら［柄］。づあん［図案］。づがら［図柄］。近世もんもん［紋紋］。もんやう［文様／紋様］。中世あいろ［文色］。もやう［模様］。中古あや［文／紋］。あやめ［文目］。かた［形／象］。もん［文／紋］。ゑやう［絵様］。
―が付いていること 近世かたつき［形付／型付］。
―のないこと 近世もんなし［紋無］。中古むぢ［無地］。むもん［無文］。
―を散らして込み入った織り方をする 中古おりみだる［織乱］。
織物の織りだした― 近代しょくぶん／しょくもん［織文］。
風によってできる― さもん［砂紋］。ふうもん［風紋］。リップルマーク(ripple mark)。近代れんこん［漣痕］。
紙を光にすかして見る― すかしもよう［透模様］。近世すかし［透］。すかしゑ［透絵］。
砧で打って生じる光沢の― 近世うつめ［打目／擣目］。
木の切り口の―→**もくめ**
金属の裏から表へ打ち出す― 近代うちだし

〔打出〕。

金属や石に彫り込んだー 中古 てうぶん〔彫文／雕文〕。

草木の汁で染め出したー 中世 すりゑ〔摺絵〕。

格子縞(こうしじま)のー（例）アーガイルチェック(argyle check)。近代 おきながうし〔翁格子〕。おほがうし〔大格子〕。チェック(check)。近世 かうしじま〔格子縞〕。べんけいじま〔弁慶縞〕。中世 こがうし〔小格子〕。

細かなー 上代 ささら〔細〕。ささらがた〔細形〕。

地と違う色糸を織り込んで出すー（例も）近代 おりもやう〔織模様〕。近世 おりきん〔織金〕。きんらん〔金襴〕。しゅちん〔繻珍〕。

縞(しま)のー（例）ストライプ(stripe)。よろけじま〔蹣跚縞〕。近世 おくじま〔奥縞／奥島〕。こもちじま〔子持縞〕。たてじま〔縦縞／竪縞〕。だんしちじま〔団七縞〕。たんぜんじま〔丹前縞〕。まあきだいみゃう〔間明大名〕。ぼうじま〔棒縞〕。やたらじま〔矢鱈縞〕。よこじま〔横縞〕。

縄文土器にみられるー おしがたもん〔押型文〕。

染めによって出すー 近世 そめぬき〔染抜〕。そめもやう〔染模様〕。中古 そめつけ〔染付〕。

手紙用の紙に山水や花鳥を描いたー 近世 ゑはんきり〔絵半切〕。

初めと終わりがつながっているー くさりつなぎ〔鎖繋〕。

不規則に散らしてあるー ちらしもよう〔散模様〕。近世 ちらし〔散〕。ちらしがた〔散形〕。ちらしもん〔散紋〕。

筆でかいたー 近世 かきもん〔書紋〕。

斑(まだら)のー 近世 とらふ〔虎斑〕。中世 とらげ〔虎毛〕。中古 はんもん〔斑紋／斑文〕。

和服で全体が一つの絵となるようなー 近世 ゑばもやう〔絵羽模様〕。

その他ーのいろいろ（例）いなずまもよう〔稲妻模様〕。いれかえもよう〔入替模様〕。うずらふ〔鶉斑〕。うんきもん〔雲気文〕。がんぎがしら〔雁木頭〕。きょしもん〔鋸歯文〕。ぎょもん〔魚文／魚紋〕。じゃもん〔蛇紋〕。なみがしら〔波頭〕。はなくいどり〔花喰鳥〕。はなびし〔花菱〕。パルメット(palmette)。ヘリンボーン(herringbone)。マーブル(marble)。またぎがた〔叉木形〕。みずたまもよう〔水玉模様〕。メアンダー(meander)。一の字繋ぎ。近代 アカンサス(acanthus)。いなづまがた〔稲妻形〕。いれこびし〔入子菱〕。いんくゎ〔印花〕。うづまき〔渦巻〕。うんもん〔雲文／雲紋〕。からくさもやう〔唐草模様〕。きかもやう〔幾何模様〕。きっかふがた〔亀甲形〕。くゎもん〔渦紋〕。こぼれまつば〔零松葉〕。ドット(dot)。モアレ(フランス moiré)。ラビラント／ラビリンス(labyrinth)。近世 あふぎながし〔扇流〕。あられ〔霰〕。あられこもん〔霰小紋〕。いうぜんもやう〔友禅模様〕。いしがけこもん〔石崖小紋〕。いしがけしぼり〔石崖絞〕。いしめこもん〔石目小紋〕。いちまつもやう〔市松模様〕。うきよこもん〔浮世小紋〕。うづ〔渦〕。うろこがた〔鱗形〕。うんきんもやう〔雲錦模様〕。うんやだい〔雲屋台〕。かたわぐるま〔片輪車〕。かのこもやう〔鹿子模様〕。かんぜみづ〔観世水〕。くちきがた〔朽木形〕。ぐり／ぐりん〔屈輪〕。ござめ〔茣蓙目〕。こほりうめ〔氷梅〕。こぼれうめ〔零梅〕。こぼれざくら〔零桜〕。こぼれまつ〔零松〕。さいはひびし〔幸菱〕。しきがはら〔敷瓦／甃〕。せんなりひさご〔千成瓢〕。せんなりべうたん〔千成瓢箪〕。そろばんしぼり〔算盤絞〕。たつなみ〔立波／立浪〕。だてもやう〔伊達模様〕。はなづくし〔花尽〕。まめしぼり〔豆絞〕。やがすり〔矢絣／矢飛白〕。らいもん〔雷文〕。中世 うんかく〔雲鶴〕。くさづくし〔草尽〕。ぐりぐり〔屈輪屈輪〕。すながれ〔州流〕。ともゑ〔巴〕。ひがき〔檜垣／菱垣〕。ゐげた〔井桁〕。中古 おほうみ〔大海〕。かのこまだら〔鹿子斑〕。からくさ〔唐草〕。からくさもん〔唐草文〕。くもとり〔雲鳥〕。くゎもん〔花紋〕。すながし〔州流／洲流／墨流〕。はなもやう〔花模様〕。をりえだ〔折枝〕。

もよおし【催】 イベント／エベント(event)。さいじ〔催事〕。近代 もよほしもの〔催物〕。近世 もよほし〔催〕。中世 いちざ〔一座〕。いちゑ〔一会〕。こうぎゃう〔興行〕。しふくゎい〔集会〕。中古 ぎゃうじ〔行事〕。上代 つどひ〔集〕。

茶道など芸能のー 近代 いちゑ〔一会〕。

もよお・す【催】 近代 かいさい〔開催〕。きょかう〔挙行〕。近世 ひらく〔開〕。中古 いとなむ〔営〕。とりおこなふ〔取行〕。もよほす〔催〕。上代 おこなふ〔行〕。

もより【最寄】 近代 ふきん〔付近〕。近世 てぢか〔手近〕。もより〔最寄〕。中世 ちかく〔近〕。

モラール(morale) 近代 いよく〔意欲〕。近世 しき〔士気〕。やるき〔遣気〕。

もらいもの【貰物】 近代 いただきもの〔戴物〕。

ちゃうだいもの［頂戴物］。近世 さづかりもの［授物］。たうらいもの［到来物］。もらひもの［貰物］。

もら・う【貰】 近世 もらひうく［―うける］［貰受］。中世 もらふ［貰］。上代 うく［うける］［受／承］。うけとる［受取］。

《謙》近世 くださる［下］。中世 いただく［戴］。さづかる［授］。ちゃうだい［頂戴］。中古 くだされる［下］。はいりゃう［拝領］。もうしうく［―うける］［申受］。上代 たまはる［賜／給］。

―・うなら何でもいい 近世 夏も小袖。貰ふ（下さる）物は夏も小袖。

頼んで―・う 中古 こひうく［―うける］［請受］。

天皇や主君から―・うこと 中古 かし［下賜］。上代 おんし［恩賜］。

目上の人からお古を―・うこと 近代 おさがり［御下］。おながれ［御流］。近世 おすべり［御滑］。

物を―・って返礼しないこと 近代 おてら［御寺］。もらひっぱなし［貰放］。

もら・す【漏】❶〈漏出〉 近代 ろうしゅつ［漏出］。近世 いっす［逸］。ぬかす［抜］。中世 とりおとす［取落］。ろうえい［漏洩／漏泄］。中古 うちこぼす［打零］。おとす［落］。もらす［漏／洩］。上代 こぼす［零］。ろうせつ［漏洩／漏泄］。

―・した部分を後から補うこと ほい［補遺］。

もら・す【漏】❷〈口外〉 近代 口を滑らす。中世 たげん／たごん［他言］。中古 こうぐゎい［口外］。上代 もらす［漏／洩］。

聞いたことを他へ―・す 中古 ききもらす［聞漏］。

モラル（moral） 近代 モラル。近世 りんり［倫理］。中古 だうぎ［道義］。上代 だうとく［道徳］。

もり【守】 近世 もりやく［守役］。中世 しふ［師傅］。ふ［傅］。めのと［乳母］。もり［守］。

―を専門にする乳母 近世 だきうば［抱乳母］。

もり【森】 近代 じゅかい［樹海］。中世 じゅりん［樹林］。しんりん［森林］。上代 はやし［林］。もり［森／杜］。

《枕》中世 かしはぎの［柏木］。

―が茂っているさま 中古 しんしん［森森］。しんぜん［森然］。

神の― 上代 かむなび／かんなび［神奈備／神名備／神南備］。

もりあが・る【盛上】 ふくらむ［膨／脹］。近代 さかえる［栄］。たかまる［高］。りゅうき［隆起］。近世 もりあがる［盛上］。中世 わきあがる［沸上／湧上］。中古 うぐもつ／うごもつ／うごもる［墳］。

―・った面 近代 とつめん［凸面］。

―・って小高い所 中古 はなは［塙］。

―・るさま 近代 とつ［凸］。もくもく。もりもり。りゅうぜん［隆然］。りゅうりゅう［隆隆］。近世 わんぐり。中世 こんもり。

映画や演劇などで―・った場面 近代 クライマックス（climax）。

もりかえ・す【盛返】 近代 けんどぢゅうらい／けんどちょうらい［捲土重来］。もりたてる［盛立］。近世 くゎいふく［回復／快復］。中世 ばんくゎい［挽回］。もりかへす［盛返］。

もりきり【盛切】 もっきり［盛切］。中世 もりきり［盛切］。

―の酒 近世 けんどんざけ［倹飩酒］。

―の飯 いっぱいめし［一杯飯］。近世 いちぜんめし［一膳飯］。

もりこ・む【盛込】 くりいれる［繰入］。近代 おりこむ［織込］。くみいれる［組入］。くりこむ［繰込］。つけたす［付足］。もりあはせる［盛合］。中世 くみこむ［組込］。

もりた・てる【守立】 近代 げんきづける［元気付］。サポート（support）。バックアップ（backup）。近世 おしたつ［―たてる］［押立］。ようりつ［擁立］。中世 ひきたつ［―たてる］［引立］。中古 ようす［擁］。

もれなく【漏】 余すところなく。近代 もれなく［漏］。中古 あまねく［普／遍］。つぶさに［具／備］。上代 ことごとく［悉］。すべて［全］。

→すべて

―行うやり方（例） ローラーさくせん［roller作戦］。

も・れる【漏】 リーク（leak）。近代 ろうしゅつ［漏出］。近世 すべりいづ［滑出］。ぬく［ぬける］［抜］。中世 かく［かける］［欠］。けつらく［欠落］。けつろ／けつろう［欠漏］。もる［もれる］［漏／洩］。ろうえい［漏洩／漏泄］。ゐだつ［遺脱］。ゐろう［遺漏］。中古 こぼる［こぼれる］［零］。だつらく［脱落］。だつろう［脱漏］。もれおつ［―おちる］［漏落］。ろうだつ［漏脱］。上代 おつ［おちる］［落］。くく［漏］。もる［漏］（四段活用）。ろうせつ［漏洩／漏泄］。

《枕》中世 かしはぎの［柏木］。

数から―・れる 中古 はづる［はずれる］［外］。

月の光などが―・れて来る 中世 もりいる［漏入］。中古 もりく［漏来］。

天井から雨が―・れること 近世 あまもり［雨

漏］。

内緒事の—・れやすいたとえ 近代 壁に耳あり障子に目あり。中世 岩がもの言ふ。垣に耳。壁に耳。

水が—・れること 中古 ろうすい［漏水］。

もろ・い【脆】 くだけやすい［砕］。こわれやすい［壊／毀］。近代 やはし［柔］。よわし［弱］。近世 ぜいじゃく［脆弱］。やにこし［脂］。中世 あへなし［敢無］。きゃしゃ［華奢／花車］。さくい。中古 はかなし［果無／果敢無／儚］。上代 もろし［脆］。

—・いさま 中世 あだけ［徒］。中古 あだ［徒］。

—・い物のたとえ ガラス（オランダglas）の城。砂上の楼閣。中世 風の前の塵。風吹く塵。燕の幕上（ばくじやう）に巣くふが如し。風前の塵。

—・く 中古 つゆ［露］。

—・く折れるさま 中古 あはに［淡］。近代 ぽっくり。

—・さ ぜいじゃくせい［脆弱性］。バルネラビリティー（vulnerability）。近代 ぜいせい［脆性］。

もろて【諸手】 もろうで［諸腕］。近世 りゃううで［両腕］。りゃうて［両手］。中古 もろて［諸手］。

もろとも【諸共】 近世 いっしょ［一緒］。中古 あひともに［相共］。ともども［共共］。ともに［共］。もろとも［諸共］。

もろびと【諸人】 近代 ばんじん［万人］。みんしゅう［民衆］。中世 じょうみん［蒸民／烝民］。まんにん［万人］。中古 しゅ／しゅう［衆］。たいしゅう［大衆］。ばんにん［万人］。上代 しゅうしょ［衆庶］。ばんみん［万民］。もろひと／もろびと［諸人］。

もろもろ【諸諸】 近代 かくはん［各般］。たしゅたやう［多種多様］。たやう［多様］。なんやかや。近世 いろんな［色］。中世 あれこれ。しょはん［諸般］。中古 いろいろ［色色］。さまざま［様様］。しょしゅ［諸種］。たしゅ［多種］。とりどり［取取］。上代 くさぐさ／しゅじゅ［種種］。もろもろ［諸諸］。

もん【門】 近代 くゎん［関］。ゲート（gate）。ではひりぐち［出入口］。はひりぐち［入口］。近世 でいりぐち［出入口］。中世 いりぐち［入口］。たつ［闥］。とざし［鎖／扃］。中古 とぐち［戸口］。もんこ［門戸］。上代 かど［門］。かなと［金門］。と［戸／門］。もん［門］。をかなと［小金門］。

—と戸 中古 もんこ［門戸］。

—に寄りかかり立つこと 中世 いもん［倚門］。

—の敷居 中世 もんゐき［閾］。

—の近くの田 上代 かどた［門田］。かなとだ［金門田］。

—のつくり方 近世 もんがまへ［門構］。

—の戸締まり 中古 さやく［鎖鑰］。とざし［鎖］。

—の扉 近代 もんぴ［門扉］。中世 もんせん［門扇］。

—の柱 近代 もんちゅう［門柱］。中世 もんばしら［門柱］。

—の番人 →**もんばん**

—を開けること 中世 かいもん［開門］。

—を出たところ 上代 いでたち［出立］。

—を出ること 近世 しゅつもん［出門］。

—を閉じて中へ入れない 近代 しめだす［締出／閉出］。

—を閉じる 近世 うつ［打］。しむ［しめる］［閉／締］。中世 へいもん［閉門］。

石垣や築地をくりぬくようにした— 近世 あなもん［穴門］。うづみもん［埋門］。

石の—（石で作った門、門のような石） 中古 せきもん［石門］。

裏にある不浄なものを運び出す— 近世 いみもん［忌門］。ふじゃうもん［不浄門］。

裏の— 近世 うらもん［裏門］。中世 こうもん［後門］。せど［背戸］。せどくち［背戸口］。

大きな造りの— 近代 おほと［大門］。おほむねもん［大棟門］。しきゃくもん［四脚門］。しそくもん［四足門］。中世 にかいもん［二階門］。やつあしもん［八足門］。りゅうろう［竜楼］。中古 よつあしもん［四足門／四脚門］。りょうろう［竜楼］。上代 だいもん［大門］。ろうもん［楼門］。

表の大きな— 近世 おもてもん［表門］。そうもん［総門］。だいもん［大門］。中世 おほもん［大門］。中古 せいもん［正門］。

茅葺きの簡素な— 近世 かやもん［茅門／萱門］。ばうもん［茅門］。

唐破風（からはふ）形の屋根をもつ— 近世 からもん［唐門］。ひらからもん［平唐門］。むかひからもん［向唐門］。

貴人を迎える— 近世 おなりごもん［御成御門］。おなりもん［御成門］。

くぐって入る— 近世 きりどぐち［切戸口］。くぐりもん［潜門］。中世 きりど［切戸］。くぐり［潜］。

皇居の— 中世 きうもん［九門］。きんけつ［禁闕］。きんけつ［金闕］。きんもん［禁門］。けつ［闕］。したつ［紫闥］。ちょうもん［重門］。ていけつ［帝闕］。ほうけつ［鳳闕］。

ほくけつ[北闕]。りゅうけつ[竜闕]。老いせぬ門(か)。上代 あまつみかど[天御門]。おほみかど[大御門]。きゅうもん[宮門]。みかど[御門]。

極楽の— 中古 極楽の東門(とうもん)。

祝賀会で客を迎える仮設の— 近代 アーチ(arch)。りょくもん[緑門]。

朱塗りの— 近代 あかもん[赤門]。

主要な門の脇の小さな— 中世 わきもん[脇門]。中古 えきもん[掖門]。

城の—(例) 近代 かうらいもん[高麗門]。ぐゎいくゎくもん[外郭門]。ないくゎくもん[内郭門]。わたりやぐらもん[渡櫓門]。近世 おほてもん[大手門]。やぐらもん[櫓門／矢倉門]。中世 おほて[大手]。からめてもん[搦手門]。中古 きど[木戸]。上代 おほきど[大城門／大木戸]。

神殿の— 中古 とりゐ[鳥居]。上代 神の御門(みかど)。

草庵の— 近代 さいひ[柴扉]。さいもん[柴門]。

粗末な— 中世 しばのとぼそ[柴枢]。中古 しばのと[柴戸]。ほうもん／よもぎのかど[蓬門]。

台所へ通じる— 近世 かってぐち[勝手口]。

内裏の—(例) 近世 ないくゎくもん[内郭門]。中古 いんぷもん[殷富門]。いんめいもん／おんめいもん[陰明門]。きたのぢん[北陣]。けいはふもん[敬法門]。げっくゎもん[月華門]。げんきもん[玄輝門]。けんれいもん[建礼門]。しゅんくゎもん[春華門／春花門]。ゐかんもん[偉鑒門]。上代 うちつみかど[内御門]。かふもん[閤門]。きゅうもん[宮門]。

端午の節句に菖蒲(しょうぶ)を葺いた— 近世 あやめのかど[菖蒲門]。

茶室入り口の— 近代 さだうぐち[茶道口]。ろぢもん[露地門]。近世 ちゃだうぐち[茶道口]。ちゃたてぐち[茶立口]。ていしゅぐち[亭主口]。中世 かってぐち[勝手口]。

貯水池や運河などの— 中古 すいもん[水門]。

寺の— 中世 じもん[寺門]。にわうもん[仁王門]。中古 さんもん[山門]。

天に昇る入り口の— 中世 てんもん[天門]。

都市への入り口の— 近世 おほきど[大城門／大木戸]。中古 らじゃうもん[羅生門]。

内部が透けて見える— 近世 すかしもん[透門]。中世 すきもん[透門]。

普段出入りしない— 中世 あかずのもん／あけずのもん[開門]。

普段出入りする— 近代 つうようもん[通用門]。

町の— 中古 ばうもん[坊門]。

見せ物小屋の— 近世 きど[木戸]。

村の入り口の— 近代 りもん[里門]。りょもん[閭門]。近世 りょ[閭]。

屋根に土をのせた— 中世 あげつちもん[上土門]。

立派な— 近世 ひぐらしのもん[日暮門]。中世 ぎょくもん[玉門]。

牢獄の— 中古 ごくもん[獄門]。

露地の小さな— 中世 しをりど[枝折戸]。

もんか【門下】 →でし

もんがい【門外】 せんもんがい[専門外]。近代 はたけちがひ[畑違]。

もんきりがた【紋切型】 近代 おきまり[御決]。じゃうたう[常套]。もんきりがた[紋切型／紋切形]。近世 おさだまり[御定]。ステレオタイプ(stereotype)。

もんく【文句】❶〈語句〉 げんく[言句]。近代 せいく[成句]。ぶんげん[文言]。近世 ごく[語句]。せいご[成語]。中世 ごんく[言句]。もん[文]。もんく[文句]。もんごん[文言]。中古 しょうく[章句]。

美しく飾った— 近代 びじ[美辞]。中古 れいく[麗句]。

簡潔で真理をついた— 近代 アフォリズム(aphorism)。けいく[警句]。しんげん[箴言]。中世 きんく[金句]。中古 きんげん[金言]。めいげん[名言]。上代 かくげん[格言]。

気のきいた有名な— 中古 めいく[名句]。

古人の残した— 近世 こげん[古言]。

諺や成句をもじった語呂合わせの— 近世 くちあひ[口合]。ぢぐち[地口]。

重要な— 中世 かんもん[肝文]。

説明のために引用した— 近世 ひきく[引句]。中世 ひきごと[引言]。

その世界で通用している— 近世 とほりく[通句]。

難解な— 中世 けんく[険句]。なんく[難句]。

人の心をひきつける— うたいもんく[謳文句]。コピー(copy)。じゃっく[惹句]。近代 キャッチフレーズ(catchphrase)。

もんく【文句】❷〈不平〉 いちゃもん。クレーム(claim)。近代 いひがかり[言掛]。ふふく[不服]。もんく[文句]。近世 いさくさ。くじゃう[苦情]。くちこごと[口小言]。こみづ。中世 いひぶん[言分]。こごと[小言]。ふへい[不平]。ふまん[不満]。

一が多い 近代くちうるさい［口煩］。近世くちやかまし［口喧］。

一をあれこれ言うさま 近代ぐじゃぐじゃ。近世けちけち。つべこべ。つべらこべら。ぶつくさ。四の五の言ふ。酢の蒟蒻（こんにゃく）の。

一を付けたがる性質（人） クレーマー（claimer）。近代うるさがた。近世くぜつがまし［口舌］。

一を付ける ごねる。近代因縁を付ける。近世いじむじ。こだはる。ごてつく。じぶくる。ねだる［強請］。難癖を付く［一付ける］。中世くねる［曲／拗］。そしる［誹／謗／譏］。中古はちぶく［蜂吹］。むつかる［憤］。ゑんず［怨］。

一を付ける所がない 近世申し分なし。中世間然（かんぜん）する事なし。

もんこ【門戸】 近世いりぐち［入口］。中古もんこ［門戸］。→もん

もんごん【文言】 →もんく❶

もんさつ【門札】 →もんぴょう

もんじ【文字】 →もじ

もんじょ【文書】 近代ドキュメント（document）。近世しょめん［書面］。しょるい［書類］。中世かきもの［書物］。ぶんしょ［文書］。中古もんじょ［文書］。もんそ／もんぞ［文書］。

もんしょう【紋章】 ワッペン（ドイ Wappen）。近代エンブレム（emblem）。きしゃう［記章／徽章］。へうしゃう［標章］。もんしゃう［紋章］。

家の一 近世もんどころ［紋所］。中世かもん［家紋］。ぢゃうもん［定紋］。

正式の一 近代おもてもん［表紋］。中世ぢゃうもん［定紋］。

もんじん【門人】 →でし

もんせき【問責】 近代きっせき［詰責］。きつぶん［詰問］。だんがい［弾劾］。もんせき［問責］。中世きうめい［糾明／糺明］。きつもん［詰問］。とひつむ［一つめる］［問詰］。上代けんせき［譴責］。こととがめ［言咎］。じんもん［尋問／訊問］。

もんぜき【門跡】 近代もんしゅ［門主］。中世ぢゅうしょく［住職］。もんぜき［門跡］。中古そう［僧］。そうりょ［僧侶］。上代じゐん［寺院］。ぢゅうぢ［住持］。てら［寺］。

もんだい【問題】❶〈設問〉 せつもん［設問］。近代くゎだい［課題］。せつだい［設題］。テスト（test）。とひ［問］。近世しけん［試験］。中世しもん［試問］。中古だい［題］。もんだい［問題］。

一解決の手順 アルゴリズム（algorithm）。近代かいはふ［解法］。

一を出すこと しゅつもん［出問］。中世しゅつだい［出題］。

遊びとしての一 クイズ（quiz）。近代パズル（puzzle）。中古なぞなぞ［謎謎］。

後日に持ち越される一 近代しゅくだい［宿題］。

その場で出す一 近代そくだい［即題］。

似たような一 るいだい［類題］。

練習や説明のための例となる一 近代れいだい［例題］。

もんだい【問題】❷〈揉め事〉 近代あんけん［案件］。トラブル（trouble）。プロブレム（problem）。もめごと［揉事］。もんだい［問題］。中世なんだい［難題］。

一外 近世ろんぐゎい［論外］。中世こころのほか［心外］。さたなし［沙汰無］。そもしらず。

一が放置されるさま 近世たながらし［店枯／棚枯］。たなざらし［店晒］。

一にしない 歯牙にも掛けない。尻目（後目）に懸ける。近代ききながす［聞流］。どぐゎいし［度外視］。一笑に付す。眼中に置かない（入れない）。不問に付す。近世屁とも思はぬ。中世さたなし［沙汰無］。一議に及ばず。中古ききすつ［一すてる］［聞捨］。ことともせず。

一にする 近世とりあぐ［一あげる］［取上］。とんちゃく［頓着］。聞き捨てならぬ。中世とりあふ［取合］。もてなす［持成］。ろんず［論］。中古とんぢゃく［貪着］。

一にならない 目じゃない。近世話にならぬ。中世おくぢなし［憶持無］。ものかは。中古かずならず［数］。ものならず。ものにもあらず。上代かずなし［数無］。

一を避けて逃れること 近世たうひ［逃避］。

一を引き起こすこと 近代じゃくき［惹起］。

一を放置すること たなあげ［棚上］。

解決済みの一を持ち出す むしかえす［蒸返］。近代ほりかへす［掘返］。近世さいねん［再燃］。

聞いて一にする 中古ききとがむ［一とがめる］［聞咎］。

生死に関わる一 近代しくゎつもんだい［死活問題］。

難しい一 近代さくせつ［錯節］。中世なんだい［難題］。

もんちゃく【悶着】 →もめごと

もんてい【門弟】 →でし

もんと【門徒】 近代けうと［教徒］。しゅうと［宗徒］。しんと［信徒］。ぶっけうと［仏教

徒］。[中世]しんじゃ［信者］。[中古]もんと［門徒］。

もんどう【問答】 [近代]たうぎ［討議］。ろんさう［論争］。ろんせん［論戦］。[近世]あいさつ［挨拶］（禅宗）。はなしあひ［話合］。[中世]ぎろん［議論］。だんぎ［談義／談議］。もんたい［問対］。[中古]たうろん［討論］。ろんぎ［論議］。[上代]もんだふ［問答］。

―形式の文章 [中世]わくもん［或問］。

とんちんかんな― [近代]こんにゃくもんだふ［蒟蒻問答］。

値段についての押し― [近世]おしひき［押引］。

仏法についての― [中世]ほふもん［法問］。

わけの分からない― [中世]ぜんもんだふ［禅問答］。

もんなし【文無】 →**いちもんなし**

もんばん【門番】 [近世]かどまもり／かどもり［門守］。[中世]もんばん［門番］。もんやく［門役］。[中古]みかきもり［御垣守］。みかどもり［御門守］。もんゑい［門衛］。

―の詰め所 [近世]もんばんしょ［門番所］。

もんぴょう【門標】 [近代]かどふだ／もんさつ［門札］。ネームプレート(nameplate)。もんぺう［門標／門表］。[近世]へうさつ［表札／標札］。やどふだ［宿札］。

もんよう【文様】 →**もよう❷**

や【矢】 アロー(arrow)。[中世]そや［征矢／征箭］。のや［野矢］。[上代]おひそや［負征矢］。さ［矢／箭］。や［矢／箭］。→**ゆみ**

《枕》[上代]あづさゆみ［梓弓］。

―が突き刺さるさま [近世]ずはと。

―が深く突き刺さるさま [中世]のぶか［篦深］。

―が降りそそぐさま(たとえ) [近代]うちゅう［雨注］。[中世]あめあられ［雨霰］。

―で射られた傷 [近世]やきず［矢傷／矢疵］。

―で射るとき狙う所 [中世]つぼ［坪］。やつぼ［矢壺／矢坪］。やどころ［矢所］。

―と弾丸 [近代]やだま［矢玉／矢弾］。

―に用いる竹 [中世]から［幹／柄］。の［篦］。[中古]やだけ［矢竹／箭竹］。やの［矢篦］。やがら［矢柄／矢幹］。

―の弦に掛ける部分 [中世]やはず［矢筈］。

―の弦に掛ける部分の凹み [中世]ゑり［彫］。

―の飛ぶ道筋 [近世]やすぢ［矢筋］。

―の長さ [中世]やたば［矢束］。[中古]やつか［矢束］。

―の長さの単位 [中世]そく［束］。ふせ［伏］。

―の羽が風を切る音 [近世]はおと／はねおと［羽音］。

―の羽のいろいろ(例) [中世]いしうち［石打］。うすきりふ［薄切斑］。うすべう［護田鳥尾］。うすべを［護田鳥尾］。うすやうづくり［薄様造］。おほなかぐろ［大中黒］。おほなかじろ［大中白］。なかぐろ［中黒］。ゆきじろ［雪白］。案摩(あま)の面(おもて)。

―を射当てたときの射手の声 [中世]やごゑ［矢声］。やさけび／やたけび［矢叫］。

―を射た数 [近世]やかず［矢数］。

―を射てすぐ次をつがえること [近世]やつぎ［矢継］。

―を射て突き立てる [中世]いこむ［射込］。いたつ［射立］。

―を射る技術 [近世]やじり［矢尻／鏃］。

―を射るのに十分狙いを定める [中世]おしあつ［―あてる］［押当］。

―を射るのにちょうどよい距離 [中世]やごろ［矢頃］。やだけ［矢丈］。

―を射る場 [中古]やには［矢庭］。

―を入れて保管する箱 [近世]やびつ［矢櫃］。

―を入れる武具 [近世]やたて［矢立］。やづつ［矢筒］。[中世]えびら［箙］。うつぼ［靫／空穂］。[中古]やなぐひ［胡簶／胡籙］。

―を盛んに射る [近世]いたつ［射立］。

―をさしておく台 [近世]やぐるま［矢車］。

―を隙間なく射ること [近世]やぶすま［矢衾］。

―をすばやく射るさま [近世]さしや［差矢］。差し取り引き詰め。差し取り引き取り。差し詰め引き詰め。[中世]やつぎばや［矢継早］。

―を使った遊び(競技) ダーツ(darts)。[近世]おほやかず［大矢数］。こやかず［小矢数］。つぼなげ［壺投］。とうこ［投壺］。まとや［的屋］。[中古]つぼうち［投壺／壺打］。

―を放つ時の音 [中世]ひゃうど。

―を無駄に使うこと [中世]やだうな［矢］。

―を弓にあてがう [中世]つがふ［番］。はぐ［矧］。矢筈(やはず)をとる。矢を矧(は)ぐ。

射返す― [中世]たふのや［答矢］。

上から下に向けて射る― [中世]おとしや［落矢］。

縁起物の― [中世]はまや［破魔矢］。[中古]葦の矢。[上代]ほうし［蓬矢］。

甲冑などで―の通る隙間 [中世]やま［矢間］。

かぶらを付けた― →**やじり**

火薬をつめて砲で撃つ― [近世]ぼうびや［棒

火矢／棒火箭］。

狩猟用の― 中世 ししや［猟矢／鹿矢］。のや［野矢］。上代 かりや［狩矢］。さつや［猟矢］。まかごや［真鹿児矢］。

城の塀などにある―を射る穴 中世 さま［狭間］。せんがん［箭眼］。やざま［矢狭間］。やま［矢間］。

側面から射る― 中世 よこや［横矢］。

それた― 近世 すや［素矢／徒矢］。それや［逸矢］。ながれや／りうし［流矢］。りうせん［流箭］。

手で投げる― ダート(dart)。中世 うちね［打根／撃根］。うちや［打矢］。てうちや［手打矢］。中古 てや［手矢／手箭］。上代 なぐや／なげや［投矢］。

手に持つ二本の―のうち後に射る方 中世 おとや［乙矢］。

手に持つ二本の―のうち初めに射る方 中世 はや［甲矢／兄矢］。

遠くから―を射ること 中世 とほや［遠矢］。

とどめの最後の― 中世 とめや［止矢］。

飛んでくる―の正面 中世 やおもて［矢面］。やさき［矢先］。

飛んでくる―を刀で切ること 中世 やぎり［矢切］。

長い―をつがえて引く 中世 矢束(やつか)を引く。

長く大きい― 中世 おほや［大矢／大箭］。

吹いて飛ばす― 近世 ふきや［吹矢］。

的に向かう時の二本の― 中世 もろや［諸矢］。

的を射る―(戦闘では使わない) 近世 まとや［的矢］。中古 まきゆみ［真巻弓／細射弓］。

鏃(やじり)に毒を塗った― 近代 どくせん［毒箭］。どくや［毒矢］。中世 ぶしや／ぶすや［付子矢］。

その他―のいろいろ(例) 中世 うはざし［上差／上挿］。うはや［上矢］。かりまた［雁股］。ひや［火矢／火箭］。ひらね［平根］。石打ちの征矢(そや)。上差しの矢。上矢(うはや)の鏑(かぶら)。上代 あまのかぐや［天加久矢］。

▼助数詞 中世 こし［腰］。し［矢］。せき［隻］。て［手］。中古 でう［条］。ほん［本］。

やあ(感動詞) 中世 やよ。やれ。よう。如何にや如何に。上代 や。やあ。→**よびかけ**

やいば【刃】 じん［刃］。ブレード(blade)。中世 きれもの［切物］。しらは／はくじん［白刃］。はもの［刃物］。へいじん［兵刃］。やいば［刃］。中古 たうけん［刀剣］。たうじん［刀刃］。

―の切っ先 近代 へさき［鋩］。

やいん【夜陰】 よやみ［夜闇］。中世 やあん［夜闇］。やかん［夜間］。中古 あんや［暗夜／闇夜］。やいん［夜陰］。上代 よ／よる［夜］。

やえい【野営】 キャンプ(camp)。やえい［夜営］。近代 ばくえい［幕営］。やえい［野営］。ろえい［露営］。中世 のぢん［野陣］。ろしゅく［露宿］。中古 しゅくえい［宿営］。のじゅく［野宿］。

軍隊が―・すること 近代 しゅくえい［宿営］。

登山で―・すること ビバーク(フランス bivouac)。

やえば【八重歯】 近代 そひば［添歯］。やへっぱ［八重歯］。近世 おにば［鬼歯］。やへば［八重歯］。中古 おそば［齱歯］。上代 おしは［押歯］。

やおちょう【八百長】 できレース［出来race］。近代 やほちゃう［八百長］。近世 なれあひ［馴合］。

やおもて【矢面】 近代 フロント(front)。中世 しゃうめん［正面］。やおもて［矢面／矢表］。やさき［矢先］。中古 まむき［真向］。

やおや【八百屋】 近世 あをものや［青物屋］。せんざいうり［前栽売］。やほや［八百屋］。

やがい【野外】 オープンエア(open air)。近代 アウトドア(outdoor)。のてん［野天］。フィールド(field)。ろてん［露天］。をくぐゎい［屋外］。近世 のづら［野面］。中世 のもせ［野面］。中古 こぐゎい［戸外］。やぐゎい［野外］。

―で遊び暮らすこと 中世 のがけ［野掛］。上代 のあそび［野遊］。やいう［野遊］。

―で茶を点(た)てること のだて［野点］。

―での研究や調査 フィールド／フィールドワーク(fieldwork)。やがいちょうさ［野外調査］。近代 じっちけんきう［実地研究］。

―で風雨に晒すこと 近世 のざらし／のざれ［野晒］。

―でもてなすこと 近世 でぶるまひ［出振舞］。

―に荷物を積んでおくこと のづみ［野積］。

―に寝て夜を明かすこと 近代 ろえい［露営］。中世 ろしゅく［露宿］。中古 のじゅく［野宿］。→**やえい**

やかた【屋形】 近代 やしき［屋敷］。近世 きょくゎん［居館］。中古 たち［館］。ていたく［邸宅］。やかた［屋形／館］。上代 くゎん［館］。くゎんしゃ［館舎］。→**いえ❶**

やかたぶね【屋形船】 近世 かきぶね［牡蠣船］。ござぶね［御座船］。中古 やかたぶね［屋形船］。

やがて【軈】 ほどなく［程］。近世 いづれ［何／孰］。いまに［今］。おしつけ［押付］。そのうち。間もなく。中世 おっつけ［追付／押

付］。ゆくゆく［行行］。中古おって［追］。さるほどに［然程］。しかるあひだ［然間］。ふじつ［不日］。やがて［軈／頓］。

やかまし・い【喧】 ノイジー(noisy)。近代けんさう［喧噪／喧騒／諠譟］。せんさうあめい［蟬噪蛙鳴］。近世うるさし［五月蠅／煩］。おびただし［夥］。けたたし／けたたまし。みみかしまし［耳喧／耳囂］。やかまし［喧］。みらんがしい［乱］。鼎(かな)への沸くが如し。中世さうざうし［騒騒］。にぎやか［賑］。おどろおどろし。わわし。中古あなかま［囂］。ののめく。わわし。おびたたし［夥］。かしがまし［囂／喧］。かしまし［姦／囂／喧］。かまびすし［喧／囂］。さわがし［騒］。なりたかし［鳴高］。ののしる［罵］。みみかしがまし［耳囂］。ものさわがし［物騒］。らうがはし［乱］。上代さうかまし［囂］。けんたう［喧鬧／諠鬧］。さうぜん［騒然］。→**うるさ・い**

―・い音 近代さうおん［騒音］。さうおん［噪音］。ノイズ(noise)。

―・いこと(さま) 近代がしゃがしゃ。けんけんがうがう［喧喧囂囂］。近世がうがう［囂囂］。わんわん。中世かまかま［囂囂］。けんぜん［喧然］。ぞめき［騒］。中古けんがう［喧囂］。けんけん［喧喧］。上代さわぎ［騒］。

―・く言う 近世がなる。どなる［怒鳴］。中世わめく［喚］。中古さへづる［囀］。ののしる［罵］。をめく［喚／叫］。上代とよく［諠］。

―・く鳴く 上代なきとよむ［鳴響］。

▼騒がしいのを制する語 中古あなかま［囂］。あなかま給へ。上代なりたかし［鳴高］。

やから【輩】 メート(mate)。近代とはい［徒輩］。れんちゅう［連中］。近世なかま［仲間］。中世れんぢゅう［連中］。中古たぐひ［類］。やから［輩／族］。上代ともがら［輩／儕］。

やがら【矢柄】 中世から［幹／柄］。の［篦］。やだけ［矢竹／箭竹］。やの［矢篦］。中古やがら［矢柄／矢幹］。

―の中ほど 中世のなか［篦中］。

やかん【夜間】 ナイト(knight)。近世ばんこく［晩刻］。中世やかん［夜間］。中古ちゅうや［中夜］。はんや［半夜］。やいん［夜陰］。やちゅう［夜中］。やはん［夜半］。やぶん［夜分］。よは［夜半］。よぶかし［夜深］。上代さよなか［小夜中］。よ／よる［夜］。よなか［夜中］。よひ［宵］。→**まよなか**

―に攻撃すること 近世ようち［夜討］。よがけ［夜駆］。

―に仕事をすること →**やきん**

―に盗みを働くこと 近世よかせぎ［夜稼］。中世やたう［夜盗］。

やかん【薬缶】 ケトル(kettle)。近代ゆわかし［湯沸］。近世ちゃびん［茶瓶］。やくくゎん［薬缶／薬罐／薬鑵］。中世てどり［手取］。やくゎん［薬缶／薬罐／薬鑵］。中古たうびん［湯瓶］。

やきいも【焼芋】 近世じふさんり［十三里］。はちりはん［八里半］。ほっこり。やきいも［焼芋］。

やきなおし【焼直】 近代したてなほし［仕立直］。近世にばんせんじ［二番煎］。やきなほし［焼直］。中世ほんあん［翻案］。中古かいさく［改作］。

やきば【焼場】 →**かそうば**

やきもき 近代いらだち［苛立］。近世はらはら。やきもき。やきやき。中世いらいら［苛苛／刺刺］。

―・する 近世いらだつ［苛立］。いらつく［苛］。気が減へる。気が揉む［―揉める］。気を揉む。中古いらる［焦］。むねはしる［胸走］。

やきもち【焼餅】 やっかみ。近代ジェラシー(jealousy)。しっし［嫉視］。近世ちんちん。やき［焼］。やきもち［焼餅］。中世おやき［御焼］。りんき［悋気］。中古しっと［嫉妬］。ものねたみ［物妬］。ものゑんじ［物怨］。上代うはなりそねみ［嫉／妬］。ねたみ［嫉妬／後妻］。

―を焼く 近世甚助(じんすけ)(甚介)を起こす。角(つの)を出す(生やす)。中古ふすぶ［燻］。

―を焼く女 中世とふ［妬婦］。

関係ないのに―を焼くこと 近世をかやき［傍焼／岡焼］。をかやきもち［傍焼餅／岡焼餅］。

やきもの【焼物】 セラミックス(ceramics)。近代たうじき［陶磁器］。らくやき［楽焼］。近世やきもの［焼物］。われもの［割物／破物］。中世じき［磁器］。せともの［瀬戸物］。たうき［陶器］。中古すゑもの［陶物］。上代すゑ［陶］。→**じき** →**とうき**

やぎょう【夜業】 →**やきん**(次項)

やきん【夜勤】 やかんきんむ［夜間勤務］。やかんさぎょう［夜間作業］。よばたらき［夜働］。近代やきん［夜勤］。やげふ［夜業］。中世よしごと［夜仕事］。よなべ［夜鍋／夜業］。

やく【厄】 近代 やくさい[厄災]。中世 きなん[危難]。くゎなん[禍難]。ごなん[御難]。さいくゎ[災禍]。さいやく[災厄]。中古 さいなん[災難]。なん[難]。やく[厄]。やくなん[厄難]。上代 きょうじ[凶事]。まがこと/まがごと[禍事]。わざはひ[禍/災/殃]。

やく【役】❶〈役目〉 やくしょく[役職]。近代 たんたう[担当]。にんむ[任務]。ぶんたん[分担]。近世 うけもち[受持]。えき[役]。しょくぶん[職分]。しょくむ[職務]。もちば[持場]。やくぎ[役儀]。やくめ[役目]。やくわり[役割]。中世 かかり[係]。中古 しょやく[所役]。つかさ[官/司/首]。つとめ[勤/務]。やく[役]。上代 しょくしゃう[職掌]。しょむ[所務]。

―などをかえること 中世 かいたい[改替]。

―に立たない →**やくたたず**

―につかせる 近代 にんめい[任命]。ほにん[補任]。近世 とよう[登用/登庸]。中世 ふす[補/輔]。ほす[補]。中古 とうよう[登用/登庸]。にんず[任]。上代 にんよう[任用]。

―を順に受け持つこと 中世 まはりばん[回番]。まはりもち[回持]。りんばん[輪番]。中古 もちまはり[持回]。

―を進んで引き受ける 近代 一役買ふ。

―をやめさせられること 近代 おやくごめん[御役御免]。かいにん[解任]。ひめん[罷免]。ひやく[非役]。めんしょく[免職]。めんず[免]。中世 かいしょく[解職]。

大きな― 近世 おもやく[重役]。たいやく[大役]。中世 たいにん[大任]。ぢゅうしょく[重職]。ぢゅうにん[重任]。

同じ― 近世 あひやく[相役]。中世 あひばん[相番/合番]。中古 どうやく[同役]。

その人にふさわしい― やくどころ[役所]。

団体の事務などを受け持つ― 近代 かんじ[監事]。

一つの― 近代 いちよく[一翼]。中世 ひとやく[一役]。

やく【役】❷〈配役〉 近代 キャスト(cast)。はいやく[配役]。近世 やくがら[役柄]。やくまはり[役回]。やくわり[役割]。中世 やく[役]。→**はいゆう** →**やくしゃ**

―を割り当てる 近世 役を振る。

やく【約】❶〈あらまし〉 近代 やく[約]。近世 けんたう[見当]。たいやく[大約]。中世 あらかた[粗方]。あらまし。およそ[凡/大約]。かれこれ[彼此]。ざっと。中古 おほむね[大旨/概]。おほよそ[大凡]。ほぼ[略/粗]。

やく【約】❷〈約束〉→**やくそく**

やく【訳】→**やく・す【訳】**

や・く【焼】 しょうしゃく[焼灼]。火を通す。近代 せうき[焼燬]。ねんせう[燃焼]。近世 くゎちゅう[火中]。中世 ひどる[火取]。もす[燃]。中古 あぶる[炙/焙]。こがす[焦]。もやす[燃]。上代 さしやく[差焼]。たく[焚]。ふんせう[焚焼]。やく[焼]。

―・いたばかり 近世 やきたて[焼立]。

―・いて捨てる 中世 せうきゃく[焼却]。中古 やきすつ[―すてる][焼捨]。

―・いてなくす 近代 せうき[焼燬]。近世 せうい[焼夷]。灰にする(なす)。中世 せうめつ[焼滅]。中古 じんめつ[燼滅]。やきはらふ[焼払]。

姿そのまま―・くこと すがたやき[姿焼]。中古 まるやき[丸焼]。

すっかり―・いてしまう 近代 ぜんせう[全焼]。近世 まるやけ[丸焼]。中世 せうじん[焼尽]。中古 やきつくす[焼尽]。

野に火をつけて―・くこと 中世 れうげん[燎原]。

人の手で―・くこと 近世 てやき[手焼]。

秘密文書などを―・くこと 近代 丙丁(へいてい)に付す。

や・く【妬】 近代 ジェラシー(jealousy)。しっし[嫉視]。近世 やく[妬/焼]。やっかむ。焼き餅を焼く。中世 りんき[悋気]。中古 しっと[嫉妬]。上代 そねむ[嫉/妬/猜/嫌]。ねたむ[妬/嫉]。

やぐ【夜具】→**しんぐ**

吊り下げる― つりどこ[釣床/吊床]。ハンモック(hammock)。近世 つりやぐ[釣夜具]。

やくいん【役員】 近代 かんぶ[幹部]。ぢゅうやく[重役]。やくゐん[役員]。上代 かんじ[幹事]。

やくおとし【厄落】 近世 まよけ[魔除]。やくよけ[厄除]。中世 やくおとし[厄落]。やくはらひ/やくばらひ[厄払]。

やくがい【薬害】 やっか[薬禍]。近代 ふくさよう[副作用]。近世 やくがい[薬害]。

やくがら【役柄】 やくどころ[役所]。近代 やくむき[役向]。近世 やくがら[役柄]。やくまはり[役回]。やくわり[役割]。中世 でもの[出者]。やく[役]。

やくざい【薬剤】 いやくひん[医薬品]。近代 ドラッグ(drug)。近世 やくひん[薬品]。中世 やくざい[薬剤]。中古 やくじ[薬餌]。

やくしゅ[薬種]。やくせき[薬石]。上代くすり[薬]。やくぶつ[薬物]。→くすり

やくしゃ【役者】 近代アクター(actor)。アクトレス(actress)。えんしゃ/えんじゃ[演者]。近世しばゐこ[芝居子]。しばゐもの[芝居者]。近世はいいう[俳優]。ぶたいこ[舞台子]。中世しゃういう[倡優]。やくしゃ[役者]。やくにん[役人]。上代わざひと[俳人/俳優]。わざをぎ[俳優]。→はいゆう
《句》近代役者に年なし。

ーが開幕の時舞台にいること 近世いたつき[板付]。

ーが初めて舞台に上がること 近世はつぶたい[初舞台]。

ーが不首尾で芝居をやめさせられること 近世ひやめし[冷飯]。

ーが役に不満を持つこと やくぶそく[役不足]。

ーの美しい目 近世めせんりゃう[目千両]。

ーの演じる役のうち評判をとった役 近代あたりやく[当役]。

ーの堂々たる演技 近世おほぶたい[大舞台]。

ーを卑しめて言う語 近世かはらこじき[河原乞食]。

ーを褒めるかけ声 近代ブラボー(フランス bravo)。近世やっちゃ。

悪役を演ずるー あくやく[悪役]。近世あくがた[悪形/悪方]。かたきやく[敵役]。→かたき

一座の中心のー 近世たてもの[立者]。たてやく[立役]。たてやくしゃ[立役者]。

演技中にーに台詞を教える人 プロンプター(prompter)。

演技の下手なー 近代だいこんやくしゃ[大根役者]。

下級のー 近世あとあし[後足/後脚]。うめすけ[梅助]。しだし[仕出]。したまはり[下回]。ならびだいみゃう[並大名]。はやく[端役]。馬の足(脚)。

下級のーの雑居する楽屋 近世おほべや[大部屋]。

歌舞伎ーの世界 近世りゑん[梨園]。

滑稽なことをするー きげきやくしゃ[喜劇役者]。ボードビリアン(vaudevillian)。近代コメディアン(comedian)。さんまいめ[三枚目]。ピエロ(フランス pierrot)。近世だうけがた[道化方]。だうけし[道化師]。だうけやくしゃ[道化役者]。ちゃりやく[茶利役]。

主人公を演ずるー しゅえんはいゆう[主演俳優]。近世しゅやく[主役]。

情事の役が上手いー 近世いろごとし[色事師]。ぬれごとし[濡事師]。

女性のー 近代アクトレス(actress)。ぢょいう[女優]。

新人のー ニューフェース(和製new face)。

優れたー 近世おほだてもの[大立者]。せんりゃうやくしゃ[千両役者]。めいいう[名優]。

性格を巧みに演じるー 近代せいかくはいいう[性格俳優]。

その役にぴったりのー 近代てきやく[適役]。はまりやく[嵌役]。

旅回りのー 近世たびやくしゃ[旅役者]。

男性のー 近代アクター(actor)。だんいう[男優]。

中心的なー 近世いちまいかんばん[一枚看板]。おほだてもの[大立者]。おほなだい[大名題]。

人気のあるー にんきはいゆう[人気俳優]。にんきやくしゃ[人気役者]。近代スター(star)。近世せんりゃうやくしゃ[千両役者]。

下手な田舎芝居のー 近世ゐなかやくしゃ[田舎役者]。

専ら女性を演ずる男のー 近世をやま[女形/女方/御山]。をやまがた[女形形/女形方]。をんながた[女形/女方]。

その他いろいろなー①[役柄] 近代バイプレーヤー(和製byplayer)。ふけやく[老役]。わきやく[脇役]。近世こやく[子役]。にまいめ[二枚目]。

その他いろいろなー②[種類] ぶたいはいゆう[舞台俳優]。近代せいいう[声優]。近世かぶきやくしゃ[歌舞伎役者]。しばゐやくしゃ[芝居役者]。

やくしょ【役所】 かんこうちょう[官公庁]。しょうちょう[省庁]。近代オフィス(office)。がふ[衙府]。こうしょ[公署]。近世くゎんちゃう[官庁]。くゎんぷ[官府]。こうが[公衙]。せいちゃう[政庁]。ちゃうだう[庁堂]。やくしょ[役所]。中世くゎんかい[官廨]。こうぎ[公儀]。ちゃう[庁]。中古おほやけ[公]。がもん[衙門]。くがい[公廨]。くゎん[官]。くゎんが[官衙]。くゎんし[官司]。こくが[国衙]。ふ[府]。まつりごとどの[政殿/庁]。上代くげ[公廨]。つかさ[司]。てうだう[朝堂]。→かんちょう【官庁】

ーに通ずる道 上代くゎんろ[官路]。

ーの仕事 おやくしょしごと[御役所仕事]。

上代くじ[公事]。くゎんじ[官事]。
ーの建物 ちょうしゃ[庁舎]。中古くゎんしゃ[官舎]。
多くのー 中世はくし／ひゃくし[百司]。上代しょし[諸司]。
そのことを扱うー そのむき[其向]。近代そのすぢ[其筋]。
地方の行政事務を扱うー 近代しちゃう[市庁]。しやくしょ[市役所]。むらやくば[村役場]。やくば[役場]。

やくしょ【訳書】 近代やくほん[訳本]。近世ほんやくしょ[翻訳書]。やくしょ[訳書]。

やくじょう【約定】 近代アグリーメント(agreement)。近世とりきめ[取決／取極]。中世いひかはす[言交]。けいやく[契約]。やくぢゃう[約定]。中古ちぎる[契]。やくそく[約束]。

やくしょく【役職】 かんりしょく[管理職]。近代ポスト(post)。やくづき[役付]。近世かたがき[肩書]。中世ちゐ[地位]。
ーについていないこと 近代ひら[平]。
ーにつくこと 近代やくづき[役付]。
ー任免の書類 近代じれい[辞令]。
ーを退くこと 中世たいやく[退役]。→じしょく
臨時のー 近代かりやく[仮役]。

やくしん【躍進】 近代しんてん[進展]。はってん[発展]。ひやく[飛躍]。やくしん[躍進]。近世しんぽ[進歩]。

やく・す【訳】 中世やく[訳]。やくしゅつ[訳出]。中古ほんやく[翻訳]。やくす[訳]。
ー・し終わること 近代やくれう[訳了]。
ー・した文 近代ほんやくぶん[翻訳文]。やくひつ[訳筆]。近世やくぶん[訳文]。
一語一語忠実にー・すこと 近代ちくごやく[逐語訳]。ちくじやく[逐字訳]。ちょくやく[直訳]。
原文とぴったりにー・すこと 近代てきやく[適訳]。
原文にこだわらないでー・すこと 近世いやく[意訳]。
古文を口語にー・すこと 近代こうごやく[口語訳]。
日本語にー・すこと 近代はうやく[邦訳]。わやく[和訳]。

やく・する【扼】 近代やくする[扼]。近世おさへつく[ーつける][押付]。にぎりしむ[ーしめる][握締]。中世しめつく[ーつける][締付]。中古おしつく[ーつける][押付]。つかむ[掴]。上代おさふ[おさえる][押／抑]。

やくせき【薬石】 →くすり

やくそう【薬草】 ハーブ(herb)。中古さうやく[草薬]。やくさう[薬草]。
ー取り 中古さいやく[採薬]。上代くすりとり[薬取]。
ーを栽培する畑 やくえん[薬園]。近代やくほ[薬圃]。

やくそく【約束】 近代きめ[決／極]。けつめい[結盟]。ぢゃうやく[定約]。プロミス(promise)。近世かため[固]。きんちゃう[金打]。けつやく[結約]。てあひ[手合]。とりきめ[取決／取極]。中世あひづ[合図／相図]。けいやく[契約]。しんやく[信約]。せいやく[誓約]。ぢゃう[定]。はず[筈／弭]。まうしあはせ[申合]。めいせい[盟誓]。めいやく[盟約]。やくぢゃう[約定]。中古ちぎり[契]。やく[約]。やくそく[約束]。
ーがあてにならないこと《句》近代医者のただいま。近世紺屋(こう)の明後日(あさって)。坊さんのおっつけ。
ーが成り立つこと 近代せいやく[成約]。
ーが破られる 近世はだん[破談]。ばれる。素矢(すや)を食ふ。素矢(すや)を引く。
ーごと 近世かためごと[固言]。中世しゅくしふ[宿習]。中古かねごと[予言]。ちかごと[誓言]。
ー・した言葉 中世やくげん／やくごん[約言]。
ー・しておく 中古ちぎりおく[契置]。
ー・する 近世つがふ[つがえる][番]。とりきむ[ーきめる][取決]。とりむすぶ[取結]。ひきあふ[引合]。まうしかはす[申交]。中世いひかはす[言交]。やくす[約]。盃をする。中古かたらふ[語]。きす[期]。ちかふ[誓]。ちぎる[契]。契りを交はす。契りを結ぶ。上代かたむ[固]。むすぶ[結]。
ーに念を押す 楔(くさび)を刺す。
ーの証し 近代さけい[左契]。近世さけん[左券]。
ーの日 中世きじつ[期日]。やくじつ[約日]。
ーを固く守ること《句》中古尾生(びせい)の信。
ーを実際に行うこと 近代りかう[履行]。
ーを取りやめにすること 近世おながれ[御流]。かはながれ[川流]。
ーを果たすこと 中世筈(はず)を合はす。
ーを守るしるし 近代げんまん[拳万]。近世ゆびきり[指切]。中世さかづき[盃／坏／巵／盞]。さかづきごと[杯事／盃事]。
ーを破る 近代すっぽかす。はいやく[背約]。

はき［破棄／破毀］。はやく［破約］。ふりかう［不履行］。近世ことばたがへ［言葉違］。はだん［破談］。言を食はむ。中世へんかい［変改］。中古あやまる［誤／謬］。しょくげん［食言］。ひきたがふ［引違］。ゐやく［違約］。

あらかじめー・する 近世つけこむ［付込］。

暗黙のうちに守られるー 近代ふぶんりつ［不文律］。

以前のー 中世きうやく［旧約］。ぜんやく［前約］。中古せんやく［先約］。

嘘のー からてがた［空手形］。近代からやくそく／そらやくそく［空約束］。近世からせいもん／そらぜいもん［空誓文］。中世あだしちぎり［徒契］。

公にー・すること こうやく［公約］。

親同士が子女の結婚のーをする 中世いひなづく［言名付］。

仮初めのー かりやくそく［仮約束］。近代かりけいやく［仮契約］。中世うすやくそく［薄約束］。

協議してー・すること 近代けふやく［協約］。

口だけのー 近代くちやくそく［口約束］。近世くちさかづき［口盃］。中古くちがため［口固］。

結婚のー こんいんよやく［婚姻予約］。近代エンゲージ(engage)。こんやく［婚約］。近世くさむすび［草結］。まうしかはす［申交］。二世の固め。中世いひなづく［―なずける］［言名付］。中古いひかはす［言交］。かたらひ［語］。ちぎり［契］。

結婚のーをした相手 近代エンゲージメント(engagement)。こんやくしゃ［婚約者］。フィアンセ(フランス男性fiancé; 女性fiancée)。中世いひなづけ［許婚／許嫁／言名付］。

口頭でーをする 中世いひあはす［言合］。いひかたむ［言固］。いひさだむ［言定］。言葉を番がふ。中古いひかはす［言交］。いひきす［言期］。いひちぎる［言契］。かたらひちぎる［語契］。

将来のーをする 中古ちぎりかはす［契交］。

大原則としてのー 中世けんぱふ［憲法］。

男女が会うー 中古あきのちぎり［秋契］。

内々のー うらやくそく［裏約束］。もくやく［黙約］。近代いんやく［陰約］。ないやく［内約］。みつやく［密約］。近世もくけい［黙契］。

はっきりとー・すること かくやく［確約］。

面会のー アポ／アポイント／アポイントメント(appointment)。

やくたたず【役立】 近世あだごと［徒事］。うせつ［迂拙］。そろ［粗鹵／疎鹵／麁鹵］。むだめ［駄目］。むえき［無益］。むだごと［無駄事／徒事］。やくざ。やくたい［益体］。無間まを欠く。役に立たず。﨟次らっし(臘次)もなし。中世うくゎつ［迂闊］。ちょさん［樗散］。のうなし［能無］。ふえう［不要］。ぶこつ［無骨／武骨］。よしなし［由無］。ごくに立たず。益体やくたいもなし。中古いたづら［徒］。いたづらごと［徒事］。えうなし［要無］。ふよう［不用］。むのう［無能］。むよう［無用］。やくたいなし［益体無］。やくなし［益無］。ようなし［用無］。

《句》近代遠水えんすいは近火を救はず。近世帯に短し襷たすきに長し。中世玉の杯底なきが如し。

ー・だが捨てるのも惜しい物 中世けいろく［鶏肋］。

ー・なさま 中世うゑん［迂遠］。ろくろく［碌碌］。

ー・なものになる つぶれ［潰］。近代しぬ［死］。近世つぶす［潰］。中世すたる［すたれる］［廃］。

ーの学者 近代がくきゅう［学窮］。

ーの議論 近代机上の空論。

ーの計略 近世うさぎびゃうはふ／うさぎへいはふ［兎兵法］。

ーのたとえ 近世へちま［糸瓜／天糸瓜］。へちまのかは［糸瓜皮］。隣の宝を数ふ［―数える］。絵に描いた餅。中世ひだりなは［左縄］。中古ぐゎべい［画餅］。

ーの使い 近世子供の使ひ。

ーの人 近代こめくひむし［米食虫］。さんじん［散人］。しゃばふたげ［娑婆塞］。ちょさい［樗才］。ちょざい［樗材］。むだめしぐひ［無駄飯食］。員ゐんに備はるのみ。近世あがりなまづ［上鯰］(遊里語)。いかず。おほめしぐひ／おほめしぐらひ［大飯食］。くづ［屑］。さんもんやっこ［三文奴］。すたりもの／すたれもの［廃者］。ちょれき［樗櫟／樗櫪］。でく［木偶］。でくのばう［木偶坊］。ひるあんどん［昼行灯］。ぼうだら［棒鱈］。ぼんくら［盆暗］。やくざもの［者］。よた［与太］。独活どうの大木。中世いたづらびと［徒人］。いたづらもの［徒者／悪戯者］。ごくつぶし［穀潰］。さんぼく［散木］。しゃばふさぎ［娑婆塞］。のうなし［能無］。臑脛すねはぎの延びた奴。中古むのう［無能］。

ーの人を罵ののしる語 ろくでなし［陸／碌］。甲斐性なし。近代づくなし［無］。

―の文章 中世 くうぶん［空文］。
―の物 ジャンク(junk)。近代 はいひん［廃品］。ふようひん［不用品］。ぼろ［襤褸］。ぼろかす［襤褸滓］。死馬の骨。近世 あくたもくた。いかず。がらくた［我楽多］。くづ［屑］。ぐゎらくた［瓦落多］。しぶつ［死物］。はいぶつ［廃物］。ほぐ／ほご［反故／反古］。中世 ほうぐ／ほうご／ほんぐ／ほんご［反故／反古］。中古 かす［滓］。
―の練習 近代 たたみすいれん［畳水練］。中世 はたけすいれん［畑水練］。
▼接頭語的に使う語 近世 ぬか［糠］。中古 いぬ［犬／狗］。

やくだ・つ【役立】 近代 いうかう［有効］。いきる［生］。つかへる［使］。近世 いうえき［有益］。いうよう［有用］。はたらく［働］。ひえき［裨益］。やくたい［益体］。やくだつ［役立］。ようだつ［用立］。身に成る。中世 えきす［益］。しす［資］。用に立つ。中古 きく［利］。
《句》近世 大鋸屑(おがくず)も取り柄。
―・たない →やくたたず
―・つこと ユーティリティー(utility)。近代 いうかう［有効］。いうゐ［有為］。近世 いうよう／うよう［有用］。じつよう［実用］。てうはふ［調法］。りはつ［利発］。中世 ちょうほう［重宝］。べんり［便利］。り［利］。
―・つさま 近代 じつようてき［実用的］。プラクティカル(practical)。中古 まめ［忠実］。
―・つ人 中世 ようにん［用人］。
―・つもの 近世 いけもの［活物／生物］。かべすさ［壁苆／壁寸莎］。中世 かて［糧／粮］。しもの［仕物］。
後で―・つもの 近代 ちくとうぼくせつ［竹頭木屑］。
あらゆることに―・つ 近代 ばんのう［万能］。中世 まんのう［万能］。
いざという時―・たない人のたとえ 近代 ちゃうしうしゃりう［長袖者流］。
外観ばかりよくて―・たないもの 近世 おきもの［置物］。たうけんぐゎけい［陶犬瓦鶏］。
季節外れで―・たないこと 近代 とうせんかろ［冬扇夏炉］。夏の小袖。近世 かろとうせん［夏炉冬扇］。中世 会(え)に逢はぬ花。
腐って―・たなくなる 近代 きうはい［朽廃／朽敗］。
時機に遅れて―・たない 遅きに失す。近代 遅かりし由良之助(ゆらのすけ)。近世 喧嘩(けんくわ)過ぎての棒千切り。中世 争ひ果てての千切り木。
世間離れして―・たない 近世 うふ［迂腐］。
粗末で―・たないこと 近世 そろ［粗鹵／疎鹵／麁鹵］。
人間生活に直接―・つ生き物 えきちゅう［益虫］。えきちょう［益鳥］。
古いだけで―・たない者(物) 近代 こっとう［骨董］。こっとうひん［骨董品］。
列席しているだけで―・たない者 近世 ならびだいみゃう［並大名］。
若いのに覇気がなく―・たないこと 近代 じゃくきう［若朽］。

やくだ・てる【役立】 近代 いかす［生／活］。べんずる［便］。やくだてる［役立］。近世 きょうす［供］。くゎつよう［活用］。りよう［利用］。中世 もちふ［用］。もちゆ［用］。もちゐる［用］。ようだつ［―だてる］［用立］。中古 つかふ［使／遣］。ようす［用］。
自由に―・てる 近世 つかひこなす［使］。
持っていても―・てることができない 近世 もちぐされ［持腐］。

やくてん【薬店】 →くすりや

やくどう【躍動】 近代 ダイナミック(dynamic)。みゃくどう［脈動］。やくどう［躍動］。
―感 ムーブマン(フラ mouvement)。ムーブメント(movement)。

やくどころ【役所】 →やくがら

やくどし【厄年】 やくまはり［厄回］。中古 やくどし［厄年］。
―の次の年 近世 あとやく［後厄］。
―の前の年 近世 まへやく［前厄］。やくまへ［厄前］。
大きな― 近世 たいやく［大厄］(男四十二歳、女三十三歳)。中古 ぢゅうやく［重厄］。
男の― 近世 しじふに［四十二］。にじふご［二十五］。ろくじふいち［六十一］。
女の― 近世 じふく［十九］。さんじふさん［三十三］。

やくにん【役人】 かんこうり［官公吏］。近代 くゎんゐん［官員］。こうぼく［公僕］。こうむゐん［公務員］。こうり［公吏］。りゐん［吏員］。近世 りじん［吏人］。中世 くゎんれう［官僚］。やくしゃ［役者］。やくにん［役人］。り［吏］。中古 いうし［有司］。おほやけびと［公人］。くゎんし［官司］。しょし［所司］。つかさびと［司人］。上代 くゎんじん／くゎんにん［官人］。くゎんり［官吏］。つかさ［司］。
―にありがちな性格 近代 やくにんこんじゃう［役人根性］。
―になること 中古 しくゎん［仕官］。

ーのつとめ 中古りむ［吏務］。
多くのー 中世しんれう［臣僚］。上代ひゃくくゎん［百官］。
下級のー 近代かれう［下僚］。近世したやく［下役］。しょり［胥吏］。ぞくり［属吏］。中世したづかさ［下司］。てうじゃくざふしき［朝夕雑色］。中古くにん［公人］。ざふしき［雑色］。しもべ［僕／下部］。せうり［小吏］。
監獄のー 近代ごくてい［獄丁］。中世ごくし［獄司］。ごくそつ［獄卒］。ごくり［獄吏］。
国のー 中古こくり［国吏］。
県庁のー 近代けんくゎん［県官］。
罪人を捕まえるー 近代ほり［捕吏］。近世とったり。中世とりて［捕手］。
時刻を知らせるー 中古けいじん［鶏人］。
私服を肥やす欲深いー 近代どんくゎん［貪官］。どんり［貪吏］。中世たんり［貪吏］。
善良なー 近代ぜんり［善吏］。
町村のー 近代そんり［村吏］。近世おまちしゅう［御町衆］。
つまらない仕事をしているー 近代ぞくり［俗吏］。
文書を司るー 上代ふびと［史］。
無慈悲なーのたとえ 中古こくり［酷吏］。さうよう［蒼鷹］。
良いー 近代のうり［能吏］。中古りゃうり［良吏］。
歴史を司るー 中世しくゎん［史官］。中古し［史］。

やくば【役場】→やくしょ

やくはらい【厄払】 近世やくよけ［厄除］。西の海。中世やくおとし［厄落］。やくはらひ／やくばらひ［厄払］。

やくびょうがみ【疫病神】 近代をんき［瘟鬼］。近世かぜのかみ［風神］。しにがみ［死神］。やくじん［厄神］。やくびゃうがみ［疫病神］。中世ぎゃうやくじん［行疫神］。中古えきじん［疫神］。えやみのかみ［疫病神］。
ーを閉め出す呪術 近世かみおくり［神送］。みちきり［道切］。

やくひん【薬品】→くすり

やくぶつ【薬物】→くすり

やくほん【訳本】 近代やくほん［訳本］。近世ほんやくしょ［翻訳書］。やくしょ［訳書］。

やくまわり【役回】→やくがら

やくまわり【厄回】→やくどし

やくみ【薬味】 こうしんりょう［香辛料］。こうみりょう［香味料］。近代スパイス(spice)。近世きりもの［切物］。やくみ［薬味］。中世かうと／かうとう［香頭／鴨頭］。かやく［加薬］。
ーを入れる容器 カスター(caster)。やくみいれ［薬味入］。やくみざら［薬味皿］。

やくむき【役向】→やくがら

やくめ【役目】→やく【役】❶

やくよけ【厄除】 近世おはらひ［御祓］。やくよけ［厄除］。中世やくおとし［厄落］。やくはらひ／やくばらひ［厄払］。

やぐら【櫓】 中古やぐら［櫓］。
火災を見張るためのー 近世ひのみ［火見］。ひのみやぐら［火見櫓］。
四本柱の移動できるー 中世だしやぐら［出矢倉／出櫓］。
城郭の石垣に張り出したー 近世かきやぐら［舁櫓］。だしやぐら［出矢倉／出櫓］。
城郭の角のー 近世すみやぐら［角櫓／隅櫓］。
城門の上のー 近世もんやぐら［門櫓］。
高いー 中世たかやぐら［高櫓］。
遠くを見るためのー 近代ばうろう［望楼］。近世ものみやぐら［物見櫓］。

やくろう【薬籠】→くすり❶

やくわり【役割】 パート(part)。近世やくめ［役目］。やくわり［役割］。→やく【役】❶

やけ【自棄】 近代すてっぱち［捨鉢］。すてみ［捨身］。やけっぱち［自棄］。近世くそやけ［糞自棄］。すてばち［捨鉢］。ふてくされ［不貞腐］。やけ［自棄］。やけくそ［自棄糞］。やけちん［自棄］。わざくれ。雪隠(せっちん)の火事。自棄(やけ)のやん八(ぱち)。中世じき［自棄］。じぼうじき［自暴自棄］。なげやり［投遣］。やぶれかぶれ［破］。
ーになって酒を飲むこと やけのみ［自棄飲］。近世がのみ［我飲］。
ーになって飲む酒 近世がざけ［我酒］。やけざけ［自棄酒／焼酒］。
ーになって腹を立てること やけっぱら／やけばら［自棄腹］。
ーになる 近代ふてくされる［不貞腐］。中世ふつ（ふてる）。

やけい【夜警】 近世かなぼう［金棒／鉄棒］。かなぼうひき［金棒引／鉄棒引］。ねず(の)ばん［不寝番］。ふしんばん［不寝番］。中世やばん／よばん［夜番］。中古やかう／やぎゃう［夜行］。やけい［夜警］。よまはり［夜回］。

やけど【火傷】 ねっしょう［熱傷］。近代くゎしゃう［火傷］。中世やけど［火傷］。
ーで皮膚がふくれあがること やけぶくれ［焼

脹］。中世ひぶくれ［火脹］。
ーの治癒したあとにできる皮膚の隆起 かいそくしゅ［蟹足腫］。ケロイド(ドイツ Keloid)。
熱湯によるー とうしょう［湯傷］。

や・ける【焼】 近代ねんせう［燃焼］。中世こぐ［こげる］［焦］。上代もゆ［もえる］［燃］。やく［やける］［焼］。
ー・けてあいた穴 近世やけあな［焼穴］。
ー・けて跡などが付く 上代やきつく［焼付］。
ー・けて一部が残ること 中世やけのこり［焼残］。
ー・けて薄く色づいたさま 近世こんがり。
ー・けてくっつく 中世やけつく［焼付］。
ー・けて焦げること 近代やけこげ［焼焦］。
ー・けて壊れること 近代せうそん［焼損］。中世やけおつ［ーおちる］［焼落］。
ー・けてすっかりなくなる 中世せうばう［焼亡］。せうめつ［焼滅］。中古せうしつ［焼失］。せうまう［焼亡］。やけうす［ーうせる］［焼失］。灰になる。
ー・けて爛(ただ)れること 近代こげただれる［焦爛］。中古せうらん［焦爛］。
ー・けてはぜる音(さま) 近世ぱちぱち。中古はらはら。
十分にー・けていないこと 近代なまやけ［生焼］。中世なまやき［生焼］。
残らずー・けてしまう やききる［焼切］。近代ぜんせう［全焼］。近世まるやけ［丸焼］。中世せうじん［焼尽］。中古やきつくす［焼尽］。

やごう【家号】 近代てんがう［店号］。てんめい［店名］。近世いへな［家名］。のれんな［暖簾名］。やがう［家号／屋号］。
▼接尾語 近世だう［堂］。てい［亭］。や［屋／家］。ろう［楼］。

やごう【野合】 近世ころびね［転寝］。しつう［私通］。中世みっつう［密通］。やがふ［野合］。→みっつう

やさい【野菜】 うえもの［植物］。ベジタブル(vegetable)。近世あをな［青菜］。せんざいもの［前栽物］。はたけもの／はたもの［畑物］。中世あをもの［青物］。ざふじ［雑事］。やさい［野菜］。中古さいそ［菜蔬］。そさい［蔬菜］。ゑんそ［園蔬］。上代くさびら［草片／茸］。
ー中心に食べること 近代さいしょく［菜食］。
ー中心の食生活の人 近代さいしょくしゅぎしゃ［菜食主義者］。ベジタリアン(vegetarian)。
ーと果物 かそ［果蔬］。せいか［青果］。近世そくゎ［蔬果］。
ーなどを売る店 近世あをものや［青物屋］。せんざいうり［前栽売］。やほや［八百屋］。やほやだな［八百屋店］。
ーなどを栽培する所 近世をかだ［陸田］。中世はたち［畑地］。中古ゑんぽ［園圃］。上代はたけ［畑／畠］。→はたけ
ーなどを細く薄く削る 近世ささがき［笹掻］。ささがす［笹］。せんぎり［千切／繊切］。中世せんろふ［繊蘿蔔］。
ーの揚げ物 近代しゃうじあげ／しゃうじんあげ［精進揚］。
季節ごとにーが最も多くでる時期 近代でさかり［出盛］。中世しゅん［旬］。
季節外れで珍重されるー 近世をはりはつもの［終初物］。寒中の筍(たけのこ)。九月の独活(うど)。二月の瓜。穏座(をんざ)の初物。
その季節最初にとれたー 中世はつもの［初物］。
時期遅れのー 近世をんざ［穏座］。
遠くから送られてきたーなど 近代たびもの［旅物］。
鍋料理で肉に添えて煮るー(ネギなど) 近世ざく。
匂いと辛みのあるー 中古くんしん［葷辛］。
匂いのあるーと生臭い肉 中古くんせん［葷羶］。
その他ーの種類のいろいろ(例) かさい［花菜］。けいさいるい［茎菜類］。こんさいるい［根菜類］。ようさい［洋菜］。ようさいるい［葉菜類］。ようけいさいるい［葉茎菜類］。りんけいさいるい［鱗茎菜類］。近代つるもの［蔓物］。はもの［葉物］。

やさおとこ【優男】 近世ひなをとこ［雛男］。やつし［窶／俏］。中世やさをとこ［優男］。

やさき【矢先】❶〈鏃〉 近世ねや［根矢］。中世やのね［矢根］。上代やさき［矢先／鏃］。→やじり

やさき【矢先】❷〈矢面〉 近代フロント(front)。中世しゃうめん［正面］。やおもて［矢面］。やさき［矢先］。

やさき【矢先】❸〈目前〉 →もくぜん

やさし・い【易】 近代イージー(easy)。わけない［訳無］。近世かんたん［簡単］。ひらたし［平］。へいい［平易］。やさし［易］。酢でさいて飲む。世話なし。中世あんぺい［安平］。さうなし［左右無］。ねんなし［念無］。ようい［容易］。事(も)なし。造作(ざうさ)(も)なし。掌(たなごころ)を返す。中古こころやすし

［心安］。上代たはやすし［容易］。やすらか［安］。上代かやすし［易］。たやすし［容易］。やすし［易］。

《句》近代煎餅に金槌。近世鬼に煎餅。

―・いさま　らくらく［楽楽］。近世手もなし。中世ことなし［事無］。なんなく［難無］。苦もなし。中古やすやす［易易／安安］。

―・くすること　いか［易化］。

やさし・い【優】　あわれみぶかい［哀深］。こころやさし［心優］。めぐみふかし［恵深］。近世おとなし［大人］。くゎんだい［寛大］。中世やさし［優］。中古いうび［優美］。くゎんよう［寛容］。なさけぶかし［情深］。なつかし［懐］。なよびか。

―・い男　近世やさをとこ［優男］。

―・い女　近世やさをんな［優女］。中古たをやめ［手弱女］。上代たわやめ［手弱女］。

―・い口ぶり　近世あまくち［甘口］。《句》近世口に蜜(みつ)あり、腹に剣(けん)あり。

―・く穏やかなこと(さま)　中古なよびか。にうわ［柔和］。

―・く媚(こび)を含む声　近代ねこなでごゑ［猫撫声］。

―・くしなやかなさま　近世しなっこらし。中古しゃくやく［綽約］。たをやか［嫋］。

―・く素直なこと　近代じうゑん［柔婉］。

―・くする　中世やさばむ［優］。

―・く接する　中世いたはる［労］。

―・く善良なおじいさん　近代かうかうや［好好爺］。

―・くもの柔らかなこと　中世いうじう［優柔］。

―・そうに振る舞う　中古やさしだつ［優］。

心の―・さ　中世いろ［色］。こころのいろ［心色］。をんじゃう［温情］。中古あいぎゃう［愛敬］。

やし【香具師】　近代たんかし［啖呵師］。近世かうぐし［香具師］。こうじゃうあきんど［口上商人］。やし［香具師／野師］。

やじうま【野次馬】　近世やじうま［野次馬／弥次馬］。

―根性の旺盛なこと　中世ものみだかし［物見高］。ものみだけし［物見猛］。

やしき【屋敷】　近代きょてい［居邸］。ぢしょ［地所］。近世ていだい［邸第］。ていたく［第宅］。中世かど［門］。てい［邸］。やかた［屋形／館］。中古しきち［敷地］。ていたく［邸宅］。やしき［屋敷］。→いえ❶

―構えの小さな城　近世やしきじろ［屋敷城］。

―の中　近代ていだい／ていない［邸内／第内］。近世いへうち［家内］。やしきうち［屋敷内］。中世堀の内。中古かちゅう［家中］。かない［家内］。上代かきつ［垣内］。やぬち［屋内／家内］。

―の庭　中古せんざい［前栽］。上代かど［門］。やど［宿］。

江戸にある藩の―　近世はんてい［藩邸］。

土豪の―　中世どゐ［土居］。

やしな・う【養】　近代いくせい［育成］。かやう［加養］。はんいく［蕃育］。ふいく［扶育］。ふやう［扶養］。ほいく［保育］。やうせい［養成］。近世くはす［くわせる］［食］。せいやう［生養］。ばいやう［培養］。頤(おとがひ)を養ふ。手塩に掛く［―掛ける］。中世おほす［生］。かんやう［涵養］。すごす［過］。そだつ［そだてる］［育］。やうず［養］。中古つちかふ［培］。はぐくむ／はごくむ［育］。やういく［養育］。上代やしなふ［養］。→そだ・てる

《句》近代生みの恩(親)より育ての恩(親)。

―・い治める　近代ぼくする［牧］。

動物などを―・うこと　ひいく［肥育］。近代しいく［飼育］。ぼくする［牧］。上代かふ［飼］。しやう［飼養］。

目上の人を―・うこと　近世ほうやう［奉養］。

物を与えて―・うこと　近代きふやう［給養］。

役立てることなく死ぬまで―・うこと　近世かひごろし［飼殺］。

やしょく【夜食】　近世およなが［御夜長］(女房詞)。中世こと［事］(僧の言葉)。やしょく［夜食］。

やじり【鏃】　近世ねや［根矢］。やのね［矢根］。中古やじり［鏃／矢尻］。上代やさき［矢先／鏃］。

―に毒を塗った矢　近世どくや［毒矢］。中世ぶしや／ぶすや［付子矢］。

かぶらの―を付けた矢(例)　近代めいせん［鳴箭］。めいてき［鳴鏑］。中世おほかぶら［大鏑］。かぶらや［鏑矢］。ぬためのかぶら［鈔目鏑］。中古かぶら［鏑］。なるや［鳴矢］。やつめかぶら［八目鏑］。上代なりかぶら／なるかぶら［鳴鏑］。なりや［鳴矢］。

太い―　中世おほね［大根］。

練習用の―　上代いたつき［平題箭］。

その他―のいろいろ(例)　いしやじり［石鏃］。えんび［燕尾］。こつぞく［骨鏃］。どうぞく［銅鏃］。やないば／やなぎば［柳葉］。近代てつやじり［鉄鏃］。近世のみね［鑿根］。ひらね［平根］。中世かぶらや［鏑矢］。かりまた［雁股］。きぼう［木棒／木鉾］。きわり［木割］。中古せきぞく［石鏃］。とがりや［尖

矢］。

やじ・る【野次】 ブーイング(booing)。近代 野次を飛ばす。近世 やじる［野次／弥次］。半畳を打つ(入る［─入れる］)。

やしろ【社】 近世 しゃし［社祠］。中世 ごてん［御殿］。しだう［祠堂］。じんぐう［神宮］。べうしゃ［廟社］。ほこら［祠／叢祠］。中古 しう［祠宇］。しべう［祠廟］。しゃでん［社殿］。ほくら［神庫／宝庫］。上代 かむみや／かんみや［神宮］。みむろ／みもろ［御室］。やしろ［社］。→**かみ**(─を祭る所) →**じんじゃ**

大きな─ 中古 たいしゃ［大社］。たいしょ［大所］。

小さな─ 近世 せうし［小祠］。

やじろべえ【弥次郎兵衛】 近代 つりあひにんぎゃう［釣合人形］。近世 まめざう［豆蔵］。やじろべゑ［弥次郎兵衛］。よじらうにんぎゃう［与次郎人形］。よじろべゑ［与次郎兵衛］。

やしん【野心】 近代 アンビション(ambition)。こうみゃうしん［功名心］。やばう［野望］。やまき［山気］。やまっけ［山気］。近世 さんき［山気］。やまけ［山気］。中世 たいし［大志］。たいもう［大望］。はき［覇気］。やしん［野心］。中古 たいばう［大望］。

やすあがり【安上】 近代 エコノミカル(economical)。近世 けいざいてき［経済的］。やすあがり［安上］。

やす・い【易】 ❶〈容易〉 →**やさし・い【易】**

やす・い【安】 ❷〈安価〉 げきやす［激安］。ごくやす［極安］。ていかかく［低価格］。ロ－コスト(low cost)。近代 あんか［安価］。あんちょく［安直］。かくやす［格安］。チープ(cheap)。ていれん［低廉］。とくか［特価］。やすね［安値］。れんばい［廉売］。わりやす［割安］。近世 かちょく／げぢき［下直］。さんもん［三文］。にそくさんもん［二足三文］。ねやす［値安］。やすあがり［安上］。やすで［安手］。れんか［廉価］。中古 やすし［安］。

─・い費用で家を建てること 近代 やすぶしん［安普請］。

─・くさせる かいたたく［買叩］。近代 たたく［叩／敲］。近世 ねぎる［値切］。

─・くする 近代 べんきゃう［勉強］。わりびく［割引］。近世 ひきさぐ［─さげる］［引下］。中世 まく(まける)［負］。

─・くできること 近世 やすあがり［安上］。

やすうり【安売】 たなざらい／たなざらえ［棚浚］。ダンピング(dumping)。ディスカウントセール(discount sale)。近代 おほうりだし［大売出］。くらざらへ［蔵浚］。クリアランスセール(clearance sale)。たたきうり［叩売］。とくばい［特売］。ねびき［値引］。バーゲンセール(bargain sale)。みきりうり［見切売］。らんばい［乱売／濫売］。れんばい［廉売］。わりびき［割引］。近世 おほやすうり［大安売］。くらばらひ［蔵払］。すてうり［捨売］。なげうり［投売］。ばった／ばったり(古道具屋仲間の隠語)。やすうり［安売］。

やすっぽ・い【安】 近代 あんか［安価］。あんちょく［安直］。チープ(cheap)。ひんじゃく［貧弱］。やすっぽい［安］。近世 あんぺい［安平］。ちゃち。やすで［安手］。

やすで【安手】 近代 あんか［安価］。チープ(cheap)。ていれん［低廉］。やすっぽい［安］。れんか［廉価］。近世 やすあがり［安上］。やすで［安手］。

やすで【馬陸】 近世 かやむし。くさむし［臭虫］。ぜにむし［銭虫］。やすで［馬陸］。をさむし［筬虫］。中古 あまびこ［雨彦］。ゑんざむし［円座虫］。

やすね【安値】 近代 あんか［安価］。すてね［捨値］。ていれん［低廉］。やすね［安値］。れんか［廉価］。近世 にそくさんもん［二足三文］。

─で買って高く売る 近世 上がりを請ぅく［─請ける］。

やすま・る【安】 リラクゼーション(relaxation)。リラックス(relax)。近代 あんい［安意］。近世 いきぬき［息抜］。中世 いこふ［憩］。おちつく［落着］。くつろぐ［寛］。上代 やすまる［安／休／息］。

やすみ【休】 コーヒーブレーク(coffee break)。レスト(rest)。近代 いこひ［憩］。きうげふ［休業］。きうみん［休眠］。せうきうし［小休止］。近世 いきぬき［息抜］。きうけい［休憩］。せいやう［静養］。たてば［立場／建場］。ひとやすみ［一休］。ひま［暇／閑］。やすらひ［休］。中世 いっぷく［一服］。けいそく［憩息］。ほやう［保養］。中古 いとま［暇／遑］。きうし［休止］。やすまり［休］。やすみ［休／息］。上代 きうそく［休息／休足］。

─の日 バカンス(フランス vacances)。近代 こうきうび［公休日］。ていきうび［定休日］。ホリデー(holiday)。近世 まび［間日］。やすみび［休日］。中世 ひま［暇／閑］。中古 きうじつ［休日］。やすみ［休］。上代 きうか［休

暇］。

施設等の― きゅうじょう［休場］。きゅうしん［休診］。近代 きうくゎん［休館］。きうゑん［休園］。

食後の― しょくやすみ［食休］。

少しの― 近代 せうきうし［小休止］。近世 いっぷく［一服］。せうけい［少憩／小憩］。タバコやすみ［煙草休］。ひとやすみ［一休］。中世 こやすみ［小休］。ひといき［一息］。中古 せうきう［小休］。

▼休暇を申し出る 中古 暇(いとま)申(まう)す。

やす・む【休】 近代 息を抜く。近世 息を吐っく。中世 きうす［休］。やすらふ［休］。息を継ぐ。中古 あひだむ［間］。いこのふ［憩］。いこふ［憩］。うちやすむ［打休］。上代 あんせい［安静］。やすむ［休／息］。やすもふ［休］。

―・まず 近代 のべつ。上代 すまに。

―・まず行うさま こつこつ［兀兀／矻矻］。近代 せっせと。

―・まず全部出席すること 近世 かいきん［皆勤］。

―・まないこと 近代 むきう［無休］。中世 ふきう［不休］。

―・んで汗を拭く 中世 汗を入る〔―入れる〕。

学校や仕事などを―・む けつじょう［欠場］。近代 きうしょく［休職］。ふさんか［不参加］。けっきん［欠勤］。けっくゎ［欠課］。近世 けっせき［欠席］。

寛いで―・むこと 中古 えんそく［偃息］。

静かに―・むこと 近代 せいそく［静息］。

全部―・むこと 近代 ぜんきう［全休］。

怠けて―・むこと 近代 ずるやすみ［休］。

昼も夜も―・まず事を急ぐこと 中古 ちうやけんかう［昼夜兼行］。

やす・める【休】 中世 やすらふ［休］。やすんず［安］。上代 やすむ〔やすめる〕［休／息］。

心を―・める 近代 きうしん［休心／休神］。

手を―・める 近世 息を吐っく。

やすもの【安物】 近代 げてもの［下手物］。そあくひん［粗悪品］。そしな［粗品］。みきりひん［見切品］。近世 かずもの［数物］。したもの［下物］。じふくもん［十九文］。やすもの［安物］。

《句》 近代 安物買ひの銭失ひ。近世 濁り酒は髭につく。安かろう悪かろう。安物は高物。

―を高価そうに見せたもの やすぴか［安］。

やすやす【易易】 らくらく［楽楽］。近代 いい［易易］。むさと。近世 かんたん［簡単］。てがる［手軽］。へいい［平易］。むざうさ［無造作］。むざふさ［無雑作］。手もなく。中世 かるがる［軽軽］。ひらに［平］。ようい［容易］。苦もなく。難なく。中古 やすやす［易易］。

やすらか【安】 せいいつ［静逸］。近代 せいをん［静穏］。ねいせい［寧静］。へいせい［平静］。へいをんぶじ［平穏無事］。やすらぎ［安］。近世 あんかう［安康］。あんじょ［晏如］。あんぺい［安平］。てんあん［恬安］。中世 あんかん［安閑］。あんしん／あんじん［安心］。おだやか［穏］。まどか［円］。中古 あんぜん［安然／晏然］。あんをん［安穏］。おだし［穏］。こころやすし［心安］。たひらか［平］。のどか［長閑］。のどけし［長閑］。へいをん［平穏］。らく［楽］。上代 あんせい［安静］。あんねい［安寧］。あんらく［安楽］。たいへい［太平／泰平］。やす［安］。やすらか［安］。やすらけし［安］。鴨の浮き寝。

―・そうなさま 中古 やすげ［安／易］。

―・でないさま 中世 かいぜん［介然］。

―・なこと 上代 うらやす［安］。

―・に 中古 おだひかに［穏］。

―・にさせる やすらげる［安］。

―・に死ぬこと 中世 だいわうじゃう［大往生］。

―・にする →**やすん・ずる**

―・に生活する 中古 あんきょ［安居］。

―・に眠ること 近代 かうみん［高眠］。中古 あんしん［安寝］。中世 あんみん［安眠］。上代 やすい［安寝］。

心が―・でない 中古 やまし［疚］。

心が―・なさま 上代 うらやす［心安］。

心を―・にさせる 中古 やすむ［休］。

出来事が多く―・でないこと 近代 たじたたん［多事多端］。

物に執着せず―・なこと 上代 てんたん［恬淡／恬澹］。

世の中が―・なこと 中古 がいあん［艾安／乂安］。

やすら・ぐ【安】 やすらげる［安］。近代 きうしん［休心］。近世 きうい［休意］。中世 おちつく［落着］。やすらぐ［安］。中古 やすむ［休］。やすんず［安］。上代 なぐ［凪／和］。をさまる［治］。

やすり【鑢】 近世 がんぎ［雁木］。中古 こすり［擦／錯］。やすり［鑢］。

―のいろいろ（例） あぶらめやすり［油目鑢］。さめやすり［鮫鑢］。近代 かみやすり［紙鑢］。サンドペーパー（sandpaper）。やすりがみ［鑢紙］。近世 がんぎやすり［雁木鑢］。すながみ［砂紙］。

やすん・じる【安】 →**やすん・ずる**(次項)

やすん・ずる【安】 近代やすんじる[安]。足るを知る。中世あんしん[安心]。あんゐ[安慰]。やすらぐ[安]。中古あまんず[甘]。やすいこふ[憩/息]。まんぞく[満足]。やすんず[安]。上代あんど[安堵]。やすまる[安/休]。

やせい【野生】 近代のそだち[野育]。ワイルド(wild)。近世やせい[野生]。やせい[野性]。

—的な趣 近代ワイルド(wild)。中世やしゅ[野趣]。

—の猿 中世のざる[野猿]。中古やゑん[野猿]。

—の鳥 近世のどり[野鳥]。中世やてう[野鳥]。中古やきん[野禽]。

動植物の名の上に付けて—を表す接頭語 近代の[野]。中古や[野]。やま[山]。

やせおとろ・える【痩衰】 中世おいさらぼふ[老]。中古かる〔かれる〕[枯]。こかう[枯槁]。さらぼふ。つひゆ〔ついえる〕[潰/弊]。やせおとろふ〔—ろえる〕[痩衰]。やつる〔やつれる〕[窶]。上代そうるい[痩羸]。やさかむ/やせかむ[痩]。

—・えた姿 中古すいよう[衰容]。

—・えて骨が現れること 中世げうこつ[髐骨]。中古こつりつ[骨立]。

急に—・えるさま 近世げそり/げっそり。

病気や心痛のため—・えること 中古せうすい[憔悴]。

やせがまん【痩我慢】 近世やせがまん[痩我慢]。痩せ肘を張る。

《句》近代武士は食はねど高楊枝。

やせほそ・る【痩細】 中古さらぼふ[曝]。やせがる[痩枯]。やせさらぼふ[痩曝]。やせほそる[痩細]。

や・せる【痩】 近代ほねばる[骨張]。やせさらばへる[痩]。近世やせさらばふ[痩]。るいそう[羸痩]。中世かす〔かせる〕[痂/悴]。こく〔こける〕[痩]。やせこく〔—こける〕[痩]。やせとほる[痩通]。中古ほそる[細]。やせおとろふ〔—ろえる〕[痩衰]。やせほそる[痩細]。やつる〔やつれる〕[窶]。上代そうるい[痩羸]。やす〔やせる〕[痩/瘠]。

—・せた首 近世かせくび[悴首]。

—・せた身体 近代そうく[痩軀]。そうしん[痩身]。やせがた[痩形/痩型]。近世そうこつ[痩骨]。やせじ/やせじし[痩肉]。中世かげ[影]。

—・せた土地 近代かうかく[磽确/墝埆]。せきち[瘠地]。不毛の地。中世いしぢ[石地]。せきど[瘠土]。そうち/やせち[痩地]。上代そね[磽/确]。膂宍(そし)の空国(むなくに)。

—・せた人 でんしんばしら[電信柱]。近代ほねかわすじえもん[骨皮筋右衛門]。近世やせっぽち[痩]。やせほふし[痩法師]。中世やせ[痩/瘠]。《句》近世楊枝に目鼻を付けたやう。

—・せてあばら骨などが見えるさま せんたくいた[洗濯板]。近代ほねだつ[骨立]。ほねばる[骨張]。近世ひばり[雲雀]。ひばりぼね[雲雀骨]。中世むなすだれ[胸簾]。中古骨と皮。

—・せているさま がりがり。近世ぎすぎす。中世ひょろひょろ。ほっそり。影のごとく。上代やすやすらり。中古やせやせ[痩痩]。

—・せているのに大食 痩せの大食い。

—・せて顔がほっそりする 中古おもやす〔—やせる〕[面痩]。

—・せて脂肪気がないように見える 中古からめく。

—・せて弱々しいさま 近世ひがいす/ひがやす。

—・せるための薬 やせぐすり[痩薬]。

急に—・せるさま 近世げそり。げっそり。

菜食で—・せた人(僧など) さいこつ[菜骨]。

夏の暑さで—・せること 上代なつやせ[夏痩]。

部分的な肉が—・せる 近代おちる[落]。こける[痩]。

湯あたりで—・せること 中古ゆやせ[湯痩]。

▼接頭語 中世かせ[悴]。

やせん【夜戦】 近代やしふ[夜襲]。やせん[夜戦]。中世よいくさ[夜軍]。ようち[夜討]。よがけ[夜駆]。よばたらき[夜働]。

やたい【屋台】❶〈山車〉 近世だし[山車/花車]。ねりもの[練物]。やたい[屋台/屋体]。

やたい【屋台】❷〈屋台店〉 →**ろてん【露店】**

やたいみせ【屋台店】 →**ろてん【露店】**

やたら【矢鱈】 近代めちゃくちゃに[滅茶苦茶]。むちゃくちゃに[無茶苦茶]。むやみに[無闇]。むやみやたらに[無闇矢鱈]。近世ありべかかり。べらぼうに[篦棒]。めった[滅多]。めったむしょう[滅多無性]。めったやたら[滅多矢鱈]。やけに。やたら[矢鱈]。やみくもに[闇雲]。やみと[暗/闇]。中世みだりに[濫]。むしょうに[無性]。めたと。中古すずろ[漫]。むげに[無下]。上代もとな。→**むやみ**

―・に…する 中古 ちらす［散］（動詞の連用形について）。

―・に作ること 近代 らんざう［乱造／濫造］。らんせい［乱製／濫製］。

やちゅう【夜中】→**やかん【夜間】**

やちょう【野鳥】 近世 のどり［野鳥］。中世 やてう［野鳥］。中古 やきん［野禽］。上代 ぬつとり／のつとり［野鳥］。

―が人里になれる 中古 さとなる［―なれる］［里馴］。

―に巣をつくらせる箱 近代 すばこ［巣箱］。

―の観察 たんちょう［探鳥］。バードウオッチング(bird watching)。

―を大事にする 近代 あいてう［愛鳥］。

やちん【家賃】 しゃくやりょう［借家料］。たくりょう［宅料］。ちんたいりょう［賃貸料］。近世 たなちん［店賃］。中世 しゅくちん［宿賃］。中古 やちん［家賃／屋賃］。やどちん［宿賃］。

―の安い長屋 近世 うらながや［裏長屋］。

やつ【奴】 近代 ガイ(guy)。やつ［奴］。近世 きゃつ［彼奴］。やらう［野郎］。中世 あいつ［彼奴］。中古 かやつ［彼奴］。

▼複数 あいつら［彼奴等］。近代 どはい［奴輩］。近世 きゃつら［彼奴等］。中世 きゃつばら［彼等輩］。しゃつばら［奴輩］。やつら［奴等］。中古 あれら［彼等］。やつばら［奴原／奴儕］。

やつあたり【八当】 近代 怒りを遷(うつ)す。近世 あたりちらす［当散］。やつあたり［八当］。

やっかい【厄介】 近代 うるさい［五月蝿／煩］。ごたごた。はんさ［煩瑣］。めんだうくさい［面倒臭］。やくかい［厄介］。近世 いさくさ。いざこざ。しちめんだう［面倒］。せわ［世話］。はんざつ［煩雑］。めんどくさい［面倒臭］。やっかいもっかい［厄介］。ややこしい。中世 はらん［波乱］。めんだう［面倒］。もんちゃく／もんぢゃく［悶着／捫着］。中古 わづらはし［煩］。→**めんどう**

―・なこと もんだい［問題］。近代 もめごと［揉事］。もんちゃくごと［悶着事］。中世 もんちゃく／もんぢゃく［悶着］。

―・な者 近代 なんぶつ［難物］。近世 こまりもの［困者］。もてあましもの［持余者］。やくかいもの［厄介者］。

―・な物 近代 おにもつ［御荷物］。なんぶつ［難物］。に［荷］。近世 こぶ［瘤］。

―・に 中世 うたてげ。中古 うたて。

―・に思う 中古 ところせがる［所狭］。

やっき【躍起】 しゃかりき。近代 けんめい［懸命］。ねっしん［熱心］。ねっちゅう［熱中］。近世 えいい［鋭意］。ひっし［必死］。やきもき。やくき［躍起］。むきになる。

やつぎばや【矢継早】 近世 さしや［差矢］。やつぎばや［矢継早］。中世 つづけざま［続様］。中古 つぎつぎ［次次］。

やっきょく【薬局】→**くすりや**

やっつ・ける【遣付】 近代 うちまかす［打負］。げきたい［撃退］。たいじ［退治］。ノックアウト(knockout)。ぶったふす［打倒］。近世 いがめる［歪］。うちのめす［打］。おっかじめる。かたづく［―づける］［片付］。げきは［撃破］。しつける［仕付／躾］。だたう［打倒］。たたむ［畳］。ひねる［捻／拈／撚］。ふんさい［粉砕］。やっつける［遣付］。やりこむ［―こめる］［遣込］。一本参る。中世 うちやぶる［撃破］。げきさい［撃砕］。しとむ［しとめる］［仕留／為留］。たうばつ［討伐］。だはつ［打破］。まかす［負］。中古 たいぢ［退治］。ぐぢょたふす［倒］。上代 うちたふす［打倒］。くぢょ［駆除］。たたぬ［畳］。やぶる［破］。

徹底的に―・けること 中世 こっぱひ／こはひ［骨灰／粉灰］。

徹底的に―・けるさま けちょんけちょん。こてんこてん。こてんぱん。

やつで【八手】 てんぐのうちわ［天狗団扇］。てんぐのはうちわ［天狗羽団扇］。近世 うしあふぎ。おにのて［鬼手］。やつで［八手］。

やって・くる【遣来】 近世 やってくる［遣来］。上代 きたる［来］。中世 たちこゆ［―こえる］［立越］。きむかふ［来向］。たちく［立来］。みえく［見来］。

《謙》中世 まうでく［詣来］。上代 まゐでく／まゐりく［参出来］。

家に―・くる 近代 らいたく［来宅］。中古 らいはう［来訪］。

急いで―・くる 中世 かけつく［―つける］［駆付］。

外国から船で―・くる 近世 はくらい［舶来］。らいかう［来航］。中古 とらい［渡来］。

貴人が―・くる 中古 らいが［来駕］。

季節などが―・くる 上代 さりく［去来］。さる［去］。

幸運などが思いがけず―・くる 近代 ころがりこむ［転込］。

去ったものが再び―・くる 中世 らいふく［来復］。上代 ゆきむかふ［行向］。

その場へ―・くる 中世 おちあふ［落合］。中古 あらはる［―われる］［現］。

やっての・ける【遣退】 やりぬく[遣抜]。近代 くゎんすい[完遂]。すいかう[遂行]。やりきる[遣切]。やりとげる[遣遂]。やりとほす[遣通]。近世 しでかす[仕出/為出来]。しとぐ[―とげる][仕遂]。なしとぐ[―とげる][成遂]。やってのける[遣退]。中世 しあぐ[―あげる][仕上]。しいだす[仕出/為出]。しおほす[―おおせる][為果]。しすます[為済]。やりのく[―のける][遣退]。中古 しう[為得]。

やっと【漸】 かすかす。やっとこ。命からがら。近代 からくも[辛]。どうにか。なんとか[何]。やっとこせ。どうにかかうにか。やうやくのことで。近世 あやふく[危]。どうやら。どうやらかうやら。はつはつ。やっとこさ。ようやっと。やっとのことで。中世 からがら[辛辛]。はふはふ[這這]。やうやう[漸]。やっと[漸]。やっとな。希有うけ(稀有)にして。中古 かつがつ[且且]。からうじて[辛]。からく/からくして[辛]。はじめて[初]。やうやく[漸]。わづか[僅/纔]。

―作り出す 中古 ひねりいだす[捻出]。ゆるがしいだす[揺出]。

―のことで歩いて 中世 はふはふ[這這]。

やっぱり →やはり

やつ・れる【窶】❶〈零落〉 近世 てうすい[凋衰]。中世 らくたく[落魄/落託]。中古 おちぶる[―ぶれる][零落/落魄]。こかう[枯槁]。やつやつし[窶窶]。やつる[やつれる][窶]。らくはく/らくばく[落魄]。れいらく[零落]。

やつ・れる【窶】❷〈憔悴〉 近代 やせさらばへる[痩]。近世 やせさらばふ[痩]。中世 かす[かせる][痂/悴]。中古 おもやす[面痩]。こかう[枯槁]。さらぼふ。せうすい[憔悴]。てうざん[凋残]。やせおとろふ[―ろえる][痩衰]。やつやつし[窶窶]。やつる[やつれる][窶]。上代 おとろふ[―ろえる][衰]。そうるい[痩羸]。つひゆ[ついえる][費/弊]。みつる[羸]。

―・れた顔 中古 すいがん[衰顔]。

―・れた姿 中古 すいよう[衰容]。

顔が―・れること 中世 おもやつれ[面窶]。近世 おもやせ[面痩]。

厳しい修行で―・れる 中古 おこなひさらぼふ[行]。おこなひやつる[行窶]。

恋のために―・れること 近世 やつしごと[俏事]。

生活苦で―・れること 近代 しょたいやつれ[所帯窶]。ひんく[貧窶]。中古 ひんる[貧窶]。

年老いて―・れること 上代 らうすい[老衰]。

悩み事などで―・れる 近世 憂き身を窶やつす。中古 せうすい[憔悴]。

やど【宿】 ガストホーフ(ドイツGasthof)。近代 ホテル(hotel)。りょさう[旅荘]。近世 えきてい[駅亭]。かくさう[客窓]。きてい[旗亭]。しゅくば[宿場]。どや(盗人などの隠語)。はたご[旅籠]。はたごや[旅籠屋]。ひとやど[人宿]。やどもと[宿元/宿許]。りょじんやど[旅人宿]。中世 しゅく[宿]。たびや[旅屋]。たびやど[旅宿]。やどや[宿屋]。りょしゃ[旅舎]。中古 かくしゃ/きゃくしゃ[客舎]。かくてい/きゃくてい[客亭]。げきりょ[逆旅]。しゅくくゎん[宿館]。しゅくしょ[宿所/宿処]。たびどころ[旅所]。たびやかた[旅館]。とまり[泊]。りょくゎん[旅館]。りょしゅく[旅宿]。りょてい[旅亭]。りょてん[旅店]。上代 たびやどり[旅宿]。やど[宿]。やどり[宿]。

―などの初めての客 近世 いちげん[一見]。

―に着いてまず飲食すること 中世 おちつき[落着]。

―に泊まること 中世 とうしゅく[投宿]。上代 りょしゅく[旅宿]。

―の食事 中世 はたご[旅籠]。

―の食事代 近世 はたご[旅籠]。

―の窓 近世 かくさう[客窓]。

―を貸す 中古 やどす[宿]。上代 とむ[とめる][泊]。

―を借りること 中世 やどかり[宿借]。

―を別に取ること 近世 べっしゅく[別宿]。

いつも決まって泊まる― 近代 じゃうやど[常宿]。ぢゃうやど[定宿]。

海辺の― 近代 うなやど[海宿]。

温泉の― 近代 湯の宿。近世 ゆやど[湯宿]。

街道の― 近世 みづうまや[水駅]。

休憩だけの― 近代 きうけいしょ[休憩所]。レストハウス(rest house)。近世 間あひ(合ひ)の宿しゅく。

乞食などを泊める下等な― 近世 ぐれやど[宿]。

山中の― 近世 さんくゎん[山館]。

宿泊料の安い― 近代 きせんやど[木銭宿]。やすどまり[安泊]。やすやど[安宿]。近世 きちんやど[木賃宿]。したやど[下宿]。どや(盗人などの隠語)。はたご[旅籠]。はたごや[旅籠屋]。

巡礼を泊める― 近世 じゅんれいやど[巡礼

宿］。

上等の― 近世 じゃうやど［上宿］。

娼婦を置くいかがわしい― 近世 あいまいちゃや［曖昧茶屋］。あいまいや［曖昧屋］。あいまいやど［曖昧宿］。

商用の人の泊まる― ビジネスホテル（和製 business hotel）。近世 あきんどやど［商人宿］。

男女の密会に用いられる― おんせんマーク［温泉 mark］。さかさくらげ［逆海月］。モーテル（motel）。ラブホテル（和製 love hotel）。近代 あひびきやど［逢引宿］。つれこみやど［連込宿］。まちあひ［待合］。まちあひぢゃや［待合茶屋］。近世 であひやど［出合宿］。なさけやど［情宿］。

ちょっとした― 中世 こやど［小宿］。

花のある― 中世 はなのやど［花宿］。

その他―のいろいろ（例） カプセルホテル（和製 capsule hotel）。シティーホテル（和製 city hotel）。しゅくはくじょ［宿泊所］。ペンション（pension）。ホステル（hostel）。みんしゅく［民宿］。ユースホステル（youth hostel）。

やとい【雇】 →**やと・う**

やとう【夜盗】 近世 よかせぎ［夜稼］。よばたらき［夜働］。中世 やたう［夜盗］。

やと・う【雇】 こよう［雇用／雇傭］。近代 やとひいれる［雇入］。近世 さいよう［採用］。中世 かかふ［かかえる］［抱］。中古 やとふ［雇／傭］。

―・い方のいろいろ（例） きせつやとい［季節雇］。じょうこ［常雇］。じょうやとい［常雇］。パートタイム（part time）。近代 じゃうよう［常傭］。りんじやとひ［臨時雇］。近世 つきやとひ［月雇］。としやとひ／ねんやとひ［年雇］。ねんきづとめ［年季勤］。ねんきぼうこう［年季奉公］。ねんきりぼうこう［年切奉公］。ひやとひ［日雇］。ひよう［日傭／日用］。ひようとり［日傭取／日用取］。中世 ねんき［年季］。

―・っていること 近代 おかかへ［御抱］。

―・って使うこと 近代 ようえき［傭役］。近世 こえき［雇役］。

―・われた人 けいやくしゃいん［契約社員］。こようしゃ［雇用者］。じゅうぎょういん［従業員］。しようにん［使用人］。パート／パートタイマー（part-timer）。はけんしゃいん［派遣社員］。ろうどうしゃ［労働者］。近代 かかへ［抱］。こゐん［雇員］。ひようしゃ［被用者／被傭者］。やとひにん［雇人］。ようゐん［用員］。近世 めしつかひ［召使］。やとひ［雇］。ようにん［傭人］。中世 やとひど／やとひびと［雇人］。

家来として―・うこと 近世 めしかかふ［召抱］。

個人で―・うこと 近代 しよう［私傭］。

頼んで―・うこと 近代 ようへい［傭聘］。

手間賃で―・われること（人） 中世 てまとり［手間取］。

礼を尽くして招き―・うこと 近代 こへい［雇聘］。

やどかり【宿借】 近代 おばけがひ［御化貝］。近世 やどかり［宿借］。蟹の宿借り。中古 がうな［寄居虫］。かみな。

やどせん【宿銭】 →**やどちん（次項）**

やどちん【宿賃】 しゅくはくだい［宿泊代］。しゅくはくひ［宿泊費］。しゅくはくりょうきん［宿泊料金］。近代 しゅくはくれう［宿泊料］。しゅくれう［宿料］。とまりちん［泊賃］。近世 しゅくちん［宿賃］。はたごせん［旅籠銭］。やどせん［宿銭］。やどだい［宿代］。中世 やどちん［宿賃］。

やどや【宿屋】 →**やど**

やどりぎ【宿木】 中古 ほや［寄生］。やどりぎ［宿木／寄木／寄生木］。上代 ほよ［寄生］。

やど・る【宿】 近代 しゅくはく［宿泊］。中世 しゅくす［宿］。中古 とまる［泊］。上代 とどまる［留／停／止］。やどる［宿］。→**とま・る【泊】**

やどろく【宿六】（妻が夫を言う語） 近世 やどろく［宿六］。中世 をっと［夫／良人］。中古 ていしゅ［亭主］。→**おっと**

やなぎ【柳】 近代 あそびぐさ［遊草］。近世 かはたかぐさ［河高草］。中世 かざなぐさ［風無草］。かざみぐさ［風見草］。かはぞひぐさ［川沿草］。ねみづぐさ［根水草］。はるすすき［春薄］。中古 やうりう［楊柳］。上代 やなぎ［柳］。

《枕》中古 あさみどり［浅緑］。

―が風で揺れるさま 近世 かぜのやなぎ［風柳］。

―の小陰 中世 やなぎかげ［柳陰］。中古 りういん［柳陰］。

―の新芽 中古 りうがん［柳眼］。

―の葉の様子 中世 やなぎのまゆ［柳眉］。中古 すいび［翠眉］。

―の美称 中世 たまのをやなぎ［玉緒柳］。

―の細い枝 近世 りうせん［柳線］。中世 やなぎのかみ［柳髪］。中古 せいし［青糸］。みどりのいと［緑糸］。りうし［柳糸］。上代 やなぎのいと［柳糸］。りうでう［柳条］。

—の芽立ち 中古いとめ[糸目]。
—の老木 近世うばやなぎ[姥柳]。
青々と茂っている— 中世すいやう[翠楊]。すいりう[翠柳]。上代あをやぎ／あをやなぎ[青柳]。
川端に生えている— 近代かはばたやなぎ[川端柳]。
白い綿毛を持った—の種子 上代りうじょ[柳絮]。
早春芽が出始めたばかりの— 近世めばりやなぎ[芽張柳]。めぶきやなぎ[芽吹柳]。めやなぎ[芽柳]。
葉が十分伸びないで枝が細く見える— 中古さいりう[細柳]。

やなぎたて【柳蓼】 近世ほんたで[本蓼]。またで[真蓼]。やなぎたで[柳蓼]。

やなみ【家並】 近世いへなみ[家並]。のきなみ[軒並]。まちなみ[町並]。中世かどなみ[門並]。やなみ[家並／屋並]。甍(いらか)を並ぶ[—並べる]。軒を争ふ。

やにわに【矢庭】 近世いきなり[行成]。だしぬけに[出抜]。ひょっくり／ひょっこり。中世きふに[急]。そくこく[即刻]。そくざ[即座]。とつじょ[突如]。とつぜん[突然]。やにはに[矢庭]。中古たうとつ[唐突]。ただちに[直]。たちどころに[立所]。にはか[俄]。ふい[不意]。→**とつぜん**

やぬし【家主】 近世おほや[大家／大屋]。たなぬし[店主]。やぬし[家主／屋主]。
—が借家人を追い立てること 近世たなだて[店立]。

やね【屋根】 近代う[宇]。ルーフ(roof)。中世おほひ[覆／庇]。中古や[屋／家]。上代やね[屋根／家根]。
—から雨が漏ること 中古をくろう[屋漏]。
—と天井の間の空間 ロフト(loft)。ロフトアティック(和製loft attic)。近代アティック(attic)。近世てんじゃううら[天井裏]。やねうら[屋根裏]。
—に並べて置く石 中世そへいし[添石]。
—のない車 近代オープンカー(open car)。中古むなぐるま[空車]。
—のないこと 近代のてん[野天]。ろてん[露天]。近世あをてんじゃう[青天井]。中世むがい[無蓋]。
母屋壁面にさしかけた— 近世さしかけやね[差掛屋根]。中古かたびさし[片庇]。
仮につくった— うわや[上屋]。中世うちおほひ[打覆]。
小さな窓の上などの— 近世こやね[小屋根]。
本来の屋根の下にさしかけた— 中世ゆた[雨打]。中古もこし[裳階／裳層]。
その他—のいろいろ(例)① [形] かまぼこやね[蒲鉾屋根]。てっさん[鉄傘]。のこぎりやね[鋸屋根]。マンサードやね[(フランス)Mansart屋根]。りょうながれ[両流]。近代いりもや[入母屋]。きりづま[切妻]。きりむね[切棟]。さんかくやね[三角屋根]。ドーム(dome)。ひらやね[平屋根]。まるやね[丸屋根]。よせむね[寄棟]。りくやね／ろくやね[陸屋根]。ゑんがい[円蓋]。近世かたながれ[片流]。こしやね[越屋根]。中世はうぎゃうづくり[方形造]。ほうぎゃうづくり[宝形造]。中古かたびさし[片庇]。かたや[片屋／傍屋]。
その他—のいろいろ(例)② [材] 近代いたぶきやね[板葺屋根]。いたやね[板屋根]。おほいたぶき[大板葺]。かやぶきやね[茅葺屋根]。くさぶきやね[草葺屋根]。スレートぶき[slate葺]。トタンやね[(ポルトガル)tutanaga屋根]。わらやね[藁屋根]。近世かきがらやね[牡蠣殻屋根]。かきやね[牡蠣屋根]。かはらやね[瓦屋根]。そぎぶき[削葺]。ほや[穂屋]。わらぶきやね[藁葺屋根]。中世いらか[甍]。くずや[葛屋／葛家]。ささぶき[笹葺]。とまぶき[苫葺]。中古あしぶき[葦葺]。いたや[板屋]。こけらぶき[柿葺]。上代ひはだぶき[檜皮葺]。
▼助数詞 中古う[宇]。

やねふき【屋根葺】 中世やねふき[屋根葺]。
—に使う土 ふきつち[葺土]。
—の職人 近世かはらこう[瓦工]。やねや[屋根屋]。中世かはらし[瓦師]。かはらだいく[瓦大工]。ふきし[葺師]。
その他—のいろいろ(例) こはだぶき[木皮葺]。しばぶき[柴葺]。とんとんぶき[葺]。近代スレートぶき[slate葺]。近世うはぶき[上葺]。かきがらぶき[牡蠣殻葺]。をだはらぶき[小田原葺]。中世くさぶき[草葺]。ささぶき[笹葺]。とまぶき[苫葺]。わらぶき[藁葺]。中古あしぶき[葦葺]。かやぶき[茅葺]。こけらぶき[柿葺]。上代いたぶき[板葺]。ひはだぶき[檜皮葺]。

やはり【矢張】 近代やはり[矢張]。近世あんのぢゃう[案定]。さてこそ。やっぱ。やっぱし。やっぱり[矢張]。中世げにも。また[又／亦]。中古さすが／さすがに[流石／遉]。さればこそ[然]。さればよ[然]。とても。なほ[猶／尚]。なほなほ[猶猶／尚

尚]。なほも[猶]。はた[将]。はたして[果]。はやう／はやく[早]。案の如く。上代 なほし[猶]。
―そうだ 中古 さりや[然]。

やはん【夜半】 近世 ていや[丁夜]。まよなか[真夜中]。まよる[真夜]。やちゅう[夜中]。よふけ[夜更]。中世 ごや[午夜]。やかん[夜間]。中古 しんかう[深更]。しんや[深夜]。はんや[半夜]。やはん[夜半]。やぶん[夜分]。よは[夜半]。上代 よ／よるちゅうや[中夜]。はんせう[半宵]。

―から朝まで 中古 ごや[後夜]。
―まで 中古 しょや[初夜]。そや[初夜]。

やばん【夜番】 →やけい

やばん【野蛮】 近代 バーバリズム(barbarism)。近世 みかいばんや[蛮野]。やばん[野蛮]。近世 みかい[未開]。やせい[野性]。
―・な国 近世 ばんこく[蛮国／蕃国]。中世 じゅうこく[戎国]。中古 ここく[胡国]。
―・な行為 近代 ばんかう[蛮行]。
―・な声 近代 ばんせい[蛮声]。
―・な所 近代 ばんきゃう[蕃境]。ばんち[蕃地]。中世 こち[胡地]。
―・な風俗 近代 ばんしふ[蛮習／蕃習]。ばんぞく[蕃俗]。ばんぷう[蛮風]。

やばんじん【野蛮人】 みかいじん[未開人]。近代 げんしじん[原始人]。ばんぞく[蛮族／蕃族]。やばんじん[野蛮人]。近世 いじん[夷人]。いばん[夷蛮]。じゅうい[戎夷]。じゅうけつ[戎羯]。じゅうてき[戎狄]。ばんじん[蛮人]。中世 い[夷]。いてき[夷狄]。えびす[夷／戎]。こてき[胡狄]。ばんじん[蕃人]。上代 ばんい[蛮夷／蕃夷]。

―の言葉 近代 けつぜつ[鴃舌]。近世 げきぜつ[鴃舌]。
―の言葉は意味が通じないこと 近世 しゅり[侏離]。
四方の― 中世 せいじゅう[西戎]。とうい[東夷]。中古 なんばん[南蛮]。ほくてき[北狄]。

やひ【野卑】 近代 げひん[下品]。近世 ひわい[卑猥／鄙猥]。やひ[野卑]。わいざつ[猥雑]。中世 げびる[下卑]。そや[粗野／疎野]。ゐなか[田舎](接頭語的に)。中古 いやし[卑／賤]。きたなし[汚／穢]。げれつ[下劣]。上代 ひり[鄙俚]。

やぶ【藪】 ブッシュ(bush;ドイツ Bush)。近世 たかやぶ[竹藪／高藪]。中世 おどろ[棘／荊棘]。たけばやし[竹林]。たけやぶ[竹藪]。中古 のらやぶ[野藪]。やぶ[藪]。上代 しげみ[茂]。ちくりん[竹林]。
―と沢 上代 そうたく[藪沢]。
―と林 中世 そうりん[叢林／藪林]。
一面の― 近世 やぶだたみ[藪畳]。
笹が一面に生えた― 近世 ささやぶ[笹藪]。
野にある― 中古 のらやぶ[野良藪]。

やぶからし【藪枯】 近世 ごえふかづら[五葉葛]。びんばふかづら[貧乏葛]。やぶからし／やぶがらし[藪枯]。

やぶかんぞう【藪萱草】 うしな。近代 やぶくゎんざう[藪萱草]。上代 こひわすれぐさ[恋忘草]。わすれぐさ[忘草]。

やぶこうじ【藪柑子】 ししくわず[猪不食]。近代 あかだま[赤玉]。近世 あかだまのき[赤玉木／赤玉樹]。へいちぼく[平地木]。やぶかうじ[藪柑子]。中世 からたちばな[唐橘]。くさたちばな[草橘]。はなたちばな[花橘]。やぶたちばな[藪橘]。上代 やまたちばな[山橘]。

やぶさか【吝】 近世 けち[吝嗇]。しみったれ。中世 ためらひ。やぶさか[吝]。りんしょく[吝嗇]。中古 ちうちょ[躊躇]。ものをしみ[物惜]。

やぶじらみ【藪虱】(セリ科の二年草) くさじらみ[草虱]。近世 のにんじん[野人参]。やぶじらみ[藪虱]。やぶぜり[藪芹]。

やぶタバコ【藪煙草】 近世 うらじろ[裏白]。ゐのしりぐさ[猪尻草／天名精]。やぶタバコ[藪煙草]。中古 いぬのしり[犬尻]。

やぶにっけい【藪肉桂】 やぶぐす[藪樟]。やまにっけい[山肉桂]。近世 やぶにくけい[藪肉桂]。

やぶ・る【破】 近代 とっぱ[突破]。近世 やぶく[破]。中世 つきやぶる[突破]。つひやす／つひゆ[弊]。はくゎい[破壊]。中古 そこなふ[損]。はす[破]。はそん[破損]。ひきやる[引破]。やる[破]。上代 さく[裂]。はゑ[破壊]。やぶる[破]。わる[割]。
―・り捨てる 近代 はき[破棄]。中古 やりすつ[破捨]。
勢いよく―・る 中世 つんざく[劈／擘]。
搔き乱し―・ること 近代 かくは[攪破]。
かじって―・る 上代 くひやぶる[食破]。
規律などを―・る 近代 はんする[反]。中古 をかす[犯／冒]。上代 そむく[背]。
突いて―・る 中世 つきやぶる[突破]。
続けざまに―・ること れんぱ[連破]。
敵を―・る 近代 せいふく[征服]。近世 うち

のめす［打］。うちやぶる［打破］。くだす［降］。中世うちひしぐ［打拉］。くだく［砕／摧］。ほふる［屠］。まかす［負］。中古たふす［倒］。上代うちたふす［打倒］。

服などを引っ掛けて━・る　中古かけやる［掛破］。

やぶれ【破】 近世かぎざき［鉤裂］。やれめ［破目］。中世やぶれめ［破目］。中古さけめ［裂目］。やぶれ［破］。やれ［破］。

━を直す　近代しうふく［修復］。しうり［修理］。中世ふせ［伏］。中古しうぜん［修繕］。上代つぐ［継］。

やぶれがさ【破傘】 近世やぶれすげがさ［破菅笠］。中世はりつ／はりふ［破笠］。やぶれがさ［破傘／破笠］。

やぶ・れる【破】 パンク(puncture)。近代やぶける［破］。近世こはる〔こわれる〕［壊／毀］。ひくはさい［破砕／破摧］。はたん［破綻］。ひく〔ひける〕［引］。中世はくゎい［破壊］。中古くだく〔くだける〕［砕］。はれつ［破裂］。やぶる〔やぶれる〕［破］。上代こほる〔こおれる〕／こぼる〔こぼれる〕［毀／壊］。さく〔さける〕［裂／割］。はゑ［破壊］。やる〔やれる〕［破］。

━・れ崩れること　近代くゎいらん［潰爛］。

━・れ裂ける　中古はらめく。

━・れた穴　近代やれあな［破穴］。

━・れた垣　近世やれがき［破垣］。

━・れた笠　中世はりつ／はりふ［破笠］。

━・れた傘　中世やぶれがさ［破傘／破笠］。

━・れた紙　そんし［損紙］。中古やれ［破］。

━・れた衣(つぎはぎの)　近世つづれごろも［綴衣］。ぼろ［襤褸］。やれぎぬ［破衣］。中世うづらごろも［鶉衣］。はい／やれごろも［破衣］。中古つづれ［綴／襤褸］。らんる［襤褸］。上代じゅんい［鶉衣］。

━・れた履物　近代へいり［弊履／敝履］。やれざうり［破草履］。

━・れて崩れること　近代はいき［敗毀］。近世はいくゎい［敗壊］。中世はいゑ［敗壊］。

━・れて裂けること　近世くゎいれつ［壊裂／潰裂］。

━・れてちぎれる　上代わわく。

紙などが━・れる音(さま)　ぱりっと。びりっと。ぴりっと。近代ばりっと。びりびり。中世ぼろぼろ。

物がもろくも━・れるさま　中古ほろほろ。

やぶ・れる【敗】 苦杯を喫する(嘗める)。陣門に降る。近代くっす［屈］。近世弓折れ矢尽く(━尽きる)。中世つひゆ〔ついえる〕［潰／弊］。はいす［敗］。兜を脱ぐ。軍門に降る。手を上ぐ(━上げる)。上代まく〔まける〕［負］。やぶる〔やぶれる〕［敗］。白旗を上ぐ(━上げる)。→ま・ける❶

━・れること　くろぼし［黒星］。近代はい［敗］。はいせん［敗戦］。中世かうさん［降参］。はいぼく［敗北］。まけいくさ［負戦］。中古はいせき［敗績］。上代かうふく［降伏／降服］。

劣っているものが━・れること　近代れっぱい［劣敗］。

完全に━・れること　かんぱい［完敗］。

やぶん【夜分】 ナイト(night)。近世やちゅう［夜中］。中世やかん［夜間］。中古やぶん［夜分］。よは［夜半］。上代よ／よる［夜］。

→やはん

やぼ【野暮】 近代やぼくさい［野暮臭］。近世ぐゎち［月］。かべ［壁］。しょしん［初心］。しろし［白］。ぶいき［不意気／不粋］。ぶすい［不粋］。ふつつか［不束］。まだるこしい／まだるっこい［間怠］。まだるし［間怠］。やぼ［野暮］。やぼったい［野暮］。やぼてん［野暮天］。中世ぶふうりう［無風流］。中古ぶこつ［武骨］。

━・な格好　近世やてい［野体］。

━・な人　近世うてず。きざう［木蔵］。やぼすけ［野暮助］。やぼてん［野暮天］。中古やじん［野人］。

やぼう【野望】 近代アンビション(ambition)。やばう［野望］。中世たいまう［大望］。やしん［野心］。風雲の思ひ(志)。中古たいばう［大望］。→やしん

やぼった・い【野暮】 ださい。近代どろくさい［泥臭］。ゐなかくさい［田舎臭］。近世ぶすい［不粋］。もっさり／もっそり。やぼ［野暮］。やぼったい［野暮］。中世かたくな［頑］。中古ぶこつ［武骨］。

やま【山】 近代うんこん［雲根］。さんくゎい［山塊］。マウンテン(mountain)。中世ほうらん［峰巒］。中古がく［嶽／岳］。さんがく［山岳］。みたけ［御岳］。上代きうりょう［丘陵］。たけ［嶽／岳］。みやま［深山］。むれ［山／牟礼］。やま［山］。やまと［山処］。をか［岡／丘］。

《枕》中世しきしまや［敷島］。はしたかの［鷂］［⇩とやま］。上代あさがすみ［朝霞］［⇩やへやま］。あさぎりの［朝霧］［⇩やへやま］。あしひきの／あしびきの［足引］。まゆびきの［眉引］［⇩よこやま］。

━が崩れて岩石がころがっている所　がれば

［場］。近代がれ。

—が険しいさま 近代かんけん［艱険／艱嶮］。ささ［嵯嵯］。近代かうしゅん［峻峭］。近世かうしゅん［高峻］。きせう［奇峭］。しゅんせう［峻峭］。中世ががが［峨峨］。せうしゅん［峭峻］。けんそ［険阻］。中古けんしゅん［険峻／嶮峻］。さいくゎい［崔嵬］。さうくゎう［崢嶸］。上代さが［険／嵯峨］。しゅんけん［峻険］。やまさか［山険］。

—が高くそびえるさま 中世さんぐゎん［巑岏］。しゅんばつ［峻抜］。

—が横たわっている 中古よこほる［横］。

—から木を切り出すこと 中世やまだし［山出］。中古そまだし［杣出］。

—から山へ通うこと 中古やまづたひ［山伝］。

—全体 近代ぜんざん［全山］。中古ひとやま［一山］。まんざん［満山］。

—で木の育った所 中古そまかた［杣方／杣形］。

—で働くこと やましごと［山仕事］。近世やまごと［山事］。

—で働く人 近代やまをとこ［山男］。近世しばびと［柴人］。やまこ［山子］。中世やまうど［山人］。中古きこり［樵／木樵］。そまうど／そまびと［杣人］。やまがつ［山賤］。やまざとびと［山里人］。やまずみ［山住］。上代やまびと［山人］。

—で見えなくなる 上代やまがくる［山隠］。

—と川 中古さんか／さんが［山河］。さんせん／さんすい［山水］。上代さんせん／やまかは［山川］。

—と沢 上代さんたく／やまさは［山沢］。

—と谷 中世さんがく［山壑］。中古さんこく［山谷］。

—と野 中古さんや［山野］。上代のやま［野山］。

—と山の間 →**やまあい**

—などが極めて高いこと 上代せんじん［千尋／千仞］。

—などに周りを囲まれた所 近代ぼんち［盆地］。中古やまふところ［山懐］。

—にかかった月 中古さんげつ［山月］。

—にかかっている雲 中世やまぐも［山雲］。

—にかかる霧 中古さんむ［山霧］。上代やまぎり［山霧］。

—に住むこと 近世やまがずまひ［山家住］。中世雲に臥す。中古さんきょ／やまゐ［山居］。やまずみ［山住］。

—に住む人 近代やまをとこ［山男］。中古やまがつ［山賤］。上代しづを［賤男］。やまびと［山人］。→**やまざと**

—に登ること とうこう［登高］。近代とざん［登山］。やまのぼり［山登］。中古さんかう［山行］。とうはん／とはん［登攀］。

—の辺り 上代やまと［山処］。やまのへ／やまび／やまべ［山辺］。

—の鞍部 コル（フランス col）。中世たを［撓］。たをり［撓］。

—の入り組んだ見えない所 近世やまぐま［山隈］。

—の岩や石 中世うんこん［雲根］。さんこつ［山骨］。

—の獲物 上代やまさち［山幸］。

—の多い地方 近代さんち［山地］。近世やまぐに［山国］。

—の奥 近世やまおく［山奥］。中古みやまがくれ［深山隠］。

—の崖 ひしね［菱根］。

—の陰で日の差さない所 上代そとも［背面／外面］。とかげ［常陰］。

—の火事 近代さんくゎ［山火］。やまくゎじ［山火事］。やまやけ［山焼］。

—の風 →**やまかぜ**

—の形 近代さんけい［山形］。近世やまなり［山形］。

—の神（霊） 近世やまづみ［山祇］。中古さんじん［山神］。さんれい［山霊］。やまびこ［山彦］。やまひめ［山姫］。上代やまつみ［山神／山祇］。

—の北側 中古さんいん［山陰］。

—の空気 中世さんき［山気］。

—の険しい所 近世そば［岨］。中世せっしょ［殺所／切所］。そは［岨］。やまそは［山岨］。中古なんしょ／なんじょ［難所］。上代やまぎし［山岸］。やまさか［山険］。

—の険しい道 近世そばぢ［岨路］。そばみち［岨道］。中世そはみち［岨道］。中古かけぢ／かけみち［懸路］。

—の斜面 中世そひ［添／傍］。中古やまづら［山面］。

—の斜面で茅（かや）に覆われている所 近代かやと［茅戸／萱所］（登山者や山村でいう語）。

—の斜面を行くこと トラバース（traverse）（登山・スキー用語）。近世そばづたひ［岨伝］。中世そはづたひ［岨伝］。

—の所有者 やまぬし［山主］。やまもと［山元］（鉱山などの）。中世やまもち［山持］。

—の姿 さんけい［山形］。近世さんさう［山相］。中古さんえい［山影］。さんよう［山容］。

—の裾 →**ふもと**

—の空に接する辺り 近代 りょうせん[稜線]。上代 やまのは[山端]。

—の中腹 近世 さんぷく[山腹]。中古 すいび[翠微]。

—の頂上 →さんちょう
—の頂上の平らな部分 てんだん[天壇]。

—の頂上付近 上代 すゑへ[末辺/末方]。

—の突き出た所 近代 をぬれ[尾末]。中古 はなは[塙]。

—の突き出ているさま 中世 こつぜん[兀然]。

—の連なり さんけい[山系]。近世 さんみゃく[山脈]。中世 ほうらん[峰巒]。中古 れんざん[連山]。れんぽう[連峰]。上代 むらやま[群山]。やまなみ[山並/山脈]。

—の鳥 中古 さんけい[山鶏]。とほやまどり[遠山鳥]。上代 やまどり[山鳥]。

—の中 近世 さんかん[山間]。中古 さんちゅう[山中]。やまなか[山中]。

—の中の川 上代 やまがは[山川]。

—の中の霧と靄(もや) 中世 えんらん[煙嵐/烟嵐]。

—の中の田 上代 やまだ[山田]。をやまだ[小山田]。

—の中の建物 →やまごや
—の中の寺 中古 さんじ/やまでら[山寺]。

—の中の道 →やまみち
—の中の村 中古 さんそん[山村]。

—の登り口 中古 やまぐち[山口]。

—の東 近世 てうやう[朝陽]。

—の表面 近代 やまはだ[山肌/山膚]。中古 やまづら[山面]。

—の方 中世 やまて/やまのて[山手]。

—の向こう側 近世 やまむかふ[山向]。上代 やまごし[山越]。

—のように高くなる(する) 近世 やまなす[山]。やまもり[山盛]。山をなす
—の稜線 近代 せきりゃう[脊梁]。近世 をね[尾根]。中世 やまを[山尾]。

—へ行き楽しむこと とうこう[登高]。トレッキング(trekking)。近代 とざん[登山]。やまあるき[山歩]。近世 やまあそび[山遊]。中世 ゆさん[遊山]。中古 さんかう[山行]。やまぶみ[山踏]。

—や海の鳴動 近世 どうなり[胴鳴]。

—や峠を越すこと 中古 やまごえ[山越]。上代 やまごし[山越]。

—を降りること 中世 げざん[下山]。

—を焼くこと 近世 やまやき[山焼]。

青々とした— 近代 せいほう[青峰]。近世 すいらん[翠巒]。中古 せいざん[青山]。せきすい[積翠]。上代 あをかき[青垣]。あをやま[青山]。

青々とした—の気 中古 すいらん[翠嵐]。せいらん[青嵐]。

青く清らかな— 上代 あをすがやま[青菅山]。

青く瑞々しい— 上代 あをみづやま[青瑞山]。

家の裏手の— 近世 うらやま[裏山]。

幾重にも重なった— 近代 でふざん[畳山]。中古 そうらん[層巒]。上代 いほへやま[五百重山]。ももへやま[百重山]。やへやま[八重山]。

一方が崖になっている— 上代 かたやま[片山]。

入り会いを許した— 近世 うけやま[請山]。

美しい立派な— 近代 しうほう[秀峰]。中古 めいざん[名山]。

海辺の— 中世 うらやま[浦山]。

大きな— 中世 たいざん[大山/太山]。上代 おほやま[大山]。

多くの— 近代 しょざん[諸山]。でふざん[畳山]。らんれい[乱嶺]。近世 らんぽう[乱峰]。中世 しょせん[諸山]。ばんがく[万岳]。らんざん[乱山]。中古 せんざん[千山]。やまやま[山山]。上代 ぐんざん/むらやま[群山]。やつを[八尾/八峰]。

多くの—や川 中世 せんざんばんすい[千山万水]。

多くの—や川で隔たり離れていること 中古 さんせんばんり[山川万里]。

奥深い— 中古 しんざん[深山]。みやま[深山]。

架空の— 近世 はりのやま[針山]。中世 こやさん[姑射山]。はこやのやま[藐姑射山]。ほうらいさん[蓬萊山]。中古 しゅみせん[須弥山]。

神をまつってある— 中世 しんざん[神山]。中古 たむけやま[手向山]。れいざん[霊山]。上代 かみやま[神山]。かむなびやま[神南備山]。

川の両岸に—が迫っている所 近代 かけふ[河峡]。

岩石の露出した— 中世 いしやま[石山]。中古 いはやま[岩山]。

岩石の露出した—の稜線 近代 がんりょう[岩稜/巌稜]。

季節の—の表現(例) 近世 山笑ふ(春)。山滴(したた)る(夏)。山粧(よそほ)ふ(秋)。山眠る(冬)。

起伏の多い— 近代 うねやま[畝山]。

草木の茂った— 近代 かやぐさやま[茅草山/萱草山]。上代 しげやま[繁山]。

草木のないー 〘近代〙こつざん［兀山］。〘近世〙ばうずやま［坊主山］。はだかやま［裸山］。まるばうず［丸坊主］。〘中世〙はげやま［禿山］。〘上代〙からやま［枯山］。
草木の萌え始めた春のーの形容 〘近世〙山笑ふ。
雲のかかったー（頂上） 〘中古〙うんざん［雲山］。うんぽう［雲峰］。うんれい［雲嶺］。
雲や霞のかかったー 〘中世〙えんしゃう［煙嶂／烟嶂］。
険しいー 〘近代〙けんざん［険山／嶮山］。けんれい［険嶺／嶮嶺］。〘中古〙きほう［危峰］。けんさんがく［山岳］。ざんがん［巉巖］。〘上代〙あらやま［荒山］。たけ［岳／嶽］。
紅葉に彩られたーの形容 〘近世〙山粧(よそほ)ふ。
材木を切り出すー 〘近世〙きやま［木山］。〘中古〙そま［杣］。そまやま［杣山］。
笹の茂ったー 〘近世〙ささやま［笹山］。
さびしいー 〘中古〙くうざん［空山］。〘上代〙あらやま［荒山］。
山脈の中で最も主だったー 〘近代〙しゅほう［主峰／首峰］。
静まりかえっているーの形容 〘近世〙山眠る。
芝におおわれているー 〘上代〙しばやま［芝山］。
狩猟や伐採などを禁じたー 〘中世〙たてやま［立山］。とめやま［留山］。
植林したー 〘上代〙そまやま［杣山］。
神聖なー 〘中古〙れいざん［霊山］。
杉や檜の茂るー 〘上代〙真木(槙)立つ山。
雑木におおわれているー 〘上代〙しばやま［柴山］。
空のーに接する辺り 〘中古〙やまぎは［山際］。
高いー 〘中世〙かうほう［高峰］。たいざん［泰山／岱山／太山］。〘中古〙かうざん［高山］。〘上代〙たかね［高嶺／高根］。たかやま［高山］。
高く大きなー おおやま［大山］。〘近代〙たいざん［大山／太山］。がく／たけ［嶽／岳］。
高く険しいー 〘近代〙けんれい［険嶺／嶮嶺］。しゅんぽう［峻峰］。〘中古〙しゅんがく［峻岳］。みたけ［御岳］。〘上代〙しゅんれい［峻嶺］。
ただ一つあるー 〘中世〙りざん［離山］。〘中古〙こざん［孤山］。こほう［孤峰］。〘上代〙かたやま［片山］（一説）。
遠くのー 〘近世〙ゑんらん［遠巒］。〘中古〙ゑんざん［遠山］。〘上代〙とほやま［遠山］。
遠くのーのさま 〘近代〙いっぱつ［一髪］。〘中世〙まゆずみ［眉墨／黛］。〘中古〙すいたい［翠黛］。すいび［翠微］。
土地が痩せて草木の育たないー 〘近世〙やせやま［痩山］。
夏のー なつみね［夏峰］。〘近世〙山滴(したた)る。〘上代〙あをやま［青山］。なつやま［夏山］。
庭などの人工のー 〘中世〙つきやま［築山］。ぼんざん［盆山］。〘中古〙やま［山］。〘上代〙しま［山斎］。しまやま［島山］。
入ると不幸がおこるー 〘近代〙いらずやま［不入山］。
春のーの緑色 〘近代〙だんすい［暖翠］。
低いー 〘中世〙さやま［狭山］。をやま［小山］。〘上代〙きうりょう［丘陵］。こやま［小山］。さんりょう［山稜］。をか［岡／丘］。をむれ。
人気(けひと)のないさびしいー 〘中古〙くうざん［空山］。〘上代〙あらやま［荒山］。
人里近いー じさきやま［地先山］。〘中世〙とやま［外山］。〘上代〙はやま［端山］。
人里離れたー 〘中古〙しんざん［深山］。みやま［深山／御山］。おくやま［奥山］。
二つのーを男女に見立てた語 〘中古〙いもせやま［妹背山］。いもやま［妹山］。せやま［背山／兄山］。
冬枯れのー 〘近世〙山眠る。〘中世〙かんざん［寒山］。〘中古〙ふゆやま［冬山］。
ふるさとのー 〘中古〙かざん［家山］。こざん［故山］。
噴火するー 〘近代〙きうくゎざん［休火山］。くゎっくゎざん［活火山］。しくゎざん［死火山］。やけやま［焼山］。〘中世〙くゎざん［火山］。
丸い形のー 〘中世〙まるやま［丸山／円山］。
瑞々しく美しいー 〘上代〙みづやま［瑞山］。
向こうのー 〘上代〙むかつを［向峰］。
最も高いー 〘近代〙さいかうほう［最高峰］。
焼き終わって黒くなったー 〘中世〙やけやま［焼山］。
雪の降り積もっているー 〘近代〙ゆきやま［雪山］。〘中世〙せつざん［雪山］。〘中古〙せつれい［雪嶺］。
よそのー 〘中世〙たざん［他山］。
▼助数詞 ざ［座］。

やまあい【山間】 〘近代〙さんけふ［山峡］。〘近世〙さんかん［山間］。〘中世〙たにあひ［谷間］。〘中古〙さんこく［山谷］。さんちゅう［山中］。やまあひ［山間］。〘上代〙かひ［峡］。やまかひ／やまがひ［山峡］。
ーの沢 〘上代〙さんたく［山沢］。

やまあざみ【山薊】 〘近世〙おほあざみ［大薊］。〘中世〙おにあざみ［鬼薊］。〘中古〙やまあざみ［山薊］。

やまい【病】 →**びょうき**

やまうるし【山漆】 はぜのき［黄櫨］。〘近世〙は

ぜうるし［黄櫨漆］。やまうるし［山漆］。

やまかい【山峡】→**やまあい**

やまかげ【山陰】 中古 さんいん［山陰］。上代 そとも［背面／外面］。とかげ［常影］。やまかげ［山陰］。

やまかぜ【山風】 近世 さんぷう［山風］。中古 やまかぜ［山風］。

―の音 近代 さんらい［山籟］。

谷より山に吹き上げる― 中世 こくふう［谷風］。中古 たにかぜ［谷風］。

山から吹き下ろす― →**かぜ**（山から吹き下ろす―）

やまき【山気】→**やまけ**

やまくずれ【山崩】 どしゃくずれ［土砂崩］。どせきりゅう［土石流］。近代 ぢすべり［地滑／地辷］。やまくえ［山崩］。近世 やまくづれ［山崩］。やまつなみ［山津波］。やまぬけ［山抜］。

やまけ【山気】 近代 やばう［野望］。やまき［山気］。やまっけ［山気］。近世 やまけ［山気］。中世 やしん［野心］。

やまごぼう【山牛蒡】 いぼのき［疣木］。近世 いぬごばう［犬牛蒡］。いをすき［商陸］。たうごばう［唐牛蒡］。中世 やまごばう［山牛蒡］。中古 しゃうりく［商陸］。

やまごや【山小屋】 近代 コテージ(cottage)。バンガロー(bungalow)。ヒュッテ(ドイ Hütte)。もりや［守屋］。ロッジ(lodge)。近世 やまごや［山小屋］。中古 さんさう［山荘］。さんてい［山亭］。上代 さんさい［山斎］。

やまざと【山里】 中古 さんそん［山村］。中世 かたやまざと［片山里］。やまざと［山里］。

―で生まれ育ったこと 近世 やまがそだち［山家育］。やまがもの［山家者］。中世 やまそだち［山育］。

―にある家 中古 やまが［山家］。上代 さんか［山家］。

―に住むこと 近世 やまがずまひ［山家住］。中古 やまずみ［山住］。やまゐ［山居］。

―に住む者 近代 やまをとこ［山男］。中古 やまがつ［山賤］。やまざとびと［山里人］。上代 やまびと［山人］。→**やま**（―で働く人）

―風である 中古 やまざとぶ［山里］。

やまし【山師】 近世 かなやまがたり［金山騙］。やまうり［山売］。やまし［山師］。

やまじ【山路】→**やまみち**

やまし・い【疚】 近代 すねきず［臑疵］。気が咎(とが)める。近世 うしろぐらし［後暗］。気が引く(―引ける)。臑(すね)(脛)に傷持つ。中世 やまし［疚／疾］。中古 うしろめたし／うしろめたなし［後］。こころやまし［心疚／心疾］。

―・い心を咎める自分の心 良心の呵責(かしゃく)。中古 心の鬼。

―・いことが全くないこと 近代 俯仰(ふぎゃう)天地に愧(は)ぢず。近世 せいてんはくじつ［青天白日／晴天白日］。はくじつ［白日］。中世 いさぎよし［潔］。中古 けっぱく［潔白］。

―・い所 近代 ひけめ［引目］。中世 よわみ［弱］。

やますそ【山裾】→**ふもと**

やまっけ【山気】→**やまけ**

やまつなみ【山津波】→**やまくずれ**

やまづみ【山積】 近代 さんせき［山積］。たいせき［堆積］。やまづみ［山積］。

やまなし【山梨】 しょうりょうなし［精霊梨］。近世 ありのみ［有実］。いしなし［石梨］。いぬなし［犬梨］。かたなし［堅梨］。かなかづら。中古 やまなし［山梨］。

やまなみ【山並】 近代 ぐんぽう［群峰］。近世 さんみゃく［山脈］。中古 ぐんざん［群山］。れんざん［連山］。れんぽう［連峰］。上代 むらやま［群山］。やまなみ［山並／山脈］。

やまのいも【山芋】 近世 いものやま［芋山］。うごもり。じねんじょ［自然生／自然薯］。中古 しょよ［薯蕷］。やまのいも［山芋／薯蕷］。

やまのぼり【山登】 とうこう［登高］。近代 とざん［登山］。やまのぼり［山登］。中古 さんかう［山行］。とうはん／とはん［登攀］。

やまば【山場】 ぜっちょうき［絶頂期］。近代 クライマックス(climax)。さいかうてう［最高潮］。ぜっちゃう［絶頂］。ピーク(peak)。上代 さかり［盛］。

やまびこ【山彦】→**こだま**

やまぶき【山吹】 近世 かがみぐさ［鏡草］。中世 おもかげぐさ［面影草］。くゎんとう［款冬］。上代 やまぶき［山吹］。

―の花 近世 井手の花。

やまぶきいろ【山吹色】 近世 こがねいろ［黄金色］。中古 きいろ［黄色］。やまぶきいろ［山吹色］。

やまぶし【山伏】 近世 しゅげんじゃ［修験者］。ほふいん［法印］。中世 おやま［御山］。そみかくだ［曾美加久堂／蘇民書札］。中古 ぎゃうじゃ［行者］。げんざ／げんじゃ［験者］。すげんじゃ［修験者］。のぶし［野伏／野臥］。やまぶし［山伏／山臥］。

―が修行のため山に入ること 中世 かけいり［駆入／駈入］。にふぶ［入峰］。

―が修行を終えて山を出ること 中世 かけで

［駆出］。

―の姿を装った者 中世そらやまぶし［空山伏］。つくりやまぶし［作山伏］。

―を卑しめていう語 近代けふろ［峡路］。近世おやまぶ。

やまみち【山道】 近代けふろ［峡路］。さんだう［山道］。近世がけぢ［崖路］。がけみち［崖道］。かたそば［片岨］。さんけい［山径］。そばみち［岨道］。中世さんだう［桟道］。せっしょ［切所／節所］。ほき［崖］。中古いはのかけみち［岩懸道］。かけぢ／かけみち［懸路］。せんだう［山道］。そはみち［岨道］。ほきぢ［崖路］。ほきみち［崖路］。みやまぢ［深山路］。やまのかけぢ［山懸路］。上代さんろ［山路］。やまぢ［山路］。やまみち［山道］。

―が曲がりくねっていること ヘアピンカーブ（和製hairpin curve）。近世やうちゃうけんそ［羊腸険岨］。中世ななまがり［七曲］。中古きうせつ［九折］。つづらをり［葛折／九十九折］。ななわだ［七曲］。やうちゃう［羊腸］。

―の折れ曲がった角 近世やまぐま［山隈］。

―の険しい所 中世せっしょ［切所／節所］。

―を行くこと 中古うんろ［雲路］。やまづたひ［山伝］。

木樵の通う― 中古せうけい［樵径］。せうろ［樵路］。

険しい― 近世そばぢ［岨路］。そばみち［岨道］。中世そはみち［岨道］。中古いはのかけみち［岩懸道／岩懸路］。かけぢ／かけみち［懸路］。きく［崎嶇］。

険しい―に沿って行くこと 中世そはづたひ［岨伝］。

険しくて車では行けない― 中世くるまがへし［車返］。

やまゆり【山百合】 近世えいざんゆり［叡山百合］。やまゆり［山百合］。よしのゆり［吉野百合］。上代やまゆりぐさ［山百合草］。

やまよもぎ【山艾】 近代おほよもぎ［大艾］。近世いぶきよもぎ［伊吹艾］。ぬまよもぎ［沼艾］。やまよもぎ［山艾］。

やみ【闇】 中古くらがみ［暗／闇］。くらやみ［暗闇］。上代やみ［闇］。→**くらやみ**

《枕》中古うばたまの／むばたまの［烏羽玉］。上代ぬばたまの［烏羽玉］。

―の道 近代やみぢ［闇路］。

―の夜 近代うや［烏夜］。中古あんや［暗夜／闇夜］。上代やみよ［闇夜］。

五月雨の頃の― 中古さつきやみ［五月闇］。

茂った木の下の― 中古このしたやみ［木下闇］。

真の― 中世つつやみ［真闇］。中古つつくら［惣暗］。

月の下旬（陰暦）の夜の― 中古くだりやみ／しもつやみ［下闇］。

月の出ない夜の― 上代やみ［闇］。やみよ［闇夜］。闇の夜。

夜の― 近代夜の底。中古やいん［夜陰］。

やみうち【闇討】 近代あんさつ［暗殺］。中古やみうち［闇討］。

やみつき【病付】 近代ねっちゅう［熱中］。ぼっとう［没頭］。ぼつにふ［没入］。むちゅう［夢中］。近世たんでき［耽溺］。やみつき［病付］。中世よねんなし［余念無］。心奪はる［―奪われる］。中古ふける［耽］。

やみとりひき【闇取引】 やみいちば［闇市場］。やみルート［闇route］。近代やみいち［闇市］。やみとりひき［闇取引］。近代やみや［闇屋］。

―をする人 近代やみや［闇屋］。

やみよ【闇夜】 近代うや［烏夜］。中世やあん［夜暗／夜闇］。中古あんや［暗夜／闇夜］。やいん［夜陰］。闇の夜。上代やみ［闇］。やみよ［闇夜］。

五月雨の頃の― 中世さつきやみ［五月闇］。

月が出る前の― 上代ゆふやみ［夕闇］。

月の下旬（陰暦）の― 中古くだりやみ／しもつやみ［下闇］。

や・む【止】 しゅうし［終止］。近代エンド（end）。しゅうそく［終息／終熄］。しゅうれう［終了］。ストップ（stop）。そくめつ［熄滅］。フィニッシュ（finish）。近世ちゅうし［中止］。中世きうす［休］。中古うちやむ［打止］。上代やむ［止／已］。をはる［終／了／畢／卒］。

《枕》上代やますげの［山菅］。やまぶきの［山吹］。

―・む時がない 上代ときなし［時無］。

雨が―・む 近代あまやみ［雨止］。中世あがる［上］。

雨などが少し―・むこと 近代こやみ［小止］。中古おやみ［小止］。

雨や雪が―・む頃 中世やみがた［止方］。

急に―・むさま 近代ぷっつり。近世ふっつり。

や・む【病】 近代はっしゃう［発症］。りくゎん［罹患］。りびゃう［罹病］。近世はつびゃう［発病］。ふじゅん［不順］。中世やまふ［病］。やみつく［病付］。床に就っく。病に冒さる［―冒される］。中古いたつく／いたづく［病／労］。いたはる［労］。うれふ［うれえる］［憂／愁］。おこる［起］。かかる［罹］。ここちた

がふ[心地違]。しづむ[沈]。つつむ[障／恙]。なづむ[泥]。なやむ[悩]。やまひづく[病]。わづらふ[患]。上代 ここちそこなふ[心地損]。やむ[病]。

やむをえず【止得】 しよう(しょう)がない。近代 やむなし[止無／已無]。やむをえず[止得]。近世 是非に及ばず。是非に叶はず。中世 しかたなし[仕方無]。ぜひなし[是非無]。よんどころなし[拠所無]。背に腹は替へられぬ。是非に及ばず。余儀なし。我にもあらず。中古 あへなむ[敢]。えさらず[得避]。さらず[避]。わりなし[理無]。

→**しかたな・い**

不満ながら― 中古 よしや[縦]。

や・める【止】 しゅうし[終止]。近代 エンド(end)。しゅうれう[終了]。ていし[停止]。とりやめる[取止]。はいし[廃止]。フィニッシュ(finish)。近世 おしまひ[御仕舞]。ちゅうし[中止]。とむ[とめる][止／停]。とりおく[取置]。よす[止]。置きにす。中世 うちやむ[打止]。とまる[止／停]。中古 たつ[断／絶]。だんず[断]。とどむ[とどめる][止／留／停]。上代 はいす[廃]。やむ[止／已](四段活用)。やむ[やめる][止／已／辞]。《尊》中古 おぼしとどむ[思止]。

―・めさせる 近世 おしとむ[―とめる][押止]。とめだて[留立]。中世 さしとむ[―とめる][差止]。上代 おしとどむ[―とどめる][押止]。

―・められない 乗り掛かった船。引っ込みがつかない。近代 止むに止まれぬ。《句》近世 騎虎の勢ひ。

争いなどを―・めさせる 近代 とりしづむ[―しずめる][取静／取鎮]。

言いかけて―・める 近世 いひしらけ[言白]。中古 いひけつ[言消]。いひさす[言止]。

諫めて―・めさせる 近代 かんし[諫止]。

言って―・めさせる 中古 いひとどむ[言留]。

考え直して―・める 中世 おもひとどまる[思止]。

きっぱりと―・める 近世 やけとまる[焼止]。

急に―・めるさま 近代 きっぱり。ぶっつり。ぷっつり。近世 ふつふつ。中世 ふっつり。

少しの間―・める 中世 とぎる[とぎれる][途切]。中古 をやむ[小止]。

すっかり―・める 近世 さらけやめる[止]。

食べかけて―・める 中世 くひさす[食止]。

駄目だと思って―・める ギブアップ(give up)。近世 あきらむ[―らめる][諦]。だんねん[断念]。みきる[見切]。中世 みかぎる[見限]。

途中で―・める 近代 うちきる[打切]。ちゅうはい[中廃]。近世 ちゅうし[中止]。中世 ちゅうぜつ[中絶]。

怠けて―・める 中世 かだむ。

店などの営業を―・める とじる[閉]。へいぎょう[閉業]。近代 かんばん[看板]。たたむ[畳]。はいげふ[廃業]。へいてん[閉店]。みせじまひ[店仕舞]。近世 しむ[しめる][閉]。

やりかけて―・める 螻蛄(けら)の水渡り。近代 くひかじる[食囓]。近世 みっかばうず[三日坊主]。石に腰掛ける。《句》近代 隠公(いんこう)左伝(さでん)。断機の戒め(教へ)。

やりかけて途中で―・める 近代 なげすてる[投捨／投棄]。なげだす[投出]。はうき[放棄／抛棄]。近世 うっちゃらかす[打遣／打棄]。うっちゃる[打遣／打棄]。中古 しさす。

や・める【辞】 近代 じにん[辞任]。たいにん[退任]。リタイア(retire)。りにん[離任]。近世 ひく[引]。ようしゃ[用捨]。暇(ひま)を取る。暇(ひま)を貰ふ。中世 いんたい[引退]。おく[置／措]。じしょく[辞職]。しりぞく[退]。たいやく[退役]。やむ[やめる][辞]。身を引く。中古 おる[おりる][下／降]。さしおく[差置]。じす[辞]。すさむ[遊／荒]。とどむ[留／止]。

官職を―・める ちろく[致禄]。近代 たいくゎん[退官]。上代 ちし／ちじ[致仕／致事]。

→**じしょく**

公務員を意に反して―・めさせる 近代 ひめん[罷免]。

仕事を―・めさせる 近代 かいこ[解雇]。くゎくしゅ[馘首]。めんしょく[免職]。めんずる[免]。中世 かいしょく[解職]。首にす。近世 おはらひばこ[御払箱]。

役割を―・めさせる おろす[下／降]。

よくない仕事を―・める 近世 足を洗ふ。

やもめ【寡婦】 近代 ウイドー(widow)。みばうじん[未亡人]。中世 をんなやもめ[女寡]。中古 ごけ[後家]。やまめ[寡婦]。ゑんぢょ[怨女]。上代 くゎさい[寡妻]。くゎふ[寡婦]。やもめ[寡婦／孀]。→**みぼうじん**

やもめ【鰥】 近代 くゎふ[寡夫]。チョンガー[(朝鮮語)総角]。バチェラー(bachelor)。中世 をとこやもめ[男鰥]。中古 やまめ／やもめ[鰥／鰥夫]。上代 やもを[寡夫／寡男]。

―暮らし 近世 ひとりずまひ[独住]。中古 ひとりずみ[独住]。上代 くゎきょ[寡居]。

やもり【家守】 近世かっこ［蝎虎］。しゅきゅう［守宮］。中世やもり［家守／守宮］。

やや →すこし

ややもすると 近代ややもすると。近世えては［得］。どうかすると。中世えて／えてして［得］。とかく［左右／兎角］。ややともすれば。中古ともすると。ともすれば。ややもすれば。

やゆ【揶揄】 おちょくる。近代ぐろう［愚弄］。近世からかふ。ちゃかす。ひやかす［冷］。やゆ［揶揄］。中世てうろう［嘲弄］。

やり【槍】 近代さう［槍］。上代やり［槍／鑓］。

―で突き伏せること 近世やりした［槍下］。

―の刃が長いこと 中世ながみ［長身］。

―の穂先 近代へさき［鋩］。中世やりさき［槍先］。

―を勢いよく振り回すさま 近世りうりう。

―を巧みに操ること 近世やりだま［槍玉］。

―を巧みに操る人 近世やりし［槍師］。やりつかひ［槍使］。

―を作る職人 近世やりし［槍師］。

柄の長い― 近世やぐらおとし［櫓落］。中古ちゃうさう／ながやり［長槍］。

大勢が―を並べて構えるさま 近世やりぶすま［槍衾］。

血だらけの― ちやり［血槍］。

敵に投げつける― 中世なげやり［投槍］。

本物の― 近代しんさう［真槍］。

横合いから攻める― 中世よこやり［横槍］。

練習用の― ぼたんやり［牡丹槍］。近代たんぽやり［槍］。

その他―のいろいろ(例) 近世かぎやり［鉤槍］。かたかまやり［片鎌槍］。かまじふもんじ［鎌十文字］。けやり［毛槍］。中世かまやり［鎌槍］。たけやり［竹槍］。てやり［手槍／手鑓］。

▼助数詞 中世ほん［本］。上代へい［柄］。

やりあ・う【遣合】 →あらそ・う

やりかえ・す【遣返】 はんこう［反攻］。近代ぎゃくしふ［逆襲］。はんげき［反撃］。やりかへす［遣返］。近世おうしう［応酬］。さかねぢ［逆捩］。中世きりかへす［切返］。中古かへす［返／反］。

暴言に対して―・すこと 近世売り言葉に買ひ言葉。

やりかた【遣方】 ノウハウ／ノーハウ(know-how)。近代ぎはふ［技法］。しょはう［処方］。しょはふ［処法］。てぐち［手口］。はうと［方途］。やりかた［遣方］。やりくち［遣口］。近世いたしかた［致方］。こしらへ［拵］。しうち［仕打］。しかけ［仕掛］。しはふ［仕法］。しぶり［仕振／為振］。しゅはふ［手法］。はふ［法］。中世しやう［仕様］。しゅだん［手段］。すんぱふ［寸法］。てまへ［手前］。でん［伝］。みち［道］。やうだい［様体］。やりやう［遣様］。ようだい［容体／容態］。りうぎ［流儀］。中古さはふ［作法］。しざま［仕様］。てだて［手立］。はうはふ［方法］。やう［様］。上代さく［策］。すべ［術］。のり［法／則］。

《句》近代太鼓も桴の当たりやう。

―が同じ 近代軌を一にする。

―が悪いこと 中世ふてぎは［不手際］。《句》近代大根を正宗で切る。手ですることを足でする。火打ち箱で焼味噌を焼く。近世薪を抱きて火を救ふ。つなぎ馬に鞭を打つ。鶏を割くに焉んぞ牛刀を用ゐん。

一定の― 近代はうしき［方式］。上代しき［式］。

意表をついた― 近世きしゅ［奇手］。

機に応じた― 近代きりゃく［機略］。

決まり切った― 近代ステレオタイプ／ステロタイプ(stereotype)。近世きうたう［旧套］。もんきりがた［紋切形］。

現代の― 近世たうせいりう［当世流］。中古たうりう［当流］。

代々伝わる― 中世りうぎ［流儀］。

別の― 中世べっぱふ［別法］。

道を外れた― 中古じゃだう［邪道］。

物事を処理する― 近代ひっぱふ［筆法］。

やりきれな・い【遣切】 我慢できない。近代やりきれない［遣切］。近世こたへられぬ［堪］。中世ずつなし［術無］。中古あぢきなし［味気無］。うし［憂］。じゅつなし［術無］。わりなし［理無］。

やりくり【遣繰】 近代きりまはす［切回］。くりあはせ［繰合］。さしくり［差繰］。てぐり［手繰］。ゆうづう［融通］。都合を付ける。近世あげさげ［上下］。うんよう［運用］。からくり［絡繰／機関］。かんべん［勘弁］。きりもり［切盛］。さんだん［算段］。つがふ［都合］。とりまはし［取回］。ぬきさし［抜差］。まかなひ［賄］。やりくり［遣繰］。ゆづう［融通］。中世うんてん［運転］。くめん［工面］。さいかく／さいがく／ざいがく［才覚］。

―がつかないこと 近世かねづかへ［金支］。かねづまり［金詰］。首(頸)が回らぬ。中世てづまり［手詰］。ふにょい［不如意］。

―がつく 近世てまはる［手回］。

ー・する 近世 くりあはす〔ーあわせる〕〔繰合〕。中世 くりまはす〔繰回〕。やりくる〔遣繰〕。さいかくす〔才覚〕。

資金のー かなぐり／かねぐり〔金繰〕。しきんぐり〔資金繰〕。しきんちょうたつ〔資金調達〕。近世 くりまはし〔繰回〕。けいざい〔経済〕。てまはし〔手回〕。ふりまはし〔振回〕。

所帯のー 近世 しょたいもち〔所帯持〕。せたいもち〔世帯持〕。虎の子渡し。

やりこ・める【遣込】 近代 いひまかす〔言負〕。ときふせる〔説伏〕。近世 いひこむ〔ーこめる〕〔言込／言籠〕。おっこむ。こみつく〔込付〕。とっちめる。へこます〔凹〕。べんばく／べんぱく〔弁駁〕。やりこむ〔ーこめる〕〔遣込〕。やりつく〔ーつける〕〔遣付〕。ろんぱ〔論破〕。一本さす。天井を見す〔ー見せる〕。

ー・めて恥をかかせる 近世 面(つら)の皮(面皮(めんぴ))を剝(は)ぐ(ひんむく)。

ー・められる 近代 一本参る。ぐうの音も出ない。近世 へこむ〔凹〕。

ー・められるさま 近代 ぎゃふん。ぺしゃんこ。ぺちゃんこ／ぺっちゃんこ。

言葉でー・める 近世 いひこなす〔言熟〕。いひこむ〔ーこめる〕〔言込／言籠〕。中世 いひつむ〔ーつめる〕〔言詰〕。

反対にー・める 近代 やりかへす〔遣返〕。

やりすご・す【遣過】 近世 かはす〔躱〕。中世 すごす〔過〕。やりすぐす〔遣過〕。中古 すぐす〔過〕。やりすごす〔遣過〕。

やりそこな・う【遣損】 とちる。近代 エラー(error)。くわご〔過誤〕。しっぱい〔失敗〕。近世 しくじる。しっさく〔失策／失錯〕。へま。やりそこなふ〔遣損〕。どぢを踏む(食ふ／組む)。中世 うちはづす〔打外〕。しそんず〔仕損／為損〕。ぬかる〔抜〕。やりそんず〔遣損〕。中古 あやまる〔誤／謬〕。しそこなふ〔仕損／為損〕。つまづく〔躓〕。上代 あやまつ〔過／誤〕。

やりたいほうだい【遣放題】 中世 いっぱい〔一杯〕。上代 ほしきまま〔縦／恣／擅〕。

やりて【遣手】 らつわんか〔辣腕家〕。近代 うできき〔腕利〕。しゅわんか〔手腕家〕。すごうで〔凄腕〕。びんわんか〔敏腕家〕。やりて〔遣手〕。近世 きれて〔切手〕。きれもの〔切者〕。ものし〔物師／物仕〕。中世 くせもの〔曲者／癖者〕。

やりと・げる【遣遂】 やりぬく〔遣抜〕。近代 くゎんすい〔完遂〕。すいかう〔遂行〕。たっせい〔達成〕。やりあげる〔遣上〕。やりきる〔遣切〕。やりとげる〔遣遂〕。近世 しとぐ〔ーとげる〕〔為遂〕。なしとぐ〔ーとげる〕〔為遂〕。やってのける〔遣退〕。中世 しすます〔為済〕。じゃうじう／じゃうじゅ〔成就〕。すゑとほる〔末通〕。やりとほす〔遣通〕。中古 おほす〔おおせる〕〔果／遂〕。しいづ〔為出〕。しそす〔為〕。とぐ〔とげる〕〔遂〕。上代 あふ〔敢〕(動詞の連用形について)。はたす〔果〕。

困難に打ち勝ってー・げる 近世 おしきる〔押切〕。

やりとり【遣取】 近代 うけわたし〔受渡〕。かうくゎん〔交換〕。近世 とりかはし／とりかはせ〔取交〕。とりやり〔取遣〕。やりとり〔遣取〕。中古 かはす〔交〕。じゅじゅ〔授受〕。

意見などのー 近代 せっしょう〔折衝〕。近世 おうしう〔応酬〕。中世 かけひき〔駆引〕。

杯のー おうしゅう〔応酬〕。近世 差しつ差されつ。

手紙や言葉のー おうしゅう〔応酬〕。中古 わうふく〔往復〕。わうらい〔往来〕。

パソコンのネットワークでの軽いー チャット(chat)。

やりなお・す【遣直】 やりかえる〔遣替〕。近代 やりなほす〔遣直〕。近世 しかへす〔仕返〕。しかへる〔仕替〕。でなほす〔出直〕。中世 たてなほす〔立直〕。中古 あらたむ〔ーためる〕〔改〕。しなほす〔為直〕。とりなほす〔取直〕。

一度敗れた者が再びー・すこと 近代 けんどぢゅうらい／けんどちょうらい〔捲土重来〕。

初めからー・す さいしゅっぱつ〔再出発〕。さいちょうせん〔再挑戦〕。振り出しに戻る。近世 まきなほし〔蒔直〕。新規蒔き直し。

やりぬ・く【遣抜】 →やりと・げる

やりはじ・める【遣始】 →しはじ・める

や・る【遣】❶〈供与〉 近代 きそう／きぞう〔寄贈〕。きょうきふ〔供給〕。きょうする〔供〕。けいよ〔恵与〕。ぞうてい〔贈呈〕。ぞうよ〔贈与〕。ていきょう〔提供〕。近世 つかはす〔遣〕。もらかす〔貰〕。中世 きふす〔給〕。じゅよ〔授与〕。中古 あたふ〔あたえる〕〔与〕。かづく〔被〕。くる〔くれる〕〔呉〕。上代 おくる〔贈〕。さづく〔さずける〕〔授〕。めぐむ〔恵〕。やる〔遣〕。→あた・える

《謙》きんてい〔謹呈〕。近代 しんてい〔進呈〕。中世 あぐ〔あげる〕〔上〕。さしあぐ〔ーあげる〕〔差上〕。しんじゃう〔進上〕。ていじゃう〔呈上〕。はいてい〔拝呈〕。中古 けんじゃう〔献上〕。ほうけん〔奉献〕。上代 たてまつる〔奉〕。

や・る【遣】❷〈移動〉 いかせる〔行〕。近代 はけ

ん［派遣］。はしゅっ［派出］。はす［派］。中古 さしつかはす［差使／差遣］。上代 さく［離／放］。つかはす［使／遣］。やる［遣］。

や・る【遣】❸〈行動〉 近代 かいさい［開催］。きょかう［挙行］。きりまはす［切回］。じっし［実施］。じっせん［実践］。とりはこぶ［取運］。近世 こます。じっかう［実行］。やる［遣］。中古 いとなむ［営］。とりおこなふ［執行］。なす［為／成］。もよほす［催］。上代 おこなふ［行］。す［為］。

《謙》中世 いたす［致］。

一気に荒っぽく―・ってしまう 近世 やっつける［遣付］。

やるかたな・い【遣方無】→**やるせな・い**

やるき【遣気】 ガッツ(guts)。モラール(morale)。近代 いよく［意欲］。近世 しき［士気］。のりき［乗気］。やるき［遣気］。中古 きりょく［気力］。

―になること 近代 きのり［気乗］。きんこんいちばん［緊褌一番］。中古 のる［乗］。

やるせな・い【遣瀬無】 近世 しょざい／しょざいなし［所在無］。やるせなし［遣瀬無］。中世 せつなし［切］。中古 あぢきなし［味気無］。つらし［辛］。つれづれ［徒然］。やるかたなし［遣方無］。上代 ものがなし［物悲］。

やわ・い【柔】 近代 やはらかい［柔］。近世 やはし［柔］。上代 もろし［脆］。よわし［弱］。↓

やわらか・い

やわらか・い【柔】 近代 ソフト(soft)。マイルド(mild)。やはらかい［柔］。近世 じうなん［柔軟］。ひらたし［平］。やっこい［柔］。やはし［柔］。やはらこい［柔］(近世上方語)。中世 いうじう［優柔］。じう［柔］。しなやか。なごはし［和］。中古 なごし［和］。なごやか［和］。なよびか。なよよか。なよらか。なん［軟］。なんじゃく［軟弱］。にこやか［和］。上代 にこし［和／柔］。にこよか［和］。

《句》近代 歯亡び舌存す。近世 柔能く剛を制す。

―・い草 上代 にこぐさ［和草］。

―・い毛 近世 うぶげ［産毛］。じうもう［柔毛］。中古 にこげ［和毛］。

―・いさま ふにゃふにゃ。近代 ぐちゃぐちゃ。くにゃくにゃ。ふはっと。ふんはり。ぽくぽく。近世 ぐにゃぐにゃ。ぐにゃり。ふやふや。ぶよぶよ。やんはり。中世 ふくさ。ふはと。ほやほや(と)。やはやは［柔柔］。ゆるゆる(と)［緩緩］。中古 ふはふは。

―・い性質 なんせい［軟性］。近代 なんしつ［軟質］。

―・い手 上代 にこで［和手／柔手］。

―・い肌 上代 にきはだ／にこはだ［和肌／柔肌］。

―・いもの 上代 なごや／にこや［和］。

―・くする 近世 もみほぐす［揉解］。中古 なやす［萎］。

―・くなる 中古 やはらぐ［和］。→**やわら・ぐ**

―・そうでふっくらしている 中世 ふかふか。ふくふく。ふくやか［脹］。ふっくら。ふっくり。中古 ふくよか［脹］。ふくら［脹］。ふくらか［脹］。上代 ふはや。

―・で暖かい感触 近代 をんじう［温柔］。

―・で優美なさま 中世 たわやか［嫋］。

―・みがない 中古 こちごちし［骨骨］。

衣服などが―・くなる 中古 なえばむ［萎］。なゆ〔なえる〕［萎／痿］。

衣服などが―・なさま 中世 なえなえ［萎萎］。中古 なえやか／なよよか／なよらか。

木の枝などを叩いて―・くして曲げる 中古 ねる［練／錬／煉］。

身体を―・に動かすさま 中世 しなしな。中古 しなやか。

姿や形が―・なさま 中世 たわやか［嫋］。中古 たをたを／たをやか［嫋］。

水につけて―・くする 近代 ふやかす。

▼接頭語 中古 にぎ［和］。上代 にき［和］。

やわら・ぐ【和】 近代 なんくゎ［軟化］。ゆるむ［緩／弛］。近世 くゎんわ［緩和］。ほぐる〔ほぐれる〕［解］。もめる［揉］。中世 とらく［蕩／散］。とろく〔とろける〕［蕩／盪］。なだまる［宥］。中古 しづまる［静／鎮］。なごむ［和］。のどまる［和］。やはらぐ［和］。をさまる［治］。上代 なぐ［凪／和］。にきぶ［和］。

―・いで親しみ合うこと かいか／かいわ［諧和］。

―・ぎ楽しむさま 中古 いぜん［怡然］。きき［熙熙］。

心が―・ぐ 近世 ほどく〔ほどける〕［解］。中世 とらく［蕩／散］。とろく〔とろける〕［蕩／盪］。中古 うちとく〔―とける〕［打解］。

寒さなどが―・ぐ 中古 ゆるぶ［緩／弛］。

表情が―・ぐ 近世 ほころぶ〔―ろびる〕［綻］。

やわら・げる【和】 近代 くゎんわ［緩和］。ほぐす［解］。近世 なごす［和］。もみほぐす［揉解］。中世 くゎす［和］。中古 しづむ〔しずめる〕［静／鎮］。なごむ［和］。なだむ〔なだめる〕［宥］。上代 やはす［和］。やはらぐ〔―らげる〕［和］。

気持ちを―・げる 中古 とく〔とける〕［解］。

上代おもひのぶ[思延]。

言葉を—・げる 中世あまなふ[和/甘]。仮名に(で)言ふ。

衝撃を—・げる かんしょう[緩衝]。

光を—・げる 中古わくゎう[和光]。

やんちゃ 近世いたづら[悪戯]。やんちゃ。中古さがなし。

やんま【蜻蜓】 近世おんじょう。やんま[蜻蜓]。中世せいてい[蜻蜓]。

やんわり 近世やんはり。中古おだやか[穏]。やはやは(と)[柔柔]。やはらか[柔/和]。

ゆ

ゆ【湯】 近代をんすい[温水]。近世ふったう[沸湯]。中世たぎりゆ[滾湯/沸湯]。にえゆ[煮湯]。をんたう[温湯]。中古ねったう[熱湯]。上代ゆ[湯]。

—が冷めたもの 近代ゆざまし[湯冷]。

—から立ち上がる蒸気 近世ゆげ[湯気]。中世いげ[湯気]。

—が沸き立つさま しゅんしゅん。近世しゃんしゃん。

—が沸き立つときの鉄瓶の音 中世りんりん。

—が沸く 近代ふっとう[沸騰]。中世たつ[立]。

—で一杯になった腹 ゆばら[湯原]。

—で煮る 近代ボイル(boil)。近世うでる[茹]。中世ゆがく[湯搔]。ゆびく[湯引]。上代ゆづ[ゆでる][茹]。

—の出口 中世ゆぐち[湯口]。

—を入れて暖を取る容器 近代ゆたんぽ[湯婆]。

—を沸かすのに用いる容器 近代ゆわかし[湯沸]。近世てつびん[鉄瓶]。やくくゎん[薬缶/薬罐/薬鑵]。中世やくゎん[薬缶/薬罐/薬鑵]。ゆがま[湯釜/湯罐/湯鑵]。

温度の低い— 近世ぬるま[微温]。ぬるまゆ[微温湯]。びをんたう[微温湯]。中世ぬるゆ[温湯]。

粥(ゆか)から取った— 近世とりゆ[取湯]。中古おもゆ[重湯]。

身体の痛い所を—にひたす 近代をんしっぷ[温湿布]。中古たうぢ[湯治]。ゆづ[ゆでる][茹]。

沸かしただけの— 中世さゆ[白湯/素湯]。

沸かした風呂の— 近代わかしゆ[沸湯]。

ゆあみ【湯浴】 湯につかる。近世にふよく[入浴]。もくゆ[沐湯]。中世ゆぶろ[湯風呂]。湯を引く。上代もくよく[沐浴]。ゆあみ[湯浴]。→**にゅうよく**

ゆいいつ【唯一】 近代シングル(single)。たんいつ[単一]。ゆいいつ[唯一]。中世むに[無二]。中古たんどく[単独]。

ゆいごん【遺言】 近代ゐごん[遺言]。近世ゐげん[遺言]。ゐしょ[遺書]。中世いひおき[言置]。のちごと[後言]。ゆいかい[遺戒/遺誡]。ゐかい[遺戒/遺誡]。中古ゐめい[遺命]。上代ゆいごん[遺言]。

—としての勅命 中世ゆいちょく/ゐちょく[遺勅]。

—を書き記した文書 近代ゆいごんしょ[遺言書]。近世ゆいげんじゃう[遺言状]。中世ゆいごんじゃう[遺言状]。

皇太子や三后などの— 近世ゐりゃう/ゐれい[遺令]。

天皇や帝王の— ゐせう[遺詔]。

ゆいしょ【由緒】 すじょう[素性/素姓/種姓]。近世いはれ[謂]。けいづ[系図]。中世すぢめ[筋目]。ならひ[習/慣]。ゆゑ[故]。らいれき[来歴]。ゆらい[由来]。よし[由/因]。中古ゆいしょ[由緒]。上代ゆゑよし[故由]。

—ありげ 中古ゆゑづく[故付]。ゆゑゆゑし[故故]。よしづく[由付]。よしばむ[由]。よしめく[由]。よしよしし[由由]。

—ある 中世よしあり[由有]。よしづく[由付]。

—ある商店 近世しにせ[老舗/仕似]。らうほ[老舗/老鋪]。

—ある寺 中世こさつ[古刹]。

ゆいのう【結納】 近代こんし[婚資]。近世いひいれ[言入]。こころだのみ[心頼]。たのみ[頼]。ゆひなふ[結納]。中世へいれい[聘礼]。

—としておくる酒樽 近世たのみだる[頼樽]。

—の品 近世しるしのたのみ[印頼]。

—を取り交わすこと 近世なふへい[納幣]。中世なふさい[納采]。

ゆう【夕】 →**ゆうがた**

ゆ・う【言】 →**い・う**

ゆうあい【友愛】 近代いうかう[友好]。いうじゃう[友情]。フレンドシップ(friendship)。近世いうぎ[友誼]。中世いうあい[友愛]。

ゆうい【有為】 近代いうばう[有望]。いうゐ[有為]。中世いうのう[有能]。

ゆうい【優位】 近代いうせい[優勢]。いうゐ[優位]。いうゑつ[優越]。たくばつ[卓

抜］。近世たくゑつ［卓越］。中世じゃうゐ［上位］。中古うはて［上手］。すぐる［すぐれる］［優］。ひいづ［ひいでる］［秀］。まさる［勝］。

━に立つ 中世嵩（かさ）に回る。

ゆういぎ【有意義】 近代いういぎ［有意義］。近世いうえき［有益］。いうよう［有用］。

ゆういん【誘引】 インセンティブ(incentive)。近代いうくゎい［誘誨］。いうはつ［誘発］。さそひこむ［誘込］。近世いうだう［誘導］。中世おびきよす［━よせる］［誘寄］。中古いういん［誘引］。上代いざなふ［誘］。みちびく［導］。

━となるもの よびみず［呼水］。近世さそひみづ［誘水］。

ゆううつ【憂鬱】 近代あんうつ［暗鬱］。うっくつ［鬱屈］。ちんうつ［沈鬱］。メランコリー(melancholy)。近世いううつ［憂鬱］。いふいふ［悒悒／邑邑］。いふうつ［悒鬱］。いんうつ［陰鬱］。メランコリア(melancholia)。中世あうあう［怏怏］。うったうし［鬱陶］。うれひ［憂／愁／患］。ものうし［物憂／懶］。中古いぶかし［訝］。うさ［憂］。うつ［鬱］。うついふ［鬱悒］。うもれいたし／むもれいたし［埋甚］。おもひむすぼほる［思結］。むつかし［難］。ものうげ／ものうし［物憂］。上代いぶせし［鬱悒］。うし［憂］。うれへ［憂／愁／患］。すかなし。むすぼる［━ぼれる］［結］。→き【気】❶（━が晴れない）《尊》中古おぼしくす［思屈］。おぼしむすぼほる［思結］。

━・な 近代メランコリック(melancholic)。

━・な顔をする 中世ふすぼる［燻］。

━・なさま 近代グルーミー(gloomy)。近世くしゃくしゃ。中世くさくさ。中古うつうつ［鬱鬱］。

━・になる 近代ふさぎこむ［塞込／鬱込］。胸が塞がる。近世気が詰まる。中古くれふたがる［暮塞］。胸塞がる。上代いきどほる［憤］。いぶせむ。

━・になること 近世むすぼれ［結］。

心に積もる━ 中世せきうつ［積鬱］。

ゆうえい【遊泳】 みずあび［水浴］。中古いうえい［遊泳］。近世すいえい［水泳］。およぐ［泳］。

ゆうえき【有益】 近代いうかう［有効］。近世いうえき［有益］。いうよう［有用］。やくだつ［役立］。ためになる。

━・なこと 近代かうよう［効用］。中世役に立つ。かち［価値］。しようかち［使用価値］。ユーティリティー(utility)。

ゆうえつ【優越】 →ゆうい【優位】

ゆうえつかん【優越感】 シュペリオリティーコンプレックス(superiority complex)。近代いうゑつかん［優越感］。

ゆうえん【悠遠】 近代えいゑん［永遠］。近世いうゑん［悠遠］。中世いうきう［悠久］。中古れうゑん［遼遠］。上代くをん［久遠］。

→えいえん

ゆうえんち【遊園地】 アミューズメントパーク(amusement park)。テーマパーク(和製theme park)。レジャーランド(和製leisure land)。近代いうゑんち［遊園地］。

ゆうおう【勇往】 近代ゆうさう［勇壮］。中世くゎかん［果敢］。近世いさまし［勇］。ゆうかん［勇敢］。ゆうまう［勇猛］。ゆうわう［勇往］。

ゆうが【優雅】 エレガンス(elegance)。ドレッシー(dressy)。近代いうが［優雅］。エレガント(elegant)。かうが［高雅］。シック(フランス chic)。じゃうひん［上品］。近世きゃしゃ［華奢／花車］。てんが［典雅］。中世いうげん［幽玄］。中古いうび［優美］。えんげ［艶］。しな［品／科］。なまめかし［艶］。ふうりう［風流］。みやびやか［雅］。ゆゑゆゑし［故故］。よし［由／因］。らうらうじ［労労］。りゃうりゃうじ。上代みやび／みやびか［雅］。

━・で贅沢な道具 近世きゃしゃだうぐ［花車道具］。

━・な言葉 近世がげん［雅言］。がご［雅語］。

━・な様子だ 上代みやぶ［雅］。

━・に振る舞う 中古えんだつ［艶］。

━・に見える 中古なまめく［艶／生］。

純粋で━ 近代じゅんが［醇雅］。

すっきりして━ 近代かんが［簡雅］。

ゆったりとして━ 近代くゎんが［寛雅］。

ゆうかい【誘拐】 近代いうかい［誘拐］。かいいん［拐引］。かいたい［拐帯］。らち［拉致］。近世さらふ［攫／掠］。かどふ［勾引／拐］。中世かどはかす［勾引］。こういん［勾引／拘引］。中古かどはす［勾引］。

━と略取 かいしゅ［拐取］。

子供などを━・する者 ことり［子取／子捕］。近代ひとさらひ［人攫］。

婦女を━・する 近世かつぐ［担］。

身代金を要求する━ えいりゆうかい［営利誘拐］。

ゆうかい【融解】 近代ようゆう［溶融／熔融］。近世ゆうかい［融解］。ようかい［溶解］。

中古 とく[とける][融／溶]。
ーの起こり始める温度 近代 ゆうかいてん[融解点]。ゆうてん[融点]。

ゆうがい【有害】 近代 いうどく[有毒]。がいどく[害毒]。近世 いうがい[有害]。中古 がい[害]。
ー物質に汚されること 中古 をせん[汚染]。

ゆうがお【夕顔】 ひょうたんひさご[瓢簞瓢]。中世 かほうり[顔瓜]。たそがれぐさ[黄昏草]。中古 ゆふがほ[夕顔]。
ーの変種(例) 近代 ふくべ[瓠／瓢]。上代 ひさご[瓠／匏／瓢]。

ゆうかく【遊郭】 あおせん[青線]。あおせんくいき[青線区域]。あおせんちたい[青線地帯]。あかせん[赤線]。あかせんくいき[赤線区域]。あかせんちたい[赤線地帯]。近代 しゃかう[斜巷]。ちゃやまち[茶屋町]。をんじうきゃう[温柔郷]。近世 あくしゃうどころ[悪性所]。あくしょ[悪所]。あくしょば[悪所場]。あをのうれん[青暖簾]。いうくゎく[遊郭／遊廓]。いうしょ[遊所／遊処]。いうり[遊里]。いろ[色]。いろざと[色里]。いろどころ[色所]。いろまち[色町／色街]。くるわ[郭／廓／曲輪]。くゎがい[花街]。くゎく[郭]。くゎくゎく[花郭]。くゎし[花肆]。くゎりう[花柳]。けいこく[傾国]。けいせいまち[傾城町]。さと[里]。しゃうだい[章台]。しんち[新地]。せかい[世界]。ぶんり[分里]。わけざと[分里／訳里]。流れの里。中世 かすいかい[歌吹海]。中古 けふしゃ[狭斜]。
ーで遊ぶ客 近世 いうかく／いうきゃく[遊客]。いうやらう[遊冶郎]。うかれがらす[浮鳥]。へうかく[飄客／嫖客]。
ーで遊ぶこと 近世 せっくゎはんりう[折花攀柳]。ばうはち[亡八／忘八]。
ーでうろつくだけ 近世 すけんぞめく[素見騒]。そそり。ぞめき[騒]。ひやかし[冷／素見]。
ーでうろつくだけの者 近世 そそりもの[者]。ぞめきしゅう[騒衆]。
ーで客を案内するのを業とする茶屋 近世 ひきてぢゃや[引手茶屋]。なかやど[中宿]。
ーで大金を使う客 近世 いたりだいじん[至大尽]。だいじん[大尽／大臣]。だだらだいじん[駄駄羅大尽]。
ーで大金を使うこと 近世 あくしょづかひ[悪所遣]。だいじんあそび[大尽遊]。
ーで使う金 近代 いうたうひ[遊蕩費]。近世 あくしょがね[悪所金]。
ーでない普通の町 近世 まちかた[町方]。
ーで働いている者 近世 くるわもの[郭者]。わかいしゅ[若衆]。若い者。
ーで閉店の時刻 近世 おほびけ[大引]。
ーで遊女が往来に面した所に並ぶこと 近世 はりみせ[張見世／張店]。
ーの内の全遊女を買い占めること 近世 大門(おほもん)を打つ。
ーなどで酒色の遊びをすること 近世 ちゃやあそび[茶屋遊]。
ーに幾日も泊まり続けて遊ぶこと 近世 あくしょぐるひ[悪所狂]。ゐつづけ[居続]。
ーに詳しい人 近世 すいしゃ[粋者]。すいじん[粋人]。つう[通]。つうじん[通人]。
ーにたびたび遊びに行くこと 近世 あくしょおち[悪所落]。あくしょがよひ[悪所通]。くるわがよひ[郭通]。さとがよひ[里通]。しんちがよひ[新地通]。
ーに泊まり込んでしまうこと 近代 ちんぼつ[沈没]。
ーに慣れた人 近世 さとすずめ[里雀]。
ーに慣れる 近世 さとなる[ーなれる][里馴]。
ーの女 →ゆうじょ
ーの言葉 ゆうじょご[遊女語]。ゆうりご[遊里語]。近世 くるわことば[郭言葉]。さとことば[里言葉]。さとなまり[里訛]。
ーの事情に疎いこと 近世 やぼ[野暮]。
ーの正面の門 近世 おほもん[大門]。
ーや茶屋などの遊び場所 中世 ゆさんじょ[遊山所]。
官許以外の非公認のー あおせん[青線]。あおせんちたい[青線地帯]。近世 かくれざと[隠里]。かはたけ[川竹／河竹]。をかばしょ[岡場所]。
官許のー あかせん[赤線]。あかせんちたい[赤線地帯]。近世 おちゃう／おまち[御町]。

ゆうがく【遊学】 近代 ぐゎいいう[外遊]。こきふ[孤笈]。中世 しゅついう[出遊]。ふきふ[負笈]。上代 いうがく[遊学／游学]。りうがく[留学]。笈(きふ)を負ふ。

ゆうがた【夕方】 ソワール(フランス soir)。近代 イブニング(evening)。サンセット(sunset)。ゆふこく[夕刻]。日の暮暮(くれぐれ)。近世 くれあひ[暮合]。すずめいろどき[雀色時]。ななめ[斜]。ばんがた[晩方]。ばんこく[晩刻]。ひとぼしごろ／ひともしごろ[火点頃]。ひとぼしどき[火点時]。ひともし[火点]。みせさしどき[店鎖時]。ゆふづきよ[夕月夜]。中世 あふまがとき[逢魔時]。いるさ

［入］。うすぐれ［薄暮］。おほまがとき［大禍時］。かたゆふぐれ。くれぐれ［暮暮］。さうゆ［桑楡］。じつほ［日晡］。じつぼ［日暮］。せきやう［夕陽］。たれどき［誰時］。ばん［晩］。ばんげ［晩気］。ばんけい／ばんげい［晩景］。ひのいり［日入］。中古 あれはたそどき／あれはたれどき［彼誰時］。いりあひ［入相］。いりがた［入方］。くらくら／くらぐら［暗暗］。くれ［暮］。くれがた［暮方］。くれつがた［暮方］。くゎうこん［黄昏］。たそがれ［黄昏］。たそがれどき［黄昏時］。なまゆふぐれ［生夕暮］。にちぼ［日暮］。はくぼ［薄暮］。ばんとう［晩頭］。ひぐれ［日暮］。ひぐれがた［日暮方］。ひゃうそく／へいしょく［秉燭］。ゆふがた［夕方］。ゆふぐれがた［夕暮方］。ゆふさり［夕］。ゆふさりつかた［夕方］。ゆふつかた［夕方］。ゆふづくよ［夕月夜］。ゆふまぐれ［夕間暮］。ようさつかた／ようさりかた／ようさりつかた／よさりつかた［夜方］。ようさり／よさり［夜］。上代 かはたれどき［彼誰時］。くさまくら［草枕］。たまかぎる［玉］。ゆふ［夕］。ゆふぐれ［夕暮］。ゆふと［夕］。ゆふへ／ゆふべ［夕］。日の暮れ。

《枕》中古 すみぞめの［墨染］［⇩たそがれ］。上代 あまづたふ［天伝］［⇩いりひ］。たまかぎる［玉］。ぬばたまの［射干玉］。ゆふつづの［夕星］［⇩ゆふべ］。

―から夜半まで 中古 しょや［初夜］。そや［初夜］。

―ごとに 近代 まいゆふ［毎夕］。中世 まいせき［毎夕］。上代 ゆふさらず［夕］。

―で暗くなる（さま） ぼしょくそうぜん［暮色蒼然］。中古 闇に暮る［―暮れる］。

―に縁側などで暑さを凌(しの)ぐこと 中古 ゆふすずみ［夕涼］。

―に立ちこめる霧 中古 ゆふぎり［夕霧］。

―に立つ霞 上代 ゆふがすみ［夕霞］。

―に立つ煙 中古 ぼえん［暮煙／暮烟］。

―に立つ虹 近世 ゆふにじ［夕虹］。

―にとる食事 →ゆうしょく

―に眺める桜 近世 ゆふざくら［夕桜］。

―に鳴らす鐘の音 中古 ばんしょう［晩鐘］。ぼしょう［暮鐘］。入相(いりあひ)の鐘。

―になる（こと） 近世 たそがる［―がれる］［黄昏］。中古 ゆふかく［夕掛］。ゆふさり［夕］。ゆふされ／ゆふざれ［夕］。ゆふづく［夕付］。上代 くる［くれる］［暮／昏］。ゆふさる［夕］。

―に西の空が染まること 近世 ゆふやけ［夕焼］。中古 ゆふくれなゐ［夕紅］。

―に残る光 近代 ざんくん［残曛］。ゆふあかり［夕明］。中世 ざんせう［残照］。

―に吹く風 中世 ゆふあらし［夕嵐］。上代 ゆふかぜ［夕風］。

―に見える山 中世 ゆふやま［夕山］。

―に山から吹き下ろす風 中世 ゆふやまおろし［夕山颪］。ゆふやまかぜ［夕山風］。

―の雲 中世 ゆふぐも［夕雲］。中古 ぼうん［暮雲］。

―の曇り空 中世 ゆふぐもり［夕曇］。

―の暗さ 近代 さうぜん［蒼然］。近世 おまんがとき［時］。おまんがべに［紅］。よひやみ［宵闇］。上代 ゆふやみ［夕闇］。

―の景色 せっけい［夕景］。近代 ゆふけい［夕景］。中世 ぼしょく［暮色］。ゆふげしき［夕景色］。中古 ばんけい［晩景］。ぼけい［暮景］。

―の気配 近世 めいしょく［暝色／冥色］。中世 ぼしょく［暮色］。

―の空 近世 ゆふぞら［夕空］。

―の太陽 →**ゆうひ【夕日】**

―の日の光 近世 せきけい［夕景］。ばんせう［晩照］。上代 ゆふかげ［夕陰／夕影］。

―の日の光で美しく見えること 中古 ゆふばえ［夕映］。

―の催し 近代 アーベント（ドイ Abend）。

秋の― 中古 秋の暮れ。秋の夕暮れ。

恋人を待つ― 中世 まつよひ［待宵］。

昨日の― 近世 さくゆふ［昨夕］。をとゆふ［一昨夕］。中世 さくせき［昨夕］。

月が出る前の―の闇 上代 ゆふやみ［夕闇］。

月のある― 近世 ゆふづきよ［夕月夜］。中古 ゆふづくよ［夕月夜］。

春の― 中古 しゅんせう［春宵］。しゅんや［春夜］。

物がはっきり見えない― 近世 うそうそぐれ［暮］。うそうそどき［時］。

ゆうかん【有閑】 近代 いうかん［有閑／有間］。むれう［無聊］。手が空ぁく。手がすく。近世 てもちぶさた［手持無沙汰］。ぶれう［無聊］。中世 てすき［手隙／手透］。所在なし。

ゆうかん【勇敢】 近代 かんぜん［敢然］。近世 いさまし［勇］。ゆうさう［勇壮］。中世 くゎかん［果敢］。ゆうかん［勇敢］。ゆうまう［勇猛］。ようかん［勇敢／勇悍］。中古 いさをし［功］。たけし［猛］。ゆうみゃう［勇猛］。上代 ををし［雄雄］。

―・な姿 近代 ゆうし［勇姿］。

ー・な人 中世 ゆうしゃ［勇者］。中古 かうのもの／がうのもの［剛者］。上代 いさを［勇男］。ますらを［益荒男］。ゆうし［勇士］。
ー・に戦うこと 近世 ぶへん［武辺／武篇］。

ゆうき【勇気】 近代 たんりょく［胆力］。近世 きもったま［肝玉］。中世 きがい［気概］。ゆうき［勇気］。中古 いさみ［勇］。ゆう［勇］。
《句》近代 大勇(たいゆう)は怯(ふけ)なるが如し。大勇(たいゆう)は勇ならず。中世 義を見てせざるは勇無きなり。
ーがあって忠義なこと 中世 ちゅうゆう［忠勇］。
ーがあって強いこと 近世 がうゆう［剛勇／豪勇］。
ーがあって物に動じない 近代 たんゆう［胆勇］。中世 だいたん［大胆］。中古 肝太し。
ーが出る 近代 いきほひづく［勢付］。中世 ちからづく［力付］。
ー付けること 近世 いさめ［勇／慰］。中世 はげまし［励］。
ーと臆病 近世 ゆうけふ［勇怯］。中世 がうおく［剛臆／強臆］。
ーにみちて心がはやること 近代 ゆうやく［勇躍］。中世 ようやく［踊躍］。中古 ゆやく［踊躍］。
ーのあるたとえ 近代 白刃踏むべし。
ーのない者 中世 ひけふもの［卑怯者］。
ーを出してふるい立つこと 近代 ゆうふん［勇奮］。勇を鼓(こ)す。近世 ふんき［奮起］。
ーを持って事にあたること 中世 ゆうかん［勇敢／勇悍］。
一次的に興奮して出すー 中世 血気の勇。匹夫(ぴっぷ)の勇。
落ち着いていてーがあること 中世 ちんゆう［沈勇］。
最後のーを出して奮闘する 近代 掉尾(ちょうび)の勇を奮ふ。
真のー 近代 しんゆう［真勇］。中世 たいゆう［大勇］。
正義心からくるー 近代 ぎゆう［義勇］。
つまらないことに向けられるー 中世 せうゆう［小勇］。血気の勇。
向こう見ずに突進するー ちょとつもうしん［猪突猛進］。ちょゆう［猪勇］。近代 ちょとつきゆう［猪突豨勇］。

ゆうき【幽鬼】 近世 いうき［幽鬼］。中古 いうれい［幽霊］。おに［鬼］。ばうれい［亡霊］。ばけもの［化物］。へんげ［変化］。れいこん［霊魂］。→**ほうれい**

ゆうぎ【友誼】→**ゆうこう【友好】**

ゆうぎ【遊戯】 アミューズメント(amusement)。近代 いうぎ［遊戯］。ごらく［娯楽］。プレー(play)。中世 あそびごと［遊事］。上代 あそび［遊］。→**あそび❶**

ゆうきゅう【悠久】→**えいえん**

ゆうきょう【遊興】 近代 きゃうらく［享楽］。近世 あそび［遊］。えつらく［悦楽］。さえ［冴／沍］。さわぎ［騒］。だうらく［道楽］。たて［立］。中古 いうきょう［遊興］。いつらく［逸楽／佚楽］。→**あそび❷**
《句》近世 一金二男。
ー・する所 かんらくがい［歓楽街］。近代 くゎんらくきゃう［歓楽境］。
ーで財産を使い果たす 近世 銅鑼(どら)を打つ。
ーにふけって家へ帰るのを忘れること 上代 りうれん［流連／留連］。
ーにふけること(さま) 近代 いんいつ［淫佚／淫逸］。近世 だうらく［道楽］。中古 いうたう［遊蕩］。
ーの費用 近世 おつとめ［御勤］。なさけだい［情代］。はなだい［花代］。
ー費の取り立てに客の家まで付いて行く人 近世 うま［馬］。つきうま／つけうま［付馬］。ひきうま［引馬］。
家も仕事も忘れてーにふけること 近代 りうれんくゎうばう［流連荒亡］。
気ままにーにふけるさま 近世 きだうらく［気道楽］。
正気もなくーにふける男 近世 ゆめすけ［夢助］。
一晩限りのー 近世 いちやぎり［一夜切］。
風流で贅沢なー 近世 きゃしゃあそび［花車遊］。
遊女や芸人を大勢呼んでー・すること 近世 おほよせ［大寄］。

ゆうきょう【遊侠】 近代 とせいにん［渡世人］。近世 まちやっこ［町奴］。をとこだて［男伊達］。中世 いうけふ［遊侠］。ばくと［博徒］。中古 けふかく［侠客］。

ゆうぐう【優遇】 近代 いうぐう［優遇］。くゎんたい［歓待］。近世 いうたい［優待］。こうぐう［厚遇］。中古 れいぐう［礼遇］。
《句》近代 死馬の骨を買ふ。

ゆうぐれ【夕暮】→**ゆうがた**
ーが遅い春の日 中古 ちじつ［遅日］。上代 しゅんじつちち［春日遅遅］。
ーが早い冬の日 中古 たんじつ［短日］。
ーの後に明るさが残ること 中世 くれのこる［暮残］。

—の微光 上代 ゆふかげ[夕影]。

ゆうけい【有形】 近代 ぐしゃう[具象]。ぐたい[具体]。近世 けいじか[形而下]。中古 いうけい[有形]。

ゆうげい【遊芸】 近世 げいごと[芸事]。げいのう[芸能]。中世 いうげい[遊芸]。

ふけって財産をなくすような— 近世 びんばふげい[貧乏芸]。

ゆうげきたい【遊撃隊】 近代 ゲリラ(スペイン guerrilla)。近世 いうげきたい[遊撃隊]。中世 いうぐん[遊軍]。うきぜい[浮勢]。うきぞなへ[浮備]。

ゆうげん【幽玄】 中古 いうげん[幽玄]。げんめう[玄妙]。しんえん[深淵]。上代 しんゑん[深遠]。

—な風情(能楽論で) 中世 いうふう[幽風]。

ゆうげん【有限】 近代 げんかい[限界]。リミット(limit)。中世 いうげん[有限]。上代 かぎり[限]。

ゆうこう【友好】 近代 いうかう[友好]。かうぎ[好誼]。しうかう[修好／修交]。じゃうぎ[情誼／情宜／情義]。パートナーシップ(partnership)。フレンドシップ(friendship)。近世 いうぎ[友誼]。かうぎ[交誼]。しんかう[親交]。しんぜん[親善]。しんぼく[親睦]。中世 いうあい[友愛]。こんい[懇意]。上代 よしみ[誼／好]。

ゆうこう【有効】 近代 いうかう[有効]。近世 いうえき[有益]。いうよう[有用]。

—・なさま 近代 エフェクティブ(effective)。

—・に使う いかす[生／活]。やくだてる[役立]。近世 くゎつよう[活用]。中世 ようだつ[—だてる][用立]。

—・に働く 近代 いきる[生]。近世 いうよう[有用]。中世 えきす[益]。役に立つ。

ゆうごう【融合】 近代 フュージョン(fusion)。ゆうがふ[融合]。近世 ゆうわ[融和]。中世 とけあふ[融合]。

ゆうこく【夕刻】 →ゆうがた

ゆうこん【幽魂】 中古 こんぱく[魂魄]。ばうこん[亡魂]。れい[霊]。れいこん[霊魂]。上代 いうこん[幽魂]。たま[魂／霊／魄]。みたま[御霊]。

ユーザー(user) カスタマー(customer)。りようしゃ[利用者]。近代 こきゃく[顧客]。とくいきゃく[得意客]。近世 おとくい[御得意]。とくい[得意]。とくいさき[得意先]。

ゆうし【勇士】 近代 ヒーロー(hero)。近世 もさ[猛者]。中世 かうのもの／がうのもの[剛者]。こはもの[強者]。ゆうしゃ[勇者]。中古 がうけつ[豪傑]。つはもの[強者]。上代 いさを[勇夫]。ますらたけを[益荒猛男]。ますらを／ますらをのこ[益荒男]。ゆうし[勇士]。

甲乙つけがたい二人の— 近代 りゅうこ[竜虎]。中世 りゃうゆう[両雄]。中古 りゃうこ[両虎]。りょうこ[竜虎]。

ゆうし【勇姿】 近代 ゆうし[勇姿]。ゐよう[偉容／威容]。近世 えいし[英姿]。中古 ゆうし[雄姿]。

ゆうし【有志】 近代 あひぼう[相棒]。近世 いうし[有志]。なかま[仲間]。中古 どうし[同士／同志]。

ゆうし【有史】 近代 いうし[有史]。

—以前 しぜん[史前]。せんし[先史]。

—以前の世界 近代 ぜんせかい[前世界]。

ゆうし【融資】 近代 ファイナンス(finance)。きんゆう[金融]。ゆうし[融資]。近世 かしつけ[貸付]。

企業の赤字を穴埋めするための— あかじゆうし[赤字融資]。きゅうさいゆうし[救済融資]。

条件付きの— ひもつきゆうし[紐付融資]。

入金までの繋ぎの— つなぎゆうし[繋融資]。

ゆうじ【有事】 きんきゅうじたい[緊急事態]。近世 いうじ[有事]。中世 いちだいじ[一大事]。だいじ[大事]。

ゆうしき【有識】 近代 いうしき[有識]。近世 がいはく[該博]。はくしき[博識]。中世 ざうけい[造詣]。つうげう[通暁]。めいたつ[明達]。ものしり[物知]。中古 はくぶん[博聞]。上代 せきがく[碩学]。はくがく[博学]。めいてつ[明哲]。

ゆうしゃ【勇者】 →ゆうし【勇士】

ゆうしゃ【優者】 近代 しょうしゃ[勝者]。しょうりしゃ[勝利者]。中世 いうしゃ[優者]。

ゆうしゅう【憂愁】 →うれい

ゆうしゅう【優秀】 近代 いうしう[優秀]。いうとう[優等]。いうりゃう[優良]。うよく[右翼]。かりゃう[佳良]。中古 しういつ[秀逸]。すぐる[すぐれる][優／勝]。ひいづ[ひいでる][秀]。

—な人材 近代 ふくりょうほうすう[伏竜鳳雛]。中世 いうしゃ[優者]。

—な人材が凡人の中にいること 近代 珠玉の瓦礫(がれき)に在るが如し。

ゆうじゅう【優柔】 近代 いういうふだん[優遊不断]。いうじうふだん[優柔不断]。なまはんか[生半可]。近世 なまにえ[生煮]。な

まはんじゃく［生半尺］。煮え切らぬ。中世 いうじう［優柔］。じうじゃく［柔弱］。なまなか［生中／生半］。中古 なんじゃく［軟弱］。にうじゃく［柔弱］。

ゆうしゅつ【湧出】 近世 ゆうしゅつ［湧出／涌出］。わきだす［湧出／涌出］。中世 わきづ〔わきでる〕［湧出／涌出］。

ゆうじょ【遊女】 近代 ばいしゅんふ［売春婦］。近世 いうじん［遊人］。いちやづま／ひとよづま［一夜妻］。いろ［色］。いろびと［色人］。いろをんな［色女］。いんじ［淫姒］。いんぢょ［淫女］。いんぷ［淫婦］。おいらん［花魁］。おおこ［御子］（茶屋の女房や遣り手の語）。おまち［御町］。おやま［女形／御山］（上方で）。かうし［格子］。かはたけ［川竹／河竹］。きみ［君］。きみけいせい［君傾城］。きみさま［君様］。きょうぢょ［興女］。くび［首／頸］。くるわづとめ［郭勤］。くゎりう［花柳］。けいこく［傾国］。けいせん［傾城］。こよね［小娘］。しゃうぎ［娼妓／倡伎］。しゃうふ［娼婦］。じゃうらふ［上臈／上臘］。しゃら［洒落］。しゃれをんな［洒落女／白女］。しらびゃうし［白拍子］。しろもの［代物］。ぢょうろ［女郎］。ぢょらう／ぢょろ［女郎］。ぢょらふ［女臈］。ながれめ［流女］。にょいりん［如意輪］。にょぼさつ［女菩薩］。ひめ［姫／媛］（近世上方で）。びり。やましゅう［山衆］。よね［娼／女郎］。籠の鳥。流れの人（女）。中世 あそびもの［遊者］。あまのこ［海人子］。いうくん［遊君］。いろごのみ［色好］。うかれづま［浮妻］。くぐつ［傀儡］。くぐつめ［傀儡女］。けいせい［傾城／契情］。みちのもの［道者］。川竹の流れの身。中古 あそびめ［遊女］。いうぢょ［遊女］。うかれめ［浮女］。たはれめ［戯女／遊女］。

《句》近世 傾城（けいせい）に誠（まこと）なし。

—が自由の身となること 近世 みぬけ［身抜］。みまま［身随］。

—が客をたらし込む技術 近世 てくだ［手管］。

—が情夫に夢中になること 近世 まぶぐるひ［間夫狂］。

—が正装して郭内を歩く姿 近世 だうちゅうすがた［道中姿］。

—が初めて客をとること 近世 はつみせ［初店／初見世］。

—が見世に並んで客を待つ 近世 見世を張る。

—たち 近世 ぢょらうしゅう／ぢょろしゅ［女郎衆］。ぢょらふしゅう［女臈衆］。よねしゅう［娼衆］。

—と遊ぶ代金 近世 あげせん［揚銭／上銭］。あげだい［揚代］。いろだい［色代］。おつとめ［御勤］。なさけだい［情代］。はなだい［花代］。

—と遊客のその場限りの関係 近世 いちざながれ［一座流］。

—に騙（まだ）されて金品を取られる客 近世 とられんぼ［取坊］。

—に初めて会うこと 近世 いちげん［一見］。しょくゎい［初会］。

—に夢中になること 近世 うきよぐるひ［浮世狂］。おやまぐるひ［御山狂］。たいふぐるひ［太夫狂］。ぢょらうぐるひ［女郎狂］。ぢょらふぐるひ［女臈狂］。

—の意地 近世 いきはり［意気張］。

—の居る家 →**ゆうじょや**

—の居る茶屋 近世 いろちゃや［色茶屋］。

—の境遇 近世 くがい［苦界］。流れの道。

—の情人 近世 いろきゃく［色客］。まぶ［間夫］。

—の身の上 近世 一双の玉臂（ぎょくひ）千人の枕。流れの身。

—の身を自由にしてやる 近世 うけだす［請出］。つかむ［摑／攫］。みうけ［身請］。

—の身を自由にするときの手付け金 近世 まくらがね／まくらきん［枕金］。

—を置いた宿 近世 いろや［色屋］。いろやど［色宿］。

—を買うこと 近世 けいせいかひ［傾城買］。ぢょらうかひ／ぢょろかひ［女郎買］。つかむ［摑／攫］。にょだう［女道］。をんなだうらく［女道楽］。中世 いろごのみ［色好］。

—を待ちかねて廊下を歩き回る者 近世 らうかとんび［廊下鳶］。

—を呼んで遊ぶ家 近世 あげや［揚屋］。

美しい— 近世 歌舞の菩薩。

下等な— 近世 かきのれん［柿暖簾］。こがうし［小格子］。しらくび／しろくび［白首］。すぎと［杉戸］。すぢょ［数女］。てっぽう［鉄砲］。ふんばり［踏張］。やましゅう［山衆］。

公認でない— 近代 ししゃう［私娼］。近世 しろと／はくじん［白人］。はく［白］。めしもり［飯盛］。めしもりをんな［飯盛女］。

最高位の— 近世 おしょく［御職］。おしょくぢょらう［御職女郎］。たいふ［大夫／太夫］（江戸吉原で）。松の位。

辻に立って客を誘った— 近世 たちぎみ［立

君］。つじぎみ［辻君］。まちぎみ［町君］。
なじみの― 中世 こぎみ［小君／子君］。
若い― 近世 しんざう［新造］。

ゆうじょ【宥恕】 手心を加える。近代 ように ん［容認］。近世 ようしゃ［容赦／容捨］。
大目に見る。中世 ようしゃ［用捨］。中古 いうじょ［宥恕］。くゎんじょ［寛恕］。ゆる す［許］。

ゆうしょう【優勝】 はけん［覇権］。近代 いう しょう［優勝］。せいは［制覇］。は［覇］。ペ ナント(pennant)。

―・した人 はしゃ［覇者］。近代 しょうしゃ ［勝者］。しょうりしゃ［勝利者］。チャンピ オン(champion)。わうじゃ［王者］。

―・する 覇者となる。ペナント(pennant)を 手にする。近代 覇権を握る。

―の印(例) 近代 いうしょうき［優勝旗］。い うしょうはい［優勝杯］。カップ(cup)。ト ロフィー(trophy)。ペナント(pennant)。

―を争う そうは［争覇］。

天皇から賜る―のトロフィー 近代 しはい［賜 杯］。

年間のすべての試合に―・すること グラン ドスラム(grand slam)。

ゆうしょう【勇将】 きょうしょう［強将］。とう しょう［闘将］。近代 けうしゃう［梟将］。
近世 がうしゃう［強将／剛将／豪将］。げう しゃう［驍将］。中世 まうしゃう［猛将］。ゆ うしゃう［勇将］。

ゆうじょう【友情】 近代 いうかう［友好］。い うじゃう［友情］。かうぎ［好誼］。フレンド シップ(friendship)。近世 いうぎ［友誼］。 かうぎ［交誼］。中世 いうあい［友愛］。

《句》近代 君子の交はりは淡きこと水の如し。
親密で堅い―のたとえ 近代 ていはうれんれ ん［綈袍恋恋］。刎頸(ふんけい)の交はり。近世 金 蘭の友。管鮑(くわんぱう)の交はり。中世 金石の 交(かう)。金石の交はり。断琴の交はり。中古 だんきん［断金］。断金の契り。

ゆうしょく【夕食】 ばんしょう［晩餉］。近代 サパー(supper)。せいさん［正餐］。せいぜ ん［盛膳］。ディナー(dinner)。ばんごはん ［晩御飯］。ばんさん［晩餐］。ゆふごはん［夕 御飯］。ゆふしょく［夕食］。近世 ばんめし ［晩飯］。ゆふげ［夕餉］。ゆふまま［夕飯］。
中世 ばんしょく［晩食］。ゆふいひ［夕飯］。
ゆふはん［夕飯］。ゆふめし［夕飯］。中古 ゆ ふけ［夕食／夕餉］。上代 ゆふみけ［夕御 食］。→しょくじ
―のおかず 中古 ゆふな［夕菜］。
禅宗で―のこと 中世 やくせき［薬石］。
▼晩餐会 近代 ディナーパーティー(dinner party)。バンケット(banquet)。

ゆうじょや【遊女屋】 近世 あそびやど［遊宿］。
いうぢょや［遊女屋］。おきや［置屋］。かし ざしき［貸座敷］。かしみせ［河岸見世］。ぎ ぎくゎん［妓館］。ぎろう［妓楼］。ぎゐん［妓 院］。くつわ［轡／銜］。くつわや［轡屋］。
けいせいや［傾城屋］。しゃうか［娼家］。しゃ うくゎん［娼館］。すいろう［翠楼］。せいろ う［青楼］。それや［其屋］。それやど［其 宿］。ぢょらうや［女郎屋］。ばうはち［亡八 ／忘八］。
―が集まっている町 近代 はなまち［花街］。
近世 いうくゎく［遊郭］。いうり［遊里］。い ろざと［色里］。いろまち［色町／色街］。く るわ［郭］。くゎがい［花街］。くゎりうがい ［花柳街］。ぶんり［分里］。→ゆうかく
―に行って遊ぶこと 近世 とうろう［登楼］。
―の主人 近世 くつわ［轡／銜］。ないしょ／ ないしょう［内証］。
格式の高い― 近世 おほがうし［大格子］。お ほまがき［大籬］。
下等な― 近世 きりみせ［切店／切見世］。つ ぼねながや［局長屋］。つぼねみせ［局見 世］。てっぽうみせ［鉄砲見世］。ながやみ せ［長屋見世］。
少し格式の高い― 近世 ちゅうみせ［中店］。 はんまがき［半籬］。はんみせ［半店］。

ゆうじん【友人】 →ともだち

ゆうすい【湧水】 近代 ゆうすい［湧水／涌水］。
中古 わきみづ［湧水／涌水］。上代 しみづ［清 水］。→しみず

ゆうすう【有数】 近代 いうすう［有数］。くっ し［屈指］。近世 ゆびをり［指折］。

ゆうずう【融通】 近代 くりあはせ［繰合］。た いしゃく［貸借］。ゆうづう［融通］。近世 か しかり［貸借］。つがふ［都合］。やりくり［遣 繰］。中世 とりはからふ［取計］。

―がきかない(さま) かちかち。がりがりあた ま［頭］。ひとつおぼえ［一覚］。近代 ぎごは ［儀強］。くそまじめ［糞真面目］。近世 か たし［堅／固］。かなづちあたま［金槌頭］。

きっしく［蓄縮］。きまじめ［生真面目］。

しゃくしぢゃうぎ［杓子定規］。やぼがたし ［野暮堅］。中世 いしあたま［石頭］。いっぺ ん［一偏］。中古 かたくなし［頑］。

《句》近代 柱(ちゆう)に膠(にか)して瑟(しつ)を鼓(こ)す。

―がきかない学者 近代 くじゅ［拘儒］。近世

だうがくせんせい[道学先生]。

—がきかない人 かたぶつ[堅物]。近世いしべきんきち[石部金吉]。いしべきんきちかなかぶと[石部金吉金兜]。いしべやきんざゑもん[石部屋金左衛門]。かたざう[堅蔵]。かたじん[堅人]。

—がきかなくなる 近代かたまる[固]。

—がきく 近代フレキシブル(flexible)。

—・し合ってうまくやること 中世有無相通ず。

—に富む性質 フレキシビリティー(flexibility)。近代だんりょくせい[弾力性]。やはらかい[柔/軟]。中世じうなん[柔軟]。

ゆう・する【有】 近代ぐいう[具有]。ぐび[具備]。ほいう[保有]。近世しょざう[所蔵]。中世いうす[有]。中古そなはる[備]。上代しょいう[所有]。そなふ[備]。→**も・つ**

ゆうせい【優勢】 近代あったうてき[圧倒的]。いうせい[優勢]。いうゐ[優位]。中世いうりょく[有力]。中古いうり[有利]。

ゆうぜん【悠然】 近代いうやう[悠揚]。おっとり。たいぜんじじゃく[泰然自若]。ちんちゃく[沈着]。のんびり。よゆうしゃくしゃく[余裕綽綽]。近世いうちゃう[悠長]。ゆったり。中世じじゃく[自若]。たいぜん[泰然]。中古いういう[悠悠]。いうぜん[悠然]。しょうよう[従容]。のどか[長閑]。

ゆうそう【勇壮】 近世ゆうさう[勇壮]。中世くゎかん[果敢]。ゆうかん[勇敢]。中古いさまし[勇]。

—・な心 中世ゆうしん[雄心]。

ゆうたい【勇退】 近代じにん[辞任]。たいにん[退任]。りにん[離任]。中世いんたい[引退]。ゆうたい[勇退]。中古いんきょ[隠居]。→**いんたい**

ゆうたい【優待】 近代いうぐう[優遇]。かうぐう[好遇]。近世いうたい[優待]。こうぐう[厚遇]。ちぐう[知遇]。中古れいぐう[礼遇]。

ゆうだい【雄大】 近代がうさう[豪壮/剛壮]。だいきぼ[大規模]。ゆうだい[雄大]。近世てったう[跌宕/跌蕩]。中世おほきい[大]。さうだい[壮大]。上代とほしろし[遠白]。

—・で美しいこと 近世ゆうれい[雄麗]。

—・で力強いこと 近世ゆうこん[雄渾]。

—・な気性 近代気は世を蓋ふ。中世がいせい[蓋世]。

—・なはかりごと ゆうと[雄途]。近代さうきょ[壮挙]。中世さうと[壮図]。ゆうりゃく[雄略]。

—・な山 ゆうほう[雄峰]。

ゆうだち【夕立】 近世ゆだち/よだち[夕立]。中古はくう[白雨]。上代しうう[驟雨]。ゆふだち[夕立]。→**あめ**

《句》近世夕立は馬の背を分く[—分ける]。

—が降る 中古ゆふだつ[夕立]。

ゆうだん【勇断】 近世えいだん[英断]。くゎだん[果断]。ゆうだん[勇断]。

ゆうち【誘致】 近世いうち[誘致]。せうち[招致]。まねきよす[—よせる][招寄]。上代まねく[招]。

ゆうちょう【悠長】 近代いうやう[悠揚]。おっとり。近世いうちゃう[悠長]。きなが[気長]。きながし[気長]。中古いういう[悠悠]。いうぜん[悠然]。

ゆうと【雄図】 近代さうきょ[壮挙]。近世ゆうと[雄図]。中世さうと[壮図]。ゆうりゃく[雄略]。

ゆうとう【優等】 近代いうしう[優秀]。いうとう[優等]。いうりゃう[優良]。中古しういつ[秀逸]。→**ゆうしゅう【優秀】**

ゆうとう【遊蕩】 近世あくしゃう[悪性]。だうらく[道楽]。たはれ[戯]。どら。ぬめり[滑]。のら。ふみもち[不身持]。内を外にす。中古いうたう[遊蕩/游蕩]。上代はうたう[放蕩]。

《句》近世坐して食らへば山も空し。

—・する所 近世あくしゃうどころ[悪性所]。あくしょ[悪所]。

—で金を使い果たした者 近世あがりなまづ[上鯰]。

—で使う金 近世あくしょがね[悪所金]。

—にふける者 近世いうたうじ[遊蕩児]。うてんつ。たうし[蕩子]。たうじ[蕩児]。

ゆうどう【誘導】 ガイド(guide)。近代インダクション(induction)。かぢとり[楫取/舵取]。リード(lead)。近世いうだう[誘導]。中世あんない[案内]。中古いういん[誘引]。せんだう[先導]。上代みちびく[導]。

—・して喋らせる 近世鎌を掛く[—掛ける]。

ゆうとく【有徳】 中世いうとく[有徳]。かうとく[高徳]。上代うとく[有徳]。

—の人 近代くんししゃ[君子者]。くんしじん[君子人]。

ユートピア(Utopia) アルカディア(Arkadia)。シャングリラ(Shangri-la)。とうげんきょう[桃源郷]。近代エデン(Eden)。エルドラド

(スペイン El Dorado)。パラダイス(paradise)。ユートピア。らくゑん[楽園]。りさうきゃう[理想郷]。エデン(Eden)の園。中古 ねはん[涅槃]。上代 ごくらく[極楽]。むかいうきゃう[無何有郷]。らくど[楽土]。無何有(むかう)(無何有(むがう))の郷(さと)。

ゆうのう【有能】 近代 うでき[腕利]。ばんのう[万能]。びんわん[敏腕]。中世 いうのう[有能]。中古 たげい[多芸]。たのう[多能]。上代 たさい[多才]。

—・な人 近代 うでき[腕利]。びんわんか[敏腕家]。やりて[遣手]。近世 ききもの[利者]。きけもの[利者]。きれもの[切者]。中世 きさい[鬼才]。

—・な役人 近代 のうり[能吏]。

ゆうばえ【夕映】 近代 ざんえい[残映]。中世 へんせう[返照]。中古 はんせう[反照]。ゆふばえ[夕映]。

ゆうはつ【誘発】 近代 いうはつ[誘発]。じゃくき[惹起]。近世 しょくはつ[触発]。中世 ひきおこす[引起]。中古 いういん[誘引]。

ゆうひ【夕日】 らくよう[落陽]。近代 いりつひ[入日]。そくじつ[仄日]。近世 せきけい[夕景]。ばんせう[晩照]。中世 さうゆ[桑楡]。ざんせう[残照]。せきき[夕暉]。せきせう[夕照]。せきやう[夕陽]。中古 ざんやう[残陽]。しゃやう[斜陽]。せいう[西烏]。せきじつ[夕日]。にしび[西日]。らくじつ[落日]。上代 いりひ[入日]。しゃき[斜暉]。ゆふかげ[夕陰/夕影]。ゆふづくひ[夕付日]。ゆふひ[夕日/夕陽]。らくき[落暉]。

—が山の端に入ろうとする 近世 うすづく[臼搗]。

—で照り輝く 中世 ゆふばゆ[夕映]。

—に染まった雲 近世 こうか[紅霞]。

—に映える物の姿 中古 ゆふかげ[夕陰/夕影]。

—の光 中世 いりひかげ[入日影]。上代 らくせう[落照]。

日没後も残る—の光 近代 ざんくん[残曛]。ゆふあかり[夕明]。中世 ざんせう[残照]。

ゆうひ【雄飛】 近代 はばたく[羽撃/羽搏]。中古 やくしん[躍進]。近世 ひやく[飛躍]。ゆうひ[雄飛]。

ゆうび【優美】 エレガンス(elegance)。近代 いうが[優雅]。エレガント(elegant)。近世 ごしょふう[御所風]。ふうが[風雅]。やさがた[優形]。中世 みやびやか[雅]。らふたく[臈長]。中古 あて/あてはか/あてやか[貴]。いう[優]。いうえん[優艶]。いうび[優美]。いうゑん[優婉]。しなやか。たをやか[婀]。なまめかし/なまめく[艶]。なよびか。にこやか[和]。やさし[優]。上代 みやび/みやびか[雅]。

—・で美しい 中世 あだ[婀娜]。

—・でないさま 中古 ふつつか[不束]。

—・な様子をする 中古 えんがる[艶]。

—・に思う 中世 やさしがる[優]。

婦人服などが—・なさま ドレッシー(dressy)。

ゆうびん【郵便】 近代 いうびん[郵便]。えきてい[駅逓]。メール(mail)。

—事業を行う機関 近代 いうびんきょく[郵便局]。

—で送ること 近代 いうそう[郵送]。

—で送る書状 近代 てがみ[手紙]。はがき[葉書/端書]。ふうしょ[封書]。ポストカード(postcard)。レター(letter)。近世 いうしょ[郵書]。→**てがみ**

—の料金 近代 いうぜい[郵税]。いうびんぜい[郵便税]。いうびんせん[郵便銭]。いうびんれうきん[郵便料金]。

—の料金支払い済みの証票 近代 いうけん[郵券]。きって[切手]。

—を司る官庁 近代 いうびんきょく[郵便局]。えきていきょく[駅逓局]。

一般の— 近代 ふつういうびん[普通郵便]。

特別な—(例) エアメール(airmail)。エアログラム(aerogram)。かんいかきとめ[簡易書留]。こうくうしょかん[航空書簡]。こうくうゆうびん[航空郵便]。でんしメール[電子mail]。でんしゆうびん[電子郵便]。ふりかえ[振替]。ゆうびんふりかえ[郵便振替]。近代 かきとめ[書留]。ぐゎいこくいうびん[外国郵便]。そくたつ[速達]。

ゆうふく【裕福】 近代 ゆうふく[裕福]。リッチ(rich)。近世 あつし[厚/篤]。中世 かねもち[金持]。たのし[楽]。たのもし[頼]。にぎはし[賑]。ふくいう[福祐]。ふゆう[富裕]。中古 とく[徳]。上代 とむ[富]。ゆたか[豊]。→**ゆたか**

—・な人 →**かねもち**

—・になる 中世 たのしむ[楽]。上代 とむ[富]。

見かけより内実の—・なこと 近世 ないふく[内福]。

ゆうべ【夕】❶〈夕方〉 →**ゆうがた**

ゆうべ【夕】❷〈昨夜〉 近世 さくゆふ[昨夕]。中世 こよひ[今宵]。さくせう[昨宵]。さくせき[昨夕]。ゆふべ/ゆんべ[夕]。中古 や

ぜん[夜前]。よべ[昨夜]。上代きそ/きぞ[昨夜]。きそのよ[昨夜]。

ゆうへい【幽閉】 近代かんきん[監禁]。こうきん[拘禁]。中世いうしう[幽囚]。いうへい[幽閉]。中古きんこ[禁固/禁錮]。

—・する 上代いうす[幽]。

ゆうべん【雄弁】 弁が立つ。近代くちだっしゃ[口達者]。くゎいべん[快弁]。蘇張(そちやう)の舌(弁)。近世あぶらぐち[油口]。くちじゃうず[口上手]。くちぼこ[口鉾]。さいべん[才弁]。たつべん[達弁]。のうべん[能弁]。はなしじゃうず[話上手]。弁舌爽やか。中世かうべん[巧弁]。くぜつ[口舌/口説]。くちきき[口利]。だいべん[大弁]。べんべん[便便]。ゆうべん[雄弁]。中古くちぎよし[口清]。くゎうちゃうぜつ[広長舌]。りかう[利巧/悧巧]。りこう[利口]。懸河(けんが)の弁。

《句》中世大弁は訥(とつ)なるが如し。

—・なさま 近代たくれいふうはつ[踔厲風発]。上代ししく[獅子吼]。

—・な人 近代のうべんか[能弁家]。ゆうべんか[雄弁家]。

ゆうほ【遊歩】 →**さんぽ**

ゆうほう【友邦】 近代いうはう[友邦]。ぜんりん[善隣]。どうめいこく[同盟国]。めいはう[盟邦]。

ゆうぼう【有望】 近代いうばう[有望]。いうゐ[有為]。かうばう[好望]。たばう[多望]。みこみ[見込]。近世みどころ[見所]。

ゆうぼく【遊牧】 近代いうぼく[遊牧]。中古はうぼく[放牧]。→**ぼくちく**

ゆうほどう【遊歩道】 モール(mall)。近代いうほだう[遊歩道]。さんぽみち[散歩道]。プロムナード(フランス promenade)。

ゆうめい【有名】 名の知れた。名の通った。呼び声が高い。近代ちょめい[著名]。世に知られる。近世くっし[屈指]。ちめい[知名]。なうて[名]。なだい[名代]。なだたる[名立]。なとり[名取]。中世めいよ[名誉](善悪ともに言う)。音に聞く(聞こゆ)。中古いうめい[有名]。かくれなし[隠無]。かうみゃう/かうめい[高名]。たかし[高]。なだかし[名高]。なだたり[名立]。隠れもなし。名あり。名に聞く。名にし負ふ。世に聞こゆ(—聞こえる)。上代なぐはし[名細]。名に負ふ。

—・な学者 中世けんがく[顕学]。

—・な人 ちめいじん[知名人]。ちょめいじん[著名人]。近世とほりもの[通者]。めいりう[名流]。中世めいし[名士]。

—・になる 男を売る。顔が売れる。名が売れる。世に知られる。近代名を馳せる。名を売る。近世うる(うれる)[売]。顔を売る。名を成す。中世ぶんたつ[聞達]。名を現す。名に流る。中古ひびく[響]。名に立つ。名を揚ぐ(—揚げる)。名を得(う)(—得る)。名を取る。名を流す。上代名を立つ(—立てる)。

▼名ばかりで実質がない 中古いうめいむじつ[有名無実]。名有りて実なし。

昔から— 近世名に旧(ふ)る。

ゆうめい【勇名】 近世ぶめい[武名]。ゆうめい[勇名]。中世ゐめい[威名]。

ゆうめい【幽冥】 →**あのよ**

ユーモア(humor) 近代ヒューモア/ユーモア。近世かいぎゃく[諧謔]。しゃれ[洒落]。上代こっけい[滑稽]。

—のあるさま 近代ユーモラス(humorous)。

—のある人 近代ユーモリスト(humorist)。

笑った後で不気味さを感じる— ブラックユーモア(black humor)。

ゆうもう【勇猛】 近代せいかん[精悍]。近世がうゆう[剛勇]。まうゆう[猛勇]。鬼とも首引き。鬼とも組む。鬼を欺く。中世たけだけし[猛猛]。ゆうかん[勇敢]。ゆうぶ[勇武]。ゆうまう[勇猛]。中古いかし[厳]。上代たけし[猛]。

—心 中世やたけごころ[弥猛心]。

—で優れていること 近代がうまい[豪邁]。

—・な大将 きょうしょう[強将]。とうしょう[闘将]。近代けうしゃう[梟将]。近世がうしゃう[強将/剛将/豪将]。げうしゃう[驍将]。中世まうしゃう[猛将]。ゆうしゃう[勇将]。

—・な人 中古ゆうひ[熊羆]。上代あらを[荒雄/荒男]。しこを[醜男]。

—・な兵士 おにむしゃ[鬼武者]。中世ひきう[貔貅/豼貅]。中古あらむしゃ[荒武者]。上代ちからびと[力人/力士]。

—・に戦うさま 中世ししふんじん[獅子奮迅]。

ゆうやく【釉薬】 近代やきものぐすり[焼物薬]。中世うはぐすり[上薬/釉]。

ゆうやく【勇躍】 近代いきほひこむ[勢込]。きおひこむ[気負込]。きおひたつ[気負立]。ゆうやく[勇躍]。近世いさみたつ[勇立]。ふんき[奮起]。中古はやる[逸/早]。上代いさむ[勇]。

ゆうやけ【夕焼】 近代ざんえい[残映]。ゆふ

ばえ［夕映］。近世ざんせう［残照］。そらほでり［空火照］。ばんか［晩霞］。ゆふやけ［夕焼］。中世せきせう［夕照］。中古かすみ［霞］。はんせう［反照］。ほてり［火照／熱］。ゆふくれなゐ［夕紅］。

ーで赤く染まった雲 近代ゆふやけぐも［夕焼雲］。近世あまがべに［天紅］。

ゆうゆう【悠悠】 近代いうやう［悠揚］。たいぜんじじゃく［泰然自若］。のんびり。へいぜん［平然］。近世いうちゃう［悠長］。きなが［気長］。中世じじゃく［自若］。たいぜん［泰然］。ゆったり。中古いういう［悠悠］。のどいうぜん［悠然］。しょうよう［従容］。のどのど。

ーと思うがままに暮らすこと 近代いういうじてき［悠悠自適］。かんうんやかく［閑雲野鶴］。魚は江湖に相(あひ)忘る。

ゆうよ【猶予】 近代えんき［延期］。えんしん［延伸］。のばす［延］。中世とうりう［逗留］。中古いうよ［猶予］。えんいん［延引］。

ーがないこと 近世尻に火が付く。焦眉(せうび)の急(きふ)。待ったなし。

ゆうよ【有余】 近代くゎじょう［過剰］。じょうよ［剰余］。中世いうよ［有余］。中古よじょう［余剰］。よぶん［余分］。上代あまり［余］。

ゆうよう【有用】 →**ゆうえき**

ゆうよう【悠揚】 →**ゆうゆう**

ゆうらく【遊楽】 近代かうらく［行楽］。レクリエーション(recreation)。中世ゆさん［遊山］。中古いうらく［遊楽］。→**あそび❶**

ゆうらん【遊覧】 近世まんいう［漫遊］。れきいう［歴遊］。中世いうれき［遊歴］。中古いうくゎん［遊観］。じゅんいう［巡遊］。せうえう［逍遥］。上代いうらん［遊覧］。しういう［周遊］。

ーの客 近代いうきゃく［遊客］。くゎんくゎうきゃく［観光客］。中古いうかく［遊客］。

ーの船 近代いうらんせん［遊覧船］。中古やかたぶね［屋形船］。

ゆうり【有利】 とく［得］。旗色が良い。近代いうせい［優勢］。中世いうりょく［有力］。かって［勝手］。中古いうり［有利］。
《句》近代先んずれば人を制す。

ー・な点 近代アドバンテージ(advantage)。りてん［利点］。中世とりえ［取柄］。

ー・な方へ付くため形勢を見ること かざみどり［風見鶏］。近代ほらがたうげ［洞ヶ峠］。近世ひよりみ［日和見］。ふたまたがうやく［二股膏薬］。

自分がー・になるようにすること 近代がでんいんすい［我田引水］。

ゆうり【遊離】 近世いうり［遊離］。中古こりつ［孤立］。ぶんり［分離］。上代はなる［離／放］。

ー・する うく［浮］。近代うきあがる［浮上］。

ゆうり【遊里】 →**ゆうかく**

ゆうりょ【憂慮】 近代きぐ［危惧／危懼］。近世いうりょ［憂慮］。しんぱい［心配］。胸を痛む［ー痛める］。中世あんず［案］。うれひ［憂］。おそれ［恐／虞］。けねん［懸念］。しんつう［心痛］。つうしん［痛心］。ふあん［不安］。中古心を悩ます。上代うれへ［憂］。

ゆうりょう【優良】 近代いうしう［優秀］。いうとう［優等］。いうりゃう［優良］。かりゃう［佳良］。近世じゃうとう［上等］。→**ゆうしゅう【優秀】**

ゆうりょく【有力】 近代きゃうりょく［強力］。パワフル(powerful)。中世いうりょく［有力］。上代つよし［強］。

ー者 近世かほやく［顔役］。中世なにがし［某／何某］。中古時の人。

ゆうれい【幽霊】 →**ぼうれい**

ーのまわりに飛ぶ火 近代いうれいび［幽霊火］。近世あをび［青火］。いんくゎ［陰火］。しんくゎ［心火］。ひのたま［火玉］。狐の提灯。中世きつねび［狐火］。りんくゎ［燐火］。上代おにび［鬼火］。ひとだま［人玉］。

芝居などでーの出る効果音 近世どろん。ひゅうどろどろ。中世どろどろ。

ゆうれき【遊歴】 近世まんいう［漫遊］。中世あんぎゃ［行脚］。いうれき［遊歴］。中古じゅんいう［巡遊］。めぐりあるく［巡歩］。上代しういう［周遊］。

ゆうれつ【優劣】 近世けんち［軒輊］。中世かうせつ［巧拙］。かふおつ［甲乙］。しょうれつ［勝劣］。中古いうれつ［優劣］。しゆう［雌雄］。ちゃうたん［長短］。よしあし［良悪／善悪］。上代かうげ［高下］。

ーがつけにくいこと どっこいどっこい。とんとん。近世ごぶごぶ［五分五分］。中世ごかく［互角／牛角］。《句》兄(けい)たり難く弟(てい)たり難し。近世いづれ菖蒲(あやめ)か杜若(かきつばた)。中世伯仲(はくちゅう)の間(かん)。

ーがないこと(さま) ごぶ［五分］。近代おつかつ／おっつかっつ［乙甲］。たいとう［対等］。もちあふ［持合］。近世あひこ［相子］。きっかう［拮抗／頡頏］。ごぶごぶ［五分五分］。してんにてん［四天二天］。にた

もの[似者／似物]。負けず劣らず。中世たいたい[対対]。中古うちすがふ[打次]。

—を競うこと 近代かくちく[角逐]。中世かくてい[角觝]。きゃうさう[競争]。中古たたかひ[戦／闘]。

—を競わせること 上代あはす[あわせる][合]。

—を判別する アセスメント(assessment)。中世ひんぴゃう[品評]。上代ことわる[判／断]。しなさだめ[品定]。

ゆうわ【融和】 ゆきどけ[雪解]。近代ゆうがふ[融合]。ゆうゆう[融融]。ゆうわ[融和]。中世とけあふ[融合]。上代わがふ[和合]。

ゆうわく【誘惑】 近代いうわく[誘惑]。みれう[魅了]。近世しょうよう[慫慂]。気を引く。水を向く[—向ける]。中世かどふ[勾引／誘拐]。さそひ[誘]。中古をこつりざを[誘竿]。

—・するための金品 近世ゑさ[餌]。中世ゑば[餌／餌食]。上代ゑ[餌]。

—に負けず我慢すること 近代けんにんふばつ[堅忍不抜]。

—に負ける よろめく[蹌踉]。中世まよふ[迷／紕]。

異性を言葉たくみに—・する 近世ひっかく[—かける][引掛]。中世たらす[誑／蕩]。

ゆえ【故】 近代げんいん[原因]。りいう[理由]。中世しょいう[所由]。せゐ[所為]。からいれき[来歴]。わけ[訳]。中古け[故]。ため[為]。ゆいしょ[由緒]。ゆゑん[所以]。上代え[故]。から[故]。ゆゑ[故]。ゆゑよし[故由]。→**だから**

ゆえつ【愉悦】 近代ゆえつ[愉悦]。近世まんえつ[満悦]。中世きんき[欣喜]。ゆくゎい[愉快]。中古いつらく[逸楽／佚楽]。きえつ[喜悦]。上代くゎんき[歓喜]。

ゆえに【故】 近世けに。けん。それだから。だから。ために[為]。なれば。中世あひだ[間]。したがって[従]。それで。でう[条]。よって／よて[因／依／仍]。中古かるがゆゑに[故]。それゆゑ[其故]。よりて[因／依／仍]。上代からに[故]。かれ[故]。ゆゑ／ゆゑに[故]。

ゆえん【所以】 近代りいう[理由]。中世いはれ[謂]。しょいう[所由]。らいれき[来歴]。わけ[訳]。中古ゆゑん[所以]。

ゆえん【油煙】 中世えんばい[煙煤]。ゆえん[油煙／油烟]。上代すす[煤]。

ゆか【床】 フロア(floor)。近世しゃう[牀／床]。とこ[床]。ゆか[床]。

—がなく土間に筵(むしろ)**などを敷くこと** 近代どまじき[土間敷]。ものがら[物殻]。

—の板 近代ざいた[座板]。近世とこいた／ゆかいた[床板]。ねだいた[根太板]。

—の板の張り方(例) 近代うぐひすばり[鶯張]。近世いかだばり[筏張]。

—の上 近世ゆかうへ[床上]。中古しゃうじゃう[床上]。

—の下 近世ゆかした[床下]。中世えんのした[縁下]。上代しゃうか[床下／牀下]。

ゆかい【愉快】 近代ゆえつ[愉悦]。近世きみよし[気味好]。くゎいさい[快哉]。たぬし[楽]。つうくゎい[痛快]。中世きびよし[気味好]。こころおもしろし[心面白]。ゆくゎい[愉快]。中古うれし[嬉]。おもしろし[面白]。ここちよし[快]。上代たのし[楽]。

—がること 中古たのしぶ[楽]。ゆげ[遊戯]。

—そうな顔 近代ゆしょく[愉色]。中世きしょく[喜色]。

—・な事柄 近世くゎいじ[快事]。らくじ[楽事]。

—・に過ごす 中古きょうず[興]。

—・になる 中古ゆく[行]。上代うらぐ。

—・に話すこと 中世くゎいだん[快談]。

ゆかし・い【床】 近世おゆもじ[御文字](女房詞)。じゃうひん[上品]。中古おくゆかし[奥床]。ゆかし[床]。→**おくゆかし・い**

ゆかた【浴衣】 近代ゆとり[湯取／浴取]。近世みのごひ[身拭]。ゆかた[浴衣]。よくい[浴衣]。中古ないい[内衣]。ゆかたびら[湯帷子]。

—を着ること 近世ゆかたがけ[浴衣掛]。

粗末な— 近世したうま[下馬]。

ゆがみ【歪】 近代ねぢれ[拗／捩／捻]。近世ふり[振／風]。中世いびつ[歪]。ひづみ[歪]。中古たわみ[撓]。ゆがみ[歪]。

器物の—やきず 中古いしま[窪]。

ゆが・む【歪】 近代ねぢくれる[拗／捩]。わいきょく[歪曲]。近世ひづむ[歪]。ひねくる[—くれる][捻]。中世いがむ[歪]。中古たわむ[撓]。まがる[曲]。ゆがむ[歪]。上代もとる[悖]。

—・んでいる 中古ひがひがし[僻僻]。

心が—・む 中世くせむ[癖]。

ゆが・める【歪】 近世いがむ[いがめる][歪]。わいきょく[歪曲]。中世ひづむ[ひずめる][歪]。中古ひがむ[僻]。もとろかす[戻]。ゆがむ[ゆがめる][歪]。上代まぐ[まげる][曲]。

ゆかり【縁】 中世えん[縁]。近世うつり[移]。えんこ[縁故]。くゎんけい[関係]。ゆいしょ

［由緒］。中古ゆえん［由縁］。よせ［寄］。中古いんえん［因縁］。えに／えん［縁］。しょえん［所縁］。ちなみ［因］。ゆかり［縁］。上代よすが［縁／因］。よるべ［寄辺］。→**えん【縁】**

ーのある人 中古えんぺん［縁辺］。

ーのある古い土地 中古こち［故地］。ふるさと［古里／故郷］。

ゆき【雪】 ぎんせつ［銀雪］。はくぎん［白銀］。近代ずいくゎ［瑞花］。スノー(snow)。てんくゎ［天花／天華］。近世せっくゎ／ゆきばな［雪花］。りくくゎ／ろくくゎ［六花］。犬の伯母。中世玉の塵(ちり)。六(む)つの花。雪の花。中古いろかき。いろきえず。かんくゎ［寒花］。ぎょくせつ［玉屑］。ぎょくぢん［玉塵］。せいぢょ［青女］。はくせつ［白雪］。りくしゅつ［六出］。りくしゅつくゎ［六出花］。上代しらゆき［白雪］。みゆき［深雪／御雪］。ゆき［雪］。《枕》上代しろたへの［白妙］。ひさかたの［久方］。

ーが木の枝から滑り落ちること 近代ゆきしづり／ゆきしづれ［雪垂］。中世しづる〔しずれる〕［垂］。

ーが木の枝などから落ちる音 近世雪の声。

ーが大量に崩れ落ちる現象 中世なだれ［雪崩］。ゆきなだれ［雪頽］。

ーが積もる 中古ふりつむ［降積］。ふりつもる［降積］。上代つむ［積］。

ーがとける →**ゆきどけ**

ーが降ること 中世うせつ［雨雪］。かうせつ［降雪］。中古かきたる［搔垂］。

ーがまだらに消える 中古むらぎゆ［斑消］。

ーが乱れ降る 中古ふぶく［吹雪／乱吹］。ふりみだる［降乱］。

ーでうずめられた地域 近代せっけい［雪渓］。せつげん［雪原］。せつでん［雪田］。

ーで木の枝が折れること 中古ゆきをれ［雪折］。

ーで作った像 せつぞう［雪像］。近世ゆきだるま［雪達磨］。中世ゆきぼとけ［雪仏］。

ーで夜も薄明るく見えること 近世ゆきあかり［雪明］。

ーの遊び(例) せつぞうづくり［雪像作］。近代かまくら。ゆきがっせん［雪合戦］。ゆきなげ［雪投］。近世ゆきこかし［雪転］。ゆきころがし／ゆきころばし［雪転］。ゆきつぶて［雪礫］。ゆきまろげ［雪丸］。中世ゆきうち［雪打］。中古ゆきまろばし［雪転］。

ーの後の晴天 近世ゆきばれ［雪晴］。

ーの上 中世せつじゃう［雪上］。

ーの多く降る地方 近世ゆきぐに［雪国］。

ーの消えた所 中古ゆきま［雪間］。

ーの精 近代ゆきぢょらう［雪女郎］。近世ゆきぢょうろ［雪女郎］。ゆきむすめ［雪娘］。中世ゆきおに［雪鬼］。ゆきをんな［雪女］。

ーの積もった道 近世ゆきぢ［雪路］。ゆきみち［雪道］。

ーの積もった山 ぎんれい［銀嶺］。近代ゆきやま［雪山］。中世せつざん［雪山］。

ーの晴れ間 中古ゆきま［雪間］。

ーのひとひら 近代ゆきひら［雪片］。中古せっぺん［雪片］。

ーの降っている最中 ゆきなか［雪中］。中古せっちゅう［雪中］。ゆきもよ［雪］。

ーの降り掛かった衣 中古かくしゃう［鶴氅］。

ーの降りそうな様子 近代ゆきもやう［雪模様］。近世せつい［雪意］。ゆきもよひ［雪催］。中古ゆきげ［雪気］。

ーの降り出しそうな空 近世せつい［雪意］。ゆきぞら［雪空］。

ーの降るさま 近代こんこん。しんしん［涔涔］。上代はだら／はだれ／ほどろ［斑］。ひひ［霏霏］。ほどろほどろ［斑斑］。

ーの降る夜 中世ゆきよ［雪夜］。

ーのようなもの 上代ゆきじもの［雪］。

ーまじりの風 中古ゆきがて［雪糅］。

ーまじりの山おろし 近世ゆきおろし［雪颪］。

ーをとかすこと しょうせつ［消雪］。近代ゆうせつ［融雪］。

ーを取り除くこと じょせつ［除雪］。はいせつ［排雪］。近世ゆきかき［雪搔］。

新しく降ったー 近代あらゆき［新雪］。中古しんせつ［新雪］。

一度に大量に降るー ごうせつ［豪雪］。どかゆき［雪］。中世たいせつ［大雪］。上代おほゆき［大雪］。

一面のーで景色が白くなること(さま) 近世ゆきげしゃう［雪化粧］。中世ぎんせかい［銀世界］。中古がいがい［皚皚］。

薄く積もったー 中古うすゆき［薄雪］。はだらゆき／はだれゆき［斑雪］。上代あはゆき［淡雪］。はだれ［斑］。

風で飛んでくるー 近代くゎいせつ［回雪］。近世かざはな［風花］。

消えないで残っているー 近代まんねんゆき［万年雪］。近世ねゆき［根雪］。中古ざんせつ［残雪］。

消えやすいー 中古あはゆき［淡雪］。上代あ

わゆき[泡雪/沫雪]。
去年の— 中古ふるゆき[古雪]。
災害をもたらすほどの— ごうせつ[豪雪]。はくま[白魔]。
里(平野部)に降る— さとゆき[里雪]。
さらさらとした細かな— 近代パウダースノー(powder snow)。近世こなゆき[粉雪]。中世ささめゆき[細雪]。中古こゆき[粉雪]。
十二月(陰暦)に降る— 近代さんぱく[三白]。
正月に降る— 中古らふせつ[臘雪]。
正月三日に降る—や雨 近世おさがり[御下/御降]。
初冬の— 近世かざはな[風花]。
水分の多い— ぬれゆき[濡雪]。近代べたゆき[雪]。
少し降る— 近代こゆき[小雪]。
晴天にちらつく— 近代かざはな[風花]。
積雪の下層でとけない— 近代かたゆき[堅雪]。近世ねゆき[根雪]。
その冬最後の— しゅうせつ[終雪]。近世雪の果て。
その冬初めての— 上代はつゆき[初雪]。
積もった—が強風で吹き上げられること 近代ぢふぶき[地吹雪]。近世ゆきけむり[雪煙]。
積もった—の下方がとけること 中古したぎえ[下消]。
強い風を伴う— 近世ゆきあらし[雪嵐]。ゆきあれ[雪荒]。ゆきしまき[雪風巻]。ゆきふぶき[雪吹雪]。中世ひせつ[飛雪]。中古しまき[風巻]。ふうせつ[風雪]。ふぶき[吹雪]。
凍結した— アイスバーン(ドイツ Eisbahn)。

とけかかった—が夜間に凍ったもの 近代かたゆき[堅雪]。
夏でも—のとけない谷間 近代せっけい[雪渓]。
春になって降る— 近世名残の雪。中古しゅんせつ[春雪]。
春になっても残っている— 名残の雪。
深く積もった— 中世みゆき[深雪]。中古しんせつ[深雪]。
降り積もった—(の景色) 近世ゆきげしょう[雪化粧]。中世ぎんせかい[銀世界]。中古せきせつ[積雪]。ふすまゆき[衾雪]。
まだらに降り積もった(消え残った)— 近代はんせつ[斑雪]。中古はだらゆき/はだれゆき[斑雪]。まだらゆき[斑雪]。むらむらゆき[斑斑雪]。上代はだら/はだれ[斑]。
松の枝葉に積もる— 中古松の雪。
まばらに降る— 中世ささめゆき[細雪]。
屋根一面に—が積もること 中古うはぶき[上葺]。
屋根などから—を下ろすこと 近代ゆきおろし[雪下]。
山などに—が降ること かんせつ[冠雪]。
その他—のいろいろ(例) コーンスノー(corn snow)。ざらめ[粗目]。ざらめゆき[粗目雪]。ゆきぼうし[雪帽子]。近代わたゆき[綿雪]。近世ぼたゆき/ぼたんゆき[牡丹雪]。もちゆき[餅雪]。わたぼうしゆき[綿帽子雪]。中世かたびらゆき[帷子雪]。はなびらゆき[花弁雪]。たびらゆき[太平雪]。

ゆきあ・う【行合】 近世ゆきあはす(—あわせる)。いきあふ[行合]。中古ありあふ[有合]。上代ゆきあふ[行合]。

ゆきあたりばったり【行当】 近世いきあたりばったり/ゆきあたりばったり[行当]。いきなりさんぼう/ゆきなりさんぼう[行成三宝]。てんぽの皮。《枕》上代をとめらに[乙女等]。

ゆきあた・る【行当】 近世つきあたる[突当]。中世いきあたる/ゆきあたる[行当]。いきづまる/ゆきづまる[行詰]。きゅうす[窮]。てづまり[手詰]。たちわうじゃう[立往生]。

ゆきか・う【行交】 中世いきき[行来]。中古いきかふ/ゆきかふ[行交]。うちかふ[打違/打交]。上代ゆきかよふ[行通]。ゆきく[行来]。わうくゎん[往還]。わうらい[往来]。

ゆきかえり【行帰】 →ゆきき

《枕》上代たまぼこの[玉鉾]。

ゆきがかり【行掛】 近世いきがかり/ゆきがかり/ゆきがけ[行掛]。なりゆき[成行]。はづみ[弾]。中世いきほひ[勢]。

ゆきがけ【行掛】 行くついで。近世いきがけ/ゆきがけ[行掛]。いきしな/ゆきしな[行]。上代ゆくさ[行]。

ゆきかた【行方】 近代ろせん[路線]。近世いきかた/ゆきかた[行方]。やりかた[遣方]。中世しかた[仕方]。

ゆきき【行来】 近代かうりう[交流]。そらい[徂徠]。近世つうろ[通路]。行ったり来たり。中世いきき[行来]。とほり[通]。わうらい[往来]。中古いきかよふ/ゆきかよふ[行通]。うちかひ[打違/打交]。かよひ[通]。みちかひ[道交]。ゆきかふ[行交/往交]。ゆきき[行来/往来]。わうくゎん

[往還]。わうばん[往反]。わうふく/わうぶく[往復]。わうへん[往返]。上代 かうつう[交通]。きょらい[去来]。ゆきかへり[行帰]。

ーが激しいさま 近代 きき[熙熙]。

ー・する道 中世 かよひみち[通路/通道]。中古 かよひぢ[通路]。ゆきかひぢ[行交路]。

徒歩でー・する 中世 とそう[抖擻/斗擻]。

何度もー・する 中世 ふみならす[踏均]。

人のー 中世 ひとあし[人足]。

ゆきさき【行先】 →ゆくさき

ゆきしな【行】 →ゆきがけ

ゆきすぎ【行過】 近代 やりすぎ[遣過]。近世 いきすぎ/ゆきすぎ[行過]。中世 くゎど[過度]。さやばしる[鞘走]。度を越す(過ごす)。

《句》中世 過ぎたるは猶(なほ)及ばざる如し。

ゆきずり【行摺】 近世 とほりがかり[通掛]。とほりすがり[通次]。中世 とほりがけ[通掛]。中古 みちぶり[道触/道振]。ゆきずり[行摺/行摩]。上代 みちゆきぶり[道行触/道行振]。

ゆきだおれ【行倒】 近代 かうりょびゃうしゃ[行旅病者]。かうろびゃうしゃ[行路病者]。近世 いきだふれ/ゆきだふれ[行倒]。のたれじに[野垂死]。

ゆきちがい【行違い】❶〈食い違い〉 →くいちがい

ゆきちがい【行違】❷〈すれ違い〉 近代 いきちがひ[行違]。中世 あふさきるさ[逢離]。ゆきちがひ[行違]。

ゆきちが・う【行違】 近世 すれちがふ[擦違]。中世 はせちがふ[馳違]。中古 いきちがふ/ゆきちがふ[行違]。かふ[交]。すがふ[次]。たがふ[違]。

ゆきつ・く【行着】 近代 たうたつ[到達]。近世 たどりつく[辿着]。ちゃく[着]。中古 いきつく/ゆきつく[行着]。たうちゃく[到着]。ちゃくたう[着到]。ゆきいたる[行至]。上代 いたる[至]。いゆきいたる[行至]。

ー・いて止むこと 近代 ていし[底至]。近世 ていし[底止]。

ー・くところ 近代 きすう[帰趨]。きょくしょ[極所]。きょくど[極度]。近世 おち[落]。しょせん[所詮]。とどのつまり。中世 きしゅ[帰趣/帰趨]。せんど[先途]。つまり。中古 みなと[湊/港/水門]。

果てまでー・く 中世 きはめ[極/窮]。

ゆきづまり【行詰】 デッドエンド(dead end)。近代 あたまうち[頭打]。いきあたり/ゆきあたり[行当]。いきづまり/ゆきづまり[行詰]。デッドロック(deadlock)。とんざ[頓挫]。どんづまり。ふくろこうぢ[袋小路]。近世 いきどまり/ゆきどまり[行止]。さてつ[蹉跌]。たちわうじゃう[立往生]。つきあたり[突当]。つまり[詰]。中世 かんか[轗軻/坎軻/坎坷]。てづまり[手詰]。ひっぱく[逼迫]。らうろう[牢籠]。中古 がいさい[涯際]。

ゆきづま・る【行詰】 近世 てづまる[手詰]。ゆきあたる[行当]。中世 いきづまる/ゆきづまる[行詰]。きはまる[極]。きゅうす[窮]。つまる/つむ[詰]。中古 ゆきなやむ[行悩]。進退維(こ)れ谷(きは)まる。上代 こしなづむ[腰泥]。

ー・って進展しないこと 近代 あしぶみ[足踏]。かうちゃく[膠着]。ていとん[停頓]。中古 ていたい[停滞]。

ゆきどけ【雪解】 近代 ゆうせつ[融雪]。中世 ゆきどけ[雪解]。中古 ゆきぎえ[雪消]。上代 ゆきげ[雪消/雪解]。

ーでぬかるんだ道 近代 ゆきどけみち[雪解道]。

ーによる川の増水 中世 たうくゎすい[桃花水]。

ーによる川の濁り 近代 ゆきにごり[雪濁]。

ーのぬかるみ 近代 せつでい[雪泥]。

ーの水 ゆきしろ[雪代]。近世 ゆきみづ[雪水]。中世 せっすい[雪水]。ゆきしる/ゆきじる[雪汁]。ゆきしろみづ[雪代水]。

積もった雪の下の方のー 中古 したぎゆ[下消]。

ゆきとど・く【行届】 近代 しうたう[周到]。ちみつ[緻密]。近世 気が利く。五分も透かぬ。手が届く。中世 いきとどく/ゆきとどく[行届]。しうみつ[周密]。とどく[届]。ゆきわたる[行渡]。気がつく。中古 いたりふかし[至深]。いたる[至]。おもひおよぶ[思及]。くまなし[隈無]。こころおよぶ[心及]。

《句》近代 痒い所に手が届く。

ー・いたさま 近世 こまごま[細細]。せいたう[精到]。中古 かずかず[数数]。らうらうじ[労労]。

ー・いた世話 近代 しうたう[周到]。近世 きくばり[気配]。はいりょ[配慮]。手取り足取り。中世 しうみつ[周密]。至れり尽くせり。

ー・かない 近世 ふつつか[不束]。ふゆきとどき[不行届]。中世 ぶてうはふ[不調法]。ふとどき[不届]。中古 おもひぐまなし[思

隈無]。てはなち[手放]。《句》近代 擂(す)り粉木で重箱洗ふ。

—・かない言葉 中古 そごん[粗言/麁言]。中世 そげん[粗言/麁言]。

—・かない人 近世 ふつつかもの[不束者]。

ゆきなや・む【行悩】 近世 いきなやむ[行悩]。近世 てまどる[手間取]。ゆきなづむ[行泥]。中古 いきうし[行憂]。中世 いきづまる/ゆきづまる[行詰]。中古 いきうし[行憂]。なんじふ[難渋]。ゆきなやむ[行悩]。上代 とどこほる[滞]。なづむ[泥/滞]。

ゆきのした【雪下】 近代 いとはす[糸蓮]。近世 いはかづら[岩蔓]。いはぶき[岩蕗]。きじんさう[草]。こじさう[虎耳草]。中世 ゆきのした[雪下/鴨足草]。

ゆきば【行場】 →ゆくさき

ゆきやなぎ【雪柳】 近代 いはやなぎ[岩柳]。近世 こごめばな[小米花]。こごめやなぎ[小米柳]。ゆきやなぎ[雪柳]。ふんせつくゎ[噴雪花]。

ゆぎょう【遊行】 近世 いうぎゃう[遊行]。中世 あんぎゃ[行脚]。中古 ゆぎゃう[遊行]。

ゆきよけ【雪避】 じょせつ[除雪]。近代 ゆきよけ[雪避]。中世 ゆきがこひ[雪囲]。近世 ゆきかき[雪掻]。

ゆきわた・る【行渡】 近代 ふきふ[普及]。近世 いきわたる[行渡]。しんとう[浸透]。たひらいちめん[平一面]。まはる[廻/回]。まんべんなし[万遍無/満遍無]。中世 いきとどく/ゆきとどく[行届]。いきわたる/ゆきわたる[行渡]。およぶ[及]。しく[敷]。てってい[徹底]。ひろがる[広]。るふ[流布]。中古 いたる[至/到]。くまなし[隈無]。ひろし[広]。ひろまる[広]。ふへん[普遍]。へんす[遍]。みつ[満]。上代 あまねし[普/遍]。ほどこる[播/延]。

—・っている 中古 いたり[至]。上代 あまねし[普/遍]。

—・らせる 近代 はんぷ[頒布]。はんぷ[播布]。中世 となふ[徇]。中古 およぼす[及]。ほどこす[施]。まはす[回/廻]。上代 あまねはす[遍]。くばる[配]。しく[敷/布]。るふ[流布]。

真理があまねく—・る 中古 ゑんつう[円通]。

すみずみまで—・ること 近代 しうさふ[周匝]。

全体に—・ること 近世 せふかふ[浹洽]。

広く—・らせる 中世 おしひろむ[押広]。

ゆ・く【行】 近代 ゴー(go)。でむく[出向]。近世 かまる。こす[越]。でかく[—かける][出掛]。足が向く。顔を貸す。中世 うちのぞむ[打臨]。はこぶ[運]。ゆきむかふ[行向]。中古 あゆぶ[歩]。いぬ[往]。うちわたる[打渡]。おもぶく/おもむく[赴]。かよふ[通]。ぎゃうず[行]。ふむ[踏]。まかる[罷]。むかふ[向]。ものす[物]。上代 あゆむ[歩]。いく/ゆく[行/往]。いゆく[行]。すすむ[進]。とく[着]。わたる[渡]。《尊》近代 おいでになる[御出]。ごそくらう[御足労]。近世 いらっしゃる。おいでなさる[御出]。おいでなんす[御出]。おいでる[御出]。おざる。おでかけ[御出掛]。おでまし[御出座]。おりさふ。ござりんす[御座]。ござる[御座]。ござんす。中世 いらせられる。おこし[御越]。おりゃらします。おりゃる。ござあり[御座有]。ござさうらふ[御座候]。ござる[御座]。わす[座]。中古 おはさうず/おはさふ/おはしまさふ/おはします/おはす[御座]。おんいりさうらふ[御入候]。まさふ/まします[座]。みまそがり/みまそかり[在]。上代 いでます[出座]。います/いますかり[在/坐]。ます[在/坐]。《謙》中世 さうらふ[候]。まかりこす[罷越]。中古 さんじゃう[参上]。さんず[参]。まうづ[詣]。まかづ[罷]。まかる[罷]。まゐる[参]。《丁》近世 あんす。《枕》上代 あまぐもの[天雲]。はやかはの[早川]。ふるゆきの[降雪]。

—・かせる 中世 やる[遣]。中古 いだしたつ[出立]。いだしやる[出遣]。つかはす[遣]。

—・きにくい 中古 いきうし[行憂]。

—・くこと 上代 ゆき[行]。《尊》おいで[御出]。近代 おこし[御越]。おはこび[御運]。ごらいりん[御来臨]。《謙》近代 さんじゃう[参上]。中古 まかり[罷]。まゐり[参]。

—・くことができる 上代 ゆきかつ[行]。ゆける[行]。近世 いける[行]。

—・くことと帰ること 近世 いきかへり/ゆきかへり[行帰]。中世 いきもどり/ゆきもどり[行戻]。中古 わうはん/わうばん[往反]。わうへん[往返/往反]。

—・くついで 近世 いきがけ/ゆきがけ[行掛]。いきしな/ゆきしな[行]。中古 ゆくて[行手]。上代 ゆくさ[行]。

—・くとき 行くついで。近世 いきしな/ゆきしな[行]。いきがかり/ゆきがかり[行掛]。上代 ゆくさ[行]。

—・くとき来るとき 中世 ゆくさきるさ[行

来］。上代ゆくさくさ［行来］。
—・く年来る年 中古こぞことし［去年今年］。
—・くのに慣れている 中古ゆきつける［行付］。近世いきつく［—つける］［行付］。
—・くのをためらう 上代いゆきはばかる［行憚］。
—・く人 近代わうじゃ［往者］。
間を縫って—・く 上代さぐくむ／さくむ。
一緒に—・く 近代かいかう［偕行］。中世あひぐす［相具］。どうかう／どうぎゃう［同行］。ゆきつる［—つれる］［行連］。
奥の方へ—・く 中古あういく［奥行］。
同じ所へしばしば—・くさま 近世あししげく［足繁］。いりびたる［入浸］。
こっそり—・く 近代みっかう［密行］。近世はふ［這］。中世おしのび［御忍］。せんかう［潜行］。中古しのびあるき［忍歩］。はひわたる［這渡］。びかう［微行］。
ためらわずに—・くこと 近代ちょくしん［直進］。ちょくわう［直往］。とっしん［突進］。まいしん［邁進］。ゆうわうまいしん［勇往邁進］。中世ゆうわう［勇往］。
近くへ歩いて—・く 中世はひわたる［這渡］。
遠くまで—・くこと とおで［遠出］。近世ちゃうく［長駆］。ゑんそく［遠足］。
どんどん—・く 中古ゆきゆく［行行］。
はやく—・くこと 近世きふかう［急行］。しっかう［疾行］。とぶ［飛］。中世かけつく［—つける］［駆付］。中古はす［はせる］［馳］。上代はしる［走］。
人の家へ無理に—・く 中世おしかく［—かける］［押掛］。
よそへ—・くこと 近代ぐゎいしゅつ［外出］。近世たしょいき／たしょゆき［他所行］。よそいき／よそゆき［余所行］。中世たしゅつ［他出］。

▼ああもゆきこうもゆく 中世とゆきかうゆき。
▼行ったり来たり 近世いきつもどりつ／ゆきつもどりつ［行戻］。中世いきき［行来／往来］。わうらい［往来］。中古あふさきるさ［逢離］。ゆきき［行来／往来］。らいわう［来往］。わうふく［往復］。上代きかよふ［来通］。きょらい［去来］。たたずむ［佇］。たもとほる［回］。ゆきかよふ［行通］。ゆきく［行来］。
▼行ったり来たりぶらぶらする(さま) 近世うろつく［彷徨］。中世うろうろ。
▼行ってすぐ戻る 中世ゆきもどる［行戻］。ゆきかへる［往帰／往返］。中古たちかへる［立返］。わうふく［往復］。
▼行ってちょうど出合う 近世いきあはす／ゆきあはす［—あわせる］［行合］。中古ありあふ［有合］。上代ゆきあふ［行合］。

ゆくえ【行方】 いきさき［行先］。近代いきば／ゆきば［行場］。そうせき［踪跡］。もくてきち［目的地］。近世いきは［行端］。さきゆき［先行］。せんど［前途］。中世あと［跡］。しじゅう［始終］。せんてい／ぜんてい［前程］。せんど［先途］。ゆきさき［行先］。ゆきどころ［行所］。ゆくて［行手］。中古いきどころ［行所］。しゃうらい［将来］。すゑずゑ［末末］。ぜんと［前途］。ゆきがた／ゆくかた［行方］。ゆくすゑ［行末］。上代おく［奥］。おくか［奥処］。すゑ［末］。ゆくさき［行先］。ゆくへ［行方］。

《枕》上代にはたづみ［潦］。

—が定まらないこと 中世うんすい／くもみづ［雲水］。ふうん［浮雲］。

—が分からなくなる しっせき［失跡］。じょうはつ［蒸発］。行方を晦(くら)ます。近代きえる［消］。しっそう［失踪］。近世どろん。後ろを切る。中世跡を隠す(晦(くら)ます)。中古あとたゆ［跡絶］。あとはかなし［跡］。いきうす／ゆきうす［行失］。いきかくる／ゆきかくる［行隠］。くもがくれ［雲隠］。とだゆ［とだえる］［跡絶／途絶］。上代ゆくへなし［行方無］。

—の分からない人 中世うせびと［失人］。

—をさがされている人 近世おたづねもの［御尋者］。たづねびと［尋人］。

子供などの—が分からなくなること 近代かみかくし［神隠］。

ゆくさき【行先】 近代いきば／ゆきば［行場］。せんど［前途］。中世いくさき［行先］。せんど［先途］。ゆきさき［行先］。ゆきどころ［行所］。中古いきどころ［行所］。ぜんと［前途］。上代ゆくさき［行先］。ゆくへ［行方］。→**ゆくえ**
《枕》上代やみのよの［闇夜］。
—の道のり 中世せんど［先途］。中古ぜんてい［前程］。ぜんと［前途］。

ゆくすえ【行末】 中世さき［先］。しじゅう［始終］。中古うしろ［後］。おひすゑ［生末］。しゃうらい［将来］。すゑずゑ［末末］。ゆくすゑ［行末］。ゆくゆく［行行］。上代おく［奥］。おくか［奥処］。ゆくさき［行先］。ゆくへ［行方］。→**ゆくえ**
—が思いやられる 近代すゑおそろし［末恐］。
—長く 近代すゑしじゅう［末始終］。

成長発展するー 中古おひさき[生先]。
年を取ってゆくー 近世おいさき[老先／老前]。

ゆくて【行手】 近代ぜんろ[前路]。ゆくへ[行方]。中古ゆくて[行手]。→**ゆくさき**

ゆくゆく【行行】 近代ごじつ[後日]。近世さきゆき[先行]。中世やがて[軈／頓]。ゆくて[行手]。中古さきざき[先先／前前]。しゃうらい[将来]。ぜんと[前途]。たじつ[他日]。ゆくすゑ[行末]。ゆくゆく[行行]。

ゆくりなく 近世はからず(も)[図]。中世とつぜん[突然]。中古おもひがけず[思掛]。ふい(に)[不意]。ゆくりなし。

ゆげ【湯気】 近世じょうき[蒸気]。中世ほけ[火気]。ゆげ[湯気]。
ーで布のしわをのばすこと 近世ゆのし[湯熨斗]。
ーで熱して食べられるようにする 近代ふかす[蒸]。中古むす[蒸]。
ーで熱せられて食べられるようになる 近代ふける[蒸]。

ゆさぶ・る【揺】 近世いぶる。ゆすぶる[揺]。ゆりうごかす[揺動]。中世ゆさぶる[揺]。ゆぶる[揺]。ゆる[揺]。上代おそぶる。ゆする[揺]。→**ゆら・す**

ゆさん【遊山】 中世くゎんくゎう[観光]。ゆさん[遊山]。中古いうらん[遊覧]。かうらく[行楽]。けんぶつ[見物]。ものみ[物見]。

ゆし【諭旨】 近代かいこく[戒告]。くんかい[訓戒]。せっけう[説教]。ゆし[諭旨]。近世せつゆ[説諭]。中古くんじ[訓示]。すいくん[垂訓]。上代いさむ[いさめる][諫／禁]。さとす[諭]。

ゆし【油脂】 近代ゆし[油脂]。近世しばう[脂肪]。中古あぶら[油／脂]。

ゆしゅつ【輸出】 近代エクスポート(export)。近世ゆしゅつ[輸出]。
ー・する品物 近代ゆしゅつひん[輸出品]。
設備や大型機械のー プラントゆしゅつ[plant 輸出]。
日本からのー品 近代にっくゎ[日貨]。
不法なー みつぼうえき[密貿易]。みつゆ[密輸]。近代みつゆしゅつ[密輸出]。

ゆず【柚】 近世ゆず[柚／柚子]。中世おにたちばな[鬼橘]。中古いう[柚]。ゆ[柚]。
ーの汁を味付けしたもの ゆずす[柚酢]。
ーの葉 近世きのめ／このめ[木芽]。

ゆすり【強請】 近代きゃうせい[強請]。たかり[集]。近世にち。もがり[強請／虎落]。ゆすり[強請]。中古がうせい[強請]。上代きょうかつ[恐喝]。
ーめいている 中世ねだりくさい[強請臭]。
ーをしかける 近世ゆすりかく[ーかける][強請掛]。
ーをする人 近世ねだりもの[強請者]。中世ねだれもの[強請者]。

ゆずりあ・う【譲合】 近代かうじゃう[交譲]。ごじゃう[互譲]。じゃうほ[譲歩]。だけふ[妥協]。をりあふ／をれあふ[折合]。中世あゆみよる[歩寄]。中古ゆづりあふ[譲合]。ゆづらふ[譲]。

ゆずりは【交譲木】 中世おやこぐさ[親子草]。こがねのは[黄金葉]。中古ゆづりは[交譲木／譲葉]。上代ゆづるは[譲葉]。

ゆす・る【揺】 近世ゆりうごかす[揺動]。いぶる／ゆぶる[揺]。ゆさぶる[揺／揺振]。中世ゆる[揺]。中古そそる。ゆらす[揺]。ゆるがす[揺]。上代ゆする[揺]。→**ゆら・す**
ー・って選り分ける 中古そそる。
座っていて膝などを絶え間なくー・ること 近世びんばふゆすり[貧乏揺]。びんばふゆるぎ[貧乏揺]。
激しくー・ること 近代げきたう[激盪]。

ゆす・る【強請】 近代たかる[集]。近世いたぶる[甚振]。もがりとる[強請取]。もがる[強請／虎落]。ゆする[強請]。中世せびる。ねだる[強請]。→**ゆすり**
ー・る言葉 近世ねだりごと／ねだれごと[強請言]。

ゆず・る【譲】❶〈譲与〉 いじょう[移譲]。近代じゃうよ[譲与]。近世てばなす[手放]。中世じゃうと[譲渡]。ゆづりわたす[譲渡]。中古あたふ[あたえる][与]。よだつ[与奪]。上代ゆづる[譲]。
ー・る旨を記した証文 近世ゆづりしょうもん[譲証文]。中古ゆづりじゃう[譲状]。ゆづりぶみ[譲文]。
一部をー・ること 近代かつじゃう[割譲]。
惜しいと思いながらー・ること 中世かつあい[割愛]。
権力を話し合いで他にー・ること 近代ぜんじゃう[禅譲]。
天子が位をー・ること 中世ぜんじゃう[禅譲]。上代じゃうゐ[譲位]。

ゆず・る【譲】❷〈譲歩〉 近代あゆみよる[歩寄]。かうじゃう[交譲]。ごじゃう[互譲]。じゃうほ[譲歩]。だけふ[妥協]。をりあふ／をれあふ[折合]。中世ゆづりあふ[譲合]。中古ゆづらふ[譲]。ゆづる[譲]。

互いに━・らない 近代かくしつ［確執］。中世かくしふ［確執］。はりあふ［張合］。
なかなか━・らないさま(性格) 近代ぐゎん［頑］。ぐゎんこ［頑固］。中世がうじゃう［強情／剛情］。
人に━・って自分は退くこと 上代すいじゃう［推譲］。
へりくだって━・ること 中世そんじゃう［遜譲］。中古じじゃう［辞譲］。

ゆそう【輸送】 近代うんぱん［運搬］。うんゆ［運輸］。トランスポート(transport)。ゆする［輸］。近世ゆそう［輸送］。中古はこぶ［運］。上代いそう［移送］。うんそう［運送］。おくる［送］。
━手段の総称 うんゆきかん［運輸機関］。近代かうつうきくゎん［交通機関］。
航空機で━・すること 近代かうくうびん［航空便］。かうくうゆそう［航空輸送］。かうそう［航送］。くうゆ［空輸］。
休みなく往復させて━・すること ピストンゆそう［piston輸送］。

ゆたか【豊】 近代ほうねう［豊饒］。ほうまん［豊満］。ゆうふく［裕福］。リッチ(rich)。近世ゆたやか［豊］。内証善し。中世いうとく／うとく［有徳］。じゅんたく［潤沢］。たのもし［頼］。ふせん［富贍］。ふねう［富饒］。ふゆう［富裕］。ほうじゅん［豊潤］。ほうふ［豊富］。中古こちたし。たのし［楽］。とむ［富］。にぎはし／にぎははし［賑］。ふぜう［富饒］。ふねう／ぶねう［豊饒］。ほうぜう［豊饒］。ゆたげ［豊／寛／裕］。ゆるらか／ゆるるか［緩］。上代たのし［楽］。ゆたか［豊／裕］。ゆたけし［寛／広］。→**かねもち**
《句》近代山を鋳(い)海を煮る。中世鄭白(ていはく)の衣食に飽く〔━飽きる〕。
━・で美しいこと 近代ふうれい／ふれい［富麗］。
━・で多いさま 近世ぜうた［饒多］。
━・で大きいさま 近代ばうぜん［厖然／尨然］。
━・で盛んなこと 近代ほうせい［豊盛］。
━・で実質に富むこと 近代ふうじつ／ふじつ［富実］。ほうれい［豊麗］。
━・でない 中古わろし［悪］。
━・な家 近世たのしや［楽屋］。
━・な潤い 近代ほうたく［豊沢］。
━・な国 近世ふこく［富国］。中世とよくに［豊国］。
━・なさま 近世ぬっくり。ふっさり。
━・な土地 中古ちふ［地府］。
━・な農家 近世ふのう［富農］。
━・な人 中世ふくしゃ［福者］。ふくじん／ふくにん［福人］。
━・に暮らすこと 近世内証善し。中世くゎっけい［活計］。鄭白(ていはく)の衣食に飽く〔━飽きる〕。
━・に栄える 上代さきはふ［幸］。
━・にする 中世うるほす［潤］。にぎはす／にぎははす［賑］。上代ひろむ〔ひろめる〕［広／弘］。
━・になる 中世うるほふ［潤］。たのしむ［楽］。竈(かまど)賑はふ。中古とくつく［徳付］。とみす［富］。上代にぎはふ／にぎほふ［賑］。
髪が━・にあるさま 中古ゆるらか［緩］。

ゆだ・ねる【委】 いしょく［委嘱］。近世しょくす［嘱］。しょくたく［嘱託／属託］。ゐたく［委託／委托］。中世いたく［依託／依托］。いちにん［一任］。うちまかす［打任］。たくす［託］。ひとまかせ［人任］。ゐにん［委任］。中古ゐす［委］。ゐふ［委付］。上代まかす〔まかせる〕［委／任］。ゆだぬ〔ゆだねる〕［委］。
紛争などの決着を他人に━・ねる 近世下駄を預く〔━預ける〕。中古あづく〔あずける〕［預］。

ゆだん【油断】 近代ておち［手落］。ふちゅうい［不注意］。近世てぬかり／てぬけ［手抜］。中世うくゎつ［迂闊］。きょ［虚］。すき［隙／透］。たるみ［弛］。ぬかり［抜］。ぬけめ［抜目］。ふかく［不覚］。ぶさた［無沙汰／不沙汰］。ゆだん［油断］。中古こころゆるび［心弛］。すきま［隙間／透間］。ひま［暇／隙］。
《句》近代千丈の堤も蟻の一穴から。近世蟻の穴から堤も崩る〔━崩れる〕。七人の子は生(な)すとも女に心許すな。大事は小事より顕はる〔━顕われる〕。月夜に釜を抜かる〔━抜かれる〕。油断大敵。油断は怪我の基。中世勝って兜(かぶと)の緒を締めよ。川立ちは川で果つ〔━果てる〕。
━がない 中古たゆみなし［弛無］。
━がない顔 近世抜からぬ顔。
━・させる 中世たるむ〔たるめる〕［弛］。中古うちたゆむ［打弛］。たゆむ［弛］。
━・して失敗する 中世ぬかる［抜］。不覚を取る。
━・しないこと 近代かいしん［戒心］。《句》中世兜(かぶと)の緒を締む〔━締める〕。
━・する 近代ゆるむ［緩／弛］。近世すかす［透］。中世あばく［褫］。中古あはく［褫］。

うちたゆむ［打弛］。うちとく〔─とける〕［打解］。うちゆるぶ［打緩］。おこたる［怠］。おもひたゆむ［思弛］。たゆむ［弛］。〘上代〙ゆるふ／ゆるぶ［緩／弛］。

━ならない トリッキー(tricky)。一癖も二癖もある。〘近世〙食へぬ。油断も隙もなし(ならぬ)。〘中世〙うしろめたし［後］。ひとくせ［一癖］。やすだいじ［易大事］。

━ならない者 〘近世〙くはせもの［食者］。只(徒)の鼠ぢゃない。〘中世〙くせびと［曲人］。くせもの［曲者］。さるもの［然者］。

━に乗ずること 〘近代〙虚を衝く。〘近世〙すきまかぞへ［隙間数］。つけこむ［付込］。虚に乗ず。〘中世〙つけいる［付入］。

ゆちゃく【癒着】 〘近代〙ゆがふ［癒合］。〘近世〙なれあひ［馴合］。〘中古〙けったく［結託／結托］。

ゆっくり あわてず［慌］。スローモー／スローモーション(slow motion)。〘近代〙じわりじわり。じんわり。スロー(slow)。のんびり。マンマンデー［(中国語)慢慢的］。ゆるやか［緩］。〘近世〙おほやう［大様］。くゎんじょに［緩徐］。じっくり。じわじわ。じわり。とろとろ。〘中世〙くゎん［緩］。しとしと。じょじょ［徐徐］。じりじり。そろそろ。そろり。そろりそろり。のろし［鈍］。ゆっくり。ゆるり［緩］。〘中古〙おもむろ［徐］。くゎんくゎん［緩緩］。くゎんまん［緩慢］。しづしづ［静静］。ゆらゆら。ゆる［緩］。ゆるゆる［緩緩］。ゆるらか／ゆるるか［緩］。〘上代〙おもふる［徐／従容］。ちくゎん［遅緩］。ちち［遅遅］。もそろもそろに。

《句》夜道に日は暮れない。

━・したことと急なこと 〘中古〙くゎんきふ［緩急］。

━・した速度 かんそく［緩速］。

━・した人のたとえ けいこうとう［蛍光灯］。

━進む(歩く)こと 〘近代〙いうほ［遊歩］。くゎんかう［緩行］。〘近世〙くゎんぽ［寛歩］。〘中古〙じょかう［徐行］。じょほ［徐歩］。ねる［練／錬／煉］。

━進む(歩く)さま 〘近代〙とろとろ。ぽくぽく。〘近世〙のさのさ。のそのそ。のそりのそり。のっしのっし。のっそり。ぼくぼく。〘中世〙のしのし。ほくほく。

━と上がり広がること 〘中世〙いうやう［悠揚］。

━と始めるさま 〘近世〙ぼちぼち／ぼつぼつ。〘中古〙おもむろに［徐］。やをら［徐］。

━と揺れるさま 〘近世〙ゆたゆた［揺揺］。ゆらり。〘中世〙ふらりふらり。ゆらりゆらり。〘中古〙ゆらゆら。ゆらら。

気分的に━・しない 〘中世〙せはしなし［忙］。〘中古〙せはし［忙］。

道草などして━・する 〘近世〙ゆとる。

ゆったり 〘近代〙いうやう［悠揚］。おっとり。のんびり。くゎんくゎつ［寛闊］。しゃくぜん［綽然］。たんたう［澹蕩］。よゆうしゃくしゃく［余裕綽綽］。〘近世〙うららか［麗］。くゎんぜん［寛然］。しゃくしゃく［綽綽］。たいいう［大悠］。たんまり。のうのう。ゆたやか［豊］。ゆるがせ［忽］。ゆるりくゎん［緩寛］。〘中世〙いうぜん［優然］。おうやう［鷹揚］。くゎんくゎん［寛寛］。とうと。とろとろ。のびのび［伸伸／延延］。のびやか［伸］。のんどり。ゆったり。ゆるか［緩］。ゆるり［緩］。〘中古〙いういう［悠悠］。いうぜん［悠然］。おほどか。おほらか［大］。おもむろ［徐］。くつろか［寛］。くゎんくゎん［緩緩］。たうたう［蕩蕩］。のどけし［長閑］。のどのど。のどやか［長閑］。ゆたか［豊］。ゆたげ［豊／寛／裕］。ゆほびか［寛］。ゆらり。ゆるゆる［緩緩］。ゆるらか／ゆるるか［緩］。〘上代〙いういう［優優］。おもぶる［徐］。ゆくらかに。ゆた［寛］。ゆたけし［豊］。

━・させる 〘中古〙のどむ［和］。〘上代〙おもひのぶ［思延］。

━・して慌てない 〘近代〙へいぜん［平然］。〘近世〙おちつきはらふ［落着払］。しょうよう［従容］。

━・して穏やか 〘中古〙ゆほびか［寛］。

━・して福々しいさま 〘近世〙ふくさ。

━・して優雅なこと 〘近代〙くゎんが［寛雅］。

━・する 〘中世〙くつろぐ［寛］。やすらぐ［安］。〘中古〙うちとく〔─とける〕［打解］。のぶ〔のびる〕［伸／延］。やすら［安］。ゆるぐ［緩］。ゆるぶ［弛／緩］。ようよ［容与］。

━と 〘中古〙のどのどと。ゆるゆると［緩緩］。〘上代〙おもぶるに［徐］。

━と座るさま 〘中世〙とうと。

━と振る舞うさま 〘中世〙おうやう／ようやう［鷹揚］。

━と揺れ動くさま 〘近代〙たん［澹］。〘上代〙寛(ゆた)にたゆたに。

心が━・している(さま) 〘中世〙かうぜん［浩然］。〘中古〙のぶ〔のびる〕［伸／延］。ゆるし［緩］。

ゆ・でる【茹】 〘近代〙ボイル(boil)。〘近世〙うでる［茹］。〘上代〙ひろし［広］。

━・で上がる 〘中世〙ゆだる［茹］。〘上代〙ゆづ〔ゆでる〕［茹］。ゆに［湯煮］。

━・でたあとの汁 〘近世〙ゆでじる［茹汁］。

━・でた卵 〘近世〙うでたまご／ゆでたまご［茹卵／茹玉子］。

釜でー・でること 近代 かまゆで［釜茹］。

塩を入れてー・でること 近代 しほゆで［塩茹］。

ゆどの【湯殿】 →ふろば

ゆとり あそびごころ［遊心］。近代 あそび［遊］。うよ［紆余］。よち［余地］。近世 ゆとり。よゆう［余裕］。中世 うるほひ［潤］。そらざや［空鞘］。よりょく［余力］。中古 いとま［暇／遑］。

ーがあってゆるやかであること 中世 くゎんゆう［寛裕］。

ーがある(さま) 近世 しゃくしゃく［綽綽］。しゃくしゃくぜん［綽綽然］。ゆるかし［緩］。中世 ゆっくり。ゆったり。上代 ゆたか［豊］。

ーが出る 中世 うるほふ［潤］。

ーがない(さま) きゅうきゅう。近代 きつい。近世 いとまなし［暇無］。ぎすぎす。こせつく。せせはし［忙］。中世 こせこせ。せまし［狭］。《句》近代 朝(あした)に夕べを謀らず。

機械等の連結部のー あそび［遊］。

心にーがある 近代 かんじつげつ［閑日月］。近世 あけしい［明］。中古 とりあふ［取敢］。

ユニーク(unique) 近代 オリジナリティー(originality)。どくさうせい［独創性］。どくじせい［独自性］。ユニーク。近世 どくとく［独特］。中世 ざんしん［斬新］。上代 むひ［無比］。

ユニホーム(uniform) ひょうじゅんふく［標準服］。近代 ユニフォーム／ユニホーム。中古 せいふく［制服］。

ゆにゅう【輸入】 インポート(import)。近世 しゅにふ／ゆにふ［輸入］。

ー・する品物 近代 しゅにふひん［輸入品］。近世 たうもの［唐物］。ゆにふひん［輸入品］。中世 たうもつ［唐物］。中古 からもの／たうぶつ［唐物］。

ー制限 アイキューせい［IQ制；import quota system］。

ー総額が輸出総額を上回ること 近代 にふてう［入超］。ゆにふてうくゎ［輸入超過］。

ー総額が輸出総額を下回ること 近代 しゅってう［出超］。ゆしゅってうくゎ［輸出超過］。

ーに携わる商人や会社 ゆにゅうぎょうしゃ［輸入業者］。ゆにゅうしょう［輸入商］。

不法なー みつぼうえき［密貿易］。みつゆ［密輸］。近代 みつゆにふ［密輸入］。近世 ぬけに［抜荷］。

そのーのいろいろ(例) カウンターパーチェス(CP; counterpurchase)。へいこうゆにゅう［並行輸入］。近代 かこうゆにふ［加工輸入］。ぎゃくゆにふ［逆輸入］。さいゆにふ［再輸入］。近世 いとわっぷ［糸割符］。

ゆび【指】 近代 フィンガー(finger)。近世 および［指］。中古 ゆび［指］。

ー先 →ゆびさき

ーで長さを測ること ゆびしゃく［指尺］。

ー人形 近代 パペット(puppet)。

ーの内側 中世 指の腹。

ーの内側の模様 近代 しもん［指紋］。

ーの関節 ナックル(knuckle)。

ーの骨 近代 しこつ［指骨］。

ーを折って数えること 近代 るし［僂指］。近世 くっし［屈指］。中世 ゆびをり［指折］。ろうし［僂指］。

ーを指して非難すること 近代 しせき［指斥］。近世 うしろゆび［後指］。

ーを指す 近代 しせき［指斥］。中世 ゆびさす［指差］。

足のーの骨 しこつ［指骨］。近代 しこつ［趾骨］。

一本のー 中古 いっし［一指］。

寒さでーがかじかむ 中世 かがまる［屈］。

女性の細いーのたとえ 近世 しらうを［白魚］。

▼親指 近世 おやゆび［親指］。ぼし［拇指］。中世 おゆび［拇］。

▼薬指 近代 むめいし［無名指］。近世 くすりゆび［薬指］。ななしゆび［名無指］。中世 くすしゆび［薬師指］。べにさしゆび［紅差指］。べにつけゆび［紅付指］。中古 むみゃうし［無名指］。

▼小指 近代 をゆび［小指］。近世 こいび［小指］。中古 こおよび［小指］。こゆび［小指］。

▼中指 近代 ちゃうし［長指］。近世 たかだかゆび［高高指］。なかゆび［中指］。中世 たけたかゆび［丈高指］。ちゅうし［中指］。中古 中の指(おゆび)。中の指(および)。

▼人差し指 近世 しし／じし［示指］。しほなめゆび［塩嘗指］。とうし［頭指］。中世 ひとさしゆび［人差指］。中古 しょくし［食指］。

ゆびおり【指折】 近代 いうすう［有数］。近世 くっし［屈指］。中世 ゆびをり［指折］。ろうし［僂指］。

ゆびさき【指先】 近代 たなさき［手先］。てづまさき［手爪先］。近世 ゆびさき［指先］。中世 しとう［指頭］。てさき［手先］。上代 たなすゑ［手末］。

ーで繰り動かす 中世 つまぐる［爪繰］。

ーで挟む 近世 つねる［抓］。中世 つめる［抓］。中古 つむ［摘］。

ゆびさ・す【指差】 近代 しせき[指斥]。近世 してき[指摘]。中世 さししめす[差示]。ゆびさす[指差]。

ゆびわ【指輪】 近代 リング(ring)。近世 ゆびわ[指輪]。中世 ゆびがね[指金]。中古 ゆびぬき[指貫]。

婚約で取り交わすー けっこんゆびわ[結婚指輪]。近代 エンゲージリング(engagement ring)。

宝石の入っていない中高のー 近代 かまぼこ[蒲鉾]。

ゆぶね【湯船】 近代 バスタブ(bathtub)。ふろをけ[風呂桶]。近世 ゆつぼ[湯壺]。中世 ゆげた[湯桁]。中古 ゆぶね[湯船/湯槽]。よくさう[浴槽]。

石や岩のー いわぶろ[岩風呂]。中世 いしぶね[石船]。いしぶろ[石風呂]。

ゆみ【弓】 近世 きゅう[弓]。中古 たらし[弓/執]。上代 ゆみ[弓]。

《尊》中世 おんたらし[御執/御弓]。中古 おほんたらし[御弓]。上代 みたらし/みとらし[御執/御弓]。

ーといしゆみ 近代 きゅうど[弓弩]。

ーと矢 中世 きゅうせん[弓箭]。中古 きゅうし[弓矢]。てうど[調度]。上代 やまさち[山幸]。ゆみや[弓矢]。

ーに矢をつがえる 中世 はぐ[矧]。

ーの稽古場 近代 やば[矢場]。近世 しゃぢゃう[射場]。ゆには[弓庭]。ゆみば[弓場]。中世 まとば[的場]。ゆば[弓場]。中古 いば[射場]。

ーの弦 近世 ゆづる[弓弦]。

ーの弦の予備 上代 うさゆづる/おさゆづる[設弦/儲弦]。

ーの弦を鳴らす(まじない) 中世 めいげん[鳴弦]。中古 ゆづるうち[弓弦打]。

ーの弦を張る 中世 しぼる[絞]。上代 ひく[引]。

ーの弦を指先で鳴らす 上代 つまびく[爪弾/爪引]。

ーの長さ 中世 ゆだけ/ゆんだけ[弓丈]。ゆんづゑ[弓杖]。

ーの長さの単位 中世 ふくら[膨/脹]。

ーの美称 上代 まゆみ[真弓]。

ーの左手で握る部分 近世 ゆづか/ゆみつか[弓柄]。

ーの的 近世 けんたう[見当]。

ーの的の中心(黒い星) 近代 せいこく[正鵠]。中古 こく[鵠]。

ーの名人 《句》中古 柳の葉を百度(ももたび)射当(いあ)つ。

ーのような形 →**ゆみがた**

ーの両端の弦を掛けるところ 中世 つく[銑/柄]。中古 ゆみはず[弓筈]。上代 はず[筈/弭]。ゆはず[弓筈]。

ーを射させる競技場 近代 やうきゅうてん[楊弓店]。近世 どきゅうば[土弓場]。まとや[的屋]。やうきゅうば[楊弓場]。やば[矢場]。

ーを射たときの音 ゆみおと[弓音]。中世 つるおと[弦音]。

ーを射続ける 中世 ひきつむ[引詰]。

ーを一杯に引きしぼる 近代 満を引く。近世 満を持(ぢ)す。中世 ぢまん[持満]。ひきしぼる[引絞]。よっぴく[能引]。

ーを射ること(武芸、競技の例) 中世 いぬおふもの[犬追物]。ぶしゃ[歩射]。中古 かさがけ[笠懸]。しゃ[射]。やぶさめ[流鏑馬]。上代 きしゃ[騎射]。

ーを射る力 中古 ゆんぜい[弓勢]。

ーを射る人 近代 しゃしゅ[射手]。中世 いてびと[射手人]。中古 いて[射手]。

ーを構えて立つこと 中世 ゆだち[弓立]。

ーをしまっておく袋 中古 ゆぶくろ/ゆみぶくろ[弓袋]。

ーを作る職人 近世 ゆみし[弓師]。ゆみつくり[弓造]。中世 ゆみうち[弓打]。中古 ゆげ[弓削]。

一度に多くの矢を射ることのできるー 中世 れんど[連弩]。

大きなー 中古 おほゆみ[大弓/弩]。

弦楽器のー ボーゲン(ドイ Bogen)。

鹿や猪を射るのに使ったー 上代 さつゆみ[猟弓]。まかごゆみ[真鹿児弓]。

賞品を賭けてーを射ること 中古 のりゆみ[賭弓]。

座ったまま射るー 近世 はんきゅう[半弓]。

小さなー こゆみ[小弓]。

強いー 近世 がうきゅう[強弓]。しちにんばり[七人張]。中世 つよゆみ[強弓]。

婦女子の遊ぶ小さなー 近世 すずめこゆみ[雀小弓]。すずめゆみ[雀弓]。

的をーで射ること しゃてき[射的]。

矢をつがえずにーを引くこと 近世 すびき[素引]。

矢をつがえたーが並んでいるさま 近世 ゆみどこ[弓床]。ゆみぶすま[弓衾]。

その他ーのいろいろ(例)①**[種類]** アーチェ

リー(archery)。ボウ(bow)。ボウガン(bowgun)。ようきゅう[洋弓]。近代 かざりゆみ[飾弓]。近世 いしゆみ[石弓／弩]。どきゅう[弩弓]。はま[破魔]。はまゆみ[破魔弓／浜弓]。ひだりゆみ[左弓]。ままき[真巻／細射／継木]。中古 ままきゆみ[真巻弓／細射弓]。ど[弩]。上代 あだたらまゆみ[安達太郎檀弓]。

その他—のいろいろ(例)②[**材質**] 近世 かまぼこゆみ[蒲鉾弓]。まるきゆみ[丸木弓]。やうきゅう[楊弓]。中世 ふせだけ[伏竹]。荒木の弓。中古 さうこ[桑弧]。つみゆみ[柘弓]。桃の弓。上代 あづさゆみ[梓弓]。つきゆみ[槻弓]。はじゆみ[櫨弓]。まゆみ[檀／真弓]。

▼助数詞 近世 ちゃう／はり[張]。

ゆみがた【弓形】 きゅうけい[弓形]。近代 アーチ(arch)。きゅうじゃう[弓状]。こ[弧]。近世 はんゑんけい[半円形]。ゆみはり[弓張]。中世 ゆみがた[弓形]。ゆみなり[弓形]。

ゆみはりづき【弓張月】 近世 えんげつ[偃月]。げんげつ[弦月]。中世 ゆみはりづき[弓張月]。中古 かたわれづき[片割月]。はんげつ[半月]。へんげつ[片月]。ゆみはり[弓張]。

ゆめ【夢】❶〈夢路〉 近代 くうさう[空想]。くゎいむ[槐夢]。ドリーム(dream)。近世 南柯の夢(一睡)。中世 すいむ[睡夢]。むきゃう[夢境]。ゆめまぼろし[夢幻]。ゆめみ[夢見]。中古 かべ[壁]。ぬるたま[寝魂]。むげん[夢幻]。むさう[夢想]。ゆめ[夢]。ゆめぢ[夢路]。夢の浮き橋。上代 いめ[夢]。

《枕》中古 うばたまの／むばたまの[烏羽玉]。上代 ぬばたまの[射干玉]。

《句》近世 京の夢大阪の夢。夢は思ひに成る。夢は五臓の煩ひ(患ひ)。夢は五臓六腑の疲れ。夢は逆夢。悪い夢は話さぬもの。

—からさめてなお残る気分 近世 ざんむ[残夢]。夢の跡。中古 夢の名残。

—が悪くて胸騒ぎがする 中古 夢見騒がし。

—で吉凶を占うこと 近代 むせん[夢占]。ゆめうらなひ[夢占]。ゆめはんだん[夢判断]。近世 ゆめあはせ[夢合]。ゆめうら[夢占]。ゆめはんじ[夢判]。中世 せんむ[占夢]。夢を合はす。中古 むさう[夢相]。ゆめとき[夢解]。

—と現実 中古 ゆめうつつ[夢現]。

—に神仏のお告げがあること 中古 むさう[夢想]。

—に神仏や故人が現れる 近代 夢枕に立つ。

—に見たことを話すこと 近世 ゆめばなし[夢話]。中古 ゆめがたり[夢語]。

—に見た人 中世 ゆめびと[夢人]。

—に見ること 中世 むび[夢寐]。ゆめみ[夢見]。中古 むさう[夢想]。ゆめぢ[夢路]。夢の通ひ路。夢を結ぶ。

—の中 中古 むちゅう[夢中]。上代 むり[夢裡]。

—の中で行き来する 中世 夢通ふ。中古 ゆめぢ[夢路]。夢の通ひ路。

—の中の夢 夢のまた夢。夢の夢。

—のようなはかない物語 中世 ゆめものがたり[夢物語]。中古 ゆめがたり[夢語]。

—のように一生を暮らすこと 近世 すいせいむし[酔生夢死]。中世 長夜の夢。中古 長夜の眠り。

—のようにはかないこと 近代 くゎいむ[槐夢]。南柯の夢。中古 一場の春夢。近世 胡蝶の夢。中世 げんむ[幻夢]。むげん[夢幻]。春の夜の夢。ゆめまぼろし[夢幻]。

—を見ているような状態 近代 ゆめみごこち[夢見心地]。中世 うつつ[現]。うつつなし[現無]。はんせいはんすい[半醒半睡]。うつつともなき。中古 ゆめうつつ[夢現]。ゆめごこち[夢心地]。ゆめごころ[夢心]。

—を見る 近代 ゆめむ[夢]。中古 むすぶ[結]。ゆめみる[夢見]。

縁起のよい— 中世 きつむ[吉夢]。ずいむ[瑞夢]。中古 きちむ[吉夢]。《句》近世 一富士二鷹三茄子。

縁起のよい—を見るまじないの札 近世 夢違ひの貘の札。

縁起の悪い— 中世 あくむ[悪夢]。中古 きょうむ[凶夢]。

愚かな— 近代 ちむ[痴夢]。

恐怖や不安を感じる— 近代 むま[夢魔]。

現実になる— 近世 せいむ[正夢]。中古 じつむ[実夢]。まさゆめ[正夢]。

現実には逆のことが起こる— 近世 さかゆめ[逆夢]。

心地良い— かいむ[快夢]。

節分に見る— 中古 はつゆめ[初夢]。

その年初めての— 近世 はつゆめ[初夢]。

中断した(見残した)— 中古 ざんむ[残夢]。見果てぬ夢。

はっきりしない— 中世 こんむ[昏夢]。

春の夜の— 中世 しゅんむ[春夢]。

不思議な― 近代くゎいむ[怪夢]。中古れいむ[霊夢]。
みだらな― いんむ[淫夢]。
酔って眠って見る― 近代すいむ[酔夢]。
若い時のはかない― 近代池塘春草の夢。
ゆめ【夢】❷〈希望〉 近代きばう[希望]。ドリーム(dream)。ゆめ[夢]。りさう[理想]。中世ぐゎんばう[願望]。ねがひごと[願事]。のぞみ[望]。
ゆめにも【夢】→すこしも
ゆめまぼろし【夢幻】→むげん →ゆめ
ゆめ・みる【夢見】 夢路をたどる。近代くうさう[空想]。むさう[夢想]。ゆめむ[夢]。中世むび[夢寐]。中古むすぶ[結]。ゆめぢ[夢路]。ゆめみる[夢見]。夢の通ひ路。夢を結ぶ。
ゆゆし・い【忌忌】 近代シリアス(serious)。しんこく[深刻]。中古いとはし[嫌]。うとまし[疎]。ふきつ[不吉]。上代ゆゆし[忌忌/由由]。
ゆらい【由来】 近世いはくいんえん[曰因縁]。いはれいんえん[謂因縁]。けいづ[系図]。ねざし[根差]。ゆえん[由縁]。中世いはれ[謂]。いんいう/いんゆ[因由]。しだい[次第]。はび[把鼻/巴鼻]。ゆゑ[故]。らいれき[来歴]。中古いんえん/いんねん[因縁]。えんぎ[縁起]。ほんえん[本縁]。ゆいしょ[由緒]。ゆらい[由来]。よし[由/因]。らいゆ[来由]。上代えんかく[沿革]。ゆゑよし[故由]。
―・する 近代由って来たる。
―を書いた文書 近世ゆいしょがき[由緒書]。ゆらいがき[由来書]。
言葉の― 近世ごげん[語源/語原]。
神社などの― 中古えんぎ[縁起]。
ゆらく【愉楽】 近代きゃうらく[享楽]。ごらく[娯楽]。近世えつらく[悦楽]。中世くゎいらく[快楽]。ゆらく[愉楽]。中古いうきょう[遊興]。いつらく[逸楽/佚楽]。たのしみ[楽]。上代くゎんらく[歓楽]。
ゆら・ぐ【揺】→ゆれうご・く →ゆ・れる
ゆら・す【揺】 近代たうえう[蕩揺]。近世えうたう[揺蕩]。ゆすぶる[揺]。ゆりうごかす[揺動]。中世いぶる/ゆぶる[揺]。ゆさぶる[揺]。ゆらめかす[揺]。ゆる[揺]。中古あゆがす[揺]。ふるふ[振]。ゆらす[揺]。ゆるがす[揺]。上代おそぶる。そそる。ゆする[揺]。
―して落とす 近世ゆりおとす[揺落]。
ブランコを―・す こぐ[漕]。
ゆらめ・く【揺】→ゆ・れる
ゆらゆら【揺揺】 近世ぐらぐら。ぐらりぐらり。たうたう[幢幢]。ゆたゆた。中世えうえう[揺揺]。ふらふら。ふらりふらり。ゆすゆす。ゆっすり(と)。ゆらゆら[揺揺]。ゆらりゆらり。ゆるゆる(と)[揺揺]。中古ゆさゆさ。ゆららか[揺]。上代ゆくらゆくら。寛にたゆたに。
―・する 近世ふらつく。ゆらつく[揺]。中世ゆらゆ[揺]。中古はためく。ゆらめく[揺]。
―となびくこと 中古えうえい[揺曳]。
ゆり【百合】 近代リリー(lily)。中古ゆり[百合]。上代さゆり[小百合]。
―の鱗茎 近世ゆりね[百合根]。
草深い所に生える― 上代くさぶかゆり[草深百合]。
白い花の― 近代しろゆり[白百合]。近世しらゆり[白百合]。
ゆりうごか・す【揺動】→ゆら・す
強風が―・す 上代いたぶる[甚振]。
御輿を―・す 近代もむ[揉]。
ゆりかえし【揺返】 近代ゆりもどし[揺戻]。はんどう[反動]。よしん[余震]。近世うちかへし[打返]。ゆりかへし[揺返]。中世ゆりなほし[揺直]。
ゆりかご【揺籠】 えじこ。近代えうらん[揺籃]。ゆりかご[揺籠]。近世いじこ。いづみ[箍]。
ゆる・い【緩】 中世ゆったり。ゆるやか[緩]。中古なだらか。ゆる[緩]。ゆるし[緩]。
―・くする 中世ゆるむ[ゆるめる][弛/緩]。上代ゆるふ/ゆるぶ[ゆるべる][緩/弛]。
―・くなる 中世ゆるまる[緩]。中古ゆるふ/ゆるぶ[緩/弛]。
判定などが―・い 中世あまし[甘]。やさし[優]。
ゆるが・す【揺】→ゆら・す
ゆるがせ【忽】 中世いるかせ/ゆるかせ/ゆるがせ[忽]。中古とうかん/なほざり[等閑]。上代おろそか[疎]。たいまん[怠慢]。
ゆるぎな・い【揺無】 近代ふばつ[不抜]。らうこ[牢乎]。近世押しも押されもせぬ。中世きゃうこ[強固]。きょうこ[鞏固]。ふどう[不動]。中古けんご[堅固]。ゆるぎなし[揺無]。上代ふえき[不易]。
―・いさま 中世とうと。
ゆるし【許】❶〈許可〉 近代いんか[允可]。きょじゅん[許准]。しょういん[承允]。しょうにん[承認]。ちゃうよう/ていよう[聴

容]。にんか[認可]。にんきょ[認許]。にんよう[認容]。近世しょうきょ[称許]。中世いんきょ[允許]。きょか[許可]。中古しょうだく[承諾]。しょうち[承知]。ゆるし[許]。上代きょだく[許諾]。ちゃうきょ[聴許]。

―を与えること 近世きょよ[許与]。

―を得ないこと 近代むだん[無断]。

暗黙の― 近代もくきょ[黙許]。もくだく[黙諾]。もくにん[黙認]。

ゆるし【許】❷〈容赦〉 近代かいじょ[海恕]。近世かんべん[勘弁]。ようしゃ[容赦]。りゃうじょ[諒恕]。中世かしゃ／かしゃく[仮借]。くゎんいう[寛宥]。ゆるし[許／赦]。ようしゃ[用捨]。中古いうじょ[宥恕]。しゃきょよう[許容]。くゎんじょ[寛恕]。しゃめん[赦免]。

《尊》近代ごかいじょ[御海恕]。近世おゆるし[御許]。ごようしゃ[御容赦]。中世かうめん[高免]。

―を請う時の語 中世まっぴらごめん[真平御免]。

ゆる・す【許】❶〈許可〉 近代みとめる[認]。ようにん[容認]。近世ききとどく〔―とどける〕[聞届]。さしゆるす[差許]。上代ゆるす[許]。

―・される 中世かなふ[叶／適]。

ゆる・す【許】❷〈容赦〉 近世水に流す。中世こらふ〔こらえる〕[堪／怺]。じょす[恕]。めんず[免]。中古ゆるす[許]。上代なだむ〔なだめる〕[宥]。

―・される 近世ゆる〔ゆれる〕[許／赦]。中世ゆる〔ゆりる〕[許]。

―・し放すこと 中古はうべん／はうめん[放免]。上代しゃくはう[釈放]。はうくゎん[放還]。

大目に見て―・す 中古いうめん[優免]。いうめん[宥免]。

心の中で―・す 中古おもひゆるす[思許]。

罪を―・す 近代かす[仮]。

ゆる・む【緩】 近代くゎんかい[緩解]。ちくゎんし[弛緩]。中世こだる。たゆむ[弛]。だらける。たるむ[弛]。ゆるむ[緩／弛]。中古うちとく〔―とける〕[打解]。おもひたゆむ[思弛]。くつろぐ[寛]。こころとく[心解]。たゆむ[弛]。ゆたふ。ゆるふ／ゆるぶ[緩／弛]。

―・みがないさま 近代かっちり。がっちり。中世きっと[屹度／急度]。中古きと。

―・みがなくなる 近代ひきしまる[引締]。中世しまる[締]。上代はる[張]。

―・んだ気持ちを引き締める 近代かいしん[戒心]。《句》螺子(ねじ)(捻子／捩子)を巻く。近代気合を入れる。中世兜(かぶと)の緒(を)を締む〔―締める〕。

―・んでいるさま ゆるゆる[緩緩]。

―・んで動くさま がたがた。中世がくがく。

―・んで解ける 中世ほつる〔ほつれる〕[解]。上代ぬる。

―・んで解けるさま 近世ずるずる。上代ぬるぬる。

気持ちの―・み →**ゆだん**

ゆる・める【緩】 中世たるむ〔たるめる〕[弛]。やすらふ[休]。ゆるむ〔ゆるめる〕[緩／弛]。中古うちゆるぶ[打緩]。のどむ[和]。上代ゆるす[許／赦]。ゆるぶ〔ゆるべる〕[緩／弛]。

速度を―・める げんそく[減速]。スローダウン(slow down)。近代ピッチ(pitch)を落とす(下げる)。

ゆるやか【緩】 スローペース(slow pace)。近世くゎんじょ[緩徐]。ゆるやか[緩]。中世のろし[鈍]。ゆっくり。ゆるし[緩]。ゆるり[緩]。中古くゎんまん[緩慢]。ぬるし[温]。のどのど。ゆる[緩]。ゆるゆる[緩緩]。ゆるらか／ゆるるか[緩]。上代ちち[遅遅]。

―・で心広いこと 近代くゎん[寛]。中世くゎんだい[寛大]。くゎんゆう[寛裕]。中古くゎんよう[寛容]。

―・で静かなさま 近代たんこ[澹乎]。上代たんぜん[澹然]。

―・な法のたとえ 《句》近代網呑舟(どんしゅう)の魚を漏らす。

―・にうねるさま 近世のたりのたり。

―・にくつろぐさま 中古のびらか[伸]。

―・にする →**ゆる・める**

―・になる 近代をだれる[小止]。

少し―・になる 近世をだやむ／をだゆむ[小弛]。

ゆるゆる【緩緩】 →**のんびり** →**ゆるやか**

ゆれうご・く【揺動】 近代ぐらつく。どよめく[響動]。ふれる[振]。ふるへる[震]。ゆさぶれる／ゆすぶれる[揺]。ゆすれる[揺]。近世しんゆらぐ[揺]。ゆれうごく[揺動]。しんたう[震盪／震蕩／振盪]。ぶらつく。ゆらつく[揺]。中世ふるふ[震]。中古うちゆるぐ[打揺]。かひろぐ[舫]。しんどう[振動]。ゆする[揺]。ゆる[揺／淘／汰]。ゆるぐ[揺]。上代あゆく／あよく[揺]。たゆたふ[揺蕩]。とをらふ[撓]。ふゆ[振]。

—・くこと 近代 たうえう[蕩揺]。近世 えうたう[揺蕩]。ゆり[揺]。中古 どうえう[動揺]。ゆるぎ[揺]。上代 えうどう[揺動]。しんどう[震動]。
浮かんで—・く 中古 ただよふ[漂]。上代 たゆたふ[揺蕩]。
大きな音を立てて—・くこと 中古 めいどう[鳴動]。
軽い薄いものが—・くさま 近世 ぴらぴら。中世 びらびら。中古 ひらひら。
草木などが風で—・く 中古 そよぐ[戦]。
小刻みに—・くさま 近世 ぶるぶる。
心が—・く 近代 どうえう[動揺]。中古 あやかる[肖]。どうず[動]。
大地が—・く 上代 ふる[震]。
激しく—・くこと 近代 げきたう[激盪]。近世 げきどう[激動]。
ゆったりと—・くさま 上代 寛(たゆ)にたゆたに。
ゆ・れる【揺】 ふれる[振]。ぶれる。近代 ぐらつく。ふるへる[震]。ゆすれる[揺]。ゆらぐ[揺]。近世 ぶらつく。ゆらつく[揺]。ゆる[ゆれる][揺/淘/汰]。中古 かひろぐ[艄]。ゆする[揺]。ゆらめく[揺]。ゆるぐ[揺]。上代 あゆく/あよく[揺]。ふる[震]。よる[揺]。
—・れて落ちること 上代 えうらく[揺落]。
—・れながら立つ 中世 ゆるぎたつ[揺立]。
—・れること 近代 ゆらぎ[揺]。どうえう[動揺]。ゆれ[揺]。中古 しんどう[振動]。
—・れるさま 近世 ぐれりぐれり。とうとう[幢幢]。ふらり。中世 えうえう[揺揺]。ぐらり。ふらふら。ぶらぶら。ふらりふらり。ぶらりぶらり。ゆっすり。ゆらゆら。ゆらり。ゆらりゆらり。ゆるゆる[揺揺]。中古 ゆさゆさ。ゆらら[揺]。ゆららか[揺]。上代 たゆら(に)。たよら。ゆくらゆくらに。寛(たゆ)にたゆたに。
大地が—・れる 上代 なゐふる[地震振]。
布などが—・れる 中古 はたたく。はためく。
激しく—・れる 上代 いたぶる。
飛行機などが左右に—・れること ダッチロール(Dutch roll)。近代 よこゆれ[横揺]。ローリング(rolling)。
船が風波のために激しく—・れる がぶる。
船や飛行機が上下に—・れること たてゆれ[縦揺]。近代 ピッチング(pitching)。
ゆわ・える【結】 近代 ゆはく[結]。近世 いはへる[結]。しばりあぐ[—あげる][縛上]。ゆはひつく[—つける][結付]。ゆはふ[ゆわえる][結]。中古 しばりつく[—つける][縛付]。しばる[縛]。上代 くくる[括]。
ゆわかし【湯沸】 ケトル(kettle)。しゅんかんゆわかしき[瞬間湯沸器]。近代 サモワール(ロシア samovar)。ゆわかし[湯沸]。近世 ちゃびん[茶瓶]。てつびん[鉄瓶]。どうこ[銅壺]。中世 やくゎん[薬缶/薬罐/薬鑵]。中古 たうびん[湯瓶]。どびん[土瓶]。
—釜 近代 ボイラー(boiler)。

よ

よ【世】 ぞくせけん[俗世間]。近代 じっしゃくゎい[実社会]。しゃくゎい[社会]。ぞくせ[俗世]。ソサエティー(society)。上代 せけん[世間]。せぞく[世俗]。よ[世]。よのなか[世中]。→せけん →よのなか
《枕》中世 ささたけの[篠竹]。中古 あしのねの[葦根]。かはたけの[川竹]。くれたけの[呉竹]。上代 うつせみの[空蟬]。たまきはる[魂]。

—が乱れる 中世 げきらう[逆浪]。せいへん[世変]。ものさわがし[物騒]。中古 さうぜう[騒擾]。さうどう[騒動]。ぜうらん[擾乱]。ぶっさう[物騒]。らん[乱]。上代 さうらん[騒乱]。みだれ[乱/紊]。

—にすぐれた人物が続々と出ること 中世 はいしゅつ[輩出]。

—に出て高い地位を得ること 近世 りっしんしゅっせ[立身出世]。中世 しゅっせ[出世]。中古 いでたち[出立]。なりいづ[成出]。

—に出ることと隠棲すること 中世 しゅっしょしんたい[出処進退]。中古 かうざう[行蔵]。きょしう[去就]。しんたい[進退]。

—に出ることのない人のたとえ 縁の下の筍(たけのこ)。

—に用いられない 近世 うだつが上がらぬ。世になし。中古 ふぐう[不遇]。

—に用いられない人 中古 わびびと[侘人]。

—にもまれなほど優れていること 中世 きせい[希世/稀世]。中古 きたい/きだい[希代/稀代]。ぜっせ/ぜっせい[絶世]。

—の移り変わり 近代 せいへん[勢変]。近世 ときよじせつ[時世時節]。中世 せいへん[世変]。中古 じせい[時勢]。

—の習慣や実情 近代 せいこ/せこ[世故]。

—のなりゆき 近代 じきょく[時局]。せいきょく[世局]。どうかう[動向]。ふうてう[風

潮］。〔中古〕じせい［時世］。せいうん／せうん［世運］。

―の人 〔近代〕いっぱんじん［一般人］。〔近世〕しゅじゃう［衆生］。〔中古〕ばんにん［万人］。〔中世〕せぞく［世俗］。〔上代〕ばんじん［万人］。ばんみん［万民］。よひと［世人］。

―も末 〔近代〕きせい［季世］。ばっせ／まっせ［末世］。〔中古〕げうき［澆季］。

―を挙げて 〔近世〕きょせい［挙世］。

―を治め民を救うこと 〔近代〕けいせいさいみん［経世済民］。〔中世〕りせいぶみん［理世撫民］。

―を治めること 〔中世〕けいせい［経世］。ちせい［治世］。〔中古〕ちせい／ぢせい［治世］。りせい［理世］。

―を治める徳 〔中世〕せいとく［政徳］。

―を治める方法 〔中古〕ちりゃく［治略］。

―を嫌うこと 〔近代〕えんせい［厭世］。〔上代〕えんり／おんり［厭離］。

―を過ごす 〔中古〕世に経(ふ)(—経(へ)る)。

新しい― (天皇が即位して) 〔上代〕あらたよ［新世］。

一人前にして―に出す 〔中古〕なしたつ［成立］。

どれほどの― 〔中古〕いくよ［幾世／幾代］。

乱れた―を治めもとへ返すこと 〔中古〕はつらんはんせい［撥乱反正］。

よ【夜】 ナイト(night)。〔近世〕ばんこく［晩刻］。ぼや［暮夜］。やうち［夜中］。〔中世〕ばん［晩］。やかん［夜間］。よさ［夜］。〔中古〕やいん［夜陰］。やちゅう［夜中］。やはん［夜半］。やぶん［夜分］。ようさつかた／よさりがた［夜去方］。ようさり／よさり［夜］。よさりつかた［夜去方］。よは［夜半］。〔上代〕さよ［小夜］。よ／よる［夜］。よなか［夜中］。よひ［宵］。よら［夜］。《枕》〔中世〕さざなみや［細波］。〔中古〕くれたけの［呉竹］。さざなみの［小波／細波］。むばたまの。〔上代〕あしのねの［葦根］。あぢさはふ［味沢相］［⇩よるひる］。なよたけの［弱竹］。ぬばたまの［射干玉］。

―遅くまで起きていること 〔近世〕よひっぱり［宵張］。よふかし［夜更］。〔中古〕よひゐ［宵居］。《句》〔近世〕宵っ張りの朝寝坊。

―が明けようとすること 〔近世〕ぶんげう［分暁］。〔中古〕がいろう［艾漏］。

―が明ける 〔中世〕しらみわたる［白渡］。しらむ［白］。〔中古〕あかる［明］。あけたつ［明立］。あけはなる［明離／明放］。あけゆく［明行］。あけわたる［明渡］。〔上代〕あく［明］。あけさる［明去］。あささる［朝］。

↓**あけがた**

―が長いこと 〔中古〕ちゃうや［長夜］。よなが［夜長］。

―が深い 〔中古〕よごもる［世籠］。よぶかし［夜深］。夜を籠(こ)む(—籠める)。

―が更ける 〔近世〕ふけわたる［更渡］。〔中古〕うちふく［打更］。更闌(うかた)く。〔上代〕くたつ／くだつ［降／斜］。さよふく［小夜更］。ふく(ふける)［更］。ふけゆく［更行］。よくたつ／よぐたつ［夜降］。

―が更けること(さま) 〔近代〕草木も眠る。〔中世〕しんかう［深更］。しんちん［深沈］。よふか／よぶか［夜深］。〔中古〕ちんちん［沈沈］。〔上代〕くたち［降］。よぐたち［夜降］。よごもり［夜籠］。

―が更けるのを待つ 〔中古〕ふかす［更／深］。

―がほのぼのと明けること(さま) 〔近代〕しらしらあけ［白白明］。しろじろ［白白］。〔中世〕ほのぼのあけ［仄仄明］。

―に遊びに出ること ↓**よあそび**

―に家の外へ出ること ↓**よあるき**

―に活動すること 〔中世〕やかう［夜行］。

―に勤務すること 〔近代〕やきん［夜勤］。やげふ［夜業］。〔中世〕よしごと［夜仕事］。よなべ［夜業／夜鍋］。

―にする話 〔近世〕やばなし［夜話］。〔中世〕やわ［夜話］。よばなし［夜話／夜咄］。

―に食べること 〔中世〕やしょく［夜食］。

―に鳴く鳥 やきん［夜禽］。〔近代〕やてう［夜鳥］。

―になって間もないころ 〔上代〕よひ［宵］。

―になるころ 〔中古〕ようさりがた／よさりがた［夜去方］。ようさりつかた／よさりつかた［夜去方］。よさり［夜去］。〔上代〕ようさり［夜去／夕去］。

―に盗みをする者 〔中世〕やたう／よたう［夜盗］。

―に寝る家 〔中古〕よどの［夜殿］。

―に山や川を越え行くこと 〔近世〕よごし［夜越］。

―の間 やぶん［夜分］。〔近世〕やうち［夜中］。〔中世〕よごろ［夜頃］。〔中古〕やちゅう［夜中］。〔上代〕よなか［夜中］。

―の間に自宅から姿を消すこと ↓**よにげ**

―の雨 〔中世〕よさめ［夜雨］。

―の嵐(風) 〔近世〕さよあらし［小夜嵐］。〔中古〕夜半(よは)の嵐。

―の警備 ↓**やけい**

―の時間 〔上代〕やろう［夜漏］。

―の戦い 近代 やしふ［夜襲］。やせん［夜戦］。中世 よづめ［夜詰］。
―の半ば頃 中世 はんせう［半宵］。
―の納涼 中古 ゆふすず／ゆふすずみ［夕涼］。よすずみ［夜涼］。
―の窓 中古 やさう［夜窓］。
―の闇 近代 よるのとばり［夜帳］。よるのまく［夜幕］。中古 やいん［夜陰］。
―も昼も区別なく 中古 ちうやけんかう［昼夜兼行］。夜を日に継ぐ。
―を徹すること →ひとばんじゅう
秋が深く―が寒いこと 中古 よさむ［夜寒］。
明日の― 上代 くるつひのよ［来日夜］。
雨の― 中古 うや［雨夜］。上代 あまよ［雨夜］。
一日おきの― ひとばんおき［一晩置］。ひとよまぜ［一夜交］。中古 かくや［隔夜］。よまぜ(に)［夜交］。
いつまでも―であること 近世 じゃうや［常夜］。上代 とこやみ［常闇］。とこよ［常夜］。
緯度が高く日が沈まない― 近代 はくや／びゃくや［白夜］。
多くの― 中世 よごろ［夜頃］。中古 ちよ［千夜］。上代 あまたよ［数多夜］。いほよ［五百夜］。ももよ［百夜］。
大晦日の― 中世 としのよ［年夜］。中古 としこし［年越］。
語り合って―を明かす 中世 かたりあかす［語明］。中古 かたらひあかす［語明］。
暗い― 近世 にょほふあんや［如法暗夜］。中古 やみよ［闇夜］。
昨日の― 近世 さくゆふ［昨夕］。中世 さくせき［昨夕］。さくばん［昨晩］。ゆふべ［夕］。中古 さくや［昨夜］。ようべ［夕］。上代 きす／きそ［昨日／昨夜］。
淋しい― 中世 くうや［空夜］。
静かな― 中古 せいや［静夜］。
霜のおりる寒い― 上代 しもよ［霜夜］。
十五日の― 中世 さんごや［三五夜］。中古 じふごや［十五夜］。
涼しい― 中世 りゃうや［涼夜］。上代 せいや［清夜］。
素晴らしい― 上代 あたらよ［惜夜］。
その月の二十日以降の― 中世 くだりやみ［下闇］。中古 しもつやみ［下闇］。
空のよく晴れた― 中世 せいや［晴夜］。
立ったまま―を明かす 中古 たちあかす［立明］。
月の明るい― 中世 げっせき［月夕］。中古 りゃうや［良夜］。
月の出ない暗い― 近世 よひやみ［宵闇］。
月のぼんやりした― 近世 おぼろよ［朧夜］。中古 おぼろづきよ／おぼろづくよ［朧月夜］。
夏の― 上代 みじかよ［短夜］。
夏の終わりごろの― 近世 よるのあき［夜秋］。
春の― 中古 しゅんせう［春宵］。しゅんや［春夜］。
春の―の闇 近世 おぼろやみ［朧闇］。
人が寝静まる頃の― 中古 じんてい／にんぢゃう［人定］。
昼のように明るい― 中世 ふやじゃう［不夜城］。
冬の― 中古 かんや［寒夜］。
星明かりの― 近代 せいや［星夜］。中古 ほしづきよ／ほしづくよ［星月夜］。
物思いにふけりながら―を明かす 中古 ながめあかす［眺明］。
雪の降る― 中世 ゆきよ［雪夜］。中古 せつや［雪夜］。

よあかし【夜明】 →てつや

よあけ【夜明】 →あけがた

よあそび【夜遊】 中世 やいう［夜遊］。よあそび［夜遊］。よあるき［夜歩］。中古 やかう［夜行］。

よあるき【夜歩】 中世 よあるき［夜歩］。やかう［夜行］。中古 やぎゃう［夜行］。上代 よとで［夜戸出］。

よい【宵】 中世 ばん［晩］。上代 よ／よる［夜］。よひ［宵］。

《枕》中古 うばたまの［烏羽玉］。むばたまの。上代 ぬばたまの［射干玉］。

―毎に 近代 まいゆふ［毎夕］。近世 まいよ［毎夜］。中世 まいばん［毎晩］。中古 まいせき［毎夕］。まいや［毎夜］。よごと［夜毎］。よなよな［夜夜］。よひよひ［宵宵］。→まいばん
―に遅くまで起きていること 近世 よひっぱり［宵張］。よふかし［夜更］。中古 よひゐ［宵居］。

―に出発すること 近世 よひだち［宵立］。

―になるのを待つこと 近代 よひまち［宵待］。

―に鶏が鳴くこと 近世 よひなき［宵鳴］。

―の間 近代 あさよ［浅夜］。

―のうちから寝てしまうこと 中世 よひね［宵寝］。中古 ゆふまどひ［夕惑］。

―のうちから眠たがること 近世 よひねまどひ［宵寝惑］。中古 よひまどひ［宵惑］。

―の明星 近代 いちばんぼし［一番星］。中古 ちゃうかう［長庚］。上代 ゆふつづ／ゆふづつ［夕星］。

恋人を待つ― 中世 まつよひ[待宵]。 中古 りやうせう[良宵]。りやうや[良夜]。

心地のよい―

春の― 《句》 中世 春宵一刻値千金。

よい【酔】 さかよい[酒酔]。 中世 さけよひ[酒酔]。 近代 なまよひ/なまゑひ[生酔]。 近世 さかゑひ[酒酔]。よひ[酔]。 中古 ゑひ[酔]。 中世

―がさめること(とき) 近世 ゑ ひ ざ め[酔覚]。 中世 よひざめ[酔覚/酔醒]。《句》 近代 酔ひ醒めの水下戸知らず。 酔ひ醒めの水は甘露の味。

―が残っていること 中世 よすい[余酔]。

―が翌日に残っていること 近世 さかあたり[酒当/宿酲]。しゅくすい[宿酔]。もちこし[持越]。 中世 ふつかよひ[二日酔]。 中古 しゅくしゅ[宿酒]。しゅくてい[宿酲]。

―をさますこと 近世 よひざまし/ゑひざまし[酔醒]。

よ・い【良】 近代 いうりやう[優良]。グッド(good)。ぜんりやう[善良]。ナイス(nice)。 近世 いい[好/良/善]。つがもなし。りやうかう[良好]。 中世 けっこう[結構]。 中古 いし[美]。かしこし[賢]。このまし[好]。ぜん[善]。よろし[宜]。 上代 えし[善]。よし[良/善/好/佳/宜]。よらし[宜/良]。

《句》 近世 好事魔多し。善は急げ。 中世 好事も無きに如かず。好事門を出でず。寸善尺魔。

―・い餌 近世 かうじ/きゃうじ[香餌]。 中世 かうじ[好餌]。

―・い行い 近代 びかう[美行]。 中世 かうじ[好事]。ぜんかう/ぜんぎゃう[善行]。ぜんげふ[善業]。ぜんこん[善根]。ぜんさ[善作]。 上代 ぜんいん[善因]。ぜんごふ[善業]。

―・い行いをして悪いことを断つこと 中古 だんあくしゅぜん[断悪修善]。

―・い行いを勧め悪を懲らしめること 中世 くゎんぜんちょうあく[勧善懲悪]。

―・い行いを積むこと 近代 しうぜん[修善]。 上代 しゅぜん[修善]。

―・い機会 近代 オポチュニティー(opportunity)。かうき[好機]。かうき[好期]。タイミング(timing)。チャンス(chance)。 中世 てきじ[適時]。 中古 じぎ[時宜]。びんぎ[便宜]。

―・いこと 近代 かりゃう[佳良]。ぜん[善]。 中世 か[佳]。きち[吉]。きちじゃう[吉祥]。きつじ[吉事]。 中古 きつ[吉]。 上代 きちじ[吉事]。よけく[良]。よごと[善事/吉事]。

―・いことと悪いこと くろしろ[黒白]。 近代 ぜんぴ[善否]。 近世 せいじゃ[正邪]。たうひ[当否]。よしわるし[善悪]。 中世 きょくちょく[曲直]。こくびゃく[黒白]。しろくろ[白黒]。ぜひ[是非]。りゃうひ[良否]。 中古 かひ[可否]。よしあし[良悪]。りひ[理非]。 上代 ぜんあく[善悪]。

―・いことの起こる前触れ 中世 きってう[吉兆]。 中古 きっさう[吉相]。ずいさう[瑞相]。ずいしゃう[瑞祥/瑞象]。→**きっちょう**

―・い言葉 中世 ぜんげん[善言]。

―・いことはよい悪いことは悪い 中世 ぜぜひひ[是是非非]。

―・い子供 近代 かじ[佳児]。

―・いこともあり悪いこともある 近代 いちりいちがい[一利一害]。 中世 いちやうらいふく[一陽来復]。いっとくいっしつ[一得一失]。《句》 近世 一の裏は六。禍福は糾へる縄の如し。人間万事塞翁が馬。

―・い時節 中世 かせつ[佳節/嘉節]。

―・い女性 ぜんじょ[善女]。 近世 ぜんにょ[善女]。 上代 よろしめ[宜女]。

―・い知らせ きっしん[吉信]。ろうほう[朗報]。 近代 きっぽう[吉報]。 中世 きっさう[吉左右]。

―・い点 近代 びてん[美点]。メリット(merit)。りてん[利点]。 中世 ちゃうしょ[長所]。とりえ[取柄/取得]。

―・いと思う 中世 よがる[善/良]。 中古 おもはし[思]。 上代 うづなふ。

―・いとする(よしとする) 近代 みとめる[認]。 中世 か[可]。ぜす[是]。 中古 あまんず[甘]。かんしん[甘心]。 上代 よみす[嘉/善/好]。

―・い日 近代 かじつ[佳日/嘉日]。 近世 きったん[吉旦]。 中世 きちにち/きつにち[吉日]。きっしん[吉辰]。 中古 かしん[嘉辰/佳辰]。きちえう[吉曜]。たるひ[足日]。 上代 きちじつ/きつじつ[吉日]。はうしん[芳辰]。

―・い人 中世 ぜんしゃ[善者]。ぜんじん[善人]。 中古 ぜんなんぜんにょ[善男善女]。ぜんにん[善人]。

―・い日とよい月 中世 かしんれいげつ[嘉辰令月]。

―・い方へ使う 近代 ぜんよう[善用]。

―・い物と悪い物 中古 ぎょくせき[玉石]。

―・いようだ 中古 よかなり。

—・くあってほしい 〔近世〕よかれかし［善］。〔中世〕よかれ［善］。

—・くある(さま) 往往にして。〔近代〕ありがち［有勝］。〔近世〕あるづ［有図］。〔中古〕おほかた［大方］。わうわう［往往］。

—・くする イメージアップ(和製image up)。〔近代〕かいぜん［改善］。かいりゃう［改良］。〔近世〕ぜせい［是正］。〔中古〕あらたむ［—ためる］［改］。

—・くても悪くても 〔近世〕よかれあしかれ［善悪］。

—・くない(こと) 〔近代〕いかがはしい［如何］。いけない。〔近世〕いかがし［如何］。よからぬ［良］。ふりゃう［不良］。〔中世〕あしい［悪］。えせこと［似非事］。おろよし［疎良］。しげない。ひ［非］。ふか［不可］。ふるい［不類］。〔中古〕けしからず［怪］。じゃ［邪］。ふぜん［不善］。まさなし［正無］。わる［悪］。わるし［悪］。わろし［悪］。〔上代〕まが［禍］。

—・くない行い 〔近代〕ひきょ［非挙］。

—・くない行いをする 〔近世〕こける［転／倒］。〔上代〕あやまる［誤／謬］。

—・くない行いを始める 〔中世〕俑(よう)を作る。

—・くない考え 〔近世〕ふれうけん［不料簡］。

—・くない習慣 →**ふうしゅう**

—・くない前歴 いわくつき［日付］。

—・くない人 →**あくにん**

—・くなったり悪くなったり 〔近代〕いっしんいったい［一進一退］。

—・くなりかけて元に戻る 〔近世〕ぶりかへす［返］。《句》〔中世〕元の木阿弥。

—・くなる うわむく［上向］。りょうか［良化］。〔近世〕かうじゃう［向上］。しんぽ［進歩］。〔中古〕あらたまる［改／革］。さはやぐ［爽］。へまさる［経優］。

—・くなろうとする心 〔近代〕かうじゃうしん［向上心］。

—・さそうだ 〔中古〕よげ［良／善］。

—・さを感じる 〔近世〕ぐゎんみ［玩味］。〔中世〕あぢはふ［味］。

後になるほど—・くなる 〔近世〕しりあがり［尻上］。すゑひろ［末広］。〔中世〕すゑひろがり［末広］。

多くの—・いこと 〔中世〕しゅうぜん［衆善］。〔上代〕たかう［多幸］。

少し—・い 〔近世〕おろよし［疎良］。〔中古〕なまよろし［生宜］。よろし［宜］。

人に対する—・い感情 〔近代〕かうじゃう［好情］。〔近世〕かうい［好意］。〔中世〕こうい［厚意］。こうし［厚志］。こうじゃう［厚情］。

病気などが—・くなる 〔近世〕くゎいき［快気］。くゎいぜん［快然］。くゎいはう［快方］。〔中古〕さはやぐ［爽］。なほる［直／治］。〔上代〕いゆ［いえる］［癒］。

風景などがこの上なく—・いこと 〔近代〕ぜっか［絶佳］。〔中世〕かぜつ［佳絶］。

最も—・いこと 〔近代〕さいぜん［最善］。さいりゃう［最良］。〔近世〕さいかう［最高］。〔中古〕いちばん［一番］。さいじゃう［最上］。

よいごこち【酔心地】 〔近代〕よひごこち［酔心地］。〔近世〕さかきげん／ささきげん［酒機嫌］。〔中古〕すいきゃう［酔郷］。

よいし・れる【酔痴】 〔近世〕よひつぶる［—つぶれる］［酔潰］。〔中世〕ゑひつぶる［—つぶれる］［酔潰］。〔中古〕ゑひあく［酔飽］。→**よいつぶ・れる**(次項)

よいつぶ・れる【酔潰】 よいしれる［酔痴］。〔近代〕のみつぶれる［飲潰／呑潰］。〔近世〕だりむくる。ゆきつく［行着］。よひつぶる［—つぶれる］［酔潰］。〔中世〕すいきゃう［酔狂］。でいすい［泥酔］。ゑひつぶる［—つぶれる］［酔潰］。〔中古〕じょでい［如泥］。ゑひしぬ［酔死］。ゑひしる［酔痴］。〔上代〕めいてい［酩酊］。ゑひさまたる［酔］。→**よ・う【酔】**

—・れたさま 〔近代〕ちんぼつ［沈没］。〔近世〕ずぶずぶ。〔中世〕めたと。〔中古〕にょでい［如泥］。泥(でい)の如し。

—・れた人 →**よいどれ**

—・れること 〔中世〕すいたう［酔倒］。ちんすい［沈酔］。

よいどれ【酔】 〔近代〕おほとら［大虎］。さけよひ［酒酔］。〔近世〕すいかん［酔漢］。ずだいばう［坊］。ずぶしち［七］。だりむくり／だりむくれ。とっちりもの／とっちりもん［者］。とら［虎］。どれ。のたまく。のんだくれ［飲］。ぼうだら［棒鱈］。よっぱらひ［酔払］。よひどれ／ゑひどれ［酔］。〔中世〕くらひだふれ［食倒］。〔中古〕すいかく／すいきゃく［酔客］。すいじん［酔人］。〔上代〕ゑひびと［酔人］。

よいん【余韻】 ざんきょう［残響］。〔近世〕こころのこり［心残］。よじゃう［余情］。よゐん［余韻］。〔中世〕よせい［余情］。〔中古〕なごり［名残／余波］。よいん［余音］。よきゃう［余響］。〔上代〕ひびき［響］。

—が長く残るさま 〔近代〕よゐんでうでう［余韻嫋嫋］。

よう【用】 〔近代〕ようむ［用務］。〔近世〕ようむき［用向］。〔中世〕しょよう［所用］。〔中古〕よう［用］。ようじ［用事］。

—を足す べんじる／べんずる[便]。〔中世〕用を弁ず。

—をなさなくなること つぶれ[潰]。

時期外れで—をなさないたとえ 〔近代〕とうせんかろ[冬扇夏炉]。寒(かん)に帷子(かたびら)土用に布子(ぬのこ)。〔近世〕かろとうせん[夏炉冬扇]。六日の菖蒲(あやめ)、十日の菊。

よ・う【酔】❶〈酒で〉できあがる[出来上]。〔近代〕ドリンケン／ドロンケン(オランダ dronken)。〔近世〕ゑひくらふ[酔食]。虎になる。〔中世〕たべよふ[食酔]。よふ[酔]。〔上代〕ゑふ[酔]。

—・うこと 〔近世〕なまよひ／なまゑひ[生酔]。めれん。〔中世〕きゃうすい[狂酔]。でいすい[泥酔]。〔中古〕ゑひ[酔]。〔上代〕めいてい[酩酊]。

—・った(赤い)顔 〔近世〕さかつら／さかづら[酒面]。ゑひがほ[酔顔]。〔中古〕すいがん[酔顔]。〔上代〕豊の明かり。《句》〔近代〕金時の火事見舞ひ。

—・った境地 〔近世〕おみききげん[御神酒機嫌]。ささきげん[酒機嫌]。〔中古〕すいき[酔気]。すいきゃう[酔郷]。

—・ったさま 〔近代〕ぐでぐで。へべれけ。べろべろ。べろんべろん。〔近世〕ぐでんぐでん。ずぶずぶ。ずぶろく[六]。だりむくり／だりむくれ。とっちり。めれん。

—・った時の言葉 〔中古〕ゑひごと[酔言]。

—・った人 →**よいどれ**

—・ったふり 〔中古〕そらみだれ[空乱]。そらゑひ[空酔]。

—・った目つき 〔近世〕すいぼう[酔眸]。ちろちろめ[目]。〔中古〕すいがん[酔眼]。

—・っている間 〔中古〕すいちゅう[酔中]。〔上代〕すいり[酔裡／酔裏]。

—・って顔が赤くなる(人) 〔近世〕いろじゃうご[色上戸]。〔中世〕あかみじゃうご[赤上戸]。

—・ってすること(例) 〔近代〕すいば[酔罵]。すいぼく[酔墨]。せんしゃくていしゃう[浅酌低唱]。どんちきさわぎ／どんちゃんさわぎ[騒]。〔近世〕すいひつ[酔筆]。すいほ[酔歩]。〔中世〕すいみん[酔眠]。〔中古〕しゃうえい[觴詠]。すいぎん[酔吟]。すいぐゎ[酔臥]。〔上代〕ししゅ[詩酒]。

—・って倒れること 〔中世〕すいたう[酔倒]。

—・って出るいろいろな態度(例) おこりじょうご[怒上戸]。わるよい[悪酔]。〔近代〕メートルをあげる。〔近世〕きげんじゃうご[機嫌上戸]。なきじゃうご[泣上戸]。ねぢじゃうご[捩上戸／拗上戸]。わらひじゃうご[笑上戸]。呂律(ろれつ)が回らぬ。〔中世〕ちどりあし[千鳥足]。〔上代〕ゑひさまたる[酔]。ゑひなき[酔泣]。《句》〔近代〕酒飲み本性たがはず。〔近世〕生酔ひ本性違はず。

—・って出る癖 〔近代〕しゅへき[酒癖]。〔近世〕さかくせ／さけぐせ[酒癖]。

—・って泣くこと 〔上代〕ゑひなき[酔泣]。

—・って不平などをくどくど言う 〔近世〕だりむくる。くだを巻く。

—・って乱れる(こと) 〔近世〕どれる。〔中世〕しゅきゃう[酒狂]。しゅらん[酒乱]。よひぐるひ[酔狂]。ゑひぐるひ[酔狂]。ゑひみだる[酔乱]。〔中古〕きゃうすい[狂粋]。すいきゃう[酔狂]。

—・わせる 〔中古〕ゑはす[酔]。

気持ちよく—・うこと(さま) 〔近代〕くんぜん[醺然]。たうすい[陶酔]。〔中世〕しゅきょう[酒興]。〔中古〕かんちゃう[酣暢]。

少し—・うこと ほろり。〔近代〕たうすい[陶酔]。〔近世〕なま[生]。なまよひ／なまゑひ[生酔]。びくん[微醺]。びすい[微酔]。ほろよひ／ほろゑひ[微酔]。〔中世〕はんすい[半酔]。

ひどく—・うこと わるよい[悪酔]。よいしれる[酔痴]。〔近代〕すいたい[酔態]。のみつぶれる[飲潰]。のんだくれる[飲]。よっぱらふ[酔払]。〔近世〕ずぶ。だりむくる。ちんかん[沈酣]。つぶる[つぶれる][潰]。なまゑひ[生酔]。ぼうだら[棒鱈]。ゆきつく[行着]。よひつぶる[—つぶれる][酔潰]。よひどれ／ゑひどれ[酔]。ゑひたふれる[酔倒]。ゑひはらふ[酔払]。虎になる。〔中世〕さかぐるひ[酒狂]。すいきゃう[酔狂]。すいたう[酔倒]。たいすい[大酔]。ちんすい[沈酔]。でいすい[泥酔]。らんすい[乱酔／爛酔]。ゑひつぶる[—つぶれる][酔潰]。ゑひほる[酔惚]。〔中古〕えんすい／えんずい[淵酔]。かんすい[酣酔]。じょでい／にょでい[如泥]。ゑひあく[酔飽]。ゑひしぬ[酔死]。ゑひしる[酔痴]。泥(でい)の如し。〔上代〕たうぜん[陶然]。めいてい[酩酊]。ゑひさまたる[酔]。

よ・う【酔】❷〈陶酔〉フィーバー(fever)。〔近代〕ねっきゃう[熱狂]。ねっちゅう[熱中]。よひしれる[酔痴]。よふ[酔]。熱に浮かされる。熱を上げる。〔近世〕しんすい[心酔]。のぼせあがる[逆上]。〔中世〕うっとり。〔中古〕くゎうこつ[恍惚]。〔上代〕たうぜん[陶然]。

ようい【容易】 造作(も)ない。〔近代〕あんちょく[安直]。イージー(easy)。けいい[軽易]。

ちょろい。やさしい[易]。わけない[訳無]。近世 あさはら[朝腹]。あさめしまへ[朝飯前]。かんたん[簡単]。へいい[平易]。朝駆けの駄賃。朝腹の丸薬。中世 あんい[安易]。あんぺい[安平]。かんい[簡易]。ようい[容易]。念なし。中古 事もなし。たなごころを返すが如し。上代 かやすし[易]。たやすし[容易]。やすし[易]。→やさし・い【易】

ー・そうに見える 中古 やすげ[安/易]。

ー・で仕損じないたとえ 近世 飼ひ鳥を刺すごとし。

ー・でない 近世 ておもし[手重]。中世 たいへん[大変]。なんぎ[難儀]。中古 ゆゆし[由由/忌忌]。

ー・なこと 近世 おちゃのこ[御茶子]。おにひとくち[鬼一口]。

ー・なさま 中世 やすらか[安]。

ー・に らくらく[楽楽]。苦もなく。中世 事もなげに。手もなく。難なく。中古 やすやすと[易易]。事もなく。

ようい【用意】 てまわし[手回]。近代 おぜんだて[御膳立]。近世 しかけ[仕掛/仕懸]。しじゅんび[準備]。そなへ[備]。てくばり[手配]。みじたく[身支度]。中世 けっこう[結構]。てあて[手当]。みがまへ[身構]。みごしらへ[身拵]。もよひ[催]。中古 かまへ[構]。こころもちゐ[心用]。したく[支度/仕度]。したぐみ[下組]。まうけ[設]。ようい[用意]。ようじん[用心]。→したく→じゅんび

《句》近世 網無くて淵をのぞくな。戦を見て矢を矧(は)ぐ。楽屋で声嗄(か)らす。泥棒を捕らへて縄をなふ。

ー・する 近世 きどる[気取]。中世 たしなむ[嗜]。もよほす[催]。中古 いとなむ[営]。したたむ[ーためる][認]。上代 そなふ[そなえる][具/備]。とゝのふ[ーのえる][調/整/斉]。まうく[もうける][設]。まく[設]。

相手に対して心のーをする 近世 みがまふ[ーがまえる][身構]。中古 かまふ[かまえる][構]。

心のー 近代 こころぐみ[心組]。こころづもり[心積]。中古 こころがまへ[心構]。

事があってから慌ててー・すること どろなわ[泥縄]。《句》近世 泥棒を捕らへて縄をなふ。

特別にー・する 中古 したつ[ーたてる][仕立]。

逃げるー 中世 にげじたく[逃支度]。

よういく【養育】 近代 いくじ[育児]。いくせい[育成]。いくやう[育養]。ふいく[扶育]。ふやう[扶養]。ほいく[保育]。近世 きくいく[鞠育]。こそだて[子育]。手塩に掛く[ー掛ける]。中古 やういく[養育]。→そだ・てる

ー・してくれた親 近代 やうしん[養親]。育ての親。中世 とりおや[取親]。やしなひおや[養親]。上代 やうふぼ[養父母]。→ようふぼ

ー・する 中世 おほす[生]。そだつ[そだてる][育]。やうず[養]。中古 はぐくむ[育]。上代 ひたす[養]。やしなふ[養]。

ー・する人 中古 かしづきびと[傅人]。

幼い時からー・する(こと) 近世 こがひ[子飼]。中古 かひたつ[飼立]。

大事にー・する 中古 おもひはぐくむ[思育]。

乳を飲ませてー・すること 中古 にゅうやう[乳養]。

よういん【要因】 近代 いんし[因子]。えういん[要因]。けいき[契機]。げんいん[原因]。ファクター(factor)。モーメント/モメント(moment)。近世 きいん[起因/基因]。中世 きっかけ。

よういん【要員】 ていいん[定員]。近代 スタッフ(staff)。せいゐん[成員]。メンバー(member)。中世 いちゐん[一員]。

ようえき【溶液】 ソリューション(solution)。近代 ようたい[溶体]。近世 ようえき[溶液]。

ようえん【妖艶】 近代 いろっぽい[色]。つやっぽい[艶]。近世 あだめく[婀娜]。あでやか[艶]。なまめかし[艶]。中古 えうえん[妖艶]。

ようかい【溶解】 ソリューション(solution)。近代 ようゆう[溶融/熔融]。近世 とかす[溶/融]。ゆうかい[融解]。ようかい[溶解/熔解/鎔解]。中世 とく[溶/融](四段活用)。とらかす[盪/蕩]。中古 とく[とける][溶/融]。

ようかい【妖怪】 近代 えうれい[妖霊]。おばけ[化]。けしん[化身]。げんえう[幻妖]。まぶつ/まもの[魔物]。近世 えうま[妖魔]。化生(けしやう)の者。中世 くゎいぶつ[怪物]。中古 きみ[鬼魅]。ここめ[醜女]。ちみまうりゃう[魑魅魍魎]。ばけもの[化物]。へげ/へんげ[変化]。もののけ[物怪/物気]。上代 えうくゎい[妖怪]。→ばけもの

ーが取り憑いたようになる 中古 もののけだつ[物怪立]。

ーに姿を変える 中古 ばく[ばける][化]。

ようかい【容喙】 近代 かんせふ[干渉]。口を挟む。近世 くちだし[口出]。さしでぐち[差出口]。ようかい[容喙]。嘴(くちばし)を容る[ー

容れる］。口を出す。横槍を入る［—入れる］。

ようがい【要害】❶〈城塞〉 近世 じゃうさい［城塞］。近代 えうさい［要塞］。中世 とりで［砦／寨／塁］。じゃうるい［城塁］。中古 えうがい［要害］。じゃうくゎく［城郭］。

ようがい【要害】❷〈天険〉 近代 けんえう［険要］。なんざんふらく［南山不落］。難攻不落の地。近世 しさい／しそく［四塞］。中世 けいしょう［形勝］。せっしょ［切所／殺所／節所］。中古 てんけん［天険］。上代 えうがい［要害］。ぬま／ぬみ［要／要害］。

《句》中世 一夫いっぷ関くゎんに当たれば万夫ばんぷも開くなし。

ようかん【羊羹】 近世 ねりもの［練物／煉物］。ねりやうかん［練羊羹／煉羊羹］。中世 やうかん［羊羹］。

サツマイモの餡でつくった— いもようかん［芋羊羹］。

挽茶ひきちゃをまぜて鶯色にした— 近世 うぐひすかん［鶯羹］。

ヤマノイモを細かく切って入れた— あられかん［霰羹］。

▼助数詞 近世 さを［竿／棹／桿］。

ようき【容器】 近代 じふもつ［什物］。ようき［容器］。近世 うつは［器］。中世 じふき［什器］。中古 いれもの［入物／容物］。うつはもの［器物］。きぶつ［器物］。上代 け［笥］。たまけ［玉笥］。→**うつわ**

—の口が細く小さいこと 中世 ほそくち／ほそぐち［細口］。

洗い物に使う— 近代 せんめんき［洗面器］。中古 たらひ［盥］。

印肉を入れる— いんち［印池］。近世 にくち［肉池］。

薄板でつくった— 近世 めんつ［面桶］。をりびつ［折櫃］。中世 をり／をりばこ［折箱］。めんつう［面桶］。中古 わりご［破子／破籠］。

化学実験に使う— 近代 かんくゎ［坩堝］。しけんくゎん［試験管］。しくゎん［試管］。近世 フラスコ（ポルトガル fras-co）。ビーカー（beaker）。るつぼ［坩堝］。

口が広い— 近世 ひろくち［広口］。

碁石を入れる— 中世 ごけ［碁笥］。

香を入れる蓋付きの— 中世 かうがふ［香合／香盒］。かうばこ［香箱］。

酒や水を入れる— 近代 ボトル（bottle）。フラスコ（ポルトガル fras-co）。近世 ふくべ［瓠／瓢］。中世 とくり／とっくり［徳利］。中古 てうし［銚子］。ひさこ／ひさご［瓠／匏／瓢］。へうたん［瓢箪］。

茶の葉を入れる— 中世 ちゃづつ［茶筒］。わたし。

手を洗うための— 中世 てあらひ［手洗］。

徳利や花瓶など鶴の首のように細い— 中世 つるくび［鶴首］。

鳥の餌を入れる— 近代 ゑつぼ［餌壺］。

フィルムの— パトローネ（ドイツ Patrone）。

蓋のある小さな— 近世 こぶたもの［小蓋物］。

薬液などを入れる—（医療器具）カプセル（ドイツ Kapsel）。近代 アンプル（フランス ampoule）。イルリガートル（ドイツ Irrigator）。

割り氷を入れて卓上に置く— アイスペール（ice pail）。

その他—のいろいろ（例） カートリッジ（cartridge）。キャニスター（canister）。ケース（case）。コンテナ（container）。ジャー（jar）。近代 タンク（tank）。チューブ（tube）。バケツ／バケット（bucket）。バット（vat）。ふりだし［振出］。ポット（pot）。ボトル（bottle）。近世 コップ（オランダ kop）。じきろう［食籠］。すいびゃう／すいびん［水瓶］。たる［樽］。をけ［桶／麻笥］。中世 びん［瓶／壜］。ふね［舟／船／槽］。らいぼん［擂盆］。中古 つぼ［壺］。上代 うけ［槽］。かめ［瓶／甕］。へ［瓮］。もひ［盌］。

ようき【陽気】 近世 めいらう［明朗］。中世 くゎいくゎつ［快活］。はなやか［華］。やうき［陽気］。わらわら。中古 にぎははし［賑］。ほがらか［朗］。わららか。

—で華やかなこと 近世 うはき［浮気］。

—なさま わっさわっさ。近世 わさわさ。わっさり。

—な性質 近代 やうせい［陽性］。

—な人 近世 やうきもの［陽気者］。

—にさせる 中世 うかす［浮］。

—になって騒ぐ 近代 うかれたつ［浮立］。近世 はしゃぐ［燥］。

—になる 近代 くゎっきづく［活気付］。中世 うきたつ［浮立］。うく［浮］。

—に振る舞う 中古 いまめく［今］。はなやぐ［花］。

ようき【妖気】 近世 ぶきみ［不気味］。中世 きき［鬼気］。中古 えうき［妖気］。

ようぎ【容疑】 中古 けんぎ［嫌疑］。

—があること 近世 くろ／くろし［黒］。

—がある人 ひぎしゃ［被疑者］。近代 ようぎしゃ［容疑者］。近世 おたづねもの［御尋者］。

—がないこと イノセンス（innocence）。しろ［白］。中世 むこ［無辜］。中古 けっぱく［潔

よ

白]。むざい[無罪]。むじつ[無実]。

―が晴れないこと　はいいろ[灰色]。

ようきゅう【要求】 ニーズ(needs)。リクエスト(request)。近代 えうきう[要求]。えうせい[要請]。えうばう[要望]。せいきう[請求]。ちょうする[徴]。よくきう[欲求]。中世 せがむ。上代 こふ[請]。もとむ[もとめる][求]。

ようぐ【用具】 近代 えうぐ[要具]。こうぐ[工具]。中世 きぐ[器具]。きざい[器財]。ようぐ[用具]。中古 だうぐ[道具]。

法外な―をする 近代 ふっかける[吹掛]。

職業上必要な― 近世 しゃうばいだうぐ[商売道具]。

ようげき【要撃】 近代 えうげき[邀撃]。げいげき[迎撃]。むかへうつ[迎撃]。近世 えうげき[要撃]。

ようけつ【要訣】 近世 えうけつ[要訣]。こつ[骨]。中世 おくぎ[奥義/奥儀]。おくのて[奥手]。ごくい[極意]。中古 あうぎ[奥義/奥儀]。ひけつ[秘訣]。

ようけん【用件】 近代 ようけん[用件]。ようむ[用務]。ようむき[用向]。中世 しょよう[所用]。中古 ようじ[用事]。

手紙で言ってきた― 上代 らいい[来意]。

ようけん【要件】 ぜんてい[前提]。近代 コンディション(condition)。でうけん[条件]。ひつえうでうけん[必要条件]。近世 えうけん[要件]。中古 えうよう[要用]。

ようご【擁護】 えんご[援護]。近代 ひご[庇護]。ほご[保護]。ようご[擁護]。中世 かばふ[庇]。中古 かげ[陰/蔭]。ほうご[保護]。上代 まもる[守/護]。

ようご【養護】 近代 ほいく[保育]。中世 やうご[養護]。中古 やういく[養育]。

―施設 ナーシングホーム(nursing home)。

ようこう【要項】 近代 えうかう[要綱]。えうかう[要項]。えうてん[要点]。えうもく[要目]。えうりゃう[要領]。サマリー(summary)。てきえう[摘要]。レジメ/レジュメ(フランス résumé)。近世 こっし[骨子]。中世 えうし[要旨]。中古 たいえう[大要]。上代 たいかう[大綱]。

ようこう【陽光】 近代 たいやうくゎう[太陽光]。にっしゃ[日射]。近世 ひざし[日射]。中古 にっくゎう[日光]。やうくゎう[陽光]。

春の― 中古 しゅんくゎう[春光]。せいやう[青陽]。

ようこう【洋行】 近代 ぐゎいいう[外遊]。やうかう[洋行]。上代 りうがく[留学]。

ようさい【要塞】 近代 えうさい[要塞]。しゃうさい[障塞]。ばうさい[防塞/防寨]。近世 じゃうさい[城塞]。じゃうるい[城塁]。中世 とりで[砦/塁/寨]。中古 えうがい[要害]。じゃうくゎく[城郭]。

辺境の― 上代 へんえう[辺要]。へんさい[辺塞]。

ようざい【用材】 近代 ようざい[用材]。近世 もくざい[木材]。中世 ようぼく[用木]。中古 ざいもく[材木]。

ようし【用紙】 近代 パピルス(ラテン Papyrus)。ペーパー(paper)。ようせん[用箋]。中世 ようし[用紙]。中古 れうし[料紙]。上代 かみ[紙]。→**かみ【紙】**

ようし【要旨】 近代 アウトライン(outline)。えうかう[要綱]。えうかう[要項]。がいえう[概要]。サマリー(summary)。シノプシス(synopsis)。しゅし[趣旨]。しゅし[主旨]。レジメ/レジュメ(フランス résumé)。近世 がいりゃく[概略]。こっし[骨子]。中世 えうし[要旨]。えうやく[要約]。中古 かうがい[梗概]。たいえう[大要]。たいりゃく[大略]。上代 たいい[大意]。たいかう[大綱]。

講義などの― シラバス(syllabus)。

ようし【容姿】 ルックス(looks)。近代 したい[姿態/姿体]。たいばう[体貌]。ふうばう[風貌]。近世 にんてい[人体]。ふうぞく[風俗]。ふうてい[風体]。ふり[振/風]。中世 おもすがた[面姿]。きりゃう[器量]。けいたい[景体]。こつがら[骨柄]。しよう[姿容]。せい[勢]。びもく[眉目]。みざま[見様]。めんもく[面目]。中古 ありさま[有様]。かたちありさま[形有様]。けいばう[形貌]。さま[様]。さまかたち[様形]。すがたかたち[姿形]。みめ[見目/眉目]。やうだい[様体]。ようし[容姿]。ようたい/ようだい[容態/容体]。上代 じゃうばう[状貌]。ふうさい[風采]。ふうし[風姿]。→**ようぼう**

《尊》近代 ぎょくばう[玉貌]。

―があでやかで美しいこと 近代 つやっぽい[艶]。近世 あだっぽい[婀娜]。中古 えんれい[艶麗]。なまめかし[艶]。

―が美しい人 近世 くび[首/頸]。やうすもの[様子者]。中古 かたちびと[容人]。→**びじん** →**びなん**

―が清らかで秀でていること 近代 せいしう[清秀]。中古 ぎょくざん[玉山]。

―がたおやかで美しいさま(女性の) 近代 え

いえい［盈盈］。
生まれつきのー 中古 てんし［天姿］。近代 をんなずき［女好］。
男のーが女性をひきつけること 近代 をとこずき［男好］。
女のーが男性をひきつけること
声とー 中世 いんよう［音容］。
成人してーが整う 中世 ねびととのふ［調］。中古 ねびととのほる［調］。

ようし【養子】 近代 めいれいし［螟蛉子］。もらひご［貰子］。もらひむすこ［貰息子］。さとご［里子］。もらひむすめ［貰娘］。めいれい［螟蛉］。近世 ぎし［義子］。やうぢょ［養女］。中世 やしなひ［養］。中古 とりこ［取子］。とりむめ［取娘］。やしなひご［養子］。上代 やうし［養子］。
《句》近世 小糠（こぬか）三合あるならば入り聟（むこ）すな。
ー縁組みの証文 近世 いせきしょうもん［遺跡証文］。
ー縁組みを解消すること りえん［離縁］。
ーとなって行った家 近世 やうか［養家］。やうかた［養方］。やうしさき［養子先］。
ーとなって行った先の親 近代 やうしん［養親］。中世 やしなひおや［養親］。上代 やうふぼ［養父母］。→**ようふぼ**
家督を継ぐべきー 近代 やうしし［養嗣子］。
実子を亡くして迎え入れたー 近世 いれこ［入子］。

ようじ【用事】 近代 ようけん［用件］。ようむ［用務］。近世 ようむき［用向］。中世 しょよう［所用］。よう［用］。ようじょ［用所／用処］。中古 ようじ［用事］。
《丁》中古 ごよう［御用］。
ーが多く忙しいこと 近代 たばう［多忙］。中世 たじ［多事］。近世 たよう［多用］。はんよう［繁用］。中古 たたん［多端］。はんた［繁多］。上代 はんばう［繁忙］。
ーが少ないさま 中古 ことずくな［事少］。
ーがたくさん重なる 近代 たてこむ［立込］。
ーがないこと むよう［無用］。近世 ひま［閑］。ようなし［用無］。
ーがない日 近世 ひまび［暇日／隙日］。中世 かじつ［暇日／仮日］。きょじつ［虚日］。中古 かんじつ［閑日］。
ーを言いつける 近代 ようめい［用命］。
ーを済ます 近世 たす［足］。ようたし［用足／用達］。用を足す。中世 用を弁ず。
公のー 近代 こうよう［公用］。上代 くよう［公用］。こうむ［公務］。
国や政府のー 上代 くゎんよう［官用］。
雑多で細かいー ざつよう［雑用］。近世 ざつむ［雑務］。上代 ざつじ［雑事］。ざふむ［雑務］。
自分個人のー 中世 しよう［私用］。じよう［自用］。
俗世間の雑多なー 近世 ぞくよう［俗用］。上代 ぞくじ［俗事］。
ちょっとしたー 中世 こよう／せうよう［小用］。
内々のー 近世 ないよう［内用］。
ほかのー たよう［他用］。
▼**急用** 上代 いそぎ［急］。
▼**予想外の急用** 中世 あらぬいそぎ。

ようじ【幼児】 →**おさなご**

ようじ【幼時】 ようらんき［揺籃期］。近世 うしろひも［後紐］。えうじ［幼時］。せうじ［小時／少時］。むなひも［胸紐］。中世 そうかく［総角］。騎竹（きちく）の年。上代 あげまき［総角／揚巻］。
ーからの性格（癖）は変わらない 《句》近世 雀百まで踊り忘れず。三つ子の魂百まで。

ようしき【様式】 フォルム（フランス forme）。近代 けいしき［形式］。スタイル（style）。パターン（pattern）。フォーム（form）。モード（mode）。やうしき［様式］。近世 ふう［風］。中古 やう［様］。上代 かたち［形／容］。かた［形／型／象］。
昔からのー 中世 きうしき［旧式］。こりう［古流］。上代 こたい［古体］。

ようしき【洋式】 近代 せいやうしき［西洋式］。やうしき［洋式］。やうふう［洋風］。近世 せいやうふう［西洋風］。

ようしゃ【容赦】 近代 ようにん［容認］。近世 かんべん［勘弁］。ようしゃ［容赦／容捨］。中世 かんにん［堪忍］。ようしゃ［用捨］。中古 くゎんじょ［寛恕］。しゃめん［赦免］。ゆるす［許／赦］。上代 めんざい［免罪］。→**ゆる・す❷**
《尊》中世 ごめん［御免］。
ーがない 近世 きびし［厳］。きぶい。てきびし［手厳］。中古 いちはやし［逸速］。
ーがないさま 近代 びしびし。近世 ぎしぎし。

ようじゅつ【妖術】 近代 きだう［鬼道］。げんえう［幻妖］。げんぱふ［幻法］。近世 えうじゅつ［妖術］。中世 まじゅつ［魔術］。まはふ［魔法］。上代 げんじゅつ［幻術］。
ーでのろい殺すこと 中古 えんみ［魘魅／厭魅］。
ーを行う者 中世 じゅっしゃ［術者］。

ようしょ【要所】 キーポイント（和製 key

point)。近代 えうたい／えうてい［要諦］。えうてん［要点］。きふしょ［急所］。ポイント(point)。近世 えうち［要地］。きめどころ［決所／極所］。近世 きんけつ［禁穴］。みどころ［見所］。中世 えうしょ［要所／要処］。えうしょう［要衝］。かなめ［要］。がんもく［眼目］。

出入りのー 近代 くゎんやく［関鑰／関鎰］。近世 いんこう［咽喉］。

ようしょ【洋書】 がいしょ［外書］。ようほん［洋本］。近世 やうしょ［洋書］。

ようじょ【幼女】 →こども

ようしょう【幼少】 中世 をさあい［幼］。中古 えうせう［幼少］。きびは［稚］。上代 いとけなし［幼／稚］。えうち［幼稚］。えうねん［幼年］。をさなし［幼］。→**おさな・い**

ようしょう【要衝】 →**ようしょ【要所】**

ようじょう【洋上】 近代 やうじゃう［洋上］。中古 かいじゃう［海上］。はじゃう［波上］。上代 波の上。

ようじょう【養生】 近代 きうやう［休養］。近世 かやう［加養］。せいやう［静養］。せっせい［摂生］。せつやう［摂養］。てうせつ［調摂］。中世 ほやう［保養］。やしなふ［養］。中古 いたはる［労］。ためらふ［躊躇］。やうじゃう［養生］。れうやう［療養］。
《句》近代 医食同源。薬より養生。

栄養をとりー・すること 中世 かさん［加餐］。

転地してー・すること 近代 てんちれうやう［転地療養］。近世 でやうじゃう［出養生］。

ようしょく【要職】 近代 えうしょく［要職］。中世 ぢゅうしょく［重職］。上代 けんしょく［顕職］。

ようじん【用心】 近代 かいしん［戒心］。けいかい［警戒］。りうい［留意］。近世 えうがい［要害］。ちゅうい［注意］。つつしみ［慎］。はいい［配意］。中世 ようい［用意］。ようじん［用心］。中古 えうじん［要心］。つつみ［慎］。
《句》近代 濡れぬ(降らぬ)先の傘。蛇に嚙まれて朽縄(くちなは)に怖(お)ぢる。山に躓(つま)かずして垤(ありづか)に躓く。用心に怪我なし。近世 羹(あつもの)に懲りて膾(なます)(鱠)を吹く。念には念を入れよ。石橋を叩いて渡る。転ばぬ先の杖。闇に提灯曇に笠。用心は臆病にせよ。中世 勝って兜(かぶと)の緒(を)を締めよ。後悔先に立たず。

ー・して こころして［心］。中古 あひかまへて［相構］。

ー・する 近世 気を配る。気を付く［ー付ける］。こころう［ーえる］［心得］。中世 いましむ［ーしめる］［戒］。こころがく［ーがける］［心掛］。つつしむ［慎］。中古 こころおく［心置］。こころす［心］。

騙されないようにー・する まゆつば［眉唾］。近世 睫毛を濡らす。眉に唾を付く［ー付ける］。

火のーが必要な時(冬) 近世 ようじんどき［用心時］。

不要なー《句》近代 暗闇の頬被り(頬冠り)。

身の回りをー・すること 近世 みようじん［身用心］。

ようじん【要人】 ビップ／ブイアイピー(VIP; very important person)。近代 いうりょくしゃ［有力者］。しゅなう［首脳］。ぢゅうちん［重鎮］。中古 えうじん［要人］。りゃうしう［領袖］。

ようす【様子】 近代 アトモスフィア(atmosphere)。きあひ／けあひ［気合］。きはい／けはい［気配／気勢］。くうき［空気］。じゃうきゃう［状況／情況］。じゃうせい［状勢／情勢］。フィーリング(feeling)。ふんゐき［雰囲気］。ムード(mood)。やうさう［様相］。やうたい［様態］。近世 あんばい［塩梅／按排／按配］。いろめ［色目］。かって［勝手］。きどり［気取］。きみあひ［気味合］。ぐあひ［具合／工合］。けいしゃう［景象］。けびらひ／けぶらひ／けぶり［気振］。さう［左右］。しゅび［首尾］。すまひ。そぶり［素振］。たいやう［体様／態様］。づ［図］。ていさう［体相］。てん［点］。なり［形／態］。はづれ［外］。ふう［風］。ふうてう［風調］。ふぜい［風情］。ふり［振／風］。わけ［訳］。中世 あいろ［文色］。おもかげ［面影］。おもむき［趣］。かかり［掛］。き［気］。きげん［機嫌］。けいき［景気］。さう［相］。じゃう［情］。じゃうたい［状態／情態］。たい／てい［体／態］。ぢゃう［定］。ていたらく［為体］。とりなり［取成］。もやう［模様］。やうす［様子］。よそほひ［装］。中古 あやめ［文目］。ありさま［有様］。ありやう／あるやう［有様］。いきざし［息差］。いきほひ［勢］。おとなひ［音］。きしょく／きそく／けしき［気色］。け［気］。けいせい［形勢］。けはひ。ここち［心地］。ことざま［事様］。さはふ［作法］。さま［様］。すがた［姿］。たたずまひ［佇］。たづき［方便］。どうせい［動静］。もてなし［持成］。やう［様］。やうだい［様態］。ようたい／ようだい［容体／容態］。ようてい［容体］。わざ［業／態］。上代 おも

[面]。かた[形／象]。かたち[形／容／貌]。じゃう[状]。せうそく[消息]。たどき[方便]。

ーありげ 中世 やうやうし[様様]。

ーが変わっている 近世 けいきゃう[景況]。近代 さまがはり[様変]。ふうがはり[風変]。中古 やうはなる[様離]。

ーがない 近世 気(け)もなし。

ーが見える 中世 いろめく[色]。中古 けさうだつ[懸想立]。けしきだつ[気色立]。けしきづく[気色付]。けしきばむ[気色]。色に出づ。

ーがみな同じ 中世 いちやう[一様]。

ーが分からないこと 中世 ぶあんない[無案内／不案内]。

ーぶる 中古 けしきばむ[気色]。つくろふ[繕]。よしめく[由]。

ーを変える 近代 もやうがへ[模様替]。中古 さまかふ[―かえる][様変]。

ーを作ること 近世 やうだい[様体]。

ーを見る うかがう[窺]。中世 こころむ[試]。中古 こころみる[試]。のぞく[覗／臨]。

ーを見ること 近世 せいくゎん[静観]。せぶみ[瀬踏]。上代 さもらひ[侍／候]。

相手のーを見る 近世 糸脈(いとみゃく)を引く。

あらましのー 近代 がいえう[概要]。がいきゃう[概況]。がいくゎん[概観]。たいせい[大勢]。近世 たいえう[大要]。

いろいろなー 中世 しょさう[諸相]。

事のー 近代 くゎん[観]。中世 ことがら[事柄]。じさう[事相]。事の様(やう)。中古 ことざま[事様]。事の様(さま)。

最近のー 近代 きんきゃう[近況]。げんきゃう[現況]。近世 きんじゃう[近状／近情]。

実際のー 近世 じっぱふ[実法]。

下々のー 上代 かじゃう[下情]。

外から見たー 近代 ぐゎいくゎん[外観]。ぐゎいけん[外見]。近世 かくかう[格好]。かっかう[恰好]。みてくれ[見呉]。中世 ていさい[体裁]。中古 うはべ[上辺]。

その場のー 近代 ぢゃうけい[場景]。中世 ふうけい[風景]。

そばから見たー 中古 そばつき[側付]。

ちらっと見たー 近代 ちょいとみ[見]。ちょっとみ[一寸見]。近世 べっけん[瞥見]。中世 いっけん[一見]。

土地のー 中古 ぢぎゃう[地形]。上代 ちせい[地勢]。

見たー 近世 みだて[見立]。

横からのー 中古 そばめ[側目]。

▼接尾語 近代 ぎみ[気味]。づく[付]。近世 じむ[じみる][染]。中世 ぶる[振]。中古 ざし[差／指]。だつ。ばむ。上代 しま。ぶ[びる]。

よう・する【擁】 もりたてる[盛立]。近代 ようする[擁]。近世 ようりつ[擁立]。中世 かいいだく[掻抱]。中古 かきいだく[掻抱]。上代 いだく[抱]。

よう・する【要】 ニーズ(needs)。近代 ひつえう[必要]。近世 ひつよう[必用]。中世 いりよう[入用]。中古 えうす[要]。

ようするに【要】 近代 えうは[要]。けっきょく[結局]。畢竟(ひっきゃう)するに。近世 えうするに[要]。さしづめ[差詰]。中世 しょせん[所詮]。せん[詮]。つまり。ひっきゃう[畢竟]。詮ずるところ。中古 すなはち[即]。

ようせい【要請】 →もと・める

ようせい【妖精】 近代 えうせい[妖精]。エルフ(elf)。バンプ(vamp)。えうふ[妖婦]。フェアリー(fairy)。中世 せんぢょ／せんにょ[仙女]。中古 やまひめ[山姫]。

ようせい【養成】 近代 いくせい[育成]。つちかふ[培]。やうせい[養成]。近世 しこむ[仕込]。中世 かんやう[涵養]。そだつ[そだてる][育]。中古 したつ[したてる][仕立]。はぐくむ[育]。

ようせい【夭逝】 →ようせつ

ようせき【容積】 キャパシティー(capacity)。近代 たいせき[体積]。ボリューム(volume; V)。ようりゃう[容量]。りゃう[量]。ようせき[容積]。中世 ぶんりゃう[分量]。近世 中古 かさ[嵩]。→たいせき【体積】

ーが大きい(こと) 近世 かさばる[嵩張]。上代 ももさか[百積／百石]。

ようせつ【夭折】 近代 えうさつ[夭札]。えうする[夭]。えうせい[夭逝]。中世 えうしゃう[夭殤]。さうせい[早世]。はやじに[早死]。わかじに[若死]。上代 えうし[夭死]。えうせつ[夭折]。

ようせん【用箋】 近代 いうびんはがき[郵便葉書]。しょかんせん[書簡箋]。はがき[葉書]。びんせん[便箋]。ようせん[用箋]。レターペーパー(letter paper)。近世 まきがみ[巻紙]。中古 ようし[用紙]。

ようそ【要素】 近代 いんし[因子]。えういん[要因]。えうそ[要素]。エレメント(element)。せいぶん[成分]。ファクター(factor)。モーメント／モメント(moment)。

—が多くあること たげん［多元］。

ようだ 中世さうだ。やうだ。中古あなり。あめり。がまし。ごとくなり／ごとし［如／若］。なめり。ならし。なり。なんめり。べらなり。めり。やうなり。

—な 近代と言った。上代ごとき［如／若］。なす。

—なもの 中世てい［体／態］。上代じもの（接尾語）。

—に 近世よに。中古がに。上代ごと［如／若］。ごとく［如／若］。じもの。

—に書く 中古かきなす［書成］。

—にする 中古めかす。

—になる 中古めく（接尾語）。

—に見える 中古おぼし［思］。

ようだい【容体】 近代びやうきやう［病況］。びやうたい［病態］。近世しやうじやう［症状］。びやうじやう［病状］。ようだい［容体／容態］。

命に関わるような— 近代ぢゆうたい［重体／重態］。

ようたし【用足】 近代はいせつ［排泄］。ようべん［用便］。近世ようたし［用足／用達］。→はいべん

ようだ・てる【用立】 近代やくだてる［役立］。近世かす［貸］。中世たてかふ［—かえる］［立替］。ようだつ［—だてる］［用立］。中古ようす［用］。

ようち【用地】 近代サイト（site）。ようち［用地］。中古しきち［敷地］。

ようち【要地】 →ようしょ【要所】

ようち【幼稚】 近代えうちゆう［幼沖／幼冲］。ちゆうえう［沖幼／冲幼］。ねんね。近世たわいなし。ねんねえ。ちせつ［稚拙］。ちちくさし［乳臭］。ねんねえ。中世ちくさし［乳臭］。をさあい［幼］。中古えうせう［幼少］。きびは［稚］。こころをさなし［心幼］。しどけなし。わかわかし［若若］。上代いとけなし［幼／稚］。えうち［幼稚］。えうねん［幼年］。わかし［若］。をさなし［幼］。→おさな・い

—で単純なこと 近世こどもだまし［子供騙］。

—な 中古いはく［稚］。

—なもの 近世こども［子供］。ひよこ／ひよっこ［雛］。

ようち【夜討】 近代やしふ［夜襲］。中世やたう［夜討］。中古やみうち［闇討］。ようち［夜討］。

ようてん【要点】 キーポイント（和製key point）。ききどころ［利所］。ピント（オランダbrandpuntから）。近代えうたい／えうてい［要諦］。えうてん［要点］。えうりゃう［要領］。しゅがん［主眼］。しゅてん［主点］。せいこく［正鵠］。ぢゅうてん［重点］。ポイント（point）。近世おさへどころ［押所］。かんどころ［勘所］。きめどころ［決所／極所］。きんけつ［禁穴］。こつ［骨］。こっし［骨子］。中世えうしょ［要所］。かうりゃう［綱領］。かなめ［要］。かんじん［肝心／肝腎］。がんもく［眼目］。きふしょ［急所］。こつずい［骨髄］。すうき／すうぎ［枢機］。つぼ［壺］。はび［把鼻／巴鼻］。まなこ［眼］。上代ぬま／ぬみ［要／要害］。

—が落ちている 近代画竜（がりょう）点睛（てんせい）を欠く。点睛（てんせい）を欠く。

—から外れていること 近代けんたうはづれ［見当外］。ピンぼけ［惚］。近世まとはづれ［的外］。

—だけを記載すること 近代てきろく［摘録］。りゃくき［略記］。りゃくさい［略載］。近世てきさい［摘載］。中世さつえう［撮要］。

—を示すこと 近代ていえう［提要］。

—を正しくおさえる 近代正鵠（せいこく）を射る（得る）。

—をとらえた言葉 近世えうご［要語］。中世えうげん［要言］。

—を取り出して説明すること ようせつ［要説］。

—をまとめて言うこと 近代やくげん［約言］。

—を短くまとめること 近代がいくゎつ［概括］。近世えうやく［要約］。かいつまむ［掻摘］。→ようやく【要約】

あらかじめ—をおさえる 近世題を出す。

だいたいの— 近代がいえう［概要］。中世あらまし。たいえう［大要］。→あらまし

ようと【用途】 しと［使途］。つかいさき［使先］。近代かうよう［効用］。ようと［用途］。近世つかひみち［使道］。

本来の目的とは違う—で使うこと 近世てんよう［転用］。ふりむく［—むける］［振向］。中世りうよう［流用］。

ようど【用度】 →ひよう

ようとうくにく【羊頭狗肉】 かんばんだおれ［看板倒］。近世みかけだふし［見倒］。やうとうくにく［羊頭狗肉］。→みかけ

ようにん【容認】 近代うけいれる［受入］。しょうにん［承認］。ぜにん［是認］。にんよう［認容］。みとめる［認］。ようにん［容認］。近世かんべん［勘弁］。ようしゃ［容赦］。中世かんにん［堪忍］。ようしゃ［用捨］。

〔中古〕おもひゆるす［思許］。きょよう［許容］。くゎんじょ［寛恕］。〔上代〕ゆるす［許／赦］。

ようねん【幼年】→**おさな・い**　→**おさなご**

ようひつ【用筆】ふではこび［筆運］。ふでつき［筆付］。〔近代〕かきぶり［書振］。ひっち［筆致］。〔近世〕うんぴつ［運筆］。ようひつ［用筆］。〔中世〕ひっぱふ［筆法］。〔中古〕ふでづかひ［筆遣］。→**ふで**

ようひん【用品】びひん［備品］。〔近代〕こまもの［小間物］。にちようひん［日用品］。ようひん［用品］。

ようひん【洋品】〔近代〕はくらいひん［舶来品］。やうひん［洋品］。やうもの［洋物］。

—の店　ようひんてん［洋品店］。〔近代〕からものや／たうぶつや［唐物屋］。

ようふう【洋風】おうべいふう［欧米風］。〔近代〕コンチネンタル(continental)。やうしき［洋式］。やうふう［洋風］。〔近世〕おうふう［欧風］。せいやうふう［西洋風］。

ようふく【洋服】〔近代〕コート(coat)。スーツ(suit)。ズボン(フランス jupon)。せいやうふく［西洋服］。セビロ［背広］。ドレス(dress)。やうふく［服］。やうさう［洋装］。やうふく［洋服］。→**いふく**

—を新たに仕立てること　〔近代〕しんさい［新裁］。

—を掛けておく器具　ハンガー(hanger)。ようふくかけ［洋服掛］。

—を仕立てる店　〔近代〕テーラー(tailor)。やうふくや［洋服屋］。

ようふぼ【養父母】ぎふ［義父］。〔近代〕かりおや［仮親］。ぎぼ［義母］。やうしん［養親］。育ての親。〔近世〕とりおや［取親］。〔中世〕やうふ［養父］。やしなひおや［養親］。やしなひちち［養父］。やしなひはは［養母］。親ならぬ親。〔中古〕のちのおや［後親］。やうぼ［養母］。〔上代〕やうふぼ［養父母］。

ようぶん【養分】〔近代〕えいやうそ［栄養素］。じやうぶん［滋養分］。ひれう［肥料］。やうぶん［養分］。〔中世〕じやう［滋養］。〔中古〕こやし［肥］。

ようべん【用便】〔近代〕ようべん［用便］。〔近世〕よう［用］。ようたし［用足］。

—に行くこと　〔近代〕かうしそうねう［行尿送尿／行屎走尿］。じゃうし［上厠］。ようべん［用便］。〔近世〕かうやまゐり［高野参］。てうづ［手水］。

ようほう【用法】〔近代〕しようはふ［使用法］。〔近世〕ようはふ［用法］。もちゐかた［用方］。〔中世〕つかひかた［使方／遣方］。

ようぼう【要望】リクエスト(request)。〔近代〕えうきう［要求］。えうせい［要請］。えうばう［要望］。ききう［希求］。きたい［期待］。きばう［希望］。〔近世〕ちゅうもん［注文／註文］。〔中世〕ぐゎんばう［願望］。のぞむ［望］。〔中古〕しょまう［所望］。ねんぐゎん［念願］。〔上代〕こひねがふ［乞願／希／冀／庶幾］。こふ［請／乞］。もとむ［もとめる］［求］。

ようぼう【容貌】ルックス(looks)。〔近代〕ごめんさう［御面相］。ふうばう［風貌］。フェース(face)。マスク(mask)。りんくゎく［輪郭／輪廓］。〔近世〕かほだち［顔立］。きようめはなだち［目鼻立］。ようぎ［容儀］。〔中世〕おもざし［面差］。おもすがた［面姿］。きりゃう［器量］。にんさう［人相］。びもく［眉目］。みざま［見様］。めんさう／めんざう［面相］。めんもく［面目］。ようがん［容顔］。〔中古〕かたち［形／容／貌］。かほかたち［顔形］。かほつき［顔付］。けいばう［形貌］。さうばう［相貌］。みめ［見目／眉目］。みめかたち［見目形］。みるめ［見目］。ようし［容姿］。ようしょく［容色］。ようめい［容面］。花の色。〔上代〕かほ［顔］。じゃうばう［状貌］。ようばう［容貌］。→**ようし**

《句》〔近世〕見目(みめ)は果報(くわほう)の基(もとゐ)。見目(みめ)より心。〔中世〕人は見目よりただ心。

—が美しい　かよう［佳容］。〔近代〕びもくしうれい［眉目秀麗］。みめうるはしい［見目麗］。〔中世〕いろよし［色良］。かほよし［顔良］。せん［倩］。〔上代〕おもだる［面足］。

—が美しい人　〔近代〕びだんし［美男子］。〔近世〕くび［首／頸］。やうすもの［様子者］。〔中世〕びなん［美男］。〔中古〕かたちびと［容人］。びじん［美人］。びぢょ［美女］。〔上代〕くはしめ［美女］。↓**びじん**　↓**びなん**

—が鬼と見紛うほど恐ろしい　〔中世〕鬼を欺く。

—が醜い　〔中世〕しうろう［醜陋］。〔上代〕かたなし［形無］。

美しい—　〔中世〕びしょく［美色］。〔中古〕ぎょくばう［玉貌］。

男の—　〔近世〕をとこ［男］。〔中世〕をとこぶり［男振］。

男の心をそそるような—　〔中世〕いろか［色香］。

才知にあふれた—　〔近代〕さいばう［才貌］。

たぐいまれな—であること　〔中世〕ぜっしょく［絶色］。

醜い― 中古 えせかたち[似非形]。

ようむ【用務】 近代 ようけん[用件]。ようむ[用務]。近世 ようむき[用向]。中世 しょよう[所用]。中古 ようじ[用事]。
《尊》中古 ごよう[御用]。
公の― 近代 こうよう[公用]。上代 くよう[公用]。こうむ[公務]。

ようむ【要務】 近代 ぢゅうせき/ちょうせき[重責]。中世 たいにん[大任]。ぢゅうにん[重任]。中古 えうむ[要務]。

ようむき【用向】 近代 ようけん[用件]。ようむ[用務]。近世 ようむき[用向]。中世 しょよう[所用]。中古 ようじ[用事]。

ようめい【用命】 はっちゅう[発注]。近代 オーダー(order)。ようめい[用命]。中世 いひつく[―つける][言付]。ちゅうもん[注文/註文]。中古 あつらへ[誂]。まうしつく[―つける][申付]。

ようやく【要約】 ダイジェスト(digest)。近代 えうてん[要点]。がいえう[概要]。サマリー(summary)。てきえう[摘要]。レジメ/レジュメ(résumé)。近世 えうやく[要約]。がいりゃく[概略]。たいえう[大要]。中世 えうし[要旨]。おほすぢ[大筋]。たいりゃく[大略]。中古 えうりゃく[要略]。
―して説明すること 近代 やくせつ[約説]。
―して述べること 近世 りゃくげん[略言]。
―して論ずること やくろん[約論]。
―する 近代 えうする[要]。おしつめる[押詰]。近世 かいつまむ[掻摘]。中世 つづむ[つづめる][約]。つまむ[摘/撮/抓]。
一言ですべてを―する 近世 一言(いちげん)以て之を蔽(おほ)ふ。
文献などの― アブストラクト(abstract)。

ようやく【漸】 ❶〈やっと〉近代 やうやくのことで。近世 やうやっと。やっとこさ。やっとのこと(思ひ)で。中世 やうやく[漸]。やっと[漸]。中古 からうじて[辛]。からく[辛]。はじめて[初/始]。

ようやく【漸】 ❷〈次第に〉近代 おひおひ[追追]。じょじょに[徐徐]。中世 しだいに[次第]。だんだん[段段]。中古 おもむろに[徐]。ぜんじ[漸次]。やうやく[漸]。やや[稍/漸]。上代 やうやう[漸]。やくやく[漸漸]。

ようよう【洋洋】 近世 やうやう[漾漾]。中世 やうやうこ[洋洋乎]。ゆったり。中古 はてしなし[果]。ひろびろ[広広]。やうやう[洋洋]。上代 かぎりなし[限無]。

ようよう【揚揚】 近代 いきけんかう[意気軒昂]。とくいげ[得意気]。ほこらか[誇]。中世 とくとく[得得]。中古 ほこらしげ[誇]。やうやう[揚揚]。

ようらん【要覧】 てびきしょ[手引書]。びんらん[便覧]。マニュアル(manual)。近代 あんないしょ[案内書]。ハンドブック(handbook)。べんらん[便覧]。

ようりく【揚陸】 近代 やうりく[揚陸]。近世 にあげ[荷揚]。りくあげ[陸揚]。

ようりょう【要領】 近代 えうてん[要点]。えうりゃう[要領]。こきふ[呼吸]。やりかた[遣方]。近世 こつ[骨]。中古 はうはふ[方法]。
―がよい 近世 きよう[器用]。抜け目(が)なし。中世 りかう[利巧/悧巧]。りこう[利口]。中古 かしこし[賢]。
―よく 近世 手をよく。
―を得ない 近代 くうばく[空漠]。ふとくえうりゃう[不得要領]。近世 ふらち[不埒]。中古 こころもとなし[心許]。《句》近世 痴人夢を説く。中世 瓢簞(へうたん)で鯰(なまづ)(鰻(うなぎ))を押さふ[―押さえる]。

ようりょう【容量】 キャパシティー(capacity)。しゅうのうりょく[収納力]。しゅうようのうりょく[収容能力]。しゅうようりょく[収容力]。じゅようのうりょく[受容能力]。じゅようりょく[受容力]。近代 ようりゃう[容量]。近世 ようせき[容積]。

ようれい【用例】 近代 ようれい[用例]。中世 さくれい[作例]。れいぶん[例文]。

ヨーロッパ【欧羅巴】 ユーロ(Euro)(複合語として用いる)。近代 おうしう[欧州]。せいおう[西欧]。近世 せいやう[西洋]。たいせい[泰西]。ヨーロッパ[(ポルトガル)Europa/欧羅巴]。
―に行くこと ほうおう[訪欧]。近代 とおう[渡欧]。
―の東部の国々 近代 とうおう[東欧]。
―の南部の国々 近代 なんおう[南欧]。
―の北部の国々 近代 ほくおう[北欧]。
―風になること 近代 おうくゎ[欧化]。
―風の おうべいふう[欧米風]。コンチネンタル(continental)。ようふう[洋風]。近世 おうふう[欧風]。せいやうふう[西洋風]。

よか【余暇】 レジャー(leisure)。中古 かんか[閑暇/間暇]。ひま[暇]。よか[余暇]。→ひま

よかん【予感】 近代 よかく[予覚]。よかん[予感]。近世 けんとく[見徳]。虫が知らす[―知らせる]。虫の知らせ。中古 こころのうら

［心占］。

よかん【余寒】 近代 はなびえ［花冷］。はるさむ［春寒］。中世 ざんかん［残寒］。しゅんかん［春寒］。上代 よかん［余寒］。

よき【予期】 みとおし［見通］。近代 よかく［予覚］。よき［予期］。よけん［予見］。よそく［予測］。

—・した以上であるさま 中古 なかなか［中中］。

—・した通りになること 近世 おもふつぼ［思壺］。

—・しない 近世 おもひがけなし［思掛無］。思ひも掛けず。中世 いぐゎい［意外］。中古 思ひの外。

—・しない結果 近代 よさうぐゎい［予想外］。中世 ばんくるはせ［番狂］。

—・する 中世 あらます。ごす［期］。はかる［計／測］。中古 おもひあふ［思敢］。おもひかく［思懸］。おもひまうく［思設］。おもふ［思］。きす［期］。上代 おもはふ［思］。

—に反するさま まさかの事態。中古 あやにく［生憎］。ことざま［異様］。

よぎ【余技】 近代 よぎ［余技］。近世 かたてま［片手間］。中古 よじ［余事］。

—を楽しむ人 近代 あいかうか［愛好家］。アマチュア(amateur)。

よぎ【夜着】 ナイティー(nightie)。近世 やぐ［夜具］。中世 さよごろも［小夜衣］。よぎ［夜着］。→**しんぐ**

小さい— 近世 こよる［小夜］。

よぎな・い【余儀無】 近代 やむを得ない。中世 よぎなし［余儀無］。近世 よんどころなし［拠所無／拠無］。仕方(が)ない。中古 せんかたなし［為方無／詮方無］。

よきょう【余興】 近代 アトラクション(attraction)。えんげい［演芸］。エンターテインメント(entertainment)。もよほしもの［催物］。よぎ［余技］。よきょう［余興］。近世 かくしげい［隠芸］。中世 ざきょう［座興］。

よぎ・る【過】 近代 つうくゎ［通過］。よこぎる［横切］。中世 とほりすぐ［—すぎる］［通過］。中古 よぎる［過］。上代 すぎゆく［過行］。すぐ［すぎる］［過］。

よきん【預金】 近代 ちょきん［貯金］。ちょちく［貯蓄］。よきん［預金］。近世 あづけがね／あづけきん［預金］。

よく【欲】 近代 よくきう［欲求］。よくばう［欲望］。近世 いよく［意欲］。よくぎ／よくけ［欲気］。中世 げうよく［楽欲］。よく［欲／慾］。よくしん［欲心］。よくとく［欲得］。よくねん［欲念］。中古 ぼんなう［煩悩］。りよく［利欲］。→**よくばり**

—がないこと 中世 くゎよく［寡欲／寡慾］。中古 むよく［無欲／無慾］。上代 てんたん［恬淡／恬澹／恬惔］。

—で動くこと(たとえ) 欲と相談。欲と二人連れ。近代 ださんてき［打算的］。近世 よくとくづく［欲得尽］。

—で心をくらまされないこと 中世 ふまい［不昧］。

—のたとえ 近世 よくあか［欲垢］。よくくゎ［欲火］。よくぢん［欲塵］。中世 くゎきゃう［火坑］。中古 しんゑん［心猿］。よくかい［欲海］。

食べ物を食べたいという— 近代 くひいぢ［食意地］。中世 しょくよく［食欲］。

人間としての— 近世 にんよく［人欲］。中世 じんよく［人欲］。

みだらな— →**よくじょう**

わずかな— 中世 せうよく［小欲／少欲］。

その他—のいろいろ(例)①［対象］ きんせんよく［金銭欲］。けんりょくよく［権力欲］。近代 しょいうよく［所有欲］。せいふくよく［征服欲］。せいよく［性欲］。ちしきよく［知識欲］。めいよよく［名誉欲］。近世 がよく［我欲］。ぶつよく［物欲］。中世 じゃよく［邪欲］。中古 しよく［私欲］。りよく［利欲］。

その他—のいろいろ(例)②［強さ］ 近代 たんよく［貪欲］。近世 よくばり［欲張］。中古 たいよく［大欲／大慾］。たよく［多欲］。とんよく／どんよく［貪欲］。上代 たんらん／どんらん［貪婪］。→**よくばり**

よくあつ【抑圧】 近代 あつよく［圧抑］。きゃうあつ［強圧］。よくあつ［抑圧］。近世 あっす［圧］。あっぱく［圧迫］。よくせい［抑制］。中古 だんあつ［弾圧］。まぐ［まげる］［曲］。上代 おさふ［おさえる］［抑］。→**よくせい**

よくうつ【抑鬱】 近代 うっくつ［鬱屈］。近世 よくうつ［抑鬱］。中世 きうつ［気鬱］。

よくげつ【翌月】 あくるつき［明月］。中世 よくげつ［翌月］。中古 らいげつ［来月］。

—にかかること つきごし［月越］。

よくし【抑止】 近代 ていし［停止］。はどめ［歯止］。よくし［抑止］。近世 よくせい［抑制］。中世 おしとむ［—とめる］［押止］。中古 せいし［制止］。せいす［制］。上代 おさへとどむ［抑止］。おしとどむ［—とどめる］［押止］。とどむ［とどめる］［止／留／停］。→**よくせい**

よくじつ【翌日】 中古 あくるけふ［明今日］。

あくるひ[明日]。あけのひ[明日]。つぐひ[次日]。またのひ[又日]。よくじつ[翌日]。→あす

ーの朝 →よくちょう

ーの早朝 中古 あくるつとめて[明]。またのつとめて[又朝]。

ーの夜 近代 よくせき[翌夕]。中世 よくばん[翌晩]。よくや[翌夜]。

宿直を終えたー 近世 とまりあけ[泊明]。

よくじょう【欲情】 近代 しゅんき[春機]。せいよく[性欲]。にくじゃう[肉情]。にくよく[肉欲]。れつじゃう[劣情]。近世 いろごころ[色心]。じうよく[獣欲]。しきじゃう[色情]。しゅんじゃう[春情]。ちじゃう[痴情]。中世 いんき[淫気]。じゃうよく[情欲/情慾]。よくじゃう[欲情]。中古 あいよく[愛欲]。いんよく[淫欲]。しきよく[色欲]。上代 しきしん[色心]。

ーによりのぼせているさま 近世 ほめく[熱]。

ーを満たすもの 近世 ゑじき[餌食]。ゑば[餌/餌食]。

激しいーのたとえ 近代 じゃうえん[情炎]。近世 よくくゎ[欲火]。

よく・する【浴】 近世 かぶる[被]。中古 あぶ[あびる][浴]。よくす[浴]。

よくせい【抑制】 せいどう[制動]。近代 コントロール(control)。せいよく[制抑]。セーブ(save)。ブレーキ(brake)。よくあつ[抑遏]。よくあつ[抑圧]。よくし[抑止]。近世 あっす[圧]。よくせい[抑制]。中世 おしとむ[ーとめる][押止]。せっせい[節制]。ひかゆ[控/扣]。中古 せいげん[制限]。せいす[制]。上代 おさふ[おさえる][抑]。おさへとどむ[抑止]。おしとどむ[ーとどめる][押止]。

ーがない 近世 あいだてなし。

よくち【沃地】 地味がよい。近代 ひど[肥土]。よくち[沃地]。よくど[沃土]。肥沃の土地。中世 よくや[沃野]。中古 こえつち[肥土]。

よくちょう【翌朝】 近代 よくあさ[翌朝]。よくげう[翌暁]。近世 あくるあさ[明朝]。みゃうあさ[明朝]。中世 あした[明日/朝]。よくてう[翌朝]。中古 あくるつとめて[翌朝]。あした[朝]。こうてう/ごてう[後朝]。つとめて。またのあした[又朝]。みゃうてう[明朝]。上代 あくるあした[明朝]。みゃうたん/めいたん[明旦]。

男女がともに過ごしたー 中古 きぬぎぬ[衣衣/後朝]。こうてう/ごてう[後朝]。のちのあした[後朝]。

よくねん【翌年】 よくしゅん[翌春]。近代 よくとし[翌年]。よくはる[翌春]。中世 くるとし[来年]。よくねん[翌年]。らいしゅん[来春]。中古 あくるとし[明年]。かへるとし[返年]。またのとし[又年]。みゃうしゅん[明春]。みゃうねん[明年]。らいねん[来年]。上代 こんとし[来年]。

ーにかかる 年を跨ぐ。

ーの秋 よくしゅう[翌秋]。

よくばり【欲張】 欲の皮が(突っ)張る。近代 たんよく[貪欲]。近世 がうよく[強欲]。こぶい。つかみ[摑]。つめなが[爪長]。どうよく[胴欲/胴慾]。ひすらし。よくどし[欲]。よくばり[欲張]。よくぼり[欲]。爪が長し。中世 あこぎ[阿漕]。きたなし[汚/穢]。とん/どん[貪]。ひすらこし。よくふか[欲深]。よくふかし[欲深]。中古 けんどん[慳貪/倹飩]。たいよく[大欲]。たよく[多欲]。とんよく/どんよく[貪欲]。ふくつけし。らうれい[狼戻]。上代 たんらん[貪婪]。とんらん/どんらん[貪婪]。

《句》近代 蟻の甘きにつくが如し。戴く物は夏も小袖。蟹の死ばさみ。亀の年を鶴が羨む。倒れても土をつかむ。隴を得て蜀を望む。近世 一生は尽くれども希望は尽きず。思ひ事一つ叶へばまた一つ。蛇の口裂け。一つよければ又二つ。欲に目が眩む。欲の熊鷹股を裂く。中世 大欲(大慾)は無欲に似たり。

ー・で意地汚いこと 近世 がうつくばり[強突張]。ごふつくばり[業突張]。

ー・で金持ちの人 近世 うざいがき[有財餓鬼]。よくぶとり[欲太]。

ー・でけちなこと 近代 たんりん/どんりん[貪吝]。近世 つめ[爪]。中古 けんりん[倹吝/慳吝]。

ー・で心がきたないこと 近世 たんを[貪汚]。

ー・で道理に背いていること 近世 たんれい[貪戻]。

ー・な官吏 どんり[貪吏]。近代 どんくゎん[貪官]。中世 たんり[貪吏]。

ー・な性質 近世 くまでしゃう[熊手性]。

ー・な者 近世 くまで[熊手]。つかみづら[摑面]。

ー・な者の人相 近世 よくづら[欲面]。中古 うかい[鳥喙]。

死ぬ間際にますますー・になること 近世 し

によく［死欲］。

よくば・る【欲張】 近世 よくばる［欲張］。中世 欲をかく。中古 ほしがる［欲］。よくぼる［欲］。上代 むさぼる［貪］。

よくふか・い【欲深】 →**よくばり**

よくぼう【欲望】 近代 よくきう［欲求］。よくばう［欲望］。中世 オンターデ（ポルトガル vontade）。ぐゎんばう［願望］。げうよく［楽欲］。よく［欲／慾］。よくじゃう［欲情］。よくしん［欲心］。中古 ぼんなう［煩悩］。→**よくばり**

―に抗する力 近代 こくきしん［克己心］。じせいしん［自制心］。

―にとらわれて世俗的である なまぐさい［生臭／腥］。

―を抑え礼儀にかなった行動をする 近世 こくきふくれい［克己復礼］。

―を抑えること 近代 きんよく［禁欲／禁慾］。こくき［克己］。せいよく［制欲］。セルフコントロール（self control）。

―を控えること 近代 せつよく［節欲／節慾］。

異性に対する― →**よくじょう**

大きな― 中古 たいよく［大欲／大慾］。《句》中世 大欲は無欲に似たり。

現世の― 中世 でいだん［泥団］。中古 ぼんなう［煩悩］。

権力などに対する― 中世 やしん［野心］。

自分だけの利益を目指す― 近代 しりしよく［私利私欲］。りこしん［利己心］。近世 がよく［我欲／我慾］。中古 しよく［私欲］。

よくも【善】 近世 いしくも［美］。よくも［善］。中古 よくぞ。上代 えも。

よくや【沃野】 →**よくち**

よくよう【抑揚】 アクセント（accent）。近代 イントネーション（intonation）。おんてう［音調］。ごてう［語調］。近世 めりはり［減張／乙張］。よくやう［抑揚］。

よくよく【善善】 近世 くれぐれも［呉呉］。しげしげと［繁繁］。じっくり。しみじみ。つやつや。とくと［篤］。とっくり／とっけり。よくせき。中世 ぢゅうぢゅう［重重］。念を入れて。中古 つくづく［熟／熟熟］。よくよく［善善／能能］。上代 つらつら［熟熟／倩倩］。

―の 中世 せめての。

よくりゅう【抑留】 近代 こうきん［拘禁］。よくりう［抑留］。中世 こうそく［拘束］。

よくん【余薫】 →**よこう【余香】**

よけい【余計】 ようけ／ようけい［余計］。近代 じょうくわじょう［過剰］。さんよ［残余］。じょうよ［剰余］。近世 くだ［管］。くゎた［過多］。よけい［余計］。中世 いはれぬ［言］。くゎぶん［過分］。よじょう［余剰］。よぶん［余分］。中古 さかしら［賢］。上代 あまり［余］。

―な 近世 いはれざる／いはれぬ［言］。中世 いらざる［要］。

―な考え 近代 ざつねん［雑念］。中世 じゃねん［邪念］。

―な口出し 大きなお世話。近代 おせっかい［御節介］。でしゃばり。余計なお世話。中世 さしで［差出］。近世 さしでぐち［差出口］。

―な口出しをする 嘴（くちばし）を挟む。口を挟む。近世 ぜいす［贅］。嘴を容（い）る〔―容れる〕。茶茶を入る〔―入れる〕。横槍を入る〔―入れる〕。中世 さしでがまし［差出］。

―なこと 中古 ことくはふ［言加］。ちょっかい。中世 むよう［無用］。近世 おせせ。中古 あまりごと［余事］。

―な言葉 近代 ぜいご［贅語］。近世 ぜいげん［贅言］。だべん［駄弁］。

―なことをする 近代 やぶへび［藪蛇］。中古 さかしらがる［賢］。《句》近代 寝た子を起こす。藪をついて蛇を出す。屋上屋（をくじやう）を架（か）す。近世 おせせの蒲焼き。甲張（かふばり）強くして家押し倒す。草を打って蛇を驚かす。他人の疝気（せんき）を頭痛に病む。知恵のない神に知恵つく〔―つける〕。隣の法事に月代（さかやき）剃（す）る。泣かぬ子を泣かす。平地に波瀾を起こす。

―な文 中古 えんぶん［衍文］。

―なもの 近代 ぜいぶつ［贅物］。中世 だそく［蛇足］。

―な者 むようもの［無用者］。近代 よけいもの［余計者］。

―なものが混ざっていること 近世 けふざつ［夾雑］。

よけい【余慶】 近世 よくゎう［余光］。中世 よくん［余薫］。よたく［余沢］。ゐとく［遺徳］。中古 よけい［余慶］。よとく［余徳］。

よ・ける【避】 たいひ［待避］。近世 かはす［躱］。よぎる［過］。中古 さる［避］。よく〔よける〕［避／除］。上代 くゎいひ［回避］。さく〔さける〕［避］。

一方に寄って―・ける 上代 かたさる［片去］。

よけん【予見】 みとほす［見通］。よち［予知］。近代 みこす［見越］。よけん［予見］。中世 せんけん［先見］。《句》近世 三日さき知れば長者。

よ

よげん【予言】 近代しん[讖]。しんご[讖語]。よげん[予言/預言]。よこく[予告]。よほう[予報]。中古かねごと[予言]。

ーを記した文書 よげんしょ[預言書]。中世しんき[讖記]。しんしょ[讖書]。しんぶん/しんもん[讖文]。しんゐ[讖緯]。みらいき[未来記]。

よこ【横】 近代サイド(side)。そっぽう/そっぽ[外方]。まよこ[真横]。近世かたへ[片方]。そくめん[側面]。よこっちょ[横]。中世よこあひ[横合]。よこて[横手]。中古かたはら[傍/旁/側/脇]。かたはらざま[傍様]。そばひら[側]。よこさま[横様]。わき[脇/腋/掖]。上代よこ[横]。よこさ[横]。よこし/よこしま[横/邪]。

ーからの雨 中世よこあめ[横雨]。

ーからの風 上代よこしまかぜ[横風]。

ーからの様子 中古そばめ[側目]。

ーにくわえる 近世よこぐはへ[横銜]。

ーに進むこと 近代よこあるき[横歩]。近世かいかう[蟹行]。よこばひ[横這]。わうかう[横行]。

ーに滑ること サイドスリップ(sideslip)。近代よこすべり[横滑/横辷]。

ーにする →**よこた・える**

ーに逸れる 中世なぐる[なぐれる]。中古そりいづ[逸出]。

ーに長いこと(もの) よこもの[横物]。近世よこなが[横長]。

ーに並ぶこと よこならび[横並]。近代わうれつ[横列]。

ーになる →**よこたわ・る**

ー向きで泳ぐこと のしおよぎ[伸泳]。近代サイドストローク(sidestroke)。よこおよぎ[横泳]。よこのしおよぎ[横伸泳]。

ーを見る目 →**よこめ**

ーを向いていること 近世よこむき[横向]。上代よこさま/よこざま[横様/横方]。

ーを向く 近世そむく[そむける][背]。中古そばむ[そばめる][側]。

身体を伸ばしてーになる 近代ながまる[長]。近世ねそべる[寝]。中世そべる。

手足を曲げてーになる 上代をりふす[折伏]。

よこう【予行】 しこう[試行]。近代よこう[予行]。よかうえんしふ[予行演習]。よしふ[予習]。リハーサル(rehearsal)。中世しふらい[習礼]。

よこう【余光】❶〈遺徳〉 近世よくゎう[余光]。中世よくん[余薫]。よたく[余沢]。ゐとく[遺徳]。中古よけい[余慶]。よとく[余徳]。

よこう【余光】❷〈残光〉 近世ざんくゎう[残光]。中世ざんせう[残照]。よくゎう[余光]。中古よえい[余映]。

よこう【余香】 近代のこりか[残香]。中世ざんかう[残香]。よくん[余薫]。中古よかう[余香]。

よこがお【横顔】❶〈横向きの顔〉 近世よこがほ[横顔]。よこずっぽう/よこぞっぽう[横/横外方]。よこつら[横面]。中古かたはらめ[傍目]。そばがほ[側顔]。

よこがお【横顔】❷〈プロフィール〉 近代じんぶつひゃう[人物評]。プロフィール(profile)。よこがほ[横顔]。

よこがみやぶり【横紙破】 近世いこぢ[意固地]。かきやぶり[垣破]。よこがみくひ[横紙食]。よこがみやぶり[横紙破]。我を通す。横車を押す。

よこぎ【横木】 近代アーム(arm)。うで[腕]。バー(bar)。よこぼう[横棒]。中古よこぎ[横木]。

校倉(あぜくら)造りの外壁を構成するー あぜき[校木]。

縁側の屋根を受けるー 近世えんげた[縁桁]。

壁下地などで柱と柱に渡すー 近世どうぶち[胴縁]。

高跳びなどで跳び越えるー クロスバー(crossbar)。バー(bar)。

建具などをはめるー 中世しきゐ[敷居]。中古かもゐ[鴨居]。

床の間や床などの端に渡すー 近代えんがまち[縁框]。近世あがりがまち[上框]。中世かまち[框]。とこがまち[床框]。

扉の上方の軸を受ける柱間に渡したー 上代ねずばしり/ねずみばしり[鼠走]。

鳥籠に取り付けたー 近世とまりぎ[止木]。

二階の床梁(ゆかはり)を支えるー どうざし[胴差]。

根太を支えるために柱に取り付けたー ねだかけ[根太掛]。

軒の下で垂木を受けるー 中世のきげた[軒桁]。

柱と柱を上部でつなぐー 近代かしらぬき[頭貫]。

門の内外を区画するー 上代しきみ[閾]。

床下にあって柱と柱を連結するー 中世あしがため[足固]。

よこぎ・る【横切】 近代クロス(cross)。つききる/つっきる[突切]。わうだん[横断]。中古きる[切]。上代よこぎる[横切]。

行列の前を―・る 近世 供先(ともさき)を切る。

空を―・る 中古 わたる[渡]。

よこく【予告】 近代 よこく[予告]。よほう[予報]。近世 ことわり[断]。まへぶれ[前触]。中古 よげん[予言]。

―なしに行うこと ぬきうち[抜打]。

よこしま【邪】 近代 ふこうせい[不公正]。ふせい[不正]。近世 かんとく[奸慝/姦慝]。ゆがみ[歪]。よこ[横]。わうだう[横道]。中世 じゃきょく[邪曲]。よこしま[邪]。中古 かんじゃ[奸邪/姦邪]。かんちょく[奸慝/姦慝]。じゃ[邪]。じゃけん[邪見/邪慳/邪険]。上代 きたなし[汚/穢]。じゃあく[邪悪]。ひだう[非道]。

―・で偽りに満ちていること 近代 かんきつ[奸譎/姦譎]。

―・でみだらなこと 近代 じゃいん[邪淫/邪婬]。中世 かんらん[姦濫]。

―・な家来 中世 かんしん[奸臣/姦臣]。

―・な教え(考え) 中世 じゃうん[邪雲]。じゃはふ[邪法]。中古 じゃけん[邪見]。じゃせつ[邪説]。

―・な心 近代 じゃい[邪意]。近世 じゃしん[蛇心]。中世 じゃねん[邪念]。中古 かんしん[奸心/姦心]。じゃしん[邪心]。

―・な心で僻(ひが)んでいること 中世 じゃへき[邪僻]。

―・な心で人にへつらうこと 中古 じゃねい[邪佞]。

―・な知恵 近世 かうち[狡知/狡智]。かんさい[奸才/姦才]。ねいち[佞知/佞智]。わるぢゑ[悪知恵]。中世 かんち[奸智/姦智/奸知]。じゃち[邪知/邪智]。

―・なはかりごと 近代 かんさく[奸策/姦策]。近世 わるだくみ[悪巧]。中世 あくけい[悪計]。じゃけい[邪計]。じゃぼう[邪謀]。上代 かんけい[奸計/姦計]。

―・な人 近世 ねぢけびと[拗人/佞人]。中世 かんじゃ[奸邪/姦邪]。中古 かんじん[奸人/姦人]。ねいじん[佞人]。

―・な道 中世 じゃけい[邪径]。中古 じゃだう[邪道]。

―・な欲望 中世 じゃよく[邪欲]。

よこ・す【寄越】 近世 おくす[遣/致]。くす。中世 つかはす[使/遣]。よこす[寄越/遣]。上代 おこす[遣/致]。

よご・す【汚】 近代 をそん[汚損]。をとく[汚瀆]。中古 けがす[汚/穢]。よごす[汚]。をせん[汚染]。

よこた・える【横】 近代 わうぐゎ[横臥]。近世 かたげる[傾]。ねかす/ねかせる[寝]。よこたふし/よこだふし[横倒]。中古 たふす[倒]。ふす〔ふせる〕[伏]。へいぐゎ[平臥]。上代 よこたふ〔―たえる〕[横]。

よこたわ・る【横】 近代 ねころがる/ねっころがる[寝転]。ねたふれる[寝倒]。わうぐゎ[横臥]。近世 せぶる。たふる[倒]。ねそべる[寝]。中世 ねころぶ[寝転]。ふせる[伏/臥]。よこたふ[横]。中古 うちふす[打伏/打臥]。うちやすむ[打休]。うつぶしふす[俯伏]。たふる[倒]。たふれふす[倒臥]。へいぐゎ[平臥]。よこたはる[横]。よころばふ[横這]。上代 うちなびく[打靡]。こやる[臥]。こゆ[臥]。ぬ〔ねる〕[寝]。ふす[伏/臥](四段活用)。

《尊》上代 こやす[臥]。

―・っている 中古 よこほる[横]。

下向きに―・る 近世 うつむけ[俯]。中世 うつぶせ[俯]。中古 うつぶし[俯]。

楽な姿勢で―・ること 中世 あんぐゎ[安臥]。

よこっぱら【横腹】 近世 ひはら/ひばら[脾腹]。よこっぱら/よこばら[横腹]。中世 そばはら[側腹]。わきばら[脇腹]。

よごと【夜毎】 近代 まいゆふ[毎夕]。中世 まいせき[毎夕]。まいばん[毎晩]。まいや/まいよ[毎夜]。中古 よひよひ[宵宵]。よよ[夜夜]。上代 よごと[夜毎]。よなよな[夜夜]。夜並べて。→**まいばん**

よこどり【横取】 近代 わうりゃう[横領]。近世 わうだつ[横奪]。中世 よこどり[横取]。中古 うばひとる[奪取]。上代 うばふ[奪]。

思いがけず―・される《句》近世 鳶(とび)に油揚を攫(さら)はる〔―攫われる〕。

よこみち【横道】 近世 えだみち[枝道/岐路]。中世 わきみち[脇道]。中古 よこみち[横道]。わかれぢ[別路]。→**みち【道】❶**

―へ逸れる いつだつ[逸脱]。近代 だっせん[脱線]。近世 よこぎれ[横切]。中世 そぐ〔そげる〕[削/殺]。そる〔それる〕[逸]。なぐる〔なぐれる〕。はづる〔はずれる〕[外]。

よこむき【横向】 近世 よこむき[横向]。上代 よこさま/よこざま[横方/横様]。

―に寝る 近代 わうぐゎ[横臥]。近世 そくぐゎ[側臥]。ねそべる[寝]。そべる。中古 かたはらふす[傍臥]。

―に行くこと 近代 よこあるき[横歩]。近世 かいかう[蟹行]。よこばひ[横這]。わうかう[横行]。

よこめ【横目】 じゃし[邪視]。よこめづかい[横目遣]。近世 しりめづかひ[尻目遣]。わきめづかひ[脇目遣]。中古 しりめ[尻目／後目]。すがめ[眇目]。そばめ[側目]。ながしめ[流目]。よこめ[横目]。

—で睨(にら)む 近代 よこにらみ[横睨]。中古 そばむ[側]。

—で見る 近世 目をそばだつ[—そばだてる]。中世 側目(そばめ)にかく[—かける]。上代 目をそばむ[—そばめる]。中古 尻目にかく[—かける]。

よごれ【汚】 近代 てんを[点汚]。をだく／をぢょく[汚濁]。をてん[汚点]。近世 しみ[染]。よごれ[汚]。をこう[汚垢]。中世 あか[垢]。ちり[塵]。ふじゃう[不浄]。中古 けがれ[穢／汚]。ちり[塵]。ぢんく／ぢんこう[塵垢]。にごり[濁]。

—を落とすのに用いるもの クリーナー(cleaner)。せんざい[洗剤]。せんじょうざい[洗浄剤]。よごれおとし[汚落]。近世 シャボン(スペイン jabon)。せきけん[石鹼]。

—がないこと →きよらか →せいじょう【清浄】

—を洗い除くこと →せんたく【洗濯】

垢(あか)や汗などの— 近代 こうぢ[垢膩]。中世 あか[垢]。上代 くに[垢膩]。

よご・れる【汚】 近代 をそん[汚損]。近世 あかじみる／あかじむ[垢染]。すすぶる／すすぼる[煤]。中古 きたなげ／きたなし[汚／穢]。けがらふ[汚／穢]。けがる[けがれる][汚／穢]。すすく[煤]。ちりばむ[塵]。よごる[よごれる][汚]。をせん[汚染]。

—・れたこの世 中世 ちりのよ[塵世]。ゑど[穢土]。

—・れたさま 近世 うすぎたなし[薄汚]。きたならし[汚]。こぎたなし[小汚]。上代 ふけつ[不潔]。むさくるし[苦]。中世 むさし。けがらはし[汚]。きたなし[汚／穢]。

—・れたまま去る 中世 跡を濁す。

—・れて垢じみている 近世 したたるし[舌緩]。

—・れて古くなる 近世 すすぶ[煤]。すすぶる／すすぼる[煤]。

油で—・れる 近世 あぶらじむ[—じみる][油染]。

家庭などで—・れた水 はいすい[廃水]。中世 げすい[下水]。近世 ざふみづ[雑水]。をすい[汚水]。ざふづ[雑水]。

道徳的に—・れたさま 近代 ダーティー(dirty)。

埃(ほこり)で—・れる 中古 ちりばむ[塵]。

よさん【予算】 近代 しんさん[心算]。ふところかんぢゃう[懐勘定]。みつもり[見積]。よさん[予算]。近世 むなざんよう／むねざんよう[胸算用]。むなづもり[胸積]。中世 つもり[積]。

—オーバーの支出になる つかいこみ[使込／遣込]。近代 あかじ[赤字]。足が出る。足を出す。

政府の— バジェット(budget)。

よし【由】 近代 じゆ[事由]。中世 いはれ[謂]。中古 ゆいらいれき[来歴]。わけ[訳／分]。ゆいしょ[由緒]。ゆらい[由来]。ゆゑん[所以]。上代 じいう[事由]。ゆゑ[故]。よし[由／因／縁]。

よじ【余事】 中世 よそごと[余所事]。中古 たじ[他事]。よじ[余事]。上代 あだしごと[他事／徒事]。

よしあし【善悪】 かあく[佳悪]。くろしろ[黒白]。ぜんぴ[善否]。近世 せいじゃ[正邪]。たうひ[当否]。よしわるし[善悪]。中世 きょくちょく[曲直]。こくばく／こくびゃく[黒白]。しろくろ[白黒]。ぜひ[是非]。よしあしりゃうひ[良否]。中古 かひ[可否]。よしあし[善悪／良悪]。りひ[理非]。上代 ぜんあく[善悪]。

—の判断を誤ること 近世 めがねちがひ[眼鏡違]。

—を論ずること 中古 ほうへん[褒貶]。

比べて—を決めること 中古 しゃうりゃく[商略]。

よしきり【葦切】 近世 ぎゃうぎゃうし[行行子／仰仰子]。よしきり[葦切／葭切／葦雀]。中世 あしすずめ／よしすずめ[葦雀]。よしはらすずめ[葦原雀／吉原雀]。

よじのぼ・る【攀上】 近代 はんえん[攀縁]。中古 はんゐん[攀援]。中世 よぢのぼる[攀上／攀登]。よづ[よじる][攀]。

よしみ【誼】❶〈縁故〉 近代 くゎん[款／欵]。じゃうぎ[情誼／情宜]。近世 いんぎん[慇懃]。えんこ[縁故]。中世 こんい[懇意]。よしみ[誼／好]。中古 えにし[縁]。えん[縁]。しん[親]。ゆかり[縁]。

並々ならぬ— 近代 かうぎ[高誼]。

よしみ【誼】❷〈交わり〉 →こうさい【交際】

—を結ぶ 親交を結ぶ。近代 款(くゎん)(欵)を通ず。

昔からの— 近世 きうぎ[旧誼]。中世 きうかう[旧交]。

よじょう【余剰】 近代 くゎじょう[過剰]。ざんよ[残余]。じょうよ[剰余]。中古 よじょう[余剰]。よぶん[余分]。上代 あまり[余]。のこり[残]。

よじょう【余情】 近世 よじゃう[余情]。よゐん

［余韻］。中世 よせい［余情］。中古 なごり［名残／余波］。

ーがあること 中世 いうげん［幽玄］。

俳諧でーをいう語 近世 にほひ［匂］。

よじ・る【捩】 近世 ねぢる［捩／拗／捻］（四段活用）。よぢくる［捩］（四段活用）。よぢる［捩］（四段活用）。中世 すぢる［捩］。もぢる［捩］（四段活用）。よる［縒／撚］（四段活用）。ひねる［捻／拈／撚］。中古 ねづ［ねじる］［捩／拗／捻］。上代 もぢふ［捫］。

身体をー・る 中世 くぬ［くねる］。

よじ・れる【捩】 近代 ねんてん［捻転］。よぢる［よじれる］［捩］。近世 よぢくる［よじくれる］。中世 すぢる［捩］。ねぢる［ねじれる］［捩／拗／捻］。もぢる［もじれる］［捩］。よる［よれる］［縒／撚］。

よしわるし【善悪】 →**よしあし**

よしん【余震】 ゆりもどし［揺戻］。ゆれかへし［揺返］。近代 よしん［余震］。近世 ゆりかへし［揺返］。中世 ゆりなほし［揺直］。

よじん【余人】 たしゃ［他者］。中世 よじん［余人］。中古 たにん［他人］。べつじん［別人］。

よじん【余燼】 くすぶり［熏］。近代 こうぢん［後塵］。ざんくゎ／のこりび［残火］。よふう［余風］。近世 じんよ［燼余］。中古 よじん［余燼］。

よしんば【縦】 近世 よしんば［縦］。中世 たとへ［縦／仮令］。中古 かりにも［仮］。たとひ［縦／仮令］。たとへば［例］。もしも［若］。よしや［縦］。上代 よし［縦］。よしゑ［縦］。よしゑやし［縦］。

よすが【縁】 近代 りっきゃくち［立脚地］。近世 てがかり［手掛］。中古 たより［頼／便］。ちなみ［因］。上代 よすか／よすが［縁／因／便］。よりどころ［拠所］。よるべ［寄辺］。

よすぎ【世過】 近代 くらし［暮］。くらしむき［暮向］。しょせい［処世］。近世 よすぎ［世過］。中古 なりはひ［生業］。中世 くちすぎ［口過］。みすぎ［身過］。せいくゎつ［生活］。とせい［渡世］。よわたり［世渡］。→**よわたり**

よすてびと【世捨人】 中世 くはのもん／さうもん［桑門］。だうじん［道人］。とんせいしゃ／とんぜいしゃ［遁世者］。とんせいひじり［遁世聖］。中古 いんし［隠士］。いんじゃ［隠者］。よすてびと［世捨人］。

よせ【寄席】 近世 せき［席］。せきてい［席亭］。ひとよせせき［人寄席］。よせ［寄席］。よせば［寄場］。

ーで最後に出る最上級格の人 近世 しんうち［真打／心打］。

ーで昼の興行 近世 ひるせき［昼席］。

ーの演目（例）近代 いろもの［色物］。かけあひばなし［掛合話］。ふきよせ［吹寄］。ふくわじゅつ［腹話術］。まんざい［漫才］。近世 かうしゃく［講釈］。かうだん［講談］。らくご［落語］。

ーで客に話をする 近代 うかがふ［伺］。御機嫌を伺ふ。

講釈を興行するー 近世 かうしゃくば［講釈場］。

よせあつ・める【寄集】 近代 よせあつめる［寄集］。近世 よせあはす［ーあわせる］［寄合］。中古 かきあつむ［ーあつめる］［掻集］。かきよす［ーよせる］［掻寄］。とりあつむ［ーあつめる］［取集］。上代 しうしふ［収集／蒐集］。よす［よせる］［寄］。

ー・めて入れる かきいれる［掻入］。

ー・めて来る 上代 よせくる［寄来］。

ー・めて取り込むこと 近代 きふしふ［吸集］。

ー・めの集団 近世 あつまりぜい［集勢］。中古 うがふのしゅう［烏合衆］。

あれこれとー・める 中古 とりあつむ［ーあつめる］［取集］。とりあはす［ーあわせる］［取合］。

風が吹いて一か所にー・める 中古 ふきよす［ーよせる］［吹寄］。

全部ー・める 近世 ひっさらふ［引攫／引浚］。

よせい【余生】 →**よめい**

よせい【余勢】 近世 はづみ［弾］。中世 よせい［余勢］。よゐ［余威］。

よせかえ・す【寄返】 中世 をりかく［折掛］。をりしく［折頻］。中古 うちかへす［打返］。よせかへす［寄返］。

よせがき【寄書】 近世 めいめいがき［銘銘書］。よりあひがき［寄合書］。中世 よせがき［寄書］。

よせざん【寄算】 たしざん［足算］。近代 かさん［加算］。かはふ［加法］。くはへざん［加算］。よせる［寄］。近世 よせざん［寄算］。中古 あはす［あわせる］［合］。上代 たす［足］。

よ・せる【寄】 近代 よせあつめる［寄集］。近世 よせあはす［ーあわせる］［寄合］。中古 さしよす［差寄］。上代 あつむ［あつめる］［集］。つどふ［集］。よす［よせる］［寄］。よそる［寄］。

ー・せて来る 中古 おしよす［ーよせる］［押寄］。上代 きよす［来寄］。

一方へー・せる 近世 かたよす［ーよせる］［片寄］。

漕いでー・せる 中古 こぎよす［ーよせる］［漕寄］。

心をー・せる 中古 たよる［頼］。

そばに—・せる 中古 さしよす[差寄]。

波が—・せる 中世 なみよる[波寄]。をりかく[折掛]。をりしく[折頻]。

よそ【余所】 近代 きょくぐゎい[局外]。そっぽ[外方]。中世 たしょ[他所]。中古 ことどころ[異所]。とざま[外方]。ほか[外]。ほかほか[外外]。上代 たしょ[他所]。よそ[余所/他所]。

《枕》上代 あまぐもの[雨雲]。あらがきの[荒垣]。

—から来た者 近代 いはうじん[異邦人]。エトランゼ(フランス étranger)。もぐり[潜]。よそもの[他所者]。近世 たこくもの[他国者]。たびがらす[旅烏/旅鴉]。ながれもの[流者]。わたりもの[渡者]。中古 よそびと[余所人]。

—の国 →**がいこく**

—の土地 たきょう[他郷]。近代 いきゃう[異境]。中世 いきゃう[異郷]。しゅゐき[殊域]。

よそい【装】 →**よそおい**

よそいき【余所行】 →**よそゆき❶❷**

よそう【予想】 みとおし[見通]。近代 ぎゃくと[逆睹/逆覩]。みこす[見越]。みこみ[見込]。よけん[予見]。よさう[予想]。よそく[予測]。よだん[予断]。よみ[読]。よれう[予料]。近世 つもり[積]。てあひ[手合]。中世 あてがひ[充行/宛行]。あらまし。けんたう[見当]。中古 あん[案]。おもはく[思]。おもひ[思]。

—以上に費用がかかること 近世 古屋(ふるや)の造作(ざうさく)。

—以上によい 近代 あたりもの[当物]。中世 こころまさり[心優]。

—外 近代 いさうぐゎい[意想外]。よさうぐゎい[予想外]。近世 はからずも[図]。中世 いぐゎい[意外]。ぞんぐゎい[存外]。ぞんじのほか/ぞんのほか[存外]。てのほか[手外]。期せずして。計らざるに。中古 あんぐゎい[案外]。あんのほか[案外]。おもはず[思]。こころのほか[心外]。すずろ[漫]。ふりょのほか[不慮外]。

—外の用事 中世 あらぬ急ぎ。

—が外れる(こと) よみあやまる[読誤]。近代 うらぎる[裏切]。三五の一八。筈(はず)が合はぬ。近世 おもはくちがひ[思違]。中世 もっけ[物怪]。案に相違する。心の外。中古 うちつけごと[打付事]。ことのほか[殊外/事外]。ひきたがふ[引違]。まさなし[正無]。案に違(たが)ふ。上代 おもひきや[思]。

—・しにくいもの 近世 みづもの[水物]。《句》近代 鬼が出るか蛇が出るか(仏が出るか)。近世 海の物とも山の物ともつかず。くらがりに鬼つなぐ。

—・する 近代 よれう[予料]。見当をつける。中古 おもひかく[思懸]。おもひまうく[—もうける][思設]。きす[期]。はかる[計/測]。上代 うらなふ[占/卜]。《尊》中古 おぼしかく[思懸]。

—・できないこと 近代 ふかそく[不可測]。近世 ふそく[不測]。ふりもの[降物]。《句》近世 一寸先は闇。

—通り 近代 やっぱり/やはり[矢張]。中世 さすが[流石/遉]。はたして[果]。中古 しるし[著]。まさし[正]。

—通りになること(さま) どんぴしゃ/どんぴしゃり。近世 てきちゅう[的中]。図に当たる。中世 くゎぜん[果然]。中古 ひゃくはつひゃくちゅう[百発百中]。案に落つ。

完成の—図 あおじゃしん[青写真]。

よそ・う【装】 →**よそお・う**

よそおい【装】 アパレル(apparel)。近代 スタイル(style)。ファッション(fashion)。近世 つくり[作/造]。でたち[出立]。ふうぞく[風俗]。みじたく[身支度/身仕度]。中世 いでたち[出立]。なりふり[形振]。中古 なり[形/態]。みなり[身形]。上代 いしゃう[衣装]。いふく[衣服]。よそひ[装]。よそほひ[装/粧]。

《尊》おめしもの[御召物]。

—を凝らしている 近代 おめかし[御粧]。近世 おしゃれ[御洒落]。しだし[仕出]。中古 よそほし[装]。

美しい— 近世 せいさう[盛粧]。中世 びさう[美装/美粧]。中古 きんすい[金翠]。

儀式などのための改まった— 近代 せいさう[正装]。フォーマル(formal)。中世 ぎよう[儀容]。

よそお・う【装】 近代 ふんさう[扮装]。めかしこむ[粧込]。めかす[粧]。よそほひかざる[装飾]。ふんす[扮]。近世 けつらふ。しゃれる[洒落]。中世 かたちづくる[形作/容作]。きつく[—つける][着付]。けすらふ。こしらふ[—らえる][拵]。つくる[作]。みごしらへ[身拵]。よそほふ[装/粧]。中古 いでたつ[出立]。きかざる[着飾]。さうずく[装束]。さうぞきたつ[装束立]。さうぞく/しゃうぞく[装束]。したつ[—たてる][仕立]。もてつく[付]。上代 たづくる[手作]。とりよそふ[取装]。よそふ[装/粧]。

《句》近世 姿は俗性(ぞくしやう)を現す。姿はつくりもの。人形にも衣装。

美しく—・う 近世 色を作る。中古 つくろひたつ[繕立]。つくろふ[繕]。とりつくろふ[取繕]。みがく[研／磨]。上代 たちよそふ[立装]。

艶めかしく—・う 中古 えんだつ[艶立]。

若々しく—・う 中古 わかやぎたつ／わかやぎだつ[若立]。

よそく【予測】→**よそう**

よそごと【余所事】 たにんごと[他人事]。中世 ぐゎいじ[外事]。よそごと[余所事]。ひとごと[人事／他人事]。中古 たじ[他事]。よじ[余事]。

—として聞く 中古 ききはなつ[聞放]。

—のように見る 上代 余所に見る。

よそながら【余所乍】 それとなく。近世 かげながら[陰乍]。中古 よそながら[余所乍]。

よそみ【余所見】 わきめ[脇目]。中世 よこめ[横目]。近世 わきみ[脇見]。中古 あからめ[傍目]。ひがめ[僻目]。ほかめ[外目]。よそみ[余所見]。よそめ[余所目]。

—をしない 近世 脇目も振らず。中世 面(おもて)も振らず。

よそめ【余所目】 近代 ばうかん[傍看]。ばうけん[傍見]。はため[傍目]。よそみ[余所見]。近世 たけん[他見]。わきめ[脇目]。をかめ[傍目／岡目]。中古 ばうくゎん[傍観]。ひとめ[人目]。よそめ[余所目]。

よそゆき【余所行】❶〈外出〉 近世 よそいき／よそゆき[余所行]。中古 たぎゃう[他行]。

→がいしゅつ

よそゆき【余所行】❷〈外出着〉 カントリーウエア(country wear)。タウンウエア(town-wear)。近代 ぐゎいしゅつぎ[外出着]。よそぎ[余所着]。よそゆき[余所行]。よそゆきぎ[余所行着]。近世 よそいき[余所行]。

よそよそし・い【余所余所】 近代 かくい[隔意]。近世 たにんぎゃうぎ[他人行儀]。みづくさし[水臭]。よそがまし[余所]。中世 そっけなし[素気無]。とざまがまし[外様]。よそげ[余所]。中古 うとうとし[疎疎]。おぼおぼし。けけし。けどほし[気遠]。そばそばし[稜稜]。つれなし。ものどほし[物遠]。よそよそし[余所余所]。→**れいたん**

—・い心 近世 ぐゎいしん[外心]。よそごころ[余所心]。

—・いさま 中世 れいれい[冷冷]。

—・く振る舞う(こと) 近代 たにんあつかひ[他人扱]。近世 たにんぎゃうぎ[他人行儀]。中古 あはむ[淡]。中世 側目(そばめ)にかく[—かける]。おもひへだつ[思隔]。上代 そぐゎい[疎外／疏外]。《尊》中古 おぼしへだつ[思隔]。

よたく【預託】 近代 きょうたく[供託]。よきん[預金]。よたく[預託]。中世 たくす[託]。中古 きたく[寄託／寄托]。

よだれ【涎】 中世 よだれ[涎]。中古 よだり[涎]。

—をたらして物を欲しがる 中世 唾(つば)を引く。

—をたらすこと 近代 すいえん[垂涎]。近世 りうぜん[流涎]。すいぜん[垂涎]。よだれくり[涎繰]。

よだん【予断】→**よそう**

よだん【余談】 こぼればなし[零話]。近代 さふわ[挿話]。よぶん[余聞]。よわ[余話]。近世 よだん[余談]。よろく[余録]。

よち【予知】 近代 みこす[見越]。よけん[予見]。よち[予知]。よれう[予料]。中世 せんけん[先見]。ぜんち[前知]。

《句》近世 三日さき知れば長者。

よち【余地】 近代 よはく[余白]。近世 かんげき[間隙]。すき[隙／透]。ゆとり。中世 あきち[空地／明地]。よゆう[余裕]。中古 すきま[隙間]。よち[余地]。

—ができる 中古 くつろぐ[寛]。

—がない 近世 ぎりぎり[限限]。中世 針を立つる土地なし。

—がなくなる 中世 うまる[埋]。上代 ふさがる[塞]。

—を残す 上代 あます[余]。

わずかな— 中世 錐(きり)を立つべき地。立錐(りっすい)の余地。

よちょう【予兆】 近代 ちょうこう[徴候]。てうこう[兆候]。よちょう[予徴]。よてう[予兆]。近世 さきぶれ[先触]。まへぶれ[前触]。中世 きざし[兆／萌]。ぜんちょう[前徴]。ぜんてう[前兆]。中古 ぜんさう[前相]。

《句》近代 山雨(さんう)来らんと欲して風楼(ろう)に満つ。

よつぎ【世継】→**あとつぎ**

よっきゅう【欲求】 近代 えうきう[要求]。ききう[希求]。よくきう[欲求]。よくばう[欲望]。中古 かつばう[渇望]。ほしがる[欲]。上代 こひねがふ[希]。もとむ[もとめる][求]。

よつつじ【四辻】→**こうさてん**

よって【因】 近世 だから。中世 したがって[従／随]。そこで。それで。よって[因／依／仍]。中古 それゆゑ[其故]。より。よりて

［因／依／仍］。

よっぱらい【酔払】→**よいどれ**

よてい【予定】 はらづもり［腹積］。近代こころづもり［心積］。スケジュール(schedule)。にってい［日程］。プログラム(program)。みこみ［見込］。よてい［予定］。近世かけ［掛］。つもり［積］。はず［筈／弭］。中世あらまし。中古あらましごと。おきて［掟］。上代かぬ〔かねる〕［兼］。

―外 中世ふじ［不時］。中古りんじ［臨時］。

―外の収入 近代りんじしうにふ［臨時収入］。近世よろく［余禄］。中世よとく［余得］。

―の表 よていひょう［予定表］。近代じかんへう［時間表］。じかんわり［時間割］。タイムテーブル(timetable)。

よどおし【夜通】→**ひとばんじゅう**

よとく【余徳】→**よこう【余光】❶**

よどみ【淀】 中古ふち［淵／潭］。よどみ［淀／澱］。をどみ［澱］。上代よど［淀／澱］。

よど・む【淀】 中世ちんたい［沈滞］。中古ていたい［停滞］。上代とどこほる［滞］。とどまる［留］。よどむ［淀／澱］。

川の― 上代かはよど［川淀］。

《枕》 中古よどがはの［淀川］。

中途で水が―・んでいる所 中古なかよどみ［中淀］。

―・みなく進むさま 中古なめらか［滑］。

―・みなく流れるさま 上代たうたう［滔滔］。

話しぶりに―・みがないさま 近代いっしゃせんり［一瀉千里］。中世りうちゃう［流暢］。中古すべらか［滑］。懸河(けんが)の弁。

よど・む【澱】 近代ちんか［沈下］。よどむ［澱／淀］。近世ちんかう［沈降］。ちんでん［沈殿］。をどむ［澱／淀］。

よなか【夜中】 中世ちゅうや［中夜］。やいん［夜陰］。中古はんや［半夜］。はんせう［半宵］。やちゅう［夜中］。やはん［夜半］。やぶん［夜分］。よは［夜半］。上代さよなか［小夜中］。よ／よる［夜］。よなか［夜中］。よひ［宵］。

―の十二時 中古しや［子夜］。

よなべ【夜鍋】 やかんきんむ［夜間勤務］。近代やきん［夜勤］。やげふ［夜業］。よなび［夜業］。近世よな［夜］。中世おなべ［御鍋］。よしごと［夜仕事］。よなべ［夜鍋／夜業］。よばたらき［夜働］。

よなよな【夜夜】→**まいばん**

よな・れる【世慣】 近代ひとずれ［人擦］。世故に長(た)ける。近世こなる〔こなれる〕［熟］。渋皮が剝(む)ける。中世よなる〔―なれる〕［世慣／世馴］。中古しほじむ［潮染］。しほなる［潮慣］。よづく［世付］。

―・れた心 中古おとなごころ［大人心］。

―・れていないこと 近世うひごころ［初心］。うぶ［初／初心］。おむく［御無垢］。中世しょしん［初心］。中古こころわかし［心若］。上代じゅんぼく［醇朴／淳朴／純朴］。

―・れていない人 近世しょしんもの［初心者］。

―・れていない娘 近世おぼこむすめ［娘］。

田舎出身でまだ―・れていないこと 中世やまだし［山出］。

よにげ【夜逃】 近世ぬけそ［抜］。ぬけそけ［抜避］。中世よにげ［夜逃］。よぬけ［夜脱］。

よにも【世】→**ひじょうに**

よねつ【余熱】 近代ほとぼり［熱／余熱］。近世ほとほり［熱］。中世よねつ［余熱］。

よねん【余念】 近代ざつねん［雑念］。中世じゃねん［邪念］。たねん［他念］。にねん［二念］。よねん［余念］。

―がない 近世たじなし［他事無］。→**せんねん【専念】**

―なく 中世やくと［役］。やくやくと［役役］。中古おほなおほな。

よのつね【世常】 近代せいこ［世故］。近世せこ［世故］。つうじゃう［通常］。中世いっぱん［一般］。ならひ［習／慣］。浮き世の習ひ。世の例(ためし)。中古じんじゃう［尋常］。ただごと［直事］。よのさが［世性］。よのならひ［世習］。上代よのつね［世常］。よのなか［世中］。

よのなか【世中】 ぞくせけん［俗世間］。近代じっしゃくゎい［実社会］。しゃくゎい［社会］。ぞくせ／ぞくせい［俗世］。近世うきよ［浮世］。こうぎ［公儀］。ちまた［巷／岐／衢］。よせかい［世世界］。中世かうこ［江湖］。せろ［世路］。てんか／てんが［天下］。中古うつしよ［現世］。げんせ［現世］。このよ［此世］。せいと［世途］。せいろ［世路］。せかい［世界］。せじゃう［世上］。ぢんきゃう［塵境］。にんげん［人間］。よ［世］。上代しかい［四海］。せけん［世間］。せぞく［世俗］。よのなか［世中］。→**せけん**

―が穏やかであること 上代てんかたいへい［天下泰平／天下太平］。

―が変わること 中世よがはり［世変］。

―が乱れること 近世へんらん［変乱］。上代さうらん［騒乱］。

―がよく治まっていること 近世せいへい［清

平」。ねいひつ［寧謐］。中世せいせい［清世］。中古がいあん［艾安／乂安］。せいひつ［静謐］。ちょうせい［澄清］。

―に広く伝わること 近世りうでん［流伝］。上代るでん［流伝］。

―のありさま 近代せいじゃう［世情］。せさう［世相］。近世せいたい［世態］。中世せたい［世態］。中古せじゃう［世情］。

―のはかないたとえ 近代さうかい［桑海］。さうかいさうでん［滄海桑田］。さうさう［滄桑］。滄桑の変。中古ふちせ［淵瀬］。夢の世。《句》近代桑田変じて滄海となる。三日見ぬ間の桜。近世滄海(蒼海)変じて桑田となる。

―のはじまり 中古てんちかいびゃく［天地開闢］。上代かいびゃく［開闢］。

―はさまざまであること 《句》近世入船あれば出船あり。所変はれば品変はる。中世柳は緑花は紅。

―をうとましく思う 近代えんせ／えんせい［厭世］。ひくゎん［悲観］。

悪い― 中古ごぢょくあくせ［五濁悪世］。

よのならい【世習】 近代せいこ［世故］。近世せこ［世故］。中古よのならひ［世習］。↓よのつね

よは【余波】 あおり［煽］。近代えいきゃう［影響］。はんえい［反映］。近世とばっちり［迸］。はきふ［波及］。中世よせい［余勢］。中古よは［余波］。上代なごり［名残／余波］。

よはく【余白】 あきしろ［空白／明代］。マージン(margin)。近代あき［空／明］。くうかん［空間］。くうはく［空白］。くうらん［空欄］。スペース(space)。ブランク(blank)。よはく［余白］。中古よち［余地］。

よばん【夜番】 →やけい

よび【予備】 近代スペア(spare)。だいがへ／だいたい［代替］。バックアップ(backup)。近世よび［予備］。中世かけがへ［掛替］。かへ［替／換／代］。中古かはり［代／替］。とりかへ［取替］。ほけつ［補欠］。

―のための文書 近世ふくほん［副本］。

―の番組や出演者 スタンバイ(standby)。

よびあつ・める【呼集】 近代きうがふ［糾合／鳩合］。こしふ［呼集］。せうしふ［嘯集］。ちょうしふ［徴集］。ちょうぼ［徴募］。近世せうしゅ［嘯聚］。中世もよほす［催］。よびあつむ［―あつめる］［呼集］。

よびおこ・す【呼起】 近代めざます［目覚］。近世さうき［想起］。よびさます［呼覚］。中世くゎんき［喚起］。よびおこす［呼起］。

よびかけ【呼掛】 近代アピール(appeal)。はたらきかけ［働掛］。よびかけ［呼掛］。中世さそひ［誘］。

―の言葉(例) ちょっと［一寸／鳥渡］。近代こら。そら。ちょいと。ねえ。ハロー(hello)。ほら。ムッシュー(フランス monsieur)。近世あのね。おい。かう［斯］。これ。これさ。さあさあ。なあ。なに［何］。もし。やあい。やれ。よ。中世あいや。いえ。いや。えいえい。こりゃ。これこれ。しし。ししまうし［申］。なう［喃］。なうなう。まうし［申］。まうしまうし［申申］。もしもし。やあやあ。やい。やいやい。やれやれ。よう。ようよう。よや。中古いざ。いでや。おいおい。そそや。やや。やよ。やよや。上代いかに［如何］。いで。や。やあ。

愛情や好意をこめた― ラブコール(love call)。

多くの人への―(例) 近代しょこう［諸公］。しょし［諸氏］。しょし［諸姉］。みなみなさま［皆皆様］。近世しょし［諸子］。とうざい［東西］。とうざいとうざい／とざいとうざい［東西東西］。みなさま／みなさん［皆様］。中世しょげん［諸彦］。中古しょくん［諸君］。しょけん［諸賢］。

よびか・ける【呼掛】 中世よびかく［―かける］［呼掛］。声を掛く［―掛ける］。上代とふ［問］。

―・ける声 近世かけごゑ［掛声］。

声高に―・ける 中古なりかかる［鳴掛］。

よびこみ【呼込】 近代きゃくひき［客引］。近世あふり［煽］。カッパ［合羽／河童］。きゃくとり［客取］。まねき［招］。よびこみ［呼込］。

よびこ・む【呼込】 中古よびいる［―いれる］［呼入］。よびこむ［呼込］。

よびだ・す【呼出】 近代せうしふ［召集］。中世せうくゎん［召喚］。ちょうす［徴］。よびいだす／よびだす［呼出］。よびたつ［―たてる］［呼立］。中古よばふ［呼／喚］。いびいだす［呼出］。よびつく［―つける］［呼付］。《尊》中世めし［召／徴］。めしいだす［召出］。中古めしいづ［召出］。

―・して問いただす かんもん［喚問］。

―・して命ずる 中古めしおほす［召仰］。

―・すための文書 近代せうくゎんじゃう［召喚状］。近世さしがみ［指紙／差紙］。めしじゃう［召状］。めしふ［召符］。めしぶみ［召文］。

慌ただしく―・す 近世しっこ［疾呼］。

よびな【呼名】 近代こしょう[呼称]。近世しょうこ[称呼]。しょうゐ[称謂]。ぞくしょう[俗称]。つうしょう[通称]。とほりな[通名]。めいしょう[名称]。よびな[呼名]。中世けみゃう[仮名]。しょう[称]。しょうがう[称号]。ぞくみゃう[俗名]。つうめい[通名]。となへ[称/唱]。中古あざな[字]。→**な【名】**

仮のー 近世かしょう[仮称]。

国のー 上代こくがう[国号]。

古いー 近代きうめい[旧名]。こしょう[古称]。近世きうしょう[旧称]。きうみゃう[旧名]。

優雅なー 近世がめい[雅名]。

よびみず【呼水】 近代むかへみづ[迎水]。近世きっかけ。さそひみづ[誘水]。

よびもど・す【呼戻】 近世よびもどす[呼戻]。中世せうくゎん[召還]。ひきもどす[引戻]。めしかへす[召返]。上代よびかへす[呼返]。

よびもの【呼物】 きゃくよせ[客寄]。めだま[目玉]。近代だしもの[出物]。よびもの[呼物]。→**だしもの**

よびょう【余病】 近代がっぺいしょう[合併症]。へいはつしょう[併発症]。よびゃう[余病]。

よびよ・せる【呼寄】 近代よびあげる[呼上]。中世せうこ[召呼/招呼]。よびたつ[ーたてる][呼立]。中古とりよす[ーよせる][取寄]。のぼす[上]。よびおろす[呼下]。よびとる[呼取]。上代ととのふ[調/整/斉]。よびこす[呼越]。よびよす[ーよせる][呼寄]。よぶ[呼/喚]。をく[招]。

《尊》中古めしあぐ[召上]。めしいだす/めしだす[召出]。めしとる[召取/召捕]。めしはなつ[召放]。めしよす[召寄]。めす[召]。

ー・せること 中世こてまねき[小手招]。

強制的にー・せること 中古ちょうはつ[徴発]。

近くにー・せる 中古よびとる[呼取]。

よ・ぶ【呼】❶〈招く〉 インビテーション(invitation)。中世しゃうたい[請待]。せうたい[招待]。中古さうず[請]。しゃうず[請]。まねく[招]。むかふ[むかえる][迎]。よぶ[呼]。上代よびよす[ーよせる][呼寄]。をく[招]。

《尊》中世めしいだす[召出]。中古めさる[召]。めしあぐ[召上]。めしいづ[召出]。めす[召]。

ーんで来させる 中世よびいだす/よびだす[呼出]。中古よびつく[ーつける][呼付]。

ーんで連れて行く 中世よびぐす[呼具]。

ーんで中へ入れる 中古よびいる[ーいれる][呼入]。よびこむ[呼込]。

ーんで迎える 中古よびとる[呼取]。

よ・ぶ【呼】❷〈名付ける〉 近代こしょう[呼称]。中世がうす[号]。めいうつ[銘打]。中古かうす[号]。しょうす。[称]。上代なづく[ーづける][名付]。よぶ[呼]。

《尊》中古きこゆ[聞]。

よふかし【夜更】 近世よひっぱり[宵張]。よふかし[夜更/夜深]。中古よひゐ[宵居]。

《句》近代宵っ張りの朝寝坊。

ー・する(こと) 近世よひっぱり[宵張]。中古ふかす[更/深]。

よふけ【夜更】 近代ミッドナイト(midnight)。近世うしみつどき[丑三時]。ていや[丁夜]。まよなか[真夜中]。よふけ[夜更]。よふけさふけ[夜更更]。中世しんかう[深更]。しんや[深夜]。よふか/よぶか[夜深]。中古やはん[夜半]。よは[夜半]。よぶかし[夜深]。よるよなか[夜夜中]。上代くたち[降]。さよなか[小夜中]。よぐたち[夜降]。よごもり[夜籠]。よなか[夜中]。

よぶん【余分】 ようけ/ようけい[余計]。近代くゎじょう[過剰]。じょうよ[剰余]。近世でめ[出目]。ほこり[埃]。中世いうよ[有余]。よ[余]。よけい[余計]。中古よじょう[余剰]。よぶん[余分]。上代あまり[余]。→**よけい【余計】**

ー・な人員 近代じょうゐん[冗員/剰員]。

ー・なたくわえ 中世ようん[余蘊]。

ー・なもの 中世だそく[蛇足]。《句》近代屋上屋を架す。近世知恵のない神に知恵つける。泣かぬ子を泣かす。

ー・になる 上代あまる[余]。

ーの儲け 近世よろく[余禄]。中世よとく[余得]。

よぶん【余聞】 →**いつわ**

よほう【予報】 近代よげん[予言]。よこく[予告]。よほう[予報]。近世まへぶれ[前触]。

よぼう【予防】 ぼうじょ[防除]。まもる[守]。近世ばうし[防止]。よばう[予防]。中世ふせぐ[防]。中古ばうぎょ[防御]。ばうご[防護]。上代まもる[守]。

よぼう【輿望】 近代しゅうばう[衆望]。よばう[輿望]。近世せいばう[声望]。中古じんばう[人望]。とくばう[徳望]。

よほど【余程】 近代かなり[可成]。さうたう[相当]。近世だいぶん[大分]。中世ずいぶ

ん[随分]。だいぶ[大分]。なかなか[中中]。よほど[余程]。中古なかば[半]。中世らうらうと[老老]。

よぼよぼ 近世よたよた。よぼよぼ。中世らう

ー・になる 中古おいくづほる[老頽]。上代よよむ。

よまいごと【世迷言】↓ぐち

よまわり【夜回】↓やけい

よみ【黄泉】↓あのよ

よみがえ・る【蘇】 近代くゎんこん[還魂]。さいき[再起]。ふくくゎつ[復活]。リバイバル(revival)。近世さいせい[再生]。よみぢがへり[黄泉帰]。息を吹き返す。中世かうせい[更生／甦生]。くゎいせい[回生]。そす[蘇／甦]。中古いきかへる[生返]。そせい[蘇生／甦生]。上代よみがへる[蘇／甦]。↓いきかえ・る

よみごたえ【読応】 よみで[読出]。近代よみごたへ[読応]。

よみふ・ける【読耽】 近代よみふける[読耽]。中古よみいる[読入]。上代たんどく[耽読]。

よ・む【読】❶〈読解〉 レクチュール(フランス lecture)。近代どくかい[読解]。らうどく[朗読]。リーディング(reading)。中世かんどく[看読]。中古よみとく[読解]。よみとる[読取]。よむ[読]。

《謙》近代ほうどく[奉読]。中世はいしょう[拝誦]。はいどく[拝読]。

ー・み終わる かんどく[完読]。よみおえる[読終]。よみとおす[読通]。近代そつどく[卒読]。近世どくくゎ[読過]。どくは[読破]。どくれう[読了]。よみきる[読切]。中世よみあぐ[—あげる][読上]。よみやぶる[読破]。

ー・み書きができないこと 近代ふぶん[不文]。近世ふもんじ[不文字]。中世ふもん[不文]。むひつ[無筆]。中古もんまう[文盲]。

ー・み書きの能力 リテラシー(literacy)。

ー・み調べる 近代えつどく[閲読]。近世えつらん[閲覧]。上代けみす[閲]。

ー・み間違える(こと) ごどく[誤読]。近代よみちがひ／よみちがへ[読違]。中世よみあやまる[読誤]。

ー・むだけで意味を理解しない人 近代しょと[書蠹]。近世しょちゅう[書厨]。

ー・む調子 よみぶり[読振]。中世よみくち[読口]。

ー・んで調べること 中世はんえつ[繙閲]。

ー・んで理解する 近代どくかい[読解]。よみこなす[読熟]。中古よみとく[読解]。よみとる[読取]。

あらかじめー・んでおくこと 中世したみ[下見]。したよみ[下読]。

一気に全部ー・まずにはおれない 近代巻(くわん)を措(お)く能(あた)はず。

意味を考えずに文字だけをー・む 近代すよみ[素読]。近世そどく[素読]。中世そよみ[素読]。

おおざっぱにー・む 近代いちどく[一読]。近世はしりよみ[走読]。りゃくどく[略読]。中古よみながす[読流]。

必ずー・むべきもの ひつどく[必読]。

漢字や漢文を日本語にあててー・む 中世くんず[訓]。くんどく[訓読]。

繰り返しー・むこと 近代巻帙(くわんちつ)綻(ほころ)ぶ。近世さいどく[再読]。よみかへす[読返]。中世けいふく[圭復]。ゐへんさんぜつ[韋編三絶]。

声を出してー・む 近代らうどく[朗読]。近世しょうどく[誦読]。どくしょう[読誦]。中世こうしょう[口誦]。となふ[唱]。らうしょう[朗誦]。中古おんどく[音読]。ずうず／ずず／ずんず[誦]。上代ふうしょう[諷誦]。よみあぐ[—あげる][読上]。

詩文を声を出してー・む えいしょう[詠誦]。近代あいしょう[愛誦]。

書物をー・む 近代しょけん[書見]。近世ひもとく[繙／紐解]。ほんよみ[本読]。中古とくしょ／どくしょ[読書]。↓どくしょ

書物をー・む声 近世いご[咿唔／伊吾]。

すらすらとー・む 中古よみながす[読流]。

途中でー・むのを止める 中古よみさす[読止]。

途中までー・むこと 近世よみかけ[読掛]。よみさし[読止]。

とびとびにー・むこと 近代ぬきよみ[抜読]。ひろひよみ[拾読]。

文章を味わってー・むこと 近代ぐゎんどく[玩読]。みどく[味読]。中世じゅくどく[熟読]。

夢中になってー・むこと ↓よみふ・ける

名文をー・む 中世くちすすぐ[漱／嗽]。

もう一度ー・む 近世さいどく[再読]。中世よみかへす[読返]。

その他ー・み方のいろいろ(例) たちよみ[立読]。ぼうずよみ[坊主読]。もくどく[目読]。近代こうどく[購読]。そくどく[速読]。つうどく[通読]。はんどく[判読]。

ほうどく[奉読]。近世 もくどく[黙読]。らんどく[乱読／濫読]。近世 あいどく[愛読]。ぬすみよみ[盗読]。はしりよみ[走読]。ぼうよみ[棒読]。中世 じゅくどく[熟読]。中古 せいどく[精読]。

よ・む【読】❷〈推察〉 近代 くゎんしゅ[観取]。すいそく[推測]。よむ[読]。中古 かんしゅ[看取]。すいさつ[推察]。すいりゃう[推量]。上代 おしはかる[推量／推測]。

よ・む【詠】 さくし[作詞]。近世 さくか[作歌]。中世 ぎんず[吟]。中古 えいか[詠歌]。ぎんえい[吟詠]。ながむ[詠]。よむ[詠]。

定めた言葉を－・み込む 中世 をりいる[折入]。

よめ【嫁】 ブライド(bride)。近代 はなよめごれう[花嫁御寮]。近世 はなよめ[花嫁]。よめごれう[嫁御寮]。よめぢょ[嫁女]。中世 しんぷ[新婦]。よめご[嫁御]。よめごぜ[嫁御前]。中古 よめ[嫁／娵]。

《句》近代 秋茄子は嫁に食はすな。

－に行くこと →**よめいり**

－をみんなに披露すること ひろうえん[披露宴]。近世 よめひろめ[嫁広／嫁披露目]。

－を迎えること 中世 よめとり[嫁取]。よめむかへ[嫁迎]。中古 めまうけ[妻儲]。

兄の－ 中世 あによめ[兄嫁／嫂]。

姑が－に主婦の座を譲る 近世 嫁に杓子を譲る(渡す)。

姑が－をいじめること 近世 よめいびり[嫁]。

▼花嫁の衣装 ウエディングドレス(wedding dress)。近世 うちかけ[打掛／裲襠]。うちかけこそで[打掛小袖]。

よめい【余命】 近代 ざんれき[残暦]。近世 おいいれ／おいれ[老入]。おいさき[老先／老前]。老いの行方。中世 ざんねん[残年]。のこり[残]。よさん[余算]。中古 ざんせい[残生]。ざんぜん[残喘]。ゆくさき[行先]。ゆくすゑ[行末]。よせい[余生]。よねん[余年]。よめい[余命]。らうご[老後]。老いの末。老いの積もり。

－幾許もない 近世 はんし／はんじ[半死]。中世 少水(せうすい／すいい)の魚(うを)。中古 よぢかし[世近]。

よめいり【嫁入】 中世 こしいれ[輿入]。こんか[婚嫁]。しうげん[祝言]。よめいり／よめり[嫁入]。→**けっこん**

《句》近世 娘三人持てば身代つぶす。娘一人に七蔵(ななくら)明けた。

－先 近世 こんか[婚家]。しつけどころ[仕付所]。

－・させる 近代 かする[嫁]。近世 かたづく[─づける][片付]。しつく[─つける][仕付]。よめらす[嫁]。

－・する 近代 かする[嫁]。近世 えんづく[縁付]。かたづく[片付]。よめいる[嫁入]。中世 よめる[嫁入]。上代 とつぐ[嫁]。

－の仕度 近世 こしらへ[拵]。

－の時 近代 こんき[婚期]。中古 たうえう[桃夭]。

－の費用 近代 かし[嫁資]。

貴人が－・すること 近世 じゅよ／にふよ[入輿]。

皇女が臣下に－・すること 近世 かうか[降嫁]。

よめな【嫁菜】 近代 よめぐさ[嫁草]。近世 よめがはぎ[嫁萩]。よめな[嫁菜]。中世 のぎく[野菊]。上代 うはぎ／おはぎ[薺蒿／菟芽子]。

よもぎ【蓬】 近代 つくろひぐさ[繕草]。近世 もちぐさ[餅草]。やいばぐさ[草]。中世 えもぎ[蓬／艾]。たはれぐさ[戯草]。ほうがい[蓬艾]。もぐさ[艾]。やきくさ[焼草]。よむぎ[艾／蓬]。中古 さしもぐさ／させもぐさ[指艾草]。上代 よもぎ[蓬／艾]。

風で吹かれて飛ぶ－(漂泊の身のたとえ) 上代 てんぽう[転蓬]。

霜で枯れた－(白髪のたとえ) 中世 霜の蓬。中古 さうほう[霜蓬]。

よもすがら【夜】 →**ひとばんじゅう**

よもや 近代 いくらなんでも。近世 きっと[急度／屹度]。ばんばん[万万]。まさか。中世 おそらく[恐]。たぶん[多分]。やはか。よもや。中古 さりとも[然]。よも。

よもやま【四方山】 近代 ざった[雑多]。たやう[多様]。中古 いろいろ[色色]。さまざま[様様]。たしゅ[多種]。よもやま[四方山]。

－話 近世 せけんばなし[世間話]。中世 すずろものがたり[漫物語]。

よやく【予約】 近代 プロミス(promise)。よやく[予約]。リザーブ(reserve)。近世 つけこみ[付込]。中古 せんやく[先約]。やくそく[約束]。

搭乗の－・していない航空券 オープンチケット(open ticket)。

ホテルや航空券等の－ ブッキング(booking)。

面会などの－ アポ／アポイント／アポイントメント(appointment)。

よゆう【余裕】 近代 よち[余地]。近世 ゆとり。よゆう[余裕]。中古 ひま[暇／隙]。よ

りょく［余力］。

―がある(さま) 近代 しゃくぜん［綽然］。近世 ありあまる［有余］。しゃくしゃく［綽綽］。余りある。中世 しゃくしゃくぜん［綽綽然］。たぶたぶ。上代 ゆたけし［豊］。

―ができる 中古 くつろぐ［寛］。

―がない(さま) おわれる［追／逐］。かつかつ。近代 きちきち。ていっぱい［手一杯］。応接に暇がない。近世 ぎっしり。ぎっちり。ぎりぎり。やっと。中古 いとまなし［暇無］。からうじて［辛］。

―のない生活 近世 口食うて一杯。

機械部品などの― あそび［遊］。にげ［逃］。

金銭的な― 中世 うるほひ［潤］。

心に―がある 中古 とりあふ［取敢］。

時間の― 中世 ひま［暇／閑］。中古 いとま［暇／遑］。

よよ【世世】 近代 せいせい［世世］。近世 れきせい［歴世］。れっせい［列世］。中古 せぜ［世世］。だいだい［代代］。るいだい［累代］。れきだい［歴代］。上代 よよ［世世／代代］。るいせい［累世］。

より【縒】 中世 より［縒／撚］。

―をかけた糸 近代 ねんし［撚糸］。ふたこ［双子／二子］。近世 ふたこいと［二子糸／双子糸］。中古 よりいと［撚糸／縒糸］。

片方だけ―をかけること 上代 かたより［片縒］。

時計方向に―をかけること 近代 みぎより［右撚］。

普通とは逆の―をかけること 近代 ひだりより［左撚］。

よりあい【寄合】 近代 あつまり［集］。中世 さんくゎい［参会］。しふくゎい［集会］。よりあひ［寄合］。中古 くゎい［会］。くゎいがふ［会合］。しふゑ［集会］。上代 つどひ［集］。

→**しゅうかい**

身内の者の― 近代 うちよりあひ［内寄合］。

よりあ・う【寄合】 近代 しふがふ［集合］。中世 こりあつまる［凝集］。よりあつまる［寄集］。中古 さしつどふ［差集］。上代 あつまる［集］。こる［凝］。つどふ［集］。よりあふ［寄合］。

《句》中世 同気相求む〔―求める〕。

よりあつま・る【寄集】 近代 しふがふ［集合］。しふけつ［集結］。近世 だんしふ［団集］。たむろす［屯］。中世 かたまる［固］。さんしふ［参集］。よりあつまる［寄集］。中古 さしつどふ［差集］。上代 たかる［集］。つどふ［集］。よりあふ［寄合］。

―って一団となる 中世 しこる［凝／痼］。

―っているもの 中世 かたまり［固／塊］。中古 いちだん［一団］。

―って茶菓を楽しむこと 近世 ちゃごと［茶事］。中世 ちゃじ［茶事］。

―るところ 近世 えんそう［淵藪／淵叢］。よせば［寄場］。

多くが―る 近代 頭(かしら)を集める。近世 いりこむ［入込］。ゐしふ［蝟集］。

何かを持って―る 中世 もちよる［持寄］。

よりあわ・せる【縒合】 中世 あざなふ［糾］。なふ［綯］。中古 よりあはす〔―あわせる〕［縒合／撚合］。上代 よる［撚／縒］。→**よ・る【縒】**

―せたものがほぐれる 近世 縒りが戻る。

よりかか・る【寄掛】 近代 いぞん［依存］。よっかかる［寄掛］。近世 うちかかる［打掛／打懸］。たちかかる［立掛］。もたれかかる［凭掛／靠掛］。中世 おっかかる［押掛］。もたれる［凭／靠］。中古 おしかかる［押掛］。かかる［掛／懸］。たづさはる［携］。たふれかかる［倒掛］。よりかかる［寄掛］。上代 よる［寄］。

―って座る 中世 ゐかかる［居掛］。

―らせる 近代 もたれこむ［凭込］。近世 さしかく〔―かける〕［差掛／指掛］。

力なく―る 近世 しなだれかかる［撓垂掛］。

よりすぐ・る【選】 →**えらびだ・す**

よりそ・う【寄添】 エスコート(escort)。近世 ひきそふ［引添］。中世 つきしたがふ［付従］。そつきそふ［付添］。中古 かいそふ［掻添］。そひっつく［添付］。そひゐる［添居］。たちよる［立寄］。よりそふ［寄添］。羽を並ぶ〔―並べる〕。上代 たちそふ［立添］。身に添ふ。

―って横になる 中世 そひふし／そひふす［添臥］。中古 そひね［添寝］。

ぴたりと―うさま 中世 ひしひし［犇犇］。中古 ひしと。

よりどころ【拠所】 きめて［決手／極手］。近代 あしがかり［足掛］。いきょ［依拠］。しょうひょう［証憑］。ソース(source)。たちば［立場］。たつせ［立瀬］。りっきゃくち［立脚地］。りっきゃくてん［立脚点］。近世 きぼ［規模］。こんきょ［根拠］。てんきょ［典拠］。ふまへ［踏］。ふまへどころ［踏所］。中世 あししろ［足代］。あしば［足場］。こんたい［根蔕］。ほんきょ［本拠］。中古 たね［種］。たより［頼／便］。ちから［力］。つな［綱］。もと［元／本／許］。やま［山］。上代

たづき／たどき［方便］。よすが［縁／因／便］。よりどころ［拠所］。よるべ［寄辺］。

―がない 中古 うかぶ［浮］。たづきなし［方便無］。上代 たづかなし［方便無］。

―がないたとえ 中古 ねなしぐさ［根無草］。

―がない話 近代 くうだん［空談］。近世 でたらめ［出鱈目］。ふけい［不稽］。むけい［無稽］。

―がなくとりとめのないこと 近代 まうたん［妄誕］。近世 ふけい［不稽］。むけい［無稽］。中世 くゎうたう［荒唐］。

―として持つこと 近代 きょいう［拠有］。

―とすべき規則 じゅんき［準規］。

―とすること 近代 いきょ［依拠］。近世 ひょうきょ［憑拠］。中世 とりよる［取寄］。中古 もとづく［基］。

―となる本 中古 しょうほん［証本］。

―にする 中古 かく［掛／懸］。じゅんきょ［準拠］。

―をなくさせる 中古 ただよはす［漂］。

これからの― 中古 のちのたのみ［後頼］。

推論などのもととなる― げんきょ［原拠］。

よりによって 事もあろうに。近世 よりによって。中古 事こそあれ。事しもあれ。

―こんな時に 折りもあろうに。

よりぬき【選抜】 えりぬき［選抜］。近代 かんばつ［簡抜］。つぶえり／つぶより［粒選］。よりぬき［選抜］。近世 えりどり［選取］。よりどり［選取］。中世 せいせん［精選］。中古 せいえい［精鋭］。

よりみち【寄道】 近代 だっせん［脱線］。よりみち［寄道］。道草を取る。近世 みちてんがう［道］。中世 みちより［道寄］。中古 道草を食ふ。

よりよ・い【良】 近代 ベター(better)。かいりゃう［改良］。

―・くする 近代 かいぜん［改善］。

よりょく【余力】 近世 ゆとり。中世 よゆう［余裕］。中古 よりょく［余力］。

よりわ・ける【選分】 近代 セレクト(select)。中世 せんべつ［選別］。よりわける［選分］。えりわく［―わける］［選分］。

―・けた後の悪いものを捨てる 近世 よなぐ［よなげる］［淘］。中世 たうた［淘汰］。

篩いを使って―・ける 近世 ふるひわく［―わける］［篩分］。上代 ふるふ［篩］。

よる【夜】→よ【夜】

よ・る【選】→えら・ぶ

よ・る【縒】 中世 あざなふ［糾］。える［撚］。なふ［綯］。上代 よる［縒／撚］。

―・り合わせたものがほぐれる 近世 縒り(撚り)が戻る。縒り(撚り)を戻す。

糸を―・る いとより［糸撚／糸縒］。

よ・る【拠】 近代 いきょ［依拠］。いぞん［依存］。近世 きいん［起因］。中世 ちなむ［因］。中古 もとづく［基］。上代 よる［拠］。

よ・る【寄】 近代 しふがふ［集合］。せっきん［接近］。近世 きんせつ［近接］。中世 さんしふ［参集］。ちかよる［近寄］。もたれる［凭／靠］。よりあつまる［寄集］。中古 かよる［寄］。たよる［頼］。上代 あつまる［集］。かよりあふ［寄合］。ちかづく［近］。よす［寄］。よる［寄］。

《謙》中古 まかりよる［罷寄］。

《枕》中古 さざなみの［小波／細波］。上代 あづさゆみ［梓弓］。しらなみの［白波］。たまもなす［玉藻］。近代 ふぢなみの［藤波］。

―・って来る 近代 むれつどふ［群集］。中世 よりあつまる［寄集］。上代 あつまる［集］。すだく［集］。つどふ［集］。むらがる［群］。むる［むれる］［群］。よりあふ［寄合］。

一方に―・る 近代 かたずる［偏］。中世 かたずむ［偏］。中古 かたよる［偏／片寄］。ことよる［事寄］。

奥の方へ―・る 中古 あうよる［奥寄］。

そばに―・る 中世 さしよる［差寄］。中古 よりつく［寄付］。

膝で動いて―・る 中世 にじりよる［躙寄］。中古 ゐよる［居寄］。

脇へ―・る 中古 そばむ［側］。

よるひる【夜昼】 近代 しろくじちゅう［四六時中］。中世 にろくじちゅう［二六時中］。中古 あけくれ［明暮］。ちうや［昼夜］。寝ても覚めても。上代 にちや［日夜］。よるひる［夜昼］。

よるべ【寄辺】 近代 りっきゃくち［立脚地］。中世 あしがかり［足掛］。あしば［足場］。たつき［方便／活計］。中古 たより［頼］。上代 よすが［縁］。よりどころ［拠所］。よるべ［寄辺］。→よりどころ

―がない 中古 たづかなし／たづきなし［方便無］。たよりなし［頼無］。

―のない老人 中世 くゎんくゎこどく［鰥寡孤独］。

よろい【鎧】 近世 ぐそく［具足］。てつい［鉄衣］。中世 かっちう［甲冑］。きせなが［着背長］。てっかふ［鉄甲］。中古 かふ［甲］。上代 よろひ［鎧／甲］。→かっちゅう

―と武器 上代 かふぢゃう［甲仗］。かふひゃ

う／かふへい［甲兵］。

―の上に着る衣服 近世せんぱう［戦袍］。

―の縅(おどし)の例 近世あやをどし［綾縅］。中世あかいとをどし［赤糸縅］。あかがはをどし［赤革縅］。あかをどし［赤縅］。いとひをどし［糸緋縅］。うのはなをどし［卯花縅］。おもだかをどし［沢瀉縅］。

―の袖 近世がいしう［鎧袖］。

―の左側 中世いむけ［射向］。

―を付けた武者 近世かいし［介士］。かいしゃ［介者］。中世ひたかぶと［直兜／直甲］。

―を身に付けること 近世さうかふ［装甲］。よろふ［鎧］。

馬用の― 近世うまぐそく［馬具足］。うまよろひ［馬鎧／馬甲］。

初めて―を着ること(儀式) 近世ぐそくはじめ［具足初］。よろひぎ［鎧着］。よろひきぞめ［鎧着初］。

その他―のいろいろ(例) 中世うすかね［薄金］。どうまる［胴丸／筒丸］。おほよろひ［大鎧］。はらあて［腹当］。はらまき［腹巻］。をけがはどう［桶側胴］。中古うちかけよろひ［打掛鎧／挂甲］。かけよろひ［挂甲］。

▼助数詞 中世しゅく［縮］。りゃう［領］。りゃう［両］。

よろく【余録】→いつわ

よろく【余禄】 近代りんじしうにふ［臨時収入］。近世よろく［余禄］。中世よとく［余得］。

よろ・ける【蹌踉】→よろめ・く

よろこばし・い【喜】 中世こころうれし［心嬉］。中古うれし［嬉］。うむがし／おむがし。めでたし。よろこぼし［喜］。上代むがし。よろこばし／よろこぼし［喜／悦］。

―・いこと 近代おめでた［御目出度／御芽出度］。しゃうけい［祥慶］。近世かじ［嘉事］。ちょうでふ［重畳］。中世かうじ［好事］。けいじ［慶事］。たいえつ［大悦］。ちゃうじゃう［頂上］。

―・い知らせ 近代ふくいん［福音］。

―・く思う(こと) きんかい［欣懐］。中古うむがしむ／おむがしむ。

相手にも自分にも―・いこと 近世どうけい［同慶］。

よろこび【喜】 きんかい［欣快］。近代ゆえつ［愉悦］。近世えつ［悦］。まんえつ［満悦］。中世えつえき［悦懌］。きんえつ［欣悦］。中古えっき［悦喜］。きえつ［喜悦］。きょうえつ［恐悦／恭悦］。くゎん［歓］。ずいき［随喜］。ゆげ［遊戯］。よろこび［喜／悦／歓／慶］。上代くゎんき［歓喜］。けいふく［慶福］。

―で夢中になること(さま) 近世うちゃうてん［有頂天］。中古手の舞ひ足の踏む所を知らず。

―と怒り 上代きど［喜怒］。

―と恐れ 中古きく［喜懼］。

―と悲しみ ひんしょう［顰笑］。中世きうせき［休戚］。中古ひき［悲喜］。

―と悲しみが入り交じっていること ひきこもごも［悲喜交交］。

―の歌(声) 近代ハラショー(ロシア khorosho)。ブラボー(フランス bravo)。近世ようそろ［宜候／良候］(船乗りの語)。中世がいか［凱歌］。かちどき［勝鬨］。くゎんこ［歓呼］。くゎんせい［歓声］。中古得たり(や)おう。

―を言う 中世ことぶく［寿］。《謙》近代きんが［謹賀］。

―を共にすること 上代がふくゎん［合歓］。

当て外れだった― こぬかいわい［小糠祝］。こぬかよろこび［小糠喜］。近世ぬかよろこび［糠喜］。

うっとりするような― 近代たうすい［陶酔］。ほふえつ［法悦］。

大きな― 中世きゃうき［驚喜］。たいけい［大慶］。

よろこ・ぶ【喜】 中世へんてき［抃躍］。悦に入る。中古うちよろこぶ［打喜］。うむがしむ／おむがしむ。うれしがる［嬉］。べんやく［抃躍］。よろこぼふ［喜］。上代うれしぶ／うれしむ［嬉］。よろこぶ［喜／悦／歓／慶］。

―・ばせる(こと) うれしがらせる［嬉］。近世よろこばす［喜］。中世くゎんしん［歓心］。

―・び合うさま 中古くゎんくゎい［歓会］。

―・び遊ぶこと 中世きぎ［嬉戯］。

―・び祝うこと(さま) 近代けいしゅく［慶祝］。けいする［慶］。近世しゅくが［祝賀］。中世ぜんざい［善哉］。中古けいが［慶賀／慶嘉］。しうちゃく［祝着／祝著］。

―・び楽しむこと(さま) 近代いらく［怡楽］。中世ゆらく［愉楽］。近世えつらく［悦楽］。中世いい［怡怡］。えつよ［悦予］。きらく［喜楽］。くゎんご［歓娯］。上代くゎんらく［歓楽／懽楽］。

―・ぶさま るんるん。近代きんきじゃくやく［欣喜雀躍］。べんよう［抃踊］。をどりたつ［踊立］。近世いそいそ。きんきんぜん［欣欣然］。きんぶ［欣舞］。きき［嬉嬉／嘻嘻］。くゎんきじゃくやく［歓喜雀躍］。こ

をどり[小躍]。じゃくやく[雀躍]。しょぎしょぎ。ぞくぞく。鬼の首を取ったやう。手の舞ひ足の踏付け所を忘れる。中古 きんぜん[欣然/忻然]。きんやく[欣躍]。くゎんぜん[歓然]。べんぶ[抃舞]。手の舞ひ足の踏む所を知らず。

ー・ぶべきこと 中世 いはいごと[祝事]。きっけい[吉慶]。上代 よろこばし[喜/悦]。

ー・んだり心配したり 近代 いっきいちいう[一喜一憂]。

ー・んで応接すること 近代 くゎんせつ[歓接/款接]。くゎんたい[歓待/款待]。

ー・んで迎えること 近代 くゎんげい[歓迎]。

ー・んで笑うこと 近代 くゎんせう[歓笑]。近世 きせう[嬉笑]。

大いにー・ぶこと 近代 きゃうき[狂喜]。歓を尽くす。近世 くゎんてんきち[歓天喜地]。中世 きんき[欣喜]。くゎんえつ[歓悦]。上代 くゎんき[歓喜]。

感動してー・ぶこと 中世 かんき[感喜]。中古 かんえつ[感悦]。

勝負事でわざと負けてー・ばせること 近代 飴をしゃぶらせる。近世 飴を食はす。

何でもすぐにー・ぶ人 近代 うれしがりや[嬉屋]。

よろし・い【宜】 近代 オーケー(OK)。オーライ(all right)。グッド(good)。中世 か[可]。よろしけっこう[結構]。上代 よし[良]。よろし[宜]。→よ・い

ー・くない 近世 ふとどき/ぶとどき[不届]。中世 ふつがふ[不都合]。ふらち[不埒]。中古 まさなし[正無]。

よろしく【宜】 近代 てきせつに[適切]。てきたうに[適当]。中世 よろしく[宜]。よしなに。

よろず【万】 中世 たくさん[沢山]。中古 さまざま[様様]。上代 あまた[数多]。いろいろ[色色]。すべて[全/総/凡]。ばんじ[万事]。よろづ[万]。→いろいろ

よろめ・く【蹌踉】 近代 ぐらつく。ひょろける。近世 ぐたつく。ひょろつく。ふらつく。中世 よろく[よろける][蹌踉/蹣跚]。よろつく。よろめく[蹌踉]。中古 ひろろぐ。ゆらめく[揺]。ゆらゆ[揺]。ゆるぐ[揺]。よろぼふ[蹌踉/蹣跚]。

ー・き歩くこと(さま) 近代 さうさう[蹌蹌]。さうさうらうらう[蹌蹌踉踉]。さうらう[蹌踉]。へうへうらうらう[飄飄踉踉]。近世 しどろあし[足]。ひょろひょろ。ひょろり。らうさう[踉蹌]。中世 たぢたぢ。ちどりあし[千鳥足]。とど。よろよろ。よろり。

馬などがつまずいてー・く 中世 かいこづむ[搔偏]。けしとぶ[消飛]。

歌舞伎でー・くしぐさをする 近世 おこづく。

よろん【輿論】 せろん[世論]。パブリックオピニオン(public opinion)。近世 せひゃう[世評]。中世 こうろん[公論]。しゅうろん[衆論]。みんい[民意]。よろん[輿論/世論]。中古 せいろん[世論]。

よわ【夜半】 →やはん

よわ【余話】 →いつわ

よわい【齢】 →ねんれい

よわ・い【弱】 近代 じゃくせう[弱小]。近世 ぜいじゃく[脆弱]。やはし[柔]。中世 きょじゃく[虚弱]。じゃく[弱]。ひよわし[弱]。よわよわし[弱弱]。わうじゃく[尫弱/尩弱]。中古 かよわし[弱]。じゃくたい[弱体]。なんじゃく[軟弱]。びじゃく[微弱]。上代 たよわし[手弱]。もろし[脆]。よわし[弱]。

《句》近世 柔能く剛を制す。中世 群羊を駆って猛虎を攻む。

ー・い敵 近世 こてき[小敵]。じゃくてき[弱敵]。中世 せうてき[小敵/少敵]。よわてき[弱敵]。

ー・い兵士 近世 じゃくそつ[弱卒]。中世 じゃくへい[弱兵]。

ー・い者 近世 じゃくしゃ[弱者]。中世 あしよわ[足弱]。→よわむし

ー・い者が憤慨すること 《句》近世 石亀の地団駄。鱓（ごまめ）の歯軋り。蟷螂（たうらう）が斧を取りて隆車（りゅうしゃ）に向かふ。蟷螂（たうらう）の斧。

ー・いもののたとえ 中世 ぶんまう[蚊虻]。中古 ぶんばう[蚊虻]。

ー・い者を応援すること 近世 そがびいき[曾我贔屓]。はうぐゎんびいき/はんぐゎんびいき[判官贔屓]。

ー・くなる →よわま・る

ー・っているさま 近代 へとへと。近世 ぐったり。中世 くたくた。ぐたり。へろへろ。

勢いがー・くなる 中世 をだれ[尾垂]。をさまる[収/納]。中古 おとろふ[一ろえる][衰]。

意志がー・く決断力に欠ける 近代 はくしじゃくかう[薄志弱行]。

多くのー・いもの 中世 ぐんやう[群羊]。

気がー・くなる 中世 おもひよわる[思弱]。中古 こころおくる[心後]。

声や音がー・い 中古 ほそし[細]。

実行する力がー・い 近代 じゃくかう[弱行]。

はくしじゃくかう［薄志弱行］。

心身が━・いこと 〔中世〕じうじゃく［柔弱］。〔近世〕はくじゃく［薄弱］。じゃくしつ［弱質］。〔中古〕にうじゃく［柔弱］。

身体が━・いこと 〔中古〕じゃくたい［弱体］。〔近世〕けいろく［鶏肋］。

身体が━・く劣っていること 〔中世〕きょじゃく［虚弱］。〔中古〕れつじゃく［劣弱］。

すっかり━・くなる 〔中古〕よわりはつ〔━はてる〕［弱果］。

強いものが勝ち━・いものが負けること 〔近代〕いうしょうれっぱい［優勝劣敗］。〔近世〕じゃくにくきゃうしょく［弱肉強食］。

ひとりぼっちで━・いこと 〔中古〕こじゃく［孤弱］。

よわき【弱気】 こしよわ［腰弱］。〔近代〕にげごし［逃腰］。よわごし［弱腰］。〔近世〕うちき［内気］。さるまひごし［猿舞腰］。ひっこみじあん［引込思案］。へごし［屁腰］。へっぴりごし［屁放腰］。よわき［弱気］。腰弱し。〔中世〕およびごし［及腰］。きよわし［気弱］。せうしん［小心］。〔中古〕なんじゃく［軟弱］。

よわごし【弱腰】 →よわき

よわたり【世渡】 〔近代〕いうえい［遊泳／游泳］。くらし［暮］。しょせい［処世］。じんせいかうろ［人生行路］。〔近世〕よすぎ［世過］。〔中世〕うきよのたび［浮世旅］。かうろ［行路］。くちすぎ［口過］。じんせい［人生］。せろ［世路］。とせい［渡世］。なりはひ［生業］。みすぎ［身過］。〔中古〕せいくゎつ［生活］。せいろ［世路］。よわたり［世渡］。《句》男子家を出づれば(閾(しきい)を跨(また)げば)七人の敵あり。〔近代〕舌三寸に胸三寸。追従も世渡り。〔近世〕内裸でも外錦。川中には立てど人中には立たれず。〔中世〕人と屏風は直には立たず。

━の上手い人 〔近代〕せけんし［世間師］。

━の才 〔近世〕ぞくさい［俗才］。

━の才があって抜け目ないさま 〔近世〕せち［世知／世智］。せちが［世知］。

━の下手なこと 〔近世〕うせつ［迂拙］。

━をする 〔近代〕暮らしを立てる。生計を立てる。〔近世〕およぐ［泳］。浮き世を立つ。〔中世〕渡世を送る(暮らす)。

よわね【弱音】 〔近代〕よわね［弱音］。〔近世〕なきごと［泣言］。〔中世〕くりごと［繰言］。〔中古〕うらみごと［恨言］。

━を吐く 〔近代〕悲鳴を上げる。〔中世〕音(ね)を上ぐ〔━上げる〕。

よわま・る【弱】 おちこむ［落込］。じゃくたいか［弱体化］。〔近代〕じゃっか［弱化］。せうちん［消沈／銷沈］。よわまる［弱］。〔近世〕さくじゃく［削弱］。すいたい［衰退］。〔中世〕しらむ［白］。すいじゃく［衰弱］。すたる［廃］。すぼむ［窄］。たゆむ［弛］。める［減／下］。ゆるむ［緩／弛］。〔中古〕うすらぐ［薄］。おとろふ〔━ろえる〕［衰］。てうらく［凋落］。よわる［弱］。〔上代〕すいび［衰微］。

よわみ【弱】 アキレスけん［Achilles 腱］。ウイークポイント(weak point)。なきどころ［泣所］。〔近代〕じゃくてん［弱点］。つけめ［付目］。ひけめ［引目］。〔中世〕よわみ［弱］。

━につけこむ 〔上代〕おひうつ［追討／追撃］。

━を摑む 〔近代〕尻尾を摑む。

よわむし【弱虫】 〔近代〕あかんたれ。いくぢなし［意気地無］。せうしんもの［小心者］。〔近世〕こしぬけ［腰抜］。じゃくしゃ［弱者］。〔中世〕よわみそ［弱味噌］。よわむし［弱虫］。おくびゃうもの［臆病者］。

よわ・める【弱】 〔中世〕よわむ〔よわめる〕［弱］。〔上代〕くじく［挫］。

勢いを━・める 〔中古〕おしひしぐ［押拉］。しづむ〔しずめる〕［鎮］。

よわよわし・い【弱弱】 〔近代〕せんじゃく［繊弱］。ひんじゃく［貧弱］。〔近世〕せんじゃく［孱弱］。はかなし［果敢無］。ひけふ［卑怯］。ひよわ［弱］。やは［柔］。〔中世〕あやかし。あるかなきか［有無］。きゃしゃ［華奢／花車］。きょじゃく［虚弱］。たよたよ(と)。よわよわし［弱弱］。わうじゃく［尫弱／尩弱］。〔中古〕あえか。あつし［篤］。かひなし［甲斐無］。かよわし［弱］。きびは［稚］。くびほそし［頸細］。なよなよ。はかなげ［果敢無］。ひはづ／ひはやか［繊弱］。めめし［女女］。よわげ／よわし［弱］。らうたし［労］。〔上代〕たよわし［手弱］。

━・い声 〔近代〕よわね［弱音］。

━・く動くさま 〔近世〕ひよひよ。〔中世〕ひくひく。

━・く泣く 〔上代〕のどよふ［呻］。

━・く泣くさま 〔近世〕めそめそ。めろめろ。〔中世〕しくしく。〔中古〕おいおい。さめざめ。

━・く細い 〔中古〕かぼそし［細］。

━・く痩せていること 〔近世〕ひがいす。ひがやす。

幼くて━・いさま 〔中古〕きびは［稚］。

学問や詩文にふけって━・いさま 〔近世〕ぶんじゃく［文弱］。

ほっそりして━・い 〔中古〕ひはづ／ひはやか［繊弱］。

よ

よわ・る【弱】❶〈弱まる〉じゃくたいか［弱体化］。近代 げんたい［減退］。ひへい［疲弊］。よわまる［弱］。近世 なまる［鈍］。中世 こだる。しらむ［白］。中古 おとろふ［―ろえる］［衰］。おゆ［老］。くづほる［―おれる］［頽］。しめる［湿］。たゆむ［弛］。つひゆ［ついえる］［潰／弊］。よわる［弱］。上代 をゆ［瘁］。

―・らせる 中世 つひやす［弊］。よわむ［よわめる］［弱］。中古 くだく［砕／摧］。上代 くじく［挫］。

痛め付けて―・らせる 中世 しをる［撓／萎］。

心が―・る 近世 くじく［くじける］［挫］。中古 おもひしをる［思萎］。くづほる［―おれる］［頽］。上代 たわむ［撓］。

毒気にあてて―・らせる 上代 をやす［瘁］。

年老いて―・る 近世 もうろく［耄碌］。中古 おいくづほる［―おれる］［老頽］。上代 おいぼる［―ぼれる］［老耄］。

長く使うなどして―・らせる 近代 すりへらす［磨滅］。

夏の暑さで―・ること しょあたり［暑中］。近世 なつばて［夏］。近代 なつまけ［夏負］。近世 あつけあたり／しょきあたり［暑気中］。

病で―・る 中古 あつし［篤］。上代 をゆ［瘁］。

よわ・る【弱】❷〈困る〉近代 こんわく［困惑］。まゐる［参］。近世 こまる［困］。こんなん［困難］。たうわく［当惑］。よわる［弱］。中世 きゅうす［窮］。中古 こうず［困］。

よんどころな・い【拠所無】 近代 やむを得ない。中世 しかたなし［仕方無］。ぜひ(も)なし［是非無］。よぎなし［余儀無］。よんどころなし［拠所無／拠無］。中古 せんかたなし［為方無／詮方無］。やんごとなし［止事無］。

ら

らいい【来意】 近代 らいい［来意］。らいし［来旨］。

―を告げること 中古 せうそく［消息］。

らいおう【来往】 いきかう［行交］。中世 いきき［行来］。中古 ゆきかふ［行交］。ゆききき［行来］。らいわう［来往］。わうふく［往復］。上代 きょらい［去来］。わうくゎん［往還］。わうらい［往来］。

ライオン(lion) 近代 ライオン(lion)。百獣の王。近世 からじし［唐獅子］。中古 しし［獅子］。

らいが【来駕】 近代 そんらい［尊来］。ふんりん［賁臨］。らいしゃ［来車］。わうしゃ［枉車］。近世 じゅらい［入来］。にふらい［入来］。中世 おこし［御越］。おんいり［御入］。かうらい［高来］。くゎうが［光駕］。くゎうぎ［光儀］。くゎうらい［光来］。ひりん［賁臨］。わうこ［枉顧］。わたり［渡］。中古 くゎうりん［光臨］。らいが［来駕］。らいりん［来臨］。わうが［枉駕］。上代 まぐ［まげる］［枉］。

らいきゃく【来客】 ゲスト(guest)。近代 かくじん［客人］。はうかく／はうきゃく［訪客］。はうもんきゃく［訪問客］。はうもんしゃ［訪問者］。近世 かくらい／きゃくらい［客来］。らいきゃく［来客］。中世 きゃく［客］。きゃくじん［客人］。らいしゃ［来者］。中古 かく［客］。らいかく［来客］。らいひん［来賓］。

―の前兆 近世 鳥影（とりかげ）射せば人が来る。

―を当人に伝える 中古 とりつぐ［取次］。

らいさん【礼賛】→しょうさん【称賛】

らいせ【来世】→あのよ

―でも結ばれようと約束する 近世 二世を契る。

―の安楽 中世 ごしゃう［後生］。ごせ［後世］。

ライセンス(license) 近代 にんかじゃう［認可状］。にんか［認可］。めんきょしょう［免許証］。近世 めんじゃう［免状］。中古 めんきょ［免許］。

ライター(writer)→さくしゃ

ライト(light)→あかり→ひかり

らいにち【来日】 ほうにち［訪日］。近世 とにち［渡日］。上代 らいてう［来朝］。

らいねん【来年】 近代 よくとし［翌年］。中世 よくねん［翌年］。くるとし［来年］。めいねん［明年］。中古 あくるとし［明年］。かへるとし［返年］。またのとし［又年］。みゃうねん［明年］。らいねん［来年］。上代 こんとし［来年］。

―の秋 中世 らいしう［来秋］。

―の次の次の年 みょうみょうごねん［明明後年］。

―の次の年 近世 さらいねん［再来年］。中世 みゃうごねん［明後年］。みゃうみゃうねん［明明年］。

―の夏 中世 らいか［来夏］。

―の春 近世 らいやう［来陽］。中世 めいしゅん［明春］。らいしゅん／らいはる［来春］。中古 みゃうしゅん［明春］。

らいはい【礼拝】 中世 れいはい［礼拝］。中古 さんぱい［参拝］。ぬか［額］。上代 きたう［祈

禱]。らいはい[礼拝]。

ー・する 中古らいす[礼]。をがむ[拝]。上代いのる[祈]。ぬかづく[額突]。はいす[拝]。

ー堂 近代チャペル(chapel)。近世みだう[御堂]。

無言でー・すること 近代もくはい[黙拝]。

ライバル(rival) きょうそうあいて[競争相手]。近代きゃうさうしゃ[競争者]。ライバル。近世かうてきしゅ[好敵手]。中世しゅくてき[宿敵]。

囲碁のー 近世ごがたき[碁敵]。

恋のー 近代こひがたき[恋敵]。

らいひん【来賓】 ゲスト(guest)。近世きひん[貴賓]。中世ひんきゃく[賓客]。中古らいひん[来賓]。上代ひんかく[賓客]。

ライフ(life) **→くらし →じんせい【人生】**

らいほう【来訪】 近代らいかく[来客]。らいたく[来宅]。近世きゃくらい[客来]。らいきゃく[来客]。中古おとなふ[訪]。らいはう[来訪]。

《尊》**→らいが**

珍客のー 中世優曇華(うどんげ)のお出で。

らいめい【雷鳴】 中世てんせい[天声]。中古いかづち[雷]。てんこ[天鼓]。へきれき[霹靂]。らいこ[雷鼓]。らいめい[雷鳴]。上代なるかみ[鳴神]。らいしゃう/らいせい[雷声]。

→かみなり

ーの響く音のさま 近世ごろごろ。中世どろどろ。はたはた。

遠くのー 中世ゑんらい[遠雷]。

らいめい【雷名】 近世らいめい[雷名]。中世かうめい[高名]。せいめい[盛名]。ゐめい[威名]。中古めいせい[名声]。上代かうみゃう[高名]。

らいらく【磊落】 近代ふとっぱら[太腹]。中世がうはう[豪放]。くゎったつ[闊達/豁達]。らいらく[磊落]。

らいれき【来歴】 近代おひたち[生立]。じれき[事歴]。れきし[歴史]。近世いんえん[因縁]。けいづ[系図]。ゆえん[由縁]。らいいう[来由]。りれき[履歴]。中世いはれ[謂]。いひつたへ[言伝]。ゆくすゑ[行末]。ゆゑ[故]。らいれき[来歴]。中古けいれき[経歴]。ゆいしょ[由緒]。ゆらい[由来]。らいゆ[来由]。

ライン(line) 近代きゃうかいせん[境界線]。ボーダーライン(border line)。ライン。近世けいとう[系統]。せんでう[線条]。中世さかひめ[境目]。せん[線]。上代きゃうかい[境界]。さかひ[境]。すぢ[筋/条]。

ラウンジ(lounge) しゃこうしつ[社交室]。近代きうけいしつ[休憩室]。だんわしつ[談話室]。ラウンジ。ロビー(lobby)。

らく【楽】 いつ[佚]。らくちん(小児語)。近代やすらぎ[安]。近世きらく[気楽]。中世あんいつ[安逸/安佚]。くゎいらく[快楽]。中古あんをん[安穏]。らく[楽]。上代あんらく[安楽]。

《句》近代楽あれば苦あり。近世人の苦楽は壁一重。

ーと苦 上代くらく[苦楽]。

ー・な道 おうどう[王道]。

ー・に 中世ゆっくり。ゆるり[緩]。中古ゆるゆる。

ー・にする 中世うちくつろぐ[打寛]。くつろぐ[寛]。陸(くろ)(碌)に居る。

ー・になる 近代肩が軽くなる。近世かたぬけ[肩抜]。中世たすかる[助]。

らくいん【落胤】 近世おとしだね[落胤]。中古おちば[落葉]。おとしご[落子]。らくいん[落胤]。

らくえん【楽園】 アルカディア(Arkadia)。おうどうらくど[王道楽土]。とうげんきょう[桃源郷]。近代エルドラド(スペイン)El Dorado)。シャングリラ(Shangri-la)。てんごく[天国]。ユートピア(Utopia)。らくてんち[楽天地]。らくゑん[楽園]。りさうきゃう[理想郷]。エデン(Eden)の園。近世パラダイス(paradise)。壺中の天。壺中の天地。中古せんきゃう[仙境/仙郷]。福地の園。上代ごくらく[極楽]。むかうきゃう[無何有郷]。らくど[楽土]。無何有(むかう)(無何有(むがう))の郷(さと)。**→ごくらく**

らくがき【落書】 近代いたづらがき[悪戯書]。近世たはむれがき[戯書]。むだがき[無駄書/徒書]。中世おとしぶみ[落文/落書]。らくがき[落書]。中古らくしょ[落書]。

らくご【落伍】 だつらく[脱落]。とりのこされる[取残]。ドロップ(drop)。近代りだつ[離脱]。近世おちこぼれ[落零]。らくご[落伍/落後]。中古ぬく[抜]。らくだい[落第]。

らくご【落語】 おわらい[御笑]。近世おとしばなし[落話/落噺]。らくご[落語]。

らくさ【落差】 こうていさ[高低差]。だんさ[段差]。近代ギャップ(gap)。らくさ[落差]。中古へだたり[隔]。

らくじつ【落日】 らくよう[落陽]。近代いりつひ[入日]。サンセット(sunset)。にちぼつ

［日没］。〔中世〕ひのいり［日入］。〔中古〕しゃやう［斜陽］。せきやう［夕陽］。らくじつ［落日］。〔上代〕いりひ［入日］。しゃじつ［斜日］。ゆふひ［夕日／夕陽］。らくせう［落照］。
→ゆうひ【夕日】

らくしゅ【落手】 ゲット(get)。〔近代〕しうとく［収得］。しゅとく［取得］。手にする。〔近世〕らくしゅ［落手］。ものにする。〔中世〕くゎくとく［獲得］。にふしゅ［入手］。手に入る(―入れる)。〔上代〕う(える)［得］。

らくしょう【楽勝】 かんしょう［完勝］。〔中世〕あっしょう［圧勝］。くゎいしょう［快勝］。

らくせい【落成】 かんこう［完工］。〔近代〕くゎんせい［完成］。しゅんこう［竣工／竣功］。しゅんせい［竣成］。〔中世〕らくせい［落成］。

寺社の建物の―を祝うこと 〔近世〕らくぎゃう／らくけい［落慶］。

らくせん【落選】 せんがい［選外］。選に漏れる。〔近代〕らくせん［落選］。

らくだ【駱駝】 だば［駝馬］。砂漠の船。〔近代〕キャメル(camel)。〔近世〕おほうま［大馬］。〔中世〕たくだ［橐駝］。〔上代〕らくだ［駱駝］。

―色 ベージュ(フランス beige)。

らくだい【落第】 すべる［滑／辷］。ドロップ(drop)。りゅうねん［留年］。〔近代〕おちる［落］。ふがふかく［不合格］。〔近世〕らくご［落伍／落後］。〔中古〕てんがく［点額］。らくだい［落第］。

らくたん【落胆】 →がっかり

らくちゃく【落着】 〔近代〕かいけつ［解決］。きけつ［帰結］。しゅうきょく［終局］。けりが付く。〔近世〕しうしふ［収拾］。まひをさまる［舞収］。〔中世〕おちつく［落着］。けっちゃく［決着］。らくきょ［落居］。らくちゃく［落着／落著］。をさまる［治］。〔中古〕をさまる［収］。

らくてん【楽天】 〔近代〕おめでたい。らくくゎん［楽観］。らくてん［楽天］。〔近世〕きさんじ［気散］。きらく［気楽］。

―家 らくてんしゅぎしゃ［楽天主義者］。らっかんろんじゃ［楽観論者］。〔近代〕オプチミスト(optimist)。〔近世〕のんきもの［暢気者］。きさんじもの［気散者］。

―主義 らっかんろん［楽観論］。〔近代〕オプチミズム(optimism)。

らくど【楽土】 →らくえん

らくのう【酪農】 せいらく［製酪］。らくのう［酪農］。〔近代〕ぼくちく［牧畜］。〔近世〕ぼくやう［牧養］。〔上代〕ちくさん［畜産］。

らくはく【落魄】 しゃよう［斜陽］。らくじつ［落日］。〔近世〕おちぶれ［落］。〔中世〕おちめ［落目］。ぼつらく［没落］。〔中古〕らくはく［落魄］。れいらく［零落］。

らくばく【落莫】 〔近代〕せきれう［寂寥］。れうれう［寥寥］。〔近世〕らくばく［落莫］。〔中世〕さくばく［索漠／索莫／索寞］。〔中古〕うらさびし［心寂／心淋］。さびし［寂／淋］。

らくび【楽日】 〔近代〕さいしゅうび［最終日］。〔近世〕せんしうらく［千秋楽］。

らくめい【落命】 →し・ぬ

らくよう【落陽】 →ゆうひ

らくよう【落葉】 〔中古〕かれは［枯葉］。くちば［朽葉］。らくえふ［落葉］。〔上代〕おちば［落葉］。

―・しない木 〔近代〕じゃうりょくじゅ［常緑樹］。〔中世〕ふゆき／ふゆぎ［冬木］。〔中古〕ときはぎ［常磐木］。

―・する木 〔近代〕おちばぎ［落葉樹］。らくえふじゅ［落葉樹］。らくえふぼく［落葉木］。

らくらい【落雷】 〔近代〕らいげき［雷撃］。〔近世〕へきれき［霹靂］。らくらい［落雷］。〔中古〕かみとき／かみとけ［霹靂］。〔上代〕かむとき／かむとけ［霹靂］。

―による火災 〔近世〕てんくゎ／てんぴ［天火］。

―を避ける装置 〔近代〕ひらいき［避雷器］。ひらいしん［避雷針］。

らくらく【楽楽】❶〈気楽〉 〔近代〕イージー(easy)。〔近世〕きらく［気楽］。のんき［暢気／呑気］。やすやす［易易／安安］。〔中世〕くつろぎ［寛］。ゆっくり。らくらく［楽楽］。

らくらく【楽楽】❷〈平易〉 〔近代〕いい［易易］。イージー(easy)。〔近世〕かんたん［簡単］。へいい［平易］。〔中古〕やすやす［易易／安安］。〔上代〕たやすし［容易］。

らくるい【落涙】 こうるい［降涙］。〔中世〕だるい［堕涙］。〔中古〕らくるい［落涙］。→なみだ

らし・い 〔近世〕もやう［模様］。らし。〔中世〕さうなり。〔中古〕あめり［有］。〔上代〕あらし。

―・くする 〔中古〕ものめかす［物］。〔上代〕さぶ(さびる)(接尾語)。

―・く振る舞う 〔上代〕ぶ(びる)(接尾語)。

▼接尾語 〔中古〕がまし。めかし。めく。

ラジカル(radical) ばっぽんてき［抜本的］。〔近代〕きふしんてき［急進的］。こんぽんてき［根本的］。ラジカル。〔近世〕くゎげき［過激］。

らしゅつ【裸出】 〔近代〕さらける［曝］。〔近世〕せきらら［赤裸裸］。まるだし［丸出］。らしゅつ［裸出］。むきだし［剝出］。さらけだす［曝出］。ろしゅつ［露出］。

らしん【裸身】 〔近代〕ヌード(nude)。らしん［裸

身］。近世すっぱだか［素裸］。せきら［赤裸］。中世はだかみ［裸身］。まっぱだか［真裸］。らたい［裸体］。中古あかはだか［赤裸］。はだか［裸］。らぎゃう［裸形］。上代あかはだ［赤肌］。

ラスト(last) →**おわり**

らせん【螺旋】スパイラル(spiral)。ヘリックス(helix)。近世らせん［螺旋］。中古うづまき［渦巻］。上代うづ［渦］。

ーの階段 さざえばしご［栄螺梯子］。

ーの階段のある堂 近世さざえだう［栄螺堂］。

らたい【裸体】 →**らしん**

らち【埒】 近世らっち［埒］。中世しきり［仕切］。らち［埒］。中古かこひ［囲］。さく［柵］。はんゐ［範囲］。

ーがあかないこと 近代いたちごっこ［鼬］。近世ふらち［不埒］。

ーがあく 中古ことゆく［事行］。

らち【拉致】 近代いうかい［誘拐］。つれさる［連去］。つれだす［連出］。ひとさらひ［人攫］。らち／らっち［拉致］。らっする［拉］。近世さらふ［攫／掠］。中世かどはかす［拐／勾引］。

らちがい【埒外】 わくがい［枠外］。近代いぐゎい［以外］。はんゐぐゎい［範囲外］。らちぐゎい［埒外］。近世けんぐゎい［圏外］。

らちない【埒内】 わくない［枠内］。近代いない［以内］。けんない［圏内］。らちない［埒内］。

らっか【落花】 中古こうう［紅雨］。ちりばな［散花］。らくくゎ［落花］。

らっか【落下】 近代ついらく［墜落］。てんらく［転落／顛落］。らくか［落下］。近世かうか［降下］。中世おちくだる［落下］。上代おつ［おちる］［落／墜］。

らっかせい【落花生】 いじんまめ［異人豆］。からまめ［唐豆］。近代なんきんまめ［南京豆］。ピーナツ／ピーナッツ(peanut)。近世たうじんまめ［唐人豆］。らくくゎせい［落花生］。中世たうまめ［唐豆］。

らっかん【楽観】 →**らくてん**

ラッキー(lucky) →**こううん【幸運】** →**こうふく【幸福】**

らっきょう【辣韮】 近世たまむらさき［玉紫］。らっきょ／らっきょう［辣韮／辣韭／薤］。中世おほにら［大韮］。さとにら。中古おほみら［薤］。

ラッシュ(rush) 近代とっしん［突進］。近世さったう［殺到］。中世こんざつ［混雑］。

らつわん【辣腕】 近代うできき［腕利］。しゅわん［手腕］。すごうで［凄腕］。びんわん［敏腕］。やりて［遣手］。らつわん［辣腕］。

ラフ(rough) 近代そざつ［粗雑］。ラフ。近世そぼう［粗暴］。らんぼう［乱暴］。中世がさつ。中古あらし［粗］。上代あらし［荒］。

ラブレター(love letter) →**こいぶみ**

ラベル(label) レーベル(label)。レッテル(オランダletter)。近代はりがみ［張紙］。ラベル。

られつ【羅列】 近代れっきょ［列挙］。中古ならぶ［並］。られつ［羅列］。上代つらなる［連／列］。

らん【乱】 近代へん［変］。中世じへん［事変］。どうらん［動乱］。はんらん［反乱／叛乱］。中古さうぜう［騒擾］。さうどう［騒動］。みだれ［乱／紊］。らん［乱］。上代さうらん［騒乱］。

ーをしずめること 近代ちんぷく［鎮伏／鎮服］。近世ちんてい［鎮定］。中世ちんご［鎮護］。中古はつらんはんせい［撥乱反正］。上代ちんぶ［鎮撫］。

らん【欄】 近代かこみ［囲］。コラム(column)。らん［欄］。

らんかん【欄干】 ガードレール(guardrail)。中古おばしま［欄］。かうらん［高欄］。こうらん［勾欄］。らんかん［欄干／欄檻／闌干］。

「亞」の字模様の中国風のー 近代あじらん［亜字欄］。

らんぎょう【乱行】 近代ふしだら。ふひんかう［不品行］。近世だらしなし。ふかうせき／ふぎゃうせき［不行跡］。ふぎゃうじゃう［不行状］。中世じだらく［自堕落］。はうらつ［放埒］。らんかう［乱行／濫行］。中古しどけなし。上代はうたう［放蕩］。らんぎゃう［乱行／濫行］。

ランキング(ranking) かくづけ［格付］。じゅんいづけ［順位付］。ランクづけ［rank付］。

ランク(rank) グレード(grade)。近代じゅんゐ［順位］。せきじ［席次］。ランク。中世じょれつ［序列］。上代とうきふ［等級］。

らんざつ【乱雑】 近代ざつぜん［雑然］。むちつじょ［無秩序］。らんみゃく［乱脈］。近世うちみだる［打乱］。うっちらかる［散］。ざまく。ちらかる［散］。とっちらかる／とりちらかる［取散］。中世らうぜき［狼藉］。﨟次(らっし)(臘次)もない。中古さうがし［騒］。みだりがはし／みだれがはし［濫／猥］。みだれ［乱］。らうがはし［乱］。らんざつ［乱雑］。

ー・なさま がしゃがしゃ。がちゃがちゃ。近代ごろちゃら。玩具箱(おもちゃばこ)をひっくり返したやう。近世ごろっちゃら。

ー・にする 中世ちらかす［散］。とりちらかす

［取散］。みだす［乱／紊］。みだらす［乱］。中古とりちらす［取散］。みだらかす［乱］。上代ちらす［散］。

らんじゅく【爛熟】 近代じゅくらん［熟爛］。中世せいじゅく［成熟］。らんじゅく［爛熟］。

らんしょう【濫觴】 近世きげん［起源］。中世はじまり［始］。中古おこり［起］。らんしゃう［濫觴］。→**きげん【起源】**

らんしん【乱心】 近代クレージー(crazy)。近世ぎゃくじゃう［逆上］。らんき［乱気］。気が触ふる［―触れる］。中世はっきゃう［発狂］。らんしん［乱心］。気が違ふ。中古きゃうき［狂気］。きゃうらん［狂乱］。こころたがひ［心違］。ものぐるひ［物狂］。

らんだ【乱打】 みだれうち［乱打］。近代らんだ［乱打］。近世ふくろだたき［袋叩］。めったうち［滅多打］。

ランダム(random) むさくい［無作為］。近代アトランダム(at random)。

ランディング(landing) ちゃくち［着地］。近代ちゃくりく［着陸］。

ランデブー(フランス rendez-vous) デート(date)。近代ランデブー。近世あひびき［逢引］。しのびあひ［忍会］。中世みっくゎい［密会］。

らんとう【乱闘】 近代とっくみあひ［取組合］。らんせん［乱戦］。らんとう［乱闘］。近世かくとう［格闘］。とうさう［闘争］。

らんにゅう【乱入】 近代しんにふ［侵入］。なだれこむ［雪崩込／傾込］。近世あばれこむ［暴込］。ちんにふ［闖入］。中世こみいる［込入］。中古おしいる［押入］。らんにふ［乱入／濫入］。

らんぴ【濫費】 近代とひ［徒費］。ひせう［費消］。らうひ［浪費］。近世じょうひ［冗費］。むだづかひ［無駄遣］。らんぴ［濫費／乱費］。湯水のやうに使ふ。

らんぴつ【乱筆】 近代みだりがき／みだれがき［乱書］。らんぴつ［乱筆／濫筆］。近世かきなぐる［書殴］。なぐりがき［殴書］。中世みだしかき［乱書］。

ランプ【lamp／洋灯】 近代やうとう［洋灯］。ランプ［洋灯］。

―のかさ 近代ランプシェード(lamp shade)。

霧の中でも目立つ淡黄色光の― フォッグランプ(fog lamp)。むとう［霧灯］。

四面ガラス張りの四角形の― かくとう［角灯］。ランタン(lantern)。

その他―のいろいろ(例) ハロゲンランプ(halogen lamp)。近代アルコールランプ(和製alcohol lamp)。あんぜんとう［安全灯］。ガスランプ(gas lamp)。くうきランプ［空気lamp］。てランプ［手lamp］。まめランプ［豆lamp］。近世カンテラ(オランダ kandelaar)。

らんぼう【乱暴】 近代きょうぼう［凶暴／兇暴］。ぼうりょく［暴力］。ラフ(rough)。わうぼう［横暴］。近世あらっぽい［荒］。そぼう［粗暴／麁暴／疎暴］。ぞんざい。だうまう［獰猛］。だんじふらう［団十郎］。てあらし［手荒］。ばらがき［茨掻］。ぼうかう［暴行］。らんぼう［乱暴］。中世あくぎゃく［悪逆］。あらぎ［荒儀］。あらけなし［荒］。がうぎ［嗷議／嗷儀］。きゃうぼう［強暴］。はういつ［放逸］。ぶっさう［物騒］。ふてき［不適］。ふよう［不用］。むざん［無惨／無慙］。むはふ［無法］。らうじゃく［狼藉］。らうれい［狼戻］。らんかう［乱行／濫行］。中古あらあらし［荒荒］。あらくまし［荒］。あらし［荒］。あららか［荒］。らうぜき［狼藉］。らんあく［乱悪／濫悪］。上代ちはやぶる［千早振］。らんぎゃう［乱行／濫行］。

―・する 近代あらくれる［荒］。中世あばる［あばれる］［暴］。中古ある［あれる］［荒］。上代あらぶ／あれぶ［荒］。

―・で残虐なこと 中世ぼうぎゃく［暴虐／暴逆］。

―・で貪欲な者のたとえ 近世くまたか［熊鷹］。

―・でわがままなこと 中世ぼうまん［暴慢］。

―・な勢い 近代ぼうゐ［暴威］。

―・な気質 近世ぐゎえんはだ［臥煙肌］。

―・な言葉 近代ぼうげん［暴言］。

―・なさま おおあれ［大荒］。近代ぼうじゃう［暴状］。中世あらあら［荒荒］。

―・な政治 近世ぼうせい［暴政］。中世ぎゃくせい［虐政］。中古かせい［苛政］。

―・な理論 近世ぼうろん［暴論］。

―者 近代あばれんぼう［暴坊］。あらくれもの［荒者］。ぼうかん［暴漢］。ぼうし［暴士］。ぼうと［暴徒］。らんぼうもの［乱暴者］。近世あくたれ［悪］。あくたれもの［悪者］。けんくゎし［喧嘩師］。しれもの［痴者］。らっぱ［乱波］。わやくじん［人］。中世あくたらう［悪太郎］。あばれもの［暴者］。ふたうじん［不当人］。ぶだうじん［無道人］。らうぜきもの［狼藉者］。わやくもの［者］。中古ぼうかく［暴客］。上代きょうぞく［凶賊／兇賊］。

足で―・すること 近世すねざんまい［臑三昧］。

強迫してー・すること 近代きゃうぼう[強暴／彊暴]。

無法でー・なこと 近代ばんかう[蛮行]。中古ふてき[不敵]。

らんみゃく【乱脈】 近代ぶんらん[紊乱]。らんみゃく[乱脈]。中古びんらん[紊乱]。みだれ[乱／紊]。らんざつ[乱雑]。

らんよう【乱用】 近代あくよう[悪用]。近世つかひすぎ[使過]。らんよう[乱用／濫用]。

り

り【理】 近代げんり[原理]。ろんり[論理]。近世すぢみち[筋道]。中世でうり[条理]。中古ことわり[理]。りくつ[理屈]。上代だうり[道理]。り[理]。

ーにかなうこと せいとうせい[正当性]。近代いんたう[允当]。がふりせい[合理性]。中世だうりしごく[道理至極]。

ーに背くこと 中世はいち[背馳]。

リアクション(reaction) 近代はんおう[反応]。はんさよう[反作用]。はんどう[反動]。はんぱつ[反発]。リアクション。

リアリティー(reality) 近代げんじつかん[現実感]。げんじつせい[現実性]。げんじつみ[現実]。じつざいせい[実在性]。しんじつせい[真実性]。リアリティー。レアリテ(フランス réalité)。

リアル(real) 近代あるがまま。げんじつ[現実]。しゃじつてき[写実的]。リアル。中世ありてい[有体]。じっさい[実際]。中古ありのまま。上代うつつ[現]。

リーグ(league) 近代リーグ。れんごう[連合]。れんめい[連盟]。中世どうめい[同盟]。

リース(lease) レンタル(rental)。近代ちんがし／ちんたい[賃貸]。

リーズナブル(reasonable) てきせい[適性]。近代がふりせい[合理性]。がふりてき[合理的]。だたう[妥当]。リーズナブル。

リーダー(leader) 近代かぢとり[舵取／楫取]。キャップ／キャプテン(captain)。しだうしゃ[指導者]。せんくしゃ[先駆者]。せんだうしゃ[先導者]。とうそつしゃ[統率者]。トップ(top)。リーダー。近世おんどうとり[音頭取]。せんだち[先達]。中世おんどとり[音頭取]。しゅりゃう[首領]。中古かしら[頭]。せんだつ[先達]。

リード(lead) 近代リード。近世しだう[指導]。中世あんない[案内]。せんく[先駆]。中古ぜんく[前駆]。せんだう[先導]。上代みちびく[導]。

リーフレット(leaflet) 近代パンフ／パンフレット(pamphlet)。ブックレット(booklet)。リーフレット。近世せうさつ[小冊]。せうさっし[小冊子]。

りえき【利益】 うまみ[旨／旨味]。ゲイン(gain)。じゅえき[受益]。とく[得]。プロフィット(profit)。近代しうえき[収益]。じつえき[実益]。じつり[実利]。しゃうり[商利]。プラス(plus)。りきん[利金]。近世えいとく[贏得]。えいり[贏利]。じゅんしょく[潤色]。とくよう[徳用／得用]。りぶん[利分]。中世えき[益]。ざいり[財利]。とくぶん[得分]。まうけ[儲]。りえき[利益]。りとく[利得]。りもつ[利物]。中古しょとく[所得]。ため[為]。とく[徳]。やう／やく[益]。り[利]。上代かが[利]。くほさ／くぼさ[利／贏]。りじゅん[利潤]。

《句》近代蟻の甘きにつくが如し。蝦蛄(しゃこ)で鯛を釣る。寸を詘(ま)げて尺を信(の)ぶ。近火で手をあぶる。近世海老(えび)で鯛を釣る。転んでもただは起きぬ。損して得取れ。麦飯で鯉を釣る。我が物と思へば軽し笠の雪。中世尺を枉(ま)げて尋(ひろ)を直(の)ぶ。

ーが出る(こと) 近代くろじ[黒字]。採算が取れる。近世まうかる[儲]。算盤(そろばん)が合ふ。中世りす[利]。

ーがない コストわれ[cost割]。採算が取れない。近代にふひだふれ[入費倒]。算盤(そろばん)が持てぬ。近世いれぶつじ[入仏事]。かかりまけ[掛負]。かけだふれ[掛倒]。やうなし[益無]。中世やくなし[益無]。中古いたづら[徒]。

ーと幸福 近代こうり[功利]。ふくり[福利]。りふく[利福]。

ーと損害 中古りがい[利害]。

ーと名誉 こうり[功利]。中古みゃうり／めいり[名利]。

ーになる 近世いうえき[有益]。やくだつ[役立]。為になる。

ーによって等しく潤うこと 近世きんてん[均霑／均沾]。

ーの金 近代えききん[益金]。りえききん[利益金]。

ーの分配 近代わけまへ[分前]。近世とりぶん[取分]。とりまへ[取前]。ふちゃう[符丁／符帳]。ふてふ[符牒]。

ーもあり害もある 近代 いちりいちがい［一利一害］。いっしついっとく［一失一得］。中世 いっとくいっしつ［一得一失］。

ーや名誉にとらわれる心 近代 しゃばけ／しゃばっけ［娑婆気］。ぞくねん［俗念］。

ー優先の考え 近代 こうりしゅぎ［功利主義］。じつりしゅぎ［実利主義］。まうけしゅぎ［儲主義］。

ーを与える 中世 うるほす［潤］。えきす［益］。りす［利］。

ーを得る とくする［得］。中世 かせぐ［稼］。まうく［儲］。りす［利］。中古 とくつく［徳付］。

ーを追求する 近代 牙籌(がちう)を執る。算盤(そろばん)を置く。近世 えいり［営利］。

ーを独り占めすること 近世 雪隠で饅頭。中世 ろうだん［壟断］。

ーをむさぼること 近代 ぼる。中世 どんり［貪利］。中古 たんり［貪利］。

ーをむさぼる人 ぼりや［暴利屋］。

ーをもたらす客 近世 ためすぢ［為筋］。

一般に知られていないーのある所 あなば［穴場］。近世 あな［穴］。

営業以外の雑多なー ざつえき［雑益］。

大きなー きょえき［巨益］。近代 きょり［巨利］。近世 かうり［高利］。中世 こえき／こやく［巨益］。

大きなーを逃がす 近世 せうりおほぞん［小利大損］。《句》大魚を逸する。

多くのーを得る ぼろもうけ［儲］。近世 ぼろい。《句》中世 濡れ手で粟。

多くの人にゆきわたるー 近代 しゅうり［衆利］。近世 こうえき［鴻益／洪益］。中世 くゎうえき［広益／宏益］。

偶然のーを得る 近代 まうけもの［儲物］。近世 一山当つ［ー当てる］。中世 ひろひもの［拾物］。

偶然のーを狙う行為 近代 しゃかう［射幸／射倖］。しゃり［射利］。中世 とうき［投機］。

国のー ナショナルインタレスト(national interest)。中世 こくり［国利］。中古 こくえき［国益］。

公共のー 近代 こうり［公利］。中古 こうえき［公益］。

芝居など興行の純ー 近世 くらいり［蔵入］。

自分一人のー じえき［自益］。近代 がり［我利］。しえき［私益］。しふく［私腹］。しり［私利］。じり［自利］。中古 えこ［依怙］。

神仏から受けるー 近世 みゃうり［冥利］。

総収入から総経費を差し引いたー 近代 じゅんえき［純益］。じゅんしうえき［純収益］。じゅんり［純利］。ネット(net)。

第三者のー 近代 鷸蚌(いつぼう)の争ひ。漁夫(漁父)の利。

他人の物を利用してーを得る 《句》人の牛蒡(ごぼう)で法事をする。近世 他人の褌(ふんどし)で相撲を取る。

地位などを利用して得るー おてもり［御手盛］。

土地などの資産の売却によるー キャピタルゲイン(capital gain)。

売買などによる差額ー 近代 りざや［利鞘］。

一つのことで二つのーを得る 近代 いっきょりゃうぜん［一挙両全］。いっきょりゃうとく［一挙両得］。いっせきにてう［一石二鳥］。

人に働かせてそのーを取る すいあげる［吸上］。近世 ピンはね［(ポルトガル)pinta 撥］。上汁(うはしる)を吸ふ。上前を取る。

人のためのような顔をしてーを得る 近世 おためごかし［御為倒］。おためづく［御為尽］。

不正な方法でーを得る 近代 私腹を肥やす。懐を肥やす。

不当に大きなー 近代 ぼうり［暴利］。近世 薬九層倍(くすりくそうばい)。

まとまったー 近代 ひとまうけ［一儲］。中世 ひとかせぎ［一稼］。

役目から得られる予定外のー 近世 やくとく［役得］。

余分のー 中世 よとく［余得］。

楽をしてーを得る 近代 甘い汁を吸ふ。

利子や配当によるー インカムゲイン(income gain)。

わずかなー 近世 はくり［薄利］。錐刀(すいたう)の利。中世 せうり［小利］。

りえん【離縁】 近代 ぜつえん［絶縁］。だんかう［断交］。りこん［離婚］。近世 いとま［暇／遑］。えんきり［縁切］。のきざり［退去］。ひま［暇］。ふうふわかれ［夫婦別］。ふえん［不縁］。中世 久離(きうり)(旧離)を切る。中古 はきゃう［破鏡］。りえん［離縁］。りべつ［離別］。上代 ことさか［事離］。→りこん

ー状 近世 いとまじゃう［暇状］。きれぶみ［切文］。さりじゃう［去状／避状］。さりぶみ［去文／避文］。のきじゃう［退状］。みくだりはん［三行半／三下半］。

ー・する 近代 暇を遣る。中世 いなす［往／去］。暇を出す。中古 さる［去／避］。

姑の意見によってー・すること 近世 しうとめざり［姑去］。

りかい【理解】 パーセプション(perception)。近代 かいしゃく[解釈]。にんしき[認識]。はあく[把握]。りかい[理解]。りゃうかい[諒解]。近世 のみこみ[飲込／呑込]。らくちゃく／らくぢゃく[落着]。れうかい[了解]。中世 がてん[合点]。けんとく[見得]。ちしき[知識]。とくしん[得心]。なっとく[納得]。りゃうりゃく[領略]。ゑとく[会得]。中古 がってん[合点]。さとり[悟]。わきまへ[弁]。

《尊》中世 おぼしさとる[思悟]。中古 おぼししる[思知]。おもほしとる[思取]。

ーが早い 近世 はやわかり[早分]。中古 こころとし[心疾]。上代 さとし[聡／敏]。

ーが不十分 しょうかふりょう[消化不良]。近代 いっちはんかい[一知半解]。はんかい[半解]。ふせうくゎ[不消化]。近世 なまかじり[生囓]。なまがみ[生噛]。なまのみこみ[生呑込]。はやがてん[早合点]。はやのみこみ[早呑込]。はやわかり[早分]。

ー・させる 中世 ふくむ[ふくめる][含]。

ー・される 中古 きこゆ[きこえる][聞]。

ー・し味わうこと みかい[味解]。上代 そしゃく[咀嚼]。

ー・して自分のものとする どうか[同化]。中世 たいとく[体得]。

ー・しないこと 近代 むりかい[無理解]。

ー・しにくい わかりにくい[分難]。近世 むづかし[難]。中世 なんかい[難解]。中古 みみどほし[耳遠]。

ー・する かみこなす[噛熟]。近代 かいする[解]。近世 げす[解]。うけとる[受取]。中世 とほる[通]。のみこむ[飲込／呑込]。こころあり[心有]。わかる[分／解／判]。わきまふ[ーまえる][弁]。ゑす[会]。意を得ぅ[ー得る]。合点が行く。中古 おもひしる[思知]。おもひとる[思取]。おもひわかつ[思分]。こころう[ーえる][心得]。こころしる[心知]。ことわる[断／判]。みしる[見知]。上代 さとる[悟／覚]。しる[知]。みる[見]。わきたむ[弁別／分別]。

ーできない(こと) 近代 ふかかい[不可解]。近世 けうとし[気疎]。歯が立たぬ。中世 ふしぎ[不思議]。

相手の気持ちがー・できない 近世 気が知れぬ。

聞いてー・する ヒアリング(hearing)。中世 ききひらく[聞開]。ききわく[ーわける][聞分]。中古 ききう[ーえる][聞得]。ききしる[聞知]。ききとる[聞取]。

言葉で言わなくても心でー・すること 近代 もくしきしんつう[黙識心通]。中世 いしんでんしん[以心伝心]。

言葉の説明を待たずー・すること 近世 もくくゎい[黙会]。

言葉をー・すること 近代 かいご[解語]。

十分にー・すること 近代 さいしゃく[細嚼]。

真理によって物事をー・すること 近代 けいかい[慧解]。中古 ゑげ[慧解]。

体験によってー・すること 中世 ごにふ[悟入]。たいとく[体得]。

人の気持ちなどをー・する 近代 さんしゃく[参酌]。中世 くみとる[汲取]。中古 しんしゃく[斟酌]。そんたく[忖度]。上代 くむ[酌]。

学んでー・すること 中世 がくち[学知]。

見てー・する 中古 みとく[見解]。

わざとそのようにー・する 中古 とりなす[取成／執成]。

りがい【利害】 中世 そんえき[損益]。そんとく[損得]。とくしつ[得失]。中古 りがい[利害]。

《句》近代 香餌(かうじ)の下必ず死魚あり。中世 螻蛄(けら)腹立つれば鶫(つぐみ)喜ぶ。

ーが絡んでいるさま なまぐさい[生臭／腥]。

ー関係 近代 インタレスト(interest)。しんしほしゃ[唇歯輔車]。中世 しんし[唇歯]。

ーに敏感で態度を変えるさま 近代 そんとくづく[損得尽]。ださんてき[打算的]。かんぢゃうづく[勘定尽]。げんきん[現金]。そろばんづく／そろばんづくめ[算盤尽]。中世 りかん[利勘]。

ーを計算すること 近世 かんぢゃう[勘定]。こころさんよう[心算用]。

表面のーにとらわれて騙されること 中世 てうさんぼし[朝三暮四]。てうしぼさん[朝四暮三]。

りかん【離間】 近代 りはい[離背]。りはん[離反]。近世 ひきさく[引裂]。りかん[離間]。中古 ぶんり[分離]。

りかん【罹患】 近代 はっしゃう[発症]。りくゎん[罹患]。りびゃう[罹病]。近世 はつびゃう[発病]。中世 床に就く。病に冒さる[ー冒される]。中古 かかる[罹]。わづらふ[患]。病に沈む。上代 やむ[病]。

りきさく【力作】 りきへん[力編]。近代 らうさく[労作]。りきさく[力作]。中世 けっさく[傑作]。できもの／でけもの[出来物]。

りきし【力士】→**すもうとり**

りきせつ【力説】 近代きゃうてう［強調］。りきせつ［力説］。中古いひたつ［―たてる］［言立］。

りきせん【力戦】 近代げきとう［激闘］。近世ふんせん［奮戦／憤戦］。ふんとう［奮闘／憤闘］。上代りきせん［力戦］。→**ふんとう**

りきてん【力点】 ウエート(weight)。じくあし［軸足］。近代ぢゅうてん［重点］。りきてん［力点］。

りきとう【力闘】→**ふんとう**

りき・む【力】 近代いきごむ［意気込］。きおひこむ［気負込］。きおひたつ［気負立］。近世いきむ［息］。いさみたつ［勇立］。おこづく。ぎしゃばる［義者張］。ぎんばる［銀張］。つよむ［強］。びこつく。りきむ［力］。中世きおふ［気負］。中古いきまく［息］。上代いさむ［勇］。

―・み過ぎ《句》近世小馬の朝駆け。

甚だしく―・む 近世りきみかへる［力返］。

りきゅう【離宮】 中古べつぐう［別宮］。上代いでましのみや［出座宮］。とつみや［外宮］。りきゅう［離宮］。

―のある所 上代とつみやどころ［外宮所］。

りきりょう【力量】 近代アビリティー(ability)。のうりょく［能力］。中世うで［腕］。ぎりゃう［技量／伎倆／技倆］。じつりょく［実力］。りきりゃう［力量］。中古うつはもの［器物］。ちから［力］。

《句》近世小舟に荷が勝つ。虎を画きて犬に類す。

―が優れていること 近代うできき［腕利］。すごうで［凄腕］。びんわん［敏腕］。らつわん［辣腕］。中世うでこき［腕扱］。ひとかど［一角／一廉］。中古ゐき［偉器］。

りく【陸】→**りくち**

りくあげ【陸揚】 近代やうりく［揚陸］。近世にあげ［荷揚］。みづあげ［水揚］。りくあげ［陸揚］。

りくうん【陸運】 近代りくうん［陸運］。りくじゃううんそう［陸上運送］。近世りくそう［陸送］。上代うんそう［運送］。

リクエスト(request) 近代えうきう［要求］。えうせい［要請］。えうばう［要望］。きばう［希望］。せいきう［請求］。近世ちゅうもん［注文／註文］。上代こふ［請］。もとむ［もとめる］［求］。

りくじょう【陸上】→**りくち**

りくそう【陸送】→**りくうん**

りくぞく【陸続】 次から次へ。近世ぞくぞく［続続］。たてつづけ［立続］。りくぞく［陸続］。中世つづけざま［続様］。中古たえまなし［絶間無］。つぎつぎ［次次／継継］。

りくち【陸地】 近代たいりく［大陸］。をかぢ［陸地］。近世りくじゃう［陸上］。中世くがち／くがぢ［陸路］。ぢ［地］。りく［陸］。ろくぢ［陸路］。をか［陸］。中古だいち［大地］。ち［地］。ちじゃう［地上］。とち［土地］。りくち［陸地］。上代くが［陸］。くにが／くぬが［陸処］。つち［土］。

―の果て 近世そっと［率土］。率土の浜(ひん)。中古さいはて［最果］。

―の道 中世くがぢ／くがみち［陸路］。りくぢ／りくろ［陸路］。ろくぢ［陸地］。中古かちぢ［徒路］。

海から見て―の方 近世ぢかた［地方］。中世くがざま［陸様］。

海岸から遠く離れた― 近代ないち［内地］。ないりく［内陸］。

湖沼や海を―化すること かんたく［干拓］。近世うめたて［埋立］。

地球表面の―の部分 りっけん［陸圏］。

りくつ【理屈】 近代りろ［理路］。ろんり［論理］。近世おつ［乙］。すぢみち［筋道］。りかた［利方］。中世でうり［条理］。中古ことわり［理］。すぢ［筋］。りくつ［理屈］。上代だうり［道理］。

《句》近代盗人にも三分の理。理に勝って非に落ちる。

―だけで考えを進める→**りづめ**

―だけで実際の役に立たないこと 近代たたみすいれん［畳水練］。机上の空論。近世こたつすいれん［炬燵水練］。中世はたけすいれん［畑水練］。論語読みの論語知らず。

―っぽい 近代くゎんねんてき［観念的］。近世りくつくさい［理屈臭］。中古とがとがし。みちみちし［道道］。

―っぽい人 近代りくつや［理屈屋］。近世やかましや［喧屋］。

―っぽくなる 近世りくつばる［理屈張］。理に落つ［―落ちる］。中世理に詰まる。

―でやりこめる 近代りくつぜめ［理屈責］。近世ぎりづめ［義理詰］。りくつづめ［理屈詰］。中世つめふす［―ふせる］［詰伏］。りぜめ［理責］。→**りづめ**

―に合う 近代だたう［妥当］。中世をんたう［穏当］。中古あたふ［能］。

―に合わない ひごうり［非合理］。近代はいり［背理／悖理］。ふがふり［不合理］。

中古あやなし[文無]。
ーの通らないことを無理に通すこと ごりおし[押]。近世むりじひ[無理強]。烏を鷺。鷺を烏。横車を押す。中古鹿を馬。《句》近世道理そこのけ無理が通る。無理が通れば道理引っ込む。
ーの通らないさま 中世むさくさ。
ーをこねて反対するさま 近世ああ言へばかう言ふ。
ーをこねる 近代弁を弄(ろう)する。近世じぶくる。ひねくる[捻／拈]。りくつばる[理屈張]。
実際の役に立たないー 近世くうり[空理]。
自分に都合のいいようにきめたー 近代ひとりぎめ[独決]。近世けんきゃうふくゎい[牽強付会]。てまへぢゃうぎ[手前定規]。上代どくだん[独断]。
筋の通らないー 近代へりくつ[屁理屈]。近世きべん[詭弁]。
取るに足りないー 近代こりくつ[小理屈／小理窟]。
無理にーを付ける 近代柄(え)の無い所に柄をすげる。近世こじつく[ーつける]。中古こしらふ[ーらえる][拵]。
リクリエーション(recreation) →**レクリエーション**
リクルート(recruit) しゃいんぼしゅう[社員募集]。しゅうしょくかつどう[就職活動]。トラバーユ(フランス travail)。
りけん【利権】 近代けんえき[権益]。とくけん[特権]。近世りけん[利権]。
りこ【利己】 近代エゴイスチック(egoistic)。しゅが[主我]。しり[私利]。りこ[利己]。近世がよく[我欲]。中古しよく[私欲]。

りこう【利口】 近世えいめい[英明]。さいはじけ[才弾]。はつめい[発明]。目から鼻へ抜く[ー抜ける]。中世りこう[利口]。りこん[利根]。りはつ[利発]。れいり[怜悧]。めいびん[明敏]。中古けんめい[賢明]。さかし[賢]。さとし[聡／敏]。そうめい[聡明]。上代かしこし[賢]。→**かしこ・い**
ーと馬鹿 中古りどん[利鈍]。
ーぶった顔つき 中世かしこがほ[賢顔]。
ーぶった口ぶり 近代さかしらぐち[賢口]。
ーぶった心 中古こころさかしら[心賢]。
ーぶった人 中古さかしらびと[賢人]。
ーぶっている(さま) 中世こざかし[小賢]。なまこざかし[生小賢]。中古さかしら[賢]。なまさかしら[生賢]。われさかし[我賢]。われかしこ[我賢]。
ーぶる 中古さかし／さかしがる／さかしだつ[賢]。
りこう【履行】 近代じっし[実施]。じっせん[実践]。りかう[履行]。近世じっかう[実行]。中世やる[遣]。中古なす[成／為]。上代す[為]。
りごう【離合】 近世あふさきるさ。中世りがふ[離合]。中古しふさん[集散]。
りこしゅぎ【利己主義】 近代エゴイズム(egoism)。じこしゅぎ[自己主義]。しゅがしゅぎ[主我主義]。りこしゅぎ[利己主義]。近世みがって[身勝手]。中世にんがのさう[人我相]。
《句》近世人は悪(わろ)かれ我善(よ)かれ。
ーでかたまっているさま(人) 近代がりがり。がりがりばうず[我利我利坊主]。がりがりまうじゃ[我利我利亡者]。がりがりや[屋]。

ーの醜さのたとえ 中世熱火(ひあっ)子に払ふ。
りこん【離婚】 はこん[破婚]。近代りこん[離婚]。近世えんきり[縁切]。ふうふわかれ[夫婦別]。御釜が割る[ー割れる]。中世世帯を破る。りえん[離縁]。りべつ[離別]。中古はきゃう[破鏡]。上代ことさか[事離]。わかる[わかれる][別]。→**りえん**
《句》近代他人の別れ棒の端。近世合はせ物は離れ物。破鏡再び照らさず。落花(らくくわ)枝に還らず。
ー・して生家に帰ること 近世でもどり[出戻]。
ーの悲しみ 近代破鏡の嘆き。
妻が夫に請うてー・する 中世いとまを取る。
リサーチ(research) 近代たふさ[踏査]。てうさ[調査]。中世けんきう[研究]。
リザーブ(reserve) 近代よび[予備]。よやく[予約]。リザーブ。
りさい【罹災】 ひさい[被災]。近代ひがい[被害]。りさい[罹災]。
りざい【理財】 近代りざい[理財]。りしょく[利殖]。中世けいざい[経済]。
リサイクル(recycle) さいしげんか[再資源化]。さいせいりよう[再生利用]。はいひんりよう[廃品利用]。リサイクリング(recycling)。
リサイタル(recital) どくそうかい[独奏会]。近代どくえんくゎい[独演会]。どくしゃうくゎい[独唱会]。リサイタル。
りざや【利鞘】 さえき[差益]。さえききん[差益金]。マージン(margin)。近代りざや[利鞘]。りじゅん[利潤]。
りさん【離散】 近世ばらばら。わかれわかれ[別

別］。中世 はなればなれ［離離］。中古 ちりぢり。上代 ぶんさん［分散］。りさん［離散］。

ー・する 中古 ある［離／散］。いきあかる［行別］。ちりあかる［散別］。ちりぼふ［散］。ちる［散］。

一家がー・する 近世 御釜が割る［ー割れる］。

国が乱れて人々がー・すること 上代 らんり［乱離］。

農民が村からー・すること 中世 かけおち［駆落／欠落］。

方向を見失ってー・すること 近世 めいり［迷離］。

りし【利子】 近代 きんり［金利］。近世 ひあひ［日間／日合］。りきん［利金］。りぎん［利銀］。りぶん［利分］。中世 こぶん［子分］。りし［利子］。りそく［利息］。上代 このしろ［利］。そく［息］。そくり［息利］。り［利］。

ーが付かないこと 近代 むりし［無利子］。近世 むりそく［無利息］。

ーが付く 中世 利を食ふ。

ーだけ払って借りの期限をのばすこと 近世 りあげ［利上］。

ーと元金 中世 ぐゎんり［元利］。しぼせん［子母銭］。

ーの支払い りばらい［利払］。

ーの高いこと 中世 かうり［高利］。

ーの安いこと 近代 ていり［低利］。

元金に対するーの割合 りしりつ［利子率］。近代 りりつ［利率］。

月一割のー つきいち［月一］。

月毎に計算するー げつり［月利］。

年毎に計算するー 近代 ねんり［年利］。ねんりりつ［年利率］。

日毎に計算するー 近代 ひぶ［日歩］。

法外のー 近代 ぼうり［暴利］。

法律により定められたー 近代 はふていりそく［法定利息］。はふていりりつ［法定利率］。

りしゅう【履修】 近代 しうれう［修了］。りしう［履修］。中世 しうとく［修得］。

りじゅん【利潤】 プロフィット(profit)。近代 しうえき［収益］。近世 りたく［利沢］。中世 とくぶん［得分］。まうけ［儲］。りえき［利益］。りとく［利得］。上代 くほさ／くぼさ［利／贏］。りじゅん［利潤］。→**りえき**

りしょく【離職】 近代 しつげふ［失業］。しっしょく［失職］。中世 じしょく［辞職］。たいしょく［退職］。→**じしょく**

りしょく【利殖】 マネービル(和製 money building)。近代 エコノミー(economy)。りざい［理財］。りしょく［利殖］。近世 かねまうけ［金儲］。中世 けいざい［経済］。上代 くゎしょく［貨殖］。

リスク(risk) →**きけん【危険】**

リスト(list) いちらんひょう［一覧表］。ひんもくひょう［品目表］。近代 リスト。中古 もくろく［目録］。

リズミカル(rhythmical) いんりつてき［韻律的］。近代 リズミカル。リズミック(rhythmic)。りつどうてき［律動的］。

リズム(rhythm) 近代 リズム。りつどう［律動］。中世 いんりつ／おんりつ［音律］。ゐんりつ［韻律］。中古 ひゃうし［拍子］。

仕事をうまく運ぶためのー 近代 いき［息］。こきふ［呼吸］。中世 てうし［調子］。

強いアクセントがついたー 近代 ビート(beat)。

り・する【利】 →**もう・ける【儲】** 【利用】→**りよう**

りせい【理性】 近代 ちせい［知性］。りせい［理性］。中古 ふんべつ［分別］。

ーと知恵 近代 りち［理知／理智］。

ーを失う 近世 くらむ［暗］。中古 闇に惑ふ。

色情に溺れてーを失うこと(心) 近代 じゃうち［情痴］。近世 ちじゃう［痴情］。

りそう【理想】 近代 きばう［希望］。ビジョン(vision)。ゆめ［夢］。りさう［理想］。

ーが高い 中古 こころたかし／こころだかし［心高］。

ー主義 近代 アイディアリズム(idealism)。

ー的 近代 アイディアル(ideal)。中古 あらまほし［有］。あるべかし［有］。おもふさま［思様］。

ーに走って頑（かたく）ななこと 近世 きゃうけん［狂狷］。

ーの土地 アルカディア(Arkadia)。おうどうらくど［王道楽土］。近代 てんごく［天国］。ユートピア(Utopia)。らくゑん［楽園］。りさうきゃう［理想郷］。→**らくえん**

ーばかり高くて実力がないこと 近代 がんかうしゅてい［眼高手低］。

大きなー 中世 たいむ［大夢］。

リゾート(resort) こうらくち［行楽地］。ほようち［保養地］。近代 ひしょち［避暑地］。

りそく【利息】 近代 きんり［金利］。近世 りぎん［利銀］。りぶん［利分］。中世 りし［利子］。りそく［利息］。上代 このしろ［利］。そく［息］。そくり［息利］。り［利］。→**りし**

リタイア(retire) →**いんたい**

りだつ【離脱】 だつらく[脱落]。近代だったい[脱退]。りだつ[離脱]。中世だっす[脱]。ぬく〔ぬける〕[抜]。中古はなる〔はなれる〕[離]。

りち【理知】 近代インテリジェンス(intelligence)。ちせい[知性]。りち[理知/理智]。中古えいち[英知/英智/叡智]。ちゑ[知恵/智慧/智恵]。

《句》中世人至って賢ければ友なし。

ー的 近代インテレクチュアル(intellectual)。

りちぎ【律義】 近代こくめい[克明/刻明]。近世かたぎ[堅気]。じってい[実体]。しんまく[慎莫]。ものがたし[物堅]。中世ぎりがたし[義理堅]。じっちょく[実直]。りちぎ/りつぎ[律義/律儀]。中古じちよう[実用]。じっぱふ/じはふ[実法]。ちゅうちょく[忠直]。

《句》近代律義者の子沢山。

ー・で頑固なさま 近世きっしく[蓄縮]。中世むかしかたぎ[昔気質]。

ー・な人 かたぶつ[堅物]。近世かたじん[堅人]。りちぎもの[律義者/律儀者]。中世またうど[全人]。

ー・に振る舞う 近世ぎしゃばる[義者張]。

りちてき【理知的】 近代インテレクチュアル(intellectual)。ちてき[知的]。りちてき[理知的]。

りつ【率】 近代かくりつ[確率]。どあひ[度合]。パーセンテージ(percentage)。ひりつ[比率]。りつ[率]。レート(rate)。わりあひ[割合]。近世ぶあひ[歩合]。わり[割]。

りつあん【立案】 プランニング(planning)。近代きあん[起案]。きくゎく[企画]。くゎくさく[画策]。さくてい[策定]。りつあん[立案]。中世あんしゅつ[案出/按出]。こうあんしゃ[考案者]。

計画をー・する人 近代せっけいしゃ[設計者]。プロジェクター(projector)。

りっきゃく【立脚】 近代いきょ[依拠]。りっきゃく[立脚]。中古じゅんきょ[準拠]。

ー・する 中世のっとる[則]。中古じゅんず[準]。ふまふ〔ふまえる〕[踏]。もとづく[基]。

ー点 近代くゎんてん[観点]。ちほ[地歩]。中世けんち[見地]。たちば[立場]。

りっこうほ【立候補】 近代しゅつば[出馬]。りっこうほ[立候補]。

ー・して争うこと 近代ちくろく[逐鹿]。

ー・する 近代たつ[立]。うって出る。名乗りを上げる。

りっこく【立国】 近代りっこく[立国]。上代かいこく[開国]。けんこく[建国]。

りっし【立志】 近代宿昔(しゅくせき)青雲の志。近世さうこほうし[桑弧蓬矢]。さうほう[桑蓬]。青雲の志。中世りっし[立志]。

りっしゅう【立秋】 近世けふのあき[今日秋](俳句の語)。中古たつあき/りっしう[立秋]。上代あきたつ[秋立]。

ーの日の朝 近世けさのあき[今朝秋](俳句の語)。

りっしゅん【立春】 近世かんあき/かんあけ[寒明]。中古たつはる[立春]。はるたつ[春立]。上代りっしゅん[立春]。

りっしょう【立証】 うらがき[裏書]。近代しょうこだてる[証拠立]。りっしょう[立証]。証しを立てる。中世うらづけ[裏付]。中古あかす[証/明]。しょうめい[証明]。

りっしん【立身】 近代えいしん[栄進]。近世しゅっとう[出頭]。鯉の滝登り。竜門の滝登り。中世えいたつ[栄達]。しゅっせ[出世]。りたつ[利達]。中古いでたち[出立]。りっしん[立身]。上代ししん[仕進]。↓しゅっせ

ー出世の関門 中世とうりゅうもん/とうりょうもん[登竜門]。

ー出世を避けることのたとえ 近世流れに耳を洗ふ。

ー出世を望む心 近世青雲の志。

りつぜん【慄然】 近代りつぜん[慄然]。近世ぞっと。中世こはがる[恐/怖]。中古せんりつ[戦慄]。をののく[戦慄]。上代わななく[戦慄]。

リッチ(rich) **↓かねもち ↓ゆたか**

りつどう【律動】 しゅうきうんどう[周期運動]。近代リズム(rhythm)。りつどう[律動]。

りっぱ【立派】 近代いうしう[優秀]。かがやかしい[輝/耀]。じゃうでき[上出来]。たくしゅつ[卓出]。たくばつ[卓抜]。ナイス(nice)。ファイン(fine)。ワンダフル(wonderful)。ゐだい[偉大]。ゐよう[威容/偉容]。近世ぎっぱ。きょとい/けうとい[気疎]。さもとらし。じゃうじょう[上乗]。すてき[素敵]。すばらし[素晴]。はだし[裸足/跣]。りっぱ[立派]。中世あっぱれ[天晴/適]。いかめし[厳]。いちりう[一流]。かうばし[香/芳]。かなし[愛]。くきゃう/くっきゃう[究竟]。けっこう[結構]。さうなし[双無]。たっとし[尊]。ふめつ[不滅]。みごと[見事]。ゆゆし[由由/忌忌]。中古あはれ[哀]。いし[美]。いたし

［甚］。いつかし［厳］。いつくし［美／厳］。いみじ。うつくし［美／愛］。かしこし［賢／畏］。きらきらし。けっしゅつ［傑出］。こともなし［事無］。さりぬべし／さるべし［然可］。しういつ［秀逸］。しかるべし［然可］。じゃうじゃう［上上］。たけし［猛］。ただならず［徒］。ばつぐん［抜群］。ひとめかし［人］。びびし［美美］。ふきう［不朽］。めざまし［目覚］。めでたし［愛］。ものめかし［物］。ものものし［物物］。をかし。目もあやなり。上代 あたらし［可惜］。いかし［厳］。うまし［美／甘／旨］。うるはし［美／麗］。かぐはし［香／芳］。じゃうとう［上等］。たくぜつ［卓絶］。たふとし［尊］。めづらし［珍］。よし［良］。

—過ぎる 近世 しょくすぐ［職過］。

—・で威厳がある(さま) 近代 ゐふうだうだう［威風堂堂］。中世 ゐふう［威風］。上代 たたはし。

—・で美しい(こと) 近世 たんさう［端荘］。中古 きらきらし。びれい［美麗］。よそほし［装］。上代 さうれい［壮麗］。

—・で大きい 近代 ゐだい［偉大］。

—・で気高いこと 中古 かうしゃう［高尚］。

—・ですぐれていること 中世 かうめう［高妙］。

—・で大規模な計画 近世 ゆうと［雄図］。中世 さうと［壮図］。

—・な 中古 きはめたる［極］。さる［然］。さるべき／さんべき／しかるべき［然］。

—・な上にさらに立派になる 近世 錦上に花を敷く。錦上(きんじやう)に花を添ふ［—添える］。

—・な行い 近代 びきょ［美挙］。近世 かうぎ［高義］。

—・な男 中世 びぢゃうふ［美丈夫］。上代 ますらたけを［益荒猛男］。ますらを［益荒男／丈夫］。ますらをのこ［益荒男子］。

—・な志 えいし［英志］。近世 さうし［壮志］。

—・なこと 中古 ことはえ［殊栄］。上代 ますら［益荒］。

—・なさま 近代 うつぜん［鬱然］。ゐふうだうだう［威風堂堂］。中世 ものみ［物見］。中古 じんじゃう［尋常］。だうだう［堂堂］。よそよそ。

—・な所 上代 まほら／まほらま。まほろば。

—・な人 近代 えらもの［偉者］。くんしじん［君子人］。近世 えらぶつ［偉物］。じゃうにん［上人］。中世 くんし［君子］。さいじん［才人］。さるひと［然人］。中古 いうそく［有識／有職］。ひとびとし［人人］。《句》近代 雲中白鶴。鶴立(かくりつ)鶏群(けいぐん)。鶏群(けいぐん)の一鶴(いっかく)。鵠(こく)を刻して鶩(あひる)に類す。雀の千声(せんこゑ)鶴の一声(ひとこゑ)。藪に剛の者。

—・な人が並んでいるさま 中世 きらぼし［綺羅星］。綺羅星の如し。

—・に 近世 いしくも［美］。物の見事に。中世 すっぱり。まんまと。上代 よく［良／能］。

—・に見える 近世 ひきたつ［引立］。中世 はゆ［はえる］［栄／映］。

—・に見せる 近世 ひきたつ［—たてる］［引立］。中世 よそほふ［装］。ふんしょく［粉飾／扮飾］。上代 かざる［飾］。

—・にやり遂げる 近代 終はりを全うする。近世 しあぐ［—あげる］［仕上］。やってのける［遺退］。中古 たいせい［大成］。

相手が— 中世 めはづかし［目恥］。中古 こころはづかし［心恥］。はづかし［恥］。

衣服を着て—・に見えること(さま) きばえ［着映］。近世 きんきん［金金］。

口のきき方が— 中世 ことうるはし［言美／言麗］。中古 くちぎよし［口清］。

詩文が—・なたとえ 近代 光炎(光焰)万丈。

身体が—・なこと 近世 くゎいけつ［魁傑］。中世 くゎいゐ［魁偉］。上代 くゎいご［魁梧］。

成長して—・になる 中古 ねびまさる［老勝］。

なんとなく—・だ 中古 ものきよし［物清］。

人柄が—らしい 近世 じんたいらし／じんていらし［人体／仁体］。

人柄などが— 中古 きゃうさく／きゃうざく［警策］。

まぶしいほど— 中古 まばゆし［眩］。目もあや。目も及ばず。

目が覚めるほど— 中古 めざまし［目覚］。

▼接頭語的に 上代 ふと［太］。

▼接尾語的に 近世 はだし［裸足／跣］。そこのけ［其処退］。

リップ(lip) 近代 リップ。近世 こうしん［口唇］。上代 くちびる［唇／脣］。→くちびる

りっぷく【立腹】 近代 おかんむり［御冠］。頭に来る。顔を変へる。近世 おこる［怒］。中世 いかる［怒］。いきどほる［憤］。腹が立つ。ふくりふ［腹立］。りっぷく［立腹］。中古 はらだたし［腹立］。はらだつ［腹立］。ふんゑん［憤怨／忿怨］。ものむつかり［物］。腹を立つ［—立てる］。上代 いかり［怒］。→おこ・る【怒】

りづめ【理詰】 近代 がふりてき［合理的］。リーズナブル(reasonable)。りくつぜめ［理屈責］。ろんりてき［論理的］。りくつづめ［理屈詰］。近世 ぎりづめ［義理詰］。道理を

詰む〔―詰める〕。中世りぜめ［理責］。りづめ［理詰］。

りてい【里程】 中世みちのり［道程］。りてい［里程］。中古だうてい［道程］。上代かうてい［行程］。ろてい［路程］。

―を記した標識 マイルストーン(milestone)。近代りていへう［里程標］。近世いちりづか［一里塚］。

りてん【利点】 近代アドバンテージ(advantage)。メリット(merit)。りてん［利点］。中世ちゃうしょ［長所］。つよみ［強］。とりえ［取柄／取得］。

りとう【離島】 近代こじま［孤島］。中世ことう［孤島］。ぜったう［絶島］。ゑんたう［遠島］。絶海の孤島。中古はなれじま［離島］。上代はなれこじま［離小島］。

りとく【利得】 →**りえき**

りにん【離任】 近代じにん［辞任］。たいにん［退任］。中古じす［辞］。→**じにん【辞任】**

りねん【理念】 コンセプト(concept)。近代アイディア(idea)。イデー(ドイ Idee)。がいねん［概念］。くゎんねん［観念］。りねん［理念］。

リハーサル(rehearsal) 近代よかう［予行］。よかうえんしふ［予行演習］。リハーサル。中世けいこ［稽古］。したげいこ［下稽古］。

リバイバル(revival) さいひょうか［再評価］。近代ふくくゎつ［復活］。リバイバル。近世ふくこ［復古］。

りはつ【利発】 近世えいめい［英明］。さいはじけ［才弾］。はつめい［発明］。中世うるせし。りこう［利口］。りこん［利根］。りはつ［利発］。中古けんめい［賢明］。めいびん［明敏］。上代かしこし［賢］。さとし［聡／敏］。→**かしこ・い**

―ぶって振る舞う 近世さいはじける［才弾］。りはつだて［利発立］。

りはつ【理髪】 りよう［理容］。近代せいはつ［整髪］。てうはつ［調髪］。中世さんぱつ［散髪］。中古りはつ［理髪］。

―店 →**とこや**

りはん【離反】 近代くゎいり［乖離］。はいり［背離］。りはい［離背］。りはん［離反／離叛］。近世りかん［離間］。中古そむき［背］。

―・する 上代そむく［背／叛］。

りひ【理非】 くろしろ［黒白］。近代せいひ［正否］。りひ［理否］。近世しろくろ［白黒］。せいじゃ［正邪］。中世きょくちょく［曲直］。こくばく／こくびゃく［黒白］。中古ぜひ［是非］。よしあし［良悪］。りひ［理非］。上代ぜんあく［善悪］。

りびょう【罹病】 近代はっしゃう［発症］。りくゎん［罹患］。りびゃう［罹病］。近世はつびゃう［発病］。中世やみつく［病付］。床(こと)に就く。中古かかる［罹］。わづらふ［患］。病に沈む。上代やむ［病］。

リビングルーム(living room) 近代シッティングルーム(sitting room)。ちゃのま［茶間］。中世きょしつ［居室］。ゐま［居間］。

りふじん【理不尽】 近代ふがふり［不合理］。近世よこぐるま［横車］。よこだふし［横倒］。りふじん［理不尽］。中世横紙を破ゃる。中古あやなし［文無］。ひり［非理］。むはふ［無法］。上代ひだう［非道］。

《句》近代網呑舟(どんしう)の魚を漏らす。天道(てんだう)是(ぜ)か非か。

リフレッシュ(refresh) 近代げんきづけ［元気付］。近世くゎいふく［回復／快復］。さいせい［再生］。

リベート(rebate) キックバック(kickback)。ちゅうかいりょう［仲介料］。マージン(margin)。近代コミッション(commission)。しゃきん［謝金］。てすうれう［手数料］。わりもどし［割戻］。わりもどしきん［割戻金］。近世せわれう［世話料］。れいきん［礼金］。

りべつ【離別】 近代りこん［離婚］。中古りえん［離縁］。りべつ［離別］。上代べつり［別離］。わかれ［別］。→**りえん**

夫婦の― 近世きぬぎぬ［衣衣／後朝］。

リベラル(liberal) 近代じいう［自由］。フリーダム(freedom)。リバティー(liberty)。リベラル。

りべん【利便】 近代べんえき［便益］。近世べんぎ［便宜］。中世べんり［便利］。りべん［利便］。上代びんぎ［便宜］。

リポーター(reporter) →**レポーター**

リポート(report) →**レポート**

リミット(limit) →**げんど**

りめん【裏面】 ぶたいうら［舞台裏］。近代うちまく／ないまく［内幕］。うら［裏］。うらがは［裏側］。うらめん［裏面］。かげ［陰／蔭／翳］。ないじゃう［内情］。はいご［背後］。はいめん［背面］。近世がくや［楽屋］。中世りめん［裏面／裡面］。中古ないじつ［内実］。

―で活動すること うらこうさく［裏工作］。ちかこうさく［地下工作］。ひみつこうさく［秘密工作］。

―の事情に通じている人 がくやすずめ［楽

屋雀］。

ーの事情を明らかにする 近世うがつ［穿］。

リモートコントロール(remote control) えんかくせいぎょ［遠隔制御］。えんかくそうさ［遠隔操作］。ラジオコントロール／ラジコン(radio control)。

りゃくぎ【略儀】インフォーマル(informal)。中世りゃくぎ［略儀］。りゃくしき［略式］。

りゃくじ【略字】しょうかく［省画］。りゃくひつ［略筆］。近代りゃくたい［略体］。中世りゃくじ［略字］。

りゃくしき【略式】インフォーマル(informal)。中世かんりゃく［簡略］。りゃくぎ［略儀］。りゃくしき［略式］。

ーの服装 りゃくそう［略装］。近世りゃくふく［略服］。

ーの礼装 りゃくれいふく［略礼服］。

りゃくしゅ【略取】→**うば・う**

りゃくじゅつ【略述】近代りゃくき［略記］。りゃくじゅつ［略述］。りゃくひつ［略筆］。近世りゃくせつ［略説］。

りゃく・する【略】→**しょうりゃく**

りゃくせつ【略説】りゃくひつ［略筆］。近代りゃくき［略記］。りゃくじゅつ［略述］。近世りゃくせつ［略説］。

りゃくだつ【掠奪】近代りゃくだつ［掠奪／略奪］。近世りゃくしゅ［略取］。中世かすめとる［掠取］。ついぶ［追捕］。ぼうりゃく［暴掠］。→**うば・う**

他国へ攻め入ってー・すること 上代こうりゃく［寇掠］。

人をとらえ財物をー・すること 中古りょりゃく［虜掠］。

りゃくれき【略歴】→**けいれき**

りゅう【竜】近代ドラゴン(dragon)。中世りょう［竜］。中古りゅう［竜］。上代おかみ［龗］。たつ［竜］。

ーと虎 近代りゅうこ［竜虎］。中古りょうこ［竜虎］。

ーのあご 中古りゅうがん／りょうがん［竜頷］。

ーの頭 近代りゅうづ［竜頭］。近世りょうづ［竜頭］。りょうとう［竜頭］。

ーの模様 中世りゅうもん［竜紋／竜文］。

青いー 中世しゃうりょう／せいりゅう／せいりょう［青竜］。中古さうりゅう／さうりょう［蒼竜］。しゃうりゅう［青竜］。

絵にかいたー 中古ぐわりゅう／ぐわりょう［画竜］。

黒いー 中古りりゅう／りりょう［驪竜］。

水中にすむーになる前の動物 中世かうりゅう／かうりょう［蛟竜］。上代みつち／みづち［蛟／虬／虯］。

空に昇るー 近代しょうりゅう［昇竜］。近世のぼりりょう［昇竜］。中世のぼりりゅう［昇竜］。中古うんりゅう［雲竜］。

空を飛ぶー 中古ひりゅう／ひりょう［飛竜］。

地上のー 中古はんりょう［蟠竜］。

天から地に降ろうとするー 近代くだりりょう［降竜］。中世かうりゅう／かうりょう［降竜］。くだりりゅう［降竜］。

天高く昇りつめたー 近代かうりゅう［亢竜］。中古かうりょう［亢竜］。

人に危害を与えるー 中世あくりょう［悪竜］。中古あくりゅう［悪竜］。

▼大人物のたとえ 近代ちつりゅう［蟄竜］。ふくりゅう／ふくりょう［伏竜］。中世ぐわりょう［臥竜］。ちつりょう［蟄竜］。

りゆう【理由】近代えういん［要因］。げんいう／げんゆ［原由］。げんいん［原因］。じゆ［事由］。りいう［理由］。わけがら［訳柄］。近世いはく［曰］。きいん［起因／基因］。こんきょ［根拠］。せえ［所為］。たてわけ［立分］。つけ［付／附］。ゆゑん［所以］。わけ［訳］。わけあひ［訳合］。中世いしゅ［意趣］。ことわけ［事訳］。せゐ［所為］。やう［様］。よせ［寄］。中古あや［文］。いはれ［謂］。ことゆゑ［事故］。ことわり［理］。じいう［事由］。じじゃう［事情］。ため［為］。よし［由］。上代から［柄］。ことのよし［事由］。じこ［事故］。ゆゑ［故］。ゆゑよし［故由］。→**ので**

《句》近代泥棒(盗人)にも三分の理。近世盗人の昼寝。

ーがない 近世わけなし［訳無］。中古いはれなし［謂無］。ゆゑなし［故無］。上代よしなし［由無］。

ーがなく 中古すずろ／そぞろ［漫］。上代もとな。

ーを説明する 近世訳を立つ［ー立てる］。

ーを尋ねる語 どういう訳で。どうして。近世なぜ［何故］。上代なにゆゑ［何故］。

りゅうい【留意】近代りうい［留意］。りうしん［留心］。近世ちゅうい［注意］。はいりょ［配慮］。気を配る。気を付く［ー付ける］。中世こころがく［ーがける］［心掛］。中古えうじん［要心］。こころす［心］。ようじん［用心］。

りゅういき【流域】近代りうゐき［流域］。かはすぢ［川筋］。中古かはばた［川端］。近世

りゅうがく【留学】 上代かはぞひ［川沿／川添］。かはべ［川辺］。上代いうがく［遊学］。近代ぐゎいいう［外遊］。りうがく［留学］。
笈(ふき)を負ふ。

りゅうき【隆起】 中世りゅうき［隆起］。近世もりあがる［盛上］。中古さしいづ［差出／射出］。

宋に―・すること 中世にっそう［入宋］。
唐に―・すること 中世にったう［入唐］。

りゅうぎ【流儀】 近代りゅうぜん［隆然］。
―・しているさま 近代りゅうぜん［隆然］。

りゅうぎ【流儀】 近代はうしき［方式］。やうしき［様式］。やりかた［遣方］。近世かく［格］。中世しかた［仕方］。りう［流］。りうぎ［流儀］。中古ながれ［流］。
―を受け継ぐ 中古流れを汲む。
一つの― 中世いちりう［一流］。いっぷう［一風］。ひとながれ［一流］。
古い― 中世こりう［古流］。

りゅうぐう【竜宮】 近世かひのごてん［貝御殿］。たつのみや［竜宮］。中世たつのみやこ［竜都］。中古うみのみや［海宮］。うみのみやこ［海都］。すいふ［水府］。りゅうぐう［竜宮］。りゅうぐうじゃう［竜宮城］。上代わたつみのうろこのみや［綿津見鱗宮］。わたつみのくに［綿津見国］。
―にいる姫 近世りゅうぢょ［竜女］。中世おとひめ［乙姫］。たつのみやひめ［竜宮姫］。中古りゅうにょ［竜女］。

りゅうげん【流言】 →うわさ

りゅうこう【流行】 近代ファッション(fashion)。ブーム(boom)。ポピュラリティ(popularity)。モード(mode)。近世せいかう［盛行］。はっかう［発行／発向］。はやり［流行］。中世りうかう［流行］。中古まんえん［蔓延］。

―・させる 近世はやらかす［流行］。はやらす［流行］。

―・していること 中古はなざかり［花盛］。

―・している言葉 近代りうかうご［流行語］。近世はやりことば［流行言葉］。

―・する 一世を風靡する。今を時めく。近世はやる［流行］。中世はびこる［蔓延］。

―にうまく乗る 中世さをさす［棹］。

―の 近代カレント(current)。

―の仕立て方 近世たうせいじたて［当世仕立］。

―の先頭 アップツーデート(up-to-date)。トップモード(和製top mode)。ハイファッション(high fashion)。近代アラモード(フランスà la mode)。せんたん［先端／尖端］。

―の装い 近代ファッショナブル(fashionable)。中世じせいさう［時世粧］。

今の― 中世たうりう［当流］。

当時の― 近世じかう［時好］。
▼流行遅れ アウトオブデート(out-of-date)。オールドファッション(old fashioned)。近世じだいおくれ［時代遅］。すたりもの［廃物］。

りゅうこうか【流行歌】 ざっきょく［雑曲］。ヒットきょく［hit曲］。ヒットソング(hit song)。近代かえうきょく［歌謡曲］。ぞくえう［俗謡］。ぞくきょく［俗曲］。りうかうか［流行歌］。近世ぞくか［俗歌］。はやりうた［流行歌／流行唄］。はやりぶし［流行節］。上代えいきょく［郢曲］。わざうた［謡歌］。

りゅうざん【流産】 近世せうさん［小産／消産］。ちあれ［血荒］。ながる［ながれる］［流］。中世うみながし［産流］。中古りうざん［流産］。

―・させる ちゅうぜつ［中絶］。中世ながす［流］。中古おろす［堕］。だたい［堕胎］。

―・した胎児 近世みづこ［水子／稚子／若子］。

りゅうし【粒子】 近代くゎりふ［顆粒］。つぶ［粒］。りふし［粒子］。

りゅうせい【隆盛】 →さか・える

りゅうせい【流星】 メテオ(meteor)。近代ほんせい［奔星］。中世ながればし［流星］。ひかりもの［光物］。中古ひとだま［人魂］。よばひぼし［婚星／夜這星］。上代りうせい［流星］。
大きな― 中世てんぐ［天狗］。てんぐせい［天狗星］。
特に明るい― かきゅう［火球］。
非常に多い― りゅうせいう［流星雨］。近代せいう［星雨］。

りゅうちょう【流暢】 中世りうちゃう［流暢］。よどみなし［淀無／澱無］。中古なだらか。なめらか［滑］。

りゅうつう【流通】 近代サーキュレーション(circulation)。ふきふ［普及］。近世ひろがる［広］。りうつう［流通］。中古ひろまる［広］。上代るふ［流布］。
金銭の― 近代かねまはり［金回］。
生鮮食料品の― コールドチェーン(cold chain)。

りゅうどう【流動】 中世ふどう［浮動］。りうどう［流動］。中古へんどう［変動］。
―・するもの どうたい［動体］。近代えきたい［液体］。リキッド(liquid)。近世りうたい

り

[流体]。りうどうたい[流動体]。中世きたい[気体]。

りゅうとうだび【竜頭蛇尾】 頭でっかち尻すぼり(つぼみ)。近代あたまでっかち[頭]。りゅうとうじゃび[竜頭蛇尾]。中世りゅうとうだび[竜頭蛇尾]。

りゅうにゅう【流入】 近代りうにふ[流入]。中世ながれこむ[流込]。中古ながれいる[流入]。

りゅうは【流派】 シューレ(ドイツSchule)。はばつ[派閥]。近世かく[格]。りうぎ[流儀]。りうは[流派]。中世いっか[一家]。いっぱ[一派]。りう[流]。中古ながれ[流]。

―の始祖 近代りうそ[流祖]。中世かいさん[開山]。

―の主となる家 近代そうけ[宗家]。近世いへもと[家元]。中世そうか[宗家]。ほんけ[本家]。

―の末 近代ばつりう[末流]。中世まっぱ[末派]。まつりう[末流]。

―を受け継ぐ 中古流れを汲む。

―を起こすこと 中世りふは[立派]。

新しい― 近代しんぱ[新派]。

同じ― 中世どうりう[同流]。中古どうもん[同門]。

さまざまの― 中世しょりう[諸流]。

それぞれの― 近代かくは[各派]。中世りうりう[流流]。

他の― 近代いは[異派]。近世べっぱ[別派]。中世たは[他派]。

一つの― 中世いちりう[一流]。

二つの― 中世りゃうりう[両流]。中古にりう[二流]。

古い― 近代きうは[旧派]。中世きうりう[旧流]。

りゅうほ【留保】 たなあげ[棚上]。ペンディング(pending)。近代ほりう[保留]。りうほ[留保]。近世おあづけ[御預]。中古とめおく[留置]。

りゅうよう【流用】 近世だいよう[代用]。てんよう[転用]。ふりかへ[振替]。中世りうよう[流用]。

りゅうり【流離】 →**さまよ・う**

りゅうりゅうしんく【粒粒辛苦】 近代くりょ[苦慮]。近世りふりふしんく[粒粒辛苦]。中世くしん[苦心]。くなん[苦難]。上代どりょく[努力]。

りょう【寮】 近代カレッジ(college)。きしゅくしゃ[寄宿舎]。近世がくれう[学寮]。れう[寮]。

―を管理する人 近代しゃかん[舎監]。れうかん[寮監]。

りょう【猟】 ハント(hunt)。近代ハンチング/ハンティング(hunting)。中世ししがり[獣狩]。れふ[猟]。中古しゅれふ[狩猟]。せっしゃう[殺生]。上代かり[狩/猟]。→**しゅりょう【狩猟】**

―をする人 →**かりうど** →**りょうし**

▼鷹狩り 上代とがり[鳥狩]。

りょう【漁】 近代ぎょげふ[漁業]。ぎょらう[漁労/漁撈]。れふ[漁]。中世ぎょれふ[漁猟]。上代あさり[漁]。いさり/いざり[漁]。ぎょ[漁]。すなどり[漁]。→**ぎょぎょう**

―に出掛けること しゅつぎょ/しゅつりょう[出漁]。

―をする 近世ぎょす[漁]。中古あさる[漁]。上代いさる/いざる[漁]。すなどる[漁]。

―をする人 →**ぎょふ**

かがり火をたいて―をする船 中古かがりぶね[篝船]。

りょう【量】 近代クオンティティー(quantity)。たいせき[体積]。ボリューム(volume)。りゃう[量]。近世たか[高]。中世ぶんりゃう[分量]。中古かさ[嵩]。上代がく[額]。

―が多いこと たいりょう[大量]。近代わんさと。近世たりゃう[多量]。どっさり。やっと。升で量るほどある。中世たくさん[沢山]。

―が減ること めべり[目減]。近世ほそる[細]。

―を量る器具 中古はかり[秤]。ます[升/枡]。→**はかり**

全体の― 近代そうりゃう[総量]。

ちょうどよい― 近世てきりゃう[適量]。

目で見て推測した― 近世めづもり[目積]。めばかり[目秤]。めぶんりゃう[目分量]。

りよう【利用】 近世うんよう[運用]。くゎつよう[活用]。りよう[利用]。

―・されないで放置されること ゆうきゅう[遊休]。近世宝の持ち腐れ(腐らかし)。

―・する 近代やくだてる[役立]。りする[利]。中世じょうず[乗]。中古つかふ[使/遣]。もちゐる[用]。やとふ[雇/傭]。

うまく―・する 近世つかひこなす[使]。

機会をとらえて―・する 近世つけこむ[付込]。中世つけいる[付入]。

自分のために人や物を―・する 近世出しに使ふ。

他の勢いを—・する 中世じょうず[乗]。
りよう【理容】 近代せいはつ[整髪]。てうはつ[調髪]。中古りはつ[理髪]。
りょういき【領域】 スコープ(scope)。ドメイン(domain)。近代ゾーン(zone)。はんちう[範疇]。りゃうゐき[領域]。ぶんや[分野]。フィールド(field)。近世きゃうゐき[境域／疆域]。くゐき[区域]。ちゐき[地域]。中世りゃうち[領地]。りゃうぶん[領分]。ゐき[域]。中古はんゐ[範囲]。
—の外 りょうがい[領外]。近世けんぐゎい[圏外]。中世そと[外]。
—の中 近代けんない[圏内]。中古りゃうない[領内]。上代うち[内]。
りょうえん【遼遠】 中世いうゑん[悠遠]。ゑんぱう[遠方]。中古はるか[遥]。ほどとほし[程遠]。れうゑん[遼遠]。
りょうが【凌駕】 近代おひこす[追越]。がする[駕]。りょうが[凌駕／陵駕]。中世しのぐ[凌]。のりこゆ[—こえる][乗越]。中古けつ[消]。
りょうかい【了解】 近代オーケー(OK)。だくれう[諾了]。ゆうくゎい[融会]。りかい[理解]。りゃうかい[諒解]。近世れうかい[了解]。中世がてん[合点]。なっとく[納得]。りゃうしょう[諒承／領承]。れうしょう[了承]。中古がってん[合点]。しょうち[承知]。とくしん[得心]。→**りょうしょう**
—・して受け入れること 中世りゃうなふ[領納]。
—・する 中世れうす[了]。わかる[分]。中古おもひとく[思解]。
—・できる 近代うなづける[領／首肯]。
—を求める 近世渡りを付く[—付ける]。中世ことわる[断／判]。
りょうがえ【両替】 近代エクスチェンジ(exchange)。近世かねがへ[金替／銀替]。銭を買ふ。中世りゃうがへ[両替]。
—を業とする人(店) 近代りゃうがへしゃう[両替商]。近世かねあきうど／かねあきびと[金商人]。ぜにうり[銭売]。ぜにみせ[銭店／銭見世]。ぜにや[銭屋]。りゃうがへや[両替屋]。中世かへせんや[替銭屋]。
りょうがわ【両側】 近代もろがは[両側]。近世りゃうがは[両側]。中世うらうへ[裏表]。中古このもかのも[此面彼面]。
りょうかん【量感】 じゅうりょうかん[重量感]。近代ボリューム(volume)。りゃうかん[量感]。
りょうかん【涼感】 近世ひやっこい[冷]。りゃうみ[涼味]。中世りゃうい[涼意]。中古りゃうき[涼気]。
りょうがん【両眼】 近代さうどう[双瞳]。りゃうめ[両目]。中世さうぼう[双眸]。りゃうがん[両眼]。中古さうがん[双眼]。
りょうき【涼気】 →**りょうかん【涼感】**
りょうきょく【両極】 近代きょくち[極地]。にきょく[二極]。近世りゃうきょく[両極]。
りょうきん【料金】 チャージ(charge)。フィー(fee)。近代しようれう[使用料]。だいか[代価]。てすうれう[手数料]。れうきん[料金]。近世だいきん[代金]。中世れうそく[料足]。中古だい[代]。
—が要らないこと 近代ただもんめ[只匁]。むか[無価]。むしゃう[無償]。むちん[無賃]。むれう[無料]。ロハ。中古ただ[只／徒]。
—が要ること 近代いうれう[有料]。
—が均一なこと きんいつりょうきん[均一料金]。
—を払わないこと 近代むちん[無賃]。
運送の報酬としての— 近代うんそうれう[運送料]。そうれう[送料]。
駕籠(かご)屋が重い人から取る割り増し— 近世おもたまし[重増]。
正規の金額に上乗せされた— プレミア／プレミアム(premium)。近代わりまし[割増]。
乗り物を利用したときの— 近代くるまだい[車代]。くるまちん[車賃]。中古うんちん[運賃]。
場所を借りる— せきだい[席代]。近世せきれう[席料]。ばだい[場代]。
物を貸した時に貰う— 近世かしちん[貸賃]。かしつけれう[貸付料]。かしれう[貸料]。
物を借りた時に支払う— 近代かりちん[借賃]。中世そんれう[損料]。
物を見る時に支払う— 近代けんぶつれう[見物料]。近世けんれう[見料]。
りょうけい【良計】 グッドアイデア(good idea)。ちょうけい[長計]。りょうあん[良案]。近代めいあん[名案]。近世めうあん[妙案]。めうけい[妙計]。りゃうけい[良計]。りゃうさく[良策]。上代じゃうさく[上策]。
りょうけん【了簡】 近世かんがへ[考]。中世きもち[気持]。しあん[思案]。上代れうけん[了簡／料簡]。
—が狭い 近代せこい。近世いぢましい。

り

りょうこう【良好】 中世ひせう［卑小］。近代かうりゃう［好良］。かりゃう［佳良］。グッド(good)。ナイス(nice)。近世りゃうかう［良好］。中世けっこう［結構］。中古じゃうじゃう［上上］。上代よし［良］。よろし［宜］。

りょうさく【良策】 →**りょうけい**

りょうさつ【了察】 近世かんぐる［勘繰］。中世りゃうさつ［諒察］。れうさつ［了察］。中古さっす［察］。

りょうさん【量産】 近代たいりゃうせいさん［大量生産］。マスプロ／マスプロダクション(mass production)。

りょうし【猟師】 近代しゅれふか［狩猟家］。ハンター(hunter)。やまだち［山立］。近世さつひと／さつびと［猟人］。またぎ／まとぎ［漁師］(東北地方山間部の)。れふじん［猟人］。れふふ［猟夫］。中世ますらを［益荒男／丈夫］。中古れふし［猟師］。上代さつを［猟夫］。→**かりうど**

―や木樵など 近世ちとすうげう／ちとすうぜう［雉兎芻蕘］。

りょうし【漁師】 →**ぎょふ**

りょうじ【療治】 →**ちりょう**

りょうしき【良識】 近代コモンセンス(common sense)。近世じゃうしき［常識］。

りょうしつ【良質】 じょうしつ［上質］。ハイクオリティー(high quality)。ハイグレード(high grade)。りょうせい［良性］。近代かうきふ［高級］。りゃうしつ［良質］。

りょうしゃ【両者】 近代りゃうしゃ［両者］。近世にしゃ［二者］。中世さうはう［双方］。中古りゃうにん［両人］。りゃうはう［両方］。

―が利益を得ること 近世りゃうとく［両得］。

―の間で双方の悪口を言うこと 中世ちゅうげん／なかごと［中言］。なかぐち［中口］。

―ほぼ等しいこと ごぶ［五分］。近代おっつかっつ。たいとう［対等］。はくちゅう［伯仲］。近世ごぶごぶ［五分五分］。どっこいどっこい。負けず劣らず。中世ごかく［互角］。だいどうせうい［大同小異］。中古どうとう［同等］。

りょうしゅ【領主】 近代はんこう［藩侯］。近世くにもち［国持］。くにもちしゅう［国持衆］。はんしゅ［藩主］。だいみゃう［大名］。中世じゃうしゅ［城主］。りゃうしゅ［領主］。

―の作った法令など 近世おきて［掟］。おきてがき［掟書］。おきめ［置目］。

りょうしゅう【領収】 近代りゃうしう［領収］。近世じゅりゃう［受領］。中世もらふ［貰］。しうりゃう［収領］。じゅなふ［受納］。中古じゅり［受理］。りゃうしゃう［領掌］。上代うけとる［受取］。うく［うける］［受］。りゃうなふ［領納］。

―を示す書き付け 近代りゃうしうしょ［領収書］。りゃうしうしょう［領収証］。レシート(receipt)。中世うけとり［受取］。

りょうしゅう【領袖】 近代かんぶ［幹部］。とうりゃう［頭領］。中古かしら［頭］。ちゃう［長］。上代りゃうしう［領袖］。をさ［長］。

りょうしょう【了承】 うけいれ［受入］。近代オーケー(OK)。じゅだく［受諾］。しょうにん［承認］。りかい［理解］。りゃうかい［諒解］。近世じゅよう［受容］。れうかい［了解］。わかる［分］。中世おうだく［応諾］。しょうち［承知］。なっとく［納得］。りゃうしゃう［領掌］。りゃうじゃう［領状］。りゃうしょう［諒承／領承］。れうしょう［了承］。中古しょうだく［承諾］。しょうふく［承服／承伏］。どうい［同意］。とくしん［得心］。

りょうしょく【糧食】 近代りゃうしゃう［糧餉］。中世かて［糧］。りゃうまい［糧米］。中古らうまい［粮米／糧米］。りゃうしょく［糧食］。上代かりて［糧］。しょくりゃう［食糧］。

りょうじょく【凌辱】 →**ごうかん**

りょうしん【両親】 ペアレンツ(parents)。近代こじ［怙恃］。近世たねはら［種腹／胤腹］。中世たらちね［垂乳根］。りゃうしん［両親］。ぶも［父母］。もろおや［両親／諸親］。中古かぞいろ／かぞいろは［父母］。さうしん［双親］。ふたおや［二親］。上代おもちち［母父］。かそいろ／かそいろは［父母］。ちちはは［父母］。ふぼ［父母］。→**ふぼ**

りょうしん【良心】 近代どくち［独知］。近世せきしん［赤心］。せきせい［赤誠］。ちゅうじゃう［衷情］。中世ぜんしん［善心］。りゃうしん［良心］。心の鬼。中古せいい［誠意］。だうしん［道心］。ほんしん［本心］。まごころ［真心］。

《句》近代内に省みて疚しからず。中世心の鬼が身を責む［―責める］。

―が咎める 近代じせき［自責］。気が差す。近世寝覚めが悪い。胸が痛む。中世やまし［疚／疾］。中古うしろめたし［後］。

―が許さない 近世潔しとせず。

―に反する行いをすること 近世じこぎまん［自己欺瞞］。近代じき［自欺］。

ーの呵責(かしやく) 中世 心の鬼が身を責む〔—責める〕。中古 心の鬼。

りょうせい【良性】 近代 かりゃう〔佳良〕。中世 か〔可〕。中古 じゃうじゃう〔上上〕。上代 よし〔良〕。よろし〔宜〕。→**りょうしつ**

りょうせん【稜線】 さんりょう〔山稜〕。近代 せ〔背〕。りょうせん〔稜線〕。近世 をね〔尾根〕。中世 やま(の)を〔山尾〕。中古 みねつづき〔峰続〕。やまぎは〔山際〕。上代 やまのは〔山端〕。

りょうぜん【瞭然】 近世 はんぜん〔判然〕。れうぜん〔瞭然〕。れうぜん〔了然〕。中世 めいれう〔明瞭〕。れきぜん〔歴然〕。中古 けんぜん〔顕然〕。上代 あきらか〔明〕。

りょうぞく【良俗】 近代 びぞく〔美俗〕。りゃうぞく〔良俗〕。りゃうふう〔良風〕。近世 びふう〔美風〕。

りょうだん【両断】 近代 ぶんだん〔分断〕。近世 りゃうだん〔両断〕。中世 せつだん〔切断〕。りゃうだん〔両段〕。中古 たちきる〔断切／裁切〕。

りょうち【領地】 近代 テリトリー(territory)。りゃうゐき〔領域〕。中世 りゃうど〔領土〕。しょりゃう〔所領〕。はんと〔版図〕。りゃうぶん〔領分〕。中古 りゃうち〔領地〕。上代 かきつ〔垣内〕。→**りょうど**

ーを分け与える 近世 ぶんぽう〔分封〕。ほうず〔封〕。

広大なー 近代 たいほう〔大封〕。

諸侯がーを受け継ぐこと 近世 しふほう〔襲封〕。

代々所有してきたー 中世 さうでんりゃう〔相伝領〕。

天皇のー 近世 てんりゃう〔天領〕。

もと所有していたー 近世 きうりゃう〔旧領〕。

もともと所有したー 中世 ほんりゃう〔本領〕。

分け与えられたー 近世 ほういふ〔封邑〕。ほうち〔封地〕。ほうど〔封土〕。

りょうて【両手】 近代 りゃうわん〔両腕〕。近世 りゃううで〔両腕〕。りゃうて〔両手〕。さうしゅ〔双手〕。中古 まて／まで〔真手／全手〕。もろて〔諸手／双手〕。

ーで抱え込むこと ほうい〔抱囲〕。

ーで抱える大きさ 近代 ひとかかへ〔一抱〕。

ーですくった分量 近世 ていちがふ〔手一合〕。

ーと両足 上代 しし〔四肢〕。

ーを合わす 中古 掌(たなごころ)を合はす。上代 がっしゃう〔合掌〕。

ーを組み合わせる 近代 腕を拱(こまね)く。中世 たんだく〔拱〕。つかぬ〔つかねる〕〔束〕。

ーをこすり合わせる 近世 もみで〔揉手〕。中古 手を擦る。手を揉む。

りょうてい【料亭】 あいきょうしょうばい〔愛嬌商売〕。近代 かっぱう〔割烹／割亭〕。かっぱうてん〔割烹店〕。されう〔茶寮〕。れうてい〔料亭〕。れうりてん〔料理店〕。近世 くゎいせきぢゃや〔会席茶屋〕。これうりや〔小料理屋〕。れうりぢゃや〔料理茶屋〕。れうりや〔料理屋〕。中世 しゅろう〔酒楼〕。

りょうど【領土】 近代 テリトリー(territory)。りゃうど〔領土〕。りゃうゐき〔領域〕。近世 さいいふ〔采邑〕。さいち〔采地〕。はうど〔邦土〕。中世 しょたい〔所帯〕。しょりゃう〔所領〕。ちぎゃうしょ〔知行所〕。はんと〔版図〕。りゃう〔領〕。りゃうごく〔領国〕。りゃうぶん〔領分〕。中古 くに〔国〕。こくど〔国土〕。りゃうち〔領地〕。上代 かきつ〔垣内〕。

ーとする 中古 りゃうず〔領〕。

ーを奪うこと 近世 くにとり〔国取〕。

ーを所有すること 近代 りゃういう〔領有〕。

他国の中にあるー 近代 ゐぜうち／ゐねうち〔囲繞地〕。

本国に支配されているー 近代 しょくみんち〔植民地〕。

りょうば【漁場】 →**ぎょじょう**

りょうば【良馬】 近代 しゅんば〔駿馬〕。中世 めいば〔名馬〕。中古 りゃうば〔良馬〕。上代 しゅんめ〔駿馬〕。

りょうはんてん【量販店】 →**こうり【小売】** →**みせ**

りょうひ【良否】 近世 せいご〔正誤〕。せいじゃ〔正邪〕。中世 きょくちょく〔曲直〕。りゃうひ〔良否〕。中古 いうれつ〔優劣〕。かひ〔可否〕。せいだく〔清濁〕。よしあし〔良悪／善悪〕。りひ〔理非〕。上代 ぜひ〔是非〕。ぜんあく〔善悪〕。

りょうふう【良風】 こうじょりょうぞく〔公序良俗〕。近代 りゃうしふ〔良習〕。りゃうぞく〔良俗〕。りゃうふう〔良風〕。

りょうぶん【領分】 近代 せいりょくけん〔勢力圏〕。せいりょくはんゐ〔勢力範囲〕。テリトリー(territory)。りゃうど〔領土〕。近世 なはばり〔縄張〕。中世 ぢばん〔地盤〕。りゃうぶん〔領分〕。中古 りゃうち〔領地〕。

りょうほう【両方】 近代 にはう〔二方〕。りゃうしゃ〔両者〕。近世 にしゃ〔二者〕。中世 さうはう〔双方〕。りゃうぶ〔両部〕。中古 こなたかなた〔此方彼方〕。りゃうはう〔両方〕。

りゃうりゃう[両両]。上代りゃうめん[両面]。

—とも完全なこと 近世りゃうぜん[両全]。

—とも成り立つこと →りょうりつ

—の 中古もろ[諸]。

—の足 中世もろあし[諸足/両足]。りゃうあし[両足]。中古りゃうそく[両足]。

—の側 →りょうがわ

—の袖 中古さうしう[双袖]。

—の手 →りょうて

—の端 近代りゃうきょく[両極]。りゃうきょくたん[両極端]。中世りゃうたん[両端]。

—の目 →りょうがん

—は無理《句》近代あちら立てればこちらが立たぬ。太鼓を打てば鉦(かね)が外れる。

—を失う《句》近代二兎を追ふ者は一兎をも得ず。近世虻蜂(あぶはち)取らず。邯鄲(かんたん)の歩み。花も折らず実も取らず。欲の熊鷹(くまたか)股裂くる。

—を得ようとする考え 近世かすがひじあん[鎹思案]。かすがひふんべつ[鎹分別]。

りょうほう【療法】 いりょうこうい[医療行為]。セラピー(therapy)。トリートメント(treatment)。近代ちれうはふ[治療法]。近世れうはふ[療法]。

りょうみ【涼味】 りょうかん[涼感]。近世りゃうみ[涼味]。中古すずしさ[涼]。りゃうき[涼気]。

りょうめん【両面】 デュアル(dual)。近代にぢゅう[二重]。中世ふたて[二手]。りゃうやう[両様]。上代にめん[二面]。りゃうめん[両面]。→りょうほう【両方】

—が同じ作りになっている物 近代むさうがは[無双側]。

りょうゆう【両雄】 近代さうへき[双璧]。中古りゅうこ[竜虎]。中世りゃうゆう[両雄]。中古りゃうこ[両虎]。

《句》近代両虎相闘へば勢ひ倶(とも)に生きず。近世両雄並び立たず。

りょうゆう【僚友】 近世なかま[仲間]。上代どうれう[同僚]。れういう[僚友]。→なかま

りょうゆう【領有】 近代りゃういう[領有]。中世りゃうち[領知]。中古しょいう[所有]。そうりゃう[総領/惣領]。

—している土地 中世しょりゃう[所領]。

—して支配すること 中古りゃうしゃう/りゃうじゃう[領掌]。

—・する 近代せんりゃう[専領]。近世ぬしづく[主付]。中古らうじしむ[領占]。上代うしはく/うすはく[領]。しる[知/領]。

—・する国 近世りゃうごく[領国]。

りょうよう【療養】 近代かやう[加養]。きうやう[休養]。やしなひ[養]。病を養ふ。近世せいやう[静養]。ほうやう[保養]。中世かれう[加療]。ほやう[保養]。やうじゃう[養生]。中古ちれう[治療]。れうやう[療養]。

—・する所 近代サナトリウム(sanatorium)(特に結核患者の)。れうやうじょ[療養所]。

—に励むこと とうびょう[闘病]。

りょうよう【両用】 近代へいよう[併用/並用]。近世けんよう[兼用]。りゃうよう[両用]。

りょうよう【両様】 ふたとおり[二通]。中世にやう[二様]。りゃうやう[両様]。

りょうり【料理】❶〈調理〉 キュイジーヌ(フランス cuisine)。近代かっぱう[割烹]。クッキング(cooking)。すいじ[炊事]。にたき[煮炊]。近世てうみ[調味]。中世しだし[仕出]。てうはふ[調法]。てうり[調理]。はうちゃう[包丁/庖丁]。中古まかなひ[賄]。れうり[料理]。

—・する 近世れうる[料]。中古くひものす[食物]。つくる[作]。てうず[調]。まかなふ[賄]。

—・する所 →だいどころ

—の仕方のいろいろ(例) あみやき[網焼]。オランダやき[ポルトガル Olanda焼]。てっぱんやき[鉄板焼]。近代からあげ[空揚/唐揚]。しほもみ[塩揉]。てりやき[照焼]。にころがし[煮転]。フライ(fry)。近世いしやき[石焼]。いたむ[いためる][炒]。おひたし[御浸]。かばやき[蒲焼]。つけやき[付焼]。テンプラ[ポルトガル tempero/天麩羅]。につけ[煮付]。にびたし[煮浸]。はうろくむし[焙烙蒸]。はうろくやき[焙烙焼]。中世あぐ[あげる][揚]。たたき[叩]。つぼやき[壺焼]。にしめ[煮染]。ふくらいり[脹煎]。ふくらに[脹煮]。むしやき[蒸焼]。中古あふ[あえる][和/韲]。あぶる[炙/焙]。いる[煎/炒]。する[擂]。つく[つける][漬]。つつみやき[包焼]。上代にる[煮]。むす[蒸]。やく[焼]。ゆづ[ゆでる][茹]。

りょうり【料理】❷〈馳走〉 ディッシュ(dish)。近代かっぱう[割烹]。近世くゎいせき[会席]。くゎいせきれうり[会席料理]。だしもの[出物]。台の物。中世しだし[仕出]。ぜんぶ[膳部]。ちそう[馳走]。れうり[料理]。中古かうかく[肴核]。ぜん[膳]。

上代ぜんしう［膳羞］。《謙》そぜん［粗膳］。近世くちふさぎ［口塞］。くちよごし［口汚］。

―を作って届けること ケータリング(catering)(ピザなどを)。近世でまへ［出前］。中世しだし［仕出］。

家へ持ち帰る― テイクアウト／テークアウト(takeout)。近代ひきざかな［引肴］。

飲食店から取り寄せる― 近世てんやもの［店屋物］。

簡単な― けいしょく［軽食］。近世これうり［小料理］。

食事の前の軽い―(酒の肴にする) おとおし［御通］。さきづけ［先付］。近代オードブル(フランス hors-d'oeuvre)。ぜんさい［前菜］。とほしもの［通物］。近世つきだし［突出］。

珍しい立派な― 近代かせん［佳饌／嘉饌］。近世いたりれうり［至料理］。ちんみかかう［珍味佳肴］。びかう［美肴］。山海の珍味。中世かかう［佳肴／嘉肴］。ごちそう［御馳走］。たいらう［大牢／太牢］。ちんかう［珍肴］。ちんしう［珍羞］。はっちん［八珍］。中古ちそう［馳走］。ちんぜん［珍膳］。→**ごちそう**

もてなしの― 中古きゃうぜん［饗膳］。

洋食で中心となる― メーンディッシュ(main dish)。

その他―のいろいろ(例) ちゅうかりょうり［中華料理］。近代きゃうどれうり［郷土料理］。せいやうれうり［西洋料理］。なべれうり［鍋料理］。にほんれうり［日本料理］。フランスれうり［France料理］。やうしょく［洋食］。わしょく［和食］。近世くゎいせき［懐石］。ふくされうり［袱紗料理］。ふちゃれうり［普茶料理］。中世しゃうじんれうり［精進料理］。ほんぜんれうり［本膳料理］。

りょうりつ【両立】 れんりつ［連立］。近代きょうぞん［共存］。ならびたつ［並立］。へいそん／へいぞん［併存／並存］。へいりつ［並立］。りゃうりつ［両立］。

りょうりてん【料理店】 →**たべものや** →**りょうてい**

りょうりにん【料理人】 ちょうりし［調理師］。近代かってかた［勝手方］。コック(オランダ kok)。ちゅうてい［厨丁］。ちゅうふ［厨夫］。まかなひかた［賄方］。近世いたば［板場］。いたまへ［板前］。いたもと［板元］。ちゅうじん［厨人］。にかた［煮方］。はうちゃう［包丁／庖丁］。れうりにん［料理人］。れうりばん［料理番］。中世かしきめ［炊女］。ぜんぷ［膳部］。ぜんぷ［膳夫］。とじん［屠人］。はうじん［包人］。はうちゃうし［包丁師］。はうちゃうじゃ［包丁者］。はうちゃうにん［包丁人］。中古くりや［厨／庖］。くりやびと［厨人］。まかなひ［賄］。上代かしはで［膳／膳夫］。

―の長 シェフ(フランス chef)。

りょうりょう【寥寥】 近世ひっそり。ひっそりかん［閑］。中世かんじゃく［閑寂］。さくばく［索漠／索莫］。じゃくれう［寂寥］。中古かんせき［閑寂］。さびし［寂／淋］。じゃくまく［寂寞］。せきれう［寂寥］。れうれう［寥寥］。上代せきばく［寂寞］。

りょがい【慮外】❶〈意外〉中世いぐゎい［意外］。しんぐゎい［心外］。ぞんぐゎい［存外］。上代りょぐゎい［慮外］。→**いがい【意外】** →**おもいがけな・い**

りょがい【慮外】❷〈失礼〉近代けつれい［欠礼］。近世あんぐゎい［案外］。ふとどき［不届］。ふらち［不埒］。中世ぶしつけ［不躾］。ぶれい［無礼］。中古しつれい［失礼］。ひれい［非礼］。りょぐゎい［慮外］。

りょかん【旅館】 →**やど**

りょく【利欲】 →**よく**

りょくいん【緑陰】 中古こかげ［木陰／木蔭］。じゅいん［樹陰］。りょくいん［緑陰／緑蔭］。

りょくち【緑地】 グリーンベルト(greenbelt)。りょくちたい［緑地帯］。りょくど［緑土］。近代りょくち［緑地］。中古りょくや［緑野］。

りょこう【旅行】 →**たび【旅】**

りょしゅう【旅愁】 →**りょじょう**

りょしゅう【虜囚】 →**ほりょ**

りょじょう【旅情】 近世かくくゎい／きゃくくゎい［客懐］。たびごころ［旅心］。中世りょくゎい［旅懐］。中古かくい／きゃくい［客意］。かくし／きゃくし［客思］。かくしう／きゃくしう［客愁］。かくじゃう／きゃくじゃう［客情］。きしう［羈愁］。たびごこち［旅心地］。りょじゃう［旅情］。上代りょしう［旅愁］。

りょてい【旅程】 中世みちのり［道程］。りょてい［旅程］。中古だうてい［道程］。上代かうてい［行程］。ろてい［路程］。

―が長いこと 近世ながちゃうば［長丁場］。

りょひ【旅費】 りょこうひよう［旅行費用］。りょこうだいきん［旅行代金］。近世りょひ［旅費］。ろぎん［路銀］。ろよう［路用］。中世ろせん［路銭］。

わずかの― 中世わらぢせん［草鞋銭］。

り

リラックス(relax) いこい[憩]。リラクセーション／リラクゼーション(relaxation)。近代 あんそく[安息]。近世 いきぬき[息抜]。中世 くつろぎ[寛]。

りりく【離陸】 テイクオフ／テークオフ(take-off)。近代 はっしん[発進]。りりく[離陸]。上代 とびあがる[飛上]。

りりし・い【凜凜】 近代 いさまし[勇]。近世 りりし[凜凜]。中世 りんこ[凜乎]。りんぜん[凜然]。りんりん[凜凜]。

りりつ【利率】 近代 きんり[金利]。りまはり[利回]。りりつ[利率]。

一年を単位として決めたー 近代 ねんり[年利]。ねんりりつ[年利率]。

りれき【履歴】 近代 えつれき[閲歴]。近世 りれき[履歴]。中世 らいれき[来歴]。中古 けいれき[経歴]。

偽りのないー 近代 じつれき[実歴]。

りろ【理路】 近代 りろ[理路]。ろんり[論理]。近世 すぢみち[筋道]。中世 りくつ[理屈／理窟]。上代 だうり[道理]。

りろん【理論】 近代 がくり[学理]。セオリー(theory)。ろんり[論理]。中世 ろんせつ[論説]。中古 ことわり[理]。りろん[理論]。

《句》近世 勘定合って銭足らず。

ー通りに行うこと 近代 じっせんきゅうかう[実践躬行]。

ーに長じた人 近代 セオリスト(theorist)。りろんか[理論家]。

ーより実践を重んじる人 近代 じっさいか[実際家]。じっさいは[実際派]。

現実離れしたー 近代 くうりくうろん[空理空論]。机上の空論。近世 くうろん[空論]。

道理を無視したー 近世 ぼうろん[暴論]。

特定の政治的社会的観念のー イデオローグ(フランス ideologue)。

りんかい【臨界】 →きょうかい【境界】

りんかく【輪郭】❶〈外形〉 近代 アウトライン(outline)。ぐゎいけい[外形]。近世 りんくゎく[輪郭／輪廓]。上代 かたち[形]。

ーがぼやける 近代 うるむ[潤]。中古 にじむ[滲]。

ーだけの黒い形 近代 シルエット(フランス silhouette)。

ーだけを移し取った文字 近世 かごじ[籠字]。さうこうじ[双鉤字]。ひはく[飛白]。

空を背景としたー 近代 スカイライン(skyline)。

りんかく【輪郭】❷〈概要〉 あらすじ[粗筋]。近代 アウトライン(outline)。がいえう[概要]。がいくゎん[概観]。たいえう[大要]。りんくゎく[輪郭／輪廓]。近世 がいりゃく[概略]。中世 あらまし。

りんき【臨機】 近代 おうきふ[応急]。中世 そくせき[即席]。りんき[臨機]。

りんき【悋気】 →しっと

りんぎ【稟議】 近代 けんげん[建言]。しんげん[進言]。りんぎ[稟議]。

りんきおうへん【臨機応変】 近世 りんきおうへん[臨機応変]。中世 きへん[機変]。中古 へんつう[変通]。

《句》近世 機に臨み変に応ず。

ーに処置する心の動き 近世 きてん[機転／気転]。

ーの才のないこと しょうじきいっぺん[正直一遍]。

ーの処置 中世 けんぺん[権変]。

リンク(link) つながり[繋]。れんどう[連動]。近代 れんさ[連鎖]。近世 けつがふ[結合]。せつぞく[接続]。れんけい[連係]。れんけつ[連結]。

りんげつ【臨月】 近世 りんげつ[臨月]。りんさんげつ[臨産月]。中世 うみづき[産月]。さんぜん[産前]。

ーになる 中古 月満つ。

りんご【林檎】 アップル(apple)。中古 りうごう[林檎]。りんご[林檎]。

ー酒 シードル(フランス cidre)。近代 シャンペンサイダー(champagne cider)。

ーの実 ひょうか／へいか[苹果]。

ーを蒸し焼きにした菓子 近代 やきりんご[焼林檎]。

りんごく【隣国】 きんりんしょこく[近隣諸国]。近代 しりん[四隣]。近世 りんぱう[隣邦]。中古 りんごく[隣国]。

りんじ【臨時】 ざんていてき[暫定的]。近代 いちじてき[一時的]。エキストラ(extra)。中世 にはか[俄]。ふじ[不時]。中古 かりそめ[仮初]。上代 りんじ[臨時]。

ーの参加者 ゲスト(guest)。

ーの職員 りんじしょくいん[臨時職員]。近代 アルバイター(ドイツ Arbeiter)。こゐん[雇員]。りんじやとひ[臨時雇]。

ーの新聞 近代 がうぐゎい[号外]。

ーの措置 近代 ざんてい[暫定]。

映画などでーの出演者 近代 エキストラ(extra)。

りんじゅう【臨終】 近世 しにぎは[死際]。中古 いまは[今際]。さいご[最期]。今際(いまは)の

時。上代りんじゅう［臨終］。→しにぎわ
→し・ぬ

りんしょく【吝嗇】 近代けちんぼう［坊］。けちくさし。しみったれる。近世けち［吝嗇］。しわし［吝］。しわんぼう［吝坊］。みみっちい。中世りんしょく［吝嗇］。→けち

りんせき【臨席】 近代りんせき［臨席］。りんぢゃう［臨場］。近世しゅっせき［出席］。中世たちあひ［立会］。のぞむ［臨］。

りんせつ【隣接】 ならびつづく［並続］。近代きんせつ［近接］。近世となりあふ［隣合］。りんせつ［隣接］。中世となる［隣］。

リンチ(lynch) してきせいさい［私的制裁］。近代しけい［私刑］。リンチ。

りんどう【竜胆】 近世うらべに［裏紅］。中世おもひぐさ［思草］。中古えやみぐさ［疫病草］。たつのいぐさ［竜胆草］。にがな［苦菜］。やまひこな［山彦菜］。りゅうたん／りんだう［竜胆］。

りんどく【輪読】 かいどく［回読］。まわしよみ［回読］。近代りんどく［輪読］。

りんね【輪廻】 しょうじょうるてん／せいせいるてん［生生流転］。近代りんゑてんしゃう［輪廻転生］。近世てんせい［転生］。中世うゐてんぺん［有為転変］。中古めぐる［巡／廻／回］。りんてん［輪転］。りんゑ［輪廻］。るてん［流転］。→るてん

ーの限りないさま 中世むしむじゅう［無始無終］。

りんばん【輪番】 ローテーション(rotation)。近世かはりばんこ［代番］。中世じゅんばん［順番］。りんばん［輪番］。

りんびょう【淋病】 近世りんしつ［淋疾／痳疾］。中世りんびゃう［淋病／痳病］。中古しばゆばり［屡尿］。

ーの毒 りんどく［淋毒／痳毒］。

婦人のー 中世せうかち［消渇］。

りんり【倫理】 近代モラル(moral)。近世にんだう［人道］。りんり［倫理］。中世じんだう［人道］。中古じんりん［人倫］。上代だうとく［道徳］。

りんりつ【林立】 近世しんりつ［森立］。りんりつ［林立］。中世ならびたつ［並立］。

る

るい【類】 中世しゅ［種］。たぐひ［類］。中古しゅるい［種類］。るい［類］。

ー・する 中古なずらふ／なぞらふ［準／擬］。

ーを以て集まる →あつま・る

るいえん【類縁】 中世えんざ［縁者］。みうち［身内］。中古いちぞく［一族］。えんじゃ［縁者］。しぞく［親族］。しんるい［親類］。上代うから［親族］。うからやから［親族］。しんせき［親戚］。しんぞく［親族］。

るいぎご【類義語】 近代シノニム(synonym)。どういご［同意語］。どうぎご［同義語］。るいぎご［類義語］。近世るいご［類語］。

ーを集めた辞典 シソーラス(thesaurus)。

るいけい【累計】 るいさん［累算］。近代がっさん［合算］。がふけい［合計］。せきさん［積算］。近世せうけい［小計］。つうさん［通算］。上代つうけい［通計］。

るいけい【類型】 近代けいしき［形式］。タイプ(type)。パターン／パタン(pattern)。るいけい［類型］。上代かた［型］。

るいご【類語】 →るいぎご

るいじ【類似】 近代きんじ［近似］。により［似寄］。るいじ［類似］。中古にかよふ［似通］。上代さうじ［相似］。にる［似］。→に・る【似】

るいしょう【類焼】 近代もらひび［貰火］。近世るいせう［類焼］。中世るいくゎ［類火］。上代えんせう［延焼］。

るいしん【累進】 近代ぜんぞう［漸増］。るいしん［累進］。るいぞう［累増］。近世ぞうか［増加］。

るいすい【類推】 近代アナロジー(analogy)。すいそく［推測］。近世るいすい［類推］。中古すいさつ［推察］。

るいせき【累積】 近代さんせき／やまづみ［山積］。しふせき［集積］。たいせき［堆積］。近世るいせき［累積］。中世つみかさね［積重］。中古つもる［積］。上代ちくせき［蓄積］。

ーの結果 近世おどもり。

るいぞう【累増】 近代ぜんぞう［漸増］。るいしん［累進］。るいぞう［累増］。

るいだい【累代】 中世えきえふ［奕葉］。でんらい［伝来］。中古だいだい［代代］。ぢゅうだい［重代］。るいだい［累代］。上代えきせい［奕世］。よよ［世世］。

るいねん【累年】 近世せきねん［積年］。ながねん［長年］。中世るいさい［累歳］。中古るいねん［累年］。れきねん［歴年］。上代たねん［多年］。

るいひ【類比】 近代アナロジー(analogy)。たいひ［対比］。近世たいせう［対照］。ひかく［比較］。

るいべつ【類別】 近代 いろわけ[色分]。くわけ[区分]。近世 くちわけ[口分]。くべつ[区別]。しわけ[仕分]。中世 ぶんべつ[分別]。ぶんるい[分類]。るいべつ[類別]。中古 くぶん[区分]。

ルーズ(loose) 締まりがない。近代 いいかげん[好加減]。ちゃらんぽらん。ルーズ。近世 ずぼら。だらし(が)なし。

ルーツ(roots) →**きげん【起源】**→**こんぽん**

ルート(route) 近代 みちじゅん[道順]。ルート。ろせん[路線]。中世 けいろ[経路/径路]。みちすぢ[道筋]。

ルール(rule) 近代 きまり[決]。ルール。近世 きてい[規定]。きりつ[規律]。さだめ[定]。中世 きそく[規則]。中古 おきて[掟]。

るこうそう【縷紅草】 近世 かぼちゃあさがほ[南瓜朝顔]。るこうあさがほ[縷紅朝顔]。るこうさう[縷紅草/留紅草]。

るざい【流罪】 りゅうたく[流謫]。近代 りうざん[流竄]。近世 しまながし[島流]。はいたく[配謫]。はいりう/はいる[配流]。りうけい[流刑]。るざん[流竄]。ゑんたう/をんたう[遠島]。中世 るけい[流刑]。るたく[流謫]。をんる[遠流]。上代 るざい[流罪]。

ーにされた人 近世 せんかく[遷客]。るにん[流人]。中世 ながされびと[流人]。

ーにする 近世 ざんす[竄]。中世 たくす[謫]。ながす[流]。はいす[配]。

ーのたとえ 中古 ながれぎ[流木]。

ーの地 中世 はいしょ[配所]。

▼近くに流すこと 近世 こんる[近流]。

るす【留守】 近代 ぐゎいしゅつ[外出]。ふざい[不在]。中世 るす[留守/留主]。

《句》近世 鬼の居ぬ間の洗濯。

ーが多いこと 近世 るすがち[留守勝]。

ーの家 近代 あきす[空巣/明巣]。

ーの家で盗みを働くこと 近代 あきす[空巣/明巣]。あきすねらひ[空巣狙]。

家人がーでその家を守ること 近世 るすばん[留守番]。中世 るすゐ[留守居]。中古 あづかり[預]。すもり[巣守]。やどもり[宿守]。るす[留守/留主]。

在宅なのにーを装うこと 近代 ゐるす[居留守]。

るせつ【流説】 →**うわさ**

るつぼ【坩堝】 フィーバー(fever)。近代 かんくゎ[坩堝]。ねっきゃう[熱狂]。中世 ふっとう[沸騰]。るつぼ[坩堝]。わきあがる[沸上]。わきかへる[沸返]。わきたつ[沸立]。

るてん【流転】 しょうじょうるてん/せいせいるてん[生生流転]。近代 りんゑてんしゃう[輪廻転生]。近世 てんせい[転生]。へんい[変移]。中世 うつりかはり[移変]。うゐてんぺん[有為転変]。しゃうぢゅういめつ[生住異滅]。しょぎゃうむじゃう[諸行無常]。へんせん[変遷]。中古 てんぺん[転変]。へんてん[変転]。へんどう[変動]。りんてん[輪転]。りんゑ[輪廻]。るてん[流転]。

ーのたとえ 近世 生死(しゃうじ)の海。生死(しゃうじ)の苦界。生死(しゃうじ)流転。

るふ【流布】 近代 ふきふ[普及]。近世 いきわたる[行渡]。しんとう[浸透/滲透]。ひろがる[広/拡]。中古 ひろまる[広]。るふ[流布]。上代 ゆきわたる[行渡]。

ー・させる 中古 ながす[流]。

ー・する 中古 ながる[流]。

ルポルタージュ(フランス reportage) きろくぶんがく[記録文学]。げんちほうこく[現地報告]。じつろく[実録]。たんぼうき[探訪記]。ノンフィクション(nonfiction)。ほうどうぶんがく[報道文学]。近代 ルポルタージュ。

るる【縷縷】 近代 しゃうさい[詳細]。近世 るる[縷縷]。中世 こまごま[細細]。中古 ことこまか[事細]。めんめん[綿綿]。

るろう【流浪】 近世 さすらひ[流離]。りうらう[流浪]。中古 るらう[流浪]。上代 りうり[流離]。→**さまよ・う** →**ほうろう**

ーしているもののたとえ 近世 ひゃうすい/へいすい[萍水]。

ー・する 中古 さすらふ/さそらふ[流離]。

ーする人 近代 ふらうしゃ[浮浪者]。近世 りうばう[流氓]。中世 うきもの[浮物/浮者]。まどひもの[惑者]。りうみん/るみん[流民]。上代 うかれびと[浮人]。

ー・する者同士が偶然に逢うこと 中世 萍水(へいすい)相逢(あひあ)ふ。

あてもなくー・するさま 中世 らうらう[浪浪]。

れ

れい【例】 近代 エグザンプル(example)。くゎんれい[慣例]。近世 かれい[家例]。しきたり[仕来]。中世 じれい[事例]。せんれい[先例]。みほん[見本]。中古 ためし[例]。ならはし[習/慣]。れい[例]。上代 ぜんれい[前例]。

ーがない 近代 いすう[異数]。くうぜん[空前]。くうぜんぜつご[空前絶後]。近世 みぞう[未曾有]。中古 いれい[異例]。れいぐゎい[例外]。ゐれい[違例]。世に知らず。

ーとして出す 近代 ひきあひ[引合]。れいじ[例示]。近世 ひきべつ[引別]。中世 れいす[例]。中古 ひきいづ[引出]。

ーの 近代 例によって。近世 かの[彼]。中世 いつもの。くだんの[件]。中古 ありつる[有]。これぞこの。

ーのこと(もの) 近世 えて[得手]。えてもの[得手物]。これしき[此式/是式]。れいこく[例刻]。れこしき[式]。中古 くだん[件]。

ーの人 近世 かの[彼]。中古 そのひと[其人]。

ーをあげて比べること 近世 ひれい[比例]。

ーをあげて説明する れいげん[例言]。れいせつ[例説]。

引用されたー いんようれい[引用例]。近代 いんれい[引例]。ようれい[用例]。

実際にあったー 近代 じつれい[実例]。中世 じれい[事例]。

れい【礼】❶〈礼儀〉→れいぎ

れい【礼】❷〈お辞儀〉 近代 さいけいれい[最敬礼]。近世 おじぎ[御辞儀]。こうしゅ[叩首]。しきれい[式礼]。へいふく[平伏]。ゐや[礼]。ゑしゃく[会釈]。中世 あいさつ[挨拶]。けいくつ[敬屈/磬屈]。じぎ[辞宜/辞儀]。はいす[拝]。れい[礼]。中古 うずくまる[蹲/踞]。けいせつ[磬折]。けいれい[敬礼]。さいうさ[左右左]。とんしゅ[頓首]。はいぶ[拝舞]。はいらい/はいれい[拝礼]。上代 こうとう[叩頭]。

座ったままでするー 近世 ざれい[座礼/坐礼]。

立ったままでするー 近代 りつれい/りふれい[立礼]。

黙ってーをすること 中世 もくれい[黙礼]。

目を見合わせてーをすること 中世 もくれい[目礼]。

れい【礼】❸〈感謝〉 近代 しゃする[謝]。近世 しゃれい[謝礼]。中世 しゃい[謝意]。よろこび[喜/慶/悦]。れい[礼]。中古 かしこまり[畏]。はいしゃ[拝謝]。

ーの言葉(例)→ありがとう

ーの印に贈る金品 しゃれいきん[謝礼金]。近代 はくし[薄志]。はくしゃ[薄謝]。むくい[報/酬]。れいぶつ[礼物]。近世 はくぎ[薄儀]。れいきん[礼金]。中世 しゃもつ[謝物]。れいもつ[礼物]。

ーの手紙 近代 かんしゃじゃう[感謝状]。近世 れいぶん[礼文]。中世 れいじゃう[礼状]。

ーを述べて回ること 中世 くゎいれい[回礼]。

厚くーを言うこと めいしゃ[鳴謝]。近代 こうしゃ[厚謝]。しんしゃ[深謝]。

面と向かってーを言う 中世 めんしゃ[面謝]。

れい【霊】 近代 スピリッツ/スピリット(spirit)。中世 あやかり。しんれい[心霊]。中古 こんぱく[魂魄]。すだま[魑魅/霊]。れい[霊]。上代 たま[魂/霊/魄]。たましひ[魂/魄]。→たましい

家の中で家具を動かしたりするー ポルターガイスト(ドイツ Poltergeist)。

樹木に宿るー 中古 こだま[木霊/木魂/谺]。

人に取り憑いて災いをするー 中世 あくれい[悪霊]。つきもの[憑物]。をんりゃう[怨霊]。中古 あくりゃう[悪霊]。へんげ[変化]。もののけ[物怪/物気]。

レイアウト(layout) 中世 はいち[配置]。はいれつ[配列]。ふち[布置]。わりつけ[割付]。

れいいき【霊域】→れいじょう【霊場】

れいえん【霊園】 ぼえん[墓園/墓苑]。近代 まいさうち[埋葬地]。近世 はかば[墓場]。中古 ぼしょ[墓所/墓処]。上代 ぼち[墓地]。

レイオフ(layoff) いちじかいこ[一時解雇]。いちじききゅう[一時帰休]。

れいがい【例外】 近代 とりのけ[取除]。はかく[破格]。ばんぐゎい[番外]。へんそく[変則]。近世 れいぐゎい[例外]。中世 かくぐゎい[格外]。かくべち[格別]。べっかく[別格]。べつもの[別物]。中古 いれい[異例]。かくべつ[格別]。ゐれい[違例]。

ーがない(こと) 近世 いちりつ[一律]。御多分に洩れず。中世 いちやう[一様]。

れいかん【霊感】 近代 インスピレーション(inspiration)。けいじ[啓示]。ちょくかく[直覚]。ちょくかん[直感]。ちょくくゎん[直観]。ひらめき[閃]。れいりょく[霊力]。中世 おつげ[御告]。中古 れいかん[霊感]。

れいき【冷気】 りょうかん[涼感]。れいりょう[冷涼]。近世 うそさむ[寒]。中世 れいき[冷気]。中古 りゃうき[涼気]。

ーを感じるさま 近代 ひんやり。中世 ひやり。

秋になって感じるー 中古 しうれい[秋冷]。

れいぎ【礼儀】 おりめ[折目]。近代 エチケット(フランス étiquette)。マナー(manner)。中世 こっぱふ[骨法]。しつけ[仕付]。中古 ぎゃうぎ[行儀/行義]。ぎれい[儀礼]。さはふ[作法]。上代 うや/ゐや[礼]。れい[礼]。

れ

れいぎ［礼儀／礼義］。れいしき［礼式］。れいせつ［礼節］。れいはふ［礼法］。ゐぎ［威儀］。

《句》近世倉廩(さうりん)実(み)ちて礼節を知る。近しき中にも垣を結(ゆ)へ(せよ)。近しき中にも礼儀あり。中世弟子七尺去って師の影を踏まず。鳩に三枝の礼あり。上代衣食足りて礼節を知る。

―正しい 近世をりめただし［折目正］。中世いんぎん［慇懃］。こうたう［公道］。中古うやうやし［恭］。ゐややか［礼］。ゐやゐやし［礼礼］。

―正しく落ち着いたさま 中古しくぜん［粛然］。

―正しくする 近世こくきふくれい［克己復礼］。威儀を繕ふ。中世威儀を正す。

―正しく振る舞う 近世くゎいしょめく［会所］。たにんぎゃうぎ［他人行儀］。

―などが細々して煩わしいこと 近代はんじょく［繁縟］。はんぶんじょくれい［繁文縟礼］。中古じょくれい［縟礼］。

―に欠けること(さま) 近代けつれい［欠礼］。はいれい［背礼／悖礼］。ふじゃう［無状］。近世しっけい［失敬］。ずんざい。ぶさはふ［不作法／無作法］。ぶれい［無礼］。中世びろう［尾籠］。ぶしつけ［無躾／無仕付］。ぶらい［無礼］。へいくゎい［平懐］。むじゃう［無状］。中古しつれい［失礼］。なめし［無礼］。ひれい［非礼］。ぶこつ［無骨／武骨］。りょぐゎい［慮外］。上代むらい［無礼］。ゐやなし［礼無］。

―にかなった態度 近世ようぎ［容儀］。中世ようぎたいはい［容儀帯佩］。れいよう［礼容］。ゐぎ［威儀］。

―にかなっているさま 近世たんぜん／たんねん［端然］。中世ぎよう［儀容］。

―を重んじ堅苦しいこと 近世をりめだか［折目高］。

―を尽くしてもてなすこと 中古れいぐう［礼遇］。

―を尽くす 中古ゐやぶ［礼］。

―を身につけさせる 中世しつく［―つける］［躾／仕付］。

思い上がって―に欠けること ごうがんふそん［傲岸不遜］。近代がうまんふそん［傲慢不遜］。中古ふそん［不遜］。

立ち居振る舞いの― 近代きょくれい［曲礼］。

れいきゃく【冷却】 しんれい［深冷］。近代れいきゃく［冷却］。中古さます［冷］。ひやす［冷］。

―・する器具 れいとうき［冷凍機］。近代フリーザー(freezer)。れいきゃくき［冷却器］。

―・する物質 れいきゃくざい［冷却剤］。れいばい［冷媒］。

エンジンなどを液体によって―・すること えきれい［液冷］。

れいきゅう【霊柩】 →ひつぎ

れいきん【礼金】 近代しゃきん［謝金］。近世れいきん［礼金］。

れいぐう【冷遇】 はくぐう［薄遇］。近代れいぐう［冷遇］。

―のたとえ 近代ざんぱいれいかう［残杯冷羹］。ざんぱいれいしゃ［残杯冷炙］。はくがんし［白眼視］。

れいけい【令閨】 →つま →れいしつ

れいけつ【冷血】 →れいこく

れいげん【霊験】 近世おんとく／おんどく［恩徳］。しんかう［神効］。中世きとく／きどく［奇特］。中古かうけん［効験］。げん［験］。ごりやく［御利益］。しるし［験／徴］。れいげん［霊験］。上代くどく［功徳］。

―あらたかな神社 中古れいしゃ［霊社］。

―あらたかな人 中世いきふどう［生不動］。

―あらたかなほこら 中古れいし［霊祠］。

―著しい 近世あらたか。中世あらた［新］。上代いやちこ［灼然］。

―をあらわす 中古おこなひいだす／おこなひいづ［行出］。げんず［験］。じげん［示現］。

―をあらわす力 中古げんりき［験力］。

神の― 上代しんけん［神験］。

れいげん【冷厳】 シビア(severe)。近代れいげん［冷厳］。近世げんかく［厳格］。中古げんぜん［厳然］。

れいこう【励行】 近世れいかう［励行］。中世せいれい［精励］。中古かくご／かくごん［恪勤］。せいきん［精勤］。べんれい［勉励］。

れいこく【冷酷】 血も涙もない。近代ひにんじゃう［非人情］。れいけつ［冷血］。れいこく［冷酷］。れいぜん［冷然］。近世ざんにんく［残忍／惨忍］。なさけしらず［情知］。はくじゃう［薄情］。むじひ［無慈悲］。むじゃう［無情］。中世ざんこく［残酷／惨酷／惨刻］。むごし［酷／惨］。中古ざんぎゃく［残虐／惨虐］。つべたまし［冷］。つれなし。ひじゃう［非情］。

―・な人 れいけつかん［冷血漢］。近代むけつちゅう［無血虫］。近世おに［鬼］。

▼接頭語 中世おに［鬼］。

れいこん【霊魂】 近代ガイスト(ドイツ Geist)。

スピリッツ／スピリット(spirit)。ソウル(soul)。プシケ／プシュケー(ギリシャ psykhē)。近世こころだま［心魂］。中世アニマ(ラテン anima)。しんれい［心霊］。しんれい［神霊］。せいれい［精霊］。中古きじん［鬼神］。こんぱく［魂魄］。すだま［魑魅］。れい［霊］。れいこん［霊魂］。上代たま［魂／霊／魄］。たましひ［魂／魄］。→たましい

《尊》中世ごりゃう［御霊］。そんれい［尊霊］。中古そんりゃう［尊霊］。みたま［御霊／御魂］。

ーがのりうつること　近代ひょうい［憑依］。ひょうれい［憑霊］。上代つく［憑／付］。

ーが本来の場所から離れること　近代だっこん［脱魂］。

ー崇拝　アニミズム(animism)。

ーの世界　近代れいかい［霊界］。→あのよ

ーの力　→れいりょく

ーの泣き声　近代きこくしうしう［鬼哭啾啾］。中世きこく［鬼哭］。

冤罪(えんざい)で処刑された人のー　中古ゑんき［冤鬼］。

死後中有(ちゅうう)の間草木に宿るー　近世えさうふぼく［依草付木］。

死者のー　中古しりゃう／しれい［死霊］。ばうこん［亡魂］。ばうれい［亡霊］。

忠義を尽くして死んだ人のー　ちゅうこん［忠魂］。ちゅうれい［忠霊］。

肉体を離れたー　ゆうりこん［遊離魂］。

れいさい【零細】　ちいさい［小］。近世こぢんまり。ちっぽけ。ちんまり。れいさい［零細］。中古こまか［細］。わづか［僅／纔］。

れいし【霊芝】　近代いはひだけ［祝茸］。近世さいはひたけ［幸茸］。まんねんたけ［万年茸］。中古れいし［霊芝］。上代しさう［芝草］。

れいし【茘枝】　ごおや(多く「ゴーヤ」と書く)。近世つるれいし［蔓茘枝］。中世れいし［茘枝］。中古にがうり［苦瓜］。

れいしき【礼式】　近代マナー(manner)。中世さはふ［作法］。中古ぎれい［儀礼］。ぎはふ［儀法］。れいしき［礼式］。れいせつ［礼節］。上代れいぎ［礼儀］。

朝廷や武家のーに詳しい人　近世いうそくか［有職家］。こじつか［故実家］。

れいしつ【令室】　近代れいけい［令閨］。れいし つ［令室］。れいふじん［令夫人］。中世おくがた［奥方］。ないしつ［内室］。→つま

れいじゅう【隷従】　近代れいじゅう［隷従］。近世じゅうぞく［従属］。れいぞく［隷属］。中世ふくじゅう［服従］。

れいしょう【冷笑】　近代れいてう［冷嘲］。近世てうせう［嘲笑］。中世れいせう［冷笑］。中古あざけりわらふ［嘲笑］。はなまじろぎ［鼻瞬］。上代あざわらふ［嘲笑］。

ー主義　近代シニシズム(cynicism)。

ー的　近代シニカル(cynical)。シニック(cynic)。

れいじょう【霊場】　近代しんゐき［神域］。近世れいきゃう［霊境］。中世じゃうゐき［浄域］。せいゐき［聖域］。れいぢゃう［霊場］。れいゐき［霊域］。中古れいち［霊地］。

れいじょう【令嬢】　近代あいぢゃう［愛嬢］。セニョリータ(スペイン señorita)。フロイライン(ドイツ Fräulein)。マドモアゼル(フランス mademoiselle)。近世おぢゃうさま／おぢゃうさん［御嬢様］。はこいりむすめ［箱入娘］。ひいさま［姫様］。れいぢゃう［令嬢］。上代まなむすめ［愛娘］。

れいじん【麗人】　中古かじん［佳人］。びじん［美人］。びぢょ［美女］。上代れいじん［麗人］。→びじん

れいせい【冷静】　近代クール(cool)。ちんちゃく［沈着］。へいせい［平静］。れいせい［冷静］。

ー・で厳格なさま　近代れいげん［冷厳］。

ー・で鋭く見通すこと　近代れいてつ［冷徹］。

ー・でなくなる　近代しうしゃううらうばい［周章狼狽］。どうえう［動揺］。度を失う。中世あわてふためく［慌］。うろたふ［ーたえる］［狼狽］。中古らうばい［狼狽］。

ー・にする　ひやす［冷］。近代頭を冷やす。中古おもひさます［思醒］。おもひすます［思澄］。さます［冷］。上代さます［覚／醒］。

れいせつ【礼節】　→れいぎ

れいぜん【冷然】　近代クール(cool)。ひややか［冷］。れいぜん［冷然］。れいたん［冷淡］。

れいそう【礼装】　→れいふく

れいぞく【隷属】　→れいじゅう

れいたん【冷淡】　近代クール(cool)。ひややか［冷］。れいぜん［冷然］。れいたん［冷淡］。近世いげちなし(上方語)。きごつなし／ぎごつなし。するどし［鋭］。そでなし。つめたし［冷］。ぶしんちゅう［不心中］。ふにんじゃう［不人情］。もぎだう［没義道］。鰾膠(にべ)もなし。中世いろなし［色無］。うとし［疎］。けんどん［慳貪］。すげなし［素気無］。はくじゃう［薄情］。ひやか［冷］。よそがまし［余所］。中古あいだちなし／あひだちなし。うとうとし［疎疎］。うとまし［疎］。

おぼおぼし[朧]。けけし。けどほし[気遠]。こけにくし[気憎]。こころごはし[心強]。こころづよし[心強]。すさまじ[凄/荒]。そばそばし[稜稜]。つべたまし[冷]。つらし[辛]。つれなし[強顔]。にくし[憎]。ぬるし[温]。はしたなし。ものどほし[物遠]。よそよそし[余所余所]。上代 けし[怪]。こころなし[心無]。つれもなし。

—・な扱い はくぐう[薄遇]。近代 はくがんし[白眼視]。れいぐう[冷遇]。れいれいたんたん[冷冷淡淡]。鼻先であしらふ。近世 はなあしらひ[鼻]。石仏(いしぼとけ)の懐(ふところ)。出(い)で行けがし。出で往(い)ねがし。木で鼻を括る。中世 けんけん。けんもほろろ。袖にす(する)。中古 あはむ[淡]。うとむ[疎]。はくがん[白眼]。目をそばむ。

—・な心 近世 よそごころ[余所心]。

—・になる 近代 冷たくなる。中古 あはづ[澆]。

れいち【霊地】 →**れいじょう【霊場】**

れいとう【冷凍】 フリージング(freezing)。近代 れいとう[冷凍]。近世 とうけつ[凍結]。

—を行う機械 れいとうき[冷凍機]。近代 フリーザー(freezer)。

れいねん【例年】 中世 まいねん[毎年]。中古 としごと[年毎]。ねんねん[年年]。れいねん[例年]。

れいはい【礼拝】 →**らいはい**

れいふく【礼服】 フォーマルウエア(formalwear)。近代 しきふく[式服]。せいさう[正装]。近世 れいさう[礼装]。中世 れいふく[礼服]。

—を身に付ける 中世 そくたふ[束帯]。

天皇の— 近代 こんい[衮衣]。中世 こんえ[衮衣]。こんりょう[衮竜]。衮竜(こんりょう)の御衣(ぎょい)。

その他—のいろいろ(例)①[和服] 近代 うちきばかま[袿袴]。近世 かたぎぬばかま[肩衣袴]。とめそで[留袖]。はおりはかま[羽織袴]。もんつき[紋付]。もんつきばおり[紋付羽織]。中古 そくたい[束帯]。

その他—のいろいろ(例)②[洋服] 近代 イブニングドレス(evening dress)。えんびふく[燕尾服]。ソワレ(フランス soirée)。タキシード(tuxedo)。フロック/フロックコート(frock coat)。モーニング/モーニングコート(morning coat)。やくゎいふく[夜会服]。

れいほう【礼法】 →**さほう** →**れいぎ**

れいみょう【霊妙】 中世 れいめう[霊妙]。上代 くし[奇]。くすし[奇]。くすばし[奇]。たへ[妙]。れいい[霊異]。→**ふしぎ**

—・なこと 上代 くしび[霊/奇]。

—・な術 近代 れいじゅつ[霊術]。中世 めうじゅつ[妙術]。中古 しんじゅつ[神術]。

—・なもの 近代 れいぶつ[霊物]。近世 しんぶつ[神物]。中世 しんもつ[神物]。中古 れいもつ[霊物]。

れいらく【零落】 →**おちぶ・れる**

れいり【怜悧】 →**かしこ・い**

れいりょく【霊力】 近代 れいりょく[霊力]。中世 じんづうりき[神通力]。つう[通]。中古 じんづう[神通]。じんりき[神力]。つうりき[通力]。

レース(race) きそいあう[競合]。近代 きゃうえい[競泳]。きゃうさう[競漕]。レース。中世 きゃうさう[競争]。せりあふ[競合]。先を争ふ。上代 きそふ[競]。

レート(rate) 近代 りつ[率]。レート。わりあひ[割合]。近世 ぶあひ[歩合]。中世 さうば[相場]。

レール(rail) 近代 きだう[軌道]。きでう[軌条]。てっき[鉄軌]。レール。レールウエー(railway)。近世 せんろ[線路]。てつだう[鉄道]。てつろ[鉄路]。

れきし【歴史】 あゆみ[歩]。きせき[軌跡]。近世 ちくそ[竹素]。ヒストリー(history)。れきし[歴史]。中世 うつりかはり[移変]。こうばう[興亡]。し[史]。しがく[史学]。へんせん[変遷]。らいれき[来歴]。中古 かんかん[汗簡]。けいれき[経歴]。さっせい[殺青]。ゆらい[由来]。上代 えんかく[沿革]。ちくはく[竹帛]。

—記述の方法(例) 近代 つうし[通史]。へんねんたい[編年体]。れつでんたい[列伝体]。近世 きでんたい[紀伝体]。

—と伝記 上代 しでん[史伝]。

—に対する基本姿勢 しかん[史観]。近代 れきしくゎん[歴史観]。

—に名を残す 中古 竹帛(ちくはく)に垂(た)る(—垂れる)。

—にゆかりのある跡 近代 しせき[史跡/史蹟]。ゐこう[遺構]。ゐせき[遺跡/遺蹟]。中世 きうし[旧址/旧趾]。ゆいせき[遺跡]。中古 きうせき[旧跡/旧蹟]。上代 こせき[古跡/古蹟]。

—の事実 近代 しじつ[史実]。

—の専門家 近世 れきしか[歴史家]。上代 しか[史家]。

—の話 近代 しだん[史談]。しわ[史話]。

—を書いた書物 れきししょ[歴史書]。近代

かがみもの［鏡物］。中古ししょ［史書］。しせき［史籍］。せいし［青史］。

一家の一 中世かじょう［家乗］。

一国の一 中世こくし［国史］。

一般に知られていない一の事実 近代ひし［秘史］。りめんし［裏面史］。

悲しい一 近代あいし［哀史］。

簡単な一 しょうし［小史］。りゃくし［略史］。

官命によらず編纂（へんさん）した一の書物 近代ぐゎいし［外史］。しし［私史］。やじょう［野乗］。近世しじょう［私乗］。はいし［稗史］。やし［野史］。

国の一を記した書物 近代こくき［国記］。中世こくし［国史］。上代くにつふみ［国書／国記］。

個人の一 じぶんし［自分史］。せいかつし［生活史］。ライフヒストリー(life history)。中世じじょでん［自叙伝］。じでん［自伝］。→でんき

国家によって編纂された一の書物 中世せいし［正史］。

正史にもれた一の事実 近代いっし［逸史］。いつわ［逸話］。りめんし［裏面史］。近世ぐゎいでん［外伝］。

れきぜん【歴然】→**めいはく**

れきだい【歴代】 近代せいぜい［世世］。近世れきせい［歴世］。れっせい［列世］。中古せぜ［世世］。つづき［続］。だいだい［代代］。るいだい［累代］。れきだい［歴代］。上代よよ［代代／世世］。

一の天皇 中古れっせい［列聖］。

れきねん【歴年】 中世まいねん［毎年］。中古れきねんねん［年年］。るいねん［累年］。れきねん［歴年］。

れきゆう【歴遊】 近代くゎいいう［回遊／回遊］。近世れきいう［歴遊］。れきかう［歴行］。中世いうれき［遊歴］。中古しういう［周遊］。じゅんいう［巡遊］。

レギュラー(regular) 近代せいき［正規］。レギュラー。近世せいしき［正式］。

れきれき【歴歴】❶〈貴顕〉 おえらがた［御偉方］。こういこうかん［高位高官］。中世きけん［貴顕］。れきれき［歴歴］。

れきれき【歴歴】❷〈明白〉→**めいはく**

レクチャー(lecture) 近代かうえん［講演］。かうざ［講座］。かうわ［講話］。レクチャー。近世かうしふ［講習］。中世かうぎ［講義］。

レクリエーション(recreation) レジャー(leisure)。近代アミューズメント(amusement)。きうやう［休養］。リクリエーション／レクリエーション。ゐあん［慰安］。中世きばらし［気晴］。ごらく［娯楽］。

レコード(record)**❶〈記録〉**→**きろく**

レコード(record)**❷〈録音盤〉** イーピーばん［EP盤］。エスピーばん［SP盤］。エルピーばん［LP盤］。おんばん［音盤］。ディスク(disk; disc; (フランス) disque)。ドーナツばん［doughnut盤］。ろくおんばん［録音盤］。近代えんばん［円盤］。おんぷ［音譜］。レコード。

一に貼り付けてある紙 レーベル(label)。

一の音を再生する装置 でんちく［電蓄］。プレーヤー／レコードプレーヤー(record player)。近代ちくおんき［蓄音機／蓄音器］。でんきちくおんき［電気蓄音機］。

新しく発売された一 近代しんぷ［新譜］。

いくつかの曲を集めた一 アルバム(album)。

製造を中止した一 はいばん［廃盤］。

有名な一 めいばん［名盤］。

両面に各一曲だけ録音された一 イーピーばん［EP盤］。シングルばん［single盤］。

録音に用いたもとの一 げんばん［原盤］。

レシート(receipt) レセプト((ドイツ) Rezept)。近代じゅりゃうしょ［受領書］。じゅりゃうしょう［受領証］。りゃうしゅうしょ［領収書］。りゃうしゅうしょう［領収証］。レシート。中世うけとり［受取］。

レジスタンス((フランス) résistance) 近代ていかう［抵抗］。ていきょ［抵拒］。はんかう［反攻］。

レジャー(leisure) 近代ごらく［娯楽］。中古よか［余暇］。上代あそび［遊］。→**ごらく**

レジュメ((フランス) résumé) 近代えうかう［要項］。レジメ／レジュメ。がいえう［概要］。てきえう［摘要］。近世えうやく［要約］。がいりゃく［概略］。中世あらまし。えうし［要旨］。たいえう［大要］。中古かうがい［梗概］。たいりゃく［大略］。上代たいい［大意］。

レストラン(restaurant) 近代いんしょくてん［飲食店］。しょくだう［食堂］。れうりてん［料理店］。レストラン。近世れうりや［料理屋］。→**たべものや**

レセプション(reception) 近代くゎんげいくゎい［歓迎会］。レセプション。中古えんくゎい［宴会］。→**えんかい【宴会】**

れつ【列】 ライン(line)。近代ぎゃうれつ［行列］。上代なみ［並］。ならび［並／双］。れつ［列］。

一を作る 近世せいれつ［整列］。中世つらなる［連］。中古ならぶ［並］。れつりつ［列立］。

れ

縦に並んだー 〔近代〕じゅうれつ[縦列]。

横に並んだー 〔近代〕わうれつ[横列]。

れつあく【劣悪】 〔近代〕あくしつ[悪質]。〔中世〕そまつ[粗末]。れつあく[劣悪]。さいあく[最悪]。〔中古〕そあく[粗悪]。

れっか【劣化】 じゃっか[弱化]。ろうか[老化]。〔近代〕あくくゎ[悪化]。〔中世〕いたむ[いためる][痛/傷]。

れっき【列記】 へいき[併記/並記]。〔近代〕かきならべる[書並]。れっき[列記]。れんき[連記]。

れっきとした 〔近世〕押しも押されもせぬ。れっきとした。〔中世〕さるべき/しかるべき[然]。押すに押されぬ。〔中古〕さんべき[然]。

れっきょ【列挙】 〔近代〕れっきょ[列挙]。〔近世〕かぞへあぐ[—あげる][数上]。ならべたつ[—たてる][並立]。〔中世〕まいきょ[枚挙]。〔中古〕かぞふ[かぞえる][数]。〔上代〕ならぶ[ならべる][並]。

—・して言う 〔中古〕いひたつ[—たてる][言立]。

れっこく【列国】 〔近代〕かくこく[各国]。〔中古〕れっこく[列国]。〔上代〕くにぐに[国国]。しょこく[諸国]。

れっしゃ【列車】 〔近代〕きしゃ[汽車]。きしゃぽっぽ[汽車](幼児語)。れっしゃ[列車]。トレイン/トレーン(train)。をかじょうき[陸蒸気]。

—が軌道から外れること 〔近代〕だっせん[脱線]。

—の運行図表 〔近代〕ダイヤグラム(diagram)。れっしゃダイヤ[列車 diagram]。

天皇や皇族の乗用に運行されるー 〔近代〕おめしれっしゃ[御召列車]。

その他ーのいろいろ(例) しんかんせん[新幹線]。つうきんでんしゃ[通勤電車]。りょかくしゃ[旅客車]。〔近代〕きふかうれっしゃ[急行列車]。くゎもつれっしゃ[貨物列車]。ぐんようれっしゃ[軍用列車]。しんだいしゃ[寝台車]。だんぐゎんれっしゃ[弾丸列車]。でんしゃ[電車]。まんゐんでんしゃ[満員電車]。やかうれっしゃ[夜行列車]。りんじれっしゃ[臨時列車]。

れっ・する【列】 〔中古〕れっす[列]。〔上代〕つらなる[連/列]。ならぶ[並]。肩を並べる。

レッスン(lesson) 〔近代〕エクササイズ(exercise)。じゅげふ[授業]。トレーニング(training)。レッスン。〔近世〕かうしふ[講習]。がくくゎ[学課]。〔中古〕けいこ[稽古]。れんしふ[練習]。

れっせい【劣勢】 けいせいふり[形勢不利]。はいせい[敗勢]。〔近代〕すいせい[衰勢]。たいせい[退勢/頽勢]。はいしょく[敗色]。れっせい[劣勢]。

れっせき【列席】 〔近代〕れっせき[列席]。〔中世〕しゅっせき[出席]。どうせき[同席]。なみゐる[並居]。れつざ[列座]。ゐならぶ[居並]。〔中古〕さんれつ[参列]。つらなる[連/列]。ゐなむ[居並]。

レッテル(オランダ letter) レーベル(label)。〔近代〕ペーパー(paper)。ラベル(label)。レッテル。

れっとう【列島】 〔近世〕ぐんたう[群島]。〔中古〕たうしょ[島嶼]。〔上代〕しまじま[島島]。

れっとう【劣等】 〔近代〕かとう[下等]。ていれつ[低劣]。れつあく[劣悪]。れっしつ[劣質]。れっとう[劣等]。〔中世〕ふでき[不出来]。〔中古〕おとる[劣]。

れっとうかん【劣等感】 インフェリオリティーコンプレックス(inferiority complex)。コンプレックス(complex)。れっとうコンプレックス[劣等 complex]。〔近代〕ひけめ[引目]。れっとうかん[劣等感]。〔中世〕ひけ[引/退]。

れっぷう【烈風】 〔近代〕ぢんぷう[陣風]。〔近世〕きゃうふう[強風]。〔中古〕しっぷう[疾風]。はやち[疾風]。はやて[疾風/早手]。れっぷう[烈風]。→**かぜ【風】**

レディー(lady) 〔近代〕きふじん[貴婦人]。レディー。〔中古〕しゅくぢょ[淑女]。〔上代〕ふじん[婦人]。

レディーメード(ready-made) 〔近代〕きせいひん[既製品]。レディーメード。〔中世〕できあひ[出来合]。

—の衣服 きせいふく[既製服]。つるし[吊]。〔近代〕つるしんばう[吊坊]。ぶらさがり[下]。

レトロ(フランス rétro) ふっこちょう[復古調]。〔近代〕くゎいこてき[懐古的]。

レベル(level) ライン(line)。〔近代〕すいじゅん[水準]。レベル。〔中世〕へうじゅん[標準]。

レポーター(reporter) ほうこくしゃ[報告者]。れんらくがかり[連絡係]。〔近代〕リポーター/レポーター。

レポート(report) けんきゅうろんぶん[研究論文]。〔近代〕せうろんぶん[小論文]。ほうこくしょ[報告書]。リポート/レポート。レポ(report の略)。〔近世〕ほうこく[報告]。

れんあい【恋愛】 →**こい【恋】** →**こい・する**

—関係 〔近代〕いいなか[好仲]。〔近世〕こひなか[恋仲]。じゃうえん[情縁]。

—関係がある 〔近世〕訳(わけ)有る。

れんか【廉価】 近代 あんか［安価］。ていれん［低廉］。やすね［安値］。近世 れんか［廉価］。

ーでないさま 近代 ふれん［不廉］。

れんが【連歌】 近世 つくばのみち［筑波道］。つづけうた［続歌］。つらねうた［連歌］。中古 れんが［連歌］。中世 ざってい［雑体］。

ーと俳句 近世 れんぱい［連俳］。

ーの最後の句 近世 あげく［挙句／揚句］。

ーの発端の句 近世 たてく［立句／竪句］。ほっく［発句］。

一人でー一巻を吟ずること 近世 かたぎん［片吟］。どくぎん［独吟］。

二人でー一巻を吟ずること 近世 りゃうぎん［両吟］。

その他ーのいろいろ(例) 近世 うしんれんが［有心連歌］。むしんれんが［無心連歌］。中世 うらじろれんが［裏白連歌］。かきのもと［柿本］。くりのもと［栗本］。ほふらくれんが［法楽連歌］。堂上（だうじやう）の連歌。地下（げぢ）の連歌。

れんが【煉瓦】 アドベ(adobe)。近代 れんぐゎ［煉瓦］。近世 ぐゎせき［瓦石］。

ーのいろいろ(例) きょうようれんが［拱用煉瓦］。ひぼしれんが［日干煉瓦］。やきすぎれんが［焼過煉瓦］。ゆうが［釉瓦］。近代 しろれんぐゎ［白煉瓦］。たいくゎれんぐゎ［耐火煉瓦］。もくれんぐゎ［木煉瓦］。

れんかん【連関】 →かんけい【関係】

れんき【連記】 へいき［併記／並記］。近代 れっき［列記］。れんき［連記］。

れんけい【連係】 ジョイント(joint)。つながり［繋］。近代 むすびつき［結付］。れんたい［連帯］。協力し合ふ。連絡し合ふ。近世 れんけい［連係／連繫］。れんけつ［連結］。

れんげそう【蓮華草】 →げんげ

れんけつ【連結】 ジョイント(joint)。ちょっけつ［直結］。ドッキング(docking)。リンク(link)。近代 ジャンクション(junction)。つなぎ［繋］。れんさ［連鎖］。近世 けつがふ［結合］。せつぞく［接続］。れんけつ［連結］。

ー・する 中古 むすびつく［ーつける］［結付］。上代 つなぐ［繫］。

れんげつつじ【蓮華躑躅】 近世 いぬつつじ［犬躑躅］。うまつつじ［馬躑躅］。おにつつじ［鬼躑躅］。れんげつつじ［蓮華躑躅］。中古 いはつつじ［岩躑躅］。もちつつじ［黐躑躅］。

れんこう【連行】 しょっぴく。近代 いんち［引致］。こういん［勾引／拘引］。ひっぱる［引張］。近世 あふそう［押送］。しょびく［引］。中世 ひったつ［ーたてる］［引立］。れんかう［連行］。中古 ひきたつ［ーたてる］［引立］。

れんごう【連合】 アソシエーション(association)。フェデレーション(federation)。ユニオン(union)。近代 けふどう［協同］。れんがふ［連合］。れんめい［連盟／聯盟］。近世 れんかう［連衡］。中世 がっしょう［合従］。どうめい［同盟］。

れんこん【蓮根】 近世 はすね［蓮根］。中古 はひ［蕗］。れんこん［蓮根］。蓮（はちす）の蕗（はひ）。

れんさ【連鎖】 つながり［繫］。近代 けいぞく［継続］。中世 つらなり［連］。れんさ［連鎖］。れんぞく［連続］。

れんざ【連座】 近代 どうざ［同座／同坐］。とばっちり［迸］。近世 そばづゑ［側杖／傍杖］。まきぞへ［巻添］。れんるい［連累］。中世 かかはり［関／係］。るい［累］。るいざ［累坐］。中古 かかる［掛／懸］。ざす［座／坐］。上代 れんざ［連座／連坐］。

▼犯罪人の親族まで罰せられること 近世 えんざ［縁座／縁坐］。

れんざん【連山】 近代 さんけい［山系］。近世 さんみゃく［山脈］。れんざん［連山］。中古 ぐんざん［群山］。れんぽう［連峰］。上代 やまなみ［山並／山脈］。

遠くのーのたとえ 中世 まゆずみ［眉墨／黛］。中古 まゆ［眉］。

れんじつ【連日】 中古 せきじつ［積日］。中世 まいにち［毎日］。にちにち［日日］。ひなみ［日並］。るいじつ［累日］。れんじつ［連日］。上代 ひごと［日毎］。ひび［日日］。

れんしゅう【練習】 近代 エクササイズ(exercise)。おさらひ［御浚］。くんれん［訓練］。トレーニング(training)。プラクティス(practice)。レッスン(lesson)。近世 えんしふ［演習］。しふれん［習練／習錬］。をんしふ［温習］。中世 けいこ［稽古］。たんれん［鍛錬／鍛練］。てならひ［手習］。ならし［慣／馴］。ふくしふ［復習］。中古 しうれん［修練／修錬］。ならはし［習／慣］。れんしふ［練習］。

ー・させる 中古 ならす／ならはす［慣／馴］。

ーの指導者 近代 トレーナー(trainer)。

ーのための作品 近代 エチュード(（フランス）étude)。しふさく［習作］。

ーのための帳面 カイエ(（フランス）cahier)。がくしゅうちょう［学習帳］。れんしゅうちょう［練習帳］。ワークブック(workbook)。

寒中のー 近世 かんげいこ［寒稽古］。かんざ

らひ［寒復習］。
実際の役に立たないー 近代 たたみすいれん［畳水練］。机上の空論。畳の上の水練。近世 こたつすいれん［炬燵水練］。中世 はたけすいれん［畑水練］。
激しいー ハードトレーニング(hard training)。もうくんれん［猛訓練］。もうれんしゅう［猛練習］。
武芸のー 近世 えんぶ［演武］。
本番前に行うー 近世 よこう［予行］。近代 よかうえんしふ［予行演習］。リハーサル(rehearsal)。中世 したげいこ［下稽古］。
舞のー 近代 えんぶ［演舞］。

れんじゅう【連中】 近代 とはい［徒輩］。近世 てあひ［手合］。なかま［仲間］。れんちゅう［連中］。中世 つれ［連］。れんぢゅう［連中］。中古 たぐひ［類／比］。やから［輩］。上代 ともがら［輩］。

れんしょう【連勝】 かちっぱなし［勝放］。れんぱ［連破］。れんぱ［連覇］。近代 れんしょう［連勝］。れんせふ［連捷］。土付かず。↓ **れんぱ【連覇】**

レンズ(オランダ lens) 近代 くゎくだいきゃう［拡大鏡］。ルーペ(ドイツ Lupe)。レンズ。近世 たま［玉／球］。てんがんきゃう［天眼鏡］。むしめがね［虫眼鏡］。
ーの口径 アパーチュア(aperture)。きょうけい［鏡径］。
顕微鏡や望遠鏡のー(例) 近代 せつがんレンズ［接眼lens］。たいぶつレンズ［対物lens］。
写真機用のー(例) ぎょがんレンズ［魚眼lens］。こうかんレンズ［交換lens］。しゃしんレンズ［写真lens］。ひょうじゅんレンズ［標準lens］。ぼうえんレンズ［望遠lens］。ワイドレンズ(wide-angle lens)。近代 くゎうかくレンズ［広角lens］。
倍率を変えることができるー ズームレンズ(zoom lens)。
その他ーのいろいろ(例) アクロマチックレンズ(achromatic lens)。アポクロマート／アポクロマット(apochromat)。えんちゅうレンズ［円柱lens］。おうレンズ［凹lens］。コーテッドレンズ(coated lens)。コンタクトレンズ(contact lens)。とつレンズ［凸lens］。へいおうレンズ［平凹lens］。へいとつレンズ［平凸lens］。りょうおうレンズ［両凹lens］。りょうとつレンズ［両凸lens］。近代 いろけしレンズ［色消lens］。

れんせい【錬成】 近代 くんれん［訓練］。れんせい［錬成／練成］。近世 たんれん［鍛錬／鍛練］。ねる［練／錬］。れんま［錬磨／練磨］。中古 たうや［陶冶］。

れんそう【連想】 近代 アソシエーション(association)。おもひうかぶ［思浮］。れんさう［連想］。近世 面影にす。中古 おもひよそふ［思寄／思準］。おもひわたす［思渡］。

れんぞく【連続】 サクセッション(succession)。近代 けいぞく［継続］。シークエンス／シーケンス(sequence)。シリアル(serial)。たてつづく／たてつづける［立続］。れんさ［連鎖］。近世 つながる［繋］。れんせつ［連接］。中世 れんぞく［連続］。中古 うちつづく［打続］。つらなる［連］。れんめん［連綿］。上代 つぐ［継／接／続／次］。
ー・していないさま 近世 とびとび［飛飛］。
複数の都市の市街地がー・すること コナーベーション(conurbation)。

れんたい【連帯】 れんけい［連携］。近代 きょうどう［共同］。ソリダリティー(solidarity)。ちうたい／ぢうたい［紐帯］。むすびつき［結付］。れんたい［連帯］。近世 けっそく［結束］。だんけつ［団結］。

れんだい【蓮台】 中世 ほうけ［宝華／宝花］。中古 うてな［台］。れんげだい［蓮華台］。れんざ［蓮座］。れんだい［蓮台］。上代 れんげざ［蓮華座／蓮華坐］。

れんたつ【練達】 近代 じゅくたつ［熟達］。れんたつ［練達］。近世 しふじゅく［習熟］。らうれん［老練］。中世 じゃうたつ［上達］。じゅくれん［熟練］。

レンタル(rental) かしだし［貸出］。近代 ちんがし／ちんたい［賃貸］。

れんちゅう【連中】 →**れんじゅう**

れんぱ【連破】 →**れんぱ**(次項)

れんぱ【連覇】 かちっぱなし［勝放］。れんぞくせいは［連続制覇］。れんぞくゆうしょう［連続優勝］。れんぱ［連破］。近代 れんしょう［連勝］。れんせふ［連捷］。れんせんれんしょう［連戦連勝］。土付かず。

れんばい【廉売】 →**やすうり**

れんぱつ【連発】 近代 ぞくしゅつ［続出］。ぞくはつ［続発］。ひんぱつ［頻発］。れんぱつ［連発］。

れんびん【憐憫】 近代 れんびん［憐憫／憐愍／憐閔］。中世 あはれみ［哀／憐／愍／憫］。中古 じひ［慈悲］。どうじゃう［同情］。

れんぼ【恋慕】 →**こいごころ**

れんぽう【連峰】 →**れんざん**

れんま【錬磨】 近代くんれん[訓練]。れんせい[錬成/練成]。近世きたふ[きたえる][鍛]。ねる[練/錬]。中世たんれん[鍛錬/鍛練]。れんま[錬磨/練磨]。中古たうや[陶冶]。

れんめい【連盟】 近代アソシエーション(association)。けふくゎい[協会]。リーグ(league)。れんがふ[連合]。れんめい[連盟]。中世どうめい[同盟]。

れんめい【連名】 近代れんしょ[連署]。れんめい[連名]。近世れんみゃう[連名]。上代れんじょ[連署]。れんぱん[連判]。

れんめん【連綿】 とめどがない。近代ひっきりなし[引切無]。のべつ幕なし。近世ぞくぞく[続続]。みゃくみゃく[脈脈]。りくぞく[陸続]。中古めんめん[綿綿]。れんめん[連綿]。れんれん[連連]。

れんや【連夜】 近世まいよ[毎夜]。中世まいばん[毎晩]。まいや[毎夜]。中古れんや[連夜]。上代よごと[夜毎]。よなよな[夜夜]。

れんらく【連絡】❶〈関連〉 コネクション(connection)。近代くゎんれん[関連]。コネクト(connect)。つながり[繋]。れんらく[連絡]。近世けつがふ[結合]。せつぞく[接続]。れんけつ[連結]。

れんらく【連絡】❷〈通報〉 コンタクト(contact)。近代れんらく[連絡]。近世しらせ[知]。つうろ[通路]。ほうこく[報告]。中世つうほう[通報]。でんたつ[伝達]。

―のため回すファイル 近代くゎいらんばん[回覧板]。まはしぶみ[回文]。近世くゎいぶみ[回文/廻文]。中世くゎいじゃう[回状/廻状]。くゎいぶんじゃう[回文状/廻文状]。中古くゎいぶん[回文/廻文]。

―の文書を貼る板 ビービーエス(BBS; bulletin board system)。近代けいじばん[掲示板]。

―をとって意思疎通をはかる 近代気脈を通じる。

―をとって一緒にすること れんけい[連携]。

―をとること コンタクト(contact)。近代せっしょく[接触]。近世つうくち[通口]。中世つうくつ[通屈]。

緊急の― 近代でんぽう[電報]。近世ひきゃく[飛脚]。中世ひえき[飛駅]。

れんりつ【連立】 近代ならびたつ[並立]。へいりつ[並立]。りゃうりつ[両立]。

れんれん【恋恋】 近代みれんがましい[未練]。みれんたらしい[未練]。中古れんれん[恋恋]。

れんれん【連連】 ↓**れんめん**

ろ

ろ【炉】 近世ゐろり[囲炉裏/囲炉裡]。中世ゆるり。中古すびつ[炭櫃]。ひたき[火焚/火焼]。ひをけ[火桶]。ろ[炉]。

金属などを溶かす―（例） かねつろ[加熱炉]。てんろ[転炉]。でんろ[電炉]。ひらろ/へいろ[平炉]。ようせんろ[溶銑炉/鎔銑炉]。るつぼろ[坩堝炉]。近代キューポラ(cupola)。でんきろ[電気炉]。ふうろ[風炉]。ようくゎうろ[溶鉱炉/熔鉱炉]。ようろ[溶炉/熔炉]。

茶の湯で湯を沸かす― 中世ふうろ/ふろ[風炉]。

その他―のいろいろ（例） ガスろ[オランダgas炉]。近代かんさうろ[乾燥炉]。やきいれろ[焼入炉]。

ろ【櫓】 中古ろ[櫓/艪]。上代かぢ[舵/柁/楫/梶]。まかぢ[真楫]。

―と櫂 中世ろかい[櫓櫂/艪櫂]。

―を漕ぐ音 近代ろごゑ[櫓声]。中古ろせい[櫓声/艪声]。

漕ぐときの―の水中部分 近世ろあし[櫓脚/艪脚]。ろした[櫓下]。中世ろば[櫓羽/櫓葉]。

船尾で―を漕ぐ人 中世ともとり[艫取]。

ろう【蠟】 近代ワックス(wax)。中古らふ[蠟]。

ともした蠟燭(ろうそく)から流れる― 近代らふるい[蠟涙]。近世しょくるい[燭涙]。

表面に―を引くこと 近世らふびき[蠟引]。

真っ白な― 近代びゃくらふ[白蠟]。中世はくらふ[白蠟]。

蜜蜂の巣の主成分をなす― はちろう[蜂蠟]。中世みつらふ[蜜蠟]。

ろう【牢】 ↓**ろうや**

ろうえい【漏洩】 近代ろうしゅつ[漏出]。中世もる[もれる][漏]。ろうえい[漏洩/漏泄]。中古もらす[漏]。

ろうえい【朗詠】 近代ぎんしゃう[吟唱]。中古ぎんえい[吟詠]。らうえい[朗詠]。らうぎん[朗吟]。↓**ろうしょう**

ろうえき【労役】 近世らうどう[労働]。中世しごと[仕事]。上代らうえき[労役]。

公の―に従事すること 中世ぶやく[夫役/賦役]。上代えだち[役]。

ろうおく【陋屋】 近代ろうをく[陋屋]。中世

ろうきょ[陋居]。中古あばらや[荒屋]。↓いえ

ろうか【老化】 エイジング/エージング(aging)。かれい[加齢]。ふけこむ[老込]。近代らうきう[老朽]。近世おいこむ[老込]。もうろく[耄碌]。すいまい[衰邁]。中古おいおとろふ〔─ろえる〕[老衰]。ふく〔ふける〕[老/更]。上代おいはつ〔─はてる〕[老果]。おいぼる〔─ぼれる〕[老耄]。おゆ〔おいる〕[老]。おいすいらう[衰老]。らうすい[老衰]。

ろうか【廊下】 中世らうか[廊下]。らうぶ[廊廡]。中古くゎいらう[回廊/廻廊]。上代らう[廊]。

アーチ状の側面の続いている─ アーケード(arcade)。近代きょうらう[拱廊]。

雲のたなびいたような長い─ 近世うんらう[雲廊]。

左右を壁塗りにした渡り─ 中世かべわたどの[壁渡殿]。

建物をつなぐ─ 近世わたりらうか[渡廊下]。中古ほそどの[細殿]。わたどの[渡殿]。

長い─ 近代ギャラリー(gallery)。

橋のように反りをつけた─ 近世はしらう[橋廊]。

柱と屋根だけの─ コロネード(colonnade)。ちゅうろう[柱廊]。

用もないのに─をうろうろする人 近世らうかとんび[廊下鳶]。

ろうかい【老獪】 近代せけんずれ[世間擦]。らうかう[老巧]。らうかつ[老黠]。らうくゎい[老獪]。近世かうかつ[巧黠]。かうくゎつ[狡猾]。ずるし[狡]。

─・な人 中世ひねもの[陳者]。

─・な人のたとえ 近代甲羅(かふら)が生える。近世下腹に毛がなし。

ろうかく【楼閣】 中世ろうくゎん[楼館]。ろうけつ[楼闕]。中古かうろう[高楼]。ろうかく[楼閣]。ろうでん[楼殿]。上代かうかく[高閣]。たかどの[高殿]。

─が高く立派なさま 中世さいくゎい[崔嵬]。

─の上 中古ろうじゃう[楼上]。

高貴な美人のいる─ 中古せいろう[青楼]。

何階にも重なって高い─ 近世そうろう[層楼]。

水辺の─ 中古すいかく[水閣]。中世すいろう[水楼]。

ろうきゅう【老朽】 ぽんこつ。ろうか[老化]。近代きうはい[朽廃]。らうきう[老朽]。近世ふきう[腐朽]。らうはい[老廃/老癈]。

ろうきょう【老境】 近代らうれい[老齢]。近世おいいれ/おいれ[老入]。おいさき[老先/老前]。老いの行方。中世としより[年寄]。らうきゃう[老境]。中古おいらく/おゆらく[老]。ばんせつ[晩節]。ばんねん[晩年]。よせい[余生]。らうご[老後]。らうねん[老年]。上代おいなみ[老次]。↓よめい

─に入りかけの年頃(人) 中古しょらう[初老]。

ろうく【労苦】 ↓くろう

ろうく【老軀】 近世らうく[老軀]。中世らうたい[老体]。中古らうこつ[老骨]。らうしん[老身]。

ろうこ【牢固】 中世きゃうこ[強固]。きょうこ[鞏固]。中古かくこ[確固/確乎]。けんご[堅固]。上代けんらう[堅牢]。らうこ[牢固]。

ろうご【老後】 近世おいいれ/おいれ[老入]。おいさき[老先/老前]。老いの行方。中世らうきゃう[老境]。中古おいらく/おゆらく[老]。ばんせつ[晩節]。ばんねん[晩年]。よせい[余生]。らうご[老後]。↓よめい

─の安楽 近代やうらう[養老]。中世老いの入舞(いりまひ)。

ろうこう【老巧】 近代らうかう[老巧]。ろうくゎい[老獪]。近世らうれん[老練]。中世てだり/てだれ[手足/手練]。

─・な人 中世ひねもの[陳者]。

ろうごく【牢獄】 ↓けいむしょ ↓ろうや

ろうこつ【老骨】 ↓ろうく【老軀】

ろうさく【労作】 ↓りきさく

ろうざん【老残】 ↓ろうしゅう【老醜】

ろうじゃく【老若】 ↓ろうにゃく

ろうしゅう【老醜】 中古おいぼれ[老耄]。らうざん[老残]。らうしう[老醜]。

ろうしゅう【陋習】 近代いんしふ[因習/因襲]。近世あくふう[悪風]。あくへい[悪弊]。へいしふ[弊習]。へいふう[弊風]。ろうしふ[陋習]。中世あくしふ[悪習]。きうへい[旧弊]。

ろうじゅく【老熟】 ↓ろうせい

ろうしゅつ【漏出】 近代りうしゅつ[流出]。ろうしゅつ[漏出]。中世もる〔もれる〕[漏/洩/泄]。中古もらす[漏/洩]。

ろうじょ【老女】 近代ばあ[祖母/婆]。らうふじん[老婦人]。近世おばあさま/おばあさん[御祖母様/御婆様]。ばあさま/ばあさん[祖母様/婆様]。ばば/ばばあ[祖母/婆]。らうあう[老媼]。中世うば/むば[姥

／嫗］。らうぢょ［老女］。らうば［老婆］。らうふ［老婦］。中古おうな／おむな［嫗／嫗］。おば［姥／御婆］。おんな［嫗］。たうめ［専女］。つくもがみ［九十九髪］。をさめ［長女］。上代おみな［嫗］。およな［老女］。らうう［老嫗］。

《尊》上代とうじ／とじ［刀自］。

ーの白髪　中古つくも／つくもがみ［九十九髪］。

悪心の強いー　近世くゎしゃ［火車］。くゎしゃばば［火車婆］。

あやしげなー　近代えうば［妖婆］。

欲の深いー　近世くまでばば［熊手婆］。

ろうしょう【朗唱】　近代ぎんしょう［吟唱］。ぎんしょう［吟誦］。らうしゃう［朗唱］。中世かうぎん［高吟］。かうしゃう［高唱］。中古かうか［高歌］。ぎんえい［吟詠］。はうか［放歌］。はうぎん［放吟］。らうえい［朗詠］。らうぎん［朗吟］。

ろうじょう【籠城】　近世こもる［籠／隠］。たてこもる［立籠／楯籠］。中世ろうじゃう［籠城］。

ろうじん【老人】　シルバー(silver)。ロートル［(中国語)老頭児］。近代かうれいしゃ［高齢者］。シニア(senior)。ねんちゃうしゃ［年長者］。ひねをとこ［陳男］。むかしもの［昔者］。近世あしよわ［足弱］。こじん［古人］。しゅくろ［宿老］。ぢゃうじん［丈人］。としうへ［年上］。むかしびと［昔人］。をう［翁］。中世おとな［大人］。こしをれ［腰折］。そう［叟］。ちゃうじゃう［長上］。としより［年寄］。みづは［瑞歯］。らうしゃ［老者］。らうたい［老体］。中古おい［老］。おいそけもの［老者］。おきなびと［翁人］。おほぢ［祖父］。がいはつ［艾髪］。ききう［耆旧］。きしゅく［耆宿］。くゎうはつ［黄髪］。しゅくらう［宿老］。せつび［雪眉］。ちゃうらう［長老］。ねびびと［人］。はくとうをう［白頭翁］。ふるひと／ふるびと［古人／旧人］。らうき［老者］。らうざ［老者］。らうせい［老生］。老いの身。上代おいひと／おいびと［老人］。きらう［耆老］。こらう［古老／故老］。とほひと［遠人］。ながびと［長人］。にもう［二毛］。はくしゅ［白首］。らうじん［老人］。世の遠人。

《尊》近世をう［翁］。中世そんらう［尊老］。中古たいらう［大老］。ぢゃうじん［丈人］。らうくん［老君］。上代ふらう［父老］。

《句》近代老いては騏驎も駑馬に劣る。百になるまでは十代。昔千里も今一里。昔年寄り弱い者なし。昔は肩で風を切り、今は歩くに息を切る。近世老いては子に従へ。年寄の冷や水。日暮れて道を急ぐ。昔の剣今菜刀。中世老いて再び稚児になる。日暮れて道遠し。夕べの陽に子孫を愛す。

ーが再び活躍する　中古枯木に花開く。

ーが若返る　中古こまがへる［返］。

ーじみている　としよりくさい［年寄臭］。ふけこむ［老込］。近代としよりじみる［年寄染］。近世ぢぢむさし［爺］。ひねくさし［陳臭］。中世こてい［古体］。中古おいおいし［老老］。おいばむ［老］。おきなぶ［翁］。ふく［ふける］［老／更］。ふるめかし［古］。上代こたい［古体］。

ーたち　近世らうはい［老輩］。

ーと幼児　近代らうじゃく［老若］。中古らうにゃく［老若］。

ーと若者　近代らうさう［老壮］。

ーになってから生えた歯　中古みづは［瑞歯］。

ーの言うような言葉　中古おきなごと［翁言］。

ーの衰えた顔　中世さうがん［蒼顔］。

ーの繰り言　近世老いの繰り言。

ーの好色なこと　近世むしろやぶり［筵破］。

ーの白い眉　近世びせつ［眉雪］。

ーの眠りの浅いこと　中世老いの寝覚め。

ーの身　→**ろうく【老軀】**

ーの目　近代らうし［老視］。中古らうがん［老眼］。

ーらしくなる　近世おいくれる［老］。中古おいばむ［老］。おきなさぶ／おきなぶ［翁］。およすく／およすぐ。ねぶ。ふるぶ［古／旧］。上代おいづく［老就］。

ーを収容し世話する施設　とくべつようごろうじんホーム［特別養護老人home］。ようろういん［養老院］。ナーシングホーム(nursing home)。ろうじんホーム［老人home］。

ーを大切にすること　近代けいらう［敬老］。やうらう［養老］。中古しゃうし［尚歯］。

田舎のー　近世やをう［野翁］。中古そんらう［村老］。やらう［野老］。

男女のー　近代ぢいばあ［爺婆］。近世ぢいばば／ぢぢばば［爺婆］。

徳望のあるー　中世しゅくらう［宿老］。中古きしゅく［耆宿］。きとく［耆徳］。しゅくとく［宿徳］。

長生きのー　中世じゅらう［寿老］。

優しく善良なー　近代かうかうや［好好爺］。

痩せたー　近世ひばりぼね［雲雀骨］。

▼女性 →ろうじょ
▼男性 近代ひねをとこ[陳男]。らうかん[老漢]。らうそう[老叟]。近世おぢいさま/おぢいさん[御祖父様/御爺様]。ぢい[祖父/爺]。ぢいさま/ぢいさん[祖父様/爺様]。ぢぢ[爺]。ぢぢい[祖父/爺]。らうや[老爺]。中世そう[叟]。中古おきなびと[翁人]。おほぢ[祖父]。らうふ[老夫]。上代おきな[翁]。およしを[老男]。らうをう[老翁]。をぢ[老翁/小父]。

ろうすい【老衰】 ふけこむ[老込]。近代らうきう[老朽]。近世もうろく[耄碌]。中古おいおとろふ[―ろえる][老衰]。すいまい[衰邁]。上代おいはつ[―はてる][老果]。おいぼる[―ぼれる][老耄]。すいらう[衰老]。らうすい[老衰]。→ろうか【老化】
―で死ぬこと ろうし[老死]。
―によって起こる病 ろうすいびょう[老衰病]。ろうびょう[老病]。近世としやみ[年病]。

ろうすい【漏水】 近代いっすい[溢水]。近世みづもり/みづもれ[水漏]。中古ろうすい[漏水]。

ろう・する【労】 近代骨身を削る。中世くらう[苦労]。上代らうす[労]。→くろう

ろう・する【弄】 近代ほんろう[翻弄]。中古ろうす[弄]。上代もてあそぶ[弄/玩]。

ろうせい【老成】 ひね[陳/老成]。近代らうかう[老巧]。らうじゅく[老熟]。近世らうれん[老練]。ゑんじゅく[円熟]。中世こく[こける][痩]。中古およすけ。らうせい[老成]。
―ぶっている 近世おいくれる[老]。

ろうぜき【狼藉】 →らんぼう

ろうそく【蠟燭】 近代キャンドル(candle)。上代らふそく[蠟燭]。
―の代用品 近世まつやにらふそく[松脂蠟燭]。
―の燃えがら 中世ほそくづ[燼/爋]。中古ほくそ[火糞]。ほすひ[爋]。
―を立てる台 近世こともし[小灯]。しゅしょく[手燭]。しょくか[燭架]。らふそくたて[蠟燭立]。中世しょくだい[燭台]。てしょく[手燭]。らふそくだい[蠟燭台]。
一本百匁の大きな― 近代ひゃくめらふそく[百目蠟燭]。
おおいがなく火がむきだしの― 近代はだからふそく[裸蠟燭]。
ともした―から流れる蠟 近代らふるい[蠟涙]。近世しょくるい[燭涙]。→ろう
その他―のいろいろ(例) 近代きがけ[生掛]。近世あひづらふそく[会津蠟燭]。ゑらふそく[絵蠟燭]。

ろうたい【老体】 近世らうく[老軀]。中世らうたい[老体]。中古らうこつ[老骨]。らうしん[老身]。

ろうちん【労賃】 ペイ(pay)。近代サラリー(salary)。らうちん[労賃]。近世きふきん[給金]。ちんぎん[賃金/賃銀]。てまだい[手間代]。ほうきふ[俸給]。中世てまちん[手間賃]。てまれう[手間料]。中古きふよ[給与]。ほうしう[報酬]。→きゅうよ →ちんぎん

ろうどう【労働】 トラバーユ(フランスtravail)。近代らうさ/らうさく[労作]。らうむ[労務]。ワーク(work)。近世きんむ[勤務]。はたらき[働]。らうどう[労働]。中世しごと[仕事]。上代きんらう[勤労]。
―組合 こうじんかい[工人会](中国で言う)。ろうくみ/ろうそ[労組]。近代トレードユニオン(trade union)。ユニオン(union)。レーバーユニオン(labor union)。
―・しないで得る所得 近代ふらうしょとく[不労所得]。
―に対して支払われる賃金 →ろうちん
―によって賃金を得ている人 ちんぎんろうどうしゃ[賃金労働者]。ろうどうしゃ[労働者]。近代プロ/プロレタリア(Proletarier)。むさん[無産]。むさんしゃ[無産者]。
過度の― 近代オーバーワーク(overwork)。くゎらう[過労]。
官から課される― 中古くやく[公役]。ぶやく[夫役]。
苦しく激しい― じゅうろうどう[重労働]。ハードワーク(hard work)。近代くえき[苦役]。
肉体を使う― 近代きんにくらうどう[筋肉労働]。ちからしごと[力仕事]。にくたいらうどう[肉体労働]。上代らうえき[労役]。

ろうどうしゃ【労働者】 にくたいろうどうしゃ[肉体労働者]。近代こうじん[工人](中国で)。プロ/プロレタリア(Proletaria)。らうむしゃ[労務者]。上代こうふ[工夫]。
―と使用者 ろうし[労使]。近代らうし[労資]。
―と農民 ろうのう[労農]。
―の権利(例) そうぎけん[争議権]。ろうどうさんけん[労働三権]。近代だんけつけん[団結権]。だんたいかうせふけん[団体交

渉権]。

—の祭典 メーデー(May Day)。

事務労働に従事する— ホワイトカラー(white-collar)。

生産現場の— ブルーカラー(blue-collar)。近代なっぱふく[菜葉服]。

土木工事などの— にこよん。どかた[土方]。近世しごとし[仕事師]。どこう[土工／土功]。中世にんそく[人足]。中古にんぷ[人夫]。

日々雇用契約を結ぶ— ひやといろうどうしゃ[日雇労働者]。

その他—のいろいろ(例) アルバイター(ドイツ Arbeiter)。きせつろうどうしゃ[季節労働者]。パートタイマー(part-timer)。

ろうどく【朗読】→**よ・む❶**

ろうにゃく【老若】 老いも若きも。近代らうじゃく[老若]。中古ちゃうえう[長幼]。らうえう[老幼]。らうせう[老少]。らうにゃく[老若]。

ろうにん【浪人】 近世らうし[浪士]。中世らうにん[浪人]。

—になること 近世だっぱん[脱藩]。

ただの— 近世すらうにん[素浪人]。

みすぼらしい— 近世しはすらうにん[師走浪人]。やせらうにん[痩浪人]。

ろうねん【老年】 シルバーエージ(和製silver age)。近代かうじゅ[高寿]。らうれい[老齢]。とし[年／歳]。近世かうれい[高齢]。さうゆ[桑楡]。中世おい[老]。としより[年寄]。らうきゃう[老境]。中古おいらく[老]。たいれい[頽齢]。ばんさい[晩歳]。ばんねん[晩年]。ぼねん[暮年]。らうねん[老年]。世の末。かうねん[高年]。上代おいなみ[老次]。おゆらく[老]。

《尊》近代たいこう[太公]。

—期 中古老いの世。

—になって以来 中世らうらい[老来]。

ろうば【老婆】→**ろうじょ**

ろうばい【狼狽】 おおあわて[大慌]。泡を食う。近代めんくらふ[面食／面喰]。近世うろたへ[狼狽]。中世あわてふためく[慌]。うろたふ〔—たえる〕[狼狽]。どうず[動]。とちめく。中古しうしゃう[周章]。どうえう[動揺]。らうばい[狼狽]。上代あわつ〔あわてる〕[慌／周章]。

—のさまのたとえ 近代子供隠された鬼子母神(きしぼじん)のやう。

ろうひ【浪費】 近代くうひ[空費]。さんざい[散財]。とせう[徒消]。とひ[徒費]。らうひ[浪費]。近世かねづかひ[金遣]。げじく。しっつい[失墜]。しはて[為果]。じょうひ[冗費]。むだづかひ[無駄遣／徒遣]。らんぴ[乱費／濫費]。中古つひえ[費]。

《句》近代爪で拾って箕(み)で零(こぼ)す。耳搔きで集めて熊手で搔き出す。近世焼け跡の釘拾ひ。

—・する 近代金に糸目は付けない。近世さんず[散]。ほつく。湯水(ゆみず)のやうに使ふ。中世おごりつひやす[驕費]。おごる[驕]。つやす[潰]。上代つひゆ〔ついえる〕[費／弊]。

時間を—・すること 近世油を売る。

派手な金遣いで—・すること 近世ええうづかひ[栄耀使]。

遊里で—・して遊ぶこと 近世だだらあそび[駄駄羅遊]。

ろうほう【朗報】 近代きっぽう[吉報]。ふくいん[福音]。

ろうぼく【老木】 中世らうぼく[老木]。中古おいき[老木]。こぼく／ふるき[古木]。らうじゅ[老樹]。

ろうや【牢屋】 てつごうし[鉄格子]。ろうかん[牢檻]。近代かんごく[監獄]。けいむしょ[刑務所]。てっさう[鉄窓]。近世いうしつ[幽室]。ごくさう[獄窓]。しうごく[囚獄]。らうひつ[牢櫃]。らうや[牢屋]。ろうひつ[籠櫃]。中世ごくしゃ[獄舎]。ごくや[獄屋]。れいぎょ[囹圄／囹圉]。中古ごくしょ[獄所]。ひとや[人屋／獄／囚獄]。らう[牢]。らうごく[牢獄]。上代うなや[檻]。ごく[獄]。れいご[囹圄／囹圉]。

—などに閉じ込められること 中世いうしう[幽囚]。いうへい[幽閉]。らうしゃ[牢舎]。

—に入れられること 近代にふらう[入牢]。近世じゅらう[入牢]。中古げごく[下獄]。

—に入れること 近世とうごく[投獄]。中世きんろう[禁籠]。

—の中 近代ごくさう[獄窓]。ごくり[獄裡／獄裏]。近世ごくない[獄内]。中世ごくちゅう[獄中]。

—の番人 近代らうやくにん[牢役人]。近世ごくそつ[獄卒]。ごくてい[獄丁]。らうばん[牢番]。中世ごくもり[獄守]。中古ごくくゎん[獄官]。ごくり[獄吏]。

—を破って逃げること 近代だっかん[脱監]。だつごく[脱獄]。だつらう[脱牢]。はごく[破獄]。はらう[破牢]。近世らうやぶり[牢破]。中世らうぬけ[牢抜／牢脱]。

土を掘って作った— 近世つちらう[土牢]。

やっと人が入れる程の狭いー 〔近世〕つめらう［詰牢］。

ろうらく【籠絡】 〔近代〕まるめこむ［丸込］。とりこむ［取込］。〔近世〕てなづく［ーなずける］［手懐］。ろうらく［籠絡］。〔中古〕くゎいじう［懐柔］。らうろう［牢籠］。

ろうりょく【労力】 〔近代〕てすう［手数］。らうどうりょく［労働力］。〔近世〕はたらき［働］。らうりょく［労力］。〔中世〕てかず［手数］。てまひま［手間暇］。ほねをり［骨折］。〔中古〕てま［手間］。

無駄なー 〔近代〕とらう［徒労］。〔近世〕ほねをりぞん［骨折損］。むだぼね［無駄骨］。むだぼねをり［無駄骨折］。《句》〔近世〕骨折り損のくたびれまうけ。

ろうれい【老齢】 →**ろうねん**

ろうれん【老練】 〔近代〕らうかう［老巧］。らうじゅく［老熟］。〔近世〕らうれん［老練］。ゑんじゅく［円熟］。〔中世〕てだり／てだれ［手足／手練］。

ー・で堅実なこと 〔近世〕らうじつ［老実］。

ー・な手並み 〔近世〕らうしゅ［老手］。

ー・な人 ふるつわもの［古兵／古強者］。ベテラン(veteran)。ねれもの［練者］。〔近世〕おいむしゃ［老武者］。ものし［物仕／物師］。

ろえい【露営】 やえい［夜営］。〔近代〕やえい［野営］。ろえい［露営］。〔中世〕ろしゅく［露宿］。〔中古〕しゅくえい［宿営］。→**やえい**

ローカル(local) →**ちほう❶**

ローテーション(rotation) 〔中世〕くゎいてん［回転］。りんばん［輪番］。〔中古〕じゅんくゎん［循環］。

ロード(road) →**みち【道】❶**

ロープ(rope) 〔近代〕ケーブル(cable)。ロープ／ロップ。〔上代〕つな［綱］。なは［縄］。→**つな**／→**なわ**

鋼鉄線をより合わせたー 〔近代〕かうさく［鋼索］。ワイヤ(wire)。ワイヤロープ(wire rope)。

登山用のー ザイル(ドイツ Seil)。

船の甲板などにある救命用のー 〔近代〕きうめいさく［救命索］。

ロープウエー(ropeway) くうちゅうさくどう［空中索道］。〔近代〕かくうさくだう［架空索道］。さくだう［索道］。

ローン(loan) 〔近代〕ゆうし［融資］。ローン。〔近世〕かしつけ［貸付］。かしつけきん［貸付金］。〔上代〕たいよ［貸与］。

ろか【濾過】 〔近代〕じゃうくゎ［浄化］。ろすい［濾水］。〔近世〕ろくゎ［濾過］。〔中世〕こす［漉／濾］。

ー・する紙 ろかし［濾過紙］。〔近世〕ろし［濾紙］。〔近代〕こしがみ［濾紙／漉紙］。

ー・する装置 フィルター(filter)。〔近代〕ろくゎき［濾過器］。〔近世〕ろし［濾紙］。〔中世〕みづこし［水漉］。

砂の層で水をー・すること 〔近代〕すなごし［砂漉］。

ろく【禄】 〔中世〕おんろく［恩禄］。〔上代〕ろく［禄］。

ーがないこと 〔近世〕むろく［無禄］。

ーで生活している 〔近世〕禄を食(は)む。

ーと官位 〔中古〕ろくゐ［禄位］。

少しのー 〔近世〕せうろく［小禄／少禄］。びろく［微禄］。

褒美としてのー 〔近世〕しゃうろく［賞禄］。

無能でーを受けるだけ 〔中世〕そさん［素餐］。

ろく【六】 〔近代〕シックス(six)。〔近世〕しのに［四二］。むう［六］。むっつ［六］。〔中古〕む／むつ［六］。〔上代〕ろく［六］。

ろくおん【録音】 レコーディング(recording)。〔近代〕さいろく［採録］。ふきこみ［吹込］。しうろく［収録］。ろくおん［録音］。

ー・する装置 レコーダー(recorder)。ろくおんき［録音機］。

ー・する部屋 スタジオ(studio)。

別のテープやレコードにー・すること ダビング(dubbing)。

放送番組を受信してー・すること エアチェック(air check)。

ろくがつ【六月】(陰暦) 〔近世〕いすずくれづき［弥涼暮月］。せみのはづき［蟬羽月］。ちゃうか［長夏］。はやしのかね［林鐘］。〔中世〕あをみなづき［青水無月］。かぜまちづき［風待月］。きか［季夏］。すずくれづき［涼暮月］。たぐさづき［田草月］。とこなつづき［常夏月］。なるかみづき［鳴神月］。まつかぜづき［松風月］。ろくぐゎち［六月］。〔中古〕なごしのつき［夏越月］。ばんか［晩夏］。りんしょう［林鐘］。ろくぐゎつ［六月］。〔上代〕みなづき［水無月］。

ーの晦日 〔中古〕なごしのせっく［夏越節供］。

ろくじっさい【六十歳】 〔近代〕くゎんれき［還暦］。〔近世〕き［耆］。ぢゃうきゃう［杖郷］。ほんけがへり［本卦帰／本卦還］。郷(きゃう)で杖突く。耳順(みみしたが)ふ年。〔中世〕かじゅ／げじゅ［下寿］。じじゅん［耳順］。へいとう［平頭］。りくじゅん［六旬］。〔中古〕ていねん［丁年］。むそ［六十］。むそぢ［六十／六十路］。

▼六十一歳 〔近世〕くゎかふ［華甲］。くゎかふ

し[華甲子]。くゎねん[華年]。くゎんれき[還暦]。

▼六十四歳の男 近世はくゎ[破瓜]。

ろくでなし【碌】 やくざもの[者]。近代こめくひむし[米食虫]。たうじ[蕩児]。はうたうむすこ[放蕩息子]。近世ぐうたら。ごろつき。しゃばふさぎ／しゃばふさげ[娑婆塞]。だうらくむすこ[道楽息子]。どらむすこ[息子]。だうらくもの[道楽者]。のらくらもの[者]。ぶらいかん[無頼漢]。ろくでなし[碌／陸]。中世ごくつぶし[穀潰]。なまけもの[怠者／懶者]。中古たうし[蕩子]。

ろくでもな・い【碌】 近世くだらぬ。ぐにもつかぬ。つまらぬ。取るに足りぬ(足らず)。碌(ろく)(陸(ろく))でもなし。

ろくろく【陸陸】 近世ろくすっぽ／ろくすっぽう[陸／碌]。ろくそっぽう[陸／碌]。ろくたま。ろくろく[陸陸／碌碌]。中世ろくに[陸／碌]。

ろけん【露顕】 近代ろてい[露呈]。近世ばれる。尻が割る[—割れる]。尻を割る。尻尾を出す。中古あらはる[—われる][顕／現]。けんろ[顕露]。ほころぶ[綻]。ろけん[露顕]。→**ばれる**

犯行などが—・する 近世足が付く。

ろこつ【露骨】 近代まるだし[丸出]。ろこつ[露骨]。近世あからさま。むきだし[剥出]。中古うちつけ[打付]。上代あらは[露／顕]。→**あらわ**

—・でいやらしい 近代えげつない。

ろじ【路地】 近世ろぢ[路地／露地／露路]。中古こみち[小道／小路／小径]。せうけい[小径／小逕]。ほそみち[細道]。上代こうぢ[小路]。

ろしゅつ【露出】 近代せきらら[赤裸裸]。まるだし[丸出]。ろこつ[露骨]。近世むきだし[剥出]。ろしゅつ[露出]。中古はだか[裸]。上代あらは[露／顕]。

ろじょう【路上】 →**ろとう**

ロス(loss) →**そん**→**むだ**

ろせん【路線】 うんてんけいとう[運転系統]。近代はうしん[方針]。ろせん[路線]。ライン(line)。ルート(route)。中世けいろ[経路]。みちすぢ[道筋]。

ろだい【露台】 近代テラス(terrace;フランス terrasse)。ベランダ(veranda)。バルコニー(balcony)。中古ろだい[露台]。

ロック(lock) キー(key)。近世ぢゃうまへ[錠前]。中古ぢゃう[錠]。上代かぎ[鍵]。

ロック(rock) 中古がんせき[岩石／巌石]。中世がんぺき[岩壁／巌壁]。上代いは[岩／磐／巌]。

ろっこつ【肋骨】 近世あばら[肋]。どうぼね[胴骨]。ろくこつ[肋骨]。中世あばらぼね[肋骨]。むなすだれ[胸簾]。

—の間 近世ろくかん[肋間]。

ロッジ(lodge) →**やまごや**

ろてい【路程】 こうてい[行程]。どうてい／みちのり[道程]。上代ろてい[路程]。→**みちのり**

ろてい【露呈】 →**ばれる**

ろてん【露天】 オープンエア(open air)。アウトドア(outdoor)。近代のてん[野天]。ろてん[露天]。をくぐゎい[屋外]。近世あをてんじゃう[青天井]。のづら[野面]。中世のもせ[野面]。中古やぐゎい[野外]。→**やがい**

—風呂 のてんぶろ[野天風呂]。近世のぶろ[野風呂]。

ろてん【露店】 近代だいだうみせ[大道店]。どばみせ[土場店]。ろてんしゃう[露天商]。近世いでみせ[出店]。ろてん[露店]。つじみせ[辻店]。でみせ[出店]。てんたうぼし[天道干]。ほしみせ[干店]。やたい[屋台／屋体]。やたいみせ[屋台店]。よみせ[夜店／夜見世]。

—で物を売るのを業とする人 近代てきや[的屋]。近世かうぐし[香具師]。やし[香具師／野師／弥四]。

ろとう【路頭】 近代まちかど[町角／街角]。近世がいじゃう[街上]。だうじゃう[道上]。ちまた[巷]。中世みちづら[道面／道列]。みちばた[道端]。中古がいとう[街頭]。はくじゃう[陌上]。ろじゃう[路上]。ろとう[路頭]。ろばう[路傍]。

—で倒れること(死ぬこと) 近代かうろびゃうしゃ[行路病者]。近世ゆきだふれ[行倒／行斃]。

ろは →**ただ**

ろば【驢馬】 近代ドンキー(donkey)。中世ろば[驢馬]。中古うさぎうま[兎馬／驢]。上代ろ[驢]。

—の背 近世ろはい[驢背]。

ろばた【炉端】 近代ろばた[炉端／炉辺]。近世ろとう[炉頭]。ろぶち[炉縁]。ゐろりばた[囲炉裏端]。中世ろえん[炉縁]。中古ろへん[炉辺]。

ロビー(lobby) しゃこうしつ[社交室]。近代サ

ルーン(saloon)。サロン(フランス salon)。だんわしつ[談話室]。ラウンジ(lounge)。ロビー。中世 ひろま[広間]。

ろぼう【路傍】→**みちばた**

ロボット(robot) アンドロイド(android)。ヒューマノイド(humanoid)。近代 じんざうにんげん[人造人間]。ロボット。近世 あやつりにんぎゃう[操人形]。中古 くぐつ[傀儡]。くゎいらい[傀儡]。

ロマン(フランス roman) 近代 ちゃうへんせうせつ[長編小説]。らうまん[浪漫/浪曼]。ロマン。ロマンス(romance)。上代 ものがたり[物語]。→**ロマンス**(次項)

ロマンス(romance) 近代 こひものがり[恋物語]。でんきせうせつ[伝奇小説]。らうまん[浪漫/浪曼]。ラブストーリー(love story)。れんあいせうせつ[恋愛小説]。ロマン(フランス roman)。ロマンス。

ロマンチック(romantic) 近代 くうさうてき[空想的]。でんきてき[伝奇的]。らうまんてき[浪漫的]。ロマンチック。

ろめい【露命】 中古 つゆのみ[露身]。上代 つゆのいのち[露命]。ろめい[露命]。

ろん【論】 近世 かんがへ[考]。中世 ぎろん[議論]。ろんせつ[論説]。中古 せつ[説]。りろん[理論]。ろん[論]。上代 いけん[意見]。

—がそこまで及ぶこと 近世 ろんきふ[論及]。→**ろんきゅう**

—の組み立て 近代 ろんぢん[論陣]。ろんぱふ[論法]。

一般に認められている— 近世 つうせつ[通説]。ていろん[定論]。中世 つうろん[通論]。ていせつ[定説]。

試みの— 近世 しろん[試論]。

その人独特の— 近世 いっかげん[一家言]。

ろんがい【論外】 近代 むいみ[無意味]。もんだいぐゎい[問題外]。近世 ろんぐゎい[論外]。歯牙にも懸けぬ。論を俟(ま)たぬ。中世 沙汰の限り。沙汰の外(ほか)。

ろんかく【論客】→**ろんきゃく**

ろんぎ【論議】 近代 たうぎ[討議]。ディスカッション(discussion)。はつろん[発論]。中世 ぎろん[議論]。おとがひに決す。中古 たうろん[討論]。だんぎ[談議/談義]。ろんぎ[論議/論義]。上代 げんぎ[言議]。

世間の— 中世 ぶつろん[物論]。中古 ぶつぎ[物議]。

熱心な— ねつろん[熱論]。近代 せつろん[切論]。

ろんきゃく【論客】 近代 ぎろんずき[議論好]。ろんかく/ろんきゃく[論客]。近世 やかましや[喧屋]。中古 ものいひ[物言]。ろんしゃ/ろんじゃ[論者]。

ろんきゅう【論及】 近代 ふれる[触]。近世 げんきふ[言及]。ろんきふ[論及]。中世 いひおよぶ[言及]。

ろんきょ【論拠】 近代 ろんきょ[論拠]。ろんてん[論点]。近世 こんきょ[根拠]。てんきょ[典拠]。上代 よりどころ[拠所]。

ろんし【論旨】 近代 しゅがん[主眼]。しゅし[主旨]。しゅし[趣旨]。ろんし[論旨]。近世 しゅい[趣意]。しゅい[主意]。

ろんじゃ【論者】 近代 ひゃうろんか[評論家]。ろんかく/ろんきゃく[論客]。中古 ろんしゃ/ろんじゃ[論者]。

ろんしゅう【論集】→**ろんぶんしゅう**

ろんしょう【論証】 近代 けんしょう[検証]。ろんしょう[論証]。じっしょう[実証]。りっしょう[立証]。

ろん・じる【論】→**ろん・ずる**(次項)

ろん・ずる【論】 近代 たうぎ[討議]。ディスカッション(discussion)。ろんじる[論]。近世 ろんきふ[論及]。中世 ぎろん[議論]。べんず[弁]。中古 さだむ[定]。たうろん[討論]。べんろん[弁論]。ろんず[論]。上代 あげつらふ[論]。

—・じ合う 近世 いひあふ[言合]。中世 ぎろん[議論]。さうろん[相論]。ろんじあふ[論合]。中古 さだめあふ[定合]。上代 さうろん[争論]。→**ろんそう**

—・じ返すこと →**ろんばく**

—・じて考察すること 近代 ろんかう[論考/論攷]。

—・じて証明すること 近代 ろんしょう[論証]。近世 べんしょう[弁証]。

—・じて説明すること 中世 ろんせつ[論説]。

—・じて是非を判定すること 近世 ろんべん[論弁]。中世 ろんぱん[論判]。

—・じて断定すること 近世 ろんだん[論断]。上代 ろんてい[論定]。

—・じて非難すること 近代 なんろん[難論]。近世 べんなん[弁難]。中世 ろんなん[論難]。

詳しく—・ずること 近世 しゃうろん[詳論]。中世 さいろん[細論]。

痛切に—・ずること 近代 せつげん[切言]。

つきつめたところまで—・ずること 近世 きょくろん[極論]。

激しく—・ずること(さま) 近代 つうろん[痛論]。舌端火を吐く。近世 げきろん[激論]。

広く全体にわたって—・ずること 近代はんろん[汎論]。中世つうろん[通論]。

深く研究して—・ずること 近世ろんきゅう[論究]。

ろんせつ【論説】 近代エッセー(essay; フランス essai)。中世ろんせつ[論説]。

新聞社などの— リーダー(leader)。近代しゃせつ[社説]。

ろんせん【論戦】→ろんそう

ろんそう【論争】 近代だんぱん[談判]。ろんさう[論争]。ろんせん[論戦]。わたりあふ[渡合]。近世いひあふ[言合]。ぜっせん[舌戦]。中世あらがひ[争／諍]。ぎろん[議論]。もんだふ[問答]。ろんじあふ[論合]。おとがひに決す。中古いひあらそふ[言争]。こうろん[口論]。さだめあふ[定合]。じゃうろん[諍論]。べんろん[弁論]。ろんぎ[論議／論義]。上代さうろん[争論]。

文章による— 近世ひっせん[筆戦]。中世ひつぢん[筆陣]。

ろんだい【論題】 ていだい[提題]。近代ぎだい[議題]。ろんだい[論題]。わだい[話題]。中世だいもく[題目]。

ろんだん【論断】 断を下す。近世ろんだん[論断]。中古はんだん[判断]。上代ろんてい[論定]。

ろんてん【論点】 もんだいてん[問題点]。近代さうてん[争点]。ろんてん[論点]。

ろんぱ【論破】 近代いひまかす[言負]。かっぱ[喝破]。ときふせる[説伏]。近世いひこむ[—こめる][言籠／言込]。なんぱ[難破]。やりこむ[—こめる][遣込]。ろんぱ[論破]。中世いひかつ[言勝]。いひふす[—ふせる][言伏]。いひやぶる[言破]。

ろんばく【論駁】 はんろん[反論]。近代はんばく[反駁]。近世かうべん[抗弁]。ばくす[駁]。べんばく/べんぱく[弁駁]。ろんばく[論駁]。中世かうろん[抗論]。

ろんぴょう【論評】 コメント(comment)。近代かうひゃう[講評]。レビュー(review)。近世ひひゃう[批評]。ろんぴゃう[論評]。中古ひゃう[評]。ひゃうろん[評論]。

ろんぶん【論文】 ペーパー(paper)。近代ぎろんぶん[議論文]。モノグラフ(monograph)。ろんぶん[論文]。

《謙》近世せうろん[小論]。

—の原稿 ろんこう[論稿]。

ろんぶんしゅう【論文集】 ろんしゅう[論集]。近代きえう[紀要／記要]。ろんさん[論纂]。ろんそう[論叢]。ろんぶんしふ[論文集]。

ろんぽう【論鋒】 近代ろんてう[論調]。ろんぽう[論鋒]。

ろんり【論理】 近代りろ[理路]。ロジック(logic)。ろんり[論理]。中古りくつ[理屈]。上代ことわり[理]。だうり[道理]。

—にかなっていないこと ひごうり[非合理]。近代はいり[背理／悖理]。ふがふり[不合理]。中古りふじん[理不尽]。

—にかなっていない言葉 近代ばうご[妄語]。近世まうげん[妄言]。中古ばうげん[妄言]。まうご[妄語]。

—にかなっているさま 近代がふりてき[合理的]。ロジカル(logical)。

こじつけの— 近代へりくつ[屁理屈]。中世りくつ[理屈／理窟]。

わ

わ【輪】 近代リング(ring)。ループ(loop)。わっか[輪]。わっぱ[輪]。ゑん[円]。近世たが[箍]。中世わな[輪奈]。中古わ[輪／環]。

—にする わぐむ[綰]。中古かいわぐむ[掻綰]。わがぬ[わがねる][綰]。わぐ[わげる][綰]。

—に手を通す 中世ぬきいる[貫入]。

—の形 近代くゎんじゃう[環状]。りんけい[輪形]。りんじゃう[輪状]。わがた[輪形]。わなり[輪形]。近世まる[丸／円]。中古ゑんけい[円形]。

—のように動かす 中古めぐらす[巡／回／廻]。

—を描く 近代わどる[輪取]。

—を使った遊び フラフープ(Hula-Hoop)。近代わなげ[輪投]。近世わまはし[輪回]。

—をつなぐこと 中世れんくゎん[連環]。上代くさり[鎖／鐺／鏈]。

頭で物を運ぶとき荷の下に敷く— 近世ゆりわ[揺輪]。

大きな— 近代たいけん[大圏]。中古おほわ[大輪／輞]。

金色の— きんわ[金輪]。近代きんくゎん[金環]。中古きんりん[金輪]。

金属製の— 近代かなわ[金輪／鉄輪]。てっくゎん[鉄環]。中世てつりん[鉄輪]。

金の— きんわ[金輪]。中古きんりん[金輪]。

銀の— ぎんかん[銀環]。ぎんりん[銀輪]。

鞘(さや)や槍(やり)の柄の先などにはめる金属の— 中世どうがね[胴金]。

太陽や月の周囲にできる光の― 近代 にちうん［日暈］。ひがさ［日暈］。ハロー(halo)。中古 うん［暈］。上代 かさ［暈］。
樽や桶などの外側を締める― 近世 たが［箍］。
箪笥の引き手などの― 近世 くゎん［鐶］。
旗や幕などの紐を通す― 近世 みみ［耳］。中古 ち［乳］。

わ【和】❶〈調和〉 中世 なかなほり［仲直］。わかい［和解］。中古 てうわ［調和］。なかよし［仲好／仲良］。上代 わ［和］。
《句》上代 和を以て貴しとなす。

わ【和】❷〈加算〉 近代 かさん［加算］。がっさん［合算］。がふけい［合計］。そうわ［総和］。わ［和］。中世 そうけい［総計］。

ワーク(work) ジョブ(job)。近代 げふせき［業績］。ワーク。近世 きんむ［勤務］。らうどう［労働］。中世 さげふ［作業］。しごと［仕事］。中古 じげふ［事業］。上代 きんらう［勤労］。

ワースト(worst) さいかい［最下位］。近代 さいあく［最悪］。さいてい［最低］。近世 どんぞこ［底］。

わいきょく【歪曲】 近代 いびつ［歪］。わいきょく［歪曲］。中世 ひづみ［歪］。中古 ほほゆがむ［頬歪］。ゆがみ［歪］。→ゆが・める
美術などの一表現としての― デフォルマシオン(déformation)。近代 デフォルメ(déformer)。へんけい［変形］。

わいしょう【矮小】 近代 わいせう［矮小］。近世 こぢんまり［小］。こぶり［小振］。ちっぽけ。ちんまり。中世 たんせう［短小］。中古 こがた［小形／小型］。ちひさし［小］。

わいせつ【猥褻】 近世 ひわい［卑猥］。みだら［淫／猥］。わいせつ［猥褻］。→みだら
―の一歩手前 近代 きはどい［際疾］。

ワイド(wide) 近代 ワイド。近世 おほがた［大型］。上代 ひろし［広］。

ワイフ(wife) →つま

わいろ【賄賂】 うらがね［裏金］。近代 コミッション(commission)。しうわい［収賄］。ぞうしうわい［贈収賄］。ぞうわい［贈賄］。近世 くさづと［草苞］。くすり［薬］。そで(の)した［袖下］。はうしゃ［苞苴］。はなぐすり［鼻薬］。みづきん［水金］。めぐすり［目薬／眼薬］。中世 いんぶつ／いんもつ［音物／引物］。わらづと［藁苞］。中古 はうしょ［苞苴］。わいろ［賄賂］。上代 まひなひ［賄／幣］。
―を受け取る(こと) おしょく［汚職］。近代 しうわい［収賄］。とくしょく［瀆職］。近世 にぎにぎ。
―を贈る(こと) おしょく［汚職］。とくしょく［瀆職］。近代 ぞうわい［贈賄］。ばいしう［買収］。鼻薬を嗅がせる。近世 つかます［つかませる］［摑］。にぎらす［にぎらせる］［握］。中世 まひなふ［賄］。
口止めのための― 近代 くちどめれう［口止料］。金轡をはめる。近世 ぜにぐつわ［銭轡］。

わか【和歌】 近世 くにぶり［国風／国振］。こくふう［国風］。中世 ことのはぐさ［言葉草］。ことのはのはな／ことばのはな［言葉花］。松の言の葉。中古 うた［歌］。こと［言］。ことのは［言葉］。ことば［言葉／詞］。やまとうた［大和歌］。やまとことば［大和言葉／大和詞］。わか［和歌］。上代 わし［和詩／倭詩］。→たんか
《尊》近代 おうた／おんうた／ぎょか［御歌］。ぎょせいか［御製歌］。上代 おほみうた［大御歌］。ぎょせい［御製］。ぎょせいか［御製歌］。

《謙》中古 こしをれ［腰折］。こしをれうた［腰折歌］。

―が歌集などに入選すること 近世 にゅうしふ［入集］。

―が下手であること 中古 こしはなる［腰離］。こしをれ［腰折］。

―と漢詩 中世 しいか［詩歌］。

―に関する書物 近世 うたざうし［歌草紙］。

―に優れた人 中世 よみくち［読口／詠口］。中古 かせん［歌仙］。

―の言葉 近代 かご［歌語］。中世 かし［歌詞］。

―のはかなさ 中古 ことばのつゆ［言葉露］。

―の前書き 中世 ことばがき［詞書］。

―の道 近世 ことのはのみち［言葉道］。中世 なにはづのみち［難波津道］。やくものみち［八雲道］。中古 しきしま［敷島］。しきしまのみち［敷島道］。やくも［八雲］。

―の詠み手 中古 うたぬし［歌主］。うたよみ［歌詠］。よみびと［詠人］。

―の詠みぶり 中世 うたぐち［歌口］。

―をつくること 近世 さくか［作歌］。中古 えいか［詠歌］。よむ［詠］。上代 うたよみ［歌詠］。

―を詠むことを専門とする人 中世 かじん［歌人］。中古 うたよみ［歌詠］。上代 うたびと［歌人］。

優れた― 中世 おもてうた［面歌］。中古 しう

か［秀歌］。
正統でないー(狂歌) 中世 くりのもと［栗本］。
正統のー 中世 かきのもと［柿本］。
下手なー 中世 うたくづ［歌屑］。中古 こしをれ［腰折］。こしをれうた［腰折歌］。
▼詩歌 近世 ふうが［風雅］。中世 きゃうげんきぎょ／きゃうげんきご［狂言綺語］。ふうげつ／ふげつ［風月］。中古 えい［詠］。
▼助数詞 上代 しゅ［首］。

わかい【和解】 ゆきどけ［雪解］。手を握る。手を結ぶ。近代 あくしゅ［握手］。じだん［示談］。てうち［手打］。をりあふ［折合］。近世 ないさい［内済］。中世 なかなほり［仲直］。わかい［和解］。わよ［和与］。中古 わだん［和談］。上代 あまなふ［和／甘］。くゎぼく／わぼく［和睦］。しわ［私和］。

わか・い【若】 近代 ヤング(young)。近世 せうじゃく［小弱］。中世 さうねん［早年］。じゃくせう［弱小／若少］。せうねん［少年］。にゃく［若］。中古 じゃくくゎん［弱冠］。じゃくねん［弱年／若年］。じゃくれい［弱齢／若齢］。としわかし［年若］。ねんせう［年少］。ひわかし［若］。よごもる［世籠］。春秋(しゅんじう)に富む。上代 わかし［若］。
《枕》上代 あわゆきの［沫雪］。わかくさの［若草］。
《句》近代 盛年(せいねん)重ねて来らず。少壮(せうさう)幾時ぞ。
ー・い女性 近代 ガール(girl)。メーチェン／メッチェン(ドイツ Mädchen)。近世 こをんな［小女］。しんざう［新造］。せなぢょ［姉女］。びらびら。ぴらぴら。をんなご［女子］。をんなのこ［女子］。中世 こむすめ［小娘］。なまにょうばう［生女房］。わかをんな［若女］。中古 せうぢょ［少女］。せうふ［小婦／少婦］。むすめ［娘］。上代 をとめ［乙女／少女］。→おとめ →しょうじょ
ー・い時の年月 ティーンエージ(teenage)。ハイティーン(和製high teen)。近代 せいねんき［青年期］。中古 はうねん［芳年］。上代 せいしゅん［青春］。
ー・い武士たち 中世 わかとのばら［若殿原］。
ー・く美しいさま 中世 えうえう［夭夭］。
ー・く幼いさま 中古 きびは。
ー・く元気なさま(時期) 近代 わかしゅざかり［若衆盛］。近世 さうせい［壮盛］。中世 さう［壮］。としざかり［年盛］。中古 せうさう［少壮］。わかざかり［若盛］。
ー・くて経験が浅い 近世 くゎうこう［黄口］。くゎうふん［黄吻］。なまわかし［生若］。口(くち)尚(なほ)乳臭(にゅうしう)あり。嘴(くちばし)(喙)黄なり。口脇黄ばむ。口脇白し。中古 はくめん［白面］。
ー・くてひ弱い 中世 ひわかし［若］。
ー・くて未熟な者 近世 あをにさい［青二才］。じゃくはいもの［若輩者］。中古 はくめんらう［白面郎］。
ー・く見える 中古 わかぶ［若］。わかやか［若］。わかやぐ［若］。わかゆ［若］。わかわかし［若若］。上代 わかやる［若］。
ー・く装う 近代 わかづくり［若作］。近世 しじふしまだ［四十島田］。中古 わかぶ［若］。わかやぎたつ［若立］。
いつもー・い 中古 とこわか［常若］。

わかが・える【若返】 近世 わかがへる［若返］。中古 こまがへる［返］。しわのぶ［皺伸］。わかやぐ［若］。上代 わかゆ［若］。をちかへる［変若返／復返］。をつ［変若／復］。
《枕》上代 いはつなの［石綱］。
ー・ること 近代 くゎいしゅん［回春］。上代 をち［変若／復］。
いよいよー・るさま 上代 いやをち［弥復］。

わかき【若木】 近代 えうぼく［幼木］。ちじゅ［稚樹／穉樹］。近世 なへぎ［苗木］。上代 わかき／わかぎ［若木］。

わかぎ【若気】 →わかげ

わかくさ【若草】 中世 にひわかくさ［新若草］。中古 さいたづま。わかくさ［若草］。はつくさ［初草］。にこぐさ［柔草］。上代 にひくさ［新草］。はるくさ［春草］。

わがくに【我国】 近代 そこく［祖国］。ぼこく［母国］。上代 ほんごく［本国］。ほんど［本土］。わがくに［我国］。→にほん

わかげ【若気】 近世 かくき／きゃくき［客気］。けっき［血気］。ちのけ［血気］。わかぎ［若気］。中世 わかげ［若気］。
ーで争う気持 近代 かくきさうじん［客気争心］。

わがこ【我子】 中古 あがこ／あこ［吾子］。わがこ［我子］。上代 あご／わこ［吾子］。→こども

わかじに【若死】 近代 えうさつ［夭札］。えうせい［夭逝］。近世 えうし［夭死］。えうしゃく［夭折］。たんせつ［短折］。中世 えうしゃう［夭殤］。さうせい［早世／蚤世］。はやじに［速死］。わかじに［若死］。中古 ちゅうえう［中夭］。はくめい［薄命］。上代 えうせつ［夭折］。たんめい［短命］。
《句》中世 死ぬる子は眉目(みめ)よし。

才子佳人が—・すること 近代ぎょくせつ［玉折］。

わか・す【沸】 かねつ［加熱］。にたたす［煮立］。近世しゃふつ［煮沸］。中世たく［焚／炊］。にたつ［—たてる］［煮立］。にやす［煮］。上代わかす［沸］。

わかぞう【若造】 →わかもの

わかて【若手】 近代しんえい［新鋭］。しんしんきえい［新進気鋭］。ヤンガーゼネレーション(younger generation)。中世しんしん［新進］。わかて［若手］。中古せうさう［少壮］。→わかもの

わかば【若葉】 近世しんば［新葉］。どんえふ［嫩葉］。中世しんりょく［新緑］。みどり［緑／翠］。中古りょくえふ［緑葉］。わかば［若葉］。わかみどり［若緑］。上代あをば［青葉］。

—の香りをただよわせる 近代くんずる［薫］。

—の出始めた木 中古もえぎ［萌木］。

わがまま【我儘】 近代かってきまま［勝手気儘］。すきかって［好勝手］。近世ええう［栄耀］。ええうらしい［栄耀］。えてかって［得手勝手］。かって［勝手］。がまん［我慢］。きずいきまま［気随気儘］。きまま［気儘］。さんまい［三昧］。しい［恣意／肆意］。じいうがまし［自由］。じぶんかって［自分勝手］。じまま［自儘］。じゅうわう［縦横］。しょにん。せんし［専恣／擅恣］。せんわう［専横］。てまへがって［手前勝手］。のはうづ［野方図／野放途］。みがって［身勝手］。中世きずい［気随］。きなり［気成］。じゅうわうむげ［縦横無礙］。ずい［随］。はうじゅう［放縦］。はうらつ［放埒］。わうぎゃく［横逆／枉逆］。わうし［横恣］。中古がい［我意］。じいう［自由］。はうし［放恣／放肆］。わがまま［我儘］。上代あながち［強］。はうしょう［放縦］。ほしいまま［縦／恣／擅］。→かって❶

—・でいたずらをすること 近世やんちゃ。

—・で驕(おご)り高ぶっていること 近世うずゐ［踞］。中世けうし［驕肆／驕恣］。

—・で乱暴なこと 近世じゃじゃうま［馬］。中世ぼうまん［暴慢］。

—・な者 近代けうじ［驕児］。近世うずゐもの［踞者］。がまんもの［我慢者］。だだっこ［駄駄児］。

—・にする きままほうだい［気儘放題］。近代我意を通す。近世きままはっぴゃく［気儘八百］。中古あやにくがる／あやにくだつ［生憎］。おしたつ［押立］。がうえん［強縁／剛縁］。上代あながち［強］。おごる［驕／傲］。

—を言うこと 近世だだ［駄駄］。駄駄を捏(こ)ねる。

わがみ【我身】 近代じぶんじしん［自分自身］。ミー(me)。中世こしん［己身］。じぶん［自分］。中古じしん［自身］。みづから［自］。わがみ［我身］。上代おのがみ［己身］。おのれ［己］。じこ［自己］。われ［我］。

わかもの【若者】 ヤングアダルト(young adult)。近代せいせうねん［青少年］。せうしゃ［少者］。みせいねん［未成年］。ヤング(young)。ヤングマン(young man)。わかざう［若造］。わかぞう［若僧］。近世あをにさい［青二才］。きそん。こわっぱ［小童］。せいねん［青年］。わかば［若葉］。中世くゎじゃ／くゎんじゃ［冠者］。こくとう［黒頭］。こもの［小者］。さうてい［壮丁］。じゃくはい［若輩／弱輩］。ていさう［丁壮］。わかいしゅ［若衆］。わかいもの［若者］。わかて［若手］。わかもの［若者］。中古くゎざ［冠者］。じゃくねん［弱年／若年］。わかうど［若人］。わかしゅ［若衆］。上代わくご［若子］。

《句》近世若木の下で笠をぬげ。中世後生(こうせい)畏(おそ)るべし。

—たち 中世にゃくぞく［若族／若俗］。わかいしゅ［若衆］。わかとのばら［若殿原］。

—の形容 上代こうがん［紅顔］。

—の白髪 近世ふくしらが［福白髪］。

—の無分別 近世若気の至り。

—をあざける語 近代はなたらし／はなたれ［洟垂］。はなたれこぞう［洟垂小僧］。わかざう［若造］。わかぞう［若僧］。近世あをにさい［青二才］。けさいろく［毛才六］。けにさい［毛二歳］。こわっぱ［小童］。中世こせがれ［小倅］。

血気盛んな— 中世はやりを［逸雄］。

元気な— 近世けんじ［健児］。

元服して間もない— 中世こくゎんじゃ［小冠者］。

月代(さかやき)を剃った— 近世やらう［野郎］。

召使いの— 中世くゎじゃ／くゎんじゃ［冠者］。

やや愚鈍な— 近世にばんばえ［二番生］。

わがものがお【我物顔】 中古ところえがほ［所得顔］。わがものがほ［我物顔］。

—に振る舞うこと 中古ばっこ［跋扈］。

わがや【我家】 →いえ →じたく

わからずや【分屋】 近代ぼつぶんげうかん［没分暁漢］。近世うてず。ぼく［木／樸］。わ

からずや［分屋］。

わか・る【分】 近代かいする［解］。はあく［把握］。りかい［理解］。近世げせる［解］。けんず［見］。こむ［込／籠］。しょうち［承知］。れうかい［了解］。中世がてん［合点］。げ［解］。げす［解］。なっとく［納得］。わかる［分／解］。ゑとく［会得］。中古がってん［合点］。こころう〔—える〕［心得］。ことゆく［事行］。しる［知］。とくしん［得心］。わく［分］。上代さとる［悟／覚］。

—・ったつもり 近世なまのみこみ［生呑込］。中世なまがてん［生合点］。

—・っている顔 中古こころえがほ［心得顔］。

—・っていること 近世しょうち［承知］。

—・っているように振る舞うこと 中古さかしら［賢］。

—・らせる 近世くくむ〔くくめる〕［銜／哺］。たつい［達意］。目に物見す〔—見せる〕。中古いひふくむ〔—ふくめる〕［言含］。おもひしらす〔—しらせる〕［思知］。上代しらす〔しらせる〕［知］。をしふ〔おしえる〕［教］。

—・らない 近代ふとくえうりゃう［不得要領］。中世こころえがたし［心得難］。ぶあんない［不案内／無案内］。中古くらし［暗］。こころえず［心得］。《句》近代兎に祭文。大声里耳（じり）に入ぃらず。能書の読めぬ所に効き目あり。近世犬に論語。馬の耳に念仏。

—・らないさま 近世ごりむちゅう［五里霧中］。しっとう［漆桶］。ちんぷんかん［珍紛漢／珍糞漢／陳奮翰］。ちんぷんかんぷん［珍紛漢紛］。中世しっつう［漆桶］。

—・らないふりをする 中世うちおぼめく。

—・らなくなる 中世うしなふ［失］。中古うちまぎる〔—まぎれる〕［打紛］。まぎる〔まぎれる〕［紛］。おぼめく。

—・りきっている 近世しれたこと［知事］。言はずと知れた。中古さら［更］。《句》近代犬が西向きゃ尾は東。

—・りにくい 近代くゎいじふ［晦渋］。近世むづかし［難］。ややこしい。中世いんび［隠微］。なんかい［難解］。中古なんぎ［難義］。みえにくし［見難］。

—・りやすい 近代かんめい［簡明］。へいめい［平明］。みやすい［見易］。めいくゎい［明快］。近世ひきん［卑近］。ひらたい［平］。へいい［平易］。めぢかし［目近］。やさし［易］。

—・りやすく言う 中世仮名で書く。仮名に言ふ。

—・りやすくする 近世かみくだく［嚙砕］。くだく［砕／摧］。中世やはらぐ［和］。

おおよそ—・る 中世思ひ半ばに過ぐ。

簡単に—・る 中世推して知るべし。

実際に—・らせる 中世みしらす［見知］。

十分に—・っていること 近世百も承知。百も承知二百も合点。

十分に—・る 中世おもひわかつ［思分］。

はっきりと—・る 上代あきらか［明］。

耳慣れて—・りやすい 中古みみぢかし［耳近］。

訳が—・らない 中世跡形なし。是非も知らず。中古こころえず［心得］。

訳が—・る 中世意を得ぅ〔—得る〕。中古ことゆく［事行］。

わかれ【別】 べいべつ［袂別］。近代ぶんべい［分袂］。袂（たもと）を分かつ。中世けつべつ［決別／訣別］。なごり［名残］。りべつ［離別］。中古あかれ［別／散］。わかれぢ［別路］。上代たばなれ［手放］。べつり［別離］。わかれ［別／分］。《句》近世合はせ物は離れ物。逢ふは別れの始め。中世ゑしゃぢゃうり［会者定離］。

—の挨拶 近代べつじ［別辞］。中世けつじ［訣辞］。いとまごひ［暇乞］。中古まかりまうし［罷申］。

—の挨拶の言葉（例） アディオス（スペイン adiós）。グッドラック（good luck）。それじゃあ／それでは。ツァイチェン［（中国語）再見］。グッドバイ（good-bye）。近代アデュー（フランス adieu）。しっけい［失敬］。しつれい［失礼］。バイ／バイバイ（bye-bye）。近世あばよ。いざさらば。ごきげんやう［御機嫌］。さよなら［左様］。さらば［然］。中世さやうなら［左様］。

—の挨拶をして去ること 近代じけつ［辞訣］。じべつ［辞別］。暇（いとま）を告げる。中世いとまごひ［暇乞］。こくべつ［告別］。しゃす／じゃす［謝］。中古じきょ［辞去］。りうべつ［留別］。暇（いとま）を申す。

—の宴 近代くゎんそうくゎい［歓送会］。そうべつくゎい［送別会］。中古せん［餞］。はなむけ［餞／贐］。べつえん［別宴］。

—の悲しみ 中世あいべつりく［愛別離苦］。りこん［離恨］。中古べつい［別意］。上代りしう［離愁］。

—の杯 近代べっぱい［別杯／別盃］。近世未来の杯。中古りはい［離杯／離盃］。

—の涙 中世名残の袖。名残の涙。

—を惜しむこと 近世あいせき［哀惜］。中世

せきべつ［惜別］。上代袖振る。

愛する人とのー 中世あいべつ［愛別］。

親子のー 中世四鳥（してう）の別れ。

恩を裏切るー 近代後足で砂をかける。

最後のー 一生の別れ。永久（とは）の別れ。近代えいべつ［永別］。幽明相隔てる。幽明境を異にする。近世今生（こんじやう）の別れ。ながの別れ。中世えいけつ［永訣］。しにわかれ［死別］。しべつ［死別］。中古終（つひ）の別れ。

互いに生きていてのー 中世いきわかれ［生別］。上代せいべつ［生別］。

男女のー 近世扇（あふぎ）の別れ。中古よがれ［夜離］。上代袖の別れ。

男女のーについての話 近代てぎればなし［手切話］。わかればなし［別話］。

男女の朝のー 中古きぬぎぬ［衣衣／後朝］。こうてう［後朝］。暁の別れ。後朝（きぬぎぬ）の別れ。

名残尽きないー 中世飽かぬ別れ。

再び会えるかどうか分からないーの杯 中世みづさかづき［水杯／水盃］。

都からのー 中古鄙（ひな）の別れ。

わかれ【分】 近代ぼうりゅう［傍流］。近代えだわかれ［枝分］。ばうけい［傍系］。近世ぶんぱ［分派］。中古しりう［支流］。ぶんりう［分流］。わかれ［分］。

わかれみち【別道】 近代しろ［支路］。わかれぢ［別路］。近世えだみち［枝道／岐路］。おひわけ［追分］。きろ［岐路］。ふたすぢみち［二筋道］。わかれみち［別道／別路］。

多くのー 上代ちまた［巷／岐］。

わかれめ【分目】 上代やちまた［八巷／八衢］。かんとう［関頭］。ターニングポイント(turning point)。近代てんくゎんき［転換期］。てんわうざん［天王山］。ぶんきてん［分岐点］。わかれめ［分目］。近世せと［瀬戸］。せとぎは［瀬戸際］。せん［先］。てんかわけめ［天下分目］。ぶんかい［分界］。まがりかど［曲角］。中古てんき［転機］。中世せんど［先途］。きはめ［極目］。けぢめ。わけめきは［際］。きはめ［極目］。上代きだ［段］。きろ［岐路］。ちまた［巷／岐］。

わか・れる【分】 近代ぶんき［分岐］。ぶんくゎ［分化］。ぶんりつ／ぶんりふ［分立］。近世ぶんず［分］。ぶんれつ［分裂］。中世ぶんしん［分身］。中古ぶんり［分離］。わる［われる］［割］。上代わかる［わかれる］［分］。

ー・れてあちこちにあること 中古ぶんぷ［分布］。上代ぶんさん［分散］。

ー・れてできること(もの) 近代えだわかれ［枝分］。はせい［派生］。近世ぶんぱ［分派］。上代こ［子］。

ー・れて流れること えだながれ［枝流］。ぼうりゅう［傍流］。近世ぶんすい［分水］。中古しりう［支流］。ぶんりう［分流］。

一か所から多くー・れ出ているたとえ たこあし［蛸足］。

一本が数本にー・れる 近代えだわかれ［枝分］。

細かくー・れていること 中古きれぎれ［切切］。

天地が二つにー・れること 中古ほうはん［剖判］。上代かいびゃく［開闢］。

ばらばらにー・れること 中古さんらん［散乱］。上代ぶんさん［分散］。りさん［離散］。

平等にー・れること 中世へいぶん［平分］。

わか・れる【別】 近代バイバイ(bye-bye)。袖を分かつ。袂（たもと）を分かつ。近世おさらば。袖

中世けつべつ［決別／訣別］。中古あかる［別／散］。うちそむく［打背］。ひきわかる［引別］。ゆきあかる［行別］。りべつ［離別］。上代いわかる［別］。そでわかる［袖別］。そむく［背／叛］。たちわかる［—わかれる］［立別］。はなる［はなれる］［離］。べつり［別離］。ゆきわかる［—わかれる］［行別］。りさん［離散］。わかる［わかれる］［別］。

《枕》上代あまぐもの［天雲］。ころもでの［衣手］。はふつたの［這蔦］。

ー・れさせる 中世ひきはなす［引離］。中古とりはなつ［取放］。

ー・れてこのかた 近世いちべついらい［一別以来］。いちべつらい［一別来］。

ー・れて去ること 近代じべつ［辞別］。近世じけつ［辞訣］。中世じしさる［辞去］。じす［辞］。中古いとま［暇／遑］。じきょ［辞去］。

ー・れて住む(こと) 近世べっきょ［別居］。中古すみあかる［住離］。

ー・れてなお心ひかれること 近世こころのこり［心残］。中古なごり［名残／余波］。なごりをし［名残惜］。

ー・れて行く人を送ること 近代くゎんそう［歓送］。上代そうべつ［送別］。

ー・れて行く道 近代べつろ［別路］。中古わかれぢ［別路］。

ー・れにくい 中古さりがたし［去難／避難］。

ー・れるその時 近世わかれぎは［別際］。わかれしな［別］。中世わかれは［別端］。わかれざま［別様］。

一緒に育っても生長すればー・れてゆく 中古おひわかる［生別］。

きっぱりとー・れる 中世けつべつ［決別／訣

別］。
互いに―・れる 中世 ゆきあかる［行別］。
共寝をした男女が―・れる 上代 そでわかる［袖別］。
泣きながら―・れること 中世 なきわかれ［泣別］。
人が―・れ散るさま(こと) てんでばらばら。近代 きり［睽離］。近世 ちりぢりばらばら［散散］。ばらばら。わかれわかれ［別別］。中世 けいり［睽離］。べつべつ［別別］。中古 あかれあかれ［別別］。ちりぢり。ほろほろ。よそよそ［余所余所］。

わかわかし・い【若若】 近代 みづみづしい［水水／瑞瑞］。中世 なまやか［艶／生］。中古 うらわかし［若］。なまめかし［艶］。ひわかし［若］。わかざかり［若盛］。わかやか［若］。わかわかし［若若］。春秋(しゅんじう)に富む。上代 わかやる［若］。
―・く振る舞う 中古 わかやぐ［若］。
いつまでも―・いこと 中世 とくわか［徳若］。

わき【脇】 近代 えきか［腋下］。近世 よこ［横］。中世 はた［側／端／傍］。よこあひ［横合］。中古 かたはら［傍］。かたはらざま［傍様］。そば［側／傍］。そひ［添／傍］。わき［脇／腋／掖］。→**そば**
―と後ろ 近代 そくはい［側背］。
―に寄せる 中世 そばむ〔そばめる〕［側］。よく〔よける〕［避／除］。中古 おしやる［押遣］。のく〔のける〕［退／除］。
―に寄る 近世 のく［退］。中古 そばむ［側］。
―の下のくぼんだ所 えきか／えきわ［腋窩］。中世 わきつぼ［脇壺／腋壺］。
―の方 近代 そくはう［側方］。わきて［脇手］。近世 そくめん［側面］。中世 かたはらざま［傍方］。そばざま［側方］。
―を向く 中古 そばむく［側向］。
顔や体を―へ向ける 中世 そばむく［側向］。

わきあいあい【和気藹藹】 →**なごやか**

わきあが・る【沸上】 近世 にえかへる［煮返］。にえたつ［煮立］。にたつ［煮立］。ふっとう［沸騰］。もりあがる［盛上］。中世 にえたぎる［煮滾］。わきあがる［沸上／湧上／涌上］。わきかへる［沸返］。中古 たぎる［滾］。わく［沸／湧］。上代 たぎつ［滾］。

わきおこ・る【沸起】 近世 わきおこる［沸起／湧起］。上代 はふる［溢］。
―・るさま 近代 うつぼつ［鬱勃］。ゆうぜん［湧然／涌然］。近世 いうぜん／ゆぜん［油然］。

わきが【腋臭】 近代 えきしう［腋臭］。中世 ありか［在香］。わきが［腋臭／狐臭／胡臭］。

わきかえ・る【沸返】 フィーバー(fever)。近代 エキサイティング(exciting)。かうふん［昂奮］。こうふん［興奮］。にえくりかへる［煮繰返］。ねっきゃう［熱狂］。近世 にえかへる［煮返］。ふっとう［沸騰］。中世 わきあがる［沸上］。わきかへる［沸返／湧返］。わきたつ［沸立］。中古 たぎる［滾］。にゆ〔にえる〕［煮］。わく［沸／湧］。上代 たぎつ［滾］。

わきざし【脇差】 近世 さしぞへ［差添］。せうたう［小刀］。わきざし［脇差］。
比較的長い― 中世 おほわきざし［大脇差］。ながわきざし［長脇差］。

わきた・つ【沸立】 →**わきかえ・る**
―・つさま 近代 ぐらぐら。ふつふつ［沸沸］。近世 ぐつぐつ。ちんちん。

わきづけ【脇付】 近世 わきがき［脇書］。中世 そばづけ［傍付］。わきづけ［脇付］。
―の例 近代 おんちゅう／おんなか［御中］。けいてん［恵展］。けんぽく［硯北／研北］。ごいう［梧右］。こひか［虎皮下］。ざぜん［座前］。じさう［侍曹］。せいか［砌下］。そんか［尊下］。そんぢゃう［尊丈］。だいか［台下］。近世 ごか［梧下］。じし［侍史］。中世 あんか［案下］。ぎょくあんか［玉案下］。さうか［窓下］。ざか［座下］。まゐる［参］。中古 ざいう［座右］。そくか［足下］。ほうじゃう［奉上］。上代 きか［机下／几下］。
相手に直接開封を求める手紙の― 近代 しんてん［親展］。しんぴ［親披］。ぢきひ［直披］。ちょくひ［直披］。
貴人への書翰文の― 近代 しっし／しつじ［執事］。
女子の手紙の― 近代 おんまへ［御前］。おんもと［御許］。
女性への手紙の― 近代 しゃうし［粧次］。
僧侶宛書翰の― 近代 げいか［猊下］。
無事を知らせる手紙の― 近代 へいあん［平安］。へいしん［平信］。
父母への手紙の― 近代 しっか［膝下］。
返事の手紙の― 近世 きしう［貴酬］。そんたふ［尊答］。

わき・でる【湧出】 近世 ゆうしゅつ／ようしゅつ［湧出／涌出］。中世 はっせい［発生］。わきづ〔―でる〕［湧出］。中古 わきいづ［湧出］。
―・でて尽きないさま 中世 こんこん［滾滾／渾渾／混混］。
―・でる水 上代 いづみ［泉］。
泡立ちながら―・でるさま 近代 ぶつぶつ。近世 ぶくぶく。

雲などが━・でるさま 近世 むくむく。
水が━・でる所 近代 げんせん［源泉／原泉］。上代 いづみ［泉］。みなもと［源］。
水などが激しく━・でる 近世 きょうゆう／きょうよう［洶涌／洶湧］。ふきあがる［吹上／噴上］。ふきだす［噴出］。中古 わきかへる［涌返］。

わきばら【脇腹】 近世 ひいばら［脾腹］。よこっぱら／よこばら［横腹］。中世 かたはら［片腹］。かたはら［傍／旁／側／脇］。そばはら［側腹］。ひはら／ひばら［脾腹］。わきばら［脇腹］。中古 かたわき［片脇］。

わきまえ【弁】 近世 くべつ［区別］。ぐゎんぜ［頑是］。しきべつ［識別］。べんしき［弁識］。わかち［分／別］。中世 べんべつ［弁別］。中古 こころえ［心得］。しりょ［思慮］。ふんべつ［分別］。わきまへ［弁］。

わきま・える【弁】 中世 みわく［━わける］［見分］。中古 おもひしる［思知］。べんず［弁］。ものおぼゆ［物思］。上代 わいたむ／わきたむ［弁］。わきまふ［━まえる］［弁］。
━・えた顔つき 近世 ふんべつがほ［分別顔］。ふんべつづら［分別面］。
━・えていること 中古 うしん［有心］。
━・えること 中古 かんべん［勘弁］。ふんべつ［分別］。

わきみ【脇見】 近代 ぼうし［傍視］。近世 わきみ［脇見］。わきめ［脇目］。中世 よこめ［横目］。よそめ［余所目］。目を離す。中古 あからめ［目］。そばめ［側目］。ひがめ［僻目］。ほかめ［外目］。よそみ［余所見］。
━をしない 中世 面（おもて）も振らず。
━をしないで一心にすること（たとえ） 近代 ばしゃうま［馬車馬］。近世 いちもくさん［一目散］。いちもんじ［一文字］。脇目もふらず。中世 いっさん［一散］。まいちもんじ［真一文字］。ましぐら／まっしぐら［驀地］。面（おもて）も振らず。

わきみず【湧水】 近代 ゆうすい［湧水／涌水］。中古 わきみづ［湧水／涌水］。上代 いづみ［泉］。しみづ［清水］。ましみづ［真清水］。
岩間の━ 中世 いはゐ［岩井］。中古 いはしみづ［岩清水］。
小さな━ 中古 いさらゐ［細井］。

わきみち【脇道】 近世 えだみち［枝路／岐路／枝道］。ぬけみち［抜道］。中世 よけみち［避道］。よこみち［横道］。わきみち［脇道］。中古 かんだう［間道］。上代 よきぢ／よきみち［避道］。
━に逸れる 近世 なぐる。よこぎれ［横切］。
━を行くこと 近世 よこぎれ［横切］。

わきめ【脇目】 →わきみ

わきやく【脇役】 じょえんしゃ［助演者］。近代 サイドプレーヤー（和製side player）。バイプレーヤー（和製by player）。わきやく［脇役／傍役］。近世 はやく［端役］。

わぎり【輪切】 近世 くるまぎり［車切］。ずんど／ずんどう［寸胴］。ずんどぎり［寸胴切］。どうぎり［胴切］。中世 ずんぎり［寸切］。つつぎり［筒切］。わぎり［輪切］。

わく【枠】 近代 せいやく［制約］。近世 たが［箍］。中世 わく［枠／框］。中古 せいげん［制限］。ふち［縁］。
━を超えること 近代 オーバー（over）。てうくゎ［超過］。
コンクリートを打ち込むための━ かたわく［型枠］。
写真などを入れて飾る━ 近代 がくぶち［額縁］。フレーム（frame）。中世 がく［額］。
物事をはめ込む一定の━ 中古 いかた／いがた［鋳型］。

わ・く【湧】 近世 ゆうしゅつ／ようしゅつ［湧出／涌出］。中世 はっせい［発生］。中古 わく［湧／涌］。

わ・く【沸】❶〈煮える〉 近代 ふっとう［沸騰］。近世 にえかへる［煮返］。中世 にえたぎる［煮滾］。わきあがる［沸上］。わきかへる［沸返］。わきたつ［沸立］。中古 たぎる［滾］。にゆ［にえる］［煮］。わく［沸］。
━・くさま ことこと／ごとごと。近代 ぐらぐら。ふつふつ［沸沸］。近世 ぐつぐつ。ちんちん。中世 くつくつ。くらくら。

わ・く【沸】❷〈熱狂〉 フィーバー（fever）。近代 エキサイティング（exciting）。かうふん［昂奮］。こうふん［興奮］。ねっきゃう［熱狂］。ねっちゅう［熱中］。近世 わく［沸］。中世 わきかへる［沸返／湧返］。わきたつ［沸立］。

わくがい【枠外】 くいきがい［区域外］。近代 はんゐぐゎい［範囲外］。らちぐゎい［埒外］。らんぐゎい［欄外］。近世 けんぐゎい［圏外］。

わくぐみ【枠組】 シェーマ（ドイ Schema）。ストラクチャー（structure）。フレームワーク（framework）。近代 しくみ［仕組］。スケルトン（skeleton）。フレーム（frame）。メカ／メカニズム（mechanism）。わくぐみ［枠組］。中世 おほすぢ［大筋］。こうざう［構造］。ほねぐみ［骨組］。

わくせい【惑星】 プラネット（planet）。近代 まよひぼし［迷星］。近世 いうせい［遊星］。わ

くせい［惑星］。

—の周りを回る物体　ばいせい［陪星］。近世 ゑいせい［衛星］。

—の例　近代 イカルス(ﾗﾃﾝ Icarus)。かいわうせい［海王星］。てんわうせい［天王星］。近世 きんせい［金星］。すいせい［水星］。ちきう［地球］。中世 くゎせい［火星］。どせい［土星］。もくせい［木星］。

わくでき【惑溺】　近世 たんでき［耽溺］。わくでき［惑溺］。中古 おぼる〔おぼれる〕［溺］。浮き身を窶やす。うつつを抜かす。

わくない【枠内】　くいきない［区域内］。近代 けんない［圏内］。はんゐない［範囲内］。らちない［埒内］。

わくわく　近世 ぞくぞく。どきどき。わくわく。中世 うきうき［浮浮］。
—・する　近代 たかなる［高鳴］。ときめく。近世 胸を躍らす〔—躍らせる〕。中古 こころときめく［心悸］。はしる［走］。

わけ【訳】　近代 げんいう／げんゆ［原由］。げんいん［原因］。じゆ［事由］。りいう［理由］。近世 いきさつ［経緯］。いはく［曰］。いはれ［謂］。うつり［移］。ぎり［義理］。たてわけ［立分］。やうす［様子］。ゆゑん［所以］。りかい［理解］。わかち［分／別］。わり［割］。中世 いしゅ［意趣］。ぎ［儀］。しさい［子細／仔細］。ししゅ［旨趣］。しだい［次第］。みち［道］。よせ［寄］。わけ［訳］。中古 あるやう［有様］。いひ［謂］。おもぶき／おもむき［趣］。かしこまり［畏］。けしき［気色］。こころ［心］。こころばへ［心延］。こと［事］。ことわり［理］。さるやう［然様］。じじゃう［事情］。やう［様］。よし［由／因］。上代 じいう［事由］。ゆゑ［故］。ゆゑよし［故由］。ことの由よし。

—がありげだ　近世 しさいらし［子細／仔細］。わけらし［訳］。中世 ことありげ［事有気］。やうがまし［様］。やうやうし［様様］。よしありげ［由有気］。中古 ゆゑづく／ゆゑぶ［故］。ゆゑゆゑし［故故］。よしよしし［由由］。

—がありげな顔　近世 しさいがほ［子細顔］。中古 ことありがほ［事有顔］。

—がありげな者　近世 しさいもの［子細者］。

—がありげに振る舞う　近代 きどる［気取］。もったいがる［勿体］。近世 もったいぶる［勿体振］。やうすぶる［様子振］。もったいを付く〔—付ける〕。中古 ゆゑだつ［故立］。よしばむ［由］。

—がある　近代 いはくけだしつき［曰蓋付］。いはくつき［曰付］。中世 こころあり［心有］。

—がない　中世 すずろ／すぞろ／そぞろ［漫］。

—が分からない　中世 すぢなし［筋無］。跡形なし。是非も知らず。中古 こころえず［心得］。→**わか・る**
—が分かる　中世 意を得う〔—得る〕。中古 ことゆく［事行］。→**わか・る**
—の分からないこと　中世 むてん［無点］。意を得ず。

—の分からない言葉　近世 よまひごと［世迷言］。唐人の寝言。上代 たはごと［戯言］。

—の分からないことをくどくど言う　近世 のたまく。御託を並ぶ〔—並べる〕。

—の分からないことをする　《句》近世 泥田を棒で打つ。中世 泥裡(泥裏)に土塊を洗ふ。

—を知っている　中古 こころしる［心知］。

—を説明する　中世 ことわる［理／断］。

何か—がある　上代 よしこさる［由］。

わけあ・う【分合】　近代 わかちあふ［分合］。近世 やまわけ［山分］。わけあふ［分合］。

わけあた・える【分与】　近代 かつじゃう［割譲］。はいふ［配付］。はいふ［配布］。ぶんきふ［分給］。近世 ほうず［封］。中世 はいぶん［配分］。はぶく［省］。ふよ［賦与］。わけあたふ〔—あたえる〕［分与］。中古 くばる［配］。ぶんよ［分与］。上代 くまる［配］。ぶんぱい［分配］。
人数にあてて等分に—・えること　上代 くぶん［口分］。
貰い物の一部を—・えること　近代 おふくわけ［御福分］。近世 おすそわけ［御裾分］。ふくわけ［福分］。中世 すそわけ［裾分］。

わけい・る【分入】　近世 わりこむ［割込］。近代 はいりこむ［入込］。中古 いりこむ［入込］。ふみわく［踏分］。まじる［交］。わけいる［分入］。
両者の間に—・る　中世 かけへだたる［懸隔］。

わけぎ【分葱】　近世 ふゆねぎ［冬葱］。中世 わけぎ［分葱］。

わけな・い【訳無】　近代 わけない［訳無］。近世 差異もない。つが(も)なし。中世 ようい［容易］。苦もなし。造作ぞうもなし。中古 こころやすし［心安］。しさいなし［子細無］。事もなし。上代 たやすし［容易］。
—・くできるさま　へのかっぱ。近代 へいちゃら。お茶の子さいさい。事もなげ。中世 なんなく［難無］。

わけへだて【分隔】　近代 えこひいき［依怙贔

屓]。近世くべつ[区別]。中世ひいき[贔屓]。わけへだて[分隔／別隔]。中古さべつ[差別]。

わけへだ・てる【分隔】 近世わけへだつ[―へだてる][分隔／別隔]。中古おもひへだつ[思隔]。きらふ[嫌]。

わけまえ【分前】 近代とりだか[取高]。近世とりまへ[取前]。ふちゃう[符丁／符帳]。ふてふ[符牒]。わりわたし[割渡]。わりまへ[割前]。わけまへ[分前]。中世とりぶん[取分]。はいたう[配当]。はいぶん[配分]。ぶん[分]。わけくち[分口]。わけぶん[分分]。中古とくぶん[得分]。

わけめ【分目】 近代わかれめ[分目]。近世ぶんかい[分界]。中世さかひめ[境目]。しきり[仕切]。中古けぢめ。わけめ[分目]。↓**わかれめ**

わけもなく【訳無】 近世なんとなく[何無]。なにがなし[何彼無]。中古あいなく。中世すずろ／すぞろ／そぞろ[漫]。むさと。わけもなく[訳無]。上代あやに[奇]。もとな。

わ・ける【分】❶〈離す〉 近代くぎる[区切／句切]。ぶんかい[分解]。ぶんかつ[分割]。ぶんだん[分断]。近世ぶんず[分]。中世さしわく[差分]。たちわる[断割／裁割]。わる[割]。中古あかつ[分／頒／班]。ひきわく[―わける][引分]。ぶんり[分離]。わかつ[分／別]。上代さく[割／裂]。わく[わける][分／別]。

《枕》中古あしのねの[葦根]。

―・けたところ 中世きはめ[際目]。さかひめ[境目]。中古わけめ[分目]。

―・けて売ること 近代ぶんばい[分売]。近世きりうり[切売]。たちうり[裁売]。

―・けて納めた遺骨 近代ぶんこつ[分骨]。

―・けて散らすこと ちらばす[散]。中世ちらかす[散]。上代ちらす[散]。ぶんさん[分散]。

―・けられないこと 近代ふかぶん[不可分]。中世いったい[一体]。

細かく―・けたもの 中古こまけ[細]。

細かく―・けること さいぶん[細分]。近代せうべつ[小別]。近世こぎる[小切]。中世こわけ[小分]。中古せうぶん[小分／少分]。

土地などを―・けること くわり[区割]。近代くゎく[区画]。くわけ[区分]。中世しきる[仕切]。

二つに―・ける 近世かたわく[方分]。中世にぶん[二分]。上代ふりわく[―わける][振分]。

わ・ける【分】❷〈分類〉 近代くぎる[区切／句切]。くべつ[区別]。くみわけ[組分]。くわけ[区分]。近世しわけ[仕分／仕訳]。ぶだて[部立]。中世とりわく[―わける][取分]。ぶんるい[分類]。中古くぶん[区分]。るいべつ[類別]。わく[わける][分／別]。上代わく[分／別](四段活用)。

わ・ける【分】❸〈配る〉 近代ふりわける[振分]。中世とりわく[―わける][取分]。はいぶん[配分]。ぶんじゃう[分譲]。中古あかつ[頒／班]。わかつ[分／別]。わく[わける][分／別]。上代ぶんぱい[分配]。

―・けた領地 近代ぶんぽう[分封]。中世ぶんりゃう[分領]。

―・けて仕事を受け持つこと わけもつ[分持]。近代ぶんげふ[分業]。ぶんたん[分担]。中古てわけ[手分]。ぶんしゃう[分掌]。

平等に―・けること 中世へいぶん[平分]。

わごう【和合】❶〈融和〉 近代ハーモニー(harmony)。ゆうがふ[融合]。ゆうわ[融和]。中古さうおう[相応]。てうわ[調和]。上代わがふ[和合]。

わごう【和合】❷〈性交〉 →**せいこう【性交】**

わこうど【若人】 →**わかもの**

わざ【業】 おこない[行]。こうい[行為]。しごと[仕事]。しょい[所為]。しわざ[仕業]。近世そゐ[所為]。上代わざ[業]。

わざ【技】 近代ぎのう[技能／伎能]。ぎはふ[技法]。しゅわん[手腕]。たくみ[工／匠]。テクニック(technic)。はうじゅつ[方術]。近世うでまへ[腕前]。ぎかう[技巧]。ぎじゅつ[技術]。じゅつ[術]。中世うで[腕]。ぎげい[技芸／伎芸／妓芸]。ぎりゃう[技量／伎量／伎倆]。てぎは[手際]。てなみ[手並]。のう[能]。上代げい[芸]。わざ[技]。

《句》中世君子は器ならず。

―を練ること 近代くんれん[訓練]。トレーニング(training)。れんせい[錬成／練成]。中世たんれん[鍛錬／鍛練／鍛煉]。れんま[錬磨]。中古しうれん[修練／修錬／修煉]。れんしふ[練習]。

荒々しい― 近世あらわざ[荒技]。

家に代々伝わる― かどう[家道]。中世いへのみち[家道]。

優れた― 近代びぎ[美技]。ファインプレー(fine play)。めうぎ[妙技／妙伎]。中世ぜつぎ[絶技]。めうじゅつ[妙術]。中古かみわざ[神業／神事]。上代ほつて[秀手]。

大胆な― 近世 はなれわざ[離技／離業]。

得意とする― 近世 えもの[得物]。中世 えて[得手]。

一つの― 近世 ひとて[一手]。中古 いちげい[一芸]。

不思議な― 近代 れいじゅつ[霊術]。中世 めうじゅつ[妙術]。

わさい【和裁】 近世 おはり[御針]。はりしごと[針仕事]。中古 さいほう[裁縫]。たちぬひ[裁縫]。ものたち[物裁]。ものぬひ[物縫]。ぬひもの[縫物]。

―をする人 おはりこ[御針子]。近代 はりこ[針子]。近世 ぬひこ[縫子]。

わざし【業師】 近代 さくし[策士]。さくりゃくか[策略家]。わざし[業師]。

わざと【態】 いとてきに[意図的]。近代 いしきてき[意識的]。わざっと[態]。近世 こいに[故意]。せっかく[折角]。中古 ことさら[殊更／故]。中世 わざわざ[態態]。ふりはへ(て)[振延]。わざと[態]。しひて[強]。

―する 近世 さしつく[―つける][差付]。中古 さしはふ[差延]。さしわく[差分]。しらがふ。ふりはふ[振延]。

わざとらし・い【態】 近代 ふしぜん[不自然]。わざとらしい[態]。取って付けたやう。中世 いまめかし[今]。いらなし[苛]。ことあたらし[事新]。やうがまし[様]。中古 ことさらぶ[殊更]。わざとがまし[態]。わざとだつ[態立]。わざとめく[態]。わざわざし[態態]。

―・い顔つき 中世 つくりがほ[作顔]。中古 したてがほ[仕立顔]。

―・く騒ぐこと 近世 からさわぎ[空騒]。中古 そらさわぎ[空騒]。

―・く見えない 中古 しぜん[自然]。わざとなし[態]。わざとならず。

―・く見える 中古 ことさらめく[殊更]。わざとだつ[態]。わざとめく[態]。わざわざし[態態]。

ぴったりし過ぎて―・い 近世 あてじまひ[当仕舞]。

わざわい【災】 →さいなん

わざわざ【態態】 近世 こいに[故意]。わざっと[態]。中世 わざわざ[態態]。わざと[態]。しひて[強]。上代 あへて[敢]。ことさら[殊更／故]。→わざと

わしき【和式】 近代 にほんしき[日本式]。にほんふう[日本風]。わふう[和風]。近世 わやう[和様]。中世 わしき[和式]。

わしつ【和室】 近代 にほんま[日本間]。中世 ざしき[座敷]。

わじゅつ【話術】 はなしかた[話方]。近代 エロキューション(elocution)。ナレーション(narration)。わじゅつ[話術]。わはふ[話法]。

―が上手なこと 近世 はなしじゃうず[話上手]。

―が下手なこと 近世 はなしべた[話下手]。

―で人を楽しませる芸 おわらい[御笑]。わげい[話芸]。

―で人を楽しませる芸(例) 近代 ふくわじゅつ[腹話術]。まんざい[漫才]。まんだん[漫談]。近世 かうだん[講談]。らくご[落語]。

わしん【和親】 近代 しうかう[修好／修交]。しんな／しんわ[親和]。近世 しんかう[親交]。しんぜん[親善]。しんぼく[親睦]。中古 わしん[和親]。

わずか【僅】 →すこし

わずかに【僅】 近代 いくばくか[幾許]。いくぶん[幾分]。いくらか[幾]。ちょっと。多少とも。中世 ちっくり。中古 じゃくかん[若干]。すこしばかり[少許]。たせう[多少]。わづかに[僅／纔]。上代 いささか[些／聊]かつ[且]。すこし[少]。→すこし

―開く 中世 ほのあく[仄開]。

わずらい【患】 →びょうき

わずらい【煩】 近代 くりょ[苦慮]。やくかい[厄介]。近世 しっつう[疾痛]。しんぱい[心配]。中世 くらう[苦労]。しんつう[心痛]。なやみ[悩]。はんもん[煩悶]。めんだう[面倒]。中古 くなう[苦悩]。しゃうしん[傷心]。上代 くゎん[患]。わづらひ[煩]。→しんぱい

わずら・う【患】 →や・む【病】

わずら・う【煩】 中古 おもひなやむ[思悩]。なづむ[泥]。上代 おもひわづらふ[思煩]。なやむ[悩]。わづらふ[煩]。わぶ[わびる][侘／詫]。

わずらわし・い【煩】 近代 はん[煩]。はんさ[煩瑣]。めんだうくさい／めんどくさい[面倒臭]。近世 いたつかはし／いたづかはし／いたづがはし[労]。ことむつかし[事難]。しちめんだう[面倒]。はんざつ[煩雑／繁雑]。はんじょう[煩冗／繁冗]。はんみつ[繁密]。中世 うったうし[鬱陶]。はんた[煩多]。むつかし[難]。めんだう[面倒]。中古 あつかはし[暑／熱]。いとはし[厭]。いぶせし[鬱悒]。うし[憂]。うるさし[煩／五月蝿]。

わ

くだくだし。ところせし［所狭］。にくし［憎］。むつかしげ［難］。わづらはし［煩］。上代しげけし／しげし［繁］。

━・いさま 近世うるさ［煩］。おくこふ［億劫］。しちもくれん。中世うったう［鬱陶］。

━・い仕事 近世ぞくむ［俗務］。ぢんむ［塵務］。中古はんむ［繁務／煩務］。はんらう［煩労］。

━・いほどの飾りのある文章 近世はんぶん［繁文］。

━・い物事 近代けいるい［係累／繋累］。はんるい［煩累］。

━・い世の中 上代ふうぢん［風塵］。

規則などが多くて━・いこと 近代はんじょく［繁縟］。近世はんぶんじょくれい［繁文縟礼］。中古はんぶん［繁文］。

事が多くて━・いこと 中世はんた［繁多／煩多］。

細か過ぎて━・いさま 近代こまごま［細細］。こまごましい［細細］。はんさ［煩瑣］。近世うざる。中古さつさつ［察察］。

条件が多くて━・い 中世やうがまし［様］。

少し━・い 近世こうるさし［小煩］。

世間の━・さ 中古ぢんこう［塵垢］。上代ぞくぢん［俗塵］。ぞくるい［俗累］。

注文が多くて━・い 中世やうがまし［様］。

都会の━・さ 近代とぢん［都塵］。

なんとなく━・いさま 中古なまけやけし［生］。なまむつかし［生］。なまわづらはし［生煩］。

人の口が━・い 上代こちたし［言痛］。

▼接頭語 近世しち。

わずらわ・す【煩】 近代面倒を掛ける。上代なやます［悩］。わづらはす［煩］。

わ・する【和】 近代しんな／しんわ［親和］。ゆうわ［融和］。わがふ［和合］。中世あひしたしむ［相親］。したしむ［親］。わす［和］。

わすれぐさ【忘草】 →やぶかんぞう

わすれもの【忘物】 近代ふんしつぶつ／ふんしつもの［紛失物］。わすれもの［忘物］。ゐしつぶつ［遺失物］。ゐりうひん［遺留品］。近世おとしもの［落物］。中世うせもの［失物］。

わす・れる【忘】 すっぽぬける［抜］。わすれさる［忘去］。近世ゐきゃく［遺却］。中世しっきゃく［失却］。はいまう［廃忘／敗亡］。ばうしつ／まうしつ［亡失］。ばうず［忘］。ゐばう［遺忘］。中古うちわする〔━わすれる〕［打忘］。おもひすぐす／おもひすごす［思過］。おもひわする［思忘］。しつねん［失念］。ばうきゃく［忘却］。ふるす［旧／古］。ものわすれ［物忘］。上代おもひすぐ［思過］。おもひやすむ［思休］。たわする［忘］。わする〔わすれる〕［忘］。わする［忘］（四段活用）。

《尊》中古おぼしおこたる［思怠］。おぼしけつ［思消］。おぼしすぐす［思過］。

《句》中世去る者は日日に疎し。

━・れっぽいこと 近代わすれがち［忘勝］。中世けんばう［健忘］。

━・れっぽい人 近代わすれんばう／わすれんぼ［忘坊］。中世かごみみ［籠耳］。からす［烏／鴉］。ざるみみ［笊耳］。

━・れないこと 近代ふくよう［服膺］。近世けんけんふくよう［拳拳服膺］。

━・れられない わすれがたい［忘難］。近代忘れ得ぬ。中古しみつく［染着／沁着］。ふりがたし［旧難］。

一度聞いたら決して━・れないこと 近代ふくろみみ［袋耳］。近世ぢごくみみ［地獄耳］。

入れるべきものを━・れること 近代ておち［手落］。近世てぬかり／てぬけ［手抜］。中世おち［落］。中古おとし［落］。

置いて━・れる 近世おきわする〔━わすれる〕［置忘］。中古おきまどはす［置惑］。ゐしつ［遺失］。

心に刻み込んで━・れないこと 近代かんめい［感銘／肝銘］。めいき［銘記］。中世めいかん［銘肝］。

知っていることをふと━・れること 近世どうわすれ［胴忘］。どわすれ［度忘］。

他に心奪われて━・れる 中古うちまぎる［打紛］。おもひまぎる［思紛］。まぎる〔まぎれる〕［紛］。

人の顔を━・れること 上代おもわすれ［面忘］。

見聞きしてすぐ━・れる 近代しりぬけ［尻抜］。

無理に━・れる 中古おもひけつ［思消］。

わせ【早生】 近代さうせい［早生］。さうせい［早成］。近世はやなり［早生］。中世さうじゅく［早熟］。上代わせ［早生／早稲］。

わせい【和製】 こくないさん［国内産］。にほんせい［日本製］。にほんせいひん［日本製品］。近代メードインジャパン(made in Japan)。近世こくさん［国産］。わせい［和製］。

わそう【和装】 きものすがた［着物姿］。わふくすがた［和服姿］。近代わさう［和装］。→きもの

わた【綿】 近代コットン(cotton)。近世おなか

[御中]（女房詞）。じょ[絮]。中世もめんわた[木綿綿]。上代わた[綿／棉／絮]。

ーの屑ずく 近代くづわた[屑綿]。わたぼこり[綿埃]。近世わたくづ[綿屑]。

ーの実が熟すころ 近世わたあき[綿秋]。

ーを毛羽立たせる 近世つばなかす[茅花]。

ーを丸めて布で包んだもの 近世たんぽ。

打ち返した古いー 近世うちわた[打綿]。

採取したままのー 近代げんめん[原綿]。近世たまわた[玉綿]。

止血や分泌物の吸収に用いるー だっしめん[脱脂綿]。タンポン（ドイツ Tampon）。めんきゅう[綿球]。めんぼう[綿棒]。

その他ーのいろいろ（例） 近世ぬきわた[抜綿]。中世きぬわた[絹綿]。中古ひきわた[引綿]。まわた[真綿]。

▼綿帽子（例） 近世おきわた[置綿]。ぼんぼりわた[綿]。まるわた[丸綿]。

わだい【話題】 近代サブジェクト(subject)。トピック(topic)。わだい[話題]。近世かたりぐさ[語種]。くち[口]。わとう[話頭]。中世くちずさび／くちずさみ[口遊]。ことのはぐさ[言葉種]。だんぺい[談柄]。もてあつかひぐさ[持扱草]。わへい[話柄]。中古あつかひぐさ[扱草]。いひごと[言事]。ことぐさ[言種／言草]。上代かたらひぐさ[語草]。かたり[語]。

ーとする 近代とりざたする[取沙汰]。口の端はに上る。中古あつかふ[扱]。いひあつかふ[言扱]。おもむく[赴／趣]。ひびく[響]。口に乗る。口の端はに掛かる。

ーをそらしてごまかす 近代いひはぐらす[言]。はぐらす。顧みて他を言ふ。近世いひはぐらかす[言]。いひまぎらす[言紛]。中世はぐらかす。

ーを転換するときの語 近代ところで。近世それぢゃ／それでは。中世さるほどに[然程]。それにしても。まこと[真／実／誠]。中古さて[扨／扠／偖]。さても[扨]。

ーを本題に戻すときの語 近代それはそれとして。近世かんわきうだい[閑話休題]。それはさておき。中世それはとにかく。それはともあれ。

茶飲み話のー 近世ちゃのみぐさ[茶飲草]。

時のー カレントトピックス(current topics)。近代じじもんだい[時事問題]。近世しんぶん[新聞]。

一つのーが続くこと 中世もちきり[持切]。

わたいれ【綿入】 近世うんぱう／わんぱう／をんばう[縕袍]。たんぜん[丹前]。どてら[縕袍／褞袍]。わたいれ[綿入]。わたこ[綿子]。中世ぬのこ[布子]。中古あつぎぬ[厚衣]。めんい[綿衣]。上代わたぎぬ[綿衣]。

ーを脱いで袷あはせを着ること 中古わたぬき[綿抜]。

袖のないー 近代ちゃんちゃん／ちゃんちゃんこ。近世わたこ[綿子]。

わだかまり【蟠】 しこり[凝／痼]。近代こうでい[拘泥]。ひっかかり[引掛／引懸]。わだかまり[蟠]。近世かくい[隔意]。こだはり[拘]。もだくだ。中世きゃくい[隔意]。くったく[屈託／屈托]。もやもや。中古かくしん[隔心]。せんかい[繊芥]。

ーがあって楽しまないこと 近代うっくつ[鬱屈]。むれう[無聊]。中古ぶれう[無聊]。

ーがあること 近世ばんくつ[盤屈／蟠屈]。中世くもり[曇]。こころぐま[心隈]。

ーがない心 中古きょしう[虚舟]。きょしつ[虚室]。きょしん[虚心]。むしん[無心]。

ーがないこと 中世くゎくぜん[廓然]。たんくゎい[坦懐]。

ーがないさま 近代せいげつ[霽月]。五月さつき（皐月／早月）の鯉の吹き流し。近世すっきり。すっきりしゃん。中世うららか[麗]。くゎうふうせいげつ[光風霽月]。せいせい[清清／晴晴]。はればれ[晴晴]。めいめい[明明]。中古はればれし[晴晴]。

ーがなくなる ふっきれる[吹切]。近世おしはれる[押晴]。

わたくし【私】 近代あし[私]。あたい／あたし[私]。あたくし[私]。あっし[私]。あて[私]。ミー(me)。よはい[余輩]。わい[私]（関西で）。わがはい[我輩／吾輩]。わて[私]。近世あこ[吾子]。うぬ[己]。うら[己]。おいどん（薩摩武士の語）。おいら[己等]。おいらっち／おらっち[俺達]。おら[己]。おれっち[俺]。こちと／こっちと[此方人]。こちとら[此方人等]。こちら[此方]。このはう[此方]。てまへ／てめえ[手前]。はな[鼻]。ぼく[僕]。みたくし。やす[野子]。わがたう[我党]。わし[私／儂]。わたし[私]。わちき[私]（遊女の語）。わっし／わっち[私]。わなみ[我儕／吾儕]。われわれ[我我]。中世おれ[俺／己／乃公]。こち／こっち[此方]。こなた[此方]。これ[是／此／之]。じぶん[自分]。それがし[某]。み[身]。みども[身共]。わがみ[我身]。わたくし[私]。わらは[妾]。中古おの／おのれ[己]。ここ[此所／此処]。こ

こもと[此処許/爰許]。なにがし[某/何某]。まろ[麿/麻呂]。まろら[麻呂等]。みづから[自]。よ[予/余]。われら[我等]。上代 あ/あれ[我/吾]。な[己/汝]。わ[我/吾]。わぬ[我/吾](上代東国方言)。われ[我/吾]。→じぶん

《尊》(尊大な言い方) 近世 おれさま[俺様/己様]。はなさま[鼻様]。中世 だいこう[乃公/酒公]。ないこう[乃公]。

《謙》(多く書簡文で用いる) 近代 うせい[迂生]。うせつ[迂拙]。かめい[下名]。ぐせい[愚生]。せい[生]。れっせい[劣生]。近世 ぐ[愚]。げせつ[下拙]。しづ[賤]。せうてい[小弟/少弟]。せつ[拙]。せっか[拙下]。せっしゃ[拙者]。せっせい[拙生]。ふせう[不肖]。ふねい[不佞]。やせい[野生]。やせつ[野拙]。われわれ[我我]。中世 ぐせつ[愚拙]。ぐはい[愚輩]。げら[下等]。せっし/せっす[拙子]。せっぷ[拙夫]。わたくしづれ[私連]。中古 せうし[小子]。せうせい[小生]。ぼう[某]。やつがれ[僕]。やふ/やぶ[野夫]。上代 やつかれ[僕]。やつこ[奴/臣]。わけ[戯奴]。

—たち →われわれ

—の マイ(my)。上代 あが[我/吾]。おのが[己]。わが[我/吾]。わご[我]。

—の所へ 上代 わがり[我許]。

▼家臣が主君に対して自分を言う語 近世 ぐしん[愚臣]。くゎじん[寡人]。中世 しん[臣]。

▼官吏が自分をへりくだって言う語 近代 せうくゎん[小官]。ひくゎん[卑官]。びくゎん[微官]。上代 げくゎん[下官]。

▼子供が自分を言う語 近代 じ[児]。中世 あご[吾子]。

▼女性が自分をへりくだって言う語 近世 せふ[妾]。中世 わらは[妾]。

▼先輩に対してへりくだって言う語 近代 ばんせい[晩生]。

▼僧が自分をへりくだって言う語 近世 やしゃく[野錫]。やそう[野僧]。やだふ/やなふ[野衲]。中世 ぐそう[愚僧]。ぐとく[愚禿]。さんそう[山僧]。せうし[小師]。せっそう[拙僧]。中古 ひんだう[貧道]。

▼天子の自称 近代 ちん[朕]。上代 くゎとく[寡徳]。

▼天皇に準ずる人の自称 中世 まる[丸/麻呂]。

▼年取った僧が自分を言う語 近世 らうなふ[老衲]。中古 らうそう[老僧]。

▼老人が自分を言う語 中世 だいをう/ないをう[乃翁]。

▼老人が自分をへりくだって言う語 近世 うそう[迂叟]。やをう[野翁]。らう[老]。をう[翁]。中世 ぐらう[愚老]。せつらう[拙老]。らうかん[老漢]。らうせい[老生]。中古 やらう[野老]。

▼若い女性が自分をへりくだって言う語 近代 せうまい[小妹/少妹]。

わたくしごと【私事】 近代 し[私]。中古 しじ[私事]。わたくしごと[私事]。

わたし【私】 →わたくし

わたしば【渡場】 わたりば[渡場]。近世 とせんば[渡船場]。わたし[渡]。わたしば[渡場]。中古 つ[津]。わたり[渡]。上代 かはづ[川津]。かはと[川門]。

—のほとり 中古 ととう[渡頭]。

天の川の— 上代 やすのわたり[安渡]。

わたしぶね【渡船】 近世 かよひぶね[通舟]。中古 とせん[渡船]。わたしぶね[渡船/渡舟]。上代 わたりぶね[渡船]。

—の料金 近世 わたしせん[渡銭]。中世 わたしちん[渡賃]。

わたしもり【渡守】 中古 かはもり[川守]。かはをさ[川長]。上代 わたしもり[渡守]。わたりもり[渡守]。

わた・す【渡】❶〈譲渡〉 近代 てわたす[手渡]。近世 かうふ[交付]。中世 じゃうと[譲渡]。ひきわたす[引渡]。中古 さしとらす[差取]。さしわたす[差渡]。わたす[渡]。

《尊》中古 たぶ[賜/給]。

上の者から下の者へ—・す 近世 さぐ〔さげる〕[下]。

管轄の権限などを—・す 近代 いくゎん[移管]。

直接—・すこと 中世 てわたし[手渡]。

人に見えないように—・すこと 近世 そでうつし[袖移]。そでのした[袖下]。

持って行って—・す 中世 とどく〔とどける〕[届]。

わた・す【渡】❷〈架設〉 近代 かせつ[架設]。中世 かけわたす[掛渡/架渡]。上代 かく〔かける〕[架]。ひきわたす[引渡]。わたす[渡]。

わだち【轍】 きせき[軌跡]。近代 き[軌]。中世 きてつ[軌轍]。てつ[轍]。わだち[轍]。中古 しゃてつ[車轍]。

わたつみ 中世 かいじゃく[海若]。かいじん[海神]。上代 わたつみ/わたづみ/わだづみ/わだつみ。

わたりあ・う【渡合】 近代 四つに組む。近世 あ

ひてどる［相手取］。**中世**わたりあふ［渡合］。**中古**たたかふ［戦／闘］。**上代**あらそふ［争／諍］。

わたりある・く【渡歩】

一度ー・うこと **中世**ひとあて［一当］。

世の中を巧みにー・く **中世**わたりあるく［渡歩］。**近世**ながれわたる［流渡］。**近代**およぎまはる［泳回］。

わたりろうか【渡廊下】 わたろう［渡廊］。**中世**わたりらう［渡廊］。**近世**わたりらうか［渡廊下］。

建物と建物を結ぶー **中世**はしがかり［橋懸／橋掛］。**中古**はし［橋］。ほそどの［細殿］。わたどの／わたりどの［渡殿］。

中ほどが上に反った屋根付きのー **近代**そりわたどの［反渡殿］。

わた・る【渡】 **近世**またぐ［跨］。**中世**うちわたる［打渡］。**上代**いわたる［渡］。こえゆく［越行］。こゆ〔こえる〕［越／超／踰］。さわたる［渡］。とわたる［門渡］。よこぎる［横切］。わたる［渡／渉］。

《枕》**上代**おほぶねの［大船］。

ー・って行く **近代**わうだん［横断］。**上代**いゆきわたる［行渡］。たちわたる［立渡］。ゆきわたる［行渡］。わたらふ［渡］。

海をー・る **近代**とかう［渡航］。とやう［渡洋］。**上代**とかい［渡海］。

大空をー・る **上代**あまづたふ［天伝］。

川や海峡をー・る **上代**とわたる［門渡］。

川をー・る **近代**とせふ［徒渉／渡渉］。**近世**かはごし［川越］。**中世**とか［渡河］。**中古**かちわたり［徒渉／歩渡］。

わっぷ【割賦】→へんさい →わりあて

わな【罠】 **近代**トラップ(trap)。**近世**かんせい［陥穽］。こぶち。ぢごくおとし［地獄落］。**中世**おとし［落］。おとしあな［落穴］。くくり［括］。ふみかぶり［踏被］。わさ［輪差］。**中古**くひち／くびち［弶］。**上代**わな［罠／羂／綰］。

ーのいろいろ（例） きつねおとし［狐落］。こいせん［鯉筌］。とらばさみ［虎挟］。**近世**きつねわな［狐罠］。ますおとし［枡落／升落］。ますこかし［升転］。ますわな［升罠］。

わなな・く【戦慄】 **中世**みぶるひ［身震／身振］。**中古**おそる〔おそれる〕［恐／畏／怖／懼］。せんりつ［戦慄／戦栗］。ふるふ［震］。をののく［戦／戦慄］。**上代**わななく［戦慄］。

ー・くさま **近世**がたがた。ぶるぶる。**中世**わぢわぢ。わなわな。

わに【鰐】 アリゲーター(alligator)。クロコダイル(crocodile)。**近世**がくぎょ［鰐魚］。**中古**わに［鰐］。

わび【侘】 **近世**わび［侘］。**中世**かんきょ［閑居］。かんじゃく［閑寂］。かんせい［閑静］。

わび【詫】 **近代**しゃざい［謝罪］。ひらあやまり［平謝］。**中世**わび［詫］。**中古**かしこまり［畏］。ちんしゃ［陳謝］。→あやま・る【謝】

わびし・い【侘】 **近世**さみし［寂／淋］。**中世**みすぼらし［見窄］。**中古**さびし［寂／淋］。わびし［侘］。わびしむ［侘］。**上代**うらさぶ［荒］。うらぶる。ものがなし［物悲］。わぶる［侘］。

わびずまい【侘住】 **近代**ぐうきょ［寓居／偶居］。さくきょどくせい［索居独棲］。びんばふぐらし［貧乏暮］。**近世**くしゃくにけん［九尺二間］。わびずまひ［侘住］。**中世**かんきょ［閑居］。くさのいほり［草庵］。**中古**くさのと［草戸］。くさのいほ［草庵］。さいひ［柴扉］。さくきょ［索居］。**上代**いうきょ［幽居］。

わ・びる【詫】→あやま・る【謝】

わふう【和風】 **近代**にほんしき［日本式］。にほんふう［日本風］。わふう［和風］。**近世**わやう［和様］。**中世**わしき［和式］。

ーと洋風 **近代**わやう［和洋］。

ーと洋風を取り混ぜること **近代**わやうせっちゅう［和洋折衷］。

わふく【和服】 **近代**わさう［和装］。わふく［和服］。**上代**きもの［着物］。→きもの

わへい【和平】→わぼく（次項）

わぼく【和睦】 **近代**たひらぎ［平／成］。**近世**かうわ［講和］。**中世**なかなほり［仲直］。わかい［和解］。**中古**くゎぼく［和睦］。わがふ［和合］。わぎ［和議］。わへい［和平］。**上代**わぼく［和睦］。

わめ・く【喚】 **近代**けうがう［叫号］。しっこたいせい／たいせいしっこ［大声疾呼］。**近世**がなる。こがう［呼号］。しゃぎる。たいこ［大呼］。どなる［怒鳴］。どやく。**中世**うめく［呻］。くゎんけう［喚叫］。くゎんこ［歓呼］。けうくゎん［叫喚］。さわぎたてる［騒立］。どしめく。ののめく。よばはる［呼／喚］。わめく［喚］。**中古**あめく［叫］。いひちらす［言散］。けうこ［叫呼］。よばる［呼／喚］。をめく［喚］。をらぶ［叫／哭］。**上代**さけぶ［叫／号］。よびたつ〔ーたてる〕［呼立］。

ー・き声 **近代**どなりごゑ［怒鳴声］。**近世**しゃならごゑ／しゃなりごゑ／しゃらごゑ［声］。

わ

ー・きながら入る 近世どなりこむ［怒鳴込］。なりこむ［鳴込］。

ー・くさま 中世わっぱ。わっぱさっぱ。

繰り返しー・く 上代よばふ［呼／喚］。

盛んにー・く 近代どなりたてる［怒鳴立］。中世わめきたつ［ーたてる］［喚立］。上代よびとよむ［呼響］。

わら【藁】 近世わらみご［藁稭］。中世しべ［稭］。わらしべ／わらすべ［藁稭］。わらすぼ［藁］。中古わらすぢ［藁筋］。上代わら［藁］。

ーの切れ端 わらごみ［藁芥］。近代わらくづ［藁屑］。

ーの束 いなづか［稲束］。近代いなたば［稲把］。わらたば［藁束］。

ーの束を包みとして食品を入れたもの 近世はうしょ［苞苴］。中世わらづと［藁苞］。中古あらまき［荒巻／新巻／苞苴］。つと［苞／苞苴］。

ーを編んで作った入れ物 中世わらづと［藁苞］。

ーを使った細工物 中世わらざいく［藁細工］。

ーを柔らかくするため打つこと 近代わらうち［藁打］。

稲こきの後のー 上代いながら［稲幹／稲茎］。

家畜小屋に敷くーなど じょくそう［蓐草］。近世しきわら［敷藁］。

壁土に混ぜるー あらすさ［粗苆］。中世きりわら［切藁］。

わらい【笑】 近世せうさつ［笑殺／咲殺］。中古はがん［破顔］。わらひ［笑／咲］。ゑわらひ［咲笑］。上代ゑまひ［咲容／咲］。ゑみ［笑／咲］。

ーの種 近代せうへい［笑柄］。中世せうぐ［笑具］。わらひだうぐ［笑道具］。わらひもの［笑物］。中古わらひぐさ［笑種］。

ーの種にすること 中世いっせう［一笑］。

愛嬌のあるー 中古かうせう［巧笑／巧咲］。

憐れみの籠もったー 近世びんせう［憫笑／愍笑］。

声に出さないー 近代せっせう［窃笑］。近世ふくみわらひ［含笑］。

心をまぎらすー 近代くせう［苦笑］。中世にがわらひ［苦笑］。

こびへつらうー 近代あいさうわらひ／あいそわらひ［愛想笑］。せじわらひ［世辞笑］。近世ついしょうわらひ［追従笑］。

作りー 近世からわらひ［空笑］。近世えせわらふ［似非笑］。中世そらわらひ［空笑］。中古かうせう［巧笑／巧咲］。

得意になってーがこみ上げる 中世うそやぐ。

なまめかしいー 近代えんせう［艶笑］。けうせう［嬌笑］。びせう［媚笑］。

ひとー・すること 近代いっさん［一粲］。中世いっせう［一笑］。近世いっきゃく［一噱］。

朗らかなー ろうしょう［朗笑］。

ほんの少し顔に浮かべたー 近代うすらわらひ／うすわらひ［薄笑］。びせう［微笑］。ほほゑみ［微笑／頰笑］。

満面のー 中世ゑつぼ［笑壺］。

わらいもの【笑者】 近代わらはれもの［笑者］。中世わらひもの［笑者／笑物］。

ーになる 一笑を買う。

わら・う【笑】 近代相好を崩す。近世ふきだす［吹出／噴出］。目を細む［ー細める］。中世笑壺に入る。中古ほころぶ［ーろびる］［綻］。ゑみさかゆ［笑栄］。ゑみまぐ［笑曲］。ゑらく［笑］。ゑわらふ［咲笑］。ゑまふ［笑／咲］。上代ゑわらふ［笑／咲／嗤］。ゑむ［笑／咲］。

《尊》上代ゑます［笑］。

《句》近代泣いて暮らすも一生笑って暮らすも一生。近世曲者（えせ者）の空笑ひ。笑ふ顔に矢立たず。中世笑中に刀あり。笑ふ門には福来る。笑中に刃研ぐ。

ー・い顔 近代にこにこがほ［顔］。近世えびすがほ［夷顔］。ゑびすがほ［恵比須顔］。中世ゑがほ［笑顔］。中古はがん［破顔］。ゑみがほ［笑顔］。

ー・い顔になる 近代ゆるむ［弛／緩］。中古ほころぶ［ーろびる］［綻］。

ー・いくずれる 近代わらひころげる／わらひころぶ［笑転］。近世わらひこける［笑転］。ゑみかたまく［笑傾］。中世ぜったう［絶倒］。ゑみこだる［笑］。中古ゑみひろごる［笑広］。笑壺に入る。

ー・い騒ぐ 近世わらひさざめく［笑］。中世わらひののしる［笑罵］。

ー・いそうになって鼻がむずむずする 中世うそやぐ。

ー・いたくなる 中世わらはし［笑］。中古をかし［可笑］。

ー・いたくなること 中世せうし［笑止］。わらひごと［笑事］。

ー・い楽しむ 中古ゑらく。

ー・い楽しむさま 上代ゑらゑらに。

ー・いながら話すこと 中世せうだん［笑談］。中古だんせう［談笑］。

ー・うさま 近代こうぜん［哄然］。近世えん

ぜん[嫣然／艶然]。くゎんぜん[莞然]。中古 くゎんじ[莞爾]。てんぜん[輾然]。

—って相手にしない 近代 わらひとばす[笑飛]。一笑に付す。中古 せうさつ[笑殺／咲殺]。

—って冗談を言うこと 近世 せうぎゃく[笑謔]。

—ってばかりいる人 近世 わらひじゃうご[笑上戸]。

—わせる話 こばなし[小咄／小話]。近代 せうご[笑語]。わらひばなし[笑話]。近世 せうわ[笑話]。

—われる 失笑を買う。中古 ひとわらはれ／ひとわらへ[人笑]。

相手をあなどるように—う 近世 せせらわらふ[笑]。中世 れいせう[冷笑]。上代 あざわらふ[嘲笑]。

あきれて—う 中古 あさみわらふ／あざみわらふ[嘲笑]。

あざけり—うこと 近世 あさみわらふ／あざみわらふ[嘲笑]。きせう[譏笑]。せせらわらひ[笑]。てうせう[嘲笑]。中世 れいせう[冷笑]。上代 あざわらひ[嘲笑]。→**ちょうしょう**

一座の者全員が—い興ずること 中世 笑壺(ゑつぼ)の会。

いやらしく—う 近代 にやつく。近世 にたつく。

大きな口で—う 中古 ゑみひろぐ[笑広]。

大きな声で—うこと 近代 かうせう[高笑]。はうせう[放笑]。近世 こうせう[哄笑]。中世 かかたいせう[呵呵大笑]。たかわらひ[高笑]。上代 あざわらふ[嘲笑]。

大勢がどっと—うこと 近代 ばくせう[爆笑]。

思い出してひとり—うこと 近世 おもひだしわらひ[思出笑]。中世 ひとりわらひ／ひとりゑみ[一人笑]。

陰で舌を出して—うこと ちょうぜつさんずん[長舌三寸]。

豪快に—うこと 近代 がうけつわらひ[豪傑笑]。

声をひそめて—うこと 近代 ぬすみわらひ[盗笑]。近世 しめわらひ[絞笑]。中世 しのびわらひ[忍笑]。

心の中で—うこと 近代 せっせう[窃笑／竊笑]。

自分を棚に上げて人を—うこと《句》近代 盥(たらひ)半切りを笑ふ。目屎(めくそ)鼻屎(はなくそ)を笑ふ。近世 猿の尻笑ひ。

少し—う(こと) 近代 うすらわらひ／うすわらひ[薄笑]。スマイル(smile)。びせう[微笑]。ほほゑみ[微笑／頰笑]。中世 うすわらふ[薄笑]。うそゑむ[笑]。中古 かたゑむ[片笑]。

戯れて—うこと 上代 ぎせう[戯笑]。

なんとなく—うこと 近代 そぞろゑみ[漫笑]。

にっこり—う 近世 白い歯を見す。中古 ほほゑむ[微笑／頰笑]。

噴き出して—うこと 近世 ふきだす[噴出]。ふんぱん[噴飯]。中古 笑みの眉開く。

満足してひとりで—う 近世 ゑみかたまく[笑傾]。中世 ほくそわらふ／ほくそゑむ[北叟笑]。

満足そうに—う 中古 ゑみほこる[笑誇]。笑みの眉開く。

目を合わせて—うこと 中世 もくせう[目笑]。

喜び—う(こと) 近代 うれしわらひ[嬉笑]。くゎんせう[歓笑]。近世 きせう[嬉笑]。中古 ゑみさかゆ[笑栄]。ゑみまぐ[笑曲]。ゑらぐ[啁]。

▼大笑い →**おおわらい**

▼擬音語や擬態語 近代 えへらえへら。きつきつ[吃吃]。くすっと。くすり。くっと。にやにや。にんまり。わっはっは。近世 あはは。うふふ。えへへ。おほほ。かんらから／かんらかんら。くすくす。くっくっ／くつくつ。けたけた。けらけら。げらげら。にたにた。にたり。にやり。はは。ふふ。へへ。わはは。中世 えいえい。かやかや。からから。にこにこ。にこやか。にこり。にっこり。にっと。は。わ。ゑみゑみ。中古 かか[呵呵]。きらきら。ほほ。むむ。上代 にふぶに。

わらじ【草鞋】 近世 わらざうり[藁草履]。中世 げげ[下下]。さうあい／さうかい[草鞋]。わらぢ／わらんぢ[草鞋／藁沓]。わらんづ[草鞋／藁沓]。中古 わらうづ／わらぐつ[藁沓]。

—の緒で足の皮がすりむけること 近世 わらぢくひ[草鞋食]。わらぢずれ[草鞋擦]。わらぢとがめ[草鞋咎]。

—を履いていること 近世 わらぢがけ[草鞋掛]。わらぢばき[草鞋履]。

かかとの部分がない長さ半分の— 近代 あしなかざうり[足半草履]。中世 あしなか[足半]。

粗末な— 近世 ひやめしざうり[冷飯草履]。

雪よけのため—に付けるおおい 近世 つまご[爪子]。

わらじむし【草鞋虫】 近代 しっちゅう［湿虫］。近世 わらぢむし［草鞋虫］。中古 えめむし［虫］。おめむし［虫］。

わらび【蕨】 中世 いはねぐさ［岩根草］。やまねぐさ［山根草］。わら［蕨］。中古 いはしろ。ほとろ／ほどろ。上代 わらび［蕨］。

―の若い芽 近世 わらびで［蕨手］。中世 むらさきのちり［紫塵］。上代 さわらび［早蕨］。

わらべ【童】 中世 わらべ［童］。中古 わらはべ［童部］。上代 じゅし［竪子／孺子／竪子］。わらは［童］。→**こども**

わらわ・す【笑】 近世 わらかす［笑］。わらはす［―わせる］［笑］。わらはす［笑］（四段活用）。

―・せようとする 近代 くすぐる［擽］。

―・せるための言葉や動作 近代 ギャグ(gag)。ユーモア(humor)。近世 おどけ［戯］。じょうだん［冗談］。だうけ［道化］。中世 かいぎゃく［諧謔］。上代 こっけい［滑稽］。

―・せるため皮膚に刺激を与える 中世 くすぐる［擽］。中古 こそぐる［擽］。

―・せる役の人 近代 コメディアン(comedian)。ピエロ(フランス pierrot)。近世 だうけし［道化師］。ちゃり［茶利］。

わり【割】 →**わりあい**（次項）

―に合う 近世 まうかる［儲］。中世 ひきあふ［引合］。

―に合わない 近世 おちゃっぴい。間尺に合はぬ。

―に合わない目に合うこと 近世 ちょぼいち［樗蒲一］。渋を食ふ。

わりあい【割合】 近代 パーセント(%;percent)。プロポーション(proportion)。ひりつ［比率］。りつ［率］。レート(rate)。わりあひ［割合］。近世 ぶあひ［歩合］。わり［割］。中古 りちぶん／りつぶん［率分］。

あり得る― 近代 かくりつ［確率］。こうさん［公算］。がいぜんせい［蓋然性］。

一定の― 近代 ていりつ［定率］。

全体の中の占める― 近代 ひぢゅう［比重］。

溶液が薄められる― 近代 きしゃくど［希釈度／稀釈度］。

わりあいに【割合】 まずまず。わりかし［割］。近代 ひかくてき［比較的］。まあまあ。わりあひに［割合］。わりかた［割方］。わりと［割］。わりに［割］。

わりあて【割当】 アサインメント(assignment)。ノルマ(ロシア norma)。ふりあて［振当］。わりきん［割金］。わりあて［割当］。近代 はいふ［配賦］。ふたん［負担］。わりあて［割当］。近世 はいたう［配当］。わけまへ［分前］。わっぷ［割賦］。わり［割］。わりあひ［割合］。わりかた［割方］。わりまへ［割前］。中世 ぶん［分］。わけぶん［分分］。中古 あてあて［当／宛宛］。

―を等分にすること きんとうわり［均等割］。

位置や持ち場の― 中世 はいち［配置］。

戸数に応じた― 近代 のきわり［軒割］。

座席の― 中世 ざはい［座配］。

人数に応じた― 近世 あたまわり［頭割］。

場所の― くわり［区割］。ばしょわり［場所割］。中世 ぢわり［地割］。

わりあ・てる【割当】 近代 ふりあてる［振当］。ふりわける［振分］。近世 もりつく［―つける］［盛付］。わりあはす［割合］。わりふる［割振］。中世 あておこなふ［宛行／充行］。あてつく［―つける］［当付］。はいぶん［配分］。ふす［賦］。わりあつ［―あてる］［割当］。中古 あかつ／あがつ［頒］。あつ［あてる］［当］。あてがふ［宛］。ふる［振］。わる［割］。上代 わりつく［―つける］［割付］。

―・て配ること 近代 はいきふ［配給］。中世 はいたう［配当］。はいぶん［配分］。

―・て授けること 中世 ふよ［賦与］。

―・てられた公用の金 近代 ふきん［賦金］。

―・てられた仕事 近代 にんむ［任務］。近世 やくめ［役目］。中古 ぶんしゃう［分掌］。やく［役］。上代 くゎやく［課役］。

わりいん【割印】 近代 けいいん［契印］。近世 おしきり［押切］。おしきりいん［押切印］。おしきりばん［押切判］。わりいん［割印］。わりはん［割判］。

わりかん【割勘】 オランダかんじょう［勘定］(Dutch treat の訳語)。ダッチアカウント(和製Dutch account)。近代 きりあひかんぢゃう［切合勘定］。へいたいかんぢゃう［兵隊勘定］。わりかん［割勘］。わりまへかんぢゃう［割前勘定］。近世 きりあひ［切合］。しふせん／しゅせん［集銭］。しゅせんだし［集銭出］。

わりき・る【割切】 近代 じむてき［事務的］。ドライ(dry)。ビジネスライク(businesslike)。わりきる［割切］。

―・れないものがあること しこり［痼／凝］。近代 ひっかかり［引掛／引懸］。わだかまり［蟠］。

わりこ・む【割込】 近代 はひりこむ［入込／這入込］。近世 わりこむ［割込］。中世 はひる［入／這入］。わりいる［割入］。中古 はさむ［挟／挿］。上代 さしはさむ［挟］。

ー・むこと 近代 かいにゅう［介入］。カットイン（cut in）。わりこみ［割込］。

人の話にー・むこと 近代 口を挟む。近世 くちだし［口出］。さしいでぐち／さしでぐち［差出口］。ちゅうげん［中言］。ちょっかい。

わりざん【割算】 近代 きぢょ［帰除］。ぢょ［除］。ぢょはふ［除法］。近世 わりざん［割算］。

ーで割り切れず残った数 近代 あまり［余］。じょうよ［剰余］。

ーで割る方の数 近世 ぢょすう［除数］。

ーの答え 中世 しゃう［商］。

ーをする 近世 ぢょす［除］。わりだす［割出］。わる［割］。

算盤（そろばん）で行う一桁のー 近世 はっさん［八算］。

わりだ・す【割出】 近代 さんしゅつ［算出］。はじきだす［弾出］。近世 わりだす［割出］。

わりつけ【割付】 レイアウト（layout）。近世 わりふる［割振］。中世 わりあつ〈—あてる〉［割当］。わりつけ［割付］。

わりび・く【割引】 近代 げんがく［減額］。わりびく［割引］。近世 ひきさぐ〈—さげる〉［引下］。ふびき［分引／歩引］。

石積みなどで石のー いしわり［石割］。きりさげる［切下］。

値段などをー・く 近代 ディスカウント（discount）。ねさげ［値下］。ねびき［値引］。れんばい［廉売］。近世 まく〈まける〉［負］。やすうり［安売］。わりびき／わりびけ［割引］。→ねびき →やすうり

わりふ【割符】 近世 ふせつ［符節］。中世 わりふ［割符］。中古 ふけい［符契］。上代 ふ［符］。

ーがぴったり合うこと 近世 ふがふ［符合］。

ーの一方 近代 あひふだ［合札］。

ーの左半分 近代 さけい［左契］。近世 さけん［左券］。

わりふ・る【割振】 近代 ふりあてる［振当］。近世 わりふる［割振］。ふりわける［振分］。中世 はいぶん［配分］。わりあつ〈—あてる〉［割当］。上代 くばる［配］。わりつく〈—つける〉［割付］。ぶんぱい［分配］。

基準に比例してー・ること 近代 あんぶん［案分／按分］。

地面を区画してー・ること 中世 ぢわり［地割］。

わりまえ【割前】 近代 とりだか［取高］。近世 わりかた［割方］。とりまへ［取前］。わけまへ［分前］。わりまへ［割前］。中世 とりぶん［取分］。もちぶん［持分］。わけくち［分口］。わけぶん［分分］。

わりまし【割増】 近代 プレミアム（premium）。うわのせ［上乗］。近世 わりまし［割増］。うはづみ［上積］。

わりやす【割安】 近代 わりやす［割安］。近世 やすめ［安目］。中世 とくよう［徳用／得用］。

わる【悪】 近代 ふせい［不正］。近世 ふりゃう［不良］。中世 ざいあく［罪悪］。ふしゃう［不正］。中古 あく［悪］。わる［悪］。上代 じゃあく［邪悪］。

わ・る【割】❶〈分割〉 近代 くわり［区割］。近代 くゎくする［画］。くわけ［区分］。ぶんかつ［分割］。近世 ぢょ［除］。はしらかす［走］（「割る」の忌み詞）。ぶんれつ［分裂］。中世 とりわく〈—わける〉［取分］。中古 くぶん［区分］。ぶんり［分離］。わる［割］。上代 ふりわく〈—わける〉［振分］。わく〈わける〉［分］。

大きな塊にー・るさま 中世 ざっくり。

激しくー・る 中世 わりつく〈—つける〉［割付］。

八つにー・ること 近世 やつわり［八割］。

四つにー・った一つ 近世 しはんぶん［四半分］。

四つにー・ること 中世 よつわり［四割］。

わ・る【割】❷〈壊す〉 近世 そんくゎい［損壊］。はさい［破砕／破摧］。はくゎい［破壊］。ふんさい［粉砕］。中世 こはす［毀／壊］。わる［割］。中古 くだく［砕／摧］。はそん［破損］。上代 そんゑ［損壊］。はゑ［破壊］。

わる・い【悪】 近代 あくしつ［悪質］。あくせい［悪性］。ダーティー（dirty）。ふせい［不正］。へいがい［弊害］。近世 あくどし。いけない。しゃうわる［性悪］。ふりゃう［不良］。中世 あくらつ［悪辣］。いぢわる［意地悪］。そまつ［粗末］。ふつがふ［不都合］。よこしま［邪］。わるし［悪］。中古 あし［悪］。けしからず［怪］。ひれつ［卑劣］。むげ［無下］。よしなし［由無］。わろし［悪］。上代 かんあく［奸悪／姦悪］。けし［怪］。じゃあく［邪悪］。

ー・い行い 近代 あくかう［悪行］。しっとく［失徳］。ひかう［非行］。ひきょ［非挙］。近世 あくだう［悪道］。あくみゃう［悪名］。中世 くせごと［曲事］。こくげふ［黒業］。ざいあく［罪悪］。わるさ［悪］。中古 あくごふ［悪業］。あくじ［悪事］。こくごふ［黒業］。とが［咎／科］。上代 あくぎゃう［悪行］。

ー・い心 どくねん［毒念］。近代 どくき／どくけ［毒気］。近世 しゃうわる［性悪］。わるぢゑ［悪知恵］。中世 あくい［悪意］。あくしゃう［悪性］。あくねん［悪念］。じゃねん［邪念］。中古 あくしん［悪心］。さがなし。じゃ

しん[邪心]。

―・いこと 中世 えせこと[似非事]。がい[害]。せこわる[悪]。上代 まが／まがこと／まがごと[禍事]。

―・いことが重なること 《句》 近代 瘤(こぶ)の上の腫(は)れ物。泣き面に蜂。近世 弱り目に祟り目。

―・い習慣 近世 あくふう[悪風]。あくへい[悪弊]。いんしふ[因習／因襲]。へいしふ[弊習]。へいふう[弊風]。ろうしふ[陋習]。中世 あくしふ[悪習]。

―・い知らせ あくほう[悪報]。きょうほう[凶報]。

―・い評判 近代 あくめい[悪名]。ふひゃう[不評]。近世 あくひゃう[悪評]。をめい[汚名]。中古 あくみゃう[悪名]。→**ひょうばん**

―・い方に気を回して落胆すること 近代 ひくゎん[悲観]。

―・い方に気を回すこと 悪気を回す。近代 きいう[杞憂]。近世 わるずいりゃう[悪推量]。とりこしくらう[取越苦労]。

―・い方へ移り変わること 中世 くだりさま[下様]。たいてん[退転／怠転]。

―・く言う →**わるくち**

―・く思う 中古 おもひくたす[思腐]。

―・くすると 中古 ようせずば。

―・くない 中世 けしかる。ことよろし[事宜]。中古 よろし[宜]。けしうはあらず。

―・くなる イメージダウン(和製image down)。じりひん[貧]。ていか[低下]。近代 あくくゎ[悪化]。おちる[落／堕]。れっくゎ[劣化]。近世 しりさがり[尻下]。中世 いぬ[去／往]。さがる[下]。

―・く見える 中古 わるぶ／わろぶ[悪]。

口の―・い人 中世 くちわる／くちわろ[口悪]。

この上なく―・いこと ワースト(worst)。近代 さいあく[最悪]。さいてい[最低]。中世 がうあく[強悪]。しあく[至悪]。中古 ごくあく[極悪]。上代 たいぎゃく[大逆]。

乱暴で―・いこと 中古 まうあく[猛悪]。

乱暴で―・い人 近世 でんばふ[伝法]。

わるがしこ・い【悪賢】 近代 かうくゎい[狡獪]。かんかつ[奸黠／姦黠]。ずるがしこい[狡賢]。らうくゎい[老獪]。わるざかしい[悪賢]。近世 おぞし[悍]。かうかつ[巧黠]。かうくゎつ[狡猾]。くゎいけう[乖巧]。さるがしこし[猿賢]。すこい(上方語)。すすどし[鋭]。ひすし。ひすらし。わるがしこし[悪賢]。中世 こざかし[小賢]。中古 かたまし[佞]。上代 かんあく[奸悪／姦悪]。きょくゎつ[巨猾]。

―・い男 たぬきじじい[狸爺]。近世 たぬきおやぢ[狸親父]。たぬきぢい[狸爺]。

―・い知恵 →**わるぢえ**

―・い盗人 上代 かんたう[奸盗／姦盗]。

―・い人 近世 たぬき[狸／貍]。中古 きつね[狐]。上代 きょくゎつ[巨猾]。《句》 近代 海千山千。近世 海に千年河に千年。

世間ずれして―・い 近世 わるずれ[悪摺]。

わるぎ【悪気】 近代 どくき／どくけ[毒気]。近世 わるぎ[悪気]。中世 あくい[悪意]。じゃねん[邪念]。中古 じゃしん[邪心]。

わるくち【悪口】 ばりぞうごん[罵詈雑言]。近代 あくたれぐち[悪口]。ざんぶ[讒誣]。ちゅうしゃう[中傷]。ばり[罵詈]。ばりざんばう[罵詈讒謗]。近世 あく[悪]。あくぐち[悪口]。あくごん[悪言]。あくぜつ[悪舌]。あくたい[悪態]。あくたいぐち[悪態口]。あくたもくた。あくたれ[悪]。かくれごと[隠言]。かげぐち[陰口]。ざふこう[雑口]。そしりぐち[謗口]。そしりはしり[謗走]。たなおろし[棚卸／店卸]。中世 あくげん[悪言]。あくこう[悪口]。あくせい[悪声]。ざんぎ[慚愧／慙愧]。なん[難]。めり[罵言]。わるくち／わるぐち[悪口]。中古 あくごん[悪言]。ざふげん／ざふごん[雑言]。くちあそび[口遊]。そしり[誹／謗]。ひはう／ひばう[誹謗]。《句》 近代 君子は交はり絶ゆとも悪声を出さず。近世 謗(そし)れば影さす。人を謗るは雁(がん)の味。

―の種 近世 そしりぐさ[謗種]。

―を言う 陰口を叩く(聞く)。近代 いひけす[言消]。こきおろす[扱下]。ちゅうしゃう[中傷]。へんする[貶]。近世 あくたれ[悪]。いなす[往／去]。いひこなす[言]。くさす[腐]。ていき[詆毀／詆譏]。どくづく[毒突]。ふばう[誣謗／誣妄]。ふまう[誣罔／誣妄]。悪態(あくたい)を吐っく。藁を焚く。中世 あざける[嘲]。かたぶく／かたむく[傾]。けなす[貶]。さしもどく[差抵牾]。ざんねい[讒佞]。ざんばう[讒謗]。ひき[誹毀／非毀]。わざん[和讒]。唇を翻す。指を差す。中古 いひおとす[言落]。いひくたす[言腐]。いひくだす[言下]。いひけつ[言消]。いひにくむ[言憎]。いひやぶる[言破]。おろす[下]。くちさがなし[口]。ざんげん[讒言]。ざんこう[讒口]。

ざんぜつ[讒舌]。そしる[誹/謗]。もどきいふ[擬言]。悪(あ)しざまに言ふ。唇を反(かへ)す。上代のる[罵]。ひばう[誹謗]。よこす[譏]。

ーを言うことと褒めること 近世きよほうへん[毀誉褒貶]。中古きよ[毀誉]。上代ほうへん[褒貶]。

ーを言うさま 近代ぼろかす[襤褸滓]。近世ぼろくそ[襤褸糞]。中古あしざま[悪様]。

ーを言う人 近世かけど/かけどくり[欠徳利]。

陰で言うー 近世うしろゆび[後指]。かげぐち[陰口]。中世かげごと[陰言]。

死んだ人のーを言う《句》近世屍(しかばね)(尸)に鞭打つ。

遠回しのー 近世あてこすり[当擦]。ひにく[皮肉]。

わるさ【悪】 近代あくかう[悪行]。あくぎ[悪戯]。あくげふ[悪業]。近世いたづら[悪戯]。わるあそび[悪遊]。わるふざけ[悪巫山戯]。中世わるさ[悪]。上代あくぎゃう[悪行]。

ー・する 近世あがく[足掻]。

わるだくみ【悪巧】 こうけい[狡計]。近代かんさく[奸策/姦策]。きょぼう[虚謀]。近世わるあんじ[悪案]。わるだくみ[悪巧/悪工]。中世あくけい[悪計]。かんきょく[奸曲/姦曲]。じゃけい[邪計]。じゃぼう[邪謀]。中古かんぎ[奸偽]。きょうがい[凶害/兇害]。ぼうりゃく[謀略]。上代いんぼう[陰謀/隠謀]。かんけい[奸計/姦計]。かんさ[奸詐/姦詐]。かんぼう[奸謀/姦謀]。

ーのたとえ 近代どくが[毒牙]。近世どくしゅ[毒手]。

ーをする人 近代たいかん[大姦/大奸]。

ーを持っている 中古はらぐろし[腹黒]。

わるぢえ【悪知恵】 近世かうち[狡知/狡智]。かっち[黠智]。かんさい[奸才/姦才]。くゎっち[猾智]。わるぎ[悪気]。わるぢゑ[悪知恵]。中世かんち[奸智/奸知/姦智]。じゃち[邪知/邪智]。

ーがある→わるがしこ・い

わるび・れる【悪怯】 近世気が引ける。中世きおくれ[気後/気遅]。わるびる[ーびれる][悪怯]。

わるふざけ【悪巫山戯】 近代あくぎ[悪戯]。いたづら[悪戯]。近世あくちゃり/あくちゃれ[悪茶利]。ぶしゃれ[不洒落]。ふだうけ[不道外/不道化]。ほでてんがう。わやく。わるあがき[悪足掻]。わるふざけ[悪巫山戯]。わるてんがう[悪]。わるぐるひ[悪狂]。わるごうざれ[強戯]。わるじゃれ[悪洒落]。中世こはざれ[悪功]。

ーをする人 近世ぶしゃれもの[不洒落者]。わるごうしゃ[悪功者]。

ーを専らにした本 近世あくちゃりぼん[悪戯本]。

わるもの【悪者】 近代あくかん[悪漢]。近世あくだま[悪玉]。あくみゃう[悪名]。えせもの[似非者]。かん[奸/姦/姧]。かんじん[奸人/姦人]。かんぞく[姦賊/奸賊]。かんねい[奸佞/姦佞]。かんぶつ[奸物/姦物]。きょうかん[凶漢/兇漢]。くせもの[曲者]。ごろつき[破落戸]。じら。しれもの[痴者]。じんちく/にんちく[人畜]。ぞくかん[賊姦]。だいかま[大鎌]。たいかん[大姦/大奸]。ならずもの[者]。にんぐゎい[人外]。ぶらいかん[無頼漢]。わうだうもの[横道者]。わる[悪]。中世いたづらもの[徒者]。きょうぞく[凶賊/兇賊]。きょうと[凶徒/兇徒]。くせびと[曲人]。ぞく[賊]。ねいじん[佞人]。ふたうじん[不当人]。わるもの[悪者]。中古あくにん[悪人]。あぶれもの[溢者]。さがなもの[者]。にんぴにん[人非人]。上代あくたう[悪党]。あくと[悪徒]。あしげびと[悪人]。かんあく[奸悪/姦悪]。にしもの[賊]。→**あくにん**

《句》中世国に盗人家に鼠。

ーがのさばること 近世てうりゃう[跳梁]。中古わうかう[横行]。

ーのたとえ 近世しけう[鴟梟/鴟鴞]。

ーの仲間 近世ぞくと[賊徒]。中世いちみ[一味]。中古ぞくしゅう[賊衆]。上代あくたう[悪党]。あくと[悪徒]。ぞくたう[賊党]。

ーぶる 近代わるがる[悪]。

ーを懲らしめること 近世ようちょう[膺懲]。中世ちょうあく[懲悪]。

われ【我】 中古おの[己]。じしん[自身]。わがみ[我身]。上代あれ[我/吾]。おのれ[己]。わ[吾]。われ[我/吾]。→**わたくし**

《枕》上代こまつるぎ[高麗剣/狛剣]。

ーを忘れる 中古あれかにもあらず。あれにもあらず。我にもあらず。

ーを忘れること(さま) 近代ばうが[忘我]。ばうぜんじしつ[茫然自失]。むがむちゅう[無我夢中]。近世うちゃうてん[有頂天]。うちゃうてんぐゎい[有頂天外]。うっとり。

りうれん［流連／留連］。中世 せうこん［消魂／銷魂］。ばうず［忘］。中古 くゎうこつ［恍惚］。

遊びにふけって一を忘れること 上代 りうれん［流連／留連］。りうれんくゎうばう［流連荒亡］。

われがち【我勝】 近代 われいちがち［我一勝］。近世 われがち［我勝］。中世 われさき［我先］。先を争って。

われしらず【我知】 近代 むいしきに［無意識］。近世 おもはず［思］。われしらず［我知］。知らず知らずに。中世 おぼえず［覚］。いつの間にか。

われながら【我乍】 中古 こころながら［心乍］。みながら［身乍］。われから［我］。われながら［我乍］。

われめ【割目】 クラック(crack)。近代 きれつ［亀裂］。ひび［罅］。ひびわれ［罅割］。れっか［裂罅］。近世 ひびり／ひびれ［罅］。やれめ［破目］。中世 かげき［罅隙］。きれめ［切目］。やぶれめ［破目］。われめ［割目／破目］。中古 さけめ［裂目］。上代 きず［傷／疵／瑕／創］。

一が生ずる へきかい［劈開］。近世 はしる［走］。ひびる〔ひびれる〕［罅］。ひびが入る。

一のさま 中古 ひはる［罅］。近代 ぱくり。ぱっくり。近世 ぽっかり。

寒冷による皮膚の一 中古 ひび［皹／皸］。

泥質の地面が乾燥してできる一 近代 かんれつ［乾裂／干裂］。

氷河や雪渓の深い一 こげき［罅隙］。シュルント(ドイツ Schrund)。近代 クレバス(crevasse)。

われもこう【吾亦紅】 近代 えびすぐさ［夷草／決明］。近世 ちゆ／ぢゆ［地楡］。のこぎりさう［蓍草］。中世 のつち／のづち［野槌］。中古 あやめたむ。えびすね［夷根］。われもかう［吾木香／我毛香］。われもこう［吾亦紅］。

わ・れる【割】 近世 こはる〔こわれる〕［毀／壊］。中世 さばく〔さばける〕［捌］。中古 くだく〔くだける〕［砕／摧］。わる〔われる〕［割／破］。上代 さく〔さける〕［割／裂］。

一・れた物 近世 われもの［割物／破物］。

一・れた物の一部 近代 かけら［欠／欠片］。さいせつ［砕屑］。さいへん［砕片］。はへん［破片］。中古 われ［割］。上代 くだけ［砕］。

一・れて飛び散る 近世 はじく〔はじける〕［弾］。中世 はず〔はぜる〕［爆／罅］。

一・れやすい物 近世 われもの［割物／破物］。

一・れるさま 近代 さっくり。ぽかん。

乾いて一・れる 中世 ひわる〔一われる〕［干割］。

果物が熟して一・れる 近世 うじゃける。うじゃじゃける。

栗のいがなどが熟して一・れる 近代 ゑみわる〔一われる〕［笑割］。

先端が細かく一・れる(こと) 近代 ささくれる。ささら［簓］。

われわれ【我我】 近代 おれたち／おれっち［俺達］。ござう［吾曹］。ぼくたち［僕達］。ぼくら［僕等］。近世 おいらっち／おらっち［己等達／俺等達］。こちと［此方人］。こちとら［此方人等］。こちら［此方］。このはう［此方］。ごはい［吾輩］。てまへども［手前共］。わいら［汝等］。わがともがら［我輩］。わっちら［私等］。中世 ごじん［吾人］。わがはい［我輩／吾輩］。われわれ［我我］。中古 おのら／おのれら［己等］。おれら［己等／俺等］。われら［我等］。

一の 上代 わが［我／吾］。

わん【湾】 かた［潟］。近代 かいわん［海湾］。ベイ(bay)。上代 いりうみ［入海］。中世 わん［湾］。いりえ［入江］。中古 え［江］。うら［浦］。うらみ［浦回］。

一に沿った陸地 近代 わんがん［湾岸］。

一の岸辺に沿って行くこと 上代 うらみ［浦回／浦廻］。

一のほとり 近世 かうしゃう［江上］。

両岸切り立った深い一 おぼれだに［溺谷］。きょうこう［峡江］。近代 けふわん［峡湾］。フィヨルド(ノルウェー fjord)。

わん【椀】 上代 まり［鋺／椀］。もひ［盌］。わん［椀／碗］。

一を轆轤(ろくろ)で作ること わんびき［椀挽］。

浅くて平たい一 近世 おひら［御平］(女房詞)。おほひら［大平］。ひらわん［平椀］。

金属製の一 かなわん［金椀］。中古 かなまり［金椀／鋺］。

吸い物を入れる一 近世 すひものわん［吸物椀］。中世 しるわん［汁椀］。

蓋(たふ)付きの一 近世 がふき［合器］。がふし［合子／盒子］。

蓋のない土製の一 上代 かたもひ［片盌］。

飯を盛る一 中古 めしわん［飯椀］。

物乞いのために携える一 近世 がふき［合器］。ごき［御器／五器］。

その他いろいろな一(例) えごうし［絵合子］。近代 ぬりわん［塗椀］。近世 あさぎわ

ん［浅葱椀］。いとめわん［糸目椀］。ちゃわん［茶碗／茶椀］。

▼**助数詞** きゃく［客］。中古こう［口］。

わんきょく【湾曲】 近代カーブ(curve)。わんきょく［湾曲］。中古くっきょく［屈曲］。まがる［曲］。わだ［曲］。

―・した谷 中世わんけい［湾渓］。

―・した所 上代わ［曲／回］。

わんぱく【腕白】 近世あくたれ［悪］。あくどう［悪童］。いたづらこぞう［悪戯小僧］。がきだいしゃう［餓鬼大将］。ごんた［権太］。やんちゃ。わやく。わやくもの［者］。わるさ［悪］。わんぱく［腕白］。中世あくたらう［悪太郎］。

ワンパターン(和製one pattern) 近代かたどほり［型通］。くゎくいつてき［画一的］。マナリズム／マンネリ／マンネリズム(mannerism)。

わんりょく【腕力】 近代パワー(power)。わんりょく［腕力］。近世うでっぷし／うでぶし［腕節］。うでぼね［腕骨］。中世うで［腕］。うでぢから［腕力］。わんりき［腕力］。上代きんりょく［筋力］。たぢから［手力］。りょりょく［膂力］。

―がすぐれていること(人) 近代うできき［腕利］。近世うでっこき［腕扱］。中世うでこき［腕扱］。

―を試してみること 近世うでだめし［腕試］。中世ちからだめし［力試］。

【文語口語対照　動詞活用表】

太字は動詞の活用語尾。その下の明朝体文字は下に続く語の例。〔　〕内は口語。

活用の種類	例語（語幹・語尾）〔　〕内は口語	**未然形** ず・む・ない・う等が下に続く	**連用形** けり・つ・ます等が下に続く	**終止形** 言い切る	**連体形** 時・人・物等体言が下に続く	**已然形**〔仮定形〕ども・ば等が下に続く	**命令形** 命令する形
四　段〔五段〕	書く（か・**く**）〔書**く**〕	書**か**ず〔書**か**ない〕〔書**こ**う〕	書**き**けり〔書**き**ます〕〔書**い**た〕	書**く**。〔書**く**。〕	書**く**時〔書**く**時〕	書**け**ども〔書**け**ば〕	書**け**〔書**け**〕
	笑ふ（わら・**ふ**）〔笑**う**〕	笑**は**ば〔笑**わ**ない〕〔笑**お**う〕	笑**ひ**つ〔笑**い**ます〕〔笑**っ**た〕	笑**ふ**。〔笑**う**。〕	笑**ふ**人〔笑**う**人〕	笑**へ**ば〔笑**え**ば〕	笑**へ**〔笑**え**〕
ラ行変格〔ラ行五段〕	有り（あ・**り**）〔有**る**〕	有**ら**ず〔有**ら**ぬ〕〔有**ろ**う〕	有**り**たり〔有**り**ます〕〔有**っ**た〕	有**り**。〔有**る**。〕	有**る**時〔有**る**時〕	有**れ**ば〔有**れ**ば〕	有**れ**〔有**れ**〕
ナ行変格〔ナ行五段〕	死ぬ（し・**ぬ**）〔死**ぬ**〕	死**な**む〔死**な**ない〕〔死**の**う〕	死**に**けり〔死**に**ます〕〔死**ん**だ〕	死**ぬ**。〔死**ぬ**。〕	死**ぬる**時〔死**ぬ**時〕	死**ぬれ**ども〔死**ね**ば〕	死**ね**〔死**ね**〕
上一段〔上一段〕	着る（・**きる**）〔**着る**〕	**き**ず〔**き**ない〕	**き**たり〔**き**た〕	**きる**。〔**きる**。〕	**きる**人〔**きる**人〕	**きれ**ば〔**きれ**ば〕	**きよ**〔**きよ**／**きろ**〕
	射る（・**いる**）〔**射る**〕	**い**ず〔**い**ない〕	**い**たり〔**い**た〕	**いる**。〔**いる**。〕	**いる**人〔**いる**人〕	**いれ**ば〔**いれ**ば〕	**いよ**〔**いよ**／**いろ**〕
上二段〔上一段〕	起く（お・**く**）〔起**きる**〕	起**き**ず〔起**き**ない〕	起**き**けり〔起**き**ます〕	起**く**。〔起**きる**。〕	起**くる**時〔起**きる**時〕	起**くれ**ども〔起**きれ**ば〕	起**きよ**〔起**きよ**／起**きろ**〕
	落つ（お・**つ**）〔落**ちる**〕	落**ち**む〔落**ち**よう〕	落**ち**たり〔落**ち**ます〕	落**つ**。〔落**ちる**。〕	落**つる**物〔落**ちる**物〕	落**つれ**ば〔落**ちれ**ば〕	落**ちよ**〔落**ちよ**／落**ちろ**〕
	強ふ（し・**ふ**）〔強**いる**〕	強**ひ**ず〔強**い**ない〕	強**ひ**たり〔強**い**ます〕	強**ふ**。〔強**いる**。〕	強**ふる**人〔強**いる**人〕	強**ふれ**ば〔強**いれ**ば〕	強**ひよ**〔強**いよ**／強**いろ**〕

下一段〔ラ行五段〕	蹴る（・ける）〔蹴る〕	けむ〔けらない／けろう〕	けつ〔けります／けった〕	ける。〔ける。〕	ける時〔ける時〕	けれども〔ければ〕	けよ〔けろ〕
下二段〔下一段〕	得（・う）〔得る〕	えず〔えない〕	えたり〔えます〕	う。〔える。〕	うる時〔える時〕	うれども〔えれば〕	えよ〔えよ／えろ〕
	受く（う・く）〔受ける〕	受けむ〔受けよう〕	受けたり〔受けた〕	受く。〔受ける。〕	受くる時〔受ける時〕	受くれば〔受ければ〕	受けよ〔受けよ／受けろ〕
	寄す（よ・す）〔寄せる〕	寄せず〔寄せない〕	寄せたり〔寄せます〕	寄す。〔寄せる。〕	寄する波〔寄せる波〕	寄すれば〔寄せれば〕	寄せよ〔寄せよ／寄せろ〕
カ行変格	来（・く）〔来る〕	こず〔こない〕	きたり〔きた〕	く。〔くる。〕	くる人〔くる人〕	くれども〔くれば〕	こ／こよ〔こい〕
サ行変格	為（・す）〔する〕	せず〔しない／せぬ〕	しけり〔した〕	す。〔する。〕	する人〔する人〕	すれども〔すれば〕	せよ〔せよ／しろ〕

◎四段活用以外の動詞のなかには語幹と語尾との区別がないもの（語幹がないもの）がある。それらには、中点（・）を語の上に付けた。

◎文語四段・ラ変・ナ変の連用形は音便化することがある。

イ音便（書きて→書いて）
ウ音便（思ひて→思うて）
促音便（有りて→有って）
撥音便（死にて→死んで）

◎ラ変は、「有り」「居り」「侍り」「いまそかり」の四語のみ。口語はラ変活用の動詞はなし。

◎ナ変は、「死ぬ」「往ぬ（去ぬ）」二語のみ。口語はナ変活用の動詞はなし。

◎文語の下一段活用の語は、「蹴る」一語のみ。

◎カ変は、「来」一語のみ。ただし、「移り来」「生まれ来」など、複合語が多数ある。

◎サ変は、「す」「おはす」の二語のみ。ただし、「案内す」「信ず」など、複合語が多数ある。

【文語口語対照　形容詞活用表】

太字は形容詞の活用語尾。その下の明朝体文字は下に続く語の例。〔　〕内は口語。

活用の種類	例語（語幹・語尾）〔　〕内は口語	未然形 ず・ば・む・う等が下に続く	連用形 けり・つ・た・用言等が下に続く	終止形 言い切る	連体形 時・人・物等体言が下に続く	已然形〔仮定形〕 ども・ば等が下に続く	命令形 命令する形
ク活用	白し（しろ・し） 〔白い〕	白くば 白からず 〔白かろう〕	白くなる 白かりけり 〔白くなる〕 〔白かった〕	白し。 （白かり。） 〔白い。〕	白き光 白かるべし 〔白い光〕	白けれども （白かれど） 〔白ければ〕	白かれ ○
シク活用	楽し（たの・し） 〔楽しい〕	楽しくば 楽しからず 〔楽しかろう〕	楽しくなる 楽しかりけり 〔楽しくなる〕 〔楽しかった〕	楽し。 （楽しかり。） 〔楽しい。〕	楽しい時 楽しかる時 〔楽しい時〕	楽しけれど （楽しかれど） 〔楽しければ〕	楽しかれ ○
	凄まじ（すさま・じ） 〔凄まじい〕	凄まじくば 凄まじからず 〔凄まじかろう〕	凄まじくなる 凄まじかりけり 〔凄まじくなる〕 〔凄まじかった〕	凄まじ。 （凄まじかり。） 〔凄まじい。〕	凄まじき風 凄まじかるべし 〔凄まじい風〕	凄まじけれど （凄まじかれど） 〔凄まじければ〕	凄まじかれ ○

◎文語の連用形・連体形は次のように音便化することがある。
　イ音便（白き→白い）
　ウ音便（白く→白う）
　撥音便（楽しかるなる→楽しかんなる）

◎上代には、未然形と已然形に「け」（ク活用）・「しけ」（シク活用）があった。

◎文語の左側の活用をカリ活用と呼ぶことがある。これは、連用形の「く」に「あり」を付けて、例えば「白くあり→白かり」のようにつづまってできた言葉である。ただし、終止形と已然形はあまり用いられないので（　）を付けた。

【文語口語対照　形容動詞活用表】

太字は形容動詞の活用語尾。その下の明朝体文字は下に続く語の例。〔　〕内は口語。

活用の種類	例語（語幹・語尾）	**未然形** ず・ば・む・う等が下に続く	**連用形** けり・つ・用言等が下に続く	**終止形** 言い切る	**連体形** 時・人・物等体言が下に続く	**已然形**〔仮定形〕ども・ば等が下に続く	**命令形** 命令する形
ナリ活用	静かなり（しづか・**なり**）〔静か**だ**〕	静か**なら**ず〔静か**だろ**う〕	静か**に**する 静か**なり**けり 〔静か**に**する〕 〔静か**だっ**た〕 〔静か**で**穏やか〕	静か**なり**。〔静か**だ**。〕	静か**なる**時〔静か**な**時〕	静か**なれ**ば〔静か**なら**ば〕	静か**なれ** 〇
タリ活用	堂堂たり（だうだう・**たり**）	堂堂**たら**む	堂堂**と**して 堂堂**たり**けり	堂堂**たり**。	堂堂**たる**姿	堂堂**たれ**ば	堂堂**たれ**

◎ナリ活用の連体形は音便化することがある。
　撥音便（静かなるめり→静かなんめり）
◎文語の活用は、連用形「に」「と」に「あり」が付いて、例えば「静かにあり」「堂堂とあり」となり、それが短縮されて「静かなり」「堂堂たり」となったものである。従って、「に」「と」を別にすればラ行変格活用と同じである。
◎口語の活用は断定の助動詞「だ」と似ているが、連体形の「な」は、形容動詞であれば「平和な」と言えるが、形容動詞でなければ、例えば「平均な」とは言えない。断定の助動詞「だ」の連体形「な」は、「なので」「なのに」など、限られた言い方しかできない。
◎「タリ活用」に口語はない。口語でも「堂堂と」「堂堂たる」と言うが、形容動詞の活用形とは見ず、それぞれ副詞、連体詞とする。

芹生公男（せりふ・きみお）

1937年　兵庫県生まれ
1961年　広島大学教育学部卒業
1961年〜　兵庫県立高等学校の国語科教諭・教頭を経て
1995年〜1997年　兵庫県立西脇高等学校長
1999年〜2001年　園田学園女子大学非常勤講師
2001年〜2003年　旧黒田庄町（現在 西脇市）教育長

［主な著作］
『現代語から古語が引ける　古語類語辞典』（三省堂 1995年）
『現代語から古語を引く辞典』（三省堂 2007年）
『稼ぎもせんと二十年 —辞書作り一筋—』（パブフル 2019年）

2015年 9月 20日　初版発行

現代語古語類語辞典

二〇二二年三月二〇日　第二刷発行

編　者　芹生公男（せりふ・きみお）
発行者　株式会社 三省堂　代表者 瀧本多加志
印刷者　三省堂印刷株式会社
発行所　株式会社 三省堂
〒一〇一-八三七一
東京都千代田区神田三崎町二丁目二十二番十四号
電話　編集　（〇三）三二三〇-九四一一
　　　営業　（〇三）三二三〇-九四一二
https://www.sanseido.co.jp/

〈現代語古語類語・2,160 pp.〉

落丁本・乱丁本はお取り替えいたします。

ISBN978-4-385-13994-4

細かい雨

近代
いとあめ［糸雨］。
しう［糸雨］。
れいう［零雨］。
近世
きりしぐれ［霧時雨］。
こぬかあめ［小糠雨］。
こまあめ［細雨］。
中世
えんう［煙雨］。
きりさめ［霧雨］。
中古
さいう［細雨］。
上代
あまぎり［雨霧］。

少しの雨

近世
いちぢん［一陣］。
おしめり［御湿］。
けいう［軽雨］。
そでがさあめ［袖笠雨］。
なみだあめ［涙雨］。
ばらつく。
ひとあめ［一雨］。
中世
こあめ［小雨］。
こぶり［小降］。
せうう［小雨］。
れいう［零雨］。
中古
びう［微雨］。
上代
こさめ［小雨］。

激しい雨

ごうう［豪雨］。
こうてん［荒天］。
ぼんう［盆雨］。
近代
こくう［黒雨］。
こくふうはくう［黒風白雨］。
ストーム（storm）。
ちょくしゃ［直瀉］。
どしゃぶり［土砂降］。
よこなぐり［横殴］。
近世
おほぶり［大降］。
しだらでん。
しゃぢく［車軸］。
てっぱうあめ［鉄砲雨］。
はいう［沛雨］。
ひう［飛雨］。
ふきぶり［吹降］。
ゆだち［夕立］。
よだち［夕立］。
中世
ぼうふうう［暴風雨］。
ゆふだち［夕立］。
中古
おほあめ［大雨］。
しまき［風巻］。
じんう［甚雨］。
たいう［大雨］。
はいぜん［沛然／霈然］。
ばうだ［滂沱］。
ぼうう［暴雨］。
上代
はやさめ［暴雨／速雨］。
ひさめ［大雨］。

長い雨

近代
ぢあめ［地雨］。
なたねづゆ［菜種梅雨］。
近世
七つ下がりの雨。
中世
うのはなくたし［卯花腐］。
中古
いんう［淫雨／陰雨］。
いんりん［陰霖／淫霖］。
しゅくう［宿雨］。
ながあめ［長雨］。
ながめ［長雨］。
れんう［連雨］。
をやみない［小止無］。
上代
りんう［霖雨］。

一時の雨

しばあめ［屡雨］。
近世
いちぢん［一陣］。
とほりあめ［通雨］。
中世
そばへ［戯］。
ひとあめ［一雨］。
ひとしぼり［一絞］。
中古
くゎう［過雨］。
むらしぐれ［村時雨］。
上代
しうう［驟雨］。
むらさめ［村雨］。